CÓDIGO de PROCESSO CIVIL ANOTADO

Inclui MATERIAL SUPLEMENTAR em sua versão digital

- ***Legislação***
- ***Tabela de correspondência CPC/2015 x CPC/1973***

Escaneie o *QR Code* e saiba como acessar

> https://uqr.to/1yf5x

EDIÇÕES ANTERIORES

1ª edição – 1995
9ª edição – 2005 – 2ª tiragem
9ª edição – 2006 – 3ª tiragem
10ª edição – 2007
11ª edição – 2007
11ª edição – 2007 – 2ª tiragem
12ª edição – 2008
13ª edição – 2009
14ª edição – 2010
15ª edição – 2011
16ª edição – 2012
17ª edição – 2013
18ª edição – 2014
19ª edição – 2015
20ª edição – 2016
20ª edição – 2016 – 2ª tiragem
21ª edição – 2017
21ª edição – 2018 – 2ª tiragem
22ª edição – 2019
23ª edição – 2020
24ª edição – 2021
25ª edição – 2022
26ª edição – 2023
27ª edição – 2024

HUMBERTO THEODORO JÚNIOR
Professor Titular aposentado da Faculdade de Direito da UFMG.
Desembargador aposentado do Tribunal de Justiça do Estado de Minas Gerais.
Membro da comissão de juristas encarregados pelo Senado Federal da elaboração do Anteprojeto do novo Código de Processo Civil Brasileiro.
Doutor. Advogado (Parecerista).

CÓDIGO de PROCESSO CIVIL ANOTADO

28ª edição

revista, atualizada e ampliada

2025

Colaboradores
Humberto Theodoro Neto
Adriana Mandim Theodoro de Mello
Ana Vitoria Mandim Theodoro

gen
Editora FORENSE

- Fechamento desta edição: *16.12.2024*

- **Atendimento ao cliente: (11) 5080-0751 | faleconosco@grupogen.com.br**

- Capa: Aurélio Corrêa
- 1ª edição – Forense – 1995
  28ª edição – Forense – 2025

CIP-BRASIL. CATALOGAÇÃO NA PUBLICAÇÃO
SINDICATO NACIONAL DOS EDITORES DE LIVROS, RJ

T355c
28. ed.

Theodoro Júnior, Humberto, 1938-
Código de processo civil anotado / Humberto Theodoro Júnior ; colaboração Humberto Theodoro Neto, Adriana Mandim Theodoro de Mello, Ana Vitoria Mandim Theodoro. - 28 ed., rev., atual. e ampl. - Rio de Janeiro : Forense, 2025.
1.752 p. ; 24 cm.

Inclui índice
ISBN 978-85-3099-586-7

1. Código civil - Brasil. 2. Direito processual civil. I. Theodoro Neto, Humberto. II. Mello, Adriana Mandim Theodoro de. III. Theodoro, Ana Vitoria Mandim. IV. Título.

24-95544 CDU: 347.91/.95(81)

Meri Gleice Rodrigues de Souza - Bibliotecária - CRB-7/6439

APRESENTAÇÃO À 28ª EDIÇÃO

Após vários anos de vigência do Código de Processo Civil de 2015, o entendimento doutrinário e jurisprudencial sobre a nova legislação já está se consolidando. Daí por que esta 28ª edição do Código de Processo Civil Anotado reduziu os precedentes pretorianos formados ao Código de 1973, substituindo-os por aqueles já pronunciados sob a vigência do CPC/2015, a fim de evidenciar como estão sendo formadas e consolidadas a interpretação e a aplicação do regime inovador do Estatuto atual.

Outra alteração realizada em relação às edições anteriores diz respeito ao critério da indicação bibliográfica. A fim de evitar repetição desnecessária de obras, foi feita a unificação de grupos homogêneos de temas, ao final dos quais foi compilada a bibliografia a eles pertinentes, com inclusão de fontes recentíssimas, para orientar a compreensão e a aplicação da jurisprudência volumosamente compilada.

Esta edição encontra-se amoldada ao regime do Código de Processo Civil de 2015 (Lei nº 13.105, de 16 de março de 2015), assim como ao texto da Lei nº 13.256, de 4 de fevereiro de 2016, da Lei nº 13.363, de 25 de novembro de 2016, da Lei nº 13.465, de 11 de julho de 2017, da Lei nº 13.793, de 3 de janeiro de 2019, da Lei nº 13.894, de 29 de outubro de 2019, da Lei nº 14.195, de 26 de agosto de 2021, da Lei nº 14.341, de 18 de maio de 2022, da Lei nº 14.365, de 2 de junho de 2022, da Lei nº 14.620, de 13 de julho de 2023, das Leis nºs 14.711 e 14.713, de 30 de outubro de 2023, da Lei nº 14.833, de 27 de março de 2024, da Lei nº 14.879, de 4 de junho de 2024, da Lei nº 14.939, de 30 de julho de 2024, e da Lei nº 14.976, de 18 de setembro de 2024, que alteraram o Código atual.

Dezembro de 2024.
O Autor

PREFÁCIO

Já vi atribuírem a Ramalho Ortigão o dito, registrado também por Pitigrilli, de que o prefácio é algo que se escreve depois do livro, que se imprime antes, mas que não se lê, nem antes nem depois. Isso me tranquiliza, dando-me a certeza de que estas supérfluas palavras, se nada acrescentam a esta obra, também não diminuem o seu imenso valor. Fica o prefácio como a coisa julgada em relação a terceiros: *nec prodest, nec nocet*.

Encontrei, na leitura deste *Código de Processo Civil Anotado*, outra manifestação da presença marcante de Humberto Theodoro Júnior na processualística contemporânea, traduzida nas dezenas de obras com que esse admirável jurista vem enriquecendo a doutrina, na qual ele se destaca pela excelência das suas lições, fruto do que acumularam anos de estudo, reflexão e de intensa militância, no magistério, na magistratura, na advocacia.

Escrevendo com a eficiente colaboração dos Drs. Geraldo Magela Alves e Francisco Bilac M. Pinto Filho,[1] o eminente e aclamado Professor Humberto Theodoro Júnior oferece, agora, mais um motivo para a admiração e o respeito intelectual da comunidade jurídica do país. Produziu, aqui, obra singular, que é, ao mesmo tempo, repositório do texto atualizado da lei, de referências legislativas, de doutrina e de jurisprudência.

Neste livro, a cada artigo do Código de Processo Civil segue-se, sob a rubrica *referência legislativa*, a remissão aos dispositivos legais correlatos, que permite uma visão da norma no conjunto das regras por ela integrado, de modo a propiciar a interpretação e a consequente aplicação do texto, sem se abstrair o contexto. Vêm, logo depois, os *breves comentários*, nos quais Humberto Theodoro Júnior resume, com aquele invejável poder de síntese, só alcançado pelos sabedores, o que há de essencial no artigo, assim permitindo a sua exata compreensão. Depois, a *indicação doutrinária* de obras nacionais e estrangeiras, inclusive do próprio autor, relativas à matéria do artigo, a fim de que se possa consultar, prestamente, o que de melhor existe sobre o tema. Afinal, a *jurisprudência selecionada*, que é tópico em que se colocaram, transcrevendo-os nos pontos essenciais, os mais importantes julgados pertinentes à norma.

O *Código de Processo Civil Anotado*, digno do notabilíssimo processualista, que o escreveu, e da Editora Forense, que o editou, atende, plenamente, as necessidades dos estudiosos e profissionais, que não podem dispensar um texto atualizado, de pronta e repetida consulta, feita sempre com a segurança de quem sabe estar lendo obra de um mestre, cuja autoridade é repetidamente invocada pela doutrina e pelos tribunais. E, dentre as suas muitas qualidades, não faltam a este livro aquelas duas, que Carlos de Laet apontou como vantagens da sua famosa *Antologia Nacional*: é econômico e portátil.

Rio de Janeiro, setembro de 1995.

Sergio Bermudes
Professor de Direito Processual Civil da Pontifícia Universidade Católica
do Rio de Janeiro. Advogado.

---

1 Os colaboradores citados fizeram parte da edição suprarreferida.

ÍNDICE GERAL

ÍNDICE SISTEMÁTICO DO CÓDIGO DE PROCESSO CIVIL

PARTE GERAL

LIVRO I
DAS NORMAS PROCESSUAIS CIVIS

LIVRO II
DA FUNÇÃO JURISDICIONAL

LIVRO III
DOS SUJEITOS DO PROCESSO

LIVRO IV
DOS ATOS PROCESSUAIS

LIVRO V
DA TUTELA PROVISÓRIA

LIVRO VI
DA FORMAÇÃO, DA SUSPENSÃO E DA EXTINÇÃO DO PROCESSO

PARTE ESPECIAL

LIVRO I
DO PROCESSO DE CONHECIMENTO E DO CUMPRIMENTO DE SENTENÇA

LIVRO II
DO PROCESSO DE EXECUÇÃO

LIVRO III
DOS PROCESSOS NOS TRIBUNAIS E DOS MEIOS DE IMPUGNAÇÃO DAS DECISÕES JUDICIAIS

LIVRO COMPLEMENTAR
DISPOSIÇÕES FINAIS E TRANSITÓRIAS

ÍNDICE DA LEGISLAÇÃO ESPECIAL

SÚMULAS DOS TRIBUNAIS SUPERIORES

ÍNDICE DA LEGISLAÇÃO DO MATERIAL SUPLEMENTAR

Súmula Vinculante

Lei nº 11.417, de 19 de dezembro de 2006

Súmulas

Resolução nº 388, de 5 de dezembro de 2008, do Supremo Tribunal Federal

Superior Tribunal de Justiça

Resolução nº 8, de 20 de setembro de 2007
Resolução nº 14, de 28 de junho de 2013
Resolução nº 2, de 1º de fevereiro de 2017
Regimento Interno do Superior Tribunal de Justiça, de 22 de junho de 1989

Supremo Tribunal Federal

Resolução nº 427, de 20 de abril de 2010
Resolução nº 662, de 10 de fevereiro de 2020
Regimento Interno do Supremo Tribunal Federal, de 15 de outubro de 1980

Usucapião Especial

Lei nº 6.969, de 10 de dezembro de 1981

Usura

Medida Provisória nº 2.172-32, de 23 de agosto de 2001

ABREVIATURAS E SIGLAS USADAS

1º TACivSP	–	Primeiro Tribunal de Alçada Cível do Estado de São Paulo
2º TACivSP	–	Segundo Tribunal de Alçada Cível do Estado de São Paulo

A

AC	–	Ação cautelar; Apelação cível
ac.	–	Acórdão
ac. unân.	–	Acórdão unânime
ACJ	–	Apelação Cível do Juizado Especial (abreviatura utilizada nos julgados do TJDFT)
ACO	–	Ação cível ordinária
ACP	–	Ação civil pública
ADC	–	Ação direta de constitucionalidade
ADCOAS	–	Jurisprudência ADCOAS (série)
AdcoasPrev	–	Revista Adcoas previdenciária (periódico)
AdcoasTrab	–	Revista Adcoas trabalhista (periódico)
ADCT	–	Ato das disposições constitucionais transitórias
ADI	–	Ação declaratória incidental
ADIn/ADI	–	Ação direta de inconstitucionalidade
ADIO	–	Ação declaratória de inconstitucionalidade por omissão
ADPF	–	Arguição de descumprimento de preceito fundamental
ADPF-AgR	–	Agravo regimental na arguição de descumprimento de preceito fundamental
ADPF-QO	–	Questão de ordem na arguição de descumprimento de preceito fundamental
ADV	–	Advocacia dinâmica (periódico)
AF	–	Atualidades Forenses (periódico)
Ag	–	Agravo
AGA	–	Agravo regimental no agravo de instrumento
AGI	–	Agravo de instrumento (abreviatura utilizada nos julgados do TJDFT)
AgIn	–	Agravo Interno
AgPt	–	Agravo de petição
AgR	–	Agravo Regimental
AgRg	–	Agravo Regimental
AgRt	–	Agravo retido
AGU	–	Advocacia-Geral da União
AI	–	Agravo de instrumento; Ato institucional
AIRR	–	Agravo de Instrumento em Recurso de Revista
AIT	–	Agravo de instrumento trabalhista
Ajuris	–	Revista da Associação dos Juízes do Rio Grande do Sul (periódico)
Amagis	–	Revista da Associação dos Magistrados Mineiros (periódico); Associação dos Magistrados Mineiros

AMJ	–	Arquivos do Ministério da Justiça (periódico)
AMS	–	Apelação em mandado de segurança
AO	–	Ação ordinária
AP	–	Ação popular
Ap.	–	Apelação
ap.	–	Apenso, apêndice
Ap. Cív.	–	Apelação Cível
Ap. Crim.	–	Apelação Criminal
APC	–	Apelação Cível (abreviatura utilizada nos julgados do TJDFT)
ApMS	–	Apelação em mandado de segurança
APn/APN/Apn	–	Ação penal
AR	–	Ação Rescisória
Art.	–	Artigo
ATARJ	–	Arquivos dos Tribunais de Alçada do Estado do Rio de Janeiro (periódico)

B

BACEN	–	Banco Central do Brasil
BDA	–	Boletim de Direito Administrativo (periódico)
BNH	–	Banco Nacional da Habitação
Bol. ASSP	–	Boletim da Associação dos Advogados de São Paulo
Bol. do TRF	–	Boletim do Tribunal Regional Federal
BolIBCCrim	–	Boletim do Instituto Brasileiro de Ciências Criminais (periódico)

C

c/	–	Com
c/c	–	Combinado com
CA	–	Conflito de Atribuições
CADE	–	Conselho Administrativo de Defesa Econômica
CAg	–	Código de Águas (Dec. nº 24.643, de 10.07.1934)
Câm.	–	Câmara
Câm. Dir. Priv.	–	Câmara de Direito Privado
Câm. Dir. Públ.	–	Câmara de Direito Público
Câm. Esp.	–	Câmara Especial
Cap.	–	Capítulo
Caps.	–	Capítulos
CAt	–	Conflito de atribuições
CBA	–	Código Brasileiro de Aeronáutica (Lei n. 7.565, 19.12.1986)
CC	–	Código Civil Brasileiro de 2002 (Lei nº 10.406, de 10.01.2002); Conflito de Competência
CC/1916	–	Código Civil Brasileiro de 1916 (Lei nº 3.071, de 01.01.1916; revogada pela Lei nº 10.406, de 10.01.2002)
CCI	–	Cédula de Crédito Imobiliário
CCo	–	Código Comercial (Lei nº 556, de 25.06.1850)
CDC	–	Código de Defesa do Consumidor (Lei nº 8.078, de 11.09.1990)
CDCCP	–	Cadernos de Direito Constitucional e Ciência Política (periódico)
CDTFP	–	Caderno de Direito Tributário e Finanças Públicas (periódico)
CE	–	Constituição do Estado (abreviatura seguida da sigla do Estado correspondente)
CEDOAB	–	Código de Ética e disciplina da OAB (de 13.02.1995)
CEF	–	Caixa Econômica Federal

CEI – Comissão Estadual de Inquérito
CEP – Código de Ética Profissional dos advogados
CF – Constituição Federal de 1988
Cf. – Conferir; conforme
CF/34 – Constituição Federal de 1934
CF/37 – Constituição Federal de 1937
CF/46 – Constituição Federal de 1946
CF/67 – Constituição Federal de 1967
CF/69 – Constituição Federal de 1969
CF/81 – Constituição Federal de 1891
CGR – Consultor Geral da República
cit. – Citado; citação
Cív. – Cível/Cíveis
CJ – Ciência Jurídica (periódico); Conflito de Jurisdição
CJF – Conselho da Justiça Federal
CLT – Consolidação das Leis do Trabalho (Decreto-lei nº 5.452, de 01.05.1943)
CM – Código de Mineração (Decreto-lei nº 227, de 28.02.1967)
CNJ – Conselho Nacional de Justiça
CNMP – Conselho Nacional do Ministério Público
CodEl – Código Eleitoral (Lei nº 4.737, de 15.07.1965)
Codex – Código de Justiniano
Cons. – Conselheiro
conv. – Convocado(a); convidado(a)
Coord. – Coordenador(es).
COPOM – Comitê de Política Monetária do Banco Central do Brasil
CP – Código Penal (Decreto-lei nº 2.848, de 07.12.1940); Correição Parcial
CPC – Código de Processo Civil (Lei nº 5.869, de 11.01.1973)
CPC/39 – Código de Processo Civil de 1939 (Decreto-lei nº 1.608, de 18.09.1939)
CPC/1973 – Código de Processo Civil de 1973 (Lei nº 5.869, de 11.01.1973)
CPC/2015 – Código de Processo Civil de 2015 (Lei nº 13.105, de 16.03.2015)
CPI – Comissão Parlamentar de Inquérito
CPInd – Código da Propriedade Industrial (Lei nº 5.772, de 21.12.1971) – Observação: revogado pela LPI (Lei de Propriedade Industrial (Lei nº 9.279, de 14.05.1996)
CPP – Código de Processo Penal (Decreto-lei nº 3.689, de 03.10.1941)
CPR – Cédula de Produto Rural (Lei nº 8.929, de 22.08.1994)
CR – Carta Rogatória
Crim. – Criminal
CSM – Conselho Superior da Magistratura
CSMP – Conselho Superior do Ministério Público
CTB – Código de Trânsito Brasileiro (Lei nº 9.503, de 23.09.1997)
CTN – Código Tributário Nacional (Lei nº 5.172, de 25.10.1966)
CVM – Comissão de Valores Mobiliários

D

DCM – Decreto do Conselho de Ministros
DE – Decreto Estadual (abreviatura seguida da sigla da unidade da federação)
Dec. – Decreto
Dec. leg. – Decreto legislativo
Dec.-lei. – Decreto-lei
dec. mon. – Decisão monocrática
DecTrab – Decisório Trabalhista (periódico)

Dep.	–	Deputado
Des.	–	Desembargador(a)
desp.	–	Despacho
DI	–	Dissídio individual
DJ	–	*Diário de Justiça* (abreviatura seguida da data de publicação da decisão).
DJE	–	*Diário de Justiça do Estado*
DJe	–	*Diário de Justiça eletrônico*
DJU	–	*Diário de Justiça da União*
DL	–	Decreto-Lei
DLeg	–	Decreto Legislativo
DNRC	–	Departamento Nacional de Registros do Comércio
DOE	–	*Diário Oficial do Estado* (abreviatura seguida da sigla do Estado)
DOU	–	*Diário Oficial da União*
DPDC	–	Departamento de Proteção e Defesa do Consumidor
DT	–	Decisório Trabalhista (periódico)

E

EA	–	Estatuto da Advocacia (Lei nº 8.906, de 04.07.1994)
EAC	–	Embargos na Apelação Cível
EAg	–	Embargos de divergência em Agravo
EAR	–	Embargos em Ação Rescisória
EC	–	Emenda Constitucional
ECA	–	Estatuto da Criança e do Adolescente (Lei nº 8.069, de 13.07.1990)
ECid	–	Estatuto da Cidade (Lei nº 10.257, de 10.07.2001)
ECR	–	Emenda Constitucional de Revisão
ED/EDcl	–	Embargos de Declaração
ed.	–	Edição
EDiv.	–	Embargos de Divergência
EDREO	–	Embargos de declaração na remessa *ex officio*
EE	–	Estatuto do Estrangeiro (Lei nº 6.815, de 19.08.1980)
EI/Bem. Inf.	–	Embargos Infringentes
EJ	–	Estudos Jurídicos (periódico)
EJSTJ	–	Ementário da Jurisprudência do Superior Tribunal de Justiça (periódico)
Em.	–	Ementa; ementário
Em. Reg.	–	Emenda Regimental
Emb.	–	Embargos
EmbDev	–	Embargos do devedor
Emb. Inf./EI	–	Embargos Infringentes
EPID	–	Estatuto da Pessoa Idosa (Lei nº 10.741, de 01.10.2003)
ERE	–	Embargos em recurso extraordinário
EREO	–	Embargos em remessa *ex officio*
EREsp	–	Embargos de Divergência no Recurso Especial
ERSTJ	–	Ementário da Revista do Superior Tribunal de Justiça (periódico)
Est.	–	Estadual
ET	–	Estatuto da Terra (Lei nº 4.504, de 30.11.1964)
et al/ ou *et alii*	–	Rubrica que, na citação bibliográfica, indica que a obra a que se faz referência tem mais de um autor e se menciona, por concisão, apenas o primeiro, omitindo os demais.
EXI	–	Exceção de Impedimento (abreviatura utilizada nos julgados do TRF-1ª Região)
ExImp	–	Exceção de Impedimento
ExInc	–	Exceção de Incompetência
ExSusp	–	Exceção de Suspeição

Ext. – Extradição
ExVerd – Exceção da verdade

F

FDD – Fundo Federal de Defesa de Direitos Difusos
Fed. – Federal
FGTS – Fundo de Garantia do Tempo de Serviço
Fl./Fls. – Folha/Folhas
FMU – *FMU Direito – Revista da Faculdade de Direito das Faculdades Metropolitanas Unidas de São Paulo (periódico)*
FONAJE – Fórum Nacional dos Juizados Especiais
FPJC – Fórum Permanente dos Juízes Coordenadores dos Juizados Especiais Cíveis e Criminais do Brasil

G

g.n. – Grifo nosso
GenesisTrab – Gênesis: Revista de Direito do Trabalho (periódico)
Gr. – Grupo

H

HC – *Habeas corpus*
HD – *Habeas data*

I

i.e. – Isto é
IC – Inquérito civil
IDEC – Instituto Brasileiro de Defesa do Consumidor
IF – Intervenção Federal
Inf. STF – Informativo do STF
INPI – Instituto Nacional da Propriedade Industrial
Inq. – Inquérito
ínt. – Integra
IOB – Informações Objetivas (Boletim de jurisprudência)
IP – Inquérito Policial
IRB – Instituto de Resseguros do Brasil
IUJur – Incidente de Uniformização de Jurisprudência

J

JB/JBCC – Jurisprudência Brasileira – Cível e Comercial (periódico)
JBCrim – Jurisprudência Brasileira – Criminal (periódico)

JBTrab – Jurisprudência Brasileira – Trabalhista (periódico)
JC/JCat. – Jurisprudência Catarinense (periódico)
JD – Jurisprudência e Doutrina (periódico)
JEC – Juizado Especial Cível
JECrim. – Juizados Especial Criminal
JM/JMin/RJMin. – Jurisprudência Mineira (periódico)
JSTF – Jurisprudência do Supremo Tribunal Federal (periódico)
JSTJ/LexSTJ – Lex – Jurisprudência do Superior Tribunal da Justiça (periódico)
JTA – Julgado dos Tribunais de Alçada Civil de São Paulo (periódico)
JTACivSP – Julgados dos Tribunais de Alçada Cíveis de São Paulo (periódico)
JTACrimSP – Julgado do Tribunal de Alçada Criminal de São Paulo (periódico)
JTAERGS – Julgados do Tribunal de Alçada do Estado do Rio Grande do Sul (periódico)
JTFR – Jurisprudência do Tribunal Federal de Recursos (periódico)
JTJSP – Jurisprudência do Tribunal de Justiça do Estado de São Paulo (periódico)
JTS – Julgados dos Tribunais Superiores (periódico)
jul. – Julgado em
Jur. It. – Juris Itnera – Revista do Ministério Público do Estado do Maranhão (periódico)
JurSTJ – Jurisprudência do Superior Tribunal de Justiça – Brasília Jurídica (periódico)
Just. – Justitia: Revista da Procuradoria-Geral de Justiça de São Paulo (periódico)

L

LA – Lei de Alimentos (Lei nº 5.478, de 25.07.1968)
LACP – Lei da Ação Civil Pública (Lei nº 7.347, de 24.07.1985)
LAD – Lei das Ações Discriminatórias (Lei nº 6.383, de 07.12.1976)
LADIN – Lei de Ação Direta de Inconstitucionalidade (Lei nº 9.868, de 10.11.1999)
LADPF – Lei da Arguição de Descumprimento de Preceito Fundamental (Lei nº 9.882, de 03.12.1999)
LAF – Lei das Alienações Fiduciárias (Decreto-lei nº 911, de 01.10.1969)
LAJ – Lei de Assistência Judiciária (Lei nº 1.060, de 05.02.1950)
LAP – Lei da Ação Popular (Lei nº 4.717, de 29.06.1965)
LArb – Lei de Arbitragem (Lei nº 9.307, de 23.09.1996)
LAT – Lei Antitruste (Lei nº 12.529, de 30.11.2011)
LBF – Lei do Bem de Família (Lei nº 8.009, de 29.03.1990)
LBio – Lei de Biossegurança – (Lei nº 11.105, de 24.03.2005)
LC – Lei Complementar
LCE – Lei Complementar Estadual
LCh – Lei do Cheque (Lei nº 7.357, de 02.09.1985)
LCI – Lei do Condomínio e Incorporações (Lei nº 4.591, de 16.12.1964)
LCM – Lei da Correção Monetária (Lei nº 6.899, de 08.04.1981)
LCP – Lei das Contravenções Penais (Decreto-lei nº 3.688, de 03.10.1941)
LD – Lei das Desapropriações (Decreto-lei nº 3.365, de 21.06.1941)
LDA – Lei de Direitos Autorais (Lei nº 9.610, de 19.02.1998)
LDB – Lei de Diretrizes e Bases da Educação Nacional (Lei nº 9.394, de 20.12.1996)
LDC – Lei de defesa da Concorrência (Lei nº 8.158, 08.01.1991)
LDel – Lei Delegada
LDepInf – Lei do Depositário Infiel (Lei nº 8.866, de 11.04.1994)
LDi – Lei do Divórcio (Lei nº 6.515, de 26.12.1977)
LDP – Lei da Defensoria Pública (LC nº 80, de 12.01.1994)
LDRA – Lei de Desapropriação de Imóvel Rural para fins de Reforma Agrária (LC nº 76, de 06.07.1993)
Ldup – Lei das Duplicatas (Lei nº 5.474, de 18.07.1968)

LE	–	Lei Estadual
LECCI	–	Lei de Execução de Cédula de Crédito Industrial (Decreto-lei nº 413, de 09.01.1969)
LECCR	–	Lei de Execução de Cédula de Crédito Rural (Decreto-lei nº 167, de 14.02.1967)
LECH	–	Lei de Execução de Cédula Hipotecária (Decreto-lei nº 70, de 21.11.1966)
LEF	–	Lei de Execução Fiscal (Lei nº 6.830, de 22.09.1980)
LEG	–	Lei de Engenharia Genética (Lei nº 8.974, de 05.01.1995)
LEH	–	Lei de Execução Hipotecária (Lei nº 5.741, de 01.12.1971)
LEJ	–	Livro de Estudos Jurídicos (periódico)
LEP	–	Lei de Execução Penal (Lei nº 7.210, de 11.07.1984)
LEPop.	–	Lei de Economia Popular (Lei nº 1.521, de 26.12.1951)
Lex-JTA	–	Lex – Jurisprudência dos Tribunais de Alçada Civil de São Paulo (periódico)
LexSTJ/JSTJ	–	Lex – Jurisprudência do Superior Tribunal da Justiça (periódico)
LGr	–	Lei de Greve (Lei nº 7.783, de 28.06.1989)
LHD	–	Lei do *Habeas Data* (Lei nº 9.507, de 12.11.1997)
LI	–	Lei do Inquilinato (Lei nº 8.245, de 18.10.1991)
LIA	–	Lei de Improbidade Administrativa (Lei nº 8.429, de 02.06.1992)
LImp	–	Lei de Imprensa (Lei nº 5.250, de 09.02.1967)
LINDB	–	Lei de Introdução às Normas de Direito Brasileiro, antes denominada Lei de Introdução ao Código Civil – LICC (Decreto-lei nº 4.657, de 04.09.1942)
LIP	–	Lei de Investigação de Paternidade (Lei nº 8.560, de 29.12.1992)
LIPSD	–	Lei do Inventário, Partilha, Separação e Divórcio Extrajudiciais (Lei nº 11.481, de 31.05.2007)
LIT	–	Lei das Interceptações Telefônicas (Lei nº 9.296, de 24.07.1996)
Litis	–	*Revista Trimestral de Direito Processual (periódico)*
LJE	–	Lei dos Juizados Especiais (Lei nº 9.099, de 26.09.1995)
LJEF	–	Lei dos Juizados Especiais Federais (Lei nº 10.259, de 12.07.2001)
LL	–	Lei de Luvas (Decreto nº 24.150, de 20.04.1934)
LLE	–	Lei da Intervenção e Liquidação Extrajudiciais de Instituições Financeiras (Lei nº 6.024, de 13.03.1974)
LLic	–	Lei de Licitações (Lei nº 8.666, de 21.06.1993)
LM	–	Lei Municipal
LMC	–	Lei de Medidas Cautelares (Lei nº 8.437, de 30.06.1992)
LMCF	–	Lei da Medida Cautelar Fiscal (Lei nº 8.397, de 06.01.1992)
LMS	–	Lei do Mandado de Segurança (Lei nº 1.533, de 31.12.1951)
LMU	–	Lei Modelo da UNCITRAL para arbitragem
LNB	–	Lei da Nacionalidade Brasileira (Lei nº 818, de 18.09.1949)
LNR	–	Lei dos Notários e Registradores (Lei nº 8.935, de 18.11.1994)
LOAGU	–	Lei Orgânica da Advocacia-Geral da União (LC nº 73, de 10.02.1993)
LOEMP	–	Lei Orgânica Estadual do Ministério Público (abreviatura seguida da sigla do Estado correspondente)
LOJDF	–	Lei de Organização Judiciária do Distrito Federal (Lei nº 8.185, de 14.05.1991)
LOJF	–	Lei de Organização da Justiça Federal (Lei nº 5.010, de 30.05.1966)
LOM	–	Lei Orgânica do Município
LOMN	–	Lei Orgânica da Magistratura Nacional (LC nº 35, de 14.03.1979)
LOMP	–	Lei Orgânica Nacional do Ministério Público (Lei nº 8.625, de 12.02.1993)
LOMPU	–	Lei Orgânica do Ministério Público da União (LC nº 75/93)
LOPP	–	Lei Orgânica dos Partidos Políticos (Lei nº 9.096, de 19.09.1995)
LOPS	–	Lei Orgânica da Previdência Social (Lei nº 3.807, 26.08.1960)
LP	–	Lei das Locações Prediais Urbanas (Lei nº 6.649, de 16.05.1979)
LPA	–	Lei do Processo Administrativo Federal (Lei nº 9.784, de 29.01.1984)
LPAII	–	Lei do Patrimônio de Afetação em Incorporações Imobiliárias (Lei nº 10.931, de 02.08.2004)
LPB	–	Lei dos Planos de Benefícios da Previdência Social (Lei nº 8.213, de 24.07.1991)
LPE	–	Lei do Processo Eletrônico (Lei nº 11.419, de 19.12.2006)

LPF	–	Lei do Planejamento Familiar (Lei nº 9.263, de 12.01.1996)
LPNId	–	Lei de Política Nacional do Idoso (Lei nº 8.842, de 04.01.1994)
LPNMA	–	Lei de Política Nacional do Meio Ambiente (Lei nº 6.938, de 31.08.1981)
LPPP	–	Lei da Parceria Público-Privada (Lei nº 11.079, de 30.12.2004)
LPS	–	Lei do Parcelamento do Solo (Lei nº 6.766, de 19.12.1979)
LR	–	Lei dos Recursos Extraordinário e Especial (Lei nº 8.038, de 28.05.1990)
LRP	–	Lei dos Registros Públicos (Lei nº 6.015, de 31.12.1973)
LSA	–	Lei das Sociedades por Ações (Lei nº 6.404, de 15.12.1976)
LSN	–	Lei de Segurança Nacional (Lei nº 7.170, de 14.12.1983)
LSV	–	Lei da Súmula Vinculante (Lei nº 11.417, de 19.12.2006)
LTr	–	Revista Legislação Trabalhista (periódico)
LTRF	–	Lei dos Tribunais Regionais Federais (Lei nº 7.727, de 09.01.1989)
LU	–	Lei da Usura (Decreto nº 22.626, de 07.04.1933)
LUE	–	Lei do Usucapião Especial (Lei nº 6.969, de 10.12.81)
LUG	–	Lei Uniforme sobre Letra de Câmbio e Nota Promissória (Decreto nº 57.663, de 24.01.1966)
LUnEst	–	Lei da União Estável (Lei nº 9.278, de 10.05.1996)

M

m.v.	–	Maioria de votos
MC	–	Medida Cautelar
MI	–	Mandado de Injunção
Min.	–	Ministro(a)
MP	–	Ministério Público; medida provisória
MPDFT	–	Ministério Público do Distrito Federal e Territórios
MPE	–	Ministério Público dos Estados
MPEleit	–	Ministério Público Eleitoral
MPF	–	Ministério Público Federal
MPM	–	Ministério Público Militar
MPT	–	Ministério Público do Trabalho
MPU	–	Ministério Público da União
MS	–	Mandado de segurança
MSC	–	Mandado de segurança coletivo

N

nº	–	número
NRDF	–	Nova Realidade do Direito de Família (periódico)

O

OAB	–	Ordem dos Advogados do Brasil
ob.	–	Obra
Obs.	–	observação
OIT	–	Organização Internacional do Trabalho
OJ	–	Orientação Jurisprudencial
ONU	–	Organização das Nações Unidas
Org.	–	Organizador(es)
Org. Jud.	–	organização judiciária

P

p. – Página
p/ – Para
PA – Processo administrativo
PAJ – Procuradoria de Assistência Judiciária
parág./§ – Parágrafo
PEC – Projeto de Emenda Constitucional
Pet. – Petição
PGE – Procuradoria-Geral do Estado
PGJ – Procuradoria-Geral de justiça
PGR – Procuradoria-Geral da República
PJ – Paraná Judiciário (periódico)
PL – Projeto de Lei
Prec. – Precatório
Prelim. – Preliminar
Pres. – Presidente
princ. – Princípio(s)
Priv. – Privado
Proc. – Processo
Prov. – Provimento
PSV – Proposta de Súmula Vinculante
PU – Pedido de uniformização da jurisprudência das decisões divergentes das Turmas Recursais dos Juizados Especiais Federais
Publ. – publicado em
Públ. – Público

Q

QO – Questão de Ordem (nos julgados do STF, a abreviatura é precedida pela abreviatura do recurso ou ação sobre a qual houve uma questão de ordem. *V.g.* ADPF-QO).

R

RA – *Revista do Advogado (periódico)*
RACM – *Revista da Associação Cearense de Magistrados (periódico)*
RAMPR – *Revista da Associação dos Magistrados do Paraná (periódico)*
RAP – *Revista Autônoma de Processo (periódico)*
RBAr – *Revista Brasileira de Arbitragem (periódico)*
RBCC – *Revista Brasileira de Ciências Criminais (periódico)*
RBDF – *Revista Brasileira de Direito de Família (periódico)*
RBDP – *Revista Brasileira de Direito Processual (periódico)*
RC – Revisão Criminal
RCADE – *Revista do CADE (periódico)*
RCCN – Regimento Comum do Congresso Nacional (Resolução nº 1, de 11.08.1970)
RCDC – Regulamento do Código de Defesa do Consumidor (Decreto nº 2.181, de 20.03.1997)
RcDesp – Reconsideração de Despacho
RCDUFU – *Revista do Curso de Direito da Universidade Federal de Uberlândia (periódico)*
RCGRS – *Revista da Consultoria Geral do Estado do Rio Grande do Sul (periódico)*
RCJ – *Revista de Crítica Judiciária (periódico)*

RCJF – Regimento de Custas da Justiça Federal (Lei nº 9.289, de 04.07.1996)
Rcl – Reclamação
RCrim – Recurso ordinário em matéria criminal
RCSTJ – Regimento de Custas do Superior Tribunal de Justiça (Lei nº 11.636, de 28.12.2007)
RCGRS – *Revista da Consultoria Geral do Estado do Rio Grande do Sul (periódico)*
RDA – *Revista de Direito Administrativo (periódico)*
RDAmb – *Revista de Direito Ambiental (periódico)*
RDB – *Revista de Direito Bancário e do Mercado de Capitais (periódico)*
RDC – *Revista de Direito Civil (periódico)*
RDCI – *Revista de Direito Constitucional e Internacional (periódico)*
RDCPC – *Revista IOB de Direito Civil e Processual Civil (periódico)*
RDCons. – *Revista de Direito do Consumidor (periódico)*
RDDP – *Revista Dialética de Direito Processual (periódico)*
RDDPRJ – *Revista de Direito da Defensoria Pública do Estado do Rio de Janeiro (periódico)*
RDE – *Revista de Direito Econômico (periódico)*
RDI – *Revista de Direito Imobiliário (periódico)*
RDJ – *Revista de Doutrina e Jurisprudência (periódico)*
RDJTJDF – *Revista de Doutrina e Jurisprudência do Tribunal de Justiça do Distrito Federal e dos Territórios (periódico)*
RDM – *Revista de Direito Mercantil, Industrial, Econômico e Financeiro (periódico)*
RDMPG – *Revista de Direito do Ministério Público do Estado da Guanabara (periódico)*
RDP – *Revista de Direito Público (periódico)*
RDPC – *Revista de Direito Processual Civil (periódico)*
RDPGEG – *Revista de Direito da Procuradoria-Geral do Estado da Guanabara (periódico)*
RDPn – *Revista de Direito Penal (periódico)*
RDPr – *Revista de Direito Privado (periódico)*
RDR – *Revista de Direito Renovar (periódico)*
RDT – *Revista de Direito do Trabalho (periódico)*
RDTrab. – *Revista de Direito do Trabalho (periódico)*
RDTrib. – *Revista Dialética de Direito Tributário (periódico)*
RDTJRJ – *Revista de Direito do Tribunal de Justiça do Rio de Janeiro (periódico)*
RDTr – *Revista de Direito Tributário (periódico)*
RE – Recurso Extraordinário
Rec. – Recurso
Reg. – Registrado em (data do registro do acórdão); regimental
REJ-Unesp – *Revista de Estudos Jurídicos da Universidade Estadual Paulista (periódico)*
Rel. – Relator(a)
REMERJ – *Revista da Escola da Magistratura do Estado do Rio de Janeiro (periódico)*
REN – Recurso necessário
RENM – *Revista da Escola Nacional da Magistratura (periódico)*
REO – Remessa *ex officio*. Para julgados do TRF-1ª Região, a abreviatura significa recurso ordinário.
REOMS – Recurso Ordinário em Mandado de Segurança (abreviatura usada nos julgados do TRF-1ª Região)
Rep. Enc. – Repertório Enciclopédico (periódico)
REPM – *Revista da Escola Paulista da Magistratura (periódico)*
Res. – Resolução
REsp. – Recurso Especial
ret. – Retificação, retificado em
RETrib – *Revista de Estudos Tributários (periódico)*
Rev. – Revisão
RF – *Revista Forense (periódico)*
RFDMC – *Revista da Faculdade de Direito Milton Campos (periódico)*
RFDUFGO – *Revista da Faculdade de Direito da Universidade Federal de Goiás (periódico)*

RFDUFMG	–	*Revista da Faculdade de Direito da Universidade Federal de Minas Gerais (periódico)*
RFDUFPe	–	*Revista da Faculdade de Direito da Universidade Federal de Pelotas (periódico)*
RFDUFPR	–	*Revista da Faculdade de Direito da Universidade Federal do Paraná (periódico)*
RFDUSP	–	*Revista da Faculdade de Direito da Universidade de São Paulo (periódico)*
RFDUU	–	*Revista da Faculdade de Direito da Universidade de Uberlândia (periódico)*
RGDCPC	–	*Revista Gênesis de Direito Civil e Processual Civil (periódico)*
RGDPC	–	*Revista Gênesis de Direito Processual Civil (periódico)*
RHC	–	Recurso em *Habeas Corpus*
RIAB	–	*Revista do Instituto dos Advogados Brasileiros (periódico)*
RIAPR	–	*Revista do Instituto dos Advogados do Paraná (periódico)*
RIASP	–	*Revista do Instituto dos Advogados de São Paulo (periódico)*
RICADE	–	*Regimento Interno do CADE (Resolução nº 45, de 28.03.2007)*
RIDA	–	*Revista IOB de Direito Administrativo (periódico)*
RIDF	–	*Revista IOB de Direito de Família (periódico)*
RIL	–	*Revista de Informação Legislativa (periódico)*
RIP	–	*Revista Interesse Público (periódico)*
RIPE	–	*Revista do Instituto de Pesquisas e Estudos (periódico)*
RISF	–	Regimento Interno do Senado Federal (Resolução nº 93, de 27.11.1970)
RISTF	–	Regimento Interno do Supremo Tribunal Federal
RISTJ	–	Regimento Interno do Superior Tribunal de Justiça
RITJ	–	Regimento Interno do Tribunal de Justiça (abreviatura seguida da sigla do Estado correspondente)
RJ	–	*Revista Jurídica (periódico)*
RJConsulex/Consulex	–	*Revista Jurídica Consulex (periódico)*
RJDTACrimSP	–	*Revista de Julgados e Doutrina do Tribunal de Alçada Criminal do Estado de São Paulo (periódico)*
RJE	–	*Revista de Jurisprudência Escolhida – Revista do Primeiro Tribunal de Alçada Civil de São Paulo (periódico)*
RJEsp	–	*Revista dos Juizados Especiais (periódico)*
RJEspDF	–	*Revista dos Juizados Especiais do Distrito Federal e Territórios (periódico)*
RJLEMI	–	*Revista Jurídica LEMI (periódico)*
RJMin/JM/JMin.	–	*Revista de Jurisprudência Mineira (periódico)*
RJMPC	–	*Revista Jurídica do Ministério Público Catarinense (periódico)*
RJTAMG	–	*Revista de julgados do Tribunal de Alçada do Estado de Minas Gerais (periódico)*
RJTJE	–	*Revista de Jurisprudência do Tribunal de Justiça dos Estados (periódico)*
RJTJEG	–	*Revista de Jurisprudência do Tribunal de Justiça do Estado da Guanabara (periódico)*
RJTJMG	–	*Revista de Jurisprudência do Tribunal de Justiça do Estado de Minas Gerais (periódico)*
RJTJMS	–	*Revista de Jurisprudência do Tribunal de Justiça do Estado de Mato Grosso do Sul (periódico)*
RJTJRJ	–	*Revista de Jurisprudência do Tribunal de Justiça do Estado do Rio de Janeiro (periódico)*
RJTJRS	–	*Revista de Jurisprudência do Tribunal de Justiça do Estado do Rio Grande do Sul (periódico)*
RJTJSP	–	*Revisa de Jurisprudência do Tribunal de Justiça do Estado de São Paulo (periódico)*
RMDAU	–	*Revista Magister de Direito Ambiental e Urbanístico (periódico)*
RMDCPC	–	*Revista Magister de Direito Civil e Direito Processual Civil (periódico)*
RMDECC	–	*Revista Magister de Direito Empresarial, Concorrencial e do Consumidor (periódico)*
RMDUnifieo	–	*Revista Mestrado em Direito do Centro Universitário FIEO (periódico)*
RMI	–	*Recurso ordinário em mandado de injunção*
RMP	–	*Revista do Ministério Público (periódico)*
RMPBA	–	*Revista do Ministério Público do Estado da Bahia (periódico)*
RMPRJ	–	*Revista do Ministério Público do Estado do Rio de Janeiro (periódico)*
RMPRS	–	*Revista do Ministério Público do Estado do Rio Grande do Sul (periódico)*
RMPT	–	*Revista do Ministério Público do Trabalho (periódico)*
RMS	–	Recurso Ordinário em Mandado de Segurança
RN	–	Remessa necessária; reexame necessário
RNDJ	–	*Revista Nacional de Direito e Jurisprudência (periódico)*

RO – Recurso Ordinário
ROAB – *Revista da Ordem dos Advogados do Brasil (periódico)*
ROABRJ – *Revista da OAB do Rio de Janeiro (periódico)*
ROABSP – *Revista da OAB de São Paulo (periódico)*
ROAR – Recurso Ordinário em Ação Rescisória
ROC – Recurso Ordinário Constitucional
ROCRIM – Recurso ordinário em matéria criminal
ROHD – Recurso Ordinário em *Habeas data*
ROMS – Recurso Ordinário em Mandado de Segurança
Rp – Representação
RP – *Revista de Processo (periódico)*
RPGEBA – *Revista da Procuradoria-Geral do Estado da Bahia (periódico)*
RPGECE – *Revista da Procuradoria-Geral do Estado do Ceará (periódico)*
RPGEGB – *Revista de Direito da Procuradoria-Geral do Estado da Guanabara (periódico)*
RPGEGO – *Revista de Direito da Procuradoria-Geral do Estado de Goiás (periódico)*
RPGEMS – *Revista da Procuradoria-Geral do Estado do Mato Grosso do Sul (periódico)*
RPGERJ – *Revista de Direito da Procuradoria-Geral do Estado do Rio de Janeiro (periódico)*
RPGERS – *Revista da Procuradoria-Geral do Estado do Rio Grande do Sul (periódico)*
RPGESP – *Revista da Procuradoria-Geral do Estado de São Paulo (periódico)*
RPGJRJ – *Revista de Direito da Procuradoria-Geral de Justiça do Estado do Rio de Janeiro (periódico)*
RPGR – *Revista da Procuradoria-Geral da República (periódico)*
RPPGDPUCSP – *Revista do Programa de Pós-Graduação em Direito da Pontifícia Universidade Católica de São Paulo (periódico)*
RPS – *Revista da Previdência Social (periódico)*
RR – Recurso de Revista
RSDCPC – *Revista Síntese de Direito Civil e Direito Processual Civil (periódico)*
RST – *Revista Síntese Trabalhista (periódico)*
RSTJ – *Revista do Superior Tribunal de Justiça (periódico)*
RT – *Revista dos Tribunais (periódico)*
RTCMSP – *Revista do Tribunal de Contas do Município de São Paulo (periódico)*
RTCSP – *Revista do Tribunal de Contas do Estado de São Paulo (periódico)*
RTCU – *Revista do Tribunal de Contas da União (periódico)*
RTDP – *Revista Trimestral de Direito Público (periódico)*
RTFP – *Revista Tributária e de Finanças Públicas (periódicos)*
RTFR – *Revista do Tribunal Federal de Recursos (periódico)*
RTJ – *Revista Trimestral de Jurisprudência (periódico)*
RTJE – *Revista Trimestral de Jurisprudência dos Estados (periódico)*
RTJPA – *Revista do Tribunal de Justiça do Pará (periódico)*
RTRF-1ª Região – *Revista do Tribunal Regional Federal da 1ª Região (periódico)*
RTRF-3ª Região – *Revista do Tribunal Regional Federal da 3ª Região (periódico)*
RTRF-4ª – *Revista do Tribunal Regional Federal da 4ª Região (periódico)*
RTRT-5ª – *Revista do Tribunal Regional do Trabalho da 5ª Região (periódico)*
RTRT-8ª – *Revista do Tribunal Regional do Trabalho da 8ª Região (periódico)*
RTRT-9ª – *Revista do Tribunal Regional do Trabalho da 9ª Região (periódico)*
RUCSP – *Revista da Universidade Católica de São Paulo (periódico)*

S

S. – Seção
s/ – Sem
S/A ou S.A. – Sociedade anônima
s/d – Sem data

s/n – Sem número
SDC – Seção Especializada em Dissídios Coletivos (do TST)
SDE – Secretaria de Direito Econômico (do Ministério da Justiça)
SDI – Seção Especializada em Dissídios Individuais (do TST)
SDP – Revista Síntese de Direito Penal e Processual Penal (periódico)
SE – Sentença estrangeira
SEAE – Secretaria de Acompanhamento Econômico (do Ministério da Fazenda)
segs. – Seguintes
SELIC – Sistema Especial de Liquidação e de Custódia (taxa)
Sen. – Senador
SFH – Sistema Financeiro da Habitação
SJ – Seção Judiciária
SL – Suspensão de Liminar
SLS – Suspensão de Liminar e de Sentença
SNDC – Sistema Nacional de Defesa do Consumidor
SNDE – Secretaria Nacional de Direito Econômico
SS – Suspensão de Segurança
STA – Suspensão de tutela antecipada
STF – Supremo Tribunal Federal
STJ – Superior Tribunal de Justiça
supl. – Suplemento, suplementar

T

t. – Tomo
T. – Turma
TA – Tutela antecipada; Tribunal de Alçada
TAC – Tribunal de Alçada Cível
TACivRJ – Tribunal de Alçada Cível do Estado do Rio de Janeiro
TACivSP – Tribunal de Alçada Cível do Estado de São Paulo
TACrimRJ – Tribunal de Alçada Criminal do Estado do Rio de Janeiro
TACrimSP – Tribunal de Alçada Criminal do Estado de São Paulo
TAMG – Tribunal de Alçada do Estado de Minas Gerais
TAPR – Tribunal de Alçada do Estado do Paraná
TARS – Tribunal de Alçada do Estado do Rio Grande do Sul
TFR – Tribunal Federal de Recursos
tít. – Título
TJ – Tribunal de Justiça
TJAC – Tribunal de Justiça do Estado do Acre
TJAL – Tribunal de Justiça do Estado de Alagoas
TJAM – Tribunal de Justiça do Estado do Amazonas
TJAP – Tribunal de Justiça do Estado do Amapá
TJBA – Tribunal de Justiça do Estado da Bahia
TJCE – Tribunal de Justiça do Estado do Ceará
TJDFT – Tribunal de Justiça do Estado do Distrito Federal e Territórios
TJES – Tribunal de Justiça do Estado do Espírito Santo
TJGO – Tribunal de Justiça do Estado de Goiás
TJMA – Tribunal de Justiça do Estado do Maranhão
TJMG – Tribunal de Justiça do Estado de Minas Gerais
TJMS – Tribunal de Justiça do Estado do Mato Grosso do Sul
TJMT – Tribunal de Justiça do Estado do Mato Grosso
TJPA – Tribunal de Justiça do Estado do Pará

TJPB	–	Tribunal de Justiça do Estado da Paraíba
TJPE	–	Tribunal de Justiça do Estado de Pernambuco
TJPI	–	Tribunal de Justiça do Estado do Piauí
TJPR	–	Tribunal de Justiça do Estado do Paraná
TJRJ	–	Tribunal de Justiça do Estado do Rio de Janeiro
TJRN	–	Tribunal de Justiça do Estado do Rio Grande do Norte
TJRO	–	Tribunal de Justiça do Estado de Rondônia
TJRR	–	Tribunal de Justiça do Estado de Roraima
TJRS	–	Tribunal de Justiça do Estado do Rio Grande do Sul
TJSC	–	Tribunal de Justiça do Estado de Santa Catarina
TJSE	–	Tribunal de Justiça do Estado do Sergipe
TJSP	–	Tribunal de Justiça do Estado de São Paulo
TJTO	–	Tribunal de Justiça do Estado do Tocantins
TNU	–	Turma Nacional de Uniformização de Jurisprudência dos Juizados Especiais Federais
trad.	–	Tradução; tradutor
Trat.	–	Tratado
TR	–	Turma Recursal
TRF	–	Tribunal Regional Federal
TRT	–	Tribunal Regional do Trabalho
ts.	–	Tomos
TSE	–	Tribunal Superior Eleitoral
TST	–	Tribunal Superior do Trabalho
TUJEF	–	Turma de Uniformização das Decisões das Turmas Recursais dos Juizados Especiais Federais

U

UF	–	União Federal
UJur	–	Uniformização da jurisprudência
ult.	–	Ulterior; ulteriormente
últ.	–	Último
ún.	–	Único
unân.	–	Unânime

V

v.	–	Ver; veja
v.g.	–	*Verbi gratia* (por exemplo)
v.u.	–	Votação unânime
vol./v.	–	Volume
Vox	–	*Vox Legis (periódico)*

EXPOSIÇÃO DE MOTIVOS DO CÓDIGO DE PROCESSO CIVIL (LEI 13.105, DE 16 DE MARÇO DE 2015)

Um sistema processual civil que não proporcione à sociedade o reconhecimento e a realização[1] dos direitos, ameaçados ou violados, que têm cada um dos jurisdicionados, não se harmoniza com as garantias constitucionais[2] de um Estado Democrático de Direito.[3]

Sendo ineficiente o sistema processual, todo o ordenamento jurídico passa a carecer de real efetividade. De fato, as normas de direito material se transformam em pura ilusão, sem a garantia de sua correlata realização, no mundo empírico, por meio do processo.[4]

Não há fórmulas mágicas. O Código vigente, de 1973, operou satisfatoriamente durante duas décadas. A partir dos anos noventa, entretanto, sucessivas reformas, a grande maioria delas lideradas pelos Ministros Athos Gusmão Carneiro e Sálvio de Figueiredo Teixeira, introduziram no Código revogado significativas alterações, com o objetivo de adaptar as normas processuais a mudanças na sociedade e ao funcionamento das instituições.

A expressiva maioria dessas alterações, como, por exemplo, em 1994, a inclusão no sistema do instituto da **antecipação de tutela**; em 1995, a alteração do regime do **agravo**; e, mais recentemente, as leis que alteraram a execução, foram bem recebidas pela comunidade jurídica e geraram resultados positivos, no plano da operatividade do sistema.

O enfraquecimento da coesão entre as normas processuais foi uma consequência natural do método consistente em se incluírem, aos poucos, alterações no CPC, comprometendo a sua forma sistemática. A complexidade resultante desse processo confunde-se, até certo ponto, com essa desorganização, comprometendo a celeridade e gerando questões evitáveis (pontos que geram polêmica e atraem atenção dos magistrados) que subtraem indevidamente a atenção do operador do direito.

Nessa dimensão, a preocupação em se preservar a forma sistemática das normas processuais, longe de ser meramente acadêmica, atende, sobretudo, a uma necessidade de caráter pragmático: obter-se um grau mais intenso de funcionalidade.

Sem prejuízo da manutenção e do aperfeiçoamento dos institutos introduzidos no sistema pelas reformas ocorridas nos anos de 1992 até hoje, criou-se um Código novo, que não significa, todavia, uma ruptura com o passado, mas um passo à frente. Assim, além de conservados os institutos cujos resultados foram positivos, incluíram-se no sistema outros tantos que visam a atribuir-lhe alto grau de eficiência.

Há mudanças necessárias, porque reclamadas pela comunidade jurídica, e correspondentes a queixas recorrentes dos jurisdicionados e dos operadores do Direito, ouvidas em todo país. Na elaboração deste Anteprojeto de Código de Processo Civil, essa foi uma das linhas principais de trabalho: resolver **problemas**. Deixar de ver o processo como teoria

---

1 Essencial que se faça menção a *efetiva* satisfação, pois, a partir da dita terceira fase metodológica do direito processual civil, o processo passou a ser visto como instrumento, que deve ser idôneo para o reconhecimento e a adequada concretização de direitos.

2 Isto é, aquelas que regem, eminentemente, as relações das partes entre si, entre elas e o juiz e, também, entre elas e terceiros, de que são exemplos a imparcialidade do juiz, o contraditório, a demanda, como ensinam CAPPELLETTI e VIGORITI (I diritti costituzionali delle parti nel processo civile italiano. *Rivista di diritto processuale*, II serie, v. 26, p. 604-650, Padova, Cedam, 1971, p. 605).

3 Os princípios e garantias processuais inseridos no ordenamento constitucional, por conta desse movimento de "constitucionalização do processo", não se limitam, no dizer de LUIGI PAOLO COMOGLIO, a *"reforçar do exterior uma mera 'reserva legislativa' para a regulamentação desse método [em referência ao processo como método institucional de resolução de conflitos sociais], mas impõem a esse último, e à sua disciplina, algumas condições mínimas de legalidade e retidão, cuja eficácia é potencialmente operante em qualquer fase (ou momento nevrálgico) do processo"* (Giurisdizione e processo nel quadro delle garanzie costituzionali. *Studi in onore di Luigi Montesano*, v. II, p. 87-127, Padova, Cedam, 1997, p. 92).

4 É o que explica, com a clareza que lhe é peculiar, BARBOSA MOREIRA: *"Querer que o processo seja efetivo é querer que desempenhe com eficiência o papel que lhe compete na economia do ordenamento jurídico. Visto que esse papel é instrumental em relação ao direito substantivo, também se costuma falar da instrumentalidade do processo. Uma noção conecta-se com a outra e por assim dizer a implica. Qualquer instrumento será bom na medida em que sirva de modo prestimoso à consecução dos fins da obra a que se ordena; em outras palavras, na medida em que seja efetivo. Vale dizer: será efetivo o processo que constitua instrumento eficiente de realização do direito material"* (Por um processo socialmente efetivo. *Revista de Processo.* São Paulo, v. 27, nº 105, p. 183-190, jan./mar. 2002, p. 181).

descomprometida de sua natureza fundamental de **método** de resolução de conflitos, por meio do qual se realizam **valores constitucionais.**[5]

Assim, e por isso, um dos métodos de trabalho da Comissão foi o de resolver problemas, sobre cuja existência há praticamente unanimidade na comunidade jurídica. Isso ocorreu, por exemplo, no que diz respeito à complexidade do sistema recursal existente na lei revogada. Se o sistema recursal, que havia no Código revogado em sua versão originária, era consideravelmente mais simples que o anterior, depois das sucessivas reformas pontuais que ocorreram, se tornou, inegavelmente, muito mais complexo.

Não se deixou de lado, é claro, a necessidade de se construir um Código coerente e harmônico *interna corporis*, mas não se cultivou a obsessão em elaborar uma obra magistral, estética e tecnicamente perfeita, em detrimento de sua funcionalidade.

De fato, essa é uma preocupação presente, mas que já não ocupa o primeiro lugar na postura intelectual do processualista contemporâneo.

A coerência substancial há de ser vista como objetivo fundamental, todavia, e mantida em termos absolutos, no que tange à Constituição Federal da República. Afinal, é na lei ordinária e em outras normas de escalão inferior que se explicita a promessa de realização dos valores encampados pelos princípios constitucionais.

O novo Código de Processo Civil tem o potencial de gerar um processo mais célere, mais justo,[6] porque mais rente às necessidades sociais[7] e muito menos complexo.[8]

A simplificação do sistema, além de proporcionar-lhe coesão mais visível, permite ao juiz centrar sua atenção, de modo mais intenso, no mérito da causa.

Com evidente redução da complexidade inerente ao processo de criação de um novo Código de Processo Civil, poder-se-ia dizer que os trabalhos da Comissão se orientaram precipuamente por cinco objetivos: 1) estabelecer expressa e implicitamente verdadeira sintonia fina com a Constituição Federal; 2) criar condições para que o juiz possa proferir decisão de forma mais rente à realidade fática subjacente à causa; 3) simplificar, resolvendo problemas e reduzindo a complexidade de subsistemas, como, por exemplo, o recursal; 4) dar todo o rendimento possível a cada processo em si mesmo considerado; e, 5) finalmente, sendo talvez este último objetivo parcialmente alcançado pela realização daqueles mencionados antes, imprimir maior grau de organicidade ao sistema, dando-lhe, assim, mais coesão.

Esta Exposição de Motivos obedece à ordem dos objetivos acima alistados.

1) A necessidade de que fique evidente a *harmonia da lei ordinária em relação à* ***Constituição Federal da República***[9] fez com que se incluíssem no Código, expressamente, **princípios constitucionais**, na sua versão processual. Por outro lado, muitas **regras** foram concebidas, dando concreção a princípios constitucionais, como, por exemplo, as que preveem um procedimento, com *contraditório* e produção de provas, prévio à decisão que desconsidera da pessoa jurídica, em sua versão tradicional, ou "às avessas".[10]

Está expressamente formulada a regra no sentido de que o fato de o juiz estar diante de matéria de ordem pública não dispensa a obediência ao princípio do **contraditório**.

Como regra, o depósito da quantia relativa às multas, cuja função processual seja levar ao cumprimento da obrigação *in natura*, ou da ordem judicial, deve ser feito logo que estas incidem.

---

5 SÁLVIO DE FIGUEIREDO TEIXEIRA, em texto emblemático sobre a nova ordem trazida pela Constituição Federal de 1988, disse, acertadamente, que, apesar de suas vicissitudes, *"nenhum texto constitucional valorizou tanto a 'Justiça', tomada aqui a palavra não no seu conceito clássico de 'vontade constante e perpétua de dar a cada um o que é seu', mas como conjunto de instituições voltadas para a realização da paz social"* (O aprimoramento do processo civil como garantia da cidadania. In: FIGUEIREDO TEIXEIRA, Sálvio. *As garantias do cidadão na Justiça*. São Paulo: Saraiva, 1993. p. 79-92, p. 80).

6 Atentando para a advertência, acertada, de que não o processo, além de produzir um resultado justo, precisa ser justo em si mesmo, e portanto, na sua realização, devem ser observados aqueles *standards* previstos na Constituição Federal, que constituem desdobramento da garantia do *due process of law* (DINAMARCO, Cândido. *Instituições de direito processual civil*, v. 1. 6. ed. São Paulo: Malheiros, 2009).

7 Lembrando, com BARBOSA MOREIRA, que *"não se promove uma sociedade mais justa, ao menos primariamente, por obra do aparelho judicial. É todo o edifício, desde as fundações, que para tanto precisa ser revisto e reformado. Pelo prisma jurídico, a tarefa básica inscreve-se no plano do* direito material" (*Por um processo socialmente efetivo*, p. 181).

8 Trata-se, portanto, de mais um passo decisivo para afastar os obstáculos para o acesso à Justiça, a que comumente se alude, isto é, a duração do processo, seu alto custo e a excessiva formalidade.

9 Hoje, costuma-se dizer que o processo civil **constitucionalizou-se**. Fala-se em modelo constitucional do processo, expressão inspirada na obra de Italo Andolina e Giuseppe Vignera, *Il modello costituzionale del processo civile italiano: corso di lezioni* (Turim, Giapicchelli, 1990). O processo há de ser examinado, estudado e compreendido à luz da Constituição e de forma a dar o maior rendimento possível aos seus princípios fundamentais.

10 O Novo CPC prevê expressamente que, antecedida de contraditório e produção de provas, haja decisão sobre a desconsideração da pessoa jurídica, com o redirecionamento da ação, na dimensão de sua patrimonialidade, e também sobre a consideração dita inversa, nos casos em que se abusa da sociedade, para usá-la indevidamente com o fito de camuflar o patrimônio pessoal do sócio. Essa alteração está de acordo com o pensamento que, entre nós, ganhou projeção ímpar na obra de J. LAMARTINE CORRÊA DE OLIVEIRA. Com efeito, há três décadas, o brilhante civilista já advertia ser essencial o predomínio da realidade sobre a aparência, quando *"em verdade* [é] *uma outra pessoa que está a agir, utilizando a pessoa jurídica como escudo, e se é essa utilização da pessoa jurídica, fora de sua função, que está tornando possível o resultado contrário à lei, ao contrato, ou às coordenadas axiológicas"* (*A dupla crise da pessoa jurídica*. São Paulo: Saraiva, 1979, p. 613).

Não podem, todavia, ser levantadas, a não ser quando haja trânsito em julgado ou quando esteja pendente agravo de decisão denegatória de seguimento a recurso especial ou extraordinário.

Trata-se de uma forma de tornar o processo mais eficiente e efetivo, o que significa, indubitavelmente, aproximá-lo da Constituição Federal, em cujas entrelinhas se lê que o processo deve assegurar o cumprimento da lei material.

Prestigiando o princípio constitucional da **publicidade** das decisões, previu-se a regra inafastável de que à data de julgamento de todo recurso deve-se dar publicidade (todos os recursos devem constar em pauta), para que as partes tenham oportunidade de tomar providências que entendam necessárias ou, pura e simplesmente, possam assistir ao julgamento.

Levou-se em conta o princípio da *razoável duração do processo.*[11] Afinal a ausência de celeridade, sob certo ângulo,[12] é ausência de justiça. A simplificação do sistema recursal, de que trataremos separadamente, leva a um processo mais ágil.

Criou-se o incidente de julgamento conjunto de demandas repetitivas, a que adiante se fará referência.

Por enquanto, é oportuno ressaltar que levam a um processo **mais célere** as medidas cujo objetivo seja o julgamento conjunto de demandas que gravitam em torno da mesma questão de direito, por dois ângulos: *a*) o relativo àqueles processos, em si mesmos considerados, que, serão decididos conjuntamente; *b*) no que concerne à atenuação do excesso de carga de trabalho do Poder Judiciário – já que o tempo usado para decidir aqueles processos poderá ser mais eficazmente aproveitado em todos os outros, em cujo trâmite serão evidentemente menores os ditos "tempos mortos" (períodos em que nada acontece no processo).

Por outro lado, haver, indefinidamente, **posicionamentos diferentes** e incompatíveis, nos Tribunais, a respeito da **mesma norma jurídica**, leva a que jurisdicionados que estejam em situações idênticas, tenham de submeter-se a regras de conduta diferentes, ditadas por decisões judiciais emanadas de tribunais diversos.

Esse fenômeno fragmenta o sistema, gera intranquilidade e, por vezes, verdadeira perplexidade na sociedade.

Prestigiou-se, seguindo-se direção já abertamente seguida pelo ordenamento jurídico brasileiro, expressado na criação da Súmula Vinculante do Supremo Tribunal Federal (STF) e do regime de julgamento conjunto de recursos especiais e extraordinários repetitivos (que foi mantido e aperfeiçoado) tendência a criar estímulos para que a jurisprudência se uniformize, à luz do que venham a decidir tribunais superiores e até de segundo grau, e se estabilize.

Essa é a função e a razão de ser dos tribunais superiores: proferir decisões que **moldem** o ordenamento jurídico, objetivamente considerado. A função paradigmática que devem desempenhar é inerente ao sistema.

Por isso é que esses princípios foram expressamente formulados. Veja-se, por exemplo, o que diz o novo Código, no Livro IV: "*A jurisprudência do STF e dos Tribunais Superiores deve nortear as decisões de todos os Tribunais e Juízos singulares do país, de modo a concretizar plenamente os princípios da legalidade e da isonomia*".

Evidentemente, porém, para que tenha eficácia a recomendação no sentido de que seja a jurisprudência do STF e dos Tribunais superiores, efetivamente, norte para os demais órgãos integrantes do Poder Judiciário, é necessário que aqueles Tribunais mantenham jurisprudência razoavelmente estável.

A segurança jurídica fica comprometida com a brusca e integral alteração do entendimento dos tribunais sobre questões de direito.[13]

Encampou-se, por isso, expressamente princípio no sentido de que, uma vez firmada jurisprudência em certo sentido, esta deve, como norma, ser mantida, salvo se houver relevantes razões recomendando sua alteração.

Trata-se, na verdade, de um outro viés do princípio da segurança jurídica,[14] que recomendaria que a jurisprudência, uma vez pacificada ou sumulada, tendesse a ser mais estável.[15]

---

11 Que, antes de ser expressamente incorporado à Constituição Federal em vigor (art. 5º, inciso LXXVIII), já havia sido contemplado em outros instrumentos normativos estrangeiros (veja-se, por exemplo, o art. 111, da Constituição da Itália) e convenções internacionais (Convenção Europeia e Pacto de San Jose da Costa Rica). Trata-se, portanto, de tendência mundial.

12 Afinal, a celeridade não é um valor que deva ser perseguido a qualquer custo. *"Para muita gente, na matéria, a rapidez constitui o valor por excelência, quiçá o único. Seria fácil invocar aqui um rol de citações de autores famosos, apostados em estigmatizar a morosidade processual. Não deixam de ter razão, sem que isso implique – nem mesmo, quero crer, no pensamento desses próprios autores – hierarquização rígida que não reconheça como imprescindível, aqui e ali, ceder o passo a outros valores. Se uma justiça lenta demais é decerto uma justiça má, daí não se segue que uma justiça muito rápida seja necessariamente uma justiça boa. O que todos devemos querer é que a prestação jurisdicional venha ser melhor do que é. Se para torná-la melhor é preciso acelerá-la, muito bem: não, contudo, a qualquer preço"* (BARBOSA MOREIRA, José Carlos. O futuro da justiça: alguns mitos. *Revista de Processo*, v. 102, p. 228-237, abr./jun. 2001, p. 232).

13 Os ingleses dizem que os jurisdicionados não podem ser tratados "como cães, que só descobrem que algo é proibido quando o bastão toca seus focinhos" (BENTHAM citado por R. C. CAENEGEM, Judges, Legislators & Professors, p. 161).

14 "O homem necessita de segurança para conduzir, planificar e conformar autônoma e responsavelmente a sua vida. Por isso, desde cedo se consideravam os princípios da segurança jurídica e da proteção à confiança como elementos constitutivos do Estado de Direito. Esses dois princípios – segurança jurídica e proteção da confiança – andam estreitamente associados, a ponto de alguns autores considerarem o princípio da confiança como um subprincípio ou como uma dimensão específica da segurança jurídica. Em geral, considera-se que a segurança jurídica está conexionada com elementos objetivos da ordem jurídica – garantia de estabilidade jurídica, segurança de orientação e realização do direito – enquanto a proteção da confiança se prende mais com os componentes subjetivos da segurança, designadamente a calculabilidade e previsibilidade dos indivíduos em relação aos efeitos dos actos" (JOSÉ JOAQUIM GOMES CANOTILHO. Direito constitucional e teoria da constituição. Almedina, Coimbra, 2000, p. 256).

15 Os alemães usam a expressão princípio da "proteção", acima referida por Canotilho (ROBERT ALEXY e RALF DREIER, Precedent in the Federal Republic of Germany, *in* Interpreting Precedents, A Comparative Study, Coordenação NEIL MACCOR-MICK e ROBERT SUMMERS, Dartmouth Publishing Company, p. 19).

De fato, a alteração do entendimento a respeito de uma tese jurídica ou do sentido de um texto de lei pode levar ao legítimo desejo de que as situações anteriormente decididas, com base no entendimento superado, sejam redecididas à luz da nova compreensão. Isto porque a alteração da jurisprudência, diferentemente da alteração da lei, produz efeitos equivalentes aos *ex tunc*. Desde que, é claro, não haja regra em sentido inverso.

Diz, expressa e explicitamente, o novo Código que: "*A mudança de entendimento sedimentado observará a necessidade de fundamentação adequada e específica, considerando o imperativo de estabilidade das relações jurídicas*";

E, ainda, com o objetivo de prestigiar a segurança jurídica, formulou-se o seguinte princípio: "*Na hipótese de alteração da jurisprudência dominante do STF e dos Tribunais superiores, ou oriunda de julgamentos de casos repetitivos, pode haver* ***modulação*** *dos efeitos da alteração no interesse social e no da segurança jurídica*" (grifos nossos).

Esse princípio tem relevantes consequências práticas, como, por exemplo, a não rescindibilidade de sentenças transitadas em julgado baseadas na orientação abandonada pelo Tribunal. Também em nome da segurança jurídica, reduziu-se para um ano, como regra geral, o prazo decadencial dentro do qual pode ser proposta a ação rescisória.

Mas talvez as alterações mais expressivas do sistema processual ligadas ao objetivo de harmonizá-lo com o espírito da Constituição Federal, sejam as que dizem respeito a regras que induzem à uniformidade e à estabilidade da jurisprudência.

O novo Código prestigia o princípio da segurança jurídica, obviamente de índole constitucional, pois que se hospeda nas dobras do Estado Democrático de Direito e visa a proteger e a preservar as justas expectativas das pessoas.

Todas as normas jurídicas devem tender a dar efetividade às garantias constitucionais, tornando "segura" a vida dos jurisdicionados, de modo a que estes sejam poupados de "surpresas", podendo sempre prever, em alto grau, as consequências jurídicas de sua conduta.

Se, por um lado, o princípio do livre convencimento motivado é garantia de julgamentos independentes e justos, e neste sentido mereceu ser prestigiado pelo novo Código, por outro, compreendido em seu mais estendido alcance, acaba por conduzir a distorções do princípio da legalidade e à própria ideia, antes mencionada, de Estado Democrático de Direito. A dispersão excessiva da jurisprudência produz intranquilidade social e descrédito do Poder Judiciário.

Se todos têm que agir em conformidade com a lei, ter-se-ia, *ipso facto*, respeitada a isonomia. Essa relação de causalidade, todavia, fica comprometida como decorrência do desvirtuamento da liberdade que tem o juiz de decidir com base em seu entendimento sobre o sentido real da norma.

A tendência à diminuição[16] do número[17] de recursos que devem ser apreciados pelos Tribunais de segundo grau e superiores é resultado inexorável da jurisprudência mais uniforme e estável.

Proporcionar legislativamente melhores condições para operacionalizar formas de uniformização do entendimento dos Tribunais brasileiros acerca de teses jurídicas é concretizar, na vida da sociedade brasileira, o princípio constitucional da isonomia.

Criaram-se figuras, no novo CPC, para evitar a dispersão[18] excessiva da jurisprudência. Com isso, haverá condições de se atenuar o assoberbamento de trabalho no Poder Judiciário, sem comprometer a qualidade da prestação jurisdicional.

Dentre esses instrumentos, está a complementação e o reforço da eficiência do regime de julgamento de recursos repetitivos, que agora abrange a possibilidade de suspensão do procedimento das demais ações, tanto no juízo de primeiro grau, quanto dos demais recursos extraordinários ou especiais, que estejam tramitando nos tribunais superiores, aguardando julgamento, desatreladamente dos afetados.

---

16 Comentando os principais vetores da reforma sofrida no processo civil alemão na última década, BARBOSA MOREIRA alude ao problema causado pelo excesso de recursos no processo civil: "*Pôr na primeira instância o centro de gravidade do processo é diretriz política muito prestigiada em tempos modernos, e numerosas iniciativas reformadoras levam-na em conta. A rigor, o ideal seria que os litígios fossem resolvidos em termos finais mediante um único julgamento. Razões conhecidas induzem as leis processuais a abrirem a porta a reexames. A multiplicação desmedida dos meios tendentes a propiciá-los, entretanto, acarreta o prolongamento indesejável do feito, aumenta-lhe o custo, favorece a chicana e, em muitos casos, gera para os tribunais superiores excessiva carga de trabalho. Convém, pois, envidar esforços para que as partes se deem por satisfeitas com a sentença e se abstenham de impugná-la*" (Breve notícia sobre a reforma do processo civil alemão. *Revista de Processo*. São Paulo, v. 28, nº 111, p. 103-112, jul./set. 2003, p. 105).

17 O número de recursos previstos na legislação processual civil é objeto de reflexão e crítica, há muitos anos, na doutrina brasileira. EGAS MONIZ DE ARAGÃO, por exemplo, em emblemático trabalho sobre o tema, já indagou de forma contundente: "*há demasiados recursos no ordenamento jurídico brasileiro? Deve-se restringir seu cabimento? São eles responsáveis pela morosidade no funcionamento do Poder Judiciário?*" Respondendo tais indagações, o autor conclui que há três recursos que "*atendem aos interesses da brevidade e certeza, interesses que devem ser ponderados – como na fórmula da composição dos medicamentos – para dar adequado remédio às necessidades do processo judicial*": a apelação, o agravo e o extraordinário, isto é, recurso especial e recurso extraordinário (Demasiados recursos? *Revista de Processo*. São Paulo, v. 31, nº 136, p. 9-31, jun. 2006, p. 18).

18 A preocupação com essa possibilidade não é recente. ALFREDO BUZAID já aludia a ela, advertindo que há uma grande diferença entre as decisões adaptadas ao contexto histórico em que proferidas e aquelas que prestigiam interpretações contraditórias da mesma disposição legal, apesar de iguais as situações concretas em que proferidas. Nesse sentido: "*Na verdade, não repugna ao jurista que os tribunais, num louvável esforço de adaptação, sujeitem a mesma regra a entendimento diverso, desde que se alterem as condições econômicas, políticas e sociais; mas repugna-lhe que sobre a mesma regra jurídica deem os tribunais interpretação diversa e até contraditória, quando as condições em que ela foi editada continuam as mesmas. O dissídio resultante de tal exegese debilita a autoridade do Poder Judiciário, ao mesmo passo que causa profunda decepção às partes que postulam perante os tribunais*" (Uniformização de Jurisprudência. *Revista da Associação dos Juízes do Rio Grande do Sul*, 34/139, jul. 1985).

Com os mesmos objetivos, criou-se, com inspiração no direito alemão,[19] o já referido incidente de Resolução de Demandas Repetitivas, que consiste na identificação de processos que contenham a mesma questão de direito, que estejam ainda no primeiro grau de jurisdição, para decisão conjunta.[20]

O incidente de resolução de demandas repetitivas é admissível quando identificada, em primeiro grau, controvérsia com potencial de gerar multiplicação expressiva de demandas e o correlato risco da coexistência de decisões conflitantes.

É instaurado perante o Tribunal local, por iniciativa do juiz, do MP, das partes, da Defensoria Pública ou pelo próprio Relator. O juízo de admissibilidade e de mérito caberão ao tribunal pleno ou ao órgão especial, onde houver, e a extensão da eficácia da decisão acerca da tese jurídica limita-se à área de competência territorial do tribunal, salvo decisão em contrário do STF ou dos Tribunais superiores, pleiteada pelas partes, interessados, MP ou Defensoria Pública. Há a possibilidade de intervenção de *amici curiae*.

O incidente deve ser julgado no prazo de seis meses, tendo preferência sobre os demais feitos, salvo os que envolvam réu preso ou pedido de *habeas corpus*.

O recurso especial e o recurso extraordinário, eventualmente interpostos da decisão do incidente, têm efeito suspensivo e se considera presumida a repercussão geral, de questão constitucional eventualmente discutida.

Enfim, não observada a tese firmada, caberá reclamação ao tribunal competente.

As hipóteses de cabimento dos embargos de divergência agora se baseiam exclusivamente na existência de *teses contrapostas*, não importando o veículo que as tenha levado ao Supremo Tribunal Federal ou ao Superior Tribunal de Justiça. Assim, são possíveis de confronto teses contidas em recursos e ações, sejam as decisões de mérito ou relativas ao juízo de admissibilidade.

Está-se, aqui, diante de poderoso instrumento, agora tornado ainda mais eficiente, cuja finalidade é a de uniformizar a jurisprudência dos Tribunais superiores, *interna corporis*.

Sem que a jurisprudência desses Tribunais esteja internamente uniformizada, é posto abaixo o edifício cuja base é o respeito aos precedentes dos Tribunais superiores.

2) Pretendeu-se converter o processo em instrumento incluído no **contexto social** em que produzirá efeito o seu resultado. Deu-se ênfase à possibilidade de as partes porem fim ao conflito pela via da mediação ou da conciliação.[21] Entendeu-se que a *satisfação efetiva* das partes pode dar-se de modo mais intenso se a solução é por elas criada e não imposta pelo juiz.

Como regra, deve realizar-se audiência em que, ainda antes de ser apresentada contestação, se tentará fazer com que autor e réu cheguem a acordo. Dessa audiência, poderão participar conciliador e mediador e o réu deve comparecer, sob pena de se qualificar sua ausência injustificada como ato atentatório à dignidade da justiça. Não se chegando a acordo, terá início o prazo para a contestação.

Por outro lado, e ainda levando em conta a qualidade da satisfação das partes com a solução dada ao litígio, previu-se a possibilidade da presença do *amicus curiae*, cuja manifestação, com certeza tem aptidão de proporcionar ao juiz condições de proferir decisão mais próxima às reais necessidades das partes e mais rente à realidade do país.[22]

Criou-se regra no sentido de que a intervenção pode ser pleiteada pelo *amicus curiae* ou solicitada de ofício, como decorrência das peculiaridades da causa, em todos os graus de jurisdição.

---

19 No direito alemão a figura se chama *Musterverfahren* e gera decisão que serve de modelo (*Muster*) para a resolução de uma quantidade expressiva de processos em que as partes estejam na mesma situação, não se tratando necessariamente, do mesmo autor nem do mesmo réu. (RALF-THOMAS WITTMANN. Il "contenzioso di massa" in Germania, *in* GIORGETTI ALESSANDRO e VALERIO VALLEFUOCO, Il Contenzioso di massa in Italia, in Europa e nel mondo, Milão, Giuffrè, 2008, p. 178).

20 Tais medidas refletem, sem dúvida, a tendência de coletivização do processo, assim explicada por RODOLFO DE CAMARGO MANCUSO: *"Desde o último quartel do século passado, foi tomando vulto o fenômeno da 'coletivização' dos conflitos, à medida que, paralelamente, se foi reconhecendo a inaptidão do processo civil clássico para instrumentalizar essas megacontrovérsias, próprias de uma conflitiva sociedade de massas. Isso explica a proliferação de ações de cunho coletivo, tanto na Constituição Federal (arts. 5º, XXI; LXX, 'b'; LXXIII; 129, III) como na legislação processual extravagante, empolgando segmentos sociais de largo espectro: consumidores, infância e juventude; deficientes físicos; investidores no mercado de capitais; idosos; torcedores de modalidades desportivas, etc. Logo se tornou evidente (e premente) a necessidade da oferta de novos instrumentos capazes de recepcionar esses conflitos assim potencializado, seja em função do número expressivo (ou mesmo indeterminado) dos sujeitos concernentes, seja em função da indivisibilidade do objeto litigioso, que o torna insuscetível de partição e fruição por um titular exclusivo"* (*A resolução de conflitos e a função judicial no Contemporâneo Estado de Direito*. São Paulo: Revista dos Tribunais, 2009, p. 379-380).

21 A criação de condições para realização da transação é uma das tendências observadas no movimento de reforma que inspirou o processo civil alemão. Com efeito, explica BARBOSA MOREIRA que *"já anteriormente, por força de uma lei de 1999, os órgãos legislativos dos 'Lander' tinham sido autorizados, sob determinadas circunstâncias, a exigirem, como requisito de admissibilidade da ação, que se realizasse prévia tentativa de conciliação extrajudicial. Doravante, nos termos do art. 278, deve o tribunal, em princípio, levar a efeito a tentativa, ordenando o comparecimento pessoal de ambas as partes. O órgão judicial discutirá com elas a situação, poderá formular-lhes perguntas e fazer-lhes observações. Os litigantes serão ouvidos pessoalmente e terá cada qual a oportunidade de expor sua versão do litígio..."* (*Breves notícias sobre a reforma do processo civil alemão*, p. 106).

22 Predomina na doutrina a opinião de que a origem do *amicus curiae* está na Inglaterra, no processo penal, embora haja autores que afirmem haver figura assemelhada já no direito romano (CÁSSIO SCARPINELLA BUENO, *Amicus curiae no processo civil brasileiro*, Ed. Saraiva, 2006, p. 88). Historicamente, sempre atuou ao lado do juiz, e sempre foi a discricionariedade deste que determinou a intervenção desta figura, fixando os limites de sua atuação. Do direito inglês, migrou para o direito americano, em que é, atualmente, figura de relevo digno de nota (CÁSSIO SCARPINELLA BUENO, ob. cit., p. 94 e seguintes).

Entendeu-se que os requisitos que impõem a manifestação do *amicus curiae* no processo, se existem, estarão presentes desde o primeiro grau de jurisdição, não se justificando que a possibilidade de sua intervenção ocorra só nos Tribunais Superiores. Evidentemente, todas as decisões devem ter a qualidade que possa proporcionar a presença do *amicus curiae*, não só a última delas.

Com objetivo semelhante, permite-se no novo CPC que os Tribunais Superiores apreciem o mérito de alguns recursos que veiculam questões relevantes, cuja solução é necessária para o aprimoramento do Direito, ainda que não estejam preenchidos requisitos de admissibilidade considerados menos importantes. Trata-se de regra afeiçoada à processualística contemporânea, que privilegia o conteúdo em detrimento da forma, em consonância com o princípio da instrumentalidade.

3) Com a finalidade de *simplificação*, criou-se,[23] v. g., a possibilidade de o réu formular pedido independentemente do expediente formal da reconvenção, que desapareceu. Extinguiram-se muitos incidentes: passa a ser matéria alegável em preliminar de contestação a incorreção do valor da causa e a indevida concessão do benefício da justiça gratuita, bem como as duas espécies de incompetência. Não há mais a ação declaratória incidental nem a ação declaratória incidental de falsidade de documento, bem como o incidente de exibição de documentos. As formas de intervenção de terceiro foram modificadas e parcialmente fundidas: criou-se um só instituto, que abrange as hipóteses de denunciação da lide e de chamamento ao processo. Deve ser utilizado quando o chamado puder ser réu em ação regressiva; quando um dos devedores solidários saldar a dívida, aos demais; quando houver obrigação, por lei ou por contrato, de reparar ou garantir a reparação de dano, àquele que tem essa obrigação. A sentença dirá se terá havido a hipótese de ação regressiva, ou decidirá quanto à obrigação comum. Muitos[24] procedimentos especiais[25] foram extintos. Foram mantidos a ação de consignação em pagamento, a ação de prestação de contas, a ação de divisão e demarcação de terras particulares, inventário e partilha, embargos de terceiro, habilitação, restauração de autos, homologação de penhor legal e ações possessórias.

Extinguiram-se também as ações cautelares nominadas. Adotou-se a regra no sentido de que basta à parte a demonstração do *fumus boni iuris* e do perigo de ineficácia da prestação jurisdicional para que a providência pleiteada deva ser deferida. Disciplina-se também a tutela sumária que visa a proteger o direito evidente, independentemente de *periculum in mora*.

O Novo CPC agora deixa clara a possibilidade de concessão de tutela de urgência e de tutela à evidência. Considerou-se conveniente esclarecer de forma expressa que a resposta do Poder Judiciário deve ser rápida não só em situações em que a urgência decorre do risco de eficácia do processo e do eventual perecimento do próprio direito. Também em hipóteses em que as alegações da parte se revelam de juridicidade ostensiva deve a tutela ser antecipadamente (total ou parcialmente) concedida, independentemente de *periculum in mora*, por não haver razão relevante para a espera, até porque, via de regra, a demora do processo gera agravamento do dano.

Ambas essas espécies de tutela vêm disciplinadas na Parte Geral, tendo também desaparecido o livro das Ações Cautelares.

A tutela de urgência e da evidência podem ser requeridas **antes** ou **no curso** do procedimento em que se pleiteia a providência principal.

Não tendo havido resistência à liminar concedida, o juiz, depois da efetivação da medida, extinguirá o processo, conservando-se a eficácia da medida concedida, sem que a situação fique protegida pela coisa julgada.

Impugnada a medida, o pedido principal deve ser apresentado **nos mesmos autos** em que tiver sido formulado o pedido de urgência.

As opções procedimentais acima descritas exemplificam sobremaneira a concessão da tutela cautelar ou antecipatória, do ponto de vista procedimental.

[23] Tal possibilidade, rigorosamente, já existia no CPC de 1973, especificamente no procedimento comum sumário (art. 278, parágrafo 1°) e em alguns procedimentos especiais disciplinados no Livro IV, como, por exemplo, as ações possessórias (art. 922), daí porque se afirmava, em relação a estes, que uma de suas características peculiares era, justamente, a natureza dúplice da ação. Contudo, no Novo Código, o que era excepcional se tornará regra geral, em evidente benefício da economia processual e da ideia de efetividade da tutela jurisdicional.

[24] EGAS MONIZ DE ARAGÃO, comentando a transição do Código de 1939 para o Código de 1973, já chamava a atenção para a necessidade de refletir sobre o grande número de procedimentos especiais que havia no primeiro e foi mantido, no segundo diploma. Nesse sentido: "Ninguém jamais se preocupou em investigar se é necessário ou dispensável, se é conveniente ou inconveniente oferecer aos litigantes essa pletora de procedimentos especiais; ninguém jamais se preocupou em verificar se a existência desses inúmeros procedimentos constitui obstáculo à 'efetividade do processo', valor tão decantado na atualidade; ninguém jamais se preocupou em pesquisar se a existência de tais e tantos procedimentos constitui estorvo ao bom andamento dos trabalhos forenses e se a sua substituição por outros e novos meios de resolver os mesmos problemas poderá trazer melhores resultados. Diante desse quadro é de indagar: será possível atingir os resultados verdadeiramente aspirados pela revisão do Código sem remodelar o sistema no que tange aos procedimentos especiais?" (Reforma processual: 10 anos. *Revista do Instituto dos Advogados do Paraná*. Curitiba, nº 33, p. 201-215, dez. 2004, p. 205).

[25] Ainda na vigência do Código de 1973, já não se podia afirmar que a maior parte desses procedimentos era efetivamente especial. As características que, no passado, serviram para lhes qualificar desse modo, após as inúmeras alterações promovidas pela atividade de reforma da legislação processual, deixaram de lhes ser exclusivas. Vários aspectos que, antes, somente se viam nos procedimentos ditos especiais, passaram, com o tempo, a se observar também no procedimento comum. Exemplo disso é o sincretismo processual, que passou a marcar o procedimento comum desde que admitida a concessão de tutela de urgência em favor do autor, nos termos do art. 273.

Além de a incompetência, absoluta e relativa, poderem ser levantadas pelo réu em preliminar de contestação, o que também significa uma maior simplificação do sistema, a incompetência absoluta não é, no Novo CPC, hipótese de cabimento de ação rescisória.

Cria-se a faculdade de o advogado promover, pelo correio, a intimação do advogado da outra parte. Também as testemunhas devem comparecer espontaneamente, sendo excepcionalmente intimadas por carta com aviso de recebimento.

A extinção do procedimento especial "ação de usucapião" levou à criação do procedimento edital, como forma de comunicação dos atos processuais, por meio do qual, em ações deste tipo, devem-se provocar todos os interessados a intervir, se houver interesse.

O prazo para todos os recursos, com exceção dos embargos de declaração, foi uniformizado: quinze dias.

O recurso de apelação continua sendo interposto no 1º grau de jurisdição, tendo-lhe sido, todavia, retirado o juízo de admissibilidade, que é exercido apenas no 2º grau de jurisdição. Com isso, suprime-se um novo foco desnecessário de recorribilidade.

Na execução, se eliminou a distinção entre praça e leilão, assim como a necessidade de duas hastas públicas. Desde a primeira, pode o bem ser alienado por valor inferior ao da avaliação, desde que não se trate de preço vil.

Foram extintos os embargos à arrematação, tornando-se a ação anulatória o único meio de que o interessado pode valer-se para impugná-la.

Bastante simplificado foi o sistema recursal. Essa simplificação, todavia, em momento algum significou restrição ao direito de defesa. Em vez disso deu, de acordo com o objetivo tratado no item seguinte, maior rendimento a cada processo individualmente considerado.

Desapareceu o agravo retido, tendo, correlatamente, sido alterado o regime das preclusões.[26] Todas as decisões anteriores à sentença podem ser impugnadas na apelação. Ressalte-se que, na verdade, o que se modificou, nesse particular, foi exclusivamente o momento da impugnação, pois essas decisões, de que se recorria, no sistema anterior, por meio de agravo retido, só eram mesmo alteradas ou mantidas quando o agravo era julgado, como preliminar de apelação. Com o novo regime, o momento de julgamento será o mesmo; não o da impugnação.

O agravo de instrumento ficou mantido para as hipóteses de concessão, ou não, de tutela de urgência; para as interlocutórias de mérito, para as interlocutórias proferidas na execução (e no cumprimento de sentença) e para todos os demais casos a respeito dos quais houver previsão legal expressa.

Previu-se a sustentação oral em agravo de instrumento de decisão de mérito, procurando-se, com isso, alcançar resultado do processo mais rente à realidade dos fatos.

Uma das grandes alterações havidas no sistema recursal foi a supressão dos embargos infringentes.[27] Há muito, doutrina da melhor qualidade vem propugnando pela necessidade de que sejam extintos.[28] Em contrapartida a essa extinção, o relator terá o dever de declarar o voto vencido, sendo este considerado como parte integrante do acórdão, inclusive para fins de prequestionamento.

Significativas foram as alterações, no que tange aos recursos para o STJ e para o STF. O Novo Código contém regra expressa, que leva ao aproveitamento do processo, de forma plena, devendo ser decididas todas as razões que podem levar ao provimento ou ao improvimento do recurso. Sendo, por exemplo, o recurso extraordinário provido para acolher uma causa de pedir, ou *a*) examinam-se todas as outras, ou, *b*) remetem-se os autos para o Tribunal de segundo grau, para que decida as demais, ou, *c*) remetem-se os autos para o primeiro grau, caso haja necessidade de produção de provas, para a decisão das demais; e, pode-se também, *d*) remeter os autos ao STJ, caso as causas de pedir restantes constituam-se em questões de direito federal.

Com os mesmos objetivos, consistentes em simplificar o processo, dando-lhe, simultaneamente, o maior rendimento possível, criou-se a regra de que não há mais extinção do processo, por decisão de inadmissão de recurso, caso o tribunal destinatário entenda que a competência seria de outro tribunal. Há, isto sim, em todas as instâncias, inclusive no plano de STJ e STF, **a remessa dos autos ao tribunal competente.**

Há dispositivo expresso determinando que, se os embargos de declaração são interpostos com o objetivo de prequestionar a matéria objeto do recurso principal, e não são admitidos, considera-se o prequestionamento como havido, salvo, é claro, se se tratar de recurso que pretenda a inclusão, no acórdão, da descrição de fatos.

---

26 Essa alteração contempla uma das duas soluções que a doutrina processualista colocava em relação ao problema da recorribilidade das decisões interlocutórias. Nesse sentido: *"Duas teses podem ser adotadas com vistas ao controle das decisões proferidas pelo juiz no decorrer do processo em primeira instância: ou, a) não se proporciona recurso algum e os litigantes poderão impugná-las somente com o recurso cabível contra o julgamento final, normalmente a apelação, caso estes em que não incidirá preclusão sobre tais questões, ou, b) é proporcionado recurso contra as decisões interlocutórias (tanto faz que o recurso suba incontinente ao órgão superior ou permaneça retido nos autos do processo) e ficarão preclusas as questões nelas solucionadas caso o interessado não recorra"* (ARAGÃO, E. M. *Reforma processual: 10* anos, p. 210-211).

27 Essa trajetória, como lembra BARBOSA MOREIRA, foi, no curso das décadas, *"complexa e sinuosa"* (Novas vicissitudes dos embargos infringentes, *Revista de Processo.* São Paulo, v. 28, nº 109, p. 113-123, jul./ago. 2004, p. 113).

28 Nesse sentido, *"A existência de um voto vencido não basta por si só para justificar a criação de tal recurso; porque, por tal razão, se devia admitir um segundo recurso de embargos toda vez que houvesse mais de um voto vencido; desta forma poderia arrastar-se a verificação por largo tempo, vindo o ideal de justiça a ser sacrificado pelo desejo de aperfeiçoar a decisão"* (ALFREDO BUZAID, Ensaio para uma revisão do sistema de recursos no Código de Processo Civil. *Estudos de direito.* São Paulo: Saraiva, 1972, v. 1, p. 111).

Vê-se, pois, que as alterações do sistema recursal a que se está, aqui, aludindo, proporcionaram simplificação e levaram a efeito um outro objetivo, de que abaixo se tratará: obter-se o maior rendimento possível de cada processo.

4) O novo sistema permite que cada processo *tenha maior rendimento possível*. Assim, e por isso, estendeu-se a autoridade da coisa julgada às questões prejudiciais.

Com o objetivo de se dar maior **rendimento** a cada processo, individualmente considerado, e, atendendo a críticas tradicionais da doutrina,[29] deixou, a possibilidade jurídica do pedido, de ser condição da ação. A sentença que, à luz da lei revogada seria de carência da ação, à luz do Novo CPC é de improcedência e resolve definitivamente a controvérsia.

Criaram-se mecanismos para que, sendo a ação proposta com base em várias causas de pedir e sendo só uma levada em conta na decisão do 1º e do 2º graus, repetindo-se as decisões de procedência, caso o tribunal superior inverta a situação, retorne o processo ao 2º grau, para que as demais sejam apreciadas, até que, afinal, sejam todas decididas e seja, **efetivamente, posto fim à controvérsia**.

O mesmo ocorre se se tratar de ação julgada improcedente em 1º e em 2º graus, como resultado de acolhimento de uma razão de defesa, quando haja mais de uma.

Também visando a essa finalidade, o novo Código de Processo Civil criou, inspirado no sistema italiano[30] e francês,[31] a estabilização de tutela, a que já se referiu no item anterior, que permite a manutenção da eficácia da medida de urgência, ou antecipatória de tutela, até que seja eventualmente impugnada pela parte contrária.

As partes podem, até a sentença, modificar pedido e causa de pedir, desde que não haja ofensa ao contraditório. De cada processo, por esse método, se obtém tudo o que seja possível.

Na mesma linha, tem o juiz o poder de adaptar o procedimento às peculiaridades da causa.[32]

Com a mesma finalidade, criou-se a regra, a que já se referiu, no sentido de que, entendendo o Superior Tribunal de Justiça que a questão veiculada no recurso especial seja constitucional, deve remeter o recurso do Supremo Tribunal Federal; do mesmo modo, deve o Supremo Tribunal Federal remeter o recurso ao Superior Tribunal de Justiça, se considerar que não se trata de ofensa direta à Constituição Federal, por decisão irrecorrível.

5) A Comissão trabalhou sempre tendo como **pano de fundo** um objetivo genérico, que foi de imprimir organicidade às regras do processo civil brasileiro, dando maior coesão ao sistema.

O Novo CPC conta, agora, com uma Parte Geral,[33] atendendo às críticas de parte ponderável da doutrina brasileira. Neste Livro I, são mencionados princípios constitucionais de especial importância para todo o processo civil, bem como regras gerais, que dizem respeito a todos os demais Livros. A Parte Geral desempenha o papel de chamar para si a solução de questões difíceis relativas às demais partes do Código, já que contém regras e princípios gerais a respeito do funcionamento do sistema.

O conteúdo da Parte Geral (Livro I) consiste no seguinte: princípios e garantias fundamentais do processo civil; aplicabilidade das normas processuais; limites da jurisdição brasileira; competência interna; normas de cooperação internacional e nacional; partes; litisconsórcio; procuradores; juiz e auxiliares da justiça; Ministério Público; atos processuais; provas; tutela de urgência e tutela da evidência; formação, suspensão e extinção do processo. O Livro II, diz respeito ao processo de conhecimento, incluindo cumprimento de sentença e procedimentos especiais, contenciosos ou não. O Livro III trata do processo de execução, e o Livro IV disciplina os processos nos Tribunais e os meios de impugnação das decisões judiciais. Por fim, há as disposições finais e transitórias.

O objetivo de organizar internamente as regras e harmonizá-las entre si foi o que inspirou, por exemplo, a reunião das hipóteses em que os Tribunais ou juízes podem voltar atrás, mesmo depois de terem proferido decisão de mérito: havendo embargos de declaração, erro material, sendo proferida decisão pelo STF ou pelo STJ com base nos artigos 543-B e 543-C do Código anterior.

---

[29] CÂNDIDO DINAMARCO lembra que o próprio LIEBMAN, após formular tal condição da ação em aula inaugural em Turim, renunciou a ela depois que *"a lei italiana passou a admitir o divórcio, sendo este o exemplo mais expressivo de impossibilidade jurídica que vinha sendo utilizado em seus escritos"* (*Instituições de direito processual civil*. v. II, 6. ed. São Paulo: Malheiros, 2009, p. 309).

[30] Tratam da matéria, por exemplo, COMOGLIO, Luigi; FERRI, Corrado; TARUFFO, Michele. *Lezioni sul processo civile*. 4. ed. Bologna: Il Mulino, 2006. t. I e II; PICARDI, Nicola. *Codice di procedura civile*. 4. ed. Milão: Giuffrè, 2008. t. II; GIOLA, Valerio de; RASCHELLÀ, Anna Maria. *I provvedimento d´urgenza ex art. 700 Cod. Proc. Civ.* 2. ed. Experta, 2006.

[31] É conhecida a figura do *référé* francês, que consiste numa forma sumária de prestação de tutela, que gera decisão provisória, não depende necessariamente de um processo principal, não transita em julgado, mas pode prolongar a sua eficácia no tempo. Vejam-se arts. 488 e 489 do *Nouveau Code de Procédure Civile* francês.

[32] No processo civil inglês, há regra expressa a respeito dos "*case management powers*". CPR 1.4. Na doutrina, v. NEIL ANDREWS, O moderno processo civil, São Paulo, Ed. RT, 2009, item 3.14, p. 74. Nestas regras de gestão de processos, inspirou-se a Comissão autora do Anteprojeto.

[33] Para EGAS MONIZ DE ARAGÃO, a ausência de uma parte geral, no Código de 1973, ao tempo em que promulgado, era compatível com a ausência de sistematização, no plano doutrinário, de uma teoria geral do processo. E advertiu o autor: *"não se recomendaria que o legislador precedesse aos doutrinadores, aconselhando a prudência que se aguarde o desenvolvimento do assunto por estes para, colhendo-lhes os frutos, atuar aquele"* (*Comentários ao Código de Processo Civil*: v. II. 7. ed. Rio de Janeiro: Forense, 1991, p. 8). O profundo amadurecimento do tema que hoje se observa na doutrina processualista brasileiro justifica, nessa oportunidade, a sistematização da teoria geral do processo, no novo CPC.

Organizaram-se em dois dispositivos as causas que levam à extinção do processo, por indeferimento da inicial, sem ou com julgamento de mérito, incluindo-se neste grupo o que constava do art. 285-A do Código anterior.

Unificou-se o critério relativo ao fenômeno que gera a prevenção: o despacho que ordena a citação. A ação, por seu turno, considera-se proposta assim que protocolada a inicial.

Tendo desaparecido o Livro do Processo Cautelar e as cautelares em espécie, acabaram sobrando medidas que, em consonância com parte expressiva da doutrina brasileira, embora estivessem formalmente inseridas no Livro III, de cautelares, nada tinham. Foram, então, realocadas, junto aos procedimentos especiais.

Criou-se um livro novo, a que já se fez menção, para os processos nos Tribunais, que abrange os meios de impugnação às decisões judiciais – recursos e ações impugnativas autônomas – e institutos como, por exemplo, a homologação de sentença estrangeira.

Também com o objetivo de desfazer "nós" do sistema, deixaram-se claras as hipóteses de cabimento de ação rescisória e de ação anulatória, eliminando-se dúvidas, com soluções como, por exemplo, a de deixar sentenças homologatórias como categoria de pronunciamento impugnável pela ação anulatória, ainda que se trate de decisão de mérito, isto é, que homologa transação, reconhecimento jurídico do pedido ou renúncia à pretensão.

Com clareza e com base em doutrina autorizada,[34] disciplinou-se o litisconsórcio, separando-se, com a nitidez possível, o necessário do unitário.

Inverteram-se os termos **sucessão** e **substituição**, acolhendo-se crítica antiga e correta da doutrina.[35]

Nos momentos adequados, utilizou-se a expressão *convenção de arbitragem*, que abrange a cláusula arbitral e o compromisso arbitral, imprimindo-se, assim, o mesmo regime jurídico a ambos os fenômenos.[36]

Em conclusão, como se frisou no início desta exposição de motivos, elaborar-se um Código novo não significa "deitar abaixo as instituições do Código vigente, substituindo-as por outras, inteiramente novas".[37]

Nas alterações das leis, com exceção daquelas feitas imediatamente após períodos históricos que se pretendem deixar definitivamente para trás, não se deve fazer "taboa rasa" das conquistas alcançadas. Razão alguma há para que não se conserve ou aproveite o que há de bom no sistema que se pretende reformar.

Assim procedeu a Comissão de Juristas que reformou o sistema processual: criou saudável equilíbrio entre conservação e inovação, sem que tenha havido drástica ruptura com o presente ou com o passado.

Foram criados institutos inspirados no direito estrangeiro, como se mencionou ao longo desta Exposição de Motivos, já que, a época em que vivemos é de interpenetração das civilizações. O Novo CPC é fruto de reflexões da Comissão que o elaborou, que culminaram em escolhas racionais de caminhos considerados adequados, à luz dos cinco critérios acima referidos, à obtenção de uma sentença que resolva o conflito, com respeito aos direitos fundamentais e no menor tempo possível, realizando o interesse público da atuação da lei material.

Em suma, para a elaboração do Novo CPC, identificaram-se os avanços incorporados ao sistema processual preexistente, que deveriam ser conservados. Estes foram organizados e se deram alguns passos à frente, para deixar expressa a adequação das novas regras à Constituição Federal da República, com um sistema mais coeso, mais ágil e capaz de gerar um processo civil mais célere e mais justo.

A Comissão de Juristas

Brasília, 8 de junho de 2010.

---

[34] CÂNDIDO DINAMARCO, por exemplo, sob a égide do Código de 1973, teceu críticas à redação do art. 47, por entender que *"esse mal redigido dispositivo dá a impressão, absolutamente falsa, de que o litisconsórcio unitário seria modalidade do necessário"* (*Instituições de direito processual civil*, v. II, p. 359). No entanto, explica, com inequívoca clareza, o processualista: *"Os dois conceitos não se confundem nem se colocam em relação de gênero a espécie. A unitariedade não é espécie da necessariedade. Diz respeito ao 'regime de tratamento' dos litisconsortes, enquanto esta é a exigência de 'formação' do litisconsórcio."*

[35] *"O Código de Processo Civil dá a falsa ideia de que a troca de um sujeito pelo outro na condição de parte seja um fenômeno de substituição processual: o vocábulo 'substituição' e a forma verbal 'substituindo' são empregadas na rubrica em que se situa o art. 48 e em seu § 1º. Essa impressão é falsa porque 'substituição processual' é a participação de um sujeito no processo, como autor ou réu, sem ser titular do interesse em conflito (art. 6º). Essa locução não expressa um movimento de entrada e saída. Tal movimento é, em direito, 'sucessão' – no caso, sucessão processual"* (DINAMARCO, C. *Instituições de direito processual civil*, v. II, p. 281).

[36] Sobre o tema da arbitragem, veja-se: CARMONA, Carlos Alberto. *Arbitragem e Processo um comentário à lei nº 9.307/96*. 3. ed. São Paulo: Atlas, 2009.

[37] ALFREDO BUZAID, Exposição de motivos, Lei nº 5.869, de 11 de janeiro de 1973.

CÓDIGO DE PROCESSO CIVIL
ANOTADO

LEI Nº 13.105, DE 16 DE MARÇO DE 2015

Código de Processo Civil

A Presidenta da República:
Faço saber que o Congresso Nacional decreta e eu sanciono a seguinte Lei:

PARTE GERAL

LIVRO I
DAS NORMAS PROCESSUAIS CIVIS

TÍTULO ÚNICO
DAS NORMAS FUNDAMENTAIS E DA APLICAÇÃO DAS NORMAS PROCESSUAIS

Capítulo I
DAS NORMAS FUNDAMENTAIS DO PROCESSO CIVIL

Art. 1º O processo civil será ordenado, disciplinado e interpretado conforme os valores e as normas fundamentais estabelecidos na Constituição da República Federativa do Brasil, observando-se as disposições deste Código.

REFERÊNCIA LEGISLATIVA

CF, arts. 1º e 5º.

BREVES COMENTÁRIOS

Na Parte Geral, o atual Código dispensou grande atenção à constitucionalização do processo, dedicando seus doze artigos iniciais para definir aquilo que denominou de Normas Fundamentais do Processo Civil, dentre as quais merecem especial destaque os princípios do contraditório sem surpresas; da cooperação entre partes e juiz na atividade de formulação do provimento jurisdicional; da sujeição de todos os participantes do processo ao comportamento de acordo com a boa-fé; da duração razoável do processo; da dignidade da pessoa humana; da eficiência da prestação a cargo do Poder Judiciário; da submissão do próprio juiz ao contraditório; da fundamentação adequada das decisões judiciais; da vedação de privilégios da ordem de julgamento das causas. Entre as normas fundamentais figura também a que estimula a prática da justiça coexistencial (juízo arbitral, conciliação e mediação).

O importante, porém, é que a influência da Constituição sobre o processo não se limita às normas processuais constantes dos arts. 1º a 12. O processo civil como um todo, segundo o art. 1º do Código, deverá ser interpretado "conforme os valores e as normas fundamentais estabelecidos na Constituição da República Federativa do Brasil". Quer isso dizer que tanto os princípios como os valores consagrados pela Constituição devem ser os vetores para a interpretação e aplicação de todas as demais normas do ordenamento jurídico, inclusive e com destaque as editadas por meio das leis processuais. O neoconstitucionalismo, ao consagrar a força normativa da Constituição, fez com que princípios e valores adotados pela Lei Maior deixassem de ser meras concepções teóricas a indicar apenas o escopo das normas que lhes sucediam, "para se tornarem vetores diretos dos direitos que axiologicamente definiam". Ou, em outras palavras, "a interpretação das leis passou a impor que a sua aplicação fosse conforme as normas e os princípios previstos na Constituição Federal" (ALMEIDA, Gregório Assagra; GOMES JÚNIOR, Luiz Manoel; SILVA, Vitor Hugo da Trindade. Comentário à Repercussão Geral, Tema 1.236, *Revista dos Tribunais*, São Paulo, v. 1.064, p. 269, jun. 2024).

JURISPRUDÊNCIA SELECIONADA

1. Justiça aplicada ao caso concreto. "O art. 1º do Código Fux orienta que o processo civil observe princípios e valores, bem como a lei, significando isso a chamada justiça no caso concreto, influenciada pelas características e peculiaridades do fato-suporte da demanda, o que deve ser adequadamente ponderado" (STJ, REsp 1.771.147/SP, Rel. Min. Napoleão Nunes Maia Filho, 1ª Turma, jul. 05.09.2019, *DJe* 25.09.2019).

2. Direitos absolutos. "De acordo com o entendimento consolidado no col. Supremo Tribunal Federal, 'os direitos e garantias individuais não têm caráter absoluto. Não há, no sistema constitucional brasileiro, direitos ou garantias que se revistam de caráter absoluto, mesmo porque razões de relevante interesse público ou exigências derivadas do princípio de convivência das liberdades legitimam, ainda que excepcionalmente, a adoção, por parte dos órgãos estatais, de medidas restritivas das prerrogativas individuais ou coletivas, desde que respeitados os termos estabelecidos pela própria Constituição' (MS n. 23.452/RJ, Segunda Turma, Rel. Min. Celso de Mello, *DJe* de 12/5/2000)" (STJ, AgRg no RMS 65.993/SP, Rel. Min. Felix Fischer, 5ª Turma, jul. 18.05.2021, *DJe* 25.05.2021).

3. Direito adquirido. "Não há direito adquirido contra disposição normativa inscrita no texto da Constituição, eis que situações inconstitucionais, por desprovidas de validade jurídica, não podem justificar o reconhecimento de quaisquer direitos" (STF, RE 172.082/PA, Rel. Min. Celso de Mello, 1ª Turma, jul. 12.12.1995, *DJe* 13.02.2009).

4. Direitos fundamentais. Relações privadas. Autonomia das associações. "A autonomia privada, que encontra claras limitações de ordem jurídica, não pode ser exercida em detrimento ou com desrespeito aos direitos e garantias de terceiros, especialmente aqueles positivados em sede constitucional, pois a autonomia da vontade não confere aos particulares, no domínio de sua incidência e atuação, o poder de transgredir ou de ignorar as restrições postas e definidas pela própria Constituição, cuja eficácia e força normativa também se impõem, aos particulares, no âmbito de suas relações privadas, em tema de liberdades fundamentais" (STF, RE 201.819/RJ, Rel. p/ac. Min. Gilmar Mendes, 2ª Turma, jul. 11.10.2005, *DJU* 27.10.2006, p. 64).

5. Lei estadual sobre procedimento. Competência concorrente. "Lei estadual no 14.757, de 16 de novembro de 2015, do Estado do Rio Grande do Sul. Pagamento de requisições de pequeno valor. Redefinição do limite do RPV. Possibilidade. Norma estadual que estipula dever do credor de encaminhar ordem de pagamento de obrigação de pequeno valor diretamente ao órgão público devedor. Impossibilidade. Violação da competência privativa da União para legislar sobre Direito Processual. Precedentes" (STF, ADI 5421, Rel. Min. Gilmar Mendes, Tribunal Pleno, jul. 17.12.2022, *DJe* 25.01.2023).

Art. 2º O processo começa por iniciativa da parte e se desenvolve por impulso oficial, salvo as exceções previstas em lei.

CPC/1973

Arts. 2º e 262.

REFERÊNCIA LEGISLATIVA

CF, art. 5º, *caput* (garantia de liberdade).

CPC/2015, arts. 2º (impulso processual); 141 (decisão *ultra petita*); 492 (decisão *extra* ou *ultra petita*).

BREVES COMENTÁRIOS

Consagrando o *princípio da demanda* ou *da ação*, a prestação da tutela jurisdicional só se exercitará quando o juiz for provocado pela parte ou pelo interessado, uma vez que a autoridade judiciária em regra não atua *ex officio* ou sem ação própria.

Embora a jurisdição seja função ou atividade pública do Estado, versa quase sempre sobre interesses privados – direitos materiais subjetivos das partes –, donde não tem cabimento a prestação jurisdicional, a não ser quando solicitada, nos casos controvertidos, pela parte interessada. Daí dizer-se que a jurisdição é atividade "provocada" e não espontânea do Estado: *ne procedat iudex ex officio*. Ainda quando o Estado se põe em conflito com particulares ou outros organismos públicos, seja no plano do direito público ou privado, não cabe ao Poder Judiciário tomar iniciativa de regular o litígio por conta própria. O Poder Público, por meio de órgãos ou agentes específicos, terá também de exercitar o direito de ação, como faz qualquer pessoa, para quebrar a inércia da jurisdição e obter o provimento capaz de solucionar o litígio em que se acha envolvido. O Judiciário é sempre um estranho à relação jurídica litigiosa, e se conserva indiferente enquanto um dos interessados (públicos ou privados) não tome a iniciativa de invocar a intervenção pacificadora.

Nesse sentido, nosso Código é expresso em determinar que "o processo começa por iniciativa da parte e se desenvolve por impulso oficial, salvo as exceções previstas em lei" (art. 2º). Entre as raríssimas hipóteses de instauração de processo por iniciativa judicial, podem ser lembradas a decretação de falência (Lei nº 11.101/2005, art. 73, III, alterado pela Lei nº 14.112/2020) e a arrecadação da herança jacente (CPC/2015, art. 738) e a arrecadação de bens de ausente (CPC/2015, art. 744).

JURISPRUDÊNCIA SELECIONADA

1. Princípio da demanda. "Defeso ao magistrado decidir fora do pedido formulado pelo autor da demanda. Por conseguinte, a prestação jurisdicional que extrapolar os parâmetros estabelecidos pelos pedidos vertidos na petição inicial contraria o Ordenamento Jurídico pátrio" (STJ, AgRg no REsp 742.420/RS, Rel. Min. Celso Limongi, 6ª Turma, jul. 01.06.2010, *DJe* 21.06.2010).

"O processo civil rege-se pelo **princípio dispositivo** (*iudex secundum allegata partium iudicare debet*), somente sendo admissível excepcionar sua aplicação quando razões de ordem pública e igualitária o exijam, como, por exemplo, quando se esteja diante de causa que tenha por objeto direito indisponível (ações de estado) ou quando o julgador, em face das provas produzidas, se encontre em estado de perplexidade ou, ainda, quando haja significativa desproporção econômica ou sociocultural entre as partes. Não assim quando, como na espécie, gravitando a demanda em torno de interesses exclusivamente patrimoniais e gozando as partes de situação financeira privilegiada, ressaia nítido o intuito de uma delas de ver suprida deficiência probatória em que incorreu" (STJ, REsp 33.200/SP, Rel. Min. Sálvio de Figueiredo Teixeira, 4ª Turma, jul. 13.03.1995, *DJ* 15.05.1995).

Pedido deferido em menor extensão. "Pode o magistrado, observando os limites estabelecidos no pedido formulado, bem como na causa de pedir, deferir o pedido em menor extensão daquele formulado na inicial, sem alterar a natureza do objeto da ação, **não havendo falar em julgamento *extra petita* ou condicional**" (STJ, AgRg no Ag 1157902/PR, Rel. Min. Arnaldo Esteves Lima, 5ª Turma, jul. 18.02.2010, *DJe* 15.03.2010).

2. Denominação errônea da ação. Irrelevância. "O rótulo que se dá à causa é irrelevante perante a ciência processual, atendendo apenas à conveniência de ordem prática. Trata-se de resquício da teoria civilista sobre a natureza jurídica da ação" (STJ, REsp 1.989/ES, Rel. Min. Sálvio de Figueiredo, 4ª Turma, jul. 13.03.1990, *DJ* 09.04.1990). **No mesmo sentido**: STF, RE 98.559, Rel. Min. Soares Muñoz, 1ª Turma, jul. 26.10.1982, *RTJ* 106/1.160; STJ, REsp 37.187/RJ, Rel. Min. Eduardo Ribeiro, 3ª Turma, jul. 04.04.1995, *RSTJ* 73/280; STJ, REsp 402.390/SE, Rel. Min. Teori Albino Zavascki, 1ª Turma, jul. 04.11.2003, *DJ* 24.11.2003.

Art. 3º Não se excluirá da apreciação jurisdicional ameaça ou lesão a direito.

§ 1º É permitida a arbitragem, na forma da lei.

§ 2º O Estado promoverá, sempre que possível, a solução consensual dos conflitos.

§ 3º A conciliação, a mediação e outros métodos de solução consensual de conflitos deverão ser estimulados por juízes, advogados, defensores públicos e membros do Ministério Público, inclusive no curso do processo judicial.

REFERÊNCIA LEGISLATIVA

CF, art. 5º, XXXV.

Resolução nº 697/2020, do STF (dispõe sobre a criação do Centro de Mediação e Conciliação, responsável pela busca e implementação de soluções consensuais no Supremo Tribunal Federal).

Lei nº 13.994/2020 (possibilita a conciliação não presencial no âmbito dos Juizados Especiais Cíveis).

Lei nº 11.101/2005, art. 20-A, *caput*, com a redação da Lei nº 14.112/2020 (conciliação e mediação nos procedimentos de recuperação judicial e falências).

CJF – I JORNADA DE PREVENÇÃO E SOLUÇÃO EXTRAJUDICIAL DE LITÍGIOS

Enunciado 49 – Os Comitês de Resolução de Disputas (Dispute Boards) são métodos de solução consensual de conflito, na forma prevista no § 3º, do art. 3º, do Código de Processo Civil.

Enunciado 80 – A utilização dos Comitês de Resolução de Disputas (Dispute Boards), com a inserção da respectiva cláusula contratual, é recomendável para os contratos de construção ou de obras de infraestrutura, como mecanismo voltado para a prevenção de litígios e redução dos custos correlatos, permitindo a imediata resolução de conflitos surgidos no curso da execução de contratos.

BREVES COMENTÁRIOS

Tendo em conta o direito fundamental de acesso à Justiça assegurado pelo art. 5º, XXXV, da Constituição, o art. 3º do CPC/2015 dispõe que "não se excluirá da apreciação jurisdicional ameaça ou lesão a direito".

É de se ter em conta que, no moderno Estado Democrático de Direito, o acesso à justiça não se resume ao direito de ser ouvido em juízo e de obter uma resposta qualquer do órgão jurisdicional. Por acesso à Justiça hoje se compreende o direito a uma *tutela efetiva e justa* para todos os interesses dos particulares agasalhados pelo ordenamento jurídico. Nele se englobam tanto as garantias de natureza individual como as estruturais, ou seja, o acesso à justiça se dá individualmente, por meio do direito conferido a todas as pessoas naturais ou jurídicas de dirigir-se ao Poder Judiciário e dele obter resposta acerca de qualquer pretensão, contando com a figura do juiz natural e com sua imparcialidade; com a garantia do contraditório e da ampla defesa, com ampla possibilidade de influir eficazmente na formação das decisões que irão atingir os interesses individuais em jogo; com o respeito à esfera dos direitos e interesses disponíveis do litigante; com prestação da assistência jurídica aos carentes, bem como com a preocupação de assegurar a paridade de armas entre os litigantes na disputa judicial; e com a coisa julgada, como garantia da segurança jurídica e da tutela jurisdicional efetiva.

Do ponto de vista estrutural, o acesso à Justiça exige que concorra, por parte dos órgãos e sistemas de atuação do Judiciário, a observância de garantias como: a da impessoalidade e permanência da jurisdição; a da independência dos juízes; a da motivação das decisões; a do respeito ao contraditório participativo; a da inexistência de obstáculos ilegítimos; a da efetividade qualitativa, capaz de dar a quem tem direito tudo aquilo a que faz jus de acordo com o ordenamento jurídico; a do respeito ao procedimento legal, que, entretanto, há de ser flexível e previsível; a da publicidade e da duração razoável do processo; a do duplo grau de jurisdição; e, enfim, a do respeito à dignidade humana.

Tem-se como legítima a substituição voluntária da justiça estatal pelo juízo arbitral, na forma da lei (art. 3º, § 1º). Além disso, ao mesmo tempo que o legislador assegura o acesso irrestrito à justiça, preconiza também as virtudes da solução consensual dos conflitos, atribuindo ao Estado o encargo de promover essa prática pacificadora, sempre que possível (CPC/2015, art. 3º, § 2º). E nessa linha de política pública, recomenda que "a conciliação, a mediação e outros métodos de solução consensual de conflitos deverão ser estimulados por juízes, advogados, defensores públicos e membros do Ministério Público, inclusive no curso do processo judicial" (CPC/2015, art. 3º, § 3º).

A doutrina e a jurisprudência admitem como meio alternativo de solução consensual de conflitos os dispute boards, que são "'métodos de solução de controvérsias nos quais os membros do comitê atuam durante a execução dos contratos proporcionando uma espécie de gerenciamento', aptos, portanto, a prevenir conflitos e situações decorrentes do desenvolvimento duradouro das relações contratuais". Como não são tribunais arbitrais, suas decisões não são exequíveis, mas servem para recomendar ou decidir controvérsias surgidas no acompanhamento do progresso da obra ou na execução do contrato. As decisões tomadas por esses tribunais, entretanto, serão obrigatórias e vinculativas em razão da autonomia privada das partes, uma vez que optem pela utilização dos comitês. A obrigação do cumprimento da decisão dos dispute boards, portanto, é contratual (Giovani dos Santos Ravagnani, Bruna Laís Sousa Tourinho Nakamura, Daniel Pineiro Longa, A utilização de *dispute boards* como método adequado para a resolução de conflitos no Brasil, *Revista de Processo*, ano 45, n. 300, p. 346 e 359).

JURISPRUDÊNCIA SELECIONADA

1. Mediação e conciliação. "O Código de Processo Civil de 2015 dispensou especial tratamento, pelo Poder Judiciário, da solução consensual de conflitos. Nesta medida, determina o art. 3º, § 3º, do Código, que a conciliação, a mediação e outros métodos de solução consensual de conflitos deverão ser estimulados por juízes, advogados, defensores públicos e membros do Ministério Público, inclusive no curso do processo judicial. Assim, deve ser homologada a transação para que gere os efeitos previstos no art. 487, III, b, do CPC/2015" (STJ, EDcl nos EDcl no AgInt no AREsp 1345423/AL, Rel. Min. Francisco Falcão, 2ª Turma, jul. 15.08.2019, *DJe* 23.08.2019).

2. Arbitragem na Administração Pública. "O CPC/2015 trouxe nova disciplina para o processo judicial, exortando a utilização dos meios alternativos de solução de controvérsia, razão pela qual a solução consensual configura dever do Estado, que deverá promovê-la e incentivá-la (art. 3º, §§ 1º e 2º). A parte tem direito de optar pela arbitragem, na forma da lei (art. 42). (...) Convivência harmônica do direito patrimonial disponível da Administração Pública com o princípio da indisponibilidade do interesse público. A Administração Pública, ao recorrer à arbitragem para solucionar litígios que tenham por objeto direitos patrimoniais disponíveis, atende ao interesse público, preservando a boa-fé dos atos praticados pela Administração Pública, em homenagem ao princípio da segurança jurídica. A arbitragem não impossibilita o acesso à jurisdição arbitral por Estado-Membro, possibilitando sua intervenção como terceiro interessado. Previsões legal e contratual. Prematura abertura da instância judicial em descompasso com o disposto no art. 3º, § 2º, do CPC/2015 e os termos da Convenção Arbitral" (STJ, CC 139.519/RJ, Rel. p/ Acórdão Min. Regina Helena Costa, 1ª Seção, jul. 11.10.2017, *DJe* 10.11.2017).

3. Comitês de resolução de conflitos. "Afigura-se absolutamente possível que as partes, por anteverem futuras e pontuais divergências ao longo da consecução do objeto contratual, ou por conveniência/necessidade em não se fixar, de imediato, todos os elementos negociais, ajustem, no próprio contrato, a delegação da solução de tais conflitos a um terceiro ou a um comitê criado para tal escopo e, também com esteio no princípio da autonomia de vontades, disponham sobre o caráter de tal decisão, se meramente consultiva; se destinada a resolver a contenda imediatamente, sem prejuízo de a questão ser levada posteriormente à arbitragem ou à Justiça Pública, ou se vinculativa e definitiva, disposição contratual que, em qualquer circunstância – ressalvado, por óbvio, se existente algum vício de consentimento – deve ser detidamente observada. Será, portanto, a partir da natureza conferida pelas partes à decisão do terceiro ou do comitê criado para o escopo de dirimir determinada controvérsia, respeitada a autonomia dos contratantes, é que se poderá inferir se se está, ou não, diante de um método alternativo de heterocomposição de conflitos de interesses" (STJ, REsp 1569422/RJ, Rel. Min. Marco Aurélio Bellizze, 3ª Turma, jul. 26.04.2016, *DJe* 20.05.2016).

4. Ação de cobrança de DPVAT. Interesse de agir. Ver jurisprudência do art. 17 do CPC/2015.

5. Princípio da instrumentalidade do direito processual. Acesso à justiça. "O princípio da instrumentalidade do Direito Processual reclama a necessidade de interpretar os seus institutos sempre do modo mais favorável ao acesso à justiça (art. 5º, XXXV, CRFB) e à efetividade dos direitos materiais (OLIVEIRA, Carlos Alberto Alvaro de. O formalismo-valorativo no confronto com o formalismo excessivo. *Revista de Processo*, São Paulo: RT, n. 137, p. 7-31, 2006; DINAMARCO, Cândido Rangel. *A instrumentalidade do processo*. 14ª ed. São Paulo: Malheiros, 2009; BEDAQUE, José Roberto dos Santos. *Efetividade do processo e técnica processual*. 3ª ed. São Paulo: Malheiros, 2010)" (STF, AI 703.269 AgR-ED-ED-EDv-ED, Rel. Min. Luiz Fux, Tribunal Pleno, jul. 05.03.2015, *DJe* 08.05.2015).

6. Execução extrajudicial da alienação fiduciária de imóvel. Inexistência de óbice ao exercício do direito de ação. "A jurisprudência desta Corte, em questão análoga, firmou-se no sentido da recepção do Decreto-lei 70/1966, inclusive quanto à validade da execução extrajudicial da garantia hipotecária, fixando-se como tese do Tema 249 da Repercussão Geral: 'É constitucional, pois foi devidamente recepcionado pela Constituição Federal de 1988, o procedimento de execução extrajudicial previsto no Decreto-lei nº 70/66' (RE 627.106, Rel. Min. Dias Toffoli). A execução extrajudicial nos contratos de mútuo com alienação fiduciária de imóvel, prevista na Lei 9.514/1997, é compatível com as garantias constitucionais, destacando-se inexistir afronta ao princípio da inafastabilidade da jurisdição e do acesso à justiça (art. 5º, inciso XXXV, da CF/88) e do juiz natural (art. 5º, LIII, CF/88), posto que se assegura às partes, a qualquer momento, a possibilidade de controle de legalidade do procedimento executório na via judicial. Inexiste, igualmente, violação aos princípios do devido processo legal, do contraditório e da ampla defesa (art. 5º, LIV e LV, da CF/88), tendo em vista que o procedimento extrajudicial que confere executoriedade ao contrato de financiamento imobiliário é devidamente regulamentado pela legislação de regência, não se tratando de procedimento aleatório ou autoconduzido pelo próprio credor. A questão revela tema de complexa regulação econômica legislativa, com efeitos múltiplos na organização socioeconômica, que promove tratamento constitucionalmente adequado à questão, no equilíbrio entre a proteção pelos riscos assumidos pela instituição credora e a preservação dos direitos fundamentais do devedor, adequando-se aos influxos decorrentes do referencial teórico da Análise Econômica do Direito (*Law and Economics*), além de alinhar-se à tendência do direito moderno de desjudicialização. (...) Proposta de Tese de Repercussão Geral: 'É constitucional o procedimento da Lei nº 9.514/1997 para a execução extrajudicial da cláusula de alienação fiduciária em garantia, haja vista sua compatibilidade com as garantias processuais previstas na Constituição Federal'" (STF, RE 860631, Rel. Min. Luiz Fux, Pleno, jul. 26.10.2023, *DJe* 14.02.2024).

Art. 4º As partes têm o direito de obter em prazo razoável a solução integral do mérito, incluída a atividade satisfativa.

REFERÊNCIA LEGISLATIVA

CF, art. 5º, LXXVIII.

BREVES COMENTÁRIOS

Entre os direitos fundamentais ligados à garantia do *processo justo* figura o do inc. LXXVIII do art. 5º da CF, em que se assegura, a um só tempo, (i) a *razoável duração do processo*, bem como (ii) o emprego dos meios que garantam a *celeridade de sua tramitação*.

O CPC 2015, por seu turno, prevê que essa garantia de duração razoável do processo aplica-se ao tempo de obtenção da solução integral do mérito, que compreende não apenas o prazo para pronunciamento da sentença, mas também para a ultimação da atividade satisfativa. É que condenação sem execução não dispensa à parte a tutela jurisdicional a que tem direito. A função jurisdicional compreende, pois, tanto a certificação do direito da parte, como sua efetiva realização. Tudo isso deve ocorrer dentro de um prazo que seja razoável, segundo as necessidades do caso concreto.

Por outro lado, não é lícito ao julgador limitar a decisão a uma parcela das pretensões deduzidas em juízo. Para que seja cumprida a garantia do acesso à Justiça (CF, art. 5º, XXXV), a sentença deve ser completa: a solução do mérito, como esclarece o art. 4º do CPC, tem de ser integral. O STF já teve oportunidade de interpretar as dimensões dessa garantia fundamental, deixando assentado que a garantia de acesso ao Judiciário "engloba a entrega da prestação jurisdicional de forma completa, emitindo o Estado-juiz entendimento explícito sobre as matérias de defesa veiculadas pelas partes" (STF, RE 172.084/MG, Rel. Min. Marco Aurélio, 2ª Turma, jul. 29.11.1994, *DJU* 03.03.1995, p. 4.111). Atento a tal realidade, o CPC considera não fundamentada – e, por consequência, nula – a decisão judicial que "não enfrentar todos os argumentos deduzidos no processo capazes de, em tese, infirmar a conclusão adotada pelo julgador" (art. 489, § 1º, IV).

JURISPRUDÊNCIA SELECIONADA

1. Duração razoável do processo. Responsabilidade civil do Estado. "A demora na entrega da prestação jurisdicional, assim, caracteriza uma falha que pode gerar responsabilização do Estado, mas não diretamente do magistrado atuante na causa. **A administração pública está obrigada a garantir a tutela jurisdicional em tempo razoável, ainda quando a dilação se deva a carências estruturais do Poder Judiciário,** pois não é possível restringir o alcance e o conteúdo deste direito, dado o lugar que a reta e eficaz prestação da tutela jurisdicional ocupa em uma sociedade democrática. A insuficiência dos meios disponíveis ou o imenso volume de trabalho que pesa sobre determinados órgãos judiciais isenta os juízes de responsabilização pessoal pelos atrasos, mas não priva os cidadãos de reagir diante de tal demora, nem permite considerá-la inexistente. A responsabilidade do Estado pela lesão à razoável duração do processo não é matéria unicamente constitucional, decorrendo, no caso concreto, não apenas dos arts. 5º, LXXVIII, e 37, § 6º, da Constituição Federal, mas também do art. 186 do Código Civil, bem como dos arts. 125, II, 133, II e parágrafo único, 189,

II, 262 do Código de Processo Civil de 1973 (vigente e aplicável à época dos fatos), dos arts. 35, II e III, 49, II, e parágrafo único, da Lei Orgânica da Magistratura Nacional, e, por fim, dos arts. 1º e 13 da Lei nº 5.478/1965. Não é mais aceitável hodiernamente pela comunidade internacional, portanto, que se negue ao jurisdicionado a tramitação do processo em tempo razoável, e também se omita o Poder Judiciário em conceder indenizações pela lesão a esse direito previsto na Constituição e nas leis brasileiras. As seguidas condenações do Brasil perante a Corte Interamericana de Direitos Humanos por esse motivo impõem que se tome uma atitude também no âmbito interno, daí a importância de este Superior Tribunal de Justiça posicionar-se sobre o tema." (*STJ*, REsp 1383776/AM, Rel. Min. Og Fernandes, 2ª Turma, jul. 06.09.2018, *DJe* 17.09.2018).

"O Código de Processo Civil de 1973, no art. 133, I (aplicável ao caso concreto, com norma que foi reproduzida no art. 143, I, do CPC/2015), e a Lei Complementar n. 35/1979 (Lei Orgânica da Magistratura Nacional), no art. 49, I, prescrevem que o magistrado responderá por perdas e danos quando, no exercício de suas funções, proceder com dolo ou fraude. A demora na entrega da prestação jurisdicional, assim, caracteriza uma falha que pode gerar responsabilização do Estado, mas não diretamente do magistrado atuante na causa" (STJ, REsp 1383776/AM, Rel. Min. Og Fernandes, 2ª Turma, jul. 06.09.2018, *DJe* 17.09.2018).

2. Duração razoável do processo. Utilização de sistemas informatizados. "A jurisprudência do Superior Tribunal de Justiça é no sentido de que incumbe ao Poder Judiciário promover a razoável duração do processo em consonância com o princípio da cooperação processual, além de impor medidas necessárias para a solução satisfativa do feito (arts. 4º, 6º e 139, IV, todos do CPC/2015), mediante a utilização de sistemas informatizados (sistemas Bacenjud, Renajud, Infojud, Serasajud etc.) ou a expedição de ofício para as consultas e constrições necessárias e suficientes. Dentre essas medidas inclui-se, efetivamente, a consulta junto à B3 S/A de informes acerca da existência, ou não, de títulos registrados em nome da parte executada e sob a custódia da BM&F BOVESPA e da CETIP. Precedentes (...) A medida judicial de consulta junto à B3 S/A evita a indevida oposição de sigilo bancário às autarquias sob a alegação de reserva de jurisdição. Além disso, tal consulta abrange instituições financeiras que escapam à pesquisa via Bacenjud. Por fim, ressalta-se que a consulta é menos gravosa que, por exemplo, a inscrição do nome da executado no cadastro de inadimplentes (Serasajud), sendo, assim, informada pelos princípios da proporcionalidade e da menor onerosidade (art. 805, *caput*, do CPC/2015)" (STJ, REsp 1820838/RS, Rel. Min. Francisco Falcão, 2ª Turma, jul. 10.09.2019, *DJe* 16.09.2019).

Art. 5º Aquele que de qualquer forma participa do processo deve comportar-se de acordo com a boa-fé.

CPC/1973

Art. 14, II.

REFERÊNCIA LEGISLATIVA

CF, art. 37 (a moralidade nos serviços públicos).

CDC, arts. 4º, III; 6º, III; 8º, *caput*, 14, *caput*.

CC, arts. 113 e 422.

Lei n.º 13.874/2019 (Lei de Liberdade Econômica), a qual instituiu normas inovadoras, principalmente do direito material (Código Civil, CLT, Lei das sociedades por ações etc.), mas, ao disciplinar a liberdade econômica e as garantias de livre mercado, produziu também significativos reflexos sobre o comportamento jurisprudencial no que tange ao manejo de instrumentos de larga aplicação ao contencioso civil, como, *v.g.*, a interpretação dos negócios jurídicos, a desconsideração da personalidade jurídica, a revisão dos contratos e temas correlatos.

CJF – I JORNADA DE DIREITO PROCESSUAL CIVIL

Enunciado 1 – A verificação da violação à boa-fé objetiva dispensa a comprovação do *animus* do sujeito processual.

BREVES COMENTÁRIOS

A má-fé subjetiva (conduta dolosa, com o propósito de lesar a outrem) sempre foi severamente punida, no âmbito tanto do direito público como no do privado. Há, porém, uma outra visão da boa-fé, que se desprende do subjetivismo, para se localizar objetivamente no comportamento do agente, como exigência de ordem ético-jurídica. Essa *boa-fé objetiva* assumiu maior relevo em nosso direito positivo com o advento do Código do Consumidor e do atual Código Civil, que a adotaram como um dos princípios fundamentais do direito das obrigações. A infração à boa-fé objetiva é sancionada, independentemente de dolo ou culpa do agente.

Consiste o princípio da boa-fé objetiva em exigir do agente que pratique o ato jurídico sempre pautado em valores acatados pelos costumes, identificados com a ideia de *lealdade* e *lisura*. Com isso, confere-se segurança às relações jurídicas, permitindo-se aos respectivos sujeitos confiar nos seus efeitos programados e esperados.

JURISPRUDÊNCIA SELECIONADA

1. Boa-fé. "(...). Na função regulatória, a aplicação da boa-fé impõe ao titular de um direito subjetivo a obrigação de, ao exercê-lo, observar, detidamente, os deveres de lealdade, de cooperação e de respeito às legítimas expectativas do outro sujeito da relação jurídica privada. A inobservância desse proceder configura exercício abusivo do direito tutelado, que, na dicção do art. 187 do CC, se reveste de ilicitude, passível de reparação, caso dele advenha prejuízo a outrem. A responsabilização pelos prejuízos decorrentes do exercício excessivo do direito de defesa se dá, em regra, no âmbito do próprio processo em que o ato ilícito foi praticado. Todavia, nada impede que a pretensão reparatória seja deduzida em outra ação, se, por exemplo, o conhecimento da prática do ato ilícito se der em momento posterior ou depender de comprovação que refuja dos elementos probatórios considerados suficientes para o julgamento da ação em que se deu o ilícito" (STJ, REsp 1726222/SP, Rel. Min. Marco Aurélio Bellizze, 3ª Turma, jul. 17.04.2018, *DJe* 24.04.2018).

"O princípio da boa-fé processual impõe aos envolvidos na relação jurídica processual deveres de conduta, relacionados à noção de ordem pública e à de função social de qualquer bem ou atividade jurídica" (STJ, RHC 99.606/SP, Rel. Min. Nancy Andrighi, 3ª Turma, jul. 13.11.2018, *DJe* 20.11.2018).

"As preclusões se destinam a permitir o regular e célere desenvolvimento do feito, não sendo possível penalizar a parte que age de boa-fé e contribui para o progresso da marcha processual com o não conhecimento do recurso por ela interposto antecipadamente, em decorrência de purismo formal injustificado" (STF, AI 703.269 AgR-ED-ED-EDv-ED, Rel. Min. Luiz Fux, Tribunal Pleno, jul. 05.03.2015, *DJe* 08.05.2015).

Dever de boa-fé e cooperação de todos os sujeitos do processo. "As informações divulgadas pelos sistemas de automação dos tribunais gozam de presunção de veracidade e confiabilidade, haja vista a legítima expectativa criada no advogado, devendo-se preservar a sua boa-fé e confiança na informação que foi divulgada. É de se ter, por outro lado, que, para fins de justa causa, a dúvida deve ser razoável. Na hipótese, penso que não houve dúvida razoável apta a ludibriar o entendimento do advogado, tendo em conta a informação disponibilizada quanto ao termo *a quo* – 13/12/2016 – e o prazo de 15 dias do recurso especial (disposto pela norma e destacado na mensagem do site). Dessarte, não poderia o causídico simplesmente se omitir quanto aos outros dados informados pelo site do Tribunal, violando a boa-fé objetiva e o dever de cooperação (CPC, arts. 5º e 6º) para, simplesmente, protocolar o recurso depois de quase dois meses do início de seu prazo, tendo como desculpa a informação errônea em relação ao prazo final." (STJ, AgInt no REsp 1694174/TO, Rel. Min. Luis Felipe Salomão, 4ª Turma, jul. 04.09.2018, *DJe* 11.09.2018)

"Se todo o processamento do feito, na origem, seguiu o rito dos procedimentos cíveis – embora a matéria de fundo tenha índole penal – tendo o agravante, inclusive, colaborado e laborado nesse sentido, com a participação efetiva da serventia (certificando a tempestividade do recurso), eventual conclusão pela intempestividade do recurso especial interposto pelo Ministério Público local (ao fundamento de que o prazo recursal é de natureza penal) vulneraria o princípio da boa-fé objetiva (art. 5º do CPC), aplicável a todos os sujeitos processuais, materializado no brocardo *nemo potest venire contra factum proprium*. O prazo recursal, enquanto o feito tramitou na origem, deve ser considerado como de índole cível, circunstância que firma a tempestividade do recurso especial, notadamente porque o órgão ministerial, além de ter interposto o recurso no prazo de 30 dias (15 dias contados em dobro), logrou demonstrar a suspensão do prazo recursal no período compreendido entre 17 e 19/4/2019, mediante petição protocolizada em data anterior ao recurso" (STJ, AgRg no TP 2.183/GO, Rel. Min. Sebastião Reis Júnior, 6ª Turma, jul. 03.09.2019, *DJe* 12.09.2019).

Dever de informar. "(...). O dever de informar é dever de conduta decorrente da boa-fé objetiva e sua simples inobservância caracteriza inadimplemento contratual, fonte de responsabilidade civil *per se*. A indenização, nesses casos, é devida pela privação sofrida pelo paciente em sua autodeterminação, por lhe ter sido retirada a oportunidade de ponderar os riscos e as vantagens de determinado tratamento, que, ao final, lhe causou danos, que poderiam não ter sido causados, caso não fosse realizado o procedimento, por opção do paciente" (STJ, REsp 1540580/DF, Rel. Min. Lázaro Guimarães. Rel. p/ acórdão Min. Luis Felipe Salomão, 4ª Turma, jul. 02.08.2018, *DJe* 04.09.2018).

Teoria da aparência. *Venire contra factum proprium*. "O ordenamento jurídico brasileiro veda a atuação contraditória do devedor que se volta contra o título por ele mesmo firmado, por implicar em *venire contra factum proprium*" (TJMG, Apelação Cível 1.0261.17.001360-9/001, Rel. Des. Evangelina Castilho Duarte, 14ª Câmara Cível, jul. 13.03.2020, *DJe*MG 20.03.2020).

"Como anota a doutrina, a constatação do comportamento contraditório (*venire contra factum proprium*) deve orientar-se para a análise global ou integrada do fenômeno fático-jurídico consistente no comportamento lesivo à boa-fé. Isso porque: a) o comportamento contraditório reveste-se de aparente licitude; b) *prima facie*, sugere estrita observância a regras jurídicas, estando em aparente conformidade com o direito positivo; c) destacando-se o comportamento contraditório da conduta que precede e esquecendo-se do enlace entre ambos que justifica sua adjetivação, ele seria um ato lícito; d) o que faz dele um comportamento contrário ao Direito é sua relação com os atos anteriores que revela uma contradição ao sentido objetivo ou ao projeto de atuação anunciado pela conduta inicial lesiva à boa-fé e à confiança depositada por terceiros na seriedade desse agir; e) a aplicação da teoria destina-se aos comportamentos aparentemente lícitos carecedores de regras específicas de regulação proibitivas e que, para isso, dificultam sua identificação como contrários ao Direito, exsurgindo daí a necessidade de uma construção teórica voltada à concretização da pauta dos princípios da boa-fé e da confiança" (STJ, REsp 1.536.035/PR, Rel. Min. Luis Felipe Salomão, 4ª Turma, jul. 26.10.2021, *DJe* 17.12.2021).

"É firme, no âmbito do STJ, a compreensão de que é vedado o comportamento contraditório (*venire contra factum proprium*), a impedir que a parte, após praticar ato em determinado sentido, venha a adotar comportamento posterior contraditório" (STJ, AgInt nos EDcl no REsp 1.759.517/SP, Rel. Min. Ricardo Villas Bôas Cueva, 3ª Turma, jul. 05.09.2022, *DJe* 12.09.2022).

Benefício previdenciário. Devolução de valores recebidos por força de interpretação errônea e má aplicação da lei. Não devolução. Modulação de efeitos. "Tese a ser submetida ao Colegiado: Com relação aos pagamentos indevidos aos segurados decorrentes de erro administrativo (material ou operacional), não embasado em interpretação errônea ou equivocada da lei pela Administração, são repetíveis os valores, sendo legítimo o seu desconto no percentual de até 30% (trinta por cento) do valor do benefício mensal, ressalvada a hipótese em que o segurado, diante do caso concreto, comprova sua boa-fé objetiva, sobretudo com demonstração de que não lhe era possível constatar o pagamento indevido. **Modulação dos efeitos:** Tem-se de rigor a modulação dos efeitos definidos neste representativo da controvérsia, em respeito à segurança jurídica e considerando o inafastável interesse social que permeia a questão *sub examine*, e a repercussão do tema que se amolda a centenas de processos sobrestados no Judiciário. Desse modo, somente deve atingir os processos que tenham sido distribuídos, na primeira instância, a partir da publicação deste acórdão" (STJ, REsp 1.381.734/RN, Rel. Min. Benedito Gonçalves, 1ª Seção, jul. 10.03.2021, *DJe* 23.04.2021). **Decisão submetida a julgamento de recursos repetitivos.**

"Deixar de requerer diligências possíveis ao tempo da ação e atribuir responsabilidade instrutória ao magistrado, desrespeita a lealdade processual um dos deveres anexos criados pela boa-fé objetiva e direcionada a todos os partícipes do processo. Sua incidência no campo instrutória, indica ser dever das partes apontar todos os elementos probatórios, de forma a permitir que a parte *ex adversa* exerça o contraditório de forma eficaz" (STJ, REsp 1.693.334/RJ, Rel. Min. Mauro Campbell Marques, 2ª Turma, jul. 07.12.2021, *DJe* 14.12.2021).

Comportamento contraditório. Venire contra factum propriu, "Por fim, cumpre ressaltar que, segundo o princípio da proibição do comportamento contraditório (*venire contra factum proprium*), a ninguém é lícito fazer valer um direito em contradição com a sua conduta anterior ou posterior interpretada objetivamente, de modo que afigura-se descabido que a agravante pretenda ser beneficiada com a reabertura do prazo que nem sequer deveria ter sido concedido e que fora por ela descumprido" (Voto do relator no STJ, AgInt no RMS 69.967/PR, Rel. Min. Raul Araújo, 4ª Turma, jul. 16.05.2023, *DJe* 23.05.2023).

Violação dos deveres de cooperação, boa-fé e lealdade processual. Ver jurisprudência do art. 80, do CPC/2015.

2. Execução. Prescrição intercorrente. Honorários em favor do executado. Descabimento. Boa-fé processual. Ver jurisprudência do art. 85 do CPC/2015.

3. Recurso. Interposição fora do prazo. Erro de informação pelo sistema eletrônico do tribunal. Tempestividade. Boa-fé processual. Ver jurisprudência do art. 231, do CPC/2015.

Art. 6º Todos os sujeitos do processo devem cooperar entre si para que se obtenha, em tempo razoável, decisão de mérito justa e efetiva.

REFERÊNCIA LEGISLATIVA

CF, art. 5º, LXXVIII.

BREVES COMENTÁRIOS

O princípio da cooperação é um desdobramento do princípio moderno do contraditório assegurado constitucionalmente, que não mais pode ser visto apenas como garantia de audiência bilateral das partes, mas que tem a função democrática de permitir a todos os sujeitos da relação processual a possibilidade de influir, realmente, sobre a formação do provimento jurisdicional. É, também, um consectário do princípio da boa-fé objetiva, um dos pilares de sustentação da garantia constitucional do processo justo, como já se viu.

Consagra o art. 6º, sobretudo, o *princípio da primazia do julgamento de mérito*, já que é por força dele que o Judiciário realiza a garantia constitucional do acesso à justiça, garantia que só se cumpre quando o provimento jurisdicional deságua em "decisão de mérito justa e efetiva". Daí por que a regra máxima é a resolução do litígio, e só por extrema impossibilidade de pronunciá-la é que se tolera a excepcional extinção do processo sem julgamento do mérito (art. 282), a qual, por expressa recomendação do art. 317, nunca será decretada sem que antes se tenha concedido à parte oportunidade para, se possível, corrigir o vício.

Sem dúvida, insere-se ainda nos objetivos do art. 6º a preocupação com a *efetividade processual*, traço marcante da modernização de nossas instituições instrumentais iniciadas com as sucessivas reformas encetadas ainda ao tempo do CPC de 1973 e ampliadas largamente pelo Código de 2015.

O dispositivo em apreciação, ao assegurar o direito do litigante de participar de um processo apto a proporcionar-lhe, em tempo razoável, "decisão de mérito *justa* e *efetiva*", abre espaço para "a consciência da necessidade de pensar o processo como algo dotado de bem definidas destinações institucionais e que deve cumprir os seus objetivos sob pena de ser menos útil e tornar-se socialmente ilegítimo" (DINAMARCO, Cândido Rangel. *A reforma do Código de Processo Civil*. 3. ed. São Paulo: Saraiva, 1996, p. 19).

Por meio do realce dado em caráter fundamental à *efetividade do processo*, o que realmente se valoriza é a relação sensível sempre presente entre direito material e processo. É preciso conscientizar-se de que o avanço modernizador do direito processual se dá no rumo de consolidar o direito material às suas exigências sistemáticas sem perda, entretanto, de sua função *instrumental*, e sem transformar-se "num estorvo mutilador do sistema jurídico que lhe cabe realizar no plano jurisdicional" (SILVA, Ovídio A. Baptista da. *Curso de direito processual*. 3. ed. São Paulo: Ed. RT, 1998, p. 428).

Em outros termos, deve viabilizar uma solução rápida para a disputa apresentada ao juiz, mas sem deixar de observar e respeitar os direitos e as garantias fundamentais das partes, e sem se descurar do compromisso fundamental da Justiça com a garantia de que o provimento jurisdicional terá sempre de proporcionar, quanto possível, tudo aquilo à que a parte vitoriosa no conflito faça jus, segundo a ordem jurídica positiva (Cf. nosso *Curso de direito processual civil*. 65. ed. Rio de Janeiro: Forense, 2024, v. I, n. 50. Cf., também, a clássica e sempre atual lição, no mesmo sentido, de CHIOVENDA, Giuseppe. *Instituições de direito processual civil*. Trad. de J. Guimarães Menegale. 3. ed. São Paulo: Saraiva, 1969, v. I, n. 12, p. 46).

JURISPRUDÊNCIA SELECIONADA

1. Ordem jurídica justa. "(...). Acesso a uma ordem jurídica justa é, desde uma de suas vertentes, a garantia que o cidadão tem de efetiva e adequada participação no processo, com possibilidade de levar ao juiz todas as provas de que dispuser, relevantes e pertinentes, para ter um julgamento justo a respeito do desentendimento social, então judicializado, que teve com seu concidadão. Quando se tem um processo encerrado (= julgado) à custa de maltrato a garantias constitucionais do cidadão, não se tem processo regular. Não se tem processo justo. Não se tem devido processo legal (CF, art. 5º, inc. LIV)" (TJPR, Ap. Cível 1551745-4, 14ª Câm. Cív., Rel. Des. Francisco Pinto Rabello Filho, *DJ* 14.10.2016).

Configuração do dever de colaboração processual. "4. O dever de colaboração processual redesenha, em certa medida, o papel do juiz, o qual, mantendo-se imparcial em relação às partes e ao desfecho do processo, deve com elas colaborar para que se obtenha, em tempo razoável, decisão de mérito justa e efetiva. 5. De fato, não pode o Juízo – de modo algum – substituir as partes, as quais devem empreender esforços para diligenciar e desempenhar adequadamente as suas atribuições. 6. Por outro lado, quando comprovado o empenho da parte e o insucesso das medidas adotadas, o juiz tem o dever de auxiliá-la a fim de que encontre as informações que, à disposição do Juízo, condicionem o eficaz desempenho de suas atribuições" (STJ, REsp 2.142.350/DF, Rel. Min. Nancy Andrighi, 3ª Turma, jul. 01.10.2024, *DJe* 04.10.2024).

2. Duração razoável do processo. Responsabilidade civil do estado. Ver jurisprudência do art. 4º do CPC/2015.

Inclusão do nome do devedor em cadastro restritivo de crédito. "O pedido de inclusão do nome do devedor em cadastros de inadimplentes, tais como SERASAJUD ou SERASA, nos termos do art. 782, § 3º, do CPC/2015, não pode ser recusado pelo Poder Judiciário a pretexto de inexistência de convênio para negativação pela via eletrônica, tendo em vista a possibilidade de expedição de ofício para atendimento do pleito. Tal entendimento vai de encontro com o objetivo de promover a razoável duração do processo e a cooperação processual, além de impor medidas necessárias para a solução satisfativa do feito, conforme interpretação dos arts. 4º, 6º e 139, IV, todos do CPC/2015" (STJ, REsp 1736217/SC, Rel. Min. Francisco Falcão, 2ª Turma, jul. 21.02.2019, *DJe* 01.03.2019).

3. Execução. Prescrição intercorrente. Honorários em favor do executado. Descabimento. Dever de cooperação. Ver jurisprudência do art. 85 do CPC/2015.

4. Princípio da primazia do mérito. "O sistema processual civil brasileiro observa o princípio da primazia do julgamento de mérito por força do art. 4º do CPC/2015. Isso não significa julgamento obrigatório do mérito em todas as hipóteses. Ou seja, julga-se o mérito quando, de alguma forma, for possível" (STJ, AgInt no AgInt no AgInt no RMS 53.930/BA, voto-vista do Min. Mauro Campbell Marques, 2ª Turma, jul. 13.12.2018, *DJe* 06.02.2019).

"O princípio da primazia do julgamento de mérito outorga, ao magistrado, o dever de possibilitar à parte sanar eventual vício, contido na petição inicial ou no recurso, a fim de possibilitar o julgamento de mérito, nas hipóteses em que for possível sanar a irregularidade, não se admitindo a não apreciação da controvérsia posta em debate apenas em razão de uma falha sanável, de sorte que, deixando a parte de atender ao comando judicial, sanando o vício, e tratando-se de vício que inviabilize o exame da controvérsia – como é o caso de desatendimento do art. 488, I, do CPC/73 –, cabe ao julgador o indeferimento da inicial ou o não conhecimento do recurso" (STJ, AgInt na AR 5.303/BA, Rel. Min. Assusete Magalhães, 1ª Seção, jul. 11.10.2017, *DJe* 24.10.2017).

"A edição do Código de Processo Civil de 2015 consagrou a compreensão de que o pro-cesso deve ser mediador adequado entre o direito posto e sua realização prática, e não um fim em si mesmo. A necessidade de se conferir efetividade aos direitos é o principal vetor axiológico do novo sistema processual, para cuja realização convergem os princípios da duração razoável do processo, da primazia do julgamento de mérito, da necessidade de se conferir coesão e estabilidade aos precedentes jurisdicionais, dentre outros" (STF, ADI 5.737, Rel. p/acórdão Min. Roberto Barroso, Pleno, jul. 25.04.2023, DJe 27.06.2023).

5. Princípio da instrumentalidade das formas. Deserção inacolhida. "Em consonância com as normas fundamentais previstas nos arts. 5º e 6º do CPC/2015 e com o princípio da instrumentalidade das formas, deve ser afastada a pena de deserção quando o recolhimento do preparo, apesar de ter sido realizado em montante e código diversos do recurso interposto, é realizado a maior, sendo o valor efetivamente revertido aos cofres do tribunal respectivo. Precedente: AgRg no Ag n. 623.371/PR, Rel. Min. José Delgado, *DJ* 2/5/2005" (STJ, AREsp 1399974/DF, Rel. Min. Francisco Falcão, 2ª Turma, jul. 21.02.2019, *DJe* 01.03.2019).

"O processo civil moderno é informado pelo princípio da instrumentalidade das formas, sendo o processo considerado um meio para a realização de direitos que deve ser capaz de entregar às partes resultados idênticos aos que decorreriam do cumprimento natural e espontâneo das normas jurídicas. O CPC/15 emprestou novas cores ao princípio da instrumentalidade, ao prever o direito das partes de obterem, em prazo razoável, a resolução integral do litígio, inclusive com a atividade satisfativa, o que foi instrumentalizado por meio dos princípios da boa-fé processual e da cooperação (arts. 4º, 5º e 6º do CPC), que também atuam na tutela executiva. (...) O juiz também tem atribuições ativas para a concretização da razoável duração do processo, a entrega do direito executado àquela parte cuja titularidade é reconhecida no título executivo e a garantia do devido processo legal para exequente e o executado, pois deve resolver de forma plena o conflito de interesses" (STJ, RHC 99.606/SP, Rel. Min. Nancy Andrighi, 3ª Turma, jul. 13.11.2018, *DJe* 20.11.2018).

6. Princípio da cooperação. "O princípio da cooperação é desdobramento do princípio da boa-fé processual, que consagrou a superação do modelo adversarial vigente no modelo do anterior CPC, impondo aos litigantes e ao juiz a busca da solução integral, harmônica, pacífica e que melhor atenda aos interesses dos litigantes. Uma das materializações expressas do dever de cooperação está no art. 805, parágrafo único, do CPC/15, a exigir do executado que alegue violação ao princípio da menor onerosidade a proposta de meio executivo menos gravoso e mais eficaz à satisfação do direito do exequente" (STJ, RHC 99.606/SP, Rel. Min. Nancy Andrighi, 3ª Turma, jul. 13.11.2018, *DJe* 20.11.2018).

7. Litigância de má-fé. Abuso de direito de demandar ou de peticionar. "Dentro da sistemática do processo civil moderno as partes são livres para escolher os meios mais idôneos à consecução de seus objetivos, porém há clara diretriz no sentido de que tais procedimentos sejam eficazes e probos, na medida em que o próprio legislador ordinário, ao prever penas por litigância de má-fé tem o objetivo de impedir que as partes abusem do seu direito de petição. Apesar de ser garantia constitucional o pleno acesso ao Judiciário (art. 5º, incisos XXXIV a XXXV e LV da Constituição Federal) não se afigura correta a banalização do princípio e da conduta das partes, porquanto devem agir com prudência, lealdade e boa-fé, sempre no espírito de cooperação, que inclusive fora expressamente encartado no novel diploma processual (art. 6º do NCPC)" (STJ, REsp 1197824/RJ, Rel. Min. Marco Buzzi, 4ª Turma, jul. 18.10.2016, *DJe* 28.10.2016).

8. Assédio processual. Abuso do direito de ação e de defesa. Ajuizamento sucessivo e repetitivo de ações temerárias. Ver art. 79 do CPC/2015.

9. Informações e fundamentação jurídica apresentadas em memoriais em divergência com a defesa trazida nos autos. "Ressalta-se aqui a reprovabilidade da conduta, em descumprimento ao dever de lealdade processual das partes de expor os fatos em juízo conforme a verdade e de não alterá-los" (STJ, RMS 60.635/BA, Rel. Min. Herman Benjamin, 2ª Turma, jul. 23.03.2021, *DJe* 14.04.2021).

Art. 7º É assegurada às partes paridade de tratamento em relação ao exercício de direitos e faculdades processuais, aos meios de defesa, aos ônus, aos deveres e à aplicação de sanções processuais, competindo ao juiz zelar pelo efetivo contraditório.

REFERÊNCIA LEGISLATIVA

CF, art. 5º, *caput*, I, LIV e LV.

BREVES COMENTÁRIOS

A igualdade de tratamento decorre do princípio do contraditório e não pode se dar apenas formalmente. Se os litigantes se acham em condições econômicas e técnicas desniveladas, o tratamento igualitário dependerá de assistência judicial para, primeiro, colocar ambas as partes em situação paritária de armas e meios processuais de defesa. Somente a partir desse equilíbrio processual é que se poderá pensar em tratamento paritário no exercício dos poderes e faculdades pertinentes ao processo em curso. E, afinal, somente em função dessas medidas de *assistência* judicial ao litigante hipossuficiente ou carente de adequada tutela técnica, é que o contraditório terá condições de se apresentar como *efetivo*, como garante o art. 7º do CPC/2015.

JURISPRUDÊNCIA SELECIONADA

1. Tratamento paritário. "Em que pese efetivamente oportunizado, aos agravantes, o saneamento do vício existente na petição inicial da Ação Rescisória, relativo à ausência de cumulação dos pedidos de rescisão do acórdão rescindendo e de novo julgamento, na forma determinada pelo art. 488, I, do CPC/73, os agravantes deixaram de fazê-lo, devendo, assim, suportar as consequências decorrentes de sua omissão, especialmente quando não compete ao julgador, com base no princípio da primazia do julgamento de mérito e da cooperação, fechar os olhos para os requisitos legais, emendando, de ofício, a petição inicial, ou outorgando reiteradas oportunidades para que a parte corrija o vício, o que violaria o princípio da paridade de tratamento, previsto nos arts. 7º e 139, I, do CPC/2015" (STJ, AgInt na AR 5.303/BA, Rel. Min. Assusete Magalhães, 1ª Seção, jul. 11.10.2017, *DJe* 24.10.2017).

Art. 8º Ao aplicar o ordenamento jurídico, o juiz atenderá aos fins sociais e às exigências do bem comum, resguardando e promovendo a dignidade da pessoa humana e observando a proporcionalidade, a razoabilidade, a legalidade, a publicidade e a eficiência.

REFERÊNCIA LEGISLATIVA

CF, art 1º, III, art. 5º, II, art. 37; LINDB, art. 5º.

Decreto nº 9.830/2019 (Regulamenta o disposto nos arts. 20 a 30 da LINDB).

BREVES COMENTÁRIOS

No Estado de Direito, ninguém é obrigado fazer ou deixar de fazer alguma coisa senão em virtude da lei (CF, art. 5º, II). E esse regime não se limita à esfera da atividade privada, pois a Administração Pública também se acha constitucionalmente sujeita a só agir nos limites da legalidade (CF, art. 37, *caput*). Não é novidade, portanto, que o CPC/2015 atribua ao juiz o dever de "aplicar o ordenamento jurídico", deixando expresso que a atuação do Poder Judiciário, no desempenho da função jurisdicional, tem de observar o princípio da legalidade (CPC/2015, art. 8º).

Por outro lado, a lei nunca se exaure no texto que o legislador lhe deu. Como linguagem, a norma legal, antes de ser aplicada pelo juiz, terá de ser interpretada; e a interpretação, *in casu*, é ato complexo, pois terá de descobrir o sentido que seja compatível com o sistema normativo total em que a lei se insere; terá, ainda, de ter em conta o fim visado pelo legislador; e, por último, terá de analisar e encontrar o modo com que a norma abstrata incidirá sobre o quadro fático em que eclodiu o litígio. É nessa conjuntura que incide a regra do art. 5º da Lei de Introdução, reafirmada pelo art. 8º do CPC/2015, segundo a qual, ao aplicar o ordenamento jurídico, o juiz atenderá aos fins sociais e às exigências do bem comum.

Para o art. 8º do CPC/2015, a aplicação do ordenamento jurídico, para atender aos fins sociais e às exigências do bem comum, deverá resguardar e promover a dignidade da pessoa humana, um dos princípios fundamentais do Estado Democrático de Direito (CF, art. 1º, III). E ocorrendo conflito entre os elementos importantes para a configuração dos fins sociais e das exigências do bem comum, deverão ser observados, para a respectiva superação, os critérios hermenêuticos da proporcionalidade e da razoabilidade.

Embora a doutrina alemã, na qual se construiu a teoria da proporcionalidade, a distinga da teoria da razoabilidade, entre nós, principalmente na aplicação pelos tribunais, a tendência é usar os termos "proporcionalidade" e "razoabilidade" como sinônimos. Isto se deve a dificuldade teórica e prática de identificar o critério da proporcionalidade, enquanto é intuitivo o da razoabilidade, constando-se, outrossim, na aplicação de ambos, o emprego do método da ponderação. O que se extrai, sobretudo, da técnica da proporcionalidade, na colisão de princípios fundamentais, ainda que um deles tenha sua eficácia afastada, deve ele, de algum modo, ser mantido, "já que os direitos fundamentais devem ser protegidos na maior medida possível" (Mastrodi e Pimentel, *RT* 1.012/107).

JURISPRUDÊNCIA SELECIONADA

1. Princípio da proporcionalidade e razoabilidade. "No que atine ao mérito de fato, em relação à guarda do animal silvestre, em que pese à atuação do Ibama na adoção de providências tendentes a proteger a fauna brasileira, **o princípio da razoabilidade deve estar sempre presente nas decisões judiciais, já que cada caso examinado demanda uma solução própria**. Nessas condições, a reintegração da ave ao seu *habitat* natural, conquanto possível, pode ocasionar-lhe mais prejuízos do que benefícios, tendo em vista que o papagaio em comento, que já possui hábitos de ave de estimação, convive há cerca de 23 anos com a autora. Ademais, a constante indefinição da destinação final do animal viola nitidamente a dignidade da pessoa humana da recorrente, pois, apesar de permitir um convívio provisório, impõe o fim do vínculo afetivo e a certeza de uma separação que não se sabe quando poderá ocorrer" (STJ, REsp 1797175/SP, Rel. Min. Og Fernandes, 2ª Turma, jul. 21.03.2019, *DJe* 28.03.2019).

2. Garantia do bem comum e atendimento da finalidade social. "Depreende-se pela análise do acórdão recorrido que o imóvel penhorado foi objeto de doação, com cláusula de reversão à municipalidade, em caso de ocorrer destinação diversa, pela Prefeitura Municipal de Viradouro ao Hospital e Maternidade São Vicente de Paulo. (...) Entretanto, o caso em comento possui importante singularidade que não permite a sua subsunção ao referido dispositivo legal, qual seja, o contrato de doação do imóvel possui cláusula de extinção contratual e reversão do bem ao Poder Público municipal na hipótese de sua utilização em finalidade diversa. 3. Dessarte, o Tribunal a quo, em louvável julgamento, decidiu aplicar o ordenamento jurídico em obediência ao art. 8º do novel Código de Processo Civil, que possui como escopo garantir as exigências do bem comum e atender a finalidade social, 'resguardando e promovendo a dignidade da pessoa humana', haja vista o nosocômio recorrido ser entidade filantrópica, reconhecido como de utilidade pública, que atende milhares de pessoas pelo SUS" (STJ, REsp 1733193/SP, Rel. Min. Herman Benjamin, 2ª Turma, jul. 17.05.2018, *DJe* 21.11.2018).

3. Princípio da legalidade. "Não sendo caso de inconstitucionalidade do dispositivo legal em comento e nem da incidência de algum princípio de hermenêutica, não se revela possível afastar regra expressa trazida pelo legislador sobre a matéria, como pretende o recorrente" (STJ, REsp 1954924/SE, Rel. Min. Marco Aurélio Bellizze, 3ª Turma, jul. 23.11.2021, *DJe* 29.11.2021).

Art. 9º Não se proferirá decisão contra uma das partes sem que ela seja previamente ouvida.

Parágrafo único. O disposto no *caput* não se aplica:

I – à tutela provisória de urgência;

II – às hipóteses de tutela da evidência previstas no art. 311, incisos II e III;

III – à decisão prevista no art. 701.

REFERÊNCIA LEGISLATIVA

CF, art. 5º, LV.

BREVES COMENTÁRIOS

As decisões judiciais não podem surpreender a parte que terá de suportar suas consequências, porque o contraditório moderno assegura o direito dos sujeitos do processo de não só participar da preparação do provimento judicial como de influir na sua formulação. Aqui o Código garante, com nitidez, o princípio da "não surpresa" no encaminhamento e conclusão do processo.

O parágrafo único do art. 9º, todavia, abre três exceções para permitir decisões em detrimento de parte ainda não ouvida nos autos. Não se trata, porém, de afastar em definitivo o contraditório, mas apenas de protraí-lo. Pelas necessidades e conveniências do caso, decide-se a questão proposta de imediato, sem prévia audiência do interessado. Uma vez, porém, ultimada a medida excepcional, abrir-se-á a oportunidade de discussão da matéria e defesa da parte afetada, podendo o juiz então, se for o caso, confirmar, modificar ou revogar o provimento emergencial.

JURISPRUDÊNCIA SELECIONADA

1. Decisão surpresa. Ver jurisprudência do art. 10 do CPC/2015.

2. Reconhecimento de ofício de prescrição intercorrente. Oitiva da parte. Necessidade. "Para o reconhecimento de ofício da consumação do prazo prescricional intercorrente, faz-se imperiosa a prévia intimação do exequente. Precedentes. Tal orientação emana, em última análise, do dever de observância ao princípio constitucional do contraditório, estampado, inclusive, no art. 9º do Código de Processo Civil de 2015, de modo a oportunizar a oposição de eventual fato impeditivo pelo Exequente" (STJ, AgInt no REsp 1509861/PE, Rel. Min. Regina Helena Costa, 1ª Turma, jul. 28.03.2019, *DJe* 04.04.2019).

3. Contrato de concessão. Intervenção. Contraditório prévio. Desnecessidade. "Conforme se extrai do regime jurídico do art. 175 da Constituição e da Lei de Concessões – Lei n. 8.987/1995, o Estado delega a prestação de alguns serviços públicos, resguardando a si, na qualidade de poder concedente, a prerrogativa de regulamentar, controlar e fiscalizar a atuação do delegatário. A intervenção no contrato de concessão visa assegurar a adequação na prestação do serviço público, bem como o fiel cumprimento das normas contratuais, regulamentares e legais pertinentes (art. 32 da Lei n. 8.987/1995). (...) Em se tratando de intervenção, o direito de defesa do concessionário só é propiciado após a decretação da intervenção, a partir do momento em que for instaurado o procedimento administrativo para apuração das irregularidades. Isso porque a intervenção possui finalidades investigatória e fiscalizatória, e não punitivas" (STJ, RMS 66.794/AM, Rel. Min. Francisco Falcão, 2ª Turma, jul. 22.02.2022, *DJe* 02.03.2022).

4. Tutela da evidência. Contraditório diferido. "Nas hipóteses previstas nos arts. 9º, parágrafo único, inciso II, e 311, parágrafo único, do CPC/2015, o contraditório não foi suprimido, e sim diferido, como ocorre em qualquer provimento liminar. O legislador realizou uma ponderação entre a garantia do contraditório, de um lado, e a garantia de um processo justo e efetivo, de outro, o qual compreende a duração razoável do processo, a celeridade de sua tramitação e o acesso à justiça na dimensão material. Os preceitos questionados também conferem consequências de ordem prática às teses vinculantes firmadas nos termos do CPC/2015" (STF, ADI 5.737, Rel. p/ acórdão Min. Roberto Barroso, Pleno, jul. 25.04.2023, *DJe* 27.06.2023. Idêntico julgamento ocorreu na ADI 5.492/DF, Rel. Min. Dias Toffoli, Pleno, jul. 25.04.2023, *DJe* 09.08.2023).

Art. 10. O juiz não pode decidir, em grau algum de jurisdição, com base em fundamento a respeito do qual não se tenha dado às partes oportunidade de se manifestar, ainda que se trate de matéria sobre a qual deva decidir de ofício.

REFERÊNCIA LEGISLATIVA

CF, art. 5º, LIV e LV; art. 93, IX.

BREVES COMENTÁRIOS

Não se permite ao juiz decidir mediante *fundamento* ainda não submetido à manifestação das partes, ainda que a *questão* tenha sido debatida amplamente. A vedação prevalece mesmo quando se trate de matéria apreciável de ofício. Mais uma vez o Código prestigia o princípio da "não surpresa".

Dessa forma, resta consagrada a imposição legal do contraditório efetivo, para interditar as "decisões de surpresa", fora do contraditório prévio, tanto em relação a *questões novas* como a *fundamentos* diversos daqueles com que as *questões velhas* foram previamente discutidas no processo.

Os fundamentos que não se podem adotar sem prévio contraditório são tanto os que envolvem questões de fato quanto de direito, mesmo porque em tema de motivação, é sempre muito difícil isolar a norma concreta de seu suporte fático.

JURISPRUDÊNCIA SELECIONADA

1. Decisão surpresa. "Pretensão de reforma da respeitável sentença que extinguiu o processo, reconhecida a prescrição da pretensão executiva – Cabimento – Hipótese em que deve ser anulada a respeitável sentença, pois não houve prévia manifestação da parte acerca do decurso do prazo prescricional – vedação da chamada "decisão surpresa", nos termos do novo Código de Processo Civil (arts. 9º e 10)" (TJSP, Ap. 0042876-03.2006.8.26.0602, Rel.ª Des.ª Ana de Lourdes Coutinho Silva da Fonseca, 13ª Câmara de Direito Privado, jul. 15.09.2016, data de registro 15.09.2016).

"O 'fundamento' ao qual se refere o art. 10 do CPC/2015 é o fundamento jurídico – circunstância de fato qualificada pelo direito, em que se baseia a pretensão ou a defesa, ou que possa ter influência no julgamento, mesmo que superveniente ao ajuizamento da ação – não se confundindo com o fundamento legal (dispositivo de lei regente da matéria). A aplicação do princípio da não surpresa não impõe, portanto, ao julgador que informe previamente às partes quais os dispositivos legais passíveis de aplicação para o exame da causa. O conhecimento geral da lei é presunção *jure et de jure*" (STJ, EDcl no REsp 1.280.825/RJ, Rel. Min. Maria Isabel Gallotti, 4ª Turma, jul. 27.06.2017, *DJe* 01.08.2017). No mesmo sentido: STJ, REsp 1.755.266/SC, Rel. Min. Luis Felipe Salomão, 4ª Turma, jul. 18.10.2018, *DJe* 20.11.2018.

"Decorrente do princípio do contraditório, a vedação a decisões surpresa tem por escopo permitir às partes, em procedi-mento dialógico, o exercício das faculdades de participação nos atos do processo e de exposição de argumentos para influir na decisão judicial, impondo aos juízes, mesmo em face de matérias de ordem pública e cognoscíveis de ofício, o dever de facultar prévia manifestação dos sujeitos processuais a respeito dos elementos fáticos e jurídicos a serem considerados pelo órgão julgador. Viola o regramento previsto nos arts. 9º, 10 e 933 do CPC/2015 o acórdão que, fundado em argumentos novos e fora dos limites da causa de pedir, confere solução jurídica inovadora e sem antecedente debate entre as partes, impondo-se, nesses casos, a anulação da decisão recorrida e o retorno dos autos ao tribunal de origem para observância dos mencionados disposi-tivos de lei" (STJ, REsp. 2.016.601/SP, Rel. Min. Regina Helena Costa, 1ª Turma, jul. 29.11.2022, *DJe* 12.12.2022).

Oportunidade de manifestação. "Insurgência contra decisão que determinou o levantamento da penhora havida sobre o imóvel dos devedores sem abrir prazo para a manifestação do exequente acerca da nota de devolução do Cartório de Registro de Imóveis – Patente a afronta ao artigo 10 do CPC – Antes de desconstituir a constrição com base na simples nota de devolução, o juízo *a quo* deveria oportunizar à parte a manifestação sobre o documento – Decisão anulada" (TJSP, AI 2149313-45.2016.8.26.0000, Rel. Des. Marino Neto, 11ª Câmara de Direito Privado, jul. 18.10.2016, Data de registro 18.10.2016).

Ausência de prejuízo. "Executada que se insurge pelo fato de não ter sido previamente ouvida conforme o art. 10 do novo CPC – Irrelevância, se não houver prejuízo (...)" (TJSP, AI 2144216-64.2016.8.26.0000, Rel. Des. Cerqueira Leite, 12ª Câmara de Direito Privado, jul. 11.10.2016, data do registro 11.10.2016).

Tipificação jurídica da pretensão. "Não há falar em decisão surpresa quando o magistrado, diante dos limites da causa de pedir, do pedido e do substrato fático delineado nos autos, realiza a tipificação jurídica da pretensão no ordenamento jurídico posto, aplicando a lei adequada à solução do conflito, ainda que as partes não a tenham invocado (*iura novit curia*) e independentemente de oitiva delas, até porque a lei deve ser do conhecimento de todos, não podendo ninguém se dizer surpreendido com a sua aplicação" (STJ, REsp 1755266/SC, Rel. Min. Luis Felipe Salomão, 4ª Turma, jul. 18.10.2018, *DJe* 20.11.2018).

Requisitos de admissibilidade de recurso especial. Decisão surpresa. Inocorrência. "A proibição da denominada decisão surpresa – que ofende o princípio previsto nos arts. 9º e 10 do CPC/2015 –, ao trazer questão nova, não aventada pelas partes em Juízo, não diz respeito aos requisitos de admissibilidade do Recurso Especial, previstos em lei e reiteradamente proclamados por este Tribunal. Não há, neste caso, qualquer inovação no litígio ou adoção de fundamentos que seriam desconhecidos pelas partes, razão pela qual inexiste a alegada nulidade da decisão agravada, à míngua de intimação acerca dos fundamentos utilizados para o não conhecimento do Recurso Especial, que deixou de preencher os pressupostos constitucionais e legais do apelo" (STJ, AgInt no AREsp 1205959/SP, Rel. Min. Assusete Magalhães, 2ª Turma, jul. 19.09.2019, *DJe* 25.09.2019). No mesmo sentido: AgRg nos EAREsp 1.271.282/ES, Rel. Min. Sebastião Reis Júnior, 3ª Seção, jul. 11.09.2019, *DJe* 17.09.2019).

Requisitos de admissibilidade de recurso. "Ademais, a decisão que averigua os requisitos legais e constitucionais para a admissão do recurso não viola o artigo 10 do CPC/15, pois 'a aplicação do princípio da não surpresa não impõe, portanto, ao julgador que informe previamente às partes quais os dispositivos legais passíveis de aplicação para o exame da causa' (EDcl no REsp 1.280.825/RJ, Rel. Ministra Maria Isabel Gallotti, Quarta Turma, julgado em 27/06/2017, *DJe* de 1º/08/2017)" (STJ, AgInt no AREsp 1512115/MS, Rel. Min. Mauro Campbell Marques, 2ª Turma, jul. 05.09.2019, *DJe* 10.09.2019).

"Trata-se de proibição da chamada decisão surpresa, também conhecida como decisão de terceira via, contra julgado que rompe com o modelo de processo cooperativo instituído pelo Código de 2015 para trazer questão aventada pelo juízo e não ventilada nem pelo autor nem pelo réu. A partir do CPC/2015 mostra-se vedada decisão que inova o litígio e adota fundamento de fato ou de direito sem anterior oportunização de contraditório prévio, mesmo nas matérias de ordem pública que dispensam provocação das partes. Somente argumentos e fundamentos submetidos à manifestação precedente das partes podem ser aplicados pelo julgador, devendo este intimar os interessados para que se pronunciem previamente sobre questão não debatida que pode eventualmente ser objeto de deliberação judicial" (STJ, REsp 1676027/PR, Rel. Min. Herman Benjamin, 2ª Turma, jul. 26.09.2017, *DJe* 11.10.2017).

Princípio da não surpresa. Fundamento fático-jurídico novo alegado em sustentação oral em segunda instância. Ato administrativo de efeitos concretos com roupagem de lei formal. Prejuízo à parte contrária. Reabertura de prazo para exercício do contraditório e da ampla defesa. Ver jurisprudência do art. 933, do CPC.

2. Medida atípica na execução. Contraditório prévio necessário. Ver jurisprudência do art. 139 CPC/2015.

3. Classificação jurídica de questão controvertida. Embargos de divergência. Princípio da não surpresa. Aplicação automática e irrestrita. Inviabilidade. "Diante da ausência de dimensão absoluta do princípio da não surpresa, equivocada a interpretação que conclua pela sua aplicação automática e irrestrita. Não ofende o art. 10 do CPC/2015 o provimento jurisdicional que dá classificação jurídica à questão controvertida apreciada em sede de embargos de divergência" (STJ, EDcl nos EREsp 1.213.143/RS, Rel. Min. Regina Helena Costa, 1ª Seção, jul. 08.02.2023, *DJe* 13.02.2023).

Art. 11. Todos os julgamentos dos órgãos do Poder Judiciário serão públicos, e fundamentadas todas as decisões, sob pena de nulidade.

Parágrafo único. Nos casos de segredo de justiça, pode ser autorizada a presença somente das partes, de seus advogados, de defensores públicos ou do Ministério Público.

REFERÊNCIA LEGISLATIVA

CF, art. 5º, LX; art. 93, IX.

CPC/2015, arts. 189 e 489.

LINDB, arts. 20 a 30, acrescidos pela Lei nº 13.655/2018, todos relacionados com o tema da motivação das decisões nas esferas administrativa, controladora e judicial.

Decreto n.º 9.830/2019 (Regulamenta o disposto nos arts. 20 a 30 da LINDB).

BREVES COMENTÁRIOS

O art. 11 do CPC/2015 reproduz a regra constitucional que impõe sejam *públicos* os julgamentos dos órgãos do Poder Judiciário, e *fundamentadas* todas as decisões, sob pena de nulidade (CF, art. 93, IX).

Explica-se a exigência constitucional pela circunstância de que na prestação jurisdicional há um interesse público maior do que o privado defendido pelas partes. Trata-se da garantia da paz e harmonia social, procurada através da manutenção da ordem jurídica. Daí que todos, e não apenas os litigantes, têm direito de conhecer e acompanhar tudo o que se passa durante o processo. Aliás, a publicidade é exigência do Estado Democrático que não se limita aos atos do Judiciário, pois a Constituição a impõe como princípio fundamental da administração pública praticada na esfera de qualquer dos poderes institucionais (CF, art. 37).

A Constituição, quando tolera a excepcionalidade de processos "em segredo de justiça", não o faz em caráter absoluto, visto que o sigilo não privará às partes e seus advogados de acesso a todos os trâmites do processo. Além disso, estando em jogo interesses de ordem pública (repressão penal, risco para a saúde pública, dano ao Erário, ofensa à moralidade pública, perigo à segurança pública etc.), os atos processuais praticados nos moldes do "segredo de Justiça" podem ser investigados e conhecidos por outros, além das partes e advogados, por autorização do juiz.

O atual Código explicita de forma mais minuciosa os casos de segredo de justiça (art. 189), além de ampliar a regra às situações que envolvam dados protegidos pelo direito constitucional à intimidade e aos litígios que versem sobre arbitragem e cumprimento de carta arbitral, desde que a confidencialidade estipulada na arbitragem seja comprovada perante o juízo (art. 189, III e IV).

Quanto à fundamentação, a disciplina a ser observada para que a decisão judicial seja havida como adequada e validamente fundamentada acha-se traçada pelo CPC, art. 489, especialmente em seus §§ 1º e 2º. Também a Lei de Introdução às Normas do Direito Brasileiro – LINDB sofreu acrescimentos de dispositivos por força da Lei 13.655, os quais reforçam a exigência de fundamentação adequada e completa para os atos decisórios judiciais e administrativos (ver, adiante, os comentários ao art. 489 do CPC).

O Decreto nº 9.830/2019, que regulamentou o disposto nos arts. 20 a 30 da LINDB, trouxe algumas recomendações importantes como a do art. 3º ao determinar que a decisão que se basear exclusivamente em valores jurídicos abstratos indicará os fundamentos de mérito e jurídicos e as consequências práticas da decisão, inclusive em caso de declaração de invalidade de atos e contratos (art. 4º, § 4º). O Decreto também adverte acerca da necessidade de serem consideradas as possíveis alternativas e observados os critérios de adequação, proporcionalidade e razoabilidade (art. 3º, § 3º). Importante destacar, ainda, ser vedado declarar inválida situação plenamente constituída devido à mudança posterior de orientação geral, resguardando, portanto, o ato jurídico perfeito e o direito adquirido (art. 5º, § 1º).

JURISPRUDÊNCIA SELECIONADA

1. Apreciação integral da controvérsia. "Verifica-se não ter ocorrido ofensa aos arts. 11 e 489 do CPC/15, na medida em que o Tribunal de origem dirimiu, fundamentadamente, as questões que lhe foram submetidas, **apreciando integralmente a controvérsia posta nos presentes autos**. Ressalte-se que não se pode confundir julgamento desfavorável ao interesse da parte com negativa ou ausência de prestação jurisdicional" (STJ, AgInt no REsp 1712570/RS, Rel. Min. Sérgio Kukina, 1ª Turma, jul. 13.11.2018, *DJe* 11.12.2018).

"Não se verifica, também, no caso, a alegada vulneração dos artigos 11 e 489 do Código de Processo Civil, uma vez que a Corte local apreciou a lide, discutindo e dirimindo as questões fáticas e jurídicas que lhe foram submetidas. Assim, **o teor do acórdão recorrido resulta de exercício lógico, ficando mantida a pertinência entre os fundamentos e a conclusão**" (STJ, AgInt no AREsp 1180983/RO, Rel. Min. Luis Felipe Salomão, 4ª Turma, jul. 01.03.2018, *DJe* 06.03.2018).

2. Acórdão. Nulidade. Questões relevantes não apreciadas. "Conquanto o julgador não esteja obrigado a rebater, com minúcias, cada um dos argumentos deduzidos pelas partes, o novo Código de Processo Civil, exaltando os princípios da cooperação e do contraditório, lhe impõe o dever, dentre outros, de enfrentar todas as questões pertinentes e relevantes, capazes de, por si sós e em tese, infirmar a sua conclusão sobre os pedidos formulados, sob pena de se reputar não fundamentada a decisão proferida. ... É vedado ao relator limitar-se a reproduzir a decisão agravada para julgar improcedente o agravo interno" (REsp 1622386/MT, Rel. Min. Nancy Andrighi, 3ª Turma, jul. 20.10.2016, *DJe* 25.10.2016).

3. Segredo de justiça. Pleito de acesso aos autos pela vítima. Instrução de ação de deserdação. Interesse jurídico. "O art. 143 do Estatuto da Criança e do Adolescente estabelece, como regra geral, a vedação à divulgação de atos judiciais, policiais e administrativos que digam respeito à apuração de atos infracionais. Esta disposição, em primeiro juízo, obsta o acesso de terceiros aos referidos autos. Todavia, a vedação contida no art. 143 do Estatuto da Criança e do Adolescente não é absoluta, sendo mitigada, conforme se extrai do art. 144 deste mesmo diploma normativo, nas hipóteses em que há interesse jurídico e justificada finalidade no pleito de acesso aos autos. Nesse caso, presentes interesse e finalidade justificadas, deverá a autoridade judiciária deferir a extração de cópias ou certidões dos atos do processo infracional" (STJ, RMS 65.046/MS, Rel. Min. Laurita Vaz, 6ª Turma, jul. 01.06.2021, *DJe* 16.06.2021).

Art. 12. Os juízes e os tribunais atenderão, preferencialmente, à ordem cronológica de conclusão para proferir sentença ou acórdão. (Redação dada pela Lei nº 13.256, de 04.02.2016)

§ 1º A lista de processos aptos a julgamento deverá estar permanentemente à disposição para consulta pública em cartório e na rede mundial de computadores.

§ 2º Estão excluídos da regra do *caput*:

I – as sentenças proferidas em audiência, homologatórias de acordo ou de improcedência liminar do pedido;

II – o julgamento de processos em bloco para aplicação de tese jurídica firmada em julgamento de casos repetitivos;

III – o julgamento de recursos repetitivos ou de incidente de resolução de demandas repetitivas;

IV – as decisões proferidas com base nos arts. 485 e 932;

V – o julgamento de embargos de declaração;

VI – o julgamento de agravo interno;

VII – as preferências legais e as metas estabelecidas pelo Conselho Nacional de Justiça;

VIII – os processos criminais, nos órgãos jurisdicionais que tenham competência penal;

IX – a causa que exija urgência no julgamento, assim reconhecida por decisão fundamentada.

§ 3º Após elaboração de lista própria, respeitar-se-á a ordem cronológica das conclusões entre as preferências legais.

§ 4º Após a inclusão do processo na lista de que trata o § 1º, o requerimento formulado pela parte não altera a ordem cronológica para a decisão, exceto quando implicar a reabertura da instrução ou a conversão do julgamento em diligência.

§ 5º Decidido o requerimento previsto no § 4º, o processo retornará à mesma posição em que anteriormente se encontrava na lista.

§ 6º Ocupará o primeiro lugar na lista prevista no § 1º ou, conforme o caso, no § 3º, o processo que:

I – tiver sua sentença ou acórdão anulado, salvo quando houver necessidade de realização de diligência ou de complementação da instrução;

II – se enquadrar na hipótese do art. 1.040, inciso II.

REDAÇÃO PRIMITIVA DO CPC/2015

Art. 12. Os juízes e os tribunais deverão obedecer à ordem cronológica de conclusão para proferir sentença ou acórdão.

BREVES COMENTÁRIOS

As sentenças ou acórdãos deverão ser proferidos, preferencialmente, com obediência à ordem cronológica de conclusão, segundo determina o art. 12 do CPC/2015. Com isso, quer a lei impedir que ocorra escolha aleatória dos processos a serem julgados, dando preferência injustificável a um ou outro feito, independentemente do momento em que a conclusão para julgamento tenha se dado.

Se "todos são iguais perante a lei" (CF, art. 5º, *caput*), e se ao órgão judicial incumbe "assegurar às partes igualdade de tratamento" (CPC/2015, art. 139, I), é óbvio que a garantia de isonomia restará quebrada se a escolha do processo a ser julgado, dentre os diversos pendentes de decisão, pudesse ser feita sem respeitar a ordem cronológica de conclusão. A garantia constitucional não pode conviver com privilégio desse tipo.

Para que a observância da regra em foco seja controlada, o § 1º do art. 12 do CPC/2015 obriga a manutenção permanente da lista dos processos aptos a julgamento à disposição para consulta pública em cartório e na rede mundial de computadores.

O § 2º do mesmo artigo enumera as hipóteses excepcionais em que o julgamento, por diversas razões, fica fora da exigência de respeito à ordem cronológica.

Ressalva a lei que os requerimentos formulados depois que o processo já se encontra na lista do § 1º do art. 12 não alteram a ordem cronológica para julgamento (§§ 4º e 5º). Por igual razão, os processos que retornam da instância superior para rejulgamento, em virtude de anulação da sentença ou acórdão, entram em primeiro lugar na lista em questão, salvo quando houver necessidade de diligência ou de complementação da instrução (§ 6º, I). Também ocupam a primeira posição os processos represados no tribunal de origem, depois de decididos os recursos especiais ou extraordinários de conteúdo repetitivo, quando for o caso da reapreciação prevista no art. 1.040, II, do CPC/2015 (art. 12, § 6º, II, do CPC/2015).

A ressalva que flexibilizou a ordem cronológica, prevendo a sua observância apenas preferencialmente, não anula a importante norma do art. 12, visto que se aplicará tão somente quando o juiz tiver justificação aceitável para seu afastamento.

JURISPRUDÊNCIA SELECIONADA

1. Prioridade na tramitação processual. Idoso. Requerimento. Legitimidade exclusiva. Ver jurisprudência do art. 1.048, do CPC/2015.

Capítulo II
DA APLICAÇÃO DAS NORMAS PROCESSUAIS

Art. 13. A jurisdição civil será regida pelas normas processuais brasileiras, ressalvadas as disposições específicas previstas em tratados, convenções ou acordos internacionais de que o Brasil seja parte.

REFERÊNCIA LEGISLATIVA

CPC/2015, art. 1º.

BREVES COMENTÁRIOS

Como atividade soberana do Poder Público, a jurisdição civil será, em princípio, regida pelo Código de Processo Civil e demais normas processuais brasileiras (arts. 1º e 13), segundo o princípio da *lex fori*, prevalente em direito internacional privado, em decorrência do caráter de ordem pública que predomina na respectiva legislação. Ressalva, porém, o art. 13 a eventualidade de submissão do processo nacional a procedimento diverso, em decorrência de previsões especiais contidas em tratados, convenções ou acordos internacionais de que o Brasil seja parte.

A Constituição Federal, depois de ter atribuído competência privativa à União para legislar sobre direito processual (art. 22, I), instituiu uma competência concorrente dos Estados para dispor acerca de "procedimentos em matéria processual" (art. 24, XI). Há, outrossim, necessidade de distinguir-se, como feito pelo STF, entre processo e procedimento: normas processuais em sentido estrito são as que "cuidam do processo como tal e atribuem poderes e deveres processuais"; enquanto normas procedimentais são "as que se referem ao *modus procedendi*, ou seja, à estrutura e coordenação dos atos que compõem o processo" (STF, ADI 3.041/RS). "Assim, a competência legislativa concorrente dos Estados-membros deve se restringir à edição de leis que disponham sobre *matéria procedimental, isto é, sobre a sucessão coordenada dos atos processuais, no que se refere à forma, ao tempo e ao lugar de sua realização*, e com cuidado de não usurpar a competência da União para legislar sobre normas de caráter geral" (STF, ADI 2.257/SP).

Art. 14. A norma processual não retroagirá e será aplicável imediatamente aos processos em curso, respeitados os atos processuais praticados e as situações jurídicas consolidadas sob a vigência da norma revogada.

REFERÊNCIA LEGISLATIVA

CF, art. 5º, XXXVI; LINDB, art. 6º.

BREVES COMENTÁRIOS

Diante do reconhecimento de que a lei processual nova é de efeito imediato, atingindo inclusive os processos em andamento, já houve teoria antiga que defendia o caráter retroativo de tal lei. A doutrina contemporânea, já há bastante tempo, demonstrou o engano em que incide semelhante afirmação.

Com efeito, também a lei processual respeita o direito adquirido, o ato jurídico perfeito e a coisa julgada (Constituição Federal, art. 5º, inc. XXXVI, e Lei de Introdução, art. 6º). Assim, mesmo quando a lei nova atinge um processo em andamento, nenhum efeito tem sobre os fatos ou atos ocorridos sob o império da lei revogada. Alcança o processo no estado em que se achava no momento de sua entrada em vigor, mas respeita os efeitos dos atos já praticados, que continuam regulados pela lei do tempo em que foram consumados.

JURISPRUDÊNCIA SELECIONADA

1. Princípio do *tempus regit actum*. "À luz do princípio *tempus regit actum*, esta Corte Superior há muito pacificou o entendimento de que as normas de caráter processual têm aplicação imediata aos processos em curso, regra essa que veio a ser positivada no ordenamento jurídico no art. 14 do novo CPC. Em homenagem ao referido princípio, o Superior Tribunal de Justiça consolidou o entendimento de que a **lei a reger o recurso cabível e a forma de sua interposição é aquela vigente à data da publicação da decisão impugnada**, ocasião em que o sucumbente tem a ciência da exata compreensão dos fundamentos do provimento jurisdicional que pretende combater. Precedentes. Esse entendimento foi cristalizado pelo Plenário do Superior Tribunal de Justiça, na sessão realizada dia 09.03.2016 (ata publicada em 11.03.2016), em que, por unanimidade, aprovou a edição de enunciado administrativo com a seguinte redação: 'Aos recursos interpostos com fundamento no CPC/1973 (relativos a decisões publicadas até 17 de março de 2016) devem ser exigidos os requisitos de admissibilidade na forma nele prevista, com as interpretações dadas, até então, pela jurisprudência do Superior Tribunal de Justiça' (Enunciado Administrativo n. 2, aprovado pelo Plenário do Superior Tribunal de Justiça em 09.03.2016)" (STJ, AgInt no AREsp 890.784/MG, Rel. Min. Luis Felipe Salomão, 4ª Turma, jul. 02.06.2016, *DJe* 08.06.2016). **No mesmo sentido**: STJ, AgInt no AREsp 739.743/RJ, Rel. Min. Moura Ribeiro, 3ª Turma, jul. 23.06.2016, *DJe* 01.07.2016; STJ, AgInt no REsp 1440033/PB, Rel. Min. Napoleão Nunes Maia Filho, 1ª Turma, jul. 03.06.2019, *DJe* 05.06.2019.

"A regra do art. 34-A do Decreto-Lei 3.365/1941 versa norma de direito processual aplicável, portanto, aos processos pendentes por ocasião da sua entrada em vigor, mas desde que preservados os atos processuais já praticados. Inteligência do art. 14 do CPC/2015" (STJ, AREsp 1464539/SP, Rel. Min. Mauro Campbell Marques, 2ª Turma, jul. 11.06.2019, *DJe* 18.06.2019).

Sentença proferida na vigência do CPC/1973. Cumprimento de sentença iniciado na vigência do CPC/2015. "Nos termos do art. 14 do CPC/2015, 'a norma processual não retroagirá e será aplicável imediatamente aos processos em curso, respeitados os atos processuais praticados e as situações jurídicas consolidadas sob a vigência da norma revogada'. Na linha dos precedentes desta Corte, 'a aplicação da lei processual nova, como o CPC/2015, somente pode se dar aos atos processuais futuros e não àqueles já iniciados ou consumados, sob pena de indevida retroação da lei' (AgInt no AREsp 1016711/RJ, Rel. Ministro MARCO AURÉLIO BELLIZZE, TERCEIRA TURMA, julgado em 27/04/2017, *DJe* 05/05/2017). Como bem observa a doutrina, é possível a aplicação da norma processual superveniente a situações pendentes, desde que respeitada a eficácia do ato processual já praticado. (...) No caso concreto, embora a sentença exequenda tenha sido proferida na vigência do CPC/73, o cumprimento de sentença iniciou-se na vigência do CPC/2015, razão pela qual é aplicável a nova legislação" (STJ, REsp 1815762/SP, Rel. Min. Mauro Campbell Marques, 2ª Turma, jul. 05.11.2019, *DJe* 07.11.2019).

2. Tutela de urgência. Indisponibilidade de bens. Necessidade de demonstração do requisito da urgência. Alteração legislativa. Aplicação imediata. "A nova redação da Lei n. 8.429/1992, dada pela Lei n. 14.230/2021, passou a exigir a demonstração do requisito da urgência, além da plausibilidade do direito invocado, para o deferimento da indisponibilidade de bens em sede de ação de improbidade administrativa. Por possuir natureza de tutela provisória de urgência cautelar, podendo ser revogada ou modificada a qualquer tempo, a decisão de indisponibilidade de bens reveste-se de caráter processual, de modo que, por força do art. 14 do CPC/2015, a norma mencionada deve ter aplicação imediata ao processo em curso" (STJ, AgInt no AREsp 2.272.508/RN, Rel. Min. Gurgel de Faria, 1ª Turma, jul. 06.02.2024, *DJe* 21.03.2024).

3. Coisa julgada parcial ou progressiva. Cumprimento definitivo de parcela incontroversa. "A nova lei processual se aplica imediatamente aos processos em curso (*ex vi* do art. 1.046 do CPC/2015), respeitados o direito adquirido, o ato jurídico perfeito, a coisa julgada, enfim, os efeitos já produzidos ou a se produzir sob a égide da nova lei. Haja vista que o processo é constituído por inúmeros atos, o Direito Processual Civil orienta-se pela Teoria dos Atos Processuais isolados, segundo a qual cada ato deve ser considerado separadamente dos demais para o fim de determinar qual a lei que o regerá (princípio do *tempus regit actum*). Esse sistema está expressamente previsto no art. 14 do CPC/2015. (...) A sistemática do Códex Processual, ao albergar a coisa julgada progressiva e autorizar o cumprimento definitivo de parcela incontroversa da sentença condenatória, privilegia os comandos da efetividade da prestação jurisdicional e da razoável duração do processo (arts. 5º, LXXVIII, da CF/1988 e 4º do CPC/2015), bem como prestigia o próprio princípio dispositivo (art. 2º do CPC/15)" (STJ, AgInt no AgInt no REsp 2.038.959/PR, Rel. Min. Herman Benjamin, 2ª Turma, jul. 16.04.2024, *DJe* 07.05.2024).

4. Improbidade administrativa. Superveniência da Lei n. 14.230/2021. Aplicação imediata. "A questão jurídica referente à aplicação da Lei n. 14.230/2021 – em especial, no tocante à necessidade da presença do elemento subjetivo dolo para a configuração do ato de improbidade administrativa e da aplicação dos novos prazos de prescrição geral e intercorrente – teve a repercussão geral julgada pelo Supremo Tribunal Federal (Tema 1.199 do STF). A despeito de ser reconhecida a irretroatividade da norma mais benéfica advinda da Lei n. 14.230/2021, que revogou a modalidade culposa do ato de improbidade administrativa, o STF autorizou a aplicação da lei nova, quanto a tal aspecto, aos processos ainda não cobertos pelo manto da coisa julgada. A Primeira Turma desta Corte Superior, no julgamento do AREsp 2.031.414/MG, em 09.05.2023, firmou a orientação de conferir interpretação restritiva às hipóteses de aplicação retroativa da LIA (com a redação da Lei n. 14.230/2021), adstrita aos atos ímprobos culposos não transitados em julgado, de acordo com a tese 3 do Tema 1.199 do STF. Acontece que o STF, posteriormente, ampliou a abrangência do Tema 1.199/STF, a exemplo do que ocorreu no ARE 803568 AgR-segundo-EDv-ED, admitindo que a norma mais benéfica prevista na Lei n. 14.230/2021, decorrente da revogação (naquele caso, tratava-se de discussão sobre o art. 11 da LIA), poderia ser aplicada aos processos em curso. Tal como aconteceu com a modalidade culposa e com os incisos I e II do art. 11 da LIA (questões diretamente examinadas pelo STF), a conduta ímproba escorada em dolo genérico (tema ainda não examinado pelo Supremo) também foi revogada pela Lei n. 14.230/2021, pelo que deve receber rigorosamente o mesmo tratamento" (STJ, REsp 2.107.601/MG, Rel. Min. Gurgel de Faria, 1ª Turma, jul. 23.04.2024, *DJe* 02.05.2024).

Art. 15. Na ausência de normas que regulem processos eleitorais, trabalhistas ou administrativos, as disposições deste Código lhes serão aplicadas supletiva e subsidiariamente.

REFERÊNCIA LEGISLATIVA

Lei nº 11.101/2002, art. 189, com redação da Lei nº 14.112/2020 (aplicação subsidiária do CPC aos procedimentos de falência e recuperação judicial).

BREVES COMENTÁRIOS

Cabe ao Código de Processo Civil não apenas disciplinar a jurisdição civil, mas também funcionar como a principal fonte do direito processual no ordenamento jurídico brasileiro. Toca, pois, ao estatuto civil o papel de fonte de preenchimento de todas as lacunas dos outros diplomas processuais.

JURISPRUDÊNCIA SELECIONADA

1. Aplicabilidade subsidiária do CPC ao processo penal. Multa diária e poder geral de cautela. Teoria dos poderes implícitos. "Conforme amplamente admitido pela doutrina e pela jurisprudência, aplica-se o Código de Processo Civil ao Estatuto processual repressor, quando este for omisso sobre determinada matéria. (...) Aplica-se o poder geral de cautela ao processo penal, só havendo restrição a ele, conforme reconhecido pelo Supremo Tribunal Federal, na ADPF 444/DF, no que diz respeito às cautelares pessoais, que de alguma forma restrinjam o direito de ir e vir da pessoa. O princípio do *nemo tenetur se detegere* e da vedação à analogia *in malam partem* são garantias em favor da defesa (ao investigado, ao indiciado, ao acusado, ao réu e ao condenado), não se estendendo a quem não esteja submetido à persecução criminal. Até porque, apesar de ocorrer incidentalmente em uma relação jurídico-processual-penal, não existe risco de privação de liberdade de terceiros instados a cumprir a ordem judicial, especialmente no caso dos autos, em que são pessoas jurídicas. Trata-se, pois, de poder conferido ao juiz, inerente à própria natureza cogente das decisões judiciais. A teoria dos poderes implícitos também é fundamento autônomo que, por si só, justifica a aplicação de astreintes pelos magistrados no processo criminal" (STJ, REsp 1568445/PR, Rel. p/ Acórdão Min. Ribeiro Dantas, 3ª Seção, jul. 24.06.2020, *DJe* 20.08.2020).

2. Aplicabilidade subsidiária do CPC ao processo penal. Medidas constritivas sobre o patrimônio de terceiros. *Astreintes*. Bloqueio via Bacen-Jud e inscrição em dívida ativa. Viabilidade. "Sobre a possibilidade do bloqueio de valores por meio do Bacen-Jud ou aplicação de outra medida constritiva sobre o patrimônio do agente, é relevante considerar dois momentos: primeiramente, a determinação judicial de cumprimento, sob pena de imposição de multa e, posteriormente, o bloqueio de bens e constrições patrimoniais. No primeiro, o contraditório é absolutamente descabido. Não se pode presumir que a pessoa jurídica intimada, necessariamente, descumprirá a determinação judicial. Quando do bloqueio de bens e realização de constrições patrimoniais, o magistrado age em razão do atraso do terceiro que, devendo contribuir com a Justiça, não o faz. Nesse segundo momento, é possível o contraditório, pois, supondo-se que o particular se opõe à ordem do juiz, passa a haver posições antagônicas que o justificam. No caso concreto, o Tribunal local anotou que as informações requisitadas só foram disponibilizadas mais de seis meses após a quebra judicial do sigilo e expedição do primeiro ofício à empresa. Logo, não se verifica o cumprimento integral da medida. Em relação à proporcionalidade da multa, o parâmetro máximo de R$ 50.000,00 (cinquenta mil reais) fixado por esta Corte em caso assemelhado, na QO-Inq n. 784/DF, foi observado. Assim, não merece revisão" (STJ, REsp 1568445/PR, Rel. p/ Acórdão Min. Ribeiro Dantas, 3ª Seção, jul. 24.06.2020, *DJe* 20.08.2020).

3. Aplicabilidade subsidiária do CPC. "O art. 15 do CPC/2015 não cerceia a capacidade de os entes federados se organizarem e estabelecerem ritos e regras para seus processos administrativos. O código somente será aplicável aos processos administrativos das demais entidades federativas de forma supletiva e subsidiária, caso haja omissão legislativa. Houve, na verdade, ampliação, atualização e enriquecimento das normas administrativas vigentes, possibilitando sua integração, em caso de lacunas, pelas normas do CPC" (STF, ADI 5.737, Rel. p/ acórdão Min. Roberto Barroso, Pleno, jul. 25.04.2023, *DJe* 27.06.2023).

DAS NORMAS FUNDAMENTAIS: INDICAÇÃO DOUTRINÁRIA

Adriano C. Cordeiro, O desenvolvimento do processo cooperativo e a submissão da coisa julgada material ao interesse das partes. O controle proporcional da jurisdição, *RBDPro*, ano 23, n. 89, p. 13-28, jan.-mar. 2015; Alexandre Freitas Câmara, Fundamentação da sentença no novo CPC. MENDES, Aluisio Gonçalves de Castro [coord.]. *O novo Código de Processo Civil*: Programa de estudos avançados em homenagem ao Ministro Arnaldo Esteves Lima. Rio de Janeiro: Emarf, 2016. p. 139; Alexandre Freitas Câmara, O princípio da primazia da resolução do mérito e o novo Código de Processo Civil. SARRO, Luís

Antônio Giampaulo. *Novo Código de Processo Civil* – Principais alterações do sistema processual civil. 2. ed. São Paulo: Rideel, 2016, p. 439; Alexandre Pereira Bonna, Cooperação no processo civil - a paridade do juiz e o reforço das posições jurídicas das partes a partir de uma nova concepção de democracia e contraditório, *Revista Brasileira de Direito Processual*, n. 85, Belo Horizonte, p. 77, jan.-mar. 2014; André Boccuzzi de Souza, O novo Código de Processo Civil e seu estreitamento com a Constituição Federal: a garantia dos direitos fundamentais e uma necessária defesa à reprodução das normas constitucionais. *Revista Síntese de Direito Civil e Processual Civil* nº 103, set.-out./2016, p. 103; André Vasconcelos Roque, O dever de fundamentação analítica no novo CPC e a normatividade dos princípios. ALVIM, Thereza Arruda [*et. al.*]. *O novo Código Processo Civil Brasileiro* – Estudos dirigidos: sistematização e procedimentos. Rio de Janeiro: Forense, 2015, p. 21; Antonio Augusto Pires Brandão, O reforço do dever de fundamentação das decisões como fator de legitimação da atividade judicial. *Revista de Processo* vol. 258, ano 41, ago./2016, p. 11; Antonio Celso Baeta Minhoto, Ativismo judicial, constitucionalização do processo civil e o novo Código de Processo Civil: pontos para um debate. ALVIM, Thereza Arruda [*et. al.*]. *O Novo Código Processo Civil Brasileiro* – Estudos dirigidos: sistematização e procedimentos. Rio de Janeiro: Forense, 2015, p. 53; Arnoldo Wald, A arbitragem contratual e os dispute boards, Revista de Arbitragem e Mediação, São Paulo, v. 6, jul.-set., 2005, p. 11; Arruda Alvim, Novo contencioso cível no CPC/2015. São Paulo: RT, 2016, p. 45-76; Rodolfo de Camargo Mancuso, O direito à tutela jurisdicional: o novo enfoque do art. 5º, XXXV, da Constituição Federal. SARRO, Luís Antônio Giampaulo. *Novo Código de Processo Civil* – Principais alterações do sistema Processual Civil. 2. ed. São Paulo: Rideel, 2016, p. 409; Bernardo Álvares; Humberto Theodoro Júnior, Princípios gerais do direito processual civil, *RP* 23/173; *Ajuris* 34/161; Bruno Guimarães Bianchi, Arbitragem no novo Código de Processo Civil: aspectos práticos. *Revista de Processo* vol. 255, ano 41, p. 413-432, São Paulo: RT, maio 2016; Caetano Dias Corrêa; Fábio Kunz da Silveira, O princípio da cooperação e a busca por bens na execução civil. LUCON, Paulo Henrique dos Santos; OLIVEIRA, Pedro Miranda de. *Panorama atual do novo CPC*. Florianópolis: Empório do Direito, 2016, p. 33; Camilo Zufelato, Contraditório e vedação às decisões-surpresa no processo civil brasileiro, Belo Horizonte: Editora D'Plácido, 2019; Cândido Rangel Dinamarco, In: José Roberto F. Gouvêa; Luis Guilherme A. Bondioli e João Francisco N. da Fonseca (coord.), *Comentários ao Código de Processo Civil*, São Paulo: Saraiva, 2018, v. 1; Cândido Rangel Dinamarco, *Instituto de Direito Processual Civil*. 8. ed. São Paulo: Malheiros, 2016; Carlos Henrique Soares, Duração razoável do processo e sua aplicação no novo Código de Processo Civil. *Revista Síntese* ano XVII, n. 102, São Paulo: Síntese, jul.-ago. 2016, p. 39; Carolina Azevedo Assis, A justiça multiportas e os meios adequados de solução de controvérsias: além do óbvio, Revista de Processo, São Paulo , ano 44, v. 297, p. 399 e ss., nov. 2019; Cássio Scarpinella Bueno, *Manual de direito processual civil*, São Paulo: Saraiva, 2015; Cláudio Aparecido Ribas da Silva, *Novo Código de Processo Civil: principais alterações do sistema processual civil*, São Paulo: Rideel, 2014; Cláudio Ari Mello, Interpretação jurídica e dever de fundamentação das decisões judiciais no Novo Código de Processo Civil. *Revista de Processo* vol. 255, ano 41, p. 63-90, São Paulo: RT, maio 2016; Cláudio Couto Soledade, A contraface do dever de fundamentar no Código de Processo Civil de 2015. *Revista Forense* vol. 423, ano 112, p. 413, Rio de Janeiro: Forense, jan.-jun./2016; Cristiane Rodrigues Iwakura, Contraditório no direito processual civil moderno, *Revista Dialética de Direito Processual*, n. 150, p. 9-20; Daniel Amorim Assumpção Neves, *Manual de direito processo civil*, São Paulo: Método, 2015; Daniel Nobre Morelli, A garantia constitucional da motivação e os fundamentos das decisões judiciais no Novo Código de Processo Civil, *Revista Dialética de Direito Processual*, n. 150, p. 20-27; Daniel Willian Granado; Fernando Rey Cota Filho; Fernanda de Pádua, O alcance do bem comum através da ética e do direito. *Revista Forense* vol. 423, ano 112, p. 421. Rio de Janeiro: Forense, jan.-jun./2016; Dierle Nunes, Alexandre Bahia, Flávio Quinaud Pedron, Teoria geral do processo, Salvador: Editora JusPodivm, 2020; Dierle Nunes; Clenderson Rodrigues Da Cruz; Lucas Dias Costa Drummond. A regra interpretativa da primazia do mérito e o formalismo processual democrático. *In:* Helder Moroni Câmara; Lucio Delfino; Luiz Eduardo Ribeiro Mourão; Rodrigo Mazzei. *Aspectos polêmicos do novo Código de Processo Civil*. São Paulo: Almedina, 2018, v. 1, p.85-122; Everaldo Augusto Cambler; Rennan Faria Krüger Thamay, Jurisdição e arbitragem e o Código de Processo Civil de 2015. ALVIM, Thereza Arruda [*et. al.*]. *O novo Código Processo Civil Brasileiro – Estudos dirigidos: sistematização e procedimentos*. Rio de Janeiro: Forense, 2015, p. 103; Fernanda Tartuce, O novo marco legal da mediação no direito brasileiro. *Revista de Processo* vol. 258, ano 41, p. 495-519. São Paulo: RT, ago./2016; Fernando da Fonseca Gajardoni, Pontos e contrapontos sobre o projeto do Novo CPC, *Revista dos Tribunais*, v. 950, p. 19, dez. 2014; Fernando Rubin, A boa-fé processual como princípio fundamental no novo CPC. *Revista Magister do Direito Civil e Processual Civil*, ano XIII, nº 73, p. 5, Porto Alegre: Magister, jul.-ago./2016; Flávio Quinaud Pedron, As normas fundamentais do CPC/2015 como chaves de compreensão adequada da nova legislação. JAYME, Fernando Gonzaga *et. al. Inovações e modificações do Código Processo Civil*. Belo Horizonte: Del Rey, 2017, p. 21; Fredie Didier Jr., *Curso de direito processual civil*, 17. ed. Salvador: JusPodivm, 2015, v. I; George Sarmento; Lean Araújo. O ato de julgar no Estado Constitucional – Aplicação dos princípios como elementos da argumentação jusfundamental na efetividade dos direitos fundamentais. *Revista Magister de Direito Civil e Processual Civil*. V. 89, mar./abr. 2019, p. 74-98; Giovani dos Santos Ravagnani, Bruna Laís Sousa Tourinho Nakamura, Daniel Pineiro Longa, A utilização de dispute boards como método adequado para a resolução de conflitos no Brasil, Revista de Processo, ano 45, n. 300, p. 343-362, fev. 2020; Guilherme Rizzo Amaral, *Comentários às alterações do novo CPC*, São Paulo: Revista dos Tribunais, 2015; Gustavo Henrichs Favero. A colaboração processual no epicentro do processualismo democrático. *Revista de Processo*, n. 318, p. 33 e ss, agosto 2021; Heloisa Leonor Buika, A mediação e a difusão da cultura da paz. *Revista Síntese de Direito Civil e Processual Civil* nº 103, set./out. 2016; Henrique de Moraes Fleury da Rocha. Garantias fundamentais do processo sob a ótica da informatização judicial. *Revista de Processo*. vol. 267. ano 42. p. 129. São Paulo: Ed. RT, maio/2017; Humberto Ávila, Teoria dos princípios: da definição à aplicação dos princípios jurídicos. 13. ed., São Paulo: Malheiros, 2012; Humberto Theodoro Júnior, A garantia do devido processo legal e a busca da verdade real. *Revista Magister de Direito Civil e Processo Civil*. n. 77, p. 29, mar.-abr./2017; Humberto Theodoro Júnior, *Curso de direito processual civil*, 61. ed., Rio de Janeiro: Forense, 2020, v. I; Humberto Theodoro Júnior, *Curso de direito processual civil*, 62. ed., Rio de Janeiro: Forense, 2021, v. I; Humberto Theodoro Júnior, *Curso de direito processual civil*, Rio de Janeiro: Forense, 2020, v. I, ns. 52 e ss.; Humberto Theodoro Júnior, Fernanda Alvim Ribeiro de Oliveira, Ester Camila Gomes Norato Rezende (coords.), *Primeiras lições sobre o novo direito processual civil brasileiro*, Rio de Janeiro: Forense, 2015; Humberto Theodoro Junior. Direito fundamental à duração razoável do processo. [Estudo em homenagem ao Prof. Ovidio Baptista da Silva]. *Revista Magister de Direito Civil e Processual Civil*. Ed: Magister, nº 29, mar.-abr./2009, p. 83-98; Humberto Theodoro Junior. Solução consensual de conflito no novo Código de Processo Civil. *In:* Helder Moroni Câmara; Lucio Delfino; Luiz Eduardo Ribeiro Mourão; Rodrigo Mazzei. *Aspectos polêmicos do novo Código de Processo Civil*. São Paulo: Almedina, 2018, v. 1, p. 191-217; Humberto Theodoro Junior. Visão principiológica e sistemática do Código de Processo Civil de 2015. *Revista de Processo. vol.* 285. ano 43. p. 65-88. São Paulo: Ed. RT, nov./2018; J. E. Carreira Alvim, *Comentários ao novo Código de Processo Civil*, Curitiba: Juruá, 2015; Jéssica Galvão Chaves; Welington Luzia Teixeira, Normas fundamentais e o processo jurisdicional democrático: inovações e desafios. JAYME, Fernando Gonzaga *et. al. Inovações e modificações do Código Processo Civil*. Belo Horizonte: Del Rey, 2017, p. 33; João Luiz Lessa Neto, O novo CPC adotou o modelo multiportas!!! E agora?!, *Revista de Processo*, n. 244, p. 427, jun. 2015; José Alexandre Manzano Oliani, O contraditório no CPC/2015. WAMBIER, Luiz Rodrigues; WAMBIER, Teresa Arruda Alvim. *Temas essenciais do Novo CPC*. São Paulo: RT, 2016, p. 47; José Carlos Barbosa Moreira, Notas sobre o problema da atividade do processo, *Ajuris* 29/77; José Miguel Garcia Medina, *Novo Código de Processo Civil comentado*, São Paulo: Revista dos Tribunais, 2015; José Rogério Cruz e Tucci, *O direito de estar em juízo e a coisa julgada*, São Paulo: Revista dos Tribunais, 2014, p. 217-225; Josué Mastrodi e Cindy Massesine Pimentel, Sobre a aplicação do princípio da proporcionalidade pelos tribunais superiores: como eles resolvem conflitos envolvendo a colisão entre o direito à propriedade e o direito à moradia, *Revista dos Tribunais*, v. 1.012, p. 101-117, fev. 2020; Klaus Cohen Koplin, O contraditório de influência e o dever de consulta no novo CPC, In: Sérgio Cruz Arenhart; Daniel Mitidiero (coords.), *O processo civil entre a técnica processual e a tutela dos direitos*: estudos em homenagem a Luiz Guilherme Marinoni, São Paulo: RT, 2017, p. 127 e ss.; Lenio Streck e Flávio Quinaud Pedron, O que ainda podemos aprender com a literatura sobre os princípios jurídicos e suas condições de aplicação? *Revista de Processo* vol. 258, ano 41, p. 153-173. São Paulo: RT, ago./2016; Leonard Ziesemer Schmitz, *O direito de estar em juízo e a coisa julgada*, São Paulo: Revista dos Tribunais, 2014, p. 245-259; Leonardo Carneiro da Cunha, O princípio do contraditório e a cooperação no processo, *Revista Brasileira de Direito Processual*, Belo Horizonte, n. 79; Leonardo de Faria Beraldo, Eficiência e organização do processo. JAYME, Fernando Gonzaga *et. al. Inovações e modificações do Código de Processo Civil*. Belo Horizonte: Del Rey, 2017, p. 237; Leonardo Greco, *Instituições de processo civil: introdução ao direito processual civil*, 5. ed., Rio de Janeiro: Forense, 2015; Leonardo Greco, Justiça civil, acesso à justiça e garantias, In: Donaldo Armelin (coord.), *Tutelas de urgência e cautelares*, São Paulo: Saraiva, 2010, p. 831; Leonardo Greco, O contraditório no novo CPC. MENDES, Aluisio Gonçalves de Castro [coord.]. *O novo Código de Processo Civil*: programa de estudos avançados em homenagem ao Ministro Arnaldo Esteves Lima. Rio de Janeiro: Emarf, 2016, p. 229; Lopes da Costa, *A Administração Pública e a ordem jurídica privada: jurisdição voluntária*, Belo Horizonte: B. Alvares, 1961; Luciano Picoli Gagno, O novo CPC e o modelo constitucional de processo, *RDDP*, n. 148, p. 72, jul. 2015; Luciano Souto Dias; Kamila Cardoso Faria, A conciliação e a mediação como mecanismos para a solução de conflitos no contexto do novo Código de Processo Civil de 2015. *Juris Plenum* ano XII, n. 70, p. 89. jul./ago. 2016, Caxias do Sul: Plenum, 2016; Luis Alberto Reichelt, A exigência de publicidade dos atos processuais na perspectiva do direito ao processo justo, *Revista de Processo* 234, p. 84-85, ago. 2014; Luis Alberto Reichelt, O direito fundamental à inafastabilidade do controle jurisdicional e sua densificação no novo CPC. *Revista de Processo* vol. 258, ano 41, ago./2016, p. 23; Luis Alberto Reichlt, Sistemática recursal, direito ao processo justo e novo Código de Processo Civil: os desafios deixados pelo legislador ao intérprete, *Revista de Processo*, n. 244, p. 15, jun. 2015; Luis Antônio Giampaulo Sarro, *Novo Código de Processo Civil*, São Paulo: Rideel, 2015; Luiz Fernando Valladão Nogueira, A alteração da ordem processual no novo CPC – Aspectos gerais e o direito empresarial. *Revista Síntese* ano XVII, n. 102. São Paulo: Síntese, jul.-ago. 2016, p. 71; Luiz Guilherme Marinoni, Daniel Mitidiero, In: Sérgio Cruz Arenhart e Daniel Mitidiero (coord.), *Comentários ao Código de Processo Civil*, 2. ed., São Paulo: RT, 2018, v. 1; Luiz Guilherme Marinoni, Sérgio Cruz Arenhart, Daniel Mitidiero, *Curso de processo civil*, São Paulo: Revista dos Tribunais, 2015, v. I; Luiz Rodrigues Wambier, Diretrizes fundamentais do novo CPC. WAMBIER, Luiz Rodrigues; WAMBIER, Teresa Arruda Alvim. *Temas essenciais do novo CPC*. São Paulo: RT, 2016, p. 41; Magno Federici Gomes, Izadora Gabriele dos Santos Oliveira, Princípios da cooperação, sustentabilidade judicial e convenção probatória *inter partes*, *Juris Plenum*, Caxias do Sul, ano XV, n. 90, p. 101, nov. 2019; Marcelo Veiga Franco. O gerenciamento processual como técnica cooperativa de estímulo aos meios consensuais de solução de conflitos: estudo comparativo entre os modelos inglês, estadunidense e brasileiro. *In Revista de Processo*, v. 319, São Paulo: RT, set. 2021, p. 427 e ss.; Marcio Evangelista Ferreira da Silva, O novo Código de Processo Civil: a evolução do sistema jurídico. *Revista Síntese* ano XVII, n. 102. São Paulo: Síntese, jul.-ago. 2016, p. 130; Marco Félix Jobim, Elaine Harzheim Macedo, Das normas fundamentais do processo e o projeto de novo Código de Processo Civil – repetições e inovações, *RBDPro*, ano 22, n. 87, p. 123-134, jul.-set. 2014; Maria Helena Diniz, *Lei de Introdução ao Código Civil brasileiro interpretada*, 4. ed., São Paulo: Saraiva, 1998; Mauro Sérgio Rocha, Devido processo legal: motivação das decisões judiciais, In: Sérgio Cruz Arenhart; Daniel Mitidiero (coords.), O processo civil entre a técnica processual e a tutela dos direitos: estudos em homenagem a Luiz Guilherme Marinoni, São Paulo: RT, 2017, p. 169 e ss.; Moacyr Amaral Santos, *Primeiras linhas de direito processual civil*, 3. ed., São Paulo: Max Limonad, 1971, v. I, n. 23; Najla Lopes Cintra, Aspectos relevantes da Lei 13.140/2015. *Revista Magister de Direito Civil e Processual Civil*, ano XII, n. 72, p. 61-75, maio/jun. 2016; Nelson Nery Junior, *Princípios do processo na Constituição Federal*, 10. ed., São Paulo: Revista dos Tribunais, 2010; Nelson Nery Junior, Rosa Maria de Andrade Nery, *Comentários ao Código de Processo Civil*, São Paulo: Revista dos Tribunais, 2015; Newton Coca Bastos Marzagão, O processo justo – o pensamento de Calamandrei, a instrumentalidade de Dinamarco e os mecanismos constitucionais para atingimento da justiça pelo processo, *Revista dos Tribunais*, v. 1.010, p. 327 e ss., dez. 2019; Oriana Piske de Azevêdo Barbosa, Cristiano Alves da Silva, Os métodos consensuais de solução de conflitos no âmbito do novo Código de Processo Civil brasileiro (Lei nº 13.105/2015), *Jurisplenum*, n. 64, ano XI, p. 91-106, jul./ago. 2015, Caxias do Sul: Plenum, 2015; Oscar Valente Cardoso, A aplicação das normas processuais no novo Código de Processo Civil, *Revista Dialética de Direito Processual*, n. 150, p. 78-86; Oscar Valente Cardoso, Normas fundamentais do novo Código de Processo Civil: o novo princípio do contraditório, *Revista Dialética de Direito Processual*, n. 151, p. 83-93, out. 2015; Pablo Zuniga Dourado, Processo civil constitucional e os princípios da publicidade e motivação, *RBDPro*, ano 22, n. 88, p. 231-248, out.-dez. 2014; Paulo Cezar Pinheiro Carneiro, In: Teresa Arruda Alvim Wambier, Fredie Didier Jr., Eduardo Talamini; Bruno Dantas, *Breves comentários ao novo Código de Processo Civil*, São Paulo: Revista dos Tribunais, 2015; Paulo Henrique dos Santos Lucon, Fundamentos do processo estrutural. JAYME, Fernando Gonzaga et. al. Inovações e modificações do Código Processo Civil. Belo Horizonte: Del Rey, 2017, p. 11; Paulo Henrique dos Santos Lucon, Segurança jurídica do novo CPC. LUCON, Paulo Henrique dos Santos; OLIVEIRA, Pedro Miranda de. *Panorama atual do novo CPC*. Florianópolis: Editora Empório do Direito, 2016, p. 325; Ravi Peixoto, A nova sistemática de resolução consensual de conflitos pelo Poder Público – uma análise a partir do CPC/2015 e da Lei 13.140/2015. *Revista de Processo* vol. 261, ano 41, p. 467-500, São Paulo: RT, nov./2016; Rennan Faria Krüger Thamay; Rafael Ribeiro Rodrigues, O efeito translativo na barca de Caronte. *Revista de Processo* vol. 255, ano 41, p. 253-274, São Paulo: RT, maio 2016; Robert Alexy, *Teoria de los derechos fundamentales*, Madrid: Centro de Estudios Políticos

Y Constitucionales, 2001; Roberto Rosas, *Devido processo legal*, Rio de Janeiro: Editora GZ, 2018; Rodolfo de Camargo Mancuso, *Novo Código de Processo Civil: principais alterações do sistema processual civil*, São Paulo: Rideel, 2014; Rodrigo Mazzei; Bárbara Seccato Ruis Chagas, Métodos ou tratamentos adequados de conflitos? JAYME, Fernando Gonzaga *et. al. Inovações e modificações do Código de Processo Civil*. Belo Horizonte: Del Rey, 2017, p. 113; Rodrigo Ramina de Lucca, *O dever de motivação das decisões judiciais*, Salvador: JusPodivm, 2015; Rodrigo Ramos, O contraditório no novo CPC: Notas sobre o desenvolvimento do princípio no âmbito infraconstitucional. ALVIM, Thereza Arruda [*et. al.*]. *O novo Código Processo Civil Brasileiro* – Estudos dirigidos: sistematização e procedimentos. Rio de Janeiro: Forense, 2015, p. 253; Rogerio Schietti, Brevíssimas considerações sobre o novo CPC e a fundamentação das decisões judiciais. MENDES, Aluisio Gonçalves de Castro [coord.]. *O novo Código de Processo Civil*: Programa de estudos avançados em homenagem ao Ministro Arnaldo Esteves Lima. Rio de Janeiro: Emarf, 2016, p. 187; Ronaldo Kochem, O direito ao contraditório como critério e metacritério da correção da fundamentação das decisões judiciais, In: Sérgio Cruz Arenhart; Daniel Mitidiero (coords.), O processo civil entre a técnica processual e a tutela dos direitos: estudos em homenagem a Luiz Guilherme Marinoni, São Paulo: RT, 2017, p. 209 e ss.; Rosalina Moitta Pinto da Costa. "Limpando as lentes": o que é justiça restaurativa? *Revista dos Tribunais*, ano 110, v. 1023, São Paulo: RT, jan. 2021, p. 279 e ss.; Rosangela Gazdovich, *O direito de estar em juízo e a coisa julgada*, São Paulo: Revista dos Tribunais, 2014, p. 363-371; Said Ramos Neto, O princípio da primazia da decisão de mérito e o interesse recursal do réu. *Revista de Processo* vol. 260, ano 41, p. 227-229, São Paulo: RT, out./2016; Santana de Abreu, A unificação da cognição com a execução: a ação unitária, In: Sérgio Cruz Arenhart; Daniel Mitidiero (coords.), O processo civil entre a técnica processual e a tutela dos direitos: estudos em homenagem a Luiz Guilherme Marinoni, São Paulo: RT, 2017, p. 269 e ss.; Sérgio Chiarloni, Sempre aberta a possibilidade de reformas do processo civil: primeiras reflexões sobre a transferência para a arbitragem e negociação assistida, por força da Lei 162/2014, *Revista de Processo*, n. 244, p. 443, jun. 2015; Sérgio Luiz de Almeida Ribeiro, *O direito de estar em juízo e a coisa julgada*, São Paulo: Revista dos Tribunais, 2014, p. 381-397; Suzana Santi Cremasco; Daniel Freitas Drumond Bento; Leonardo Polastri Lima Peixoto, A sistemática da arbitragem no CPC/2015. JAYME, Fernando Gonzaga *et al. Inovações e modificações do Código de Processo Civil*. Belo Horizonte: Del Rey, 2017, p. 129; Teresa Arruda Alvim Wambier, Fredie Didier Jr., Eduardo Talamini, Bruno Dantas (coord.), *Breves comentários ao novo Código de Processo Civil*, São Paulo: Revista dos Tribunais, 2015; Teresa Arruda Alvim Wambier, Maria Lúcia Lins Conceição, Leonardo Ferres da Silva Ribeiro, Rogério Licastro Torres de Melo, *Primeiros comentários ao novo Código de Processo Civil*, São Paulo: Revista dos Tribunais, 2015; Trícia Navarro Xavier Cabral; Frederico Ivens Miná Arruda de Carvalho. Notas sobre o dever de auxílio judicial às partes no Código de Processo Civil de 2015. *Revista de Processo*, n. 316, p. 63, jun. 2021; Walter dos Santos Rodrigues, Os critérios do Tribunal Europeu dos Direitos Humanos para a aferição da morosidade da prestação jurisdicional. *Revista Forense* vol. 423, ano 112, p. 321, Rio de Janeiro: Forense, jan.-jun./2016; Welder Querioz dos Santos, Indeferimento da petição inicial, princípio do contraditório e vedação de decisão surpresa, In: Ana Cândida Menezes Marcato et al. (orgs.), Reflexões sobre o Código de Processo Civil de 2015: uma contribuição dos membros do Centro de Estudos Avançados de Processo – Ceapro, São Paulo: Verbatim, 2018, p. 837 e ss.; Isabela Maria Lopes Bolotti; João Gilberto Belvel Fernandes Júnior. Os custos das cláusulas gerais de direito, sob a ótica da nova economia institucional: o caso da boa-fé. *Revista dos Tribunais*, vol. 1033, p. 45 e ss., nov. 2021; Paula Sarno Braga; Lorena Miranda Santos Barreiros. Validade, sentido e alcance de normas processuais federais à luz da competência dos estados para legislar sobre processo: uma análise das ADIN'S 5.492, 5.534 e 5.737. *Revista de Processo*, ano 47, vol. 328, p. 287-321, jun. 2022; Adelmo da Silva Emerenciano; Cláudia Regina de Azevedo. Dever do credor de mitigar seus próprios danos como consequência da boa-fé objetiva. *Revista dos Tribunais*, ano 113, n. 1060, p. 59-71, fev. 2024.

LIVRO II
DA FUNÇÃO JURISDICIONAL

TÍTULO I
DA JURISDIÇÃO E DA AÇÃO

Art. 16. A jurisdição civil é exercida pelos juízes e pelos tribunais em todo o território nacional, conforme as disposições deste Código.

CPC/1973

Art. 1º.

REFERÊNCIA LEGISLATIVA

CPC/2015, arts. 318 (procedimento comum); 539 a 702 (procedimentos especiais de jurisdição contenciosa); 719 a 765 (procedimentos especiais de jurisdição voluntária) e 1.046 (territorialidade e vigência).

Lei nº 9.494, de 10.09.1997 (Tutela Antecipada – ver Legislação Especial), art. 2º-A (limite da competência territorial na ação de caráter coletivo).

Lei nº 9.099, de 26.09.1995 (Juizados Especiais – ver Legislação Especial).

Lei nº 10.259, de 12.07.2001 (Juizado Especial Federal – ver Legislação Especial).

BREVES COMENTÁRIOS

Ao *juiz natural* compete o exercício da jurisdição, dentro da garantia constitucional do devido processo legal (CF, art. 5º, LIV). É ele o juiz (ou tribunal) competente e imparcial, investido da função jurisdicional prévia e regularmente, nos termos da Constituição (art. 5º, LIII e XXXVII, respectivamente) e das Leis de Organização Judiciária (CF, art. 93). Sendo inadmissível juiz ou tribunal de exceção, o juízo natural é aquele que, a par de competente, preexiste à demanda e dispõe das garantias de independência e imparcialidade. Na ótica do STF, "com efeito, a garantia do juízo natural, proclamada no inciso LIII do art. 5º da Carta de Outubro, é uma das mais eficazes condições de independência dos magistrados. Independência, a seu turno, que opera como um dos mais claros pressupostos de imparcialidade que deles, julgadores, se exige" (STF, RE 418.852/DF, Rel. Min. Carlos Britto, 1ª Turma, ac. 06.12.2005, *DJU* 10.03.2006, p. 30).

A jurisdição, por seu turno, é a função estatal de declarar e realizar, de forma prática, a vontade da lei diante de uma situação jurídica controvertida, que constitui atividade própria do Poder Judiciário, e se exerce não só por intermédio de juízes, individualmente considerados, como também por órgãos colegiados (tribunais). O objeto da jurisdição civil é fixado por exclusão (residual): aquilo que não couber na jurisdição penal e nas jurisdições especiais, será alcançado pela jurisdição civil.

Será *contenciosa* quando os fatos levados ao juízo forem objeto de litígio; considera-se *voluntária* a que se exerce sobre relações jurídicas não controvertidas, mas de interesse pessoal ou patrimonial privado, sujeito a controle administrativo da autoridade judiciária.

As fontes normativas a que se sujeita a jurisdição civil não se esgotam no Código de Processo Civil. Existem várias leis extravagantes que instituem procedimentos especiais e que se aplicam complementarmente à tramitação e julgamento das causas civis. Além disso, há um conjunto de regras e garantias fundamentais dentro da Constituição, no qual se identificam os requisitos e objetivos do acesso à Justiça e os requisitos do devido processo legal (ou, mais modernamente, do processo justo). Até mesmo os tratados internacionais são reconhecidos como possíveis fontes de garantia de direitos do homem, podendo prevalecer sobre leis processuais internas que com eles não se compatibilizam (CF, art. 5º, §§ 1º e 2º), como aconteceu, *v.g.*, com a prisão civil do depositário infiel (autorizada pelo art. 904, parágrafo único, do CPC/1973, sem correspondência no CPC/2015), que foi afastada pela adesão do Brasil ao "Pacto Internacional dos Direitos Civis e políticos" (art. 11) e à "Convenção Americana sobre Direitos Humanos" (art. 7º, n. 7).

JURISPRUDÊNCIA SELECIONADA

1. Inafastabilidade da jurisdição. "A ressalva legal de acesso ao Poder Judiciário, prevista no art. 1º, I, *g*, da Lei Complementar nº 64/90, dá concreção ao princípio da inafastabilidade da jurisdição, que se qualifica como preceito fundamental consagrado pela Constituição da República. A regra inscrita no art. 5º, inciso XXXV, da Lei Fundamental, garantidora do direito ao processo e à tutela jurisdicional, constitui o parágrafo régio do Estado Democrático de Direito, pois, onde inexista a possibilidade do amparo judicial, haverá sempre a realidade opressiva e intolerável do arbítrio do Estado ou dos excessos de particulares, quando transgridam injustamente os direitos de qualquer pessoa" (STF, Rcl 6.534 AgR, Rel. Min. Celso de Mello, Tribunal Pleno, jul. 25.09.2008, *DJe* 17.10.2008).

2. Instrumentalidade do processo. Efetividade da justiça. "O processo, em sua visão contemporânea, é instrumento de realização do direito material e de efetivação da tutela jurisdicional, sendo de feição predominantemente pública, que não deve prestar obséquios aos caprichos de litigantes desidiosos ou de má-fé' (REsp n. 261.789-MG, *DJ* 16.10.2000)" (STJ, REsp 439.309/MG, Rel. Min. Sálvio de Figueiredo Teixeira, 4ª Turma, jul. 20.03.2003, *DJ* 14.04.2003). **No mesmo sentido, repudiando o excesso de formalismo:** STJ, REsp 15.713/MG, Rel. Min. Sálvio de Figueiredo Teixeira, 4ª Turma, jul. 04.12.1991, *DJ* 24.02.1992.

3. Aplicação da lei. "O valor ético da norma jurídica se revela na aplicação da lei, que deve ser igual para todos os jurisdicionados" (STJ, AgRg no Ag 667.384/RJ, Rel. p/ ac. Min. Ari Pargendler, 3ª Turma, jul. 15.12.2005, *DJ* 27.03.2006, p. 265).

4. Princípios da segurança jurídica e da lealdade. "Todo o Direito Positivo é permeado por essa preocupação com o tempo enquanto figura jurídica, para que sua prolongada passagem em aberto não opere como fator de séria instabilidade intersubjetiva ou mesmo intergrupal. A própria Constituição Federal de 1988 dá conta de institutos que têm no perfazimento de um certo lapso temporal a sua própria razão de ser. Pelo que existe uma espécie de tempo constitucional médio que resume em si, objetivamente, o desejado critério da razoabilidade. Tempo que é de cinco anos (inciso XXIX do art. 7º e arts. 183 e 191 da CF; bem como art. 19 do ADCT)" (STF, MS 25.116, Rel. Min. Ayres Britto, Tribunal Pleno, jul. 08.09.2010, *DJe* 10.02.2011). **No mesmo sentido:** STF, MS 24.781, Rel. Min. Ellen Gracie, Rel. p/ acórdão Min. Gilmar Mendes, Tribunal Pleno, jul. 02.03.2011, *DJe* 09.06.2011.

5. Regime de mutirão. Princípio da razoável duração do processo. "É impossível apreciar a alegação de que restou violado o princípio do juiz natural pela atribuição a determinado juiz da incumbência de dar andamento uniforme para todas as ações individuais suspensas em função da propositura, pelos legitimados, de ações coletivas para discussão de expurgos em caderneta de poupança. Se o Tribunal afastou a violação desse princípio com fundamento em normas estaduais e a parte alega a incompatibilidade dessas normas com o comando do CPC, o conflito entre lei estadual e lei federal deve ser dirimido pelo STF nos termos do art. 102, III, alíneas *c* e *d* do CPC)" (STJ, REsp 1.189.679/RS, Rel. Min. Nancy Andrighi, 2ª Seção, jul. 24.11.2010, *DJe* 17.12.2010).

6. Órgãos fracionários. Juízes convocados. Maioria. Possibilidade. "Não viola o postulado constitucional do juiz natural o julgamento de apelação por órgão composto majoritariamente por juízes convocados, autorizado no âmbito da Justiça Federal pela Lei 9.788/1999" (STF, RE 597.133, Rel. Min. Ricardo Lewandowski, Tribunal Pleno, jul. 17.11.2010, *DJe* 06.04.2011).

Art. 17. Para postular em juízo é necessário ter interesse e legitimidade.

CPC/1973

Art. 3º.

REFERÊNCIA LEGISLATIVA

CF, art. 5º, XXXV.

CPC/2015, arts. 19 (interesse do autor); 18 (interesse alheio); 109 (alienação da coisa litigiosa); 119 (assistente); 337, XI (carência da ação); 485, VI, e 354 (extinção do processo sem resolução do mérito); 330, II e III (indeferimento da petição inicial); 493 (direito subjetivo superveniente); 967 (legitimidade para propor ação rescisória).

Lei nº 12.514/2011 (trata das contribuições devidas aos conselhos profissionais em geral).

SÚMULAS

Súmula do STJ:

Nº 506: "A Anatel não é parte legítima nas demandas entre a concessionária e o usuário de telefonia decorrentes de relação contratual."

BREVES COMENTÁRIOS

Interesse (ou *interesse de agir*) é a necessidade que a parte tem de usar o processo para sanar o prejuízo já ocorrido ou para afastar o perigo da ameaça de lesão. Compreende também a adequação do remédio processual escolhido à pretensão da parte.

Legitimidade para a causa (*legitimatio ad causam*) é a qualidade para agir juridicamente, como autor, ou réu, por ser a parte o sujeito ativo ou passivo do direito material controvertido ou declaração que se pleiteia.

Para que se verifique a legitimação *ad causam* é necessário que haja identidade entre o sujeito da relação processual e as pessoas a quem ou contra quem a lei concede a ação.

A legitimação para a causa difere da legitimação para o processo ou para estar em juízo na medida em que as pessoas que não têm a livre disposição de seus direitos, como, *v.g.*, o menor, o interdito etc., considerados incapazes para os atos da vida civil, devem fazer-se representadas, assistidas ou autorizadas a ingressar em juízo.

Embora não utilize literalmente a expressão condição da ação e carência da ação, o CPC/2015 não rompeu com a teoria eclética de Liebman das três categorias processuais. Tanto assim é que o art. 485, ao tratar da extinção do processo sem resolução do mérito, prevê como situações distintas a fundada na ausência de pressupostos processuais (inciso IV) e aquela decorrente da falta de legitimidade ou de interesse processual (inciso VI).

O momento processual adequado para a arguição da carência de ação por falta de interesse jurídico ou por ilegitimidade de parte são as preliminares da contestação (art. 337, XI, do CPC/2015). Não ocorre, porém, preclusão pelo silêncio da parte, visto que se trata de matéria de ordem pública, apreciável até mesmo de ofício, em qualquer tempo e grau de jurisdição, enquanto não ocorrer o trânsito em julgado (art. 485, § 3º, do CPC/2015).

A jurisprudência atual, quanto ao critério de verificação das condições de legitimidade e interesse, tem seguido predominantemente a teoria da asserção, segundo a qual, ditas condições são avaliadas a partir da narração da parte formulada na inicial e não da análise *in concreto* do mérito da demanda.

JURISPRUDÊNCIA SELECIONADA

1. Interesse de agir. "A necessidade de provocação do Poder Judiciário não se dá no plano meramente subjetivo ou abstrato. Requer demonstração de pretensão resistida ou de incerteza objetiva a depender da intervenção judicial. Não é o que se passa na espécie, em que a ação foi movida sem anterior provocação da Administração Pública ou comprovação da efetiva necessidade da jurisdição estatal para atender o reclamo ou dúvida" (STJ, REsp 1684566/SP, Rel. Min. Herman Benjamin, 2ª Turma, jul. 19.09.2017, *DJe* 09.10.2017).

Pretensão de revisão de benefício previdenciário. Desnecessidade de pedido administrativo anterior. "De acordo com a jurisprudência do STJ, entende-se que não é necessário prévio requerimento administrativo para se configurar o interesse de agir de demanda revisional previdenciária. Precedentes: EDcl nos EDcl no AgRg nos EDcl no REsp 932.436/SP, Rel. Ministro Rogerio Schietti Cruz, Sexta Turma, julgado em 19/8/2014, *DJe* 2/9/2014 e EDcl no AgRg no REsp 1.479.024/RS, Rel. Ministro Herman Benjamin, Segunda Turma, julgado em 28/4/2015, *DJe* 4/8/2015" (STJ, AgInt no REsp 1631526/RJ, Rel. Min. Francisco Falcão, 2ª Turma, jul. 01.03.2018, *DJe* 06.03.2018). **No mesmo**

sentido, a jurisprudência à luz do CPC/1973 ainda aplicável: STJ, AgRg no AREsp 119.366/RS, Rel. Min. Benedito Gonçalves, 1ª Turma, jul. 18.04.2013, *DJe* 24.04.2013, nesse acórdão foram citados os seguintes precedentes: AgRg no AREsp 139.361/PR, Rel. Min. Napoleão Nunes Maia Filho; AgRg no REsp 1.339.350/PB, Rel. Min. Sérgio Kukina; AgRg no AREsp 74.707/PR, Rel. Min. Marilza Maynard; AgRg no REsp 1.165.702/RS, Rel. Min. Assusete Magalhães; AgRg no AREsp 41.465/PR, Rel. Min. Og Fernandes.

Em sentido contrário, entendendo necessário o pedido administrativo anterior. "Consoante observado pelo juízo de piso, não houve cobrança ou inscrição do débito tributário em Dívida Ativa no nome da recorrida, tampouco resistência da municipalidade a qualquer requerimento ou pretensão administrativa no sentido de reconhecer a falta de responsabilidade da arrematante por débitos de IPTU anteriores à praça. A necessidade de provocação do Poder Judiciário não se dá no plano meramente subjetivo ou abstrato. Requer demonstração de pretensão resistida ou de incerteza objetiva a depender da intervenção judicial. Não é o que se passa na espécie, em que a ação foi movida sem anterior provocação da Administração Pública ou comprovação da efetiva necessidade da jurisdição estatal para atender o reclamo ou dúvida" (STJ, REsp 1684566/SP, Rel. Min. Herman Benjamin, 2ª Turma, jul. 19.09.2017, *DJe* 09.10.2017). **No mesmo sentido, a jurisprudência à luz do CPC/1973 ainda aplicável**: STJ, REsp 151.818/SP, Rel. Min. Fernando Gonçalves, 6ª Turma, jul. 10.03.1998, *DJ* 30.03.1998; STJ, AgRg no REsp 1.351.792/SC, Rel. Min. Humberto Martins, 2ª Turma, jul. 28.05.2013, *DJe* 28.06.2013; TRF 1ª R., AC 01000641640/MG, Rel. Juíza Assusete Magalhães, 2ª Turma, *DJ* 29.11.2000; TJMG, Ap. 1.0000.00.236265-5/000(1), Rel. Des. Kildare Carvalho, 3ª Câm., jul. 09.05.2002, *DJ* 24.05.2002. **Todavia,** "Ainda que não haja prévio comunicado à seguradora acerca da ocorrência do sinistro, eventual oposição desta ao pedido de indenização deixa clara sua resistência frente à pretensão do segurado, demonstrando a presença do interesse de agir" (STJ, REsp 1.137.113/SC, Rel. Min. Nancy Andrighi, 3ª Turma, jul. 13.03.2012, *DJe* 22.03.2012).

Fornecimento de medicamento não padronizado. "A jurisprudência do Supremo Tribunal Federal é firme no sentido de que, apesar do caráter meramente programático atribuído ao art. 196 da Constituição Federal, o Estado não pode se eximir do dever de propiciar os meios necessários ao gozo do direito à saúde dos cidadãos. 2. O Supremo Tribunal Federal tem se orientado no sentido de ser possível ao Judiciário a determinação de fornecimento de medicamento não incluído na lista padronizada fornecida pelo SUS, desde que reste comprovação de que não haja nela opção de tratamento eficaz para a enfermidade. Precedentes" (STF, ARE 926469 AgR, Rel. Min. Roberto Barroso, 1ª Turma, jul. 07.06.2016, *DJe* 21.06.2016).

Irmãos unilaterais. Interesse e legitimidade ativa para propor ação declaratória de reconhecimento de parentesco natural com irmã pré-morta. "Os irmãos unilaterais possuem legitimidade ativa para propor ação declaratória de reconhecimento de parentesco natural com irmã pré-morta, ainda que a relação paterno-filial com o pai comum, também pré-morto, não tenha sido reconhecida em vida, pois a ação veicula alegado direito próprio, autônomo e personalíssimo em ver reconhecida a existência da relação jurídica familiar e, eventualmente, concorrer na sucessão da irmã falecida. O fato de o hipotético acolhimento da pretensão deduzida revelar a existência de outros vínculos biológicos não desvendados em vida por outros familiares não pode obstar o exercício de direito próprio e autônomo dos irmãos, que apenas seriam partes ilegítimas se pretendessem o reconhecimento, em caráter principal, do suposto vínculo biológico entre a falecida irmã e o pai comum. Os irmãos unilaterais possuem interesse processual para propor ação declaratória de reconhecimento de parentesco natural com irmã pré-morta, quer seja porque se trata da medida necessária para o reconhecimento do vínculo de parentesco natural, bastante em si mesma para o exercício de direitos personalíssimos e passo necessário para a obtenção do direito sucessório, quer seja por se tratar da via adequada para essa finalidade diante da impossibilidade de reconhecimento da condição de herdeiro no bojo do inventário diante da necessidade de produção de prova distinta da documental" (STJ, REsp 1.892.941/SP, Rel. Min. Nancy Andrighi, 3ª Turma, jul. 01.06.2021, *DJe* 08.06.2021).

Interesse processual. Necessidade e utilidade. "O interesse processual diz respeito à condição da ação, ou seja, à demonstração de necessidade e de utilidade da tutela postulada na ação, não se confundindo com a existência do alegado direito subjetivo invocado" (TRF 4ª Região, Apelação 5009472-75.2021.4.04.7009/PR, Rel. Des. Federal Luís Alberto D'Azevedo Aurvalle, 4ª Turma, jul. 09.03.2022, *DJ* 10.03.2022).

Ação de cobrança de DPVAT. Interesse de agir. "O seguro DPVAT é regido por norma específica – Lei n. 6.194/74 – na qual explicitada a possibilidade de que o pagamento da indenização pode ser conferido administrativamente, desde que cumpridos os requisitos especificados na lei, motivo pelo qual a ameaça ou lesão a direito aptas a ensejar a necessidade de manifestação judiciária do Estado se caracterizam, em demandas de cobrança do seguro DPVAT, salvo exceções particulares averiguadas no caso concreto, após o prévio requerimento administrativo, consoante aplicação analógica do entendimento firmado pelo STF no RE 631.240, julgado em repercussão geral" (STJ, REsp 1.987.853/PB, Rel. Min. Marco Buzzi, 4ª Turma, jul. 14.06.2022, *DJe* 20.06.2022).

Desaparecimento do interesse no curso do processo. "Interesse de agir. Desaparecimento. Possibilidade de ser reconhecido de ofício, a qualquer tempo" (STJ, AgRg no REsp 23.563/RJ, Rel. Min. Eduardo Ribeiro, 3ª Turma, jul. 19.08.1997, *DJ* 04.09.1995).

OAB. Execução. Anuidade inferior a quatro vezes o valor cobrado anualmente. Interesse. Falta. Ver jurisprudência selecionada do art. 45 da Lei no 8.906/1994.

2. Condições da ação. Teoria da asserção. "As condições da ação, dentre elas o interesse processual e a legitimidade ativa, definem-se da narrativa formulada inicial, não da análise do mérito da demanda (teoria da asserção), razão pela qual não se recomenda ao julgador, na fase postulatória, se aprofundar no exame de tais preliminares" (STJ, REsp 1.561.498/RJ, Rel. Min. Moura Ribeiro, 3ª Turma, jul. 01.03.2016, *DJe* 07.03.2016). **No mesmo sentido:** STJ, REsp 1.582.176/MG, Rel. Min. Nancy Andrighi, 3ª Turma, jul. 20.09.2016, *DJe* 30.09.2016; STJ, REsp 1769520/SP, Rel. Min. Nancy Andrighi, 3ª Turma, jul. 21.05.2019, *DJe* 24.05.2019; TRF 3ª Região, Apelação 0019153-47.2011.4.03.6100/SP, Rel. Des. Federal Nino Toldo, 11ª Turma, jul. 20.01.2021, *Revista Síntese de Direito Civil e Processo Civil*, n. 130, p. 165.

Ação de obrigação de fazer. Plano de saúde coletivo. Destinatário final do serviço. Legitimidade ativa. "O propósito recursal é definir se o beneficiário de plano de saúde coletivo por adesão possuiria legitimidade ativa para se insurgir contra rescisão contratual unilateral realizada pela operadora. **As condições da ação são averiguadas de acordo com a teoria da asserção,** razão pela qual, para que se reconheça a legitimidade ativa, os argumentos aduzidos na inicial devem possibilitar a inferência, em um exame puramente abstrato, de que o autor pode ser o titular da relação jurídica exposta ao juízo. O contrato de plano de saúde coletivo estabelece o vínculo jurídico entre uma operadora de plano de saúde e uma pessoa jurídica, a qual atua em favor de uma classe (coletivo por adesão) ou em favor de seus respectivos empregados (coletivo empresarial). Esse contrato caracteriza-se como uma estipulação em favor de terceiro, em que a pessoa jurídica figura como intermediária da relação estabelecida substancialmente entre o indivíduo integrante da classe/empresa e a operadora (art. 436, parágrafo único, do

Código Civil). **O fato de o contrato ser coletivo não impossibilita que o beneficiário busque individualmente a tutela jurisdicional que lhe seja favorável,** isto é, o restabelecimento do seu vínculo contratual com a operadora, que, em tese, foi rompido ilegalmente" (STJ, REsp 1705311/SP, Rel.ª Min.ª Nancy Andrighi, 3ª Turma, jul. 09.11.2017, *DJe* 17.11.2017).

"A jurisprudência deste Tribunal Superior é iterativa no sentido de que a análise das condições da ação, tal como a legitimidade ativa ad causam, a porventura acarretarem a extinção do processo sem resolução do mérito, são aferidas à luz da teoria da asserção, isto é, mediante a análise das alegações formuladas pelo autor na petição inicial, de modo que, demandando tais questões um exame mais aprofundado, essa medida implicará julgamento de mérito. Precedentes" (STJ, REsp 1.749.223/CE, Rel. Min. Marco Aurélio Bellizze, 3ª Turma, jul. 07.02.2023, *DJe* 10.02.2023).

Ação de usucapião extraordinária de coisa móvel. Ausência de registro no órgão de trânsito. "Possui interesse de agir para propor ação de usucapião extraordinária aquele que tem a propriedade de veículo registrado em nome de terceiros nos Departamentos Estaduais de Trânsito competentes" (STJ, REsp 1.582.177/RJ, Rel. Min. Nancy Andrighi, 3ª Turma, jul. 25.10.2016, *DJe* 09.11.2016).

3. Legitimidade

a) Ações de família.

Ação de investigação de paternidade:

Legitimidade da viúva para impugnar ação de investigação de paternidade *post-mortem*. "A ação de investigação de paternidade *post-mortem*, em regra, é ajuizada em face dos herdeiros do suposto pai falecido. Hipótese em que a viúva do suposto pai não ostenta a condição de herdeira, não sendo litisconsorte passiva necessária. Assiste-lhe, todavia, o direito de contestar a ação, uma vez que tem justo interesse moral, albergado pelos arts. 365, do Código Civil de 1916, e 1.615, do Código Civil de 2002, recebendo o processo no estado em que se encontrava quando requereu a intervenção" (STJ, REsp 1.466.423/GO, Rel. Min. Maria Isabel Gallotti, 4ª Turma, jul. 23.02.2016, *DJe* 02.03.2016).

Legitimidade do filho registral para reconhecimento da paternidade biológica. "A tese segundo a qual a paternidade socioafetiva sempre prevalece sobre a biológica deve ser analisada com bastante ponderação, a depender sempre do exame do caso concreto. É que, em diversos precedentes desta Corte, a prevalência da paternidade socioafetiva sobre a biológica foi proclamada em contexto de ação negatória de paternidade ajuizada pelo pai registral (ou por terceiros), situação bem diversa da que ocorre quando o filho registral é quem busca a paternidade biológica, sobretudo no cenário da chamada 'adoção à brasileira'. ... No caso de ser o filho – o maior interessado na manutenção do vínculo civil resultante do liame socioafetivo – quem vindica estado contrário ao que consta no registro civil, socorre-lhe a existência de 'erro ou falsidade' (art. 1.604 do CC/02) para os quais não contribuiu. Afastar a possibilidade de o filho pleitear o reconhecimento da paternidade biológica, no caso de 'adoção à brasileira', significa impor-lhe que se conforme com essa situação criada à sua revelia e à margem da lei" (STJ, AgInt nos EDcl no REsp 1784726/SP, Rel. Min. Luis Felipe Salomão, 4ª Turma, jul. 07.05.2019, *DJe* 15.05.2019). No mesmo sentido, a jurisprudência à luz do CPC/1973 ainda aplicável: STJ, REsp 1.167.993/RS, Rel. Min. Luis Felipe Salomão, 4ª Turma, jul. 18.12.2012, *DJe* 15.03.2013.

Ação de investigação de paternidade. Sucessão processual do autor pelo herdeiro testamentário. Possibilidade. "Tendo ocorrido o falecimento do autor da ação de investigação de paternidade cumulada com nulidade da partilha antes da prolação da sentença, sem deixar herdeiros necessários, detém o herdeiro testamentário, que o sucedeu a título universal, legitimidade e interesse para prosseguir com o feito, notadamente, pela repercussão patrimonial advinda do potencial reconhecimento do vínculo biológico do testador. Interpretação dos arts. 1.606 e 1.784 do CC e 43 do CPC/1973" (STJ, REsp 1.392.314/SC, Rel. Min. Marco Aurélio Bellizze, 3ª Turma, jul. 06.10.2016, *DJe* 20.10.2016).

Ação de reconhecimento e dissolução de união estável. *Post mortem*. Herdeiros colaterais. Determinação de emenda da petição inicial para a inclusão de litisconsortes necessários. Necessidade. "Analisando hipótese semelhante, o Min. Ricardo Villas Bôas Cueva, no julgamento do Recurso Especial nº 1.357.117/MG, em sede de petição de herança, após afirmar ser inconstitucional a distinção de regimes sucessórios entre cônjuges e companheiros, destacou o entendimento no sentido de que os parentes colaterais, tais como irmãos, tios e sobrinhos, são herdeiros de quarta e última classe na ordem de vocação hereditária, herdando apenas na ausência de descendentes, ascendentes e cônjuge ou companheiro, em virtude da ordem legal de vocação hereditária. Correto o posicionamento das instâncias de origem no sentido da necessidade de inclusão no polo passivo da demanda de reconhecimento e dissolução de união estável dos possíveis herdeiros da falecida em face de seu evidente interesse jurídico no desenlace da presente demanda. Na hipótese de não reconhecimento da união estável, serão eles os herdeiros legítimos da falecida (art. 1.829, IV, c/c o art. 1.839 do CC)" (STJ, REsp 1.759.652/SP, Rel. Min. Paulo de Tarso Sanseverino, 3ª Turma, jul. 23.06.2020, *DJe* 18.08.2020).

Dano moral. Irmãos e avós. Legitimidade para requerer em caso de morte. "A jurisprudência desta Casa, quanto à legitimidade dos irmãos da vítima direta, já decidiu que o liame existente entre os envolvidos é presumidamente estreito no tocante ao afeto que os legitima à propositura de ação objetivando a indenização pelo dano sofrido. Interposta a ação, caberá ao julgador, por meio da instrução, com análise cautelosa do dano, o arbitramento da indenização devida a cada um dos titulares. A legitimidade dos avós para a propositura da ação indenizatória se justifica pela alta probabilidade de existência do vínculo afetivo, que será confirmado após instrução probatória, com consequente arbitramento do valor adequado da indenização" (STJ, REsp 1.734.536/RS, Rel. Min. Luis Felipe Salomão, 4ª Turma, jul. 06.08.2019, *DJe* 24.09.2019).

Investigação de paternidade. "O filho nascido na constância do casamento tem legitimidade para propor ação para identificar seu verdadeiro ancestral. A restrição contida no art. 340 do Código Beviláqua foi mitigada pelo advento dos modernos exames de D.N.A." (STJ, REsp 765.479/RJ, Rel. Min. Humberto Gomes de Barros, 3ª Turma, jul. 07.03.2006, *DJ* 24.04.2006). No mesmo sentido: STJ, REsp 119.866/SP, Rel. Min. Waldemar Zweiter, 3ª Turma, jul. 06.10.1998; Revista dos Tribunais 764/181.

Pai registral. "A legitimidade ativa da ação negatória de paternidade compete exclusivamente ao pai registral por ser ação de Estado, que protege direito personalíssimo e indisponível do genitor, não comportando sub-rogação dos avós, porquanto direito intransmissível" (STJ, AgRg no REsp 1.221.269/MT, Rel. Min. Ricardo Villas Bôas Cueva, 3ª Turma, jul. 07.08.2014, DJe 19.08.2014). No mesmo sentido: STJ, REsp 1.328.306/DF, Rel. Min. Ricardo Villas Bôas Cueva, 3ª Turma, jul. 14.05.2013, DJe 20.05.2013.

Legitimidade ativa da mãe. "Discute-se a legitimidade ativa da mãe para propor ação de investigação de paternidade em nome próprio. O Tribunal recorrido concluiu que a mãe do nativivo estaria funcionando como representante processual do menor e aplicou o princípio *pas de nullité sans grief.* Tal fundamento não foi atacado pelos recorrentes, atraindo, por analogia, a Súmula nº 283/STF. A mãe tem legitimidade ativa para propor ação de investigação de paternidade contra o pretenso pai de seu filho, ainda que por imprecisão técnica da exordial não se especifique que estaria figurando como representante processual do menor" (STJ, REsp 1.357.364/MG, Rel. Min. Ricardo Villas Bôas Cueva, 3ª Turma, jul. 17.11.2015, DJe 23.11.2015). No mesmo sentido: TJBA, Apelação 760/87, 2ª Câmara, jul. 04.04.1989; Revista dos Tribunais 642/188.

Padrasto. "Sob a tônica do legítimo interesse amparado na socioafetividade, ao padrasto é conferida legitimidade ativa e interesse de agir para postular a destituição do poder familiar do pai biológico da criança. Entretanto, todas as circunstâncias deverão ser analisadas detidamente no curso do processo, com a necessária instrução probatória e amplo contraditório, determinando-se, outrossim, a realização de estudo social ou, se possível, de perícia por equipe interprofissional, segundo estabelece o art. 162, § 1º, do Estatuto protetivo, sem descurar que as hipóteses autorizadoras da destituição do poder familiar – que devem estar sobejamente comprovadas – são aquelas contempladas no art. 1.638 do CC/02, c.c. o art. 24 do ECA, em *numerus clausus*" (STJ, REsp 1.106.637/SP, Rel. Min. Nancy Andrighi, 3ª Turma, jul. 01.06.2010, *DJe* 01.07.2010).

Registro civil. Anulação pedida por pai biológico. Ilegitimidade ativa. A paternidade biológica não tem o condão de vincular, inexoravelmente, a filiação, apesar de deter peso específico ponderável, ante o liame genético para definir questões relativas à filiação [...]. A filiação socioafetiva, por seu turno, ainda que despida de ascendência genética, constitui uma relação de fato que deve ser reconhecida e amparada juridicamente. Isso porque a parentalidade que nasce de uma decisão espontânea, frise-se, arrimada em boa-fé, deve ter guarida no Direito de Família [...]. A omissão do recorrido, que contribuiu decisivamente para a perpetuação do engodo urdido pela mãe, atrai o entendimento de que a ninguém é dado alegrar a própria torpeza em seu proveito (*nemo auditur propriam turpitudinem allegans*) e faz fenecer a sua legitimidade para pleitear o direito de buscar a alteração no registro de nascimento de sua filha biológica" (STJ, REsp 1.087.163/RJ, Rel. Min. Nancy Andrighi, 3ª Turma, jul. 18.08.2011, *DJe* 31.08.2011).

b) Ação de nunciação de obra nova. Condomínio. Legitimidade. "'Admite-se ação de nunciação de obra nova demolitória movida pelo condomínio contra condômino, proprietário de apartamento' (REsp 1374456/MG, Rel. Min. Sidnei Beneti, 3ª Turma, jul. 10.09.2013, *DJe* 13.09.2013)" (STJ, AgInt nos EDcl no AREsp 1041272/MG, Rel. Min. Luis Felipe Salomão, 4ª Turma, jul. 13.06.2017, *DJe* 27.06.2017).

c) Legitimidade passiva de incorporadora imobiliária em demanda que objetiva restituição de comissão de corretagem e SATI. "Legitimidade passiva *ad causam* da incorporadora, na condição de promitente-vendedora, para responder a demanda em que é pleiteada pelo promitente-comprador a restituição dos valores pagos a título de comissão de corretagem e de taxa de assessoria técnico-imobiliária, alegando-se prática abusiva na transferência desses encargos ao consumidor" (STJ, REsp 1.551.968/SP, Rel. Min. Paulo De Tarso Sanseverino, 2ª Seção, jul. 24.08.2016, *DJe* 06.09.2016). **Obs.: Decisão submetida a julgamento de recursos repetitivos.**

d) Legitimidade de sociedade:

Legitimidade passiva de sociedade empresária proprietária de semirreboque em ação de reparação de danos. "A empresa proprietária de semirreboque é solidariamente responsável pelos danos causados em acidente envolvendo o caminhão trator, no qual se encontrava acoplado, devendo, assim, figurar no polo passivo de ação de indenização em razão dos prejuízos advindo daquele evento" (STJ, REsp 1.289.202/RS, Rel. Min. Luis Felipe Salomão, 4ª Turma, jul. 21.06.2016, *DJe* 29.08.2016).

Sociedade em conta de participação. "Na sociedade em conta de participação o sócio ostensivo é quem se obriga para com terceiros pelos resultados das transações e das obrigações sociais, realizadas ou empreendidas em decorrência da sociedade, nunca o sócio participante ou oculto, que nem é conhecido dos terceiros nem com estes nada trata. Hipótese de exploração de flat em condomínio" (STJ, REsp 168.028/SP, Rel. César Asfor Rocha, 4ª Turma, jul. 07.08.2001, *DJU* 22.10.2001).

Sociedade controlada e controladora. "Ainda que a sociedade comercial seja controlada por outra, as obrigações que assume são dela, e não da sociedade controladora, esta ilegitimada, consequentemente, para responder à demanda que deveria ter sido ajuizada contra aquela" (STJ, REsp 782.810/MA, Rel. Min. Ari Pargendler, 3ª Turma, jul. 07.05.2007, *DJ* 04.06.2007, p. 343).

Responsabilidade da sociedade controladora, de origem estrangeira. Possibilidade de a ordem ser cumprida pela empresa nacional. "Se empresa brasileira aufere diversos benefícios quando se apresenta ao mercado de forma tão semelhante a sua controladora americana, deve também responder pelos riscos de tal conduta" (STJ, REsp 1.021.987/RN, Rel. Min. Fernando Gonçalves, 4ª Turma, jul. 07.10.2008, *DJe* 09.02.2009).

Dissolução de sociedade anônima. "O reconhecimento da legitimidade passiva dos demais sócios em ação de dissolução da sociedade anônima, além das dificuldades para o prosseguimento do feito, em decorrência, em alguns casos, de grande número de réus, contraria a participação limitada do acionista na condução dos rumos da companhia. Somente a sociedade anônima possui legitimidade para figurar no polo passivo de demanda dissolutória, devendo ser representada por sua diretoria" (STJ, REsp 467.085/PR, Rel. Min. Luis Felipe Salomão, 4ª Turma, jul. 28.04.2009, *DJe* 11.05.2009).

Personalidade jurídica. "A personalidade jurídica da sociedade não se confunde com a personalidade jurídica dos sócios. Constituem pessoas distintas. Distintos também os direitos e obrigações. O sócio, por isso, não pode postular, em nome próprio, direito da entidade. Ilegitimidade ativa ad causam" (STJ, MS 469/DF, Rel. Min. Vicente Cernicchiaro, 1ª Seção, jul. 09.10.1990, *DJU* 12.11.1990).

Incorporação de empresas. Extinção da personalidade jurídica da incorporada. Legitimidade da incorporadora. "Para fins do art. 543-C do CPC: 1.1. A sucessão, por incorporação, de empresas, determina a extinção da personalidade jurídica da incorporada, com a transmissão de seus direitos e obrigações à incorporadora" (STJ, REsp 1.322.624/SC, Rel. Min. Paulo de Tarso Sanseverino, 2ª Seção, jul. 12.06.2013, *DJe* 25.06.2013).

Cumprimento de acordo de acionistas. "A sociedade também tem legitimidade passiva para a causa em que se busca o cumprimento de acordo de acionistas, porque terá que suportar os efeitos da decisão" (STJ, REsp 784.267/RJ, Rel. Min. Nancy Andrighi, 3ª Turma, jul. 21.08.2007, *DJ* 17.09.2007).

Ação social reparatória (*ut universi*) contra ex-administradores. Autorização assemblear. Possibilidade de comprovação após o ajuizamento da ação. "A ação social reparatória (*ut universi*) ajuizada pela sociedade empresária contra ex-administradores, na forma do art. 159 da Lei no 6. 404/76, depende de autorização da assembleia geral ordinária ou extraordinária, atendidos os requisitos legais. Precedente específico. Em se tratando de capacidade para estar em juízo (*legitimatio ad processum*), eventual irregularidade pode vir a ser sanada após o ajuizamento da ação, impondo-se que se oportunize a regularização na forma do art. 13 do CPC/73. Caso concreto em que a ata da assembleia, dando conta da autorização, foi acostada aos autos, demonstrando-se a capacidade para estar em juízo e, assim, permitindo-se o prosseguimento da ação reparatória" (REsp 1.778.629/RS, Rel. Min. Paulo de Tarso Sanseverino, 3ª Turma, jul. 06.08.2019, *DJe* 14.08.2019).

Ação indenizatória. Empresa que funciona em espaço dentro do shopping center. Contrato locatício celebrado entre o sócio e o empreendedor. Legitimidade ativa concorrente da sociedade empresária. "Em um contrato de *shopping center*, a sociedade empresária tem legitimidade ativa *ad causam*, em concorrência com o locatário – pessoa física –, para demandar o empreendedor nas causas em que houver interesses relativos ao estabelecimento empresarial, desde que, no contrato firmado entre as partes, haja a expressa destinação do espaço para a realização das atividades empresariais da sociedade da qual faça parte" (STJ, REsp 1.358.410/RJ, Rel. Min. Luis Felipe Salomão, 4ª Turma, jul. 04.08.2016, *DJe* 05.09.2016).

e) Ação cautelar de arrolamento. Prévia indisponibilidade de bens. Interesse de agir. Existência. "O arrolamento tem por finalidade conservar bens ameaçados de dissipação e, assim, garantir a responsabilidade do administrador de instituição financeira. A prévia indisponibilidade visa salvaguardar o interesse público, em caso de fraude ou ilícito no curso da liquidação extrajudicial. Em razão das diferenças de finalidade e efeito de cada instituto, a prévia indisponibilidade de bens não implica a falta de interesse do Ministério Público para propositura da cautelar de arrolamento de bens" (STJ, REsp 1.375.540/RJ, Rel. Min. Nancy Andrighi, 3ª Turma, jul. 18.10.2016, *DJe* 21.10.2016).

f) Legitimidade em seguro:

Contribuição para o seguro acidente de trabalho (SAT). Relação jurídico-tributária de filial. Matriz. Legitimidade ativa. "Os valores a receber provenientes de pagamentos indevidos a título de tributos pertencem à sociedade como um todo, de modo que a matriz pode discutir relação jurídico-tributária, pleitear restituição ou compensação relativamente a indébitos de suas filiais" (STJ, AREsp 1.273.046/RJ, Rel. Min. Gurgel de Faria, 1ª Turma, jul. 08.06.2021, *DJe* 30.06.2021).

Seguro DPVAT. Invalidez permanente. Indenização. "O direito à indenização do seguro DPVAT por invalidez permanente integra o patrimônio da vítima e transmite-se aos seus sucessores com o falecimento do titular, que, portanto, têm legitimidade para propor a ação de cobrança da quantia correspondente" (STJ, REsp 1.185.907/CE, Rel. Min. Maria Isabel Gallotti, 4ª Turma, jul. 14.02.2017, *DJe* 21.02.2017).

Imóvel segurado. "Tem legitimidade ativa para a lide indenizatória a proprietária de imóvel segurado que, mesmo não tendo participado do contrato de seguro, tem interesse no deslinde da demanda" (STJ, REsp 1.241.648/PR, Rel. Min. João Otávio de Noronha, 3ª Turma, jul. 05.11.2013, *DJe* 14.11.2013).

* Nota: Ver a jurisprudência do art. 128, parágrafo único, do CPC/2015.

g) Concurso público. Subjetividade dos critérios do edital. Legitimidade passiva da entidade responsável pela elaboração do certame. "Em ação ordinária na qual se discute a exclusão de candidato em concurso público, a legitimidade passiva toca à entidade responsável pela realização, regulamentação e organização do certame, que, in casu, é o Estado do Espírito Santo" (STJ, REsp 1.425.594/ES, Rel. Min. Regina Helena Costa, 1ª Turma, jul. 07.03.2017, *DJe* 21.03.2017).

h) Contribuições destinadas a terceiros. Serviços sociais autônomos. Destinação do produto. Subvenção econômica. Legitimidade passiva *ad causam*. Litisconsórcio. Inexistência O ente federado detentor da competência tributária e aquele a quem é atribuído o produto da arrecadação de tributo, bem como as autarquias e entidades às quais foram delegadas a capacidade tributária ativa, têm, em princípio, legitimidade passiva *ad causam* para as ações declaratórias e/ou condenatórias referentes à relação jurídico-tributária. Na capacidade tributária ativa, há arrecadação do próprio tributo, o qual ingressa, nessa qualidade, no caixa da pessoa jurídica. Arrecadado o tributo e, posteriormente, destinado seu produto a um terceiro, há espécie de subvenção. A constatação efetiva da legitimidade passiva deve ser aferida caso a caso, conforme a causa de pedir e o contexto normativo em que se apoia a relação de direito material invocada na ação pela parte autora. **Hipótese em que não se verifica a legitimidade dos serviços sociais autônomos para constarem no polo passivo de ações judiciais em que são partes o contribuinte e o/a INSS/União Federal** e nas quais se discutem a relação jurídico-tributária e a repetição de indébito, porquanto aqueles (os serviços sociais) são meros destinatários de subvenção econômica" (STJ, EREsp 1619954/SC, Rel. Min. Gurgel de Faria, 1ª Seção, jul. 10.04.2019, *DJe* 16.04.2019).

i) Diretório Nacional de Partido Político. Legitimidade ativa para defesa de certa candidatura. "A representação partidária nas ações judiciais constitui prerrogativa jurídico-processual do Diretório Nacional do Partido Político, que é – ressalvada disposição em contrário dos estatutos partidários – o órgão de direção e de ação dessas entidades no plano nacional. Uma vez encampada certa candidatura, ofensas lançadas ao pretendente do cargo repercutem a ponto de alcançar o próprio partido ou coligação que indicou, evidenciando verdadeira legitimidade concorrente, a indicar possibilidade de atuação do ofendido direto ou do partido ou coligação que procedeu à indicação do candidato ou ao registro pelo qual concorre" (REsp 1484422/DF, Rel. Min. Luis Felipe Salomão, 4ª Turma, jul. 28.05.2019, *DJe* 05.08.2019).

j) Fundo de investimento. Ação de reparação de danos. Legitimidade passiva do administrador. Teoria da Asserção."O administrador de um fundo de investimento é parte legítima para figurar no polo passivo de demanda em que se pretende a reparação de supostos danos resultantes da inadequada liquidação da aludida comunhão de recursos financeiros. Hipótese em que o administrador foi demandado pelo fato de ter realizado a liquidação do fundo de investimento, mediante distribuição do patrimônio líquido entre os cotistas, sem o prévio pagamento de um suposto passivo" (STJ, REsp 1834003/SP, Rel. Min. Ricardo Villas Bôas Cueva, 3ª Turma, jul. 17.09.2019, *DJe* 20.09.2019).

k) PROUNI. Anulação de indeferimento de bolsa. União. Legitimidade passiva. "O PROUNI é um meio de acesso ao Ensino Superior, estabelecido em lei federal e controlado pelo Ministério da Educação, órgão integrante da própria União, nos termos da Lei 11.096/2005. A União contribui para a manutenção do programa com isenções fiscais previstas no art. 8° da Lei n. 11.096/2005, legitimando sua participação no polo passivo da ação" (STJ, AgInt no REsp 1.873.134/MG, Rel. Min. Regina Helena Costa, 1ª Turma, jul. 15.08.2022, *DJe* 18.08.2022).

l) Ação de indenização por má gestão dos valores depositados em conta individual vinculada ao PASEP. "Em relação ao presente Tema, fixam-se as seguintes teses: i) o Banco do Brasil possui legitimidade passiva ad causam para figurar no polo passivo de demanda na qual se discute eventual falha na prestação do serviço quanto à conta vinculada ao Pasep, saques indevidos e desfalques, além da ausência de aplicação dos rendimentos estabelecidas pelo Conselho Diretor do referido programa; ii) a pretensão ao ressarcimento dos danos havidos em razão dos desfalques em conta individual vinculada ao Pasep se submete ao prazo prescricional decenal previsto pelo art. 205 do Código Civil; e iii) o termo inicial para a contagem do prazo prescricional é o dia em que o titular, comprovadamente, toma ciência dos desfalques realizados na conta individual vinculada ao Pasep" (STJ, REsp 1.895.936/TO, Rel. Min. Herman Benjamin, 1ª Seção, jul. 13.09.2023, *DJe* 21.09.2023).

m) Ação reivindicatória:

Compromissário-comprador com título registrado. "O compromissário-comprador, com o contrato registrado no Registro de Imóveis, preço pago e cláusula de irretratabilidade, tem legitimidade para propor ação reivindicatória (entendimento majoritário da Turma)" (STJ, REsp 59.092/SP, Rel. Min. Barros Monteiro, 4ª Turma, jul. 12.06.2001, *DJ* 15.10.2001, p. 264).

Condomínio. Substituição processual. "Qualquer dos condôminos tem legitimidade para reivindicar do terceiro a coisa comum" (STJ, REsp 48.184/MG, Rel. Min. Eduardo Ribeiro, 3ª Turma, jul. 18.04.1995, *DJ* 22.05.1995, p. 14.399).

n) Usucapião. Herdeiro. Posse exclusiva de imóvel objeto da herança. Usucapião extraordinária. Legitimidade e interesse. "A jurisprudência desta Corte se firmou no sentido de que há possibilidade da usucapião de imóvel objeto de herança pelo herdeiro que tem sua posse exclusiva, ou seja, há legitimidade e interesse de o condômino usucapir em nome próprio, desde que exerça a posse por si mesmo, ou seja, desde que comprovados os requisitos legais atinentes à usucapião extraordinária. Precedentes" (STJ, AgInt no AREsp 2.355.307/SP, Rel. Min. Raul Araújo, 4ª Turma, jul. 17.06.2024, *DJe* 27.06.2024).

o) Legitimidade em ação sobre propriedade industrial. "A empresa que explora produto baseado em desenho industrial cuja patente pertence a seu sócio majoritário e administrador tem legitimidade ativa *ad causam* para propor ação objetivando coibir a usurpação empreendida por concorrente" (STJ, REsp 590.645/SC, Rel. Min. Aldir Passarinho Junior, 4ª Turma, jul. 26.05.2009, *DJe* 22.06.2009).

Cessão de direito de uso de marca. "Descaracterizada na instância ordinária a existência de conglomerado econômico, não tem a empresa comercial que cede seu nome para ser usado em cartão de crédito legitimidade passiva para responder em ação de revisão de cláusulas contratuais diante da cobrança de encargos excessivos" (STJ, REsp 652.069/RS, Rel. Min. Carlos Alberto Menezes Direito, 3ª Turma, jul. 14.12.2006, *DJ* 16.04.2007).

p) Legitimidade em ações sobre veículos:

Locação de veículos. "A empresa locadora de veículos responde, civil e solidariamente com o locatário, pelos danos por este causados a terceiro, no uso do carro locado' (STF – Súmula nº 492)" (STJ, REsp 90.143/PR, Rel. Min. Ari Pargendler, 3ª Turma, jul. 16.12.1999, *DJ* 21.02.2000).

Infração de trânsito. Novo proprietário. "O adquirente de veículo tem legitimidade ativa para defender judicialmente o bem, inclusive em relação à aplicação de multas pelo Poder Público antes da aquisição da propriedade (REsp 732.255, 1ª Turma, Min. Francisco Falcão, *DJ* de 28.11.2005; REsp 717329/RS, 2ª T., Min. Eliana Calmon, *DJ* de 06.09.2007)" (STJ, REsp 799.970/RS, Rel. Min. Teori Albino Zavascki, 1ª Turma, jul. 03.09.2009, *DJe* 21.09.2009). **No mesmo sentido:** STJ, REsp 7.656/CE, Rel. Min. Dias Trindade, 3ª Turma, jul. 20.03.1991, *DJ* 20.05.1991, p. 6.530.

q) Alienação fiduciária. "Inobstante, na alienação fiduciária em garantia, a propriedade do bem financiado e a posse indireta pertençam ao credor arrendante, é o arrendatário parte legitimada ativamente para propor ação contra a seguradora do maquinário sinistrado, objetivando o pagamento de diferença de indenização para ressarcimento integral dos prejuízos com o sinistro, por ser ele, na verdade, o maior interessado ou na recuperação do equipamento danificado, ou na liquidação da dívida por ele assumida perante o banco financiador" (STJ, REsp 595.427/PR, Rel. Min. Aldir Passarinho Junior, 4ª Turma, jul. 15.04.2004, *DJ* 31.05.2004, p. 323). **No mesmo sentido:** STJ, REsp 242.001/RJ, Rel. Min. Barros Monteiro, 4ª Turma, jul. 20.09.2001, *DJ* 11.03.2002.

r) Sucessão:

Reparação de danos sofridos pelo *de cujus*. Legitimidade. "O espólio tem legitimidade ativa para pleitear reparação de eventuais danos morais sofridos pelo *de cujus*. Em realidade, à luz de reiteradas lições doutrinárias, 'o que se transmite, por direito hereditário, é o direito de se acionar o responsável, é a faculdade de perseguir em juízo o autor do dano, quer material ou moral. Tal direito é de natureza patrimonial e não extrapatrimonial' (Cahali, Yussef Said. *Dano moral*, São Paulo: Revista dos Tribunais, 2ª ed., pp. 699/700)" (STJ, AgRg no REsp 1.072.296/SP, Rel. Min. Luis Felipe Salomão, 4ª Turma, jul. 10.03.2009, *DJe* 23.03.2009). **No mesmo sentido:** STJ, REsp 1.071.158/RJ, Rel. Min. Nancy Andrighi, 3ª Turma, jul. 25.10.2011, *DJe* 07.11.2011. **No mesmo sentido,** em relação à indenização securitária por invalidez permanente: STJ, REsp 1.335.407/RS, Rel. Min. Paulo de Tarso Sanseverino, 3ª Turma, jul. 08.05.2014, *DJe* 23.05.2014.

Doação inoficiosa. Declaração de nulidade. Cessão de direitos. "Discute-se a legitimidade de herdeiro, que cedeu seus direitos hereditários, para pleitear a declaração de nulidade da doação realizada pelo ascendente aos demais coerdeiros necessários, bem como a validade desse negócio jurídico. A cessão de direitos hereditários não retira da cedente a qualidade de herdeira, que é personalíssima, e, portanto, não afasta a sua legitimidade para ajuizar a presente ação, porque apenas transferiu ao cessionário a titularidade de sua situação, de modo a permitir que ele exija a partilha judicial dos bens que compõem a herança" (STJ, REsp 1.361.983/SC, Rel. Min. Nancy Andrighi, 3ª Turma, jul. 18.03.2014, *DJe* 26.03.2014).

s) Dano moral por ricochete. "Reconhece-se a legitimidade ativa dos pais de vítima direta para, conjuntamente com essa, pleitear a compensação por dano moral por ricochete, porquanto experimentaram, comprovadamente, os efeitos lesivos de forma indireta ou reflexa. Precedentes" (STJ, REsp 1.208.949/MG, Rel. Min. Nancy Andrighi, 3ª Turma, jul. 07.12.2010, *DJe* 15.12.2010).

t) Condomínio. "Em se tratando de assenhoreamento de área comum de condomínio edilício por terceiro, a competente ação reivindicatória só poderá ser ajuizada pelo próprio condomínio, salvo se o uso desse espaço comum for: (1) exclusivo de um ou mais condôminos ou (2) essencial ao exercício do direito de usar, fruir ou dispor de uma ou mais unidades autônomas. Nesses dois casos excepcionais, haverá legitimação concorrente e interesse de agir tanto do condomínio como dos condôminos diretamente prejudicados" (STJ, REsp 1.015.652/RS, Rel. Min. Massami Uyeda, 3ª Turma, jul. 02.06.2009, *DJe* 12.06.2009).

"O condomínio é parte ilegítima para pleitear pedido de compensação por danos morais em nome dos condôminos. Precedente da 3ª Turma" (STJ, REsp 1.177.862/RJ, Rel. Min. Nancy Andrighi, 3ª Turma, jul. 03.05.2011, *DJe* 01.08.2011).

u) Massa falida. "A massa falida não se confunde com a pessoa do falido, ou seja, o devedor contra quem foi proferida sentença de quebra empresarial. Nesse passo, a nomeação do síndico visa a preservar, sobretudo, a comunhão de interesses dos credores (massa falida subjetiva), mas não os interesses do falido, os quais, o mais das vezes, são conflitantes com os interesses da massa. Assim, depois da decretação da falência, o devedor falido não se convola em mero expectador no processo falimentar, podendo praticar atos processuais em defesa dos seus interesses próprios" (STJ, REsp 702.835/PR, Rel. Min. Luis Felipe Salomão, 4ª Turma, jul. 16.09.2010, *DJe* 23.09.2010).

v) Mútuo habitacional com cobertura do FCVS. Cessionário. "Para efeitos do art. 543-C do CPC: Tratando-se de contrato de mútuo para aquisição de imóvel **garantido pelo FCVS, avençado até 25.10.1996** e transferido sem a interveniência da instituição financeira, o cessionário possui legitimidade para discutir e demandar em juízo questões pertinentes às obrigações assumidas e aos direitos adquiridos" (STJ, REsp 1.150.429/CE, Rel. Min. Ricardo Villas Bôas Cueva, Corte Especial, jul. 25.04.2013, *DJe* 10.05.2013).

"Na hipótese de contrato originário de mútuo **sem cobertura do FCVS**, celebrado até 25.10.1996, transferido sem a anuência do agente financiador e fora das condições estabelecidas pela Lei nº 10.150/2000, **o cessionário não tem legitimidade ativa** para ajuizar ação postulando a revisão do respectivo contrato" (STJ, REsp 1.150.429/CE, Rel. Min. Ricardo Villas Bôas Cueva, Corte Especial, jul. 25.04.2013, *DJe* 10.05.2013).

w) Ato praticado por agente público. "[...] há de se franquear ao particular a possibilidade de ajuizar a ação diretamente contra o servidor, suposto causador do dano, contra o Estado ou contra ambos, se assim desejar. A avaliação quanto ao ajuizamento da ação contra o servidor público ou contra o Estado deve ser decisão do suposto lesado. Se, por um lado, o particular abre mão do sistema de responsabilidade objetiva do Estado, por outro também não se sujeita ao regime de precatórios. Doutrina e precedentes do STF e do STJ" (STJ, REsp 1.325.862/PR, Rel. Min. Luis Felipe Salomão, 4ª Turma, jul. 05.09.2013,

DJe 10.12.2013). **Em sentido contrário:** "Legitimidade passiva reservada ao Estado. Ausência de responsabilidade concorrente em face dos eventuais prejuízos causados a terceiros pela autoridade julgadora no exercício de suas funções, a teor do art. 37, § 6º, da CF/1988" (STF, RE 228.977, Rel. Min. Néri da Silveira, 2ª Turma, jul. 05.03.2002, *DJ* 12.04.2002).

x) Ação de indenização por erro médico. Demanda que envolve o SUS. "Considerando que o funcionamento do SUS é de responsabilidade solidária da União, dos estados e dos municípios, é de se concluir que qualquer um destes entes tem legitimidade *ad causam* para figurar no polo passivo de quaisquer demandas que envolvam tal sistema, inclusive as relacionadas à indenizatória por erro médico ocorrido em hospitais privados conveniados" (STJ, REsp 1.388.822/RN, Rel. Min. Benedito Gonçalves, 1ª Turma, jul. 16.06.2014, *DJe* 01.07.2014).

y) Usufrutuário. Legitimidade e interesse. "Cuida-se de ação denominada 'petitória-reivindicatória' proposta por usufrutuário, na qual busca garantir o seu direito de usufruto vitalício sobre o imóvel. Cinge-se a controvérsia a definir se o usufrutuário tem legitimidade/interesse para propor ação petitória/reivindicatória para fazer prevalecer o seu direito de usufruto sobre o bem. O usufrutuário – na condição de possuidor direto do bem – pode valer-se das ações possessórias contra o possuidor indireto (nu-proprietário) e – na condição de titular de um direito real limitado (usufruto) – também tem legitimidade/interesse para a propositura de ações de caráter petitório, tal como a reivindicatória, contra o nu-proprietário ou contra terceiros" (STJ, REsp 1.202.843/PR, Rel. Min. Ricardo Villas Bôas Cueva, 3ª Turma, jul. 21.10.2014, *DJe* 28.10.2014).

4. Ilegitimidade passiva

a) Obrigação de fazer. Cartórios extrajudiciais. "Os cartórios ou serventias não possuem legitimidade para figurar no polo passivo de demanda indenizatória, pois são desprovidos de personalidade jurídica e judiciária, representando apenas o espaço físico onde é exercida a função pública delegada consistente na atividade notarial ou registral. Ilegitimidade passiva do atual titular do serviço notarial ou registral pelo pagamento de débitos atrasados do antigo titular. Doutrina e jurisprudência acerca do tema, especialmente precedentes específicos desta Corte" (STJ, REsp 1.177.372/RJ, Rel. Min. Sidnei Beneti, Rel. p/ acórdão Min. Paulo de Tarso Sanseverino, 3ª Turma, jul. 28.06.2011, *DJe* 01.02.2012). **No mesmo sentido:** STJ, REsp 1.097.995/RJ, Rel. Min. Massami Uyeda, 3ª Turma, jul. 21.09.2010, *DJe* 06.10.2010.

b) Despesas condominiais. Promitente vendedor. "As despesas e quotas condominiais devem ser cobradas do adquirente do imóvel ou do promitente comprador e não do seu antigo proprietário, mesmo que ainda não levado a registro no Cartório de Registro Imobiliários o contrato correspondente, se o condomínio tiver ciência da alienação" (STJ, AgRg no REsp 1.227.260/RS, Rel. Min. Nancy Andrighi, 3ª Turma, jul. 18.08.2011, *DJe* 24.08.2011).

c) Reparação de danos causados no interior de agência lotérica. Ilegitimidade passiva da CEF. "As unidades lotéricas, conquanto autorizadas a prestar determinados serviços bancários, não possuem natureza de instituição financeira, já que não realizam as atividades referidas na Lei nº 4.595/1964 (captação, intermediação e aplicação de recursos financeiros). A imposição legal de adoção de recursos de segurança específicos para proteção de estabelecimentos que constituam sedes de instituições financeiras, dispostos na Lei nº 7.102/1983, não alcança as unidades lotéricas. A possibilidade de responsabilização subsidiária do delegante do serviço público, configurada em situações excepcionais, não autoriza o ajuizamento da ação indenizatória unicamente em face da recorrida" (STJ, REsp 1.317.472/RJ, Rel. Min. Nancy Andrighi, 3ª Turma, jul. 05.03.2013, *DJe* 08.03.2013).

d) Ações de família:

Ilegitimidade para pleitear reconhecimento de filiação socioafetiva de pessoa falecida. "O direito ao reconhecimento judicial de vínculo paternal, seja ele genético ou socioafetivo, é pessoal, podendo ser transferido entre filhos e netos apenas de forma sucessiva, na hipótese em que a ação tiver sido iniciada pelo próprio filho e não houver sido extinto o processo. Interpretação do art. 1.606 e parágrafo único do Código Civil. A ação foi proposta pelos netos objetivando o reconhecimento de vínculo socioafetivo entre a mãe, pré-morta, e os avós, um deles também já falecido, que a teriam criado como filha desde os 3 (três) anos de idade, carecendo os autores, portanto, de legitimidade ativa *ad causam*, sendo-lhes resguardado, porém, o direito de demandar em nome próprio" (STJ, REsp 1.492.861/RS, Rel. Min. Marco Aurélio Bellizze, 3ª Turma, jul. 02.08.2016, *DJe* 16.08.2016).

Reconhecimento de união estável pelo credor. Ilegitimidade. "Cinge-se a controvérsia a saber se o credor detém legitimidade ativa para requerer a declaração de união estável existente entre a devedora e terceiro. A legitimidade requer a existência de uma relação de pertinência subjetiva entre o sujeito e a causa. (...) O interesse econômico ou financeiro de credor não o legitima a propor ação declaratória de união estável, haja vista que esta tem caráter íntimo e pessoal. Precedente" (STJ, REsp 1.305.767/MG, Rel. Min. Ricardo Villas Bôas Cueva, 3ª Turma, jul. 03.11.2015, *DJe* 16.11.2015).

e) Ações de sociedade:

Personalidade jurídica. "A personalidade jurídica da sociedade não se confunde com a personalidade jurídica dos sócios. Constituem pessoas distintas. Distintos também os direitos e obrigações. O sócio, por isso, não pode postular, em nome próprio, direito da entidade. Ilegitimidade ativa *ad causam*" (STJ, MS 469/DF, Rel. Min. Vicente Cernicchiaro, 1ª Seção, jul. 09.10.1990, *DJU* 12.11.1990).

Sociedade falida. Ilegitimidade. "A atuação da sociedade falida é regida pela Lei de Falências, que estabelece a intervenção como assistente nos processos em que a massa falida seja parte ou interessada, podendo, nessas circunstâncias, pleitear providências necessárias à conservação dos seus direitos e interpor os recursos cabíveis, não legitimando o falido a agir em juízo em nome próprio como autor ou réu em defesa dos interesses da sociedade" (STJ, REsp 1.330.167/SP, Rel. Min. Sidnei Beneti, 3ª Turma, jul. 05.02.2013, *DJe* 22.02.2013).

Danos causados diretamente à sociedade. Ilegitimidade ativa de acionista. "Sendo os danos causados diretamente à companhia, são cabíveis as ações sociais *ut universi e ut singuli*, estão obedecidos os requisitos exigidos pelos §§ 3º e 4º do mencionado dispositivo legal da Lei das S/A. Por sua vez, a ação individual, prevista no § 7º do art. 159 da Lei 6.404/1976, tem como finalidade reparar o dano experimentado não pela companhia, mas pelo próprio acionista ou terceiro prejudicado, isto é, o dano direto causado ao titular de ações societárias ou a terceiro por ato do administrador ou dos controladores. Não depende a ação individual de deliberação da assembleia geral para ser proposta. É parte ilegítima para ajuizar a ação individual o acionista que sofre prejuízos apenas indiretos por atos praticados pelo administrador ou pelos acionistas controladores da sociedade anônima" (STJ, REsp 1.214.497/RJ, Rel. p/ acórdão Min. Raul Araújo, 4ª Turma, jul. 23.09.2014, *DJe* 06.11.2014).

Associação de municípios. Representação processual. Impossibilidade. "Em qualquer tipo de ação, permitir que os Municípios sejam representados por associações equivaleria a autorizar que eles dispusessem dos privilégios materiais e processuais estabelecidos pela lei em seu favor, o que não é possível diante do princípio da indisponibilidade do interesse público" (STJ, REsp 1.503.007/CE, Rel. Min. Herman Benjamin, 1ª Seção, jul. 14.06.2017, *DJe* 06.09.2017).

f) Ação civil *ex delicto*. Interesse de menores. "Ilegitimidade ativa do Ministério Público (CPP, art. 68). Inconstitucionalidade progressiva declarada pelo col. STF. Necessidade de intimação da Defensoria Pública para ciência e possibilidade de assumir o polo ativo da ação. Recurso parcialmente provido" (STJ, REsp 888.081/MG, Rel. Min. Raul Araújo, 4ª Turma, jul. 15.09.2016, *DJe* 18.10.2016).

g) Ações de seguro:

Seguro. Ação de reparação de danos. Inclusão única da seguradora. "Cinge-se a controvérsia a saber se a vítima de acidente de trânsito (terceiro prejudicado) pode ajuizar demanda direta e exclusivamente contra a seguradora do causador do dano quando reconhecida, na esfera administrativa, a responsabilidade dele pela ocorrência do sinistro e paga, a princípio, parte da indenização securitária. A Segunda Seção do Superior Tribunal de Justiça consagrou o entendimento de que, no seguro de responsabilidade civil facultativo, descabe ação do terceiro prejudicado ajuizada direta e exclusivamente contra a seguradora do apontado causador do dano (Súmula nº 529/STJ). Isso porque a obrigação da seguradora de ressarcir danos sofridos por terceiros pressupõe a responsabilidade civil do segurado, a qual, de regra, não poderá ser reconhecida em demanda em que não interveio, sob pena de vulneração do devido processo legal e da ampla defesa. Há hipóteses em que a obrigação civil de indenizar do segurado se revela incontroversa, como quando reconhece a culpa pelo acidente de trânsito ao acionar o seguro de automóvel contratado, ou quando firma acordo extrajudicial com a vítima obtendo a anuência da seguradora, ou, ainda, quando esta celebra acordo diretamente com a vítima. Nesses casos, mesmo não havendo liame contratual entre a seguradora e o terceiro prejudicado, forma-se, pelos fatos sucedidos, uma relação jurídica de direito material envolvendo ambos, sobretudo se paga a indenização securitária, cujo valor é o objeto contestado. Na pretensão de complementação de indenização securitária decorrente de seguro de responsabilidade civil facultativo, a seguradora pode ser demandada direta e exclusivamente pelo terceiro prejudicado no sinistro, pois, com o pagamento tido como parcial na esfera administrativa, originou-se uma nova relação jurídica substancial entre as partes. Inexistência de restrição ao direito de defesa da seguradora ao não ser incluído em conjunto o segurado no polo passivo da lide" (STJ, REsp 1.584.970/MT, Rel. Min. Ricardo Villas Bôas Cueva, 3ª Turma, jul. 24.10.2017, *DJe* 30.10.2017).

Em sentido contrário: Indenização requerida diretamente da seguradora. Legitimidade. "A interpretação do contrato de seguro dentro de uma perspectiva social autoriza e recomenda que a indenização prevista para reparar os danos causados pelo segurado a terceiro seja por este diretamente reclamada da seguradora. Não obstante o contrato de seguro ter sido celebrado apenas entre o segurado e a seguradora, dele não fazendo parte o recorrido, ele contém uma estipulação em favor de terceiro. E é em favor desse terceiro – na hipótese, o recorrido – que a importância segurada será paga. Daí a possibilidade de ele requerer diretamente da seguradora o referido pagamento" (STJ, REsp 1.245.618/RS, Rel. Min. Nancy Andrighi, 3ª Turma, jul. 22.11.2011, *DJe* 30.11.2011).

Previdência privada. Ação de revisão benefício. Tema 936/STJ. "As teses a serem firmadas, para efeito do art. 1.036 do CPC/2015 (art. 543-C do CPC/1973), são as seguintes: I – A patrocinadora não possui legitimidade passiva para litígios que envolvam participante/assistido e entidade fechada de previdência complementar, ligados estritamente ao plano previdenciário, como a concessão e a revisão de benefício ou o resgate da reserva de poupança, em virtude de sua personalidade jurídica autônoma. II – Não se incluem no âmbito da matéria afetada as causas originadas de eventual ato ilícito, contratual ou extracontratual, praticado pelo patrocinador" (STJ, REsp 1.370.191/RJ – recurso repetitivo, Rel. Min. Luís Felipe Salomão, 2ª Seção, jul. 13.06.2018, *DJe* 01.08.2018). No mesmo sentido: STJ, AgInt no REsp 1.992.122/DF, Rel. Min. Marco Buzzi, 4ª Turma, jul. 27.06.2022, *DJe* 30.06.2022.

h) Ação de repetição de indébito. Tarifa de energia elétrica. Interesse da ANEEL. Não ocorrência, em regra. "O Superior Tribunal de Justiça sedimentou a compreensão de que não há, em regra, interesse jurídico da Aneel (Agência Nacional de Energia Elétrica) para figurar como ré ou assistente simples de Ação de Repetição de Indébito relativa a valores cobrados por força de contrato de fornecimento de energia elétrica celebrado entre usuário do serviço e concessionária do serviço público. Nesse sentido: AgRg no AREsp 230.329/MS, Rel. Min. Napoleão Nunes Maia Filho, 1ª Turma, DJe 15.10.2015; AgRg no REsp 1.372.361/RS, Rel. Min. Napoleão Nunes Maia Filho, 1ª Turma, *DJe* 27.05.2014; AgRg no AREsp 515.808/RS, Rel. Min. Benedito Gonçalves, 1ª Turma, *DJe* 17.06.2015; AgRg no AREsp 436.756/RS, Rel. Min. Sérgio Kukina, 1ª Turma, *DJe* 05.11.2014; AgRg no REsp 1.381.481/RS, Rel. Min. Regina Helena Costa, 1ª Turma, *DJe* 21.05.2015; AgRg no REsp 1.419.327/RS, Rel. Min. Regina Helena Costa, 1ª Turma, *DJe* 21.05.2015; AgRg no AREsp 434.720/RS, Rel. Min. Og Fernandes, 2ª Turma, *DJe* 25.02.2014; AgRg no REsp 1.381.333/RS, Rel. Min. Mauro Campbell Marques, 2ª Turma, *DJe* 31.03.2014; AgRg no REsp 1.389.427/RS, Rel. Min. Mauro Campbell Marques, 2ª Turma, *DJe* 04.12.2013; AgRg no REsp 1.384.034/RS, Rel. Min. Assusete Magalhães, 2ª Turma, *DJe* 29.03.2016; AgRg no REsp 1.383.703/RS, Rel. Min. Assusete Magalhães, 2ª Turma, *DJe* 10.02.2016; AgRg no AREsp 418.218/RS, Rel. Min. Humberto Martins, 2ª Turma, *DJe* 16.12.2013; AgRg no Ag 1.382.890/MS, Rel. Min. Castro Meira, 2ª Turma, *DJe* 12.05.2011" (STJ, REsp 1.389.750/RS, Rel. Min. Herman Benjamin, 1ª Seção, jul. 14.12.2016, *DJe* 17.04.2017). **Obs.:** Decisão submetida a julgamento de recursos repetitivos.

i) Ação de ressarcimento. Quantia disponibilizada pelo ente público após o falecimento do servidor. Enriquecimento sem causa. Espólio. Ilegitimidade passiva. "A restituição de quantia recebida indevidamente é um dever de quem se enriqueceu sem causa (art. 884 do CC/2002). De acordo com as alegações do ente público, a vantagem econômica foi auferida pelas herdeiras da ex-servidora. Pessoas naturais possuem personalidade jurídica entre seu nascimento com vida e o momento de sua morte (arts. 2º c/c 6º, ambos do CC/2002). A ex-servidora pública não tinha mais personalidade jurídica quando o Distrito Federal depositou a quantia ora pleiteada. Para que se possa ser titular de direitos e obrigações (deveres), necessita-se de personalidade jurídica (art. 1º do CC/2002). Se a de cujus não tinha mais personalidade, não poderia se tornar titular de deveres. Ademais, o falecimento é causa de vacância do cargo público, de modo não existir mais vínculo jurídico-administrativo entre a administração pública e a servidora após o falecimento dessa. O espólio responde pelas dívidas do falecido (art. 796 do CPC/2015 e 1.997 do CC/2002). Por isso, o espólio não deve responder pelo enriquecimento sem causa das herdeiras que não é atribuível à falecida. Logo, se o espólio não pode ser vinculado, nem mesmo abstratamente, ao dever de restituir, ele não pode ser considerado parte legítima nesta ação nos termos do art. 17 do CPC/2015" (STJ, REsp 1.805.473/DF, Rel. Min. Mauro Campbell Marques, 2ª Turma, jul. 03.03.2020, *DJe* 09.03.2020).

j) Tabelionatos e serventias extrajudiciais. Ausência de personalidade jurídica. Ilegitimidade ativa e passiva. "Extinção do processo sem resolução do mérito, por ilegitimidade passiva. Demanda proposta contra tabelionato de notas. Ausência de personalidade jurídica. Entendimento jurisprudencial do Superior Tribunal de Justiça. Ilegitimidade passiva reconhecida" (TJPR, Rec. Inominado 0003757-64.2019.8.13.0147, Rel. Juiz Juan Daniel Pereira Sobreiro, ac. 05.09.2022).

k) Legitimidade de administradora de imóvel. "A administradora do imóvel locado é parte ilegítima para figurar em ação de exoneração de fiança, em que pese sua condição de mandatária do locador, sendo notória a legitimidade deste último para compor o polo passivo da demanda, a teor dos artigos 3º e 6º do Código de Processo Civil [de 1973] (STJ, REsp 261.553/MG, Rel. Min. Fernando Gonçalves, 6ª Turma, *DJU* 11.12.2000).

l) Sucessão

Reparação de danos sofridos pelos herdeiros. Ilegitimidade. "[...] hipótese em que o espólio pleiteia bem jurídico pertencente aos herdeiros (iii) por direito próprio e não por herança, como é o caso de indenizações por danos morais experimentados pela família em razão da morte de familiar. Nessa circunstância, deveras, não há coincidência entre o postulante e o titular do direito pleiteado, sendo, a rigor, hipótese de ilegitimidade ad causam" (STJ, REsp 1.143.968/MG, Rel. Min. Luis Felipe Salomão, 4ª Turma, jul. 26.02.2013, *DJe* 01.07.2013). No mesmo sentido: STJ, EREsp 1.292.983/AL, Rel. Min. Nancy Andrighi, Corte Especial, jul. 01.08.2013, *DJe* 12.08.2013.

Ilegitimidade da viúva meeira para figurar no polo passivo da ação de petição de herança. "A viúva meeira não detém legitimidade para integrar o polo passivo de ação de petição de herança, visto que o exercício do direito reconhecido em investigatória de paternidade poderá alcançar tão somente o quinhão destinado aos herdeiros, permanecendo invariável a fração ideal da meeira. Por ser uma ação universal, a ação de petição de herança visa ao reconhecimento do direito sucessório e o recebimento de quota-parte pelo herdeiro, e não o recebimento de bens singularmente considerados, motivo pelo qual não haverá alteração na situação fática dos bens, que permanecerão em condomínio pro indiviso" (STJ, REsp 1.500.756/GO, Rel.ª Min.ª Maria Isabel Gallotti, 4ª Turma, jul. 23.02.2016, *DJe* 02.03.2016).

m) Dano moral por ricochete. Noivo. Ilegitimidade. "Em tema de legitimidade para propositura de ação indenizatória em razão de morte, percebe-se que o espírito do ordenamento jurídico rechaça a legitimação daqueles que não fazem parte da 'família' direta da vítima, sobretudo aqueles que não se inserem, nem hipoteticamente, na condição de herdeiro. Interpretação sistemática e teleológica dos arts. 12 e 948, inciso I, do Código Civil de 2002; art. 63 do Código de Processo Penal e art. 76 do Código Civil de 1916. Assim, como regra – ficando expressamente ressalvadas eventuais particularidades de casos concretos –, a legitimação para a propositura de ação de indenização por dano moral em razão de morte deve mesmo alinhar-se, mutatis mutandis, à ordem de vocação hereditária, com as devidas adaptações. [...]. Assim, o dano por ricochete a pessoas não pertencentes ao núcleo familiar da vítima direta da morte, de regra, deve ser considerado como não inserido nos desdobramentos lógicos e causais do ato, seja na responsabilidade por culpa, seja na objetiva, porque extrapolam os efeitos razoavelmente imputáveis à conduta do agente. [...]. Por essas razões, o noivo não possui legitimidade ativa para pleitear indenização por dano moral pela morte da noiva, sobretudo quando os pais da vítima já intentaram ação reparatória na qual lograram êxito, como no caso" (STJ, REsp 1.076.160/AM, Rel. Min. Luis Felipe Salomão, 4ª Turma, jul. 10.04.2012, *DJe* 21.06.2012).

Dano moral. Irmã da vítima. "Os irmãos possuem legitimidade ativa ad causam para pleitear indenização por danos morais em razão do falecimento de outro irmão" (STJ, AgRg no Ag 1.316.179/RJ, Rel. Min. Luis Felipe Salomão, 4ª Turma, jul. 14.12.2010, *DJe* 01.02.2011).

Art. 18. Ninguém poderá pleitear direito alheio em nome próprio, salvo quando autorizado pelo ordenamento jurídico.

Parágrafo único. Havendo substituição processual, o substituído poderá intervir como assistente litisconsorcial.

CPC/1973

Art. 6º.

REFERÊNCIA LEGISLATIVA

CF, arts. 5º, XXI (legitimação extraordinária das entidades associativas), LXX, *b* (mandado de segurança coletivo), LXXIII (ação popular); 8º, III (sindicatos); 129, III (legitimação Ministério Público).

CPC/2015, arts. 75 (representação em juízo); 109 (alienação da coisa litigiosa); 125, I; e 127 (denunciação da lide); 485, VI; e 486 (extinção do processo sem resolução de mérito por carência de ação); 330, I (indeferimento da petição inicial por inépcia); 337, XI (arguição de preliminar de carência de ação na contestação); 354 (extinção do processo).

Código Comercial, art. 527 (ação de embargos por avarias).

CLT, art. 513, *a* (representação por sindicato).

Lei nº 4.717, de 29.06.1965 (Ação Popular – ver Legislação Especial).

Lei nº 7.347, de 24.07.1985, art. 5º (Ação Civil Pública – ver Legislação Especial).

Lei nº 818, de 18.09.1949, arts. 24 e 35, § 1º (cancelamento e nulidade da naturalização).

Lei nº 12.016, de 07.08.2009 (Mandado de Segurança – ver Legislação Especial), arts. 3º (mandado de segurança impetrado por terceiro) e 21 (legitimidade para impetração de mandado de segurança coletivo).

Lei nº 8.906, de 04.07.1994 (Advogado – ver Legislação Especial), art. 44, II (representação pela OAB).

Lei nº 8.625, de 12.02.1993 (Ministério Público – ver Legislação Especial), art. 25.

Lei nº 6.404, de 15.12.1976 (Sociedade Anônima).

Lei nº 8.073, de 30.07.1990 (Política Nacional de Salários), art. 3º (entidade sindical atua em substituição dos integrantes da categoria).

SÚMULAS

Súmulas do STF:

nº 630: "A entidade de classe tem legitimação para o mandado de segurança ainda quando a pretensão veiculada interesse apenas a uma parte da respectiva categoria."

nº 629: "A impetração de mandado de segurança coletivo por entidade de classe em favor dos associados independe da autorização destes."

Súmulas do STJ:

nº 306: "Os honorários advocatícios devem ser compensados quando houver sucumbência recíproca, assegurado o direito autônomo do advogado à execução do saldo sem excluir a legitimidade da própria parte."

nº 329: "O Ministério Público tem legitimidade para propor ação civil pública em defesa do patrimônio público."

BREVES COMENTÁRIOS

A defesa de direito alheio, em nome próprio, caracteriza a denominada *legitimação anômala* ou *extraordinária*. A Lei Processual admite, em certos casos, a atuação do MP como substituto processual, por exemplo, ao réu preso (art. 72, II) e ao interditando (art. 752, § 1º). A CF/1988 prevê legitimação extraordinária no chamado *mandado de segurança coletivo*, que poderá ser impetrado por partido com representação no

Congresso Nacional e por organização sindical, entidade de classe ou associação legalmente constituída há pelo menos um ano em defesa dos interesses de seus membros ou associados (art. 5º, LXX). Prevê, ainda, a Constituição a possibilidade de as associações agirem em nome próprio, em quaisquer ações civis, na defesa de seus associados, desde que expressamente autorizados (pelo estatuto ou por deliberação assemblear) (art. 5º, XXI).

Um dos principais efeitos da substituição processual consiste na aptidão para a coisa julgada, formada no processo do substituto, operar na esfera jurídica do substituído (STJ, REsp 44.925/GO, Rel. Min. Sálvio de Figueiredo Teixeira, 4ª Turma, jul. 21.06.1994, *DJ* 15.08.1994).

O atual Código adotou o entendimento de parte da doutrina segundo o qual a legitimação extraordinária pode ser atribuída sem previsão expressa de lei em sentido estrito, desde que seja possível identificá-la no ordenamento jurídico, visto como sistema. Dispôs, ainda, no parágrafo único do art. 18, que, havendo substituição processual, o substituído poderá intervir no processo como assistente litisconsorcial.

JURISPRUDÊNCIA SELECIONADA

1. Associação

Associados que vierem a se agregar após ajuizamento de ação de conhecimento. Ilegitimidade. "Associado que não consta expressamente na lista. Ilegitimidade para futura execução" (STJ, REsp 1.468.734/SP, Rel. Min. Humberto Martins, 2ª Turma, jul. 01.03.2016, *DJe* 15.03.2016).

"O STF, reconhecendo a repercussão geral da matéria, apreciou e julgou o RE 573.232/SC, Rel. Min. Ricardo Lewandowski, relator para Acórdão o Min. Marco Aurélio, pacificando que 'as balizas subjetivas do título judicial, formalizado em ação proposta por associação, é definida pela representação no processo de conhecimento, presente a autorização expressa dos associados e a lista destes juntada à inicial'. Precedentes do STJ: REsp 1.468.734/SP, Rel. Ministro Humberto Martins, Segunda Turma, *DJe* 15/3/2016; EDcl no REsp 1186714/GO, Rel. Ministro Mauro Campbell Marques, Segunda Turma, *DJe* 13/4/2016. Também sob o regime da repercussão geral, o Pretório Excelso, no julgamento do RE 612.043/PR, definiu que 'a eficácia subjetiva da coisa julgada formada a partir de ação coletiva, de rito ordinário, ajuizada por associação civil na defesa de interesses dos associados, somente alcança os filiados, residentes no âmbito da jurisdição do órgão julgador, que o fossem em momento anterior ou até a data da propositura da demanda, constantes da relação jurídica juntada à inicial do processo de conhecimento'. Precedentes do STJ: REsp 1.395.692/SP, Rel. Ministro Sérgio Kukina, Primeira Turma, *DJe* 23/10/2018; AgInt no AgInt no AREsp 1.187.832/SP, Rel. Ministro Mauro Campbell Marques, Segunda Turma, *DJe* 20/6/2018" (STJ, REsp 1797454/RJ, Rel. Min. Herman Benjamin, 2ª Turma, jul. 28.03.2019, *DJe* 28.05.2019).

Em outro sentido, mais abrangente, "Para efeitos do art. 543-C do CPC: 1.1. A liquidação e a execução individual de sentença genérica proferida em ação civil coletiva pode ser ajuizada no foro do domicílio do beneficiário, porquanto os efeitos e a eficácia da sentença não estão circunscritos a lindes geográficos, mas aos limites objetivos e subjetivos do que foi decidido, levando-se em conta, para tanto, sempre a extensão do dano e a qualidade dos interesses metaindividuais postos em juízo (arts. 468, 472 e 474, CPC e 93 e 103, CDC)" (STJ, REsp 1243887/PR, Rel. Min. Luis Felipe Salomão, Corte Especial, jul. 19.10.2011, *DJe* 12.12.2011). Obs.: Decisão submetida a julgamento de recursos repetitivos. No mesmo sentido: STJ, AgInt no AREsp 955.960/PR, Rel. Min. Marco Aurélio Bellizze, 3ª Turma, jul. 10.12.2018, *DJe* 19.12.2018.

Interesses particulares. "Inexiste previsão de substituição processual extraordinária para que associações de defesa do consumidor ajuízem, em nome próprio, ação de cunho coletivo para defesa de interesses particulares" (STJ, REsp 184.986/SP, Rel. p/ acórdão Min. João Otávio de Noronha, 4ª Turma, jul. 17.11.2009, *DJe* 14.12.2009).

Associações de classe. Legitimidade. "As entidades de classe têm legitimidade ativa para defender, em juízo, os interesses e direitos coletivos de seus associados" (STJ, REsp 253.715/CE, Rel. Min. Edson Vidigal, 5ª Turma, jul. 13.09.2000, *DJ* 09.10.2000, p. 189).

Execução de sentença coletiva. Desnecessidade de apresentação de mandato individual dos associados. "Segundo a orientação jurisprudencial do STJ, é desnecessária a apresentação de mandato individual de representação para que uma associação de classe possa defender os interesses de seus integrantes, tanto na fase de conhecimento quanto na fase de liquidação/execução de direitos individuais homogêneos" (STJ, AgRg nos EDcl no AREsp 147.572/DF, Rel. Min. Mauro Campbell Marques, 2ª Turma, jul. 21.03.2013, *DJe* 01.04.2013). No mesmo sentido: STJ, EDcl nos EREsp 901.627/RS, Rel. Min. Luiz Fux, Corte Especial, jul. 04.08.2010, *DJe* 02.09.2010; STJ, REsp 880.385/SP, Rel. Min. Nancy Andrighi, 3ª Turma, jul. 02.09.2008, *DJe* 16.09.2008; STJ, AgRg no REsp 755.429/PR, Rel. Min. Sidnei Beneti, 3ª Turma, jul. 17.12.2009, *DJe* 18.12.2009. No mesmo sentido, reconhecendo a legitimidade para a liquidação de sentença: STJ, REsp 880.385/SP, Rel. Min. Nancy Andrighi, 3ª Turma, jul. 02.09.2008, *DJe* 16.09.2008; STJ, AgRg no REsp 755.429/PR, Rel. Min. Sidnei Beneti, 3ª Turma, jul. 17.12.2009, *DJe* 18.12.2009.

Multa de trânsito. "A recorrida [Ordem Nacional das Relações de Consumo – ORNARE] não tem legitimidade para promover ação civil pública visando obstar a cobrança de multas de trânsito, por se tratar de direitos individuais homogêneos, identificáveis e divisíveis, pretendendo a defesa do direito dos condutores de veículos do município de Niterói. Os sujeitos protegidos pela actio em comento não se enquadram como consumidores, o que não se coaduna com a previsão do art. 21 da Lei nº 7.347/1985" (STJ, REsp 727.092/RJ, Rel. Min. Francisco Falcão, 1ª Turma, jul. 13.02.2007, *DJ* 14.06.2007).

CDC. "Independentemente de autorização especial ou da apresentação de relação nominal de associados, as associações civis, constituídas há pelo menos um ano e que incluam entre seus fins institucionais a defesa dos interesses e direitos protegidos pelo CDC, gozam de legitimidade ativa para a propositura de ação coletiva" (STJ, REsp 805.277/RS, Rel. Min. Nancy Andrighi, 3ª Turma, jul. 23.09.2008, DJe 08.10.2008). No mesmo sentido: STJ, REsp 991.154/RS, Rel. Min. Eliana Calmon, 2ª Turma, jul. 18.11.2008, DJe 15.12.2008; STJ, AgRg no Ag 1.153.498/GO, Rel. Min. Napoleão Nunes Maia Filho, 5ª Turma, jul. 29.04.2010, *DJe* 24.05.2010.

Mandado de segurança coletivo. Legitimidade. "A Constituição Federal (art. 5º, LXX, b), ao atribuir, às associações, o poder de impetrar mandado de segurança coletivo em defesa dos interesses dos seus membros, criou caso de legitimação extraordinária que se enquadra no instituto da substituição processual, porquanto age (a associação) em nome próprio por direito de terceiros, estando legitimada a postular em Juízo o direito de que não é titular, por determinação da Carta Política. A entidade associativa que impetra segurança coletiva não se coloca, no processo, como mandatária dos respectivos associados, razão por que torna-se desnecessária a prévia autorização de seus membros" (STJ, MS 4.126/DF, Rel. Min. Demócrito Reinaldo, 1ª Seção, jul. 05.12.1995, *DJ* 11.03.1996). ***Sobre o mandado de segurança coletivo, ver Lei nº 12.016/2009.**

2. Ação civil *ex delicto*. Interesse de menores. Ilegitimidade ativa do Ministério Público. Ver jurisprudência do art. 17.

3. Mandado de injunção. Inviabilidade da invocação da tutela jurisdicional para defesa, em nome próprio, de direito alheio. "Substituição Processual – Legitimação Extraordinária ou Anômala: Excepcionalidade (CPC/2015, art. 18) – É carecedor da ação de mandado de injunção aquele que, agindo na condição de verdadeiro substituto processual, pleiteia direito alheio em nome próprio, sem que exista, para tanto, qualquer base normativa que lhe permita investir-se de legitimação extraordinária ou anômala para efeito de válida instauração de processo judicial (CPC/2015, art. 18). Doutrina. Precedentes." (STF, MI 6582 AgR, Rel. Min. Celso de Mello, Tribunal Pleno, jul. 29.04.2019, *DJe* 09.05.2019).

4. Pessoa jurídica integrante de um mesmo grupo econômico. Ilegitimidade para postular em nome próprio direito da outra. "Hipótese em que, ante a autonomia das pessoas jurídicas, ainda que qualificadas como companhias subsidiárias geridas por uma mesma holding, não se pode permitir que uma, em nome próprio, pleiteie eventual direito da outra, mormente quando a parte executada fora eleita sujeito passivo do tributo no ato de lançamento" (STJ, AgInt no REsp 1338998/MG, Rel. Min. Gurgel de Faria, 1ª Turma, jul. 12.12.2017, *DJe* 23.02.2018). No mesmo sentido, STJ, REsp 1.002.811/SP, Rel. p/ acórdão Min. Ari Pargendler, 3ª Turma, jul. 07.08.2008, *DJe* 08.10.2008.

5. Ilegitimidade da empresa para postular direito dos sócios. "Uma vez deferido o redirecionamento após se verificar situação que se amolda ao enunciado da Súmula 435/STJ, o ato judicial causa gravame na esfera jurídica do sócio com poderes de gerência, falecendo legitimidade recursal à empresa para recorrer em nome próprio, defendendo interesse exclusivamente alheio" (STJ, REsp 1672444/RS, Rel. Min. Herman Benjamin, 2ª Turma, jul. 08.08.2017, *DJe* 12.09.2017).

6. Ação de responsabilização dos acionistas controladores. Legitimidade extraordinária dos acionistas minoritários. Lei n. 6.404/1976, art. 246. "4.4 Em todo e qualquer caso, portanto, a ação social de **responsabilidade** de administrador e/ou de controlador promovida por acionista minoritário (*ut singuli*) em legitimação extraordinária, por ser subsidiária, depende, necessariamente, da inércia da companhia, titular do direito lesado, que possui legitimidade ordinária e prioritária no ajuizamento de ação social. 5. Na hipótese dos autos, sem incorrer em nenhum comportamento inerte, é fato incontroverso que a Companhia, assim que obteve autorização assemblear (AGE/2020), promoveu, de imediato (dentro dos três meses da deliberação autorizativa) e nos exatos termos ali estabelecidos e em conformidade com o Comitê independente ad hoc formado, o procedimento arbitral destinado a apurar, pelos mesmos e específicos fatos, a **responsabilidade** não só dos **controladores,** como também dos administradores e ex-administradores. Ressai claro, portanto, que os **acionistas minoritários,** aqui interessados, ao promoverem os procedimentos arbitrais 93-110 (ação social *ut singuli*) antes do exaurimento do prazo legal para que a companhia, titular do direito em questão, promovesse ação social de **responsabilidade** dos administradores e **controladores,** não ostentavam, para tanto, legitimidade" (STJ, CC 185.702/DF, Rel. Min. Marco Aurélio Bellizze, 2ª Seção, jul. 22.06.2022, *DJe* 30.06.2022).

7. Sindicato

Execução. Óbito do substituído. Habilitação de sucessores. Possibilidade. "'O sindicato possui legitimidade ativa para substituir os sucessores de servidores falecidos, independentemente de o óbito ter ocorrido antes do ajuizamento da execução. Nesse sentido: REsp 1.864.315/PE, Rel. Ministro Mauro Campbell Marques, Segunda Turma, *DJe* 25/6/2020; AgRg no REsp 1.224.482/PR, Rel. Ministro Napoleão Nunes Maia Filho, Primeira Turma, *DJe* 15/10/2015' (AgInt no REsp 1.881.628/RS, Rel. Ministro Herman Benjamin, Segunda Turma, julgado em 23/11/2020, *DJe* 1º/12/2020)" (STJ, AgInt no REsp 2.026.557/PE, Rel. Min. Sérgio Kukina, 1ª Turma, jul. 20.03.2023, *DJe* 23.03.2023).

Legitimidade extraordinária. "O art. 8º, III, da Constituição Federal estabelece a legitimidade extraordinária dos sindicatos para defender em juízo os direitos e interesses coletivos ou individuais dos integrantes da categoria que representam. Essa legitimidade extraordinária é ampla, abrangendo a liquidação e a execução dos créditos reconhecidos aos trabalhadores. Por se tratar de típica hipótese de substituição processual, é desnecessária qualquer autorização dos substituídos" (STF, RE 210.029, Rel. p/ acórdão Min. Joaquim Barbosa, Tribunal Pleno, jul. 12.06.2006, jul. 16.08.2007, *DJ* 17.08.2007). No mesmo sentido: STJ, AgRg no REsp 794.019, Min. Francisco Falcão, 1ª Turma, *DJ* 31.08.2006; STJ, MS 8.675/DF, Rel. Min. Denise Arruda, 1ª Seção, jul. 23.05.2007, *DJ* 18.06.2007; STF, RE-AgR 211.866/RS, Rel. Min. Joaquim Barbosa, 2ª Turma, jul. 08.05.2007, *DJ* 29.06.2007; STJ, REsp 576.895/SC, Rel. Min. Arnaldo Esteves Lima, 5ª Turma, jul. 07.11.2006, *DJ* 27.11.2006; STJ, AgRg nos EREsp 497.600/RS, Rel. Min. Humberto Gomes de Barros, Corte Especial, jul. 01.02.2007, *DJ* 16.04.2007; STJ, EDcl no AgRg no Ag 1.191.457/GO, Rel. Min. Laurita Vaz, 5ª Turma, jul. 29.04.2010, *DJe* 24.05.2010; STJ, REsp 1.186.714/GO, Rel. Min. Mauro Campbell Marques, 2ª Turma, jul. 22.03.2011, *DJe* 31.03.2011. STJ, EREsp 1.082.891/RN, Rel. Min. Fernando Gonçalves, Corte Especial, jul. 06.05.2009, *DJe* 21.05.2009; STJ, AgRg no REsp 610.845/RS, Rel. Min. Paulo Medina, 6ª Turma, jul. 09.02.2006, *DJ* 27.03.2006; STJ, AgRg no REsp 926.608/RS, Rel. Min. Francisco Falcão, 1ª Turma, jul. 19.06.2007, *DJ* 02.08.2007.

8. Ministério Público

Direitos indisponíveis. "A Primeira Seção desta Corte Superior pacificou o entendimento no sentido de que o Ministério Público possui legitimidade para ajuizar medidas judiciais para defender direitos individuais indisponíveis, ainda que em favor de pessoa determinada: EREsp 734.493/RS, Rel. Min. Castro Meira, *DJ* 16.10.2006, p. 279; EREsp 485.969/SP, Rel. Min. José Delgado, *DJ* de 11.9.2006, p. 220. Ademais, o art. 74, I, da Lei 10.741/2003 dispõe que compete ao Ministério Público 'instaurar o inquérito civil e ação civil pública para a proteção dos direitos e interesses difusos e coletivos, individuais indisponíveis e individuais homogêneos do idoso'" (STJ, REsp 860.840/MG, Rel. Min. Denise Arruda, jul. 20.03.2007, *DJ* 23.04.2007, p. 237). **No mesmo sentido:** STJ, REsp 817.710/RS, Rel. Min. Luiz Fux, 1ª Turma, jul. 17.05.2007, *DJ* 31.05.2007.

Ação de alimentos. "A legitimidade do Ministério Público independe do exercício do poder familiar dos pais, ou de o menor se encontrar nas situações de risco descritas no art. 98 do Estatuto da Criança e do Adolescente, ou de quaisquer outros questionamentos acerca da existência ou eficiência da Defensoria Pública na comarca" (STJ, REsp 1265821/BA, Rel. Min. Luis Felipe Salomão, 2ª Seção, jul. 14.05.2014, *DJe* 04.09.2014). **Obs.: Decisão submetida a julgamento de recursos repetitivos. No mesmo sentido**: STJ, REsp 1.113.590/MG, Rel. Min. Nancy Andrighi, 3ª Turma, jul. 24.08.2010, *DJe* 10.09.2010.

Estatuto da Pessoa Idosa. "A teor do disposto no artigo 74, inciso III, da Lei nº 10.741, de outubro de 2003, cumpre ao Ministério Público atuar como substituto processual do idoso que se encontrar em situação de risco. Assim, configurada a hipótese do artigo 43, inciso II, do Estatuto do Idoso, não se há falar em ilegitimidade do agente ministerial, nem em extinção do feito, razão por que impera seja reformada a decisão para ter continuidade o processo" (TJRGS, Ap. 70009464884, Rel. Des. José Carlos Teixeira Giorgis, 7ª Câm. Civ., acórdão 10.11.2004; *RJTJRGS* 244/225).

Matéria tributária. "Estando a matéria tributária vedada ao Ministério Público, além da impertinência subjetiva da lide, pela substituição processual inadequada do *Parquet*, a ação civil pública para impugnar específicos Termos de Adesão a Regime Especial (Tare) não se apresenta adequada, pois a índole coletiva dessa espécie de ação resta descaracterizada quando a pretensão refere-se a interesse individualizado. Precedentes" (STJ, REsp 785.565/DF, Rel. Min. Eliana Calmon, 2ª Turma, jul. 08.05.2007, *DJ* 17.05.2007, p. 229). **Precedentes:** STJ, REsp 845.034/DF,

1ª Seção, Rel. Min. José Delgado, jul. 14.02.2007; STJ, REsp 701.913/DF, Rel. Min. José Delgado, 1ª Seção, jul. 28.02.2007; STJ, AgRg no REsp 710.847/RS, Rel. Min. Francisco Falcão, *DJ* 29.08.2005; STJ, AgRg no REsp 495.915/MG, Rel. Min. Denise Arruda, *DJ* 04.04.2005; STJ, REsp 419.298/RS, Rel. Min. Eliana Calmon, *DJ* 06.12.2004.

9. Ilegitimidade da EBCT. "A EBCT não tem legitimidade ativa *ad causam* para acionar ex-servidor por dano patrimonial causado a terceiro, sem que tenha ressarcido este" (TRF 1ª R., Ap. 01000196111/MG, Rel. Juíza Vera Carla Cruz, 4ª Turma, *DJU* 23.11.2000, p. 69).

10. Cooperativa. Substituição processual. Impossibilidade. "O art. 4º, X, da Lei 5.764/1971 dispõe que as cooperativas são sociedades de pessoas, tendo por característica a prestação de assistência aos associados. Nessa linha, é possível que a cooperativa propicie a prestação de assistência jurídica aos seus cooperados, providência que em nada extrapola os objetivos das sociedades cooperativas. Contudo, à mingua de expressa previsão legal, a **cooperativa não pode litigar em juízo, em nome próprio, defendendo alegado direito dos cooperativados**. O art. 83 da Lei 5.764/1971, mesmo em interpretação sistemática com os demais dispositivos do referido diploma legal, não permite inferir que a Lei tenha previsto a substituição processual para esse fim" (STJ, REsp 901.782/RS, Rel. Min. Luis Felipe Salomão, 4ª Turma, jul. 14.06.2011, *DJe* 01.07.2011).

11. Chefe de equipe cirúrgica. "O chefe de equipe cirúrgica, que contrata diretamente os serviços com o paciente ou seus familiares, e assume as atribuições de fixar honorários e distribuí-los entre assistentes livremente por ele escolhidos, tem legitimidade para cobrar os honorários correspondentes aos serviços prestados pela equipe, praxe profissional reconhecida no v. acórdão. Art. 1.218 do Código Civil e art. 6º do CPC" (STJ, REsp 73.049/SP, Rel. Min. Ruy Rosado de Aguiar, 4ª Turma, jul. 13.11.1995, *DJ* 18.12.1995).

12. ADI. Confederações. "Confederação Nacional das Profissões Liberais (CNPL). Falta de legitimidade ativa. – Na ADI 1.792, a mesma Confederação Nacional das Profissões Liberais (CNPL) não teve reconhecida sua legitimidade para propô-la por falta de pertinência temática entre a matéria disciplinada nos dispositivos então impugnados e os objetivos institucionais específicos dela, por se ter entendido que os notários e registradores não podem enquadrar-se no conceito de profissionais liberais. – Sendo a pertinência temática requisito implícito da legitimação, entre outros, das confederações e entidades de classe, e requisito que não decorreu de disposição legal, mas da interpretação que esta Corte fez diretamente do texto constitucional, esse requisito persiste não obstante ter sido vetado o parágrafo único do art. 2º da Lei 9.868, de 10.11.1999. É de aplicar-se, portanto, no caso, o precedente acima referido. Ação direta de inconstitucionalidade não conhecida" (STF, ADIn 2.482, Rel. Min. Moreira Alves, Tribunal Pleno, jul. 02.10.2002, *DJ* 25.04.2003, p. 32).

13. Sociedade

Fusão e incorporação. "[...] mantém-se a legitimidade ativa da alienante [...] para prosseguir no feito em substituição processual à adquirente [...], indeferindo-se a extinção do feito sem exame de mérito por perda superveniente de interesse de agir e legitimidade (art. 267, VI, do CPC)" (STJ, EDcl no REsp 388.423/RS, Rel. Min. Jorge Scartezzini, 4ª Turma, jul. 07.12.2006, *DJ* 05.02.2007, p. 239).

Liquidação extrajudicial. Legitimidade extraordinária dos sócios. "A legitimidade extraordinária dos sócios de instituição financeira para ingressarem com ação de indenização em benefício da massa liquidanda reclama, a teor do disposto nos arts. 6º do CPC, 36 do Decreto-lei 7.661/1945 e 159, § 7º, da Lei 6.024/1974, que os atos judicialmente impugnados tenham causado efetivo prejuízo a seus direitos e interesses. Precedentes: REsp 957.783/PE, *DJe* 11.04.2008; REsp 546.111/RJ, *DJ* 18.09.2007" (STJ, REsp 973.467/PR, Rel. Min. Luiz Fux, 1ª Turma, jul. 28.04.2009, *DJe* 27.05.2009).

Ilegitimidade do sócio:

Indenização. "[...] o sócio não tem legitimidade para figurar no polo ativo de demanda em que se busca indenização por prejuízos eventualmente causados à sociedade de que participa. Hipótese em que o sócio tem interesse meramente econômico, faltando-lhe interesse jurídico a defender" (STJ, REsp 1.188.151/AM, Rel. Min. João Otávio de Noronha, 4ª Turma, jul. 14.06.2011, *DJe* 12.04.2012). **No mesmo sentido**: STJ, RMS 31.387/RO, Rel. Min. Gilson Dipp, 5ª Turma, jul. 01.03.2012, *DJe* 19.03.2012.

14. Desconsideração da personalidade jurídica. Legitimidade. Ver jurisprudência do art. 133 do CPC/2015.

15. Descendentes coerdeiros. Coisa julgada. "Os descendentes coerdeiros que, com base no disposto no parágrafo único do art. 1.580, CC, demandam em prol da herança, como na ação em que postulam o reconhecimento da invalidade de venda realizada pelo seu autor com afronta ao art. 1.132, CC, agem como mandatários tácitos dos demais coerdeiros aos quais aproveita o eventual reingresso do bem na *universitas rerum*, em defesa também dos direitos destes. Atuam, destarte, na qualidade de substitutos processuais dos coerdeiros prejudicados que, embora legitimados, não integrem a relação processual como litisconsortes ou assistentes litisconsorciais, impondo-se a estes, substituídos, sujeição a *autoritas rei iudicatae*" (STJ, REsp 44.925/GO, Rel. Min. Sálvio de Figueiredo Teixeira, 4ª Turma, jul. 21.06.1994, *DJ* 15.08.1994).

16. Embargos de terceiro. Filhos. Bem de Família. "É assegurado aos filhos a interposição de embargos de terceiro objetivando a proteção ao bem de família. Súmula STJ/83" (STJ, AgRg no Ag 1.249.531/DF, Rel. Min. Sidnei Beneti, 3ª Turma, jul. 23.11.2010, *DJe* 07.12.2010).

17. Reparação de danos sofridos pelos herdeiros. Ilegitimidade do espólio. Ver jurisprudência do art. 17 do CPC/2015.

18. Advogado que, em nome próprio, insurge-se contra a multa aplicada no acórdão embargado. Ilegitimidade. "Nos termos do art. 6º do Código de Processo Civil, o advogado da parte recorrente não detém legitimidade para postular, em nome próprio, o afastamento da multa imposta por ocasião do julgamento do agravo regimental. Isso porque a referida penalidade, prevista no § 2º do art. 557 do CPC, é aplicada à parte que interpõe o agravo manifestamente incabível, agindo o advogado como mero mandatário da insurgente" (STJ, EDcl no AgRg no REsp 1.099.178/DF, Rel. Min. Luis Felipe Salomão, 4ª Turma, jul. 28.05.2013, *DJe* 04.06.2013).

Art. 19. O interesse do autor pode limitar-se à declaração:

I – da existência, da inexistência ou do modo de ser de uma relação jurídica;

II – da autenticidade ou da falsidade de documento.

CPC/1973

Art. 4º.

REFERÊNCIA LEGISLATIVA

CPC/2015, arts. 17 (interesse e legitimidade, *supra*), 292 (valor da causa), 313, V, *a* (questão prejudicial), 515 (execução de sentença declaratória), 784 (títulos executivos extrajudiciais) e 539 (ação declaratória substitutiva da ação de consignação de pagamento).

Lei nº 6.830, de 22.09.1980 (LEF), art. 38.

SÚMULAS

Súmula do STF:

nº 258: "É admissível reconvenção em ação declaratória."

Súmulas do STJ:

nº 181: "É admissível ação declaratória, visando a obter certeza quanto a exata interpretação de cláusula contratual."

nº 242: "Cabe ação declaratória para reconhecimento de tempo de serviço para fins previdenciários."

BREVES COMENTÁRIOS

Em regra, toda ação é declaratória, porque visa sempre a uma declaração positiva ou negativa de fato ou de direito.

Ação declaratória, estrito senso, conforme ressuma do art. 19 do CPC, é aquela meramente declaratória, que não constitui nem extingue direitos ou obrigações, mas simplesmente declara a existência, a inexistência ou o modo de ser de relação jurídica e a autenticidade ou falsidade de documento, declaração esta que poderá servir de título hábil para a propositura da ação própria, de natureza condenatória, ou até mesmo executiva, se for o caso.

A ação declaratória não pode ser colocada como requisito ou pressuposto para o ajuizamento de ação condenatória ou constitutiva, porque é direito do autor optar por ação de efeitos mais amplos, que englobam a própria declaração (*RTJ* 107/877).

Por opção do legislador, tem o autor a faculdade de limitar-se à ação declaratória mesmo quando já possível a condenatória ou constitutiva, e nada se opõe a que num só processo sejam cumulados pedidos de declaração, condenação e constituição.

A sentença meramente declaratória não é, em regra, título executivo judicial a respeito do direito subjetivo declarado. Mas pode servir como tal, quando a sentença reconhecer a existência de obrigação de fazer, não fazer, pagar quantia ou entregar coisa (CPC/2015, art. 515, I).

A ação declaratória objetiva é sempre uma relação jurídica concreta, não podendo se estender a relações futuras meramente prováveis.

A ação declaratória, como veículo de pretensão à certeza jurídica, não prescreve. Mas se o direito material subjetivo que se quer declarar já incorreu em prescrição, falta ao autor interesse processual para justificar a declaratória.

Essas ações são manejáveis em caráter principal. No sistema do CPC de 1973, a ação declaratória também poderia ser proposta em caráter incidental, na forma de uma cumulação sucessiva de pedidos (art. 5º do Código anterior). Essa sistemática não foi seguida pelo Código atual. No entanto, mesmo não existindo uma ação nova, é ampliada a coisa julgada material, de modo que o art. 503, § 1º, inclui nos seus limites objetivos a "questão prejudicial, decidida expressa e incidentalmente no processo". Sendo assim, sem o rótulo e o procedimento do direito velho, as questões prejudiciais continuam passíveis de ser incluídas no objeto litigioso e, assim, solucionadas sob a autoridade da coisa julgada. Dever-se-á, todavia, observar rigorosamente o contraditório.

JURISPRUDÊNCIA SELECIONADA

1. Ação declaratória. Finalidade (inciso I). Eliminação do estado de incerteza. "'A ação declaratória tem por finalidade a obtenção de uma sentença que simplesmente declare a existência ou não de uma determinada relação jurídica, a teor do que estabelece o art. 4º, I, do CPC. – Não havendo divergência das partes quanto à existência da relação jurídica, mas sim quanto à possibilidade de o contrato produzir os efeitos pretendidos pelo recorrente, tal discussão foge ao alcance da ação meramente declaratória' (REsp 363.691/SP)" (STJ, AgRg no REsp 316.237/DF, Rel. Min. Luis Felipe Salomão, 4ª Turma, jul. 15.03.2011, *DJe* 18.03.2011). **No mesmo sentido:** STJ, REsp 952.919/PE, Rel. Min. Eliana Calmon, 2ª Turma, jul. 18.08.2009, *DJe* 03.09.2009. Entendendo não ser meio idôneo para anular ato jurídico de alienação de bens: STJ, REsp 40.344, Rel. Min. Sálvio de Figueiredo Teixeira, 4ª Turma, jul. 23.09.1997, *DJU* 03.11.1997.

2. Ação declaratória. Situação atual. "A declaração de existência ou de inexistência de relação jurídica deve versar sobre uma situação atual, já verificada, e não sobre situação futura e hipotética. Precedentes. (...) O Poder Judiciário não pode ser utilizado como órgão de consulta para responder a questionamentos das partes acerca de situações futuras hipotéticas e abstratas" (STJ, REsp 1750925/RJ, Rel. p/ Acórdão Min. Ricardo Villas Bôas Cueva, 3ª Turma, jul. 24.09.2019, *DJe* 10.10.2019).

3. Autenticidade ou falsidade de documento. "O interesse de agir pode se limitar à declaração da existência, inexistência ou modo de ser da relação jurídica, bem como à autenticidade ou falsidade de documento (art. 19 do Código de Processo Civil). O Judiciário, todavia, não é órgão de consulta, não cabendo a ele se pronunciar sobre a possibilidade de o acordo produzir os efeitos pretendidos pela parte" (STJ, AgInt no AREsp 1351102/SP, Rel. Min. Maria Isabel Gallotti, 4ª Turma, jul. 16.05.2019, *DJe* 21.05.2019). No mesmo sentido,: TJSP, ApCív 239.466, Rel. Oliveira Andrade, 6ª Câmara, jul. 08.08.1975, RT 482/64.

Falsidade ideológica: "Não se admite ação declaratória de falsidade ideológica. O art. 4º, inciso II, do CPC refere-se à falsidade material" (STJ, REsp 73.560/SP, Rel. Min. Garcia Vieira, 1ª Turma, jul. 16.06.1998, *DJU* 24.08.1998, p. 9).

4. Irmãos unilaterais. Interesse e legitimidade ativa para propor ação declaratória de reconhecimento de parentesco natural com irmã pré-morta. Ver jurisprudência do art. 17 do CPC/2015.

5. Reconhecimento de direito já extinto. "A ação declaratória não serve para que seja certificada a existência, no passado, de direito já extinto, a menos que dele possa derivar direito atual. Assim, a formulação do pedido duplo, no sentido de que se faça a declaração do reconhecimento da incidência cumulada com a declaração do direito de restituição do que foi pago indevidamente, confere-lhe efeito *ex tunc*" (*RT* 644/94).

6. Tutela antecipada na ação declaratória. Possibilidade. "Conquanto para alguns se possa afastar, em tese, o cabimento da tutela antecipada nas ações declaratórias, dados o seu caráter exauriente e a inexistência de um efeito prático imediato a deferir-se, a doutrina e a jurisprudência vêm admitindo a antecipação nos casos de providência preventiva, necessária a assegurar o exame do mérito da demanda" (STJ, REsp 201.219/ES, Rel. Min. Sálvio de Figueiredo Teixeira, 4ª Turma, jul. 25.06.2002, *DJ* 24.02.2003, p. 236). **No mesmo sentido**: STJ, REsp 195.224/PR, Rel. Min. Waldemar Zveiter, 3ª Turma, jul. 15.12.2000, *DJ* 05.03.2001, p. 154; STJ, AgRg na MC 4.205/MG, Rel. Min. José Arnaldo da Fonseca, 5ª Turma, jul. 18.12.2001, *DJ* 04.03.2002, p. 271. **Em sentido contrário**: STJ, MC 683/MG, Rel. Min. José Delgado, 1ª Turma, jul. 17.06.1997, *DJ* 01.09.1997, p. 40.744.

7. Efeitos da sentença. "A sentença proferida em ação declaratória não tem efeitos gerais e *erga omnes*. Limita-se a afastar a incerteza jurídica das relações existentes à época do ajuizamento da ação" (STJ, RMS 9.658/DF, Rel. Min. Eliana Calmon, 2ª Turma, jul. 19.10.1999, *DJ* 06.12.1999, p. 75).

8. Ação declaratória pura. Imprescritibilidade. "Ação declaratória pura é imprescritível, mas quando também há pretensão condenatória, restituição do indevido, sujeita-se ao fenômeno da prescrição" (STJ, EREsp 96.560/AL, Rel. Min. Eliana Calmon, 1ª Seção, jul. 23.04.2003, *DJ* 25.02.2004, p. 90). **No mesmo sentido**: STJ, REsp 1.361.575/MG, Rel. Min. Humberto Martins, 2ª Turma, jul. 02.05.2013, *DJe* 16.05.2013; STJ, REsp 1.358.425/SP, Rel. Min. Nancy Andrighi, 3ª Turma, jul. 08.05.2014, *DJe* 26.05.2014.

9. Ação declaratória. Cabimento.

Ação de reconhecimento de sociedade de fato. "A pretensão inicial em ação declaratória para o reconhecimento de sociedade de fato é obter uma decisão judicial sobre a existência do relacionamento afetivo mantido entre os conviventes e, a partir daí, usufruir dos direitos decorrentes dessa declaração" (STJ, REsp 929.348/SP, Rel. Min. Nancy Andrighi, 3ª Turma, jul. 07.04.2011, *DJe* 18.04.2011).

Invalidade de cláusula contratual. "O contratante pode propor ação para que seja declarada a invalidade de cláusula contratual contrária à Constituição ou às leis" (STJ, REsp 191.041/SP, Rel. Min. Ruy Rosado de Aguiar, 4ª Turma, jul. 15.12.1998, *DJ* 15.03.1999).

Direito subjetivo a crédito fiscal. "Ausência de óbice legal ao reconhecimento, em ação declaratória, de direito subjetivo a crédito fiscal pelo respectivo valor corrigido" (STJ, EREsp 1.472/RS, Rel. p/ acórdão Min. Ilmar Galvão, 1ª Seção, jul. 21.08.1990, *DJ* 29.10.1990).

Nulidade de duplicata. "Ação declaratória. Viabilidade, tratando-se de pretensão de que se declare nula duplicata e, pois, inexistente a obrigação que nela se consubstanciaria" (STJ, REsp 43.821/SP, Rel. Min. Eduardo Ribeiro, 3ª Turma, jul. 09.05.1994, *DJ* 06.06.1994).

Dever de colação de bens em inventário. "A ação declaratória é idônea a declarar o dever da parte em levar a colação bens em inventário, independentemente de a mesma vir ou não a fazê-lo como consequência do provimento judicial" (STJ, REsp 7.591/SP, Rel. Min. Sálvio de Figueiredo Teixeira, 4ª Turma, jul. 26.11.1991, *DJ* 03.02.1992).

Identificação de relação avoenga. "Precedente da Terceira Turma reconheceu a possibilidade da ação declaratória 'para que diga o Judiciário existir ou não a relação material de parentesco com o suposto avô' (REsp 269/RS, Rel. Min. Waldemar Zveiter, *DJ* 07.05.1990)" (STJ, REsp 603.885/RS, Rel. Min. Carlos Alberto Menezes Direito, 3ª Turma, jul. 03.03.2005, *DJ* 11.04.2005). **No mesmo sentido:** STJ, AR 336/RS, Rel. Min. Aldir Passarinho Junior, 2ª Seção, jul. 24.08.2005, *DJ* 24.04.2006, p. 343.

Dúvida quanto à titularidade de região limítrofe. "A fronteira entre dois municípios traduz relação jurídica em que cada confrontante se submete a respeitar o território do outro. A ação declaratória é instrumento hábil para superar perplexidade em torno de limites intermunicipais" (STJ, REsp 5.715/ES, Rel. Min. Humberto Gomes de Barros, 1ª Turma, jul. 21.06.1993, *DJ* 16.08.1993).

União estável. "O companheiro tem legítimo interesse de promover **ação declaratória (art. 3º do CPC) da existência e da extinção da relação** jurídica resultante da convivência durante quase dois anos, ainda que inexistam bens a partilhar. Igualmente, pode cumular seu pedido com a oferta de alimentos, nos termos do art. 24 da Lei 5.478/1968" (STJ, REsp 285.961/DF, Rel. Min. Ruy Rosado de Aguiar, 4ª Turma, jul. 06.02.2001, *DJ* 12.03.2001, p. 150). **No mesmo sentido, entendendo legítima a viúva para declarar a inexistência de união estável do seu marido com outra:** STJ, REsp 328.297/RJ, Rel. Min. Ruy Rosado de Aguiar, 4ª Turma, jul. 16.10.2001, *DJ* 18.02.2002, p. 457.

Ação declaratória de inexigibilidade de obrigações. "Interpretação lógico-sistemática. Causa de pedir. Exceção de Contrato não cumprido. Possibilidade jurídica do pedido. Aplicação do direito à espécie. O sistema jurídico brasileiro admite a propositura de demanda meramente declaratória, mesmo que já nascida a pretensão. A exceção do contrato não cumprido tem incidência temporária e efeito primordial de indução do contratante renitente ao cumprimento das obrigações contratual e voluntariamente assumidas. Na hipótese dos autos, em que, à época da sentença, a obrigação já se encontrava plenamente satisfeita por uma das partes, não há espaço para incidência da exceção do contrato não cumprido, por ausência de pressupostos legais" (STJ, REsp 1.331.115/RJ, Rel. Min. Nancy Andrighi, 3ª Turma, jul.19.11.2013, *DJe* 22.04.2014).

10. Não cabimento.

Transação. "Admite-se ação declaratória incidental para obtenção de certeza de relação jurídica de débito e crédito, não, porém, se existente transação homologada a conferir certeza ao débito originário e discutido. Ademais, não cabe demonstrar por essa via ter sido o acordo cumprido integralmente, posto que o pagamento do débito confessado se prova através da exibição da quitação, na forma dos arts. 939 e ss. do CC" (TASP, AI 442.387-0, Rel. Juiz Nivaldo Balzano, 5ª Câmara, jul. 01.08.1990, *RT* 664/105).

Declaração de inconstitucionalidade de lei. "A teor do art. 4º do CPC, não é adequada a propositura de ação meramente declaratória com o objetivo de ver declarada a nulidade, por inconstitucionalidade, de lei municipal que revogou outra, autorizativa de doação de imóvel, já efetivada por escritura devidamente registrada no cartório competente, pois tanto equivaleria ao exercício do controle concentrado de constitucionalidade da lei municipal face à Constituição Federal, controle esse que inexiste no nosso sistema jurídico" (STF, RCL 337/DF, Rel. Min. Paulo Brossard, Tribunal Pleno, *DJ* 19.12.1994, p. 35.178).

Interpretação da lei em tese. "Trata-se de ação que não se presta para atender a mera pretensão a interpretação da lei em tese, mas a afastar estado de incerteza objetiva acerca da existência, ou não, de relação jurídica. Caso em que essa circunstância não foi demonstrada pela recorrente, a quem incumbia a prova de que a dúvida não reside puramente em sua consciência, traduzindo-se, ao revés, em atos exteriores que acarretam, ou podem vir a acarretar, prejuízo ao seu direito" (STJ, REsp 7.478/SP, Rel. Min. Ilmar Galvão, 2ª Turma, jul. 10.04.1991, *DJ* 29.04.1991). **No mesmo sentido:** STJ, AgRg no Ag 927.765/MG, Rel. Min. José Delgado, 1ª Turma, jul. 11.03.2008, *DJe* 14.04.2008; STJ, REsp 746.897/MG, Rel. Min. José Delgado, 1ª Turma, jul. 28.06.2005, *DJ* 29.08.2005, p. 228.

11. Cumulação de pedidos declaratórios e condenatórios. Possibilidade.

"Embora o autor tenha denominado a ação 'declaratória', pela análise do pedido deduz-se, de forma clara e inequívoca, que a demanda objetiva obter não só a declaração de uma situação jurídica, como também modificar, com o provimento jurisdicional, determinada situação jurídica em que ela se encontra. A errônea denominação da ação não retira do autor o direito à prestação jurisdicional postulada" (STJ, REsp 402.390/SE, Rel. Min. Teori Albino Zavascki, 1ª Turma, jul. 04.11.2003, *DJ* 24.11.2003, p. 217). **No mesmo sentido**: STJ, REsp 436.813/SP, Rel. Min. Fernando Gonçalves, 4ª Turma, jul. 06.04.2004, *DJ* 10.05.2004. STJ, REsp 30.848-7/SP, Rel. Min. Hélio Mosimann, 2ª Turma, jul. 06.09.1995, *DJ* 09.10.1995.

12. Honorários advocatícios. Ver jurisprudência do art. 85 do CPC/2015.

Art. 20. É admissível a ação meramente declaratória, ainda que tenha ocorrido a violação do direito.

CPC/1973

Art. 4º, parágrafo único.

SÚMULAS

Súmulas do STF:

Nº 258: "é admissível reconvenção em ação declaratória".

Súmulas do STJ:

Nº 181: "É admissível ação declaratória, visando obter certeza quanto à exata interpretação de cláusula contratual".

Nº 242: "Cabe ação declaratória para reconhecimento de tempo de serviço para fins previdenciários".

BREVES COMENTÁRIOS

A ação declaratória é passível de ser ajuizada ainda quando haja ocorrido a violação do direito, previsão esta que já constava do art. 4º, parágrafo único, do CPC/1973.

JURISPRUDÊNCIA SELECIONADA

1. Ação declaratória. Violação do direito. "O ordenamento jurídico assegura à parte o direito de obter a declaração de inexistência de relação jurídica, ainda que tenha ocorrido a violação do direito. Todavia, também a ação meramente declaratória se sujeita ao preenchimento das condições da ação, dentre as quais merece destaque o interesse de agir, consubstanciado, segundo a melhor doutrina, na presença do binômio necessidade/utilidade da prestação jurisdicional, o que não ocorre na espécie" (STJ, AgRg no REsp 1.470.000/RS, Rel. Min. Humberto Martins, 2ª Turma, jul. 23.09.2014, *DJe* 06.10.2014).

2. Tutela antecipada em ação declaratória. Ver jurisprudência do art. 300 do CPC/2015.

3. Ação declaratória pura. Imprescritibilidade. Somente a ação declaratória pura é imprescritível; quando ela se revestir também de natureza constitutiva, ficará sujeita à prescrição" (STJ, REsp 1.358.425/SP, Rel. Min. Nancy Andrighi, 3ª Turma, jul. 08.05.2014, *DJe* 26.05.2014).

DA FUNÇÃO JURISDICIONAL: INDICAÇÃO DOUTRINÁRIA

Ada Pellegrini Grinover, Antônio Carlos de Araújo Cintra e Cândido Rangel Dinamarco, *Teoria geral do processo*, São Paulo: Malheiros; Adroaldo Furtado Fabrício, *Ação declaratória incidental*, 2. ed., Rio de Janeiro: Forense, 1995; Alexandre Freitas Câmara, *Lições de direito processual civil*, Rio de Janeiro: Lumen Juris; Alfredo Buzaid, *A ação declaratória no direito brasileiro*, São Paulo: Saraiva, 1986; Antônio Carlos de Araújo, Ada Pellegrini Grinover, Cândido R. Dinamarco, *Teoria geral do processo*, São Paulo: Malheiros, sobre interesse: "em princípio, é titular de ação apenas a própria pessoa que se diz titular do direito subjetivo material cuja tutela pede (legitimidade ativa), podendo ser demandado apenas aquele que seja titular da obrigação correspondente (legitimidade passiva)"; Araken de Assis, Substituição processual, *Ajuris 93/61*; *RSDCPC 26/45*; Arlete Inês Aurelli, Institutos fundamentais do processo civil: jurisdição, ação e processo, *RBDPro*, ano 23, n. 89, p. 31-45, jan.-mar. 2015; Arlete Inês Aurelli. As condições da ação no Novo Código de Processo Civil. *In:* Helder Moroni Câmara; Lucio Delfino; Luiz Eduardo Ribeiro Mourão; Rodrigo Mazzei. *Aspectos polêmicos do novo Código de Processo Civil.* São Paulo: Almedina, 2018, v. 1, p. 147-167; Arruda Alvim, *Manual de direito processual civil*, São Paulo: Revista dos Tribunais; Cândido Rangel Dinamarco, In: José Roberto F. Gouvêa; Luis Guilherme A. Bondioli e João Francisco N. da Fonseca (coord.), *Comentários ao Código de Processo Civil*, São Paulo: Saraiva, 2018, v. 1; Cândido Rangel Dinamarco, *Instituições de direito processual civil*, 8. ed. São Paulo: Malheiros, 2016; Cândido Rangel Dinamarco, In: José Roberto F. Gouvêa; Luis Guilherme A. Bondioli e João Francisco N. da Fonseca (coord.), *Comentários ao Código de Processo Civil*, São Paulo: Saraiva, 2018, v. 1; Cândido Rangel Dinamarco, In: José Roberto F. Gouvêa; Luis Guilherme A. Bondioli e João Francisco N. da Fonseca (coord.), *Comentários ao Código de Processo Civil*, São Paulo: Saraiva, 2018, v. 1; Carlos Augusto da Silveira Lobo, Contratos associativos – sociedade e consórcio, *Revista de Direito Bancário e do Mercado de Capitais*, n. 66, 2014, p. 97; Carreira Alvim, *Teoria geral do processo*, Rio de Janeiro: Forense; Leonardo Greco, *Teoria da ação no processo civil*, São Paulo: Dialética; Celso Agrícola Barbi, Ação declaratória principal e incidental, *RF* 246/85; Celso Agrícola Barbi, Ação declaratória principal e incidente, 7. ed., Rio de Janeiro: Forense, 1995; Celso Agrícola Barbi, *Comentário ao CPC*, Rio de Janeiro: Forense, v. I; Celso Agrícola Barbi, *Mandado de segurança*, Rio de Janeiro: Forense, 2009; Chiovenda, *Instituições de direito processual civil*, São Paulo: Saraiva, v. II, n. 137; Dierle Nunes, Alexandre Bahia, Flávio Quinaud Pedron, *Teoria geral do processo*, Salvador: Editora JusPodivm, 2020; Eduardo Couture, *Fundamentos de direito processual civil*, trad. bras., São Paulo: Saraiva, 1946; Ernane Fidélis dos Santos, *Manual de direito processual civil*, São Paulo: Saraiva; Fábio Polli Rodrigues, A legitimidade processual do agente fiduciário de debêntures e contratos de investimento coletivo, *Revista dos Tribunais*, São Paulo, n. 1.021, p. 251, nov. 2020; Francisco Barros Dias, Substituição processual (algumas hipóteses da nova Constituição), *RF* 304/77; Fredie Didier Júnior, *Curso de direito processual civil*, Salvador: JusPodivm, v. I; Fredie Didier Júnior e Eduardo Ferreira Brandão, *Teoria do processo: panorama doutrinário mundial*; Goldschmidt, *Derecho procesal civil*, Rio de Janeiro: Labor, 1936; Guilherme Toshihiro Takeishi, *O direito de estar em juízo e a coisa julgada*, São Paulo: Revista dos Tribunais, 2014, p. 203-217; Humberto Dalla Bernardina de Pinho, *Teoria geral do processo civil contemporâneo*, Rio de Janeiro: Lumen Juris; Humberto Dalla Bernardina de Pinho; Tatiana Machado Alves e Roberto Rodrigues Monteiro de Pinho, O fim da substituição processual nas ações coletivas ajuizadas por associações para tutela de direitos individuais homogêneos: uma crítica ao posicionamento firmado pelo Plenário do STF no julgamento do RE 572.232/SC, *Revista de Processo*, n. 257, p. 283-312, 2016; Humberto Theodoro Júnior, A missão política do Poder Judiciário, *RF* 266/363; Humberto Theodoro Júnior, Ação declaratória e a interrupção da prescrição, *RJ* 233/39; Humberto Theodoro Júnior, Ação declaratória e incidente de falsidade, *RP* 51/32; Humberto Theodoro Júnior, Condições da ação, *Revista Forense* 259/39; Humberto Theodoro Júnior, *Curso de direito processual civil*, Forense, v. I; Humberto Theodoro Júnior, Jurisdição e competência, *Revista da Faculdade de Direito da Universidade Federal de Minas Gerais* 38/145; Humberto Theodoro Júnior, Novos rumos do direito processual civil: efetividade da jurisdição e classificação das ações – ação executiva *lato sensu* – tutela de urgência, *Revista Dialética de Direito Processual* 26/20; Humberto Theodoro Júnior, Princípios informativos e a técnica de julgar no processo civil, *RF* 268/103; José Afonso da Silva, *Curso de direito constitucional positivo*, São Paulo: Malheiros, destaca que a Constituição de 1988 alterou o sistema tradicional da *legitimatio ad causam* individual, para instituir também casos de "representação coletiva de interesses coletivos ou mesmo individuais integrados numa coletividade"; José Augusto Delgado, Aspectos controvertidos da substituição processual, *RF* 298/61; *Ajuris* 38/14; *RP* 47/7; José Carlos Barbosa Moreira, Miradas sobre o processo civil contemporâneo, *RF* 331/135; José Frederico Marques, *Instituições de direito processual civil*, Forense, v. I; Karina Cardoso de Oliveira, Breve análise sobre o contrato de consórcio empresarial, *Revista de Direito Bancário e do Mercado de Capitais*, n. 66, 2014, p. 131; L. A. da Costa Carvalho, *Direito processual civil brasileiro*, v. I; Chiovenda, *Ensayos de derecho procesal civil*, trad. argentina, Buenos Aires: Ejea; Leonardo Faria Schenk, In: Teresa Arruda Alvim Wambier, Fredie Didier Jr., Eduardo Talamini, Bruno Dantas, *Breves comentários ao novo Código de Processo Civil*, São Paulo: Revista dos Tribunais, 2015; Lia Carolina Batista Cintra. Substituição processual no processo civil individual e participação do substituído: entre a assistência litisconsorcial e o litisconsórcio necessário. *Revista de Processo*, n. 292, ano 44, junho 2019, p. 83-125; Lopes da Costa, *Direito processual civil*, Rio de Janeiro: Forense, 1959, v. I; Luana Cruz Pedrosa de Figueiredo; Naony Costa Souza, Interesse processual: anotações conceituais, revisitação de um instituto no CPC/2015 e reflexos nas ações coletivas. *Revista de Processo* vol. 255, ano 41, p. 309-330. São Paulo: RT, maio 2016; Luiz Fux, *Curso de direito processual civil*, Rio de Janeiro: Forense; Luiz Guilherme Marinoni e Sérgio Cruz Arenhart, *Manual de processo de conhecimento*, São Paulo: Revista dos Tribunais; Luiz Guilherme Marinoni,

Daniel Mitidiero, In: Sérgio Cruz Arenhart e Daniel Mitidiero (coord.), *Comentários ao Código de Processo Civil.* 2. ed., São Paulo: RT, 2018, v. 1; Luiz Guilherme Marinoni, E a efetividade do direito de ação?, *RF* 36/337; Luiz Rodrigues Wambier e outros, *Curso avançado de processo civil*, São Paulo: Revista dos Tribunais, v. I, n. 8.3: o autor "deve ser o titular da situação jurídica afirmada em juízo (art. 6º do CPC)"; e quanto ao réu, "é preciso que exista relação de sujeição diante da pretensão do autor"; Marco Túlio de Rose, A substituição processual nas cooperativas, *Revista Magister de Direito Civil e Processual Civil*, Porto Alegre, ano XVI, v. 92, p. 54 e ss., set.-out. 2019; Marcus Vinicius Rios Gonçalves, *Novo curso de direito processual civil*, São Paulo: Saraiva, v. I; Maria Angélica Feijó, A visão de jurisdição incorporada pelo novo Código de Processo Civil, In: Sérgio Cruz Arenhart; Daniel Mitidiero (coords.), *O processo civil entre a técnica processual e a tutela dos direitos*: estudos em homenagem a Luiz Guilherme Marinoni, São Paulo: RT, 2017, p. 287 e ss.; Mônica Pimenta Júdice, *O direito de estar em juízo e a coisa julgada*, São Paulo: Revista dos Tribunais, 2014, p. 343-357; Pedro Henrique Pedrosa Nogueira, *O direito de estar em juízo e a coisa julgada*, São Paulo: Revista dos Tribunais, 2014, p. 569-581; Renato Resende Beneduzi, Legitimidade extraordinária convencional, *RBDPro*, ano 22, n. 86, p. 127-142, abr.-jun. 2014; Roberto Rosas, *Devido processo legal*, Rio de Janeiro: Editora GZ, 2018; Rodrigo Lucas da Gama Alves, A subsistência das condições da ação no novo Código de Processo Civil. ALVIM, Thereza Arruda [*et. al.*]. O novo Código Processo Civil Brasileiro – Estudos dirigidos: sistematização e procedimentos. Rio de Janeiro: Forense, 2015, p. 237; Savigny, *Sistema del derecho romano atual*, trad. esp., 2. ed., v. IV; Vicente Greco Filho, *Direito processual civil brasileiro*, São Paulo: Saraiva, v. I; Willian Santos Ferreira, *O direito de estar em juízo e a coisa julgada*, São Paulo: Revista dos Tribunais, 2014, p. 407-443; Pedro Henrique Nogueira. O regime jurídico da legitimidade extraordinária no processo civil brasileiro. *Revista de Processo*, vol. 324, fev. 2022, p. 73 e ss.

TÍTULO II
DOS LIMITES DA JURISDIÇÃO NACIONAL E DA COOPERAÇÃO INTERNACIONAL

Capítulo I
DOS LIMITES DA JURISDIÇÃO NACIONAL

Art. 21. Compete à autoridade judiciária brasileira processar e julgar as ações em que:

I – o réu, qualquer que seja a sua nacionalidade, estiver domiciliado no Brasil;

II – no Brasil tiver de ser cumprida a obrigação;

III – o fundamento seja fato ocorrido ou ato praticado no Brasil.

Parágrafo único. Para o fim do disposto no inciso I, considera-se domiciliada no Brasil a pessoa jurídica estrangeira que nele tiver agência, filial ou sucursal.

CPC/1973

Art. 88.

REFERÊNCIA LEGISLATIVA

CPC/2015, arts. 75, X, e § 3º (representação em juízo; pessoas jurídicas estrangeiras), e 784, §§ 2º e 3º (execução por título extrajudicial).

Lei nº 5.478, de 25.07.1968, art. 26 (alimentos).

CF, art. 105, I, *i* (homologação de sentença estrangeira e *exequatur*).

Resolução nº 9 – STJ de 04.05.2005 (homologação de sentença estrangeira e *exequatur*).

BREVES COMENTÁRIOS

Os arts. 21 a 24 do atual CPC traçam objetivamente, no espaço, os limites da jurisdição dos tribunais brasileiros diante da jurisdição dos órgãos judiciários de outras nações.

Essa delimitação decorre do entendimento de que só deve haver jurisdição até onde o Estado efetivamente consiga executar soberanamente suas sentenças. Não interessa a nenhum Estado avançar indefinidamente sua área de jurisdição sem que possa tornar efetivo o julgamento de seus tribunais. Limita-se, assim, especialmente a jurisdição pelo princípio da efetividade.

Os arts. 21 e 22 do novo CPC enumeram casos em que a ação pode ser ajuizada tanto aqui como alhures, configurando, assim, exemplos de jurisdição cumulativa ou concorrente.

JURISPRUDÊNCIA SELECIONADA

1. Estado estrangeiro e atos de império. “Fixação de tese jurídica ao Tema 944 da sistemática da repercussão geral: ‘Os atos ilícitos praticados por Estados estrangeiros em violação a direitos humanos não gozam de imunidade de jurisdição’” (STF, ARE 954858, Rel. Min. Edson Fachin, Tribunal Pleno, jul. 23.08.2021, *DJe* 24.09.2021).

“Consoante assente pelo STF, no âmbito de julgado submetido à sistemática da repercussão geral (Tema 944), ‘os atos ilícitos praticados por Estados estrangeiros em violação a direitos humanos não gozam de imunidade de jurisdição’ (ARE n. 954.858/RJ, relator Ministro Edson Fachin, Tribunal Pleno, julgado em 23.8.2021, Processo Eletrônico, Repercussão Geral-Mérito, *DJe* 24.9.2021)” (STJ, RO 109/RJ, Rel. Min. Luis Felipe Salomão, 4ª Turma, jul. 07.06.2022, *DJe* 07.06.2022).

2. Internet. Jurisdição. Soberania digital. Marco civil da internet. Aplicação da legislação brasileira. Pertinência da jurisdição nacional. “Em conflitos transfronteiriços na internet, a autoridade responsável deve atuar de forma prudente, cautelosa e autorrestritiva, reconhecendo que a territorialidade da jurisdição permanece sendo a regra, cuja exceção somente pode ser admitida quando atendidos, cumulativamente, os seguintes critérios: (i) fortes razões jurídicas de mérito, baseadas no direito local e internacional; (ii) proporcionalidade entre a medida e o fim almejado; e (iii) observância dos procedimentos previstos nas leis locais e internacionais. Quando a alegada atividade ilícita tiver sido praticada pela internet, independentemente de foro previsto no contrato de prestação de serviço, ainda que no exterior, é competente a autoridade judiciária brasileira caso acionada para dirimir o conflito, pois aqui tem domicílio a autora e é o local onde houve acesso ao sítio eletrônico onde a informação foi veiculada, interpretando-se como ato praticado no Brasil. Precedente. É um equívoco imaginar que qualquer aplicação hospedada fora do Brasil não possa ser alcançada pela jurisdição nacional ou que as leis brasileiras não sejam aplicáveis às suas atividades. Tem-se a aplicação da lei brasileira sempre que qualquer operação de coleta, armazenamento, guarda e tratamento de registros, de dados pessoais ou de comunicações por provedores de conexão e de aplicações de internet ocorra em território nacional, mesmo que apenas um dos dispositivos da comunicação esteja no Brasil e mesmo que as atividades sejam feitas por empresa com sede no estrangeiro” (STJ, REsp 1745657/SP, Rel. Min. Nancy Andrighi, 3ª Turma, jul. 03.11.2020, *DJe* 19.11.2020).

3. Pessoa jurídica estrangeira. Domicílio brasileiro. Prestação de caução. Desnecessidade. “O artigo 12, VIII, do CPC/73 estabelece que a pessoa jurídica estrangeira será representada em juízo (ativa e passivamente) pelo gerente, representante ou administrador de sua filial, agência ou sucursal aberta ou instalada no Brasil. O art. 88, I, § único, do mesmo diploma (correspondente ao art. 21, I, § único, do NCPC), considera domiciliada no território nacional a pessoa jurídica estrangeira que tiver agência, filial ou sucursal estabelecida no Brasil. A Súmula nº 363 do STF dispõe que a pessoa jurídica de direito privado pode ser demandada no domicílio da agência, ou estabelecimento, em que praticou o ato. O sistema processual brasileiro, por cautela, exige a prestação de caução para a empresa estrangeira litigar no Brasil, se não dispuser de bens suficientes para suportar os ônus de eventual sucumbência (art. 835 do CPC). Na verdade, é uma espécie de fiança processual para ‘não tornar melhor a sorte dos que demandam no Brasil, residindo fora, ou dele retirando-se, pendente a lide’, pois, se tal não se estabelecesse, o autor, nessas condições, perdendo a ação, estaria incólume aos prejuízos causados ao demandado (EREsp nº 179.147/SP, Rel. Ministro HUMBERTO GOMES DE BARROS, Corte Especial, julgado em 1º/8/2000, DJ 30/10/2000). Não havendo motivo que justifique o receio no tocante a eventual responsabilização da demandante pelos ônus sucumbenciais, não se justifica a aplicação do disposto no art. 835 do CPC/73 (art. 83 do NCPC), uma vez que a MSC MEDITERRANEAN deve ser considerada uma sociedade empresarial domiciliada no Brasil e a sua agência representante, a MSC MEDITERRANEAN DO BRASIL, poderá responder diretamente, caso seja vencida na demanda, por eventuais encargos decorrentes de sucumbência" (STJ, REsp 1.584.441/SP, Rel. Min. Moura Ribeiro, 3ª Turma, jul. 21.08.2018, *DJe* 31.08.2018).

4. Direito internacional privado. Protocolo de São Luiz em matéria de responsabilidade civil emergente em acidente de trânsito entre os Estados partes do Mercosul. "Jurisdição Internacional concorrente da Autoridade Judicial Brasileira: insere-se na esfera da jurisdição internacional concorrente da autoridade judicial brasileira a ação condenatória por danos decorrentes de abalroamento ocorrido no território da República Oriental do Uruguai, na qual litigam nacionais brasileiros com domicílio no Brasil (autores) e nacional brasileiro com domicílio no Brasil (réu). Irrelevância do local do ilícito extracontratual em causa para fins de identificação da jurisdição para a causa. Jurisdição internacional concorrente do Brasil fundada tanto no domicílio do réu, quanto no domicílio dos autores. Incidência, ademais, da norma *actio sequitor forum rei*, prevista no art. 12, caput da Lei de Introdução às Normas do Direito Brasileiro, no art. 21, I, do Código de Processo Civil e no art. 7º, alínea b, do Protocolo de São Luiz em Matéria de Responsabilidade Civil Emergente de Acidentes de Trânsito entre os Estados Partes do MERCOSUL, que, anexo ao Tratado de Assumpção, integra o ordenamento jurídico brasileiro desde a promulgação do Decreto n. 3.856/01. Direito aplicável à resolução do mérito: em que pese, por um lado, a jurisdição brasileira concorrente não se confunda nem acarrete, necessária e automaticamente, a aplicação do Direito Brasileiro ao deslinde de mérito, a aplicação do regramento material do Brasil, por um lado, no caso, deriva da norma designativa de lei aplicável contida no art. 3º do Protocolo de São Luiz, o qual consagra a lei do local do domicílio das partes, caso o domicílio das partes coincida no mesmo Estado" (TJRGS, Ap. 70081431199, Rel. Des. Umberto Guaspari Sudback, 12ª Câmara Cível, jul. 24.10.2019, *DJ* 28.10.2019).

5. *Lex loci delicti*. "É princípio tradicional do direito brasileiro, inscrito no art. 9º da Lei de Introdução ao Código Civil, o de que suas obrigações devem ser qualificadas e regidas pelo direito do país em que se constituírem. Face à regra da *lex loci delicti*, que é de ordem pública, se o ato ilícito foi praticado no Brasil e no Brasil produziu efeitos, a competência é da Justiça brasileira" (STF, AgRg. na Cart. Rog. 3.119-0, Rel. Min. Antônio Neder, Tribunal Pleno, jul. 09.10.1980, *RTJ* 97/69).

6. Domicílio no Brasil (inciso I):

"Ainda que o princípio da soberania impeça qualquer ingerência do Poder Judiciário brasileiro na efetivação de direitos relativos a bens localizados no exterior, nada impede que, em processo de dissolução de casamento em curso no País, se disponha sobre direitos patrimoniais decorrentes do regime de bens da sociedade conjugal aqui estabelecida, ainda que a decisão tenha reflexos sobre bens situados no exterior para efeitos da referida partilha" (STJ, REsp 1.552.913/RJ, Rel. Min. Maria Isabel Gallotti, 4ª Turma, jul. 08.11.2016, *DJe* 02.02.2017).

Todavia, "É incompetente internacionalmente o Judiciário brasileiro para dissolução de sociedade conjugal estabelecida no estrangeiro, onde domiciliado o réu e ocorridos os fatos alegados na inicial, conforme dispõem os arts. 7º e 12 da LICC e 88 do CPC, ainda que posteriormente a autora tenha fixado domicílio no Brasil" (TJSP, Ap. 148.547-1/0, Rel. Des. Costa de Oliveira, 2ª Câmara, jul. 02.08.1991, *RT* 673/66).

Ação de prestação de contas. "É competente a Justiça brasileira para julgar ação de prestação de contas movida contra réus domiciliados no território brasileiro (CPC, art. 88, I), mesmo que versando atos ocorridos no exterior" (TJRS, Ap. 597005776, Rel. Des. Araken de Assis, 5ª Câmara, jul. 26.06.1997).

7. Chamamento ao processo de réus domiciliados no exterior. "A circunstância de a ação proposta no Brasil, com supedâneo no art. 88, I, do CPC, obstar o chamamento ao processo de outros devedores solidários domiciliados no exterior, não torna incompetente a Justiça brasileira. Hipótese em que deve prevalecer o direito à jurisdição invocado pelo autor da ação" (STJ, AgRg. 9.795/SP, Rel. Min. Cláudio Santos, 3ª Turma, *DJU* 26.08.1991).

8. Cumprimento da obrigação no Brasil (inciso II). "A autoridade judiciária brasileira tem competência para apreciar ação proposta por representante brasileira de empresa estrangeira, com o objetivo de manutenção do contrato de representação e indenização por gastos efetuados com a distribuição dos produtos. O cumprimento do contrato de representação deu-se, efetivamente, em território brasileiro; a alegação de que a contraprestação (pagamento) sempre foi feita no exterior não afasta a competência da Justiça brasileira" (STJ, REsp 804.306/SP, Rel. Min. Nancy Andrighi, 3ª Turma, jul. 19.08.2008, *DJe* 03.09.2008). **No mesmo sentido:** STJ, CR 3.721/GB, Rel. Min. Eliana Calmon, Corte Especial, jul. 02.09.2009, *DJe* 28.09.2009.

"A recusa da jurisdição estrangeira não constitui obstáculo à concessão do *exequatur*, visto não se tratar de competência absoluta da jurisdição brasileira, mas sim relativa. Não atenta contra a soberania nacional e a ordem pública a simples alegação de que a demanda devia ser proposta no Brasil" (SJT, AgRg na CR 3.029/GB, Rel. Min. Humberto Gomes de Barros, Corte Especial, jul. 30.06.2008, *DJe* 07.08.2008).

"O *performance bond* emitido pelas empresas garantidoras é acessório em relação ao contrato de execução de serviços para a adaptação de navio petroleiro em unidade flutuante de tratamento, armazenamento e escoamento de óleo e gás. Caso em que empresas as [*sic*] garantes se sujeitam à jurisdição brasileira, nos termos do disposto no art. 88, inc. II, do CPC, pois no Brasil é que deveria ser cumprida a obrigação principal. **Competência internacional concorrente da autoridade judiciária brasileira,** que não é suscetível de ser arredada pela vontade das partes. À justiça brasileira é indiferente que se tenha ajuizado ação em país estrangeiro, que seja idêntica a outra que aqui tramite. Incidência na espécie do art. 90 do CPC" (STJ, REsp 251.438/RJ, Rel. Min. Barros Monteiro, 4ª Turma, jul. 08.08.2000, *RT* 786/246).

9. Fato ocorrido ou praticado no Brasil (inciso III): "Embora atualmente os cônjuges residam no exterior, a autoridade judiciária brasileira possui competência para a decretação do divórcio se o casamento foi celebrado em território nacional" (STJ, REsp 978655/MG, Rel. Min. João Otávio de Noronha, 4ª Turma, jul. 23.02.2010, *DJe* 08.03.2010).

10. Imunidade de jurisdição de Estado Estrangeiro. "Ato de império de Estado estrangeiro é imune à Justiça brasileira" (STJ, REsp 436.711/RS, Rel. Min. Humberto Gomes de Barros, 3ª Turma, jul. 25.04.2006, *DJ* 22.05.2006, p. 191).

"A imunidade de jurisdição não representa uma regra que automaticamente deva ser aplicada aos processos judiciais movidos contra um Estado estrangeiro. Trata-se de um direito que pode, ou não, ser exercido por esse Estado, que deve ser comunicado para, querendo, alegar sua intenção de não se submeter à jurisdição brasileira, suscitando a existência, na espécie, de atos de império a justificar a invocação do referido princípio. Precedentes. Tendo o Estado estrangeiro, no exercício de sua soberania, declarado que os fatos descritos na petição inicial decorreram de atos de império, bem como apresentado recusa em se submeter à jurisdição nacional, fica inviabilizado o processamento, perante autoridade judiciária brasileira, de ação indenizatória que objetiva ressarcimento pelos danos materiais e morais decorrentes de perseguições e humilhações supostamente sofridas durante a ocupação da França por tropas nazistas" (STJ, RO 99/SP, Rel. Min. Nancy Andrighi, 3ª Turma, jul. 04.12.2012, *DJe* 07.12.2012). **No mesmo sentido:** STJ, RO 13/PE, Rel. Min. Aldir Passarinho Junior, 4ª Turma, jul. 19.06.2007, *DJ* 17.09.2007, p. 280.

"Em primeiro lugar, a existência de representações diplomáticas do Estado estrangeiro no Brasil autoriza a aplicação, à hipótese, da regra do art. 88, I, do CPC. Em segundo lugar, é princípio constitucional basilar da República Federativa do Brasil o respeito à dignidade da pessoa humana. Esse princípio se espalha por todo o texto constitucional. No plano internacional, especificamente, há expresso compromisso do país com a prevalência dos direitos humanos, a autodeterminação dos povos e o repúdio ao terrorismo e ao racismo. Disso decorre que a repressão de atos de racismo e de eugenia tão graves como os praticados pela Alemanha durante o regime nazista, nas hipóteses em que dirigidos contra brasileiros, mesmo naturalizados, interessam à República Federativa do Brasil e podem, portanto, ser aqui julgados" (STJ, RO 64/SP, Rel. Min. Nancy Andrighi, 3ª Turma, jul. 13.05.2008, *DJe* 23.06.2008).

11. Estado estrangeiro e direito do trabalho. "O Estado estrangeiro não dispõe de imunidade de jurisdição, perante órgãos do Poder Judiciário brasileiro, quando se tratar de causa de natureza trabalhista. Doutrina. Precedentes do STF (RTJ 133/159 e RTJ 161/643-644). Privilégios diplomáticos não podem ser invocados, em processos trabalhistas, para contestar o enriquecimento sem causa de Estados estrangeiros, em inaceitável detrimento de trabalhadores residentes em território brasileiro, sob pena de essa prática consagrar censurável desvio ético-jurídico, incompatível com o princípio da boa-fé e inconciliável com os grandes postulados do direito internacional" (STF, RE 222368 AgR, Rel. Min. Celso de Mello, 2ª Turma, jul. 30.04.2002, *DJU* 14.02.2003, p. 86).

Entretanto, em relação a organismos internacionais como a ONU, a imunidade permanece: "Segundo estabelece a 'Convenção sobre Privilégios e Imunidades das Nações Unidas', promulgada no Brasil pelo Decreto 27.784, de 16 de fevereiro de 1950, 'A Organização das Nações Unidas, seus bens e haveres, qualquer que seja seu detentor, gozarão de imunidade de jurisdição, salvo na medida em que a Organização a ela tiver renunciado em determinado caso. Fica, todavia, entendido que a renúncia não pode compreender medidas executivas'. Esse preceito normativo, que no direito interno tem natureza equivalente à das leis ordinárias, aplica-se também às demandas de natureza trabalhista" (STF, RE 578543, Rel. p/ Acórdão Min. Teori Zavascki, Tribunal Pleno, jul. 15.05.2013, *DJe* 27.05.2014).

12. Conexão não altera a competência. "A competência de autoridade judiciária brasileira firma-se quando verificada alguma das hipóteses previstas nos artigos 88 e 89 do CPC. O direito brasileiro não elegeu a conexão como critério de fixação da competência internacional, que não se prorrogará, por conseguinte, em função dela" (STJ, REsp 2.170/SP, Rel. Min. Eduardo Ribeiro, 3ª Turma, *DJ* 03.09.1990).

13. Sentença estrangeira. Citação por edital publicado somente na Espanha. "Se a **parte** contra quem se deseja efetivar o ato de citação **reside no Brasil**, não pode o edital para a consumação do procedimento, publicado apenas na Espanha, produzir efeitos em nosso país, sob pena de configurar-se violação aos princípios do contraditório e da ampla defesa. Não preenchido o pressuposto de citação válida, a sentença proferida por autoridade judicial estrangeira não tem validade jurídica no Brasil, nos termos do artigo 217, II, do RISTF" (STF, SEC 6.729, Rel. Min. Maurício Corrêa, Tribunal Pleno, jul. 15.04.2002, *DJ* 07.06.2002, p. 84).

14. Convenção de Haia. Guarda de menor. "Verificando-se que um menor foi retirado de sua residência habitual, sem consentimento de um dos genitores, os Estados-partes definiram que as questões relativas à guarda serão resolvidas pela jurisdição de residência habitual do menor, antes da subtração, ou seja, sua jurisdição natural. O juiz do país da residência habitual da criança foi o escolhido pelos Estados-membros da convenção como o juiz natural para decidir as questões relativas à sua guarda. A convenção também recomenda que a tramitação judicial de tais pedidos se faça com extrema rapidez e em caráter de urgência, de modo a causar o menor prejuízo possível ao bem-estar da criança. O atraso ou a demora no cumprimento da convenção por parte das autoridades administrativas e judiciais brasileiras tem causado uma repercussão negativa no âmbito dos compromissos assumidos pelo Estado brasileiro, em razão do princípio da reciprocidade, que informa o cumprimento dos tratados internacionais" (STF, ADPF 172 REF-MC, Rel. Min. Marco Aurélio, Pleno, jul. 10.06.2009, *DJe* 21.08.2009).

15. Competência relativa. "Tratando-se de matéria subsumida na previsão do art. 88 do Código de Processo Civil, a competência da autoridade judiciária brasileira é relativa, e o conhecimento das ações é concorrente entre as jurisdições nacional e estrangeira" (STJ, AgRg na CR 2.497/US, Rel. Min. Barros Monteiro, Corte Especial, jul. 07.11.2007, *DJ* 10.12.2007, p. 256).

16. Ato homologatório. Ausência de óbice. "O ajuizamento de ação perante a Justiça brasileira, após o trânsito em julgado das rr. sentenças proferidas pela Justiça estrangeira, não constitui óbice à homologação pretendida" (STJ, SEC 3932/EX, Rel. Min. Felix Fischer, Corte Especial, jul. 06.04.2011, *DJe* 11.04.2011).

17. Homologação de sentença estrangeira que determina a submissão do conflito à arbitragem. Ver jurisprudência do art. 37 da Lei nº 9.307/1996.

18. Emissão de passaporte pela embaixada brasileira. Menores residentes no estrangeiro. Necessidade de consentimento dos pais. Competência da justiça estrangeira. "O parágrafo único do art. 27 do Decreto 5.978/2006 estabelece que, em caso de divergência entre os pais quanto à concessão de passaporte para menores de 18 anos, o documento será concedido mediante decisão judicial brasileira ou estrangeira legalizada. No caso, a Justiça norueguesa proferiu decisão sobre a guarda dos menores, que têm residência fixa com a mãe em Rogaland, na Noruega, garantindo o direito de visita do pai, sem, contudo, se posicionar sobre a possibilidade de saída dos menores do país de domicílio, de modo que o acolhimento do pedido pleiteado nesta ação poderia facilitar a vinda das crianças ao Brasil sem a expressa anuência do genitor ou da autoridade judicial competente, violando os princípios emanados pela 'Convenção sobre os Aspectos Civis do Sequestro Internacional de Crianças', que tem por finalidade proteger a criança dos efeitos prejudiciais resultantes de mudança de domicílio ou de retenção ilícitas, além de garantir a efetiva aplicação dos direitos de guarda e de visita estabelecidos pelo país de domicílio do menor. Devido às peculiaridades do caso, a conclusão adotada nas instâncias ordinárias se mostra a mais adequada ao caso, devendo o pedido ser analisado pela justiça competente para apreciar as questões atinentes à guarda das crianças, garantindo ao genitor o direito de ingressar nos autos para exercer plenamente sua defesa e contribuir para a instrução processual. Além disso, este entendimento prestigia o princípio do juízo imediato, previsto no art. 147, I e II, do Estatuto da Criança e do Adolescente, pois a proximidade do julgador com as partes proporciona uma prestação jurisdicional mais célere e efetiva, visando atender ao melhor interesse dos menores" (STJ, REsp 1.992.735/PE, Rel. Min. Afrânio Vilela, 2ª Turma, jul. 06.08.2024, *DJe* 15.08.2024).

Art. 22. Compete, ainda, à autoridade judiciária brasileira processar e julgar as ações:

I – de alimentos, quando:

a) o credor tiver domicílio ou residência no Brasil;

b) o réu mantiver vínculos no Brasil, tais como posse ou propriedade de bens, recebimento de renda ou obtenção de benefícios econômicos;

II – decorrentes de relações de consumo, quando o consumidor tiver domicílio ou residência no Brasil;

III – em que as partes, expressa ou tacitamente, se submeterem à jurisdição nacional.

BREVES COMENTÁRIOS

Os arts. 21 e 22 do CPC atual enumeram casos em que a ação pode ser ajuizada tanto aqui como alhures, configurando, assim, exemplos de jurisdição *cumulativa ou concorrente*.

Compete à autoridade judiciária brasileira, sem exclusividade, processar e julgar as ações nos casos previstos neste artigo.

JURISPRUDÊNCIA SELECIONADA

1. Competência internacional e relação de consumo. "A vulnerabilidade do consumidor, ainda que amplamente reconhecida em foro internacional, não é suficiente, por si só, para alargar a competência concorrente da justiça nacional prevista no art. 88 do CPC/1973. Nas hipóteses em que a relação jurídica é firmada nos estritos limites territoriais nacionais, ou seja, sem intuito de extrapolação territorial, o foro competente, aferido a partir das regras processuais vigentes no momento da propositura da demanda, não sofre influências em razão da nacionalidade ou do domicílio dos contratantes, ainda que se trate de relação de consumo" (STJ, REsp 1.571.616/MT, Rel. Min. Marco Aurélio Bellizze, 3ª Turma, jul. 05.04.2016, *DJe* 11.04.2016).

2. Devedor de alimentos domiciliado no exterior. "Compete à Justiça Comum estadual processar e julgar ação de alimentos contra devedor domiciliado no exterior. A situação do paciente submetido à jurisdição nacional inclui-se na regra ordinária, segundo a qual as ações de alimentos e as respectivas execuções devem ser processadas e cumpridas no foro do domicílio do alimentando" (STJ, AgInt no HC 369.350/SP, Rel. Min. Ricardo Villas Bôas Cueva, 3ª Turma, jul. 14.02.2017, *DJe* 20.02.2017).

3. Contrato de prestação de serviços hoteleiros. Pedido de rescisão. Negócio. Celebração no exterior. Pessoas físicas. Domicílio. Brasil. Relação de consumo. Autoridade judiciária brasileira. Competência. "Compete à autoridade judiciária brasileira processar e julgar as ações decorrentes de relações de consumo, quando o consumidor tiver domicílio ou residência no Brasil. Em contratos decorrentes de relação de consumo firmados fora do território nacional, a justiça brasileira pode declarar nulo o foro de eleição diante do prejuízo e da dificuldade de o consumidor acionar a autoridade judiciária estrangeira para fazer valer o seu direito. A justiça brasileira é competente para apreciar demandas nas quais o réu, qualquer que seja a sua nacionalidade, estiver domiciliado no Brasil" (STJ, REsp. 1.797.109/SP, Rel. Min. Ricardo Villas Bôas Cueva, 3ª Turma, jul. 21.03.2023, *DJe* 24.03.2023).

4. Execução. Credor estrangeiro. Jurisdição concorrente. Previsão contratual. "A previsão, em contrato internacional, que faculta às partes a eleição de uma jurisdição nacional distinta da do local da contratação é hipótese reconhecida pela legislação brasileira de jurisdição internacional concorrente (CPC, art. 22, III). Ao eleger a jurisdição brasileira, ainda que o contrato seja regido por legislação estrangeira para fins de validade do negócio jurídico, o procedimento judicial respectivo será regido pelas regras processuais estabelecidas na legislação nacional, conforme interpretação dos arts. 9º, 12 e 14 da LINDB e 22 do CPC. Em execução de título extrajudicial, o meio de defesa legalmente previsto se instrumentaliza por meio dos embargos à execução, cuja natureza de ação autônoma de oposição não afasta sua função precípua de materialização do contraditório, admitindo, por consequência, a dedução de defesas processuais e materiais. Precedentes. No caso concreto, tendo em vista a previsão contratual que facultava ao credor a escolha do foro de execução, a instituição financeira optou por executar contratos de empréstimos celebrados no exterior perante a Justiça brasileira, devendo, por consequência, submeter-se à forma processual típica dessa via processual, inclusive ao conhecimento e julgamento dos respectivos embargos opostos à execução pelos executados, via processual adequada ao exercício da ampla defesa e do contraditório. A existência de processo de liquidação da instituição financeira credora perante autoridade estrangeira, no caso, a liquidação de instituição financeira em trâmite no Panamá, não modifica a jurisdição internacional do Poder Judiciário brasileiro para as ações individuais aqui propostas" (STJ, REsp 1.966.276/SP, Rel. Min. Raul Araújo, 4ª Turma, jul. 09.04.2024, *DJe* 13.06.2024).

Art. 23. Compete à autoridade judiciária brasileira, com exclusão de qualquer outra:

I – conhecer de ações relativas a imóveis situados no Brasil;

II – em matéria de sucessão hereditária, proceder à confirmação de testamento particular e ao inventário e à partilha de bens situados no Brasil, ainda que o autor da herança seja de nacionalidade estrangeira ou tenha domicílio fora do território nacional;

III – em divórcio, separação judicial ou dissolução de união estável, proceder à partilha de bens situados no Brasil, ainda que o titular seja de nacionalidade estrangeira ou tenha domicílio fora do território nacional.

CPC/1973

Art. 89.

BREVES COMENTÁRIOS

Os casos do art. 23 se submetem com absoluta exclusividade à competência da Justiça Nacional, isto é, se alguma ação sobre eles vier a ser ajuizada e julgada no exterior, nenhum efeito produzirá em nosso território, o que não ocorre nas hipóteses de competência concorrente.

JURISPRUDÊNCIA SELECIONADA

1. Homologação de sentença estrangeira. Possibilidade. "A jurisprudência do Superior Tribunal de Justiça, não obstante o disposto no art. 89, I, do CPC de 1973 (atual art. 23, I e III, do CPC de 2015) e no art. 12, § 1º, da LINDB, autoriza a homologação de sentença estrangeira que, decretando o divórcio, convalida acordo celebrado pelos ex-cônjuges quanto à partilha de bens imóveis situados no Brasil, que não viole as regras de direito interno brasileiro" (STJ, SEC 11.795/EX, Rel. Min. Raul Araújo, Corte Especial, jul. 07.08.2019, *DJe* 16.08.2019).

Mas "Não se pode homologar sentença estrangeira que, em processo relativo à sucessão mortis causa, dispõe sobre bem imóvel situado no Brasil" (STF, SE 3.780-7, Rel. Min. Francisco Rezek, Sessão Plena, Adcoas, 1987, n. 115.039). **No mesmo sentido**: STF, SE 3.989, Rel. Min. Rafael Mayer, Pleno, jul. 17.03.1988, RTJ 124/905; STJ, SEC 1.032/EX, Rel. Min. Arnaldo Esteves Lima, Corte Especial, jul. 19.12.2007, *DJ* 13.03.2008, p. 1.

"O fato de determinado imóvel estar localizado no Brasil não impede a homologação da sentença estrangeira de partilha quanto ao mesmo bem, não ofendido o art. 89, II, do Código de

Processo Civil nos termos de reiterados precedentes do Supremo Tribunal Federal. Hipótese em que, apesar de a sentença estrangeira não fazer menção expressa à legislação brasileira, esta foi respeitada, tendo em vista que coube 50% dos bens para cada cônjuge" (STJ, SEC 878/PT, Rel. Min. Carlos Alberto Menezes Direito, Câm. Especial, jul. 18.05.2005, *DJ* 27.06.2005, p. 203).

2. Homologação de sentença estrangeira. Imóvel situado no Brasil. "Títulos judiciais estrangeiros em que se discute titularidade de bem imóvel não podem ser homologados nos termos das disposições normativas brasileiras" (STJ, AgInt na SEC 12.300/EX, Rel. Min. Mauro Campbell Marques, Corte Especial, jul. 05.09.2018, *DJe* 11.09.2018).

"Apenas no que diz respeito aos bens imóveis situados no Brasil, inviável a homologação da partilha efetuada pela autoridade estrangeira, pois, nos termos do art. 89, I, do CPC/73, em vigor quando da prolação da sentença estrangeira, a partilha dos bens imóveis situados no Brasil apenas pode ser feita pela autoridade judiciária brasileira, com a exclusão de qualquer outra" (STJ, HDE 176/EX, Rel. Min. Benedito Gonçalves, Corte Especial, jul. 15.08.2018, *DJe* 21.08.2018).

"A jurisprudência desta Corte e do STF autoriza a homologação de sentença estrangeira que, **decretando o divórcio, convalida acordo celebrado pelos ex-cônjuges quanto à partilha de bens situados no Brasil**, assim como na hipótese em que a decisão alienígena cumpre a vontade última manifestada pelo de cujus e transmite bens também localizados no território nacional à pessoa indicada no testamento. [...] A situação estampada nos autos não se confunde com a mera transmissão de bens em virtude de desejo manifestado em testamento, já que, recusada a herança pela pessoa indicada pelo falecido, a autoridade judiciária estrangeira transferiu de forma onerosa a propriedade de bem localizado no Brasil a terceiro totalmente estranho à última vontade do de cujus, isto é, dispôs sobre bem situado em território nacional em processo relativo à sucessão mortis causa, o que vai de encontro ao art. 89, II, do Código de Processo Civil (CPC)" (STJ, SEC 3.532/EX, Rel. Min. Castro Meira, Corte Especial, jul. 15.06.2011, *DJe* 01.08.2011).

3. Marca. Bem móvel. "Marca é bem móvel imaterial protegido mediante registro, que integra o estabelecimento empresarial e não se confunde com bens imóveis, razão pela qual não se aplica o art. 23, I, do novo Código de Processo Civil" (STJ, AgRg nos EDcl na CR 9.874/EX, Rel. Min. Francisco Falcão, Corte Especial, jul. 15.06.2016, *DJe* 28.06.2016).

4. Divórcio. Partilha (inciso III). "Ainda que o princípio da soberania impeça qualquer ingerência do Poder Judiciário Brasileiro na efetivação de direitos relativos a bens localizados no exterior, nada impede que, em processo de dissolução de casamento em curso no País, se disponha sobre direitos patrimoniais decorrentes do regime de bens da sociedade conjugal aqui estabelecida, ainda que a decisão tenha reflexos sobre bens situados no exterior para efeitos da referida partilha" (STJ, REsp 1552913/RJ, Rel. Min. Maria Isabel Gallotti, 4ª Turma, jul. 08.11.2016, *DJe* 02.02.2017).

5. Inventário e partilha de bens. "O juízo do inventário e partilha não deve, no Brasil, cogitar de imóveis sitos no estrangeiro. Aplicação do art. 89, inc. II, do CPC" (STJ, REsp 37.356/SP, Rel. Min. Barros Monteiro, 4ª Turma, *DJU* 10.11.1997).

"Devem processar-se na jurisdição brasileira o inventário e a partilha dos bens deixados no Brasil por estrangeiro aqui domiciliado e falecido no seu país de origem" (STF, RE 73.234, Rel. Min. Antônio Neder, 1ª Turma, jul. 24.08.1976).

Art. 24. A ação proposta perante tribunal estrangeiro não induz litispendência e não obsta a que a autoridade judiciária brasileira conheça da mesma causa e das que lhe são conexas, ressalvadas as disposições em contrário de tratados internacionais e acordos bilaterais em vigor no Brasil.

Parágrafo único. A pendência de causa perante a jurisdição brasileira não impede a homologação de sentença judicial estrangeira quando exigida para produzir efeitos no Brasil.

CPC/1973

Art. 90.

REFERÊNCIA LEGISLATIVA

CPC/2015, arts. 57 (reunião de ações); 337, §§ 1º a 4º (contestação; litispendência; coisa julgada; ações idênticas); e 963, IV (decisão estrangeira que ofende a coisa julgada brasileira não pode ser homologada).

SÚMULAS

Súmula TRF4:

Nº 134: "A ausência de impugnação pela Fazenda Pública ao cumprimento de sentença não enseja a redução pela metade dos honorários advocatícios por ela devidos, não sendo aplicável à hipótese a regra do art. 90, § 4º, combinado com o art. 827, § 1º, ambos do CPC 2015".

BREVES COMENTÁRIOS

O problema da concorrência de ações sobre um mesmo litígio na justiça brasileira e na estrangeira não vinha sendo decidido de maneira uniforme pelo Superior Tribunal de Justiça. Havia decisões que se recusavam a homologar sentença estrangeira pelo simples fato de já existir julgamento por tribunal local relacionado com o objeto da causa, mesmo que tal julgamento não tivesse ainda feito coisa julgada. Pretendia-se, com esse entendimento, preservar a soberania nacional. Outros, adotando posicionamento antigo do Supremo Tribunal Federal, decidiam que o ajuizamento de ação perante a justiça brasileira, após o trânsito em julgado das referidas sentenças proferidas pela justiça estrangeira, não constituía óbice à homologação destas. O atual Código supera a divergência adotando a tese clara de que "a pendência de causa perante a jurisdição brasileira não impede a homologação de sentença judicial estrangeira quando exigida para produzir efeitos no Brasil" (art. 24, parágrafo único). Somente a coisa julgada ocorrida no Brasil impedirá a homologação da sentença estrangeira sobre a mesma causa.

JURISPRUDÊNCIA SELECIONADA

1. Sentença estrangeira contestada. Divórcio, guarda e alimentos de filho menor. Processo pendente na justiça brasileira. "Esta Corte é uníssona ao afirmar que a existência de decisão na Justiça Brasileira acerca de guarda e alimentos, ainda que posterior ao trânsito em julgado da decisão alienígena, não impede a sua homologação nessa parte. No mesmo sentido: SEC 14.914/EX, Rel. Ministra Maria Thereza de Assis Moura, Corte Especial, julgado em 7/6/2017, *DJe* 14/6/2017 e SEC 12.897/EX, Rel. Ministro Raul Araújo, Corte Especial, julgado em 16/12/2015, *DJe* 02/02/2016. Sentença estrangeira que preenche os demais requisitos para homologação." (STJ, AgInt na SEC 15.022/EX, Rel. Min. Francisco Falcão, Corte Especial, jul. 04.04.2018, *DJe* 09.04.2018).

Mas "Pedido de homologação de sentença proferida na jurisdição de Ontário, Canadá, concedendo ao pai a guarda da filha dos ex-cônjuges, ambos brasileiros. (...) Tal realidade fragiliza a eficácia e a definitividade que porventura se pudesse extrair da sentença homologanda, sobretudo diante da jurisprudência consolidada nesta Corte, no sentido de que a mera pendência de ação judicial no Brasil não impede a homologação da sentença estrangeira; mas a existência de decisão judicial proferida no Brasil contrária ao conteúdo da sentença estrangeira impede a sua homologação (HDE 1.396/EX, Rel. Ministra Nancy Andrighi, Corte Especial, j. 23/09/2019, *DJe* 26/09/2019)" (STJ, AgInt na SEC. 6.362/EX, Rel. Min. Jorge Mussi, Corte Especial, jul. 01.06.2022, *DJe* 03.06.2022).

Divórcio decretado pela Justiça alemã. Ação de separação no Brasil. Inocorrência de litispendência. "Competência internacional concorrente por fato praticado no Brasil, conforme previsão do art. 88, III, do CPC, não induz a litispendência, podendo a Justiça estrangeira julgar os casos a ela submetidos. Podendo o divórcio ser decretado sem que feita a partilha de bens, não se afigura correto imaginar que a existência pura e simples de imóvel do casal em território brasileiro impediria a competência da Justiça estrangeira para apreciar a dissolução do casamento. Inteligência da Súmula 197 desta Corte" (STJ, SEC 493/EX, Rel. Min. Maria Thereza de Assis Moura, Corte Especial, jul. 31.08.2011, *DJe* 06.10.2011).

2. Homologação de sentença estrangeira.

"O fato de possivelmente tramitar no juízo brasileiro demanda com identidade de partes, causa de pedir e pedido não impede a homologação que ora se pretende, pois a justiça americana também detém jurisdição para o conhecimento e o julgamento da demanda. Precedente: SEC 14.518/EX, Rel. Ministro Og Fernandes, Corte Especial, julgado em 29/3/2017, *DJe* 5/4/2017" (STJ, SEC 14.304/EX, Rel. Min. Francisco Falcão, Corte Especial, jul. 18.10.2017, *DJe* 27.10.2017).

"É condição para a eficácia de uma sentença estrangeira a sua homologação pelo STJ. Assim, não se pode declinar da competência internacional para o julgamento de uma causa com fundamento na mera existência de trânsito em julgado da mesma ação, no estrangeiro. Essa postura implicaria a aplicação dos princípios do *forum shopping* e *forum non conveniens* que, apesar de sua coerente formulação em países estrangeiros, não encontra respaldo nas regras processuais brasileiras" (STJ, MC 15.398/RJ, Rel. Min. Nancy Andrighi, 3ª Turma, jul. 02.04.2009, *DJe* 23.04.2009).

Art. 25. Não compete à autoridade judiciária brasileira o processamento e o julgamento da ação quando houver cláusula de eleição de foro exclusivo estrangeiro em contrato internacional, arguida pelo réu na contestação.

§ 1º Não se aplica o disposto no *caput* às hipóteses de competência internacional exclusiva previstas neste Capítulo.

§ 2º Aplica-se à hipótese do *caput* o art. 63, §§ 1º a 4º.

BREVES COMENTÁRIOS

Quanto à cláusula de eleição de foro exclusivo estrangeiro, inserida em contrato ajustado fora do país, adotando posicionamento divergente da antiga orientação do STJ (4ª T., REsp 1.168.547/RJ, Rel. Min. Luís Felipe Salomão, ac. 11.05.2010, *Informativo de Jurisprudência* nº 0434, 10 a 14 de maio de 2010), o Código atual afasta a competência da autoridade judiciária brasileira se o réu alegar a incompetência em preliminar de contestação (art. 25). A hipótese, contudo, é de incompetência relativa, podendo ser prorrogada na ausência de impugnação (art. 63, §§ 1º a 4º). Mas, se a eleição de foro estrangeiro ocorrer em situação abrangida pela competência exclusiva da justiça pátria, a cláusula será nula, devendo prevalecer o foro brasileiro (art. 25, § 1º).

É de se rejeitar, outrossim, a eleição, quando abusiva, de modo a impedir ou dificultar a defesa de parte hipossuficiente (CPC/2015, art. 63, §§ 3º e 4º).

JURISPRUDÊNCIA SELECIONADA

1. Foro de eleição em país estrangeiro. Validade. "Queda de containers no mar e avaria de mercadorias. Ação de obrigação de fazer, requerendo indenização pelas mercadorias perdidas e avariadas, bem como pelos lucros cessantes. Sentença que julgou extinto o processo sem resolução do mérito, com fundamento no artigo 485, inciso IV, do Código de Processo Civil, reconhecendo a competência do foro de eleição estrangeiro para conhecimento e julgamento do feito. Insurgência da autora. Ausência de relação de consumo. Prevalência do princípio da autonomia da vontade. Abusividade ou desequilíbrio contratual entre as partes não evidenciados, sendo empresas atuantes neste ramo de atividade, consistindo o foro de eleição matéria inerente aos usos e costumes do transporte marítimo de mercadorias. Expressa disposição no art. 25 do CPC. Precedentes desta C. Corte de Justiça" (TJSP, Apelação Cível 1012299-28.2018.8.26.0562, Rel. Spencer Almeida Ferreira, 38ª Câmara de Direito Privado, jul. 02.10.2019, *DJe* 02.10.2019).

"Cláusula de eleição de foro internacional. Inteligência do art. 25 do CPC. Autonomia privada das partes contratantes em sede de contrato interempresarial. Insuficiência da presença de alguma dentre as situações previstas nos incisos do art. 21 do diploma processual civil. Abusividade não constatada. Natureza de contrato de adesão, que não impede o reconhecimento da validade da cláusula, porquanto inexistente dúvida acerca de seus termos. Inteligência do art. 423 do CC. Incompetência da justiça brasileira para decidir quaisquer questões referentes ao contrato de transporte entre comerciante e transportador" (TJSP, Apelação Cível 1132287-71.2018.8.26.0100, Rel. Marco Fábio Morsello, 11ª Câmara de Direito Privado, jul. 03.10.2019, *DJe* 03.10.2019).

"Não é o caso de afastar a cláusula de eleição de foro internacional, uma vez que se trata de contrato de prestação de serviço livremente pactuado entre as partes, não se tratando de contrato de adesão com a imposição de tal cláusula. Ademais, trata-se de competência concorrente, podendo, assim, ser excluída a competência nacional, por vontade das partes, como ocorreu no caso em exame. (...) Hipótese, outrossim, em que a eleição de foro internacional implica afastamento da jurisdição nacional, levando não à declinação do foro, mas sim à extinção do feito sem resolução do mérito" (TJRS, Agravo 70081467748, 18ª Câmara Cível, Rel. Heleno Tregnago Sariva, jul. 05.09.2019, *DJe* 10.09.2019).

2. Foro de eleição estrangeiro. Contrato de adesão. Prejuízo à defesa da parte. Invalidade. "Cláusula de eleição de foro internacional. Não caracterização de relação de consumo. Questão de incompetência relativa. Aplicação da jurisdição nacional. Eleição de foro estrangeiro não afasta a competência nacional. Acidente que ocorreu em território nacional e apurado por autoridade brasileira. Obrigação que deveria ser concluída em porto brasileiro. Empresas rés instaladas em território nacional. Ato jurídico que abriga a extensão da autoridade brasileira para conhecer do litígio" (TJSP, Apelação 1009760-89.2018.8.26.0562, Rel. Hélio Nogueira, 22ª Câmara de Direito Privado, jul. 21.11.2018, *DJeSP* 23.11.2018).

Capítulo II
DA COOPERAÇÃO INTERNACIONAL

Seção I
Disposições Gerais

Art. 26. A cooperação jurídica internacional será regida por tratado de que o Brasil faz parte e observará:

I – o respeito às garantias do devido processo legal no Estado requerente;

II – a igualdade de tratamento entre nacionais e estrangeiros, residentes ou não no Brasil, em relação ao acesso à justiça e à tramitação dos processos, assegurando-se assistência judiciária aos necessitados;

III – a publicidade processual, exceto nas hipóteses de sigilo previstas na legislação brasileira ou na do Estado requerente;

IV – a existência de autoridade central para recepção e transmissão dos pedidos de cooperação;

V – a espontaneidade na transmissão de informações a autoridades estrangeiras.

§ 1º Na ausência de tratado, a cooperação jurídica internacional poderá realizar-se com base em reciprocidade, manifestada por via diplomática.

§ 2º Não se exigirá a reciprocidade referida no § 1º para homologação de sentença estrangeira.

§ 3º Na cooperação jurídica internacional não será admitida a prática de atos que contrariem ou que produzam resultados incompatíveis com as normas fundamentais que regem o Estado brasileiro.

§ 4º O Ministério da Justiça exercerá as funções de autoridade central na ausência de designação específica.

REFERÊNCIA LEGISLATIVA

Decreto nº 2.067/1996 (Protocolo de Cooperação de Assistência Jurisdicional em Matéria Civil, Comercial, Trabalhista e Administrativa); Decreto nº 2.626/1998 (Protocolo de Medidas Cautelares). Decreto nº 9.734/2019 (Convenção relativa à citação, intimação e notificação no estrangeiro de documentos judiciais e extrajudiciais, firmada em Haia, em 15.11.1965).

BREVES COMENTÁRIOS

O atual Código atribuiu maior importância à cooperação internacional, levando em conta a necessidade de colaboração entre os Estados em razão da crescente globalização. Nesse cenário, os tratados internacionais ganham extrema relevância, na medida em que ditam regras de cooperação para a prática de atos processuais entre os diversos países. A jurisdição de um Estado, como ato de soberania, adstringe-se à sua área territorial. Não houvesse, pois, essa colaboração, várias decisões ficariam sem efeito, por impossibilidade de cumprimento fora dos limites jurisdicionais.

Atento a essa circunstância, o atual Código previu que a cooperação jurídica internacional será regida por tratado de que o Brasil seja parte, observados os critérios previstos neste artigo.

A eventual ausência de tratado internacional, contudo, não impede a cooperação, que poderá levar em consideração a reciprocidade, manifestada por via diplomática (CPC/2015, art. 26, § 1º). Para a homologação de sentença estrangeira, no entanto, o Código não exige a reciprocidade (art. 26, § 2º).

Apesar de se aceitar a eficácia, no país, de atos proferidos por juízes estrangeiros, a cooperação não será admitida se tais atos contrariarem ou produzirem resultados incompatíveis com as normas fundamentais que regem o nosso Estado (art. 26, § 3º). Dessa maneira, os fundamentos institucionais da jurisdição brasileira jamais poderão ser desrespeitados, a pretexto de colaboração com justiça estrangeira.

A cooperação internacional será operada por meio de uma autoridade central, encarregada da recepção e transmissão dos respectivos pedidos (art. 26, IV). No plano diplomático, a função será ser exercida pelo Ministério da Justiça, quando inexistir designação específica de órgão diverso por lei federal (art. 26, § 4º).

JURISPRUDÊNCIA SELECIONADA

1. Extraterritorialidade da legislação antitruste. Acordo de cooperação empresarial celebrado em território estrangeiro. Submissão ao Sistema Brasileiro de Defesa da Concorrência para aprovação. Necessidade. "Ainda que celebrado no exterior, ato de cooperação para o desenvolvimento de novas sementes de milho geneticamente modificadas impacta mercado relevante de abrangência mundial, impondo-se sua submissão ao CADE quando entabulado por empresa ou grupo de empresas com registro de faturamento bruto anual superior a R$ 400.000.000, 00 (quatrocentos milhões de reais) no Brasil, em virtude da presunção de produção de efeitos restritivos prevista no art. 54, § 3º, da Lei no 8.884/1994. Em casos nos quais obrigatório o controle de estruturas pelo Sistema Brasileiro de Defesa da Concorrência, a superação do prazo de 15 dias estabelecido no art. 54, § 4º, da Lei no 8.884/1994 é suficiente à imposição da multa prevista no § 5º do mesmo preceito legal" (STJ, REsp. 1.975.739/DF, Rel. Min. Regina Helena Costa, 1ª Turma, jul. 15.12.2022, *DJe* 20.12.2022).

Art. 27. A cooperação jurídica internacional terá por objeto:

I – citação, intimação e notificação judicial e extrajudicial;

II – colheita de provas e obtenção de informações;

III – homologação e cumprimento de decisão;

IV – concessão de medida judicial de urgência;

V – assistência jurídica internacional;

VI – qualquer outra medida judicial ou extrajudicial não proibida pela lei brasileira.

REFERÊNCIA LEGISLATIVA

CPC, arts. 960 a 965 (concessão de *exequatur* e homologação de sentença estrangeira).

RISTJ, arts. 216-A a 216-X (procedimento no STJ do *exequatur* e da homologação de sentença estrangeira).

BREVES COMENTÁRIOS

Este artigo dispõe sobre os objetos da cooperação internacional, a qual pode realizar-se: *(i)* de maneira formal, quando se trata da execução de decisão estrangeira, tornando-se necessário o uso da carta rogatória ou da ação de homologação de sentença estrangeira (arts. 40 e 960); ou *(ii)* de maneira informal, quando a cooperação, por natureza ou por convenção internacional, seja praticável por meio do auxílio direto, independentemente de carta rogatória ou de homologação (arts. 28 a 34).

Seção II
Do Auxílio Direto

Art. 28. Cabe auxílio direto quando a medida não decorrer diretamente de decisão de autoridade jurisdicional estrangeira a ser submetida a juízo de delibação no Brasil.

REFERÊNCIA LEGISLATIVA

Lei nº 11.101/2005 (Lei de recuperação judicial e falência), arts. 167-P e 167-Q, incluídos pela Lei nº 14.112/2020 (da cooperação com autoridades e representantes estrangeiros).

BREVES COMENTÁRIOS

O auxílio direto é cabível, no âmbito das práticas judiciais, quando a medida pretendida decorrer de ato decisório de autoridade jurisdicional estrangeira não submetido a juízo de delibação no Brasil, i.e., decisão que, segundo a lei internacional, não dependa de homologação pela justiça brasileira. Se houver tal necessidade, a cooperação só ocorrerá pelas vias judiciais previstas para a homologação de sentenças estrangeiras (arts. 960 a 965).

A cooperação internacional, todavia, não se restringe aos atos do Poder Judiciário. Muitas vezes, a medida solicitada é de natureza administrativa e pode ser prestada, por exemplo, por meio de informações dos registros públicos, atos policiais ou alfandegários etc., quando então poderá, até mesmo, ser atendida sem participação direta da justiça.

Art. 29. A solicitação de auxílio direto será encaminhada pelo órgão estrangeiro interessado à autoridade central, cabendo ao Estado requerente assegurar a autenticidade e a clareza do pedido.

BREVES COMENTÁRIOS

Para viabilizar a cooperação nacional, a autoridade estrangeira interessada deverá enviar o pedido à autoridade central brasileira que, na ausência de designação específica, será o Ministério da Justiça (CPC/2015, art. 26, § 4º), na forma estabelecida pelo tratado respectivo. O Estado requerente assegurará, ainda, a autenticidade e clareza do pedido (art. 29).

Art. 30. Além dos casos previstos em tratados de que o Brasil faz parte, o auxílio direto terá os seguintes objetos:

I – obtenção e prestação de informações sobre o ordenamento jurídico e sobre processos administrativos ou jurisdicionais findos ou em curso;

II – colheita de provas, salvo se a medida for adotada em processo, em curso no estrangeiro, de competência exclusiva de autoridade judiciária brasileira;

III – qualquer outra medida judicial ou extrajudicial não proibida pela lei brasileira.

JURISPRUDÊNCIA SELECIONADA

1. Obtenção de documentos. "O propósito recursal é definir se é admissível a autenticação de documentos estrangeiros pelo advogado para a obtenção, perante a Receita Federal, de inscrição no Cadastro de Pessoas Físicas em nome de pessoa falecida que residia no exterior, permitindo-se a continuidade da ação de inventário, especialmente quando há notória impossibilidade, ainda que momentânea, de obtenção das referidas autenticações no país de origem. Tratando-se de fato notório a existência de situação de anormalidade institucional em país estrangeiro que faz presumir a dificuldade ou a inviabilidade de se obter documentos ou informações necessárias para o prosseguimento da ação de inventário, deve-se flexibilizar a regra segundo a qual é dever da parte atender às exigências e determinações de órgãos e entidades para que se dê regular prosseguimento ao processo judicial, admitindo-se o uso de instrumentos de cooperação jurídica internacional para a prática de atos ou obtenção de informações de países do exterior. Sendo infrutífero o pedido de cooperação jurídica internacional e em se tratando de situação de notória anormalidade institucional existente no país de origem, é admissível, subsidiariamente e em caráter excepcional, que seja determinado à Receita Federal que emita CPF sem que haja autenticação, no país de origem, dos documentos estrangeiros por ela comumente exigidos, suprindo-se a referida autenticação por declaração de autenticidade dos documentos estrangeiros realizada pelo advogado das partes, sob sua responsabilidade pessoal, como autoriza, no processo judicial, o art. 425, IV, V e VI, do CPC/15" (STJ, REsp 1782025/MG, Rel. Min. Nancy Andrighi, 3ª Turma, jul. 02.04.2019, *DJe* 04.04.2019).

Busca de provas no estrangeiro. "A ressalva feita pelo Brasil em relação ao *pre-trial discovery of documents*, nos termos do art. 23 da Convenção de Haia sobre a Obtenção de Provas no Estrangeiro em Matéria Civil ou Comercial, não impede a busca de provas no estrangeiro, mas evita a coleta abusiva de provas quando dirigidas contra particulares" (STJ, AgInt na CR 13.192/EX, Rel. Min. João Otávio de Noronha, Corte Especial, jul. 13.08.2019, *DJe* 16.08.2019).

Art. 31. A autoridade central brasileira comunicar-se-á diretamente com suas congêneres e, se necessário, com outros órgãos estrangeiros responsáveis pela tramitação e pela execução de pedidos de cooperação enviados e recebidos pelo Estado brasileiro, respeitadas disposições específicas constantes de tratado.

Art. 32. No caso de auxílio direto para a prática de atos que, segundo a lei brasileira, não necessitem de prestação jurisdicional, a autoridade central adotará as providências necessárias para seu cumprimento.

BREVES COMENTÁRIOS

Na hipótese de o ato solicitado pela autoridade estrangeira não necessitar da participação do Poder Judiciário, a própria autoridade central adotará as providências necessárias ao seu cumprimento, recorrendo às autoridades administrativas competentes.

Art. 33. Recebido o pedido de auxílio direto passivo, a autoridade central o encaminhará à Advocacia-Geral da União, que requererá em juízo a medida solicitada.

Parágrafo único. O Ministério Público requererá em juízo a medida solicitada quando for autoridade central.

BREVES COMENTÁRIOS

Quando o ato demandar participação judicial, a autoridade central encaminhará o pedido à Advocacia-Geral da União, para que requeira em juízo a medida solicitada. Se forem conferidas ao Ministério Público as funções de autoridade central, no procedimento da cooperação internacional, não haverá necessidade de intervenção da Advocacia-Geral da União. O próprio Ministério Público requererá a medida jurisdicional cabível diretamente ao juiz federal competente.

Art. 34. Compete ao juízo federal do lugar em que deva ser executada a medida apreciar pedido de auxílio direto passivo que demande prestação de atividade jurisdicional.

Seção III
Da Carta Rogatória

Art. 35. (Vetado)

REFERÊNCIA LEGISLATIVA

Decreto nº 9.734/2019 (Convenção relativa à citação, intimação e notificação no estrangeiro de documentos judiciais e extrajudiciais, firmada em Haia, em 15.11.1965).

BREVES COMENTÁRIOS

O art. 35 dispunha que "Dar-se-á por meio de carta rogatória o pedido de cooperação entre órgão jurisdicional brasileiro e órgão jurisdicional estrangeiro para prática de ato de citação, intimação, notificação judicial, colheita de provas, obtenção de informações e cumprimento de decisão interlocutória, sempre que o ato estrangeiro constituir decisão a ser executada no Brasil". Esse artigo foi vetado pela Presidência da República, segundo política de facilitação da cooperação internacional. Dessa maneira, os atos referidos poderão ser praticados tanto por carta rogatória quanto pelas vias da cooperação internacional.

JURISPRUDÊNCIA SELECIONADA

1. Intimação por via postal – cumprimento de carta rogatória. "O Brasil opôs reservas aos arts. 8º e 10º da Convenção de Haia relativa à citação, intimação e notificação no Estrangeiro de documentos judiciais e extrajudiciais, de modo que: 'a transmissão do documento de intimação para a audiência, diretamente ao domicílio do interessado, pela via postal, não é admissível ... Diante disso, informe-se com urgência, ao juiz rogante a invalidade da intimação do interessado pela via postal'" (STJ, CR 13679/PT, dec. monocrática do Min. João Otávio de Noronha, jul. 18.11.2019, *DJe* 20.11.2019).

Art. 36. O procedimento da carta rogatória perante o Superior Tribunal de Justiça é de jurisdição contenciosa e deve assegurar às partes as garantias do devido processo legal.

§ 1º A defesa restringir-se-á à discussão quanto ao atendimento dos requisitos para que o pronunciamento judicial estrangeiro produza efeitos no Brasil.

§ 2º Em qualquer hipótese, é vedada a revisão do mérito do pronunciamento judicial estrangeiro pela autoridade judiciária brasileira.

REFERÊNCIA LEGISLATIVA

CPC/2015, arts. 260; 963 e 964 (homologação de sentença estrangeira).

Regimento Interno do STJ, arts. 216-O a 216-X.

JURISPRUDÊNCIA SELECIONADA

1. Juízo delibatório. Legislação brasileira. "Encontra-se fora do escopo do juízo delibatório a avaliação quanto à razoabilidade, ou não, de prazos previstos em legislação estrangeira, cuja fixação se encontra acobertada pela soberania do Estado requerente. Tais prazos são contados consoante a legislação vigente no Estado da Justiça rogante, não havendo nenhuma ofensa à soberania nacional brasileira ou à ordem pública. A legislação brasileira se aplica apenas ao que se refere à prática do ato de cooperação pleiteada: a intimação. As consequências desse ato processual e os prazos a serem contados a partir da sua prática são os previstos na legislação estrangeira" (STJ, AgRg na CR 9.952/EX, Rel. Min. Francisco Falcão, Corte Especial, jul. 03.08.2016, *DJe* 15.08.2016).

2. Mérito da causa estrangeira. "Não compete a esta Corte analisar o mérito de causa a ser decidida no exterior. Deve verificar, apenas, se a diligência solicitada não ofende a soberania nacional ou a ordem pública e se foram observados os requisitos da Resolução n. 9/2005 deste Tribunal. (...) A prática de ato de comunicação processual é plenamente admissível em carta rogatória. A simples citação não afronta a ordem pública ou a soberania nacional, pois objetiva dar conhecimento da ação ajuizada no exterior e permitir a apresentação de defesa" (STJ, AgRg na CR 2.497/US, Rel. Min. Barros Monteiro, Corte Especial, jul. 07.11.2007, *DJ* 10.12.2007, p. 256).

3. Réu residente fora do país. Endereço desconhecido. Citação por edital. Possibilidade. Ver jurisprudência do art. 256 do CPC/2015.

Seção IV
Disposições Comuns às Seções Anteriores

Art. 37. O pedido de cooperação jurídica internacional oriundo de autoridade brasileira competente será encaminhado à autoridade central para posterior envio ao Estado requerido para lhe dar andamento.

REFERÊNCIA LEGISLATIVA

CPC/2015, arts. 26 e 38.

BREVES COMENTÁRIOS

O CPC de 2015 traça algumas normas modernizadoras destinadas a facilitar e incrementar a cooperação internacional, aplicáveis tanto aos mecanismos tradicionais (cartas rogatórias) como à inovadora cooperação direta (realizável sem a solenidade das cartas rogatórias). Acham-se, tais normas, enunciadas nos arts. 37 a 41.

Em todos os casos de cooperação internacional ativa, a autoridade brasileira enviará o pedido à autoridade central (Ministério da Justiça ou outro órgão definido em lei federal) acompanhado dos documentos que o instruem, devidamente traduzidos para a língua oficial estrangeira (art. 38), a qual o remeterá ao Estado requerido para lhe dar o devido andamento.

Art. 38. O pedido de cooperação oriundo de autoridade brasileira competente e os documentos anexos que o instruem serão encaminhados à autoridade central, acompanhados de tradução para a língua oficial do Estado requerido.

REFERÊNCIA LEGISLATIVA

CPC/2015, art. 37.

Art. 39. O pedido passivo de cooperação jurídica internacional será recusado se configurar manifesta ofensa à ordem pública.

BREVES COMENTÁRIOS

Será recusado o pedido de cooperação jurídica internacional passiva sempre que se configurar "manifesta ofensa à ordem pública". Não se procederá, outrossim, pelas vias da cooperação jurídica internacional, aos atos de execução de decisão judicial estrangeira, caso em que se deverá adotar o regime da carta rogatória ou da ação de homologação de sentença estrangeira (art. 40, c/c o art. 960), salvo no caso de cumprimento de decisões interlocutórias e de despachos que ordenam citação, intimação, notificação judicial, colheita de provas e obtenção de informações (veto ao art. 35 do CPC/2015).

Art. 40. A cooperação jurídica internacional para execução de decisão estrangeira dar-se-á por meio de carta rogatória ou de ação de homologação de sentença estrangeira, de acordo com o art. 960.

REFERÊNCIA LEGISLATIVA

CPC/2015, art. 39 (ordem pública).

CPC/2015, arts. 960 a 965 (regras relativas à concessão de *exequatur* à carta rogatória e à homologação da sentença estrangeira).

RISTJ, arts. 216-A a 216-N (procedimento da homologação da sentença estrangeira); arts. 216-O a 216-X (procedimento da concessão de *exequatur*).

BREVES COMENTÁRIOS

A cooperação jurídica internacional, em atos processuais rotineiros, realiza-se informalmente, segundo previsto nos arts. 31 a 34 do CPC, e de acordo com o tratado de que o Brasil faça parte. Quando, porém, o caso for de *execução de decisão estrangeira*, a cooperação terá de formalizar-se, na justiça brasileira, por meio solene de carta rogatória ou de ação de homologação de sentença estrangeira (art. 961, *caput*). O primeiro procedimento é de jurisdição voluntária (arts. 36 e 960, § 1º); e o segundo processa-se contenciosamente por meio de ação especial (art. 960, *caput*). Ambos são da competência originária do Superior Tribunal de Justiça (art. 960, § 1º).

O detalhamento do rito da ação de homologação de sentença estrangeira consta dos arts. 216-A a 216-N do RISTJ e o da concessão de *exequatur* a carta rogatória, dos arts. 216-O a 216-X do mesmo Regimento.

Uma vez deferido o *exequatur* ou homologada a sentença estrangeira pelo STJ, o cumprimento da decisão estrangeira ficará a cargo da Justiça Federal de primeiro grau (art. 965).

Art. 41. Considera-se autêntico o documento que instruir pedido de cooperação jurídica internacional, inclusive tradução para a língua portuguesa, quando encaminhado ao Estado brasileiro por meio de autoridade central ou por via diplomática, dispensando-se ajuramentação, autenticação ou qualquer procedimento de legalização.

Parágrafo único. O disposto no *caput* não impede, quando necessária, a aplicação pelo Estado brasileiro do princípio da reciprocidade de tratamento.

REFERÊNCIA LEGISLATIVA

Lei nº 11.101/2005 (Lei de recuperação judicial e falência), art. 167-H, incluído pela Lei nº 14.112/2020 (do reconhecimento de processos estrangeiros).

BREVES COMENTÁRIOS

O atual Código reduziu as formalidades da cooperação, dispensando os procedimentos de legalização de documentos estrangeiros, quando o pedido for encaminhado ao Estado brasileiro por meio de autoridade central ou por via diplomática.

JURISPRUDÊNCIA SELECIONADA

1. Documentos encaminhados via autoridade central. "Encaminhado o pedido rogatório via autoridade central, estão satisfeitos os requisitos da legalidade e autenticidade, nos termos dos arts. 5º e 6º da Convenção Interamericana sobre Cartas Rogatórias. Decreto n. 1.899/1996" (STJ, AgRg na CR 1.589/US, Rel. Min. Barros Monteiro, Corte Especial, jul. 16.05.2007, *DJ* 06.08.2007, p. 383).

DOS LIMITES DA JURISDIÇÃO: INDICAÇÃO DOUTRINÁRIA

Alberto Jonathas Maia. Cooperação jurídica internacional: um ensaio sobre um direito processual comprometido internacionalmente, *Revista dos Tribunais*, v. 1.026, p. 213-238; Aluisio Gonçalves de Castro Mendes e Henrique Ávila, In: Teresa Arruda Alvim Wambier, Fredie Didier Jr., Eduardo Talamini, Bruno Dantas, *Breves comentários ao novo Código de Processo Civil*, São Paulo: Revista dos Tribunais, 2015; Amanda Lobão Torres, A cooperação processual no atual Código de Processo Civil brasileiro. ALVIM, Thereza Arruda [*et. al.*]. *O novo Código Processo Civil Brasileiro* – Estudos dirigidos: sistematização e procedimentos. Rio de Janeiro: Forense, 2015, p. 3; Amílcar de Castro, *Direito internacional privado*, Rio de Janeiro: Forense, 1995; André Luís e Fabiane Verçosa, In: Teresa Arruda Alvim Wambier, Fredie Didier Jr., Eduardo Talamini, Bruno Dantas, *Breves comentários ao novo Código de Processo Civil*, São Paulo: RT, 2015; Arruda Alvim, *Ensaio sobre a litispendência no direito processual civil*, São Paulo: Revista dos Tribunais, 1970, v. II, p. 419-425; Caetano Morelli, *Derecho procesal civil internacional*, Buenos Aires: Ejea, 1953, n. 94; Cândido Rangel Dinamarco, *Comentários ao CPC*, São Paulo: Saraiva, 2018, v. I; Cândido Rangel Dinamarco, In: José Roberto F. Gouvêa; Luis Guilherme A. Bondioli e João Francisco N. da Fonseca (coord.), *Comentários ao Código de Processo Civil*, São Paulo: Saraiva, 2018, v. 1; Cândido Rangel Dinamarco, *Instituições de direito processual civil*, 8. ed. São Paulo: Malheiros, 2016; Cândido Rangel Dinamarco, In: José Roberto F. Gouvêa; Luis Guilherme A. Bondioli e João Francisco N. da Fonseca (coord.), *Comentários ao Código de Processo Civil*, São Paulo: Saraiva, 2018, v. 1; Carnelutti, Limiti della giurisdizione del giudice italiano, *Riv. di Diritto Processuale*, 1931, v. VIII, parte II, p. 218 e ss. – sobre os limites da jurisdição; Cássio Scarpinella Bueno, *Manual de direito processual civil*, São Paulo: Saraiva, 2015; Celso Agrícola Barbi, *Comentários ao CPC*, Rio de Janeiro: Forense, v. I, n. 489/494; Daniel Amorim Assumpção Neves, *Manual de direito processo civil*, São Paulo: Método, 2015; Enrico Tullio Liebman, Os limites de jurisdição brasileira, *RF* 92/647; Fabio Guido Tabosa Pessoa, In: Teresa Arruda Alvim Wambier, Fredie Didier Jr., Eduardo Talamini, Bruno Dantas, *Breves comentários ao novo Código de Processo Civil*, São Paulo: RT, 2015; Flávia Pereira Hill, *O direito processual transnacional como forma de acesso à Justiça no século XXI*: os reflexos e desafios da sociedade contemporânea para o Direito Processual Civil e a concepção de um título executivo transnacional. Rio de Janeiro: Editora GZ, 2013; Fredie Didier Jr., *Curso de direito processual civil*, 17. ed., Salvador: JusPodivm, 2015, v. I; Guilherme Rizzo Amaral, *Comentários às alterações do novo CPC*, São Paulo: Revista dos Tribunais, 2015; Humberto Theodoro Júnior, *Curso de direito processual civil*, 61. ed., Rio de Janeiro: Forense, 2020, v. I; Humberto Theodoro Júnior, Fernanda Alvim Ribeiro de Oliveira, Ester Camila Gomes Norato Rezende (coords.), *Primeiras lições sobre o novo direito processual civil brasileiro*, Rio de Janeiro: Forense, 2015; J. E. Carreira Alvim, *Comentários ao novo Código de Processo Civil*, Curitiba: Juruá, 2015; J. J. Calmon de Passos, *Da jurisdição*, Salvador: Progresso, 1957, p. 36-37 – sobre a influência do princípio da efetividade; José Carlos Barbosa Moreira,

Relações entre processos instaurados, sobre a mesma lide civil, no Brasil e em país estrangeiro, *RF* 252/34, *RP* 7/51, *RBDP* 5/65; José Carlos de Magalhães, Competência internacional do juiz brasileiro e denegação de justiça, *RT* 630/52; José Miguel Garcia Medina, *Novo Código de Processo Civil comentado*, São Paulo: Revista dos Tribunais, 2015; Leonardo Greco, *Instituições de processo civil: introdução ao direito processual civil*, 5. ed., Rio de Janeiro: Forense, 2015; Luis Antônio Giampaulo Sarro, *Novo Código de Processo Civil*, São Paulo: Rideel, 2015; Luiz Cezar Ramos Pereira, A competência internacional da autoridade judiciária brasileira, *RF* 286/15; Luiz Guilherme Marinoni e Daniel Mitidiero, *Comentários ao CPC*, São Paulo: RT, 2018, v. I; Luiz Guilherme Marinoni, Daniel Mitidiero, In: Sérgio Cruz Arenhart e Daniel Mitidiero (coord.), *Comentários ao Código de Processo Civil*. 2. ed., São Paulo: RT, 2018, v. 1; Luiz Guilherme Marinoni, Daniel Mitidiero, In: Sérgio Cruz Arenhart e Daniel Mitidiero (coord.), *Comentários ao Código de Processo Civil*. 2. ed., São Paulo: RT, 2018, v. 1; Luiz Guilherme Marinoni, Sérgio Cruz Arenhart, Daniel Mitidiero, *Curso de processo civil*, São Paulo: Revista dos Tribunais, 2015, v. I; Nelson Nery Junior, Rosa Maria de Andrade Nery, *Comentários ao Código de Processo Civil*, São Paulo: Revista dos Tribunais, 2015; Osiris Rocha, *Curso de direito internacional privado*, 4. ed., Rio de Janeiro: Forense, 1986, p. 160-168; Roberto Rosas, *Devido processo legal*, Rio de Janeiro: Editora GZ, 2018; Teori Albino Zavascki, Cooperação jurídica internacional e a concessão de *exequatur*, *Jurisplenum*, n. 64, ano XI, p. 131-144, jul.-ago. 2015; Teresa Arruda Alvim Wambier, Fredie Didier Jr., Eduardo Talamini, Bruno Dantas (coords.), *Breves comentários ao novo Código de Processo Civil*, São Paulo: Revista dos Tribunais, 2015; Teresa Arruda Alvim Wambier, Maria Lúcia Lins Conceição, Leonardo Ferres da Silva Ribeiro, Rogério Licastro Torres de Melo, *Primeiros comentários ao novo Código de Processo Civil*, São Paulo: Revista dos Tribunais, 2015; Tocco Antonio Rangel Rosso Nelson. Imunidade de jurisdição em questão trabalhista. *Bonijuris*, vol. 33, n. 6, edição 673, dez. 21/jan. 22, p. 60 e ss.

TÍTULO III
DA COMPETÊNCIA INTERNA

Capítulo I
DA COMPETÊNCIA

Seção I
Disposições Gerais

Art. 42. As causas cíveis serão processadas e decididas pelo juiz nos limites de sua competência, ressalvado às partes o direito de instituir juízo arbitral, na forma da lei.

CPC/1973

Art. 86.

REFERÊNCIA LEGISLATIVA

Lei nº 9.307, de 23.09.1996 (Lei de Arbitragem).

Lei nº 9.099, de 26.09.1995, arts. 3º e 4º (juizados especiais).

Lei nº 10.259, de 12.07.2001 (juizado especial federal cível).

Dec. nº 4.311, de 23.07.2002 (execução de sentença arbitral estrangeira).

SÚMULAS VINCULANTES

Nº 22: "A Justiça do Trabalho é competente para processar e julgar as ações de indenização por danos morais e patrimoniais decorrentes de acidente de trabalho propostas por empregado contra empregador, inclusive aquelas que ainda não possuíam sentença de mérito em primeiro grau quando da promulgação da Emenda Constitucional nº 45/04."

Nº 23: "A Justiça do Trabalho é competente para processar e julgar ação possessória ajuizada em decorrência do exercício do direito de greve pelos trabalhadores da iniciativa privada."

SÚMULAS

Súmulas do STF:

Nº 433: "É competente o Tribunal Regional do Trabalho para julgar mandado de segurança contra ato de seu presidente em execução de sentença trabalhista."

Nº 498: "Compete à Justiça dos Estados, em ambas as instâncias, o processo e o julgamento dos crimes contra a economia popular."

Nº 501: "Compete à Justiça ordinária estadual o processo e o julgamento, em ambas as instâncias, das causas de acidente do trabalho, ainda que promovidas contra a União, suas autarquias, empresas públicas ou sociedades de economia mista."

Nº 508: "Compete à Justiça Estadual, em ambas as instâncias, processar e julgar as causas em que for parte o Banco do Brasil S/A."

Nº 736: "Compete à Justiça do Trabalho julgar as ações que tenham como causa de pedir o descumprimento de normas trabalhistas relativas à segurança, higiene e saúde dos trabalhadores." *Súmulas do STJ*:

Nº 3: "Compete ao Tribunal Regional Federal dirimir conflito de competência verificado, na respectiva região, entre juiz federal e juiz estadual investido de jurisdição federal."

Nº 42: "Compete à Justiça comum estadual processar e julgar as causas cíveis em que é parte sociedade de economia mista e os crimes praticados em seu detrimento."

Nº 180: "Na lide trabalhista, compete ao Tribunal Regional do Trabalho dirimir conflito de competência verificado, na respectiva região, entre Juiz estadual e Junta de Conciliação e Julgamento."

Nº 209: "Compete à Justiça estadual processar e julgar prefeito por desvio de verba transferida e incorporada ao patrimônio municipal."

Nº 363: "Compete à Justiça estadual processar e julgar a ação de cobrança ajuizada por profissional liberal contra cliente."

Nº 365: "A intervenção da União como sucessora da Rede Ferroviária Federal S/A (RFFSA) desloca a competência para a Justiça federal ainda que a sentença tenha sido proferida por Juízo estadual."

Nº 367: "A competência estabelecida pela EC nº 45/2004 não alcança os processos já sentenciados."

Nº 570: "Compete à Justiça Federal o processo e julgamento de demanda em que se discute a ausência de obstáculo ao credenciamento de instituição particular de ensino superior no Ministério da Educação como condição de expedição de diploma de ensino a distância aos estudantes."

Súmulas do TRF 5ª Região

Nº 21: "Compete às Varas Federais processar e julgar as execuções fiscais propostas pela União, suas autarquias e empresas públicas, salvo aquelas ajuizadas perante a Justiça Estadual, em exercício de competência delegada, até 13 de março de 2015".

Súmulas do STJ:

Nº 97: "Compete à Justiça do Trabalho processar e julgar reclamação de servidor público relativamente a vantagens trabalhistas anteriores à instituição do regime jurídico único".

Nº 170: "Compete ao juízo onde primeiro for intentada a ação envolvendo acumulação de pedidos, trabalhista e estatutário, decidi-la nos limites da sua jurisdição, sem prejuízo do ajuizamento de nova causa, com o pedido remanescente, no juízo próprio".

Súmulas do TJPR:

Nº 51: "Nos casos em que se pretenda o fornecimento de medicamento de uso contínuo ou por tempo indeterminado, a competência é do Juizado Especial da Fazenda Pública, se o custo anual do fármaco for inferior ao valor de 60 (sessenta) salários mínimos. Excedendo esse valor, a competência será das Varas da Fazenda Pública".

Nº 84: "A competência para o processamento e julgamento das ações de cobrança das contribuições instituídas pelo Decreto-lei 4.048/42, promovidas pelo Senai – Serviço Nacional de Aprendizagem Industrial – é da Justiça Estadual".

BREVES COMENTÁRIOS

A competência é pressuposto da regularidade do processo e da admissibilidade da tutela jurisdicional. O primeiro dever do juiz, quando recebe a inicial de uma ação, é verificar se é ou não o competente para tomar conhecimento da causa.

A EC 45/2004 (vide Legislação Especial) ampliou a competência da Justiça do Trabalho, transferindo-lhe matéria anteriormente atribuída à Justiça comum. Têm despertado maior interesse as causas relativas a danos morais e materiais decorrentes da relação de trabalho, que, em linha de princípio, devem ser apreciadas pela Justiça laboral. Já existem duas súmulas vinculantes a esse respeito (22 e 23). Uma questão, entre as muitas, provocadas pela aplicação da EC nº 45/2004 é a que se refere aos dissídios entre o Poder Público e seus servidores temporários. O Supremo Tribunal Federal já se manifestou que mesmo no sistema constitucional em vigor continua prevalecendo a tese anterior de que cabe à Justiça comum estadual processar e julgar todas as causas instauradas entre a Administração Pública e seus servidores submetidos ao regime especial. O fundamento é que o regime em foco é estatutário, próprio do direito público, não sendo possível assimilá-lo ao contrato de trabalho afetado à jurisdição trabalhista (STF, ADI 3.395 MC/DF, *DJ* 10.11.2006; STF, RE 573.202/AM, Rel. Min. Ricardo Lewandowski, Tribunal Pleno, jul. 21.08.2008).

A garantia constitucional do juiz competente (CF, art. 5º, LIII) integra a garantia maior do devido processo legal e especialmente a do juiz natural. O entendimento do STF, todavia, é no sentido de que, nos casos de acúmulo de processos, "a designação de juiz [pelo TJ] para atuar, de forma genérica, em uma determinada Vara, não ofende o princípio do juiz natural". Configuraria, nulidade processual para a Suprema Corte, "apenas a designação específica, casuística, de Magistrado para atuar em determinado feito" (STF, 1ª Turma, RHC 89.890/BA, Rel. Min. Ricardo Lewandowski, jul. 05.12.2006, *DJU* 02.03.2007, p. 38).

JURISPRUDÊNCIA SELECIONADA

1. Demanda indenizatória por uso de imagem de jogador de futebol. "Compete à Justiça do Trabalho processar e julgar ação indenizatória movida contra editora, por suposto uso indevido de imagem de atleta de futebol, caracterizado por publicação, sem autorização, do autor de sua fotografia em álbum de figurinhas, na hipótese de denunciação da lide pela ré ao clube empregador. Nesse contexto, a pretensão indenizatória remete a subjacentes relações de trabalho do autor da demanda, devendo, portanto, ser examinada conjuntamente com as nuances dos vínculos laborais estabelecidos entre o jogador e os clubes de futebol denunciados à lide. Conflito conhecido para declarar competente a Justiça do Trabalho" (STJ, CC 128.610/RS, Rel. Min. Raul Araújo, 2ª Seção, jul. 22.06.2016, *DJe* 03.08.2016).

2. Ação de destituição do poder familiar. "Mudança de domicílio dos menores. Súmula nº 383/STJ. Incidência. Interesse dos menores. Tutela necessária. Precedentes. Conflito conhecido para declarar a competência do Juízo de Direito da Vara da Infância e Juventude de São José dos Campos/SP" (STJ, CC 145.410/PR, Rel. Min. Moura Ribeiro, 5ª Turma, *DJe* 04.08.2016).

3. Recuperação judicial.

Execução singular movida contra a recuperanda. Relação de consumo. "A interpretação conjunta das normas contidas nos arts. 6º, 47 e 49 da LFRE, bem como o entendimento do STJ acerca da questão, permitem concluir que o juízo onde tramita o processo de recuperação judicial – por ter à sua disposição todos os elementos que traduzem com precisão as dificuldades enfrentadas pelas devedoras, bem como todos os aspectos concernentes à elaboração e à execução do plano de soerguimento – é quem deve decidir sobre o destino dos bens e valores objetos de execuções singulares movidas contra a recuperanda, ainda que se trate de crédito decorrente de relação de consumo" (STJ, REsp 1.630.702/RJ, Rel. Min. Nancy Andrighi, 3ª Turma, jul. 02.02.2017, *DJe* 10.02.2017).

Recuperação judicial. Essencialidade de bem constrito. "Ainda que se trate de créditos garantidos por alienação fiduciária, compete ao Juízo da recuperação judicial decidir acerca da essencialidade de determinado bem para fins de aplicação da ressalva prevista no art. 49, § 3º, da Lei n. 11.101/2005, na parte que não admite a venda ou a retirada do estabelecimento do devedor dos bens de capital essenciais ao desenvolvimento da atividade empresarial. Precedentes" (AgInt no AREsp 1272561/SP, Rel. Min. Marco Aurélio Bellizze, 3ª Turma, jul. 01.04.2019, *DJe* 09.04.2019).

Recuperação judicial. Emissão de carta de fiança. Competência do juízo universal. "A questão jurídica a ser dirimida está em definir a competência para determinar a emissão de carta de fiança bancária por empresa em recuperação judicial para garantia de dívida em discussão no juízo arbitral. (...) O conflito positivo de competência ocorre não apenas quando dois ou mais Juízos se declaram competentes para o julgamento da mesma causa, mas também quando proferem decisões excludentes entre si acerca do mesmo objeto. Na hipótese dos autos, os Juízos suscitados proferiram decisões incompatíveis entre si, pois, enquanto o Juízo arbitral determinou a apresentação de garantia bancária pela empresa recuperanda, o Juízo da recuperação se manifestou no sentido de que qualquer ato constritivo ao patrimônio da recuperanda deverá ser a ele submetido. Segundo a regra da *Kompetenz-Kompetenz*, o próprio árbitro é quem decide, com prioridade ao juiz togado, a respeito de sua competência para avaliar a existência, validade ou eficácia do contrato que contém a cláusula compromissória (art. 485 do NCPC, art. 8º, parágrafo único, e art. 20 da Lei nº 9.307/96). No caso sob análise não há discussão sobre a interpretação do contrato e da convenção de arbitragem que embasaram o procedimento, limitando-se a quaestio juris a definir qual é o juízo competente para deliberar sobre prestação de garantia passível de atingir o patrimônio da empresa recuperanda. Segundo precedentes desta Corte Superior, as ações ilíquidas tramitarão regularmente nos demais juízos, inclusive nos Tribunais Arbitrais. Contudo, não será possível nenhum ato de constrição ao patrimônio da empresa em recuperação" (STJ, AgInt no CC 153.498/RJ, Rel. Min. Moura Ribeiro, 2ª Seção, jul. 23.05.2018, *DJe* 14.06.2018).

Créditos da empresa em recuperação judicial. Condição de autora e credora. "Em atenção aos princípios da indivisibilidade e da universabilidade, o juízo da falência é o competente para decidir questões relativas aos bens, interesses e negócios do falido (art. 76 da Lei nº 11.101/2005). No entanto, as ações em que a empresa em recuperação judicial, como autora e credora, busca cobrar créditos seus contra terceiros não se encontram abrangidas pela indivisibilidade e universabilidade do juízo da falência, devendo a parte observar as regras de competência legais e constitucionais existentes" (STJ, REsp 1.236.664/SP, Rel. Min. João Otávio de Noronha, 3ª Turma, jul. 11.11.2014, *DJe* 18.11.2014).

Recuperação judicial. Justiça laboral. Atos executórios. Competência do juízo universal. Art. 76 da Lei nº 11.101/2005. "Os atos de execução dos créditos individuais e fiscais promovidos contra empresas falidas ou em recuperação judicial, tanto sob a égide do Decreto-Lei n. 7.661/45 quanto da Lei nº 11.101/2005, devem ser realizados pelo Juízo universal. Inteligência do art. 76 da Lei nº 11.101/2005. Precedentes. Conflito de competência conhecido para declarar competente o Juízo da 4ª Vara Cível de São Bernardo do Campo/SP" (STJ, CC 160.821, Rel. Min. Luis Felipe Salomão, dec. monocrática, *DJe* 13.12.2018, p. 2.548).

Recuperação judicial. Medidas de constrição do patrimônio da empresa. Crédito extraconcursal. "Ainda que o crédito exequendo tenha sido constituído depois do deferimento do pedido de recuperação judicial (crédito extraconcursal), a jurisprudência desta Corte é pacífica no sentido de que, também nesse caso, o controle dos atos de constrição patrimonial deve prosseguir no Juízo da recuperação. Precedentes. Declarada a incompetência do Juízo laboral para prosseguir com a execução e reconhecida a competência do Juízo da recuperação, caso seja de seu interesse, incumbe ao credor-exequente diligenciar junto a este, no intento de satisfazer e viabilizar sua pretensão executória" (STJ, PET CC 175.628/MG, Rel. Min. Luis Felipe Salomão, 4ª Turma, jul. 14.04.2021, *DJe* 20.04.2021).

Juízo de recuperação judicial. Justiça federal e estadual. Discussão acerca de valor de uso de rede móvel (VU-M). Debate que não cuida de questão de recuperação judicial. Anatel. Justiça Federal. "(...). Pondera-se que a competência do Juízo da Recuperação Judicial para tornar exequível o respectivo plano e zelar pela continuidade da atividade e preservação da empresa não lhe confere poderes para modificar relações jurídicas submetidas a regime jurídico específico referente à prestação de serviços públicos titularizados pela União e sujeitos à fiscalização das agências reguladoras federais. De fato, é claro que é competência da Justiça Federal analisar as questões relativas aos contratos de interconexão e ao valor da interconexão propriamente dita (VU-M). Reserva-se ao Juízo Estadual o que é de recuperação judicial – habilitação de crédito, classificação de credores, aprovação de plano. Não se pode, contudo, admitir a invasão da competência da esfera federal. Destaque-se que **a matéria é de competência exclusiva da Justiça Federal devido ao litisconsórcio da Anatel, pois como a Agência tem que integrar a lide e participar da ação**, não se pode admitir que se tente modificar a competência que já está estabilizada desde 2010, em razão de recuperação judicial posterior. Diferentemente dos casos de Conflitos de Competência que costumam chegar nesta Primeira Seção, envolvendo questão de execução fiscal, constrição patrimonial, penhora e alienação de bens da empresa em recuperação, aqui não se trata de uma ação que visa constranger o patrimônio da parte. Pelo contrário, é um rito que busca diminuir o quanto ela quer pagar de interconexão. Não se admite que o Juízo da recuperação judicial a qualquer título avoque, direta ou indiretamente, ainda que a provisoriamente, a fixação do VU-M, haja vista que esta lide está sob apreciação do Juízo Federal competente. A fixação de tal valor tem que ser realizada pelo Juízo próprio, com os pedidos e recursos próprios, na Justiça Federal." (STJ, CC 156.064/DF, Rel. p/ Acórdão Min. Herman Benjamin, 1ª seção, jul. 14.11.2018, *DJe* 29.05.2019).

Recuperação judicial. Execução fiscal. Bens de capital. Substituição. "Os autos buscam definir se está configurado o conflito positivo de competência na espécie e, sendo esse o caso, qual o juízo competente para, em execução fiscal, determinar a constrição de valores pertencentes a empresa em recuperação judicial. (...) Valores em dinheiro não constituem bens de capital a inaugurar a competência do Juízo da recuperação prevista no artigo 6º, § 7º-B, da LREF para determinar a substituição dos atos de constrição. Conflito conhecido para declarar a competência do Juízo da execução fiscal" (STJ, CC. 196.553/PE, Rel. Min. Ricardo Villas Bôas Cueva, 2ª Seção, jul. 18.04.2024, *DJe* 25.04.2024).

Recuperação judicial. Dívida condominial. Bem arrecadado no juízo falimentar. "Os encargos condominiais, mesmo que anteriores à recuperação judicial, enquadram-se no conceito de despesas necessárias à administração do ativo, tratando-se de crédito extraconcursal que não se sujeita à habilitação, tampouco à suspensão determinada pela Lei de Falências. Precedentes. Mantém-se a competência do juízo da ação de cobrança para o prosseguimento dos atos expropriatórios" (STJ, AgInt na TutPrv no AREsp 1.897.164/RJ, Rel. Min. João Otávio de Noronha, 4ª Turma, jul. 26.08.2024, *DJe* 28.08.2024).

4. Marcas. Ação de nulidade de registro de marca. Participação do INPI. Competência da justiça federal. "A tese a ser firmada, para efeito do art. 1.036 do CPC/2015 (art. 543-C do CPC/1973), é a seguinte: As questões acerca do *trade dress* (conjunto-imagem) dos produtos, concorrência desleal e outras demandas afins, por não envolver registro no INPI e cuidando de ação judicial entre particulares, é inequivocamente de competência da justiça estadual, já que não afeta interesse institucional da autarquia federal. No entanto, compete à Justiça Federal, em ação de nulidade de registro de marca, com a participação do INPI, impor ao titular a abstenção do uso, inclusive no tocante à tutela provisória" (STJ, REsp 1527232/SP, Rel. Min. Luis Felipe Salomão, 2ª Seção, jul. 13.12.2017, *DJe* 05.02.2018). **Obs.: Decisão submetida a julgamento de recursos repetitivos.**

5. Ação de abstenção de uso de marca. Competência da Justiça Federal. "Reconvenção movida pela ré em ação de abstenção de uso de marca, alegando ser proprietária da marca registrada em seu nome perante o Instituto Nacional da Propriedade Industrial. Não pode o Tribunal de Justiça Estadual, em ação de abstenção de uso de marca, afastar o pedido da proprietária da marca declarando a nulidade do registro ou irregularidade da marca, eis que lhe carece competência. Reconhecida a propriedade da marca em nome da ré-reconvinte, deve ser reconhecida a exclusividade e deferido o pedido de abstenção de uso de sua marca por parte da autora-reconvinda, enquanto perdurar válido o seu registro perante o órgão autárquico" (STJ, REsp 1393123/SP, Rel. Min. Maria Isabel Gallotti, 4ª Turma, jul. 18.02.2020, *DJe* 06.03.2020).

6. Propriedade industrial. Ação de infração. Justiça Estadual. Reconhecimento incidental da nulidade de patente e desenho industrial. Matéria de defesa. Possibilidade. "A Lei n. 9.279/96 – Lei de Propriedade Industrial – exige, como regra, a participação do INPI, autarquia federal, nas ações de nulidade de direitos da propriedade industrial. Nos termos dos arts. 57, 118 e 175 da Lei n. 9.279/96, as ações de nulidade de patentes, desenhos industriais e de marcas devem ser propostas perante a Justiça Federal. Esse mesmo diploma legal, no entanto, faz uma ressalva expressa no que diz respeito às patentes e aos desenhos industriais, ao possibilitar a arguição de sua nulidade pelo réu, em ação de infração, como matéria de defesa, dispensando, excepcionalmente, portanto, a participação do INPI. Essa ressalva não é aplicável às marcas. O reconhecimento da nulidade de patentes e de desenhos industriais pelo juízo estadual, por ocorrer apenas 'incidenter tantum', não faz coisa julgada e não opera efeitos para fora do processo, tendo apenas o condão de levar à improcedência do pedido veiculado na ação de infração" (STJ, REsp 1843507/SP, Rel. Min. Paulo de Tarso Sanseverino, 3ª Turma, jul. 06.10.2020, *DJe* 29.10.2020).

7. Competência da justiça comum estadual. Manutenção de ex-empregado aposentado em plano de saúde coletivo de entidade de autogestão vinculada ao empregador. Natureza predominantemente civil do litígio. "O propósito do presente conflito consiste em definir a competência para julgar controvérsias estabelecidas entre ex-empregados (nas hipóteses de aposentadoria, rescisão ou exoneração do contrato de trabalho sem justa causa) e operadoras de plano de saúde na modalidade autogestão vinculadas ao empregador, acerca do direito de manter a condição de beneficiário, nas mesmas condições de cobertura assistencial de que gozava quando da vigência do contrato de trabalho. [...] Plano de saúde coletivo disponibilizado pelo empregador ao empregado não é considerado salário, conforme disposto no art. 458, § 2º, IV da Consolidação das Leis Trabalhistas, em redação dada pela Lei 10.243/01. A operadora de plano de saúde de autogestão, vinculada à instituição empregadora, é disciplinada no âmbito do sistema de saúde suplementar, conforme disposto em Resolução Normativa nº 137/06 da ANS. O fundamento jurídico para avaliar a procedência ou improcedência do pedido está estritamente vinculado à interpretação da Lei dos Planos de Saúde, sobretudo dos arts. 30 e 31. Essas razões permitem concluir pela inexistência de discussão sobre o contrato de trabalho ou de direitos trabalhistas, mas um litígio acerca da manutenção ou não do ex-empregado em plano de saúde coletivo, cuja natureza é preponderantemente civil e não trabalhista"(STJ, CC 157.664/SP, Rel. Min. Nancy Andrighi, 2ª Seção, jul. 23.05.2018, *DJe* 25.05.2018).

Ação relativa a plano de saúde de autogestão empresarial. Competência da justiça comum: "Tese firmada para efeito do art. 947 do CPC/15: Compete à Justiça comum julgar as demandas relativas a plano de saúde de autogestão empresarial, exceto quando o benefício for instituído em contrato de trabalho, convenção ou acordo coletivo, hipótese em que a competência será da Justiça do Trabalho, ainda que figure como parte trabalhador aposentado ou dependente do trabalhador" (STJ, REsp 1799343/SP, Rel. p/ Acórdão Min. Nancy Andrighi, Segunda Seção, jul. 11.03.2020, *DJe* 18.03.2020).

Plano de saúde coletivo empresarial. Competência da justiça comum. Incidente de assunção de competência. "Teses para os efeitos do art. 947, § 3º, do CPC/2015: 2.1. Compete à Justiça comum o julgamento das demandas entre usuário e operadora plano de saúde, exceto quando o plano é organizado na modalidade autogestão empresarial, sendo operado pela própria empresa contratante do trabalhador, hipótese em que a competência é da Justiça do Trabalho. 2.2. Irrelevância, para os fins da tese 2.1, da existência de norma acerca da assistência à saúde em contrato de trabalho, acordo ou convenção coletiva. 2.3. Aplicabilidade da tese 2.1 também para as demandas em que figure como parte trabalhador aposentado ou dependente do trabalhador" (STJ, CC 165.863/SP, Rel. Min. Paulo de Tarso Sanseverino, 2ª Seção, jul. 11.03.2020, *DJe* 17.03.2020).

8. Competência do juizado especial.

Ação de cobrança ajuizada por associação de moradores de loteamento urbano. Taxas de manutenção de áreas comuns. "O propósito recursal consiste em definir se o Juizado Especial Cível detém competência para o processamento e o julgamento de ação proposta por associação de moradores visando à cobrança de taxas de manutenção de loteamento urbano, em face de morador não associado. [...] A teor do disposto no art. 3º, II, da Lei 9.099/95, o Juizado Especial é competente para o julgamento das ações que, no revogado Código de Processo Civil de 1973, submetiam-se ao procedimento sumário (art. 275, II, do CPC/73), aí incluindo a ação de cobrança ao condômino de quaisquer quantias devidas ao condomínio". (STJ, RMS 53.602/AL, Rel.ª Min.ª Nancy Andrighi, 3ª Turma, jul. 05.06.2018, *DJe* 07.06.2018).

9. Competência da Justiça Comum Estadual. Ação de reparação de danos materiais e morais ajuizada por motorista de aplicativo. "Os fundamentos de fato e de direito da causa não dizem respeito à eventual relação de emprego havida entre as partes, tampouco veiculam a pretensão de recebimento de verbas de natureza trabalhista. A pretensão decorre do contrato firmado com empresa detentora de aplicativo de celular, de cunho eminentemente civil. As ferramentas tecnológicas disponíveis atualmente permitiram criar uma nova modalidade de interação econômica, fazendo surgir a economia compartilhada (*sharing economy*), em que a prestação de serviços por detentores de veículos particulares é intermediada por aplicativos geridos por empresas de tecnologia. Nesse processo, os motoristas, executores da atividade, atuam como empreendedores individuais, sem vínculo de emprego com a empresa proprietária da plataforma. Compete à Justiça Comum Estadual julgar ação de obrigação de fazer c.c. reparação de danos materiais e morais ajuizada por motorista de aplicativo pretendendo a reativação de sua conta UBER para que possa voltar a usar o aplicativo e realizar seus serviços" (STJ, CC 164.544/MG, Rel. Min. Moura Ribeiro, 2ª Seção, jul. 28.08.2019, *DJe* 04.09.2019).

10. Ações ajuizadas contra decisões do CNJ e CNMP. Competência. STF. "'Nos termos do artigo 102, inciso I, *r*, da Constituição Federal, é competência exclusiva do Supremo Tribunal Federal processar e julgar, originariamente, todas as ações ajuizadas contra decisões do Conselho Nacional de Justiça e do Conselho Nacional do Ministério Público" (tese firmada na ADI 4.412/DF, julgada em 18/11/2020)'" (STJ, REsp 1.850.759/CE, Rel. Min. Gurgel de Faria, 1ª Turma, jul. 09.03.2021, *DJe* 14.04.2021).

11. Direito da criança e do adolescente. Causas envolvendo matrícula de menores em creches ou escolas. Competência. "Tese jurídica firmada: 'A Justiça da Infância e da Juventude tem competência absoluta para processar e julgar causas envolvendo matrícula de menores em creches ou escolas, nos termos dos arts. 148, IV, e 209 da Lei 8.069/90'" (STJ, REsp 1.846.781/MS, Rel. Min. Assusete Magalhães, 1ª Seção, jul. 10.02.2021, *DJe* 29.03.2021). **Decisão submetida a julgamento de recursos repetitivos.**

12. Vara da Infância e Juventude. Competência absoluta. "4. Fixam-se as seguintes teses vinculantes no presente IAC: (...) Tese B) São absolutas as competências: (i) da Vara da Infância e da Juventude do local onde ocorreu ou deva ocorrer a ação ou a omissão, para as causas individuais ou coletivas arroladas no ECA, inclusive sobre educação e saúde, ressalvadas a competência da Justiça Federal e a competência originária dos tribunais superiores (arts. 148, IV, e 209 da Lei n. 8.069/1990 e Tese n. 1.058/STJ)" (STJ, REsp 1.896.379/MT, Rel. Min. Og Fernandes, 1ª Seção, jul. 21.10.2021, *DJe* 13.12.2021).

13. Justiça do trabalho e justiça comum estadual.

Competência da Justiça do Trabalho:

"(...) 'o Excelso Pretório, no julgamento do RE com Agravo 906.491/DF, sob o regime da repercussão geral, firmou entendimento segundo o qual compete à Justiça do Trabalho o julgamento de demandas em que o servidor ingressa no serviço público, antes da entrada em vigor da CF/1988, pelo regime celetista e, não obstante a edição de lei local alterando o regime para o estatutário, não é submetido a concurso público' (STJ, AgInt no RE no AgInt no CC 160.279/PI, Rel. Ministra Maria Thereza de Assis Moura, Corte Especial, *DJe* de 28/10/2019)" (STJ, CC 188.950/TO, Rel. Min. Assusete Magalhães, 1ª Seção, jul. 14.09.2022, *DJe* 20.09.2022).

Cumulação de pedidos relativos ao regime celetista e ao estatutário. "Conforme a jurisprudência do STJ, identificada a cumulação de pedidos, que envolvem períodos relativos a ambos os vínculos trabalhista e estatutário, determina-se a aplicação do entendimento firmado pelo STJ na Súmula 170, segundo a qual 'compete ao juízo onde primeiro for intentada a ação envolvendo acumulação de pedidos, trabalhista e estatutário, decidi-la nos limites da sua jurisdição, sem prejuízo do ajuizamento de nova causa, com o pedido remanescente, no juízo próprio'" (STJ, CC 188.950/TO, Rel. Min. Assusete Magalhães, 1ª Seção, jul. 14.09.2022, *DJe* 20.09.2022).

Previsão estatutária e eleição de representante de empregados ativos, inativos e pensionistas para o conselho de administração. "Assim, a criação desse direito trabalhista, de índole não obrigatória e extraordinária, não pode ser imposta às sociedades anônimas. Fica a depender destas a concepção do benefício no âmbito de cada sociedade empresária. Uma vez instituído o direito pelo respectivo estatuto social, os representantes dos empregados deverão ser escolhidos pelo voto destes, em eleição direta, organizada pela própria companhia, em conjunto com as entidades sindicais representativas da categoria. Naturalmente, a decisão sobre a correção na instituição do direito em cada caso concreto caberá ao Judiciário, ao ser provocado. Em sede de conflito de competência, caberá apenas definir o órgão judicial competente para processar e julgar as ações. A relação jurídica em evidência não deriva imediatamente da relação de trabalho (CF, art. 114, I) ou de outras controvérsias decorrentes da relação de trabalho (CF, art. 114, IX) ou, ainda, de litígio acerca de representação sindical, entre sindicatos e trabalhadores (CF, art. 114, III), pois decorre diretamente de previsão estatutária da companhia, com supedâneo em norma de direito empresarial. Conflito de competência parcialmente conhecido para, na parte conhecida, declarar a competência da Justiça Comum Estadual, no caso, da 5ª Vara Cível da Comarca de Belo Horizonte-MG, nos termos da Súmula 170/STJ" (STJ, CC 164.709/MG, Rel. p/ Acórdão Min. Raul Araújo, 2ª Seção, jul. 28.04.2021, *DJe* 03.08.2021).

Causas contra o empregador. Verbas trabalhistas e reflexos nas contribuições para previdência privada. "A Justiça Comum não é competente para apreciar o pedido direcionado ao ex-empregador de recolhimento da cota patronal para recomposição da reserva matemática (Repercussão Geral/Tema 1.166/STF)" (STJ, 4ª T., AgInt no REsp 1.992.122/DF, Rel. Min. Marco Buzzi, jul. 27.06.2022, DJe 30.06.2022). Obs.: "Compete à Justiça do Trabalho processar e julgar causas ajuizadas contra o empregador nas quais se pretenda o reconhecimento de verbas trabalhistas e os reflexos nas respectivas contribuições para a entidade de previdência privada a ele vinculada" (Repercussão Geral/Tema 1.166/STF). **No mesmo sentido:** STJ, EDcl no AgInt no AREsp 1.547.767/SP, Rel. Min. Marco Buzzi, 4ª Turma, jul. 22.03.2022, *DJe* 07.04.2022.

Competência para dirimir conflitos entre Juízo Estadual e TST. "O Supremo Tribunal Federal é competente para dirimir o conflito entre Juízo estadual de primeira instância e o Tribunal Superior do Trabalho, nos termos do disposto no art. 102, I, *o*, da Constituição do Brasil. Precedente [CC n. 7.027, Relator o Ministro Celso de Mello, *DJ* de 01.09.1995]" (STF, CC 7.242/MG, Rel. Min. Eros Grau, Tribunal Pleno, jul. 18.09.2008, *DJe* 19.12.2008).

Relação de emprego. "À determinação da competência da Justiça do Trabalho não importa que dependa a solução da lide de questões de direito civil' (Conflito de Jurisdição n. 6.959), bastando que a questão submetida à apreciação judicial decorra da relação de emprego" (STF, RE 579.648/MG, Rel. p/ ac. Min. Cármen Lúcia, Tribunal Pleno, jul. 10.09.2008, *DJe* 06.03.2009). **No mesmo sentido:** STF, RE 238.737/SP, Rel. Min. Sepúlveda Pertence, 1ª Turma, jul. 17.11.1998; STJ, CC 121.998/MG, Rel. Min. Raul Araújo, 2ª Seção, jul. 27.02.2013, *DJe* 04.03.2013; STJ, CC 95.914/RJ, Rel. Min. Sidnei Beneti, 2ª Seção, jul. 26.11.2008, *DJe* 05.12.2008.

Também "compete à Justiça do Trabalho processar e julgar ação relativa a pacto acessório ao contrato de trabalho. Conflito conhecido para declarar competente o Juízo Trabalhista" (STJ, CC 124.894/SP, Rel. Min. Raul Araújo, 2ª Seção, jul. 10.04.2013, *DJe* 19.04.2013).

No sentido de ser da Justiça Trabalhista a competência para dirimir conflito sobre a assistência médica hospitalar fornecida gratuitamente aos empregados: STJ, REsp 1.045.753/RS, Rel. Min. Luis Felipe Salomão, 4ª Turma, jul. 04.04.2013, *DJe* 18.04.2013.

Ação de indenização decorrente de acidente de trabalho. "A jurisprudência desta Corte se firmou no sentido de que, a partir da vigência da Emenda Constitucional 45, a competência para julgar ações de indenização por danos materiais e morais fundadas em acidente de trabalho é da Justiça do Trabalho, desde que não haja sentença de mérito proferida pela Justiça Comum estadual em data anterior à EC 45" (STF, RE 553.562 AgR, Rel. Min. Joaquim Barbosa, 2ª Turma, jul. 16.12.2008, *DJe* 06.03.2009). **No mesmo sentido**: STF, CC 7.545, Rel. Min. Eros Grau, Tribunal Pleno, jul. 03.06.2009, *DJe* 14.08.2009; STJ, RE 543.261 ED, Rel. Min. Cármen Lúcia, 1ª Turma, jul. 28.10.2008, *DJe* 19.12.2008. No mesmo sentido: STJ, CC 121.998/MG, Rel. Min. Raul Araújo, 2ª Seção, jul. 27.02.2013, *DJe* 04.03.2013. **Ver Súmula Vinculante nº 22.**

Reconhecendo a competência também para ações promovidas por cônjuge, herdeiros ou dependentes do acidentado: STJ, CC 121.352/SP, Rel. Min. Teori Albino Zavascki, 1ª Seção, jul. 11.04.2012, *DJe* 16.04.2012; STF, CC 7.545, Rel. Min. Eros Grau, Tribunal Pleno, jul. 03.06.2009, *DJe* 14.08.2009.

Cobrança de contribuição sindical. "Está assentado no STJ o entendimento de que a nova competência introduzida pela EC 45/04 abrange as demandas visando à cobrança da contribuição sindical (art. 114, III, da CF/1988)" (STJ, CC 90.778/SP, Rel. Min. Teori Albino Zavascki, 1ª Seção, jul. 12.03.2008, *DJ* 31.03.2008).

Ação de indenização. Proposta por ex-diretor sindical em face do sindicato. "Com a promulgação da EC n. 45/2004, ampliou-se a competência da Justiça do Trabalho, em cujas atribuições jurisdicionais incluiu-se o poder para processar e julgar a controvérsia pertinente à representação interna de entidades sindicais (sindicatos, federações e confederações). Em decorrência dessa reforma constitucional, cessou a competência da Justiça comum de estado-membro para processar e julgar as causas referentes aos litígios envolvendo dirigente sindical e a própria entidade que ele representa em matérias referentes a questões estatutárias. Precedentes do STF e STJ" (STJ, CC 124.534/DF, Rel. Min. Luis Felipe Salomão, 2ª Seção, jul. 26.06.2013, *DJe* 01.07.2013).

Ação de interdito proibitório e greve. "O exercício do direito de greve respeita a relação de emprego, pelo que a Emenda Constitucional n. 45/2003 incluiu, expressamente, na competência da Justiça do Trabalho conhecer e julgar as ações dele decorrentes (art. 114, inciso II, da Constituição da República)" (STF, RE 579.648/MG, Rel. p/ ac. Min. Cármen Lúcia, Tribunal Pleno, jul. 10.09.2008, *DJe* 06.03.2009). **No mesmo sentido:** STJ, AgRg no CC 101.574/SP, Rel. Min. Fernando Gonçalves, 2ª Seção, jul. 25.03.2009, *DJe* 01.04.2009. **Ver Súmula Vinculante nº 23.**

Arrematação. Ação anulatória. "Compete com exclusividade à Justiça do Trabalho o julgamento de ação anulatória de registro de imóvel decorrente de arrematação levada a efeito no juízo trabalhista, pois o apontado vício, se reconhecido, terá ocorrido perante a justiça especializada. Eventual desconstituição da decisão que homologou a arrematação e determinou o registro da carta só pode ser obtida mediante processo próprio, perante aquela Justiça especializada. Precedentes" (STJ, CC 86.065/MG, Rel. Min. Luis Felipe Salomão, 2ª Seção, jul. 13.12.2010, *DJe* 16.12.2010).

Contrato de mútuo. Aquisição de veículo necessário à atividade laboral. "Na hipótese dos autos, a empresa empregadora pretende cobrar de seu ex-empregado empréstimo para a aquisição de veículo automotor utilizado no exercício das atividades laborais de 'vendedor técnico jr.'. Compete à Justiça do Trabalho processar e julgar ação relativa a pacto acessório ao contrato de trabalho. Conflito conhecido para declarar competente o Juízo Trabalhista" (STJ, CC 124.894/SP, Rel. Min. Raul Araújo, 2ª Seção, jul. 10.04.2013, *DJe* 19.04.2013).

Crédito trabalhista com fato gerador posterior ao pedido de recuperação judicial. Crédito extraconcursal. "Uma vez exaurido o período de blindagem – mormente nos casos em que sobrevém sentença de concessão da recuperação judicial, a ensejar a novação de todas as obrigações sujeitas ao plano de recuperação judicial –, é absolutamente necessário que o credor extraconcursal tenha seu crédito devidamente equalizado no âmbito da execução individual, não sendo possível que o Juízo da recuperação continue, após tal interregno, a obstar a satisfação do crédito, com suporte no princípio da preservação da empresa, o qual não se tem por absoluto. (...) Diante do exaurimento do *stay period*, deve-se observar que a execução do crédito trabalhista extraconcursal em exame deve prosseguir normalmente perante o Juízo trabalhista suscitado, sendo vedado ao Juízo da recuperação judicial – porque exaurida sua competência (restrita ao sobrestamento de ato constritivo incidente sobre bem de capital) – proceder ao controle dos atos constritivos a serem ali exarados" (STJ, CC 191.533/MT, Rel. Min. Marco Aurélio Bellizze, 2ª Seção, jul. 18.04.2024, *DJe* 26.04.2024).

Competência da Justiça Comum:

Contrato de representação comercial autônoma. Lei 4.886/65. Não configuração de relação de trabalho. Competência da Justiça Comum. "Recurso extraordinário a que se dá provimento, para assentar a competência da Justiça Comum, com a fixação da seguinte tese: 'Preenchidos os requisitos dispostos na Lei 4.886/65, compete à Justiça Comum o julgamento de processos envolvendo relação jurídica entre representante e representada comerciais, uma vez que não há relação de trabalho entre as partes'" (STF, RE 606.003, Rel. p/ Acórdão Roberto Barroso, Tribunal Pleno, jul. 28.09.2020, *DJe* 14.10.2020).

Dano moral entre colegas de trabalho. "Se o ilícito em que fundamentada a responsabilidade por danos morais ocorre entre meros colegas de trabalho, é ele – ainda que praticado no ambiente de trabalho – civil e extracontratual, sendo de competência da Justiça estadual a apreciação da respectiva ação. Inaplicabilidade ao caso do art. 114, VI, da Constituição da República" (STJ, CC 110.974/SP, Rel. Min. Paulo de Tarso Sanseverino, 2ª Seção, jul. 10.11.2010, *DJe* 23.11.2010).

Dano moral movido por ex-empregado contra o patrão depois de findo o contrato de trabalho. "Ação de indenização por danos morais, **movida por ex-empregado e sua mulher contra o ex-patrão**, porque este teria ofendido a honra dos primeiros, é da competência da Justiça estadual, pois as ofensas foram irrogadas no momento da cobrança de verbas rescisórias, quando já findo o contrato de trabalho" (STJ, CC 95.325/SP, Rel. Min. Fernando Gonçalves, 2ª Seção, jul. 13.08.2008, *DJe* 21.08.2008). **No mesmo sentido**: STJ, CC 29.071/RJ, Rel. Min. Antônio de Pádua Ribeiro, 2ª Seção, *DJ* 09.10.2000.

Danos morais e materiais. Pastor de congregação religiosa. "Compete à Justiça comum estadual processar e julgar ação de indenização por danos morais e materiais, na hipótese em que o autor da ação, pastor de congregação religiosa, afirma ter sido afastado indevidamente de suas funções, porquanto a controvérsia posta na demanda deriva de relação jurídica de cunho eminentemente religioso e civil. A causa de pedir e o pedido deduzidos na exordial nem sequer se referem à existência de relação de trabalho entre as partes. Conflito conhecido para declarar competente a Justiça comum estadual" (STJ, CC 125.472/BA, Rel. Min. Raul Araújo, 2ª Seção, jul. 10.04.2013, *DJe* 19.04.2013).

Ação indenizatória contra instituição de ensino. "Cuida a hipótese de ação de indenização, promovida por estagiário contra instituição de ensino e de instituição hospitalar autorizada a ministrar estágio obrigatório curricular, na qual é alegada a ocorrência de danos materiais e morais derivados de incidente que expôs estudante ao perigo de contágio por vírus, obrigando-o a submeter-se a tratamento preventivo. Não configurada, na hipótese, a existência de vínculo laboral, mas de relação civil de prestação de serviços de disponibilização de vaga de estágio obrigatório acadêmico, exigido por instituição de ensino superior para colação de grau, competindo à Justiça comum processar e julgar a ação de indenização. Conflito conhecido para declarar competente a Justiça comum estadual" (STJ, CC 131.195/MG, Rel. Min. Raul Araújo, 2ª Seção, jul. 26.02.2014, *DJe* 04.04.2014).

Servidor estatutário e ente público. "A competência para o julgamento das ações de indenização por danos morais e materiais decorrentes de acidente de trabalho, quando envolverem servidor estatutário e o ente público, ainda que federal, será da Justiça estadual. Precedentes da Primeira Seção: CC 91572/RJ, *DJU* 07.04.2008; CC 95181/RO, *DJe* 24.09.2008" (STJ, CC 101.787/RO, Rel. Min. Benedito Gonçalves, 1ª Seção, jul. 11.03.2009, *DJe* 23.03.2009).

Contratação temporária. "A contratação temporária de trabalho, nos termos do art. 37, IX, da CF, tem natureza nitidamente administrativa, **excluindo-se a competência da Justiça do Trabalho** para a apreciação dos feitos relativos a esse vínculo" (STJ, CC 100.271/PE, Rel. Min. Arnaldo Esteves Lima, 3ª Seção, jul. 25.03.2009, *DJe* 06.04.2009).

Contrato de empreitada. "Assim, se o contrato de empreitada não se enquadra na norma exceptiva do art. 652, *a*, III, da CLT, a competência continua a ser da Justiça comum estadual. Compete ao Juízo do Trabalho decidir se o contrato de empreitada envolve ou não empreiteiro '*operário ou artífice*', a justificar a competência da Justiça especializada. O empreiteiro, pessoa física, que contrata ajudantes para executar o serviço, transforma-se em tomador de serviços ou empregador, o que afasta a competência da Justiça do Trabalho para julgar demanda envolvendo ele, empreiteiro, e quem o contratou" (STJ, CC 89.171/MG, Rel. Min. Humberto Gomes de Barros, 2ª Seção, jul. 24.10.2007, *DJ* 26.11.2007).

Direito intertemporal. Ver jurisprudência do art. 87.

Ação cautelar de exibição de documentos proposta pelo filho. "Da demanda, extrai-se que o autor busca a exibição de documentos junto ao ex-empregador de seu falecido pai para propor ação de cobrança contra seguradora. Verifica-se, portanto, que a ação em comento não se fundamenta em qualquer vínculo trabalhista estabelecido entre as partes, mas, sim, em relação contratual existente entre o autor, beneficiário do seguro de vida coletivo, e a seguradora. Conflito de competência conhecido para declarar competente o Juízo de Direito da 3ª Vara Cível de Ribeirão Preto, o suscitado" (STJ, CC 121.161/SP, Rel. Min. Ricardo Villas Bôas Cueva, 2ª Seção, jul. 22.05.2013, *DJe* 04.06.2013).

14. Bem objeto de sequestro no juízo penal e alienado judicialmente na justiça trabalhista, após penhora. Primazia da medida constritiva penal (sequestro) em detrimento da penhora em reclamação trabalhista. "É possível a coexistência de múltiplas constrições patrimoniais sobre um mesmo bem, decretadas por Juízes diversos, sem implicar em usurpação de competência por quaisquer deles, sendo possível cogitar de conflito positivo apenas nas hipóteses em que verificada a antecipação, por um algum dos Juízes, da prática de ato expropriatório. (...) O sequestro ostenta natureza distinta das outras medidas assecuratórias penais (arresto e hipoteca legal), ante o interesse público verificado a partir da natureza dos bens objetos dessa constrição - adquiridos com os proventos da infração - e do procedimento para expropriação desses bens, que transcorre na seara penal (art. 133 do CPP). Considerando a natureza peculiar do sequestro, há primazia da referida medida assecuratória frente à constrição patrimonial decretada por Juízo cível ou trabalhista (penhora), incorrendo em usurpação de competência o Juízo trabalhista que pratica ato expropriatório de bem sequestrado na seara penal, mormente considerando o interesse público verificado a partir da natureza dos bens - adquiridos com os proventos da infração -, e do procedimento para expropriação, que transcorre na seara penal. Conquanto verificada a usurpação de competência, não deve ser declarada a nulidade do ato expropriatório praticado pelo Juízo Trabalhista, pois os bens submetidos à alienação judicial gozam de presunção (*juris tantum*), estabelecida pelo próprio Poder Judiciário e pela lei (art. 903 do CPC), de que são desembaraçados, ou seja, livres de ônus, sendo que a declaração de nulidade implicaria em descrédito de um instituto que depende de sua credibilidade para adesão dos arrematantes. Mantida a alienação, deve ser observado, no entanto, que a quantia obtida com a alienação judicial promovida perante o Juízo incompetente (Trabalhista) deve ser revertida em favor da constrição decretada pelo Juízo penal, a fim de mitigar o prejuízo causado com a inobservância do direcionamento estabelecido na lei penal e processual penal (art. 133, § 1º, do CPP e art. 91, II, *b*, do Código Penal)" (STJ, CC 175.033/GO, Rel. Min. Sebastião Reis Júnior, 3ª Seção, jul. 26.05.2021, *DJe* 28.05.2021).

15. Insolvência civil. Competência. "A questão constitucional em debate, neste recurso extraordinário com repercussão geral reconhecida (Tema 859), é se a insolvência civil está, ou não, entre as exceções postas na parte final do artigo 109, I, da Constituição da República, para fins de definição da competência da Justiça Federal de primeira instância. (...) Assim sendo, diante do caso dos autos, fixa-se a seguinte tese: 'A insolvência civil está entre as exceções da parte final do artigo 109, I, da Constituição da República, para fins de definição da competência da Justiça Federal'" (STF, RE 678.162, Rel. p/ Acórdão Edson Fachin, Tribunal Pleno, jul. 29.03.2021, *DJe* 13.05.2021).

16. Local do domicílio do idoso. Competência absoluta. "4. Fixam-se as seguintes teses vinculantes no presente IAC: (...) Tese B) São absolutas as competências: (...) ii) do local de domicílio do idoso nas causas individuais ou coletivas versando sobre serviços de saúde, assistência social ou atendimento especializado ao idoso portador de deficiência, limitação incapacitante ou doença infectocontagiosa, ressalvadas a competência da Justiça Federal e a competência originária dos tribunais superiores (arts. 79 e 80 da Lei n. 10.741/2003 e 53, III, *e*, do CPC/2015)" (STJ, REsp 1.896.379/MT, Rel. Min. Og Fernandes, 1ª Seção, jul. 21.10.2021, *DJe* 13.12.2021).

17. Instalação de vara especializada. Alteração de competência. Não ocorrência. "4. Fixam-se as seguintes teses vinculantes no presente IAC: (...) Tese C) A instalação de vara especializada não altera a competência prevista em lei ou na Constituição Federal, nos termos da Súmula n. 206/STJ ('A existência de vara privativa, instituída por lei estadual, não altera a competência territorial resultante das leis de processo'). A previsão se estende às competências definidas no presente IAC n. 10/STJ" (STJ, REsp 1.896.379/MT, Rel. Min. Og Fernandes, 1ª Seção, jul. 21.10.2021, *DJe* 13.12.2021).

18. Justiça Federal *x* Justiça Estadual.

Tributário. Contribuição sindical compulsória (imposto sindical). Competência da Justiça Comum para servidor público com vínculo estatutário e competência da Justiça do Trabalho para servidor público com vínculo celetista. "Consoante a tese fixada pelo Supremo Tribunal Federal quando do julgamento do Tema n. 994, no RE n. 1.089.282/AM (Tribunal Pleno, Rel. Min. Gilmar Mendes, julgado em sessão virtual de 27.11.2020 a 04.12.2020): 'Compete à Justiça Comum processar e julgar demandas em que se discute o recolhimento e o repasse de contribuição sindical de servidores públicos regidos pelo regime estatutário'. Desta forma, adotando posição em relação à qual guardo reservas, o STF determinou o retorno deste Superior Tribunal de Justiça um passo atrás para a posição jurisprudencial intermediária anterior ao julgamento do AgRg no CC 135.694/GO, qual seja, a de que: (a) as ações em que se discute a contribuição sindical (imposto sindical) de servidor público estatutário, após o advento da EC n. 45/2004, devem continuar ser ajuizadas na Justiça Comum e (b) as ações em que se discute a contribuição sindical (imposto sindical) de servidor público celetista, após o advento da EC n. 45/2004, devem ser ajuizadas na Justiça do Trabalho. (...) Com esse entendimento, ganha nova vida o enunciado n. 222 da Súmula deste STJ ('Compete à Justiça Comum processar e julgar as ações relativas à contribuição sindical prevista no art. 578 da CLT') para abarcar apenas as situações em que a contribuição sindical (imposto sindical) diz respeito a servidores públicos estatutários, mantendo-se a competência para processar e julgar as ações relativas à contribuição sindical referente a celetistas (servidores ou não) na Justiça do Trabalho" (STJ, CC 147.784/PR, Rel. Min. Mauro Campbell Marques, 1ª Seção, jul. 24.03.2021, *DJe* 29.03.2021).

Causas previdenciárias. "Competência – Ação previdenciária – Justiça Federal e Justiça Comum. A competência da Justiça Comum pressupõe inexistência, na comarca do domicílio do segurado ou beneficiário da previdência, de Vara Federal, sendo neutro o fator residência considerado certo distrito" (STF, RE 860.508, Rel. Min. Marco Aurélio, Pleno, jul. 08.03.2021, *DJe* 23.03.2021).

Dispensação de medicamento não incorporado ao SUS. Competência. Incidente de Assunção de Competência. "Tese jurídica firmada para efeito do artigo 947 do CPC/2015: a) Nas hipóteses de ações relativas à saúde intentadas com o objetivo de compelir o Poder Público ao cumprimento de obrigação de fazer consistente na dispensação de medicamentos não inseridos na lista do SUS, mas registrados na ANVISA, deverá prevalecer a competência do juízo de acordo com os entes contra os quais a parte autora elegeu demandar; b) as regras de repartição de competência administrativas do SUS não devem ser invocadas pelos magistrados para fins de alteração ou ampliação do polo passivo delineado pela parte no momento da propositura da ação, mas tão somente para fins de redirecionar o cumprimento da sentença ou determinar o ressarcimento da entidade federada que suportou o ônus financeiro no lugar do ente público competente, não sendo o conflito de competência a via adequada para discutir a legitimidade *ad causam*, à luz da Lei n. 8.080/1990, ou a nulidade das decisões proferidas pelo Juízo estadual ou federal, questões que devem ser analisadas no bojo da ação principal; c) a competência da Justiça Federal, nos termos do art. 109, I, da CF/88, é determinada por critério objetivo, em regra, em razão das pessoas que figuram no polo passivo da demanda (competência *ratione personae*), competindo ao Juízo federal decidir sobre o interesse da União no processo (Súmula 150 do STJ), não cabendo ao Juízo estadual, ao receber os autos que lhe foram restituídos em vista da exclusão do ente federal do feito, suscitar conflito de competência (Súmula 254 do STJ)" (STJ, CC 188.002/SC, Rel. Min. Gurgel de Faria, 1ª Seção, jul. 12.04.2023, *DJe* 18.04.2023).

19. Competência da Justiça Comum.

Pedido de aposentadoria por tempo de contribuição com contagem reduzida. Pessoa com deficiência. Acidente do trabalho. Competência da Justiça Estadual. "Prevalece nesta Corte o entendimento de que 'a competência para julgar as demandas que objetivam a concessão de benefício previdenciário relacionado a acidente de trabalho deve ser determinada em razão do pedido e da causa de pedir contidos na petição inicial. Isto porque, a definição do juiz competente é anterior a qualquer outro juízo de valor a respeito da demanda' (STJ, AgRg no AgRg no REsp 1.522.998/ES, Rel. Ministro Mauro Campbell Marques, Segunda Turma, *DJe* de 25/09/2015). Na mesma linha: STJ, REsp 1.655.442/MG, Rel. Ministro Herman Benjamin, Segunda Turma, *DJe* de 18/04/2017. No caso, a causa de pedir está diretamente atrelada à deficiência decorrente do acidente de trabalho, cujo grau será definido em avaliação médica e funcional, como prevê o art. 70-A do Decreto 3.048/99. Na forma da jurisprudência, 'caso o órgão julgador afaste a configuração do nexo causal, a hipótese é de improcedência do pleito de obtenção do benefício acidentário, e não de remessa à Justiça Federal. Nessa hipótese, caso entenda devido, pode a parte autora intentar nova ação no juízo competente para obter benefício não-acidentário, posto que diversos o pedido e a causa de pedir' (STJ, CC 152.002/MG, Rel. Ministro Herman Benjamin, Primeira Seção, *DJe* de 19/12/2017)" (STJ, CC 183.143/RS, Rel. Min. Assusete Magalhães, 1ª Seção, jul. 10.11.2021, *DJe* 12.11.2021).

Pensão por morte. Óbito decorrente de assalto no local e horário do trabalho. "O assalto sofrido pelo *de cujus* no local e horário de trabalho equipara-se ao acidente do trabalho por presunção legal e o direito ao benefício decorrente do evento inesperado e violento deve ser apreciado pelo Juízo da Justiça estadual" (STJ, CC 132.034/SP, Rel. Min. Benedito Gonçalves, 1ª Seção, jul. 28.05.2014, *DJe* 02.06.2014).

Direito à saúde. Impossibilidade de obrigar a inclusão da União no polo passivo declarada pela Justiça Federal, tendo em vista a solidariedade dos entes federados. Competência da Justiça Estadual. "Não optando a parte requerente pela inclusão da União na lide, não cabe ao juiz estadual determinar que se proceda à emenda da inicial para requerer a citação da União para figurar no polo passivo, uma vez que, não se tratando de litisconsórcio passivo necessário, incumbe à parte autora escolher contra qual(is) ente(s) federativo(s) pretende litigar. Decisão monocrática que considerou que, recebidos os autos na Justiça Federal, cabia ao juiz federal, simplesmente, devolver os autos à Justiça Estadual, e não suscitar conflito de competência, nos termos da Súmula 224/STJ. Isso porque, a princípio, o Juízo estadual não poderia rever tal decisão para determinar a inclusão da União no feito, consoante as Súmulas 150 e 254/STJ; assim, sendo definitiva a decisão, na esfera federal, quanto à exclusão do ente federal, não haveria necessidade de instauração de conflito. Alinhamento ao posicionamento majoritário da Primeira Seção de que, nesses casos, deve-se conhecer do conflito e reconhecer a competência da Justiça estadual para o processamento e julgamento da controvérsia. O referido entendimento desta Corte não destoa da decisão do STF no Tema 793 da repercussão geral" (STJ, AgInt no CC 182.080/SC, Rel. Min. Manoel Erhardt, 1ª Seção, jul. 22.06.2022, *DJe* 27.06.2022).

Compete à Justiça Estadual processar e julgar ações relativas ao Pasep, cujo gestor é o Banco do Brasil. "De acordo com a orientação jurisprudencial da Primeira Seção do Superior Tribunal de Justiça, consubstanciada na Súmula 42/STJ, compete à Justiça Estadual processar e julgar os feitos cíveis relativos ao Pasep, cujo gestor é o Banco do Brasil (sociedade de economia mista federal), razão pela qual se evidencia sua legitimidade para constar no polo passivo da demanda. Nesse sentido: CC 168.038/GO, Rel. Ministro Napoleão Nunes Maia Filho, Primeira Seção, *DJe* 20.10.2020; AgInt no CC 171.648/DF, Rel. Ministro Og Fernandes, Primeira Seção, *DJe* 24.8.2020; e AgInt no REsp 1.882.260/DF, Rel. Ministro Napoleão Nunes Maia Filho, Primeira Turma, *DJe* 16.11.2020" (STJ, AgInt no REsp 1.890.752/SE, Rel. Min. Herman Benjamin, 2ª Turma, jul. 16.12.2020, *DJe* 18.12.2020).

Responsabilidade de concessionária de serviço público. Pretensão fundada em responsabilidade objetiva. Pedido com base em suposto ilícito de natureza cível. Competência da Justiça Comum. "Ação de indenização por danos morais decorrentes de acidente sofrido por funcionário de empresa que, prestando serviços a outra empresa prestadora de serviços, recolhia cabos telefônicos para posterior substituição de postes pela terceira empresa, aqui ré, dona dos postes. (...) Causa de pedir de cunho civil, com pedido alicerçado na responsabilidade objetiva da concessionária, não empregadora, baseado na teoria do risco administrativo, independente de demonstração de culpa" (STJ, CC 132.460/PB, Rel. Min. Maria Isabel Gallotti, 2ª Seção, jul. 10.02.2021, *DJe* 18.02.2021).

Servidor ocupante de cargo em comissão. Reclamação trabalhista. Regime celetista. Competência da Justiça Comum. "Sobre a competência para julgamento de controvérsia envolvendo direitos de servidor contratado para exercer cargo em comissão, o Supremo Tribunal Federal, provocado por meio de Reclamação, entende que a competência continua com a Justiça Comum mesmo se o servidor ocupante de cargo em comissão for regido pela CLT. Nesse sentido: Rcl 7.039 AgR, Rel. Min. Cármen Lúcia, Tribunal Pleno, *DJe* 08.05.2009" (STJ, EDcl no AgInt no CC 184.065/SP, Rel. Min. Herman Benjamin, 1ª Seção, jul. 25.10.2022, *DJe* 04.11.2022).

Instituição financeira sob intervenção do Banco Central. "Inexiste previsão no art. 109 da Constituição da República que atribua a competência para processar e julgar demanda envolvendo sociedade de economia mista à Justiça Federal, ainda que a instituição financeira esteja sob a intervenção do Banco Central. Ao revés, o referido dispositivo constitucional é explícito ao excluir da competência da Justiça Federal as causas relativas à falência – cujo raciocínio é extensível aos procedimentos concursais administrativos, como soem ser a intervenção e a liquidação extrajudicial –, o que aponta inequivocamente para a **competência da Justiça Comum**, a qual ostenta caráter residual. Precedentes" (STJ, REsp 1.093.819/TO, Rel. Min. Luis Felipe Salomão, 4ª Turma, jul. 19.03.2013, *DJe* 09.04.2013).

"Competência da Justiça Comum para processar e julgar as causas envolvendo o Poder Público e os servidores a ele vinculados por relação jurídico-administrativa" (STF, AgRg na Rcl 4.824-1/MS, Rel. Min. Menezes Direito, jul. 02.04.2009, *DJe* 30.04.2009). **No mesmo sentido:** STF, Rcl 5.264/DF, Rel. Min. Cármen Lúcia, Tribunal Pleno, jul. 21.08.2008, *DJe* 10.10.2008.

Imposto de Renda retido. "A Justiça Comum Estadual é competente para o processamento de feito em que servidor público estadual pleiteia a isenção ou a não incidência do Imposto de Renda Retido na Fonte, pois compete aos estados sua retenção, sendo os referidos entes os destinatários do tributo, de acordo com o art. 157, I, da Constituição Federal" (STJ, AgRg no Ag 937.798/RS, Rel. Min. Castro Meira, 2ª Turma, jul. 12.08.2008, *DJe* 02.09.2008).

20. Competência da Justiça Federal.

Ação de improbidade administrativa ajuizada por ente municipal em razão de irregularidades em prestação de contas de verbas federais. Competência cível da Justiça Federal (art. 109, I, da CF) absoluta em razão da pessoa. Ausência de ente federal em qualquer dos polos da relação processual. Competência da Justiça Estadual. "Assim, nas ações de ressarcimento ao erário e improbidade administrativa ajuizadas em face de eventuais irregularidades praticadas na utilização ou prestação de contas de valores decorrentes de convênio federal, o simples fato das verbas estarem sujeitas à prestação de contas perante o Tribunal de Contas da União, por si só, não justifica a competência da Justiça Federal. O Supremo Tribunal Federal já afirmou que o fato dos valores envolvidos transferidos pela União para os demais entes federativos estarem eventualmente sujeitos à fiscalização do Tribunal de Contas da União não é capaz de alterar a competência, pois a competência cível da Justiça Federal exige o efetivo cumprimento da regra prevista no art. 109, I, da Constituição Federal. Em síntese, é possível afirmar que a competência cível da Justiça Federal, especialmente nos casos similares à hipótese dos autos, é definida em razão da presença das pessoas jurídicas de direito público previstas no art. 109, I, da CF na relação processual, seja como autora, ré, assistente ou oponente e não em razão da natureza da verba federal sujeita à fiscalização da Corte de Contas da União. Precedentes: AgInt no CC 167.313/SE, Rel. Ministro Francisco Falcão, Primeira Seção, julgado em 11/03/2020, *DJe* 16/03/2020; AgInt no CC 157.365/PI, Rel. Ministro Napoleão Nunes Maia Filho, Primeira Seção, julgado em 12/02/2020, *DJe* 21/02/2020; AgInt nos EDcl no CC 163.382/PA, Rel. Ministro Herman Benjamin, Primeira Seção, julgado em 27/11/2019, *DJe* 07/05/2020; AgRg no CC 133.619/PA, Rel. Ministro Sérgio Kukina, Primeira Seção, julgado em 09/05/2018, *DJe* 16/05/2018" (STJ, AgInt no CC 174.764/MA, Rel. Min. Mauro Campbell Marques, 1ª Seção, jul. 09.02.2022, *DJe* 17.02.2022).

Procedimento de dúvida. Ente público federal. Competência do Juízo Federal. "O processamento e julgamento de procedimento administrativo de dúvida suscitado por oficial de registro imobiliário relativamente a imóveis de autarquia pública federal compete ao juízo federal. Inteligência da Lei 5.972/1973" (STJ, CC. 180.351/CE, Rel. Min. Mauro Campbell Marques, 1ª Seção, jul. 28.09.2022, *DJe* 03.10.2022).

Execução de título extrajudicial entre União e Estado. "Ação de execução de título extrajudicial. Conflito envolvendo entes federados. Causa de natureza evidentemente patrimonial. Ausência de risco de ruptura do pacto federativo. **Incompetência do Supremo Tribunal Federal.** Precedentes. Remessa dos autos à Justiça Federal" (STF, ACO 1.834 AgR, Rel. Min. Alexandre de Moraes, Tribunal Pleno, jul. 25.05.2018, *DJe* 05.06.2018).

Embargos de terceiro opostos pela Caixa Econômica Federal. Competência absoluta. Conexão. Impossibilidade.

"Compete à Justiça Federal processar e julgar embargos de terceiro opostos pela Caixa Econômica Federal, nos termos do art. 109, I, da CF/88. Não sendo possível a conexão perante o Juízo Estadual, deve a execução em trâmite no juízo estadual ser suspensa até o trânsito em julgado dos referidos embargos para evitar o risco de decisões conflitantes. Conflito conhecido para declarar competente o Juízo suscitado" (STJ, CC 160.346, Rel. Min. Nancy Andrighi, dec. monocrática, *DJe* 13.12.2018, p. 2.534).

Esbulho possessório. Programa Minha Casa Minha Vida. Competência da Justiça Federal. "Os imóveis que integram o Programa Minha Casa Minha Vida são adquiridos, em parte, com recursos orçamentários federais. Tal fato evidencia o interesse jurídico da União na apuração do crime esbulho possessório em relação a esse bem, ao menos enquanto for ele vinculado ao mencionado Programa, ou seja, quando ainda em vigência o contrato por meio do qual houve a compra do bem e no qual houve o subsídio federal, o que é a situação dos autos" (STJ, CC 179.467/RJ, Rel. Min. Laurita Vaz, 3ª Seção, jul. 09.06.2021, *DJe* 01.07.2021).

Interesse direto e específico da União. "Para que se defina a competência da Justiça Federal, objeto do art. 109, IV, da Constituição da República, é preciso tenha havido, em tese, lesão a interesse direto específico da União, não bastando que esta, por si ou por autarquia, exerça atividade fiscalizadora sobre o bem objeto do delito" (STF, RE 454.737/SP, Rel. Min. Cezar Peluso, Tribunal Pleno, jul. 18.09.2008, *DJe* 21.11.2008).

Pedido para concessão de benefício previdenciário. União estável. Prejudicial de mérito. "A pretensão deduzida na inicial não diz respeito ao reconhecimento da união estável, mas somente à concessão de benefício previdenciário, o que atrai a **competência da Justiça Federal** para o seu processamento e julgamento. Ainda que o referido Juízo tenha de enfrentar a questão referente à caracterização ou não de união estável numa ação em que pleiteia exclusivamente benefício previdenciário, como é o caso dos autos, não restará usurpada a competência da Justiça estadual, na medida em que inexiste pedido reconhecimento de união estável, questão que deverá ser enfrentada como uma prejudicial, de forma lateral" (STJ, CC 126.489/RN, Rel. Min. Humberto Martins, 1ª Seção, jul. 10.04.2013, *DJe* 07.06.2013).

Sistema financeiro de habitação. "Contrato vinculado ao fundo de compensação de variação salarial (FCVS). Interesse da Caixa Econômica Federal. Competência da Justiça Federal. Tese firmada em repercussão geral. De acordo com a jurisprudência desta Corte, não há necessidade de se aguardar o trânsito em julgado do processo para aplicação do paradigma firmado em repercussão geral. Precedentes" (STJ, AgInt na PET no REsp 1.887.262/SP, Rel. Min. Antonio Carlos Ferreira, 4ª Turma, jul. 28.06.2021, *DJe* 01.07.2021).

21. Princípio do juiz natural. Juiz convocado. "A convocação de Juízes federais para auxiliar nos tribunais regionais federais é compatível com os postulados constitucionais, daí não decorrendo qualquer violação ao princípio do Juiz natural. Precedente desta Corte e do STF" (STJ, HC 24.539/SP, Rel. Min. Félix Fischer, 5ª Turma, jul. 09.08.2005, *DJ* 10.10.2005, p. 398). **No mesmo sentido:** STF, HC 86.889/SP, Rel. Min. Menezes Direito, 1ª Turma, jul. 20.11.2007, *DJ* 15.02.2008, p. 525; STJ, HC 61.999/SP, Rel. Min. Félix Fischer, 5ª Turma, jul. 10.05.2007, *DJ* 06.08.2007, p. 557.

22. Deslocamento de competência para o STF. CF, art. 102, inciso I, alínea n. "O deslocamento da competência para o Supremo, considerada certa controvérsia envolvendo magistrados, pressupõe o interesse de toda a magistratura local" (STF, AO 81, Rel. p/ ac. Min. Marco Aurélio, Tribunal Pleno, jul. 10.03.2008, *DJe* 01.08.2008).

23. Competência. Conflito entre União e os estados. "Não se enquadra, na previsão constitucional, o processamento e o julgamento de ação na qual, embora figurem como partes adversas estado-membro e União, a contenda não revele em xeque a unidade e a harmonia inerentes ao pacto federativo" (STF, RE 664.206 AgR, Rel. Min. Marco Aurélio, 1ª Turma, jul. 11.12.2012, *DJe* 19.12.2012).

24. Extinção do processo. "A extinção do feito com base no art. 86 do CPC se faz adequada quando a escolha do foro pelo autor não observa qualquer critério previsto processualmente. Apelo improvido" (TJSC, ApCív 70002697704, Rel. Genacéia da Silva Alberton, 16ª Câm., jul. 14.11.2001).

25. Dano ambiental. "Conforme o entendimento consolidado no Superior Tribunal, compete à Justiça estadual o processamento e o julgamento de procedimento que apura eventual infração ambiental consistente no desmatamento de floresta nativa da Mata Atlântica. [...] Para casos como o dos autos, de desmatamento de floresta nativa da Mata Atlântica, o Superior Tribunal já concluiu pela competência da Justiça estadual, ao entendimento de que, embora integre o patrimônio nacional, não se enquadra a Mata Atlântica na definição de bem da União, não havendo, pois, interesse a ponto de atrair a competência da Justiça federal. Vejam-se o CC-35.087, Ministro Paulo Medina, *DJ* de 16.06.2004, e o CC-40.627, Ministro Hamilton Carvalhido, *DJ* de 13.05.2004" (STJ, CC 93.083/PE, Rel. Min. Nilson Naves, 3ª Seção, jul. 27.08.2008, *DJe* 10.09.2008).

"Os critérios e normas para a criação, implantação e gestão das unidades de conservação estão previstas na Lei nº 9.985/2000, que estabelece que a Área de Preservação Ambiental pode ser instituída tanto em propriedade pública quanto em particular, sendo que nestas podem ser estabelecidas normas e restrições para sua utilização. Uma vez que o crime tenha ocorrido em área sujeita à restrição administrativa ao uso da propriedade privada, subsiste assim o interesse direto e específico da União na causa, a atrair a competência da Justiça federal para o deslinde do feito" (STJ, CC 80.905/RJ, Rel. Min. OG Fernandes, 3ª Seção, jul. 10.06.2009, *DJe* 24.06.2009).

26. Membros do Tribunal de Contas. "A competência originária do Superior Tribunal de Justiça para processar e julgar, originariamente, os membros do Tribunal de Contas dos estados, consoante dispõe o art. 105, inciso I, alínea *a*, da Constituição Federal, está adstrita à persecução criminal, e não se estende à investigação por eventuais atos de improbidade administrativa, porque estes são apurados em ação própria de natureza cível. Precedentes" (STJ, Rcl 2.723/SP, Rel. Min. Laurita Vaz, Corte Especial, jul. 15.10.2008, *DJe* 06.04.2009).

27. Contrato de seguro adjeto a contrato de mútuo. "Nos feitos em que se discute a respeito de contrato de seguro adjeto a contrato de mútuo, por envolver discussão entre seguradora e mutuário, e não afetar o FCVS (Fundo de Compensação de Variações Salariais), inexiste interesse da Caixa Econômica Federal a justificar a formação de litisconsórcio passivo necessário, sendo, portanto, da Justiça estadual a competência para o seu julgamento. Precedentes" (STJ, REsp 1.091.363/SC, Rel. Min. Carlos Fernando Mathias, 2ª Seção, jul. 11.03.2009, *DJe* 25.05.2009). *Obs.: Decisão submetida ao julgamento dos recursos repetitivos (art. 543-C).*

28. Decisão Judicial. Fiscalização do Corregedor Nacional de Justiça. "O Conselho Nacional de Justiça, embora integrando a estrutura constitucional do Poder Judiciário como órgão interno de controle administrativo, financeiro e disciplinar da magistratura – excluídos, no entanto, do alcance de referida competência, o próprio Supremo Tribunal Federal e seus Ministros (ADI 3.367/DF) – qualifica-se como instituição de caráter eminentemente administrativo, não dispondo de atribuições funcionais que lhe permitam, quer colegialmente quer mediante atuação monocrática de seus conselheiros ou, ainda, do Corregedor Nacional de Justiça, fiscalizar, reexaminar e suspender os efeitos decorrentes de atos de conteúdo jurisdicional emanados de magistrados e tribunais em geral, razão pela qual mostra-se arbitrária e destituída de legitimidade jurídico-constitucional a deliberação do Corregedor Nacional de Justiça que, agindo *ultra vires*, paralise a eficácia de decisão que tenha concedido mandado de segurança. Doutrina. Precedentes (MS 28.598-MC AgR/DF, Rel. Min. Celso de Mello, Pleno)" (STF, MS 28.611 MC--AgR, Rel. Min. Celso de Mello, Tribunal Pleno, jul. 14.10.2010, *DJe* 01.04.2011).

29. União estável homoafetiva. Juízo competente. Vara de família. "O Juízo da Vara de Família é competente para dirimir as questões relativas à união estável homoafetiva, diante da aplicação isonômica da legislação que regula a união estável. Aplica-se às relações estáveis homoafetivas, por analogia, a legislação atinente às relações estáveis heteroafetivas, tendo em vista a caracterização dessa relação como modelo de entidade familiar (STF, ADI n. 4.277/DF, Relator Ministro Ayres Britto, *DJe* 05.05.2011)" (STJ, REsp 964.489/RS, Rel. Min. Antonio Carlos Ferreira, 4ª Turma, jul. 12.03.2013, *DJe* 20.03.2013). **No mesmo sentido:** STJ, REsp 1.291.924/RJ, Rel. Min. Nancy Andrighi, 3ª Turma, jul. 28.05.2013, *DJe* 07.06.2013.

30. Intervenção federal. Desobediência à ordem judicial. "Cabe ao Superior Tribunal de Justiça, a teor do disposto nos arts. 34, VI, e 36, II, da Constituição, o exame da Intervenção Federal nos casos em que a matéria é infraconstitucional e o possível recurso deva ser encaminhado a esta Corte" (STJ, IF 111/PR, Rel. Min. Gilson Dipp, Corte Especial, jul. 01.07.2014, *DJe* 05.08.2014).

31. Execução fiscal. Habilitação junto à falência. Análise quanto a exigibilidade do crédito. Competência. "Até a edição da Lei nº 14.112/2020, entendia-se que, submetido o crédito público a habilitação perante o juízo falimentar, a competência do juízo universal para deliberar sobre sua exigibilidade está inaugurada. Precedentes. A Lei nº 14.112/2020, que introduziu o art. 7º-A, § 4º, II, à Lei nº 11.105/2005, instituiu incidente de classificação de créditos públicos e, expressamente, definiu a competência do juízo da execução fiscal para decidir acerca da exigibilidade e, portanto, prescrição, dos créditos públicos. A interpretação dada pela Corte Superior quanto à exceção ao princípio de estabilização da demanda – *perpetuatio jurisdictionis* – para os casos de modificação de competência absoluta limita a sua aplicação aos processos sem sentença de mérito. Precedentes. Na hipótese, a sentença que reconhece a prescrição parcial dos créditos tributários que se pretende habilitar junto à falência é anterior à entrada em vigor da Lei nº 14.112/2020, motivo pelo qual aplicável o entendimento anterior. Competência do juízo da falência" (STJ, REsp 2.041.563/SP, Rel. Min. Ricardo Villas Bôas Cueva, 3ª Turma, jul. 21.05.2024, *DJe* 24.05.2024).

Art. 43. Determina-se a competência no momento do registro ou da distribuição da petição inicial, sendo irrelevantes as modificações do estado de fato ou de direito ocorridas posteriormente, salvo quando suprimirem órgão judiciário ou alterarem a competência absoluta.

CPC/1973

Art. 87.

SÚMULAS

Súmulas do STJ:

Nº 58: "Proposta a execução fiscal, a posterior mudança de domicílio do executado não desloca a competência já fixada."

Nº 367: "A competência estabelecida pela EC nº 45/2004 não alcança os processos já sentenciados."

BREVES COMENTÁRIOS

Na hipótese de subdivisão da circunscrição territorial do juízo, também os processos são divididos entre os dois órgãos judiciários resultantes da alteração de organização judiciária. Assim, o juiz da comarca desmembrada será o competente para a continuação dos processos iniciados na outra, observando-se as regras gerais, como o do critério de localização do domicílio do réu. O deslocamento dos processos para a comarca desmembrada será imperativo, sobretudo se se tratar de feitos sujeitos à competência funcional ou *ratione materiae*, já que, em tais hipóteses, não vigora de maneira alguma o princípio da *perpetuatio iurisdictionis*, como ressalva o artigo.

A criação de vara especializada para certas causas, por sua vez, pode autorizar a redistribuição de feitos, com fundamento na presença de competência inovada ratione materiae. Esse deslocamento, segundo a jurisprudência do STF, não afronta o princípio do juiz natural.

JURISPRUDÊNCIA SELECIONADA

1. *Perpetuatio jurisdictionis*. Definição de competência. "Nos termos do art. 43 do CPC/2015, a competência é determinada no momento do registro ou da distribuição da petição inicial, não havendo qualquer relevância nas modificações supervenientes do estado de fato ou de direito, salvo quando houver supressão de órgão judiciário ou alteração da competência absoluta. Trata-se da regra da *perpetuatio jurisdictionis*, que impõe a estabilização da competência" (STJ, CC 157.473/SP, Rel. Min. Marco Aurélio Bellizze, 2ª Seção, jul. 26.09.2018, *DJe* 01.10.2018). **No mesmo sentido, a jurisprudência à luz do CPC/1973, ainda aplicável:** STJ, CC 35.761/SP, Rel. Min. Ruy Rosado de Aguiar, Rel. p/ Acórdão Min. Ari Pargendler, 2ª Seção, jul. 11.12.2002, *DJ* 15.09.2003 p. 231.

"A definição da competência para a causa se estabelece levando em consideração os termos da demanda (e não a sua procedência ou improcedência, ou a legitimidade ou não das partes, ou qualquer outro juízo a respeito da própria demanda). O juízo sobre competência é, portanto, lógica e necessariamente, anterior a qualquer outro juízo sobre a causa. Sobre ela quem vai decidir é o juiz considerado competente (e não o tribunal que aprecia o conflito). Não fosse assim, haveria uma indevida inversão na ordem natural das coisas: primeiro se julgaria (ou prejulgaria) a causa e depois, dependendo desse julgamento, definir-se-ia o juiz competente (que, portanto, receberia uma causa já julgada, ou, pelo menos, prejulgada). Precedentes: CC 51.181-SP, 1ª Seção, Min. Teori Albino Zavascki, *DJ* de 20.03.2006; AgRg no CC 75.100-RJ, 1ª Seção, Min. Teori Albino Zavascki, *DJ* de 19.11.2007; CC 87.602-SP, 1ª Seção, Min. Teori Albino Zavascki, *DJ* de 22.10.2007" (STJ, AgRg no CC 92.502/TO, Rel. Min. Teori Albino Zavascki, 1ª Seção, jul. 14.05.2008, *DJe* 02.06.2008).

Desmembramento do processo. "No desmembramento de um processo em vários, o juiz que determinou a medida é competente para o julgamento de todos eles, segundo o disposto no art. 87 de CPC" (TFR, CC 137, Rel. Min. Garcia Vieira, 1ª Seção, *DJ* 28.11.1988, *JTS* 12/113).

2. Alteração da competência após a sentença. "Embora a mudança superveniente de competência absoluta afaste, em regra, a *perpetuatio jurisdictionis* (arts. 87 do CPC/1973 e 43 do CPC/2015), isso não ocorre quando essa modificação se dá após a sentença, como no caso concreto, em que o processo já se encontra em fase de Execução (AgRg no CC 126.395/RN, Rel. Ministro Napoleão Nunes Maia Filho, Primeira Seção, *DJe* 9/3/2015; CC 63.723/SC, Rel. Ministro Humberto Martins, Primeira Seção, *DJ* 12/2/2007, p. 218; REsp 165.038/SP, Rel. Ministro Ari Pargendler, Segunda Turma, *DJ* 25/5/1998, p. 89). Nessa linha, Fredie Didier Jr. explica que, 'Se a alteração de competência absoluta ocorrer após a sentença, não haverá a redistribuição do processo, com a quebra da perpetuação da competência, exatamente porque já houve julgamento' (Curso de direito processual civil: introdução ao direito processual civil, parte geral e processo de conhecimento, 17ª ed., Salvador, Ed. JusPodivm, p. 201). Essa orientação culminou na edição da Súmula 367/STJ: 'A competência estabelecida pela EC n. 45/2004 não alcança os processos já sentenciados'" (STJ, REsp 1209886/DF, Rel. Min. Herman Benjamin, 2ª Turma, jul. 06.10.2016, *DJe* 17.10.2016).

3. Competência. Interesse da criança. "Ocorre que, tratando-se de demanda que envolve interesse de criança ou adolescente, a solução da controvérsia no que diz respeito à competência deve observar o princípio do melhor interesse do menor, introduzido em nosso sistema jurídico como corolário da doutrina da proteção integral, consagrada pelo art. 227 da Constituição Federal, o qual deve orientar a atuação tanto do legislador quanto do aplicador da norma jurídica, vinculando-se o ordenamento infraconstitucional aos seus contornos. (...) Na hipótese, a ação foi inicialmente distribuída no foro do lugar onde se encontravam as adolescentes (Altônia/PR), a teor do art. 147, II, do ECA, tendo em vista que o genitor estava preso e a genitora estava em local incerto. Todavia, considerando que os atuais responsáveis pelas adolescentes (tia materna e seu companheiro), diante da guarda provisória deferida, possuem domicílio em Barueri/SP, era mesmo de rigor o deslocamento da competência para a respectiva comarca, nos termos do inciso I do art. 147 do ECA, para que seja julgada a ação de destituição de poder familiar contra seus genitores" (STJ, CC 157.473/SP, Rel. Min. Marco Aurélio Bellizze, 2ª Seção, jul. 26.09.2018, *DJe* 01.10.2018).

Alimentos. Alteração da competência. Possibilidade. "É possível a modificação da competência no caso de alteração de domicílio do alimentando no curso da ação de alimentos, mormente em se tratando de filho menor e não constatada má-fé da detentora da guarda" (STJ, AgInt no AREsp 1551305/GO, Rel. Min. Maria Isabel Gallotti, 4ª Turma, jul. 01.06.2020, *DJe* 05.06.2020). **No mesmo sentido:** "A mudança de domicílio do autor da ação de alimentos durante o curso do processo não é, em regra, suficiente para alteração da competência para o julgamento do feito, prevalecendo o princípio da *perpetuatio jurisdictionis*, previsto no art. 87 do CPC, segundo o qual a competência se define no momento da propositura da ação, sendo irrelevantes as modificações do estado de fato ou de direito ocorridas posteriormente, salvo quando suprimirem o órgão judiciário ou alterarem a competência em razão da matéria ou da hierarquia. Entretanto, 'o princípio do juízo imediato, previsto no art. 147, I e II, do ECA, desde que firmemente atrelado ao princípio do melhor interesse da criança e do adolescente, sobrepõe-se às regras gerais de competência do CPC'. Assim, 'a regra da *perpetuatio jurisdictionis*, estabelecida no art. 87 do CPC, cede lugar à solução que oferece tutela jurisdicional mais ágil, eficaz e segura ao infante, permitindo, desse modo, a modificação da competência no curso do processo, sempre consideradas as peculiaridades da lide' (CC 111.130/SC, Rel. Ministra Nancy Andrighi, Segunda Seção, *DJe* de 1º/2/2011). O caráter continuativo da relação jurídica alimentar, conjugado com a índole social da ação de alimentos, autoriza que se mitigue a regra da *perpetuatio jurisdictionis*" (STJ, CC 134.471/PB, Rel. Min. Raul Araújo, 2ª Seção, jul. 27.05.2015, *DJe* 03.08.2015).

Competência. Teoria da derrotabilidade das normas. Superação das regras. Excepcionalidade. Princípio da competência adequada. Ver jurisprudência do art. 693 do CPC/2015.

4. Ações de natureza previdenciária, exceto as de índole acidentária. Justiça Estadual. Competência federal delegada. Art. 109, § 3º, da CF alterado pela Emenda 103. Lei nº 13.876/2019. Efeitos a partir de 01.01.2020. "A questão de direito a ser dirimida restou assim delimitada: 'Efeitos da Lei nº 13.876/2019 na modificação de competência para o processamento e julgamento dos processos que tramitam na Justiça Estadual no exercício da competência federal delegada'. (...) Tese a ser fixada no incidente de assunção de competência: 'Os efeitos da Lei nº 13.876/2019 na modificação de competência para o processamento e julgamento dos processos que tramitam na Justiça Estadual no exercício da competência federal delegada insculpido no art. 109, § 3º, da Constituição Federal, após as alterações promovidas pela Emenda Constitucional 103, de 12 de novembro de 2019, aplicar-se-ão aos feitos ajuizados após 1º de janeiro de 2020. As ações, em fase de conhecimento ou de execução, ajuizadas anteriormente a essa data, continuarão a ser processadas e julgadas no juízo estadual, nos termos em que previsto pelo § 3º do art. 109 da Constituição Federal, pelo inciso III do art. 15 da Lei nº 5.010, de 30 de maio de 1965, em sua redação original'" (STJ, IAC no CC 170.051/RS, Rel. Min. Mauro Campbell Marques, 1ª Seção, jul. 21.10.2021, *DJe* 04.11.2021).

5. Competência para processar e julgar cumprimento de sentença trabalhista, já iniciado, cujo crédito reconhecido é cedido a terceiro. Competência da Justiça Trabalhista. "Incumbe à Justiça do Trabalho a competência para conhecer e julgar a pretensão executiva (ou de cobrança) de crédito trabalhista reconhecido em sentença, independentemente de sua cessão a terceiro" (STJ, CC. 162.902/SP, Rel. Min. Marco Aurélio Bellizze, 2ª Seção, jul. 02.03.2023, *DJe* 08.03.2023).

6. Direito intertemporal e conflito de competências:

Nova regra de competência. Direito intertemporal: "No que se refere às questões de direito intertemporal, decidiu-se, seguindo-se, no particular, a jurisprudência do Supremo Tribunal Federal, no CC 7.204-1-MG, Tribunal Pleno, Min. Carlos Britto, *DJ* de 09.12.2005, que a nova regra de competência **alcança os processos em curso ainda não sentenciados**, no seu mérito, na data da entrada em vigor da EC 45/2004. Precedentes. No caso, embora sem ter decidido definitivamente o pedido formulado na inicial, a Justiça estadual já fez juízo, em primeiro e em segundo grau, sobre a legitimidade passiva, matéria que, pelo menos em relação à parte autora, restou preclusa, não podendo ser modificada pela Justiça do Trabalho. Ora, essa peculiar situação deve ser considerada para efeito de manter a competência da Justiça estadual, sob pena de comprometer a unidade de jurisdição que a jurisprudência do STF buscou preservar" (STJ, CC 90.778/SP, Rel. Min. Teori Albino Zavascki, 1ª Seção, jul. 12.03.2008, *DJ* 31.03.2008).

Decisão transitada em julgado. "Cabe à Justiça do Trabalho, após o advento da EC 45/2004 dando nova redação ao art. 114 da CF, conhecer e julgar as ações de indenização por acidente do trabalho fundadas em direito comum. Havendo, no entanto, decisão singular de Ministro do Supremo Tribunal Federal na apreciação de recurso extraordinário, interposto por eventual violação ao mencionado art. 114 da Constituição Federal, com trânsito em julgado, firmando a **competência da Justiça estadual,** prevalece a força vinculante da *res judicata*, **não rescindida por um dos meios admitidos em Direito. A adoção de novo e subsequente** posicionamento do STF, adotando solução completamente oposta, não interfere" (STJ, CC 102.528/SP, Rel. Min. Fernando Gonçalves, 2ª Seção, jul. 25.03.2009, *DJe* 01.04.2009).

Sentença de mérito. Ver Súmula nº 367 do STJ.

Sentença terminativa. "[...]. No precedente formado a partir do CC nº 51.712/SP, que determinou ser da competência da Justiça cível o julgamento de processos que discutem acidente do trabalho nas hipóteses em que já tiver sido proferida sentença, e da competência da Justiça do Trabalho fazê-lo caso a sentença ainda não tenha sido proferida, o Superior Tribunal de Justiça referiu-se, sempre, à sentença de mérito. Assim, na hipótese dos autos, em que foi proferida uma sentença meramente terminativa, a competência para a causa não se estabelece em favor do Juízo cível, devendo o processo ser julgado pela Justiça do Trabalho. Conflito de competência conhecido e provido, para o fim de anular a sentença proferida pelo Juízo cível e determinar a remessa do processo ao Tribunal Regional do Trabalho para distribuição a uma das varas trabalhistas, para instrução e julgamento" (STJ, CC 69.143/SP, Rel. Min. Nancy Andrighi, 2ª Seção, jul. 09.05.2007, *DJ* 24.05.2007, p. 309).

Decisão que anula a sentença de mérito. "Se a sentença de mérito foi anulada, retomando o processo à fase instrutória, inclusive com a oitiva de testemunhas, devem ser os autos recebidos pelo juízo competente como se fora uma ação recém-ajuizada" (STJ, CC 109.045/SP, Rel. Min. Castro Meira, 1ª Seção, jul. 14.04.2010, *DJe* 10.05.2010).

Execuções fiscais não embargadas. "As execuções fiscais ajuizadas antes da Emenda Constitucional 45/2004 e que se tornaram definitivas, quer pela ausência de embargos do devedor, quer por ter-se consumado seu julgamento, devem ser processadas no Juízo federal competente antes das alterações trazidas pela emenda. Decorrido o prazo de embargos ou julgados estes em definitivo, já não dispõe o executado de meio processual idôneo a alterar ou extinguir o título executivo, não havendo razão que justifique o deslocamento do feito à Justiça do Trabalho, com todos os custos inerentes a esse traslado. Como nas execuções fiscais não há sentença de mérito propriamente dita, a decisão do Supremo, que fixa como marco temporal de incidência das novas regras de competência a prolação de sentença de mérito, deve ser adaptada para se entender possível a aplicação da emenda somente às execuções ajuizadas posteriormente a 31 de dezembro de 2004 e, também, àquelas que, propostas anteriormente, não se tenham tornado definitivas pela ausência de embargos ou por ter sido consumado seu julgamento" (STJ, AgRg no CC 89.442/RN, Rel. Min. Castro Meira, 1ª Seção, jul. 09.04.2008, *DJe* 05.05.2008).

Decisão que rejeita prescrição. "[...] Na hipótese *sub judice*, não há sentença de mérito proferida pelo juízo cível, entendido o termo 'sentença' como o ato que põe fim ao processo. Em que o fato de que a decisão sobre a preliminar de prescrição tenha conteúdo de mérito, **a sua rejeição não provocou a extinção do processo,** que prosseguiu em primeiro grau de jurisdição. Assim, com o advento da EC n. 45/2004, foi correta a decisão do juízo estadual de remeter os autos à Justiça do Trabalho. O fato de a preliminar de prescrição ter sido reapreciada e acolhida, com a extinção do processo, não modifica o entendimento de que, até a referida remessa à justiça especializada, nenhuma sentença havia, ainda, sido proferida. Conflito de competência conhecido para que se estabeleça a competência do Tribunal Regional do Trabalho" (STJ, CC 88.954/SP, Rel. Min. Nancy Andrighi, 2ª Seção, jul. 26.03.2008, *DJe* 02.04.2008).

No entanto, se a decisão acolher a prescrição, mantém-se a competência da justiça comum (STJ, CC 57.313/RS, Rel. Min. Denise Arruda, 1ª Seção, jul. 08.11.2006, *DJ* 27.11.2006, p. 224).

Competência para julgamento de recurso de apelação. "[...]. Entretanto, no caso em apreço, a análise do conflito não deve envolver a aplicabilidade ou não da EC 45/2004, e sim a competência para julgamento do recurso de apelação. Considerando que a sentença de extinção do processo, sem julgamento do mérito, foi proferida antes da mencionada alteração constitucional pelo Juízo estadual competente naquele momento, o recurso interposto contra o referido *decisum* deve ser examinado pelo Tribunal ao qual está vinculado o Juiz Sentenciante, devendo este proferir o respectivo juízo de admissibilidade recursal. Precedentes" (STJ, CC 56.877/GO, Rel. Min. Denise Arruda, 1ª Seção, jul. 11.10.2006, *DJ* 30.10.2006, p. 214).

7. Posterior criação de vara federal. "De acordo com a jurisprudência deste Sodalício, a criação de novas varas federais **não tem o condão de modificar as regras de competência** estabelecidas no Código de Processo Civil em face do princípio da perpetuação da jurisdição. Assim, deve ser respeitada a regra do art. 87 do CPC, pela qual são irrelevantes as modificações do estado de fato ou de direito ocorridas posteriormente, salvo quando houver supressão do órgão judiciário ou alteração da competência em razão da matéria ou da hierarquia. Precedentes do STJ. Note-se que, no caso dos presentes autos, não se trata de hipótese de competência absoluta listada no Código de Processo Civil e tampouco de criação de vara especializada. Assim, na hipótese *sub examine*, não se tratando de extinção do órgão ou de modificação de competência absoluta (material ou funcional), deve o presente feito permanecer na vara de origem" (STJ, REsp 1.373.132/PB, Rel. Min. Mauro Campbell Marques, 2ª Turma, jul. 07.05.2013, *DJe* 13.05.2013).

Ações fundadas em direito real sobre bem imóvel. Deslocamento de competência. "A *perpetuatio jurisdictionis* tem como *ratio essendi* a competência territorial relativa, no afã de fixar-se no domicílio do réu, no momento da demanda, ainda que o demandado altere a *posteriori* o seu domicílio. A competência para as ações fundadas em direito real sobre bem imóvel (CPC, art. 95, *in fine*) é absoluta e, portanto, inderrogável, de modo a incidir o princípio do *forum rei sitae*, tornando-se inaplicável o princípio da *perpetuatio jurisdictionis*. Superveniente criação de vara federal, situada no local do imóvel, desloca a competência para esse Juízo, na forma do art. 87 do CPC [...]" (STJ, REsp 885.557/CE, Rel. Min. Luiz Fux, 1ª Turma, jul. 11.12.2007, *DJe* 03.03.2008, *LEXSTJ* vol. 224, p. 176). **No mesmo sentido:** STJ, AgRg no REsp 1.281.850/PA, Rel. Min. Humberto Martins, 2ª Turma, jul. 13.12.2011, *DJe* 19.12.2011.

8. Competência *ratione materiae*. "Ocorrendo alteração legislativa da competência *ratione materiae*, afastado fica o princípio de *perpetuatio jurisdictionis*, firmado com o ajuizamento da causa. Não tendo a lei ressalvado, os processos em curso se sujeitam a modificação, com incidência do art. 87, *fine*, CPC, independentemente da fase em que se encontram. (CC 948-GO, Data jul. 14.03.1990)" (STJ, CC 954/GO, Rel. Min. Athos Carneiro, 2ª Seção, jul. 27.06.1990, *DJ* 20.08.1990, p. 7.954).

Criação de vara em sede do imóvel expropriado. "O artigo 87 do CPC, na parte final, determina o deslocamento por força de ulterior competência *ratione materiae. A contrario sensu*, a competência *ratione materiae* não se altera pela criação de vara em sede do imóvel expropriado, por que, mercê de absoluta na forma do artigo 95 do CPC, a referida regra somente gera a *perpetuatio* quando originariamente a ação é proposta no *forum rei sitae*" (STJ, REsp 1.028.117/CE, Rel. Min. Luiz Fux, 1ª Turma, jul. 12.05.2009, *DJe* 25.05.2009).

9. Competência funcional. "A modificação legislativa da competência funcional, absoluta, afasta o princípio da perpetuação da jurisdição, abarcando, inclusive, os processos em curso, nos termos do art. 87, parte final, do CPC" (STJ, REsp 617.317/MT, Rel. Min. Nancy Andrighi, 3ª Turma, jul. 01.09.2005, *DJ* 19.09.2005, p. 319). **No mesmo sentido:** STJ, REsp 150.902/PR, Rel. Min. Barros Monteiro, 4ª Turma, jul. 21.05.1998, *DJ* 28.09.1998.

10. Competência em razão da pessoa. "A competência para a causa é fixada levando em consideração a situação da demanda, tal como objetivamente proposta. Em se tratando de competência em razão da pessoa, o que se considera são os entes que efetivamente figuram na relação processual, e não os que dela poderiam ou deveriam figurar, cuja participação é fato futuro e incerto, dependente do que vier a ser decidido no curso do processo" (STJ, AgRg no CC 47.497/PB, Rel. Min. Teori Albino Zavascki, 1ª Seção, jul. 27.04.2005, *DJ* 09.05.2005, p. 288).

11. Estado-membro. Vara especializada. "O estado-membro não tem foro privilegiado, mas juízo privativo (vara especializada), nas causas que devem correr na Comarca da Capital, quando a Fazenda for autora, ré ou interveniente. Nas causas pertencentes à competência territorial de qualquer outra comarca não pode a Lei de Organização Judiciária atrair causas para o foro da Capital (arts. 94, 99 e 100, IV, *a*, CPC)" (STJ, REsp 192.896/RS, Rel. Min. Milton Luiz Pereira, 1ª Turma, jul. 22.05.2001, *DJ* 18.02.2002, p. 241).

12. Intervenção da União. Interesse jurídico na causa. "Conquanto seja tolerável a intervenção anódina da União plasmada no art. 5º da Lei nº 9.469/1997, tal circunstância não tem o condão de deslocar a competência para a Justiça Federal, o que só ocorre no caso de demonstração de legítimo interesse jurídico na causa, nos termos dos arts. 50 e 54 do CPC/1973" (STJ, REsp 1.097.759/BA, Rel. Min. Luis Felipe Salomão, 4ª Turma, jul. 21.05.2009, *DJe* 01.06.2009).

"No que se refere à competência para dirimir questões referentes ao empréstimo compulsório sobre energia elétrica, a jurisprudência desta Corte se firmou no sentido que a competência da Justiça federal é definida em razão das partes litigantes e não da matéria em discussão, de sorte que, sendo a demanda proposta unicamente em desfavor da Eletrobras, a competência para sua apreciação é da Justiça estadual, ao passo que, ingressando a União no feito, a competência passa a ser da Justiça federal, por força do que determina o artigo 109, inciso I, da Constituição Federal" (STJ, REsp 1.111.159/RJ, Rel. Min. Benedito Gonçalves, 1ª Seção, jul. 11.11.2009, *DJe* 19.11.2009).

Art. 44. Obedecidos os limites estabelecidos pela Constituição Federal, a competência é determinada pelas normas previstas neste Código ou em legislação especial, pelas normas de organização judiciária e, ainda, no que couber, pelas constituições dos estados.

BREVES COMENTÁRIOS

Com base no valor dado à causa, as Normas de Organização Judiciária podem atribuí-la à competência de um ou outro órgão judicante. Isso, porém, é matéria pertinente à organização local da Justiça, e que, por isso mesmo, não vem regulado no Código de Processo Civil.

Art. 45. Tramitando o processo perante outro juízo, os autos serão remetidos ao juízo federal competente se nele intervier a União, suas empresas públicas, entidades autárquicas e fundações, ou conselho de fiscalização de atividade profissional, na qualidade de parte ou de terceiro interveniente, exceto as ações:

I – de recuperação judicial, falência, insolvência civil e acidente de trabalho;

II – sujeitas à justiça eleitoral e à justiça do trabalho.

§ 1º Os autos não serão remetidos se houver pedido cuja apreciação seja de competência do juízo perante o qual foi proposta a ação.

§ 2º Na hipótese do § 1º, o juiz, ao não admitir a cumulação de pedidos em razão da incompetência para apreciar qualquer deles, não examinará o mérito daquele em que exista interesse da União, de suas entidades autárquicas ou de suas empresas públicas.

§ 3º O juízo federal restituirá os autos ao juízo estadual sem suscitar conflito se o ente federal cuja presença ensejou a remessa for excluído do processo.

REFERÊNCIA LEGISLATIVA

Lei nº 9.469/1997, art. 5º;

Lei nº 11.101/2005, art. 6º, alterado pela Lei nº 14.112/2020.

SÚMULAS

Súmula Vinculante do STF:

Nº 27: "Compete à Justiça estadual julgar causas entre consumidor e concessionária de serviço público de telefonia, quando a ANATEL não seja litisconsorte passiva necessária, assistente, nem opoente".

Súmulas do STJ:

Nº 150: "Compete a justiça federal decidir sobre a existência de interesse jurídico que justifique a presença, no processo, da união, suas autarquias ou empresas públicas".

Nº 224: "Excluído do feito o ente federal, cuja presença levara o Juiz Estadual a declinar da competência, deve o Juiz Federal restituir os autos e não suscitar conflito".

Nº 254: "A decisão do Juízo Federal que exclui da relação processual ente federal não pode ser reexaminada no Juízo Estadual".

Nº 553: "Nos casos de empréstimo compulsório sobre o consumo de energia elétrica, é competente a Justiça estadual para o julgamento de demanda proposta exclusivamente contra a Eletrobrás. Requerida a intervenção da União no feito após a prolação de sentença pelo juízo estadual, os autos devem ser remetidos ao Tribunal Regional Federal competente para o julgamento da apelação se deferida a intervenção".

BREVES COMENTÁRIOS

Se a causa entre terceiros iniciar-se em foro estranho ao da União ou de suas empresas públicas, entidades autárquicas e fundações, ou conselho de fiscalização de atividade profissional, mas uma dessas entidades vier posteriormente a intervir nela, ocorrerá, em razão da intervenção, um deslocamento de competência para o foro especial. Os autos, por isso, serão remetidos ao juiz federal competente, logo após a intervenção.

Não ocorre, todavia, o deslocamento de competência nos processos de insolvência civil, recuperação judicial, falência, acidente do trabalho, bem como nas ações sujeitas à justiça eleitoral e do trabalho. Tampouco nos casos de intervenção anômala da União, como assistente, sem interesse jurídico, prevista na Lei nº 9.469/1997, art. 5º.

O atual Código prevê ainda que, nos casos de cumulação de pedidos, os autos não serão remetidos ao juízo federal competente se entre eles houver algum cuja apreciação seja de competência do juízo junto ao qual a ação foi proposta (§ 1º). A hipótese trata da cumulação de pedidos, em que os juízos para apreciar e decidir cada um deles são diferentes.

Essa situação poderia justificar sucessivos conflitos de competência, levando até mesmo à extinção do feito em razão da incompetência dos juízos para julgar todos os pedidos. O atual Código traz, portanto, inovação salutar, que preserva a eficácia do processo ao impossibilitar que eventual alegação de incompetência leve à extinção do feito. Nesses casos, o juiz estadual decidirá a lide sem, contudo, apreciar o mérito do pedido em que exista interesse da União, suas entidades autárquicas ou empresas públicas, por ser incompetente em relação a essa demanda (§ 2º). Ou seja, o juiz irá simplesmente desconsiderar a cumulação, julgando a ação nos limites de sua competência. A parte interessada, se assim o quiser, deverá ajuizar nova ação, com o pedido não decidido, perante o juízo federal competente.

Uma vez remetido o processo ao juiz federal competente, os autos serão restituídos ao juízo estadual sem que seja suscitado o conflito, se o ente federal cuja presença ensejou a remessa for excluído do processo (§ 3º).

JURISPRUDÊNCIA SELECIONADA

1. Pedido indenizatório de pagamento dos valores atrasados relativos a benefício previdenciário. "Competência definida com amparo na *causa petendi* e no pedido deduzido na demanda. O art. 45 do NCPC dispõe que, tramitando o processo perante outro juízo, os autos serão remetidos ao juízo federal competente se nele intervier a União, suas empresas públicas, entidades autárquicas e fundações" (STJ, REsp 1730366/

RJ, Rel. Min. Herman Benjamin, 2ª Turma, jul. 23.08.2018, *DJe* 18.12.2018).

2. Demanda contra a massa falida. Pessoa jurídica de direito público. Litisconsórcio passivo. Juízo cível (Inciso I). "Tese jurídica firmada: A competência para processar e julgar demandas cíveis com pedidos ilíquidos contra massa falida, quando em litisconsórcio passivo com pessoa jurídica de direito público, é do juízo cível no qual for proposta a ação de conhecimento, competente para julgar ações contra a Fazenda Pública, de acordo as respectivas normas de organização judiciária." (STJ, REsp 1643856/SP, Rel. Min. Og Fernandes, 1ª Seção, jul. 13.12.2017, *DJe* 19.12.2017). **Obs.: Decisão submetida ao julgamento dos recursos repetitivos.**

3. Insolvência civil. Autarquia federal. Ausência de interesse. "Hipótese em que a Agência Nacional de Saúde – ANS – não é parte na relação processual, e mesmo que tivesse interesse no resultado da demanda, por haver decretado a liquidação extrajudicial da sociedade autora, não se justificaria o deslocamento da competência para a Justiça Federal. O art. 99 do CPC/1973, ao estabelecer como competente o foro da capital do estado ou do território para as causas em que a União fosse autora, ré ou interveniente, excetuava dessa regra o processo de insolvência. Dispõe o art. 45, I, do CPC/2015 que os autos devem ser remetidos ao Juízo Federal competente se nele intervier a União, suas empresas públicas, entidades autárquicas e fundações, ou conselho de fiscalização de atividade profissional, exceto as ações de recuperação judicial, falência, insolvência civil e acidente de trabalho" (STJ, CC 144.238/RJ, Rel. Min. Ricardo Villas Bôas Cueva, 2ª Seção, jul. 24.08.2016, *DJe* 31.08.2016).

4. Propriedade industrial. Ação de infração. Justiça Estadual. Reconhecimento incidental da nulidade de patente e desenho industrial. Matéria de defesa. Possibilidade. Ver jurisprudência do art. 42 CPC/2015.

5. Alegação de necessidade de intervenção da União, entidade autárquica ou empresa pública federal. Deslocamento de competência. Insuficiência.

Art. 46. A ação fundada em direito pessoal ou em direito real sobre bens móveis será proposta, em regra, no foro de domicílio do réu.

§ 1º Tendo mais de um domicílio, o réu será demandado no foro de qualquer deles.

§ 2º Sendo incerto ou desconhecido o domicílio do réu, ele poderá ser demandado onde for encontrado ou no foro de domicílio do autor.

§ 3º Quando o réu não tiver domicílio ou residência no Brasil, a ação será proposta no foro de domicílio do autor, e se este também residir fora do Brasil, a ação será proposta em qualquer foro.

§ 4º Havendo 2 (dois) ou mais réus com diferentes domicílios, serão demandados no foro de qualquer deles, à escolha do autor.

§ 5º A execução fiscal será proposta no foro de domicílio do réu, no de sua residência ou no do lugar onde for encontrado.

CPC/1973

Art. 94.

REFERÊNCIA LEGISLATIVA

CPC/2015, arts. 53 (foros especiais), 62 e 63 (competência em razão da matéria e da hierarquia; inderrogabilidade e modificabilidade).

CC, arts. 70 a 78 (domicílio civil).

Art. 2º-A da Lei nº 9.494/1997, introduzido pela Medida Provisória nº 2.180-35, de 24.08.2001 (limite da competência territorial na ação de caráter coletivo).

Lei nº 8.245, de 18.10.1991, art. 58, II (fixa a competência territorial nas ações relativas a contratos de locação de imóveis urbanos).

Lei nº 4.886, de 09.12.1965, art. 39 (fixa a competência da Justiça Comum e do foro do domicílio do representante comercial).

BREVES COMENTÁRIOS

Denomina-se competência territorial a que é atribuída aos diversos órgãos jurisdicionais levando em conta a divisão do território nacional em circunscrições judiciárias. O atual Código, nos arts. 46 e ss., regula a competência territorial, também chamada de competência de foro. A distribuição interna dessa competência, chamada competência de juízo, é matéria reservada às organizações judiciárias locais. As leis de organização judiciária dividem os estados em circunscrições territoriais (foros de primeiro grau), denominadas comarcas, que internamente podem se dividir em varas (juízos). Há, ainda, em algumas grandes comarcas, a instituição de foros regionais ou varas distritais, cuja competência também é definida pela legislação local.

Há, para o sistema do Código, um foro geral ou comum e vários foros especiais: aquele é fixado em razão do domicílio do réu (art. 46), e estes levam em conta a natureza da causa, a qualidade da parte, a situação da coisa, o local de cumprimento da obrigação ou da prática do ato ilícito etc. (arts. 47 a 53).

JURISPRUDÊNCIA SELECIONADA

1. Ação fundada em direito pessoal. "Em se tratando de ação fundada em direito pessoal, ausente qualquer norma especial acerca da matéria, incide a regra geral de ajuizamento da ação no foro de domicílio do réu, contida no artigo 46, do CPC/15" (TJMG, Agravo de Instrumento 1.0000.19.084786-3/001, Rel. Des. Corrêa Junior, 6ª Câmara Cível, jul. 24.09.2019, *DJe*-MG 02.10.2019).

"Nas ações que têm como objeto o próprio contrato e o fundamento é a sua invalidade, o foro de eleição não prevalece, pois a ação não tem como causa de pedir o contrato, mas fatos ou atos jurídicos externos e até mesmo anteriores ao próprio contrato. Quando a ação não é oriunda do contrato, nem se está postulando a satisfação de obrigações dele decorrentes, mas a própria invalidade do contrato, a ação é de natureza pessoal e, portanto, deve ser proposta no domicílio do réu, como manda o art. 94 do CPC" (STJ, REsp 773.753/PR, Rel. Min. Nancy Andrighi, 3ª Turma, jul. 04.10.2005, *DJ* 24.10.2005, p. 326).

2. Contrato de corretagem. "Havendo controvérsia sobre a existência do contrato de corretagem, aplica-se a regra geral contida no art. 46 do CPC/15, que dispõe que a ação fundada em direito pessoal ou em direito real sobre bens móveis será proposta, em regra, no foro de domicílio do réu. Nos termos do art. 46, § 4º do CPC, § 4º, havendo 2 (dois) ou mais réus com diferentes domicílios, serão demandados no foro de qualquer deles, à escolha do autor" (TJMG, Agravo de Instrumento 1.0487.15.003712-4/001, Rel. Des. Marcos Lincoln, 11ª Câmara Cível, jul. 06.02.2019, *DJe*MG 20.02.2019).

3. Ação de indenização por danos morais. Ato ilícito praticado pela internet. Competência. Foro do domicílio da vítima. Local de maior repercussão. "A competência para julgamento de ação de indenização por danos morais, decorrente de ofensas proferidas em rede social, é do foro do domicílio da vítima, em razão da ampla divulgação do ato ilícito" (STJ, REsp 2.032.427/SP, Rel. Min. Antonio Carlos Ferreira, 4ª Turma, jul. 27.04.2023, *DJe* 04.05.2023).

4. Competência para as causas em que o Estado ou Distrito Federal sejam parte. "A regra de competência prevista nos arts. 46, § 5º, e 52, *caput* e parágrafo único, do CPC, no ponto em que permite que estados e o Distrito Federal sejam demandados fora de seus respectivos limites territoriais, desconsidera sua prerrogativa constitucional de auto-organização. Não se pode alijar o Poder Judiciário Estadual de atuar nas questões de direito afetas aos entes públicos subnacionais. Além disso, os tribunais também possuem funções administrativas – como aquelas ligadas ao pagamento de precatórios judiciais – que não podem, sem base constitucional expressa, ser exercidas por autoridades de outros entes federados. Tal possibilidade produziria grave interferência na gestão e no orçamento públicos, além de risco ao direito dos credores à não preterição (entendimento prevalente do Ministro Roberto Barroso, vencido o relator). (...) Pedido julgado parcialmente procedente para: (i) atribuir interpretação conforme à Constituição ao art. 46, § 5º, do CPC, para restringir sua aplicação aos limites do território de cada ente subnacional ou ao local de ocorrência do fato gerador" (STF, ADI 5.737, Rel. p/ acórdão Min. Roberto Barroso, Pleno, jul. 25.04.2023, *DJe* 27.06.2023).

5. Fixação e prorrogação de competência. "O foro competente para o ajuizamento da ação não é definido ao nuto do julgador, mas sim em conformidade com as regras de fixação e prorrogação de competência entabuladas na Lei Instrumental" (STJ, REsp 1.059.330/RJ, Rel. Min. Luis Felipe Salomão, 4ª Turma, jul. 11.11.2008, *DJe* 15.12.2008).

6. Réus com diferentes domicílios. "Havendo dois ou mais réus, com diferentes domicílios, serão demandados no foro de qualquer deles, à escolha do autor (artigo 94, § 4º do CPC).

7. Domicílio incerto. "As ações em que o ausente figurar como réu serão processadas perante o juízo do seu último domicílio, nos termos do art. 97 do CPC. Sendo este, entretanto, incerto, aplica-se o disposto no art. 94, § 2º, do CPC, que prevê seja o ausente demandado no local em que se encontrar ou no foro do domicílio do autor. Conflito de competência conhecido para fixar a competência do Juízo de Direito da 1ª Vara de Família e Sucessões de Goiânia-GO" (STJ, CC 139.482/MG, Rel. Min. Moura Ribeiro, 2ª Seção, jul. 27.05.2015, *DJe* 02.06.2015).

8. Litisconsórcio ativo facultativo. Domicílio. Eleição. "Nos termos dos arts. 109, § 2º, da Constituição Federal e 94, § 4º, do CPC, ocorrendo litisconsórcio ativo facultativo, a ação ajuizada contra a União e autarquias federais pode ser proposta no domicílio de qualquer um dos autores" (STJ, AgRg no AgRg no REsp 1.041.190/RJ, Rel. Min. Arnaldo Esteves Lima, 5ª Turma, jul. 18.02.2010, *DJe* 15.03.2010).

9. Pessoa jurídica. "Embora, em princípio, a pessoa jurídica deva ser demandada no foro de sua sede, se houver conexão, modifica-se a competência, desde que relativa" (TJMG, Ag. 20.663/1, Rel. Des. Lúcio Urbano, 1ª Câmara, jul. 11.10.1988, *JM* 103/55).

"Tratando-se de ação fundada em direito real sobre bem móvel, qual seja, a patente do autor (art. 5º da Lei de Propriedade Industrial), incidem as regras dos arts. 94 e 100, IV, *a*, do CPC, sendo competente para o julgamento da lide o foro do domicílio da ré, que no caso de pessoa jurídica é o local da sua sede" (STJ, REsp 715.356/RS, Rel. Min. Cesar Asfor Rocha, 4ª Turma, jul. 20.10.2005, *DJ* 06.03.2006, p. 407).

10. Divórcio. "A competência para a ação direta de divórcio é determinada pelo art. 94 do CPC, não incluindo esse feito entre aqueles excepcionados pelo art. 100 do mesmo Código. Por sua natureza territorial, qualifica-se essa ação como relativa. A arguição de incompetência, como preliminar, constitui mera irregularidade, cujos efeitos devem ser mitigados em atenção à instrumentalidade do processo. Descabe ao juízo destinatário a declaração de ofício da incompetência relativa, a teor do Enunciado nº 33 da Súmula/STJ" (STJ, CC 13.623-7/RJ, Rel. Min. Sálvio de Figueiredo, 2ª Seção, jul. 18.09.1995).

11. Cumulação de investigação de paternidade e alimentos. "Para as ações cumuladas de alimentos e investigação de paternidade prevalece a competência do foro especial da ação de alimentos sobre o do domicílio, previsto para as ações de investigação" (TJSP, Ag 4.803-0, Rel. Des. Prestes Barra, Câmara Especial, jul. 27.06.1985, *RJTJSP* 95/260).

12. Usucapião de bem móvel. "Usucapião de coisa móvel. Incidência do art. 94 do CPC. Competência firmada tendo em vista o domicílio do réu" (STJ, REsp 31.204/SP, Rel. Min. Eduardo Ribeiro, 3ª Turma, jul. 21.09.1993, *DJU* 25.10.1993, p. 22.487).

13. Guarda de menor. "Determina-se a competência pelo domicílio dos pais ou responsável (Estatuto, art. 147, I). Prevalece o foro do domicílio de quem já exerce a guarda do menor, tratando-se de pretensão de alterá-la. Prevalece esse foro ainda que se trate de responsável, e não de guarda exercida pelos pais (pela mãe, que pretende exercê-la)" (STJ, CC 20.765/MS, Rel. Min. Nilson Naves, 2ª Seção, jul. 24.06.1998, *RSTJ* 117/311).

14. Pessoa jurídica nacional e estrangeira. "Segundo precedentes da 2ª Seção, na compra e venda de sofisticadíssimo equipamento destinado à realização de exames médicos – levada a efeito por pessoa jurídica nacional e pessoa jurídica estrangeira – prevalece o foro de eleição, seja ou não uma relação de consumo" (STJ, CC 32.268/SP, Rel. Min. Sálvio de Figueiredo Teixeira, 2ª Seção, jul. 24.04.2002, *DJU* 19.08.2002, p. 139).

15. Litisconsórcio. Empresa com sede no exterior. "No litisconsórcio passivo, se uma das rés tem sede no exterior e as outras no Brasil, a ação deve ser proposta no foro do domicílio destas, e não no da autora, pois a disposição do § 3º do art. 94 do CPC apenas se aplica se não existem outras litisconsortes com sede no Brasil" (STJ, REsp 223.742/PR, Rel. Min. Ruy Rosado de Aguiar, 4ª Turma, jul. 25.10.1999, *LEXSTJ* 130/238).

16. *Writ* contra sociedade de economia mista. "Não se tratando de mandado de segurança impetrado contra ato dirigente de pessoa jurídica de direito privado praticado no exercício de delegação do poder público federal, mas contra mero ato de gestão da própria sociedade de economia mista, a competência é da Justiça estadual" (STJ, CC 26.401/RS, Rel. Min. Barros Monteiro, 2ª Seção, jul. 10.04.2002, *DJU* 19.08.2002, p. 139).

17. Compromisso de compra e venda. Rescisão. "A ação de resolução de compromisso de compra e venda assenta-se em direito pessoal. A existência do pedido de reintegração de posse, consequência natural que decorre da resolução, não atrai a regra de competência absoluta insculpida na segunda parte do art. 95 do Código de Processo Civil. Prevalece o foro de eleição" (STJ, REsp 967.826/RN, Rel. Min. Nancy Andrighi, 3ª Turma, jul. 13.11.2007, *DJ* 22.11.2007, p. 239).

Art. 47. Para as ações fundadas em direito real sobre imóveis é competente o foro de situação da coisa.

§ 1º O autor pode optar pelo foro de domicílio do réu ou pelo foro de eleição se o litígio não recair sobre direito de propriedade, vizinhança, servidão, divisão e demarcação de terras e de nunciação de obra nova.

§ 2º A ação possessória imobiliária será proposta no foro de situação da coisa, cujo juízo tem competência absoluta.

CPC/1973

Art. 95.

REFERÊNCIA LEGISLATIVA

CPC/2015, arts. 73 (ações reais imobiliárias; consentimento e citação do cônjuge), 554 a 568 (ações possessórias), 569 a 598 (ação de divisão e de demarcação de terras particulares).

Lei nº 6.766, de 19.12.1979, art. 48 (parcelamento do solo urbano).

SÚMULAS

Súmula do STJ:

Nº 11: "A presença da União ou de qualquer de seus entes, na ação de usucapião especial, não afasta a competência do foro da situação do imóvel."

BREVES COMENTÁRIOS

Não basta que a ação seja apenas sobre imóvel (como a de despejo, p. ex.). Para incidir o foro especial, é necessário que verse sobre direito real (reivindicatória, divisória, usucapião etc.). A competência em questão é territorial e, por isso, naturalmente relativa (art. 63). Mas torna-se excepcionalmente absoluta e inderrogável quando o litígio versar sobre "direito de propriedade, vizinhança, servidão, divisão e demarcação de terras e de nunciação de obra nova" (art. 47, § 1º). Dessa maneira, nem toda ação sobre direito real imobiliário estará sujeita a uma competência absoluta (p. ex., a ação hipotecária não figura no rol do questionado dispositivo, e por isso se sujeita ao critério comum da competência relativa).

Uma particularidade interessante foi a inclusão das ações possessórias entre as reais imobiliárias, feita desde o Código de 1973 e mantida pela atual codificação (art. 47, § 2º). Com isso, uma antiga polêmica doutrinária e jurisprudencial foi superada.

Para as demais ações reais imobiliárias não contempladas na ressalva do art. 47, § 1º (competência absoluta), instituiu o legislador uma faculdade para o autor: pode ele optar pelo foro do domicílio (foro comum) ou pelo de eleição (foro contratual).

JURISPRUDÊNCIA SELECIONADA

1. Compromisso de compra e venda.

Ação de resolução. "De fato, 'a ação de resolução de compromisso de compra e venda assenta-se em direito pessoal, não atraindo, assim, a regra de competência absoluta insculpida no art. 95. Precedentes' (REsp 1.433.066/MS, Relatora Ministra Nancy Andrighi, Terceira Turma, julgado em 20/5/2014, *DJe* 2/6/2014). Na hipótese ora em foco, diferentemente do que pretende fazer crer a agravante não se trata de ação de adjudicação, mas de ação na qual os agravados pretendem o cumprimento do contrato de compromisso de compra e venda firmado entre as partes, em que a requerida não teria honrado com sua parte" (STJ, AgInt no AREsp 1039752/PR, Rel. Min. Marco Aurélio Bellizze, 3ª Turma, jul. 05.06.2018, *DJe* 14.06.2018).

"Ação que persegue uma coisa em decorrência de relação obrigacional não honrada pelo devedor (reipersecutória) possui natureza pessoal, apesar de sua direção real, não integrando, assim, a competência absoluta do art. 47 do CPC" (TAMG, Ag. 1.0000.19.061660-7/001, Rel. Des. Ramom Tácio, 16ª Câmara Cível, jul. 25.09.2019, *DJe* 26.09.2019).

Rescisão cumulada com reintegração. "A ação que objetiva a resolução de contrato de compra e venda de bem imóvel tem caráter pessoal, sendo competente, quando houver, o foro de eleição. O pedido de reintegração na posse do imóvel é apenas consequência de eventual acolhimento do pleito principal" (STJ, REsp 332.802/MS, Rel. Min. Luis Felipe Salomão, 4ª Turma, jul. 10.02.2009, *DJe* 26.02.2009). **No mesmo sentido:** TAMG, CC 258.022-7, Rel. Juiz Edilson Fernandes, 3ª Câm., jul. 19.08.1998.

Ação de adjudicação compulsória. "Ação de adjudicação compulsória promovida com base em promessa de venda e compra não levada a registro imobiliário. Prevalência do foro da situação do imóvel. Aplicação da regra contida no art. 95, segunda parte, do Código de Processo Civil" (TJSP, CC 59.039-0, Rel. Des. Djalma Lofrano, Câm. Especial, jul. 09.12.1999). **No mesmo sentido**: STJ, AgRg no REsp 773.942/SP, Rel. Min. Massami Uyeda, 3ª Turma, jul. 19.08.2008, *DJe* 05.09.2008.

"A competência para processar e julgar ação de **adjudicação compulsória contra empresa incorporadora falida** (*in casu*, a Encol) é do r. Juízo de quebra, independentemente de a decretação da falência ter sido posterior ao ajuizamento da ação de adjudicação" (STJ, CC 39.112/GO, Rel. Min. Massami Uyeda, 2ª Seção, jul. 25.11.2009, *DJe* 18.12.2009).

2. Usucapião. "O foro competente para a ação de usucapião de bem imóvel será sempre o da situação da coisa (art. 95 do CPC/1973 e art. 57 do CPC/2015), configurando hipótese de competência material, portanto, absoluta e improrrogável" (STJ, CC 142.849/SP, Rel. Min. Luis Felipe Salomão, 2ª Seção, jul. 22.03.2017, *DJe* 11.04.2017). **No mesmo sentido**: "As ações de usucapião, em quaisquer circunstâncias, devem ser promovidas no *forum rei sitae*" (TFR, CC 5.381/RS, Rel. Min. Costa Leite, 1ª Seção, jul. 06.03.1985; RTFR 126/437).

Usucapião. União confrontante. "O simples fato de ser a União confrontante com terreno que se pretende usucapir não desloca a competência para a Justiça federal. O interesse da União deve basear-se em algo concreto e apreciável, resultante de lei, contrato ou documentos" (TJSC, AI 9.593, Rel. Des. Francisco Borges, 4ª Câmara, *DJ* 29.05.1995).

3. Foro de eleição. Opção do credor. "A opção pelo foro de eleição é direito do credor, e não do devedor. Se o credor ajuíza ação na comarca do domicílio de um dos réus, não tem cabimento a impugnação, invocando cláusula contratual instituída em benefício do próprio autor" (TJSP, Ag. 4.285-0, Rel. Des. Sylvio de Amaral, Câm. Especial, jul. 25.05.1985; *RT* 601/104).

4. Ação de desapropriação. "A jurisprudência é pacífica no sentido de que a competência para julgar feito relativo a ação de desapropriação é da Vara Federal com jurisdição sobre o imóvel objeto da ação, a fim de facilitar a instrução probatória" (STJ, AgRg no REsp 1.073.092/PE, Rel. Min. Herman Benjamin, 2ª Turma, jul. 19.02.2009, *DJe* 19.03.2009). **No mesmo sentido:** STJ, AgRg no REsp 1.027.530/CE, Rel. Min. Herman Benjamin, 2ª Turma, jul. 09.09.2008, *DJe* 11.03.2009; TJPR, Ap. 1.569, Rel. Des. Negi Calixto, 2ª Câmara, jul. 01.10.1986; Adcoas, 1987, n. 113.210.

"A ação em que se reclama ressarcimento por apossamento administrativo, ou desapropriação indireta, é, na sua essência, ação reivindicatória, fundando-se, pois, em direito real sobre imóvel, competindo seu processamento no foro da situação da coisa" (STF, RE 102.574/PE, Rel. Min. Pedro Soares Muñoz, 1ª Turma, jul. 19.10.1984, *RTJ* 112/433). **No mesmo sentido:** STJ, REsp 133.454/RJ, Rel. Min. Francisco Peçanha Martins, 2ª Turma, *DJ* 13.03.2000, p. 165; TASP, AI 51.586, Rel. Kazuo Watanabe, 6ª Câmara, jul. 22.12.1976, *RT* 499/174.

5. Ação possessória. Forum *rei sitae*. "O foro da situação da coisa é absolutamente competente para conhecer de ação fundadas em direito possessório sobre imóveis. Por força da interpretação sistemática dos arts. 95, *in fine*, e 102, CPC, a competência do foro da situação do imóvel não pode ser modificada pela conexão ou continência" (STJ, REsp 660.094/SP, Rel. Min. Nancy Andrighi, 3ª Turma, jul. 25.09.2007, *DJ* 08.10.2007, p. 261; *RT* 868/192). **No mesmo sentido, não admitindo o foro de eleição:** TJSP, Ap. 97.225-2, Rel. Des. Bueno Magano, 16ª Câmara, jul. 13.11.1985; *RJTJSP* 98/48.

Ação declaratória de cessão de direitos possessórios. Por outro lado, a ação, ainda que se refira a um direito real sobre imóvel, poderá ser ajuizada pelo autor **no foro do domicílio do réu** ou, se o caso, no foro eleito pelas partes, se não disser respeito a nenhum daqueles direitos especificados na segunda parte do art. 95 do CPC, haja vista se tratar de competência relativa. Na hipótese, conforme apontado pelo juízo suscitante, o litígio analisado não versa sobre nenhum direito real imobiliário, **mas sobre a eventual nulidade da escritura de cessão de posse de imóvel, por razões formais.** Aliás, é importante mencionar, nesse contexto, que nem mesmo a posse do imóvel é objeto da presente ação. Não há competência absoluta do foro da situação do bem para o julgamento da presente ação, sendo inaplicável o art. 95 do CPC. A competência é relativa, devendo ser fixada de acordo com as regras do art. 100 do CPC" (STJ, CC 111.572/SC, Rel. Min. Nancy Andrighi, 2ª Seção, jul. 09.04.2014, *DJe* 15.04.2014).

Conexão. Impossibilidade. Competência absoluta. "Ação possessória pura versando imóvel, proposta no foro da situação da coisa. Decisão que declina da competência por prorrogação legal, considerando conexão com demanda em andamento em outro foro. Descabimento. Pelo artigo 95 do Código de Processo Civil, é absoluta a competência do foro nas ações possessórias imobiliárias, e a prorrogação de competência, nos termos do artigo 102, abrange apenas a relativa. Agravo provido para manter o feito no juízo e foro em que distribuído" (TJSP, AI 135.522-4, Rel. Des. Marco César, 9ª Câm., jul. 15.02.2000).

6. Ações fundadas em direitos reais. "Tratando-se de ação fundada em direito real sobre imóvel – anulação de atos jurídicos, cancelamentos de transcrições e reivindicação –, mesmo sendo réu o Estado, que normalmente responde perante vara especializada da Capital, deve prevalecer a competência do foro da situação do imóvel" (STF, RE 90.676/PR, Rel. Min. Xavier de Albuquerque, 1ª Turma, jul. 23.09.1980; *RTJ* 95/347). **No mesmo sentido:** STJ, CC 34393/GO, Rel. Min. Antônio de Pádua Ribeiro, 2ª Seção, jul. 25.05.2005, *DJ* 01.07.2005, p. 362.

7. Hipoteca.

Extinção da hipoteca. "Em ação visando a extinção de hipoteca, constituída para garantia de financiamento da casa própria em contrato de mútuo regulado pelo Sistema Financeiro da Habitação, é competente para processamento e julgamento do feito o foro do local do imóvel, nos exatos termos do art. 95 do CPC" (TASP, AI 971.755-3, Rel. Juiz Itamar Gaino, 3ª Câm., jul. 07.11.2000, *RT* 789/270).

Ação de desconstituição da hipoteca. Competência relativa. "Na hipótese de o litígio versar sobre direito de propriedade, vizinhança, servidão, posse, divisão e demarcação de terras e nunciação de obra nova, a ação correspondente deverá necessariamente ser proposta na comarca em que situado o bem imóvel, porque a competência é absoluta. Por outro lado, a ação, ainda que se refira a um direito real sobre imóvel, poderá ser ajuizada pelo autor no foro do domicílio do réu ou, se o caso, no foro eleito pelas partes, se não disser respeito a nenhum daqueles direitos especificados na segunda parte do art. 95 do CPC, haja vista se tratar de competência relativa. Na hipótese, a ação versa sobre a desconstituição parcial das hipotecas incidentes sobre os imóveis de propriedade do recorrente. Conclui-se que não há competência absoluta do foro da situação dos imóveis para o seu julgamento – a competência deste é relativa e passível, portanto, de modificação" (STJ, REsp 1.051.652/TO, Rel. Min. Nancy Andrighi, 3ª Turma, jul. 27.09.2011, *DJe* 03.10.2011).

Resolução de contrato cumulada com modificação de registro. "A ação de resolução de contrato, cumulada com modificação do registro imobiliário, tem natureza real, pois contém pedido afeto ao próprio direito de propriedade, atraindo a regra de competência absoluta do art. 95 do Código de Processo Civil" (STJ, CC 121.390/SP, Rel. Min. Raul Araújo, 2ª Seção, jul. 22.05.2013, *DJe* 27.05.2013).

Opção pelo foro do domicílio do réu. "Não pode colher êxito o especial, seja porque deixou de atacar um dos fundamentos do acórdão recorrido, seja porque em execução de contrato de compra e venda com pacto adjeto de hipoteca prevalece o art. 95 do Código de Processo Civil, admitida a opção pelo foro do domicílio, seja, enfim, porque mesmo se prevalecesse o entendimento do executado sobre a incidência do art. 100, IV, *d*, do mesmo Código, seria possível a opção pelo foro do domicílio do réu, no caso, considerando que o lugar do pagamento, previsto no contrato, é o da residência dos credores, com o que o deslocamento para o domicílio do réu somente a este pode favorecer" (STJ, REsp 195.350/MS, Rel. Min. Carlos Alberto Menezes Direito, 3ª Turma, jul. 25.10.1999, *DJ* 17.12.1999, p. 355).

Cláusula de eleição de foro inserida em contrato de adesão. Validade. "Nos termos do artigo 95 do Código de Processo Civil é possível identificar que o critério de competência adotado para as ações fundadas em direito real é territorial, porém com características híbridas, porquanto ora com viés relativo (em regra) ora com viés absoluto (nas hipóteses expressamente delineadas). Para que a ação seja necessariamente ajuizada na comarca em que situado o bem imóvel, esta deve ser fundada em direito real (naqueles expressamente delineados pelo artigo 95 do Código de Processo Civil), não **sendo suficiente, para tanto, a mera repercussão indireta sobre tais direitos.** A cláusula que estipula a eleição de foro em contrato de adesão é, em princípio, válida, desde que verificadas a necessária liberdade para contratar (ausência de hipossuficiência) e a não inviabilização do acesso ao Poder Judiciário. As pessoas jurídicas litigantes são suficientemente capazes, sob o enfoque financeiro, jurídico e técnico, para demandarem em qualquer comarca que, voluntariamente, assim contratem" (STJ, REsp 1.048.937/PB, Rel. Min. Massami Uyeda, 3ª Turma, jul. 22.02.2011, *DJe* 03.03.2011).

8. Nunciação de obra nova. "Não obstante o disposto no art. 95 do diploma processual civil, a ação de nunciação de obra nova pode, também, ter o caráter de ação pessoal e não apenas real, nada obstando que se dirija contra o dono da obra que não seja o dono do imóvel, pois é aquele que, ao menos hipoteticamente, estaria causando ao vizinho (no caso, o autor) os prejuízos da obra nova, que este pretende impedir" (2º TACivSP, AI 535.633-00/2, Rel. Juiz Américo Angélico, 7ª Câm., jul. 15.09.1998).

Ação demolitória. "A Ação Demolitória tem a mesma natureza da Ação de Nunciação de Obra Nova e se distingue desta em razão do estado em que se encontra a obra (REsp 311.507/AL, Rel. Ministro Ruy Rosado de Aguiar, Quarta Turma, *DJ* 5/11/2001, p. 118). Assentada a premissa de que a Ação Demolitória e a Ação de Nunciação de Obra Nova se equivalem, o art. 95 do CPC corrobora a tese sobre a natureza real de ambas. O dispositivo prescreve que, nas ações fundadas em direito real sobre imóveis, o foro competente é o da situação da coisa, com a ressalva de que as referidas ações podem ser propostas no foro do domicílio ou de eleição, desde que o litígio não recaia sobre propriedade, vizinhança, servidão, posse, divisão e demarcação de terras e nunciação de obra nova. Para o CPC, portanto, a Ação de Nunciação de Obra Nova se insere entre aquelas fundadas em direito real imobiliário. A mesma conclusão deve alcançar a Ação Demolitória" (STJ, REsp 1374593/SC, Rel. Min. Herman Benjamin, 2ª Turma, jul. 05.03.2015, *DJe* 01.07.2015).

9. Inventário. "Em sendo interdito o autor da herança, o foro competente para o inventário é o do seu curador, *ex vi* dos arts. 36 do CC e 96 do CPC, não admitida prova em contrário, sendo irrelevante o lugar da situação dos bens ou da sua residência ou do óbito" (STJ, REsp 32.213/SP, Rel. Min. Torreão Braz, 4ª Turma, jul. 30.05.1994; *RT* 713/224).

10. União estável. Ação de dissolução. "A ação de dissolução de união estável, ainda que apresente consequências relativas a bens imóveis, possui cunho eminentemente de direito pessoal, devendo o foro competente ser fixado de acordo com o domicílio do réu, consoante a regra insculpida no art. 94 do CPC" (STJ, REsp 453.825/MT, Rel. Min. Fernando Gonçalves, 4ª Turma, jul. 01.03.2005, *DJ* 21.03.2005, p. 383).

Art. 48. O foro de domicílio do autor da herança, no Brasil, é o competente para o inventário, a partilha, a arrecadação, o cumprimento de disposições de última vontade, a impugnação ou anulação de partilha extrajudicial e para todas as ações em que o espólio for réu, ainda que o óbito tenha ocorrido no estrangeiro.

Parágrafo único. Se o autor da herança não possuía domicílio certo, é competente:

I – o foro de situação dos bens imóveis;

II – havendo bens imóveis em foros diferentes, qualquer destes;

III – não havendo bens imóveis, o foro do local de qualquer dos bens do espólio.

CPC/1973

Art. 96.

REFERÊNCIA LEGISLATIVA

CPC/2015, arts. 23 (competência internacional exclusiva), 610 a 673 (inventário e partilha), 735 a 737 (testamentos e codicilos), 738 a 743 (herança jacente).

BREVES COMENTÁRIOS

O foro do inventário é universal, de sorte que, além do processo sucessório, atrai para si a competência especial relativa a todas as ações em que o espólio seja réu. A norma, entretanto, pressupõe procedimento sucessório ainda em curso. Se o inventário já se encerrou por sentença trânsita em julgado, a regra especial de fixação de competência não incide. Da mesma forma, não se aplica o foro do art. 48 em relação às ações reais imobiliárias em que o espólio seja réu, porque sujeitas à competência absoluta do foro da situação do imóvel. Igual exceção ocorre diante da ação de desapropriação, que será sempre ajuizada no foro em que o imóvel se localizar.

Se, porém, o espólio for autor na causa, não haverá a atração do foro universal do inventário, e a competência será, então, a do foro comum (do domicílio do réu) ou alguma outra especial que acaso incida na espécie (como a do *forum rei sitae*).

Cuida-se, no dispositivo em análise, de competência territorial e, por isso, relativa. De tal sorte, o inventário proposto fora do juízo nele previsto não pode ser rejeitado pelo juiz de ofício. A competência para o processo sucessório é prorrogável se não houver impugnação por parte de algum interessado.

JURISPRUDÊNCIA SELECIONADA

1. Litispendência entre ações de inventário e partilha propostas por diferentes colegitimados. Critério temporal para definição sobre qual ação litispendente deve prosseguir. Ver jurisprudência do art. 59 do CPC/2015.

2. Inventário. Domicílio do autor da herança. "A competência para o inventário é definida em razão do domicílio do autor da herança, e, subsidiariamente, da situação dos bens, caso não possua domicílio certo. Na hipótese, as declarações de renda do falecido, o contrato de locação firmado antes de sua morte, a origem de sua carteira de habilitação e o fato de a quase totalidade de bens do autor da herança encontrarem-se localizados no Rio de Janeiro comprovam a referida cidade como seu último domicílio" (STJ, AgInt no CC 147.082/RJ, Rel. Min. Ricardo Villas Bôas Cueva, 2ª Seção, jul. 25.10.2017, *DJe* 31.10.2017).

Autor da herança. Servidor público. "A competência para o inventário é definida em razão do domicílio do autor da herança. Sendo o autor da herança servidor público, seu domicílio, por força de lei, é o do local onde presta serviços ao Estado" (STJ, CC 40.717/RS, Rel. Min. Nancy Andrighi, 2ª Seção, jul. 12.05.2004, *DJ* 31.05.2004, p. 170).

3. Foro do espólio. "A regra do art. 96 do CPC determina que: 'o foro do domicílio do autor de herança, no Brasil, é o competente para o inventário, a partilha, a arrecadação, o cumprimento de disposições de última vontade e todas as ações em que o espólio for réu, ainda que o óbito tenha ocorrido no estrangeiro'. Essa regra especial de fixação de competência, entretanto, não incide quando já encerrado o inventário, com trânsito em julgado da sentença homologatória da partilha. Precedente (CC 51.061/GO, Rel. Ministro MENEZES DIREITO)" (STJ, CC 124.274/PR, Rel. Min. Raul Araújo, 2ª Seção, jul. 08.05.2013, *DJe* 20.05.2013). **No mesmo sentido:** TJBA, Ag 215/85, Rel. Des. Luiz Pedreira, 1ª Câmara, jul. 05.03.1986.

"A regra do art. 96 vale para disciplinar o foro competente nas ações em que o espólio for réu, mas sem afastar as normas especiais que deslocam essa competência, como é o caso da eleição pelas partes ou da situação do imóvel, nas ações como a adjudicação compulsória" (1º TACivSP, Ag 374.926-1, Rel. Juiz Laerte Nordi, 5ª Câmara, jul. 27.05.1987, *JTACivSP* 104/135).

4. Domicílio incerto do *de cujus*. "Havendo incerteza quanto ao lugar exato do domicílio do *de cujus*, é razoável admitir, para efeito de inventário, o lugar do óbito, que no caso também o é de várias propriedades imóveis do autor da herança" (TJSP, AI 3.500-0, Rel. Des. Pinheiro Franco, Câmara Especial, jul. 16.08.1984, *RT* 589/57).

"Quando a pessoa falecida tiver mais de um domicílio ou este for incerto e estando todos os seus bens imóveis localizados em um único lugar, o foro de situação destes bens terá competência para processar o inventário" (TJMG, Agravo de Instrumento 1.0512.04.023858-0/001, Rel. Des. Nilson Reis, 2ª Câmara Cível, jul. 24.10.2006, DJMG 17.11.2006).

5. Competência relativa. "Ainda que incerto o domicílio do autor da herança, para fins de determinar o local de competência para o ajuizamento da ação de inventário, fato é que o art. 96 do CPC trata de competência territorial de natureza relativa. Logo, é vedado ao magistrado declarar-se de ofício incompetente" (TJMG, Agravo de Instrumento 1.0313.10.019041-9/001, Rel. Des. Albergaria Costa, 3ª Câmara Cível, jul. 03.02.2011, DJMG 22.02.2011). **No mesmo sentido:** TJMG, CC 175.406-8/00, Rel. Des. Garcia Leão, 1ª Câmara, jul. 08.08.2000; TJDF, CC 19990020036629, Rel. Des. Sérgio Bittencourt, 2ª Câmara, *DJU* 24.05.2000.

6. Julgamento de ação anulatória de testamento. Juízo do inventário. "O fato de a ação de abertura, registro e cumprimento de testamento ter se processado na comarca de Uberaba-MG não implica a prevenção do juízo para a ação anulatória de testamento. Afinal, trata-se de um processo de jurisdição voluntária, em que não se discute o conteúdo do testamento, limitando-se ao exame das formalidades necessárias à sua validade. Nem sempre coincide a competência para conhecer do pedido de abertura, registro e cumprimento de testamento e para decidir as questões relativas à sua eficácia, tais como a ação declaratória, constitutiva negativa de nulidade ou de anulação. Não há conexão entre o inventário e a ação anulatória porque ausente a identidade entre os elementos objetivos das demandas. Todavia, a prejudicialidade é evidente. Com efeito, a conclusão do processo de inventário, ao final, dependerá do resultado da ação anulatória. Ainda que a ação anulatória não tenha sido proposta em face do espólio, a declaração de nulidade do testamento interessa à herança e, por isso, deve ser apreciada pelo juízo do inventário. A denominada *vis attractiva* do inventário (art. 96 do CPC) é abrangente, sendo conveniente que todas as demais ações que digam respeito à sucessão, entre elas o cumprimento das suas disposições de última vontade (art. 96 do CPC), também sejam apreciadas pelo juízo do inventário. Não havendo prevenção do juízo que determinou o registro e cumprimento do testamento impugnado, em Uberaba-MG, remeter-lhe o processo para julgamento poderia gerar novos questionamentos acerca da sua própria competência, em franco prejuízo à duração razoável do processo" (STJ, REsp 1.153.194/MS, Rel. Min. Nancy Andrighi, 3ª Turma, jul. 13.11.2012, *DJe* 21.11.2012).

7. Questão de alta indagação ou dependente de prova. Julgamento pela vara cível. Ver jurisprudência no art. 612 do CPC/2015.

Art. 49. A ação em que o ausente for réu será proposta no foro de seu último domicílio, também competente para a arrecadação, o inventário, a partilha e o cumprimento de disposições testamentárias.

CPC/1973

Art. 97.

REFERÊNCIA LEGISLATIVA

CC, art. 22.

CPC/2015, art. 744.

BREVES COMENTÁRIOS

Ausente, para os efeitos do art. 49, é aquele que desaparece do local em que tinha domicílio sem deixar representante ou procurador para administrar seus bens. A ele a lei civil manda nomear curador (CC, art. 22, e CPC/2015, art. 744), e a lei processual institui um foro especial para as ações que contra ele vierem a ser propostas, que corresponde ao de seu último domicílio. Trata-se de uma competência geral, que, todavia, não afeta a competência para as ações propostas pelo curador do ausente, nem aquelas em que, sendo ele o demandado, se sujeitem a foros não vinculados ao domicílio (*v.g.*, ações reais imobiliárias, foro de eleição, foro do local do fato etc.).

Art. 50. A ação em que o incapaz for réu será proposta no foro de domicílio de seu representante ou assistente.

CPC/1973

Art. 98.

REFERÊNCIA LEGISLATIVA

CC, art. 36 (domicílio civil dos incapazes).

BREVES COMENTÁRIOS

A competência definida no art. 50 do CPC/2015 deriva da regra de direito material que atribui ao incapaz o domicílio de seu representante ou assistente (CC, art. 76, parágrafo único).

JURISPRUDÊNCIA SELECIONADA

1. Réu incapaz.

Competência. "O foro competente para a ação em que se discute interesse de incapaz deve ser o do local onde se encontra a incapaz, independentemente do domicílio de sua genitora-guardiã, se a menor está sob a posse do outro genitor, local que propicia maior facilidade para a análise da situação de fato em que a mesma se encontra e dos seus interesses. Nos termos do art. 147, inciso I, do Estatuto da Criança e do Adolescente, lei especial de proteção geral a todos os menores, é competente o Juiz do foro do domicílio dos pais ou do responsável para os feitos que envolvam menores" (TJDF, AI 108.594 – (Reg. nº 70), Rel. Des. Maria Beatriz Parrilha, 3ª Turma, *DJU* 07.10.1998).

"A regra processual do art. 98 protege pessoa absoluta ou relativamente incapaz, por considerá-la mais frágil na relação jurídica processual, quando litiga em qualquer ação. Assim, na melhor compreensão a ser extraída dessa norma, não há razão para diferenciar-se a posição processual do incapaz. Figure o incapaz como autor ou réu em qualquer ação, deve-se possibilitar ao seu representante litigar no foro de seu domicílio, pois, normalmente, sempre necessitará de proteção, de amparo, de facilitação da defesa dos seus interesses, mormente em ações de estado. No confronto entre as normas protetivas invocadas pelas partes, entre o foro da residência da mulher e o do domicílio do representante do incapaz, deve preponderar a regra que privilegia o incapaz, pela maior fragilidade de quem atua representado, necessitando de facilitação de meios, especialmente numa relação processual formada em ação de divórcio, em que o delicado direito material a ser discutido pode envolver íntimos sentimentos e relevantes aspectos patrimoniais" (STJ, REsp 875.612/MG, Rel. Min. Raul Araújo, 4ª Turma, jul. 04.09.2014, *DJe* 17.11.2014). **No mesmo sentido:** TJMG, AI 1.0355.08.011736-7/001, Rel. Des. Nicolau Masselli, 16ª Câmara, jul. 15.04.2009, *DJe* 29.05.2009; TJMG, AGI 1070208513582-1/001, Rel. Des. Dárcio Lopardi Mendes, 4ª Câmara, jul. 16.04.2009, *DJe* 08.05.2009; STJ, AgRg no AREsp 47.542/RJ, Rel. Min. Antonio Carlos Ferreira, 4ª Turma, jul. 05.05.2015, *DJe* 11.05.2015.

"O foro competente para o ajuizamento de pedido de interdição é o do local do domicílio do interditando, ao qual seus interesses estão vinculados" (TJSP, AI 57.561-1, Rel. Des. Fonseca Tavares, 8ª Câmara, jul. 29.05.1985, *RT* 600/50).

Natureza relativa. "A competência prevista no art. 50 do CPC/15 constitui regra especial de competência territorial, a qual protege o incapaz, por considerá-lo parte mais frágil na relação jurídica, e possui natureza relativa. A ulterior incapacidade de uma das partes (regra especial de competência relativa) não altera o juízo prevento, sobretudo quando o próprio incapaz opta por não utilizar a prerrogativa do art. 50 do CPC/15" (STJ, CC 160.329/MG, Rel.ª Min.ª Nancy Andrighi, 2ª Seção, jul. 27.02.2019, *DJe* 06.03.2019).

2. Reparação por ato ilícito. "Reparação de danos. Ato ilícito. Réu relativamente incapaz (18 anos) arguiu incompetência do Juízo, invocando o que dispõem os artigos 36 do Código Civil e 98 do Código de Processo Civil. Inadmissibilidade. Aplicação da norma especial contida no parágrafo único do artigo 100 do Código de Processo Civil, que prevalece sobre a norma geral. Opção do autor, vítima do ato ilícito de ajuizar a ação no foro de seu domicílio ou no local do fato" (TJSP, Ap. 251.241-1, Rel. Des. Debatin Cardoso, 8ª Câmara, jul. 07.08.1996).

Art. 51. É competente o foro de domicílio do réu para as causas em que seja autora a União.

Parágrafo único. Se a União for a demandada, a ação poderá ser proposta no foro de domicílio do autor, no de ocorrência do ato ou fato que originou a demanda, no de situação da coisa ou no Distrito Federal.

CPC/1973

Art. 99.

REFERÊNCIA LEGISLATIVA

CF, arts. 108 (competência dos TRF) e 109 (competência dos juízes federais).

CPC/2015, art. 908 (concurso de credores).

Parágrafo único do art. 2º-A da Lei nº 9.494/1997, introduzido pela Medida Provisória nº 2.180-35, de 24.08.2001 (nas ações coletivas contra o Poder Público, o dispositivo passou a exigir a instrução da inicial com a assembleia da entidade associativa dispondo do nome dos associados e seus endereços, e o *caput* do art. 2º-A limitou a competência territorial nessas ações).

Lei nº 9.469/1997, art. 5º (a União poderá intervir nas causas em que figuram como autoras ou rés, autarquias, fundações públicas, sociedades de economia mista e empresas públicas federais).

SÚMULAS

Súmulas do STF:

Nº 218: "É competente o Juízo da Fazenda Nacional da capital do Estado, e não o da situação da coisa, para a desapropriação promovida por empresa de energia elétrica, se a União Federal intervém como assistente."

Nº 250: "A intervenção da União desloca o processo do Juízo cível comum para o fazendário."

Súmula do STJ:

Nº 11: "A presença da União ou de qualquer de seus entes, na ação de usucapião especial, não afasta a competência do foro da situação do imóvel."

BREVES COMENTÁRIOS

O foro especial da União deve ser examinado em duas circunstâncias diferentes:

(a) se for autora, a União proporá a ação perante a Justiça Federal no foro da Seção Judiciária onde o réu tiver seu domicílio;

(b) se a União for ré, o autor poderá optar entre um dos seguintes foros para o ajuizamento da ação:

1º) o do Distrito Federal;

2º) o da Seção Judiciária onde o autor tiver seu domicílio;

3º) o da Seção Judiciária onde houver ocorrido o ato ou fato que deu origem à demanda;

4º) o da Seção Judiciária onde estiver situada a coisa litigiosa.

JURISPRUDÊNCIA SELECIONADA

1. Ação anulatória de processo demarcatório. Terreno de marinha. Demanda em face da união. Foro do domicílio do autor. Possibilidade. "A jurisprudência do Supremo Tribunal Federal, firmada no julgamento de recurso extraordinário com repercussão geral, é no sentido de que esse dispositivo constitucional objetiva facilitar o acesso ao Poder Judiciário da parte litigante contra a União ou seus entes da Administração Indireta, sendo legítima a opção do Impetrante de ajuizar a ação mandamental no foro de seu domicílio – Tema 374 daquela Corte. Dessa forma, deve ser acolhida a insurgência para manter a competência da Subseção Judiciária de Porto Alegre/RS para o julgamento do feito" (STJ, AgInt nos EDcl no REsp 1845730/RS, Rel. Min. Regina Helena Costa, 1ª Turma, jul. 28.09.2020, *DJe* 01.10.2020).

2. Ação de interesse da União. "Para deslocar a competência para a Justiça Federal é preciso que o interesse da União, em feito ajuizado, esteja baseado em alguma coisa concreta, apreciável, resultante de lei, contrato, documento etc." (TJSP, AI 259.892, Rel. Andrade Junqueira, 1ª Câmara, jul. 10.05.1977, *RT* 509/117).

Usucapião. União confrontante. Ver jurisprudência do art. 47, do CPC/2015.

Litisconsórcio. "Em litisconsórcio ativo facultativo contra a União, é possível aos demandantes escolher o foro do domicílio de qualquer deles para se intentar ação. Segundo entendimento do STF: 'Os litisconsortes, nas ações contra a União, podem optar pela propositura da ação no domicílio de qualquer deles. Precedentes à luz da Constituição Federal de 1988' (RE 484235, Rel. Min. Ellen Gracie, julgado em 25.08.2009, *DJe* 18.09.2009)" (STJ, AgRg no REsp 591.074/SC, Rel. Min. Humberto Martins, 2ª Turma, jul. 06.10.2009, *DJe* 19.10.2009).

3. Autarquia federal. Critério de fixação do foro competente. Aplicabilidade às autarquias federais, inclusive ao Conselho Administrativo de Defesa Econômica (CADE). "A faculdade atribuída ao autor quanto à escolha do foro competente entre os indicados no art. 109, § 2º, da Constituição Federal para julgar as ações propostas contra a União tem por escopo facilitar o acesso ao Poder Judiciário àqueles que se encontram afastados das sedes das autarquias. As autarquias federais gozam, de maneira geral, dos mesmos privilégios e vantagens processuais concedidos ao ente político a que pertencem, de modo que a elas não se aplica o que previa o art. 100, IV, *a*, do CPC de 1973, porque isso resultaria na concessão de vantagem processual não reconhecida à União. 3. Embargos de declaração rejeitados (regime do CPC de 1973)" (STF, RE 627.709 ED, Rel. Min. Edson Fachin, Tribunal Pleno, jul. 18.08.2016, *DJe* 18.11.2016). **No mesmo sentido:** STF, RE 627.709, Rel. Min. Ricardo Lewandowski, Tribunal Pleno, jul. 20.08.2014, *DJe* 30.10.2014.

4. Sociedade de economia mista. "A sociedade de economia mista, como pessoa jurídica de direito privado, não tem foro privilegiado, devendo seguir as regras gerais de competência" (STJ, CC 18.279/SP, Rel. Min. Carlos Alberto Menezes Direito, 2ª Seção, jul. 26.11.1997, *DJ* 02.02.1998, p. 45).

"É competente a justiça comum para julgar as causas em que é parte sociedade de economia mista, cujo foro é o das empresas privadas e não o foro da Fazenda Pública" (STF, AI 337.615 AgR, Rel. Min. Carlos Velloso, 2ª Turma, jul. 11.12.2001, *DJ* 22.02.2002).

5. Mandado de Segurança. Competência. Autoridade impetrada. "Em mandado de segurança, a competência é estabelecida em função da natureza da autoridade impetrada (*ratione auctoritatis*): somente será da competência federal quando a autoridade indicada como coatora for federal (CF, art. 109, VIII)" (STJ, CC 91.277/SC, Rel. Min. Teori Albino Zavascki, 1ª Seção, jul. 13.02.2008, *DJe* 03.03.2008).

*** Sobre competência, ver jurisprudência selecionada do art. 43 do CPC/2015.**

Art. 52. É competente o foro de domicílio do réu para as causas em que seja autor Estado ou o Distrito Federal.

Parágrafo único. Se Estado ou o Distrito Federal for o demandado, a ação poderá ser proposta no foro de domicílio do autor, no de ocorrência do ato ou fato que originou a demanda, no de situação da coisa ou na capital do respectivo ente federado.

BREVES COMENTÁRIOS

O foro especial dos estados e Distrito Federal deve ser examinado em duas circunstâncias diferentes:

(a) se forem autores os entes federados, as ações deverão ser propostas perante a justiça comum no foro de domicílio do réu;

(b) se forem eles réus, o autor poderá optar entre um dos seguintes foros para o ajuizamento da ação:

1º) foro do domicílio do autor;

2º) foro da ocorrência do ato ou fato que originou a demanda;

3º) foro da situação da coisa; e

4º) foro da capital do respectivo ente federado.

JURISPRUDÊNCIA SELECIONADA

1. Competência para as causas em que o Estado ou Distrito Federal sejam parte. "A regra de competência prevista nos arts. 46, § 5º, e 52, caput e parágrafo único, do CPC, no ponto em que permite que estados e o Distrito Federal sejam demandados fora de seus respectivos limites territoriais, desconsidera sua prerrogativa constitucional de auto-organização. Não se pode alijar o Poder Judiciário Estadual de atuar nas questões de direito afetas aos entes públicos subnacionais. Além disso, os tribunais também possuem funções administrativas – como aquelas ligadas ao pagamento de precatórios judiciais – que não podem, sem base constitucional expressa, ser exercidas por autoridades de outros entes federados. Tal possibilidade produziria grave interferência na gestão e no orçamento públicos, além de risco ao direito dos credores à não preterição (entendimento prevalente do Ministro Roberto Barroso, vencido o relator). (...) Pedido julgado parcialmente procedente para: (ii) conferir interpretação conforme também ao art. 52, parágrafo único, do CPC, para restringir a competência do foro de domicílio do autor às comarcas inseridas nos limites territoriais do estado-membro ou do Distrito Federal que figure como réu" (STF, ADI 5.737, Rel. p/ acórdão Min. Roberto Barroso, Pleno, jul. 25.04.2023, *DJe* 27.06.2023).

Art. 53. É competente o foro:

I – para a ação de divórcio, separação, anulação de casamento e reconhecimento ou dissolução de união estável:

a) de domicílio do guardião de filho incapaz;

b) do último domicílio do casal, caso não haja filho incapaz;

c) de domicílio do réu, se nenhuma das partes residir no antigo domicílio do casal;

d) de domicílio da vítima de violência doméstica e familiar, nos termos da Lei nº 11.340, de 7 de agosto de 2006 (Lei Maria da Penha) (Incluída pela Lei nº 13.894, de 2019)

II – de domicílio ou residência do alimentando, para a ação em que se pedem alimentos;

III – do lugar:

a) onde está a sede, para a ação em que for ré pessoa jurídica;

b) onde se acha agência ou sucursal, quanto às obrigações que a pessoa jurídica contraiu;

c) onde exerce suas atividades, para a ação em que for ré sociedade ou associação sem personalidade jurídica;

d) onde a obrigação deve ser satisfeita, para a ação em que se lhe exigir o cumprimento;

e) de residência do idoso, para a causa que verse sobre direito previsto no respectivo estatuto;

f) da sede da serventia notarial ou de registro, para a ação de reparação de dano por ato praticado em razão do ofício;

IV – do lugar do ato ou fato para a ação:

a) de reparação de dano;

b) em que for réu administrador ou gestor de negócios alheios;

V – de domicílio do autor ou do local do fato, para a ação de reparação de dano sofrido em razão de delito ou acidente de veículos, inclusive aeronaves.

CPC/1973

Art. 100.

REFERÊNCIA LEGISLATIVA

CF, art. 109 (competência dos juízes federais).

CPC/2015, arts. 46, § 1º (pluralidade de domicílios); 63, § 3º (nulidade de foro de eleição); 516 (cumprimento da sentença; competência); 781 (execução por título extrajudicial) e 540 (ação de consignação em pagamento).

Lei nº 6.515, de 26.12.1977 (Divórcio – ver Legislação Especial), arts. 3º, §§ 1º a 3º (separação judicial); 35 (conversão de separação em divórcio); 40 (ação direta de divórcio).

Lei nº 9.307, de 23.09.1996 (Arbitragem – ver Legislação Especial), arts. 6º, parágrafo único, e 20, *caput* e § 1º.

Lei nº 8.245, de 18.10.1991 (Locação – ver Legislação Especial), art. 58, II (competência territorial).

Lei nº 4.886, de 09.12.1965 (representantes comerciais autônomos), art. 39: "Para julgamento das controvérsias que surgirem entre representante e representado é competente a Justiça comum e o Foro do domicílio do representante, aplicando-se o procedimento sumaríssimo previsto no art. 275 do Código de Processo Civil, ressalvada a competência do Juizado de Pequenas Causas".

Lei nº 10.741, de 01.10.2003 (Estatuto do Idoso – ver Legislação Especial), art. 80 (ações de proteção judicial ao idoso) e Decreto nº 9.921/2019, que consolida atos normativos editados pelo Poder Executivo federal que dispõem sobre a temática da pessoa idosa.

Lei nº 5.478, de 25.07.1968 (Alimentos – ver Legislação Especial), art. 26.

Lei nº 11.340/2006 (Lei Maria da Penha), que prevê a criação de Juizados de Violência Doméstica e Familiar contra a Mulher (art. 14); define a competência, por opção da ofendida, para os processos cíveis regidos pela lei (art. 15); e que define a opção da mulher de propor ação de divórcio ou de dissolução de união estável no Juizado de Violência Doméstica e Familiar contra a Mulher (art. 14-A, incluído pela Lei nº 13.894/2019).

Lei nº 13.894/2019 (Lei que prevê a competência dos Juizados de Violência Doméstica e Familiar contra a Mulher para a ação de divórcio, separação, anulação de casamento ou dissolução de união estável nos casos de violência e a competência do foro do domicílio da vítima de violência doméstica e familiar para a ação de divórcio, separação judicial, anulação de casamento e reconhecimento da união estável a ser dissolvida).

SÚMULAS

Súmulas do STF:

Nº 363: "A pessoa jurídica de direito privado pode ser demandada no domicílio da agência, ou estabelecimento, em que se praticou o ato."

Súmulas do STJ:

Nº 1: "O foro do domicílio ou da residência do alimentando é o competente para a ação de investigação de paternidade, quando cumulada com a de alimentos."

Nº 33: "A incompetência relativa não pode ser declarada de ofício."

Nº 206: "A existência de vara privativa, instituída por lei estadual, não altera a competência territorial resultante das leis de processo."

Nº 383: "A competência para processar e julgar as ações conexas de interesse de menor é, em princípio, do foro do domicílio do detentor de sua guarda."

Nº 540: "Na ação de cobrança do seguro DPVAT, constitui faculdade do autor escolher entre os foros do seu domicílio, do local do acidente ou ainda do domicílio do réu."

CJF – JORNADAS DE DIREITO PROCESSUAL CIVIL

II JORNADA

Enunciado 108 – A competência prevista nas alíneas do art. 53, I, do CPC não é de foros concorrentes, mas de foros subsidiários.

BREVES COMENTÁRIOS

Todas as hipóteses do art. 53 são de competência relativa.

Ao contrário do sistema do Código anterior, o atual não institui, em regra, foro especial para as ações matrimoniais (anulação de casamento, divórcio, separação etc.). O CPC/2015 define apenas o foro especial para tais ações quando o casal tenha filho incapaz. Prevalece, também, foro privilegiado ao alimentando, nas ações em que se pedem alimentos. Assim, o art. 53 estabeleceu dois casos de foros especiais, em busca de melhor tutela a interesses de parte, que o legislador considerou em posição de merecer particular tratamento:

(a) A do domicílio do guardião do filho incapaz, para a ação de divórcio, separação, anulação de casamento, reconhecimento ou dissolução de união estável. Portanto, caso não haja filho incapaz, observar-se-á o seguinte critério: (i) foro de último domicílio do casal; ou (ii) se nenhuma das partes residir no antigo domicílio, a ação deverá ser ajuizada no foro de domicílio do réu.

(b) A do foro do domicílio ou da residência do alimentando, para a ação de alimentos (art. 53, II). Aqui, também, é lícito ao autor optar pelo foro comum (o do domicílio do réu), por não se tratar de competência absoluta, mas apenas de um privilégio de caráter relativo. Convém lembrar que, havendo cumulação de pedido de alimentos com investigação de paternidade, prevalece o foro especial do alimentando (Súmula nº 1 do STJ).

A Lei nº 13.894/2019, entretanto, estabeleceu foro privilegiado para a vítima de violência doméstica e familiar em relação às ações de divórcio, separação, anulação de casamento e reconhecimento ou dissolução de união estável.

Não há mais, como regra geral, o foro privilegiado da residência da mulher, para as ações pertinentes ao direito de família.

JURISPRUDÊNCIA SELECIONADA

1. Ações matrimoniais (art. 53, I).

Guarda de filhos. "O propósito recursal é julgar acerca da competência do juízo brasileiro para tratar da homologação de acordo extrajudicial de mudança de guarda de menor, tendo em vista que a avó paterna, a quem se visa transferir a guarda e com quem se encontra o menor, é domiciliada nos Estados Unidos. A inteligência do art. 147, inc. I, do ECA é a de que o foro competente para julgar controvérsias sobre guarda é o domicílio de quem detém a guarda de fato do infante, de forma a minimizar os impactos do litígio na vida do menor e a oferecer prestação jurisdicional a este de forma rápida e efetiva. A hipótese de acordo extrajudicial de mudança consensual de guarda sem controvérsia que demande o estabelecimento de processo litigioso possibilita a flexibilização da norma cogente, em atenção ao melhor interesse do menor" (STJ, REsp 1597194/GO, Rel. Min. Nancy Andrighi, 3ª Turma, jul. 15.08.2017, *DJe* 22.08.2017).

"A guarda, ainda que compartilhada, não induz à existência de mais de um domicílio acaso os pais residam em localidades diferentes, devendo ser observada a prevenção do Juízo que homologou a separação do casal, mediante acordo. Preserva os interesses do menor o foro do local onde exercida regularmente a guarda para dirimir os litígios dela decorrentes (Lei nº 8.069/1990, art. 147, I)" (STJ, CC 40.719/PE, Rel. Min. Aldir Passarinho Junior, 2ª Seção, jul. 25.08.2004, *DJ* 06.06.2005).

"O juízo do domicílio do menor é competente para apreciar ação de guarda proposta por um dos pais contra o outro. A regra de competência definida pela necessidade de proteger o interesse da criança é absoluta. Não se prorroga por falta de exceção e autoriza declinação de ofício" (STJ, CC 72.971/MG, Rel. Min. Humberto Gomes de Barros, 2ª Seção, jul. 27.06.2007, *DJ* 01.08.2007). **No mesmo sentido:** STJ, CC 105.962/DF, Rel. Min. Massami Uyeda, 2ª Seção, jul. 28.04.2010, *DJe* 06.05.2010.

2. Ações de alimento (art. 53, II).

Domicílio do alimentando. "A definição do foro do alimentando como o competente para as ações em que se pleiteiam alimentos, por ser tratar de critério de competência relativa, comporta renúncia por parte daquele que possui referida prerrogativa legal" (STJ, HC 71.986/MG, Rel. Min. Massami Uyeda, 4ª Turma, jul. 17.04.2007, *DJ* 21.05.2007, p. 579).

"Não cumulada a ação de investigação de paternidade com o pedido alimentar, a competência é do foro do domicílio do réu (art. 94 do CPC). A Súmula 01/STJ aplica-se para os casos de cumulação do pedido investigatório com o de alimentos" (STJ, REsp 108.683/MG, Rel. Min. Ruy Rosado de Aguiar, 4ª Turma, jul. 04.10.2001, *RNDJ* 28/133).

3. Foro do lugar (art. 53, III).

Sede da pessoa jurídica. "Conforme a teoria da asserção, a competência territorial é fixada a partir da narrativa formulada pelo autor, de acordo com os fatos alegadamente constitutivos do seu direito. No caso, a 'energia preponderante' da ação é o pleito de rescisão contratual, com os consectários daí decorrentes. Assim, não se tratando propriamente de ação de indenização por dano extracontratual, tampouco havendo cláusula de eleição de foro ou pedido de cumprimento da obrigação, a competência é do foro onde está sediada a pessoa jurídica, nos termos do art. 100, inciso IV, alínea *a*, do CPC" (STJ, REsp 1.119.437/AM, Rel. Min. Luis Felipe Salomão, 4ª Turma, jul. 16.11.2010, *DJe* 20.06.2011).

Prevalência de foro da agência e do local de cumprimento da obrigação sobre o foro da sede da pessoa jurídica. "De acordo com as normas de direito processual civil, as regras do artigo 100, IV, *b* e *d*, do CPC são especiais em relação à alínea *a* do citado artigo" (STJ, REsp 186.576/RS, Rel. Min. Franciulli Netto, 2ª Turma, jul. 20.06.2000, *RSTJ* 136/179). **No mesmo sentido:** STJ, REsp 844.921/DF (*DJ* 04.12.2006, p. 272), REsp 844.906/DF (*DJ* 14.09.2006, p. 287), REsp 856.913/DF (*DJ* 25.10.2006, p. 288), REsp 112.971/DF (*DJ* 27.03.2000, p. 83) e REsp 846.168/DF (*DJ* 31.05.2007, 15.05.2007).

Reconhecendo a prevalência do foro da sede da empresa sobre o local de cumprimento da obrigação. Art. 46, CPC/2015. "Serviços médico-hospitalares prestados no Rio de Janeiro, havendo, pelo respectivo pagamento, se responsabilizado empresa sediada em São Paulo. Não incidência do disposto no artigo 100, IV, *d*, do Código de Processo Civil. Competência do foro do domicílio da ré (art. 94)" (STJ, REsp 150.901/RJ, Rel. Min. Eduardo Ribeiro, 3ª Turma, *DJU* 04.09.2000).

Rescisão contratual. "Conforme a teoria da asserção, a competência territorial é fixada a partir da narrativa formulada pelo autor, de acordo com os fatos alegadamente constitutivos do seu direito. No caso, a 'energia preponderante' da ação é o pleito de rescisão contratual, com os consectários daí decorrentes. Assim, não se tratando propriamente de ação de indenização por dano extracontratual, tampouco havendo cláusula de eleição de foro ou pedido de cumprimento da obrigação, a competência é do foro onde está sediada a pessoa jurídica, nos termos do art. 100, inciso IV, alínea *a*, do CPC" (STJ, REsp 1.119.437/AM, Rel. Min. Luis Felipe Salomão, 4ª Turma, jul. 16.11.2010, *DJe* 20.06.2011).

Contrato de franquia. Rescisão. Validade da cláusula de eleição de foro. "O contrato de franquia, por sua natureza, não está sujeito ao âmbito de incidência da Lei n. 8.078/1990, eis que o franqueado não é consumidor de produtos ou serviços da franqueadora, mas aquele que os comercializa junto a terceiros, estes, sim, os destinatários finais. Situação, ademais, em que não restou comprovada a hipossuficiência das autoras, que buscavam que a ação em que pretendem a rescisão do contrato e indenização tramitasse na comarca da sede de algumas delas, em detrimento do foro contratual, situado em outro estado. Inaplicabilidade dos arts. 94, § 4º, e 100, IV, letra *d*, do CPC, seja por se situar o caso inteiramente fora dos seus contextos, seja por aplicável a regra do art. 111 da mesma lei adjetiva civil"

(STJ, REsp 632.958/AL, Rel. Min. Aldir Passarinho Junior, 4ª Turma, jul. 04.03.2010, *DJe* 29.03.2010).

Representante comercial. Competência. Natureza relativa. Foro de eleição. "Na forma de precedente da 2ª Seção, a 'competência estabelecida pelo art. 39 da Lei 4.886/1965, com a redação dada pela Lei 4.820/1992, é de natureza relativa, podendo, pois, ser modificada pela vontade das partes, na forma da parte final do art. 111 do CPC'" (STJ, REsp 110.104/SP, Rel. Min. Waldemar Zveiter, Rel. p/ ac. Min. Carlos Alberto Menezes Direito, 3ª Turma, jul. 24.11.1998, *DJU* 26.04.1999, p. 89). **No mesmo sentido:** REsp 63.775/DF, Rel. p/ ac. Min. Eduardo Ribeiro, *DJU* 19.06.2000; REsp 258.029/MG, Rel. Min. Menezes Direito, *DJU* 27.11.2000; REsp 255.076/MG, Rel. Min. Menezes Direito, *DJU* 12.03.2001; STJ, EREsp 579.324/SC, Rel. Min. Nancy Andrighi, 2ª Seção, ac. 12.03.2008, *DJe* 02.04.2008.

Autarquia. "A Corte já assentou que a competência para processar e julgar ação movida por servidor autárquico federal, regido pela Lei nº 8.112/1990, relativamente a direitos e obrigações nela previstos, contra a autarquia à qual presta serviços, é do Juiz federal com jurisdição sobre o município onde a repartição esteja instalada e onde o servidor tiver exercício, em caráter permanente, a teor do art. 100, IV, *a*, do CPC, c/c o art. 242 da Lei nº 8.112/1990" (TRF 1ª Região, AI 01000960950/DF, Rel. Juiz Carlos Fernando Mathias, 2ª Turma, *DJU* 29.11.2000).

Autarquia federal. "Esta Corte firmou entendimento de que as autarquias federais, desde que o litígio não envolva obrigação contratual, devem ser demandadas no foro de sua sede ou no foro do local onde se acha a agência ou sucursal, quanto às obrigações que ela contraiu, nos termos do artigo 100, IV, *a* e *b*, do CPC, cabendo ao autor da demanda a eleição do foro competente. Precedentes: REsp nº 495.838/PR, Rel. Min. Luiz Fux, *DJ* de 01/12/2003; REsp nº 83.863/DF, Rel. Min. José Delgado, *DJ* de 15/04/1996, e CC nº 2.493/DF, Rel. Min. Humberto Gomes de Barros, *DJ* de 03/08/1992" (STJ, AgRg no REsp 867.534/PR, Rel. Min. Francisco Falcão, 1ª Turma, jul. 28.11.2006, *DJ* 18.12.2006).

"Não possuindo a autarquia demandada sucursal no estado em que proposta a demanda, deve incidir à espécie o disposto no artigo 100, inciso IV, *a*, do CPC, de modo que deve a ação principal ser julgada na circunscrição judiciária em que se encontra localizada a respectiva sede" (STJ, REsp 624.264/SC, Rel. Min. João Otávio de Noronha, 2ª Turma, jul. 06.02.2007, *DJ* 27.02.2007).

"A ação proposta contra autarquia federal pode ser ajuizada no foro de sua sede ou, ainda, no foro da agência ou sucursal onde os fatos ocorreram, nos termos do art. 100, inciso IV, alíneas *a* e *b*, do Código de Processo Civil, incumbindo ao autor a escolha do foro. Não obstante tenha o INSS sucursal localizada na cidade de Porto Alegre/RS, há de se considerar que o servidor possui assento funcional na comarca de Novo Hamburgo, no estado do Rio Grande do Sul, e, tendo os fatos ocorridos nessa região, tem à sua escolha de foro adstrita a sede do Instituto Nacional de Seguridade Social (INSS) localizada no Distrito Federal ou a agência da cidade de Novo Hamburgo/RS" (STJ, AgRg no REsp 1.148.821/RS, Rel. Min. Laurita Vaz, 5ª Turma, jul. 06.04.2010, *DJe* 26.04.2010).

"Nos casos em que for ré autarquia federal, sem que haja discussão em torno de obrigação contratual, cabe ao autor a eleição do foro competente – a sede da pessoa jurídica ou sua sucursal ou agência" (STJ, REsp 901.933/GO, Rel. Min. Castro Meira, 2ª Turma, jul. 15.03.2007, *DJ* 23.03.2007).

Alteração de sede da empresa. "É certo que a circunstância de a empresa mudar de domicílio antes do ajuizamento da execução fiscal tem o condão de alterar a competência fixada para o local do foro da sede de sua administração (STJ, EREsp 178.233, Rel. Min. Luiz Fux, *DJ* de 15.02.2003)" (STJ, REsp 585.151/SE, Rel. Min. João Otávio de Noronha, 2ª Turma, jul. 27.02.2007, *DJ* 16.03.2007).

Lugar da agência ou sucursal. "Cédula de crédito. A ação de nulidade de cláusula, inserida em cédula de crédito rural, deve ser proposta no foro do lugar onde se acha a agência bancária com a qual foi contraída a obrigação, que consta do contrato como praça de pagamento do título, e onde pode ser exigido o seu cumprimento, nos termos do art. 100, IV, *b*, CPC" (STJ, REsp 80.762/DF, Rel. Min. Sálvio de Figueiredo Teixeira, 4ª Turma, jul. 21.05.1998, *DJU* 29.06.1998).

Lugar da agência ou sucursal. Escolha do autor. "A empresa, a teor do disposto nos arts. 100, IV, *b*, e 578, parágrafo único, do CPC, pode ser demandada no foro de sua agência ou filial, sendo que, no caso específico da execução fiscal, há prerrogativa de escolha de foro por parte da Fazenda Pública, possibilitando a opção, entre outras, pelo lugar em que foi praticado ou ocorreu o fato que deu origem à dívida (REsp n. 492.756, Rel. Min. José Delgado, *DJ* de 9/6/2003" (STJ, REsp 585.151/SE, Rel. Min. João Otávio de Noronha, 2ª Turma, jul. 27.02.2007, *DJ* 16.03.2007).

Fazenda Pública. Execução Fiscal. A jurisprudência do Superior Tribunal de Justiça pacificou o entendimento no sentido de que no momento em que a ação é proposta é que se determina a competência. A execução fiscal, via de regra, deve ser proposta no domicílio do devedor, perante o juízo competente (art. 578, CPC), até pela conveniência de que quase todos os atos processuais ocorrem no seu domicílio" (STJ, REsp 354.772/SE, Rel. Min. José Delgado, 1ª Turma, jul. 27.11.2001, *DJU* 04.03.2002, p. 210). **No mesmo sentido:** STJ, CC 35.761/SP, Rel. p/ acórdão Min. Ari Pargendler, 2ª Seção, jul. 11.12.2002, *DJ* 15.09.2003, p. 231.

Relação jurídico-tributária de filial. Domicílio. "As filiais são estabelecimentos secundários da mesma pessoa jurídica, desprovidas de personalidade jurídica e patrimônio próprio, apesar de poderem possuir domicílios em lugares diferentes (art. 75, § 1º, do CC) e inscrições distintas no CNPJ. O fato de as filiais possuírem CNPJ próprio confere a elas somente autonomia administrativa e operacional para fins fiscalizatórios, não abarcando a autonomia jurídica, já que existe a relação de dependência entre o CNPJ das filiais e o da matriz" (STJ, AREsp 1.273.046/RJ, Rel. Min. Gurgel de Faria, 1ª Turma, jul. 08.06.2021, *DJe* 30.06.2021).

Falência. Execução fiscal. "Conforme estabelece o art. 29 da Lei de Execuções Fiscais (Lei n. 6.830/1980), que segue a determinação do art. 187 do Código Tributário Nacional, a cobrança judicial da dívida da Fazenda Pública não se sujeita à habilitação em falência, submetendo-se apenas à classificação dos créditos. 3. Assim, pode a execução fiscal ajuizada em face da massa falida ser processada normalmente no foro onde foi proposta, mesmo que o Juízo Falimentar seja em outra circunscrição. Conflito conhecido, para declarar a competência do Juízo Federal da 12ª Vara da Seção Judiciária de São Paulo, o suscitado" (STJ, CC 63.919/PE, Rel. Min. Humberto Martins, 1ª Seção, jul. 13.12.2006, *DJ* 12.02.2007, p. 219).

Local onde a obrigação deve ser satisfeita. "Convencionado pelas partes, em escritura pública de confissão de dívida, o local onde a obrigação deve ser satisfeita, não se reconhece a alegada ofensa ao disposto no art. 100, IV, *d*, do CPC, segundo o qual o lugar onde a obrigação deve ser satisfeita é o foro competente para a ação em que se lhe exige o cumprimento" (STJ, REsp 212.459/ES, Rel. Min. Antônio de Pádua Ribeiro, 3ª Turma, *DJU* 30.10.2000).

Sujeição dos Estados-membros. "Os estados federados também podem ser demandados nas comarcas onde ocorreram os fatos. Inteligência do art. 100, IV, REsp nº 80.482/MG e REsp nº 13.649/SP (REsp nº 49.457/PR, Rel. Min. Adhemar Maciel, *DJU* de 16.05.1997)" (STJ, REsp 186.576/RS, Rel. Min. Franciulli Netto, 2ª Turma, jul. 20.06.2000, *RSTJ* 136/179).

Contrato verbal. "A existência de contrato verbal não afasta a incidência da norma contida no art. 100, IV, 'd', do Código de Processo Civil de 1973. Precedentes" (STJ, AgInt no REsp

1.648.397/TO, Rel. Min. Ricardo Villas Bôas Cueva, 3ª Turma, jul. 21.09.2017, *DJe* 10.10.2017).

Validade de cláusula ou contrato. "A norma do art. 100, IV, *d*, do Código de Processo Civil deve entender-se como abrangendo também as ações em que se litigue sobre a validade de cláusula contratual. Hipótese em que não se pode ter como simplesmente caprichosa a recusa do réu a ser demandado no foro em que tem a sua sede" (STJ, REsp 58.561-9/DF, Rel. Min. Eduardo Ribeiro, 3ª Turma, jul. 09.10.1995).

Pretensões desconstitutivas ou executórias. "A jurisprudência do STJ consolidou entendimento registrando que pretensões desconstitutivas ou executórias atinentes a contratos devem ser propostas no foro, onde devem cumprir tais avenças. Recurso conhecido e provido" (STJ, REsp 52.012/DF, Rel. Min. Waldemar Zveiter, 3ª Turma, jul. 14.08.1995, *LEXSTJ* 80/207).

4. Do lugar do ato ou fato (art. 53, IV).

Reparação de dano.

Responsabilidade contratual e extracontratual. "A competência para a ação que visa à reparação de danos, fundada em responsabilidade contratual ou extracontratual, deve ser proposta no local onde se produziu o dano, não no domicílio do réu. Trata-se, no entanto, de competência territorial relativa que, portanto, pode ser derrogada por contrato, de modo a prevalecer o foro de eleição" (STJ, REsp 1.087.471/MT, Rel. Min. Sidnei Beneti, 3ª Turma, jul. 14.06.2011, *DJe* 17.06.2011).

Hierarquia das normas. Prevalência do local do dano. "A regra do artigo 100, V, *a*, do CPC é norma específica em relação às dos artigos 94 e 100, inciso IV, *a*, do mesmo diploma, e sobre estas deve prevalecer. Enquanto as duas últimas definem o foro em razão da pessoa do réu, determinando que a ação seja em regra proposta no seu domicílio, ou, sendo pessoa jurídica, no lugar onde está a sua sede, já o disposto no artigo 100, V, *a*, considera a natureza do direito que origina a ação, e estabelece que a ação de reparação de dano – não importa contra quem venha a ser promovida (pessoa física ou jurídica com domicílio ou sede em outro lugar) – tem por foro o lugar onde ocorreu o fato" (STJ, REsp 89.642/SP, 4ª Turma, Rel. Min. Ruy Rosado de Aguiar, *DJ* 26.08.1996). **No mesmo sentido:** STJ, CC 55.270/PA, Rel. Min. Denise Arruda, 1ª Seção, jul. 28.03.2007, *DJ* 30.04.2007, p. 261; STJ, CC 55.826/PR, Rel. Min. Carlos Alberto Menezes Direito, 2ª Seção, jul. 11.10.2006, *DJ* 09.11.2006 248).

Cumulação de pedidos ou ações. Prevalência da competência do lugar do fato. "Tratando-se de ação que visa ao cancelamento do título protestado cumulada com indenização ao devedor pelos prejuízos decorrentes daquele ato, aplicável à espécie a regra do art. 100, V, letra *a*, do Código de Ritos" (STJ, REsp 782.836/RS, Rel. Min. Aldir Passarinho Junior, 4ª Turma, jul. 28.11.2006, *DJ* 05.03.2007).

Produção antecipada de provas. Prevalência da competência do lugar do fato. "Competência. Medida cautelar de produção antecipada de provas. Reparação de dano. Pessoa jurídica. Foro do local do fato. Ordem prática e processual. Redefinição do foro competente para julgamento da ação principal. Revisão da competência também no processo cautelar. Necessidade. A ação de reparação de dano tem por foro o lugar onde ocorreu o ato ou o fato, nos termos do art. 100, V, *a*, do CPC, ainda que a ré seja pessoa jurídica com sede em outra localidade. Precedentes. A competência deve prevalecer também por questões de ordem prática e processual, na medida em que a realização de perícia ou inspeção judicial no Juízo será facilitada, porquanto lá já se encontra o produto objeto da divergência entre as partes; o que, sem dúvida, contribui para a celeridade da prestação jurisdicional. Havendo a redefinição do foro competente para julgamento do processo principal, deve ser igualmente revista a decisão oriunda do processo cautelar vinculado àquele, a teor do que estabelece o art. 800 do CPC. Negado provimento ao agravo interno" (STJ, AgRg nos EDcl no AgRg no Ag 727.699/ES, Rel. Min. Nancy Andrighi, 3ª Turma, jul. 07.12.2006, *DJ* 18.12.2006, p. 372).

Dano moral. Publicação de reportagem ofensiva. "Tratando-se de ação de indenização por dano moral, fundada na publicação de reportagem ofensiva em revista de circulação nacional, não incide a regra competencial prevista no art. 42 da Lei de Imprensa, aplicando-se, de outra parte, o art. 100, V, *a*, CPC, sem excluir-se a regra contida no parágrafo único desse dispositivo legal, que abrange os delitos em geral, tanto de natureza penal como civil. Enquanto a norma do art. 100, IV, *a*, objetiva fixar o foro geral das pessoas jurídicas, a regra do inciso V, alínea *a*, do mesmo artigo sobre ela prevalece em se tratando de ação de reparação de dano" (STJ, REsp 178.264/DF, Rel. Min. Sálvio de Figueiredo Teixeira, 4ª Turma, jul. 01.09.1998, *RT* 762/213).

Ilícito penal e ilícito civil. "A jurisprudência desta Corte sedimentou-se no sentido de que o art. 100, parágrafo único, do CPC abrange tanto os ilícitos de natureza penal quanto de natureza civil – como no caso vertente –, facultando ao autor propor a ação reparatória no local em que se deu o ato ou fato, ou no foro de seu domicílio. 'É digno de lembrança o fato de que dificultaria sobremaneira a defesa do recorrido exigir que ele travasse relação jurídica processual em outra comarca que não a de seu domicílio. É preciso pensar e trabalhar o Direito com atenção às situações da vida cotidiana, sincronizando-os, e não criando distanciamento entre eles. A norma que obriga a vítima de ato ilícito civil a litigar em comarca outra que não a de seu domicílio não atende aos princípios do devido processo legal, do contraditório e da ampla defesa' (STJ, AgREsp 1.033.651/RJ, Rel. Min. Mauro Campbell Marques, *DJe* 24.11.2008)" (STJ, REsp 1.180.609/SP, Rel. Min. Castro Meira, 2ª Turma, jul. 08.06.2010, *DJe* 18.06.2010).

Responsabilidade civil do Estado. "Cadastro de veículos. Erro de informação. Ação de indenização. Competência do lugar do fato. Pertinência do inconformismo no que se refere à aplicação do artigo 100, V, *a*, do CPC, tratando-se de ação de indenização, devendo os autos ser remetidos à justiça comum de Pelotas/RS, foro do local do fato" (STJ, REsp 895.410/RS, Rel. Min. Francisco Falcão, 1ª Turma, jul. 20.03.2007, *DJ* 12.04.2007).

Estado-membro. "O STJ firmou entendimento de que o Estado-membro não possui foro privilegiado, estando submetido às regras de competência *ratione loci* previstas no art. 100, IV e V, do CPC. Precedentes. Relativa à competência territorial, a declaração de incompetência não pode ser feita de ofício, incidindo o Enunciado 33 da Súmula deste Tribunal" (STJ, AgRg no CC 110.242/RJ, Rel. Min. Eliana Calmon, 1ª Seção, jul. 12.05.2010, *DJe* 21.05.2010). **No mesmo sentido**: STJ, REsp 1.316.020/DF, Rel. Min. Herman Benjamin, 2ª Turma, jul. 07.02.2013, *DJe* 08.03.2013.

Denunciação da lide ao Estado-membro. "Considerando a inexistência de foro privilegiado do Estado-membro, bem como a prevalência da regra territorial prevista no art. 100, V, *a*, do CPC, não há óbice a que o juízo do local do ato ou fato causador do dano examine, caso julgada procedente a ação, o incidente de denunciação da lide" (STJ, CC 55.270/PA, Rel. Min. Denise Arruda, 1ª Seção, jul. 28.03.2007, *DJ* 30.04.2007).

Acidente do trabalho. "Na ação de reparação de danos por acidente do trabalho, é competente o foro do lugar do ato ou fato que deu origem ao sinistro, no caso o local da prestação do serviço onde o empregado autor alegadamente contraiu doença profissional" (STJ, REsp 651.906/SP, Rel. Min. Aldir Passarinho Junior, 4ª Turma, jul. 14.04.2009, *DJe* 11.05.2009). **No mesmo sentido:** STJ, REsp 167.725/RJ, Rel. Min. Aldir Passarinho Junior, 4ª Turma, jul. 21.09.2000, *RSTJ* 146/344; TAMG, AI 242.718-1, Rel. Juiz Geraldo Augusto, 7ª Câm., jul. 05.03.1998.

Acidente de trabalho. Regime de competência anterior à EC 45/2004. "Com o advento da EC nº 45/2004 (*DJU* 31.12.2004), a qual inseriu no art. 114 da CF/1988, dentre outros, o inciso VI ('Compete à Justiça do Trabalho processar e julgar as ações de indenização por dano moral ou patrimonial, decorrentes da relação de trabalho'), a competência para processar e julgar as ações de indenização por danos morais e patrimoniais decorrentes de acidente de trabalho é da Justiça Laboral (STF, CC nº 7.204-1/MG, Rel. Ministro Carlos Ayres Brito). Compulsando os autos, entretanto, observo que tanto a decisão do magistrado quanto o v. acórdão proferido pelo Tribunal *a quo* e, ainda, a interposição do recurso especial se deram em momento anterior a Emenda Constitucional 45" (STJ, REsp 833.655/SP, Rel. Min. Jorge Scartezzini, 4ª Turma, jul. 15.08.2006, *DJ* 19.03.2007).

Abstenção de uso de marca. "Pode o autor optar pelo foro da ocorrência do fato (art. 100, V, *a*, parágrafo único, do CPC) para a propositura da ação de abstenção de uso de marca, com pedido indenizatório, uma vez que poder-se-á estar diante de um ilícito de natureza civil, bem como de natureza penal, nos termos dos arts. 129 e 189 da Lei 9.279/1996" (STJ, AgRg no Ag 1.182.528/SP, Rel. Min. Sidnei Beneti, 3ª Turma, jul. 20.04.2010, *DJe* 05.05.2010).

5. Ação de reparação de danos em razão de delito ou acidente de veículo (art. 53, V)

Escolha do foro. Opção do autor. "No caso de ação de indenização por acidente de veículos, é dado à parte autora optar entre o foro do local do fato ou o de seu domicílio, este o escolhido na espécie em comento, com pleno amparo no art. 100, inciso V, parágrafo único, da lei adjetiva civil" (STJ, REsp 197.845/DF, Rel. Min. Aldir Passarinho Junior, 4ª Turma, *DJU* 28.08.2000).

"Consoante entendimento desta Corte, o parágrafo único do art. 100 do Código de Processo Civil 'contempla uma faculdade ao autor, supostamente vítima de ato delituoso ou de acidente causado por veículo, para ajuizar a ação de reparação de dano no foro de seu domicílio ou local do fato, sem exclusão da regra geral prevista no *caput* do art. 94' (*v.g.*, REsp 4.603/RJ, *DJ* de 17.12.1990)" (STJ, REsp 873.386/RN, Rel. Min. Jorge Scartezzini, 4ª Turma, jul. 21.11.2006, *DJ* 18.12.2006). **No mesmo sentido:** STJ, REsp 197.845/DF, Rel. Min. Aldir Passarinho Junior, 4ª Turma, *DJU* 28.08.2000.

Escolha de foro por locadora de veículos. Impossibilidade. "As pessoas jurídicas locadoras de frotas de veículos não estão abrangidas pela prerrogativa legal de escolha do foro. Assim, não incide a regra do art. 100, V, parágrafo único, do Código de Processo Civil de 1973 – nem a do art. 53, V, do atual CPC – no caso de ação judicial movida pela locadora para reparação dos danos sofridos em acidente de trânsito no qual envolvido o locatário, ainda que o veículo seja de propriedade da locadora" (STJ, EDcl no AgRg no Ag 1.366.967/MG, Rel. p/ Acórdão Min. Maria Isabel Gallotti, 4ª Turma, jul. 27.04.2017, *DJe* 26.05.2017).

Seguro DPVAT. Ação de cobrança. Faculdade do autor na escolha do foro para ajuizamento da ação. "Para fins do art. 543-C do CPC: Em ação de cobrança objetivando indenização decorrente de Seguro Obrigatório de Danos Pessoais Causados por Veículos Automotores de Vias Terrestres (DPVAT), constitui faculdade do autor escolher entre os seguintes foros para ajuizamento da ação: o do local do acidente ou o do seu domicílio (parágrafo único do art. 100 do Código de Processo Civil); bem como, ainda, o do domicílio do réu (art. 94 do mesmo Diploma)" (STJ, REsp 1.357.813/RJ, Rel. Min. Luis Felipe Salomão, 2ª Seção, jul. 11.09.2013, *DJe* 24.09.2013).

Foro de eleição. "Anulada a cláusula de eleição de foro, a competência deve ser fixada de acordo com as regras gerais estabelecidas pelas normas processuais. A norma do art. 100, IV, *d*, deve entender-se como abrangendo também as ações em que se litigue sobre a validade do contrato" (STJ, REsp 194.162/SP, Rel. Min. Eduardo Ribeiro, 3ª Turma, jul. 03.12.1998, *DJU* 05.04.1999, p. 12).

Contratos de adesão. Ver jurisprudência do art. 62 do CPC/2015.

6. Litisconsórcio ativo facultativo. "Não ofende as regras sobre competência estabelecidas pelo CPC o acórdão que considerou incompetente o foro de Porto Alegre para ação de repetição de indébito promovida em litisconsórcio ativo facultativo, contra o INSS, por empresas com sede em outras unidades da Federação (São Paulo e Manaus). Segundo orientação do STF, 'nas ações plúrimas movidas contra a União, a circunstância de um dos autores ter domicílio no estado em que foram propostas não atrai a competência do respectivo Juízo, incumbindo observar a norma do § 2º do artigo 109 da Constituição Federal, no que apenas viabiliza o agrupamento em face do local *onde houver ocorrido o ato ou fato que deu origem à demanda, ou onde esteja situada a coisa, ou, ainda, no Distrito Federal*' (STF, RE 451.907-1/PR, Rel. Min. Marco Aurélio, 1ª Turma, *DJ* de 28.04.2006). Recurso especial parcialmente conhecido e, nessa parte, desprovido" (STJ, REsp 509.294/RS, Rel. Min. Teori Albino Zavascki, 1ª Turma, jul. 28.11.2006, *DJ* 14.12.2006, p. 250).

"A ação proposta por ex-associados da Previ, em litisconsórcio ativo voluntário, que possuem domicílios diversos, distribuídos em diferentes estados da Federação, tem como foro competente o do lugar onde se encontra a sua sede (artigo 100, IV, *a* do CPC)" (STJ, EDcl no REsp 820.883/DF, Rel. Min. Jorge Scartezzini, 4ª Turma, jul. 17.10.2006, *DJ* 20.11.2006, p. 338).

"Inteligência do art. 100, IV, *d*, do CPC. Precedentes. O foro competente para o julgamento das demandas relativas às diferenças de correção monetária não depositadas nas contas vinculadas do FGTS, havendo pluralidade de autores domiciliados em localidades diversas, será determinado pelo lugar onde a obrigação deve ser satisfeita, segundo o disposto no art. 100, IV, *d*, do Código de Processo Civil, haja vista o caráter especial dessa em relação às alíneas *a* e *c* do mesmo dispositivo legal" (STJ, REsp 844.921/DF, Rel. Min. Denise Arruda, 1ª Turma, jul. 14.11.2006, *DJ* 04.12.2006, p. 272). **No mesmo sentido:** STJ, REsp 844.921/DF (*DJ* 04.12.2006, p. 272), REsp 844.906/DF (*DJ* 14.09.2006, p. 287), REsp 856.913/DF (*DJ* 25.10.2006, p. 288), REsp 112.971/DF (*DJ* 27.03.2000, p. 83) e REsp 846.168/DF (*DJ* 31.05.2007, 15.05.2007).

7. Prevenção. "A norma do art. 100, CPC, se subordina às regras da prevenção, com prorrogação da competência em ocorrendo a conexão" (STJ, CC 1.395/SP, Rel. Min. Sálvio de Figueiredo Teixeira, 2ª Seção, jul. 14.12.1990, *DJU* 04.03.1991, p. 1.963). **No mesmo sentido:** STJ, AgRg no Ag 71.284/GO, Rel. Min. Barros Monteiro, 4ª Turma, jul. 15.10.1996, *DJ* 25.11.1996, p. 46.209.

☆ DA COMPETÊNCIA INTERNA: INDICAÇÃO DOUTRINÁRIA

Aluísio Gonçalves de Castro Mendes, *Competência civil da Justiça Federal,* 2. ed. São Paulo: Revista dos Tribunais, 2006; Arruda Alvim, A *perpetuatio jurisdictionis* no CPC brasileiro, *RP* 4/13; Caio Mário da Silva Pereira, *Instituições de direito civil,* 27. ed. São Paulo: Forense, 2015, v. II, n. 155 – sobre a determinação do lugar de pagamento; Cândido Rangel Dinamarco, *Comentários ao CPC,* São Paulo: Saraiva, 2018, v. I; Cândido Rangel Dinamarco, In: José Roberto F. Gouvêa; Luis Guilherme A. Bondioli e João Francisco N. da Fonseca (coord.), *Comentários ao Código de Processo Civil,* São Paulo: Saraiva, 2018, v. 1; Cândido Rangel Dinamarco, *Instituições de direito processual civil.* 8. ed. São Paulo: Malheiros, 2016; Cássio Scarpinella Bueno, *Manual de direito processual civil,* São Paulo: Saraiva, 2015; Celso Agrícola Barbi, *Comentários ao Código de Processo Civil,* Rio de Janeiro: Forense, 1975, v. I, t. II, 467/471, n. 545/552, n. 550, n. 561/573; Chiovenda, *Instituições de direito processual civil,* trad. bras., São Paulo, 1942, v. II, n. 137, p. 11 – sobre o conceito de jurisdição; n. 344, p. 303 – sobre a modificação do estado do direito; p. 214-215 e 271 e ss.; n. 191, p. 259 – sobre a divisão dos direitos reais; Clóvis Beviláqua, *Código Civil,* 6. ed. Rio de Janeiro: Francisco Alves, 1943, v. I, art. 35, p. 254 – sobre a escolha do domicílio por parte da pessoa jurídica;

Daniel Amorim Assumpção Neves, *Manual de direito processual civil*, São Paulo: Método, 2015; Edson Ribas Malachini, A *perpetuatio jurisdictionis* e o desmembramento de comarca, *RP* 47/273, *RBDP* 53/53; Eduardo J. Couture, *Fundamentos del derecho procesal civil*, Buenos Aires: Ejea, 1974, n. 25, p. 40 – sobre o conceito de jurisdição; Evaristo Aragão Santos, Competência: Principais inovações do CPC/2015. WAMBIER, Luiz Rodrigues; WAMBIER, Teresa Arruda Alvim. *Temas essenciais do novo CPC*. São Paulo: RT, 2016, p. 57; Fredie Didier Jr., *Curso de direito processual civil*, 17. ed., Salvador: JusPodivm, 2015, v. I; Guilherme Rizzo Amaral, *Comentários às alterações do novo CPC*, São Paulo: Revista dos Tribunais, 2015; Humberto Theodoro Júnior, Conflito de competência. Pessoa jurídica sediada no exterior. Competência do juízo do foro do local do ato ou fato, *Revista Brasileira de Direito Processual – RBDPro*, Belo Horizonte, ano 27, v. 108, p. 385 e ss., out.-dez. 2019; Humberto Theodoro Júnior, *Curso de direito processual civil*, 61. ed., Rio de Janeiro: Forense, 2020, v. I, n. 164; Humberto Theodoro Júnior, *Curso de direito processual civil*, Rio de Janeiro: Forense, 2014, v. I; Humberto Theodoro Júnior, Fernanda Alvim Ribeiro de Oliveira, Ester Camila Gomes Norato Rezende (coords.), *Primeiras lições sobre o novo direito processual civil brasileiro*, Rio de Janeiro: Forense, 2015; Iran de Lima, O momento da ocorrência da *perpetuatio jurisdictionis*, *Ajuris* 6/80; J. E. Carreira Alvim, *Comentários ao atual Código de Processo Civil*, Curitiba: Juruá, 2015; José de Moura Rocha, A competência e o novo CPC, *Ajuris* 3/5, *RP* 4/38; José Miguel Garcia Medina, *Novo Código de Processo Civil comentado*, São Paulo: Revista dos Tribunais, 2015; Léo Ferreira Leoncy e Marcos de Araújo Cavalcanti. Federalismo judiciário brasileiro e impossibilidade de um Estado-membro submeter-se à competência jurisdicional de outro: uma análise dos arts. 46, § 5º, e 52, *caput* e parágrafo único, do atual Código de Processo Civil. *Revista de Processo*. vol. 267. ano 42. p. 23. São Paulo: Ed. RT, maio/2017; Leo Rosenberg, *Derecho procesal civil*, trad. arg., Buenos Aires: Ejea, 1955, v. I, n. 5, p. 190 – sobre o lugar do ato ou fato; Leonardo Greco, *Instituições de processo civil: introdução ao direito processual civil*, 5. ed., Rio de Janeiro: Forense, 2015; Luis Antônio Giampaulo Sarro, *Novo Código de Processo Civil*, São Paulo: Rideel, 2015; Luiz Guilherme Marinoni e Daniel Mitidiero, *Comentários ao CPC*, São Paulo: RT, 2018, v. I; Luiz Guilherme Marinoni, Sérgio Cruz Arenhart, Daniel Mitidiero, *Curso de processo civil*, São Paulo: Revista dos Tribunais, 2015, v. I; Nelson Nery Junior, Rosa Maria de Andrade Nery, *Comentários ao Código de Processo Civil*, São Paulo: Revista dos Tribunais, 2015; Orlando Gomes, *Direitos reais*, Rio de Janeiro: Forense, n. 2 – sobre a distinção entre direito real e pessoal; Orlando Gomes, *Introdução ao direito civil*, Rio de Janeiro: Forense, n. 101; Paulo Roberto de Gouvêa Medina, A competência no CPC, *RF* 260/47, *RT* 498/11; Planiol-Ripert; Boulanger, *Traité elementaire de droit civil*, 5ª ed. Paros: LGDJ, 1950, v. I, n. 536, p. 218 – sobre a necessidade de duração da moradia; Pontes de Miranda, *Comentários ao Código de Processo Civil*, 3. ed. Rio de Janeiro: Forense, 1996, t. II, p. 200-205 e 261; Roberto Rosas, *Devido processo legal*, Rio de Janeiro: Editora GZ, 2018; Ruggiero, *Instituciones de derecho civil*, Madri: Reus, 1945, v. I, p. 392-393, § 39 – conceito de residência; Salomão Viana, In: Teresa Arruda Alvim Wambier, Fredie Didier Jr., Eduardo Talamini, Bruno Dantas, *Breves comentários ao novo Código de Processo Civil*, São Paulo: Revista dos Tribunais, 2015; Teresa Arruda Alvim Wambier, Fredie Didier Jr., Eduardo Talamini, Bruno Dantas (coords.), *Breves comentários ao novo Código de Processo Civil*, São Paulo: Revista dos Tribunais, 2015; Teresa Arruda Alvim Wambier, Maria Lúcia Lins Conceição, Leonardo Ferres da Silva Ribeiro, Rogério Licastro Torres de Melo, *Primeiros comentários ao novo Código de Processo Civil*, São Paulo: Revista dos Tribunais, 2015.

Seção II
Da Modificação da Competência

Art. 54. A competência relativa poderá modificar-se pela conexão ou pela continência, observado o disposto nesta Seção.

CPC/1973

Art. 102.

REFERÊNCIA LEGISLATIVA

CPC/2015, arts. 113, II (litisconsórcio), 43 (*perpetuatio jurisdictionis*), 21 (competência internacional concorrente), 24 (competência internacional; litispendência e conexão), 286 (distribuição por dependência), 327 (requisitos da cumulação), 299 (processo cautelar).

BREVES COMENTÁRIOS

O Código institui regras de modificação de competência (CPC/2015, arts. 54 a 63), que se aplicam a processos sujeitos apenas a critérios de competência relativa, permitindo falar-se a seu respeito em prevenção e prorrogação.

Dá-se a prorrogação de competência quando se amplia a esfera de competência de um órgão judiciário para conhecer de certas causas que não estariam, ordinariamente, compreendidas em suas atribuições jurisdicionais.

A prevenção é a prefixação de competência, para todo o conjunto das diversas causas, do juiz a quem primeiro foi registrada ou distribuída a petição inicial de uma das lides coligadas por conexão ou continência.

JURISPRUDÊNCIA SELECIONADA

1. Competência absoluta.

Conexão não afeta competência absoluta. "A eventual existência de conexão entre demandas não é causa de modificação de competência absoluta, impossibilitando, portanto, a reunião dos processos" (STJ, AgRg no CC 131.832/SP, Rel. Min. Antonio Carlos Ferreira, 2ª Seção, jul. 08.06.2016, *DJe* 13.06.2016).

Improrrogabilidade da competência absoluta. "Destarte, não poderiam as instâncias ordinárias ter prosseguido no julgamento do feito, em razão de sua incompetência absoluta, posto que é improrrogável tal competência" (STJ, REsp 1537768/DF, Rel. Min. Napoleão Nunes Maia Filho, 1ª Turma, jul. 20.08.2019, *DJe* 05.09.2019).

Conexão. Justiça Federal. "A competência da Justiça Federal, fixada no artigo 109 da Constituição, é absoluta, razão pela qual não se admite sua prorrogação, por conexão, para abranger causa em que ente federal não seja parte na condição de autor, réu, assistente ou opoente. Destarte, a reunião dos processos por conexão só tem lugar se o mesmo juízo for competente para julgar ambas ou a diversidade das causas, o que não se verifica na espécie, uma vez que a Caixa Econômica Federal só integra o polo passivo em uma das ações – na que tramita perante a 30ª Vara Federal do Rio de Janeiro – sendo a Justiça Federal absolutamente incompetente para conhecer das demais" (STJ, CC 53.435/RJ, Rel. Min. Castro Filho, 2ª Seção, jul. 08.11.2006, *DJ* 29.06.2007, p. 481).

2. Competência relativa. Conexão ou continência. "O objetivo do reconhecimento da ocorrência de conexão ou de continência é o processo e o julgamento simultâneos, desaparecendo a finalidade da reunião dos processos se uma das ações já foi julgada" (TJSP, AI 4.009-0, Rel. Des. César de Moraes, Câmara Especial, jul. 18.04.1985, *RT* 601/104).

"Somente os juízos determinados pelos critérios territorial ou objetivo em razão do valor da causa, chamada competência relativa, estão sujeitos à modificação de competência por conexão (art. 102, CPC). A reunião dos processos por conexão, como forma excepcional de modificação de competência, só tem lugar quando as causas supostamente conexas estejam submetidas a juízos, em tese, competentes para o julgamento das duas demandas. Sendo a justiça federal absolutamente incompetente para julgar ação monitória entre particulares, não se permite, na hipótese, a modificação de competência por conexão" (STJ, AgRg no CC 35.129/SC, Rel. Min. Cesar Asfor Rocha, 2ª Seção, jul. 26.06.2002, *DJ* 24.03.2003, p. 136). **No mesmo sentido:** STJ, AgRg no CC 35.129/SC, Rel. Min. Cesar Asfor Rocha, 2ª Seção, jul. 26.06.2002, *DJ* 24.03.2003, p. 136.

3. Reconvenção. "A conexão somente tem o efeito de modificar a competência, prorrogando a do juiz para julgamento da reconvenção, quando se trata de competência em razão do valor ou do território. Não é possível opor reconvenção da competência da Justiça federal, em ação que tramita em vara cível da Justiça comum estadual. É o que se deduz do art. 102 do CPC" (STF, RE 93.843/BA, Rel. Min. Pedro Soares Muñoz, 1ª Turma, jul. 17.03.1981, *RTJ* 44/308).

4. Arguição de conexão em exceção de incompetência. "Em homenagem ao princípio da instrumentalidade das formas, desde que não cause prejuízo à parte adversa, é possível admitir a arguição de conexão em sede de exceção de incompetência. Precedentes" (STJ, REsp 760.983/MG, Rel. Min. Aldir Passarinho Junior, 4ª Turma, jul. 13.10.2009, *DJe* 23.11.2009).

5. Mandado de segurança. Prevenção de competência. "Doutrina e jurisprudência têm entendido que somente em determinadas hipóteses poderá ocorrer a prevenção de competência em mandado de segurança, uma vez que cada impetração representa um feito processualmente autônomo, somente se aplicando excepcionalmente ao *mandamus* as normas processuais relativas à prevenção por conexão e continência previstas nos arts. 102 a 106 do Código de Processo Civil" (STJ, MS 6.250/DF, Rel. Min. Gilson Dipp, 3ª Seção, jul. 26.02.2003, *DJ* 31.03.2003, p. 143).

6. Conflito de competência. Sentença prolatada. "Prolatada a sentença, é descabido a parte suscitar conflito de competência. Precedentes" (STJ, CC 27.880/RJ, Rel. Min. Garcia Vieira, 1ª Seção, jul. 23.02.2000, *DJ* 27.03.2000, p. 60).

Art. 55. Reputam-se conexas 2 (duas) ou mais ações quando lhes for comum o pedido ou a causa de pedir.

§ 1º Os processos de ações conexas serão reunidos para decisão conjunta, salvo se um deles já houver sido sentenciado.

§ 2º Aplica-se o disposto no *caput*:

I – à execução de título extrajudicial e à ação de conhecimento relativa ao mesmo ato jurídico;

II – às execuções fundadas no mesmo título executivo.

§ 3º Serão reunidos para julgamento conjunto os processos que possam gerar risco de prolação de decisões conflitantes ou contraditórias caso decididos separadamente, mesmo sem conexão entre eles.

CPC/1973

Art. 103.

REFERÊNCIA LEGISLATIVA

CPC/2015, arts. 47 (direito real sobre imóveis), 61 (ação acessória), 286 (distribuição por dependência), 299 (tutela provisória), 319 (requisitos da petição inicial), 337, §§ 1º a 4º (litispendência; coisa julgada; ações idênticas), 516 (cumprimento da sentença), e 676 (embargos de terceiro).

SÚMULAS

Súmula do STF:

Nº 704: "Não viola as garantias do juiz natural, da ampla defesa e do devido processo legal a atração por continência ou conexão do processo do corréu ao foro por prerrogativa de função de um dos denunciados."

Súmula do STJ:

Nº 235: "A conexão não determina a reunião dos processos, se um deles já foi julgado."

Nº 383: "A competência para processar e julgar as ações conexas de interesse de menor é, em princípio, do foro do domicílio do detentor de sua guarda."

BREVES COMENTÁRIOS

A conexão e a continência são as formas mais comuns de modificação ou prorrogação legal de competência relativa. O atual Código supera a divergência acerca da possibilidade de conexão entre processo de conhecimento e processo de execução, reconhecendo-a legítima, certamente em razão de similitude não do pedido, mas da causa de pedir.

O Código admite duas modalidades de conexão: a) pelo pedido comum; e b) pela mesma causa de pedir. Não gera prorrogação de competência, portanto, a chamada conexão subjetiva, aquela que corresponde à identidade de partes em diversas causas. É legalmente relevante apenas a conexão objetiva, ou seja, derivada da comunhão de pedido ou de causa de pedir quando ocorrida entre os processos iniciados perante juízos diferentes.

Exemplificativamente, ocorre conexão entre as ações:

a) de divórcio e de separação judicial;

b) de alimentos e de investigação de paternidade;

c) demarcatória e possessória;

d) de usucapião e reivindicatória;

e) de manutenção de posse e o interdito proibitório;

f) de prestação de contas e consignatória;

g) de despejo e consignatória.

JURISPRUDÊNCIA SELECIONADA

1. Conexão.

Comunhão apenas da causa de pedir remota. "Deve ser reconhecida a existência de conexão entre ações mesmo quando verificada a comunhão somente entre a causa de pedir remota" (STJ, CC 49.434/SP, Rel. Min. Nancy Andrighi, 2ª Seção, jul. 08.02.2006, *DJ* 20.02.2006).

Critério da conveniência. "A conexão pressupõe a existência de causas que, embora não sejam iguais, guardam entre si algum vínculo, uma relação de afinidade, o que denota que o alcance da regra de conexão tem sido alargado, de modo a se interpretar o vocábulo 'comum', contido no texto legal, como uma indicação do legislador de que, para caracterizar a conexão, seria desnecessária a identidade total dos elementos da ação, bastando tão somente uma identidade parcial. O critério fundamental a ser sopesado pelo julgador nessa avaliação situa-se em torno da verificação da conveniência da reunião dos processos. O art. 103 do CPC se limita a instituir requisitos mínimos de conexão, cabendo ao Juiz, conforme os elementos presentes em cada caso, aquilatar se a adoção da medida se mostra aconselhável e consentânea com a finalidade do instituto, que, em última análise, se presta a colaborar com a efetividade da justiça e da pacificação social. Tal medida resultaria em uma maior celeridade e economia processual, permitindo o aproveitamento – em benefício do Juízo prevento – dos atos instrutórios realizados pelo outro Juízo, evitando-se, ainda, o risco de haver decisões contraditórias" (STJ, REsp 1.226.016/RJ, Rel. Min. Nancy Andrighi, 3ª Turma, jul. 15.03.2011, *DJe* 25.03.2011).

Finalidade. "O escopo do art. 103 do CPC, além da evidente economia processual, é, principalmente, evitar a prolação de decisões contraditórias ou conflitantes. Com vistas a dotar o instituto de efetividade, evitando a reunião desnecessária – ou até mesmo imprópria – de ações, o art. 105 do CPC confere certa margem de discricionariedade ao Juiz para que avalie a conveniência na adoção do procedimento de conexão" (STJ, REsp 1.087.783/RJ, Rel. Min. Nancy Andrighi, 3ª Turma, jul. 01.09.2009, *DJe* 10.12.2009). **No mesmo sentido:** STJ, REsp 953.034/PR, Rel. Min. Luiz Fux, 1ª Turma, jul. 19.05.2009, *DJe* 29.06.2009; STJ, CC 107.932/MT, Rel. Min. Eliana Calmon, 1ª Seção, jul. 09.12.2009, *DJe* 18.12.2009; STJ, CC 57.558/DF, Rel. Min. Luiz Fux, 1ª Seção, jul. 12.09.2007, *DJe* 03.03.2008.

Julgamento de apenas um dos feitos reunidos por conexão. Inexistência de nulidade. "O entendimento consolidado deste tribunal é no sentido de que o julgamento de apenas um dos feitos reunidos por conexão não induz, necessariamente, nulidade da decisão, uma vez que cabe ao magistrado a avaliação de julgamento simultâneo das ações, inspirado pelos objetivos da conexão (evitar decisões conflitantes e privilegiar a economia processual). Precedentes" (STJ, REsp 1.126.639/SE, Rel. Min. Luis Felipe Salomão, 4ª Turma, jul. 21.06.2011, *DJe* 01.08.2011). **No mesmo sentido:** STJ, AgRg nos EDcl no AREsp 37.470/DF, Rel. Min. Benedito Gonçalves, 1ª Turma, jul. 07.02.2012, *DJe* 10.02.2012; STJ, REsp 1.047.825/PE, Rel. Min. Vasco Della Giustina, 3ª Turma, jul. 06.10.2009, *DJe* 30.11.2009. **Em sentido contrário:** "Impõe-se a **anulação de sentença** que, embora admita a conexão, deixa de apreciar as outras ações simultaneamente" (STJ, AgRg no REsp 723.783/RJ, Rel. Min. João Otávio de Noronha, 4ª Turma, jul. 15.10.2009, *DJe* 26.10.2009).

Determinação de extinção do processo. Impossibilidade. "O art. 105 do CPC não tem comando suficiente para determinar – ou mesmo autorizar – a extinção do processo, conferindo ao magistrado apenas a faculdade de ordenar ao cartório a reunião das ações propostas em separado, a fim de que sejam decididas simultaneamente. Precedentes do STJ. Essa faculdade, todavia, não confere ao juiz o poder de condicionar o direito de ação da parte à prévia formação de um grupo determinado, especialmente considerando as implicações decorrentes do curso do lapso prescricional. Vulneração ao princípio do livre acesso à jurisdição. O instituto da conexão não se confunde com o do litisconsórcio necessário, uma vez que este último decorre da natureza da relação jurídica ou da lei e, portanto, afeta a própria legitimidade processual, sendo, portanto, obrigatória a sua formação (art. 47 do CPC) cogência, que evidentemente não se compatibiliza com a facultatividade estampada no art. 105 do CPC ('pode ordenar')" (STJ, AgRg no AREsp 410.980/SE, Rel. Min. Herman Benjamin, 2ª Turma, jul. 18.02.2014, *DJe* 19.03.2014).

Prevenção. "O reconhecimento do direito líquido e certo à prevenção em relação ao órgão fracionário do tribunal (turma ou câmara), com o objetivo de evitar decisões conflitantes, não determina o mérito do julgamento dos recursos de apelação interpostos, acaso sejam observadas peculiaridades que justifiquem a aplicação de soluções distintas para cada uma das execuções, pois não é lícito prejulgar uma causa em vista do julgamento de outra, ainda que idênticas as partes e o pedido e, apenas na aparência, a causa de pedir. Os limites da coisa julgada estão circunscritos ao processo em que proferida a sentença" (STJ, REsp 780.758/SP, Rel. Min. Paulo Furtado, 3ª Turma, jul. 18.03.2010, *DJe* 26.03.2010).

Exceção de incompetência. Instrumentalidade. "Conquanto não seja a exceção de incompetência o instrumento hábil para suscitar a ocorrência de conexão, referida matéria pode ser decidida até mesmo de ofício, devendo-se afastar o rigorismo do pleito de declaração de impossibilidade jurídica do pedido" (STJ, AgRg no Ag 654.809/SP, Rel. Min. Fernando Gonçalves, 4ª Turma, jul. 17.03.2005, *DJ* 11.04.2005, p. 323). **No mesmo sentido:** STJ, REsp 713.045/PR, Rel. Min. Mauro Campbell Marques, 2ª Turma, jul. 09.06.2009, *DJe* 23.06.2009.

Ação já sentenciada. "A conexão não impõe definição de competência, mas apenas pode modificá-la, pois visa a prevenir resultados contraditórios entre as ações que contêm identidade de 'objeto ou causa de pedir' (art. 103 do CPC), preocupação que se torna despicienda quando, como no caso, ambas as ações tidas por conexas já se encontram sentenciadas. 'A conexão não determina a reunião dos processos se um deles já foi julgado'. Súmula nº 235/STJ. 'A produção antecipada de provas, por si só, não previne a competência para a ação principal'. Súmula nº 263/TFR" (STJ, REsp 617.921/MT, Rel. Min. Luis Felipe Salomão, 4ª Turma, jul. 18.05.2010, *DJe* 26.05.2010).

2. Discricionariedade do juiz.

Andamento em separado dos feitos. Discricionariedade do julgador. "Trata-se de uma faculdade do juiz a análise da necessidade de os processos serem reunidos para julgamento conjunto, porquanto cabe a ele avaliar a conveniência em cada caso concreto, conforme disposto no art. 105 do CPC/73. No presente caso, o Tribunal de origem, com base no conjunto fático-probatório, afastou o pedido de conexão das ações, consignando não haver risco de decisões conflitantes, pois os contratos que fundam as demandas de arbitramento de honorários advocatícios são diversos" (STJ, AgRg no REsp 1.567.989/PR, Rel. Min. Marco Aurélio Bellizze, 3ª Turma, jul. 17.05.2016, *DJe* 27.05.2016).

"A avaliação da conveniência do julgamento simultâneo será feita caso a caso, à luz da matéria controvertida nas ações conexas, sempre em atenção aos objetivos almejados pela norma de regência (evitar decisões conflitantes e privilegiar a economia processual). Assim, ainda que visualizada, em um primeiro momento, hipótese de conexão entre as ações com a reunião dos feitos para decisão conjunta, sua posterior apreciação em separado não induz, automaticamente, à ocorrência de nulidade da decisão. O sistema das nulidades processuais é informado pela máxima *pas de nullité sans grief*, segundo a qual não se decreta nulidade sem prejuízo, aplicável inclusive aos casos em que processos conexos são julgados separadamente" (STJ, REsp 1.484.162/PR, Rel. Min. Ricardo Villas Bôas Cueva, 3ª Turma, jul. 24.02.2015, *DJe* 13.03.2015).

"Segundo o entendimento desta Corte, a reunião dos processos por conexão configura faculdade atribuída ao julgador, sendo que o art. 105 do Código de Processo Civil concede ao magistrado certa margem de discricionariedade para avaliar a intensidade da conexão e o grau de risco da ocorrência de decisões contraditórias. Precedentes" (STJ, AgInt no AREsp 1.477.213/MG, Rel. Min. Raul Araújo, 4ª Turma, jul. 30.11.2020, *DJe* 18.12.2020).

"A reunião dos processos não se constitui dever do magistrado, mas sim **faculdade**, na medida em que a ele cabe gerenciar a marcha processual, deliberando pela conveniência, ou não, de processamento simultâneo das ações, à luz dos objetivos da conexão" (STJ, AgRg no Ag 1.150.570/RJ, Rel. Min. Laurita Vaz, 5ª Turma, jul. 17.09.2009, *DJe* 13.10.2009).

3. Ações Civis Públicas. Causa de pedir comum (§ 1º). Tema de grande repercussão social. Necessidade de julgamento uniforme. Afastamento da regra do art. 55 do CPC/2015. Ver jurisprudência do art. 2º da Lei nº 7.347/1985.

4. Ações de indenização por danos morais por morte. Conveniência de instrução conjunta (§ 3º). "São conexas as ações com idêntica causa de pedir, no caso o alegado homicídio, imputado pelos autores, parentes da vítima em grau diverso, ao mesmo réu. Nos termos da jurisprudência deste Superior Tribunal de Justiça, a reunião de processos em razão de conexão se justifica não somente quando houver risco de decisões conflitantes, mas também em razão de conveniência para instrução processual e, ainda, para a própria prestação jurisdicional. Precedentes" (STJ, AgInt no AREsp 1064201/MG, Rel. p/ Acórdão Min. Maria Isabel Gallotti, 4ª Turma, jul. 25.09.2018, *DJe* 26.10.2018).

5. Risco de decisões conflitantes. Reunião de processos (§ 3º). "Ação de obrigação de fazer c.c indenização e ação anulatória de negócio extrajudicial e rescisão contratual c.c. indenização. Redistribuição ao Juízo da ação anulatória. Identidade de causa de pedir remota. **Sistemática do Novo Código de Processo Civil que não exige a conexão para reunião de feitos. Risco de decisões conflitantes.** Anterioridade da distribuição perante o juízo suscitante. Inteligência do art. 55, § 3º, do CPC/2015. Conflito procedente. Competência do juízo suscitante" (TJSP, CC 0043411-40.2016.8.26.0000, Rel. Alves Braga Junior, Câmara Especial, jul. 03.10.2016, data de registro 05.10.2016).

Possibilidade de serem proferidas decisões contraditórias. Conexão. Obrigatoriedade. "Objetivam as normas de conexão (CPC, arts. 103 e 105) evitar decisões contraditórias, de maneira que **não precisa ser absoluta a identidade entre os objetos ou as causas de pedir das ações** tidas por conexas. Basta existir liame que torne necessário o julgamento unificado das demandas" (STJ, REsp 780.509/MG, Rel. Min. Raul Araújo, 4ª Turma, jul. 25.09.2012, *DJe* 25.10.2012). **No mesmo sentido, entendendo não se exigir perfeita identidade desses elementos:** STJ, AgRg no REsp 753.638/DF, Rel. Min. Humberto Gomes de Barros, 3ª Turma, jul. 03.12.2007, *DJ* 12.12.2007.

6. Hipótese de conexão.

Ação de reintegração de posse e ação de usucapião: "Sendo a usucapião forma de aquisição de propriedade pela posse prolongada no tempo, a sentença proferida no respectivo processo deve guardar a necessária coerência com a prolatada na ação possessória referente ao mesmo bem imóvel, ajuizada posteriormente, sob pena de emissão de comandos judiciais conflitantes acerca do fundamento que constitui a mesma causa (remota) de pedir. 'Deve ser reconhecida a existência de conexão entre ações mesmo quando verificada a comunhão somente entre a causa de pedir remota' (CC n. 49.434/SP)" (STJ, REsp 967.815/MG, Rel. Min. João Otávio de Noronha, 4ª Turma, jul. 04.08.2011, *DJe* 05.09.2011).

Ações de usucapião. "É admissível a conexão de ações de usucapião de áreas distintas e não contíguas, desde que integrem o mesmo imóvel, como partes de unidade continente" (TJPR, Ap. 840/89, Rel. Des. Nunes do Nascimento, 3ª Câmara, jul. 22.08.1989, *RT* 647/166).

Execução fiscal e ação anulatória de débito fiscal. "Em tese, é possível a conexão entre a ação anulatória e a execução fiscal, em virtude da relação de prejudicialidade existente entre tais demandas, recomendando-se o *simultaneus processus*. Precedentes. Entretanto, nem sempre o reconhecimento da conexão resultará na reunião dos feitos. A modificação da competência pela conexão apenas será possível nos casos em que a **competência for relativa** e desde que observados os requisitos dos §§ 1º e 2º do art. 292 do CPC" (STJ, CC 106.041/SP, Rel. Min. Castro Meira, 1ª Seção, jul. 28.10.2009, *DJe* 09.11.2009). **No mesmo sentido:** STJ, CC 95.349/ES, Rel. Min. Mauro Campbell Marques, 1ª Seção, jul. 26.08.2009, *DJe* 04.09.2009; STJ, REsp 514.454/SP, Rel. Min. Nancy Andrighi, 3ª Turma, jul. 02.09.2003, *DJ* 20.10.2003, p. 275.

"Conciliando-se os preceitos, tem-se que, precedendo a **ação anulatória à execução**, aquela passa a exercer perante esta inegável influência prejudicial a recomendar o *simultaneus processus*, posto conexas pela prejudicialidade, forma expressiva de conexão a recomendar a reunião das ações, como expediente apto a evitar decisões inconciliáveis. O juízo único é o que guarda a mais significativa competência funcional para verificar a verossimilhança do alegado na ação de conhecimento e permitir prossiga o processo satisfativo ou se suspenda o mesmo. Refoge à razoabilidade permitir que a ação anulatória do débito caminhe isoladamente da execução calcada na obrigação que se quer nulificar, por isso que, exitosa a ação de conhecimento, o seu resultado pode frustrar-se diante de execução já ultimada" (STJ, CC 81.290/SP, Rel. Min. Luiz Fux, 1ª Seção, jul. 12.11.2008, *DJe* 15.12.2008). **Precedentes citados:** STJ, REsp 887.607/SC, Rel. Min. Eliana Calmon, 2ª Turma, *DJ* 15.12.2006; STJ, REsp 722.303/RS, Rel. Min. Luiz Fux, 1ª Turma, *DJ* 31.08.2006; STJ, REsp 754.586/RS, Rel. Min. Teori Albino Zavascki, 1ª Turma, *DJ* 03.04.2006.

Oposição de embargos à execução. Suspensão. "A oposição de embargos à execução, quando já ajuizada anteriormente ação anulatória da dívida fiscal, é hipótese de conexão, e não de litispendência, ensejando a reunião dos processos. Se uma das ações já se encontra julgada, devem-se suspender os embargos, em face da relação de prejudicialidade entre as demandas" (TJMG, Proc. 0783625-56.2007.8.13.0114, Rel. Des. Heloísa Combat, 7ª Câm. Cível, jul. 21.10.2008, *DJ* 07.11.2008).

"Havendo conexão e prejudicialidade entre os embargos do devedor e a ação declaratória, não tendo sido reunidos os feitos para julgamento conjunto, recomendável a suspensão dos embargos até o julgamento da causa prejudicial, nos termos do art. 268, IV, *a*, CPC" (STJ, AgR no AI 35.922/MG, Rel. Min. Sálvio de Figueiredo Teixeira, 4ª Turma, *DJ* 02.08.1993). **No mesmo sentido, mas devendo a suspensão ocorrer somente após a garantia do juízo:** STJ, REsp 466.129/MT, Rel. Min. Aldir Passarinho Junior, 4ª Turma, jul. 16.10.2007, *DJ* 12.11.2007.

Execução e ação de consignação em pagamento. "O ajuizamento de ação consignatória pelo devedor recomenda a reunião desta com os embargos à execução, a fim de evitarem-se decisões conflitantes" (STJ, REsp 31.756/MG, Rel. Min. Cláudio Santos, 3ª Turma, jul. 22.06.1993, *DJ* 23.08.1993).

Ação revisional de contrato e reintegração de posse. "Há conexão entre ação declaratória revisional de cláusulas de contrato de arrendamento mercantil com ação de reintegração de posse movida posteriormente à primeira. Deslocamento da competência para o juízo da declaratória. Precedentes do STJ" (STJ, REsp 276.195/MS, Rel. Min. Aldir Passarinho Junior, 4ª Turma, jul. 04.05.2006, *DJ* 05.06.2006).

"**Há conexão entre ações de busca e apreensão e revisional de contrato cumulada com consignação em pagamento** se ambas apresentarem como causa de pedir remota o mesmo contrato de financiamento celebrado entre as partes" (STJ, CC 49.434/SP, Rel. Min. Nancy Andrighi, 2ª Seção, jul. 08.02.2006, *DJ* 20.02.2006, p. 200).

Ação popular. "O Juízo da Ação Popular é universal. A propositura da primeira ação previne a jurisdição do juízo para as subsequentemente intentadas contra as mesmas partes e sob a égide de iguais ou aproximados fundamentos" (STJ, CC 22.123/MG, Rel. Min. Demócrito Reinaldo, 1ª Seção, jul. 14.04.1999, *DJ* 14.06.1999, p. 100). **No mesmo sentido, entendendo haver conexão entre ação popular e ação civil pública:** STJ, CC 36.439/SC, Rel. Min. Luiz Fux, 1ª Seção, jul. 08.10.2003, *DJ* 17.11.2003, p. 197.

Ação civil pública e ação de anulação de escritura pública. "Não obstante a ação civil pública em espécie tenha sido proposta após a ação de anulação de escritura pública, nada impede que ambos os processos sejam reunidos, uma vez que o objeto das ações guarda significativa relação de semelhança, a teor do art. 103 do Código de Processo Civil. Não se trata, portanto, de mera afinidade jurídica entre as demandas, porquanto o elemento de ligação não se adstringe a um ponto comum de fato ou de direito, mas a uma inequívoca identidade entre o objeto de ambas as ações, qual seja, a proteção do meio ambiente e do patrimônio público" (STJ, REsp 399.900/DF, Rel. Min. Franciulli Netto, 2ª Turma, jul. 27.04.2004, *DJ* 06.09.2004).

Ação de despejo e execução. "Fundamentadas ambas as ações, de despejo e de execução, em idêntica relação jurídica, é de rigor o reconhecimento da conexão a justificar a reunião dos feitos, ou, se impossibilitado o ajuntamento, a suspensão de um deles" (STJ, AgRg no REsp 656.277/RJ, Rel. Min. Celso Limongi, 6ª Turma, jul. 18.05.2010, *DJe* 07.06.2010).

Ação de guarda e de regulamentação de visita. Interesse de menor. "Deve-se reconhecer a conexão da ação em que se discute a regulamentação do regime de visitas a menor com a ação, anteriormente ajuizada, em que se disputa a sua guarda" (STJ, CC 80.266/PR, Rel. Min. Nancy Andrighi, 2ª Seção, jul. 24.10.2007, *DJ* 12.02.2008).

7. Hipóteses de ausência de conexão.

Ação de manutenção de posse e ação de usucapião. Afastada a conexão. "As ações de manutenção de posse e de usucapião não são conexas, pois diversos o pedido e a causa de pedir. Jurisprudência dominante nesta Corte Superior. Súmula 83/STJ" (STJ, AgInt no AREsp 857.532/RJ, Rel. Min. Luis Felipe Salomão, 4ª Turma, jul. 24.05.2016, *DJe* 01.06.2016).

Acidente rodoviário. "Não se configuram conexas ações indenizatórias movidas por diferentes vítimas de um mesmo acidente rodoviário, ausentes, no caso, os pressupostos, em conjunto, do art. 103 do CPC" (STJ, REsp 605.120/SP, Rel. Min. Aldir Passarinho Junior, 4ª Turma, jul. 27.04.2010, *DJe* 15.06.2010).

"**Inexiste conexão entre a ação de despejo para construção e ação de nunciação de obra nova.** Não há, entre ambas, em absoluto, identidade de objeto e causa de pedir, sendo que uma, de natureza pessoal, decorre de vínculo locatício, e outra do direito de vizinhança, impossibilitando, assim, julgamento simultâneo dos processos" (TASP, AI 316.306-9/00, Rel. Juiz Artur Marques, 2ª Câmara, jul. 01.08.1991, *RT* 674/168).

"A simples identidade de partes não induz conexão, visto que seu pressuposto está na coincidência de objeto ou causa de pedir" (TASP, AI 182.229-4, Rel. Juiz Isidoro Carmona, 5ª Câm., jul. 04.02.1986, *RT* 606/168).

Ação de despejo e usucapião. "Não há conexão entre ação de despejo e de usucapião, uma vez que, enquanto a primeira tem como objeto a desocupação do imóvel locado, a segunda visa o reconhecimento do domínio/propriedade sobre o referido imóvel em razão do exercício da posse *ad usucapionem*" (STJ, REsp 844.438/MT, Rel. Min. Arnaldo Esteves Lima, 5ª Turma, jul. 06.09.2007, *DJ* 22.10.2007, p. 358).

Ação de busca e apreensão e de revisão de cláusulas contratuais. "Não há conexão, e sim prejudicialidade externa entre as ações de busca e apreensão e de revisão de cláusulas contratuais quando ambas discutem o mesmo contrato de alienação fiduciária" (STJ, AgRg no REsp 926.314/RS, Rel. Min. João Otávio de Noronha, 4ª Turma, jul. 18.09.2008, *DJe* 13.10.2008). **No mesmo sentido:** STJ, AgRg no Ag 452.281/RS, Rel. Min. Fernando Gonçalves, 4ª Turma, jul. 07.08.2008, *DJe* 18.08.2008. **Em sentido contrário, admitindo a conexão:** "É firme a jurisprudência desta Corte no sentido de que devem ser reunidas as ações de busca e apreensão e revisão contratual com espeque no mesmo contrato" (STJ, AgRg no Ag 654.809/SP, Rel. Min. Fernando Gonçalves, 4ª Turma, jul. 17.03.2005, *DJ* 11.04.2005).

"**Inexistência de conexão da ação de usucapião com as ações possessórias decorrentes da execução trabalhista.** Pedido e causa de pedir distintos. Competência da Justiça Comum Estadual para o julgamento do feito" (STJ, AgRg no CC 51.175/MG, Rel. Min. Massami Uyeda, 2ª Seção, jul. 26.03.2008, *DJe* 10.10.2008).

Ação de reintegração de posse e ação monitória. Ausência de perigo de decisões conflitantes. "No presente caso, a necessidade de julgamento simultâneo da ação de reintegração de posse e da ação monitória foi afastada pelo tribunal de origem, ao fundamento de ausência de perigo de decisões conflitantes, uma vez que as matérias a serem decididas nas referidas ações não sofrem influência mútua, encontrando-se, assim, em harmonia com o entendimento jurisprudencial deste Tribunal Superior" (STJ, REsp 1.126.639/SE, Rel. Min. Luis Felipe Salomão, 4ª Turma, jul. 21.06.2011, *DJe* 01.08.2011).

8. Competência para julgamento de ação anulatória ajuizada anteriormente à execução fiscal. "Nos termos da jurisprudência desta Corte Superior, o ajuizamento posterior de Execução Fiscal, perante a Vara Especializada em Execuções, não modifica a competência para julgamento da Ação Anulatória de Débito, intentada anteriormente na Vara Cível. A remessa da Ação Anulatória, em tal cenário, resultaria em modificação de competência fora das hipóteses permitidas pelo sistema processual, além de possibilitar a violação da boa-fé objetiva processual pela prática de *forum shopping*. Nessas situações, caberá ao Juízo Executório decidir, se cabível, pela suspensão da Execução enquanto tramita a Ação Anulatória potencialmente prejudicial, nos termos do art. 313, V, *a*, do Código Fux. Julgados: AgInt no REsp. 1.700.752/SP, Rel. Min. Mauro Campbell Marques, *DJe* 3.5.2018; CC 105.358/SP, Rel. Min. Mauro Campbell Marques, *DJe* 22.10.2010; CC 106.041/SP, Rel. Min. Castro Meira, *DJe* 9.11.2009" (STJ, AgInt no AREsp 1.196.503/RJ, Rel. Min. Napoleão Nunes Maia Filho, 1ª Turma, jul. 29.04.2019, *DJe* 10.05.2019).

Art. 56. Dá-se a continência entre 2 (duas) ou mais ações quando houver identidade quanto às partes e à causa de pedir, mas o pedido de uma, por ser mais amplo, abrange o das demais.

CPC/1973

Art. 104.

REFERÊNCIA LEGISLATIVA

CPC/2015, arts. 319 (requisitos da petição inicial) e 337, §§ 1º a 4º (litispendência; coisa julgada; ações idênticas).

SÚMULAS

Súmula do STF:

Nº 704: "Não viola as garantias do juiz natural, da ampla defesa e do devido processo legal a atração por continência ou conexão do processo do corréu ao foro por prerrogativa de função de um dos denunciados".

Súmula do STJ:

Nº 489: "Reconhecida a continência, devem ser reunidas na Justiça Federal as ações civis públicas propostas nesta e na Justiça estadual".

BREVES COMENTÁRIOS

A continência é maior do que a conexão, dado que uma das causas se contém por inteiro dentro da outra, e não apenas no tocante a alguns elementos da lide, como se passa entre as ações conexas. A relação é de continente para conteúdo, de modo que todos os elementos da causa menor se fazem também presentes na maior. Envolvem a continência, pois, os três elementos da lide: sujeitos, pedido e *causa petendi*.

JURISPRUDÊNCIA SELECIONADA

1. Conceito. "Configurada a continência entre as duas ações, pela identidade quanto às partes e à causa de pedir, o objeto de uma, por ser mais amplo, abrange o da outra, recomendando-se a reunião dos processos, ante a possibilidade de decisões contraditórias" (STJ, CC 7.432/DF, Rel. Min. Hélio Mosimann, 1ª Seção, jul. 07.06.1994, *DJ* 27.06.1994, p. 16.869).

2. Causas intimamente relacionadas. Julgamento simultâneo. "A continência, pois, como critério legal de competência, funda-se na necessidade de que causas intimamente relacionadas devam ser decididas de uma só vez, evitando-se, destarte, a incoerência de julgamentos. Assim, se em torno delas inexiste esse íntimo relacionamento, quer quanto às partes, quer quanto à causa de pedir ou seu objeto, inviável se faz, por consequência, a reunião dos processos, nos estritos termos da lei" (TJPR, AI 1/76, Rel. Lima Lopes, Câmara Especial, jul. 15.03.1976, *RT* 489/178).

3. Encerramento de um dos processos. "A continência pressupõe o julgamento simultâneo dos processos, o que não pode ocorrer se um dos feitos estiver encerrado" (TJSP, CC 12.496-0, Câmara Especial, jul. 18.04.1991, *RT* 673/51).

4. Continência de ação civil pública. Justiça Federal e Justiça Estadual. "Estabelecendo-se relação de continência entre ação civil pública de competência da Justiça federal com outra, em curso na Justiça do estado, a reunião de ambas deve ocorrer, por força do princípio federativo, perante o Juízo federal. Precedente: CC 56.460-RS, Min. José Delgado, *DJ* de 19.03.07" (STJ, CC 90.106/ES, Rel. Min. Teori Albino Zavascki, 1ª Seção, jul. 27.02.2008, *DJe* 10.03.2008).

5. Ação renovatória e ação de despejo. Inexistência de continência. "Inexiste continência entre a ação renovatória de locação e a ação de despejo por falta de pagamento de aluguéis relativos a meses do período abrangido por aquela, pois diversas as respectivas causas de pedir. Com efeito, na primeira a causa de pedir é a locação renovada e na segunda, a falta de pagamento dos aluguéis convencionados" (2º TACivSP, Ag. 171.386-0, Rel. Juiz Menezes Gomes, 5ª Câmara, *RT* 597/159).

6. Mandado de Segurança. "Há continência quando, em desfavor da mesma autoridade, impetram-se dois mandados de segurança, sendo que no primeiro busca-se tão somente a participação em curso de formação (segunda etapa) de concurso público e, no segundo, MS 8.482/DF, a anulação dos atos de convocação para referido curso, de homologação dos resultados do certame e de nomeação de candidato" (STJ, MS 8.205/DF, Rel. Min. Arnaldo Esteves Lima, 3ª Seção, jul. 10.08.2005, *DJ* 12.09.2005, p. 205).

7. Identidade jurídica do objeto. "A identidade do objeto que a lei cogita não é a material, mas jurídica. Feitos ligados entre si, nos quais o julgamento de um deles importa no julgamento dos demais, ou por ele são alcançados" (TARS, Ag. 187.028.402, Rel. Juiz Osvaldo Stefanello, Câmara, jul. 22.07.1987, *JTARS* 65/167).

8. Modificação de competência. "Se reconhecida a continência entre as ações, realmente não se pode adotar o critério da prevenção para determinar a reunião dos processos. O juízo em que tramite a causa continente é que deverá julgar a causa contida. [...] E, em se tratando de conexão, o critério a ser utilizado para a determinação do juiz competente, é o da prevenção" (STJ, REsp 1.051.652/TO, Rel. Min. Nancy Andrighi, 3ª Turma, jul. 27.09.2011, *DJe* 03.10.2011).

Art. 57. Quando houver continência e a ação continente tiver sido proposta anteriormente, no processo relativo à ação contida será proferida sentença sem resolução de mérito, caso contrário, as ações serão necessariamente reunidas.

CPC/1973

Art. 105.

REFERÊNCIA LEGISLATIVA

CPC/2015, arts. 685 (oposição), 43 (*perpetuatio jurisdictionis*) e 66, III (conflito de competência acerca de reunião ou separação de processos).

BREVES COMENTÁRIOS

No caso de reconhecimento da continência os efeitos nem sempre são os mesmos. Há de se verificar qual ação foi proposta primeiro:

(a) Se a precedência for da ação continente, o processo relativo à ação contida será extinto sem resolução de mérito (art. 57, 1ª parte). É que existirá litispendência parcial entre elas de modo que a ação menor incorrerá na hipótese de extinção prevista no art. 485, V.

(b) Se a ação de pedido menor (a contida) for a que primeiro se ajuizou, a reunião das ações será obrigatória (art. 57, *in fine*). A regra se aplica se, naturalmente, os dois processos se acharem em situações de desenvolvimento que permitam o julgamento simultâneo, pois se a ação menor já tiver sido sentenciada, por exemplo, não haverá como reuni-la com a continente.

JURISPRUDÊNCIA SELECIONADA

1. Ação de cobrança. Contrato de representação comercial. Ajuizamento de outra ação de cobrança envolvendo o mesmo contrato. Julgamento simultâneo. Reconhecimento de litispendência. Interposição de um único recurso. Ver jurisprudência do art. 997 do CPC/2015.

2. Continência. "A continência é modalidade de conexão, por isso que, mesmo a possibilidade de inconciabilidade parcial das decisões arrasta o fenômeno da conexão com o seu consectário lógico do julgamento simultâneo (*unum et idem judex*), a teor do art. 105 do CPC" (STJ, CC 41.444/AM, Rel. Min. Luiz Fux, 1ª Seção, jul. 11.02.2004, *DJU* 16.02.2004).

Reunião de demandas coletivas. Competência. "Reunião de demandas coletivas. Aplicação do instituto da continência, com a competência **da vara onde tramitar a demanda mais abrangente**. Súmula n. 83/STJ" (STJ, REsp 1.318.917/BA, Rel. Min. Antonio Carlos Ferreira, 4ª Turma, jul. 12.03.2013, *DJe* 23.04.2013).

* **Ver jurisprudência do art. 56 do CPC/2015.**

Art. 58. A reunião das ações propostas em separado far-se-á no juízo prevento, onde serão decididas simultaneamente.

CPC/1973

Art. 106.

REFERÊNCIA LEGISLATIVA

CPC/2015, art. 240 (comarcas diferentes).

BREVES COMENTÁRIOS

É de ordem pública o princípio que recomenda o julgamento comum das ações conexas, para impedir decisões contraditórias e evitar perda de tempo da justiça e das partes com exame das mesmas questões em processos diferentes. Não pode, por isso, o juiz deixar de acolher o pedido de reunião de ações, nos termos do art. 58. Negada a fusão dos processos conexos, haverá nulidade da sentença que julgar separadamente apenas uma das ações, se se verificar, de fato, o risco de julgamentos conflitantes.

JURISPRUDÊNCIA SELECIONADA

1. Competência. "A prevenção não cria competência, mas fixa competência preexistente, pois somente se dá entre juízes igualmente competentes. A prorrogação é que faz competente o juiz originária e relativamente incompetente, pela aceitação da parte que não exercitou a *declinatoria fori*" (STF, CC 6.313-0/

RJ, Rel. Min. Luiz Rafael Mayer, Sessão Plena, jul. 16.06.1982, *DJ* 20.08.1982, p. 7.874).

2. Prevenção. Competência relativa. "A competência por prevenção é relativa, estando sujeita à prorrogação, caso precluída a oportunidade de arguição da incompetência. Precedentes" (STF, HC-AgR 86.005/AL, Rel. Min. Ellen Gracie, Tribunal Pleno, jul. 20.09.2007, *DJe* 09.11.2007).

Art. 59. O registro ou a distribuição da petição inicial torna prevento o juízo.

REFERÊNCIA LEGISLATIVA

Lei nº 6.024, de 1974 (dispõe sobre a intervenção e a liquidação extrajudicial de instituições financeiras), art. 45, § 1º: "Em caso de intervenção ou liquidação extrajudicial, a distribuição do inquérito ao Juiz competente na forma deste artigo, previne a jurisdição do mesmo Juízo, na hipótese de vir a ser decretada a falência".

BREVES COMENTÁRIOS

No regime do Código anterior, a prevenção observava regras diferentes, conforme se aplicasse entre juízes da mesma circunscrição territorial ou de comarcas diversas. Levava-se em conta ora o despacho da inicial (CPC/1973, art. 106) ora a realização da citação (CPC/1973, art. 219). O atual Código adota critério único e diferente do anterior. Agora, em qualquer situação, o que importa é o registro ou a distribuição da petição inicial. Com essa medida processual, define-se o juiz da causa, estabelecendo-se sua prevenção para todas as futuras ações conexas.

A regra legal, portanto, é a de que a competência a ser prorrogada é a do juízo em que uma das causas ligadas por conexão ou continência for primeiro registrada ou distribuída.

JURISPRUDÊNCIA SELECIONADA

1. Litispendência entre ações de inventário e partilha propostas por diferentes colegitimados. Critério temporal para definição sobre qual ação litispendente deve prosseguir. "O propósito recursal é definir o critério a ser utilizado para decidir qual processo judicial deverá permanecer em trâmite na hipótese em que há litispendência decorrente do ajuizamento, por diferentes colegitimados, de mais de uma ação de inventário e partilha de bens do mesmo *de cujus*. (...). Há litispendência entre duas ações de inventário e partilha ajuizadas por distintos colegitimados quando presente a tríplice identidade – mesmas partes, mesmas causas de pedir e mesmos pedidos –, sendo irrelevante o fato de as partes ocuparem polos processuais contrapostos nas duas ações em virtude da legitimação concorrente e disjuntiva para o ajuizamento da ação. A ação de inventário e de partilha de bens é de natureza contenciosa e se submete a procedimento especial regulado pelo próprio CPC/15, de modo que a ela se aplicam às regras relacionadas ao momento de propositura da ação, à prevenção e à litispendência e que se encontram na parte geral do Código. A data da nomeação do inventariante não pode ser elemento temporal definidor acerca de qual ação litispendente deve seguir em tramitação, seja porque inexiste previsão legal nesse sentido, seja porque se trata de marco temporal inseguro, porque vinculado a movimentações e atos processuais que independem exclusivamente das partes, devendo ser fixado, como marco definidor acerca de qual das ações idênticas deve prosseguir, a data de seu registro ou distribuição, nos termos dos arts. 59 e 312, ambos do CPC/15" (STJ, REsp 1739872/MG, Rel.ª Min.ª Nancy Andrighi, 3ª Turma, jul. 13.11.2018, *DJe* 22.11.2018).

Art. 60. Se o imóvel se achar situado em mais de um Estado, comarca, seção ou subseção judiciária, a competência territorial do juízo prevento estender-se-á sobre a totalidade do imóvel.

CPC/1973

Art. 107.

REFERÊNCIA LEGISLATIVA

CPC/2015, arts. 58 e 59 (prevenção), 240 (*idem*), 286 (distribuição por dependência) e 312 (formação do processo).

BREVES COMENTÁRIOS

Se o imóvel litigioso estiver situado em mais de uma circunscrição judiciária, qualquer um dos foros que o jurisdiciona será competente para as ações reais a ele relativas, fixando-se a competência pelo critério da prevenção.

JURISPRUDÊNCIA SELECIONADA

1. Desapropriação indireta. Imóvel situado em mais de uma comarca. "Achando-se o imóvel situado no território de duas ou mais comarcas, ainda que estas sejam de estados diversos, a ação poderá ser proposta em qualquer delas, e o juiz que tomar conhecimento da ação terá jurisdição plena, como se o imóvel estivesse todo situado na sua circunscrição judiciária" (TJSP, AI 26.065-0, Rel. Des. Pereira da Silva, Câmara Especial, jul. 28.03.1996, *Lex* 189/184). **No mesmo sentido:** TJSP, AI 255.841, Rel. Almeida Camargo, 6ª Câmara, jul. 05.11.1976, *RT* 497/95.

2. Competência para julgar ações possessórias. "Indefinidos os limites territoriais das comarcas de São Domingos-GO e Correntina-BA, a competência para processar e julgar as ações possessórias versando sobre um mesmo imóvel localizado na área litigiosa determina-se pela prevenção" (STJ, CC 9.981-1, Rel. Min. Ruy Rosado de Aguiar, 2ª Seção, jul. 30.11.1994, *DJ* 06.02.1995).

Art. 61. A ação acessória será proposta no juízo competente para a ação principal.

CPC/1973

Art. 108.

REFERÊNCIA LEGISLATIVA

CPC/2015, arts. 55 (conexão), 286 (distribuição por dependência) e 299 (processo cautelar).

BREVES COMENTÁRIOS

O Código anterior tratava separadamente, para efeito de prevenção, as ações acessórias (art. 108) e as ações incidentais (art. 109). Pelas acessórias se entendiam as que se processavam à parte, vinculando-se, porém, a outro processo, dito principal, em cujo resultado poderia influir. As incidentais correspondiam a demandas supervenientes, que se processavam cumulativamente com a principal, correndo nos próprios autos desta.

O Código atual abandonou essa discriminação e resumiu todas as cumulações sucessivas de ações na categoria de ação acessória, submetendo-as ao critério comum de definição de competência para o juízo da ação principal (art. 61). Nessa categoria incluem-se, por exemplo, as antigas acessórias, como a prestação de contas do inventariante, a restauração de autos, a habilitação incidente, a ação de depósito, ou de prestação de contas, contra o depositário do bem penhorado, e outras que respeitam ao terceiro interveniente (como a oposição e os embargos de terceiros); e as chamadas incidentais, como a reconvenção e as ações de garantia (nos casos de garantia da evicção ou de direito regressivo contra terceiros).

JURISPRUDÊNCIA SELECIONADA

1. Competência. "A regra segundo a qual acessório segue o principal também se aplica em matéria de competência" (TJSP, CC 5.597-0, Rel. Des. Onei Raphael, Câmara Especial, jul. 03.04.1986, *RT* 608/45).

2. Processo cautelar. Tutela antecedente. "Ação cautelar deve ser proposta perante o juízo da ação principal, segundo autorizam as normas dos artigos 108 e 800 do Código de Processo Civil. Competência do juízo suscitado" (STJ, CC 1.143/RJ, Rel. Min. Américo Luz, 1ª Seção, jul. 26.06.1990, *DJ* 20.08.1990, p. 7.951).

Foro de eleição. "Se pelo contrato estabeleceu-se como competente para a causa principal determinado foro, essa escolha prevalecerá também para as medidas cautelares preparatórias, inclusive protesto de títulos" (TASP, AI 200.302, Rel. Andrade Vilhena, 4ª Câmara, jul. 13.03.1974, *RT* 462/152).

Ver jurisprudência do art. 43 do CPC/2015 sobre alteração da competência em razão da matéria.

3. Ação de alimentos. "A ação revisional de alimentos é de livre distribuição, por não ser acessória da ação de divórcio, já encerrada" (TJSP, no CC 5.363-0, Rel. Des. Evaristo dos Santos, Câmara Especial, jul. 05.12.1985, *RJTJSP* 98/390).

"Na linha de precedente da 2ª seção a competência para a ação revisional e alimentos é a capitulada no art. 100, II, do Código de Processo Civil, não incidindo na espécie o art. 108 do mesmo diploma legal" (STJ, REsp 141.630/GO, Rel. Min. Carlos Alberto Menezes Direito, 3ª Turma, jul. 28.04.1998, *DJ* 03.08.1998, p. 226).

4. Ação anulatória. "A ação anulatória proposta com fundamento no artigo 486 do Código de Processo Civil é acessória da demanda onde foi praticado o ato homologatório que se pretende ver desfeito, devendo correr perante o juízo da homologação (art. 108, CPC)" (TJPR, CC 0103985-2 – (3583), Rel. Des. Antônio Prado Filho, 1º Grupo, *DJPR* 14.05.2001).

Acordo de separação. "A ação de anulação de acordo de separação homologado em Juízo não está subordinada aos ditames do art. 108 do Código de Processo Civil, sendo causa independente a ser proposta sem vinculação ao Juízo da homologação" (STJ, REsp 530.614/RJ, Rel. Min. Carlos Alberto Menezes Direito, 3ª Turma, jul. 14.12.2004, *DJ* 25.04.2005, p. 333).

Decisão supostamente viciada. Competência. "Tem competência para processar e julgar a *querela nullitatis* o juízo que proferiu a decisão supostamente viciada" (STJ, CC 114.593/SP, Rel. Min. Maria Thereza de Assis Moura, 3ª Seção, jul. 22.06.2011, *DJe* 01.08.2011).

5. Ação de alteração de guarda de filhos. "O Juízo que homologou acordo dos pais sobre a guarda de filha menor, com sérios problemas físicos e mentais, regulamentando as visitas paternas, cujo feito já está encerrado e arquivado, não é prevento para as futuras ações que, em virtude de novos e supervenientes fatos, possam reabrir discussão sobre a necessidade de alterações, ainda que parciais, do mesmo acordo. Essas novas ações são autônomas, motivo pelo qual sua distribuição não se orienta pela regra processual do artigo 108 do CPC" (TJMG, Agravo de Instrumento 1.0313.11.034869-2/001, Rel. Des. Armando Freire, 1ª Câmara Cível, jul. 24.07.2012, *DJe*-MG 02.08.2012). **No mesmo sentido**: TJSP, ApCív. 259.790, Rel. Macedo Bittencourt, 4ª Câmara, jul. 03.05.1977, RT 505/77.

6. Pedido de alvará. "Se a regra de conexão por acessoriedade do art. 108 do CPC se aplica às ações acessórias, com mais razão deve ser aplicada ao caso de simples pedido de alvará, que é providência de natureza administrativa e que deveria ter sido tomada de ofício pelo juiz do inventário" (TJES, Ap. 047009000093, Rel. Des. Amim Abiguenem, jul. 10.04.2001).

7. Trânsito em julgado. "Se a ação é oriunda ou acessória de outra, ainda que transitada em julgado, a competência é do juiz da causa fonte ou da causa principal, conforme dispõe o artigo 108 do Código de Processo Civil" (TJMG, CC 212.195-2/00, Rel. Des. Garcia Leão, 1ª Câmara, jul. 07.08.2001).

8. Cobrança de honorários. "A ação de cobrança de honorários é proposta perante o juízo onde correu a ação principal. Em regra, o Juiz competente para a ação principal, julgada ou em curso, atrai para si as ações acessórias ou oriundas dela" (TJMG, AI 165.312-0/00, Rel. Des. Garcia Leão, 1ª Câmara, jul. 13.06.2000).

9. Ações oriundas. Nexo de acessoriedade. "A ação para indenizar o dano processual é oriunda do processo em que ele foi produzido. Quando uma ação é oriunda de outra, estabelece-se entre ambas o nexo de acessoriedade – e, em consequência, a incidência do art. 108 do CPC" (TJSP, CC 4.646-0, Rel. Des. Dínio Garcia, Câmara Especial, jul. 26.09.1985, *RT* 603/52).

10. Competência da Justiça Federal. "A competência para julgamento dos embargos à execução fiscal, de natureza acessória, ainda que se trate de típica ação de conhecimento e, nesse ponto, tenha por finalidade a desconstituição da penalidade administrativa, inclui-se na competência residual da Justiça Federal, por força do art. 109 do CPC" (STJ, CC 54.605/SP, Rel. Min. Eliana Calmon, 1ª Seção, jul. 22.03.2006, *DJ* 29.05.2006, p. 147).

11. Denunciação da lide. "Contando o denunciado com foro diverso, não pode ser deferida a denunciação, pois o julgador da ação principal restaria afastado do feito, em afronta ao art. 109 do CPC" (TJRS, AI 70031218134, Rel. Bayard Ney de Freitas Barcellos, 11ª Câmara, jul. 16.09.2009, *DJ* 05.10.2009).

Art. 62. A competência determinada em razão da matéria, da pessoa ou da função é inderrogável por convenção das partes.

CPC/1973

Art. 111.

REFERÊNCIA LEGISLATIVA

CPC/2015, arts. 47 (competência territorial; direito real sobre imóvel), 63, § 3º (foro; contrato de adesão) e 781 (competência; execução por título extrajudicial).

SÚMULAS

Súmula do TASP:

Nº 14: "A cláusula de eleição de foro constante do contrato de transporte ou do conhecimento de embarque é ineficaz em relação à seguradora sub-rogada" (*RT* 624/101).

BREVES COMENTÁRIOS

A divisão da competência em absoluta e relativa se dá conforme a possibilidade de sofrer ou não alterações. Absoluta é a competência insuscetível de sofrer modificação, seja pela vontade das partes, seja pelos motivos legais de prorrogação (conexão ou continência de causas). Trata-se de regra fixada em atenção ao interesse público. Relativa, ao contrário, é a competência passível de modificação por vontade das partes ou por prorrogação oriunda de conexão ou continência de causas, porque atende principalmente ao interesse particular.

São relativas, segundo o Código, as competências que decorrem do valor ou do território (art. 63), e absolutas a *ratione materiae*, *ratione personae* e a funcional (art. 62).

JURISPRUDÊNCIA SELECIONADA

1. Ações civis públicas. Tutela de interesses de consumidores e de trabalhadores. Justiça do Trabalho e Justiça Federal. "A Ação Civil Pública 0032200-52.2012.5.13.0002, em curso no TRT da 13ª Região, foi proposta por Sindicato, visando à segurança dos trabalhadores e higidez do ambiente de trabalho; enquanto a Ação Civil Pública 2008.82.00.007161-1, em curso no TRF da 5ª Região, foi proposta pelo Ministério Público Federal em defesa da segurança dos usuários dos serviços das agências postais. Trata-se de hipóteses de competência – em razão da matéria e da pessoa, respectivamente – de natureza absoluta e, como tal, não sofrem alteração pela conexão ou continência, na forma do disposto nos artigos 54 e 62 do Código de Processo Civil/2015, razão pela qual não há como fazer, sem agredir frontalmente o princípio do juiz natural, com que apenas um único órgão jurisdicional se torne competente para julgar ambas as demandas" (STJ, AgInt no CC 131.257/PB, Rel. Min. Herman Benjamin, 1ª Seção, jul. 26.10.2016, *DJe* 29.11.2016).

2. Recuperação judicial. Competência absoluta. Principal estabelecimento do devedor no momento da propositura da ação "O Juízo competente para processar e julgar pedido de recuperação judicial é aquele situado no local do principal estabelecimento (art. 3º da Lei n. 11.101/2005), compreendido este como o local em que se encontra 'o centro vital das principais atividades do devedor'. Precedentes. Embora utilizado o critério em razão do local, a regra legal estabelece critério de competência funcional, encerrando hipótese legal de competência absoluta, inderrogável e improrrogável, devendo ser aferido no momento da propositura da demanda – registro ou distribuição da petição inicial. A utilização do critério funcional tem por finalidade o incremento da eficiência da prestação jurisdicional, orientando-se pela natureza da lide, assegurando coerência ao sistema processual e material. No curso do processo de recuperação judicial, as modificações em relação ao principal estabelecimento, por dependerem exclusivamente de decisões de gestão de negócios, sujeitas ao crivo do devedor, não acarretam a alteração do Juízo competente, uma vez que os negócios ocorridos no curso da demanda nem mesmo se sujeitam à recuperação judicial. 5. Conflito conhecido para declarar competente o Juízo de Direito da Vara de Porto Nacional/TO" (STJ, CC 163.818/ES, Rel. Min. Marco Aurélio Bellizze, 2ª Seção, jul. 23.09.2020, *DJe* 29.09.2020).

3. Relação de consumo.

Competência absoluta do juízo que reside o consumidor. "A competência do juízo em que reside o consumidor é absoluta, devendo ser declarada de ofício pelo juízo" (STJ, CC 82.493/PR, Rel. Min. Nancy Andrighi, 2ª Seção, jul. 08.08.2007, *DJ* 16.08.2007). **No mesmo sentido:** STJ, AgRg no REsp 821.935/SE, Rel. Min. Aldir Passarinho Junior, 4ª Turma, jul. 29.06.2006, *DJ* 21.08.2006.

Escolha do consumidor. "A facilitação da defesa dos direitos do consumidor em juízo possibilita que este proponha ação em seu próprio domicílio. Tal princípio não permite, porém, que o consumidor escolha, aleatoriamente, um local diverso de seu domicílio ou do domicílio do réu para o ajuizamento do processo. Correta, portanto, a decisão declinatória de foro" (STJ, REsp 1.084.036/MG, Rel. Min. Nancy Andrighi, 3ª Turma, jul. 03.03.2009, *DJe* 17.03.2009).

Art. 63. As partes podem modificar a competência em razão do valor e do território, elegendo foro onde será proposta ação oriunda de direitos e obrigações.

§ 1º A eleição de foro somente produz efeito quando constar de instrumento escrito, aludir expressamente a determinado negócio jurídico e guardar pertinência com o domicílio ou a residência de uma das partes ou com o local da obrigação, ressalvada a pactuação consumerista, quando favorável ao consumidor (artigo alterado pela Lei nº 14.879, de 4 de junho de 2024).

§ 2º O foro contratual obriga os herdeiros e sucessores das partes.

§ 3º Antes da citação, a cláusula de eleição de foro, se abusiva, pode ser reputada ineficaz de ofício pelo juiz, que determinará a remessa dos autos ao juízo do foro de domicílio do réu.

§ 4º Citado, incumbe ao réu alegar a abusividade da cláusula de eleição de foro na contestação, sob pena de preclusão.

§ 5º O ajuizamento de ação em juízo aleatório, entendido como aquele sem vinculação com o domicílio ou a residência das partes ou com o negócio jurídico discutido na demanda, constitui prática abusiva que justifica a declinação de competência de ofício. (artigo incluído pela Lei n.º 14.879, de 4 de junho de 2024).

CPC/1973

Art. 111.

REFERÊNCIA LEGISLATIVA

CPC/2015, art. 62.

SÚMULAS

Súmula do STF:

Nº 335: "É válida a cláusula de eleição do foro para os processos oriundos do contrato."

BREVES COMENTÁRIOS

Diferentemente do Código anterior, o CPC/2015 permite ao juiz o reconhecimento da abusividade de cláusula de eleição de foro em qualquer contrato, antes da citação. Após a citação, o reconhecimento só poderá ser feito por provocação da parte, em contestação, sob pena de preclusão.

A Lei n.º 14.879/2024 restringiu bastante o campo de validade da cláusula negocial de eleição de foro, ao incluir duas inovações no art. 63 do CPC: (a) na relação do § 1º do referido dispositivo, além dos requisitos que já constavam do enunciado primitivo (constar de contrato escrito e relacionar a determinado negócio), o efeito da cláusula dependerá de a escolha do foro convencional se relacionar com o domicílio ou a residência de uma das partes ou com o local da obrigação; regra essa, porém, que nem sempre incidirá sobre os contratos de consumo, já que em relação a estes prevalecerá sempre a solução mais favorável aos interesses do consumidor (art. 63, § 1º, *in fine*); e (b) por outro lado, o § 5º acrescido ao art. 63 do CPC pela Lei nº 14.879/2024, qualifica como prática processual abusiva o ajuizamento de ação em juízo aleatório, entendido como tal o escolhido "sem vinculação com o domicílio ou a residência das partes ou com o negócio jurídico discutido na demanda". E dessa abusividade a lei extrai a justificativa explícita para a declinação de competência de ofício sem distinguir entre demanda civil e demanda consumerista (art. 63, § 5º, *in fine*).

JURISPRUDÊNCIA SELECIONADA

1. Eleição de foro. Consumidor.

"O propósito recursal é definir se é abusiva a cláusula de eleição de foro prevista em contrato de prestação de serviços ao consumidor. (...) A jurisprudência do STJ tem se orientado pela indispensável demonstração de prejuízo ao exercício do direito de defesa do consumidor para restar configurada a nulidade da cláusula de eleição de foro. Esta posição intermediária protege a parte vulnerável e hipossuficiente e, ao mesmo tempo, permite o desenvolvimento equilibrado e harmônico da relação de consumo, sempre com vistas às concretas e particulares realidades que envolvem as pessoas do consumidor e do fornecedor. Acaso comprovada a hipossuficiência do consumidor ou a dificuldade de acesso ao judiciário, o magistrado está autorizado a declarar a nulidade da cláusula de eleição e remeter o processo à comarca do domicílio do consumidor" (STJ, REsp 1707855/SP, Rel. Min. Nancy Andrighi, 3ª Turma, jul. 20.02.2018, *DJe* 23.02.2018).

"Não é o só fato de a relação jurídica ser de índole consumerista que ensejará a nulidade da cláusula de eleição. De tal pacto deve resultar desequilíbrio contratual a ponto de dificultar o acesso de uma das partes ao Judiciário" (STJ, AgRg no REsp 1.070.247/CE, Rel. Min. Luis Felipe Salomão, 4ª Turma, jul. 19.03.2009, *DJe* 30.03.2009). **No mesmo sentido:** STJ, AgRg no Ag 455.965/MG, Rel. Min. Antônio de Pádua Ribeiro, 3ª Turma, jul. 24.08.2004, *DJ* 11.10.2004.

"Não configurada a relação de consumo, não se pode invalidar a cláusula de eleição de foro com base no CDC" (STJ, REsp 836.823/PR, Rel. Min. Sidnei Beneti, 3ª Turma, jul. 12.08.2010, *DJe* 23.08.2010).

Alienação fiduciária. "Reconhecida nas instâncias ordinárias a relação de consumo estabelecida entre entidade financeira e adquirente de veículo alienado fiduciariamente, bem como a nulidade de cláusula de eleição de foro em contrato de adesão, estabelece-se a competência absoluta definida pelo foro de domicílio do réu (art. 6º, VIII, da Lei nº 8.078/1990), nos termos da jurisprudência assentada na egrégia 2ª Seção (CC nº 17.735/CE, Rel. Min. Costa Leite, *DJU* de 16.11.1998)" (STJ, REsp 108.666/SP, Rel. Min. Aldir Passarinho Júnior, 4ª Turma, jul. 18.11.1999, *DJU* 14.02.2000).

Arrendamento mercantil. "A Corte já decidiu que o Código de Defesa do Consumidor aplica-se aos contratos de arrendamento mercantil e que é 'abusiva a cláusula de eleição de foro incluída em contrato de adesão sobre *leasing*, que dificulta a defesa da arrendatária aderente'" (STJ, REsp 299.378/SP, Rel. Min. Carlos Alberto Menezes Direito, 3ª Turma, jul. 04.09.2001, *DJ* 08.10.2001, p. 214).

Contrato de consórcio. "A jurisprudência do STJ firmou-se, seguindo os ditames do Código de Defesa do Consumidor, no sentido de que a cláusula de eleição de foro estipulada em contrato de consórcio há que ser tida como nula, devendo ser eleito o foro do domicílio do consumidor a fim de facilitar a defesa da parte hipossuficiente da relação" (STJ, AgRg no Ag 1.070.671/SC, Rel. Min. João Otávio de Noronha, 4ª Turma, jul. 27.04.2010).

Contrato de mútuo. "Devem ser processadas perante o foro de eleição as ações decorrentes de contrato de mútuo de vultoso valor, eis que a natureza da operação afasta a hipossuficiência dos devedores, inaplicável à espécie, por isso, a regra privilegiada de foro do CDC" (STJ, AgRg no CC 101.275/SC, Rel. Min. Aldir Passarinho Junior, 2ª Seção, jul. 13.05.2009, *DJe* 10.06.2009).

Sistema Financeiro da Habitação. "Este tribunal já proclamou o entendimento no sentido de ser aplicável o Código de Defesa do Consumidor aos contratos de adesão, inclusive àqueles submetidos às regras do Sistema Financeiro de Habitação, firmados por Associação de Poupança e Empréstimo, devendo ser reconhecida a nulidade da cláusula de eleição de foro diverso do domicílio do réu, por importar prejuízo à defesa do aderente" (STJ, AgRg no Ag 497.979/DF, Rel. Min. Jorge Scartezzini, 4ª Turma, jul. 05.10.2004, *DJ* 22.11.2004). **No mesmo sentido:** STJ, CC 38.152/RJ, Rel. Min. Francisco Peçanha Martins, 1ª Seção, jul. 22.03.2006, *DJ* 15.05.2006; STJ, AgRg no Ag 495.742/DF, Rel. Min. Barros Monteiro, 4ª Turma, jul. 29.06.2004, *DJ* 04.10.2004, p. 304.

2. Foro de eleição. Contrato empresarial. Validade. "Cinge-se a controvérsia a definir se é válida a cláusula de eleição de foro inserta em contrato de natureza tipicamente empresarial, que envolve prestação de serviços de limpeza e conservação predial de vultosa soma. A desigualdade de natureza econômica ou financeira entre os litigantes não caracteriza hipossuficiência hábil a afastar, por si só, a cláusula de eleição de foro. O obstáculo de acesso ao Poder Judiciário, apto a afastar a cláusula de eleição de foro, não pode ser presumido, devendo resultar de um quadro de vulnerabilidade que imponha flagrantes dificuldades de acesso à Justiça" (STJ, REsp 1685294/MA, Rel. Min. Ricardo Villas Bôas Cueva, 3ª Turma, jul. 28.08.2018, *DJe* 03.09.2018). **No mesmo sentido:** STJ, REsp 598.682/MS, Rel. Min. Castro Filho, 3ª Turma, jul. 03.10.2006, *DJ* 13.11.2006, p. 246.

"**Contratos firmados entre montadora e concessionária de veículos** constituem contratos empresariais pactuados entre empresas de porte, financeiramente capazes de demandar no foro de eleição contratual. A mera circunstância de a montadora de veículos ser empresa de maior porte do que a concessionária não é suficiente, por si só, a afastar o foro eleito" (STJ, REsp 827.318/RS, Rel. Min. Jorge Scartezzini, 4ª Turma, jul. 12.09.2006, *DJ* 09.10.2006, p. 309). **No mesmo sentido:** STJ, REsp 890.417, Rel. Min. Nancy Andrighi, 3ª Turma, jul. 15.04.2008; STJ, REsp 471.921/BA, Rel. Min. Nancy Andrighi, 3ª Turma, jul. 03.06.2003, *DJ* 04.08.2003, p. 297; STJ, AgRg no REsp 665.225/AL, Rel. Min. Maria Isabel Gallotti, 4ª Turma, jul. 28.06.2011, *DJe* 04.08.2011.

Representação de contrato de seguro. "Não há que se confundir o contrato de representação de seguro, que é espécie de contrato de agência, com o contrato de representação comercial regulado pela Lei n. 4.886/65, de modo que não se aplica, nem por analogia, àquele o disposto no art. 39 da referida lei. (...) Tratando-se de contrato de representação de seguro e não restando caracterizada a hipossuficiência de qualquer das partes, é imperioso concluir que é válida e eficaz a cláusula de eleição de foro livremente pactuada" (STJ, REsp 1.897.114/PA, Rel. Min. Nancy Andrighi, 3ª Turma, jul. 10.08.2021, *DJe* 16.08.2021).

3. Sub-rogação. "O instituto da sub-rogação transfere o crédito apenas com suas características de direito material. A cláusula de eleição do foro estabelecida no contrato entre segurado e transportador não opera efeitos com relação ao agente segurador sub-rogado" (STJ, REsp 1.038.607/SP, Rel. Min. Massami Uyeda, 3ª Turma, jul. 20.05.2008, *DJe* 05.08.2008).

Seguro. Ação regressiva de ressarcimento. Cláusula de eleição de foro firmada entre a autora do dano e o segurado. Inoponibilidade à seguradora. "De acordo com o art. 786 do CC, depois de realizada a cobertura do sinistro, a seguradora sub-roga-se nos direitos e ações que competirem ao segurado contra o autor do dano, nos limites do valor pago. O instituto da sub-rogação transmite apenas a titularidade do direito material, isto é, a qualidade de credor da dívida, de modo que a cláusula de eleição de foro firmada apenas pela autora do dano e o segurado (credor originário) não é oponível à seguradora sub-rogada" (STJ, REsp 1.962.113/RJ, Rel. Min. Nancy Andrighi, 3ª Turma, jul. 22.03.2022, *DJe* 25.03.2022).

4. Contrato de prestação de serviços hoteleiros. Pedido de rescisão. Negócio. Celebração no exterior. Pessoas físicas. Domicílio. Brasil. Relação de consumo. Autoridade judiciária brasileira. Competência. Ver jurisprudência do art. 22, CPC/2015.

5. Contrato de adesão. "É válida a cláusula de eleição de foro avençada entre pessoas jurídicas, quando essa não inviabiliza a defesa no Juízo contratualmente eleito. A cláusula que estipula eleição de foro em contrato de adesão é, em princípio, válida, desde que sejam verificadas a necessária liberdade para contratar (ausência de hipossuficiência) e a não inviabilização de acesso ao Poder Judiciário" (STJ, REsp 1.006.824/MT, Rel. Min. Nancy Andrighi, 3ª Turma, jul. 02.09.2010, *DJe* 15.09.2010). **No mesmo**

sentido: STJ, AgRg nos EDcl no REsp 470.622/SC, Rel. Min. Vasco Della Giustina, 3ª Turma, jul. 19.08.2010, *DJe* 27.08.2010; STJ, REsp 1.072.911/SC, Rel. Min. Massami Uyeda, 3ª Turma, jul. 16.12.2008, *DJe* 05.03.2009; STJ, REsp 143.889/SP, Rel. Min. Waldemar Zveiter, 3ª Turma, jul. 19.02.1998, *DJU* 27.04.1998, p. 156. **Entendendo inválida quando acarreta desequilíbrio contratual:** STJ, AgRg no Ag 455.965/MG, Rel. Min. Antônio de Pádua Ribeiro, 3ª Turma, jul. 24.08.2004, *DJ* 11.10.2004, p. 314.

"A cláusula de eleição de foro inserida em contrato de adesão somente não prevalece se 'abusiva', o que se verifica quando constatado: *a*) que, no momento da celebração, a parte aderente não dispunha de intelecção suficiente para compreender o sentido e os efeitos da estipulação contratual; *b*) que da prevalência de tal estipulação resulta inviabilidade ou especial dificuldade de acesso ao Judiciário; *c*) que se trata de contrato de obrigatória adesão, assim considerado o que tenha por objeto produto ou serviço fornecido com exclusividade por determinada empresa. Entendimento que se afigura aplicável mesmo quando em causa relação de consumo regida pela Lei nº 8.078/1990" (STJ, REsp 154.145/SP, Rel. Min. Waldemar Zveiter, 3ª Turma, jul. 04.08.1998, *DJ* 14.09.1998, p. 15). **No mesmo sentido:** STJ, AgRg no Ag 455.965/MG, Rel. Min. Antônio de Pádua Ribeiro, 3ª Turma, jul. 24.08.2004, *DJ* 11.10.2004, p. 314.

6. Foro contratualmente eleito. Observância. "O expressivo valor do contrato indica a capacidade econômica da exequente e demonstra a possibilidade de que possa exercer o seu direito de ação no foro contratualmente eleito" (STJ, REsp 961.326/MS, Rel. Min. João Otávio de Noronha, 4ª Turma, jul. 16.03.2010, *DJe* 29.03.2010). **No mesmo sentido:** STJ, CC 64.524/MT, Rel. Min. Nancy Andrighi, 2ª Seção, jul. 27.09.2006, *DJ* 09.10.2006.

7. Representação comercial. "A Lei nº 4.886/1965 tem nítido caráter protetivo do representante comercial. Na hipótese específica do art. 39 da Lei nº 4.886/1995, o objetivo é assegurar ao representante comercial o acesso à justiça. A competência prevista no art. 39 da Lei nº 4.886/1965 é relativa, podendo ser livremente alterada pelas partes, mesmo via contrato de adesão, desde que não haja hipossuficiência entre elas e que a mudança de foro não obstaculize o acesso à justiça do representante comercial. Embora a Lei nº 4.886/1965 tenha sido editada tendo em vista a realidade vivenciada pela grande maioria dos representantes comerciais, não se pode ignorar a existência de exceções. Em tais circunstâncias, ainda que a relação entre as partes continue a ser regulada pela Lei nº 4.886/1965, esta deve ser interpretada e aplicada como temperança e mitigação, sob pena de a norma se transformar em instrumento de beneficiamento indevido do representante em detrimento do representado" (STJ, EREsp 579.324/SC, Rel. Min. Nancy Andrighi, 2ª Seção, jul. 12.03.2008, *DJe* 02.04.2008). **No mesmo sentido:** STJ, REsp 255.076/MG, Rel. Min. Carlos Alberto Menezes Direito, 3ª Turma, *DJU* 12.03.2001, p. 142.

8. Contrato de franquia. "Inaplicável o Código de Defesa do Consumidor ao contrato de franquia, não se admite a alegação de abusividade da cláusula de eleição de foro ao só argumento de tratar-se de contrato de adesão" (STJ, REsp 1087471/MT, Rel. Min. Sidnei Beneti, 3ª Turma, jul. 14.06.2011, *DJe* 17.06.2011). **No mesmo sentido**: STJ, REsp 632.958/AL, Rel. Min. Aldir Passarinho Junior, 4ª Turma, jul. 04.03.2010, *DJe* 29.03.2010.

9. Contrato de refinanciamento de dívida pública. "O contrato de refinanciamento de dívida pública firmado entre a União e o município, fundado na Lei 8.727/1993, não pode ser considerado como contrato de adesão, pois além de não conter nenhum dos requisitos exigidos para o seu reconhecimento, está submetido a regras próprias, inerentes ao direito administrativo e financeiro. 'É válida a cláusula de eleição do foro para os processos oriundos do contrato.' (Súmula 335/STF). Ademais, no contrato firmado entre os entes públicos, não há falar em relação de consumo, pois não estão presentes as figuras de 'consumidor' e 'fornecedor', previstas no Código de Defesa do Consumidor, principalmente se for considerada a inexistência de contrato bancário. Trata-se, isto sim, de contrato de financiamento de dívida pública, no qual a Caixa Econômica Federal atuou apenas como agente executiva de políticas públicas determinadas pela União" (STJ, REsp 355.099/PR, Rel. Min. Denise Arruda, 1ª Turma, jul. 03.10.2006, *DJ* 16.11.2006, p. 217).

10. Lei do Inquilinato. "A teor do art. 58, II, da Lei nº 8.245/1991, é lícito às partes contratantes que elejam foro judicial diverso ao do domicílio do imóvel. A eleição de foro a que alude a lei inquilinária não se refere às inúmeras subdivisões em juízos eventualmente existentes na comarca, não ocorrendo na hipótese qualquer violação aos arts. 86, 91, 93 e 111 do CPC, eis que, caracterizada a competência territorial, a ação de despejo foi interposta em um dos juízos competentes para o julgamento do feito" (STJ, REsp 200.459/SP, Rel. Min. Gilson Dipp, 5ª Turma, *DJU* 13.12.1999, p. 171).

11. Resolução de compra e venda de imóvel. "A ação que objetiva a resolução de contrato de compra e venda de bem imóvel tem caráter pessoal, sendo competente, quando houver, o foro de eleição. O pedido de reintegração na posse do imóvel é apenas consequência de eventual acolhimento do pleito principal" (STJ, REsp 332.802/MS, Rel. Min. Luis Felipe Salomão,4ª Turma, jul. 10.02.2009, *DJe* 26.02.2009).

12. Renúncia tácita ao foro de eleição. "Já decidiu esta Corte que, não havendo prejuízo para o réu, o autor pode renunciar ao foro contratualmente escolhido, mas é daquele a conveniência de tal renúncia (REsp 44.862/SP, Rel. Min. Peçanha Martins, *DJ* 11.3.96)" (STJ, CC 56.949/PA, Rel. Min. Sidnei Beneti, 2ª Seção, jul. 25.11.2009, *DJe* 04.12.2009).

"A despeito da cláusula de eleição do foro, se o credor leva a protesto, em comarca diversa, o título oriundo do contrato, é porque pretende que ali seja feito o pagamento. Competência, para a medida cautelar, que assim se define a favor do local onde apresentado a protesto o título" (STJ, REsp 29.586-9, Rel. Min. Nilson Naves, 3ª Turma, jul. 08.02.1993, *DJU* 22.03.1993). **No mesmo sentido:** STJ, REsp 332.802/MS, Rel. Min. Luis Felipe Salomão, 4ª Turma, jul. 10.02.2009, *DJe* 26.02.2009. **Em sentido contrário:** "A circunstância de o credor levar o título a protesto no local onde o devedor tem domicílio não traduz renúncia ao foro de eleição para a ação de cobrança. O protesto cambial – simples ato administrativo – nada tem com a execução" (STJ, REsp 782.384/SP, Rel. Min. Humberto Gomes de Barros, 3ª Turma, jul. 14.12.2006, *DJ* 19.03.2007, p. 333).

13. Conexão. "O foro de eleição cede lugar àquele prevento por força da conexão, em face da prevalência do interesse público, privilegiando a segurança contra a ocorrência de decisões contraditórias, que atenta contra a estabilidade jurídica e a credibilidade da justiça, além de garantir a realização da instrução de forma mais econômica, em detrimento da simples conveniência das partes" (STJ, CC 17.528/GO, Rel. Min. Sálvio de Figueiredo Teixeira, 2ª Seção, jul. 09.04.1997, *DJ* 23.06.1997, p. 29.039).

14. Inventário. "O foro de eleição do contrato prevalece sobre o do inventário, obrigando não só as partes, mas também os herdeiros e sucessores das partes. Obediência ao § 2º do art. 111 do CPC" (STJ, Decisão monocrática, Agravo de Instrumento 396.882, Rel. Min. Nancy Andrighi, jul. 11.12.2001, *DJ* 22.02.2002).

Seção III
Da Incompetência

Art. 64. A incompetência, absoluta ou relativa, será alegada como questão preliminar de contestação.

§ 1º A incompetência absoluta pode ser alegada em qualquer tempo e grau de jurisdição e deve ser declarada de ofício.

§ 2º Após manifestação da parte contrária, o juiz decidirá imediatamente a alegação de incompetência.

§ 3º Caso a alegação de incompetência seja acolhida, os autos serão remetidos ao juízo competente.

§ 4º Salvo decisão judicial em sentido contrário, conservar-se-ão os efeitos de decisão proferida pelo juízo incompetente até que outra seja proferida, se for o caso, pelo juízo competente.

CPC/1973

Arts. 112 e 113.

REFERÊNCIA LEGISLATIVA

CPC/2015, art. 337, II (arguição da incompetência em preliminar da contestação).

SÚMULAS

Súmula do STJ:

Nº 33: "A incompetência relativa não pode ser declarada de ofício."

Súmula do TRF da 2ª Região:

Nº 15: "O § 3º do art. 109 da Constituição Federal de 1988, institui, quanto às causas de natureza previdenciária, hipótese de competência relativa, pelo que não elide a competência concorrente da Justiça Federal."

Súmula do TRF da 3ª Região:

Nº 23: "É territorial e não funcional a divisão da Seção Judiciária de São Paulo em Subseções. Sendo territorial, a competência é relativa, não podendo ser declinada de ofício, conforme dispõe o artigo 112 do CPC e Súmula 33 do STJ.".

BREVES COMENTÁRIOS

A legislação revogada previa procedimentos distintos para a alegação de incompetência do juízo: um para a incompetência absoluta e outro para a relativa. A absoluta poderia ser alegada pela parte por meio de simples petição, a qualquer tempo, ou em preliminar da contestação. A incompetência relativa, por sua vez, demandava a instauração de um incidente próprio, em autos apartados, denominado de exceção de incompetência.

O atual Código optou por simplificar a alegação de incompetência, que deve ser apresentada pelo réu como questão preliminar de contestação, seja ela absoluta ou relativa. Atualmente, não importa a modalidade da incompetência, pois qualquer uma deverá ser arguida pelo demandado como matéria de defesa na contestação. Não fica, porém, preclusa a incompetência absoluta, já que, por ser de ordem pública, poderá ser reconhecida a qualquer tempo (art. 64, § 1º).

JURISPRUDÊNCIA SELECIONADA

1. Competência absoluta. Guarda de menor. "O juízo do domicílio do menor é competente para apreciar ação de guarda proposta por um dos pais contra o outro. A regra de competência definida pela necessidade de proteger o interesse da criança é absoluta. Não se prorroga por falta de exceção e autoriza declinação de ofício" (STJ, CC 72.971/MG, Rel. Min. Humberto Gomes de Barros, 2ª Seção, jul. 27.06.2007, *DJ* 01.08.2007).

2. Incompetência relativa:

Regra geral. "A competência territorial, consagrada no princípio geral do foro do domicílio do réu, é relativa, determinando-se no momento da propositura da ação" (STJ, REsp 1.171.731/BA, Rel. Min. Castro Meira, 2ª Turma, jul. 15.06.2010, *DJe* 28.06.2010).

Arguição em contestação. "A teor do art. 112 CPC, a incompetência relativa deve ser arguida por exceção, cuja ausência conduz à prorrogação da competência (art. 114, CPC). A jurisprudência do Superior Tribunal de Justiça mitigou o rigor técnico da norma e passou a admitir a arguição de incompetência relativa em preliminar de contestação, sob o argumento de que o defeito não passa de mera irregularidade, a ser convalidada com base no princípio da instrumentalidade. Embora se trate de simples irregularidade, a arguição de incompetência relativa em preliminar de contestação só pode ser convalidada com base na regra da instrumentalidade se não resultar prejuízo à parte contrária" (STJ, CC 86.962/RO, Rel. Min. Humberto Gomes de Barros, 2ª Seção, jul. 13.02.2008, *DJ* 03.03.2008). **No mesmo sentido:** STJ, REsp 885.960/CE, Rel. Min. Humberto Martins, 2ª Turma, jul. 02.08.2007, *DJ* 15.08.2007, p. 263. **Obs.:** A jurisprudência dominante já tolerava a alegação de incompetência relativa em preliminar de contestação, entendimento este que foi adotado pelo CPC/2015 (art. 64, *caput*).

Declinação *ex officio*. Regra geral. "(...) Não pode o Juiz, para o qual foi distribuída a ação, declinar, *ex officio*, da sua competência para apreciar o feito posto à sua razão de julgar. Inteligência da Súmula nº 33/STJ: 'A incompetência relativa não pode ser declarada de ofício.' Precedentes jurisprudenciais de todas as Seções e Turmas desta Corte Superior" (STJ, REsp 639.565/SC, Rel. Min. José Delgado, 1ª Turma, jul. 05.08.2004, *DJ* 17.12.2004, p. 450). **No mesmo sentido:** STJ, AgRg no CC 32.521/SP, Rel. Min. Francisco Falcão, 1ª Seção, jul. 27.08.2003, *DJ* 20.10.2003.

3. Conflito de competência. Pedido de alteração da competência pelo autor. Inadmissibilidade. "Conforme definido no art. 64, § 1º, do CPC/2015, a incompetência relativa somente pode ser alegada em preliminar de contestação. Escolhido pelo exequente dentre as jurisdições possíveis aquela do ajuizamento da demanda, a competência se estabelece, não sendo possível a alteração por pedido do autor diante da ausência de amparo legal" (STJ, CC 166.952/MT, Rel. Min. Francisco Falcão, 1ª Seção, jul. 28.08.2019, *DJe* 02.09.2019). **No mesmo sentido**: STJ, AgRg no Ag 48/RS, Rel. Min. Athos Carneiro, 4ª Turma, jul. 22.08.1989, *DJ* 11.09.1989, p. 14.368.

4. Declaração de incompetência absoluta.

Arguição pelo autor. "O art. 113 do CPC não exclui que o próprio autor possa arguir, em qualquer tempo e grau de jurisdição, a incompetência absoluta" (STF, RE 89.200/SP, Rel. Min. Xavier de Albuquerque, Tribunal Pleno, jul. 14.06.1978, *DJ* 11.09.1978, p. 6.792).

Alteração da competência em razão da matéria. "'O caráter absoluto da competência consiste na imunidade a prorrogações. Diz-se absoluta a competência que não pode ser desfeita ou alterada por conexidade, por ausência de arguição ou por qualquer ato de vontade das partes, consensual ou unilateral. Tal é a síntese de modo como o sistema jurídico trata a competência absoluta. O direito positivo desenha precisamente esse perfil, ao estabelecer que ela deve ser declarada de ofício e pode ser alegada, em qualquer tempo e grau de jurisdição, independentemente de exceção' (CPC, art. 113). Tamanha é a imperatividade da norma que, mesmo após o ajuizamento da demanda, eventuais modificações na competência do juízo processante, relativamente à matéria e à hierarquia, provocam a modificação do órgão autorizado para o processamento e julgamento do feito, anteriormente distribuído" (STJ, REsp 884.489/RJ, Rel. Min. Hélio Quaglia Barbosa, 4ª Turma, jul. 14.08.2007, *DJ* 27.08.2007).

5. Envio dos autos ao juízo competente (§ 3º). "A declaração da incompetência não implica imediata extinção do processo sem resolução do mérito, mas sim o seu envio ao Juízo com competência para o processamento da causa, como dispõem os arts. 113, § 2º do CPC/1973 e 64, § 3º do Código Fux. Julgados: REsp 1.776.858/PI, Rel. Min. Mauro Campbell

Marques, *DJe* 22.3.2019; REsp 1.526.914/PE, Rel. Min. Diva Malerbi, *DJe* 28.6.2016" (STJ, REsp 1537768/DF, Rel. Min. Napoleão Nunes Maia Filho, 1ª Turma, jul. 20.08.2019, *DJe* 05.09.2019).

Incompetência da Justiça Federal. Remessa dos autos à Justiça Estadual e intimação do MP estadual para integrar a lide. "O Tribunal de origem reconheceu a ilegitimidade ativa do MPF para propor a ação, argumentando que 'não havendo interesse de ente público federal no feito, a ilegitimidade ativa do Ministério Público Federal deve ser reconhecida, de modo que, por falta de condição da ação, correta a conclusão pela extinção da demanda'. (...) O princípio da unidade do Parquet exige a compreensão da instituição 'Ministério Público' como um corpo uniforme, havendo apenas divisão em órgãos independentes (Ministério Público da União, que compreende o Ministério Público Federal, o Ministério Público do Trabalho, o Ministério Público Militar, o Ministério Público do Distrito Federal e Territórios; e os Ministérios Públicos dos Estados) para a execução das competências institucionais previstas na legislação. Assim, eventual decretação da ilegitimidade ativa de um dos órgãos do Ministério Público em relação à ação proposta, atraindo o deslocamento da competência para outro juízo, não resulta na imediata extinção da ação sem julgamento do mérito, devendo o juízo competente intimar o órgão ministerial com atribuições para a causa com o intuito de ratificar ou não a petição, dando continuidade ou não à ação proposta. Nesse sentido: REsp 1.513.925/BA, Rel. Ministro Herman Benjamin, Segunda Turma, *DJe* 13/9/2017; REsp 914.407/RJ, Rel. Ministra Nancy Andrighi, Terceira Turma, julgado em 10/11/2009, *DJe* 1/12/2009; Pet 2.639/RJ, Rel. Ministro Luiz Fux, Corte Especial, *DJ* 25/9/2006, p. 198. (...) Dirimida a questão da competência, devem os autos ser remetidos para o juízo competente e intimado o Parquet para demonstrar ou não o seu interesse na causa" (STJ, REsp 1412480/RS, Rel. Min. Herman Benjamin, 2ª Turma, jul. 02.10.2018, *DJe* 23.11.2018).

Mandado de segurança. Endereçamento equivocado do mandado de segurança. Remessa ao tribunal competente. "Não se tratando de indicação equivocada da autoridade coatora, mas de mero erro no endereçamento do *mandamus*, admite-se a remessa dos autos ao tribunal competente para seu processamento e julgamento, nos termos do art. 64, § 3º, do CPC/2015" (STJ, AgInt no MS 24.343/MS, Rel. Min. Gurgel de Faria, 1ª Seção, jul. 12.12.2018, *DJe* 19.02.2019).

Ação rescisória. Incompetência absoluta. Remessa dos autos e emenda à inicial. "Constatada a incompetência absoluta do tribunal perante o qual a rescisória foi ajuizada (pois indicada como rescindível decisão de mérito que fora substituída por outra de tribunal superior), deve o relator determinar a emenda da inicial para adequação do objeto da ação e a posterior remessa dos autos ao juízo competente para apreciação da demanda" (STJ, AgInt nos EDcl no REsp 1611431/MT, Rel. Min. Luis Felipe Salomão, 4ª Turma, jul. 28.11.2017, *DJe* 01.12.2017). **No mesmo sentido:** TJMG, ApCiv. 1.0024.08.117548-1/001, Rel. Des. Elias Camilo, 8ª Câmara, jul. 30.07.2009, *DJe* 18.08.2009.

"O reconhecimento, pelo Supremo, da sua incompetência para julgar e processar o feito torna necessária a indicação do órgão que repute competente para tanto" (STF, Pet 3.986 AgR/TO, Rel. Min. Ricardo Lewandowski, Tribunal Pleno, jul. 25.06.2008).

"Isenção de custas deferida por juízo absolutamente incompetente não gera efeitos, porquanto evidente a nulidade do ato decisório (art. 113, § 2º, do CPC)" (STJ, REsp 627.472/RS, Rel. Min. Celso Limongi, 6ª Turma, jul. 02.02.2010, *DJe* 22.02.2010). Todavia, salvo decisão judicial em contrário, os efeitos do ato do juiz incompetente se conservarão enquanto outra decisão não seja proferida pelo juiz competente (CPC/2015, art. 64, § 4º).

6. Contrato de adesão. Ver jurisprudência do art. 63 do CPC/2015.

7. Alteração do domicílio do consumidor no curso do contrato. "Não se faz concretizada a hipótese prevista no parágrafo único do art. 112 do Código de Processo Civil quando o foro de eleição previsto no contrato de adesão coincide com o domicílio do consumidor à época da entabulação do negócio. A alteração do domicílio do consumidor durante o desenvolvimento do contrato deve ser informada ao fornecedor, dando-se máxima efetividade ao princípio da boa-fé e aos deveres que dela dimanam. Necessária a suscitação do incidente respectivo pelo próprio interessado, manifestando o interesse em ver declinada a competência – e evitando a prorrogação – e comprovando eventual comunicação à instituição financeira da alteração de domicílio, de forma a evidenciar o pleno atendimento dos referidos deveres" (STJ, CC 110.832, Rel. Min. Paulo de Tarso Sanseverino, jul. 22.09.2010, *DJe* 04.10.2010).

8. Preservação dos atos decisórios sobre medidas de urgência. "O art. 113, § 2º, do CPC não tem carga normativa suficiente para infirmar as razões alinhavadas pelo aresto recorrido, que reconheceu a incompetência absoluta do juízo, mas deferiu liminar em face da urgência até manifestação do juiz competente. O dispositivo não trata, e também não impede, a possibilidade de o juiz, ainda que absolutamente incompetente, deferir medidas de urgência" (STJ, AgRg no REsp 1.022.375/PR, Rel. Min. Castro Meira, 2ª Turma, jul. 28.06.2011, *DJe* 01.07.2011). **Obs.:** o acórdão se afina com a regra do art. 64, § 4º do CPC/2015.

9. Reconhecimento da incompetência. Aproveitamento dos atos instrutórios. "O art. 132 do Código de Processo Civil é inaplicável à espécie, em que o Juiz da Vara da Fazenda Pública, sem renovar a instrução, proferiu a sentença após o titular da Vara Cível haver declinado da competência em razão da matéria; a aludida norma supõe que o juiz da instrução deixe de proferir a sentença fora das hipóteses legalmente previstas (*v.g.*, quais sejam, se estiver convocado, licenciado, afastado por qualquer motivo, promovido ou aposentado), não sendo este o caso quando reconhece sua incompetência, situação em que o juiz competente pode aproveitar os atos instrutórios" (STJ, AgRg no AREsp 143.755/SC, Rel. Min. Ari Pargendler, 1ª Turma, jul. 04.02.2014, *DJe* 13.02.2014). **No mesmo sentido:** STJ, REsp 648.365/MS, Rel. Min. Fernando Gonçalves, 4ª Turma, jul. 06.11.2007, *DJ* 03.12.2007, p. 309.

Nota: ver art. 312 do CPC/2015.

Efeito suspensivo. "A arguição de incompetência absoluta como se relativa fosse, o que levou à impropriedade de se ter a questão discutida em autos apartados e com efeito suspensivo, não impede a preservação dos atos praticados na respectiva exceção; porém, não é de se admitir que tal aproveitamento redunde em benefício de uma parte em detrimento da outra. – A expressão 'definitivamente julgada' contida no art. 306 do CPC deve ser entendida como uma referência ao julgamento do juiz de 1º grau de jurisdição na exceção de incompetência, porquanto o agravo de instrumento não tem efeito suspensivo automático. Precedentes" (STJ, REsp 931.134/MA, Rel. Min. Nancy Andrighi, 3ª Turma, jul. 24.03.2009, *DJe* 03.04.2009).

10. Auxílio-acidente. "Em se tratando de reajuste de auxílio--acidente, a jurisprudência do STF determina a prevalência do disposto nas Súmulas ns. 15-STJ e 501-STF. Incompetência da Justiça Federal reconhecida, com anulação da sentença proferida por Juiz Federal (CPC, art. 113, § 2º) e remessa dos autos à Justiça comum distrital de Brasília, ficando prejudicado o exame dos recursos" (TRF-1ª Região, Ap. 199301158469/DF, Rel. José Henrique Guaracy Rebelo, 1ª Turma, *DJ* 25.02.2002, p. 104).

Art. 65. Prorrogar-se-á a competência relativa se o réu não alegar a incompetência em preliminar de contestação.

Parágrafo único. A incompetência relativa pode ser alegada pelo Ministério Público nas causas em que atuar.

CPC/1973

Art. 114.

REFERÊNCIA LEGISLATIVA

CPC/2015, art. 335 (resposta do réu; prazo).

BREVES COMENTÁRIOS

Dá-se a prorrogação de competência quando se amplia a esfera de competência de um órgão judiciário para conhecer de certas causas que não estariam, ordinariamente, compreendidas em suas atribuições jurisdicionais.

A prorrogação pode ser:

(a) legal (ou necessária): quando decorre de imposição da própria lei, como nos casos de conexão ou continência (CPC/2015, arts. 54 a 56);

(b) voluntária: quando decorre de ato de vontade das partes, como no foro de eleição (art. 63), ou na falta de alegação de incompetência relativa em preliminar de contestação ou de impugnação com base em convenção de arbitragem (CPC/2015, arts. 65 e 337, § 6º).

Registre-se, outrossim, que, desde a modificação no CPC/1973, feita pela Lei nº 11.280, de 16.02.2006, restou sepultada a tendência de certa jurisprudência considerar absoluta a competência do foro do domicílio da parte débil do contrato de adesão. Uma vez prorrogada a competência convencional não rejeitada pelo juiz da causa, lícito não mais será ao tribunal questioná-la em grau de recurso.

A prorrogação, no entanto, em quaisquer desses casos, pressupõe competência relativa, visto que juiz absolutamente incompetente nunca se legitima para a causa, ainda que haja conexão ou continência, ou mesmo acordo expresso entre os interessados.

JURISPRUDÊNCIA SELECIONADA

1. Prorrogação da competência. "Uma vez não arguida a exceção no momento processual oportuno, prorroga-se a competência territorial, de forma que não há mais por que cogitar em anulação da sentença em face da incompetência do juízo, com a subsequente remessa dos autos ao órgão judicial adequado" (STJ, REsp 485.536/PR, Rel. Min. João Otávio de Noronha, 2ª Turma, jul. 03.08.2006, *DJ* 18.08.2006, p. 370). **No mesmo sentido:** STJ, HC 51.101/GO, Rel. Min. Gilson Dipp, 5ª Turma, jul. 02.05.2006, *DJ* 29.05.2006, p. 277. **Obs.: O CPC/2015, no art. 64, dispõe que a alegação de incompetência relativa deve ser alegada em preliminar de contestação, e não mais como exceção.**

2. Nulidade de cláusula. Foro de eleição. "Sem prejuízo do entendimento contido no verbete nº 33 da Súmula desta Corte, reconhece-se, na hipótese e na linha do decidido no CC nº 17.735/CE, a competência do juízo suscitante porquanto, em sendo a nulidade da cláusula de eleição de foro em contrato regido pelo Código de Defesa do Consumidor questão de ordem pública, absoluta é a competência decorrente. Conflito conhecido e declarada a competência do Juízo de Direito de Monte Belo/MG, o suscitante" (STJ, CC 18.530/MG, Rel. Min. Cesar Asfor Rocha, 2ª Seção, jul. 11.11.1998, *DJ* 15.03.1999, p. 80).

3. Competência absoluta.

Varas regionais. "A jurisprudência desta Corte firmou entendimento no sentido de que a parte autora pode optar pelo ajuizamento da ação contra a União na capital do Estado-membro, mesmo quando instalada Vara da Justiça Federal no município do mesmo estado em que domiciliada" (STF, RE 641.449-AgRg/RJ, Rel. Min. Dias Toffoli, 1ª Turma, jul. 08.05.2012, *DJe* 31.05.2012). **No mesmo sentido:** STJ, CC 111.116/RJ, Rel. Min. Herman Benjamin, 1ª Seção, jul. 24.11.2010, *DJe* 01.02.2011; TJSP, CC 994.09.223945-8, Rel. Des. Luiz Elias Tambara, Câmara Especial, jul. 14.06.2010; TJMG, CC 1.0000.14.012114-6/000, Rel. Des. José Flávio de Almeida, 12ª Câmara Cível, jul. 03.09.2014. *DJe* 12.09.2014; TRF2, CC 2010.02.01.003629-6, Rel. Des. Luiz Antonio Soares, 4ª Turma Especializada, jul. 26.10.2010, *EDJF2R* 18.11.2010, p. 146/147. **Em sentido contrário:** "As regras de distribuição da competência entre a sede da comarca e o foro distrital são de natureza funcional e, portanto, absoluta, nos termos do art. 53, parágrafo único, da Resolução nº 2/1976" (TJSP, CC 0046719-55.2014.8.26.0000, Rel. Des. Camargo Aranha Filho, Câmara Especial, jul. 01.12.2014).

Art. 66. Há conflito de competência quando:

I – 2 (dois) ou mais juízes se declaram competentes;

II – 2 (dois) ou mais juízes se consideram incompetentes, atribuindo um ao outro a competência;

III – entre 2 (dois) ou mais juízes surge controvérsia acerca da reunião ou separação de processos.

Parágrafo único. O juiz que não acolher a competência declinada deverá suscitar o conflito, salvo se a atribuir a outro juízo.

CPC/1973

Art. 115.

SÚMULAS

Súmula do STJ:

Nº 59: "Não há conflito de competência se já existe sentença com trânsito em julgado, proferida por um dos juízos conflitantes".

REFERÊNCIA LEGISLATIVA

CF, arts. 102, I, *o* (competência do STF), 105, I, *d* (competência do STJ), e 108, I, *e* (competência do TRF).

Lei Complementar nº 35, de 14.03.1979, arts. 101, § 3º, *b*, e 110, parágrafo único (competência dos Tribunais de Justiça).

RISTF, arts. 163 a 168 (conflito no STF).

RISTJ, arts. 193 a 198 (conflito no STJ).

CPC/2015, art. 57 (reunião de ações).

BREVES COMENTÁRIOS

Há conflitos positivos e negativos. Quando os vários juízes se dão por competentes, o conflito é positivo. Ao contrário, quando os diversos juízes se recusam a aceitar a competência, cada um atribuindo a outrem a função jurisdicional, o caso é de conflito negativo.

Para dar surgimento ao conflito positivo, não é necessário que haja decisão expressa de um ou de ambos os juízes a respeito da própria competência e da incompetência de outro. Basta que os diferentes juízes pratiquem atos em causa idêntica, com reconhecimento implícito da própria competência, como se dá, por exemplo, quando o mesmo inventário é requerido perante dois juízes diferentes e ambos lhe dão curso.

A lei anterior não exigia para a configuração do conflito negativo que a divergência se estabelecesse com a remessa e devolução do feito entre dois juízes que insistissem em atribuir, cada um ao outro, a competência por ambos recusada. A lei nova, todavia, impõe necessariamente tal reciprocidade, ao prever que o conflito negativo ocorre quando um juiz atribuir a competência ao outro e vice-versa (art. 66, II). Esclarece, porém, que o juiz que rejeita a declinação não deverá devolver o processo àquele que primeiro recusou a competência. Caber-lhe-á suscitar o conflito, salvo se atribuir a competência a um terceiro juízo (art. 66, parágrafo único).

JURISPRUDÊNCIA SELECIONADA

1. Conflito de competência. *Numerus clausus*. "Conflito de competência somente ocorre nas hipóteses contempladas no art. 115 do CPC. Assim, p. ex.: o só fato de existir perante a Justiça comum estadual demanda, entre a reclamada e a cedente, relacionada com o mesmo contrato que instrumentaliza a reclamatória, não induz, apesar da afinidade, a vinculação das causas a um mesmo Juízo" (STJ no CC 1.602/SP, Rel. Min. Sálvio de Figueiredo, 2ª Seção, jul. 26.06.1991, *DJU* 12.08.1991).

2. Conflito positivo.

"A prática de atos aparentemente colidentes por juízos que, implicitamente, se consideram competentes configura o conflito de competência previsto no art. 66 do NCPC. (...) O conflito de competência não pode ser utilizado como sucedâneo recursal, bem como não se presta a resolver questões que devem ser dirimidas nas instâncias ordinárias" (STJ, AgInt nos EDcl nos EDcl no AgInt no CC 145.691/SP, Rel. Min. Moura Ribeiro, 2ª Seção, jul. 11.09.2019, *DJe* 18.09.2019).

"Nos termos do art. 66 do CPC/2015, somente se configura conflito positivo de competência quando dois ou mais juízes se consideram competentes para o julgamento de uma mesma causa, o que não ocorre no caso" (STJ, AgInt nos EDcl no CC 157.234/PR, Rel. Min. Marco Aurélio Bellizze, 2ª Seção, jul. 26.09.2018, *DJe* 01.10.2018).

Causas distintas. "Só há conflito positivo de competência quando dois ou mais juízes se considerem competentes para o julgamento duma mesma causa. O confronto de decisões prolatadas por Juízos diversos em causas distintas **não configura conflito de competência** na forma do art. 115 do CPC. Tal choque deve resolver-se mediante os meios recursais próprios" (STJ, CC 41.729/AM, Rel. Min. Humberto Gomes de Barros, 2ª Seção, ac. 26.05.2004, *DJU* 07.06.2004, p. 158, *RSTJ* 187/261).

Entre câmaras arbitrais. "Em se tratando da interpretação de cláusula de compromisso arbitral constante de contrato de compra e venda, o conflito de competência supostamente ocorrido entre câmaras de arbitragem deve ser dirimido no Juízo de primeiro grau, por envolver incidente que não se insere na competência do Superior Tribunal de Justiça, conforme os pressupostos e alcance do art. 105, I, alínea *d*, da Constituição Federal" (STJ, CC 113.260/SP, Rel. Min. Nancy Andrighi, Rel. p/ acórdão Min. João Otávio de Noronha, 2ª Seção, jul. 08.09.2010, *DJe* 07.04.2011).

Justiça Cível e Justiça Federal. "Se o conflito positivo de competência se estabelecer por força de uma regra de conexão, ele não poderá ser conhecido se uma das sentenças foi proferida, ainda que sem trânsito em julgado, por força da Súmula 235/STJ. Mas, se o conflito decorre de outra regra de competência absoluta, não há restrição a seu conhecimento após prolatada a sentença, desde que não haja trânsito em julgado (Súmula 59/STJ)" (STJ, CC 117.987/CE, Rel. Min. Nancy Andrighi, 2ª Seção, jul. 12.12.2012, *DJe* 19.12.2012).

3. Conflito de competência. Redirecionamento da execução trabalhista para empresas do mesmo grupo. "A Segunda Seção do STJ tem orientação firme no sentido de que 'não há conflito de competência quando o redirecionamento da execução trabalhista para empresas do mesmo grupo econômico não atingir o patrimônio daquela em regime de recuperação judicial' (AgInt no CC 144.195/SP, Rel. Ministro Marco Buzzi, Segunda Seção, *DJe* de 15/03/2017). Nessa mesma linha: AgInt no CC 146.073/SP (Rel. Ministro Antonio Carlos Ferreira, Segunda Seção, *DJe* de 28/11/2016); CC 124.065/SP (Rel. Ministra Maria Isabel Gallotti, Segunda Seção, *DJe* de 03/11/2016); AgRg no CC 138.936/RJ (Rel. Ministro Moura Ribeiro, Segunda Seção, *DJe* de 27/11/2015); AgRg nos EDcl no CC 140.495/SP (Rel. Ministro Raul Araújo, Segunda Seção, *DJe* de 24/09/2015); AgRg no CC 133.961/RJ (Rel. Ministra Nancy Andrighi, Segunda Seção, *DJe* de 17/06/2014)" (STJ, CC 144.219/RJ, Rel. Min. Paulo de Tarso Sanseverino, 2ª Seção, jul. 14.06.2017, *DJe* 18.08.2017).

4. Execução fiscal contra empresa em recuperação judicial. Conflito de competência. Necessidade de oposição concreta do juízo da execução fiscal à efetiva deliberação do Juízo da recuperação judicial. "A partir da vigência da Lei n. 14.112/2020, com aplicação aos processos em trâmite (afinal se trata de regra processual que cuida de questão afeta à competência), não se pode mais reputar configurado conflito de competência perante esta Corte de Justiça pelo só fato de o Juízo da recuperação ainda não ter deliberado sobre a constrição judicial determinada no feito executivo fiscal, em razão justamente de não ter a questão sido, até então, a ele submetida. (...) Em resumo, a caracterização de conflito de competência perante esta Corte de Justiça pressupõe a materialização da oposição concreta do Juízo da execução fiscal à efetiva deliberação do Juízo da recuperação judicial a respeito do ato constritivo" (STJ, CC 181.190/AC, Rel. Min. Marco Aurélio Bellizze, 2ª Seção, jul. 30.11.2021, *DJe* 07.12.2021).

5. Rescisão de compromisso de compra e venda de imóvel rural. Conflito entre Justiça estadual x Justiça do Trabalho. "A Justiça do Trabalho não tem competência para processar e julgar a ação de rescisão de compromisso de compra e venda de imóvel, porque em tal demanda não há qualquer pretensão trabalhista ou laboral a ser resolvida. Inda que a penhora determinada pela Justiça especializada tenha recaído sobre imóvel objeto de discussão na Justiça comum estadual, tal fato não gera conflito de competência. Cada juízo deve atuar nos limites da jurisdição de que foi investido. O Juízo trabalhista processando a execução da sentença trabalhista e o Juízo de Direito estadual processando e julgando a ação de rescisão contratual. Os efeitos práticos de cada decisão devem ser resolvidos, se eventualmente sobrepostos, por meio dos recursos adequados. Inda que o escopo seja obviar eventual sobreposição de decisões, não é possível outorgar competência à Justiça do Trabalho para processar e julgar ação fora dos limites do art. 114 da Constituição Federal" (STJ, CC 86.311/SE, Rel. Min. Humberto Gomes de Barros, Rel. p/ ac. Min. João Otávio de Noronha, 2ª Seção, jul. 09.04.2008, *DJe* 07.11.2008).

6. Potencialidade de conflito de competência. "A mera potencialidade ou risco de que sejam proferidas decisões conflitantes é suficiente para caracterizar o conflito de competência, consoante interpretação extensiva conferida por esta Corte ao disposto no artigo 115 do Código de Processo Civil" (STJ, AgRg no CC 112.956/MS, Rel. Min. Nancy Andrighi, 2ª Seção, jul. 25.04.2012, *DJe* 02.05.2012). **Entretanto, em sentido contrário:** "O Superior Tribunal de Justiça considera prematura a instauração do conflito quando houver a mera potencialidade de que se profiram decisões contraditórias em demandas assemelhadas. Caso em que, além da ausência de manifestação dos dois órgãos jurisdicionais, afirmando-se quer competentes, quer incompetentes para o julgamento da causa, as demandas que ali tramitam não tratam de questões e objetos assemelhados, suscetíveis de decisões conflitantes, sendo certo que, em uma delas, a suscitante/agravante alegou a nulidade da Portaria n. 135/DPC/2010, que fixou o preço dos serviços de praticagem a serem observados pelas companhias de navegação, e o respectivo processo administrativo, haja vista o desrespeito ao contraditório, enquanto na outra ação a agravada postula o reajuste dos preços da Portaria n. 225/DPC/2011, mediante a aplicação do IPCA" (STJ, AgInt no CC 153.533/RS, Rel. Min. Gurgel de Faria, 1ª Seção, jul. 11.04.2018, *DJe* 09.05.2018).

DA MODIFICAÇÃO DE COMPETÊNCIA E INCOMPETÊNCIA: INDICAÇÃO DOUTRINÁRIA

Araken de Assis, Controle da eficácia do foro de eleição em contratos de adesão, *Ajuris* 48/219; Bruno Silveira de Oliveira, In: Teresa Arruda Alvim Wambier, Fredie Didier Jr., Eduardo Talamini, Bruno Dantas, *Breves comentários ao novo Código de Processo Civil*, São Paulo: Revista dos Tribunais, 2015; Cândido

Rangel Dinamarco, In: José Roberto F. Gouvêa; Luis Guilherme A. Bondioli e João Francisco N. da Fonseca (coord.), *Comentários ao Código de Processo Civil*, São Paulo: Saraiva, 2018, v. 1; Celso Agrícola Barbi, Ação cautelar e ação executiva – distribuição e varas diversas – prevenção de competência, *RF* 278/133; Celso Agrícola Barbi, *Comentários ao CPC*, Rio de Janeiro: Forense, v. I, n. 609; Chiovenda, *Instituições de direito processual civil*. Trad. bras., São Paulo: Saraiva, 1942, v. II, n. 206-B, p. 298-299 – sobre a relação de acessoriedade; Dirceu Galdino, Eleição de foro nos contratos bancários, *RT* 633/29; Fredie Didier Jr. *Curso de direito processual civil*, 14 ed., Salvador: JusPodivm, 2012, v. 1, p. 162; Gabriel Rezende Filho, *Curso de direito processual civil*, 5. ed., São Paulo: Saraiva, 1959, v. I, n. 113, p. 114 – sobre competência absoluta; Humberto Theodoro Júnior, *Curso de direito processual civil*, 61. ed., Rio de Janeiro: Forense, 2020, v. I; Humberto Theodoro Júnior, *Curso de direito processual civil*, Rio de Janeiro: Forense, v. I, n. 171; Humberto Theodoro Júnior, *Curso de direito processual civil*, Rio de Janeiro: Forense, 2014, v. I; José Carlos Barbosa Moreira, Prevenção de competência, *RP* 7/197, Parecer; José Frederico Marques, *Instituições de direito processual civil*, Rio de Janeiro: Forense, 1958, v. III, n. n. 221,696/698 – sobre o sentido amplo da conexão na visão de Chiovenda; Leonardo Faria Schenk, In: Teresa Arruda Alvim Wambier, Fredie Didier Jr., Eduardo Talamini, Bruno Dantas, *Breves comentários ao novo Código de Processo Civil*, São Paulo: Revista dos Tribunais, 2015; Luiz Guilherme Marinoni, Daniel Mitidiero, In: Sérgio Cruz Arenhart e Daniel Mitidiero (coord.), *Comentários ao Código de Processo Civil*. 2. ed., São Paulo: RT, 2018, v. 1; Luiz Guilherme Marinoni, Daniel Mitidiero, In: Sérgio Cruz Arenhart e Daniel Mitidiero (coord.), *Comentários ao Código de Processo Civil*. 2. ed., São Paulo: RT, 2018, v. 1; Marília Fragoso, Competência, prevenção e conexidade, *RCDUFU* 11/173; Miguel Reale, Da competência por dependência, *RT* 538/31; Odilon de Andrade, *Comentários ao CPC do Distrito Federal*. Rio de Janeiro: Forense, 1946, v. IX, n. 72, p. 100; Paulo Henrique Lucon, *Relações entre demandas*. Brasília: Gazeta Jurídica, 2016; Paulo Macedo Garcia Neto, Arbitragem e conexão: poderes para decidir sobre questões de conexidade, São Paulo: Almedina, 2018; Paulo Roberto de Gouvêa Medina, A conexão no CPC, *RT* 516/20; Pedro Roberto Decomain, Incompetência absoluta e relativa no novo CPC: breves observações, *RDDP*, n. 148, p. 99, jul. 2015; Pontes de Miranda, *Comentários ao CPC*, 3. ed. Rio de Janeiro: Forense, 1995, tomo II, p. 299-302; Roberto Rosas, *Devido processo legal*, Rio de Janeiro: Editora GZ, 2018; Sérgio Sahione Fadel, *CPC comentado*. 7. ed. Rio de Janeiro: Forense, 1988, v. I, p. 234-235; Tiago Bitencourt de David. Meios de defesa do executado e ação anulatória de lançamento tributário após o ajuizamento de execução fiscal. *Revista de Processo*, n. 336, p. 355 e ss, fev. 2023.

Capítulo II
DA COOPERAÇÃO NACIONAL

Art. 67. Aos órgãos do Poder Judiciário, estadual ou federal, especializado ou comum, em todas as instâncias e graus de jurisdição, inclusive aos tribunais superiores, incumbe o dever de recíproca cooperação, por meio de seus magistrados e servidores.

REFERÊNCIA LEGISLATIVA

Resolução nº 350/2020, do CNJ (Estabelece diretrizes e procedimentos sobre a cooperação judiciária nacional entre os órgãos do Poder Judiciário e outras instituições e entidades, e dá outras providências).

Lei n. 11.101/2005, arts. 7º-A e 7º-B, acrescidos pela Lei nº 14.112/2020 (cooperação jurisdicional nos procedimentos de recuperação judicial).

BREVES COMENTÁRIOS

O atual Código, na implantação de uma política de informalidade e agilidade destinada a incrementar a eficiência do serviço judiciário – que leva em conta a necessidade de diligências fora da base territorial do foro –, instituiu o dever de recíproca cooperação aos órgãos do Poder Judiciário, estadual ou federal, especializado ou comum, em todas as instâncias e graus de jurisdição, inclusive aos tribunais superiores, a qual deverá se efetivar por meio de seus magistrados e servidores (CPC/2015, art. 67). A cooperação preconizada pelo CPC/2015 tem a função de permitir o intercâmbio e o auxílio recíproco entre juízos numa dimensão que vai além dos limites rígidos e solenes das cartas precatórias ou de ordem.

JURISPRUDÊNCIA SELECIONADA

1. Sociedade em recuperação judicial; Adoção de atos constritivos de bens de capital da recuperanda, sem alienação. Competência do Juízo da execução fiscal. Substituição do objeto da constrição. Competência do Juízo da recuperação. Dever de cooperação. "À luz da Lei nº 11.101/2005, art. 6º, § 7º-B, do CPC, arts. 67 a 69, e da jurisprudência desta Corte (CC 181.190/AC, Relator Ministro Marco Aurélio Bellizze), compete: 1.1) ao Juízo da Execução Fiscal, determinar os atos de constrição judicial sobre bens e direitos de sociedade empresária em recuperação judicial, sem proceder à alienação ou levantamento de quantia penhorada, comunicando aquela medida ao juízo da recuperação, como dever de cooperação; e 1.2) ao Juízo da Recuperação Judicial, tomando ciência daquela constrição, exercer juízo de controle e deliberar sobre a substituição do ato constritivo que recaia sobre bens de capital essenciais à manutenção da atividade empresarial até o encerramento do procedimento de soerguimento, podendo formular proposta alternativa de satisfação do crédito, em procedimento de cooperação recíproca" (STJ, CC 187.255/GO, Rel. Min. Raul Araújo, 2ª Seção, jul. 14.12.2022, *DJe* 20.12.2022).

Art. 68. Os juízos poderão formular entre si pedido de cooperação para prática de qualquer ato processual.

BREVES COMENTÁRIOS

O dispositivo dá maior amplitude possível ao sistema de cooperação entre os organismos jurisdicionais, de modo a facilitar e desburocratizar a prática de atos processuais ou diligências fora da circunscrição territorial do foro da causa, facilitando o cumprimento das precatórias ou até mesmo dispensando tal solenidade conforme o caso.

Art. 69. O pedido de cooperação jurisdicional deve ser prontamente atendido, prescinde de forma específica e pode ser executado como:

I – auxílio direto;

II – reunião ou apensamento de processos;

III – prestação de informações;

IV – atos concertados entre os juízes cooperantes.

§ 1º As cartas de ordem, precatória e arbitral seguirão o regime previsto neste Código.

§ 2º Os atos concertados entre os juízes cooperantes poderão consistir, além de outros, no estabelecimento de procedimento para:

I – a prática de citação, intimação ou notificação de ato;

II – a obtenção e apresentação de provas e a coleta de depoimentos;

III – a efetivação de tutela provisória;

IV – a efetivação de medidas e providências para recuperação e preservação de empresas;

V – a facilitação de habilitação de créditos na falência e na recuperação judicial;

VI – a centralização de processos repetitivos;

VII – a execução de decisão jurisdicional.

§ 3º O pedido de cooperação judiciária pode ser realizado entre órgãos jurisdicionais de diferentes ramos do Poder Judiciário.

BREVES COMENTÁRIOS

Os atos concertados entre os juízes cooperantes poderão consistir, segundo o Código, além de outros, no estabelecimento de procedimento para: *(i)* a prática de citação, intimação ou notificação de ato; *(ii)* a obtenção e apresentação de provas e a coleta de depoimentos; *(iii)* a efetivação de tutela provisória; *(iv)* a efetivação de medidas e providências para recuperação e preservação de empresas; *(v)* a facilitação de habilitação de créditos na falência e na recuperação judicial; *(vi)* a centralização de processos repetitivos; e *(vii)* a execução de decisão jurisdicional (art. 69, § 2º).

O pedido de cooperação pode ser realizado entre os vários órgãos jurisdicionais, inclusive de diferentes ramos do Poder Judiciário (art. 69, § 3º). Um juiz federal, por exemplo, pode recorrer à cooperação de juiz estadual ou trabalhista e vice-versa.

DA COOPERAÇÃO NACIONAL: INDICAÇÃO DOUTRINÁRIA

Cândido Rangel Dinamarco, In: José Roberto F. Gouvêa; Luis Guilherme A. Bondioli e João Francisco N. da Fonseca (coord.), *Comentários ao Código de Processo Civil*, São Paulo: Saraiva, 2018, v. 1; Edilton Meireles. Cooperação judiciária nacional. *Revista de Processo* n. 249, p. 59 e ss; Edilton Meireles. Reunião de processos, cooperação e conflito de competência. *Revista de Processo*, n. 294, p. 77 e ss; Gustavo Cavalcanti Lamêgo. As transformações na garantia do juiz natural e suas implicações na cooperação judiciária nacional do CPC de 2015. *Revista dos Tribunais*, ano 110, v. 1023, São Paulo: RT, jan. 2021, p.209 e ss; Leonardo Faria Schenk, In: Teresa Arruda Alvim Wambier, Fredie Didier Jr., Eduardo Talamini, Bruno Dantas, *Breves comentários ao novo Código de Processo Civil*. São Paulo: RT, 2015; Luiz Guilherme Marinoni; Daniel Mitidiero, In: Sérgio Cruz Arenhart e Daniel Mitidiero (coord.), *Comentários ao Código de Processo Civil*. 2. ed., São Paulo: RT, 2018, v. 1; M. Teixeira de Sousa. Omissão do dever de cooperação do tribunal: que consequências? In: ARENHART, Sérgio Cruz; MITIDIERO, Daniel (coords.). O processo civil entre a técnica processual e a tutela dos direitos: estudos em homenagem a Luiz Guilherme Marinoni. São Paulo: RT, 2017, p. 355 e ss.; Roberto Rosas, *Devido processo legal*, Rio de Janeiro: Editora GZ, 2018; Sérgio Cruz Arenhart; Gustavo Orna. A cooperação nacional como mecanismo de coletivização: algumas questões preliminares. *Revista de Processo* n. 310, p. 173 e ss; Thaís Amoroso Paschoal Lunardi, Atos concertados entre juízes cooperantes como ferramenta adequada de gestão processual: uma possibilidade para a aplicação do multidistrict litigation no sistema brasileiro, In: ARENHART, Sérgio Cruz; MITIDIERO, Daniel (coords.), O processo civil entre a técnica processual e a tutela dos direitos: estudos em homenagem a Luiz Guilherme Marinoni. São Paulo: RT, 2017, p. 367 e ss.

LIVRO III
DOS SUJEITOS DO PROCESSO

TÍTULO I
DAS PARTES E DOS PROCURADORES

Capítulo I
DA CAPACIDADE PROCESSUAL

Art. 70. Toda pessoa que se encontre no exercício de seus direitos tem capacidade para estar em juízo.

CPC/1973

Art. 7º.

SÚMULAS

Súmula do STJ:

Nº 525: "A Câmara de Vereadores não possui personalidade jurídica, apenas personalidade judiciária, somente podendo demandar em juízo para defender os seus direitos institucionais".

REFERÊNCIA LEGISLATIVA

Lei nº 9.099, de 26.09.1995 (capacidade nos juizados especiais), arts. 8º a 10; Lei nº 8.906/1994, art. 15, § 1º (aquisição da personalidade jurídica pelas sociedades corporativas).

CPC/2015, art. 725, I (emancipação judicial).

Arts. 2º e 5º do Código Civil.

Art. 210 da Lei nº 8.069/1990 (ECA – Estatuto da Criança e do Adolescente).

Art. 8º, § 2º, da Lei nº 9.099/1995 (Lei dos Juizados Especiais Cíveis e Criminais).

BREVES COMENTÁRIOS

O art. 70 cuida da capacidade processual ou legitimidade para o processo, significando um dos pressupostos processuais para o exercício da demanda. A capacidade processual consiste na aptidão de participar da relação processual, em nome próprio ou alheio. Em regra geral, a capacidade que se exige da parte para o processo é a mesma que se reclama para os atos da vida civil, isto é, para a prática dos atos jurídicos de direito material (Código Civil de 2002, arts. 5º e 40).

JURISPRUDÊNCIA SELECIONADA

1. Capacidade processual. "A capacidade processual ou capacidade de estar em juízo está intimamente ligada ao conceito de capacidade civil. 'As pessoas físicas têm essa capacidade quando se acham no pleno exercício de seus direitos (CPC, art. 7º). Trata-se dos maiores de 18 anos que não se encontram em nenhuma das situações nas quais a lei civil os dá por incapazes para os atos da lei civil (CC, arts. 3º e 4º)' (Cândido Rangel Dinamarco, *Instituições de direito processual civil*, vol. II, p. 284)" (STJ, AgRg no REsp 266.219/RJ, Rel. Min. Luiz Fux, 1ª Turma, jul. 27.04.2004, *DJ* 31.05.2004).

2. Capacidade processual. Massa falida. "A mera existência da massa falida não é motivo para concluir pela automática, muito menos necessária, extinção da pessoa jurídica. De fato, a sociedade falida não se extingue ou perde a capacidade processual (CPC/1973, art. 7º; CPC/2015, art. 70), tanto que autorizada a figurar como assistente nas ações em que a massa seja parte ou interessada, inclusive interpondo recursos e, durante o trâmite do processo de falência, pode até mesmo requerer providências conservatórias dos bens arrecadados" (STJ, AgRg no REsp 1265548/SC, Rel. p/ Acórdão Min. Antonio Carlos Ferreira, 4ª Turma, jul. 25.06.2019, *DJe* 05.08.2019).

3. Animal pode ser parte de ação judicial. "Animais que, pela natureza de seres sencientes, ostentam capacidade de ser parte (personalidade judiciária). Inteligência dos artigos 5º, XXXV e 225, § 1º, VII, ambos da Constituição Federal de 1988, c/c art. 2º, § 3º do Decreto-Lei nº 24.645/1934. Precedentes do Direito Comparado (Argentina e Colômbia). Decisões no sistema jurídico brasileiro reconhecendo a possibilidade de os animais constarem do polo ativo das demandas, desde que devidamente representados. Vigência do Decreto-Lei nº 24.645/1934. Aplicabilidade recente das disposições previstas no referido decreto pelos tribunais superiores (STJ e STF)" (TJPR, Ag. 0059204-90.2019.8.16.0000, Rel. Des. Marcel Guimarães Rotoli de Macedo, jul. 04.04.2020, *DJe* 07.04.2020).

4. Paróquias. "Quem quer que disponha de personalidade jurídica pode ser parte, pode atuar em juízo, por si ou por seus representantes. É da tradição do nosso Direito considerar as paróquias como entidades jurídicas, dotadas de personalidade" (TJPB, Ap 84.101.725, Rel. Des. Rivando Bezerra Cavalcanti, 2ª Câmara, 21.08.1984; *Rev. Foro* 82/80).

"Notória a subordinação de cada paróquia às dioceses ou arquidioceses. Portanto, estando a última representada nos autos, ilegítima e desnecessária a presença daquela" (TJRS, Ap

597212547, Rel. Des. Marco Aurélio dos Santos Caminha, 5ª Câmara Cível, jul. 11.02.1999).

5. Pessoa jurídica estrangeira. "A pessoa jurídica estrangeira, não instalada no Brasil, tem capacidade para estar em juízo e é nele representada por quem os seus estatutos nomearem, ou, em falta dessa indicação, por seus diretores" (1º TARJ, Ap 76.984, Rel. Juiz Áureo Bernardes Carneiro, 2ª Câmara, jul. 14.10.82, *Arqs. TARJ*, vol. 2, p. 221).

6. Associação constituída há pelo menos um ano. "O mandado de segurança coletivo pode ser impetrado por associação legalmente constituída e em funcionamento há pelo menos um ano, no interesse geral de seus filiados, sendo prescindível autorização individual e expressa destes ou em assembleia-geral se do respectivo estatuto já a consta expressamente" (STJ, ROMS 11.365/RO, Rel. Min. Edson Vidigal, 5ª Turma, *DJU* 09.10.2000).

7. Câmara de vereadores. "A Câmara de Vereadores não possui personalidade jurídica, mas apenas personalidade judiciária, de modo que somente pode demandar em juízo para defender os seus direitos institucionais, entendidos esses como sendo os relacionados ao funcionamento, autonomia e independência do órgão" (STJ, REsp 1.164.017/PI, Rel. Min. Castro Meira, 1ª Seção, jul. 24.03.2010, *DJe* 06.04.2010).

Art. 71. O incapaz será representado ou assistido por seus pais, por tutor ou por curador, na forma da lei.

CPC/1973

Art. 8º.

REFERÊNCIA LEGISLATIVA

CPC/2015, art. 178, II (intervenção do MP no interesse de incapazes).

CC, arts. 3º (absolutamente incapazes), 4º (relativamente incapazes), 5º (implemento da maioridade), 115 a 120 (representação), 1.728 a 1.766 (tutela) e 1.767 a 1.783 (curatela).

Lei nº 13.146/2015 (Estatuto da Pessoa com deficiência).

BREVES COMENTÁRIOS

Não tem capacidade processual quem não dispõe de aptidão civil para praticar atos jurídicos materiais, como os menores e os que não podem, ainda que por causa transitória, manifestar sua vontade. Da mesma forma que se passa com a incapacidade civil, supre-se a incapacidade processual por meio da figura jurídica da representação. Por isso, quando houver de litigar, "o incapaz será representado ou assistido por seus pais, ou por tutor ou curador, na forma da lei" (art. 71).

Sempre que a parte for civilmente incapaz, embora regularmente representada ou assistida, haverá necessidade de intervenção do Ministério Público no processo, sob pena de nulidade (arts. 178, II, e 279), intervenção essa que se dará a título de fiscal da lei e não como parte.

JURISPRUDÊNCIA SELECIONADA

1. Autorização do juiz ao tutor. "A autorização do Juiz para que o tutor possa ingressar em juízo em nome do tutelado não precisa ser expressa" (STF, RE 88.376-2/SC, Rel. Min. Cunha Peixoto, 1ª Turma, jul. 22.04.1980, *DJ* 30.05.1980, p. 3.951).

2. MP. Ação civil. Interdito. Curador. Impossibilidade. "Não pode o promotor público propor ação civil em nome do interdito a quem foi nomeado curador, tendo em vista que não constitui atribuição do órgão do Ministério Público suprir as deficiências do Serviço de Assistência Judiciária do Estado e nem substituir os advogados dativos, que lhes impõe a prestação de serviços profissionais gratuitos aos necessitados" (TJSP, Ap 116.185-1, Rel. Des. Souza Lima, 7ª Câmara, jul. 01.11.1989, *RJ* 649/57).

Ausência de intervenção do MP. Demonstração de prejuízo ao menor. "No tocante à alegação de nulidade por ausência de intervenção obrigatória do Ministério Público, inserta nos arts. 8.º, 82, inciso I, e 84 do Código de Processo Civil, cumpre destacar que, consoante jurisprudência pacífica desta Corte, é necessária a demonstração de prejuízo do menor para que se reconheça a referida nulidade" (STJ, REsp 645.414/MS, Rel. Min. Laurita Vaz, 5ª Turma, jul. 03.11.2009, *DJe* 30.11.2009). No mesmo sentido: STJ, REsp 1319275/PB, Rel. Min. Og Fernandes, 2ª Turma, jul. 10.11.2015, *DJe* 18.11.2015.

3. Menor.

Investigação de paternidade. Representação judicial do menor. Guarda concedida a terceiro sem a destituição do poder familiar. Exercício do poder-dever de representação que cabe, em regra, aos pais não destituídos. "A representação legal do filho menor, que é uma das vertentes do pleno exercício do poder familiar, deverá ser exercida, em regra, pelos pais, ressalvadas as hipóteses de destituição do poder familiar, quando ausentes ou impossibilitados os pais de representar adequadamente o menor ou, ainda, quando houver colisão de interesses entre pais e filhos. O fato de ter sido concedida a guarda permanente a terceiro que não compõe o núcleo familiar não pode implicar em automática destituição – ou em injustificada restrição – do exercício do poder familiar pela genitora, sobretudo porque medida dessa espécie não prescinde de cognição exauriente em ação a ser proposta especificamente para essa finalidade" (STJ, REsp 1.761.274/DF, Rel. Min. Nancy Andrighi, 3ª Turma, jul. 04.02.2020, *DJe* 06.02.2020).

Representação judicial do menor. A representação de menor impúbere em juízo pode se dar pelos pais, em conjunto ou separadamente. "A representação processual de menor impúbere pode ser exercida em conjunto pelos genitores, ou então, separadamente, por cada um deles, ressalvadas as hipóteses de destituição do poder familiar, ausência ou de potencial conflito de interesses" (STJ, REsp 1.462.840/MG, Rel. Min. Maria Isabel Gallotti, 4ª Turma, jul. 14.05.2024, *DJe* 21.05.2024).

Pais. "Ação de cobrança, no procedimento sumário, julgada improcedente. Contrato firmado por estudante menor de 21 anos de idade com sociedade de ensino superior. Falta de pagamento das mensalidades. Ato jurídico que deveria ser praticado com autorização ou assistência de seu representante legal. Anulabilidade que, em princípio, não poderia ser invocada pelo próprio apelado para se eximir do cumprimento da obrigação assumida. Ação que deveria ser proposta também contra o seu representante legal, sabido ainda que os pais são responsáveis a reparar os danos causados pelos filhos menores. Exigência processual que não é suprida com a intervenção do pai do apelado, na qualidade de seu advogado, uma vez inconfundíveis a capacidade postulatória e a de ser parte em Juízo. Extinção do processo, sem exame do mérito, como decisão que seria razoável admitir" (TJRJ, Ap 12573/1999 (10082000), Rel. Des. José Mota Filho, 15º C., jul. 17.05.2000).

"Sendo as filhas menores do *de cujus* as detentoras do direito material debatido, resta incontroversa a respectiva legitimidade ativa *ad causam*. Entretanto, para residir em juízo, devem ser representadas por sua genitora, atribuição inerente ao exercício do pátrio poder" (TRT 10ª Região, RO 232/99, Rel. Juiz Douglas Alencar Rodrigues, 3ª Turma, *DJ* 14.05.1999).

Transação. "Não é nula a transação em que tomaram parte menores representados pela mãe, sem que houvesse autorização judicial, se o ato não ultrapassou os poderes de administração inerentes ao pátrio poder. Verificação caso a caso se a transação se contém nos limites dos referidos poderes de administração" (STJ, REsp 4.129/MG, Rel. Min. Barros Monteiro, 4ª Turma, jul. 16.06.1992, *DJU* 14.12.1992, p. 23.924).

Investigação de paternidade. "Parte legítima para figurar no polo ativo do processo será o pretenso filho e não sua mãe. Entretanto, se a inicial refere que a mãe está em juízo como representante da filha, há de entender-se que aquela a autora, não se justificando a extinção do processo" (STJ, REsp 30.107/BA, Rel. Min. Eduardo Ribeiro, 3a Turma, jul. 28.11.1994, *DJ* 06.03.1995, p. 4.353).

Alimentos. Quitação passada pelo menor. "Ajuizada a ação de alimentos, com a assistência da mãe, o menor não pode, sem a anuência desta, considerar quitada a obrigação do pai. Recurso especial conhecido e provido" (STJ, REsp 127.652/RS, Rel. Min. Ari Pargendler, 3ª Turma, jul. 25.09.2000, *DJ* 23.10.2000, p. 133).

Superveniência da maioridade. Constituição de novo mandato. Desnecessidade. "A assistência a menor relativamente incapaz não a obriga a constituir novo mandato quando sobrevier a maioridade" (STJ, AgRg no Ag 227.511/GO, Rel. Min. Antônio de Pádua Ribeiro, 3ª Turma, jul. 19.03.2001, *DJ* 30.04.2001, p. 131).

Citação pessoal do menor. "Nos termos do CPC, art. 215, a citação deverá ser feita pessoalmente ao réu ou ao seu representante legal, o que ocorreu aqui, já que o ato se perfez na pessoa da mãe, representante legal do menor púbere" (TJMG, Ap. Cível 000.275.378-8/00, Rel. Des. Wander Marotta, 7ª Câmara Cível, jul. 25.11.2002, *DJ* 06.02.2003). **Todavia**, "Não há nulidade de citação na hipótese de o réu menor púbere, embora citado na pessoa de seu representante legal, comparecer aos autos para contestar o pedido, regularizando, com força de ratificação, a sua resposta, juntando instrumento público de procuração, outorgada quando já emancipado" (STJ, AgRg no REsp 168.952/PR, Rel. Min. Hamilton Carvalhido, 6ª Turma, jul. 25.09.2001, *DJ* 04.02.2002).

Art. 72. O juiz nomeará curador especial ao:

I – incapaz, se não tiver representante legal ou se os interesses deste colidirem com os daquele, enquanto durar a incapacidade;

II – réu preso revel, bem como ao réu revel citado por edital ou com hora certa, enquanto não for constituído advogado.

Parágrafo único. A curatela especial será exercida pela Defensoria Pública, nos termos da lei.

CPC/1973

Art. 9º.

REFERÊNCIA LEGISLATIVA

CPC/2015, arts. 245, §§ 4º e 5º (citação da pessoa com deficiência), 252 a 254 (citação com hora certa), 256 a 258 (citação por edital), 344 (nomeação de curador especial na hipótese de revelia no processo de execução) e 671 (nomeação de curador especial ao ausente e ao incapaz no inventário e na partilha).

Lei Complementar nº 80, de 12.01.1994 (Defensoria Pública da União – Ver Legislação Especial), art. 4º, VI (funções institucionais da Defensoria Pública).

CC, arts. 1.767 e ss.

Art. 148, parágrafo único, da Lei nº 8.069/1990 (ECA – Estatuto da Criança e do Adolescente).

BREVES COMENTÁRIOS

Com o advento do Código Civil de 2002, desapareceu a figura do curador ao vínculo nas ações de nulidade ou anulação de casamento. Subsistem apenas as hipóteses de curador especial enumeradas nos incisos do art. 72 do CPC/2015.

Se não existir o cargo de curador na comarca nomear-se-á advogado dativo para exercer o *munus*.

A nomeação de curador não exclui a intervenção do MP.

Aos interessados incertos, citados por edital, mesmo que ninguém compareça, não se aplica a curatela.

Ao curador incumbe velar pelo interesse da parte tutelada, no que diz respeito à regularidade de todos os atos processuais, cabendo-lhe ampla defesa dos direitos da parte representada, e podendo, até mesmo, produzir atos de resposta como a contestação e a reconvenção, se encontrar elementos para tanto, pois a função da curatela especial lhe dá poderes de representação legal da parte, em tudo que diga respeito ao processo e à lide nele debatida. Não pode, naturalmente, transacionar, porque a representação é apenas de tutela e não de disposição.

A regra do ônus da impugnação especificada dos fatos, necessária à contestação do réu, não se aplica ao curador especial, já que esse não pode confessar (CPC, art. 341, parágrafo único).

SÚMULAS

Súmula do STJ:

Nº 196: "Ao executado que, citado por edital ou por hora certa, permanecer revel, será nomeado curador especial, com legitimidade para apresentação de embargos."

JURISPRUDÊNCIA SELECIONADA

1. Incapaz, interesses colidentes (inciso I). "A nomeação de curador especial, assentou precedente desta Corte, 'supõe a existência de conflito de interesses entre o incapaz e seu representante. Isso não resulta do simples fato de esse último ter se descurado do bom andamento do processo. As falhas desse podem ser supridas pela atuação do Ministério Público, a quem cabem os mesmos poderes e ônus das partes'" (STJ, REsp 886.124/DF, Rel. p/ ac. Min. Humberto Gomes de Barros, 3ª Turma, jul. 20.09.2007, *DJ* 19.11.2007, p. 227). **Precedente citado:** STJ, REsp 34.377/SP, Rel. Min. Eduardo Ribeiro, *DJ* 13.10.1997.

Intervenção obrigatória não configurada. "Já atuando o Ministério Público no processo como ***custos legis***, não ocorre necessidade da intervenção obrigatória do Defensor Público para a mesma função. O art. 9º, I, do CPC dirige-se especificamente à capacidade processual das partes e dos procuradores. Dessa forma, a nomeação de curador especial ao incapaz só ocorre, de forma obrigatória, quando este figurar como parte, não na generalidade de casos que lidem com crianças ou adolescentes, sem ser na posição processual de partes, ainda que se aleguem fatos graves relativamente a eles" (STJ, REsp 1.177.636/RJ, Rel. p/ acórdão Min. Sidnei Beneti, 3ª Turma, jul. 18.10.2011, *DJe* 27.09.2012).

2. Revelia. Réu preso (inciso II). "Ofensa aos princípios constitucionais do contraditório e ampla defesa. Violação, ademais, ao art. 9º, II, do CPC. Réu que, não obstante citado pessoalmente, tem sua liberdade privada quatro dias após o ato citatório, ainda durante o transcurso do lapso destinado à apresentação da defesa. Caso fortuito que impossibilitou a apresentação de resposta perante o juízo cível. Omissão do juízo em nomear curador especial que culmina na nulidade do processo desde a citação, exclusive, devendo ser restituído o prazo destinado à defesa" (STJ, REsp 1.032.722/PR, Rel. Min. Marco Buzzi, 4ª Turma, jul. 28.08.2012, *DJe* 15.10.2012).

"**Se a parte, mesmo estando presa, tem patrono nomeado nos autos, torna-se absolutamente despicienda** a indicação de um curador especial para representá-la" (STJ, REsp 897.682/MS, Rel. Min. Nancy Andrighi, 3ª Turma, jul. 17.05.2007, *DJ* 04.06.2007).

3. Revelia. Réu citado por edital (inciso II). Interpretação da norma. "A regra inserta no art. 9º, II, do CPC deve ser interpretada em seu sentido finalístico, qual seja, zelar pelos interesses do réu citado por edital. O réu, seja no processo de conhecimento ou no de execução, tem constitucionalmente asseguradas as garantias do contraditório e da ampla defesa (art. 5º, LV, CF/1988)" (TRF 4ª Região, Ap 1999.04.01.116473-2/PR, Rel. Juiz Alcides Vettorazzi, 4ª Turma, *DJU* 03.01.2001).

Réu citado por hora certa. Revelia. "A nomeação de curador especial, ao réu revel citado por hora certa, nos termos do art. 9.º, inciso II, do CPC, é medida que se impõe quando não comparece o réu aos autos. Não há falar em nomeação de curador especial ao revel, mesmo que ficta tenha sido sua citação, quando o mesmo comparece aos autos, regularizando sua representação processual, e apresenta contestação intempestiva ou deixa de fazê-lo *sponte propria*. Aplica-se à espécie a máxima *dormientibus non sucurrit jus*" (STJ, REsp 1.229.361/SP, Rel. Min. Vasco Della Giustina, 3ª Turma, jul. 12.04.2011, *DJe* 25.04.2011).

4. Nomeação de advogado dativo. Defensoria Pública estruturada. "Na linha da jurisprudência do eg. Supremo Tribunal Federal e desta eg. Corte, 'O Supremo Tribunal Federal firmou o entendimento de que é nulo o processo quando há nomeação de defensor dativo em comarcas em que existe Defensoria Pública estruturada, só se admitindo a designação de advogado *ad hoc* para atuar no feito quando não há órgão de assistência judiciária na comarca, ou se este não está devidamente organizado na localidade, havendo desproporção entre os assistidos e os respectivos defensores. Precedente' (HC n. 337.754/SC, 5ª Turma, Rel. Min. Jorge Mussi, *DJe* de 26/11/2015)." (STJ, RHC 61.848/PA, Rel. Min. Felix Fischer, 5ª turma, jul. 04.08.2016, *DJe* 17.08.2016).

5. Curador especial. Obrigações.

Legitimidade ativa para reconvir. "O curador especial tem legitimidade para propor reconvenção em favor de réu revel citado por edital (art. 9º, II, do CPC/1973), poder que se encontra inserido no amplo conceito de defesa". (STJ, REsp 1088068/MG, Rel. Min. Antonio Carlos Ferreira, 4ª Turma, jul. 29.08.2017, *DJe* 09.10.2017). **No mesmo sentido:** STJ, AgInt no REsp 1212824/DF, Rel. Min. Maria Isabel Gallotti, 4ª Turma, jul. 24.09.2019, *DJe* 02.10.2019.

Produzir defesa. "O curador nomeado ao revel, citado por edital, fica obrigado a produzir defesa, se dispuser de elementos" (TJMG, Ap 67.269, Rel. Des. Lúcio Urbano, 1ª Câmara, jul. 03.09.1995, *Jur. Mineira* 92/333). **Obs.: Caso contrário, poderá contestar por negativa geral (CPC, art. 302, parágrafo único).**

Substituição processual. "A nomeação de curador especial para opor embargos de devedor se o réu, citado por edital, permanece revel revela-se legítima. Incumbe, assim, ao curador, nos termos do art. 9º, II, c/c o art. 598 do CPC, diligenciar como substituto processual, assegurando a legalidade da execução" (STJ, AgRg no AgRg no REsp 890.571/MG, Rel. Min. Luiz Fux, 1ª Turma, jul. 22.04.2008, *DJe* 02.06.2008).

Interposição de recursos. "O curador *ad litem*, inclusive quando integrante do Ministério Público (CPC, art. 9º, parágrafo único), representa com plenitude a parte (quer demandante, quer demandada), considerada merecedora de especial tutela jurídica, cabendo-lhe impugnar as decisões judiciais, tanto mediante recursos como utilizando ações autônomas de impugnação, tais como o mandado de segurança contra ato judicial" (STJ, RMS 1.768/RJ, Rel. Min. Athos Carneiro, 4ª Turma, jul. 23.03.1993, *DJ* 19.04.1993).

Arguir prescrição. "O curador especial, habilitado a promover a defesa do executado, inclusive mediante embargos (Súmula n. 196/STJ), está também legitimado a arguir a prescrição" (STJ, AgRg no REsp 710.449/MG, Rel. Min. Francisco Falcão, 1ª Turma, jul. 07.06.2005, *DJ* 29.08.2005, p. 192). Obs.: E também a prescrição intercorrente (STJ, AgRg no AgRg no REsp 890.571/MG, Rel. Min. Luiz Fux, 1ª Turma, jul. 22.04.2008, *DJe* 02.06.2008).

6. Curador especial. Assistência gratuita. Prova da hipossuficiência. "Não está o julgador vinculado ao exame de hipossuficiência material levado a cabo pelas Defensorias Públicas no patrocínio de causas de seus representados, podendo exigir da parte que prove nos autos a sua condição de incapacidade de custeio da causa. A exigência de o curador especial comprovar o estado de hipossuficiência da parte revel, no entanto, limita o dever (*munus*) público do profissional e inviabiliza a atuação na fase de recursos, esvaziando o instituto e tornando-o inócuo, eis que não se pode exigir dele, patrono da causa, que arque com os custos para impugnar decisões em processos cuja parte não foi sequer encontrada" (STJ, EREsp 1655686/SP, Rel. Min. Maria Isabel Gallotti, 2ª Seção, jul. 12.12.2018, *DJe* 18.12.2018).

"Não é possível a concessão de assistência judiciária gratuita ao réu citado por edital que, quedando-se revel, passou a ser defendido por Defensor Público na qualidade de curador especial, pois inexiste nos autos a comprovação da hipossuficiência da parte, visto que, na hipótese de citação ficta, não cabe presumir a miserabilidade da parte, e o curador, ainda que membro da Defensoria, não possui condições de conhecer ou demonstrar a situação econômica da parte ora agravante, muito menos requerer, em nome desta, a gratuidade de justiça" (STJ, AgInt no AREsp 978.895/SP, Rel. Min. Sérgio Kukina, 1ª Turma, jul. 12.06.2018, *DJe* 19.06.2018).

7. Curador especial. Honorários. "Nos termos da jurisprudência desta Corte, 'são devidos honorários de advogado ao curador especial, devendo ser custeado pelo Estado, haja vista que o advogado dativo não pode ser compelido a trabalhar gratuitamente em face da carência ou ausência de Defensoria Pública na região' (AgRg no REsp 1.451.034/PR, Rel. Ministro Mauro Campbell Marques, Segunda Turma, *DJe* de 19/8/2014)" (STJ, AgInt nos EDcl no REsp 1698526/SP, Rel. Min. Maria Isabel Gallotti, 4ª Turma, jul. 26.03.2019, *DJe* 29.03.2019). **No mesmo sentido:** STJ, AgRg no REsp 1537336/MG, Rel. Min. Mauro Campbell Marques, 2ª Turma, jul. 17.09.2015, *DJe* 28.09.2015.

Adiantamento pela parte autor. Possibilidade. "O Superior Tribunal de Justiça tem se manifestado no sentido da possibilidade de adiantamento, pelo autor, dos honorários devidos ao curador especial nomeado ao réu citado por edital. Posteriormente, em caso de eventual procedência da demanda, poderá o autor cobrar os valores do sucumbente. Aplica-se ao curador especial, nesses termos, a disciplina dos honorários devidos aos peritos" (STJ, AgRg no REsp 1.194.795/SP, Rel. Min. Sidnei Beneti, 3ª Turma, jul. 26.04.2011, *DJe* 04.05.2011). **No mesmo sentido**: STJ, REsp 899.273/GO, Rel. Min. Aldir Passarinho Junior, 4ª Turma, jul. 02.04.2009, *DJe* 11.05.2009; STJ, REsp 957.422/RS, Rel. Min. Arnaldo Esteves Lima, 5ª Turma, jul. 13.12.2007, *DJ* 07.02.2008. **Em sentido contrário**: "Consoante decidiu a Terceira Turma, ao julgar o REsp 142.188/SP (Rel. Min. Carlos Alberto Menezes Direito, *DJ* de 26.10.1998, p. 114), 'o art. 20 do Código de Processo Civil cuida, expressamente, dos honorários de advogado, prevendo que a sentença os fixará e, ainda, que o vencedor receberá as despesas que antecipou'. Não há qualquer razão para impor adiantamento de honorários. A regra do art. 19, § 2º, manda o autor antecipar as despesas 'relativas a atos, cuja realização o juiz determinar de ofício ou a requerimento do Ministério Público'. Evidentemente, honorários de advogado não se enquadram nessa categoria" (STJ, REsp 1.225.453/PR, Rel. Min. Mauro Campbell Marques, 2ª Turma, jul. 02.06.2011, *DJe* 23.09.2011). **No mesmo sentido:** STJ, AgRg no REsp 1.258.560/RS, Rel. Min. Maria Isabel Gallotti, 4ª Turma, jul. 15.05.2012, *DJe* 24.05.2012.

Advogado dativo. "Nos termos da jurisprudência do STJ, 'restando vencedora em demanda contra o estado parte representada por advogado legalmente habilitado na condição de curador especial, a condenação em honorários advocatícios se perfaz lícita, devendo ser mantida' (AgRg no REsp 816.383/MG, Rel. Min. Luiz Fux, 1ª Turma, *DJU* de 23.08.2007)" (STJ, AgRg no REsp 943.340/MG, Rel. Min. Mauro Campbell Marques, 2ª Turma, jul. 18.12.2008, *DJe* 13.02.2009).

Defensoria pública. "A remuneração dos membros integrantes da Defensoria Pública ocorre mediante subsídio em parcela única mensal, com expressa vedação a qualquer outra espécie remuneratória, nos termos dos arts. 135 e 39, § 4º, da CF/1988, combinado com o art. 130 da LC 80/1994. Destarte, o defensor público não faz jus ao recebimento de honorários pelo exercício da curatela especial, por estar no exercício das suas funções institucionais, para o que já é remunerado mediante o subsídio em parcela única. Todavia, caberá à Defensoria Pública, se for o caso, os honorários sucumbenciais fixados ao final da demanda (art. 20 do CPC), ressalvada a hipótese em que ela venha a atuar contra pessoa jurídica de direito público, à qual pertença (Súmula 421 do STJ)" (STJ, REsp 1.201.674/SP, Rel. Min. Luis Felipe Salomão, Corte Especial, jul. 06.06.2012, *DJe* 01.08.2012). **No mesmo sentido:** STJ, REsp 1.203.312/SP, Rel. Min. Nancy Andrighi, 3ª Turma, jul. 14.04.2011, *DJe* 27.04.2011; STJ, REsp 1.125.954/RS, Rel. Min. Laurita Vaz, 5ª Turma, jul. 03.05.2011, *DJe* 18.05.2011. **Em sentido contrário:** "É possível a nomeação de defensor público como curador especial sem que tal fato lhe retire o direito ao recebimento de honorários advocatícios – tendo em vista que o *munus* público do curador não se confunde com assistência judiciária –, que deverão ser adiantados pela parte autora, que, por sua vez, caso vença a demanda, poderá cobrá-los dos réus. Inteligência do art. 9º, II, c/c o art. 19, § 2º, do CPC" (STJ, REsp 957.422/RS, Rel. Min. Arnaldo Esteves Lima, 5ª Turma, jul. 13.12.2007, *DJ* 07.02.2008).

8. Prazos do curador. "Não se estende ao curador especial, nomeado nos casos previstos no art. 9º do CPC, o privilégio do prazo em dobro para contestar ou recorrer, reconhecido ao defensor público no art. 5º, § 5º, da Lei nº 1.060/1950" (TAMG, 1º C.C., Ap 235.742-6, Rel. Juiz Herondes de Andrade, ac. 16.09.1997).

9. Falta de nomeação de curador especial. Nulidade. "Figurando nos autos, como litisconsorte, deficiente mental que não foi interditado e não tem curador, era obrigatória a nomeação de curador especial (art. 9º, I, do CPC). [...] Processo anulado desde o início, para ser sanado o vício de representação do incapaz e ser propiciada a intervenção do Ministério Público em todos os atos do processo" (TRF 4ª Região, Ap. Cível 1999.04.01.008884-9-PR, Rel. Juiz A. A. Ramos de Oliveira, 4ª Turma, *DJU* 29.11.2000, p. 407).

10. Patrocínio simultâneo de causas. Conflito de interesses. "A nomeação de uma das advogadas constituídas da parte autora, como curadora da parte ré, por si só, evidencia um desvirtuamento do real propósito do instituto da curatela, porquanto patente o conflito de interesses" (STJ, REsp 1.006.833/RJ, Rel. Min. Maria Thereza de Assis Moura, 6ª Turma, jul. 22.08.2011, *DJe* 05.09.2011).

Art. 73. O cônjuge necessitará do consentimento do outro para propor ação que verse sobre direito real imobiliário, salvo quando casados sob o regime de separação absoluta de bens.

§ 1º Ambos os cônjuges serão necessariamente citados para a ação:

I – que verse sobre direito real imobiliário, salvo quando casados sob o regime de separação absoluta de bens;

II – resultante de fato que diga respeito a ambos os cônjuges ou de ato praticado por eles;

III – fundada em dívida contraída por um dos cônjuges a bem da família;

IV – que tenha por objeto o reconhecimento, a constituição ou a extinção de ônus sobre imóvel de um ou de ambos os cônjuges.

§ 2º Nas ações possessórias, a participação do cônjuge do autor ou do réu somente é indispensável nas hipóteses de composse ou de ato por ambos praticado.

§ 3º Aplica-se o disposto neste artigo à união estável comprovada nos autos.

CPC/1973

Art. 10.

REFERÊNCIA LEGISLATIVA

CPC/2015, arts. 114 (litisconsórcio entre cônjuge), 47 (ações imobiliárias), 321 (emenda ou complementação da petição inicial), 391, parágrafo único (confissão), 589 (ação de divisão) e 626 (inventário).

Lei nº 8.245, de 18.10.1991, art. 3º (vênia conjugal).

CC/2002, arts. 1.647 (consentimento do cônjuge), 1.225 (direitos reais) e 1.848 (bens da legítima).

BREVES COMENTÁRIOS

O art. 73 não obriga a formação de litisconsórcio ativo entre os cônjuges nas ações reais imobiliárias. Exige apenas o consentimento de um à ação proposta pelo outro.

Somente nas ações que versem sobre direitos reais imobiliários é que o cônjuge (varão ou mulher) dependerá do assentimento de seu consorte para ingressar em juízo. Mas essa restrição à capacidade processual é, como se vê, recíproca, pois atinge ambos os cônjuges. Observe-se, entretanto, que a necessidade de anuência do cônjuge e de seu eventual suprimento pressupõe sociedade conjugal em vigor e a adoção de outro regime de bens que não o de separação absoluta. Extinta esta por separação judicial ou divórcio, a existência de bens não partilhados passa para o regime do condomínio ordinário, no qual obviamente não vigora a exigência de vênia conjugal para os atos individuais dos ex-cônjuges.

Só quem pode arguir a ausência de consentimento marital é o marido; identicamente, a arguição de falta de outorga uxória só pode ser feita pela mulher.

Nas ações de que trata o § 1º ambos os cônjuges deverão figurar no polo ativo (autores), sob pena de nulidade. No caso de ações reais imobiliárias, o litisconsórcio passivo entre os cônjuges é necessário, devendo ambos ser citados obrigatoriamente para validação da relação processual, cabendo, porém, suprimento da eventual omissão pelo comparecimento espontâneo ao processo.

A propósito das ações possessórias, segundo o magistério de Sergio Bermudes (*in* Pontes de Miranda, *Comentários ao CPC*, 5. ed., 2. tir., 1997, t. I, p. 267, nota de rodapé 70-a), "se há composse (CC/1916, art. 488), obviamente de ambos os cônjuges, o § 2º exige a participação do cônjuge do autor ou do réu. Optou o legislador da Lei nº 8.952/1994 pelo emprego do substantivo grifado para significar que, em se tratando de composse dos dois cônjuges, ou de ato possessório praticado por ambos, basta o consentimento de um deles para que o outro proponha a ação, não se verificando litisconsórcio necessário ativo, pois o autor litigará sozinho, sem que o consorte integre a relação processual, o que seria indispensável para que ele alcançasse a qualidade de parte, adquirida pela presença no processo. A hipótese, aqui, será de representação do cônjuge ausente do processo, mas anuente, pelo seu consorte, ficando aquele sujeito aos efeitos da sentença. Se, todavia, a ação possessória for proposta para a tutela de pretensão contrária à composse do casal, ou a ato de posse praticado pelos dois cônjuges, ocorrerá litisconsórcio necessário passivo, pois se torna indispensável a citação de ambos, aplicando-se o inciso II do § 1º".

JURISPRUDÊNCIA SELECIONADA

1. Arguição de nulidade. Legitimidade (*caput*). "Compete ao marido, e não a outrem, a arguição de falta de consentimento marital" (STF, RE 70945/RJ, Rel. Min. Antônio Neder, 1ª Turma, jul. 03.05.1977, *RTJ* 82/419).

"Ainda que a lide verse sobre direito real, a falta de citação uxória constitui-se em nulidade relativa" (TAMG, Ap. 25282, Rel. Des. Guido de Andrade, 2ª Câmara Cível, jul. 21.09.1984, *RT* 599/200).

2. Ações que dependem da citação dos dois cônjuges.

Ação reivindicatória. "Esta Corte firmou entendimento segundo o qual, sendo ação reivindicatória de natureza real, é imprescindível a citação de ambos os cônjuges ante a formação do litisconsórcio passivo necessário, sob pena de nulidade" (STJ, AgInt no REsp 1447860/DF, Rel. Min. Benedito Gonçalves, 1ª Turma, jul. 17.08.2017, *DJe* 28.08.2017). **No mesmo sentido:** STJ, REsp 73.975/PE, Rel. Min. Sálvio de Figueiredo Teixeira, 4ª Turma, jul. 24.11.1997, *DJ* 02.02.1998, p. 109.

Partilha. Anulação. Litisconsórcio necessário. "No caso de a anulação de partilha acarretar a perda de imóvel já registrado em nome de herdeiro casado sob o regime de comunhão universal de bens, a citação do cônjuge é indispensável, tratando-se de hipótese de litisconsórcio necessário" (STJ, REsp 1.706.999/SP, Rel. Min. Ricardo Villas Bôas Cueva, 3ª Turma, jul. 23.02.2021, *DJe* 01.03.2021).

Cônjuges réus. Litisconsórcio necessário. "Nas ações reais imobiliárias os cônjuges, como réus, são litisconsortes necessários, pois a lei exige a citação de ambos. No caso de legitimação ativa o que se exige é a outorga marital ou uxória, e não o litisconsórcio" (TJSP, ApCív 212.415-2, Rel. Ricardo Brancato, 9ª Câmara, jul. 17.03.1994, *JTJ* 159/17).

Ação em que o arrematante do imóvel pretende imitir-se na posse. "Irrelevância da circunstância de estarem separados de fato, apenas um deles ocupando o imóvel. A necessidade da citação de ambos decorre da natureza da ação e não de a ofensa ao direito ser imputável aos dois" (STJ, REsp 23.950/SP, Rel. Min. Eduardo Ribeiro, 3ª Turma, jul. 08.09.1992, *DJ* 05.10.1992).

Usucapião. "A propositura da ação de usucapião, pelo varão, depende do consentimento da mulher, sob pena de nulidade do processo" (STJ, REsp 60.592/SP, Rel. Min. Ari Pargendler, 3ª Turma, jul. 29.06.1999, *DJ* 30.08.1999, p. 68).

Execução. "Nos termos do artigo 10, § 1º, incisos I e IV, do CPC, ambos os cônjuges serão necessariamente citados para as ações que versem sobre direitos reais imobiliários, bem como naquelas que tenham por objeto o reconhecimento, a constituição ou a extinção de ônus sobre imóveis de um ou de ambos os cônjuges, o que afasta a tese de que, por serem casados em regime de separação total de bens, não deveria a esposa integrar o polo passivo da demanda execucional" (STJ, AgRg no REsp 1.287.135/RJ, Rel. Min. Marco Buzzi, 4ª Turma, jul. 21.05.2013, *DJe* 31.05.2013).

Fiança prestada pelos cônjuges. "Sendo a fiança prestada pelos cônjuges, imprescindível é a citação de ambos para responder em juízo pelos débitos decorrentes da garantia prestada, sob pena de nulidade, por se tratar de litisconsórcio passivo necessário, a teor do que dispõe o art. 10, § 1º, inciso II, do Código de Processo Civil" (STJ, AgRg no REsp 954.709/RS, Rel. Min. Laurita Vaz, 5ª Turma, jul. 03.05.2011, *DJe* 18.05.2011).

Contrato de doação. "Necessidade, contudo, de citação do cônjuge do devedor que participou do contrato de doação por força do inciso II do art. 10 do Código de Processo Civil" (STJ, REsp 750.135/RS, Rel. Min. Paulo de Tarso Sanseverino, 3ª Turma, jul. 12.04.2011, *DJe* 28.04.2011).

Penhora. Ausência de citação do cônjuge "Inobstante afastada pela instância ordinária, com decisão preclusa, a aplicação da Lei nº 8.009/1990 à penhora havida nos autos da execução movida ao cônjuge varão, tem-se que a questão pode ser reavivada em embargos de terceiro opostos pela esposa do devedor, que não integrava aquele processo. Proteção que atinge a inteireza do bem, ainda que derivada apenas da meação da esposa, a fim de evitar a frustração do escopo da Lei nº 8.009/1990, que é a de evitar o desaparecimento material do lar que abriga a família do devedor" (STJ, AgRg no REsp 480.506/RJ, Rel. Min. Aldir Passarinho Junior, 4ª Turma, jul. 21.11.2006, *DJ* 26.02.2007, p. 594).

3. Ações que não dependem da citação dos dois cônjuges.

Promessa de compra e venda não registrada. Direito pessoal. "É prescindível a citação de cônjuge do comprador em ação que vise à rescisão de contrato de promessa de compra e venda de imóvel, pois a discussão trata apenas de direitos obrigacionais, não existindo litisconsórcio passivo necessário" (STJ, AgInt no REsp 1180179/SP, Rel. Min. Maria Isabel Gallotti, 4ª Turma, jul. 07.03.2017, *DJe* 15.03.2017). **No mesmo sentido:** TJSP, AI 108.119-2, Rel. Des. Albano Nogueira, 15ª Câmara, jul. 27.08.1986, RT 615/73.

Ação de nunciação de obra nova. "A ação de nunciação de obra nova não possui natureza de ação real imobiliária, mas sim pessoal, razão pela qual prescinde, para sua validade, da citação, na qualidade de litisconsorte necessário, do cônjuge do demandado" (STJ, REsp 710.854/MG, Rel. Min. Sidnei Beneti, 3ª Turma, jul. 05.08.2010, *DJe* 20.10.2010).

Execução. Avalista. Cônjuge. Ausência de garantia real. Litisconsórcio necessário. Inexistência. "O cônjuge que apenas autorizou seu consorte a prestar aval, nos termos do art. 1.647 do Código Civil (outorga uxória), não é avalista. Dessa forma, não havendo sido prestada garantia real, não é necessária sua citação como litisconsorte, bastando a mera intimação, como de fato postulado pelo exequente" (STJ, REsp 1475257/MG, Rel. Min. Maria Isabel Gallotti, 4ª Turma, jul. 10.12.2019, *DJe* 13.12.2019).

Ações possessórias. "Nas ações possessórias, em regra, não há necessidade de promover a citação do cônjuge da parte ré, exceto no caso de composse ou de ato por ambos praticados. Ademais, o contrato de promessa de compra e venda de imóvel averbado à margem da matrícula no serviço registral configura direito real imobiliário, o que tornaria necessária a citação do cônjuge. [...]. Se, à época do ajuizamento da ação possessória, não havia notícia de que o promitente comprador do imóvel era casado, não há como, na estreita via do mandado de segurança, anular todo o processo com base na falta de citação do cônjuge, se essa informação só foi levada a conhecimento público após o trânsito em julgado do processo" (STJ, RMS 45.071/BA, Rel. Min. João Otávio de Noronha, 3ª Turma, jul. 21.08.2014, *DJe* 01.09.2014).

Ação possessória. "Em regra, não é necessário a outorga uxória em ações possessórias, uma vez que possuem natureza pessoal, e não real, por ser a posse situação de fato e pela desnecessidade de título para aquisição ou perda. Todavia, quando a posse é disputada com base em títulos de domínio, dependendo a solução do litígio do exame destes, tal questão não poderá mais ser alegada em outra ação. Assim, ocorre verdadeira transformação da possessória em ação petitória, tornando-se indispensável a citação do cônjuge do réu" (*RT* 611/122).

Promessa de compra e venda. "Não citação da mulher do promitente-vendedor, em ação para outorga da escritura definitiva. Artigo 10, parágrafo único, I, do CPC. Validade do processo se o promitente não é proprietário do imóvel e a outorga depende de terceiros, assumindo assim a obrigação do réu caráter meramente pessoal" (STJ, REsp 12.428/SP, Rel. Min. Athos Carneiro, 4ª Turma, jul. 08.09.1992, *DJ* 28.09.1992, p. 16.431).

Condomínio. Despesas. "Os cônjuges, coproprietários de imóvel, respondem solidariamente pelas despesas de condomínio, mas esta responsabilidade não implica litisconsórcio necessário em razão da natureza pessoal da ação de cobrança de cotas condominiais" (STJ, REsp 838.526/RJ, Rel. Min. Sidnei

Beneti, 3ª Turma, jul. 26.02.2008, *DJ* 13.03.2008, p. 1). **No mesmo sentido:** STJ, REsp 863.286/MG, Rel. Min. Aldir Passarinho Junior, Rel. p/ acórdão Min. João Otávio de Noronha, 4ª Turma, jul. 09.12.2008, *DJe* 16.02.2009.

Ação pauliana. "A ação pauliana tem natureza pessoal, e não real, razão pela qual não é necessária a citação dos cônjuges do devedor-doador e dos donatários" (STJ, REsp 750.135/RS, Rel. Min. Paulo de Tarso Sanseverino, 3ª Turma, jul. 12.04.2011, *DJe* 28.04.2011).

Indenização. Rompimento de negócio imobiliário. "Tratando-se de ação para haver indenização em decorrência de rompimento de negócio imobiliário, não há falar em violação do art. 10 do Código de Processo Civil" (STJ, REsp 665.222/RJ, Rel. Min. Carlos Alberto Menezes Direito, 3ª Turma, jul. 16.05.2006, *DJ* 04.09.2006).

Desapropriação por utilidade pública. "Em se tratando de desapropriação, prevalece a disposição específica do art. 16 do DL 3.365/1941, no sentido de que 'a citação far-se-á por mandado na pessoa do proprietário dos bens; a do marido dispensa a da mulher'. Conforme dispõe o art. 42 do DL 3.365/1941, o Código de Processo Civil somente incidirá no que for omissa a Lei das Desapropriações. Portanto, havendo previsão expressa quanto à matéria, não se aplica a norma geral" (STJ, REsp 1.404.085/CE, Rel. Min. Herman Benjamin, 2ª Turma, jul. 05.08.2014, *DJe* 18.08.2014).

Hasta pública. "A intimação pessoal da realização da hasta pública é necessária apenas em relação ao devedor-executado, sendo desnecessária em relação ao seu cônjuge. Inteligência do § 5º do art. 687 do CPC. Precedente do STJ" (STJ, REsp 900.580/GO, Rel. Min. Arnaldo Esteves Lima, 5ª Turma, jul. 10.02.2009, *DJe* 30.03.2009).

Obrigação meramente pessoal. "Tratando-se de obrigação meramente pessoal assumida pelo marido, prescindível é a outorga uxória da mulher para a propositura da ação de rescisão contratual" (STJ, REsp 171.243/PE, Rel. Min. Barros Monteiro, 4ª Turma, jul. 17.02.2000, *RSTJ* 135).

4. Ausência de consentimento. Vício sanável. "A exigência de consentimento do cônjuge, prevista no art. 10 do CPC, suprida no curso da demanda, com a outorga de poderes ao procurador da autora para representá-lo em juízo, afasta a ilegitimidade aventada" (TJRS, ApCív. 70017981408, Rel. André Luiz Planella Villarinho, 18ª Câm. Cív., jul. 28.02.2008, *DJ* 07.03.2008).

Art. 74. O consentimento previsto no art. 73 pode ser suprido judicialmente quando for negado por um dos cônjuges sem justo motivo, ou quando lhe seja impossível concedê-lo.

Parágrafo único. A falta de consentimento, quando necessário e não suprido pelo juiz, invalida o processo.

CPC/1973

Art. 11.

REFERÊNCIA LEGISLATIVA

CPC/2015, arts. 485, VI (extinção do processo sem resolução de mérito por carência de ação), 337, IX (preliminar de falta de autorização para contestar), 354 (extinção do processo) e 719 a 765 (procedimentos especiais de jurisdição voluntária).

CC, art. 1.648.

BREVES COMENTÁRIOS

Para evitar situações de recusa caprichosa ou de outros empecilhos, permite o Código que a autorização do marido e a outorga da mulher possam ser supridas judicialmente, quando um cônjuge a recuse ao outro sem motivo justo, ou lhe seja impossível dá-la (*caput*). O procedimento a observar, anteriormente à propositura da ação, é o comum ou geral de jurisdição voluntária, traçado pelos arts. 719 a 725, do CPC/2015.

Nas ações do art. 73, a outorga do outro cônjuge é integrativa da capacidade processual; por isso, a sua falta, desde que não suprida pelo juiz, invalida o processo (art. 74, parágrafo único).

JURISPRUDÊNCIA SELECIONADA

1. Foro competente. Cônjuges separados judicialmente. "Separados judicialmente os cônjuges, é competente o juízo do foro do **domicílio do réu** para o exame do pedido de suprimento judicial de outorga uxória, ainda que a outorga se refira a acordo de divisão de bens imóveis" (STJ, REsp 122.013/SP, Rel. Min. Antônio de Pádua Ribeiro, 3ª Turma, jul. 24.05.2005, *DJ* 01.07.2005, p. 508). **Em sentido contrário:** "Separados judicialmente os cônjuges, não pode um deles pretender o suprimento judicial do consentimento do outro. Somente na constância do casamento poderia o marido intentar pedido de suprimento de consentimento. Se não o fez, separado o casal, já não mais poderá fazê-lo, por carecer da ação para o fim almejado" (TJSP, Ap 43.935-1, Rel. Des. Camargo Sampaio, 6ª Câmara Cível, jul. 26.04.1984, *Adcoas* 1984).

2. Legitimidade. "Exige-se, nos termos do Código Civil em vigor, para validade da fiança, anuência do outro cônjuge. 'A decretação de invalidade dos atos praticados sem outorga, sem consentimento, ou sem suprimento do juiz, só poderá ser demandada pelo cônjuge a quem cabia concedê-la, ou por seus herdeiros' (art. 1650/CC-2002)" (STJ, AgRg no REsp 1.060.779/RJ, Rel. Min. Celso Limongi, 6ª Turma, jul. 30.06.2010, *DJe* 02.08.2010). **No mesmo sentido:** STJ, REsp 247.344/MG, Rel. Min. Waldemar Zweiter, 3ª Turma, jul. 19.02.2001, *JBCC* 190.

3. Nulidade. "A fiança prestada sem outorga uxória é nula de pleno direito, alcançando todo o ato, inclusive a meação marital. Precedentes da Corte" (STJ, REsp 422.909/SP, Rel. Min. Fernando Gonçalves, 6ª Turma, jul. 10.09.2002, *DJU* 30.09.2002).

Art. 75. Serão representados em juízo, ativa e passivamente:

I – a União, pela Advocacia-Geral da União, diretamente ou mediante órgão vinculado;

II – o Estado e o Distrito Federal, por seus procuradores;

III – o Município, por seu prefeito, procurador ou Associação de Representação de Municípios, quando expressamente autorizada; (Redação dada pela Lei nº 14.341, de 2022)

IV – a autarquia e a fundação de direito público, por quem a lei do ente federado designar;

V – a massa falida, pelo administrador judicial;

VI – a herança jacente ou vacante, por seu curador;

VII – o espólio, pelo inventariante;

VIII – a pessoa jurídica, por quem os respectivos atos constitutivos designarem ou, não havendo essa designação, por seus diretores;

IX – a sociedade e a associação irregulares e outros entes organizados sem personalidade jurídica, pela pessoa a quem couber a administração de seus bens;

X – a pessoa jurídica estrangeira, pelo gerente, representante ou administrador de sua filial, agência ou sucursal aberta ou instalada no Brasil;

XI – o condomínio, pelo administrador ou síndico.

§ 1º Quando o inventariante for dativo, os sucessores do falecido serão intimados no processo no qual o espólio seja parte.

§ 2º A sociedade ou associação sem personalidade jurídica não poderá opor a irregularidade de sua constituição quando demandada.

§ 3º O gerente de filial ou agência presume-se autorizado pela pessoa jurídica estrangeira a receber citação para qualquer processo.

§ 4º Os Estados e o Distrito Federal poderão ajustar compromisso recíproco para prática de ato processual por seus procuradores em favor de outro ente federado, mediante convênio firmado pelas respectivas procuradorias.

§ 5º A representação judicial do Município pela Associação de Representação de Municípios somente poderá ocorrer em questões de interesse comum dos Municípios associados e dependerá de autorização do respectivo chefe do Poder Executivo municipal, com indicação específica do direito ou da obrigação a ser objeto das medidas judiciais. (Incluído pela Lei nº 14.341, de 2022)

CPC/1973

Art. 12.

REFERÊNCIA LEGISLATIVA

CPC/2015, arts. 104 (dispensa de apresentação de mandato judicial), 110 (substituto processual), 242 (citação), 485, IV (extinção do processo sem resolução de mérito por carência de representação), 613 e 614 (administrador provisório), 617, VII (nomeação de inventariante judicial), 618, I (inventariante dativo), 739 (destino dos bens na herança jacente) e 744 (arrecadação dos bens dos ausentes; nomeação de curador).

CF, arts. 5º, XXI e LXX, e 8º, III (representação pelas associações de classe).

CLT, art. 513, *a* (*idem*).

Lei nº 8.906/1994, art. 44, II (representação pela OAB).

LSA, arts. 68, § 3º (representação dos debenturistas), 138 e 144 (extinção ou fusão de sociedade), 211 (poderes do liquidante), 282 (representação pelo sócio gerente de sociedade em comandita por ações).

Lei nº 11.101/2005, art. 22, III, *n* (representação da massa falida pelo administrador).

Lei nº 9.469, de 10.07.1997 (AGU).

SÚMULAS

Súmula do STF:

Nº 644: "Ao titular do cargo de procurador de autarquia não se exige a apresentação de instrumento de mandato para representá-la em juízo."

Súmula do STJ:

Nº 525: "A Câmara de Vereadores não possui personalidade jurídica, apenas personalidade judiciária, somente podendo demandar em juízo para defender os seus direitos institucionais".

BREVES COMENTÁRIOS

Cuida o art. 75 do CPC/2015 da representação das pessoas jurídicas públicas e privadas, bem como das pessoas formais.

A representação pela OAB, no interesse geral da classe dos advogados, ou no pleito individual atinente ao exercício da profissão, não legitima a entidade a propor demanda no mero interesse particular.

A jurisprudência tem entendido que o inventariante dativo não representa o espólio.

Quando o inventariante é herdeiro, sucessor ou meeiro, sua citação dispensa a dos demais herdeiros.

Competente para receber citação na ação intentada contra sociedade liquidanda é o liquidante, e não os sócios.

Os procuradores da Fazenda Pública estão dispensados da exibição de mandato.

O condomínio é representado pelo síndico, sem necessidade de prévia autorização dos condôminos para o litígio.

O Município, além do prefeito e do procurador, poderá também ser representado pela Associação de Representação de Municípios, por inovação da Lei nº 14.341/2022. Trata-se de representação especial que depende de autorização expressa do chefe do Poder Executivo municipal, e que só poderá ocorrer em questões de interesse comum dos associados (CPC, art. 75, § 5º, incluído pela Lei nº 14.341/2022).

As Câmaras Municipais, mesmo sem dispor de personalidade jurídica, podem demandar em defesa de suas prerrogativas institucionais. O mesmo se pode afirmar das Mesas da Câmara dos Deputados e do Senado.

A massa do insolvente civil não foi contemplada no elenco do art. 75. Mas, segundo os arts. 751, II, e 752 do CPC/1973 (que foram mantidos pelo art. 1.049 do CPC/2015), trata-se, também, de massa patrimonial necessária, com capacidade processual ativa e passiva, cuja representação compete ao administrador nomeado pelo juiz da causa (art. 766, II, do CPC/1973, também mantido pelo art. 1.049 do CPC/2015).

JURISPRUDÊNCIA SELECIONADA

1. Rol enunciativo. "A ciência processual, em face dos fenômenos contemporâneos que a cercam, tem evoluído a fim de considerar como legitimados para estar em juízo, portanto, com capacidade de ser parte, entes sem personalidade jurídica, quer dizer, possuidores apenas de personalidade judiciária. No rol de tais entidades estão, além do condomínio de apartamentos, da massa falida, do espólio, da herança jacente ou vacante e das sociedades sem personalidade própria e legal, todos por disposição de lei, hão de ser incluídos a massa insolvente, o grupo, classe ou categoria de pessoas titulares de direitos coletivos, o Procon ou órgão oficial do consumidor, o consórcio de automóveis, as câmaras municipais, as Assembleias Legislativas, a Câmara dos Deputados, o Poder Judiciário, quando defenderem, exclusivamente, os direitos relativos ao seu funcionamento e prerrogativas. Precedentes jurisprudenciais" (STJ, ROMS 8.967/SP, Rel. p/ acórdão Min. José Delgado, 1ª Turma, *DJU* 22.03.1999).

2. União (inciso I).

Fazenda Nacional. "A expressão 'Fazenda Nacional' tem sido entendida como equivalente à União Federal, não havendo, pois, que falar em sua ilegitimidade para inscrever a dívida ativa federal e ajuizar sua cobrança (Precedente: TRF da 3ª Região, Ap. 92.03.027768-4/SP)" (TRF 1ª Região, Ap. 01000249293/MG, Rel. Antônio Ezequiel da Silva, 3ª Turma, *DJU* 03.03.2000, p. 265).

3. Estados, Distrito Federal e territórios (inciso II).

Assembleias legislativas. "'A jurisprudência desta Corte Superior de Justiça é no sentido de que a Assembleia Legislativa Estadual tem legitimidade passiva tão somente para a defesa de seus direitos institucionais, assim entendidos sua organização e funcionamento. Tratando os autos de ação ordinária de cobrança, patente a ilegitimidade passiva da Assembleia Legislativa, sendo que, na espécie, a legitimidade é apenas da Unidade Federativa, não ocorrendo formação de litisconsórcio" (STJ, AgInt no AREsp 1.327.046/MT, Rel. Min. Mauro Campbell Marques, 2ª Turma, jul. 09.10.2018). **No mesmo sentido:** STJ,

AgRg no Ag 798.218/AP, Rel. Min. Laurita Vaz, 5ª Turma, jul. 21.11.2006, *DJ* 05.02.2007; RMS 8.967/SP, Rel. p/ acórdão Min. José Delgado, 1ª Turma, jul. 19.11.1998, *DJ* 22.03.1999, p. 54.

Representação de ente público. "É firme o entendimento desta Corte Superior de que a representação processual dos Entes Públicos independe de instrumento de mandato, desde que seus procuradores estejam investidos na condição de servidores públicos, o que não é o caso dos autos, já que o subscritor do Apelo Nobre apenas se identificou como advogado, com a indicação do respectivo número de inscrição na OAB, não existindo prova de que seja Servidor Público" (STJ, AgRg no AREsp 783.412/SP, Rel. Min. Napoleão Nunes Maia Filho, 1ª Turma, jul. 23.10.2018, *DJe* 31.10.2018).

Autonomia dos Estados. "Diante de seu caráter autorizativo, o art. 75, § 4º, do CPC não viola a autonomia dos Estados-membros, não impondo a celebração do convênio. As procuradorias jurídicas estaduais e distrital, prévia e devidamente organizadas em carreira segundo os ditames da Constituição Federal, da Constituição Estadual ou da Lei Orgânica do Distrito Federal, bem como das normas constantes da lei que instituir a carreira, é que disporão, mediante ato consensual, acerca dessa cooperação mútua, mediante instrumento no qual serão definidos os contornos jurídicos dessa colaboração. Ausência de inconstitucionalidade" (STF, ADI 5.737, Rel. p/ acórdão Min. Roberto Barroso, Pleno, jul. 25.04.2023, *DJe* 27.06.2023).

Procuradores do Estado. "Não é válida a citação feita na pessoa do procurador do estado, se o mesmo não detém poderes especiais para recebê-la, máxime quando esta atribuição está expressa e exclusivamente cometida ao procurador-geral do estado pela legislação de regência" (STJ, REsp 16.720/SP, Rel. Min. Demócrito Reinaldo, 1ª Turma, jul. 05.04.1995, *DJ* 08.05.1995).

"A teor do art. 12 do CPC, apenas os procuradores do estado – seus órgãos de representação processual – estão credenciados a atuar judicialmente em defesa dos estados federados. Não se conhece de recurso manejado em nome de estado federado por advogado não integrante do respectivo quadro de procuradores" (STJ, AgRg na MC 3.939/AP, Rel. Min. Humberto Gomes de Barros, 1ª Turma, jul. 25.09.2001, *DJ* 04.03.2002). **Entretanto:** "Quando a representação do ente público faz-se mediante advogados privados, contratados, no comum dos casos, por prévio procedimento licitatório, é necessário que esse contrato de mandato prove-se pelo respectivo instrumento, vale dizer, pela procuração ou pelo substabelecimento. Precedentes. Ausente essa comprovação, o art. 76, § 2º, inciso II, do CPC/2015, determina a abertura de prazo para a regularização da representação processual, o transcurso 'in albis' do lapso importando o não conhecimento do recurso, quando a diligência couber ao recorrente" (STJ, AgInt no REsp 1603300/MG, Rel. Min. Mauro Campbell Marques, 2ª Turma, jul. 16.02.2017, *DJe* 22.02.2017).

Assessoria jurídica própria. "Reconhecimento, pela jurisprudência do Supremo Tribunal, da constitucionalidade da manutenção de assessoria jurídica própria, por Poder autônomo (mesmo não personalizado), bem como de capacidade processual das Casas Legislativas" (STF, ADI 1.557 MC, Rel. Min. Octavio Gallotti, Tribunal Pleno, jul. 20.03.1997, *DJ* 20.06.1997).

Tribunais de Contas. "Os tribunais de contas são partes ilegítimas para figurarem no polo passivo de ação ordinária visando desconstituir ato de sua competência. Não deve ser confundida a capacidade judiciária excepcional, que lhe é concedida para estar em juízo na defesa de suas prerrogativas, bem como de figurar como autoridade coatora em mandado de segurança, com a legitimação *ad causam* necessária para a formação da relação jurídica formal. Os tribunais de contas não são pessoas naturais ou jurídicas, pelo que, consequentemente, não são titulares de direitos. Integram a estrutura da União ou dos estados e, excepcionalmente, dos municípios. A alta posição de permeio entre os Poderes Legislativo e Executivo, sem sujeição a nenhum deles, embora de relevância para o controle da legalidade e da moralidade das contas públicas, não lhes outorga, só por esse fato, a condição de pessoa jurídica para figurar no polo passivo de ação ordinária visando desconstituir ato que por ele foi praticado no exercício de sua competência" (STJ, REsp 504.920/SE, Rel. Min. José Delgado, 1ª Turma, jul. 04.09.2003, *DJ* 13.10.2003).

4. Município (inciso III). "A representação judicial dos municípios faz-se 'na pessoa do prefeito ou procurador', conforme estatui, imperiosamente, o CPC, art. 12, II, sem dar margem a distinções que enfraqueçam a atuação do Direito, como seria a de que o procurador poderia fazer a defesa do município, mas não poderia receber a citação inicial" (TJRJ, Ap 3.837/89, Rel. Des. Paulo Roberto de A. Freitas, 7ª Câmara, jul. 11.01.1990, *RT* 686/158).

Câmara municipal. "A jurisprudência desta colenda Corte de Justiça possui entendimento pacífico e uníssono no sentido de que: em nossa organização jurídica, as câmaras municipais não têm personalidade jurídica. Têm elas, apenas, personalidade judiciária, cuja **capacidade processual é limitada para demandar em juízo, com o intuito único de defender direitos institucionais próprios e vinculados à sua independência e funcionamento**; é do município a legitimidade, e não da Câmara de Vereadores, para figurar no polo ativo da ação ajuizada" (STJ, REsp 946.676/CE, Rel. Min. José Delgado, 1ª Turma, jul. 23.10.2007, *DJ* 19.11.2007). **No mesmo sentido:** STJ, REsp 1.164.017/PI, Rel. Min. Castro Meira, 1ª Seção, jul. 24.03.2010, *DJe* 06.04.2010; STJ, REsp 1.429.322/AL, Rel. Min. Mauro Campbell Marques, 2ª Turma, jul. 20.02.2014, *DJe* 28.02.2014.

Inércia do ente público. "O município tem personalidade jurídica e a Câmara de Vereadores, personalidade judiciária (capacidade processual) para a defesa dos seus interesses e prerrogativas institucionais. Afetados os direitos do município e inerte o Poder Executivo, no caso concreto (municipalização de escolas estaduais), influindo os denominados direitos-função (impondo deveres), não há negar a manifestação de direito subjetivo público, legitimando-se a Câmara Municipal para impetrar mandado de segurança" (STJ, RMS 12.068/MG, Rel. Min. Francisco Peçanha Martins, 2ª Turma, jul. 17.09.2002, *DJ* 11.11.2002).

5. Autarquia (inciso IV)

Procurador autárquico. Falta de procuração. "Somente aos procuradores autárquicos é autorizada a atuação em juízo sem procuração nos autos, desde que arquivada em cartório, por encontrarem-se na condição de agentes públicos no exercício de suas funções" (STJ, REsp 249.058/SP, Rel. Min. Jorge Scartezzini, 5ª Turma, *DJ* 16.10.2000, p. 327).

6. Massa falida (inciso V). "Se a massa falida figura como parte em processo diverso daquele em que se processa a falência, é dever do síndico juntar cópia do ato de nomeação e do termo de compromisso que o habilitou. Se não o fizer, tem-se por irregular a representação processual. Não se admite, nas instâncias extraordinárias, a regularização da representação processual após a interposição do recurso" (STJ, AgRg no AREsp 81.640/PR, Rel. Min. Antonio Carlos Ferreira, 4ª Turma, jul. 05.02.2013, *DJe* 14.02.2013). **Obs.: A Lei nº 11.101, de 09.02.2005, que revogou o Decreto-lei nº 7.661/1945 (Lei de Falências), dispõe em seu art. 22, inc. III, *n*, que compete ao administrador representar a massa falida em juízo.**

7. Herança jacente (inciso VI). "A herança jacente representa-se por seu curador. Não havendo no processo interessados ausentes, revéis ou incapazes, não se faz mister a intervenção do Ministério Público" (*RT* 203/456).

8. Espólio (inciso VII)

Inventariante. "O art. 12 do CPC atribui ao espólio capacidade processual, tanto ativa como passiva, de modo que é em face dele que devem ser propostas as ações que originariamente se dirigiriam contra o *de cujus*. O princípio da *saisine*, segundo o qual a herança se transfere imediatamente aos herdeiros com o falecimento do titular do patrimônio, destina-se a evitar que a herança permaneça em estado de jacência até sua distribuição aos herdeiros, não influindo na capacidade processual do espólio. Antes da partilha, todo o patrimônio permanece em situação de indivisibilidade, a que a lei atribui natureza de bem imóvel (art. 79, II, do CC/1916). Esse condomínio, consubstanciado no espólio, é representado pelo inventariante" (STJ, REsp 1.080.614/SP, Rel. Min. Nancy Andrighi, 3ª Turma, jul. 01.09.2009, *DJe* 21.09.2009). **No mesmo sentido**: STJ, REsp 689.703/AM, Rel. Min. Luis Felipe Salomão, 4ª Turma, jul. 20.04.2010, *DJe* 27.05.2010.

Administrador provisório. Ver jurisprudência do art. 613 do CPC/2015.

Danos morais e materiais. Sucessão. "A jurisprudência desta Corte firmou o entendimento de que o espólio, detentor de capacidade processual, tem legitimidade para, sucedendo o autor falecido no curso da ação, pleitear reparação por danos materiais e morais sofridos" (STJ, AgRg no REsp 1.129.743/GO, Rel. Min. Benedito Gonçalves, 1ª Turma, jul. 27.04.2010, *DJe* 04.05.2010). **No mesmo sentido**: STJ, REsp 343.654/SP, Rel. Min. Carlos Alberto Menezes Direito, 3ª Turma, jul. 06.05.2002, *DJ* 01.07.2002).

Legitimidade do espólio para ajuizar a ação. "A posição atual e dominante que vigora nesta c. Corte é no sentido de que, embora a violação moral atinja apenas o plexo de direitos subjetivos da vítima, o direito à respectiva indenização transmite-se com o falecimento do titular do direito, possuindo o espólio ou os herdeiros legitimidade ativa *ad causam* para ajuizar ação indenizatória por danos morais, em virtude da ofensa moral suportada pelo *de cujus*. Incidência da Súmula nº 168/STJ" (STJ, AgRg nos EREsp 978.651/SP, Rel. Min. Felix Fischer, Corte Especial, jul. 15.12.2010, *DJe* 10.02.2011). **Em sentido contrário**: "Legitimidade ativa da viúva tanto para o pedido declaratório como para o pedido de indenização pelos prejuízos decorrentes da ofensa à imagem do falecido marido, conforme previsto no art. 12, parágrafo único, do Código Civil. Ausência de legitimidade ativa do espólio para o pedido indenizatório, pois a personalidade do *de cujus* se encerrara com seu óbito, tendo sido o contrato celebrado posteriormente" (STJ, REsp 1.209.474/SP, Rel. Min. Paulo de Tarso Sanseverino, 3ª Turma, jul. 10.09.2013, *DJe* 23.09.2013).

Ação reivindicatória. "Os espólios [...] detêm legitimidade para figurar no polo ativo das ações reivindicatórias ajuizadas contra os ocupantes do loteamento" (STJ, REsp 990.507/DF, Rel. Min. Nancy Andrighi, 3ª Turma, jul. 10.11.2010).

Inventário extinto. "Encerrado o inventário, **com a homologação da partilha, esgota-se a legitimidade do espólio**, momento em que finda a representação conferida ao inventariante pelo artigo 12, V, do Código de Processo Civil. Dessa forma, é necessário que o Juiz possibilite aos herdeiros sua habilitação, em prazo razoável, para fins de regularização da substituição processual, por força dos princípios da celeridade e da economia processual" (STJ, REsp 1.162.398/SP, Rel. Min. Massami Uyeda, 3ª Turma, jul. 20.09.2011, *DJe* 29.09.2011). **No mesmo sentido**: STJ, REsp 76.970/SP, Rel. Min. Milton Luiz Pereira, 1ª Turma, jul. 17.10.1996, *DJ* 25.11.1996.

Escritura no registro de imóvel. "O espólio não pode configurar como adquirente de imóvel na escritura no Registro de Imóveis. Esta deve ser lavrada em nome do autor da herança, mediante alvará judicial e o bem partilhado entre os herdeiros" (TJSP, AI 140.516-1/0, Rel. Des. Penteado Navarro, 4ª Câmara Cível, jul. 23.05.1991, *RT* 674/104).

9. Legitimidade dos herdeiros:

Para requerer indenização do mandatário do *de cujus*. "Os herdeiros são legitimados ativos para promover a ação de indenização em face de mandatário do falecido, visando ao ressarcimento dos valores indevidamente sacados em conta-corrente do mandante, após o falecimento deste" (STJ, REsp 1297611/SP, Rel. Min. Luis Felipe Salomão, 4ª Turma, jul. 06.06.2017, *DJe* 01.08.2017).

Para ação de apuração de haveres. Dissolução parcial da sociedade. Legitimidade dos sucessores. "Ação de apuração de haveres societários cumulada com indenização por perdas e danos ajuizada por herdeiras do falecido sócio de sociedade de advogados, contra os interesses do representante do espólio. (...) Enquanto não realizada a partilha, o coerdeiro possui legitimidade ativa para a propositura de ação que visa à defesa do patrimônio comum deixado pelo *de cujus*. Direito indivisível regulado pelas normas relativas ao condomínio, nos termos do art. 1.791 do Código Civil, c/c o art. 1.314 do mesmo diploma legal" (STJ, REsp 1505428/RS, Rel. Min. Ricardo Villas Bôas Cueva, 3ª Turma, jul. 21.06.2016, *DJe* 27.06.2016). No mesmo sentido: (STJ, REsp 1736781/SE, Rel. Min. Nancy Andrighi, 3ª Turma, jul. 02.04.2019, *DJe* 04.04.2019).

Entretanto, não possui legitimidade para defender interesse próprio. "É legitimado para propor ação de dissolução parcial de sociedade, para fins de apuração da quota social de sócio falecido, o espólio. A legitimidade ativa, em decorrência do direito de saisine e do estado de indivisibilidade da herança, pode ser estendida aos coerdeiros, antes de efetivada a partilha. Essa ampliação excepcional da legitimidade, contudo, é ressalvada tão somente para a proteção do interesse do espólio. No caso dos autos, a ação foi proposta com intuito declarado de pretender para si, exclusivamente, as quotas pertencentes ao autor da herança, independentemente da propositura da correspondente ação de inventário ou de sua partilha. Desse modo, não detém o coerdeiro necessário a legitimidade ativa para propor a presente ação" (STJ, REsp 1645672/SP, Rel. Min. Marco Aurélio Bellizze, 3ª Turma, jul. 22.08.2017, *DJe* 29.08.2017).

Legitimidade para responder por dívidas do falecido. "Enquanto não aberto o inventário e realizada a partilha de bens, o espólio responde pelas dívidas do falecido, nos termos dos arts. 1.997, *caput*, do CC/2002 e 597 do CPC/1973 (art. 796 do CPC/2015). Nesse contexto, os herdeiros não têm legitimidade para figurar no polo passivo da ação de cobrança de cotas condominiais relativas a imóvel pertencente aos falecidos. Precedentes" (STJ, AgInt nos EDcl no AREsp 698.185/SP, Rel. Min. Raul Araújo, 4ª Turma, jul. 20.08.2019, *DJe* 09.09.2019). **No mesmo sentido:** STJ, REsp 1.386.220/PB, Rel. Min. Nancy Andrighi, 3ª Turma, jul. 03.09.2013, *DJe* 12.09.2013; STJ, REsp 1.125.510/RS, Rel. Min. Massami Uyeda, 3ª Turma, jul. 06.10.2011, *DJe* 19.10.2011.

Reconhecimento de união estável *post mortem*. "A jurisprudência deste Tribunal possui entendimento de que os herdeiros possuem legitimidade para figurarem no polo passivo de ação de reconhecimento e dissolução de sociedade de fato, porquanto 'o deslinde da causa poderá afetar a sua esfera jurídico-patrimonial, qual seja o quinhão de cada um (REsp n. 956.047-RS, Rel. Ministro Paulo de Tarso Vieira Sanseverino, *DJe* 15/03/2011)'" (STJ, AgInt no AREsp 1078591/GO, Rel. Min. Marco Aurélio Bellizze, 3ª Turma, jul. 20.02.2018, *DJe* 01.03.2018).

Herdeiro. Assistente litisconsorcial. Possibilidade. "O herdeiro pode ser assistente litisconsorcial nas causas em que o espólio, representado pelo inventariante, é parte inclusive na execução. Precedentes do STJ" (STJ, REsp 1.019.337/PR, Rel. Min. Humberto Martins, 2ª Turma, jul. 21.02.2008, *DJe* 07.03.2008).

Herdeiros. Defesa do patrimônio comum. Partilha ainda não verificada. "Tal como ocorre em relação a um condômino, ao coerdeiro é dada a legitimidade *ad causam* para reivindicar, independentemente da formação de litisconsórcio com os demais coerdeiros, a coisa comum que esteja indevidamente em poder de terceiro, nos moldes no art. 1.314 da Lei Civil. O disposto no artigo 12, V, do Código de Processo Civil não exclui, nas hipóteses em que ainda não se verificou a partilha, a legitimidade de cada herdeiro vindicar em juízo os bens recebidos a título de herança, porquanto, *in casu*, trata-se de legitimação concorrente" (STJ, REsp 1.192.027/MG, Rel. Min. Massami Uyeda, 3ª Turma, jul. 19.08.2010, *DJe* 06.09.2010). **No mesmo sentido**: STJ, REsp 36.700/SP, Rel. Min. Sálvio de Figueiredo Teixeira, 4ª Turma, jul. 14.10.1996, *DJ* 11.11.1996.

"**Na ação de dissolução de sociedade de fato em que se pleiteia a meação dos bens de concubino falecido**, detêm legitimidade para figurar no polo passivo da causa os herdeiros, tendo em vista que a sentença a ser proferida pode, indubitavelmente, atingir o quinhão de cada herdeiro" (STJ, REsp 36.700/SP, Rel. Min. Sálvio de Figueiredo Teixeira, 4ª Turma, jul. 14.10.1996, *DJ* 11.11.1996).

"Falecendo o litisconsorte no curso da execução, necessária é a habilitação dos herdeiros e a citação dos mesmos para o regular desenvolvimento do processo, sob pena de nulidade dos atos praticados. Precedentes" (STJ, AgRg no Ag 375.287/SP, Rel. Min. Carlos Alberto Menezes Direito, 3ª Turma, jul. 19.06.2001, *DJ* 03.09.2001).

10. Ação ajuizada contra réu anteriormente falecido. Ausência de inventário. Legitimidade do administrador provisório. "O propósito recursal consiste em definir se a execução em face de devedor falecido antes do ajuizamento da ação deve ser suspensa até o processamento de ação de habilitação de sucessores ou se, ao revés, é admissível a emenda à inicial, antes da citação, para a substituição do executado falecido pelo seu espólio. A propositura de ação em face de réu preteritamente falecido não se submete à habilitação, sucessão ou substituição processual, nem tampouco deve ser suspensa até o processamento de ação de habilitação de sucessores, na medida em que tais institutos apenas são aplicáveis às hipóteses em que há o falecimento da parte no curso do processo judicial. Inteligência dos arts. 43, 265, I, e 1.055, todos do CPC/73. O correto enquadramento jurídico da situação em que uma ação judicial é ajuizada em face de réu falecido previamente à propositura da demanda é a de ilegitimidade passiva do de cujus, devendo ser facultado ao autor, diante da ausência de ato citatório válido, emendar a petição inicial para regularizar o polo passivo, dirigindo a sua pretensão ao espólio. Na ausência de ação de inventário ou de inventariante compromissado, o espólio será representado judicialmente pelo administrador provisório, responsável legal pela administração da herança até a assunção do encargo pelo inventariante" (STJ, REsp 1559791/PB, Rel. Min. Nancy Andrighi, 3ª Turma, jul. 28.08.2018, *DJe* 31.08.2018).

11. Pessoa jurídica (inciso VIII):

Regularidade da representação. Juntada de contrato social ou estatuto. Desnecessidade. "A jurisprudência da Casa é firme em não exigir a juntada do contrato social ou estatuto da sociedade para a finalidade de comprovação da regularidade da representação processual, podendo tal exigência ser cabível em situações em que pairar dúvida acerca da representação societária, circunstância não verificada no caso em apreço" (STJ, REsp 999.799/DF, Rel. Min. Luis Felipe Salomão, 4ª Turma, jul. 25.09.2012, *DJe* 19.10.2012). **No mesmo sentido**: STJ, REsp 151.552/PE, Rel. Min. Humberto Gomes de Barros, 1ª Turma, jul. 09.06.1998, *DJ* 29.06.1998.

Órgãos da pessoa jurídica. Conflito. "Em se tratando de discussão envolvendo órgão de pessoa jurídica, somente esta, dotada de personalidade, poderia em princípio figurar em um dos polos da demanda. Havendo, entretanto, conflitos *interna corporis*, entre seus órgãos ou entre seus associados e os mencionados órgãos, nos quais se atacam atos individualizados emanados desses órgãos, não se justifica reconhecê-los desprovidos de personalidade judiciária e, assim, partes ilegítimas nas causas. Merece prestígio, então, a teoria administrativista do órgão independente, salientando-se, ademais, não ser taxativo o rol constante do art. 12 do Código de Processo Civil, como ensina a boa doutrina" (STJ, REsp 161.658/SP, Rel. Min. Sálvio de Figueiredo Teixeira, 4ª Turma, jul. 24.08.1999, *DJ* 29.11.1999).

Teoria da aparência. "Com efeito, não obstante o fato de o subscritor do negócio jurídico não possuir poderes estatutários para tanto, a circunstância de este comportar-se, no exercício de suas atribuições – e somente porque assim o permitiu a companhia –, como legítimo representante da sociedade atrai a responsabilidade da pessoa jurídica por negócios celebrados pelo seu representante putativo com terceiros de boa-fé. Aplicação da teoria da aparência" (STJ, REsp 887.277/SC, Rel. Min. Luis Felipe Salomão, 4ª Turma, jul. 04.11.2010, *DJe* 09.11.2010). **No mesmo sentido:** STJ, AgRg no AREsp 161.495/RJ, Rel. Min. Ricardo Villas Bôas Cueva, 3ª Turma, jul. 27.08.2013, *DJe* 05.09.2013. **No mesmo sentido, quando a diretora-geral recebe a citação, sem levantar nenhum óbice ao oficial de justiça:** STJ, EREsp 864.947/SC, Rel. Min. Laurita Vaz, Corte Especial, jul. 06.06.2012, *DJe* 31.08.2012. **Precedente citado:** STJ, AgRg nos EREsp 205.275/PR, Corte Especial, Rel. Min. Eliana Calmon, *DJ* 28.10.2002.

Falta de manifestação volitiva. Ato inexistente. "A manifestação volitiva da pessoa jurídica somente se tem por expressa quando produzida pelos seus 'representantes' estatutariamente designados. No caso de ser o ato praticado pela pessoa jurídica representada por apenas um dos seus sócios, quando seus estatutos determinam seja ela representada pelos dois sócios em conjunto, o que ocorre não é deficiência na representação, no sentido técnico-jurídico, que aceita convalidação, mas ausência de consentimento da empresa, por falta de manifestação de vontade, requisito fático para a formação do ato. O ato jurídico para o qual não concorre o pressuposto da manifestação de vontade é de ser qualificado como inexistente, cujo reconhecimento independe de pronunciamento judicial" (STJ, REsp 115.966/SP, Rel. Min. Sálvio de Figueiredo Teixeira, 4ª Turma, jul. 17.02.2000, *DJ* 24.04.2000).

"Em princípio, os sócios, individualmente, não têm legitimidade para defender os interesses da sociedade, em nome próprio, contra terceiros" (TJRGS, Ap. 5.910.302.018, Rel. Des. Lio Cezar Achmitt, 5ª Câmara Cível, jul. 08.08.1991, *RJTJERGS* 153/365).

Associações. Ver jurisprudência do art. 18 do CPC/2015.

12. Sociedade sem personalidade jurídica (inciso IX). "Os entes sem personalidade jurídica de direito material podem ser parte no processo para demandar e serem demandados, a teor do CPC, art. 12, inc. VII, pois tal dispositivo trata do instituto da personalidade judiciária" (STJ, REsp 147.997/RJ, Rel. Min. Edson Vidigal, 5ª Turma, jul. 15.04.1999, *DJ* 17.05.1999, p. 223).

Sociedade extinta. "O tema da dissolução ou não da sociedade por quotas não é relevante no alusivo à *legitimatio ad causam*, pois inclusive podem litigar em juízo as 'pessoas formais', as sociedades de fato, as sociedades ainda sem personalidade jurídica, ou já sem personalidade jurídica. Manutenção, no caso concreto, da capacidade para ser parte (mesmo se considerada extinta a sociedade), por tratar-se de disputa sobre bem afirmado irregularmente alienado ainda antes do falecimento do sócio" (STJ, REsp 1.551/MG, Rel. Min. Athos Carneiro, 4ª Turma, jul. 20.03.1990, *DJ* 09.04.1990).

Consórcio de empresas. "Ainda que se admita a legitimidade ativa e passiva dos consórcios de empresas para residirem em juízo, embora não tenham personalidade jurídica (§ 1º do art. 278 da Lei nº 6.404/1976), a sua representação far-se-á pela pessoa a quem couber a administração na forma do art. 12, VII, do CPC e art. 279, VI, da referida Lei das Sociedades Anônimas. No caso, como a agravada não tem poderes de representação do consórcio, nem das demais empresas dele participantes, não pode pleitear em juízo, em nome próprio, direito alheio (art. 6º, CPC), devendo ser extinto o processo em relação aos interesses das consorciadas que não estão representadas" (TJPR,

AI 0028700-3, Rel. Des. Domingos Ramina, 2ª Câmara, jul. 23.02.1994, *DJ* 10.03.1994).

"O consórcio constituído sob o regime da Lei n. 6.404/1976, ainda que não goze de personalidade jurídica (artigo 278, § 1º, CPC), possui personalidade judiciária, nos termos do artigo 12, VII, do CPC. Precedentes" (STJ, AgRg no AREsp 703.654/MS, Rel. Min. Maria Isabel Gallotti, 4ª Turma, jul. 01.09.2015, *DJe* 09.09.2015).

Incorporação. "O legislador de 1973, ao atribuir, no art. 12-VII, CPC, capacidade para ser parte às sociedades sem personalidade jurídica, colimou, embora com desapego ao rigor científico, tornar menos gravosa a situação processual dos que com tais sociedades irregulares litigam, sem com isso subverter a ordem legal até então vigente, em particular no que diz com o disposto no art. 18, CC. Enquanto não arquivado no registro próprio o contrato de incorporação, incorporadora e incorporada continuam a ser, em relação a terceiros, pessoas jurídicas distintas, cada qual legitimada para figurar em juízo na defesa de seus interesses" (STJ, REsp 14.180/SP, Rel. Min. Sálvio de Figueiredo Teixeira, 4ª Turma, jul. 25.05.1993, *DJ* 28.06.1993).

13. Empresa estrangeira. Pessoa jurídica brasileira do mesmo grupo econômico. Citação (inciso X). "O propósito recursal consiste em dizer sobre a validade da citação da ré – pessoa jurídica estrangeira – na pessoa de funcionário da recorrente – pessoa jurídica brasileira – pertencente ao mesmo grupo econômico. (...) De acordo com o art. 12, VIII, do CPC/73 (art. 75, X, do CPC/15), a pessoa jurídica estrangeira é representada em juízo, ativa e passivamente, pelo gerente, representante ou administrador de sua filial, agência ou sucursal aberta ou instalada no Brasil. No particular, conquanto se evidencie uma comunhão de interesses entre as duas pessoas jurídicas – a sociedade americana (ré) e a sociedade brasileira (recorrente) – para eventual atuação conjunta no exercício da atividade empresarial, isso não induz, por si só, à conclusão de que a primeira possa ser representada em juízo pela segunda ou mesmo que esta esteja autorizada a receber a citação dirigida àquela. Embora integrem o mesmo grupo econômico, a recorrente não constitui filial, agência ou sucursal da ré. Ademais, o funcionário que recebeu o mandado é representante legal da recorrente e não da ré, tendo feito constar expressamente na certidão que não possuía poderes para receber a citação em nome desta. Hipótese em que se mostra indispensável a expedição de carta rogatória, como via adequada para a citação válida da ré, pessoa jurídica com sede nos Estados Unidos" (STJ, REsp 1708309/SP, Rel. Min. Nancy Andrighi, 3ª Turma, jul. 04.12.2018, *DJe* 07.12.2018).

"Ao estabelecer que 'serão representados em juízo, ativa e passivamente: a pessoa jurídica estrangeira, pelo gerente, representante ou administrador de sua filial, agência ou sucursal aberta ou instalada no Brasil', o art. 75, X, do CPC/2015 confere poderes à pessoa jurídica brasileira para representar em juízo a pessoa jurídica estrangeira, mas não conduz à conclusão de que a primeira esteja autorizada a receber intimações ou cumprir ordens em nome daquela, exceto se houver procuração com poderes específicos (CPC/2015, art. 105). (...) Embora se trate de empresas pertencentes ao mesmo grupo econômico, a falta de poderes específicos ao representante brasileiro para receber intimações e gerir aplicações mantidas no exterior impossibilita a efetivação da penhora e, por essa razão, mostra-se indispensável a expedição de carta rogatória como via adequada para cumprimento da ordem de penhora sobre ativos financeiros localizados no exterior" (STJ, AgInt no REsp 1798007/SP, Rel. Min. Raul Araújo, 4ª Turma, jul. 20.08.2019, *DJe* 09.09.2019).

Em sentido contrário: "Tratando-se de empresa de grande porte, fabricante de veículos, com atuação tradicional, intensa e notória em todo o território nacional, onde são vendidos automóveis e caminhões por intermédio de extensa rede de concessionárias, sujeitas a sua orientação e fiscalização, inclusive no tocante ao público consumidor dos produtos, é de se supor que os responsáveis por suas filiais no estado possuam poderes de representação, cabível, em tais circunstâncias, a aplicação da teoria da aparência para considerar-se legítima a citação feita em escritório no Rio de Janeiro, relativamente à ação indenizatória movida por cliente em face de defeito encontrado em carro daquela marca" (STJ, REsp 316.036/RJ, Rel. Min. Aldir Passarinho Junior, 4ª Turma, jul. 11.09.2001, *DJ* 04.02.2002).

"Com o fim de facilitar a comunicação dos atos processuais às pessoas jurídicas estrangeiras no Brasil, o art. 75, X, do CPC prevê que a pessoa jurídica estrangeira é representada em juízo 'pelo gerente, representante ou administrador de sua filial, agência ou sucursal aberta ou instalada no Brasil' e o parágrafo 3º do mesmo artigo estabelece que o 'gerente de filial ou agência presume-se autorizado pela pessoa jurídica estrangeira a receber citação para qualquer processo'. Considerando-se que a finalidade destes dispositivos legais é facilitar a citação da pessoa jurídica estrangeira no Brasil, tem-se que as expressões 'filial, agência ou sucursal' não devem ser interpretadas de forma restritiva, de modo que o fato de a pessoa jurídica estrangeira atuar no Brasil por meio de empresa que não tenha sido formalmente constituída como sua filial ou agência não impede que por meio dela seja regularmente efetuada sua citação. Exigir que a qualificação daquele por meio do qual a empresa estrangeira será citada seja apenas aquela formalmente atribuída pela citanda inviabilizaria a citação no Brasil daquelas empresas estrangeiras que pretendessem evitar sua citação, o que importaria concordância com prática processualmente desleal do réu e imposição ao autor de óbice injustificado para o exercício do direito fundamental de acesso à ordem jurídica justa. A forma como de fato a pessoa jurídica estrangeira se apresenta no Brasil é circunstância que deve ser levada em conta para se considerar regular a citação da pessoa jurídica estrangeira por meio de seu entreposto no Brasil, notadamente se a empresa estrangeira atua de fato no Brasil por meio de parceira identificada como representante dela, ainda que não seja formalmente a mesma pessoa jurídica ou pessoa jurídica formalmente criada como filial" (STJ, HDE 410/EX, Rel. Min. Benedito Gonçalves, Corte Especial, jul. 20.11.2019, *DJe* 26.11.2019).

14. Condomínio (inciso XI):

Anulação de assembleia geral. "Os condôminos têm legitimidade e interesse para pleitear a anulação de assembleia-geral do condomínio, se irregularmente foram iniciados os trabalhos da reunião, sendo parte passiva legítima o condomínio, por ser ele o que vai sofrer os efeitos da sentença de procedência" (STJ, REsp 112.185/RJ, Rel. Min. Sálvio de Figueiredo Teixeira, 4ª Turma, jul. 12.05.1998, *DJ* 08.09.1998, *RT* 759/177).

"Eleito novo síndico pelo órgão hábil a fazê-lo, a ele passa a representação do condomínio. O síndico destituído não terá mais a representação do corpo associativo para impugnar a assembleia ou a eleição, devendo propor a ação em nome próprio" (TARS, AI 48.953-0, Rel. Juiz Victor Martins, 3ª Câmara, jul. 02.06.1992, *RT* 698/186).

Contra o poder público. "Legitimidade do condomínio para buscar indenização de área de estacionamento do conjunto residencial, invadida e transformada em via pública pela municipalidade" (STJ, REsp 412.774/SP, Rel. Min. Eliana Calmon, 2ª Turma, jul. 04.06.2002, *DJ* 19.08.2002).

Atos de vandalismo praticados por condômino. "O condomínio não possui responsabilidade frente aos atos de vandalismo praticados por seus condôminos ou familiares contra terceiros. A responsabilidade do condomínio limita-se aos atos praticados por seus empregados e pelo seu síndico, mediante representação de seus interesses ou de sua coletividade. Ilegitimidade passiva é causa extintiva do processo sem resolução de mérito conforme disciplina o art. 267, VI, do CPC" (TJRS, Ap.Cív. 70024443681, Rel. Nelson José Gonzaga, 18ª Câmara, jul. 25.06.2009, *DJ* 10.07.2009).

Defeitos da construção. "O condomínio tem legitimidade ativa para pleitear reparação de danos por defeitos de construção ocorridos na área comum do edifício, bem como na área individual de cada unidade habitacional, podendo defender tanto os interesses coletivos quanto individuais homogêneos dos moradores" (STJ, REsp 66.565/MG, Rel. Min. Sálvio de Figueiredo Teixeira, 4ª Turma, jul. 21.10.1997, *DJ* 24.11.1997). **No mesmo sentido:** STJ, REsp 30.181/SP, Rel. Min. Eduardo Ribeiro, 3ª Turma, jul. 28.11.1994, *DJ* 13.03.1995. **Legitimidade para propor ação com relação a danos provocados ao prédio:** STJ, REsp 72.482/SP, Rel. Min. Ruy Rosado de Aguiar, 4ª Turma, jul. 27.11.1995, *DJ* 08.04.1996, p. 10.474.

Danos morais. Ilegitimidade ativa. "Conforme regra prevista nos arts. 1.348, II, do CC e 22, § 1º, *a*, da Lei 4.591/1964, o condomínio, representado pelo síndico (art. 12, IX, do CPC), possui legitimidade para promover, em juízo ou fora dele, a defesa dos interesses comuns. O Diploma Civil e a Lei 4.591/1964 não preveem a legitimação extraordinária do condomínio para, representado pelo síndico, atuar como parte processual em demanda que postule a compensação dos danos extrapatrimoniais sofridos pelos condôminos, proprietários de cada fração ideal, o que coaduna com a própria natureza personalíssima do dano extrapatrimonial, que se caracteriza como uma ofensa à honra subjetiva do ser humano, dizendo respeito, portanto, ao foro íntimo do ofendido. O condomínio é parte ilegítima para pleitear pedido de compensação por danos morais em nome dos condôminos" (STJ, REsp 1.177.862/RJ, Rel. Min. Nancy Andrighi, 3ª Turma, jul. 03.05.2011, *DJe* 01.08.2011).

Condomínio de lotes. Associação dos proprietários. "As taxas de manutenção criadas por associação de moradores não podem ser impostas a proprietário de imóvel que não é associado, nem aderiu ao ato que instituiu o encargo" (STJ, REsp 1.020.186/SP, Rel. Min. Sidnei Beneti, 3ª Turma, jul. 16.11.2010, *DJe* 24.11.2010). **No mesmo sentido:** STJ, REsp 1.280.871/SP, Rel. Min. Ricardo Villas Bôas Cueva, 2ª Seção, ac. 11.03.2015, *DJe* 22.05.2015. **Obs.:** Decisão submetida a julgamento de recursos repetitivos.

Comissão de representantes. "A 'comissão de representantes' foi criada pelo legislador para supervisionar as contas do incorporador e acompanhar o andamento da construção. Entre as suas funções não está a de promover a constituição em mora dos compromissários-compradores" (STJ, REsp 35.683/SP, Rel. Min. Barros Monteiro, 4ª Turma, jul. 10.11.1997, *DJ* 15.12.1997).

"Adquirente individual de unidade habitacional detém legitimidade para ajuizar ação de prestação de contas em desfavor do construtor, apesar das atribuições legalmente acometidas à comissão de representantes" (STJ, REsp 592.839/RS, Rel. Min. João Otávio de Noronha, 4ª Turma, jul. 10.11.2009, *DJe* 23.11.2009).

Servidão de água. "O condomínio está legitimado, por disposição de lei taxativa, a representar em juízo os condôminos quanto aos interesses comuns. O adimplemento da servidão de água, conquanto seja direito de cada condômino, representa interesse comum de todos, de modo que é adequada a propositura, por ele, de ação para discutir a matéria" (STJ, REsp 1.124.506/RJ, Rel. Min. Nancy Andrighi, 3ª Turma, jul. 19.06.2012, *DJe* 14.11.2012).

15. Inventariante dativo (§ 1º). "O art. 12, § 1º, do CPC refere-se a litisconsórcio necessário. No caso de inventariante dativo, o legislador entendeu que não haveria legitimidade para representação plena do espólio, razão pela qual todos os herdeiros e sucessores são chamados a compor a lide" (STJ, REsp 1.053.806/MG, Rel. Min. Herman Benjamin, 2ª Turma, jul. 14.04.2009, *DJe* 06.05.2009). **No mesmo sentido:** TJMG, 1.0024.98.103873-0/002(1), Rel. Alvimar de Ávila, jul. 13.09.2006, *DJ* 07.10.2006.

"Destituído o inventariante e nomeado inventariante dativo, os herdeiros devem ser citados para intervir no feito, como intimados do dia, hora e local da alienação judicial" (STJ, REsp 36.380/RJ, Rel. Min. Hélio Mosimann, 2ª Turma, jul. 20.11.1997, *DJ* 15.12.1997).

Espólio. Menores. Falta de procuração. "Se a inventariante do espólio é dativa, mas tem o pátrio poder sobre os herdeiros menores, a falta de procuração outorgada em nome destes (por ela própria) não compromete a regularidade do processo, ainda mais se o acórdão lhes reconheceu o direito pleiteado" (STJ, AgRg no Ag 439.655/DF, Rel. Min. Ari Pargendler, 3ª Turma, jul. 04.05.2006, *DJ* 12.06.2006)

16. Irregularidade da constituição de sociedade sem personalidade jurídica (§ 2º). "As sociedades sem personalidade jurídica são representadas em juízo pela pessoa a quem couber administração dos seus bens, não lhes sendo lícito, quando demandadas, opor a irregularidade de sua constituição, para safar-se de ação judicial, por ser vedado à 'sociedade irregular' tirar em juízo proveito de sua própria torpeza, *ex vi* do disposto no inciso VII, c/c o § 2º do artigo 12 do CPC" (TJMG, 2.0000.00.307603-5/000(1), Rel. Des. Duarte de Paula, jul. 09.08.2000, *DJ* 26.08.2000).

17. Gerente de filial de pessoa jurídica estrangeira (§ 3º). Intimação. "Cuidando-se de filial estrangeira instalada no Brasil, sua intimação para os atos processuais faz-se na pessoa do gerente, representante ou administrador, nos termos do art. 12, inciso VIII e § 3º, do CPC." (TJSP, Ag 8633-4, Rel. Des. Ernani de Paiva, 6ª Câmara de Direito Privado, jul. 11.04.1996, *JTJ* 188/215).

18. Entidades de classe. Ver jurisprudência do art. 18 do CPC/2015.

19. País estrangeiro. "Nos termos da Convenção de Viena de 1961, sobre relações diplomáticas, cabe ao embaixador representar o Estado acreditante perante o Estado acreditado, não ao cônsul, cujas atribuições limitam-se, de regra, aos planos administrativo, comercial e notarial. Não pode o cônsul, pois, outorgar mandato judicial em representação do Estado estrangeiro, visando ajuizar demanda perante a justiça brasileira" (STJ, Ag. 11.771/RS, Rel. Min. Athos Carneiro, 4ª Turma, jul. 20.04.1993, *DJU* 14.06.1993).

Chefes de missão diplomática. "Apenas os chefes de missão diplomática possuem legitimidade para as causas em que os interesses do país a que pertencem e representam estejam em discussão perante a Justiça do Estado onde servem, limitando-se os representantes consulares a atividades de cunho eminentemente comercial e administrativo. Precedente" (STJ, RO 24/PB, Rel. Min. Nancy Andrighi, 3ª Turma, jul. 07.04.2003, *DJ* 19.05.2003). **No mesmo sentido**: STJ, Ag 11.771/RS, Rel. Min. Bueno de Souza, Rel. p/ acórdão Min. Athos Carneiro, 4ª Turma, jul. 20.04.1993, *DJ* 14.06.1993.

20. ECAD. "Já decidiu a Corte que o Ecad é parte legítima para ajuizar ação de cobrança de direito autoral, independentemente da prova de filiação dos compositores" (STJ, REsp 255.387/SP, Rel. Min. Carlos Alberto Menezes Direito, 3ª Turma, jul. 19.10.2000, *DJ* 04.12.2000, p. 65). **No mesmo sentido**: STJ, REsp 328.963/RS, Rel. Min. Aldir Passarinho Junior, 4ª Turma, jul. 21.03.2002, *DJ* 29.04.2002, p. 248. **Todavia**, "a situação dos músicos e compositores estrangeiros é distinta, sendo, para tanto, necessária a demonstração de outorga de mandato específico para uma associação brasileira ou de que esta representa a correlata alienígena à qual é filiado o artista estrangeiro" (STJ, REsp 90.130/PR, Rel. Min. Aldir Passarinho Junior, 4ª Turma, jul. 22.04.2003, *DJ* 12.08.2003, p. 226).

Art. 76. Verificada a incapacidade processual ou a irregularidade da representação da parte, o juiz suspenderá o processo e designará prazo razoável para que seja sanado o vício.

§ 1º Descumprida a determinação, caso o processo esteja na instância originária:

I – o processo será extinto, se a providência couber ao autor;

II – o réu será considerado revel, se a providência lhe couber;

III – o terceiro será considerado revel ou excluído do processo, dependendo do polo em que se encontre.

§ 2º Descumprida a determinação em fase recursal perante tribunal de justiça, tribunal regional federal ou tribunal superior, o relator:

I – não conhecerá do recurso, se a providência couber ao recorrente;

II – determinará o desentranhamento das contrarrazões, se a providência couber ao recorrido.

CPC/1973

Art. 13.

REFERÊNCIA LEGISLATIVA

CPC/2015, arts. 103 a 105 (mandato judicial); 111 e 112 (revogação e renúncia ao mandato); 313, I (suspensão do processo pela perda da capacidade processual); 314 (vedação de atos processuais durante a suspensão do processo); 485, IV (extinção do processo sem resolução do mérito); e 344 a 346 (revelia).

Lei nº 8.906, de 04.07.1994 (Advogado – ver Legislação Especial), art. 5º.

SÚMULAS

Súmula do STJ:

Nº 115: "Na instância especial é inexistente recurso interposto por advogado sem procuração nos autos."

BREVES COMENTÁRIOS

O momento processual adequado para alegação, pelo réu, da incapacidade processual ou de irregularidade de representação do autor é a contestação, em preliminar, antes, portanto, da discussão do mérito da causa (CPC/2015, art. 337, IX).

Uma vez arguidas as preliminares de incapacidade ou irregularidade, via defesa indireta processual preliminar, o juiz proferirá julgamento conforme o estado do processo, extinguindo o feito sem resolução de mérito (CPC/2015, art. 485, IV), ou decretará a nulidade do processo, quando a iniciativa couber ao autor e este não tomar as providências necessárias para sanação do defeito no prazo legal.

Se o prazo couber ao réu, e este não o cumprir, declarar-se-á a sua revelia, julgando-se antecipadamente a lide, reputando-se verdadeiros os fatos articulados pelo autor (CPC/2015, arts. 344 e 355).

O CPC/2015 trouxe, também, normas e consequências para a incapacidade processual ou a irregularidade de representação na fase recursal, no § 2º, do art. 76, que parecem superar a Súmula 115/STJ, em sua rigidez.

JURISPRUDÊNCIA SELECIONADA

1. Exegese. "A regra do artigo 13 do Código de Processo Civil não cuida apenas da representação legal e da verificação de incapacidade processual, mas também da possibilidade de suprir omissões relativas à incapacidade postulatória" (STJ, REsp 102.423/MG, Rel. Min. Sálvio de Figueiredo Teixeira, 4ª Turma, jul. 26.05.1998, *DJ* 21.09.1998).

2. Suspensão do processo. "Verificada a incapacidade processual da parte ou a irregularidade da representação das partes, deve o juiz suspender o processo e fixar prazo razoável para sanar o defeito. Só após essa providência é que poderá o magistrado decretar a revelia do representado" (STJ, REsp 72.029/SP, Rel. Min. Edson Vidigal, 5ª Turma, jul. 18.11.1997, *DJU* 15.12.1997, p. 66.475). **No mesmo sentido**: STJ, REsp 627.792/SP, Rel. Min. Carlos Alberto Menezes Direito, 3ª Turma, jul. 10.11.2005, *DJ* 03.04.2006.

3. Prazo para sanar defeito de representação. "O juiz deve assinar prazo no despacho que ordena ao autor a regularização da representação processual (CPC, art. 13); sem a marcação do prazo, não pode extinguir o processo, ainda que o despacho judicial seja desatendido" (STJ, REsp 47.657/SP, Rel. Min. Ari Pargendler, 2ª Turma, jul. 05.12.1996, *DJ* 03.02.1997).

Natureza dilatória. "É possível a correção, perante as instâncias ordinárias, de eventual vício na capacidade postulatória da parte, mediante a aplicação do art. 13 do CPC. O prazo assinalado pelo juízo para correção de defeito na representação do advogado tem natureza dilatória, podendo a diligência ser cumprida mesmo após seu termo final, desde que o juízo não tenha ainda reconhecido os efeitos da preclusão" (STJ, REsp 264.101/RJ, Rel. Min. Luis Felipe Salomão, 4ª Turma, jul. 10.03.2009, *DJe* 06.04.2009).

Regularização antes da sentença. "Ainda que intempestiva, se a regularização da representação ocorreu antes da sentença, afasta-se a revelia cominada pelo art. 13, II, do CPC" (STJ, REsp 758.136/RN, Rel. Min. Humberto Gomes de Barros, 3ª Turma, jul. 16.10.2007, *DJ* 05.11.2007).

4. Mandato. Renúncia. Intimação para regularização. Providência não tomada. "Consoante dispõe o art. 76, § 2º, I, do CPC/2015, comunicada à parte a ausência de representação nos autos, com a determinação de que se regularize a falta, e esta, quedando-se inerte, o não conhecimento do recurso é medida que se impõe." (STJ, AgInt no Agravo Em REsp 860.536/ SP, Rel. Min. Mauro Aurélio Bellizze, 3ª Turma, *DJe* 16.08.2018).

"A jurisprudência desta Corte é no sentido de que constatada a deficiência na representação processual, é necessária a intimação pessoal da parte para que supra tal vício, não sendo suficiente a intimação do advogado subscritor da peça. Precedentes: AgInt no REsp 1.605.687/SP, Rel. Min. Raul Araujo, Quarta Turma, *DJe* 7/12/2016" (STJ, AgInt no REsp 1632805/RS, Rel. Min. Benedito Gonçalves, 1ª Turma, jul. 28.09.2017, *DJe* 13.10.2017). **No mesmo sentido**: STJ, AgRg no REsp 1.119.836/PR, Rel. Min. Paulo de Tarso Sanseverino, 3ª Turma, jul. 07.08.2012, *DJe* 13.08.2012.

5. Sucessão de empresas no curso do processo. Mandato judicial conferido pela sucedida. "A jurisprudência do STJ assentou que a sucessão de empresas no curso do processo não extingue o mandato judicial conferido pela sucedida e que, uma vez constatada a ausência de procuração outorgada ao patrono da empresa sucessora, subsiste o mandato outorgado ao causídico da sucedida, até que novo advogado seja constituído. Precedentes do STJ. Ademais, importante destacar que vigora em nosso sistema jurídico o princípio da instrumentalidade das formas. Assim, o STJ vem reiteradamente afirmando que os atos judiciais não devem ser anulados se não comprovado prejuízo (*pas de nullité sans grief*), sendo que, *in casu*, o Tribunal *a quo* foi categórico ao afirmar que não houve prejuízos às partes" (STJ, AgInt no AREsp 1184011/RJ, Rel. Min. Herman Benjamin, 2ª Turma, jul. 17.05.2018, *DJe* 21.11.2018).

Incorporação. "Se a incorporadora assume expressamente, na qualidade de sucessora, todos os direitos e obrigações da sociedade incorporada, o mandato validamente outorgado continua vigendo até que haja revogação expressa. Precedentes" (STJ, REsp 1641446/PI, Rel. Min. Ricardo Villas Bôas Cueva, 3ª Turma, jul. 14.03.2017, *DJe* 21.03.2017).

Em sentido contrário: "A incorporação de uma empresa por outra extingue a incorporada, nos termos do art. 227, § 3º, da Lei das Sociedades Anônimas, tornando irregular a representação processual" (STJ, REsp 394.379/MG, Rel. Min. Sálvio de Figueiredo Teixeira, 4ª Turma, jul. 18.09.2003, *DJ* 19.12.2003).

6. Ausência ou irregularidade do mandato nas instâncias superiores após o CPC/2015. "O Superior Tribunal de Justiça possui entendimento pacífico no sentido de que, no caso de recurso especial interposto sob a égide do CPC/1973, a irregularidade na cadeia de representação processual constitui vício insanável, não se aplicando nesta instância superior as disposições dos artigos 13 e 37 que facultavam à parte a juntada posterior de mandato ou substabelecimento. Consoante jurisprudência consolidada, a regularidade da representação processual deve ser comprovada no momento da interposição do recurso sob pena de não conhecimento, nos termos do que dispõe a Súmula nº 115/STJ" (STJ, AgRg no AREsp 633.252/SP, Rel. Min. Ricardo Villas Bôas Cueva, 3ª Turma, jul. 18.11.2019, *DJe* 21.11.2019).

"Verificada a ausência da cadeia de substabelecimento conferindo poderes ao advogado subscritor do apelo especial, necessária a aplicação da regra do parágrafo único do art. 932 do CPC/2015, com a concessão do prazo de cinco dias para o recorrente sanar vício ou complementar documentação exigível, sob pena de não conhecimento do recurso. A decisão de admissibilidade proferida pelo Tribunal local ou ainda a certidão expedida por servidor na instância de origem não vincula esta Corte Superior, na medida em que tal juízo está sujeito ao duplo controle, sendo este e. STJ competente para nova análise dos pressupostos recursais" (STJ, AgInt no AREsp 1329881/MT, Rel. Min. Benedito Gonçalves, 1ª Turma, jul. 09.12.2019, *DJe* 11.12.2019).

"Na hipótese, contudo, o advogado subscritor do recurso especial não constava do rol dos advogados que representavam as partes no feito de origem. Verificada a ausência da cadeia de substabelecimento que conferiu poderes ao advogado subscritor do recurso especial, é de ser aplicada a regra prevista no parágrafo único do art. 932 do NCPC, que permite a correção do vício, com a regularização posterior da representação processual" (STJ, AgInt no AREsp 1353955/SP, Rel. Min. Moura Ribeiro, 3ª Turma, jul. 30.09.2019, *DJe* 03.10.2019).

"Conforme o disposto no art. 76, § 2º, I, do NCPC, não se conhece do recurso quando a parte recorrente descumpre a determinação para regularização da representação processual" (STJ, AgInt no AREsp. 1.805.153/SP, Rel. Min. Moura Ribeiro, 3ª Turma, jul. 01.06.2021, *DJe* 08.06.2021).

6.1. Ausência ou irregularidade do mandato nas instâncias ordinárias. "A falta ou deficiência de instrumento de mandato constitui defeito sanável nas instâncias ordinárias, incumbindo ao juiz ou relator do tribunal determinar prazo razoável para sanar o defeito, a teor do art. 13 do Código de Processo Civil" (STJ, EREsp 789.978/DF, Rel. Min. João Otávio de Noronha, Corte Especial, jul. 18.11.2009, *DJe* 30.11.2009). **No mesmo sentido:** STJ, REsp 331.071/PR, Rel. Min. Barros Monteiro, 4ª Turma, jul. 09.11.2004, *DJ* 07.03.2005; STJ, REsp 527.963/DF, Rel. Min. Laurita Vaz, 5ª Turma, jul. 17.10.2006, *DJ* 04.12.2006. **No mesmo sentido, com relação aos juizados especiais:** STJ, Rcl 6.327/PE, Rel. Min. Benedito Gonçalves, 1ª Seção, jul. 08.02.2012, *DJe* 14.02.2012. **Precedente:** Rcl 5.979/PE, Rel. Min. Mauro Campbell Marques, 1ª Seção, *DJe* 22.09.2011.

Renúncia do mandato após interposição do recurso. "Os pressupostos processuais devem estar presentes ao longo de toda a marcha processual, inclusive na fase recursal. Desatendido o pressuposto da representação processual após a interposição do recurso, em virtude de renúncia ao mandato, cabe ao recorrente nomear outro advogado, sob pena de não conhecimento do recurso" (STJ, AgRg no Ag 891.027/RS, Rel. Min. Paulo de Tarso Sanseverino, 3ª Turma, jul. 02.09.2010, *DJe* 15.09.2010).

Vício preexistente. "Verifica-se, na espécie, violação do art. 13 do Código de Processo Civil, pois somente quando da análise do recurso de apelação é que se verificou a ausência de procuração nos autos, ou seja, após diversos atos processuais; ora, se o vício era preexistente, deveria o magistrado ter suspendido o processo e mandado sanar a irregularidade existente, qual a ausência de procuração nos autos. *In casu*, tão logo tomou conhecimento do vício de representação, o que se deu somente com a publicação do acórdão recorrido, a recorrente tratou de juntar o substabelecimento, a fim de sanar o defeito apontado" (STJ, REsp 734.998/RS, Rel. Min. Hélio Quaglia Barbosa, 4ª Turma, jul. 17.05.2007, *DJ* 04.06.2007).

Embargos de devedor. "A teor da Súmula 115/STJ, 'na instância especial é inexistente recurso interposto por advogado sem procuração nos autos'. O entendimento não se aplica na hipótese de embargos do devedor, se verificada a existência de mandato nos autos da execução originária" (STJ, REsp 855.808/DF, Rel. Min. Teori Albino Zavascki, 1ª Turma, jul. 12.12.2006, *DJ* 08.02.2007).

7. Apelação prematura. Petição de ratificação. Ausência de assinatura. Irregularidade formal. "Esta Corte possui consolidado entendimento no sentido de que os recursos dirigidos à instância especial sem assinatura do signatário da petição são considerados inexistentes, não sendo possível, nesta instância, a abertura de prazo para a regularização. No caso, após o julgamento dos aclaratórios, sem efeito modificativo, a Fazenda Pública apresentou petição de ratificação da apelação interposta prematuramente no primeiro grau de jurisdição, não havendo assinatura do referido documento. Hipótese, portanto, em que cabe a distinção dos precedentes deste Tribunal: em primeiro lugar, não se cuidava de petição dirigida à instância especial, porque dirigida ao juízo *a quo*; em segundo, a petição apócrifa não se tratava do recurso propriamente dito, que, pelo que consta do acórdão, teria atendido todos os requisitos formais; por fim, a petição sem assinatura foi a de ratificação da apelação interposta prematuramente, sendo certo, ainda, que nem sequer houve modificação da sentença após o julgamento dos aclaratórios opostos pela parte contrária. Na espécie, a petição de ratificação teria tão somente a função de confirmar a recurso anteriormente interposto, que, este sim, havia atendido todos os requisitos formais, existindo, portanto, uma relação de complementariedade/integração entre as peças, sendo que a primeira já atendia a condição de existência, e a segunda seria somente confirmatória. *In casu*, a ausência de subscrição da segunda petição, portanto, não a tornaria inexistente, mas revelaria irregularidade formal que poderia ser sanada pela parte peticionante, nos termos do art. 13 do CPC/1973" (STJ, REsp 1.712.851/PA, Rel. Min. Gurgel de Faria, 1ª Turma, jul. 14.12.2021, *DJe* 02.03.2022).

8. Ausência de procuração do advogado subscritor do agravo. Documento nos autos principais. Impossibilidade de conhecimento do recurso interposto para as instâncias superiores. "A procuração ou o substabelecimento juntado em outro processo (principal, conexo ou incidental) não apensado não produz efeitos no recurso dirigido ao STJ" (STJ, AgInt no AREsp. 2.028.356/RJ, Rel. Min. Antonio Carlos Ferreira, 4ª Turma, jul. 23.05.2022, *DJe* 26.05.2022).

Apelação. Ausência de procuração. Intimação pessoal da parte. "A jurisprudência deste tribunal é pacífica no sentido de que, se a apelação é assinada por advogado sem procuração, deve a parte ser intimada pessoalmente para sanar a falha, não sendo suficiente a mera intimação do advogado que, sem procuração, subscreve o recurso" (STJ, REsp 887.656/RS, Rel. Min. Sidnei Beneti, 3ª Turma, jul. 09.06.2009, *DJe* 18.06.2009).

9. Falta de assinatura de advogado: "Contestação assinada por advogado diverso do que a subscreveu – Impossibilidade de determinar o desentranhamento quando não foi dado prazo para sanar o vício – Inteligência do artigo 13 do CPC" (TJSP, Ap. 1267362600, Rel. Des. Windor Santos, 16ª Câmara Dir. Priv., jul. 18.09.2007, *DJ* 23.10.2007).

Razões recursais. "Na hipótese dos autos, verifica-se que apenas as razões recursais não restaram assinadas e que há a assinatura do patrono do recorrente no rosto do recurso. Em consonância com o princípio da instrumentalidade das formas, 'a ausência de assinatura, apenas, nas razões recursais constitui **mera irregularidade**, suprível pela assinatura constante no rosto do apelo especial, capaz de garantir a autenticidade e autoria da peça recursal' (REsp 198.142/PA, Rel. Min. Carlos Alberto Menezes Direito, *DJ* de 31.05.1999)" (STJ, REsp 480.324/MG, Rel. p/ ac. Min. Franciulli Netto, 2ª Turma, jul. 02.10.2003, *DJ* 03.11.2004, p. 174).

10. Advogado excluído da OAB. Ratificação por novo procurador. "Não se decreta a nulidade dos atos praticados por advogado afastado do exercício profissional, se foram ratificados por novo procurador constituído nos autos e da irregularidade da representação processual não adveio prejuízo a qualquer das partes. Jurisprudência da Corte Especial no sentido de que a irregularidade da representação processual pode ser sanada nas instâncias ordinárias" (STJ, REsp 449.627/RJ, Rel. Min. Eliana Calmon, 2ª Turma, jul. 18.05.2004, *DJ* 06.09.2004, p. 203).

11. Advogado com impedimento ou incompatibilidade. "Estando advogado com impedimento ou incompatibilidade, deve ser aberto, nas instâncias ordinárias, prazo razoável para que seja sanado vício da representação processual, teor do que dispõe o art. 13 do Código de Processo Civil" (STJ, REsp 675.462, Min. Menezes Direito, 3ª Turma, jul. 20.03.2007, *DJU* 18.06.2007).

12. Advogado licenciado da OAB. "Tratando-se de advogado 'licenciado', como informa a OAB, que apesar disso vinha atuando no processo, em conjunto com colega legalmente habilitada, a interposição do recurso de apelação com sua assinatura exclusiva constitui irregularidade da representação alcançada pela sanabilidade, nos termos do art. 13 do CPC" (STJ, REsp 39.733/RJ, Rel. Min. Assis Toledo, 5ª Turma, jul. 06.04.1994, *DJ* 25.04.1994).

13. Procuração juntada por cópia. "Não há vício de representação se a procuração é juntada por cópia, porque a qualquer tempo regularizável, conforme artigo 13 do Código de Processo Civil, principalmente se o conteúdo da procuração não foi impugnado" (TJMG, AC 1.0236.05.006870-9/001, Rel. Des. Márcia de Paoli Balbino, 17ª Câmara Cív., *DJMG* 14.04.2007, *RMDECC* 15/144).

☆ **DAS PARTES E DOS PROCURADORES: INDICAÇÃO DOUTRINÁRIA**

Araken de Assis, Suprimento da incapacidade processual e da incapacidade postulatória, *RF* 354/27; Arruda Alvim, *Código de Processo Civil comentado*. São Paulo: RT, v. II; Bruno Vasconcelos Carrilhos Lopes, In: José Roberto F. Gouvêa; Luis Guilherme A. Bondioli e João Francisco N. da Fonseca (coord.), *Comentários ao Código de Processo Civil*, São Paulo: Saraiva, 2017, v. 2; Caio Mário da Silva Pereira, *Instituições de direito civil*, v. I, p. 185 – sobre pessoa jurídica, n. 59 – sobre sociedade de fato, n. 60; Caio Mário da Silva Pereira, *Instituições de direito civil*. Rio de Janeiro: Forense, v. IV, n. 286; Calmon de Passos, *Comentários ao CPC*, Rio de Janeiro: Forense, v. III, n. 255.3 e 257; Calmon de Passos, *Inovações no CPC*. Rio de Janeiro: Forense, 1995, p. 89; Cândido Rangel Dinamarco, *Instituições de direito processual civil*. 8. ed. São Paulo: Malheiros, 2016; Cássio Scarpinella Bueno, *Manual de direito processual civil*. São Paulo: Saraiva, 2015; Celso Agrícola Barbi, *Comentários ao CPC*, Rio de Janeiro: Forense, v. I, n. 96 a 102; Celso Agrícola Barbi, Órgãos, partes, despesas judiciais, intervenção de terceiros e do MP no novo CPC, *RF* 247/20; Chiovenda, *Instituições*. Campinas: Bookseller, 2009, v. II; Clóvis Beviláqua, *Teoria geral do direito civil*. 2. ed. Rio de Janeiro: Francico Alves, 1929 – sobre sociedades eclesiásticas, p. 164; Daniel Amorim Assumpção Neves, *Manual de direito processo civil*. São Paulo: Método, 2015; Fredie Didier Jr., A participação das pessoas casadas no processo, *RMDCPC* 8/5; Fredie Didier Jr., *Curso de direito processual civil*. 17. ed. Salvador: JusPodivm, 2015, v. I; Goldschmidt, *Derecho procesal civil*, p. 192; Guilherme Rizzo Amaral, *Comentários às alterações do novo CPC*. São Paulo: RT, 2015; Hely Lopes Meirelles, *Direito administrativo brasileiro*, v. I, p. 185 – sobre órgãos da Administração Pública, p. 280; Humberto Theodoro Júnior, *Curso de direito processual civil*. 61. ed., Rio de Janeiro: Forense, 2020, v. I; Humberto Theodoro Júnior, Fernanda Alvim Ribeiro de Oliveira, Ester Camila Gomes Norato Rezende (coords.), *Primeiras lições sobre o novo direito processual civil brasileiro*. Rio de Janeiro: Forense, 2015; J. E. Carreira Alvim, *Comentários ao atual Código de Processo Civil*. Curitiba: Juruá, 2015; Jorge Luiz Reis Fernandes, Os deveres dos sujeitos processuais no processo cooperativo – As partes devem cooperar entre si? ALVIM, Thereza Arruda [*et al.*]. *O atual Código Processo Civil Brasileiro* – Estudos dirigidos: sistematização e procedimentos. Rio de Janeiro: Forense, 2015, p. 151; José Carlos Barbosa Moreira, Convenções das partes sobre matéria processual, *RP* 33/182; José Frederico Marques, *Instituições de direito processual civil*. Rio de Janeiro: Forense, 2000, v. II; José Miguel Garcia Medina, *Novo Código de Processo Civil comentado*. São Paulo: RT, 2015; Leonardo Greco, *Instituições de processo civil: introdução ao direito processual civil*. 5. ed. Rio de Janeiro: Forense, 2015; Luis Antônio Giampaulo Sarro, *Novo Código de Processo Civil*. São Paulo: Rideel, 2015; Luiz Guilherme Marinoni, Sérgio Cruz Arenhart, Daniel Mitidiero, *Curso de processo civil*. São Paulo: RT, 2015, v. I; Luiz Paulo da Silva Araújo Filho, Considerações sobre algumas das reformas do CPC, *RF* 330/188; Marcelo Cintra Zarif, Reflexões sobre a capacidade postulatória: procuração instrumento do mandato. ASSIS, Araken de; GRINOVER, Ada Pellegrini. *Direito civil e processual:* estudos em homenagem ao professor Arruda Alvim. São Paulo: RT; Nelson Nery Junior, Rosa Maria de Andrade Nery, *Comentários ao Código de Processo Civil*. São Paulo: RT, 2015; Orlando Gomes, *Direito de família*, n. 201; Orlando Gomes, *Direitos reais*. Rio de Janeiro: Forense; Pontes de Miranda, *Comentários ao CPC*, tomo I, p. 250; Renato Beneduzi, In: Sérgio Cruz Arenhart e Daniel Mitidiero (coord.), *Comentários ao Código de Processo Civil*. 2. ed., São Paulo: RT, 2018, v. 2; Rogéria Fagundes Dotti, In: Teresa Arruda Alvim Wambier, Fredie Didier Jr., Eduardo Talamini, Bruno Dantas, *Breves comentários ao novo Código de Processo Civil*, São Paulo: Revista dos Tribunais, 2015; Sérgio Sahione Fadel, *Código de Processo Civil comentado*. Rio de Janeiro: J. Konfino, v. I; Teresa Arruda Alvim Wambier, Fredie Didier Jr., Eduardo Talamini, Bruno Dantas (coords.), *Breves comentários ao novo Código de Processo Civil*. São Paulo: RT, 2015; Teresa Arruda Alvim Wambier, Maria Lúcia Lins Conceição, Leonardo Ferres da Silva Ribeiro, Rogério Licastro Torres de Melo, *Primeiros comentários ao novo Código de Processo Civil*. São Paulo: RT, 2015.

Capítulo II
DOS DEVERES DAS PARTES E DE SEUS PROCURADORES

Seção I
Dos Deveres

Art. 77. Além de outros previstos neste Código, são deveres das partes, de seus procuradores e de todos aqueles que de qualquer forma participem do processo:

I – expor os fatos em juízo conforme a verdade;

II – não formular pretensão ou de apresentar defesa quando cientes de que são destituídas de fundamento;

III – não produzir provas e não praticar atos inúteis ou desnecessários à declaração ou à defesa do direito;

IV – cumprir com exatidão as decisões jurisdicionais, de natureza provisória ou final, e não criar embaraços à sua efetivação;

V – declinar, no primeiro momento que lhes couber falar nos autos, o endereço residencial ou profissional onde receberão intimações, atualizando essa informação sempre que ocorrer qualquer modificação temporária ou definitiva;

VI – não praticar inovação ilegal no estado de fato de bem ou direito litigioso.

VII – informar e manter atualizados seus dados cadastrais perante os órgãos do Poder Judiciário e, no caso do § 6º do art. 246 deste Código, da Administração Tributária, para recebimento de citações e intimações. (Incluído pela Lei nº 14.195, de 2021.)

§ 1º Nas hipóteses dos incisos IV e VI, o juiz advertirá qualquer das pessoas mencionadas no *caput* de que sua conduta poderá ser punida como ato atentatório à dignidade da justiça.

§ 2º A violação ao disposto nos incisos IV e VI constitui ato atentatório à dignidade da justiça, devendo o juiz, sem prejuízo das sanções criminais, civis e processuais cabíveis, aplicar ao responsável multa de até vinte por cento do valor da causa, de acordo com a gravidade da conduta.

§ 3º Não sendo paga no prazo a ser fixado pelo juiz, a multa prevista no § 2º será inscrita como dívida ativa da União ou do estado após o trânsito em julgado da decisão que a fixou, e sua execução observará o procedimento da execução fiscal, revertendo-se aos fundos previstos no art. 97.

§ 4º A multa estabelecida no § 2º poderá ser fixada independentemente da incidência das previstas nos arts. 523, § 1º, e 536, § 1º.

§ 5º Quando o valor da causa for irrisório ou inestimável, a multa prevista no § 2º poderá ser fixada em até 10 (dez) vezes o valor do salário mínimo.

§ 6º Aos advogados públicos ou privados e aos membros da Defensoria Pública e do Ministério Público não se aplica o disposto nos §§ 2º a 5º, devendo eventual responsabilidade disciplinar ser apurada pelo respectivo órgão de classe ou corregedoria, ao qual o juiz oficiará.

§ 7º Reconhecida violação ao disposto no inciso VI, o juiz determinará o restabelecimento do estado anterior, podendo, ainda, proibir a parte de falar nos autos até a purgação do atentado, sem prejuízo da aplicação do § 2º.

§ 8º O representante judicial da parte não pode ser compelido a cumprir decisão em seu lugar.

CPC/1973

Art. 14.

REFERÊNCIA LEGISLATIVA

CPC/2015, arts. 5º (comportamento de boa-fé); 6º (dever de cooperação); 80 (litigância de má-fé); 139, I (igualdade de tratamento das partes); 144, §§ 1º e 2º (proibição de criar impedimento ao juiz); 189, §§ 1º e 2º (consulta aos autos; requerimento de certidão); 202 (proibição do lançamento de cotas marginais ou interlineares); 207, parágrafo único (numeração e rubrica dos autos); 289 (fiscalização da distribuição); 379 (prova: deveres da parte); 459, § 2º (testemunhas: tratamento com urbanidade); 360, II (audiência: poder de polícia do juiz; comportamento inconveniente); 361, parágrafo único (audiência; atividades do juiz; dever de urbanidade); e 772, I e II (processo de execução; poderes do juiz).

Lei nº 8.906, de 04.07.1994 (Advogado – ver Legislação Especial), arts. 31 a 33 (deveres gerais dos advogados); 34 (infrações). A ADI 7020 considerou que a exigência do adimplemento das anuidades para votar nas eleições internas da OAB não atrita com a Constituição Federal. Mas, declarou a inconstitucionalidade da interdição ao exercício profissional com base no não pagamento das contribuições, multas e preços de serviços devidos àquela autarquia (arts. 34, XIII, e 37, da Lei nº 8.906) (STF, ADI 7020, Rel. Min. Edson Fachin, Pleno, jul. 17.12.2022, *DJe* 06.02.2023).

Lei nº 6.830/1980, art. 2º (Execução fiscal).

CJF – JORNADAS DE DIREITO PROCESSUAL CIVIL

II JORNADA

Enunciado 148 – A reiteração pelo exequente ou executado de matérias já preclusas pode ensejar a aplicação de multa por conduta contrária à boa-fé.

BREVES COMENTÁRIOS

Dentro da sistemática do processo civil moderno, as partes são livres para escolher os meios mais idôneos à consecução de seus objetivos. Mas essa liberdade há de ser disciplinada pelo respeito aos fins superiores que inspiram o processo, como método oficial de procura da justa e célere composição do litígio.

Daí a exigência legal de que as partes se conduzam segundo os princípios da lealdade e probidade, figuras que resumem os itens do art. 77 do CPC/2015, em sua acepção mais larga, e decorrem da norma fundamental do art. 5º.

Entre os casos de abuso processual ofensivos do dever de boafé e lealdade, deve-se incluir a conduta maliciosa da parte que retarda a execução da sentença ou da medida antecipatória para se beneficiar com o exorbitante avolumar da multa judicial (astreintes), que às vezes se transforma em ruína do devedor e em verdadeiro enriquecimento indevido do credor. Quanto à não execução imediata da condenação, a jurisprudência evita os efeitos do abuso processual, estatuindo que a multa diária não é exigível senão depois de intimado pessoalmente o devedor a cumprir a obrigação de fazer ou não fazer (Súmula nº 410 do STJ). Mesmo, porém, quando o devedor tenha sido intimado, a demora exagerada na execução da multa pode ser tratada como ato de má-fé ou deslealdade processual, se dela adveio um crescimento da medida coercitiva que ultrapasse o valor da obrigação principal e possa acarretar a insolvência do devedor, ou que se torne medida incompatível com a equidade reclamada pelo dever de boa-fé no comportamento processual.

É importante ressaltar que a exigência de um comportamento em juízo segundo a boa-fé, atualmente, não cuida apenas da repressão à conduta maliciosa ou dolosa da parte. O atual Código de Processo Civil, na preocupação de instituir o processo justo nos moldes preconizados pela Constituição, inclui entre as normas fundamentais o princípio da boa-fé objetiva (art. 5º), que valoriza o comportamento ético de todos os sujeitos da relação processual. Exige-se, portanto, que as atitudes tomadas ao longo do processo sejam sempre conformes aos padrões dos costumes prevalentes no meio social, determinados pela probidade e lealdade. Não importa o juízo íntimo e a intenção de quem pratica o ato processual. Não é só a má-fé (intenção de prejudicar o adversário ou a apuração da verdade) que interessa ao processo justo, é também a avaliação objetiva do comportamento que se terá de fazer para mantê-lo nos limites admitidos moralmente, ainda quando o agente não tenha tido a consciência e a vontade de infringi-los.

JURISPRUDÊNCIA SELECIONADA

1. Deveres das partes. "Em outros termos, o conceito de partes a que alude o art. 14 não se refere apenas às partes da demanda (demandante e demandado), mas a todas as partes do processo **(incluindo-se aí também, portanto, os terceiros intervenientes e o Ministério Público, que atua como *custos legis*)**. É mais amplo ainda, porém, o alcance do art. 14. Isto porque não só as partes, mas todos aqueles que de qualquer forma participam do processo têm de cumprir os preceitos estabelecidos pelo art. 14 (Alexandre Freitas Câmara, *Revista Dialética de Direito Processual*, n. 18, p. 9-19, set. 2004)" (STJ, REsp 757.895/PR, Rel. Min. Denise Arruda, 1ª Turma, jul. 02.04.2009, *DJe* 04.05.2009).

2. Preceitos éticos. "O art. 14 do vigente CPC discrimina, no concernente às partes, os preceitos éticos basilares, entre os quais expor os fatos em juízo conforme a verdade, proceder com lealdade e boa-fé, e não formular pretensões nem objetar defesa, ciente de que são destituídas de fundamento. A inobservância desses preceitos acarreta as sanções do art. 16 – responsabilidade por perdas e danos – e do art. 18 – indenização dos prejuízos, honorários advocatícios e todas as despesas efetuadas" (1º TACivSP, Agr 372.127, Rel. Juiz Pinheiro Franco, 8ª Câmara, jul. 28.04.1987; *Julgados do Tribunal de Alçada Civil de São Paulo* 103/181).

3. Lealdade e boa-fé. "A lealdade processual é dever genérico das partes que, por essa amplitude, necessita ser observado em todas as modalidades de ação judicial, inclusive no *writ*, que não contém norma específica em sentido contrário. Precedentes" (STJ, REsp 267.434/SP, Rel. Min. Castro Meira, 2ª Turma, jul. 27.09.2005, *DJ* 10.10.2005, p. 274).

"O Código de Processo Civil (artigo 14, inciso II) impõe aos litigantes um comportamento regido pela lealdade e pela boa-fé, o que se traduz na obediência a um padrão de conduta que razoavelmente se espera de qualquer pessoa em uma relação jurídica impedindo a conduta abusiva e contrária à equidade" (STJ, AgRg no REsp 709.372/RJ, Rel. Min. Paulo de Tarso Sanseverino, 3ª Turma, jul. 24.05.2011, *DJe* 03.06.2011).

"O ordenamento jurídico brasileiro repele práticas incompatíveis com o postulado ético-jurídico da lealdade processual. O processo não pode ser manipulado para viabilizar o abuso de direito, pois essa é uma ideia que se revela frontalmente contrária ao dever de probidade que se impõe à observância das partes" (STF, AI 567.171 AgR-ED-EDv-ED, Rel. Min. Celso de Mello, Tribunal Pleno, jul. 03.12.2008, *DJe* 06.02.2009).

Presunção de boa-fé. "A boa-fé presume-se. Se a parte não altera a verdade dos fatos, dando-lhe tão somente interpretação equivocada, não se vislumbra seu propósito de confundir o julgador, sendo de rigor demasiado a conclusão judicial de ter ela agido com má-fé" (TASP, Ap. 183.195-0, Rel. Juiz Corrêa Vianna, 3ª Câmara, jul. 03.09.1985, *RT* 602/164).

"O dever das partes de conduzir seus atos no processo pelos princípios da boa-fé e da lealdade, conforme determina o art. 14, II, do CPC, induz a **desnecessidade de intimação da parte para dar cumprimento a prazo dilatório por ela própria requerido**" (STJ, REsp 1.062.994/MG, Rel. Min. Nancy Andrighi, 3ª Turma, jul. 19.08.2010, *DJe* 26.08.2010).

4. Litigância de má-fé. "É litigante de má-fé a parte que deduz pretensão contra fato incontroverso e altera a sua verdade, postergando o princípio da lealdade processual" (STJ, REsp 40.638/RJ, Rel. Min. Antônio de Pádua Ribeiro, 2ª Turma, jul. 02.09.1996, *DJ* 21.10.1996, p. 40.230).

O litigante de má-fé – trate-se de parte pública ou de parte privada – deve ter a sua conduta sumariamente repelida pela atuação jurisdicional dos juízes e dos tribunais, que não podem tolerar o abuso processual como prática descaracterizadora da essência ética do processo" (STF, AI 567.171 AgR-ED-EDv-ED, Rel. Min. Celso de Mello, Tribunal Pleno, jul. 03.12.2008, *DJe* 06.02.2009).

"**Constitui litigância de má-fé a insistência da parte em interpor sucessivos agravos regimentais manifestamente incabíveis**, suscitando questão absolutamente irrelevante ao deslinde da controvérsia, máxime quando esgotada a jurisdição deste tribunal e o processo se encontra em grau de recurso no STF (AI 608833/GO)" (STJ, AgRg no AgRg no AgRg no AgRg no Ag/RE 17.797/GO, Rel. Min. Francisco Peçanha Martins, Corte Especial, jul. 16.05.2007, *DJ* 11.06.2007, p. 252).

"**Arguição de incompetência destituída de fundamento válido** encerra tumulto processual, enquadrando-se no disposto no art. 14, parágrafo único, do CPC (litigância de má-fé)" (STJ, REsp 1.050.199/RJ, Rel. Min. Eliana Calmon, 1ª Seção, jul. 09.06.2010, *DJe* 01.07.2010).

"Reconhece-se a litigância de má-fé da parte que, mesmo após ter sido alertada por duas vezes, **expõe os fatos em juízo em desconformidade com a verdade**. Inteligência do art. 14, I, do Código de Processo Civil" (STJ, EDcl nos EDcl no REsp 294.586/DF, Rel. Min. João Otávio de Noronha, 2ª Turma, jul. 19.10.2006, *DJ* 05.12.2006, p. 241). **No mesmo sentido:** STJ, EDcl na AR 1.524/SC, Rel. Min. João Otávio de Noronha, 1ª Seção, jul. 08.02.2006, *DJ* 06.03.2006, p. 133).

"**A recusa do réu em fornecer informações que permitem efetivar o cumprimento da medida liminar** pode ensejar o reconhecimento da litigância de má-fé, porque constitui injusta resistência ao andamento do processo. Isso motiva a aplicação das medidas previstas no art. 18 do CPC, e não a incidência de multa diária, destinada esta à efetivação das obrigações de fazer ou não fazer" (TASP, AGI 678.544-00/1, Rel. Juiz Antonio Rigolin, 7ª Câmara, jul. 13.02.2001, *RT* 789/303).

5. Multa. Litigância temerária (§ 2º). "Os deveres contidos no art. 14 do CPC são extensivos a quem quer que cometa o atentado ao exercício da jurisdição. Por esse motivo, a multa por desacato à atividade jurisdicional prevista pelo parágrafo único deste artigo é aplicável não somente às partes e testemunhas, mas também aos peritos e especialistas que, por qualquer motivo, deixam de apresentar nos autos parecer ou avaliação. Na hipótese julgada, a empresa que estava incumbida da entrega do laudo desempenhava função de perito" (STJ, REsp 1.013.777/ES, Rel. Min. Nancy Andrighi, 3ª Turma, jul. 13.04.2010, *DJe* 01.07.2010).

"Quando abusiva a interposição de agravo, manifestamente inadmissível ou infundado, deve o tribunal condenar o agravante a pagar multa ao agravado" (STF, AI-AgR 346.543/SP, Rel. Min. Cezar Peluso, 1ª Turma, jul. 19.10.2004, *DJ* 12.11.2004; *RT* 832/156).

Multa. Destinação do valor à parte contrária, e não a fundo de aparelhamento do Poder Judiciário. Ver jurisprudência do art. 1.021 do CPC/2015.

6. Multa, não aplicação.

Não aplicação aos magistrados. Lei Orgânica da Magistratura. "O dever de probidade e de lealdade tem como destinatário todos aqueles que atuam no processo, direta ou indiretamente: partes, advogados, auxiliares da Justiça, a Fazenda Pública, o Ministério Público, assim como o juiz da causa, como não poderia deixar de ser. Todavia, nem todos os que praticarem atos atentatórios serão, necessariamente, repreendidos nos moldes do parágrafo único do art. 14 do CPC/1973. Há atores do processo que, agindo de maneira desleal e improba, serão responsabilizados nos termos do estatuto de regência da categoria a que pertencer, caso dos advogados, dos membros do Ministério Público, da Defensoria Pública e dos Magistrados. Aos juízes impõe-se que sejam suas ações conduzidas pelos princípios da probidade, da boa-fé e lealdade, mas a eles não se destina a multa prevista no parágrafo único do art. 14 do CPC/1973, devendo os atos atentatórios por eles praticados ser investigados nos termos da Lei Orgânica da Magistratura, Lei Complementar n. 35/1979" (REsp 1548783/RS, Rel. Min. Luis Felipe Salomão, 4ª Turma, jul. 11.06.2019, *DJe* 05.08.2019).

Não aplicação aos advogados. "Os advogados, públicos ou privados, e os membros da Defensoria Pública e do Ministério Público não estão sujeitos à aplicação de pena por litigância de má-fé em razão de sua atuação profissional. Eventual responsabilidade disciplinar decorrente de atos praticados no exercício de suas funções deverá ser apurada pelo respectivo órgão de classe ou corregedoria, a quem o magistrado oficiará. Aplicação do art. 77, § 6º, do CPC/2015. Precedentes do STJ" (STJ, RMS 59.322/MG, Rel. Min. Antonio Carlos Ferreira, 4ª Turma, jul. 05.02.2019, *DJe* 14.02.2019).

Procuradores públicos. "Os procuradores federais estão incluídos na ressalva do parágrafo único do art. 14 do Código de Processo Civil, não sendo possível, assim, fixar-lhes multa em razão de descumprimento do dever disposto no art. 14, inc. V, do Código de Processo Civil. Sem discutir o acerto ou desacerto da condenação por litigância de má-fé – prevista no art. 17, inc. V, do Código de Processo Civil, imposta pela autoridade reclamada, tem-se que a condenação pessoal do procurador do Instituto Nacional do Seguro Social ao pagamento de multa processual é inadequada porque, no caso vertente, ele não figura como parte ou interveniente na ação" (STF, Rcl 5.133/MG, Rel. Min. Cármen Lúcia, Tribunal Pleno, jul. 20.05.2009, *DJe* 21.08.2009). **No mesmo sentido:** STJ, EDcl nos EDcl no AgRg no Ag 392.932/SP, Rel. Min. Nilson Naves, 6ª Turma, jul. 11.09.2008, *DJe* 17.11.2008.

7. Instituição financeira. Auxiliar da justiça. Responsabilização direta. Ilegalidade. "O propósito recursal é definir se é ilegal a decisão judicial que determina a penhora de valores de instituição financeira, no âmbito de processo do qual não era parte, mas funcionou como auxiliar da justiça. (...) A instituição financeira que cumpre ordem judicial de indisponibilização de saldos encontrados em contas bancárias atua como auxiliar da Justiça. A atuação dos auxiliares da Justiça é dirigida e orientada pelo Juízo da causa, a quem subordinam-se e submetem-se, mediante regime administrativo, e, por isso, os auxiliares não detêm nenhuma faculdade ou ônus processual, devendo, entretanto, observar os deveres estabelecidos no art. 14 do CPC/1973 (correspondente ao art. 77 do Código de Processo Civil atual) e podendo ser responsabilizado civil, administrativa ou penalmente pelos danos que causar, em razão de dolo ou culpa. A responsabilidade civil dos auxiliares da Justiça deve ser apurada mediante observância dos princípios do contraditório e ampla defesa, em via processual adequada para sua inclusão como parte" (STJ, RMS 49.265/MG, Rel. Min. Marco Aurélio Bellizze, 3ª Turma, jul. 10.12.2019, *DJe* 13.12.2019).

8. Multa por ato atentatório à dignidade da justiça e multa diária. Cumulação. Possibilidade. "A multa por ato atentatório à dignidade da justiça e a multa diária (*astreintes*) possuem naturezas jurídicas distintas, de modo que podem coexistir perfeitamente" (STJ, REsp 1.815.621/SP, Rel. Min. Ricardo Villas Bôas Cueva, 3ª Turma, jul. 28.09.2021, *DJe* 01.10.2021).

Multa do art. 497. Distinção. "A multa processual prevista no *caput* do artigo 14 do CPC difere da multa cominatória prevista no art. 461, §§ 4º e 5º, vez que a primeira tem natureza punitiva, enquanto a segunda tem natureza coercitiva a fim de compelir o devedor a realizar a prestação determinada pela ordem judicial" (STJ, REsp 770.753/RS, Rel. Min. Luiz Fux, 1ª Turma, jul. 27.02.2007, *DJ* 15.03.2007, p. 267).

9. Condenação solidária das partes e patronos. Inadmissibilidade. "Em caso de litigância de má-fé (CPC, arts. 17 e 18), descabe a condenação solidária da parte faltosa e de seus procuradores. A conduta processual do patrono da parte é disciplinada pelos arts. 14 do CPC e 32 do Estatuto da Advocacia e da Ordem dos Advogados do Brasil (EAOAB) (Lei 8.906/1994), de maneira que os danos processuais porventura causados pelo advogado, por dolo ou culpa grave, deverão ser aferidos em ação própria" (STJ, REsp 1.331.660/SP, Rel. Min. Raul Araújo, 4ª Turma, jul. 17.12.2013, *DJe* 11.04.2014). **No mesmo sentido:** STJ, REsp 1.173.848/RS, Rel. Min. Luis Felipe Salomão, 4ª Turma, jul. 20.04.2010, *DJe* 10.05.2010; TST, RR 453.016, Rel. Min. José Alberto Rossi, 2ª Turma, *DJ* 18.02.2000; STJ, REsp 1.247.820/AL, Rel. Min. Humberto Martins, 2ª Turma, jul. 28.06.2011, *DJe* 01.07.2011.

Art. 78. É vedado às partes, a seus procuradores, aos juízes, aos membros do Ministério Público e da Defensoria Pública e a qualquer pessoa que participe do processo empregar expressões ofensivas nos escritos apresentados.

§ 1º Quando expressões ou condutas ofensivas forem manifestadas oral ou presencialmente, o juiz advertirá o ofensor de que não as deve usar ou repetir, sob pena de lhe ser cassada a palavra.

§ 2º De ofício ou a requerimento do ofendido, o juiz determinará que as expressões ofensivas sejam riscadas e, a requerimento do ofendido, determinará a expedição de certidão com inteiro teor das expressões ofensivas e a colocará à disposição da parte interessada.

CPC/1973

Art. 15.

REFERÊNCIA LEGISLATIVA

Lei nº 8.906, de 04.07.1994 (Advogado – ver Legislação Especial).

BREVES COMENTÁRIOS

O CPC/2015, diversamente do que fazia o CPC/1973, preferiu não reprimir as "expressões injuriosas", texto que gerava polêmica sobre se havia correspondência ou não com as figuras catalogadas pelo Código Penal no tratamento dos crimes contra a honra. Falando a lei nova na vedação de "expressões ofensivas", o que se exige dos sujeitos processuais é que a linguagem no processo seja a de pessoas educadas e respeitosas, como, aliás, já vinha sendo entendido pela jurisprudência formada no tempo do CPC/1973.

JURISPRUDÊNCIA SELECIONADA

1. Expressões ofensivas. "É defeso às partes e aos seus advogados empregar expressões injuriosas e, de igual forma, ao representante do Ministério Público. Havendo o emprego de expressões injuriosas, cabe à autoridade judiciária mandar riscá-las. *Habeas corpus* deferido para que seja desentranhada dos autos a prova ilícita. Mandado expedido no sentido de que sejam riscadas as expressões injuriosas" (STJ, HC 59.967/SP, Rel. Min. Nilson Naves, 6ª Turma, jul. 29.06.2006, *DJ* 25.09.2006).

Desnecessidade de contraditório. "A providência prevista no art. 15 do Código de Processo Civil prescinde do contraditório, ainda que ocorra mediante provocação de uma das partes. Processo – Expressões Injuriosas – Sentido. Partes, representantes processuais, membros do Ministério Público e magistrados devem-se respeito mútuo. A referência a expressões injuriosas contida no art. 15 do Código de Processo Civil compreende o uso de todo e qualquer vocábulo que discrepe dos padrões costumeiros, atingindo as raias da ofensa" (STF, ADI 1.231 AgR, Rel. Min. Marco Aurélio, Tribunal Pleno, jul. 28.03.1996, *DJ* 22.08.1997).

"Não constituem ato ilícito as expressões ofensivas utilizadas em juízo, pela parte ou por seu procurador, desde que sejam compatíveis com os fatos discutidos no processo e não tenham sido escritas ou pronunciadas com a intenção de ofender. Desde que respeitados esses limites, não resta caracterizada ofensa à honra necessária para a compensação dos danos morais, apesar de as expressões injuriosas deverem ser coibidas, na forma do art. 15 do CPC" (TJPR, Ap 84.551-2, Rel. Des. Accácio Cambi, 6ª Câmara, jul. 01.03.2000, *RT* 781/355).

"O art. 15 do CPC tem o juiz como destinatário dos seus comandos (Agradi 1231/DF). Apesar disso, não é injuriosa, desmerecendo ser riscada da sentença, a expressão petição quilométrica. Revela tão somente uma forma de caracterização da sua extensão" (TRF 1ª Região, Ap. 01000040938, Rel. Juíza conv. Vera Carla Cruz, 4ª Turma, *DJU* 22.09.2000, p. 274).

2. Liberdade de expressão e de crença. "A Constituição Republicana protege a liberdade de expressão e de crença, sendo vedado ao magistrado determinar que se risque manifestação de fé religiosa se não caracterizada a hipótese do art. 15 do CPC" (TJMG, ApCív. 1.0231.05.034202-2/001, Rel. Des. Cláudio Costa, 5ª Câmara, jul. 31.08.2006, *DJe* 22.09.2006).

3. Advogado. Excesso. Inaplicabilidade da imunidade profissional. "Segundo a jurisprudência da Corte, a imunidade conferida ao advogado no exercício da sua bela e árdua profissão não constitui um *bill of indemnity*. A imunidade profissional, garantida ao advogado pelo Estatuto da Advocacia, não alberga os excessos cometidos pelo profissional em afronta à honra de qualquer das pessoas envolvidas no processo. O advogado, assim como qualquer outro profissional, é responsável pelos danos que causar no exercício de sua profissão. Caso contrário, jamais seria ele punido por seus excessos, ficando a responsabilidade sempre para a parte que representa, o que não tem respaldo em nosso ordenamento jurídico, inclusive no próprio Estatuto da Ordem" (STJ, REsp 163.221/ES, Rel. Min. Sálvio de Figueiredo Teixeira, 4ª Turma, jul. 28.06.2001, *DJ* 05.08.2002, p. 344). **No mesmo sentido:** REsp 988.380/MG, Rel. Min. Luis Felipe Salomão, 4ª Turma, jul. 20.11.2008, *DJe* 15.12.2008.

Calúnia. "A prerrogativa estampada no art. 133 da Constituição Federal se põe como uma condição mesma de exercício altivo e desembaraçado com independência funcional e desassombro pessoal, portanto. Razão de ser da estruturação da atividade advocatícia em lei necessariamente especial ou orgânica (Lei nº 8.906/1994). Todavia, **a inviolabilidade constitucionalmente assegurada ao advogado não se estende ao delito de calúnia**. Na concreta situação dos autos, o processamento da denúncia ajuizada contra o paciente encontra óbice no que dispõe o inciso III do art. 395 do Código de Processo Penal. É que a denúncia não descreve fatos integralizadores dos elementos objetivos e subjetivos do tipo penal de calúnia. Situação a autorizar o excepcional trancamento da ação penal na via processualmente contida do *habeas corpus*" (STF, HC 98.631, Rel. Min. Carlos Britto, 1ª Turma, jul. 02.06.2009, *DJe* 01.07.2009). **No mesmo sentido:** *RT* 640/350. **Obs.:** O Supremo Tribunal Federal declarou na ADIn 1.127-8 (*DOU* 26.05.2006) a inconstitucionalidade da expressão "ou desacato" constante do § 2º do art. 7º da Lei nº 8.906/1994.

4. Parlamentar. Aplicabilidade. "Parlamentar – inviolabilidade – informações em ação direta de inconstitucionalidade. A imunidade material de que cuida o art. 53 da Constituição Federal não alcança informações prestadas em ação direta de inconstitucionalidade por parlamentar, cabendo a aplicação do disposto no art. 15 do Código de Processo Civil" (STF, ADI 1.231 AgR, Rel. Min. Marco Aurélio, Tribunal Pleno, jul. 28.03.1996, *DJ* 22.08.1997).

5. Irrecorribilidade. "O ato do juiz que determina a risca, por injuriosas, de palavras usadas pelas partes em seus escritos dos autos, não dá azo a recurso **nem a mandado de segurança**" (STJ, ROMS 2.449/MG, Rel. Min. Fontes de Alencar, 4ª Turma, jul. 12.06.1995, *DJU* 07.08.1995).

Seção II
Da Responsabilidade das Partes por Dano Processual

Art. 79. Responde por perdas e danos aquele que litigar de má-fé como autor, réu ou interveniente.

CPC/1973

Art. 16.

REFERÊNCIA LEGISLATIVA

CPC/2015, arts. 81 (multa); 776 (dano processual na execução), 302 (dano processual no processo cautelar).

CC, arts. 402 a 405 (perdas e danos).

BREVES COMENTÁRIOS

Age de má-fé quem procura intencionalmente prejudicar outrem, ou, pelo menos, atua de maneira danosa por culpa grave ou erro grosseiro.

Da má-fé do litigante resulta o dever legal de indenizar as perdas e danos causados à parte prejudicada. Esse dever alcança tanto o autor e o réu como os intervenientes. A responsabilidade, *in casu*, pressupõe o elemento objetivo *dano* e o subjetivo *culpa*, mas esta não se confunde necessariamente com o dolo e, pelo casuísmo legal, pode às vezes limitar-se à culpa em sentido estrito, mas de natureza grave (CPC/2015, art. 80, I e VI).

JURISPRUDÊNCIA SELECIONADA

1. Litigância de má-fé. Abuso de direito de demandar ou de peticionar. Ver jurisprudência do art. 6º do CPC/2015.

2. Assédio processual. Abuso do direito de ação e de defesa. Ajuizamento sucessivo e repetitivo de ações temerárias. "O ardil, não raro, é camuflado e obscuro, de modo a embaralhar as vistas de quem precisa encontrá-lo. O chicaneiro nunca se apresenta como tal, mas, ao revés, age alegadamente sob o manto dos princípios mais caros, como o acesso à justiça, o devido processo legal e a ampla defesa, para cometer e ocultar as suas vilezas. O abuso se configura não pelo que se revela, mas pelo que se esconde. Por esses motivos, é preciso repensar o processo à luz dos mais basilares cânones do próprio direito, não para frustrar o regular exercício dos direitos fundamentais pelo litigante sério e probo, mas para refrear aqueles que abusam dos direitos fundamentais por mero capricho, por espírito emulativo, por dolo ou que, em ações ou incidentes temerários, veiculem pretensões ou defesas frívolas, aptas a tornar o processo um simulacro de processo ao nobre albergue do direito fundamental de acesso à justiça. Hipótese em que, nos quase 39 anos de litígio envolvendo as terras que haviam sido herdadas pelos autores e de cujo uso e fruição foram privados por intermédio de procuração falsa datada do ano de 1970, foram ajuizadas, a pretexto de defender uma propriedade sabidamente inexistente, quase 10 ações ou procedimentos administrativos desprovidos de fundamentação minimamente plausível, sendo que 04 destas ações foram ajuizadas em um ínfimo espaço de tempo – 03 meses, entre setembro e novembro de 2011 –, justamente à época da ordem judicial que determinou a restituição da área e a imissão na posse aos autores" (STJ, REsp 1817845/MS, Rel. p/ Acórdão Min. Nancy Andrighi, 3ª Turma, jul. 10.10.2019, *DJe* 17.10.2019).

3. Exercício regular do direito de recorrer. "Na forma da jurisprudência, o exercício regular do direito constitucional de recorrer não enseja condenação do ora agravante às penalidades por litigância de má-fé e multa, na forma dos arts. 79 e 80, VII, do CPC/2015. Precedentes do STJ (AgInt no AgRg nos EREsp 1.433.658/SP, Rel. Ministro Jorge Mussi, Corte Especial, *DJe* de 25/11/2016). Descabimento, no caso, de aplicação dos arts. 79 e 80, VII, do CPC/2015" (STJ, AgInt no REsp 1622583/SP, Rel. Min. Francisco Falcão, 2ª Turma, jul. 20.03.2018, *DJe* 26.03.2018).

4. Má-fé. Necessidade de comprovação. "A má-fé não se presume, devendo estar plenamente configurada. Necessária a comprovação induvidosa para caracterizar-se a litigância de má-fé, não estando esta suficientemente demonstrada, impossível aplicação da sanção por suposta incursão ao artigo 17 do Código de Processo Civil" (TAPR, EDcl 139762202, (12826), Rel. Juiz Fernando Wolff Bodziak, 4ª Câmara, *DJPR* 09.06.2000).

Mera displicência. Presunção de boa-fé. "Agir displicentemente, com culpa porque requereu providência já realizada, não conduz, por si só, à má-fé e ao dolo. A boa-fé é que se presume" (STJ, RMS 773/RS, Rel. Min. Garcia Vieira, 1ª Turma, jul. 13.03.1991, *DJ* 15.04.1991, p. 4.292).

Arguição de teses com respaldo em doutrina ou voto minoritário. "Não se caracteriza a litigância de má-fé se a parte argui teses de direito que, embora não prevalecentes na jurisprudência, encontram respaldo em doutrina ou em votos minoritários. Tampouco se pretende a realização de prova pericial ou oral, objetivando demonstrar a realização de benfeitorias indenizáveis. **Não se pode pretender que a parte fique manietada na defesa de seus pontos de vista**, o que poderia importar em cerceamento de defesa, cuja amplitude é assegurada pela Constituição" (TJRJ, Rel. Nilson de Castro Dião, 3ª Câmara TARJ, jul. 16.09.1992, *RF* 328/208).

"Se a parte utiliza os meios disponíveis no direito positivo para a defesa dos seus direitos, não se pode pretender, pelo vigor com que litigam, que exista fundamento para a condenação por litigância de má-fé" (STJ, REsp 203.254/SP, Rel. Min. Carlos Alberto Menezes Direito, 3ª Turma, jul. 06.12.1999, *DJ* 28.02.2000, p. 77).

5. Reconvenção. Desnecessidade. "A condenação em perdas e danos como litigante de má-fé representa sanção processual que independe de reconvenção" (1º TASP, Ap. 269.048, Rel. Sydney Sanches, jul. 28.05.1980, *RT* 550/105).

6. Ação autônoma. Possibilidade. "Mesmo que na ação onde se teria caracterizado o procedimento antijurídico de uma das partes não haja sido decidida nem suscitada a questão da litigância de má-fé (art. 16 do CPC), pode o vencedor intentar ação autônoma visando à indenização por dano processual. Sentença reformada" (TJSC, Ap. 23.687, Rel. Des. Norberto Ungaretti, 3ª Câmara, jul. 29.04.1986, *RT* 608/175).

7. Jurisdição voluntária. "Denotado pelas instâncias ordinárias ter sido o pedido de retificação de registro imobiliário processado pelo rito de jurisdição voluntária e não pelas vias ordinárias, a impugnação do pleito por um dos confinantes não tem força bastante, por si só, para configurar resistência, a ponto de evidenciar uma lide. Inviável, pois, a condenação por litigância de má-fé" (STJ, REsp 276.069/SP, Rel. Min. Fernando Gonçalves, 4ª Turma, jul. 08.03.2005, *DJ* 28.03.2005, p. 257).

8. Condenação solidária das partes e patronos. Inadmissibilidade. Ver jurisprudência do art. 77 do CPC/2015.

9. Avalista. Impossibilidade. "Responde o avalista, do mesmo modo que o avalizado, pelo que emerja do título. Não pode ser responsabilizado, entretanto, pela conduta processual do avalizado. Assim, não é possível exigir-lhe o pagamento, devido em decorrência da litigância de má-fé daquele" (STJ, REsp 4.685/PR, Rel. Min. Nilson Naves, 3ª Turma, jul. 18.12.1990, *DJ* 25.02.1991, p. 1.468).

10. Dívida já paga. "Mostra-se correta a imposição da pena por litigância de má-fé quando o credor dá andamento ao feito, requerendo a apreensão do bem, cuja dívida já foi quitada, estando o devedor de posse de documentos liberatórios há mais de seis meses" (TJRJ, Ap 11.222/1999 – (Ac. 19101999), Rel. Des. Rudi Loewenkron, 14ª Câmara, jul. 08.09.1999).

"Aquele que demanda por dívida já paga está obrigado a devolver o valor, em dobro. Penalidade prevista no artigo 1.531 do Código Civil. Caso em que não se aplica a litigância de má-fé, pelo mesmo fato, o que acarretaria dupla penalização" (TJRS, EInf. 598289437 – (00322058), Rel. Des. Ana Maria Nedel Scalzilli, 6ª Câmara, jul. 27.08.1999).

11. Motivos ensejadores da aplicação da multa. Não cabimento de recurso especial. "A análise dos motivos ensejadores da aplicação da multa por litigância de má-fé passa, necessariamente, no caso dos autos, pela interpretação de cláusulas contratuais e revolvimento de fatos e provas constantes dos autos, incidindo, pois, os vetos constantes das Súmulas 05 e 07 desta Corte. Precedentes" (STJ, AgRg no Ag 797.325/SC, Rel. Min. Fernando Gonçalves, 4ª Turma, jul. 04.09.2008, *DJe* 15.09.2008).

Art. 80. Considera-se litigante de má-fé aquele que:

I – deduzir pretensão ou defesa contra texto expresso de lei ou fato incontroverso;

II – alterar a verdade dos fatos;

III – usar do processo para conseguir objetivo ilegal;

IV – opuser resistência injustificada ao andamento do processo;

V – proceder de modo temerário em qualquer incidente ou ato do processo;

VI – provocar incidente manifestamente infundado;

VII – interpuser recurso com intuito manifestamente protelatório.

CPC/1973

Art. 17.

REFERÊNCIA LEGISLATIVA

CPC/2015, arts. 142 (abuso processual) e 772 a 774 (poderes do juiz; atos atentatórios à dignidade de justiça; proibição de falar nos autos).

Lei nº 9.800/1999, art. 4º, parágrafo único (utilização de sistema de transmissão de dados para a prática de atos processuais).

Lei nº 8.906/1994, arts. 32, parágrafo único e 34, VI e XIV (estatuto da advocacia).

Lei nº 12.016/2009, art. 25 (litigância de má-fé no processo de mandado de segurança).

SÚMULAS

Súmula do STJ:

Nº 98: "Embargos de declaração manifestados com notório propósito de prequestionamento não têm caráter protelatório."

BREVES COMENTÁRIOS

Só a comprovada litigância de má-fé autoriza a condenação do temerário nas perdas e danos.

A simples sucumbência da pretensão da parte não a torna litigante de má-fé.

Para os fins do art. 80 do CPC/2015, é preciso que o litigante adote intencionalmente conduta maliciosa e desleal.

A configuração da litigância de má-fé decorre de infração praticada sobretudo contra os deveres éticos que não podem ser ignorados na função social do devido processo legal. Não seria um processo justo aquele que deixasse de exigir dos participantes da relação processual a fidelidade à boa-fé, à veracidade, ao uso regular das faculdades processuais e aos fins privados e sociais da lei. Todos os incisos do art. 80 correspondem a quebras do princípio da boa-fé no domínio do processo.

Assim, a pretexto de se defender, não é permitido ao litigante deduzir pretensão que, *prima facie*, vai de encontro à literalidade da lei ou ao fato que, nos autos, se revela juridicamente grave quando a parte, de forma intencional, mente acerca dos fatos que irão influir de maneira decisiva na solução judicial do litígio. A infração do dever de veracidade, nessa perspectiva, é punida sempre que, maliciosamente, a parte falseia a verdade para confundir o adversário ou iludir o juiz da causa, seja na descrição manipulada dos fatos fundamentais do pedido (objeto do processo), seja na inovação deformada de citações doutrinárias e jurisprudenciais, seja mesmo na deturpação de depoimentos ou documentos dos autos, a exemplo do que se prevê no art. 34, XIV, do Estatuto da OAB (Lei nº 8.906/1994).

Embora o inc. II do art. 80 fale apenas em "alterar a verdade dos fatos" (conduta ativa), a jurisprudência entende, com base no inc. V (procedimento "temerário"), que se reputa também litigância de má-fé "a omissão de fato relevante para o julgamento da causa" (STJ, 2ª Seção, AgRg no CC 108.503/DF, Rel. Min. Paulo de Tarso Sanseverino, ac. 22.09.2010, *DJe* 13.10.2010. No mesmo sentido: TST, Súmula nº 403).

A doutrina, por sua vez, costuma apontar três condutas reprováveis dos litigantes, no campo do dever de veracidade exigível em processo: a) firmar fato inexistente; b) negar fato existente; e c) descrever os fatos sem correspondência exata com a realidade (Araken de Assis, Dever de veracidade das partes no processo civil, *Rev. Jurídica*, 391/25). Entretanto, em qualquer dessas hipóteses a conduta da parte somente receberá a sanção da litigância de má-fé se tiver sido dolosa, isto é, se retratar a vontade real de desfigurar o fato (STJ, REsp 373.847/MA, *DJU* 24.02.2003, p. 239).

JURISPRUDÊNCIA SELECIONADA

1. Litigância de má-fé.

Condenação. Requisitos. "Para a condenação em litigância de má-fé, faz-se necessário o preenchimento de três requisitos, quais sejam: que a conduta da parte se subsuma **a uma das hipóteses taxativamente elencadas no art. 17 do CPC**; que à parte tenha sido oferecida **oportunidade de defesa** (CF, art. 5º, LV); e que da sua conduta resulte **prejuízo processual à parte adversa**" (STJ, REsp 271.584/PR, Rel. Min. José Delgado, 1ª Turma, jul. 23.10.2000, *DJ* 05.02.2001, p. 80). **No mesmo sentido:** STJ, REsp 220.054/SP, Rel. Min. Humberto Gomes de Barros, 1ª Turma, jul. 08.08.2000, *DJU* 18.09.2000.

"Não pode prosperar a condenação por litigância de má-fé com o simples argumento de que os recursos são protelatórios. Isso porque, sem a adequada fundamentação, não é possível a imposição da pena de litigância de má-fé, como assentado em diversos precedentes da Corte" (STJ, REsp 622.366/RJ, Rel. Min. Nancy Andrighi, 3ª Turma, jul. 21.06.2005, *DJU* 01.07.2005, p. 519).

Intuito desleal. "A condenação ao pagamento de indenização, nos termos do art. 18, § 2º, do CPC, por litigância de má-fé, pressupõe a existência de um elemento subjetivo, que evidencie o intuito desleal e malicioso da parte" (STJ, REsp 199.321/SC, Rel. Min. Felix Fischer, 5ª Turma, *DJU* 01.08.2000). **No mesmo sentido:** STJ, EmbDev na AR 431/RS, Rel. Min. Sálvio de Figueiredo Teixeira, 2ª Seção, jul. 25.10.2000, *DJ* 18.12.2000.

Interpretação. Cautela. "Os textos legais que se referem à litigância de má-fé devem ser interpretados com cautela para não se inviabilizar o próprio princípio do contraditório. **O *improbus litigator*** relaciona-se com a atribuição da má conduta processual, não propriamente com o pedido" (TJDF, Ap 34.788, Rel. Des. Getúlio Oliveira, 2ª Turma, *DJ* 14.06.1995).

Inibição da má-fé processual. Papel do judiciário e das partes. "A Constituição da República vigente preconiza de forma muito veemente a necessidade de resolver de forma célere as questões submetidas ao Poder Público (arts. 5º, inc. LXXVIII, e 37, *caput*), posto que essas demandas dizem com as vidas das pessoas, com seus problemas, suas angústias e suas necessidades. A seu turno, a legislação infraconstitucional, condensando os valores e princípios da Lei Maior, é pensada para melhor resguardar direitos, e não para servir de mecanismo subversivo contra eles. [...]. É por isso que, na falta de modificação no comportamento dos advogados (públicos ou privados) – que seria, como já dito, o ideal –, torna-se indispensável que também os magistrados não fiquem inertes, que também eles, além dos legisladores, tomem providências, notadamente quando o próprio sistema já oferece arsenal para tanto. É caso de aplicar o art. 538, p. ún., do Código de Processo Civil. Embargos de declaração rejeitados, com aplicação de multa pelo caráter protelatório na razão de 1% sobre o valor da causa" (STJ, EDcl no AgRg no REsp 760.843, Rel. Min. Mauro Campbell Marques, 2ª Turma, jul. 23.03.2010, *DJ* 12.04.2010).

Ver também arts. 77 e 79 do CPC/2015.

2. Violação dos deveres de cooperação, boa-fé e lealdade processual (inciso I). "Em sistemas processuais com modelo de precedentes amadurecido, reconhece-se a exigência não só de que os patronos articulem os fatos conforme a verdade, mas que exponham à Corte até mesmo precedentes contrários à pretensão do cliente deles. Evidentemente, não precisam concordar com os precedentes adversos, mas devem apresentá-los aos julgadores, desenvolvendo argumentos de distinção e superação. Trata-se do princípio da candura perante a Corte (*candor toward the Court*) e do dever de expor precedente vinculante adverso (*duty to disclose adverse authority*). O presente caso não exige tamanha densidade ética. No entanto, não se pode ter como razoável que a parte sustente a pretensão em precedente manifestamente contrário ao caso em tela, apontando-o como vinculante em hipótese que teve sua incidência patentemente excluída, por força de modulação, omitindo-se sobre a existência da exceção. A invocação do precedente vinculante na hipótese temporal expressamente excluída de sua incidência pelo próprio julgamento controlador configura violação dos deveres de lealdade, de boa-fé e de cooperação processual, ensejando a aplicação da multa do art. 1.021, § 4º, do CPC/2015, ante manifesta inadmissibilidade" (STJ, AgInt nos EDcl no RMS 34.477/DF, Rel. Min. Og Fernandes, 2a Turma, jul. 21.06.2022, *DJe* 27.06.2022).

3. Alterar a verdade dos fatos (inciso II). "A alteração da verdade dos fatos qualifica a hipótese do art. 80, II, e enseja a imposição da corrigenda prevista no art. 81, *caput*, ambos do CPC/2015" (STJ, AgInt no REsp 1782837/PR, Rel. Min. Antonio Carlos Ferreira, 4ª Turma, jul. 23.09.2019, *DJe* 27.09.2019).

Deduzir pretensão contra fato incontroverso. "É litigante de má-fé a parte que deduz pretensão contra fato incontroverso e altera a sua verdade, postergando o princípio da lealdade processual" (STJ, REsp 40.638/RJ, Rel. Min. Antônio de Pádua Ribeiro, 2ª Turma, jul. 02.09.1996, *DJ* 21.10.1996, p. 40.230).

As regras referentes à litigância de má-fé previstas no CPC aplicam-se a qualquer processo, não afastando sua incidência o fato de a Lei 1.533/1951 não possuir previsão específica. A impetração de mandado de segurança contra ato judicial que visa impedir pagamento de débito cujo valor foi admitido pelo devedor constituiu ato que justifica a aplicação da multa prevista no art. 17, incisos I, IV, VI e VII, do CPC" (STJ, RMS 25.521/SP, Rel. Min. Castro Meira, 2ª Turma, jul. 11.03.2008, *DJ* 28.03.2008, p. 1). Observação: a nova Lei do Mandado de Segurança, Lei nº 12.016/2009, prevê expressamente em seu art. 25 a possibilidade da aplicação de sanções para o caso de litigância de má-fé.

"Litiga de má-fé a parte que, dolosamente, manipula trechos de acórdão citado como paradigma, objetivando criar incoerência não existente entre decisões de ministros de mesma Turma na tentativa de desacreditar a decisão anteriormente proferida" (STJ, AgRg no REsp 947.927/PR, Rel. Min. Nancy Andrighi, 3ª Turma, jul. 15.04.2008, *DJ* 29.04.2008, p. 1).

Parte ilegítima. "Se a instituição financeira reconhece que incluiu indevidamente o nome das embargantes na execução, impõe-se a aplicação da pena por litigância de má-fé" (STJ, REsp 678.364/AM, Rel. Min. Carlos Alberto Menezes Direito, 3ª Turma, jul. 05.06.2007, *DJ* 20.08.2007, p. 269).

4. Objetivo ilegal (inciso III). "O manejo temerário de incidente processual infundado, quando evidente a intenção de utilização do processo para fins ilícitos, caracteriza litigância de má-fé, ensejando a aplicação da penalidade pecuniária prevista, que pode ser fixada em até 20% do valor da causa" (STJ, REsp 93.036/RS, Rel. Min. Sálvio de Figueiredo Teixeira, 4ª Turma, *DJU* 01.03.1999).

"Apurada a **tentativa de 'estelionato processual'** (CPC, art. 17, II e III), deve o julgador impor *ex officio* a sanção patrimonial cabível, em padrões proporcionais ao agravo cometido (CPC, art. 18, § 2º)" (TRT 10ª Região, RO 3798/99, Rel. Juiz Douglas Alencar Rodrigues, 3ª Turma, *DJU* 17.03.2000).

5. Resistência injustificada ao andamento do processo (inciso IV). Ver jurisprudência do art. 77 do CPC/2015.

"O art. 17, inc. IV, do CPC, aplicável no procedimento de restauração dos autos, para a caracterização, reputa litigante de má-fé aquele que opuser resistência injustificada ao andamento do processo" (TARS, Ap. 194.000.998, Rel. Juiz Silvestre Jasson Ayres Torres, 5ª Câmara, jul. 24.02.1994).

"Assim, não se pode deixar de considerar **que o requerimento da parte envolvendo questão já há muito decidida** configura resistência injustificada ao andamento do processo (art. 17, IV, do CPC)" (TJRS, AI 70001396498, Rel. Des. Arno Werlang, 2ª Câmara, jul. 04.10.2000).

6. Promover de modo temerário (inciso V). "Não faz sentido qualificar-se como temerário o pedido que veio a ser julgado procedente pelo tribunal. A decisão saneadora irrecorrida opera preclusão, relativamente às partes" (STJ, ED nos EI na AR 368-9/BA, Rel. Min. Humberto Gomes de Barros, 1ª Seção, *DJU* 18.03.1996, p. 7.498).

"Caracteriza-se a litigância de má-fé quando a parte impetra mais de um mandado de segurança, com o mesmo pedido e causa de pedir, perseguindo a concessão de liminar. O pedido de desistência de um deles, formulado após a decisão que examinou o pedido liminar, não tem o condão de afastar a má-fé" (STJ, REsp 705.201/SC, Rel. Min. Eliana Calmon, 2ª Turma, jul. 07.03.2006, *DJ* 04.05.2006, p. 162). **No mesmo sentido, com relação ao ajuizamento de várias cautelares:** STJ, REsp 108.973/MG, Rel. Min. Sálvio de Figueiredo Teixeira, 4ª Turma, jul. 29.10.1997, *DJU* 09.12.1997, p. 64.709.

"Caracteriza litigância de má-fé a ausência de similitude entre a peça apresentada por meio de fax e o original do recurso. Aplicação da multa prevista no art. 18 do CPC" (STJ, REsp 856.918/MG, Rel. Min. Castro Meira, 2ª Turma, jul. 15.04.2008, *DJ* 30.04.2008).

"Reputa-se litigância de má-fé a omissão de fato relevante para o julgamento da causa (art. 17, V, do CPC)" (STJ, AgRg no CC 108.503/DF, Rel. Min. Paulo de Tarso Sanseverino, 2ª Seção, jul. 22.09.2010, *DJe* 13.10.2010).

7. Provocação de incidentes manifestamente infundados (inciso VI). "A parte que, fugindo ao seu dever de verdade e lealdade, cria incidente desnecessário baseado em fato que sabe não ser verdadeiro, é litigante de má-fé, devendo receber a sanção respectiva" (TJSC, Ap. 97.011995-0, Rel. Des. Nilton Macedo Machado, 3ª Câmara, jul. 18.08.1998).

"Procede de má-fé o credor que pede o levantamento integral da quantia depositada para elidir a falência, estando parte da dívida já anteriormente quitada" (TJRJ, Ap. 12.035, Rel. Des. Paulo Pinto, 8ª Câmara, jul. 26.06.1980, *RF* 278/229).

8. Abuso do direito de recorrer. Inciso (VII). "'A interposição descabida e desmedida de sucessivos recursos configura abuso do direito de recorrer, autorizando a certificação do trânsito em julgado. Precedentes da Corte Especial do STJ e do Supremo Tribunal Federal (EDcl nos EDcl no AgRg no RE nos EDcl no AgRg no AREsp 723.122/BA, Rel. Ministro Humberto Martins, Corte Especial, julgado em 6/6/2018, *DJe* 14/6/2018; RHC 124.968 AgR-ED, Relator Min. Luiz Fux, Primeira Turma, julgado em 28/10/2016, processo eletrônico *DJe*-243, divulgado em 16/11/2016, publicado em 17/11/2016; AI 608735 AgR-ED-AgR-ED-AgR, Relator(a): Min. Ricardo Lewandowski, Primeira Turma, julgado em 5/5/2009, *DJe*-108, divulgado em 10/6/2009, publicado em 12/6/2009)' (AgRg nos EAREsp 1.171.171/SP, Rel. Ministro FRANCISCO FALCÃO, CORTE ESPECIAL, julgado em 05/12/2018, *DJe* 12/12/2018)" (STJ, AgInt no MS 25.156/DF, Rel. Min. Laurita Vaz, Corte Especial, jul. 24.09.2019, *DJe* 30.09.2019).

"O abuso do direito de recorrer – por qualificar-se como prática incompatível com o postulado ético-jurídico da lealdade processual – constitui ato de litigância maliciosa, repelido pelo ordenamento positivo, especialmente nos casos em que a parte interpõe recurso com intuito evidentemente protelatório, hipótese em que se legitima a imposição de multa" (STF, AI 735.904 AgR-ED-ED, Rel. Min. Celso de Mello, 2ª Turma, jul. 27.10.2009).

"Apenas a absurda utilização de vias recursais completamente incabíveis mantém viva a inexistente controvérsia, o que justifica a aplicação da multa por litigância de má-fé" (STJ, AgRg na ExImp 6/DF, Rel. Min. Nancy Andrighi, 2ª Seção, jul. 10.09.2008). No mesmo sentido: STJ, ArRg no AI 1.270.781, Rel. Min. Honildo Amaral de Mello Castro, *DJ* 08.04.2010.

"A utilização de recurso manifestamente descabido e com mero intuito de protelar o cumprimento de decisão desta Corte Superior, exarada desde junho de 2010, caracteriza verdadeiro abuso do direito de recorrer e impõe para o Judiciário a adoção de providências necessárias à manutenção da ordem no processo e da efetividade da tutela jurisdicional. A oposição de três embargos declaratórios seguidos, mesmo após a condenação às multas previstas no artigo 538, parágrafo único, do CPC, caracteriza novo abuso de direito, distinto do anterior, que deve ser repelido, agora, com as sanções do artigo 18 do CPC, que comina penas mais severas e mais extensas ao litigante desleal. Seguindo a *ratio* da jurisprudência do Pretório Excelso e de precedente da Corte Especial, determina-se o imediato cumprimento do acórdão e reconhece-se, independentemente do trânsito em julgado, o exaurimento da jurisdição quanto aos embargos de divergência" (STJ, EDcl nos EDcl nos EDcl no AgRg nos EREsp 1.100.732/RS, Rel. Min. Castro Meira, Corte Especial, jul. 29.08.2012, *DJe* 16.11.2012). **No mesmo sentido:** STJ, AgRg no Ag 982.618/SP, Rel. Min. João Otávio de Noronha, 4ª Turma, jul. 26.02.2008, *DJe* 10.03.2008. Ver item 3 da jurisprudência de 2015.

9. Comprovação do dolo. Necessidade. "A aplicação da penalidade por litigância de má-fé exige a comprovação do dolo da parte, ou seja, da intenção de obstrução do trâmite regular do processo ou de causar prejuízo à parte contrária, o que não ocorre na hipótese em exame" (STJ, AgInt no AREsp 1214873/SC, Rel. Min. Raul Araújo, 4ª Turma, jul. 05.11.2019, *DJe* 27.11.2019).

"Inaplicabilidade da multa por litigância de má-fé (arts. 17, VII, e 18, § 2º, do Código de Processo Civil de 1973 e 80, IV e VII, e 81 do estatuto processual civil de 2015), porquanto ausente demonstração de que a parte recorrente agiu com culpa grave ou dolo" (STJ, AgInt no AREsp 1460624/DF, Rel. Min. Regina Helena Costa, 1ª Turma, jul. 09.09.2019, *DJe* 11.09.2019).

10. Não configura má-fé.

Interposição de recurso cabível. "A interposição de recursos não implica em 'litigância de má-fé nem ato atentatório à dignidade da justiça, ainda que com argumentos reiteradamente refutados pelo Tribunal de origem ou sem alegação de fundamento novo' (AgRg nos EDcl no REsp n. 1.333.425/SP, Rel. Ministra Nancy Andrighi, Terceira Turma, julgado em 27/11/2012, *DJe* 4/12/2012)" (STJ, AgInt no AREsp 1473196/SP, Rel. Min. Marco Aurélio Bellizze, 3ª Turma, jul. 30.09.2019, *DJe* 04.10.2019). **No mesmo sentido, a jurisprudência à luz do CPC/1973, ainda aplicável**: STJ, REsp 615.699/SE, Rel. Min. Luiz Fux, 1ª Turma, jul. 04.11.2004, *DJ* 29.11.2004, p. 246; STJ, REsp 749.629/PR, Rel. Min. Arnaldo Esteves Lima, 5ª Turma, jul. 16.05.2006, *DJ* 19.06.2006, p. 193; STJ, REsp 842.688/SC, Rel. Min. Humberto Gomes de Barros, 3ª Turma, jul. 27.03.2007, *DJ* 21.05.2007, p. 576.

Não comparecimento à audiência de prova oral não necessária. "O não comparecimento do requerente à audiência de prova oral não necessária, embora deferida pelo juízo, não caracteriza má-fé, de molde a qualificá-lo como litigante de má-fé" (TASP, Ap. 291.465, Rel. Renan Lotufo, 2ª Câmara, jul. 04.08.1982, *RT* 564/120).

Tese aceita por jurisprudência. "Quem defende seus interesses à base de argumento que, à época, ainda era aceito por parcela importante da jurisprudência, não pode ser tida como litigante de má-fé" (STJ, REsp 259.738/RS, Rel. Min. Ari Pargendler, 3ª Turma, jul. 05.09.2000; *LEXSTJ* 138/203).

"Não caracterizada má-fé à litigância só porque a parte emprestou a determinado dispositivo de lei ou a certo julgado, **uma interpretação diversa da que neles efetivamente contida ou desafeiçoada ao entendimento que se lhe dá o juízo**" (STJ, REsp 21.185/SP, Rel. Min. César Asfor Rocha, 1ª Turma, jul. 27.10.1993, *DJU* 22.11.1993, p. 24.898).

Denunciação da lide. "A denunciação da lide, exercício regular de um direito, não caracteriza a litigância de má-fé, sendo uma tentativa válida de permitir ao denunciante forrar-se de eventuais prejuízos experimentados com a demanda" (TJDF, Ap. 34.788, Rel. Des. Getúlio Oliveira, 2ª Turma, *DJ* 14.06.1995).

Estratégia processual. "A litigância de má-fé deve ser **distinguida da estratégia processual** adotada pela parte que, **não estando obrigada a produzir prova contra si**, opta, conforme o caso, por não apresentar em juízo determinados documentos, contrários às suas teses, assumindo, em contrapartida, os riscos dessa postura. O dever das partes de colaborarem com a Justiça, previsto no art. 339 do CPC, deve ser confrontado com o direito do réu à ampla defesa, o qual inclui, também, a escolha da melhor tática de resistência à pretensão veiculada na inicial. Por isso, o comportamento da parte deve sempre ser analisado à luz das peculiaridades de cada caso" (STJ, REsp 1.286.704/SP, Rel. Min. Nancy Andrighi, 3ª Turma, jul. 22.10.2013, *DJe* 28.10.2013).

11. Uso da Reclamação como sucedâneo de recurso. Litigância de má-fé. "É clara a litigância de má-fé do reclamante. A presente reclamação mostra-se totalmente descabida, pois apresentada contra acórdão proferido em apelação, após o reclamante ter ciência do julgamento de seu agravo em recurso especial pelo Superior Tribunal de Justiça em aresto que transitaria em julgado um dia após o protocolo da reclamação" (STJ, AgInt nos EDcl na Rcl 36.683/GO, Rel. Min. Raul Araújo, 2ª Seção, jul. 24.04.2019, *DJe* 08.05.2019).

12. Litigância de má-fé. Condenação solidária do advogado. Impossibilidade. Ver jurisprudência do art. 79 do CPC/2015.

Art. 81. De ofício ou a requerimento, o juiz condenará o litigante de má-fé a pagar multa, que deverá ser superior a um por cento e inferior a dez por cento do valor corrigido da causa, a indenizar a parte contrária pelos prejuízos que esta sofreu e a arcar com os honorários advocatícios e com todas as despesas que efetuou.

§ 1º Quando forem 2 (dois) ou mais os litigantes de má-fé, o juiz condenará cada um na proporção de seu respectivo interesse na causa, ou solidariamente aqueles que se coligaram para lesar a parte contrária.

§ 2º Quando o valor da causa for irrisório ou inestimável, a multa poderá ser fixada em até 10 (dez) vezes o valor do salário mínimo.

§ 3º O valor da indenização será fixado pelo juiz ou, caso não seja possível mensurá-lo, liquidado por arbitramento ou pelo procedimento comum, nos próprios autos.

CPC/1973

Art. 18.

REFERÊNCIA LEGISLATIVA

CPC/2015, arts. 95 (adiantamento de despesas), 96 (reversão das multas processuais decorrentes de má-fé), 489 (requisitos da sentença), 509 e 510 (liquidação da sentença por arbitramento).

CC, arts. 275 a 285 (solidariedade passiva).

BREVES COMENTÁRIOS

Ocorrendo a litigância de má-fé, a previsão legal é de dupla consequência: sujeição à multa de 1% a 10% do valor da causa corrigido; e indenização dos prejuízos sofridos pela parte contrária (art. 81, *caput*).

A reparação, que decorre de ato ilícito processual, será devida, qualquer que seja o resultado da causa, ainda mesmo que o litigante de má-fé consiga, no final, sentença favorável.

Não há necessidade de ação própria para reclamar a indenização. O prejudicado, demonstrando a máfé do outro litigante, poderá pedir sua condenação, incidentemente, nos próprios autos do processo em que o ilícito foi cometido.

No caso de pluralidade de litigantes de máfé, o juiz condenará cada um na proporção de seu respectivo interesse na causa. Mas se os litigantes se unirem para lesar a parte contrária, a condenação atingirá, solidariamente, aqueles que se coligaram para prejudicar o adversário (art. 81, § 1º).

A condenação do litigante de má-fé será feita mediante:

a) decisão interlocutória, assim que verificado o prejuízo, recorrível por preliminar de apelação ou contrarrazões (art. 1.012 do CPC/2015);

b) sentença, de cujo inconformismo cabe apelação.

A jurisprudência tem entendido que não contém a eiva de nulidade a sentença que não se pronuncia sobre o pedido de imposição de pena ao litigante de má-fé.

Verificada a litigância temerária, a condenação dar-se-á nos próprios autos do processo em que se comprovou a má-fé.

A aplicação do § 3º do art. 81 facilita a condenação do litigante de má-fé, independentemente de prova quantitativa do dano suportado pelo adversário. Não quer isso dizer, todavia, que a sanção será aplicada mesmo sem ter havido dano algum. A litigância de má-fé pressupõe sempre dano sério ao processo e aos interesses da contraparte. Esse dano tem de ser demonstrado, ainda que nem sempre se exija prova exata de seu montante.

JURISPRUDÊNCIA SELECIONADA

1. Litigância de má-fé. Dano processual. Demonstração. Desnecessidade. "O dano processual não é pressuposto para a aplicação da multa por litigância de má-fé a que alude o art. 18 do CPC/73, que configura mera sanção processual, aplicável inclusive de ofício, e que não tem por finalidade indenizar a parte adversa" (STJ, REsp 1628065/MG, Rel. p/ Acórdão Min. Paulo de Tarso Sanseverino, 3ª Turma, jul. 21.02.2017, *DJe* 04.04.2017).

2. Multa.

Aplicação da multa pelo relator. "Caracterizada uma das hipóteses previstas no artigo 80 do CPC/15 – como provocar incidente manifestamente infundado ou interpor recurso manifestamente protelatório –, autorizado estará o relator, desde logo, a aplicar multa sancionatória prevista no artigo 81 do CPC/15" (STJ, AgInt no AREsp 1140829/MG, Rel. Min. Marco Buzzi, 4ª Turma, jul. 02.09.2019, *DJe* 06.09.2019).

Natureza da multa. "A multa por conduta processual inadequada tem caráter administrativo e tem por finalidade impedir conduta inadequada da parte" (STJ, EREsp 81.625/SP, Rel. Min. Luiz Vicente Cernicchiaro, Corte Especial, jul. 20.05.1998, *DJU* 29.03.1999, p. 56).

Competência para fixação da multa. Fixação de multa por litigância de má-fé pelo Superior Tribunal de Justiça ao exercer o juízo de admissibilidade do recurso extraordinário. A multa por litigância de má-fé deve ser imposta por aquele que detém o juízo definitivo de admissibilidade do recurso. "O exame da admissibilidade levado a efeito pelos tribunais inferiores tem natureza provisória e deve cingir-se à análise dos pressupostos genéricos e específicos de recorribilidade do extraordinário. Embargos de declaração acolhidos para excluir a multa imposta pelo Tribunal de origem" (STF, AI 414.648 AgR-ED, Rel. Min. Joaquim Barbosa, 2ª Turma, jul. 21.02.2006, *DJ* 23.02.2007). **Em sentido contrário:** "Embora de cognição incompleta, o ato do juízo primeiro de admissibilidade do recurso possui natureza jurisdicional, podendo alcançar o enquadramento do recorrente como litigante de má-fé e a consequente imposição de multa" (STF, AI 420.450 AgR-ED, Rel. p/ acórdão Min. Marco Aurélio, 1ª Turma, jul. 24.11.2004, *DJ* 01.07.2005).

Condenação de ofício pelo juiz. "A jurisprudência desta Corte Superior se firmou na vertente de ser permitido ao Juiz decretar de ofício a litigância de má-fé (art. 18 do CPC), podendo condenar o litigante insidioso a pagar multa e, também, a indenizar a parte contrária pelos prejuízos causados, uma vez que incumbe ao magistrado dirigir o feito, reprimindo qualquer ato contrário à dignidade da justiça e à efetividade do processo" (STJ, AgRg no REsp 303.245/RJ, Rel. Min. Vasco Della Giustina, 3ª Turma, jul. 11.05.2010, *DJe* 26.05.2010). **No mesmo sentido:** STJ, REsp 94.933/BA, Rel. Min. Ruy Rosado de Aguiar, 4ª Turma, jul. 08.10.1998, *DJU* 13.10.1998; STJ, AgRg no REsp 667.668/RS, Rel. Min. Humberto Martins, 2ª Turma, jul. 01.04.2008, *DJe* 14.04.2008.

Configuração de acréscimo patrimonial. Incidência de imposto de renda. "'Considerando-se que o rendimento referente à multa por litigância de má-fé acarreta acréscimo patrimonial, visto que se trata de ingresso financeiro que não tem natureza jurídica de indenização por dano ao patrimônio material do contribuinte, levando-se em consideração, ainda, que tal rendimento não está contemplado por isenção, impõe-se o reconhecimento da exigibilidade do imposto de renda sobre a multa por litigância de má-fé. Ainda que a multa por litigância de má-fé possuísse a mesma natureza da indenização por dano processual prevista no art. 18 do CPC, inexiste norma que isente tal multa da tributação' (EDcl no REsp 1.317.272/PR, Rel. Ministro Mauro Campbell Marques, Segunda Turma, julgado em 04.04.2013, *DJe* 10/4/2013)" (STJ, AgRg no AgRg no REsp 1.435.891/RS, Rel. Min. Humberto Martins, 2ª Turma, jul. 06.05.2014, *DJe* 13.05.2014).

Base de cálculo da multa. "A multa e a indenização a que se referem o artigo 18 e seu § 2º incidem sobre **o valor da causa**, e não sobre o valor da condenação" (STJ, EDcl no AgRg no Ag 639.308/AL, Rel. Min. Ari Pargendler, 3ª Turma, jul. 16.03.2006, *DJ* 10.04.2006). **No mesmo sentido**: STJ, EDcl nos EDcl no AgRg no Ag 455.825/MG, Rel. Min. José Delgado, 1ª Turma, jul. 06.03.2003, *DJ* 31.03.2003.

"É cabível a correção monetária da base de cálculo da multa disposta no art. 18, parágrafo único, do CPC" (STJ, REsp 29875/RS, Rel. Min. Castro Meira, 2ª Turma, jul. 06.05.2006, *DJ* 29.06.2006). **No mesmo sentido:** STJ, REsp 613.184/RS, Rel. Min. João Otávio de Noronha, 2ª Turma, jul. 27.02.2007, *DJ* 15.08.2007, p. 257; STJ, REsp 241.847, Rel. Min. Felix Fischer, jul. 02.08.2001, *DJ* 03.09.2001.

"A inexistência de valor dado à causa, na inicial do mandado de segurança, e a ausência de determinação pelas instâncias ordinárias de correção de tal vício, não pode ilidir a aplicação da penalidade. Toma-se, nessas hipóteses, o conteúdo econômico da ação para aplicar-se a pena e a indenização fixadas no art. 18 do CPC" (STJ, RMS 27.570/SP, Rel. Min. Nancy Andrighi, 3ª Turma, jul. 25.11.2008, *DJe* 03.12.2008).

Liquidação zero. Possibilidade. "O reconhecimento da litigância de má-fé acarreta ao *improbus litigator* a imposição de multa, de caráter punitivo, bem como a condenação à reparação pelos prejuízos processuais decorrentes de sua conduta processual, esta de caráter indenizatório. Tais reflexos, portanto, não se confundem; a liquidação por arbitramento, na espécie, destina-se a quantificar os prejuízos processuais, e não materiais, que o liquidante suportou, decorrentes da conduta processual dos autores da ação. Para tanto, revela-se necessário evidenciar o fato processual praticado pelos autores da ação que ensejou a condenação destes à indenização pelas perdas e danos (processuais, portanto), e aferir, de acordo com a moldura fática delineada pelas instâncias ordinárias, se o mencionado fato processual repercute nos danos alegados pelo liquidante. Na hipótese dos autos, o reconhecimento da litigância de má-fé dos autores da ação decorreu da utilização da tese inverídica, consistente na impossibilidade de continuidade do vínculo obrigacional, por perda de objeto pelo desaparecimento da legítima do réu, decorrente de sua deserdação (fato que não se verificou). As instâncias ordinárias, ao contrário do que sustenta o ora recorrente, não excluíram a condenação por perdas e danos processuais, reconhecida definitivamente na sentença, mas, sim, quando de seu arbitramento, chegaram à conclusão de que o quantum *debeatur é* zero, o que de forma alguma significa inobservância da coisa julgada. É o que autorizada doutrina denomina 'liquidação zero', situação que, ainda que não desejada, tem o condão de adequar à realidade uma sentença condenatória que, por ocasião de sua liquidação, mostra-se vazia, porquanto não demonstrada sua quantificação mínima e, por conseguinte, sua própria existência" (STJ, REsp 1.011.733/MG, Rel. Min. Massami Uyeda, 3ª Turma, jul. 01.09.2011, *DJe* 26.10.2011).

Intuito desleal. Ver jurisprudência do art. 80 do CPC/2015.

Cumulação com a multa do art. 1.026. Ver jurisprudência do art. 1.026 do CPC/2015.

3. Embargos de terceiro e fraude. "Evidenciado no processo de embargos de terceiro, opostos para ressalva de terminal telefônico, que os direitos de uso deste, penhorados em execução, foram alienados em fraude, impõe-se a rejeição dos embargos para que o bem permaneça sujeito aos efeitos da execução, condenado o embargante-apelado a indenizar a contraparte por litigância de má-fé, nos termos do § 2º do art. 18 do Código de Processo Civil" (TAPR, Ap. 59.069-0, Rel. Juiz Luiz Cezar, 1ª Câm. Cível, jul. 21.02.1995).

4. Parte:

Parte afastada do processo. "A imposição de multa por litigância de má-fé importa em que o apenado seja parte no processo. Excluído o banco da lide, por ilegitimidade passiva *ad causam*, é de se afastar a penalidade" (STJ, REsp 224.513/MA, Rel. Min. Aldir Passarinho Júnior, 4ª Turma, *DJU* 21.08.2000).

Condenação solidária das partes e patronos. Inadmissibilidade. Ver jurisprudência do art. 77 do CPC/2015.

5. Litigância de má-fé. Justiça gratuita. "A multa a que se refere o art. 18 do CPC – também incidente sobre o beneficiário da gratuidade – possui inquestionável função inibitória, eis que visa a impedir a procrastinação processual e a obstar o exercício abusivo do direito de recorrer" (STJ, AI 342.393 AgR-ED-EI, Rel. Min. Celso de Mello, 2ª Turma, jul. 06.04.2010). **No mesmo sentido:** STJ, RMS 15.600/SP, Rel. Min. Aldir Passarinho Junior, 4ª Turma, jul. 20.05.2008, *DJe* 23.06.2008.

6. Condenação do vencedor de má-fé despesas processuais e honorários advocatícios. "Embora não altere o resultado da demanda, a afirmativa foi patranha e a retratação na réplica constitui sua prova cabal. Assim, reconhece-se má-fé processual do autor (arts. 16 e 17, II, do CPC). Inverte-se o ônus da sucumbência nos honorários e custas (art. 18 do CPC)" (TARS, Ap. Cível 192.062.198, Rel. Des. Cláudio Caldeira Antunes, 8ª Câmara Cível, jul. 19.05.1992, *JTAERGS* 83/289). **Todavia,** "O simples fato de a autora ter sido penalizada como litigante de má-fé não é indicativo de necessária condenação nas despesas processuais e nos honorários advocatícios, tendo em vista que, na hipótese vertente, a má-fé foi reconhecida tão somente em razão de a empresa ter faltado com a verdade em relação a fato incontroverso, e não porque sua pretensão não merecia ser acolhida" (STJ, REsp 614.254/RS, Rel. Min. José Delgado, 1ª Turma, jul. 01.06.2004, *DJ* 13.09.2004).

7. Sentença que não aprecia pedido de imposição de pena a litigante de má-fé. "Não incide o disposto no artigo 128 do CPC se a omissão do acórdão limitar-se à abstenção quanto a alegação incidente de litigância de má-fé" (STJ, REsp 2.935/MS, Rel. Min. Eduardo Ribeiro, 3ª Turma, jul. 26.06.1990, *DJ* 27.08.1990).

8. Litigância de má-fé. Concomitância com art. 1.531 do Código Civil. "A condenação por litigância de má-fé, pelo art. 18 do CPC, da qual deve constar os ônus da sucumbência e os honorários advocatícios, pode ser aplicada simultaneamente com a indenização prevista no art. 1.531, segunda parte, do Código Civil. As disposições, segundo melhor doutrina, se completam" (STJ, REsp 294.706/SP, Rel. Min. Fernando Gonçalves, 6ª Turma, jul. 07.02.2002, *DJ* 04.03.2002). **Obs.:** o artigo do Código Civil a que a jurisprudência faz referência é de 1916.

DOS DEVERES DAS PARTES E SEUS PROCURADORES: INDICAÇÃO DOUTRINÁRIA

Arruda Alvim, Sobre as multas instituídas nos arts. 14 e 18 do Código de Processo Civil. *Estudos em homenagem à professora Ada Pellegrini Grinover*. São Paulo: DPJ, 2005; Bruno Vasconcelos Carrilhos Lopes, In: José Roberto F. Gouvêa; Luis Guilherme A. Bondioli e João Francisco N. da Fonseca (coord.), *Comentários ao Código de Processo Civil*, São Paulo: Saraiva, 2017, v. 2; Calmon de Passos, *Inovações no CPC*. Rio de Janeiro: Forense, 1995, p. 92; Cássio Scarpinella Bueno, *Manual de direito processual civil*, São Paulo: Saraiva, 2015; Celso Agrícola Barbi, *Comentários ao Código de Processo Civil*. Rio de Janeiro: Forense, v. I, n. 159/166; Celso Agrícola Barbi, *Comentários ao CPC*. 9. ed. Rio de Janeiro: Forense, 1994, v. I, p. 100; Daniel Amorim Assumpção Neves, *Manual de direito processo civil*, São Paulo: Método, 2015; Edilton Meireles. Procedimentos para apuração de danos processuais. Revista Magister de Direito Civil e Processual Civil. n. 98, p. 5 e ss., Porto Alegre: Lex Magister, set./out. 2020; Evaristo Aragão Santos, Deveres das partes, de seus procuradores e dos terceiros. WAMBIER, Luiz Rodrigues; WAMBIER, Teresa Arruda Alvim. *Temas essenciais do novo CPC*. São Paulo: RT, 2016, p. 89; Fernando da Fonseca Gajardoni, In: Teresa Arruda Alvim Wambier, Fredie Didier Jr., Eduardo Talamini, Bruno Dantas, *Breves comentários ao novo Código de Processo Civil*. São Paulo: RT, 2015; Fredie Didier Jr., *Curso de direito processual civil*, 17. ed., Salvador: JusPodivm, 2015, v. I; Guilherme Rizzo Amaral, *Comentários às alterações do novo CPC*, São Paulo: Revista dos Tribunais, 2015; Humberto Theodoro Júnior, Abuso de direito processual no ordenamento jurídico brasileiro, *RF* 344/44; Humberto Theodoro Júnior, Boa-fé e processo – princípios éticos na repressão à litigância de má-fé – papel do juiz, *Juris Plenum* 27/33; Humberto Theodoro Júnior, *Curso de direito processual civil*, 61. ed., Rio de Janeiro: Forense, 2020, v. I; Humberto Theodoro Júnior, Fernanda Alvim Ribeiro de Oliveira, Ester Camila Gomes Norato Rezende (coords.), *Primeiras lições sobre o novo direito processual civil brasileiro*, Rio de Janeiro: Forense, 2015; J. E. Carreira Alvim, *Comentários ao novo Código de Processo Civil*, Curitiba: Juruá, 2015; José Miguel Garcia Medina, *Novo Código de Processo Civil comentado, 5. ed.*, São Paulo: Revista dos Tribunais, 2017; Leonardo Greco, *Instituições de processo civil: introdução ao direito processual civil*, 5. ed., Rio de Janeiro: Forense, 2015; Luis Antônio Giampaulo Sarro, *Novo Código de Processo Civil*, 2. ed, São Paulo: Rideel, 2016; Luiz Guilherme Marinoni, Sérgio Cruz Arenhart, Daniel Mitidiero, *Curso de processo civil*, São Paulo: Revista dos Tribunais, 2015, v. I; Luiz Paulo da Silva Araújo Filho, Considerações sobre algumas das reformas do CPC, *RF* 330/190; Nelson Nery Júnior, Litigante de má-fé – alteração da verdade dos fatos – hipótese de incidência do art. 17, II, do CPC, *RP* 34/216; Nelson Nery Junior, Rosa Maria de Andrade Nery, *Comentários ao Código de Processo Civil*, São Paulo: Revista dos Tribunais, 2015; Pontes de Miranda, *Comentários ao CPC*. 5. ed. Rio de Janeiro: Forense, 1995, t. I, p. 378-381; Renato Beneduzi, In: Sérgio Cruz Arenhart e Daniel Mitidiero (coord.), *Comentários ao Código de Processo Civil*. 2. ed., São Paulo: RT, 2018, v. 2; Teresa Arruda Alvim Wambier, Fredie Didier Jr., Eduardo Talamini, Bruno Dantas (coords.), *Breves comentários ao novo Código de Processo Civil*, São Paulo: Revista dos Tribunais, 2015; Teresa Arruda Alvim Wambier, Maria Lúcia Lins Conceição, Leonardo Ferres da Silva Ribeiro, Rogério Licastro Torres de Melo, *Primeiros comentários ao novo Código de Processo Civil*, São Paulo: Revista dos Tribunais, 2015; Yeda Marina Pinto de Carvalho. Da impossibilidade de condenação solidária dos advogados por litigância de má-fé. *Revista dos Tribunais*. São Paulo, ano 108, v. 1.003, maio/2019, p. 347 e ss.

Seção III
Das Despesas, dos Honorários Advocatícios e das Multas

Art. 82. Salvo as disposições concernentes à gratuidade da justiça, incumbe às partes prover as despesas dos atos que realizarem ou requererem no processo, antecipando-lhes o pagamento, desde o início até a sentença final ou, na execução, até a plena satisfação do direito reconhecido no título.

§ 1º Incumbe ao autor adiantar as despesas relativas a ato cuja realização o juiz determinar de ofício ou a requerimento do Ministério Público, quando sua intervenção ocorrer como fiscal da ordem jurídica.

§ 2º A sentença condenará o vencido a pagar ao vencedor as despesas que antecipou.

CPC/1973

Art. 19.

REFERÊNCIA LEGISLATIVA

CPC/2015, arts. 88 (adiantamento de despesas nos procedimentos de jurisdição voluntária), 95 (adiantamento de despesas para pagamento do assistente técnico e do perito), 266 a 268 (adiantamento de despesas para cumprimento de conta), 290 (cancelamento da distribuição por falta de preparo), 462 (adiantamento de despesas para comparecimento de testemunha) e art. 1.069, III.

Lei nº 6.899, de 08.04.1981 (correção monetária).

Art. 1º-A da Lei nº 9.494/1997, introduzido pela Medida Provisória nº 2.180-35, de 24.08.2001 (dispensa de depósito prévio para interposição de recurso os entes do Poder Público).

Lei nº 1.060/1950 (Lei que estabelece normas para a concessão de assistência judiciária).

Decreto-lei nº 3.365/1941, art. 30 (desapropriação).

Lei nº 9.289/1996 (custas devidas à União, na Justiça Federal).

Lei nº 4.717/1965, arts. 12 e 13 (ação popular).

Lei nº 9.099/1995, arts. 54 e 55 (Juizados Especiais).

Lei nº 11.101/2005, art. 5º, II.

SÚMULAS

Súmula Vinculante do STF:

Nº 28: "É inconstitucional a exigência de depósito prévio como requisito de admissibilidade de ação judicial na qual se pretenda discutir a exigibilidade de crédito tributário."

Súmula do STF:

Nº 667: "Viola a garantia constitucional de acesso à jurisdição a taxa judiciária calculada sem limite sobre o valor da causa."

Súmula do TJRS:

Nº 52: "Nas ações ajuizadas sob a vigência da Lei 8.121/85, concernentes ao direito à saúde, em que o ente municipal e o Estado são demandados em litisconsórcio passivo facultativo, restando sucumbentes, o Estado é o único responsável pelo pagamento das despesas processuais relativas à emissão de precatórias para sua citação e intimações. Todavia, transitada em julgado a sentença que decide de forma diversa, inviável a rediscussão da questão da fase de cumprimento, diante dos efeitos da coisa julgada."

BREVES COMENTÁRIOS

As despesas adiantadas serão reembolsadas a final pelo vencido.

O Regimento de Custas da Justiça Federal isenta o MP do pagamento de custas.

O descumprimento do ônus financeiro processual, pelo não pagamento antecipado das despesas respectivas, conduz à não realização do ato requerido, em prejuízo da parte que o requereu. Assim, se se requereu o depoimento de testemunha, mas não se depositou a verba necessária para a devida intimação, a diligência não será praticada e a audiência será realizada sem a coleta do depoimento. *Mutatis mutandis*, o mesmo acontecerá com a parte que requereu prova pericial, mas não depositou, no prazo que o juiz lhe assinou, a importância para cobrir a remuneração do perito e outros gastos da prova técnica.

Se a falta do ato realizado impedir o prosseguimento da marcha processual (citação de litisconsorte necessário ou promoção de prova determinada pelo juiz como indispensável ao julgamento da causa), o não pagamento de preparo prévio provocará a figura do abandono da causa e poderá redundar em extinção do processo, sem resolução de mérito, observado o disposto no art. 485, II e III, § 1º.

JURISPRUDÊNCIA SELECIONADA

1. Honorários periciais.

Sucumbência. "O propósito recursal dos embargos de divergência consiste em determinar qual entendimento deve prevalecer no STJ acerca da interpretação do art. 20, § 2º, do CPC/73. É adequada a inclusão dos honorários periciais em conta de liquidação quando o dispositivo da sentença com trânsito em julgado condena o vencido, genericamente, ao pagamento de custas processuais. Quem tem razão não deve sofrer prejuízo pelo processo. Surpreender o vencedor da demanda com a obrigação de arcar com os honorários periciais apenas e tão somente porque a sentença condenava o vencido genericamente ao pagamento de 'custas' e não 'despesas' representa medida contrária ao princípio da sucumbência e até mesmo à própria noção da máxima eficiência da tutela jurisdicional justa" (STJ, EREsp 1519445/RJ, Rel. p/ Acórdão Min.ª Nancy Andrighi, Corte Especial, jul. 19.09.2018, *DJe* 10.10.2018).

Desapropriação indireta. "De acordo com o disposto nos arts. 82 e 95 do CPC, cabe à parte que requereu a produção de prova pericial adiantar o pagamento da remuneração do profissional, ou ao autor quando requerida por ambas as partes ou determinada de ofício pelo juiz (AgRg no REsp 1.478.715/AM, Rel. Ministro Herman Benjamin, Segunda Turma, *DJe* 26/11/2014). A ação de desapropriação indireta, o ônus do adiantamento dos honorários periciais compete a quem requereu a prova ou ao autor, no caso de requerimento de ambas as partes (REsp 1.363.653/SC, Rel. Ministro Og Fernandes, Segunda Turma, *DJe* 26/2/2018). No mesmo sentido: REsp 1.343.375/BA. Rel. Min. Eliana Calmon, Segunda Turma, *DJe* 17/9/2013; AgRg no REsp 1.253.727/MG, Rel. Min. Arnaldo Esteves, Primeira Turma, *DJe* 15/9/2011; AgRg no REsp 1.165.346/MT, Rel. Ministro Humberto Martins, Segunda Turma, *DJe* 27/10/2010; REsp 948.351/RS, Rel. Ministro Luiz Fux, Rel. p Acórdão Min. Teori Albino Zavascki, Primeira Turma, *DJe* 29/6/2009" (STJ, REsp 1823835/ES, Rel. Min. Herman Benjamin, 2ª Turma, jul. 22.10.2019, *DJe* 05.11.2019).

Acidente do trabalho. Honorários do perito adiantados pelo INSS. Parte autora sucumbente, beneficiária da gratuidade da justiça. Responsabilidade do Estado. "Nas causas acidentárias, de competência da Justiça dos Estados e do Distrito Federal, o procedimento judicial, para o autor da ação, é isento do pagamento de quaisquer custas e de verbas relativas à sucumbência, conforme a regra do art. 129, parágrafo único, da Lei 8.213/91. Em tais demandas o art. 8º, § 2º, da Lei 8.620/93 estabeleceu norma especial, em relação ao CPC/2015, determinando, ao INSS, a antecipação dos honorários periciais. A exegese do art. 129, parágrafo único, da Lei 8.213/91 – que presumiu a hipossuficiência do autor da ação acidentária – não pode conduzir à conclusão de que o INSS, que, por força do art. 8º, § 2º, da Lei 8.620/93, antecipara os honorários periciais, seja responsável, em definitivo, pelo seu custeio, ainda que vencedor na demanda, em face do disposto no art. 82, § 2º, do CPC/2015, que, tal qual o art. 20, *caput*, do CPC/73, impõe, ao vencido, a obrigação de pagar, ao vencedor, as despesas que antecipou. Entretanto, como, no caso, o autor da ação acidentária, sucumbente, é beneficiário de gratuidade de justiça, sob a forma de isenção de ônus sucumbenciais de que trata o art. 129, parágrafo único, da Lei 8.213/91 – que inclui o pagamento de honorários periciais –, a jurisprudência do STJ orientou-se no sentido de que, também nessa hipótese, tal ônus recai sobre o Estado, ante a sua obrigação constitucional de garantir assistência jurídica integral e gratuita aos hipossuficientes, como determina o art. 5º, LXXIV, da CF/88" (STJ, REsp 1.824.823/PR, Rel. Min. Assusete Magalhães, 1ª Seção, jul. 21.10.2021, *DJe* 25.10.2021). Obs.: Decisão submetida a julgamento de recursos repetitivos.

2. Pluralidade de autores ou réus. Rateamento das despesas. "Havendo pluralidade de autores ou de réus, a condenação em honorários de advogado e as despesas processuais deve ser rateada entre os vencidos na proporção do interesse de cada um deles" (STJ, AgInt nos EDcl no AREsp 1392172/SP, Rel. Min. Luis Felipe Salomão, 4ª Turma, jul. 15.08.2019, *DJe* 20.08.2019).

3. Falência. Remuneração do administrador judicial. Caução atribuída ao requerente. "O propósito recursal é decidir se é possível exigir de credor de sociedade em processo de falência que caucione os honorários do administrador judicial. Ante a fase inicial de incerteza acerca da suficiência dos bens a serem arrecadados para cobrir as despesas processuais e as demais obrigações da massa falida, aliado ao fato de não ter sido encontrada a empresa devedora, cuja citação ocorreu por edital, constitui medida hígida a exigência de que o credor caucione os honorários do administrador judicial. Precedente" (STJ, REsp 1784646/SP, Rel. Min. Nancy Andrighi, 3ª Turma, jul. 04.06.2019, *DJe* 07.06.2019).

4. Duplo ajuizamento. Custas processuais devidas nos dois processos, independentemente da citação da parte contrária. "As custas judiciais têm natureza jurídica taxa. Portanto, as custas representam um tributo. A aparente confusão ocorre por algumas legislações estaduais utilizarem o termo genérico 'custas', outro, porém, empregarem duas rubricas: custas e taxa judiciária. As custas podem ser cobradas pelo serviço público efetivamente prestado ou colocado à disposição do contribuinte. Ao se ajuizar determinada demanda, dá-se início ao processo. O encerramento desse processo exige a prestação do serviço público judicial, ainda que não se analise o mérito da causa. Com o ajuizamento de novos embargos à execução fiscal, novas custas judiciais devem ser recolhidas" (STJ, REsp 1.893.966/SP, Rel. Min. Og Fernandes, 2ª Turma, jul. 08.06.2021, *DJe* 17.06.2021).

5. Honorários advocatícios contratuais. "O acórdão recorrido encontra-se em dissonância com a jurisprudência desta Corte, segundo a qual 'a contratação de advogados para defesa judicial de interesses da parte não enseja, por si só, dano material passível de indenização, porque inerente ao exercício regular dos direitos constitucionais de contraditório, ampla defesa e acesso à Justiça' (STJ, AgRg no AREsp 516.277/SP, Quarta Turma, Rel. Ministro Marco Buzzi, *DJe* de 04/09/2014). Nesse sentido: STJ, AgInt na PET no AREsp 834.691/DF, Rel. Ministro Mauro Campbell Marques, Segunda Turma, *DJe* de 13/02/2019; REsp 1.696.910/SP, Rel. Ministro Herman Benjamin, Segunda Turma, *DJe* de 19/12/2017; AgRg no AgRg no REsp 1.478.820/SP, Rel. Ministro Ricardo Villas Bôas Cueva, Terceira Turma, *DJe* de 19/04/2016; AgRg no AREsp 810.591/SP, Rel. Ministra Maria Isabel Gallotti, Quarta Turma, *DJe* de 15/02/2016" (STJ, AgInt no AREsp. 2.135.717/SP, Rel. Min. Assusete Magalhães, 2ª Turma, jul. 30.10.2023, *DJe* 06.11.2023).

6. Assistência jurídica gratuita:

Ônus do Estado. Ver jurisprudência do art. 1º da Lei nº 1.060/1950.

Pessoa jurídica. Ver jurisprudência do art. 99 do CPC/2015.

7. Pagamento das despesas. Parte que requereu. "'Se a nova perícia é requerida por uma das partes, a ela incumbe adiantar o pagamento correspondente às despesas e à remuneração provisória do *expert* (arts. 19 e 33 do CPC)' (REsp 16826/SP, Rel. Min. Barros Monteiro, 4ª Turma, jul. 03.11.1992, *DJ* 30.11.1992, p. 22.619)" (STJ, AgRg no Ag 1.343.148/PR, Rel. Min. Maria Isabel Gallotti, 4ª Turma, jul. 04.10.2012, *DJe* 10.10.2012).

Reembolso do valor pago. "Cabe a quem requereu a perícia, ou ao autor, se determinada pelo juiz, efetuar o pagamento dos honorários do perito. **O vencido reembolsará, a final, o vencedor**" (STJ, REsp 4.069/SP, Rel. Min. Eduardo Ribeiro, 3ª Turma, jul. 27.11.1990, *DJ* 04.02.1991). **No mesmo sentido:** STJ, REsp 1.420.668/PR, Rel. Min. Sidnei Beneti, 3ª Turma, jul. 20.05.2014, *DJe* 02.06.2014; STJ, REsp 930.486/MT, Rel. Min. Teori Albino Zavascki, 1ª Turma, jul. 15.05.2008, *DJe* 29.05.2008.

8. Fazenda Pública. "A jurisprudência majoritária do Superior Tribunal de Justiça é no sentido de que cabe à Fazenda Pública e suas autarquias o adiantamento dos honorários periciais, a que derem causa" (STJ, 5ª Turma, REsp 244.713/MG, Rel. Min. Gilson Dipp, jul. 21.09.00, *DJU* 09.10.00, p. 182). **No mesmo sentido**: STJ, REsp 140.461/SP, Rel. Min. Francisco Peçanha Martins, 2ª Turma, jul. 08.02.2000, *DJ* 13.03.2000, p. 166.

9. Custas finais. "As custas finais devem ser apuradas somente após a existência de julgamento definitivo do processo, com ou sem resolução de mérito, antes do arquivamento do feito" (STJ, REsp 1.018.641/SC, Rel. p/ acórdão Min. Marco Buzzi, 4ª Turma, jul. 06.10.2011, *DJe* 09.02.2012).

10. Inversão do ônus da prova. "Não se pode confundir ônus da prova com obrigação pelo pagamento ou adiantamento das despesas do processo. A questão do ônus da prova diz respeito ao julgamento da causa quando os fatos alegados não restaram provados. Todavia, independentemente de quem tenha o ônus de provar este ou aquele fato, cabe a cada parte prover as despesas dos atos que realiza ou requer no processo, antecipando-lhes o pagamento (CPC, art. 19), sendo que compete ao autor adiantar as despesas relativas a atos cuja realização o juiz determinar de ofício ou a requerimento do Ministério Público (CPC, art. 19, § 2º)" (STJ, REsp 538.807/RS, Rel. Min. Teori Albino Zavascki, 1ª Turma, jul. 03.10.2006, *DJ* 07.11.2006, p. 231).

11. Processo de execução. "Em sede de execução de sentença, se o executado impugna os cálculos oferecidos pelo exequente e o juiz ordena a realização de perícia para esclarecer a controvérsia, o executado, sucumbente no processo de conhecimento, deve arcar com as despesas dos honorários periciais" (STJ, REsp 116.448/SP, Rel. Min. Vicente Leal, 6ª Turma, *DJU* 16.06.1997, p. 27.429).

12. Taxa judiciária. Exigência ao final. "A disposição contida no artigo 19 do CPC, determinando que as partes antecipem as despesas relativas aos atos processuais, não impede que os estados estabeleçam que a taxa judiciária, tributo que lhes é devido, seja exigível a final" (STJ, REsp 31.391/SP, Rel. Min. Eduardo Ribeiro, 3ª Turma, jul. 22.06.1993, *DJ* 02.08.1993, p. 14.243). **No mesmo sentido:** STJ, REsp 43.315/SP, Rel. Min. Costa Leite, 3ª Turma, jul. 29.03.1994, *DJ* 01.08.1994, p. 18.646.

13. Ação popular. Adiantamento de honorários periciais. Impossibilidade. Ver jurisprudência do art. 18 da Lei nº 7.347/1985.

14. Julgamento pelo Supremo Tribunal Federal. Completude. Despesas processuais. "Conhecido o recurso extraordinário, o Supremo julga a causa, cabendo esgotar a jurisdição inclusive sob o ângulo das despesas processuais" (STF, AI 823.766 AgR, Rel. p/ acórdão Min. Marco Aurélio, 1ª Turma, jul. 06.09.2011, *DJe* 21.10.2011).

Art. 83. O autor, brasileiro ou estrangeiro, que residir fora do Brasil ou deixar de residir no país ao longo da tramitação de processo prestará caução suficiente ao pagamento das custas e dos honorários de advogado da parte contrária nas ações que propuser, se não tiver no Brasil bens imóveis que lhes assegurem o pagamento.

§ 1º Não se exigirá a caução de que trata o *caput*:

I – quando houver dispensa prevista em acordo ou tratado internacional de que o Brasil faz parte;

II – na execução fundada em título extrajudicial e no cumprimento de sentença;

III – na reconvenção.

§ 2º Verificando-se no trâmite do processo que se desfalcou a garantia, poderá o interessado exigir reforço da caução, justificando seu pedido com a indicação da depreciação do bem dado em garantia e a importância do reforço que pretende obter.

CPC/1973

Arts. 835 a 837.

CJF – JORNADAS DE DIREITO PROCESSUAL CIVIL

I JORNADA

Enunciado 4 – A entrada em vigor de acordo ou tratado internacional que estabeleça dispensa da caução prevista no art. 83, § 1º, inc. I do CPC, implica na liberação da caução previamente imposta.

BREVES COMENTÁRIOS

Essa medida tem por intuito resguardar eventual direito do réu que sair vencedor na ação de receber as custas e os honorários sucumbenciais do vencido.

JURISPRUDÊNCIA SELECIONADA

1. Sociedade empresarial. Representação no Brasil. Prestação de caução. Desnecessidade. "O sistema processual brasileiro, por cautela, exige a prestação de caução para a empresa estrangeira litigar no Brasil, se não dispuser de bens suficientes para suportar os ônus de eventual sucumbência (art. 835 do CPC). Na verdade, é uma espécie de fiança processual para 'não tornar melhor a sorte dos que demandam no Brasil, residindo fora, ou dele retirando-se, pendente a lide', pois, se tal não se estabelecesse, o autor, nessas condições, perdendo a ação, estaria incólume aos prejuízos causados ao demandado (EREsp n º 179.147/SP, Rel. Min. Humberto Gomes de Barros, Corte Especial, jul. 1º.08.2000, *DJ* 30.10.2000). Não havendo motivo que justifique o receio no tocante a eventual responsabilização da demandante pelos ônus sucumbenciais, não se justifica a aplicação do disposto no art. 835 do CPC/73 (art. 83 do CPC/2015) [...]"(STJ, REsp 1584441/SP, Rel. Min. Moura Ribeiro, 3ª Turma, jul. 21.08.2018, *DJe* 31.08.2018).

2. Execução de sentença arbitral. Dispensa de caução. "Apesar de o diploma processual dispensar a caução, expressamente, nos casos de execuções de título executivo extrajudicial e nas reconvenções, a exceção deve valer, também, para as execuções de título judicial, tendo em vista a certeza e a liquidez do direito" (STJ, REsp 1286878/SP, Rel. Min. Luis Felipe Salomão, 4ª Turma, jul. 21.06.2016, *DJe* 01.08.2016).

3. Ação de cobrança. Autor estrangeiro e não residente no Brasil. Caução. Tratado internacional. Protocolo de Las Leñas. "O Protocolo de Las Leñas, do qual o Brasil é signatário, não traz dispensa genérica da prestação de caução, limitando-se a impor o tratamento igualitário entre todos os cidadãos e residentes nos territórios de quaisquer dos Estados-Partes. Não incidência da exceção prevista no § 1º do art. 83 do CPC/2015. Conforme o acórdão recorrido, o promovente é cidadão argentino, porém tem residência fora do território regional transnacional englobado pelo Protocolo de Las Leñas. Com isso, está alcançado pela regra do *caput* do art. 83 do CPC, impondo-se-lhe a prestação de caução, salvo se comprovar a propriedade de bens imóveis suficientes no Brasil" (STJ, REsp 1.991.994/SP, Rel. Min. Raul Araújo, 4ª Turma, jul. 07.06.2022, *DJe* 20.06.2022).

Art. 84. As despesas abrangem as custas dos atos do processo, a indenização de viagem, a remuneração do assistente técnico e a diária de testemunha.

CPC/1973

Art. 20, § 2º.

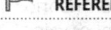

REFERÊNCIA LEGISLATIVA

CPC/2015, art. 85.

Lei nº 9.289/1996 (Lei que dispõe sobre as custas devidas à União, na Justiça Federal).

BREVES COMENTÁRIOS

A prestação da tutela jurisdicional é serviço público remunerado, a não ser nos casos de miserabilidade, em que o Estado concede à parte o benefício da "assistência judiciária" (Lei nº 1.060, de 05.02.1950; CPC/2015, arts. 98 a 102). Por isso, tirante essa exceção legal, "incumbe às partes prover as despesas dos atos que realizarem ou requererem no processo" (art. 82). Essas despesas compreendem as custas e todos os demais gastos efetuados com os atos do processo, como indenização de viagem, diária de testemunha e a remuneração de perito e assistentes técnicos (art. 84).

São custas as verbas pagas aos serventuários da Justiça e aos cofres públicos, pela prática de ato processual conforme a tabela da lei ou regimento adequado. Pertencem ao gênero dos tributos, por representarem remuneração de serviço público.

Despesas são todos os demais gastos feitos pelas partes na prática dos atos processuais, com exclusão dos honorários advocatícios, que receberam do atual Código tratamento especial (art. 85).

JURISPRUDÊNCIA SELECIONADA

1. Honorários advocatícios contratuais. Não inclusão nas despesas processuais. "O propósito recursal é decidir se os honorários advocatícios contratuais devem ser incluídos no cálculo das despesas processuais, a cujo pagamento foi condenada a recorrida, com fulcro no art. 20 do CPC/73. O art. 20 do CPC/73, ao tratar do custo do processo, imputou ao vencido, com base nos princípios da causalidade e da sucumbência, a responsabilidade final pelo pagamento dos gastos endoprocessuais, ou seja, aqueles necessários à formação, desenvolvimento e extinção do processo. Os gastos extraprocessuais – aqueles realizados fora do processo –, ainda que assumidos em razão dele, não se incluem dentre aquelas despesas às quais faz alusão o art. 20 do CPC/73, motivo pelo qual nelas não estão contidos os honorários contratuais, convencionados entre o advogado e o seu cliente, mesmo quando este vence a demanda." (STJ, REsp 1571818/MG, Rel.ª Min.ª Nancy Andrighi, 3ª Turma, jul. 09.10.2018, *DJe* 15.10.2018).

2. Honorários contratuais despendidos pela parte vencedora. Descabimento. "A Corte Especial e a Segunda Seção do STJ já se pronunciaram no sentido de ser incabível a condenação da parte sucumbente aos honorários contratuais despendidos pela vencedora. Precedentes: EREsp 1.507.864/RS, Relatora Ministra Laurita Vaz, Corte Especial, julgado em 20/4/2016, *DJe* 11/5/2016 e EREsp 1.155.527/MG, Rel. Ministro Sidnei Beneti, Segunda Seção, julgado em 13/6/2012, *DJe* 28/6/2012)" (STJ, AgInt no AREsp 1332170/SP, Rel. Min. Maria Isabel Gallotti, 4ª Turma, jul. 07.02.2019, *DJe* 14.02.2019). **No mesmo sentido**: STJ, EREsp 1.507.864/RS, Rel. Min. Laurita Vaz, Corte Especial, jul. 20.04.2016, *DJe* 11.05.2016.

3. Execução. Encargos do seguro garantia. Não inclusão entre as despesas processuais. "O art. 84 do CPC/2015, delimita a abrangência de despesas em custas dos atos do processo, indenização de viagem e remuneração do assistente técnico e a diária de testemunha. As custas dos atos processuais são as taxas judiciais para o impulsionamento do feito, já as despesas são aqueles valores pagos para viabilizar o cumprimento do ato judicial, sendo ato coercitivo e sem o qual o processo não se desenvolve, tais como as despesas com porte de remessa e retorno dos autos, com publicação de editais e diligências com oficiais de justiça" (STJ, 2ª T., REsp 1.852.810/RS, Rel. Min. Francisco Falcão, jul. 13.09.2022, *DJe* 19.09.2022).

4. É inconstitucional lei federal que autoriza cobrança de custas para expedição de certidões. "A Constituição da República garante aos cidadãos brasileiros e aos estrangeiros residentes no país a gratuidade na obtenção de certidões nas repartições públicas, desde que "para defesa de direitos e esclarecimento de situações de interesse pessoal" (art. 5º, XXXIV, CF/88). Nas palavras do eminente Ministro Celso de Mello, 'o direito à certidão traduz prerrogativa jurídica, de extração constitucional, destinada a viabilizar, em favor do indivíduo ou de uma determinada coletividade (como a dos segurados do sistema de previdência social), a defesa (individual ou coletiva) de direitos ou o esclarecimento de situações' (RE 472.489-AgR, Segunda Turma, *DJe* de 29/8/08). Essa garantia fundamental não depende de concretização ou regulamentação legal, uma vez que se trata de garantia fundamental dotada de eficácia plena e aplicabilidade imediata. O direito à gratuidade das certidões, contido no art. 5º, XXXIV, b, da Carta Magna, também inclui as certidões emitidas pelo Poder Judiciário, inclusive aquelas de natureza forense. A Constituição Federal não fez qualquer ressalva com relação às certidões judiciais, ou àquelas oriundas do Poder Judiciário. Todavia, a gratuidade não é irrestrita, nem se mostra absoluta, pois está condicionada à demonstração, pelo interessado, de que a certidão é solicitada para a defesa de direitos ou o esclarecimento de situações de interesse pessoal. Essas finalidades são presumidas quando a certidão pleiteada for concernente ao próprio requerente, sendo desnecessária, nessa hipótese, expressa e fundamentada demonstração dos fins e das razões do pedido. Quando o pedido tiver como objeto interesse indireto ou de terceiros, mostra-se imprescindível a explicitação das finalidades do requerimento. Ação direta julgada parcialmente procedente, de modo que, conferindo interpretação conforme à Constituição à Tabela IV da Lei 9.289, de 4 de julho de 1996, fique afastada sua incidência quando as certidões forem voltadas para a defesa de direitos ou o esclarecimento de situação de interesse pessoal, consoante a garantia de gratuidade contida no art. 5º, XXXIV, b, da Carta Magna, finalidades essas presumidas quando a certidão pleiteada for concernente ao próprio requerente, sendo desnecessária, nessa hipótese, expressa e fundamentada demonstração dos fins e das razões do pedido" (STF, ADI 2259, Rel. Min. Dias Toffoli, Tribunal Pleno, jul. 14.02.2020, *DJe* 25.03.2020).

5. Custas e despesas (§ 2º). "Custas são o preço decorrente da prestação da atividade jurisdicional, desenvolvida pelo Estado-juiz através de suas serventias e cartórios. Emolumentos são o preço dos serviços praticados pelos serventuários de cartório ou serventias não oficializados, remunerados pelo valor dos serviços desenvolvidos e não pelos cofres públicos. Despesas, em sentido restrito, são a remuneração de terceiras pessoas acionadas pelo aparelho jurisprudencial, no desenvolvimento da atividade do Estado-juiz" (STJ, REsp 366.005/RS, Rel. Min. Eliana Calmon, 2ª Turma, jul. 17.12.2002, *DJ* 10.03.2003).

Art. 85. A sentença condenará o vencido a pagar honorários ao advogado do vencedor.

§ 1º São devidos honorários advocatícios na reconvenção, no cumprimento de sentença, provisório ou definitivo, na execução, resistida ou não, e nos recursos interpostos, cumulativamente.

§ 2º Os honorários serão fixados entre o mínimo de dez e o máximo de vinte por cento sobre o valor da condenação, do proveito econômico obtido ou, não sendo possível mensurá-lo, sobre o valor atualizado da causa, atendidos:

I – o grau de zelo do profissional;

II – o lugar de prestação do serviço;

III – a natureza e a importância da causa;

IV – o trabalho realizado pelo advogado e o tempo exigido para o seu serviço.

§ 3º Nas causas em que a Fazenda Pública for parte, a fixação dos honorários observará os critérios estabelecidos nos incisos I a IV do § 2º e os seguintes percentuais:

I – mínimo de dez e máximo de vinte por cento sobre o valor da condenação ou do proveito econômico obtido até 200 (duzentos) salários mínimos;

II – mínimo de oito e máximo de dez por cento sobre o valor da condenação ou do proveito econômico obtido acima de 200 (duzentos) salários mínimos até 2.000 (dois mil) salários mínimos;

III – mínimo de cinco e máximo de oito por cento sobre o valor da condenação ou do proveito econômico obtido acima de 2.000 (dois mil) salários mínimos até 20.000 (vinte mil) salários mínimos;

IV – mínimo de três e máximo de cinco por cento sobre o valor da condenação ou do proveito econômico obtido acima de 20.000 (vinte mil) salários-mínimos até 100.000 (cem mil) salários mínimos;

V – mínimo de um e máximo de três por cento sobre o valor da condenação ou do proveito econômico obtido acima de 100.000 (cem mil) salários mínimos.

§ 4º Em qualquer das hipóteses do § 3º:

I – os percentuais previstos nos incisos I a V devem ser aplicados desde logo, quando for líquida a sentença;

II – não sendo líquida a sentença, a definição do percentual, nos termos previstos nos incisos I a V, somente ocorrerá quando liquidado o julgado;

III – não havendo condenação principal ou não sendo possível mensurar o proveito econômico obtido, a condenação em honorários dar-se-á sobre o valor atualizado da causa;

IV – será considerado o salário-mínimo vigente quando prolatada sentença líquida ou o que estiver em vigor na data da decisão de liquidação.

§ 5º Quando, conforme o caso, a condenação contra a Fazenda Pública ou o benefício econômico obtido pelo vencedor ou o valor da causa for superior ao valor previsto no inciso I do § 3º, a fixação do percentual de honorários deve observar a faixa inicial e, naquilo que a exceder, a faixa subsequente, e assim sucessivamente.

§ 6º Os limites e critérios previstos nos §§ 2º e 3º aplicam-se independentemente de qual seja o conteúdo da decisão, inclusive aos casos de improcedência ou de sentença sem resolução de mérito.

§ 6º-A. Quando o valor da condenação ou do proveito econômico obtido ou o valor atualizado da causa for líquido ou liquidável, para fins de fixação dos honorários advocatícios, nos termos dos §§ 2º e 3º, é proibida a apreciação equitativa, salvo nas hipóteses expressamente previstas no § 8º deste artigo. (Incluído pela Lei nº 14.365, de 2022)

§ 7º Não serão devidos honorários no cumprimento de sentença contra a Fazenda Pública que enseje expedição de precatório, desde que não tenha sido impugnada.

§ 8º Nas causas em que for inestimável ou irrisório o proveito econômico ou, ainda, quando o valor da causa for muito baixo, o juiz fixará o valor dos honorários por apreciação equitativa, observando o disposto nos incisos do § 2º.

§ 8º-A. Na hipótese do § 8º deste artigo, para fins de fixação equitativa de honorários sucumbenciais, o juiz deverá observar os valores recomendados pelo Conselho Seccional da Ordem dos Advogados do Brasil a título de honorários advocatícios ou o limite mínimo de 10% (dez por cento) estabelecido no § 2º deste artigo, aplicando-se o que maior. (Incluído pela Lei nº 14.365, de 2022).

§ 9º Na ação de indenização por ato ilícito contra pessoa, o percentual de honorários incidirá sobre a soma das prestações vencidas acrescida de 12 (doze) prestações vincendas.

§ 10. Nos casos de perda do objeto, os honorários serão devidos por quem deu causa ao processo.

§ 11. O tribunal, ao julgar recurso, majorará os honorários fixados anteriormente levando em conta o trabalho adicional realizado em grau recursal, observando, conforme o caso, o disposto nos §§ 2° a 6°, sendo vedado ao tribunal, no cômputo geral da fixação de honorários devidos ao advogado do vencedor, ultrapassar os respectivos limites estabelecidos nos §§ 2° e 3° para a fase de conhecimento.

§ 12. Os honorários referidos no § 11 são cumuláveis com multas e outras sanções processuais, inclusive as previstas no art. 77.

§ 13. As verbas de sucumbência arbitradas em embargos à execução rejeitados ou julgados improcedentes e em fase de cumprimento de sentença serão acrescidas no valor do débito principal, para todos os efeitos legais.

§ 14. Os honorários constituem direito do advogado e têm natureza alimentar, com os mesmos privilégios dos créditos oriundos da legislação do trabalho, sendo vedada a compensação em caso de sucumbência parcial.

§ 15. O advogado pode requerer que o pagamento dos honorários que lhe caibam seja efetuado em favor da sociedade de advogados que integra na qualidade de sócio, aplicando-se à hipótese o disposto no § 14.

§ 16. Quando os honorários forem fixados em quantia certa, os juros moratórios incidirão a partir da data do trânsito em julgado da decisão.

§ 17. Os honorários serão devidos quando o advogado atuar em causa própria.

§ 18. Caso a decisão transitada em julgado seja omissa quanto ao direito aos honorários ou ao seu valor, é cabível ação autônoma para sua definição e cobrança.

§ 19. Os advogados públicos perceberão honorários de sucumbência, nos termos da lei.

§ 20. O disposto nos §§ 2°, 3°, 4°, 5°, 6°, 6°-A, 8°, 8°-A, 9° e 10 deste artigo aplica-se aos honorários fixados por arbitramento judicial. (Incluído pela Lei n° 14.365, de 2022).

CPC/1973

Art. 20.

REFERÊNCIA LEGISLATIVA

CPC/2015, arts. 81 (litigância de má-fé), 86 (compensação); 87 (concurso de autores ou réus); 88 (jurisdição voluntária); 90 (desistência ou reconhecimento do pedido); 94 e 121 (condenação do assistente ao pagamento de honorários); 485, § 2°, e 486 (extinção do processo sem resolução de mérito); 826 (remição da execução); 827 (pagamento na execução); 546 (consignatória em pagamento); e 718 (restauração de autos).

Lei n° 4.717, de 29.06.1965 (Ação Popular – ver Legislação Especial), arts. 12; 13.

Decreto-Lei n° 3.365, de 21.06.1941 (Desapropriação – ver Legislação Especial), art. 27, § 1°.

Lei n° 6.830, de 22.09.1980 (Execução Fiscal – ver Legislação Especial), art. 39.

Lei n° 11.101, de 09.02.2005 (Falência), arts. 5°, II; 88, parágrafo único.

Lei n° 8.245, de 18.10.1991 (Inquilinato – ver Legislação Especial), arts. 61; 62, II.

Lei n° 6.899, de 08.04.1981 (Correção monetária – ver Legislação Especial), art. 1°.

Lei n° 8.906, de 04.07.1994 (Advogado – ver Legislação Especial), arts. 22 a 24-A (arbitramento de honorários).

Lei n° 9.099, de 26.09.1995 (Juizados Especiais – ver Legislação Especial), arts. 54; 55 (despesas).

Lei n° 9.494, de 10.09.1997 (Tutela Antecipada – ver Legislação Especial), arts. 1°-D (honorários contra a Fazenda Pública).

Lei n° 10.522, de 19.07.2002, art. 19 (dispensa de honorários contra a Fazenda Pública).

Lei n° 12.016, de 07.08.2009 (lei do mandado de segurança), art. 25.

SÚMULAS

Súmula Vinculante do STF:

N° 47: "Os honorários advocatícios incluídos na condenação ou destacados do montante principal devido ao credor consubstanciam verba de natureza alimentar cuja satisfação ocorrerá com a expedição de precatório ou requisição de pequeno valor, observada ordem especial restrita aos créditos dessa natureza."

Súmulas do STF:

N° 185: "Em processo de reajustamento pecuário, não responde a União pelos honorários do advogado do credor ou do devedor."

N° 234: "São devidos honorários de advogado em ação de acidente do trabalho julgada procedente."

N° 256: "É dispensável pedido expresso para condenação do réu em honorários, com fundamento nos arts. 63 ou 64 do CPC."

N° 257: "São cabíveis honorários de advogado na ação regressiva do segurador contra o causador do dano."

N° 378: "Na indenização por desapropriação incluem-se honorários do advogado do expropriado."

N° 389: "Salvo limite legal, a fixação de honorários de advogado, em complemento da condenação, depende das circunstâncias da causa, não dando lugar a recurso extraordinário."

N° 450: "São devidos honorários de advogado sempre que vencedor o beneficiário de justiça gratuita."

N° 512: "Não cabe condenação em honorários de advogado na ação de mandado de segurança."

N° 616: "É permitida a cumulação da multa contratual com os honorários de advogado, após o advento do Código de Processo Civil vigente."

N° 617: "A base de cálculo dos honorários de advogado em desapropriação é a diferença entre a oferta e a indenização, corrigidas ambas monetariamente."

Súmulas do STJ:

N° 14: "Arbitrados os honorários advocatícios em percentual sobre o valor da causa, a correção monetária incide a partir do respectivo ajuizamento."

N° 105: "Na ação de mandado de segur6630ança não se admite condenação em honorários advocatícios."

N° 110: "A isenção do pagamento de honorários advocatícios, nas ações acidentais, é restrita ao segurado."

N° 111: "Os honorários advocatícios, nas ações previdenciárias, não incidem sobre prestações vencidas após a sentença."

N° 131: "Nas ações de desapropriação incluem-se no cálculo da verba advocatícia as parcelas relativas aos juros compensatórios e moratórios, devidamente corrigidas."

N° 141: "Os honorários de advogado em desapropriação direta são calculados sobre a diferença entre a indenização e a oferta, corrigidas monetariamente."

Nº 201: "Os honorários advocatícios não podem ser fixados em salários mínimos."

Nº 232: "A Fazenda Pública, quando parte no processo, fica sujeita à exigência do depósito prévio dos honorários do perito."

Nº 303: "Em embargos de terceiro, quem deu causa à constrição indevida deve arcar com os honorários advocatícios."

Nº 306: "Os honorários advocatícios devem ser compensados quando houver sucumbência recíproca, assegurado o direito autônomo do advogado à execução do saldo sem excluir a legitimidade da própria parte." **Com o CPC/2015, a Súmula nº 306 deixa de ter aplicação.**

Nº 325: "A remessa oficial devolve ao Tribunal o reexame de todas as parcelas da condenação suportadas pela Fazenda Pública, inclusive dos honorários de advogado."

Nº 326: "Na ação de indenização por dano moral, a condenação em montante inferior ao postulado na inicial não implica sucumbência recíproca."

Nº 345: "São devidos os honorários advocatícios pela Fazenda Pública nas execuções individuais de sentença proferida em ações coletivas, ainda que não embargadas."

Nº 421: "Os honorários advocatícios não são devidos à Defensoria Pública quando ela atua contra a pessoa jurídica de direito público à qual pertença." (Cancelada pela Corte Especial do STJ, na QO no REsp 1.108.013/RJ.)

Nº 453: "Os honorários sucumbenciais, quando omitidos em decisão transitada em julgado, não podem ser cobrados em execução ou em ação própria." **Com o art. 322, § 1º, do CPC/2015, os honorários passaram a ser pedido implícito.**

Nº 462: "Nas ações em que representa o FGTS, a CEF, quando sucumbente, não está isenta de reembolsar as custas antecipadas pela parte vencedora."

Nº 488: "O § 2º do art. 6º da Lei n. 9.469/1997, que obriga à repartição dos honorários advocatícios, é inaplicável a acordos ou transações celebrados em data anterior à sua vigência."

Nº 517: "São devidos honorários advocatícios no cumprimento de sentença, haja ou não impugnação, depois de escoado o prazo para pagamento voluntário, que se inicia após a intimação do advogado da parte executada."

Nº 519: "Na hipótese de rejeição da impugnação ao cumprimento de sentença, não são cabíveis honorários advocatícios."

Súmulas do TRF da 4ª Região:

Nº 76: "Os honorários advocatícios, nas ações previdenciárias, devem incidir somente sobre as parcelas vencidas até a data da sentença de procedência ou do acórdão que reforme a sentença de improcedência."

Nº 133: "Na execução ou cumprimento individual de sentença proferida em ação coletiva, mesmo na vigência do CPC-2015, são cabíveis honorários advocatícios, ainda que não embargadas, mantendo-se válido o entendimento expresso da Súmula 345 do Superior Tribunal de Justiça."

Nº 134: "A ausência de impugnação pela Fazenda Pública ao cumprimento de sentença não enseja a redução pela metade dos honorários advocatícios por ela devidos, não sendo aplicável à hipótese a regra do artigo 90, § 4º, combinado com o artigo 827, § 1º, ambos do CPC 2015."

Súmula do TJSC:

Nº 11: "Arbitrados os honorários advocatícios em percentual sobre o valor da causa, a correção monetária incide a partir do ajuizamento da ação."

Súmula do TJRS:

Nº 53: "Nos casos de condenação solidária dos entes estadual e municipal, nas ações envolvendo o direito à saúde, os honorários advocatícios sucumbenciais devem se fixados *pro rata*."

CJF – JORNADAS DE DIREITO PROCESSUAL CIVIL

I JORNADA

Enunciado 6 – A fixação dos honorários de sucumbência por apreciação equitativa só é cabível nas hipóteses previstas no § 8º do art. 85 do CPC.

Enunciado 7 – A ausência de resposta ao recurso pela parte contrária, por si só, não tem o condão de afastar a aplicação do disposto no art. 85, § 11, do CPC.

Enunciado 8 – Não cabe majoração de honorários advocatícios em agravo de instrumento, salvo se interposto contra decisão interlocutória que tenha fixado honorários na origem, respeitados os limites estabelecidos no art. 85, §§ 2º, 3º e 8º, do CPC.

II JORNADA

Enunciado 118 – É cabível a fixação de honorários advocatícios na ação de produção antecipada de provas na hipótese de resistência da parte requerida na produção da prova.

BREVES COMENTÁRIOS

Entre os gastos necessários que a parte faz no processo, figuram os honorários pagos a seu advogado. Em sentido amplo, são uma espécie do gênero despesas processuais, portanto. Mas o Código, em matéria de sucumbência, reserva um tratamento especial para a verba advocatícia, principalmente em alguns aspectos: (a) em regra, só a sentença, ao encerrar o processo, com ou sem resolução de mérito, é que resolverá a questão dos honorários, salvo na execução e no cumprimento de sentença, quando é tratada em decisão interlocutória (CPC/2015, arts. 85, § 1º, e 827, *caput*); (b) há, porém, outros casos em que os honorários sucumbenciais serão impostos em decisão interlocutória, no processo de conhecimento, como se dá com a exclusão de litisconsorte na fase de saneamento, ou no julgamento antecipado parcial da lide. É que, em tais situações, a decisão interlocutória encerra o processo para o litisconsorte excluído ou para a parcela do objeto litigioso resolvida; (c) por outro lado, pouco importa o contrato firmado entre a parte e seu advogado, ou a quantia que efetivamente lhe foi paga. O ressarcimento dos gastos advocatícios será sempre feito conforme valor fixado pelo juiz na sentença (art. 85, § 2º); (d) na verdade, os honorários de sucumbência não revertem para a parte vencedora, mas "constituem direito do advogado e têm natureza alimentar, com os mesmos privilégios dos créditos oriundos da legislação do trabalho". Por isso mesmo, fica vedada a compensação em caso de sucumbência parcial (art. 85, § 14).

A concepção clássica da inclusão dos honorários de advogado dentro das despesas processuais que o vencido deve repor ao vencedor se fundamentou, sempre, na injustiça que representaria fazer recair sobre o titular do direito reconhecido em juízo os gastos despendidos na obtenção da respectiva tutela. No entanto, o art. 85 determina a condenação do vencido a pagar honorários ao advogado do vencedor, transformando essa verba em crédito próprio do representante processual da parte. São também devidos honorários de advogado na reconvenção, no cumprimento de sentença, provisório ou definitivo, na execução, resistida ou não, e nos recursos interpostos, cumulativamente (art. 85, § 1º).

Qualquer que seja a natureza principal da sentença – condenatória, declaratória ou constitutiva –, conterá sempre uma parcela de condenação, como efeito obrigatório da sucumbência. Nessa parte formará, portanto, um título executivo em favor do que ganhou a causa (autor ou réu, pouco importa), ou mais especificamente, em favor de seu advogado.

No Código anterior, a condenação às despesas processuais era feita em cada incidente e a verba advocatícia ficava relegada para a sentença. O atual Código só fala de condenação do vencido ao pagamento das despesas antecipadas pelo vencedor, bem como dos honorários de seu advogado, como ato integrante da sentença (arts. 82, § 2º, e 85). O regime atual, destarte, é o de que o ressarcimento das despesas adiantadas para os diversos incidentes e diligências pelo vencedor só seja objeto de decisão por ocasião da sentença, salvo as exceções lembradas de início (letra *b*).

Ainda que não haja pedido expresso do vencedor, é devido o ressarcimento dos honorários de seu advogado. E, mesmo funcionando o advogado em causa própria, terá direito, se vencedor, à indenização de seus honorários (art. 85, § 17). É que o pagamento dessa verba não é o resultado de uma questão submetida ao juiz. Ao contrário, é uma obrigação legal, que decorre automaticamente da sucumbência, de sorte que nem mesmo ao juiz é permitido omitir-se mediante sua incidência.

Nos termos amplos em que o princípio da sucumbência foi adotado pelo Código revogado, a ele se sujeitavam e dele se beneficiavam até mesmo os Poderes Públicos e as empresas privadas que mantivessem serviços jurídicos permanentes. Entretanto, o posicionamento dos Tribunais Superiores era no sentido de que a verba honorária não constituía direito autônomo dos advogados públicos, mas pertenceria ao patrimônio da entidade. O Código atual adotou orientação um pouco diversa, ao reconhecer o direito do procurador do ente público ao recebimento dos honorários. Doravante, "os advogados públicos perceberão honorários de sucumbência, nos termos da lei" (art. 85, § 19). O regime de atribuição e divisão entre os procuradores públicos regular-se-á por lei própria.

O § 18 do dispositivo dispõe, expressamente, que, sendo omissa a decisão transitada em julgado em relação ao direito aos honorários ou ao seu valor, é cabível ação autônoma para sua definição e cobrança. Como consequência, o entendimento da Súmula 453/STJ, no sentido de que os honorários omitidos na sentença não podem ser cobrados em ação própria, "se encontra parcialmente superado, sendo cabível ação autônoma para cobrança e definição de honorários advocatícios quando a decisão transitada em julgado for omissa, nos termos do art. 85, § 18, do CPC/15" (cf. REsp 2.098.934/RO).

No regime do Código anterior, o arbitramento dos honorários por critério equitativo era admitido com maior amplitude. Com o Código atual, essa modalidade de determinação do valor da verba advocatícia sucumbencial somente poderá ser utilizada nas causas em que for inestimável ou irrisório o proveito econômico, ou quando o valor da causa for muito baixo (art. 85, § 8º). Nesse último caso, o juiz observará os valores recomendados pela OAB a título de honorários advocatícios, ou o limite mínimo de 10%, aplicando-se o que for maior (§ 8º-A, incluído pela Lei nº 14.365/2022). Isso se dará para evitar o aviltamento da verba honorária. Não cuidou o Código, portanto, de redução equitativa da verba advocatícia, a pretexto de ser elevada ou excessiva em função do pequeno volume e da pouca complexidade do trabalho desempenhado pelo causídico no processo.

Para evitar qualquer dúvida, a Lei nº 14.365, de 2 de junho de 2022, acrescentou o § 6º-A ao art. 85, para proibir, expressamente, o arbitramento equitativo dos honorários advocatícios sucumbenciais, "quando o valor da condenação ou do proveito econômico obtido ou o valor atualizado da causa for líquido ou liquidável". O novo dispositivo legal positivou o que já era entendimento jurisprudencial do STJ.

O STJ, no entanto, tem adotado ressalvas no tocante à identificação do proveito econômico, com o fito de evitar arbitramento flagrantemente exorbitante em causas que o interesse em jogo não equivale, à evidência, ao valor da coisa ou do contrato em torno dos quais se desenvolve a pretensão do demandante. Assim, tem aplicado o arbitramento equitativo do § 8º, do art. 85, nas ações mandamentais em que ausente proveito econômico auferível ou mensurável, e quando o valor da causa não reflete o benefício devido. "É o que ocorre na ação de obrigação de fazer consistente na baixa de gravame hipotecário, porquanto não se pode vincular o sucesso da pretensão ao valor do imóvel" (STJ, REsp 2.092.798/DF, Rel. Min. Nancy Andrighi, 3ª Turma, jul. 05.03.2024, *DJe* 07.03.2024).

Observe-se, outrossim, que, ainda em virtude da Lei nº 14.365/2022, os critérios de cálculo dos honorários sucumbenciais, constantes dos §§ 2º, 3º, 4º, 5º, 6º, 6º-A, 8º, 8º-A, 9º e 10 do art. 85, devem ser aplicados também nos procedimentos de arbitramento judicial previstos no Estatuto da OAB (novo § 20 inserido pela Lei nº 14.365).

Para o direito intertemporal em matéria de honorários de sucumbência, segundo antigo entendimento jurisprudencial, não importa quando teve início o processo, para se definir qual a regra a observar na decisão judicial acerca da imposição de remuneração do advogado da parte vencedora: o princípio a prevalecer, na espécie, é o de que "a sucumbência rege-se pela lei vigente à data da sentença que o impõe" (STJ, 1ª Turma, REsp 542.056/SP, Rel. Min. Luiz Fux, ac. 19.02.2004, *DJe* 22.03.2004, p. 233).

Em relação aos honorários advocatícios em cumprimento de sentença contra a Fazenda Pública que enseje expedição de precatório (art. 85, § 7º), a 1ª Seção do STJ, em sede de recurso especial repetitivo, firmou a tese de não serem devidos se não houver impugnação à pretensão executória (Recursos Especiais 2.029.636/SP, 2.030.855/SP, 2.031.118/SP e 2.029.675/SP, Rel. Min. Herman Benjamin, ac. 20.06.2024, *DJe* 01.07.2024). Mas, "*a contrario sensu*, uma vez impugnada a execução da sentença, serão devidos os honorários advocatícios em decorrência do decaimento da Fazenda Pública nesse incidente", excetuada "da base de cálculo apenas eventual parcela incontroversa do crédito" (AgInt no AgInt no REsp 2.008.452/SP).

JURISPRUDÊNCIA SELECIONADA

1. Honorários sucumbenciais (*caput*). "Nos termos do art. 20, *caput*, do CPC, o vencido será condenado a pagar ao vencedor as despesas que antecipou e os honorários advocatícios. Dessa forma, será sucumbente a parte que deu causa à instauração de uma relação processual indevida" (STJ, EREsp 1.084.875/PR, Rel. Min. Mauro Campbell Marques, 1ª Seção, jul. 24.03.2010, *DJe* 09.04.2010). **No mesmo sentido:** STJ, REsp 868.183/RS, Rel. Min. Francisco Falcão, Rel. p/ ac. Min. Luiz Fux, 1ª Turma, jul. 17.05.2007, *DJ* 11.06.2007; TRF-4ª Região, Ap. 2000.04.01.142829-6/RS, Rel. Juiz Alcides Vettorazzi, 2ª Turma, *DJ* 16.01.2002, p. 608.

Pluralidade de vencedores representados por escritórios distintos. "A regra da proporcionalidade – art. 23 do CPC – também se aplica nos casos em que há vencedores plúrimos' (REsp 1.370.152/RJ, Rel. Ministro Ricardo Villas Bôas Cueva, Terceira Turma, julgado em 10/11/2015, *DJe* de 13/11/2015). Nesses termos, 'havendo pluralidade de vencedores, os honorários da sucumbência deverão ser partilhados entre eles, na proporção das respectivas pretensões' (AgRg no Ag 1.241.668/RS, Rel. Ministro Og Fernandes, Sexta Turma, julgado em 17/03/2011, *DJe* de 11/05/2011)" (STJ, AgInt no REsp 1.842.035/MT, Rel. Min. Raul Araújo, 4ª Turma, jul. 20.02.2024, *DJe* 05.03.2024).

2. Princípios norteadores.

Razoabilidade. "Os honorários advocatícios devem se pautar pela **razoabilidade** de seu valor, daí por que devem guardar autêntica relação com os valores em discussão" (STJ, REsp 443.746/RS, Rel. Min. Franciulli Netto, 2ª Turma, jul. 04.05.2004, *DJ* 30.08.2004). **No mesmo sentido:** STJ, REsp 147.346/PR, Rel. Min. Cesar Asfor Rocha, 4ª Turma, jul. 24.11.1997, *RSTJ* 105/355.

Causalidade. "No processo civil, para se aferir qual das partes litigantes arcará com o pagamento dos honorários advocatícios e das custas processuais, deve-se atentar não somente à sucumbência, mas também ao princípio da causalidade, segundo o qual a parte que deu causa à instauração do processo deve suportar as despesas dele decorrentes" (STJ, REsp 1.160.483/RS, Rel. Min. Luis Felipe Salomão, 4ª Turma, jul. 10.06.2014, *DJe* 01.08.2014). **No mesmo sentido:** TRF3, Ap. Cível, 0017670-16.2010.4.03.6100, Rel. Des. Mairan Maia, 6ª Turma, jul. 26.04.2012, *DJe* 10.05.2012.

3. Pressupostos fáticos exigidos. Valor da causa. "O valor da causa, por si só, não é elemento hábil a propiciar a qualificação do *quantum* como ínfimo ou abusivo, para fins de revisão da verba honorária fixada na origem, conforme orientação adotada pela Segunda Turma desta Corte nos autos do REsp 1.417.906/SP, Rel. (a) p/ acórdão Ministro Herman Benjamin, *DJe* 01/07/2015" (STJ, AgInt no AREsp 2.422.483/SP, Rel. Min. Mauro Campbell Marques, 2ª Turma, jul. 22.04.2024, *DJe* 25.04.2024).

4. Honorários. Direito intertemporal. "Em homenagem à natureza processual material e com o escopo de preservar os princípios do direito adquirido, da segurança jurídica e da não surpresa, as normas sobre honorários advocatícios de sucumbência não devem ser alcançadas pela lei processual nova. **A sentença** (ou o ato jurisdicional equivalente, na competência originária dos tribunais), **como ato processual que qualifica o nascedouro do direito à percepção dos honorários** advocatícios, deve ser considerada o marco temporal para a aplicação das regras fixadas pelo CPC/2015" (STJ, EAREsp 1255986/PR, Rel. Min. Luis Felipe Salomão, Corte Especial, jul. 20.03.2019, *DJe* 06.05.2019). **No mesmo sentido:** STJ, EDcl na MC 17.411/DF, Rel. Min. Benedito Gonçalves, Corte Especial, jul. 20.11.2017, *DJe* 27.11.2017; STJ, REsp 1691118/MG, Rel. Min. Og Fernandes, 2ª Turma, jul. 05.10.2017, *DJe* 11.10.2017; STJ, REsp 1.465.535/SP, Rel. Min. Luis Felipe Salomão, 4ª Turma, jul. 21.06.2016, *DJe* 22.08.2016; STJ, REsp 1691008/GO, Rel. Min. Ricardo Villas Bôas Cueva, 3ª Turma, jul. 08.05.2018, *DJe* 18.05.2018; STJ, AgInt nos EDcl nos EDcl no AREsp 1318021/SP, Rel. Min. Sérgio Kukina, 1ª Turma, jul. 18.11.2019, *DJe* 21.11.2019.

Regra legal. "A expressiva redação legal impõe concluir: (5.1) que o § 2º do referido art. 85 veicula a regra geral, de aplicação obrigatória, de que os honorários advocatícios sucumbenciais devem ser fixados no patamar de dez a vinte por cento, subsequentemente calculados sobre o valor: (I) da condenação; ou (II) do proveito econômico obtido; ou (III) do valor atualizado da causa" (STJ, AgInt AgInt no REsp 1.882.508/SP, Rel. Min. Antonio Carlos Ferreira, 4ª Turma, jul. 16.08.2021, *DJe* 19.08.2021).

Ilegitimidade passiva de um dos coexecutados. Honorários advocatícios. Regra geral. Ver jurisprudência do art. 338 do CPC/2015.

Condenação. Fixação. "A Segunda Seção desta Corte orienta que, havendo condenação, não é possível, em princípio, fixar os honorários sucumbenciais com base no valor do proveito econômico" (STJ, AgInt no AREsp 1.307.283/MG, Rel. Min. Moura Ribeiro, 3ª Turma, jul. 16.08.2021, *DJe* 19.08.2021).

Majoração em recurso. "O acórdão proferido pelo Tribunal de origem (fls. 335/339) foi publicado na vigência do CPC/1973. Desse modo, as alterações relativas ao cálculo dos honorários advocatícios introduzidas pelo novo CPC/2015 não têm aplicação ao caso dos autos, em observância à regra de direito intertemporal prevista no artigo 14 da nova Lei Adjetiva Civil. Nessa diretriz, a propósito, o Plenário do STJ, na sessão realizada no dia 9 de março de 2016, **aprovou o Enunciado Administrativo n. 7/STJ**, segundo o qual, 'somente nos recursos interpostos contra decisão publicada a partir de 18 de março de 2016, será possível o arbitramento de honorários sucumbenciais recursais, na forma do art. 85, § 11, do novo CPC)'" (STJ, EDcl no AgRg no REsp 1.327.542/RJ, Rel. Min. Sérgio Kukina, 1ª Turma, jul. 25.10.2016, *DJe* 09.11.2016). **No mesmo sentido:** STJ, AgInt nos EDcl no AREsp 1.243.692/SP, Rel. Min. Marco Buzzi, 4ª Turma, jul. 21.10.2019, *DJe* 23.10.2019; TRF1, Apelação 0030715-34.2012.4.01.3300, Rel. Des. Federal Carlos Augusto Pires Brandão, 5ª Turma, *in Revista Síntese*. Direito civil e processual civil, no. 141, jan-fev 2023, p. 114.

"Consoante a jurisprudência do STJ, a disciplina jurídica do arbitramento da verba honorária de sucumbência é feita de acordo com o princípio *tempus regit actum*, ou seja, a discussão quanto aos honorários advocatícios tem por fato gerador a data em que estes foram fixados na sentença (REsp 1.701.908/SP, Ministro Herman Benjamin, Segunda Turma, *DJe* 19/12/2017 e REsp 1.704.254/SP, Ministro Herman Benjamin, Segunda Turma, *DJe* 19/12/2017). No caso concreto, a sentença foi publicada no momento em que se encontrava em vigor o CPC/1973. Dessa forma deve ser aplicado o Código Processual Civil de 1973" (STJ, EDcl no REsp 1.733.139/PE, Rel. Min. Herman Benjamin, 2ª Turma, jul. 07.05.2019, *DJe* 23.05.2019).

Honorários. Incidência do CPC/1973. Marco temporal. Sentença. "Conforme a jurisprudência desta Corte, a sentença é o marco temporal para delimitação do regime jurídico aplicável à fixação de honorários advocatícios, de maneira que é indiferente a data do ajuizamento da ação e a data do julgamento dos recursos eventualmente interpostos. Hipótese em que a sentença foi proferida ainda na vigência do CPC/1973, aplicando-se, portanto, as regras nele previstas" (STJ, REsp. 1.926.477/SP, Rel. Min. Marco Aurélio Bellizze, 3ª Turma, jul. 18.10.2022, *DJe* 27.10.2022).

5. Honorários advocatícios que haviam sido estipulados erroneamente com base no CPC/1973. Fixação direta pelo STJ. Supressão de instância. "(...). Consoante o entendimento desta Corte, a sentença é o marco para delimitação do regime jurídico aplicável à fixação de honorários advocatícios, revelando-se incorreto seu arbitramento, com fundamento no CPC de 1973, posteriormente à 18.03.2016 (data da entrada em vigor da novel legislação). Inviabilizado, *in casu*, o arbitramento dos honorários advocatícios de sucumbência, com base no art. 85 do Código de Processo Civil de 2015, sob **pena de restar configurada a supressão de grau de jurisdição e desvirtuar a competência precípua desta Corte em grau recursal** (uniformização da interpretação da legislação federal), mediante a fixação de honorários de sucumbência casuisticamente e não apenas nas hipóteses de irrisoriedade e exorbitância no seu arbitramento. Necessidade de reforma do acórdão recorrido, a fim de que seja procedido novo julgamento da apelação, com análise dos honorários advocatícios de sucumbência, respeitadas as peculiaridades do caso concreto, com base no estatuto processual civil de 2015" (STJ, REsp 1647246/PE, Rel. Min. Napoleão Nunes Maia Filho, Rel. p/ Acórdão Minª. Regina Helena Costa, 1ª Turma, jul. 21.11.2017, *DJe* 19.12.2017).

6. Agravo interno. Não cabimento de honorários. "Não cabe a condenação ao pagamento de honorários advocatícios recursais no âmbito do agravo interno, conforme os critérios definidos pela Terceira Turma deste Tribunal Superior nos EDcl no AgInt no REsp 1.573.573/RJ, desta relatoria, julgado em 4/4/2017, *DJe* de 8/5/2017" (STJ, AgInt no REsp 1.772.733/RS, Rel. Min. Marco Aurélio Bellizze, 3ª Turma, jul. 10.02.2020, *DJe* 13.02.2020).

"A Segunda Seção desta Corte de Justiça concluiu não ser cabível o arbitramento de honorários advocatícios recursais em razão da interposição de agravo interno, conforme decidido no AgInt nos EREsp 1.539.725/DF, na sessão de 9 de agosto de 2017" (STJ, AgInt no AREsp 1.208.040/SP, Rel. Min. Lázaro Guimarães, 4ª Turma, jul. 26.06.2018, *DJe* 29.06.2018). **No mesmo sentido:** STJ, EDcl no AgInt no AREsp 917.542/MG, Rel. Min. Gurgel de Faria, 1ª Turma, jul. 10.04.2018, *DJe* 11.05.2018; STJ, AgInt no REsp 1720435/SP, Rel. Min. Marco Aurélio Bellizze, 3ª Turma, jul. 12.06.2018, *DJe* 25.06.2018.

Embargos de declaração. Não cabimento. "Nos termos da jurisprudência desta Corte, não haverá a majoração de honorários advocatícios prevista no art. 85, § 11, do CPC/2015 no julgamento de agravo interno e de embargos de declaração" (STJ, AgInt no AREsp 2.244.318/DF, voto do Rel. Min. Antonio Carlos Ferreira, ac. 08.05.2023, *DJe* 12.05.2023).

7. Cautelar e reconvenção. Fixação de honorários. "A cautelar e a reconvenção são contenciosas e autônomas em relação à ação principal. Em consequência, por se submeterem aos princípios da causalidade e da sucumbência, a verba honorária deve ser fixada, em regra, de forma independente em cada hipótese. (...). **Apresenta-se excessivo o percentual de 60% (sessenta por cento) a título de verba honorária** estabelecido no caso em exame, que corresponderia à soma do que fixado em cada uma das ações e na reconvenção, todos incidentes sobre o valor atribuído às causas, porquanto supera a metade do valor devido à própria parte representada pela sociedade de advogados, nos termos do acordo firmado nos autos, impondo-se sua redução para 20% (vinte por cento) do valor previsto no respectivo pacto" (STJ, AgRg no REsp 1.116.313/ES, Rel. Min. Ricardo Villas Bôas Cueva, 3ª Turma, jul. 04.02.2016, *DJe* 18.02.2016).

8. Reclamação. Honorários advocatícios. "O CPC/2015 promoveu modificação essencial no procedimento da reclamação, ao instituir o contraditório prévio à decisão final (art. 989, III). Neste novo cenário, a observância do princípio da causalidade viabiliza a condenação da sucumbente na reclamação ao pagamento dos respectivos honorários, devendo o respectivo cumprimento da condenação ser realizado nos autos do processo de origem, quando se tratar de impugnação de decisão judicial" (STF, Rcl 24.417 AgR, Rel. Min. Roberto Barroso, 1ª Turma, jul. 07.03.2017, *DJe* 24.04.2017). **No mesmo sentido:** STF, Rcl 25160 AgR-ED, Rel. Min. Edson Fachin, Rel. p/ Acórdão Min. Dias Toffoli, 2ª Turma, jul. 06.10.2017, *DJe* 08.02.2018; STF, Rcl 30882 AgR-ED, Rel. Min. Ricardo Lewandowski, 2ª Turma, jul. 06.12.2019, *DJe* 18.12.2019. **Em sentido contrário:** STF, Rcl-AgR-ED/RS 23.589, 1ª Turma, Rel. Min. Edson Fachin, jul. 16.12.2016, *DJe* 10.02.2017, p. 34.

"Nessa nova moldura, em que o ajuizamento da reclamação nitidamente inaugura nova relação jurídica processual, mostra-se viável a aplicação do princípio geral da sucumbência, a fim de que seja a parte vencida – reclamante ou beneficiária do ato impugnado – condenada ao pagamento das custas e honorários advocatícios, na linha em que tem entendido o Supremo Tribunal Federal (Rcl 24417 AgR/SP e Rcl 24.464 AgR/RS). Hipótese em que, apesar de frustrada a tentativa de citação, o beneficiário do ato reclamado compareceu espontaneamente nos autos, com efetiva atuação na defesa dos seus interesses, a caracterizar o aperfeiçoamento da relação processual. Assim, diante do julgamento de improcedência da reclamação, **é impositiva a condenação da parte reclamante, vencida, ao pagamento de honorários advocatícios**" (STJ, EDcl na Rcl 33.747/SP, Rel.ª Min.ª Nancy Andrighi, 2ª Seção, jul. 12.12.2018, *DJe* 14.12.2018). **No mesmo sentido:** STJ, EDcl nos EDcl na Rcl 28.431/DF, Rel. Min. Francisco Falcão, 1ª Seção, jul. 12.09.2018, *DJe* 20.09.2018; STJ, AgInt nos EDcl na Rcl 41.569/DF, Rel. Min. Ricardo Villas Bôas Cueva, jul. 09.02.2022, *DJe* 15.02.2022.

Entretanto: "Embora o Supremo Tribunal Federal (Rcl nº 24.417/SP-AgR, STF, Primeira Turma, Rel. Min. Roberto Barroso, *DJe* de 24/4/2017 e Rcl 25160 AGR-ED/SP, STF, Primeira Turma, Rel. Min. Dias Toffoli, julgado em 06.10.2017) e esta Corte (EDcl no AgInt na Rcl 33.971/DF, Rel. Ministro Paulo de Tarso Sanseverino, Segunda Seção, julgado em 23/5/2018, *DJe* 28/5/2018; EDcl nos EDcl na Rcl 28431/DF, Rel. Ministro Francisco Falcão, Primeira Seção, julgado em 12/09/2018, *DJe* 20/09/2018) tenham precedentes no sentido de que são devidos honorários advocatícios sucumbenciais nas reclamações quando angularizada a relação processual, para a condenação é preciso que uma das partes tenha dado causa ao processo, nos termos do art. 85, parágrafo 10, do CPC/2015. No caso, a pretensão do Reclamante já havia sido atendida antes mesmo da requisição de informações à autoridade reclamada" (STJ, AgInt na Rcl 34.410/RN, Rel. Min. Benedito Gonçalves, 1ª Seção, jul. 12.06.2019, *DJe* 18.06.2019).

9. Embargos de terceiro.

Princípio da causalidade. "**Para os fins do art. 1.040 do CPC/2015** (antigo art. 543-C, § 7º, do CPC/1973), consolida-se a seguinte tese: 'Nos embargos de terceiro cujo pedido foi acolhido para desconstituir a constrição judicial, os honorários advocatícios serão arbitrados com base no princípio da causalidade, responsabilizando-se o atual proprietário (embargante), se este não atualizou os dados cadastrais. Os encargos de sucumbência serão suportados pela parte embargada, porém, na hipótese em que esta, depois de tomar ciência da transmissão do bem, apresentar ou insistir na impugnação ou recurso para manter a penhora sobre o bem cujo domínio foi transferido para terceiro'. Precedentes: AgRg no REsp 1.282.370/PE, Rel. Min. Benedito Gonçalves, 1ª Turma, *DJe* 06.03.2012; EDcl nos EDcl no REsp 375.026/PR, Rel. Min. Carlos Fernando Mathias (Juiz Federal convocado do TRF 1ª Região), 2ª Turma, *DJe* 15.04.2008; REsp 724.341/MG, Rel. Min. Denise Arruda, 1ª Turma, *DJ* 12.11.2007, p. 158; AgRg no REsp 462.647/SC, Rel. Min. Castro Meira, 2ª Turma, *DJ* 30.08.2004, p. 244. Acórdão submetido ao **julgamento no rito do art. 1.036 do CPC/2015** (antigo art. 543-C do CPC/1973)" (STJ, REsp 1.452.840/SP, Rel. Min. Herman Benjamin, 1ª Seção, jul. 14.09.2016, *DJe* 05.10.2016). **Obs.: Decisão submetida ao rito dos recursos repetitivos.**

Condenação do embargante. "Não pode ser responsabilizado pelos honorários advocatícios o credor que indica à penhora imóvel transferido a terceiro mediante compromisso de compra e venda não registrado no Cartório de Imóveis. Com a inércia do comprador em proceder ao registro, não havia como o exequente tomar conhecimento de uma possível transmissão de domínio" (STJ, EREsp 490.605/SC, Rel. Min. Antônio de Pádua Ribeiro, Corte Especial, jul. 04.08.2004, *DJ* 20.09.2004).. **No mesmo sentido, quando a iniciativa da penhora é exclusiva do oficial de justiça:** STJ, REsp 148.322/RS, Rel. Min. Waldemar Zveiter, 3ª Turma, jul. 03.03.1998, *DJ* 11.05.1998.

Condenação do embargante. Execução extinta por prescrição intercorrente. "Especificamente no caso dos embargos de terceiro – em que se busca impedir ou afastar a constrição judicial reputada indevida sobre bens de titularidade de pessoa que não faz parte da relação jurídico-processual –, cabe ao julgador examinar, sob a égide do princípio da causalidade, se a constrição apresentou-se, em tese, indevida e, em sendo, quem a ela deu causa (a teor do enunciado n. 303 da Súmula do STJ, *in verbis*: em embargos de terceiro, quem deu causa à constrição indevida deve arcar com os honorários advocatícios) ou, não sendo este o caso, num juízo de prognose, aferir qual dos litigantes seria sucumbente se a ação tivesse, de fato, sido julgada. Na hipótese dos autos, a partir de tais premissas – e considerando a documentação acostada aos autos pela própria parte embargante – é de se reconhecer que os subjacentes embargos de terceiro consubstanciaram medida processual absolutamente inidônea aos fins alegadamente perseguidos, pelo simples fato de que o ato constritivo impugnado, quando de seu ajuizamento (em 2017), há muito não subsistia. A constrição judicial – objeto de impugnação dos subjacentes embargos de terceiro ' – foi tornada sem efeito em razão da prolação de decisão proferida pelo Juízo da execução, datada de 02.03.2012, que reconheceu justamente impenhorabilidade do imóvel rural constrito, não havendo nenhuma insurgência por parte do Banco exequente. Tudo a ensejar a conclusão de que foi a parte embargante quem deu causa aos subjacentes – e infundados – embargos de terceiro, devendo, por isso, responder pela verba sucumbencial. Recurso especial prejudicado ante a perda superveniente de objeto dos subjacentes embargos de terceiro, a ensejar a sua extinção, sem julgamento de mérito, devendo a parte embargante arcar com a verba sucumbencial, na qual se insere os honorários advocatícios devidos ao advogado da parte adversa" (STJ, REsp

2.131.651/PR, Rel. Min. Marco Aurélio Bellizze, 3ª Turma, jul. 21.05.2024, *DJe* 24.05.2024).

Condenação do embargado. "Cabível, todavia, a aplicação da sucumbência em embargos de terceiro se o exequente, agora ciente da existência da venda do imóvel, ainda apresenta impugnação, pedindo a improcedência daqueles, oferecendo injustificada resistência ao pedido, a atrair a aplicação do princípio da causalidade, em caso de procedência dos embargos" (STJ, REsp 472.670/PR, Rel. Min. Aldir Passarinho Junior, 4ª Turma, jul. 25.11.2003, *DJ* 25.02.2004).

"Enfrentando o embargado, credor, as razões postas nos embargos de terceiro, defendendo a legitimidade e regularidade da penhora, não há falar em inversão da sucumbência" (STJ, REsp 489.238/MG, Rel. Min. Carlos Alberto Menezes Direito, 3ª Turma, jul. 12.08.2003, *DJ* 15.09.2003).

Ausência de condenação. "Não citado o embargado, e declarada extinta a ação de embargos por perda de objeto (penhora tornada sem efeito), não cabe a condenação do embargado no ônus da sucumbência" (STJ, REsp 2.892/RO, Rel. Min. Athos Carneiro, 4ª Turma, jul. 21.08.1990, *DJ* 17.09.1990).

"Excepcionalmente nos embargos de terceiro, não havendo resistência à pretensão de afastamento da constrição do bem, poderá ser afastada a condenação do credor em honorários" (STJ, EDcl no REsp 723.952/MS, Rel. Min. Castro Meira, 2ª Turma, jul. 23.08.2005, *DJ* 19.09.2005).

10. Procedimento de requisição judicial de dados. Produção antecipada de prova. Ausência de sucumbência. "5. É pacífico o entendimento acerca do descabimento de ônus de sucumbência em procedimentos de natureza cautelar de produção antecipada de provas, nos quais inexiste resistência por parte de quem é instado a exibir os documentos judicialmente. 6. Quando o provedor de aplicações de internet é instado judicialmente a fornecer dados sigilosos e assim o faz sem ofertar oposição, 'não há como afirmar a existência de sucumbência com fundamento no princípio da causalidade'. Precedentes" (STJ, REsp 2.152.319/SP, Rel. Min. Nancy Andrighi, 3ª Turma, ac. 03.09.2024, *DJe* 06.09.2024).

Ação de exibição de documento. Honorários advocatícios. Pretensão resistida. "A improcedência da ação cautelar de exibição de documentos, ajuizada em razão da recusa do fornecimento de cópias dos documentos solicitados, impõe a condenação da parte vencida ao pagamento dos ônus de sucumbência. Precedentes" (STJ, AgInt no AREsp 646.754/ES, Rel. Min. Antonio Carlos Ferreira, 4ª Turma, jul. 07.11.2017, *DJe* 14.11.2017).

"Pela aplicação dos princípios da sucumbência e da causalidade em ações cautelares de exibição de documentos, para haver condenação ao pagamento de honorários advocatícios deve estar caracterizada nos autos a resistência à exibição dos documentos pleiteados" (STJ, AgRg no REsp 1.411.668/MG, Rel. Min. Maria Isabel Gallotti, 4ª Turma, jul. 18.02.2014, *DJe* 26.02.2014). No mesmo sentido: STJ, REsp 1.232.157/RS, Rel. Min. Paulo de Tarso Sanseverino, 3ª Turma, jul. 19.03.2013, *DJe* 02.08.2013.

Ver jurisprudência do art. 396 do CPC/2015.

11. Processo de execução.

Incidência independentemente de os valores originários serem provenientes de honorários. "O Superior Tribunal de Justiça possui entendimento quanto à possibilidade da fixação de honorários sobre honorários, sem que isso implique *bis in idem*, porquanto referente a fase diversa (execução)." (STJ, AgInt no REsp 1593812/RS, Rel. Min. Herman Benjamin, 2ª Turma, jul. 10.11.2016, *DJe* 30.11.2016). **No mesmo sentido:** STJ, AGint-REsp 1.741.800, 2ª Turma, Rel. Min. Herman Benjamin, ac. 13.12.2018, *DJe* 19.12.2018, p. 3720).

Prescrição intercorrente. Honorários em favor do executado. Descabimento. "Declarada a prescrição intercorrente por ausência de localização de bens, incabível a fixação de verba honorária em favor do executado, eis que, diante dos princípios da efetividade do processo, da boa-fé processual e da cooperação, não pode o devedor se beneficiar do não cumprimento de sua obrigação. A prescrição intercorrente por ausência de localização de bens não retira o princípio da causalidade em desfavor do devedor, nem atrai a sucumbência para o exequente" (STJ, REsp 1769201/SP, Rel. Min. Maria Isabel Gallotti, 4ª Turma, jul. 12.03.2019, *DJe* 20.03.2019). No mesmo sentido: STJ, REsp 1835174/MS, Rel. Min. Paulo de Tarso Sanseverino, 3ª Turma, jul. 05.11.2019, *DJe* 11.11.2019; STJ, IAC no REsp 1.604.412/SC, Rel. Min. Marco Aurélio Bellizze, 2ª Seção, ac. 27.06.2018, *DJe* 22.08.2018.

Prescrição intercorrente ocorrida antes da Lei 14.195/2021. Responsabilidade do executado pelas verbas sucumbenciais. "Segundo farta jurisprudência desta Corte de Justiça, em caso de extinção da execução, em razão do reconhecimento da prescrição intercorrente, mormente quando este se der por ausência de localização do devedor ou de seus bens, é o princípio da causalidade que deve nortear o julgador para fins de verificação da responsabilidade pelo pagamento das verbas sucumbenciais" (STJ, Corte Especial, EAREsp 1.854.589/PR, Rel. Min. Raul Araújo, ac. 09.11.2023, *DJe* 24.11.2023).

Prescrição intercorrente ocorrida após a Lei nº 14.195/2021. Ausência de sucumbência. "Após o advento da Lei nº 14.195/2021, ou seja, para as prescrições decretadas a partir de 26.08.2021, não cabe a condenação ao pagamento dos encargos sucumbenciais, nem ao exequente, nem ao executado". (STJ, REsp 2.075.761/SC, Rel. Min. Nancy Andrighi, 3ª Turma, ac. 03.10.2023, *DJe* 09.10.2023). **No mesmo sentido:** STJ, REsp 2.025.303/DF, Rel. Min. Nancy Andrighi, 3ª Turma, jul. 08.11.2022, *DJe* 11.11.2022.

12. Exceção de pré-executividade.

Honorários sucumbenciais pelo exequente em virtude do acolhimento total ou parcial de exceção de pré-executividade. "Conforme a jurisprudência do STJ, o direito aos honorários sucumbenciais nasce no ato processual da sentença, a qual determina qual parte do processo venceu ou perdeu a lide. Precedentes. No caso concreto, a sucumbência somente existiu quando a exceção de pré-executividade do contribuinte foi acolhida pelo Tribunal – com a consequente extinção da Execução Fiscal (fls. 724, 752, e-STJ). Além disso, a decisão anterior do juízo monocrático que acolhia a exceção do particular apenas o excluía do polo passivo da ação, mantendo a lide, portanto, em trâmite, razão pela qual corretamente não impôs honorários sucumbenciais. Logo, não se pode falar em preclusão da condenação em honorários sucumbenciais antes da extinção do feito, pois somente com a decisão é que, por óbvio, se consegue determinar quem sucumbiu. Não obstante, por se tratar de medida ínsita às instâncias ordinárias, o efetivo arbitramento da verba sucumbencial deve ser realizado pela Corte regional, a quem competem a cognição e a consideração das situações de natureza fática. Embargos declaratórios providos, reconhecendo a omissão apontada, com provimento do recurso especial do contribuinte para determinar que o Tribunal regional, conforme as peculiaridades do caso, arbitre honorários sucumbenciais em seu favor" (EDcl no REsp 1759643/SP, Rel. Min. Herman Benjamin, 2ª Turma, jul. 14.05.2019, *DJe* 29.05.2019). **No mesmo sentido:** AgInt no REsp 1.551.618/SP, Rel. Min. Marco Buzzi, 4ª Turma, jul. 22.05.2018, *DJe* 30.05.2018; AgInt no REsp 1.495.088/RS, Rel. Min. Napoleão Nunes Maia Filho, 1ª Turma, jul. 24.04.2018, *DJe* 10.05.2018; EDcl no AgInt no AREsp 961.343/RJ, Rel. Min. Mauro Campbell Marques, 2ª Turma, jul. 24.04.2018, *DJe* 03.05.2018; AgInt no REsp 1.615.173/SP, Rel. Min. Marco Aurélio Bellizze, 3ª Turma, jul. 17.04.2018, *DJe* 20.04.2018; AgInt nos EDcl no REsp 1.326.400/SP, Rel. Min. Lázaro Guimarães, 4ª Turma, jul. 06.02.2018, *DJe* 09.02.2018.

"É cabível a fixação dos honorários de sucumbência em exceção de pré-executividade julgada procedente. Nesse sentido:

AgRg no REsp 1.294.527/RJ, Rel. Min. Napoleão Nunes Maia Filho, Primeira Turma; *DJe* 29.9.2014, REsp 1.276.956/RS, Rel. Min. Ari Pargendler, *DJe* 13.2.2014; REsp 1.369.996/PE, Rel. Min. Eliana Calmon, Segunda Turma, *DJe* 13.11.2013" (STJ, REsp 1.825.340/RS, Rel. Min. Herman Benjamin, 2ª Turma, jul. 20.08.2019, *DJe* 13.09.2019). Ver jurisprudência relativa ao CPC/1973.

Execução extinta por exceção de pré-executividade. Honorários advocatícios arbitrados por equidade. "Em execução fiscal extinta mediante exceção de pré-executividade não resistida, e sendo cancelada a própria inscrição do crédito em dívida ativa, por já ter ocorrido a citação do devedor, é cabível a condenação da parte exequente em custas sucumbenciais e honorários advocatícios. (...) Nesse contexto, uma primeira apreciação da situação mostra que não cabe a aplicação do art. 85, § 8º, do Código Fux, porquanto, como se vê, não se trata de causa de valor inestimável ou de irrisório o proveito econômico obtido, tendo em vista o valor envolvido na disputa. Poder-se-ia pensar que a hipótese deveria ser regulada, quanto aos honorários, pelas regras do § 3º do art. 85 do Código Fux, **mas isso acarretaria evidente distorção na fixação da verba honorária, tendo em vista que o trabalho profissional foi daqueles que podem ser classificados como sumários, simples ou descomplicados.** (...) Desse modo, atentando-se ao princípio da dita justiça no caso concreto, que deve, sempre, reger a jurisdição, ele há de prevalecer sobre outras premissas, embora igualmente prezáveis e importantes. Neste caso, em razão da baixa complexidade da causa, da curta duração do processo e da ausência de maior dilação probatória, fixa-se em 1% a verba honorária advocatícia sobre o valor da execução" (STJ, REsp 1.771.147/SP, Rel. Min. Napoleão Nunes Maia Filho, 1ª Turma, jul. 05.09.2019, *DJe* 25.09.2019).

Exceção de pré-executividade. Exclusão do sócio do polo passivo. Prosseguimento da execução em relação ao executado e/ou responsáveis. Honorários advocatícios. "Tese jurídica firmada: 'Observado o princípio da causalidade, é cabível a fixação de honorários advocatícios, em exceção de pré-executividade, quando o sócio é excluído do polo passivo da execução fiscal, que não é extinta'" (STJ, REsp 1.764.405/SP, Rel. Min. Assusete Magalhães, 1ª Seção, jul. 10.03.2021, *DJe* 29.03.2021). **Obs.: Decisão submetida a julgamento de recursos repetitivos. No mesmo sentido:** STJ, REsp 1.358.837/SP, Rel. Min. Assusete Magalhães, 1ª Seção, jul. 10.03.2021, *DJe* 29.03.2021.

Exclusão do coexecutado do polo passivo. Fixação de honorários por apreciação equitativa. "Embargos de divergência aos quais se nega provimento, mantendo incólume o acórdão proferido pela Primeira Turma no sentido de que, nos casos em que a exceção de pré-executividade visar, tão somente, à exclusão do excipiente do polo passivo da execução fiscal, sem impugnar o crédito executado, os honorários advocatícios deverão ser fixados por apreciação equitativa, nos moldes do art. 85, § 8º, do CPC/2015, porquanto não há como se estimar o proveito econômico obtido com o provimento jurisdicional" (STJ, EREsp 1.880.560/RN, Rel. Min. Francisco Falcão, 1ª Seção, jul. 24.04.2024, *DJe* 06.06.2024).

Proveito econômico. Base de cálculo para os honorários. "Em se tratando de exceção de pré-executividade acolhida para excluir do polo passivo o recorrente, o proveito econômico corresponde ao valor da dívida executada, tendo em vista o potencial danoso que o feito executivo possuiria na vida patrimonial do executado, caso a demanda judicial prosseguisse regularmente, devendo ser essa a base de cálculo dos honorários advocatícios de sucumbência. Precedentes: AgInt nos EDcl no AgInt nos EDcl no REsp n. 1.756.084/MG, relator Ministro Antonio Carlos Ferreira, Quarta Turma, julgado em 29/8/2022, *DJe* de 31/8/2022; AgInt no AREsp n. 1.362.516/MG, relator Ministro Francisco Falcão, Segunda Turma, julgado em 4/12/2018, *DJe* de 11/12/2018 e AgInt no REsp n. 1.674.687/SC, relator Ministro Og Fernandes, Segunda Turma, julgado em 25/6/2019, *DJe* de 27/6/2019" (STJ, AREsp 2.231.216/SP, Rel. Min. Francisco Falcão, 2ª Turma, jul. 06.12.2022, *DJe* 09.12.2022).

Exceção de pré-executividade. Verba fixada de acordo com o empenho do advogado na causa. "Exceção de pré-executividade. Objeção acolhida apenas para a adequação dos juros à taxa Selic. Honorários advocatícios devidos. Precedentes. Hipótese em que, no entanto, não se mensura pelo proveito econômico obtido pelo impugnante. Artigo 85 do CPC cujos vários dispositivos compõem um microssistema normativo – cuja leitura deve compreender a totalidade de suas matrizes estruturantes, das quais a principal é a busca da justa medida entre o excesso e a insuficiência na fixação de honorários, à vista do esforço que a defesa da causa efetivamente requereu e do peso que a verba assuma para o vencido. Verba requisitada deste como verdadeira exação. Necessidade de leitura integrada dos incisos do § 2º, do § 3º e do § 8º do art. 85 – evitando-se a imposição de ônus desproporcional ao empenho de fato requerido pela causa. Honorários fixados em R$2.000,00" (TJSP, Agravo de Instrumento 3000066-65.2019.8.26.0000, Rel. Des. Bandeira Lins, 8ª Câmara de Direito Público, jul. 24.04.2019, *DJe-SP* 26.04.2019). **No mesmo sentido:** TJSP, EDcl 1000715-02.2019.8.26.0053, Rel. Des. Paulo Galizia, 10ª Câmara de Direito Público, jul. 25.11.2019, *DJe-SP* 25.11.2019.

"Segundo a orientação jurisprudencial pacífica desta Corte Superior, são devidos honorários advocatícios sucumbenciais pelo exequente quando acolhida a exceção de pré-executividade, ainda que parcialmente. Precedentes. A Segunda Seção do Superior Tribunal de Justiça, no julgamento do REsp 1.746.072/PR (Rel. p/ acórdão Ministro Raul Araújo, Segunda Seção, julgado em 13.02.2019, *DJe* de 29.03.2019), consolidou entendimento de que, na hipótese de não haver condenação, os honorários advocatícios sucumbenciais serão fixados entre 10% e 20%, sobre o proveito econômico obtido pelo vencedor, na forma do art. 85, § 2º, do CPC/2015. No caso, tendo em conta o acolhimento da exceção de pré-executividade e o entendimento jurisprudencial acima citado, evidencia-se que o proveito econômico obtido pelo executado corresponde ao valor da dívida executada, devendo ser esse o valor a ser utilizado como base de cálculo dos honorários advocatícios de sucumbência" (STJ, AgInt no AREsp 1.414.628/SP, Rel. Min. Raul Araújo, 4ª Turma, jul. 11.02.2020, *DJe* 05.03.2020).

Exceção de pré-executividade apresentada pela esposa do codevedor. Exclusão do feito. Honorários sucumbenciais. "Hipótese em que, acolhida a exceção de pré-executividade apresentada por terceiro, esposa de um dos coobrigados, levando à exclusão desta do polo passivo da execução, os honorários advocatícios devem ser fixados por equidade, nos termos do art. 85, § 8º, do CPC/2015, uma vez que, não sendo a excipiente parte na ação executiva, não se pode vincular a verba sucumbencial ao valor da causa dado na execução, sendo inestimável, no caso, o proveito econômico por ela auferido" (STJ, AgInt no REsp 1.739.095/PE, Rel. Min. Raul Araújo, 4ª Turma, jul. 14.08.2023, *DJe* 18.08.2023).

Execução fiscal. Extinção por prescrição intercorrente acolhido em exceção de pré-executividade. "Tese jurídica fixada: 'À luz do princípio da causalidade, não cabe fixação de honorários advocatícios na exceção de pré-executividade acolhida para extinguir a execução fiscal em razão do reconhecimento da prescrição intercorrente, prevista no art. 40 da Lei n. 6.830/1980'" (STJ, REsp 2.046.269/PR – Recurso repetitivo, Rel. Min. Gurgel de Faria, 1ª Seção, jul. 09.10.2024, *DJe* 15.10.2024).

13. Execução fiscal. Honorários advocatícios. Despacho inicial. Aplicação subsidiária do art. 827, § 1º, do CPC/2015. Ver jurisprudência do art. 8º da Lei nº 6.830/1980.

14. Embargos à execução.

Honorários. "Este eg. Superior Tribunal de Justiça já firmou entendimento no sentido de que os embargos do devedor

constituem-se em verdadeira ação de conhecimento, autônomos à ação de execução, motivo pelo qual é cabível a fixação de honorários advocatícios nas duas ações, desde que a soma das condenações não ultrapasse o limite máximo de 20% estabelecido pelo art. 20, § 3º, do CPC. Precedentes: REsp nº 1.130.634/RS, Rel. Min. Eliana Calmon, Segunda Turma, *DJe* de 25.09.2009, AgRg nos EDCL no REsp nº 1.110.073/RS, Rel. Min. Nancy Andrighi, Terceira Turma, *DJe* de 24.08.2009, REsp nº 786.979/RN, Rel. Min. Teori Albino Zavascki, Primeira Turma, *DJe* de 04.02.2009" (STJ, EREsp 659.228/RS, Rel. Min. Francisco Falcão, Corte Especial, jul. 01.08.2011, *DJe* 29.08.2011). **No mesmo sentido:** STJ, AgRg no AREsp 170.817/PR, Rel. Min. Arnaldo Esteves Lima, 1ª Turma, jul. 16.10.2012, *DJe* 25.10.2012; STJ, AgRg no REsp 1.266.090, Rel. Min. Castro Meira, 2ª Turma, jul. 27.11.2012, *DJe* 06.12.2012; STJ, REsp 1.429.595/MG, Rel. Min. Nancy Andrighi, 3ª Turma, jul. 03.02.2014, *DJe* 14.02.2014).

Verba fixada na ação principal e em embargos. Compensação. Possibilidade. "A jurisprudência do Superior Tribunal de Justiça reconhece a possibilidade de compensação dos honorários fixados na ação principal com aqueles de igual natureza fixados em favor do ente público, em sede de embargos à execução. Precedentes: REsp 848.517/PR, Rel. Min. Luiz Fux, Primeira Turma, jul. 13.11.2007, *DJ* 03.12.2007, p. 276; REsp 279363/SP, Rel. Min. Paulo Medina, Sexta Turma, jul. 06.10.2005, *DJ* 21.11.2005, p. 312" (STJ, AgRg no AREsp 54.909/RS, Rel. Min. Humberto Martins, 2ª Turma, jul. 07.02.2012, *DJe* 13.02.2012).

Procedência integral dos embargos. "Segundo a jurisprudência do STJ, acolhidos integralmente os embargos do devedor, os honorários advocatícios serão fixados ou por arbitramento, na forma do § 4º do art. 20 do CPC, isto é, estabelecendo-se um valor fixo, independentemente do valor executado (REsp nº 218.511/GO, Rel. Min. Ruy Rosado de Aguiar, *DJ* 25.10.1999); ou em percentual sobre o valor executado, nos termos do art. 20, § 3º, do CPC (REsp nº 87.684/SP, Rel. Min. Nilson Naves, *DJ* 24.03.1997)" (STJ, REsp 733.533/SP, Rel. Min. Nancy Andrighi, 3ª Turma, jul. 04.04.2006, *DJ* 22.05.2006, p. 198).

Procedência parcial dos embargos. "Em sendo os embargos à execução julgados parcialmente procedentes para reduzir o valor devido, mas com a subsistência da execução pela dívida reduzida, deve ser fixada verba honorária única em favor do credor, que deverá incidir sobre o valor remanescente da execução" (EREsp 598.730/SP, Rel. Min. João Otávio de Noronha, 2ª Seção, jul. 11.11.2009, *DJe* 23.02.2010). **No mesmo sentido:** STJ, REsp 1.064.119/RS, Rel. Min. Aldir Passarinho Junior, 4ª Turma, jul. 03.12.2009, *DJe* 18.12.2009. **Entendendo que os honorários são suportados pela devedora:** STJ, AgRg no Ag 1.365.250/RS, Rel. Min. Vasco Della Giustina, 3ª Turma, jul. 05.04.2011, *DJe* 14.04.2011; STJ, REsp 1.207.821/PR, Rel. Min. Luis Felipe Salomão, 4ª Turma, jul. 16.11.2010, *DJe* 22.11.2010.

Embargos indeferidos liminarmente. "Indeferidos liminarmente os embargos do devedor, são indevidos honorários de advogado. Agravo regimental desprovido" (STJ, AgRg no AREsp 182.879/RJ, Rel. Min. Ari Pargendler, 1ª Turma, jul. 05.03.2013, *DJe* 12.03.2013).

Extinção do processo. "No presente caso, quem deu causa aos embargos à execução deve arcar com os honorários, haja vista ter esta ação perdido o objeto diante da extinção do processo de execução, antes da citação da exequente para os embargos opostos pela executada" (STJ, REsp 828.348/RS, Rel. Min. Aldir Passarinho Junior, 4ª Turma, jul. 21.09.2010, *DJe* 17.03.2011).

Sucumbência em embargos. "À exequente que sucumbe nos embargos, cumpre pagar os honorários" (STJ, REsp 970.086/PR, Rel. Min. Luiz Fux, 1ª Turma, jul. 17.09.2009, *DJe* 08.10.2009).

Execução não embargada. "A nova redação do art. 20, § 4º, do Código de Processo Civil deixa induvidoso o cabimento de honorários de advogado em execução, mesmo não embargada, não fazendo a lei, para esse fim, distinção entre execução fundada em título judicial e execução fundada em título extrajudicial' (REsp 140403/RS, Rel. Min. Carlos Alberto Menezes Direito, Corte Especial, *DJ* 05.04.1999)" (STJ, AgRg no Ag 777.334/RS, Rel. p/ ac. Min. Luiz Fux, 1ª Turma, jul. 19.04.2007, *DJ* 14.05.2007). **No mesmo sentido:** STJ, AgRg no REsp 923.554/RN, Rel. Min. Francisco Falcão, 1ª Turma, jul. 19.06.2007, *DJU* 02.08.2007.

Execução fiscal não embargada pela Fazenda. "O só ajuizamento da execução, quando não embargada, implica o pagamento de honorários de advogado (salvo na execução proposta pela Fazenda Pública – L. 9.494/1997, art. 1º-D); afinal, só por meio da execução o Judiciário pode ser compelido a usar dos meios necessários à satisfação do crédito. Se, proposta a execução, o devedor opuser embargos, instaura-se uma ação incidental, em que, além do trabalho de ajuizar a execução, o credor terá portanto outro adicional; malsucedidos esses embargos, o devedor responderá pela respectiva verba honorária, além daquela estipulada pela propositura da execução – e é nesse sentido que se dizem cumuláveis os honorários de advogado em uma e outra ação. Bem-sucedidos os embargos, o devedor fará jus aos honorários de advogado nesta ação incidental – não na execução, processo em que não atuou" (STJ, REsp 1.394.577/PE, Rel. Min. Ari Pargendler, 1ª Turma, jul. 05.12.2013, *DJe* 16.12.2013).

Execução fiscal. Adesão ao REFIS. Previsão de pagamento de honorários. Nova cobrança. *Bis in idem*. "Havendo a previsão de pagamento, na esfera administrativa, dos honorários advocatícios, na ocasião da adesão do contribuinte ao Programa de Parcelamento Fiscal, a imposição de pagamento da verba honorária, quando da extinção da execução fiscal, configura *bis in idem*, sendo vedada nova fixação da verba. Precedentes: AgInt no REsp n. 1.994.559/MG, relatora Ministra Assusete Magalhães, Segunda Turma, julgado em 14/11/2022, *DJe* de 22/11/2022; e AgInt no AREsp n. 1.981.214/RJ, relator Ministro Herman Benjamin, Segunda Turma, julgado em 23/5/2022, *DJe* de 23/6/2022" (STJ, AREsp 2.253.152/CE, Rel. Min. Francisco Falcão, 2ª Turma, jul. 21.05.2024, *DJe* 23.05.2024).

15. Execução provisória.

Descabimento de honorários advocatícios. "Para efeitos do art. 543-C do CPC, firmam-se as seguintes teses: 1.1. Em execução provisória, descabe o arbitramento de honorários advocatícios em benefício do exequente. 1.2. Posteriormente, convertendo-se a execução provisória em definitiva, após franquear ao devedor, com precedência, a possibilidade de cumprir, voluntária e tempestivamente, a condenação imposta, deverá o magistrado proceder ao arbitramento dos honorários advocatícios" (STJ, REsp 1.291.736/PR, Rel. Min. Luis Felipe Salomão, Corte Especial, jul. 20.11.2013, *DJe* 19.12.2013). **No mesmo sentido:** STJ, REsp 1.324.252/PR, Rel. Min. Nancy Andrighi, 3ª Turma, jul. 11.02.2014, *DJe* 25.02.2014.

Extinção do processo. "Na linha de precedente deste tribunal, 'extinto o processo de execução provisória [...], a embargada deve pagar os honorários do patrono da embargante, pois foi ela quem tomou a iniciativa de promover o processo de execução provisória, que era um direito seu, mas sujeito ao risco próprio da provisoriedade" (STJ, AgRg no REsp 432.204/MG, Rel. Min. Sálvio de Figueiredo Teixeira, 4ª Turma, jul. 03.12.2002, *DJU* 19.12.2002, p. 370).

16. Liquidação de sentença. "Assumindo, a liquidação por arbitramento, nítido caráter contencioso, devem ser fixados honorários advocatícios, à semelhança do que ocorre com a liquidação por artigos. Nas causas onde não há condenação, os honorários devem ser fixados com base no art. 20, § 4º, do CPC. Precedentes" (STJ, REsp 978.253/SE, Rel. Min. Nancy Andrighi, 3ª Turma, jul. 16.09.2008, *DJe* 03.10.2008).

"A execução de honorários advocatícios estipulados sobre percentual de condenação em demanda judicial necessita de anterior liquidação da sentença condenatória para que o título executivo tenha liquidez" (STJ, EDcl no AREsp 23.463/SC,

Rel. Min. João Otávio de Noronha, 3ª Turma, jul. 15.08.2013, *DJe* 22.08.2013). **No mesmo sentido:** STJ, REsp 1.103.716/PR, Rel. Min. Benedito Gonçalves, 1ª Turma, jul. 25.05.2010, *DJe* 14.06.2010.

"No caso da sucumbência recíproca, é plenamente possível que a proporção dos honorários devidos a cada parte seja especificada posteriormente, por ocasião da liquidação da sentença (Incidência da Súm. 306/STJ)" (STJ, AgRg no AgRg no Ag 1.173.653/SP, Rel. Min. Eliana Calmon, 2ª Turma, jul. 17.06.2010, *DJe* 28.06.2010).

Mandado de segurança. Litigiosidade. Honorários. "A Primeira Seção do Superior Tribunal de Justiça já consolidou a orientação de que 'a aplicação do art. 25 da Lei nº 12.016/2009 restringe-se à fase de conhecimento, não sendo cabível na fase de cumprimento de sentença, ocasião em que a legitimidade passiva deixa de ser da autoridade impetrada e passa ser do ente público ao qual aquela encontra-se vinculada. Mostra-se incidente a regra geral do art. 85, § 1º, do CPC, que autoriza o cabimento dos honorários de sucumbência na fase de cumprimento, ainda que derivada de mandado de segurança' (AgInt na ImpExe na ExeMS 15.254/DF, relator Ministro Sérgio Kukina, Primeira Seção, julgado em 29/3/2022, *DJe* 1º/4/2022). Tratando-se de liquidação individual de sentença decorrente de ação coletiva, é devida a verba honorária, ainda que proveniente de ação mandamental, a teor do disposto na Súmula 345/STJ. Precedentes: AgInt no REsp 1.909.888/SE, relator Ministro Francisco Falcão, Segunda Turma, julgado em 21/6/2021, *DJe* de 25/6/2021; AgInt no AREsp 1.350.736/SP, relatora Ministra Assusete Magalhães, Segunda Turma, julgado em 5/12/2019, *DJe* de 12/12/2019'" (STJ, AgInt no AgInt no REsp 1.955.594/MG, Rel. Min. Paulo Sérgio Domingues, 1ª Turma, ac. 29.05.2023, *DJe* 06.06.2023).

17. Cumprimento de sentença. Parcelas vincendas. Não inclusão. "Na fase de conhecimento, o percentual da verba honorária advocatícia sucumbencial, quando decorrente da condenação em ação indenizatória com vistas à percepção de pensão mensal, deve incidir sobre o somatório das parcelas vencidas, acrescidas de uma anualidade das prestações. Precedentes. Na fase de cumprimento de sentença, os honorários advocatícios, quando devidos após o cumprimento espontâneo da obrigação (art. 523, § 1º, do CPC/2015), são calculados sobre as parcelas vencidas da pensão mensal, não se aplicando o § 9º do art. 85 do CPC/2015" (STJ, REsp 1.837.146/MS, Rel. Min. Ricardo Villas Bôas Cueva, 3ª Turma, jul. 11.02.2020, *DJe* 20.02.2020).

Acolhimento da impugnação. Sucumbência. "O acolhimento da impugnação ao cumprimento de sentença acarreta a sucumbência da parte exequente, que deve arcar com as despesas processuais referentes ao incidente e com os honorários advocatícios fixados sobre o valor cobrado em excesso, seja em razão do princípio da sucumbência, ou ainda, pelo princípio da causalidade" (TJMG, Ap 1.0000.21.142146-6/001, Rel. Des. Renato Dresch, 4ª Câmara Cível, jul. 14.10.2021, *DJ* 15.10.2021).

18. Cumprimento de sentença contra a Fazenda Pública (§ 7º).

a) Impugnação apresentada pela Fazenda. "*A contrario sensu*, uma vez impugnada a execução da sentença, serão devidos os honorários advocatícios em decorrência do decaimento da Fazenda Pública nesse incidente, notadamente porque, diferentemente do que ocorre no cumprimento de sentença em desfavor do particular, não é aplicada contra o ente público a regra do § 1º do art. 85 que prevê a fixação da verba honorária no primeiro momento em que o magistrado se pronuncia nessa fase processual. Portanto, é cabível a fixação de honorários advocatícios no cumprimento de sentença que enseje a expedição de precatório, pela rejeição da impugnação ofertada pela Fazenda Pública, à luz do art. 85, § 7º, do CPC, excetuada da base de cálculo apenas eventual parcela incontroversa do crédito. Precedentes" (STJ, AgInt no AgInt no REsp 2.008.452/SP, Rel. Min. Paulo Sérgio Domingues, 1ª Turma, jul. 10.09.2024, *DJe* 13.09.2024).

b) Ausência de impugnação. "Propõe-se o estabelecimento da seguinte tese: 'Na ausência de impugnação à pretensão executória, não são devidos honorários advocatícios sucumbenciais em cumprimento de sentença contra a Fazenda Pública, ainda que o crédito esteja submetido a pagamento por meio de Requisição de Pequeno Valor – RPV'" (STJ, REsp 2.030.855/SP, Rel. Min. Herman Benjamin, 1ª Seção, ac. 20.06.2024, *DJe* 01.07.2024). **Obs.:** Decisão submetida a julgamento de recursos repetitivos.

19. Cumprimento de sentença (§ 8º). "Consoante expressa dicção do referido dispositivo legal, os honorários são devidos 'nas execuções, embargadas ou não'. O art. 475-I, do CPC, é expresso em afirmar que o cumprimento da sentença, nos casos de obrigação pecuniária, se faz por execução. Ora, se nos termos do art. 20, § 4º, do CPC a execução comporta o arbitramento de honorários e se, de acordo com o art. 475, I, do CPC o cumprimento da sentença é realizado via execução, decorre logicamente desses dois postulados que deverá haver a fixação de verba honorária na fase de cumprimento da sentença" (STJ, REsp 1.028.855/SC, Rel. Min. Nancy Andrighi, Corte Especial, jul. 27.11.2008, *DJe* 05.03.2009). **Nota:** Segundo o CPC/2015, o cumprimento de sentença é feito sob a cominação de multa de 10% e honorários advocatícios também de 10% (art. 523, § 1º).

Honorários sobre honorários. Inadmissibilidade. "O acórdão recorrido está em consonância com o entendimento jurisprudencial do STJ, no sentido da vedação de arbitramento de verba honorária em duplicidade dentro da mesma fase processual e em favor de advogado da mesma parte (exequente). Configura ofensa ao postulado do *non bis in idem* a fixação de novos honorários advocatícios em favor do exequente/impugnado, no âmbito do cumprimento de sentença, quando já arbitrada a verba em detrimento do executado/impugnante por ocasião do *decisum* que julgou improcedente a impugnação. Isto porque se revela 'inadmissível a fixação de duas verbas para a mesma fase, uma vez que ambas têm a mesma finalidade, qual seja, remunerar o trabalho do causídico da exequente na busca da efetiva obtenção do crédito reconhecido no título judicial exequendo' (AREsp 222.861/SP, Rel. Min. Sidnei Beneti, *DJe* 11.09.2012)" (STJ, AgRg no REsp 1.461.262/RS, Rel. Min. Herman Benjamin, 2ª Turma, jul. 28.04.2015, *DJe* 04.08.2015).

Disponibilidade da execução pelo credor. "Tem o exequente a livre disponibilidade da execução, podendo dela desistir a qualquer momento. E, nos termos do art. 569, inciso I, do Código de Processo Civil, ocorrendo antes da oposição dos embargos, prescindirá da anuência do devedor; após, dependerá da concordância, caso os embargos não tratem somente de matéria processual, e o credor arcará com as respectivas custas e honorários advocatícios" (STJ, AgRg na ExeMS 6.359/DF, Rel. Min. Laurita Vaz, 3ª Seção, jul. 08.09.2010, *DJe* 14.10.2010).

"**Na impugnação acolhida parcialmente**, os honorários, com relação a tal incidente, serão arbitrados em benefício do executado com base no art. 20, § 4º, do CPC. Todavia, isso não retira o direito do exequente à verba honorária do cumprimento de sentença. Somente a extinção da execução, com o acolhimento integral da impugnação, dá azo ao desaparecimento da mencionada verba e à fixação de honorários advocatícios exclusivos ao executado" (STJ, AgRg nos EDcl no AgRg no REsp 1.398.256/RS, Rel. Min. Ricardo Villas Bôas Cueva, 3ª Turma, jul. 19.03.2015, *DJe* 31.03.2015).

20. Ação de repetição de indébito. Verba honorária. Cálculo. A ação de repetição do indébito possui natureza condenatória, devendo a verba honorária ser calculada, no percentual indicado, sobre o valor a ser restituído ao autor, conforme apurado em liquidação." (STJ, AgRg no REsp 1298645/RS, Rel.ª Min.ª Maria Isabel Gallotti, 4ª Turma, jul. 09.10.2018, *DJe* 23.10.2018)

21. Petição inicial. Indeferimento. Apelação. Citação. Contrarrazões. Honorários sucumbenciais. Cabimento. "Cinge-se a controvérsia a definir se é cabível a fixação de honorários advocatícios sucumbenciais na hipótese em que o réu apenas é citado, nos termos do art. 331 do CPC/2015, para apresentar contrarrazões ao recurso de apelação interposto contra sentença que indeferiu liminarmente a petição inicial. Indeferida a petição inicial sem a citação ou o comparecimento espontâneo do réu, não cabe a condenação do autor ao pagamento de honorários advocatícios sucumbenciais. Interposta apelação contra sentença que indefere a petição inicial e não havendo retratação do ato decisório pelo magistrado, o réu deve ser citado para responder ao recurso. Citado o réu para responder a apelação e apresentadas as contrarrazões, cabe a fixação de honorários advocatícios sucumbenciais se o referido recurso não for provido." (STJ, REsp 1801586/DF, Rel. Min. Ricardo Villas Bôas Cueva, 3ª Turma, jul. 11.06.2019, *DJe* 18.06.2019)

Execução. "Indeferida a inicial, sem a citação ou o comparecimento espontâneo do executado, correta a sentença que não arbitrou honorários, dada a ausência de advogado constituído nos autos. Com a interposição de apelação e a integração do executado à relação processual, mediante a constituição de advogado e apresentação de contrarrazões, uma vez confirmada a sentença extintiva do processo, cabível o arbitramento de honorários em prol do advogado do vencedor (CPC, art. 85. § 2)" (STJ, REsp 1753990/DF, Rel. Min. Maria Isabel Gallotti, 4ª Turma, jul. 09.10.2018, *DJe* 11.12.2018).

22. Limites percentuais. Observância (§ 2º). "Ressalvadas as exceções previstas nos §§ 3º e 8º do art. 85 do CPC/2015, na vigência da nova legislação processual o valor da verba honorária sucumbencial não pode ser arbitrado por apreciação equitativa ou fora dos limites percentuais fixados pelo § 2º do referido dispositivo legal. Segundo dispõe o § 6º do art. 85 do CPC/2015, '[o]s limites e critérios previstos nos §§ 2º e 3º [do mesmo art. 85] aplicam-se independentemente de qual seja o conteúdo da decisão, inclusive aos casos de improcedência ou de sentença sem resolução de mérito'. No caso concreto, ante o julgamento de improcedência dos pedidos deduzidos em reconvenção, **não se tratando de demanda de valor inestimável ou irrisório, faz-se impositiva a majoração da verba honorária, estipulada em quantia inferior a 10% (dez por cento) do valor atribuído à causa**" (STJ, REsp 1.731.617/SP, Rel. Min. Antonio Carlos Ferreira, 4ª Turma, jul. 17.04.2018, *DJe* 15.05.2018). No mesmo sentido: STJ, AgInt no AREsp 1.187.650/SP, Rel. Min. Ricardo Villas Bôas Cueva, 3ª Turma, jul. 24.04.2018, *DJe* 30.04.2018).

"O Código de Processo Civil de 2015, em seu art. 85, dedicou amplo capítulo aos honorários advocatícios, estabelecendo novos parâmetros objetivos para a sua fixação, com a estipulação de percentuais mínimos e máximos sobre a dimensão econômica da demanda (§ 2º), inclusive nas causas envolvendo a Fazenda Pública (§ 3º), de modo que, na maioria dos casos, a avaliação subjetiva dos critérios legais a serem observados pelo magistrado servirá apenas para que ele possa justificar o percentual escolhido dentro do intervalo permitido. 'A ponderação dos critérios previstos no art. 85, § 2º, do CPC (complexidade da causa e extensão do trabalho realizado pelo advogado) não permite a exclusão da tarifação estabelecida no § 3º, mas, apenas, subsidia o magistrado quando do arbitramento do percentual dentro dos intervalos estabelecidos nos incisos I a V'" (STJ, AgInt no REsp 1.848.563/SP, Rel. Min. Gurgel de Faria, 1ª Turma, jul. 31.08.2020, *DJe* 17.09.2020).

Distinção entre condenação e proveito econômico. Art. 85, § 2º. "A base de cálculo da verba honorária é insuscetível de modificação na execução ou na fase de cumprimento da sentença, sob pena de ofensa à coisa julgada. Precedentes. No caso dos autos, a determinação contida no acórdão rescindendo de que o cálculo da verba honorária abrangesse, além do valor da condenação (correspondente à repetição do indébito), outra parcela, de conteúdo declaratório (consistente no reconhecimento de quitação de dívida), além de ofender o comando expresso do § 3º do artigo 20 do CPC/1973, também violou a coisa julgada formada com o trânsito em julgado da referida sentença exequenda" (STJ, AR 5.869/MS, Rel. Min. Ricardo Villas Bôas Cueva, 2ª Seção, jul. 30.11.2021, *DJe* 04.02.2022).

23. Honorários advocatícios. *Astreintes*. Valores afastados da base de cálculo (§ 2º). "As *astreintes*, por serem um meio de coerção indireta ao cumprimento do julgado, não ostentam caráter condenatório, tampouco transitam em julgado, o que as afastam, na vigência do CPC/1973, da base de cálculo dos honorários advocatícios." (STJ, REsp 1367212/RR, Rel. Min. Ricardo Villas Bôas Cueva, 3ª Turma, jul. 20.06.2017, *DJe* 01.08.2017).

Sobre a base de cálculo da verba honorária no cumprimento de sentença, ver jurisprudência selecionada do art. 523 do CPC/2015.

24. Fazenda Pública (§ 3º).

Reconhecimento da procedência do pedido. Dispensa de condenação em honorários. "As disposições do art. 19, § 1º, I, da Lei 10.522/2002 preveem o afastamento da condenação em honorários advocatícios quando a Fazenda Nacional reconhecer expressamente a procedência do pedido, no prazo para resposta. No caso, verifica-se que a Fazenda Nacional apresentou contestação (fls. 97/119) em 29.12.2014, suscitando a defesa da constitucionalidade do art. 22, IV, da Lei 8.212/1991, e requerendo a suspensão da ação até o julgamento definitivo do Recurso Extraordinário 595.838 pelo Supremo Tribunal Federal, no qual se questiona a validade da contribuição previdenciária cobrada em desfavor das empresas tomadoras de serviços prestados por cooperativas. Em ato contínuo, sem que houvesse pronunciamento nem da parte contrária nem do Juízo, a Fazenda Nacional apresentou, em 09.01.2015, petição reconhecendo a procedência do pedido e requerendo a desconsideração da peça contestatória. Assim, impõe-se a interpretação extensiva do disposto no § 1º do art. 19 da Lei 10.522/2002 para abranger o presente caso, tendo **em vista que o reconhecimento da procedência do pedido ocorreu em momento oportuno, a despeito da apresentação de contestação, a qual não foi capaz de gerar nenhum prejuízo para a parte contrária**" (STJ, REsp 1551780/SC, Rel. Min. Mauro Campbell Marques, 2ª Turma, jul. 09.08.2016, *DJe* 19.08.2016).

Débito quitado após o ajuizamento da execução fiscal, mas antes da citação. "O art. 85, § 1º, do CPC, ao afirmar que os honorários são devidos para a execução resistida ou não resistida, quer dizer, em verdade - e conforme se depreende da leitura do *caput* do mesmo dispositivo -, que, quando existe a formação da relação jurídica processual entre exequente e executado, independentemente de apresentação de defesa em autor próprios ou apartados, existe a incidência honorários advocatícios. Não cabimento de condenação em honorários da parte executada para pagamento do débito executado em momento posterior ao ajuizamento e anterior à citação, em decorrência da leitura complementar dos princípios da sucumbência e da causalidade, e porque antes da citação não houve a triangularização da demanda. Evidentemente, a causalidade impede também que a Fazenda Pública seja condenada em honorários pelo pagamento anterior à citação e após o ajuizamento, uma vez que, no momento da propositura da demanda, o débito inscrito estava ativo. Nesse caso, portanto, tem-se uma hipótese de ausência de responsabilidade pelo pagamento de honorários" (STJ, REsp 1.927.469/PE, Rel. Min. Og Fernandes, 2ª Turma, jul. 10.08.2021, *DJe* 13.09.2021).

Honorários de sucumbência. Fazenda Pública vencedora. Patrimônio da entidade estatal. Direito autônomo do procurador judicial. Inocorrência. "A jurisprudência consolidada do STJ é no sentido de que 'os honorários advocatícios de sucumbência, quando vencedora a Fazenda Pública, integram o patrimônio da entidade estatal, não constituindo direito autônomo do procurador judicial, o que viabiliza sua compensação' (RCD no REsp 1861943/DF, Rel. Ministro Og Fernandes, Segunda Turma, julgado em 05/10/2021, *DJe* 26/10/2021)" (STJ, AgInt no AREsp 1.834.717/SP, Rel. Min. Mauro Campbell Marques, 2ª Turma, jul. 10.05.2022, *DJe* 19.05.2022).

Fazenda Pública Estadual. Exceção de pré-executividade. Acolhimento parcial. Reconhecimento do pedido pela exequente. Honorários advocatícios. Cabimento. "A norma contida no art. 19, § 1º, I, da Lei no 10.522/2002, que dispensa o pagamento de honorários advocatícios na hipótese de o exequente reconhecer a procedência do pedido veiculado pelo devedor em embargos à execução fiscal ou em exceção de pré-executividade, é dirigida exclusivamente à Fazenda Nacional, não sendo aplicável no âmbito de execução fiscal ajuizada por Fazenda Pública estadual. Por tratar-se de norma de exceção, que afasta a regra geral contida no estatuto processual sobre o direito do advogado à percepção dos honorários advocatícios, deve ela ser interpretada restritivamente, não comportando aplicação extensiva, seja por analogia ou equidade" (STJ, REsp 2.037.693/GO, Rel. Min. Gurgel de Faria, 1ª Turma, jul. 07.03.2023, *DJe* 10.04.2023).

Execução de sentença contra a Fazenda Pública. Concomitância de embargos à execução. Autonomia relativa das ações. Arbitramento de honorários em cada uma delas. Possibilidade. "Os embargos do devedor são ação de conhecimento incidental à execução, razão por que os honorários advocatícios podem ser fixados em cada uma das duas ações, de forma relativamente autônoma, respeitando-se os limites de repercussão recíproca entre elas, desde que a cumulação da verba honorária não exceda o limite máximo previsto no § 3º do art. 20 do CPC/1973" (STJ, REsp 1.520.710/SC, Rel. Min. Mauro Campbell Marques, Corte Especial, jul. 18.12.2018, *DJe* 27.02.2019). **Obs.:** decisão submetida a julgamento de recursos repetitivos.

Execução contra a Fazenda Pública não embargada. Honorários indevidos. "Sendo o valor da execução superior aos sessenta salários mínimos, a condenação em honorários em desfavor da Fazenda Pública fica afastada pela Medida Provisória nº 2.180-35, de 24 de agosto de 2001, que alterou o artigo 1º-D da Lei nº 9.494/1997. Precedentes: REsp nº 704.024/SC, Rel. Min. Teori Albino Zavascki, *DJ* 01.07.2005, e AgRg no REsp nº 672.545/SC, Rel. Min. Luiz Fux, *DJ* 30.05.2005" (STJ, AgRg no REsp 889.180/SC, Rel. Min. Francisco Falcão, 1ª Turma, jul. 27.02.2007, *DJ* 29.03.2007, p. 230).

25. Ação coletiva contra a Fazenda Pública:

Honorários sucumbenciais oriundos de sentença em processo coletivo. Possibilidade de execução proporcional. "A jurisprudência do Supremo Tribunal Federal é firme no sentido da possibilidade de execução de honorários sucumbenciais proporcional à respectiva fração de cada um dos substituídos processuais em ação coletiva contra a Fazenda Pública. Precedentes" (STF, RE 913.568 AgR, Rel. Min. Edson Fachin, 1ª Turma, jul. 15.12.2015, *DJe* 11.04.2016).

Cumprimento individual de sentença coletiva. Ausência de Impugnação. Honorários advocatícios (§ 7º). "A interpretação que deve ser dada ao referido dispositivo [art. 85, § 7º] é a de que, nos casos de cumprimento de sentença contra a Fazenda Pública em que a relação jurídica existente entre as partes esteja concluída desde a ação ordinária, não caberá a condenação em honorários advocatícios se não houver a apresentação de impugnação, uma vez que o cumprimento de sentença é decorrência lógica do mesmo processo cognitivo. **O procedimento de cumprimento individual de sentença coletiva, ainda que ajuizado em litisconsórcio, quando almeja a satisfação de direito reconhecido em sentença condenatória genérica proferida em ação coletiva, não pode receber o mesmo tratamento pertinente a um procedimento de cumprimento comum,** uma vez que traz consigo a discussão de nova relação jurídica, e a existência e a liquidez do direito dela decorrente serão objeto de juízo de valor a ser proferido como pressuposto para a satisfação do direito vindicado.(...). Para o fim preconizado no art. 1.039 do CPC/2015, **firma-se a seguinte tese (Tema: 973). O art. 85, § 7º, do CPC/2015 não afasta a aplicação do entendimento consolidado na Súmula 345 do STJ,** de modo que são devidos honorários advocatícios nos procedimentos individuais de cumprimento de sentença decorrente de ação coletiva, ainda que não impugnados e promovidos em litisconsórcio." (STJ, REsp 1648238/RS, Rel. Min. Gurgel de Faria, Corte Especial, jul. 20.06.2018, *DJe* 27.06.2018). **Obs.: Decisão submetida ao julgamento dos recursos repetitivos.**

26. Execução de sentença contra a Fazenda Pública. Concomitância de embargos à execução. Bilateralidade dos créditos. Compensação de Verba honorária. Impossibilidade. Ver jurisprudência do art. 534 do CPC/2015.

27. Sentença ilíquida. Fazenda Pública. Honorários advocatícios. Fixação de percentual após a liquidação do julgado. Majoração dos honorários na instância superior. Impossibilidade. "Ocorre que, no caso, as instâncias ordinárias condenaram a embargada ao pagamento de honorários 'em percentual incidente sobre o valor da condenação a ser fixado por ocasião da liquidação de sentença, na forma preconizada no inciso II, do § 4º, do art. 85 do CPC/2015' (fl. 90, e-STJ). O referido dispositivo estabelece que, proferida sentença ilíquida nas causas em que a Fazenda Pública for parte, a definição do percentual dos honorários só ocorrerá após a liquidação do julgado. O objetivo da norma é evitar desproporção na fixação da verba honorária, que tem maior chance de acontecer enquanto não conhecida a base de cálculo. Sendo esse o caso dos autos, não há como o STJ majorar honorários ainda não definidos, não apenas por impossibilidade lógica, mas também porque o art. 85, § 4º, II, do CPC/2015, deve ser observado, inclusive, na instância recursal" (STJ, EDcl no REsp 1.785.364/CE, Rel. Min. Herman Benjamin, 2ª Turma, jul. 06.04.2021, *DJe* 01.07.2021).

28. Ação civil pública. Honorários advocatícios.

Ação civil pública. "'Posiciona-se o STJ no sentido de que, em sede de ação civil pública, a condenação do Ministério Público ao pagamento de honorários advocatícios somente é cabível na hipótese de comprovada e inequívoca má-fé do *Parquet*. Dentro de absoluta simetria de tratamento e à luz da interpretação sistemática do ordenamento, não pode o *Parquet* beneficiar-se de honorários, quando for vencedor na ação civil pública' (STJ, EREsp 895.530/PR, Rel. Min. Eliana Calmon, *DJe* 18.12.2009)" (STJ, REsp 1.099.573/RJ, Rel. Min. Castro Meira, 2ª Turma, jul. 27.04.2010, *DJe* 19.05.2010). **No mesmo sentido:** STJ, REsp 164.462/SP, Rel. Min. Demócrito Reinaldo, 1ª Turma, *DJU* 15.06.1998; STJ, REsp 658.958/SP, Rel. Min. Eliana Calmon, 2ª Turma, jul. 21.03.2006, *DJ* 10.05.2006; STJ, EDcl no REsp 1.120.128/PR, Rel. Min. Herman Benjamin, 1ª Seção, jul. 10.03.2010, *DJe* 15.02.2011.

"A Egrégia Corte Especial adotou o entendimento de que a Medida Provisória nº 2.180-35/2001 não é aplicável às ações ajuizadas antes da sua vigência, entretanto, ademais, tratando-se de execução de sentença genérica proferida em sede de ação civil pública, é devida a condenação da Fazenda Pública em honorários, independentemente da data do ajuizamento da ação. Precedentes: EREsp 720.452/SC, Rel. Min. Francisco Peçanha Martins, *DJ* 26.02.2007, p. 536; EREsp 673.628/RS, Rel. Min. Eliana Calmon, *DJ* 12.02.2007 e EREsp 586.895/RS, Rel. Min. Laurita Vaz, *DJ* 12.02.2007, p. 211" (STJ, AgRg nos EREsp 567.868/RS, Rel. Min. Francisco Falcão, Corte Especial, jul. 06.06.2007, *DJU* 29.06.2007).

Intervenção de consumidor no feito como litisconsorte. Condenação em honorários advocatícios. Impossibilidade. "O pedido de intervenção no feito como litisconsorte nada mais é do que incidente processual, haja vista que o consumidor, aproveitando-se do poder de disposição em aderir ou não ao processo coletivo, solicita seu ingresso no feito, na qualidade de litisconsorte facultativo ulterior. Em sendo assim, não cabe condenação da ré em custas e honorários advocatícios nesta fase. Precedentes" (STJ, REsp 1.116.897/PR, Rel. Min. Luis Felipe Salomão, 4ª Turma, jul. 24.09.2013, *DJe* 15.10.2013).

Ação julgada procedente. Ver jurisprudência do art. 18 da Lei nº 7347/1985.

29. Causa de valor inestimável. Arbitramento de honorários (§ 8º). "A jurisprudência do Superior Tribunal de Justiça é no sentido de que nas causas de valor inestimável o arbitramento dos honorários advocatícios deve respeitar o juízo da equidade do magistrado, bem como os critérios de ponderação previstos na lei processual. A sua **fixação é ato próprio dos juízos das instâncias ordinárias,** às quais competem a cognição e a consideração das situações de natureza fática. O Superior Tribunal de Justiça só intervém no arbitramento da verba honorária em situações excepcionais, quando estabelecidos em montante manifestamente irrisório ou excessivo, sem que para isso se faça necessário o reexame de provas ou qualquer avaliação quanto ao mérito da causa" (STJ, REsp 1675743/PR, Rel. Min. Herman Benjamin, 2ª Turma, jul. 19.10.2017, *DJe* 01.02.2018).

"O entendimento da Segunda Seção desta eg. Corte é de que os honorários advocatícios sucumbenciais devem ser fixados, em regra, com observância dos limites percentuais e da ordem de gradação da base de cálculo estabelecida pelo art. 85, § 2º, do CPC/2015, sendo subsidiária a aplicação do art. 85, § 8º, do CPC/2015, apenas possível na ausência de qualquer das hipóteses do § 2º do mesmo dispositivo (REsp 1.746.072/PR, Rel. p/ acórdão Ministro Raul Araújo, Segunda Seção, *DJe* de 29/3/2019)" (STJ, AgInt no REsp 1.931.669/SP, Rel. Min. Raul Araújo, 4ª Turma, jul. 05.12.2023, *DJe* 18.12.2023).

30. Equidade. Critério subsidiário. "Os honorários advocatícios devem, ordinariamente, ser arbitrados com fundamento nos limites percentuais estabelecidos pelo art. 85, § 2º, do CPC/2015 sobre o proveito econômico obtido, ou, na impossibilidade de identificá-lo, sobre o valor atualizado da causa. A equidade prevista pelo § 8º do referido artigo somente pode ser utilizada subsidiariamente, apenas quando não possível o arbitramento pela regra geral ou quando inestimável ou irrisório o valor da causa." (STJ, AgInt no AREsp 983.554/PR, Rel. Min. Marco Aurélio Bellizze, 3ª Turma, jul. 14.08.2018, *DJe* 24.08.2018). **No mesmo sentido**: STJ, AgInt nos EDcl no REsp 1736836/DF, Rel. Min. Ricardo Villas Bôas Cueva, 3ª Turma, jul. 09.09.2019, *DJe* 12.09.2019; STJ, AgInt AgInt no REsp 1.882.508/SP, Rel. Min. Antonio Carlos Ferreira, 4ª Turma, jul. 16.08.2021, *DJe* 19.08.2021.

Honorários de sucumbência por equidade. Restrição. "O novo Código de Processo Civil – CPC/2015 – promoveu expressivas mudanças na disciplina da fixação dos honorários advocatícios sucumbenciais na sentença de condenação do vencido. Entre as alterações, reduziu, visivelmente, a subjetividade do julgador, **restringindo as hipóteses nas quais cabe a fixação dos honorários de sucumbência por equidade**, pois: a) enquanto, no CPC/1973, a atribuição equitativa era possível: (a.I) nas causas de pequeno valor; (a.II) nas de valor inestimável; (a.III) naquelas em que não houvesse condenação ou fosse vencida a Fazenda Pública; e (a.IV) nas execuções, embargadas ou não (art. 20, § 4º); b) no CPC/2015 tais hipóteses são restritas às causas: (b.I) em que o proveito econômico for inestimável ou irrisório ou, ainda, quando (b.II) o valor da causa for muito baixo (art. 85, § 8º). Com isso, o CPC/2015 tornou mais objetivo o processo de determinação da verba sucumbencial, introduzindo, na conjugação dos §§ 2º e 8º do art. 85, **ordem decrescente de preferência de critérios** (ordem de vocação) para fixação da base de cálculo dos honorários, na qual a subsunção do caso concreto a uma das hipóteses legais prévias impede o avanço para outra categoria. Tem-se, então, a seguinte ordem de preferência: (I) primeiro, quando houver condenação, devem ser fixados entre 10% e 20% sobre o montante desta (art. 85, § 2º); (II) segundo, não havendo condenação, serão também fixados entre 10% e 20%, das seguintes bases de cálculo: (II.a) sobre o proveito econômico obtido pelo vencedor (art. 85, § 2º); ou (II.b) não sendo possível mensurar o proveito econômico obtido, sobre o valor atualizado da causa (art. 85, § 2º); por fim, (III) havendo ou não condenação, nas causas em que for inestimável ou irrisório o proveito econômico ou em que o valor da causa for muito baixo, deverão, só então, ser fixados por apreciação equitativa (art. 85, § 8º)" (STJ, REsp 1.746.072/PR, Rel. Min. Nancy Andrighi, Rel. p/ Acórdão Min. Raul Araújo, 2ª Seção, jul. 13.02.2019, *DJe* 29.03.2019)."No que se refere à base de cálculo dos honorários advocatícios '[a] expressiva redação legal impõe concluir: (5.1) que o § 2º do referido art. 85 veicula a regra geral, de aplicação obrigatória, de que os honorários advocatícios sucumbenciais devem ser fixados no patamar de dez a vinte por cento, subsequentemente calculados sobre o valor: (I) da condenação; ou (II) do proveito econômico obtido; ou (III) do valor atualizado da causa; (5.2) que o § 8º do art. 85 transmite regra excepcional, de aplicação subsidiária, em que se permite a fixação dos honorários sucumbenciais por equidade, para as hipóteses em que, havendo ou não condenação: (I) o proveito econômico obtido pelo vencedor for inestimável ou irrisório; ou (II) o valor da causa for muito baixo' (REsp 1.746.072/PR, Rel. p/ Acórdão Ministro Raul Araújo, Segunda Seção, julgado em 13.02.2019, *DJe* 29.03.2019). No caso concreto, a pretensão deduzida pela autora-recorrente na petição inicial revela inequívoco conteúdo econômico, razão pela qual se faz descabida a fixação dos honorários sobre o valor da causa, critério subsidiário, aplicável somente quando não for possível mensurar o proveito econômico obtido pela parte vencedora (CPC/2015, art. 85, § 2º, parte final)" (STJ, AgInt no REsp 1.795.456/MT, Rel. Min. Antonio Carlos Ferreira, 4ª Turma, jul. 11.11.2019, *DJe* 19.11.2019). **No mesmo sentido**: STJ, AgInt no REsp 1.818.118/RS, Rel. Min. Napoleão Nunes Maia Filho, 1ª Turma, jul. 16.12.2019, *DJe* 19.12.2019.

Homologação de sentença estrangeira. Omissão. Condenação em honorários advocatícios. Fixação por equidade. "É remansosa a jurisprudência desta Corte de que o marco temporal para a aplicação das regras fixadas pelo CPC/2015 em relação aos honorários advocatícios é a data da prolação da sentença. (...) Com relação ao critério legal a ser adotado na fixação do quantum devido, esta Corte Especial apreciou recentemente a matéria, ocasião na qual concluiu que os honorários sucumbenciais devem ser fixados por apreciação equitativa, nos termos do § 8º do art. 85 do CPC de 2015, com observância dos parâmetros constantes dos incisos do § 2º do mesmo art. 85. O Colegiado firmou a compreensão de que o arbitramento dos honorários por equidade perpassa pela consideração da natureza e da importância da demanda, devendo se perquirir se a ação de origem tem cunho existencial ou é de índole patrimonial" (STJ, EDcl na SEC 9.176, Rel. Min. Jorge Mussi, Corte Especial, jul. 11.11.2021, *DJe* 17.11.2021).

Valor da condenação, da causa ou proveito econômico da demanda elevados. Fixação por apreciação equitativa. Impossibilidade. "Teses jurídicas firmadas: i) A fixação dos honorários por apreciação equitativa não é permitida quando os valores da condenação, da causa ou o proveito econômico da demanda forem elevados. É obrigatória nesses casos a observância dos percentuais previstos nos §§ 2º ou 3º do artigo 85 do CPC – a depender da presença da Fazenda Pública na lide –, os quais serão subsequentemente calculados sobre o valor: (a) da condenação; ou (b) do proveito econômico obtido; ou (c) do valor atualizado da causa. ii) Apenas se admite arbitramento de honorários por equidade quando, havendo ou não condenação: (a) o proveito econômico obtido pelo vencedor for inestimável ou irrisório; ou (b) o valor da causa for muito baixo" (STJ, REsp 1.850.512/SP, Rel. Min. Og Fernandes, Corte Especial, jul. 16.03.2022, *DJe* 31.05.2022). **Obs.: Decisão submetida a julgamento de**

recursos repetitivos junto com os recursos REsp 1.877.883/SP; REsp 1.906.623/SP; REsp 1.906.618/SP e REsp 1.993.893/SP, Tema Repetitivo 1.076. Valor da condenação, da causa ou proveito econômico da demanda elevados. Fixação por apreciação equitativa. *Distinguishing*. Inocorrência. "O art. 85, §§ 2º e 3º, do CPC/15, deverá ser aplicado, de forma literal, pelos órgãos fracionários desta Corte se e enquanto não sobrevier modificação desse entendimento pelo Supremo Tribunal Federal no julgamento do RE 1.412.073/SP, do RE 1.412.074/SP e do RE 1.412.069/PR, todos em tramitação perante o Supremo Tribunal Federal, ou se e enquanto não sobrevier, nesta Corte, a eventual superação do precedente formado no julgamento do tema 1076. A circunstância de a ação ter sido extinta sem resolução de mérito, conquanto se trate de uma situação de fato, não é suficientemente relevante para diferenciar a hipótese em exame em relação ao precedente firmado no julgamento do tema 1076, especialmente porque essa circunstância fática também estava presente – e foi considerada – em dois dos recursos representativos da controvérsia (REsp 1.906.623/SP e REsp 1.644.077/PR) e, ainda assim, compreendeu a Corte Especial se tratar de hipótese em que a regra do art. 85, §§ 2º e 3º, do CPC/15, igualmente deveria ser aplicada de maneira literal. Recurso especial conhecido e não provido, com majoração de honorários, ressalvado expressamente o entendimento pessoal da Relatora para o acórdão" (STJ, REsp 1.743.330/AM, Rel. p/ acórdão Min. Nancy Andrighi, 3ª Turma, jul. 11.04.2023, *DJe* 14.04.2023).

Obs.: A jurisprudência ainda é controvertida sobre o tema. O STF analisará, em sede de recurso extraordinário repetitivo, a "Possibilidade da fixação dos honorários por apreciação equitativa (artigo 85, § 8º, do Código de Processo Civil) quando os valores da condenação, da causa ou o proveito econômico da demanda forem exorbitantes" (Tema 1255) (RE 1.412.069/RG).

Redução da verba quando não há proveito econômico a ser auferido com a extinção das execuções fiscais. Arbitramento por apreciação equitativa. "Na ação executiva fiscal, o valor da causa será o da dívida constante da certidão, com os encargos legais, de modo que, em regra, o 'valor da condenação' e o 'proveito econômico obtido' aos quais se refere o § 3º do art. 85 do CPC/2015 devem ter correlação com o crédito tributário controvertido. Nos casos em que o acolhimento da pretensão não tenha correlação com o valor da causa ou não se observe proveito econômico com a extinção da execução, os honorários de sucumbência devem ser arbitrados por apreciação equitativa, com observância dos critérios do § 2º do art. 85 do CPC/2015, conforme disposto no § 8º desse mesmo dispositivo. O § 8º do art. 85 do CPC/2015 deve ser observado sempre que a extinção da execução fiscal não acarrete impacto direto na questão de fundo, vez que o crédito tributário é ainda objeto de controvérsia judicial nas demais ações correlatas. Hipótese em que o TJSP, porque reconheceu não haver proveito econômico a ser auferido com a extinção da execução, apoiou-se no § 8º do art. 85 do CPC/1973 para fixar a verba honorária" (STJ, REsp 1.776.512/SP, Rel. Min. Gurgel de Faria, 1ª Turma, jul. 12.05.2020, *DJe* 22.05.2020).

Honorários advocatícios. Lide com valor certo e determinado. "A lide em que se postulou a anulação do Auto de Infração e da imposição da multa tem valor certo e determinado. Assim, não há razão para que verba honorária seja fixada por apreciação equitativa. O CPC/2015 tornou mais objetivo o processo de determinação da verba sucumbencial, restringindo a subjetividade do julgador e remetendo-o aos critérios previstos no art. 85 do diploma processual, aos quais deve se submeter o caso concreto, na ordem de preferência estabelecida nos parágrafos desse artigo" (STF, ARE 1367266 ED-AgR, Rel. Min. Alexandre de Moraes, 1ª Turma, jul. 22.04.2022, *DJe* 28.04.2022).

Fornecimento de medicamento. Equidade. Proveito econômico inestimável. "A Apelação da parte autora para majorar os honorários advocatícios não foi provida. Ao exercer o juízo de retratação, em virtude do julgamento do tema 1.076 pelo STJ, o Tribunal de origem manteve o aresto vergastado pelos seguinte fundamentos: '*In casu*, infere-se de singela leitura do v. acórdão de fls. 188/195, que, no caso concreto, a fixação dos honorários advocatícios por equidade não conflita com os requisitos estabelecidos pelo Tema 1.076 do STJ que, modificando orientação anterior, passou a entender que o arbitramento da verba honorária por equidade não se aplica à condenação de valor excessivo e que o artigo 85, § 8º, da lei adjetiva de 2015, seria utilizado apenas em caráter excepcional, contudo, a mesma Corte assentou entendimento no sentido de que nas ações em que se busca o fornecimento de medicamentos de forma gratuita, os honorários sucumbenciais podem ser arbitrados por apreciação equitativa, tendo em vista que o proveito econômico, em regra, é inestimável'. A irresignação prospera porque a Corte Especial do STJ, em hipótese análoga, de demanda voltada ao custeio de medicamentos para tratamento de saúde, entendeu que a fixação da verba honorária com base no art. 85, § 8º, do CPC/2015 estaria restrita às causas em que não se vislumbra benefício patrimonial imediato, como, por exemplo, as de estado e de direito de família: AgInt nos EDcl nos EREsp 1.866.671/RS, Rel. Min. Luis Felipe Salomão, Corte Especial, *DJe* de 27.9.2022. Recurso Especial provido, com o retorno dos autos à Corte de origem para fixação do valor da verba honorária" (STJ, REsp 2.060.919/SP, Rel. Min. Herman Benjamin, 2ª Turma, jul. 06.06.2023, *DJe* 28.06.2023).

Condenação desproporcional e injusta. Equidade. "Embargos de declaração opostos contra acórdão que, por unanimidade, deu provimento aos primeiros embargos de declaração para fixar os honorários advocatícios por apreciação equitativa, em razão da condenação desproporcional e injusta da parte sucumbente. (...) O caso concreto apresenta peculiaridades que justificam a quantificação da verba honorária por equidade, seja à luz do art. 85, § 8º, do CPC, seja em razão do princípio da proporcionalidade. Isso porque a presente demanda, por força do art. 102, I, 'f', da CF, consubstancia um (i) conflito federativo, economicamente inestimável; (ii) traduz condenação em obrigação de fazer – e não de pagar – e, por fim, (iii) é patrocinada por advogados públicos em ambos os polos da demanda, cujo regime jurídico de remuneração – ao contrário dos advogados privados – submete-se ao teto constitucional" (ACO 2988 ED-ED, Rela. Luís Roberto Barroso, Tribunal Pleno, jul. 18.09.2023, processo eletrônico *DJe*-s/n divulg. 04.10.2023, public. 05.10.2023).

31. Arbitramento dos honorários advocatícios. Interpretação conjunta do art. 85, §§ 3º e 8º do CPC/2015, destinada a evitar o enriquecimento ilícito ou desproporcional. "A regra do art. 85, § 3º, do atual CPC – como qualquer norma, reconheça-se – não comporta interpretação exclusivamente pelo método literal. Por mais claro que possa parecer seu conteúdo, é juridicamente vedada técnica hermenêutica que posicione a norma inserta em dispositivo legal em situação de desarmonia com a integridade do ordenamento jurídico. Assim, o referido dispositivo legal (art. 85, § 8º, do CPC/2015) deve ser interpretado de acordo com a reiterada jurisprudência do STJ, que havia consolidado o entendimento de que o juízo equitativo é aplicável tanto na hipótese em que a verba honorária se revela ínfima como excessiva, à luz dos parâmetros do art. 20, § 3º, do CPC/1973 (atual art. 85, § 2º, do CPC/2015). Conforme bem apreendido no acórdão hostilizado, justifica-se a incidência do juízo equitativo tanto na hipótese do valor inestimável ou irrisório, de um lado, como no caso da quantia exorbitante, de outro. Isso porque, observa-se, o princípio da boa-fé processual deve ser adotado não somente como vetor na aplicação das normas processuais, pela autoridade judicial, como também no próprio processo de criação das leis processuais, pelo legislador, evitando-se, assim, que este último utilize o poder de criar normas com a finalidade, deliberada ou não, de superar a orientação jurisprudencial que se consolidou a respeito de determinado tema" (STJ, REsp 1789913/DF, Rel. Min. Herman Benjamin, 2ª Turma, jul. 12.02.2019, *DJe* 11.03.2019).

Em sentido contrário: "Ressalvadas as exceções previstas nos §§ 3º e 8º do art. 85 do CPC/2015, na vigência da nova legislação processual o valor da verba honorária sucumbencial não pode ser arbitrado por apreciação equitativa ou fora dos limites percentuais fixados pelo § 2º do referido dispositivo legal. Precedentes da Terceira e Quarta Turmas e da Segunda Seção do STJ. Segundo dispõe o § 6º do art. 85 do CPC/2015, '[o]s limites e critérios previstos nos §§ 2º e 3º [do mesmo art. 85] aplicam-se independentemente de qual seja o conteúdo da decisão, inclusive aos casos de improcedência ou de sentença sem resolução de mérito'. No caso concreto, à míngua de provimento condenatório e de se fazer possível aferir o proveito econômico obtido pela parte vencedora, a verba honorária foi arbitrada em percentual incidente sobre o valor da causa, estipulado pela própria agravante, no percentual mínimo previsto na lei processual" (STJ, AgInt no REsp 1711273/DF, Rel. Min. Antonio Carlos Ferreira, 4ª Turma, jul. 02.06.2020, *DJe* 12.06.2020).

Obs.: A matéria foi objeto de afetação: "Delimitação da controvérsia: 1.1. Para os efeitos dos arts. 927 e 1.036 do CPC, propõe-se a afetação do tema relativo à: 1.2. 'A possibilidade de fixação de honorários advocatícios com fundamento em juízo de equidade, nos termos do art. 85, §§ 2º e 8º, do Código de Processo Civil de 2015'" (STJ, ProAfR no REsp 1812301/SC, Rel. Min. Raul Araújo, 2ª Seção, jul. 17.03.2020, *DJe* 26.03.2020).

Aplicação do § 8º: "Na vigência do CPC/2015, a fixação dos honorários advocatícios, com base na apreciação equitativa, prevista no parágrafo 8º do artigo 85 do aludido diploma legal, somente tem aplicação nas causas em que for inestimável ou irrisório o proveito econômico, ou, ainda, quando o valor da demanda for muito baixo, hipóteses de que não cuidam os presentes autos. Inexistindo excepcionalidade que autorize a incidência do art. 85, § 8º, do CPC/15, faz-se imperativo que sejam empregadas as balizas objetivas relacionadas aos percentuais contidos nos §§ 2º e 3º do art. 85 do CPC/15" (STJ, AgInt no AgInt no REsp 1.815.949/RS, Rel. Min. Sérgio Kukina, 1ª Turma, jul. 15.12.2020, *DJe* 18.12.2020).

Proveito econômico inestimável. Baixa de gravame hipotecário. Irrelevância do valor da coisa. "4. Embora predeterminados os critérios do art. 85, §§ 2º e 8º, do CPC/15, a base de cálculo adequada para o arbitramento dos honorários não dispensa a análise casuística da demanda, observando-se, sobretudo, qual a tutela pretendida pelas partes (declaratória, constitutiva, condenatória, mandamental ou executiva). 5. Nas ações mandamentais em que ausente proveito econômico auferível ou mensurável, e quando o valor da causa não refletir o benefício devido, deverá ser aplicado o critério subsidiário da equidade. É o que ocorre na ação de obrigação de fazer consistente na baixa de gravame hipotecário, porquanto não se pode vincular o sucesso da pretensão ao valor do imóvel" (STJ, REsp 2.092.798/DF, Rel. Min. Nancy Andrighi, 3ª Turma, jul. 05.03.2024, *DJe* 07.03.2024).

32. Honorários advocatícios recursais (§ 11).

Requisitos: "Para fins de arbitramento de honorários advocatícios recursais, previstos no § 11 do art. 85 do CPC/2015, é necessário o preenchimento cumulativo dos seguintes requisitos: 1) Direito Intertemporal: a decisão contra a qual se recorre deve ter sido publicada após 18/03/2016, nos termos do Enunciado administrativo 7 do STJ: "Somente nos recursos interpostos contra decisão publicada a partir de 18 de março de 2016, será possível o arbitramento de honorários sucumbenciais recursais, na forma do art. 85, § 11, do novo CPC"; 2) o não conhecimento integral ou o improvimento do recurso pelo Relator, monocraticamente, ou pelo órgão colegiado competente; 3) a verba honorária sucumbencial deve ser devida desde a origem no feito em que interposto o recurso; 4) não haverá majoração de honorários no julgamento de agravo interno e de embargos de declaração oferecidos pela parte que teve seu recurso não conhecido integralmente ou não provido; 5) não terem sido atingidos na origem os limites previstos nos §§ 2º e 3º do art. 85 do CPC/2015, para cada fase do processo; 6) não é exigível a comprovação de trabalho adicional do advogado do recorrido no grau recursal, tratando-se apenas de critério de quantificação da verba. (STJ, EDcl no AgInt no REsp 1573573/RJ, Rel. Min. Marco Aurélio Bellizze, 3ª Turma, jul. 04.04.2017, *DJe* 08.05.2017). **No mesmo sentido**: STJ, AgInt no AREsp 1259419/GO, Rel. Min. Ricardo Villas Bôas Cueva, 3ª Turma, jul. 03.12.2018, *DJe* 06.12.2018; STJ, AgInt no AREsp. 1349.182/RJ, Rel. Min. Moura Ribeiro, 3ª Turma, julg. 10.06.2019, *DJe* 12.06.2019; AgInt no AREsp. 1.328.067/ES, Rel. Min. Gurgel de Faria, 1ª Turma, julg. 09.05.2019, *DJe* 06.06.2019; AgInt no AREsp. 1.310.670/RJ, Rel. Min. Marco Buzzi, 4ª Turma, julg. 30.05.2019, *DJe* 03.06.2019; REsp. 1.804.904/SP, Rel. Min. Herman Benjamin, 2ª Turma, julg. 16.05.2019, *DJe* 30.05.2019; EDcl no AgInt no AREsp. 1.342.474/MS, Rel. Min. Raul Araújo, 4ª Turma, julg. 11.04.2019, *DJe* 08.05.2019; AgInt nos EDcl no REsp. 1.745.960/MS, Rel. Min. Maria Isabel Gallotti, 4ª Turma, julg. 02.04.2019, *DJe* 08.04.2019.

"Tese jurídica de eficácia vinculante, sintetizadora da *ratio decidendi* do julgado paradigmático: 'A majoração dos honorários de sucumbência prevista no art. 85, § 11, do CPC pressupõe que o recurso tenha sido integralmente desprovido ou não conhecido pelo tribunal, monocraticamente ou pelo órgão colegiado competente. Não se aplica o art. 85, § 11, do CPC em caso de provimento total ou parcial do recurso, ainda que mínima a alteração do resultado do julgamento e limitada a consectários da condenação" (STJ, REsp 1.864.633/RS, Rel. Min. Paulo Sérgio Domingues, Corte Especial, jul. 09.11.2023, *DJe* 21.12.2023). **Obs.:** Decisão submetida a julgamento de recursos repetitivos.

Ausência de fixação anterior. Descabimento. "Os honorários recursais não têm autonomia nem existência independente da sucumbência fixada na origem e representam um acréscimo (o CPC/2015 fala em 'majoração') ao ônus estabelecido previamente, motivo por que, **na hipótese de descabimento ou na de ausência de fixação anterior, não haverá falar em honorários recursais**. Assim, não são cabíveis honorários recursais na hipótese de recurso que reconhece *error in procedendo* e que anula a sentença, uma vez que essa providência torna sem efeito também o capítulo decisório referente aos honorários sucumbenciais e estes, por seu turno, constituem pressuposto para a fixação ('majoração') do ônus em grau recursal. Exegese do art. 85, § 11, do CPC/2015" (STJ, AREsp 1.050.334/PR, Rel. Min. Mauro Campbell Marques, 2ª Turma, jul. 28.03.2017, *DJe* 03.04.2017).

Omissão do Relator. "Quando devida a verba honorária recursal, mas, por omissão, o Relator deixar de aplicá-la em decisão monocrática, poderá o colegiado, ao não conhecer ou desprover o respectivo agravo interno, arbitrá-la *ex officio*, por se tratar de matéria de ordem pública, que independe de provocação da parte, não se verificando *reformatio in pejus*. Da majoração dos honorários sucumbenciais promovida com base no § 11 do art. 85 do CPC/2015 não poderá resultar extrapolação dos limites previstos nos §§ 2º e 3º do referido artigo. É dispensada a configuração do trabalho adicional do advogado para a majoração dos honorários na instância recursal, que será considerado, no entanto, para quantificação de tal verba" (STJ, AgInt nos EREsp 1.539.725/DF, Rel. Min. Antonio Carlos Ferreira, 2ª Seção, jul. 09.08.2017, *DJe* 19.10.2017). No mesmo sentido: STJ, EDcl no AgInt no AREsp 1.249.853/SP, Rel. Min. Humberto Martins, 2ª Turma, jul. 06.03/2023, *DJe* 13.03.2023; STJ, AgInt no REsp 1.872.187/RS, Rel. Min. Regina Helena Costa, 1ª Turma, jul. 17.10.2022, *DJe* 19.10.2022.

Arbitramento *ex officio* quando o relator deixar de aplicar a verba honorária recursal por omissão. "No julgamento do

AgInt nos EREsp 1.539.725/DF (de minha relatoria, julgado em 9/8/2017, *DJe* 19/10/2017), a Segunda Seção desta Corte Superior concluiu que o Colegiado poderá arbitrar, no agravo interno, a verba honorária recursal omitida pelo relator por ocasião da decisão monocrática" (AgInt no AREsp 976.183/MT, Rel. Min. Antonio Carlos Ferreira, 4ª Turma, jul. 04.06.2019, *DJe* 10.06.2019). No mesmo sentido: AgInt no AREsp 1.415.439/MG, Rel. Min. Marco Buzzi, 4ª Turma, jul. 13.05.2019, *DJe* 17.05.2019; EDcl nos EAREsp 788.432/SP, Rel. Min. Nancy Andrighi, 2ª Seção, jul. 02.04.2019, *DJe* 04.04.2019; EDcl no AgInt no AREsp 1.213.629/RJ, Rel. Min. Maria Isabela Gallotti, 4ª Turma, jul. 06.12.2018, *DJe* 18.12.2018; AgInt no AREsp 1.281.022/SP, Rel. Min. Raul Araújo, 4ª Turma, jul. 06.11.2018, *DJe* 12.11.2018; Edcl no AgInt no AREsp 1.063.425/GO, Rel. Min. Lázaro Guimarães, 4ª Turma, jul. 20.03.2018, *DJe* 27.03.2018.

Necessidade de condenação prévia. "Para majoração dos honorários advocatícios, nos termos do art. 85, § 11, do CPC/2015, faz-se necessária a existência de condenação prévia em honorários sucumbenciais principais pelo Juízo de origem" (STJ, AgInt no REsp 1742566/SE, Rel. Min. Og Fernandes, 2ª Turma, jul. 22.10.2019, *DJe* 29.10.2019).

Tese de que os honorários recursais somados aos honorários arbitrados anteriormente devem alcançar o piso de 10% sobre o valor da causa. Descabimento. "O arbitramento de honorários recursais tem a finalidade única de retribuir o advogado da parte recorrida pelo trabalho despendido com o recurso, não se prestando a corrigir eventual distorção dos honorários anteriormente fixados" (STJ, AgInt no REsp 1659308/PR, Rel. Min. Marco Aurélio Bellizze, 3ª Turma, jul. 24.10.2017, *DJe* 31.10.2017).

Ausência de contrarrazões. "Recurso interposto após o atual Código de Processo Civil. Mérito. Incidência de multa. Julgamento por unanimidade. Majoração de honorários advocatícios. (...). Majoração de honorários advocatícios em 1/4 (um quarto). Artigo 85, § 11, Código de Processo Civil. Ausência de resposta ao recurso. Irrelevância. Medida de desestímulo à litigância procrastinatória. Cabimento" (STF, AI 864.689-AgR, Rel. Min. Marco Aurélio, Rel. p/ Acórdão Min. Edson Fachin, 1ª Turma, jul. 27.09.2016, *DJe* 14.11.2016). **No mesmo sentido:** STF, RE 989025 AgR-ED, Rel. Min. Roberto Barroso, 1ª Turma, jul. 17.11.2017, *DJe* 29.11.2017.

Novo grau recursal. "Os honorários recursais incidem apenas quando houver a instauração de novo grau recursal, não a cada recurso interposto no mesmo grau de jurisdição, sendo indevida a fixação em agravo interno e em embargos de declaração" (STJ, EDcl no AgInt no AREsp 1366925/SE, Rel. Min. Ricardo Villas Bôas Cueva, 3ª Turma, jul. 18.11.2019, *DJe* 21.11.2019). No mesmo sentido: STJ, AgInt REsp 1749189/SP, Rel. Min. Marco Aurélio Bellizze, 3ª Turma, jul. 11.11.2019, *DJe* 21.11.2019.

Honorários advocatícios recursais. Marco temporal. "No caso, a sentença foi proferida durante a vigência do CPC/1973; porém, o acórdão a quo foi publicado durante a vigência do CPC/2015. 3. Logo, o pagamento de honorários advocatícios recursais é devido, pois os requisitos do art. 85, § 11, do CPC/2015 foram preenchidos" (STJ, EAREsp 1402331/PE, Rel. Min. Mauro Campbell Marques, 1ª Seção, jul. 09.09.2020, *DJe* 15.09.2020).

Sucumbência recíproca. Nova distribuição dos ônus em sede recursal. Requisitos. "A sucumbência recíproca, por si só, não afasta a condenação em honorários advocatícios de sucumbência, tampouco impede a sua majoração em sede recursal com base no art. 85, § 11, do Código de Processo Civil de 2015. Em que pese não existir óbice à majoração de honorários em sede recursal quando está caracterizada a sucumbência recíproca, a jurisprudência desta Corte Superior preconiza a necessidade da presença concomitante dos seguintes requisitos: a) decisão recorrida publicada a partir de 18.03.2016, quando entrou em vigor o novo Código de Processo Civil; b) recurso não conhecido integralmente ou desprovido, monocraticamente ou pelo órgão colegiado competente; e c) condenação em honorários advocatícios desde a origem no processo em que interposto o recurso. Na espécie, o Tribunal de origem, ao dar provimento ao apelo da parte ora agravante, empreendeu nova distribuição da sucumbência entre os litigantes. Essa circunstância impede a majoração dos honorários sucumbenciais, com base no parágrafo 11 do art. 85 do CPC" (STJ, AgInt no AREsp 1.495.369/MS, Rel. Min. Luis Felipe Salomão, 4ª Turma, jul. 01.09.2020, *DJe* 16.10.2020). **No mesmo sentido:** STJ, AgInt no AREsp 1.510.731/PR, Rel. Min. Maria Isabel Gallotti, 4ª Turma, jul. 11.05.2020, *DJe* 18.05.2020; STJ, AgInt no REsp 1.692.009/RS, Rel. Min. Moura Ribeiro, 3ª Turma, jul. 04.05.2020, *DJe* 07.05.2020.

Majoração de honorários em grau de recurso. Verba advocatícia não aplicada na instância de origem. "O Superior Tribunal de Justiça entende ser possível a majoração dos honorários sucumbenciais, na forma do § 11 do art. 85 do CPC/2015, quando os embargos de divergência forem indeferidos liminarmente pelo relator ou se o colegiado deles não conhecer ou negar-lhes provimento, pois com sua interposição tem início novo grau recursal. Contudo, o texto do §11 do art. 85 do CPC/15, prevê, expressamente, que somente serão majorados os 'honorários fixados anteriormente', de modo que, não havendo arbitramento de honorários pelas instâncias ordinárias, como na espécie, não haverá incidência da referida regra" (STJ, EDcl no AgInt nos EREsp 1.371.295/RS, Rel. Min. Paulo de Tarso Sanseverino, Corte Especial, jul. 10.08.2021, *DJe* 16.08.2021).

Interposição de apelação por consórcio. Ente sem personalidade jurídica. Arbitramento de honorários. Não cabimento. "A conclusão do Tribunal de origem, atinente à impossibilidade de fixação de verba honorária decorrente do não conhecimento do recurso de apelação manejado pelo consórcio, fica mantida por fundamento diverso, qual seja, a ausência de personalidade jurídica do consórcio, pois não há como condenar ente despersonificado ao pagamento de quaisquer verbas".

Hipótese de reconhecimento de *error in procedendo*. Anulação da sentença. Ausência de pressuposto para a majoração da verba sucumbencial em grau recursal. "Assim, não são cabíveis honorários recursais na hipótese de recurso que mantém acórdão que reconheceu *error in procedendo* anulou a sentença, uma vez que essa providência torna sem efeito também o capítulo decisório referente aos honorários sucumbenciais e estes, por seu turno, constituem pressuposto para a fixação ('majoração') dos honorários em grau recursal. Exegese do art. 85, § 11, do CPC/2015. Precedentes" (STJ, AgInt nos EDcl no REsp 2.004.107/PB, Rel. Min. Mauro Campbell Marques, 2ª Turma, jul. 15.12.2022, *DJe* 19.12.2022).

Recurso inominado. Não conhecimento. Honorários. Admissibilidade. "Fixação de tese a ser observada pelos Juizados Especiais da Fazenda Pública: É cabível a condenação em custas e honorários advocatícios na hipótese de não conhecimento do recurso inominado" (STJ, EDcl no AgInt no PUIL. 1.327/RS, Rel. Min. Paulo Sérgio Domingues, 1ª Seção, jul. 24.05.2023, *DJe* 30.05.2023).

Alteração da verba honorária em segundo grau. Unificação sobre o valor da causa a ser distribuído entre os patronos das vencedoras. "O propósito recursal consiste em definir se, a despeito do valor arbitrado em primeiro grau, poderia o Tribunal de origem, com fundamento em suposta unificação do julgado, fixar a verba honorária em 10% (dez por cento) sobre o valor da causa, majorados em 1% (um por cento) com base na aplicação do art. 85, § 11, do CPC/2015, a ser repartida entre as vencedoras. Conquanto haja previsão legal de majoração dos honorários de sucumbência recursal em razão do não provimento do recurso interposto pela parte, tem-se que a aplicação do disposto no art. 85, § 11, do CPC/2015 sobre a verba honorária arbitrada em favor dos patronos da MULTITRACK em primeiro grau implicaria, ao menos em tese, em severas distorções na remuneração dos advogados da litisconsorte não excluída dos autos, inclusive com potencial de prejudicá-los. Com a reforma da sentença em segundo grau e improcedência dos pedidos do autor com relação ao litisconsorte não excluído dos autos, o pagamento dos honorários, a ser rateado proporcionalmente entre os patronos das partes vencedoras, foi unificado sobre o valor da causa, o que não representa ilegalidade" (STJ, REsp 2.007.148/DF, Rel. Min. Nancy Andrighi, 3ª Turma, jul. 14.02.2023, *DJe* 16.02.2023).

33. Majoração indevida contra o recorrente. "O entendimento consolidado da Segunda Seção do STJ e a jurisprudência das demais Turmas do STJ são de que são incabíveis honorários recursais no recurso interposto pela parte vencedora para ampliar a condenação, pela própria redação do art. 85, § 11, do CPC/2015. A propósito: AgInt no REsp 2.019.777/CE, Rel. Ministro Sérgio Kukina, Primeira Turma, *DJe* de 25.05.2023; AgInt no AREsp 2.260.141/MS, Rel. Ministro Marco Aurélio Bellizze, Terceira Turma, *DJe* de 10.05.2023; AgInt nos EDcl no REsp 1.979.540/PE, Rel. Ministro Sérgio Kukina, Primeira Turma, *DJe* de 29.09.2022; EDcl no AgInt nos EDcl nos EREsp 1.625.812/MS, Rel. Ministro Ricardo Villas Bôas Cueva, Segunda Seção, *DJe* de 04.08.2020. O descabimento da fixação de honorários advocatícios recursais em recurso da parte vencedora para ampliar a condenação, rejeitado, não provido ou não conhecido decorre do teor do art. 85, § 11, do CPC/2015. Ademais, a Corte Especial do STJ tem jurisprudência pacífica no sentido do descabimento de majoração de honorários quando inexistente prévia fixação de verba honorária em desfavor da parte recorrente na origem. Nessa linha: EDcl no AgInt nos EDcl nos EDv nos EAREsp 1.624.686/SP, Rel. Ministro Jorge Mussi, Corte Especial, *DJe* de 14.02.2022; AgInt nos EAREsp 1.702.288/RJ, Rel. Ministra Laurita Vaz, Corte Especial, *DJe* de 1º.02.2022" (STJ, EAREsp. 1.847.842/PR, Rel. Min. Herman Benjamin, Corte Especial, jul. 06.09.2023, *DJe* 21.09.2023).

34. Mandado de segurança. Não cabimento. "O art. 25 da Lei 12.016/2009 estabelece regra de descabimento de condenação em honorários advocatícios 'no processo mandamental', expressão que reúne a ideia de ação e do procedimento subjacente, com a petição inicial, as informações da autoridade coatora, a intervenção do Ministério Público, a prolação de provimento judicial e, ainda, os recursos consequentes, de maneira a afastar a incidência do regime do art. 85, § 11, do CPC/2015" (STJ, RMS 52.024/RJ, Rel. Min. Mauro Campbell Marques, 2ª Turma, jul. 06.10.2016, *DJe* 14.10.2016).

35. Embargos de declaração. "O inconformismo que tem como real escopo a pretensão de reformar o *decisum* não pode prosperar, porquanto inocorrentes as hipóteses de omissão, contradição, obscuridade ou erro material, sendo inviável a revisão da decisão em sede de embargos de declaração, em face dos estreitos limites do art. 1.022 do CPC/2015. *In casu*, os embargos de declaração demonstram mera tentativa de rediscussão do que foi decidido pelo acórdão embargado, inobservando a parte embargante que os restritos limites desse recurso não permitem o rejulgamento da causa. **É cabível a condenação em honorários advocatícios na via recursal como desestímulo a recursos protelatórios, independentemente da causação de trabalho adicional à parte adversa.** *In casu*, os embargos revelam-se manifestamente protelatórios, impondo-se a aplicação da multa prevista no art. 1.026, § 2º, do CPC/2015. Embargos de declaração desprovidos, condenação ao pagamento de honorários advocatícios majorada para 10% (dez por cento) sobre o valor da causa (art. 85, § 11, do CPC/2015) e aplicada a multa de 2% (dois por cento) sobre o valor da causa (1.026, § 2º, do CPC/2015)" (STF, AO 1781 AgR-ED, Rel. Min. Marco Aurélio, Rel. p/ Acórdão Min. Luiz Fux, 1ª Turma, jul. 18.10.2016, *DJe* 02.05.2017). **No mesmo sentido:** STF, RE 1071681 AgR-ED-ED, Rel. Min. Rosa Weber, 1ª Turma, jul. 25.05.2018, *DJe* 18-06-2018). **Em sentido contrário:** "Os honorários recursais (art. 85, § 11, do CPC/15) incidem apenas quando esta Corte julga, pela vez primeira, o recurso, sujeito ao CPC/15, que inaugure o grau recursal, revelando-se indevida a fixação em agravo interno e embargos de declaração." (STJ, EDcl no AgInt no REsp 1719756/SP, Rel. Min. Luis Felipe Salomão, 4ª Turma, jul. 07.08.2018, *DJe* 10.08.2018)

36. Embargos de divergência. Majoração dos honorários. Possibilidade. "A questão que sobeja em divergência é quanto ao cabimento ou não de honorários de advogado nesta fase recursal, novidade instituída pelo Novo Código de Processo Civil. (...) Com a interposição de Embargos de Divergência em Recurso Especial tem início novo grau recursal, sujeitando-se o embargante, ao questionar decisão publicada na vigência do CPC/2015, à majoração dos honorários sucumbenciais, na forma do § 11 do art. 85, quando indeferidos liminarmente pelo relator ou se o colegiado deles não conhecer ou negar-lhes provimento. (...) Da majoração dos honorários sucumbenciais promovida com base no § 11 do art. 85 do CPC/2015 não poderá resultar extrapolação dos limites previstos nos §§ 2º e 3º do referido artigo" (STJ, AgInt nos EAREsp 762.075/MT, Rel. p/ Acórdão Min. Herman Benjamin, Corte Especial, jul. 19.12.2018, *DJe* 07.03.2019). No mesmo sentido: STJ, AgInt nos EAREsp 724.082/RS, Rel. Min. Francisco Falcão, Corte Especial, jul. 15.05.2019, *DJe* 23.05.2019.

37. Recurso interposto pelo vencedor, que não é conhecido, não implica honorários de sucumbência recursal para a parte contrária. "A jurisprudência do STJ firmou-se no sentido de que os honorários advocatícios constituem matéria de ordem pública, cognoscível de ofício. Precedentes: AgInt no REsp 1722311/RJ, Rel. Ministro Mauro Campbell Marques, Segunda Turma, julgado em 21/06/2018, *DJe* 28/06/2018, e AgInt nos EDcl no REsp 1584753/PE, Rel. Ministro Og Fernandes, Segunda Turma, julgado em 27/06/2017, *DJe* 30/06/2017. Conforme já decidido por esta Corte, 'o recurso interposto pelo vencedor para ampliar a condenação – que não seja conhecido, rejeitado ou desprovido – não implica honorários de sucumbência recursal para a parte contrária' (EDcl no AgInt no AREsp 1040024/GO, Rel. Ministra Nancy Andrighi, Terceira Turma, julgado em 15/08/2017, *DJe* 31/08/2017)" (AgInt no AREsp 1.244.491/SP, Rel. Min. Gurgel de Faria, 1ª Turma, jul. 28.03.2019, *DJe* 09.04.2019). **No mesmo sentido:** Edcl no AgInt no AREsp. 1.040.024/GO, Rel. Min. Nancy Andrighi, 3ª Turma, jul. 15.08.2017, *DJe* 31.08.2017; AgInt no AREsp 1.246.646/SP, Rel. Min. Gurgel de Faria, 1ª Turma, jul. 04.04.2019, *DJe* 09.04.2019.

38. Retenção de honorários contratuais sobre a diferença de valores de repasse ao FUNDEF. Percentual calculado sobre o valor integral do precatório (§ 14). "No caso, os honorários advocatícios contratuais devem ser deduzidos do montante a ser recebido pelo credor, ou seja, deduzidos do valor integral do precatório, não havendo qualquer justificativa para que, como no caso dos autos, o Município proceda à negociação com a UNIÃO a fim de quitar seus débitos tributários, para só então chegar à base de cálculo da verba honorária. O trabalho profissional do Advogado foi essencial para a provisão orçamentária municipal; em casos assim, parece inquestionável que o Advogado deva receber a sua justa remuneração calculada sobre o valor global dos recursos do FUNDEF, cuja liberação foi por ele obtida na via judicial, mediante o seu competente labor profissional" (STJ, REsp 1.516.636/PE, Rel. Min. Napoleão Nunes Maia Filho, 1ª Turma, jul. 11.10.2016, *DJe* 13.02.2017).

39. Honorários advocatícios. Natureza alimentar. Penhorabilidade da remuneração do devedor. Possibilidade. "A legislação processual civil (CPC/2015, art. 833, IV, e § 2º) contempla, de forma ampla, a prestação alimentícia, como apta a superar a impenhorabilidade de salários, soldos, pensões e remunerações. A referência ao gênero prestação alimentícia alcança os honorários advocatícios, assim como os honorários de outros profissionais liberais e, também, a pensão alimentícia, que são espécies daquele gênero. É de se permitir, portanto, que pelo menos uma parte do salário possa ser atingida pela penhora para pagamento de prestação alimentícia, incluindo-se os créditos de honorários advocatícios, contratuais ou sucumbenciais, os quais têm inequívoca natureza alimentar (CPC/2015, art. 85, § 14). Há de se considerar que, para uma família de baixa renda, qualquer percentual de constrição sobre os proventos do arrimo pode vir a comprometer gravemente o sustento do núcleo essencial, ao passo que o mesmo não necessariamente ocorre quanto à vida, pessoal ou familiar, daquele que recebe elevada remuneração. Assim, a penhora de verbas de natureza remuneratória deve ser determinada com zelo, em atenta e criteriosa análise de cada situação, sendo indispensável avaliar concretamente o impacto da penhora sobre a renda do executado" (STJ, AgInt no REsp 1732927/DF, Rel. Min. Raul Araújo, 4ª Turma, jul. 12.02.2019, *DJe* 22.03.2019). **No mesmo sentido:**: STJ, AgRg no AREsp 32.031/SC, Rel. Min. Raul Araújo, 4ª Turma, jul. 10.12.2013, *DJe* 03.02.2014.

Verba honorária sucumbencial. Impenhorabilidade. Exceção não configurada. Ver jurisprudência selecionada do art. 833 do CPC/2015.

40. Extinção do processo sem resolução do mérito. Ônus da sucumbência. Rateio entre as partes. "Sendo o processo julgado extinto, sem resolução de mérito, cabe ao julgador perscrutar, ainda sob a égide do princípio da causalidade, qual parte deu origem à extinção do processo sem julgamento de mérito, ou qual dos litigantes seria sucumbente se o mérito da ação fosse, de fato, julgado. Precedentes. A situação versada nos autos demonstra que é inviável imputar a uma ou a outra parte a responsabilidade pelos ônus sucumbenciais, mostrando-se adequado que cada uma das partes suporte os encargos relativos aos honorários advocatícios e às custas processuais, rateando o *quantum* estabelecido pela sentença" (STJ, REsp 1.641.160/RJ, Rel. Min. Nancy Andrighi, 3ª Turma, jul. 16.03.2017, *DJe* 21.03.2017).

"Nas hipóteses de extinção do processo sem resolução do mérito, a responsabilidade pelo pagamento de honorários e custas deve ser fixada com base no princípio da causalidade, segundo o qual a parte que deu causa à instauração do processo deve suportar as despesas dele decorrentes" (STJ, AgInt no AREsp 1441082/SP, Rel. Min. Ricardo Villas Bôas Cueva, 3ª Turma, jul. 26.08.2019, *DJe* 30.08.2019). No mesmo sentido: STJ, AgInt nos EDcl no AREsp 1239427/SP, Rel. Min. Lázaro Guimarães, 4ª Turma, jul. 07.08.2018, *DJe* 14.08.2018.

Execução. Desistência antes da citação e de embargos do devedor. Extinção sem resolução do mérito. "A desistência da execução antes do oferecimento dos embargos independe da anuência do devedor. Precedentes. A apresentação de desistência da execução quando ainda não efetivada a citação dos devedores provoca a extinção dos embargos posteriormente opostos, ainda que estes versem acerca de questões de direito material. O credor não responde pelo pagamento de honorários sucumbenciais se manifestar a desistência da execução antes da citação e da apresentação dos embargos e se não houver prévia constituição de advogado nos autos" (STJ, REsp 1.682.215/MG, Rel. Min. Ricardo Villas Bôas Cueva, 3ª Turma, jul. 06.04.2021, *DJe* 08.04.2021).

Execução. Desistência da ação. Constituição de advogado pelo devedor. Honorários. "A sucumbência, para fins de arbitramento dos honorários advocatícios, tem por norte a aplicação do princípio da causalidade, de modo que a parte que suscitou instauração do processo deverá suportar os ônus sucumbenciais. Consoante o princípio da causalidade, os honorários advocatícios são devidos quando o credor desiste da ação de execução após o executado constituir advogado e indicar bens à penhora, independentemente da oposição ou não de embargos do devedor à execução. Precedentes" (STJ, AgInt no REsp 1.849.703/CE, Rel. Min. Marco Buzzi, 4ª Turma, jul. 30.03.2020, *DJe* 02.04.2020).

41. Procedimento de Jurisdição Voluntária. Habilitação em crédito. Inventário.

Existência de litigiosidade. Honorários. "Esta Corte Superior já proclamou que em procedimento de jurisdição voluntária, a existência de litigiosidade excepciona a regra de não cabimento de condenação em honorários advocatícios. Precedentes. Havendo resistência dos herdeiros, a rejeição do pedido de habilitação de crédito em inventário enseja a condenação do habilitante em honorários. Contudo, havendo também determinação de reserva de bens e de remessa do feito às vias ordinárias, em razão da existência de documentos suficientes para comprovar o crédito, deve-se concluir que houve sucumbência recíproca, donde decorre a compensação da verba honorária e divisão das custas processuais entre os litigantes." (STJ, REsp 1431036/SP, Rel. Min. Moura Ribeiro, 3ª Turma, jul. 17.04.2018, *DJe* 24.04.2018).

Extinção. Ausência de decisão sobre o litígio pelo juiz. Honorários. Descabimento. "São incabíveis honorários de advogado em incidente de habilitação de crédito em inventário que seja extinto por objeção de alguma parte interessada, porquanto não resolvido nenhum litígio pelo juiz, não se podendo falar em vencedor e vencido. Somente com a abertura da via ordinária é que será efetiva e definitivamente resolvido o litígio verificado no plano material acerca do direito do credor em face do espólio, oportunidade em que, aí sim, serão fixados os respectivos honorários" (STJ, REsp 2.045.640/GO, Rel. Min. Marco Aurélio Bellizze, 3ª Turma, jul. 25.04.2023, *DJe* 28.04.2023).

42. Prestação de serviços advocatícios à massa falida. Contratação realizada posteriormente à quebra. Crédito de natureza extraconcursal. "Para efeito de pagamento dos serviços advocatícios contratados pela Massa Falida para a defesa em juízo dos seus interesses, o art. 150 da Lei Federal nº 11.101/05 autoriza a sua quitação antecipada pelo Administrador Judicial, por se tratar de despesas indispensáveis à administração da falência" (TJMG, Ap. Cível 1.0024.15.168929-6/001, Rel. Des. Audebert Delage, 6ª Câm. Cível, jul. 05.12.2017, *DJ* 18.12.2017).

43. Entidade Sindical. Retenção. Impossibilidade ante a inexistência de autorização dos filiados. "Ainda que seja ampla a legitimação extraordinária do sindicato para defesa de direitos e interesses dos integrantes da categoria que representa, inclusive para liquidação e execução de créditos, **a retenção sobre o montante da condenação do que lhe cabe por força de honorários contratuais só é permitida com a apresentação do contrato celebrado com cada um dos filiados, nos termos do art. 22, § 4º, da Lei 8.906/1994, ou, ainda, com a autorização deles para tanto**. O contrato pactuado exclusivamente entre o Sindicato e o advogado não vincula os filiados substituídos, em face da ausência da relação jurídica contratual entre estes e o advogado. Precedentes do STJ" (STJ, REsp 1799616/AL, Rel. Min. Herman Benjamin, 2a Turma, jul. 28.03.2019, *DJe* 28.05.2019).

44. Revogação de mandato dos patronos. Posterior sentença homologatória de transação. Verba honorária. Fixação no despacho inicial. Título executiva. Execução nos próprios autos. Ver jurisprudência do art. 827 do CPC/2015.

45. Recuperação judicial:

Crédito constituído após pedido de recuperação judicial. Não submissão ao juízo recuperacional. Controle dos atos expropriatórios pelo juízo universal. "Os créditos constituídos depois de ter o devedor ingressado com o pedido de recuperação judicial estão excluídos do plano e de seus efeitos (art. 49, *caput*, da Lei n. 11.101/2005). A Corte Especial do STJ, no julgamento do EAREsp 1255986/PR, decidiu que a sentença (ou o ato jurisdicional equivalente, na competência originária dos tribunais) é o ato processual que qualifica o nascedouro do direito à percepção dos honorários advocatícios sucumbenciais. Em exegese lógica e sistemática, se a sentença que arbitrou os honorários sucumbenciais se deu posteriormente ao pedido de recuperação judicial, o crédito que dali emana, necessariamente, nascerá com natureza extraconcursal, já que, nos termos do art. 49, *caput* da Lei 11.101/05, sujeitam-se ao plano de soerguimento os créditos existentes na data do pedido de recuperação judicial, ainda que não vencidos, e não os posteriores. Por outro lado, se a sentença que arbitrou os honorários advocatícios for anterior ao pedido recuperacional, o crédito dali decorrente deverá ser tido como concursal, devendo ser habilitado e pago nos termos do plano de recuperação judicial. Na hipótese, a sentença que fixou os honorários advocatícios foi prolatada após o pedido de recuperação judicial e, por conseguinte, em se tratando de crédito constituído posteriormente ao pleito recuperacional, tal verba não deverá se submeter aos seus efeitos, ressalvando-se o controle dos atos expropriatórios pelo juízo universal" (STJ, REsp 1841960/SP, Rel. p/ Acórdão Min. Luis Felipe Salomão, 2ª Seção, jul. 12.02.2020, *DJe* 13.04.2020).

Homologação do plano apresentado pelo devedor. Impugnação. Honorários advocatícios sucumbenciais. Cabimento. "Muito embora o procedimento judicial decorrente do pedido de homologação de plano de recuperação extrajudicial não possua, ordinariamente, interesses contrapostos que autorizem, ao seu final, a condenação ao pagamento de honorários advocatícios de sucumbência, a apresentação de oposição à homologação pelos credores confere litigiosidade à demanda, de modo que ao vencido deve ser imposta a obrigação de pagamento em favor dos advogados do vencedor. A jurisprudência desta Corte está assentada no sentido de que mesmo em procedimentos de jurisdição voluntária a existência de litigiosidade excepciona a regra de não cabimento de condenação em honorários advocatícios" (STJ, REsp 1.924.580/RJ, Rel. Min. Nancy Andrighi, 3ª Turma, jul. 22.06.2021, *DJe* 25.06.2021).

Honorários advocatícios. Crédito trabalhista por equiparação. Possibilidade de limitação do paramento. "Em se tratando de crédito trabalhista por equiparação (honorários advocatícios de alta monta), as Turmas de Direito Privado firmaram o entendimento de que é possível, por deliberação da AGC, a aplicação do limite previsto no art. 83, I, da Lei 11.101/2005 às empresas em recuperação judicial, desde que devida e expressamente previsto pelo plano de recuperação judicial, instrumento adequado para dispor sobre forma de pagamento das dívidas da empresa em soerguimento (princípio da preservação da empresa). Precedentes" (STJ, REsp 1.812.143/MT, Rel. Min. Marco Buzzi, Quarta Turma, jul. 09.11.2021, *DJe* 17.11.2021). **No mesmo sentido em relação à falência:** STJ, REsp 939.577/RS, Rel. Min. Massami Uyeda, 3ª Turma, jul. 03.05.2011, *DJe* 19.05.2011. **No mesmo sentido:** STJ, AgRg no REsp 1.226.946/PR, Rel. Min. Hamilton Carvalhido, 1ª Turma, jul. 15.02.2011, *DJe* 24.02.2011; STJ, AgRg no REsp 1.267.980/SC, Rel. Min. Herman Benjamin, 2ª Turma, jul. 03.11.2011, *DJe* 08.11.2011.

Honorários advocatícios. Crédito trabalhista por equiparação. "'1.1) Os créditos resultantes de honorários advocatícios têm natureza alimentar e equiparam-se aos trabalhistas para efeito de habilitação em falência, seja pela regência do Decreto-Lei n. 7.661/1945, seja pela forma prevista na Lei n. 11.101/2005, observado, neste último caso, o limite de valor previsto no artigo 83, inciso I, do referido Diploma legal' (REsp 1.152.218/RS, Relator Ministro Luis Felipe Salomão, Corte Especial, *DJe* de 9/10/2014)" (STJ, REsp 1.785.467/SP, Rel. Min. Raul Araújo, 4ª Turma, jul. 02.08.2022, *DJe* 16.08.2022).

46. Serviços advocatícios com cláusula de remuneração exclusivamente por verbas sucumbenciais. Rescisão unilateral pelo cliente. Arbitramento judicial dos honorários. "1. A jurisprudência pacífica do STJ possui o entendimento no sentido de que, nos contratos de prestação de serviços advocatícios com cláusula de remuneração exclusivamente por verbas sucumbenciais, a rescisão unilateral do contrato pelo cliente/contratante justifica o arbitramento judicial da verba honorária pelo trabalho exercido pelo advogado até o momento da rescisão contratual" (STJ, AgInt no AREsp 1560257/PB, Rel. Min. Luis Felipe Salomão, 4ª Turma, jul. 20.04.2020, *DJe* 23.04.2020).

Honorários contratuais *ad exitum*. Efetivo êxito. Cobrança antecipada. Descabimento. "Nos termos da jurisprudência desta Corte, 'Os honorários advocatícios pactuados com a cláusula de êxito são exigíveis apenas a partir do implemento da condição suspensiva, mesmo nos casos de revogação do mandato no curso da demanda.' (AgInt no REsp 1.704.707/DF, Rel. Ministra MARIA ISABEL GALLOTTI, QUARTA TURMA, julgado em 20/09/2021, *DJe* de 24/09/2021)" (STJ, AgInt no AgInt no AREsp. 1.997.699/SP, Rel. Min. Raul Araújo, 4ª Turma, jul. 20.09.2022, *DJe* 24.10.2022).

47. Condenação em demandas plúrimas. Indivisibilidade da verba. "Nos termos da jurisprudência do Plenário desta Corte, no julgamento dos Embargos de Divergência nos REs 919269, 919793 e 930251, bem como no ARE 797499, a execução dos honorários advocatícios, quando oriundos de condenações em demandas plúrimas, há de ser realizada de maneira una e indivisível, sem a possibilidade de fracionamento da verba honorária a ser paga proporcionalmente à cota devida a cada litisconsorte" (STF, RE-AgR 1.116.273, Rel. Min. Edson Fachin, 2ª Turma, jul. 29.11.2019, *DJe* 12.12.2019).

48. Honorários sucumbenciais. Juros de mora. Termo inicial (§ 16). "Na hipótese em que os honorários de sucumbência são fixados em percentual sobre o valor da causa, tem prevalecido nesta Corte o entendimento segundo o qual os juros de mora incidem a partir da exigibilidade da obrigação, o que se verifica com o trânsito em julgado da sentença. Precedentes" (STJ, REsp 1.984.292/DF, Rel. Min. Nancy Andrighi, 3ª Turma, jul. 29.03.2022, *DJe* 01.04.2022).

49. Advogados públicos e honorários (§ 19). "Havendo convênio entre a Defensoria Pública e a Ordem dos Advogados do Brasil possibilitando a atuação dos causídicos quando não houver defensor público para a causa, mediante remuneração previamente estipulada em tabela, os honorários advocatícios podem ser executados nos próprios autos" (STJ, EREsp 1698526/SP, Rel. p/ Acórdão Min. Maria Thereza de Assis Moura, Corte Especial, jul. 05.02.2020, *DJe* 22.05.2020).

Constitucionalidade dos honorários de sucumbência. "O Supremo Tribunal Federal, no julgamento da ADI 6.053, declarou a constitucionalidade da percepção de honorários de sucumbência pelos advogados públicos, deliberando, outrossim, no sentido de que a somatória dos subsídios e dos honorários de sucumbência percebidos não poderá exceder, mensalmente, ao teto remuneratório dos Ministros do Supremo Tribunal Federal" (TRF-4ª Região, AC 5026736-64.2018.4.04,999/SC, Rel. Des. Federal Sebastião Ogê Muniz, ac. 20.07.2020, *DJe* 21.07.2020). No mesmo sentido: TRF 4ª Região, Apelação 5004974-40.2015.4.04.7213/SC, Rel. Des. Federal Maria de Fátima Freitas Labarrère, 2ª Turma, jul. 10.02.2021, *Revista Síntese de Direito Civil e Processo Civil*, n. 130, p. 171.

Defensoria pública. Honorários sucumbenciais. Condenação de ente público. Possibilidade. Tema 1.002/STF. "O Superior Tribunal de Justiça, nos autos do REsp 1.108.013/RJ, submetido à sistemática prevista no art. 543-C do CPC/1973, firmou tese, descrita no Tema Repetitivo n. 129, reconhecendo à Defensoria Pública o direito ao recebimento dos honorários advocatícios quando a atuação se dá contra ente federativo diverso do qual é parte integrante. Recentemente, o Supremo Tribunal Federal, por ocasião do julgamento do RE n. 1.140.005/RJ, ao considerar a autonomia administrativa, funcional e financeira atribuída à Defensoria Pública, concluiu pela ausência de vínculo de subordinação ao poder executivo, e consequente superação do argumento de confusão patrimonial, definindo tese que assegura o pagamento de honorários sucumbenciais à instituição, independentemente do ente público litigante, os quais devem ser destinados, exclusivamente, ao aparelhamento das Defensorias Públicas, sendo vedado o rateio dos valores entre os membros

(Tema 1.002/STF). Cabível, portanto, a condenação do ente federado ao pagamento de verba sucumbencial à Defensoria Pública" (STJ, REsp 2.089.489/GO, Rel. Min. Francisco Falcão, 2ª Turma, jul. 05.09.2023, *DJe* 08.09.2023).

Defensoria Pública. Confusão. "Segundo noção clássica do direito das obrigações, ocorre confusão quando uma mesma pessoa reúne as qualidades de credor e devedor. Em tal hipótese, por incompatibilidade lógica e expressa previsão legal, extingue-se a obrigação. Com base nessa premissa, a jurisprudência desta Corte tem assentado o entendimento de que **não são devidos honorários advocatícios** à Defensoria Pública quando atua contra a pessoa jurídica de direito público da qual é parte integrante. *A contrario sensu*, reconhece-se o direito ao recebimento dos honorários advocatícios se a atuação se dá em face de ente federativo diverso, como, por exemplo, quando a Defensoria Pública estadual atua contra município" (STJ, REsp 1.108.013/RJ, Rel. Min. Eliana Calmon, Corte Especial, jul. 03.06.2009, *DJe* 22.06.2009). **No mesmo sentido**: STJ, REsp 734.115/RJ, Rel. Min. João Otávio de Noronha, 2ª Turma, jul. 06.03.2007, *DJ* 26.03.2007.

Defensor dativo. Direito a honorários. "[...] a jurisprudência desta Corte é pacífica no sentido de que o advogado nomeado defensor dativo, em processos em que figure como parte pessoa economicamente necessitada, **faz jus a honorários**, ainda que exista, no estado, Defensoria Pública, cabendo à Fazenda o pagamento dos honorários devidos" (STJ, AgRg no REsp 159.974/MG, Rel. Min. Francisco Falcão, 1ª Turma, jul. 28.10.2003; *RSTJ* 185/85). **No mesmo sentido:** STJ, RMS 8.713/MS, Rel. Min. Hamilton Carvalhido, 6ª Turma, jul. 15.04.2003, *DJ* 19.05.2003, p. 253; STJ, REsp 407.052/SP, Rel. Min. João Otávio de Noronha, 2ª Turma, jul. 16.06.2005, *DJ* 22.08.2005, p. 189; STJ, REsp 296.886/SE, Rel. Min. Barros Monteiro, 4ª Turma, jul. 04.11.2004, *DJ* 01.02.2005, p. 563; STJ, AgRg nos EDcl nos EDcl no REsp 840.935/SC, Rel. Min. José Delgado, 4ª Turma, jul. 06.02.2007, *DJ* 15.02.2007; STJ, REsp 602.005/RS, Rel. Min. Luiz Fux, 1ª Turma, jul. 23.03.2004, *DJ* 26.04.2004, p. 153; STJ, REsp 407.052/SP, Rel. Min. João Otávio de Noronha, 2ª Turma, jul. 16.06.2005, *DJ* 22.08.2005.

50. Honorários e desconsideração da personalidade jurídica. Ver jurisprudência do art. 136.

Honorários advocatícios. Em caso de improcedência do pedido. Ver jurisprudência do art. 133.

51. Ação de mero acertamento sem natureza condenatória. Honorários. "A falta de impugnação pelo locador ao pedido de renovação do contrato transforma a lide em mero acertamento, e, nesse caso, cabível o rateio das despesas processuais além da condenação de cada parte em suportar os honorários de advogado da parte adversa. Nas ações de mero acertamento, sem comando judicial de natureza condenatória, a fixação dos honorários de advogado observa o art. 85, § 2º, do Código de Processo Civil" (TJRJ, Apelação 0354138-45.2014.8.19.0001, Rel. Des. Henrique Carlos de Andrade Figueira, 5ª Câmara Cível, jul. 01.04.2020, p. 152).

52. Incidente processual. Condenação em honorários advocatícios. Inexistência. "A cautelar prévia de caução configura-se como mera antecipação de fase de penhora na execução fiscal e, via de regra, é promovida no exclusivo interesse do devedor. Atribuir ao ente federado a causalidade pela cautelar de caução prévia à execução fiscal representa imputar ao credor a obrigatoriedade da propositura imediata da ação executiva, retirando-se dele a discricionariedade da escolha do momento oportuno para a sua proposição e influindo diretamente na liberdade de exercício de seu direito de ação. Ao devedor é assegurado o direito de inicialmente ofertar bens à penhora na execução fiscal, de modo que também não é possível assentar que ele deu causa indevida à medida cautelar tão somente por provocar a antecipação dessa fase processual. Hipótese em que a questão decidida nesta ação cautelar tem natureza jurídica de incidente processual inerente à execução fiscal, não guardando autonomia a ensejar condenação em honorários advocatícios em desfavor de qualquer das partes" (STJ, AREsp 1521312/MS, Rel. Min. Gurgel de Faria, Primeira 1ª Turma, jul. 09.06.2020, *DJe* 01.07.2020). No mesmo sentido: STJ, AgInt no AREsp 1.996.760/SP, Rel. Min. Herman Benjamin, jul. 14.03.2023, *DJe* 04.04.2023.

53. Compensação com o crédito principal. Processos distintos. Impossibilidade. "A Primeira Seção desta Corte, nos autos do Recurso Especial 1.402.616/RS, adotou orientação no sentido de que, pelo conceito de compensação, credor e devedor devem ser as mesmas pessoas e que a verba honorária, que possui natureza alimentícia, pertence ao advogado, que tem sobre ela direito autônomo, não sendo razoável a compensação de honorários advocatícios em processos distintos" (STJ, AgInt no AgInt no REsp 1609915/RS, Rel. Min. Mauro Campbell Marques, 2ª Turma, jul. 15.12.2016, *DJe* 19.12.2016).

54. Sucumbência recíproca.

Apuração mediante o quantitativo de pedidos. "Verifico que o acórdão recorrido adotou entendimento consolidado nesta Corte segundo o qual a apuração da sucumbência recíproca deve levar em conta o quantitativo de pedidos isoladamente considerados que foram deferidos em contraposição aos indeferidos" (STJ, AgInt no REsp 1875217/PE, Rel. Min. Regina Helena Costa, 1ª Turma, jul. 08.09.2020, *DJe* 14.09.2020).

Sucumbência recíproca. Bases de cálculo distintas em relação aos litigantes. Distribuição proporcional. "Verificada a existência de sucumbência recíproca, os honorários e ônus decorrentes devem ser distribuídos adequada e proporcionalmente, levando-se em consideração o grau de êxito de cada um dos envolvidos, bem como os parâmetros dispostos no art. 85, § 2º, do CPC/2015" (STJ, EDcl no AgInt nos EDcl no AREsp 1.553.027/RJ, Rel. Min. Marco Buzzi, 4ª Turma, jul. 03.05.2022, *DJe* 06.05.2022).

Base de cálculo. Recurso exclusivo da parte autora. "Os honorários fixados na sucumbência recíproca são independentes entre si, consistindo em obrigações de natureza cindível na qual o provimento do recurso de uma parte, ou do seu advogado, não pode prejudicar esse recorrente, com a indevida majoração também da verba honorária sucumbencial já fixada em favor do patrono da parte contrária, que não recorreu, sob pena de configurar-se *reformatio in pejus*" (STJ, AgInt no REsp 1.944.858/DF, Rel. p/ acórdão Min. Raul Araújo, 4ª Turma, jul. 27.09.2022, *DJe* 09.12.2022).

Compensação. Pagamento dos honorários dos próprios advogados. Impossibilidade. "Nos termos do art. 85, *caput*, do CPC/2015, estabelecido o grau de sucumbência recíproca entre os litigantes, a parte autora deverá arcar com os honorários sucumbenciais do advogado do réu e este com os honorários sucumbenciais do advogado do autor. Não é lícito, portanto, na hipótese de sucumbência recíproca, a condenação de cada parte ao pagamento de honorários sucumbenciais de seus próprios advogados, sob pena de, indiretamente, se chancelar a compensação vedada expressamente pela lei e de se produzir situações inadmissíveis do ponto de vista lógico-jurídico e sistemático" (STJ, REsp 2.082.582/RJ, Rel. Min. Nancy Andrighi, 3ª Turma, jul. 11.06.2024, *DJe* 20.06.2024).

55. Honorários advocatícios contratuais. Inclusão na execução de contrato de locação em *shopping*. "Na hipótese, o contrato firmado entre as partes prevê que o locatário deverá pagar os honorários contratuais de seu advogado, assim como os do advogado do locador, o que não configura *bis in idem*, pois não se trata do pagamento da mesma verba, mas do repasse de custo do locador para o locatário. A atividade empresarial é caracterizada pelo risco e regulada pela lógica da livre concorrência, devendo prevalecer nesses ajustes, salvo situação excepcional, a autonomia da vontade e o princípio pacta sunt servanda. Não há como afastar a incidência de cláusula de contrato de locação de espaço em shopping center com base em alegação genérica de afronta à boa-fé objetiva, devendo ficar demonstrada a situação excepcional que autoriza a intervenção do Poder Judiciário" (STJ, REsp 1644890/PR, Rel. Min. Ricardo Villas Bôas Cueva, 3ª Turma, jul. 18.08.2020, *DJe* 26.08.2020).

Honorários contratuais despendidos pela parte vencedora. Descabimento. Ver jurisprudência do art. 84 do CPC/2015.

Honorários advocatícios contratuais. Precatórios em favor dos Estados e Municípios. FUNDEF/FUNDEB. Juros de mora. Possibilidade. Ver jurisprudência do art. 535 do CPC/2015.

Honorários advocatícios contratuais. Cobrança pela Sociedade de Advogados. "É parte legítima para cobrar honorários contratuais a Sociedade de Advocacia que, apesar de não constar do instrumento de mandato, obtém a titularidade do crédito por força de legítima e válida cessão de crédito operada no momento em que a advogada cedente e titular originária do crédito, passa a integrar o quadro societário daquela Sociedade. Doutrina e Jurisprudência" (STJ, REsp 2.004.335/SP, Rel. Min. Moura Ribeiro, 3ª Turma, jul. 09.08.2022, *DJe* 18.08.2022).

Honorários advocatícios contratuais. Rescisão unilateral. Remuneração *ad exitum*. Prescrição. Termo inicial. "'É certo que, nos contratos de prestação de serviços advocatícios *ad exitum*, a vitória processual constitui condição suspensiva (artigo 125 do Código Civil), cujo implemento é obrigatório para que o advogado faça jus à devida remuneração. Ou seja, o direito aos honorários somente é adquirido com a ocorrência do sucesso na demanda' (REsp 1.337.749/MS, Rel. Ministro Luis Felipe Salomão, quarta turma, julgado em 14/02/2017, *DJe* de 06/04/2017). Em tais contratações, o êxito na demanda é fator determinante não só do *an debeatur*, mas também do *quantum debeatur*, pois, além de definir o dever de adimplir, estabelece também a base de cálculo do valor a ser pago, caso devido. Por essa razão, 'O termo inicial do prazo de prescrição da pretensão ao recebimento de honorários advocatícios contratados sob a condição de êxito da demanda judicial, no caso em que o mandato foi revogado por ato unilateral do mandante antes do término do litígio judicial, à luz do princípio da *actio nata*, é a data do êxito da demanda, e não a da revogação do mandato' (AgInt no AREsp 1.106.058/RS, Rel. Ministro Ricardo Villas Bôas Cueva, terceira turma, julgado em 14/10/2019, DJe de 16/10/2019)" (STJ, REsp 1.777.499/RS, Rel. Min. Raul Araújo, 4ª Turma, jul. 22.11.2022, *DJe* 06.12.2022).

56. Fundações públicas de direito privado. "No caso dos autos, a entidade fundacional é de direito privado, filantrópica e de utilidade pública, cuja criação se deu por lei municipal autorizativa de doação de bem imóvel público, não se aplicando à hipótese, portanto, os critérios utilizados pelo acórdão recorrido para o arbitramento dos honorários advocatícios, nem mesmo a isenção de custas processuais. As fundações públicas de direito público (Administração Indireta) e as fundações públicas de direito privado, cuja instituição ocorre por autorização legislativa, submetem-se à supervisão determinada pelo Ministro de Estado competente, por motivo de interesse público, nos termos do Decreto n. 200/1967 (art. 26, parágrafo único, 'i'), prescindindo, portanto, da manifestação do órgão do Ministério Público nas ações em que são parte. Recurso especial provido para restaurar o arbitramento dos honorários e das custas tal como realizado pela sentença" (STJ, REsp 1409199/SC, Rel. Min. Luis Felipe Salomão, 4ª Turma, jul. 10.03.2020, *DJe* 04.08.2020).

57. Cautelar de caução prévia. Descabimento de honorários. "A cautelar prévia de caução configura-se como mera antecipação de fase de penhora na execução fiscal e, via de regra, é promovida no exclusivo interesse do devedor. (...) Hipótese em que a questão decidida nesta ação cautelar tem natureza jurídica de incidente processual inerente à execução fiscal, não guardando autonomia a ensejar condenação em honorários advocatícios em desfavor de qualquer das partes" (STJ, AREsp 1521312/MS, Rel. Min. Gurgel de Faria, 1ª Turma, jul. 09.06.2020, DJe 01.07.2020).

58. Homologação de acordo.

Execução de título extrajudicial. Honorários fixados no despacho inicial. Acordo homologado no dia seguinte à destituição dos patronos. Execução da verba nos próprios autos. Admissibilidade. "Por conseguinte, ao fixá-los no mínimo de 10% sobre a dívida, o Magistrado de primeiro grau garantiu o recebimento desse valor, no mínimo, exceto se o próprio escritório de advogados tivesse transacionado sobre seu direito, o que não ocorreu, de modo que a referida decisão deve ser considerada um título executivo. Ademais, a transação extrajudicial ocorrida na hipótese se deu para reconhecimento do débito e parcelamento do débito, de maneira que houve sucumbência por parte da devedora, que reconheceu sua dívida e se comprometeu a adimpli-la nos termos do acordo firmado. O pedido de homologação da transação extrajudicial foi protocolado exatamente no dia posterior à revogação do mandato outorgado ao escritório recorrente, e não existiu nenhuma disposição acerca dos honorários no acordo entabulado. Portanto, a decisão inicial que arbitrou os honorários advocatícios pode ser considerada como um título executivo, até mesmo em homenagem ao princípio da instrumentalidade das formas, pois as partes não seriam prejudicadas e o processo atingiria sua finalidade sem o indesejável e excessivo apego ao formalismo" (STJ, REsp 1.819.956/SP, Rel. p/ Acórdão Min. Marco Aurélio Bellizze, 3ª Turma, jul. 10.12.2019, *DJe* 19.12.2019).

Participação do advogado credor da sucumbência omitida, sem expressa qualquer ressalva. Aquiescência do profissional caracterizada. "Por outro lado, se o acordo a ser homologado judicialmente, omisso quanto aos honorários sucumbenciais, tem a participação do advogado credor dessa verba e este não faz qualquer ressalva acerca de seu direito, ao requerer, em nome da parte, a homologação do ajuste, tem-se caracterizada a aquiescência do profissional a que alude a regra do Estatuto da Advocacia. Nessa linha de intelecção, homologado o acordo, a subsequente pretensão de execução dos honorários sucumbenciais não merece acolhida, pois, além de violar o referido artigo legal, também acarretaria claro desprestígio e desatenção ao princípio da boa-fé processual, o qual deve nortear o comportamento de todas as partes envolvidas em qualquer litígio e de seus respectivos patronos (CPC, art. 5º)" (STJ, AgInt no AREsp 1.636.268/RJ, Rel. p/ acórdão Min. Raul Araújo, 4ª Turma, jul. 24.08.2021, *DJe* 19.10.2021).

59. Sentença arbitral estrangeira. Sentença contestada. Ausência de violação da ordem pública. Impossibilidade de análise do mérito da relação de direito material. Fixação da verba honorária. "Na hipótese de sentença estrangeira contestada, por não haver condenação, a fixação da verba honorária deve ocorrer nos moldes do art. 20, § 4º, do Código de Processo Civil/1973, devendo ser observadas as alíneas do § 3º do referido artigo, porque a demanda iniciou ainda sob a vigência daquele estatuto normativo. Além disso, consoante o entendimento desta Corte, neste caso, não está o julgador adstrito ao percentual fixado no referido § 3º" (STJ, SEC 14.930/EX, Rel. Min. Og Fernandes, Corte Especial, jul. 15.05.2019, *DJe* 27.06.2019).

"Em demandas de Homologação de Decisão Estrangeira, aplica-se, na fixação de honorários advocatícios sucumbenciais, o disposto no parágrafo 8º do art. 85 do CPC/2015. Precedentes: EDcl na SEC 11.106/EX, Rel. Ministro Herman Benjamin, Corte Especial, julgado em 21.02.2018, *DJe* 17.12.2018; SEC 14.233/EX, Rel. Ministro Og Fernandes, Corte Especial, julgado em 21.11.2018, *DJe* 27.11.2018. Valor fixado sem olvidar do valor da condenação estampada na sentença estrangeira, mas também levando-se em consideração que o processo tramitou de forma eletrônica, sem necessidade de comparecimento a Brasília e foi extinto sem apreciação do mérito, por falta de prova de representação processual regular da Autora" (STJ, AgInt nos

EDcl na SEC 15.883/EX, Rel. Min. Benedito Gonçalves, Corte Especial, jul. 07.08.2019, *DJe* 13.08.2019). **No mesmo sentido**: STJ, EDcl-HDE 1.914/EX, Rel. Min. Benedito Gonçalves, Corte Especial, jul. 17.03.2021, *DJe* 03.08.2021; STJ, AgInt no EDcl no SEC 5.293/EX, Rel. Min. Jorge Mussi, Corte Especial, jul. 01.12.2020, *DJe* 07.12.2020.

Homologação de sentença estrangeira. Aplicação do art. 85, § 8º, do CPC. Fixação dos honorários por equidade. "Em pedido de homologação de decisão estrangeira, contestado pela própria parte requerida, a verba honorária sucumbencial deve ser estabelecida por apreciação equitativa, nos termos do § 8º do art. 85 do CPC de 2015, com observância dos critérios dos incisos do § 2º do mesmo art. 85. (...) Assim, o estabelecimento, por equidade, de honorários advocatícios sucumbenciais nas homologações de decisão estrangeira contestada, conforme a natureza predominante da relação jurídica considerada, observará: a) nas causas de cunho existencial, poderão ser fixados sem maiores incursões nos eventuais valores apenas reflexamente debatidos, por não estar a causa diretamente relacionada a valores monetários, mas sobretudo morais; b) nas causas de índole patrimonial, serão fixados levando em conta, entre outros critérios, os valores envolvidos no litígio, por serem estes indicativos objetivos e inegáveis da importância da causa para os litigantes" (STJ, HDE 1.809/EX, Rel. Min. Raul Araújo, Corte Especial, jul. 22.04.2021, *DJe* 14.06.2021).

60. Cédulas de crédito rural pignoratícias e hipotecárias. Renegociação da dívida. Extinção do processo. Honorários advocatícios. "A destinação dos honorários de sucumbência ao advogado do vencedor tratou-se de opção do legislador infraconstitucional, ao editar o art. 23 da Lei 8.906/94 (Estatuto da Advocacia). De modo semelhante, por opção de política legislativa, há normas especiais que excepcionam a aplicação dos princípios da sucumbência e da causalidade, isentando as partes do pagamento da verba honorária, até mesmo das custas e despesas processuais. Nesse sentido, optou o legislador, ao editar a Lei 13.340/2016 - que trata de plano de recuperação de dívidas de crédito rural -, por não incrementar o dispêndio financeiro das partes, em especial do agricultor mutuário, com o pagamento de honorários advocatícios à parte adversa. Aplicação da norma especial que afasta a incidência da regra geral" (STJ, REsp 1.836.470/TO, Rel. Min. Nancy Andrighi, 3ª Turma, jul. 02.02.2021, *DJe* 05.02.2021).

Cédula de crédito rural. Renegociação de dívida. "Ante o disposto no art. 12 da Lei 13.340/2016, a extinção da execução em virtude da renegociação de dívida fundada em cédula de crédito rural não impõe à parte executada o dever de arcar com as custas processuais e os honorários advocatícios em favor dos patronos da parte exequente" (STJ, REsp 1.930.865/TO, Rel. Min. Nancy Andrighi, 3ª Turma, jul. 22.06.2021, *DJe* 25.06.2021).

61. Restituição de valores. Retenção. Porcentagem. Honorários advocatícios. Base de cálculo. Valor da condenação. "Configurada a sucumbência mínima da parte autora, visto que obteve êxito total dos seus pedidos, com redução apenas do percentual de devolução de parcelas que pretendia receber, de modo que a parte ré deve arcar com a integralidade das despesas processuais" (STJ, AgInt nos EDcl no REsp 1.771.941/SP, Rel. Min. Luis Felipe Salomão, 4ª Turma, jul. 15.12.2020, *DJe* 02.02.2021).

62. Benefício previdenciário. Pagamento na via administrativa total ou parcial após a citação válida. Não alteração da base de cálculo dos honorários. "Consoante entendimento firmado por este Superior Tribunal de Justiça, os valores pagos administrativamente devem ser compensados na fase de liquidação do julgado; entretanto, tal compensação não deve interferir na base de cálculo dos honorários sucumbenciais, que deverá ser composta pela totalidade dos valores devidos (REsp 956.263/SP, Rel. Min. Napoleão Nunes Maia Filho, Quinta Turma, *DJ* 3.9.2007, p. 219). Os honorários advocatícios, nos termos do art. 85, § 2º, do CPC/2015, são fixados na fase de conhecimento com base no princípio da sucumbência, ou seja, em razão da derrota da parte vencida. No caso concreto, conforme constatado nos autos, a pretensão resistida se iniciou na esfera administrativa com o indeferimento do pedido de concessão do benefício previdenciário. A resistência à pretensão da parte recorrida, por parte do INSS, ensejou a propositura da ação, o que impõe a fixação dos honorários sucumbenciais, a fim de que a parte que deu causa à demanda assuma as despesas inerentes ao processo, em atenção ao princípio da causalidade, inclusive no que se refere à remuneração do advogado que patrocinou a causa em favor da parte vencedora. Tese fixada pela Primeira Seção do STJ, com observância do rito do julgamento dos recursos repetitivos previsto no art. 1.036 e seguintes do CPC/2015: o eventual pagamento de benefício previdenciário na via administrativa, seja ele total ou parcial, após a citação válida, não tem o condão de alterar a base de cálculo para os honorários advocatícios fixados na ação de conhecimento, que será composta pela totalidade dos valores devidos" (STJ, REsp 1.847.731/RS, Rel. Min. Manoel Erhardt, 1ª Seção, jul. 28.04.2021, *DJe* 05.05.2021).

63. Honorários de advogado. Legitimidade recursal concorrente da parte e do advogado. Ver jurisprudência do art. 996 do CPC/2015.

64. Honorários fixados fora dos padrões. Reexame pelo STJ. "Esta Corte Superior pode rever o valor estabelecido a título de honorários sucumbenciais, nas hipóteses em que a condenação se distancia dos padrões de razoabilidade e proporcionalidade, o que não se evidencia no caso concreto" (STJ, AgInt no AREsp 1.715.339/DF, Rel. Min. Raul Araújo, 4ª Turma, jul. 22.03.2021, *DJe* 13.04.2021).

65. Termo final para apuração da base de cálculo. "A respeito do termo final da verba de honorários, a orientação jurisprudencial do Superior Tribunal de Justiça é a de que aquele deve ser fixado na data do julgamento favorável à concessão do benefício pleiteado, excluídas as parcelas vincendas, conforme determina a Súmula 111/STJ, mesmo em se tratando de questões decididas após a entrada em vigor do CPC/2015" (STJ, AgInt no REsp 1.915.112/SP, Rel. Min. Herman Benjamin, 2ª Turma, jul. 28.06.2021, *DJe* 01.07.2021).

66. Desistência da ação. Após citação e antes da contestação. Honorários. "O art. 1.040, § 2º, do CPC/2015, que trata de hipótese específica de desistência do autor antes da contestação sem pagamento de honorários advocatícios, somente se aplica dentro do microssistema do recurso especial repetitivo. O autor responde pelo pagamento de honorários advocatícios se o pedido de desistência tiver sido protocolizado após a ocorrência da citação, ainda que em data anterior ao oferecimento da contestação" (STJ, REsp 1.819.876/SP, Rel. Min. Ricardo Villas Bôas Cueva, 3ª Turma, jul. 05.10.2021, *DJe* 08.10.2021).

67. Cumulação simples subjetiva de pedidos. Litisconsortes. Provimento do recurso de apenas um deles. "A melhor interpretação da regra do art. 85, § 11, do CPC/15, à luz da jurisprudência desta Corte, é no sentido de que, na hipótese de cumulação simples e subjetiva de pedidos, o provimento do recurso que apenas atinja o pedido formulado por um dos litisconsortes facultativos simples não impede a fixação de honorários recursais em relação aos pedidos autônomos formulados pelos demais litisconsortes e que se mantiveram absolutamente intactos após o julgamento" (STJ, REsp 1.954.472/RJ, Rel. Min. Nancy Andrighi, 3ª Turma, jul. 05.10.2021, *DJe* 08.10.2021).

68. Decisão antecipada parcial de mérito. Honorários. "Assim, a decisão antecipada parcial do mérito deve fixar honorários em favor do patrono da parte vencedora, tendo por base a parcela da pretensão decidida antecipadamente. Vale dizer, os honorários advocatícios deverão ser proporcionais ao pedido ou parcela do pedido julgado nos termos do art. 356 do CPC/2015"

(STJ, REsp 1.845.542/PR, Rel. Min. Nancy Andrighi, 3ª Turma, jul. 11.05.2021, *DJe* 14.05.2021).

Decisão parcial da lide. Litisconsorte passivo. Honorários sucumbenciais. "A teor do Enunciado nº 5 da I Jornada de Direito Processual Civil, ao proferir decisão parcial de mérito ou decisão parcial fundada no art. 485 do CPC, condenar-se-á proporcionalmente o vencido a pagar honorários ao advogado do vencedor, nos termos do art. 85 do CPC. Isso significa que o juiz, ao reconhecer a ilegitimidade *ad causam* de um dos litisconsortes passivos e excluí-lo da lide, não está obrigado a fixar, em seu benefício, honorários advocatícios sucumbenciais mínimos de 10% sobre o valor da causa. O art. 85, § 2º, do NCPC, ao estabelecer honorários advocatícios mínimos de 10% sobre o valor da causa, teve em vista decisões judiciais que apreciassem a causa por completo, ou seja, decisões que, com ou sem julgamento de mérito, abrangessem a totalidade das questões submetidas a juízo. Tratando-se de julgamento parcial da lide, os honorários devem ser arbitrados de forma proporcional a parcela do pedido efetivamente apreciada" (STJ, REsp 1.760.538/RS, Rel. Min. Moura Ribeiro, 3ª Turma, jul. 24.05.2022, *DJe* 26.05.2022). **No mesmo sentido:** STJ, REsp 2.098.934/RO, Rel. Min. Nancy Andrighi, 3ª Turma, jul. 05.03.2024, *DJe* 07.03.2024; STJ, REsp 2.065.876/SP, Rel. Min. Marco Buzzi, 4ª Turma, jul. 03.09.2024, *DJe* 26.09.2024.

69. Honorários. Percentuais fixados dentro do limite da lei. Valor que não atende à razoabilidade e à proporcionalidade. "A distribuição dos honorários advocatícios, respeitando ao comando normativo do art. 85, § 2º, do Código de Processo Civil, fixados entre o percentual mínimo de dez e o máximo de vinte por cento sobre o valor da condenação, do proveito econômico obtido ou, não sendo possível mensurá-lo, sobre o valor atualizado da causa, não pode, em regra, ser alterada. No entanto, o entendimento jurisprudencial do STJ orienta-se no sentido de ser possível, ainda que os honorários advocatícios estejam dentro dos percentuais fixados em lei, a redução dos seus valores quando fora dos padrões da razoabilidade e proporcionalidade" (STJ, REsp 1.804.201/SP, Rel. Min. Paulo de Tarso Sanseverino, 3ª Turma, jul. 21.09.2021, *DJe* 24.09.2021).

70. Honorários sucumbenciais. Juros de mora. Termo inicial (§ 16). "Na hipótese em que os honorários de sucumbência são fixados em percentual sobre o valor da causa, tem prevalecido nesta Corte o entendimento segundo o qual os juros de mora incidem a partir da exigibilidade da obrigação, o que se verifica com o trânsito em julgado da sentença. Precedentes" (STJ, REsp 1.984.292/DF, Rel. Min. Nancy Andrighi, 3ª Turma, jul. 29.03.2022, *DJe* 01.04.2022).

71. Contrato administrativo com cláusula de renúncia aos honorários de sucumbência. Validade. "Nos contratos administrativos, é válida a cláusula que trata de renúncia do direito do advogado aos honorários de sucumbência, notadamente quando a parte contratada, por livre e espontânea vontade, manifesta, expressamente, sua concordância e procede ao patrocínio das causas de seu cliente, mediante a remuneração acertada no contrato, até o fim do período contratado. Observância da orientação firmada pelo Tribunal Pleno do Supremo Tribunal Federal, na ADI 1194/TO. A propósito: 'a renúncia à verba honorária sucumbencial deve ser expressa, sendo vedada sua presunção pelo mero fato de não ter sido feitas ressalvas no termo do acordo entre os litigantes originários' (REsp 958.327/DF, Rel. p/ Acórdão Ministro Humberto Martins, Segunda Turma, *DJe* 04/09/2008). No caso em análise, a parte autora manifestou, de forma expressa e consciente, a renúncia e só procurou discutir a cláusula após o fim do contrato" (STJ, AREsp 1.825.800/SC, Rel. Min. Benedito Gonçalves, 1ª Turma, jul. 05.04.2022, *DJe* 11.04.2022).

72. Plano de saúde. Cobertura. Tratamento médico. Dano moral. Honorários advocatícios. Base de cálculo. Obrigação de fazer. Obrigação de pagar quantia certa. "Nas sentenças que reconheçam o direito à cobertura de tratamento médico e ao recebimento de indenização por danos morais, os honorários advocatícios sucumbenciais incidem sobre as condenações ao pagamento de quantia certa e à obrigação de fazer" (STJ, EAREsp 198.124/RS, Rel. Min. Ricardo Villas Bôas Cueva, 2ª Seção, jul. 27.04.2022, *DJe* 11.05/2022).

73. Desapropriação.

"A base de cálculo dos honorários advocatícios na desapropriação inclui, além da diferença entre o valor ofertado e o estabelecido como justa indenização, os juros compensatórios e moratórios, nos termos da Súmula 131/STJ [...] Os juros compensatórios e moratórios, a serem incluídos no cálculo dos honorários advocatícios, devem observar o disposto no artigo 100 da Constituição Federal, com a redação da Emenda Constitucional nº 62/2009, ou seja, 'os juros compensatórios têm incidência até a data da expedição de precatório, enquanto os moratórios somente incidirão se o precatório expedido não for pago no prazo constitucional' (REsp 1.118.103/SP, Rel. Min. Teori Albino Zavascki, 1ª Seção, *DJe* 08/03/2010" (STJ, REsp 1.132.789/SP, Rel. Min. Castro Meira, 2ª Turma, jul. 05.08.2010, *DJe* 17.08.2010).

"[...] a Segunda Turma, por precedentes mais recentes, adota o entendimento do acórdão embargado, segundo o qual é possível vedar o levantamento dos honorários advocatícios (acessório) relativos à desapropriação em faixa de fronteira, quando há decisão do egrégio Supremo Tribunal Federal que suspende o levantamento da indenização (principal), até dirimir-se a questão dominial" (STJ, EREsp 654.517/PR, Rel. Min. Herman Benjamin, 1ª Seção, jul. 14.04.2010, *DJe* 14.05.2010).

Desistência da ação. "Na hipótese de desistência da ação de desapropriação por utilidade pública o ente desapropriante é o responsável pelo pagamento do ônus financeiro do processo, com o ressarcimento de despesas eventualmente pagas pelo réu, a serem apuradas em momento próprio de liquidação ou de cumprimento de sentença. Inteligência do art. 90, 'caput', do CPC/2015 e do art. 30 do Decreto-Lei 3.365/1941. De igual modo, face a inexistência de condenação e de proveito econômico, os honorários advocatícios sucumbenciais observam o valor atualizado da causa, assim como os limites da Lei das Desapropriações. Inteligência do art. 85, § 2º, do CPC/2015, e do art. 27, § 1º, do Decreto-Lei 3.365/1941" (STJ, REsp 1.834.024/MG, Rel. Min. Mauro Campbell Marques, 2ª Turma, jul. 07.06.2022, *DJe* 17.06.2022).

Desapropriação indireta. Limites percentuais. "Os limites percentuais estabelecidos no art. 27, §§ 1º e 3º, do DL 3.365/1941, relativos aos honorários advocatícios, aplicam-se às desapropriações indiretas. Precedentes do STJ" (STJ, REsp 1.300.442/SC, Rel. Min. Herman Benjamin, 2ª Turma, jul. 18.06.2013, *DJe* 26.06.2013).

Fase de cumprimento de sentença. Juízo de equidade. Não cabimento. Honorários arbitrados com base em proveito econômico. "Não cabe o arbitramento de honorários advocatícios sucumbenciais mediante juízo de equidade fora das hipóteses do art. 85, § 8.º, do CPC/2015, que não inclui a circunstância de o valor ser vultoso. Inteligência do REsp 1.850.512/SP (Tema 1076/STJ). As ações de desapropriação observam na fase de cumprimento de sentença, no que couber, o regime do art. 27, § 1.º, do Decreto-Lei 3.365/1941, o que inclui os seus limites percentuais" (STJ, REsp 2.075.692/SP, Rel. Min. Mauro Campbell Marques, 2ª Turma, ac. 08.08.2023, *DJe* 17.08.2023).

74. Inventário. Conflito de interesses entre os herdeiros. "A jurisprudência do STJ firmou o entendimento no sentido de que, havendo conflito de interesses entre os herdeiros, as despesas de verba honorária do advogado constituído pelo inventariante não devem ser suportadas pelo espólio" (STJ, AgInt no AREsp 1.924.962/CE, Rel. Min. Maria Isabel Gallotti, 4ª Turma, jul. 08.08.2022, *DJe* 12.08.2022).

75. Valor da indenização por danos morais. Condenação inferior ao pedido. Sucumbência recíproca. Não ocorrência. "Segundo o enunciado n. 326 da Súmula de Jurisprudência do STJ, '[n]a ação de indenização por dano moral, a condenação em montante inferior ao postulado na inicial não implica sucumbência recíproca', orientação que não conflita com o art. 292, V, do CPC/2015, subsistindo na vigência da atual lei processual civil. (...) Na perspectiva da sucumbência, o acolhimento do pedido inicial – este entendido como sendo a pretensão reparatória *stricto sensu*, e não o valor indicado como referência –, com o reconhecimento do dever de indenizar, é o bastante para que ao réu seja atribuída a responsabilidade pelo pagamento das despesas processuais e honorários advocatícios, decerto que vencido na demanda, portanto sucumbente" (STJ, REsp 1.837.386/SP, Rel. Min. Antonio Carlos Ferreira, 4ª Turma, jul. 16.08.2022, *DJe* 23.08.2022).

76. Exclusão de litisconsorte passivo. Extinção do processo em relação à parte ilegítima. Honorários advocatícios. Novas regras. Ver jurisprudência do art. 338, do CPC/2015.

77. Rescisória. Reconhecimento de incompetência. Julgamento por órgãos jurisdicionais distintos. Honorários advocatícios devidos. Fixação pelo Tribunal que realiza o juízo rescindendo. "Com todas as vênias à compreensão diversa, não se pode recusar a fixação de honorários na Ação Rescisória proposta com fundamento no art. 966, II, do CPC, porque ainda haverá julgamento da demanda originária pelo órgão jurisdicional competente. A sucumbência da Ação Rescisória é autônoma em relação à sucumbência da ação originária a ser julgada, haja vista que assentadas em atuações diversas, em processos diversos e com pressupostos também diversos. Negar a remuneração pelo exitoso patrocínio da primeira, porque haverá novo julgamento da ação originária em outro órgão jurisdicional (que não tem competência para o julgamento da Ação Rescisória), não parece ser a melhor exegese dos arts. 85, *caput*, e 974, parágrafo único, do CPC. (...) Por fim, mas não menos importante, veja que existe a possibilidade de se fixarem honorários na Ação Rescisória quando a ela bastar o pronunciamento do juízo rescisório. Suficiente pensar na sempre lembrada hipótese do art. 966, IV, do CPC, em que se objetive, simplesmente, rescindir pronunciamento violador da coisa julgada anterior. Tem-se juízo rescindente sem juízo rescisório, sendo inegável que haverá fixação de sucumbência em prol do advogado vencedor da demanda, mesmo inexistindo rejulgamento posterior" (STJ, REsp. 1.848.704/RJ, Rel. p/ acórdão Min. Herman Benjamin, 2ª Turma, jul. 23.08.2022, *DJe* 13.12.2022).

78. Recurso intempestivo. Juros de mora. Termo inicial. "Nos termos da doutrina e da jurisprudência, o recurso intempestivo não obsta a formação da coisa julgada, de modo que a decisão que atesta a sua intempestividade não posterga o termo final do trânsito em julgado, que ocorre imediatamente no dia seguinte após expirado o prazo para interposição do recurso intempestivo. Desse modo, o termo inicial dos juros de mora incidentes sobre os honorários sucumbenciais é o dia seguinte ao transcurso do prazo recursal" (STJ, REsp. 1.984.292/DF, Rel. Min. Nancy Andrighi, 3ª Turma, jul. 29.03.2022, *DJe* 01.04.2022).

79. Dano moral. Condenação inferior ao postulado. Sucumbência recíproca. Não ocorrência. "Segundo o entendimento consolidado desta Corte, 'na ação de indenização por dano moral, a condenação em montante inferior ao postulado na inicial não implica sucumbência recíproca' (Súmula 326 do STJ)" (STJ, AgInt no AREsp. 1.644.368/SC, Rel. Min. Raul Araújo, 4ª Turma, jul. 10.08.2020, *DJe* 26.08.2020).

80. Honorários sucumbenciais. Execução. Penhora de valor depositado a título de caução pelo cliente do causídico. Depósito realizado a título de contracautela. Possibilidade. "Nos casos em que há pedido de tutela provisória cautelar, a exigência de caução para o deferimento da medida requerida tem por objetivo ressarcir eventuais danos que a concessão possa causar ao requerido (natureza de contracautela), e não o de saldar eventual débito objeto do litígio, quando improcedente o pedido do autor. Na sustação de protesto, se o pleito ocorrer entre o apontamento do título e a lavratura do protesto, a tutela vindicada tem natureza cautelar, servindo como garantia do resultado do processo. Assim, os valores depositados a título de caução serão reservados à satisfação dos danos eventualmente causados àquele que suportou os efeitos da medida cautelar executada" (STJ, REsp. 1.796.534/RJ, Rel. Min. Luis Felipe Salomão, 4ª Turma, jul. 13.12.2022, *DJe* 06.03.2023).

81. Honorários sucumbenciais. Embargos do devedor. Proveito econômico. "A controvérsia diz respeito à identificação de qual seria o proveito econômico a ser considerado na fixação dos honorários advocatícios pelo acolhimento dos embargos do devedor. (...) Deve-se ter em conta, como proveito econômico, o potencial que a ação ajuizada ou o expediente utilizado possui na esfera patrimonial das partes, pois, no caso dos autos, se fosse permitido o curso do executivo fiscal, os bens do embargante estariam sujeitos à constrição até o limite da dívida excutida, e não unicamente ao montante em que efetivada a penhora" (STJ, REsp. 1.671.930/SC, Rel. Min. Og Fernandes, 2ª Turma, jul. 27.06.2017, *DJe* 30.06.2017).

82. Ações previdenciárias. Súmula 111/STJ. Verbete que continua aplicável após a vigência do CPC/2015. "Acórdão submetido ao regime dos arts. 1.036 e seguintes do CPC/2015 e 256-I do RISTJ, com a fixação da seguinte TESE: 'Continua eficaz e aplicável o conteúdo da Súmula 111/STJ (modificado em 2006), mesmo após a vigência do CPC/2015, no que tange à fixação de honorários advocatícios'" (STJ, REsp. 1.880.529/SP, Rel. Min. Sérgio Kukina, 1ª Seção, jul. 08.03.2023, *DJe* 27.03.2023). Obs.: Decisão submetida a julgamento de recurso especial repetitivo.

83. Julgamento parcial de mérito. Parâmetros para a fixação dos honorários. "Assim, a decisão antecipada parcial do mérito deve fixar honorários em favor do patrono da parte vencedora, tendo por base a parcela da pretensão decidida antecipadamente. Vale dizer, os honorários advocatícios deverão ser proporcionais ao pedido ou parcela do pedido julgado nos termos do art. 356 do CPC/2015" (STJ, REsp. 1.845.542/PR, Rel. Min. Nancy Andrighi, 3ª Turma, jul. 11.05.2021, *DJe* 14.05.2021).

84. Cancelamento de distribuição. Ônus de sucumbência. Inexistência. "O cancelamento da distribuição, a teor do art. 290 do CPC/15, prescinde da citação ou intimação da parte ré, bastando a constatação da ausência do recolhimento das custas iniciais e da inércia da parte autora, após intimada, em regularizar o preparo. A extinção do processo sem resolução do mérito com fundamento nos arts. 290 e 485, IV, do CPC/15, em virtude do não recolhimento das custas iniciais, não implica a condenação do autor ao pagamento dos ônus sucumbenciais, ainda que, por *error in procedendo*, haja sido determinada a oitiva da contraparte" (STJ, REsp 2.053.571/SP, Rel. Min. Nancy Andrighi, 3ª Turma, jul. 16.05.2023, *DJe* 25.05.2023).

85. Ação autônoma para cobrança de honorários advocatícios. Súmula 453/STJ (§ 18). "Sob a égide do CPC/73, editou-se a Súmula 453/STJ, cujo enunciado estabelece que 'Os honorários sucumbenciais, quando omitidos em decisão transitada em julgado, não podem ser cobrados em execução ou em ação própria'. Nada obstante, a matéria foi significativamente alterada pelo art. 85, § 18, do CPC/15, o qual dispõe que 'caso a decisão transitada em julgado seja omissa quanto ao direito aos honorários ou ao seu valor, é cabível ação autônoma para sua definição e cobrança'. Como consequência, o entendimento sumulado se encontra parcialmente superado, sendo cabível ação autônoma para cobrança e definição de honorários advocatícios quando a decisão transitada em julgado for omissa, nos termos do art. 85, § 18, do CPC/15. Julgados recentes da Segunda e Quarta Turma desta Corte. Diante de decisão interlocutória que determina a exclusão de litisconsorte por ilegitimidade *ad causam*, é devida a condenação da contraparte ao pagamento de honorários advocatícios proporcionais, podendo ser fixados em *quantum* inferior ao percentual mínimo previsto pelo art. 85, § 2º, do CPC/15. Julgados da Terceira Turma. Na hipótese sob julgamento, embora na vigência do CPC/15, as instâncias ordinárias rejeitaram a pretensão de arbitramento de honorários advocatícios ao recorrente por meio de ação autônoma e aplicaram a Súmula 453/STJ. Todavia, o entendimento está em desconformidade com o art. 85, § 18, do CPC/15 e com a jurisprudência mais recente do Superior Tribunal de Justiça" (STJ, REsp 2.098.934/RO, Rel. Min. Nancy Andrighi, 3ª Turma, jul. 05.03.2024, *DJe* 07.03.2024).

86. Falência. Preferência ao crédito hipotecário. "Os honorários advocatícios de sucumbência, por guardarem natureza alimentar, preferem ao crédito hipotecário" (STJ, REsp 511.003/SP, Rel. Min. Aldir Passarinho Junior, 4ª Turma, jul. 18.05.2010, *DJe* 28.05.2010). **No mesmo sentido:** STJ, AgRg no Ag 780.987/MS, Rel. Min. Paulo de Tarso Sanseverino, 3ª Turma, jul. 07.10.2010, *DJe* 19.10.2010.

87. Ação de arbitramento. Ausência de contrato formal e escrito. "Na ação de arbitramento de honorários advocatícios, ausente o acordo formal e escrito, é lícito exigir do autor (advogado) a comprovação do fato constitutivo do seu direito, porquanto, restando demonstrado que o acordo verbal firmado entre as partes não prevê a contraprestação pelos serviços prestados pelo profissional, nos termos do art. 22, § 2º, da Lei n. 8.906/1994, não há que se presumir que o advogado sempre terá direito aos honorários convencionais, além dos honorários sucumbenciais" (STJ, EREsp 410.189/RS, Rel. Min. Massami Uyeda, 2ª Seção, jul. 09.06.2010, *DJe* 21.06.2010).

88. Duplicata, endosso e transação. "'A instituição financeira que desconta duplicata assume risco próprio ao negócio. Se a leva a protesto por falta de aceite ou de pagamento, ainda que para o só efeito de garantir o direito de regresso, está legitimada passivamente à ação do sacado – **e responde, ainda, pelos honorários de advogado, mesmo que a sentença ressalve seu direito de regresso**, tudo porque deu causa à demanda, para proteger direito seu, diretamente vinculado à atividade empresarial' (AgRg no REsp 195.701/PR, Rel. Min. Ari Pargendler, *DJ* 16.12.2002)" (STJ, AgRg no Ag 1.165.782/SP, Rel. Min. Sidnei Beneti, 3ª Turma, jul. 22.09.2009, *DJe* 07.10.2009).

89. Matéria de ordem pública. "Como consectário lógico da sucumbência, a fixação dos honorários advocatícios é matéria que deve ser conhecida de ofício" (STJ, REsp 591.279/PR, Rel. Min. João Otávio de Noronha, 2ª Turma, jul. 27.03.2007, *DJU* 17.04.2007).

90. Pedido expresso. Desnecessidade. "Nos termos do art. 20 do CPC, 'a sentença condenará o vencido a pagar ao vencedor as despesas que antecipou e os honorários advocatícios'. Conforme se infere, a condenação em verba honorária constitui imposição legal, que independe, portanto, de pedido expresso. Entendimento consagrado na Súmula 256/STF: 'É dispensável pedido expresso para condenação do réu em honorários, com fundamento nos arts. 63 ou 64 do Código de Processo Civil'" (STJ, REsp 665.128/PR, Rel. Min. Denise Arruda, 1ª Turma, jul. 10.04.2007, *DJ* 03.05.2007). **No mesmo sentido:** STJ, REsp 886.178/RS, Rel. Min. Luiz Fux, Corte Especial, jul. 02.12.2009, *DJe* 25.02.2010.

91. Prescrição. "O prazo prescricional da ação de execução de honorários advocatícios, quando fixados em percentual sobre a condenação, só começa a fluir a partir do término do incidente de liquidação, quando o título, além de certo pelo trânsito em julgado, apresenta-se líquido e capaz de sofrer a execução" (STJ, REsp 1.133.339/PR, Rel. Min. Eliana Calmon, 2ª Turma, jul. 05.11.2009, *DJe* 20.11.2009).

92. Decisão omissa em relação aos honorários advocatícios:

Coisa julgada. "'Omitindo-se a decisão na condenação em honorários advocatícios, deve a parte interpor embargos de declaração, na forma do disposto no art. 535, II, CPC. Não interpostos tais embargos, não pode o tribunal, quando a decisão passou em julgado, voltar ao tema, a fim de condenar o vencido no pagamento de tais honorários. Se o fizer, terá afrontado a coisa julgada' (ACO 493 AgR, Relator(a): Min. Carlos Velloso, Tribunal Pleno, jul. 11.02.1999, *DJ* 19.03.1999)" (STJ, REsp 886.178/RS, Rel. Min. Luiz Fux, Corte Especial, jul. 02.12.2009, *DJe* 25.02.2010). **No mesmo sentido:** STJ, EDcl no REsp 1.201.109/DF, Rel. Min. Humberto Martins, 2ª Turma, jul. 09.11.2010, *DJe* 17.11.2010.

93. Ausência de vencedor ou vencido. "Não há que se falar em direito à fixação dos honorários advocatícios ante a ausência de vencedor e vencido na demanda" (STJ, AgRg no Ag 372.136/RS, Rel. Min. João Otávio de Noronha, 2ª Turma, jul. 07.10.2003, *DJU* 10.11.2003).

94. Assistência judiciária. "A parte beneficiada pela Assistência Judiciária, quando sucumbente, pode ser condenada em honorários advocatícios, situação em que resta suspensa a prestação enquanto perdurar o estado de carência que justificou a concessão da justiça gratuita, prescrevendo a dívida cinco anos após a sentença final, nos termos do art. 12 da Lei 1.060/1950. É que 'O beneficiário da justiça gratuita não faz jus à isenção da condenação nas verbas de sucumbência'" (STJ, REsp 1.082.376/RN, Rel. Min. Luiz Fux, 1ª Turma, jul. 17.02.2009, *DJe* 26.03.2009). **No mesmo sentido:** STJ, REsp 1.188.143/RJ, Rel. Min. Eliana Calmon, 2ª Turma, jul. 25.05.2010, *DJe* 07.06.2010)

95. Curador especial. Antecipação de honorários. "O Superior Tribunal de Justiça tem se manifestado no sentido da possibilidade de adiantamento, pelo autor, dos honorários devidos ao curador especial nomeado ao réu citado por edital. Posteriormente, em caso de eventual procedência da demanda, poderá o autor cobrar os valores do sucumbente. Aplica-se ao curador especial, nesses termos, a disciplina dos honorários devidos aos peritos" (STJ, AgRg no REsp 1.194.795/SP, Rel. Min. Sidnei Beneti, 3ª Turma, jul. 26.04.2011, *DJe* 04.05.2011). **No mesmo sentido:** STJ, REsp 142.624/SP, Rel. Min. Ari Pargendler, 3ª Turma, *DJ* 04.06.2001; STJ, REsp 899.273/GO, Min. Aldir Passarinho Junior, 4ª Turma, jul. 02.04.2009, *DJe* 11.05.2009. **Em sentido contrário**: "Não há qualquer razão para impor adiantamento de honorários. A regra do art. 19, § 2º, manda o autor antecipar as despesas 'relativas a atos, cuja realização o juiz determinar de ofício ou a requerimento do Ministério Público'. Evidentemente, honorários de advogado não se enquadram nessa categoria" (STJ, REsp 1.364.454/PR, Rel. Min. Herman Benjamin, 2ª Turma, jul. 21.02.2013, *DJe* 07.03.2013). Ainda nesse sentido: REsp 1.445.237/MG, Rel. Min. Ari Pargendler, 1ª Turma, j. 22.04.2014, *DJe* 09.05.2014.

96. Litisconsórcio. "A parte que deu causa à citação do litisconsorte, excluído do feito por ilegitimidade passiva, responde pelo pagamento da verba honorária correspondente" (STJ, REsp 185.144/PE, Rel. Min. Francisco Peçanha Martins, 2ª Turma, jul. 15.05.2003, *DJ* 30.06.2003, p. 162). **No mesmo sentido:** STJ, REsp 240.174/SE, Rel. Min. Sálvio de Figueiredo Teixeira, 4ª Turma, jul. 19.09.2000, *DJ* 16.10.2000.

97. Intervenção de terceiros:

Chamamento ao processo. "Na trilha de precedentes da Corte, tendo 'o requerente dado causa ao chamamento à lide da requerida, que se viu obrigada a contratar os serviços profissionais de advogado para oferecimento de sua defesa, cabe-lhe arcar com a verba relativa a honorários de advogado'" (STJ, REsp 237.605/SE, Rel. Min. Carlos Alberto Menezes Direito, 3ª Turma, jul. 31.08.2000, *DJ* 30.10.2000).

Denunciação da lide. "Ao assumir a seguradora condição de litisconsorte com a denunciante no processo de conhecimento, a obrigação decorrente da sentença condenatória passa a ser solidária em relação ao segurado e à seguradora. Com efeito, a ausência de pagamento voluntário da condenação, por qualquer um deles – segurado ou seguradora –, por se tratar de obrigação solidária decorrente da relação processual estabelecida, é causa do processo de execução, devendo quem quer que seja acionado suportar os honorários advocatícios fixados inicialmente para o caso de pronto pagamento" (STJ, REsp 886.084/MS, Rel. Min. Luis Felipe Salomão, 4ª Turma, jul. 16.03.2010, *DJe* 06.04.2010).

"**Não tendo havido resistência à denunciação** da lide não cabe a condenação da denunciada em honorários de advogado em face da sucumbência do réu denunciante. Incidência da Súmula 83" (STJ, AgRg no Ag 1.226.809/MG, Rel. Min. Maria Isabel Gallotti, 4ª Turma, jul. 02.12.2010, *DJe* 01.02.2011). **No mesmo sentido**: STJ, REsp 1.065.437/MG, Rel. Min. Eliana Calmon, 2ª Turma, jul. 05.03.2009, *DJe* 02.04.2009. **Todavia**, "A denunciada a lide que resiste ao requerimento de denunciação, arguindo preliminar de prescrição do direito da denunciante, pode ser condenada ao pagamento dos ônus da sucumbência, ao ficar vencida no julgamento de procedência da denunciação" (STJ, REsp 86.486/RJ, Rel. Min. Ruy Rosado de Aguiar, 4ª Turma, jul. 09.04.1996, *DJ* 06.05.1996, p. 14.431). **No mesmo sentido**: STJ, REsp 142.796/RS, Rel. Min. Antônio de Pádua Ribeiro, 3ª Turma, jul. 04.05.2004, *DJ* 07.06.2004, p. 215.

"Tratando-se de garantia simples ou imprópria, em que a falta de denunciação da lide não envolve perda do direito de regresso, o denunciante arcará com os honorários do advogado do denunciado. Não assim, entretanto, na hipótese prevista no artigo 70, I, do CPC, quando os honorários serão suportados pelo vencido na demanda principal. Tal solução não se modifica pelo fato de o processo ter sido extinto sem julgamento do mérito, pois também nessa hipótese há sucumbência" (STJ, REsp 171.808/PR, Rel. Min. Eduardo Ribeiro, 3ª Turma, jul. 27.04.2000, *DJ* 25.09.2000, p. 98).

98. Revelia. "Quando o réu não apresenta contestação e, apesar da revelia, se sagra vencedor na demanda, não é cabível impor ao vencido condenação em honorários advocatícios, porquanto tal verba visa remunerar a atuação do advogado, que, nessa hipótese, inexiste" (STJ, REsp 609.200/RS, Rel. Min. Felix Fischer, 5ª Turma, jul. 03.08.2004, *DJ* 30.08.2004). **No mesmo sentido:** STJ, Resp 286.388/SP, Rel. Min. João Otávio de Noronha, 2ª Turma, jul. 06.12.2005, *DJ* 06.03.2006.

99. Ações entre FGTS e titulares de contas vinculadas. "É inconstitucional a medida provisória que, alterando lei, suprime condenação em honorários advocatícios, por sucumbência, nas ações entre o Fundo de Garantia do Tempo de Serviço (FGTS) e titulares de contas vinculadas, bem como naquelas em que figurem os respectivos representantes ou substitutos processuais" (STF, ADI 2.736, Rel. Min. Cezar Peluso (Presidente), Tribunal Pleno, jul. 08.09.2010, *DJe* 29.03.2011).

100. Anulação de sentença. "Anulada a sentença pelo tribunal *a quo*, com a determinação de outra seja proferida, não cabe a condenação do réu ao pagamento dos ônus sucumbenciais, uma vez que o julgamento ainda não se concluiu, não se podendo falar em parte vencedora ou vencida. Inteligência do art. 20 do CPC" (STJ, Resp 684.522/RS, Rel. Min. Eliana Calmon, 2ª Turma, jul. 20.10.2005, *DJ* 14.11.2005). **No mesmo sentido:** STJ, AgInt no AREsp 942.451/SP, Rel. Min. Marco Buzzi, 4ª Turma, jul. 26.09.2017, *DJe* 03.10.2017.

101. Agravo de instrumento. "A condenação em honorários no percentual máximo legal previsto para o término do processo após julgamento de simples agravo de instrumento contra decisão liminar deve ser afastada" (STJ, REsp 1.009.453/MT, Rel. Min. Nancy Andrighi, 3ª Turma, jul. 14.10.2008, *DJe* 28.11.2008).

102. Ação declaratória de compensação de tributos. "Ao contrário dos argumentos recursais, reiterados julgados do STJ entendem que na ação em que se pleiteia a compensação de tributos, apesar da sua denominação de declaratória, sobrepõe-se à eficácia condenatória da decisão, razão pela qual os honorários advocatícios hão de incidir sobre o valor da condenação" (STJ, EDcl no AgRg no AgRg no REsp 997.384/MG, Rel. Min. Humberto Martins, 2ª Turma, jul. 19.02.2009, *DJe* 19.03.2009).

103. Ação de exigir contas. "Vencida a parte ré, que apresentou vigorosa resistência, cabível a fixação de honorários de advogado na primeira fase da ação de prestação de contas" (STJ, REsp 782.631/MG, Rel. Min. Nancy Andrighi, 3ª Turma, jul. 07.10.2008, *DJe* 23.10.2008). **No mesmo sentido:** STJ, AgRg no Ag 479.571/RJ, Rel. Min. Carlos Alberto Menezes Direito, 3ª Turma, jul. 27.05.2003, *DJ* 25.08.2003.

"A ação de prestação de contas possui duas fases. Na primeira, o autor busca a condenação do réu na obrigação de prestar contas; na segunda, por sua vez, serão julgadas e apreciadas as contas apresentadas, fixando-se o saldo devido, se houver. [...] o tribunal de origem, ao reapreciar as contas apresentadas na segunda fase, apenas excluiu parcela relativa ao saldo credor dos honorários advocatícios contratados, atividade perfeitamente possível, em nada alterando a decisão contida na primeira etapa da demanda" (STJ, REsp 707.646/RS, Rel. Min. Luis Felipe Salomão, 4ª Turma, jul. 01.12.2009, *DJe* 14.12.2009).

104. Ações previdenciárias. "A jurisprudência desta Corte encontra-se assente no sentido de que, nas ações previdenciárias, os honorários advocatícios devem ser fixados com exclusão das prestações vincendas, considerando-se apenas as prestações vencidas até o momento da prolação da decisão que concede o benefício" (STJ, AgRg nos EDcl no REsp 830.033/SP, Rel. Min. Félix Fischer, 5ª Turma, jul. 17.05.2007, *DJ* 18.06.2007).

105. Ação de indenização. "De acordo com a orientação predominante nesta Quarta Turma, o cálculo da verba honorária – em se tratando de indenização por dano decorrente de atropelamento a que é condenada a empresa de transporte – deve incidir sobre as parcelas vencidas e doze das prestações mensais a vencer, deferidas a título alimentar, excluído o valor referente ao capital de garantia. Ressalva do relator. Na base de cálculo, porém, incluem-se os valores correspondentes aos danos emergentes (despesas funerárias) e aos danos morais" (STJ, REsp 254.922/RJ, Rel. Min. Ruy Rosado de Aguiar, 4ª Turma, jul. 03.08.2000, *DJ* 11.09.2000). **No mesmo sentido:** STJ, EREsp 109.675/RJ, Rel. Min. Milton Luiz Pereira, Rel. p/ Acórdão Min. Cesar Asfor Rocha, Corte Especial, jul. 25.06.2001, *DJ* 29.04.2002; STJ, REsp 579.888/RJ, Rel. Min. Aldir Passarinho Junior, 4ª Turma, jul. 06.08.2009, *DJe* 21.09.2009.

106. Ação coletiva. "São devidos os honorários advocatícios pela Fazenda Pública nas execuções individuais de sentença proferida em ações coletivas, ainda que não embargadas, por indispensável a contratação de advogado, uma vez que é necessário promover a liquidação do valor a ser pago e a individualização do crédito, além da demonstração da titularidade do direito do exequente, resultando, pois, induvidoso o alto conteúdo cognitivo da ação de execução. Súmula nº 345/STJ" (STJ, AgRg nos EAg 1.115.340/RS, Rel. Min. Hamilton Carvalhido, Corte Especial, jul. 12.04.2010, *DJe* 12.05.2010). **No mesmo sentido:** STJ, REsp 591.279/PR, Rel. Min. João Otávio de Noronha, 2ª Turma, jul. 27.03.2007, *DJU* 17.04.2007, p. 287.

Não cabimento. Ver jurisprudência do art. 18 da Lei nº 7.347/1985.

Ajuizadas por sindicatos. "Firma-se, nesta assentada, o entendimento pela inaplicabilidade do artigo 1º-D da Lei nº 9.494/1997 às execuções não embargadas de sentenças proferidas em ações coletivas ajuizadas por sindicatos, sendo devidos os honorários advocatícios pela Fazenda Pública" (STJ, EREsp 653.270/RS, Rel. Min. José Delgado, Corte Especial, jul. 17.05.2006, *DJ* 05.02.2007, p. 179). **No mesmo sentido:** STJ, REsp 926.272/RS, Rel. Min. Castro Meira, 2ª Turma, jul. 15.05.2007, *DJU* 28.05.2007, p. 318.

107. Ação de usucapião. "Honorários de advogado. São devidos na ação de usucapião, quando acolhida a defesa dos réus e julgado extinto o processo por injustificada a posse pretendida pelo autor. RE conhecido e provido" (STF, RE 93.613, Rel. Min. Cordeiro Guerra, 2ª Turma, jul. 16.11.1982, *DJ* 17.12.1982).

Ação de usucapião não contestada. Inexistência. "Tendo a pessoa em cujo nome figura o imóvel no registro imobiliário declarado seu nenhum interesse na demanda, abstendo-se assim de contestar o pedido, não incide o artigo 20 do CPC. A ação de usucapião implica em processo necessário, regido, quanto à imposição dos ônus processuais, pelo princípio do interesse e não pelos princípios do sucumbimento ou da causalidade" (STJ, REsp 23.369/PR, Rel. Min. Athos Carneiro, 4ª Turma, jul. 22.09.1992; *LEX – Jurisprudência do STJ* 48/208). **No mesmo sentido:** STJ, REsp 10.151/RS, Rel. Min. Dias Trindade, 3ª Turma, jul. 18.12.1991, *DJ* 24.02.1992.

108. Inventário. "O pedido de habilitação de crédito em inventário enseja a condenação em honorários desde que haja resistência do promovido" (STJ, REsp 578.943/SC, Rel. Min. Cesar Asfor Rocha, 4ª Turma, jul. 18.05.2004, *DJ* 04.10.2004). **No mesmo sentido, em relação à recuperação judicial:** STJ, REsp 1.197.177/RJ, Rel. Min. Nancy Andrighi, 3ª Turma, jul. 03.09.2013, *DJe* 12.09.2013.

"**Não havendo antagonismo entre os interessados**, os honorários do advogado contratado pelo inventariante constituem encargo da herança" (STJ, REsp 61.170-9/RS, Rel. Min. Barros Monteiro, 4ª Turma, jul. 29.05.1995, *DJU* 21.08.1995).

"Concluído pelo tribunal estadual que os **interesses dos herdeiros eram antagônicos** em relação à inventariante, os honorários dos advogados por esta contratados, inclusive substituídos por duas vezes sem prévia consulta ou anuência dos demais, não constituem ônus do espólio, cada qual respondendo pelo pagamento do trabalho dos respectivos procuradores, situação esta calcada na interpretação dos fatos do processo de inventário, de impossível reexame pelo STJ, ao teor da Súmula n. 7" (STJ, REsp 324.085/RS, Rel. Min. Aldir Passarinho Junior, 4ª Turma, jul. 26.02.2002, *DJ* 15.04.2002).

"Os honorários do advogado contratado pela inventariante e pelos herdeiros para promover o inventário e partilha dos bens do *de cujus*, casado em comunhão de bens, e que atua na defesa dos interesses de todos os interessados, são calculados sobre o valor dos bens da herança e da meação" (STJ, REsp 215.638/SP, Rel. Min. Ruy Rosado de Aguiar, 4ª Turma, jul. 25.04.2000, *DJ* 12.06.2000).

109. Transação. "Atuando o advogado da devedora para celebrar transação, configura-se a atuação profissional justificadora da verba sucumbencial, que, todavia, dada a simplicidade do trabalho desenvolvido, deve ser com ele compatível, nos termos do art. 20, § 4º, da lei adjetiva civil" (STJ, REsp 332.016/SC, Rel. Min. Aldir Passarinho Junior, 4ª Turma, jul. 23.04.2002, *DJU* 01.07.2002).

"Em se tratando de título executivo judicial com arbitramento de honorários, não pode a transação das partes dispor a respeito, por se tratar de direito autônomo do advogado, o qual pode, inclusive, executar de forma autônoma e em nome próprio" (STJ, AgRg no REsp 837.185/DF, Rel. Min. Laurita Vaz, 5ª Turma, jul. 17.10.2006, *DJU* 04.12.2006, p. 370).

110. Arbitragem. "Evidentemente, não estão os julgadores adstritos, quando da arbitragem da verba de honorários, aos contratos particularmente celebrados entre os litigantes e os respectivos advogados" (TJSP, 1ª Câmara, jul. 05.09.1976, *RJTJSP* 4/193). No mesmo sentido: TARS, 5ª Câmara Civ., jul. 09.02.1995, *Julgados* 94/200; TJSP, 16ª Câmara, jul. 07.06.1994, *JTJ* 162/39.

111. Obrigações de fazer e não fazer. "Segundo a jurisprudência desta Corte, 'nas causas em que há condenação em obrigação de fazer, [...] a verba honorária terá como parâmetro o § 4º do art. 20 do CPC' (REsp 249.210/PE, 4ª Turma, Rel. Min. Aldir Passarinho Junior, *DJ* 19.08.2002)" (STJ, AgRg no REsp 977.043/RS, Rel. Min. Denise Arruda, 1ª Turma, jul. 06.12.2007, *DJ* 17.12.2007).

"Cumprida a obrigação de fazer antes mesmo da intimação ser efetuada – é o que se extrai do acórdão recorrido –, **não há como incidir honorários advocatícios** (STJ, AgRg nos EDcl no REsp 1.067.903/RS, Rel. Min. Sidnei Beneti, 3ª Turma, jul. 21.10.2008, *DJe* 18.11.2008).

112. Inversão dos ônus sucumbenciais:

Ausência de condenação. "Esta Corte firmou entendimento de que, se não houve condenação, não pode prevalecer a simples inversão do ônus da sucumbência, sendo imperioso que o percentual de honorários incida sobre o valor da causa" (STJ, AgRg no REsp 585.426/PR, Rel. Min. Celso Limongi, 6ª Turma, jul. 05.11.2009, *DJe* 23.11.2009).

Condenação implícita. "A reforma *in totum* do acórdão ou da sentença acarreta inversão do ônus da sucumbência, ainda que não haja pronunciamento explícito sobre esse ponto" (STJ, REsp 1.129.830/SC, Rel. Min. Castro Meira, 2ª Turma, jul. 23.02.2010, *DJe* 08.03.2010).

113. Fixação de honorários (§ 2º):

Sentença de natureza condenatória. "Nas demandas em que o provimento jurisdicional tem natureza condenatória, o parâmetro que há de servir de base para o cálculo da verba honorária é o valor da condenação, e não o valor da causa" (STJ, REsp 816.732/RS, Rel. Min. João Otávio de Noronha, 4ª Turma, jul. 02.02.2010, *DJe* 11.02.2010). **No mesmo sentido:** STJ, REsp 406.609/SP, Rel. Min. Eliana Calmon, 2ª Turma, jul. 05.09.2002, *DJ* 15.03.2004; STJ, AgRg no REsp 665.107/SC, Rel. Min. José Delgado, 1ª Turma, jul. 03.02.2005, *DJ* 14.03.2005.

Sentença de natureza constitutiva e declaratória. "'A jurisprudência desta Corte firmou o entendimento de que, nas ações declaratórias, a verba honorária deve ser fixada tendo como base o valor da causa – que deve corresponder ao conteúdo econômico da demanda –, ou mesmo, em valor determinado, quando vencida a Fazenda Pública, nos termos do § 4º do art. 20 do CPC' (REsp nº 1.136.391/RS, Relator Min. Castro Meira, *DJe* 21.05.2010)" (STJ, AgRg no REsp 1.188.044/SP, Rel. Min. Hamilton Carvalhido, 1ª Turma, jul. 22.06.2010, *DJe* 03.08.2010). **Em sentido contrário**: "Nos casos em que as sentenças são declaratórias *lato sensu* ou em que a sentença do juiz não se pode seguir execução, tais as que rejeitam a demanda do autor e as constitutivas ou porque declaram a insubsistência do direito que se fez valer ou porque modificam o estado jurídico, os honorários são estabelecidos consoante apreciação equitativa do juiz, ainda que aquém do valor da causa" (STJ, REsp 12.289/PR, Rel. Min. Waldemar Zveiter, 3ª Turma, jul. 08.10.1991, *DJ* 04.11.1991).

Caráter punitivo. "Os honorários advocatícios não devem ser excessivamente fixados com o escopo de punir o litigante em decorrência de atos protelatórios que porventura tenha praticado no decorrer do processo. É que 'os honorários advocatícios são, em si mesmos, a remuneração devida aos profissionais da advocacia pela parte que os constitui" (STJ, REsp 1.164.543/SP, Rel. Min. Luiz Fux, 1ª Turma, jul. 02.03.2010, *DJe* 15.03.2010).

Acolhimento parcial do pedido inicial. Redistribuição da sucumbência. "Se, no acórdão da apelação, o valor pedido na inicial a título de danos materiais é reduzido, devem ser redistribuídos os ônus sucumbenciais" (STJ, REsp 780.775/CE, Rel. Min. Nancy Andrighi, 3ª Turma, jul. 15.08.2006, *DJ* 04.09.2006).

Honorários aviltantes. "Para a fixação dos honorários na hipótese dos autos, deve-se considerar, por um lado, que a vitória na exceção não implica, necessariamente, a impossibilidade de cobrança da alegada dívida por outros meios processuais. Além disso, do ponto de vista da atividade desempenhada pelos advogados, a causa apresentou baixa complexidade. Contudo, não se pode desconsiderar que a defesa apresentada em uma execução de quase 10 milhões de reais, ainda que em causa de baixa complexidade, implica um acréscimo significativo na responsabilidade e no risco em que incorre o causídico. Essas circunstâncias têm de ser levadas em consideração na fixação da verba honorária" (STJ, REsp 1.063.669/RJ, Rel. Min. Nancy Andrighi, 3ª Turma, jul. 18.08.2011, *DJe* 24.08.2011).

Remuneração ínfima. "A definição do que se entende por **remuneração ínfima** não está atada, necessariamente, ao valor da causa. Deve ser aferida a expressão econômica do *quantum* arbitrado a título de honorários em cada caso, não sendo este ínfimo ou irrisório tão somente por representar reduzido percentual do valor dado inicialmente à causa" (STJ, AgRg no REsp 1.147.654/MG, Rel. Min. Benedito Gonçalves, 1ª Turma, jul. 27.04.2010, *DJe* 05.05.2010). **Precedentes citados:** STJ, AgRg no REsp 1.078.374/MG, Rel. Min. Francisco Falcão, 1ª Turma, *DJe* 17.11.2008; STJ, AgRg no REsp 1.018.388/SP, Rel. Min. Denise Arruda, 1ª Turma, *DJe* 26.05.2008.

Ocorrendo o provimento do recurso extraordinário para restabelecer a sentença reformada pelo tribunal de origem, os honorários advocatícios e verbas sucumbenciais permanecem nos moldes do que fixado na sentença (STF, RE 389.265 AgR, Rel. Min. Marco Aurélio, 1ª Turma, jul. 13.04.2011, *DJ* 18.05.2011).

Ações possessórias. "As manifestações amplamente majoritárias desta egrégia Corte, na definição dos critérios de fixação de honorários, nos casos de ações possessórias, deixam-nos à apreciação equitativa do magistrado, nos termos do § 4º do artigo 20 do Código de Processo Civil" (STJ, REsp 300.131/AM, Rel. Min. Castro Filho, 3ª Turma, jul. 27.11.2001, *DJU* 18.02.2002).

114. Legitimidade ativa. "É cediço nesta Corte que a execução da sentença, na parte alusiva aos honorários resultantes da sucumbência, pode ser promovida tanto pela parte como pelo advogado" (STJ, REsp 828.300/SC, Rel. Min. Luiz Fux, 1ª Turma, jul. 03.04.2008, *DJ* 24.04.2008). **Precedentes citados:** STJ, REsp 533.419/RJ, Rel. Min. Carlos Alberto Menezes Direito, *DJ* 15.03.2004; STJ, REsp 457.753/PR, Rel. Min. Ari Pargendler, *DJ* 24.03.2003; STJ, REsp 456.955/MG, Rel. Min. Aldir Passarinho Júnior, *DJ* 19.12.2003; STJ, AGA 505.690/DF, Rel. Min. Aldir Passarinho Júnior, *DJ* 17.11.2003; STJ, REsp 191.378/MG, 4ª Turma, Rel. Min. Barros Monteiro, *DJ* 20.11.2000; STJ, REsp 252.141/DF, 6ª Turma, Rel. Min. Vicente Leal, *DJ* 15.10.2001; STJ, REsp 304.564/MS, 5ª Turma, Rel. Min. Felix Fischer, *DJ* 04.06.2001.

Sociedade de advogados. "A sociedade de advogados pode requerer a expedição de alvará de levantamento da verba honorária, ainda que o instrumento de procuração outorgado aos seus integrantes não a mencione. O art. 15, § 3º, da Lei nº 8.906/1994 normatiza uma questão de ética profissional que deve ser observada na relação entre a sociedade, os advogados sócios que a integram e os seus clientes" (STJ, REsp 654.543/BA, Rel. Min. Luiz Fux, Rel. p/ ac. Min. João Otávio de Noronha, Corte Especial, jul. 29.06.2006, *DJ* 09.10.2006). **No mesmo sentido**: STJ, AgRg no Ag 651.133/DF, Rel. Min. Ari Pargendler, 3ª Turma, jul. 04.09.2007, *DJ* 29.10.2007; STJ, REsp 426.301/SP, Rel. Min. Ruy Rosado de Aguiar, 4ª Turma, jul. 05.09.2002, *DJ* 14.04.2003; STJ, AgRg no REsp 1.002.817/PR, Rel. Min. Laurita Vaz, 5ª Turma, jul. 16.12.2008, *DJe* 09.02.2009. **Nota:** Esta jurisprudência se mostra compatível com a previsão atual do § 15 do CPC/2015.

Advogado substabelecido sem reserva de poderes. Legitimidade. "O direito autônomo para executar a sentença na parte relativa aos honorários incluídos na condenação, por arbitramento ou condenação, previsto no art. 23 da Lei 8.906/1994, é assegurado ao advogado constituído nos autos, habilitado para representar a parte em juízo, na forma do art. 36 do CPC, de modo que não abrange o advogado que substabeleceu sem reserva de poderes, sobretudo porque o substabelecimento, sem reserva de poderes, caracteriza renúncia ao poder de representar em juízo (REsp 713.367/SP, 1ª Turma, Rel. Min. Luiz Fux, *DJ* 27.06.2005; AgRg nos EREsp 36.319/GO, Corte Especial, Rel. Min. Dias Trindade, *DJ* 08.05.1995). Por outro lado, o art. 26 da Lei 8.906/1994 impede que o advogado substabelecido, com reserva de poderes, efetue a cobrança de honorários sem a intervenção daquele que lhe conferiu o substabelecimento. **Extrai-se, *a contrario sensu*, que não há óbice para que o advogado substabelecido, sem reserva de poderes, efetue a cobrança de honorários, sendo descabida a intervenção do advogado substabelecente.** Assim, não há falar em ofensa ao artigo em comento" (STJ, REsp 1.207.216/SP, Rel. Min. Mauro Campbell Marques, 2ª Turma, jul. 07.12.2010, *DJe* 03.02.2011).

Diversidade de advogados em atuação sucessiva. "Os honorários são a remuneração do serviço prestado pelo profissional que regularmente atuou no processo, e a titularidade do direito a seu recebimento deve ser atribuída a todos os advogados que em algum momento, no curso processual, desempenharam seu mister. A verba honorária fixada em sentença deve ser dividida entre todos os procuradores que patrocinaram a defesa da parte vencedora, na medida de sua atuação" (STJ, REsp 1.222.194/BA, Rel. Min. Luis Felipe Salomão, 4ª Turma, jul. 09.06.2015, *DJe* 04.08.2015).

115. Execuções de pequeno valor.

"Recentemente, a Quarta Turma do STJ entendeu que o arbitramento de honorários de sucumbência em montante irrisório, que destoa de uma equitativa remuneração, fere o art. 20, § 4º, do CPC, além de ofender a dignidade do profissional da advocacia" (STJ, REsp 899.193/ES, Rel. Min. Antônio de Pádua Ribeiro, julgado, por maioria, em 21.08.2007, *DJ* 26.11.2007, p. 204). **Nesse sentido, foram citados os seguintes precedentes no referido julgamento**: STJ, REsp 281.954/RJ, *DJ* 28.10.2002; STJ, REsp 651.226/PR, *DJ* 21.02.2005; STJ, REsp 840.758/SC, *DJ* 09.10.2006.

Obrigações de pequeno valor. "São indevidos honorários advocatícios quando a execução não tiver sido embargada. Exceção quanto às obrigações de pequeno valor. Nos termos da jurisprudência da Corte, essa orientação também se aplica aos títulos executivos emanados de ações coletivas" (STF, RE 435.757 AgR, Rel. Min. Joaquim Barbosa, 2ª Turma, jul. 04.12.2009, *DJe* 05.02.2010).

Renúncia de parte do crédito para viabilizar recebimento do remanescente por RPV. Honorários. Descabimento. Ver jurisprudência do art. 910 do CPC/2015.

116. Inexistência de condenação. Embora sejam as partes tratadas com igualdade, inexistindo condenação, os honorários só podem ter como base de cálculo o valor da causa, ou estimativa, conforme estabelecido no § 4º do art. 20 do CPC" (STJ, REsp 122.545/DF, Rel. Min. Eliana Calmon, 2ª Turma, jul. 27.11.2000, *DJ* 19.03.2001).

117. Execução de decisão mandamental. Cabimento de honorários. Ver art. 25 da Lei nº 12.016/2009.

118. Ato ilícito (§ 9º).

"Nas ações de indenização por danos, tem-se por base de cálculo dos honorários advocatícios os valores objetos da condenação. Dependendo do pedido formulado pelo autor, poderão esses incidir sobre os valores arbitrados a título de danos materiais, morais, e também sobre qualquer outro montante incluído na condenação, se for o caso" (STJ, REsp 361.814/MG, Rel. Min. Nancy Andrighi, 3ª Turma, jul. 21.02.2002, *DJ* 08.04.2002).

119. Modificação da verba honorária:

Em sede de recurso especial. "A teor da pacífica e numerosa jurisprudência, a reapreciação do *quantum* fixado a título de honorários advocatícios implica, necessariamente, o reexame de matéria fático-probatória, o que é inviável em sede de recurso especial, sendo o caso de incidência da Súmula 7/

STJ" (STJ, REsp 777.301/DF, Rel. Min. Arnaldo Esteves Lima, 5ª Turma, jul. 14.06.2007, *DJ* 06.08.2007). **No mesmo sentido:** STJ, REsp 760.791/MG, Rel. Min. Denise Arruda, 1ª Turma, jul. 26.06.2007, *DJ* 02.08.2007; STJ, AgRg no Ag 1.019.589/RJ, Rel. Min. João Otávio de Noronha, 4ª Turma, jul. 06.05.2010, *DJe* 17.05.2010.

"Os honorários advocatícios são passíveis de modificação na instância especial, tão somente quando se mostrarem irrisórios ou exorbitantes. *In casu*, a condenação imposta não se mostra teratológica, motivo pelo qual não merece reforma a decisão recorrida" (STJ, AgRg no REsp 1.055.910/MG, Rel. Min. Humberto Martins, 2ª Turma, jul. 04.11.2008, *DJe* 21.11.2008). **No mesmo sentido:** STJ, AgRg nos EDcl nos EDcl nos EDcl no Ag 676.664/PR, Rel. Min. Og Fernandes, 6ª Turma, jul. 04.02.2010, *DJe* 01.03.2010; STJ, EDcl no AgRg no REsp 1.199.740/RJ, Rel. Min. Napoleão Nunes Maia Filho, 1ª Turma, jul. 06.10.2011, *DJe* 13.10.2011.

***Reformatio in pejus.* Não configuração.** "Não configura *reformatio in pejus* o arbitramento de honorários advocatícios em percentual menor do que o determinado pelo juízo de primeiro grau em relação a exequente não beneficiado pela aludida verba" (STJ, AgRg no REsp 1.103.931/RS, Rel. Min. Paulo Gallotti, 6ª Turma, jul. 18.06.2009, *DJe* 10.08.2009).

Redução de ofício pelo Tribunal. Não cabimento. "A inversão da condenação ao pagamento da verba honorária quando há reforma da sentença apresenta-se inerente à sucumbência. No entanto, se não houve reforma do julgado, a redução da verba honorária de ofício pelo tribunal, com base no pedido de procedência integral, por si só, apresenta-se incabível. **Impõe-se a existência de pedido expresso** da parte recorrente nesse sentido. Entendimento contrário conduz à prolação de sentença com ofensa aos arts. 128, 460 e 515, *caput*, do CPC, de modo que se impõe a prevalência da tese adotada pelo acórdão embargado" (STJ, EREsp 1.082.374/RJ, Rel. Min. Arnaldo Esteves Lima, Corte Especial, jul. 19.09.2012, *DJe* 04.10.2012).

Art. 86. Se cada litigante for, em parte, vencedor e vencido, serão proporcionalmente distribuídas entre eles as despesas.

Parágrafo único. Se um litigante sucumbir em parte mínima do pedido, o outro responderá, por inteiro, pelas despesas e pelos honorários.

CPC/1973

Art. 21.

REFERÊNCIA LEGISLATIVA

CPC/2015, art. 87 (distribuição proporcional).

SÚMULAS

Súmulas do STJ:

Nº 326: "Na ação de indenização por dano moral, a condenação em montante inferior ao postulado na inicial não implica sucumbência recíproca."

BREVES COMENTÁRIOS

Opera-se a sucumbência recíproca quando o autor sai vitorioso apenas em parte de sua pretensão. Tanto ele como o réu serão vencidos e vencedores, a um só tempo. Mas se um litigante decair de parcela mínima do pedido, o juiz desprezará a sucumbência recíproca e atribuirá ao outro a responsabilidade pelas despesas e honorários.

Para tanto, ter-se-á de calcular o total dos gastos do processo e rateá-lo entre os litigantes na proporção em que se sucumbiram. Se a sucumbência for maior para uma parte, esta terá de arcar com maior parcela da despesa. O cálculo, para ser justo, deverá ser sempre total.

JURISPRUDÊNCIA SELECIONADA

1. Não configura sucumbência recíproca.

Indenização por danos morais fixados em valor inferior ao requerido. "Consoante entendimento desta Corte, a indenização por danos morais e materiais fixada em montante inferior ao pedido não configura sucumbência recíproca" (STJ, AgInt no AREsp 816.846/PR, Rel. Min. Raul Araújo, 4ª Turma, jul. 17.09.2019, *DJe* 04.10.2019). **No mesmo sentido:** STJ, AgInt nos EDcl no AREsp 1212921/SP, Rel. Min. Paulo de Tarso Sanseverino, 3ª Turma, jul. 14.10.2019, *DJe* 18.10.2019; jurisprudência à luz do CPC/1973, ainda aplicável: STJ, REsp 892.475/AM, Rel. Min. Teori Albino Zavascki, 1ª Turma, jul. 27.03.2007, *DJ* 12.04.2007.

Ação de alimentos. Fixação em montante inferior ao postulado na inicial. "Nas hipóteses em que o juízo confere procedência ao pedido de alimentos, embora fixe-os em valor inferior ao pleiteado na inicial, para atender ao imperativo de proporcionalidade no tocante às necessidades do reclamante e dos recursos da pessoa obrigada (art. 1.694, § 1º, do CC/2002), deve o alimentante arcar com o pagamento integral das custas processuais e honorários advocatícios. Há de se considerar que aquele que pleiteia os alimentos não é vencido na demanda quando o juiz condena o alimentante a pagar-lhe pensão em valor inferior ao pretendido na inicial; ele obtém a prestação jurisdicional, pois o direito subjetivo à parcela de alimentos subsiste, embora tenha esse direito de ser submetido ao ajuste necessário para sua factibilidade" (STJ, REsp 922.630/RN, Rel. Min. Nancy Andrighi, 3ª Turma, jul. 16.10.2007, *DJ* 29.10.2007, p. 231; *RJ* 364/154).

2. Sucumbência recíproca.

Improcedência de parte dos pedidos. Sucumbência. "A improcedência de parte dos pedidos autorais (compensação por danos morais) não caracteriza decaimento mínimo e justifica o reconhecimento da sucumbência recíproca" (STJ, AgInt nos EDcl no REsp 1771794/SE, Rel. Min. Nancy Andrighi, 3ª Turma, jul. 01.07.2019, *DJe* 02.08.2019).

Danos morais e materiais. "Quando o pedido compreende itens distintos (ressarcimento de danos materiais; indenização por danos morais), e o acórdão dá pela procedência de um só, a sucumbência é recíproca, implicando a compensação dos honorários de advogado" (STJ, REsp 431.587/AM, Rel. p/ ac. Min. Ari Pargendler, 3ª Turma, jul. 20.08.2002, *DJ* 25.11.2002). **No mesmo sentido:** STJ, AgRg no Ag 828.796/DF, Rel. Min. José Delgado, 1ª Turma, jul. 10.04.2007, *DJ* 14.05.2007; STJ, REsp 319.124/RJ, Rel. Min. Aldir Passarinho Junior, 4ª Turma, jul. 06.08.2002, *DJ* 16.09.2002, p. 191; STJ, REsp 255.998/RJ, Rel. Min. Nancy Andrighi, 3ª Turma, jul. 29.06.2004, *DJ* 13.09.2004, p. 231).

Danos materiais. Redução do valor inicialmente pedido. Sucumbência recíproca. "Reduzido o valor inicialmente pedido a título de danos materiais, há sucumbência recíproca, devendo os honorários pertinentes ser proporcionalmente distribuídos entre as partes. Recurso especial conhecido em parte e provido apenas para repartir recíproca e proporcionalmente o pagamento dos honorários advocatícios atinentes à condenação por danos materiais" (STJ, REsp 435.371/DF, Rel. Min. Fernando Gonçalves, 4ª Turma, jul. 07.04.2005, *DJ* 02.05.2005, p. 354). **Todavia**, "A fixação da verba honorária considerando o valor em que reduzida a pretensão inicial é critério que causa distorções, podendo provocar sucumbência superior à própria quantia devida" (STJ, AgRg no AgRg no REsp 351.382/DF, Rel. Min. Maria Isabel Gallotti, 4ª Turma, jul. 20.11.2012, *DJe* 04.12.2012).

Custas e honorários. "Se a sentença reconhece a sucumbência recíproca, proporcionalizando as custas, é inegável que igual critério deve prevalecer com referência aos honorários" (2º TACivSP, Ap. 126.704, Rel. Joaquim de Oliveira, 9ª Câmara, jul. 25.03.1981, *RT* 552/159).

"A sucumbência recíproca das partes, oriunda de provimento parcial do recurso, impõe ao STF **fixar de forma proporcional os ônus sucumbenciais, nos termos do *caput* do artigo 21 do CPC, afastando-se a condenação dos honorários**, nos termos do voto proferido pelo Tribunal de origem (Precedentes: RE 494.599-ED, Rel. Min. Dias Toffoli, 1ª Turma, *DJe* 27.10.2011; RE 523.6751-ED-ED, Rel. Min. Dias Toffoli, 1ª Turma, *DJe* 31.08.2011)" (STF, RE 549.959 AgR, Rel. Min. Luiz Fux, 1ª Turma, jul. 08.11.2011, *DJe* 02.02.2012).

Proporção das partes. Apuração em liquidação de sentença. Possibilidade. "Não sendo possível verificar, no âmbito do recurso especial, a proporção do decaimento das partes, não há óbice à determinação de apuração em liquidação de sentença" (STJ, AgRg no REsp 1.086.191/RS, Rel. Min. Cesar Asfor Rocha, 2ª Turma, jul. 02.08.2011, *DJe* 16.08.2011). **No mesmo sentido:** STJ, AgRg nos EDcl no REsp 921.087/RS, Rel. Min. Sidnei Beneti, 3ª Turma, jul. 16.03.2010, *DJe* 29.03.2010; STJ, AgRg no REsp 385.817/DF, Rel. Min. Humberto Gomes de Barros, 1ª Turma, jul. 15.10.2002, *DJ* 25.11.2002, p. 199.

3. Distribuição dos ônus sucumbenciais. "Considera-se o número de pedidos formulados na inicial e o número de pedidos efetivamente julgados procedentes ao final da demanda para a distribuição dos ônus sucumbenciais" (STJ, AgRg no REsp 1.037.126/RS, Rel. Min. João Otávio de Noronha, 4ª Turma, jul. 18.09.2008, *DJe* 13.10.2008). **No mesmo sentido:** STJ, AgRg no Ag 1.290.062/MG, Rel. Min. Nancy Andrighi, 3ª Turma, jul. 03.08.2010, *DJe* 10.08.2010. **Todavia**, "A divisão dos encargos de sucumbência não pode levar em conta apenas a proporção entre o número de pedidos deduzidos e atendidos, mas, de igual forma, **a repercussão econômica de cada um para a demanda**" (STJ, AgRg no REsp 615.060/RS, Rel. Min. Honildo Amaral de Mello Castro, 4ª Turma, jul. 17.12.2009, *DJe* 11.02.2010).

"Cada parte deve suportar a verba advocatícia na proporção da sua derrota, bem como recebê-la na medida da sua vitória" (STJ, REsp 13.526/PE, Rel. Min. Antônio de Pádua Ribeiro, 2ª Turma, jul. 04.11.1991, *DJ* 18.11.1991, p. 16.520).

Parte que o réu reconhecer como devido. Exclusão. "Nos processos em que houver sucumbência recíproca, a distribuição dos ônus sucumbenciais deve ser pautada pelo exame da proporção de ganho e de perda sobre a parte controvertida do pedido, excluindo-se, portanto, aquilo que o réu eventualmente reconhecer como devido" (STJ, REsp 1.197.177/RJ, Rel. Min. Nancy Andrighi, 3ª Turma, jul. 03.09.2013, *DJe* 12.09.2013).

4. Demanda que tem por objeto a atualização monetária de valores depositados em conta vinculadas do FGTS. "A orientação das turmas que integram a Primeira Seção desta Corte firmou-se no sentido de que, para efeito de apuração de sucumbência, em demanda que tem por objeto a atualização monetária de valores depositados em contas vinculadas do FGTS, 'deve-se levar em conta o quantitativo de pedidos (isoladamente considerados) que foram deferidos em contraposição aos indeferidos, sendo irrelevante o somatório dos índices' (REsp 725.497/SC, 2ª Turma, Rel. Min. Eliana Calmon, *DJ* 06.06.2005). **No mesmo sentido:** REsp 1.073.780/DF, 1ª Turma, Rel. Min. Teori Albino Zavascki, *DJe* 13.10.2008; AgRg no REsp 1.035.240/MG, 1ª Turma, Rel. Min. José Delgado, *DJe* 5.6.2008; REsp 844.170/DF, 2ª Turma, Rel. Min. João Otávio de Noronha, *DJ* 06.02.2007. Recurso especial provido. **Acórdão sujeito à sistemática prevista no art. 543-C do CPC**, c/c a Resolução 8/2008 – Presidência/STJ" (STJ, REsp 1.112.747/DF, Rel. Min. Denise Arruda, 1ª Seção, jul. 24.06.2009, *DJe* 03.08.2009).

5. Embargos de devedor parcialmente acolhidos. Distribuição de ônus sucumbenciais. Ver jurisprudência do art. 85 do CPC/2015.

6. Honorários fixados em processos distintos. Impossibilidade de compensação. "Não é possível – no processo de execução – compensarem-se honorários da sucumbência gerados em processos distintos, cujas partes não coincidem" (STJ, REsp 819.589/SP, Rel. Min. Humberto Gomes de Barros, 3ª Turma, jul. 07.05.2007, *DJ* 28.05.2007).

7. Sucumbência de parcela mínima do pedido inicial (parágrafo único). "Nos termos do art. 21, parágrafo único, do CPC, se um litigante decair de parte mínima do pedido, o outro responderá por inteiro pelas verbas de sucumbência" (STJ, REsp 1.370.139/SP, Rel. Min. Nancy Andrighi, 3ª Turma, jul. 03.12.2013, *DJe* 12.12.2013). **No mesmo sentido:** STJ, REsp 935.906/SP, Rel. Min. Eliana Calmon, 2ª Turma, jul. 20.10.2009, *DJe* 04.11.2009; STJ, AgRg nos EDcl no REsp 871.196/SP, Rel. Min. Francisco Falcão, 1ª Turma, jul. 19.04.2007, *DJ* 17.05.2007; STJ, REsp 806.204/RJ, Rel. Min. João Otávio de Noronha, 2ª Turma, jul. 17.10.2006, *DJ* 06.12.2006.

"Em face da sucumbência parcial da ação, foi correta a determinação de que as custas e os honorários de advogado fossem repartidos e compensados entre as partes na medida da proporção de suas sucumbências (*caput* do art. 21 do CPC). Se se reconhece que, no caso, a parte ora agravante foi vencida em pouco mais de 30% de sua pretensão, **é evidente que** não decaiu ela de parte mínima do pedido, para aplicar-se o disposto no par. ún. do art. 21 do CPC" (STF, AgRg no RE 326.604-7/DF, Rel. Min. Moreira Alves, 1ª Turma, jul. 17.09.2002, *DJU* 18.10.2002).

Parte mínima. Discussão em sede de recurso especial. Impossibilidade. "A jurisprudência do STJ firmou entendimento no sentido de não ser possível, em sede de recurso especial, nem a revisão do percentual de honorários de advogado, arbitrado nas instâncias ordinárias, ressalvadas as hipóteses de fixação em valores ínfimos ou exorbitantes, tampouco a revisão acerca do quantitativo em que autor e réu decaíram do pedido, para fins de aferição da ocorrência de sucumbência recíproca ou mínima, por implicar reexame de matéria fático-probatória, o que é vedado nos termos da Súmula 7/STJ. Precedentes" (STJ, AgRg no AREsp 417.509/MG, Rel. Min. Assusete Magalhães, 2ª Turma, jul. 05.06.2014, *DJe* 13.06.2014). **No mesmo sentido:** STJ, REsp 659.853/MS, Rel. Min. Hélio Quaglia Barbosa, 6ª Turma, jul. 16.09.2004, *DJ* 04.10.2004, p. 357; STJ, AgRg no AREsp 324.361/BA, Rel. Min. Napoleão Nunes Maia Filho, 1ª Turma, jul. 20.03.2014, *DJe* 03.04.2014.

8. Ver jurisprudência do art. 1.026 do CPC/2015 sobre possibilidade de revisão de arbitramento de honorários em recurso especial.

9. Pedidos alternativos e pedidos subsidiários. "Na cumulação alternativa não há hierarquia entre os pedidos, que são excludentes entre si. O acolhimento de qualquer um deles satisfaz por completo a pretensão do autor, que não terá interesse em recorrer da decisão que escolheu uma entre outras alternativas igualmente possíveis e satisfativas. Se não há interesse recursal, conclui-se que os ônus da sucumbência devem ser integralmente suportados pelo réu. Já na cumulação subsidiária, como é o caso dos autos, os pedidos são formulados em grau de hierarquia, denotando a existência de um pedido principal e outro (ou outros) subsidiário(s). Assim, se o pedido principal foi rejeitado, embora acolhido outro de menor importância, surge para o autor o interesse em recorrer da decisão. Se há a possibilidade de recurso, é evidente que o autor sucumbiu de parte de sua pretensão, devendo os ônus sucumbenciais ser suportados por ambas as partes, na proporção do sucumbimento de cada um. Casos há em que existe um grande distanciamento entre os pedidos cumulados, de modo que a aplicação da tese do aresto paradigma imporia flagrante infringência ao princípio da equidade que deve nortear a fixação de honorários advocatícios. A tese do aresto embargado franqueia ao autor, em grande número de casos, a possibilidade de eximir-se dos ônus da sucumbência. Para tanto, bastaria que formulasse pedido subsidiário mínimo, com grande chance de êxito, para conseguir afastar a condenação em honorários. A orientação consagrada no aresto paradigma, na linha dos precedentes desta Corte, não traz o inconveniente. **Havendo a rejeição do pedido principal e o acolhimento de outro subsidiário, estará configurada a mútua sucumbência**, podendo o juiz, no caso concreto e com recurso ao juízo de equidade, atribuir os ônus sucumbenciais integralmente ao réu, quando reconhecer a sucumbência mínima do autor naqueles casos em que há parcial equivalência entre os pedidos principal e subsidiário" (STJ, EREsp 616.918/MG, Rel. Min. Castro Meira, Corte Especial, jul. 02.08.2010, *DJe* 23.08.2010). **No mesmo sentido:** STJ, AgRg no AgRg no REsp 646.383/RS, Rel. Min. Alderita Ramos de Oliveira, 6ª Turma, jul. 07.05.2013, *DJe* 14.05.2013.

Art. 87. Concorrendo diversos autores ou diversos réus, os vencidos respondem proporcionalmente pelas despesas e pelos honorários.

§ 1º A sentença deverá distribuir entre os litisconsortes, de forma expressa, a responsabilidade proporcional pelo pagamento das verbas previstas no *caput*.

§ 2º Se a distribuição de que trata o § 1º não for feita, os vencidos responderão solidariamente pelas despesas e pelos honorários.

CPC/1973

Art. 23.

REFERÊNCIA LEGISLATIVA

CPC/2015, arts. 81 (litigância de má-fé entre mais litigantes), 94 (condenação do assistente nas custas), 121 (assistente simples) e 129 (honorários na denunciação da lide).

BREVES COMENTÁRIOS

A expressão *em proporção* significa que os honorários devem ser repartidos de acordo com o interesse de cada uma das partes no litígio e da gravidade do prejuízo ocasionado ao vencedor, razão pela qual as cotas de cada vencido podem ser desiguais. Não há, em princípio, solidariedade entre os sucumbentes, mas rateio da verba advocatícia, salvo se a sentença não distribuir entre os litisconsortes as despesas proporcionalmente (§ 1º).

A sentença, portanto, deverá distribuir de forma expressa a responsabilidade proporcional pelo pagamento das despesas e honorários. Não o fazendo, os litisconsortes vencidos responderão solidariamente por essas verbas. Também quando, por força da relação jurídica material, os litisconsortes vencidos forem solidários, sê-lo-ão igualmente na sujeição à responsabilidade pelos gastos processuais do vencedor, independentemente de manifestação judicial.

JURISPRUDÊNCIA SELECIONADA

1. Princípio da proporcionalidade. "Deve a ora agravada receber a metade dos honorários advocatícios que foram majorados, pois, a teor do art. 87 do NCPC, esse é o montante que corresponde à proporcionalidade de seu sucesso na demanda" (STJ, AgInt no AREsp 1249196/SP, Rel. Min. Luis Felipe Salomão, 4ª Turma, jul. 08.11.2018, *DJe* 14.12.2018).

"Rege-se o art. 23, CPC, pelo princípio da proporcionalidade, ou seja, concorrendo diversos autores ou diversos réus, distribuem-se entre os vencidos as despesas e honorários arbitrados na sentença, na proporção do interesse de cada um na causa, ou do direito nela decidido" (STJ, REsp 281.331/RJ, Rel. Min. Sálvio de Figueiredo Teixeira, 4ª Turma, jul. 14.08.2001, *DJ* 24.09.2001, p. 311). **No mesmo sentido:** STJ, REsp 198.399/SP, Rel. Min. Ari Pargendler, 3ª Turma, jul. 20.03.2001, *DJ* 28.05.2001, p. 160. **Nem mesmo a dificuldade na determinação do interesse econômico impede a aplicação do princípio:** TJSP, AgRg 74.682-1, Rel. Des. Márcio Bonilha, 5ª Câmara, jul. 08.05.1986, *RJTJSP* 104/323.

"Os honorários legais máximos de 20%, em havendo pluralidade de vencedores, devem ser repartidos em proporção, não sendo admissível atribuir 20% para cada um deles. Recurso especial conhecido e provido para reduzir-se a verba ao percentual máximo (20%), *pro rata*" (STJ, REsp 58.740/MG, Rel. Min. Barros Monteiro, 4ª Turma, jul. 24.04.1995, *DJ* 05.06.1995, p. 16.670).

2. Litisconsortes vencidos na demanda. Sentença que não distribuiu, de forma expressa, a responsabilidade proporcional das verbas de sucumbência. Reconhecimento da solidariedade. "O art. 87, § 1º, do Código de Processo Civil de 2015 estabelece que a sentença deverá distribuir expressamente a responsabilidade proporcional pelo pagamento das despesas processuais e dos honorários advocatícios entre os vencidos na demanda. Não havendo, contudo, essa distribuição proporcional, os vencidos responderão de forma solidária pelas respectivas verbas sucumbenciais, conforme dispõe o § 2º do art. 87 do CPC/2015. A solidariedade, portanto, passa a ter previsão em lei, com a nova redação trazida pelo diploma processual vigente. Na hipótese, a sentença não distribuiu entre os litisconsortes, de forma expressa, a responsabilidade proporcional pelo pagamento das verbas de sucumbência, impondo-se, assim, reconhecer a solidariedade entre os vencidos. Reconhecida a solidariedade na condenação da verba honorária sucumbencial, aplica-se a norma do art. 275 do Código Civil, que permite ao credor exigir de um ou de alguns dos devedores, parcial ou totalmente, a dívida comum. Logo, não havia qualquer óbice à recorrente em executar o valor integral correspondente aos honorários advocatícios exclusivamente contra a ora recorrida. Ademais, o fato de os outros dois executados litigarem sob o benefício da gratuidade de justiça não tem o condão de afastar norma expressa do Código de Processo Civil de 2015 – art. 87, § 2º –, sob o argumento de que violaria os princípios da proporcionalidade e razoabilidade" (STJ, REsp 2.005.691/RS, Rel. Min. Marco Aurélio Bellizze, 3ª Turma, jul. 27.09.2022, *DJe* 29.09.2022).

3. Decisão acerca da distribuição dos honorários. Impossibilidade de modificação em execução. "Rege-se o art. 23, CPC, pelo princípio da proporcionalidade, ou seja, concorrendo diversos autores ou diversos réus, distribuem-se entre os vencidos as despesas e honorários arbitrados na sentença, na proporção do interesse de cada um na causa, ou do direito nela decidido. Havendo, no entanto, pronunciamento judicial transitado em julgado, fixando os honorários advocatícios em valor determinado para um corréu, e outro para os demais, não é a execução a via apropriada para modificação do decidido, em razão da coisa julgada. Certa ou errada a decisão, houve o trânsito em julgado e, enquanto não rescindida, gera efeitos" (STJ, REsp 281.331/RJ, Rel. Min. Sálvio de Figueiredo Teixeira, 4ª Turma, jul. 14.08.2001, *DJ* 24.09.2001 p. 311).

Art. 88. Nos procedimentos de jurisdição voluntária, as despesas serão adiantadas pelo requerente e rateadas entre os interessados.

CPC/1973

Art. 24.

REFERÊNCIA LEGISLATIVA

CPC/2015, arts. 719 a 770 (procedimentos de jurisdição voluntária).

BREVES COMENTÁRIOS

Não se pode falar em sucumbência nos procedimentos de jurisdição voluntária, por inexistência de litígio e de parte. Assim, o requerente adiantará o pagamento de todas as despesas, mas terá direito de rateá-las entre os demais interessados. Havendo impugnação ao pedido, porém, instala-se o contraditório, que conduzirá à configuração de sucumbência, cabendo então as regras comuns das causas contenciosas no que diz tanto às despesas comuns do processo como aos honorários de advogado.

JURISPRUDÊNCIA SELECIONADA

1. Rateio das despesas. "O art. 24 do CPC dispõe que as despesas processuais, no procedimento de jurisdição voluntária, serão repartidas entre os interessados. A orientação decorre da inexistência de lide, que afasta a possibilidade de haver sucumbência, inclusive pagamento de honorários advocatícios" (TJMG, ApCív. 1.0024.08.121122-9/001, Rel. Des. Caetano Levi Lopes, 2ª Câmara, jul. 26.05.2009, *DJ* 01.07.2009). **No mesmo sentido, mesmo que tenha controvérsia após a declaração judicial:** TJSP, AI 107.438-1, Rel. Luiz de Azevedo, 1ª Câmara, jul. 30.08.1988, *RJTJESP* 122/338.

Condenação em honorários advocatícios. "Nos processos de jurisdição voluntária, em que não há contencioso, sem vencidos ou vencedores, mas apenas interessados, não se justifica a condenação na verba honorária" (STJ, REsp 28.649/SP, Rel. Min. Hélio Mosimann, 2ª Turma, jul. 16.05.1994, *DJ* 06.06.1994, p. 14.266). **No mesmo sentido:** STJ, REsp 85.308/MG, Rel. Min. Eduardo Ribeiro, 3ª Turma, jul. 19.11.1998, *DJ* 15.03.1999, p. 214.

2. Existência de litígio.

Resistência de herdeiros. "Esta Corte Superior já proclamou que em procedimento de jurisdição voluntária, a existência de litigiosidade excepciona a regra de não cabimento de condenação em honorários advocatícios. Precedentes. Havendo resistência dos herdeiros, a rejeição do pedido de habilitação de crédito em inventário enseja a condenação do habilitante em honorários. Contudo, havendo também determinação de reserva de bens e de remessa do feito às vias ordinárias, em razão da existência de documentos suficientes para comprovar o crédito, deve-se concluir que houve sucumbência recíproca, donde decorre a compensação da verba honorária e divisão das custas processuais entre os litigantes" (STJ, REsp 1431036/SP, Rel. Min. Moura Ribeiro, 3ª Turma, jul. 17.04.2018, *DJe* 24.04.2018).

"Portanto, em procedimento de jurisdição voluntária, quando a parte ré concorda com o pedido formulado na inicial, mas formula pedido autônomo: (I) se o Juiz não admitir o pedido autônomo como reconvenção e julgar apenas a pretensão autoral, não serão devidos honorários de sucumbência; (II) por outro lado, se o Juiz admitir o pedido autônomo como reconvenção e julgar ambas as pretensões, serão devidos honorários de sucumbência apenas na reconvenção e desde que configurado litígio quanto à pretensão reconvencional. Hipótese em que (I) os réus recorrentes, em petição de habilitação nos autos, concordaram expressamente com o pedido de alienação dos imóveis, mas requereram determinação para que os autores recorridos prestassem contas da administração dos bens; e (II) o Juiz julgou apenas a pretensão autoral, determinando a alienação dos imóveis, mas condenou os recorrentes a pagar honorários sucumbenciais" (STJ, REsp 2.028.685/SP, Rel. Min. Nancy Andrighi, 3ª Turma, jul. 22.11.2022, *DJe* 24.11.2022).

Art. 89. Nos juízos divisórios, não havendo litígio, os interessados pagarão as despesas proporcionalmente a seus quinhões.

CPC/1973

Art. 25.

REFERÊNCIA LEGISLATIVA

CPC/2015, arts. 569 a 598 (juízos divisórios).

Regimento de Custas da Justiça Federal, art. 10, § 4º (remuneração do perito).

BREVES COMENTÁRIOS

Nos juízos divisórios, não havendo litígio, os interessados pagarão as despesas proporcionalmente aos seus quinhões. Se houver controvérsia entre os condôminos, sua solução será dada na primeira fase do procedimento, cuja sentença imporá ao vencido o encargo da sucumbência. Na segunda fase, reservada aos trabalhos divisórios propriamente ditos, as despesas serão sempre rateadas, salvo apenas aquelas provocadas por impugnações ou recursos, que seguirão a regra comum da sucumbência.

JURISPRUDÊNCIA SELECIONADA

1. Ações demarcatórias e divisórias. Divisão das despesas. "A natureza jurisdicional da sentença que homologa o auto de demarcação, já na segunda fase da demanda demarcatória, havendo acordo entre as partes acerca dos termos da perícia, impõe ao julgador a aplicação do disposto nos arts. 25 e 26, § 2º, do CPC. Havendo as partes concordado em não discutir nem recorrer do resultado da perícia, devidamente assentado com a homologação no auto de demarcação, dividem as partes as custas processuais e cada uma arca com os honorários dos respectivos procuradores judiciais" (TAMG, Ap. 246.372-1, Rel. Juíza Maria Elza, 4ª Câmara, jul. 03.12.1997).

"As despesas derivadas da agrimensura, na demarcatória, serão repartidas proporcionalmente entre os interessados. Bem assim aquelas oriundas da divisão, também proporcionais aos seus quinhões, não havendo litígio" (TJSC, Ap 22.365, Rel. Des. Xavier Vieira, 2ª Câmara, jul. 07.10.1986, *Jurisp. Cat.* 54/232). **No mesmo sentido:** TAMG, AGI 342.083-5, Rel. Juiz Antônio Carlos Cruvinel, 7ª Câmara, jul. 28.06.2001, *RT* 796/408.

2. Dissolução de sociedade. Apuração de haveres. "Tratando-se de juízo divisório, em que há concordância na retirada dos sócios, com a apuração de haveres, dentro do processo legal, sem que haja vencido ou vencedor, resulta que cada parte dever arcar com as custas e honorários advocatícios proporcionais ao seu quinhão" (TJMG, Ap. Cív. 1.0713.05.053077-1/006, Rel. Des. Alberto Aluízio Pacheco de Andrade, 10ª Câmara, jul. 22.07.2008, *DJ* 22.08.2008).

3. Honorários advocatícios. "Para os efeitos do princípio do sucumbimento, a ação de divisão de terras pertence à espécie daquelas em que não há condenação, podendo o juiz fixar a verba de honorários segundo apreciação equitativa (Código de Processo Civil, art. 20, § 4º)" (STF, ERE 92.064/SP, Rel. Min. Alfredo Buzaid, Pleno, jul. 09.03.1983, *RTJ* 107/208).

"Ação de divisão. Honorários de advogado. Fase contenciosa/fase técnica. Não fere o art. 20 do Cód. de Pr. Civil a sentença que (confirmada pelo acórdão), julgando procedente a ação, deixa a fixação dos honorários para a segunda fase" (STJ, REsp 119.826/PR, Rel. Min. Nilson Naves, 3ª Turma, jul. 24.11.1997, *DJ* 02.03.1998, p. 83).

"Divisão. Homologação de proposta amigável. Pretensão de se aplicar, *a contrario sensu* o art. 25 do CPC, para responsabilizar a parte que, ao discutir questão incidental, fez com que fosse interposto agravo para que lavrasse sentença homologatória.

Inocorrência de sucumbência, o que faz inaplicável o art. 20, § 4º, do CPC. Não provimento" (TJSP, Ap c/ Rev. 2495394000, Rel. Enio Zuliani, 4ª Câmara, jul. 19.10.2006, *DJ* 01.11.2006).

4. Requerimento de prova. Ônus da parte requerente. "A regra inserta no art. 25 do CPC, em seu sentido teleológico, visa regular a forma de distribuição da sucumbência nas ações divisórias (inserindo-se neste contexto também as ações demarcatórias) em que não há litígio entre os interessados. Todavia, **não serve como justificativa para afastar o ônus da parte que requer a produção da prova pericial** de adiantar as suas despesas, na forma do art. 33 do CPC" (TJRS, AGI 70022900930, Rel. Pedro Celso Dal Pra, 18ª Câmara, jul. 28.02.2008, *DJ* 07.03.2008).

Art. 90. Proferida sentença com fundamento em desistência, em renúncia ou em reconhecimento do pedido, as despesas e os honorários serão pagos pela parte que desistiu, renunciou ou reconheceu.

§ 1º Sendo parcial a desistência, a renúncia ou o reconhecimento, a responsabilidade pelas despesas e pelos honorários será proporcional à parcela reconhecida, à qual se renunciou ou da qual se desistiu.

§ 2º Havendo transação e nada tendo as partes disposto quanto às despesas, estas serão divididas igualmente.

§ 3º Se a transação ocorrer antes da sentença, as partes ficam dispensadas do pagamento das custas processuais remanescentes, se houver.

§ 4º Se o réu reconhecer a procedência do pedido e, simultaneamente, cumprir integralmente a prestação reconhecida, os honorários serão reduzidos pela metade.

CPC/1973

Art. 26.

REFERÊNCIA LEGISLATIVA

CPC/2015, arts. 485 (extinção do processo sem resolução de mérito: desistência) e 487 (reconhecimento de procedência de pedido subsidiário); 1.040, § 2º (desistência de ação cujo tema foi resolvido por recurso especial ou extraordinário repetitivo).

Lei nº 6.830/1980 (Lei de execução fiscal), art. 26 (cancelamento da Dívida Ativa, antes da sentença).

Lei nº 8.906/1994 (Estatuto da OAB), art. 24, § 4º (transação feita pelas partes sem a participação do advogado não prejudica seus honorários).

Regimento de Custas da Justiça Federal, art. 10, § 1º (pagamento de custas e contribuições exigíveis).

SÚMULAS

Súmulas do TRF4

Nº 134: "A ausência de impugnação pela Fazenda Pública ao cumprimento de sentença não enseja a redução pela metade dos honorários advocatícios por ela devidos, não sendo aplicável à hipótese a regra do art. 90, §4º, combinado com o art. 827, § 1º, ambos do CPC 2015".

CJF – I JORNADA DE DIREITO PROCESSUAL CIVIL

Enunciado 9 – Aplica-se o art. 90, § 4º, do CPC ao reconhecimento da procedência do pedido feito pela Fazenda Pública nas ações relativas às prestações de fazer e de não fazer.

Enunciado 10 – O benefício do § 4º do art. 90 do CPC aplica-se apenas à fase de conhecimento.

BREVES COMENTÁRIOS

Se o processo terminar por desistência, renúncia ou reconhecimento do pedido, as despesas e os honorários serão pagos pela parte que desistiu, renunciou ou reconheceu. Mas se a desistência, a renúncia ou o reconhecimento for parcial, a responsabilidade pelas despesas e pelos honorários será proporcional à parte de que se desistiu, se renunciou ou que se reconheceu.

Se as partes transigirem, extinguindo o litígio, a sucumbência seguirá os termos do acordo celebrado. Contudo, se as partes não dispuserem sobre as despesas na transação, deverão elas ser divididas igualmente.

O CPC/2015 inovou ao dispor que, sendo a transação realizada antes da sentença, as partes ficarão dispensadas do pagamento das custas processuais remanescentes, se houver (art. 90, § 3º).

Prestigiando os princípios da boa-fé e da cooperação processual, o CPC/2015 determinou ainda que, se o réu reconhecer a procedência do pedido e, simultaneamente, cumprir de forma integral e espontânea a prestação reconhecida, os honorários advocatícios serão reduzidos pela metade (art. 90, § 4º). Não basta, portanto, que o réu dê sua adesão ao pedido do autor. Para que os encargos dos honorários sejam reduzidos, é indispensável que ao mesmo tempo se proceda ao reconhecimento do direito e ao imediato pagamento, espontâneo e integral, da prestação reconhecida.

JURISPRUDÊNCIA SELECIONADA

1. Desistência da ação. Honorários. Cabimento

Desistência após a citação. "O entendimento do Tribunal *a quo* está em conformidade com a jurisprudência desta Corte, segundo a qual é cabível a condenação em honorários advocatícios na hipótese de o pedido de desistência da ação ter sido protocolado após a ocorrência da citação da ré, ainda que em data anterior à apresentação da contestação" (STJ, AgInt no AREsp 1.449.328/SP, Rel. Min. Antonio Carlos Ferreira, 4ª Turma, jul. 19.08.2019, *DJe* 22.08.2019).

Execução. "Na sistemática do estatuto processual vigente, a desistência ou reconhecimento do pedido implica pagamento das despesas e honorários de advogado pela parte que desistiu ou reconheceu. Em relação ao processo de execução, que se realiza no interesse do credor, tem este disponibilidade para desistir, mas da desistência resulta o ônus de suportar as despesas processuais, bem como os honorários advocatícios, se o executado já se manifestou nos autos de execução, ainda que sem interpor embargos, aplicando-se subsidiariamente as regras do processo de conhecimento" (TACívSP, AI 355.388, Rel. Juiz Luiz de Azevedo, 7ª Câmara, jul. 15.04.1986, *RT* 613/109).

Aplicação da regra da equidade. "A desistência é ato unilateral e pode ser requerida a qualquer tempo, independentemente de anuência da parte contrária. A sucumbência é ônus processual que se impõe quando há desistência da ação, por força do previsto no art. 26, *caput*, do Código de Processo Civil. Como as decisões homologatórias de desistência têm cunho eminentemente declaratório, utiliza-se como referência para a fixação dos honorários advocatícios a regra da equidade inscrita no art. 20, § 4º, do CPC, e, nesse caso, nada impede que seja empregado como parâmetro, inclusive por ser mais benéfico ao contribuinte, o limite máximo imposto pelo art. 5º, § 3º, da Lei n. 10.189/2001" (STJ, EDcl no Ag 422.430/SC, Rel. Min. João Otávio de Noronha, 2ª Turma, jul. 18.05.2004, *DJ* 21.06.2004, p. 193).

Desistência por interesse do autor que optou por utilizar o crédito sob cobrança como dação em pagamento. "Não cabe afastar a aplicação do art. 26 do Código de Processo Civil quando a desistência ocorreu por interesse do autor, que optou por utilizar o crédito sob cobrança como dação em pagamento nos termos da Medida Provisória nº 2.196/2001" (STJ, REsp 619.345/PR, Rel. Min. Carlos Alberto Menezes Direito, 3ª Turma, jul. 15.12.2005, *DJ* 24.04.2006, p. 393).

Fazenda Pública. "A Fazenda Pública deve ser condenada no pagamento de honorários de advogado do executado se desistir da execução após a apresentação dos embargos, incidindo aí a regra do § 4º do art. 20 do CPC" (TJRJ, Ap. 820, Rel. Des. Sampaio Peres, 2ª Câmara, jul. 22.04.1986). **Entendendo estar a União isenta do pagamento das custas:** TRF, 2ª Região, Ap. 98.02.15605-1, Rel. Juíza Maria Helena, 3ª Turma, *DJU* 26.09.2000, p. 200.

Desistência da ação *x* Cessação do interesse de agir. "Cessação do interesse de agir – desistir (da ação) e solicitação do autor de extinguir processo antes de exaurida a prestação jurisdicional. Não se confunde com a cessação do interesse de agir, no sentido processual do termo, ou seja, necessidade de reclamar a presença do Estado para dirimir a divergência. Se o réu, no desenvolver do processo, administrativamente, obtém o que postulara na inicial, a comunicação do fato ao juízo implica cessação do interesse de agir e não desistência. Incidência de condenação do réu ao pagamento de honorários de advogado" (STJ, REsp 36.919/SP, Rel. Min. Luiz Vicente Cernicchiaro, 6ª Turma, jul. 31.08.1993, *DJ* 11.10.1993, p. 21.354).

Pendência de julgamento de recurso de apelação. Desistência. "A renúncia a que alude o art. 269, V, CPC, mesmo que levada a efeito quando pendente de julgamento apelação interposta pelo réu em ataque a procedência do pedido reconhecida em primeiro grau, conduz, uma vez ainda não constituída coisa julgada, a julgamento de mérito favorável ao réu-apelante, cumprindo ao colegiado *ad quem*, ao extinguir o processo, carrear a responsabilidade pelo pagamento dos ônus da sucumbência à autora renunciante" (STJ, REsp 19.758/RS, Rel. Min. Sálvio de Figueiredo Teixeira, 4ª Turma, jul. 03.05.1994, *DJ* 30.05.1994, p. 12.485).

Simples petição de desistência, sem alusão à transação ou reconhecimento do pedido pelo réu. "O autor que peticiona simplesmente requerendo a desistência da ação, sem aludir à transação ou ao reconhecimento do pedido por parte do demandado, sujeita-se, homologada tal desistência, ao pagamento da verba honorária em favor da parte adversa" (STJ, REsp 13.021/PE, Rel. Min. Athos Carneiro, 4ª Turma, jul. 01.09.1992, *DJ* 21.09.1992, p. 15.695).

2. Desistência da ação. Honorários. Descabimento

Execução por ausência de bens do devedor. Inexistência de condenação em honorários advocatícios. Ver jurisprudência do art. 775 do CPC/2015.

"A desistência da execução pelo credor motivada pela ausência de bens do devedor passíveis de penhora, em razão dos ditames da causalidade, não rende ensejo à condenação do exequente em honorários advocatícios. Nesse caso, a desistência é motivada por causa superveniente que não pode ser imputada ao credor. Deveras, a pretensão executória acabou se tornando frustrada após a confirmação da inexistência de bens passíveis de penhora do devedor, deixando de haver interesse no prosseguimento da lide pela evidente inutilidade do processo" (STJ, REsp 1.675.741/PR, Rel. Min. Luis Felipe Salomão, 4ª Turma, jul. 11.06.2019, *DJe* 05.08.2019).

Antes da citação. "Se a desistência ocorre antes da citação, **incabíveis são os honorários do advogado**" (STJ, REsp 17.613/SP, Rel. Min. Garcia Vieira, 1ª Turma, jul. 06.04.1992, *DJU* 25.05.1992, p. 7.359). **No mesmo sentido:** STJ, REsp 824.774/RS, Rel. Min. José Delgado, 1ª Turma, jul. 04.05.2006, *DJ* 29.05.2006, p. 204; REsp 73543/RJ, Rel. Min. Cesar Asfor Rocha, *DJ* 18.03.1996, REsp 686.397/MG, Rel. Min. Eliana Calmon, *DJ* 14.03.2005. **Ainda que por descuido do cartório a citação se consume:** STJ, AgRg no REsp 875.416/SC, Rel. Min. Ari Pargendler, 3ª Turma, jul. 25.09.2007, *DJ* 29.10.2007; STJ, REsp 94.871/RJ, Rel. Min. Aldir Passarinho Junior, 4ª Turma, jul. 14.12.2000, *DJ* 05.03.2001. **Em sentido contrário:** "Em função do princípio da causalidade são devidos honorários advocatícios nos casos em que se efetivou a citação da parte ré e esta apresentou contestação, **mesmo que o pedido de desistência da ação tenha sido protocolado em data prévia à citação**" (STJ, REsp 548.559/PE, Rel. Min. Teori Albino Zavascki, 1ª Turma, jul. 18.03.2004, *DJ* 03.05.2004, p. 112).

"Intervenção voluntária dos demandados. Pedido de desistência apresentado antes do prazo de resposta. Honorários advocatícios. Descabimento. Não obstante a intervenção voluntária dos demandados na presente ação rescisória, o pedido de desistência foi requerido antes do decurso do prazo para a resposta, circunstância que afasta a necessidade de condenação da parte autora no pagamento de honorários advocatícios" (STJ, AgRg nos EDcl na AR 5.102/RS, Rel. Min. Luis Felipe Salomão, 2ª Seção, jul. 22.05.2013, *DJe* 24.05.2013).

Pedido de desistência. Protocolização antes da audiência. "Se o pedido de desistência da ação em que se cobrava mensalidade escolar foi protocolizado pela autora antes da audiência de conciliação e instrução, quando apresentada a contestação pela ré e formulado, com base no art. 278, § 1º, do CPC, pedido contraposto de indenização por danos morais, opera-se a extinção do feito, nos termos do art. 267, VIII, sem ônus sucumbenciais, porquanto atendido o requisito temporal do § 4º do mesmo dispositivo legal, não se podendo imputar à parte penalização pela morosidade do processamento da petição, de responsabilidade do próprio Poder Judiciário" (STJ, REsp 416.372/SP, Rel. Min. Aldir Passarinho Junior, 4ª Turma, jul. 25.02.2003, *DJ* 05.05.2003, p. 304).

Concordância expressa das partes quanto aos termos da desistência. "Havendo concordância expressa das partes quanto aos termos de desistência da ação, entre os quais se incluem custas judiciais e honorários advocatícios, não se aplica o disposto no art. 26, *caput*, do Código de Processo Civil" (TRF 1ª Região, Ap. 01351688/MG, Rel. Juiz Amilcar Machado, 1ª Turma, *DJU* 04.12.2000, p. 4).

Custas iniciais. Desistência antes da citação. Ausência de recolhimento de custas iniciais complementares. Vide jurisprudência do art. 290.

3. Reconhecimento do pedido pelo réu.

Reconhecimento do pedido do autor. "*In casu*, foi o município que deu causa ao ajuizamento da ação, porquanto o ato administrativo que reconheceu a existência da obrigação de restituir, já em fase de cobrança na esfera da Administração, gozava do atributo da exigibilidade, de modo que se fazia presente, em princípio, o interesse de agir. A mudança de entendimento do agravado, no curso do presente processo, quando decidiu que não mais prosseguiria com a cobrança, equivale, por via oblíqua, ao reconhecimento da procedência do pedido da autora. Agravo regimental parcialmente provido para reconhecer o direito à inversão dos ônus sucumbenciais. Honorários devidos à agravante na forma fixada pelas instâncias ordinárias" (STJ, AgRg no AREsp 157.078/SP, Rel. Min. Herman Benjamin, 2ª Turma, jul. 23.10.2012, *DJe* 18.12.2012).

4. Princípio da causalidade. Instauração do processo decorrente do comportamento do réu. "Agravo interno no agravo em recurso especial. Conclusão do tribunal de origem de que a agravante deu causa à instauração da ação, em que pese à desistência do feito pelo agravado/autor. Consoante a jurisprudência do STJ 'no processo civil, para se aferir qual das partes litigantes arcará com o pagamento dos honorários advocatícios e custas processuais, deve-se atentar não somente à sucumbência, mas também ao princípio da causalidade, segundo o qual a parte que deu causa à instauração do processo deve suportar as despesas dele decorrentes' (REsp n. 1.223.332/SP, Relator o Ministro Luis Felipe Salomão, *DJe* de 15/8/2014)"

(STJ, AgInt no AREsp 1441712/SP, Rel. Min. Marco Aurélio Bellizze, 3ª Turma, jul. 02.09.2019, *DJe* 10.09.2019).

5. Transação antes da sentença.

Taxa judiciária que não se enquadra como custas remanescentes. "O art. 90, § 3º, do CPC/2015 está localizado na parte geral do Diploma Processual, o que, por si só, evidencia ser aplicável não só ao processo de conhecimento, como também ao processo de execução. Caso fosse a intenção do legislador restringir sua aplicação ao processo de conhecimento, teria tido a cautela de inseri-lo no capítulo que trata especificamente dessa espécie procedimental ou, ao menos, teria feito alguma referência expressa nesse sentido, o que não se verifica. Assim, se as partes celebrarem acordo antes da sentença, seja no processo de conhecimento ou no de execução, ficarão dispensadas do pagamento das custas remanescentes. (...) O art. art. 90, § 3º, do CPC/2015 é expresso ao referir custas remanescentes. Assim, se a legislação estadual prever o recolhimento da taxa judiciária ao final do processo - como ocorre no processo de execução no Estado de São Paulo -, as partes não estarão desobrigadas de recolhê-la, haja vista que não se confunde com as custas processuais e, portanto, não se enquadra nas custas remanescentes" (STJ, REsp 1.880.944/SP, Rel. Min. Nancy Andrighi, 3ª Turma, jul. 23.03.2021, *DJe* 26.03.2021).

Honorários advocatícios. "O acordo bilateral entre as partes, envolvido na renegociação da dívida, demanda reciprocidade das concessões, não caracteriza sucumbência e é resultado da conduta de ambas as partes. Nessa situação, os honorários devem ser arcados por cada parte, em relação a seu procurador (arts. 90, § 2º, do CPC/15 e 12 da Lei 13.340/16)" (STJ, REsp 1.836.703/TO, Rel. Min. Nancy Andrighi, 3ª Turma, julgado em 06.10.2020, *DJe* 15.10.2020).

"Se o processo foi extinto porque, em seu curso, o autor aceitou proposta formulada pelo réu, é certo dizer que houve transação. Em havendo transação, **não há sucumbência**. O processo termina sem condenação de qualquer das partes (CPC, art. 26, § 2º)" (STJ, REsp 87.696/CE, Rel. Min. Humberto Gomes de Barros, 1ª Turma, jul. 23.05.1996, *DJU* 17.06.1996, p. 21.457).

Disposição das verbas honorárias. "A jurisprudência desta Corte firmou-se no sentido de que o art. 26, § 2º, do CPC, o qual prevê a divisão igualitária das despesas processuais em caso de transação entre as partes, não se aplica aos honorários advocatícios, pois, por pertencer ao advogado (arts. 23 e 24 da Lei 8.906/1994), **tal verba não pode ser objeto de pactuação entre os litigantes sem o seu assentimento.** Precedentes: AgRg no REsp 1.215.346/DF, Rel. Min. Arnaldo Esteves Lima, Primeira Turma, *DJe* 27.04.2011; AgRg no REsp 1.190.796/MG, Rel. Min. Jorge Mussi, Quinta Turma, *DJe* 28.02.2011; AgRg no Ag 1.292.488/DF, Rel. Min. Luiz Fux, Primeira Turma, *DJe* 17.11.2010; AgRg no REsp 1.153.356/PR, Rel. Min. Maria Thereza de Assis Moura, Sexta Turma, *DJe* 07.06.2010" (STJ, AgRg no REsp 1.236.571/RN, Rel. Min. Benedito Gonçalves, 1ª Turma, jul. 20.09.2012, *DJe* 25.09.2012). **No mesmo sentido:** STJ, REsp 73.994/SP, Rel. Min. Carlos Alberto Menezes Direito, 3ª Turma, jul. 11.03.1997, *DJ* 28.04.1997, p. 15.862; STJ, REsp 1.322.337/RJ, Rel. Min. Ari Pargendler, 1ª Turma, jul. 06.12.2012, *DJe* 18.12.2012; STJ, EREsp 812.801/DF, Rel. Min. Hamilton Carvalhido, 3ª Seção, jul. 23.04.2008, *DJe* 07.08.2008; STJ, REsp 1.133.638/SP, Rel. Min. Ricardo Villas Bôas Cueva, 3ª Turma, jul. 06.08.2013, *DJe* 20.08.2013.

"Movida execução por advogados do exequente contra o executado, ante a extinção do processo de execução devido a transação realizada diretamente pelas partes, sem intervenção dos advogados e sem disposição a respeito dos honorários destes, tem-se que reconhecer a inexistência de título executivo, **devendo a matéria remeter-se às vias ordinárias.** Impossível a conclusão, nestes autos, de que os honorários advocatícios ficassem sob a responsabilidade cada qual de seus constituintes, porque assim não pactuado e porque assim não há bases conclusivas no caso, de modo que pretensões a honorários devem ser formuladas em ação própria, mediante petição inicial dirigida a partes entendidas adequadas e que contenha causa de pedir e pedido claros, de modo a ensejar instauração de contraditório válido e decisão final que avalie todas as circunstâncias do caso" (STJ, REsp 1.075.429/RS, Rel. Min. Sidnei Beneti, 3ª Turma, jul. 02.12.2008, *DJe* 16.03.2009).

6. Embargos à execução. Duplo ajuizamento. Custas processuais devidas nos dois processos, independentemente da citação da parte contrária. Ver jurisprudência do art. 914 do CPC/2015.

Embargos à execução fiscal. Desistência. Adesão ao Refis. Honorários advocatícios. Encargos do Decreto-lei nº 1.025/1969. "Na execução fiscal promovida pela Fazenda Nacional, a Certidão da Dívida Ativa da União inclui o encargo legal previsto no Decreto-lei 1.025/1969, que abrange os honorários advocatícios. Afasta-se, assim, nova condenação ao pagamento da verba honorária, quando o devedor desiste dos embargos à execução para fins de ingresso no Refis. Precedentes do STJ" (STJ, AgRg no REsp 940.508/SP, Rel. Min. Herman Benjamin, 2ª Turma, jul. 26.08.2008, *DJe* 11.03.2009). **No mesmo sentido:** STJ, AgRg no REsp 940.863/SP, Rel. Min. José Delgado, 1ª Turma, jul. 27.05.2008, *DJe* 23.06.2008.

"No caso de desistência da ação ante a adesão ao programa de recuperação fiscal (Refis), a verba honorária é devida por força da aplicação do art. 26 do CPC" (STJ, AgRg nos EDcl no REsp 641.485/RS, Rel. Min. João Otávio de Noronha, 2ª Turma, jul. 23.10.2007, *DJ* 14.12.2007 p. 384).

7. Inscrição em dívida ativa pelo INSS. Parcelamento. Lei nº 11.941/2009. Renúncia. Legalidade dos honorários de sucumbência. Ver jurisprudência do art. 2º da Lei nº 6.830/1980.

8. Desistência parcial (§ 1º). "Tendo a desistência parcial da execução sido acolhida pelo tribunal de origem, lá devem ser fixados os honorários advocatícios resultantes" (STJ, EDcl no REsp 435.089/MA, Rel. Min. Cesar Asfor Rocha, 4ª Turma, jul. 09.09.2003, *DJ* 28.10.2003, p. 289).

9. Carência de ação. "A extinção de ação de depósito em razão do pagamento, no curso do processo, de contribuição apropriada não se qualifica, ontologicamente, como desistência, mas como carência de ação superveniente, sendo, dessarte, indevida a aplicação do art. 26 do CPC" (TRF, 1ª Região, AC 01000545877, Rel. Juíza conv. Vera Carla Cruz, 4ª Turma, *DJU* 22.09.2000, p. 290).

Art. 91. As despesas dos atos processuais praticados a requerimento da Fazenda Pública, do Ministério Público ou da Defensoria Pública serão pagas ao final pelo vencido.

§ 1º As perícias requeridas pela Fazenda Pública, pelo Ministério Público ou pela Defensoria Pública poderão ser realizadas por entidade pública ou, havendo previsão orçamentária, ter os valores adiantados por aquele que requerer a prova.

§ 2º Não havendo previsão orçamentária no exercício financeiro para adiantamento dos honorários periciais, eles serão pagos no exercício seguinte ou ao final, pelo vencido, caso o processo se encerre antes do adiantamento a ser feito pelo ente público.

CPC/1973

Art. 27.

REFERÊNCIA LEGISLATIVA

CPC/2015, arts. 82, § 1º (adiantamento das despesas), 485 (extinção do processo sem resolução de mérito por ausência de depósito prévio da remuneração do perito) e 1.007, § 1º (dispensa de pagamento de preparo ao MP, União, Distrito Federal, Estados, Municípios e respectivas autarquias).

Lei nº 6.830, de 22.09.1980 (execução fiscal), art. 39.

SÚMULAS

Súmulas do STJ:

Nº 178: "O INSS não goza de isenção do pagamento de custas e emolumentos, nas ações acidentárias e de benefícios propostas na Justiça Estadual."

Nº 190: "Na execução fiscal, processada perante a Justiça Estadual, cumpre à Fazenda Pública antecipar o numerário destinado ao custeio das despesas com o transporte dos oficiais de justiça."

Nº 232: "A Fazenda Pública, quando parte no processo, fica sujeita à exigência do depósito prévio dos honorários do perito." (**Nota: esta súmula ficou prejudicada com a entrada em vigor do CPC/2015, diante da previsão do art. 91, §§ 1º e 2º**).

Nº 462: "Nas ações em que representa o FGTS, a CEF, quando sucumbente, não está isenta de reembolsar as custas antecipadas pela parte vencedora."

Nº 483: "O INSS não está obrigado a efetuar depósito prévio do preparo por gozar das prerrogativas e privilégios da Fazenda Pública."

BREVES COMENTÁRIOS

As despesas de perícias requeridas pelo MP (como parte, *custos legis* ou curador especial) devem ser adiantadas pelo autor.

No conceito de Fazenda Pública incluem-se as autarquias, mas não as empresas públicas e as sociedades de economia mista.

A jurisprudência dominante no tempo do Código anterior ressalvava os gastos a serem feitos fora dos serviços públicos, como as despesas da diligência pericial ou os honorários do perito não oficial, por ser inexigível de terceiros a prestação de serviços e a realização de despesas em benefício da Fazenda Pública sem o imediato ressarcimento (STJ, 2ª T., AgRg no REsp 1.142.477/SC, Rel. Min. Mauro Campbell Marques, ac. 22.06.2010, *DJe* 06.08.2010).

O atual Código, contudo, adotou entendimento um pouco diverso, no art. 91, § 1º, ao prever que "as perícias requeridas pela Fazenda Pública, pelo Ministério Público ou pela Defensoria Pública poderão ser realizadas por entidade pública ou, havendo previsão orçamentária, ter os valores adiantados por aquele que requerer a prova". Assim, caso não haja previsão orçamentária para o adiantamento dos honorários periciais, a despesa deverá ser paga no exercício financeiro seguinte ou no final, pelo vencido, caso o processo se encerre antes do adiantamento a ser feito pelo ente público (art. 91, § 2º). Instituiu-se, dessa forma, a obrigação de diligência pericial sem imediata garantia de remuneração do técnico.

JURISPRUDÊNCIA SELECIONADA

1. Custas e despesas processuais. Isenção ou pagamento ao final.

Preparo recursal. Porte de remessa e retorno. Pagamento ao final pelo INSS. "A Corte Especial do STJ, no julgamento do Tema 16, vinculado ao Recurso Especial Repetitivo 1.101.727/PR, firmou entendimento no sentido de que, apesar de a Autarquia Previdenciária não ser isenta de preparo em ações promovidas perante à Justiça Estadual, nos termos da Súmula 178/STJ, não há exigência de prévio depósito para fins de interposição de recurso, podendo ser postergado o seu recolhimento para o final da demanda, caso a autarquia resulte vencida, a teor do art. 27 do CPC. (REsp 1.101.727/PR, Rel. Ministro HAMILTON CARVALHIDO, CORTE ESPECIAL, julgado em 02/08/2010, *DJe* 23/08/2010). Posteriormente, veio a lume a Súmula 483/STJ, *in verbis*: "O INSS não está obrigado a efetuar depósito prévio do preparo por gozar das prerrogativas e privilégios da Fazenda Pública" (CORTE ESPECIAL, julgada em 28/06/2012, *DJe* 01/08/12). (...) O Supremo Tribunal Federal, no julgamento do RE 594.116/SP, Rel. Min. Edson Fachin, com repercussão geral, julgado em 3/12/2015, *DJe* 5/4/2016, assentou que o art. 511 do Código de Processo Civil dispensa o recolhimento do porte de remessa e de retorno por parte do INSS, "pois se trata de norma válida editada pela União, a quem compete dispor sobre as receitas públicas oriundas da prestação do serviço público postal". (...) Sendo, portanto, o porte de remessa e de retorno elemento desenganadamente integrante do preparo, faz-se de rigor aplicar o entendimento firmado no Recurso Especial Repetitivo n.º 1.101. 727/PR, segundo o qual o recolhimento dos valores a esse título deverá ser implementado pelo INSS apenas ao final da demanda, caso resulte nela vencido (REsp 1.101.727/PR, Rel. Ministro Hamilton Carvalhido, Corte Especial, julgado em 02/08/2010, *DJe* 23/08/2010). (...) Acórdão submetido ao regime do art. 1.036 e seguintes do CPC/2015 (art. 256-I do RISTJ), fixando-se a seguinte TESE: "A teor dos arts. 27 e 511, § 1º, do revogado CPC/73 (arts. 91 e 1.007, § 1º, do vigente CPC/15), o Instituto Nacional do Seguro Social – INSS, nos recursos de competência dos Tribunais de Justiça, está dispensado do prévio pagamento do porte de remessa e de retorno, enquanto parcela integrante do preparo, devendo recolher o respectivo valor somente ao final da demanda, acaso vencido" (REsp 1761119/SP, Rel. Min. Sérgio Kukina, Corte Especial, jul. 07.08.2019, *DJe* 14.08.2019). **Obs.: decisão submetida ao julgamento de recursos repetitivos.**

Execução fiscal. Recolhimento antecipado das custas para a realização da citação postal do devedor. Exigência indevida. "Delimitação da controvérsia: Definição acerca da obrigatoriedade, ou não, de a fazenda pública exequente, no âmbito das execuções fiscais, promover o adiantamento das custas relativas às despesas postais referentes ao ato citatório, à luz do art. 39 da Lei 6.830/80. (...) Acórdão submetido ao regime do art. 1.036 e seguintes do CPC (art. 256-I do RISTJ), fixando-se a seguinte tese: 'A teor do art. 39 da Lei 6.830/80, a fazenda pública exequente, no âmbito das execuções fiscais, está dispensada de promover o adiantamento de custas relativas ao ato citatório, devendo recolher o respectivo valor somente ao final da demanda, acaso resulte vencida'" (STJ, REsp 1.858.965/SP, Rel. Min. Sérgio Kukina, 1ª Seção, jul. 22.09.2021, *DJe* 01.10.2021). **Obs.: Decisão submetida a julgamento de recursos repetitivos.**

Fazenda Pública. "Custas são o preço decorrente da prestação da atividade jurisdicional, desenvolvida pelo Estado-juiz através de suas serventias e cartórios. Emolumentos são o preço dos serviços praticados pelos serventuários de cartório ou serventias não oficializados, remunerados pelo valor dos serviços desenvolvidos e não pelos cofres públicos. Despesas, em sentido restrito, são a remuneração de terceiras pessoas acionadas pelo aparelho jurisprudencial, no desenvolvimento da atividade do Estado-juiz. Não é razoável crer que a Fazenda Pública possa ter reconhecida isenção, perante os Cartórios de Registro de Títulos e Documentos e Civil de Pessoa Jurídica, decorrente da obtenção de cópias dos atos constitutivos das empresas que pretende litigar. Goza a Fazenda apenas da prerrogativa de efetuar o pagamento ao final, se vencida. Precedente da Primeira Seção" (STJ, REsp 1.110.529/SP, Rel. Min. Eliana Calmon, 2ª Turma, jul. 05.05.2009, *DJe* 21.05.2009). **No mesmo sentido:** STJ, AgRg no REsp 1.276.844/RS, Rel. Min. Napoleão Nunes Maia Filho, 1ª Turma, jul. 05.02.2013, *DJe* 21.02.2013.

CEF. Reembolso das custas adiantadas. "Por força do parágrafo único do art. 24-A da Lei nº 9.028/1995, a Caixa

Econômica Federal (CEF), nas ações em que represente o FGTS, está isenta do pagamento de custas, emolumentos e demais taxas judiciárias, isenção que, todavia, não a desobriga de, quando sucumbente, reembolsar as custas adiantadas pela parte vencedora. Recurso especial improvido. Acórdão sujeito ao regime do art. 543-C do CPC" (STJ, REsp 1.151.364/PE, Rel. Min. Teori Albino Zavascki, 1ª Seção, jul. 24.02.2010, *DJe* 10.03.2010).

Pagamento de postagem de carta citatória pela Fazenda Pública. "A Fazenda Pública não está obrigada ao pagamento das custas processuais e, *a fortiori*, não há que se exigir o prévio adimplemento do *quantum* equivalente à postagem de carta citatória. Precedente: REsp 1.028.103/SP, Rel. Min. Teori Albino Zavascki, *DJ* 21.08.2008; EREsp 506.618/RS, Rel. Min. Luiz Fux, *DJ* 13.02.2006; REsp 546.069/RS, Rel. Min. Francisco Peçanha Martins, *DJ* 26.09.2005" (STJ, REsp 1.076.914, Rel. Min. Luiz Fux, 1ª Turma, jul. 19.03.2009, *DJe* 22.04.2009). **No mesmo sentido:** STJ, REsp 653.006/MG, Rel. Min. Carlos Fernando Mathias, 2ª Turma, jul. 17.06.2008, *DJe* 05.08.2008.

"No caso das despesas com a postagem, a responsabilidade pelo seu pagamento é de quem se aproveita do ato, ou seja, a Fazenda Nacional. Dessa forma, não existindo verba à disposição da Justiça para essa finalidade, tal despesa não deve ser suportada pelo serventuário do cartório ou funcionário da secretaria. Precedente do STF" (STJ, AgRg no REsp 1.013.660/SP, Rel. Min. Humberto Martins, 2ª Turma, jul. 09.09.2008, *DJe* 09.10.2008).

Autarquias. "As autarquias, mesmo quando os atos processuais devam ser praticados na Justiça estadual, gozam de isenção de custas, competindo-lhes, tão somente, o ressarcimento à parte contrária, a final, se vencidas na demanda" (TRF, Ag 89.01.237-0/MG, Rel. Min. Murat Valadares, 4ª Turma, jul. 07.08.1989, *DJ* 25.09.1989). **No mesmo sentido:** TRF-5ª Região, AI 4.142/RN, Rel. Juiz José Delgado, 2ª Turma, *DJ* 09.06.1995. **No mesmo sentido em relação à Empresa Brasileira de Correios e Telégrafos:** STJ, AgRg no AREsp 70.634/DF, Rel. Min. Napoleão Nunes Maia Filho, 1ª Turma, jul. 06.12.2011, *DJe* 02.02.2012. **No mesmo sentido em relação ao INSS:** STJ, REsp 1.101.727/PR, Rel. Min. Hamilton Carvalhido, Corte Especial, jul. 02.08.2010, *DJe* 23.08.2010.

2. Não fazem jus à isenção ou ao pagamento final.

Fundação pública de direito privado não faz jus à isenção de custas. "Nos termos da jurisprudência do STF e do STJ, fundação pública é toda fundação instituída pelo Estado, podendo sujeitar-se ao regime público ou privado, a depender do estatuto da fundação e das atividades por ela exercidas. As fundações públicas de direito público são criadas por lei específica, também chamadas de fundações autárquicas. No caso das fundações públicas de direito privado, uma lei específica é editada autorizando sua criação. No caso dos autos, a entidade fundacional é de direito privado, filantrópica e de utilidade pública, cuja criação se deu por lei municipal autorizativa de doação de bem imóvel público, não se aplicando à hipótese, portanto, os critérios utilizados pelo acórdão recorrido para o arbitramento dos honorários advocatícios, nem mesmo a isenção de custas processuais" (STJ, REsp 1409199/SC, Rel. Min. Luis Felipe Salomão, 4ª Turma, jul. 10.03.2020, *DJe* 04.08.2020).

Conselho de fiscalização profissional. Custas para ato citatório. Recolhimento. Necessidade: "As duas Turmas que compõem a Primeira Seção do STJ vêm, até o momento, deferindo em favor dos conselhos de fiscalização profissional a isenção das custas processuais, na linha do julgamento do recurso especial representativo de controvérsia, REsp 1.107.543/SP, Rel. Ministro Luiz Fux, *DJe* 26/4/2010, que consolidou entendimento na linha de que a Fazenda Pública está dispensada do pagamento das despesas com a citação postal, uma vez que esse ato processual encontra-se abrangido no conceito de custas processuais, que devem ser pagas ao final do processo pelo vencido nos termos do art. 39 da Lei 6.830/1980. Entendimento em descompasso com o julgamento da Primeira Seção no REsp 1.338.247/RS, rel. Min. Herman Benjamin, Primeira Seção, *DJe* 19/12/2012, sob o regime dos recursos repetitivos, no sentido de que, a partir da vigência da Lei 9.289/1996, os conselhos de fiscalização profissionais não mais gozam do benefício previsto pelo art. 39 da LEF, uma vez que o art. 4º, parágrafo único, da Lei 9.289/1996 vedou expressamente a extensão postulada pelo Conselho recorrente. Alteração jurisprudencial de modo a restabelecer a sua harmonia com precedente firmado pelo STJ em sede de recurso repetitivo da controvérsia, com a imposição do pagamento das custas aos conselhos de fiscalização profissionais" (STJ, REsp 1849225/PR, Rel. Min. Gurgel de Faria, 1ª Turma, jul. 12.05.2020, *DJe* 14.05.2020).

INSS. Embargos do devedor. "Embargos de devedor. Taxa judiciária. Obrigação do INSS em recolhê-la quando da interposição dos embargos. Inaplicabilidade, à hipótese, do disposto no art. 27 do Código de Processo Civil. Desprovimento do recurso" (TJRJ, Ap. 21.675/1999 (31052000), Rel. Des. Adriano Guimarães, 11ª Câmara, jul. 06.04.2000).

3. Despesas de oficial de justiça. "As despesas com o deslocamento dos oficiais de justiça não configuram custas ou emolumentos, mas 'remuneração de terceiras pessoas acionadas pelo aparelho jurisprudencial' (REsp 1.036.656/SP, Rel. Ministra Eliana Calmon, Primeira Seção, *DJe* 6/4/2009), motivo pelo qual não estão abrangidas pela isenção de que trata o art. 39 da Lei n. 6.830/1980, estando a Fazenda Pública obrigada a realizar o depósito prévio da quantia correspondente" (STJ, AgInt no REsp 1.995.692/PB, Rel. Min. Sérgio Kukina, 1ª Turma, jul. 22.08.2022, *DJe* 25.08.2022).

Despesas de remoção de bem móvel, pelo oficial de justiça, para o depositário. "No caso, o que pretende a Fazenda Estadual, com base nos artigos 27 do CPC e 39 da Lei nº 6.830/1980, é que o oficial de justiça financie as atividades, em última análise, de seu patrão. Nenhum desses dispositivos determina que o serventuário da justiça retire de sua remuneração – que é paga pelo próprio Estado – as quantias necessárias ao pagamento das despesas com condução para o exercício de suas funções, e depois, ou as receba ao final do vencido, se a Fazenda for vencedora, ou não as receba ao final de ninguém, se a Fazenda for vencida, certo como é que, neste último caso, em face dos termos do parágrafo único do artigo 39, 'se vencida, a Fazenda Pública ressarcirá o valor das despesas feitas pela parte contrária', o que evidentemente não abarca as despesas feitas pelo oficial de justiça em diligência do interesse da Fazenda" (STF, RE 108.845/SP, Rel. Min. Moreira Alves, Plenário, jul. 14.06.1988, *RTJ* 127/228). **No mesmo sentido:** STJ, REsp 964.319/GO, Rel. Min. José Delgado, 1ª Turma, jul. 08.04.2008, *DJe* 24.04.2008.

Despesas com depositário e leiloeiro. "A Fazenda Pública deve arcar com o pagamento ao **depositário e leiloeiro oficial**, assim como reembolsar as despesas advindas da armazenagem do bem penhorado. Precedentes" (STJ, AgRg no REsp 724.223/RS, Rel. Min. Castro Meira, 2ª Turma, jul. 09.12.2008, *DJe* 19.12.2008).

Art. 92. Quando, a requerimento do réu, o juiz proferir sentença sem resolver o mérito, o autor não poderá propor novamente a ação sem pagar ou depositar em cartório as despesas e os honorários a que foi condenado.

CPC/1973

Art. 28.

REFERÊNCIA LEGISLATIVA

CPC/2015, art. 486.

BREVES COMENTÁRIOS

Não se deverá indeferir a petição inicial, com base no art. 92, sem antes ensejar oportunidade ao autor para sanar a falta de pagamento dos encargos do processo anterior.

JURISPRUDÊNCIA SELECIONADA

1. Comprovação do pagamento. Requisito para repropositura da ação. "O autor deve instruir a inicial com a prova do pagamento das custas e honorários advocatícios da ação anteriormente ajuizada, cujo objeto era o mesmo da ação atual, a teor do previsto nos arts. 268 e 28 do CPC, sob pena de extinção do processo, por inépcia" (TJMG, ApCív 357.827-0, Rel. Juiz Duarte de Paula, 3ª Câmara, jul. 29.05.2002, *DJ* 08.06.2002). **No mesmo sentido, mas entendendo que o juiz deve consignar prazo para a comprovação:** STJ, REsp 127.084/MG, Rel. Min. Cesar Asfor Rocha, 4ª Turma, jul. 15.08.2000, *DJ* 02.10.2000, p. 171; STJ, AgRg no REsp 1.217.360/MT, Rel. Min. Ricardo Villas Bôas Cueva, 3ª Turma, jul. 05.08.2014, *DJe* 19.08.2014.

"O art. 28 do CPC deve ser interpretado sem ampliações, por se tratar de medida restritiva do direito de demandar. Fora das duas hipóteses previstas no § 2º do art. 267, não pode ele ser aplicado. Portanto, sem o pagamento dos honorários e das custas processuais, o autor não pode intentar nova ação, e é claro que, se sobre aquele processo ainda pairar algum recurso, a ação com o mesmo objeto não pode ser distribuída" (TJMG, ApCív. 378.501-1, Rel. Juiz Alvimar de Ávila, 4ª Câmara, jul. 19.02.2003, *DJ* 01.03.2003).

Extinção do processo. Requerimento do réu. Necessidade. "O que se deve inferir à cláusula do art. 28 do CPC é o preceito paralelo de que, no caso do art. 267, III, consoante a missão recíproca ao art. 267, § 2º, **só é lícita a extinção do processo quando requerida pelo réu, a quem é devido o reembolso das despesas e dos honorários**. Portanto, ao Juiz não é lícito, sem requerimento do réu, extinguir o processo no caso previsto no art. 267, III, do CPC" (2º TACiv. SP, Ap. 156.870, Rel. Juiz Antonio Cezar Peluso, 5ª Câmara, jul. 21.09.1983, *JTACSP* 86/392).

Extinção. Inocorrência. Mera anulação com restauração da mesma relação processual. "Inexistindo extinção definitiva do feito, mas mera anulação com a restauração da mesma relação processual, não se consubstancia nesse fato processual a propositura de nova ação a ensejar a incidência e o cumprimento do disposto nos arts. 28 e 268 do Código de Processo Civil" (STJ, REsp 533.974/RS, Rel. Min. Luiz Fux, 1ª Turma, jul. 07.10.2003, *DJ* 28.10.2003, p. 221).

Fazenda Pública. Repropositura. Recolhimento de custas e honorários devidos pela Fazenda nacional. Expedição de precatório. "[...]. Ademais, a finalidade do dispositivo em questão é coibir casos em que, após acionar a máquina judiciária e chamar aos autos o réu contra o qual agita determinada pretensão – com todos os gastos inerentes a essas atividades –, o autor negligente abandona a demanda sem justificativa legítima. Para tanto, o legislador condicionou a repropositura da ação ao pagamento das custas e honorários advocatícios da demanda original, não somente pelo evidente efeito pedagógico que essa restrição carrega, mas também para impedir que novas despesas sejam efetuadas pelo Poder Judiciário e pelo réu sem que as anteriores tenham sido satisfeitas pelo autor que deu causa à lide e também a sua extinção sem resolução do mérito. No caso vertente, a expedição do precatório presta-se a atender esse preceito, de forma que o espírito do art. 28 do CPC também é preservado, não havendo que se cogitar de sua vulneração" (STJ, REsp 1.151.050/RS, Rel. Min. Castro Meira, 2ª Turma, jul. 05.08.2010, *DJe* 17.08.2010).

2. Ações diversas. Possibilidade. "Não se tratando de ações idênticas, não há óbice para o ajuizamento de nova demanda visando o recebimento do crédito, mesmo que ainda não tenham sido pagas todas as verbas decorrentes da sucumbência" (TJMG, ApCív. 510.503-9, Rel. Des. Irmar Ferreira Campos, 17ª Câmara, jul. 23.06.2005, *DJ* 17.08.2005).

Parte ré diversa. "Se, no processo extinto anteriormente, a parte ré não é a mesma da ação requerida depois, não se caracteriza reedição e não se aplica a penalidade do art. 28 do CPC" (TJMG, ApCív. 1.0027.02.002506-3/001, Rel. Des. Francisco Kupidlowski, 13ª Câmara, jul. 08.06.2006, *DJ* 03.08.1996).

3. Honorários advocatícios. "Afirmado pelas decisões recorridas que a parte não providenciou, dentro do prazo concedido pelo juiz, o pagamento das custas e honorários relativos a outra ação, julgada extinta, e que os pedidos e a causa de pedir dessas ações eram idênticos, forçoso reconhecer a inexistência de violação ao artigo 28 do Código de Processo Civil" (STJ, EDcl no REsp 187.931/SP, Rel. Min. Castro Filho, 3ª Turma, jul. 18.12.2001, *DJ* 25.02.2002, p. 376).

"Não se admite condenação em honorários advocatícios, em sentença extintiva do processo, sem julgamento do mérito, fora das hipóteses dos artigos 28 e 267, § 2º, do Código de Processo Civil, mesmo porque a extinção do feito deu-se em decorrência de legislação superveniente, que tornou sem objeto a relação litigiosa, não havendo que se falar em sucumbência ou reconhecimento do pedido" (TRF 1ª R., Ap. 92.01.07160-4/ DF, Rel. Juiz Leite Soares, 4ª Turma, *DJ* 03.05.1993).

Art. 93. As despesas de atos adiados ou cuja repetição for necessária ficarão a cargo da parte, do auxiliar da justiça, do órgão do Ministério Público ou da Defensoria Pública ou do juiz que, sem justo motivo, houver dado causa ao adiamento ou à repetição.

CPC/1973

Art. 29.

BREVES COMENTÁRIOS

A sanção prevista no artigo aplica-se apenas ao adiamento culposo, não a qualquer adiamento. Se há motivo plausível para o retardamento do ato processual, ele se dará sem a penalidade do art. 93.

JURISPRUDÊNCIA SELECIONADA

1. Sentido da expressão "sem justo motivo". "A expressão *sem justo motivo*, contida no art. 29 do CPC, deve ser entendida como causa do adiamento da prática do ato, quando este é adiado por dolo, fraude ou desídia do Juiz. Se a audiência de instrução e julgamento, em processo sumaríssimo, é adiada porque a parte pediu a ouvida de testemunhas por precatória, não incide o art. 29 do CPC" (TJSC, Ag. 3.350, Rel. Des. Osny Caetano, 1ª Câmara, jul. 21.12.1985, *JCat.* 51/269).

2. Contrato de representação. "Sendo autor o responsável pelo término do contrato de representação e não provando a ocorrência de nenhuma das hipóteses previstas no art. 36 da Lei n. 4.888/1965, não tem direito à indenização prevista no art. 27 da mesma norma jurídica. Só é possível se falar em ressarcimento das despesas, nos termos do art. 29 do CPC, quando elas estão efetivamente comprovadas e ocorreram por culpa da parte contrária" (TJSP, Ap. 7137806800, Rel. Paulo Jorge Scartezzini Guimarães, 20ª Câmara, jul. 29.10.2007, *DJ* 23.11.2007).

3. Exibição de objeto diverso do periciando. "A parte que, por culpa ou dolo, exibe objeto diverso do periciando, responde pelas despesas da repetição da prova, tenha ou não requerido a sua realização, sem direito de reembolso, mesmo que vença a demanda" (TJSP, AGI 684338200, Rel. Felipe Ferreira, 2ª Câmara, jul. 23.04.2001, *DJ* 24.04.2001).

4. Honorários de sucumbência. Correção monetária. "Hipótese em que não se vislumbra a contrariedade do art. 29 do CPC, porquanto, a par da declinação de competência nos termos do art. 113 do CPC não configurar causa sem justo motivo a que se refere o aludido dispositivo, não se trata no caso de despesas de adiamento, mas de correção monetária de honorários de sucumbência fixados em percentual sobre o valor da causa" (STJ, REsp 545.648/DF, Rel. Min. Paulo Medina, 6ª Turma, jul. 04.05.2004, *DJ* 21.06.2004, p. 266).

Art. 94. Se o assistido for vencido, o assistente será condenado ao pagamento das custas em proporção à atividade que houver exercido no processo.

CPC/1973

Art. 32.

REFERÊNCIA LEGISLATIVA

CPC/2015, art. 121 (atuação do assistente; ônus processuais).

BREVES COMENTÁRIOS

Quando houver assistência e ocorrer sucumbência da parte assistida, o assistente será condenado nas custas em proporção à atividade que houver exercido no processo. Caberá ao juiz arbitrar em que proporção o assistente atuou no processo, para determinar a sua parcela de responsabilidade pelos encargos sucumbenciais. Não há, contra ele, condenação em honorários.

JURISPRUDÊNCIA SELECIONADA

1. Assistido condenação em custas. "A rigor do art. 32 do CPC, se o assistido ficar vencido, o assistente será condenado nas custas em proporção à atividade que houver exercido no processo. No mesmo sentido, o art. 52 do mesmo Código Processual estabelece que o assistente atuará como auxiliar da parte principal, exercerá os mesmos poderes e sujeitar-se-á aos mesmos ônus processuais que o assistido. Com efeito, conquanto o assistente defenda interesse próprio, agindo em auxílio do assistido, deverá arcar com as custas decorrentes de sua intervenção" (TRT, 15ª R., Proc. 433/94-APP, Ac. 413/00-A – SE, Rel. Juiz Antônio Tadeu Gomieri, *Doesp* 17.03.2000, p. 7).

2. Assistência simples em honorários advocatícios. "Consoante estabelece o CPC, não há condenação do assistente simples em honorários advocatícios, *litteris*: 'Se o assistido ficar vencido, o assistente será condenado nas custas em proporção à atividade que houver exercido no processo'" (STJ, REsp 579.739/DF, Rel. Min. José Delgado, 1ª Turma, jul. 17.02.2005, *DJ* 11.04.2005, p. 180). **No mesmo sentido:** TJMG, ApCív 1.0145.07.390003-0/001, Rel. Des. Saldanha da Fonseca, 12ª Câmara, jul. 08.10.2008, *DJe* 20.10.2008.

Outros encargos. "Tendo havido equívoco da sentença, que incluiu o Ipergs como parte ré, quando este atuou no feito como assistente simples do réu, possível nova feição ao dispositivo, restando condenado apenas o réu nos valores locatícios e demais encargos, bem como nos honorários advocatícios, e o assistente e o réu nas custas processuais, por metade, nos termos do art. 32 do CPC" (TJRS, Reexame Necessário 70000247601, Rel. Helena Cunha, 16ª Câm. Cível, jul. 17.11.1999).

Art. 95. Cada parte adiantará a remuneração do assistente técnico que houver indicado, sendo a do perito adiantada pela parte que houver requerido a perícia ou rateada quando a perícia for determinada de ofício ou requerida por ambas as partes.

§ 1º O juiz poderá determinar que a parte responsável pelo pagamento dos honorários do perito deposite em juízo o valor correspondente.

§ 2º A quantia recolhida em depósito bancário à ordem do juízo será corrigida monetariamente e paga de acordo com o art. 465, § 4º.

§ 3º Quando o pagamento da perícia for de responsabilidade de beneficiário de gratuidade da justiça, ela poderá ser:

I – custeada com recursos alocados no orçamento do ente público e realizada por servidor do Poder Judiciário ou por órgão público conveniado;

II – paga com recursos alocados no orçamento da União, do Estado ou do Distrito Federal, no caso de ser realizada por particular, hipótese em que o valor será fixado conforme tabela do tribunal respectivo ou, em caso de sua omissão, do Conselho Nacional de Justiça.

§ 4º Na hipótese do § 3º, o juiz, após o trânsito em julgado da decisão final, oficiará a Fazenda Pública para que promova, contra quem tiver sido condenado ao pagamento das despesas processuais, a execução dos valores gastos com a perícia particular ou com a utilização de servidor público ou da estrutura de órgão público, observando-se, caso o responsável pelo pagamento das despesas seja beneficiário de gratuidade da justiça, o disposto no art. 98, § 2º.

§ 5º Para fins de aplicação do § 3º, é vedada a utilização de recursos do fundo de custeio da Defensoria Pública.

CPC/1973

Art. 33.

REFERÊNCIA LEGISLATIVA

CPC/2015, arts. 84 (despesas: remuneração de assistente técnico); 91 (despesas requeridas pelo MP, Defensoria Pública ou Fazenda Pública); 485 (extinção do processo sem resolução de mérito por falta de depósito prévio da remuneração do perito); 996 (recurso do perito quanto à fixação da remuneração).

Resolução nº 232/2016 do CNJ (alterada pela Resolução nº 545/2024) (fixa os valores dos honorários a serem pagos aos peritos, no âmbito da Justiça de primeiro e segundo graus, nos termos do disposto no art. 95, § 3º, II, do Código de Processo Civil – Lei nº 13.105/2015).

SÚMULAS

Súmula do STJ:

Nº 232: "A Fazenda Pública, quando parte no processo, fica sujeita à exigência do depósito prévio dos honorários do perito."

Súmula do TFR:

Nº 69: "Incumbe ao expropriante pagar o salário do assistente técnico do expropriado."

JURISPRUDÊNCIA SELECIONADA

1. Honorários periciais. Sucumbência. Ver jurisprudência do art. 82 do CPC/2015.

2. Honorários periciais.

Fixação. "Honorários de perito. Sua fixação, dependente como é da valoração do trabalho efetuado, não enseja revisão pela via do especial. O respectivo montante deve, em princípio, fixar-se desde logo, em atenção à regra de que o pagamento das despesas haverá de ser adiantado pelas partes" (STJ, REsp 18.172/SP, Rel. Min. Eduardo Ribeiro, 3ª Turma, jul. 14.04.1992, *DJ* 11.05.1992, p. 6.433).

"Na fixação dos honorários do perito, o juiz deve considerar o valor da causa, as condições financeiras das partes, a complexidade ou as dificuldades, bem como o tempo despendido para a realização do trabalho" (TJBA, AGI 22267-5/2003, Rel. Des. Raimundo Antonio de Queiroz, 1ª Câmara, jul. 11.02.2004, *RT* 826/302).

Liquidação de sentença. Parte líquida. Execução imediata. Perícia judicial. Honorários. Responsabilidade do devedor sucumbente. "Na espécie, a responsabilidade pelo pagamento dos honorários periciais foi atribuída à recorrente em razão de ter sucumbido na fase de conhecimento, conclusão que se alinha ao entendimento firmado no julgamento do Tema Repetitivo n. 671/STJ. Além disso, o acórdão recorrido pontuou que a agravante pleiteou a realização de perícia para a apuração do valor devido, de modo que responsável pelo pagamento dos respectivos honorários periciais na forma do que prevê o art. 95, *caput*, do CPC/2015. Precedentes do STJ" (STJ, REsp 2.067.458/SP, Rel. Min. Antonio Carlos Ferreira, 4ª Turma, jul. 04.06.2024, *DJe* 11.06.2024).

Desapropriação por utilidade pública. Honorários periciais pela parte sucumbente. "Nas ações de desapropriação por utilidade pública, as despesas judiciais, aí incluídos os honorários do advogado, do perito e do assistente técnico, constituem encargos do sucumbente no litígio e, na hipótese, considerando que o valor indenizatório foi fixado pelo juízo em valor superior ao ofertado administrativamente pela expropriante, a ela cabe arcar com tais despesas. Precedentes: AREsp 1.232.887/SP, Relator Ministro Mauro Campbell Marques, Segunda Turma, *DJe* 7/3/2018, EDcl no REsp 1.204.241/MG, Relator Ministro Herman Benjamin, Segunda Turma, *DJe* 25/4/2011" (STJ, AREsp 1340801/SP, Rel. Min. Francisco Falcão, 2ª Turma, jul. 10.12.2019, *DJe* 13.12.2019).

Desapropriação indireta. "De acordo com o disposto nos arts. 82 e 95 do CPC, cabe à parte que requereu a produção de prova pericial adiantar o pagamento da remuneração do profissional, ou ao autor quando requerida por ambas as partes ou determinada de ofício pelo juiz (AgRg no REsp 1.478.715/AM, Rel. Ministro Herman Benjamin, Segunda Turma, *DJe* 26/11/2014). Na ação de desapropriação indireta, o ônus do adiantamento dos honorários periciais compete a quem requereu a prova ou ao autor, no caso de requerimento de ambas as partes (REsp 1.363.653/SC, Rel. Ministro Og Fernandes, Segunda Turma, *DJe* 26/2/2018). **No mesmo sentido:** REsp 1.343.375/BA. Rel. Min. Eliana Calmon, Segunda Turma, *DJe* 17/9/2013; AgRg no REsp 1.253.727/MG, Rel. Min. Arnaldo Esteves, Primeira Turma, *DJe* 15/9/2011; AgRg no REsp 1.165.346/MT, Rel. Ministro Humberto Martins, Segunda Turma, *DJe* 27/10/2010; REsp 948.351/RS, Rel. Ministro Luiz Fux, Rel. p Acórdão Min. Teori Albino Zavascki, Primeira Turma, *DJe* 29/6/2009" (STJ, REsp 1823835/ES, Rel. Min. Herman Benjamin, 2ª Turma, jul. 22.10.2019, *DJe* 05.11.2019).

Liquidação de sentença. "Para fins do art. 543-C do CPC: (1.1) 'Na liquidação por cálculos do credor, descabe transferir do exequente para o executado o ônus do pagamento de honorários devidos ao perito que elabora a memória de cálculos'. (1.2) 'Se o credor for beneficiário da gratuidade da justiça, pode-se determinar a elaboração dos cálculos pela contadoria judicial'. (1.3) 'Na fase autônoma de liquidação de sentença (por arbitramento ou por artigos), incumbe ao devedor a antecipação dos honorários periciais'" (STJ, REsp 1.274.466/SC, Rel. Min. Paulo de Tarso Sanseverino, 2ª Seção, jul. 14.05.2014, *DJe* 21.05.2014).

Depósito prévio. "O perito oficial não pode ser compelido a trabalhar de graça ou a esperar anos para receber seus honorários. A Lei nº 9.289/1996 mandou aplicar o art. 33 do CPC e não o art. 27 ou o art. 18 da Lei da Ação Civil Pública" (STJ, AgRg no AI 222.977/DF, Rel. Min. Garcia Vieira, 1ª Turma, jul. 04.05.1999, *DJ* 07.06.1999, p. 87).

Intimação para pagamento. "Não há, na lei, qualquer determinação no sentido de que a intimação para pagamento de honorários periciais deva ser realizada pessoalmente à parte, sendo, pois, válido o ato de intimação procedido à pessoa de seu advogado, regularmente constituído nos autos e detentor dos poderes da cláusula *ad judicia*" (STJ, REsp 312.573/SP, Rel. Min. Nancy Andrighi, 3ª Turma, jul. 06.05.2002, *DJ* 24.06.2002, p. 296).

Adiantamento. Parte que requereu a prova. "Pacífico o entendimento nesta Corte Superior no sentido de que, nos termos do estatuído pelos arts. 19 e 33 do CPC, os honorários periciais, com exceção dos casos de justiça gratuita ou requerimento do Ministério Público, devem ser arcados pela parte que requereu a perícia, visto que tal verba tem natureza jurídica de despesa processual. Vastidão de precedentes. *In casu*, antecipados pela ré, por equívoco – já que a perícia fora requerida pela autora e determinada pelo juiz –, os honorários periciais, os quais foram levantados pelo perito, deve este ser intimado para devolver a verba referenciada, cujo ônus do pagamento é de quem requereu, *id est*, da parte adversa" (STJ, REsp 753.575/SP, Rel. Min. José Delgado, 1ª Turma, jul. 04.08.2005, *DJ* 29.08.2005, p. 231).

Segunda perícia. Ônus de antecipar o pagamento. "'Se a nova perícia é requerida por uma das partes, a ela incumbe adiantar o pagamento correspondente às despesas e à remuneração provisória do *expert* (arts. 19 e 33 do CPC)' (REsp 16826/SP, Rel. Min. Barros Monteiro, 4ª Turma, jul. 03.11.1992, *DJ* 30.11.1992, p. 22.619)" (STJ, AgRg no Ag 1.343.148/PR, Rel. Min. Maria Isabel Gallotti, 4ª Turma, jul. 04.10.2012, *DJe* 10.10.2012).

Quesitos suplementares. "Os honorários periciais relativos a quesitos suplementares que, como no caso dos autos, configuram em realidade uma nova perícia, devem ser adiantados pela parte que os formula. Essa orientação, além de respeitar a real natureza da nova quesitação, ainda impede eventual comportamento processual malicioso" (STJ, REsp 842.316/MG, Rel. Min. Sidnei Beneti, 3ª Turma, jul. 25.05.2010, *DJe* 18.06.2010).

Ação e reconvenção. Partição. Possibilidade. "A decisão que determina a partição, entre o autor e o reconvinte, do encargo relativo a honorários do perito não viola o art. 33, CPC, se a prova por ambas foi requerida" (STJ, REsp 90.046/SP, Rel. Min. Fontes de Alencar, 4ª Turma, jul. 03.09.1996, *DJ* 04.11.1996, p. 42.480).

Ausência do depósito. Sentença. "Não é possível condicionar a prolação da sentença ao **depósito** da remuneração definitiva do perito" (STJ, REsp 149.819/SP, Rel. Min. Antônio de Pádua Ribeiro, 3ª Turma, jul. 29.03.2005, *DJ* 23.05.2005, p. 265).

Depósito em atraso. Instrumentalidade das formas. "A declaração de preclusão do direito à produção de prova pericial não é razoável unicamente porque a parte depositou os honorários periciais com quatro dias de atraso. Trata-se de excessivo rigor formal, que não se coaduna com o princípio da ampla defesa, sobretudo considerando a inexistência de qualquer prejuízo para a parte contrária, tampouco para o perito judicial. Além do compromisso com a Lei, o juiz tem um compromisso com a Justiça e com o alcance da função social do processo para que este não se torne um instrumento de restrita observância da forma, se distanciando da necessária busca pela verdade real, coibindo-se o excessivo formalismo. Conquanto mereça relevo o atendimento às regras relativas à técnica processual, reputa-se consentâneo com os dias atuais erigir a instrumentalidade do processo em detrimento ao apego exagerado ao formalismo, para melhor atender aos comandos da lei e permitir o equilíbrio na análise do direito material em litígio" (STJ, REsp 1.109.357/RJ, Rel. Min. Nancy Andrighi, 3ª Turma, jul. 20.10.2009, *DJe* 01.07.2010).

Extinção do processo. "'[...] se o autor deixa de produzir determinada prova requerida, como, *v.g.*, a perícia, não implementando o pagamento das custas, o juiz não deve extinguir o processo, mas antes apreciar o pedido sem a prova, infligindo ao suplicante o ônus pela não produção daquele elemento de convicção', consoante as regras do art. 333 do CPC (Luiz Fux, *Curso de Direito Processual Civil*, 2ª ed, Rio de Janeiro: Forense, p. 445)" (STJ, REsp 636.151/SP, Rel. Min. Luiz Fux, 1ª Turma, jul. 14.12.2004, *DJ* 28.02.2005, p. 226). **No mesmo sentido**: STJ, AgRg no Ag 912.871/RS, Rel. Min. Nancy Andrighi, 3ª Turma, jul. 04.10.2007, *DJ* 22.10.2007, p. 264, *RT* 869/209. **Em sentido contrário:** "A extinção do processo nos termos do art. 267, § 1º, do Código de Processo Civil, não está atingida pela Súmula nº 240 da Corte, podendo o Magistrado extinguir o processo quando a parte deixa de cumprir determinação para que seja efetuado o depósito dos honorários do perito, após regular intimação e prorrogação do prazo inicialmente deferido" (STJ, REsp 549.295/AL, Rel. Min. Carlos Alberto Menezes Direito, 3ª Turma, jul. 14.06.2004, *DJ* 20.09.2004, p. 284).

Benefício da Justiça Gratuita: ver jurisprudência do art. 98 do CPC/2015.

"No cotejo das regras do art. 33 do CPC, dos arts. 11 e 12 da Lei 1.060/1950 e da garantia de acesso ao Judiciário, a jurisprudência identificou solução parcimoniosa: é mister questionar inicialmente o perito sobre o recebimento dos honorários ao final do processo. Caso não concorde, que se promova sua substituição, com designação de técnico de estabelecimento oficial especializado ou repartição administrativa do ente público responsável pelo custeio da prova pericial, devendo a perícia se realizar com a colaboração do Poder Judiciário. Precedentes do STJ" (STJ, RMS 37.138/PR, Rel. Min. Herman Benjamin, 2ª Turma, jul. 04.09.2012, *DJe* 11.09.2012).

"Conquanto seja a parte autora beneficiária da gratuidade de justiça, o pagamento dos honorários do perito não pode ser imposto ao réu. Inteligência do disposto no art. 33 do CPC" (TJRJ, AI 8.910/1999 (04082000), Rel. Des. Amaury Arruda de Souza, 1ª Câmara, jul. 28.03.2000).

3. Remuneração do assistente técnico. "Em interpretação conjugada dos arts. 20, § 2º, e 33 do CPC, os honorários do assistente técnico devem ser adiantados pela parte que os indicar e ressarcidos, ao final do processo, pelo vencido na demanda" (STJ, REsp 657.849/RS, Rel. Min. Francisco Falcão, 1ª Turma, jul. 21.09.2004, *DJ* 08.11.2004, p. 190).

4. Inversão do ônus da prova. "Na linha da jurisprudência da Corte, a inversão do ônus da prova, deferida nos termos do art. 6º, VIII, do Código de Defesa do Consumidor, não significa transferir para a parte ré o ônus do pagamento dos honorários do perito, embora deva arcar com as consequências de sua não produção" (STJ, REsp 651.632/BA, Rel. Min. Carlos Alberto Menezes Direito, 3ª Turma, jul. 27.03.2007, *DJ* 25.06.2007, p. 232).

"As regras do ônus da prova não se confundem com as regras do seu custeio, cabendo a antecipação da remuneração do perito àquele que requereu a produção da prova pericial, na forma do art. 19 do CPC" (STJ, REsp 908.728/SP, Rel. Min. João Otávio de Noronha, 4ª Turma, jul. 06.04.2010, *DJe* 26.04.2010). **No mesmo sentido:** STJ, AgRg no AREsp 426.062/SP, Rel. Min. Sidnei Beneti, 3ª Turma, jul. 11.02.2014, *DJe* 13.03.2014.

Art. 96. O valor das sanções impostas ao litigante de má-fé reverterá em benefício da parte contrária, e o valor das sanções impostas aos serventuários pertencerá ao Estado ou à União.

CPC/1973

Art. 35.

REFERÊNCIA LEGISLATIVA

CPC/2015, arts. 81 (litigância de má-fé), 97 (criação de fundo de modernização do Poder Judiciário), 202 (cotas marginais ou interlineares), 234, §§ 1º e 2º (cobrança dos autos ao advogado), 234, § 4º (cobrança dos autos ao órgão do MP, da Defensoria Pública ou ao representante da Fazenda Pública), 258 (requerimento doloso de citação por edital), 468 (substituição do perito ou do assistente: multa por falta de prestação do compromisso), 477, § 1º (atraso na entrega do laudo), 968, II (ação rescisória; petição inicial; depósito de percentual sobre o valor da causa), 974 (ação rescisória; restituição ou reversão do depósito), 1.026, §§ 2º e 3º (embargos de declaração protelatórios), 774, parágrafo único (sanção ao atentado à dignidade da justiça, no processo de execução), 897 (sanção ao arrematante), 896, § 2º (administração de imóvel de incapaz; arrependimento da arrematação), 777 (cobrança de multas na própria execução), e 302 (responsabilidade objetiva na extinção de medida cautelar).

BREVES COMENTÁRIOS

Além da litigância de má-fé, há previsão legal de sanção por ato atentatório à dignidade da justiça, caso em que a multa reverte aos cofres públicos (CPC/2015, art. 77, § 3º), diversamente do que ocorre em relação às penas aplicáveis à conduta processual de má-fé (art. 96).

JURISPRUDÊNCIA SELECIONADA

1. Natureza da multa. "A multa imposta ao litigante de má-fé, de acordo com o art. 35 do CPC, será contada como custas. Deve ser recolhida para o preparo do recurso ordinário, providência que não observada importa na deserção do apelo" (TRT-2ª Região, RS 20000314476 (20000364201), Rel. Juíza Sonia Aparecida Gindro, 6ª Turma, *Doesp* 21.07.2000).

2. Litigância de má-fé. "Os valores arrecadados em decorrência de multa por litigância de má-fé, aplicada com supedâneo no art. 18 do CPC, serão destinados à parte contrária, conforme previsão expressa do art. 35 do mencionado diploma legal" (STJ, REsp 647.674/RS, Rel. Min. Eliana Calmon, 2ª Turma, jul. 11.04.2006, *DJ* 22.05.2006, p. 181).

3. Assistência judiciária. "Em segundo lugar, porque, mesmo fazendo jus a tais benefícios, a penalidade por litigância de má-fé poderia perfeitamente ser imposta; apenas ficando suspensa a execução até ulterior alteração da situação econômica dos beneficiários, tudo isso pelo prazo prescricional de cinco anos, cujo implemento extinguiria de vez a pretensão executória. No mais, também é possível a condenação por ato atentatório à dignidade da Justiça" (STJ, AgRg no REsp 877.904/RS, Rel. Min. Humberto Martins, 2ª Turma, jul. 06.11.2007, *DJ* 19.11.2007, p. 219).

4. Lei nº 1.060/1950. "Embora não haja expressa previsão da Lei nº 1.060/1950, é certo que a multa deve reverter ao Estado, e não à parte contrária, não possuindo a autora legitimidade para cobrá-la. A multa prevista na Lei nº 1.060/1950 decorre da deslealdade da parte para com o Poder Judiciário, e pode ser arbitrada até o décuplo do valor das custas judiciais, não se confundindo com as sanções decorrentes da má-litigância, onde há deslealdade entre as partes, e a multa, que pode ser aplicada até 1% sobre o valor da causa, reverte em favor da parte contrária. O art. 35 do CPC não é aplicável no caso em exame, porque prevê o destino dos valores cobrados em decorrência de má-fé" (TJRS, AGI 70023089360, Rel. Sérgio Fernando de Vasconcellos Chaves, 7ª Câmara, jul. 25.06.2008, *DJ* 01.07.2008).

5. Medida processual de punição às partes. "Tratando-se de multa para apenar um dos litigantes e conseguinte reversão em benefício do outro, como se observa não só do § 2º do art. 557, mas também do parágrafo único do art. 538, e também do art. 18 c/c o art. 35, todos do CPC, é de se ter por princípio o dever do julgador em observar em quais casos está presente a litigância de má-fé ou caráter protelatório do recurso. Necessário se faz perscrutar qual a medida tomada pela parte (comissiva ou omissiva) a ensejar a punição. Não se pode transformar o caráter sancionatório, profilático ou mesmo didático das medidas processuais punitivas aplicáveis às partes em regra destituída do livre convencimento motivado daquele que deve conduzir o processo" (STJ, EDcl no AgRg no REsp 978.128/RS, Rel. Min. Benedito Gonçalves, 1ª Turma, jul. 16.12.2008, *DJe* 12.02.2009).

Art. 97. A União e os Estados podem criar fundos de modernização do Poder Judiciário, aos quais serão revertidos os valores das sanções pecuniárias processuais destinadas à União e aos Estados, e outras verbas previstas em lei.

REFERÊNCIA LEGISLATIVA

CPC/2015, art. 77, § 3º (deveres das partes).

JURISPRUDÊNCIA SELECIONADA

1. Multa. Destinação do valor à parte contrária e não a fundo de aparelhamento do Poder Judiciário. Ver jurisprudência do art. 1.021 do CPC/2015.

DAS DESPESAS E HONORÁRIOS: INDICAÇÃO DOUTRINÁRIA

Anderson Cortez Mendes; André Shinji; Tokashiki Emílio Frederico Perilo Kuhl. Os honorários advocatícios e atual Código de Processo Civil. *Revista de Processo* vol. 258, ano 41, ago./2016, p. 61; André Pagani de Souza, Condenação de pagamento de honorários advocatícios sucumbenciais ao advogado vencedor no incidente de desconsideração da personalidade jurídica, In: MARCATO, Ana Cândida Menezes et al. (orgs), Reflexões sobre o Código de Processo Civil de 2015: uma contribuição dos membros do Centro de Estudos Avançados de Processo – Ceapro, São Paulo: Verbatim, 2018, p. 23 e ss.; Bruno Gressler Wontroba. Honorários de sucumbência em grau recursal (art. 85, § 11, do CPC/2015). *Revista de Processo*. vol. 285. ano 43. p. 293-318. São Paulo: Ed. RT, nov./2018; Bruno Vasconcelos Carrilhos Lopes, In: José Roberto F. Gouvêa; Luis Guilherme A. Bondioli e João Francisco N. da Fonseca (coord.), *Comentários ao Código de Processo Civil*, São Paulo: Saraiva, 2017, v. 2; Calmon de Passos, *Inovações no CPC*. Rio de Janeiro: Forense, 1995, p. 99; Carnelutti, *Sistema*, v. I, n. 240; Cássio Lisandro Telles. Honorários de sucumbência recursal. *Revista Jurídica da Escola Superior de Advocacia da OAB-PR* n. 1, ano 1, p. 129, ago./2016; Celso Agrícola Barbi, *Comentários ao Código de Processo Civil*. Rio de Janeiro: Forense, 1999, v. I, com. ao art. 24; Celso Agrícola Barbi, Valor da condenação (porcentagem sobre), *Revista do Instituto dos Advogados Brasileiros*, n. 31; Celso Barbi, *Comentários ao CPC*. Rio de Janeiro: Forense, v. I, n. 205 e 206; Chiovenda, *Instituições*, v. III, p. 285; Denis Donoso, Honorários de sucumbência nas ações de indenização por ato ilícito. Impressões práticas sobre o art. 85, § 9º, do CPC, In: MARCATO, Ana Cândida Menezes et al. (orgs), Reflexões sobre o Código de Processo Civil de 2015: uma contribuição dos membros do Centro de Estudos Avançados de Processo – Ceapro, São Paulo: Verbatim, 2018, p. 197 e ss.; Eduardo Cambi; Gustavo Pompílio, Majoração dos honorários sucumbenciais no recurso de apelação. DIDIER JR., Fredie [coord.]. Processo nos tribunais e meios de impugnação às decisões judiciais. 2. ed. Salvador: JusPodivm, 2016, p. 801; Elaine Harzheim Macedo e Paulo Roberto Pegoraro Junior, Majoração dos honorários na fase recursal no atual Código de Processo Civil: responsabilidade objetiva ou subjetiva?, *Revista Magister de Direito Civil e Processual Civil*, ano XI, n. 66, p. 40-54, maio-jun. 2015; Evaristo Aragão Santos, Honorários advocatícios. WAMBIER, Luiz Rodrigues; WAMBIER, Teresa Arruda Alvim. *Temas essenciais do novo CPC*. São Paulo: RT, 2016, p. 95; Guilherme Costa Leroy, Perspectivas dos honorários advocatícios recursais pela jurisprudência do STF e STJ. JAYME, Fernando Gonzaga *et. al. Inovações e modificações do Código de Processo Civil*. Belo Horizonte: Del Rey, 2017, p. 255; Hugo de Brito Machado. Vigência da lei de processo no tempo e os honorários da sucumbência no novo CPC. *Juris Plenum*. n. 75. Ano XIII. Caxias do Sul: Ed. Plenum. maio/2017, p. 25; Humberto Theodoro Jr., *Curso de direito processual civil*, v. I, n. 130; Humberto Theodoro Júnior, Honorários de advogado – sucumbência recíproca – distribuição e compensação dos honorários sucumbenciais, *RMDCPC* 26/89; Humberto Theodoro Júnior, *Terras particulares*. 3. ed. São Paulo: Saraiva, 1992; Humberto Theodoro Júnior, Valor da causa em processo cumulativo: verba de honorários advocatícios em julgamento desmembrados, *Ciência Jurídica* 94/335; Jorge Americano, *Comentários ao CPC*, v. I, p. 83; José Carlos Barbosa Moreira, Mandado de segurança e condenação em honorários de advogado, *Direito processual civil*, p. 238; José Carlos Barbosa Moreira, *O novo processo civil brasileiro*, 28. ed., Rio de Janeiro: Forense, 2012, § 1º; Leonardo Carneiro da Cunha; João Otávio Terceiro Neto. A fixação de honorários de sucumbência por equidade nos casos de 'valor excessivo': uma análise da jurisprudência do Superior Tribunal de Justiça. *Revista de Processo*, vol. 311, ano 46, jan./2021, p. 301; Luís Antônio Giampaulo Sarro, Do princípio da causalidade no atual Código de Processo Civil. SARRO, Luís Antônio Giampaulo. *Novo Código de Processo Civil* – Principais alterações do sistema Processual Civil. 2. ed. São Paulo: Rideel, 2016, p. 201; Luís Renato P. A. F. Avezum, Honorários advocatícios no novo CPC: as polêmicas quanto sua majoração em grau recursal, In: MARCATO, Ana Cândida Menezes et al. (orgs), Reflexões sobre o Código de Processo Civil de 2015: uma contribuição dos membros do Centro de Estudos Avançados de Processo – Ceapro, São Paulo: Verbatim, 2018, p. 509 e ss.; Luiz Henrique Volpe Camargo, In: Teresa Arruda Alvim Wambier, Fredie Didier Jr., Eduardo Talamini, Bruno Dantas, *Breves comentários ao novo Código de Processo Civil*. São Paulo: RT, 2015; Luiz Henrique Volpe Camargo, *Novo Código de Processo Civil: principais alterações do sistema processual civil*, São Paulo: Rideel, 2014; Moacyr Lobo da Costa, *Assistência*. São Paulo: Saraiva, 1968; Moacyr Lobo da Costa, Confissão e reconhecimento do pedido, *Revista da Faculdade de Direito da Universidade de São Paulo*, v. 2, n. 2, 1967; P. Batista Martins, Comentários ao CPC, v. I, n. 166; Paulo Henrique dos Santos Lucon, *Novo Código de Processo Civil: principais alterações do sistema processual civil*, São Paulo: Rideel, 2014; Pontes de Miranda, *Comentários ao CPC*. 5. ed. Rio de Janeiro: Forense, 1995, t. I, p. 382-389; Renato Beneduzi, In: Sérgio Cruz Arenhart e Daniel Mitidiero (coord.), *Comentários ao Código de Processo Civil*. 2. ed., São Paulo: RT, 2018, v. 2; Sálvio de Figueiredo Teixeira, *Código de Processo Civil anotado*. 2. ed. Rio de Janeiro: Forense, 1985, p. 25; Sérgio Sahione Fadel, *Código de Processo Civil comentado*. Rio de Janeiro: Forense, 1988, v. I, p. 107; Valdir de Resende Lara, Natureza jurídica das despesas processuais, *Rev. Forense* 299/410; Yussef Said Cahali, *Honorários advocatícios*. 4. ed. São Paulo: RT, 2012; Yussef Said Cahali, *Honorários advocatícios*, n. 60; Zanoni de Quadros Gonçalves, O art. 27 do CPC, *Ajuris* 23/154.

Seção IV
Da Gratuidade da Justiça

Art. 98. A pessoa natural ou jurídica, brasileira ou estrangeira, com insuficiência de recursos para pagar as custas, as despesas processuais e os honorários advocatícios tem direito à gratuidade da justiça, na forma da lei.

§ 1º A gratuidade da justiça compreende:

I – as taxas ou as custas judiciais;

II – os selos postais;

III – as despesas com publicação na imprensa oficial, dispensando- se a publicação em outros meios;

IV – a indenização devida à testemunha que, quando empregada, receberá do empregador salário integral, como se em serviço estivesse;

V – as despesas com a realização de exame de código genético – DNA e de outros exames considerados essenciais;

VI – os honorários do advogado e do perito e a remuneração do intérprete ou do tradutor nomeado para apresentação de versão em português de documento redigido em língua estrangeira;

VII – o custo com a elaboração de memória de cálculo, quando exigida para instauração da execução;

VIII – os depósitos previstos em lei para interposição de recurso, para propositura de ação e para a prática de outros atos processuais inerentes ao exercício da ampla defesa e do contraditório;

IX – os emolumentos devidos a notários ou registradores em decorrência da prática de registro, averbação ou qualquer outro ato notarial necessário à efetivação de decisão judicial ou à continuidade de processo judicial no qual o benefício tenha sido concedido.

§ 2º A concessão de gratuidade não afasta a responsabilidade do beneficiário pelas despesas processuais e pelos honorários advocatícios decorrentes de sua sucumbência.

§ 3º Vencido o beneficiário, as obrigações decorrentes de sua sucumbência ficarão sob condição suspensiva de exigibilidade e somente poderão ser executadas se, nos 5 (cinco) anos subsequentes ao trânsito em julgado da decisão que as certificou, o credor demonstrar que deixou de existir a situação de insuficiência de recursos que justificou a concessão de gratuidade, extinguindo-se, passado esse prazo, tais obrigações do beneficiário.

§ 4º A concessão de gratuidade não afasta o dever de o beneficiário pagar, ao final, as multas processuais que lhe sejam impostas.

§ 5º A gratuidade poderá ser concedida em relação a algum ou a todos os atos processuais, ou consistir na redução percentual de despesas processuais que o beneficiário tiver de adiantar no curso do procedimento.

§ 6º Conforme o caso, o juiz poderá conceder direito ao parcelamento de despesas processuais que o beneficiário tiver de adiantar no curso do procedimento.

§ 7º Aplica-se o disposto no art. 95, §§ 3º a 5º, ao custeio dos emolumentos previstos no § 1º, inciso IX, do presente artigo, observada a tabela e as condições da lei estadual ou distrital respectiva.

§ 8º Na hipótese do § 1º, inciso IX, havendo dúvida fundada quanto ao preenchimento atual dos pressupostos para a concessão de gratuidade, o notário ou registrador, após praticar o ato, pode requerer, ao juízo competente para decidir questões notariais ou registrais, a revogação total ou parcial do benefício ou a sua substituição pelo parcelamento de que trata o § 6º deste artigo, caso em que o beneficiário será citado para, em 15 (quinze) dias, manifestar-se sobre esse requerimento.

REFERÊNCIA LEGISLATIVA

Lei nº 1.060/1950 (assistência judiciária aos necessitados).

SÚMULAS

Súmula do STJ:

Nº 481: "Faz jus ao benefício da justiça gratuita a pessoa jurídica com ou sem fins lucrativos que demonstrar sua impossibilidade de arcar com os encargos processuais".

BREVES COMENTÁRIOS

Como regra geral, a parte tem o ônus de custear as despesas das atividades processuais, antecipando-lhe o respectivo pagamento, à medida que o processo realiza sua marcha. Exigir, porém, esse ônus como pressuposto indeclinável de acesso ao processo seria privar os economicamente fracos da tutela jurisdicional do Estado.

Daí garantir a Constituição a assistência judiciária aos necessitados, na forma da lei, assistência essa que também é conhecida como Justiça gratuita (Constituição Federal, art. 5º, inc. LXXIV). Acha-se a assistência judiciária regulada, ordinariamente, pela Lei nº 1.060, de 05.02.1950, parcialmente revogada pelo atual Código (art. 1.072, III, que revogou os arts. 2º, 3º, 4º, *caput* e §§ 1º a 3º, 6º, 7º, 11, 12 e 17, da Lei), que passou a tratar, expressamente, da gratuidade da Justiça, nos arts. 98 a 102.

Estabelece a legislação nova que a Justiça gratuita pode ser outorgada tanto aos brasileiros como aos estrangeiros aqui residentes, desde que necessitados. A lei também deixa bem claro que o benefício pode ser concedido à pessoa natural ou jurídica. Importante destacar que, conforme o grau de necessidade, a assistência judiciária gratuita poderá ser total ou parcial, ou seja, poderá ser concedida em relação a algum ou a todos os atos processuais.

JURISPRUDÊNCIA SELECIONADA

1. Necessidade de comprovação da insuficiência de recursos. "Consoante a firme jurisprudência do STJ, a afirmação de pobreza, para fins de obtenção da gratuidade de justiça, goza de presunção relativa de veracidade. Por isso, por ocasião da análise do pedido, o magistrado deverá investigar a real condição econômico-financeira do requerente, devendo, em caso de indício de haver suficiência de recursos para fazer frente às despesas, determinar seja demonstrada a hipossuficiência. (...) Por um lado, à luz da norma fundamental a reger a gratuidade de justiça e do art. 5º, *caput*, da Lei 1.060/1950 – não revogado pelo CPC/2015 –, tem o juiz o poder-dever de indeferir, de ofício, o pedido, caso tenha fundada razão e propicie previamente à parte demonstrar sua incapacidade econômico-financeira de fazer frente às custas e/ou despesas processuais. Por outro lado, é dever do magistrado, na direção do processo, prevenir o abuso de direito e garantir às partes igualdade de tratamento. É incontroverso que o recorrente tem renda significativa e também aposentadoria oriunda de duas fontes diversas (previdências oficial e privada). Tal fato já configuraria, com base em regra de experiência (arts. 335 do CPC/1973 e 375 do novo CPC), indício de capacidade financeira para fazer frente às despesas do processo, a justificar a determinação de demonstrar-se a incapacidade financeira. Como não há também apuração de nenhuma circunstância excepcional a justificar o deferimento da benesse, é descabido, em sede de recurso especial, o reexame do indeferimento do pedido" (STJ, REsp 1.584.130/RS, Rel. Min. Luis Felipe Salomão, 4ª Turma, jul. 07.06.2016, *DJe* 17.08.2016).

Pessoa jurídica. Necessidade de prova da insuficiência de recurso. Ver jurisprudência do art. 99.

2. Critério de concessão do benefício. "Outrossim, cumpre esclarecer que o STJ também vem rejeitando a adoção do critério de enquadramento na faixa de isenção de Imposto de Renda como critério para o deferimento do benefício da assistência judiciária gratuita. Ademais, eventual deferimento de tal pedido após a interposição do recurso especial não teria efeito retroativo, não isentando a parte do recolhimento do respectivo preparo quando da interposição do apelo. Isto é, ainda que o pedido de justiça gratuita formulado no reclamo fosse deferido, o deferimento não teria o condão de afastar a deserção do recurso, o qual continuaria não sendo conhecido" (STJ, AgInt no AREsp 2.441.809/RS, Rel. Min. Herman Benjamin, 2ª Turma, jul. 08.04.2024, *DJe* 02.05.2024).

3. Desnecessidade de comprovação.

Microempreendedor individual MEI e empresário individual. "O empresário individual e o microempreendedor individual são pessoas físicas que exercem atividade empresária em nome próprio, respondendo com seu patrimônio pessoal pelos riscos do negócio, não sendo possível distinguir entre a personalidade da pessoa natural e da empresa. Precedentes. O microempreendedor individual e o empresário individual não se caracterizam como pessoas jurídicas de direito privado propriamente ditas ante a falta de enquadramento no rol estabelecido no artigo 44 do Código Civil, notadamente por não terem eventual ato constitutivo da empresa registrado, consoante prevê o artigo 45 do Código Civil, para o qual 'começa a existência legal das pessoas jurídicas de direito privado com a inscrição do ato constitutivo no respectivo registro'. Portanto, para a finalidade precípua da concessão da benesse da gratuidade judiciária a caracterização como pessoa jurídica deve ser relativizada. (...) Assim, para a concessão do benefício da gratuidade de Justiça aos microempreendedores individuais e empresários individuais, em princípio, basta a mera afirmação de penúria financeira, ficando salvaguardada à parte adversa a possibilidade de impugnar o deferimento da benesse, bem como ao magistrado, para formar sua convicção, solicitar a apresentação de documentos que considere necessários, notadamente quando o pleito é realizado quando já no curso do procedimento judicial" (STJ, REsp 1.899.342/SP, Rel. Min. Marco Buzzi, 4ª Turma, jul. 26.04.2022, *DJe* 29.04.2022).

Entidade filantrópica ou sem fins lucrativos destinada à prestação de serviços à pessoa idosa. "Segundo o art. 98 do CPC, cabe às pessoas jurídicas, inclusive as instituições filantrópicas ou sem fins lucrativos, demonstrar sua hipossuficiência financeira para que sejam beneficiárias da justiça gratuita. Isso porque, embora não persigam o lucro, este pode ser auferido na atividade desenvolvida pela instituição e, assim, não se justifica o afastamento do dever de arcar com os custos da atividade judiciária. Como exceção à regra, o art. 51 da Lei n. 10.741/2003 (Estatuto do Idoso) elencou situação específica de gratuidade processual para as entidades beneficentes ou sem fins lucrativos que prestem serviço à pessoa idosa, revelando especial cuidado do legislador com a garantia da higidez financeira das referidas instituições. Assim, não havendo, no art. 51 do Estatuto do Idoso, referência à hipossuficiência financeira da entidade requerente, cabe ao intérprete verificar somente o seu caráter filantrópico e a natureza do público por ela atendido" (STJ, REsp 1.742.251/MG, Rel. Min. Sérgio Kukina, 1ª Turma, jul. 23.08.2022, *DJe* 31.08.2022).

4. Estrangeiro não residente. Benefício da gratuidade de justiça. Advento do CPC/2015. Possibilidade. "A assistência judiciária gratuita, **sob a égide da Lei n. 1.060/1950, não é passível** de concessão a estrangeiro não residente no Brasil" (STJ, Pet 9.815/DF, Rel. Min. Luis Felipe Salomão, Corte Especial, jul. 29.11.2017, *DJe* 15.03.2018).

Em sentido contrário. "O artigo 2º da Lei 1.060/50 fora revogado pelo Novo Código de Processo Civil, cuja matéria passou a ser disciplinada no artigo 98 do CPC/2015, *in verbis*: 'A pessoa natural ou jurídica, brasileira ou estrangeira, com insuficiência de recursos para pagar as custas, as despesas processuais e os honorários advocatícios têm direito à gratuidade da justiça, na forma da lei.' Trata-se de norma de direito processual, portanto, a sua incidência é imediata, aplicando-se aos processos em curso, consoante dispõe o artigo 14 do CPC/2015. Em que pese à época da apreciação da matéria pelo Tribunal de piso, a legislação em vigor não prever a possibilidade de concessão da assistência judiciária ao estrangeiro residente no exterior, com a vigência das novas regras processuais passou-se a admitir tal hipótese. O *caput* do artigo 98 do Código de Processo Civil vigente ampliou o rol dos sujeitos que podem ser beneficiados pela concessão da assistência judiciária, em relação ao disposto no revogado artigo 2º da Lei 1.060/50. Portanto, não há qualquer impeditivo legal à pessoa estrangeira residente no exterior de postular a assistência judiciária gratuita e ter seu pedido apreciado pelo juízo" (STJ, REsp 1225854/RS, Rel. Min. Marco Buzzi, 4ª Turma, jul. 25.10.2016, *DJe* 04.11.2016).

5. Condomínio edilício. Gratuidade de justiça. Possibilidade. "Inexiste óbice à concessão da gratuidade de justiça ao condomínio edilício, sendo imprescindível, no entanto, a comprovação da impossibilidade de pagamento das custas e demais despesas processuais" (TJRS, AI 70073158776, Rel. Des. Dilso Domingos Pereira, 20ª Câmara Cível, *DJ* 07.04.2017).

6. Sindicato. "Esta Corte Superior tem entendido ser possível a concessão do benefício de assistência judiciária gratuita à entidade sindical, que detém personalidade jurídica própria, desde que se demonstre cabalmente a ausência de condições financeiras para se arcar com as despesas processuais" (STJ, REsp 445.601/RS, Rel. Min. Felix Fischer, 5ª Turma, jul. 24.09.2002, *DJ* 28.10.2002). **Obs.: sobre a necessidade de comprovação de ausência de condições financeiras para arcar com as despesas processuais pelo sindicato, ver jurisprudência do art. 99.**

7. Pessoa jurídica. Possibilidade. Ver jurisprudência do art. 99 do CPC/2015.

8. Ação proposta por menor. Exame do direito ao benefício da gratuidade à luz da situação econômica dos genitores. Impossibilidade. Natureza jurídica personalíssima. "O direito ao benefício da gratuidade de justiça possui natureza individual e personalíssima, não podendo ser automaticamente estendido a quem não preencha os pressupostos legais para a sua concessão e, por idêntica razão, não se pode exigir que os pressupostos legais que autorizam a concessão do benefício sejam preenchidos por pessoa distinta da parte, como o seu representante legal. Em se tratando de menores representados pelos seus pais, haverá sempre um forte vínculo entre a situação desses dois diferentes sujeitos de direitos e obrigações, sobretudo em razão da incapacidade civil e econômica do próprio menor, o que não significa dizer, todavia, que se deva automaticamente examinar o direito à gratuidade a que poderia fazer jus o menor à luz da situação financeira de seus pais. Em se tratando de direito à gratuidade de justiça pleiteado por menor, é apropriado que, inicialmente, incida a regra do art. 99, § 3º, do CPC/2015, deferindo-se o benefício ao menor em razão da presunção de insuficiência de recursos decorrente de sua alegação. Fica ressalvada, entretanto, a possibilidade de o réu demonstrar, com base no art. 99, § 2º, do CPC/2015, a ausência dos pressupostos legais que justificam a concessão gratuidade, pleiteando, em razão disso, a revogação do benefício. Na hipótese dos autos, a Corte de origem indeferiu o benefício pleiteado pelo recorrente (menor), consoante o fundamento de que não foi comprovada a hipossuficiência financeira de seus genitores, o que não se releva cabível" (STJ, REsp 2.055.363/MG, Rel. Min. Nancy Andrighi, 3ª Turma, ac. 13.06.2023, *DJe* 23.06.2023).

9. Pedido de gratuidade de justiça. Indeferimento. Preparo. Prévia intimação. Necessidade. Ver jurisprudência do art. 1.007 do CPC/2015.

10. Execução de honorários advocatícios de sucumbência. Demonstração da modificação da situação financeira do beneficiário. Possibilidade. "A essência da gratuidade de justiça está em dispensar o beneficiário do adiantamento das custas e despesas processuais, a fim de que não seja obstado o exercício pleno de seu direito de ação ou de defesa. No entanto, em sendo vencido o beneficiário, cairá sobre este a responsabilidade de arcar com o pagamento do que lhe foi previamente dispensado e, ainda, ressarcir a parte adversária – vencedora –, quanto ao que ela desembolsou ao longo do processo, além de responder pelos honorários advocatícios decorrentes de sua sucumbência (art. 98, § 2º, do CPC/15). Nos termos do art. 98, § 3º, do CPC, a obrigação do beneficiário da gratuidade de justiça de pagar as verbas de sucumbência fica sob condição suspensiva de exigibilidade, somente podendo ser executada se, no prazo de 5 (cinco) anos, o credor demonstrar que deixou de existir a situação de insuficiência de recursos que justificou a concessão do benefício. A execução das verbas de sucumbência não pressupõe prévia revogação do benefício concedido. Pelo contrário, a norma do art. 98, § 3º, do CPC, combinada com o art. 514 do mesmo Códex, viabiliza o requerimento de cumprimento de sentença pelo credor, desde que este comprove o implemento da condição suspensiva, consistente na modificação da situação financeira do beneficiário da gratuidade de justiça" (STJ, REsp 1733505/RS, Rel. Min. Nancy Andrighi, 3ª Turma, jul. 17.09.2019, *DJe* 20.09.2019). No mesmo sentido: STJ, REsp 1341144/MG, Rel. Min. João Otávio de Noronha, 3ª Turma, jul. 03.05.2016, *DJe* 09.05.2016.

11. Reclamação. Gratuidade de justiça deferida em tutela provisória. Não extensão a outras demandas. "A concessão da gratuidade judiciária em tutela provisória em curso perante esta Corte não vincula o juízo de origem para a concessão do benefício na demanda originária. O benefício da gratuidade de justiça é concedido em cada processo, diante dos documentos e evidências juntados, não sendo de se cogitar de "vinculação" ou "extensão" automática a outros feitos" (STJ, AgInt nos EDcl na Rcl 39.771/RJ, Rel. Min. Maria Isabel Gallotti, 2ª Seção, jul. 29.09.2020, *DJe* 01.10.2020).

12. Execução. Gratuidade de justiça. Pedido formulado por um dos devedores. Compatibilidade do benefício com a tutela jurisdicional executiva. "A gratuidade de justiça não é incompatível com a tutela jurisdicional executiva, voltada à expropriação de bens do devedor para a satisfação do crédito do exequente. O benefício tem como principal escopo assegurar a plena fruição da garantia constitucional de acesso à Justiça, não comportando interpretação que impeça ou dificulte o exercício do direito de ação ou de defesa. (...) Ainda, o CPC contém expresso mecanismo que permite ao juiz, de acordo com as circunstâncias concretas, conciliar o direito de acesso à Justiça e a responsabilidade pelo ônus financeiro do processo, qual seja: o deferimento parcial da gratuidade, apenas em relação a alguns dos atos processuais, ou mediante a redução percentual de despesas que o beneficiário tiver de adiantar no curso do procedimento (art. 98, § 5º, do CPC/15)" (STJ, REsp 1.837.398/RS, Rel. Min. Nancy Andrighi, 3ª Turma, jul. 25.05.2021, *DJe* 31.05.2021).

13. Lei municipal pode instituir assistência gratuita à população carente. "Assistência judiciária gratuita à população carente. Competência comum dos entes federados para combater as causas da pobreza e os fatores de marginalização e para promover a integração social dos setores desfavorecidos. Inc. X do art. 23 da Constituição da república. Competência do município para serviços públicos de interesse local" (STF, ADPF 279/SP, Rel. Min. Cármen Lúcia, Plenário, jul. 04.11.2021, *DJe* 14.02.2022).

14. Despesas compreendidas pela gratuidade.

Honorários de perito. Sucumbente beneficiário da assistência judiciária gratuita. Responsabilidade do Estado. "A jurisprudência do STJ está sedimentada no sentido de que a responsabilidade pelo pagamento dos honorários periciais dos beneficiários da assistência judiciária gratuita sucumbentes do pedido inicial é do Estado, que tem o dever constitucional de prestar assistência judiciária aos hipossuficientes" (STJ, REsp 1.665.051/PR, Rel. Min. Herman Benjamin, 2ª Turma, jul. 27.06.2017, *DJe* 30.06.2017).

"Este Superior Tribunal de Justiça, no julgamento dos Recursos Especiais 1.823.402/PR e 1.824.823/PR, submetidos ao rito do art. 1.036 e seguintes do CPC/2015 (Tema 1044/STJ), pacificou entendimento segundo o qual, 'nas ações de acidente do trabalho, os honorários periciais, adiantados pelo INSS, constituirão despesa a cargo do Estado, nos casos em que sucumbente a parte autora, beneficiária da isenção de ônus sucumbenciais, prevista no parágrafo único do art. 129 da Lei 8.213/91'" (STJ, REsp 2.126.628/SP, Rel. Min. Afrânio Vilela, 2ª Turma, jul. 23.04.2024, *DJe* 26.04.2024).

Perícia. "A isenção legal de que goza o beneficiário da Justiça gratuita engloba todas as despesas pessoais e materiais necessárias à realização da perícia" (STJ, MC 1.844/SP, Rel. Min. Antônio de Pádua Ribeiro, 3ª Turma, jul. 15.03.2001, *DJ* 09.04.2001).

"Requerido o benefício da assistência judiciária antes da determinação do recolhimento dos honorários periciais provisórios, deve ser autorizado o levantamento do depósito efetuado" (STJ, REsp 1.011.439/SP, Rel. Min. Humberto Gomes de Barros, 3ª Turma, jul. 17.03.2008, *DJ* 13.05.2008).

"Nos termos da jurisprudência dominante neste Tribunal, os benefícios da assistência judiciária gratuita incluem os honorários de perito, devendo o Estado assumir os ônus advindos da produção da prova pericial. O Estado não está obrigado a adiantar as despesas com a realização da prova pericial ou reembolsar esse valor ao final da demanda. Caso o perito nomeado não consinta em realizar a prova pericial gratuitamente e/ou aguardar o final do processo, deve o juiz nomear outro perito, devendo a nomeação recair em técnico de estabelecimento oficial especializado ou repartição administrativa do ente público responsável pelo custeio da prova pericial. Precedentes" (STJ, REsp 435.448/MG, Rel. Min. Nancy Andrighi, 3ª Turma, jul. 19.09.2002, *DJ* 04.11.2002, p. 206). **No mesmo sentido**: TJMG, AI 1.0024.01.086909-7/001, Rel. Des. Audebert Delage, 4ª Câmara Cível, jul. 12.02.2009, *DJ* 27.02.2009.

DNA. "Investigação de paternidade. Correto o acórdão recorrido ao entender que cabe ao Estado o custeio do exame pericial de DNA para os beneficiários da assistência judiciária gratuita, oferecendo o devido alcance ao disposto no art. 5º, LXXIV, da Constituição" (STF, RE 207.732/MS, Rel. Min. Ellen Gracie, 1ª Turma, jul. 11.06.2001, *DJU* 11.06.2002, p. 87). **No mesmo sentido**: STF, ADI 3.394, Rel. Min. Eros Grau, jul. 02.04.2007, *DJ* 24.08.2007.

Honorários advocatícios. "O artigo 3º, V, da Lei nº 1.060, de 1950, isenta, sob condição, a pessoa necessitada de pagar os honorários resultantes da sucumbência, devidos ao advogado da parte contrária, não a verba honorária que ela contrata com seu patrono, tendo em vista o proveito que terá na causa" (STJ, REsp 238.925/SP, Rel. Min. Ari Pargendler, 3ª Turma, jul. 21.08.2001, *DJ* 01.10.2001, p. 206). **No mesmo sentido:** STJ, REsp 186.098/SP, Rel. Min. Ari Pargendler, 3ª Turma, jul. 20.09.2001, *DJ* 29.10.2001, p. 201; STJ, REsp 965.350/RS, Rel. Min. Nancy Andrighi, 3ª Turma, jul. 04.09.2008. **Em sentido contrário:** "O artigo 3º, inciso V, da Lei nº 1.060/1950 concede o benefício da isenção de pagamento de honorários, sem diferençar entre os que são devidos à parte contrária daqueles convencionados com o próprio patrono; é de se entender que a forma utilizada na redação do dispositivo está a conceder o benefício em seu sentido mais amplo" (STJ, REsp 309.754/MG, Rel. Min. Hélio Quaglia Barbosa, 4ª Turma, jul. 18.12.2007, *DJ* 11.02.2008, p. 1).

Honorários contratuais. Impossibilidade. "'Nada impede a parte de obter os benefícios da assistência judiciária e ser representada por advogado particular que indique, hipótese em que, havendo a celebração de contrato com previsão de pagamento de honorários *ad exito*, estes serão devidos, independentemente de a sua situação econômica ser modificada pelo resultado final da ação, não se aplicando a isenção prevista no art. 3º, V, da Lei nº 1.060/1950, presumindo-se que a esta renunciou' (REsp 1.153.163/RS, Rel. Ministra Nancy Andrighi, Terceira Turma, julgado em 26.06.2012, *DJe* 02.08.2012)'. Entendimento contrário tem a virtualidade de fazer que a decisão que concede a gratuidade de justiça apanhe ato extraprocessual e pretérito, qual seja o próprio contrato celebrado entre o advogado e o cliente, interpretação que vulnera a cláusula de sobredireito da intangibilidade do ato jurídico perfeito (CF/88, art. 5º, inciso XXXVI; LINDB, art. 6º)" (STJ, REsp 1.065.782/RS, Rel. Min. Luis Felipe Salomão, 4ª Turma, jul. 07.03.2013, *DJe* 22.03.2013). **No mesmo sentido:** STJ, REsp 965.350/RS, Rel. Min. Nancy Andrighi, 3ª Turma, jul. 09.12.2008, *DJe* 03.02.2009.

Mandado de reintegração de posse. "Ação de reintegração de posse. Assistência judiciária gratuita. Despesas com remoção de casas e objetos em área invadida. Alcance objetivo. O benefício da assistência judiciária gratuita se estende a todos os atos do processo, até decisão final, em todas as instâncias (art. 9º da Lei 1.060/1950). Estando a agravante sob o abrigo da gratuidade da justiça, incumbe ao estado custear as providências necessárias para o cumprimento do mandado de reintegração de posse em área objeto de invasão" (TJRS, AI 70010131480, Rel. Des. André Luiz Planella Villarinho, 18ª Câmara Cível, jul. 16.12.2004).

Extração de certidões em cartório. "A gratuidade da justiça estende-se aos atos extrajudiciais relacionados à efetividade do processo judicial em curso, mesmo em se tratando de registro imobiliário. A isenção contida no art. 3º, II, da Lei nº 1.060/1950 estende-se aos valores devidos pela extração de certidões de registro de imóveis, necessárias ao exercício do direito de ação" (STJ, RMS 26.493/RS, Rel. Min. Eliana Calmon, 2ª Turma, jul. 19.08.2008, *DJe* 23.09.2008).

15. Inversão do ônus da prova. "O benefício da assistência judiciária gratuita e a inversão do ônus da prova não são incompatíveis. A simples inversão do ônus da prova, no sistema do Código de Defesa do Consumidor, não gera a obrigação de custear as despesas com a perícia, embora sofra a parte ré as consequências decorrentes de sua não produção. O deferimento da inversão do ônus da prova e da assistência judiciária, pelo princípio da ponderação, impõe que seja beneficiado o consumidor, com o que não cabe a orientação jurisprudencial sobre o custeio da prova pericial nos termos da Lei nº 1.060/1950" (STJ, REsp 639.534/MT, Rel. Min. Carlos Alberto Menezes Direito, 2ª Seção, jul. 09.11.2005, *DJ* 13.02.2006, p. 659). **No mesmo sentido**: STJ, REsp 402.399/RJ, Rel. Min. Antônio de Pádua Ribeiro, 3ª Turma, jul. 29.03.2005, *DJ* 18.04.2005.

16. Recursos protelatórios. Multa. "A circunstância de ser o recorrente beneficiário da gratuidade de justiça não impossibilita a imposição das multas em razão da interposição dos recursos manifestamente improcedentes e protelatórios. A Corte, assim, impõe a multa na hipótese referida, porém, tem determinado a suspensão do pagamento em razão da concessão de gratuidade de justiça" (STJ, AgRg nos EDcl no AgRg no Ag. 563.492/GO, Rel. Min. Carlos Alberto Menezes Direito, 3ª Turma, jul. 28.10.2004, *DJ* 21.02.2005, p. 171). **No mesmo sentido**: STJ, AgRg no REsp 578.873/RS, Rel. Min. Aldir Passarinho Junior, 4ª Turma, jul. 18.12.2003, *DJ* 08.03.2004.

17. Litigância de má-fé. "No regimental, alegam os agravantes que fazem jus aos benefícios da justiça gratuita; e, por isso, não podem ser condenados às penas da litigância de má-fé. Ledo engano. Em primeiro lugar, porque o acórdão recorrido afirmou claramente que os agravantes não fazem jus aos benefícios da justiça gratuita. Entender diferente seria incidir no óbice da Súmula 07/STJ. Em segundo lugar, porque, mesmo fazendo jus a tais benefícios, a penalidade por litigância de má-fé poderia perfeitamente ser imposta; apenas ficando suspensa a execução até ulterior alteração da situação econômica dos beneficiários, tudo isso pelo prazo prescricional de 5 anos, cujo implemento extinguiria de vez a pretensão executória. No mais, também é possível a condenação por ato atentatório à dignidade da justiça" (STJ, AgRg no REsp 877.904/RS, Rel. Min. Humberto Martins, 2ª Turma, jul. 06.11.2007, *DJ* 19.11.2007).

18. Condenação do beneficiário da justiça gratuita (§ 3º): Custas. "O beneficiário da justiça gratuita que sucumbe é condenado ao pagamento das custas, que, entretanto, só lhe serão exigidas, se até cinco anos contados da decisão final, puder satisfazê-las sem prejuízo do sustento próprio ou da família: incidência do art. 12 da Lei nº 1.060/1950, que não é incompatível com o art. 5º, LXXIV, da Constituição" (STF, RE 184.841/DF, Rel. Min. Sepúlveda Pertence, 1ª Turma, jul. 21.03.1995, *DJ* 08.09.1995, p. 28.400). **No mesmo sentido:** STF, RE 495.498-AgRg, Rel. Min. Eros Grau, jul. 26.06.2007, *DJ* 17.08.2007; STJ, REsp 1.082.376/RN, Rel. Min. Luiz Fux, 1ª Turma, jul. 17.02.2009, *DJe* 26.03.2009; STJ, REsp 180.467/SP, Rel. Min. Luís Felipe Salomão, 4ª Turma, jul. 06.11.2008, *DJe* 01.12.2008; STJ, REsp 74.536/RJ, Rel. Min. Felix Fischer, 5ª Turma, jul. 15.04.1997, *DJ* 19.05.1997, p. 2.065; STJ, REsp 253.374/RN, Rel. Min. Fernando Gonçalves, 6ª Turma, jul. 20.06.2000, *DJ* 21.08.2000, p. 186; STJ, REsp 263.725/MA, Rel. Min. Sálvio de Figueiredo Teixeira, 4ª Turma, jul. 13.09.2000, *DJ* 16.10.2000, p. 318.

Em sentido contrário: "A exclusão do ônus da sucumbência se defere conforme a situação atual de pobreza da parte. Ao órgão jurisdicional não cabe proferir decisões condicionais. Se um dia – quiçá em razão dos pingues benefícios que recebe do INSS – o vencido tiver condição econômica para responder por custas e honorários, **persiga-os a autarquia pelas vias ordinárias**" (STF, RE-AgRg 313.348/RS, Rel. Min. Sepúlveda Pertence, 1ª Turma, jul. 15.04.2003, *DJ* 16.05.2003, p. 104).

"O acesso ao Judiciário é oneroso, ressalvadas as exceções legais. O vencido arcará com o pagamento das despesas, custas e honorários de advogado. A sucumbência é para ambas as partes, ainda que uma delas atue amparada pela assistência judiciária. Impõe-se a respectiva condenação. Em havendo mudança patrimonial do vencido, antes necessitado, cumpre efetuar o pagamento. Raciocínio contrário afetaria o princípio da igualdade jurídica entre autor e réu. Justifica-se a distinção, por fator econômico. A sentença, na espécie, não é condicional. Condicional é a execução. Inteligência da Lei nº 1060/1950, art. 11, § 2º, e da Lei nº 4.215/1963, art. 94, II e III" (STJ, REsp 26.890/SP, Rel. Min. Luiz Vicente Cernicchiaro, 6ª Turma, jul. 22.09.1992, *DJ* 16.11.1992, p. 21.167).

Honorários do perito. Prazo prescricional. "A jurisprudência do STJ é firme no sentido de que o prazo prescricional para a cobrança de honorários periciais arbitrados em processo judicial em que a parte é beneficiária da gratuidade da justiça é de cinco anos, seja em razão do art. 12 da Lei 1.060/1950, seja por força do art. 1º do Decreto 20.910/1932, o qual deve prevalecer sobre os prazos prescricionais estipulados pelo Código Civil. Precedentes: REsp 1.219.016/MG, Rel. Min. Benedito Gonçalves, Primeira Turma, *DJe* 21.3.2012; REsp 1.285.932/RS, Rel. Min. Mauro Campbell Marques, Segunda Turma, *DJe* 13.06.2012; e AgRg no REsp 1.274.518/MG, Rel. Min. Humberto Martins, Segunda Turma, *DJe* 07.03.2012" (STJ, AgRg no REsp 1.337.319/MG, Rel. Min. Herman Benjamin, 2ª Turma, jul. 06.12.2012, *DJe* 19.12.2012).

Recebimento de herança. "A circunstância de alguém haver-se habilitado ao recebimento de substancial herança não basta para extinguir o benefício da assistência judiciária.

É necessário que o valor herdado torne-se disponível em seu patrimônio. Condenação por sucumbência contra beneficiário de assistência judiciária só pode ser executada após cessar o estado de carência econômica (Lei 1.060/1950 – art. 12)" (STJ, EDcl no REsp 705.412/GO, Rel. Min. Humberto Gomes de Barros, 3ª Turma, jul. 10.10.2006, *DJ* 30.10.2006). **No mesmo sentido**: TJMG, Apelação Cível 1.0694.09.056074-9/001, Rel. Des. Vieira de Brito, 8ª Câm. Cível, jul. 04.11.2010, *DJe* 01.12.2010.

Art. 99. O pedido de gratuidade da justiça pode ser formulado na petição inicial, na contestação, na petição para ingresso de terceiro no processo ou em recurso.

§ 1º Se superveniente à primeira manifestação da parte na instância, o pedido poderá ser formulado por petição simples, nos autos do próprio processo, e não suspenderá seu curso.

§ 2º O juiz somente poderá indeferir o pedido se houver nos autos elementos que evidenciem a falta dos pressupostos legais para a concessão de gratuidade, devendo, antes de indeferir o pedido, determinar à parte a comprovação do preenchimento dos referidos pressupostos.

§ 3º Presume-se verdadeira a alegação de insuficiência deduzida exclusivamente por pessoa natural.

§ 4º A assistência do requerente por advogado particular não impede a concessão de gratuidade da justiça.

§ 5º Na hipótese do § 4º, o recurso que verse exclusivamente sobre valor de honorários de sucumbência fixados em favor do advogado de beneficiário estará sujeito a preparo, salvo se o próprio advogado demonstrar que tem direito à gratuidade.

§ 6º O direito à gratuidade da justiça é pessoal, não se estendendo a litisconsorte ou a sucessor do beneficiário, salvo requerimento e deferimento expressos.

§ 7º Requerida a concessão de gratuidade da justiça em recurso, o recorrente estará dispensado de comprovar o recolhimento do preparo, incumbindo ao relator, neste caso, apreciar o requerimento e, se indeferi-lo, fixar prazo para realização do recolhimento.

REFERÊNCIA LEGISLATIVA

Lei nº 1.060/1950 (assistência judiciária aos necessitados).

BREVES COMENTÁRIOS

Os benefícios da gratuidade de justiça não requerem postulação em procedimento apartado e são deferidos de plano, sem depender de prévia manifestação da parte contrária. Não há mais previsão de procedimento para postulação da gratuidade da justiça antes do ajuizamento da causa, como antigamente dispunha a Lei nº 1.060/1950. No sistema novo, tudo se passa incidentemente, no curso do processo, bastando que o interessado peticione ao juiz competente. Os benefícios podem ser requeridos na petição inicial, na contestação, na petição para ingresso de terceiro no processo ou em recurso. Caso o pedido seja realizado após a primeira manifestação da parte na instância, poderá ser formulado por simples petição, no bojo do processo, sem suspender o seu curso.

JURISPRUDÊNCIA SELECIONADA

1. Afirmação da parte. Concessão dos benefícios. "A concessão dos benefícios da assistência judiciária gratuita não se condiciona à prova do estado de pobreza do requerente, mas tão somente à mera afirmação desse estado, sendo irrelevante o fato de o pedido haver sido formulado na petição inicial ou no curso do processo" (STJ, REsp 469.594/RS, Rel. Min. Nancy Andrighi, 3ª Turma, jul. 22.05.2003, *DJ* 30.06.2003, p. 243). **No mesmo sentido:** STJ, AgRg no REsp 846.478/MS, Rel. Min. Aldir Passarinho Junior, 4ª Turma, jul. 28.11.2006, *DJ* 26.02.2007, p. 608; TJMG, Proc. 1.0223.06.204432-4/001, Rel. Des. Batista de Abreu, jul. 02.05.2007, *DJ* 13.06.2007; STF, RE-AgRg 550.202/DF, Rel. Min. Cezar Peluso, 2ª Turma, jul. 11.03.2008, *DJe* 18.04.2008; STF, AI 649.283-AgRg, Rel. Min. Ricardo Lewandowski, 1ª Turma, jul. 02.09.2008, *DJe* 19.09.2008.

Dúvida. "Para assegurar os princípios constitucionais do acesso à justiça e da assistência jurídica integral, a dúvida sobre a pobreza do interessado resolve-se a seu favor" (TJMG, Proc. 1.0024.07.402179-1/001, Rel. Des. Guilherme Luciano Baeta Nunes, jul. 06.03.2007, *DJ* 15.03.2007).

Falsa afirmação de pobreza. "A afirmação falsa da condição de pobreza para fins de obtenção do benefício da AJG implica a pena de pagamento até o décuplo das custas judiciais (art. 4º, § 1º, do CPC) [*rectius:* art. 100, parágrafo único]. Presume-se a má-fé da parte que requereu o benefício, mas, quando determinada a comprovação do patrimônio e rendimentos pelo juízo *a quo*, prontamente efetuou o pagamento das custas iniciais sem apresentar qualquer justificativa razoável para tal comportamento" (TJRS, AI 70030848634, Rel. Des. Marco Antonio Ângelo, 2ª Câmara Especial Cível, jul. 28.10.2009).

Miséria absoluta. Desnecessidade. "Não se exige o estado de penúria ou miséria absoluta do requerente para a concessão da justiça gratuita" (TJMG, Proc. 1.0024.04.504304-9/001, Rel. Des. Renato Martins Jacob, jul. 16.03.2006, *DJ* 09.05.2006).

2. Prova. Presunção *iuris tantum*. "Dispõe art. 4º da Lei nº 1.060/1950 que, para obtenção do benefício da gratuidade, é suficiente a simples afirmação do estado de pobreza, **que poderá ser elidida por prova em contrário**. Havendo dúvida da veracidade das alegações do beneficiário, nada impede que o magistrado ordene a comprovação do estado de miserabilidade, a fim de avaliar as condições para o deferimento ou não da assistência judiciária. Precedentes jurisprudenciais" (STJ, REsp 544.021/BA, Rel. Min. Teori Albino Zavascki, 1ª Turma, jul. 21.10.2003, *DJ* 10.11.2003).

"A condição financeira do requerente deve ser analisada no momento exato em que postula o benefício, sendo que nessa ocasião é que se deverá perquirir sobre a sua impossibilidade de arcar com as despesas processuais, a partir de um confronto entre suas receitas e despesas, e não apenas acerca do seu patrimônio ou padrão de vida. Para o deferimento da gratuidade judiciária não se exige o estado de penúria ou miséria absoluta do requerente, sendo que a existência de aparente condição econômica privilegiada não afasta o direito ao benefício, se ausente prova que evidencie a atual possibilidade financeira de ingressar em juízo, sem prejuízo do sustento próprio ou da família" (TJMG, Proc. 2.0000.00.441645-3/000, Rel. Des. Teresa Cristina da Cunha Peixoto, jul. 22.12.2004, *DJ* 19.02.2005).

Requisição de informações à Receita Federal. "Incidente de impugnação à assistência judiciária. Requisição de informações à Receita Federal. Sigilo de dados. Medida excepcional. Requerimento, por ambas as partes, de produção de outras provas necessárias à instrução probatória indeferido. Cerceio de defesa. Insuficiência de demonstração de existência de bens em nome do impugnado para revogação da assistência judiciária, por não significar necessariamente percepção de renda. Os registros de dados de cidadão em bancos de dados públicos ou privados se encontram protegidos pelo princípio constitucional da inviolabilidade da intimidade e da vida privada. A requisição de informações à Receita Federal por autoridade judicial é medida de caráter excepcional e deve ser delimitada por absoluta excepcionalidade, bem como devidamente fundamentada. Uma vez requerido por ambas as partes a produção de prova pericial, depoimentos pessoais e prova testemunhal, o magistrado, antes de fazer uso da medida excepcional para requerer informações aos órgãos públicos a respeito de dados sigilosos, deve abrir oportunidade às partes para que se utilizem de outros meios de prova que sejam capazes de corroborar suas alegações. **A simples comprovação de existência de bens em nome da parte que teve impugnado seu pedido de assistência judiciária não é suficiente para comprovar que ela perceba renda capaz de arcar com as custas processuais e honorários de advogado**" (TAMG, AI 465.499-3, Proc. 2.0000.00.465499-3/000, Rel. Des. Pedro Bernardes, 1ª Câmara Cível, jul. 15.02.2005, *DJ* 05.03.2005).

Indeferimento por falta de comprovação da necessidade. Inadmissibilidade. "O entendimento firmado no âmbito desta eg. Corte de Justiça delineia que o benefício da assistência judiciária pode ser indeferido quando o magistrado se convencer, com base nos elementos acostados aos autos, de que não se trata de hipótese de miserabilidade jurídica. No caso concreto, todavia, o eg. Tribunal de origem, ao indeferir os benefícios da assistência jurídica gratuita, o fez não porque verificou nos autos elementos que afastavam a condição de miserabilidade jurídica, mas sim porque os autores não teriam comprovado a necessidade do benefício, o que, como visto, não pode subsistir" (STJ, AgInt no EDcl no AREsp 1.019.017/SP, Rel. Min. Raul Araújo, 4ª Turma, jul. 17.08.2017, *DJe* 11.09.2017).

Cumprimento de sentença condenatória de alimentos. Exame da gratuidade a partir da situação econômica do representante legal do menor. Impossibilidade. Presunção de insuficiência econômica do menor. "Em se tratando de menores representados pelos seus pais, haverá sempre um forte vínculo entre a situação desses dois diferentes sujeitos de direitos e obrigações, sobretudo em razão da incapacidade civil e econômica do próprio menor, o que não significa dizer, todavia, que se deva automaticamente examinar o direito à gratuidade a que poderia fazer jus o menor à luz da situação financeira de seus pais. A interpretação que melhor equaliza a tensão entre a natureza personalíssima do direito à gratuidade e a notória incapacidade econômica do menor consiste em aplicar, inicialmente, a regra do art. 99, § 3º, do novo CPC, deferindo-se o benefício ao menor em razão da presunção de sua insuficiência de recursos, ressalvada a possibilidade de o réu demonstrar, com base no art. 99, § 2º, do novo CPC, *a posteriori*, a ausência dos pressupostos legais que justificam a gratuidade, o que privilegia, a um só tempo, os princípios da inafastabilidade da jurisdição e do contraditório" (STJ, REsp 1.807.216/SP, Rel. Min. Nancy Andrighi, 3ª Turma, jul. 04.02.2020, *DJe* 06.02.2020).

3. Assistência gratuita. Necessidade de intimação para a realização do preparo recursal quando indeferido o pedido. "Ademais, há precedentes do STJ no sentido de que 'É desnecessário o preparo do recurso cujo mérito discute o próprio direito ao benefício da assistência judiciária gratuita' e que, antes de declarar a deserção do recurso, o magistrado deve analisar o pedido de gratuidade de justiça feito em tempo anterior a sua interposição, concedendo prazo, no caso de indeferimento, para recolhimento das custas devidas. **Nesse sentido:** AgInt no AREsp 1.181.169/RJ, Rel. Ministro Francisco Falcão, Segunda Turma, julgado em 10/4/2018, *DJe* 13.4.2018; AgInt no AREsp 983.952/RJ, Rel. Ministro Marco Aurélio Bellizze, Terceira Turma, julgado em 23/5/2017, *DJe* 01.6.2017; AgInt no RMS 49.328/AC, Rel. Ministro Sérgio Kukina, Primeira Turma, *DJe* 6.10.2016; RMS 49.180/AC, Rel. Ministro Humberto Martins, Segunda Turma, *DJe* 18.8.2016. Embargos de Divergência providos, no sentido da **necessidade de intimação do interessado para a realização do preparo recursal nas hipóteses de indeferimento ou não processamento do pedido de assistência judiciária gratuita**" (STJ, EAREsp 742.240/MG, Rel. Min. Herman Benjamin, Corte Especial, jul. 19.09.2018, *DJe* 27.02.2019).

Devolução do prazo. "A assistência judiciária gratuita pode ser pleiteada a qualquer tempo. Todavia, uma vez requerida no curso do prazo para a prática de determinado ato processual, se indeferida, deve ser oportunizado à parte novo prazo para a prática daquele ato. Precedentes do STJ" (STJ, RMS 22.416/BA, Rel. Min. Felix Fischer, 5ª Turma, jul. 23.10.2007, *DJ* 03.12.2007).

4. Renovação de pedido, denegado nas instâncias ordinárias. Comprovação. "A jurisprudência desta Corte orienta que, 'embora seja possível a renovação, no ato de interposição do recurso especial, do pedido de assistência judiciária que, formulado na petição inicial, vem a ser denegado nas instâncias ordinárias, faz-se necessária a comprovação, no segundo pedido de gratuidade da Justiça, da mudança na situação econômica do recorrente' (REsp 1151644/RS, Rel. Ministro Mauro Campbell Marques, Segunda Turma, *DJe* 1.9.2010)" (STJ, EDcl no AgInt no AREsp 1151223/DF, Rel. Min. Maria Isabel Gallotti, 4ª Turma, jul. 18.09.2018, *DJe* 25.09.2018).

5. Presunção do deferimento do benefício quando não há decisão denegatória expressa. "Nos termos da jurisprudência do STJ, 'a omissão do julgador atua em favor da garantia constitucional de acesso à jurisdição e de assistência judiciária gratuita, favorecendo-se a parte que requereu o benefício, presumindo-se o deferimento do pedido de justiça gratuita, mesmo em se tratando de pedido apresentado ou considerado somente no curso do processo, inclusive nesta instância extraordinária' (AgRg nos EAREsp 440.971/RS, Rel. Ministro RAUL ARAÚJO, CORTE ESPECIAL, julgado em 03/02/2016, *DJe* de 17/03/2016)" (STJ, EDcl no AgInt no AREsp 1249691/SP, Rel. Min. Raul Araújo, 4ª Turma, jul. 12.11.2019, *DJe* 09.12.2019).

Em sentido contrário: "O Superior Tribunal de Justiça já se pronunciou no sentido da impossibilidade de se admitir que a ausência de negativa da Corte de origem quanto ao pedido de assistência judiciária gratuita acarrete o deferimento tácito do pedido, autorizando a interposição do recurso sem o correspondente preparo (AgRg nos EDcl nos EAREsp 429.799/RS, Rel. Ministra Laurita Vaz, Corte Especial, julgado em 16/12/2015, *DJe* 24/02/2016)" (STJ, AgRg no AREsp 723.508/RJ, Rel. Min. Gurgel de Faria, 1ª Turma, jul. 21.09.2017, *DJe* 17.11.2017).

6. Recuperação judicial e falência.

Recuperação judicial. "Na linha jurisprudencial desta Corte o fato de a pessoa jurídica encontrar-se em situação de recuperação judicial, por si só, não lhe confere o direito aos benefícios da justiça gratuita" (STJ, AgInt no AREsp 1011867/RS, Rel. Min. Maria Isabel Gallotti, 4ª Turma, jul. 22.05.2018, *DJe* 01.06.2018).

Empresa em recuperação judicial. "O caso em apreço reveste-se de peculiaridades que afastam a jurisprudência majoritária desta Corte que já se firmou em sentido contrário, isto porque é evidente que a exigência de pagamento das custas judiciais por empresa em fase de recuperação judicial é contrária e mesmo incompatível com o instituto da recuperação judicial, porquanto o contribuinte que ostenta esta condição comprovou em juízo a sua dificuldade financeira, posto que é intuitivo que, se não tivesse nesta condição, a recuperação judicial não lhe teria sido deferida. Dessa forma, o contribuinte não pode ser penalizado e ser-lhe podado o direito de litigar em juízo, por ausência de demonstração da capacidade de arcar com as custas judiciais, uma vez que o deferimento da recuperação judicial da sociedade empresária comprova a sua dificuldade financeira, devendo tal benefício ser deferido de plano, se a parte já tiver em seu favor a decisão que admitiu o processamento da recuperação judicial da empresa recorrente" (STJ, AgRg no AREsp 514.801/RS, Rel. Min. Napoleão Nunes Maia Filho, 1ª Turma, jul. 26.08.2014, *DJe* 02.09.2014).

Empresas falidas. "É admitida em casos excepcionalmente justificados a concessão de gratuidade de justiça a pessoas jurídicas, desde que comprovadamente os ônus processuais possam comprometer a saúde financeira (precária) da entidade (Precedentes: AgRg no Ag nº 525.953/MG, Rel. Min. Nancy Andrighi, Terceira Turma, *DJ* 01.03.2004; EREsp 388.045/RS, Rel. Min. Gilson Dipp, Corte Especial, *DJ* 22.09.2003). **Tratando-se de massa falida**, não se pode presumir pela simples quebra o estado de miserabilidade jurídica, tanto mais que os benefícios de que pode gozar a 'massa falida' já estão legal e expressamente previstos, dado que a massa falida é decorrência exatamente não da 'precária' saúde financeira (passivo superior ao ativo), mas da própria 'falta' ou 'perda' dessa saúde financeira. A massa falida, quando demandante ou demandada, sujeita-se ao princípio da sucumbência (Precedentes: REsp 148.296/SP, Rel. Min. Adhemar Maciel, Segunda Turma, *DJ* 07.12.1998; REsp 8.353/SP, Rel. Min. Humberto Gomes de Barros, Primeira Turma, *DJ* 17.05.1993; STF – RE 95.146/RS, Rel. Min. Sydney Sanches, Primeira Turma, *DJ* 03.05.1985)" (STJ, REsp 833.353/MG, Rel. Min. Francisco Falcão, Rel. p/ ac. Min. Luiz Fux, 1ª Turma, jul. 17.05.2007, *DJ* 21.06.2007). No mesmo sentido: STJ, AgRg nos EDcl no Ag 1.121.694/SP, Rel. Min. Paulo de Tarso Sanseverino, 3ª Turma, jul. 04.11.2010, *DJe* 18.11.2010.

7. Recurso que versa sobre honorários de sucumbência fixados em favor de advogado de beneficiário de justiça gratuita. Preparo. "No juízo de primeiro grau, em embargos de terceiro movidos por beneficiário da assistência judiciária gratuita, apesar de julgado procedente o pedido, não houve condenação em honorários advocatícios, sendo interposto recurso de apelação com o objetivo da fixação dessa verba. (...) Deve ser afastada a aplicação do teor do § 5º do art. 99 do CPC/2015, que dispõe sobre a hipótese de uma vez fixados os honorários, havendo irresignação somente em relação à verba, torna-se exigível o pagamento de custas processuais para a interposição do recurso. É que, na hipótese dos autos, não houve a fixação de honorários advocatícios no juízo de primeiro grau, sendo assim impositiva a condenação na referida verba em virtude do princípio da causalidade" (STJ, AREsp 1183942/RS, Rel. Min. Francisco Falcão, 2ª Turma, jul. 16.08.2018, *DJe* 27.08.2018).

Defensor dativo. Desnecessidade de recolhimento do preparo. "Impor ao advogado dativo que recolha o preparo ou que comprove, ele próprio, que faz jus à gratuidade em recurso que trate exclusivamente do valor de seus honorários advocatícios implicará em um inevitável desestímulo ao exercício dessa nobre função, com seríssimos efeitos colaterais aos jurisdicionados, especialmente porque a advocacia dativa, embora seja exercício regular e remunerado da advocacia, possui caráter altruístico, irmanado e suplementar à Defensoria Pública. De igual modo, essa eventual imposição não atrairá novos interessados em exercer essa função nas localidades em que não há Defensoria Pública, potencialmente diminuirá o interesse nessa atividade e, por consequência, deixará uma parcela muito significativa da população à mercê de sua própria sorte e convivendo, resignadamente, com as suas próprias mazelas. Embargos de divergência parcialmente conhecidos e, nessa extensão, providos, a fim de dar provimento ao recurso especial e determinar o retorno do processo ao Tribunal de Justiça de São Paulo para que, afastado o óbice de ausência de preparo, julgue a apelação como entender de direito" (STJ, EREsp 1.832.063/SP, Rel. p/acórdão Min. Nancy Andrighi, Corte Especial, jul. 14.12.2023, *DJe* 08.05.2024).

8. Requerimento feito por procurador. "A declaração de pobreza para fins de concessão de justiça gratuita pode ser firmada pelo advogado, sendo desnecessários poderes especiais. Precedentes específicos" (STJ, AgRg no AgRg no REsp 901.152/MG, Rel. Min. Paulo de Tarso Sanseverino, 3ª Turma, jul. 13.09.2011, *DJe* 21.09.2011). **No mesmo sentido:** TJMG, Ap. Cível 1.0433.04.122261-6/004, Rel. Des. Selma Marques, 11ª Câmara Cível, jul. 12.03.2008, *DJ* 19.04.2008.

9. Deferimento de ofício. Impossibilidade. "A gratuidade da assistência judiciária pressupõe manifestação da parte interessada, sendo vedado ao poder jurisdicional deferir de ofício o benefício" (STJ, REsp 111.616/PR, Rel. Min. Hamilton Carvalhido, 6ª Turma, jul. 28.09.1999, *DJ* 21.02.2000). **No mesmo sentido**: STJ, REsp 105.452/SC, Rel. Min. Cid Flaquer Scartezzini, 5ª Turma, jul. 11.03.1997, *DJ* 14.04.1997.

10. Instância especial. "Já tendo sido ofertada a prestação jurisdicional de primeiro e segundo graus, inviabilizada, nesta oportunidade, a concessão do benefício da justiça gratuita, pois o mesmo não foi requerido no momento adequado, qual seja, na peça inicial. Ademais, a teor do disposto na Lei 1.060/1950, em seu art. 4º: 'A parte gozará dos benefícios da assistência judiciária, mediante simples afirmação, na própria petição inicial, de que não está em condições de pagar as custas do processo e os honorários de advogado, sem prejuízo próprio ou de sua família'. Em conclusão, a sua concessão, nesta fase processual, traduziria verdadeiro perdão das custas e demais ônus sucumbenciais, sendo que não existe autorização legal para tanto" (STJ, AgRg nos EDcl nos EREsp 397.705/PR, Rel. Min. Gilson Dipp, 3ª Seção, jul. 26.03.2003, *DJ* 14.04.2003).

11. Advogado particular. Inexistência de impedimento à concessão do benefício.

"É possível o gozo da assistência judiciária gratuita mesmo ao jurisdicionado contratante de representação judicial com previsão de pagamento de honorários advocatícios *ad exitum*. Essa solução é consentânea com o propósito da Lei n. 1.060/1950, pois garante ao cidadão de poucos recursos a escolha do causídico que, aceitando o risco de não auferir remuneração no caso de indeferimento do pedido, melhor represente seus interesses em juízo. A exigência de declaração de patrocínio gratuito incondicional não encontra assento em qualquer dispositivo da Lei n. 1.060/1950, criando requisito não previsto, em afronta ao princípio da legalidade. 5. Precedentes das Terceira e Quarta Turmas do STJ" (STJ, REsp 1.504.432/RJ, Rel. Min. Og Fernandes, 2ª Turma, jul.13.09.2016, *DJe* 21.09.2016).

"Uma vez comprovada a incapacidade da parte em arcar com as custas processuais e honorários de advogado, deve ser concedido a ela o benefício da assistência judiciária. A constituição de advogado particular não impede a concessão do benefício da gratuidade, não cabendo ao juiz intervir na relação de confiança existente entre advogado e cliente, nomeando defensor dativo aquele que se encontra representado nos autos por advogado particular. Não há vedação legal para o advogado contratar honorários de êxito, mesmo estando o constituinte sob o pálio da assistência judiciária. Havendo sucumbência, impõe-se a condenação em honorários advocatícios ao vencido, em proveito do vencedor, ainda que este seja beneficiário da assistência judiciária gratuita" (TJMG, Proc. 1.0024.07.389111-1/001, Rel. Des. Márcia de Paoli Balbino, jul. 15.03.2007, *DJ* 20.04.2007). **No mesmo sentido**: STJ, REsp 679.198/PR, Rel. Min. Carlos Alberto Menezes Direito, 3ª Turma, jul. 21.11.2006, *DJ* 16.04.2007, p. 184; TJMG, Proc. 1.0024.05.799369-3/001, Rel. Des. Antônio Sérvulo, jul. 23.11.2005, *DJ* 21.01.2006; TJMG, Proc. 2.0000.00.425068-6/000, Rel. Dárcio Lopardi Mendes, jul. 11.03.2004, *DJ* 14.04.2004; TJMG, Proc. 1.0024.05.754800-0/001, Rel. Des. Batista de Abreu, jul. 10.05.2006, *DJ* 26.05.2006.

"Pode o julgador determinar a comprovação da situação econômica da parte que pretende a gratuidade de justiça, quando a mesma é representada por advogado particular. No caso concreto, o agravante não trouxe elementos suficientes para comprovar que faz jus ao benefício" (TJRS, AI 70015330004, Rel. Des. Cláudio Baldino Maciel, 12ª Câmara Cível, jul. 18.05.2006).

"A presença de elementos indicativos da capacidade econômica de pessoa jurídica que pleiteia a assistência judiciária gratuita, como a contratação de escritório renomado de advocacia, é motivo suficiente para o indeferimento de tal pedido, nos termos do art. 5º da Lei nº 1.060/1950" (TJMG,

Proc. 1.0000.00.349799-7/000, Rel. Des. Fernando Bráulio, jul. 13.11.2003, *DJ* 31.03.2004).

12. Profissão. "A profissão de quem requer o benefício da assistência judiciária **pode ser um indício de que possui ele condições de pagar as custas do processo sem prejuízo próprio ou de sua família**. A presunção, contudo, pode ser ilidida pela demonstração de insuficiência. Inocorrência, *in casu*" (STJ, REsp 36.730/RS, Rel. Min. Antônio de Pádua Ribeiro, 3ª Turma, jul. 20.11.2003, *DJ* 15.12.2003, p. 301).

"O fato de ser o apelante sócio de empresas não implica que detenha, no momento, uma situação financeira boa e estável, possuindo condições de arcar com as custas do processo" (TJMG, Proc. 1.0702.03.059458-5/001, Rel. Des. Pedro Bernardes, jul. 18.07.2006, *DJ* 02.09.2006).

13. Pessoa jurídica. Prova da insuficiência de recursos. "As pessoas jurídicas de Direito Privado, com ou sem fins lucrativos, devem comprovar o estado de miserabilidade para obter os benefícios da justiça gratuita, não bastando simples declaração de pobreza. A recorrente não comprovou oportunamente o seu estado de miserabilidade, por esse motivo os benefícios da Lei nº 1.060/1950 foram indeferidos" (STJ, AgRg na AR 3.751/PR, Rel. Min. Ricardo Villas Bôas Cueva, 2ª Seção, jul. 22.10.2014, *DJe* 24.10.2014). **No mesmo sentido:** STF, Rcl-ED-AgRg 1.905/SP Rel. Min. Marco Aurélio, Tribunal Pleno, jul. 15.08.2002, *DJ* 20.09.2002, p. 88; STJ, REsp 924.368/SP, Rel. Min. Castro Meira, 2ª Turma, jul. 17.05.2007, *DJ* 29.05.2007; STF, AI-AgRg 657.629/SP, Rel. Min. Eros Grau, 2ª Turma, jul. 11.12.2007, *DJe* 22.02.2008; STJ, AI 700.044/SP, Rel. Min. Nancy Andrighi, jul. 22.09.2005, *DJ* 30.09.2005; STJ, REsp 557.368/MA, Rel. Min. Cesar Asfor Rocha, 4ª Turma, jul. 04.12.2003, *DJ* 22.03.2004; *EJSTJ* 39/213, STJ, EREsp 839.625/SC, Rel. Min. Eliana Calmon, Rel. p/ ac. Min. Teori Albino Zavascki, 1ª Seção, jul. 22.08.2007, *DJ* 15.10.2007; STJ, EREsp 653.287/RS, Rel. Min. Ari Pargendler, Corte Especial, jul. 17.08.2005, *DJ* 19.09.2005; STJ, AgRg no REsp 1.455.450/MG, Rel. Min. Maria Isabel Gallotti, 4ª Turma, jul. 05.08.2014, *DJe* 15.08.2014; STJ, EREsp 6.031.37/MG, Rel. Min. Castro Meira, Corte Especial, jul. 02.08.2010, *DJe* 23.08.2010; AgRg no REsp 1.465.921/SP, Rel. Min. Moura Ribeiro, 3ª Turma, jul. 02.10.2014, *DJe* 20.10.2014.

Em sentido contrário: "Assistência judiciária – Benefício pretendido por pessoa jurídica – Impossibilidade" (1º TACível SP, AI 1.340.296-5, Rel. Des. Luiz Burza, 18ª Câmara Dir. Priv., jul. 01.12.2004). **No mesmo sentido:** STJ, EREsp 653.287/RS, Rel. Min. Ari Pargendler, Corte Especial, jul. 17.08.2005, *DJ* 19.09.2005.

Sobre o assunto, ver Súmula nº 481 do STJ.

14. Sindicato. "Pessoas jurídicas com fins lucrativos fazem jus ao benefício da assistência judiciária gratuita desde que comprovem a dificuldade financeira porque a presunção é de que essas empresas podem arcar com as custas e honorários do processo. Pessoas jurídicas sem fins lucrativos como entidades filantrópicas, sindicatos e associações fazem jus ao benefício da assistência judiciária gratuita porque a presunção é a de que não podem arcar com as custas e honorários do processo. Desnecessária a prova da dificuldade financeira para obter o benefício" (STJ, REsp 642.288/RS, Rel. Min. Eliana Calmon, 2ª Turma, jul. 15.09.2005, *DJ* 03.10.2005). **No mesmo sentido**: STJ, REsp 834.363/RS, Rel. Min. Eliana Calmon, 2ª Turma, jul. 02.09.2008, *DJe* 10.10.2008.

Em sentido contrário: "As entidades sindicais possuem, entre outras, a função de representar os interesses coletivos da categoria ou individuais dos seus integrantes, perante as autoridades administrativas e judiciais, o que leva à atuação do sindicato como parte nos processos judiciais em dissídios coletivos e individuais, nos termos dos arts. 513, *a*, e 514, *a*, da CLT, e 18 da Lei nº 5.584/1970. Nesse contexto, verifica-se que os sindicatos têm revertidas a seus cofres as mensalidades arrecadadas, periodicamente, de seus associados, formando fundos para o custeio de suas funções, entre as quais a função de assistência judiciária" (STJ, AgRg no REsp 963.553/SC, Rel. Min. Humberto Martins, 2ª Turma, jul. 19.02.2008, *DJ* 07.03.2008).

15. Espólio. "É admissível a concessão do benefício de assistência judiciária ao espólio que demonstre a impossibilidade de atender às despesas do processo. Precedentes da Corte" (STJ, AgRg no Ag. 680.115/SP, Rel. Min. Fernando Gonçalves, 4ª Turma, jul. 23.08.2005, *DJ* 12.09.2005). **No mesmo sentido:** STJ, REsp 556.600/RJ, Rel. Min. Fernando Gonçalves, 4ª Turma, jul. 17.02.2004, *DJ* 08.03.2004, p. 266.

16. Pessoa idosa. "Não tendo o pedido sido embasado na Lei 1.060/1950, que trata da Assistência Judiciária, nem sido afirmada a hipossuficiência financeira, não concedo tal benefício em razão da idade, porque não há tal previsão no Estatuto do Idoso" (TJMG, Proc. 2.0000.00.499383-5/000, Rel. Des. Márcia de Paoli Balbino, jul. 14.04.2005, *DJ* 28.04.2005).

17. Aquisição de bens. "O fato de ter o apelado celebrado negócio jurídico para aquisição de veículo, que se encontra alienado fiduciariamente, não implica que este detenha uma situação financeira boa e estável, possuindo condições de arcar com as custas do processo" (TJMG, Proc. 1.0024.03.000058-2/001, Rel. Des. Pedro Bernardes, jul. 04.07.2006, *DJ* 29.07.2006).

18. Efeitos retroativos. Impossibilidade. "'O benefício da assistência judiciária gratuita não possui efeito retroativo, de forma que a sua concessão posterior não tem o poder de eximir a parte do pagamento das despesas processuais anteriores à sua concessão' (EDcl nos EDcl nos EDcl no AgInt nos EDcl no AREsp 1.860.078/MS, Relator Ministro Ricardo Villas Bôas Cueva, Terceira Turma, julgado em 30/10/2023, *DJe* de 3/11/2023). Na hipótese, às fls. 275-336, consta documentação comprovando o estado atual de hipossuficiência da pessoa jurídica. Com efeito, observa-se também que a parte agravada não trouxe prova incontestável de que a parte agravante não precisa da suscitada gratuidade. Desse modo, é cabível o deferimento da gratuidade de justiça, o qual, todavia, não possui efeitos retroativos, devendo valer a partir do momento do pedido" (STJ, AgInt nos EDcl nos EDcl no AREsp 1.023.258/MG, Rel. Min. Raul Araújo, 4ª Turma, jul. 19.03.2024, *DJe* 22.03.2024).

Art. 100. Deferido o pedido, a parte contrária poderá oferecer impugnação na contestação, na réplica, nas contrarrazões de recurso ou, nos casos de pedido superveniente ou formulado por terceiro, por meio de petição simples, a ser apresentada no prazo de 15 (quinze) dias, nos autos do próprio processo, sem suspensão de seu curso.

Parágrafo único. Revogado o benefício, a parte arcará com as despesas processuais que tiver deixado de adiantar e pagará, em caso de má-fé, até o décuplo de seu valor a título de multa, que será revertida em benefício da Fazenda Pública estadual ou federal e poderá ser inscrita em dívida ativa.

REFERÊNCIA LEGISLATIVA

Lei nº 1.060/1950 (assistência judiciária aos necessitados).

BREVES COMENTÁRIOS

Caberá à parte contrária, após o deferimento, oferecer impugnação, que pode ser feita na contestação, na réplica ou nas contrarrazões de recurso. Se a concessão da assistência for superveniente aos momentos ora aludidos, a impugnação dar-se-á por meio de petição simples, no prazo de quinze dias, nos autos do próprio processo e sem suspensão do seu curso. Igual regra se observará quando a gratuidade for deferida a terceiro interveniente.

Quando, por qualquer motivo legal, o benefício da gratuidade for revogado, a parte se submeterá às seguintes regras: (i) pagará as despesas processuais que tiver deixado de adiantar; (ii) em caso de má-fé, pagará multa de até o décuplo do valor de referidas despesas, que será revertida em benefício da Fazenda Pública estadual ou federal e poderá ser inscrita em dívida ativa.

Art. 101. Contra a decisão que indeferir a gratuidade ou a que acolher pedido de sua revogação caberá agravo de instrumento, exceto quando a questão for resolvida na sentença, contra a qual caberá apelação.

§ 1º O recorrente estará dispensado do recolhimento de custas até decisão do relator sobre a questão, preliminarmente ao julgamento do recurso.

§ 2º Confirmada a denegação ou a revogação da gratuidade, o relator ou o órgão colegiado determinará ao recorrente o recolhimento das custas processuais, no prazo de 5 (cinco) dias, sob pena de não conhecimento do recurso.

REFERÊNCIA LEGISLATIVA

Lei nº 1.060/1950 (assistência judiciária aos necessitados).

BREVES COMENTÁRIOS

O Código atual valoriza o princípio da irrecorribilidade das decisões interlocutórias, razão pela qual somente algumas estão sujeitas à impugnação por meio de agravo de instrumento. Assim, contra a decisão que indefere a gratuidade ou que acolhe o pedido de sua revogação, caberá agravo (arts. 101, *caput* e 1.015, V). Por outro lado, se, após a impugnação ao deferimento do pedido, o juiz mantiver a concessão do benefício, a parte contrária deverá impugnar a decisão por meio das razões ou contrarrazões de posterior apelação (art. 1.009, § 1º).

O dispositivo em análise visa, ainda, não embaraçar o acesso do recurso ao tribunal por problemas ligados às despesas de preparo e subida. Em contrapartida, se for confirmada a recusa do juízo *a quo*, a parte terá de recolher o preparo em cinco dias, sob pena de não conhecimento do recurso.

JURISPRUDÊNCIA SELECIONADA

1. Benefício indeferido. Não recolhimento do preparo. Concessão de prazo. "Rejeita-se o pedido de benefício da gratuidade da justiça desamparado de documento ou fundamentação mínima, devendo ser concedido prazo para oportunizar à parte a realização do preparo recursal" (STJ, EDcl no AgRg no AREsp 803.912/SP, Rel. Min. Humberto Martins, 2ª Turma, jul. 07.04.2016, *DJe* 15.04.2016).

"Na hipótese, a agravante não recolheu o preparo do recurso especial e postula a concessão do benefício da justiça gratuita, o qual foi indeferido no STJ, com base em entendimento firmado pelas instâncias ordinárias de que a parte é sócia administradora de sociedade empresária e aufere renda razoável pelo exercício empresarial, ostentando alto padrão de vida. Intimada a agravante para regularizar o preparo recursal e não efetuado este no prazo devido, por meio da juntada do comprovante do pagamento, foi-lhe aplicada a pena de deserção (arts. 99, § 7º, e 101, § 2º, do CPC/2015) na decisão ora agravada" (STJ, AgInt no AREsp 930.053/MG, Rel. Min. Raul Araújo, 4ª Turma, jul. 02.04.2019, *DJe* 24.04.2019).

2. Decisão que acolhe ou rejeita incidente de impugnação à gratuidade de justiça. Publicação da decisão na vigência do CPC/2015. Agravo de Instrumento. "O propósito recursal consiste em definir o recurso cabível contra o provimento jurisdicional que, após a entrada em vigor do CPC/2015, acolhe incidente de impugnação à gratuidade de justiça instaurado, em autos apartados, na vigência do regramento anterior (arts. 4º, 7º e 17 da Lei 1.060/50). A sucessão de leis processuais no tempo subordina-se ao princípio geral do *tempus regit actum*, no qual se fundamenta a teoria do isolamento dos atos processuais. (...). Em homenagem ao referido princípio, esta Corte consolidou o entendimento de que 'a lei a reger o recurso cabível e a forma de sua interposição é aquela vigente à data da publicação da decisão impugnada, ocasião em que o sucumbente tem a ciência da exata compreensão dos fundamentos do provimento jurisdicional que pretende combater' (STJ, AgInt nos EDcl no AREsp 949.997/AM, 3ª Turma, *DJe* 21.09.2017). Na espécie, em que pese a autuação do incidente de impugnação à gratuidade de justiça em autos apartados, segundo o procedimento vigente à época, o provimento jurisdicional que revogou o benefício foi prolatado já na vigência do CPC/2015, que prevê o cabimento do recurso de agravo de instrumento." (STJ, REsp 1666321/RS, Rel.ª Min.ª Nancy Andrighi, 3ª Turma, jul. 07.11.2017, *DJe* 13.11.2017)

Art. 102. Sobrevindo o trânsito em julgado de decisão que revoga a gratuidade, a parte deverá efetuar o recolhimento de todas as despesas de cujo adiantamento foi dispensada, inclusive as relativas ao recurso interposto, se houver, no prazo fixado pelo juiz, sem prejuízo de aplicação das sanções previstas em lei.

Parágrafo único. Não efetuado o recolhimento, o processo será extinto sem resolução de mérito, tratando-se do autor, e, nos demais casos, não poderá ser deferida a realização de nenhum ato ou diligência requerida pela parte enquanto não efetuado o depósito.

REFERÊNCIA LEGISLATIVA

Lei nº 1.060/1950 (assistência judiciária aos necessitados).

DA GRATUIDADE DA JUSTIÇA: INDICAÇÃO DOUTRINÁRIA

Bruno Garcia Redondo, Gratuidade da justiça. WAMBIER, Luiz Rodrigues; WAMBIER, Teresa Arruda Alvim. *Temas essenciais do Novo CPC*. São Paulo: RT, 2016, p. 115; Bruno Vasconcelos Carrilhos Lopes, In: José Roberto F. Gouvêa; Luis Guilherme A. Bondioli e João Francisco N. da Fonseca (coord.), *Comentários ao Código de Processo Civil*. São Paulo: Saraiva, 2017, v. 2; Marco Antonio dos Santos Rodrigues. A impugnabilidade da decisão sobre o pedido de gratuidade da justiça no atual Código de Processo Civil. DIDIER JR, Fredie [coord.]. *Processo nos tribunais e meios de impugnação às decisões judiciais*. 2. ed. Salvador: JusPodivm, 2016, p. 555; Mariza Rios, Newton Teixeira Carvalho, In: BRAGA NETO, Felipe Peixoto; SILVA, Michael César; THIBAU, Vinícius Lott (Coord.). *O Direito Privado e o atual Código de Processo Civil: repercussões, diálogos e tendências*, Belo Horizonte: Fórum, 2018; Rafael Alexandria de Oliveira, In: Teresa Arruda Alvim Wambier, Fredie Didier Jr., Eduardo Talamini, Bruno Dantas, *Breves comentários ao novo Código de Processo Civil*, São Paulo: RT, 2015; Renato Beneduzi, In: Sérgio Cruz Arenhart e Daniel Mitidiero (coord.), *Comentários ao Código de Processo Civil*. 2. ed., São Paulo: RT, 2018, v. 2; Tiago Bitencourt de David, A revogação da gratuidade em sentença, a (des)necessidade do preparo da apelação, a competência da primeira instância para o reconhecimento da deserção e brevíssimas anotações sobre o novel regime de preparo recursal no CPC/2015. *Revista Síntese* ano XVII, nº 100, mar.-abr. 2016, São Paulo: Síntese, p. 9.

Capítulo III
DOS PROCURADORES

Art. 103. A parte será representada em juízo por advogado regularmente inscrito na Ordem dos Advogados do Brasil.

Parágrafo único. É lícito à parte postular em causa própria quando tiver habilitação legal.

CPC/1973

Art. 36.

REFERÊNCIA LEGISLATIVA

CPC/2015, arts. 76 (incapacidade processual; consequência), 111 (revogação do mandato), 112 (renúncia do mandato), 313, I (suspensão do processo por morte do advogado), 485, IV e § 3º (extinção do processo sem resolução de mérito por representação irregular), 354 (extinção do processo) e 1.004 (recurso; falecimento do advogado; consequências).

Estatuto da Advocacia, arts. 1º, 8º e 9º (legitimação para o exercício das funções de advogado e estagiário), 4º (nulidade de atos praticados por pessoas não habilitadas) e 5º, § 3º (renúncia do mandato; revogação do mandato).

Lei nº 11.101/05, art. 9º (habilitação de crédito em falência).

Lei do Inquilinato, art. 62, II e parágrafo único (ação de despejo por falta de pagamento de aluguéis e encargos; purga da mora).

Lei nº 4.591, de 16.12.1964 (condomínio e incorporações), art. 63, § 5º.

Lei nº 9.307/1996 (lei da arbitragem), art. 21, § 3º.

SÚMULAS VINCULANTES

Nº 5: "A falta de defesa técnica por advogado no processo administrativo disciplinar não ofende a Constituição."

BREVES COMENTÁRIOS

Não se confunde a capacidade processual, que é a aptidão para ser parte, com a capacidade de postulação, que vem a ser a aptidão para realizar os atos do processo de maneira eficaz. A capacidade de postulação em nosso sistema processual compete exclusivamente aos advogados, de modo que é obrigatória a representação da parte em juízo por advogado regularmente inscrito na Ordem dos Advogados do Brasil (CPC/2015, art. 103). Trata-se de um pressuposto processual, cuja inobservância conduz à nulidade do processo (arts. 1º e 3º da Lei nº 8.906, de 04.07.1994).

Entretanto, algumas leis especiais preveem a possibilidade excepcional de a postulação em juízo ocorrer sem a participação do advogado. Por exemplo: (i) o art. 9º da Lei nº 9.099/1995 permite à própria parte ajuizar a ação perante os juizados especiais cíveis ou de pequenas causas, sem assistência de advogado, nas ações cujo valor seja de até 20 salários mínimos. Porém, acima desse valor, a assistência advocatícia é obrigatória; e (ii) o art. 791 da CLT admite que os empregados e os empregadores reclamem pessoalmente perante a Justiça do Trabalho e acompanhem as suas reclamações até o final.

Permite, ainda, o art. 103, parágrafo único, que a parte postule em causa própria, isto é, sem outorga de mandato a advogado, quando tiver habilitação legal.

JURISPRUDÊNCIA SELECIONADA

1. Patrono no exercício de mandato de Deputado Estadual. Ausência de capacidade postulatória. "Já no aresto indicado como paradigma entendeu-se que: 'Nos termos do art. 30, II, da Lei 8.906/1994, todos os membros do Poder Legislativo, independentemente do nível a que pertencerem – municipal, estadual ou federal – são impedidos de exercer a advocacia contra ou a favor das pessoas jurídicas de direito público'. Nesse ponto, a divergência é evidente e deve ser resolvida adotando-se o entendimento firmado no acórdão paradigma, na medida em que o art. 30, II, do Estatuto da OAB é categórico ao considerar impedidos para o exercício da advocacia os membros do Poder Legislativo, 'em seus diferentes níveis, contra ou a favor das pessoas jurídicas de direito público, empresas públicas, sociedades de economia mista, fundações públicas, entidades paraestatais ou empresas concessionárias ou permissionárias de serviço público', não havendo qualquer ressalva em sentido contrário." (STJ, EAREsp 519.194/AM, Rel. Min. Og Fernandes, 1ª Seção, jul. 14.06.2017, *DJe* 23.06.2017).

2. Carreira da Defensoria Pública. Desnecessidade de inscrição na OAB. Ver jurisprudência do art. 185 do CPC/2015.

3. Contrato de prestação de serviços advocatícios não pode estipular penalidade para revogação unilateral, em razão da confiança entre advogado e cliente. "Em razão da relação de fidúcia entre advogado e cliente (considerando se tratar de contrato personalíssimo), o Código de Ética e Disciplina da OAB (CED-OAB) prevê no art. 16 - em relação ao advogado - a possibilidade de renúncia a patrocínio sem a necessidade de se fazer alusão ao motivo determinante, sendo o mesmo raciocínio a ser utilizado na hipótese de revogação unilateral do mandato por parte do cliente (art. 17 do CED-OAB). Considerando que a advocacia não é atividade mercantil e não vislumbra exclusivamente o lucro, bem como que a relação entre advogado e cliente é pautada na confiança de cunho recíproco, não é razoável - caso ocorra a ruptura do negócio jurídico por meio renúncia ou revogação unilateral mandato - que as partes fiquem vinculadas ao que fora pactuado sob a ameaça de cominação de penalidade. Não é possível a estipulação de multa no contrato de honorários para as hipóteses de renúncia ou revogação unilateral do mandato do advogado, independentemente de motivação, respeitado o direito de recebimento dos honorários proporcionais ao serviço prestado" (STJ, REsp 1.882.117/MS, Rel. Min. Nancy Andrighi, 3ª Turma, jul. 27.10.2020, *DJe* 12.11.2020).

4. Direito de petição. "O exercício do direito de petição, junto aos poderes públicos, de que trata o art. 5º, inciso XXXIV, *a*, da Constituição, não se confunde com o de obter decisão judicial a respeito de qualquer pretensão, pois, para esse fim, é imprescindível a representação do peticionário por advogado (art. 133 da Constituição e art. 36 do Código de Processo Civil)" (STF, Ag. Pet. 762/BA, Rel. Min. Sydney Sanches, Tribunal Pleno, *DJU* 08.04.1994). **No mesmo sentido**: STF, AO 1531 AgR, Rel. Min. Cármen Lúcia, Tribunal Pleno, jul. 03.06.2009, *DJe* 30.06.2009.

5. Ausência de capacidade postulatória. Nulidade. "São nulos de pleno direito os atos processuais, que, privativos de advogado, venham a ser praticados por quem não dispõe de capacidade postulatória, assim considerado aquele cuja inscrição na OAB se acha suspensa (Lei nº 8.906/1994, art. 4º, parágrafo único). Precedentes" (STF, RHC 104.270 QO, Rel. Min. Celso de Mello, 2ª Turma, jul. 06.09.2011, jul. 06.12.2011, *DJe* 07.12.2011). **Todavia**, "A prática de atos por advogado suspenso é considerada nulidade relativa, passível de convalidação. Precedentes" (STJ, REsp 1.317.835/RS, Rel. Min. Luis Felipe Salomão, 4ª Turma, jul. 25.09.2012, *DJe* 10.10.2012).

Procuração a pessoa inabilitada. "Os atos praticados por advogado que a OAB diz estar inabilitado para o múnus advocatício são nulos, não podendo, por isso, ser convalidados" (TJSC,

ApCív. 11.981, Rel. Nauro Collaço, 3ª Câmara, jul. 08.03.1977, *RT* 501/173).

Substituição da procuração. "A procuração que contenha poderes gerais para o foro outorgada a pessoa legalmente inabilitada pode ser transferida (substituída) a quem se ache investido das condições para o exercício profissional da advocacia" (TAMG, Ap 365, 3ª Câmara, jul. 30.09.1986, *RT* 626/170).

Intimação da parte. "Se a parte comparece a juízo não representada por advogado habilitado, ou se este, no curso do processo, perde a capacidade postulatória (por impedimento, licença, suspensão ou exclusão da OAB), ou renuncia ao mandato, ou morre, o juiz deve, antes de extinguir o processo, sem resolução de mérito, nos termos do art. 267, IV, do CPC, por irregularidade de representação processual, intimar a parte para que, no prazo por ele estipulado: (i) constitua novo patrono legalmente habilitado a procurar em juízo; ou (ii) já havendo outro advogado legalmente habilitado, que este ratifique os atos praticados pelo procurador inabilitado" (STJ, REsp 833.342/RS, Rel. Min. Nancy Andrighi, 3ª Turma, jul. 25.09.2006, *DJ* 09.10.2006).

Postulação sem a assinatura do advogado. "Tratando-se de ato privativo de profissional legalmente habilitado (art. 36 do CPC), é ineficaz a decisão que acolhe a postulação formulada de modo incompleto, sem a assinatura do advogado de uma das partes" (STJ, REsp 351.656/PR, Rel. Min. Barros Monteiro, 4ª Turma, jul. 06.02.2003, *DJ* 14.04.2003).

6. **Substabelecimento.** "Omisso o substabelecimento quanto à reserva de poderes, presume-se **que fora feita com reserva**, ainda mais quando o advogado substabelecente prosseguiu atuando normalmente na causa" (STJ, REsp 642.823/MG, Rel. Min. Hélio Quaglia Barbosa, 4ª Turma, jul. 27.03.2007, *DJ* 30.04.2007, p. 322). **No mesmo sentido:** STJ, AgRg no Ag 651.598/SP, Rel. Min. Humberto Gomes de Barros, Corte Especial, jul. 06.03.2006, *DJ* 28.08.2006, p. 202.

"Estando o substabelecimento em instrumento público do qual conste a existência, no cartório, de procuração em que se outorgam poderes ao substabelecente, tem-se a regularidade da representação processual" (STF, AI 473.036 AgR, Rel. Min. Marco Aurélio, 1ª Turma, jul. 22.03.2005, *DJ* 13.05.2005).

Ausência de procuração originária. "O substabelecimento só comprova a regularidade da representação processual se acompanhado da procuração originária" (STJ, AgRg no MS 14.964/DF, Rel. Min. Eliana Calmon, Corte Especial, jul. 29.06.2010, *DJe* 19.08.2010).

Vedação ao substabelecimento. Responsabilidade. "A vedação ao substabelecimento não torna nula a procuração substabelecida; apenas acarreta a responsabilização do substabelecente pelos atos praticados pelo substabelecido. O substabelecimento com cláusula *ad judicia* autoriza o advogado a promover a defesa da parte em ações diversas daquela constante do instrumento do mandato, mormente quando houver inter-relação entre as ações" (STJ, REsp 489.827/PB, Rel. Min. Nancy Andrighi, 3ª Turma, jul. 04.09.2003, *DJU* 30.08.2004, p. 280, *RSTJ* 187/294). **No mesmo sentido:** STJ, REsp 319.325/RJ, Rel. Min. Vicente Leal, 6ª Turma, jul. 20.11.2001, *RF* 362/236; STJ, REsp 259.832/SP, Rel. Min. Ari Pargendler, 3ª Turma, jul. 21.08.2001, *DJ* 15.10.2001, p. 260.

Execução dos honorários. Advogado substabelecido sem reserva de poderes. Legitimidade. Ver jurisprudência do art. 85 do CPC/2015.

Mandato. Substabelecimento por quem não é advogado. "Mandato. Procuração *ad negotia* à administradora de imóveis. Substabelecimento por esta a advogado, contendo poderes *ad judicia*. Possibilidade" (STJ, REsp 494.205/PR, Rel. Min. José Arnaldo da Fonseca, 5ª Turma, jul. 10.02.2004, *DJ* 15.03.2004, p. 291).

Renúncia de advogado substabelecente. "Havendo expressa outorga de poderes a advogado para substabelecer, o advogado substabelecido deterá capacidade postulatória mesmo diante da renúncia do advogado substabelecente. Não existindo outorga expressa desses poderes, remanescerá, na mesma circunstância, capacidade postulatória ao advogado substabelecido se existir, por parte do mandante, ato inequívoco de ratificação" (STJ, REsp 556.240/SP, Rel. Min. Nancy Andrighi, 3ª Turma, jul. 21.10.2004, *DJ* 11.04.2005, p. 289). **No mesmo sentido:** STJ, EREsp 111.294/PR, Rel. Min. Castro Filho, 2ª Seção, jul. 28.06.2006, *DJ* 10.09.2007, p. 183.

7. **Réu desacompanhado de advogado em audiência.** "O comparecimento do réu à audiência de conciliação, desacompanhado de advogado, não afasta a ocorrência da revelia, em face da não apresentação de defesa. Impossibilidade de o réu manifestar-se quanto aos documentos ofertados pelo autor em audiência, por falta de capacidade postulatória, inteligência do art. 36, *caput*, do CPC" (TJDF, Ap 19980110282124, Rel. Des. Vera Andrighi, 1ª Tribunal Cível, *DJU* 09.02.2000).

8. **Pedido de desistência.** "É inaceitável o pedido de desistência sem a assistência de advogado constituído, nos termos do art. 36 do CPC" (TJRS, Ap.Civ. 70031609571, Rel. João Carlos Branco Cardoso, 4ª Câmara, jul. 30.09.2009, *DJ* 06.11.2009).

9. **Estagiário.** "Não ocorre nulidade se é ratificado por advogado regularmente inscrito na OAB o recurso interposto por estagiário, já bacharel" (STF, RE 84.344/SP, Rel. Min. Moreira Alves, Sessão Plena, jul. 07.10.1976).

Intimação em nome de advogado que recebeu poderes como estagiário. "Sem que haja prejuízo processual, não há nulidade na intimação realizada em nome de advogado que recebeu poderes apenas como estagiário. Deficiência na intimação não pode ser guardada como nulidade de algibeira, a ser utilizada quando interessar à parte supostamente prejudicada [...]. Com exceção da intimação para que as partes se manifestassem sobre o laudo pericial, todas as demais, malgrado publicadas em nome de estagiário, foram atendidas [...]. No entender da maioria dos integrantes da Turma, apesar de dirigidas as intimações a estagiário de Direito, tal fato não impossibilitou a defesa da ré, ora recorrente. A recorrente transformou a deficiência em nulidade de algibeira – a ser utilizada em caso de conveniência" (STJ, REsp 756.885/RJ, Rel. Min. Humberto Gomes de Barros, 3ª Turma, jul. 14.08.2007, *DJ* 17.09.2007, p. 255).

Graduação e registro na OAB. "A posterior graduação do estagiário e consequente registro na Ordem dos Advogados habilita-o a praticar todos os atos inerentes à profissão, independentemente de novo mandato" (STJ, REsp 114.534/SC, Rel. Min. Ruy Rosado de Aguiar, 4ª Turma, jul. 28.04.1997, *DJ* 19.05.1997). **No mesmo sentido**: STJ, REsp 38.246/RS, Rel. Min. Cesar Asfor Rocha, 1ª Turma, jul. 04.10.1993, *DJ* 25.10.1993.

10. **Transação.** "A assistência de advogado não constitui requisito formal de validade de transação celebrada extrajudicialmente, mesmo versando sobre direitos litigiosos. Precedentes" (STJ, REsp 666.400/SC, Rel. Min. Teori Albino Zavascki, 1ª Turma, jul. 19.10.2004, *DJU* 22.11.2004). **No mesmo sentido**: STJ, REsp 943.534/RS, Rel. Min. Arnaldo Esteves Lima, 5ª Turma, jul. 05.02.2009, *DJe* 09.03.2009; STJ, EDcl no AgRg no REsp 854.305/SC, Rel. Min. Castro Meira, 2ª Turma, jul. 21.11.2006, *DJ* 01.12.2006.

Homologação. Intervenção de advogado. Desnecessidade. "Celebrado o acordo, assiste a qualquer das partes interessadas a faculdade de requerer a sua homologação judicial, independentemente da concordância da outra parte ou de seu advogado. Exigir que os advogados de ambas as partes requeiram e concordem com essa homologação é o mesmo que exigir que concordem com a própria transação. Se a lei dispensa a presença do advogado para o mais (que é a própria transação, com todos os efeitos dela decorrentes no âmbito da relação de direito material), não faz sentido algum exigi-la para o menos (que é o requerimento de homologação do ato, no âmbito da relação processual)" (STJ, REsp 1.135.955/SP, Rel. Min. Teori Albino Zavascki, 1ª Turma, jul. 12.04.2011, *DJe* 19.04.2011). **No mesmo sentido**: STJ, REsp 351.656/PR, Rel. Min. Barros Monteiro, 4ª Turma, jul. 06.02.2003, *DJ* 14.04.2003. **Em sentido contrário**: "Precedente desta Terceira Turma (REsp nº 150.435/SP, Rel. Min. Waldemar Zveiter, *DJ* de 28.08.2000) assentou não ser válida a homologação de transação celebrada pela desistência da ação sem a participação do procurador de uma das partes" (STJ, REsp 694.147/PB, Rel. Min. Carlos Alberto Menezes Direito, 3ª Turma, jul. 27.03.2007, *DJ* 18.06.2007).

"É válida a transação realizada entre as partes extrajudicialmente sem a presença dos respectivos procuradores, **cuja intervenção somente se torna imprescindível no momento da homologação judicial**" (STJ, REsp 945.391/SC, Rel. Min. Eliana Calmon, 2ª Turma, jul. 21.02.2008, *DJe* 06.03.2008).

11. Processo administrativo. "A incidência da Súmula Vinculante nº 5, da Excelsa Corte, *in casu*, mostra-se inarredável, ainda que mesma tenha sido editada após o julgamento do recurso em mandado de segurança em foco. É que, ao sumular o tema, o egrégio Supremo Tribunal Federal, de uma forma ou de outra, declarou a constitucionalidade de normas que regem o processo administrativo ao assentar que a falta de defesa técnica por advogado no processo administrativo disciplinar não ofende a Constituição. A declaração de constitucionalidade de dispositivos que orquestram o processo administrativo disciplinar confere eficácia *ex tunc* à Súmula Vinculante nº 5, com arrimo no art. 4º da Lei 11.417/2006" (STJ, EDcl no RMS 21.719/DF, Rel. Min. Benedito Gonçalves, 1ª Turma, jul. 18.09.2008, *DJe* 13.10.2008).

Art. 104. O advogado não será admitido a postular em juízo sem procuração, salvo para evitar preclusão, decadência ou prescrição, ou para praticar ato considerado urgente.

§ 1º Nas hipóteses previstas no *caput*, o advogado deverá, independentemente de caução, exibir a procuração no prazo de 15 (quinze) dias, prorrogável por igual período por despacho do juiz.

§ 2º O ato não ratificado será considerado ineficaz relativamente àquele em cujo nome foi praticado, respondendo o advogado pelas despesas e por perdas e danos.

CPC/1973

Art. 37.

REFERÊNCIA LEGISLATIVA

CPC/2015, arts. 13, 254 (atos processuais; exibição de procuração), 287.

EOAB, art. 5º (prova do mandato).

Lei de Assistência Judiciária, art. 16 (exibição do mandato na hipótese de assistência judiciária).

Lei nº 9.469/1997, art. 9º (dispensa de apresentação de procuração por procuradores e advogados de autarquias e fundações públicas).

SÚMULAS

Súmula do STF:

Nº 644: "Ao titular do cargo de procurador de autarquia não se exige a apresentação de instrumento de mandato para representá-la em juízo."

Súmula do STJ:

Nº 115: "Na instância especial é inexistente recurso interposto por advogado sem procuração nos autos." (Observa-se que o atual CPC trata esse vício não mais como inexistência, e sim como ineficácia).

N.º 644: "O núcleo de prática jurídica deve apresentar o instrumento de mandato quando constituído pelo réu hipossuficiente, salvo nas hipóteses em que é nomeado pelo juízo".

BREVES COMENTÁRIOS

O advogado, em regra, não pode postular sem a exibição do competente instrumento de mandato. Essa exigência é dispensada provisoriamente em casos de urgência. Assim é que lhe é permitido, em nome da parte, intentar ação, a fim de evitar preclusão, decadência ou prescrição. E, ainda, poderá intervir no processo, praticar atos reputados urgentes, como contestar uma ação ou embargar uma execução, estando ausente a parte interessada.

Apresentada a procuração, o ato praticado estará perfeito e considerar-se-á ratificado na data de sua prática. Mas, não exibido o instrumento no prazo de quinze dias, o ato do advogado sem mandato "será considerado ineficaz relativamente àquele em cujo nome foi praticado", ficando o causídico, ainda, responsável pelas despesas e perdas e danos que acarretar ao processo (art. 104, § 2º). Superou-se o entendimento antigo de que ocorreria, na espécie, ato processual inexistente.

JURISPRUDÊNCIA SELECIONADA

1. Procuração.

Sociedade de advogados. Necessidade de procuração. "A personalidade jurídica da sociedade de advogados não se confunde com a dos sócios que a integram, revelando-se, portanto, necessária a representação em juízo por meio de advogado devidamente constituído. Precedentes da 1ª, 2ª, 3ª e 4ª Turmas desta Corte" (STJ, AgInt no AREsp 1181256/SP, Rel. Min. Regina Helena Costa, 1ª Turma, jul. 05.06.2018, *DJe* 14.06.2018).

Instrumento de mandato depositado em cartório. "Incompatível com a ordem jurídica é a prática de depositar-se em cartório, para surtir efeitos nos diversos processos que surjam, instrumento de mandato. A regularidade da representação processual há de se fazer presente em cada processo existente" (STF, Ag. RE 178.113-1/SP, Rel. Min. Marco Aurélio, 2ª Turma, *DJ* 02.06.1995).

Procuração em fotocópia. Autenticação. Desnecessidade. "Consoante orientação sedimentada pela Corte Especial do STJ, a documentação juntada por cópia, mesmo não autenticada, goza de presunção *juris tantum* de autenticidade, cabendo à parte contrária impugná-la se for o caso (EREsp 179.147/SP, Min. Humberto Gomes de Barros, *DJ* 30.10.2000; EREsp 450.974/RS, Min. Cesar Asfor Rocha, *DJ* 15.09.2003; AGA 3563.189/SP, Min. Eliana Calmon, *DJU* 16.11.2004)" (STJ, EREsp 898.510/RS, Rel. Min. Teori Albino Zavascki, Corte Especial, jul. 19.11.2008, *DJe* 05.02.2009). **No mesmo sentido:** STJ, AgRg no REsp 1.038.320/RS, Rel. Min. João Otávio de Noronha, 4ª Turma, jul. 22.06.2010, *DJe* 01.07.2010; STJ, EDcl no REsp 633.105/MG, Rel. Min. Humberto Gomes de Barros, 3ª Turma, jul. 14.11.2007, *DJ* 30.11.2007, p. 431; STF, AI 741.616 AgR, Rel. Min. Dias Toffoli, 1ª Turma, jul. 25.06.2013, *DJe* 04.12.2013. **Em sentido contrário:** "A apresentação de cópia do instrumento de mandato ou de substabelecimento sem autenticação configura irregularidade da representação processual. De acordo com os artigos 384 e 385 do Código de Processo Civil, a cópia obtida do mandado judicial somente tem validade se o escrivão portar por fé a sua conformidade com o original, o que não ocorreu no presente caso" (STJ, AgRg no Ag 679.710/RJ, Rel. Min. Carlos Alberto Menezes Direito, 3ª Turma, jul. 18.08.2005, *DJ* 14.11.2005, p. 317). **No mesmo sentido:** STJ, AgRg no REsp 851.258/RS, Rel.

Min. Aldir Passarinho Junior, 4ª Turma, jul. 12.09.2006, *DJ* 23.10.2006, p. 324.

2. Procuradores públicos. "A jurisprudência desta Corte assentou entendimento de que os procuradores dos estados estão desobrigados de provar sua capacidade postulatória, pois trata-se de delegação de poderes decorrentes de sua nomeação. Assim, não se há de exigir, como obrigatória, cópia da procuração no agravo de instrumento" (STJ, AgRg no Ag 555.880/SP, Rel. Min. Eliana Calmon, 2ª Turma, jul. 01.04.2004, *DJ* 07.06.2004, p. 194). **No mesmo sentido:** STJ, REsp 177.155/RJ, Rel. Min. Fernando Gonçalves, 6ª Turma, jul. 17.09.1998, *DJ* 13.10.1998, p. 213). **Todavia**, "Representação de autarquia por advogado não pertencente ao quadro de procuradores deve ser comprovada nos autos (art. 37, *caput*, primeira parte, do CPC e art. 9º da Lei nº 9.469/1997)" (TRF 1ª Região, AC 01000185078/MG, Rel. Juíza Conv. Maria José de Macedo Ribeiro, 2ª Turma, *DJU* 30.01.2001, p. 23).

"O Estado é representado judicialmente por seus procuradores, os quais atuam por força do art. 132 da CF/1988 e do art. 12, I, do CPC. Portanto, é dispensável a apresentação de designação, bem como do número da matrícula do procurador. Basta que o subscritor da petição se identifique como procurador do Estado. **Em caso de dúvida, o juiz poderá requerer a juntada do termo de posse do procurador, bem como a indicação da respectiva matrícula.** Mas nunca poderá deixar de conhecer de recurso da Fazenda pelo simples argumento de que a petição recursal não está acompanhada da designação do seu subscritor. A ausência da indicação da matrícula do procurador da Fazenda que assinou a peça recursal também não acarreta o não conhecimento do recurso. O 'novo' art. 525 do CPC não exige que o procurador da Fazenda indique na petição recursal o número de sua matrícula" (STJ, REsp 168.903/MG, Rel. Min. Adhemar Maciel, 2ª Turma, jul. 02.06.1998, *DJ* 24.08.1998).

INSS. Advogado. Representação processual. Ausência. Prazo para a regularização. Artigo 13 do CPC. "Somente os procuradores autárquicos estão autorizados a atuar em juízo sem procuração nos autos, por se encontrarem legalmente investidos na condição de agentes público no exercício de suas funções. Em face da regra inscrita no artigo 13 do CPC, deve o magistrado assegurar prazo razoável a fim de que a irregularidade da representação processual das partes seja suprida pela apresentação do instrumento de mandato. **Não podem ser considerados inexistentes os atos praticados por advogado do INSS, cuja procuração foi arquivada em cartório**, sem que lhe seja assegurada pelo juiz a prévia oportunidade de suprir a irregularidade da representação" (STJ, REsp 197.098/SP, Rel. Min. Vicente Leal, 6ª Turma, jul. 16.04.1999, *DJ* 10.05.1999).

3. Sucessão de empresa não extingue o mandato judicial. "Em razão do princípio da estabilidade e da autonomia entre as relações jurídicas processual e material, a sucessão de empresas no curso do processo não extingue o mandato judicial conferido pela sucedida. Prescindibilidade da juntada, pela sucessora, de procuração judicial outorgada em seu nome aos advogados que representavam a empresa a qual sucedeu" (STJ, AgRg nos EDcl no Ag 718.164/PR, Rel. Min. Carlos Alberto Menezes Direito, Rel. p/ ac. Min. Castro Filho, 3ª Turma, jul. 05.06.2007, *DJ* 25.09.2007, p. 235). **No mesmo sentido:** STJ, AgRg no Ag 1.231.815/GO, Rel. Min. Fernando Gonçalves, 4ª Turma, jul. 23.03.2010, *DJe* 08.04.2010.

4. Advogado sem procuração nos autos em sistema de peticionamento de processo judicial eletrônico. Possibilidade. "Cinge-se a controvérsia em definir se é admissível recurso cuja petição foi impressa, assinada manualmente por causídico constituído nos autos e digitalizada, mas o respectivo peticionamento eletrônico foi feito por outro advogado, este sem procuração. Nesse contexto, revela-se admissível o protocolo de petição em sistema de peticionamento de processo judicial eletrônico por advogado sem procuração nos autos, desde que se trate de documento (i) nato-digital/digitalizado assinado eletronicamente com certificado digital emitido por Autoridade Certificadora credenciada, nos termos da MP n. 2.200-2/2001, por patrono com procuração nos autos, desde que a plataforma de processo eletrônico judicial seja capaz de validar a assinatura digital do documento; ou (ii) digitalizado que reproduza petição impressa e assinada manualmente também por causídico devidamente constituído no feito" (STJ, AgInt no AREsp 1.917.838/RJ, Rel. Min. Luis Felipe Salomão, 4ª Turma, jul. 23.08.2022, *DJe* 09.09.2022).

5. Ausência de procuração. Juntada posterior.

Agravo de instrumento. Peça obrigatória. Procuração. Protesto para juntada posterior. Prazo de quinze dias. Admissibilidade (§ 1º). "A interposição de agravo de instrumento visando à reforma de decisão que indeferiu o pedido liminar é ato praticado no curso do processo no qual corre o prazo para a juntada de procuração, embora dirigido à instância superior. A ausência de juntada do instrumento de mandato no momento do protocolo do agravo, quando em curso o prazo do art. 37 do CPC/73 (art. 104, § 1º, do CPC/2015), não representa defeito do traslado (no qual inserida certidão comprobatória do protesto por prazo para apresentação da procuração), pois não seria possível trasladar peça inexistente nos autos de origem. A regularização da representação processual do autor/agravante se dará com o posterior traslado do instrumento de procuração a ser juntado na origem no prazo assinado em lei" (STJ, EREsp 1.265.639/SC, Rel. Min. Maria Isabel Gallotti, 2ª Seção, jul. 12.12.2018, *DJe* 18.12.2018).

Prazo para juntada. Quinze dias. "Postulação sem mandato. É admissível, nas hipóteses do art. 37 do Cód. de Pr. Civil (idem, Lei n. 4.215/1963, art. 70, § 1º). **Compete, todavia, ao advogado exibir o instrumento de mandato no prazo de quinze dias**, 'independentemente de qualquer ato ou manifestação da autoridade judiciária'. Não o tendo exibido, nem requerido a prorrogação por outros quinze dias (aí, sim, exige-se a manifestação do juiz), acertado o acórdão que, neste caso, não conheceu dos embargos de declaração. Recurso especial de que a turma deixou de conhecer" (STJ, REsp 23.877/PR, Rel. Min. Nilson Naves, 3ª Turma, jul. 22.09.1992, *DJ* 03.11.1992, p. 19.764).

Capacidade postulatória. Vício sanável. Prazo dilatório. "A representação processual do causídico é vício sanável nas instâncias ordinárias, **não estando mais o advogado adstrito ao prazo quinzenal (art. 37 do CPC) para juntar procuração aos autos e retificar o ato processual praticado.** Outrossim, o magistrado pode determinar que o defeito seja sanado sempre que constatar a representação irregular do procurador (art. 13 do CPC). E o prazo para a correção do defeito tem natureza dilatória, podendo a diligência ser cumprida mesmo após o termo final, se o juízo não tiver ainda reconhecido os efeitos da preclusão. Quanto à nulidade do substabelecimento, este Superior Tribunal a considera descabida ao argumento de estar vencido o instrumento procuratório do advogado substabelecente, mormente porque já decidiu que a cláusula *ad judicia* é preservada mesmo que o mandato esteja vencido" (STJ, EREsp 789.978/DF, Rel. Min. João Otávio de Noronha, Corte Especial, jul. 18.11.2009, *DJe* 30.11.2009). **Precedentes citados:** STJ, REsp 812.209/SC, *DJ* 18.12.2006; STJ, REsp 737.243/MG, *DJ* 30.10.2006; STJ, EREsp 14.827/MG, *DJ* 09.05.1994. **No mesmo sentido:** STJ, REsp 264.101/RJ, Rel. Min. Luis Felipe Salomão, 4ª Turma, jul. 10.03.2009, *DJe* 06.04.2009; STJ, REsp 264.644/MT, Rel. Min. Aldir Passarinho Junior, 4ª Turma, jul. 22.10.2002, *DJ* 10.02.2003, p. 213. **Em sentido contrário:** "É automático o decurso do prazo de quinze dias para oferecimento do instrumento de mandato ao advogado, nos termos do art. 37 do CPC (cf. RE nº 101.697, *RTJ* 116/698)" (STF, Ag. Reg. em AI 191.594-3/RS, Rel. Min. Octavio Gallotti, 1ª Turma, jul. 24.03.1998, *DJU* 07.08.1998).

Prazo para regularização. "Não é lícito equiparar o advogado cuja procuração esteja arquivada em cartório àquele 'sem instrumento de mandato' a que se refere o art. 37 do Código de Processo Civil. Impõe-se abrir-lhe oportunidade para sanar a deficiência" (STJ, REsp 237.050/SP, Rel. Min. Humberto Gomes de Barros, 1ª Turma, *DJU* 21.08.2000, p. 100).

"O STJ entende ser impossível a extinção do processo sem que se dê à parte oportunidade para regularizar a representação processual, nos termos do art. 13 do CPC. Se a possibilidade de regularização existe para aquele que nem sequer pleiteia a juntada posterior do mandato, desarrazoado negá-la aos que suscitam o art. 37 do CPC em sua inicial" (STJ, AgRg no REsp 802.410/BA, Rel. Min. Herman Benjamin, 2ª Turma, jul. 19.02.2009, *DJe* 19.03.2009).

Juizados Especiais. Ver jurisprudência do art. 76.

6. Capacidade postulatória. Instância especial:

REsp interposto por advogado sem procuração. "Não comporta conhecimento recurso especial intentado por advogado que não possui nos autos procuração outorgando poderes de representação judicial, conforme a pacífica jurisprudência desta Corte, cristalizada na Súmula nº 115" (STJ, REsp 67.309-7/SP, Rel. Min. Cesar Asfor Rocha, 1ª Turma, jul. 07.08.1995, *DJ* 09.10.1999). **No mesmo sentido:** STJ, EREsp 1.056.295/RJ, Rel. Min. Eliana Calmon, Corte Especial, jul. 25.02.2010, *DJe* 25.08.2010.

Protesto por posterior juntada. Possibilidade. "A teor da Súmula 115/STJ, é inexistente o recurso interposto, na instância especial, ante a ausência de instrumento procuratório. Todavia, tal restrição não se aplica na hipótese de haver pedido expresso de posterior juntada do mandato pelo advogado subscritor da petição. Precedente da 1ª Seção: Ederesp 516.660/PE, Min. Castro Meira, *DJ* 21.11.2005" (STJ, EREsp 720.277/PE, Rel. Min. Teori Albino Zavascki, 1ª Seção, jul. 23.08.2006, *DJ* 11.09.2006, p. 225).

Autos dos embargos à execução. "Incumbe à parte providenciar o traslado do instrumento de mandato ou juntar nova procuração na hipótese de manejar recurso especial em autos de embargos à execução, sendo considerado inexistente o recurso interposto sem a observância deste preceito, à luz do disposto na Súmula 115/STJUL. Inaplicabilidade dos arts. 13 e 37 do Código de Processo Civil quando aberta a instância recursal especial" (STJ, EDcl no Ag 953.139/SP, Rel. Min. Luis Felipe Salomão, 4ª Turma, jul. 14.10.2008, *DJe* 03.11.2008).

Falta de assinatura de advogado. Instância especial. Ver jurisprudência do art. 76 do CPC/2015.

STF. "Não é aplicável ao recurso extraordinário a norma inscrita no art. 13 do Código de Processo Civil, razão pela qual a ausência do necessário instrumento de mandato judicial legitima, quando imputável a omissão ao advogado da parte recorrente, o não conhecimento do apelo extremo interposto. Precedentes do STF" (STF, RE 179.717 AgR, Rel. Min. Celso de Mello, 1ª Turma, jul. 14.02.1995, *DJ* 25.08.1995). **No mesmo sentido, entendendo que a procuração deve ser outorgada individualmente aos causídicos e não à sociedade:** STF, RE 543.289 AgR, Rel. Min. Joaquim Barbosa, 2ª Turma, jul. 03.03.2009, *DJe* 19.03.2009, *RT* 98/142.

Poderes para atuar perante os Tribunais da unidade da Federação. Recurso Especial. "A procuração que outorga poderes ao advogado para atuar perante os tribunais da unidade da Federação em que ajuizada ação o habilita a subscrever o recurso especial, o qual, por força de lei, deve ser interposto e submetido a juízo prévio de admissibilidade no Tribunal de origem" (STJ, REsp 612.481/SE, Rel. Min. Maria Isabel Gallotti, 4ª Turma, jul. 06.12.2011, *DJe* 16.12.2011).

7. Mandato a termo. Inexistência de recurso. "Extinto o mandato, que fora conferido com prazo certo, tem-se por inexistente recurso interposto por advogado sem procuração" (STJ, REsp 29.801/RS, Rel. Min. Dias Trindade, 3ª Turma, jul. 16.12.1992, *DJ* 22.03.1993, p. 4.542). **Em sentido contrário:** "A circunstância de, no curso do processo, a procuração haver atingido seu termo final não implica a revogação do mandato que credencia o advogado. Entende-se que a procuração *ad judicia* é outorgada para que o advogado represente o constituinte até o desfecho do processo" (REsp 812209/SC, 3ª Turma, Rel. Min. Humberto Gomes de Barros, *DJ* 18.12.2006)" (STJ, AgRg no AgRg no Ag 1.348.536/MS, Rel. Min. Nancy Andrighi, 3ª Turma, jul. 09.08.2011, *DJe* 17.08.2011).

"Verificando-se que decorreu o prazo do mandato outorgado por tempo certo, supre-se a omissão, com recebimento parcial dos embargos declaratórios, não para considerar o recurso inexistente, mas para determinar que a representação seja regularizada" (STJ, EDcl nos EREsp 24.466/SP, Rel. Min. Helio Mosimann, 1ª Seção, jul. 29.03.1994, *DJ* 09.05.1994).

"Na linha dos precedentes desta Corte, o recurso interposto por advogado com procuração expirada equipara-se ao recurso interposto por advogado sem procuração nos autos, hipótese prevista pela Súmula 115/STJ. Não é isso, porém, que sucede no presente caso. Aqui não se cuida da expiração de prazo da procuração outorgada ao advogado que subscreveu as razões do recurso, mas à expiração do prazo da procuração outorgada pela empresa às pessoas que constituíram esse advogado. Importa saber, com efeito, se a extinção do mandato original provoca a extinção da procuração *ad judicia*. Essa situação não se encaixa em nenhuma das hipóteses de extinção do mandato estabelecidas pelo art. 682 do Código Civil, supletivamente aplicável aos mandatos judiciais" (STJ, REsp 798.901/SC, Rel. Min. Sidnei Beneti, 3ª Turma, jul. 01.12.2009, *DJe* 10.12.2009).

8. Estagiário constituído. Desnecessidade de juntar procuração com seu número de advogado. Ver jurisprudência do art. 90 do CPC/2015 e art. 3º da Lei nº 8.906/1994.

9. Interposição de recurso. Ausência de urgência. "A interposição de recurso não é passível de enquadramento entre os atos reputados urgentes, para os fins do art. 37, CPC" (STJ, AgRg no AI 118.670/SP, Rel. Min. Sálvio de Figueiredo, 4 ª Turma, jul. 11.03.1997, *DJ* 07.04.1997).

10. Menor. "O menor impúbere não participa da procuração outorgada pelo seu representante legal. Em consequência, nada impede que o mencionado mandato seja dado por instrumento particular" (STF, RE 86.168, Rel. Min. Soares Muñoz, 1ª Turma, jul. 27.05.1980, *DJ* 13.06.1980). **No mesmo sentido:** TJMG, Ap. 75.422/4, Rel. Des. Francisco de Assis Figueiredo, 4ª Câmara, jul. 01.09.1988, *JM* 104/140; STJ, REsp 25.482/SP, Rel. Min. Assis Toledo, 5ª Turma, jul. 15.03.1993, *DJ* 05.04.1993, p. 5.847.

11. Analfabeto. "Em sendo o mandante analfabeto a procuração deve ser outorgada por instrumento público, na forma do disposto pelos artigos 215, § 2º, e 654 do Código Civil. Precedentes desta Corte estadual e do STJ no mesmo sentido. Se o autor é analfabeto e o seu advogado quedou-se inerte diante da intimação feita por *Diário Oficial* para fins de regularizar-se a representação, correto seria proceder-se a intimação pessoal do interessado para ciência e as providências cabíveis" (TJRJ, Ap 2007.001.40479, Des. Orlando Secco, 8ª Câmara, jul. 21.08.2007).

12. Outorga de procuração a outro advogado. Revogação tácita. "Há revogação tácita de mandato com a constituição de novo procurador sem ressalva do instrumento procuratório anterior" (STJ, AgRg no REsp 811.180/SP, Rel. Min. Herman Benjamin, 2ª Turma, jul. 18.09.2007, *DJ* 24.10.2007). **No mesmo sentido:** TARJ, Ap 17.796/84, Rel. Juiz Dalton Costa, 8ª Câmara, jul. 24.04.1985.

13. Outorga de procuração a quem não é advogado. "É admissível a outorga de mandato com cláusula *ad judicia* a quem não é advogado desde que esse substabeleça a advogado devidamente habilitado" (TRF 1ª Região, AI 01000782070/DF, Rel. Des. Fed. Hilton Queiroz, 4ª Turma, *DJU* 05.05.2000). **No**

mesmo sentido: 2º TACivSP, Ap. 210.861-1, Rel. Juiz Ferreira Conti, 4ª Câmara, jul. 08.03.1988, *JTACivSP* 109/411.

14. Substabelecimento:

Ausência da procuração originária. "O substabelecimento só comprova a regularidade da representação processual se acompanhado da procuração originária, nada importando que tenha sido lavrado por instrumento público e que se reporte a procuração também outorgada por esse meio; o substabelecimento por instrumento público, isoladamente, só tem aptidão para comprovar a regularidade da representação processual se o tabelião certificar quais os poderes contidos na procuração originária" (STJ, AgRg no Ag 734.427/SP, Rel. Min. Ari Pargendler, 3ª Turma, jul. 10.10.2006, *DJ* 05.03.2007, p. 279).

Renúncia ao mandato. Efeitos sobre o substabelecimento. Ver jurisprudência do art. 103 do CPC/2015.

"O simples fato de não constar o nome de todos os litisconsortes no substabelecimento – outorgado pelo escritório de advocacia na origem a causídicos com atuação perante o STJ – não significa por si só defeito na representação processual, mas mero erro material. Havendo outros elementos a evidenciar comunhão de interesses ao longo da instrução, bem como a atuação conjunta dos representados em todos os atos do processo, a regularidade da representação é manifesta" (STJ, EREsp 964.780/SP, Rel. Min. Nancy Andrighi, 2ª Seção, jul. 10.08.2011, *DJe* 29.08.2011).

Art. 105. A procuração geral para o foro, outorgada por instrumento público ou particular assinado pela parte, habilita o advogado a praticar todos os atos do processo, exceto receber citação, confessar, reconhecer a procedência do pedido, transigir, desistir, renunciar ao direito sobre o qual se funda a ação, receber, dar quitação, firmar compromisso e assinar declaração de hipossuficiência econômica, que devem constar de cláusula específica.

§ 1º A procuração pode ser assinada digitalmente, na forma da lei.

§ 2º A procuração deverá conter o nome do advogado, seu número de inscrição na Ordem dos Advogados do Brasil e endereço completo.

§ 3º Se o outorgado integrar sociedade de advogados, a procuração também deverá conter o nome dessa, seu número de registro na Ordem dos Advogados do Brasil e endereço completo.

§ 4º Salvo disposição expressa em sentido contrário constante do próprio instrumento, a procuração outorgada na fase de conhecimento é eficaz para todas as fases do processo, inclusive para o cumprimento de sentença.

CPC/1973

Art. 38.

REFERÊNCIA LEGISLATIVA

CPC/2015, arts. 111 (revogação mandato), 112 (renúncia ao mandato), 239 (indispensabilidade da citação inicial do réu), 287 (falta de procuração, nulidade) e 390, § 1º (confissão judicial).

CC, arts. 653 a 655 (mandato) e 692 (mandato judicial).

Lei nº 8.906, de 04.07.1994 (Estatuto da Advocacia – ver Legislação Especial) e art. 5º, § 2º (procuração geral para o foro).

Lei nº 11.419, de 19.12.2006 (Processo Eletrônico – ver Legislação Especial), art. 2º.

Lei nº 9.099, de 26.09.1995 (Lei do Juizado Especial), art. 9º, § 3º (possibilidade de mandato verbal para poderes gerais).

SÚMULAS

Súmula do STJ:

Nº 115: "Na instância especial é inexistente recurso interposto por advogado sem procuração nos autos."

Súmula do TRF 2ª Região:

Nº 45: "É dispensável a exigência de reconhecimento de firma em procuração com cláusula *ad judicia*, outorgada a advogado para postulação em juízo apenas com poderes gerais para o foro."

Súmula do TRF 4ª Região:

Nº 64: "É dispensável o reconhecimento de firma nas procurações ad judicia, mesmo para o exercício em juízo dos poderes especiais previstos no art. 38 do CPC [de 1973]."

BREVES COMENTÁRIOS

Para que o advogado represente a parte no processo, há de estar investido de poderes adequados, que devem ser outorgados por mandato escrito, público ou particular assinado pela parte. O instrumento público só é obrigatório para os analfabetos ou para os que não tenham condições de assinar o nome. Admite-se que a procuração *ad judicia* seja assinada digitalmente, na forma da lei.

Para o instrumento particular de mandato judicial não se exigem maiores solenidades. Basta que o documento seja assinado pelo outorgante, sendo desnecessário o reconhecimento de firma. Qualquer pessoa maior e capaz, mesmo os menores devidamente representados ou assistidos, pode constituir advogado por instrumento particular.

A procuração judicial não depende de especificação de poderes, pois é suficiente outorgá-la como "procuração geral para o foro" (procuração *ad judicia*) para que o advogado esteja habilitado a praticar todos os atos do processo. Dependem, porém, de outorga expressa em cláusula específica os poderes para receber a citação inicial, confessar, reconhecer a procedência do pedido, transigir, desistir, renunciar ao direito sobre que se funda a ação, receber, dar quitação, firmar compromisso e assinar declaração de hipossuficiência econômica.

JURISPRUDÊNCIA SELECIONADA

1. Procuração geral para o foro. Poderes:

Embargos do devedor. "A procuração geral para o foro habilita os advogados outorgados a praticar todos os atos do processo, sendo que a apresentação de embargos do devedor não está presente no rol de exceções do art. 38 do CPC; tais exceções, por importarem restrições de direitos, são taxativas, não cabendo qualquer ampliação" (STJ, REsp 914.963/MG, Rel. Min. Massami Uyeda, 3ª Turma, jul. 18.03.2010, *DJe* 07.04.2010).

Exceção de suspeição. "O art. 38 do Código de Processo Civil não exige poderes especiais ao procurador da parte para arguir a exceção de suspeição. Precedentes do STF e do STJ" (STJ, REsp 225.181/PR, Rel. Min. Barros Monteiro, 4ª Turma, jul. 01.06.2000, *DJ* 21.08.2000, p. 143). **No mesmo sentido:** STJ, REsp 1.233.727/SP, Rel. Min. Mauro Campbell Marques, 2ª Turma, jul. 05.04.2011, *DJe* 05.05.2011.

Condôminos locadores. Utilização do prédio pelo condômino retomante. Concordância. "Ação renovatória de locação. Direito de retomada para uso próprio comercial, exercido por um dos condôminos locadores, com a anuência dos demais. Basta a outorga de poderes *ad judicia* ao procurador para que os demais condôminos locadores possam em juízo apresentar sua anuência a utilização do prédio pela condômina retomante, não sendo necessária a concessão de poderes especiais para tal finalidade. Art. 38 do Código de Processo Civil. Inocorrência de contrariedade aos artigos 628, 1.291 e 1.326 do Código Civil" (STJ, REsp 4.466/SP, Rel. Min. Athos Carneiro, 4ª Turma, jul. 04.06.1991, *DJ* 05.08.1991, p. 10.004).

Substabelecimento. "A procuração para o foro em geral habilita o advogado para a prática de todos os atos do processo, à exceção daqueles para os quais se exigem poderes especiais, não incluído entre estes o de substabelecer. Inteligência do art. 5º, § 2º, da Lei n. 8.906/1994. Precedentes" (STJ, EDcl no Ag 1.247.013/RJ, Rel. Min. Vasco Della Giustina, 3ª Turma, jul. 20.05.2010, *DJe* 09.06.2010).

Sobre substabelecimento, ver jurisprudência do art. 103 do CPC/2015.

2. Procuração geral para o foro. Limitação do poder de receber intimação. Impossibilidade. "Os atos para os quais são exigidos poderes específicos na procuração encontram-se expressamente previstos na parte final do art. 105 do CPC/15 (art. 38 do CPC/73) e entre eles não está inserido o de receber intimação da penhora, razão pela qual se faz desnecessária a existência de procuração com poderes específicos para esse fim. O poder de receber intimação está incluso, na verdade, nos poderes gerais para o foro e não há previsão no art. 105 do CPC/15 quanto à possibilidade de o outorgante restringir tais poderes por meio de cláusula especial. Pelo contrário, com os poderes concedidos na procuração geral para o foro, entende-se que o procurador constituído pode praticar todo e qualquer ato do processo, exceto aqueles mencionados na parte final do art. 105 do CPC/15. Logo, todas as intimações ocorridas no curso do processo, inclusive a intimação da penhora, podem ser recebidas pelo patrono constituído nos autos" (STJ, REsp 1.904.872/PR, Rel. Min. Nancy Andrighi, 3ª Turma, jul. 21.09.2021, *DJe* 28.09.2021).

3. Poderes especiais.

Renúncia ao direito em que se funda a ação. "Nos termos do art. 38 do CPC, a renúncia ao direito litigioso só pode ser manifestada validamente por procurador investido de poderes especiais e expressos" (STJ, AR 3.506/MG, Rel. Min. Teori Albino Zavascki, 1ª Seção, jul. 26.05.2010, *DJe* 16.06.2010). **No mesmo sentido:** STJ, AgRg na DESIS no Ag 1.320.875/PR, Rel. Min. Napoleão Nunes Maia Filho, 1ª Turma, jul. 14.08.2012, *DJe* 21.08.2012.

Transação. "Nos termos do artigo 661, § 1º, do atual Código Civil o mandato conferido ao preposto em termos gerais não abrange o poder de transigir, que requer outorga em cláusula expressa; da mesma forma, preceitua o artigo 38 do Código de Processo Civil em relação ao causídico" (STJ, AgRg nos EDcl no Ag 1.195.138/DF, Rel. Min. Sidnei Beneti, 3ª Turma, jul. 22.06.2010, *DJe* 29.06.2010).

Ação direta de inconstitucionalidade. "Ação direta de que não se conhece, por não haver sido cumprida a diligência destinada à regularização da representação processual (procuração com poderes específicos para atacar a norma impugnada)" (STF, ADI 2.187, Rel. Min. Octavio Gallotti, Tribunal Pleno, jul. 15.06.2000, *DJ* 12.12.2003). **No mesmo sentido:** STF, ADI 2.187 QO, Rel. Min. Octavio Gallotti, Tribunal Pleno, jul. 24.05.2000, *DJ* 12.12.2003.

Lances em arrematação. "A procuração para o foro em geral não confere ao advogado poder para, em nome do constituinte, oferecer lanços e arrematar bens em hasta pública" (STJ, REsp 23.026/SP, Rel. Min. Sálvio de Figueiredo Teixeira, 4ª Turma, jul. 27.10.1992, *DJ* 07.12.1992, p. 23.319). **Em sentido contrário:** "O mandato para o foro em geral habilita o procurador a dar lance em arrematação" (TASP, Ap 317.975, Rel. Juiz Minhoto Júnior, 6ª Câmara, jul. 06.12.1983, *RT* 590/152).

Procuração expressa ao direito de renunciar. Direito de desistir. "A procuração que não contém o poder de desistir mas é expressa quanto ao de renunciar permite que o outorgado requeira a desistência de recurso interposto" (TASP, Ap 207.902-8, Rel. Juiz Gildo dos Santos, 7ª Câmara, jul. 03.11.1987, *RT* 625/137).

Ação rescisória. Procuração com poderes específicos. Ver jurisprudência do art. 966 do CPC/2015.

Receber citação. "Nulidade do processo por falta de citação. Não ocorre sob pretexto de ausência de poderes do mandatário para recebê-la se o instrumento do **mandato expressamente autorizou os poderes especiais referidos na parte final do art. 38 do CPC.** II – e que assim se referindo fez expresso, posto que explicita os poderes especiais entre os quais se encontra o de receber citação" (STF, RE 90.464, Rel. Min. Thompson Flores, 1ª Turma, jul. 22.05.1979, *DJ* 22.06.1979).

"Discute-se a necessidade de procuração com poder especial para que o advogado constituído pelo embargado, nos autos da ação principal, possa receber citação em embargos de terceiro. Conquanto não se negue que, regra geral, a citação far-se-á na pessoa do réu, o próprio art. 215 do CPC admite que essa comunicação se dê na pessoa do 'procurador legalmente autorizado'. A propósito, versa o art. 1.050, § 3º, do CPC, regra semelhante à contida nos arts. 57 e 316 do CPC, que preveem outras hipóteses em que a citação da parte se dá na pessoa de seu advogado – oposição e reconvenção. Trata-se, pois, de situações excepcionais, nas quais a própria lei conferiu ao causídico poder especial para a prática do referido ato processual, tornando-o verdadeiro 'procurador legalmente autorizado' para tanto" (STJ, REsp 1.422.977/RS, Rel. Min. Nancy Andrighi, 3ª Turma, jul. 22.05.2014, *DJe* 04.06.2014).

Advogados com poderes especiais para receber e dar quitação. Negativa de expedição de alvará em nome dos patronos. Descabimento. "O causídico constituído com poderes especiais para receber e dar quitação 'tem direito inviolável à expedição de alvará em seu nome, a fim de levantar depósitos judiciais e extrajudiciais' (AgRg no Ag 425.731/PR). Trata-se de um poder-dever resultante do art. 105 do CPC/2015 e do art. 5º, § 2º, da Lei 8.906/1994. Outrossim, a negativa desse direito ao advogado implica na ineficácia da vontade da parte manifestada expressamente no instrumento do mandato" (STJ, REsp 1.885.209/MG, Rel. Min. Nancy Andrighi, 3ª Turma, jul. 11.05.2021, *DJe* 14.05.2021). **No mesmo sentido**: STJ, RMS 1.877/RJ, Rel. Min. José de Jesus Filho, 2ª Turma, jul. 06.09.1993, *DJ* 04.10.1993, p. 20.535.

4. Honorários contratuais. Pactuação no instrumento do mandato. Possibilidade. "No caso concreto, é incontroverso que a petição inicial de execução de título judicial proposta pelos ora recorrentes veio instruída com os respectivos instrumentos de procuração, também sendo inconteste a existência, em cada um deles, de cláusula reveladora dos honorários contratuais ajustados entre os exequentes e os seus patronos. (...) Não se pode recusar valor jurídico aos pactos celebrados entre os ora recorrentes e os seus patronos, inclusive quanto à remuneração prometida a estes últimos, ainda que essa cláusula econômica se encontre no bojo dos próprios instrumentos de mandato, é dizer, no corpo das respectivas procurações, como incontroversamente ocorrido no caso em exame, sob pena de se ferir a autonomia da vontade por eles manifestada" (STJ, REsp 1.818.107/RJ, Rel. Min. Sérgio Kukina, 1ª Turma, jul. 07.12.2021, *DJe* 09.02.2022).

5. Cláusula *ad judicia*. Ações diversas. "O substabelecimento com cláusula *ad judicia* autoriza o advogado a promover a defesa da parte em ações diversas daquela constante do instrumento do mandato, mormente quando houver inter-relação entre as ações" (STJ, REsp 489.827/PB, Rel. Min. Nancy Andrighi, Rel. p/ ac. Min. Castro Filho, 3ª Turma, jul. 04.09.2003, *DJ* 30.08.2004, p. 280). **No mesmo sentido:** STJ, REsp 110.289/MA, Rel. Min. Sálvio de Figueiredo Teixeira, 4ª Turma, jul. 26.02.1997, *DJ* 24.03.1997, p. 9.031.

"O fato de o outorgante ter colocado no mandato que este serviria 'especialmente para propor ação ordinária em relação à União Federal', não macula de irregularidade sua representação processual na ação mandamental, visto que esta particularidade não exclui a ampla cláusula *ad judicia* inicialmente expressa para o foro em geral, que habilita o causídico a atuar em todas as causas em que o mandante for parte, a não ser os que a segunda parte do art. 38 do Código de Processo Civil, com a redação que lhe deu a Lei nº 8.592/1994, excetua" (TRF 3ª Região, AMS 96.03.035371-0, Rel. Des. Marli Ferreira, 6ª Turma, *DJU* 22.03.2000).

6. Reconhecimento de firma. "O art. 38, CPC, com a redação dada pela Lei 8.952/1994, dispensa o reconhecimento de firma nas procurações empregadas nos autos do processo, tanto em relação aos poderes gerais para o foro (cláusula *ad judicia*), quanto em relação aos poderes especiais (*et extra*) previstos nesse dispositivo. Em outras palavras, a dispensa do reconhecimento de firma está autorizada por lei quando a procuração *ad judicia et extra* é utilizada em autos do processo judicial. A exigência ao advogado do reconhecimento da firma da parte por ele representada, em documento processual, quando, ao mesmo tempo, se lhe confia a própria assinatura nas suas manifestações sem exigência de autenticação, importa em prestigiar o formalismo em detrimento da presunção de veracidade que deve nortear a prática dos atos processuais e o comportamento dos que atuam em juízo. A dispensa da autenticação cartorária não apenas valoriza a atuação do advogado como também representa a presunção, relativa, de que os sujeitos do processo, notadamente os procuradores, não faltarão com os seus deveres funcionais, expressos no próprio Código de Processo Civil, e pelos quais respondem" (STJ, REsp 264.228/SP, Rel. Min. Sálvio de Figueiredo Teixeira, 4ª Turma, jul. 05.10.2000, *DJ* 02.04.2001). **No mesmo sentido:** STJ, AgRg no AREsp 399.859/RJ, Rel. Min. Herman Benjamin, 2ª Turma, jul. 26.11.2013, *DJe* 06.03.2014.

7. Procuração em fotocópia. Ver jurisprudência do art. 104 do CPC/2015.

8. Autarquias, fundações e pessoas jurídicas de direito público. Cópias reprográficas. "A Corte Especial pacificou o entendimento de que, nos termos da Medida Provisória nº 1.542/1997 e suas reedições, as pessoas jurídicas de direito público, incluída a autarquia previdenciária, encontram-se dispensadas do encargo de autenticar cópias reprográficas que apresentem em juízo" (STJ, REsp 246.194/SP, Rel. Min. Félix Fischer, 5ª Turma, jul. 04.04.2000, *DJ* 02.05.2000, p. 175). **No mesmo sentido:** STJ, EREsp 128.571/SP, Rel. Min. Fontes de Alencar, Corte Especial, jul. 07.10.1998, *DJ* 09.11.1998, p. 2; STJ, AgRg nos EREsp 98.344/SP, Rel. Min. Helio Mosimann, Rel. p/ Ac. Min. Peçanha Martins, Corte Especial, jul. 03.12.1997, *DJ* 22.03.1999, p. 35; STJ, AgRg no Ag 161.653/SP, Rel. Min. Vicente Leal, 6ª Turma, jul. 04.10.2001, *DJ* 22.10.2001, p. 358; STJ, EREsp 116.647/SP, Rel. Min. Hamilton Carvalhido, 3ª Seção, jul. 13.12.1999, *DJ* 05.06.2000, p. 114; STJ, REsp 246.185/SP, Rel. Min. Fernando Gonçalves, 6ª Turma, jul. 27.04.2000, *DJ* 22.05.2000, p. 157.

9. Outorga de procuração a outro advogado. Revogação tácita. "Há revogação tácita de mandato com a constituição de novo procurador sem ressalva do instrumento procuratório anterior" (STJ, AgRg no REsp 811.180/SP, Rel. Min. Herman Benjamin, 2ª Turma, jul. 18.09.2007, *DJ* 24.10.2007). No mesmo sentido: TARJ, Ap. 17.796/84, Rel. Juiz Dalton Costa, 8ª Câmara, jul. 24.04.1985.

10. Outorga de procuração a quem não é advogado. "É admissível a outorga de mandato com cláusula *ad judicia* a quem não é advogado desde que esse substabeleça a advogado devidamente habilitado" (TRF 1ª Região, AI 01000782070/DF, Rel. Des. Fed. Hilton Queiroz, 4ª Turma, *DJU* 05.05.2000). **No mesmo sentido:** 2º TACivSP, Ap. 210.861-1, Rel. Juiz Ferreira Conti, 4ª Câmara, jul. 08.03.1988, *JTACivSP* 109/411.

11. Poder-dever de cautela do magistrado. "Seja pelo ângulo do poder geral de cautela, seja pelo ângulo do poder discricionário de direção formal e material do processo, é perfeitamente cabível ao magistrado, diante das peculiaridades de cada caso concreto, solicitar a apresentação de instrumento de mandato atualizado com a finalidade precípua de proteger os interesses das partes e zelar pela regularidade dos pressupostos processuais, o que não implica contrariedade ao art. 38 do CPC ou ao art. 682 do Código Civil" (STJ, REsp 902.010/DF, Rel. Min. Castro Meira, 2ª Turma, jul. 18.11.2008, *DJe* 15.12.2008). **No mesmo sentido:** STJ, AgRg no REsp 1.189.411/PR, Rel. Min. Benedito Gonçalves, 1ª Turma, jul. 09.11.2010, *DJe* 17.11.2010.

12. Renúncia à herança. Mandato. "O ato de renúncia à herança deve constar expressamente de instrumento público ou de termo nos autos, sob pena de invalidade. Daí se segue que a constituição de mandatário para a renúncia à herança deve obedecer à mesma forma, não tendo a validade a outorga por instrumento particular" (STJ, REsp 1.236.671/SP, Rel. Min. Massami Uyeda, Rel. p/ acórdão Min. Sidnei Beneti, 3ª Turma, jul. 09.10.2012, *DJe* 04.03.2013).

Art. 106. Quando postular em causa própria, incumbe ao advogado:

I – declarar, na petição inicial ou na contestação, o endereço, seu número de inscrição na Ordem dos Advogados do Brasil e o nome da sociedade de advogados da qual participa, para o recebimento de intimações;

II – comunicar ao juízo qualquer mudança de endereço.

§ 1º Se o advogado descumprir o disposto no inciso I, o juiz ordenará que se supra a omissão, no prazo de 5 (cinco) dias, antes de determinar a citação do réu, sob pena de indeferimento da petição.

§ 2º Se o advogado infringir o previsto no inciso II, serão consideradas válidas as intimações enviadas por carta registrada ou meio eletrônico ao endereço constante dos autos.

CPC/1973

Art. 39.

REFERÊNCIA LEGISLATIVA

CPC/2015, art. 330, IV (indeferimento da petição inicial por postulação em causa própria sem declaração do endereço ou de comunicação de sua mudança, por ausência de requisitos ou documentos essenciais).

Lei nº 9.028/1995, art. 6º (intimação do Advogado-Geral da União).

BREVES COMENTÁRIOS

Os direitos e deveres dos advogados acham-se especificados no Estatuto da Ordem dos Advogados (Lei nº 8.906, de 04.07.1994). O atual Código de Processo Civil, no entanto, especifica certos deveres e obrigações diretamente ligados a exercício do mandato judicial. Quando o advogado atua por força de mandato, ele exibirá procuração em que constam seu número de inscrição na OAB e endereço completo. Se a postulação se der em causa própria, não haverá procuração, mas ao advogado impõem-se os deveres previstos neste artigo.

JURISPRUDÊNCIA SELECIONADA

1. Mudança de endereço. "Não tendo o procurador comunicado ao cartório sua mudança de endereço, válida se apresenta a intimação pela via postal encaminhada ao endereço constante dos autos" (STJ, REsp 2.290/SC, Rel. Min. Sálvio de Figueiredo Teixeira, 4ª Turma, jul. 05.06.1990, *DJU*, 06.08.1990, p. 7.339). **No mesmo sentido:** STJ, REsp 323.409/ES, Rel. Min. Aldir Passarinho Junior, 4ª Turma, jul. 06.08.2002, *DJ* 16.09.2002, p. 191; STJ, REsp 1.299.609/RJ, Rel. Min. Nancy Andrighi, 3ª Turma, jul. 16.08.2012, *DJe* 28.08.2012.

Erro cometido por serventuário da justiça. "Comunicada a mudança de endereço do advogado da parte e extraviada tal petição pela serventia do cartório. Considerada válida a intimação feita ao patrono, através dos correios, embora devolvida por não encontrado o destinatário, tem-se que labora em manifesto equívoco o acórdão, quando dá pela intempestividade da apelação interposta. Assentado na jurisprudência dos tribunais o entendimento no sentido que as partes não podem ser prejudicadas pelos erros eventualmente cometidos pelos serventuários da Justiça" (STJ, REsp 50.934/GO, Rel. Min. Waldemar Zveiter, 3ª Turma, jul. 13.09.1994, *DJ* 14.11.1994, p. 30.956).

"Verificando-se que a parte autora havia comunicado seu novo endereço, que não foi observado pela secretaria do juízo, tem-se como presente que a sentença que extinguiu o processo a fundamento de que é dever da parte manter endereço atualizado repousa em premissa falsa e, como tal, não pode subsistir" (TJDF, Ap. 530.839-9, Rel. Des. Romão C. Oliveira, 2ª Turma Cível, *DJ* 31.05.2000, p. 22).

Intimação feita pela imprensa. "Nas comarcas em que a intimação ao advogado é feita por publicação de nota de expediente na imprensa, a falta da indicação do endereço em que o advogado recebera a intimação (art. 39, I, CPC) não é causa determinante da inépcia da petição inicial" (STJ, REsp 102.117/SP, Rel. Min. Ruy Rosado de Aguiar, 4ª Turma, jul. 19.11.1996, *DJ* 16.12.1996, p. 50.879).

Art. 107. O advogado tem direito a:

I – examinar, em cartório de fórum e secretaria de tribunal, mesmo sem procuração, autos de qualquer processo, independentemente da fase de tramitação, assegurados a obtenção de cópias e o registro de anotações, salvo na hipótese de segredo de justiça, nas quais apenas o advogado constituído terá acesso aos autos;

II – requerer, como procurador, vista dos autos de qualquer processo, pelo prazo de 5 (cinco) dias;

III – retirar os autos do cartório ou da secretaria, pelo prazo legal, sempre que neles lhe couber falar por determinação do juiz, nos casos previstos em lei.

§ 1º Ao receber os autos, o advogado assinará carga em livro ou documento próprio.

§ 2º Sendo o prazo comum às partes, os procuradores poderão retirar os autos somente em conjunto ou mediante prévio ajuste, por petição nos autos.

§ 3º Na hipótese do § 2º, é lícito ao procurador retirar os autos para obtenção de cópias, pelo prazo de 2 (duas) a 6 (seis) horas, independentemente de ajuste e sem prejuízo da continuidade do prazo.

§ 4º O procurador perderá no mesmo processo o direito a que se refere o § 3º se não devolver os autos tempestivamente, salvo se o prazo for prorrogado pelo juiz.

§ 5º O disposto no inciso I do *caput* deste artigo aplica-se integralmente a processos eletrônicos. (Incluído pela Lei nº 13.793, de 03.01.2019)

CPC/1973

Art. 40.

REFERÊNCIA LEGISLATIVA

CPC/2015, arts. 207, parágrafo único (direito de rubricar folhas do processo), 289 (direito de fiscalizar a distribuição);

Estatuto da Advocacia, art. 7º, VI, VII, VIII, XII, XIII, XIV, XV (direitos genéricos dos advogados).

Regimento Interno do STF, art. 86 (retirada de autos).

Regimento Interno do STJ, art. 94 (*idem*).

SÚMULA VINCULANTE

Nº 14: "É direito do defensor, no interesse do representado, ter acesso amplo aos elementos de prova que, já documentados em procedimento investigatório realizado por órgão com competência de polícia judiciária, digam respeito ao exercício do direito de defesa."

BREVES COMENTÁRIOS

A faculdade de examinar em cartório os autos (inciso I) pode ser usada a qualquer tempo e mesmo por advogado que não tenha procuração nos autos; desde que o feito não corra em segredo de Justiça.

Essa faculdade de consulta, independentemente de mandato do advogado, foi estendida aos processos eletrônicos, de acordo com o § 5º, acrescentado pela Lei nº 13.793, de 3 de janeiro de 2019.

Contudo, as faculdades de requerer vista dos autos e retirá-los do cartório (incisos II e III) são exclusivas dos advogados das partes que litigam no processo e dependem de mandato nos autos.

JURISPRUDÊNCIA SELECIONADA

1. Vista de processo em cartório (inciso I). "O exame de autos de qualquer natureza, ressalvada a hipótese de sigilo, é prerrogativa inerente ao ofício do advogado" (TJSP, MS 277.716, Rel. Mendes Pereira, 1ª Câmara, jul. 23.01.1979, *RT* 527/57).

Preenchimento de ficha de controle. Desnecessidade. "O advogado, embora indispensável à administração da Justiça, não tem vínculo funcional de subordinação que lhe imponha o cumprimento de determinação de caráter administrativo do Poder Judiciário, concernente ao preenchimento de ficha de controle para obtenção de vista dos autos em cartório judicial. Providência que cerceia o livre exercício das atividades advocatícias" (STJ, RMS 12.926/SP, Rel. Min. Francisco Peçanha Martins, 2ª Turma, jul. 14.06.2005, *DJ* 22.08.2005, p. 169). **Em sentido contrário:** "A necessidade de preenchimento prévio, pelo advogado, de ficha de controle para o exame dos autos fora de cartório, visando coibir casos de desaparecimento de processos, não ofende o direito de exercício da advocacia" (STJ, RMS 9.581/SP, Rel. Min. Hamilton Carvalhido, 6ª Turma, jul. 06.04.2000, *DJ* 29.10.2001, p. 268).

2. Vista dos autos (inciso II). "Não pode ficar ao nuto do escrivão ter o advogado vista dos autos fora do cartório. Tal direito do advogado lhe está assegurado por lei. Se fatos concretos sobre o advogado forem apurados, aí então providências deverão ser tomadas, mas fora isso não há como negar-lhe o direito aludido" (STF, RE 77.882/PR, Rel. Min. Aldir Passarinho, 2ª Turma, jul. 05.04.1983, *RTJ* 107/192; *Adcoas*, 1983, nº 93.302).

"Deve ser restituído o prazo, se no curso deste foi impossibilitado o acesso aos autos, seja por um ou mais dias; pois à parte assiste o direito de desfrutar da integralidade do prazo garantido por lei. Exegese do art. 40, III, CPC" (TJRS,

AI 70001276856, Rel. Des. Marilene Bonzanini Bernardi, 2ª Câmara, jul. 06.09.2000).

3. Cerceamento de defesa. "Há cerceamento de defesa quando a Turma julga o recurso sem apreciação do pedido de vista anteriormente formulado pelo advogado, nos termos do art. 40, II, do CPC, o que implica nulidade do acórdão. Precedentes do STJ" (STJ, EDcl no AgRg no REsp 611.294/PB, Rel. Min. Herman Benjamin, 2ª Turma, jul. 25.08.2009, *DJe* 31.08.2009).

4. Retirada dos autos (inciso III). "Advogado que retira os autos em carga resta intimado da decisão existente no processo, não havendo necessidade de ser expedida nota de expediente. Recorrendo, resta evidente que tem conhecimento da decisão agravada, não se podendo dizer que se trata de presunção quanto à intimação" (TARS, AI 185029485, Rel. Juiz Alfredo Guilherme Englert, 4ª Câmara, jul. 10.10.1985, *RT* 606/219).

5. Prazo comum (§ 2º). "'O Código de Processo Civil, no § 2º do artigo 40, é enfático ao prever que, 'sendo comum às partes o prazo, só em conjunto ou mediante prévio ajuste por petição nos autos poderão os seus procuradores retirar os autos'. Observa-se, pois, que a denominada 'carga rápida' de processos para extração de cópias somente será possível desde que respeitados os ditames do artigo 40, § 2º, do Diploma Processual Civil.' (RMS 15.573/SP, 2ª Turma, Min. Franciulli Netto, *DJ* de 19.04.2004)" (STJ, RMS 24.480/DF, Rel. Min. Teori Albino Zavascki, 1ª T., jul. 15.05.2008, *DJe* 02.06.2008). **No mesmo sentido:** STJ, RMS 15.573/SP, Rel. Ministro Franciulli Netto, 2ª Turma, jul. 19.02.2004, *DJ* 19.04.2004, p. 168.

"A regra insculpida no artigo 40, § 2º, do CPC, que veda a retirada dos autos de cartório em se tratando de prazo comum, destinado a ambas as partes, somente se aplica na hipótese de sucumbência recíproca, em que autor e réu são simultaneamente vencedores e vencidos. Se a parte foi integralmente vencida em primeira instância quanto ao mérito da pretensão deduzida em Juízo, ainda que subsista à parte vitoriosa interesse em impugnar o *quantum* fixado a título de honorários advocatícios, é de se considerar particular o prazo para a interposição de recurso" (STJ, ROMS 9.893/RS, Rel. Min. Vicente Leal, 6ª Turma, *DJ* 11.12.2000, p. 245).

"A retirada dos autos do cartório por uma das partes, antes do início da fluência do prazo comum para recurso e sua devolução depois de esgotado esse tempo, constitui obstáculo à defesa da parte *ex adverso*, cerceamento que deve ser reparado com a devolução do prazo. Arts. 40, § 2º, e 180 do CPC" (STJ, REsp 319.357/MG, Rel. Min. Ruy Rosado de Aguiar, 4ª Turma, jul. 18.10.2001, *DJ* 18.02.2002, p. 454).

6. Busca e apreensão dos autos. "É correta a ordem de busca e apreensão dos autos do processo em poder do advogado, que, intimado a devolvê-lo a cartório, não o faz. Igualmente correta a ordem judicial no sentido de não permitir a retirada dos autos de cartório pelo advogado, que desse modo abusivo opõe resistência à execução" (TACivRJ, Ag 30.084, Rel. Juiz Amaury Arruda, 7ª Câmara, jul. 01.10.1986).

7. Garantia de livre acesso a sala e dependência dos cartórios. "A garantia conferida ao advogado de livre ingresso nas salas e dependências dos cartórios não pode ser encarada com o sentido de permitir irrestrita incursão pelo recinto da serventia, com consulta livre e direta aos papéis e autos ali conservados, e sim ser entendida segundo o interesse a que visa, devendo-se conciliar a liberdade profissional com a exigência de boa ordem do serviço público judiciário" (TJSP, MS 63.368-1, Rel. Des. Arthur de Godoy, 8ª Câm., jul. 22.05.1986, *RT* 612/47).

Capítulo IV
DA SUCESSÃO DAS PARTES E DOS PROCURADORES

Art. 108. No curso do processo, somente é lícita a sucessão voluntária das partes nos casos expressos em lei.

CPC/1973

Art. 41.

REFERÊNCIA LEGISLATIVA

CPC/2015, arts. 329, II (formação do processo), 778 e 779 (processo de execução; legitimação das partes).

BREVES COMENTÁRIOS

O processo, uma vez aperfeiçoada a relação processual pela integração de todos os seus elementos subjetivos, estabiliza-se. Nesse sentido, dispõe este artigo que somente será lícita a sucessão voluntária das partes nos casos previstos em lei.

O CPC/1973, nesse ponto, denominava de hipótese de substituição o que era considerado impróprio pela doutrina. O CPC/2015 passou a denominar de sucessão processual o que, de fato, ocorre, vez que o dispositivo cuida especificamente de ingresso na causa do sucessor, no lugar do sucedido.

JURISPRUDÊNCIA SELECIONADA

1. Princípio da estabilização. "Por força do princípio da estabilização subjetiva do processo, prestigiado nos arts. 41 e 264 do CPC, feita a citação validamente, não é mais possível alterar a composição dos polos da relação jurídica processual, salvo as substituições permitidas por lei" (STJ, REsp 151.877/PR, Rel. Min. Adhemar Maciel, 2ª Turma, jul. 08.10.1998, *DJU* 22.02.1999, p. 92).

"Os arts. 41 e 42 do CPC, que dizem respeito ao processo de conhecimento, impuseram como regra a estabilidade da relação processual e, havendo cessão da coisa ou do direito litigioso, o adquirente ou o cessionário somente poderão ingressar em juízo com a anuência da parte contrária" (STJ, REsp 726.535/RS, Rel. Min. Eliana Calmon, 2ª Turma, jul. 17.04.2007, *DJ* 30.04.2007, p. 301).

2. Vontade das partes. "A composição da demanda não se altera por vontade unilateral de uma só das partes, nem para se fazer a ampliação, nem para se fazer a diminuição subjetiva da mesma. Não se verificando a ilegitimidade passiva de partes, para a causa, nela são mantidas tal como figuram na composição subjetiva inicial da ação" (TARS, Ap. 18.045, Rel. Juiz Clarindo Favretto, 2ª Câmara, jul. 08.03.1986, *JTARS* 68/204).

"Hipótese em que se pretende, nos termos do art. 42 do CPC, a substituição de partes no polo ativo de pedido de restituição de adiantamento em contrato de câmbio sob alegação de ocorrência de sub-rogação no respectivo crédito. Exige-se, na espécie, tão somente a conjunção da vontade do sub-rogado de intervir no processo e da vontade da parte contrária à substituída de permitir tal substituição. É desnecessário, destarte, o consentimento da parte a ser substituída, máxime em se considerando que o tribunal *a quo*, em acórdão transitado em julgado, reconheceu a ocorrência da dita sub-rogação" (STJ, REsp 280.993/PR, Rel. Min. Nancy Andrighi, 3ª Turma, jul. 05.09.2002, *DJ* 31.03.2003, p. 215).

3. Revogação da dação em pagamento. "Revogação da dação em pagamento, por decisão judicial, não constitui alienação da coisa litigiosa a título particular. Inocorrência de pacto entre as partes caracterizando a substituição voluntária de uma delas. Inaplicabilidade dos arts. 41 e 42 do CPC" (STJ, REsp 10.676/SP, Rel. Min. Peçanha Martins, 2ª Turma, jul. 06.05.1996, *DJU* 05.08.1996).

4. Incorporação de empresas. "A empresa incorporadora sucede a incorporada em todos os seus direitos e obrigações, de modo que a indenização por esta devida em processo já em fase de execução constitui obrigação a ser satisfeita pela incorporadora" (STJ, RMS 4.949/MG, Rel. Min. Cláudio Santos, 3ª Turma, jul. 12.12.1994, *DJ* 13.03.1995, p. 5.284).

5. Alienação de coisa ou bem litigioso. "Se a substituição é voluntária, como prescreve o art. 41, nos casos previstos em lei, sendo um deles o do art. 42, não é lógico que possa dar-se a substituição sem acordo entre o alienante ou cedente e o adquirente ou cessionário. Tenha-se presente que a regra do *caput* do art. 42 é a de que não se altera a legitimidade das partes em decorrência da alienação da coisa ou do direito litigioso, a título particular, por ato entre vivos" (STJ, REsp 152.978/SP, Rel. Min. Carlos Alberto Menezes Direito, 3ª Turma, jul. 18.02.1999, *DJ* 29.03.1999, p. 165).

6. Instituição financeira. Compra e venda de ativos e passivos – Proer. Sucessão universal. Não ocorrência. Redirecionamento da execução. Impossibilidade. "A jurisprudência desta Corte firmou posicionamento no sentido de não reconhecer a ocorrência de sucessão universal entre instituições financeiras que celebram contrato de compra e venda de ativos e passivos sob as regras do Programa de Estímulo à Reestruturação e ao Fortalecimento do Sistema Financeiro Nacional (PROER). Inaplicabilidade da teoria da aparência, sendo necessária a verificação da titularidade dos ativos e passivos em cada caso, de acordo com o contrato de compra e venda de ativos e assunção de direitos e obrigações, aliado aos demais meios de prova admitidos. (...) Não se admite o redirecionamento da execução contra pessoa jurídica distinta daquela que, de fato, assumiu os ativos e passivos específicos do Banco Econômico S.A., senão pela via da desconsideração da personalidade jurídica, observados os requisitos do art. 50 do Código Civil" (STJ, REsp 1.879.166/RJ, Rel. Min. Ricardo Villas Bôas Cueva, 3ª Turma, jul. 27.04.2021, *DJe* 04.05.2021).

Art. 109. A alienação da coisa ou do direito litigioso por ato entre vivos, a título particular, não altera a legitimidade das partes.

§ 1º O adquirente ou cessionário não poderá ingressar em juízo, sucedendo o alienante ou cedente, sem que o consinta a parte contrária.

§ 2º O adquirente ou cessionário poderá intervir no processo como assistente litisconsorcial do alienante ou cedente.

§ 3º Estendem-se os efeitos da sentença proferida entre as partes originárias ao adquirente ou cessionário.

CPC/1973

Art. 42.

REFERÊNCIA LEGISLATIVA

CPC/2015, arts. 119 a 123 (assistência), 240 (efeitos da citação), 778 e 779 (execução; legitimação), 792 (fraude de execução) e 808 (*idem*).

BREVES COMENTÁRIOS

O adquirente de coisa ou direito litigioso só pode suceder o alienante com o consentimento da parte contrária. Isto não quer dizer que o titular do direito material litigioso não possa transferi-lo na pendência do processo. Pode, mas não deixará de ser a parte da relação processual, em que, a partir da alienação, passará a agir como substituto processual do adquirente.

A sentença contra o alienante se executa contra o adquirente da coisa litigiosa, como se o bem ainda pertencesse à parte vencida. A coisa julgada contra um atinge o outro, para impedir que a fraude burle a prestação jurisdicional. Da mesma forma, a sentença favorável ao cedente será executada a benefício do cessionário. A coisa julgada, qualquer que seja o teor da sentença, atingirá igualmente a parte primitiva e o cessionário do direito litigioso.

JURISPRUDÊNCIA SELECIONADA

1. Alienação de bem no curso da demanda. Estabilidade subjetiva da relação processual. "O artigo 42 do CPC fixou como regra a estabilidade subjetiva da relação processual. Apenas permite a alteração das partes, em virtude de alienação posterior do objeto litigioso, se a parte contrária concordar com a sucessão processual. Caso não haja concordância, permanece inalterada a relação subjetiva no processo, devendo prosseguir entre as mesmas partes originárias" (STJ, REsp 253.635/RJ, Rel. Min. Waldemar Zveiter, 3ª Turma, jul. 15.12.2000, *DJ* 05.03.2001).

"A substituição processual prevista no art. 42 do CPC é voluntária" (STJ, REsp 977.269/RS, Rel. Min. Fernando Gonçalves, 4ª Turma, jul. 09.09.2008, *DJe* 22.09.2008).

"A estabilização subjetiva da lide, estabelecida pelo art. 42 do CPC, diz respeito à alienação da coisa, a título particular, por ato entre vivos, com o que **não se confunde a perda da posse decorrente do domínio útil cancelado por ato do titular da propriedade**" (STJ, AgRg no REsp 471.172/SC, Rel. Min. Antonio Carlos Ferreira, Rel. p/ Acórdão Min. Maria Isabel Gallotti, 4ª Turma, jul. 18.06.2013, *DJe* 06.12.2013).

Litisconsórcio necessário. "Se terceiro que adquire bem a respeito de cujo litígio não há o registro exigido pelo art. 167 da Lei nº 6.015/1973 pode ser alcançado pela coisa julgada, deve ser citado como litisconsorte passivo necessário. Recurso conhecido e provido para se julgar procedente o pedido da ação rescisória" (STJ, REsp 476.665/SP, Rel. Min. Antônio de Pádua Ribeiro, Corte Especial, jul. 01.12.2004, *DJ* 20.06.2005, p. 112).

2. Cessão do direito.

Cessão do direito antes da citação e após a propositura. Legitimidade do alienante. *Perpetuatio legitimationis*. "Cessão do direito litigioso pelo autor enquanto aguardava o cumprimento do mandado de citação. Preservação da legitimidade processual do autor, cedente, para figurar no polo ativo da relação processual, aplicando-se a regra da 'perpetuatio legitimationis' (cf. art. 42 do CPC/1973, atual art. 109 do CPC/2015). Doutrina sobre o tema" (STJ, REsp 1562583/DF, Rel. Min. Paulo de Tarso Sanseverino, 3ª Turma, jul. 28.08.2018, *DJe* 31.08.2018).

Cessões efetivadas antes de instauração da relação processual. "O art. 42 do CPC restringe somente a cessão de direitos ocorrida no curso do processo. Tal restrição não alcança aquelas cessões efetivadas antes de instaurada a relação processual. Estas últimas são plenamente eficazes (CPC, art. 567, II)" (STJ, EDcl no REsp 331.369/SP, Rel. Min. Garcia Vieira, 1ª Turma, jul. 11.12.2001, *DJ* 04.03.2002, p. 198).

3. Terceiro adquirente. "Se o titular do domínio da área desapropriada aliená-la a terceiro, fica este sub-rogado no direito à indenização, que é inerente à titularidade do domínio" (TJSP, Ag 102.372-2, Rel. Des. Benini Cabral, 18ª Câmara, jul. 28.12.1987, *RT* 627/112).

Embargos de terceiro. Ilegitimidade. "Quem adquire coisa litigiosa não é terceiro legitimado a opor embargos, e ainda que não haja sido registrada a ação no registro imobiliário, não é terceiro quem sucede na posse após a citação a respeito da coisa *sub judice*" (STJ, REsp 9.365/SP, Rel. Min. Waldemar Zveiter, 3ª Turma, jul. 04.06.1991, *DJ* 01.07.1991, p. 9.193). **No mesmo sentido:** STJ, REsp 1.102.151/MG, Rel. Min. Honildo Amaral de Mello Castro, 4ª Turma, jul. 13.10.2009, *DJe* 26.10.2009; TRF-1ª Região, Ap 90.01.17839-1/DF, Rel. Juiz Nelson Gomes da Silva, 4ª Turma, *DJU* 18.03.1991.

"O adquirente de coisa litigiosa somente fica impedido de opor embargos de terceiro quando ocorre a sucessão processual (art. 42, § 1º, CPC), deixando o adquirente a posição de terceiro e tornando-se parte no processo. Pode também ocorrer de o adquirente, não admitido no processo como parte, nele ingressar como assistente litisconsorcial (art. 42, § 2º, CPC), o que também lhe retira o direito de manejar os embargos, uma vez que o assistente é tido como parte. Porém, se o adquirente não é admitido no processo, ou nele não se integrar como assistente, continua sendo terceiro, e, nesse caso, está legitimado a embargar" (TJDF, Ap 20000150004567, Rel. Des. Campos Amaral, 3ª Turma, *DJU* 24.05.2000, p. 24).

Alienação do direito litigioso. Sujeição do cessionário aos efeitos do processo. "Ademais, sobressai evidente que a cessão realizada em 7/5/2001 caracterizou alienação de direito litigioso, sujeitando-se a parte cessionária tanto aos benefícios quanto aos prejuízos oriundos do processo judicial, tenha integrado ou não a lide, uma vez que 'a sentença, proferida entre as partes originárias, estende os seus efeitos ao adquirente ou ao cessionário', nos termos do disposto no art. 42, § 3º, do CPC/1973 (art. 109, § 3º, do CPC/2015)" (STJ, REsp 1.749.223/CE, Rel. Min. Marco Aurélio Bellizze, 3ª Turma, jul. 07.02.2023, *DJe* 10.02.2023).

Ação individual de cumprimento de sentença coletiva. Ilegitimidade. "O propósito recursal é determinar se a recorrente, ao adquirir imóvel cuja aquisição originária foi realizada por meio de financiamento superfaturado, conforme reconhecido em ação coletiva de consumo, possui legitimidade ativa para requerer a liquidação e a execução da condenação imposta ao agente financiador de restituir ao mutuário as parcelas cobradas em excesso. (...) O requisito para o que a eficácia da sentença seja estendida ao adquirente do objeto litigioso é de que exista um nexo de interdependência entre a relação jurídica submetida à apreciação judicial e os direitos alienados, de modo que o terceiro possa ser considerado sucessor em relação às obrigações subjacentes ao título executivo. Na hipótese concreta, a sentença genérica reconheceu o direito dos mutuários ao estorno dos valores cobrados a maior no financiamento, e a recorrente, embora tenha adquirido a propriedade do bem, não foi cessionária de posição contratual no mútuo celebrado com a recorrida, tendo a alienação do bem em questão sido realizada após a quitação do financiamento e ao levantamento da hipoteca. Assim, como o título aquisitivo da propriedade tem fonte jurídica distinta daquela relação examinada nos autos da ação coletiva de consumo, não há incidência da norma extensiva prevista no art. 109, § 3º, do CPC/15 (art. 42, § 3º, do CPC/73), razão pela qual a recorrente não tem legitimidade para requerer o cumprimento da sentença coletiva" (STJ, REsp 1.742.669/PR, Rel. Min. Nancy Andrighi, 3ª Turma, jul. 23.10.2018, *DJe* 26.10.2018).

4. Consentimento da parte contrária (§ 1º). "Não cabe ao julgador apreciar a razoabilidade dos argumentos da parte contrária, que não concorda com o pleito de substituição" (STF, RE 270.794 AgR, Rel. Min. Ellen Gracie, 1ª Turma, jul. 17.04.2001, *DJ* 18.05.2001). **Em sentido contrário:** "O requisito exigido no art. 42, § 1º, do Código de Processo Civil, de consentimento da parte contrária para deferimento de substituição processual, somente será indispensável se a recusa se der por motivo justo, devendo o juiz deferir o pedido de substituição se decorrente de mero arbítrio ou capricho da parte" (TJMS, AI 69.685-7, Rel. Des. Joenildo de Sousa Chaves, 2ª Turma, jul. 21.03.2000).

Substituição do cedente. "A interpretação harmônica dos arts. 42, § 1º, e 567, II, do CPC implica que o cessionário pode promover a execução do crédito. No entanto, caso o cedente já tenha iniciado o processo, impossível sua substituição processual sem o consentimento da parte adversa" (STJ, REsp 885.204/RS, Rel. Min. Herman Benjamin, 2ª Turma, jul. 25.08.2009, *DJe* 31.08.2009).

Habilitação de cessionário na execução de sentença. Ver jurisprudência do art. 567.

5. Eficácia da coisa julgada.

Terceiro de boa-fé. Eficácia subjetiva da coisa julgada. (§ 3º). "A regra geral do artigo 472 do Código de Processo Civil de 1973 dispõe que a coisa julgada só opera efeito entre as partes integrantes da lide. O artigo 109, § 3º, do Código de Processo Civil de 2015 (art. 42, § 3º, do CPC/1973), por exceção, dispõe que, em se tratando de aquisição de coisa ou direito litigioso, a sentença proferida entre as partes originárias estende os seus efeitos ao adquirente ou ao cessionário. Segundo a doutrina especializada, o bem ou direito se torna litigioso com a litispendência, ou seja, com a lide pendente. **A lide é considerada pendente, para o autor, com a propositura da ação e, para o réu, com a citação válida. Para o adquirente, o momento em que o bem ou direito é considerado litigioso varia de acordo com a posição ocupada pela parte na relação jurídica processual que sucederia.** Não há falar em extensão dos efeitos da coisa julgada ao adquirente se o bem é adquirido por terceiro de boa-fé antes de configurada a litigiosidade." (STJ, AgInt no AREsp 1293353/DF, Rel. Min. Ricardo Villas Bôas Cueva, 3ª Turma, jul. 03.12.2018, *DJe* 06.12.2018).

"A regra do art. 42, § 3º, do CPC, que estende ao terceiro adquirente os efeitos da coisa julgada, **somente deve ser mitigada quando for evidenciado que a conduta daquele tendeu à efetiva apuração da eventual litigiosidade da coisa adquirida.** Há uma presunção relativa de ciência do terceiro adquirente acerca da litispendência, cumprindo a ele demonstrar que adotou todos os cuidados que dele se esperavam para a concretização do negócio, notadamente a verificação de que sobre a coisa não pendiam ônus judiciais ou extrajudiciais capazes de invalidar a alienação. Na alienação de imóveis litigiosos, ainda que não haja averbação dessa circunstância na matrícula, subsiste a presunção relativa de ciência do terceiro adquirente acerca da litispendência, pois é impossível ignorar a publicidade do processo, gerada pelo seu registro e pela distribuição da petição inicial, nos termos dos arts. 251 e 263 do CPC. Diante dessa publicidade, o adquirente de qualquer imóvel deve acautelar-se, obtendo certidões dos cartórios distribuidores judiciais que lhe permitam verificar a existência de processos envolvendo o comprador, dos quais possam decorrer ônus (ainda que potenciais) sobre o imóvel negociado" (STJ, RMS 27.358/RJ, Rel. Min. Nancy Andrighi, 3ª Turma, jul. 05.10.2010, *DJe* 25.10.2010).

Adquirente. "Nos termos do art. 42, § 3º, do CPC, 'A sentença, proferida entre as partes originárias estende os seus efeitos ao adquirente ou ao cessionário'. Trata-se, na precisão técnica, dos efeitos reflexos da sentença, que surgem, conforme aponta o professor Cândido Rangel Dinamarco, 'como consequência natural da vida em sociedade e dos intrincados modos como pessoas e as próprias relações jurídicas interagem e reciprocamente interferem umas nas outras' (*Intervenção de terceiros*. 5. ed. São Paulo: Malheiros, 2009. p. 15). Esse posicionamento em torno da regra insculpida no art. 42, § 3º, do CPC é, a propósito, coerente com a própria lógica do sistema processual. **Afinal, se ao cessionário, ora impetrante, seria dado o direito de executar eventual sentença que beneficiasse o cedente, conforme prevê o art. 567, II, do CPC, também ele deve, pela mesma razão e princípio, responder passivamente pelos consectários do título judicial adverso aos seus interesses**" (STJ, RMS 44.560/DF, Rel. Min. Arnaldo Esteves Lima, 1ª Turma, jul. 01.04.2014, *DJe* 07.04.2014).

"O art. 42, § 3º, do CPC visa a resguardar os direitos daqueles envolvidos em alienação de bem ou direito litigioso. Todavia, essa proteção encontra **limites na efetiva sujeição do**

negócio jurídico ao resultado da ação em trâmite" (STJ, REsp 636.358/SP, Rel. Min. Nancy Andrighi, 3ª Turma, jul. 25.03.2008, *DJe* 11.04.2008).

"A alienação promovida em momento posterior à propositura da ação civil pública pela empreendedora não tem o condão de alterar os efeitos subjetivos da coisa julgada, conforme disposto no art. 42, § 3º, do CPC, pois é dever do adquirente revestir-se das cautelas necessárias quanto às demandas existentes sobre o bem litigioso" (STJ, REsp 1.358.112/SC, Rel. Min. Humberto Martins, 2ª Turma, jul. 20.06.2013, *DJe* 28.06.2013).

6. Execução fiscal. Substituição da CDA. "A obrigação tributária real é *propter rem*, por isso que o IPTU incide sobre o imóvel (art. 130 do CTN). Deveras, ainda que alienada a coisa litigiosa, é lícita a substituição das partes (art. 42 do CPC), preceito que se aplica à execução fiscal, em cujo procedimento há regra expressa de alteração da inicial, qual a de que é lícito substituir a CDA antes do advento da sentença" (STJ, REsp 840.623/BA, Rel. Min. Luiz Fux, 1ª Turma, jul. 06.09.2007, *DJ* 15.10.2007).

Art. 110. Ocorrendo a morte de qualquer das partes, dar-se-á a sucessão pelo seu espólio ou pelos seus sucessores, observado o disposto no art. 313, §§ 1º e 2º.

CPC/1973

Art. 43.

REFERÊNCIA LEGISLATIVA

CPC/2015, arts. 75 (representação em juízo), 221 (prazo; suspensão por morte do advogado da parte), 313, I (suspensão do processo por morte da parte ou do seu procurador), 485, IX (extinção do processo pela morte da parte em ação intransmissível), 1.004 (recurso; falecimento da parte ou do seu advogado), 618, I (nomeação de inventariante; cônjuge sobrevivente), e 687 a 692 (habilitação).

BREVES COMENTÁRIOS

No caso de morte de qualquer dos litigantes, a sucessão por seu espólio ou seus sucessores é necessária, salvo a hipótese de ação intransmissível (CPC/2015, art. 110). Haverá suspensão do processo para que se promova a habilitação incidente dos interessados (art. 685). O atual Código não reproduziu a regra do anterior de que, no caso de óbito, estando o feito com a audiência de instrução e julgamento em curso, deveria o processo continuar até a sentença e só aí dar-se-ia sua suspensão até a efetiva habilitação dos sucessores ou do espólio.

JURISPRUDÊNCIA SELECIONADA

1. Distrato da pessoa jurídica demandante. Sucessão dos sócios. "Em sendo transmissível a obrigação cuja prestação se postula na demanda, quando a pessoa jurídica figura como autora da ação a sua extinção no curso da demanda equipara-se à morte da pessoa natural (art. 43 do CPC/73), decorrendo daí a sucessão dos seus sócios, e não a extinção do processo" (STJ, AgInt nos EDcl no REsp 1716079/RJ, Rel. Min. Paulo de Tarso Sanseverino, 3ª Turma, jul. 01.07.2019, *DJe* 02.08.2019). **No mesmo sentido:** TJSP, Ap. 125.790-2, Rel. Des. Pinto de Sampaio, 15ª Câmara, jul. 23.03.1988; STJ, REsp 2.082.254/GO, Rel. Min. Nancy Andrighi, 3ª Turma, jul. 12.09.2023, *DJe* 15.09.2023.

Sociedade limitada. Extinção da sociedade. Equiparação à morte da pessoa natural. Sucessão dos sócios. Procedimento de habilitação. Ver jurisprudência do art. 687 do CPC/2015.

2. Morte. Sucessão preferencial pelo espólio. "A jurisprudência do Superior Tribunal de Justiça é no sentido de que, nos termos do art. 110 do Código de Processo Civil, sucedendo a morte de qualquer das partes, dar-se-á a substituição dela pelo seu espólio ou sucessores. Precedentes: EDcl nos EDcl no AgRg no REsp 1.179.851/RS, Rel. Ministro Antônio Carlos Ferreira, Quarta Turma, *DJe* 29/4/2013; AgRg no AREsp 15.297/SE, Rel. Ministro Benedito Gonçalves, Primeira Turma, *DJe* 14/5/2012; AgRg no Ag 1.331.358/SP, Rel. Ministra Laurita Vaz, Quinta Turma, *DJe* 12/9/2011. Apesar de o dispositivo referir que a substituição pode ocorrer alternativamente 'pelo espólio ou pelos seus sucessores', entende-se que será dada preferência à substituição pelo espólio, havendo a habilitação dos herdeiros em caso de inexistência de patrimônio sujeito à abertura de inventário" (STJ, AgInt no AREsp 1455705/SP, Rel. Min. Herman Benjamin, 2ª Turma, jul. 20.08.2019, *DJe* 13.09.2019).

Sucessão dos herdeiros. "A morte do impetrante em data anterior ao término do processo implica a habilitação dos herdeiros na fase de execução, e não a extinção do processo satisfativo, uma vez que, nos termos do art. 43 do CPC, 'ocorrendo a morte de qualquer das partes, dar-se-á a substituição pelo seu espólio ou pelos seus sucessores, observado o disposto no art. 265'" (STJ, AgRg na ExeMS 115/DF, MS 14.743/DF, Rel. Min. Luiz Fux, 1ª Seção, jul. 24.06.2009, *DJe* 14.08.2009).

3. Inventário. Habilitação de herdeiros. Inexistência de patrimônio. "Embora no caso de morte do autor da ação seja efetuada a substituição processual pelo seu espólio, é admissível a simples habilitação dos seus herdeiros na hipótese de inexistência de patrimônio susceptível de abertura de inventário" (STJ, REsp 254.180/RJ, Rel. Min. Vicente Leal, 6ª Turma, jul. 11.09.2001, *DJ* 15.10.2001, p. 304).

4. Incorporação. "Enquanto não arquivado no registro próprio o contrato de incorporação, incorporadora e incorporada continuam a ser, em relação a terceiros, pessoas jurídicas distintas, cada qual legitimada para figurar em juízo na defesa de seus interesses. Ajuizada a causa pela incorporada, opera-se automática e naturalmente, a partir do posterior registro do contrato de incorporação, sua sucessão pela incorporadora, independentemente da anuência da parte contrária" (STJ, REsp 14.180/SP, Rel. Min. Sálvio de Figueiredo Teixeira, 4ª Turma, jul. 25.05.1993, *LEXSTJ* 51/134).

"A empresa incorporadora sucede a incorporada em todos os seus direitos e obrigações, de modo que a indenização por esta devida em processo já em fase de execução constitui obrigação a ser satisfeita pela incorporadora" (STJ, RMS 4.949/MG, Rel. Min. Cláudio Santos, 3ª Turma, jul. 12.12.1994, *DJ* 13.03.1995, p. 5.284, *RSTJ* 75/159).

"Empresa incorporada que é sucedida no polo passivo da relação processual pela incorporadora. Imprescindibilidade da juntada do instrumento de mandato outorgado por esta última. Extinta que foi a empresa incorporada, a incorporadora, ao prosseguir na demanda em seu lugar, deverá exibir o instrumento de mandato no que lhe concerne, sendo desprovidos de eficácia os substabelecimentos apresentados em decorrência do mandato primitivamente conferido pela empresa sucedida" (STJ, AgRg no REsp 142.215/RJ, Rel. Min. Barros Monteiro, 4ª Turma, *DJ* 26.10.1998, p. 121).

5. Morte do autor. Dano moral. Legitimidade ad causam dos sucessores. O espólio, detentor de capacidade processual, tem legitimidade para, sucedendo o autor falecido no curso da ação, pleitear reparação por danos materiais e morais sofridos. Precedentes do STJ: REsp 647.562/MG, Rel. Min. Aldir Passarinho Júnior, *DJ* 12.02.2007; REsp 648.191/RS, Rel. Min. Jorge Scartezzini, *DJ* 06.12.2004; REsp 470.359/RS, Rel. Min. Félix Fischer, *DJ* 17.05.2004; AgRgREsp 469.191/RJ, Rel. Min. Sálvio de Figueiredo Teixeira, *DJ* 23.06.2003; REsp 343.654/SP, Rel. Min. Carlos Alberto Menezes Direito, *DJ* 01.07.2002. Em sentido oposto: REsp 697.141/MG, Rel. Min. Luiz Fux, *DJ*

29.05.2006. A ação por danos morais transmite-se aos herdeiros do autor por se tratar de direito patrimonial (REsp 647.562/MG, Rel. Min. Aldir Passarinho Júnior, *DJ* 12.02.2007)" (STJ, REsp 1.028.187/AL, Rel. Min. José Delgado, 1ª Turma, jul. 06.05.2008, *DJe* 04.06.2008). **No mesmo sentido:** STJ, REsp 577.787/RJ, Rel. Min. Castro Filho, 3ª Turma, jul. 24.08.2004, *DJ* 20.09.2004, p. 290; STJ, REsp 648.191/RS, Rel. Min. Jorge Scartezzini, 4ª Turma, jul. 09.11.2004, *DJ* 06.12.2004, p. 334; TACivSP, AI 1.258.261-5, Rel. Juiz José Reynaldo, 2ª Câmara, jul. 16.06.2004, *RT* 832/242.

"Muito embora a honra subjetiva seja direito personalíssimo, o que em tese impediria sua transmissão a terceiros, ainda que filhos, no caso em comento a questão é distinta. A ofendida ingressou com a presente ação de indenização por danos morais antes de falecer. **Logo, o que se transmite não é o dano moral, mas a correspondente indenização.** Dessa forma, tem-se como legítima a sucessão no polo ativo da demanda indenizatória" (TJRS, Ap. 70014589832, jul. 31.05.2006, *DJ* 22.06.2006).

"A jurisprudência tem, de regra, conferido soluções diversas a ações i) ajuizadas pelo falecido, ainda em vida, tendo o espólio assumido o processo posteriormente; ii) ajuizadas pelo espólio pleiteando danos experimentados em vida pelo de *cujus*; e iii) ajuizadas pelo espólio, mas pleiteando direito próprio dos herdeiros (como no caso). Nas hipóteses de ações ajuizadas pelo falecido, ainda em vida, tendo o espólio assumido o processo posteriormente (i), e nas ajuizadas pelo espólio pleiteando danos experimentados em vida pelo de *cujus* (ii), a jurisprudência tem reconhecido a legitimidade do espólio. Diversa é a hipótese em que o espólio pleiteia bem jurídico pertencente aos herdeiros (iii) por direito próprio e não por herança, como é o caso de indenizações por danos morais experimentados pela família em razão da morte de familiar. Nessa circunstância, deveras, não há coincidência entre o postulante e o titular do direito pleiteado, sendo, a rigor, hipótese de ilegitimidade *ad causam*. [...] Em casos com esses contornos, a jurisprudência da Casa não tem proclamado a ilegitimidade do espólio, preferindo salvar os atos processuais praticados em ordem a observar o princípio da instrumentalidade. [...]. Recurso especial provido para que o feito prossiga seu curso normal na origem, abrindo-se prazo para que o autor emende a inicial e corrija a impropriedade de figurar o espólio no polo ativo, nos termos dos arts. 284, *caput* e parágrafo único, e 295, inciso VI, do CPC" (STJ, REsp 1.143.968/MG, Rel. Min. Luis Felipe Salomão, 4ª Turma, jul. 26.02.2013, *DJe* 01.07.2013).

6. Espólio. Retomada de imóvel alugado. Legitimidade. "O espólio tem legitimidade ativa para retomar o imóvel alugado e que se destinará ao uso de herdeiro. Não há necessidade de se aguardar a partilha dos bens, basta a prova de propriedade do bem pelo *de cujus*" (TASP, Ap 321.427-2/00, Rel. Juiz Cunha Cintra, 8ª Câmara, jul. 07.05.1992, *RT* 683/121).

7. Ação declaratória de união estável. "A ação declaratória de união estável, em que pese tratar-se de direito personalíssimo, admite plenamente, após a morte da parte originária, sua substituição, no caso, pelos herdeiros do *de cujus*" (TJGO, Apelação Cível 249588-54, Rel. Des. Hélio Maurício de Amorim, 5ª Câm. Cív., jul. 17.06.2010, *RT* 900/292).

Art. 111. A parte que revogar o mandato outorgado a seu advogado constituirá, no mesmo ato, outro que assuma o patrocínio da causa.

Parágrafo único. Não sendo constituído novo procurador no prazo de 15 (quinze) dias, observar-se-á o disposto no art. 76.

CPC/1973

Art. 44.

REFERÊNCIA LEGISLATIVA

CPC/2015, arts. 485, IV (extinção do processo por ausência de pressupostos processuais).

BREVES COMENTÁRIOS

A substituição do advogado no curso do processo pode decorrer de ato de vontade ou de fato natural. Pode advir de revogação ou renúncia do mandato, da morte ou incapacidade do próprio advogado. Pode, ainda, decorrer de caso de força maior que o impeça de continuar no patrocínio da causa.

Quando a parte revogar o mandato outorgado ao seu advogado, no mesmo ato constituirá outro que assuma sua função nos autos. A desobediência dessa regra levará à extinção do processo se o autor ficar sem advogado que o represente, pois faltará um pressuposto de desenvolvimento válido da relação processual (art. 485, IV). Se a omissão for do réu, o processo deverá prosseguir à sua revelia, com as consequências dos arts. 344 e 346.

JURISPRUDÊNCIA SELECIONADA

1. Credenciamento de novo representante. Revogação. "A teor do disposto no art. 1.319 do Código Civil [de 1916], o credenciamento de novo representante, com ciência do anterior, implica a revogação do mandato precedente. Exsurge insubsistente julgamento no qual não se observou, quanto à publicação da pauta, o novo credenciamento, conclusão que mais se robustece quando requerido que as intimações saíssem com o nome do novo causídico. A juntada, com o novo instrumento de mandato, de substabelecimento em que registrada a reserva de iguais poderes mostra-se insuficiente ao afastamento do vício" (STF, HC 72.811-1/SP, Rel. Min. Marco Aurélio, 2ª Turma, *DJ* 19.10.1995).

"A **outorga de nova procuração**, sem reserva de poderes, indica a revogação de mandato anterior" (STJ, REsp 222.215/PR, Rel. Min. Félix Fischer, 5ª Turma, jul. 03.02.2000, *DJ* 21.02.2000, p. 163).

Revogação tácita. "A revogação tácita de mandado judicial ocorre quando o mandante pratica atos incompatíveis com sua manutenção, tornando impossível a execução" (TJSP, Ap 130.792-2, Rel. Des. Carlos Ortiz, 12ª Câmara, jul. 10.05.1988, *RT* 633/88).

"O ulterior substabelecimento, efetuado pelo primitivo mandatário, não revoga automaticamente aquele que antes já se fizera" (STJ, REsp 85.896/GO, Rel. Min. Eduardo Ribeiro, 3ª Turma, jul. 20.05.1997, *DJ* 16.06.1997, p. 27.363).

2. Inexistência de suspensão do processo. "O art. 44 do CPC impõe que a parte constitua novo advogado para assumir o patrocínio da causa, no mesmo ato em que revogar o mandato anterior, **não constituindo, portanto, a revogação da procuração, causa de suspensão do processo**, ainda que a parte fique sem representação processual" (STJ, REsp 883.658/MG, Rel. Min. Luis Felipe Salomão, 4ª Turma, jul. 22.02.2011, *DJe* 28.02.2011).

3. Renúncia. "Se o mandante comparece ao cartório, e, à viva voz, manifesta sua vontade de não mais praticar o ato outorgado, cassando verbalmente o mandato, deve a última vontade prevalecer sobre aquela anteriormente manifestada no instrumento de procuração, não havendo necessidade de se aguardar a revogação expressa do mesmo" (TJMG, Ap. Cível 2616/1, Rel. Des. Monteiro de Barros, 4ª Câmara Cível, jul. 02.09.1993, *RJ* 212/64).

4. Constituição de novo procurador. Ônus da parte. "Uma vez desconstituído seu procurador, cabe à parte providenciar outro imediatamente, não podendo sofrer o *ex adverso*, por esta negligência, a qual não constitui causa justificada para relevar a deserção" (TASP, AI 183.714-3, Rel. Juiz Gildo dos Santos, 7ª Câmara, jul. 20.08.1985, *RT* 601/164).

5. Poderes genéricos e específicos. "O mandato conferido a um advogado com poderes específicos para que funcione no presente processo não é revogado por instrumento procuratório posterior, outorgando poderes genéricos ao novo advogado, de modo que ambos os causídicos representam a empresa ré, sendo, por conseguinte, válida a interposição do presente recurso pelo primeiro advogado – daí por que deve ser conhecida –, como também a sentença e todo o processamento de feito, posto que inexistente qualquer nulidade ou desrespeito ao rito processual" (TRF, Ap 322.527, Rel. Des. Federal Paulo Roberto de Oliveira Lima, 2ª Turma, jul. 16.03.2004, *DJU* 07.04.2004).

Art. 112. O advogado poderá renunciar ao mandato a qualquer tempo, provando, na forma prevista neste Código, que comunicou a renúncia ao mandante, a fim de que este nomeie sucessor.

§ 1º Durante os 10 (dez) dias seguintes, o advogado continuará a representar o mandante, desde que necessário para lhe evitar prejuízo.

§ 2º Dispensa-se a comunicação referida no *caput* quando a procuração tiver sido outorgada a vários advogados e a parte continuar representada por outro, apesar da renúncia.

CPC/1973

Art. 45.

REFERÊNCIA LEGISLATIVA

EOAB, arts. 5º, § 3º (renúncia ao mandato), 34, XI (infração disciplinar) e 36 (pena de censura).

BREVES COMENTÁRIOS

Quando a representação processual tiver de cessar, em virtude de renúncia do advogado ao seu mandato, deverá este cientificar a parte para que lhe nomeie sucessor. Durante os dez dias seguintes à cientificação, o advogado continuará a representar o mandante, desde que necessário para lhe evitar prejuízo. Não há exigência legal de uma forma solene de cientificação. Qualquer meio de ciência será válido. Um "ciente" na declaração pessoalmente apresentada, um telegrama, um telex ou fax ou e-mail, conforme o caso, serão suficientes para a comprovação a ser feita em juízo pelo advogado, para liberar-se do *munus* processual de continuar representando a parte.

O atual Código dispensa a comunicação ao mandante, caso a procuração tenha sido outorgada a vários advogados e a parte continue representada por outro, apesar da renúncia.

JURISPRUDÊNCIA SELECIONADA

1. Renúncia ao mandato:

Renúncia do advogado comunicada ao cliente. Desnecessidade de intimação judicial para regularização. "'A jurisprudência desta Corte Superior firmou o entendimento no sentido de que a renúncia de mandato regularmente comunicada pelo patrono ao seu constituinte, na forma do art. 112 do NCPC, dispensa a determinação judicial para intimação da parte, objetivando a regularização da representação processual nos autos, sendo seu ônus a constituição de novo advogado'. (AgInt no AREsp 1259061/SP, Rel. Ministro MOURA RIBEIRO, TERCEIRA TURMA, julgado em 24/09/2018, *DJe* 27/09/2018)" (STJ, AgInt no AREsp 1468610/SP, Rel. Min. Mauro Campbell Marques, 2ª Turma, jul. 21.11.2019, *DJe* 27.11.2019). **No mesmo sentido:** STJ, AgInt no AREsp 2.343.002/MG, Rel. Min. João Otávio de Noronha, 4ª Turma, jul. 26.02.2024, *DJe* 28.02.2024).

Notificação do mandante. "Conforme precedentes, a renúncia do mandato só se aperfeiçoa com a notificação inequívoca do mandante. **Incumbe ao advogado a responsabilidade de cientificar o seu mandante de sua renúncia.** Enquanto o mandante não for notificado e durante o prazo de dez dias após a sua notificação, incumbe ao advogado representá-lo em juízo, com todas as responsabilidades inerentes à profissão" (STJ, REsp 320.345/GO, Rel. Min. Fernando Gonçalves, 4ª Turma, jul. 05.08.2003, *DJ* 18.08.2003, p. 209). **No mesmo sentido:** STJ, AGREsp 48.376/DF, Rel. Min. Costa Leite, 3ª Turma, jul. 28.04.1997, *DJU* 26.05.1997.

Notificação do mandante. Prosseguimento do processo independentemente de intimação. "A renúncia ao mandato, devidamente notificada ao mandante, resultará em prosseguimento dos processos e do prazo independentemente de intimação, se novo procurador não for constituído" (STJ, AgRg no Ag 666.835/MS, Rel. Min. Ricardo Villas Bôas Cueva, 3ª Turma, jul. 15.03.2012, *DJe* 21.03.2012). **No mesmo sentido:** STF, AI 676.479 AgR-ED-QO, Rel. Min. Joaquim Barbosa, 2ª Turma, jul. 03.06.2008, *DJe* 15.08.2008; STJ, REsp 557.339/DF, Rel. Min. Carlos Alberto Menezes Direito, 3ª Turma, jul. 29.06.2004, *DJ* 08.11.2004, p. 225.

"Não há ofensa à lei quando a parte, **representada por dois advogados,** não tiver sido notificada da renúncia de um deles, já que permaneceu assistida pelo outro, uma vez que o prosseguimento do processo não dependia, substancialmente, dessa notificação" (TJPR, AR 27/73, Rel. Wilson Reback, 2ª Câmara Cível, jul. 18.02.1976).

2. Renúncia do mandato após interposição de recurso. Ausência de substituição. Não conhecimento do recurso. "Após devida intimação, o Município de Borebi/SP quedou inerte em constituir novo procurador. Diante da inexistência de advogado cadastrado nos autos para representação processual do agravante, em virtude de renúncia ao mandato após a interposição do agravo interno, não pode ser conhecido o recurso, por ausência de pressuposto processual" (STJ, AgInt no AREsp 845.826/SP, Rel. Min. Sérgio Kukina, 1ª Turma, jul. 06.04.2017, *DJe* 26.02.2018).

Inexistência. "Formalizada a renúncia ao mandato judicial, é inexistente o recurso subscrito pelo advogado renunciante, cuja protocolização ocorreu após o transcurso do prazo do artigo 45 do Código de Processo Civil" (STJ, AgRg no Ag 851.664/SP, Rel. Min. Castro Filho, 3ª Turma, jul. 09.08.2007, *DJ* 17.09.2007).

"Não se conhece de recurso interposto por advogado que substabelecera todos os poderes recebidos, sem reservas, o que importa em renúncia do poder de representação judicial do recorrente" (STJ, AgRg nos EREsp 36.319/GO, Rel. Min. Dias Trindade, Corte Especial, jul. 10.11.1994, *DJ* 08.05.1995).

3. Prazo para o advogado renunciante representar o mandante. *Dies a quo*. "O prazo de dez dias, durante o qual continuará o advogado renunciante a representar o mandante, não começa a fluir antes que seja esse cientificado da renúncia" (STJ, REsp 8.280/SP, Rel. Min. Eduardo Ribeiro, 3ª Turma, jul. 04.02.1997 *DJ* 14.04.1997).

"O fato de o advogado renunciar ao mandato no transcurso do prazo para recorrer não suspende nem prorroga tal prazo, eis que, por força do disposto no art. 45 do CPC, continuará ele a representar o mandante nos dez dias seguintes, desde que necessário para lhe evitar prejuízo" (TJMS, AI 2.089/89, Rel. Des. José Augusto de Souza, 2ª Turma, jul. 01.03.1989).

4. Renúncia. Efeitos. "A renúncia do mandato pelo procurador da parte, consoante o art. 45 do CPC, não impõe, desde logo, aplicar-se à parte que não constitui novo patrono os efeitos da revelia. A norma do art. 45 há de ser interpretada e aplicada pelo juiz à luz do art. 13 do mesmo diploma legal" (TJRJ, Ap 877/87, Rel. Des. Waldemar Zveiter, 7ª Câm., jul. 28.04.1987, *RDTJRJ* 3º/311).

DOS PROCURADORES: INDICAÇÃO DOUTRINÁRIA

Amaral Santos, *Primeiras linhas de direito processual civil*, v. I, n. 298; Arruda Alvim, O terceiro adquirente de bem imóvel do réu, pendente ação reivindicatória não inscrita no registro de imóveis, e a eficácia da sentença em relação a esse terceiro, no direito brasileiro, *RP* 31/189; Bruno Vasconcelos Carrilhos Lopes, In: José Roberto F. Gouvêa; Luis Guilherme A. Bondioli e João Francisco N. da Fonseca (coord.), *Comentários ao Código de Processo Civil*, São Paulo: Saraiva, 2017, v. 2; Calmon de Passos, *Inovações no CPC*. Rio de Janeiro: Forense, 1995, p. 95; Carlos Alberto Álvaro de Oliveira, *Alienação da coisa litigiosa*. Rio de Janeiro: Forense, 1984; Cássio Scarpinella Bueno, *Manual de direito processual civil*. São Paulo: Saraiva, 2015; Celso Antônio Rossi, A obrigatoriedade do endereço do advogado na petição inicial, *RT* 479/247; *RF* 254/465; Daniel Amorim Assumpção Neves, *Manual de direito processo civil*. São Paulo: Método, 2015; Edson Prata, Capacidade postulatória, mandato e direito do advogado, *RBDP* 31/11; Fredie Didier Jr., *Curso de direito processual civil*. 17. ed. Salvador: JusPodivm, 2015, v. I; Guilherme Rizzo Amaral, *Comentários às alterações do novo CPC*. São Paulo: RT, 2015; Humberto Theodoro Júnior, *Curso de direito processual civil*. 61. ed. Rio de Janeiro: Forense, 2020, v. I; Humberto Theodoro Júnior, Fernanda Alvim Ribeiro de Oliveira, Ester Camila Gomes Norato Rezende (coords.), *Primeiras lições sobre o novo direito processual civil brasileiro*. Rio de Janeiro: Forense, 2015; J. E. Carreira Alvim, *Comentários ao atual Código de Processo Civil*. Curitiba: Juruá, 2015; José Miguel Garcia Medina, *Novo Código de Processo Civil comentado*. São Paulo: RT, 2015; Leonardo Greco, *Instituições de processo civil: introdução ao direito processual civil*. 5. ed. Rio de Janeiro: Forense, 2015; Lopes da Costa, *Direito processual civil*, v. I, n. 448, p. 320 – sobre despesas do processo que o vencedor tem direito; Luis Antônio Giampaulo Sarro, *Novo Código de Processo Civil*. São Paulo: Rideel, 2015; Luiz Guilherme Marinoni, Sérgio Cruz Arenhart, Daniel Mitidiero, *Curso de processo civil*. São Paulo: RT, 2015, v. I; Luiz Orione Neto, Sucessão e substituição processual – traços distintivos, *RP* 46/221; Marcus Vinicius Furtado Coelho, In: Teresa Arruda Alvim Wambier, Fredie Didier Jr., Eduardo Talamini, Bruno Dantas, *Breves comentários ao novo Código de Processo Civil*. São Paulo: RT, 2015; Nelson Nery Junior, Rosa Maria de Andrade Nery, *Comentários ao Código de Processo Civil*. São Paulo: RT, 2015; Pontes de Miranda, *Comentários ao CPC*. 5. ed. Rio de Janeiro: Forense, 1995, t. I, p. 460-463; Renato Beneduzi, In: Sérgio Cruz Arenhart e Daniel Mitidiero (coord.), *Comentários ao Código de Processo Civil*. 2. ed., São Paulo: RT, 2018, v. 2; Roberto Rosas, O advogado no CPC, *RFDUU* 5/259; Roberto Rosas, O advogado no sistema processual civil, *Ajuris* 12/125; Teresa Arruda Alvim Wambier, Fredie Didier Jr., Eduardo Talamini, Bruno Dantas (coords.), *Breves comentários ao novo Código de Processo Civil*. São Paulo: RT, 2015; Teresa Arruda Alvim Wambier, Maria Lúcia Lins Conceição, Leonardo Ferres da Silva Ribeiro, Rogério Licastro Torres de Melo, *Primeiros comentários ao novo Código de Processo Civil*. São Paulo: RT, 2015.

TÍTULO II
DO LITISCONSÓRCIO

Art. 113. Duas ou mais pessoas podem litigar, no mesmo processo, em conjunto, ativa ou passivamente, quando:

I – entre elas houver comunhão de direitos ou de obrigações relativamente à lide;

II – entre as causas houver conexão pelo pedido ou pela causa de pedir;

III – ocorrer afinidade de questões por ponto comum de fato ou de direito.

§ 1º O juiz poderá limitar o litisconsórcio facultativo quanto ao número de litigantes na fase de conhecimento, na liquidação de sentença ou na execução, quando este comprometer a rápida solução do litígio ou dificultar a defesa ou o cumprimento da sentença.

§ 2º O requerimento de limitação interrompe o prazo para manifestação ou resposta, que recomeçará da intimação da decisão que o solucionar.

CPC/1973

Art. 46.

REFERÊNCIA LEGISLATIVA

CPC/2015, arts. 54 (modificações da competência), 57 (reunião de ações), 75, § 1º (inventariante dativo), 124 (assistência qualificada), 127 e 128 (denunciação da lide), 139 (juiz; direção do processo), 229 (prazo geral), 231, II (intimação; fluência do prazo), 319 (petição inicial; requisitos; causa de pedir), 335, § 1º (resposta do réu; prazo; litisconsórcio passivo), 345, I (efeito da revelia), 385 (depoimento pessoal), 391 (confissão), 364, § 1º (instrução e julgamento; debates orais; prazo), 506 (coisa julgada; limites subjetivos; questões de estado), 575 (ação de demarcação), 598 (ação de divisão), 924 (extinção da execução), 998 (desistência de recurso) e 1.005 (extensão de recurso).

Lei nº 7.347, de 24.07.1985, art. 5º, § 2º (ação civil pública).

Lei nº 4.717, de 29.06.1965, arts. 6º, § 5º, e 7º, III (ação popular).

Lei nº 12.016, de 07.08.2009, arts. 10, § 2º, e 24 (mandado de segurança).

Lei nº 9.099, de 26.09.1995, art. 10 (juizados especiais).

Regimento Interno do STF, arts. 68, § 1º, e 132, § 2º (preparo de recurso; sustentação oral).

BREVES COMENTÁRIOS

O elenco do art. 113 compreende, como se vê, o litisconsórcio tanto necessário como o facultativo. Aliás, como regra geral, os casos arrolados pelo Código, no dispositivo comentado, podem ser havidos como de litisconsórcio facultativo, pois, segundo o próprio texto legal, as partes podem litigar em conjunto, mas nem sempre estão forçadas a tanto.

JURISPRUDÊNCIA SELECIONADA

1. Ação de cobrança. Distribuição de lucro. Sociedade empresária limitada. Ilegitimidade passiva do sócio não configurada. Citação da sociedade desnecessária. "Nos termos do art. 601, parágrafo único, do CPC/2015, na ação de dissolução parcial de sociedade limitada, é desnecessária a citação da sociedade empresária se todos os que participam do quadro social integram a lide. Por isso, não há motivo para reconhecer o litisconsórcio passivo na hipótese de simples cobrança de valores quando todos os sócios foram citados, como ocorre no caso. Na linha dos precedentes desta Corte, o princípio processual da instrumentalidade das formas, sintetizado pelo brocardo *pas de nullité sans grief* e positivado nos arts. 282 e 283, ambos do CPC/2015, impede a anulação de atos inquinados de invalidade quando deles não tenham decorrido prejuízos concretos" (STJ, REsp 1.731.464/SP, Rel. Min. Moura Ribeiro, 3ª turma, jul. 25.09.2018, *DJe* 01.10.2018).

2. Litisconsórcio ativo. Recuperação judicial. "É possível a formação de litisconsórcio ativo na recuperação judicial para abranger as sociedades integrantes do mesmo grupo econômico. As sociedades empresárias integrantes de grupo econômico devem demonstrar individualmente o cumprimento do requisito temporal de 2 (dois) anos de exercício regular de suas atividades para postular a recuperação judicial em litisconsórcio ativo" (STJ, REsp 1.665.042/RS, Rel. Min. Ricardo Villas Bôas Cueva, 3ª Turma, jul. 25.06.2019, *DJe* 01.07.2019).

Litisconsórcio ativo. "Tratando-se de litisconsórcio ativo, nossa legislação permite a uma pessoa propor sozinha a ação para defender direito que é comum a ela e a outras. Julgar extinto o processo movido por coerdeiros porque não lograram trazer ao feito o coerdeiro remanescente seria retirar-lhes o direito de ação" (TASP, Ap 350.837, Rel. Juiz Luiz de Azevedo, 7ª Câmara, jul. 04.03.1986, *RT* 611/130).

3. Litisconsórcio ativo multitudinário. Desmembramento. Ausência de citação. Demanda individual subsequente. Prescrição. Interrupção. Marco inicial. Data do ajuizamento da ação originária. "Como regra geral, o decurso do prazo prescricional é interrompido pelo despacho do juiz (ainda que incompetente) que ordena a citação (art. 240, § 1º, do CPC/15 e art. 202, I do CC). A prescrição acarreta a perda da exigibilidade de um direito (ou a perda de uma pretensão deduzível em juízo), de modo que somente pode ser prejudicado pela passagem do tempo aquele a quem se puder atribuir inércia injustificada na busca de seus interesses. No particular, deve-se considerar que a recorrida exerceu sua pretensão dentro do prazo, em litisconsórcio facultativo, quando ajuizou a demanda originária, não podendo, portanto, vir a sofrer qualquer prejuízo de índole processual ou material em decorrência de providência adotada pelo julgador, à qual não deu causa. Assim, na hipótese dos autos, a data que deve prevalecer para fins do marco inicial da interrupção da prescrição é a da propositura da ação originária, como forma de não lesar os litisconsortes que litigavam conjuntamente e que foram elididos da relação processual primeva" (STJ, REsp 1.868.419/MG, Rel. Min. Nancy Andrighi, 3ª Turma, jul. 22.09.2020, *DJe* 28.09.2020).

4. Litisconsórcio passivo.

Litisconsórcio passivo eventual. "Desde que atendidos os requisitos genéricos previstos no art. 46 do CPC [art. 113 do

CPC/2015] e não haja incompatibilidade absoluta de competência e procedimento, é viável o ajuizamento conjunto de ações conexas pela causa de pedir com pedidos sucessivos contra réus diversos, hipótese cognominada litisconsórcio eventual" (STJ, REsp 727.233/SP, Rel. Min. Castro Meira, 2ª Turma, jul. 19.03.2009, *DJe* 23.04.2009).

"O credor não está impedido de ajuizar a ação apenas contra um dos coobrigados. Não se propondo a instauração do litisconsórcio facultativo impróprio entre devedores eventuais, sujeita-se ele às consequências de sua omissão" (REsp 50.153/RJ, Rel. Min. Barros Monteiro, 4ª Turma, jul. 12.09.1994, *DJ* 14.11.1994, p. 30.961).

"Se os litisconsortes têm interesses distintos, a interposição, por um deles, de recurso adesivo, não aproveita aos demais (CPC, art. 509)" (STJ, REsp 99.924/SP, Rel. Min. Ari Pargendler, 2ª Turma, jul. 15.09.1998, *DJ* 13.10.1998, p. 66).

Descaracterização. "Descaracterizado o litisconsórcio passivo, por não enquadrável em qualquer das hipóteses dos arts. 46 e 47 do CPC, em atenção ao princípio da economia processual impõe-se o desdobramento dos litígios em feitos distintos, e não a extinção do processo por ilegitimidade de parte" (TASP, Ap 216.051-9, Rel. Juiz Aldo Magalhães, 4ª Câmara, jul. 29.03.1988, *RT* 629/189).

Demanda entre concessionária e usuário. Inexistência de litisconsórcio passivo. Concedente de serviço público. "O exercício do poder normativo ou controlador ou de polícia ou de concedente de serviços públicos, pelos entes estatais, não transforma tais entes em partes nas relações de direito material estabelecidas pelos destinatários das normas por eles editadas, ou pelas entidades por eles fiscalizadas ou pelas empresas titulares de concessões ou autorizações por eles expedidas. No caso, a relação de direito material objeto da demanda é, exclusivamente, a que se estabeleceu por força de um vínculo contratual entre a concessionária e o usuário do serviço de telefonia. A Anatel, concedente do serviço público, não faz parte desse contrato nem, portanto, da relação jurídica dele decorrente. Assim, porque não ostenta sequer a condição para se legitimar como parte, não pode a Anatel ser litisconsorte, nem facultativo e muito menos necessário" (STJ, REsp 979.292/PB, Rel. Min. Teori Albino Zavascki, 1ª Turma, jul. 13.11.2007, *DJ* 03.12.2007, p. 302). **No mesmo sentido:** STJ, REsp 754.528/SC, Rel. Min. Mauro Campbell Marques, 2ª Turma, jul. 17.11.2009, *DJe* 27.11.2009.

Ação de alimentos. Avós. Litisconsórcio passivo. Possibilidade. "Sendo insuficiente a capacidade econômica do pai para arcar integralmente com o dever jurídico dos alimentos devidos ao filho, poderão suplementar a pensão os ascendentes próximos, na medida das suas possibilidades. Tranquilo é o entendimento, na doutrina e na jurisprudência, no sentido da admissibilidade dos avós para integrar a lide, não possuindo o pai legitimação ou interesse para insurgir-se contra tal litisconsórcio passivo, que no caso é facultativo impróprio, pois não lhe causa prejuízo algum, formal ou material" (TJSP, AI 300412-4/2, Rel. Des. J. Roberto Bedran, 2ª Câmara, jul. 07.10.2003, *RJ* 329/119).

Ação indenizatória ajuizada por terceiro contra o segurado e a seguradora. "Desde que os promovidos não tragam aos autos fatos que demonstrem a inexistência ou invalidade do cogitado contrato de seguro de responsabilidade civil por acidentes de veículos, limitando-se a contestar, sobretudo, o mérito da pretensão autoral, mostra-se viável a preservação do litisconsórcio passivo, entre segurado e seguradora. Isso porque esse litisconsórcio terá, então, prevalentes aqueles mesmos contornos que teria caso formado, em ação movida só contra o segurado apontado causador do acidente, por denunciação feita pelo réu, em decorrência da aplicação das regras dos arts. 70, 71, 72, 75 e 76 do Código de Processo Civil – CPC [arts. 125, 126/131, 128 e 129 do CPC/2015]. **Se o réu segurado convocado para a ação iria mesmo denunciar a lide à seguradora, nenhum prejuízo haverá para esta pelo fato de ter sido convocada a juízo, como promovida, a requerimento do terceiro autor da ação.** Em ambos os casos haverá de defender-se em litisconsórcio passivo com o réu, respondendo solidariamente com este pela reparação do dano decorrente do acidente, até os limites dos valores segurados contratados" (STJ, REsp 710.463/RJ, Rel. Min. Raul Araújo, 4ª Turma, jul. 09.04.2013, *DJe* 18.04.2013).

5. Litisconsórcio alternativo. Admissibilidade. Ilegitimidade de parte. "É perfeitamente admissível o litisconsórcio alternativo formado entre a seguradora e o intermediário do seguro, pois, não podendo saber o autor a quem será imputada a responsabilidade, move a ação contra os que entende responsáveis, para que, na eventualidade de um ser exonerado, seja o outro considerado obrigado à reparação" (1º TACivil/SP, Ap. 327.860, Rel. Juiz Scarance Fernandes, 5ª Câmara, j. 15.08.1984, *RT* 589/132).

"No julgamento do recurso repetitivo norteador da matéria, REsp 1.091.393/SC, da lavra do Rel. Min. Carlos Fernando Mathias, realizado em 11.03.2009, restou definido que a Caixa Econômica Federal não é litisconsorte passiva necessária em ação movida contra seguradora para indenizar vício de construção em imóvel do Sistema Financeiro de Habitação" (STJ, AgRg no Ag 991.902/SC, Rel. Min. Vasco Della Giustina, 3ª Turma, jul. 18.08.2009, *DJe* 02.09.2009).

6. Litisconsórcio facultativo:

Modalidades. "Regula o processo civil três modalidades de litisconsórcios facultativos: (a) o litisconsórcio unitário, caracterizado pelo fato de que, não obstante haja pluralidade de partes em um dos polos da relação processual, há apenas uma demanda em discussão e a respectiva decisão tem de ser uniforme; (b) o litisconsórcio por conexidade, no qual o fundamento pelo qual se admite a cumulação subjetiva é o de que há identidade entre os pedidos ou as causas de pedir; e (c) o litisconsórcio por afinidade de questões de fato, que se caracteriza não pela existência de conexão entre as demandas cumuladas, mas de um liame caracterizado pela existência de algum requisito comum de fato ou de direito" (STJ, REsp 802.497/MG, Rel. Min. Nancy Andrighi, 3ª Turma, jul. 15.05.2008, *DJe* 24.11.2008).

Condôminos. "Legitimidade do condômino para promover ação indenizatória, independentemente da formação de litisconsorte com os demais comunheiros. **Em ação indenizatória, o litisconsórcio é sempre facultativo, seja ativo ou passivo,** podendo cada um dos prejudicados, isoladamente (ou em conjunto), pleitear em juízo o direito ao ressarcimento. Se mais de um for o causador do dano, poderá o prejudicado exigir de um só (ou de todos) a titularidade do pagamento, eis que existe solidariedade entre os devedores. O litisconsórcio facultativo pode ser instituído ao talante do autor, independentemente da vontade do réu, porquanto, segundo a legislação pertinente, não se revela possível constranger alguém a demandar quando não quer" (STJ, REsp 35.496/SP, Rel. Min. Demócrito Reinaldo, 1ª Turma, jul. 01.12.1993, *DJ* 21.02.1994, p. 2.129).

Legitimidade recursal. "O litisconsorte não possui legitimidade recursal para interpor agravo regimental objetivando o processamento de recurso especial interposto por outrem. Assim, ele somente é legítimo para recorrer de decisão que nega provimento a seu próprio agravo de instrumento" (STJ, AgRg no Ag 1.048.665/MG, Rel. Min. Vasco Della Giustina (Des. convocado do TJ/RS), 3ª Turma, jul. 16.06.2009, *DJe* 24.06.2009).

7. Ação coletiva. Substituição processual. Possibilidade de limitação do número de substituídos por cumprimento de sentença. "Na fase de cumprimento de sentença de ação coletiva relativa a direitos individuais homogêneos não se está mais diante de uma atuação uniforme do substituto processual em prol dos substituídos, mas de uma demanda em que é necessária a individualização de cada um dos beneficiários do título judicial, bem como dos respectivos créditos. Assim, é possível a limitação do número de substituídos em cada cumprimento de sentença, por aplicação extensiva do art. 113, § 1º, do CPC" (STJ, REsp 1.947.661/RS, Rel. Min. Og Fernandes, 2ª Turma, jul. 23.09.2021, *DJe* 14.10.2021).

8. Direito à saúde. Impossibilidade de obrigar a inclusão da União no polo passivo declarada pela Justiça Federal, tendo em vista a solidariedade dos entes federados. Competência da justiça estadual. Ver jurisprudência do art. 42 do CPC/2015.

9. PROUNI. Anulação de indeferimento de bolsa. União. Legitimidade passiva. Ver jurisprudência do art. 17 do CPC/2015.

10. Ação de nunciação de obra nova c/c ação demolitória. Litisconsórcio passivo não configurado. "O Superior Tribunal de Justiça vem decidindo no sentido que, nas ações demolitórias de obra ajuizadas em face de construções erguidas em desacordo com as regras urbanísticas ou ambientais, é prescindível a citação dos coproprietários do imóvel para integrarem a relação processual, na qualidade de litisconsorte passivo necessário, notadamente porque a discussão central do feito não diz respeito ao direito de propriedade ou posse" (STJ, REsp 1.830.821/PE, Rel. Min. Gurgel de Faria, 1ª Turma, jul. 14.02.2023, *DJe* 07.03.2023).

11. Litisconsórcio x assistência litisconsorcial. "Litisconsorte é parte, e não terceiro, na relação processual. Assim, para legitimar-se como litisconsorte é indispensável, antes de mais nada, legitimar-se como parte. Em nosso sistema, salvo nos casos em que a lei admite a legitimação extraordinária por substituição processual, só é parte legítima para a causa quem, em tese, figura como parte na relação de direito material nela deduzida. A assistência litisconsorcial supõe, conforme o art. 54 do CPC, a existência de uma relação jurídica material entre o assistente e o adversário do assistido que pode ser afetada pela sentença de mérito" (STJ, REsp 1.065.574/RJ, Rel. Min. Teori Albino Zavascki, 1ª Turma, jul. 02.10.2008, *DJe* 20.10.2008).

12. Ingresso de autores após a concessão da antecipação de tutela. Impossibilidade. "A admissão de litisconsorte ativo facultativo após a concessão da antecipação da tutela contraria o princípio do juiz natural, por possibilitar às partes a escolha do magistrado que decidirá sua causa. Precedentes" (STJ, REsp 693.201/PE, Rel. Min. Laurita Vaz, 5ª Turma, jul. 17.12.2007, *DJ* 07.02.2008).

13. Ponto comum de fato ou de direito (inciso III). "O litisconsórcio facultativo requer, apenas, que o liame entre os litisconsortes decorra de um ponto comum de fato ou de direito, podendo, em razão disso, ocorrer ou não o litisconsórcio entre as partes. No caso concreto, embora haja ponto comum de fato, consubstanciado na pretensão à titularidade do cargo de escrivão, os fundamentos de direito das pretensões são distintos" (STJ, AgRg na PET no RMS 16.489/PR, Rel. Min. Og Fernandes, 6ª Turma, jul. 02.05.2013, *DJe* 14.05.2013).

14. Ação civil pública. "A ação civil pública pode ser proposta contra o responsável direto, contra o responsável indireto ou contra ambos, pelos danos causados ao meio ambiente. Trata-se de caso de responsabilidade solidária, ensejadora do litisconsórcio facultativo (CPC, art. 46, I) [art. 113, I, do CPC/2015], e não do litisconsórcio necessário (CPC, art. 47) [art. 114 do CPC/2015]. Lei nº 6.898, de 31.08.1991, arts. 3º, IV, 14, § 1º, e 18, parágrafo único. Aplicação" (STJ, REsp 37.354-9/SP, Rel. Min. Antônio de Pádua Ribeiro, 2ª Turma, jul. 30.08.1995; *RSTJ* 82/124).

15. Limitação de litisconsórcio (§ 1º). "[...]. 'O exame e a eventual aplicação do disposto no art. 46, parágrafo único, do CPC [art. 113, § 1º, do CPC/2015] (limitação de litisconsórcio facultativo), **não possui a natureza de matéria de ordem pública**, que é própria das questões referentes às condições da ação e aos pressupostos de constituição e de desenvolvimento válidos do processo. **Após o transcurso do lapso temporal para a contestação**, não há possibilidade de se acolher a irresignação do réu quanto à restrição do número de litisconsortes no polo ativo da demanda, em razão do estabelecido no parágrafo único do art. 46 do CPC' (REsp n. 600.261/PR, rel. Min. Eliana Calmon, 2ª Turma, *DJ* de 15.08.2005)" (STJ, REsp 600.156/PR, Rel. Min. João Otávio de Noronha, 2ª Turma, jul. 07.11.2006, *DJ* 05.12.2006). No mesmo sentido: STJ, REsp 112.058/BA, Rel. Min. Francisco Peçanha Martins, 2ª Turma, *DJU* 30.10.2000.

"Entendendo necessário para célere solução da lide e, bem assim, para facilitar a defesa, **pode o Juiz de ofício limitar o litisconsórcio facultativo quanto ao número de litigantes.** Inteligência do art. 46, parágrafo único, primeira parte, do CPC [art. 113, § 1º, do CPC/2015]. Precedente do STJ" (STJ, REsp 908.714/BA, Rel. Min. Arnaldo Esteves Lima, 5ª Turma, jul. 18.09.2008, *DJe* 24.11.2008).

Possibilidade de requerimento de limitação pela parte. "Não obstante a competência exclusiva do magistrado para decidir se limita o litisconsórcio, o art. 46, parágrafo único, do Código de Processo Civil [art. 113, § 1º, do CPC/2015] faculta à parte formular requerimento de limitação. O dispositivo legal prevê, ainda, que, caso seja feito o pedido, haverá interrupção 'do prazo de resposta, que recomeça da intimação da decisão'. Conforme expressa previsão legal, o regime do litisconsórcio aplica-se à ação de mandado de segurança" (STJ, EDcl nos EDcl no REsp 880.601/AM, Rel. Min. Rogerio Schietti Cruz, 6ª Turma, jul. 17.12.2013, *DJe* 03.02.2014).

Prevenção do juiz originário. "A regra do parágrafo único do art. 46 do Código de Processo Civil [art. 113 do CPC/2015], que possibilita ao juiz, para uma rápida solução do litígio, limitar o litisconsórcio facultativo quanto ao número de litigantes, não pode ir de encontro ao princípio da perpetuação da jurisdição" (TJMG, CC 1.0000.14.010939-8/000, Rel. Des. Dárcio Lopardi Mendes, 4ª Câmara Cível, jul. 05.06.2014, *DJ* 10.06.2014).

Substituto processual. Impossibilidade de limitação do número de substituídos. "A orientação jurisprudencial predominante nesta Corte é no sentido de que, em se tratando de ação proposta por entidade sindical, na defesa de direitos individuais homogêneos de seus filiados, ocorre substituição processual, de modo que é inaplicável a disposição inscrita no parágrafo único do art. 46 do CPC [art. 113 do CPC/2015]. Em outras palavras, considerando que o sindicato atua nos autos principais como substituto processual, não há falar em limitação do número de litisconsortes, haja vista ser o único autor" (STJ, AgRg no REsp 910.485/DF, Rel. Min. Denise Arruda, 1ª Turma, jul. 14.04.2009, *DJe* 07.05.2009). **No mesmo sentido:** STJ, REsp 552.907/DF, Rel. Min. Félix Fischer, 5ª Turma, jul. 23.09.2003, *DJ* 28.10.2003, p. 360.

Réu que apresenta contestação. Pedido de limitação de litisconsórcio. Impossibilidade. "[...]. Na mesma linha, no que alude à segunda parte do parágrafo único do art. 46 do Código de Processo Civil [art. 113, § 1º, do CPC/2015], o réu, com o fito de facilitar sua defesa, poderá formular pedido ao magistrado, a fim de que seja limitado o litisconsórcio facultativo. O pleito formulado pelo réu, segundo a dicção do dispositivo legal mencionado, 'interrompe o prazo para a resposta, que recomeça da intimação da decisão'. No caso particular dos autos, **observa-se que o proceder do réu ao oferecer a contestação está a configurar uma nítida incompatibilidade entre o objetivo da norma legal, a qual, repita-se, é facilitar sua defesa.** Ora, se o réu pede a limitação do litisconsórcio facultativo e, em seguida, apresenta sua contestação, não há falar em dificuldade da defesa, pois à evidência esta restou validamente exercida" (STJ, REsp 624.836/PR, Rel. Min. Franciulli Netto, 2ª Turma, jul. 21.06.2005, *DJ* 08.08.2005, p. 265).

16. Exclusão de litisconsorte. Recurso cabível. Ver jurisprudência do art. 1.015 do CPC/2015.

Art. 114. O litisconsórcio será necessário por disposição de lei ou quando, pela natureza da relação jurídica controvertida, a eficácia da sentença depender da citação de todos que devam ser litisconsortes.

CPC/1973

Art. 47.

REFERÊNCIA LEGISLATIVA

CPC/2015, arts. 240, § 2º (promoção da citação), 485, III (extinção do processo sem resolução de mérito: abandono da causa), 354 (extinção do processo), 903 (litisconsórcio necessário em ação anulatória de arrematação), 967, II (ação rescisória; propositura por terceiro interessado) e 1.005 (recurso; litisconsórcio; aproveitamento a todos os interessados).

Código do Consumidor, art. 94 (citação de litisconsortes nas ações coletivas para defesa de interesse individual homogêneo de consumidores).

Lei nº 12.016, de 07.08.2009 (Mandado de Segurança – ver Legislação Especial), art. 24 (aplicação subsidiária do CPC).

SÚMULAS

Súmulas do STJ:

Nº 77: "A Caixa Econômica Federal é parte ilegítima para figurar no polo passivo das ações relativas às contribuições para o Fundo PIS/PASEP."

Nº 327: "Nas ações referentes ao Sistema Financeiro da Habitação, a Caixa Econômica Federal tem legitimidade como sucessora do Banco Nacional da Habitação."

Nº 506: "A Anatel não é parte legítima nas demandas entre a concessionária e o usuário de telefonia decorrentes de relação contratual."

BREVES COMENTÁRIOS

Conjugando o art. 113 com o 114, conclui-se que, nas mesmas hipóteses do primeiro dispositivo, o litisconsórcio será necessário (isto é, não poderá ser dispensado pelos litigantes) "quando, pela natureza da relação jurídica controvertida, a eficácia da sentença depender da citação de todos que devam ser litisconsortes".

Em síntese, o sistema do Código é de reunir no art. 113 os casos em que litisconsórcio pode ser facultativo, e no art. 114 especificar as condições para que ele seja necessário.

JURISPRUDÊNCIA SELECIONADA

1. Litisconsórcio necessário.

Definição. "Litisconsorte é parte, e não terceiro, na relação processual. Assim, para legitimar-se como litisconsorte é indispensável, antes de mais nada, legitimar-se como parte. Em nosso sistema, salvo nos casos em que a lei admite a legitimação extraordinária por substituição processual, só é parte legítima para a causa quem, em tese, figura como parte na relação de direito material nela deduzida. O litisconsórcio, quando cabível, é, em regra, facultativo. Para que as partes sejam obrigadas a litisconsorciar-se (= para haver litisconsórcio necessário), é indispensável, salvo nos casos em que a lei o imponha, que os litisconsortes sejam partes de uma peculiar relação de direito material, única e incindível, que determina, como imperativo lógico necessário, um julgamento uniforme para todos (CPC, art. 47)" [art. 114 do CPC/2015] (STJ, REsp 979.292/PB, Rel. Min. Teori Albino Zavascki, 1ª Turma, jul. 13.11.2007, *DJ* 03.12.2007, p. 302).

Vontade do réu. Irrelevância. "A vontade do réu, por si só, é irrelevante para a formação de litisconsórcio e, conforme se infere do disposto no artigo 47 do Código de Processo Civil [art. 114 do CPC/2015], a própria lei confere o caráter de excepcionalidade ao litisconsórcio necessário – só o impondo nas hipóteses previstas em lei ou pela natureza da relação jurídica –, portanto e em regra, quando houver diversos titulares de direitos derivantes do mesmo título ou do mesmo fato jurídico, mas estiverem em jogo direitos patrimoniais, cabendo a cada qual uma parcela do todo divisível, o provimento concedido a algum, sem a presença dos demais, será eficaz" (STJ, REsp 1.405.102/SC, Rel. Min. Luis Felipe Salomão, 4ª Turma, jul. 19.09.2013, DJe 15.10.2013). No mesmo sentido: STJ, AgRg no AREsp 166.715/PA, Rel. Min. João Otávio de Noronha, 3ª Turma, jul. 26.08.2014, *DJe* 01.09.2014; STJ, REsp 1.061.343/PB, Rel. Min. Teori Albino Zavascki, 1ª Turma, jul. 12.08.2008, DJe 21.08.2008.

Litisconsórcio necessário x Conexão. "O instituto da conexão não se confunde com o do litisconsórcio necessário, uma vez que este último decorre da natureza da relação jurídica ou da lei e, portanto, afeta a própria legitimidade processual, sendo, portanto, obrigatória a sua formação (art. 47 do CPC) [art. 114 do CPC/2015], cogência que evidentemente não se compatibiliza com a facultatividade estampada no art. 105 do CPC ('pode ordenar')" (STJ, AgRg no AREsp 410.980/SE, Rel. Min. Herman Benjamin, 2ª Turma, jul. 18.02.2014, *DJe* 19.03.2014).

Mandado de segurança postulando a restituição de valores. Intervenção da Autarquia vítima do crime. Formação de litisconsórcio passivo necessário. "Diversamente do que ocorre com o *habeas corpus*, no mandado de segurança existe norma autorizativa de intervenção de terceiros, devendo ser afirmado, por isso, a sua admissibilidade. Nessa esteira, a observância do devido processo legal no presente feito perpassa pelo atendimento do art. 24 da Lei n. 12.016/2009, materializando-se com a formação do litisconsórcio passivo necessário, assegurando ao Banco Central o exercício do contraditório na defesa dos seus interesses no bojo do pedido de restituição de valores arrecadados com a alienação antecipada de bens adquiridos com produto do furto milionário do qual figura como vítima. Em um ordenamento jurídico que, com objetivo de concretizar os princípios do devido processo legal e do acesso à justiça, proclama e fomenta a atuação do ofendido na persecução penal, não se mostra adequada a decisão que impede sua habilitação em *mandamus* cujo propósito afeta esfera de interesses do ofendido, de modo que é imperativa a formação do litisconsórcio passivo necessário, sob pena de nulidade, sendo parcialmente procedente o pedido" (STJ, AREsp 1.700.368/CE, Rel. Min. Messod Azulay Neto, 5ª Turma, jul. 18.06.2024, *DJe* 21.06.2024).

2. Responsabilidade civil por fato de outrem – pais – pelos atos praticados pelos filhos menores. Ato ilícito cometido por menor. Litisconsórcio necessário. Inocorrência. "A responsabilidade civil do incapaz pela reparação dos danos é subsidiária e mitigada (CC, art. 928). É subsidiária porque apenas ocorrerá quando os seus genitores não tiverem meios para ressarcir a vítima; é condicional e mitigada porque não poderá ultrapassar o limite humanitário do patrimônio mínimo do infante (CC, art. 928, par. único e En. 39/CJF); e deve ser equitativa, tendo em vista que a indenização deverá ser equânime, sem a privação do mínimo necessário para a sobrevivência digna do incapaz (CC, art. 928, par. único e En. 449/CJF). **Não há litisconsórcio passivo necessário, pois não há obrigação – nem legal, nem por força da relação jurídica (unitária) – da vítima lesada em litigar contra o responsável e o incapaz.** É possível, no entanto, que o autor, por sua opção e liberalidade, tendo em conta que os direitos ou obrigações derivem do mesmo fundamento de fato ou de direito (CPC,73, art. 46, II) intente ação contra ambos – pai e filho –, formando-se um litisconsórcio facultativo e simples. O art. 932, I do CC ao se referir a autoridade e companhia dos pais em relação aos filhos, quis explicitar o poder familiar (a autoridade parental não se esgota na guarda), compreendendo um plexo de deveres como, proteção, cuidado, educação, informação, afeto, dentre outros, independentemente da vigilância investigativa e diária, sendo irrelevante a proximidade física no momento em que os menores venham a causar danos." (STJ, REsp 1436401/MG, Rel. Min. Luis Felipe Salomão, 4ª Turma, jul. 02.02.2017, *DJe* 16.03.2017).

3. Dano ambiental. Litisconsórcio necessário. Inocorrência. "Nos danos ambientais, a regra geral é o litisconsórcio facultativo, por ser solidária a responsabilidade dos degradadores. O autor pode demandar qualquer um deles, isoladamente, ou em conjunto pelo todo, de modo que, de acordo com a jurisprudência do STJ mais recente, não há obrigatoriedade de formar litisconsórcio passivo necessário com os adquirentes e possuidores dos lotes. Confiram-se precedentes" (STJ, REsp 1826761/RJ, Rel. Min. Herman Benjamin, 2ª Turma, jul. 17.10.2019, *DJe* 29.10.2019). Precedentes citados: REsp 1.799.449/SP, Rel. Min. Herman Benjamin, 2ª Turma, *DJe* 18.06.2019; AgInt no AREsp 8.77.793/DF, Rel. Min. Og Fernandes, 2ª Turma, *DJe* 06.09.2019; REsp 1.708.271/SP, Rel. Min. Herman Benjamin, 2ª Turma, *DJe* 16.11.2018; REsp 1.694.032/SC, Rel. Min. Herman Benjamin, 2ª Turma, *DJe* 21.11.2018; AgInt no AREsp 1.221.019/SP, Rel. Min. Francisco Falcão, 2ª Turma, *DJe* 26.02.2019; REsp 1.358.112/SC, Rel. Min. Humberto Martins, 2ª Turma, *DJe* 28.06.2013; REsp 1.328.874/SP, Rel. Min. Eliana Calmon, 2ª Turma, *DJe* 05.08.2013; REsp 884.150/MT, Rel. Min. Luiz Fux, 1ª Turma, *DJe* 07.08.2008; REsp 1.079.713/SC, Rel. Min. Herman Benjamin, 2ª Turma, *DJe* 31.08.2009.

4. Ação coletiva vindicando descumprimento de norma emitida pela ANS. Litisconsórcio passivo necessário da União e da ANS. "Nos termos do art. 47 do CPC/1973, há litisconsórcio necessário quando, por disposição de lei 'ou pela natureza da relação jurídica', o juiz tiver de decidir a lide de modo uniforme para todas as partes. E o art. 114 do CPC/2015 também estabelece que o litisconsórcio será necessário por disposição de lei ou quando, pela natureza da relação jurídica controvertida, a eficácia da sentença depender da citação de todos que devam ser litisconsortes. Já o 115, I, dispõe que a sentença de mérito, quando proferida sem a integração do contraditório, será nula, se a decisão deveria ser uniforme em relação a todos que deveriam ter integrado o processo. (...) Consoante a firme jurisprudência da Primeira Seção do STJ, há litisconsórcio passivo necessário quando o pedido formulado na inicial da ação afetar a esfera do poder regulador de entidade da administração pública. Nessa linha de intelecção, não se trata de ação coletiva visando dar cumprimento à regulamentação legal e/ou infralegal - hipótese mais frequente, em que é inquestionável a competência da Justiça estadual e a ausência de interesse institucional da União e da ANS -, mas de tentativa, por via transversa, sem a participação das entidades institucionalmente interessadas, de afastar os efeitos de disposição cogente infralegal, ocasionando embaraço às atividades fiscalizatórias e sancionatórias da ANS, sem propiciar às entidades da administração pública federal o exercício da ampla defesa e do contraditório, até mesmo para eventualmente demonstrarem o interesse público na manutenção dos efeitos da norma" (STJ, REsp 1.188.443/RJ, Rel. p/ Acórdão Min. Luis Felipe Salomão, 4ª Turma, jul. 27.10.2020, *DJe* 18.12.2020).

Saúde complementar. Entidade privada. Equilíbrio econômico-financeiro. Defasagem da tabela do SUS. Formação de litisconsórcio passivo necessário da União e do Ente Subnacional contratante. "Sendo, pois, da União o encargo de fixar, em tabela própria, os valores a serem pagos aos entes particulares no âmbito da saúde complementar, legítima se descortina sua presença no polo passivo da presente demanda condenatória, em que se postula a revisão da referida tabela. (...) Tendo em vista a coparticipação da União, dos Estados e dos Municípios na formação do Fundo Nacional de Saúde, bem como o caráter contratual da relação estabelecida entre os entes público e privado, quando prestada a saúde na modalidade complementar, necessária se revelará a presença do contratante subnacional (Estado ou Município) para compor o polo passivo de ações judiciais como a que ora se está a apreciar, uma vez que, em tese, tais entes federados também suportarão as consequências financeiras do acolhimento da pretensão pecuniária autoral, ou seja, do hospital particular" (STJ, AREsp. 2.067.898/DF, Rel. Min. Sérgio Kukina, 1ª Turma, jul. 15.12.2022, *DJe* 20.12.2022).

5. Ação de obrigação de não fazer cumulada com ação demolitória e de compensação por danos morais. Litisconsórcio passivo necessário. Desnecessidade. "Controvérsia acerca da necessidade de formação de litisconsórcio passivo necessário com proprietários do imóvel em ação de demolição de obras realizadas no imóvel. Caso em que a diminuição do patrimônio do recorrente é consequência natural da efetivação da decisão judicial que impôs a obrigação de demolir as benfeitorias e acessões erigidas ilicitamente. Na condição de coproprietário, o recorrente sofrerá os efeitos da sentença, o que não é suficiente para caracterizar o litisconsórcio necessário, até porque o direito de propriedade permanecerá intocado. Trata-se de efeito reflexo da sentença, o que, a depender da intensidade, justifica o ingresso de terceiro no processo, como interessado, mas sem imposição de litisconsórcio passivo" (STJ, REsp 1.721.472/DF, Rel. Min. Paulo de Tarso Sanseverino, 3ª Turma, jul. 15.06.2021, *DJe* 25.06.2021).

Discussão da posse indígena de terras. Imperativo da formação de litisconsórcio passivo necessário com a comunidade indígena, sem prejuízo da atuação da FUNAI e do MPF na causa. "Os autores ajuizaram Ação Anulatória contra a Funai e a União, pretendendo a declaração de nulidade da Portaria 795/2007 e de todos os atos administrativos tendentes à alteração dos limites da reserva indígena Toldo Pinhal. Em caráter sucessivo, pleitearam a condenação das rés ao pagamento de indenização pelo valor da terra nua e das benfeitorias situadas em suas propriedades. Nesses termos, qualquer decisão proferida no presente feito tem o potencial de atingir a esfera de direitos dos nativos da etnia Kaingang relativamente às suas terras de ocupação tradicional, ou seja, ao seu direito de 'posse permanente', de modo que devem integrá-lo na condição de litisconsorte necessário. invalidade da premissa de que a presença da FUNAI e do MPF na causa basta para a regularidade do processo" (STJ, AgInt na PET no REsp 1.586.943/SC, Rel. Min. Herman Benjamin, 2ª Turma, jul. 17.05.2022, *DJe* 01.07.2022).

6. Ação de despejo. "O tema da admissibilidade ou não do litisconsórcio ativo necessário envolve limitação ao direito constitucional de agir, que se norteia pela liberdade de demandar, devendo-se admiti-lo apenas em situações excepcionais. Na hipótese, não há razão para que se inclua entre essas situações excepcionais para a formação do litisconsórcio ativo necessário o pedido de despejo por encerramento do contrato de locação" (STJ, REsp 1.737.476/SP, Rel. Min. Nancy Andrighi, 3ª Turma, jul. 04.02.2020, *DJe* 06.02.2020).

7. Ação de cobrança de pensão por morte. Previdência complementar. Pretensão de companheiro do falecido. Litisconsórcio passivo necessário e unitário em relação às demais beneficiárias. "São dois os fundamentos do litisconsórcio necessário: (i) a existência de específica determinação legal, em razão do juízo de conveniência formulado pelo legislador; ou (ii) a incindibilidade das situações jurídicas de dois ou mais sujeitos. (...) Na ação em que o autor requer a concessão do benefício de pensão por morte, há litisconsórcio passivo necessário e unitário entre o administrador do plano de previdência complementar e os demais beneficiários do falecido participante, considerando que a decisão de procedência atinge a esfera jurídica destes, prejudicando-os na medida em que acarreta a redução proporcional do valor a eles devido, diante da repartição do benefício previdenciário" (STJ, REsp 1.993.030/SP, Rel. Min. Nancy Andrighi, 3ª Turma, jul. 27.09.2022, *DJe* 30.09.2022).

8. Ação de nunciação de obra nova c/c demolitória. Coproprietário. Litisconsórcio passivo. Não configuração. "O Superior Tribunal de Justiça vem decidindo no sentido que, nas ações demolitórias de obra ajuizadas em face de construções erguidas em desacordo com as regras urbanísticas ou ambientais, é prescindível a citação dos coproprietários do imóvel para integrarem a relação processual, na qualidade de litisconsorte passivo necessário, notadamente porque a discussão central do feito não diz respeito ao direito de propriedade ou posse" (REsp 1.714.163/SP, Rel. Ministra Nancy Andrighi, Terceira Turma, *DJe* 26/09/2019)" (STJ, REsp 1.830.821/PE, Rel. Min. Gurgel de Faria, 1ª Turma, jul. 14.02.2023, *DJe* 07.03.2023).

9. Litisconsórcio passivo necessário entre provedor de aplicação e o suposto autor do conteúdo. Ausência. "Tratando-se de demanda na qual se busca impor ao provedor de aplicação a obrigação de remover determinadas publicações e de fornecer registros de acesso e conexão, não há litisconsórcio passivo necessário com o autor dos conteúdos. Tais providências incumbem ao provedor, mantenedor da rede social. Ou seja, eventual procedência dos pedidos não atingirá a esfera jurídica do autor das publicações. Ademais, eventual ilicitude do conteúdo da publicação e que poderá, eventualmente, resultar na responsabilização do seu autor, não acarretará, necessariamente, a responsabilidade do provedor" (STJ, REsp 1.980.014/SP, Rel. Min. Nancy Andrighi, 3ª Turma, jul. 14.06.2022, *DJe* 21.06.2022).

10. Título de crédito endossado. Ação declaratória de inexistência de dívida cumulada com indenizatória. "Não há que se falar em litisconsórcio obrigatório quando a eficácia da sentença que condenou o endossatário a pagar a indenização pela manutenção indevida do nome do devedor no cadastro de inadimplentes não depende da citação do credor originário, notadamente porque é facultado ao consumidor ajuizar a ação indenizatória em face de um ou de ambos os autores da ofensa" (STJ, REsp 2.069.003/MS, Rel. Min. Nancy Andrighi, 3ª Turma, jul. 17.10.2023, *DJe* 23.10.2023).

11. Litisconsórcio ativo necessário. "O tema da admissibilidade ou não do litisconsórcio ativo necessário envolve limitação ao direito constitucional de agir, que se norteia pela liberdade de demandar, devendo-se admiti-lo apenas em situações excepcionais. Não se inclui entre essas situações o litígio que envolve o filho, dependente de pessoa beneficiada por plano de saúde coletivo, e a companhia responsável pela cobertura contratual" (STJ, REsp 976.679/SP, Rel. Min. Nancy Andrighi, 3ª Turma, jul. 08.09.2009, *DJe* 02.10.2009).

12. Atuação do juiz em substituição às partes. Violação princípio da demanda. Ver jurisprudência do art. 141.

13. Mandado de segurança. "Consoante observa Hely Lopes Meirelles, 'nas impetrações em que há beneficiários do ato ou contrato impugnado, esses beneficiários são litisconsortes necessários, que devem integrar a lide, sob pena de nulidade do processo' (*Mandado de Segurança*, 27ª ed., São Paulo: Malheiros, 2004, p. 67)" (STJ, RMS 21.067/BA, Rel. Min. Denise Arruda, 1ª Turma, jul. 19.06.2007, *DJ* 02.08.2007, p. 329).

Concurso público. Citação dos demais candidatos aprovados e convocados para o curso de formação. Desnecessidade. "É firme a jurisprudência do Superior Tribunal de Justiça no sentido de que, não havendo entre o recorrente e os demais candidatos inscritos no certame comunhão de interesses, mostra-se desnecessária a citação destes para integrarem a lide como litisconsortes passivos. Hipótese em que o exame psicológico que o recorrido busca anular tinha caráter apenas eliminatório, de sorte que a concessão *do mandamus* não interferirá diretamente na esfera jurídica dos demais candidatos aprovados no certame e convocados para o curso de formação" (STJ, REsp 556.864/SE, Rel. Min. Arnaldo Esteves Lima, 5ª Turma, jul. 07.11.2006, *DJ* 27.11.2006, p. 307).

Ver também jurisprudência selecionada do art. 24 da Lei nº 12.016/2009.

14. Concurso público. Anulação de questão de prova. Reclassificação de candidato. Exclusão de terceiro. Litisconsórcio. Necessidade. "É nulo o processo desenvolvido sem a integração de litisconsortes necessários. Inteligência dos arts. 114 e 115 do CPC/2015.2. Recurso especial não provido" (STJ, REsp 1.831.507/AL, Rel. Min. Mauro Campbell Marques, 2ª Turma, jul. 06.08.2024, *DJe* 09.08.2024).

15. Cônjuges. "Proposta ação pela autora objetivando a decretação da nulidade da escritura de compra e venda de imóvel alienado por seu ex-esposo, este, que também figurou no contrato como covendedor, deve integrar obrigatoriamente a demanda, como litisconsorte passivo necessário, ao teor do art. 47 e seu parágrafo único, do CPC [art. 115, parágrafo único, do CPC/2015], sob pena de ineficácia da decisão, que deve ser uniforme para todas as partes envolvidas na avença a ser desconstituída" (STJ, REsp 116.879/RS, Rel. Min. Aldir Passarinho Junior, 4ª Turma, jul. 27.09.2005, *DJ* 17.10.2005, p. 295).

"Se o promitente-vendedor não prometeu celebrar em seu nome o contrato definitivo de compra e venda, mas tão somente apor anuência em escritura pública a ser outorgada por terceiro, desnecessária é a citação de sua mulher, que menos protegida estaria se citada fosse, hipótese em que poderia responder pelo descumprimento da obrigação de natureza pessoal assumida por seu cônjuge" (STJ, REsp 424.543/ES, Rel. Min. Nancy Andrighi, 3ª Turma, jul. 06.03.2003, *DJ* 31.03.2003, p. 217).

"Em ação de **dissolução de sociedade de fato cumulada com partilha de bens imóveis** ajuizada em face de homem casado sob o regime da comunhão universal, deve a esposa figurar no polo passivo da demanda, ante o litisconsórcio passivo necessário. Na hipótese, os bens imóveis foram adquiridos na constância do casamento, impondo-se a citação do cônjuge, que é coproprietário, na forma do artigo 47 do Código de Processo Civil" (STJ, REsp 885.951/RN, Rel. Min. Luis Felipe Salomão, 4ª Turma, jul. 28.04.2009, *DJe* 11.05.2009).

16. Construção de obra. "Hipótese em que devem ser citados para os termos da ação proposta os demais interessados que participaram da construção da obra. Decisão que encontra supedâneo no art. 47 do CPC" [art. 114 do CPC/2015] (STJ, REsp 139.845/PB, Rel. Min. Barros Monteiro, 4ª Turma, *DJU* 02.10.2000, p. 171).

17. CEF e SFH. "Prevalece na egrégia 1ª Seção o entendimento de que a Caixa Econômica Federal é litisconsorte necessária em todas as causas vinculadas ao Sistema Financeiro da Habitação, bem assim de que sua integração no processo deve ser determinada na própria instância do conflito de competência, com o consequente deslocamento deste para a Justiça Federal, ou com a perpetuação nela se lá já estiver" (STJ, CC 17.745/RS, Rel. Min. Ari Pargendler, 1ª Seção, jul. 28.08.1996, *DJU* 16.09.1996). **No mesmo sentido**: STJ, CC 30.795, Rel. Min. Peçanha Martins, 1ª Seção, jul. 03.12.2001, *DJ* 17.03.2003. **Em sentido contrário:** "A Segunda Seção do Superior Tribunal de Justiça, ao julgar os recursos sujeitos aos efeitos do artigo 543-C do CPC (repetitivos), REsp 1.091.363/SC, *DJe* 25.05.2009, consolidou o entendimento **no sentido de não existir interesse da Caixa Econômica Federal a justificar a formação de litisconsórcio passivo necessário** nas causas cujo objeto seja a pretensão resistida à cobertura securitária dos danos oriundos dos vícios de construção do imóvel financiado mediante contrato de mútuo submetido ao Sistema Financeiro da Habitação, **quando não afetar o FCVS** (Fundo de Compensação de Variações Salariais), sendo, portanto, da Justiça Estadual a competência para processar e julgar o feito" (STJ, AgRg no AREsp 533.161/PR, Rel. Min. Luis Felipe Salomão, 4ª Turma, jul. 16.09.2014, *DJe* 23.09.2014). **No mesmo sentido:** STJ, CC 22.050/RS, Rel. Min. Humberto Gomes de Barros, 1ª Seção, jul. 09.09.1998, *DJ* 13.10.1998.

18. Mutuários. "O **litisconsórcio ativo necessário entre os mutuários** em questão é fenômeno que busca preservar a harmonização dos julgados e o princípio da segurança jurídica. Além disso, promove a economia processual, que é um dos fins a que se presta o próprio instituto em evidência, na linha do moderno processo civil, que prima por resultados. Reconhecido o litisconsórcio ativo necessário, o juiz deve determinar a intimação daqueles que, como autores, são titulares da mesma relação jurídica deduzida em juízo" (STJ, REsp 1.222.822/PR,

Rel. Min. Ricardo Villas Bôas Cueva, 3ª Turma, jul. 23.09.2014, *DJe* 30.09.2014).

19. Ação renovatória de locação. "A ação renovatória tem que ser proposta em face de todos os colocadores, por se tratar de hipótese de litisconsórcio necessário" (STJ, REsp 605.476/MG, Rel. Min. Paulo Medina, 6ª Turma, jul. 26.05.2004, *DJ* 01.07.2004, p. 281).

20. Investigação de paternidade. "Pai registral". Litisconsórcio passivo necessário. "Conquanto desnecessária a prévia propositura de ação anulatória de registro civil, sendo bastante o ajuizamento direto da ação investigatória de paternidade, é essencial, sob pena de nulidade, a integração à lide, como litisconsorte necessário, do pai registral, que deve ser obrigatoriamente citado para a demanda onde é interessado direto, pois nela concomitantemente postulada a desconstituição da sua condição de genitor. Precedentes do STJ" (STJ, REsp 512.278/GO, Rel. Min. Aldir Passarinho Junior, 4ª Turma, jul. 14.10.2008, *DJe* 03.11.2008). **Precedente citado:** STJ, REsp 117.129/RS, Rel. Min. Aldir Passarinho Junior, 4ª Turma, jul. 05.06.2001, *DJ* 24.09.2001, p. 307. **No mesmo sentido:** STJ, REsp 987.987/SP, Rel. Min. Nancy Andrighi, 3ª Turma, jul. 21.08.2008, *DJe* 05.09.2008.

Ação de reconhecimento de paternidade *post mortem*. "A ação de reconhecimento de paternidade post mortem deve necessariamente ser proposta contra todos os herdeiros do falecido" (STJ, REsp 1.028.503/MG, Rel. Min. Nancy Andrighi, 3ª Turma, jul. 26.10.2010, *DJe* 09.11.2010).

21. Ação anulatória da arrematação. "[...]. O arrematante é litisconsórcio necessário na ação de nulidade da arrematação, porquanto o seu direito sofrerá influência do decidido pela sentença, que nulifica o ato culminante da expropriação judicial. A ação anulatória de arrematação, na jurisprudência desta Corte, reclama a participação de interessados na controvérsia (arrematante, exequente e executado), que ostentam manifesto interesse jurídico no resultado da demanda, cuja finalidade é desconstituir o ato judicial que favorece o ora recorrente, terceiro prejudicado. Precedentes: RMS 18184/RS, Rel. Min. Teori Albino Zavascki, *DJ* 25.04.2005; REsp 316.441/RJ, Rel. Ministro Antônio de Pádua Ribeiro, *DJ* 21.06.2004; REsp 116879/RS, Rel. Min. Aldir Passarinho Júnior, *DJ* 17.10.2005" (STJ, REsp 927.334/RS, Rel. Min. Luiz Fux, 1ª Turma, jul. 20.10.2009, *DJe* 06.11.2009).

22. Ação pauliana. "É obrigatória a citação dos terceiros adquirentes, na qualidade de litisconsortes necessários, na ação pauliana que visa a desconstituir a doação de imóvel realizada entre pais e filhos com fraude a credores, cuja sentença poderá afetar diretamente o negócio de compra e venda anteriormente celebrado" (STJ, AgRg nos EDcl no REsp 1.113.776/SP, Rel. Min. Sidnei Beneti, 3ª Turma, jul. 15.09.2011, *DJe* 22.09.2011).

23. Ação reivindicatória. Questão relativa à prevalência dos títulos de domínio. "Em princípio, a ação reivindicatória deve ser dirigida contra aquele que injustamente detém a coisa. Envolvendo, porém, a demanda questão relativa a prevalência dos títulos de domínio, hão de ser citados, como litisconsortes passivos necessários, os condôminos da área objeto do litígio, não bastando o chamamento de um deles, tido como único possuidor" (STJ, REsp 23.754/SP, Rel. Min. Barros Monteiro, 4ª Turma, jul. 08.11.1993, *DJ* 06.12.1993, p. 26.666).

24. Cessão de crédito. Existência do crédito. Direito de regresso. Litisconsórcio passivo necessário. Discute-se a necessidade de formação de litisconsórcio passivo entre o beneficiário e o credor originário da obrigação, em ações em que se discute a existência de crédito cambial cedido, à luz de exceções pessoais. [...]. Todavia, tratando-se de discussão acerca da existência do crédito, é possível a responsabilização do cedente nos termos do art. 295 do CC/2002, razão pela qual deverá o cedente compor o polo passivo da demanda, nos termos do art. 47 do CPC" (STJ, REsp 1.167.120/RS, Rel. Min. Nancy Andrighi, 3ª Turma, jul. 05.11.2013, *DJe* 18.11.2013).

25. Sociedades:

Ação de dissolução da sociedade. "Ação de dissolução de sociedade anônima, proposta por acionistas minoritários. *Quorum* mínimo atendido na data da propositura da ação. Desistência da ação por um dos autores, no curso do processo. Homologação pelo juízo. Correspondente diminuição da participação detida pelos autores no capital social da companhia a ser dissolvida, para patamar inferior ao mínimo legal. Irrelevância. A titularidade de 5% do capital social da companhia, em ações de dissolução proposta com base no art. 206 da Lei das S.A., é condição a ser preenchida na data da propositura da demanda, sendo irrelevantes as alterações nesse percentual ocorridas no curso do processo. Na hipótese dos autos, a desistência de um dos litigantes não poderia prejudicar os demais. Sendo necessário o litisconsórcio formado por ocasião da propositura da ação, o consentimento dado pelo autor no início do processo não pode ser revogado em seu curso. A desistência só pode ser admitida caso subscrita por todos os autores" (STJ, REsp 408.122/PR, Rel. p/ Acórdão Min. Nancy Andrighi, 3ª Turma, jul. 20.06.2006, *DJ* 27.11.2006, p. 272).

"Na sociedade anônima, cuidando-se de sociedade de capital, a relação do acionista com os outros acionistas e com a companhia não possui caráter pessoal, estando seus direitos e obrigações adstritos ao montante integralizado. O reconhecimento da legitimidade passiva dos demais sócios em ação de dissolução da sociedade anônima, além das dificuldades para o prosseguimento do feito, em decorrência, em alguns casos, de grande número de réus, contraria a participação limitada do acionista na condução dos rumos da companhia. Somente a **sociedade anônima possui legitimidade para figurar no polo passivo de demanda dissolutória, devendo ser representada por sua diretoria**" (STJ, REsp 467.085/PR, Rel. Min. Luis Felipe Salomão, 4ª Turma, jul. 28.04.2009, *DJe* 11.05.2009).

Expulsão de quotista. "O quotista interessado na expulsão de outro deverá instaurar o contencioso em face deste, dos sócios remanescentes e da pessoa jurídica à qual se ligavam" (STJ, REsp 813.430/SC, Rel. Min. Massami Uyeda, 4ª Turma, jul. 19.06.2007, *DJ* 20.08.2007, p. 288).

26. Ação popular. "Segundo o art. 6º da Lei 4.717/1965 (Lei da Ação Popular), a ação deve ser proposta contra a autoridade que autorizou, aprovou, ratificou ou praticou o ato impugnado. Não há controvérsia quanto à autoria do ato impugnado, porque foi reconhecido que o secretário de governo assinou o ato inquinado de ilegal. Como a ação foi ajuizada e se desenvolveu somente contra o secretário de transportes, faz-se necessário o chamamento do autor do ato, o secretário de Estado de governo, litisconsorte necessário. As empresas beneficiárias indiretas do ato tido por ilegal, por ausência do nexo causal direto com o ato, não são litisconsortes necessárias (art. 6º, § 1º, da Lei nº 4.717/1965)" (STJ, REsp 724.188/SC, Rel. Min. Eliana Calmon, 2ª Turma, jul. 23.06.2009, *DJe* 06.08.2009).

27. Ação rescisória. "É indispensável para a formação do litisconsórcio necessário passivo de todos aqueles que participaram da ação onde foi proferida a decisão rescindenda" (STJ, REsp 8.689-0/MG, Rel. Min. José de Jesus Filho, 2ª Turma, jul. 02.12.1992, *DJU* 01.02.1993).

28. Não configuram hipóteses de litisconsórcio necessário:

Correção monetária de depósitos de contas vinculadas do FGTS. "No Incidente de Uniformização de Jurisprudência no REsp nº 77.791/SC, Rel. Min. José de Jesus Filho, *DJU* de 30.06.1997, a 1ª Seção pacificou o entendimento de que, nas causas em que se discute correção monetária dos depósitos de contas vinculadas do FGTS, somente a CEF detém legitimidade passiva *ad causam*. **Desfigurada a hipótese de litisconsórcio passivo necessário com a União**" (STJ, REsp 199.652/MG,

Rel. Min. Aldir Passarinho Junior, 2ª Turma, jul. 14.06.1999, *DJU* 06.09.1999).

Obrigação solidária. Condomínio. Coproprietários. "Tratando-se de obrigação solidária de ex-cônjuges, não há por que falar em litisconsórcio passivo necessário porque naquela pode o credor eleger a quem cobrar, e, elegendo apenas um, somente este arcará com os resultados da ação judicial; já as prescrições do artigo 47 do Código de Processo Civil [art. 114 do CPC/2015] impõem a todos que suportem os resultados da ação" (STJ, REsp 863.286/MG, Rel. Min. Aldir Passarinho Junior, Rel. p/ ac. Min. João Otávio de Noronha, 4ª Turma, jul. 09.12.2008, *DJe* 16.02.2009). **No mesmo sentido:** STJ, REsp 838.526/RJ, Rel. Min. Sidnei Beneti, 3ª Turma, jul. 26.02.2008, *DJe* 13.03.2008).

Mandantes e mandatários. Honorários. "A relação jurídica firmada entre mandantes e mandatário na contratação de serviços profissionais de advogado não sofre influência pela ulterior partilha dos bens do espólio e término do inventário, de modo que inexistente a carência da ação de arbitramento e cobrança de honorários movida a apenas um deles, o que constitui faculdade do credor da obrigação de pagar (art. 1.314 do Código Civil anterior), ressalvado o direito de regresso em relação aos demais ante a solidariedade existente, que não se confunde com litisconsórcio necessário, aqui não configurado" (STJ, REsp 267.221/MG, Rel. Min. Aldir Passarinho Junior, 4ª Turma, jul. 17.10.2006, *DJ* 27.11.2006, p. 288).

Contrato de seguro adjeto a contrato de mútuo. "Nos feitos em que se discute a respeito de contrato de seguro adjeto a contrato de mútuo, por envolver discussão entre seguradora e mutuário, e não afetar o FCVS (Fundo de Compensação de Variações Salariais), inexiste interesse da Caixa Econômica Federal a justificar a formação de litisconsórcio passivo necessário, sendo, portanto, da Justiça estadual a competência para o seu julgamento. Precedentes" (STJ, REsp 1.091.363/SC, Rel. Min. Carlos Fernando Mathias, 2ª Seção, jul. 11.03.2009, *DJe* 25.05.2009). **Obs.: Recurso repetitivo (art. 543-C).**

Rescisão contratual. Inadimplemento. "Não há litisconsórcio passivo necessário do segundo promitente comprador que cedeu seus direitos e obrigações do contrato *sub judice* ao primeiro promitente comprador" (STJ, REsp 1.300.011/MT, Rel. Min. João Otávio de Noronha, 3ª Turma, jul. 23.09.2014, *DJe* 30.09.2014).

Ação civil pública para repelir ocupação indevida de terra indígena. Estado. "Com efeito, a Primeira Seção desta Corte, no julgamento dos Embargos de Divergência 988.616/RR, em sessão realizada no dia 25.11.2009, pôs fim à divergência jurisprudencial acerca do tema, definindo que o Estado não é litisconsorte passivo necessário na ação civil pública movida para repelir ocupação indevida de terra indígena (EREsp 988.616/RR, Rel. Min. Eliana Calmon, Primeira Seção, Julgamento em 25.11.2009, *DJe* 08.03.2010)" (STJ, EREsp 988.551/RR, Rel. Min. Humberto Martins, 1ª Seção, jul. 14.04.2010, *DJe* 20.04.2010).

Jurisdição voluntária. "Desnecessária a inclusão de todos os componentes do tronco familiar no polo ativo da ação, uma vez que, sendo, via de regra, um procedimento de jurisdição voluntária, no qual não há lide nem partes, mas tão somente interessados, incabível falar-se em litisconsórcio necessário, máxime no polo ativo, em que sabidamente o litisconsórcio sempre se dá na forma facultativa" (STJ, REsp 1.138.103/PR, Rel. Min. Luis Felipe Salomão, 4ª Turma, jul. 06.09.2011, *DJe* 29.09.2011).

Restituição de parcelas pagas a plano de previdência privada. "Com efeito, como não se trata de hipótese em que o litisconsórcio necessário é imposto pela lei, tampouco se cuida de uma única relação jurídica indivisível, as entidades de previdência privada têm inequívoca legitimidade para compor o polo passivo de ações relativas aos planos de previdência privada que administram, não cabendo cogitar em necessidade de se formar litisconsórcio passivo com a patrocinadora e/ou participantes e beneficiários do plano de previdência privada" (STJ, REsp 1.104.377/SP, Rel. Min. Luis Felipe Salomão, 4ª Turma, jul. 18.04.2013, *DJe* 20.05.2013).

Demanda entre concessionária e usuário. Inexistência de litisconsórcio passivo necessário da Anatel. "O exercício do poder normativo ou controlador ou de polícia ou de concedente de serviços públicos, pelos entes estatais, não transforma tais entes em partes nas relações de direito material estabelecidas pelos destinatários das normas por eles editadas, ou pelas entidades por eles fiscalizadas ou pelas empresas titulares de concessões ou autorizações por eles expedidas. No caso, a relação de direito material objeto da demanda é exclusivamente a que se estabeleceu, por força de um vínculo contratual entre a concessionária e o usuário do serviço de telefonia. A Anatel, concedente do serviço público, não faz parte desse contrato e nem, portanto, da relação jurídica dele decorrente. Assim, porque não ostenta sequer a condição para se legitimar como parte, não pode a Anatel ser litisconsorte, nem facultativo e muito menos necessário" (STJ, REsp 979.292/PB, Rel. Min. Teori Albino Zavascki, 1ª Turma, jul. 13.11.2007, *DJ* 03.12.2007, p. 302).

"Conquanto a água seja, por disposição de lei, considerada bem público, **não há litisconsórcio necessário passivo entre o proprietário do terreno serviente e a União em uma ação que pleiteie o adimplemento de uma servidão de água**, por vários motivos: (i) primeiro, porque a União pode delegar a estados e municípios a competência para outorga de direito à exploração da água; (ii) segundo, porque não é necessária tal outorga em todas as situações, sendo possível explorar a água para a satisfação de pequenos núcleos populacionais independentemente dela. Assim, numa ação que discuta a utilização da água, a União não é litisconsorte passiva necessário, podendo, quando muito, ostentar interesse jurídico na solução da lide, nela ingressando na qualidade de assistente" (STJ, REsp 1.124.506/RJ, Rel. Min. Nancy Andrighi, 3ª Turma, jul. 19.06.2012, *DJe* 14.11.2012).

29. Falta dos litisconsortes necessários. Nulidade. "A relação processual somente se forma e a sentença somente tem eficácia com a citação de todos os litisconsortes necessários, ainda que requerida esta somente na contestação. Tendo os litisconsortes apresentado defesa e participado da fase instrutória da demanda, não há nulidade na sentença que aprecia as relações jurídicas entre os réus, com base nas obrigações de cada um" (STJ, REsp 146.099/ES, Rel. Min. Sálvio de Figueiredo Teixeira, 4ª Turma, jul. 18.11.1999, *DJU* 14.02.2000, p. 34).

Determinação de que o autor promova citação de litisconsorte necessário. Norma de caráter de ordem pública. "O art. 47 do CPC [art. 114 do CPC/2015] dispõe que '[h]á litisconsórcio necessário quanto, por disposição de lei ou pela natureza da relação jurídica, o juiz tiver de decidir a lide de forma uniforme para todas as partes [...]'. Sob esse ângulo, ressoa evidente que o dispositivo em comento é norma de natureza de ordem pública, **podendo o juiz da causa, de ofício, determinar que autor da ação promova a citação do litisconsorte necessário**, para o aperfeiçoamento da relação processual, haja vista que a ausência dessa liturgia enseja a nulidade absoluta do feito. Precedentes: REsp 1.058.223/MG, Rel. Min. Humberto Martins, 2ª Turma, *DJe* 08.08.2008; AgRg no RMS 15.939/PR, Rel. Min. Gilson Dipp, 5ª Turma, *DJ* 06.10.2003; e AgRg no REsp 310.827/SP, Rel. Min. Hamilton Carvalhido, 6ª Turma, *DJ* 25.02.2002" (STJ, AgRg na AR 4.429/MG, Rel. Min. Benedito Gonçalves, 1ª Seção, jul. 14.12.2011, *DJe* 01.02.2012).

Comparecimento espontâneo do suposto litisconsorte passivo necessário. "O comparecimento espontâneo do suposto litisconsorte passivo necessário, como ocorreu na hipótese *sub examine*, supre a ausência de citação, conforme o disposto no art. 214, § 1º, do CPC [art. 239, § 1º, do CPC/2015], sendo certo que o princípio da instrumentalidade das formas visa o aproveitamento do ato processual cujo defeito formal não impeça que seja atingida a sua finalidade" (STJ, REsp 968.400/ES, Rel. Min. Luiz Fux, 1ª Turma, jul. 13.04.2010, *DJe* 03.05.2010).

No mesmo sentido: STJ, AgRg no Ag 474.838/PI, Rel. Min. Hamilton Carvalhido, 6ª Turma, jul. 17.03.2005, *DJ* 01.07.2005.

Extinção do processo. "A falta de citação do litisconsorte necessário **inquina de nulidade, desde a origem,** o processo originário, matéria a ser apreciada, inclusive, de ofício. Em casos que tais, 'os atos nulos *pleno iure* **jamais precluem,** não se sujeitando à coisa julgada, porque invalidam a formação da relação processual, podendo ser reconhecidos e declarados em qualquer época ou via' (REsp 147.769/SP, Rel. Min. Sálvio de Figueiredo Teixeira, *DJ* 14.02.2000)" (STJ, AgRg no REsp 947.545/MG, Rel. Min. Sidnei Beneti, 3ª Turma, jul. 08.02.2011, *DJe* 22.02.2011). **Em sentido contrário:** "O litisconsórcio, quando necessário, é condição de validade do processo e, nessa linha, **pode ser formado a qualquer tempo, enquanto não concluída a fase de conhecimento**; proferida, no entanto, a sentença, e transitada em julgado, não há como, na respectiva execução, ativar questão não suscitada na época própria" (STJ, AgRg no Ag 420.256/RJ, Rel. Min. Ari Pargendler, 3ª Turma, jul. 30.08.2002, *DJ* 18.11.2002, p. 214).

"A falta de litisconsorte necessário **somente anula o processo a partir do momento em que sua ausência deveria ter sido suprida, restando intactos todos os atos praticados até aquela oportunidade**" (STJ, REsp 464.457/SP, Rel. Min. Francisco Falcão, 1ª Turma, jul. 04.09.2003, *DJ* 20.10.2003, p. 186).

Art. 115. A sentença de mérito, quando proferida sem a integração do contraditório, será:

I – nula, se a decisão deveria ser uniforme em relação a todos que deveriam ter integrado o processo;

II – ineficaz, nos outros casos, apenas para os que não foram citados.

Parágrafo único. Nos casos de litisconsórcio passivo necessário, o juiz determinará ao autor que requeira a citação de todos que devam ser litisconsortes, dentro do prazo que assinar, sob pena de extinção do processo.

CPC/1973

Art. 47, parágrafo único.

BREVES COMENTÁRIOS

Segundo antigo entendimento doutrinário, a que o CPC/2015 se manteve fiel, o litisconsórcio necessário ocorre apenas no polo passivo do processo. Não há, pois, litisconsórcio necessário ativo, em regra. A previsão de litisconsorte necessário é claramente voltada para o litisconsórcio passivo, hipótese em que sua citação é indispensável, sob pena de, não ocorrendo, acarretar a extinção do processo sem resolução do mérito. A lei, quando trata de causas que envolvem interesses de mais de uma pessoa, como na hipótese de marido e mulher, não condiciona a eficácia do processo à presença de todos no polo ativo da demanda. Cogita apenas de consentimento, que, em caso de recusa, admite suprimento judicial (CPC/2015, arts. 73 e 74).

Já no que diz respeito ao polo passivo, o litisconsórcio, quando necessário, não pode ser descumprido. Verificada a omissão, o juiz ordenará a respectiva superação, como medida necessária à regularização do processo.

Não cabe ao juiz, todavia, determinar diretamente a inclusão de outros réus na relação processual. É ao autor que toca identificar contra quem deseja demandar. Por isso, o juiz, *in casu*, verificando que falta litisconsórcio necessário no polo passivo da ação proposta, "determinará ao autor que requeira a citação de todos que devam ser litisconsortes, dentro do prazo que assinar, sob pena de extinção do processo" (CPC/2015, art. 115, parágrafo único).

JURISPRUDÊNCIA SELECIONADA

1. Processo sem a presença dos litisconsortes necessários. *Querela nullitatis.* "Nos termos da jurisprudência desta Corte, a *querela nullitatis* é instrumento hábil para debater a falta de citação de litisconsorte necessário em demanda transitada em julgado" (STJ, REsp 1677930/DF, Rel. Min. Ricardo Villas Bôas Cueva, 3ª Turma, jul. 10.10.2017, *DJe* 24.10.2017).

2. Determinação de ofício. "O litisconsórcio necessário é regido por norma de ordem pública, cabendo ao juiz determinar, de ofício ou a requerimento de qualquer das partes, a integração à lide do litisconsorte passivo" (STJ, AgInt no REsp 1655715/SP, Rel. Min. Ricardo Villas Bôas Cueva, 3ª Turma, jul. 21.08.2018, *DJe* 30.08.2018).

3. Ação coletiva vindicando descumprimento de norma emitida pela ANS. Litisconsórcio passivo necessário da União e da ANS. Ver jurisprudência do art. 114, do CPC/2015.

Art. 116. O litisconsórcio será unitário quando, pela natureza da relação jurídica, o juiz tiver de decidir o mérito de modo uniforme para todos os litisconsortes.

BREVES COMENTÁRIOS

O Código atual, de modo diferente do anterior, reconhece e define os litisconsórcios necessário e unitário como figuras distintas. O necessário acontece nas situações arroladas no art. 114. O unitário é, na definição legal, o litisconsórcio formado quando, pela natureza da relação jurídica controvertida, "o juiz tiver de decidir o mérito de modo uniforme para todos os litisconsortes". A justificação (lógica e jurídica), tanto do litisconsórcio necessário quanto do unitário, deita raízes no Direito material que o processo terá de enfrentar para chegar à composição do litígio. É, como se depreende dos enunciados dos arts. 114 e 116, a natureza da relação jurídica material controvertida (objeto do processo) que determinará a configuração do litisconsórcio, ora necessário, ora unitário.

JURISPRUDÊNCIA SELECIONADA

1. Ação possessória. Litisconsórcio necessário de todos os ocupantes irregulares. Nulidade de sentença. "Em ação possessória na qual se aprecia a legitimidade de composse, que é exercida conjuntamente e sem fracionamento do bem por todos os ocupantes, a sentença deverá ser cumprida por todos os copossuidores considerados ilegítimos, configurando-se a hipótese de litisconsórcio necessário prevista no artigo 47 do CPC/73, correspondente aos artigos 114, 115 e 116 do CPC/15. A ausência da citação de litisconsorte passivo necessário enseja a nulidade da sentença, nos termos do artigo 47 do CPC/73, correspondente ao artigo 115 do CPC/15" (STJ, REsp 1263164/DF, Rel. Min. Marco Buzzi, 4ª Turma, jul. 22.11.2016, *DJe* 29.11.2016).

2. Litisconsórcio necessário e unitário. Desistência da ação quanto a um dos litisconsortes. Impossibilidade. "Havendo litisconsórcio necessário e unitário, como no caso dos autos, em que se pretende ver declarada uma sociedade de fato que envolve todas as partes relacionadas no processo, com a consequente e posterior apuração de haveres, é vedada a desistência da ação em relação a apenas um dos litisconsortes necessários unitários, a fim de preservar a unidade da jurisdição. Diante do caráter incindível do provimento jurisdicional postulado, não pode haver transação parcial quanto ao objeto litigioso, salvo se o acordo englobar todos os litisconsortes" (STJ, REsp 767.060/

RS, Rel. Min. Luis Felipe Salomão, 4ª Turma, jul. 20.08.2009, *DJe* 08.09.2009).

3. Titulares de direito indivisível. Litisconsórcio ativo facultativo unitário. "Qualquer dos titulares de direito indivisível está legitimado a pleitear, em juízo, o respectivo adimplemento. Não há, nessas hipóteses, litisconsórcio ativo necessário. Há, em lugar disso, litisconsórcio ativo facultativo unitário, consoante defende renomada doutrina. Nessas hipóteses, a produção de efeitos pela sentença se dá *secundum eventum litis:* somente os efeitos benéficos, por força de lei, estendem-se aos demais titulares do direito indivisível. Eventual julgamento de improcedência só os atinge se eles tiverem integrado, como litisconsortes, a relação jurídica processual" (STJ, REsp 1.124.506/RJ, Rel. Min. Nancy Andrighi, 3ª Turma, jul. 19.06.2012, *DJe* 14.11.2012).

Art. 117. Os litisconsortes serão considerados, em suas relações com a parte adversa, como litigantes distintos, exceto no litisconsórcio unitário, caso em que os atos e as omissões de um não prejudicarão os outros, mas os poderão beneficiar.

CPC/1973

Art. 48.

REFERÊNCIA LEGISLATIVA

CPC/2015, art. 1.005 (recurso; litisconsórcio; aproveitamento a todos os interessados).

BREVES COMENTÁRIOS

Em regra, os litisconsortes se consideram litigantes autônomos em seu relacionamento com a parte contrária. O princípio, no entanto, é de maior aplicação ao litisconsórcio simples, que funciona como cumulação de ações dos vários litigantes, sendo possível soluções diferentes para cada um dos vários litisconsortes.

Quando se cuida, porém, de litisconsórcio unitário, a regra é de escassa aplicação ou menor efeito prático, posto que a decisão final terá de ser proferida de modo uniforme para todos os litisconsortes. Desse modo, os atos que beneficiarem um litisconsorte unitário beneficiarão também os demais. Mas o contrário não prevalece, isto é, os atos e as omissões de um litisconsorte unitário potencialmente lesivos aos interesses dos demais não os prejudicam, porque é evidente que não se pode fazer perecer direito de outrem.

Em suma: no litisconsórcio unitário, os atos benéficos alcançam todos os litisconsortes, mas não os atos e as omissões prejudiciais.

JURISPRUDÊNCIA SELECIONADA

1. Litisconsórcio simples. "As disposições do art. 48 do Código de Processo Civil [art. 117 do CPC/2015], consoante doutrina especializada pátria, são plenamente aplicáveis nas hipóteses de litisconsórcio simples" (STJ, REsp 596.743/SP, Rel. Min. João Otávio de Noronha, 2ª Turma, jul. 07.10.2004, *DJ* 22.11.2004, p. 312).

"A norma deve ser interpretada sob o influxo do art. 48 do Código de Processo Civil [art. 117 do CPC/2015] vigente, a cujo teor, 'salvo disposição em contrário, os litisconsortes serão considerados, em suas relações com a parte adversa, como litigantes distintos; os atos e omissões de um não prejudicarão nem beneficiarão os outros'. A regra, portanto, é a de que os litisconsortes devem, cada qual, cumprir os ônus processuais (*v.g.*, provas, recursos, etc.); **a exceção diz respeito unicamente àquela espécie de litisconsórcio em que a solução deve ser uniforme para todos os litisconsortes, quer dizer, quando se trata de litisconsórcio unitário**" (STJ, EDcl nos EDcl no AgRg no Ag 988.735/SP, Rel. Min. Napoleão Nunes Maia Filho, Rel. p/ Acórdão Min. Ari Pargendler, 1ª Turma, jul. 11.02.2014, *DJe* 15.04.2014).

Princípio da autonomia dos litisconsortes. "A homologação ou não do acordo celebrado entre os autores e apenas alguns dos réus passa pela análise do tipo de litisconsórcio havido entre os demandados, uma vez que a regra da independência dos litisconsortes prevista no art. 48 do CPC [art. 117 do CPC/2015] **somente é aplicável ao litisconsórcio simples** (facultativo ou necessário). Assim, se unitária a relação litisconsorcial entre os demandados, não se afigura possível a homologação do acordo sem a participação ou, no mínimo, a anuência da corré, que não figurou como sujeito do instrumento transacional" (TJRS, AGI 70029546660, Rel. Pedro Celso Dal Pra, 18ª Câmara, jul. 18.06.2009, *DJ* 24.06.2009).

2. Litisconsórcio facultativo ativo. "Havendo relação jurídica em que há formação de litisconsórcio facultativo ativo, a ocorrência de nulidade processual decorrente de deficiência inerente à realização dos atos processuais relacionados a apenas uma das partes não contamina o provimento jurisdicional dirigido aos demais litisconsortes se com estes não guardar nenhuma correspondência" (STJ, REsp 532.559/RS, Rel. Min. João Otávio de Noronha, 2ª Turma, jul. 08.05.2007, *DJ* 31.05.2007).

"No caso concreto, por não ser hipótese de litisconsórcio unitário, **o recurso interposto por um dos litigantes não aproveita aos demais**, o que retira da recorrente qualquer possibilidade de extensão, em seu favor, dos efeitos do provimento dos agravos de instrumento interpostos pelos litisconsortes" (STJ, REsp 827.935/DF, Rel. Min. Teori Albino Zavascki, 1ª Turma, jul. 15.05.2008, *DJe* 27.08.2008).

3. Litisconsorte necessário. Trânsito em julgado. "Litisconsorte passivo necessário que não recorre de decisão de primeiro grau que foi desfavorável à parte principal e, consequentemente, contra ele. Recurso interposto só pela parte demandada – União Federal. Acórdão que transita em julgado em relação à União – parte principal demandada. Recurso interposto contra o acórdão só pelo litisconsorte passivo necessário. Trânsito em julgado consolidado em dois momentos: a) para o litisconsorte passivo necessário quando não recorreu da decisão de primeiro grau; b) para a parte passiva principal quando não recorreu do acórdão de segundo grau. O art. 48 do CPC [art. 117 do CPC/2015] determina que, 'salvo disposição em contrário, os litisconsortes serão considerados, em suas relações com a parte adversa, como litigantes distintos; os atos e as omissões de um não prejudicarão nem beneficiarão os outros. 'Como o litisconsorte não recorreu, ou praticou ato incompatível com a vontade de recorrer (renúncia, desistência ou aquiescência), para ele a decisão transitou em julgado (coisa julgada formal), ou seja, não mais é impugnável' (Neri, p. 732, *Código de Processo Civil comentado*, RT)" (STJ, AgRg no REsp 947.593/PR, Rel. Min. José Delgado, 1ª Turma, jul. 17.04.2008, *DJe* 04.06.2008).

Ver jurisprudência do art. 1.005 do CPC/2015.

4. Assistente litisconsorcial. Transação e desistência. "Se nada obstante qualificado como assistente, é o litigante verdadeiro litisconsorte, a transação e a desistência da parte assistida não afastam o interesse e o direito de agir do litisconsorte, que permanece na relação jurídico-processual" (STF, RE 73.212, Rel. Min. Djaci Falcão, 1ª Turma, jul. 31.05.1974).

5. Litisconsórcio unitário. "No litisconsórcio ativo unitário há interdependência entre os litisconsortes. Assim, a apelação interposta por um aproveita aos outros, que não foram intimados para dar prosseguimento ao feito, sob pena de extinção sem julgamento do mérito" (1º TACivSP, Ap 339.545, Rel. Juiz Marcondes Machado, 5ª Câmara, jul. 09.05.1985, *RT* 598/131).

6. Decadência. "Não se compromete a eficácia prática da sentença, não sendo o caso, pois, de litisconsórcio unitário. Desse modo, o reconhecimento da decadência em relação a um litisconsorte não impõe, necessariamente, a mesma solução quanto ao outro" (STJ, REsp 32.800/SP, Rel. Min. Eduardo Ribeiro, 3ª Turma, jul. 16.08.1994, *DJU* 19.09.1994, p. 24.691).

7. Prescrição. "Havendo litisconsórcio passivo necessário e unitário, a relação jurídica, por sua natureza, há que ser decidida de modo homogêneo para todos os litisconsortes. Na ação ordinária de anulação de escritura de compra e venda, é unitário o litisconsórcio entre alienantes e adquirentes. A alienação não poderá ser válida e eficaz em relação a um e não o ser quanto a outro. Aos litisconsortes, em tais casos, não é dado atribuir-se tratamentos distintos. Se ocorreu a prescrição do direito de ação em relação a um litisconsorte, deve-se reconhecer a prescrição, também, quanto aos demais integrantes do polo passivo da ação, ainda que tenham estes sido citados antes de exausto o questionado prazo extintivo" (TAMG, EI 228.061-5, Rel. p/ ac. Juíza Maria Elza, 4ª Câmara, jul. 24.02.1999).

8. Agravo de instrumento. "Nada impede, assim, que o agravo de instrumento seja conhecido em relação a um e não a outro dos litisconsortes, como nada impediria que o próprio recurso tivesse sido interposto em face de um e não de outro" (STJ, AgRg no Ag 616.925/SP, Rel. Min. Teori Albino Zavascki, 1ª Turma, jul. 06.10.2005, *DJ* 17.10.2005, p. 180).

9. Ausência de procuração de um dos agravantes. "O STJ tem entendido que, a teor do art. 48 do CPC [art. 117 do CPC/2015], não se cuidando de litisconsórcio necessário, a ausência da cópia da procuração de um dos agravantes na formação do instrumento não implica, por si só, o não conhecimento do recurso. Considerados os litisconsortes, em sua relação com a parte adversa, como litigantes distintos, nada obsta que o instrumento seja conhecido em relação aos agravantes cujo instrumento procuratório foi devidamente trasladado" (STJ, AgRg no AgRg no Ag 1.078.344/MG, Rel. Min. Jorge Mussi, 5ª Turma, jul. 20.08.2009, *DJe* 14.09.2009).

Art. 118. Cada litisconsorte tem o direito de promover o andamento do processo, e todos devem ser intimados dos respectivos atos.

CPC/1973

Art. 49.

BREVES COMENTÁRIOS

Ainda que seja unitário o litisconsorte, cada litisconsorte tem o direito de promover o andamento do processo e todos devem ser intimados dos respectivos atos. Para a prática dos atos processuais prevalece a autonomia dos litisconsortes, em qualquer circunstância, seja no que toca à iniciativa, seja no que se refere à intimação dos atos do juiz, dos outros litisconsortes, ou de outra parte.

JURISPRUDÊNCIA SELECIONADA

1. Acompanhamento do incidente de falsidade. "O litisconsorte, na promoção dos atos processuais, via de regra, tem relativa independência, mas ele, em verdade, compõe um todo. Daí ser coautor ou corréu. Acertada, em consequência, a decisão recorrida, que ordenou a intimação do agravante-litisconsorte para acompanhar o incidente de falsidade" (TJPR, AGI 240/81, Rel. Plínio Cachuba, 1ª Vara Cível, jul. 01.12.1981, *RT* 566/159).

2. Medidas cautelares. "Todos aqueles que hajam de figurar, necessariamente, como litisconsortes na ação principal, também necessariamente terão de ser citados para as medidas cautelares que venham a ser pleiteadas antecipadamente" (TJSP, AGI 240.506, Rel. Flávio Torres e Alves Ferreira, 4ª Câmara, jul. 06.03.1975, *RT* 476/117).

3. Intimação. "Preparo de recurso. Uso tão só da expressão 'e outro', sem indicação do nome do litisconsorte, representado por procurador diverso. É nula a intimação feita pela forma do art. 236 do CPC [art. 272 do CPC/2015] quando da publicação não conste o nome do litisconsorte passivo. Precedentes do STJ" (STJ, REsp 36.897/RS, Rel. Min. Barros Monteiro, 4ª Turma, jul. 09.11.1993, *DJ* 13.12.1993, p. 27.468).

DO LITISCONSÓRCIO: INDICAÇÃO DOUTRINÁRIA

Ada Pellegrini Grinover, *O direito de estar em juízo e a coisa julgada*, São Paulo: Revista dos Tribunais, 2014, p. 611-615; Alfredo Buzaid, Do ônus da prova, *RF* 204/412 – sobre prova e litisconsórcio; José Carlos Barbosa Moreira, *Litisconsórcio unitário*. p. 174; Amaral Santos, *Primeiras linhas de direiro processual civil*, v. II, p. 17; Anselmo Prieto Alvarez, Rafael Modesto Rigato, O vício na formação do litisconsórcio passivo necessário unitário – entendendo a nulidade da sentença de mérito tratada no inciso I, do artigo 115, do Código de Processo Civil de 2015, Revista dos Tribunais, São Paulo, n. 1.021, p. 81, nov. 2020; Arruda Alvim, *Novo contencioso cível no CPC/2015*. São Paulo: RT, 2016, p. 79-90; Bruno Vasconcelos Carrilhos Lopes, In: José Roberto F. Gouvêa; Luis Guilherme A. Bondioli e João Francisco N. da Fonseca (coord.), *Comentários ao Código de Processo Civil*, São Paulo: Saraiva, 2017, v. 2; Cássio Scarpinella Bueno, *Manual de direito processual civil*, São Paulo: Saraiva, 2015; Chiovenda, *Ensayos de derecho procesal civil*, v. III, p. 322 – sobre ineficácia da sentença quando da não formação do litisconsórcio; Daniel Amorim Assumpção Neves, *Manual de direito processo civil*, São Paulo: Método, 2015; Fredie Didier Jr., *Curso de direito processual civil*, 17. ed., Salvador: JusPodivm, 2015, v. I; Guilherme Estellita, *Do litisconsórcio no direito brasileiro*. Rio de Janeiro: Freitas Bastos, 1955, p. 179 – sobre a distinção entre "questões" e "causas"; Guilherme Rizzo Amaral, *Comentários às alterações do novo CPC*, São Paulo: Revista dos Tribunais, 2015; Humberto Theodoro Júnior, *Curso de direito processual civil*, 61. ed., Rio de Janeiro: Forense, 2020, v. I;Humberto Theodoro Júnior, Fernanda Alvim Ribeiro de Oliveira, Ester Camila Gomes Norato Rezende (coords.), *Primeiras lições sobre o novo direito processual civil brasileiro*, Rio de Janeiro: Forense, 2015; J. E. Carreira Alvim, *Comentários ao atual Código de Processo Civil*, Curitiba: Juruá, 2015; José Miguel Garcia Medina, *Novo Código de Processo Civil comentado*, São Paulo: Revista dos Tribunais, 2015; Leonardo Greco, *Instituições de processo civil: introdução ao direito processual civil*, 5. ed., Rio de Janeiro: Forense, 2015; Lopes da Costa, *Direito processual civil*, v. I, n. 405, 406, 468 e 469; Lopes da Costa, *Instituições*, v. I, n. 39-B; Lucas Soares de Oliveira, O litisconsórcio no Código de Processo Civil de 2015, Revista dos Tribunais, São Paulo, ano 108, v. 1.008, p. 247 e ss., out. 2019; Luis Antônio Giampaulo Sarro, *Novo Código de Processo Civil*, São Paulo: Rideel, 2015; Luiz Fux e Rodrigo Fux, In: Teresa Arruda Alvim Wambier, Fredie Didier Jr., Eduardo Talamini, Bruno Dantas, *Breves comentários ao novo Código de Processo Civil*. São Paulo: RT, 2015; Luiz Guilherme Marinoni, Sérgio Cruz Arenhart, Daniel Mitidiero, *Curso de processo civil*, São Paulo: Revista dos Tribunais, 2015, v. I; Nelson Nery Junior, Rosa Maria de Andrade Nery, *Comentários ao Código de Processo Civil*, São Paulo: Revista dos Tribunais, 2015; Piaza Merigue da Cunha, Litisconsórcio eventual entre sócios e sociedade empresária quando da desconsideração da personalidade jurídica, *RBDPro*, ano 22, n. 86, p. 205-218, abr.-jun. 2014; Renato Beneduzi, In: Sérgio Cruz Arenhart e Daniel Mitidiero (coord.), *Comentários ao Código de Processo Civil*. 2. ed., São Paulo: RT, 2018, v. 2; Teresa Arruda Alvim Wambier, Fredie Didier Jr., Eduardo Talamini, Bruno Dantas (coords.), *Breves comentários ao novo Código de Processo Civil*, São Paulo: Revista dos Tribunais, 2015; Teresa Arruda Alvim Wambier, Maria Lúcia Lins Conceição, Leonardo Ferres da Silva Ribeiro, Rogério Licastro Torres de Melo, *Primeiros comentários ao novo Código de Processo Civil*, São Paulo: Revista dos Tribunais, 2015; Vittorio Denti, Appunti sul litisconsorzio necessario, *Rivista di Dir. Proc. Civile*, 1959, p. 14.

TÍTULO III
DA INTERVENÇÃO DE TERCEIROS

Capítulo I
DA ASSISTÊNCIA

Seção I
Disposições Comuns

Art. 119. Pendendo causa entre 2 (duas) ou mais pessoas, o terceiro juridicamente interessado em que a sentença seja favorável a uma delas poderá intervir no processo para assisti-la.

Parágrafo único. A assistência será admitida em qualquer procedimento e em todos os graus de jurisdição, recebendo o assistente o processo no estado em que se encontre.

CPC/1973

Art. 50.

REFERÊNCIA LEGISLATIVA

CPC/2015, art. 364, § 1º (prazo para alegações finais).

Lei nº 9.099, de 26.09.1995 (Juizados Especiais – ver Legislação Especial), art. 10: "Não se admitirá, no processo, qualquer forma de intervenção de terceiro nem de assistência. Admitir-se-á o litisconsórcio."

Lei nº 9.469, de 10.07.1997 (Advocacia-Geral da União – ver Legislação Especial), art. 5º (intervenção da União, nas ações contra entes da Administração Indireta).

Lei nº 8.078, de 11.09.1990 (Consumidor – ver Legislação Especial), arts. 90 (aplicação do CPC); 94 (intervenção litisconsorcial na ação civil coletiva).

Lei nº 7.347, de 24.07.1985 (Ação Civil Pública – ver Legislação Especial), art. 5º, § 2º (habilitação dos colegitimados).

SÚMULAS

Súmula do STF:

Nº 218: "É competente o Juízo da Fazenda Nacional da capital do Estado, e não o da situação da coisa, para a desapropriação promovida por empresa de energia elétrica, se a União Federal intervém como assistente."

Súmula do STJ:

Nº 150: "Compete à Justiça Federal decidir sobre a existência de interesse jurídico que justifique a presença, no processo, da União, suas autarquias ou empresas públicas."

Súmula do TFR:

Nº 62: "Compete a Justiça Federal processar e julgar ação de desapropriação promovida por concessionária de energia elétrica, se a União intervém como assistente."

BREVES COMENTÁRIOS

A intervenção do terceiro, como assistente, pressupõe interesse. Mas seu interesse não consiste na tutela de seu direito subjetivo, porque não integra ele a lide a solucionar; mas na preservação ou na obtenção de uma situação jurídica de outrem (a parte) que possa influir positivamente na relação jurídica não litigiosa existente entre ele, assistente, e a parte assistida.

JURISPRUDÊNCIA SELECIONADA

1. Assistência. Interesse jurídico. "O instituto da assistência é modalidade espontânea, ou voluntária, de intervenção de terceiro, que reclama, como pressuposto, interesse jurídico que se distingue do interesse institucional. É que o assistente luta pela vitória do assistido ou porque a sua relação jurídica é vinculada àquele, ou a *res in iudicium deducta* também lhe pertence. De toda sorte, além desses fatores, o assistente intervém porque a decisão proferida na causa entre o assistido e a parte contrária interferirá na sua esfera jurídica. É cediço em doutrina abalizada que: 'Somente pode intervir como assistente o terceiro que tiver interesse jurídico em que uma das partes vença a ação. Há interesse jurídico do terceiro quando a relação jurídica da qual seja titular possa ser reflexamente atingida pela sentença que vier a ser proferida entre assistido e parte contrária. Não há necessidade de que o terceiro tenha, efetivamente, relação jurídica com o assistido, ainda que isto ocorra na maioria dos casos. Por exemplo, há interesse jurídico do sublocatário em ação de despejo movida contra o locatário. **O interesse meramente econômico ou moral não enseja a assistência**, se não vier qualificado como interesse também jurídico' (Nelson Nery Junior e Rosa Maria de Andrade Nery, *Código de Processo Civil comentado e legislação extravagante*, 9ª ed., Revista dos Tribunais, São Paulo, 2006, p. 232). [...] O interesse institucional, não obstante encerre também interesse jurídico para a propositura da ação coletiva, não enseja a intervenção *ad adjuvandum* em processo *inter partes*" (STJ, REsp 821.586/PR, Rel. Min. Luiz Fux, 1ª Turma, jul. 07.10.2008, *DJe* 03.11.2008). **Precedentes citados:** STJ, AgRg na Pet 5.572/PB, Rel. Min. Denise Arruda, 1ª Turma, jul. 25.09.2007, *DJ* 05.11.2007; STJ, MS 10.597/DF, Rel. Min. João Otávio de Noronha, 1ª Seção, jul. 27.06.2007, *DJ* 22.10.2007; e STJ, REsp 660.833/SP, Rel. Min. Nancy Andrighi, 3ª Turma, jul. 26.09.2006, *DJ* 16.10.2006. **No mesmo sentido**: STJ, EDcl nos EDcl no AgRg na MC 3.997/RJ, Rel. Min. Eliana Calmon, 2ª Turma, jul. 06.06.2002, *DJ* 05.08.2002, p. 217; STJ, REsp 1.143.166/RJ, Rel. Min. Nancy Andrighi, 3ª Turma, jul. 16.12.2010, *DJe* 03.11.2011.

Interesse financeiro. "O Tribunal *a quo*, ao decidir acerca da intervenção de terceiro, consignou que eventual interesse financeiro que a parte agravante possa ter no deslinde do feito não se confunde com o interesse jurídico a justificar sua presença como parte no feito. Ora, a falta de demonstração pelo agravante, conforme analisado na origem, do necessário interesse jurídico no resultado da demanda, inviabiliza o seu ingresso no feito como assistente simples. As pretensões de integrar o polo passivo são motivadas pela **concorrência supostamente desleal ocasionada pela atuação da empresa autora em sobreposição às linhas por elas operadas**, acarretando suposto desrespeito às permissões que detêm e ao equilíbrio econômico-financeiro dos seus contratos, o que denota a existência de interesse meramente econômico na demanda. Até porque a concessão de direitos de exploração de uma linha de ônibus para uma empresa não afronta direitos de terceiros sobre as mesmas linhas, uma vez que a permissão ou autorização de exploração de linhas de ônibus não confere direito à exclusividade. Precedente: REsp 762.093/RJ, Rel. Ministro Luiz Fux, 1ª Turma, jul. 20.05.2008, *DJe* 18.06.2008" (STJ, AgRg no AREsp 392.006/PR, Rel. Min. Mauro Campbell Marques, 2ª Turma, jul. 05.11.2013, *DJe* 12.11.2013).

Interesse corporativo ou institucional. Não cabimento. "O interesse corporativo ou institucional do conselho de classe em ação em que se discute tese que se quer ver preponderar não constitui interesse jurídico para fins de admissão de assistente simples com fundamento no art. 50 do Código de Processo Civil (AgRg nos EREsp 1.146.066/PR, Rel. Min. Hamilton Carvalhido, Corte Especial, jul. 04.05.2011). Precedentes" (STJ, AgRg no AgRg na PET nos EREsp 1.226.946/PR, Rel. Min. Eliana Calmon, Corte Especial, jul. 02.10.2013, *DJe* 10.10.2013).

Interesse econômico. Assistência de escritório de advocacia. Não cabimento. "É inviável admitir como assistente litisconsorcial o escritório de advocacia que mantém interesse meramente econômico na demanda, relacionado ao direito de receber as verbas de sucumbência" (STJ, EDcl nos EDcl no REsp 735.698/RJ, Rel. Min. Eliana Calmon, 2ª Turma, jul. 02.09.2010, *DJe* 20.09.2010).

Interesse da União. "O parágrafo único do art. 5º da Lei 9.469/1997 **esclarece que a União pode intervir nas causas em que os reflexos da decisão possam ser somente indiretos e independentemente da demonstração de interesse público**" (STJ, REsp 330.033/SP, Rel. Min. Humberto Gomes de Barros, Rel. p/ acórdão Min. José Delgado, 1ª Turma, jul. 09.12.2003, *DJ* 17.05.2004, p. 110).

Requisitos específicos. "Além do requisito genérico do interesse jurídico, há dois requisitos específicos para a assistência simples: a) a existência de uma relação jurídica de direito material entre o assistente e o assistido; e b) a possibilidade de a sentença vir a afetar, ainda que indiretamente, essa relação. A ausência de provas de existência de relação jurídica de direito material entre os sindicatos agravantes e federação a que se pretende assistir impede o deferimento do pedido de assistência simples" (STJ, AgRg na AR 2.887/SP, Rel. Min. Castro Meira, 1ª Seção, jul. 12.11.2008, *DJe* 24.11.2008).

2. Assistência da OAB. "Discutindo-se nos autos direito individual disponível pertencente, exclusivamente, aos advogados que trabalharam no feito expropriatório e que interpuseram os embargos de divergência, **não se pode admitir a intervenção do Conselho Federal da Ordem dos Advogados do Brasil** (CFOAB) como assistente, com base no art. 50 do Código de Processo Civil, porque ausente o indispensável 'interesse jurídico'. O mero interesse *lato sensu* de que a jurisprudência desta Corte se modifique não viabiliza a intervenção e a legitimidade recursal para opor declaratórios" (STJ, EDcl nos EREsp 650.246/PR, Rel. Min. Cesar Asfor Rocha, 1ª Seção, jul. 27.06.2012, *DJe* 06.08.2012). **No mesmo sentido:** STJ, AgRg no REsp 996.033/BA, Rel. Min. Ricardo Villas Bôas Cueva, 3ª Turma, jul. 04.12.2012, *DJe* 11.12.2012.

3. Assistência da Funai. Interesses indígenas. "Verifica-se, desse modo, que tanto o Ministério Público Federal quanto a Funai, conquanto não sejam titulares diretos do direito discutido nos autos da Ação Ordinária 99.00.09024-1 – ajuizada perante 1ª Vara Federal da Seção Judiciária da Paraíba (processo autuado nesta Corte como REsp 802.412/PB) –, teriam legitimidade para a propositura da referida ação. Tem-se, portanto, configurado o interesse jurídico necessário à admissão da Funai como assistente do Ministério Público Federal, pois é manifesto o seu interesse jurídico de que a demanda seja julgada em favor dos interesses dos povos indígenas" (STJ, AgRg na Pet 5.572/PB, Rel. Min. Denise Arruda, 1ª Turma, jul. 25.09.2007, *DJ* 05.11.2007, p. 223).

4. Ministério Público. "O Ministério Público, no exercício das suas funções institucionais, não é titular de interesse jurídico assim qualificado. Cumpre-lhe, por força da Constituição (art. 127), tutelar a ordem jurídica, o sistema democrático e os interesses sociais, ou seja, o interesse público genericamente considerado, razão pela qual a sua intervenção em processo de que não é parte se dá não como assistente de um dos litigantes, mas pela forma própria e peculiar de *custos legis* (art. 82 do CPC)" (STJ, REsp 724.507/PR, Rel. Min. Teori Albino Zavascki, 1ª Turma, jul. 21.09.2006, *DJ* 05.10.2006, p. 245).

5. CADE. Assistência. "O art. 89 da Lei 8.884/1994 (que transforma o CADE em autarquia e dispõe sobre a prevenção e a repressão às infrações contra a ordem econômica e dá outras providências) estabelece que, nos processos judiciais em que se discuta a aplicação desta lei, o CADE deverá ser intimado para, querendo, intervir no feito na qualidade de assistente" (STJ, AgRg no REsp 1.125.981/RS, Rel. Min. Napoleão Nunes Maia Filho, 1ª Turma, jul. 28.02.2012, *DJe* 05.03.2012).

6. Sócios.

Assistência de sócia da empresa ré. Possibilidade. "Admite-se a participação de sócia da empresa ré como assistente em ação de cobrança, vez que demonstrado **o seu interesse jurídico**. Ademais, o valor é expressivo, e alia-se a um abalo patrimonial que fatalmente refletirá à postulante nas suas relações comerciais, consequentemente causando prejuízos jurídicos" (TJPR, AGI 123015-1, Rel. Des. Ulysses Lopes, 1ª Câmara, jul. 18.06.2002, *RT* 807/381).

Sócio que tenha ações de outra sociedade. Mero interesse econômico. Impossibilidade. "O pedido de assistência simples não pode ser deferido, porquanto não ficou demonstrado o interesse jurídico na demanda, mas o interesse meramente econômico" (STJ, AgRg nos EREsp 1.262.401/BA, Rel. Min. Humberto Martins, Corte Especial, jul. 25.04.2013, *DJe* 10.05.2013).

Dissolução de sociedade. Assistência do acionista. "[...] De fato, na dissolução de sociedade anônima a legitimidade passiva é apenas da própria sociedade, representada em juízo pela diretoria, reconhecendo-se, todavia, a possibilidade de qualquer acionista ingressar como assistente simples no polo passivo da lide (art. 50 do CPC), visto que sujeito aos efeitos reflexos da sentença. Nessa condição, o acionista assume posição subsidiária no processo, ingressando no feito na etapa processual em que se encontrar" (STJ, REsp 467.085/PR, Rel. Min. Luis Felipe Salomão, 4ª Turma, jul. 28.04.2009, *DJe* 11.05.2009).

7. Avalista. "O interesse jurídico necessário ao acolhimento do pleito de assistência deve ser aferido mediante a potencialidade de a sentença causar prejuízo juridicamente relevante a direito daquele que pretende intervir como assistente no processo. Se aquele que postula ingressar no processo como assistente **assinou conjuntamente com a arrendatária o contrato de arrendamento mercantil e, por conseguinte, obrigou-se como avalista** e depositário dos bens arrendados, de eventual condenação da avalizada advir-lhe-á prejuízo juridicamente relevante. É certo, ademais, que o interesse jurídico do avalista decorre da equiparação deste, como garante, perante o credor, ao devedor principal, até porque pode o credor optar entre ajuizar a ação em face deste ou daquele" (STJ, REsp 660.833/SP, Rel. Min. Nancy Andrighi, 3ª Turma, jul. 26.09.2006, *DJ* 16.10.2006).

8. Falência. Credor. "É de se reconhecer o interesse jurídico do credor do falido, devidamente habilitado na ação falimentar, para intervir como assistente da massa falida nos autos em que ela atuar como parte" (STJ, REsp 1.025.633/RJ, Rel. Min. Massami Uyeda, 3ª Turma, jul. 24.05.2011, *DJe* 29.09.2011).

"Em princípio, é facultado ao falido intervir como assistente nos feitos em que a massa falida seja parte interessada, trate-se de processo cognitivo, cautelar ou de execução. Caso em que, todavia, o pedido de assistência, além de inócuo, tem por escopo o de tumultuar a tramitação da causa, conforme puseram em realce as instâncias ordinárias. Ausência de interesse jurídico" (STJ, REsp 187.505/SP, Rel. Min. Barros Monteiro, 4ª Turma, *DJ* 06.11.2000).

9. Procedimento de dúvida registrária. Descabimento de intervenção de terceiros. "A jurisprudência deste Superior Tribunal de Justiça é firme no sentido de que o procedimento de dúvida suscitado pelo Oficial do Registro reveste-se de caráter administrativo. Revela-se, pois, descabida a intervenção de terceiros no âmbito da dúvida registrária, porquanto inexiste previsão normativa nesse sentido nos dispositivos legais que regulam o procedimento, quais sejam, os artigos 198 a 207 da Lei 6.015 de 1973, sendo inviável a aplicação subsidiária dos artigos 56 ao 80 do Código de Processo Civil de 1973." (STJ, RMS 39.236/SP, Rel. Min. Marco Buzzi, 4ª Turma, jul. 26.04.2016, *DJe* 03.05.2016).

10. Ação de repetição de indébito. Tarifa de energia elétrica. Interesse da ANEEL. Não ocorrência, em regra. Ver jurisprudência do art. 17 do CPC/2015.

11. Intervenção de terceiro. Irrelevância do *nomen iures*. "Debate-se o marco de interrupção do prazo prescricional em razão da citação do real legitimado passivo ter ocorrido após mais de um ano da propositura da ação. A ação foi inicialmente proposta contra aparente proprietário do veículo envolvido em acidente que resultou no falecimento do cônjuge da autora, vindo a ocorrer sua extromissão e substituição pelo recorrente em virtude de petição de denunciação da lide. A natureza da pretensão – no caso, da intervenção de terceiro – **é determinada pelo conteúdo do pedido formulado (extromissão de parte)**, sendo irrelevante o *nomen iuris* atribuído, revelando, portanto, tratar-se de nomeação à autoria. A alteração dos elementos da demanda após a citação somente é admitida em hipóteses legais excepcionais, como no caso em que o equívoco na indicação de parte ilegítima decorre de sua aparente legitimidade passiva. Nesses casos, a indicação do real legitimado por meio da nomeação à autoria é dever do réu aparente em homenagem aos princípios da boa-fé processual e da cooperação. Informado o real legitimado passivo, deve o autor promover sua oportuna citação, considerando-se para fim de apuração de tempestividade não a data da propositura da demanda, mas o processamento da nomeação à autoria. Promovidos os atos de citação pela autora na oportunidade processualmente assegurada, a interrupção da prescrição retroage à data da propositura da ação." (STJ, REsp 1705703/SP, Rel. Min. Marco Aurélio Bellizze, 3ª Turma, jul. 02.10.2018, *DJe* 08.10.2018).

12. Ação de usucapião. Oposição. Descabimento. "Não cabe intervenção de terceiros na modalidade de oposição na ação de usucapião. O opoente carece de interesse processual para o oferecimento de oposição na ação de usucapião porque, estando tal ação incluída nos chamados juízos universais (em que são convocados a integrar o polo passivo por meio de edital toda a universalidade de eventuais interessados), sua pretensão poderia ser deduzida por meio de contestação. A previsão da convocação, por meio de edital, de toda universalidade de sujeitos indeterminados para que integrem o polo passivo da demanda se assim desejarem elimina a figura do terceiro no procedimento da ação de usucapião." (STJ, REsp 1726292/CE, Rel. Min. Ricardo Villas Bôas Cueva, 3ª Turma, jul. 12.02.2019, *DJe* 15.02.2019).

13. Intervenção de terceiros. Federação. Possível afetação no volume de vendas de seus representados. Inadmissibilidade. "Recurso Extraordinário – Repercussão Geral – Terceiro – Intervenção. O simples fato de representados da Federação requerente poderem ter o volume de vendas influenciado pela conclusão a ser alcançada pelo Plenário não gera interesse suficiente a levar à admissão no processo." (STF, RE 727851 AgR, Relator(a): Min. Marco Aurélio, Tribunal Pleno, jul. 20.09.2018, *DJe* 06.11.2018).

14. Execução. Impossibilidade de assistência. "É requisito da assistência que haja causa pendente. É, portanto, inviável a assistência em processo de execução, no qual não se realiza atividade jurisdicional cognitiva e apenas se busca alteração no mundo dos fatos a fim de que seja satisfeito o crédito" (STJ, AgInt no REsp 1552014/ES, Rel. Min. Maria Isabel Gallotti, 4ª Turma, jul. 25.04.2017, *DJe* 04.05.2017).

"A assistência, na letra do artigo 50, *caput*, do Código de Processo Civil, consiste na intervenção voluntária de terceiro interessado em causa pendente com o objetivo de coa*dju*var uma das partes a obter sentença favorável. Se a execução não tende à obtenção de sentença, destinando-se apenas à realização de atos concretos para realização coativa do título, resulta inadmissível a assistência no processo executivo" (STJ, REsp 329.059/SP, Rel. Min. Vicente Leal, 6ª Turma, jul. 07.02.2002, *DJ* 04.03.2002, p. 306). **Em sentido contrário:** "Ação de execução de título extrajudicial (aditivo contratual) ajuizada na Justiça comum estadual contra sociedade de economia mista. Contrato originário firmado pela extinta Portobras (Lei 8.029/1990). Regularidade da contratação questionada pelo Ministério Público Federal perante a Justiça Federal. Pedido de assistência (CPC, art. 50) na execução formulado pela União. Possibilidade no caso. Interesses jurídico e econômico. Configuração. Peculiaridades. Remessa do feito executivo para a Justiça federal" (STJ, REsp 397.598/RJ, Rel. Min. Raul Araújo, 4ª Turma, jul. 18.08.2011, *DJe* 19.09.2011).

15. *Amicus curiae*. Interesse público. "A intervenção do *amicus curiae* no processo deve se ater ao interesse público do processo submetido à análise judicial, sobre o qual se legitima a participação processual do terceiro. O interesse institucional pode eventualmente caracterizar-se como público, desde que transcenda o interesse individual do próprio *amicus curiae*. O pedido de assistência exige a iniciativa do terceiro, que deve peticionar expondo os fatos e as razões pelas quais considera ter interesse jurídico na demanda" (STJ, REsp 1.192.841/RJ, Rel. Min. Nancy Andrighi, 3ª Turma, jul. 16.12.2010, *DJe* 13.05.2011).

16. Mandado de segurança. Não cabimento. "Segundo a jurisprudência predominante no STJ, não cabe assistência em mandado de segurança, instituto que não se harmoniza com o rito célere dessa ação" (STJ, REsp 1.065.574/RJ, Rel. Min. Teori Albino Zavascki, 1ª Turma, jul. 02.10.2008, *DJe* 20.10.2008). **Precedentes citados:** STJ, RMS 18.996/MG, Min. Arnaldo Esteves Lima, 5ª Turma, *DJ* 20.03.2006; STJ, AgRg no MS 7.307/DF, Min. Milton Luiz Pereira, 1ª Seção, *DJ* 25.03.2002; STJ, AgRg no MS 5.690/DF, Rel. Min. José Delgado, 1ª Seção, *DJ* 24.09.2001; STJ, MS 5.602/DF, Rel. Min. Adhemar Maciel, 1ª Seção, *DJ* 26.10.1998; STJ, AgRg no MS 7.205/DF, Min. José Arnaldo da Fonseca, 3ª Seção, *DJ* 16.04.2001. No mesmo sentido: STF, MS 24.414/DF, Rel. Min. Cezar Peluso, Tribunal Pleno, jul. 03.09.2003, *DJ* 21.11.2003.

Observação: o STF admitiu a intervenção da União como assistente em mandado de segurança impetrado contra a Mesa da Câmara dos Deputados no AR-AgR 1.844/DF, Rel. Min. Carlos Britto, Tribunal Pleno, jul. 18.11.2004, *DJ* 18.02.2005. Neste sentido: "A assistência, simples ou litisconsorcial, tem cabimento em qualquer procedimento ou grau de jurisdição, inexistindo óbice a que se admita o ingresso do assistente em mandado de segurança, ainda que depois de transcorrido o prazo decadencial do *writ*" (STJ, REsp 616.485/DF, Rel. Min. Eliana Calmon, 2ª Turma, jul. 11.04.2006, *DJ* 22.05.2006, p. 180).

17. *Habeas corpus*. "O pedido de integrar o feito como assistente litisconsorcial não tem amparo no ordenamento jurídico, pois o *habeas corpus* não se enquadra entre os tipos de procedimentos previstos pelo Código de Processo Civil (art. 50, parágrafo único)" (STJ, EDcl no HC 88.413/MG, Rel. Min. Aldir Passarinho Junior, 4ª Turma, jul. 11.03.2008, *DJe* 28.04.2008).

18. Ação direta de inconstitucionalidade. "A norma regimental inscrita no art. 169, § 2º, do RISTF, que veda a intervenção assistencial no processo de controle normativo abstrato instaurado perante o Supremo Tribunal Federal, foi recebida com força e eficácia de lei pelo novo ordenamento constitucional. Tratando-se de *lex specialis*, a norma regimental prevalece sobre o disposto no art. 50, parágrafo único, do Código de Processo Civil, que admite a intervenção assistencial em qualquer dos tipos de procedimento e em todos os graus de jurisdição. – A natureza eminentemente objetiva do processo de controle abstrato de constitucionalidade não dá lugar a intervenção de terceiros que pretendam, como assistentes, defender interesses meramente subjetivos. – A formação litisconsorcial passiva, no processo de ação direta de inconstitucionalidade, só se legitima em face dos órgãos estatais de que emanou o próprio ato normativo impugnado. O mero particular não se qualifica como litisconsorte passivo em processo de controle abstrato, em face da necessária estatalidade do ato normativo nele impugnado" (STF, ADI-AgR 575/PI, Rel. Min. Celso de Mello, Tribunal Pleno, jul. 09.12.1992, *DJ* 01.07.1994). **No mesmo sentido:** STF, ADIn 29 EI-AgRg/RS, Rel. Min. Marco Aurélio, Tribunal Pleno, jul. 13.12.1990, *DJ* 12.03.1991, p. 2.462; *RDA* 155/155; *RDA* 157/266.

19. Desapropriação. "A natureza jurídica da ação de desapropriação é de direito real, porque fundada sobre o direito de propriedade. O interesse jurídico a ser demonstrado na assistência simples, disciplinada pelo art. 50 do CPC, nesse tipo de ação, deve corresponder a algum direito real sobre o imóvel. Se os recorrentes detêm apenas direito obrigacional oponível contra a pessoa do expropriado, descabe admiti-los na condição de assistentes" (STJ, REsp 337.805/PR, Rel. Min. Eliana Calmon, 2ª Turma, *DJ* 09.12.2002). **No mesmo sentido:** STJ, REsp 779.775/MT, Rel. Min. Denise Arruda, 1ª Turma, jul. 10.04.2007, *DJ* 31.05.2007.

20. Ação de despejo. "Em ação de despejo por denúncia vazia, não se admite a assistência litisconsorcial de ocupante do imóvel locado, ainda que diretamente interessado no deslinde da causa, se no contrato de locação há vedação expressa quanto à cessão e sublocação do imóvel" (TJSP, Ap s/ Ver. 737633-0/1, Rel. Des. Cambrea Filho, 27ª Câm., jul. 12.04.2005, *RT* 839/239).

21. Inventário. "Assistência. Inventário. Admissibilidade. Interesse específico de outrem de intervir em processo alheio para resguardar o seu direito. Arts. 674 e 1.021 do CPC. A assistência tem lugar em qualquer dos tipos de procedimento e em todos os graus de jurisdição" (TJSP, AI 197.353-1, Rel. Des. Toledo Cesar, 3ª Câm., jul. 26.10.1993; *RJTJSP* 212/77).

22. Ação popular. "A intervenção da União Federal, autarquia ou empresa pública como assistente ou opoente, só deslocará a competência se demonstrado legítimo interesse jurídico próprio, ficando sem força atrativa apenas a participação *ad adjuvandum*. No caso, a União não manifestou qualquer interesse. Conflito conhecido e declarada a competência do Juízo de Direito estadual, suscitado" (STJ, CC 20.971/MG, Rel. Min. Milton Luiz Pereira, 1ª Seção, jul. 25.03.1998, *DJ* 08.06.1998).

23. Liquidação. "A liquidação não integra o processo executivo, mas o antecede, constituindo procedimento complementar do processo de conhecimento para tornar o título judicial (CPC, arts. 586 e 618). Não veda o nosso direito que a assistência se dê na liquidação. Intervindo a União, como assistente, em ação indenizatória em curso na Justiça estadual, em fase de liquidação, a competência se desloca para o foro federal, inaplicando-se o princípio da *perpetuatio jurisdictionis*" (STJ, REsp 586/PR, Rel. Min. Sálvio de Figueiredo Teixeira, 4ª Turma, jul. 20.11.1990, *DJ* 18.02.1991, p. 1.041).

24. Grau de jurisdição. "A assistência, simples ou litisconsorcial, tem cabimento em qualquer procedimento ou grau de jurisdição, inexistindo óbice a que se admita o ingresso do assistente em **mandado de segurança**, ainda que depois de transcorrido o prazo decadencial do *writ*" (STJ, REsp 616.485/DF, Rel. Min. Eliana Calmon, 2ª Turma, jul. 11.04.2006, *DJ* 22.05.2006).

Recurso extraordinário. "Pedido de intervenção como assistente simples nos autos do recurso extraordinário formulado pelo Sindifumo-SP. Presença dos requisitos que ensejam a intervenção pretendida. Necessidade de pluralizar o debate constitucional. Pedido de intervenção como assistente simples do recorrente deferido" (STF, RE 550.769 QO, Rel. Min. Joaquim Barbosa, Tribunal Pleno, jul. 28.02.2008, *DJe* 27.02.2013).

25. Deslocamento de competência em razão da intervenção. "A regra inscrita no art. 5º, parágrafo único, da Lei nº 9.469/1997 e art. 89 da Lei 8.884/1994 contém a base normativa legitimadora da intervenção processual do *amicus curiae* em nosso Direito. Deveras, por força de lei, a intervenção do CADE em causas em que se discutem a prevenção e a repressão à ordem econômica, é de assistência. *In casu*, a própria União confirmou sua atuação como assistente do Ministério Público Federal (fls. 561/565 e fl. 375), o que, à luz do art. 109, I, da Constituição Federal, torna inarredável a competência da Justiça federal. Por derradeiro, atuando o Ministério Público Federal no polo ativo da ação civil pública, inequívoca é a competência da Justiça federal, consoante o entendimento deste Eg. STJ, *verbis*: 'Em ação proposta pelo Ministério Público Federal, órgão da União, somente a Justiça federal está constitucionalmente habilitada a proferir sentença que vincule tal órgão, ainda que seja sentença negando a sua legitimação ativa. E enquanto a União figurar no polo passivo, ainda que seja do seu interesse ver-se excluída, a causa é da competência da Justiça Federal, a quem cabe, se for o caso, decidir a respeito do interesse da demandada (Súmula 150/STJ)' (CC 40. 534, Rel. Min. Teori Albino Zavascki, *DJ* 17.05.2004). Ademais, o *amicus curiae* opina em favor de uma das partes, o que o torna um singular assistente, porque de seu parecer exsurge o êxito de uma das partes, por isso a lei o cognomina de assistente. É assistente *secundum eventum litis*" (STJ, REsp 737.073/RS, Rel. Min. Luiz Fux, 1ª Turma, jul. 06.12.2005, *DJ* 13.02.2006, p. 700).

"O ingresso da Agência Nacional de Transportes Aquaviários (Antaq), autarquia federal, após a sentença, impõe a remessa dos autos à Justiça federal, considerada a competente, ainda que a intromissão tenha se operado nesse momento processual (art. 109, I, da CF). As reguladoras velam para o cumprimento de suas políticas programáticas, sendo certo que, na escorreita jurisprudência do E. STJ, não ostentam qualidade de parte quando em litígio entre empresas do setor regulado são discutidas, *incidenter tantum*, suas orientações (Precedentes: REsp 431.606/SP, 2ª Turma, Rel. Min. Eliana Calmon, *DJ* 30.09.2002; RMS 14.865/RJ, 1ª Turma, desta relatoria, *DJ* 11.11.2002; REsp 371/CE, 2ª Turma, Rel. Min. Luiz Vicente Cernicchiaro, *DJ* 04.06.1990)" (STJ, MC 9.275/AM, Rel. Min. Luiz Fux, 1ª Turma jul. 07.04.2005, *DJ* 23.05.2005, p. 148).

26. Pessoa jurídica de direito público estadual. "Aplicação do art. 5º da Lei 9.469/1997 às pessoas jurídicas de direito público estadual. [...] O conjunto de motivos declinados pelo legislador – Mensagem nº 232, de 1997, publicada no *Diário do Congresso Nacional* em 16.05.1997 – revela a nítida intenção de tornar factível a 'intervenção do União', na sua acepção mais ampla, máxime pela previsão de intervenção das autarquias, das fundações e das empresas públicas federais, ensejando-lhes o acompanhamento do deslinde da *quaestio iuris* a fim de que possam agir, tempestivamente, adotando a medida judicial pertinente, sempre que o seu declarado interesse econômico se transformar no seu mediato interesse jurídico, pelas implicações decorrentes da decisão. Voto divergente da relatora para dar provimento ao agravo regimental interposto pelo estado de Alagoas" (STJ, AgRg na Pet 4.861/AL, Rel. Min. Denise Arruda, Rel. p/ ac. Min. Luiz Fux, 1ª Turma, jul. 13.02.2007, *DJ* 22.03.2007, p. 281).

27. Desistência da assistência. "Sendo a assistência uma modalidade de intervenção voluntária, a incidência da Súmula n. 218 do Supremo Tribunal Federal depende de a União reivindicar essa posição no processo. Mas, deferido o pedido de assistência, a União já não pode dela desistir, sob pena de tumulto, o mais radical, na medida em que acarretaria o deslocamento da causa para outra jurisdição, a da justiça do estado. Não se trata de transformar em obrigatória uma intervenção voluntária, mas sim de uma providência que visa a dar seriedade à manifestação do interesse da União na causa, impedindo-a de retratar-se ao sabor do que pensam os procuradores que eventualmente se sucedem na sua representação" (STJ, REsp 164.635/SP, Rel. Min. Ari Pargendler, 2ª Turma, jul. 07.05.1998, *DJ* 25.05.1998, p. 89).

"A assistência simples pressupõe vínculo jurídico conexo entre o assistido e o assistente, mercê de o art. 50 do CPC assentar que, *verbis*: 'Pendendo uma causa entre duas ou mais pessoas, o terceiro que tiver interesse jurídico em que a sentença seja favorável a uma delas, poderá intervir no processo para assisti-la'. Por isso que o provimento jurisdicional final repercutirá tanto na órbita jurídica de um quanto na do outro. Consectariamente, é defeso ao assistente praticar atos judiciais em contraposição ao assistido, cessando a assistência em face da desistência ou da extinção do feito (Precedentes: REsp 266219/RJ, Rel. Min. Luiz Fux, 1ª Turma, *DJ* 03.04 2006; REsp 1056127/RJ, Rel. Min. Mauro Campbell Marques, 2ª Turma, *DJ* 16.09.2008; REsp 535937/SP, Rel. Min. Humberto Martins, 2ª Turma, *DJ* 10.10.2006)" (STJ, REsp 1.093.191/PE, Rel. Min. Benedito Gonçalves, 1ª Turma, jul. 11.11.2008, *DJe* 19.11.2008).

28. Intervenção facultativa x litisconsórcio necessário. "Assistência simples não se confunde com litisconsórcio necessário, por isso que, na primeira hipótese, o terceiro ingressa no processo voluntariamente e, na segunda, a intromissão é *iussu iudicis*, sob pena, nesse último caso, de ineficácia da sentença (*inutiliter data*) (art. 47, parágrafo único, do CPC). A anulação do processo por falta de intervenção *ab ovo* do assistente simples revela *error in procedendo* manifesto, por isso que o assistente pega o processo no estado em que se encontra, muito embora o seu ingresso possa implicar no deslocamento da competência, aliás, assentada liminarmente, pelo E. STJ em conflito de competência com provimento já exarado" (STJ, MC 9.275/AM, Rel. Min. Luiz Fux, 1ª Turma, jul. 07.04.2005, *DJ* 23.05.2005, p. 148).

"Clarifica-se a circunstância de que o direito em litígio pertence ao assistido, e não ao interveniente. Vale aqui novamente tomar de empréstimo as palavras de Tornaghi, no sentido de que 'a eficácia da sentença não depende da intervenção do terceiro como assistente. Dessarte, não há por que suspender o processo principal, o que até se prestaria a manobras meramente protelatórias' (cf. ob. cit., p. 228). É nítido o caráter secundário do assistente, que não propõe nova demanda, tampouco modifica o objeto do litígio. Como precisamente definiu Hélio Tornaghi, 'a lei permite a assistência para ajudar o assistido a obter uma sentença favorável' (cf. *Comentários ao Código de Processo Civil*, RT, vol. I, p. 225)." (STJ, AgRg no REsp 535.159/SP, Rel. Min. Franciulli Netto, 2ª Turma, jul. 14.12.2004, *DJ* 25.04.2005).

Art. 120. Não havendo impugnação no prazo de 15 (quinze) dias, o pedido do assistente será deferido, salvo se for caso de rejeição liminar.

Parágrafo único. Se qualquer parte alegar que falta ao requerente interesse jurídico para intervir, o juiz decidirá o incidente, sem suspensão do processo.

CPC/1973

Art. 51.

BREVES COMENTÁRIOS

A assistência deve ser requerida, por petição do terceiro interessado, dentro dos autos em curso. Ambas as partes serão ouvidas e qualquer delas poderá impugnar o pedido, em quinze dias, contados da intimação.

Se não houver impugnação, ao juiz caberá, simplesmente, admitir a assistência sem maior apreciação em torno do pedido, salvo se for caso de rejeição liminar, por evidente descabimento da pretensão. Não se admite um veto puro e simples à assistência, porque, havendo interesse jurídico do terceiro, é direito seu intervir no processo como assistente.

Se, todavia, houver impugnação, esta só poderá referir-se à falta de interesse jurídico do terceiro para interferir a bem do assistido.

Da impugnação decorre um procedimento incidental que não deverá prejudicar nem suspender o andamento do processo principal; *i.e.*, o juiz decidirá o incidente, sem suspensão do processo. O julgamento do incidente provocado pelo pedido de assistência configura decisão interlocutória e, como tal, desafia recurso de agravo de instrumento (CPC/2015, art. 1.015, IX).

JURISPRUDÊNCIA SELECIONADA

1. Assistência em causa pendente. "A intervenção de terceiros como assistente em causa pendente constitui mero incidente desta, sendo a decisão que a admite ou não de natureza interlocutória, a desafiar agravo e não apelação" (TJRJ, Ap 35.383, Rel. Des. Fonseca Passos, jul. 14.02.1985).

2. Impugnação. "O assistente recebe o processo no estado em que se encontra (CPC, art. 50, parágrafo único), mas seu ingresso no processo está sujeito à impugnação quando lhe faltar interesse jurídico (CPC, art. 51)" (STJ, AgRg na PET nos EDcl no AgRg no Ag 1.159.688/BA, Rel. Min. Ari Pargendler, Corte Especial, jul. 16.06.2010, *DJe* 05.08.2010).

"Requerida a assistência, as partes devem ser ouvidas a respeito, e a petição que eventualmente venha a impugná-la será desentranhada e autuada em apenso, para o processamento do incidente; até que o pedido de assistência de uma das pessoas enumeradas no art. 109, inciso I, da Constituição Federal seja decidido, a competência é da Justiça federal, sem que se caracterize o conflito de competência, porque só o juiz federal pode encarar o interesse da União, suas autarquias e empresas públicas" (STJ, CC 25.967/SE, Rel. Min. Ari Pargendler, 2ª Seção, jul. 12.12.2001, *DJ* 18.03.2002, p. 167).

Ausência de impugnação do pedido de assistência. Deferimento. "O artigo 51 do CPC reclama exegese compatível com o artigo 50 do mesmo diploma, por isso que o primeiro dispositivo deve ser interpretado no sentido de que, não havendo impugnação, o pedido do assistente será deferido, **desde que presente o interesse jurídico**" (STJ, REsp 821.586/PR, Rel. Min. Luiz Fux, 1ª Turma, jul. 07.10.2008, *DJe* 03.11.2008).

Recurso cabível. "Havendo impugnação ao despacho que admitiu a assistência, o agravo de instrumento e o recurso cabível, não vestindo as características de despacho de mero expediente" (STJ, REsp 46.102/MG, Rel. Min. Carlos Alberto Menezes Direito, 3ª Turma, jul. 20.08.1996, *DJ* 30.09.1996, p. 36.637).

Seção II
Da Assistência Simples

Art. 121. O assistente simples atuará como auxiliar da parte principal, exercerá os mesmos poderes e sujeitar-se-á aos mesmos ônus processuais que o assistido.

Parágrafo único. Sendo revel ou, de qualquer outro modo, omisso o assistido, o assistente será considerado seu substituto processual.

CPC/1973

Art. 52.

REFERÊNCIA LEGISLATIVA

CPC/2015, arts. 94 (despesas processuais: sucumbência do assistido), 344 (revelia).

CC, arts. 861 a 875 (gestão de negócios).

BREVES COMENTÁRIOS

Pode o assistente simples produzir provas, requerer diligências e perícias, apresentar razões e participar de audiências (CPC/2015, art. 121, *caput*). Não é diversa a situação do litisconsorte qualificado, uma vez que se comporta legalmente como litisconsorte, ou seja, como parte do processo em que veio a integrar-se, supervenientemente (CPC/2015, art. 124).

JURISPRUDÊNCIA SELECIONADA

1. Assistência simples.

Pedido e interesse jurídico. Necessidade. "A assistência simples, regulada pelos arts. 121, 122 e 123, do CPC/2015, exige requerimento e a existência, de fato, de interesse jurídico na demanda, podendo ser requerida e admitida a qualquer tempo e em qualquer grau de jurisdição. Há, nos autos, uma simples petição do ora recorrente prestando informações, sem qualquer pretensão de ingresso na demanda, na condição de assistente. Por conseguinte, não há registro, nos autos, de decisão admitindo-o nessa condição. Assim, não há alternativa, senão reconhecer a ausência de legitimidade ad causam" (STJ, AgInt no AREsp 844.055/SP, Rel. Min. Og Fernandes, 2ª Turma, jul. 16.05.2017, *DJe* 19.05.2017).

Interesse do assistido. "O assistente simples ou adesivo não pode tomar providência contrária aos interesses do assistido; assim, não pode, contra a vontade deste, opor exceção de incompetência" (TFR, AgRg 51.391-0/SP, Rel. Min. Miguel Ferrante, 6ª Turma, jul. 25.03.1987, deram provimento, v.u., *DJU* 23.04.1987, p. 7.081).

2. Assistente simples. Legitimidade para recorrer. "De fato, demonstrou-se que os assistidos também agravaram da mesma decisão liminar objeto do recurso da União, apenas com a diferença de que o fizeram quando o processo ainda estava na Justiça Estadual. Ademais, não houve, em nenhum momento, desistência dos recursos lá interpostos, o que afasta a possibilidade de 'vontade contrária' do assistido em se insurgir contra o decidido. Verifica-se que a jurisprudência do STJ é no sentido de que a legitimidade para recorrer do assistente simples não esbarra na inexistência de proposição recursal da parte assistida, mas na vontade contrária e expressa dessa no tocante ao direito de permitir a continuidade da relação processual. Assim, uma vez constatada a ausência da vontade contrária do assistido, afigura-se cabível o recurso da parte assistente, a qual detém legitimidade para a continuidade da relação processual (REsp 1.502.784/PR, Rel. Min. Marco Buzzi, Quarta Turma, *DJe* 2/5/2017)" (STJ, EDcl no AgInt no REsp 1698002/RJ, Rel. Min. Herman Benjamin, 2ª Turma, jul. 21.11.2019, *DJe* 19.12.2019).

Recurso do assistente. "Segundo o entendimento mais condizente com o instituto da assistência simples, a legitimidade para recorrer do assistente não esbarra na inexistência de proposição recursal da parte assistida, mas na vontade contrária e expressa dessa no tocante ao direito de permitir a continuidade da relação processual. Assim, *in casu*, em atendimento à melhor interpretação do dispositivo da norma processual, uma **vez constatada a ausência da vontade contrária do assistido,** afigura-se cabível o recurso da parte assistente, a qual detém legitimidade para a continuidade da relação processual" (STJ, EREsp 1.068.391/PR, Rel. Min. Humberto Martins, Rel. p/ acórdão Min. Maria Thereza de Assis Moura, Corte Especial, jul. 29.08.2012, *DJe* 07.08.2013). **No mesmo sentido:** STJ, REsp 99.123/PR, Rel. Min. Vicente Leal, 6ª Turma, jul. 03.06.2002, *DJ* 01.07.2002, p. 410; STJ, AgRg no Ag 447.608/RJ, Rel. Min. Castro Meira, 2ª Turma, jul. 04.12.2003, *DJ* 25.02.2004, p. 142; STJ, REsp 146.482/PR, Rel. Min. Félix Fischer, 5ª Turma, jul. 20.04.1999, *DJ* 31.05.1999, p. 167; STJ, REsp 585.385/MT, Rel. Min. Nancy Andrighi, 3ª Turma, jul. 03.03.2009, *DJe* 13.03.2009. **Em sentido contrário:** "O assistente simples não tem legitimidade recursal se o assistido não interpõe recurso. Incidência da Súmula n. 83/STJ. Precedentes" (STJ, AgRg no REsp 1.217.004/SC, Rel. Min. Antonio Carlos Ferreira, 4ª Turma, jul. 28.08.2012, *DJe* 04.09.2012). **No mesmo sentido:** STJ, REsp 1.056.127/RJ, Rel. Min. Mauro Campbell Marques, 2ª Turma, jul. 19.08.2008, *DJe* 16.09.2008; STJ, EDcl no AgRg no REsp 1.180.487/RJ, Rel. Min. Benedito Gonçalves, 1ª Turma, jul. 21.06.2011, *DJe* 29.06.2011.

Sobre interposição de recurso pelo assistente litisconsorcial, ver jurisprudência do art. 54.

3. Acórdão proferido pela Justiça Estadual. Habilitação da União na qualidade de assistente simples. Interesse jurídico demonstrado. Deslocamento da competência para a Justiça Federal. "No caso dos autos, no momento da admissão da habilitação da União na demanda, esta foi realizada na qualidade de assistente simples e em decisão que passou irrecorrida, sendo que, conforme anteriormente citado, nesses casos de intervenção, o interesse jurídico na causa deve estar presente e assim o fora reconhecido. (...) Com efeito, o art. 109, I, da Constituição Federal dispõe que compete à Justiça Federal processar e julgar as causas em que a União for interessada na condição de autora, ré, assistente ou oponente, fato que implicaria a remessa dos autos ao Juízo federal. Assim, existindo o interesse da União no feito, na condição de assistente simples, a competência afigura-se como da Justiça Federal, conforme prevê o art. 109, I, da Constituição Federal, motivo pelo qual devem ser acolhidos os embargos de declaração opostos pela União para determinar a baixa não mais ao Tribunal de origem, mas ao Tribunal Regional Federal competente para a análise do feito, para o que desinfluente o fato de que o acórdão a ser integrado fora proferido no Juízo estadual, uma vez que se trata de matéria atinente à competência absoluta, não sujeita à *perpetuatio jurisdictionis*, consoante expresso no art. 43 do CPC, parte final, tudo nos termos do paradigma" (STJ, EREsp 1.265.625/SP, Rel. Min. Francisco Falcão, Corte Especial, jul. 30.03.2022, *DJe* 01.08.2022).

4. Coisa julgada. "Na intervenção que faz em processo havido entre terceiros, o assistente simples não formula pedido, limitando-se a auxiliar uma das partes (art. 52, CPC). Por isso, se sujeita à coisa julgada havida naquele processo, mas respeitados seus limites objetivos (art. 55, CPC)" (STJ, REsp 1.087.353/PB, Rel. Min. Nancy Andrighi, 3ª Turma, jul. 17.02.2009, *DJe* 05.03.2009).

5. Assistência e litisconsórcio passivo. Na assistência simples, há conexão de direito do assistente com o debatido no processo. Não se confunde com o litisconsórcio passivo. O assistente tem interesse no desfecho da ação porque a sentença, indiretamente, repercutirá em direito seu. Notório o interesse do Estado quando a ação é proposta face a instituto de previdência que integra o seu complexo administrativo" (STJ, REsp 159.131/GO, Rel. Min. Luiz Vicente Cernicchiaro, 6ª Turma, jul. 22.09.1998, *DJ* 26.10.1998, p. 170).

6. Recebimento da causa no estado em que se encontra. "O assistente recebe a causa no estado em que se encontra, de sorte que, já encerrada a oportunidade de apresentação de rol de testemunhas, não ofende o art. 52 do CPC acórdão que não admite a produção dessa prova" (STJ, REsp 10.465/SP, Rel. Min. Dias Trindade, 3ª Turma, jul. 10.06.1991, *DJ* 01.07.1991, p. 9.198).

7. Gestão de negócios. "Confere o *caput* do art. 52 do CPC ao assistente simples os mesmos poderes e ônus processuais que teria o assistido. Logo, ele pode contestar a ação. A gestão de negócios seria, em verdade, truncada e inócua caso se operasse o efeito da revelia, apesar de sua contestação" (1º TACivilSP, Ap. 262.025, Rel. Juiz Munhoz Soares, 1ª Câmara, jul. 26.11.1980, *RT* 550/127).

8. Denunciação da lide. "Não comporta admissibilidade a denunciação da lide formulada pela assistência simples, que não é parte e, portanto, não está sujeita a perder a demanda. Mera coadjuvante da parte, contra quem foi deduzida a lide, os poderes que o art. 52 do CPC lhe confere são apenas aqueles inerentes à assistida. Logo, comportável só seria a litisdenunciação promovida no interesse direto desta" (TARJ, AI 83.315, Rel. Juiz Laerson Mauro, 1ª Câmara, jul. 22.11.1988, *RT* 671/181).

Art. 122. A assistência simples não obsta a que a parte principal reconheça a procedência do pedido, desista da ação, renuncie ao direito sobre o que se funda a ação ou transija sobre direitos controvertidos.

CPC/1973

Art. 53.

BREVES COMENTÁRIOS

Essas limitações restringem-se à assistência simples ou adesiva (art. 121). No caso de assistência litisconsorcial (art. 124), assumindo o assistente a qualidade de litisconsorte, ser-lheá lícito prosseguir na defesa de seu direito, ainda que a parte originária haja desistido da ação, haja reconhecido a procedência do pedido ou haja transacionado com o outro litigante.

JURISPRUDÊNCIA SELECIONADA

1. Assistência simples. Renúncia da parte. "Reiteração do pedido de ingresso nos autos como terceiro interessado. Homologação de renúncia à pretensão formulada na ação previamente deferida. Artigo 487, III, 'c', do CPC/2015. Vinculação do juiz ao direito potestativo da parte. Resolução de mérito. Recurso interposto após a homologação da renúncia, figurando a parte agravante apenas como pretendente a assistente simples. Art. 122 do CPC/2015. Pretensão prejudicada" (STJ, AgInt no AgInt no AREsp 553.427/RJ, Rel. Min. Paulo de Tarso Sanseverino, 3ª Turma, jul. 14.08.2018, *DJe* 17.08.2018).

2. Recurso do assistente interposto após desistência recursal da parte. Cessação da intervenção. "Agravo Interno proposto por assistente simples após a homologação da desistência recursal requerida pela parte recorrente. Dessa forma, figurando a parte agravante apenas como assistente simples, uma vez homologada a desistência cessa a intervenção do assistente no processo. Aliás, esse é o teor dos arts. 53 do CPC/1973 e 122 do CPC/2015" (STJ, AgInt na DESIS no REsp 1504644/SP, Rel. Min. Napoleão Nunes Maia Filho, 1ª Turma, jul. 13.06.2017, *DJe* 26.06.2017). **No mesmo sentido:** STJ, AgRg no AgRg no REsp 313.931/MG, Rel. Min. Nancy Andrighi, 3ª Turma, jul. 02.04.2002, *DJ* 03.06.2002.

3. Reconhecimento de procedência do pedido pela parte. "É nítido o caráter secundário do assistente que não propõe nova demanda, tampouco modifica o objeto do litígio. A título de reforço, há de se ter em vista a sistemática processual vigente relativa à figura da assistência, a qual prevê, em seu artigo 53, que a presença do terceiro 'não obsta a que a parte principal reconheça a procedência do pedido, desista da ação ou transija sobre direitos controvertidos; casos em que, terminando o processo, cessa a intervenção do assistente'" (STJ, REsp 491.964/SP, Rel. Min. Franciulli Netto, 2ª Turma, jul. 21.10.2004, *DJ* 04.04.2005). **No mesmo sentido:** STJ, REsp 535.937/SP, Rel. Min Humberto Martins, 2ª Turma, jul. 26.09.2006, *DJ* 10.10.2006).

4. Assistência litisconsorcial. Ver jurisprudência do art. 124 do CPC/2015.

5. Interposição de recurso pelo assistente. Ver jurisprudência do art. 121 do CPC/2015.

6. Acordo. "O assistente não pode impedir que autor e réu façam acordo e que ao processo o juiz ponha fim" (TASP, AGI 281.984, Rel. Pereira da Silva, 8ª Câmara, jul. 25.11.1980, *RT* 551/136).

"A transação ocorrida na lide principal entre o autor e o réu-denunciante não aproveita e nem prejudica os terceiros, especialmente quando existe denunciação da lide, não se extinguindo, automaticamente, portanto, a demanda secundária. O acordo entre o autor e o réu-denunciante na demanda principal, do qual não fez parte o réu-denunciado, não substitui a sentença de procedência transitada em julgado, motivo pelo qual não há qualquer óbice para que, na segunda demanda, entre denunciante e denunciado, o réu invoque a ausência de responsabilidade do segurado para se eximir quanto ao ressarcimento. 3. Recurso especial conhecido e provido para anular o acórdão que julgou os embargos de declaração, determinando o retorno dos autos ao tribunal de origem para que profira nova decisão" (STJ, REsp 316.046/SP, Rel. Min. Luis Felipe Salomão, 4ª Turma, jul. 17.02.2009, *DJe* 23.03.2009).

Art. 123. Transitada em julgado a sentença no processo em que interveio o assistente, este não poderá, em processo posterior, discutir a justiça da decisão, salvo se alegar e provar que:

I – pelo estado em que recebeu o processo ou pelas declarações e pelos atos do assistido, foi impedido de produzir provas suscetíveis de influir na sentença;

II – desconhecia a existência de alegações ou de provas das quais o assistido, por dolo ou culpa, não se valeu.

CPC/1973

Art. 55.

BREVES COMENTÁRIOS

O assistente coa*dj*uvante, não sendo parte, não pode sofrer, no sentido técnico, os consectários da *res iudicata*, mesmo porque apenas defende direitos de terceiro, ou seja, do assistido. No entanto, em razão de sua intervenção voluntária no processo, impõe-lhe o Código uma restrição que consiste em ficar impedido de voltar a discutir, em outros processos, sobre "a justiça da decisão". Das ressalvas feitas nos incisos do art. 123, é fácil concluir que "a justiça da decisão" – sobre a qual o assistente não pode voltar a discutir – refere-se às questões de fato que influíram na sentença adversa à parte assistida e que, por isso, terá ferido algum interesse do interveniente. Não há que se pensar em rediscussão direta pelo assistente, da relação material debatida e alcançada pela coisa julgada, pela razão óbvia de não envolver aquela relação direito algum do assistente. O que o art. 123 impede é, diante de eventuais efeitos externos (práticos) da sentença prejudiciais à relação jurídica do terceiro (aquela que justificou a assistência), venha ele a reabrir a discussão fundada em má-apreciação dos fatos e provas examinados e julgados em sua presença. Esse quadro fático, salvo as exceções dos itens I e II do art. 123, não poderá voltar à discussão por iniciativa do assistente, em futuro processo, sobre cujo objeto a sentença anterior tenha de repercutir, ainda que reflexamente.

JURISPRUDÊNCIA SELECIONADA

1. Limites objetivos da coisa julgada. "Na intervenção que faz em processo havido entre terceiros, o assistente simples não formula pedido, limitando-se a auxiliar uma das partes (art. 52, CPC). Por isso, se sujeita à coisa julgada havida naquele processo, mas respeitados seus limites objetivos (art. 55, CPC). Assim, embora não possa mais discutir a justiça da decisão que proíbe sua licenciada de utilizar marca, o assistente simples pode, em novo processo, ajuizado contra o oponente da parte outrora assistida, pleitear a abstenção de uso de expressão que integra sua denominação social. O objeto deste novo processo é diverso daquele em que se deu sua assistência" (STJ, REsp 1.087.353/PB, Rel. Min. Nancy Andrighi, 3ª Turma, jul. 17.02.2009, *DJe* 05.03.2009).

2. Possibilidade de oposição de embargos de terceiro pelo assistente. "O adquirente de boa-fé que intervém, na fase da apelação, na ação de reintegração de posse que tramita entre outras partes, pode depois opor embargos de terceiro, alegando que houve conluio do autor e do réu revel. Art. 55, I, do CPC" (STJ, REsp 248.288/PR, Rel. Min. Ruy Rosado de Aguiar, 4ª Turma, jul. 04.05.2000, *DJ* 19.06.2000, p. 153).

DA INTERVENÇÃO DE TERCEIROS: ASSISTÊNCIA: INDICAÇÃO DOUTRINÁRIA

Arruda Alvim e outros, O gestor de negócios e o curador especial diante da revelia do réu assistido, *RP* 10/217; Arruda Alvim, *Novo contencioso cível no CPC/2015*. São Paulo: RT, 2016, p. 93-123; Cassio Scarpinella Bueno, *Manual de direito processual civil*. São Paulo: Saraiva, 2015; Celso A. Barbi, *Comentários ao CPC*, 9. ed., Rio de Janeiro: Forense, 1994, v. I, n. 341/346; Chiovenda, *Instituições*, v. II, p. 329 – sobre assistente adesivo; Daniel Amorim Assumpção Neves, *Manual de direito processo civil*. São Paulo: Método, 2015; Felipe Augusto de Toledo Moreira, Assistência. WAMBIER, Luiz Rodrigues; WAMBIER, Teresa Arruda Alvim. *Temas essenciais do novo CPC*. São Paulo: RT, 2016, p. 125; Felipe Augusto de Toledo Moreira, Intervenção de terceiros. WAMBIER, Luiz Rodrigues; WAMBIER, Teresa Arruda Alvim. Temas essenciais do novo CPC. São Paulo: RT, 2016, p. 123; Fredie Didier Jr., *Curso de direito processual civil*. 17. ed. Salvador: JusPodivm, 2015, v. I; Fredie Didier Jr., Poderes do assistente simples no atual Código de Processo Civil: notas aos arts. 121 e 122 do CPC. In: SARRO, Luís Antônio Giampaulo *Novo Código de Processo Civil – Principais Alterações do sistema Processual Civil*. 2. ed. São Paulo: Rideel, 2016, p. 217; Fredie Didier Júnior, *Novo Código de Processo Civil: principais alterações do sistema processual civil*, São Paulo: Rideel, 2014; Guilherme Rizzo Amaral, *Comentários às alterações do novo CPC*. São Paulo: RT, 2015; Humberto Theodoro Júnior, *Curso de direito processual civil*, Rio de Janeiro: Forense, v. I, n. 127; Humberto Theodoro Júnior, Fernanda Alvim Ribeiro de Oliveira, Ester Camila Gomes Norato Rezende (coords.), *Primeiras lições sobre o novo direito processual civil brasileiro*. Rio de Janeiro: Forense, 2015; J. Alberto dos Reis, *CPC anotado*, 3. ed., Coimbra: Coimbra Editora, 1948, v. I, p. 475 – sobre os poderes do assistente como gestor de negócios; J. E. Carreira Alvim, *Comentários ao atual Código de Processo Civil*. Curitiba: Juruá, 2015; João Francisco Naves da Fonseca, Assistência e coisa julgada, *RJ* 372/79 – sobre a indiscutibilidade da justiça da decisão; José Cretella Júnior, Intervenção da União, como assistente, em desapropriação, *RF* 284/121; José Miguel Garcia Medina, *Novo Código de Processo Civil comentado*. São Paulo: RT, 2015; José Roberto dos Santos Bedaque, In: José Roberto F. Gouvêa; Luis Guilherme A. Bondioli e João Francisco N. da Fonseca (coord.), *Comentários ao Código de Processo Civil*, São Paulo: Saraiva, 2019, v. 3; Leonardo Greco, *Instituições de processo civil: introdução ao direito processual civil*. 5. ed. Rio de Janeiro: Forense, 2015; Liebman, *Manuale de d. proc. civile*, v. I, n. 78, p. 155 – sobre assistência adesiva; Lopes da Costa, *Direito processual civil*, v. I, n. 468, p. 422 – sobre assistente adesivo como parte acessória; Luis Antônio Giampaulo Sarro, *Novo Código de Processo Civil*. São Paulo: Rideel, 2015; Luiz Guilherme Marinoni, Sérgio Cruz Arenhart, Daniel Mitidiero, *Curso de processo civil*. São Paulo: RT, 2015, v. I; Manoel Fernandes do Thompson Motta Filho, Do cabimento da assistência no processo de execução, *RP* 43/241; Marco Aurélio Scampini Siqueira Rangel, As intervenções de terceiro no atual Código de Processo Civil, *Revista de Processo* n. 257, p. 109-124, *2016*; Marcus Vinicius de Abreu Sampaio, In: Teresa Arruda Alvim Wambier, Fredie Didier Jr., Eduardo Talamini, Bruno Dantas, *Breves comentários ao novo Código de Processo Civil*, São Paulo: Revista dos Tribunais, 2015; Marina França Santos, Intervenção de terceiro negociada: possibilidade aberta pelo atual Código de Processo Civil, *Revista de Processo*, v. 241/2015, p. 95-108, mar. 2015; Marina França Santos, Intervenção de terceiro negociada: possibilidade aberta pelo atual Código de Processo Civil, *RBDPro*, ano 23, n. 89, p. 155-166, jan.-mar. 2015; Moacir Lobo da Costa, *Assistência*, p. 168 – sobre assistente adesivo; Moniz de Aragão, Ação – intervenção de terceiros no processo, *RF* 251/161; Nelson Nery Junior, Rosa Maria de Andrade Nery, *Comentários ao Código de Processo Civil*. São Paulo: RT, 2015; Renato Beneduzi, In: Sérgio Cruz Arenhart e Daniel Mitidiero (coord.), *Comentários ao Código de Processo Civil*. 2. ed., São Paulo: RT, 2018, v. 2; Teresa Arruda Alvim Wambier, Fredie Didier Jr., Eduardo Talamini, Bruno Dantas (coord.), *Breves comentários ao novo Código de Processo Civil*. São Paulo: RT, 2015; Teresa Arruda Alvim Wambier, Maria Lúcia Lins Conceição, Leonardo Ferres da Silva Ribeiro, Rogério Licastro Torres de Melo, *Primeiros comentários ao novo Código de Processo Civil*. São Paulo: RT, 2015.

Seção III
Da Assistência Litisconsorcial

Art. 124. Considera-se litisconsorte da parte principal o assistente sempre que a sentença influir na relação jurídica entre ele e o adversário do assistido.

CPC/1973

Art. 54.

REFERÊNCIA LEGISLATIVA

CPC/2015, arts. 114 (litisconsórcio necessário) e 229 (prazo para atuação dos litisconsortes).

BREVES COMENTÁRIOS

Quando o terceiro assume a posição de assistente na defesa direta de direito próprio contra uma das partes, o que se dá é a assistência litisconsorcial. A posição do interveniente, então, passará a ser a de litisconsorte (parte) e não mais de mero assistente. Esse assistente entra num processo em que a relação material que o envolve já se acha disputada em juízo, embora a propositura da demanda tenha ocorrido sem sua participação. O assistente não figurou como litisconsorte na origem do processo, mas poderia ter figurado como tal.

O pressuposto da assistência litisconsorcial, nessa ordem de ideias, é, em regra, a substituição processual: alguém está em juízo defendendo, em nome próprio, direito alheio (art. 18). Embora o terceiro seja titular do direito litigioso, sua defesa em juízo, por alguma excepcional autorização da lei, está sendo promovida por outrem. Mesmo não sendo parte processualmente, a coisa julgada o atingirá. Os efeitos da sentença, diversamente do que se passa na hipótese de assistência simples, não são apenas reflexos, pois incidem diretamente sobre a situação jurídica do substituído, tenha ele participado ou não do processo.

JURISPRUDÊNCIA SELECIONADA

1. Exegese. "A jurisprudência do Superior Tribunal de Justiça firmou-se no sentido de que a assistência simples ocorre quando a lide não abrange direito próprio do terceiro assistente, tendo esse, todavia, interesse em colaborar com algum dos litigantes. A assistência litisconsorcial, por outro lado, se dá quando o interveniente é cotitular do direito discutido, no sentido de ter relação jurídica com o adversário do assistido, ou seja, quando será diretamente atingido pelo provimento jurisdicional (AgInt no REsp 1.454.399/PR, Rel. Min. Mauro Campbell Marques, *DJe* 23.5.2017; REsp 802.342/PR, Rel. Min. Fernando Gonçalves, *DJe* 2.2.2009)" (STJ, AgInt no REsp 1552975/SE, Rel. Min. Napoleão Nunes Maia Filho, 1ª Turma, jul. 30.09.2019, *DJe* 08.10.2019).

"A assistência litisconsorcial, contemplada no art. 54 do Código de Processo Civil, é fenômeno que somente se verifica no campo da legitimidade extraordinária, isto é, quando alguém vai a juízo em nome próprio para defender direito alheio. Assim, o assistente litisconsorcial (substituído) é o titular da relação jurídica material discutida no processo, que, em face de determinadas circunstâncias, está sendo defendida por terceiro, na qualidade de substituto, ou mesmo de cotitular do direito em litígio. Conforme consignado no aresto recorrido, no caso em apreço os recorridos têm apenas interesse, ainda que jurídico, no resultado da demanda, não estando em discussão direito material do qual são titulares. Nesse contexto, ausentes os pressupostos necessários ao deferimento da assistência litisconsorcial" (STJ, REsp 802.342/PR, Rel. Min. Fernando Gonçalves, 4ª Turma, jul. 09.12.2008, *DJe* 02.02.2009).

2. Interposição de recurso pelo assistente litisconsorcial. "Nas hipóteses de assistência litisconsorcial, o assistente atua, no processo, com poderes equivalentes ao do litisconsorte. Assim, a interposição de recurso pelo assistente, no silêncio do assistido, é plenamente possível, sendo irrelevantes os precedentes mais recentes desta Corte que negam tal possibilidade ao assistente simples" (STJ, REsp 585.385/MT, Rel. Min. Nancy Andrighi, 3ª Turma, jul. 03.03.2009, *DJe* 13.03.2009).

3. Assistente litisconsorcial. Ausência de intimação para contra-arrazoar. Contrarrazões oferecidas pelo autor da ação. Nulidade. Necessidade de demonstração do prejuízo. "O reconhecimento da nulidade, no processo judicial, depende da comprovação do prejuízo. Por outro lado, esta Corte Superior já se posicionou pela nulidade da decisão que, sem exame da impugnação da parte recorrida, dá ao caso solução que lhe é prejudicial. No caso, a União, assistente litisconsorcial, alega o vício do acórdão recorrido em decorrência da sua não intimação para contra-arrazoar a apelação. Contudo, a impugnação do recurso foi oferecida pelo Ministério Público Federal, autor da ação. Estabelecido o contraditório, cumpria à recorrente expor a falta do *parquet* na feitura das suas contrarrazões. Eventual repetição dos argumentos já levados ao juízo não traria benefício ao julgamento; pelo contrário, retardaria o andamento do processo. Apenas o silêncio quanto a tema relevante para a causa justificaria a nulidade do acórdão impugnado. Todavia, nem nos embargos de declaração opostos na origem a União apresentou qualquer lacuna" (STJ, REsp 1619912/PI, Rel. Min. Og Fernandes, 2ª Turma, jul. 05.10.2017, *DJe* 05.02.2018).

4. Relação entre assistente e adversário do assistido. "Na assistência litisconsorcial, também denominada qualificada, é imprescindível que o direito em litígio, sendo também do assistente, confira a este legitimidade para discuti-lo individualmente ou em litisconsórcio com o assistido. Insatisfeito esse requisito, não há como deferir-se o pedido de admissão no feito dos requerentes" (STJ, REsp 205.249/MG, Rel. Min. Francisco Peçanha Martins, 2ª Turma, jul. 20.03.2001, *DJ* 04.06.2001, p. 92).

"O assistente litisconsorcial detém relação de direito material com o adversário do assistido, de modo que a sentença que vier a ser proferida, em relação a ele, constituirá coisa julgada material" (STJ, REsp 557.106/SE, Rel. Min. Castro Meira, 2ª Turma jul. 06.05.2008, *DJe* 16.05.2008).

"**Inadmissível a assistência litisconsorcial se inexistente relação jurídica entre o terceiro e o adversário do assistido.** Apresentando o terceiro legitimidade para figurar como autor desde o início com relação ao objetivo do processo posto pela demanda inicial do autor originário, sem alterações quanto ao pedido ou à causa de pedir, trata-se de litisconsórcio facultativo ulterior" (TJSP, AgRg 113.431, Rel. Des. Roque Komatsu, jul. 14.03.1989, *RT* 645/84).

5. Mandado de segurança. "A assistência litisconsorcial cabe em mandado de segurança e é oportuna em qualquer tempo e grau de jurisdição antes de se tornar irrecorrível a sentença, mas o assistente perde o interesse processual se o ato impugnado deixou de existir" (TJPR, AI 534/85, Rel. Des. Nunes do Nascimento, 1ª Câm., jul. 11.03.1986, *RT* 607/154).

6. Alienação de imóvel. "Se a alienação do imóvel ocorreu na fluência do prazo para a contestação, antes mesmo da citação do alienante, pode o adquirente intervir e opor não só sua recusa à pretensão do inquilino, mas também exercer o direito de retomada" (2º TA Cível SP, Ap. 461.159, Rel. Juiz Andreatta Rizzo, 2ª Câmara, jul. 10.06.1996).

7. Herdeiro. "O herdeiro pode ser assistente litisconsorcial nas causas em que o espólio, representado pelo inventariante, é parte, inclusive na execução. Precedentes do STJ" (STJ, REsp 1.019.337/PR, Rel. Min. Humberto Martins, 2ª Turma, jul. 21.02.2008, *DJe* 07.03.2008).

8. Locação. Incêndio. Seguradora do locatário. Assistência litisconsorcial. "Seguradora do locatário. Assistência litisconsorcial. Condenação solidária. A jurisprudência desta Corte encontra-se pacificada com relação à condenação solidária da seguradora interveniente por meio da assistência litisconsorcial (art. 54 do CPC)." (STJ, EDcl no REsp 1.157.799/CE, Rel. Min. Paulo de Tarso Sanseverino, 3ª Turma, jul. 21.06.2011, *DJe* 27.06.2011)

Capítulo II
DA DENUNCIAÇÃO DA LIDE

Art. 125. É admissível a denunciação da lide, promovida por qualquer das partes:

I – ao alienante imediato, no processo relativo à coisa cujo domínio foi transferido ao denunciante, a fim de que possa exercer os direitos que da evicção lhe resultam;

II – àquele que estiver obrigado, por lei ou pelo contrato, a indenizar, em ação regressiva, o prejuízo de quem for vencido no processo.

§ 1º O direito regressivo será exercido por ação autônoma quando a denunciação da lide for indeferida, deixar de ser promovida ou não for permitida.

§ 2º Admite-se uma única denunciação sucessiva, promovida pelo denunciado, contra seu antecessor imediato na cadeia dominial ou quem seja responsável por indenizá-lo, não podendo o denunciado sucessivo promover nova denunciação, hipótese em que eventual direito de regresso será exercido por ação autônoma.

CPC/1973

Art. 70.

REFERÊNCIA LEGISLATIVA

CPC/2015, arts. 19 (ação declaratória); 114 (litisconsórcio necessário); 430 (incidente de falsidade); e 970 (ação rescisória).

CC, arts. 447 a 457 (evicção); e 1.197 (posse indireta).

Lei nº 8.078, de 11.09.1990 (Consumidor – ver Legislação Especial), art. 101, II.

SÚMULAS

Súmula do STF:

Nº 188: "O segurador tem ação regressiva contra o causador do dano, pelo que efetivamente pagou, até ao limite previsto no contrato de seguro."

Súmulas do STJ:

Nº 150: "Compete à Justiça Federal decidir sobre a existência de interesse jurídico que justifique a presença, no processo, da União, suas autarquias ou empresas públicas."

Nº 529: "No seguro de responsabilidade civil facultativo, não cabe o ajuizamento de ação pelo terceiro prejudicado direta e exclusivamente em face da seguradora do apontado causador do dano."

BREVES COMENTÁRIOS

No Código de Processo Civil atual do Brasil, a denunciação da lide presta-se à dupla função de, cumulativamente, (a) notificar a existência do litígio a terceiro; e (b) propor antecipadamente a ação de regresso contra quem deva reparar os prejuízos do denunciante, na eventualidade de sair vencido na ação originária.

No sistema do Código anterior, a denunciação da lide era medida qualificada legalmente como obrigatória, que levava a uma sentença sobre a responsabilidade do terceiro em face do denunciante, de par com a solução normal do litígio de início deduzido em juízo, entre autor e réu. A obrigatoriedade não foi adotada pela legislação atual, que admite o exercício do direito de regresso mediante ação autônoma (§ 1º).

A denunciação da lide consiste em chamar o terceiro (denunciado), que mantém um vínculo de direito com a parte (denunciante), para vir responder pela garantia do negócio jurídico, caso o denunciante saia vencido no processo. A legislação atual permite apenas uma denunciação sucessiva contra o antecessor imediato na cadeia dominial, devendo os demais antecessores exercer o direito de regresso, se cabível, por meio de ação autônoma (§ 2º).

O Código anterior previa, ainda, a denunciação da lide ao proprietário ou possuidor indireto quando a ação versasse sobre bem em poder do possuidor direto e só este fosse demandado. O Código atual suprimiu referida modalidade de intervenção. Assim, na hipótese de o possuidor direto vir a ser perturbado no uso e gozo da coisa, deverá buscar indenização do possuidor indireto pelas perdas e danos em razão da não garantia da posse cedida por outro meio, ou seja, por outra ação movida diretamente contra o responsável pela cessão da posse.

JURISPRUDÊNCIA SELECIONADA

1. Conceito. "A denunciação da lide é modalidade de intervenção forçada, vinculado à ideia de garantia de negócio translatício de domínio e existência de direito regressivo. A parte que enceta a denunciação da lide, o denunciante, ou tem um direito que deve ser garantido pelo denunciante-transmitente, ou é titular de eventual ação regressiva em face do terceiro, porque demanda em virtude de ato deste" (STJ, REsp 891.998/RS, Rel. Min. Luiz Fux, 1ª Turma, jul. 11.11.2008, *DJe* 01.12.2008).

"Com a denunciação da lide inaugura-se uma nova relação processual, em que o réu do processo originário passa a figurar como autor da lide secundária, estabelecida em face do terceiro denunciado, com quem mantém vínculo jurídico, no intuito de que este responda em regresso, na hipótese de sucumbência do denunciante. Quanto à controvérsia em si, e passando ao largo da discussão acerca da natureza jurídica que o denunciado assume no processo, isto é, se assistente simples, assistente litisconsorcial ou litisconsorte, tal qual enuncia o artigo 75, I, do CPC, em qualquer caso, tem-se-lhe reconhecido, e não poderia ser diferente, o interesse em oferecer resistência, de forma ampla, à pretensão deduzida pelo adversário do denunciante, tendo em vista que o desfecho da demanda principal poderá repercutir na demanda secundária" (STJ, REsp 900.762/MG, Rel. Min. Sidnei Beneti, 3ª Turma, jul. 12.02.2008, *DJe* 25.04.2008).

2. Princípio da economia processual. "A denunciação deve ser deferida sempre que houver possibilidade de ressarcimento, por ação regressiva, daquele que suportou os efeitos da decisão. Busca-se, para tanto, a finalidade de economia processual inerente ao referido instrumento, em consonância com os princípios da efetividade e da celeridade processuais" (STJ, AgRg no Ag 1.175.991/PR, Rel. Min. Vasco Della Giustina, 3ª Turma, jul. 18.05.2010, *DJe* 28.05.2010).

3. Hipóteses de cabimento da denunciação da lide:

Ação de reparação de danos. Denunciação à lide à litisconsórcio passivo já integrante do processo. Admissibilidade. "Nada obsta a denunciação da lide requerida por um réu contra outro, porque somente assim se instaura entre eles a lide simultânea assecuratória do direito regressivamente postulado. Precedente." (STJ, REsp 1670232/SP, Rel.ª Min.ª Nancy Andrighi, 3ª Turma, jul. 16.10.2018, *DJe* 18.10.2018).

Contrato de seguro. "Promovida a ação contra o causador do acidente que, por sua vez, denuncia à lide a seguradora, esta, uma vez aceitando a litisdenunciação e contestando o pedido inicial, se põe ao lado do réu, como litisconsorte passiva, nos termos do art. 75, I, da lei adjetiva civil" (STJ, REsp 670.998/RS, Rel. Min. Aldir Passarinho Junior, 4ª Turma, jul. 01.10.2009, *DJe* 16.11.2009).

Ação monitória. "Com a oposição dos embargos pelo réu em ação monitória, cessa a fase de cognição sumária, ordinarizando-se o rito procedimental. Faz-se possível a denunciação da lide em sede de embargos à monitória ante eventual direito regressivo por obrigação legal ou contratual" (STJ, REsp 751.450/SP, Rel. Min. João Otávio de Noronha, 4ª Turma, jul. 10.11.2009, *DJe* 22.02.2010).

Embargos de terceiro. "Os embargos de terceiro, por constituírem ação autônoma que visa eliminar a eficácia de ato jurídico emanado de outra ação, comportam denunciação à lide para resguardo de possível risco de evicção" (STJ, REsp 161.759/MG, Rel. Min. Antônio de Pádua Ribeiro, 3ª Turma, jul. 03.05.2005, *DJ* 13.06.2005).

Emitente de nota promissória. "Ação movimentada por credor de nota promissória, exigindo indenização de portador, que o recebera para cobrança e deu causa a que fosse extraviada. Condenado o réu a indenizar, ficará sub-rogado nos direitos do credor, podendo voltar-se, regressivamente, contra o emitente do título. Se assim é, incide o disposto no artigo 70, III, do

Código de Processo Civil" (STJ, REsp 3.795/ES, Rel. Min. Eduardo Ribeiro, 3ª Turma, jul. 26.11.1990, *DJ* 04.02.1991, p. 573).

Reportagem. Denunciação à lide da repórter. "Se a ofensa à moral dos autores decorreu de notícia divulgada em jornal a respeito de fraude em licitação pública internacional, originada de declarações dadas à reportagem por representante de empresa vencida na concorrência, tem-se configurada a responsabilidade prevista no art. 49, § 2º, da Lei nº 5.250/1967, cabendo a denunciação à lide da repórter que produziu a matéria e a pessoa jurídica titular do diário que a publicou. Manutenção, todavia, no polo passivo, do entrevistado, que forneceu as declarações ofensivas que embasaram a matéria lesiva" (STJ, REsp 261.802/MG, Rel. Min. Aldir Passarinho Junior, 4ª Turma, *DJ* 11.12.2000, p. 211).

4. Hipóteses de não cabimento da denunciação da lide.

Reconhecimento de culpa exclusiva de terceiro. "'Não se admite a denunciação da lide com fundamento no art. 125, II, do CPC se o denunciante objetiva eximir-se da responsabilidade pelo evento danoso, atribuindo-o com exclusividade a terceiro. Precedentes' (AgInt no AREsp 1483427/SP, Rel. Ministro Luis Felipe Salomão, 4ª Turma, julgado em 24/09/2019, *DJe* 30/09/2019)" (STJ, AgInt no AREsp 1451888/SP, Rel. Min. Antonio Carlos Ferreira, 4ª Turma, jul. 20.04.2020, *DJe* 24.04.2020). **No mesmo sentido:** STJ, AgInt no AREsp 1.577.584/RJ, Rel. Min. Ricardo Villas Bôas Cueva, 3ª Turma, jul. 11.11.2020, DJe 17.11.2020.

"É inviável a denunciação da lide com fundamento no art. 125, II, do CPC/15 nas hipóteses em que não se verifica direito de regresso, mas sim pretensão ao reconhecimento de culpa de terceiro pelo evento danoso. Precedentes" (STJ, AgInt no AREsp 1230412/SP, Rel. Min. Marco Buzzi, 4ª Turma, jul. 19.11.2019, *DJe* 22.11.2019). **No mesmo sentido**: STJ, AgRg no Ag 630.919/DF, Rel. Min. Fernando Gonçalves, 4ª Turma, jul. 15.02.2005, *DJ* 14.03.2005, p. 372; STJ, REsp 729.172/RS, Rel. Min. Luis Felipe Salomão, 4ª Turma, jul. 04.03.2010, *DJe* 19.11.2010.

Relação de consumo. "A vedação à denunciação da lide prevista no art. 88 do Código de Defesa do Consumidor não se restringe à responsabilidade do comerciante por fato do produto (art. 13 do CDC), sendo aplicável também nas demais hipóteses de responsabilidade civil por acidentes de consumo (arts. 12 e 14 do CDC)" (STJ, AgRg no REsp 1316868/DF, Rel. Min. Ricardo Villas Bôas Cueva, 3ª Turma, jul. 05.05.2016, *DJe* 12.05.2016).

Contrato de contragarantia. Pedido de denunciação da lide aos fiadores. Conforme reiterado entendimento desta Corte, a denunciação da lide somente se torna obrigatória quando a omissão da parte implicar perda do seu direito de regresso, hipótese não retratada no inciso III do art. 70 do CPC/73. A relação segurado-seguradora é independente da relação tomador-seguradora, havendo apenas subordinação por um ou mais fatos (ou condições ou motivos), que dão à seguradora o direito de acionar o tomador para o ressarcir quando esta pagar ao segurado os prejuízos por ele sofridos em razão do inadimplemento do tomador. Em que pese o contrato de contragarantia, prevendo o dever de reembolso por parte da tomadora, a melhor interpretação do art. 70, III, do CPC/73, implica a reforma do acórdão recorrido, tendo em conta que não é possível, de forma direta, denunciar da lide aos fiadores do mencionado contrato" (STJ, REsp 1.713.150/SP, Rel. Min. Moura Ribeiro, 3ª Turma, jul. 20.04.2021, *DJe* 23.04.2021).

Denunciada com sede no exterior. "A finalidade do instituto da denunciação da lide é tornar mais céleres as demandas judiciais, em atenção ao princípio da economia processual, não devendo ser utilizado quando isto puder contrariá-lo. Mais ainda quando a denunciada tem sede no exterior, o que certamente ocasionará atraso na solução do litígio e dispendiosa utilização do aparelho judicial" (STJ, AgRg no Ag 148.693/SP, Rel. Min. Waldemar Zveiter, 3ª Turma, jul. 24.03.1998, *DJ* 17.08.1998, p. 68).

Ausência de vínculo entre denunciante e denunciado. "Não será admissível quando o reconhecimento da responsabilidade do denunciado suponha seja negada a que é atribuída ao denunciante. Em tal caso, se acolhidas as alegações do denunciante, a ação haverá de ser julgada improcedente e não haverá lugar para regresso. Desacolhidas, estará afastada a responsabilidade do denunciado" (STJ, REsp 58.080/ES, Rel. Min. Eduardo Ribeiro, 3ª Turma, jul. 19.03.1996, *DJ* 29.04.1996; *RSTJ* 84/202).

"A doutrina assentou entendimento no sentido de que, não havendo relação jurídica entre litisdenunciante e litisdenunciado, não há como se admitir o pedido de denunciação da lide e tal relação entre o litisdenunciante réu e o litisdenunciado terceiro há de existir no plano do direito material" (STJ, REsp 3.814/SP, Rel. Min. Waldemar Zveiter, 3ª Turma, jul. 04.09.1990, *DJ* 01.10.1990).

Processo de execução. "É lição de Celso Agrícola Barbi sobre a pertinência da denunciação da lide nos embargos à execução: 'Examinando as características do procedimento de execução dessa natureza, verifica-se que nele não há lugar para a denunciação da lide. Esta pressupõe prazo de contestação, que não existe no processo de execução, onde a defesa é eventual e por embargos'. 'Nos embargos à execução não são admitidos o chamamento ao processo, a denunciação da lide e a declaratória incidental'" (VI Enta, cl. 10) (STJ, REsp 691.235/SC, Rel. Min. Castro Meira, 2ª Turma, jul. 19.06.2007, *DJ* 01.08.2007, p. 435).

Previdência fechada complementar. Litisconsórcio passivo com a patrocinadora. "Portanto, é descabida a litisdenunciação da patrocinadora, pois eventual sucumbência da entidade de previdência privada será suportada pelo fundo pertencente aos participantes, assistidos e demais beneficiários, não havendo cogitar de pretensão a ensejar o ajuizamento de ação de regresso em face do patrocinador" (STJ, REsp 1.406.109/SP, Rel. Min. Luis Felipe Salomão, 4ª Turma, jul. 21.11.2013, *DJe* 05.12.2013).

Cautelar de produção antecipada de provas. "'Não cabe denunciação da lide em medida cautelar de produção antecipada de prova' (REsp. 213.556/RJ)" (STJ, AgRg nos EDcl no REsp 934.582/SP, Rel. Min. Luis Felipe Salomão, 4ª Turma, jul. 27.03.2012, *DJe* 10.04.2012).

Discussão jurídica alheia ao direito objeto da ação. "Impossibilidade, contudo, da denunciação, por pretender o réu inserir discussão jurídica alheia ao direito da autora, cuja relação contratual é direta e exclusiva com a instituição financeira, contratante da transportadora terceirizada, ressalvado o direito de regresso" (REsp 1.024.791/SP, Rel. Min. Aldir Passarinho Junior, 4ª Turma, jul. 05.02.2009, *DJe* 09.03.2009).

Médica plantonista que atendeu menor que faleceu no dia seguinte. Ação de indenização contra o hospital. "A responsabilidade do hospital é objetiva quanto à atividade do profissional plantonista, havendo relação de preposição entre o médico plantonista e o hospital. Precedentes. O resultado da demanda indenizatória envolvendo o paciente e o hospital nada influenciará na ação de regresso eventualmente ajuizada pelo hospital contra o médico, porque naquela não se discute a culpa do profissional" (STJ, REsp 801.691/SP, Rel. Min. Ricardo Villas Bôas Cueva, 3ª Turma, jul. 06.12.2011, *DJe* 15.12.2011).

Processo do trabalho. "A denunciação da lide é incompatível com o processo do trabalho, pois, se o vínculo entre denunciante e denunciado tem fundamento na evicção (art. 70, I a III, do CPC), a sentença que a declarasse não poderia ser executada na Justiça do Trabalho, cuja competência, de acordo com o art. 114 da Constituição Federal, exaure-se em regra nos conflitos entre empregado e empregador" (TRT-24ª Região, RO 1.157/2000, Rel. Juiz Márcio Eurico Vitral Amaro, *DJMS* 31.01.2001, p. 30).

Pagamento de vencimentos atrasados. "Tratando a matéria jurídica de fundo tão somente de pedido de pagamento de vencimentos atrasados, e não de indenização por responsabilidade civil do Estado, incabível a denunciação à lide porque esta só é obrigatória nas ações em que restar caracterizada a existência de garantia própria entre o denunciante e o denunciado. O Estado não perde o direito de regresso se não denuncia à lide o seu preposto, porquanto tal faculdade está prevista na Constituição Federal de forma peremptória" (REsp 1.069.934/RN, Rel. Min. Laurita Vaz, 5ª Turma, jul. 28.10.2008, *DJe* 17.11.2008). **No mesmo sentido:** STJ, REsp 955.352/RN, Rel. Min. Eliana Calmon, 2ª Turma, jul. 18.06.2009, *DJe* 29.06.2009.

5. Inciso I.

Evicção. Denunciação da lide. Desnecessidade. "O exercício do direito oriundo da evicção independe da denunciação da lide ao alienante na ação em que terceiro reivindica a coisa, sendo certo que tal omissão apenas acarretará para o réu a perda da pretensão regressiva, privando-lhe da imediata obtenção do título executivo contra o obrigado regressivamente, restando-lhe, ainda, o ajuizamento de demanda autônoma" (STJ, REsp 1.332.112/GO, Rel. Min. Luis Felipe Salomão, 4ª Turma, jul. 21.03.2013, *DJe* 17.04.2013). **No mesmo sentido:** STJ, REsp 255.639/SP, Rel. Min. Carlos Alberto Menezes Direito, 3ª Turma, jul. 24.04.2001, *DJ* 11.06.2001.

Ato da administração pública. "'Para exercício do direito que da evicção resulta ao adquirente, não é exigível prévia sentença judicial, bastando que fique ele privado do bem por ato de autoridade administrativa' (REsp 19.391/SP e 129.427/MG)" (STJ, AgRg no Ag 1.165.931/SP, Rel. Min. Sidnei Beneti, 3ª Turma, jul. 20.10.2009, *DJe* 29.10.2009).

6. Inciso II.

Fato novo. "Essa responsabilidade do denunciado de compor o prejuízo, frise-se, seja legal ou contratual, deve ser comprovada pelo denunciante de plano por provas necessárias à própria instrução da ação principal; se assim não for, evidencia-se a introdução de fundamento novo a afastar o instituto" (STJ, REsp 351.808/MG, Rel. Min. Edson Vidigal, 5ª Turma, jul. 27.11.2001, *DJ* 04.02.2002, p. 519).

"A denunciação à lide, fora das hipóteses dos incisos I e II do artigo 70 do Código de Processo Civil, somente é cabível quando há efetivo direito de garantia decorrente de lei ou de contrato, sub-rogando-se o denunciado no lugar do demandado, não bastando a mera vinculação lógica e formal entre os contratos firmados entre demandante e demandado e entre demandado e denunciado" (STJ, EREsp 681.881/SP, Rel. Min. Hamilton Carvalhido, Corte Especial, jul. 04.05.2011, *DJe* 07.11.2011).

Circunstâncias previstas no caso concreto. "A denunciação à lide prevista no art. 70, III, do CPC depende das circunstâncias concretas do caso. Na espécie dos autos, se não se acha plenamente configurado que houve escolha pessoal da autora na contratação dos médicos que a operaram, os quais integravam a equipe que atuava no hospital credenciado do SUS, onde se internara após exame em posto de saúde, inexiste razão para tal denunciação, devendo prosseguir a ação exclusivamente contra o nosocômio indicado como réu pela vítima, ressalvado o direito de regresso em feito próprio" (REsp 125.669/SP, Rel. Min. Aldir Passarinho Junior, 4ª Turma, jul. 20.09.2001, *DJ* 04.02.2002, p. 365).

Direito de regresso. "A denunciação da lide só deve ser admitida quando o denunciado esteja obrigado, por força de lei ou do contrato, a garantir o resultado da demanda, **não se admitindo a introdução de fundamento novo, a exigir ampla dilação probatória não constante da demanda originária.** Tal dilação probatória, com a apreciação da natureza da relação contratual formada entre as partes denunciante e denunciada e apuração da extensão das responsabilidades ali assumidas, com eventual descumprimento de cláusulas contratuais, além de ser estranha ao pleito principal, importaria em procrastinação excessiva da demanda principal, o que não se coaduna com a finalidade do instituto da denunciação, que é o de imprimir celeridade" (STJ, REsp 167.416/SP, Rel. Min. Waldemar Zweiter, 3ª Turma, jul. 22.02.2000, *RSTJ* 133/277). **No mesmo sentido:** STJ, REsp 701.868/PR, Rel. Min. Raul Araújo, 4ª Turma, jul. 11.02.2014, *DJe* 19.02.2014; STJ, REsp 464.014/SP, Rel. Min. Castro Filho, 3ª Turma, jul. 23.08.2007, *DJ* 10.09.2007, p. 224.

6.1 Seguradora.

Ação ajuizada em face da seguradora. "Em ação de reparação de danos, a seguradora possui legitimidade para figurar no polo passivo da demanda em litisconsórcio com o segurado, apontado causador do dano" (STJ, REsp 1.076.138/RJ, Rel. Min. Luis Felipe Salomão, 4ª Turma, jul. 22.05.2012, *DJe* 05.06.2012). Ver a Súmula 529 do STJ.

Obrigação solidária decorrente da relação processual estabelecida. "Ao assumir a seguradora condição de litisconsorte com a denunciante no processo de conhecimento, a obrigação decorrente da sentença condenatória passa a ser solidária em relação ao segurado e à seguradora. Com efeito, a ausência de pagamento voluntário da condenação, por qualquer um deles – segurado ou seguradora –, por se tratar de obrigação solidária decorrente da relação processual estabelecida, é causa do processo de execução, devendo quem quer que seja acionado suportar os honorários advocatícios fixados inicialmente para o caso de pronto pagamento" (STJ, REsp 886.084/MS, Rel. Min. Luis Felipe Salomão, 4ª Turma, jul. 16.03.2010, *DJe* 06.04.2010). **No mesmo sentido:** STJ, REsp 1.010.831/RN, Rel. Min. Aldir Passarinho Junior, 4ª Turma, jul. 28.04.2009, *DJe* 22.06.2009.

Honorários advocatícios na lide secundária. "'Se julgada improcedente a ação indenizatória, favorecendo o litisdenunciado, inexistente, em consequência, o direito por ele postulado perante a seguradora, nascendo daí a sua obrigação de respectivamente pagar-lhe as custas e os honorários advocatícios resultantes da sua sucumbência na lide secundária' (REsp 36.135/RS, Rel. Min. Aldir Passarinho Junior, *DJ* 15.04.2002)" (STJ, AgRg no REsp 918.845/SP, Rel. Min. Sidnei Beneti, 3ª Turma, jul. 20.11.2008, *DJe* 12.12.2008).

7. Denunciação facultativa da lide. "No caso de denunciação facultativa da lide, a exclusão do denunciado acarreta ao réu-denunciante a obrigação de pagar honorários advocatícios em favor do denunciado" (STJ, AgRg no REsp 1.114.172/DF, Rel. Min. Sidnei Beneti, 3ª Turma, jul. 25.05.2010, *DJe* 10.06.2010).

8. Substituição da parte passiva. "Em linha de princípio, a denunciação da lide não se presta à substituição da parte passiva. Contudo, se o réu alega ser parte ilegítima e ao mesmo tempo denuncia a lide ao verdadeiro responsável, e este, aceitando a litisdenunciação, contesta o pedido formulado pelo autor, passando à condição de litisconsorte passivo, não há prejuízo em que a sentença dê pela carência da ação, em relação ao denunciante, e pela procedência ou improcedência da pretensão quanto ao denunciado" (STJ, AI 161.451/RJ, Rel. Sálvio de Figueiredo Teixeira, 4ª Turma, jul. 30.04.1998, *DJ* 22.06.1998, p. 104). **Em sentido contrário:** "Reconhecida a ilegitimidade, descabe a denunciação da lide, mormente quando não suscitada pela parte interessada. A denunciação da lide não é forma de correção da ilegitimidade passiva" (STJ, REsp 526.524/AM, Rel. Min. Cesar Asfor Rocha, 4ª Turma, jul. 21.08.2003, *DJ* 13.10.2003, p. 372).

9. Poder Público. Direito de regresso contra funcionário. "A denunciação da lide só é obrigatória em relação ao denunciante que, não denunciando, perderá o direito de regresso, mas não está obrigado o julgador a processá-la se concluir que a tramitação de duas ações em uma só onerará em demasia uma das partes, ferindo os princípios da economia e da celeridade na prestação jurisdicional, sendo desnecessária em ação fundada na responsabilidade prevista no art. 37, § 6º, da CF/1988, vez que a primeira relação jurídica funda-se na culpa objetiva e a segunda, na subjetiva, fundamento novo não constante da lide originária" (STJ, REsp 955.352/RN, Rel. Min. Eliana Calmon, 2ª Turma, jul. 18.06.2009, *DJe* 29.06.2009).

"Ainda que a denunciação da lide tenha sido mal indeferida, não se justifica, na instância especial, já adiantado o estado do processo, restabelecer o procedimento legal, porque a finalidade do instituto (economia processual) seria, nesse caso, contrariada" (STJ, REsp 170.681/RJ, Rel. Min. Ari Pargendler, 3ª Turma, jul. 01.04.2008, *DJe* 15.04.2008).

10. Denunciação extemporânea. Vício formal. Reconhecimento da condição de garantidora. Nulidade. Inexistência. "Feita a denunciação pelo réu, o denunciado pode aceitar a denunciação e contestar o pedido do autor, situação que o caracterizará como litisconsorte do denunciante, com a aplicação em dobro dos prazos recursais, e que acarretará a resolução do mérito da controvérsia secundária e o resultado prático de sujeitá-lo aos efeitos da sentença da causa principal. O processo é instrumento para a realização do direito material, razão pela qual, se o denunciado reconhece sua condição de garantidor do eventual prejuízo, não há razões práticas para que se exija que, em virtude de defeitos meramente formais na articulação da denunciação da lide, o denunciante se veja obrigado a ajuizar uma ação autônoma de regresso em desfavor do denunciado. Na presente hipótese, embora a denunciação da lide tenha sido formulada intempestivamente, a recorrida reconheceu, ainda que parcialmente, sua condição de garantidora. Portanto, ao reconhecer esse vício do oferecimento da denunciação da lide e anular todos os atos processuais praticados, o Tribunal de origem agiu em descompasso com os princípios da primazia do julgamento de mérito e da instrumentalidade das formas" (STJ, REsp 1637108/PR, Rel. Min. Nancy Andrighi, 3ª Turma, jul. 06.06.2017, *DJe* 12.06.2017).

11. Litisdenunciado já condenado no juízo penal. "Empresa de ônibus, ré na ação, que denuncia à lide o motorista já condenado no juízo penal. Inviabilidade da denunciação" (STJ, REsp 144.196/SP, Rel. Min. Ari Pargendler, 3ª Turma, jul. 09.12.1999, *DJ* 14.02.2000).

12. Denunciações sucessivas da lide. Impossibilidade (§ 2º). "Denunciações sucessivas da lide pretendida pela denunciada. Descabimento. Instituto facultativo, e não mais obrigatório, de acordo com novo regramento processual. Possibilidade de exercício do direito de regresso expressamente prevista em caso de indeferimento do pedido (art. 125, § 1º, CPC/15). Denunciação sucessiva, **admitida uma única vez**, de acordo com § 2º do art. 125 do CPC/15, já realizada, no caso, com relação à seguradora da obra. Hipótese, demais, de inviabilidade da inserção nos autos de elemento novo cuja apuração possa prejudicar a pretensão constante da inicial, fundada em responsabilidade civil objetiva. Decisão mantida." (TJSP, AI 2096551-52.2016.8.26.0000, Rel. Des. Soares Levada, 34ª Câmara de Direito Privado, jul. 20.09.2016, data de registro 20.09.2016).

Estado-membro. "A denunciação da lide não se faz *per saltum*. O STF, em casos semelhantes, não tem admitido a denunciação da lide ao estado-membro e, consequentemente, afirma sua incompetência para processar e julgar, originariamente, a ação proposta. Precedentes. Na desapropriação indireta, ocorre, tão só, súplica de indenização pela perda do imóvel, cuja reivindicação se faz inviável. Não há, aí, espaço à invocação da regra do art. 70, I, do CPC" (STF, ACORQO 305, Rel. Min. Néri da Silveira, Tribunal Pleno, *DJ* 29.09.2000).

13. Estado. Ausência de denunciação. Anulação do feito. Impossibilidade. "A denunciação da lide deve ser admitida quer o fundamento da responsabilidade civil do Estado seja atribuída ao *risco administrativo*, quer à *culpa* de seus agentes. Mas, processada a causa sem a denunciação da lide, a anulação do feito contraria as finalidades do instituto, inspirado pelo princípio da economia processual. Por isso que, mesmo nas hipóteses em que o juiz a indefere quando deveria deferi-la, a jurisprudência vem se orientando no sentido de não anular o processo. O resultado, se a nulidade fosse reconhecida, seria oposto àquele visado pelo instituto, sem vantagens concretas. O denunciante terá sempre a ação direta para obter o ressarcimento do prejuízo" (STJ, REsp 109.208/RJ, Rel. Min. Ari Pargendler, 2ª Turma, jul. 04.08.1998, *DJ* 24.08.1998, p. 49).

"A denunciação da lide, em ação de responsabilidade civil do servidor público causador do dano, não é obrigatória senão para o litisdenunciado, que, quando chamado, não pode recusar-se. Harmoniza-se com a celeridade processual, e não impede o exercício do direito de regresso a não aceitação da litisdenunciação" (STJ, REsp 392.240/DF, Rel. Min. Eliana Calmon, 2ª Turma, jul. 04.06.2002, *DJ* 19.08.2002). **No mesmo sentido:** STJ, REsp 236.837/RS, Rel. Min. Garcia Vieira, 1ª Turma, *DJ* 08.03.2000.

"Admite-se denunciação da lide ao **Estado**, em ação declaratória de inexistência de contrato, fundada na alegação de falsidade do instrumento público de mandato, por culpa do tabelião" (TJSP, AI 95.182-4, Rel. Des. Cezar Peluso, 2ª Câm., jul. 16.03.1999).

14. Honorários do advogado do denunciado. "Tratando-se de garantia simples ou imprópria, em que a falta de denunciação da lide não envolve perda do direito de regresso, o denunciante arcará com os honorários do advogado do denunciado. Não assim, entretanto, na hipótese prevista no artigo 70, I, do CPC, quando os honorários serão suportados pelo vencido na demanda principal. Tal solução não se modifica pelo fato de o processo ter sido extinto sem julgamento do mérito, pois também nessa hipótese há sucumbência" (STJ, REsp 171.808/PR, Rel. Min. Eduardo Ribeiro, 3ª Turma, *DJ* 25.09.2000, p. 98).

15. Ônus do denunciante. "Ao pleitear a denunciação da lide, a parte requerente tem o ônus de expor as razões com que pretende integrar terceiro à relação processual, a fim de que o juiz verifique a existência de seus pressupostos autorizadores, insculpidos no art. 70 do CPC" (TRF-2ª Região, Ap. 96.02.31740-0, Rel. Des. Fed. Tânia Heine, 3ª Turma, *DJ* 31.08.2000, p. 348).

16. Ação declaratória. "Se a apelante não contestou a ação declaratória, tornando-se nela revel, em grau de recurso, não pode pretender denunciar terceiro à lide, porque somente na contestação tal seria possível, a teor do disposto no art. 71 do CPC" (TJMT, Ap. 23.408, Rel. Des. Orlando de Almeida Perri, 1ª Câm. Cív., jul. 14.02.2000).

"Aquele que tem o direito de denunciar para ver certificado de logo seu direito de regresso está perfeitamente legitimado a ajuizar ação declaratória da existência do direito regressivo, e esse pleito, por força da conexão, irá para o mesmo juízo do procedimento sumário com repercussões menos ideais do que aquelas que resultariam da denunciação, daí a admissibilidade de denunciação à lide" (TJRJ, AI 13126/1999 (13032000), Rel. Des. Raul Celso Lins e Silva, 17ª Câmara, jul. 09.02.2000).

17. Exclusão do denunciante. "O denunciado que aceita a denunciação e contesta o pedido transforma-se em litisconsorte passivo (CPC, art. 75, I). Excluído o denunciante (réu originário), o processo não se extingue: continua contra o denunciado (até então litisconsorte passivo) na posição de único demandado" (STJ, REsp 898.072/RS, Rel. Min. Humberto Gomes de Barros, 3ª Turma, jul. 17.03.2008, *DJe* 13.05.2008).

18. Reconvenção. "Embora juridicamente possível o manejo de reconvenção em denunciação da lide, há de se observar, em relação à ação reconvencional, o pressuposto da conexão, e quanto à denunciação da lide, o requisito da celeridade e a ausência de fato novo" (STJ, REsp 593.906/PB, Rel. Min. Fernando Gonçalves, 4ª Turma, jul. 04.03.2010, *DJe* 22.03.2010).

19. Nulidade. "Havendo denunciação da lide, o juiz deve decidir, na mesma sentença, o litígio entre autor e réu e aquele entre denunciante e denunciado. A sentença que decide apenas a ação principal, omitindo-se quanto à ação secundária de denunciação da lide, é nula" (STJ, REsp 843.392/MT, Rel. Min. Ari Pargendler, 3ª Turma, jul. 25.09.2006, *DJ* 23.10.2006, p. 313).

"A falta de denunciação da lide ao IRB não acarreta a anulação do processo, podendo ser intentada a ação regressiva, que subsiste, com base no art. 70, III, do Código de Processo Civil" (STJ, REsp 647.186/MG, Rel. Min. Carlos Alberto Menezes Direito, 3ª Turma, jul. 01.09.2005, *DJ* 14.11.2005, p. 313).

20. Desistência da denunciação. "Considerando que a denunciação da lide tem natureza de ação, deve-se observar o disposto no art. 200, parágrafo único, do CPC/2015 (art. 158, parágrafo único, do CPC/73), segundo o qual "a desistência da ação só produzirá efeitos após homologação judicial".

"Assim, é permitido ao denunciante retratar-se do ato de desistência antes da decisão homologatória, circunstância em que a denunciação da lide terá prosseguimento" (STJ, REsp. 2.081.589/MA, Rel. Min. Nancy Andrighi, 3ª Turma, jul. 03.10.2023, *DJe* 09.10.2023).

Art. 126. A citação do denunciado será requerida na petição inicial, se o denunciante for autor, ou na contestação, se o denunciante for réu, devendo ser realizada na forma e nos prazos previstos no art. 131.

CPC/1973

Art. 71.

REFERÊNCIA LEGISLATIVA

CPC/2015, art. 335 (resposta do réu; prazo).

BREVES COMENTÁRIOS

Se o denunciado já integra a lide sua citação é desnecessária, cabendo, entretanto, a intimação do advogado para apresentar sua resposta à denunciação.

JURISPRUDÊNCIA SELECIONADA

1. Denunciação da lide requerida pelo autor. "Salvo a ocorrência de fato superveniente e relevante, o pedido de denunciação da lide pelo autor deve ser formulado na petição inicial" (STJ, REsp 97.915/SP, Rel. Min. Barros Monteiro, 4ª Turma, jul. 20.11.2001, *DJ* 22.04.2002, p. 207).

2. Denunciação da lide oferecida pelo réu.

Denunciação da lide oferecida por corréu. Admissibilidade. "Nada obsta a denunciação da lide requerida por um réu contra outro, porque somente assim se instaura entre eles a lide simultânea assecuratória do direito regressivamente postulado. Precedente" (STJ, REsp 1670232/SP, Rel. Min. Nancy Andrighi, 3ª Turma, jul. 16.10.2018, *DJe* 18.10.2018).

Oferecimento após a contestação. "Havendo o oferecimento antecipado da contestação, a denunciação da lide pelo réu só poderá ser oferecida se: (1) ainda não tiver escoado o prazo legal da contestação e, cumulativamente, (2) não houver ainda sido determinada a prática de qualquer outro ato processual. *In casu*, embora a denunciação tenha sido oferecida antes do transcurso do prazo legal de contestação, esta já havia sido apresentada e o juiz já havia determinado a intimação do autor para apresentar réplica" (STJ, REsp 1.099.439/RS, Rel. Min. Massami Uyeda, 3ª Turma, jul. 19.03.2009, *DJe* 04.08.2009).

"O art. 71 do CPC é claro ao determinar que, pretendendo o réu denunciar a lide, o prazo para fazê-lo é o da contestação. Assim, há de ser excluído da lide o denunciado que, tardiamente citado para ingressar nos autos, não aceita seu chamamento serôdio e invoca, em defesa de sua posição, o critério adotado pela lei" (TJSP, AGI 22.078-1, Rel. Alves Braga, 4ª Câmara, jul. 23.04.1982, *RT* 563/97).

"Dá-se a preclusão na não arguição da denunciação da lide, pelo réu, por ocasião da contestação" (TRF-1ª Região, Ap. 01241360/PA, Rel. Des. Fed. conv. Vera Carla Cruz, 4ª Turma, *DJU* 26.05.2000, p. 217).

3. Impossibilidade de chamamento *ex officio*. "Inexistindo requerimento expresso das partes, não pode o juiz determinar que terceiro venha a integrar a lide. Por outro lado, para que isso seja admitido é necessário que fique demonstrada, em tese, a possível responsabilidade do chamado aos autos" (TASP, Ap. 357.424, Rel. Juiz Paulo Bonito, 5ª Câmara, jul. 28.05.1986, *RT* 611/126).

4. Deferimento da denunciação. Exame do cabimento. "O requerimento de denunciação da lide nem sempre deve merecer deferimento, cumprindo ao Judiciário examinar criteriosamente seu cabimento no caso concreto" (STJ, REsp 2.545/SP, Rel. Min. Sálvio de Figueiredo Teixeira, 4ª Turma, jul. 19.06.1990, *DJ* 06.08.1990, p. 7.341).

5. Indeferimento de denunciação. Recurso cabível. "Da decisão que indefere o pedido de denunciação da lide cabe agravo de instrumento" (STJ, REsp 316.204/RJ, Rel. Min. Carlos Alberto Menezes Direito, 3ª Turma, jul. 20.09.2001, *DJ* 19.11.2001, p. 265).

6. Ausência de denunciação. Anulação do processo. Impossibilidade. "Conquanto possível a denunciação da lide, indeferido ou omitido o pedido, é injustificável a anulação do processo, conflitando-se com o princípio da economia processual. Demais, fica resguardado o direito de regresso em ação autônoma" (STJ, REsp 128.051/RS, Rel. Min. Milton Luiz Pereira, 1ª Turma, jul. 01.03.2001, *DJ* 17.09.2001, p. 111). **No mesmo sentido**: STJ, AgRg no REsp 1.341.949/SP, Rel. Min. Sidnei Beneti, 3ª Turma, jul. 21.03.2013, *DJe* 03.04.2013.

7. Requerimento de denúncia. Observação das exigências insertas nos arts. 282 e 283 do CPC/1973 (arts. 319 e 320 do CPC/2015). "A denunciação da lide é ação, pelo que a peça na qual for formulado o requerimento de denúncia deve satisfazer as exigências dos arts. 282 e 283 do CPC. Portanto, o pedido de denunciação deve ser precedido dos respectivos fundamentos de fato e direito" (STJ, REsp 19.074/RS, Rel. Min. Adhemar Maciel, 2ª Turma, jul. 02.10.1997, *DJ* 20.10.1997, p. 53.020).

8. Ministério Público. "Não tem o Ministério Público legitimidade para denunciar à lide em ação que não é parte, pois a mesma não comporta substituição processual. Art. 71 do CPC" (TJMG, AI 151.442/1, Rel. Des. Campos Oliveira, 5ª Câmara, jul. 26.08.1999).

Art. 127. Feita a denunciação pelo autor, o denunciado poderá assumir a posição de litisconsorte do denunciante e acrescentar novos argumentos à petição inicial, procedendo-se em seguida à citação do réu.

CPC/1973

Art. 74.

REFERÊNCIA LEGISLATIVA

CPC/2015, arts. 113 a 118 (litisconsórcio).

BREVES COMENTÁRIOS

Sem embargo de figurar na petição inicial ao lado do réu, o denunciado será citado antes deste, para ter oportunidade de eventualmente assumir a posição de litisconsorte do autor e aditar, se lhe convier, a petição inicial, com novos argumentos. Somente depois desse momento processual, consumado com a resposta do denunciado, ou com o esgotamento do prazo para fazê-la, é que se procederá à citação do réu, abrindo-lhe prazo próprio para contestar a ação. Dessa maneira, as duas citações – a do denunciado e a do réu – não são simultâneas, mas sucessivas. Esse mecanismo procedimental permite ao réu defender-se, numa só contestação, contra os argumentos do autor e do denunciado.

JURISPRUDÊNCIA SELECIONADA

1. Denunciado que aceita qualidade que lhe é atribuída. Litisconsórcio passivo. "Assente na jurisprudência desta Corte o entendimento segundo o qual, aceitando o litisdenunciado a qualidade que lhe é atribuída e contestando o pedido da demanda principal, opera-se o litisconsórcio na forma dos artigos 74 e 75, I, do CPC" (STJ, REsp 191.772/RS, Rel. Min. Waldemar Zveiter, 3ª Turma, *DJ* 02.08.1999).

2. Contestação e reconvenção. "A denunciação da lide é uma ação de regresso na qual o denunciado assume a posição de réu. Assim, a ele se aplica o art. 343 do CPC, que autoriza ao réu a apresentar reconvenção, seja em face do denunciante ou do autor da ação principal, desde que conexa com a lide incidental ou com o fundamento de defesa nela apresentado. Além disso, a reconvenção proposta pelo denunciado deverá ser examinada independentemente do desfecho das demandas principal e incidental (denunciação da lide), devido à sua natureza jurídica de ação e à sua autonomia em relação à lide na qual é proposta (art. 343, § 2º, do CPC)" (STJ, REsp 2.106.846/SP, Rel. Min. Nancy Andrighi, 3ª Turma, jul. 05.03.2024, *DJe* 07.03.2024).

3. Condenação solidária do réu e do denunciado. Possibilidade. "Uma vez aceita a denunciação da lide e contestado o pedido do autor, o denunciado integra o polo passivo na qualidade de litisconsorte do réu, podendo, até mesmo, ser condenado direta e solidariamente. Precedentes" (STJ, REsp 1.249.029/SC, Rel. Min. Nancy Andrighi, 3ª Turma, jul. 15.12.2011, *DJe* 01.02.2012). **No mesmo sentido:** STJ, REsp 704.983/PR, Rel. Min. Luis Felipe Salomão, 4ª Turma, jul. 01.12.2009, *DJe* 14.12.2009.

Seguradora. "Em ação de reparação de danos movida em face do segurado, a seguradora denunciada pode ser condenada direta e solidariamente junto com este a pagar a indenização devida à vítima, nos limites contratados na apólice" (STJ, REsp 925.130/SP, Rel. Min. Luis Felipe Salomão, 2ª Seção, jul. 08.02.2012, *DJe* 20.04.2012). **No mesmo sentido**: STJ, REsp 188.158/RS, Rel. Min. Fernando Gonçalves, 4ª Turma, jul. 15.06.2004, *DJ* 01.07.2004, p. 197.

"É cabível o pagamento de juros de mora pela seguradora nas ações em que foi denunciada à lide" (STJ, AgRg nos EDcl no REsp 1.219.910/PR, Rel. Min. João Otávio de Noronha, 3ª Turma, jul. 15.08.2013, *DJe* 26.08.2013).

Resseguradora. Ausência de responsabilidade solidária. "A seguradora é, perante o segurado, a única responsável pelo pagamento da indenização. Não há qualquer dispositivo legal ou contratual que determine a solidariedade passiva da resseguradora com relação aos débitos da seguradora. A responsabilidade da resseguradora limita-se ao repasse, para a seguradora, da importância prevista no contrato de resseguro. É dever da própria seguradora o pagamento total da condenação imposta por decisão judicial proferida em desfavor do segurado, nos limites da apólice" (STJ, REsp 1.178.680/RS, Rel. Min. Nancy Andrighi, 3ª Turma, jul. 14.12.2010, *DJe* 02.02.2011).

4. Prazo em dobro. Ver jurisprudência do art. 229 do CPC/2015.

5. Interposição de recurso. "Denunciação da lide. Litisconsórcio entre denunciante e denunciado. Artigo 74 do Código de Processo Civil. Recurso interposto por um que ao outro aproveita. Artigo 509 do Código de Processo Civil. Recurso provido para esse fim" (*RJTJESP* 124/173).

6. Sucumbência. "Responde também pelos ônus da sucumbência o litisdenunciado que comparece aos autos e adita a petição inicial, assumindo a posição de litisconsorte do denunciante (art. 74 do CPC)." (STJ, REsp 115.894/DF, Rel. Min. Barros Monteiro, 4ª Turma, jul. 23.10.2001, *DJ* 25.03.2002)

Art. 128. Feita a denunciação pelo réu:

I – se o denunciado contestar o pedido formulado pelo autor, o processo prosseguirá tendo, na ação principal, em litisconsórcio, denunciante e denunciado;

II – se o denunciado for revel, o denunciante pode deixar de prosseguir com sua defesa, eventualmente oferecida, e abster-se de recorrer, restringindo sua atuação à ação regressiva;

III – se o denunciado confessar os fatos alegados pelo autor na ação principal, o denunciante poderá prosseguir com sua defesa ou, aderindo a tal reconhecimento, pedir apenas a procedência da ação de regresso.

Parágrafo único. Procedente o pedido da ação principal, pode o autor, se for o caso, requerer o cumprimento da sentença também contra o denunciado, nos limites da condenação deste na ação regressiva.

CPC/1973

Art. 75.

REFERÊNCIA LEGISLATIVA

CPC/2015, art. 344 (revelia).

BREVES COMENTÁRIOS

Ao denunciado o juiz marcará o prazo de resposta (quinze dias) e, após sua citação, poderá ocorrer uma das seguintes hipóteses:

(a) Se o denunciado aceitar a denunciação, poderá contestar o pedido, no prazo de resposta (15 dias). Nessa hipótese, o denunciado será litisconsorte do denunciante em relação à ação principal (inciso I).

(b) Se o denunciado for revel, ou seja, não responder à denunciação, o denunciante poderá deixar de prosseguir em sua defesa, eventualmente oferecida, e abster-se de recorrer, restringindo sua atenção à ação regressiva (inciso II). Diante do desinteresse do denunciado, pode o denunciante desistir da contestação antes produzida, ou, caso não o faça, e a sentença lhe seja adversa, poderá não usar dos recursos cabíveis, sem que essa atitude comprometa a garantia de regresso. Nesse caso, o réu-denunciante passa a se preocupar única e exclusivamente com a ação secundária de garantia, na tentativa de obter êxito em seu pedido de regresso. Importa ressaltar que semelhante disposição era encontrada na legislação substancial, em relação à evicção (CC, art. 456, parágrafo único), mas o artigo foi revogado pelo atual Código (art. 1.072, II). A situação, portanto, é agora regulada e permitida diretamente pelo CPC/2015.

(c) Se o denunciado comparecer e confessar os fatos alegados pelo autor na petição inicial, poderá o denunciante prosseguir na defesa, ou aderir a tal reconhecimento e apenas pedir a procedência da ação de regresso (CPC/2015, art. 128, III).

JURISPRUDÊNCIA SELECIONADA

1. Exclusão do réu-denunciante. Continuação do processo contra o denunciado (Inciso I). "O denunciado que aceita a denunciação e contesta o pedido transforma-se em litisconsorte passivo (CPC, art. 75, I). Excluído o denunciante (réu originário), o processo não se extingue: continua contra o denunciado (até então litisconsorte passivo) na posição de único demandado" (STJ, REsp 898.072/RS, Rel. Min. Humberto Gomes de Barros, 3ª Turma, jul. 17.03.2008, *DJe* 13.05.2008).

2. Possibilidade de a denunciada resistir aos fundamentos da lide primária (inciso I). "Quanto à controvérsia em si, e passando ao largo da discussão acerca da natureza jurídica que o denunciado assume no processo, isto é, se assistente simples, assistente litisconsorcial ou litisconsorte, tal qual enuncia o artigo 75, I, do CPC, em qualquer caso, tem-se-lhe reconhecido, e não poderia ser diferente, o interesse em oferecer resistência, de forma ampla, à pretensão deduzida pelo adversário do denunciante, tendo em vista que o desfecho da demanda principal poderá repercutir na demanda secundária" (STJ, REsp 900.762/MG, Rel. Min. Sidnei Beneti, 3ª Turma, jul. 12.02.2008, *DJe* 25.04.2008).

"Em demanda onde se busca a indenização de danos materiais, aceitando o litisdenunciado a denunciação feita pelo réu, inclusive contestando o mérito da causa, exsurge a figura do **litisconsórcio anômalo**, prosseguindo o processo entre o autor de um lado e, de outro, como litisconsortes, o denunciado e o denunciante, que poderão vir a ser condenados, **direta e solidariamente**, ao pagamento da indenização. Esta, nos termos da jurisprudência uníssona deste tribunal, é a interpretação a ser dada ao preceito contido no artigo 75, inciso I, do Código de Processo Civil" (STJ, REsp 686.762/RS, Rel. Min. Castro Filho, 3ª Turma, jul. 29.11.2006, *DJ* 18.12.2006).

Representação pelo mesmo advogado. Inexistência de conflito de interesses. Possibilidade. "Uma vez aceita a denunciação da lide e contestado o pedido do autor, o denunciado integra o polo passivo na qualidade de litisconsorte do réu, podendo, até mesmo, ser condenado direta e solidariamente. Precedentes. [...]. Numa situação como esta, em que há convergência – e não conflito – de interesses, nada impede que as partes, que inclusive compõem o mesmo polo da ação, sejam representadas pelo mesmo advogado, sem que isso implique restrição do direito de ambas à ampla defesa e ao devido processo legal, tampouco qualquer manipulação do resultado final da ação" (STJ, REsp 1.249.029/SC, Rel. Min. Nancy Andrighi, 3ª Turma, jul. 15.12.2011, *DJe* 01.02.2012).

"Promovida a ação contra o causador do acidente que, por sua vez, denuncia à lide a seguradora, esta, uma vez aceitando a litisdenunciação e contestando o pedido inicial se põe ao lado do réu, como litisconsorte passiva, nos termos do art. 75, I, da lei adjetiva civil. Reinclusão da seguradora na lide e, por conseguinte, na condenação, até o limite do seguro contratado" (STJ, REsp 670.998/RS, Rel. Min. Aldir Passarinho Junior, 4ª Turma, jul. 01.10.2009, *DJe* 16.11.2009).

3. Contestação da relação com denunciante (Inciso II). "Não há litisconsórcio e não se aplica o disposto no art. 191 do CPC quando a denunciada comparece em juízo para negar o direito da denunciante" (STJ, REsp 137.982/PR, Rel. Min. Ruy Rosado de Aguiar, 4ª Turma, jul. 25.03.1998, *DJU* 22.06.1998, p. 88).

4. Não apresentação de defesa. Ficta confessio (inciso II). "Aceita a denunciação da lide pelo réu, cumpre ao juiz decidir, na sua sentença, a relação entre o autor e o réu denunciante e a outra demanda, entre o denunciante e o denunciado. Mesmo que o denunciado não tenha oferecido defesa, a presunção de veracidade dos fatos é relativa, podendo ser ilidida" (TJSC, Ap 29.053, Rel. Des. Hélio Mosimann, 2ª Câmara, jul. 09.08.1988, *Jurisp. Cat.* 61/87).

5. Deferimento da denunciação. "Tendo sido deferida e aceita pelo denunciado, não pode o juiz, na sentença final, rejeitar a denunciação sob a alegação de extemporaneidade" (TARJ, Ap. 82.316, Rel. Juiz Marlan de Moraes Marinho, 2ª Câmara, jul. 15.12.1988, *RT* 669/174).

Art. 129. Se o denunciante for vencido na ação principal, o juiz passará ao julgamento da denunciação da lide.

Parágrafo único. Se o denunciante for vencedor, a ação de denunciação não terá o seu pedido examinado, sem prejuízo da condenação do denunciante ao pagamento das verbas de sucumbência em favor do denunciado.

CPC/1973

Art. 76.

REFERÊNCIA LEGISLATIVA

CPC/2015, art. 512 (sentença como título executivo judicial).

CC, arts. 402 a 405 (perdas e danos).

BREVES COMENTÁRIOS

Numa só sentença, duas demandas serão julgadas. Se o denunciante for vencido na ação principal, o juiz passará ao julgamento da denunciação da lide (art. 129, *caput*); se vencedor, a ação de denunciação não terá o seu pedido examinado, mas ficará sujeito aos encargos da sucumbência (art. 129, parágrafo único).

JURISPRUDÊNCIA SELECIONADA

1. Denunciação da lide. "Através da denunciação da lide, o denunciante aproveita-se do mesmo processo para exercer a ação de garantia ou a ação de regresso em face do denunciado, por isso que, inspirado pelo princípio da economia processual, dispôs o legislador que 'a sentença que julgar procedente a ação declarará, conforme o caso, o direito do evicto, ou a responsabilidade por perdas e danos, valendo como título executivo' (CPC, art. 76)" (STJ, REsp 613.190/SP, Rel. Min. Luiz Fux, 1ª Turma, jul. 06.03.2007, *DJ* 02.04.2007, p. 232).

2. Sentença dúplice.

"Havendo denunciação da lide, o juiz deve decidir, na mesma sentença, o litígio entre autor e réu e aquele entre denunciante e denunciado. A sentença que decide apenas a ação principal, omitindo-se quanto à ação secundária de denunciação da lide, é nula" (STJ, REsp 843.392/MT, Rel. Min. Ari Pargendler, 3ª Turma, jul. 25.09.2006, *DJ* 23.10.2006, p. 313). **No mesmo sentido:** STJ, REsp 52.157/MA, Rel. Min. Hélio Mosimann, 2ª Turma, jul. 18.09.1995, *DJ* 04.12.1995, p. 42.103.

"Reconhecido o dever de a **seguradora denunciada** honrar a cobertura do sinistro, é permitido ao Julgador proferir decisão condenatória diretamente contra ela. Precedentes do STJ" (STJ, REsp 290.608/PR, Rel. Min. Barros Monteiro, 4ª Turma, jul. 16.12.2002, *DJ* 16.12.2002, p. 341).

3. Sentença de improcedência do pedido reformada. Julgamento da denunciação. "Quando o tribunal reforma sentença de improcedência do pedido principal, compete-lhe apreciar também a denunciação à lide, não havendo que se falar em trânsito em julgado da decisão relativa à denunciação" (STJ, AgRg no Ag 305.835/SP, Rel. Min. Antônio de Pádua Ribeiro, 3ª Turma, jul. 16.05.2002, *DJ* 17.06.2002, p. 256). **No mesmo sentido:** STJ, REsp 439.826/PA, Rel. Min. Cesar Asfor Rocha, 4ª Turma, jul. 11.02.2003, *DJ* 30.06.2003, p. 257.

Condenação direta do denunciado. Impossibilidade. "Não é lícito ao juiz declarar improcedente o pedido formulado pelo autor contra o denunciante e, a despeito disso, condenar diretamente o denunciado a pagar indenização ao autor. Sem condenação ao denunciante, a lide secundária é improcedente" (STJ, REsp 982.941/SP, Rel. Min. Humberto Gomes de Barros, 3ª Turma, jul. 09.10.2007, *DJ* 25.10.2007, p. 178). **Todavia,** "Excluído da lide o réu denunciante, o processo não se extingue, podendo prosseguir a demanda diretamente contra o denunciado na posição de litisconsorte passivo" (STJ, REsp 949.226/ES,

Rel. Min. Paulo de Tarso Sanseverino, 3ª Turma, jul. 10.05.2011, *DJe* 03.06.2011).

4. Recurso. Legitimidade da denunciada. "A denunciada/recorrente que aceita parcialmente a denunciação e contesta a inicial da ação instaurada entre o autor/recorrido e a ré/denunciante, torna-se litisconsorte desta e, como decorrência, legitimada para recorrer da sentença que julgou a lide primária de que lhe resultou uma condenação" (STJ, REsp 99.453/MG, Rel. Min. Cesar Asfor Rocha, 4ª Turma, jul. 04.08.1998, *DJ* 03.11.1998, p. 141).

5. Denunciação da lide. Acordo. "A denunciação da lide instaura uma ação nova dentro do processo, do denunciante contra o denunciado, mas conexa com a principal, de tal forma que, havendo transação ou acordo antes da decisão da causa, extingue-se a denunciação, pelo término da ação principal" (TAMG, Ap. 48.997-4, Rel. Juiz Ney Paolinelli, 4ª Câmara, jul. 20.12.1989, *RF* 310/163). **Todavia**, "O acordo entre o autor e o réu-denunciante na demanda principal, do qual não fez parte o réu-denunciado, não substitui a sentença de procedência transitada em julgado, motivo pelo qual não há qualquer óbice para que, na segunda demanda, entre denunciante e denunciado, o réu invoque a ausência de responsabilidade do segurado para se eximir quanto ao ressarcimento" (STJ, REsp 316.046/SP, Rel. Min. Luis Felipe Salomão, 4ª Turma, jul. 17.02.2009, *DJe* 23.03.2009).

6. Execução de sentença. "A sentença que julga procedente a denunciação da lide vale como título executivo (CPC, art. 76); o aparelhamento deste independe do andamento da execução da sentença proferida na ação principal, podendo o denunciado à lide ser obrigado a cumprir sua obrigação, antes que o réu o faça" (STJ, AgRg no Ag 247.761/DF, Rel. Min. Ari Pargendler, 3ª Turma, jul. 08.02.2000, *DJ* 20.03.2000, p. 74).

"Insolvente o causador do dano, o crédito do lesado reconhecido em sentença pode ser cobrado diretamente da sua seguradora, a quem fora denunciada à lide, no limite do contrato. Não é requisito para a execução do contrato de seguro para cobertura de danos resultantes de acidente de trânsito o prévio pagamento por parte do segurado, quando ficar demonstrada essa impossibilidade pela insolvência do devedor" (STJ, REsp 397.229/MG, Rel. Min. Ruy Rosado de Aguiar, 4ª Turma, jul. 02.05.2002, *DJU* 12.08.02, p. 220).

"Se a seguradora poderia ter sido demandada diretamente, não resta dúvida de que, ao ingressar no feito por denunciação, assumiu a condição de litisconsorte. Nessa situação, submete-se à coisa julgada e, no caso de condenação, é legitimada para figurar no polo passivo da execução, cabendo-lhe o adimplemento do débito nos limites da sua responsabilidade" (STJ, REsp 713.115/MG, Rel. Min. Castro Filho, 3ª Turma, jul. 21.11.2006, *DJ* 04.12.2006, p. 300).

7. Penhora do crédito da lide secundária. "Julgada procedente a ação contra a responsável pelo dano, assim como a denunciação da lide à sua seguradora, e promovida a execução pela autora contra a ré, é possível a penhora do crédito constituído pela sentença de procedência da denunciação da lide, a incidir sobre o numerário depositado pela seguradora" (STJ, REsp 251.053/SP, Rel. Min. Ruy Rosado de Aguiar, 4ª Turma, jul. 20.06.2000, *DJU* 12.08.2002, p. 215).

"Ação de indenização. Acidente de trânsito. Denunciação da lide da seguradora e da resseguradora. Penhora de bens de titularidade da resseguradora para a satisfação do crédito. Inadmissibilidade" (STJ, REsp 1.178.680/RS, Rel. Min. Nancy Andrighi, 3ª Turma, jul. 14.12.2010, *DJe* 02.02.2011).

8. Honorários de sucumbência. Ver jurisprudência do art. 84 do CPC/2015.

☆ DA DENUNCIAÇÃO DA LIDE: INDICAÇÃO DOUTRINÁRIA

Arruda Alvim, *Novo contencioso cível no CPC/2015*, São Paulo: RT, 2016, p. 45-76; Cássio Scarpinella Bueno, *Manual de direito processual civil*, São Paulo: Saraiva, 2015; Celso Barbi, *Comentários ao CPC*, Rio de Janeiro: Forense, v. I, n. 426/432; Daniel Amorim Assumpção Neves, *Manual de direito processo civil*, São Paulo: Método, 2015; Felipe Augusto de Toledo Moreira. Denunciação da lide. In: Luiz Rodrigues Wambier; Teresa Arruda Alvim Wambier, *Temas Essenciais do Novo CPC*, São Paulo: RT, 2016, p. 131; Fredie Didier Jr., *Curso de direito processual civil*, 17. ed., Salvador: JusPodivm, 2015, v. I; Guilherme Rizzo Amaral, *Comentários às alterações do novo CPC*, São Paulo: Revista dos Tribunais, 2015; Humberto Theodoro Júnior, *Curso de direito processual civil*, 61. ed., Rio de Janeiro: Forense, 2020, v. I;Humberto Theodoro Júnior, Fernanda Alvim Ribeiro de Oliveira, Ester Camila Gomes Norato Rezende (coord.), *Primeiras lições sobre o novo direito processual civil brasileiro*, Rio de Janeiro: Forense, 2015; J. E. Carreira Alvim, *Comentários ao atual Código de Processo Civil*, Curitiba: Juruá, 2015; José Miguel Garcia Medina, *Novo Código de Processo Civil comentado*, São Paulo: Revista dos Tribunais, 2015; José Roberto dos Santos Bedaque, In: José Roberto F. Gouvêa; Luis Guilherme A. Bondioli e João Francisco N. da Fonseca (coord.), *Comentários ao Código de Processo Civil*, São Paulo: Saraiva, 2019, v. 3; Lent, *Dir. proc. civile tedesco*, p. 318 – sobre os poderes do assistente litisconsorcial; Leonardo Greco, *Instituições de processo civil: introdução ao direito processual civil*, 5. ed., Rio de Janeiro: Forense, 2015; Luis Antônio Giampaulo Sarro, *Novo Código de Processo Civil*, São Paulo: Rideel, 2015; Luiz Guilherme B. Marinoni, Sobre o assistente litisconsorcial, *RP* 58/250; Luiz Guilherme Marinoni, Sérgio Cruz Arenhart, Daniel Mitidiero, *Curso de processo civil*, São Paulo: Revista dos Tribunais, 2015, v. I; Marcelo José Magalhães Bonizzi. Evicção e denunciação da lide no novo CPC brasileiro. *Revista de Processo*. vol. 258, ano 41, p. 173-185, São Paulo: RT, ago./2016; Marcus Vinicius de Abreu Sampaio, In: Teresa Arruda Alvim Wambier, Fredie Didier Jr., Eduardo Talamini, Bruno Dantas, *Breves comentários ao novo Código de Processo Civil*, São Paulo: Revista dos Tribunais, 2015; Marta Larrabure Meirelles e Alexandre Hiroyuki Ishigaki. A ação direta contra as seguradoras e o novo CPC. *In:* Luís Antônio Giampaulo Sarro, *Novo Código de Processo Civil – Principais Alterações do sistema Processual Civil*, 2. ed. São Paulo: Rideel, 2016, p. 307; Nelson Nery Junior, Rosa Maria de Andrade Nery, *Comentários ao Código de Processo Civil*, São Paulo: Revista dos Tribunais, 2015; Paulo Távora, Situação processual do denunciado na ação de nulidade de registro imobiliário, *RP* 26/208; Pedro Soares Muñoz, Da intervenção de terceiros no novo CPC, *Estudos sobre o novo CPC*, 1974, v. I, p. 21-22 – sobre a obrigatoriedade da denunciação; Pontes de Miranda, *Comentários ao CPC*, 2ª ed., Rio de Janeiro: Forense, 1995, t. II, p. 199-202; Renato Beneduzi, In: Sérgio Cruz Arenhart e Daniel Mitidiero (coord.), *Comentários ao Código de Processo Civil*. 2. ed., São Paulo: RT, 2018, v. 2; Rosemberg, *Derecho proc. civil*, v. I, p. 277-278 – sobre os poderes do assistente litisconsorcial; Sandro Gilbert Martins, In: Teresa Arruda Alvim Wambier, Fredie Didier Jr., Eduardo Talamini, Bruno Dantas, *Breves comentários ao novo Código de Processo Civil*, São Paulo: Revista dos Tribunais, 2015; Teresa Arruda Alvim Wambier, Fredie Didier Jr., Eduardo Talamini, Bruno Dantas (coords.), *Breves comentários ao novo Código de Processo Civil*, São Paulo: Revista dos Tribunais, 2015; Teresa Arruda Alvim Wambier, Maria Lúcia Lins Conceição, Leonardo Ferres da Silva Ribeiro, Rogério Licastro Torres de Melo, *Primeiros comentários ao novo Código de Processo Civil*, São Paulo: Revista dos Tribunais, 2015; Thereza Alvim, Da assistência litisconsorcial no Código brasileiro, *RP* 11/45.

Capítulo III
DO CHAMAMENTO AO PROCESSO

Art. 130. É admissível o chamamento ao processo, requerido pelo réu:

I – do afiançado, na ação em que o fiador for réu;

II – dos demais fiadores, na ação proposta contra um ou alguns deles;

III – dos demais devedores solidários, quando o credor exigir de um ou de alguns o pagamento da dívida comum.

CPC/1973

Art. 77.

REFERÊNCIA LEGISLATIVA

Lei nº 9.099, de 26.09.1995, art. 10 (juizado especial cível).
CC, arts. 264 a 285 (solidariedade), 818 a 839 (fiança).
CDC, arts. 88 e 101, II.

SÚMULAS

Súmula do STJ:

Nº 529: "No seguro de responsabilidade civil facultativo, não cabe o ajuizamento de ação pelo terceiro prejudicado direta e exclusivamente em face da seguradora do apontado causador do dano."

BREVES COMENTÁRIOS

Chamamento ao processo é o incidente pelo qual o devedor demandado chama para integrar o mesmo processo os coobrigados pela dívida, de modo a fazê-los também responsáveis pelo resultado do feito. Com essa providência, o réu obtém sentença que pode ser executada contra o devedor principal ou os codevedores, se tiver de pagar o débito.

A finalidade do instituto é, portanto, "favorecer o devedor que está sendo acionado, porque amplia a demanda, para permitir a condenação também dos demais devedores, além de lhe fornecer, no mesmo processo, título executivo judicial para cobrar deles aquilo que pagar". O chamamento ao processo é uma faculdade e não uma obrigação do devedor demandado. Segundo a própria finalidade do incidente, só o réu pode promover o chamamento ao processo.

A nova conceituação do contrato de seguro de responsabilidade civil feita pelo Código Civil de 2002 teve importante repercussão sobre a intervenção da seguradora na ação indenizatória intentada pela vítima do sinistro. Pelo art. 787 da atual lei civil, no contrato de que se cuida, a seguradora assume a garantia do pagamento das perdas e danos devidos pelo segurado ao terceiro. Não é mais o reembolso de seus gastos que o seguro de responsabilidade civil cobre. O ofendido tem, portanto, ação que pode exercer diretamente, tanto contra o segurado como contra a seguradora em litisconsórcio com o segundo. Havendo, dessa maneira, obrigação direta de indenizar, quando a ação for proposta apenas contra o causador do dano, este, para convocar a seguradora para prestar a garantia contratada, terá de utilizar o chamamento ao processo e não mais a denunciação da lide (CDC, art. 101, II).

JURISPRUDÊNCIA SELECIONADA

1. Chamamento ao processo:

Processo de execução. Inadmissibilidade. "Inviável, no processo de execução, chamamento dos coobrigados por incompatibilidade com os institutos da fiança e da solidariedade" (STJ, REsp 70.547/SP, Rel. Min. José Arnaldo da Fonseca, 5ª Turma, jul. 05.11.1996, *DJ* 02.12.1996, p. 47.700).

"'Nos embargos à execução não são admitidos o chamamento ao processo, a denunciação da lide e a declaratória incidental' (VI ENTA, cl. 10)" (STJ, REsp 691.235/SC, Rel. Min. Castro Meira, 2ª Turma, jul. 19.06.2007, *DJ* 01.08.2007, p. 435).

Ação monitória. Inadmissibilidade. "Não cabe o chamamento ao processo na ação monitória, a requerimento do réu que não embargou" (STJ, REsp 337.683/ES, Rel. Min. Ruy Rosado de Aguiar, 4ª Turma, jul. 02.05.2002, *DJ* 10.03.2003, p. 226).

2. Fiador (inciso I). "Não é cabível o chamamento ao processo do **locatário** quando o fiador obrigou-se como principal pagador e devedor solidário, não lhe aproveitando o benefício de ordem" (2º TACívSP, AI 598.469-00/0, Rel. Juiz Willian Campos, 7ª Câmara, jul. 19.10.1999). **No mesmo sentido:** TJMG, Ap. 1.0223.97.007241-7/001, Rel. Des. Alberto Aluízio Pacheco de Andrade, 10ª Câm. Cív., jul. 05.09.2006, *DJ* 26.09.2006.

"Ao locatário, demandado por falta de pagamento de aluguéis, não é dado servir-se do instituto do chamamento ao processo, para obrigar seu fiador a solvê-los, a fim de evitar a rescisão contratual e consequente despejo. O fiador é que, instado a efetuar o pagamento, poderia chamar o afiançado, tornando-o também réu na ação, para obter sentença que possa ser executada contra ele, devedor principal" (TAPR, Ap. 0067196700 – Maringá, Rel. Juiz Jesus Sarrão, 5ª Câm., jul. 14.09.1994, *DJ* 07.10.1994).

Facultatividade. "Sendo o item I do artigo 77 do Código de Processo Civil regra especial, abre exceção à regra do item III do art. 70 do mesmo estatuto, e como a utilização do chamamento ao processo ou da denunciação da lide dará **ao fiador o mesmo resultado nas suas relações com o afiançado, é natural que se lhe atribua o primeiro, que é facultativo**, e, portanto, não lhe causa prejuízo se não for utilizado" (2º TACívSP, Ap. c/ Rev. 276.989, Rel. Juiz Lagrasta Neto, 1ª Câmara, jul. 22.10.1990, *JTA (RT)* 130/282).

3. Chamamento ao processo. Devedores solidários (inciso III).

Desnecessidade de chamar todos os devedores solidários. "A jurisprudência desta Corte possui entendimento de que não há litisconsórcio necessário nos casos de responsabilidade solidária, sendo facultado ao credor optar pelo ajuizamento da ação contra um, alguns ou todos os responsáveis. Precedentes: AgRg no REsp 1.164. 933/RJ, Rel. Min. Regina Helena Costa, Primeira Turma, *DJe* 09/12/2015; EDcl no AgRg no AREsp 604.505/RJ, Rel. Min. Luiz Felipe Salomão, Quarta Turma, *DJe* 27/05/2015; AgRg no AREsp 566.921/RS, Rel. Min. Humberto Martins, Segunda Turma, *DJe* 17/11/2014; REsp 1.119.969/RJ, Rel. Min. Luis Felipe Salomão, Quarta Turma, *DJe* 15/10/2013; REsp 1.358.112/SC, Rel. Min. Humberto Martins, Segunda Turma, *DJe* 28/06/2013. (...) Quanto à alegação de impossibilidade de chamamento ao processo apenas da empresa Siemens, a insurgência não merece ser acolhida, na medida em que não é preciso que o réu demandado chame ao processo todos os demais devedores, além de que as teses defendidas pelo recorrente (de descumprimento dos artigos 72 e 79 e da existência de cláusula de arbitragem) não foram apreciadas pelo acórdão recorrido" (STJ, REsp 1625833/PR, Rel. Min. Benedito Gonçalves, 1ª Turma, jul. 06.08.2019, *DJe* 05.09.2019). **No mesmo sentido**: STJ, REsp 1.145.146/RS, Rel. Min. Luiz Fux, 1ª Seção, jul. 09.12.2009, *DJe* 01.02.2010.

"O chamamento ao processo só é admissível em se tratando de **solidariedade legal**" (STJ, AgRg no REsp 1.065.231/MS, Rel. Min. Sidnei Beneti, 3ª Turma, jul. 20.10.2009, *DJe* 10.11.2009).

"Tratando-se de obrigação solidária de ex-cônjuges, não há por que falar em litisconsórcio passivo necessário porque naquela pode o credor eleger a quem cobrar, e, elegendo apenas um, somente este arcará com os resultados da ação judicial; já as prescrições do artigo 47 do Código de Processo Civil impõem a todos que suportem os resultados da ação" (STJ, REsp 863.286/MG, Rel. p/ ac. Min. João Otávio de Noronha, 4ª Turma, jul. 09.12.2008, *DJe* 16.02.2009).

Obrigações de pagar quantia certa. "O chamamento ao processo previsto no art. 77, III, do CPC é típico de obrigações solidárias de pagar quantia. Trata-se de excepcional formação de litisconsórcio passivo facultativo, promovida pelo demandado, que não comporta interpretação extensiva para alcançar prestação de entrega de coisa certa, cuja satisfação efetiva inadmite divisão" (STJ, AgRg no REsp 1.281.020/DF, Rel. Min. Herman Benjamin, 2ª Turma, jul. 23.10.2012, *DJe* 31.10.2012).

Solidariedade não se presume. "A hipótese do art. 77, III, do CPC supõe existência de solidariedade. Esta não se presume, somente resultando da lei ou do negócio jurídico. Em acidentes com mais de um causador, segundo se afirma, poderá ou não haver coautoria, ou cumplicidade. No caso positivo, haverá solidariedade. No caso negativo, não" (TARS, Ap. 188.100.986, Rel. Juiz Ivo Gabriel da Cunha, 3ª Câmara, jul. 21.03.1988, *JTARS* 69/333).

4. Relação de consumo. "Não cabe denunciação da lide se se tratar de ação baseada em relação de consumo. Todavia, visualizando-se nos autos **tratar-se de hipótese de chamamento ao processo, esta é admissível**" (TJSP, AgIn 239.112-4/4, Rel. Des. Waldemar Nogueira Filho, 3ª Câmara, jul. 04.06.2002, *RT* 807/249).

"Consoante já decidiu a Eg. Quarta Turma, 'é possível **o chamamento ao processo da seguradora da ré** (art. 101, II, do CDC), empresa de transporte coletivo, na ação de responsabilidade promovida pelo passageiro, vítima de acidente de trânsito causado pelo motorista do coletivo, não se aplicando ao caso a vedação do art. 280, I, do CPC' (REsps n. 178.839-RJ e 214.216-RJ). Achando-se a causa, porém, em fase avançada (realização de perícia médico-legal), a anulação do feito, além de importar em sério tumulto processual, ainda acarretaria prejuízo ao consumidor, autor da ação. Hipótese em que, ademais, a ré não sofre a perda do seu direito de regresso contra a empresa seguradora" (STJ, REsp 313.334/RJ, Rel. Min. Barros Monteiro, 4ª Turma, jul. 05.04.2001, *DJ* 25.06.2001).

Indenização requerida diretamente da seguradora. Legitimidade. Ver jurisprudência do art. 17 do CPC/2015.

"Não deve ser admitida a intervenção de terceiro **quando já proferida sentença**, na medida em que a anulação do processo, para permitir o chamamento da seguradora, acabaria por retardar o feito, prejudicando o consumidor, o que contraria o escopo do sistema de proteção do CDC. A possibilidade de decorrer prejuízo pelo retardamento da prestação jurisdicional é suficiente, por si só, para se deixar de discutir o cabimento da intervenção de terceiro, quando a pendência de sua apreciação é atingida pela superveniente prolação da sentença" (STJ, AgRg no Ag 184.616/RJ, Rel. Min. Nancy Andrighi, 3ª Turma, jul. 29.03.2001, *DJ* 28.05.2001, p. 159).

5. Corresponsáveis por dívida de alimentos. "Segundo a jurisprudência do STJ, 'o demandado [...] terá direito de chamar ao processo os corresponsáveis da obrigação alimentar, caso não consiga suportar sozinho o encargo, para que se defina quanto caberá a cada um contribuir de acordo com as suas possibilidades financeiras' (REsp n. 658.139/RS, 4ª Turma, rel. Min. Fernando Gonçalves, *DJ* de 13.03.2006.). Não obstante se possa inferir do texto do art. 1.698 do CC – norma de natureza especial – que o credor de alimentos detém a faculdade de ajuizar ação apenas contra um dos coobrigados, não há óbice legal a que o demandado exponha, circunstanciadamente, a arguição de não ser o único devedor e, por conseguinte, adote a iniciativa de chamamento de outro potencial devedor para integrar a lide" (STJ, REsp 964.866/SP, Rel. Min. João Otávio de Noronha, 4ª Turma, jul. 01.03.2011, *DJe* 11.03.2011).

Ação de alimentos complementares. Avós. "Nos termos da mais recente jurisprudência do STJ, à luz do Novo Código Civil, há litisconsórcio necessário entre os avós paternos e maternos na ação de alimentos complementares. Precedentes" (STJ, REsp 958.513/SP, Rel. Min. Aldir Passarinho Junior, 4ª Turma, jul. 22.02.2011, *DJe* 01.03.2011).

6. Demanda sobre fornecimento de medicamento proposta contra outro ente federativo (inciso III). "O chamamento ao processo da União com base no art. 77, III, do CPC, nas demandas propostas contra os demais entes federativos responsáveis para o fornecimento de medicamentos ou prestação de serviços de saúde, não é impositivo, mostrando-se inadequado opor obstáculo inútil à garantia fundamental do cidadão à saúde. Precedentes do STJ. [...]. Caso concreto. Na hipótese dos autos, o acórdão recorrido negou o chamamento ao processo da União, o que está em sintonia com o entendimento aqui fixado. Recurso especial não provido. **Acórdão submetido ao regime do art. 543-C do CPC e da Resolução STJ 8/2008**" (STJ, REsp 1.203.244/SC, Rel. Min. Herman Benjamin, 1ª Seção, jul. 09.04.2014, *DJe* 17.06.2014).

7. Previdência privada. Chamamento ao processo do patrocinador. "'Não há solidariedade legal da entidade de previdência privada com o patrocinador do fundo, a justificar o chamamento deste ao processo em que o beneficiário pleiteia a complementação de seu benefício' (REsp nº 960.763, RS, rel. Min. Humberto Gomes de Barros, *DJ* 31.10.2007)" (STJ, AgRg no Ag 714.672/RS, Rel. Min. Ari Pargendler, 3ª Turma, jul. 27.05.2008, *DJe* 22.08.2008).

Art. 131. A citação daqueles que devam figurar em litisconsórcio passivo será requerida pelo réu na contestação e deve ser promovida no prazo de 30 (trinta) dias, sob pena de ficar sem efeito o chamamento.

Parágrafo único. Se o chamado residir em outra comarca, seção ou subseção judiciárias, ou em lugar incerto, o prazo será de 2 (dois) meses.

CPC/1973

Art. 78.

REFERÊNCIA LEGISLATIVA

CPC/2015, art. 332 (resposta do réu; prazo).

BREVES COMENTÁRIOS

O réu deve propor o incidente na contestação. E a citação do chamado deverá ser promovida: (i) no prazo de trinta dias, se o chamado residir na mesma comarca (*caput*); ou (ii) em dois meses, se residir em outra comarca, seção ou subseção judiciárias ou em lugar incerto (parágrafo único). Não sendo promovida a citação no devido prazo, o chamamento tornar-se-á sem efeito.

Haja ou não aceitação do chamamento, pelo terceiro (chamado), ficará este vinculado ao processo, de modo que a sentença que condenar o réu terá também força de coisa julgada contra o chamado. Na verdade, porém, o chamamento ao processo funciona como forma de ação regressiva do réu contra o chamado, já que o autor nada demandou contra ele, como observa Nelson Nery Júnior. Por isso mesmo, o chamamento requerido pelo réu independe de consentimento do autor e tampouco pode o juiz determiná-lo de ofício.

JURISPRUDÊNCIA SELECIONADA

1. Chamamento ao processo. Momento. "O chamamento ao processo, nos termos do art. 78 do CPC, deve ser promovido quando da contestação, sendo descabida sua arguição em sede de recurso especial, ante proibição de inovação da lide" (STJ, REsp 254.427/SE, Rel. Min. Luis Felipe Salomão, 4ª Turma, jul. 10.02.2009, *DJe* 16.03.2009).

"O instituto do chamamento à lide exige, a uma, configuração de relação jurídica de direito material a pôr o chamado também como devedor em caráter principal ou subsidiário ao mesmo credor e, a duas, que em face da relação de direito material posta em juízo o pagamento da dívida pelo chamante confira a esse o direito de reembolso de sua quota contra o chamado, forte no art. 283 do Código Civil de 2002. Por essa razão, tendo em vista o não preenchimento de tais requisitos e também considerando que a não concessão de liminar esvazia o objeto desse manejo recursal, porquanto o chamamento à lide, na esteira do disposto no art. 78 do CPC, precisa ser constituído a partir da contestação, vai de plano fulminada a irresignação" (TJRS, AI 70009959982, Rel. Antônio Vinícius Amaro da Silveira, 5ª Câmara, jul. 13.10.2004).

Caso de indeferimento. "Descabe anular o processo já julgado para permitir a denunciação da lide, criando situação gravemente danosa ao autor, que há mais de quinze anos litiga em busca da indenização que lhe é devida. Pedido de chamamento ao processo que foi acolhido em segunda instância como de denunciação, a qual implicaria introduzir fundamento novo na demanda. Recurso conhecido e provido" (STJ, REsp 183.354/MA, Rel. Min. Ruy Rosado de Aguiar, 4ª Turma, jul. 04.02.1999, *DJ* 29.03.1999, p. 183).

2. Sentença nula. "Assumindo o chamado ao processo a posição de réu perante o credor, impõe-se que na mesma sentença o juiz defina as responsabilidades de todos os litisconsortes. A sentença, que não decide a respeito do chamado ao processo, não esgota a prestação jurisdicional é, portanto, nula" (TARS, Ap 183.023.837, Rel. Juiz Cacildo de Andrade Xavier, 2ª Câmara, jul. 23.08.1983, *JTARS* 49/456).

Art. 132. A sentença de procedência valerá como título executivo em favor do réu que satisfizer a dívida, a fim de que possa exigi-la, por inteiro, do devedor principal, ou, de cada um dos codevedores, a sua quota, na proporção que lhes tocar.

CPC/1973

Art. 80.

REFERÊNCIA LEGISLATIVA

CPC/2015, art. 515 (sentença como título executivo).

CC, arts. 264 a 285 (solidariedade).

BREVES COMENTÁRIOS

Embora o chamamento ao processo não seja obrigatório, quando o réu lança mão do incidente, para obter título executivo contra o devedor principal ou outros devedores solidários, não cabe ao juiz denegar-lhe a pretensão.

JURISPRUDÊNCIA SELECIONADA

1. Execução. Legitimidade passiva. "A pedido do réu, o chamado ao processo é inserido no lado passivo da relação processual, podendo o autor, a teor do art. 80 do CPC, executar tanto o chamante quanto o chamado, que assume a posição de litisconsorte passivo. Assim, tratando-se de ação juntada em contrato de locação, a decretação da falência do chamado ao processo, não implica competência do juízo falimentar, pois enquadra-se a hipótese na execução contida no § 3º do art. 7º da Lei de Falências" (TARS, Ap. 185.010.063, Rel. Juiz José Maria Tesheiner, 1ª Câmara, jul. 10.06.1986, *RT* 616/187).

2. Fiador. Sub-rogação. "O fiador que paga a dívida, sub-rogando-se nos direitos do credor, já tem título executivo contra o afiançado e os demais fiadores" (TASP, AGI 104.521, Rel. Salles Penteado, 6ª Câmara, jul. 25.06.1980, *RT* 541/191).

Capítulo IV
DO INCIDENTE DE DESCONSIDERAÇÃO DA PERSONALIDADE JURÍDICA

Art. 133. O incidente de desconsideração da personalidade jurídica será instaurado a pedido da parte ou do Ministério Público, quando lhe couber intervir no processo.

§ 1º O pedido de desconsideração da personalidade jurídica observará os pressupostos previstos em lei.

§ 2º Aplica-se o disposto neste Capítulo à hipótese de desconsideração inversa da personalidade jurídica.

REFERÊNCIA LEGISLATIVA

CC, arts. 49-A e 50.

CTN, art. 135.

CDC, art. 28.

Lei nº 9.615/1998, art. 27 (desconsideração no caso de entidades desportivas).

BREVES COMENTÁRIOS

O Código Civil de 2002 normatizou conduta que já vinha sendo adotada pela jurisprudência, de desconsiderar a personalidade jurídica, a fim de imputar aos sócios ou aos administradores a responsabilidade pelo ato ilícito praticado pela empresa. De tal sorte, os bens particulares dos sócios que concorreram para a prática do ato respondem pela reparação dos danos provocados pela sociedade. A despeito da previsão na lei material, o instituto carecia de regulação processual. Assim, coube à jurisprudência dar forma à desconsideração. Entendiam os tribunais que ela poderia ocorrer incidentalmente nos próprios autos da execução, sem necessidade de ajuizamento de ação própria.

Suprindo a lacuna processual, o atual Código cuidou da matéria nos arts. 133 a 137, traçando o procedimento a ser adotado na sua aplicação, de maneira a submetê-lo, adequadamente, à garantia do contraditório e ampla defesa. Doravante, portanto, a sujeição do patrimônio do terceiro em razão da desconsideração só poderá ser feita em juízo com a estrita observância do procedimento incidental instituído pelo CPC/2015.

De qualquer maneira, uma advertência tem sido feita pela jurisprudência: tratando-se de regra de exceção, a interpretação e a aplicação da desconsideração da personalidade jurídica devem ser feitas segundo interpretação restritiva. Em doutrina também prevalece esse entendimento. Nesse sentido, tem se decidido que não se justifica a desconsideração com a simples demonstração de insolvência e da irregular dissolução da empresa, sem que restem comprovados os requisitos do art. 50 do CC.

A Lei nº 13.874/2019, em defesa da liberdade econômica e do livre mercado, alterou o art. 50 do CC, esclarecendo melhor o que deve ser considerado como "desvio de finalidade" e "confusão patrimonial", para fins da desconsideração da personalidade jurídica. Com efeito, a intenção do legislador foi a de delimitar a utilização dessa regra excepcional para abarcar apenas as situações que realmente configuram abuso, uma vez que "a autonomia patrimonial das pessoas jurídicas é um instrumento lícito de alocação e segregação de riscos, estabelecido pela lei com a finalidade de estimular empreendimentos, para a geração de empregos, tributo, renda e inovação em benefício de todos" (art. 49-A, parágrafo único, do CC, incluído pela Lei nº 13.874/2019).

Nas ações de responsabilidade civil com base no CDC, a desconsideração da personalidade jurídica é admitida com amplitude maior do que a prevista no Código Civil. Prevalece, segundo o art. 28 da lei consumerista, a teoria menor, segundo a qual, para a desconsideração basta que a mera existência da pessoa jurídica cause obstáculo ao ressarcimento de prejuízos causados aos consumidores (cf. nosso Direito do consumidor, 9. ed., Rio de Janeiro: Forense, 2017, p. 453-456).

A desconsideração inversa da personalidade jurídica, originariamente não prevista no Código Civil, foi admitida pelo STJ e posteriormente incorporada ao § 3º, do art. 50, daquele Código pela Lei nº 13.874/2019. Caracteriza-se ela "pelo afastamento da autonomia patrimonial da sociedade para, contrariamente ao que ocorre na desconsideração da personalidade propriamente dita, atingir o ente coletivo e seu patrimônio social, de modo a responsabilizar a pessoa jurídica por obrigações do sócio controlador" (STJ, 3ª T., REsp 1.236.916/RS, Rel. Min. Nancy Andrighi, ac. 22.10.2013, *DJe* 28.10.2013). Pressupõe, da mesma forma que se dá na desconsideração direta, "a utilização abusiva da personalidade jurídica" (STJ, 3ª T., AgRg no AREsp 792.920/MT, Rel. Min. Marco Aurélio Bellizze, ac. 04.02.2016, *DJe* 11.02.2016), ou seja, a obrigação foi contratada pelo sócio, mas o proveito reverteu, de fato, para a sociedade. Essa modalidade particular de desconsideração atualmente encontra previsão no Código de Processo Civil de 2015, no art. 133, § 2º, restando, assim, suprida a lacuna do direito material e chancelada a jurisprudência a respeito.

A aplicação da desconsideração inversa segue os mesmos requisitos da direta, ou seja, pressupõe abuso de direito, consubstanciado pelo desvio de finalidade da pessoa jurídica ou pela confusão patrimonial. Deve-se ressaltar, todavia, que se trata de "medida excepcional" e que, por isso, somente deve ser aplicada quando preenchidos os requisitos legais previstos no art. 50 do Código Civil brasileiro.

A lei processual nova previu duas oportunidades para se requerer a desconsideração da personalidade jurídica: (i) juntamente com a inicial; ou (ii) em petição autônoma, como incidente processual, protocolada no curso da ação. Em qualquer caso, o pedido pode ser feito pela parte ou pelo Ministério Público, quando lhe couber intervir no processo (art. 133, *caput*). O requerimento deve demonstrar, ainda, o preenchimento dos pressupostos legais específicos, que, nos termos do art. 50 do CC, são o desvio de finalidade da pessoa jurídica e a confusão patrimonial entre ela e os sócios (CPC/2015, arts. 133, § 1º, e 134, § 4º). Segundo o entendimento do STJ, na ausência de previsão legal, o pedido pode ser feito a qualquer momento no processo, não se aplicando os prazos decadenciais para o ajuizamento das ações revocatória falencial e pauliana.

CJF – JORNADAS DE DIREITO PROCESSUAL CIVIL

I JORNADA

Enunciado 11 – Aplica-se o disposto nos arts. 133 a 137 do CPC às hipóteses de desconsideração indireta e expansiva da personalidade jurídica.

Enunciado 42 – É cabível a concessão de tutela provisória de urgência em incidente de desconsideração da personalidade jurídica.

II JORNADA

Enunciado 110 – A instauração do incidente de desconsideração da personalidade jurídica não suspenderá a tramitação do processo de execução e do cumprimento de sentença em face dos executados originários.

Enunciado 111 – O incidente de desconsideração da personalidade jurídica pode ser aplicado ao processo falimentar.

CJF – JORNADAS DE DIREITO CIVIL

IV JORNADA

Enunciado 7 – Art. 50: só se aplica a desconsideração da personalidade jurídica quando houver a prática de ato irregular e, limitadamente, aos administradores ou sócios que nela hajam incorrido.

Enunciado 51 – Art. 50: a teoria da desconsideração da personalidade jurídica – disregard doctrine – fica positivada no novo Código Civil, mantidos os parâmetros existentes nos microssistemas legais e na construção jurídica sobre o tema.

Enunciado 146 – Art. 50: Nas relações civis, interpretam-se restritivamente os parâmetros de desconsideração da personalidade jurídica previstos no art. 50 (desvio de finalidade social ou confusão patrimonial). (Este Enunciado não prejudica o Enunciado n. 7)

Enunciado 281 – Art. 50. A aplicação da teoria da desconsideração, descrita no art. 50 do Código Civil, prescinde da demonstração de insolvência da pessoa jurídica.

Enunciado 282 – Art. 50. O encerramento irregular das atividades da pessoa jurídica, por si só, não basta para caracterizar abuso de personalidade jurídica.

Enunciado 283 – Art. 50. É cabível a desconsideração da personalidade jurídica denominada "inversa" para alcançar bens de sócio que se valeu da pessoa jurídica para ocultar ou desviar bens pessoais, com prejuízo a terceiros.

Enunciado 284 – Art. 50. As pessoas jurídicas de direito privado sem fins lucrativos ou de fins não econômicos estão abrangidas no conceito de abuso da personalidade jurídica.

Enunciado 285 – Art. 50. A teoria da desconsideração, prevista no art. 50 do Código Civil, pode ser invocada pela pessoa jurídica em seu favor.

JURISPRUDÊNCIA SELECIONADA

1. Desconsideração da personalidade jurídica. Conceito. "Conceitua-se a desconsideração da pessoa jurídica como instituto pelo qual se ignora a existência da pessoa jurídica para responsabilizar seus integrantes pelas consequências de relações jurídicas que a envolvam, distinguindo-se a sua natureza da responsabilidade contratual societária do sócio da empresa" (STJ, REsp 1.141.447/SP, Rel. Min. Sidnei Beneti, 3ª Turma, jul. 08.02.2011, *DJe* 05.04.2011).

2. Requisitos. "No caso, em que se trata de relações jurídicas de natureza civil-empresarial, o legislador pátrio, no art. 50 do CC de 2002, adotou a teoria maior da desconsideração, que exige a demonstração da ocorrência de elemento objetivo relativo a qualquer um dos requisitos previstos na norma, caracterizadores de abuso da personalidade jurídica, como excesso de mandato, demonstração do desvio de finalidade (ato intencional dos sócios em fraudar terceiros com o uso abusivo da personalidade jurídica) ou a demonstração de confusão patrimonial (caracterizada pela inexistência, no campo dos fatos, de separação patrimonial entre o patrimônio da pessoa jurídica e dos sócios ou, ainda, dos haveres de diversas pessoas jurídicas). A mera **demonstração de inexistência de patrimônio da pessoa jurídica ou de dissolução irregular da empresa sem a devida baixa na junta comercial, por si sós, não ensejam a desconsideração da personalidade jurídica.** Precedentes". (STJ, AgRg no AREsp 347.476/DF, Rel. Min. Raul Araújo, 4ª Turma, jul. 05.05.2016, *DJe* 17.05.2016). **No mesmo sentido:** STJ, AREsp 960.926/SP, Rel. Min. Marco Aurélio Belizze, *DJe* 05.08.2016; STJ, AgRg no AREsp 794.237/SP, Rel. Min. Mauro Campbell Marques, 2ª Turma, jul. 15.03.2016, *DJe* 22.03.2016; STJ, AgRg no AREsp 719.286/SC, Rel. Min. Moura Ribeiro, 3ª Turma, jul. 14.06.2016, *DJe* 21.06.2016.

Requisitos. "'Nos termos do Código Civil, para haver a desconsideração da personalidade jurídica, as instâncias ordinárias devem, fundamentadamente, concluir pela ocorrência **do desvio de sua finalidade ou confusão patrimonial** desta com a de seus sócios, requisitos objetivos sem os quais a medida torna-se incabível' (REsp 1.098.712/RS, Rel. Min. Aldir Passarinho Junior, 4ª Turma, unânime, *DJe* 04.08.2010)" (STJ, AgRg no Ag 1.190.932/SP, Rel. Min. Aldir Passarinho Junior, 4ª Turma, jul. 16.09.2010, *DJe* 01.10.2010).

"Não se pode olvidar que o CPC/2015 tratou do denominado 'incidente de desconsideração de personalidade jurídica' dentro do capítulo que versa sobre a intervenção de terceiro, previu um novo incidente, com natureza de ação, cujo atendimento é imposto à parte processual (ou pelo Ministério Público) ao requerer o ingresso de outra pessoa no processo. Diante do princípio do 'tempus regit actum', o ato praticado pela agravada (pedido de desconsideração da personalidade jurídica), sem requerimento de instauração de incidente, foi praticado validamente sob a vigência do antigo diploma processual." (TJSP, AI 2129995-76.2016.8.26.0000 Rel.ª.Des.ª Sandra Galhardo Esteves,12ª Câmara de Direito Privado; jul. 16.11.2016, data de registro 16.11.2016).

Casos excepcionais. "A regra geral adotada no ordenamento jurídico brasileiro é aquela prevista no art. 50 do CC/2002, que consagra a Teoria Maior da Desconsideração, tanto na sua vertente subjetiva quanto na objetiva. **Salvo em situações excepcionais previstas em leis especiais,** somente é possível a desconsideração da personalidade jurídica quando verificado o desvio de finalidade (Teoria Maior Subjetiva da Desconsideração), caracterizado pelo ato intencional dos sócios de fraudar terceiros com o uso abusivo da personalidade jurídica, ou quando evidenciada a confusão patrimonial (Teoria Maior Objetiva da Desconsideração), demonstrada pela inexistência, no campo dos fatos, de separação entre o patrimônio da pessoa jurídica e os de seus sócios" (STJ, REsp 970.635/SP, Rel. Min. Nancy Andrighi, 3ª Turma, jul. 10.11.2009, *DJe* 01.12.2009).

Insolvência do devedor. Desnecessidade de sua comprovação. "Os pressupostos da desconsideração da personalidade jurídica continuam a ser estabelecidos por normas de direito material, cuidando o diploma processual tão somente da disciplina do procedimento. Assim, os requisitos da desconsideração variarão de acordo com a natureza da causa, seguindo-se, entretanto, em todos os casos, o rito procedimental proposto pelo diploma processual. Nas causas em que a relação jurídica subjacente ao processo for cível-empresarial, a desconsideração da personalidade da pessoa jurídica será regulada pelo art. 50 do Código Civil, nos casos de abuso da personalidade jurídica, caracterizado pelo desvio de finalidade, ou pela confusão patrimonial. **A inexistência ou não localização de bens da pessoa jurídica não é condição para a instauração do procedimento que objetiva a desconsideração,** por não ser sequer requisito para aquela declaração, já que imprescindível a demonstração específica da prática objetiva de desvio de finalidade ou de confusão patrimonial." (STJ, REsp 1729554/SP, Rel. Min. Luis Felipe Salomão, 4ª Turma, jul. 08.05.2018, *DJe* 06.06.2018).

3. Execução de título extrajudicial. Desconsideração da personalidade jurídica. Necessidade de comprovação dos requisitos. Cerceamento de defesa. Configuração. "O trânsito em julgado da decisão que desconsidera a personalidade jurídica torna a matéria preclusa apenas com relação às partes que integravam aquela relação processual, não sendo possível estender os mesmos efeitos aos sócios, que apenas posteriormente foram citados para responderem pelo débito. A jurisprudência do STJ admite a desconsideração da personalidade jurídica de forma incidental no âmbito de execução, dispensando a citação prévia dos sócios, tendo em vista que estes poderão exercer seus direitos ao contraditório e à ampla defesa posteriormente, por meio dos instrumentos processuais adequados (embargos à execução, impugnação ao cumprimento de sentença ou exceção de pré-executividade). (...). Afastada a preclusão indevidamente aplicada na origem, deve ser garantida aos sócios a possibilidade de produzirem prova apta, ao menos em tese, a demonstrar a ausência de conduta abusiva ou fraudulenta no uso da personalidade jurídica, sob pena de indevido cerceamento de defesa." (STJ, REsp 1572655/RJ, Rel. Min. Ricardo Villas Bôas Cueva, 3ª Turma, jul. 20.03.2018, *DJe* 26.03.2018).

4. Redirecionamento da execução. Desconsideração da personalidade jurídica. Fraude à execução não configurada. "Ingerir-se a controvérsia em determinar se a venda de imóvel realizada por sócio de empresa executada, após a citação desta em ação de execução, mas antes da desconsideração da personalidade jurídica da empresa, configura fraude à execução. A fraude à execução só poderá ser reconhecida se o ato de disposição do bem **for posterior à citação válida do sócio devedor, quando redirecionada a execução que fora originariamente proposta em face da pessoa jurídica.** Na hipótese dos autos, ao tempo da alienação do imóvel corria demanda executiva apenas contra a empresa da qual os alienantes eram sócios, tendo a desconsideração da personalidade jurídica ocorrido mais de três anos após a venda do bem. Inviável, portanto, o reconhecimento de fraude à execução." (STJ, REsp 1391830/SP, Rel.ª Min.ª Nancy Andrighi, 3ª Turma, jul. 22.11.2016, *DJe* 01.12.2016).

5. Execução fiscal e incidente de desconsideração da personalidade jurídica. Ver jurisprudência do art. 2º da Lei 6.830/1980.

6. Responsabilidade apenas dos administradores e seus acionistas controladores. "O entendimento das instâncias ordinárias está em consonância com a jurisprudência desta Corte Superior, o qual afirma que apenas os administradores da sociedade anônima e seus acionistas controladores podem ser responsabilizados pelos atos de gestão e pela utilização abusiva da empresa. Precedente: REsp 1.412.997/SP, Rel. Min. Luis Felipe Salomão, 4ª Turma, jul. 08.09.2015, *DJe* 26.10.2015". (STJ, AgInt no AREsp 331.644/SP, Rel.ª Min.ª Maria Isabel Gallotti, 4ª Turma, jul. 06.02.2018, *DJe* 09.02.2018). **No mesmo sentido em relação à sociedade de responsabilidade limitada:** STJ, REsp 786.345/SP, Rel. Min. Humberto Gomes de Barros, Rel. p/ Acórdão Min. Ari Pargendler, 3ª Turma, jul. 21.08.2008, *DJe* 26.11.2008.

Administradores não sócios. Descabimento da desconsideração da personalidade jurídica. Art. 28 do CDC. "1. O parágrafo 5º do artigo 28 do Código de Defesa do Consumidor, lastreado na teoria menor, é autônomo em relação ao *caput* e incide em hipóteses mais amplas/flexíveis, isto é, sem a necessidade de observância aos requisitos como abuso da personalidade jurídica, prática de ato ilícito ou infração à lei ou estatuto social; aplica-se, portanto, em casos de mero inadimplemento em que se observe, por exemplo, a ausência de bens de titularidade da pessoa jurídica, hábeis a saldar o débito. Com efeito, dada especificidade do parágrafo em questão, e as consequências decorrentes de sua aplicação – extensão da responsabilidade obrigacional –, afigura-se inviável a adoção de uma interpretação extensiva, com a atribuição da abrangência apenas prevista no artigo 50 do Código Civil, mormente no que concerne à responsabilização de administrador não sócio" (STJ, 4ª T., REsp 1.860.333/DF, Rel. Min. Marco Buzzi, j. 11.10.2022, *DJe* 27.10.2022).

Em sentido contrário: "Possibilidade de a desconsideração da personalidade jurídica da sociedade limitada atingir os bens de sócios que não exercem função de gerência ou administração. Em virtude da adoção da Teoria Maior da Desconsideração, é necessário comprovar, para fins de desconsideração da personalidade jurídica, a prática de ato abusivo ou fraudulento por gerente ou administrador. Não é possível, contudo, afastar a responsabilidade de sócia majoritária, mormente se for considerado que se trata de sociedade familiar, com apenas duas sócias" (STJ, REsp 1.315.110/SE, Rel. Min. Nancy Andrighi, 3ª Turma, jul. 28.05.2013, *DJe* 07.06.2013).

7. Mera inexistência de bens penhoráveis ou encerramento irregular da empresa. "A teoria da desconsideração da personalidade jurídica, medida excepcional prevista no art. 50 do Código Civil de 2002, pressupõe a ocorrência de abusos da sociedade, advindos do desvio de finalidade ou da demonstração de confusão patrimonial. A mera inexistência de bens penhoráveis ou eventual encerramento irregular das atividades da empresa **não ensejam a desconsideração da personalidade jurídica**. Manutenção da decisão monocrática que, ante a ausência dos requisitos previstos no art. 50 do CC/2002, afastou a desconsideração da personalidade jurídica." (STJ, AgInt no AREsp 1018483/SP, Rel. Min. Marco Buzzi, 4ª Turma, jul. 12.12.2017, *DJe* 01.02.2018). No mesmo sentido: STJ, AgInt no REsp 1859165/AM, Rel. Min. Maria Isabel Gallotti, 4ª Turma, jul. 29.06.2020, *DJe* 03.08.2020; STJ, AgInt no AREsp 1.712.305/SP, Rel. Min. Maria Isabel Gallotti, 4ª Turma, jul. 12.04.2021, *DJe* 14.04.2021.

8. Impenhorabilidade do bem de família.

Não afastamento. "O Superior Tribunal de Justiça tem entendimento de que a desconsideração da personalidade jurídica, por si só, não afasta a impenhorabilidade do bem de família, inclusive no âmbito da falência, não se podendo, por analogia ou esforço hermenêutico, superar a proteção conferida à entidade familiar, pois as exceções legais à impenhorabilidade devem ser interpretadas restritivamente". (STJ, AgInt no REsp 1669123/RS, Rel. Min. Lázaro Guimarães, 4ª Turma, jul. 15.03.2018, *DJe* 03.04.2018).

Subtração de imóvel de moradia de sócio. Situações particulares. "A desconsideração parcial da personalidade da empresa proprietária para a subtração do imóvel de moradia do sócio do patrimônio social apto a responder pelas obrigações sociais deve ocorrer em situações particulares, quando evidenciada confusão entre o patrimônio da empresa familiar e o patrimônio pessoal dos sócios. Impõe-se também a demonstração da boa-fé do sócio morador, que se infere de circunstâncias a serem aferidas caso a caso, como ser o imóvel de residência habitual da família, desde antes do vencimento da dívida. Havendo desconsideração da personalidade em proveito de sócio morador de imóvel de titularidade da sociedade, haverá, na prática, desfalque do patrimônio social garantidor do cumprimento das obrigações da pessoa jurídica e, portanto, sendo a desconsideração via de mão dupla, poderão ser executados bens pessoais dos sócios até o limite do valor de mercado do bem subtraído à execução, independentemente do preenchimento de requisitos como má-fé e desvio de finalidade previstos no *caput* do art. 50 do Código Civil. A confusão patrimonial entre a sociedade familiar e o sócio morador, base para o benefício, será igualmente o fundamento para a eventual excussão de bens particulares dos sócios" (STJ, REsp 1.514.567/SP, Rel. Min. Maria Isabel Gallotti, 4ª Turma, jul. 14.03.2023, *DJe* 24.04.2023).

9. Desconsideração inversa da personalidade jurídica.

Ação de divórcio. Possibilidade (§ 2º). "A jurisprudência desta Corte admite a aplicação da desconsideração inversa da personalidade jurídica toda vez que um dos cônjuges ou companheiros utilizar-se da sociedade empresária que detém controle, ou de interposta pessoa física, com a intenção de retirar do outro consorte ou companheiro direitos provenientes da relação conjugal. Precedente. (...). **A sócia da empresa, cuja personalidade jurídica se pretende desconsiderar, que teria sido beneficiada por suposta transferência fraudulenta de cotas sociais por um dos cônjuges, tem legitimidade passiva para integrar a ação de divórcio cumulada com partilha de bens,** no bojo da qual se requereu a declaração de ineficácia do negócio jurídico que teve por propósito transferir a participação do sócio/ex-marido à sócia remanescente (sua cunhada), dias antes da consecução da separação de fato." (STJ, REsp 1522142/PR, Rel. Min. Marco Aurélio Bellizze, 3ª Turma, jul. 13.06.2017, *DJe* 22.06.2017).

Sócio executado. Legitimidade e interesse recursal para recorrer da decisão. "Na desconsideração inversa da personalidade jurídica, por sua vez, verifica-se que o resultado do respectivo incidente pode interferir não apenas na esfera jurídica do devedor (decorrente do surgimento de eventual direito de regresso da sociedade em seu desfavor ou do reconhecimento do seu estado de insolvência), mas também na relação jurídica de material estabelecida entre ele e os demais sócios do ente empresarial, como porventura a ingerência na *affectio societatis*. Desse modo, sobressaem hialinos o interesse e a legitimidade do sócio devedor, tanto para figurar no polo passivo do incidente de desconsideração inversa da personalidade jurídica, quanto para recorrer da decisão que lhe ponha fim, seja na condição de parte vencida, seja na condição de terceiro em relação ao incidente, em interpretação sistemática dos arts. 135 e 996 do Código de Processo Civil de 2015, notadamente para questionar sobre a presença ou não, no caso concreto, dos requisitos ensejadores ao deferimento do pedido" (STJ, REsp 1.980.607/DF, Rel. Min. Marco Aurélio Bellizze, 3ª Turma, jul. 09.08.2022, *DJe* 12.08.2022).

Desconsideração inversa da pessoa jurídica. "A desconsideração inversa da personalidade jurídica caracteriza-se pelo afastamento da autonomia patrimonial da sociedade, para, contrariamente do que ocorre na desconsideração da personalidade propriamente dita, atingir o ente coletivo e seu patrimônio social, de modo a responsabilizar a pessoa jurídica por obrigações do sócio controlador. Considerando-se que a finalidade da *disregard doctrine* é combater a utilização indevida do ente societário por seus sócios, o que pode ocorrer também nos casos em que o sócio controlador esvazia o seu patrimônio pessoal e o integraliza na pessoa jurídica, conclui- se, de uma interpretação teleológica do art. 50 do CC/2002, ser possível a desconsideração inversa da personalidade jurídica, de modo a atingir bens da sociedade em razão de dívidas contraídas pelo sócio controlador, conquanto preenchidos os requisitos previstos na norma" (STJ, REsp 948.117/MS, Rel. Min. Nancy Andrighi, 3ª Turma, jul. 22.06.2010, *DJe* 03.08.2010).

Legitimidade ativa. "É possível a desconsideração inversa da personalidade jurídica sempre que o cônjuge ou companheiro empresário valer-se de pessoa jurídica por ele controlada, ou de interposta pessoa física, a fim de subtrair do outro cônjuge ou companheiro direitos oriundos da sociedade afetiva. Alterar o decidido no acórdão recorrido, quanto à ocorrência de confusão patrimonial e abuso de direito por parte do sócio majoritário, exige o reexame de fatos e provas, o que é vedado em recurso especial pela Súmula 7/STJ. Se as instâncias ordinárias concluem pela existência de manobras arquitetadas para fraudar a partilha, **a legitimidade para requerer a desconsideração só pode ser daquele que foi lesado por essas manobras,** ou seja, do outro cônjuge ou companheiro, sendo irrelevante o fato deste ser sócio da empresa" (STJ, REsp 1.236.916/RS, Rel. Min. Nancy Andrighi, 3ª Turma, jul. 22.10.2013, *DJe* 28.10.2013).

10. Sociedade limitada. Extinção da sociedade. Equiparação à morte da pessoa natural. Sucessão dos sócios. Procedimento de habilitação. Desconsideração da personalidade jurídica. Inadequação. Ver jurisprudência do art. 687 do CPC/2015.

11. Membro de Conselho Fiscal. "A desconsideração da personalidade jurídica de uma sociedade cooperativa, ainda que com fundamento no art. 28, § 5º, do CDC (Teoria Menor), não pode atingir o patrimônio pessoal de membros do Conselho Fiscal sem que que haja a mínima presença de indícios de que estes contribuíram, ao menos culposamente, e com desvio de função, para a prática de atos de administração" (STJ, REsp 1766093/SP, Rel. p/ Acórdão Min. Ricardo Villas Bôas Cueva, 3ª Turma, jul. 12.11.2019, *DJe* 28.11.2019).

12. EIRELI. Sócia da empresa executada. Incidente de desconsideração. "Empresa executada constituída sob a forma de EIRELI. Hipótese em que a responsabilidade da empresa é limitada. Patrimônio da empresa que não se confunde com o da pessoa física proprietária (artigo 980-A, do Código Civil). Necessidade, se o caso, de instauração prévia de incidente de desconsideração da personalidade jurídica, caso preenchidos os requisitos do artigo 50, do Código Civil. Aplicação dos artigos 133 a 137, do CPC. Hipótese de reforma da decisão hostilizada, nessa parte" (TJSP, Agravo de Instrumento 2202279-77.2019.8.26.0000, Rel. Des. Jacob Valente, 12ª Câmara de Direito Privado, jul. 12.11.2019, *DJe* SP 12.11.2019).

"O fundamento e efeito último da constituição da EIRELI é a separação do patrimônio – e naturalmente, da responsabilidade – entre a pessoa jurídica e a pessoa natural que lhe titulariza. Uma vez constituída a EIRELI, por meio do registro de seu ato constitutivo na Junta Comercial, não mais entrelaçadas estarão as esferas patrimoniais da empresa e do empresário, como explicitamente prescreve o art. 980-A, § 7º, do CC/02. Na hipótese de indícios de abuso da autonomia patrimonial, a personalidade jurídica da EIRELI pode ser desconsiderada, de modo a atingir os bens particulares do empresário individual para a satisfação de dívidas contraídas pela pessoa jurídica. Também se admite a desconsideração da personalidade jurídica de maneira inversa, quando se constatar a utilização abusiva, pelo empresário individual, da blindagem patrimonial conferida à EIRELI, como forma de ocultar seus bens pessoais. Em uma ou em outra situação, todavia, é imprescindível a instauração do incidente de desconsideração da personalidade jurídica de que tratam os arts. 133 e seguintes do CPC/2015, de modo a permitir a inclusão do novo sujeito no processo – o empresário individual ou a EIRELI –, atingido em seu patrimônio em decorrência da medida" (STJ, REsp 1.874.256/SP, Rel. Min. Nancy Andrighi, 3ª Turma, jul. 17.08.2021, *DJe* 19.08.2021).

13. Teoria menor. CDC. "Desconsideração da Personalidade Jurídica: Hipótese do art. 28 do CDC plenamente concretizada. No contexto de uma relação de consumo, em atenção ao art. 28, § 5º, do CDC, os credores não negociais da pessoa jurídica podem ter acesso ao patrimônio dos sócios, por meio da *disregard doctrine*, a partir da caracterização da configuração de prejuízo de difícil e incerta reparação em decorrência da insolvência da sociedade. Na espécie, é nítida a dificuldade na reparação do prejuízo evidenciada na sentença e no acórdão prolatados" (STJ, REsp 1537890/RJ, Rel. Min. Paulo de Tarso Sanseverino, 3ª Turma, jul. 08.03.2016, *DJe* 14.03.2016).

"'O art. 50 do CC, que adota a teoria maior e permite a responsabilização do administrador não-sócio, não pode ser analisado em conjunto com o parágrafo 5º do art. 28 do CDC, que adota a teoria menor, pois este exclui a necessidade de preenchimento dos requisitos previstos no *caput* do art. 28 do CDC permitindo a desconsideração da personalidade jurídica, por exemplo, pelo simples inadimplemento ou pela ausência de bens suficientes para a satisfação do débito. Microssistemas independentes' (REsp n. 1.658.648/SP, relator Ministro Moura Ribeiro, Terceira Turma, julgado em 7/11/2017, *DJe* de 20/11/2017). (...) Recurso Especial conhecido e provido, a fim de reformar o acórdão recorrido para afastar os efeitos da desconsideração da personalidade jurídica de JFE 10 Empreendimentos Imobiliários Ltda. em relação aos recorrentes, pessoas naturais, na condição de administradores não sócios" (STJ, REsp 1.860.333/DF, Rel. Min. Marco Buzzi, 4ª Turma, jul. 11.10.2022, *DJe* 27.10.2022).

14. Herdeira de sócio minoritário sem poderes de administração. "A desconsideração da personalidade jurídica, em regra, deve atingir somente os sócios administradores ou que comprovadamente contribuíram para a prática dos atos caracterizadores do abuso da personalidade jurídica. No caso dos autos, deve ser afastada a responsabilidade da herdeira do sócio minoritário, sem poderes de administração, que não contribuiu para a prática dos atos fraudulentos" (STJ, REsp 1.861.306/SP, Rel. Min. Ricardo Villas Bôas Cueva, 3ª Turma, jul. 02.02.2021, *DJe* 08.02.2021).

15. Grupo econômico não enseja a solidariedade passiva na execução fiscal. "De outro lado, consoante decidido pela Corte regional e já estabelecido em precedente deste Superior Tribunal de Justiça, ainda que se admita que as empresas integram grupo econômico, não se tem isso como bastante para fundar a solidariedade no pagamento de tributo devido por uma delas, ao ponto de se exigir seu adimplemento por qualquer delas. Precedente: AgRg no REsp 1.535.048/PR, Rel. Min. Napoleão Nunes Maia Filho, DJe 21.9.2015" (STJ, AgInt no REsp 1.860.479/PR, Rel. Min. Napoleão Nunes Maia Filho, 1ª Turma, jul. 28.09.2020, *DJe* 01.10.2020).

Grupo econômico. Confusão patrimonial. "A confusão patrimonial existente entre sócios e a empresa devedora ou entre esta e outras conglomeradas pode ensejar a desconsideração da personalidade jurídica, na hipótese de ser meramente formal a divisão societária entre empresas conjugadas. Precedentes. A superação da pessoa jurídica afirma-se como um incidente processual, e não como um processo incidente. No caso, o reconhecimento da confusão patrimonial é absolutamente contraditório com a pretendida citação das demais sociedades, pois, ou bem se determina a citação de todas as empresas atingidas pela penhora, ou bem se reconhece a confusão patrimonial e se afirma que se trata, na prática, de pessoa jurídica única, bastando, por isso, uma única citação. Havendo reconhecimento da confusão, descabe a segunda providência" (STJ, REsp 907.915/SP, Rel. Min. Luis Felipe Salomão, 4ª Turma, jul. 07.06.2011, *DJe* 27.06.2011).

Grupo econômico. Necessidade de indicação específica e inequívoca de fatos que a justifique. "O tipo de relação comercial ou societária travada entre as empresas, ou mesmo a existência de grupo econômico, por si só, não é suficiente para ensejar a desconsideração da personalidade jurídica. (...) Para ensejar a desconsideração da personalidade e a extensão da falência, seria necessário demonstrar quais medidas ou ingerências, em concreto, foram capazes de transferir recursos de uma empresa para outra, ou demonstrar o desvio da finalidade natural da empresa prejudicada" (STJ, REsp 1.900.147/RJ, Rel. Min. Maria Isabel Gallotti, 4ª Turma, jul. 03.09.2024, *DJe* 09.09.2024).

16. Falência.

Competência do juízo falimentar. "1. O parágrafo único do art. 81-A da Lei n. 11.101/2005 determina que 'a desconsideração da personalidade jurídica da sociedade falida, para fins de responsabilização de terceiros, grupo, sócio ou administrador por obrigação desta, somente pode ser decretada pelo juízo falimentar com a observância do art. 50 da Lei nº 10.406, de 10 de janeiro de 2002 (Código Civil), e dos arts. 133, 134, 135, 136 e 137 da Lei nº 13.105, de 16 de março de 2015 (Código de Processo Civil)'. 2. Tal dispositivo visa a (i) distinguir os institutos da desconsideração da personalidade jurídica e da extensão da falência a terceiro e (ii) padronizar o procedimento e os requisitos materiais para a desconsideração especificamente nos autos do processo falimentar. 3. Portanto, o propósito do dispositivo não é o de conferir ao Juízo da falência competência exclusiva para determinar a desconsideração, mas estabelecer que a personalidade jurídica da sociedade falida somente poderá ser decretada com a observância dos requisitos do art. 50 do CC/2002 e dos arts. 133 e seguintes do CPC/2015" (STJ, CC 200.775/SP, Rel. Min. Nancy Andrighi, 2ª Seção, ac. 28.08.2024, *DJe* 11.09.2024).

Desconsideração. Ação própria. Desnecessidade. "Conforme orientação jurisprudencial consolidada, uma vez verificada a ocorrência de fraude e confusão patrimonial entre a falida e outras empresas, é possível a desconsideração das personalidades jurídicas incidentalmente no processo falimentar, independentemente de ação própria (anulatória ou revocatória), inclusive com o objetivo de arrecadar bens das sociedades empresariais envolvidas na fraude reconhecida pelas instâncias ordinárias. Precedentes. A desconsideração da personalidade jurídica, quando preenchidos os seus requisitos, pode ser requerida a qualquer tempo, não se submetendo, à míngua de previsão legal, a prazos decadenciais ou prescricionais. Precedentes" (STJ, REsp 1.686.123/SC, Rel. Min. Ricardo Villas Bôas Cueva, 3ª Turma, jul. 22.03.2022, *DJe* 31.03.2022).

Desnecessidade de remessa dos autos ao juízo falimentar. "'Se a execução promovida contra pessoa jurídica foi direcionada para atingir um dos sócios, não mais se justifica a remessa dos autos ao juízo falimentar – eis que o patrimônio da falida quedou-se livre de constrição' (CC n. 61.274-SP, 2ª Seção, Rel. Min. Humberto Gomes de Barros, *DJ* 08.03.2007)" (STJ, AgRg no CC 110.730/SP, Rel. Min. Vasco Della Giustina, 2ª Seção, jul. 23.02.2011, *DJe* 02.03.2011).

Extensão da coisa julgada a terceiro que não integrou a respectiva relação processual. Ver jurisprudência do art. 506 do CPC/2015.

17. Fundo de investimento em Participações (FIP). Natureza jurídica. Condomínio especial. Desconsideração da personalidade jurídica. Cotas. Possibilidade. "O patrimônio gerido pelo Fundo de Investimento em Participações (FIP) pertence, em condomínio, a todos os investidores (cotistas), a impedir a responsabilização do fundo por dívida de um único cotista, de modo que, em tese, não poderia a constrição judicial recair sobre todo o patrimônio comum do fundo de investimento por dívidas de um só cotista, ressalvada a penhora da sua cota-parte. A impossibilidade de responsabilização do fundo por dívidas de um único cotista, de obrigatória observância em circunstâncias normais, deve ceder diante da comprovação inequívoca de que a própria constituição do fundo de investimento se deu de forma fraudulenta, como forma de encobrir ilegalidades e ocultar o patrimônio de empresas pertencentes a um mesmo grupo econômico. Comprovado o abuso de direito, caracterizado pelo desvio de finalidade (ato intencional dos sócios com intuito de fraudar terceiros), e/ou confusão patrimonial, é possível desconsiderar a personalidade jurídica de uma empresa para atingir o patrimônio de outras pertencentes ao mesmo grupo econômico" (STJ, REsp 1.965.982/SP, Rel. Min. Ricardo Villas Bôas Cueva, 3ª Turma, jul. 05.04.2022, *DJe* 08.04.2022).

18. Associação civil. Patrimônio de dirigentes e associados com poderes de gestão. "Há diferença estrutural e funcional entre as sociedades e associações, na medida em que, ao se desconsiderar a personalidade jurídica de determinada sociedade, alcança-se um contrato societário, o qual vincula seus sócios no plano obrigacional, destacando-se o seu elemento pessoal. De outro lado, as associações são marcadas por um negócio jurídico firmado entre elas e seus associados, mas sem nenhum vínculo obrigacional, conforme comando do parágrafo único do art. 53 do CC, de modo que o elemento pessoal não lhe é inerente. É admissível a desconsideração da personalidade jurídica de associação civil, contudo a responsabilidade patrimonial deve ser limitada apenas aos associados que estão em posições de poder na condução da entidade, pois seria irrazoável estender a responsabilidade patrimonial a um enorme número de associados que pouco influenciaram na prática dos atos associativos ilícitos. No caso dos autos, a desconsideração da personalidade jurídica da associação está atingindo apenas o patrimônio daqueles associados que exerceram algum cargo diretivo e com poder de decisão dentro da entidade, bem como se reconheceu o abuso da personalidade jurídica, porquanto o regime jurídico próprio das formas associativas sofreu distorções e desvirtuamento de seu propósito. Infirmar tais conclusões demandaria o reexame de provas, o que é vedado nesta instância extraordinária, sob pena de incidência do óbice da Súmula 7/STJ" (STJ, REsp 1.812.929/DF, Rel. Min. Marco Aurélio Bellizze, 3ª Turma, jul. 12.09.2023, *DJe* 28.09.2023).

19. Honorários advocatícios.

Em caso de improcedência do pedido. "O CPC de 2015 superou o dogma da unicidade de julgamento, prevendo expressamente as decisões de resolução parcial do mérito, sendo consequência natural a fixação de honorários de sucumbência. Apesar da denominação utilizada pelo legislador, o procedimento de desconsideração da personalidade jurídico tem natureza jurídica de demanda incidental, com partes, causa de pedir e pedido. O indeferimento do pedido de desconsideração da personalidade jurídica, tendo como resultado a não inclusão do sócio (ou da empresa) no polo passivo da lide, dá ensejo à fixação de verba honorária em favor do advogado de quem foi indevidamente chamado a litigar em juízo" (STJ, REsp 1.925.959/SP, Rel. p/acórdão Min. Ricardo Villas Bôas Cueva, 3ª Turma, jul. 12.09.2023, *DJe* 22.09.2023).

20. Legitimidade do Ministério Público. "Diante da inegável influência que um decreto de falência exerce na ordem social, bem como diante da necessidade de se fiscalizar a obediência ao pagamento preferencial de certas modalidades especiais de crédito disciplinadas pelo Poder Público, reconhece-se a legitimidade do Ministério Público para realizar pedido incidental, nos autos da falência, de desconsideração da personalidade jurídica e de indisponibilidade de bens dos envolvidos em ato tido como destinado a prejudicar credores da falida". (STJ, REsp 1182620/SP, Rel. Min. Raul Araújo, 4ª Turma, jul. 10.12.2013, *DJe* 04.02.2014).

Casos excepcionais. "A regra geral adotada no ordenamento jurídico brasileiro é aquela prevista no art. 50 do CC/2002, que consagra a Teoria Maior da Desconsideração, tanto na sua vertente subjetiva quanto na objetiva. **Salvo em situações excepcionais previstas em leis especiais,** somente é possível a desconsideração da personalidade jurídica quando verificado o desvio de finalidade (Teoria Maior Subjetiva da Desconsideração), caracterizado pelo ato intencional dos sócios de fraudar terceiros com o uso abusivo da personalidade jurídica, ou quando evidenciada a confusão patrimonial (Teoria Maior Objetiva da Desconsideração), demonstrada pela inexistência, no campo dos fatos, de separação entre o patrimônio da pessoa jurídica e os de seus sócios" (STJ, REsp 970.635/SP, Rel. Min. Nancy Andrighi, 3ª Turma, jul. 10.11.2009, *DJe* 01.12.2009).

"A excepcional penetração no âmago da pessoa jurídica, com o levantamento do manto que protege essa independência patrimonial, exige a presença do pressuposto específico do abuso da personalidade jurídica, com a finalidade de lesão a direito de terceiro, infração da lei ou descumprimento de contrato [...]. Os sócios de empresa constituída sob a forma de sociedade por quotas de responsabilidade limitada não respondem pelos prejuízos sociais, desde que não tenha havido administração irregular e haja integralização do capital social" (STJ, REsp 876.974/SP, Rel. Min. Nancy Andrighi, 3ª Turma, jul. 09.08.2007, *DJ* 27.08.2007). **No mesmo sentido**: STJ, REsp 401.081/TO, Rel. Min. Humberto Gomes de Barros, 3ª Turma, jul. 06.04.2006, *DJ* 15.05.2006; TJRS, AI 598.199.750, Rel. Des. Henrique Roenick, 14ª Câm. Civ., jul. 22.10.1998, *RJTJRS* 191/277.

21. Necessidade de prova. "A desconsideração da personalidade jurídica da empresa devedora, imputando-se ao grupo controlador a responsabilidade pela dívida, pressupõe – ainda que em juízo de superficialidade – a indicação comprovada de atos fraudulentos, a confusão patrimonial ou o desvio de finalidade. No caso a desconsideração teve fundamento no fato de ser a controlada (devedora) simples *longa manus* da controladora, sem que fosse apontada uma das hipóteses previstas no art. 50 do Código Civil de 2002" (STJ, REsp 744.107/SP, Rel. Min. Fernando Gonçalves, 4ª Turma, jul. 20.05.2008, *DJe* 12.08.2008).

22. Mudança no endereço da pessoa executada. Impossibilidade. "A mudança de endereço da empresa executada associada à inexistência de bens capazes de satisfazer o crédito pleiteado pelo exequente não constituem motivos suficientes para a desconsideração da sua personalidade jurídica" (STJ, REsp 970.635/SP, Rel. Min. Nancy Andrighi, 3ª Turma, jul. 10.11.2009, *DJe* 01.12.2009).

23. Desconsideração para evitar fraude contra credores. Possibilidade. "O acórdão recorrido bem afastou a pretensão manifestada no mandado de segurança ao entendimento de que correta a decisão impugnada face a conclusão de que há, consoante os elementos probatórios produzidos, possibilidade de ocorrência de fraude contra credores. Esclareceu o acórdão, ainda, estar comprovado que a impetrante é sócia da ré na ação de cobrança. Nesses casos, a jurisprudência desta Corte admite a desconsideração da personalidade jurídica para evitar a fraude" (STJ, RMS 15.312/MG, Rel. Min. Carlos Alberto Menezes Direito, 3ª Turma, jul. 20.05.2003, *DJ* 04.08.2003).

24. Penhora dos bens do sócio. Necessidade de citação. "Impõe-se a citação do sócio nos casos em que seus bens sejam objeto de penhora por débito da sociedade executada que teve a sua personalidade jurídica desconsiderada" (STJ, REsp 686.112/RJ, Rel. Min. João Otávio de Noronha, 4ª Turma, jul. 08.04.2008, *DJe* 28.04.2008).

Decisão nos autos da falência. "Assim, à míngua de previsão legal, o pedido de desconsideração da personalidade jurídica, quando preenchidos os requisitos da medida, **poderá ser realizado a qualquer momento**. A superação da pessoa jurídica afirma-se como um incidente processual e não como um processo incidente, razão pela qual pode ser deferida nos próprios autos da falência, nos termos da jurisprudência sedimentada do STJ" (STJ, REsp 1.180.714/RJ, Rel. Min. Luis Felipe Salomão, 4ª Turma, jul. 05.04.2011, *DJe* 06.05.2011). **No mesmo sentido:** STJ, REsp 881.330/SP, Rel. Min. João Otávio de Noronha, 4ª Turma, jul. 19.08.2008, *DJe* 10.11.2008.

Desnecessidade de remessa dos autos ao juízo falimentar. "'Se a execução promovida contra pessoa jurídica foi direcionada para atingir um dos sócios, não mais se justifica a remessa dos autos ao juízo falimentar – eis que o patrimônio da falida quedou-se livre de constrição' (CC n. 61.274-SP, 2ª Seção, rel. Min. Humberto Gomes de Barros, *DJ* 08.03.2007)" (STJ, AgRg no CC 110.730/SP, Rel. Min. Vasco Della Giustina, 2ª Seção, jul. 23.02.2011, *DJe* 02.03.2011).

25. Curso da execução. Cabimento. "A jurisprudência do STJ é pacífica no sentido de que a desconsideração da personalidade jurídica é medida cabível diretamente no curso da execução. Precedentes" (STJ, REsp 920.602/DF, Rel. Min. Nancy Andrighi, 3ª Turma, jul. 27.05.2008, *DJe* 23.06.2008).

Sócios administradores e sócios gerentes. "A despersonalização de sociedade por ações e de sociedade por quotas de responsabilidade limitada só atinge, respectivamente, os administradores e os sócios gerentes; não quem tem apenas o *status* de acionista ou sócio" (STJ, REsp 786.345/SP, Rel. Min. Humberto Gomes de Barros, Rel. p/ Acórdão Min. Ari Pargendler, 3ª Turma, jul. 21.08.2008, *DJe* 26.11.2008). **Em sentido contrário**: "Possibilidade de a desconsideração da personalidade jurídica da sociedade limitada atingir os bens de sócios que não exercem função de gerência ou administração. Em virtude da adoção da Teoria Maior da Desconsideração, é necessário comprovar, para fins de desconsideração da personalidade jurídica, a prática de ato abusivo ou fraudulento por gerente ou administrador. Não é possível, contudo, afastar a responsabilidade de sócia majoritária, mormente se for considerado que se trata de sociedade familiar, com apenas duas sócias" (STJ, REsp 1.315.110/SE, Rel. Min. Nancy Andrighi, 3ª Turma, jul. 28.05.2013, *DJe* 07.06.2013).

26. Desconsideração incidental da personalidade jurídica. Possibilidade. "As conclusões do acórdão recorrido – quanto (i) ao cabimento da desconsideração da personalidade jurídica em razão da confusão patrimonial detectada; (ii) à admissibilidade da adoção dessa medida incidentalmente no processo de execução; e (iii) à possibilidade de se atingir o patrimônio de sociedades integrantes do mesmo grupo econômico quando evidenciado que sua estrutura é meramente formal – se coadunam com a jurisprudência consolidada deste Superior Tribunal" (STJ, REsp 1.326.201/RJ, Rel. Min. Nancy Andrighi, 3ª Turma, jul. 07.05.2013, *DJe* 16.05.2013).

27. Sociedade simples. Desnecessidade. "Nas sociedades em que a responsabilidade dos sócios perante as obrigações sociais é ilimitada, como ocorre nas sociedades simples (art. 1.023 do CC/2002), não se faz necessária para que os bens pessoais de seus sócios respondam pelas suas obrigações, a desconsideração da sua personalidade" (STJ, REsp 895.792/RJ, Rel. Min. Paulo de Tarso Sanseverino, 3ª Turma, jul. 07.04.2011, *DJe* 25.04.2011).

28. Responsabilidade pessoal dos sócios por obrigações da sociedade junto à seguridade social. Inconstitucionalidade do art. 13 da Lei 8.620/1993 declarada pelo Supremo Tribunal Federal (RE 562.276)." (STJ, REsp 1.153.119/MG, Rel. Min. Teori Albino Zavascki, 1ª Seção, jul. 24.11.2010, *DJe* 02.12.2010)

29. Dissolução irregular. Dolo. Necessidade. "A dissolução irregular da sociedade não pode ser fundamento isolado para o pedido de desconsideração da personalidade jurídica, mas, aliada a fatos concretos que permitam deduzir ter sido o esvaziamento do patrimônio societário ardilosamente provocado de modo a impedir a satisfação dos credores em benefício de terceiros, é circunstância que autoriza induzir existente o abuso de direito, consubstanciado, a depender da situação fática delineada, no desvio de finalidade e/ou na confusão patrimonial. No particular, tendo a instância ordinária concluído pela inexistência de indícios do abuso da personalidade jurídica pelos sócios, incabível a adoção da medida extrema prevista no art. 50 do CC/2002" (STJ, REsp 1.395.288/SP, Rel. Min. Nancy Andrighi, 3ª Turma, jul. 11.02.2014, *DJe* 02.06.2014).

30. Responsabilidade solidária. "Quanto à responsabilização da ré/apelada [...] pelas dívidas da sociedade, não deve ser meramente subsidiária (a incidir somente na hipótese de descumprimento do acordo), como decidido na sentença, mas solidária com os atuais sócios, já que compunha os quadros sociais como sócia-administradora no momento da prática dos atos ilícitos, responsabilidade que, contudo, deve ser limitada ao período em que atuou na empresa naquela condição" (TRF5, Ac. 2006.83.00.012050-0, Rel. Des. Geraldo Apoliano, 3ª Turma, *DJe* 25.01.2010)

31. Necessidade de comprovação dos requisitos do art. 50, CC. Ação monitória em fase de execução. "Alegação de ausência de patrimônio e de faturamento da devedora. Conduta que não permite presumir as hipóteses do artigo 50 do Código Civil. Ocorrência de fraude ou de constituição da empresa com finalidade ilícita não demonstrada. Ausência de circunstância autorizadora da desconstituição para atingir bens particulares dos sócios" (TJSP, AI 728.912-3/0-00, Rel. Des. Edgard Jorge Lauand, 15ª C.D.Priv., *DJe* SP 01.04.2009, Rev. Magister Dir. Civ. e Proc. Civ. 29/145).

32. Falência. Desconsideração da personalidade jurídica. Extensão da coisa julgada a terceiro que não integrou a respectiva relação processual. Ver jurisprudência do art. 506 do CPC/2015.

33. Teoria menor. Sociedade anônima. Acionista controlador. Possibilidade. "Para fins de aplicação da Teoria Menor da desconsideração da personalidade jurídica (art. 28, § 5º, do CDC), basta que o consumidor demonstre o estado de insolvência do fornecedor e o fato de a personalidade jurídica representar um obstáculo ao ressarcimento dos prejuízos causados, independentemente do tipo societário adotado. Em se tratando de sociedades anônimas, é admitida a desconsideração da personalidade jurídica efetuada com fundamento na Teoria Menor, em que não se exige a prova de fraude, abuso de direito ou confusão patrimonial, mas os seus efeitos estão restritos às pessoas (sócios/acionistas) que detêm efetivo poder de controle sobre a gestão da companhia. O veto ao § 1º do art. 28 do Código de Defesa do Consumidor não teve o condão de impossibilitar a responsabilização pessoal do acionista controlador e das demais figuras nele elencadas (sócio majoritário, sócios-gerentes, administradores societários e sociedades integrantes de grupo societário), mas apenas eliminar possível redundância no texto legal. A inovação de que trata o art. 6º-C da LREF, introduzida pela Lei nº 14.112/2020, não afasta a aplicação da norma contida no art. 28, § 5º, do CDC, ao menos para efeito de aplicação da Teoria Menor pelo juízo em que se processam as ações e execuções contra a recuperanda, ficando a vedação legal de atribuir responsabilidade a terceiros em decorrência do mero inadimplemento de obrigações do devedor em recuperação judicial restrita ao âmbito do próprio juízo da recuperação. O processamento de pedido de recuperação judicial da empresa que tem a sua personalidade jurídica desconsiderada não impede o prosseguimento da execução redirecionada contra os sócios, visto que eventual constrição dos bens destes não afetará o patrimônio da empresa recuperanda, tampouco a sua capacidade de soerguimento" (STJ, REsp 2.034.442/DF, Rel. Min. Ricardo Villas Bôas Cueva, 3ª Turma, jul. 12.09.2023, *DJe* 15.09.2023).

Art. 134. O incidente de desconsideração é cabível em todas as fases do processo de conhecimento, no cumprimento de sentença e na execução fundada em título executivo extrajudicial.

§ 1º A instauração do incidente será imediatamente comunicada ao distribuidor para as anotações devidas.

§ 2º Dispensa-se a instauração do incidente se a desconsideração da personalidade jurídica for requerida na petição inicial, hipótese em que será citado o sócio ou a pessoa jurídica.

§ 3º A instauração do incidente suspenderá o processo, salvo na hipótese do § 2º.

§ 4º O requerimento deve demonstrar o preenchimento dos pressupostos legais específicos para desconsideração da personalidade jurídica.

REFERÊNCIA LEGISLATIVA

CC, art. 50.

Lei nº 11.101/2005, art. 82-A, acrescido pela Lei nº 14.122/2020 (desconsideração da personalidade jurídica, sem efeito suspensivo, nos procedimentos de falência e recuperação judicial).

BREVES COMENTÁRIOS

Pode o autor, ao ajuizar a ação, apresentar provas da utilização indevida da personalidade jurídica da empresa e requerer a sua desconsideração, para atingir os bens particulares dos sócios ou administradores responsáveis pelos atos fraudulentos. Nesse caso, o requerente promoverá a citação do sócio ou da pessoa jurídica para integrar a lide e contestar o pedido de desconsideração (art. 134, § 2º). Assim, não será necessária a instauração de um incidente específico, nem mesmo a suspensão do processo, na medida em que a defesa a respeito da desconsideração será apresentada pelos réus com a contestação. De igual forma, as provas eventualmente requeridas serão realizadas durante a instrução processual, devendo o juiz julgar o pedido de desconsideração com a sentença.

Se o requerente não tiver conhecimento da fraude ao ajuizar a ação, o pedido pode ser feito posteriormente, durante a marcha processual, por meio de simples petição em que se comprovem os requisitos legais. Em tal circunstância, a instauração do incidente suspenderá o processo (art. 134, § 3º).

Ocorrido durante o processo de conhecimento, o incidente de desconsideração da personalidade jurídica acarretará a inclusão do novo responsável no alcance da condenação. Instaurado no processo de execução ou de cumprimento da sentença, o processo principal ficará suspenso até que o redirecionamento seja autorizado por decisão judicial de procedência do incidente. O procedimento seguirá o seguinte esquema: (a) a decisão do incidente, após cumprido o contraditório e respeitada a ampla defesa, declarará a responsabilidade da pessoa alcançada pela desconsideração; (b) formar-se-á, assim, o título autorizador da atividade executiva contra o sujeito passivo do incidente; (c) será ele intimado a pagar o débito exequendo, em quinze dias, se se tratar de cumprimento de sentença (art. 523), ou em três dias, se for o caso de execução de título extrajudicial (art. 829); (d) transcorrido o prazo de pagamento sem que este se dê, proceder-se-á à penhora e avaliação, dando-se curso à expropriação dos bens constritos e à satisfação do crédito do exequente, segundo o procedimento da execução por quantia certa (arts. 824 a 909).

JURISPRUDÊNCIA SELECIONADA

1. Novo pedido de desconsideração, pela mesma razão. Inviabilidade. Coisa Julgada. "Na hipótese, decisão proferida na fase de conhecimento, transitada em julgado, afastara a aplicação do Código de Defesa do Consumidor e afirmara a inexistência de pressupostos processuais e materiais necessários a aplicação da teoria da desconsideração da personalidade jurídica, com base no art. 50 do Código Civil. Nesse contexto, é inviável a modificação de tal entendimento, quando do cumprimento da sentença, para se aplicar agora ao caso, com base na mesma razão já antes examinada, a Teoria Menor da Desconsideração da Personalidade Jurídica e o CDC, afastados no título judicial, sob pena de ofensa à coisa julgada." (STJ, REsp 1473782/MG, Rel. Min. Raul Araújo, 4ª Turma, jul. 15.08.2017, *DJe* 31.08.2017).

Pedido realizado duas vezes na própria execução. Mesma causa de pedir. "O trânsito em julgado da decisão que aprecia pedido de desconsideração da personalidade jurídica torna a questão preclusa para as partes da relação processual, inviabilizando a dedução de novo requerimento com base na mesma causa de pedir" (STJ, REsp 2.123.732/MT, Rel. Min. Nancy Andrighi, 3ª Turma, jul. 19.03.2024, *DJe* 21.03.2024).

2. Execução fiscal e incidentes de desconsideração da personalidade jurídica. Ver jurisprudência do art. 2º da Lei 6.830/1980.

3. Cumprimento de sentença. Admissibilidade. "O CPC de 2015 estabelece procedimento próprio para a desconsideração da personalidade jurídica, possibilitando que ocorra no âmbito de cumprimento de sentença (art. 134), por meio da instauração incidente, no qual será citado o sócio para se defender e apresentar as provas cabíveis (arts. 133-137). Tal procedimento foi realizado no presente caso, no qual o pedido de desconsideração foi acolhido em sede de incidente apresentado em cumprimento de sentença em ação monitória (v. fls. 199 a 203)" (STJ, AgInt no AREsp 1362690/DF, Rel. Min. Raul Araújo, 4ª Turma, jul. 10.12.2019, *DJe* 19.12.2019).

4. Desconsideração inversa. Contraditório necessário. "Com a desconsideração inversa da personalidade jurídica, busca-se impedir a prática de transferência de bens pelo sócio para a pessoa jurídica sobre a qual detém controle, afastando-se momentaneamente o manto fictício que separa o sócio da sociedade para buscar o patrimônio que, embora conste no nome da sociedade, na realidade, pertence ao sócio fraudador. No atual CPC, o exame do juiz a respeito da presença dos pressupostos que autorizariam a medida de desconsideração, demonstrados no requerimento inicial, permite a instauração de incidente e a suspensão do processo em que formulado, devendo a decisão de desconsideração ser precedida do efetivo contraditório" (STJ,

REsp 1647362/SP, Rel. Min. Nancy Andrighi, 3ª Turma, jul. 03.08.2017, *DJe* 10.08.2017).

5. Incidente de desconsideração da personalidade jurídica. Execução fiscal. Cabimento. Necessidade de observância das normas do Código Tributário Nacional. "O IDPJ mostra-se viável quando uma das partes na ação executiva pretende que o crédito seja cobrado de quem não figure na CDA e não exista demonstração efetiva da responsabilidade tributária em sentido estrito, assim entendida aquela fundada nos arts. 134 e 135 do CTN. Precedentes. Equivocado o entendimento fixado no acórdão recorrido, que reconheceu a incompatibilidade total do IDPJ com a execução fiscal" (STJ, REsp 1.804.913/RJ, Rel. Min. Regina Helena Costa, 1ª Turma, jul. 01.09.2020, *DJe* 02.10.2020).

6. Grupo econômico. Desconsideração da personalidade jurídica. Incidente processual. Necessidade de instauração. "Para que uma empresa, pertencente ao mesmo grupo econômico da executada, sofra constrição patrimonial, é necessária prévia instauração do incidente de desconsideração da personalidade jurídica, não sendo suficiente mero redirecionamento do cumprimento de sentença contra quem não integrou a lide na fase de conhecimento, nos termos dos arts. 28, § 2º, do CDC e 133 a 137 do CPC/2015" (STJ, REsp 1.864.620/SP, Rel. Min. Antonio Carlos Ferreira, 4ª Turma, jul. 12.09.2023, *DJe* 19.09.2023). No mesmo sentido: STJ, AgInt no REsp 1.875.845/SP, Rel. Min. Moura Ribeiro, 3ª Turma, jul. 16.05.2022, *DJe* 19.05.2022.

Art. 135. Instaurado o incidente, o sócio ou a pessoa jurídica será citado para manifestar-se e requerer as provas cabíveis no prazo de 15 (quinze) dias.

REFERÊNCIA LEGISLATIVA

CC, art. 50.

BREVES COMENTÁRIOS

A instauração do incidente de desconsideração será imediatamente comunicada ao distribuidor para as anotações devidas (art. 134, § 1º), em decorrência da ampliação subjetiva da relação processual originária. Além disso, o sócio ou a pessoa jurídica serão citados para apresentar defesa e requerer as provas cabíveis no prazo de quinze dias (art. 135), a fim de cumprir-se a garantia fundamental do contraditório. O texto primitivo do Projeto previa também a intimação do executado, o que, no entanto, não constou da redação final do atual Código. Assim, a intenção do legislador foi a de deixar o incidente se desenvolver apenas entre os seus sujeitos ativo e passivo. Realmente, não há, no incidente, interesse direto do demandado no processo principal, o que exclui a necessidade de intimá-lo. O que se discute é apenas a possibilidade ou não de ser o terceiro interveniente passível de responder também pela obrigação exequenda. Não há, pois, interesse do executado em jogo no incidente, pelo que bastará a citação do sujeito passivo da desconsideração.

O incidente é contencioso e deve ensejar aos interessados o contraditório e ampla defesa, de modo que os promovidos tenham oportunidade de impugnar a pretensão do promovente e de produzir as provas compatíveis com sua resposta.

JURISPRUDÊNCIA SELECIONADA

1. Desconsideração da personalidade jurídica. Decisão publicada na vigência do CPC/1973. Intimação após a vigência do CPC/2015. Contraditório prévio. Direito intertemporal. *Tempus regit actum*. "A aplicação do incidente da desconsideração da personalidade jurídica, nos termos previstos no art. 133 do CPC/2015, não é exigível ao presente caso, pois a decisão que procedeu à desconsideração da executada originária foi proferida em meados de 2014, isto é, enquanto vigente o CPC/1973. Não é possível defender o argumento no sentido de validar uma intimação ocorrida 5 (cinco) anos depois da decisão de desconsideração, entre empresas do mesmo grupo econômico, objetivando anular todos os atos processuais, com fulcro na vigência do CPC/2015, quando esse ato guarda, inequivocamente, nexo imediato e inafastável com o próprio ato praticado sob o regime da lei anterior, consubstanciado na decisão propriamente dita de desconsideração. Deve-se, pois, ser respeitada a eficácia do ato processual pretérito" (STJ, REsp 1.954.015/PE, Rel. Min. Nancy Andrighi, 3ª Turma, jul. 26.10.2021, *DJe* 03.11.2021).

Art. 136. Concluída a instrução, se necessária, o incidente será resolvido por decisão interlocutória.

Parágrafo único. Se a decisão for proferida pelo relator, cabe agravo interno.

REFERÊNCIA LEGISLATIVA

CC, art. 50.

BREVES COMENTÁRIOS

O incidente deverá ser julgado pelo juiz logo após a defesa ou depois de realizada a instrução, se necessária, por meio de decisão interlocutória, contra a qual caberá agravo de instrumento (arts. 136, *caput*, e 1.015, IV). Se o incidente for resolvido em sede recursal, pelo relator, a decisão será atacável por meio de agravo interno.

O principal efeito da desconsideração da personalidade jurídica é imputar aos sócios ou administradores da empresa a responsabilidade pelos atos fraudulentos praticados em prejuízo de terceiros. Dessa forma, a indenização será assegurada não apenas pelos bens da pessoa jurídica, mas, também, pelo patrimônio pessoal dos sócios ou administradores envolvidos. De igual sorte, ocorrendo a desconsideração inversa, a pessoa jurídica será responsabilizada por obrigações contraídas por seu sócio, de modo que o patrimônio daquela será utilizado para a reparação dos danos provocados. Trata-se, pois, de uma técnica de imposição de responsabilidade patrimonial a terceiro, por dívida que não é sua. Antes do incidente não há nem dívida, nem responsabilidade do terceiro (sócio ou sociedade), razão pela qual seus bens não poderão ser alcançados pela execução da dívida alheia. Sem o acertamento judicial, o credor não terá título para fazer atuar a responsabilidade patrimonial daquele que não é devedor, e como é de elementar sabença, não há, no direito moderno, execução sem título.

De qualquer maneira, seja a desconsideração pleiteada na inicial ou em incidente, envolverá sempre questão de mérito, capaz de ampliar o objeto do processo. Com isso, a respectiva solução revestir-se-á da autoridade de coisa julgada material. Esgotada a via recursal, somente por meio de ação rescisória será possível revê-la.

JURISPRUDÊNCIA SELECIONADA

1. Honorários advocatícios. Incidente de desconsideração. Não cabimento. "Não é cabível a condenação em honorários advocatícios em incidente processual, ressalvados os casos excepcionais. Precedentes. Tratando-se de incidente de desconsideração da personalidade jurídica, o descabimento da condenação nos ônus sucumbenciais decorre da ausência de previsão legal excepcional, sendo irrelevante se apurar quem deu causa ou foi sucumbente no julgamento final do incidente" (STJ, REsp 1845536/SC, Rel. p/ Acórdão Min. Marco Aurélio Bellizze, 3ª Turma, jul. 26.05.2020, *DJe* 09.06.2020). **No mesmo sentido:** STJ, AgInt nos EDcl no REsp 1.767.525/RJ, Rel. Min. Moura Ribeiro, 3ª Turma, jul. 07.12.2020, *DJe* 11.12.2020; STJ,

AgInt nos EDcl no AREsp 1.475.592/SP, Rel. Min. Maria Isabel Gallotti, 4ª Turma, jul. 15.06.2020, *DJe* 17.06.2020.

Art. 137. Acolhido o pedido de desconsideração, a alienação ou a oneração de bens, havida em fraude de execução, será ineficaz em relação ao requerente.

REFERÊNCIA LEGISLATIVA

CC, art. 50.

BREVES COMENTÁRIOS

Dispõe o atual Código que a partir do acolhimento do pedido de desconsideração, a alienação ou oneração de bens, havida em fraude de execução, será considerada ineficaz em relação ao requerente. Por acolhimento, a lei não quer dizer decisão de procedência do incidente, mas simplesmente o deferimento do processamento do pedido de desconsideração. Ou seja, antes mesmo que ocorra a penhora, os credores serão acautelados com a presunção legal de fraude, caso ocorram alienações ou desvios de bens pelas pessoas corresponsabilizadas. Como a penhora só será viável depois da decisão do incidente, a medida do art. 137 resguarda, desde logo, a garantia extraordinária que se pretende alcançar por meio da desconsideração. Da mesma forma que se passa com a fraude cometida dentro da execução ordinária, a presunção legal de fraude do art. 137 pressupõe que o sujeito passivo da desconsideração da personalidade jurídica já tenha sido citado para o incidente (art. 792, § 3º). Justifica-se a fixação desse termo *a quo* pela circunstância de que o sujeito passivo do processo só se integra a ele através da citação. Portanto, só pode fraudar a execução quem dela já faça parte.

A exigência de prévia citação, porém, só se exige para a configuração da fraude de execução. Se a insolvência dos devedores acontecer em razão de atos alienatórios anteriores ao incidente, será possível cogitar-se de fraude pauliana, se presentes os requisitos da lei civil, o que, todavia, só poderá ser avaliado em ação própria (CC, arts. 158 a 165).

DO CHAMAMENTO AO PROCESSO: INDICAÇÃO DOUTRINÁRIA

Aldem Johnston Barbosa Araújo, A desconsideração da personalidade jurídica no atual Código de Processo Civil, *Revista dos Tribunais*, vol. 967, ano 105, p. 215-303, São Paulo: RT, maio 2016; Aldem Johnston Barbosa Araújo, A Desconsideração da Personalidade Jurídica no Novo Código de Processo Civil. *Revista Síntese*, ano XVII, n. 100, mar./abr. 2016, São Paulo: Síntese, p. 79; Alexandre Freitas Câmara, In: Teresa Arruda Alvim Wambier, Fredie Didier Jr., Eduardo Talamini, Bruno Dantas, *Breves comentários ao novo Código de Processo Civil*, São Paulo: Revista dos Tribunais, 2015; Alexandre Minatti. A aplicabilidade do incidente de desconsideração da personalidade jurídica no redirecionamento da execução fiscal (art. 135, III, do CTN). Análise crítica da jurisprudência do Superior Tribunal de Justiça. *Revista de Processo*, n. 316, p. 275, jun. 2021; André Pagani de Souza, *Desconsideração da personalidade jurídica*: aspectos processuais. São Paulo: Saraiva, 2009; Antônio Rodrigues Porto, Do chamamento ao processo no novo CPC, *RT* 458/261; Arruda Alvim, *Novo contencioso cível no CPC/2015*, São Paulo: RT, 2016, p. 45-76; Cândido Rangel Dinamarco, *Direito processual civil*, 1975, n. 109/110 – sobre nexo obrigacional entre o chamado e o autor da causa; Carolina Costa Meireles, Legitimidade e interesse jurídico do responsável subsidiário para requerer a desconsideração da personalidade jurídica do devedor principal, Revista de Processo, São Paulo, ano 45, v. 305, p. 289-308, jul. 2020; Cassio Scarpinella Bueno, *Manual de direito processual civil*, São Paulo: Saraiva, 2015; Celso Barbi, Da preclusão no processo civil, *RF* 158/59 – sobre a preclusão por prática de ato incompatível; Humberto Theodoro Júnior, *Curso de direito processual civil*, Rio de Janeiro: Forense, v. I, n. 124; Chiovenda, *Instituições de direito processual civil*, São Paulo, v. I, n. 48 – sobre a admissão deste tipo de sentença como "Condenação para o Futuro"; Daniel Amorim Assumpção Neves, *Manual de direito processo civil*, São Paulo: Método, 2015; Edson Prata, Relato no Simpósio Nacional de Processo Civil, realizado em Curitiba, em 1975, *RF* 252/26 – sobre a inadmissibilidade do chamamento no Processo de Execução; Eduardo Santos Pozza. A Possibilidade de Instauração *Ex Officio* do Incidente de Desconsideração da Personalidade Jurídica Previsto no Novo Código de Processo Civil. *Revista Síntese*, ano XIX, n. 114, jul./ago. 2018, São Paulo: Síntese, p. 22; Felipe Augusto de Toledo Moreira. Chamamento ao processo. In: Luiz Rodrigues Wambier; Teresa Arruda Alvim Wambier, *Temas Essenciais do Novo CPC*, São Paulo: RT, 2016, p. 129; Fernando Sola Soares, Giovani Ribeiro Rodrigues Alves, Marcia Carla Pereira Ribeiro. In: BRAGA NETO, Felipe Peixoto; SILVA, Michael César; THIBAU, Vinícius Lott (Coord.). *O Direito Privado e o atual Código de Processo Civil: repercussões, diálogos e tendências*, Belo Horizonte: Fórum, 2018; Fredie Didier Jr., *Curso de direito processual civil*, 17. ed., Salvador: JusPodivm, 2015, v. I; Gelson Amaro de Souza, Fraude à execução e a desconsideração da personalidade, *Revista Dialética de Direito Processual*, n. 150, p. 35-50; Gelson Amaro de Souza. Desconsideração da personalidade jurídica no CPC-2015, *Revista de Processo*, vol. 255, ano 41, p. 91-113, São Paulo: RT, maio 2016; Gilson Soares Lemes, Responsabilização da pessoa jurídica por dívida do sócio com desconsideração inversa da personalidade jurídica, *Amagis Jurídica*, n. 10, p. 29, jan.-jun. 2014; Guilherme Rizzo Amaral, *Comentários às alterações do novo CPC*, São Paulo: Revista dos Tribunais, 2015; Heleno Ribeiro P. Nunes Filho. A desconsideração de ofício da personalidade jurídica à luz do incidente processual trazido pelo atual Código de Processo Civil brasileiro, *Revista de Processo*, vol. 258, ano 41, agosto/2016, p. 103; Humberto Theodoro Júnior, *Curso de direito processual civil*, 61. ed., Rio de Janeiro: Forense, 2020, v. I; Humberto Theodoro Júnior, Fernanda Alvim Ribeiro de Oliveira, Ester Camila Gomes Norato Rezende (coords.), *Primeiras lições sobre o novo direito processual civil brasileiro*, Rio de Janeiro: Forense, 2015; Ítalo Lustosa Roriz. A desconsideração da personalidade jurídica sob a perspectiva do processo civil contemporâneo. *Revista Magister de Direito Civil e Processual Civil*. V. 89, mar/abr 2019, p. 99-110; J. E. Carreira Alvim, *Comentários ao atual Código de Processo Civil*, Curitiba: Juruá, 2015; J. J. Calmon de Passos, *Comentários ao CPC*, Rio de Janeiro: Forense, v. III, n. 149 e 150 – "admite-se condenação para o futuro no caso de prestações periódicas" (CPC, art. 290); José Miguel Garcia Medina, *Novo Código de Processo Civil comentado*, São Paulo: Revista dos Tribunais, 2015; José Roberto dos Santos Bedaque, In: José Roberto F. Gouvêa; Luis Guilherme A. Bondioli e João Francisco N. da Fonseca (coord.), *Comentários ao Código de Processo Civil*, São Paulo: Saraiva, 2019, v. 3; José Tadeu Neves Xavier. A Desconsideração da Personalidade Jurídica no Código de Defesa do Consumidor. *Revista Síntese*, ano XIX, n. 114, jul./ago. 2018, São Paulo: Síntese, p. 9; Leonardo Greco, *Instituições de processo civil: introdução ao direito processual civil*, 5. ed., Rio de Janeiro: Forense, 2015; Leonardo Parentoni, *O incidente de desconsideração da personalidade jurídica no CPC/2015*, Porto Alegre: Editora Fi, 2018; Leticia Amaral e Silva; Marcelo Chiavassa de Mello Paula Lima, O incidente de desconsideração da personalidade jurídica no atual Código de Processo Civil. In: Thereza Arruda Alvim et. al., *O Novo Código Processo Civil Brasileiro* – Estudos dirigidos: sistematização e procedimentos, Rio de Janeiro: Forense, 2015, p. 201; Lucas de Souza Lehfeld; Danilo Henrique Nunes; Letícia de Oliveira Catani Ferreira. Da possível incidência do Incidente de Desconsiderção da Personalidade Jurídica em Execuções Fiscais. *Revista Jurisplenum*, n. 86. Ano XV, 2019, p. 76 e ss; Luciana de Castro Bastos, Rodrigo Almeida Magalhães. In:

BRAGA NETO, Felipe Peixoto; SILVA, Michael César; THIBAU, Vinícius Lott (Coord.). *O Direito Privado e o atual Código de Processo Civil: repercussões, diálogos e tendências*, Belo Horizonte: Fórum, 2018; Luis Antônio Giampaulo Sarro, *Novo Código de Processo Civil*, São Paulo: Rideel, 2015; Luiz Carlos Aceti Júnior; Maria Flávio Curtolo Reis, Revista Síntese Direito Civil e Processual Civil, São Paulo, n. 125, p. 115-123, São Paulo: maio/jun. 2020; Luiz Guilherme Marinoni, Sérgio Cruz Arenhart, Daniel Mitidiero, *Curso de processo civil*, São Paulo: Revista dos Tribunais, 2015, v. I; Márcio Tadeu Guimarães Nunes, *Desconstruindo a desconsideração da personalidade jurídica*. São Paulo: Quartier Latin, 2010; Marcus Vinicius de Abreu Sampaio, IDPJ – Incidente de desconsideração da personalidade jurídica, In: Luiz Rodrigues Wambier; Teresa Arruda Alvim Wambier, *Temas Essenciais do Novo CPC*, São Paulo: RT, 2016, p. 139; Maurício Antonio Tamer. Pontos sobre a Desconsideração da Personalidade Jurídica no CPC-2015: Conceito, Posição do Requerido e outros Aspectos Processuais. *Revista Brasileira de Direito Comercial*, nº 11. p. 05-21. jun./jul. 2016 (Notas sobre conceito de desconsideração, excepcionalidade da medida, obrigatoriedade do incidente, finalidade, fraude à execução e litisconsórcio); Nelson Nery Júnior e Rosa Maria de Andrade Nery, *Comentários ao Código de Processo Civil*, São Paulo: RT, 2015; Paulo Dias de Moura Ribeiro, Incidente de desconsideração da personalidade jurídica. In: Aluisio Gonçalves de Castro Mendes (coord.), *O Novo Código de Processo Civil*: Programa de Estudos Avançados em Homenagem ao Ministro Arnaldo Esteves Lima, Rio de Janeiro: Emarf, 2016, p. 115; Piaza Merigue da Cunha, Litisconsórcio eventual entre sócios e sociedade empresária quando da desconsideração da personalidade jurídica, *RBDPro*, ano 22, n. 86, p. 205-218, abr.-jun. 2014; Renato Beneduzi, In: Sérgio Cruz Arenhart e Daniel Mitidiero (coord.), *Comentários ao Código de Processo Civil*. 2. ed., São Paulo: RT, 2018, v. 2; Renato Beneduzi, In: Sérgio Cruz Arenhart e Daniel Mitidiero (coord.), *Comentários ao Código de Processo Civil*. 2. ed., São Paulo: RT, 2018, v. 2; Sandro Gilbert Martins, In: Teresa Arruda Alvim Wambier, Fredie Didier Jr., Eduardo Talamini, Bruno Dantas, *Breves comentários ao novo Código de Processo Civil*, São Paulo: Revista dos Tribunais, 2015; Sandro Gilbert Martins, In: Teresa Arruda Alvim Wambier, Fredie Didier Jr., Eduardo Talamini, Bruno Dantas, *Breves comentários ao novo Código de Processo Civil*, São Paulo: Revista dos Tribunais, 2015; Teresa Arruda Alvim Wambier, Fredie Didier Jr., Eduardo Talamini, Bruno Dantas (coords.), *Breves comentários ao novo Código de Processo Civil*, São Paulo: Revista dos Tribunais, 2015; Teresa Arruda Alvim Wambier, Maria Lúcia Lins Conceicão, Leonardo Ferres da Silva Ribeiro, Rogério Licastro Torres de Melo, *Primeiros comentários ao novo Código de Processo Civil*, São Paulo: Revista dos Tribunais, 2015; Ugo Rocco, *Trattado di diritto processuale civile*, 2. ed., Turim: Utet, 1966, v. II, n. 10 – sobre o fato de parte da doutrina italiana rejeitar este tipo de sentença; Vinícius Jose Marques Gontijo. In: BRAGA NETO, Felipe Peixoto; SILVA, Michael César; THIBAU, Vinícius Lott (Coord.). *O Direito Privado e o atual Código de Processo Civil: repercussões, diálogos e tendências*, Belo Horizonte: Fórum, 2018.

Capítulo V
DO *AMICUS CURIAE*

Art. 138. O juiz ou o relator, considerando a relevância da matéria, a especificidade do tema objeto da demanda ou a repercussão social da controvérsia, poderá, por decisão irrecorrível, de ofício ou a requerimento das partes ou de quem pretenda manifestar-se, solicitar ou admitir a participação de pessoa natural ou jurídica, órgão ou entidade especializada, com representatividade adequada, no prazo de 15 (quinze) dias de sua intimação.

§ 1º A intervenção de que trata o *caput* não implica alteração de competência nem autoriza a interposição de recursos, ressalvadas a oposição de embargos de declaração e a hipótese do § 3º.

§ 2º Caberá ao juiz ou ao relator, na decisão que solicitar ou admitir a intervenção, definir os poderes do *amicus curiae*.

§ 3º O *amicus curiae* pode recorrer da decisão que julgar o incidente de resolução de demandas repetitivas.

REFERÊNCIA LEGISLATIVA

Lei nº 9.868/1999, art. 7º, § 2º.

CJF – I JORNADA DE DIREITO PROCESSUAL CIVIL

Enunciado 12 – É cabível a intervenção de *amicus curiae* (art. 138 do CPC) no procedimento do Mandado de Injunção (Lei n. 13.300/2016).

Enunciado 82 – Quando houver pluralidade de pedidos de admissão de *amicus curiae*, o relator deve observar, como critério para definição daqueles que serão admitidos, o equilíbrio na representatividade dos diversos interesses jurídicos contrapostos no litígio, velando, assim, pelo respeito à amplitude do contraditório, paridade de tratamento e isonomia entre todos os potencialmente atingidos pela decisão.

BREVES COMENTÁRIOS

O *amicus curiae*, ou amigo do tribunal, previsto pelo CPC/2015 entre as hipóteses de intervenção de terceiro (art. 138), mostra-se – segundo larga posição doutrinária –, preponderantemente, como um auxiliar do juízo em causas de relevância social, repercussão geral ou cujo objeto seja bastante específico, de modo que o magistrado necessite de apoio técnico. Não é ele propriamente parte no processo – pelo menos no sentido técnico de sujeito da lide objeto do processo –, mas, em razão de seu interesse jurídico (institucional) na solução do feito, ou por possuir conhecimento especial que contribuirá para o julgamento, é convocado a manifestar-se, ou se dispõe a atuar, como colaborador do juízo. Assim, sua participação é, em verdade, meramente opinativa a respeito da matéria objeto da demanda. Sua intervenção, de tal sorte, justifica-se como forma de aprimoramento da tutela jurisdicional.

A natureza jurídica do *amicus curiae* é bastante controvertida na doutrina pátria. Alguns autores o qualificam como uma modalidade interventiva *sui generis* ou atípica. Isso porque sua intervenção estaria vinculada à demonstração de um interesse jurídico legítimo. Outros o entendem como um terceiro que intervém no processo a título de auxiliar do juízo, cujo objetivo é aprimorar as decisões, dar suporte técnico ao magistrado.

Nossa opinião é de que o *amicus curiae*, tal como conceituado pelo atual CPC, é um auxiliar especial do juiz, a quem cabe fornecer informações técnicas reputadas relevantes para o julgamento da causa. Não se confunde, entretanto, com aqueles auxiliares que habitualmente participam do processo, tais como o escrivão, o perito, o tradutor, o curador, o *custos legis* etc., pois chega até a dispor do direito de recorrer em alguns casos. Sua interferência é, pois, típica e particularíssima, seja pelas condições em que se dá, seja pelo objetivo visado.

A participação do *amicus curiae* no processo pode dar-se por iniciativa do juiz, de ofício, ou a requerimento das partes ou do próprio *amigo do tribunal*. A intervenção somente será cabível se: (i) a matéria discutida nos autos for relevante; (ii) o tema objeto da demanda for específico; ou (iii) a controvérsia tiver repercussão social. Presente um desses requisitos, o juiz poderá solicitar ou admitir a sua manifestação por meio de decisão irrecorrível. Ou seja, o magistrado é livre para decidir acerca da conveniência ou não da intervenção do *amicus curiae*, desde que exponha suas razões.

O *amicus curiae* pode ser pessoa natural ou jurídica, órgão ou entidade especializada, com representatividade adequada. É fundamental, contudo, que tenha conhecimento específico sobre a matéria objeto da lide, de modo a propiciar ao juiz elementos e informações relevantes para bem solucionar a causa. O atual Código adotou, portanto, entendimento mais amplo do que aquele que vinha esposando o STF para a intervenção do *amicus curiae* nas ações de controle concentrado de constitucionalidade, na medida em que permite tal intervenção, nas ações em geral, não só de órgãos ou entidades (Lei 9.868/1999, art. 7º, § 2º), mas, também, de pessoa física com evidente conhecimento e autoridade a respeito da matéria em discussão (STF, Pleno, ADI 4.178/GO, Rel. Min. Cezar Peluso, ac. 04.02.2010, *DJe* 18.03.2010). O texto legal não define o que seja a representatividade como requisito da intervenção do *amicus curiae*. Deixa certo, porém, que não são apenas órgãos ou entidades de representação coletiva que se legitimam à referida intervenção.

Uma vez convocado a se manifestar, o amigo do tribunal deve fazê-lo no prazo de quinze dias a contar de sua intimação. Sua intervenção é meramente colaborativa, i.e., não tem por função comprovar fatos, mas sim opinar sobre eles, interpretá-los segundo seus conhecimentos técnicos específicos, a fim de auxiliar o juiz no julgamento do feito. Pela especialidade da intervenção colaborativa, não se há de cogitar de preclusão a seu respeito.

A legislação atual foi expressa em determinar que a intervenção do *amicus curiae* "não implica alteração de competência", razão pela qual, ainda que o terceiro seja ente da Administração Pública Federal, não haverá, nos processos afetos a outras justiças, o deslocamento de competência para a Justiça federal. Isso se deve à circunstância de que o interveniente, *in casu*, não assume a qualidade de parte.

JURISPRUDÊNCIA SELECIONADA

1. *Amicus curiae*. Natureza jurídica. "O *amicus curiae* é um colaborador da Justiça que, embora possa deter algum interesse no desfecho da demanda, não se vincula processualmente ao resultado do seu julgamento. É que sua participação no processo ocorre e se justifica não como defensor de interesses próprios, mas como agente habilitado a agregar subsídios que possam contribuir para a qualificação da decisão a ser tomada pelo tribunal. A presença de *amicus curiae* no processo se dá, portanto, em benefício da jurisdição, não configurando, consequentemente, um direito subjetivo processual do interessado. A participação do *amicus curiae* em ações diretas de inconstitucionalidade no Supremo Tribunal Federal possui, nos termos da disciplina legal e regimental hoje vigentes, natureza predominantemente instrutória, a ser deferida segundo juízo do relator. A decisão que recusa pedido de habilitação de *amicus curiae* não compromete qualquer direito subjetivo nem acarreta qualquer espécie de prejuízo ou de sucumbência ao requerente, circunstância por si só suficiente para justificar a jurisprudência do tribunal, que nega legitimidade recursal ao preterido" (STF, ADI 3.460 ED, Rel. Min. Teori Zavascki, Tribunal Pleno, jul. 12.02.2015, *DJe* 12.03.2015). **Nota:** De acordo com o CPC/2015, é possível o *amicus curiae* recorrer mediante embargos declaratórios nos processos em que atua e interpor recurso contra o julgamento do Incidente de Resolução de Demandas Repetitivas (art. 138, §§ 1º e 3º).

2. Momento do ingresso do *amicus curiae*. Após julgamento. Impossibilidade. "A jurisprudência do STF na matéria, especialmente por ocasião do julgamento da ADI 4.071 e da ACO 779/RJ, admite o ingresso de *amicus curiae* **até a inclusão do feito em pauta.** No julgamento do AgRg na ACO 779, Rel. Min. Dias Toffoli, admitiu-se a possibilidade, em tese, do ingresso na lide de *amicus curiae* após a inclusão do feito em pauta **desde que haja demonstração de uma situação excepcional.** No caso dos autos, o pedido de ingresso não ocorreu apenas depois da inclusão do feito em pauta, mas após o próprio julgamento efetivado. Ademais, ainda que se admitisse que esta demanda estivesse na mesma situação processual daquela que fora julgada pelo STF, não há aqui qualquer situação de excepcionalidade, por duas razões básicas: a) o requerente apenas citou, de forma genérica, mas não fundamentou qualquer excepcionalidade a ser considerada; e b) a questão posta para análise reduz-se a um tema estritamente jurídico, não exigindo a manifestação de experts na área técnica ou científica" (STJ, EDcl no REsp 1336026/PE, Rel. Min. Og Fernandes, 1ª Seção, jul. 13.06.2018, *DJe* 22.06.2018).

3. *Amicus curiae*. Indeferimento da participação pelo relator:

Ausência de direito subjetivo ao ingresso. "A participação do *amicus curiae* tem por escopo a prestação de elementos informativos à lide, a fim de melhor respaldar a decisão judicial que irá dirimir a controvérsia posta nos autos. No caso em foco, o agravante não ostenta representatividade em âmbito nacional. A ausência de tal requisito prejudica a utilidade e a conveniência da sua intervenção. A admissão de *amicus curiae* no feito é uma prerrogativa do órgão julgador, na pessoa do relator, razão pela qual não há que se falar em direito subjetivo ao ingresso. A propósito: RE 808202 AgR, Rel. Min. Dias Toffoli, Tribunal Pleno, *DJe* 30.06.2017; EDcl no REsp 1483930/DF, Rel. Min. Luis Felipe Salomão, 2ª Seção, *DJe* 03.05.2017; EDcl no REsp 1110549/RS, Rel. Min. Sidnei Beneti, 2ª Seção, *DJe* 30.04.2010" (STJ, AgInt nos EDcl na PET no REsp 1.657.156/RJ, Rel. Min. Benedito Gonçalves, 1ª Seção, jul. 11.04.2018, *DJe* 18.04.2018)

"A atividade do *amicus curiae* possui natureza **meramente colaborativa**, pelo que inexiste direito subjetivo de terceiro de atuar como amigo da Corte. O relator, no exercício de seus poderes, pode admitir o amigo da corte ou não, observandos os critérios legais e jurisprudenciais e, ainda, **a conveniência da intervenção** para a instrução do feito. O requisito da representatividade adequada exige do requerente, além da capacidade de representação de um conjunto de pessoas, a existência de uma preocupação institucional e a capacidade de efetivamente contribuir para o debate. Havendo concorrência de pedidos de ingresso oriundos de instituições com deveres, interesses e poderes de representação total ou parcialmente coincidentes, por razões de racionalidade e economia processual, defere-se o ingresso do postulante dotado de representatividade mais ampla. Precedentes" (STF, RE 808.202 AgR, Rel. Min. Dias Toffoli, Tribunal Pleno, jul. 09.06.2017, *DJe* 30.06.2017). **No mesmo sentido:** STF, Rcl 22.012 AgR, Rel. Min. Dias Toffoli, 2ª Turma, jul. 15.06.2018, *DJe* 27.06.2018.

Interesse do *amicus curiae* no resultado do processo. Participação não inviabilizada. "No presente caso, o Tribunal de origem admitiu o ingresso da ABIFINA como *amicus curiae* por encontrar justificativa suficiente a relevância econômica e social da matéria debatida, além do interesse de toda coletividade de que não subsista a exclusividade sobre a exploração de determinado invento. (...) A respeito do suposto interesse econômico da agravada e da insuficiência das novas informações por ela apresentadas, irretocável a decisão impugnada ao consignar que 'a ABIFINA irá exercer papel meramente informacional, fornecendo subsídios adicionais ao julgador que, por sua vez, irá conferir-lhes o peso que entender cabível. Nesse contexto, **é irrelevante o eventual interesse que o *amicus* detenha na demanda, bastando que as informações trazidas auxiliem o magistrado na compreensão da matéria'**. Ademais, não há como alterar, na via estreita do recurso especial, as conclusões tomadas pela Corte de origem, com base nos elementos informativos constantes dos autos, no sentido de estar configurada hipótese de admissão da ora recorrente da ABIFINA como *amicus curiae* no presente feito. Incidência, na hipótese, do enunciado 7 da Súmula do STJ." (STJ, REsp nº 1.709.681/RJ, Min. Luis Felipe Salomão, decisão monocrática, *DJ* 19.12.2017).

"A orientação jurisprudencial da 1ª Seção deste Sodalício é no sentido de que o ingresso de ***amicus curiae* é previsto para as ações de natureza objetiva, sendo excepcional a admissão no processo subjetivo quando a multiplicidade de demandas similares indicar a generalização do julgado a ser proferido.** Não é admitido o ingresso quando a pretensão é dirigida para tentar assegurar resultado favorável a uma das partes envolvidas" (STJ, AgInt na PET no REsp 1700197/SP, Rel. Min. Mauro Campbell Marques, 2ª Turma, jul. 19.06.2018, *DJe* 27.06.2018).

Decisão irrecorrível. "Consoante o *caput* do art. 138, do CPC/2015, o ingresso no processo como ***amicus curiae* deve ser avaliado pelo julgador, o qual, em decisão irrecorrível, apreciará a necessidade e utilidade da participação do requerente na demanda,** tendo como elementos de formação da convicção a relevância da matéria, especificidade do tema ou repercussão social da controvérsia" (STJ, AgInt na PET no REsp 1670254/CE, Rel. Min. Sérgio Kukina, 1ª Turma, jul. 05.06.2018, *DJe* 02.08.2018).

Não cabimento de agravo de instrumento. "A dissipar dúvidas sobre o tema, a Corte Especial do STJ, por unanimidade, em 1º/08/2018, no julgamento da Questão de Ordem no REsp 1.696.396/MT, afetado sob o rito dos recursos repetitivos, decidiu que 'a leitura do art. 138 do CPC/15, não deixa dúvida de que a decisão unipessoal que verse sobre a admissibilidade do *amicus curiae* não é impugnável por agravo interno, seja porque o caput expressamente a coloca como uma decisão irrecorrível, seja porque o § 1º expressamente diz que a intervenção não autoriza a interposição de recursos, ressalvada a oposição de embargos de declaração ou a interposição de recurso contra a decisão que julgar o IRDR' (STJ, Questão de Ordem no REsp 1.696.396/MT, Rel. Ministra Nancy Andrighi, Corte Especial, *DJe* de 19/12/2018). A Primeira Seção do STJ, no julgamento do AgInt no REsp 1.617.086/PR (Rel. Ministra Assusete Magalhães, *DJe* de 10/12/2018), amparando-se no entendimento da Corte Especial deste Tribunal, decidiu, à unanimidade, não conhecer do Agravo interno, interposto contra decisão que indeferira o ingresso, no feito, de *amicus curiae*. Em igual sentido: STJ, AgInt no REsp 1.828.606/RS, Rel. Ministro Herman Benjamin, Primeira Seção, *DJe* de 23/06/2022; AgInt nos EDcl na PET no REsp 2.030.087/RJ, Rel. Ministra Regina Helena Costa, Primeira Turma, *DJe* de 10/05/2023" (STJ, AgInt na PET no REsp 1.908.497/RN, Rel. Min. Assusete Magalhães, 1ª Seção, jul. 13.09.2023, *DJe* 20.09.2023).

4. *Amicus curiae*. Pessoa física. Inadmissibilidade. Decisão recorrível: "Controle abstrato de constitucionalidade. Decisão que fundamentadamente não admitiu a intervenção, como 'amicus curiae', de pessoa física. Ausência de representatividade adequada. Impossibilidade de defender, em sede de controle normativo abstrato, direitos e interesses de caráter individual e concreto. Legitimidade daquele que não é admitido como 'amicus curiae' para recorrer dessa decisão do relator" (STF, ADI 3396 AgR, Rel. Min. Celso de Mello, Tribunal Pleno, jul. 06.08.2020, *DJe* 14.10.2020).

5. Interposição de recurso. "O Supremo Tribunal Federal tem firme o entendimento de que as entidades que participam dos processos na condição de *amicus curiae* têm como papel instruir os autos com informações relevantes ou dados técnicos, não possuindo, entretanto, legitimidade para a interposição de recursos, inclusive embargos de declaração. Precedentes. Ainda que a disciplina prevista no novo Código de Processo Civil a respeito do *amicus curiae* permita a oposição de embargos de declaração pelo interveniente (CPC/2015, art. 138, § 1º), a regra não é aplicável em sede de ações de controle concentrado de constitucionalidade" (STF, ADI 4389 ED-AgR, Rel. Min. Roberto Barroso, Tribunal Pleno, jul. 14.08.2019, *DJe* 18.09.2019).

6. Decisão que indefere a participação do *amicus curiae*. Irrecorribilidade. "Consoante o art. 138, *caput*, do CPC/2015, a decisão do relator que dispõe a respeito da intervenção do *amicus curiae* no processo é irrecorrível" (STJ, AgInt na PET no REsp 1367212/RR, Rel. Min. Ricardo Villas Bôas Cueva, 3ª Turma, jul. 06.02.2018, *DJe* 14.02.2018).

7. Entidades jurídicas representativas de comunidades carentes. Admissibilidade. "Entidades jurídicas representativas das comunidades carentes podem ser admitidas no feito como *amicus curiae*, restringindo as exigências legais para habilitação somente para as pessoas jurídicas formalizadas" (STF, ADPF 635/RJ, Rel. Min. Edson Fachin, jul. 22.06.2020, *DJe* 25.06.2020, *Revista dos Tribunais*, São Paulo, ano 109, v. 1.019, p. 406, set. 2020).

8. Agências reguladoras. Pedido de ingresso em litígios que discutam questões de sua competência ou sobre regulação geral. *Amicus curiae*. Nessa linha de raciocínio, esta Corte tem asseverado que a ação civil pública em que se discute relação contratual entre particular e a concessionária de serviços de telefonia não atinge a órbita jurídica da agência reguladora, que poderá participar da demanda como *amicus curiae*, para verificar a legalidade da prática. Precedentes: AgRg no REsp 1570188/PE, Rel. Ministro Mauro Campbell Marques, Segunda Turma, *DJe* 16/3/2016; REsp 700.206/MG, Relator Ministro Luiz Fux, Primeira Turma, *DJe* 19/3/2010" (STJ, AgInt no REsp 1.513.395/SE, Rel. Min. Sérgio Kukina, 1ª Turma, jul. 13.06.2017, *DJe* 23.06.2017). **No mesmo sentido:** STJ, AgRg no REsp 1.502.179/PE, Rel. Min. Herman Benjamin, 2ª Turma, jul. 22.11.2016, *DJe* 19.12.2016).

☆ DO *AMICUS CURIAE*: INDICAÇÃO DOUTRINÁRIA

Anderson Rocha Paiva. *Amicus Curiae:* da legislação esparsa ao regramento genérico do atual Código de Processo Civil, *Revista de Processo*, vol. 261, ano 41, p. 23-52, São Paulo: RT, nov./2016; Arruda Alvim. *Novo contencioso cível no CPC/2015*, São Paulo: Revista dos Tribunais, 2016, p. 45-76; Cassio Scarpinella Bueno, *Manual de direito processual civil*, São Paulo: Saraiva, 2015; Cassio Scarpinella Bueno. Intervenção de terceiros e *amicus curiae* no novo CPC. In: Aluisio Gonçalves de Castro Mendes (coord.), *O Novo Código de Processo Civil: Programa de Estudos Avançados em Homenagem ao Ministro Arnaldo Esteves Lima*, Rio de Janeiro: Emarf, 2016, p. 125; Daniel Amorim Assumpção Neves, *Manual de direito processo civil*, São Paulo: Método, 2015; Felipe Augusto de Toledo Moreira. Amicus curiae. *In:* Luiz Rodrigues Wambier, Teresa Arruda Alvim Wambier, *Temas Essenciais do Novo CPC*, São Paulo: RT, 2016, p. 135; Fredie Didier Jr., *Curso de direito processual civil*, 17. ed., Salvador: JusPodivm, 2015, v. I; Guilherme Rizzo Amaral, *Comentários às alterações do novo CPC*, São Paulo: Revista dos Tribunais, 2015; Humberto Theodoro Júnior, *Curso de direito processual civil*, 61. ed., Rio de Janeiro: Forense, 2020, v. I; Humberto Theodoro Júnior, Fernanda Alvim Ribeiro de Oliveira, Ester Camila Gomes Norato Rezende (coords.), *Primeiras lições sobre o novo direito processual civil brasileiro*, Rio de Janeiro: Forense, 2015; J. E. Carreira Alvim, *Comentários ao atual Código de Processo Civil*, Curitiba: Juruá, 2015; José Miguel Garcia Medina, *Novo Código de Processo Civil comentado*, São Paulo: Revista dos Tribunais, 2015; José Roberto dos Santos Bedaque, In: José Roberto F. Gouvêa; Luis Guilherme A. Bondioli e João Francisco N. da Fonseca (coord.), *Comentários ao Código de Processo Civil*, São Paulo: Saraiva, 2019, v. 3; Juliana de Carvalho Borcelli. A atuação do Amicus Curiae no Incidente de Resolução de Demandas Repetitivas. *Revista Síntese de Direito Processual*. v. 19. n. 115, set./out. 2018; Leonardo Greco, *Instituições de processo civil: introdução ao direito processual civil*, 5. ed., Rio de Janeiro: Forense, 2015;

Luis Antônio Giampaulo Sarro, *Novo Código de Processo Civil*, São Paulo: Rideel, 2015; Luiz Guilherme Marinoni, Sérgio Cruz Arenhart, Daniel Mitidiero, *Curso de processo civil*, São Paulo: Revista dos Tribunais, 2015, v. I; Luiz Henrique Volpe Camargo. Brevíssimas noções sobre o *amicus curiae* no novo CPC. In: Paulo Henrique dos Santos Lucon e Pedro Miranda de Oliveira, Panorama atual do novo CPC, Florianópolis: Empório do Direito, 2016, p. 281; Nelson Nery Junior, Rosa Maria de Andrade Nery, *Comentários ao Código de Processo Civil*, São Paulo: Revista dos Tribunais, 2015; Renato Beneduzi, In: Sérgio Cruz Arenhart e Daniel Mitidiero (coord.), *Comentários ao Código de Processo Civil*. 2. ed., São Paulo: RT, 2018, v. 2; Sandro Marcelo Kozikoski, A institucionalização do amicus curiae: representatividade, contributividade e suas prerrogativas, In: Sérgio Cruz Arenhart; Daniel Mitidiero (coords.), O processo civil entre a técnica processual e a tutela dos direitos: estudos em homenagem a Luiz Guilherme Marinoni. São Paulo: RT, 2017, p. 727 e ss.; Teresa Arruda Alvim Wambier, Fredie Didier Jr., Eduardo Talamini, Bruno Dantas (coords.), *Breves comentários ao novo Código de Processo Civil*, São Paulo: Revista dos Tribunais, 2015; Teresa Arruda Alvim Wambier, Maria Lúcia Lins Conceição, Leonardo Ferres da Silva Ribeiro, Rogério Licastro Torres de Melo, *Primeiros comentários ao novo Código de Processo Civil*, São Paulo: Revista dos Tribunais, 2015; William Soares Pugliese, Amicus curiae: procedimento, poderes e vinculação à decisão, Revista de Processo, São Paulo, ano 45, v. 305, p. 83-97, jul. 2020.

TÍTULO IV
DO JUIZ E DOS AUXILIARES DA JUSTIÇA

Capítulo I
DOS PODERES, DOS DEVERES E DA RESPONSABILIDADE DO JUIZ

Art. 139. O juiz dirigirá o processo conforme as disposições deste Código, incumbindo-lhe:

I – assegurar às partes igualdade de tratamento;

II – velar pela duração razoável do processo;

III – prevenir ou reprimir qualquer ato contrário à dignidade da justiça e indeferir postulações meramente protelatórias;

IV – determinar todas as medidas indutivas, coercitivas, mandamentais ou sub-rogatórias necessárias para assegurar o cumprimento de ordem judicial, inclusive nas ações que tenham por objeto prestação pecuniária;

V – promover, a qualquer tempo, a autocomposição, preferencialmente com auxílio de conciliadores e mediadores judiciais;

VI – dilatar os prazos processuais e alterar a ordem de produção dos meios de prova, adequando-os às necessidades do conflito de modo a conferir maior efetividade à tutela do direito;

VII – exercer o poder de polícia, requisitando, quando necessário, força policial, além da segurança interna dos fóruns e tribunais;

VIII – determinar, a qualquer tempo, o comparecimento pessoal das partes, para inquiri-las sobre os fatos da causa, hipótese em que não incidirá a pena de confesso;

IX – determinar o suprimento de pressupostos processuais e o saneamento de outros vícios processuais;

X – quando se deparar com diversas demandas individuais repetitivas, oficiar o Ministério Público, a Defensoria Pública e, na medida do possível, outros legitimados a que se referem o art. 5º da Lei nº 7.347, de 24 de julho de 1985, e o art. 82 da Lei nº 8.078, de 11 de setembro de 1990, para, se for o caso, promover a propositura da ação coletiva respectiva.

Parágrafo único. A dilação de prazos prevista no inciso VI somente pode ser determinada antes de encerrado o prazo regular.

CPC/1973

Art. 125.

REFERÊNCIA LEGISLATIVA

CF, art. 5º (princípio da igualdade perante a lei).

CPC/2015, arts. 2º (formação do processo; impulso oficial); 17 (legitimidade e interesse de agir); 57 (reunião de processos); 63, § 1º (incompetência absoluta); 76 (verificação de incapacidade processual ou irregularidade da representação); 78 (riscamento de expressões injuriosas); 81 (litigante de má-fé); 190 (negócio jurídico processual); 202 (cotas marginais ou interlineares); 203 a 205 (atos do juiz); 235 (prazo: mora do juiz); 315, *caput* (sobrestamento do feito); 337 (questões de ordem pública); 357, § 6º (dispensa de testemunhas); 359 (tentativa de conciliação); 360 (poder de polícia); 370 (indeferimento de diligências inúteis ou protelatórias); 461 (inquirição ou acareação de testemunhas); 485, § 3º (extinção do processo sem resolução do mérito); 480 (realização de nova perícia); 481 e 482 (inspeção judicial); 485 (sentença sem resolução de mérito); e 772 a 774 (poderes do juiz; atos atentatórios à dignidade da Justiça; proibição de falar nos autos).

Lei Complementar nº 35, de 14.03.1979 (Magistratura – ver Legislação Especial), art. 35 (deveres do juiz).

Lei nº 5.010, de 30.05.1966 (Justiça Federal – ver Legislação Especial), art. 55 (deveres do juiz).

Lei nº 9.099, de 26.09.1995 (Juizados Especiais), arts. 5º e 6º (atribuições do juiz).

Código de Ética da Magistratura Nacional, aprovado pelo CNJ em 26.08.2008 (ver Legislação Especial).

CJF – I JORNADA DE DIREITO PROCESSUAL CIVIL

Enunciado 13 – O art. 139, VI, do CPC autoriza o deslocamento para o futuro do termo inicial do prazo.

BREVES COMENTÁRIOS

A um só tempo, o legislador processual põe nas mãos do juiz poderes para bem dirigir o processo e deveres de observar o conteúdo das normas respectivas. Assim, o juiz tem poderes para assegurar tratamento igualitário das partes, para dar andamento célere ao processo e para reprimir os atos contrários à dignidade da Justiça, mas às partes assiste, também, o direito de exigir que o magistrado use desses mesmos poderes sempre que a causa tomar rumo contrário aos desígnios do direito processual.

JURISPRUDÊNCIA SELECIONADA

1. Duração razoável do processo. Responsabilidade civil do estado (Inciso II). Ver jurisprudência do art. 4º do CPC/2015.

2. Poderes do juiz. Fixação de multa (inciso IV). "O CPC de 2015, em homenagem ao princípio do resultado na execução, inovou o ordenamento jurídico com a previsão, em seu art. 139, IV, de medidas executivas atípicas, tendentes à satisfação da obrigação exequenda, inclusive as de pagar quantia certa. As modernas regras de processo, no entanto, ainda respaldadas pela busca da efetividade jurisdicional, em nenhuma circunstância, poderão se distanciar dos ditames constitucionais, apenas sendo possível a implementação de comandos não discricionários ou que restrinjam direitos individuais de forma razoável. Assim, no caso concreto, após esgotados todos os meios típicos de satisfação da dívida, para assegurar o cumprimento de ordem judicial, deve o magistrado eleger medida que seja necessária, lógica e proporcional. Não sendo adequada e necessária, ainda que sob o escudo da busca pela efetivação das decisões judiciais, será contrária à ordem jurídica" (RHC 97.876/SP, Rel. Min. Luis Felipe Salomão, 4ª Turma, jul. 05.06.2018, *DJe* 09.08.2018).

"É cabível a multa de R$ 1.500,00, por ato de negativação ou indevido de cobrança, para forçar a instituição financeira a se abster de incluir a publicidade do nome da devedora nos cadastros negativos, considerando que é dever do juiz dirigir o processo, incumbindo-se determinar todas as medidas indutivas, coercitivas, mandamentais ou sub-rogatórias necessárias para assegurar o cumprimento de ordem judicial (art. 139, IV, CPC/2015) – Multa que fica mantida" (TJSP, AI 2195744-40.2016.8.26.0000, Rel. Des. Sérgio Shimura, 23ª Câmara de Direito Privado, jul. 14.12.2016, data de registro 15.12.2016).

"A multa (*astreinte*) constitui medida coercitiva tendente a induzir a parte a, ela própria, atender ao comando judicial – Serve como fator desestimulante à recalcitrância e tem por objetivo conferir efetividade à tutela jurisdicional, podendo ser fixada até de ofício, cujo montante deve ser suficiente a inibir ou forçar a conduta da parte, evitando que se subtraia ao comando jurisdicional – Incumbe ao juiz prevenir ou reprimir qualquer ato contrário à dignidade da justiça, determinando todas as medidas indutivas, coercitivas, mandamentais ou sub-rogatórias necessárias para assegurar o cumprimento de ordem judicial, inclusive nas ações que tenham por objeto prestação pecuniária (art. 139, III e IV, CPC/2015)." (TJSP, AI 2180211-41.2016.8.26.0000, Rel. Des. Sérgio Shimura, 23ª Câmara de Direito Privado, jul. 30.11.2016, data de registro 06.12.2016).

"O art. 8º do Código de Processo Civil consagra o dever de observância dos princípios da proporcionalidade e razoabilidade na aplicação do ordenamento jurídico. As medidas executivas atípicas devem considerar os critérios de adequação, necessidade e proporcionalidade, de modo que sejam adequadas a atingir o resultado almejado, não ultrapassem o necessário para alcançar seu propósito, e, de forma ponderada, melhor atendam aos interesses em conflito. Hipótese na qual as medidas pleiteadas pelo agravante são desproporcionais, visando apenas à restrição de direitos individuais dos executados e não à satisfação do débito" (TJMG, Agravo de Instrumento 1.0408.03.002018-9/001, Rel. Des. Alberto Vilas Boas, 1ª Câmara Cível, jul. 16.10.2018, *DJe*MG 22.10.2018).

3. Medidas executivas atípicas.

Apreensão de passaporte. (inciso IV). "Devedor e respectivos bens não localizados – Notícia de que o executado mudou-se para os Estados Unidos da América – Pretensão de que seja determinada a suspensão de seu passaporte e que se proceda à recomendação ao Consulado daquele Estado para que não renove o visto de permanência do executado – Inadmissibilidade: Ainda que a execução se processe em benefício do credor e que o art. 139, inc. IV, do atual Código de Processo Civil, preveja que cabe ao Juiz determinar medidas para compelir o devedor ao pagamento da dívida, tais **disposições submetem-se às garantias constitucionais e aos princípios da razoabilidade e proporcionalidade** – Inadmissibilidade de se afetar o direito de ir e vir do executado para forçá-lo ao pagamento do débito" (TJSP, AI 2210462-42.2016.8.26.0000, Rel. Des. Nelson Jorge Júnior, 13ª Câmara de Direito Privado, jul. 07.12.2016, data de registro 07.12.2016).

Possibilidade desde que adotadas de forma subsidiária e que a decisão seja fundamentada e observado o contraditório. "O propósito recursal é definir se a suspensão da carteira nacional de habilitação e a retenção do passaporte do devedor de obrigação de pagar quantia são medidas viáveis de serem adotadas pelo juiz condutor do processo executivo. (...) O Código de Processo Civil de 2015, a fim de garantir maior celeridade e efetividade ao processo, positivou regra segundo a qual incumbe ao juiz determinar todas as medidas indutivas, coercitivas, mandamentais ou sub-rogatórias necessárias para assegurar o cumprimento de ordem judicial, inclusive nas ações que tenham por objeto prestação pecuniária (art. 139, IV). A interpretação sistemática do ordenamento jurídico revela, todavia, que tal previsão legal não autoriza a adoção indiscriminada de qualquer medida executiva, independentemente de balizas ou meios de controle efetivos. De acordo com o entendimento do STJ, as modernas regras de processo, ainda respaldadas pela busca da efetividade jurisdicional, em nenhuma circunstância poderão se distanciar dos ditames constitucionais, apenas sendo possível a implementação de comandos não discricionários ou que restrinjam direitos individuais de forma razoável. Precedente específico. A adoção de meios executivos atípicos é cabível desde que, verificando-se a existência de indícios de que o devedor possua patrimônio expropriável, tais medidas sejam adotadas de modo subsidiário, por meio de decisão que contenha fundamentação adequada às especificidades da hipótese concreta, com observância do contraditório substancial e do postulado da proporcionalidade" (STJ, REsp 1.788.950/MT, Rel. Min. Nancy Andrighi, 3ª Turma, jul. 23.04.2019, *DJe* 26.04.2019).

Necessidade de esgotamento dos meios tradicionais de satisfação. "Nos termos da jurisprudência do STJ, o acautelamento de passaporte é medida que limita a liberdade de locomoção, que pode, no caso concreto, significar constrangimento ilegal e arbitrário, sendo o habeas corpus via processual adequada para essa análise. O CPC de 2015, em homenagem ao princípio do resultado na execução, inovou o ordenamento jurídico com a previsão, em seu art. 139, IV, de medidas executivas atípicas, tendentes à satisfação da obrigação exequenda, inclusive as de pagar quantia certa. As modernas regras de processo, no entanto, ainda respaldadas pela busca da efetividade jurisdicional, em nenhuma circunstância, poderão se distanciar dos ditames constitucionais, apenas sendo possível a implementação de comandos não discricionários ou que restrinjam direitos individuais de forma razoável. Assim, no caso concreto, após esgotados todos os meios típicos de satisfação da dívida, para assegurar o cumprimento de ordem judicial, deve o magistrado eleger medida que seja necessária, lógica e proporcional. Não sendo adequada e necessária, ainda que sob o escudo da busca pela efetivação das decisões judiciais, será contrária à ordem jurídica. Nesse sentido, para que o julgador se utilize de meios executivos atípicos, a decisão deve ser fundamentada e sujeita ao contraditório, demonstrando-se a excepcionalidade da medida adotada em razão da ineficácia dos meios executivos típicos, sob pena de configurar-se como sanção processual. A adoção de medidas de incursão na esfera de direitos do executado, notadamente direitos fundamentais, carecerá de legitimidade e configurar-se-á coação reprovável, sempre que vazia de respaldo constitucional ou previsão legal e à medida que não se justificar em defesa de outro direito fundamental. A liberdade de locomoção é a primeira de todas as liberdades, sendo condição de quase todas as demais. Consiste em poder o indivíduo deslocar-se de um lugar para outro, ou permanecer cá ou lá, segundo lhe convenha ou bem lhe pareça, compreendendo todas as possíveis manifestações da liberdade de ir e vir. Revela-se ilegal e arbitrária a medida coercitiva de suspensão do passaporte proferida no bojo de execução por título extrajudicial (duplicata de prestação de serviço), por restringir direito fundamental de ir e vir de forma desproporcional e não razoável. Não tendo sido demonstrado o esgotamento dos meios tradicionais de satisfação, a medida não se comprova necessária. O reconhecimento da ilegalidade da medida consistente na apreensão do passaporte do paciente, na hipótese em apreço, não tem qualquer pretensão em afirmar a impossibilidade dessa providência coercitiva em outros casos e de maneira genérica. A medida poderá eventualmente ser utilizada, desde que obedecido o contraditório e fundamentada e adequada a decisão, verificada também a proporcionalidade da providência" (STJ, RHC 97.876/SP, Rel. Min. Luis Felipe Salomão, 4ª Turma, jul. 05.06.2018, *DJe* 09.08.2018).

Possibilidade se as medidas típicas tiverem se mostrado incapazes de satisfazer o direito do credor, ou seja, quando

frustrados todos os meios executivos diretos disponíveis ao juiz. "Os elementos do caso descortinam que os pacientes, pessoas públicas, adotaram, ao longo da fase de conhecimento do processo e também na fase executiva, comportamento desleal e evasivo, embaraçando a tramitação processual e deixando de cumprir provimentos jurisdicionais, em conduta sintomática da ineficiência dos meios ordinários de penhora e expropriação de bens. A decisão que aplicou a restrição aos pacientes contou com fundamentação adequada e analítica. Ademais, observou o contraditório. Ao final do processo ponderativo, demonstrou a necessidade de restrição ao direito de ir e vir dos pacientes em favor da tutela do meio ambiente" (STJ, HC 478.963/RS, Rel. Min. Francisco Falcão, 2ª Turma, jul. 14.05.2019, *DJe* 21.05.2019).

Ausência de patrimônio penhorável nas várias diligências realizadas. Pretensão manifestada pela devedora de fixar residência fora do país. Risco de tornar inalcançável o seu patrimônio. Razoabilidade no caso concreto da suspensão da CNH e da apreensão do passaporte da devedora. "Possível extrair da pretensão de residência fora do país uma forma de blindagem do patrimônio do devedor, não deixando, pelo verificado no curso da execução, bens suficientes no Brasil para saldar as obrigações contraídas, pretendendo-se incrementá-lo fora do país, o que dificultaria, sobremaneira, o seu alcance pelo Estado-jurisdição brasileiro. Razoabilidade das medidas coercitivas adotadas, limitadas temporalmente pela Corte de origem até a indicação de bens à penhora ou a realização do ato constritivo, não se configurando, pois, ilegalidade a ser reparada na via do habeas corpus" (STJ, HC 597.069/SC, Rel. Min. Paulo de Tarso Sanseverino, 3ª Turma, jul. 22.09.2020, *DJe* 25.09.2020).

Apreensão de passaporte. Prazo de duração. Inexistência de duração preestabelecida. "As medidas coercitivas atípicas não modificam a natureza patrimonial da execução, mas, ao revés, servem apenas para causar ao devedor determinados incômodos pessoais que o convençam ser mais vantajoso adimplir a obrigação do que sofrer as referidas restrições impostas pelo juiz, de modo que a retenção do passaporte do devedor deve perdurar pelo tempo necessário para que se verifique, na prática, a efetividade da medida e a sua capacidade de dobrar a renitência do devedor, sobretudo quando existente indícios de ocultação de patrimônio" (STJ, 3ª T., HC 711.194/SP, Rel. Min. Marco Aurélio Bellizze, jul. 21.06.2022, *DJe* 27.06.2022).

"Cabível a impetração de *habeas corpus* tendo em vista a restrição ao direito fundamental de ir e vir causado pela retenção do passaporte dos pacientes. Precedentes: RHC n. 97.876/SP, HC n. 443.348/SP e RHC n. 99.606/SP. A despeito do cabimento do *habeas corpus*, é preciso aferir, *in concreto*, se a restrição ao uso do passaporte pelos pacientes foi ilegal ou abusiva. Os elementos do caso descortinam que os pacientes, pessoas públicas, adotaram, ao longo da fase de conhecimento do processo e também na fase executiva, comportamento desleal e evasivo, embaraçando a tramitação processual e deixando de cumprir provimentos jurisdicionais, em conduta sintomática da ineficiência dos meios ordinários de penhora e expropriação de bens. A decisão que aplicou a restrição aos pacientes contou com fundamentação adequada e analítica. Ademais, observou o contraditório. Ao final do processo ponderativo, demonstrou a necessidade de restrição ao direito de ir e vir dos pacientes em favor da tutela do meio ambiente" (STJ, HC. 478.963/RS, Rel. Min. Francisco Falcão, 2ª Turma, jul. 14.05.2019, *DJe* 21.05.2019).

Quebra de sigilo bancário. Finalidade de satisfação de direito patrimonial disponível. Descabimento. "O sigilo bancário constitui direito fundamental implícito, derivado da inviolabilidade da intimidade (art. 5º, X, da CF/1988) e do sigilo de dados (art. 5º, XII, da CF/1988), integrando, por conseguinte, os direitos da personalidade, de forma que somente é passível de mitigação – dada a sua relatividade –, quando dotada de proporcionalidade a limitação imposta. (...) Portanto, a quebra de sigilo bancário destinada tão somente à satisfação do crédito exequendo (visando à tutela de um direito patrimonial disponível, isto é, um interesse eminentemente privado) constitui mitigação desproporcional desse direito fundamental – que decorre dos direitos constitucionais à inviolabilidade da intimidade (art. 5º, X, da CF/1988) e do sigilo de dados (art. 5º, XII, da CF/1988) –, mostrando-se, nesses termos, descabida a sua utilização como medida executiva atípica. Recurso especial parcialmente conhecido e, nessa extensão, parcialmente provido" (STJ, REsp 1.951.176/SP, Rel. Min. Marco Aurélio Bellizze, 3ª Turma, jul. 19.10.2021, *DJe* 28.10.2021).

Devedor que ostenta patrimônio e se furta ao pagamento – Medida subsidiária – Razoabilidade e proporcionalidade verificadas no caso em concreto. "As diretrizes firmadas pelo Tribunal da Cidadania, que constituem freios à atuação discricionária do juiz, são, diante das peculiaridades da hipótese em concreto: a) a existência de indícios de que o recorrente possua patrimônio apto a cumprir com a obrigação a ele imposta; b) a decisão deve ser devidamente fundamentada com base nas especificidades constatadas; c) a medida atípica esteja sendo utilizada de forma subsidiária, dada a menção de que foram promovidas diligências à exaustão para a satisfação do crédito; e d) observou-se o contraditório e o postulado da proporcionalidade. Precedentes do STJ. Diante dessa nova forma de compreender o sistema processual, não é mais correto afirmar que a atividade satisfativa, sobretudo a tutela executiva, somente poderá ser obtida mediante a aplicação de regras herméticas, pois o legislador notoriamente conferiu ao magistrado (arts. 1º e 4º do CPC/2015) um poder geral de efetivação, desde que, é claro, fundamente adequadamente sua decisão a partir de critérios de ponderação, de modo a conformar, concretamente, os valores incidentes ao caso em análise. A decisão judicial restou fundamentada na existência de indícios patrimoniais e na conduta renitente do devedor de obstar a efetividade da prestação jurisdicional executiva. Nada impede que o juízo processante revise a efetividade do ato judicial com o decurso do tempo" (STJ, RHC 153.042/RJ, Rel. p/ acórdão Min. Marco Buzzi, 4ª Turma, jul. 14.06.2022, *DJe* 01.08.2022).

Utilização do Cadastro Nacional de Indisponibilidade de bens (CNIB). Exaurimento dos meios executivos típicos. "O Supremo Tribunal Federal, no julgamento da ADI 5.941/DF, recentemente declarou a constitucionalidade da aplicação concreta das medidas atípicas previstas no art. 139, IV, do CPC/2015, desde que não avance sobre direitos fundamentais e observe os princípios da proporcionalidade e razoabilidade. A fim de regulamentar o Cadastro Nacional de Indisponibilidade de Bens (CNIB), o Conselho Nacional de Justiça editou o Provimento n. 39/2014, o qual prevê busca pela racionalização do intercâmbio de informações entre o Poder Judiciário e os órgãos prestadores de serviços notariais e de registro, constituindo uma importante ferramenta para a execução, a propiciar maior segurança jurídica aos cidadãos em suas transações imobiliárias. A adoção do CNIB atende aos princípios da razoabilidade e da proporcionalidade, assim como não viola o princípio da menor onerosidade do devedor, pois a existência de anotação não impede a lavratura de escritura pública representativa do negócio jurídico relativo à propriedade ou outro direito real sobre imóvel, exercendo o papel de instrumento de publicidade do ato de indisponibilidade. Contudo, por se tratar de medida executiva atípica, a utilização do CNIB será admissível somente quando exauridos os meios executivos típicos, ante a sua subsidiariedade, conforme orientação desta Corte Superior" (STJ, REsp 1.963.178/SP, Rel. Min. Marco Aurélio Bellizze, 3ª Turma, jul. 12.12.2023, *DJe* 14.12.2023). **No mesmo sentido:** STJ, REsp 2.141.068/PR, Rel. Min. Nancy Andrighi, 3ª Turma, jul. 18.06.2024, *DJe* 21.06.2024).

Central Nacional da Indisponibilidade de Bens (CNIB) e SerasaJUD. "Reforma-se o acórdão que indefere o uso da ferramenta denominada 'SerasaJUD', que inclui o nome do executado nos cadastros de inadimplência, porquanto seu uso confere maior efetividade na demanda executória, não se mostrando medida desproporcional. O Provimento n. 34/2014 instituiu a Central Nacional de Indisponibilidade de Bens – CNIB com fito de propiciar uma resolução mais célere das execuções e cumprimentos de sentença que envolvam obrigações de pagar, bem como frustrar eventual ocultação de patrimônio em outros municípios ou estados da federação diversos do foro competente" (STJ, REsp 1.968.880/RS, Rel. Min. Afrânio Vilela, 2ª Turma, jul. 10.09.2024, *DJe* 17.09.2024).

4. Impedimento para sair do município. Impossibilidade (Inciso IV). "A adoção de medidas indutivas, coercitivas, mandamentais ou sub-rogatórias, prevista no art. 139, IV, do CPC, apresenta-se como instrumento importante a viabilizar a satisfação da obrigação exequenda, homenageando o princípio do resultado na execução, exteriorizado de forma mais evidente e, inquestionavelmente, alargado pelo Código vigente, alcançando, inclusive, as obrigações de pagar quantia certa. No caso dos autos, os pacientes estão impedidos de deixar o Município do Rio de Janeiro, em virtude da tramitação de processo de insolvência civil. Tal medida coercitiva é ilegal, uma vez que restringe o direito fundamental de ir e vir de forma desproporcional e não razoável, até porque nem mesmo o art. 104, III, da Lei 11.101/2005 veda absolutamente a possibilidade de viajar para fora da comarca, apenas a condiciona ao preenchimento de determinados requisitos: a) existência de justo motivo; b) comunicação expressa ao juiz; e c) constituição de procurador" (STJ, HC 525.378/RJ, Rel. Min. Luis Felipe Salomão, 4ª Turma, jul. 17.09.2019, *DJe* 11.10.2019).

5. Bloqueio de valores (Inciso IV). "Ao determinar o bloqueio dos valores o juiz não age como o titular da execução fiscal, dando início a ela, mas apenas dá efetividade à medida coercitiva anteriormente imposta e não cumprida, tomando providência de natureza cautelar. E isso se justifica na medida em que a mera imposição da multa, seu valor e decurso do tempo parecem não ter afetado a disposição da empresa recorrente em cumprir a ordem judicial. De se lembrar que o art. 139, IV, do CPC/2015, autoriza o juiz a 'determinar todas as medidas indutivas, coercitivas, mandamentais ou sub-rogatórias necessárias para assegurar o cumprimento de ordem judicial, inclusive nas ações que tenham por objeto prestação pecuniária'" (STJ, RMS 55.109/PR, Rel. Min. Reynaldo Soares Da Fonseca, 5ª Turma, jul. 07.11.2017, *DJe* 17.11.2017).

Pesquisa de bens via CNIB. "Exauridas as vias administrativas e ordinárias para fins de localização de bens das executadas, afigura-se razoável a comunicação de indisponibilidade de bens da parte devedora à Central Nacional de Indisponibilidade de Bens – CNIB –, bem como da busca de informações a respeito, com o fim de satisfazer o direito do credor, conforme a regulamentação do Provimento nº 39/2014 editado pelo Conselho Nacional de Justiça" (TJRS, Agravo 70083879197, Rel. Des. Walda Maria Melo Pierro, 20ª Câmara Cível, jul. 22.04.2020, *DJe* 24.04.2020). No mesmo sentido: TJRS, Agravo 70083171066, Rel. Des. Leoberto Narciso Brancher, 15ª Câmara Cível, jul. 11.11.2019, *DJe* 13.11.2019; TJRS, Agravo 70081339350, Rel. Des. Antônio Maria Rodrigues de Freitas Iserhard, 11ª Câmara Cível, jul. 27.11.2019, *DJe* 29.11.2019;

6. Medidas para refrear a renitência de quem deve fornecer o material para exame de DNA. Admissibilidade. "Determinado, pelo acórdão desta Corte, que fosse realizado novo exame de DNA para apuração da existência de vínculo biológico entre as partes, não pode a sentença, somente com base na ausência das pessoas que deveriam fornecer o material biológico, concluir pelo restabelecimento da coisa julgada que se formou na primeira ação investigatória (e que foi afastada por esta Corte), nem tampouco concluir pela inaplicabilidade da presunção contida na Súmula 301/STJ, sem que sejam empreendidas todas as providências necessárias para a adequada e exauriente elucidação da matéria fática. Aliás, é preciso enfatizar que maior do que o direito de ter um pai é o direito de saber quem é o pai. A impossibilidade de condução do investigado 'debaixo de vara' para a coleta de material genético necessário ao exame de DNA não implica na impossibilidade de adoção das medidas indutivas, coercitivas e mandamentais autorizadas pelo art. 139, IV, do novo CPC, com o propósito de dobrar a sua renitência, que deverão ser adotadas, sobretudo, nas hipóteses em que não se possa desde logo aplicar a presunção contida na Súmula 301/STJ ou quando se observar a existência de postura anticooperativa de que resulte o non liquet instrutório em desfavor de quem adota postura cooperativa, pois, maior do que o direito de um filho de ter um pai, é o direito de um filho de saber quem é o seu pai. Aplicam-se aos terceiros que possam fornecer material genético para a realização do novo exame de DNA as mesmas diretrizes anteriormente formuladas, pois, a despeito de não serem legitimados passivos para responder à ação investigatória (legitimação *ad processum*), são eles legitimados para a prática de determinados e específicos atos processuais (legitimação *ad actum*), observando-se, por analogia, o procedimento em contraditório delineado nos arts. 401 a 404, do novo CPC, que, inclusive, preveem a possibilidade de adoção de medidas indutivas, coercitivas, sub-rogatórias ou mandamentais ao terceiro que se encontra na posse de documento ou coisa que deva ser exibida" (STJ, Rcl 37.521/SP, Rel. Min. Nancy Andrighi, 2ª Seção, jul. 13.05.2020, *DJe* 05.06.2020).

7. Medidas atípicas aflitivas pessoais. Inaplicabilidade em execução fiscal. "A discussão lançada na espécie cinge-se à aplicação, no Executivo Fiscal, de medidas atípicas que obriguem o réu a efetuar o pagamento de dívida, tendo-se, como referência analítica, direitos e garantias fundamentais do cidadão, especialmente o de direito de ir e vir. (...) De fato, essas medidas constritivas atípicas se situam na eminente e importante esfera do mercado de crédito. O crédito disponibilizado ao consumidor, à exceção dos empréstimos consignados, é de parca proteção e elevado risco ao agente financeiro que concede o crédito, por não contar com garantia imediata, como sói acontecer com a alienação fiduciária. Diferentemente ocorre nos setores de financiamento imobiliário, de veículos e de patrulha agrícola mecanizada, por exemplo, cujo próprio bem adquirido é serviente a garantir o retorno do crédito concedido a altos juros. Julgadores que promovem a determinação para que, na hipótese de execuções cíveis, se proceda à restrição de direitos do cidadão, como se tem visto na limitação do uso de passaporte e da licença para dirigir, querem sinalizar ao mercado e às agências internacionais de avaliação de risco que, no Brasil, prestigiam-se os usos e costumes de mercado, com suas normas regulatórias próprias, como força centrífuga à autoridade estatal, consoante estudou o Professor José Eduardo Faria na obra *O Direito na Economia Globalizada*. São Paulo: Malheiros, 2004, p. 64/85. (...) **Tratando-se de Execução Fiscal, o raciocínio toma outros rumos quando medidas aflitivas pessoais atípicas são colocadas em vigência nesse procedimento de satisfação de créditos fiscais.** Inegavelmente, o Executivo Fiscal é destinado a saldar créditos que são titularizados pela coletividade, mas que contam com a representação da autoridade do Estado, a quem incumbe a promoção das ações conducentes à obtenção do crédito. Para tanto, o Poder Público se reveste da Execução Fiscal, de modo que já se tornou lugar comum afirmar que o Estado é superprivilegiado em sua condição de credor. (...) Como se percebe, o crédito fiscal é altamente blindado dos riscos de inadimplemento, por sua própria conformação jusprocedimental. (...) **Nesse raciocínio, é de imediata conclusão que medidas atípicas aflitivas pessoais, tais como a suspensão de passaporte e da licença para dirigir, não se firmam placidamente no Executivo Fiscal. A aplicação delas, nesse contexto, resulta em excessos.** Excessos por parte da investida fiscal já foram objeto de severo controle pelo Poder

Judiciário, tendo a Corte Suprema registrado em Súmula que é inadmissível a apreensão de mercadorias como meio coercitivo para pagamento de tributos (Súmula 323/STF)" (STJ, HC 453.870/PR, Rel. Min. Napoleão Nunes Maia Filho, 1ª Turma, jul. em 25.06.2019, *DJe* 15.08.2019).

8. Penhora de estoque de mercadorias. Não esgotamento das diligências ordinárias. Inadmissibilidade. "Mérito do recurso. Pedido de penhora do estoque de mercadorias. Medida excepcional (art. 139, IV, do CPC), devendo ser admitida após o esgotamento de diligências ordinárias. No presente caso, verifica-se que não houve o esgotamento, visto que as consultas ao BACENJUD, INFOJUD e RENAJUD foram realizadas apenas em nome do primeiro executado. Indeferimento, por ora. Ada penhora do estoque de mercadorias" (TJPR, Ag. 0044883-79.2021.8.16.0000, Rel. Des. Marcos Vinícius da Rocha Loures Demchuck, 13ª Câmara Cível, jul. 19.04.2022, *DJe* 19.04.2022).

9. Tratamento prioritário ao idoso. Prioridade na tramitação processual. Ver jurisprudência do art. 1.048, do CPC/2015.

10. Aplicabilidade subsidiária do CPC ao processo penal. Multa diária e poder geral de cautela. Teoria dos poderes implícitos. Ver jurisprudência do art. 15 do CPC/2015.

11. Medidas executivas atípicas no cumprimento de sentença proferida em ação de improbidade administrativa. "Inadmissíveis manobras para escapar da execução das sanções pecuniárias impostas pelo Estado, sob pena de as condutas contrárias à moralidade administrativa ficarem sem resposta. Ora, se o entendimento desta Corte – conforme a jurisprudência supradestacada – é o de que são cabíveis medidas executivas atípicas para a satisfação de obrigações de cunho estritamente patrimonial, com muito mais razão elas devem ser admitidas em casos em que o cumprimento da sentença se dá para tutelar a moralidade e o patrimônio público. Superada a questão da impossibilidade de adoção de medidas executivas atípicas de cunho não patrimonial pela jurisprudência desta Corte (premissa equivocada do acórdão recorrido), não há como não considerar o interesse público, na satisfação da obrigação, importante componente para definir o cabimento (ou não) delas à luz do caso concreto. Não ocorre, portanto – ao menos do modo abstrato como analisado o caso na origem –, ofensa à proporcionalidade ou à razoabilidade pela adoção de medidas não patrimoniais para o cumprimento da sentença" (STJ, REsp 1.929.230/MT, Rel. Min. Herman Benjamin, 2ª Turma, jul. 04.05.2021, *DJe* 01.07.2021).

12. Medidas executivas atípicas. Falência. Aplicabilidade. "Sendo a falência um processo de execução coletiva decretado judicialmente, deve o patrimônio do falido estar comprometido exclusivamente com o pagamento da massa falida, de modo que se tem como cabível, de forma subsidiária, a aplicação da referida regra do art. 139, IV, conforme previsto no art. 189 da Lei 11.101/2005. Na hipótese, verifica-se a razoabilidade da medida coercitiva atípica de apreensão de passaportes, pois adotada mediante decisão fundamentada e com observância do contraditório prévio, em sede de processo de falência que perdura por mais de dez anos, após constatados fortes indícios de ocultação de vasto patrimônio em paraísos fiscais e que as luxuosas e frequentes viagens internacionais do paciente são custeadas por sua família, mas com patrimônio indevidamente transferido a familiares pelo próprio falido, tudo como forma de subtrair-se pessoalmente aos efeitos da quebra" (STJ, HC 742.879/RJ, Rel. Min. Raul Araújo, 4ª Turma, jul. 13.09.2022, *DJe* 10.10.2022).

13. Ingresso forçado em domicílio. Intimação de testemunha. Atitude suspeita do irmão da testemunha. Fundadas razões inexistentes. Mandado judicial. Necessidade. "O Supremo Tribunal Federal, por ocasião do julgamento do RE n. 603.616/RO, submetido à sistemática da repercussão geral, firmou o entendimento de que a 'entrada forçada em domicílio sem mandado judicial só é lícita, mesmo em período noturno, quando amparada em fundadas razões, devidamente justificadas *a posteriori*, que indiquem que dentro da casa ocorre situação de flagrante delito, sob pena de responsabilidade disciplinar, civil e penal do agente ou da autoridade, e de nulidade dos atos praticados'. O Ministro Rogerio Schietti Cruz, ao discorrer acerca da controvérsia objeto desta irresignação no REsp n. 1.574.681/RS, bem destacou que 'a ausência de justificativas e de elementos seguros a legitimar a ação dos agentes públicos, diante da discricionariedade policial na identificação de situações suspeitas relativas à ocorrência de tráfico de drogas, pode fragilizar e tornar írrito o direito à intimidade e à inviolabilidade domiciliar' (Sexta Turma, julgado em 20/4/2017, *DJe* 30/5/2017). (...) Da leitura do acórdão constata-se que houve o ingresso forçado na casa onde foram apreendidas as drogas e que tal ingresso não se sustenta em fundadas razões. Isso, porque os policiais estavam em diligência, com o intuito de intimar a irmã do agravado como testemunha em uma investigação de homicídio e, posteriormente, observaram a atitude suspeita dele, circunstância que não justifica, por si só, a dispensa de investigações prévias ou do mandado judicial" (STJ, AgRg no HC 708.400/RS, Rel. Min. Antonio Saldanha Palheiro, 6ª Turma, jul. 12.12.2022, *DJe* 15.12.2022).

14. Poderes instrutórios do juiz. "O juiz, no exercício da sua função jurisdicional, não pode ver-se tolhido na direção da fase instrutória do processo, só porque não se aplicam o impedimento e a suspeição aos assistentes técnicos, devendo conduzir a marcha processual no sentido da estabilidade das relações entre as partes e da garantia de igualdade de tratamento" (STJ, REsp 125.706/SP, Rel. Min. Sálvio de Figueiredo Teixeira, 4ª Turma, jul. 26.10.1999, *DJ* 13.12.1999, p. 149).

"O juiz, no exercício da sua função jurisdicional, não deve concorrer para a instabilidade das relações jurídicas entre as partes" (STJ, REsp 23.333-5, Rel. Min. Sálvio de Figueiredo Teixeira, 4ª Turma, jul. 29.06.1992, *DJU* 10.08.1992).

15. Tratamento igualitário às partes. "O Juiz tem o dever de dirigir o processo, assegurando às partes igualdade de tratamento. É ele obrigado a intimar o agravado a oferecer sua resposta, sob pena de ser violado o princípio do contraditório" (STJ, REsp 199.565/SP, Rel. Min. Garcia Vieira, 1ª Turma, jul. 16.03.1999, *DJ* 03.05.1999, p. 111).

16. Escolha arbitrária de foro (inciso III). "Embora a competência territorial seja relativa, não podendo em princípio eventual incompetência ser decretada de ofício (Súmula 33 do STJ), deve o juiz coibir ato da parte tendente a alcançar objetivo manifestamente ilegal (art. 125, III, CPC) [art. 139, III, do CPC/2015], aqui representado pela escolha arbitrária de foro (ajuizamento em comarca diversa dos domicílios de autor e réu), atentatório ao Princípio do Juiz Natural" (TJRS, AI 70030690978, Rel. Ricardo Moreira Lins Pastl, 4ª Câmara, jul. 19.08.2009, *DJ* 09.09.2009).

Art. 140. O juiz não se exime de decidir sob a alegação de lacuna ou obscuridade do ordenamento jurídico.

Parágrafo único. O juiz só decidirá por equidade nos casos previstos em lei.

CPC/1973

Arts. 126 e 127.

REFERÊNCIA LEGISLATIVA

LINDB, art. 4º (utilização da analogia, dos costumes e dos princípios gerais do direito).

BREVES COMENTÁRIOS

O juiz não pode se eximir de decidir a ação sob o argumento de lacuna ou obscuridade do ordenamento jurídico. Assim, não havendo norma legal a respeito do *thema decidendum*, o juiz, para julgar, recorrerá à analogia, aos costumes e aos princípios gerais do direito (art. 4º da LINDB). A regra de preenchimento de lacuna pelos princípios gerais refere-se àqueles princípios deduzidos da própria ordem jurídica infraconstitucional. Quanto aos princípios constitucionais, sua aplicabilidade independe de lacuna no ordenamento jurídico, uma vez que são dotados de força normativa própria, independentemente de qualquer regulamentação por lei ordinária (CF, art. 5º, § 1º). Aplicam-se, pois, seja ou não omisso o direito positivo infraconstitucional.

O recurso à equidade, que consiste em abrandar o rigor da norma legal diante das particularidades do caso concreto, só é permitido nos casos previstos em lei.

JURISPRUDÊNCIA SELECIONADA

1. Princípio de vedação do *non liquet*. "No ordenamento jurídico brasileiro, o legislador atribui ao juiz enormes poderes, menos o de deixar de julgar a lide e de garantir a cada um – inclusive à coletividade e às gerações futuras – o que lhe concerne, segundo o Direito vigente. Portanto, reconhecer abertamente a infração para, logo em seguida, negar o remédio legal pleiteado pelo autor, devolvendo o conflito ao Administrador, ele próprio corréu por desleixo, equivale a renunciar à jurisdição e a afrontar, por conseguinte, o princípio de vedação do non liquet. Ao optar por não aplicar norma inequívoca de previsão de direito ou dever, o juiz, em rigor, pela porta dos fundos, evita decidir, mesmo que, ao fazê-lo, não alegue expressamente lacuna ou obscuridade normativa, já que as hipóteses previstas no art. 140, *caput*, do Código de Processo Civil de 2015 estão listadas de forma exemplificativa e não em *numerus clausus*" (STJ, REsp 1782692/PB, Rel. Min. Herman Benjamin, 2ª Turma, jul. 13.08.2019, *DJe* 05.11.2019).

2. Princípio da legalidade. Ver jurisprudência do art. 8º do CPC/2015.

3. Juiz legislador. "O dever primordial do juiz é aplicar a lei, e não a revogar a pretexto de atingir um ideal subjetivo de justiça. A lei diz o que é certo e, observou o filósofo, é muito mais sábia que o intérprete, pois traduz uma experiência multissecular, um princípio ético, que não pode ser ignorado. Ao legislador é que cumpre alterar a lei, revogá-la, não ao juiz, que tem o dever de aplicá-la" (STF, RE 95.836/RJ, Rel. Min. Cordeiro Guerra, 2ª Turma, jul. 31.08.1982, *RTJ* 103/1.262).

"Não pode o juiz, sob alegação de que a aplicação do texto da lei à hipótese não se harmoniza com o seu sentido de justiça ou equidade, substituir-se ao legislador para formular ele próprio a regra de direito aplicável. Mitigue o juiz a rigor da lei, aplique-se com equidade e equanimidade, mas não a substitua pelo seu critério" (STF RE 93.701-3/MG, Rel. Min. Oscar Corrêa, 1ª Turma, jul. 24.09.1985, *RBDP* 50/159).

"Não dispõe a justiça comum do poder normativo que a legitima a estabelecer regras de conduta" (STF, RE 115.109/SP, Rel. Min. Carlos Madeira, 2ª Turma, jul. 05.02.1988, *RTJ* 131/871).

"Ao julgador é vedado eximir-se de prestar jurisdição sob o argumento de ausência de previsão legal. Admite-se, se for o caso, a integração mediante o uso da analogia, a fim de alcançar casos não expressamente contemplados, mas cuja essência coincida com outros tratados pelo legislador" (STJ, REsp 820.475/RJ, Rel. p/ Acórdão Min. Luis Felipe Salomão, 4ª Turma, jul. 02.09.2008, *DJe* 06.10.2008).

"Viola o art. 159 do CC/1916, a decisão do tribunal de origem que entende rompido o nexo de causalidade da obrigação de indenizar e, mesmo assim, condena a recorrente ao pagamento de indenização por danos morais como resposta humanitária mínima" (STJ, REsp 685.929/RJ, Rel. Min. Honildo Amaral de Mello Castro, 4ª Turma, jul. 18.03.2010, *DJe* 03.05.2010).

Reserva de plenário. "Sem declaração de inconstitucionalidade, as regras da Lei nº 11.101/2005, sobre as quais não existem dúvidas quanto às hipóteses de aplicação, não podem ser afastadas a pretexto de se preservar a empresa" (STJ, REsp 1.279.525/PA, Rel. Min. Ricardo Villas Bôas Cueva, 3ª Turma, jul. 07.03.2013, *DJe* 13.03.2013).

4. Interpretação da lei. Solução justa. "A melhor interpretação da lei é a que se preocupa com a solução justa, não podendo o seu aplicador esquecer que o rigorismo na exegese dos textos legais pode levar à injustiça" (STJ, REsp 299, Rel. Min. Sálvio de Figueiredo, 4ª Turma, jul. 28.08.1989, *DJU* 02.10.1989, *RT* 656/188).

5. Prestação da tutela jurisdicional. Integração das normas jurídicas. "Não existindo previsão legal disciplinando o procedimento a ser adotado nas hipóteses de encerramento das contas, cumpre ao órgão julgador, consoante o disposto no art. 126 do Código de Processo Civil, sanar as omissões existentes, a fim de prestar a adequada prestação da tutela jurisdicional reclamada, valendo-se, para tanto, dos métodos de integração das normas jurídicas, sem, contudo, deixar de atender ao bem comum e de buscar a finalidade social desejada pela lei, nos termos do art. 5º da Lei de Introdução ao Código Civil" (STJ, REsp 460.663/RS, Rel. Min. Laurita Vaz, 2ª Turma, jul. 05.11.2002, *DJ* 10.03.2003).

6. Emprego de analogia para suprir lacuna legislativa. Caso da união homoafetiva. "O manejo da analogia frente à lacuna da lei é perfeitamente aceitável para alavancar, como entidade familiar, na mais pura acepção da igualdade jurídica, as uniões de afeto entre pessoas do mesmo sexo. Para ensejar o reconhecimento, como entidades familiares, de referidas uniões patenteadas pela vida social entre parceiros homossexuais, é de rigor a demonstração inequívoca da presença dos elementos essenciais à caracterização da união estável, com a evidente exceção da diversidade de sexos" (STJ, REsp 1.026.981, Rel. Min. Nancy Andrighi, 3ª Turma, jul. 04.02.2010, *RF* 406/447). **Nota:** Em maio de 2011, o Plenário do Supremo Tribunal Federal (STF), de forma unânime, equiparou as relações entre pessoas do mesmo sexo às uniões estáveis entre homens e mulheres, reconhecendo, assim, a união homoafetiva como um núcleo familiar. A decisão foi tomada no julgamento da Ação Direta de Inconstitucionalidade (ADI) 4277 e da Arguição de Descumprimento de Preceito Fundamental (ADPF) 132.

7. Jurisprudência como fonte de direito. "Enquanto as normas legais ganham cada vez mais importância no regime do *common law*, por sua vez, os precedentes judiciais desempenham papel sempre mais relevante no Direito de tradição romanística. A influência recíproca tende a se intensificar na esteira do fenômeno 'globalização'. O juiz não deve julgar contrariamente ao que, em lides semelhantes, decide o Supremo Tribunal Federal, porque criaria esperanças infundadas para as partes" (TJMG, AgIn 1.0026.08.036321-6/002, Rel. Des. Rogério Medeiros, 14ª Câm. Civ., jul. 19.01.2012, *DJe* 07.02.2012).

8. Proibição da decisão por equidade. "A proibição de que o juiz decida por equidade, salvo quando autorizado por lei, significa que não haverá de substituir a aplicação do direito objetivo por seus critérios pessoais de justiça. Não há de ser entendida, entretanto, como vedando se busque alcançar a justiça no caso concreto, com atenção ao disposto no artigo 5º da Lei de Introdução" (STJ, REsp 48.176/SP, Rel. Min. Eduardo Ribeiro, 3ª Turma, jul. 12.12.1995, *DJ* 08.04.1996, p. 10.469).

"Subordinando-se a espécie a disciplina legal própria (Lei 5.479/1968), não se legitima o acesso à equidade, descabendo aplicar-se o art. 7º do CC, uma vez que o suprimento de incapacidade só pode se dar nos casos expressamente previstos em lei (v. art. 127 do CPC)" (TJSP, Ap 76.123-1, Rel. Des. Ruy Camilo, 5ª Câmara, jul. 14.08.1986, *RT* 618/66).

Art. 141. O juiz decidirá o mérito nos limites propostos pelas partes, sendo-lhe vedado conhecer de questões não suscitadas a cujo respeito a lei exige iniciativa da parte.

CPC/1973

Art. 128.

REFERÊNCIA LEGISLATIVA

CPC, arts. 2º (tutela jurisdicional), 322 (interpretação do pedido), 337, § 5º (preliminares; apreciação de ofício), 492 (sentença *extra* ou *ultra petita*).

BREVES COMENTÁRIOS

A inobservância das limitações do art. 141 conduz à nulidade. Se a matéria decidida for totalmente estranha ao objeto do processo (sentença *ultra petita*), a nulidade da sentença é total. Se a sentença, ao decidir o objeto da lide, for além dele, a nulidade afetará apenas o excesso, prevalecendo a validade do julgado naquilo que corresponder ao objeto do processo (sentença *extra petita*).

Não se pode também decidir menos do que o objeto da causa (sentença *citra petita*). Neste caso, a doutrina tradicional é no sentido de que incorre o julgado também em nulidade. Nota-se tendência mais atual, no entanto, a observar por analogia a regra do art. 1.010, § 3º, do CPC, na sua redação atual, permitindo-se ao tribunal completar a tarefa do juiz de primeiro grau, tal como faz no caso das sentenças terminativas reformadas. Principalmente quando a controvérsia envolve questão apenas de direito e não se comete *reformatio in pejus*.

As disposições do art. 141, segundo a jurisprudência, também se aplicam aos tribunais.

JURISPRUDÊNCIA SELECIONADA

1. Julgamento *extra petita*.

Julgamento de questão reflexa. Julgamento *extra petita* inexistente. "Sobre malversação dos arts. 141 e 492, ambos do CPC/2015, ao se considerar a possibilidade de direito subjetivo à incorporação advindo do exercício de cargo em comissão, a aferição dos requisitos legais na hipótese dos autos passou a ser parte inerente ao próprio pedido de incorporação. Não há julgamento *extra petita* quando o Tribunal de origem decide questão reflexa ao pedido inicial" (STJ, AgInt no AREsp 1.518.866/SP, Rel. Min. Mauro Campbell Marques, 2ª Turma, jul. 12.11.2019, *DJe* 19.11.2019). Precedentes citados no acórdão: STJ, EDcl nos EDcl nos EDcl no AgRg nos EDcl no AgRg nos EDcl no REsp 1.521.858/RN, Rel. Min. Herman Benjamin, 2ª Turma, jul. 09.05.2019, *DJe* 22.05.2019; STJ, AgInt nos EDcl no REsp 1.546.432/SC, Rel. Min. Assusete Magalhães, 2ª Turma, jul. 03.04.2018, *DJe* 10.04.2018.

Subsunção normativa. Fundamentos jurídicos diversos. Pedido implícito. Julgamento *extra petita*. Inocorrência. "Consoante os arts. 128 e 460 do CPC/1973, atuais 141 e 492 do CPC/2015, o vício de julgamento *extra petita* não se vislumbra na hipótese em que o juízo *a quo*, adstrito às circunstâncias fáticas (causa de pedir remota) e ao pedido constante nos autos, procede à subsunção normativa com amparo em fundamentos jurídicos diversos dos esposados pelo autor e refutados pelo réu. O julgador não viola os limites da causa quando reconhece os pedidos implícitos formulados na inicial, não estando restrito apenas ao que está expresso no capítulo referente aos pedidos, sendo-lhe permitido extrair da interpretação lógico-sistemática da peça inicial aquilo que se pretende obter com a demanda" (STJ, REsp 1.803.155/RJ, Rel. Min. Herman Benjamin, 2ª Turma, jul. 23.04.2019, *DJe* 31.05.2019).

Decisão *extra petita*. Condenação pela perda de uma chance. Inocorrência. "Na hipótese, a causa de pedir está fundada na oposição intempestiva dos embargos monitórios e na ausência de informações acerca da revelia decretada nos autos, enquanto o pedido é de indenização por danos materiais. Inexiste o alegado julgamento *extra petita*, pois o autor postulou indenização por danos materiais e as instâncias ordinárias condenaram o réu em conformidade com o pedido ao fundamento da perda de uma chance, apenas concedendo a reparação em menor extensão" (STJ, REsp 1.637.375/SP, Rel. Min. Ricardo Villas Bôas Cueva, 3ª Turma, jul. 17.11.2020, *DJe* 25.11.2020).

Usucapião. Reconhecimento. Liquidação de sentença. Ausência de pedido expresso na inicial. Não ocorrência de decisão *extra petita*. Ver jurisprudência do art. 492 do CPC/2015.

Julgamento *extra petita*. "Nega vigência ao art. 128 do CPC acórdão que, ao invés de julgar a lide que lhe é apresentada, decide integralmente *extra petitum*, remetendo as partes a outro processo, onde deverão discutir o litígio não solvido por dúvida do julgador diante das provas produzidas" (STF, RE 92.730/RJ, Rel. Min. Moreira Alves, 2ª Turma, jul. 27.04.1982, *RTJ* 105/751).

"Configura-se o julgamento *extra petita* **quando o juiz concede prestação jurisdicional diferente da que lhe foi postulada** ou quando defere a prestação requerida, porém com base em fundamento não invocado como causa do pedido" (STJ, AgRg no REsp 736.996/RJ, Rel. Min. João Otávio de Noronha, 4ª Turma, jul. 02.06.2009, *DJe* 29.06.2009).

"Incorre em julgamento *extra petita* o **acórdão que resolve questão diversa da apresentada na petição inicial**. Inaplicável ao caso o princípio *jura novit curia*" (STJ, REsp 728.779/RJ, Rel. Min. Teori Albino Zavascki, 1ª Turma, jul. 20.10.2009, *DJe* 26.10.2009).

"Tendo constado da petição inicial apenas o pedido de revisão do valor cobrado a título de prêmio, não era dado às instâncias ordinárias declararem a ilegalidade do próprio seguro habitacional. Ao assim procederem, proferiram decisão *extra petita*, fora do âmbito de incidência da atuação jurisdicional, delimitado pelo pedido, que deve ser interpretado restritivamente, nos termos do art. 293 do CPC" (STJ, REsp 991.872/MS, Rel. Min. Nancy Andrighi, 3ª Turma, jul. 06.04.2010, *DJe* 22.04.2010).

Danos materiais e morais. Perda de uma chance. "Assim, a pretensão à indenização por danos materiais individualizados e bem definidos na inicial possui causa de pedir totalmente diversa daquela admitida no acórdão recorrido, de modo que há julgamento *extra petita* se o autor deduz pedido certo de indenização por danos materiais absolutamente identificados na inicial e o acórdão, com base na teoria da 'perda de uma chance', condena o réu ao pagamento de indenização por danos morais" (STJ, REsp 1.190.180/RS, Rel. Min. Luis Felipe Salomão, 4ª Turma, jul. 16.11.2010, *DJe* 22.11.2010).

Tutela ambiental. "A tutela ambiental é de natureza fungível por isso que a área objeto da agressão ao meio ambiente pode ser de extensão maior do que a referida na inicial e, uma vez assim aferida pelo conjunto probatório, não importa em julgamento *ultra* ou *extra petita*. A decisão *extra petita* é aquela inaproveitável por conferir à parte providência diversa da almejada, mercê do deferimento de pedido diverso ou baseado em *causa petendi* não eleita. Consectariamente, não há decisão *extra petita* quando o juiz examina o pedido e aplica o direito com fundamentos diversos dos fornecidos na petição inicial ou mesmo na apelação, desde que baseados em fatos ligados ao fato-base" (STJ, REsp 1.107.219/SP, Rel. Min. Luiz Fux, 1ª Turma, jul. 02.09.2010, *DJe* 23.09.2010).

"Não viola o art. 460 do CPC o julgado que interpreta de maneira ampla o pedido formulado na petição inicial, pois 'o pedido é o que se pretende com a instauração da demanda e se extrai da interpretação lógico-sistemática da petição inicial, sendo de levar-se em conta os requerimentos feitos em seu corpo e não só aqueles constantes em capítulo especial ou sob a rubrica 'dos pedidos' (REsp 284.480/RJ, 4ª Turma, Min. Sálvio de Figueiredo Teixeira, *DJ* de 02.04.2001). Hipótese, ademais, em que o magistrado de primeiro grau de jurisdição declarou a nulidade da pena de multa aplicada ao autor, sem prejuízo da aplicação de nova penalidade pelo IBAMA, desde que adequada aos princípios que regem a atividade administrativa. Percebe-se, desse modo, que o ora agravante poderá impor nova penalidade ao administrado, convertendo-a, inclusive, se assim entender, em serviços de preservação, melhoria e recuperação da qualidade do meio ambiente, nos termos do § 4º do art. 72 da Lei 9.605/98" (STJ, AgRg no Ag 1.038.295/RS, Rel. Min. Denise Arruda, 1ª Turma, jul. 04.11.2008, *DJe* 03.12.2008).

2. Julgamento *ultra petita*.

Interpretação lógico-sistemática da petição inicial. Julgamento *ultra petita*. Inocorrência. "Nos termos da jurisprudência do Superior Tribunal de Justiça, não há se falar em julgamento *ultra petita* quando o julgador, mediante interpretação lógico-sistemática, examina a petição apresentada pela parte como um todo" (STJ, AgInt nos EDcl no AREsp 1492346/DF, Rel. Min. Marco Aurélio Bellizze, 3ª Turma, jul. 10.02.2020, *DJe* 13.02.2020).

Questão *obter dictum*. Interpretação da sentença conforme os limites do pedido. Inocorrência de julgamento *ultra* ou *extra petita*. "Se o Juízo *a quo* tivesse expressamente proibido o cancelamento do benefício pelo retorno à atividade, concedendo tutela não requerida pela parte, não haveria alternativa senão dar provimento ao Apelo, pois o conteúdo das decisões não pode ser corrigido pela via interpretativa, havendo para isso os recursos. Entretanto, considerações incluídas na fundamentação que sejam estranhas às postulações das partes e que não tenham correspondência com a parte dispositiva a rigor não são fundamentos, bastando, para a delimitação do sentido do julgado, que sejam compreendidas como *obiter dicta*. Nessa mesma direção: 'Não há sentido em se interpretar que foi proferida sentença ultra ou extra petita, se é possível, sem desvirtuar seu conteúdo, interpretá-la em conformidade com os limites do pedido inicial' (REsp 818.614/MA, Relatora Min. Nancy Andrighi, Terceira Turma, *DJe* 20.11.2006)" (STJ, REsp 1.846.719/RS, Rel. Min. Herman Benjamin, 2ª Turma, jul. 10.12.2019, *DJe* 19.12.2019).

"Tratando-se de matéria atinente a uma das condições da ação executiva, como o é a higidez do título, pode o Juiz proceder de ofício e decretar a extinção do processo de execução, sem incorrer em julgamento *ultra petita*" (STJ, REsp 911.358/SC, Rel. Min. Castro Meira, 2ª Turma, jul. 10.04.2007, *DJ* 23.04.2007, p. 249).

Nulidade. "A sentença *ultra petita* é nula, e, por se tratar de nulidade absoluta, pode ser decretada de ofício. Contudo, em nome do princípio da economia processual, quando possível, a decisão deve ser anulada apenas na parte que extrapola o pedido formulado" (STJ, REsp 263.829/SP, Rel. Min. Fernando Gonçalves, 6ª Turma, jul. 04.12.2001, *DJU* 18.02.2002, p. 526). **No mesmo sentido:** STJ, AgRg nos EDcl no Ag 885.455/SP, Rel. Min. Paulo Furtado, 3ª Turma, jul. 23.06.2009, *DJe* 04.08.2009.

"Declarada, na hipótese, a nulidade da sentença em decorrência de julgamento *ultra petita*, impõe-se o retorno dos autos ao primeiro grau de jurisdição, vedada a aplicação do princípio da causa madura, contido no art. 515, § 3º, do Código de Processo Civil" (STJ, REsp 915.805/SC, Rel. Min. Denise Arruda, 1ª Turma, jul. 02.06.2009, *DJe* 01.07.2009).

3. Decisão *citra petita*. "Considera-se *citra petita* tão somente a sentença que não aborda todos os pedidos formulados pelo autor. Não se configura julgamento *citra petita* quando a sentença deixa de apreciar as postulações constantes na inicial que decorreriam da procedência do direito reclamado, o que inocorreu *in casu*" (STJ, REsp 897.348/PE, Rel. Min. Eliana Calmon, 2ª Turma, jul. 06.12.2007, *DJ* 18.12.2007, p. 260).

"A nulidade da sentença *citra petita* pode ser decretada de ofício pelo Tribunal de origem, sendo desnecessária a prévia oposição dos Embargos de Declaração" (STJ, AgRg no REsp 437.877/DF, Rel. Min. Herman Benjamin, 2ª Turma, jul. 04.11.2008, *DJe* 09.03.2009).

"Hígido o proceder do Colegiado de origem, pois, após reconhecer o julgamento *citra petita* por parte da sentença e em homenagem ao princípio da celeridade processual, julgou o mérito da contenda, tendo em vista que se cuidava de matéria exclusivamente de direito, cuja apreciação fora suscitada em apelação a pronunciar-se e, ao fazê-lo, observou rigorosamente o princípio do *non reformatio in pejus*. Inexistência de afronta ao § 3º do art. 515 do CPC" (STJ, AgRg no REsp 1.085.925/RS, Rel. Min. Francisco Falcão, 1ª Turma, jul. 19.02.2009, *DJe* 12.03.2009).

"A sentença proferida *citra petita* padece de *error in procedendo*. Se não suprida a falha mediante embargos de declaração, o caso é de anulação pelo tribunal, com devolução ao órgão *a quo*, para novo pronunciamento. De modo nenhum se pode entender que o art. 515, § 3º, autorize o órgão *ad quem*, no julgamento da apelação, a 'completar' a sentença de primeiro grau, acrescentando-lhe novo(s) capítulo(s). *In casu*, não há que se falar em interpretação extensiva ao artigo 515, § 3º, do CPC, quando nem sequer houve, na sentença, extinção do processo sem julgamento do mérito, requisito este essencial à aplicação do artigo 515, § 3º, da Lei Processual Civil" (STJ, REsp 756.844/SC, Rel. Min. José Arnaldo da Fonseca, 5ª Turma, jul. 15.09.2005, *DJ* 17.10.2005, p. 348).

4. Reintegração de posse. Reconhecimento de ofício ao recebimento de indenização por benfeitorias úteis e necessárias. Impossibilidade. Ver jurisprudência do art. 555, do CPC/2015.

5. Atuação do juiz em substituição às partes. Violação princípio da demanda. "Ao Juiz não é dada a possibilidade de substituir-se às partes em suas obrigações, como sujeitos processuais, exceto nos casos expressamente previstos em lei, sob pena de violação dos princípios processuais da demanda, inércia e imparcialidade" (STJ, REsp 1.133.706/SP, Rel. Min. Massami Uyeda, 3ª Turma, jul. 01.03.2011, *DJe* 13.05.2011).

6. Decisão que não ultrapassa os limites da lide. "O julgamento que levou em consideração causa de pedir e pedido, aplicando a melhor solução à espécie, **não é *extra* nem *ultra petita***" (STJ, REsp 1.353.864/GO, Rel. Min. Sidnei Beneti, 3ª Turma, jul. 07.03.2013, *DJe* 12.03.2013).

7. Princípio da substanciação. "O provimento judicial está adstrito tanto ao pedido quanto à causa de pedir, delimitada pelos fatos narrados na inicial, conforme o princípio da substanciação adotado pelo ordenamento jurídico pátrio. Assim, encontra-se o Magistrado vinculado aos fatos narrados na inicial, o que lhe permite aplicar a lei que entende adequada à resolução da lide, mesmo que não apontada pelo autor" (STJ, REsp 1.235.926/SP, Rel. Min. Sidnei Beneti, 3ª Turma, jul. 15.03.2012, *DJe* 14.11.2012).

8. Conversão da ação reivindicatória em ação de indenização. "Não configura ofensa aos artigos 128 e 460 do Código de Processo Civil a conversão da ação reivindicatória em ação de indenização por perdas e danos, pois já não é possível a devolução do bem imóvel ao proprietário em face do apossamento administrativo. Ocorreu, no caso, uma desapropriação indireta. O Poder Público se apossou e não pagou" (STJ, REsp 361.689/RS, Rel. Min. José Delgado, 1ª Turma, jul. 11.12.2001, *DJU* 04.03.2002).

9. Pedido genérico. "A alegação de sentença *ultra petita* (arts. 128 e 460 do CPC) foi rejeitada porque o Tribunal entendeu estar presente na petição inicial pedido que dispensava a liquidação por arbitramento. De qualquer forma, ainda que o pedido seja genérico, o Juiz que dispõe de elementos para desde logo arbitrar o valor da condenação poderá fazê-lo sem ofensa aos dispositivos legais acima citados, pois nada recomenda sejam as partes enviadas à longa e custosa fase do arbitramento" (STJ, REsp 285.630/SP, Rel. Min. Ruy Rosado de Aguiar, 4ª Turma, jul. 16.10.2001, *DJU* 04.02.2002, p. 377).

10. Pedido implícito. Ver jurisprudência do art. 286.

Determinação de restituição, pelo promitente vendedor, das parcelas do preço pagas pelos promitentes compradores. Desnecessidade de pedido expresso dos réus. Ver jurisprudência do art. 286.

11. Princípio da Congruência. "O Princípio da Congruência determina que o juiz decidirá a lide nos limites em que foi proposta, sendo-lhe defeso conhecer de questões não suscitadas, a cujo respeito a lei exige a iniciativa da parte (art. 128 do CPC)" (STJ, AgRg no REsp 651.725/RJ, Rel. Min. Herman Benjamin, 2ª Turma, jul. 07.05.2009, *DJe* 20.08.2009).

12. Inexistência de violação. "Não se vislumbram as violações de dispositivos do Código de Processo Civil apontadas pela recorrente, uma vez que o julgador não está obrigado a discorrer sobre todos os regramentos legais ou argumentos invocados pelas partes, desde que solucione a questão tal qual esta lhe foi apresentada, fundamentando seu proceder, como é a hipótese dos autos, onde a ausência da ampla defesa é a questão fulcral" (STJ, REsp 838.984/MG, Rel. Min. Francisco Falcão, 1ª Turma, jul. 20.06.2006, *DJ* 24.08.2006, p. 115).

13. Revisão de cláusulas contratuais. Princípio *tantum devolutum quantum apellatum*. "Nos contratos bancários, é vedado ao julgador conhecer, de ofício, da abusividade das cláusulas (Súmula 381/STJ)" (STJ, AgRg nos EDcl no REsp 1.053.982/RS, Rel. Min. Paulo Furtado, 3ª Turma, jul. 27.10.2009, *DJe* 18.11.2009).

14. Nulidade decretada de ofício. Mérito recursal prejudicado. "A fundamentação do *decisum* prolatado na presente demanda não guarda a adequada correlação com os aspectos fáticos da causa, com a causa de pedir deduzida na exordial. Sob pena de suprimir um grau de jurisdição, os autos devem retornar à origem para análise dos pedidos" (TJRS, ApCiv 70029525284, Rel. Léo Romi Pilau Júnior, 9ª Câmara, jul. 22.07.2009, *DJ* 28.07.2009).

15. Substituição de índice de correção monetária. "Ainda que não requerida na inicial, não configura julgamento *extra petita* ou *ultra petita* a substituição de índice de correção monetária declarado inconstitucional por outro índice, pois mantém no tempo o valor real da dívida" (STJ, REsp 890.690/RS, Rel. Min. Castro Meira, 2ª Turma, jul. 05.08.2008, *DJe* 19.08.2008).

16. Matérias de ordem pública. "A correção monetária é matéria de ordem pública, integrando o pedido de forma implícita, razão pela qual sua inclusão *ex officio*, pelo juiz ou tribunal, não caracteriza julgamento *extra ou ultra petita*, hipótese em que prescindível o princípio da congruência entre o pedido e a decisão judicial que: 'A regra da congruência (ou correlação) entre pedido e sentença (CPC, 128 e 460) é decorrência do princípio dispositivo. Quando o juiz tiver de decidir independentemente de pedido da parte ou interessado, o que ocorre, por exemplo, com as matérias de ordem pública, não incide a regra da congruência. Isso quer significar que não haverá julgamento *extra, infra ou ultra petita* quando o juiz ou tribunal pronunciar-se de ofício sobre referidas matérias de ordem pública. Alguns exemplos de matérias de ordem pública: a) substanciais: cláusulas contratuais abusivas (CDC, 1º e 51); cláusulas gerais (CC 2035 par. ún.) da função social do contrato (CC 421), da função social da propriedade (CF art. 5º XXIII e 170 III e CC 1228, § 1º), da função social da empresa (CF 170; CC 421 e 981) e da boa-fé objetiva (CC 422); simulação de ato ou negócio jurídico (CC 166, VII e 167); b) processuais: condições da ação e pressupostos processuais (CPC 3º, 267, IV e V; 267, § 3º; 301, X; 30, § 4º); incompetência absoluta (CPC 113, § 2º); impedimento do juiz (CPC 134 e 136); preliminares alegáveis na contestação (CPC 301 e § 4º); pedido implícito de juros legais (CPC 293), juros de mora (CPC 219) e de correção monetária (L 6899/81; TRF-4ª 53); juízo de admissibilidade dos recursos (CPC 518, § 1º (...)' (Nelson Nery Júnior e Rosa Maria de Andrade Nery, in 'Código de Processo Civil Comentado e Legislação Extravagante', 10ª ed., Ed. Revista dos Tribunais, São Paulo, 2007, pág. 669). A correção monetária plena é mecanismo mediante o qual se empreende a recomposição da efetiva desvalorização da moeda, com o escopo de se preservar o poder aquisitivo original, sendo certo que independe de pedido expresso da parte interessada, não constituindo um *plus* que se acrescenta ao crédito, mas um *minus* que se evita" (STJ, REsp 1.112.524/DF, Rel. Min. Luiz Fux, Corte Especial, jul. 01.09.2010, *DJe* 30.09.2010).

"Os decisórios proferidos em desacordo com o princípio do dispositivo – vale dizer, *citra* ou *extra* – traduzem *error in procedendo*, constituindo **questão de ordem pública**, insanável em qualquer instância processual, passível, portanto, de anulação *ex officio* da sentença" (TRF-4ª Região, QOAC 2009.72.99.002649-6, Rel. Des. Fed. João Batista Pinto Silveira, 6ª Turma, *DJe* 02.08.2010).

Art. 142. Convencendo-se, pelas circunstâncias, de que autor e réu se serviram do processo para praticar ato simulado ou conseguir fim vedado por lei, o juiz proferirá decisão que impeça os objetivos das partes, aplicando, de ofício, as penalidades da litigância de má-fé.

CPC/1973

Art. 129.

REFERÊNCIA LEGISLATIVA

CPC/2015, art. 81 (condenação do litigante de má-fé).

BREVES COMENTÁRIOS

A regra do art. 142 não corresponde a uma faculdade. Mas sim a um dever do juiz, a quem o Código atribui a função de "prevenir ou reprimir qualquer ato contrário à dignidade da justiça e indeferir postulações meramente protelatórias" (art. 139, III). O processo simulado deve ser reprimido porque, em essência, objetiva resultado fraudulento ou ilícito. Há, com efeito, processo simulado "quando as partes, sem a vontade de aproveitar-se do resultado da demanda e sem interesse em obter os efeitos jurídicos advindos da prestação jurisdicional, simulam a existência de lide entre elas, com o fim de prejudicar terceiros ou mesmo de desviar o processo de sua finalidade constitucional e ontológica de servir de instrumento à paz social (Nelson Nery Júnior et al. *Comentários ao Código de Processo Civil*. São Paulo: RT, 2015, p. 591). Mais grave, ainda, é o uso de má-fé do processo, quando as partes agem em conluio para obter resultado vedado pela lei.

JURISPRUDÊNCIA SELECIONADA

1. Recusa de homologação de acordo firmado entre as partes. Objeto ilícito ou de licitude duvidosa. "Julgado desta Corte Superior verte a tese de que incumbe ao juiz, nos termos do art. 129 do CPC [atual art. 142 do Código Fux], recusar-se a homologar acordo que entende, pelas circunstâncias do fato, ter objeto ilícito ou de licitude duvidosa; violar os princípios gerais que informam o ordenamento jurídico brasileiro (entre os quais os princípios da moralidade, da impessoalidade, da isonomia e da boa-fé objetiva); ou atentar contra a dignidade da justiça (AgRg no REsp 1.090.695/MS, Rel. Min. HERMAN BENJAMIN, *DJe* 04.11.2009). Na espécie, as Instâncias Ordinárias, com base nos elementos factuais e probatórios que se represaram no caderno processual – gize-se, impermeáveis a alterações em sede rara –, foram unânimes em constatar que o TAC não reuniu os aspectos de forma e de fundo que se prestassem a solucionar a ACP em curso. Estando devidamente fundamentada a decisão que recusa a homologação do ajuste entre as partes – bem o caso dos autos –, não há lugar para a sua reforma" (STJ, REsp 1711528/MT, Rel. Min. Napoleão Nunes Maia Filho, 1ª Turma, jul. 19.04.2018, *DJe* 07.05.2018). **No mesmo sentido:** STJ, AgRg no REsp 1.090.695, Rel. Min. Herman Benjamin, 2ª Turma, *DJe* 04.11.2009, *RePro* 181, p. 352.

2. Remessa dos autos ao Ministério Público. "Convencendo-se o juiz, pelas circunstâncias da causa, de que as partes se servem do processo para a prática de ato simulado, cabe-lhe proferir sentença que obstaculize tal objetivo pelo julgamento de improcedência, declarando o autor litigante de má-fé e remetendo peças ao Ministério Público" (1º TACivSP, Ap. 362.314, Rel. Juiz Sena Rebouças, 2ª Câmara, jul. 01.10.1986, *RT* 613/121).

3. Bilateralidade. "O comando do artigo 129 do CPC exige a bilateralidade, o que quer dizer que tanto o processo simulado quanto o fraudulento pressupõem conluio entre as partes litigantes" (TJMG, ApCív 1.0433.08.264656-6/001, Rel. Des. Tiago Pinto, 15ª Câmara, jul. 02.09.2009, *DJe* 22.09.2009).

4. Simulação. "No caso concreto, estando evidenciada a simulação das partes no sentido da emissão de títulos, sabidamente, sem *causa debendi*, com o intento de tão somente viabilizar o desconto nos bancos comerciais da praça, alavancando recursos para as empresas envolvidas, de rigor a incidência de penalidade prevista no art. 129 do CPC" (TJRS, ApCív 70019712371, Rel. Marco Aurélio dos Santos Caminha, 17ª Câmara, jul. 13.12.2007, *DJ* 09.01.2008).

"Sentença que, com fundamento no art. 129 do CPC, decreta a nulidade da execução, por concluir ter havido simulação envolvendo credor, devedor e arrematante, em prejuízo de outros credores. É dever do Juiz adotar providências obstativas, quando detectar tal situação, seja por iniciativa própria, seja por denúncia de terceiro interessado" (TJRS, ApCív 70008701146, Rel. Luiz Lúcio Merg, 10ª Câmara, jul. 07.10.2004).

Art. 143. O juiz responderá, civil e regressivamente, por perdas e danos quando:

I – no exercício de suas funções, proceder com dolo ou fraude;

II – recusar, omitir ou retardar, sem justo motivo, providência que deva ordenar de ofício ou a requerimento da parte.

Parágrafo único. As hipóteses previstas no inciso II somente serão verificadas depois que a parte requerer ao juiz que determine a providência e o requerimento não for apreciado no prazo de 10 (dez) dias.

CPC/1973

Art. 133.

REFERÊNCIA LEGISLATIVA

CC, arts. 43 (responsabilidade civil das pessoas jurídicas de direito público interno); 402 a 405 (responsabilidade por perdas e danos).

CP, art. 319 (prevaricação).

CF, art. 37, § 6º (responsabilidade do Estado).

Lei Complementar nº 35/1979 (Lei Orgânica da Magistratura), art. 49.

BREVES COMENTÁRIOS

O juiz reponde pessoalmente por dolo ou culpa. Mas o Estado, diante do prejuízo decorrente de falha do juiz, responde objetivamente, nos termos do art. 37, § 6º, da CF. Diante do regime adotado pela Constituição de 1988, não mais subsiste a tese antiga de que, não sendo o juiz funcionário público, seus atos não poderiam gerar responsabilidade para o Estado. Ele é um agente do Estado e, pelos danos que seus agentes acarretam, as pessoas jurídicas de direito público são responsáveis de forma objetiva, por preceito constitucional.

JURISPRUDÊNCIA SELECIONADA

1. Duração razoável do processo. Responsabilidade civil do estado. Ver jurisprudência do art. 4º do CPC/2015.

2. Responsabilização pessoal do magistrado. Dolo ou fraude. Comprovação necessária. "O art. 133, I, do CPC/1973, em norma reproduzida pelo art. 143, I, do CPC/2015, e, em especial, o art. 49, I, da Lei Orgânica da Magistratura Nacional – Loman (LC 35/79), estabelecem a responsabilidade pessoal do magistrado apenas quando ele proceder com dolo ou fraude. 'A independência de que devem gozar os juízes e as garantias que precisam ter, para julgar sem receio, estariam irremediavelmente postas em xeque se eles houvessem de ressarcir os danos provenientes de seus erros. E mais: ficariam os juízes permanentemente expostos ao descontentamento da parte vencida e o foro se transformaria no repositório de ações civis contra eles. Para corrigir sentença errada bastam recursos; o prejuízo por ela causado é consequência natural da falibilidade humana; essa possibilidade de erro é fato da Natureza, não é ato do juiz' (Hélio Tornaghi, *Comentários ao Código de Processo Civil*, vol. I, Editora Forense, pág. 409, citado no RE 219.117, STF, relator Min. Ilmar Galvão, Primeira Turma, *DJ* 29.10.99). O proceder doloso ou fraudulento do juiz deverá estar devidamente provado nos autos, de maneira a convencer o julgador de que houve não simplesmente decisões equivocadas, mas conduta impregnada de elemento subjetivo negativo. Se a decisão é errada, teratológica até, mas o juiz não agiu com dolo ou fraude, não pode ser responsabilizado pessoalmente. Em benefício dos jurisdicionados, que não podem ter seus casos decididos por julgadores tolhidos pelo medo. Para decisões simplesmente erradas, o sistema prevê múltiplos recursos" (STJ, REsp 1221997/AM, Rel. Min. Herman Benjamin, 2ª Turma, jul. 19.10.2017, *DJe* 05.02.2018).

3. Ação de responsabilidade. "A ação de responsabilidade civil, fundada no art. 133 do Código de Processo Civil, pode ser exercida diretamente contra o magistrado" (TJSC, Ap 25.477, Rel. Des. Eduardo Luz, 2ª Câmara, jul. 16.12.1986, *Jurisp. Cat.* 56/71).

"Para que se verifique a responsabilidade do juiz por recusa ou omissão de providência requerida pela parte, em face do atual Código de Processo Civil, a postulação não se faz por meio de notificação, mas sim por meio de pedido dirigido ao próprio magistrado, nos termos do seu art. 133, parágrafo único" (TASP, Ap. 29.918, Rel. Tito Hesketh, 2ª Câmara, 02.07.1975, *RT* 480/156).

4. Petição inicial. Inépcia. "Fundada a ação no artigo 133, II, do Código de Processo Civil, a petição inicial deveria ter atribuído ao juiz a recusa, omissão ou retardamento, sem justo motivo, de providência que deveria ter ordenado; ao revés, relata que o juiz indeferiu o pedido, a significar que praticou o ato judicial" (STJ, AgRg no Ag 277.244/RJ, Rel. Min. Ari Pargendler, 3ª Turma, jul. 20.08.2001, *DJ* 24.09.2001, p. 296).

5. Princípio da responsabilidade objetiva do Estado. "O princípio da responsabilidade objetiva do Estado não se aplica aos atos do Poder Judiciário, salvo os casos expressamente declarados em lei. Orientação assentada na jurisprudência do STF. Recurso conhecido e provido" (STF, RE 219.117, Rel. Min. Ilmar Galvão, 1ª Turma, jul. 03.08.1999, *DJ* 29.10.1999).

"A responsabilidade civil do juiz pressupõe a concretização de uma ou mais entre as hipóteses contidas no art. 133 do CPC. Ausente prova de dolo ou fraude ao ser decretada prisão, revela-se correta a decisão interlocutória que indeferiu a litisdenunciação contra magistrado. A responsabilidade civil, segundo a teoria objetiva, exige a presença de uma conduta antijurídica do agente (*eventus damni*), de uma lesão efetiva, ainda que apenas moral (dano), além do nexo causal. A responsabilidade civil do Estado por ato judicial é mitigada em respeito à liberdade do julgador. Porém, ocorrendo abusividade ou ilegalidade no ato judicial, a responsabilidade do Estado pela reparação é inescusável" (TJMG, ApCív/Reexame Necessário 1.0024.05.779581-7/001, Rel. Des. Caetano Levi Lopes, 2ª Câmara, jul. 14.11.2006, *DJe* 07.12.2006).

Capítulo II
DOS IMPEDIMENTOS E DA SUSPEIÇÃO

Art. 144. Há impedimento do juiz, sendo-lhe vedado exercer suas funções no processo:

I – em que interveio como mandatário da parte, oficiou como perito, funcionou como membro do Ministério Público ou prestou depoimento como testemunha;

II – de que conheceu em outro grau de jurisdição, tendo proferido decisão;

III – quando nele estiver postulando, como defensor público, advogado ou membro do Ministério Público, seu cônjuge ou companheiro, ou qualquer parente, consanguíneo ou afim, em linha reta ou colateral, até o terceiro grau, inclusive;

IV – quando for parte no processo ele próprio, seu cônjuge ou companheiro, ou parente, consanguíneo ou afim, em linha reta ou colateral, até o terceiro grau, inclusive;

V – quando for sócio ou membro de direção ou de administração de pessoa jurídica parte no processo;

VI – quando for herdeiro presuntivo, donatário ou empregador de qualquer das partes;

VII – em que figure como parte instituição de ensino com a qual tenha relação de emprego ou decorrente de contrato de prestação de serviços;

VIII – em que figure como parte cliente do escritório de advocacia de seu cônjuge, companheiro ou parente, consanguíneo ou afim, em linha reta ou colateral, até o terceiro grau, inclusive, mesmo que patrocinado por advogado de outro escritório;

IX – quando promover ação contra a parte ou seu advogado.

§ 1º Na hipótese do inciso III, o impedimento só se verifica quando o defensor público, o advogado ou o membro do Ministério Público já integrava o processo antes do início da atividade judicante do juiz.

§ 2º É vedada a criação de fato superveniente a fim de caracterizar impedimento do juiz.

§ 3º O impedimento previsto no inciso III também se verifica no caso de mandato conferido a membro de escritório de advocacia que tenha em seus quadros advogado que individualmente ostente a condição nele prevista, mesmo que não intervenha diretamente no processo.

CPC/1973

Art. 134.

REFERÊNCIA LEGISLATIVA

CF, art. 102, I, *n*:

"Art. 102. Compete ao Supremo Tribunal Federal [...]: I – processar e julgar, originariamente: [...] n) a ação em que todos os membros da magistratura sejam direta ou indiretamente interessados, e aquela em que mais de metade dos membros do tribunal de origem estejam impedidos ou sejam direta ou indiretamente interessados."

CPC/2015, arts. 64, § 2º (nulidade dos atos decisórios); 139, I, III (igualdade de tratamento das partes; ato contrário à dignidade da justiça); 147 (outra hipótese de impedimento); 278, parágrafo único (decretação de ofício); 371 (princípio da livre convicção do juiz); 452, I (prova testemunhal; juiz-testemunha; impedimento); e 963, II (causa de rescisão).

SÚMULAS

Súmulas do STF:

Nº 72: "No julgamento de questão constitucional, vinculada a decisão do Tribunal Superior Eleitoral, não estão impedidos os ministros do Supremo Tribunal Federal que ali tenham funcionado no mesmo processo, ou no processo originário."

Nº 252: "Na ação rescisória, não estão impedidos juízes que participaram do julgamento rescindendo."

Súmula do TFR:

Nº 262: "Não se vincula ao processo o juiz que não colheu prova em audiência."

BREVES COMENTÁRIOS

É imprescindível à lisura e ao prestígio das decisões judiciais a inexistência de menor dúvida sobre motivos de ordem pessoal que possam influir no ânimo do julgador. Não basta, outrossim, que o juiz, na sua consciência, sinta-se capaz de exercitar o seu ofício com a habitual imparcialidade. Faz-se necessário que não suscite em ninguém a dúvida de que motivos pessoais possam influir sobre seu ânimo. Na pitoresca comparação de Andrioli, "o magistrado, como a mulher de César, não deve nunca ser suspeito". Daí a fixação pelo Código de causas que tornam o juiz impedido ou suspeito, vedando-lhe a participação em determinadas causas.

O juiz, como qualquer pessoa, pode presenciar, fora do processo, fatos que se tornam relevantes para o julgamento da causa. Não está obviamente impedido de testemunhar a seu respeito em juízo. O que não se tolera é a confusão das duas funções, a de julgar e a de testemunhar.

Se é arrolado o juiz como testemunha, deverá em primeiro lugar certificar-se de que realmente tenha algum conhecimento acerca do fato discutido no processo. Inexistindo o que depor, ser-lhe-á possível recusar-se a atuar como testemunha no feito submetido à sua direção. Tendo, porém, conhecimento pessoal a revelar, instalar-se-á a incompatibilidade entre a qualidade de magistrado e a de testemunha. Ficará impedido de continuar como juiz do feito (CPC/2015, art. 144, I).

Ainda, porém, que não seja arrolado como testemunha, não tem o juiz condição de dirigir o processo e julgá-lo quando houver presenciado os fatos básicos do litígio. É que em tal circunstância, consciente ou inconscientemente, sua convicção estaria sob impacto de eventos e circunstâncias extra-autos.

O Código atual arrolou, também, como causa de impedimento do juiz o fato de figurar como parte cliente de escritório de advocacia que tenha em seus quadros advogado que seja cônjuge ou companheiro, ou qualquer parente, consanguíneo ou afim, em linha reta ou colateral, até o terceiro grau, inclusive, do juiz. O impedimento configurar-se-á ainda que o mandatário não intervenha diretamente no processo (art. 144, § 3º). Todavia, o Supremo Tribunal Federal declarou a inconstitucionalidade deste inciso (VIII), porque "não cumpre o requisito da adequação, eis que prevê uma situação que não alcança a finalidade da regra de impedimento, mas cria uma presunção absoluta, que pode gerar, inclusive, reflexos negativos e conflitantes com os princípios do juiz natural, da razoabilidade e da proporcionalidade, como possíveis hipóteses de forja de impedimento e de manipulação de quórum ou distribuição" (SRF, ADI 5.953, Rel. p/acórdão Min. Gilmar Mendes, Pleno, jul. 22.08.2023, *DJe* 18.10.2023).

O Código atual veda, ainda, em caráter geral, que se crie fato superveniente apenas com o intuito de caracterizar o impedimento do juiz (art. 144, § 2º).

JURISPRUDÊNCIA SELECIONADA

1. Normas de caráter inflexível. "As hipóteses de impedimento do juiz estão fundadas em critérios objetivos, sendo certo que o rol do art. 134 do CPC é exaustivo, não comportando ampliação analógica" (STJ, REsp 1.080.859/AC, Rel. Min. Nancy Andrighi, 3ª Turma, jul. 18.11.2008, *DJe* 28.11.2008).

"O impedimento e a suspeição de magistrado são circunstâncias que afetam a garantia constitucional da imparcialidade do julgador" (HC 121.416/RS, Rel. Min. Og Fernandes, 6ª Turma, jul. 15.10.2009, *DJe* 03.11.2009).

"O impedimento é matéria de ordem pública, concebido pelo Código de Processo Civil como fenômeno inibidor do poder jurisdicional, em que se presume de forma absoluta a parcialidade do magistrado" (STJ, AgRg no REsp 947.840/SC, Rel. Min. Humberto Martins, 2ª Turma, jul. 06.04.2010, *DJe* 16.04.2010).

2. Impedimento. Natureza jurídica. "O impedimento tem natureza de objeção, pois pode ser conhecido de ofício pelo tribunal, e a sua arguição pode ser feita a qualquer tempo e grau de jurisdição, independentemente de exceção. É vício tão grave que o CPC posiciona esse instituto no rol taxativo da ação rescisória (art. 485, II)" (STJ, AgRg no REsp 947.840/SC, Rel. Min. Humberto Martins, 2ª Turma, jul. 06.04.2010, *DJe* 16.04.2010).

3. Inciso I.

Juiz que funcionou como membro do Ministério Público. Nulidade. "O artigo 134, II, do Código de Processo Civil dispõe que é defeso ao juiz, entre outras vedações, atuar em processo no qual tenha funcionado como órgão do Ministério Público. A participação de membro do Ministério Público Federal em sessão de julgamento, ainda que ausente manifestação expressa do representante do *Parquet*, configura o exercício da função de agente ministerial (art. 20 da LC nº 75/1993)" (STJ, REsp 529.771/PR, Rel. Min. Denise Arruda, 1ª Turma, jul. 03.02.2005, *DJ* 11.04.2005, p. 179).

4. Inciso II.

Participação de Ministro que julgou agravo em recurso especial no julgamento de embargos de divergência. Possibilidade. "A participação de Ministro do quórum de julgamento do Agravo Interno no Agravo em Recurso Especial não constitui causa de impedimento para que integre o julgamento dos embargos de divergência, por não constituir novo grau de jurisdição. Precedentes" (STJ, EDcl no AgInt nos EDv nos EAREsp 1362179/SP, Rel. Min. Paulo de Tarso Sanseverino, Corte Especial, jul. 10.03.2020, *DJe* 13.03.2020).

Participação em julgamento em segundo grau de juiz que atuou em primeira instância. Atos decisórios. "Esta egrégia Corte Superior firmou entendimento de que a participação no julgamento em segundo grau do Magistrado que atuou na instância inicial só gera impedimento se o julgador proferiu atos com natureza decisória, o que não ocorreu na espécie" (STJ, AgInt no AREsp 1439864/RJ, Rel. Min. Napoleão Nunes Maia Filho, 1ª Turma, jul. 07.10.2019, *DJe* 14.10.2019).

"O impedimento previsto no art. 134, III, do CPC/1973 demanda que o juiz, quando da atuação em outra instância, tenha praticado atos de cunho decisório. Não padece de nulidade o julgamento da apelação do qual tenha participado desembargador que, como juiz de primeiro grau de jurisdição, não praticou atos caracterizados como sentença ou decisão. E, ainda, 'a 'decisão' a que se refere o art. 134, III, do CPC/1973 há de ser entendida como aquela com potencial jurídico para, de algum modo, influenciar o juízo do julgador, vinculando-o, em maior ou menor grau, à tese eventualmente submetida à sua apreciação' (REsp 782.558/ES, Rel. Ministro João Otávio de Noronha, Quarta Turma, *DJe* 17/08/2009). Na hipótese em exame, o Tribunal de origem consignou que o ato em questão teve caráter acautelatório e provisório, sem análise de mérito, não configurando, como já dito, impedimento da magistrada naquele segundo grau de jurisdição (fl.1.030, e-STJ)" (STJ, REsp 1834544/AM, Rel. Min. Herman Benjamin, 2ª Turma, jul. 01.10.2019, *DJe* 11.10.2019).

Desnecessidade de prequestionamento. "É nulo o acórdão cujo relator atuou no juízo de 1º grau, proferindo decisão interlocutória. Tal nulidade, por ser absoluta, pode ser determinada nesta instância, mesmo que não tenha sido prequestionada, uma vez que ficou configurada a partir do julgamento no tribunal *a quo*. No caso de nulidade absoluta, inaplicável a exegese do § 2º do art. 249 do CPC, implicando o exame do mérito em supressão de instância" (STJ, REsp 456.689/CE, Rel. Min. Francisco Falcão, 1ª Turma, jul. 18.03.2004, *DJ* 17.05.2004, p. 112).

Voto de desembargador que não altera resultado final. "Nos termos do art. 134, III, do CPC, é defeso ao juiz exercer as suas funções em processo que conheceu em primeiro grau de jurisdição, tendo-lhe proferido sentença ou decisão. Entretanto, *in casu*, a nulidade suscitada, decorrente do impedimento de desembargador que participou tão somente do julgamento dos embargos de declaração, não lhe sendo atribuída a relatoria do processo, não impede o regular processamento da demanda, tendo em vista que a declaração de nulidade de seu voto não implica em alteração do resultado do julgamento unânime. Precedentes" (STJ, AgRg no Ag 743.615/PR, Rel. Min. Félix Fischer, 5ª Turma, jul. 12.06.2006, *DJ* 21.08.2006, p. 269). **Em sentido contrário:** "Nos termos do art. 134, III, do CPC, deve ser reconhecido o impedimento de ministro que conheceu do feito na origem. Tendo apenas três ministros participado do julgamento dos embargos de declaração opostos pelo requerente, e reconhecido o impedimento de um deles, de rigor a anulação do acórdão" (STJ, PET nos EDcl no RMS 19.939/SC, Rel. Min. Arnaldo Esteves Lima, 5ª Turma, jul. 02.03.2010, *DJe* 29.03.2010).

5. Inciso III.

Ingresso de advogado que possui parentesco com o magistrado após distribuição dos autos. Descabimento. "Descabe o ingresso do advogado no processo depois que os respectivos autos foram distribuídos para órgão colegiado de que faça parte magistrado com o qual o causídico possui relação de parentesco. Caso contrário, estar-se-ia, em tese, legitimando a criação de impedimento superveniente não aleatório de integrante que originariamente já compunha o órgão competente para o julgamento da questão. Inteligência do art. 134, parágrafo único, c/c o art. 137, ambos do Código de Processo Civil" (STJ, AgRg nos EDcl no RMS 25.263/AM, Rel. Min. Félix Fischer, 5ª Turma, jul. 07.08.2008, *DJe* 22.09.2008).

"Encontra óbice no art. 134, parágrafo único, do Estatuto Processual Civil o substabelecimento de poderes em favor de advogado cujo ingresso no feito resultará no impedimento de magistrado, até então inexistente" (STJ, AgRg no RMS 24.340/AM, Rel. Min. Napoleão Nunes Maia Filho, 5ª Turma, jul. 25.09.2008, *DJe* 20.10.2008).

6. Ausência de impedimento. Hipóteses.

"O juiz que se limitou a determinar a citação para a causa, em primeiro grau, não fica impedido (CPC, art. 134, III) para participar do julgamento da apelação, por não se caracterizar aquele ato como decisão (CPC, art. 162)" (STJ, REsp 9.031/MG, Rel. Min. Sálvio de Figueiredo Teixeira, 4ª Turma, jul. 18.02.1992; *Revista do Superior Tribunal de Justiça* 37/390).

"Juízes e promotores que se julgam atingidos em sua honra e se negam a funcionar em processos de advogados que promoveram correição ofensiva representando contra os mesmos, na verdade, podem estar prejudicados emocionalmente, mas pode não haver impedimento quanto às partes. Os impedimentos e suspeições se verificam caso a caso, por isso" (TJRS, MS 588.053.967, Rel. Des. Milton dos Santos Martins, jul. 29.11.1988; *Revista de Julgados do Tribunal de Justiça do Rio Grande do Sul* 136/101).

"Em se tratando de julgamento de apelação, inexiste impedimento do magistrado que, na origem, proferira decisão no processo (juízo de admissibilidade) apenas para determinar a subida do recurso de apelação à instância revisora. A 'decisão' a que se refere o art. 134, inciso III, do CPC há de ser entendida como aquela com potencial jurídico para, de algum modo, influenciar o juízo do julgador, vinculando-o, em maior ou menor grau, à tese eventualmente submetida à sua apreciação" (STJ, REsp 782.558/ES, Rel. Min. João Otávio de Noronha, 4ª Turma, jul. 06.08.2009, *DJe* 17.08.2009).

"'Na ação rescisória, não estão impedidos juízes que participaram do julgamento rescindendo' (Súmula 252/STF)" (STJ, Pet no AgRg no Ag 470.388/GO, Rel. Min. Humberto Gomes de Barros, 3ª Turma, jul. 18.09.2007, *DJ* 08.10.2007, p. 260).

Juiz que já decidiu outra causa da mesma parte. "Não há de ser acatada exceção de suspeição – que, em tese, seria de impedimento, porque fundada no inciso III do artigo 134 do Código de Processo Civil – quando fundada em alegação de que o excepto já prolatou sentença em feito anterior, decidindo favoravelmente à parte contrária, na medida em que essa conduta não passa de simples e normal exercício da função de julgar" (TJMG, 1.0000.04.413746-1/000, Rel. Des. Moreira Diniz, 4ª Câmara, *DJMG* 08.03.2005; *Revista Jurídica* 329/122). **No mesmo sentido:** TJSP, Exceção de Suspeição 110.987-0/0-00, Rel. Des. Gentil Leite, Câmara Especial, acórdão unânime de 13.09.2004; *Revista dos Tribunais* 832/209.

Presidente da sessão. Juiz impedido. Ausência de nulidade. "A mera presidência da sessão por juiz impedido, sem atuação como relator, revisor ou vogal, não pode ser interpretada como exercício de função jurisdicional, na medida em que não votou e, portanto, não participou ativamente do julgamento, não tendo a oportunidade de agir com a parcialidade que a lei imputa de maneira presumida ao impedido" (STJ, REsp 844.778/SP, Rel. Min. Nancy Andrighi, 3ª Turma, jul. 08.03.2007, *DJ* 26.03.2007, p. 240).

7. Participação de juiz impedido. Nulidade do voto, não do julgamento. "Consoante a jurisprudência deste STJ, 'a participação no julgamento de magistrado impedido consubstancia irregularidade que não tem o condão de, por si só, anular o julgamento dos embargos declaratórios, pois consoante fora registrado no resultado do aresto, a rejeição do recurso foi unânime, denotando que a participação do nobre Ministro não foi decisiva para a obtenção do resultado' (EDcl nos EDcl no MS 15.741/DF, Rel. Ministro Luis Felipe Salomão, Corte Especial, julgado em 02/09/2015, *DJe* 21/09/2015)" (STJ, EDcl no AgInt no AREsp 1.225.814/SP, Rel. Min. Mauro Campbell Marques, 2ª Turma, jul. 05.02.2019, *DJe* 12.02.2019).

8. Exceção de impedimento. Aplicação. "A regra de impedimento do Magistrado - art. 134 do CPC/1973 - somente se aplica nos casos em que o julgador tenha participado em outro grau de jurisdição em um mesmo processo judicial. Precedentes: REsp 1.834.544/AM, Rel. Min. Herman Benjamin, *DJe* 11.10.2019; RMS 44.072/PE, Rel. Min. Regina Helena Costa, *DJe* 17.9.2018; REsp 1.378.952/RJ, Rel. Min. Og Fernandes, *DJe* 14.5.2018; RMS 35.299/PE, Rel. Min. Arnaldo Esteves Lima, *DJe* 13.5.2014" (STJ, AgInt no REsp 1.713.438/ES, Rel. Min. Napoleão Nunes Maia Filho, 1ª Turma, jul. 08.06.2020, *DJe* 17.06.2020).

9. Litígio entre juiz e o membro do Ministério Público baseado em suposta perseguição. "O entendimento do Tribunal de origem, que reconheceu o impedimento do Magistrado, foi adotado com base no fato de que 'o excepto ajuizou ação contra a promotora excipiente' (fl. 309, e-STJ), demanda essa que 'possui como causa de pedir suposta perseguição pessoal perpetrada pelos representantes do Ministério Público [...] que recomendaram a exoneração ao Prefeito Municipal de Imperatriz de servidora ocupante do cargo de direção no Hospital Municipal de Imperatriz por ser esta namorada do filho do Juiz Titular da Vara da Fazenda Pública da Comarca, o que ensejaria possível configuração de nepotismo cruzado' (fl. 307, e-STJ). (...) Por isso, equivocado confundir taxatividade com interpretação literal do conteúdo dos arts. 144 e 145 do CPC. Na exegese do art. 144, IX, do CPC deve-se prestigiar a *ratio*, e não a textualidade do dispositivo, o que em nada significa adoção de hermenêutica extensiva. Embora use as expressões 'parte' e 'advogado', na verdade o art. 144, IX, do CPC se destina a impedir a atuação de Juiz em contenda judicial ou administrativa, passada ou presente, com quem integre a relação processual ou oficie no processo em qualquer dos polos. Não custa lembrar que a exceção de impedimento, diante da gravidade da ofensa real ou abstrata à imagem pública de isenção judicial, carrega presunção absoluta e dispensa, portanto, prova acerca da efetiva parcialidade ou não do Magistrado" (STJ, REsp 1.881.175/MA, Rel. Min. Herman Benjamin, 2ª Turma, jul. 14.03.2023, *DJe* 04.04.2023).

10. Revisão da causa. "A revisão por magistrado impedido equivale à ausência de revisão. Acórdão anulado" (STJ, REsp 5.714/SC, Rel. Min. Athos Carneiro, 4ª Turma, jul. 13.11.1990, *DJU* 10.12.1990, p. 14.812).

11. Perito. "Os casos de impedimento e de suspeição do juiz estão previstos nos arts. 134 e 135 do CPC e são inteiramente aplicáveis ao perito, *ex vi* do art. 138, III, do mesmo diploma" (STJ, REsp 876.942/MT, Rel. Min. Herman Benjamin, 2ª Turma, jul. 25.08.2009, *DJe* 31.08.2009).

12. Juiz ex-estagiário de escritório de advocacia. "A atividade desenvolvida pelo magistrado, na condição de estagiário, como mandatário de uma das partes, em processo administrativo de natureza trabalhista, não o impede de julgar processo judicial que versa sobre matéria tributária. Interpretação do art. 134 do CPC" (STJ, REsp 910.659/MG, Rel. Min. Castro Meira, 2ª Turma, jul. 10.04.2007, *DJ* 20.04.2007, p. 344).

13. Mandado de segurança contra decisão de câmara julgadora de tribunal. "Em matéria de mandado de segurança a parte passiva é a pessoa pública interessada, e, no caso de impetração contra a decisão de câmara julgadora do tribunal, o *writ* não se pleiteia contra os respectivos juízes pessoalmente, mas contra o órgão colegiado, não estando eles, assim, impedidos de participar do julgamento" (*RT* 602/113).

14. Participação do juiz na esfera administrativa.

"**Desembargadora relatora. Atuação quando do exercício do cargo de Procuradora de Justiça. Decisão homologatória de arquivamento de inquérito civil.** 'As hipóteses de impedimento são taxativas, pois decorrem de presunções legais objetivas de parcialidade. O inquérito civil não se equipara, sob qualquer angulação, à via jurisdicional contenciosa, em que se dá o acertamento do direito, sob o crivo do contraditório e o devido processo legal. A atuação do administrador não é pautada pelas garantias inerentes à função jurisdicional, que declara o direito. Não se trata, sequer por analogia, de 'mesmo processo' (art. 144, *caput*, do Código de Processo Civil). A decisão administrativa não faz coisa julgada, nem mesmo formal. A participação de magistrado em processo administrativo não implica violação da regra de impedimento prevista no art. 144 do Código de Processo Civil. Exceção de impedimento arquivada. Art. 552, RITJMG" (TJMG, Incid. Imped. Cível 1.0000.19.110095-7/004, Rel. Des. Marcelo Rodrigues, 2ª Câmara Cível, jul. 09.02.2021, *DJeMG* 10.02.2021).

"'O Superior Tribunal de Justiça adotou posicionamento no sentido de que a regra de impedimento prevista no art. 134, III, do CPC somente se aplica nos casos em que o magistrado tenha participado em outro grau de jurisdição em um mesmo processo judicial, e não quando a sua participação anterior tenha ocorrido na esfera administrativa' (RMS 18.099/PR, 5ª Turma, Rel. Min. Arnaldo Esteves Lima, *DJ* 12.06.2006, p. 500)" (STJ, RMS 18.923/PR, Rel. Min. Teori Albino Zavascki, 1ª Turma, jul. 27.03.2007, *DJ* 12.04.2007, p. 210). No mesmo sentido: STJ, RMS 20.776/RJ, Rel. Min. Teori Albino Zavascki, 1ª Turma, jul. 11.09.2007, *DJ* 04.10.2007, p. 171.

"Esta Corte tem entendido que a regra do art. 134, inc. III, do Código de Processo Civil diz respeito tão somente à prévia participação do magistrado no âmbito judicial" (STJ, RMS 24.585/SP, Rel. Min. Jane Silva (Des. Conv. do TJ/MG), 6ª Turma, jul. 02.12.2008, *DJe* 19.12.2008). **Em sentido contrário:** "O artigo 134 do Código de Processo Civil impede que o juiz funcione no mesmo processo, contencioso ou voluntário, decidindo-lhe as questões de fundo e de forma, em graus diversos da jurisdição. A natureza administrativa do denominado processo voluntário determina que a interpretação da regra do impedimento alcance a instância administrativa, de modo a excluir do julgamento jurisdicional o juiz que haja participado da decisão administrativa. É impedido de julgar o mandado de segurança o desembargador que decidiu, na instância administrativa, a questão que serve de objeto à ação mandamental" (STJ, RMS 16.904/MT, Rel. Min. Hamilton Carvalhido, 6ª Turma, jul. 28.09.2004, *DJ* 29.11.2004, p. 412).

Art. 145. Há suspeição do juiz:

I – amigo íntimo ou inimigo de qualquer das partes ou de seus advogados;

II – que receber presentes de pessoas que tiverem interesse na causa antes ou depois de iniciado o processo, que aconselhar alguma das partes acerca do objeto da causa ou que subministrar meios para atender às despesas do litígio;

III – quando qualquer das partes for sua credora ou devedora, de seu cônjuge ou companheiro ou de parentes destes, em linha reta até o terceiro grau, inclusive;

IV – interessado no julgamento do processo em favor de qualquer das partes.

§ 1º Poderá o juiz declarar-se suspeito por motivo de foro íntimo, sem necessidade de declarar suas razões.

§ 2º Será ilegítima a alegação de suspeição quando:

I – houver sido provocada por quem a alega;

II – a parte que a alega houver praticado ato que signifique manifesta aceitação do arguido.

CPC/1973:

Art. 135.

REFERÊNCIA LEGISLATIVA

Lei Complementar nº 35, de 14.03.1979, art. 36, III (suspeição).

BREVES COMENTÁRIOS

Os casos de impedimento são mais graves e, uma vez desobedecidos, tornam vulneráveis a coisa julgada, pois ensejam ação rescisória da sentença (art. 963, II). Já os da suspeição permitem o afastamento do juiz do processo, mas não afetam a coisa julgada, se não houver a oportuna recusa do julgador pela parte. O rol do art. 145 é taxativo, sendo incabível a arguição de suspeição fora das hipóteses ali enumeradas ou com base em interpretação analógica ou extensiva.

JURISPRUDÊNCIA SELECIONADA

1. Suspeição por motivo superveniente. "Petição na qual o requerente busca a anulação de todos os atos processuais anteriormente praticados no processamento do presente Recurso Especial, em virtude da posterior declaração de suspeição, pelo Relator originário, por motivo superveniente. Nos termos da jurisprudência do Superior Tribunal de Justiça, 'a declaração pelo magistrado de suspeição por motivo superveniente não tem efeitos retroativos, não importando em nulidade dos atos processuais praticados em momento anterior ao fato ensejador da suspeição' (STJ, AgRg no AResp n. 763.510/SP, Rel. Ministro Mauro Campbell Marques, Segunda Turma, *DJe* de 05/11/2015). Em igual sentido: RHC 43.787/MG, Rel. Ministro Felix Fischer, Quinta Turma, *DJe* de 19/10/2015; RMS 33.456/PE, Rel. Ministro Herman Benjamin, Segunda Turma, *DJe* de 16/05/2011; RHC 19.853/SC, Rel. Ministro Hamilton Carvalhido, Sexta Turma, *DJe* de 04/08/2008." (STJ, PET no REsp 1339313/RJ, Rel. Min. Sérgio Kukina, Rel. p/ Acórdão Ministra Assusete Magalhães, 1ª Seção, jul. 13.04.2016, *DJe* 09.08.2016).

2. Taxatividade do rol. Interpretação restritiva. Hipótese não prevista no art. 145. Inadmissibilidade. "Agravo interno interposto contra decisão monocrática que rejeitou liminarmente a exceção de suspeição, por inexistência dos pressupostos legais. 2. Deve ser rejeitada a exceção de suspeição que não indica nenhuma das hipóteses legais do art. 145 do Código de Processo Civil de 2015 (taxatividade do incidente). Precedentes" (STJ, AgInt na ExSusp 198/PE, Rel. Min. Marco Aurélio Bellizze, Segunda Seção, jul. 17.03.2020, *DJe* 20.03.2020).

Rol taxativo. "Não se conhece de exceção de suspeição quando, da narrativa dos fatos, não se visualiza quaisquer das hipóteses legais definidas no artigo 135 do Código de Processo Civil a configurar parcialidade" (AgRg na ExSusp 93/RJ, Rel. Min. Jorge Mussi, 3ª Seção, jul. 22.04.2009, *DJe* 21.05.2009).

3. Comprovação.

Amizade ou inimizade devem ser comprovadas. "A alegação de existência de amizade ou inimizade do julgador para com uma das partes ou para com seus advogados (art. 145 do CPC) deve ser devidamente comprovada. Precedentes. No caso, o excipiente não indicou em qual das hipóteses de suspeição taxativamente previstas no referido dispositivo legal, a Ministra excepta teria incorrido, limitando-se a acoimá-la de julgadora parcial em virtude de intervenções pretéritas em outros feitos por ela relatados" (STJ, AgInt na ExSusp 194/DF, Rel. Min. Luis Felipe Salomão, 2ª Seção, jul. 14.08.2019, *DJe* 21.08.2019). No mesmo sentido: STJ, AgInt na ExSusp 195/DF, Rel. Min. Ricardo Villas Bôas Cueva, 2ª Seção, jul. 26.06.2019, *DJe* 01.07.2019.

Receio legítimo. "A falta de efetiva demonstração de fatos que possam macular a imparcialidade do julgador, ficando a alegação somente no campo da retórica, não rende ensejo ao acolhimento de exceção de suspeição" (STJ, AgRg na ExSusp 87/GO, Rel. Min. Fernando Gonçalves, 2ª Seção, jul. 09.09.2009, *DJe* 16.09.2009).

"Para afastar-se um juiz da direção do processo, por suspeição, exige-se a produção de provas robustas e firmes, não se podendo considerar meras alegações de parcialidade desprovidas de provas. O eventual erro praticado pelo juiz na direção do processo ou, até mesmo, ilegalidade, quando subverta as regras processuais, de per si, sem que estejam presentes quaisquer das hipóteses previstas no art. 135 da Lei Processual, não caracteriza suspeita de parcialidade" (TACivRJ, ExSusp 201, Rel. Juiz Miguel Pachá, jul. 21.06.1988, *RF* 314/109).

4. Inimizade (inciso I).

Suspeição em relação às partes, e não ao advogado. "Somente enseja suspeição do magistrado sua íntima ou fraternal amizade, ou sua inimizade capital, em relação às partes do processo, e não em relação ao advogado. Ademais, a suspeição importa alijamento do magistrado de seu mister jurisdicional, envolvendo matéria de ordem moral de alta relevância. Nesse passo, para o acolhimento da suspeição 'é indispensável prova induvidosa' da parcialidade do juiz" (STJ, REsp 582.692, Rel. Min. Luiz Felipe Salomão, jul. 20.05.2010).

Inimizade entre o magistrado e o membro do Ministério Público. "Não obstante a existência de julgados desta Corte Superior admitindo a possibilidade de oposição de exceção de suspeição por representante do Ministério Público com base no art. 135, I, do Código de Processo Civil, no caso examinado o Tribunal de origem acolheu a alegação da configuração de inimizade capital entre o juiz excepto e o Ministério Público sem nenhuma explicitação no sentido de a suspeição atingir ações de autoria do *Parquet* Estadual, ou especificamente em relação a algum membro da instituição, o que, em tese, poderia ser admitido. Houve, portanto, o reconhecimento de inimizade capital entre o magistrado e o Ministério Público, o que é incompatível com os limites traçados pelo art. 135, I, do Código de Processo Civil" (STJ, REsp 973.369/GO, Rel. Min. Denise Arruda, 1ª Turma, jul. 05.08.2008, *DJe* 20.08.2008).

5. Interesse no julgamento (inciso V). "O interesse a que se refere o art. 135, V, CPC, não é a preferência do juiz por uma tese jurídica, que pretende fazer prevalecer, senão aquele representado por um vínculo objetivo com o objeto, com os interesses e com os sujeitos da causa, afetando concretamente a sua condição de terceiro desinteressado. Se o juiz tem demanda semelhante (com o mesmo objeto) à que julgar, incide em fundada suspeição de parcialidade, tornando-se incompatível para a causa" (TRF, 1ª Região, ExSusp 91.01.12.945-7/DF, Rel. Juiz Olindo Menezes, *DJU* 09.12.1991; *Rev. Jurídica* 175/81).

Processo de natureza coletiva. Juiz que se beneficia com a decisão. "Se o Magistrado se beneficiou com a antecipação da tutela em processo de natureza coletiva, ajuizado por entidade de classe, na qual não foi nomeado como parte, não se caracteriza a suspeição ou o impedimento indicados nos arts. 134 e 135 do CPC" (TRF, ES e Impedimento 2000.03.99.035803-1/SP, Rel. Des. Ramza Tartuce, 5ª Turma, jul. 28.11.2000, *DJU* 27.03.2001).

"O interesse que embasa a *exceptio suspiscionis* é aquele diretamente vinculado à relação jurídica litigiosa, e não ao interesse geral da comunidade na qual se insere o magistrado, por isso que raciocínio inverso inviabilizaria o julgamento pelo Judiciário de na hipótese de impedimento de mais da metade dos membros do Tribunal (CF, artigo 102, I, alínea *n*, segunda parte), não cabe indagar se o direito pleiteado diz respeito a interesse exclusivo da magistratura, dado que, confirmada a suspeição, o Tribunal de origem não poderá julgar a ação, mesmo se versar sobre interesse comum a outras categorias funcionais (AO 847/AP, Relator Ministro Maurício Corrêa, Tribunal Pleno, *DJ* de 18.10.2002). (...). Do contrário, segundo o raciocínio do excipiente, os juízes e promotores seriam suspeitos em todas as causas que discutissem interesses, como dano ambiental, em que, por exemplo, se estaria discutindo problema de qualidade de água, pois há evidente interesse em que suas casas também sejam abastecidas de água potável; ou então, em ações em que se discute a constitucionalidade de tributos federais, os quais todos os juízes também são obrigados a recolher" (REsp 734.892/SP, Rel. Min. Luiz Fux, 1ª Turma, jul. 14.02.2006, *DJ* 13.03.2006, p. 215).

6. Exceção de suspeição contra órgão colegiado. "Antiga orientação, que merece ser prestigiada, já proclamava que a exceção de suspeição, quando arguida contra colegiado, deve ser posta discriminadamente contra cada um dos seus integrantes" (STJ, RMS 865-0/RJ, Rel. Min. Sálvio de Figueiredo, jul. 17.03.1992, *DJU* 13.04.1992, p. 5.000).

7. Competência do STF. "A alínea *n* do inciso I do artigo 102 da Constituição Federal não conduz ao deslocamento da competência pelo simples fato de o juízo da vara especializada jurar suspeição. Resolve-se o incidente pelo deslocamento do processo para magistrado em atuação também na primeira instância, pouco importando não seja titular de vara especializada. A jurisprudência segundo a qual a maioria impedida ou suspeita há de ser aferida, considerados os titulares do tribunal (Ação Originária nº 263-0/SC, Relator Ministro Sepúlveda Pertence), apenas alcança suspeição e impedimento dos integrantes da Corte, quando se cogitaria de convocação de magistrado da última entrância" (STF, Ag. (Ag.Reg.) 520/AM, Rel. Min. Marco Aurélio).

8. Indeferimento de pedidos. "O indeferimento de pedidos formulados pelo litigante não induz, por si só, a parcialidade do Juiz" (STJ, REsp 319.970/CE, Rel. Min. Barros Monteiro, 4ª Turma, *DJU* 11.03.2002).

9. Cessação da causa de suspeição. "Não há fundamento para a suspeição do juiz quando cessa a causa da arguição. Inexiste interesse do juiz na causa quando dela não lhe advier nenhuma vantagem econômica ou moral. A propositura de uma demanda contra o excipiente não torna o juiz eternamente suspeito de parcialidade" (STJ, EREsp 22.944/DF, Rel. Min. José de Jesus Filho, 1ª Seção, jul. 19.04.1994, *DJU* 27.06.1994, p. 16.875).

"As razões da declaração de suspeição por motivo de foro íntimo não podem ser aferidas objetivamente. Apenas o magistrado que a declarou pode reconhecer que ainda persiste, ou o que não mais subsiste" (STJ, REsp 785.939/ES, Rel. Min. Humberto Martins, 2ª Turma, jul. 08.09.2009, *DJe* 28.09.2009).

"A exceção de suspeição dirige-se contra a pessoa do Juiz, que tem sua imparcialidade questionada. Se o excepto não mais preside o processo principal, em virtude de substituição determinada pelo Tribunal Estadual, vindo o seu sucessor a extinguir a ação, resta exaurido o objeto do incidente, que também deve ser extinto, por falta de interesse de agir" (STJ, REsp 909.908/SP, Rel. Min. Nancy Andrighi, 3ª Turma, jul. 22.06.2010, *DJe* 01.07.2010).

10. Ação análoga. "É suspeito o juiz que, em ação análoga, tem interesse em ver acolhida tese idêntica à deduzida na demanda submetida a seu julgamento. A desistência ou extinção do processo do interesse do magistrado não tem o condão de ilidir a sua suspeição" (STJ, REsp 22.956/DF, Rel. Min. Antônio de Pádua Ribeiro, 2ª Turma, jul. 05.08.1992, *DJU* 17.08.1992, p. 12.498).

11. Aconselhamento. "O aconselhamento do Juiz a uma das partes a não propor a ação pretendida, por entendê-la 'improdutiva', vincula sua opinião, tornando-o suspeito. Não se confunde a referida hipótese com o conselho dado em audiência de conciliação, quando este é feito a ambas as partes" (STJ, 3ª Turma, REsp 307.045/MT, Rel. Min. Antônio de Pádua Ribeiro, jul. 25.11.2003, *DJU* 19.12.2003, p. 451).

12. Impedimento de magistrado. Administrativo. Inocorrência de prejuízo. Ver jurisprudência do art. 144 do CPC/2015.

13. Arguição de exceção de suspeição. Termo inicial. "A arguição de suspeição deve ser suscitada na primeira oportunidade em que couber à parte interessada se manifestar nos autos (§ 1º, do art. 138, do CPC), observado o prazo de até 15 (quinze) dias contados da data ciência do fato causador da alegada suspeição (arts. 304 e 305, do CPC). (...). A suspeição do julgador somente pode ser arguida enquanto não realizado o julgamento do feito. Inaugurar a possibilidade de apresentação da exceção após a prolação de voto de primeiro vogal conspiraria contra o Princípio da Segurança Jurídica que visa preservar as decisões judiciais. (Precedentes: AgRg na ExSusp 14/SP, Rel. Min. Nilson Naves, Corte Especial, jul. 06/08/2003, *DJ* 22/09/2003 p. 248; REsp 151768/RN, Rel. Min. Barros Monteiro, 4ª Turma, jul. 01/10/1998, *DJ* 26/04/1999 p. 107 REsp 520.026/CE, Rel. Min. Francisco Peçanha Martins, 2ª Turma, jul. 09/11/2004, *DJ* 01/02/2005 p. 481 RMS 2022/RJ" (REsp 955.783/DF, Rel. Min. Luiz Fux, 1ª Turma, jul. 06.05.2010, *DJe* 20.05.2010). **No mesmo sentido:** STJ, REsp 1.132.527/RS, Rel. Min. Eliana Calmon, 2ª Turma, jul. 17.12.2009, *DJe* 08.02.2010.

"O **prazo para a arguição de exceção de perito** e contado do conhecimento do fato causador da suspeição. São taxativas as hipóteses de suspeição previstas no art. 135 do CPC" (STJ, REsp 36.390/SP, Rel. Min. Adhemar Maciel, 2ª Turma, jul. 07.04.1997, *DJ* 05.05.1997, p. 17.018).

14. Juiz que reside em Imóvel do réu. "O fato de o magistrado residir em imóvel de propriedade do Município réu, mas destinado à moradia do Juiz titular da Comarca, é incapaz de criar, por si só, sua suspeição" (STJ, REsp 1.014.846/PR, Rel. Min. Humberto Gomes de Barros, 3ª Turma, jul. 07.02.2008, *DJe* 05.08.2008).

15. Despachos e sentenças recorríveis. "O fato de o juiz ter proferido despachos e sentenças de sua competência, sujeitos a recursos processuais, em processo em que foi parte a excipiente não faz vislumbrar qualquer parcialidade em sua atuação" (TJSP, ES 3.121-0, Rel. Des. Batalha de Camargo, Câmara Especial, jul. 22.12.1983, *RT* 583/73).

16. Advogado do executado é o mesmo que patrocina os direitos do juiz em outra demanda. "A circunstância de ser o advogado que movimenta a execução contra o excipiente o mesmo que patrocina os direitos do juiz em ação que outra parte lhe move, só por conjectura, não pode originar suspeita de parcialidade. A constituição de um profissional como seu procurador em processo que corre na comarca não pode, por si só, afastar o juiz da apreciação das demais causas em que esse advogado funcione" (TJSP, ES 8.295-0, Rel. Des. Aniceto Aliende, Câmara Especial, jul. 10.03.1988, *RT* 631/83).

17. Legitimidade para arguir a suspeição. "A exceção de suspeição não pode ser arguida por quem não é parte no processo, sendo esse direito restrito às partes litigantes" (TJSP, ES 11.141-0, Rel. Des. Garrigós Vinhaes, Câmara Especial, jul. 21.06.1990, *RT* 659/66).

"O representante do *Parquet* possui legitimidade para opor exceção de suspeição por inimizade existente entre uma das partes litigantes e juiz da causa, ainda que interveniente como *custos legis*, porquanto visa tutelar o interesse indisponível consistente na imparcialidade do julgador. Deveras, pela mesma razão, ainda que atue nos autos de ação de desapropriação como fiscal da lei, pode invocar a inimizade do juiz da causa em relação à sua pessoa, porquanto a demanda é conexa à ação civil pública. Destarte, a suspeição arguida em ação conexa contamina todo o processo por força do julgamento simultâneo que se impõe" (STJ, REsp 498.280/CE, Rel. Min. Luiz Fux, 1ª Turma, jul. 09.09.2003, *DJ* 29.09.2003, p. 159).

18. Suspeição por motivo de foro íntimo (§ 1º). "Assim, somente após a efetivação do julgamento é que ficou oportunizado à ora recorrente manifestar-se nos autos. Recurso ordinário provido, declarando-se a nulidade do acórdão proferido pelo Tribunal de Justiça estadual, tendo em vista a reconhecida suspeição de um dos magistrados participantes, na condição de votante e de presidente" (STJ, RMS 23.994/GO, Rel. Min. Denise Arruda,1ª Turma, jul. 19.05.2009, *DJe* 18.06.2009).

19. Avocação de processo. "Não há previsão legal ou regimental para avocação de processos por esta Corte. Se a Requerente entende que o Tribunal de origem é incompetente para o julgamento da causa ou que seus membros são suspeitos por amizade íntima com o Réu, deve buscar os instrumentos processuais específicos disponíveis" (STJ, PET na Pet 7.309/MG, Rel. Min. Sidnei Beneti, 3ª Turma, jul. 25.08.2009, *DJe* 08.09.2009).

Art. 146. No prazo de 15 (quinze) dias, a contar do conhecimento do fato, a parte alegará o impedimento ou a suspeição, em petição específica dirigida ao juiz do processo, na qual indicará o fundamento da recusa, podendo instruí-la com documentos em que se fundar a alegação e com rol de testemunhas.

§ 1º Se reconhecer o impedimento ou a suspeição ao receber a petição, o juiz ordenará imediatamente a remessa dos autos a seu substituto legal, caso contrário, determinará a autuação em apartado da petição e, no prazo de 15 (quinze) dias, apresentará suas razões, acompanhadas de documentos e de rol de testemunhas, se houver, ordenando a remessa do incidente ao tribunal.

§ 2º Distribuído o incidente, o relator deverá declarar os seus efeitos, sendo que, se o incidente for recebido:

I – sem efeito suspensivo, o processo voltará a correr;

II – com efeito suspensivo, o processo permanecerá suspenso até o julgamento do incidente.

§ 3º Enquanto não for declarado o efeito em que é recebido o incidente ou quando este for recebido com efeito suspensivo, a tutela de urgência será requerida ao substituto legal.

§ 4º Verificando que a alegação de impedimento ou de suspeição é improcedente, o tribunal rejeitá-la-á.

§ 5º Acolhida a alegação, tratando-se de impedimento ou de manifesta suspeição, o tribunal condenará o juiz nas custas e remeterá os autos ao seu substituto legal, podendo o juiz recorrer da decisão.

§ 6º Reconhecido o impedimento ou a suspeição, o tribunal fixará o momento a partir do qual o juiz não poderia ter atuado.

§ 7º O tribunal decretará a nulidade dos atos do juiz, se praticados quando já presente o motivo de impedimento ou de suspeição.

CPC/1973

Art. 312.

REFERÊNCIA LEGISLATIVA

CPC/2015, arts. 144 e 145 (juiz; impedimento e suspeição), 313, III (suspensão do processo, em razão de suspeição ou impedimento).

BREVES COMENTÁRIOS

Como se vê, no incidente de suspeição ou impedimento, a posição de requerido toca ao próprio juiz recusado, visto que o requerente se dirige ao órgão judiciário superior para tentar diretamente a exclusão de sua pessoa da relação processual. Sua posição assemelha-se à de um réu durante a tramitação do procedimento incidental, tanto que, se o incidente for procedente, o juiz sofrerá até condenação nas custas (art. 146, § 5º). Não obstante se reconheça ao magistrado a posição de sujeito passivo do incidente, a petição que o provoca será dirigida ao próprio juiz rejeitado. Porém, não lhe caberá, como é óbvio, indeferir a pretensão, nem mesmo quando reputá-la manifestamente improcedente. A subida dos autos ao tribunal é obrigatória, e não haverá sequer lugar para ouvida da outra parte do processo principal.

O impedimento e a suspeição referem-se ao juiz, como pessoa física encarregada da prestação jurisdicional. Assim, quando o juiz é afastado do processo por motivo de impedimento ou suspeição, o processo não se desloca do juízo (foro, vara, tribunal etc.). Apenas o julgador, dentro do mesmo órgão, é substituído. Embora preveja o Código prazo de quinze dias para essas alegações, a contar do conhecimento do fato (art. 146, *caput*), no caso de impedimento, pelo menos, é de admitir-se que não ocorre preclusão da faculdade de arguir a incapacidade do juiz. Isso porque, até depois da res iudicata, o Código permite a invocação desse vício para rescindir a sentença (art. 966, II).

Suscitado o incidente, o processo será suspenso, nos termos do art. 313, III, ficando impedida a prática de atos processuais, enquanto não julgada a arguição (art. 314). Em se tratando de atos urgentes e inadiáveis, cujo protelamento possa causar dano irreparável, a solução da emergência dar-se-á por meio de sua submissão ao juiz substituto do impugnado (art. 146, § 3º). Se o tribunal reconhecer o impedimento ou a suspeição, fixará o momento a partir do qual o juiz não poderia ter atuado (art. 146, § 6º) e decretará a nulidade dos atos praticados quando já presente o motivo de impedimento ou de suspeição (art. 146, § 7º).

JURISPRUDÊNCIA SELECIONADA

1. Alegação de impedimento/suspeição do membro do Ministério Público. "A alegação pela parte de impedimento/suspeição do membro do Ministério Público Federal deve ser feita na primeira oportunidade em que lhe couber falar nos autos, sob pena de preclusão" (STJ, AgInt nos EDcl no CC 154.831/PE, Rel. Min. Nancy Andrighi, 2ª Seção, jul. 02.04.2019, *DJe* 04.04.2019).

2. Exceção de suspeição de juiz julgada procedente. Interesse jurídico e legitimação recursal do magistrado. "O juiz, apesar de não participar como parte ou terceiro prejudicado da relação jurídica de direito material é sujeito do processo e figura como parte no incidente de suspeição, por defender de forma parcial direitos e interesses próprios, possuindo, portanto, interesse jurídico e legitimação recursal para impugnar, via recurso, a decisão que julga procedente a exceção de suspeição, ainda que não lhe seja atribuído o pagamento de custas e honorários advocatícios" (STJ, REsp 1237996/SP, Rel. Min. Marco Buzzi, 4ª Turma, jul. 20.10.2020, REPDJe 12.11.2020, *DJe* 03.11.2020).

3. Poderes especiais de advogado (art. 105 do CPC/2015). "2. No que tange à necessidade de **poderes** específicos para a apresentação de **exceção** de **suspeição**, importante frisar que o art. 38 do CPC estabelece as regras gerais de representação processual das partes por seus patronos, instituindo a chamada cláusula *ad judicia*, referente à capacidade para prática de todos os atos processuais. 3. O mesmo dispositivo, em sua parte final, enumera as **exceções**, que, como tais, devem ser interpretadas restritivamente. Dentre as **exceções**, a exigir **poderes** específicos, não consta a apresentação de **exceção** de impedimento ou **suspeição**, razão pela qual o não conhecimento da medida sob o fundamento de inexistência de procuração com **poderes** específicos é ilegal. Precedentes" (STJ, REsp 1.233.727/SP, Rel. Min. Mauro Campbell Marques, 2ª Turma, ac. 05.04.2011, *DJe* 05.05.2011). **No mesmo sentido:** STJ, AgRg no Ag 851.750/PB, Rel. Min. Luis Felipe Salomão, 4ª Turma, ac. 11.05.2010, *DJe* 24.05.2010; STJ, REsp 595.522/DF, Rel. Min. Castro Meira, 2ª Turma, ac. 18.10.2005, *DJU* 07.11.2005, p. 196; STJ, REsp 173.390/MT, Rel. Min. Nilson Naves, 3ª Turma, ac. 18.03.1999, *DJU* 31.05.1999, p. 144.

4. Legitimidade do Ministério Público. "Nas demandas em que o Ministério Público não atua como parte ou na condição de *custos legis*, falta-lhe legitimidade para arguir exceção de suspeição. Inteligência dos arts. 81 e 304 do CPC" (STJ, REsp 1.002.780/ES, Rel. Min. Herman Benjamin, 2ª Turma, jul. 25.08.2009, *DJe* 30.09.2009).

5. Exceção de suspeição e de impedimento. Motivo. "Ao arguir a exceção de suspeição, a parte deve especificar o motivo da recusa, indicando os fatos que provará desde logo, ou no correr da instrução; não é suficiente formular mera hipótese de fato possível, a ser demonstrado; menos ainda poderá variar de motivo, na medida em que a prova afastar o que serviu de fundamento para a exceção" (STJ, REsp 94.396/SP, Rel. Min. Ruy Rosado de Aguiar, 4ª Turma, jul. 03.09.1996, *DJ* 07.10.1996, p. 37.646).

"A suspeição há de se caracterizar, em cada caso concreto, à luz de fatos objetivos, positivamente deduzidos e provados, para então, e só então, configurar violação ao art. 135 do CPC, que é taxativo e não compara interpretação extensiva, com base em simples presunções e meras conjecturas. Por outro lado, **eventuais equívocos** cometidos pelo magistrado na condução do processo ensejam a interposição de recurso ordinário próprio, a fim de que seja modificada a decisão pretensamente errônea, não sendo cabível inferir-se a suspeição dos alegados erros" (TJRJ, Exceção de Suspeição 06/2000, Rel. Marly Macedônio França, 7ª Câmara, jul. 21.09.2000, *RT* 789/370).

6. Fundamento da exceção. Inimizade. "O Código de Processo Civil não exige poderes especiais para o oferecimento da exceção de suspeição. Inimizade entre advogado e juiz não autoriza a exceção" (1º TACivil SP 224.112, Rel. Carlos Ortiz, 2ª Vara Distrital de Vila Maria, jul. 29.06.1976, *RT* 490/140).

7. Descabimento do indeferimento de arguição pelo próprio juiz excepto. "Verifica-se a suspeição do Magistrado que, ao receber exceção de suspeição contra si (art. 304 do CPC), indefere, ele próprio, a petição liminarmente e promove o andamento do feito, em clara inobservância às normas processuais, que exigem a imediata suspensão do processo e a autuação da exceção em apenso aos autos principais, com posterior resposta, pelo Juiz, no prazo de 10 dias e a consequente remessa dos autos ao Tribunal a que se encontra vinculado, para o julgamento do incidente (arts. 265, III e 313, do CPC) (STJ, REsp 1440848/DF, Rel. p/ Acórdão Min. Napoleão Nunes Maia Filho, 1ª Turma, jul. 06.05.2014, *DJe* 04.08.2014).

"Cabível o mandado de segurança quando se verifica que não foi dada à exceção de suspeição o andamento devido, bem assim usurpada a competência do Órgão Especial competente para o exame da matéria pela Câmara Cível, que procedeu, ato contínuo à rejeição da exceção pelo excepto, ao julgamento dos embargos declaratórios opostos à apelação, sem a suspensão do processo" (STJ, RMS 13.739/RJ, Rel. Min. Aldir Passarinho Junior, 4ª Turma, jul. 05.06.2007, *DJ* 27.08.2007, p. 253).

8. Descabimento de assistência ao juiz excepto. "De acordo com os arts. 135, 138, III, e § 1º, 297, 304, 305 e 306 do CPC, a exceção de suspeição do juiz ou do perito é um incidente processual que objetiva sanar possível vício existente no processo, não em relação às partes litigantes, mas sim ao próprio órgão encarregado de exercer a jurisdição judicial ou a auxiliar deste, como é o caso do perito (CPC, art. 139). É incidente processual de ordem pública, suscitado por uma das partes do processo, com o objetivo de corrigir algum vício que lhe possa trazer prejuízo no resultado final da lide. A exceção de suspeição do perito, auxiliar da Justiça nos termos do art. 139 do CPC, é incidente processual em que o expert figura como 'réu', promovido, o que, evidentemente, não enseja a participação da parte contrária à excipiente. Tratando-se de arguição de suspeição, por sua própria natureza, somente o próprio excepto poderá refutar a acusação que lhe é atribuída, seu papel, no incidente, será justamente afastar essa incômoda imputação de estar atrelado a uma das partes. Disso resulta que a parte que integra um dos polos da lide em que suscitada a exceção de suspeição do perito não pode pretender valer-se das regras dos arts. 46, 50 e 54 do CPC, para atuar, no incidente, como litisconsorte, assistente litisconsorcial ou assistente simples do excepto. Por consectário lógico, somente aquele de quem se poderia exigir isenção e imparcialidade pode ser apontado como suspeito e, assim, ter legitimidade para reconhecer ou refutar as alegações, considerando-se as hipóteses de suspeição previstas no art. 135 do CPC" (STJ, REsp 909.940/ES, Rel. Min Raul Araújo, 4ª Turma, jul. 17.09.2013, *DJe* 04.08.2014).

9. Não suspensão do processo. Excepcionalidade. "Ainda que se reconheça que o oferecimento de exceção de suspeição importa na automática suspensão do processo, circunstâncias especiais do caso concreto podem afastar a aplicação desse entendimento. O oferecimento de quarta exceção de suspeição, liminarmente rejeitada pelo Tribunal a quo com imposição de multa pelo reconhecimento da prática de ato atentatório ao exercício da jurisdição, não tem o condão de suspender o processo, pois implicaria permitir a utilização da exceção de suspeição como mecanismo para paralisar o normal andamento do feito, impondo retardamento despropositado à solução do litígio e resultando em afronta aos princípios da duração razoável do processo e da efetividade" (STJ, REsp 1236276/MG, Rel. Min. João Otávio de Noronha, 3ª Turma, jul. 11.03.2014, *DJe* 20.03.2014).

Art. 147. Quando 2 (dois) ou mais juízes forem parentes, consanguíneos ou afins, em linha reta ou colateral, até o terceiro grau, inclusive, o primeiro que conhecer do processo impede que o outro nele atue, caso em que o segundo se escusará, remetendo os autos ao seu substituto legal.

CPC/1973

Art. 136.

REFERÊNCIA LEGISLATIVA

Lei Complementar nº 35, de 14.03.1979, art. 128 (parentesco até o 3º grau).

BREVES COMENTÁRIOS

A lei não prevê impedimento do desembargador para funcionar em recurso contra decisão proferida em primeira instância por juiz que seja seu parente. O art. 147 do CPC/2015 traça regra impeditiva aplicável apenas entre juízes do próprio tribunal.

Com o CPC/2015, o impedimento passou a incluir parentes em linha reta ou colateral até o 3º grau, inclusive o que alcança, por exemplo, bisavô e bisneto, ou tio e sobrinho.

JURISPRUDÊNCIA SELECIONADA

1. Impedimento. Juízes parentes. "O propósito recursal é definir se deve ser reconhecido o impedimento de desembargador para atuar como revisor em julgamento de apelação, tendo em vista a atuação de seu cônjuge no julgamento de agravo de instrumento oriundo da mesma causa originária, não obstante tal julgamento tenha se dado sem a análise do mérito da causa, uma vez que extinto o recurso diante da perda de objeto. A vedação à atuação concomitante de juízes, consubstanciada nos arts. 136 do CPC/73 e 128 da LOMAN, tem o nítido escopo de evitar que magistrados que atuem perante órgãos colegiados, por força de vínculos afetivos e familiares, acabem se influenciando reciprocamente, prejudicando, desta forma, a autonomia funcional e interpretativa, essencial ao exercício da judicatura. Na hipótese, a Corte local reconheceu a ausência de impedimento do desembargador, que atuou como revisor no julgamento da apelação, tendo em vista a ausência da prática de atos anteriores, por parte de seu cônjuge, que pudessem influenciar no julgamento do recurso" (STJ, REsp 1673327/SC, Rel. Min. Nancy Andrighi, 3ª Turma, jul. 12.09.2017, *DJe* 15.09.2017).

"O art. 136 do CPC expressamente veda a participação de dois ou mais juízes parentes, consanguíneos ou afins, em linha reta e no segundo grau na linha colateral, no julgamento de mesma causa, na mesma corte. Impedimento reafirmado e ampliado pelo art. 128 da Lei Orgânica da Magistratura, de modo a alcançar os parentes até o terceiro grau. As hipóteses de impedimento são incompatíveis com a interpretação restritiva, já que têm nítido caráter moralizante. Na dúvida, deve-se reconhecer o impedimento. Entretanto: "Apesar da inafastável incidência do art. 136 do CPC e do art. 128 da Lei Orgânica da Magistratura, a participação do magistrado impedido no julgamento não trouxe, *in casu*, prejuízo para o resultado da votação dos Embargos Infringentes, parcialmente acolhidos por unanimidade. Mesmo se desconsiderado o voto do juiz impedido, o resultado do julgamento seria mantido, diante da composição de oito membros do Colegiado. Aplicação do princípio *pas de nullité sans grief*. No julgamento dos Embargos Infringentes, o órgão julgador não está adstrito aos fundamentos adotados pelo voto-vencido, apenas às suas conclusões" (STJ, REsp 473.838/PB, Rel. Min. Herman Benjamin, 2ª Turma, jul. 18.12.2007, *DJe* 22.09.2009).

Não ocorrência pelo fato de um dos juízes ter atuado no processo de conhecimento e o outro no de execução. "Não podem funcionar no mesmo processo, inclusive em diferentes graus de jurisdição, juízes parentes, consanguíneos ou afins, em linha reta, e no segundo grau na linha colateral. Os mesmos motivos que inspiram a proibição de atuarem conjuntamente em órgão colegiado, igualmente motivam o impedimento de um juiz conhecer de matéria já apreciada ou julgada pelo parente em grau próximo. Não ocorre, no entanto, o impedimento se um juiz atuou no processo de conhecimento, e o outro deve atuar já no subsequente processo de execução, máxime se este segundo juiz proferiu sentença de liquidação transitada em julgado" (TJRS, CC 32.427, Rel. Athos Gusmão Carneiro, 1ª Câmara, jul. 29.05.1979, *RJTJRGS* 76/218).

Art. 148. Aplicam-se os motivos de impedimento e de suspeição:

I – ao membro do Ministério Público;

II – aos auxiliares da justiça;

III – aos demais sujeitos imparciais do processo.

§ 1º A parte interessada deverá arguir o impedimento ou a suspeição, em petição fundamentada e devidamente instruída, na primeira oportunidade em que lhe couber falar nos autos.

§ 2º O juiz mandará processar o incidente em separado e sem suspensão do processo, ouvindo o arguido no prazo de 15 (quinze) dias e facultando a produção de prova, quando necessária.

§ 3º Nos tribunais, a arguição a que se refere o § 1º será disciplinada pelo regimento interno.

§ 4º O disposto nos §§ 1º e 2º não se aplica à arguição de impedimento ou de suspeição de testemunha.

CPC/1973

Art. 138.

REFERÊNCIA LEGISLATIVA

CPC/2015, art. 467 (impedimento e suspeição do perito e dos assistentes técnicos).

BREVES COMENTÁRIOS

A exceção de suspeição ou de impedimento do órgão do MP ou dos auxiliares da justiça não gera efeito suspensivo.

Cabe agravo de instrumento contra a decisão que acolhe ou rejeita a suspeição ou impedimento arguida nos termos do art. 148 do CPC.

O procedimento de arguição do impedimento ou suspeição de testemunha segue rito próprio previsto na regulamentação da prova oral, e não aquele estabelecido pelos §§ 1º e 2º do art. 148, conforme dispõe o § 4º do mesmo artigo.

JURISPRUDÊNCIA SELECIONADA

1. Momento de arguição. Primeira oportunidade. "De outro giro, nos termos do art. 138, III, § 1º, do CPC/73, aplicam-se aos peritos as mesmas causas de impedimento e de suspeição estabelecidas para os juízes. Entretanto, assim como a suspeição, o impedimento do perito deve ser alegado na primeira oportunidade em que couber à parte falar nos autos, sob pena de preclusão. O dispositivo acima transcrito estabelece que, embora se apliquem os mesmos motivos de impedimento e de suspeição do juiz ao membro do Ministério Público, ao serventuário da justiça, ao perito, aos assistentes técnicos e ao intérprete, a alegação de impedimento, para esses sujeitos do processo, deve ser realizada 'na primeira oportunidade em que lhe couber falar nos autos', sob pena de preclusão, em conformidade com o previsto no art. 245 do CPC/73. Nesse sentido: REsp n. 876.942/MT, Rel. Ministro Herman Benjamin, Segunda Turma, julgado em 25/8/2009, *DJe* 31/8/2009" (STJ, AgInt no REsp 1708814/MG, Rel. Min. Francisco Falcão, 2ª Turma, jul. 04.12.2018, *DJe* 11.12.2018). **No mesmo sentido:** STJ, AgRg no REsp 1.157.079/MT, Rel. Min. Sidnei Beneti, 3ª Turma, jul. 09.02.2010, *DJe* 24.02.2010; STJ, REsp 1.132.527/RS, Rel. Min. Eliana Calmon, 2ª Turma, jul. 17.12.2009, *DJe* 08.02.2010.

"O direito de arguir a exceção pode surgir a qualquer tempo, mas deve ser exercido no prazo de quinze dias depois de a parte ter conhecimento do fato. Na espécie, o prazo deve ser contado da intimação da nomeação do perito. Art. 305 do CPC" (STJ, REsp 328.767/RS, Rel. Min. Ruy Rosado de Aguiar, 4ª Turma, jul. 16.10.2001, *DJ* 04.02.2002, p. 391).

"Acórdão que deixa de aplicar o prazo de quinze dias previsto no art. 305 do CPC para arguição da suspeição, em face da especialidade da norma do art. 138, § 1º, do mesmo Código, aplicando, ao contrário, o prazo genérico de cinco dias do art. 185. Hão que se diferenciar a suspeição do juiz e a suspeição do perito. Esta é feita por simples petição e não suspende o curso do processo, devendo ser realizada na primeira oportunidade em que couber ao interessado falar nos autos. Não há como conjugar o conceito de 'primeira oportunidade', previsto no art. 138, § 1º, do CPC, para possibilitar a arguição de suspeição do perito, com o prazo de quinze dias do art. 305 do CPC, este previsto para o oferecimento de exceção de suspeição do juiz" (STJ, REsp 802.081/RJ, Rel. Min. Nancy Andrighi, 3ª Turma, jul. 02.05.2006, *DJ* 22.05.2006, p. 201).

2. Suspeição e impedimento. "O legislador, ao definir as hipóteses de suspeição e impedimento, atentou apenas para as possíveis relações existentes entre o juiz e as partes do processo, ou, conforme o art. 138, III, do CPC, entre as partes e o perito, nada dispondo acerca de eventuais vínculos, sejam de que natureza for, entre o juiz e os seus auxiliares (peritos, serventuários, intérpretes etc.)" (STJ, REsp 906.598/MT, Rel. Min. Denise Arruda, 1ª Turma, jul. 19.06.2007, *DJ* 02.08.2007, p. 407).

3. Assistente técnico. "O entendimento do v. acórdão recorrido encontra-se em consonância com o posicionamento desta Corte, no sentido de que, com a sistemática introduzida pela Lei 8.455/1992, que alterou a redação do art. 422 do Código de Processo Civil, o assistente técnico não se sujeita ao impedimento e suspeição, como ocorre com o perito. Precedente" (STJ, AgRg no Ag 679.750/SE, Rel. Min. Jorge Scartezzini, 4ª Turma, jul. 25.04.2006, *DJ* 15.05.2006, p. 219).

4. Perito. "A exceção de suspeição do perito, auxiliar da justiça nos termos do art. 139 do CPC, é incidente processual em que o *expert* figura como 'réu', promovido, o que evidentemente não enseja a participação da parte contrária à excipiente. Tratando-se de arguição de suspeição, por sua própria natureza, somente o próprio excepto poderá refutar a acusação que lhe é atribuída; seu papel no incidente será justamente afastar essa incômoda imputação de estar atrelado a uma das partes. Disso resulta que a parte que integra um dos polos da lide em que suscitada a exceção de suspeição do perito não pode pretender valer-se das regras dos arts. 46, 50 e 54 do CPC, para atuar no incidente como litisconsorte, assistente litisconsorcial ou assistente simples do excepto. Por consectário lógico, somente aquele de quem se poderiam exigir isenção e imparcialidade pode ser apontado como suspeito e, assim, ter legitimidade para reconhecer ou refutar as alegações, considerando-se as hipóteses de suspeição previstas 135 do CPC" (STJ, REsp 909.940/ES, Rel. Min. Raul Araújo, 4ª Turma, jul. 17.09.2013, *DJe* 04.08.2014).

"O fato de o perito nomeado ser credor do Estado em honorários advocatícios fixados em processos em que atuou como defensor dativo não obsta sua nomeação no presente feito para exercer o múnus pericial" (TJMG, 1.0518.08.154509-8/001(1), Rel. Des. Eduardo Andrade, jul. 14.07.2009, *DJe* 24.07.2009).

"Impossível, por construção jurisprudencial, alargar-se as causas de suspeição do perito registradas no art. 135 do CPC" (STJ, REsp 730.811/RJ, Rel. Min. José Delgado, jul. 02.06.2005, *DJ* 08.08.2005, p. 202). **Precedentes citados:** STJ, AgRg no Ag 599.264/RJ, Rel. Min. Nancy Andrighi, jul. 29.03.2005, *DJe* 18.04.2005; STJ, AgRg no REsp 583.081/PR, Rel. Min. Aldir Passarinho Junior, 4ª Turma, jul. 05.08.2004, *DJ* 08.11.2004, p. 243.

"O fato de o juiz titular ter proferido despachos no processo em que foi nomeado perito oficial de sua parentela não é suficiente para o acórdão impugnado determinar a anulação do processo de ofício, se quem sentenciou no feito foi outro juiz, que, inclusive, adotou o laudo pericial da autarquia. Embora a interpretação sistemática dos arts. 134, 135, 136 e 138, III, do Código de Processo Civil prevejam as razões de impedimento e suspeição do juiz, a legislação de regência, ao definir as hipóteses de suspeição e impedimento, fê-lo apenas quanto 'às possíveis relações existentes entre o juiz e as partes do processo, ou, conforme o art. 138, III, do CPC, entre as partes e o perito, nada dispondo acerca de eventuais vínculos, sejam de que natureza for, entre o juiz e os seus auxiliares (peritos, serventuários, intérpretes etc.)' (REsp 908598/MT, Rel. Min. Denise Arruda, *DJ* 02.08.2007)" (STJ, REsp 945.724/MT, Rel. Min. José Delgado, 1ª Turma, jul. 27.05.2008, *DJe* 23.06.2008).

"Não colhe a suspeição do perito com base na alegação de que no exercício de suas atividades acadêmicas tenha esposado teses favoráveis aos mutuários do Sistema Financeiro da Habitação, se não comprovado nas instâncias ordinárias que tenha interesse no caso concreto em favor de uma das partes' (REsp nº 542.458/RS, 3ª Turma, de minha relatoria, *DJ* 19.04.2004)" (STJ, AgRg no REsp 709.495/PR, Rel. Min. Carlos Alberto Menezes Direito, 3ª Turma, jul. 24.08.2006, *DJ* 05.02.2007, p. 219).

"Como os motivos legais de suspeição e impedimento do juiz aplicam-se também ao perito, está este impedido de funcionar no processo em que o juiz seja seu parente em segundo grau na linha colateral (irmão), considerando-se que o impedimento não funciona apenas entre o perito e as partes ou entre as partes e o juiz, senão também entre o juiz e o perito. Interpretação sistemática dos arts. 136 e 138, III, do CPC. Incorrendo o perito em impedimento – obstáculo de ordem lógica com relevância jurídica –, torna-se ele incompatível com o processo, fazendo com que a perícia que haja realizado seja nula e sem valor legal, pelo que se impõe a nulidade do processo, em ordem a que outra seja realizada" (TRF-1ª Região, Ap 1997.36.00.004812-9, Rel. Des. Fed. Olindo Menezes, 3ª Turma, jul. 09.12.2003, *DJU* 27.02.2004).

Impedimento. "O impedimento do perito deve ser arguido na forma determinada pela lei processual" (TASP, AI 29.137, Rel. Joaquim Francisco, 2ª Câmara, jul. 02.10.1975, *RT* 482/177).

5. Oficial de justiça. "A exceção de suspeição pode ser oposta contra oficial de justiça, à luz do art. 138, II, do CPC" (TAMG, AI 294.316-0, Rel. Juiz Nilson Reis, 2ª Câmara, jul. 30.11.1999).

DO JUIZ: INDICAÇÃO DOUTRINÁRIA

Alcides de Mendonça Lima, Oponência, *RP* 37/180, *RBDP* 46/189; Alcides Lourenço Cabral Filho. Poderes e deveres do juiz no novo CPC: a oitiva pessoal a fim de esclarecer questão relacionada aos fatos da causa. *Revista de Processo*. n. 317, p. 77-92; Alfredo Buzaid, Da responsabilidade do juiz, *RP* 9/15; Alfredo Buzaid, *Do agravo de petição no sistema do Código de Processo Civil*, 2. ed., São Paulo, 1956, n. 48, p. 103-104; André Vasconcelos Roque, In: Teresa Arruda Alvim Wambier, Fredie Didier Jr., Eduardo Talamini, Bruno Dantas, *Breves comentários ao novo Código de Processo Civil*, São Paulo: Revista dos Tribunais, 2015; Antônio Carlos Woltmer, Aspectos ideológicos na criação jurisprudencial de direito, *Ajuris* 34/93; Caio Mário da Silva Pereira, *Instituições de direito civil*, Rio de Janeiro: Forense, v. I, n. 12 – sobre analogia; Carlos Henrique Soares. Dever de busca pela razoável duração do processo. In: Fernando Gonzaga Jayme *et. al.*, *Inovações e Modificações do Código de Processo Civil*, Belo Horizonte: Del Rey, 2017, p. 313; Carnelutti, Lineamenti della forma del processo civile di cognizione, *Rev. Dir. Proc. Civile*, v. VI, parte I, n. 13, p. 19; Carnelutti,*Instituciones del nuevo proceso civil italiano*, Trad. Jaime Guasp, Barcelona: Bosch, 1942, p. 175; Cássio Scarpinella Bueno, *Manual de direito processual civil*, São Paulo: Saraiva, 2015; Célio Horst Waldraff, Todo o poder ao juiz. *Revista Bonijuris*. ano 30, Ed. 650, p. 52. Curitiba: ed. Bonjuris, fevereiro/2018; Celso Agrícola Barbi, *Comentários ao CPC*, v. I, n. 733/744; Chiovenda, *Instituições de direito processual civil*, trad. brasileira, São Paulo, 1942, v. I, n. 14, p. 87-88; Cláudia Mara de Almeida Rabelo Viegas; Felipe Martins de Oliveira Soares, As medidas atípicas como meio de efetivação das tutelas executivas, Juris Plenum, Caxias do Sul, ano XVI, n. 91, p. 65 e ss., jan. 2020; Daniel Amorim Assumpção Neves, *Manual de direito processo civil*, São Paulo: Método, 2015; Daniel Amorim Assumpção Neves, *Manual de direito processo civil*, São Paulo: Método, 2015; Dierle Nunes, Alexandre Bahia, Flávio Quinaud Pedron, *Teoria geral do processo*, Salvador: JusPodivm, 2020; Dierle Nunes; Tatiane Costa de Andrade. Tecnologia a serviço da efetividade na execução: uma alternativa aos dilemas do art. 139, IV, CPC: mais um passo na discussão – PT 2. *Revista de Processo* n. 304, ano 45, jun.2020, p. 339 e ss; Enrico Tullio Liebman, Estudos sobre o processo civil brasileiro, *O despacho saneador e o julgamento do mérito*, São Paulo, 1947, p. 126/135; Teresa Arruda Alvim Wambier, Fredie Didier Jr., Eduardo Talamini, Bruno Dantas (coords.), *Breves comentários ao novo Código de Processo Civil*, São Paulo: Revista dos Tribunais, 2015; Ernane Fidélis dos Santos, *Manual de direito processual civil*, v. I, n. 325 a 328, 1985, p. 182-187; Evaristo Aragão Santos. Em torno do impedimento e da suspeição do juiz. In: Luiz Rodrigues Wambier; Teresa Arruda Alvim Wambier, *Temas Essenciais do Novo CPC*, São Paulo: RT, 2016, p. 77; F. Carnelutti, *Instituciones del nuevo proceso civil italiano*, trad. espanhola, Barcelona, 1942, n. 5 e 6, p. 32; Fábio Bittencourt da Rosa, Ministério Público – impedimento e suspeição, *Ajuris* 51/158; Federico Carpi, A responsabilidade do juiz, *RF* 329/69; Fernando da Fonseca Gajardoni e Augusto Martins Pereira, Medidas atípicas na execução civil: análise de casos no âmbito do TJSP, In: Ana Cândida Menezes Marcato, et al. (orgs.), Reflexões sobre o Código de Processo Civil de 2015: uma contribuição dos membros do Centro de Estudos Avançados de Processo – Ceapro, São Paulo: Verbatim, 2018, p. 287 e ss.; Fredie Didier Jr., *Curso de direito processual civil*, 17. ed., Salvador: JusPodivm, 2015, v. I; Fredie Didier Jr., Leonardo Carneiro da Cunha, Paula Sarno Braga e Rafael Alexandria de Oliveira. Diretrizes para a concretização das cláusulas gerais executivas dos arts. 139, IV, 297 e 536, § 1º, CPC. *Revista de Processo*. vol. 267. ano 42. p. 227. São Paulo: Ed. RT, maio/2017; Fredie Didier Jr; Leonardo Carneiro da Cunha; Paula Sarno; Rafael Alexandria de Oliveira, Diretrizes para a concretização das cláusulas gerais executivas dos arts. 139, IV, 297 e 536, § 1º, do CPC, In: Sérgio Cruz Arenhart; Daniel Mitidiero (coords.). O processo civil entre a técnica processual e a tutela dos direitos: estudos em homenagem a Luiz Guilherme Marinoni, São Paulo: RT, 2017, p. 545 e ss.; Guilherme Rizzo Amaral, *Comentários às alterações do novo CPC*, São Paulo: Revista dos Tribunais, 2015; Hugo Rocco, *Tratatto di diritto processuale civile*, 2. ed., Turim: Utet, 1966, v. II, p. 31; Humberto Theodoro Júnior, *Curso de direito processual civil*, 61. ed., Rio de Janeiro: Forense, 2020, v. I; Humberto Theodoro Júnior, Fernanda Alvim Ribeiro de Oliveira, Ester Camila Gomes Norato Rezende (coords.), *Primeiras lições sobre o novo direito processual civil brasileiro*, Rio de Janeiro: Forense, 2015; Irani Mariani, Impedimento e suspeição do juiz quando inimigo do advogado de uma das partes, *RT* 631/270; J. E. Carreira Alvim, *Comentários ao atual Código de Processo Civil*, Curitiba: Juruá, 2015; José Augusto Delgado, Responsabilidade civil do Estado pela demora na prestação jurisdicional, *RDA* 153/259, *RF* 297/406, *Ajuris* 29/17, *Amagis* 2/169, *RP* 40/147; José Luis Esteves, *Teoria del fraude en el proceso civil*; Pereira Braga, *Exegese do CPC de 1939*, Rio, 1942, v. II, n. 24, p. 317-318; José Miguel Garcia Medina, *Novo Código de Processo Civil comentado*, São Paulo: Revista dos Tribunais, 2015; José Olympio de Castro Filho, *O abuso do direito no processo civil*, 2. ed., Rio, 1960, n. 96 – sobre a simulação; Carlos Aurélio Mota de Souza, Poderes éticos do juiz (a igualdade das partes no processo e a repressão ao abuso processual), *RF* 296/161, *Ajuris* 36/36, *RP* 46/48; José Roberto dos Santos Bedaque, In: José Roberto F. Gouvêa; Luis Guilherme A. Bondioli e João Francisco N. da Fonseca (coord.), *Comentários ao Código de Processo Civil*, São Paulo: Saraiva, 2019, v. 3; José Roberto dos Santos Bedaque. Poderes e deveres do juiz no novo CPC. In: Aluisio Gonçalves de Castro Mendes (coord.); *O Novo Código de Processo Civil: Programa de Estudos Avançados em Homenagem ao Ministro Arnaldo Esteves Lima*, Rio de Janeiro: Emarf, 2016, p. 89; Leonardo Greco, *Instituições de processo civil: introdução ao direito processual civil*, 5. ed., Rio de Janeiro: Forense, 2015; Luis Antônio Giampaulo Sarro, *Novo Código de Processo Civil*, São Paulo: Rideel, 2015; Luis Rodrigues Wambier, A responsabilidade civil do Estado pelo exercício da atividade judiciária, *RT* 652/29, *RCDUFU* 19/129; Luiz Guilherme Marinoni, Sérgio Cruz Arenhart, Daniel Mitidiero, *Curso de processo civil*, São Paulo: Revista dos Tribunais, 2015, v. I; Mário Moacyr Porto, Responsabilidade do Estado pelos atos dos seus juízes, *RT* 563/9; Mateus Machado de Medeiros, Marcus Aurélio de Feitas Barros. A intervenção judicial expropriatória como instrumento de reestruturação de instituições e o CPC/2015. *Revista de Processo*, n. 292, ano 44, junho 2019, p. 129-159; Nelson Nery Junior, Rosa Maria de Andrade Nery, *Comentários ao Código de Processo Civil*, São Paulo: Revista dos Tribunais, 2015; Orlando Gomes, *Introdução ao direito civil*, Rio de Janeiro: Forense, n. 21 e 24 – sobre o conceito de costumes e os princípios gerais de direito; Elicio de Cresci Sobrinho, O juiz criador do direito e a interpretação razoável, *Ajuris* 50/21; Sálvio de Figueiredo Teixeira, A jurisprudência como fonte do direito e o aprimoramento da Magistratura, *RF* 279/1, *RP* 24/99, *RBDP* 28/107, *RCDUFU* 11/123, *RT* 553/18; Pedro Henrique Gomes Ramiz Wright; Julia Guimarães Gonçalves, A (im)possibilidade de utilização de medidas atípicas nas obrigações pecuniárias e nas obrigações de fazer, *Revista Síntese Direito Civil e Processual Civil*, São Paulo, n. 123, p. 9 e ss., jan./fev. 2020; Pedro Leonel Pinto de Carvalho, Irmãos desembargadores: disponibilidade não aplicável por inconstitucional, *RBDP* 7/181; Priscila Zeni de Sá. Crise da democracia e a participação por meio do processo: poderes do juiz no novo CPC. In: Paulo Henrique dos Santos Lucon; Pedro Miranda de Oliveira. *Panorama atual do novo CPC*, Florianópolis: Empório do Direito, 2016, p. 357; Raphael Silva Rodrigues; Rodrigo Almeida Magalhães; Thiago Penido Martins; Fauez Shafir Leonardo Seif Eddine, A possibilidade de aplicação de medida coercitiva atípica para suspensão da carteira nacional de habilitação na execução civil de pagar quantia certa: avanço ou retrocesso? *Revista Magister de Direito Civil e Processo Civil*, Porto Alegre, v. 97, p. 113 e ss., jul./ago. 2020; Renato Beneduzi, In: Sérgio Cruz Arenhart e Daniel Mitidiero (coord.), *Comentários ao Código de Processo Civil*. 2. ed., São Paulo: RT, 2018, v. 2; Roberto Sampaio Contreiras de Almeida, In: Teresa Arruda Alvim Wambier, Fredie Didier Jr., Eduardo Talamini, Bruno Dantas, *Breves comentários ao novo Código de Processo Civil*, São Paulo: Revista dos Tribunais, 2015; Teresa Arruda Alvim Wambier, Fredie Didier Jr., Eduardo Talamini, Bruno Dantas (coords.), *Breves comentários ao novo Código de Processo Civil*, São Paulo: Revista dos Tribunais, 2015; Teresa Arruda Alvim Wambier, Maria Lúcia Lins Conceição, Leonardo Ferres da Silva Ribeiro, Rogério Licastro Torres de Melo, *Primeiros comentários ao novo Código de Processo Civil*, São Paulo: Revista dos Tribunais, 2015.

Capítulo III
DOS AUXILIARES DA JUSTIÇA

Art. 149. São auxiliares da Justiça, além de outros cujas atribuições sejam determinadas pelas normas de organização judiciária, o escrivão, o chefe de secretaria, o oficial de justiça, o perito, o depositário, o administrador, o intérprete, o tradutor, o mediador, o conciliador judicial, o partidor, o distribuidor, o contabilista e o regulador de avarias.

CPC/1973

Art. 139.

BREVES COMENTÁRIOS

Entre esses "outros auxiliares" a que alude o Código, o mais comum é o tesoureiro. Os serventuários do juízo costumam ser divididos em duas categorias: os permanentes e os eventuais. Permanentes são os que atuam continuamente, prestando colaboração em todo e qualquer processo que tramite pelo juízo, como o escrivão, o oficial de justiça e o distribuidor. Sem esses auxiliares, nenhum processo pode ter andamento.

Há, porém, auxiliares que não integram habitualmente os quadros do juízo e só em alguns processos são convocados para tarefas especiais, como o que se passa com o intérprete e o perito. Esses são os auxiliares eventuais. São exemplos: o serviço postal (arts. 246, § 1º-A, I, e 248, § 1º); o serviço telegráfico ou de e-mail (arts. 263 e 413); a imprensa oficial ou particular (arts. 257, II, 272, 887, § 3º); o administrador da massa do insolvente (art. 761, I, do CPC/1973); a força policial (arts. 360, III, e 846, § 2º); o comando militar (art. 455, § 4º, III); a repartição pública (art. 455, § 4º, III); o leiloeiro (arts. 888, parágrafo único, 903, 883 e 884); o corretor da Bolsa de Valores (art. 881, § 2º); o Banco do Brasil e outros estabelecimentos de crédito (art. 840, I); o terceiro detentor de documentos (art. 401); os assistentes técnicos (art. 465, § 1º, II), o curador especial (arts. 72 e 671), o síndico nas falências, o comissário nas concordatas etc.

JURISPRUDÊNCIA SELECIONADA

1. Perito. "O perito é auxiliar direto do juiz – art. 139 do CPC –, sujeito, portanto, à disciplina judiciária e à responsabilidade civil e comercial – arts. 147 do CPC e 342 do CP –, devendo cumprir conscienciosamente o encargo que lhe foi cometido – art. 422 do CPC. Assim, não se pode cogitar de seu impedimento ou suspeição apenas por ser o nomeado funcionário de autarquia, entidade que é parte no feito" (2º TACivSP, ExSusp 130.976, Rel. Juiz Moraes Sales, 1ª Câmara, jul. 30.02.1982, *JTACivSP* 78/209).

2. Leiloeiro público. Auxiliar eventual. "Porquanto o leiloeiro público não se qualifica como auxiliar permanente da justiça, nos termos do art. 139 do CPC, mas como mero auxiliar eventual, o exercício do direito de ação para a exigência de obrigações fixadas em seu favor não se sujeita ao prazo prescricional previsto no art. 178, § 6º, VIII, do CC/1916, mas ao prazo vintenário previsto no art. 177 do mesmo diploma legal" (STJ, REsp 525.549/RJ, Rel. Min. Nancy Andrighi, 3ª Turma, jul. 16.11.2004, *DJ* 17.12.2004, p. 520).

3. Contador judicial. "É dado ao magistrado, a teor da norma do art. 139 do CPC, a faculdade de socorrer ao contador do juízo, na qualidade de auxiliar da justiça, para resolver questões relativas à controvérsia instaurada nos autos, inclusive para definir cálculos quando haja divergência entre as partes" (TJMG, APCív 1.0024.06.267117-7/001, Rel. Des. Roberto Borges de Oliveira, 10ª Câmara, jul. 06.11.2007, *DJ* 24.11.2007). **No mesmo sentido:** STJ, AgRg no REsp 907.859/CE, Rel. Min. Mauro Campbell Marques, 2ª Turma, jul. 26.05.2009, *DJe* 12.06.2009.

4. Depositário judicial. Auxiliar. "O depositário judicial é mero auxiliar do juízo, não tendo em princípio legitimidade para recorrer" (STJ, REsp 259.981/SP, Rel. Min. Eliana Calmon, 2ª Turma, jul. 18.04.2004, *DJ* 20.09.2004, p. 219).

Seção I
Do Escrivão, do Chefe de Secretaria e do Oficial de Justiça

Art. 150. Em cada juízo haverá um ou mais ofícios de justiça, cujas atribuições serão determinadas pelas normas de organização judiciária.

CPC/1973

Art. 140.

BREVES COMENTÁRIOS

O escrivão tem fé pública e sua função recebe do Código o nome de Ofício de Justiça. Cartório é a repartição dirigida pelo escrivão, onde podem servir outros funcionários subalternos, como os escreventes, cuja função se regula pelas normas de organização judiciária.

Num mesmo juízo, pode haver um ou mais ofícios de justiça, como prevê o art. 150. No caso de pluralidade de ofícios, os processos são distribuídos entre eles por natureza ou por sorteio.

Art. 151. Em cada comarca, seção ou subseção judiciária haverá, no mínimo, tantos oficiais de justiça quantos sejam os juízos.

BREVES COMENTÁRIOS

Cada vara deverá contar com, pelo menos, um oficial de justiça.

Art. 152. Incumbe ao escrivão ou ao chefe de secretaria:

I – redigir, na forma legal, os ofícios, os mandados, as cartas precatórias e os demais atos que pertençam ao seu ofício;

II – efetivar as ordens judiciais, realizar citações e intimações, bem como praticar todos os demais atos que lhe forem atribuídos pelas normas de organização judiciária;

III – comparecer às audiências ou, não podendo fazê-lo, designar servidor para substituí-lo;

IV – manter sob sua guarda e responsabilidade os autos, não permitindo que saiam do cartório, exceto:

a) quando tenham de seguir à conclusão do juiz;

b) com vista a procurador, à Defensoria Pública, ao Ministério Público ou à Fazenda Pública;

c) quando devam ser remetidos ao contabilista ou ao partidor;

d) quando forem remetidos a outro juízo em razão da modificação da competência;

V – fornecer certidão de qualquer ato ou termo do processo, independentemente de despacho, observadas as disposições referentes ao segredo de justiça;

VI – praticar, de ofício, os atos meramente ordinatórios.

§ 1° O juiz titular editará ato a fim de regulamentar a atribuição prevista no inciso VI.

§ 2° No impedimento do escrivão ou chefe de secretaria, o juiz convocará substituto e, não o havendo, nomeará pessoa idônea para o ato.

CPC/1973

Art. 141.

REFERÊNCIA LEGISLATIVA

CPC/2015, arts. 43 (*perpetuatio jurisdictionis*), 107, II e III (vista ou retirada dos autos pelo advogado), 154 (atribuições do oficial de justiça), 179, I (vista dos autos pelo MP), 189 (atos processuais; publicidade; segredo de justiça) e 210 (atos processuais; uso da taquigrafia).

BREVES COMENTÁRIOS

A citação a que se refere o item II deverá ser feita pelo oficial de justiça (art. 154, I), em cumprimento de mandado elaborado pelo escrivão (art. 152, I), ou deverá ser totalmente processada pelo próprio escrivão, no caso de citação postal (art. 248).

Ao mesmo tempo que documenta todos os atos processuais, o escrivão faz que o procedimento tenha andamento, certificando os atos praticados, verificando o vencimento dos prazos, abrindo vista às partes, cobrando os autos indevidamente retidos fora do cartório e fazendo conclusão deles ao juiz para os despachos de expediente ou decisões que o caso reclamar. Toda documentação do escrivão ou chefe de secretaria está coberta pela presunção de veracidade, que decorre da fé pública que a lei reconhece ao seu ofício. Os atos meramente ordinatórios, como a vista às partes, a conclusão ao juiz, a juntada de peças processuais, a certificação de prazos concluídos etc. são praticados pelo escrivão, sem depender de despacho do juiz.

JURISPRUDÊNCIA SELECIONADA

1. Expedição de cartas precatórias e de citação. Dever da serventia. "Ademais, o art. 152, I, do CPC/2015, que está evidentemente acima de regimentos e leis estaduais na hierarquia normativa, é inequívoco em salientar que incumbe ao escrivão redigir, na forma legal, as cartas precatórias e os demais atos que pertençam ao seu ofício. Outrossim, a parte, por não integrar o Judiciário, não possui – e nem poderia ter – competência legal, nem ingerência administrativa na serventia judicial para expedir, por ela própria, cartas precatórias, sobretudo diante da crescente hegemonia nacional dos processos eletrônicos, os quais são impulsionados por sistemas digitais manejados exclusivamente pelos servidores públicos de cada Tribunal" (STJ, REsp 1817963/RS, Rel. Min. Herman Benjamin, 2ª Turma, jul. 27.08.2019, *DJe* 05.09.2019). No mesmo sentido: STJ, REsp 1830325/RS, Rel. Min. Herman Benjamin, 2ª Turma, jul. 10.09.2019, *DJe* 11.10.2019; jurisprudência à luz do CPC/1973, ainda aplicável: STJ, REsp 1282776/RS, Rel. Min. Mauro Campbell Marques, 2ª Turma, *DJe* 14.02.2012; STJ, AgRg no REsp 1483350/MG, Rel. Min. Mauro Campbell Marques, 2ª Turma, *DJe* 26.11.2014.

2. Fé pública. "As certidões emanadas dos escrivães do Juízo, em razão de seu ofício, revestem-se de presunção *juris tantum* de legitimidade e de veracidade, em razão da fé pública de que gozam tais agentes auxiliares do Juízo. A certidão autorizada a ser emitida pelo escrivão, nos termos do art. 141, V, do CPC, diz respeito a ato ou termo do processo, mas a origem das informações certificadas não se restringe ao que consta nos próprios autos. A mera alegação deduzida nas razões recursais, sem a apresentação de qualquer comprovação que infirme as informações certificadas, não pode prevalecer sobre a presunção de legitimidade e de veracidade que gozam as certidões emanadas dos escrivães do Juízo. Assim, é cabível a devolução de prazo para recorrer, quando o escrivão certifica que, no seu interregno, os autos não estiveram disponíveis à parte prejudicada" (STJ, REsp 1.002.702/BA, Rel. Min. Luis Felipe Salomão, 4ª Turma, jul. 26.10.2010, *DJe* 04.11.2010). **No mesmo sentido:** STJ, AgRg no AgRg no REsp 923.448/RS, Rel. Min. Humberto Martins, 2ª Turma, jul. 01.04.2008, *DJe* 11.04.2008.

"A falta de aposição do ciente da parte não invalida a certidão de intimação assinada por escrivão. A fé pública do escrivão cede tão somente ante a apresentação de prova capaz de destruir a presunção de veracidade que a lei dá aos atos do serventuário público" (TJBA, Ap 525/87, Rel. Des. Falzac Soares, 4ª Câmara, jul. 11.11.1987, *Bahia For.* 30/177).

3. Guarda dos processos (inciso IV). "A guarda dos processos judiciais é da responsabilidade do escrivão e a saída dos autos de cartório somente é permitida nos casos previstos no inciso IV do artigo 141 do Código de Processo Civil" (TJMG, Ag. 1.0251.02.000542-6/002, Rel. Des. Edilson Fernandes, jul. 25.09.2007, *DJ* 09.10.2007).

"A responsabilidade pela incolumidade dos autos do processo que não deixou o cartório em nenhuma das hipóteses previstas no art. 141, IV, do CPC é do escrivão" (STJ, REsp 724.462/SP, Rel. Min. Nancy Andrighi, 3ª Turma, jul. 14.06.2007, *DJ* 27.08.2007, p. 224).

4. Publicidade. "A publicidade se dá por meio de certidões, requeridas diretamente ao escrivão do feito, nos termos do art. 141, V, do CPC" (TJSP, AGI 800065100, Rel. Miguel Cucinelli, 7ª Câmara do 4ª Grupo (Extinto 2° TAC), jul. 12.08.2003, *DJ* 21.08.2003).

5. Atos de mero impulso. "O juiz pode delegar ao escrivão, através portaria, a prática de atos de mero impulso processual, sem conteúdo decisório algum" (STJ, AgRg no Ag 9.309/DF, Rel. Min. Athos Carneiro, 4ª Turma, jul. 18.06.1991, *DJ* 05.08.1991, p. 10.009).

Art. 153. O escrivão ou o chefe de secretaria atenderá, preferencialmente, à ordem cronológica de recebimento para publicação e efetivação dos pronunciamentos judiciais. (Redação dada pela Lei nº 13.256, de 04.02.2016).

§ 1° A lista de processos recebidos deverá ser disponibilizada, de forma permanente, para consulta pública.

§ 2° Estão excluídos da regra do *caput*:

I – os atos urgentes, assim reconhecidos pelo juiz no pronunciamento judicial a ser efetivado;

II – as preferências legais.

§ 3° Após elaboração de lista própria, respeitar-se-ão a ordem cronológica de recebimento entre os atos urgentes e as preferências legais.

§ 4° A parte que se considerar preterida na ordem cronológica poderá reclamar, nos próprios autos, ao juiz do processo, que requisitará informações ao servidor, a serem prestadas no prazo de 2 (dois) dias.

§ 5° Constatada a preterição, o juiz determinará o imediato cumprimento do ato e a instauração de processo administrativo disciplinar contra o servidor.

REDAÇÃO PRIMITIVA DO CPC/2015

Art. 153. O escrivão ou chefe de secretaria deverá obedecer à ordem cronológica de recebimento para publicação e efetivação dos pronunciamentos judiciais.

REFERÊNCIA LEGISLATIVA

CPC/2015, art. 12 (ordem cronológica para juízes e tribunais).

CJF – I JORNADA DE DIREITO PROCESSUAL CIVIL

Enunciado 14 – A ordem cronológica do art. 153 do CPC não será renovada quando houver equívoco atribuível ao Poder Judiciário no cumprimento de despacho ou decisão.

BREVES COMENTÁRIOS

Em cumprimento ao princípio constitucional da isonomia, o escrivão ou chefe de secretaria deverá obedecer, preferencialmente, à ordem cronológica de recebimento para publicação e efetivação dos pronunciamentos judiciais (art. 153), só se afastando de tal ordem quando ocorrer motivo adequadamente justificável. Para conhecimento e controle das partes, deverá ser disponibilizada, de forma permanente, para consulta pública, uma lista de processos recebidos (art. 153, § 1º). Adotado o procedimento eletrônico, essa lista deverá, naturalmente, ser disponibilizada, tanto no cartório como na internet. A regra do art. 153 tem como meta a observância do princípio da isonomia, que impede o tratamento privilegiado a um ou outro demandante, salvo apenas as preferências expressamente estabelecidas em lei. Descumprido o preceito, o serventuário se sujeitará à reclamação da parte prejudicada.

Art. 154. Incumbe ao oficial de justiça:

I – fazer pessoalmente citações, prisões, penhoras, arrestos e demais diligências próprias do seu ofício, sempre que possível na presença de 2 (duas) testemunhas, certificando no mandado o ocorrido, com menção ao lugar, ao dia e à hora;

II – executar as ordens do juiz a que estiver subordinado;

III – entregar o mandado em cartório após seu cumprimento;

IV – auxiliar o juiz na manutenção da ordem;

V – efetuar avaliações, quando for o caso;

VI – certificar, em mandado, proposta de autocomposição apresentada por qualquer das partes, na ocasião de realização de ato de comunicação que lhe couber.

Parágrafo único. Certificada a proposta de autocomposição prevista no inciso VI, o juiz ordenará a intimação da parte contrária para manifestar-se, no prazo de 5 (cinco) dias, sem prejuízo do andamento regular do processo, entendendo-se o silêncio como recusa.

CPC/1973

Art. 143.

REFERÊNCIA LEGISLATIVA

CPC/2015, arts. 212, § 2° (citação e penhora); 214, I (atos processuais durante as férias e feriados); 246, § 1º-A, II; 241; 249 e 251 (citação por oficial); 250 (mandado citatório); 252 a 254 (citação por hora certa); 255 (citação; comarcas contíguas); 275 (intimação por oficial); 782 (cumprimento dos atos judiciais); 829, § 1º; 830 (devedor não encontrado; arresto); 838 e 839 (auto de penhora); 844 (penhora de bens imóveis); 846 (arrombamento, força policial, auto de resistência); 856 (apreensão do título); 870 (execução; avaliação dos bens penhorados); 872 (laudo de avaliação); e 873, I (nova avaliação).

CC, art. 212, III (prova testemunhal).

Lei nº 5.010, de 30.05.1966 (Justiça Federal – ver Legislação Especial), art. 44.

Lei nº 6.830, de 22.09.1980 (Execução Fiscal – ver Legislação Especial), art. 37 (responsabilidade civil, penal e administrativa; prazo para efetuar diligências).

BREVES COMENTÁRIOS

Ao oficial de justiça incumbe, principalmente, o cumprimento de diligências (ordens ou mandados) judiciais fora da secretaria do juízo, realizando citações, intimações e atos executivos. Desfruta de fé pública, tal como o escrivão, acerca de tudo que certificar a respeito do ocorrido durante a diligência de que for encarregado, inclusive, eventual propósito conciliatório manifestado pela parte.

Os gastos das diligências incluem-se entre as despesas processuais a cargo das partes, não sendo possível obrigar o oficial a financiá-las com recursos próprios, nem mesmo quando a parte interessada for entidade pública (STJ, Súm. 190; STF, RTJ, 123/651).

Sendo apresentada proposta de autocomposição pelo citando perante o oficial de justiça, o evento será certificado no mandado e o juiz ordenará a intimação da parte contrária para manifestar-se a respeito, no prazo de cinco dias, sem prejuízo do andamento regular do processo. O seu silêncio será entendido como recusa ao acordo (art. 154, parágrafo único). Se aceitar, a autocomposição será reduzida a termo e homologada pelo juiz, extinguindo-se o processo (art. 487, III, ***b***). Os oficiais de justiça gozam, como os escrivães, de fé pública, que dá cunho de veracidade, até prova em contrário, aos atos que subscrevem no exercício de seu ofício.

JURISPRUDÊNCIA SELECIONADA

1. Realização pessoal dos atos. "Na realização das diligências que lhe são designadas, deve o oficial de justiça observar fielmente o que lhe foi incumbido, observando as formalidades legais. Os atos que executa, na qualidade de *longa manus* do juiz, são a exteriorização do cumprimento das ordens emanadas pelo Poder Judiciário, que, na administração da justiça, atua em nome da sociedade para a satisfação de direitos. As formalidades legais devem ser cumpridas de forma irrestrita pelo oficial de justiça, sob pena de invalidar os atos processuais que produziu. É um trabalho que, indubitavelmente, tem de ser exercido *in loco*. As informações trazidas aos autos por ele devem traduzir a mais pura realidade, revestindo-se de inteira transparência, sendo inadmissível que não correspondam aos acontecimentos que efetivamente ocorreram e aos bens existentes. Em sede de execução, em que o patrimônio da parte sofre a constrição judicial num primeiro plano, e a sua liberdade num seguinte, esses dados ganham notório relevo, pois irão nortear as decisões do magistrado. O que foi cientificado no auto de penhora é inequívoco. O oficial de justiça procedeu à penhora de bem que não viu nem avaliou, consignando que se encontrava em outra cidade (Itararé/SP), o que revela o não cumprimento do disposto no inciso I do art. 143 ('fazer pessoalmente as citações, prisões, penhoras, arrestos e mais diligências próprias de seu ofício, certificando no mandado o ocorrido, com menção de lugar, dia e hora')" (STJ, HC 79.901/SP, Rel. Min. José Delgado, 1ª Turma, jul. 15.05.2007, *DJ* 04.06.2007, p. 299).

2. Intimação pessoal da Fazenda Pública. Forma de realização. "Desde que realizada de forma pessoal, a intimação feita diretamente pelo escrivão ou pelo chefe de secretária, tanto quanto a realizada por oficial de justiça, atende aos ditames do artigo 25 da Lei 6.830/1980" (STJ, REsp 765.007/MG, Rel. Min. Eliana Calmon, 2ª Turma, jul. 15.05.2007, *DJ* 28.05.2007, p. 309).

3. Certidão. Fé pública. "As declarações emanadas dos serventuários e dos oficiais de justiça, consubstanciadas nas certidões e termos que exaram no regular exercício de suas atribuições funcionais, revestem-se de presunção *juris tantum* de veracidade. Essa presunção legal, ainda que relativa e infirmável por prova em contrário, milita em favor dos atos praticados pelos escrivães do Juízo e pelos oficiais de justiça, seja porque gozam de fé pública, inerente ao relevante ofício que desempenham, seja porque tais atos traduzem formal manifestação do próprio Estado. Precedentes. Doutrina. – As certidões emanadas desses agentes auxiliares do Juízo têm fé pública e prevalecem até que se produza prova idônea e inequívoca em sentido contrário. Meras alegações não descaracterizam o conteúdo de veracidade que se presume existente nesses atos processuais" (STF, HC 71.341/SP, Rel. Min. Celso de Mello, 1ª Turma, jul. 21.06.1994, *DJ* 15.12.2006, p. 94). **No mesmo sentido:** STF, HC 85.473/BA, Rel. Min. Ricardo Lewandowski, 1ª Turma, jul. 19.09.2006, *DJ* 24.11.2006, p. 76; STF, AI-AgR-AgR 260.604/DF, Rel. Min. Marco Aurélio, 2ª Turma, jul. 11.09.2001, *DJ* 16.11.2001, p. 15.

"'A certidão do oficial de justiça tem fé pública e só pode ser desacreditada por meio de prova robusta a contraditá-la' (HC n. 10.250/SP, Rel. Min. Gilson Dipp, 5ª Turma, *DJ* 28.02.2000)" (STJ, REsp 545.534/PR, Rel. Min. João Otávio de Noronha, 2ª Turma, jul. 06.02.2007, *DJ* 26.02.2007, p. 570). **No mesmo sentido:** STJ, HC 44.534/BA, Rel. Min. Hélio Quaglia Barbosa, 6ª Turma, jul. 09.03.2006, *DJ* 27.03.2006, p. 338.

4. Mandado. Ciência (inciso I). "A recusa do réu em apor o ciente no mandado de citação não exige necessariamente a indicação de testemunhas presentes ao ato, devendo o juiz, para seu convencimento, orientar-se também por outras circunstâncias para, se for o caso, decretar a nulidade do ato. A só ausência das testemunhas presentes ao ato, sem a indicação de outras circunstâncias que afastem a veracidade da certidão do oficial de justiça, não inquina de nulidade a citação nem desconstitui a presunção *juris tantum* que reveste a fé pública desses serventuários" (STJ, REsp 345.658/AM, Rel. Min. Sálvio de Figueiredo Teixeira, 4ª Turma, jul. 19.02.2002, *DJ* 15.04.2002, p. 227). **No mesmo sentido:** STJ, REsp 56.328/PR, Rel. Min. Waldemar Zveiter, 3ª Turma, jul. 13.03.1995, *DJ* 10.04.1995, p. 9.275.

5. Ausência de indicação de testemunhas. "A só ausência das testemunhas presentes ao ato, sem a indicação de outras circunstâncias que afastem a veracidade da certidão do oficial de justiça, não inquina de nulidade a citação nem desconstitui a presunção *juris tantum* que reveste a fé pública desses serventuários" (STJ, REsp 345.658/AM, Rel. Min. Sálvio de Figueiredo Teixeira, 4ª Turma, jul. 19.02.2002, *DJ* 15.04.2002, p. 227).

6. Realização de penhora. Participação de mais de um oficial de justiça. "Para a realização da penhora a lei não prevê a participação de dois oficiais de justiça, impondo-se, de consequência, sejam glosadas as parcelas de depósito, condução e participação de oficial, companheiro, porque indevidas" (TAMG, AI 3177, Rel. Juiz Maurício Delgado, 3ª Câmara, jul. 24.08.1982, *RT* 577/251).

7. Avaliação de bens (inciso V). "Não se pode olvidar que compete ao oficial de justiça avaliar os bens penhorados. O serventuário, no auto de penhora, consigna o valor que atribui ao bem" (TJMG, 1.0024.07.405653-2/002, Rel. Des. Marcelo Rodrigues, 11ª Câmara, jul. 04.09.2007, *DJ* 22.09.2007).

Art. 155. O escrivão, o chefe de secretaria e o oficial de justiça são responsáveis, civil e regressivamente, quando:

I – sem justo motivo, se recusarem a cumprir no prazo os atos impostos pela lei ou pelo juiz a que estão subordinados;

II – praticarem ato nulo com dolo ou culpa.

CPC/1973

Art. 144.

REFERÊNCIA LEGISLATIVA

CF, art. 37, § 6º.

BREVES COMENTÁRIOS

A responsabilidade civil do oficial de justiça e do escrivão funda-se em culpa ou dolo na prática irregular de ato do ofício danoso à parte (CPC/2015, art. 155). Só o Estado responde, independentemente de culpa, se o mau desempenho de seus agentes processuais acarretar prejuízo indevido a qualquer dos litigantes (CF, art. 37, § 6º).

JURISPRUDÊNCIA SELECIONADA

1. Responsabilidade objetiva do Estado por atos dos tabeliães e registradores oficiais. Tema 777 STF. "O Estado responde, objetivamente, pelos atos dos tabeliães e registradores oficiais que, no exercício de suas funções, causem dano a terceiros, assentado o dever de regresso contra o responsável, nos casos de dolo ou culpa, sob pena de improbidade administrativa. Precedentes: RE 209.354 AgR, Rel. Min. Carlos Velloso, Segunda Turma, *DJe* de 16/4/1999; RE 518.894 AgR, Rel. Min. Ayres Britto, Segunda Turma, *DJe* de 22/9/2011; RE 551.156 AgR, Rel. Min. Ellen Gracie, Segunda Turma, *DJe* de 10/3/2009; AI 846.317 AgR, Relª. Minª. Cármen Lúcia, Segunda Turma, *DJe* de 28/11/13 e RE 788.009 AgR, Rel. Min. Dias Toffoli, Primeira Turma, julgado em 19/08/2014, *DJe* 13/10/2014" (STF, RE 842846/SC, Rel. Min. Luiz Fux, Tribunal Pleno, jul. 27.02.2019, *DJe* 13.08.2019).

2. Responsabilidade do titular do cartório. Dolo do agente deve ser demonstrado no curso da ação. "Sendo o recorrente titular de cartório e uma vez atendidos os requisitos legais do art. 41, do CPP, o trancamento da ação penal se mostra prematuro na medida em que o dolo do agente na conduta afirmada deve ser demonstrado no curso da ação" (STJ, RHC 44.492/SC, Rel. p/ Acórdão Min. Moura Ribeiro, 5ª Turma, jul. 21.08.2014, *DJe* 19.11.2014) .

3. Certidão com dados inverídicos. "Não prevalece a certidão do oficial de justiça que afirma notificação efetuada em data na qual o notificando se encontrava no exterior, conforme prova produzida. Da falta funcional deve ser dada ciência à Corregedoria da Justiça, para apuração de eventuais responsabilidades"

(TARJ, Ap. 10.371, Rel. Juiz Humberto Manes, 4ª Câmara, jul. 02.10.1984).

4. Oficial de justiça. Falta de interesse em seguir as normas legais. "O oficial de justiça que, no cumprimento de mandados, não se interessa em seguir as normas legais e não só não age com o necessário atilamento, mas, ao invés, até com ingenuidade, deve suportar os ônus das novas diligências" (TJRS, AI 197037237, 6ª Câmara, Rel. Irineu Mariani, jul. 08.05.1997).

Seção II
Do Perito

Art. 156. O juiz será assistido por perito quando a prova do fato depender de conhecimento técnico ou científico.

§ 1º Os peritos serão nomeados entre os profissionais legalmente habilitados e os órgãos técnicos ou científicos devidamente inscritos em cadastro mantido pelo tribunal ao qual o juiz está vinculado.

§ 2º Para formação do cadastro, os tribunais devem realizar consulta pública, por meio de divulgação na rede mundial de computadores ou em jornais de grande circulação, além de consulta direta a universidades, a conselhos de classe, ao Ministério Público, à Defensoria Pública e à Ordem dos Advogados do Brasil, para a indicação de profissionais ou de órgãos técnicos interessados.

§ 3º Os tribunais realizarão avaliações e reavaliações periódicas para manutenção do cadastro, considerando a formação profissional, a atualização do conhecimento e a experiência dos peritos interessados.

§ 4º Para verificação de eventual impedimento ou motivo de suspeição, nos termos dos arts. 148 e 467, o órgão técnico ou científico nomeado para realização da perícia informará ao juiz os nomes e os dados de qualificação dos profissionais que participarão da atividade.

§ 5º Na localidade onde não houver inscrito no cadastro disponibilizado pelo tribunal, a nomeação do perito é de livre escolha pelo juiz e deverá recair sobre profissional ou órgão técnico ou científico comprovadamente detentor do conhecimento necessário à realização da perícia.

CPC/1973

Art. 145.

REFERÊNCIA LEGISLATIVA

CPC/2015, arts. 148, II (impedimento e suspeição), 157, § 2º (lista de peritos), 163, II (proibição de ser intérprete), 357 (saneamento do processo), 464 a 480 (prova pericial), 870 a 875 (execução; avaliação) e 630 a 638 (inventário; avaliação).

Lei nº 6.830, de 22.09.1980, art. 13 (execução fiscal; avaliação).

Decreto-Lei nº 3.365, de 21.06.1941 (desapropriação; avaliação).

Lei nº 5.194, de 24.12.1966 (regula o exercício das profissões de engenheiro, arquiteto e engenheiro agrônomo).

Decreto-lei nº 9.295, de 27.05.1946 (define as atribuições do contador e do guarda-livros).

Resolução nº 232/2016 do CNJ, alterada pela Resolução nº 545/2024 (fixa os valores dos honorários a serem pagos aos peritos, no âmbito da Justiça de primeiro e segundo graus, nos termos do disposto no art. 95, § 3º, II, do Código de Processo Civil – Lei nº 13.105/2015).

Resolução nº 233/2016 do CNJ (dispõe sobre a criação de cadastro de profissionais e órgãos técnicos ou científicos no âmbito da Justiça de primeiro e segundo graus).

BREVES COMENTÁRIOS

O perito é um auxiliar eventual do juízo, que assiste o juiz quando a prova do fato litigioso depender de conhecimento técnico ou científico. Trata-se, portanto, de um auxiliar ocasional por necessidade técnica. É, geralmente, pessoa estranha aos quadros de funcionários permanentes da Justiça. Sua escolha é feita pelo juiz, para funcionar apenas em determinado processo, tendo em vista o fato a provar e os conhecimentos técnicos do perito. A função do perito é remunerada, sendo o ônus das despesas atribuído às partes, segundo a regra do art. 95. Quanto à forma de efetuar o pagamento da remuneração do perito, o art. 95, §§ 1º e 2º, prevê que se exigirá da parte responsável pelos honorários o depósito prévio em juízo, que ficará sujeito à correção monetária e será entregue ao técnico somente após a apresentação do laudo. O juiz, porém, nos casos de trabalhos que exigem gastos de monta, poderá autorizar liberações parciais da verba depositada, na proporção das necessidades.

O CPC/2015 prevê a possibilidade de o perito ser escolhido pelas próprias partes, mediante acordo processual (art. 471).

JURISPRUDÊNCIA SELECIONADA

1. Propriedade industrial. Perito nomeado. Ausência de conhecimento técnico compatível com o objeto da perícia. Substituição do experto. "A prova pericial é meio probatório destinado a apurar a ocorrência de fatos para os quais é imprescindível o conhecimento de premissas técnico-científicas não disponíveis ao conhecimento do homem comum. O conhecimento técnico-científico é, portanto, essencial ao perito, que deverá assumir o encargo com imparcialidade, atendendo os deveres e responsabilidades legalmente estabelecidos (art. 146, 147 e 422 do CPC/1973). A ausência de conhecimento técnico compatível com o objeto a ser periciado impõe ao juiz da causa a promoção, de ofício, de sua substituição. O conhecimento jurídico, ainda que especializado e aprofundado no âmbito do direito autoral e de propriedade industrial, não assegura à perita nomeada o conhecimento necessário para apurar a similitude ou dessemelhança entre equipamentos eletrônicos, que envolve a composição física e o funcionamento e a programação dos dispositivos, fatos essenciais para configurar a contrafação alegada" (STJ, REsp 1726227/SP, Rel. Min. Marco Aurélio Bellizze, 3ª Turma, jul. 05.06.2018, *DJe* 08.06.2018).

2. Faculdade judicial. "O preceito do art. 145 do CPC indica mera faculdade judicial, até porque cabe ao juiz indeferir a realização de perícia, seja quando a prova do fato não depender do conhecimento especial de técnico – nº I do art. 420 do CPC – seja quando a perícia for desnecessária em vista de outras provas produzidas – nº II do art. 420 do Código citado" (2º TACivSP, Ap 251.757-6, 251.757-6, Rel. Juiz Ricardo Dipp, 6ª Câmara, jul. 09.11.1989, *RT* 650/149).

"Pelo princípio do livre convencimento, o art. 145 do CPC apenas faculta ao Juiz o auxílio de um *expert* para a produção de necessária prova técnica, o que não se confunde com a vinculação do magistrado às conclusões da perícia" (STJ, REsp 865.803/ES, Rel. Min. Aldir Passarinho Junior, 4ª Turma, jul. 11.05.2010, *DJe* 26.05.2010).

3. Conhecimentos específicos. "Na exegese dos parágrafos do art. 145 do CPC, deve o juiz atentar para a natureza dos fatos a provar e agir *cum grano salis*, aferindo se a perícia reclama conhecimentos específicos de profissionais qualificados e habilitados em lei, dando à norma interpretação teleológica e valorativa" (STJ, REsp 177.047/RS, Rel. Min. Franciulli Netto, 2ª Turma, jul. 17.05.2001, *RSTJ* 147/174).

"Não pode o magistrado valer-se de conhecimentos pessoais, de natureza técnica, para dispensar a perícia" (TAPR, Ap 970/84, Rel. Juiz Franco de Carvalho, 2ª Câmara, jul. 10.09.1985, *RT* 606/199).

4. Arguição de incompetência. "Se atestada a capacidade técnica do perito por órgão de classe, não há como acolher a pretendida violação ao art. 145 do Código de Processo Civil" (STJ, REsp 1.001.964/MA, Rel. Min. Fernando Gonçalves, 4ª Turma, jul. 09.06.2009, *DJe* 22.06.2009).

Intempestividade justificada. A ausência de impugnação tempestiva da nomeação do perito pelo autor deve ser relativizada em determinadas circunstâncias. Não é possível exigir das partes que sempre saibam, de antemão, quais são exatamente as qualificações técnicas e o alcance dos conhecimentos do perito nomeado. É dever do próprio perito escusar-se, de ofício, do encargo que lhe foi atribuído, na hipótese em que seu conhecimento técnico não seja suficiente para realizar o trabalho pericial de forma completa e confiável" (STJ, REsp 957.347/DF, Rel. Min. Nancy Andrighi, 3ª Turma, jul. 23.03.2010, *DJe* 28.04.2010).

5. Perito com habilitação diversa da pretendida. Efetividade processual. "A perícia realizada cumpriu sua finalidade, ainda que tenha sido elaborada por profissional de nível superior com habilitação diversa daquela pretendida pelo recorrente" (STJ, REsp 177.047/RS, Rel. Min. Franciulli Netto, 2ª Turma, jul. 17.05.2001, *RSTJ* 147/174).

6. Exame elaborado por técnicos que na época não dispunham de habilitação para tanto. "Reconhecido no acórdão que à época os técnicos que assinaram o laudo não dispunham de habilitação para tanto, o exame não pode subsistir, outro devendo ser realizado, pouco relevando que o órgão público seja idôneo e conceituado" (STJ, REsp 647.286/SP, Rel. Min. Carlos Alberto Menezes Direito, 3ª Turma, jul. 21.02.2006, *DJ* 05.06.2006, p. 258).

7. Comprovação da especialidade do perito sobre a matéria. "A certidão referida no art. 145, § 2º, do CPC somente será exigida do perito se a perícia a ser realizada requerer conhecimentos específicos em algum ramo de atuação graduada do profissional" (TASP, AI 987.395-4, Rel. Juiz Matheus Fontes, 12ª Câmara, jul. 27.03.2001, *RT* 794/293).

"**Na hipótese em que o próprio perito confirma seu desconhecimento acerca das técnicas necessárias** à realização de cálculos de avaliação atuarial, e considerando-se que a questão assume grande importância para a decisão da lide, torna-se necessária a nomeação de profissional especializado nessa área do conhecimento, para que complemente o laudo pericial entregue" (STJ, REsp 957.347/DF, Rel. Min. Nancy Andrighi, 3ª Turma, jul. 23.03.2010, *DJe* 28.04.2010).

8. Nomeação para avaliação de imóvel. "Ao nomear o perito, deve o juiz atentar para a natureza dos fatos a provar e agir *cum grano salis*, aferindo se a perícia reclama conhecimentos específicos de profissionais qualificados e habilitados em lei, dando à norma interpretação teleológica e valorativa. A determinação do valor de um imóvel depende principalmente do conhecimento do mercado imobiliário local e das características do bem, matéria que não se restringe às áreas de conhecimento de engenheiro, arquiteto ou agrônomo, podendo ser aferida por outros profissionais" (STJ, REsp 130.790/RS, Rel. Min. Sálvio de Figueiredo Teixeira, 4ª Turma, jul. 05.08.1999, *DJ* 13.09.1999, p. 67).

9. Perícia contábil. "A perícia contábil deverá ser feita por profissional de nível superior, qualidade que não tem o técnico em contabilidade. Igualmente não está legalmente habilitado para essa tarefa o administrador" (STJ, REsp 5.302/SP, Rel. Min. Eduardo Ribeiro, 3ª Turma, jul. 19.12.1990, *DJ* 25.02.1991, p. 1.468).

10. Economista. "Tratando-se de perícia para desafiar a impugnação posta nas peculiaridades do mercado e na adversidade econômica, tudo com relação aos lucros das empresas e retiradas do autor, capaz para realizá-la é um economista, tal e qual indicado no acórdão recorrido" (STJ, REsp 440.115/SP, Rel. Min. Carlos Alberto Menezes Direito, 3ª Turma, jul. 04.02.2003, *DJ* 10.03.2003, p. 195).

11. Engenheiro. "A legislação processual, de forma simples, estabelece que o perito deve ter conhecimento técnico ou científico. Assim, a avaliação de imóvel não é atribuição privativa de engenheiro, não conduzindo à nulidade do laudo o só fato de ter sido realizado por corretor de imóveis" (TASP, AI 223.398-7, Rel. Juiz Ruiter Oliva, 1ª Câmara, jul. 17.08.1988, *RT* 635/264).

Desapropriação para fins de reforma agrária. "No que toca ao artigo 12, § 3º, da Lei n. 8.629/1993, como bem asseverou a Corte de origem, 'o § 3º do art. 12 da Medida Provisória n. 1.577, de 12.06.1997, ao impor que o laudo de avaliação seja subscrito por engenheiro agrônomo com registro de Anotação de Responsabilidade Técnica (ART) o faz em relação à própria administração e não em relação ao auxiliar do Juiz, que deve ser um perito de sua confiança' (REsp 657.849/RS, Rel. Min. Francisco Falcão, *DJ* 08.11.2004" (STJ, REsp 697.050/CE, Rel. Min. Franciulli Netto, 2ª Turma, jul. 15.09.2005, *DJ* 13.02.2006, p. 753).

12. Nulidade. "É nula perícia realizada por profissional inabilitado, exigindo-se nas ações de desapropriação a atuação de prova pericial realizada por engenheiro habilitado. Perícia realizada por técnico de nível médio, sem habilitação adequada, servindo o laudo por ele fornecido de base para a estipulação das indenizações constantes da sentença. Nulidade absoluta da prova e do processo por ela contaminado, sendo insanável por decurso de tempo, por assentimento das partes ou pela indução do Juízo a erro" (STJ, REsp 1.127.949/SP, Rel. Min. Eliana Calmon, 2ª Turma, jul. 03.11.2009, *DJe* 17.11.2009).

13. Inexistência de profissional habilitado (§ 5º). "O fato de a primeira avaliação ter sido feita por profissional habilitado, com o devido registro, não impossibilita, por si só, que a segunda avaliação se efetive por perito de livre escolha do juiz, na hipótese de, na ocasião, não haver na localidade profissionais habilitados (CPC, art. 145, § 3º)" (STJ, REsp 124.430/RS, Rel. Min. Antônio de Pádua Ribeiro, 3ª Turma, jul. 13.06.2000, *DJ* 14.08.2000, p. 164).

Art. 157. O perito tem o dever de cumprir o ofício no prazo que lhe designar o juiz, empregando toda sua diligência, podendo escusar-se do encargo alegando motivo legítimo.

§ 1º A escusa será apresentada no prazo de 15 (quinze) dias, contado da intimação, da suspeição ou do impedimento supervenientes, sob pena de renúncia ao direito a alegá-la.

§ 2º Será organizada lista de peritos na vara ou na secretaria, com disponibilização dos documentos exigidos para habilitação à consulta de interessados, para que a nomeação seja distribuída de modo equitativo, observadas a capacidade técnica e a área de conhecimento.

CPC/1973

Art. 146.

REFERÊNCIA LEGISLATIVA

CPC/2015, arts. 245, § 1º (citação do demente), 467 (escusa e recusa do perito), 469 e 477 (prazo para entrega do laudo) e 478, § 3º (pedido de esclarecimento).

BREVES COMENTÁRIOS

O Código atual determina que se organize lista de peritos na vara ou na secretaria, com disponibilização dos documentos exigidos para habilitação à consulta de interessados, para que a nomeação seja distribuída de modo equitativo, observadas a capacidade técnica e a área de conhecimento (art. 157, § 2º). Essa determinação evita que se privilegie um profissional em detrimento de outros, de modo a que todos os cadastrados tenham oportunidades iguais de participação dentro de suas competências técnicas.

JURISPRUDÊNCIA SELECIONADA

1. Destituição de perito judicial. Quebra de confiança. Afastamento *ex officio* e *ad nutum*. "O perito judicial é um auxiliar do Juízo e não um servidor público. Logo, sua desconstituição dispensa a instauração de qualquer processo administrativo ou arguição por parte do magistrado que o nomeou, não lhe sendo facultados a ampla defesa ou o contraditório nestes casos, pois seu afastamento da função pode se dar *ex officio* e *ad nutum*, quando não houver mais o elo de confiança. Isto pode ocorrer em razão da precariedade do vínculo entre ele e o poder público, já que seu auxílio é eventual. Além desta hipótese, sua desconstituição poderá ocorrer naquelas elencadas no art. 424 do CPC ('O perito pode ser substituído quando: I – carecer de conhecimento técnico ou científico; II – sem motivo legítimo, deixar de cumprir o encargo no prazo que lhe foi assinado'). Estas são espécies expressas no texto da lei. Porém, a quebra da confiança entre o auxiliar e o magistrado é espécie intrínseca do elo, que se baseia no critério personalíssimo da escolha do profissional para a função. Assim como pode o juiz nomeá-lo, pode removê-lo a qualquer momento" (STJ, RMS 12.963/SP, Rel. Min. Jorge Scartezzini, 4ª Turma, jul. 21.10.2004, *DJ* 06.12.2004, p. 311).

2. Honorários excessivos. "A função do perito é também um *munus* público, como dever do cidadão de concorrer com os seus conhecimentos técnicos para auxiliar a Justiça. Não pode o perito cobrar honorários excessivos, sob pena de escusar-se do dever cívico social de colaboração" (TJRJ, Ag. 487/87, Rel. Des. Pedro Américo, 1ª Câmara, jul. 27.10.1987, *RDTJRJ* 4/245).

Art. 158. O perito que, por dolo ou culpa, prestar informações inverídicas responderá pelos prejuízos que causar à parte e ficará inabilitado para atuar em outras perícias no prazo de 2 (dois) a 5 (cinco) anos, independentemente das demais sanções previstas em lei, devendo o juiz comunicar o fato ao respectivo órgão de classe para adoção das medidas que entender cabíveis.

CPC/1973

Art. 147.

REFERÊNCIA LEGISLATIVA

CP, art. 342 (falsa perícia).

CC, art. 927 (responsabilidade civil).

JURISPRUDÊNCIA SELECIONADA

1. Informações inverídicas. Sanção. "Não constitui ilegalidade ou abuso de poder, suscetível de exame na via estreita do mandado de segurança, o ato do juiz que, convencido de que o perito prestou informações inverídicas, lhe aplica a sanção de inabilitação expressamente prevista no art. 147 do CPC" (TACivRJ, MS 2.799/85, Rel. Juiz Paulo Roberto Freitas, jul. 01.07.1985). **No mesmo sentido**: TARJ, MS 2.799/85, Rel. Juiz Paulo Roberto de A. Freitas, Órgão Especial, jul. 01.07.1985, *RT* 610/217.

2. Perito. Legitimidade para recorrer. "Nos termos da orientação do tribunal, o perito judicial não possui legitimidade para recorrer, mesmo quando lhe é imposta multa pelo Juízo, cabendo-lhe manejar o mandado de segurança se presentes os requisitos a esse inerentes" (STJ, REsp 187.997/MG, Rel. Min. Sálvio de Figueiredo Teixeira, 4ª Turma, jul. 20.11.2001, *DJ* 18.02.2002, p. 447). **No mesmo sentido:** STJ, RMS 21.546/SP, Rel. Min. Castro Meira, 2ª Turma, jul. 05.05.2009, *DJe* 15.05.2009.

"A atuação do perito subordina-se ao magistrado condutor do feito, não guardando qualquer relação com as partes, razão pela qual não pode ser considerado terceiro prejudicado. Falta-lhe, portanto, legitimidade para recorrer, devendo buscar a defesa de seus interesses contra atos do juiz por meio de mandado de segurança" (STJ, REsp 166.976/SP, Rel. Min. Eduardo Ribeiro, 3ª Turma, jul. 06.06.2000, *DJ* 28.08.2000, p. 75).

3. Perito. Auxiliar do juízo. "A atividade do perito nos processos judiciais encontra disciplina específica, na qualidade de auxiliar do juízo, nos arts. 139, 145 a 147, 420 a 439, CPC, em cujas disposições se concentram os direitos e deveres do profissional nomeado pelo juiz e os procedimentos de realização da prova pericial. A figura do perito mostra-se inerente à prestação jurisdicional, no âmbito da qual não se travam relações de consumo" (STJ, REsp 213.799/SP, Rel. Min. Sálvio de Figueiredo Teixeira, 4ª Turma, jul. 24.06.2003, *DJ* 29.09.2003, p. 253).

4. Perito. Indicação prévia pela parte. "Não cabe ao litigante indicar perito para a realização da diligência, uma vez que esse profissional, como auxiliar direto do juízo e munido de isenção, submete-se ao crivo e à confiança do juiz da causa. – Estando o requerente da prova pericial litigando sob o pálio da justiça gratuita, está ele dispensado da antecipação dos honorários periciais (art. 3º, inc. V, da Lei n.º 1.060/1950), devendo o profissional liberal designado pelo juízo observar o disposto no art. 14 da Lei n.º 1.060/1950" (TJMG, AI 354.926-6, Rel. Juiz Edgard Penna Amorim, 2ª Câmara, jul. 16.04.2006, *DJ* 17.05.2006).

5. Inabilitação do perito. "A despeito de a pena de inabilitação do perito de funcionar em outras perícias por dois anos ter eficácia *ex nunc*, não se pode extrair dessa regra consequências que envolvam outros princípios e juízos de valor, nada estando a empecer que o magistrado, uma vez ciente da penalidade, decida também acautelar-se, se não propriamente para refugar, pelo menos para confrontar o trabalho pretérito com o futuro, já que a segunda perícia não substitui a primeira, cabendo ao juiz apreciar o valor de uma e outra" (TASP, AI 158.691, Rel. Juiz Franciulli Netto, 2ª Câmara, jul. 27.06.1983, *RT* 583/183).

6. Demora na apresentação de esclarecimentos. Pena de inabilitação. Inaplicabilidade. "A demora na apresentação de esclarecimento pelo perito não é fato típico que enseje aplicação da pena de inabilitação, por inexistir o elemento subjetivo a revelar dolo ou culpa ou por não ter ele prestado declarações inverídicas" (TJSP, MS 61.283-1, Rel. Des. Orlando Gandolfo, 6ª Câmara, jul. 12.09.1985, *RT* 603/71).

Seção III
Do Depositário e do Administrador

Art. 159. A guarda e a conservação de bens penhorados, arrestados, sequestrados ou arrecadados serão confiadas a depositário ou a administrador, não dispondo a lei de outro modo.

CPC/1973

Art. 148.

SÚMULAS

Súmulas do STJ:

Nº 179: "O estabelecimento de crédito que recebe dinheiro, em depósito judicial, responde pelo pagamento da correção monetária relativa aos valores."

Nº 271: "A correção monetária dos depósitos judiciais independe de ação específica contra o banco depositário."

Nº 319: "O encargo de depositário de bens penhorados pode ser expressamente recusado."

BREVES COMENTÁRIOS

Conforme as normas de organização judiciária, pode haver ou não depositário judicial permanente no juízo. Quando houver funcionário nestas condições, será ele normalmente o encarregado da guarda dos bens judicialmente apreendidos. Na sua falta, o juiz ou o oficial de justiça escolherá pessoa idônea para o encargo. Para as funções de administrador, que requerem, como é óbvio, conhecimentos e aptidões especiais, não se cogita do depositário judicial acaso existente. Haverá sempre nomeação de pessoa idônea, moral e tecnicamente, que exercerá a missão sob fiscalização e orientação do juiz. O administrador é, pois, o depositário com funções de gestor. Cumpre ressaltar que, por força da Súmula Vinculante nº 25/STF e da Súmula nº 419/STJ, é incabível a prisão civil de depositário infiel, qualquer que seja a modalidade do depósito, o que não o isenta de ser punido nos termos da lei penal em ação própria (art. 168, § 1º, II, do Código Penal).

JURISPRUDÊNCIA SELECIONADA

1. Locação. Depositário. Legitimidade para responder por danos. "Cinge-se a controvérsia a definir se, na hipótese, o locador é parte legítima para responder pelos danos causados ao locatário diante da alegada devolução parcial dos bens após a execução da ordem de despejo. A parte que obtém a tutela jurisdicional não responde, em regra, pelos danos advindos da execução da referida ordem concedida pelo magistrado da causa. A partir do momento em que o Estado avoca para si o monopólio do exercício da jurisdição, ele se torna, em tese, responsável pelos danos que causar aos litigantes. O depositário é a parte legítima para figurar no polo passivo de ação na qual se discute os danos decorrentes da ausência de devolução dos bens retirados do imóvel locado. Precedente. O locador somente responderá por eventuais perdas e danos se tiver atuado diretamente no cumprimento da ordem judicial de despejo" (STJ, REsp 1819837/SP, Rel. Min. Ricardo Villas Bôas Cueva, 3ª Turma, jul. 20.08.2019, *DJe* 28.08.2019).

2. Conflitos entre depositante e depositário. "O juiz competente para conhecer e julgar a causa é também competente para resolver, nos mesmos autos, a controvérsia surgida entre depositante e depositário judicial" (TFR, Agr. 45.817/SP, Rel. Min. Bueno de Souza, 4ª Turma, jul. 13.05.1985, *DJU* de 17.10.1988, p. 26.632).

3. Deveres do depositário. "É dever do depositário zelar pelos bens sob sua guarda e responsabilidade, devendo comunicar ao juízo as hipóteses de perecimento do bem, em virtude de fortuito ou força maior" (STJ, HC 37.905/RS, Rel. Min. Eliana Calmon, 2ª Turma, jul. 07.10.2004, *DJ* 17.12.2004, p. 470).

"A reprovável conduta do depositário, consubstanciada no desaparecimento dos bens penhorados, erige-se em elemento hábil a configurar a infidelidade do encargo a que foi incumbido. A propósito, outro não é o entendimento desta colenda 2ª Turma, consoante decidido no REsp 133.600/SP, relatado pela ilustre Ministra Eliana Calmon, *DJ* 04.12.2000, ao pontificar que, 'descumprida a obrigação de guarda do bem, o qual deve ser apresentado pelo depositário quando intimado para tal, resta-lhe a alternativa de fazer o depósito do valor equivalente, sob pena de ser declarado infiel'" (STJ, RHC 16.541/SP, Rel. Min. Franciulli Netto, 2ª Turma, jul. 16.12.2004, *DJ* 02.05.2005, p. 254).

"A instituição financeira depositária não pode efetuar, *sponte propria*, estornos ou retiradas de qualquer natureza do montante depositado judicialmente sem autorização prévia do juízo da causa, ainda que se trate de juros indevidamente creditados" (STJ, REsp 894.749/SP, Rel. Min. Luiz Fux, 1ª Turma, jul. 06.04.2010, *DJe* 26.04.2010).

4. Correção monetária. "A responsabilidade pela restituição dos valores depositados e corrigidos monetariamente é da instituição bancária que ostenta a qualidade de depositário judicial. Aplicação da Súmula 179/STJ, *verbis*: 'O estabelecimento de crédito que recebe dinheiro, em depósito judicial, responde pelo pagamento da correção monetária relativa aos valores'" (STJ, REsp 978.936/SP, Rel. Min. Luiz Fux, 1ª Turma, jul. 06.05.2010, *DJe* 19.05.2010).

Depósito judicial. Caução. Atualização monetária. Juros. Não cabimento. "Os depósitos judiciais em conta da Caixa Econômica Federal à disposição da Justiça Federal devem observar as regras das cadernetas de poupança no que se refere à remuneração básica e ao prazo, não incidindo a remuneração adicional, ou seja, os juros" (STJ, REsp 1.993.327/RS, Rel. Min. João Otávio de Noronha, 4ª Turma, jul. 14.05.2024, *DJe* 16.05.2024).

5. Substituição do depositário. "O encargo de depositário judicial não se transfere por disposição das partes" (STJ, HC 59.877/SP, Rel. Min. Eliana Calmon, 2ª Turma, jul. 19.09.2006, *DJ* 03.10.2006, p. 196).

6. Ação de depósito. "Malgrado julgados anteriores desta Corte em sentido diverso, é possível afirmar que, atualmente, a jurisprudência do Superior Tribunal de Justiça já se firmou no sentido que é cabível ação de depósito para entrega de bens fungíveis em contrato de depósito clássico. Precedentes" (STJ, REsp 877.503/MG, Rel. Min. Sidnei Beneti, 3ª Turma, jul. 06.10.2009, *DJe* 11.11.2009).

"'É cabível ação de depósito se o contrato de depósito clássico (simples), vinculado a operação 'Empréstimos do Governo Federal (EGF)', ainda que de bens fungíveis, for destinado à guarda e conservação de mercadorias e for celebrado por partes distintas daquelas que celebraram o contrato de mútuo' (EDcl nos EDcl no AgRg no REsp 691.205/MS, Rel. Min. Nancy Andrighi, 3ª Turma, jul. 10.08.2006)" (STJ, AgRg nos EDcl no AgRg no REsp 416.642/RS, Rel. Min. Vasco Della Giustina (Des. Conv. do TJ/RS), 3ª Turma, jul. 17.06.2010, *DJe* 30.06.2010).

7. Impossibilidade de prisão civil. "Não obstante tradicional orientação nesta Corte, há muitos anos, pela não aplicação do Pacto de São José da Costa Rica – em vigor no Brasil desde o advento do Decreto n. 678, de 6 de novembro de 1992 – ao caso do depositário infiel, cumpre destacar que o C. Supremo Tribunal Federal (STF) em recente julgamento, do dia 03.12.2008, quando foram apreciados os Recursos Extraordinários 466.343/SP e 349.703/RS e o HC 87.585/TO, tornou definitiva a orientação no sentido da inconstitucionalidade da prisão civil, em todas as hipóteses, do depositário infiel, circunstância que, por si mesma, impõe a concessão da ordem no caso concreto. Sensível a essa mudança de orientação, o próprio Superior Tribunal de Justiça, inclusive com o voto do relator do presente recurso, já proferiu julgados que acompanham a diretriz do Supremo Tribunal Federal, no sentido da inviabilidade da prisão civil do depositário infiel. Precedentes" (RHC 23.606/SC, Rel. Min. Sidnei Beneti, 3ª Turma, jul. 17.12.2009, *DJe* 05.02.2010).

Art. 160. Por seu trabalho o depositário ou o administrador perceberá remuneração que o juiz fixará levando em conta a situação dos bens, ao tempo do serviço e às dificuldades de sua execução.

Parágrafo único. O juiz poderá nomear um ou mais prepostos por indicação do depositário ou do administrador.

CPC/1973

Art. 149.

REFERÊNCIA LEGISLATIVA

CPC/2015, arts. 838 (requisitos do auto de penhora) e 840 (designação do depositário).

BREVES COMENTÁRIOS

Depositário e administrador entram, assim, na classe dos auxiliares da Justiça por conveniência econômica. Sua função é remunerada, figurando os respectivos proventos entre as despesas processuais de que trata o art. 82, § 2º. A remuneração será fixada pelo juiz, atendendo à situação dos bens, ao tempo do serviço e às dificuldades de sua execução (art. 160). O depositário e o administrador podem, conforme a complexidade da função, indicar prepostos para auxiliá-los, que serão nomeados pelo juiz (art. 160, parágrafo único).

JURISPRUDÊNCIA SELECIONADA

1. Depositário judicial. Remuneração. "O particular que aceita exercer o múnus público de depositário judicial tem direito à remuneração como contrapartida pela prestação de seus serviços e ao ressarcimento das despesas que precisou efetuar para a guarda e conservação dos bens, tal como o depositário público. O Código de Processo Civil determina, em seu art. 160, que, por seu trabalho, o depositário ou o administrador perceberá remuneração que o juiz fixará levando em conta a situação dos bens, ao tempo do serviço e às dificuldades de sua execução. Inexiste, portanto, obrigação legal de que a remuneração do depositário seja determinada com base na Tabela de Custas da Corte Estadual" (STJ, REsp 2.026.289/PR, Rel. Min. Nancy Andrighi, 3ª Turma, jul. 06.12.2022, *DJe* 09.12.2022).

Forma de remuneração. "O exercício das funções de depositário, por alguém de livre escolha do Juízo, não investido no cargo, tem remuneração arbitrada na forma do art. 149 do CPC, sendo inaplicável o Regimento de Custas do Estado e, muito menos, daquele inerente à Justiça federal" (TARS, Ag. 186.003.612, Rel. Juiz Talai Djalma Salistre, 4ª Câmara, jul. 13.03.1986).

2. Adiantamento do pagamento da remuneração de administrador nomeado pelo juiz. "Em contraprestação dos serviços, o artigo 149 do Código de Processo Civil determina ao magistrado que, atendendo à situação dos bens, ao tempo do serviço e às dificuldades de sua execução, seja o administrador remunerado pelo trabalho" (STJ, REsp 346.939/MG, Rel. Min. Hamilton Carvalhido, 6ª Turma, jul. 20.11.2001, *DJ* 25.02.2002, p. 467).

3. Remuneração do depositário. Direito de retenção. Inaplicabilidade. "O art. 149 do CPC, ao determinar a fixação de remuneração ao depositário, em momento algum dispôs sobre o direito de retenção, sendo inaplicável ao depósito judicial o art. 644 do Código Civil, que diz respeito ao direito de retenção para a modalidade de depósito particular" (TJRS, AGI 70028046274, Rel. Voltaire de Lima Moraes, 11ª Câmara, jul. 18.02.2009, *DJ* 03.03.2009).

Art. 161. O depositário ou o administrador responde pelos prejuízos que, por dolo ou culpa, causar à parte, perdendo a remuneração que lhe foi arbitrada, mas tem o direito a haver o que legitimamente despendeu no exercício do encargo.

Parágrafo único. O depositário infiel responde civilmente pelos prejuízos causados, sem prejuízo de sua responsabilidade penal e da imposição de sanção por ato atentatório à dignidade da justiça.

CPC/1973

Art. 150.

REFERÊNCIA LEGISLATIVA

CPC/2015, art. 553 (prestação de contas).

SÚMULAS

Súmula Vinculante do STF:

Nº 25: "É ilícita a prisão civil de depositário infiel, qualquer que seja a modalidade de depósito."

Súmula do STJ:

Nº 304: "É ilegal a decretação da prisão civil daquele que não assume expressamente o encargo de depositário judicial."

Nº 305: "É descabida a prisão civil do depositário quando, decretada a falência da empresa, sobrevém a arrecadação do bem pelo síndico."

Nº 419: "Descabe a prisão civil do depositário judicial infiel."

BREVES COMENTÁRIOS

A responsabilidade do depositário ou administrador é subjetiva, não ocorrendo sem o pressuposto do dolo ou culpa, e muito menos quando configurado o caso fortuito ou força maior, bem como o fato inevitável de terceiro. O Estado, porém, responderá objetivamente pelos danos que o depositário ou o administrador judicial causar à parte (CF, art. 37, § 6º).

Dispõe o parágrafo único do art. 161 que o depositário infiel responde civilmente pelos prejuízos causados, sem prejuízo de sua responsabilidade penal e da imposição de sanção por ato atentatório à dignidade da justiça. Cumpre ressaltar que, por força da Súmula Vinculante nº 25/STF e da Súmula nº 419/STJ, é incabível a prisão civil de depositário infiel, qualquer que seja a modalidade do depósito, o que não o isenta de ser punido nos termos da lei penal em ação própria (art. 168, § 1º, II, do Código Penal).

JURISPRUDÊNCIA SELECIONADA

1. Depositário. Não devolução dos bens. Responsabilidade. "O propósito recursal é dizer sobre a validade da ordem de bloqueio de dinheiro do recorrente, até o valor total da dívida, considerando que seus bens foram apreendidos e mantidos sob a guarda do depositário judicial, cujo paradeiro é desconhecido. Como mero detentor dos bens, cabe ao depositário judicial restituí-los a quem tenha o direito de levantá-los, quando assim ordenado pelo Juízo; do contrário, altera-se o título dessa detenção, podendo se sujeitar o depositário, além da indenização na esfera cível, à pena do crime de apropriação indébita, majorada pela circunstância de cometê-lo no exercício da respectiva função (art. 168, § 1º, II, do Código Penal). No particular, a penhora dos bens apreendidos foi frustrada porque desconhecido o paradeiro do depositário e, portanto, dos próprios bens que ele guardava, e não por qualquer ato diretamente imputado às partes. Diante desse cenário, justifica-se, de um lado, a substituição da penhora por dinheiro, porque não podem os recorridos suportar o prejuízo a que não deram causa, ficando impedidos de prosseguir no cumprimento de sentença ou obrigados a fazê-lo a menor. De outro lado, impondo-se, em consequência, a devolução dos bens ao recorrente, cabe ao depositário – e não aos recorridos

– responder pelos prejuízos a ele causados, até que se opere a devida restituição" (STJ, REsp 1758774/SP, Rel. Min. Nancy Andrighi, 3ª Turma, jul. 02.10.2018, *DJe* 04.10.2018).

2. Falência. Arrecadação dos bens da massa. Desaparecimento dos bens. Responsabilidade solidária do administrador judicial mediante a comprovação do dolo ou da culpa do depositário. Propositura de ação própria. Necessidade. "Ainda que nomeado depositário, o administrador judicial continua responsável em caso de desaparecimento dos bens arrecadados. Entretanto, sua responsabilidade não é objetiva e direta, mas sim solidária em decorrência do dolo ou da culpa do depositário. É necessária ação própria de responsabilização do administrador judicial, que deve ser destituído e substituído de suas funções, cabendo à massa falida, por meio do novo administrador judicial, promover referida demanda" (STJ, REsp 1.841.021/PR, Rel. Min. Moura Ribeiro, 3ª Turma, jul. 13.12.2022, *DJe* 19.12.2022).

3. Ressarcimento de prejuízos. "O ressarcimento dos prejuízos sofridos pela parte, por culpa ou dolo do depositário ou do administrador, deve ser pleiteado em ação própria" (TJSP, Ag 99.371-2, Rel. Des. Barros Monteiro, 19ª Câmara, jul. 04.11.1985, *RJTJSP* 98/308).

4. Juízo deprecado. "Competência do juízo deprecado, onde se fez a penhora e o depósito, para decidir sobre a prisão do depositário judicial" (STJ, CC 20.029/PR, Rel. Min. Eduardo Ribeiro, 2ª Seção, jul. 25.11.1998, *DJU* 22.03.1999, p. 41).

5. Bem que já se encontrava em mau estado. "Se o bem arrematado já se encontrava em mau estado, devido ao tempo de uso, nenhuma responsabilidade cabe ao depositário, pois se entende que o licitante conheça o bem que se propõe a adquirir, não ofertando mais do que aquilo que vale" (TJSP, Ap 56.443-1, Rel. Des. Rangel Dinamarco, 1ª Câmara, jul. 19.03.1985, *RT* 600/47).

6. Obrigação do depositário. "O depositário judicial é auxiliar da Justiça e recebe os bens do juiz, por isso que regulada a espécie pelos preceitos da lei processual. Sua obrigação é, especificamente, a de entregar a coisa *in natura*, salvo caso de perecimento do objeto para o qual não contribuiu" (TJSP, AI 36.037-2, Rel. Rebouças de Carvalho, 14ª Câmara, jul. 28.12.1981, *RT* 559/102).

Seção IV
Do Intérprete e do Tradutor

Art. 162. O juiz nomeará intérprete ou tradutor quando necessário para:

I – traduzir documento redigido em língua estrangeira;

II – verter para o português as declarações das partes e das testemunhas que não conhecerem o idioma nacional;

III – realizar a interpretação simultânea dos depoimentos das partes e testemunhas com deficiência auditiva que se comuniquem por meio da Língua Brasileira de Sinais, ou equivalente, quando assim for solicitado.

CPC/1973

Art. 151.

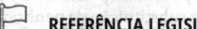

REFERÊNCIA LEGISLATIVA

Regimento de Custas da Justiça Federal, tabela VII (remuneração).

CPC, art. 192, parágrafo único (atos processuais; juntada de documentos redigidos em língua estrangeira).

BREVES COMENTÁRIOS

Intérprete é aquele a quem se atribui o encargo de traduzir para o português os atos ou documentos expressados em língua estrangeira ou em linguagem mímica dos surdos-mudos. É, portanto, como o perito, um auxiliar da justiça por necessidade técnica.

Se não existir tradutor oficial na sede do juízo, é admissível que a parte junte o documento estrangeiro, mediante requerimento de nomeação, pelo juiz, de tradutor ou intérprete *ad hoc* para fazer, nos autos, a versão devida (art. 162, I).

Há também necessidade de intérprete para dar expressão em língua portuguesa quando, nos atos orais das partes e testemunhas, estas não souberem se expressar na língua nacional, bem como quando houver necessidade de interpretação simultânea dos depoimentos das partes e testemunhas com deficiência auditiva, que se comuniquem por meio da Língua Brasileira de Sinais, ou equivalente (art. 162, II e III).

A Lei nº 14.195/2021 (Lei do Ambiente de Negócios), entre outras coisas, cuidou da profissão de tradutor e intérprete público nos arts. 22 a 34, estabelecendo os requisitos para o exercício da profissão, sua habilitação para atuar em qualquer Estado e no Distrito Federal, as atividades privativas desse profissional e sua responsabilidade civil.

JURISPRUDÊNCIA SELECIONADA

1. Auxílio de intérprete. "É bem deferido o pedido de tomada de novo depoimento pessoal, mediante auxílio de intérprete, feito pelo próprio, se se trata de estrangeiro que mal entende o idioma nacional" (TJSP, AI 256.638, Rel. Sydney Sanches, 5ª Câmara, jul. 02.12.1976, *RT* 499/107).

Art. 163. Não pode ser intérprete ou tradutor quem:

I – não tiver a livre administração de seus bens;

II – for arrolado como testemunha ou atuar como perito no processo;

III – estiver inabilitado para o exercício da profissão por sentença penal condenatória, enquanto durarem seus efeitos.

CPC/1973

Art. 152.

BREVES COMENTÁRIOS

A função pode ser exercida por funcionário permanente ou por pessoa idônea da escolha do juiz. Não pode, entretanto, recair sobre quem: não tiver a livre administração dos seus bens; for arrolado como testemunha; ou servir como perito no processo.

Art. 164. O intérprete ou tradutor, oficial ou não, é obrigado a desempenhar seu ofício, aplicando-se-lhe o disposto nos arts. 157 e 158.

CPC/1973

Art. 153.

BREVES COMENTÁRIOS

A função do intérprete assemelha-se à do perito, e a ela se aplicam as normas de obrigatoriedade e escusa previstas nos arts. 157 e 158.

REFERÊNCIA LEGISLATIVA

CPC/2015, art. 148, II (impedimento e suspeição).

Seção V
Dos Conciliadores e Mediadores Judiciais

Art. 165. Os tribunais criarão centros judiciários de solução consensual de conflitos, responsáveis pela realização de sessões e audiências de conciliação e mediação e pelo desenvolvimento de programas destinados a auxiliar, orientar e estimular a autocomposição.

§ 1º A composição e a organização dos centros serão definidas pelo respectivo tribunal, observadas as normas do Conselho Nacional de Justiça.

§ 2º O conciliador, que atuará preferencialmente nos casos em que não houver vínculo anterior entre as partes, poderá sugerir soluções para o litígio, sendo vedada a utilização de qualquer tipo de constrangimento ou intimidação para que as partes conciliem.

§ 3º O mediador, que atuará preferencialmente nos casos em que houver vínculo anterior entre as partes, auxiliará aos interessados a compreender as questões e os interesses em conflito, de modo que eles possam, pelo restabelecimento da comunicação, identificar, por si próprios, soluções consensuais que gerem benefícios mútuos.

REFERÊNCIA LEGISLATIVA

Resolução nº 125 do CNJ.

Resolução nº 358/2020 do CNJ.

CPC/2015, arts. 3º, § 3º, 139, V (promoção de conciliação pelo juiz, preferencialmente com auxílio de mediadores e conciliadores).

Lei nº 13.140/2015 (Lei de Mediação).

BREVES COMENTÁRIOS

A política de criação e incentivo dos Centros Judiciários de Solução de Conflitos e Cidadania já era objeto de programa editado pelo Conselho Nacional de Justiça, mesmo antes do advento do CPC/2015 (Resolução nº 125/CNJ, de 29.11.2010). Fiel a esse programa, a atual legislação processual civil determina que cada tribunal (estadual ou federal), observando as normas do Conselho Nacional de Justiça, crie Centros Judiciários de Solução Consensual de Conflitos responsáveis pela a realização de sessões e audiências de conciliação e mediação, e pelo desenvolvimento de programas destinados a auxiliar, orientar e estimular a autocomposição (CPC/2015, art. 165, *caput*). Dentro da regulamentação do CNJ preexistente, esses centros deverão cobrir toda a circunscrição territorial do respectivo tribunal. O ideal é que existam Centros Judiciários de Solução Consensual de Conflitos na Capital e nas grandes comarcas, podendo, no interior, haver Centros Regionais. De acordo com o CNJ, esses centros deverão conter setores de solução pré-processual e de solução processual (art. 10 da Resolução nº 125/CNJ). Além dos Centros Judiciários, permite-se a criação de câmaras privadas de conciliação e mediação, que, contudo, deverão seguir as normas do CPC (art. 175, parágrafo único).

A Lei nº 13.140/2015, por sua vez, regula em caráter geral a mediação judicial e extrajudicial, bem como a autocomposição no âmbito da administração pública. A implantação dos centros judiciários de solução consensual de conflitos, no regime do CPC/2015, não é facultativa. Os tribunais estão obrigados a implantá-los, já que a lei lhes atribui a responsabilidade pelas sessões e audiências de mediação ou conciliação, afastando o juiz dessa função. O objetivo é incrementar a autocomposição, confiando sua gerência a técnicos especializados na promoção dessa modalidade de resolução negociada de conflitos.

Art. 166. A conciliação e a mediação são informadas pelos princípios da independência, da imparcialidade, da autonomia da vontade, da confidencialidade, da oralidade, da informalidade e da decisão informada.

§ 1º A confidencialidade estende-se a todas as informações produzidas no curso do procedimento, cujo teor não poderá ser utilizado para fim diverso daquele previsto por expressa deliberação das partes.

§ 2º Em razão do dever de sigilo, inerente às suas funções, o conciliador e o mediador, assim como os membros de suas equipes, não poderão divulgar ou depor acerca de fatos ou elementos oriundos da conciliação ou da mediação.

§ 3º Admite-se a aplicação de técnicas negociais, com o objetivo de proporcionar ambiente favorável à autocomposição.

§ 4º A mediação e a conciliação serão regidas conforme a livre autonomia dos interessados, inclusive no que diz respeito à definição das regras procedimentais.

REFERÊNCIA LEGISLATIVA

Resolução nº 125 do CNJ, art. 1º (princípios fundamentais que regem a atuação de conciliadores e mediadores).

BREVES COMENTÁRIOS

A conciliação e a mediação, nos termos do art. 166, são reguladas pelos seguintes princípios:

(a) independência: os mediadores e conciliadores exercem sua função de forma independente, livres de qualquer pressão ou subordinação.

(b) imparcialidade: os conciliadores e mediadores são terceiros estranhos às partes, que, portanto, agem de forma imparcial, objetivando a melhor composição do conflito para os envolvidos. A imparcialidade não é afetada pelo fato de se aplicarem técnicas negociais, com o fim de proporcionar um ambiente favorável à autocomposição (art. 166, § 3º);

(c) autonomia da vontade: as partes têm o poder de definir as regras do procedimento conciliatório, a fim de atender às especificidades do caso concreto, desde que não sejam contrárias ao ordenamento jurídico (art. 166, § 4º);

(d) confidencialidade: as partes deverão guardar sigilo não apenas do conflito instaurado, mas também de todas as informações produzidas no curso do procedimento, cujo teor não poderá ser utilizado para fim diverso daquele previsto por expressa deliberação das partes (art. 166, § 1º). Essa obrigação se estende aos conciliadores, mediadores e membros de suas equipes, que não poderão divulgar ou depor acerca dos fatos e elementos decorrentes do procedimento (art. 166, § 2º);

(e) oralidade: consubstanciada no contato pessoal e direto do mediador e conciliador com as partes;

(f) informalidade: os procedimentos não são rígidos, devem seguir as regras estabelecidas livremente pelas partes. A mediação e a conciliação permitem que os envolvidos usem da criatividade para construir a solução mais satisfatória a seus interesses;

(g) decisão informada: antes de iniciar o procedimento as partes devem ser devidamente esclarecidas sobre os seus direitos e as opções que lhes são disponibilizadas pelo ordenamento, para que possam chegar à uma composição livre e informada.

O Código de Ética do mediador e do conciliador consta de Anexo da Resolução nº 125 do CNJ.

Art. 167. Os conciliadores, os mediadores e as câmaras privadas de conciliação e mediação serão inscritos em cadastro nacional e em cadastro de tribunal de justiça ou de tribunal regional federal, que manterá registro de profissionais habilitados, com indicação de sua área profissional.

§ 1º Preenchendo o requisito da capacitação mínima, por meio de curso realizado por entidade credenciada, conforme parâmetro curricular definido pelo Conselho Nacional de Justiça em conjunto com o Ministério da Justiça, o conciliador ou o mediador, com o respectivo certificado, poderá requerer sua inscrição no cadastro nacional e no cadastro de tribunal de justiça ou de tribunal regional federal.

§ 2º Efetivado o registro, que poderá ser precedido de concurso público, o tribunal remeterá ao diretor do foro da comarca, seção ou subseção judiciária onde atuará o conciliador ou o mediador os dados necessários para que seu nome passe a constar da respectiva lista, a ser observada na distribuição alternada e aleatória, respeitado o princípio da igualdade dentro da mesma área de atuação profissional.

§ 3º Do credenciamento das câmaras e do cadastro de conciliadores e mediadores constarão todos os dados relevantes para a sua atuação, tais como o número de processos de que participou, o sucesso ou insucesso da atividade, a matéria sobre a qual versou a controvérsia, bem como outros dados que o tribunal julgar relevantes.

§ 4º Os dados colhidos na forma do § 3º serão classificados sistematicamente pelo tribunal, que os publicará, ao menos anualmente, para conhecimento da população e para fins estatísticos e de avaliação da conciliação, da mediação, das câmaras privadas de conciliação e de mediação, dos conciliadores e dos mediadores.

§ 5º Os conciliadores e mediadores judiciais cadastrados na forma do *caput*, se advogados, estarão impedidos de exercer a advocacia nos juízos em que desempenhem suas funções.

§ 6º O tribunal poderá optar pela criação de quadro próprio de conciliadores e mediadores, a ser preenchido por concurso público de provas e títulos, observadas as disposições deste Capítulo.

BREVES COMENTÁRIOS

Os conciliadores, os mediadores e as câmaras privadas de conciliação e mediação serão inscritos em cadastro nacional e em cadastro de tribunal de justiça ou de tribunal regional federal, nos quais haverá registro de profissionais habilitados, com indicação de sua área profissional. Com isso, o estímulo à solução consensual dos conflitos deixa de ser mera previsão legal, tornando-se norma a ser efetivamente cumprida pelos responsáveis pelos agentes da atividade jurisdicional.

Os conciliadores e os mediadores deverão ser técnicos regularmente habilitados, mas não serão necessariamente advogados. Contudo, se o forem, ficarão impedidos de exercer a advocacia nos juízos em que desempenharem suas funções.

Art. 168. As partes podem escolher, de comum acordo, o conciliador, o mediador ou a câmara privada de conciliação e de mediação.

§ 1º O conciliador ou mediador escolhido pelas partes poderá ou não estar cadastrado no tribunal.

§ 2º Inexistindo acordo quanto à escolha do mediador ou conciliador, haverá distribuição entre aqueles cadastrados no registro do tribunal, observada a respectiva formação.

§ 3º Sempre que recomendável, haverá a designação de mais de um mediador ou conciliador.

BREVES COMENTÁRIOS

Na escolha do mediador ou do conciliador, bem como da câmara de conciliação e de mediação, as regras do Código são dispositivas, de modo que, em última análise, prevalece a vontade das partes.

Art. 169. Ressalvada a hipótese do art. 167, § 6º, o conciliador e o mediador receberão pelo seu trabalho remuneração prevista em tabela fixada pelo tribunal, conforme parâmetros estabelecidos pelo Conselho Nacional de Justiça.

§ 1º A mediação e a conciliação podem ser realizadas como trabalho voluntário, observada a legislação pertinente e a regulamentação do tribunal.

§ 2º Os tribunais determinarão o percentual de audiências não remuneradas que deverão ser suportadas pelas câmaras privadas de conciliação e mediação, com o fim de atender aos processos em que deferida gratuidade da justiça, como contrapartida de seu credenciamento.

BREVES COMENTÁRIOS

A atividade é remunerada, por tabela fixada pelo tribunal, conforme parâmetros estabelecidos pelo CNJ, a menos que o profissional seja integrante de quadro próprio de conciliadores e mediadores, criado pelo tribunal e preenchido por meio de concurso público de provas e títulos. Todavia, a mediação e conciliação podem ser realizadas como trabalho voluntário, observada a legislação pertinente e a regulamentação do tribunal (art. 169, § 1º).

As câmaras privadas de conciliação e mediação, em contrapartida ao seu credenciamento, deverão suportar algumas audiências não remuneradas, cujo percentual será determinado pelos tribunais, com a finalidade de atender aos processos em que haja sido deferida a gratuidade da justiça (art. 169, § 2º).

Art. 170. No caso de impedimento, o conciliador ou mediador o comunicará imediatamente, de preferência por meio eletrônico, e devolverá os autos ao juiz do processo ou ao coordenador do centro judiciário de solução de conflitos, devendo este realizar nova distribuição.

Parágrafo único. Se a causa de impedimento for apurada quando já iniciado o procedimento, a atividade será interrompida, lavrando-se ata com relatório do ocorrido e solicitação de distribuição para novo conciliador ou mediador.

BREVES COMENTÁRIOS

As hipóteses de impedimento e suspeição do juiz aplicam-se aos conciliadores e mediadores (art. 148, II). Constatando alguma causa de impedimento, o auxiliar do juízo deverá comunicá-la imediatamente ao juiz da causa ou ao coordenador do centro judiciário de solução de conflitos, preferencialmente por meio eletrônico, para que este faça nova distribuição (art. 170, *caput*). Caso o impedimento seja apurado quando já iniciado o procedimento, a atividade será interrompida, lavrando-se ata com o relatório do ocorrido e a solicitação de distribuição para novo conciliador ou mediador (art. 170, parágrafo único).

Art. 171. No caso de impossibilidade temporária do exercício da função, o conciliador ou mediador informará o fato ao centro, preferencialmente por meio eletrônico, para que, durante o período em que perdurar a impossibilidade, não haja novas distribuições.

Art. 172. O conciliador e o mediador ficam impedidos, pelo prazo de 1 (um) ano, contado do término da última audiência em que atuaram, de assessorar, representar ou patrocinar qualquer das partes.

BREVES COMENTÁRIOS

O atual Código prevê que o profissional, após a sua participação na conciliação ou mediação, fica impedido de assessorar, representar ou patrocinar qualquer das partes, pelo prazo de um ano, contado do término da última audiência em que atuou. Com essa restrição, a lei procura evitar que o técnico se valha da função judicial para captação de clientela. O impedimento, todavia, é temporário apenas.

Art. 173. Será excluído do cadastro de conciliadores e mediadores aquele que:

I – agir com dolo ou culpa na condução da conciliação ou da mediação sob sua responsabilidade ou violar qualquer dos deveres decorrentes do art. 166, §§ 1º e 2º;

II – atuar em procedimento de mediação ou conciliação, apesar de impedido ou suspeito.

§ 1º Os casos previstos neste artigo serão apurados em processo administrativo.

§ 2º O juiz do processo ou o juiz coordenador do centro de conciliação e mediação, se houver, verificando atuação inadequada do mediador ou conciliador, poderá afastá-lo de suas atividades por até 180 (cento e oitenta) dias, por decisão fundamentada, informando o fato imediatamente ao tribunal para instauração do respectivo processo administrativo.

REFERÊNCIA LEGISLATIVA

Código de Ética, Anexo da Resolução CNJ/125/10.

BREVES COMENTÁRIOS

Os conciliadores e mediadores atuam sob controle disciplinar do juiz que preside o processo em cujo curso se pratica a mediação ou conciliação. Daí o poder do magistrado de impor-lhes sanção, sempre que revelarem "atuação inadequada" à respectiva função processual.

Art. 174. A União, os Estados, o Distrito Federal e os Municípios criarão câmaras de mediação e conciliação, com atribuições relacionadas à solução consensual de conflitos no âmbito administrativo, tais como:

I – dirimir conflitos envolvendo órgãos e entidades da administração pública;

II – avaliar a admissibilidade dos pedidos de resolução de conflitos, por meio de conciliação, no âmbito da administração pública;

III – promover, quando couber, a celebração de termo de ajustamento de conduta.

REFERÊNCIA LEGISLATIVA

Lei nº 7.347/1985 (Lei de ação civil pública), art. 5º, § 6º (Termo de Ajustamento de Conduta).

Lei nº 13.140/2015 (autocomposição de conflitos em que for parte pessoa jurídica de direito público), arts. 32 a 40.

BREVES COMENTÁRIOS

O CPC/2015 reconhece legitimidade da Administração Pública de procurar a autocomposição de seus conflitos, nos moldes do art. 174 do CPC/2015.

Nas previsões do art. 174, o TAC ("termo de ajustamento de conduta") assume condições de propiciar não apenas acertos procedimentais e de equacionamento de forma e prazo de cumprimento de obrigações, mas também de transações materiais.

A matéria está mais especificamente tratada na Lei nº 13.140/2015 – Lei da mediação e da autocomposição de conflitos no âmbito da administração pública.

Art. 175. As disposições desta Seção não excluem outras formas de conciliação e mediação extrajudiciais vinculadas a órgãos institucionais ou realizadas por intermédio de profissionais independentes, que poderão ser regulamentadas por lei específica.

Parágrafo único. Os dispositivos desta Seção aplicam-se, no que couber, às câmaras privadas de conciliação e mediação.

BREVES COMENTÁRIOS

Além dos Centros Judiciários, permite-se a criação de câmaras privadas de conciliação e mediação, que, contudo, deverão seguir as normas do CPC (art. 175, parágrafo único). O mais importante, porém, é a abertura que o Código faz para a possibilidade de procurar a solução por intermédio de "outros métodos" de autocomposição de conflitos, além da mediação e da conciliação. A tendência atual, principalmente, no mundo dos grandes negócios internacionais, é o recurso a uma grande série de métodos extrajudiciais para superação dos conflitos surgidos nas relações contratuais, podendo ser lembrados, para exemplificar, o ombudsman, a opinião de experto etc. (v. nosso Curso de direito processual civil, v. I, n. 313).

DOS AUXILIARES DA JUSTIÇA: INDICAÇÃO DOUTRINÁRIA

Ada Pellegrini Grinover, Dos conciliadores e mediadores judiciais. In: Aluisio Gonçalves de Castro Mendes (coord.), *O Novo Código de Processo Civil: Programa de Estudos Avançados em Homenagem ao Ministro Arnaldo Esteves Lima*, Rio de Janeiro: Emarf, 2016, p. 261; Amílcar de Castro, *Comentários ao CPC*, 2. ed., São Paulo: Revista dos Tribunais, v. X, tomo 1º, n. 244, p. 235 e ss. – sobre a inexistência da *posse* por parte do depositário; e n. 255, p. 244 – sobre a possibilidade de prisão civil do depositário; Andrea Navarro, Gabriela Alario, Luiz Ricardo de Oliveira Santos. Mediação Judicial: como deve ser a escolha do mediador. *Revista de Processo*. n.º 295, set./2019, p. 416-433; Andrioli, *Lezioni di diritto processuale civile*, v. I, n. 31 e ss.; Arruda Alvim, *Manual de direito processual civil*, São Paulo: RT, 1977, v. I, n. 70; Cássio Scarpinella Bueno, *Manual de direito processual civil*, São Paulo: Saraiva, 2015; Castro Nunes, *Teoria e prática do Poder Judiciário*, Rio de Janeiro: Forense, 1943, n. 18, p. 119; Celso Agrícola Barbi, *Comentários ao CPC*, v. I, n. 800/1; Chiovenda, *Instituições de direito processual civil*, São Paulo, v. II, n. 156, p. 113-114 – sobre importância do escrivão; Claudio Madureira, Thiago Alves de Figueiredo, Terceirização de conciliadores e mediadores: formalidades de contratação, remuneração e financiamento do modelo, Revista de Processo, v. 306, p. 413 e ss., ago. 2020; Clito Fornaciari Jr., Responsabilidade do perito, *Ajuris* 10/18; Daniel Amorim Assumpção Neves, *Manual de direito processo civil*, São Paulo: Método, 2015; Fernanda Sell de Souto Goulart Fernandes, Mediação familiar no rompimento conjugal no novo CPC: análise a partir do princípio da alteridade. In: Paulo Henrique dos Santos Lucon; Pedro Miranda de Oliveira, *Panorama atual do novo CPC*, Florianópolis: Empório do Direito, 2016, p. 151; Fernanda Tartuce, In: Teresa Arruda Alvim Wambier, Fredie Didier Jr., Eduardo Talamini, Bruno Dantas, *Breves comentários ao novo Código de Processo Civil*, São Paulo: Revista dos Tribunais, 2015; Fredie Didier Jr., *Curso de direito processual civil*, 17. ed., Salvador: JusPodivm, 2015, v. I; Guilherme Rizzo Amaral, *Comentários às alterações do novo CPC*, São Paulo: Revista dos Tribunais, 2015; Gustavo Filipe Barbosa Garcia, Mediação e autocomposição: considerações sobre a Lei nº 13.140/2015 e o novo CPC, *Revista Magister de Direito Civil e Processual Civil*, ano XI, n. 66, p. 22-35, maio-jun. 2015; Humberto Theodoro Júnior, *A reforma da execução do título extrajudicial*, Rio de Janeiro: Forense; Humberto Theodoro Júnior, *Curso de direito processual civil*, 61. ed., Rio de Janeiro: Forense, 2020, v. I; Humberto Theodoro Júnior, Fernanda Alvim Ribeiro de Oliveira, Ester Camila Gomes Norato Rezende (coords.), *Primeiras lições sobre o novo direito processual civil brasileiro*, Rio de Janeiro: Forense, 2015; J. E. Carreira Alvim, *Comentários ao atual Código de Processo Civil*, Curitiba: Juruá, 2015; J. E. Carreira Alvim, *Nova execução de título extrajudicial: comentários à Lei 11.382/06*, Curitiba: Juruá; João José Ramos Schaefer, Prisão civil do depositário infiel, *Ajuris* 24/68; João Mendes de Almeida Júnior, *Direito judiciário brasileiro*, 3. ed., Rio de Janeiro: Freitas Bastos, 1940, p. 73-74; José Frederico Marques, *Instituições de direito processual civil*, Rio de Janeiro: Forense, n. 102, p. 223; José Miguel Garcia Medina, *Novo Código de Processo Civil comentado*, São Paulo: Revista dos Tribunais, 2015; José Roberto dos Santos Bedaque, In: José Roberto F. Gouvêa; Luis Guilherme A. Bondioli e João Francisco N. da Fonseca (coord.), *Comentários ao Código de Processo Civil*, São Paulo: Saraiva, 2019, v. 3; Leonardo Greco, *Instituições de processo civil: introdução ao direito processual civil*, 5. ed., Rio de Janeiro: Forense, 2015; Lopes da Costa, *Direito processual civil*, v. II, n. 108, p. 89 – sobre a importância do escrivão; Liebman, *Manuale di diritto processuale civile*, v. I, n. 61 e ss.; Lúcio Delfino, In: Teresa Arruda Alvim Wambier, Fredie Didier Jr., Eduardo Talamini, Bruno Dantas, *Breves comentários ao novo Código de Processo Civil*, São Paulo: Revista dos Tribunais, 2015; Luis Antônio Giampaulo Sarro, *Novo Código de Processo Civil*, São Paulo: Rideel, 2015; Luiz Guilherme Marinoni, Sérgio Cruz Arenhart, Daniel Mitidiero, *Curso de processo civil*, São Paulo: Revista dos Tribunais, 2015, v. I; Mattirollo, *Tratado de derecho procesal civil*, trad. esp., Madri, 1933, v. II, n. 1.012 a 1.018 – sobre o testemunho de peritos; Michele, *Curso di diritto civile*, v. I, n. 37 e ss.; Moacir Amaral Santos, *Primeiras linhas de direito processual civil*, v. I, n. 104; Moacir Amaral Santos, *Prova Judiciária no Cível e Comercial*, 4. ed., São Paulo: Max Limonad, 1972, v. IV, n. 48 e ss.; Najla Lopes Cintra, Aspectos relevantes da Lei 13.140/2015, *Revista Magister de Direito Civil e Processual Civil*, ano XII, n. 72, p. 61-75, maio-jun. 2016; Nelson Nery Júnior e Rosa Maria de Andrade Nery, *Comentários ao Código de Processo Civil*, São Paulo: RT, 2015; Paula Sarno Braga, In: Teresa Arruda Alvim Wambier, Fredie Didier Jr., Eduardo Talamini, Bruno Dantas, *Breves comentários ao novo Código de Processo Civil*, São Paulo: Revista dos Tribunais, 2015; Renato Beneduzi, In: Sérgio Cruz Arenhart e Daniel Mitidiero (coord.), *Comentários ao Código de Processo Civil*, 2. ed., São Paulo: RT, 2018, v. 2; Sebastião Pereira de Souza, Prisão civil do depositário infiel no processo de execução, *RF* 290/486; Sérgio Sahione Fadel, *CPC comentado*, 7. ed., Rio de Janeiro: Forense, 2003, v. I, p. 291; Taline Dias Maciel, A duvidosa legalidade da prisão civil do devedor depositário infiel de bens penhorados no processo de execução, *RF* 32/31; Teresa Arruda Alvim Wambier, Fredie Didier Jr., Eduardo Talamini, Bruno Dantas (coords.), *Breves comentários ao novo Código de Processo Civil*, São Paulo: Revista dos Tribunais, 2015; Teresa Arruda Alvim Wambier, Maria Lúcia Lins Conceição, Leonardo Ferres da Silva Ribeiro, Rogério Licastro Torres de Melo, *Primeiros comentários ao novo Código de Processo Civil*, São Paulo: Revista dos Tribunais, 2015; Virgílio Andrioli, *Lezioni di diritto processuale civile*, Nápoles: Jovene, 1973, v. I, n. 32; Walsir Edson Rodrigues Júnior, *A prática da mediação e o acesso à justiça*, Belo Horizonte: Del Rey, 2007, p. 91; Dierle Nunes; Catharina Almeida. Medidas indutivas em sentido amplo do art. 139, IV, do CPC: o potencial do uso de *nudges* nos módulos processuais executivos para satisfação de obrigações por quantia certa – parte 2. *Revista de Processo*, vol. 324, fev. 2022, p. 145 e ss.

TÍTULO V
DO MINISTÉRIO PÚBLICO

Art. 176. O Ministério Público atuará na defesa da ordem jurídica, do regime democrático e dos interesses e direitos sociais e individuais indisponíveis.

REFERÊNCIA LEGISLATIVA

CF, arts. 127 e 129.

Lei nº 8.625/1993 (Institui a Lei Orgânica Nacional do Ministério Público, dispõe sobre normas gerais para a organização do Ministério Público dos Estados e dá outras providências).

LC nº 75/1993 (Estatuto do Ministério Público da União).

BREVES COMENTÁRIOS

O Ministério Público, nos termos da Constituição, "é instituição permanente, essencial à função jurisdicional do Estado" (art. 127). Suas funções institucionais acham-se arroladas no art. 129 da CF, sendo de registrar que, no processo civil, pode atuar como parte ou como fiscal da lei, conforme o caso. O CNMP baixou a Recomendação 34/2016 regulando a atuação do MP como órgão interveniente no Processo Civil, contendo recomendação, sem caráter vinculativo, da qual se destaca o seguinte:

"Art. 1º Os órgãos do Ministério Público Brasileiro, no âmbito de sua autonomia administrativa e funcional, devem priorizar:

I – o planejamento das questões institucionais;

II – a avaliação da relevância social dos temas e processos em que atuem;

III – a busca da efetividade em suas ações e manifestações;

IV – a limitação da sua atuação em casos sem relevância social para direcioná-la na defesa dos interesses da sociedade.

Art. 2º A identificação do interesse público no processo é juízo exclusivo do membro do Ministério Público, sendo necessária a remessa e indevida a renúncia de vista dos autos."

"Art. 5º Além dos casos que tenham previsão legal específica, destaca-se de relevância social, nos termos do art. 1º, inciso II, os seguintes casos:

I – ações que visem à prática de ato simulado ou à obtenção de fim proibido por lei;

II – normatização de serviços públicos;

III – licitações e contratos administrativos;

IV – ações de improbidade administrativa;

V – os direitos assegurados aos indígenas e às minorias;

VI – licenciamento ambiental e infrações ambientais;

VII – direito econômico e direitos coletivos dos consumidores;

VIII – os direitos dos menores, dos incapazes e dos idosos em situação de vulnerabilidade;

IX – (Revogado pela Recomendação nº 37/2016);

X – ações que envolvam acidentes de trabalho, quando o dano tiver projeção coletiva;

XI – ações em que sejam partes pessoas jurídicas de Direito Público, Estados estrangeiros e Organismos Internacionais, nos termos do art. 83, inciso XIII, da Lei Complementar nº 75/93, respeitada a normatização interna;

XII – ações em que se discuta a ocorrência de discriminação ou qualquer prática atentatória à dignidade da pessoa humana do trabalhador, quando o dano tiver projeção coletiva;

XIII – ações relativas à representação sindical, na forma do inciso III do artigo 114 da Constituição da República/88;

XIV – ações rescisórias de decisões proferidas em ações judiciais nas quais o Ministério Público já tenha atuado como órgão interveniente;

Parágrafo único. Os assuntos considerados relevantes pelo planejamento institucional (Art.1º, inciso I) são equiparados aos de relevância social."

JURISPRUDÊNCIA SELECIONADA

1. Intervenção do Ministério Público. Direito de natureza pessoal e patrimonial. Desnecessidade. "O processo em apreço não encerra hipótese de intervenção obrigatória do Ministério Público, pois a demanda, tal como delimitada pela petição inicial, não veicula matéria que possa repercutir no interesse público ou social, nem trata de litígio coletivo de posse de terra rural ou urbana. O direito invocado é de natureza pessoal e estritamente patrimonial, residindo a causa de pedir no fato de terem os autores pago pelo terreno e não o terem recebido, porque o imóvel foi alvo de negociação paralela entre os réus" (STJ, REsp 1714925/CE, Rel. Min. Nancy Andrighi, 3ª Turma, jul. 11.09.2018, *DJe* 14.09.2018).

2. Falência. Não intervenção do Ministério Público. Ausência de prejuízo. "Ainda que a conexa ação falimentar tenha tramitado sob a égide do Decreto-lei nº 7.661/1945, descabe invocar a aplicação da norma contida do art. 192 da Lei nº 11.101/2005, que desautoriza a aplicação da lei nova aos processos de falência ajuizados anteriormente ao início de sua vigência, com o objetivo de ver reconhecida a nulidade, por falta de intervenção do Ministério Público, de uma impugnação ajuizada no ano de 2017, após o transcurso de mais de 15 (quinze) anos da habilitação do crédito na falência. De acordo com o princípio da instrumentalidade das formas, a anulação de ações conexas ao processo falimentar, por ausência de intervenção do Ministério Público, somente se justifica quando ficar caracterizado efetivo prejuízo à parte" (STJ, REsp 2.084.837/MG, Rel. Min. Ricardo Villas Bôas Cueva, 3ª Turma, jul. 18.06.2024, *DJe* 24.06.2024).

Art. 177. O Ministério Público exercerá o direito de ação em conformidade com suas atribuições constitucionais.

CPC/1973

Art. 81.

REFERÊNCIA LEGISLATIVA

CF, art. 127.

SÚMULAS

Súmulas do STJ

Nº 594: "O Ministério Público tem legitimidade ativa para ajuizar ação de alimentos em proveito de criança ou adolescente independentemente do exercício do poder familiar dos pais, ou do fato de o menor se encontrar nas situações de risco descritas no art. 98 do Estatuto da Criança e do Adolescente, ou de quaisquer outros questionamentos acerca da existência ou eficiência da Defensoria Pública na comarca."

BREVES COMENTÁRIOS

Como parte, o Ministério Público, quase sempre, tem legitimidade apenas ativa, isto é, só pode propor ações, visto que nunca pode ser demandado como sujeito passivo ou réu. Pode, no entanto, eventualmente, assumir a defesa de terceiros, como na interdição e na curatela especial de revéis citados por edital ou com hora certa. Outorgado o direito de ação ao Ministério Público, obviamente atribui-lhe o Código os mesmos poderes e ônus que tocam às partes, ainda que isto não seja declarado textualmente no art. 177 do CPC/2015.

JURISPRUDÊNCIA SELECIONADA

1. Ministério Público Estadual. Legitimidade para atuar diretamente no STJ nos processos em que figurar como parte. "O Ministério Público Estadual, nos processos em que figurar como parte e que tramitam no Superior Tribunal de Justiça, possui legitimidade para exercer todos os meios inerentes à defesa de sua pretensão. A função de fiscal da lei no âmbito deste Tribunal Superior será exercida exclusivamente pelo Ministério Público Federal, por meio dos Subprocuradores-Gerais da República designados pelo Procurador-Geral da República" (STJ, EREsp 1236822/PR, Rel. Min. Mauro Campbell Marques, Corte Especial, jul. 16.12.2015, *DJe* 05.02.2016).

2. Ação civil *ex delicto*. Interesse de menores. "Ilegitimidade ativa do ministério público (CPP, art. 68). Inconstitucionalidade progressiva declarada pelo col. STF. Necessidade de intimação da defensoria pública para ciência e possibilidade de assumir o polo ativo da ação" (STJ, REsp 888.081/MG, Rel. Min. Raul Araújo, 4ª Turma, jul. 15.09.2016, *DJe* 18.10.2016).

Ação civil *ex delicto*. "O Ministério Público tem legitimidade para promover a ação de indenização *ex delicto* (art. 68 do CPP). Poderia ser afastada essa atuação se demonstrado que o lesado teve à sua disposição outros serviços estatais, sem qualquer prejuízo para seu acesso à Justiça, o que não aconteceu no caso dos autos. Precedentes" (STJ, REsp 200.695/SP, Rel. Min. Ruy Rosado de Aguiar, 4ª Turma, jul. 18.05.1999, *DJ* 28.06.1999, p. 121).

3. Ministério Público do Trabalho. Atuação diretamente no STJ. Ilegitimidade. "Os Ministérios Públicos dos Estados podem atuar, diretamente, na condição de partes, perante os Tribunais Superiores, em razão da não existência de vinculação ou subordinação entre o Parquet Estadual e o Ministério Público da União. Precedentes. Tal orientação, todavia, não pode ser amoldada ao Ministério Público do Trabalho, órgão vinculado ao Ministério Público da União, conforme dispõe o art. 128, I, b, da Constituição da República. Ausente a legitimidade recursal do ora Agravante" (STJ, AgRg no CC 122.940/MS, Rel. Min. Regina Helena Costa, 1ª Seção, jul. 07.04.2020, *DJe* 16.04.2020).

4. Ação civil pública. Criança indígena. Legitimação extraordinária do *parquet*. "A jurisprudência do STJ 'vem sedimentando-se em favor da legitimidade do MP para promover Ação Civil Pública visando à defesa de direitos individuais homogêneos, ainda que disponíveis e divisíveis, quando há relevância social objetiva do bem jurídico tutelado (a dignidade da pessoa humana, a qualidade ambiental, a saúde, a educação, para citar alguns exemplos) ou diante da massificação do conflito em si considerado' (STJ, AgInt no REsp 1.701.853/RJ, Rel. Ministro Herman Benjamin, Segunda Turma, *DJe* de 19.03.2021). A Constituição Federal reconhece a peculiar vulnerabilidade dos índios e das populações indígenas, motivo pelo qual o art. 37, II, da Lei Complementar 75/93 confere legitimidade ao Ministério Público Federal 'para defesa de direitos e interesses dos índios e das populações indígenas', o que se mostra consentâneo com o art. 129, V e IX, da CF/88, que outorga legitimidade ao Ministério Público não só para 'defender judicialmente os direitos e interesses das populações indígenas', como também para 'exercer outras funções que lhe forem conferidas, desde que compatíveis com sua finalidade'. (...) Dessarte, a relevância social do bem jurídico tutelado e a vulnerabilidade dos povos indígenas autoriza, em face da peculiar situação do caso, a defesa dos interesses individuais dos índios pelo Ministério Público, em decorrência de sua atribuição institucional" (STJ, AgInt no AREsp 1.688.809/SP, Rel. Min. Assusete Magalhães, 2ª Turma, jul. 26.04.2021, *DJe* 28.04.2021).

5. Ministério Público. Requerimento cautelar de guarda dos dados e conteúdos por período determinado além do prazo legal. Prévia autorização judicial. Desnecessidade. Efetivo acesso dependente de ordem judicial. "Trata-se de matéria que recebe tratamento específico da Lei 12.965/2014, ao dispor que constitui dever jurídico do administrador do respectivo sistema autônomo manter os registros de conexão, sob sigilo, em ambiente controlado e de segurança, pelo prazo de 1 (um) ano (art. 13); e, do provedor de aplicações de internet, por sua vez, manter os registros de acesso, sob sigilo, em ambiente controlado e de segurança, pelo prazo de 6 (seis) meses (art. 15). Dispõe, ainda, que a autoridade policial, administrativa ou o Ministério Público poderão requerer cautelarmente que os registros de conexão sejam guardados por prazo superior a 1 (um) ano (art. 13, § 2º), e os registros de acesso a aplicações de internet por prazo superior a 6 (seis) meses (art. 15, § 2º), devendo, nas duas situações, e no prazo de 60 (sessenta) dias, contados do requerimento administrativo, ingressar com o pedido de autorização judicial de acesso aos (dois) registros (arts. 13, § 3º, e 15, § 2º). A lei dispõe que a autoridade policial, administrativa ou o Ministério Público poderão requerer cautelarmente – que os registros de conexão sejam guardados por prazo superior a 1 (um) ano (art. 13, § 2º), e os registros de acesso a aplicações de internet por prazo superior a 6 (seis) meses (art. 15, § 2º) –, parecendo dizer menos do que pretendia. (...) A lei a fim de viabilizar investigações criminais, que, normalmente, são de difícil realização em ambientes eletrônicos, tornou mais eficiente o acesso a dados e informações relevantes ao possibilitar que o Ministério Público, diretamente, requeira ao provedor apenas a guarda, em ambiente seguro e sigiloso, dos registros de acesso a aplicações de internet, mas a disponibilização ao requerente dos conteúdos dos registros – dados cadastrais, histórico de pesquisa, todo conteúdo de e-mail e iMessages, fotos, contatos e históricos de localização etc. – deve sempre ser precedida de autorização judicial devidamente fundamentada, o que ocorreu no presente caso. Não se perfaz a pretendida nulidade do pedido de 'congelamento' dos registros, além do tempo legal, pelo Ministério Público do Estado do Paraná, vindo o acesso aos respectivos dados a ser deferido, a tempo e modo, por ordem judicial, sob pena de caducidade (art. 13, § 4º)" (STJ, HC 626.983/PR, Rel. Min. Olindo Menezes 6ª Turma, jul. 08.02.2022, *DJe* 22.02.2022).

6. Requisição pelo MP. Dados fiscais. Autorização judicial. Ausência. Ilegalidade. Informativo STJ nº 724/2022.

7. Funções do Ministério Público. "O Ministério Público, no processo civil, tem duas funções: ora atua como órgão agente, exercendo o direito de ação nos casos previstos em lei e cabendo-lhe os mesmos poderes e ônus que às partes – CPC, art. 81; ora atua como órgão interveniente, caso em que é o fiscal da lei – CPC, art. 82" (STF, RE 99.116/MT, Rel. Min. Alfredo Buzaid, jul. 21.02.1984, *DJ* 16.03.1998).

8. Interposição de recursos especiais e extraordinários. "O Ministério Público do Distrito Federal e Territórios é parte legítima para interpor recursos perante o Tribunal de Justiça, inclusive o especial e o extraordinário, bem como agravar das decisões que lhes negarem seguimento. Contudo, somente o Ministério Público Federal tem legitimidade para oficiar nos tribunais superiores e, consequentemente, interpor recursos de suas decisões, sobretudo diante dos princípios da unidade e indivisibilidade previstos no artigo 127, § 1º, da Constituição Federal. Precedente. A atuação do *Parquet* local se exaure quando interpõe agravo de instrumento da decisão que nega seguimento a recurso especial" (STF, HC 80.463, Rel. Min. Maurício Corrêa, 2ª Turma, jul. 15.08.2001, *DJ* 01.08.2003).

9. Promotor de Justiça. Acórdão do Tribunal de Justiça. "Promotor de Justiça não tem capacidade postulatória para recorrer de acórdão proferido por Tribunal de Justiça. *In casu*, não restou comprovado que tenha sido delegada atribuição ao promotor para recorrer. Ausente tal delegação, permanece a regra geral do artigo 31 da Lei nº 8.625/1993" (STJ, RMS 13.029/MG, Rel. Min. Castro Meira, 2ª Turma, jul. 18.09.2003, *DJ* 28.10.2003).

10. Ação civil pública. Consumidor. "Deveras, o Ministério Público Federal carece de legitimidade ativa *ad causam* para, em sede de ação civil pública, postular direitos individuais homogêneos, identificáveis e divisíveis, de titularidade dos consumidores do serviço público de telefonia, que reclamam a definição do sujeito passivo da Cofins e do PIS/Pasep (AgRg no AgRg no REsp 669.371/RS, Rel. Min. Francisco Falcão, jul. 14.08.2007, *DJ* 11.10.2007)" (STJ, REsp 821.395/PE, Rel. Min. Luiz Fux, 1ª Turma, jul. 23.03.2009, *DJe* 20.05.2009).

"O Ministério Público não tem legitimidade para promover ação civil pública com o objetivo de impedir a cobrança de tributos na defesa de contribuintes, pois seus interesses são divisíveis, disponíveis e individualizáveis, oriundos de relações jurídicas assemelhadas, mas distintas entre si. Contribuintes não são consumidores, não havendo como se vislumbrar sua equiparação aos portadores de direitos difusos ou coletivos. Precedentes" (STJ, AgRg no REsp 969.087/ES, Rel. Min. Castro Meira, 2ª Turma, jul. 18.12.2008, *DJe* 09.02.2009).

11. Direito individual indisponível de pessoa carente. "A jurisprudência mais recente das Turmas de Direito Público do STJ admite esteja o Ministério Público legitimado para propor ação civil pública em defesa de direito individual indisponível à saúde de hipossuficiente. Essa legitimação extraordinária só existe quando a lei assim determina, como ocorre no Estatuto da Criança e do Adolescente e no Estatuto do Idoso, sendo insuficiente falar, de forma genérica, em interesse público" (STJ, REsp 620.622/RS, Rel. Min. Eliana Calmon, 2ª Turma, jul. 04.09.2007, *DJ* 27.09.2007, p. 247).

12. Interesses transindividuais homogêneos. "O Ministério Público ostenta legitimidade para a propositura de ação civil pública em defesa de direitos transindividuais, como soem ser os direitos dos consumidores do serviço de telefonia celular pré-paga, ante a *ratio essendi* do art. 129, III, da Constituição Federal, arts. 81 e 82 do Código de Defesa do Consumidor e art. 1º da Lei nº 7.347/1985. Precedentes do STF (AGR no RE 424.048/SC, *DJ* 25.11.2005) e STJ (REsp 799.669/RJ, *DJ* 18.02.2008; REsp 684712/DF, *DJ* 23.11.2006 e AgRg no REsp 633.470/CE, *DJ* 19.12.2005)" (STJ, REsp 806.304/RS, Rel. Min. Luiz Fux, 1ª Turma, jul. 02.12.2008, *DJe* 17.12.2008).

"A legitimidade ativa do Ministério Público, em ação civil pública, está adstrita à defesa de interesses individuais indisponíveis, salvo quando oriundos de relação de consumo" (STJ, AgRg no REsp 1.012.968/SP, Rel. Min. Jorge Mussi, 5ª Turma, jul. 19.02.2009, *DJe* 06.04.2009).

13. Ação popular. Mandado de segurança coletivo. "O novel art. 129, III, da Constituição Federal habilitou o Ministério Público à promoção de qualquer espécie de ação na defesa de direitos difusos e coletivos, não se limitando à ação de reparação de danos. Hodiernamente, após a constatação da importância e dos inconvenientes da legitimação isolada do cidadão, não há mais lugar para o veto da *legitimatio ad causam* do MP para a ação popular, a ação civil pública ou o mandado de segurança coletivo. Em consequência, legitima-se *o Parquet* a toda e qualquer demanda que vise à defesa dos interesses difusos e coletivos, sob o ângulo material ou imaterial" (STJ, REsp 806.304/RS, Rel. Min. Luiz Fux, 1ª Turma, jul. 02.12.2008, *DJe* 17.12.2008).

"Falece, ao membro do Ministério Público que oficia perante o primeiro grau de jurisdição, legitimidade para impetrar mandado de segurança perante o Tribunal de Justiça, contra ato praticado por um de seus desembargadores" (STJ, RMS 13.568/RJ, Rel. Min. Nancy Andrighi, 3ª Turma, jul. 03.12.2001, *DJ* 18.02.2002).

14. Legalidade das funções do Ministério Público. Interesses difusos e coletivos. "O n. III do art. 129 da CF não serve de embasamento nem de outorga de legitimidade ao Ministério Público. A legitimidade para propositura da ação ou para agir como substituto processual somente decorre de lei. Não da vontade ou de interpretação. Na medida em que a Constituição não definiu o que sejam tais interesses difusos e coletivos, não pode haver uma definição decorrente de meros interesses em jogo. A lei, somente ela, há que definir o que são eles e outorgar a legitimidade ativa ao Ministério Público para a propositura da ação civil. Assim é que, quando o legislador pretende atribuir ao órgão do Ministério Público legitimidade para ingressar com a referida ação, fá-lo expressamente (Leis nºs 7.347/1985, 7.913/1989, 8.078/1990 etc.). Os interesses públicos, pois que devem ser preservados e defendidos pelo órgão instituído pela Constituição da República, não são indefinidos nem remanescem à definição de alguém. Devem decorrer de expressa disposição legal" (TJSP, MS 190.511-1/9, Rel. Des. Régis de Oliveira, 8ª Câm., jul. 19.05.1993, *RT* 700/71).

"A proteção ao meio ambiente do trabalho insere-se nos chamados direitos difusos. Assim, tem o Ministério Público legitimidade ativa para propor ações coletivas visando a defesa de tais direitos" (STJ, REsp 240.343/SP, Rel. p/ Acórdão Min. João Otávio de Noronha, 4ª Turma, jul. 17.03.2009, *DJe* 20.04.2009).

15. Inexistência de Defensoria Pública. "Inexistindo Defensoria Pública organizada na unidade da Federação em que a ação foi proposta, a fim de orientar e defender, em todos os graus de jurisdição, os necessitados, na forma do art. 5º, LXXIV, da CF, prevalece a legitimidade do Ministério Público para promover ação indenizatória de cunho civil, visando o ressarcimento por danos causados em decorrência da prática de fatos narrados que fazem concluir a existência de crime, mesmo que em tese" (STJ, REsp 37.178/SP, Rel. Min. Aldir Passarinho Junior, 4ª Turma, jul. 12.03.2002, *DJU* 06.05.2002). **No mesmo sentido:** STJ, REsp 510.969/PR, Rel. Min. Nancy Andrighi, 3ª Turma, jul. 06.10.2005, *DJ* 06.03.2006, p. 372.

16. Sigilo bancário. "O Ministério Público não tem legitimidade para, sem interferência do Poder Judiciário, determinar a quebra do sigilo bancário" (STF, RE 215.301/CE, Min. Carlos Velloso, jul. 13.04.1999). **No mesmo sentido**: STJ, RMS 25.375/PA, Rel. Min. Félix Fischer, 5ª Turma, jul. 19.02.2008, *DJe* 07.04.2008.

17. Responsabilidade de administradoras e instituições financeiras. "O Ministério Público não perde a legitimidade para prosseguir na ação de responsabilidade de administradoras de instituições financeiras após o levantamento do regime de administração especial e temporária. Lei nº 9.447/1997" (STJ, REsp 444.948/RO, Rel. Min. Ruy Rosado de Aguiar, 2ª Seção, jul. 11.12.2002, *DJ* 03.02.2003, p. 261).

18. Ministério Público. Legitimidade subsidiária para executar decisão do Tribunal de Contas. "Todavia, quando o sistema de legitimação ordinária falhar, surge a possibilidade de o *Parquet*, na defesa eminentemente do patrimônio público, e não da Fazenda Pública, atuar como legitimado extraordinário. Conferir à Fazenda Pública, por meio de suas procuradorias judiciais, a exclusividade na defesa do patrimônio público, é interpretação restritiva que vai de encontro à ampliação do campo de atuação conferido pela Constituição ao Ministério Público, bem como leva a uma proteção deficiente do bem jurídico tutelado. Por isso é que o Ministério Público possui legitimidade extraordinária para promover ação de execução do título formado pela decisão do Tribunal de Contas do Estado, com vistas a ressarcir ao erário o dano causado pelo recebimento de valor a maior pelo recorrido" (STJ, REsp 1.119.377/SP, Rel. Min. Humberto Martins, 1ª Seção, jul. 26.08.2009, *DJe* 04.09.2009). **Precedentes citados:** STJ, REsp 922.702/MG, Rel. Min. Luiz Fux, jul. 28.04.2009, *DJe* 27.05.2009; STJ, REsp 996.031/MG, Rel. Min. Francisco Falcão, jul. 11.03.2008, *DJe* 28.04.2008; STJ, REsp 678.969/PB, Rel. Min. Luiz Fux, 1ª Turma, jul. 13.12.2005, *DJ* 13.02.2006; STJ, REsp 149.832/MG, Rel. Min. José Delgado, *DJ* 15.02.2000.

Entretanto, o entendimento do STF é diverso: "Execução das decisões de condenação patrimonial proferidas pelos Tribunais de Contas. Legitimidade para propositura da ação executiva pelo ente público beneficiário. Ilegitimidade ativa do Ministério Público, atuante ou não junto às Cortes de Contas, seja federal, seja estadual. Recurso não provido" (STF, ARE 823347 RG, Rel. Min. Gilmar Mendes, Pleno, jul. 02.10.2014, *DJe* 28.10.2014). No mesmo sentido: "As decisões das Cortes de Contas que impõem condenação patrimonial aos responsáveis por irregularidades no uso de bens públicos têm eficácia de título executivo (CF, artigo 71, § 3º). Não podem, contudo, ser executadas por iniciativa do próprio Tribunal de Contas, seja diretamente ou por meio do Ministério Público que atua perante ele. Ausência de titularidade, legitimidade e interesse imediato e concreto. A ação de cobrança somente pode ser proposta pelo ente público beneficiário da condenação imposta pelo Tribunal de Contas, por intermédio de seus procuradores que atuam junto ao órgão jurisdicional competente" (STF, RE 223037, Rel. Min. Maurício Corrêa, Pleno, jul. 02.05.2002, *DJ* 02.08.2002).

19. Alimentos. Ausência de Defensoria Pública. Legitimidade ativa do MP. Ver jurisprudência do art. 2º da Lei nº 5.478/1968.

Art. 178. O Ministério Público será intimado para, no prazo de 30 (trinta) dias, intervir como fiscal da ordem jurídica nas hipóteses previstas em lei ou na Constituição Federal e nos processos que envolvam:

I – interesse público ou social;

II – interesse de incapaz;

III – litígios coletivos pela posse de terra rural ou urbana.

Parágrafo único. A participação da Fazenda Pública não configura, por si só, hipótese de intervenção do Ministério Público.

CPC/1973

Art. 82.

REFERÊNCIA LEGISLATIVA

CF, arts. 127 e 129 (funções institucionais do MP).

CPC/2015, arts. 72, parágrafo único (curador judicial de ausentes e incapazes); 279 (nulidade); 967 (ação rescisória); e 996 (legitimidade para recorrer).

CC, art. 1.037 (legitimidade para promover dissolução de sociedade).

Lei nº 12.016, de 07.08.2009 (Mandado de Segurança – ver Legislação Especial), art. 12.

Lei nº 11.101, de 09.02.2005, arts. 8º e 19 (impugnação a relação de credores e aos créditos no processo de falência ou recuperação judicial).

Lei nº 4.717, de 29.06.1965 (Ação Popular – ver Legislação Especial), art. 6º, § 4º.

LC nº 76, de 06.07.1993 (Desapropriação – ver Legislação Especial), art. 18, § 2º.

DL nº 3.365, de 21.06.1941 (Desapropriação – ver Legislação Especial).

Lei nº 5.478, de 25.07.1968 (Alimentos – ver Legislação Especial), art. 9º.

Lei nº 10.741, de 01.10.2003 (Estatuto da Pessoa Idosa – ver Legislação Especial), art. 75.

Lei nº 9.099, de 26.09.1995 (Juizados Especiais – ver Legislação Especial), arts. 11 e 57, parágrafo único (acordo).

Lei nº 8.078, de 11.09.1990 (Código de Defesa do Consumidor – ver Legislação Especial), arts. 82, I, 91 e 92.

Lei nº 8.069, de 13.07.1990 (Estatuto da Criança e do Adolescente), art. 201, XIII (intervenção do MP em causas decorrentes de violência doméstica e familiar contra a criança e o adolescente).

SÚMULAS

Súmulas do STJ:

Nº 99: "O Ministério Público tem legitimidade para recorrer no processo em que oficiou como fiscal da lei, ainda que não haja recurso da parte."

Nº 189: "É desnecessária a intervenção do Ministério Público nas execuções fiscais."

Nº 226: "O Ministério Público tem legitimidade para recorrer na ação de acidente do trabalho, ainda que o segurado esteja assistido por advogado."

Nº 594: "O Ministério Público tem legitimidade ativa para ajuizar ação de alimentos em proveito de criança ou adolescente independentemente do exercício do poder familiar dos pais, ou do fato de o menor se encontrar nas situações de risco descritas no artigo 98 do Estatuto da Criança e do Adolescente, ou de quaisquer outros questionamentos acerca da existência ou eficiência da Defensoria Pública na comarca."

BREVES COMENTÁRIOS

Como fiscal da lei, o Ministério Público não tem compromisso nem com a parte ativa nem com a passiva da relação processual, e só defende a prevalência da ordem jurídica e do bem comum. No sistema do Código, a distinção entre função do Ministério Público como parte e como *custos legis* é meramente nominal, pois na prática os poderes que lhe são atribuídos, na última hipótese, são tão vastos como os dos próprios litigantes.

A regra é que, prevalecendo o poder dispositivo das partes sobre os direitos privados, mormente aqueles de expressão econômica, não cabe ao Ministério Público intervir nas causas a eles relativas. Se o interesse em litígio é público, como o relacionado com os bens e obrigações das pessoas jurídicas de direito público, ou porque envolve uma parcela imprevisível da comunidade, como se dá com a falência, a intervenção do *custos legis* é de conveniência intuitiva. Mas a participação da Fazenda Pública não configura, por si só, hipótese de intervenção do Ministério Público (art. 178, parágrafo único). Assim, por exemplo, "a intervenção do *Parquet* não é obrigatória nas demandas indenizatórias propostas contra o Poder Público. Tal participação só é imprescindível quando se evidenciar a conotação de interesse público, que não se confunde com o mero interesse patrimonial-econômico da Fazenda Pública". Tampouco será exigível nas ações de desapropriação indireta, nas execuções fiscais e nas lides em geral que tratam dos interesses patrimoniais das pessoas jurídicas de direito público.

Mas, mesmo em se tratando de direitos privados, há casos em que o processo contencioso ou procedimento de jurisdição voluntária versa sobre determinados bens que se acham colocados sob tutela especial do Estado, de modo que o litígio passa a atingir também, e por isso, um interesse público. É o que ocorre nos casos dos arts. 178, II, 720 e 721 do CPC/2015. Na jurisdição voluntária, embora o atual Código fale genericamente em intimação do Ministério Público nos procedimentos da espécie (art. 721), o entendimento prevalente na jurisprudência é no sentido de que a obrigatoriedade de tal intimação somente ocorre nas hipóteses explicitadas pelo art. 178 do CPC/2015, que equivale ao art. 82 do CPC/1973.

JURISPRUDÊNCIA SELECIONADA

1. Ministério Público como custos legis. Poderes. "O Ministério Público, ao atuar como fiscal da ordem jurídica, possui legitimidade para requerer provas e recorrer em processos nos quais oficia, tais como os que discutem direitos de incapazes em ação de investigação de paternidade com manifesto interesse público primário e indisponível (art. 2º, §§ 4º e 6º, da Lei nº 8.560/1992). A atuação do Parquet como custos legis está, sobretudo, amparada pela Constituição Federal (arts. 127, *caput*, 129, IX, e 226, § 7º), que elegeu o princípio da paternidade responsável como valor essencial e uma das facetas da dignidade humana. O órgão ministerial presenta o Estado ao titularizar um interesse manifestamente distinto daqueles naturalmente defendidos no processo por autor e réu, não se submetendo a critérios discricionários. A posição processual do Parquet é dinâmica e deve ser compreendida como um poder-dever em função do plexo de competências determinadas pela legislação de regência e pela Carta Constitucional" (STJ, REsp 1664554/SP, Rel. Min. Ricardo Villas Bôas Cueva, 3ª Turma, jul. 05.02.2019, *DJe* 15.02.2019).

2. Inciso I.

Ações de Estado. Investigação de paternidade. "Tem o Ministério Público legitimidade extraordinária para postular a investigação de paternidade de filhos havidos fora do casamento, nos termos do art. 2º, §§ 4º e 5º, da Lei nº 8.560/1992, de sorte que desnecessária a prévia intimação da genitora para que procure o serviço de assistência gratuita ofertado pelo Estado" (STJ, REsp 218.493/PR, Rel. Min. Aldir Passarinho Junior, 4ª Turma, jul. 07.11.2000, *RSTJ* 147/321).

"A legitimidade do Ministério Público para apelar das decisões tomadas em ação de investigação de paternidade, onde atua na qualidade de *custos legis* (CPC, art. 499, § 2º), não se limita à defesa do menor investigado, mas do interesse público, na busca da verdade real, que pode não coincidir necessariamente com a da parte autora. II. Destarte, decretada em 1º grau a revelia do investigado, mas sem que qualquer prova da paternidade ou elementos de convicção a respeito tenham sido produzidos nos autos, tem legitimidade e interesse em recorrer da sentença o Ministério Público. III. Recurso especial conhecido e provido, para determinar o processamento da apelação do *Parquet*" (STJ, REsp 172.968/MG, Rel. Min. Aldir Passarinho Junior, 4ª Turma, jul. 29.06.2004, *DJ* 18.10.2004, p. 279).

Interesse público. "A simples presença de pessoa jurídica de direito público não determina, por si só, a intervenção obrigatória do Ministério Público. O interesse público também não pode ser confundido com o interesse patrimonial do Estado, tampouco em razão do elevado valor da eventual indenização a ser paga pela Fazenda Pública. [...] 'A ação indenizatória intentada contra o Estado, buscando reparação fundada no rompimento do equilíbrio econômico-financeiro do contrato de concessão de transportes aéreos, não requer obrigatoriamente a intervenção do Ministério Público, não se justificando a nulidade do processo em razão desta ausência' (excerto da ementa do REsp 628.608/DF, 1ª Turma, Rel. Min. Francisco Falcão, *DJ* de 21.2.2005, p. 113)" (STJ, REsp 801.028/DF, Rel. Min. Denise Arruda, 1ª Turma, jul. 12.12.2006, *DJ* 08.03.2007, p. 168). **Precedentes citados: STJ:** REsp 465.580/RS, Rel. Min. Castro Meira, 2ª Turma, *DJ* 08.05.2006, p. 178; REsp 490.726/SC, Rel. Min. Teori Albino Zavascki, 1ª Turma, *DJ* 21.03.2005, p. 219; AgRg no REsp 609.216/RS, Rel. Min. Paulo Gallotti, 6ª Turma, *DJ* 31.05.2004, p. 370; REsp 327.288/DF, Rel. Min. Cesar Asfor Rocha 4ª Turma, *DJ* 17.11.2003, p. 330; AgRg no REsp 278.770/TO, Rel. Min. Eliana Calmon, 2ª Turma, *DJ* 05.05.2003, p. 239; REsp 137.186/GO, Rel. Min. José Delgado, 1ª Turma, *DJ* 10.09.2001, p. 274; REsp 154.631/MG, Rel. Min. Félix Fischer, 5ª Turma, *DJ* 03.11.1998, p. 189; REsp 64.073/RS, Rel. Min. Costa Leite, 3ª Turma, *DJ* 12.05.1997, p. 18.796; STF: RE 96.899/ES, Rel. Min. Néri da Silveira, 1ª Turma, *DJ* 05.09.1986, p. 15.834; RE 91.643/ES, Rel. Min. Rafael Mayer, 1ª Turma, *DJ* 02.05.1980, p. 963. **No mesmo sentido:** STJ, REsp 1.192.255/RS, Rel. Min. Eliana Calmon, 2ª Turma, jul. 15.06.2010.

"**A ação de desapropriação indireta** é ação de indenização, de cunho patrimonial, não havendo interesse público que justifique a intervenção do Ministério Público" (STJ, REsp 827.322/PA, Rel. Min. Eliana Calmon, 2ª Turma, jul. 18.12.2007, *DJe* 28.11.2008).

3. Incapaz (inciso II). "Sendo o autor absolutamente incapaz, é necessária a intervenção do Ministério Público Federal desde a realização da audiência ou seu início, no feito sumaríssimo, ou a partir da juntada da contestação, no rito ordinário. Comprovada a interdição judicial do autor desde a petição inicial, anula-se o feito a partir da audiência por ausência da intimação e participação do Ministério Público Federal" (TRF-1ª Região, ApCív 90.01.18874-5-PI, Rel. Juiz Jirair Meguerian, 2ª Turma, *DJ* 26.10.1995).

No entanto, o STJ já se pronunciou de modo diverso, ainda que em situação um pouco diferente: "A ausência de intimação do *Parquet* para oferecimento de razões finais restou suprida pela intervenção do Ministério Público em segundo grau, não havendo nulidade do julgamento, ante a inexistência de prejuízo às partes. Recurso especial não conhecido" (STJ, REsp 533.769/RS, Rel. Min. Cesar Asfor Rocha, 4ª Turma, jul. 16.12.2003, *DJ* 02.08.2004, p. 401).

"Surgindo no curso da execução o superveniente interesse de incapazes em face do óbito do executado, herdando-lhe direitos sucessórios provenientes de imóvel sujeito à penhora, torna-se necessária a intervenção do Ministério Público, a teor dos arts. 82, I, e 246 da lei adjetiva civil. II. Nulos são os atos processuais praticados sem a necessária intervenção do Ministério Público" (STJ, REsp 596.029/MG, Rel. Min. Aldir Passarinho Junior, 4ª Turma, jul. 06.08.2009, *DJe* 08.09.2009).

"O Ministério Público, velando pelo interesse dos incapazes, pode atuar amplamente, havendo precedente que consagra a possibilidade de o Ministério Público suprir as falhas do representante dos incapazes, cabendo-lhe os mesmos poderes e ônus das partes" (STJ, REsp 167.727/SP, Rel. Min. Carlos Alberto Menezes Direito, 3ª Turma, jul. 17.08.1999, *DJ* 25.10.1999, p. 78).

Ausência de prejuízo. "Esta Corte já se posicionou na linha da necessidade de demonstração de prejuízo, para que seja acolhida a nulidade por falta de intimação do Ministério Público, em razão da existência de interesse de incapaz" (STJ, EDcl no REsp 449.407/PR, Rel. Min. Mauro Campbell Marques, 2ª Turma, jul. 28.10.2008, *DJe* 25.11.2008). **No mesmo sentido:** STJ, AgRg no Ag 364.029/RJ, Rel. Min. Antônio de Pádua Ribeiro, 3ª Turma, jul. 11.02.2003, *DJ* 10.03.2003, p. 187.

Aditamento da inicial. "A legitimidade do Ministério Público na defesa dos interesses de menores não chega ao ponto de se lhe permitir o aditamento à inicial de outros pedidos além daqueles formulados pela parte autora, devidamente representada por advogado constituído nos autos, à qual coube a iniciativa da ação e a fixação do alcance da prestação jurisdicional desejada"

(STJ, REsp 197.573/SP, Rel. p/ Ac. Min. Aldir Passarinho Junior, 4ª Turma, jul. 25.04.2002, *DJ* 23.09.2002, p. 367).

Morte no curso da lide. "A necessidade de intervenção/intimação do Ministério Público nasce no momento em que se manifesta interesse de incapaz no processo. Daí que a nulidade atinge somente os atos posteriores ao surgimento de tal interesse. Se alguma parte morre após iniciada a audiência de instrução e julgamento, 'o processo só se suspenderá a partir da publicação da sentença' (CPC, art. 265, § 1º, *b*)" (STJ, REsp 302.998/PR, Rel. Min. Humberto Gomes de Barros, 3ª Turma, jul. 15.12.2005, *DJ* 20.02.2006, p. 330).

"A legitimidade ativa extraordinária do Ministério Público para defesa de interesse de pessoa portadora de debilidade mental cessou com a morte da incapaz. Extinção do processo sem julgamento do mérito, nos termos do art. 267, VI e § 3º, do CPC" (STJ, REsp 224.788/RJ, Rel. p/ Ac. Min. Cesar Asfor Rocha, 4ª Turma, jul. 05.09.2006, *DJ* 16.10.2006, p. 375).

Espólio. Herdeiro menor. "É obrigatória a intervenção do Ministério Público quando o espólio figure como parte no processo e exista herdeiro incapaz. Precedentes. Na hipótese, tendo a constrição judicial recaído sob patrimônio transmitido à única herdeira, que é menor de idade, é imprescindível a intervenção do órgão ministerial" (STJ, REsp 655.756/MG, Rel. Min. Nancy Andrighi, 3ª Turma, jul. 28.06.2005, *DJ* 29.08.2005, p. 335).

Uniformização da jurisprudência pela C. Segunda Seção: "'São indispensáveis a autorização judicial e a intervenção do Ministério Público em acordo extrajudicial firmado pelos pais dos menores, em nome deles, para fins de receber indenização por ato ilícito' (EREsp n. 292.974-SP, Rel. Min. Sálvio de Figueiredo Teixeira)" (STJ, REsp 293.874/SP, Rel. Min. Barros Monteiro, 4ª Turma, jul. 21.09.2004, *DJ* 13.12.2004, p. 362).

Litisconsórcio facultativo. "A nulidade do processo por falta de intervenção do Ministério Público, exigida em razão da menoridade de alguns dos autores, não é causa de invalidade do processo em relação aos autores maiores (art. 48 do CPC), quando o litisconsórcio é facultativo" (STJ, REsp 469.055/PR, Rel. Min. Ruy Rosado de Aguiar, 4ª Turma, jul. 26.05.2003, *DJ* 04.08.2003, p. 314).

Recurso do MP contra o interesse do incapaz. "A legitimidade recursal do Ministério Público nos processos em que sua intervenção é obrigatória não chega ao ponto de lhe permitir recorrer contra o interesse do incapaz, o qual legitimou a sua intervenção no feito" (STJ, REsp 604.719/PB, Rel. Min. Félix Fischer, 5ª Turma, jul. 22.08.2006, *DJ* 02.10.2006, p. 299).

3.1. Participação obrigatória do Ministério Público quando há interesse de incapaz. Nulidade. Necessidade de demonstração de prejuízo. "Justifica-se a obrigatória intimação do Ministério Público na qualidade de fiscal da ordem jurídica quando há interesse jurídico direto do incapaz na causa, como na hipótese em que os herdeiros menores possuem expectativa de direito sobre bens e direitos que poderiam vir a ser recebidos se procedentes as pretensões deduzidas pelo genitor que faleceu no curso da ação. Se inexistente a intimação do Ministério Público quando havia interesse de incapaz, todavia, apenas se deve decretar a nulidade do processo quando houver a demonstração de que a ausência de intimação do *Parquet* resultou em efetivo prejuízo aos interesses dos incapazes. Precedentes" (STJ, REsp 1.714.163/SP, Rel. Min. Nancy Andrighi, 3ª Turma, jul. 24.09.2019, *DJe* 26.09.2019).

4. Posse de terra rural (inciso III). "Nos litígios coletivos pela posse da terra rural é obrigatória a intervenção do Ministério Público (art. 82, III, do CPC). Não é nula, contudo, a decisão que defere a medida liminar de reintegração de posse sem que o Ministério Público tenha sido ouvido previamente sobre o pedido" (STJ, REsp 792.130/AC, Rel. Min. Humberto Gomes de Barros, 3ª Turma, jul. 14.02.2008, *DJe* 05.03.2008).

5. Aposentadoria rural. Participação do Ministério Público. Desnecessidade. "Direito individual disponível que torna desnecessária a atuação do representante do *Parquet* federal, por não estar o caso concreto abrangido nas situações em que a intervenção ministerial é exigida, consoante previsão do art. 82 do Código de Processo Civil de 1973, diploma em vigor no momento da edição do Acórdão recorrido. Não há, no caso ora analisado, interesse de incapaz que justifique a atuação do Ministério Público como *custos legis*. Nem se trata de discussão que transcende o interesse individual do segurado, como ocorre nas situações em que o Ministério Público ajuíza Ação Civil Pública na defesa do interesse individual homogêneo dos segurados da Previdência Social, cuja legitimidade *ad causam* já foi reconhecida anteriormente pelo Supremo Tribunal Federal e pelo Superior Tribunal de Justiça" (STJ, REsp 1676444/SP, Rel. Min. Herman Benjamin, 2ª Turma, jul. 05.04.2018, *DJe* 25.05.2018).

6. Não participação do Ministério Público. Ausência de prejuízo. "A ausência da intimação do Ministério Público, quando necessária sua intervenção, por si só, não enseja a decretação de nulidade do julgado, sendo necessária a demonstração do efetivo prejuízo para as partes ou para a apuração da verdade substancial da controvérsia jurídica, à luz do princípio *pas de nullité sans grief*" (STJ, REsp 1694984/MS, Rel. Min. Luis Felipe Salomão, 4ª Turma, jul. 14.11.2017, *DJe* 01.02.2018). No mesmo sentido: STJ, AgInt no AREsp 860.525/SP, Rel. Min. Napoleão Nunes Maia Filho, 1ª Turma, jul. 28.10.2019, *DJe* 18.11.2019.

7. Idosos. Desnecessidade de participação do Ministério Público: "É desnecessária a intimação do Ministério Público na qualidade de custos legis em demanda individual ou em que não haja exposição de idoso aos riscos previstos no art. 43 da Lei n. 10.741/2003" (STJ, AgRg no AREsp 755.993/SC, Rel. Min. João Otávio de Noronha, 3ª Turma, jul. 15.03.2016, *DJe* 28.03.2016).

8. Pessoa jurídica. Falência. "De acordo com o art. 84 do CPC/73, a nulidade decorrente de ausência de intimação do Ministério Público para manifestação nos autos deve ser decretada quando a lei considerar obrigatória sua intervenção. A Lei de Falência e Recuperação de Empresas não exige a atuação obrigatória do Ministério Público em todas as ações em que empresas em recuperação judicial figurem como parte. Hipótese concreta em que se verifica a ausência de interesse público apto a justificar a intervenção ministerial, na medida em que a ação em que a recuperanda figura como parte constitui processo marcado pela contraposição de interesses de índole predominantemente privada, versando sobre direitos disponíveis, sem repercussão relevante na ordem econômica ou social" (STJ, REsp 1536550/RJ, Rel. Min. Nancy Andrighi, 3ª Turma, jul. 08.05.2018, *DJe* 11.05.2018).

9. Parte com enfermidade psíquica grave. Ministério Público. Ausência de intimação e intervenção em primeiro grau. Prejuízo concreto configurado. Nulidade processual. "A regra do art. 178, II, do CPC/15, ao prever a necessidade de intimação e intervenção do Ministério Público no processo que envolva interesse de incapaz, refere-se não apenas ao juridicamente incapaz, mas também ao comprovadamente incapaz de fato, ainda que não tenha havido prévia declaração judicial da incapacidade. Na hipótese, a indispensabilidade da intimação e da intervenção do Ministério Público se justifica pelo fato incontroverso de que a parte possui doença psíquica grave, aliado ao fato de que todos os legitimados ordinários à propositura de eventual ação de interdição (art. 747, I a III, do CPC/15) não existem ou possuem conflito de interesses com a parte enferma, de modo que a ausência de intimação e intervenção do *Parquet* teve, como consequência, prejuízo concreto à parte. Inaplicabilidade, na hipótese, do entendimento segundo o qual não há nulidade do processo em virtude da ausência de intimação e de intervenção do Ministério Público em 1º grau de jurisdição quando houver a atuação ministerial em 2º grau, uma vez que a ciência do

Parquet acerca da ação e da situação da parte ainda em 1º grau poderia, em tese, conduzir à ação a desfecho substancialmente diferente" (STJ, REsp 1.969.217/SP, Rel. Min. Nancy Andrighi, 3ª Turma, jul. 08.03.2022, *DJe* 11.03.2022).

10. Portador de deficiência física. "Nas causas em que se discute interesse de pessoa portadora de deficiência ou pessoa com dificuldade de locomoção, e também interesse de idoso, é obrigatória a intervenção do Ministério Público" (STJ, REsp 583.464/DF, Rel. Min. Nancy Andrighi, 3ª Turma, jul. 01.09.2005, *DJ* 24.10.2005, p. 308).

11. Inaptidão para fins profissionais. "Nas causas que tratam da negativa de nomeação de portador de deficiência física com fundamento na ausência de capacitação física indispensável ao desempenho das funções inerentes ao cargo pretendido, que envolvem exame de ofensa a direito individual indisponível de deficiente físico a ingressar no serviço público, é obrigatória a intervenção do *Parquet*. 3. Agravo regimental provido, para dar provimento ao recurso especial e declarar a nulidade do processo pela ausência de intervenção ministerial em primeira instância, determinando-se o retorno dos autos ao Juízo de 1º grau para regular prosseguimento do feito" (STJ, AgRg no REsp 565.084/DF, Rel. Min. Maria Thereza de Assis Moura, 6ª Turma, jul. 24.08.2009, *DJe* 14.09.2009).

12. Alimentos. Maioridade do alimentando. "O Ministério Público não detém legitimidade para recorrer contra decisão em que se discutem alimentos quando o alimentando houver alcançado a maioridade" (STJ, REsp 712.175/DF, Rel. Min. Cesar Asfor Rocha, 4ª Turma, jul. 18.10.2005, *DJ* 08.05.2006, p. 222).

13. Execução fiscal. "A execução de título judicial movida contra a Fazenda Pública não envolve interesse público, mas mero interesse individual patrimonial do respectivo ente. Não se justifica, portanto, a intervenção do Ministério Público, nos termos do art. 82 do CPC. O interesse público, hábil a determinar a intervenção obrigatória do Ministério Público, não se configura pela simples propositura de ação em desfavor da Fazenda Pública. Precedentes" (STJ, REsp 702.875/RJ, Rel. Min. Arnaldo Esteves Lima, 5ª Turma, jul. 19.02.2009, *DJe* 16.03.2009).

14. Ação em que o Ministério Público figura como parte. "Inocorre nulidade no julgamento do recurso especial, pela ausência de manifestação do Ministério Público Federal, considerando a regra segundo a qual, 'na ação civil pública o Ministério Público só atuará obrigatoriamente como fiscal da lei se não intervier no processo como parte' (Lei nº 7.347/1985, art. 5º, § 1º). Em outras palavras, 'proposta a ação pelo Ministério Público, não há necessidade de oficiar outro órgão da mesma instituição como fiscal da Lei'" (STJ, EDcl. em REsp 186.008/SP, Rel. Min. Sálvio de Figueiredo Teixeira, 4ª Turma, jul. 25.05.1999, *DJ* 28.06.99, p. 119). **No mesmo sentido:** STJ, EDREsp 172.822/SP, Rel. Min. Humberto Gomes de Barros, 1ª Turma, jul. 28.09.1999, *DJ* 03.11.1999.

15. Liquidação extrajudicial. "Em se tratando de mera execução de crédito da instituição financeira liquidanda em face de particular, desnecessária a intervenção do *Parquet*, sobretudo porque, caso evidenciada qualquer irregularidade, poderá ser sanada no momento oportuno, qual seja, no âmbito do próprio processo de liquidação extrajudicial, de apuração de haveres, em que a atuação do Ministério Público é obrigatória e indispensável, a teor do artigo 34 da Lei 6.024/1974, c/c o art. 210 da Lei de Falências" (STJ, REsp 171.238/RR, Rel. Min. Waldemar Zveiter, 3ª Turma, jul. 19.02.2001, *DJ* 09.04.2001, p. 351).

"Cessada a liquidação extrajudicial, cessa também a legitimidade do Ministério Público para prosseguir na ação, já iniciada, de responsabilidade ou na medida cautelar de arresto, sem prejuízo da demanda a ser proposta por credor ou credores, individualmente ou em litisconsórcio, que tenham pretensão contra a entidade" (STJ, REsp 55.925/SP, Rel. Min. Antônio Torreão Braz, 4ª Turma, *DJ* 12.06.1995).

16. Cancelamento de registro público. "Não é obrigatória a intervenção do Ministério Público nas ações que visam anulação de negócio jurídico, porquanto o eventual cancelamento do registro é mera decorrência da desconstituição do contrato de compra e venda imobiliária. 2. Tendo havido intimação e comparecimento do representante do Ministério Público a audiência, ainda que sem emitir pronunciamento, elidida eventual nulidade do processo" (STJ, REsp 11.736/PR, Rel. Min. Dias Trindade, 3ª Turma, jul. 31.05.1993, *DJ* 28.06.1993 p. 12.886).

17. Ações acidentárias. "Nas ações acidentárias típicas é indispensável a intervenção do Ministério Público, porquanto configurado o interesse público" (STJ, REsp 230.175/RJ, Rel. Min. Jorge Scartezzini, 5ª Turma, jul. 18.09.2001, *DJ* 29.10.2001, p. 235).

18. Ação rescisória. "O Ministério Público tem legitimidade para propor ação rescisória nos feitos em que atuou como *custos legis*, especialmente quando o interesse público é evidente. As hipóteses previstas no art. 487, inciso III, do CPC, são meramente exemplificativas" (STJ, EAR 384/PR, Rel. Min. João Otávio de Noronha, 1ª Seção, jul. 08.02.2006, *DJ* 06.03.2006, p. 133).

Art. 179. Nos casos de intervenção como fiscal da ordem jurídica, o Ministério Público:

I – terá vista dos autos depois das partes, sendo intimado de todos os atos do processo;

II – poderá produzir provas, requerer as medidas processuais pertinentes e recorrer.

CPC/1973

Art. 83.

REFERÊNCIA LEGISLATIVA

CPC/2015, arts. 180 (intimação), 234, 967, III (legitimidade para propor ação), 996 (legitimidade para recorrer).

BREVES COMENTÁRIOS

No sistema do Código, a distinção entre função do Ministério Público como parte e como *custos legis* é meramente nominal, pois, na prática, os poderes que lhe são atribuídos, na última hipótese, são tão vastos quanto os dos próprios litigantes. Assim é que, intervindo como fiscal da lei, o Ministério Público "terá vista dos autos depois das partes, sendo intimado de todos os atos do processo" (nº I); e "poderá produzir provas, requerer as medidas processuais pertinentes e recorrer" (nº II).

JURISPRUDÊNCIA SELECIONADA

1. Fiscal da lei. "Ao intervir no processo, facultativamente ou por determinação da Lei, o Ministério Público atua como fiscal da Lei" (STJ, REsp 782.083/SC, Rel. Min. Humberto Gomes de Barros, 3ª Turma, jul. 14.02.2008, *DJe* 05.03.2008).

2. Necessidade de intimação. "Chamado a intervir no feito o órgão do Ministério Público, é necessário que seja ele intimado de todos os atos do processo – art. 83, I, do CPC –, inclusive da sentença e do recurso de apelação" (TJSC, Ap 19.642, Rel. Des. Aluízio Blasi, 3ª Câmara, jul. 21.06.1983, *Adcoas*, 1983, nº 93.052).

3. Fiscal da lei. Requerimento de provas. Possibilidade. "O Ministério Público, ao atuar como fiscal da ordem jurídica, possui legitimidade para requerer provas e recorrer em processos nos quais oficia, tais como os que discutem direitos de incapazes em ação de investigação de paternidade com manifesto interesse público primário e indisponível (art. 2º, §§ 4º e 6º, da Lei nº 8.560/1992). A atuação do *Parquet* como *custos legis* está, sobretudo, amparada pela Constituição Federal (arts. 127, *caput*, 129, IX, e 226, § 7°), que elegeu o princípio da paternidade responsável como valor essencial e uma das facetas da dignidade humana. O órgão ministerial presenta o Estado ao titularizar um interesse manifestamente distinto daqueles naturalmente defendidos no processo por autor e réu, não se submetendo a critérios discricionários. A posição processual do *Parquet* é dinâmica e deve ser compreendida como um poder-dever em função do plexo de competências determinadas pela legislação de regência e pela Carta Constitucional" (STJ, REsp 1664554/SP, Rel. Min. Ricardo Villas Bôas Cueva, 3ª Turma, jul. 05.02.2019, *DJe* 15.02.2019).

4. Intimação do Ministério Público para parecer em segunda instância. Necessidade. "A ausência de intimação do Ministério Público não gera nulidade quando ausente prejuízo, não sendo admissível a interpretação de ser esse ato processual despiciendo. Apesar de a Ação ser ajuizada pelo Ministério Público, o membro que oficia em primeiro grau de jurisdição não atua perante os Tribunais, cabendo essa função ao agente ministerial com atribuições em segunda instância. O fato de a atuação do membro do Ministério Público em segundo grau como fiscal da lei ou como parte se confundir, em vários casos, não exclui a necessidade de intimação pessoal do membro do Parquet para atos processuais, especialmente no caso dos autos relativos a atos de improbidade administrativa em que patente o interesse público e social. A intimação da Procuradoria de Justiça para conhecer o processo e atuar nele em segundo grau não se confunde com a intimação da pauta de sessão e julgamento, porque as finalidades de cada um desses atos processuais são distintas, razão pela qual a mera indicação da data do julgamento, alguns dias antes, não supre a necessidade de abertura de vista do processo. 8. A comunicação da pauta da sessão informa exclusivamente a data em que o recurso será julgado. A abertura de vista dos autos, por sua vez, permite que o *Parquet* tome ciência do conteúdo das questões que serão debatidas, apreciadas e julgadas pelo Tribunal e se prepare para eventual sustentação oral, o que garante que a atuação do Procurador de Justiça no julgamento seja efetiva. Na hipótese em exame, o Ministério Público pediu expressamente que fosse realizada sua intimação pessoal para intervir no feito como custos legis antes do julgamento do recurso de Agravo de Instrumento (fls. 71/82), o que, todavia, não ocorreu, com evidente prejuízo ante o provimento do recurso. No mesmo sentido: REsp 1.436.460/PR, Rel. Ministro Og Fernandes, Segunda Turma, *DJe* 4/2/2019 e REsp 1.637.990/SP, Rel. Ministro Herman Benjamin, Segunda Turma, *DJe* 18/4/2017" (STJ, REsp 1822323/PR, Rel. Min. Herman Benjamin, 2ª Turma, jul. 19.09.2019, *DJe* 11.10.2019).

"A presença do membro do Ministério Público na sessão de julgamento ou a sua posição como parte na relação processual não afastam a necessidade de sua intimação pessoal para proferir parecer em segunda instância, principalmente quando está em risco direito ao meio ambiente preservado. Interpretação dada pelo Tribunal a quo que viola a norma contida no art. 83 do CPC de 1973 e no art. 41, IV, da Lei 8.625/1993" (STJ, REsp 1637990/SP, Rel. Min. Herman Benjamin, 2ª Turma, jul. 16.02.2017, *DJe* 18.04.2017).

5. Legitimidade para recorrer de decisão que fixa honorários do administrador na recuperação judicial. "O texto normativo que resultou na atual Lei de Falência e Recuperação de Empresas saiu do Congresso Nacional com uma roupagem que exigia do Ministério Público atuação em todas as fases dos processos de recuperação judicial e de falência. Essas amplas e genéricas hipóteses de intervenção originalmente previstas foram restringidas pela Presidência da República, mas nem por isso reduziu-se a importância do papel da instituição na tramitação dessas ações, haja vista ter-se franqueado ao MP a possibilidade de 'requerer o que entender de direito'. A interpretação conjunta da regra do art. 52, V, da LFRE – que determina a intimação do Ministério Público acerca da decisão que defere o processamento da recuperação judicial – e daquela constante no art. 179, II, do CPC/15 – que autoriza, expressamente, a interposição de recurso pelo órgão ministerial quando a este incumbir intervir como fiscal da ordem jurídica – evidencia a legitimidade recursal do Parquet na hipótese concreta. Ademais, verifica-se estar plenamente justificada a interposição do recurso pelo MP como decorrência de sua atuação como fiscal da ordem jurídica, pois é seu papel institucional zelar, em nome do interesse público (função social da empresa), para que não sejam constituídos créditos capazes de inviabilizar a consecução do plano de soerguimento" (STJ, REsp 1884860/RJ, Rel. Min. Nancy Andrighi, 3ª Turma, jul. 20.10.2020, *DJe* 29.10.2020).

6. Ministério Público. "Pode o Ministério Público tomar o lugar do autor da ação popular, substituindo-o quando não implementada a execução da sentença, ou o sucedendo quando vem a desistir da demanda" (TJSP, AI 168.574-1/9, Rel. Des. Matheus Fontes, 5ª Câmara, jul. 26.03.1992, *RT* 683/78).

"O Ministério Público, por não ser parte no mandado de segurança, não pode formular pedido de uniformização de jurisprudência" (TJSP, Ap. 20.733-1, Rel. Des. Nogueira Garcez, 5ª Câmara, jul. 01.04.1982, *RT* 564/113).

Intervenção. INSS. "Nas ações acidentárias em que figure como parte o Instituto Nacional do Seguro Social, pessoa jurídica de direito público, é imprescindível a intervenção do Ministério Público, que deve ter vista dos autos depois das partes e ser intimado de todos os atos do processo, consoante art. 83, I, CPC" (TJSC, Ap e Reexame Nec. 70024972994, Rel. Luiz Ary Vessini de Lima, 10ª Câm., jul. 13.11.2008).

Concordata preventiva. Convolação em falência. "O Ministério Público funcionando como *custos legis* tem legitimidade para requerer a conversão da concordata preventiva em falência, quando a concordatária não efetua o pagamento de parcela na época devida" (STJ, REsp 782.083/SC, Rel. Min. Humberto Gomes de Barros, 3ª Turma, jul. 14.02.2008, *DJe* 05.03.2008).

Obs.: Sobre legitimidade recursal do Ministério Público, ver jurisprudência do art. 996 do CPC/2015.

7. Incapaz. Homologação de acordo em sentença sem manifestação prévia do Ministério Público. Prejuízo da criança evidenciado. Anulação dos atos processuais. "Legitimado que é o Ministério Público para velar pelo interesse do incapaz, e considerado o notório prejuízo à alimentada com a redução dos alimentos, no acordo homologado em Juízo, sem a presença e tampouco a manifestação prévia do fiscal da lei, deve ser anulado o processo, a partir da audiência em que prolatada a sentença homologatória de acordo, prosseguindo-se nos moldes do devido processo legal" (STJ, REsp 1.058.689/RJ, Rel. Min. Nancy Andrighi, 3ª Turma, jul. 12.05.2009, *DJe* 25.05.2009).

8. O direito ao contraditório e à ampla defesa. "A prerrogativa assegurada ao Ministério Público de ter vista dos autos exige que lhe seja assegurada a possibilidade de compulsar o feito durante o prazo que a lei lhe concede, para que possa, assim, exercer o contraditório, a ampla defesa, seu papel de *custos legis* e, em última análise, a própria pretensão recursal. A remessa dos autos à primeira instância, durante o prazo assegurado ao MP para a interposição do especial, frustra tal prerrogativa e, nesse sentido, deve ser considerada justa causa para a devolução do prazo" (STJ, REsp 805.277/RS, Rel. Min. Nancy Andrighi, 3ª Turma, jul. 23.09.2008, *DJe* 08.10.2008).

Art. 180. O Ministério Público gozará de prazo em dobro para manifestar-se nos autos, que terá início a partir de sua intimação pessoal, nos termos do art. 183, § 1°.

§ 1° Findo o prazo para manifestação do Ministério Público sem o oferecimento de parecer, o juiz requisitará os autos e dará andamento ao processo.

§ 2º Não se aplica o benefício da contagem em dobro quando a lei estabelecer, de forma expressa, prazo próprio para o Ministério Público.

CPC/1973

Art. 188.

REFERÊNCIA LEGISLATIVA

CPC/2015, arts. 179 e 279.

Lei nº 8.625/1993, art. 41, IV (direito à intimação pessoal, através de entrega dos autos).

SÚMULAS

Súmula do STJ:

Nº 116: "A Fazenda Pública e o Ministério Público têm prazo em dobro para interpor agravo regimental no Superior Tribunal de Justiça."

BREVES COMENTÁRIOS

No sistema do Código atual, o Ministério Público goza de prazo em dobro para se manifestar nos autos. Além disso, em face da relevância da função desempenhada pelo Ministério Público em prol da preservação da ordem jurídica, do regime democrático e dos interesses sociais e individuais indisponíveis (CF, art. 127), a jurisprudência do STJ, sob o regime dos recursos repetitivos, incluiu entre os privilégios processuais o de que os representantes do Parquet sejam não só intimados pessoalmente, mas também que o aperfeiçoamento do ato de comunicação processual somente se dê com a vista efetiva dos autos (Lei nº 8.625/1993, art. 41, IV; LC 75/1993, art. 18, II, h; e CPC/2015, art. 180). Mesmo quando a intimação acontecer em audiência ou por certidão cartorária, o STJ assentou que o início do prazo para o ato do MP somente se dará a partir do ingresso dos autos na secretaria do órgão destinatário da intimação.

JURISPRUDÊNCIA SELECIONADA

1. Intimação do Ministério Público. Contagem dos prazos. Início. Necessidade de remessa dos autos à instituição. "O termo inicial da contagem do prazo para impugnar decisão judicial é, para o Ministério Público, a data da entrega dos autos na repartição administrativa do órgão, sendo irrelevante que a intimação pessoal tenha se dado em audiência, em cartório ou por mandado" (STJ, REsp 1349935/SE, Rel. Min. Rogério Schietti Cruz, 3ª Seção, jul. 23.08.2017, *DJe* 14.09.2017). **Obs.: Decisão submetida a julgamento de recursos repetitivos.**

2. Interpretação do artigo. "Interpretando literalmente o disposto no art. 188 do Código de Processo Civil, que dispõe: 'computar-se-á em quádruplo o prazo para contestar e em dobro para recorrer quando a parte for a Fazenda Pública ou o Ministério Público', a figura do assistente simples não está contida no termo 'parte'. Contudo, a interpretação gramatical, por si só, é insuficiente para a compreensão do 'sentido jurídico' da norma, cuja finalidade deve sempre ser buscada pelo intérprete e aplicador, devendo ser considerado, ainda, o sistema jurídico no qual a mesma está inserta. Desta forma, o termo 'parte' deve ser entendido como 'parte recorrente', ou seja, sempre que o recorrente for a Fazenda Pública, o prazo para interpor o recurso é dobrado. Esta é a finalidade da norma. *In casu*, o estado de Pernambuco, na qualidade de assistente simples de empresa pública estadual, tem direito ao prazo em dobro para opor embargos de declaração, cuja natureza jurídica é de recurso, previsto no art. 496, IV, da Lei Processual Civil" (STJ, REsp 663.267/PE, Rel. Min. Jorge Scartezzini, 4ª Turma, jul. 17.05.2005, *DJ* 13.06.2005, p. 317). **Obs.: No regime do CPC/2015, art. 183, não há mais prazo quádruplo para a contestação e todos os prazos da Fazenda Pública são contados apenas em dobro.**

3. Prazo em dobro. Aplicação. Ministério Público. "Não há distinguir, na aplicação do art. 188 do CPC, entre os casos nos quais o Ministério Público funciona como parte e os em que atua como *custos legis*, se nestes sua função é tão importante senão mais do que naquelas" (STF, RE 93.531/SP, Rel. Min. Oscar Dias Corrêa, 1ª Turma, jul. 10.06.1983, *RTJ* 106/1.036, *RT* 578/253). **No mesmo sentido:** TJSP, ApCív. 239.774, Rel. Macedo Bittencourt, 4ª Câmara, jul. 27.02.1975, *RT* 474/87; STF, RE 94.064, Rel. Min. Néri da Silveira, 1ª Turma, jul. 22.06.1982, *DJ* 17.12.1982. **Em sentido contrário:** "O Ministério Público só tem direito aos benefícios do art. 188 do Código de Processo Civil quando for parte no processo (art. 81 do Código de Processo Civil) e não quando funcionar como fiscal da lei. O art. 188 tem de ser aplicado com as normas dos arts. 81 e 82, todos do Código de Processo Civil" (TJRJ, AGI 306, Rel. Pinto Coelho, 7ª Câmara, jul. 11.05.1976, *RT* 497/198). **Obs.: Quanto à intervenção do Ministério Público como fiscal da lei, vide Jurisprudência Selecionada do art. 179 do CPC/2015.**

4. Recurso adesivo e contrarrazões. Ver jurisprudência do art. 183 do CPC/2015.

5. Interposição de recurso via fax. Apresentação dos originais. Ausência de prazo em dobro. Ver jurisprudência do art. 183 do CPC/2015.

Art. 181. O membro do Ministério Público será civil e regressivamente responsável quando agir com dolo ou fraude no exercício de suas funções.

CPC/1973

Art. 85.

REFERÊNCIA LEGISLATIVA

CF, art. 37, § 6º (responsabilidade da Administração Pública por atos de seus agentes).

BREVES COMENTÁRIOS

A responsabilidade civil é pessoal do representante do Ministério Público, e não da instituição, que, aliás, não tem patrimônio próprio nem personalidade jurídica. Ações que acaso pretendam responsabilizar impessoalmente a instituição por atos danosos somente serão manejáveis contra o estado a que o Órgão do Ministério Público se vincule.

O art. 181 cuida da responsabilidade subjetiva apenas quando se trata das pessoas que atuam como representantes do Ministério Público, caso em que só os atos praticados com dolo ou fraude sustentarão a pretensão indenizatória. Quando a hipótese é de o Estado responder pela reparação do ato danoso praticado pelo representante do Ministério Público, prevalecerá, apenas contra a pessoa jurídica de direito público, a responsabilidade objetiva prevista no art. 37, § 6º, da Constituição Federal.

JURISPRUDÊNCIA SELECIONADA

1. Ministério Público.

"Em que pese possa o Promotor de Justiça ser demandado diretamente, nos termos do artigo 85 do CPC, quando, no exercício da função, agir com dolo ou fraude, a inicial, desde o nascedouro, deve identificar precisamente as condutas" (TJRS, ApCív 70002873552, Rel. Marilene Bonzanini, 2ª Câmara, jul. 28.12.2001).

"O art. 85 do CPC refere-se à responsabilidade pessoal do representante do Ministério Público por dolo ou fraude, e não à responsabilidade do poder público por atos daquele" (STF,

AI 102.251 AgR, Rel. Min. Sydney Sanches, 1ª Turma, jul. 20.08.1985, *DJ* 20.09.1985).

DO MINISTÉRIO PÚBLICO: INDICAÇÃO DOUTRINÁRIA

Ada Pellegrini Grinover, Benefício de prazo, *RBDP* 19/13; Alcides de Mendonça Lima, Reconvenção – prazo para a Fazenda Pública, *RP* 9/265, *RBDP* 28/203; Alfredo Buzaid, Prazo para impetrar mandado de segurança, *RBDP* 58/13, *RP* 53/100; Álvaro Alves de Queiroz, O Estado como réu, *RP* 25/184; Antonio Raphael Silva Salvador, MP – defensor do interesse público e não um representante da parte, *RF* 259/313; Antonio Raphael Silva Salvador, O MP e o momento para pedir a ouvida de testemunhas, *Just.* 121/171; Arruda Alvim e outros, A possibilidade do MP suscitar o incidente de uniformização de jurisprudência, *RP* 3/127, Debates; Cassio Scarpinella Bueno, *Manual de direito processual civil*, São Paulo: Saraiva, 2015; Daniel Amorim Assumpção Neves, *Manual de direito processo civil*, São Paulo: Método, 2015; Fredie Didier Jr., *Curso de direito processual civil*, 17. ed., Salvador: JusPodivm, 2015, v. I; Guilherme Rizzo Amaral, *Comentários às alterações do novo CPC*, São Paulo: Revista dos Tribunais, 2015; Humberto Theodoro Júnior, Abuso de direito processual no ordenamento jurídico brasileiro, *RF* 344/47 – "O agente do Ministério Público, no sistema do Código, poderá ser 'civilmente responsável': *a)* por atuar de modo temerário; *b)* por omitir-se, não agindo ou não intervindo, quando a lei lhe impõe. Além disso, incidem também sobre o órgão do *Parquet*, quando age como parte, as mesmas obrigações e sanções que o Código prevê para os litigantes de má-fé (arts. 16 e 18). Sujeita-se, outrossim, o agente do Ministério Público ao dever de imparcialidade, tal como o juiz, de sorte que se lhe aplicam os mesmos motivos de impedimento e suspeição – art. 138)"; Humberto Theodoro Júnior, *Curso de direito processual civil*, 61. ed., Rio de Janeiro: Forense, 2020, v. I; Humberto Theodoro Júnior, Fernanda Alvim Ribeiro de Oliveira, Ester Camila Gomes Norato Rezende (coords.), *Primeiras lições sobre o novo direito processual civil brasileiro*, Rio de Janeiro: Forense, 2015; J. E. Carreira Alvim, *Comentários ao atual Código de Processo Civil*, Curitiba: Juruá, 2015; José Alberto Barbosa, O MP e o valor da causa, *RCDUFU* 15/117; José Carlos Barbosa Moreira, O benefício da dilatação do prazo para a Fazenda Pública, *RF* 247/7, *RP* 1/51;José Frederico Marques, *Manual de direito processual civil*, v. I, n. 253, p. 288; José Miguel Garcia Medina, *Novo Código de Processo Civil comentado*, São Paulo: Revista dos Tribunais, 2015; José Roberto dos Santos Bedaque, In: José Roberto F. Gouvêa; Luis Guilherme A. Bondioli e João Francisco N. da Fonseca (coord.), *Comentários ao Código de Processo Civil*, São Paulo: Saraiva, 2019, v. 3; Leonardo Greco, *Instituições de processo civil: introdução ao direito processual civil*, 5. ed., Rio de Janeiro: Forense, 2015; Luis Antônio Giampaulo Sarro, *Novo Código de Processo Civil*, São Paulo: Rideel, 2015; Luiz Guilherme Marinoni, Sérgio Cruz Arenhart, Daniel Mitidiero, *Curso de processo civil*, São Paulo: Revista dos Tribunais, 2015, v. I; Marcos Stefani, In: Teresa Arruda Alvim Wambier, Fredie Didier Jr., Eduardo Talamini, Bruno Dantas, *Breves comentários ao novo Código de Processo Civil*, São Paulo: Revista dos Tribunais, 2015; Nelson Nery Júnior, O benefício da dilatação do prazo para o MP no direito processual civil brasileiro (interpretação do art. 188 CPC), *RP* 30/109, *Just.* 125/93; Nelson Nery Junior, Rosa Maria de Andrade Nery, *Comentários ao Código de Processo Civil*, São Paulo: Revista dos Tribunais, 2015; Pedro Roberto Decomain, O Ministério Público e o novo CPC: algumas considerações, *Revista Dialética de Direito Processual*, n. 149, ago. 2015, p. 89-120; Renato Beneduzi, In: Sérgio Cruz Arenhart e Daniel Mitidiero (coord.), *Comentários ao Código de Processo Civil*. 2. ed., São Paulo: RT, 2018, v. 2; Sérgio Ferraz, Privilégios processuais da Fazenda Pública e princípio da isonomia, *RDP* 53/38; Sérgio Seiji Shimura. Ministério Público e Defensoria Pública. In: Luiz Rodrigues Wambier; Teresa Arruda Alvim Wambier, *Temas Essenciais do Novo CPC*, São Paulo: RT, 2016. p. 151; Teresa Arruda Alvim Wambier, Fredie Didier Jr., Eduardo Talamini, Bruno Dantas (coords.), *Breves comentários ao novo Código de Processo Civil*, São Paulo: Revista dos Tribunais, 2015; Teresa Arruda Alvim Wambier, Maria Lúcia Lins Conceição, Leonardo Ferres da Silva Ribeiro, Rogério Licastro Torres de Melo, *Primeiros comentários ao atual Código de Processo Civil*, São Paulo: Revista dos Tribunais, 2015.

TÍTULO VI
DA ADVOCACIA PÚBLICA

Art. 182. Incumbe à Advocacia Pública, na forma da lei, defender e promover os interesses públicos da União, dos Estados, do Distrito Federal e dos Municípios, por meio da representação judicial, em todos os âmbitos federativos, das pessoas jurídicas de direito público que integram a Administração Direta e Indireta.

REFERÊNCIA LEGISLATIVA

CF, art. 131.

CPC/2015, arts. 85, § 19 (honorários de sucumbência); 75 (representação em juízo das pessoas jurídicas de direito público); 105 e 287, parágrafo único (dispensa de procuração dos advogados e procuradores públicos).

SÚMULAS

Súmula do STF:

Nº 644: "Ao titular do cargo de procurador de autarquia não se exige a apresentação de instrumento de mandato para representá-la em juízo."

BREVES COMENTÁRIOS

A Advocacia Pública é a instituição que, na forma da lei, defende e promove os interesses públicos da União, dos Estados, do Distrito Federal e dos Municípios. Cada ente federativo constituirá sua Advocacia-Geral, que será a responsável pela representação judicial, em todos os âmbitos federativos, das pessoas jurídicas de direito público que integram a administração direta e indireta (CPC/2015, art. 182). No caso da União, exerce essa função a Advocacia-Geral da União (art. 131 da Constituição Federal).

JURISPRUDÊNCIA SELECIONADA

1. Atuação dos órgãos da Advocacia Pública em prol de empresas públicas e sociedades de economia mista. Impossibilidade. "O art. 132 da Constituição Federal confere às Procuradorias dos Estados atribuições para as atividades de consultoria jurídica e representação judicial das respectivas unidades federadas, aí se compreendendo apenas a administração pública direta, autárquica e fundacional. A atuação de órgãos da Advocacia Pública em prol de empresas públicas e sociedades de economia mista, além de descaracterizar o perfil constitucional atribuído às Procuradorias dos Estados, implicaria favorecimento indevido a entidades que não gozam do regime jurídico de Fazenda Pública, em afronta ao princípio constitucional da isonomia. Ação direta julgada procedente!" (STF, ADI 3536, Rel. Min. Alexandre de Moraes, Pleno, jul. 03.10.2019, *DJe* 04.12.2019).

Art. 183. A União, os Estados, o Distrito Federal, os Municípios e suas respectivas autarquias e fundações de direito público gozarão de prazo em dobro para todas as suas manifestações processuais, cuja contagem terá início a partir da intimação pessoal.

§ 1º A intimação pessoal far-se-á por carga, remessa ou meio eletrônico.

§ 2º Não se aplica o benefício da contagem em dobro quando a lei estabelecer, de forma expressa, prazo próprio para o ente público.

CPC/1973

Art. 188.

REFERÊNCIA LEGISLATIVA

CPC/2015, art. 910 (execução contra a Fazenda Pública); procedimento, Lei nº 9.469/1997 (AGU).

SÚMULAS

Súmula do STJ:

Nº 116: "A Fazenda Pública e o Ministério Público têm prazo em dobro para interpor agravo regimental no Superior Tribunal de Justiça."

BREVES COMENTÁRIOS

A intimação dos advogados públicos deverá ser pessoal e será feita por carga, remessa ou meio eletrônico (art. 183, § 1º). Além disso, terão eles prazo em dobro para todas as manifestações processuais (art. 183, *caput*). Todavia, não haverá a contagem em dobro quando a lei estabelecer, de forma expressa, prazo próprio para o ente público (art. 183, § 2º).

Não se aplica aos advogados da Fazenda Pública a intimação pela imprensa ou pelo correio, devendo sempre dar-se pessoalmente. A jurisprudência, no entanto, considera que se possa utilizar a intimação por carta registrada quando o procurador da Fazenda Pública estiver lotado fora da sede do juízo, caso em que a intimação postal equivaleria à pessoal, para os efeitos da lei.

JURISPRUDÊNCIA SELECIONADA

1. Interpretação do artigo. "Interpretando literalmente o disposto no art. 188 do Código de Processo Civil, que dispõe: 'computar-se-á em quádruplo o prazo para contestar e em dobro para recorrer quando a parte for a Fazenda Pública ou o Ministério Público', a figura do assistente simples não está contida no termo 'parte'. Contudo, a interpretação gramatical, por si só, é insuficiente para a compreensão do 'sentido jurídico' da norma, cuja finalidade deve sempre ser buscada pelo intérprete e aplicador, devendo ser considerado, ainda, o sistema jurídico no qual a mesma está inserta. Desta forma, o termo 'parte' deve ser entendido como 'parte recorrente', ou seja, sempre que o recorrente for a Fazenda Pública, o prazo para interpor o recurso é dobrado. Esta é a finalidade da norma. *In casu*, o estado de Pernambuco, na qualidade de assistente simples de empresa pública estadual, tem direito ao prazo em dobro para opor embargos de declaração, cuja natureza jurídica é de recurso, previsto no art. 496, IV, da Lei Processual Civil" (STJ,

REsp 663.267/PE, Rel. Min. Jorge Scartezzini, 4ª Turma, jul. 17.05.2005, *DJ* 13.06.2005, p. 317).

2. Intimação pessoal. Procurador público. "(...) Registre-se que o entendimento jurisprudencial do STJ recusando prerrogativa de intimação pessoal aos Procuradores Estaduais, do Distrito Federal e dos Municípios se aplica aos recursos regidos pelo CPC/1973, como é o caso do Recurso Especial não conhecido neste processo. Para os recursos submetidos ao regime do CPC/2015, o referido entendimento encontra-se superado por superveniente modificação legislativa. O atual art. 183 do CPC/2015 assegura aos Estados, ao Distrito Federal, aos Municípios e suas respectivas autarquias e fundações de direito público não só o benefício do prazo em dobro para todas as suas manifestações processuais, como o início da contagem do prazo a partir da intimação pessoal, cumprido o disposto no art. 1.050 do estatuto processual de 2015." (STJ, AgInt no AREsp 1001265/MG, Rel. Min. Herman Benjamin, 2ª Turma, jul. 08.08.2017, *DJe* 16.10.2017).

"A teor do 183, § 1º, do CPC/2015, os Municípios gozam da prerrogativa de intimação pessoal, não considerada como tal a publicação pelo Diário da Justiça Eletrônico. Precedentes. Na hipótese, o Tribunal de origem reputou intempestivos os embargos de declaração opostos pelo Município/agravado, por entender que tomara ciência do julgado que apreciara a sua apelação com a publicação no *DJE*" (STJ, AgInt no REsp 1745209/MG, Rel. Min. Gurgel de Faria, 1ª Turma, jul. 23.09.2019, *DJe* 25.09.2019).

Município que não procedeu ao seu cadastramento no Sistema de Intimação Eletrônica do STJ. "Conforme informou a Coordenadoria da Primeira Turma, a intimação pessoal não se efetivou porque o Município/embargante não procedeu ao seu cadastramento no Sistema de Intimação Eletrônica do Superior Tribunal de Justiça, como determina o art. 1.050 do Código de Processo Civil de 2015. Embora o embargante tenha a prerrogativa de cômputo do prazo recursal a partir da intimação pessoal (CPC/2015, art. 183), inexiste nulidade na contagem do prazo da publicação no Diário de Justiça eletrônico, no caso presente." (STJ, EDcl no AgInt no REsp 1668146/SE, Rel.ª Min.ª Gurgel de Faria, 1ª Turma, jul. 13.12.2018, *DJe* 20.02.2019). No mesmo sentido: STJ, AgInt no REsp 1763942/SE, Rel. Min. Herman Benjamin, 2ª Turma, jul. 29.04.2020, *DJe* 06.05.2020; STJ, AR 6.503/CE, Rel. Min. Og Fernandes, 1ª Seção, jul. 27.10.2021, *DJe* 08.02.2022.

Município. Representação processual. Escritório particular de advocacia. Intimação pessoal. Descabimento. "Na vigência do Código de Processo Civil de 1973, os procuradores dos Estados, do Distrito Federal e dos Municípios não tinham direito à intimação pessoal, por falta de previsão legal. Após a edição do Código de Processo Civil de 2015, essa situação foi alterada, conforme disposição de seu art. 183. Essa prerrogativa, contudo, apenas é reconhecida para os procuradores públicos. A diferenciação dos prazos e da comunicação dos atos processuais para a Fazenda Pública sempre teve por objetivo igualar a situação das partes, tendo-se em vista as notórias dificuldades experimentadas pelos órgãos públicos de representação processual em sua atuação. A **esses mesmos obstáculos não estão sujeitos os escritórios particulares de advocacia**" (STJ, REsp 1789770/PI, Rel. Min. Og Fernandes, 2ª Turma, jul. 21.02.2019, *DJe* 28.02.2019)

3. Prazo em dobro. Processo objetivo. "O Plenário, no julgamento do agravo regimental no recurso extraordinário com agravo nº 830.727, relator o ministro Dias Toffoli, finalizado na Sessão de 6 de fevereiro de 2019, adotou óptica, em relação à qual guardo reservas, no sentido da inaplicabilidade, em processo objetivo, do artigo 183 do Código de Processo Civil, a versar o prazo em dobro para a atuação, em juízo, de pessoa jurídica de direito público" (STF, ARE 775483 AGR, Rel. Min. Marco Aurélio, 1ª Turma, jul. 03.09.2019, *DJe* 25.10.2019).

4. Prazo em dobro. Aplicação:

Ministério Público. Ver jurisprudência do art. 180 do CPC/2015.

Autarquias. "O Superior Tribunal de Justiça tem entendimento pacífico de que as autarquias gozam do benefício previsto no art. 188 do Código de Processo Civil, computando-se, portanto, em quádruplo o seu prazo para contestar e em dobro para recorrer" (STJ, EDcl no AgRg no Ag 808.064/MG, Rel. Min. Herman Benjamin, 2ª Turma, jul. 16.04.2009, *DJe* 06.05.2009).

Defensor público. "No caso de assistência judiciária, o Defensor Público dispõe do prazo em dobro para opor embargos à execução" (STJ, REsp 119.814/RS, 4ª Turma, Rel. Min. Cesar Asfor Rocha, *DJU* 29.05.00, p. 157).

"A parte assistida pelo Defensor Público só terá direito ao prazo em dobro para contestar se tiver deferidos os benefícios da assistência judiciária antes de fluídos os quinze dias da resposta" (TJRJ, Ap. 4.556/96 (Reg. 251096) Cód. 96.001.04556, Rel. Des. Marlan Marinho, 1ª Câmara, jul. 30.07.1996).

Defensor dativo. "Os prazos concedidos ao defensor dativo, como tal nomeado, são contados em dobro, porque exercem o *munus* de cargo equivalente ao de defensor público (art. 5º, § 5º, da Lei nº 1.060/1950)" (TJMG, RSE 245.656-4/00, Rel. Des. Tibagy Salles, 1ª Câmara, jul. 20.11.2001).

5. Prazo em dobro. Inaplicabilidade:

Empresa Brasileira de Correios e Telégrafos. Prerrogativa de intimação pessoal. "O propósito recursal é dizer sobre a validade da intimação da Empresa Brasileira de Correios e Telégrafos – ECT, realizada na pessoa do advogado cadastrado no sistema PJe. (...). O STF firmou o entendimento, a partir do julgamento do RE 220.907/RO (julgado em 12/06/2001, *DJ* de 31/08/2001), no sentido de que a ECT é empresa pública, prestadora de serviço público sob regime de monopólio, que integra o conceito de Fazenda Pública. O art. 12 do Decreto-lei 509/69 atribui à ECT os privilégios concedidos à Fazenda Pública no concernente, dentre outros, a foro, prazos e custas processuais, **não fazendo qualquer referência à prerrogativa de intimação pessoal**. Em se tratando de processo eletrônico, prevê o § 6º do art. 5º da Lei 11.419/06 que as intimações feitas por meio eletrônico aos devida e previamente cadastrados, inclusive da Fazenda Pública, serão consideradas pessoais para todos os efeitos legais. Se o advogado, no momento em que ajuizou a ação, fez o cadastro em nome próprio, não pode, posteriormente, alegar a nulidade da intimação realizada na sua pessoa, e não na da entidade que representa, para se eximir da responsabilidade de acompanhar o andamento do processo, a partir da consulta assídua ao sistema PJe" (STJ, REsp 1574008/SE, Rel. Min. Nancy Andrighi, 3ª Turma, jul. 12.03.2019, *DJe* 15.03.2019).

Curador especial. "O privilégio do prazo em dobro previsto no art. 5º, § 5º, da Lei n. 1.060/1950 é reservado às Defensorias Públicas criadas pelos estados ou cargo equivalente, não se estendendo ao patrocínio de causas por profissional constituído no encargo de curador especial, ainda que em face de convênio firmado entre aquele órgão e a OAB local" (STJ, REsp 749.226/SP, Rel. Min. Aldir Passarinho Junior, 4ª Turma, jul. 12.09.2006, *DJ* 23.10.2006).

Advogado de sindicato. "O advogado do sindicato ao qual é vinculada a parte não é equiparado a Defensor Público, razão pela qual não faz jus aos benefícios de contagem em dobro dos prazos processuais e de intimação pessoal" (STJ, REsp 237.450/SP, Rel. Min. Félix Fischer, 5ª Turma, *DJU* 08.10.2001).

Pessoas jurídicas de direito privado. "As empresas governamentais (sociedades de economia mista e empresas públicas) e os entes de cooperação (serviços sociais autônomos e organizações sociais) qualificam-se como pessoas jurídicas de direito privado e, nessa condição, não dispõem dos benefícios processuais inerentes à Fazenda Pública (União, estados-membros, Distrito Federal, municípios e respectivas autarquias), notadamente da prerrogativa excepcional da ampliação dos prazos recursais

(CPC, art. 188)" (STF, AI 349.477 AgR, Rel. Min. Celso de Mello, 2ª Turma, jul. 11.02.2003, *DJ* 28.02.2003).

"Nos termos da jurisprudência deste STJ, as normas que criam privilégios ou prerrogativas especiais devem ser interpretadas restritivamente, não se encontrando as empresas públicas inseridas no conceito de Fazenda Pública previsto no art. 188 do CPC, não possuindo prazo em quádruplo para contestar e em dobro para recorrer" (STJ, AgRg no REsp 1.266.098/RS, Rel. Min. Eliana Calmon, 2ª Turma, jul. 23.10.2012, *DJe* 30.10.2012).

Prefeito municipal. "O prefeito municipal, na qualidade de autoridade coatora, não possui o prazo dobrado para recurso, sobretudo porque o alcaide municipal não se confunde com a Fazenda Pública, esta o ente que suporta o ônus da decisão do mandado de segurança" (STJ, REsp 264.632/SP, Rel. Min. Maria Thereza de Assis Moura, 6ª Turma, jul. 04.09.2007, *DJ* 19.11.2007, p. 298).

Embargos à execução. Fazenda Pública. "O prazo para a Fazenda Pública opor embargos à execução é o previsto no art. 730 do Código de Processo Civil, dada a sua natureza de ação autônoma. Afastada a aplicação do art. 188 desse diploma legal" (STJ, AgRg no REsp 936.716/RJ, Rel. Min. Jorge Mussi, 5ª Turma, jul. 27.03.2008, *DJ* 22.04.2008).

Incidente de suspensão de segurança ou de liminar. "Em consonância com a jurisprudência pacífica do Pleno do STF, no incidente de suspensão de segurança ou de liminar não se reconhece a prerrogativa da contagem de prazo em dobro para recorrer (SS 3.740 AgR-segundo, Rel. Min. Cezar Peluso, publ. 02.05.2012; SS 4.119 AgR-ED-ED, Rel. Min. Cezar Peluso, publ. 05.08.2011; STA 172 AgR, Rel. Min. Cezar Peluso, publ. 02.12.2010)" (STJ, REsp 1.331.730/RS, Rel. Min. Herman Benjamin, 2ª Turma, jul. 07.05.2013, *DJe* 23.05.2013).

6. Recurso adesivo e contrarrazões. "O prazo em dobro para interposição do recurso adesivo decorre da conjugação do art. 500, I, c/c o art. 188, ambos do Código de Processo Civil. O recurso adesivo não está condicionado à apresentação de contrarrazões ao recurso principal, porque são independentes ambos os institutos de direito processual, restando assegurados, pela ampla defesa e contraditório constitucionais, tanto o direito de recorrer como o de responder ao recurso" (STJ, EDREsp 171.543/RS, Rel. Min. Nancy Andrighi, 2ª Turma, *DJU* 14.08.2000, p. 159).

7. Interposição de recurso via fax. Apresentação dos originais. Ausência de prazo em dobro. "Não admite esta Corte Superior, ademais, a contagem em dobro prevista no artigo 188 do Código de Processo Civil para a protocolização da peça original" (STJ, AgRg no REsp 1.308.916/GO, Rel. Min. Mauro Campbell Marques, 2ª Turma, jul. 06.12.2012, *DJe* 12.12.2012). **No mesmo sentido**: STJ, AgRg no Ag 983.102/RS, Rel. Min. Mauro Campbell Marques, 2ª Turma, jul. 09.02.2010, *DJe* 26.02.2010.

Art. 184. O membro da Advocacia Pública será civil e regressivamente responsável quando agir com dolo ou fraude no exercício de suas funções.

REFERÊNCIA LEGISLATIVA

CPC/2015, art. 181 (responsabilidade dos membros do Ministério Público).

CF, art. 37, § 6º (responsabilidade da Administração Pública por atos de seus agentes).

BREVES COMENTÁRIOS

Tal como ocorre com os membros do Ministério Público, os advogados públicos dos entes federados serão civil e regressivamente responsáveis pelos prejuízos causados quando agirem com dolo ou fraude no exercício de suas funções. A responsabilidade subjetiva, porém, aplica-se apenas à pretensão indenizatória contra o advogado público pessoalmente. A pessoa jurídica de direito público, representada pelo procurador estatal, responderá pela reparação dos danos por este causado de forma objetiva, tal como prevê o art. 37, § 6º da Constituição Federal.

JURISPRUDÊNCIA SELECIONADA

1. Responsabilidade por dolo ou fraude. "Observa-se do acórdão recorrido que, in casu, a simples emissão de parecer jurídico opinativo, analisado em si mesmo, não constitui a causa de pedir remota da Ação Civil Pública. O que dá embasamento à inclusão do Advogado no processo é a elaboração de parecer jurídico alegadamente fraudulento, o que teria contribuído para o desfecho apontado pelo Parquet: dano ao Erário. Uma das fundamentações legais está contida no art. 184 do CPC/2015, que confere responsabilidade ao advogado público que agir com dolo ou fraude no exercício de suas funções" (STJ, REsp 1804572/SP, Rel. Min. Herman Benjamin, 2ª Turma, jul. 14.05.2019, *DJe* 31.05.2019).

DA ADVOCACIA PÚBLICA: INDICAÇÃO DOUTRINÁRIA

Alfredo Buzaid, Prazo para impetrar mandado de segurança, *RBDP* 58/13, *RP* 53/100; Álvaro Alves de Queiroz, O Estado como réu, *RP* 25/184; Anselmo Prieto Alvarez, As prerrogativas da Fazenda Pública no atual Código de Processo Civil, In: Thereza Arruda Alvim (et. al.), O Novo Código Processo Civil Brasileiro – Estudos dirigidos: sistematização e procedimentos, Rio de Janeiro: Forense, 2015, p. 37; Cassio Scarpinella Bueno, *Manual de direito processual civil*, São Paulo: Saraiva, 2015; Daniel Amorim Assumpção Neves, *Manual de direito processo civil*, São Paulo: Método, 2015; Daniele Coutinho Talamini, Eduardo Talamini, In: Teresa Arruda Alvim Wambier, Fredie Didier Jr., Eduardo Talamini, Bruno Dantas, *Breves comentários ao novo Código de Processo Civil*, São Paulo: Revista dos Tribunais, 2015; Donaldo Armelin, Execução de medida cautelar liminarmente concedida e o prazo para resposta, *RJ* 103/75, *RP* 31/259; Fredie Didier Jr., *Curso de direito processual civil*, 17. ed., Salvador: JusPodivm, 2015, v. I; Gelson Amaro de Souza, Prazo: como contar, *RBDP* 56/91; Guilherme Rizzo Amaral, *Comentários às alterações do novo CPC*, São Paulo: Revista dos Tribunais, 2015; Humberto Theodoro Júnior, *Curso de direito processual civil*, 61. ed., Rio de Janeiro: Forense, 2020, v. I; Humberto Theodoro Júnior, Fernanda Alvim Ribeiro de Oliveira, Ester Camila Gomes Norato Rezende (coords.), *Primeiras lições sobre o novo direito processual civil brasileiro*, Rio de Janeiro: Forense, 2015; J. E. Carreira Alvim, *Comentários ao novo Código de Processo Civil*, Curitiba: Juruá, 2015; Jacy de Assis, Prazo para resposta, *RF* 285/461; João Edson de Mello, Duplicação de prazo para defesa, *RCDUFU* 12/77; Joaquim Pontes de Cerqueira César, Inaplicabilidade do art. 188 do CPC às autarquias federais incumbidas de fiscalizar o exercício de profissões liberais, *RP* 50/64; José Carlos Barbosa Moreira, O benefício da dilatação do prazo para a Fazenda Pública, *RF* 247/7, *RP* 1/51; Alcides de Mendonça Lima, Reconvenção – prazo para a Fazenda Pública, *RP* 9/265, *RBDP* 28/203; José Miguel Garcia Medina, *Novo Código de Processo Civil comentado*, São Paulo: Revista dos Tribunais, 2015; José Roberto dos Santos Bedaque, In: José Roberto F. Gouvêa; Luis Guilherme A. Bondioli e João Francisco N. da Fonseca (coord.), *Comentários ao Código de Processo Civil*, São Paulo: Saraiva, 2019, v. 3; Leonardo Greco, *Instituições de processo civil: introdução ao direito processual civil*, 5. ed., Rio de Janeiro: Forense, 2015; Luis Antônio Giampaulo Sarro, *Novo Código de Processo Civil*, São Paulo: Rideel, 2015; Luiz Guilherme Marinoni, Sérgio Cruz Arenhart, Daniel Mitidiero, *Curso de processo civil*, São Paulo: Revista dos Tribunais, 2015, v. I; Marcos Afonso Borges, Ação rescisória: falsa prova, *RBDP* 22/107; Nelson Nery Junior, Rosa Maria de Andrade Nery, *Comentários ao Código de*

Processo Civil, São Paulo: Revista dos Tribunais, 2015; Nelson Nery Júnior; Humberto Theodoro Júnior, *Curso de direito processual civil*, Forense, v. I, n. 239; Odilon de Andrade, Observações à sistemática dos prazos no CPC, *RF* 113/307; Renato Beneduzi, In: Sérgio Cruz Arenhart e Daniel Mitidiero (coord.), *Comentários ao Código de Processo Civil*. 2. ed., São Paulo: RT, 2018, v. 2; Sérgio Ferraz, Igualdade processual e os benefícios da Fazenda Pública, *RPGSP* 13-15/421; Sérgio Ferraz, Privilégios processuais da Fazenda Pública e princípio da isonomia, *RDP* 53/38; Ada Pellegrini Grinover, Benefício de prazo, *RBDP* 19/13; Sérgio Porto, O duplo grau de jurisdição, os prazos judiciais e a Administração Indireta, *Ajuris* 18/165; Teresa Arruda Alvim Wambier, Fredie Didier Jr., Eduardo Talamini, Bruno Dantas (coords.), *Breves comentários ao novo Código de Processo Civil*, São Paulo: Revista dos Tribunais, 2015; Teresa Arruda Alvim Wambier, Maria Lúcia Lins Conceição, Leonardo Ferres da Silva Ribeiro, Rogério Licastro Torres de Melo, *Primeiros comentários ao novo Código de Processo Civil*, São Paulo: Revista dos Tribunais, 2015; Walter Borges Carneiro, Privilégios fazendários: distorções do sentido da lei, *Ajuris* 18/45, *RBDP* 25/109.

TÍTULO VII
DA DEFENSORIA PÚBLICA

Art. 185. A Defensoria Pública exercerá a orientação jurídica, a promoção dos direitos humanos e a defesa dos direitos individuais e coletivos dos necessitados, em todos os graus, de forma integral e gratuita.

REFERÊNCIA LEGISLATIVA

CF, arts. 5º, LXXIV (O Estado prestará assistência jurídica integral e gratuita aos que comprovarem insuficiência de recursos), 134 (funções da Defensoria Pública) e 135.

Lei Complementar nº 80/1994 (organiza a Defensoria Pública da União, do Distrito Federal e dos territórios e prescreve normas gerais para sua organização nos estados, e dá outras providências).

Lei nº 1.060/1950 (dispositivos mantidos em vigor pelo CPC/2015).

BREVES COMENTÁRIOS

A Defensoria Pública é instituição essencial à função jurisdicional do Estado, a quem a Constituição Federal incumbiu a orientação jurídica e a defesa, em todos os graus, dos necessitados (CF, art. 134). O Código atual atribuiu um título próprio à Defensoria Pública, tratando de suas funções, prerrogativas e responsabilidade nos arts. 185 a 187 do CPC/2015.

Além da função tradicional de representação processual dos litigantes em situação de hipossuficiência econômica, reconhece-se, hoje, à Defensoria Pública, dentro de seu papel declarado constitucionalmente como "essencial à função jurisdicional", o *múnus* de *custos vulnerabilis,* no mais amplo sentido (CF, art. 134), a exemplo da função de *custos legis* exercida pelo Ministério Público "em defesa da ordem jurídica, do regime democrático e dos interesses sociais e individuais indisponíveis" (CF, art. 127).

Por função de *custos vulnerabilis* entende-se a capacidade interventiva da Defensoria Pública, em nome próprio e em todos os graus, em prol de seu interesse institucional (constitucional e legal) – "atuação essa subjetivamente vinculada aos interesses dos vulneráveis e objetivamente aos direitos humanos – representando a busca democrática do progresso jurídico-social das categorias mais vulneráveis no curso processual e no cenário jurídico-político" (MAIA, Maurílio Casas. A Defensoria Pública enquanto *custos vulnerabilis:* tese e avanço jurisprudencial em 2020. *Revista dos Tribunais,* v. 1.025, p. 355, nota 2).

JURISPRUDÊNCIA SELECIONADA

1. Carreira da Defensoria Pública. Desnecessidade de inscrição na OAB. "Defensores Públicos exercem atividades de representação judicial e extrajudicial, de advocacia contenciosa e consultiva, o que se assemelha bastante à Advocacia, tratada em Seção à parte no texto constitucional. Ao lado de tal semelhança, há inúmeras diferenças, pois a carreira está sujeita a regime próprio e a estatutos específicos; submetem-se à fiscalização disciplinar por órgãos próprios, e não pela OAB; necessitam aprovação prévia em concurso público, sem a qual, ainda que se possua inscrição na Ordem, não é possível exercer as funções do cargo, além de não haver necessidade da apresentação de instrumento do mandato em sua atuação. À vista dessas premissas, e promovendo o necessário diálogo das fontes, tem-se que o Estatuto da Advocacia não é de todo inaplicável aos Defensores Públicos, dada a similitude com a advocacia privada das atividades que realizam. Dessa forma, impensável afastar, por exemplo, a inviolabilidade por atos e manifestações (art. 2º, § 3º, da Lei 8.906/1994) ou o sigilo da comunicação (art. 7º, III). Entretanto, por todas as diferenças, aceita-se regime díspar previsto em legislação especial. Em conclusão, o art. 3º, § 1º, da Lei 8.906/1994 merece interpretação conforme à Constituição **para obstar a necessidade de inscrição na OAB dos membros das carreiras da defensoria pública, não obstante se exija a inscrição do candidato em concurso público.** Ademais, a inscrição obrigatória não pode ter fundamento nesse comando em razão do posterior e específico dispositivo presente no art. 4º, § 6º, da Lei Complementar 80/1994" (STJ, REsp 1710155/CE, Rel. Min. Herman Benjamin, 2ª Turma, jul. 01.03.2018, *DJe* 02.08.2018).

2. Ação civil pública. Interesses difusos. Desnecessidade de comprovação prévia da hipossuficiência dos beneficiados. Ver jurisprudência do art. 5º da Lei 7.347/85.

3. Defensoria Pública. Determinação judicial de designação de defensor para atuar em processos em trâmite na Vara da Auditoria Militar do Defensor DF. Interferência na autonomia funcional e administrativa. "(...) A Quinta Turma desta Corte já teve oportunidade de examinar, no RMS 49.902/PR, as dificuldades pelas quais passa a efetiva implantação e instalação da Defensoria Pública no país, reconhecendo, inclusive, na ocasião, que a Defensoria Pública da União ainda não está aparelhada ao ponto de dispensar-se, no âmbito da Justiça Federal, a atuação dos advogados voluntários e dos núcleos de prática jurídica das universidades até mesmo nas grandes capitais. A desproporção entre os assistidos e os respectivos defensores é evidente. O mesmo quadro se repete em relação à Defensoria Pública do DF, pelo que se depreende do número de defensores existentes na atualidade em comparação com o número de magistrados e de promotores, assim como pelo que se depreende da comparação dos orçamentos disponibilizados a cada uma das instituições. (...) Reconhecida a inexistência de profissionais concursados em número suficiente para atender toda a população do DF, os critérios indicados pelo Conselho Superior da Defensoria Pública do DF para a alocação e distribuição dos Defensores Públicos (locais de maior concentração populacional e de maior demanda, faixa salarial familiar até 5 salários mínimos) revestem-se de razoabilidade. Assim sendo, é de se reconhecer que, ao impor determinação à Defensoria Pública do DF de nomeação de Defensores para atuar em processos na Justiça Militar do DF em discordância com critérios de alocação de pessoal previamente aprovados pelo Conselho Superior da Defensoria Pública do DF em razão da deficiência circunstancial de contingente de pessoal vivenciada pela instituição, **a autoridade apontada como coatora acabou por interferir na autonomia funcional e administrativa garantida constitucionalmente à Defensoria Pública** (art. 134, §§ 2º e 3º, da CF). Precedente: HC 310.901/SC, Rel. Ministro NEFI CORDEIRO, Sexta Turma, julgado em 16/06/2016, *DJe* 28/06/2016."

(STJ, RMS 59.413/DF, Rel. Min. Reynaldo Soares da Fonseca, 5ª Turma, jul. 07.05.2019, *DJe* 20.05.2019).

4. Defensoria Pública da União como *custos vulnerabilis* na hipótese em que há formação de precedentes em favor dos vulneráveis e dos direitos humanos. "Em virtude de esta Corte buscar a essência da discussão, tendo em conta que a tese proposta neste recurso especial repetitivo irá, possivelmente, afetar outros recorrentes que não participaram diretamente da discussão da questão de direito, bem como em razão da vulnerabilidade do grupo de consumidores potencialmente lesado e da necessidade da defesa do direito fundamental à saúde, a DPU está legitimada para atuar como quer no feito. ... Embargos de declaração acolhidos, em parte, apenas para admitir a DPU como *custos vulnerabilis*" (STJ, EDcl no REsp 1712163/SP, Rel. Min. Moura Ribeiro, 2ª Seção, jul. 25.09.2019, *DJe* 27.09.2019).

5. Advogados públicos e honorários advocatícios. Ver jurisprudência do art. 85.

6. *Custos vulnerabilis*. Litígios estruturais. "Para a adequada resolução dos litígios estruturais, é preciso que a decisão de mérito seja construída em ambiente colaborativo e democrático, mediante a efetiva compreensão, participação e consideração dos fatos, argumentos, possibilidades e limitações do Estado em relação aos anseios da sociedade civil adequadamente representada no processo, por exemplo, pelos *amici curiae* e pela Defensoria Pública na função de *custos vulnerabilis*, permitindo-se que processos judiciais dessa natureza, que revelam as mais profundas mazelas sociais e as mais sombrias faces dos excluídos, sejam utilizados para a construção de caminhos, pontes e soluções que tencionem a resolução definitiva do conflito estrutural em sentido amplo" (STJ, REsp 1.854.842/CE, Rel. Min. Nancy Andrighi, 3ª Turma, jul. 02.06.2020, *DJe* 04.06.2020).

7. Defesa judicial das prerrogativas institucionais. Mandado de segurança. Cabimento. Atribuição não exclusiva do Defensor-Geral. "O Defensor Público, atuando em nome da Defensoria Pública, possui legitimidade para impetrar mandado de segurança em defesa das funções institucionais e prerrogativas de seus órgãos de execução, nos termos do artigo 4º, IX, da Lei Complementar nº 80/94, atribuição não conferida exclusivamente ao Defensor Público-Geral" (STJ, RMS 64.917/MT, Rel. Min. Maria Isabel Gallotti, 4ª Turma, jul. 07.06.2022, *DJe* 10.06.2022.

8. Legitimidade ativa da Defensoria Pública.

Ajuizar ação civil pública. "Tutela de interesses transindividuais (coletivos *stricto sensu* e difusos) e individuais homogêneos. Defensoria pública: instituição essencial à função jurisdicional. Acesso à justiça. Necessitado: definição segundo princípios hermenêuticos garantidores da força normativa da constituição e da máxima efetividade das normas constitucionais: art. 5º, incs. XXXV, LXXIV, LXXVIII, da Constituição da República. Inexistência de norma de exclusividade do Ministério Público para ajuizamento de ação civil pública. Ausência de prejuízo institucional do Ministério Público pelo reconhecimento da legitimidade da Defensoria Pública. Ação julgada improcedente" (STF, ADI 3943, Rel. Min. Cármen Lúcia, Tribunal Pleno, jul. 07.05.2015, *DJe* 06.08.2015).

Tutela de interesses individuais homogêneos. Defesa dos necessitados. Carentes de recursos humanos e hipossuficientes jurídicos. "A expressão 'necessitados' (art. 134, *caput*, da Constituição), que qualifica, orienta e enobrece a atuação da Defensoria Pública, deve ser entendida, no campo da Ação Civil Pública, em sentido amplo, de modo a incluir, ao lado dos estritamente carentes de recursos financeiros – os miseráveis e pobres –, os hipervulneráveis (isto é, os socialmente estigmatizados ou excluídos, as crianças, os idosos, as gerações futuras), enfim todos aqueles que, como indivíduo ou classe, por conta de sua real debilidade perante abusos ou arbítrio dos detentores de poder econômico ou político, 'necessitem' da mão benevolente e solidarista do Estado para sua proteção, mesmo que contra o próprio Estado. Vê-se, então, que a partir da ideia tradicional da instituição forma-se, no Welfare State, um novo e mais abrangente círculo de sujeitos salvaguardados processualmente, isto é, adota-se uma compreensão de *minus habentes* impregnada de significado social, organizacional e de dignificação da pessoa humana" (STJ, EREsp 1.192.577/RS, Rel. Min. Laurita Vaz, Corte Especial, jul. 21.10.2015, *DJe* 13.11.2015).

9. Ilegitimidade da Defensoria Pública. Suspensão de Segurança. "A par do *status* constitucional da Defensoria Pública – função essencial à Justiça (CF, Título IV, Capítulo IV, Seção IV) – nos termos da legislação em vigor, não lhe é reconhecida legitimidade ativa para manejar pedido de Suspensão de Segurança (SS) ou de Suspensão de Liminar e Sentença (SLS), afora 'casos especialíssimos, nos quais presente a *ratio legis* de preservação do interesse público primário que a orienta', particularmente, quando, 'em defesa de prerrogativas institucionais, atua, em realidade, como o próprio Poder Público' (STF, SS n. 5.628/MA). 'Reconhece-se tão somente a legitimidade da Defensoria Pública para ajuizar suspensão de segurança com o objetivo de obstar os efeitos de decisões que impliquem violação de suas prerrogativas institucionais' (STF, SS n. 5.049/BA)" (STJ, EDcl o AgInt na SLS 3.156/AM, Rel. Min. Maria Thereza de Assis Moura, Corte Especial, jul. 07.02.2024, *DJe* 06.06.2024).

Art. 186. A Defensoria Pública gozará de prazo em dobro para todas as suas manifestações processuais.

§ 1º O prazo tem início com a intimação pessoal do defensor público, nos termos do art. 183, § 1º.

§ 2º A requerimento da Defensoria Pública, o juiz determinará a intimação pessoal da parte patrocinada quando o ato processual depender de providência ou informação que somente por ela possa ser realizada ou prestada.

§ 3º O disposto no *caput* aplica-se aos escritórios de prática jurídica das faculdades de Direito reconhecidas na forma da lei e às entidades que prestam assistência jurídica gratuita em razão de convênios firmados com a Defensoria Pública.

§ 4º Não se aplica o benefício da contagem em dobro quando a lei estabelecer, de forma expressa, prazo próprio para a Defensoria Pública.

REFERÊNCIA LEGISLATIVA

CF, arts. 134 e 135.

SÚMULAS

Súmulas STJ

N.º 644: "O núcleo de prática jurídica deve apresentar o instrumento de mandato quando constituído pelo réu hipossuficiente, salvo nas hipóteses em que é nomeado pelo juízo".

CJF – I JORNADA DE DIREITO PROCESSUAL CIVIL

Enunciado 15 – Aplicam-se às entidades referidas no § 3º do art. 186 do CPC as regras sobre intimação pessoal das partes e suas testemunhas (art. 186, § 2º; art. 455, § 4º, IV; art. 513, § 2º, II e art. 876, § 1º, II, todos do CPC).

BREVES COMENTÁRIOS

Os membros da Defensoria Pública também gozarão de prazo em dobro para todas as suas manifestações processuais, cuja contagem se iniciará de sua intimação pessoal, feita por carga, remessa ou meio eletrônico (arts. 186, *caput* e § 1º, e 183, § 1º). Essa prerrogativa aplica-se aos escritórios de prática jurídica das faculdades de Direito reconhecidas na forma da lei e às entidades que prestam assistência jurídica gratuita em razão de convênios firmados com a Defensoria Pública (art. 186, § 3º).

A Lei nº 1.060, em seu art. 5º, § 5º (que foi mantido pelo CPC/2015), instituiu esses mesmos benefícios ao Defensor Público que atuar nos estados onde a assistência judiciária seja organizada e mantida por eles.

JURISPRUDÊNCIA SELECIONADA

1. Cumprimento de sentença. Devedor representado por defensor público. Prazo em dobro. "Cinge-se a controvérsia a decidir se deve ser contado em dobro o prazo para o cumprimento voluntário de sentença no caso de réu assistido pela Defensoria Pública. (...). Conforme a jurisprudência do STJ, a prerrogativa da contagem em dobro dos prazos visa a compensar as peculiares condições enfrentadas pelos profissionais que atuam nos serviços de assistência judiciária do Estado, que 'enfrentam deficiências de material, pessoal e grande volume de processos' (REsp 1.106.213/SP, Rel. Min. Nancy Andrighi. 3ª Turma, jul. 25.10.2011). Em caso análogo, no qual se discutia o cumprimento, pela parte, de decisão judicial sobre purgação da mora, esta Corte superior decidiu ser cabível a contagem em dobro dos prazos para parte assistida pela Defensoria Pública. (REsp 249.788/RJ, Rel. Ministro Fernando Gonçalves, 6ª Turma, jul. 22.08.2000, *DJ* 11.09.2000). Na hipótese de parte beneficiária da assistência judiciária integral e gratuita, a prerrogativa da contagem em dobro dos prazos, prevista no artigo 5º, § 5º, da Lei 1.060/50, aplica-se também ao lapso temporal previsto no art. 475-J do CPC/73, correspondente ao art. 523, *caput* e § 1º, do CPC/15, sendo, portanto, tempestivo o cumprimento de sentença, ainda que parcial, quando realizado em menos de 30 (trinta) dias." (STJ, REsp 1261856/DF, Rel. Min. Marco Buzzi, 4ª Turma, jul. 22.11.2016, *DJe* 29.11.2016).

2. Intimação da Defensoria Pública. Contagem dos prazos. Início. Necessidade de remessa dos autos à instituição. "A distinção entre intimação do ato e início da contagem do prazo processual permite que se entenda indispensável – para o exercício do contraditório e a efetiva realização da missão constitucional da Defensoria Pública – que a fluência do prazo para a prática de determinado prazo peremptório somente ocorra a partir do ingresso dos autos na Secretaria do órgão destinatário da intimação. Precedentes" (STJ, HC 296.759/RS, Rel. Min. Rogerio Schietti Cruz, 3ª Seção, jul. 23.08.2017, *DJe* 21.09.2017).

Intimação em audiência. "A necessidade da intimação pessoal da Defensoria Pública decorre de legislação específica que concede prerrogativas que visam facilitar o bom funcionamento do órgão no patrocínio dos interesses daqueles que não possuem recursos para constituir defensor particular. A finalidade da lei é proteger e preservar a própria função exercida pelo referido órgão e, principalmente, resguardar aqueles que não têm condições de contratar um Defensor particular. Não se cuida, pois, de formalismo ou apego exacerbado às formas, mas, sim, de reconhecer e dar aplicabilidade à norma jurídica vigente e válida. Nesse contexto, a despeito da presença do Defensor Público, na audiência de instrução e julgamento, a intimação pessoal da Defensoria Pública somente se concretiza com a respectiva entrega dos autos com vista, em homenagem ao princípio constitucional da ampla defesa" (STJ, REsp 1190865/MG, Rel. Min. Massami Uyeda, 3ª Turma, jul. 14.02.2012, *DJe* 01.03.2012).

3. Processo eletrônico. Início do prazo a partir da disponibilização eletrônica da íntegra dos autos. "No caso em concreto, conforme certidão expedida pelo Tribunal de origem (e-STJ, fl. 761), a intimação da Defensoria Pública do exame de admissibilidade do recurso especial foi realizada em 20/09/2018, de modo que o agravo em recurso especial interposto em 10/11/2019 é intempestivo, pois interposto fora do prazo de 30 (trinta) dias úteis, nos termos do art. 183, do art. 994, VIII, c.c. os arts. 1.003, § 5.º, 1.042, *caput*, e 219, *caput*, todos do Código de Processo Civil. Não procede a alegação de que a intimação da Defensoria Pública apenas teria ocorrido em 02/10/2018, data da remessa dos autos, pois se trata de processo eletrônico e a intimação da Defensoria Pública pelo meio eletrônico, com a disponibilização eletrônica da íntegra dos autos, é considerada intimação pessoal, nos termos do art. 183, § 1º e art. 186, § 1º, do CPC" (STJ, AgInt no AREsp 1431949/SP, Rel. Min. Mauro Campbell Marques, 2ª Turma, jul. 05.03.2020, *DJe* 17.03.2020).

4. Escritórios de prática jurídica. Prazo em dobro. "A literalidade do art. 186, § 3º, do CPC/2015 determina o benefício do prazo em dobro para recorrer às partes representadas processualmente pelos escritórios de prática jurídica das faculdades de Direito. Intempestividade do agravo em recurso especial afastada" (STJ, AgInt no AREsp 1093330/DF, Rel. Min. Lázaro Guimarães, 4ª Turma, jul. 16.08.2018, *DJe* 22.08.2018). **No mesmo sentido:** STJ, REsp 1.986.064/RS, Rel. Min. Nancy Andrighi, Corte Especial, jul. 01.06.2022, *DJe* 08.06.2022.

5. Alienação judicial do bem. Intimação pessoal do devedor. Desnecessidade. "O art. 186, § 2º, do CPC/2015 permite ao juiz, a requerimento da Defensoria Pública, determinar a intimação pessoal da parte patrocinada quando o ato processual depender de providência ou informação que somente por ela possa ser realizada ou prestada. O executado será cientificado, por meio do advogado ou do defensor público, quanto à alienação judicial do bem, com pelo menos 5 (cinco) dias de antecedência. Não cabe o pedido de notificação pessoal do executado quando há norma específica determinando apenas a intimação do devedor, por meio do advogado constituído nos autos ou da Defensoria Pública" (STJ, REsp 1.840.376/RJ, Rel. Min. Ricardo Villas Bôas Cueva, 3ª Turma, jul. 25.05.2021, *DJe* 02.06.2021).

6. Intimação pessoal da parte assistida pela defensoria pública. Extensão da prerrogativa ao defensor dativo. Possibilidade. "A interpretação literal das regras contidas do art. 186, *caput*, § 2º e § 3º, do CPC/15, autorizaria a conclusão de apenas a prerrogativa de cômputo em dobro dos prazos prevista no *caput* seria extensível ao defensor dativo, mas não a prerrogativa de requerer a intimação pessoal da parte assistida quando o ato processual depender de providência ou informação que somente por ela possa ser realizada ou prestada. (...) A interpretação literal e restritiva da regra em exame, a fim de excluir do seu âmbito de incidência o defensor dativo, prejudicará justamente o assistido necessitado que a regra pretendeu tutelar, ceifando a possibilidade de, pessoalmente intimado, cumprir determinações e fornecer subsídios, em homenagem ao acesso à justiça, ao contraditório e à ampla defesa, razão pela qual deve ser admitida a extensão da prerrogativa conferida à Defensoria Pública no art. 186, § 2º, do CPC/15, também ao defensor dativo nomeado em virtude de convênio celebrado entre a OAB e a Defensoria" (STJ, RMS 64.894/SP, Rel. Min. Nancy Andrighi, 3ª Turma, jul. 03.08.2021, *DJe* 09.08.2021).

7. Escritórios de prática jurídica das faculdades de direito. Prerrogativa de intimação pessoal. Aplicabilidade. "Os prazos para as manifestações processuais da Defensoria Pública são contados em dobro e têm início com a intimação pessoal do defensor público (art. 186, *caput* e § 1º, do CPC). O benefício da intimação pessoal se assenta no princípio da isonomia material (art. 5º, *caput*, da CF) e constitui mecanismo voltado à concretização do acesso à Justiça e do contraditório pelos hipossuficientes. A interpretação sistemática das normas – art. 5º, § 5º, da Lei nº 1.060/50 e art. 186, § 3º, do CPC – conduz à conclusão de que a prerrogativa de intimação pessoal dos atos processuais também se estende aos escritórios de prática jurídica das faculdades de Direito, públicas ou privadas" (STJ, REsp. 1.829.747/AM, Re. p/acórdão Min. Nancy Andrighi, 3ª Turma, jul. 07.11.2023, *DJe* 17.11.2023).

8. Advogado de núcleo de prática jurídica. Direito aos honorários. "O advogado de Núcleo de Prática Jurídica, quando designado para patrocinar causa de juridicamente necessitado ou de réu revel, ante a impossibilidade de a prestação do serviço ser realizada pela Defensoria Pública, possui direito aos honorários remuneratórios fixados pelo juiz e pagos pelo Estado, nos termos do art. 22, § 1º, da Lei n. 8.906/1994. O fato de o advogado ser remunerado por instituição educacional de nível superior não retira seu direito de receber os honorários advocatícios, haja vista que, enquanto a supervisão dos estudantes de direito é atividade *interna corporis*, o trabalho de advogado dativo refere-se ao exercício de múnus público por determinação judicial" (STJ, REsp 1.848.922/PR, Rel. Min. Antonio Carlos Ferreira, 4ª Turma, jul. 12.12.2023, *DJe* 18.12.2023).

9. Nulidade por falta de intimação. "É prerrogativa da Defensoria Pública, consoante preconizado nos arts. 5º, § 5º, da Lei Federal n.º 1.060/50 e 44, da Lei Complementar n.º 80/94, a realização da intimação pessoal: 'Art. 5º:(...) (*omissis*) § 5º Nos Estados onde a Assistência Judiciária seja organizada e por eles mantida, o Defensor Público, ou quem exerça cargo equivalente, será intimado pessoalmente de todos os atos do processo, em ambas as Instâncias, contando-se-lhes em dobro todos os prazos. (Incluído pela Lei nº 7.871, de 1989)' 'Art. 44. São prerrogativas dos membros da Defensoria Pública da União: I – receber intimação pessoal em qualquer processo e grau de jurisdição, contando-se-lhe em dobro todos os prazos;(...)'. *In casu*, consoante consignado no próprio voto condutor dos embargos de declaração (fls. 112 e 113), não houve a intimação pessoal do respectivo membro da defensoria pública para manifestação sobre o recurso de apelação interposto pela Municipalidade, o que configura nulidade absoluta, nos termos do art. 247 do CPC. Recurso especial provido para determinar o retorno dos autos à Corte de origem, com anulação dos atos posteriores à sentença, para regularização da intimação pessoal da defensoria pública, oportunizando-se a apresentação de contrarrazões à apelação" (STJ, REsp 1035716/MS, Rel. Min. Luiz Fux, 1ª Turma, jul. 20.05.2008, *DJe* 19.06.2008).

Art. 187. O membro da Defensoria Pública será civil e regressivamente responsável quando agir com dolo ou fraude no exercício de suas funções.

REFERÊNCIA LEGISLATIVA

CF, arts. 134 e 135.

BREVES COMENTÁRIOS

O regime de responsabilidade é o mesmo para os membros do Ministério Público, da Advocacia Pública e da Defensoria Pública. Ou seja, o defensor público só responde pessoalmente pela reparação do dano, se houver procedido com dolo ou fraude, mas a pessoa jurídica, a que se acha vinculado, responde objetivamente, nos termos do art. 37, § 6º, da Constituição Federal.

DA DEFENSORIA PÚBLICA: INDICAÇÃO DOUTRINÁRIA

Cassio Scarpinella Bueno, *Manual de direito processual civil*, São Paulo: Saraiva, 2015; Daniel Amorim Assumpção Neves, *Manual de direito processo civil*, São Paulo: Método, 2015; Fredie Didier Jr., *Curso de direito processual civil*, 17. ed., Salvador: JusPodivm, 2015, v. I; Guilherme Rizzo Amaral, *Comentários às alterações do novo CPC*, São Paulo: Revista dos Tribunais, 2015; Humberto Theodoro Júnior, *Curso de direito processual civil*, 61. ed., Rio de Janeiro: Forense, 2020, v. I; Humberto Theodoro Júnior, Fernanda Alvim Ribeiro de Oliveira, Ester Camila Gomes Norato Rezende (coords.), *Primeiras lições sobre o novo direito processual civil brasileiro*, Rio de Janeiro: Forense, 2015; J. E. Carreira Alvim, *Comentários ao novo Código de Processo Civil*, Curitiba: Juruá, 2015; José Augusto Garcia de Souza, In: Teresa Arruda Alvim Wambier, Fredie Didier Jr., Eduardo Talamini, Bruno Dantas, *Breves comentários ao novo Código de Processo Civil*, São Paulo: Revista dos Tribunais, 2015; José Miguel Garcia Medina, *Novo Código de Processo Civil comentado*, São Paulo: Revista dos Tribunais, 2015; José Roberto dos Santos Bedaque, In: José Roberto F. Gouvêa; Luis Guilherme A. Bondioli e João Francisco N. da Fonseca (coord.), *Comentários ao Código de Processo Civil*, São Paulo: Saraiva, 2019, v. 3; Leonardo Greco, *Instituições de processo civil: introdução ao direito processual civil*, 5. ed., Rio de Janeiro: Forense, 2015; Luis Antônio Giampaulo Sarro, *Novo Código de Processo Civil*, São Paulo: Rideel, 2015; Luiz Guilherme Marinoni, Sérgio Cruz Arenhart, Daniel Mitidiero, *Curso de processo civil*, São Paulo: Revista dos Tribunais, 2015, v. I; Nelson Nery Junior, Rosa Maria de Andrade Nery, *Comentários ao Código de Processo Civil*, São Paulo: Revista dos Tribunais, 2015; Renan Barros dos Reis, A Defensoria Pública no novo Código de Processo Civil, *Jurisplenum*, n. 64, ano XI, p. 107-130, jul.-ago. 2015; Renato Beneduzi, In: Sérgio Cruz Arenhart e Daniel Mitidiero (coord.), *Comentários ao Código de Processo Civil*. 2. ed., São Paulo: RT, 2018, v. 2; Sérgio Seiji Shimura, Ministério Público e Defensoria Pública, In: Luiz Rodrigues Wambier; Teresa Arruda Alvim Wambier, *Temas Essenciais do Novo CPC*, São Paulo: RT, 2016, p. 151; Teresa Arruda Alvim Wambier, Fredie Didier Jr., Eduardo Talamini, Bruno Dantas (coords.), *Breves comentários ao novo Código de Processo Civil*, São Paulo: Revista dos Tribunais, 2015; Teresa Arruda Alvim Wambier, Maria Lúcia Lins Conceição, Leonardo Ferres da Silva Ribeiro, Rogério Licastro Torres de Melo, *Primeiros comentários ao novo Código de Processo Civil*, São Paulo: Revista dos Tribunais, 2015; Edilson Santana Gonçalves Filho. A legitimidade da Defensoria Pública para a ação de improbidade após a Lei 14.230/2021. *Revista de Processo*. v. 341, julho 2023, p. 203-220.

LIVRO IV
DOS ATOS PROCESSUAIS

TÍTULO I
DA FORMA, DO TEMPO E DO LUGAR DOS ATOS PROCESSUAIS

Capítulo I
DA FORMA DOS ATOS PROCESSUAIS

Seção I
Dos Atos em Geral

Art. 188. Os atos e os termos processuais independem de forma determinada, salvo quando a lei expressamente a exigir, considerando-se válidos os que, realizados de outro modo, lhe preencham a finalidade essencial.

CPC/1973

Art. 154.

REFERÊNCIA LEGISLATIVA

CPC/2015, arts. 276 (nulidade; impossibilidade de arguição pelo causador); 277 (princípio da finalidade); e 283 (erro de forma; efeito; aproveitamento de atos).

Lei nº 9.800, de 26.05.1999 (Fax – ver Legislação Especial).

Lei nº 11.419, de 19.12.2006 (Processo Eletrônico – ver Legislação Especial).

Resolução do STJ nº 08, de 20.09.2007 (Processo Eletrônico – ver Legislação Especial).

BREVES COMENTÁRIOS

Forma é o conjunto de solenidades que se devem observar para que o ato jurídico seja plenamente eficaz. É através da forma que a declaração de vontade adquire realidade e se torna ato jurídico processual.

Quanto à forma, os atos jurídicos em geral costumam ser classificados em solenes ou não solenes. Solenes são aqueles para os quais a lei prevê determinada forma como condição de validade. E não solenes, os atos de forma livre, *i.e.*, que podem ser praticados independentemente de qualquer solenidade e que se provam por quaisquer dos meios de convencimento admitidos em direito.

Os atos processuais são solenes porque, em regra, se subordinam à forma escrita, a termos adequados, a lugares e tempo expressamente previstos em lei. Realmente, a forma, nos atos jurídicos mais importantes, é sempre instituída para segurança das partes, e não por mero capricho do legislador. O que se pode razoavelmente condenar é o excesso de formas, as solenidades exageradas e imotivadas.

Ainda quando houver exigência de determinada solenidade, considerar-se-ão válidos os atos que, realizados de outro modo, lhe preencham a finalidade essencial. Para o Código, portanto, as formas que prescrevem são relevantes, mas sua inobservância não é causa de nulidade, a não ser que dela tenha decorrido a não consecução da finalidade do ato.

JURISPRUDÊNCIA SELECIONADA

1. Citação válida. "Segundo o princípio da instrumentalidade das formas, não se deve decretar a nulidade do ato quando este não houver gerado prejuízo para as partes e tiver alcançado sua finalidade. Precedentes" (STJ, REsp 873.043/RS, Rel. Min. Arnaldo Esteves Lima, 5ª Turma, jul. 27.09.2007, *DJ* 22.10.2007, p. 362). **No mesmo sentido:** STJ, AgRg no REsp 919.454/RS, Rel. Min. Francisco Falcão, 1ª Turma, jul. 22.05.2007, *DJ* 14.06.2007, p. 272.

2. Finalidade essencial. "A sistemática do processo civil é regida pelo princípio da instrumentalidade das formas, devendo ser reputados válidos os atos que cumprem a sua finalidade essencial" (STJ, REsp 687.115/GO, Rel. Min. Nancy Andrighi, 3ª Turma, jul. 28.06.2007, *DJ* 01.08.2007, p. 457).

3. Formalidades processuais. Limites. "As formalidades processuais não podem ser exaltadas como valores sagrados a serem adorados por si mesmos, sob o risco de se terminar por atribuir a inócuas filigranas formais insuperáveis empeços de acesso à Justiça. Ao contrário, a elas é conferido um limitado respeito, devendo ser preservadas enquanto sirvam de elemento ordenador para o desenvolvimento e a condução dos processos" (STJ, AgRg no Ag 278.796/BA, Rel. Min. Cesar Asfor Rocha, 4ª Turma, jul. 15.06.2000, *DJ* 05.03.2001, p. 173).

4. Comunicação de atos por meio eletrônico. Erro. "Erro na divulgação de informações processuais pela internet. – Possível erro no sistema processual divulgado pelos tribunais por meio eletrônico não constitui elemento hábil a afastar a intempestividade na realização de ato processual. Precedentes"

(STJ, HC 87.645/MG, Rel. Min. Nancy Andrighi, 3ª Turma, jul. 02.10.2007, *DJ* 15.10.2007, p. 254). **No mesmo sentido:** STJ, REsp 779.852/RJ, Rel. Min. Carlos Alberto Menezes Direito, 3ª Turma, jul. 03.10.2006, *DJ* 04.12.2006, p. 305. **Observação: esta posição corresponde a informações fora do processo eletrônico.**

Art. 189. Os atos processuais são públicos, todavia tramitam em segredo de justiça os processos:

I – em que o exija o interesse público ou social;

II – que versem sobre casamento, separação de corpos, divórcio, separação, união estável, filiação, alimentos e guarda de crianças e adolescentes;

III – em que constem dados protegidos pelo direito constitucional à intimidade;

IV – que versem sobre arbitragem, inclusive sobre cumprimento de carta arbitral, desde que a confidencialidade estipulada na arbitragem seja comprovada perante o juízo.

§ 1º O direito de consultar os autos de processo que tramite em segredo de justiça e de pedir certidões de seus atos é restrito às partes e aos seus procuradores.

§ 2º O terceiro que demonstrar interesse jurídico pode requerer ao juiz certidão do dispositivo da sentença, bem como de inventário e de partilha resultantes de divórcio ou separação.

CPC/1973

Art. 155.

REFERÊNCIA LEGISLATIVA

CF, arts. 5º, LX, e 93, IX (princípio da publicidade dos atos processuais e tutela do direito à intimidade, respeitado o interesse público à informação – Emenda Constitucional nº 45, de 30.12.2004).

CPC/2015, art. 368 (audiência; publicidade).

Lei Complementar nº 35, de 14.03.1979, art. 27 (segredo de justiça no processo disciplinar contra magistrado).

ECA, arts. 143, 144 e 247 (sigilo dos atos judiciais relativos a crianças e adolescentes).

Lei nº 9.278, de 10.05.1996 (Regula o art. 223 da CF), art. 9º (matéria relativa à união estável é de competência da Vara de Família, assegurado o segredo de justiça).

BREVES COMENTÁRIOS

A publicidade dos atos processuais é imposição constitucional (CF, arts. 5º, LX, e 93, IX e X). Nos casos de segredo de justiça, reserva-se um mínimo de publicidade, não podendo, em hipótese alguma, impedi-la em relação às partes e seus advogados. O segredo prevalece apenas para o público em geral. O pleno acesso das partes e procuradores a todos os atos do processo e a fundamentação obrigatória de todas as decisões complementam a garantia maior do contraditório e a ampla defesa (CF, arts. 5º, LV, e 93, X). Por isso mesmo, o acesso autorizado pelo § 1º do art. 189 não se refere a qualquer procurador da parte, mas tão somente a seu advogado (STJ, RMS 14.697/SP, Rel. Min. Paulo Medina, 2ª Turma, jul. 07.11.2002, *DJU* 16.12.2002, p. 284).

Nos feitos que se sujeitam às restrições do procedimento em segredo de Justiça, as audiências realizam-se sem acesso público (art. 368), com a presença apenas do juiz e seus auxiliares, bem como das partes e seus advogados, e, ainda, do representante do Ministério Público, quando funcionar como *custos legis*.

O acesso aos autos processuais é amplo, não sendo privativo dos advogados. "De acordo com o princípio da publicidade dos atos processuais, é permitida a vista dos autos do processo em cartório por qualquer pessoa, desde que não tramite em segredo de justiça" (STJ, REsp 660.284/SP, Rel. Min. Nancy Andrighi, 3ª Turma, jul. 10.11.2005, *DJU* 19.12.2005, p. 400). Inclui-se, no direito de acesso assegurado pelo princípio da publicidade do processo, o de obter certidão a ser fornecida pelo escrivão, acerca de qualquer ato ou termo do processo, independentemente de despacho judicial (CPC, art. 152, V).

JURISPRUDÊNCIA SELECIONADA

1. Consulta aos autos. Processo que tramita em segredo de justiça. Vedação. "De acordo com o art. 189, §§ 1º e 2º, do CPC, sem a demonstração de interesse jurídico na causa, é vedada ao terceiro a consulta aos autos que tramitam em segredo de justiça, cabendo-lhe apenas o direito de requerer certidão" (STJ, AgInt no REsp 1.708.238/SP, Rel. Min. Herman Benjamin, 2ª Turma, jul. 24.08.2020, *DJe* 09.09.2020).

2. Sigilo. Interesse público *x* interesse privado. "Sendo o sigilo imprescindível para o desenrolar das investigações, configura-se a prevalência do interesse público sobre o privado" (STJ, HC 38.219/SP, Rel. Min. Gilson Dipp, 5ª Turma, jul. 15.03.2005, *DJ* 04.04.2005, p. 330).

"Cuidando-se de ação civil pública ajuizada pelo Ministério Público com fundamento na prática de ato de improbidade administrativa pelos réus, não subsiste o pedido de um dos requeridos de que o feito tramite sob o segredo de justiça, porquanto, neste caso, o interesse da sociedade na preservação da publicidade dos atos processuais se sobrepõe ao interesse pessoal do agente público de ter a sua intimidade resguardada, não se configurando, pois, as hipóteses do art. 5º, inc. LX, da CR e do art. 155, inc. I, do CPC" (TJMG, AI 1.0701.08.245855-8/002, Rel. Des. Edgard Penna Amorim, 8ª Câmara, jul. 16.07.2009, *DJ* 04.08.2009).

3. Segredo de justiça. Rol exemplificativo. "O rol das hipóteses de segredo de justiça contido no art. 155 do CPC não é taxativo. Admite-se o processamento em segredo de justiça de ações cuja discussão envolva informações comerciais de caráter confidencial e estratégico" (STJ, AgRg na MC 14.949/SP, Rel. Min. Nancy Andrighi, 3ª Turma, jul. 19.05.2009, *DJe* 18.06.2009).

"Apesar de a lei enumerar os casos em que se admite que o ato processual se realize em segredo de justiça, tal como ocorre no Código de Processo Civil vigente, no art. 155, nada impede que o juiz, a seu critério, permita o processamento do feito sob sigilo, mas desde que o faça em razão do interesse público" (TJMG, AI 442.429-3, Rel. Juiz Dárcio Lopardi Mendes, 6ª Câmara, jul. 20.04.2004, *DJ* 21.05.2004).

4. Violação ao segredo de justiça. "A violação do segredo de justiça, na ação de alimentos ajuizada contra pai adulterino, não tem repercussão de ordem processual capaz de conduzir à nulidade" (TJRS, Apel. 587.015.207, Rel. Des. Lio Cezar Schmitt, 5ª Câmara, jul. 10.08.1987, *RJTJRS* 124/367).

"Não fere o segredo de justiça a notícia da existência de processo contra determinada pessoa, somente se configurando apontado vício se houver análise dos fatos, argumentos e provas contidos nos autos da demanda protegida. Precedente. No caso de pessoas públicas, o âmbito de proteção dos direitos da personalidade se vê diminuído, sendo admitidas, em tese, a divulgação de informações aptas a formar o juízo crítico dos eleitores sobre o caráter do candidato" (STJ, REsp 253.058/MG, Rel. Min. Fernando Gonçalves, 4ª Turma, jul. 04.02.2010, *DJe* 08.03.2010).

5. Publicação pela imprensa. "Publicação pela imprensa. **Nomes das partes indicados apenas pelas letras iniciais.**

Admissibilidade. Hipótese de processo que corre em segredo de justiça. Artigo 155, inciso II, do Código Civil. Publicação, ademais, que contém os elementos suficientes para identificação. Artigo 236, § 1º, do Código de Processo Civil. Nulidade inocorrente. Agravo não provido" (TJSP, AGI 73.946-1, Rel. Olavo Silveira, 4ª Câmara, jul. 14.08.1986, *RJTJESP* 105/301).

6. Investigatória de paternidade. "Em ação de investigação de paternidade, com a instrução concluída, e que corre em segredo de justiça, por força de dispositivos de ordem pública, que visam ao resguardo da intimidade das partes, não tendo o advogado, impetrante de mandado de segurança, procuração nos autos, nenhum direito lhe confere a legislação de examinar o processo" (STJ, RMS 4.848/DF, Rel. Min. Demócrito Reinaldo, 1ª Turma, jul. 05.04.1995, *DJ* 08.05.1995, p. 12.302).

7. Estagiário. "Frente à redação dos dispositivos legais referidos, inexiste qualquer dúvida acerca da impossibilidade de se conceder vista dos autos, protegidos pelo segredo de justiça, a estagiário não inscrito na OAB, porque tal se revela em atividade inerente ao exercício da advocacia, não podendo ser provocada por quem não satisfaz a condição prevista no art. 3º, § 2º, do Estatuto do Advogado. Demais disso, a ciência hermenêutica não socorre o recorrente quanto à alegativa de que a expressão 'procuradores' do art. 155 do Código de Processo Civil deva ser interpretada amplamente, de forma a abranger todo e qualquer estagiário substabelecido no processo" (STJ, RMS 14.697/SP, Rel. Min. Paulo Medina, 2ª Turma, jul. 07.11.2002, *DJ* 16.12.2002, p. 284).

8. Advogado sem procuração nos autos. "Consoante o disposto nos artigos 40 e 155 do CPC, o exame dos processos que correm em segredo de justiça, ainda que em cartório, fica restrito aos advogados das partes. *In casu*, como o impetrante não juntou procuração aos autos nem requereu essa providência, falece-lhe direito líquido e certo para justificar tal pretensão. Demais disso, como é cediço, no mandado de segurança, o pedido deve ser certo e determinado, o que não se verifica na espécie, entremostrando-se o pleito confuso e defectivo" (STJ, RMS 4.848/DF, Rel. Min. Demócrito Reinaldo, 1ª Turma, jul. 05.04.1995, *DJ* 08.05.1995, p. 12.302).

9. Interesse jurídico de terceiros. "É permitida a vista dos autos em cartório por terceiro que tenha interesse jurídico na causa, desde que o processo não tramite em segredo de justiça" (REsp 656.070/SP, Rel. Min. Humberto Gomes de Barros, 3ª Turma, jul. 20.09.2007, *DJ* 15.10.2007, p. 255).

"A simples negativa de vista a terceiros não cerceia a defesa em processo sob segredo de justiça. Não existe direito líquido e certo a acesso de estranhos aos autos sob o sigilo judicial. Para tanto, há necessidade da demonstração do interesse jurídico, na forma do parágrafo único do art. 155 do CPC" (STJ, RMS 18.383/SC, Rel. Min. Humberto Gomes de Barros, 3ª Turma, jul. 19.05.2005, *DJ* 27.06.2005, p. 360) (cf. § 2º do art. 189 do CPC/2015).

"O impetrante é comerciante, prestador de serviços a advogados, não é nem advogado nem parte do processo, a quem é assegurada a vista dos autos (art. 155, par. único do CPC). Inexistência de direito subjetivo do impetrante a ter acesso aos autos em cartório para proceder à cópia das imagens de peças dos autos de processos que apenas são de seu interesse comercial, enquanto prestador de serviços a terceiros" (STJ, RMS 16.017/SP, Rel. Min. Francisco Falcão, 1ª Turma, jul. 28.10.2003, *DJ* 15.12.2003, p. 181).

10. Veracidade dos fatos. "Não se pode vedar que se reproduzam os dados de processo de execução, constantes no cartório distribuidor, tendo em vista que o processo não deixa de existir tão somente pelo fato de estar o executado discutindo o título executivo em juízo. Se os órgãos de proteção ao crédito reproduzem fielmente o que consta no cartório de distribuição a respeito de determinado processo de execução, não se lhes pode tolher que forneçam tais dados públicos aos seus associados" (STJ, REsp 866.198/SP, Rel. Min. Nancy Andrighi, 3ª Turma, jul. 14.12.2006, *DJ* 05.02.2007, p. 234).

11. Eleitoral. "Não fere o segredo de justiça a notícia da existência de processo contra determinada pessoa, somente se configurando apontado vício se houver análise dos fatos, argumentos e provas contidos nos autos da demanda protegida. Precedente. **No caso de pessoas públicas, o âmbito de proteção dos direitos da personalidade se vê diminuído**, sendo admitida, em tese, a divulgação de informações aptas a formar o juízo crítico dos eleitores sobre o caráter do candidato" (STJ, REsp 253.058/MG, Rel. Min. Fernando Gonçalves, 4ª Turma, jul. 04.02.2010, *DJe* 08.03.2010).

12. Ação civil pública. Preço abusivo de combustível. "A medida deferida tem por escopo vedar o acesso aos autos de terceiros, eventuais competidores, da parte recorrente, sem impedir em qualquer medida a investigação de ilícitos, *v.g.*, de ordem econômica, consumerista ou penal por órgãos competentes para tal mister" (STJ, REsp 1.296.281/RS, Rel. Min. Herman Benjamin, 2ª Turma, jul. 14.05.2013, *DJe* 22.05.2013).

Art. 190. Versando o processo sobre direitos que admitam autocomposição, é lícito às partes plenamente capazes estipular mudanças no procedimento para ajustá-lo às especificidades da causa e convencionar sobre os seus ônus, poderes, faculdades e deveres processuais, antes ou durante o processo.

Parágrafo único. De ofício ou a requerimento, o juiz controlará a validade das convenções previstas neste artigo, recusando-lhes aplicação somente nos casos de nulidade ou de inserção abusiva em contrato de adesão ou em que alguma parte se encontre em manifesta situação de vulnerabilidade.

CJF – JORNADAS DE DIREITO PROCESSUAL CIVIL

I JORNADA

Enunciado 16 – As disposições previstas nos arts. 190 e 191 do CPC poderão aplicar-se aos procedimentos previstos nas leis que tratam dos juizados especiais, desde que não ofendam os princípios e regras previstos nas Leis n. 9.099/1995, 10.259/2001 e 12.153/2009.

Enunciado 17 – A Fazenda Pública pode celebrar convenção processual, nos termos do art. 190 do CPC.

Enunciado 18 – A convenção processual pode ser celebrada em pacto antenupcial ou em contrato de convivência, nos termos do art. 190 do CPC.

II JORNADA

Enunciado 112 – A intervenção do Ministério Público como fiscal da ordem jurídica não inviabiliza a celebração de negócios processuais.

Enunciado 113 – As disposições previstas nos arts. 190 e 191 do CPC poderão ser aplicadas ao procedimento de recuperação judicial.

Enunciado 114 – Os entes despersonalizados podem celebrar negócios jurídicos processuais.

Enunciado 115 – O negócio jurídico processual somente se submeterá à homologação quando expressamente exigido em norma jurídica, admitindo-se, em todo caso, o controle de validade da convenção.

Enunciado 152 – O pacto de impenhorabilidade (arts. 190, 200 e 833, I) produz efeitos entre as partes, não alcançando terceiros.

Enunciado 153 – A penhorabilidade dos bens, observados os critérios do art. 190 do CPC, pode ser objeto de convenção processual das partes.

REFERÊNCIA LEGISLATIVA

Lei nº 11.101/2002, art. 189, § 2º, incluído pela Lei nº 14.112/2020 (negócio jurídico na falência e recuperação judicial).

BREVES COMENTÁRIOS

O atual Código adotou a teoria dos negócios jurídicos processuais, por meio da qual se conferiu certa flexibilização procedimental ao processo, respeitados os princípios constitucionais, de sorte a que se consiga dar maior efetividade ao direito material discutido. Assim é que disciplinou a possibilidade de mudança procedimental pelas partes no art. 190 e seu parágrafo único.

A ideia se coaduna com o princípio da cooperação, que está presente no Código atual, devendo nortear a conduta das partes e do próprio juiz, com o objetivo de, mediante esforço comum, solucionar o litígio, alcançando uma decisão justa, mediante procedimento mais simples e mais adequado ao caso dos autos.

O CPC/2015 autoriza o negócio processual sob a forma de cláusula geral, sem, portanto, especificar expressamente os limites dentro dos quais a convenção das partes poderá alterar o procedimento legal. O convencionado entre as partes vinculará o juiz, não cabendo a estas, no entanto, eliminar as suas prerrogativas. Por outro lado, não se reconhece ao magistrado o poder de veto puro e simples. Toca-lhe apenas o poder de fiscalização e controle, de modo a impedir convenções nulas ou abusivas, como explicita o parágrafo único do art. 190.

JURISPRUDÊNCIA SELECIONADA

1. Negócio jurídico processual. Possibilidade. "Partes que estipularam mudança no procedimento para ajustá-lo a especificidade da demanda – Negócio jurídico processual previsto no CPC/2015 – Cabimento – Intimações a serem realizadas no endereço declinado, ficando autorizado o recebimento de intimação por quaisquer terceiros que nele se encontrem. Autocomposição e capacidade plena das partes. Disponibilidade dos interesses a permitir o negócio jurídico processual – Inteligência do art. 190, do CPC/2015" (TJSP, AI 2045753-87.2016.8.26.0000, Rel. Luis Fernando Nishi, 32ª Câmara de Direito Privado; jul. 22.09.2016; *DJ* 22.09.2016).

2. Ação de inventário. Negócio jurídico entre herdeiros. Inexistência de celebração de negócio jurídico processual atípico. Objeto e abrangência que não podem ser subtraídas do Poder Judiciário. "Dentre os poderes atribuídos ao juiz para o controle dos negócios jurídicos processuais celebrados entre as partes está o de delimitar precisamente o seu objeto e abrangência, cabendo-lhe decotar, quando necessário, as questões que não foram expressamente pactuadas pelas partes e que, por isso mesmo, não podem ser subtraídas do exame do Poder Judiciário. Na hipótese, convencionaram os herdeiros que todos eles fariam jus a uma retirada mensal para custear as suas despesas ordinárias, a ser antecipada com os frutos e os rendimentos dos bens pertencentes ao espólio, até que fosse ultimada a partilha, não tendo havido consenso, contudo, quanto ao exato valor da retirada mensal de um dos herdeiros, de modo que coube ao magistrado arbitrá-lo. A superveniente pretensão do herdeiro, que busca a majoração do valor que havia sido arbitrado judicialmente em momento anterior, fundada na possibilidade de aumento sem prejuízo ao espólio e na necessidade de fixação de um novo valor em razão de modificação de suas condições, evidentemente não está abrangida pela convenção anteriormente firmada. Admitir que o referido acordo, que sequer se pode conceituar como um negócio processual puro, pois o seu objeto é o próprio direito material que se discute e que se pretende obter na ação de inventário, impediria novo exame do valor a ser destinado ao herdeiro pelo Poder Judiciário, resultaria na conclusão de que o juiz teria se tornado igualmente sujeito do negócio avençado entre as partes e, como é cediço, o juiz nunca foi, não é e nem tampouco poderá ser sujeito de negócio jurídico material ou processual que lhe seja dado conhecer no exercício da judicatura, especialmente porque os negócios jurídicos processuais atípicos autorizados pelo novo CPC são apenas os bilaterais, isto é, àqueles celebrados entre os sujeitos processuais parciais. A interpretação acerca do objeto e da abrangência do negócio deve ser restritiva, de modo a não subtrair do Poder Judiciário o exame de questões relacionadas ao direito material ou processual que obviamente desbordem do objeto convencionado entre os litigantes, sob pena de ferir de morte o art. 5º, XXXV, da Constituição Federal e o art. 3º, caput, do novo CPC" (STJ, REsp 1.738.656/RJ, Rel. Min. Nancy Andrighi, 3ª Turma, jul. 03.12.2019, *DJe* 05.12.2019).

3. Negócio jurídico processual. Limites. Contraditório. "São requisitos do negócio jurídico processual: a) versar a causa sobre direitos que admitam autocomposição; b) serem partes plenamente capazes; c) limitar-se aos ônus, poderes, faculdades e deveres processuais das partes; d) tratar de situação jurídica individualizada e concreta. O negócio jurídico processual não se sujeita a um juízo de conveniência pelo juiz, que fará apenas a verificação de sua legalidade, pronunciando-se nos casos de nulidade ou de inserção abusiva em contrato de adesão ou ainda quando alguma parte se encontrar em manifesta situação de vulnerabilidade. A modificação do procedimento convencionada entre as partes por meio do negócio jurídico sujeita-se a limites, dentre os quais ressai o requisito negativo de não dispor sobre a situação jurídica do magistrado. As funções desempenhadas pelo juiz no processo são inerentes ao exercício da jurisdição e à garantia do devido processo legal, sendo vedado às partes sobre elas dispor" (STJ, REsp 1.810.444/SP, Rel. Min. Luis Felipe Salomão, 4ª Turma, jul. 23.02.2021, DJe 28.04.2021).

4. Improbidade administrativa. Fase recursal. Acordo. Não persecução cível. Possibilidade. "Conforme a jurisprudência da Primeira Turma do STJ, a homologação judicial dos acordos de não persecução cível em sede de ação de improbidade administrativa, previsto na Lei n. 13.964/2019, pode ser levado a efeito na instância recursal. A Lei n. 14.230/2021, que alterou significativamente o regramento da improbidade administrativa, incluiu o art. 17-B à Lei nº 8.429/92, trazendo previsão normativa explícita quanto à possibilidade do acordo em exame até mesmo no momento da execução da sentença. (...) As partes deliberaram pela celebração de acordo de não persecução cível, com a fixação de multa civil no importe de R$ 2.500.000,00 (dois milhões e quinhentos mil reais), em substituição à condenação de proibição de contratar com o Poder Público, pelo prazo de 5 (cinco) anos" (STJ, Acordo nos EAREsp 102.585/RS, Rel. Min. Gurgel de Faria, 1ª Seção, jul. 09.03.2022, *DJe* 06.04.2022).

Art. 191. De comum acordo, o juiz e as partes podem fixar calendário para a prática dos atos processuais, quando for o caso.

§ 1º O calendário vincula as partes e o juiz, e os prazos nele previstos somente serão modificados em casos excepcionais, devidamente justificados.

§ 2º Dispensa-se a intimação das partes para a prática de ato processual ou a realização de audiência cujas datas tiverem sido designadas no calendário.

REFERÊNCIA LEGISLATIVA

CF, art. 5º, LXXVIII.

CJF – JORNADAS DE DIREITO PROCESSUAL CIVIL

I JORNADA

Enunciado 16 – As disposições previstas nos arts. 190 e 191 do CPC poderão aplicar-se aos procedimentos previstos nas leis que tratam dos juizados especiais, desde que não ofendam os princípios e regras previstos nas Leis n. 9.099/1995, 10.259/2001 e 12.153/2009.

II JORNADA

Enunciado 113 – As disposições previstas nos arts. 190 e 191 do CPC poderão ser aplicadas ao procedimento de recuperação judicial.

BREVES COMENTÁRIOS

O atual Código admite que as partes e o juiz, de comum acordo, fixem calendário para a prática dos atos processuais, quando for o caso. Esse calendário é útil quando o processo envolva questões que se submetem a provas em foros distintos ou a perícias mais complexas; haja prazos comuns; etc. O calendário cumpre significativo papel na implementação do princípio de duração razoável do processo e de emprego de meios que acelerem sua conclusão (CF, art. 5º, LXXVIII), pois, uma vez estabelecido, os atos processuais se realizarão nos momentos predeterminados, sem depender de novas intimações.

Art. 192. Em todos os atos e termos do processo é obrigatório o uso da língua portuguesa.

Parágrafo único. O documento redigido em língua estrangeira somente poderá ser juntado aos autos quando acompanhado de versão para a língua portuguesa tramitada por via diplomática ou pela autoridade central, ou firmada por tradutor juramentado.

CPC/1973

Arts. 156 e 157.

REFERÊNCIA LEGISLATIVA

Lei nº 6.015, de 31.12.1973, arts. 129, 6, e 148 (registros públicos).

CF, art. 105, I, *i* (carta rogatória; *exequatur*; competência).

CPC/2015, art. 162, *I* (nomeação de intérprete).

CC, art. 224 (tradução).

Decreto nº 8.742, de 04.05.2016, arts. 4º e 5º (dispensa de legalização consular).

SÚMULAS

Súmula do STF

Nº 259: "Para produzir efeito em juízo não é necessária a inscrição, no registro público, de documentos de procedência estrangeira, autenticados por via consular".

BREVES COMENTÁRIOS

A regra do art. 192 do CPC vincula-se ao disposto no art. 13 da Constituição, que adota a língua portuguesa como o idioma oficial do Brasil, motivo pelo qual nenhum documento redigido em língua estrangeira será juntado aos autos senão depois de vertido para o vernáculo.

JURISPRUDÊNCIA SELECIONADA

1. Citação de doutrina estrangeira. "O uso de citação de doutrina no idioma francês, conjugado com embasamento claro e suficiente no vernáculo, não caracteriza negativa de vigência do art. 156 do CPC" (STJ, REsp 1.043.096/RS, Rel. Min. Herman Benjamin, 2ª Turma, jul. 10.06.2008, *DJe* 19.12.2008).

2. Utilização de programa de computador da língua inglesa. "A inicial está, sem sombra de dúvida, redigida no idioma pátrio, a despeito da ausência de acentos em algumas palavras, e do 'ç' em outras. É ela perfeitamente inteligível a qualquer pessoa de bom senso, a despeito de tais falhas de impressão, resultantes da utilização de um programa de computador próprio da língua inglesa" (TJSP, Ap. 150.778-1/3, Rel. Des. Franklin Nogueira, 8ª Câmara, jul. 02.10.1991, *RT* 679/83).

3. Necessidade de tradução. "A despeito de o documento possuir forma e conteúdo de notificação, deixa de ter, todavia, esse valor se, redigido em língua estrangeira, não se fizer acompanhar, como preceitua o art. 157 do CPC, de versão em vernáculo firmada por tradutor juramentado" (TJSC, Ap 26.847, Rel. Des. Napoleão Amarante, 1ª Câmara, jul. 25.08.1987, *Jurisp. Cat.* 57/119). **No mesmo sentido:** TJMG, ApCív 340.724-3, Rel. Juiz Belizário de Lacerda, 6ª Câmara, jul. 10.10.2001, *DJ* 23.10.2001.

4. Documento redigido em língua estrangeira, desacompanhado da respectiva tradução juramentada. Admissibilidade. "Em se tratando de documento redigido em língua estrangeira, cuja validade não se contesta e cuja tradução não é indispensável para a sua compreensão, não é razoável negar-lhe eficácia de prova. O art. 157 do CPC, como toda regra instrumental, deve ser interpretado sistematicamente, levando em consideração, inclusive, os princípios que regem as nulidades, nomeadamente o de que nenhum ato será declarado nulo se da nulidade não resultar prejuízo para acusação ou para a defesa (*pas de nulitté sans grief*). Não havendo prejuízo, não se pode dizer que a falta de tradução, no caso, tenha importado violação ao art. 157 do CPC" (STJ, REsp 616.103/SC, Rel. Min. Teori Albino Zavascki, 1ª Turma, jul. 14.09.2004, *DJ* 27.09.2004, p. 255).

"A ausência de tradução do instrumento de compra e venda, redigido em espanhol, contendo informações simples, não comprometeu a sua compreensão pelo juiz e pelas partes; possibilidade de interpretação teleológica, superando-se os óbices formais das regras dos arts. 157 do CPC e 224 do CC/2002" (STJ, REsp 924.992/PR, Rel. Min. Paulo de Tarso Sanseverino, 3ª Turma, jul. 19.05.2011, *DJe* 26.05.2011).

5. Documento parcialmente redigido em idioma estrangeiro. Oportunidade para complementação da instrução. Aproveitamento do processo. "A exigência de apresentação de tradução de documento estrangeiro, consubstanciada no art. 157 do CPC, deve ser na medida do possível conjugada com a regra do art. 284 da mesma lei adjetiva, de sorte que se ainda na fase instrutória da ação ordinária é detectada a falta, deve ser oportunizada à parte a sanação do vício, ao invés de simplesmente extinguir-se o processo, obrigando à sua repetição" (STJ, REsp 434.908/AM, Rel. Min. Aldir Passarinho Junior, 4ª Turma, jul. 03.04.2003, *DJ* 25.08.2003, p. 313).

6. Registro. "A exigência de registro de que trata os arts. 129, § 6º, e 148 da Lei 6.015/1973 constitui condição para a eficácia das obrigações objeto do documento estrangeiro, e não para a sua utilização como meio de prova" (STJ, REsp 924.992/PR, Rel. Min. Paulo de Tarso Sanseverino, 3ª Turma, jul. 19.05.2011, *DJe* 26.05.2011).

7. Autenticação consular. "Para fazerem prova no Brasil, os documentos oficiais, passados por agentes públicos de países estrangeiros, dependem de tradução, autenticação consular brasileira e registro no ofício de títulos e documentos (L. 6015/1973, art. 129, 6º)" (STJ, REsp 606.393/RJ, Rel. Min. Humberto Gomes de Barros, 3ª Turma, jul. 19.05.2005, *DJ* 01.08.2005, p. 444).

DOS ATOS PROCESSUAIS: INDICAÇÃO DOUTRINÁRIA

Antônio Aurélio Abi Ramia Duarte, Negócios processuais e seus novos desafios, *Revista dos Tribunais*, v. 955, ano 2014, p.

211-227, São Paulo: RT, maio 2015; Antonio do Passo Cabral, *Convenções processuais: entre publicismo e privatismo*, São Paulo: USP, 2015; Antonio do Passo Cabral e Pedro Henrique Nogueira (coords.), *Negócios processuais*, 2. ed., Salvador: JusPodivm, 2016; Antônio Pereira Gaio Júnior, Júlio César dos Santos Gomes e Alexandre de Serpa Pinto Fairbanks. Negócios jurídicos processuais e as bases para a sua consolidação no CPC/2015. *Revista de Processo*. vol. 267. ano 42. p. 43. São Paulo: Ed. RT, maio/2017; Arruda Alvim, *Novo contencioso cível no CPC/2015*, São Paulo: Revista dos Tribunais, 2016, p. 125-132; Augusto Passamani Bufulin; Marcos Alberto Balestreiro Filho. Afinal, existe uma cláusula geral para adaptação procedimental judicial no Código de Processo Civil de 2015? *Revista dos Tribunais*, ano 10, nº 1.029, p. 261 e ss, jul./2021; Bruno Garcia Redondo, Negócios processuais: necessidade de rompimento radical com o sistema do CPC/1973 para a adequada compreensão da inovação do CPC/2015, *Revista Dialética de Direito Processual*, nº 149, ago. 2015, p. 9-17; Bruno Garcia Redondo. Negócios jurídicos processuais. In: Luiz Rodrigues Wambier, Teresa Arruda Alvim Wambier, *Temas Essenciais do Novo CPC*. São Paulo: RT, 2016, p. 227; Bruno Garcia Redondo. Negócios jurídicos processuais: existência, validade e eficácia. In: Paulo Henrique dos Santos Lucon, Pedro Miranda de Oliveira, *Panorama atual do novo CPC*. Florianópolis: Empório do Direito, 2016, p. 27; Cândido R. Dinamarco, *A instrumentalidade do processo*, 5. ed., São Paulo: Malheiros, 2013; Caroline Dal Poz Ezequiel, Os circuitos do direito processual francês e a possibilidade de sua adoção no ordenamento jurídico brasileiro. *Revista de Processo*, vol. 255, ano 41, p. 389-409, São Paulo: RT, maio 2016; Cássio Scarpinella Bueno, *Manual de direito processual civil*, São Paulo: Saraiva, 2015; Daniel Amorim Assumpção Neves, *Manual de direito processo civil*, São Paulo: Método, 2015; Dierle Nunes, Alexandre Bahia, Flávio Quinaud Pedron, *Teoria geral do processo*, Salvador: JusPodivm, 2020; Fernando Pinto, A publicação de editais e o segredo de justiça no direito de família, *RF* 254/447; Fredie Didier Jr. *Ensaios sobre os negócios jurídicos processuais*. Salvador: Editora JusPodivm, 2018; Fredie Didier Jr., *Curso de direito processual civil*, 17. ed., Salvador: JusPodivm, 2015, v. I; Gláucia Maciel Gonçalves. A calendarização do processo e a ampliação do prazo de defesa no CPC de 2015, In: Fernando Gonzaga Jayme *et al*, *Inovações e modificações do Código de Processo Civil*. Belo Horizonte: Del Rey, 2017, p. 97; Guilherme Rizzo Amaral, *Comentários às alterações do novo CPC*, São Paulo: Revista dos Tribunais, 2015; Helder Moroni Câmara. *Negócios jurídicos processuais*: condições, elementos e limites. São Paulo: Almedina, 2018; Humberto Dalla Bernardina de Pinho, Tatiana Machado Alves, A relevância da negociação com princípios na discussão das cláusulas de convenção processual: aplicação concreta dos postulados da advocacia colaborativa. *Revista de Processo*, vol. 258, ano 41, p. 123-153, São Paulo: RT, agosto/2016; Humberto Theodoro Júnior, *Curso de direito processual civil*, 61. ed., Rio de Janeiro: Forense, 2020, v. I; Humberto Theodoro Júnior, Fernanda Alvim Ribeiro de Oliveira, Ester Camila Gomes Norato Rezende (coords.), *Primeiras lições sobre o novo direito processual civil brasileiro*, Rio de Janeiro: Forense, 2015; J. E. Carreira Alvim, *Comentários ao novo Código de Processo Civil*, Curitiba: Juruá, 2015; Jaldemiro Rodrigues de Ataíde Júnior, Negócios jurídicos materiais e processuais – existência, validade e eficácia – campo – invariável e campos – dependentes: sobre os limites dos negócios jurídicos processuais, *Revista de Processo*, nº 244, p. 393, jun. 2015; José Miguel Garcia Medina, *Novo Código de Processo Civil comentado*, São Paulo: Revista dos Tribunais, 2015; José Raimundo Gomes da Cruz, Segredo de justiça, *RF* 284/57, *RJTJSP* 73/131; Julio Guilherme Müller. A negociação no novo Código de Processo Civil: novas perspectivas para a conciliação, para a mediação e para as convenções particulares. In: Thereza Arruda Alvim *et. al.*, *O Novo Código Processo Civil Brasileiro – Estudos dirigidos: sistematização e procedimentos*, Rio de Janeiro: Forense, 2015, p. 179; Leonardo Carneiro da Cunha, In: Sérgio Cruz Arenhart e Daniel Mitidiero (coord.), *Comentários ao Código de Processo Civil*, 2. ed., São Paulo: RT, 2018, v. 3; Leonardo Greco, *Instituições de processo civil: introdução ao direito processual civil*, 5. ed., Rio de Janeiro: Forense, 2015; Lúcio Grassi de Gouveia; Marina Motta Benevides Gadelha. Negócios Jurídicos Processuais: "Libertas Quae Sera Tamen", *RBDPro*, ano 24, nº 96; Belo Horizonte: Fórum, out.-dez./2016; Luis Antônio Giampaulo Sarro, *Novo Código de Processo Civil*, São Paulo: Rideel, 2015; Luiz Guilherme Marinoni, Sérgio Cruz Arenhart, Daniel Mitidiero, *Curso de processo civil*, São Paulo: Revista dos Tribunais, 2015, v. I; Luiz Manoel Gomes Júnior; Jussara Suzi Assis Borges Nasser Ferreira. A publicidade restrita no novo Código de Processo Civil (o segredo de justiça) – A evolução do tema no NCPC. *Revista Magister de Direito Civil e Processual Civil*. v. 89, mar./abr. 2019, p. 57-73; Marcelo Barbi Gonçalves. Negócio Jurídico Processual Pericial, *Laissez-Faire* Probatório no novo Código de Processo Civil, *Revista Magister do Direito Civil e Processual Civil*, ano XIII, nº 73, p. 104. Porto Alegre: Magister, jul.-ago./2016; Nelson Nery Junior, Rosa Maria de Andrade Nery, *Comentários ao Código de Processo Civil*, São Paulo: Revista dos Tribunais, 2015; Pedro Henrique Nogueira, In: Teresa Arruda Alvim Wambier, Fredie Didier Jr., Eduardo Talamini, Bruno Dantas, *Breves comentários ao novo Código de Processo Civil*, São Paulo: Revista dos Tribunais, 2015; Pedro Ivo Gil Zanetti. *Revisão contratual e negócios processuais*. São Paulo: Almedina, 2019; Pontes de Miranda, *Comentários ao CPC*, Rio de Janeiro: Forense, tomo III – sobre o sigilo dos atos no Código de 1939; Renato Ourives Neves, A convenção processual preliminar, *Revista Magister de Direito Civil e Processual Civil*, Porto Alegre, ano XVI, v. 92, p. 68 e ss., set./out. 2019; Teresa Arruda Alvim Wambier, Fredie Didier Jr., Eduardo Talamini, Bruno Dantas (coords.), *Breves comentários ao novo Código de Processo Civil*, São Paulo: Revista dos Tribunais, 2015; Teresa Arruda Alvim Wambier, Maria Lúcia Lins Conceição, Leonardo Ferres da Silva Ribeiro, Rogério Licastro Torres de Melo, *Primeiros comentários ao novo Código de Processo Civil*, São Paulo: Revista dos Tribunais, 2015; Trícia Navarro Xavier Cabral, Avanços e desafios das convenções processuais no CPC/2015, *In* Fernando Gonzaga Jayme *et al.*, *Inovações e modificações do Código Processo Civil*, Belo Horizonte: Del Rey, 2017, p. 85; Victor Vasconcelos Miranda, Intervenção negociada: um esboço do negócio jurídico processual e os institutos de intervenção de terceiros delineados pelo novo Código de Processo Civil, *Revista Forense*, vol. 423, ano 112, p. 297, Rio de Janeiro: Forense, jan.-jun./2016; Adriana Buchmann; Fernando de Lima Luiz. *Disclosure* via negócio processual: a criação voluntária de um pressuposto processual como forma de fomentar a resolução negocial de conflitos. *Revista dos Tribunais*, vol. 1033, nov. 2021, p. 273 e ss.; Antonio do Passo Cabral. Autocomposição e litigância de massa: negócios jurídicos processuais nos incidentes de resolução de casos repetitivos. *Revista de Processo*, vol. 325, mar. 2022, p. 479 e ss.

Seção II
Da Prática Eletrônica de Atos Processuais

Art. 193. Os atos processuais podem ser total ou parcialmente digitais, de forma a permitir que sejam produzidos, comunicados, armazenados e validados por meio eletrônico, na forma da lei.

Parágrafo único. O disposto nesta Seção aplica-se, no que for cabível, à prática de atos notariais e de registro.

REFERÊNCIA LEGISLATIVA

Lei nº 11.419/2006, alterada pela Lei n.º 14.318/2022.

Resolução nº 455/2022 do CNJ (Institui o Portal de Serviços do Poder Judiciário - PSPJ, na Plataforma Digital do Poder Judiciário - PDPJ-Br, para usuários externos).

Resolução nº 569/2024 do CNJ (Altera as regras do Diário Judicial Eletrônico - DJE, dispondo sobre as citações e intimações, distinguindo as que podem ser feitas diretamente às partes e as que, obrigatoriamente, se cumprem perante os advogados), estas por intermédio do Diário de Justiça Eletrônico Nacional (DJEN) e aquelas por meio do Portal de Serviços do Poder Judiciário (PSPJ).

Portaria nº 46, de 16 de fevereiro de 2024 (Estabelece cronograma nacional para cadastro no Domicílio Judicial Eletrônico).

BREVES COMENTÁRIOS

Atentando-se à implantação do processo eletrônico no ordenamento jurídico pátrio, por meio da Lei nº 11.419/2006, o atual Código inseriu uma seção para disciplinar a prática eletrônica de atos processuais (arts. 193 a 199), explicitando que as suas regras podem ser aplicadas, no que couber, também à prática de atos notariais e de registro.

A intenção do legislador, e também do Conselho Nacional de Justiça, é uniformizar o processo digital, estabelecendo um sistema nacional, criado por aquele próprio órgão, a ser utilizado por todos os tribunais pátrios, ao contrário do que ocorre atualmente, com cada estado adotando um sistema próprio, sem qualquer padronização.

A Lei nº 14.318/2022 alterou o § 5º do art. 11 da Lei nº 11.419, que passou a vigorar com a seguinte redação: "Os documentos cuja digitalização seja tecnicamente inviável devido ao grande volume ou por motivo de ilegibilidade deverão ser apresentados ao cartório ou secretaria ou encaminhados por meio de protocolo integrado judicial nacional no prazo de 10 (dez) dias contado do envio de petição eletrônica comunicando o fato, os quais serão devolvidos à parte após o trânsito em julgado".

A Resolução nº 569/2024 do CNJ dispõe sobre as citações e intimações, de partes, terceiros e advogados, por via eletrônica, explicitando as que podem ser realizadas pessoalmente às partes e as que, necessariamente, se cumprem perante os advogados. Ver, adiante, as notas e jurisprudência relativas aos arts. 246 e 269.

JURISPRUDÊNCIA SELECIONADA

1. Petição eletrônica do recurso. Certificado digital. Advogado sem procuração nos autos. Recurso inexistente. "Nos termos da Súmula 115/STJ, é inexistente o agravo regimental quando o advogado titular do certificado digital utilizado para assinar a petição eletrônica não possui procuração nos autos." (STJ, AgRg no AREsp 452.060/SP, Rel. Min. Sérgio Kukina, 1ª Turma, jul. 04.02.2016, *DJ* 19.02.2016)

2. Assinatura digitalizada ou escaneada. Inadmissibilidade. "O Superior Tribunal de Justiça, sob a égide do CPC de 1973, consolidou o entendimento de que a assinatura digitalizada ou escaneada, por se tratar de mera inserção de imagem em documento, não se confunde com a assinatura digital baseada em certificado digital emitido por autoridade certificadora credenciada, prevista no art. 1º, § 2º, III, *a*, da Lei nº 11.419/2006, não sendo possível, ademais, a aplicação do art. 3 do CPC/1973 em sede de recurso excepcional. Dessa forma, a parte ora recorrente deveria ter observado, no momento da interposição, o requisito para o conhecimento de seu recurso especial, qual seja, a existência de instrumento de mandato válido do advogado subscritor. Não atendida tal exigência, o recurso é inadmissível" (STJ, AgInt no AREsp 543.508/PE, Rel. Min. Antonio Carlos Ferreira, 4ª Turma, jul. 28.06.2016, *DJe* 01.07.2016).

* Ver, ainda, a jurisprudência selecionada do art. 1º da Lei nº 11.419/06.

Art. 194. Os sistemas de automação processual respeitarão a publicidade dos atos, o acesso e a participação das partes e de seus procuradores, inclusive nas audiências e sessões de julgamento, observadas as garantias da disponibilidade, independência da plataforma computacional, acessibilidade e interoperabilidade dos sistemas, serviços, dados e informações que o Poder Judiciário administre no exercício de suas funções.

REFERÊNCIA LEGISLATIVA

Lei nº 11.419/2006 (regula a informatização do processo).

RISTF, art. 21-B (informatização dos processos no âmbito do STF).

Resolução CNJ nº 345/2020 ("Juízo 100% Digital").

BREVES COMENTÁRIOS

De início, houve certa resistência à generalização das audiências por meio eletrônico, a pretexto de atrito com o princípio da oralidade. Entretanto, esse princípio não é adotado pelo atual Código em sua plenitude. O que nele mais se valoriza é o princípio do contraditório e ampla defesa, o qual não sofre prejuízo quando a audiência se realiza eletronicamente. Por isso, vai se estabelecendo uma crescente admissão da viabilidade do denominado *juízo 100% digital*. Com base no art. 194 do CPC, a prática desse juízo inteiramente digital pode abranger todas as fases do processo de conhecimento, assim como a liquidação e a execução, incluindo as audiências e as sessões de julgamento, tudo "por meio eletrônico e remoto por intermédio da rede mundial de computadores". Portanto, "o magistrado poderá, a qualquer tempo, instar as partes a manifestarem interesse na adoção do juízo digital, em atenção ao disposto no art. 3º, § 4º, da Resolução CNJ 345/2020" (PIMENTEL, Lenício Lemos; PEREIRA, Alexandre Pimenta Batista; SANTOS, Mauro Augusto dos. Acesso à justiça e território virtual: reflexões sobre o *juízo 100% digital* no judiciário trabalhista. *Revista dos Tribunais*, São Paulo, v. 1.063, p. 229, maio 2024).

De acordo com o art. 21-B do RISTF, alterado pela Emenda Regimental nº 53/2020, todos os processos de competência do STF poderão, a critério do relator, ou do Ministro vistor com a concordância do relator, ser julgados no plenário virtual; e prevalecerá a preferência para o julgamento no ambiente eletrônico dos agravos regimentais, embargos de declaração, medidas cautelares, ações de controle concentrado, referendo de medidas cautelares e de tutelas provisórias e demais classes processuais cuja matéria discutida tenha jurisprudência dominante no âmbito do tribunal.

Art. 195. O registro de ato processual eletrônico deverá ser feito em padrões abertos, que atenderão aos requisitos de autenticidade, integridade, temporalidade, não repúdio, conservação e, nos casos que tramitem em segredo de justiça, confidencialidade, observada a infraestrutura de chaves públicas unificada nacionalmente, nos termos da lei.

REFERÊNCIA LEGISLATIVA

Lei nº 11.419/2006.

Art. 196. Compete ao Conselho Nacional de Justiça e, supletivamente, aos tribunais regulamentar a prática e a comunicação oficial de atos processuais por meio eletrônico e velar pela compatibilidade dos sistemas, disciplinando a incorporação progressiva de novos avanços tecnológicos e editando, para esse fim, os atos que forem necessários, respeitadas as normas fundamentais deste Código.

REFERÊNCIA LEGISLATIVA

CPC/2015, arts. 236 (atos processuais) e 882, § 1º (leilão eletrônico).

Lei nº 11.419/2006.

Resolução nº 569/2024 do CNJ (Altera as regras do Diário Judicial Eletrônico – DJE, dispondo sobre as citações e intimações, distinguindo as que podem ser feitas diretamente às partes e as que, obrigatoriamente, se cumprem perante os advogados).

JURISPRUDÊNCIA SELECIONADA

1. **Leilão eletrônico. Competência do juízo da execução.** Ver jurisprudência do art. 882, § 1º.

Art. 197. Os tribunais divulgarão as informações constantes de seu sistema de automação em página própria na rede mundial de computadores, gozando a divulgação de presunção de veracidade e confiabilidade.

Parágrafo único. Nos casos de problema técnico do sistema e de erro ou omissão do auxiliar da justiça responsável pelo registro dos andamentos, poderá ser configurada a justa causa prevista no art. 223, *caput* e § 1º.

REFERÊNCIA LEGISLATIVA

Lei nº 11.419/2006.

JURISPRUDÊNCIA SELECIONADA

1. **Erro do sistema de informação do tribunal. Justa causa. Erro grosseiro que afasta a aplicação do art. 197.** "Não se desconhece do entendimento desta Corte Superior no sentido de que 'É atribuição inerente ao exercício da advocacia a observância dos prazos processuais para a oportuna apresentação dos requerimentos dirigidos ao juízo, de modo que a contagem do período legal é de inteira responsabilidade do advogado'. (AgInt no AREsp 1315679/SE, Rel. Ministro Gurgel de Faria, Primeira Turma, julgado em 17/06/2019, *DJe* 25/06/2019). No entanto, não se pode fazer vista grossa em relação ao comando legal insculpido no art. 197 do CPC/2015, segundo o qual, in verbis, 'Os tribunais divulgarão as informações constantes de seu sistema de automação em página própria na rede mundial de computadores, gozando a divulgação de presunção de veracidade e confiabilidade'. Ademais, o parágrafo único do mesmo artigo ainda preconiza que, 'Nos casos de problema técnico do sistema e de erro ou omissão do auxiliar da justiça responsável pelo registro dos andamentos, poderá ser configurada a justa causa prevista no art. 223, *caput* e § 1º. Deve-se levar em conta que as informações divulgadas pelo sistema de automação dos tribunais gozam de presunção de veracidade e confiabilidade, haja vista a legítima expectativa criada no advogado, devendo-se preservar a sua boa-fé e confiança na informação que foi divulgada. No caso ora em apreço, verifica-se que a parte recorrida, lastreada em errônea informação emitida pelo próprio Sodalício estadual, interpôs a apelação um dia após o prazo legal, o que não configura erro grosseiro a ponto de afastar a regra do art. 197 do CPC/2015" (STJ, AgInt no AREsp 1.510.350/MS, Rel. Min. Luis Felipe Salomão, 4ª Turma, jul. 29.10.2019, *DJe* 08.11.2019).

2. **Boa-fé.** "Caso em que o ora recorrente defende que foi induzido em erro pelo sistema Projudi, porquanto este computou equivocadamente o dia 20.2.2017 como feriado municipal de Ortigueira, razão pela qual os Embargos à Execução devem ser considerados tempestivos. (...) Há entendimento da Corte Especial do STJ permitindo a configuração da justa causa para o descumprimento do prazo recursal pelo litigante em casos como o tal, desde que configurada a boa-fé do patrono (REsp 1.324.432/SC, Rel. Ministro Herman Benjamin, Corte Especial, *DJe* 10/5/2013). No mesmo sentido: AgInt no AREsp 1245630/TO, Rel. Ministro Gurgel de Faria, Primeira Turma, *DJe* 04/06/2019; AgInt no REsp 1663221/TO, Rel. Ministro Ricardo Villas Bôas Cueva, Rel. p/ Acórdão Ministra Nancy Andrighi, Terceira Turma, *DJe* 25/8/2017; REsp 1438529/MS, Rel. Ministro Humberto Martins, Segunda Turma, *DJe* 2/5/2014). 'A divulgação do andamento processual pelos Tribunais por meio da internet passou a representar a principal fonte de informação dos advogados em relação aos trâmites do feito. A jurisprudência deve acompanhar a realidade em que se insere, sendo impensável punir a parte que confiou nos dados assim fornecidos pelo próprio Judiciário' (REsp 1324432/SC, Rel. Ministro Herman Benjamin, Corte Especial, *DJe* 10/5/2013). Conforme previsão do Código de Processo Civil de 2015, 'nos casos de problema técnico do sistema e de erro ou omissão do auxiliar da justiça responsável pelo registro dos andamentos, poderá ser configurada a justa causa prevista no art. 223, caput, e § 1º' (art. 197, parágrafo único, do CPC/2015)" (STJ, REsp 1.827.237/PR, Rel. Min. Herman Benjamin, 2ª Turma, jul. 20.08.2019, *DJe* 13.09.2019).

3. **Dado incorreto. Presunção relativa de veracidade.** "O art. 197 do CPC/15, ao mencionar que as informações divulgadas pelos tribunais, em página própria na rede mundial de computadores, gozam de presunção de veracidade e confiabilidade, não está a disciplinar hipótese de presunção *iuris et de iure*, mas, antes, de presunção apenas relativa (*iuris tantum*). Inviável, por isso mesmo, imaginar que o órgão judicial destinatário do recurso deva emprestar contornos de definitividade à certidão ou informação que, embora emanada de servidor de seus quadros, indique dado notoriamente incorreto acerca do início e/ou termo final de prazo recursal qualquer" (STJ, AgInt no AREsp 1.346.330/TO, Rel. Min. Sérgio Kukina, 1ª Turma, jul. 19.03.2019, *DJe* 22.03.2019).

4. **Processo judicial eletrônico. Duplicidade de intimações: publicação no diário da justiça eletrônico e por portal eletrônico. Prevalência da intimação pelo portal eletrônico.** Ver jurisprudência do art. 270 do CPC/2015.

Art. 198. As unidades do Poder Judiciário deverão manter gratuitamente, à disposição dos interessados, equipamentos necessários à prática de atos processuais e à consulta e ao acesso ao sistema e aos documentos dele constantes.

Parágrafo único. Será admitida a prática de atos por meio não eletrônico no local onde não estiverem disponibilizados os equipamentos previstos no *caput*.

REFERÊNCIA LEGISLATIVA

Lei nº 11.419/2006.

Art. 199. As unidades do Poder Judiciário assegurarão às pessoas com deficiência acessibilidade aos seus sítios na rede mundial de computadores, ao meio eletrônico de prática de atos judiciais, à comunicação eletrônica dos atos processuais e à assinatura eletrônica.

REFERÊNCIA LEGISLATIVA

Lei nº 11.419/2006.

Lei nº 13.146, de 06.07.2015 (Estatuto da Pessoa com Deficiência), arts. 79 e 80 (acesso às pessoas com deficiência à justiça).

DA PRÁTICA ELETRÔNICA DE ATOS: INDICAÇÃO DOUTRINÁRIA

Augusto Tavares Rosa Marcacini, In: Teresa Arruda Alvim Wambier, Fredie Didier Jr., Eduardo Talamini, Bruno Dantas, *Breves comentários ao novo Código de Processo Civil*, São Paulo: Revista dos Tribunais, 2015; Leonardo Carneiro da Cunha, In: Sérgio Cruz Arenhart e Daniel Mitidiero (coord.), *Comentários ao Código de Processo Civil*, 2. ed., São Paulo: RT, 2018, v. 3.

Seção III
Dos Atos das Partes

Art. 200. Os atos das partes consistentes em declarações unilaterais ou bilaterais de vontade produzem imediatamente a constituição, modificação ou extinção de direitos processuais.

Parágrafo único. A desistência da ação só produzirá efeitos após homologação judicial.

CPC/1973

Art. 158.

REFERÊNCIA LEGISLATIVA

CPC/2015, arts. 90 (despesas processuais), 105 (procuração geral para o foro), 122 (assistência), 335, § 1º (resposta do réu; litisconsórcio passivo), 343, § 2º (reconvenção), 485, VIII e § 4º (extinção do processo sem resolução de mérito), 515, VI, 924, III, e 925 (transação).

CJF – JORNADAS DE DIREITO PROCESSUAL CIVIL

II JORNADA

Enunciado 152 – O pacto de impenhorabilidade (arts. 190, 200 e 833, I) produz efeitos entre as partes, não alcançando terceiros.

BREVES COMENTÁRIOS

O art. 200 do Código dispõe que os efeitos do ato processual, salvo disposição em contrário, são imediatos e não dependem de redução a termo nem de homologação judicial. A desistência da ação, porém, só produz efeito depois de homologada por sentença (art. 200, parágrafo único). O mesmo se dá com a transação (art. 925). A relação processual não envolve apenas as partes, mas também o juiz. Por isso o ato das partes que conduza à extinção do processo somente atingirá o objetivo visado depois da necessária homologação judicial. Entretanto, os efeitos materiais entre as partes produzem-se desde logo, sem depender da homologação do juiz. Por isso, pactuada a transação extrajudicialmente, nenhuma das partes pode arrepender-se unilateralmente a pretexto de não ter havido homologação judicial.

Trata-se de contrato com eficácia reconhecida pelo direito material (CC, arts. 840-850), cuja validade independe até mesmo da exigência de demanda em juízo. Os efeitos do negócio jurídico sobre a relação processual pendente é que se manifestam apenas depois de sua homologação pelo juiz da causa.

JURISPRUDÊNCIA SELECIONADA

1. Desistência da ação ainda não homologada. Retratação. Possibilidade. "Diversamente de outras declarações unilaterais expendidas pelas partes no curso do processo, o pedido de desistência da ação somente produz efeitos a partir da correlata homologação judicial, nos termos do parágrafo único do artigo 158 do Código de Processo Civil. Assim, correta é a compreensão de que, enquanto não homologado o pedido de desistência, possível à parte empreender sua retratação ou retificação" (STJ, AgInt no REsp 1.676.883/PA, Rel. Min. Regina Helena Costa, 1ª Turma, jul. 25.10.2018, *DJe* 06.11.2018).

Denunciação à lide. "A denunciação da lide constitui verdadeira demanda incidente, embora eventual e antecipada. É antecipada, porque o denunciante se antecipa ao prejuízo e instaura a lide secundária, e eventual, tendo em vista o caráter de prejudicialidade da ação principal sobre a denunciação da lide (art. 129 do CPC/2015). A denunciação da lide é uma ação de regresso que tramita em conjunto com a ação principal. Considerando que a denunciação da lide tem natureza de ação, deve-se observar o disposto no art. 200, parágrafo único, do CPC/2015 (art. 158, parágrafo único, do CPC/73), segundo o qual 'a desistência da ação só produzirá efeitos após homologação judicial'. Assim, é permitido ao denunciante retratar-se do ato de desistência antes da decisão homologatória, circunstância em que a denunciação da lide terá prosseguimento. Na hipótese dos autos, a recorrente manifestou sua intenção de desistir da denunciação da lide, mas retratou-se antes da homologação judicial. Consequentemente, a litisdenunciada deve ser mantida no processo. Acolhida a tese da regularidade da retratação do ato de desistência da denunciação da lide, fica prejudicada a tese da ocorrência de preclusão *pro judicato*" (STJ, REsp 2.081.589/MA, Rel. Min. Nancy Andrighi, 3ª Turma, jul. 03.10.2023, *DJe* 09.10.2023).

2. Desistência de ação. Inexistência. "Inexistente a homologação da desistência, esta não produz efeitos jurídicos" (STJ, REsp 1.026.028/AL, Rel. Min. José Delgado, 1ª Turma, jul. 01.04.2008, *DJe* 17.04.2008).

"Não é admissível o pedido de desistência de feitos cujo julgamento já tenha sido iniciado. Preservação da unicidade do julgamento. Homologação indeferida" (STF, QO em Rcl 1.503/DF, Rel. Min. Ricardo Lewandowski, Repercussão Geral, jul. 26.03.2009, *DJ* 05.06.2009).

Autores absolutamente incapazes. Impossibilidade. "Não merece homologação a desistência da ação de investigação de paternidade por parte dos autores, absolutamente incapazes, representados pela mãe, se a isso se opõe o Ministério Público, com intervenção obrigatória, e o curador à lide" (STF, RE 77.669/SC, Rel. Min. Thompson Flores, 2ª Turma, jul. 21.05.1974; *RT* 472/235).

Condição ou termo. "A desistência regularmente manifestadora, não comportando condição ou termo, independente do recorrido, salvo para franquear recurso diverso (princípio da fungibilidade), opera efeitos processuais imediatos, inexistente recurso pendente, propiciando a coisa julgada, óbice a eventual retratação (arts. 158 e 501, CPC)" (STJ, REsp 7.243/RJ, Rel. Min. Milton Luiz Pereira, 1ª Turma, jul. 07.06.1993, *DJ* 02.08.1993, p. 14.214).

Recusa do réu deve ser fundamentada. "A recusa do réu ao pedido de desistência deve ser fundamentada e justificada, não bastando apenas a simples alegação de discordância, sem a indicação de qualquer motivo relevante" (STJ, REsp 90.738/RJ, Rel. Min. Sálvio de Figueiredo Teixeira, *DJ* 21.09.1998). **No mesmo sentido:** REsp 864.432/PR, Rel. Min. Luiz Fux, 1ª Turma, jul. 12.02.2008, *DJe* 27.03.2008.

Extinção do processo. "Mostra-se acertada a decisão que reconheceu a nulidade da execução, pois é descabida a mera reativação do feito executivo após a homologação judicial de pedido de desistência do exequente. Necessidade de nova ação. A desistência implica a extinção dos direitos processuais, nos termos do art. 158 do CPC" (TJRS, ApCív. 70016899643, Rel. Mario Rocha Lopes Filho, 18ª Câmara, jul. 18.09.2007, *DJ* 01.10.2007).

Honorários advocatícios. Ver jurisprudência do art. 85 do CPC/2015.

3. Desistência de um dos pedidos da inicial. "Conforme se constata dos autos, houve pedido de desistência quanto a um dos pedidos formulados na exordial (referente à restituição do imposto) que não foi objeto de homologação pelo juiz sentenciante, que, ignorando tal requerimento, julgou procedentes todos os pedidos postos pelo autor. Não se pode vislumbrar a existência de um deferimento tácito do pedido de desistência por parte do juiz, pois ele próprio julgou a procedência total da ação. Nos termos do parágrafo único do art. 158 do CPC, 'A desistência da ação só produzirá efeito depois de homologada por sentença'" (STJ, REsp 1.026.028/AL, Rel. Min. José Delgado, 1ª Turma, jul. 01.04.2008, *DJe* 17.04.2008).

4. Desistência do recurso. "É inviável o acolhimento de pedido de desistência recursal formulado quando já iniciado o procedimento de julgamento do recurso especial representativo da controvérsia, na forma do art. 543-C do CPC, c/c a Resolução n.º 08/08 do STJ" (STJ, QO no REsp 1.063.343/RS, Rel. Min. Nancy Andrighi, Corte Especial, jul. 17.12.2008, *DJe* 04.06.2009).

"A homologação restringiu-se tão somente à desistência do recurso de apelação, sem qualquer menção ao acordo de transação. Como nenhuma das partes se opôs, transitou em julgado a sentença que julgou improcedente o pleito da autora, a qual, caso discordasse da sentença prolatada, deveria ter se manifestado, e não quedado inerte por falta de zelo, como na espécie" (STJ, REsp 131.302/RS, Rel. Min. Castro Meira, 2ª Turma, jul. 04.11.2004, *DJ* 07.03.2005, p. 183).

Retratação de desistência. "Duplicidade de recurso. Preclusão consumativa. 'A desistência apresentada quanto ao primeiro recurso especial, ainda que com a intenção de que seja apreciado o segundo, não tem o condão de afastar a preclusão consumativa. Tal desistência, que é ato irretratável, deve ser homologada sem consequências para o segundo recurso. Como consequência, nenhuma das duas impugnações poderá ser apreciada (REsp nº 1.009.485/RS, Relatora Ministra NANCY ANDRIGHI, Terceira Turma, julgado em 15/9/2009, DJe 14/12/2009)". (STJ, AgInt no AREsp n. 1.057.546/RJ, Rel. Min. Moura Ribeiro, Terceira Turma, jul. 20/4/2020, DJe de 23/4/2020).

Retração de desistência. Erro material não configurado. "1. Controvérsia em torno da possibilidade de retratação da desistência recursal em razão de alegado equívoco no direcionamento do pedido aos presentes autos. 2. Segundo a orientação jurisprudencial desta Corte, postulada a desistência do recurso, operam-se, de pronto, os seus efeitos, independente de homologação ou anuência da parte contrária, não havendo, assim, espaço para posterior retratação, salvo no caso de erro material. 3. Inexistência de erro material a obstar os efeitos da desistência postulada. 4. Razões recursais que não alteram as conclusões da decisão agravada, extintiva do procedimento recursal" (STJ, AgRg no REsp 1.393.573/PR, Rel. Min. Paulo de Tarso Sanseverino, 3ª Turma, jul. 02.04.2019, *DJe* 30.04.2019.)

5. Suspensão convencional do processo. "A suspensão convencional do processo é negócio jurídico sujeito à regra do art. 158, independendo do despacho do juiz para produzir imediatamente seus efeitos" (1º TACiv/ SP, Agr. 699.588-8, Rel. Juiz José Roberto Bedran, 4ª Câmara, jul. 19.10.1988; *JTACiv/SP* 114/153).

6. Conciliação e transação. Extinção do processo. "Acordo celebrado extrajudicialmente em data posterior à propositura da demanda somente repercute na causa se homologado pelo juiz" (STJ, REsp 27.556/RJ, Rel. Min. Jésus Costa Lima, 5ª Turma, jul. 23.11.1994, *DJ* 12.12.1994, p. 34.356).

Arguição de vício após homologado o acordo. "Homologado o acordo e extinto o processo, encerra-se a relação processual, sendo vedado a uma das partes, que requerera a homologação, arguir lesão a seus interesses, somente podendo fazê-lo em outro processo, como, por exemplo, a execução da sentença, no caso de descumprimento. Segundo o magistério de Humberto Theodoro Júnior, se 'o negócio jurídico da transação já se acha concluído entre as partes, impossível é a qualquer delas o arrependimento unilateral, mesmo que ainda não tenha sido homologado o acordo em Juízo. Ultimado o ajuste de vontade, por instrumento particular ou público, inclusive por termo nos autos, as suas cláusulas ou condições obrigam definitivamente os contraentes, de sorte que sua rescisão só se torna possível por dolo, violência ou erro essencial quanto à pessoa ou coisa controversa' (Cód. Civ., art. 1.030)" (STJ, AGREsp 218.375/RS, Rel. Min. Sálvio de Figueiredo Teixeira, 4ª Turma, jul. 22.02.2000, *RSTJ* 134/333). **No mesmo sentido:** TRF-4ª Região, Ap. 2002.71.00.018464-1/RS, Rel. Juiz Fed. Carlos Eduardo Thompson Flores Lenz, jul. 08.05.2007, *RT* 864/409; TJSP, Ap. 60.499-1, Rel. Alves Braga, jul. 29.08.1985, *RJTJESP* 99/235. **Em sentido contrário:** "Não formalizada a transação, que poria fim a demanda, uma vez que não reduzida a termo nos autos, com assinatura dos transigentes, não há mais lugar para sua homologação posterior se uma das partes vem a juízo dizer que não aceita o acordo" (STJ, REsp 10.854/SP, Rel. Min. Dias Trindade, 3ª Turma, jul. 21.06.1991, *DJ* 16.10.1991, p. 14.477).

"Viola o art. 158 do CPC o acórdão que aponta induzimento a erro em razão de não ter o advogado de uma das partes poderes especiais, ainda que feita a conciliação em audiência presidida por juiz de direito e devidamente assinado o termo próprio pelas partes" (STJ, REsp 59.511/SP, Rel. Min. Carlos Alberto Menezes Direito, 3ª Turma, jul. 10.12.1996, *DJ* 24.03.1997, p. 9.011).

7. Preclusão consumativa. "As manifestações de vontade, legalmente exercitadas, extinguem de imediato direitos processuais (art. 158 do CPC)" (STJ, REsp 18.942/SP, Rel. Min. Peçanha Martins, 2ª Turma, jul. 20.05.1992, *DJ* 29.06.1992, p. 10.302).

8. Reconhecimento do pedido da parte adversa. "O reconhecimento de pedido é ato privativo da parte e deve ser considerado pelo magistrado sem a imposição de maiores óbices, mormente em se tratando de direito disponível. Insta salientar que o magistrado não deve valorar o motivo que levou ao reconhecimento do pedido da parte adversa, pois o próprio artigo 158 do CPC não prescreve a necessidade de se averiguar a sua idoneidade" (STJ, REsp 723.614/AL, Rel. Min. Mauro Campbell Marques, 2ª Turma, jul. 15.09.2009, *DJe* 28.09.2009).

Art. 201. As partes poderão exigir recibo de petições, arrazoados, papéis e documentos que entregarem em cartório.

CPC/1973

Art. 160.

BREVES COMENTÁRIOS

O protocolo oficial do juízo ou tribunal cumpre, com vantagem, a função do recibo do escrivão.

JURISPRUDÊNCIA SELECIONADA

1. Prova de interposição do recurso. Carimbo. "Carimbo, mesmo com data e rubrica, sem a possibilidade de identificação da autoria da assinatura, nem prova de que se tenha originado do protocolo, não caracteriza recibo capaz de invalidar certidão e outros elementos existentes nos autos dando conta da data de interposição do recurso, que deve ser considerada quanto ao prazo recursal" (STJ, REsp 26.904/RJ, Rel. Min. Cid Flaquer Scartezzini, 5ª Turma, jul. 06.05.1997, *DJ* 16.06.1997, p. 27.380).

Art. 202. É vedado lançar nos autos cotas marginais ou interlineares, as quais o juiz mandará riscar, impondo a quem as escrever multa correspondente à metade do salário-mínimo.

CPC/1973

Art. 161.

REFERÊNCIA LEGISLATIVA

CPC/2015, art. 96 (despesas processuais; sanções por má-fé).

BREVES COMENTÁRIOS

Aos advogados das partes é assegurado o direito de manusear livremente os autos, inclusive fora do cartório. Mas proíbe o Código que neles se lancem cotas marginais ou interlineares. Inclui-se entre as praxes censuráveis a de sublinhar trechos de depoimentos de testemunhas ou de outros atos do processo, salvo, é claro, os destaques feitos nos arrazoados da própria parte.

JURISPRUDÊNCIA SELECIONADA

1. Interpretação da expressão "lançar cotas marginais ou interlineares". "O ato de inserir qualquer anotação nos autos, quando não for aberta vista ao advogado, será inserida na denominação de 'cota marginal' ou 'interlinear'. Quando constatadas, devem ser riscadas dos autos por determinação do magistrado, além de ser aplicada multa àquele que as houver lançado. Inteligência do art. 161 do CPC" (STJ, REsp 708.441/RS, Rel. Min. Castro Meira, 2ª Turma, jul. 07.03.2006, *DJ* 20.03.2006, p. 243).

"'Fazer cota em peça dos autos' é falta de largo alcance, na expressão se compreendendo notas, observações, traços e sinais, quaisquer que sejam, conforme lição de Moniz de Aragão e de Pontes de Miranda" (TASP, EDcl 154.113, Rel. Flávio Pinheiro, 9ª Câmara, jul. 14.09.1983, *RT* 578/158).

2. Proibição. "O art. 161 do CPC veda o lançamento de cotas marginais ou interlineares. Daí não se segue seja defeso aos advogados pronunciarem-se diretamente nos autos quando lhes for aberta vista" (TFR, Agr. 56.627/SC, Rel. Min. Eduardo Ribeiro, 6ª Turma, jul. 03.08.1988, apud *Boletim do TFR*, 156, p. 14).

"É velha de séculos a proibição de lançarem nos autos quaisquer notas ou observações interlineares ou marginais. Não constitui, por isso mesmo, cerceio de defesa a não consideração de manifestação feita por advogado em anverso de folhas dos autos – art. 161 do CPC" (TRT da 3ª Região, Agr. 240, Rel. Juiz Melin Aburjeli, 2ª Turma, jul. 19.08.1986, *Adcoas*, 1986, nº 111.022).

"Não pode a parte, sob qualquer pretexto, nem mesmo sob alegação de querer imprimir maior celeridade ao processo, avocar para si os autos e, contando ou não com a aquiescência da serventia, mas sem a devida autorização judicial, neles inserir qualquer espécie de manifestação ou cota, posto que a direção do processo é exclusividade do juiz (CPC, art. 125), e somente ele é quem tem poderes para autorizar as partes a se manifestarem nos autos, sob pena de malferimento à regra contida no art. 161 do CPC" (TASP, AGI 689.620-00/7, Rel. Juiz Amorin Cantuária, 1ª Câmara, jul. 15.05.2001, *RT* 794/330).

3. Atos permitidos. "A norma proibitiva de que trata o art. 161 do CPC, segundo a qual é defeso lançar, nos autos, cotas marginais ou interlineares, não veda aos advogados a possibilidade de se pronunciarem diretamente nos autos quando lhes for aberta vista. O objetivo da norma alcança apenas as anotações e os comentários de qualquer extensão ou natureza introduzidos nos autos fora do lugar ou da oportunidade admissíveis, que, por configurarem abusos, deva o juiz coibir" (STJ, REsp 793.964/ES, Rel. Min. Luiz Fux, 1ª Turma, jul. 03.04.2008, *DJe* 24.04.2008).

"Não se permite a interpretação extensiva da previsão do art. 161 do CPC, que comina sanção, de sorte a alcançar comportamento não previsto de maneira expressa. Mais do que simplesmente não recomendável, a atitude de advogado que sublinha tópicos de diversos testemunhos para destacar pontos que lhe parecerem relevantes é reprovável, mas não punível com imposição de multa prevista para hipótese diversa (lançar cotas marginais ou interlineares nos autos)" (TASP, AGI 301.138, Rel. Furquim Rebouças, 5ª Câmara, jul. 23.06.1982, *RT* 572/129). **No mesmo sentido:** TJSP, AGI 3.349-1, Rel. Maércio Sampaio, 5ª Câmara, jul. 22.05.1980, *RT* 546/88.

4. Multa. "Da redação do art. 161 do Código de Processo Civil deflui que a inserção de cotas marginais ou interlineares é um ilícito processual sancionado com multa. Todavia, é certo que esta somente pode ser imposta 'a quem as escrever'. Na espécie, não há qualquer menção a quem tenha sido, de fato, o autor das inserções, decorrendo a sanção processual de verdadeira presunção de culpa em desfavor dos causídicos. Destarte, deve ser afastada a multa imposta, solidária e indistintamente, aos procuradores dos recorrentes" (REsp 663.327/SC, Rel. Min. Fernando Gonçalves, 4ª Turma, jul. 19.11.2009, *DJe* 30.11.2009).

DOS ATOS DAS PARTES: INDICAÇÃO DOUTRINÁRIA

Eduardo Couture, *Fundamentos del derecho procesal civil*, 1974, nº 128, p. 206/208; Francesco Carnelutti, *Sistema del diritto processuale civile*, Pádua, v. II, nº 456, p. 162; Humberto Theodoro Júnior, *Curso de direito processual civil*, v. I, nº 205/206 e 211; João de Castro Mendes, *Do conceito de prova em processo civil*, Lisboa, p. 464/465; Leonardo Carneiro da Cunha, In: Sérgio Cruz Arenhart e Daniel Mitidiero (coord.), *Comentários ao Código de Processo Civil*, 2. ed., São Paulo: RT, 2018, v. 3; Luana Pedrosa de Figueiredo Cruz, In: Teresa Arruda Alvim Wambier, Fredie Didier Jr., Eduardo Talamini, Bruno Dantas, *Breves comentários ao novo Código de Processo Civil*, São Paulo: Revista dos Tribunais, 2015; Marco Tulio Zanzuchi, *Diritto processuale civile*, 4. ed., Milão: Giuffrè, 1946, v. I, p. 367; Moniz de Aragão, *Comentários ao CPC*, Rio de Janeiro: Forense, v. II, nº 18/20; Pedro Batista Martins, *Comentários ao Código de Processo Civil*, 2. ed., Rio de Janeiro: Forense, 1960, v. I, nº 66, p. 84.

Seção IV
Dos Pronunciamentos do Juiz

Art. 203. Os pronunciamentos do juiz consistirão em sentenças, decisões interlocutórias e despachos.

§ 1º Ressalvadas as disposições expressas dos procedimentos especiais, sentença é o pronunciamento por meio do qual o juiz, com fundamento nos arts. 485 e 487, põe fim à fase cognitiva do procedimento comum, bem como extingue a execução.

§ 2º Decisão interlocutória é todo pronunciamento judicial de natureza decisória que não se enquadre no § 1º.

§ 3º São despachos todos os demais pronunciamentos do juiz praticados no processo, de ofício ou a requerimento da parte.

§ 4º Os atos meramente ordinatórios, como a juntada e a vista obrigatória, independem de despacho, devendo ser praticados de ofício pelo servidor e revistos pelo juiz quando necessário.

CPC/1973

Art. 162.

REFERÊNCIA LEGISLATIVA

CPC/2015, arts. 208 (atos ordinatórios, notas datadas e rubricadas pelo escrivão); 226 (prazo para o juiz); 228 (prazos para o serventuário); 366 (sentença, prazo para proferir); 485 (extinção do processo sem resolução do mérito); 487 (extinção do processo com resolução do mérito); 489 (sentença, requisitos); 490 (sentença; possibilidade de acolhimento parcial ou total da pretensão); 494 (inalterabilidade); 515 (sentença, título judicial); 925 (execução, extinção apenas por sentença); 1.001 (despacho, irrecorribilidade); 1.009 (sentença, recurso cabível); e, 1.015 (decisões interlocutórias, recurso cabível).

BREVES COMENTÁRIOS

O atual Código adotou uma postura objetiva para qualificar os atos judiciais em sentença ou decisão interlocutória. Não se preocupou com a matéria decidida, mas com a finalidade do ato decisório e sua repercussão sobre o encerramento do procedimento cognitivo ou da execução. A sentença, na dicção do art. 203, § 1º, com ressalva a algumas disposições dos procedimentos especiais, é "o pronunciamento por meio do qual o juiz, com fundamento nos arts. 485 e 487, põe fim à fase cognitiva do procedimento comum, bem como extingue a execução". Não se faz, no conceito legal, qualquer referência ao conteúdo do julgado, que tanto pode referir-se ao mérito quanto a preliminares processuais.

O Código de 2015 andou bem ao explicitar que a sentença coloca "fim à fase cognitiva do procedimento comum, bem como extingue a execução", corrigindo uma impropriedade ocorrida na lei anterior, que induzia ao entendimento de que toda decisão que tivesse como conteúdo uma das hipóteses dos arts. 267 ou 269 (CPC/1973) seria sentença, o que nem sempre era correto. Não é o conteúdo que qualifica a decisão como sentença, mas o fato de ela extinguir ou não o processo ou uma de suas fases. Como se vê, a nova lei foi bastante clara e objetiva na conceituação, o que não ocorria no Código anterior, que se limitava a conceituar a sentença de acordo com a matéria decidida pelo juiz (CPC/1973, art. 162, § 1º). Assim, se o ato decisório é proferido durante a marcha processual, sem colocar fim à fase cognitiva ou à execução, trata-se de decisão interlocutória, que desafia o recurso de agravo de instrumento. Se, contudo, a decisão finaliza a atividade jurisdicional da primeira instância, é sentença, contra a qual deve ser interposto o recurso de apelação.

JURISPRUDÊNCIA SELECIONADA

1. Distinção entre os pronunciamentos. Finalidade.

"Para a caracterização do ato judicial como sentença, decisão interlocutória ou despacho, não importa sua forma nem seu conteúdo. O dado discriminador é, efetivamente, a finalidade do ato – se põe termo ao processo; se resolve questão incidente; ou, se meramente ordinatório, que visa impulsionar o processo. O pronunciamento judicial interlocutório, a depender de sua finalidade, que causar prejuízo à parte (sucumbência), enfrenta a interposição de agravo de instrumento, independentemente da forma em que foi intitulado" (STJ, REsp 759.886/PE, Rel. Min. Paulo Medina, 6ª Turma, jul. 13.12.2005, *DJ* 20.02.2006, p. 382).

"Nos termos dos §§ 2º e 3º do art. 162, CPC, 'decisão interlocutória é o ato pelo qual o juiz, no curso do processo, resolve questão incidente' e 'são despachos todos os demais atos do juiz praticados no processo, de ofício ou a requerimento da parte, a cujo respeito a lei não estabelece outra forma'. A diferenciação entre eles reside na existência ou não de conteúdo decisório e de gravame. Enquanto os despachos são pronunciamentos meramente ordinatórios, que visam impulsionar o andamento do processo, sem solucionar controvérsia, a decisão interlocutória, por sua vez, ao contrário dos despachos, possui conteúdo decisório e causa prejuízo às partes. O pronunciamento judicial que determina a intimação da parte, como no caso, onde inocorre excepcionalidade, é meramente ordinatório e visa impulsionar o feito, sem causar qualquer gravame" (STJ, REsp 195.848/MG, Rel. Min. Sálvio de Figueiredo Teixeira, 4ª Turma, jul. 20.11.2001, *DJ* 18.02.2002, p. 448).

Ação de prestação de contas. Primeira fase. "A jurisprudência do STJ firmou o entendimento no sentido de que 'o ato judicial que encerra a primeira fase da ação de exigir contas possuirá, a depender de seu conteúdo, diferentes naturezas jurídicas: se julgada procedente a primeira fase da ação de exigir contas, o ato judicial será decisão interlocutória com conteúdo de decisão parcial de mérito, impugnável por agravo de instrumento; se julgada improcedente a primeira fase da ação de exigir contas ou se extinto o processo sem a resolução de seu mérito, o ato judicial será sentença, impugnável por apelação', todavia, 'Havendo dúvida objetiva acerca do cabimento do agravo de instrumento ou da apelação, consubstanciada em sólida divergência doutrinária e em reiterado dissídio jurisprudencial no âmbito do 2º grau de jurisdição, deve ser afastada a existência de erro grosseiro, a fim de que se aplique o princípio da fungibilidade recursal' (REsp 1.746.337/RS, Rel. Ministra Nancy Andrighi, Terceira Turma, julgado em 9.4.2019, *DJe* de 12.4.2019)" (STJ, AgInt nos EDcl no REsp 1.831.900/PR, Rel. Min. Maria Isabel Gallotti, 4ª Turma, jul. 20.04.2020, *DJe* 24.04.2020). No mesmo sentido: STJ, REsp 1.746.337/RS, Rel. Min. Nancy Andrighi, 3ª Turma, jul. 09.04.2019, *DJe* 12.04.2019).

Liquidação de sentença. "Ao dispor que 'Da decisão de liquidação caberá agravo de instrumento', o art. 475-H do CPC está disciplinando o que comumente ocorre, ou seja, que a decisão se limite a resolver o incidente de liquidação, fixando o *quantum debeatur* a ser objeto da execução forçada subsequente. Todavia, se o ato judicial proferido no âmbito do incidente de liquidação extingue o próprio processo, determinando inclusive o arquivamento dos autos, sua natureza já não será de simples decisão interlocutória que 'decide a liquidação', mas de verdadeira sentença (CPC, art. 162, § 1º), contra a qual o recurso cabível será o de apelação (CPC, art. 513)" (STJ, REsp 1.090.429/RJ, Rel. Min. Teori Albino Zavascki, 1ª Turma, jul. 20.05.2010, *DJe* 26.05.2010).

2. Sentença.

Extinção da execução. Apelação. "Sentença que rejeitou a impugnação ofertada pela agravante e extinguiu a execução – Impossibilidade de interposição de agravo de instrumento contra pronunciamento que extingue a execução – Recurso cabível de apelação – Dicção dos artigos 203, § 1º e 1.009, *caput*, do novo Código de Processo Civil" (TJSP, AI 2143233-65.2016.8.26.0000, Rel. Des. Mario Chiuvite Junior, 28ª Câmara de Direito Privado, jul. 10.11.2016, Data de registro 10.11.2016).

Homologação de cálculos. Determinação de expedição de ofício requisitório. Extinção do processo. Sentença. "A controvérsia se refere a uma decisão, proferida na fase de cumprimento de sentença, por meio da qual o Juízo de primeiro grau ordenou a expedição de Requisição de Pequeno Valor (RPV), sob o entendimento de que seria 'de ordem acolher a livre manifestação das partes, haja vista a inexistência de vícios e nulidades, e proceder à competente homologação de valores, encerrando com isso, a presente execução contra a Fazenda Pública' (fl. 267, e-STJ). Se houve homologação dos cálculos, ordem para expedição dos ofícios requisitórios e expresso encerramento da fase de cumprimento de sentença, proferiu-se sentença. O art. 203, § 1º, do CPC/2015, caracteriza essa decisão como o 'pronunciamento por meio do qual o juiz [...] põe fim à fase cognitiva do procedimento comum, bem como extingue a execução'. E, se é de sentença que se trata, o recurso cabível é a Apelação (art. 1.009 do CPC/2015)" (STJ, REsp 1.855.034/PA, Rel. Min. Herman Benjamin, 2ª Turma, jul. 03.03.2020, *DJe* 18.05.2020). Precedentes citados: STJ, AgInt no REsp 1.783.844/MG, Rel. Min. Og Fernandes, 2ª Turma, *DJe* 26.11.2019; STJ, AgInt no REsp 1.760.663/MS, Rel. Min. Raul Araújo, 4ª Turma, *DJe* 23.10.2019; STJ, AgInt no REsp 1.593.809/RS, Rel. Min. Herman Benjamin, 2ª Turma, *DJe* 12.09.2016.

Extinção da execução e arquivamento. "O ato judicial que extingue a execução e determina o arquivamento dos autos consubstancia sentença e, como tal, desafia recurso de apelação (CPC, art. 162, § 1º, c/c o art. 513). Mesmo após o advento da Lei 11.232/2005, que deu nova redação ao art. 162, § 1º, do CPC, o legislador manteve a referência às decisões extintivas do processo, com ou sem resolução do mérito, pelo que, ao se fazer uma interpretação sistemática, conclui-se que a nova conceituação dos pronunciamentos judiciais leva em consideração não somente o conteúdo do ato, mas também a sua finalidade. Mostra-se equivocada, pois, a decisão *a quo* que deixa de receber o recurso de apelação, por considerar implicitamente que o ato judicial extintivo da pretensão executória consiste em decisão interlocutória. Agravo de instrumento a que se dá provimento" (TRF-1ª Região, AI 2006.01.00.015736-6/MT, Rel. Des. Fed. Fagundes de Deus, 5ª Turma, jul. 14.11.2007, *DJ* 14.12.2007).

3. Decisão interlocutória. Impugnação ao cumprimento de sentença. Decisão proferida sem extinção da execução. Agravo de instrumento. "A impugnação ao cumprimento de sentença se resolverá a partir de pronunciamento judicial, que pode ser sentença ou decisão interlocutória, a depender de seu conteúdo e efeito: se extinguir a execução, será sentença, conforme o citado artigo 203, § 1º, parte final; caso contrário, será decisão interlocutória, conforme art. 203, § 2º, CPC/2015. A execução será extinta sempre que o executado obtiver, por qualquer meio, a supressão total da dívida (art. 924, CPC/2015), que ocorrerá com o reconhecimento de que não há obrigação a ser exigida, seja porque adimplido o débito, seja pelo reconhecimento de que ele não existe ou se extinguiu. No sistema regido pelo NCPC, o recurso cabível da decisão que acolhe impugnação ao cumprimento de sentença e extingue a execução é a apelação. As decisões que acolherem parcialmente a impugnação ou a ela negarem provimento, por não acarretarem a extinção da fase executiva em andamento, têm natureza jurídica de decisão interlocutória, sendo o agravo de instrumento o recurso adequado ao seu enfrentamento" (STJ, REsp 1.698.344/MG, Rel. Min. Luis Felipe Salomão, 4ª Turma, jul. 22.05.2018, *DJe* 01.08.2018).

Decisão que exclui uma parte da lide. "O ato pelo qual o juiz exclui um dos participantes do litígio tem natureza jurídica de decisão interlocutória, uma vez que o processo continua no tocante às partes remanescentes. Nesse caso, a decisão sujeita-se à interposição do recurso de agravo" (STJ, REsp 113.443/PR, Rel. p/ ac. Min. Sálvio de Figueiredo Teixeira, 4ª Turma, jul. 11.12.2001, *DJ* 01.07.2004, p. 195).

Decisão de mérito que afasta a prescrição. "As decisões interlocutórias que versem sobre o mérito da causa não podem ser tidas como sentenças, pois, à luz do novel diploma, só haverá sentença quando se constatar, cumulativamente: I) o conteúdo previsto nos arts. 485 e 487 do CPC; e II) o fim da fase de cognição do procedimento comum ou da execução (CPC, art. 203, § 1º). O novo Código considerou como de mérito o provimento que decide sobre a prescrição ou a decadência (art. 487, II, do CPC), tornando a decisão definitiva e revestida do manto da coisa julgada. Caso a prescrição seja decidida por interlocutória, como ocorre na espécie, o provimento deverá ser impugnado via agravo de instrumento. Já se a questão for definida apenas no âmbito da sentença, pondo fim ao processo ou a capítulo da sentença, caberá apelação nos termos do art. 1.009 do CPC" (STJ, REsp 1.778.237/RS, Rel. Min. Luis Felipe Salomão, 4ª Turma, jul. 19.02.2019, *DJe* 28.03.2019).

"O ato do juiz, que resolve um incidente de execução, configura decisão interlocutória, nos termos do § 2º do art. 162 do CPC, e, portanto, passível de agravo e não de apelação" (TACív/SP, Ap. 180.707-0, Rel. Juiz Moraes Sales, 2ª Câmara, jul. 29.04.1985, *JTACiv/SP* 99/231).

"A juízo singular, em processo de execução, não incluiu no cálculo da liquidação a integralidade dos índices de correção indicados pelos autores da ação de repetição de indébito. Dessa forma, a decisão proferida repercutiu no direito patrimonial vinculado à causa, evidência que descaracteriza por completo a equivocada exegese de que a hipótese configurou mero despacho ordinatório. Trata-se, em verdade, de decisão interlocutória, passível de impugnação recursal. Precedentes: REsp 421.913/RJ, *DJ* 14/11/2005, Rel. Min. Castro Meira; REsp 195.448/MG, *DJ* 18.02.2002, Rel. Min. Sálvio de Figueiredo Teixeira" (STJ, REsp 901.774/SP, Rel. Min. José Delgado, jul. 28.08.2007, 1ª Turma, *DJ* 13.09.2007, p. 172).

Homologação de acordo entre as partes. Extinção parcial do processo. "A decisão que homologa transação e extingue parcialmente a execução, determinando seu prosseguimento com relação aos litisconsortes que não transigiram, possui natureza interlocutória, motivo pelo qual o recurso contra ela cabível é o agravo de instrumento, e não a apelação. Tratando-se de erro grosseiro, não se aplica o princípio da fungibilidade" (STJ, REsp 829.992/DF, Rel. Min. Arnaldo Esteves Lima, 5ª Turma, jul. 13.12.2007, *DJ* 07.02.2008, p. 1). **No mesmo sentido:** STJ, REsp 323.405/RJ, Rel. Min. Sálvio de Figueiredo Teixeira, 4ª Turma, jul. 11.09.2001, *DJ* 04.02.2002, p. 386; TRF-1ª Região, AC 2003.38.00.010399-2/MG, Rel. Des. Fed. Francisco de Assis Betti, 2ª Turma, jul. 12.11.2007, *DJ* 31.01.2008, p. 91.

Arquivamento da execução. "Examinando-se a decisão proferida pelo juízo da execução, verifica-se que é acertado o entendimento contido no acórdão recorrido, pois, como bem ressaltou o tribunal de origem, o 'pronunciamento judicial não extinguiu a execução proposta, apenas determinou o arquivamento dos autos, devendo o feito aguardar inovação capaz de proporcionar o sucesso do procedimento executório'. Assim, tratando-se de decisão (interlocutória) proferida nos autos de execução, que não promoveu a sua extinção, a impugnação deve ocorrer por meio de agravo de instrumento, e não de apelação" (STJ, REsp 753.060/PB, Rel. Min. Denise Arruda, 1ª Turma, jul. 23.10.2007, *DJ* 19.11.2007, p. 186).

Liquidação de sentença. "O ato judicial determinando expressamente que a elaboração da conta de liquidação não insira os chamados expurgos inflacionários guarda conteúdo decisório e não meramente ordinatório, de sorte que contra ela cabe recurso, tornando, por outro lado, preclusa a questão, quando a parte dele não fizer uso" (STJ, EREsp 519.381/RJ, Rel. Min. Aldir Passarinho Junior, Corte Especial, jul. 03.06.2009, *DJe* 01.07.2009).

"Processo de execução. Liquidação de sentença. Despacho que ordena nova avaliação dos bens partilháveis. Sua recorribilidade por agravo de instrumento" (CPC, arts. 162, par 2, e 522)" (STF, RE 83.307, Rel. Min. Bilac Pinto, 1ª Turma, jul. 20.08.1976, *DJ* 08.10.1976).

4. Despacho:

Falta de cunho decisório. "O comando judicial destituído de força causadora de gravame ao recorrente não desafia impulso recursal, nos termos dos arts. 203, § 3º, e 1001 do NCPC"

(STJ, AgInt no AREsp 1.418.854/SP, Rel. Min. Moura Ribeiro, 3ª Turma, jul. 15.04.2019, *DJe* 22.04.2019).

Decisão de intimação para integrar o polo passivo da execução. "O provimento judicial que determina a intimação de aludida sucessora da RFFSA na execução para integrar o feito no polo passivo não importa em resolução de questão incidente, nem ostenta natureza decisória. Assim, por exceção prevista, tanto no art. 162, § 3º, do CPC/1973, quanto no art. 203, § 3º, do CPC/2015, o ato judicial referido caracteriza despacho, não comportando impugnação na via do agravo de instrumento. O alegado equívoco no chamamento ao processo é impugnável na via da exceção de pré-executividade ou de embargos à execução. Precedentes: AgRg no AREsp 548.094/RN, Rel. Min. Og Fernandes, Segunda Turma, julgado em 9/9/2014, *DJe* 23/9/2014 e REsp 460.214/SP, Rel. Min. João Otávio de Noronha, *DJ* 2/8/2006, p. 243" (STJ, REsp 1.624.376/SP, Rel. Min. Francisco Falcão, 2ª Turma, jul. 07.03.2017, *DJe* 10.03.2017).

"O ato ordinatório de abertura de vista dos autos ao *Parquet* não configura ato judicial, mas sim do próprio serventuário da vara" (TRF-1ª Região, EXI 2007.38.13.001213-1/MG, Rel. Des. Fed. Olinto Menezes, 3ª Turma, jul. 02.10.2007, *DJ* 19.10.2007, p. 31).

Ato do serventuário da justiça com caráter decisório. Inexistência. "Deveras, é inexistente ato do serventuário da justiça, com caráter decisório, que gera prejuízo à parte, porquanto proferido por autoridade incompetente, razão pela qual o prazo para interposição do recurso inicia-se da data em que publicado o *decisum* do magistrado que a referendou" (STJ, REsp 905.681/RJ, Rel. Min. Luiz Fux, 1ª Turma, jul. 16.09.2010, *DJe* 29.09.2010).

5. Erro grosseiro. "O ato do juiz indeferindo pedido de cancelamento de vínculos que oneram determinado bem é, por sua natureza, sentença, uma vez que põe termo ao processo, apreciando o mérito da causa. Portanto, constitui erro grosseiro o uso de agravo de instrumento em lugar da apelação, circunstância que desautoriza o conhecimento de um recurso pelo outro, sob a invocação do princípio da fungibilidade" (TJSP, AI 37.228-1, Rel. Des. Nogueira Garcez, 5ª Câmara, jul. 18.08.1983, *RT* 581/71).

6. Trânsito em julgado. Mandado de segurança. "Decisão interlocutória, nos termos do § 2º do art. 162 do CPC, é o ato pelo qual o juiz, no curso do processo, resolve questão incidente. Decisão proferida após o trânsito em julgado da execução não tem natureza interlocutória, não sendo impugnável por agravo de instrumento. Não havendo, na legislação processual, nenhum outro recurso, é cabível o mandado de segurança" (STJ, RMS 30.832/SP, Rel. Min. Eliana Calmon, 2ª Turma, jul. 06.05.2010, *DJe* 17.05.2010).

Art. 204. Acórdão é o julgamento colegiado proferido pelos tribunais.

CPC/1973

Art. 163.

BREVES COMENTÁRIOS

Recebe a denominação de "acórdão" o julgamento colegiado proferido pelos tribunais, quando faz o papel seja de sentença, seja o de decisão interlocutória. Em outros termos, os tribunais, como os juízes de primeiro grau de jurisdição, ora decidem o necessário para encerrar o procedimento cognitivo ou executivo, ora se pronunciam sobre questões incidentais, sem impedir a continuidade do processo e sem exaurir a atividade de acertamento do litígio, e tampouco pôr fim ao procedimento da execução forçada pendente. Em todos os casos, porém, os decisórios colegiados dos tribunais serão denominados "acórdãos".

Acórdão, derivado do verbo *acordar* (entrar em acordo), é a modalidade de aperfeiçoar-se a decisão colegiada nos tribunais, que pode ser unânime ou por maioria de votos. Não há acórdão, por isso, quando o relator ou o presidente decidem singularmente, em nome do tribunal. O acórdão tanto pode conter matéria processual como de mérito; pode equivaler tanto a decisão interlocutória como a sentença. Essas equivalências, porém, não tornam aplicáveis os recursos de apelação e agravo tal como se passa no primeiro grau de jurisdição (arts. 1.009 e 1.015). Os mecanismos recursais a que se sujeitam as decisões dos tribunais são outros (arts. 929, 1.021, 1.022, 1.027, 1.042 e 1.043).

JURISPRUDÊNCIA SELECIONADA

1. Conceito de acórdão. "'Acórdão', na linguagem técnico-jurídica, é a decisão, unânime ou por maioria, dos órgãos jurisdicionais colegiados, não ensejando as decisões monocráticas a sua lavratura" (STJ, AGA 19.156/SP, Rel. Min. Sálvio de Figueiredo Teixeira, 4ª Turma, jul. 04.08.1992, *DJU* 14.09.1992, p. 14.977).

Art. 205. Os despachos, as decisões, as sentenças e os acórdãos serão redigidos, datados e assinados pelos juízes.

§ 1º Quando os pronunciamentos previstos no *caput* forem proferidos oralmente, o servidor os documentará, submetendo-os aos juízes para revisão e assinatura.

§ 2º A assinatura dos juízes, em todos os graus de jurisdição, pode ser feita eletronicamente, na forma da lei.

§ 3º Os despachos, as decisões interlocutórias, o dispositivo das sentenças e a ementa dos acórdãos serão publicados no Diário de Justiça Eletrônico.

CPC/1973

Art. 164.

REFERÊNCIA LEGISLATIVA

CPC/2015, arts. 152 (atribuições do escrivão); 209 (atos escritos); 210 (taquigrafia, estenotipia e meios idôneos); 211 (espaços e rasuras); 361 (instrução e julgamento; produção de provas); e 489 (sentença; requisitos).

Lei nº 11.419, de 19.12.2006 (Processo Eletrônico – ver Legislação Especial).

BREVES COMENTÁRIOS

A sentença como ato individual do juiz tem sua autenticidade manifestada pela assinatura do magistrado. Antiga e radical doutrina qualificava a sentença não assinada como ato processual inexistente. No entanto, a moderna visão instrumental e finalística do processo não condiz mais com tal excessivo rigor. Sendo possível reconhecer a autenticidade do ato do juiz por meio de outros elementos dos autos, tem-se como válida a sentença, mesmo que por descuido tenha ficado sem sua firma (conferir nosso *Curso de direito processual civil*, 61. ed., vol. I, nº 353, nota 78).

JURISPRUDÊNCIA SELECIONADA

1. Sentença sem assinatura. Ato inexistente. "Sentença sem assinatura é ato inexistente, que não se convalida nem com o silêncio das partes que deixaram de apontar a falha nas razões ou contrarrazões de recurso" (TJMG, Ap. 1.0701.06.158595-9/001, Rel. Des. Mota e Silva, 15ª Câmara Cível, jul. 10.01.2008, *DJ* 22.01.2008).

"A assinatura do juiz em decisão singular é requisito instrumental do ato judicial (art. 164, CPC). A ausência de tal formalidade equivale à inexistência do ato" (STJ, AgRg no Ag 549.734/DF, Rel. Min. Denise Arruda, 1ª Turma, jul. 24.08.2004, *DJ* 27.09.2004, p. 225).

"A assinatura indica não só a veracidade e a autenticidade do ato, mas também demonstra o comprometimento do órgão julgador, **que, ao apor a sua assinatura, deve necessariamente analisar e revisar o ato, comprometendo-se com o seu conteúdo e responsabilizando-se por eventuais omissões e erros**" (STJ, REsp 1.033.509/SP, Rel. Min. Mauro Campbell Marques, 2ª Turma, jul. 04.06.2009, *DJe* 23.06.2009).

2. Sentença sem assinatura. Possibilidade de correção. "Se ocorre mero erro material, ou seja, o juiz, por descuido, deixa de assinar a sentença, inoportuna é a declaração judicial de sua inexistência, sendo medida mais oportuna e adequada, inclusive com vistas à observância do princípio celeridade processual, a baixa dos autos, em diligência, à unidade judiciária de origem, para ser devidamente assinada" (TJMG, Ap. 229.006-2/00, Rel. p/ ac. Hyparco Immesi, 4ª Câmara Cível, jul. 02.05.2002, *DJ* 25.06.2002). **No mesmo sentido:** TJMG, Ap. 1.0024.05.682222-4/001, Rel. Des. Pereira da Silva, 10ª Câmara Cível, Voto vencido do Relator, jul. 30.10.2006, *DJ* 24.11.2006.

"Decisão homologatória de partilha sem assinatura do magistrado. Convalidação por meio de atos posteriores. O respectivo formal de partilha foi assinado e expedido, o que seria paradoxal invalidá-lo, assim como dar por inválida a decisão homologatória da partilha, de que é a causa e a razão de ser de sua expedição" (TJSP, ED 306754001, Rel. Des. Sebastião Carlos Garcia, reg. 20.12.2006).

3. Acórdão sem assinatura. "É inexistente o julgado sem assinatura do juízo competente, porquanto carece de autenticidade" (STJ, AgRg no Ag 566.838/SC, Rel. Min. Denise Arruda, 1ª Turma, jul. 29.06.2004, *DJ* 02.08.2004, p. 320).

4. Acórdão. Assinatura de todos os julgadores. Desnecessidade. "Segundo precedentes da Corte, o dispositivo regimental que prevê apenas a assinatura do relator do acórdão não ofende a regra do artigo 164 do Código de Processo Civil" (STJ, AgRg no REsp 733.595/RR, Rel. Min. Paulo Gallotti, 6ª Turma, jul. 03.05.2007, *DJ* 21.05.2007, p. 626). **No mesmo sentido:** STJ, AgRg no REsp 772.590/RO, Rel. Min. Félix Fischer, 5ª Turma, jul. 04.05.2006, *DJ* 12.06.2006, p. 537.

"O art. 164 do CPC não exige que todos os magistrados participantes do julgamento subscrevam o acórdão, pois preceitua, em verdade, a necessidade de que as decisões judiciais sejam assinadas, de forma que a falta da rubrica de um dos desembargadores que examinaram a remessa oficial não tem o condão de retirar a validade ou mesmo fulminar a existência do aresto. Precedentes" (STJ, REsp 819.734/RR, Rel. Min. Castro Meira, 2ª Turma, jul. 20.05.2008, *DJe* 13.08.2008).

☆ DOS PRONUNCIAMENTOS DO JUIZ: INDICAÇÃO DOUTRINÁRIA

Adroaldo Furtado Fabrício, *Ação declaratória incidental*, Rio de Janeiro: Forense, 1976, nº 111 e 112; Ana Flávia Messa, Algumas considerações sobre a busca do processo efetivo no contexto das reformas processuais civis, In: *Terceira etapa da reforma do Código de Processo Civil: estudos em homenagem ao Ministro José Augusto Delgado*, Salvador: JusPodivm; Calmon de Passos, *Inovações no CPC*, Rio de Janeiro: Forense, 1995; Celso Barbi, Ação declaratória principal e incidental, *RCGRS* 8/45; Luiz Fernando Bellinetti, O conceito de sentença no CPC, *RP* 35/218; Cláudia Helena Poggio Cortez, O novo conceito de sentença visto pelos tribunais, *RP* 171/282; Daniel Francisco Mitidiero, Sentenças parciais de mérito e resolução definitiva-fracionada da causa, *RGDPC* 31/22; Edilberto Barbosa Clementino, *Processo judicial eletrônico: em conformidade com a Lei 11.419, de 19.12.2006*, Curitiba: Juruá, 2008; Edson Ribas Malachini, A correição parcial e a recorribilidade das decisões interlocutórias, *RP* 18/88; Fernando Rubin, As decisões interlocutórias e a aplicação da técnica preclusiva no novo CPC, *Revista Dialética de Direito Processual*, nº 150, p. 27-35; Flávio Cheim Jorge, Fredie Didier Jr., Marcelo Abelha Rodrigues, *A terceira etapa da reforma processual civil: comentários às Leis nº 11.187/2005, 11.232/2005, 11.276/2006, 11.280/2006*, São Paulo: Saraiva, 2006; Giuseppe Chiovenda, *Instituições de direito processual civil*, 4. ed., Campinas: Bookseller, 2000, v. III, nº 300; Humberto Theodoro Jr., *Curso de direito processual civil*, 61. ed., Rio de Janeiro: Forense, 2020, v. I; Humberto Theodoro Júnior, *As novas reformas do Código de Processo Civil*, Rio de Janeiro: Forense, 2007; Jaqueline Mielke Silva, José Tadeu Neves Xavier, *Reforma do processo civil: Leis 11.187, de 19.10.2005, 11.232, de 22.12.2005, 11.276 e 11.277, de 07.02.2006 e 11.280, de 16.02.2006*, Porto Alegre: Verbo Jurídico, 2006; João Baptista Monteiro, O conceito de decisão, *RP* 23/61; José Carlos Barbosa Moreira, A nova definição de sentença: Lei nº 11.232, *RDDP* 39/78; José Maria Rosa Tesheiner (coord.), *Nova sistemática processual civil*, Caxias do Sul: Plenum, 2006; Leonardo Carneiro da Cunha, In: Sérgio Cruz Arenhart e Daniel Mitidiero (coord.), *Comentários ao Código de Processo Civil*, 2. ed., São Paulo: RT, 2018, v. 3;Luis Guilherme Aidar Bondioli, *O novo CPC: a terceira etapa da reforma*, São Paulo: Saraiva, 2006; Luiz Rodrigues Wambier, Tereza Arruda Alvim Wambier e José Miguel Garcia Medina, *Breves comentários à nova sistemática processual civil 2: Leis 11.187/2005, 11.232/2005, 11.276/2006, 11.277/2006 e 11.280/2006*, São Paulo: Revista dos Tribunais, 2006; Luiz Rodrigues Wambier, Tereza Arruda Alvim Wambier, José Miguel Garcia Medina, *Breves comentários à nova sistemática processual civil 3: Leis 11.382/2006, 11.417/2006, 11.418/2006, 11.341/2006, 11.419/2006, 11.441/2007, 11.448/2007*, 3. ed., São Paulo: Revista dos Tribunais, 2005; Marcelo Alves Dias de Souza, In: Teresa Arruda Alvim Wambier, Fredie Didier Jr., Eduardo Talamini, Bruno Dantas, *Breves comentários ao novo Código de Processo Civil*, São Paulo: Revista dos Tribunais, 2015; Ovídio A. Baptista da Silva, Decisões interlocutórias e sentenças liminares, *Ajuris* 51/126; Pontes de Miranda, *Comentários ao CPC de 1973*, Rio de Janeiro: Forense, t. VI; Rénan Kfuri Lopes, O novo conceito de sentença introduzido pela Lei nº 11.232/2005, *ADV*, set. 2006, p. 40; Tomás Pará Filho, A recorribilidade das decisões interlocutórias no novo CPC, *RP* 5/15.

Seção V
Dos Atos do Escrivão ou do Chefe de Secretaria

Art. 206. Ao receber a petição inicial de processo, o escrivão ou o chefe de secretaria a autuará, mencionando o juízo, a natureza do processo, o número de seu registro, os nomes das partes e a data de seu início, e procederá do mesmo modo em relação aos volumes em formação.

CPC/1973

Art. 166.

BREVES COMENTÁRIOS

O processo se inicia com a provocação do autor por meio da petição inicial. Depois de despachada pelo juiz, a petição vai ao escrivão ou ao chefe de secretaria, que promoverá o primeiro ato de documentação do processo: a autuação. Consiste este ato em colocar uma capa sobre a petição, na qual será lavrado um termo que deve conter o juízo, a natureza da causa, o número de seu registro nos assentos do cartório, os nomes das partes e a data do seu início. Dessa autuação surge um volume ao qual se vão acrescentando todas as petições e documentos relacionados com a causa. Sempre que o volume inicial se tornar muito grande, outros serão abertos, com novas autuações, com as mesmas cautelas. Atualmente, nos processos eletrônicos, o volume é único, ao qual vão sendo juntados sucessivamente todos os documentos e peças apresentados pelas partes e auxiliares.

Art. 207. O escrivão ou o chefe de secretaria numerará e rubricará todas as folhas dos autos.

Parágrafo único. À parte, ao procurador, ao membro do Ministério Público, ao defensor público e aos auxiliares da justiça é facultado rubricar as folhas correspondentes aos atos em que intervierem.

CPC/1973

Art. 167.

BREVES COMENTÁRIOS

Têm a faculdade de rubricar as folhas dos autos não só as pessoas enumeradas no parágrafo único do dispositivo legal *supra*, como também, *v.g.*, os depositários, os intérpretes e os assistentes técnicos.

Art. 208. Os termos de juntada, vista, conclusão e outros semelhantes constarão de notas datadas e rubricadas pelo escrivão ou pelo chefe de secretaria.

CPC/1973

Art. 168.

BREVES COMENTÁRIOS

Juntada é o ato com que o escrivão certifica o ingresso de uma petição ou documento nos autos. Vista é o ato de franquear o escrivão os autos à parte para que o advogado se manifeste sobre algum evento processual. Conclusão é o ato que certifica o encaminhamento dos autos ao juiz, para alguma deliberação. Recebimento é o ato que documenta o momento em que os autos voltaram a cartório após uma vista ou conclusão. Todavia, não persiste a jurisprudência antiga excessivamente formalista que considerava inexistente a certidão sem assinatura do escrivão ou chefe de secretaria do juízo. Por exemplo, verificado o defeito, determina o parágrafo único do art. 932 do CPC atual que, "antes de considerar inadmissível o recurso, o relator concederá o prazo de 5 (cinco) dias ao recorrente para que seja sanado vício ou complementada a documentação exigível".

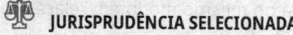

JURISPRUDÊNCIA SELECIONADA

1. Juntada do mandado por estagiária do cartório. "Ainda que válida a objeção apresentada, e sufragada pela jurisprudência da Corte Especial, com relação ao noticiário oficioso de ato processual veiculado pela internet não dispensar a aferição da veracidade nos autos da parte interessada, a juntada de mandado citatório efetuada por estagiária, em violação ao art. 168 do CPC, fato inconteste dirimido pelo aresto estadual arguido em contrarrazões, é tida como inexistente, e não gera o efeito de deflagrar o início do prazo para contestar" (STJ, REsp 1.020.729/ES, Rel. Min. Aldir Passarinho Junior, 4ª Turma, jul. 18.03.2008, *DJe* 19.05.2008).

2. Falta de rubrica. "A falta de rubrica do escrivão na certidão, como exige o art. 168 do CPC, não gera invalidade se o ato atingiu seu fim, a teor do art. 154 do CPC" (TJRS, AI 598088284, Rel. Araken de Assis, 4ª Câmara, jul. 03.06.1998).

Art. 209. Os atos e os termos do processo serão assinados pelas pessoas que neles intervierem, todavia, quando essas não puderem ou não quiserem firmá-los, o escrivão ou o chefe de secretaria certificará a ocorrência.

§ 1º Quando se tratar de processo total ou parcialmente documentado em autos eletrônicos, os atos processuais praticados na presença do juiz poderão ser produzidos e armazenados de modo integralmente digital em arquivo eletrônico inviolável, na forma da lei, mediante registro em termo, que será assinado digitalmente pelo juiz e pelo escrivão ou chefe de secretaria, bem como pelos advogados das partes.

§ 2º Na hipótese do § 1º, eventuais contradições na transcrição deverão ser suscitadas oralmente no momento de realização do ato, sob pena de preclusão, devendo o juiz decidir de plano e ordenar o registro, no termo, da alegação e da decisão.

CPC/1973

Art. 169.

REFERÊNCIA LEGISLATIVA

CPC/2015, arts. 193 a 199 (prática eletrônica de atos processuais); e 205, § 2º (assinatura digital).

Lei nº 11.419, de 19.12.2006 (Processo Eletrônico – ver Legislação Especial).

BREVES COMENTÁRIOS

Tolera-se, para determinados despachos ou decisões rotineiras, o uso de carimbos, acompanhados da rubrica e da assinatura do juiz.

Tendo a Lei nº 11.419/2006 aberto aos tribunais o uso amplo dos recursos eletrônicos no processo, o art. 169 do CPC teve o acréscimo de dois novos parágrafos, que passaram a admitir a realização, o armazenamento e a assinatura dos atos processuais também na forma eletrônica, estabelecendo as diretrizes formais e procedimentais necessárias para tanto.

JURISPRUDÊNCIA SELECIONADA

1. Abreviaturas. "Em publicação de sentença em mandado de segurança, mesmo que o nome da parte venha expresso por abreviatura pela qual ela é conhecida, não ocorre ofensa ao parágrafo único do art. 169 do CPC, porquanto o polo passivo da relação processual é ocupado sempre pela pessoa jurídica de direito público (ou pela pessoa jurídica de direito privado que exerça funções delegadas do poder público a que se vincula a autoridade coatora), estando expressos na publicação o número do processo, os nomes do autor e dos advogados, facilmente identificáveis. Precedentes" (STJ, REsp 279.419/MA, Rel. Min. Fernando Gonçalves, 6ª Turma, jul. 14.08.2001, *DJ* 10.09.2001, p. 426).

2. Certidão do escrivão. Fé pública. "A certidão do escrivão somente tem fé pública se lavrada conforme os requisitos prescritos no art. 169 do CPC, de modo a dar ciência aos interessados de seu real e fiel conteúdo" (TJMG, ApCív

1.0145.07.404834-2/001, Rel. Des. Márcia de Paoli Balbino, 17ª Câmara, jul. 28.02.2008, *DJ* 18.03.2008).

Art. 210. É lícito o uso da taquigrafia, da estenotipia ou de outro método idôneo em qualquer juízo ou tribunal.

CPC/1973

Art. 170.

JURISPRUDÊNCIA SELECIONADA

1. Regras. "Segundo o art. 170 do CPC, é lícito o uso de taquigrafia em qualquer juízo ou tribunal. Sabendo-se que a taquigrafia ou estenografia é o gênero, do qual a estenotipia é espécie, é evidente que a conveniência do seu emprego na audiência fica a critério exclusivo do juiz, independentemente da vontade das partes, que, ademais, não podem rebelar-se contra o que é lícito" (2º TACiv/SP, 4ª Câmara, *JTACivSP* 98/282, *RT* 596/163).

Art. 211. Não se admitem nos atos e termos processuais espaços em branco, salvo os que forem inutilizados, assim como entrelinhas, emendas ou rasuras, exceto quando expressamente ressalvadas.

CPC/1973

Art. 171.

REFERÊNCIA LEGISLATIVA

CPC/2015, art. 426 (prova documental; vícios extrínsecos).

JURISPRUDÊNCIA SELECIONADA

1. Espaços em branco, emendas e abreviaturas. "A legislação processual civil não admite, nos atos e termos, que haja espaços em branco, entrelinhas, emendas ou rasuras. Quando se adiciona um algarismo sobre outro, para alcançar finalidade diversa da existente, pratica-se a chamada emenda" (TJGO, Ap 12.619, Rel. Des. Messias de Souza Costa, 1ª Câmara, jul. 08.09.1980, *Rev. Goiana de Jurisp.* 16/207).

2. Alteração de atos processuais. "No que se refere à alteração de atos processuais praticados pelos escrivães judiciais, dispõe o art. 171 do CPC que 'não se admitem, nos atos e termos, espaços em branco, bem como entrelinhas, emendas ou rasuras, salvo se aqueles forem inutilizados e estas expressamente ressalvadas'. Desse modo, a validade de ato rasurado nos autos condiciona-se à ressalva expressa pelo escrivão judicial acerca da alteração levada a efeito" (TJMG, Ag 1.0687.06.045750-8/001, Rel. Des. Elpídio Donizetti, 18ª Câmara, jul. 31.07.2007, *DJ* 13.08.2007).

DOS ATOS DO ESCRIVÃO E CHEFE DE SECRETARIA: INDICAÇÃO DOUTRINÁRIA

Athos Gusmão Carneiro, *O Novo Código de Processo Civil*, v. II, nº 678, p. 547 – acórdão definindo juntada; Calmon de Passos, *Inovações no CPC*, Rio de Janeiro: Forense, 1995, p. 101; Chiovenda, *Instituições de direito processual civil*, 2. ed., Campinas: Bookseller, 2000, v. II, nº 156, p. 79 – sobre a função de escrivão; E. D. Moniz de Aragão, *Comentários ao CPC*, 10. ed., Rio de Janeiro: Forense, 2005, v. II, nº 66-68; E. D. Moniz de Aragão, *Comentários ao CPC*, 9. ed., Rio de Janeiro: Forense, 1998, v. II, nº 56-58; Edilberto Barbosa Clementino, *Processo judicial eletrônico: em conformidade com a Lei 11.419, de 19.12.2006*, Curitiba: Juruá, 2008; Humberto Theodoro Jr., *Curso de direito processual civil*, 61. ed., Rio de Janeiro: Forense, 2020, v. I, n. 209-b – sobre processo eletrônico; João Carlos Pestana de Aguiar, *Comentários ao CPC*, São Paulo: Revista dos Tribunais, v. IV, p. 312 – sobre a *datilografia* no depoimento de testemunhas; João Mendes de Almeida Júnior, *Direito Judiciário brasileiro*, 4º ed., Rio de Janeiro: Freitas Bastos, 1954, p. 231 – sobre a história da fé pública do escrivão; Leonardo Carneiro da Cunha, In: Sérgio Cruz Arenhart e Daniel Mitidiero (coord.), *Comentários ao Código de Processo Civil*, 2. ed., São Paulo: RT, 2018, v. 3; Luana Pedrosa de Figueiredo Cruz, In: Teresa Arruda Alvim Wambier, Fredie Didier Jr., Eduardo Talamini, Bruno Dantas, *Breves comentários ao novo Código de Processo Civil*, São Paulo: Revista dos Tribunais, 2015; Luiz Rodrigues Wambier, Tereza Arruda Alvim Wambier e José Miguel Garcia Medina, *Breves comentários à nova sistemática processual civil 3: Leis 11.382/2006, 11.417/2006, 11.341/2006, 11.419/2006, 11.441/2007 e 11.448/2007*, 3. ed., São Paulo: Revista dos Tribunais, 2005; Moacyr Lobo da Costa, *O agravo no direito brasileiro*, p. 29; Moniz de Aragão, *Comentários ao CPC*, 9. ed., Rio de Janeiro: Forense, 1998, v. II, nº 70/71; Sergio Bermudes, *Comentários ao CPC*, São Paulo: Revista dos Tribunais, 1975, v. VII, p. 309 – sobre a necessidade do despacho judicial, anterior à autuação do escrivão; Sidnei Agostinho Beneti, A estenotipia no Judiciário, *RJTJSP 76/29*; Wellington Moreira Pimentel, *Comentários ao CPC*, São Paulo: Revista dos Tribunais, 1975, v. III, p. 132/133 – sobre a gravação das audiências.

Capítulo II
DO TEMPO E DO LUGAR DOS ATOS PROCESSUAIS

Seção I
Do Tempo

Art. 212. Os atos processuais serão realizados em dias úteis, das 6 (seis) às 20 (vinte) horas.

§ 1º Serão concluídos após as 20 (vinte) horas os atos iniciados antes, quando o adiamento prejudicar a diligência ou causar grave dano.

§ 2º Independentemente de autorização judicial, as citações, intimações e penhoras poderão realizar-se no período de férias forenses, onde as houver, e nos feriados ou dias úteis fora do horário estabelecido neste artigo, observado o disposto no art. 5º, inciso XI, da Constituição Federal.

§ 3º Quando o ato tiver de ser praticado por meio de petição em autos não eletrônicos, essa deverá ser protocolada no horário de funcionamento do fórum ou tribunal, conforme o disposto na lei de organização judiciária local.

CPC/1973

Art. 172.

REFERÊNCIA LEGISLATIVA

CF, art. 5º XI (inviolabilidade do domicílio).

CPC/2015, arts. 212, § 2º (atos processuais; tempo), 220 (prazos; suspensão nas férias), 224, §§ 1º e 3º (prazos; contagem; prorrogação), 238 a 258 (citação), 265, § 1º (cartas por telefone), 824 a 864 (penhora) e 900 (arrematação; prosseguimento da hasta).

Lei nº 9.800, de 26 de maio de 1999 (fax).

BREVES COMENTÁRIOS

Entende-se por dias úteis aqueles em que há expediente forense, de modo que "durante as férias forenses e nos feriados não se praticarão atos processuais" (art. 214). O mesmo se diz dos sábados e domingos, que, conforme a maioria das organizações judiciárias, não são dias úteis.

Salvo no caso de citação e intimação, de nenhum efeito são os atos praticados em dias não úteis ou fora do horário legal. Permite-se, contudo, que os atos iniciados em momento adequado possam se prolongar além das 20 horas, "quando o adiamento prejudicar a diligência ou causar grave dano".

No âmbito dos juizados especiais os atos processuais poderão realizar-se em horário noturno (Lei nº 9.099/1995, art. 12).

JURISPRUDÊNCIA SELECIONADA

1. Horário de expediente.

Autos físicos. Protocolo realizado às 19:04 do último dia. Intempestividade. "Em se tratando de autos não eletrônicos, a lei é expressa ao fixar que a petição deverá ser protocolada no horário de funcionamento do fórum ou tribunal, conforme o disposto na lei de organização judiciária local. É impositiva a observância do expediente forense para certificar a tempestividade do ato processual praticado. Flexibilizar o horário previsto na lei de organização judiciária local ante o 'recebimento sem ressalvas pelo setor responsável' ou por uma suposta 'presunção de tempestividade' acaba por deslocar a lógica de igualdade formal dispensada indistintamente a todas as partes por uma política de balcão ao alvitre de cada unidade judiciária. Aceitar o argumento de que o protocolo foi realizado 'só poucos minutos após o horário previsto' abre margem a uma zona de penumbra e indeterminação passível de ser solucionada apenas por compreensões subjetivas e arbitrárias sobre qual tempo viria a ser razoável para admitir o ato processual praticado. Na hipótese, escusar a parte que não logrou protocolar sua petição física no horário do expediente forense não significa valorizar a instrumentalidade das formas, antes disso, representa indesejado tratamento diferenciado em situações de certeza justificada na instituição da regra jurídica" (STJ, REsp 1.628.506/SC, Rel. Min. Nancy Andrighi, 3ª Turma, jul. 24.09.2019, *DJe* 26.09.2019).

Petição recebida via fax. "A faculdade de utilização de sistema de transmissão de dados e imagens tipo fac-símile não prejudica o cumprimento dos prazos, razão pela qual, encaminhada a petição no último dia do prazo, mas após o encerramento do expediente, o recurso mostra-se intempestivo" (STJ, REsp 504.411/RS, Rel. Min. Denise Arruda, 1ª Turma, jul. 07.03.2006, *DJ* 27.03.2006, p. 157).

Regulação do horário de protocolo. "O art. 172, § 3º, do CPC admite a possibilidade de que o horário de funcionamento do protocolo judicial seja regulado por lei de organização judiciária local. Quanto a este horário, ressalta-se que poderá ser não coincidente com aquele previsto no *caput* do mencionado artigo (20:00 h)" (STJ, AgRg no AgRg no Ag 726.110/SC, Rel. Min. Paulo Furtado (Des. Conv. do TJBA), 3ª Turma, jul. 20.04.2010, *DJe* 30.04.2010).

"Os atos processuais devem ser praticados no curso do horário regular, não podendo ser recebida apelação após o fechamento do protocolo geral. **As leis de organização judiciária devem obedecer ao limite previsto no *caput* do art. 172 do CPC** na fixação do horário para a realização dos atos processuais, seja, de 6 às 20 horas, não se admitindo, todavia, o recebimento de petição fora do horário de funcionamento do protocolo, ainda que em horário de expediente, sob pena de violação ao preceito contido no § 3º do mesmo dispositivo" (STJ, REsp 299.509/RS, Rel. Min. Vicente Leal, 6ª Turma, jul. 10.04.2001, *DJU* 28.05.2001, p. 222). **No mesmo sentido:** STJ, AgRg no Ag 655.109/PI, Rel. Min. Carlos Alberto Menezes Direito, 3ª Turma, jul. 18.08.2005, *DJU* 14.11.2005, p. 314; STJ, REsp 1.384.238/DF, Rel. Min. Ricardo Villas Bôas Cueva, 3ª Turma, jul. 17.09.2013, *DJe* 23.09.2013; STJ, REsp 292.022/RO, Rel. Min. Aldir Passarinho Junior, 4ª Turma, jul. 10.12.2002, *DJ* 24.03.2003, p. 224.

Prorrogação de prazo. "**O encerramento antecipado do expediente forense**, com inobservância do horário normal previsto no artigo 172 do CPC e o que dispõe a lei de organização judiciária local, justifica a prorrogação do prazo destinado à prática do ato processual para o primeiro dia útil subsequente, ainda que essa antecipação resulte de portaria do tribunal, publicada com antecedência" (STJ, REsp 917.763/PE, Rel. Min. Sidnei Beneti, 3ª Turma, jul. 25.08.2009, *DJe* 05.10.2009). Cf. o art. 224, § 1º, do CPC/2015.

Término do expediente da agência bancária antes do expediente forense. Prorrogação do prazo para o preparo. "Prorroga-se o prazo para o preparo se houver término do expediente da agência bancária arrecadadora antes do encerramento do expediente forense. Não se conhece do recurso especial pela divergência, quando a orientação do tribunal se firmou no mesmo sentido da decisão recorrida. Súmula n. 83/STJ" (STJ, AgRg no Ag 470.440/SC, Rel. Min. Nancy Andrighi, 3ª Turma, jul. 21.11.2002, *DJ* 16.12.2002, p. 338).

2. Apelação. Tempestividade. "Os atos processuais, segundo o *caput* do art. 172 do CPC, realizar-se-ão nos dias úteis das 6 às 20 horas. O horário estabelecido no *caput* não se confunde com o horário do expediente forense. O horário de funcionamento das serventias judiciais é estabelecido pela Lei de Organização Judiciária, observado o lapso temporal constante do *caput*, segundo norma do § 3º. A introdução do § 3º ao art. 172 objetivou afastar interpretação errônea quanto ao horário de funcionamento do expediente forense" (STJ, AgRg no RMS 8.449/RJ, Rel. Min. Eliana Calmon, 2ª Turma, jul. 14.09.1999, *DJ* 14.08.2000, p. 158).

3. Petição recebida via fax. "Processo civil. Agravo interno. Transmissão via *fax*. Protocolo do original. Prazo: cinco dias. Lei nº 9.800/2000, art. 2º. Recurso não conhecido. Não se conhece de recurso transmitido via *fax*, quando o original não é protocolado no prazo previsto no art. 2º da Lei nº 9.800/2000" (STJ, AGREsp 434.923/RJ, Rel. Min. Sálvio de Figueiredo Teixeira, 4ª Turma, jul. 03.12.02, *DJU* 19.12.02, p. 371).

"Já restou cristalizado na jurisprudência desta Corte que a entrega tanto do fax quanto do original de recurso, que se utiliza das benesses da Lei n. 9.800/1999, se faz perante o protocolo, em obediência ao regime geral dos atos processuais, especificamente do art. 172, § 3º, do CPC, salvo disposição local em contrário, o que não foi discutido nos presentes autos" (STJ, AgRg no REsp 1.022.932/ES, Rel. Min. Aldir Passarinho Junior, 4ª Turma, jul. 13.05.2008, *DJe* 16.06.2008).

4. Sábado. Dia útil. "É válida a intimação mediante publicação do ato judicial em órgão que circulou num sábado" (TJRJ, AGI 10.389, Rel. Des. Barbosa Moreira, Sessão, jul. 14.03.1986, *RF* 300/198).

"O ato processual 'externo', vale dizer: praticado fora da sede do juízo, admite a exceção à regra prevista no art. 172 do CPC – que estabelece que o prazo seja praticado em dia útil – mediante autorização do juízo, como, *v.g.*, a citação, a penhora ou ainda a realização de hasta pública, hipótese dos autos. Precedente: REsp 122025/PE, Rel. Min. Barros Monteiro, 4ª Turma, *DJ* 15.12.1997. 2. Conforme cediço na doutrina: 'A expressão 'dias úteis' está empregada, no texto, por oposição a 'feriados' [...] Sucede que lei nenhuma declara feriado aos sábados. Logo, eles são, para efeitos processuais, dias úteis'" (STJ, REsp 1.089.731/PR, Rel. Min. Luiz Fux, 1ª Turma, jul. 04.08.2009, *DJe* 02.09.2009).

5. Citação e intimação da penhora. "Regular a citação feita fora do horário normal mediante autorização expressa do juiz de direito" (REsp 28.693/SC, Rel. Min. Barros Monteiro, 4ª Turma, jul. 10.05.1993, *DJ* 21.06.1993, p. 12.373).

Férias forenses. "Realizadas a citação e a intimação da penhora no período de férias forenses, com base no art. 172 e §§ do CPC, o prazo para o oferecimento de embargos à execução começa a fluir do primeiro dia útil subsequente ao término daquelas, nos termos do disposto no art. 173, parágrafo único, do mesmo estatuto" (TASP, Ap. 299.6563, Rel. Penteado Manente, 4ª Câmara do 1º TAC, jul. 22.12.1982, *RT* 578/120).

6. Diário de Justiça eletrônico. Irrelevância do horário de disponibilização da decisão. "É irrelevante o horário em que se deu a disponibilização da decisão no *Diário da Justiça Eletrônico*, vez que sempre é considerado o primeiro dia útil seguinte como data da efetiva publicação. (AgRg no AREsp 149471/PA, Rel. Min. Nancy Andrighi, 3ª Turma, jul. 20.11.2012, *DJe* 23.11.2012)" (STJ, AgRg nos EDcl no AREsp 277.960/SP, Rel. Min. Luis Felipe Salomão, 4ª Turma, jul. 18.06.2013, *DJe* 27.06.2013). Cf. o art. 224, § 2º, do CPC/2015.

7. Informatização do processo judicial. "É tempestivo o recurso interposto antes das 20 horas, porquanto não encerrado o expediente forense (CPC, art. 172). A Lei 10.419/2006 – que, entre outras providências, dispõe sobre a informatização do processo judicial – considera tempestivo o ato processual praticado por meio eletrônico até as 24 horas do último dia do prazo (art. 10, § 1º)" (STJ, AgRg no Ag 851.269/RJ, Rel. Min. Denise Arruda, 1ª Turma, jul. 15.05.2007, *DJ* 11.06.2007, p. 281). Cf. o art. 213, *caput*, do CPC/2015.

Art. 213. A prática eletrônica de ato processual pode ocorrer em qualquer horário até as 24 (vinte e quatro) horas do último dia do prazo.

Parágrafo único. O horário vigente no juízo perante o qual o ato deve ser praticado será considerado para fins de atendimento do prazo.

REFERÊNCIA LEGISLATIVA

Lei nº 11.419/2006, arts. 3º, parágrafo único, e 10, § 1º.

BREVES COMENTÁRIOS

Para o processo eletrônico, quando implantado pelos tribunais, a Lei nº 11.419 institui regra diferente da fixada pelo art. 212, § 3º, do CPC/2015: as petições serão consideradas tempestivas quando remetidas por meio eletrônico até as 24 horas do último dia do prazo (Lei nº 11.419, arts. 3º, parágrafo único, e 10, § 1º). A regra, porém, só será observada quando o sistema de comunicação eletrônica de atos processuais estiver realmente implantado e a remessa da petição eletrônica observar as cautelas dos arts. 1º e 2º da Lei nº 11.419, relativas à observância da assinatura eletrônica e ao credenciamento prévio no Poder Judiciário.

A regra foi repetida pelo art. 213 do CPC/2015, ao dispor que a prática eletrônica de ato processual pode ocorrer em qualquer horário até as 24 horas do último dia do prazo. Mas, considerando que o horário oficial varia no Brasil de região para região, o parágrafo único do referido artigo ressalva que "o horário vigente no juízo perante o qual o ato deve ser praticado será considerado para fim de atendimento do prazo". Nessas circunstâncias, deve-se observar o horário local para determinação do termo final do prazo processual, mesmo que diferente daquele da localidade de expedição.

Art. 214. Durante as férias forenses e nos feriados, não se praticarão atos processuais, excetuando-se:

I – os atos previstos no art. 212, § 2º;

II – a tutela de urgência.

CPC/1973

Art. 173.

REFERÊNCIA LEGISLATIVA

CF, art. 93, XII, acrescentado pela Emenda Constitucional nº 45, de 30.12.2004 (abolição das férias coletivas).

CPC/2015, arts. 220 (prazos; suspensão nas férias); 221 (prazos; casos de suspensão); 224 (prazos; contagem); 231 (intimação; fluência do prazo); 257 (citação por edital; requisitos); 305 a 307 (separação de corpos); 308 (medidas cautelares; prazo para ajuizamento da ação principal); 314 (processo; medidas acautelatórias); 335 (resposta do réu; prazo); 528, § 3º, 911, parágrafo único (prisão); 674 a 680 (embargos de terceiros); 735 e 736 (abertura de testamento); e 738 a 740 e 744 a 746 (arrecadação).

Lei nº 6.515, de 26.12.1977, arts. 7º e 8º (divórcio; separação de corpos).

Regimento Interno do STF, arts. 78 e 105 (recesso do STF).

Regimento Interno do STJ, art. 81 (recesso do STJ).

BREVES COMENTÁRIOS

O art. 214 prevê apenas atos que podem ser praticados durante férias e feriados, o que não implica tenham os respectivos processos curso normal naqueles períodos.

Férias forenses são as paralisações que afetam, regular e coletivamente, durante determinados períodos do ano, todo o funcionamento do juízo, por determinação da Lei de Organização Judiciária. Ao contrário do feriado, que diz respeito pontualmente a determinado dia, as férias correspondem à ideia de suspensão dos serviços forenses por um período prolongado.

Constituem dias não úteis, e equiparam-se aos feriados, os que se compreendem nos períodos de férias da Justiça. Tanto nos feriados como nas férias não se praticam atos processuais. Em caráter excepcional, porém, permite o Código a prática de determinados atos. Todos esses atos são de notória urgência e a parte estaria sujeita, quase sempre, a suportar prejuízos graves caso tivesse de aguardar o transcurso das férias para promovê-los. A lei nova, portanto, dispensa a parte de comprovar, caso a caso, o risco concreto de perigo de dano. Este é presumido nos casos arrolados nos incisos do art. 214.

Convém registrar que, a partir da EC nº 45/2004, foram vedadas as férias coletivas nos juízos e nos tribunais de segundo grau, de sorte que, atualmente, só há suspensão dos atos e dos prazos processuais em relação aos processos em tramitação perante os tribunais superiores.

JURISPRUDÊNCIA SELECIONADA

1. Férias forenses. "'Com a edição da Emenda Constitucional 45, de 31 de dezembro de 2004, fora extinto o período de férias forenses nos Tribunais locais e a atividade jurisdicional passou a ser ininterrupta. No caso concreto, o recurso especial foi interposto após o transcurso do prazo legal e, apesar de apontar a existência de recesso forense, o recorrente não apresentou documento apto a comprovar a alegada suspensão do prazo recursal, de modo que deve ser mantida a decisão que reconheceu a intempestividade do reclamo'. (AgInt no AREsp 983.380/SP, Rel. Ministro Marco Buzzi, Quarta Turma, julgado em 16/5/2017, *DJe* 22/5/2017)" (STJ, 4ª T., AgInt no REsp 1.590.580/SP, Rel. Min. Maria Isabel Gallotti, jul. 22.11.2021, *DJe* 25.11.2021).

2. Atos praticados durante as férias. "Os atos processuais com função acautelatória são praticados no período de férias forenses. Porém, quando desaparece o motivo que justifica tal prática, sendo satisfeita a parte na preservação do estado de fato, não há que se falar em continuidade da regra, esgotando-se a função cautelar e devendo ocorrer a fase recursal após este período" (TASP, AI 193710-6, Rel. Juiz Franklin Neiva, 1ª Câmara, jul. 27.08.1986, *RT* 611/151).

Intimação. "O prazo de dez dias da intimação da penhora (art. 669 do CPC) para oposição de embargos pelo devedor é prazo processual e se interrompe pelas férias forenses (art. 173), reiniciando-se no primeiro dia útil (art. 173, parágrafo único)" (TASP, Ap 184.444-7, Rel. Juiz Teixeira Mendes, 5ª Câmara, jul. 01.10.1985, *RT* 604/147).

Penhora. "Por força do disposto no artigo 173, inciso II, do CPC, a ação executiva no período das férias forenses pode prosseguir até a penhora, o que corresponde dizer que o prazo para a nomeação de bens, que é anterior ao ato constritivo, também flui no curso daquele recesso" (TAPR, AI 52.314-2, Rel. Juíza Regina Afonso Portes, 4ª Câmara, jul. 02.09.1992, *RT* 694/171).

Citação. "Não é nula nem inexistente a citação feita nas férias, desde que o prazo decorrente somente comece a ser contado do dia seguinte ao prazo da reabertura dos trabalhos forenses" (STJ, REsp 3.958/SP, Rel. Min. Cláudio Santos, 3ª Turma, jul. 12.11.1990, *DJU* 03.12.1990, p. 14.318).

Citação por correio. "Tratando-se de citação pelo correio, a juntada do aviso de recebimento no período de férias terá efeito a partir do primeiro dia útil após a efetivação da citação, quando inexistir ato que venha ameaçar o direito da parte. Dessa forma, não há falar em intempestividade da contestação" (TASP, AI 1.143.400-7, Rel. Juiz Carlos Bondioli, 8ª Câmara, jul. 12.02.2003, *RT* 817/265).

Ver jurisprudência do art. 212 do CPC/2015.

3. Férias dos ministros do STJ. "As férias dos ministros do STJ somente acarretam a suspensão dos prazos relativos aos recursos interpostos diretamente nesta Corte, situação não aplicável ao recurso especial" (STJ, AgRg no Ag 798.181/SP, Rel. Min. Massami Uyeda, 4ª Turma, jul. 26.06.2007, *DJ* 06.08.2007, p. 505).

4. Ação de consignação em pagamento. "A ação de consignação em pagamento não corre nas férias e, por isso, a data da oblação não deve nelas recair. Mas, se isso acontecer e o advogado do réu comparecer no dia e hora designados, recusando-se a receber, não haverá nulidade e o prazo para contestação contar-se-á de acordo com o art. 173, parágrafo único, do CPC" (TJ-SP, Apel. 143.696-2, Rel. Des. Hermes Pinotti, 17ª Câmara, jul. 14.06.1989, *RT* 645/97).

5. Sentença proferida nas férias. "Não é nula a sentença proferida no período das férias coletivas das ações que nele não têm curso, desde que a intimação para efeito de recurso ocorra ao término dele" (TJMT, ApCív 10.045, Rel. José Vidal, 2ª Câmara, jul. 19.08.1980, *RT* 546/178).

"O juiz que substituiu o titular pode proferir sentença, que produzirá efeitos após o término do período de suspensão. Art. 173 do CPC. 'O juiz que substituiu o titular pode proferir sentença em processo que tramita na vara, apto para julgamento. Art. 132 do CPC. A sentença proferida nas férias forenses não é nula, produzindo efeitos após o término do período de suspensão. Arts. 173 e 266 do CPC' (REsp nº 264.067/PI, Rel. Min. Ruy Rosado de Aguiar); 'Se o juiz titular se limita a presidir a audiência e não produz qualquer prova, não fica vinculado ao processo e o substituto pode decidir a causa, não sendo nula a sentença proferida nas férias forenses' (REsp nº 425.070/ES, Rel. Min. Garcia Vieira)" (STJ, AgRg no REsp 744.426/AL, Rel. Min. Castro Meira, 2ª Turma, jul. 14.10.2008, *DJe* 27.11.2008).

6. Recurso julgado nas férias. "Nulo é o julgamento realizado durante o período de férias coletivas de apelação referente a processo que nele não tem curso. Prejuízo adveniente a parte, a quem se impossibilitou a oportunidade de efetuar a sustentação oral" (STJ, REsp 31.301/SP, Rel. Min. Barros Monteiro, 4ª Turma, jul. 11.10.93, *RT* 704/213).

7. Recesso de Natal. Suspensão do prazo. "Assim, em princípio, no âmbito cível, as publicações ocorridas durante o recesso são válidas, ficando apenas suspenso o prazo, que se inicia no primeiro dia útil imediatamente posterior à suspensão" (STJ, REsp 975.807/RJ, Rel. Min. Humberto Gomes de Barros, Rel. p/ ac. Min. Nancy Andrighi, 3ª Turma, jul. 02.09.2008, *DJe* 20.10.2008).

8. Juiz plantonista. "A prolação de sentença por juiz plantonista versando *thema* não enumerado nas hipóteses dos arts. 173 e 174 do CPC revela *error in procedendo*, tanto mais que a figura daquele magistrado não se confunde com o juiz substituto, premissa equivocada na qual pautou-se a decisão agravada. [...] A decisão proferida pelo juiz plantonista – sentença – não se inclui entre as providências de urgência, as quais não se suspendem pela superveniência das férias, à luz da legislação *in foco*" (STJ, AgRg no REsp 750.146/AL, Rel. Min. Luiz Fux, 1ª Turma, jul. 07.10.2008, *DJe* 03.11.2008).

9. Comprovação da suspensão do expediente forense. "A suspensão do expediente forense deve ser comprovada no momento da interposição do recurso, sob pena de ocorrência da preclusão consumativa" (STJ, AgRg nos EDcl no Ag 921.806/SP, Rel. Min. Napoleão Nunes Maia Filho, 5ª Turma, jul. 28.02.2008, *DJe* 31.03.2008). Cf. o art. 1.003, § 6º, do CPC/2015.

Art. 215. Processam-se durante as férias forenses, onde as houver, e não se suspendem pela superveniência delas:

I – os procedimentos de jurisdição voluntária e os necessários à conservação de direitos, quando puderem ser prejudicados pelo adiamento;

II – a ação de alimentos e os processos de nomeação ou remoção de tutor e curador;

III – os processos que a lei determinar.

CPC/1973

Art. 174.

REFERÊNCIA LEGISLATIVA

CPC/2015, arts. 726, 729 e 852 (protestos; notificações; interpelações); 719 a 770 (jurisdição voluntária); e 759 a 763 (dação ou remoção de tutores e curadores).

Lei nº 8.245, de 18.10.1991, art. 58, I (locação de imóveis urbanos).

BREVES COMENTÁRIOS

Além dos atos processuais isolados que o art. 214 permite sejam praticados durante a suspensão da atividade forense, há processos que têm curso normal no período de férias, *i.e.*, processam-se durante as férias e não se suspendem, como os demais, pela superveniência delas. Acham-se eles enumerados pelo art. 215 e são os seguintes:

(a) os procedimentos de jurisdição voluntária e os necessários à conservação de direitos, quando puderem ser prejudicados pelo adiamento (inciso I);

(b) a ação de alimentos e os processos de nomeação ou remoção de tutor e curador (inciso II);

(c) os processos que a lei determinar (inciso III).

Processam-se durante as férias as ações relativas a: *a*) acidente do trabalho; *b*) acidente de trânsito; *c*) adjudicação compulsória; *d*) desapropriação; *e*) processo falimentar; *f*) produção antecipada de prova; *g*) ações locatícias (despejo, consignatória de aluguel, renovação e revisão de locação).

Não correm durante as férias as ações pertinentes a: *a*) separação litigiosa; *b*) consignação em pagamento; *c*) prestação de contas; *d*) divórcio; *e*) posse; *f*) usucapião; *g*) exibição; *h*) rescisória; *i*) execução por título extrajudicial; *j*) embargos à execução; *k*) processo cautelar; *l*) mandado de segurança; *m*) alimentos; *n*) nunciação de obra nova; *o*) execução fiscal.

JURISPRUDÊNCIA SELECIONADA

1. Ações com curso nas férias.

Procedimento sumário. "As ações processadas pelo 'procedimento sumaríssimo' (hoje, sumário) têm curso nas férias, de sorte que os prazos recursais, nesses casos, não se suspendem pela sua superveniência" (STJ, AgRg no AI 72.199-0/SP, Rel. Min. Sálvio de Figueiredo Teixeira, 4ª Turma, jul. 09.10.1995, *DJU* 06.11.1995, p. 37.576).

Falência. "Irrelevante no caso a controvérsia sobre a equiparação do recesso de fim de ano às férias, visto cuidar-se de feito que, de qualquer forma, tem curso mesmo durante as férias" (STJ, REsp 14.060/RJ, Rel. Min. Barros Monteiro, 4ª Turma, jul. 19.05.1992, *DJU* 03.08.1992, p. 11.324).

2. Ações que não correm nas férias.

Ação revisional de alimentos. Recesso forense. Suspensão. "A suspensão dos prazos processuais durante o recesso forense (20 de dezembro a 20 de janeiro), conforme previsto no artigo 220, *caput*, do Código de Processo Civil de 2015, compreende a ação de alimentos e os demais processos mencionados nos incisos I a III do artigo 215 do mesmo diploma legal" (STJ, REsp 1.824.214/DF, Rel. Min. Ricardo Villas Bôas Cueva, 3ª Turma, jul. 10.09.2019, *DJe* 13.09.2019). **No mesmo sentido:** TJSC, Ap. 22.533, Rel. Des. Napoleão Amarante, 1ª Câmara, jul. 05.12.1985, *Jurisp. Cat.* 52/138.

Mandado de segurança. "O mandado de segurança tem prioridade (art. 17, Lei Federal nº 1.533, de 1951) em relação ao processamento de outros atos judiciais, mas inexiste lei federal determinando seu andamento durante as férias forenses (art. 174, inciso III, CPC)" (TJSP, Ap 126.492-2, Rel. Des. Roberto Stucchi, 15ª Câmara, jul. 02.11.1988, *RJTJSP* 119/262). **Obs.: atualmente a prioridade do mandado de segurança sobre todos os outros atos judiciais, salvo o *habeas corpus*, está prevista no art. 20 da Lei nº 12.016/2009, que revogou a Lei nº 1.533/1951.**

Busca e apreensão. "A ação de busca e apreensão (Decreto-lei 911/1969) tem seu processamento suspenso durante o curso das férias forenses, não sendo, pois, os dias de tal período computados para fins de interposição de recurso, *ex vi* do art. 174 do CPC" (TJMG, AGI 473.520-8, Rel. Juiz Tarcísio Martins Costa, 1ª Câmara, jul. 07.12.2004, *DJe* 05.02.2005).

Sustação de protesto. "Em ação cautelar destinada a sustar protesto de título de crédito, se o réu foi citado durante as férias forenses, o prazo para resposta é contado do primeiro dia útil seguinte às mesmas, nos termos do parágrafo único do art. 173 do Código de Processo Civil, c/c o art. 174, I, do mesmo diploma processual" (TAMG, Ap. 273.754-0, Rel. Juiz Wander Marotta, 3ª Câmara, jul. 14.04.1999).

Ação rescisória. "A ação rescisória não está contemplada, de forma expressa ou tácita, como sendo ação que tenha curso regular no período de férias forenses. Assim, não é possível ampliar a regra processual que está configurada nos artigos 174 e 275 do CPC, que vedam a suspensão/prorrogação dos prazos forenses nas hipóteses em que especificam" (STJ, EREsp 667.672/SP, Rel. Min. José Delgado, Corte Especial, jul. 21.05.2008, *DJe* 26.06.2008).

3. Feriado. "Do prazo para recurso não se excluem os feriados que antecedem imediatamente as férias forenses" (STF, ED no RE 106.636/SP, Rel. Min. Francisco Rezek, Pleno, jul. 27.08.1986; *RTJ* 119/804).

"O dia feriado que antecede ao período de férias forenses não se lhe incorpora. Superação de dissídio jurisprudencial. Recurso especial não conhecido. Maioria" (STJ, REsp 14.010/SP, Rel. Min. Fontes de Alencar, 4ª Turma, jul. 25.02.1992, *RSTJ* 45/235).

4. Execução fiscal. "Tempestivos estão os embargos à execução fiscal se estes foram interpostos dentro do prazo legal, ou seja, sem infringência às normas e determinações preceituadas no art. 174 do CPC" (TJMG, Ap.Cív. 1.0024.02.663299-2/001, Rel. Des. Belizário de Lacerda, 7ª Câmara, jul. 01.06.2004, *DJe* 27.08.2004).

5. Termo inicial. "Não se tratando de nenhuma das hipóteses previstas no art. 174 do CPC, o prazo recursal em relação à sentença cuja intimação foi efetuada durante as férias forenses só passa a fluir no primeiro dia útil após o recesso" (TJRS, AGI 70004032868, Rel. Eduardo Uhlein, 17ª Câmara, jul. 18.06.2002).

6. Juiz de plantão. Ver jurisprudência do art. 214 do CPC/2015.

Art. 216. Além dos declarados em lei, são feriados, para efeito forense, os sábados, os domingos e os dias em que não haja expediente forense.

CPC/1973

Art. 175.

REFERÊNCIA LEGISLATIVA

Lei nº 662/1949 (feriados nacionais: 1º de janeiro, 21 de abril, 1º de maio, 7 de setembro, 2 de novembro, 15 de novembro e 25 de dezembro).

Lei nº 1.408/1951 (não haverá expediente forense no "dia da justiça", nos feriados nacionais, na terça-feira de carnaval, na Sexta-feira Santa e nos dias designados por lei estadual). Dia da justiça é o 8 de dezembro.

Lei nº 4.737/1965, art. 380 (é feriado nacional o dia da realização das eleições).

Lei nº 6.802/1980 (é feriado nacional o dia 12 de outubro, dia da padroeira do Brasil).

Lei nº 9.093/1995, art. 1º (são feriados civis: I – os declarados em lei federal; II – a data magna do Estado fixada em lei estadual; III – os dias do início e do término do ano do centenário de fundação do Município, fixados em lei municipal); e art. 2º (são feriados religiosos os dias de guarda, declarados em lei municipal e em número não superior a quatro, nestes incluída a Sexta-feira da Paixão).

BREVES COMENTÁRIOS

Consideram-se feriados os dias não úteis, isto é, aqueles em que habitualmente não há expediente forense, como os domingos, dias de festa nacional ou local e os sábados, quando as normas de organização judiciária suspenderem a atividade judiciária nesses dias. Todo dia em que não houver expediente forense deve ser qualificado como feriado, para efeito processual.

JURISPRUDÊNCIA SELECIONADA

1. Comprovação.

"Feriado local. Comprovação que deve ser feita no momento da interposição do recurso. Impossibilidade de que a documentação seja apresentada em momento distinto. Entendimento firmado em julgamento da Corte Especial deste Tribunal Superior" (STJ, AgInt no AREsp 1.217.898/RS, Rel. Min. Paulo de Tarso Sanseverino, 3ª Turma, jul. 19.08.2019, *DJe* 26.08.2019).

Comprovação. "Para a comprovação de feriado estadual ou municipal é imprescindível a juntada de certidão do cartório local ou documento idôneo, atestando a inexistência de expediente forense. Precedentes" (STJ, AgRg no REsp 467.321/SP, Rel. Min. Laurita Vaz, 5ª Turma, jul. 25.04.2006, *DJU* 22.05.2006, p. 241).

2. Férias forenses.

"O dia feriado que antecede ao período de férias forenses não se lhe incorpora. Superação de dissídio jurisprudencial. Recurso especial não conhecido. Maioria" (STJ, REsp 14.010/SP, Rel. Min. Fontes de Alencar, 4ª Turma, jul. 25.02.1992, *RSTJ* 45/235).

Seção II
Do Lugar

Art. 217. Os atos processuais realizar-se-ão ordinariamente na sede do juízo, ou, excepcionalmente, em outro lugar em razão de deferência, de interesse da justiça, da natureza do ato ou de obstáculo arguido pelo interessado e acolhido pelo juiz.

CPC/1973

Art. 176.

REFERÊNCIA LEGISLATIVA

CPC/2015, arts. 449, parágrafo único (testemunha impossibilitada de comparecer a sede do juízo); 454 (prova testemunhal; inquirição das pessoas gradas) e 481 a 484 (inspeção judicial).

BREVES COMENTÁRIOS

"Os atos processuais realizar-se-ão ordinariamente na sede do juízo", ou seja, no edifício do fórum ou do tribunal competente para a causa. O juiz utiliza seu gabinete para os despachos e a sala de audiências para as sessões públicas de colhida de provas orais, debates e julgamento. O escrivão pratica os atos de documentação e comunicação, geralmente, em cartório.

Exemplo de ato praticado fora da sede do juízo, pelo critério da deferência, é o da tomada de depoimento do Presidente da República, dos governadores, deputados e demais pessoas gradas constantes do art. 453, as quais são inquiridas em sua residência ou no local em que exercem a sua função. Ato praticado fora do juízo por interesse da Justiça é, *v.g.*, a inspeção judicial *in loco* (art. 481). Exemplo de ato praticado fora do juízo por sua natureza é a perícia, em todas as suas modalidades, especialmente aquelas relacionadas com a divisão e demarcação de terras (arts. 474, 478, 580, 582 e 590). São também atos praticados necessariamente fora do juízo os de comunicação processual, que se devam realizar na pessoa da parte (citação e intimação) (arts. 238 e 269), assim como os do processo de execução e os de natureza cautelar, sempre que houver necessidade de apreensão de coisa (penhora, arresto, sequestro, busca e apreensão etc.) (arts. 301, 536, § 1º, 806, § 2º, e 845).

JURISPRUDÊNCIA SELECIONADA

1. Exame pericial. "A realização de exame pericial na pessoa de operário morador em local distante e beneficiário da justiça gratuita deve realizar-se no lugar onde ele se acha" (2º TACiv.-SP, Ag 180.817-0, Rel. Juiz Alves Bevilacqua, 5ª Câmara, jul. 11.09.1985, *RT* 604/120).

2. Intimação pela imprensa. Procurador residente em outra comarca. "'O fato de o procurador da parte não residir na sede do juízo ou nela não exercer com habitualidade a advocacia não impede que a intimação dos atos processuais se dê por publicação *na* imprensa oficial, pois a hipótese não se adapta à situação excepcional prevista na parte final do art. 176 do CPC, desautorizando a efetivação da comunicação por carta' (*RT* 622/131)" (TJSP, Ap. 1162342200, Rel. Des. Paulo Hatanaka, 19ª Câmara, jul. 23.01.2007). **No mesmo sentido:** TACiv.-SP, Ag 202.577-4, Rel. Juiz Franklin Neiva, 1ª Câmara, jul. 06.06.1987, *Adcoas*, 1987, nº 116.231).

3. Atos processuais. Sede do juízo. "A teor do disposto pelo art. 176 do CPC, via de princípio, os atos processuais realizam-se na sede de juízo. Só face a excepcionalidades legalmente previstas ou extraordinariamente reconhecidas, admitem-se exceções" (TJRS, AI 599443603, Rel. Fernando Braf Henning Júnior, 17ª Câmara, jul. 05.10.1999).

DO TEMPO E DO LUGAR DOS ATOS PROCESSUAIS: INDICAÇÃO DOUTRINÁRIA

Alcides de Mendonça Lima, Embargos de terceiros – curso nas férias – deferimento de liminar, *RP* 31/233 – parecer; Antônio Cezar Peluso, Inventário: curso nas férias forenses, *RP* 17/217; Cândido de Oliveira Filho, *Férias forenses, dilações e prazos*, Rio de Janeiro: C. Cândido de Oliveira, 1923, nº 33, p. 111; Cássio Scarpinella Bueno, *Manual de direito processual civil*, São Paulo: Saraiva, 2015; Daniel Amorim Assumpção Neves, *Manual de direito processo civil*, São Paulo: Método, 2015; Eduardo Couture, *La comarca y el mundo*, livro de crônicas, Montevidéu: Alfar, 1953; Estefânia Viveiros, In: Teresa Arruda Alvim Wambier, Fredie Didier Jr., Eduardo Talamini, Bruno Dantas, *Breves comentários ao novo Código de Processo Civil*, São Paulo: Revista dos Tribunais, 2015; Fredie Didier Jr., *Curso de direito processual civil*, 17. ed., Salvador: JusPodivm, 2015, v. I; Guilherme Rizzo Amaral, *Comentários às alterações do novo CPC*, São Paulo: Revista dos Tribunais, 2015; Humberto Theodoro Júnior, *Curso de direito processual civil*, 61. ed., Rio de Janeiro: Forense, 2020, v. I; Humberto Theodoro Júnior, Fernanda Alvim Ribeiro de Oliveira, Ester Camila Gomes Norato Rezende (coords.), *Primeiras lições sobre o novo direito processual civil brasileiro*, Rio de Janeiro: Forense, 2015; J. E. Carreira Alvim, *Comentários ao novo Código de Processo Civil*, Curitiba: Juruá, 2015; José Eduardo da Rocha Frota, A ação renovatória suspende-se nas férias, *O Estado de S. Paulo*, 28.10.1987; José Frederico Marques, *Ensaio sobre a jurisdição voluntária*, Campinas: Millenium, 2000, nº 2, p. 230; José Frederico Marques, *Manual de direito processual civil*, 2. ed., São Paulo: Millenium, 2001, v. III, nº 584; José Maurício Pinto de Almeida, Jurisdição voluntária e férias forenses, *O Estado de S. Paulo*, 27.10.1985; José Miguel Garcia Medina, *Novo Código de Processo Civil comentado*, São Paulo: Revista dos Tribunais, 2015; José Vidal, Férias e feriados, *RT* 489/267; Leonardo Carneiro da Cunha, In: Sérgio Cruz Arenhart e Daniel Mitidiero (coord.), *Comentários ao Código de Processo Civil*, 2. ed., São Paulo: RT, 2018, v. 3; Leonardo Greco, *Instituições de processo civil: introdução ao direito processual civil*, 5. ed., Rio de Janeiro: Forense, 2015; Luis Antônio Giampaulo Sarro, *Novo Código de Processo Civil*, São Paulo: Rideel, 2015; Luiz Guilherme Marinoni, Sérgio Cruz Arenhart, Daniel Mitidiero, *Curso de processo civil*, São Paulo: Revista dos Tribunais, 2015, v. I; Nelson Nery Junior, Rosa Maria de Andrade Nery, *Comentários ao Código de Processo Civil*, São Paulo: Revista dos Tribunais, 2015; Teresa Arruda Alvim Wambier, Fredie Didier Jr., Eduardo Talamini, Bruno Dantas (coords.), *Breves comentários ao novo Código de Processo Civil*, São Paulo: Revista dos Tribunais, 2015; Teresa Arruda Alvim Wambier, Maria Lúcia Lins Conceição, Leonardo Ferres da Silva Ribeiro, Rogério Licastro Torres de Melo, *Primeiros comentários ao novo Código de Processo Civil*, São Paulo: Revista dos Tribunais, 2015.

Capítulo III
DOS PRAZOS

Seção I
Disposições Gerais

Art. 218. Os atos processuais serão realizados nos prazos prescritos em lei.

§ 1º Quando a lei for omissa, o juiz determinará os prazos em consideração à complexidade do ato.

§ 2º Quando a lei ou o juiz não determinar prazo, as intimações somente obrigarão a comparecimento após decorridas 48 (quarenta e oito) horas.

§ 3º Inexistindo preceito legal ou prazo determinado pelo juiz, será de 5 (cinco) dias o prazo para a prática de ato processual a cargo da parte.

§ 4º Será considerado tempestivo o ato praticado antes do termo inicial do prazo.

CPC/1973

Arts. 177, 185 e 192.

REFERÊNCIA LEGISLATIVA

CPC/2015, arts. 180 (contagem do prazo para a Fazenda Pública e o MP), 218 (prazo; fixação legal ou judicial), 230 (início do prazo), 231 (fluência do prazo), 272 (intimação) e 1.003 (prazo para recorrer).

BREVES COMENTÁRIOS

O impulso do processo rumo ao provimento jurisdicional (composição do litígio) está presidido pelo sistema da oficialidade, de sorte que, com ou sem a colaboração das partes, a relação processual segue sua marcha procedimental em razão de imperativos jurídicos lastreados, precipuamente, no mecanismo dos prazos. Sob pena de preclusão do direito de praticá-los, "os atos processuais serão realizados nos prazos prescritos em lei". Prazo é o espaço de tempo em que o ato processual da parte pode ser validamente praticado.

Todo prazo é delimitado por dois termos: o inicial (*dies a quo*) e o final (*dies ad quem*). Pelo primeiro, nasce a faculdade de a parte promover o ato; pelo segundo, extingue-se a faculdade, tenha ou não o ato sido levado a efeito. Em processo, o termo inicial é, ordinariamente, a intimação da parte; e o final, o momento em que se encerra o lapso previsto em lei. Ambos costumam ser documentados nos autos por certidões do escrivão.

O atual Código acabou com a discussão que existia à época do Código anterior, especialmente no tocante aos recursos, ao dispor que "será considerado tempestivo o ato praticado antes do termo inicial do prazo" (§ 4º). Era realmente insustentável a tese que, em alguns julgados, equiparava o recurso prematuro ao intempestivo. Se alguma limitação se podia opor ao recurso manifestado antes da intimação da sentença, seria apenas a de considerá-lo eficaz a partir da publicação do ato impugnado.

JURISPRUDÊNCIA SELECIONADA

1. Princípios da instrumentalidade e da efetividade. "Em se tratando de prazos, o intérprete, sempre que possível, deve orientar-se pela exegese mais liberal, atento às tendências do processo civil contemporâneo – calcado nos princípios da efetividade e da instrumentalidade – e à advertência da doutrina de que as sutilezas da lei nunca devem servir para impedir o exercício de um direito" (STJ, REsp 11.834/PB, 4ª Turma, jul. 17.12.1991).

2. Audiência de conciliação. Prazo. "Tratando-se de intimação para comparecimento da parte à audiência de conciliação, incide a regra do art. 192 do CPC, não se aplicando o disposto no art. 185 do CPC, uma vez que não há nenhum ato processual a ser realizado. Precedentes" (STJ, REsp 884.180/RJ, Rel. Min. Arnaldo Esteves Lima, 5ª Turma, jul. 01.04.2008, *DJe* 28.04.2008).

3. Prazo de 48 horas.

Citação nula. "É nula a citação que cientifica os réus sobre a audiência de justificação designada, sem a antecedência mínima de 24 horas, porquanto afronta o disposto no art. 192 do CPC. O vício da citação acarreta na nulidade da audiência de justificação e a cassação da liminar de reintegração de posse, ante a ofensa aos princípios constitucionais da ampla defesa e do contraditório" (TJMG, Ag 1.0024.09.514692-4/001, Rel. Des. Saldanha da Fonseca, 12ª Câmara Cível, jul. 06.05.2009, *DJe* 24.05.2009). **Obs.: O prazo mínimo de intimação para comparecimento em juízo foi fixado em 48 horas pelo art. 218, § 2º, do CPC/2015.**

Nulidade de audiência. "Se a lei não marcar outro prazo, a intimação só obriga o comparecimento depois de decorridas 24 horas. É nula, pois, a audiência realizada sem a presença do advogado de uma das partes só intimado da transferência no dia da mesma" (TJSC, Ap. 19.354, Rel. Des. João Martins, 1ª Câmara). **Obs.: O Código de 2015 prevê o prazo de 48 horas.**

Praça. Intimação. "Não localizado para os efeitos da intimação pessoal, o devedor pode ser cientificado da praça por edital, desde que publicado com a antecedência mínima de 24 horas (CPC, art. 192)" (STJ, REsp 234.389/GO, Rel. Min. Ari Pargendler, 3ª Turma, jul. 15.08.2000, *DJ* 09.10.2000, p. 143). **Obs.: O Código de 2015 prevê o prazo de 48 horas.**

4. Recolhimento de custas complementares. "É de trinta dias o prazo estabelecido no art. 257 do CPC para que o embargante efetue o recolhimento das custas iniciais, não sendo necessário, para extinção do feito em caso de descumprimento, a intimação pessoal do embargante, como decidiu a Corte Especial no REsp 264.895. Para a complementação, entretanto, não mais tem aplicação o art. 257, e sim o art. 185 do CPC, porque já em curso o processo, com a efetiva participação do exequente" (STJ, REsp 531.293/MG, Rel. Min. Eliana Calmon, 2ª Turma, jul. 14.12.2004, *DJ* 28.02.2005, p. 282).

"Havendo relação processual formada, aplica-se o artigo 185 e não o 257 do CPC quando a parte deixa de recolher as custas complementares. A ausência do pagamento culmina na extinção do feito, nos moldes do artigo 267, III, do CPC, e não por ausência de pressuposto de constituição de desenvolvimento do processo, o que, consequentemente, implica a aplicação do § 1º, que assegura a intimação pessoal do autor para fins de extinção" (TJMG, ApCív 1.0079.00.012747-6/001, Rel. Des. Afrânio Vilela, 2ª Câmara, jul. 09.06.2009, *DJe* 07.07.2009). **No mesmo sentido:** TJRS, Ag 70026447532, Rel. Roberto Carvalho Fraga, 1ª Câmara Especial, jul. 19.11.2008, *DJ* 15.01.2009.

5. Recurso interposto antes do prazo. Tempestividade (§ 4º). "Agravo interposto no dia seguinte ao do despacho, antes da sua publicação – Recurso tempestivo – A partir da entrada em vigor do novo Código de Processo Civil, inexiste razão para que os recursos interpostos antes da ocorrência do termo inicial do prazo deixem de ser conhecidos sob a alegação de intempestividade – art. 218, § 4º, do CPC/2015" (TJSP, AI 2195397-07.2016.8.26.0000, Rel. Des. Francisco Giaquinto, 13ª Câm., jul. 04.11.2016, data de registro 04.11.2016).

6. Dois recursos interpostos pela mesma parte. "Interpostos dois recursos pela mesma parte contra a mesma decisão, não se conhece daquele apresentado em segundo lugar, por força do princípio da unirrecorribilidade e da preclusão consumativa'

(AgInt no REsp 1785958/SP, Rel. Ministro Raul Araújo, Quarta Turma, julgado em 29/10/2019, *DJe* 19/11/2019). No caso concreto, a agravante opôs embargos de declaração contra o acórdão do Tribunal local e, logo em seguida, na mesma data, interpôs recurso especial. Julgados os embargos de declaração, não houve ratificação e tampouco a interposição de um novo recurso excepcional. Força concluir, na hipótese, a impossibilidade de se conhecer do recurso interposto em segundo lugar" (STJ, AgInt na Pet 13.089/PE, Rel. Min. Antonio Carlos Ferreira, 4ª Turma, jul. 23.03.2020, *DJe* 26.03.2020). Obs.: Não é preciso ratificar o recurso interposto antes dos declaratórios, se estes forem rejeitados ou não alterarem a conclusão do decisório impugnado (CPC, art. 1.024, § 5º). Ver, também, Súmula 579/STJ, no mesmo sentido.

7. Leilão. Intimação. Prazo. Ver jurisprudência do art. 887, § 3º, do CPC/2015.

8. Comparecimento espontâneo do recorrente. "A jurisprudência desta Corte firmou o entendimento no sentido de que o comparecimento espontâneo do recorrente supre a falta de intimação. Precedentes. A ausência da certidão de intimação da decisão agravada, na instância de origem, foi suprida pelo comparecimento espontâneo e tempestivo da parte aos autos. Aplicação do princípio da instrumentalidade das formas para suprimir a irregularidade formal e atingir a finalidade do ato, por não haver prejuízo" (STJ, AgRg no Ag 1.219.466/SP, Rel. Min. Humberto Martins, 2ª Turma, jul. 27.04.2010, *DJe* 07.05.2010).

Art. 219. Na contagem de prazo em dias, estabelecido por lei ou pelo juiz, computar-se-ão somente os dias úteis.

Parágrafo único. O disposto neste artigo aplica-se somente aos prazos processuais.

CJF – JORNADAS DE DIREITO PROCESSUAL CIVIL

I JORNADA

Enunciado 19 – O prazo em dias úteis previsto no art. 219 do CPC aplica-se também aos procedimentos regidos pelas Leis n. 9.099/1995, 10.259/2001 e 12.153/2009.

Enunciado 20 – Aplica-se o art. 219 do CPC na contagem do prazo para oposição de embargos à execução fiscal previsto no art. 16 da Lei n. 6.830/1980.

II JORNADA

Enunciado 116 – Aplica-se o art. 219 do CPC na contagem dos prazos processuais previstos na Lei n. 6.830/1980.

REFERÊNCIA LEGISLATIVA

Lei nº 11.101/2005, art. 189, I, acrescido pela Lei nº 14.112/2020 (todos os prazos previstos pela Lei de Falências, ou que dela decorram, "serão contados em dias corridos").

BREVES COMENTÁRIOS

Todo prazo, no regime do CPC de 1973, era contínuo, isto é, uma vez iniciado não sofria interrupção em seu curso pela superveniência de feriado ou dia não útil (art. 178). O sistema adotado pelo atual Código é outro, já que a contagem dos prazos não mais se fará por dias corridos, e sim por dias úteis, pelo menos quando se trate de prazos em dias. Dessa forma, o que realmente se dá é o desprezo de todos os dias não úteis intercalados entre o início e o termo final de prazos processuais fixados pela lei ou pelo juiz em dias. Quanto aos prazos que se contam por meses ou anos, o respectivo curso se fará de acordo com regras próprias estatuídas pelo Código Civil e que se aplicam ao processo por falta de disposição diversa no CPC.

Esclarece, outrossim, o CPC/2015 que o novo critério de apuração do curso de prazo em dias restringe-se àqueles de natureza processual, de modo que a ele não se submetem os prazos de direito material, como os de prescrição e decadência.

JURISPRUDÊNCIA SELECIONADA

1. Contagem de prazo. Art. 152, § 2º, da Lei nº 8.069/1990 (ECA). Dias corridos. Princípio da especialidade. "Nos procedimentos regulados pelo Estatuto da Criança e do Adolescente, adotar-se-á o sistema recursal do Código de Processo Civil, com as adaptações da lei especial (art. 198 do ECA). Consoante o texto expresso da lei especial, em todos os recursos, salvo os embargos de declaração, o prazo será decenal (art. 198, II, ECA) e a sua contagem ocorrerá de forma corrida, excluído o dia do começo e incluído o do vencimento, vedado o prazo em dobro para o Ministério Público (art. 152, § 2°, do ECA). Para análise de tempestividade da apelação, eventual conflito aparente de normas do mesmo grau hierárquico se resolve pelo critério da especialidade; uma vez que a Lei nº 8.069/1990 dispõe que os prazos referentes aos ritos nela regulados são contados em dias corridos, não há que se falar em aplicação subsidiária do art. 219 do Código de Processo Civil, que prevê o cálculo em dias úteis" (STJ, HC 475.610/DF, Rel. Min. Rogerio Schietti Cruz, 6ª Turma, jul. 26.03.2019, *DJe* 03.04.2019).

2. Recuperação Judicial. Prazo de stay period (art. 6º, § 4º, da Lei nº 11.101/2005). Contagem em dias corridos. "(...) Em resumo, constituem requisitos necessários à aplicação subsidiária do CPC/2015, no que tange à forma de contagem em dias úteis nos prazos estabelecidos na LRF, simultaneamente: primeiro, se tratar de prazo processual; e segundo, não contrariar a lógica temporal estabelecida na Lei nº 11.101/2005. (...) Essa lógica adotada pelo legislador especial pode ser claramente percebida na fixação do prazo sob comento o *stay period*, previsto no art. 6º, § 4º da Lei nº 11.101/2005, em relação à qual gravitam praticamente todos os demais atos subsequentes a serem realizados na recuperação judicial, assumindo, pois, papel estruturante, indiscutivelmente. Revela, de modo inequívoco, a necessidade de se impor celeridade e efetividade ao processo de recuperação judicial, notadamente pelo cenário de incertezas quanto à solvibilidade e à recuperabilidade da empresa devedora e pelo sacrifício imposto aos credores, com o propósito de minorar prejuízos já concretizados. (...) Ainda que a presente controvérsia se restrinja ao *stay period*, por se tratar de prazo estrutural ao processo recuperacional, de suma relevância consignar que os prazos diretamente a ele adstritos devem seguir a mesma forma de contagem, seja porque ostentam a natureza material, seja porque se afigura impositivo alinhar o curso do processo recuperacional, que se almeja ser célere e efetivo, com o período de blindagem legal, segundo a lógica temporal impressa na Lei nº 11.101/2005. Tem-se, assim, que os correlatos prazos possuem, em verdade, natureza material, o que se revela suficiente, por si, para afastar a incidência do CPC/2015, no tocante à forma de contagem em dias úteis." (STJ, REsp 1698283/GO, Rel. Min. Marco Aurélio Bellizze, 3ª Turma, jul. 21.05.2019, *DJe* 24.05.2019). No mesmo sentido: STJ, REsp 1.699.528/MG, Rel. Min. Luis Felipe Salomão, 4ª Turma, jul. 10.04.2018, *DJe* 13.06.2018; STJ, AgInt no REsp 1.830.738/RS, Rel. Min. Antonio Carlos Ferreira, 4ª Turma, jul. 24.05.2022, *DJe* 30.05.2022.

3. Ação de busca e apreensão. Alienação fiduciária em garantia. Pagamento da integralidade da dívida. Prazo. Contagem. Dias corridos. "Como o pedido da ação de busca e apreensão é (i) reipersecutório e (ii) declaratório da consolidação da propriedade (seja pela procedência, seja pela perda de objeto), o pagamento da integralidade da dívida, previsto no art. 3º, § 2º, do Decreto-Lei 911/69 é ato jurídico não processual, pois não se relaciona a ato que deve ser praticado no, em razão do ou para o processo, haja vista não interferir na relação processual ou mesmo na sucessão de fases do procedimento da ação de busca e apreensão. O prazo para pagamento do art. 3º, § 2º, do Decreto-Lei 911/69 deve ser considerado de direito material, não se sujeitando, assim, à contagem em dias úteis, prevista no art. 219, *caput*, do CPC/15" (STJ, REsp 1.770.863/PR, Rel. Min. Nancy Andrighi, 3ª Turma, jul. 09.06.2020, *DJe* 15.06.2020).

4. Cumprimento de sentença. Obrigações de fazer. Natureza do prazo. Aplicação do art. 219, do CPC. Ver jurisprudência do art. 536 do CPC/2015.

Art. 220. Suspende-se o curso do prazo processual nos dias compreendidos entre 20 de dezembro e 20 de janeiro, inclusive.

§ 1º Ressalvadas as férias individuais e os feriados instituídos por lei, os juízes, os membros do Ministério Público, da Defensoria Pública e da Advocacia Pública e os auxiliares da Justiça exercerão suas atribuições durante o período previsto no *caput*.

§ 2º Durante a suspensão do prazo, não se realizarão audiências nem sessões de julgamento.

CPC/1973

Art. 179.

REFERÊNCIA LEGISLATIVA

CF, art. 93, XII: "a atividade jurisdicional será ininterrupta, sendo vedado férias coletivas nos juízos e tribunais de segundo grau, funcionando, nos dias em que não houver expediente forense normal, juízes em plantão permanente".

CPC/2015, arts. 214 (não se praticam atos processuais durante as férias); 215 (atos e causas que se processam durante as férias e não se suspendem no curso delas).

Lei Complementar nº 35, de 14.03.1979 (Magistratura – ver Legislação Especial), art. 66, § 1º (férias coletivas nos tribunais).

Lei nº 5.010, de 30.05.1966 (Justiça Federal – ver Legislação Especial), art. 62 (recesso).

Lei nº 8.245, de 18.10.1991 (Locação – ver Legislação Especial), art. 58, I.

Regimento Interno do STF (ver Legislação Especial), arts. 78; 85; 105 (férias e feriados).

Regimento interno do STJ (ver Legislação Especial), arts. 81; 83; 93; 106 (férias e feriados).

SÚMULAS

Súmula do TFR:

nº 105: "Aos prazos em curso no período compreendido entre 20 de dezembro e 6 de janeiro, na Justiça Federal, aplica-se a regra do art. 179 do Código de Processo Civil".

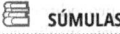

CJF – I JORNADA DE DIREITO PROCESSUAL CIVIL

Enunciado 21 – A suspensão dos prazos processuais prevista no *caput* do art. 220 do CPC estende-se ao Ministério Público, à Defensoria Pública e à Advocacia Pública.

BREVES COMENTÁRIOS

A Emenda Constitucional nº 45/2004 vedou as férias coletivas nos juízos de primeiro grau e tribunais de segundo grau, admitindo-as, portanto, apenas nos tribunais superiores (CF, art. 93, XII). No entanto, o art. 220, *caput*, do CPC/2015 determina que mesmo inexistindo férias coletivas nas instâncias ordinárias, "suspende-se o curso do prazo processual nos dias compreendidos entre 20 de dezembro e 20 de janeiro, inclusive". Criou-se, dessa maneira, um recesso especial cujo efeito, sobre os prazos, é o mesmo das férias forenses coletivas, como já vinha reconhecendo o CNJ, para outros recessos como o da Justiça Federal, antes do advento do Código atual (Resolução nº 8/2005 do CNJ).

Sobrevindo férias coletivas ou recesso, terão eles efeito suspensivo sobre o prazo ainda em marcha, sem distinguir entre prazo dilatório e peremptório. Paralisada a contagem, o restante do prazo recomeçará a fluir a partir do primeiro dia útil seguinte ao término da suspensão.

O efeito suspensivo das férias e do recesso natalino não se verifica quando se trata de prazo decadencial, como o de propositura da ação rescisória, nem tampouco em relação ao prazo do edital, já que este não se destina à prática do ato processual, mas apenas ao aperfeiçoamento da citação ficta. O prazo decadencial continua fluindo durante as férias, mas o vencimento ficará protelada para o primeiro dia útil subsequente ao término das férias (CPC/2015, art. 975, § 1º).

JURISPRUDÊNCIA SELECIONADA

1. Suspensão do prazo entre 20 de dezembro e 20 de janeiro.

Publicação. Possibilidade. "'Nos termos do art. 220 do CPC/2015, para fins de aferição de tempestividade, suspende-se o curso do prazo processual no período de 20 de dezembro a 20 de janeiro, inclusive, o que não impede que publicações sejam realizadas' (AgInt no AREsp 1.468.810/GO, Relator Marco Aurélio Bellizze, Terceira Turma, *DJe* 10/09/2019)" (STJ, AgInt nos EDcl no AREsp 1.514.807/SC, Rel. Min. Gurgel de Faria, 1ª Turma, jul. 04.05.2020, *DJe* 07.05.2020).

Intimação durante a suspensão. "Em conformidade com o art. 220 do CPC/2015, para fins de aferição de tempestividade, suspende-se o curso do prazo processual no período de 20 de dezembro a 20 de janeiro, inclusive, o que não impede sejam realizados os atos de comunicação processual, porquanto, na forma da jurisprudência, 'em regra, não é possível considerar o período compreendido no *caput* do art. 220 do CPC como dia não útil, haja vista a disposição expressa constante do respectivo § 1º, no sentido de que os juízes, os membros do Ministério Público, da Defensoria Pública e da Advocacia Pública e os auxiliares da Justiça exercerão suas atribuições normalmente, ressalvadas as férias individuais e os feriados instituídos por lei' (STJ, AgInt nos EDcl no REsp 1.814.598/PE, Rel. Ministro Og Fernandes, Segunda Turma, *DJe* de 02/03/2020). Em igual sentido: 'Nos termos do art. 220 do CPC/2015, para fins de aferição de tempestividade, suspende-se o curso do prazo processual no período de 20 de dezembro a 20 de janeiro, inclusive, o que não impede que publicações sejam realizadas' (STJ, AgInt no AREsp 1.468.810/GO, Rel. Ministro Marco Aurélio Bellizze, Terceira Turma, *DJe* de 10/09/2019). Com a mesma inteligência dada ao art. 220 do CPC/2015: 'O curso do prazo processual fica suspenso durante o período de 20 de dezembro e 20 de janeiro, pelo que, nas hipóteses da intimação da decisão judicial durante o recesso forense, o termo a quo para a contagem do prazo recursal é o primeiro dia útil subsequente a 20 de janeiro. Inteligência do art. 220 do CPC' (STJ, AgInt nos EDcl no REsp 1.806.309/PE, Rel. Ministra Nancy Andrighi, Terceira Turma, *DJe* de 01/04/2020)" (STJ, AgInt nos EDcl no AREsp 1.544.693/RS, Rel. Min. Assusete Magalhães, 2ª Turma, jul. 29.04.2020, *DJe* 05.05.2020).

Intimação eletrônica. Suspensão de prazo. "Para as intimações eletrônicas expiradas durante o lapso previsto no art. 220 do CPC/2015, o primeiro dia da contagem do prazo recursal de 15 dias úteis é o primeiro dia útil após o dia 20 de janeiro. Precedentes: AgInt no AgInt no AgInt no REsp 1814553/RN, Segunda Turma, Rel. Min. Og Fernandes, julgado em 01.06.2020; AgInt nos EDcl no AREsp 1563799/PR, Segunda Turma, Rel. Min. Francisco Falcão, julgado em 10.08.2020; AgInt nos EDcl no AREsp 1544693/RS, Segunda Turma, Rel. Min. Assusete Magalhães, julgado em 29.04.2020" (STJ, AgInt

REFERÊNCIA LEGISLATIVA

CPC/2015, arts. 107, § 2º (direitos do advogado; retirada de autos; prazo comum às partes), 313, I a III (suspensão do processo por morte ou perda da capacidade processual, pela convenção das partes ou por oposição de exceção de incompetência ou suspeição), e 1.026 (embargos de declaração; efeito suspensivo).

SÚMULAS

Súmula do STF:

nº 173: "Em caso de obstáculo judicial admite-se a purga da mora, pelo locatário, além do prazo legal".

BREVES COMENTÁRIOS

Outro caso de suspensão do prazo é o obstáculo criado no andamento do processo em detrimento da parte (embaraço judiciário). Suspendem-se, outrossim, os prazos toda vez que o processo deva ser suspenso, nos moldes do art. 313. Superado o motivo que deu causa à suspensão, apenas o remanescente do prazo voltará a fluir.

Exemplo de suspensão de prazos processuais por motivo de força maior ocorreu em 2020 em razão da pandemia do coronavírus (Covid-19), oportunidade em que o CNJ e os Tribunais do país editaram portarias e resoluções suspendendo os prazos dos processos físicos e eletrônicos para prevenir o contágio de servidores, advogados e partes litigantes.

JURISPRUDÊNCIA SELECIONADA

1. Não suspensão do curso do prazo.

Promoção de curso de formação de conciliadores e mediadores. "Promoção de curso de formação de conciliadores e mediadores pelo Tribunal de Justiça do Estado do Tocantins não configura causa de suspensão dos prazos processuais, nesta Corte Superior, nos termos ao art. 221, parágrafo único, do Código de Processo Civil de 2015" (STJ, AgInt na PET no REsp 1.693.040/SP, Rel. Min. Regina Helena Costa, 1ª Turma, jul. 25.11.2019, *DJe* 27.11.2019).

Greve do Judiciário. "A devolução de prazos processuais em razão de greve dos funcionários do Judiciário só é possível se a paralisação dos trabalhos foi total. Havendo apenas anormalidade nos serviços, cumpre à parte comprovar a justa causa impeditiva da observância do lapso legal" (TACivSP, AI 443.841-3, Rel. Juiz Vasconcellos Pereira, 7ª Câmara, jul. 28.08.1990, *RT* 672/131).

Greve dos correios. "A mera alegação de greve nos correios não obstaculiza a interposição tempestiva do recurso, impondo-se, outrossim, a comprovação do efetivo prejuízo com a circulação anormal do Diário de Justiça" (STJ, AGA 198.178/SP, Rel. Min. Vicente Leal, 6ª Turma, jul. 24.06.1999, *DJU* 23.08.1999, p. 164).

Inspeção na Secretaria Judicial. "As hipóteses de suspensão do prazo recursal são taxativas, dentre as quais não se inclui a inspeção na Vara de origem. Fica prorrogado o prazo, no entanto, de acordo com o disposto no art. 184 do CPC, para o primeiro dia útil seguinte ao fechamento do fórum" (STJ, REsp 509.885/SP, Rel. Min. Eliana Calmon, 2ª Turma, jul. 13.05.2003, *DJ* 09.06.2003, p. 261). No mesmo sentido: STJ, REsp 826.080/AL, Rel. Min. Arnaldo Esteves Lima, 5ª Turma, jul. 03.04.2008, *DJe* 09.06.2008.

2. Suspensão do curso do prazo.

Contagem dos prazos. "O art. 219 do Código de Processo Civil de 2015 dispõe que, na contagem dos prazos processuais em dias, computar-se-ão tão somente os dias úteis. Já no *caput* do art. 216, equiparam-se a feriados, para efeitos forenses, os sábados, os domingos e os dias sem expediente forense, bem como, no art. 221, ressalva-se a hipótese de suspensão do prazo processual caso constatado entrave criado em detrimento da parte, devolvendo o saldo do prazo não utilizado quando se afastar o obstáculo que a prejudicou. Os dias em que ocorrer a suspensão dos prazos processuais, não apenas no seu início ou termo final, quando se aplicará a regra do art. 224, § 1º, do CPC, não deverão ser considerados úteis, acrescentando-se ao prazo total o número de dias em que ocorreram as paralisações" (STJ, REsp 1.739.262/RJ, Rel. Min. Regina Helena Costa, 1ª Turma, jul. 12.02.2019, *DJe* 15.02.2019).

Retirada dos autos do cartório. Prazo comum para as partes. "A retirada dos autos do cartório por uma das partes, durante o prazo comum para recurso, constitui obstáculo processual, pelo que deve ser restituído à parte prejudicada o prazo igual ao que faltava para ser completado, contado, a partir da publicação da notícia sobre a devolução dos autos ao cartório, e não da efetivação desta. Precedentes' (REsp 509.325/MG)" (STJ, REsp 316.293/RJ, Rel. Min. Francisco Falcão, Rel. p/ ac. Min. Luiz Fux, 1ª Turma, jul. 09.03.2004, *DJ* 28.06.2004, p. 188). **No mesmo sentido:** STJ, REsp 427.768/MG, Rel. Min. Ruy Rosado de Aguiar, 4ª Turma, jul. 21.11.2002, *DJ* 19.12.2002; STJ, REsp 1.191.059/MA, Rel. Min. Nancy Andrighi, 3ª Turma, jul. 01.09.2011, *DJe* 09.09.2011.

Greve do Judiciário. "Quanto à alegada violação aos arts. 183, 184, 240, parágrafo único, e 265, V, do Código de Processo Civil, esta Corte firmou entendimento no sentido de que a greve de servidores suspende o prazo para apresentar rol de testemunhas. Precedentes (AgRg no Ag 648.051/SP e REsp 17.649/SP)" (STJ, AgRg no Ag 694.393/SP, Rel. Min. Jorge Scartezzini, 4ª Turma, jul. 11.10.2005, *DJ* 21.11.2005, p. 252).

3. Início da recontagem do prazo. "Tratando-se de suspensão de prazo judicial por obstáculo criado pela parte, deferida pelo juiz a restituição, o prazo recomeça a correr a partir da intimação do despacho" (STF, RE 88.970/SP, Rel. Min. Xavier de Albuquerque, 1ª Turma, jul. 28.03.1978, *RTJ* 86/362).

Greve do Judiciário. "Se a audiência na qual se deu a intimação das partes foi realizada ao tempo em que os prazos processuais já estavam suspensos por força de greve no Judiciário, consoante determinação de Portarias do Conselho da Magistratura e do Tribunal de Justiça, é de se considerar que o lapso recursal passou a correr a partir de quando oficialmente revogada a suspensão" (STJ, REsp 504.952/SP, Rel. Min. Aldir Passarinho Junior, 4ª Turma, jul. 08.04.2008, *DJ* 05.05.2008, p. 1).

4. Restituição do prazo. Obstáculo criado por uma das partes. "Se o obstáculo é criado por uma das partes, restitui-se o prazo à outra, por tempo igual ao faltante para sua complementação, se judicial a causa, prorroga-se para o primeiro dia útil" (STF, RE 109.160/SP, Rel. Min. Célio Borja, 2ª Turma, jul. 27.03.1987, *RTJ* 121/1.177, *RT* 620/228).

Agravo de instrumento. Impossibilidade de obtenção das peças obrigatórias. "O impedimento cartorário para a obtenção de cópia de peças obrigatórias justifica o pedido de devolução do prazo, que recomeça a correr da publicação da decisão que deferiu o pedido. Embora a parte tivesse ciência da decisão agravada, não se lhe podia exigir que desde logo ingressasse com o agravo sem as peças obrigatórias, sob risco de não conhecimento do recurso" (STJ, REsp 445.950/SP, Rel. Min. Ruy Rosado de Aguiar, 4ª Turma, jul. 25.11.2002, *DJ* 19.12.2002).

5. Comprovação da causa suspensiva. Preclusão. "A causa suspensiva do prazo para a interposição de apelação cível deve ser demonstrada nas razões recursais, sob pena de preclusão da matéria" (STJ, REsp 445.859/SP, Rel. Min. Francisco Falcão, 1ª Turma, jul. 05.02.2004, *DJ* 28.04.2004).

6. Boa-fé. "É tempestiva a apelação interposta dentro de período em que, por Provimento emanado do Conselho Superior da Magistratura, se achavam suspensos os prazos recursais, dentro do princípio da boa-fé da parte, que, em assim agindo, não pode ser surpreendida por contradições oriundas dos próprios órgãos do Poder Judiciário" (STJ, REsp 432.603/SP, Rel.

Min. Aldir Passarinho Junior, 4ª Turma, jul. 07.08.2003, *DJ* 15.09.2003, p. 323).

7. Pedido de restituição dos autos. Desnecessidade. "Havendo obstáculo judicial que impeça o devedor de ter acesso aos autos, desnecessária a exigência de que ele peticione separadamente ao juízo, durante o impedimento, para requerer a devolução do prazo para embargos, se levantada a questão como preliminar nos embargos à execução, apresentados tempestivamente, considerando a suspensão de que trata o art. 180 do CPC" (STJ, REsp 758.615/MG, Rel. Min. Eliana Calmon, 2ª Turma, jul. 13.09.2005, *DJ* 03.10.2005, p. 229).

"Criado o obstáculo pelo próprio serviço judiciário, enviando os autos para outro cartório, onde foram baixados, a parte tem direito a restituição do prazo. A suspensão acontece a partir do impedimento, e não da data em que a parte comunica o fato ao juiz; se o prazo ainda não começou a correr, a devolução é pelo tempo integral. Regra que pode ser afastada quando evidenciadas **malícia ou desídia da parte recorrente**, o que não acontece no caso dos autos" (STJ, REsp 106.994/MG, Rel. Min. Ruy Rosado de Aguiar, 4ª Turma, jul. 09.12.1996, *DJ* 03.03.1997, p. 4.664).

Art. 222. Na comarca, seção ou subseção judiciária onde for difícil o transporte, o juiz poderá prorrogar os prazos por até 2 (dois) meses.

§ 1º Ao juiz é vedado reduzir prazos peremptórios sem anuência das partes.

§ 2º Havendo calamidade pública, o limite previsto no *caput* para prorrogação de prazos poderá ser excedido.

CPC/1973

Art. 182.

REFERÊNCIA LEGISLATIVA

CPC/2015, arts. 190 e 191 (ampliação e suspensão de prazos por convenção entre as partes).

BREVES COMENTÁRIOS

O tratamento que o CPC/2015 dispensa aos prazos peremptórios repete as hipóteses constantes do art. 182 do Código anterior, acrescentando-lhes, porém, inovação que abranda o antigo rigor com que se restringia a redução daqueles prazos. Agora, não há mais proibição de redução dos prazos peremptórios, que será possível, por decisão judicial, mas sempre precedida de anuência das partes. Quanto às ampliações, conservam-se as do art. 182 do CPC/1973, quais sejam, as derivadas de dificuldades de transporte na comarca e as decorrentes de calamidade pública. Acrescenta-se, todavia, o poder geral do juiz de dilatar os prazos processuais, "adequando-os às necessidades do conflito de modo a conferir maior efetividade à tutela do direito" (art. 139, VI), sem distinguirem-se os dilatórios e os peremptórios.

JURISPRUDÊNCIA SELECIONADA

1. Prazos peremptórios e dilatórios. Convenção das partes. "A convenção das partes para suspensão do processo não abrange os prazos peremptórios, mas apenas os dilatórios, fluindo, portanto, normalmente, o prazo para a interposição dos embargos à execução" (TJSP, Ap. 110.615-2, Rel. Des. Oliveira Costa, 11ª Câmara, jul. 12.02.1987, *RT* 618/88).

"É vedado às partes, segundo a regra clara do art. 182 do CPC, dilatarem, por acordo, prazo peremptório, caso da apelação" (STJ, REsp 82.599/RJ, Rel. Min. Aldir Passarinho Junior, 4ª Turma, jul. 28.06.2005, *DJ* 29.08.2005, p. 345).

2. Prazo para interpor recurso. "O prazo para recurso é peremptório, e, como tal, não comporta ampliação nem redução através de acordo, devendo a intempestividade ser declarada de ofício" (TACivSP, Ap. 194.545-3, Rel. Juiz Garreta Prats, 8ª Câmara, jul. 30.06.1986, *RT* 611/155).

3. Prazos peremptórios. Coisa julgada. "Os prazos recursais são peremptórios por sua natureza, dês que relacionados ao instituto da coisa julgada, que, ultrapassando os lindes do Direito Processual, vem inscrito como cânon constitucional, abroquelador da segurança das relações jurídicas. A regra de hermenêutica *strictissimae sunt interpretationes* é aplicável aos prazos recursais" (1º TARJ, Embs. na Ap 61.743, Rel. Juiz Hélio Mariante da Fonseca, 2º Grupo de Câmaras).

Art. 223. Decorrido o prazo, extingue-se o direito de praticar ou de emendar o ato processual, independentemente de declaração judicial, ficando assegurado, porém, à parte provar que não o realizou por justa causa.

§ 1º Considera-se justa causa o evento alheio à vontade da parte e que a impediu de praticar o ato por si ou por mandatário.

§ 2º Verificada a justa causa, o juiz permitirá à parte a prática do ato no prazo que lhe assinar.

CPC/1973

Art. 183.

REFERÊNCIA LEGISLATIVA

CPC/2015, arts. 1.004 (força maior impeditiva de interposição de recurso no prazo) e 1.007, § 6º (justo impedimento e prazo de preparo).

BREVES COMENTÁRIOS

Todos os prazos processuais, mesmo os dilatórios, são preclusivos. Portanto, "decorrido o prazo, extingue-se o direito de praticar ou emendar o ato processual, independentemente de declaração judicial". Opera, para o que se manteve inerte, aquele fenômeno que se denomina preclusão processual. E preclusão, nesse caso, vem a ser a perda da faculdade ou direito processual, que se extinguiu por não exercício em tempo útil. Recebe esse evento, nessas circunstâncias, a denominação técnica de preclusão temporal.

Permite o Código, não obstante, que após a extinção do prazo, em caráter excepcional, possa a parte provar que o ato não foi praticado em tempo útil em razão de "justa causa". Nessa situação, o juiz, verificando a procedência da alegação da parte, permitirá a prática do ato "no prazo que lhe assinar", que não será, obrigatoriamente, igual ao anterior, mas que não deverá ser maior, por motivos óbvios.

JURISPRUDÊNCIA SELECIONADA

1. Prorrogação do prazo. Demonstração de justa causa. Imprescindibilidade. "Entretanto, também conforme o entendimento deste Tribunal Superior, para a prorrogação do prazo é necessária a configuração da justa causa, que deve ser demonstrada de maneira efetiva" (STJ, AgInt nos EDcl no AREsp 1.837.057/PR, Rel. Min. Luis Felipe Salomão, 4ª Turma, jul. 29.03.2022, *DJe* 01.06.2022).

Equívoco do sistema eletrônico do tribunal de justiça. Justa causa reconhecida. "Nos termos decididos por esta egrégia Corte Especial, em recente precedente: 'A falha induzida por informação equivocada prestada por sistema eletrônico de tribunal deve ser levada em consideração, em homenagem aos princípios da boa-fé e da confiança, para a aferição da tempestividade do recurso' (EAREsp n. 1.759.860/PI, relatora Ministra Laurita Vaz, Corte Especial, *DJe* de 21/3/2022.) Na hipótese em apreço, a parte embargante trouxe aos autos o evento 79 do e-Proc, no qual constou a data final do prazo para recurso em 29/1/2021, sendo que o agravo em recurso especial foi protocolado nessa data. A informação equivocadamente disponibilizada pelo Tribunal de origem pode ter induzido a erro a parte ora embargante, não sendo razoável que seja prejudicada por fato alheio a sua vontade. A Corte Especial, no REsp n. 1.324.432/SC, admitiu o uso das informações constantes do andamento processual disponíveis no sítio eletrônico do Tribunal de origem para aferição da tempestividade quando constatado erro na informação divulgada, hipótese em que se faz presente a justa causa para prorrogação do prazo" (STJ, EAREsp 1.889.302/SC, Rel. Min. Og Fernandes, Corte Especial, jul. 19.04.2023, *DJe* 27.04.2023). **No mesmo sentido:** STJ, EAREsp 1.759.860/PI, Rel. Min, Laurita Vaz, Corte Especial, jul. 16.03.2022, *DJe* 21.03.2022

2. Informação prestada pelo serviço eletrônico.

Informação incorreta. Justa causa. Tempestividade. "As informações apresentadas de modo incorreto pelo serviço eletrônico configuram justa causa apta a afastar a intempestividade do recurso, quando se verificar a boa-fé da parte prejudicada. Hipótese em que o sistema processual do Tribunal a quo informou data subsequente ao término do prazo recursal, em desconformidade com a nova legislação processual, circunstância que justifica o reconhecimento da tempestividade do recurso especial" (STJ, AgInt no AREsp 1.385.652/TO, Rel. Min. Gurgel de Faria, 1ª Turma, jul. 23.09.2019, *DJe* 26.09.2019). **No mesmo sentido:** STJ, EAREsp 1.759.860/PI, Rel. Min. Laurita Vaz, Corte Especial, jul. 16.03.2022, *DJe* 21.03.2022.

Informação incorreta ou omissão. "A Corte Especial consolidou o entendimento de que as informações processuais prestadas pelos sítios eletrônicos dos Tribunais, embora não possuam caráter oficial, dão ensejo a pedido de devolução de prazo com base em erros ou omissões que constituam justa causa, nos termos do art. 183, *caput*, §§ 1º e 2º, da Lei Processual Civil (REsp 1.324.432/SC, Rel. Ministro Herman Benjamin, Corte Especial, *DJe* 10/05/2013)" (STJ, AgInt no REsp. 1.600.492/RS, Rel. Min. Maria Isabel Gallotti, 4ª Turma, jul. 17.08.2017, *DJe* 22.08.2017).

3. Boa-fé. "Caso em que o ora recorrente defende que foi induzido em erro pelo sistema Projudi, porquanto este computou equivocadamente o dia 20.2.2017 como feriado municipal de Ortigueira, razão pela qual os Embargos à Execução devem ser considerados tempestivos. (...) Há entendimento da Corte Especial do STJ permitindo a configuração da justa causa para o descumprimento do prazo recursal pelo litigante em casos como o tal, desde que configurada a boa-fé do patrono (REsp 1.324.432/SC, Rel. Ministro Herman Benjamin, Corte Especial, *DJe* 10/5/2013). No mesmo sentido: AgInt no AREsp 1245630/TO, Rel. Ministro Gurgel de Faria, Primeira Turma, *DJe* 04/06/2019; AgInt no REsp 1663221/TO, Rel. Ministro Ricardo Villas Bôas Cueva, Rel. p/ Acórdão Ministra Nancy Andrighi, Terceira Turma, *DJe* 25/8/2017; REsp 1438529/MS, Rel. Ministro Humberto Martins, Segunda Turma, *DJe* 2/5/2014. 'A divulgação do andamento processual pelos Tribunais por meio da internet passou a representar a principal fonte de informação dos advogados em relação aos trâmites do feito. A jurisprudência deve acompanhar a realidade em que se insere, sendo impensável punir a parte que confiou nos dados assim fornecidos pelo próprio Judiciário' (REsp 1324432/SC, Rel. Ministro Herman Benjamin, Corte Especial, *DJe* 10/5/2013). Conforme previsão do Código de Processo Civil de 2015, 'nos casos de problema técnico do sistema e de erro ou omissão do auxiliar da justiça responsável pelo registro dos andamentos, poderá ser configurada a justa causa prevista no art. 223, caput, e § 1º' (art. 197, parágrafo único, do CPC/2015)" (STJ, REsp 1.827.237/PR, Rel. Min. Herman Benjamin, 2ª Turma, jul. 20.08.2019, *DJe* 13.09.2019). No mesmo sentido: STJ, AgInt no AREsp 1.245.630/TO, Rel. Min. Gurgel de Faria, 1ª Turma, jul. 09.05.2019, *DJe* 04.06.2019.

4. Doença do advogado. Justa causa. "A jurisprudência desta Corte é no sentido de que a doença do advogado somente pode constituir justa causa para autorizar a interposição tardia de recurso se, sendo o único procurador da parte, estiver o advogado totalmente impossibilitado de exercer a profissão ou de substabelecer o mandato a colega seu para recorrer da decisão. Precedentes. Incidência da Súmula 83/STJ" (STJ, AgInt no AREsp 1.223.183/RS, Rel. Min. Marco Buzzi, 4ª Turma, jul. 02.10.2023, *DJe* 05.10.2023). **No mesmo sentido:** AgInt no REsp 1.673.033/SP, Rel. Min. Ricardo Villas Bôas Cueva, 3ª Turma, *DJe* 24.10.2017; STJ, AgInt no AREsp 1.264.385/SP, Rel. Min. Raul Araújo, 4ª Turma, jul. 28.05.2019, *DJe* 17.06.2019.

"A impossibilidade de exercício profissional comprovada nos autos mediante atestado médico apresentado junto ao recurso especial constitui justificativa idônea à suspensão do prazo recursal, não havendo que se cogitar da extemporaneidade do apelo nobre, máxime porque não houve nenhuma alegação neste sentido nas contrarrazões ofertadas pelo Fisco" (STJ, AgRg no REsp 1.015.392/RJ, Rel. Min. Castro Meira, 2ª Turma, jul. 06.05.2008, *DJ* 16.05.2008).

5. Prazos processuais. Interpretação. "Em se tratando de prazos, o intérprete, sempre que possível, deve orientar-se pela exegese mais liberal, atento as tendências do processo civil contemporâneo – cálculo nos princípios da efetividade e da instrumentalidade – e a advertência da doutrina de que as sutilezas da lei nunca devem servir para impedir o exercício de um direito" (STJ, REsp 11.834/PB, Rel. Min. Sálvio de Figueiredo Teixeira, 4ª Turma, jul. 17.12.1991, *DJ* 30.03.1992, p. 3.993).

6. Preclusão temporal. "O ônus de questionar matéria controvertida em momento oportuno pode gerar a preclusão como consequência imediata da inércia do interessado. (...) A desconsiderar a existência da preclusão, estar-se-ia admitindo um processo com vistas ao infinito, o que vai de encontro a um dos princípios basilares do Estado Democrático de Direito: a segurança jurídica" (STJ, REsp 198.813/RJ, Rel. Min. Maria Thereza de Assis Moura, 6ª Turma, jul. 30.08.2007, *DJ* 17.09.2007, p. 361; *RT* 867/129).

Ação popular. "Hipótese em que o Tribunal *a quo* concluiu que o ente público somente pode migrar para o polo ativo da demanda logo após a citação, sob pena de preclusão, nos termos do art. 183 do Código de Processo Civil. O deslocamento de pessoa jurídica de Direito Público do polo passivo para o ativo na Ação Popular é possível, desde que útil ao interesse público, a juízo do representante legal ou do dirigente, nos moldes do art. 6º, § 3º, da Lei 4.717/1965" (STJ, REsp 945.238/SP, Rel. Min. Herman Benjamin, 2ª Turma, jul. 09.12.2008, *DJe* 20.04.2009).

7. Preclusão lógica. "É cediço em doutrina que: Diz-se lógica a preclusão quando um ato não mais pode ser praticado, pelo fato de se ter praticado outro ato que, pela lei, é definido como incompatível com o já realizado, ou que esta circunstância deflua inequivocamente do sistema. A aceitação da sentença envolve uma preclusão lógica de não recorrer. Assim, quando a parte toma conhecimento da sentença, vindo até a pedir sua liquidação, aceita-a tacitamente, não mais lhe sendo dado recorrer. (Arruda Alvim. In Manual de Direito Processual Civil, Volume 1, Parte Geral, 8ª Ed., revista, atualizada e ampliada, Editora Revista dos Tribunais, págs. 536/540)" (STJ, REsp 748.259/RS, Rel. Min. Luiz Fux, 1ª Turma, jul. 10.04.2007, *DJ* 11.06.2007, p. 269).

8. Preclusão. Exceção. "Nos termos do art. 183 do Código de Processo Civil brasileiro, os prazos em geral, sejam eles judiciais ou legais, dilatórios ou peremptórios, quando desatendidos atraem os efeitos da preclusão. Referida norma, todavia, a despeito de ser exteriorização expressa do princípio da celeridade, por obstar às partes a injustificada inércia na prática dos atos processuais que lhe incumbem, há de ter sua aplicação relativizada à luz do princípio da instrumentalidade do processo. Assim, tem-se permitido, em casos excepcionais, que, mesmo fora do prazo estabelecido, a parte pratique determinados atos processuais, desde que o procedimento ainda não se tenha adiantado" (STJ, REsp 373.683/MG, Rel. Min. Vasco Della Giustina, 3ª Turma, jul. 06.10.2009, *DJe* 22.10.2009).

9. Justa causa (§ 1º). "Justa causa é evento imprevisto, comprovado nos autos, alheio à vontade das partes, que a impede de praticar determinado ato. Inexistência de justa causa na regularização da representação processual, ante a ausência de comprovação nos autos" (STJ, EDcl no REsp 861.723/SP, Rel. Min. Eliana Calmon, 2ª Turma, jul. 09.06.2009, *DJe* 25.06.2009).

Força maior. "A força maior, capaz de devolver o prazo a parte, deve ser hábil a impossibilitar a prática do ato processual, hipótese afastada quando, claramente, a parte interessada dispõe de outros meios para satisfazer a faculdade processual" (STJ, AgRg no REsp 1.132.101/RS, Rel. Min. Laurita Vaz, 5ª Turma, jul. 11.05.2010, *DJe* 31.05.2010).

Alegação. Momento oportuno. "A justa causa impeditiva de prática de ato pela parte deve ser alegada no devido tempo, ou em interstício razoável, não podendo valer-se de requerimento de prorrogação ou de nova publicação da decisão após dois anos da certidão do trânsito em julgado" (STJ, AgRg no Ag 468.043/PR, Rel. Min. Castro Filho, 3ª Turma, jul. 06.04.2006, *DJ* 08.05.2006, p. 195).

10. Hipóteses:

Retirada dos autos por terceiro. "A retirada dos autos por terceiro (Ministério Público), no último dia do prazo para apresentação dos embargos à arrematação, consubstancia fato impeditivo da prática desse ato pela parte, imprevisto e alheio à sua vontade, justificando a fixação de novo prazo pelo juiz, nos termos do art. 183 do CPC" (STJ, REsp 539.153/RS, Rel. Min. Teori Albino Zavascki, 1ª Turma, jul. 14.03.2006, *DJ* 03.04.2006, p. 228).

Morte da parte ou de seu representante. "Para o Superior Tribunal de Justiça, a morte da parte ou de seu representante processual provocam a suspensão do processo desde o evento fatídico, sendo irrelevante a data da comunicação ao juízo" (STJ, EDcl no REsp 861.723/SP, Rel. Min. Eliana Calmon, 2ª Turma, jul. 09.06.2009, *DJe* 25.06.2009). **No mesmo sentido:** STJ, REsp 991.193/PR, Rel. Min. Nancy Andrighi, 3ª Turma, jul. 27.05.2008, *DJe* 20.06.2008.

Greve. Ausência de justa causa. "Esta Corte já se manifestou no sentido de que a greve dos servidores técnicos da AGU não caracteriza justa causa, para efeito de devolução de prazo processual, nos termos do art. 183, § 1º, do Código de Processo Civil" (STJ, AgRg no REsp 645.272/RS, Rel. Min. Celso Limongi (Des. Conv. do TJ/SP), 6ª Turma, jul. 17.11.2009, *DJe* 07.12.2009). No mesmo sentido: STJ, AgRg no REsp 886.419/RJ, Rel. Min. Celso Limongi (Des. Conv. do TJ/SP), 6ª Turma, jul. 06.08.2009, *DJe* 24.08.2009.

Falha atribuída à empresa encarregada do acompanhamento das intimações. Ausência de justa causa. "O STJ já firmou entendimento de que a falha atribuída a empresa encarregada do acompanhamento das intimações realizadas por meio do Diário Oficial não constitui causa de reabertura de prazo" (STJ, AgRg no Ag 1.053.098/SP, Rel. Min. Eliana Calmon, 2ª Turma, jul. 07.10.2008, *DJe* 04.11.2008).

Conclusão do processo, no curso do prazo, quando já oferecida exceção de pré-executividade. Ausência de justa causa. "A conclusão do processo ao juiz da execução, no curso do prazo de impugnação, quando já oferecida exceção de pré-executividade, não constitui obstáculo judicial à prática do ato de defesa. Por conseguinte, não enseja justa causa a obstar a oposição de embargos do devedor em tempo hábil, notadamente quando a própria parte deu azo ao empeço que sustenta justificar a devolução do prazo pretendida" (STJ, REsp 991.193/PR, Rel. Min. Nancy Andrighi, 3ª Turma, jul. 27.05.2008, *DJe* 20.06.2008).

11. Abertura de novo prazo (§ 2º). "Verificada a justa causa (falta de regular intimação do advogado da parte), o juiz 'permitirá à parte a prática do ato no prazo que lhe assinar'. Não se trata de um dispositivo mandamental ao magistrado, mas tão somente autorizativo. O novo prazo fixado poderá ter como termo *"a quo"* o momento em que a parte veio aos autos para informar a irregularidade da intimação ou então, qualquer outro que o magistrado entender cabível somente diante de cada caso é que a aferição da justa causa a autorizar a dilação do prazo para a realização de ato e a imprescindibilidade do ato para firmar a convicção do magistrado pode ser realizado" (STJ, AgRg no Ag 1.152.621/PR, Rel. Min. Luis Felipe Salomão, 4ª Turma, jul. 25.05.2010, *DJe* 08.06.2010).

"A jurisprudência desta Corte Superior já apontou no sentido de que o prazo para interposição do recurso flui a partir da última publicação da decisão a ser impugnada, de sorte que a republicação do *decisum*, ainda que tenha ocorrido por equívoco, tem o condão de reabrir o prazo recursal" (STJ, AgRg no AREsp 147.574/MG, Rel. Min. Mauro Campbell Marques, 2ª Turma, jul. 05.02.2013, *DJe* 14.02.2013).

Art. 224. Salvo disposição em contrário, os prazos serão contados excluindo o dia do começo e incluindo o dia do vencimento.

§ 1º Os dias do começo e do vencimento do prazo serão protraídos para o primeiro dia útil seguinte, se coincidirem com dia em que o expediente forense for encerrado antes ou iniciado depois da hora normal ou houver indisponibilidade da comunicação eletrônica.

§ 2º Considera-se como data de publicação o primeiro dia útil seguinte ao da disponibilização da informação no Diário da Justiça eletrônico.

§ 3º A contagem do prazo terá início no primeiro dia útil que seguir ao da publicação.

CPC/1973

Art. 184.

REFERÊNCIA LEGISLATIVA

Lei nº 662, de 06.04.1949, art. 1º (feriados nacionais).

Lei nº 9.093, de 12.09.1995 (feriados civis e religiosos).

SÚMULAS

Súmula do STF:

Nº 310: "Quando a intimação tiver lugar na sexta-feira, ou a publicação com efeito de intimação for feita nesse dia, o prazo judicial terá início na segunda-feira imediata, salvo se não houver expediente, caso em que começará no primeiro dia útil que se seguir."

BREVES COMENTÁRIOS

Em regra, os prazos são contados, com exclusão do dia de começo e com inclusão do de vencimento. Assim é porque, ocorrendo a intimação durante o expediente forense, a computação do dia em que ela se der importaria redução do prazo legal, visto que do primeiro dia a parte somente teria condições de desfrutar uma fração. Já com relação ao termo final, isto não se dá, pois a parte poderá utilizá-lo por inteiro.

Determina ainda o Código que a contagem do prazo deverá ter início no primeiro dia útil que se seguir ao da publicação (art. 224, § 3º). Se a publicação ocorrer por meio eletrônico (*i.e.*, pelo *Diário da Justiça eletrônico*), deve-se considerar data da publicação o primeiro dia útil seguinte ao da disponibilização da informação no *Diário da Justiça eletrônico* (art. 224, § 2º). Só depois disso é que se aplicará a regra do § 3º art. 224, iniciando-se a contagem a partir do primeiro dia útil posterior à disponibilização da informação eletrônica. Na verdade, a contagem do prazo em função de ato intimado pelo *DJe* começa a partir do segundo dia útil após a divulgação. É que, pela regra especial do § 3º do art. 224 do CPC/2015, considera-se como a data da publicação não a do DJe, mas o primeiro dia útil subsequente. Desprezando-se, portanto, o dia da publicação legal (dia em que se considera praticada a intimação), a contagem do prazo se dará a partir do segundo e não do primeiro dia útil posterior à data do DJe.

JURISPRUDÊNCIA SELECIONADA

1. Intimação eletrônica. Prazo de 10 dias.

Ausência de consulta. Termo final. Dia não útil. Data da intimação ficta. Próximo dia útil. "Decisão mantida. '(...) Recaindo a data da consulta eletrônica ou o término do decêndio em feriado ou dia não útil, considera-se como data da intimação o primeiro dia útil seguinte (REsp n. 1.663.172/TO, Rel. Min. Nancy Andrighi, 3ª Turma, jul. 08.08.2017, *DJE* 14/8/2017)' (STJ, AgInt no REsp 1.661.224/TO, Rel. Min. Antonio Carlos Ferreira, 4ª Turma, jul. 13.03.2018, *DJe* 23.03.2018).

Processo eletrônico. Prazo de 10 dias para ciência. Leitura automática. Suspensão dos prazos durante o recesso forense. "Conforme determina a Lei Federal 11.419/06, os atos processuais efetuados por meio eletrônico consideram-se realizados no dia e hora de seu envio ao PJE. A intimação da parte ocorre no dia em que efetiva a consulta eletrônica ao teor da decisão, sendo que a referida consulta deve ser realizada em até 10 (dez) dias corridos, contados da data do envio da intimação, sob pena de considerar-se a intimação automaticamente realizada na data do término desse prazo. Nos termos do art. 19 da Portaria Conjunta nº 460/PR/2015, os prazos processuais, de qualquer natureza, ficaram suspensos de 07.01.2016 até o dia 20.01.2016, voltando a correr no primeiro dia útil subsequente, ou seja, 21.01.2016" (TJMG, Agravo Interno Cv 1.0000.16.006273-3/002, Rel. Des. Renato Dresch, 4ª Câmara Cível, jul. 13.10.2016, *DJ* 14.10.2016).

2. Falha no sistema eletrônico do Tribunal (art. 224, § 1º). "A jurisprudência do STJ, analisando o art. 224, § 1º, do CPC/2015, tem entendido que 'a falha do sistema eletrônico, porém, que não coincide com o início ou o término do prazo recursal é inapta para ensejar a sua prorrogação e, por conseguinte, afastar a intempestividade do apelo extremo' (STJ, AgInt no REsp 1.664.678/SP, Rel. Ministro Marco Aurélio Bellizze, Terceira Turma, *DJe* de 27/10/2017)" (STJ, AgInt no AREsp 1286120/TO, Rel. Min. Assusete Magalhães, 2ª Turma, jul. 04.12.2018, *DJe* 12.12.2018).

Indisponibilidade do sistema eletrônico no curso do prazo recursal. Prorrogação. Inexistência. "A jurisprudência do Superior Tribunal de Justiça é no sentido de que, nos termos do art. 224, § 1º, do CPC/2015, não há falar em prorrogação do término do prazo recursal se ocorrer eventual indisponibilidade do sistema eletrônico no Tribunal no curso do período para interposição do recurso. A prorrogação do prazo processual é admitida apenas nas hipóteses em que a indisponibilidade do sistema coincida com o primeiro ou o último dia do prazo recursal, caso em que o termo inicial ou final será protraído para o primeiro dia útil seguinte. Precedentes" (STJ, AgInt nos EAREsp 1.817.714/SC, Rel. Min. Raul Araújo, Corte Especial, jul. 07.03.2023, *DJe* 15.03.2023).

3. Encerramento antecipado do expediente durante o curso do prazo. "O encerramento antecipado do expediente forense em determinada data acarreta alteração na contagem do prazo recursal somente na hipótese de se tratar do dia do começo ou do vencimento do prazo, nos termos do § 1º do art. 224 do CPC/2015" (STJ, AgInt no AREsp 1.540.109/SP, Rel. Min. Marco Aurélio Bellizze, 3ª Turma, jul. 11.05.2020, *DJe* 13.05.2020). **No mesmo sentido:** STJ, AgRg no Ag 1.142.783/PE, Rel. Min. Napoleão Nunes Maia Filho, 5ª Turma, jul. 15.04.2010, *DJe* 17.05.2010; STJ, REsp 802.561/DF, Rel. Min. Humberto Gomes de Barros, 3ª Turma, jul. 14.02.2008, *DJe* 05.03.2008).

4. Indisponibilidade da comunicação eletrônica no curso do prazo. "'Esta Corte Superior, na análise de casos similares, proferiu entendimento no sentido de que, a teor do § 1º do art. 224 do CPC/2015, não há falar em prorrogação do término do prazo recursal se eventual indisponibilidade do sistema eletrônico do Tribunal de origem ocorrer no curso do período para interposição do recurso, ou seja, entre os dias do começo e do vencimento do prazo recursal'" (STJ, AgInt no AREsp 1.597.173/SP, Rel. Min. Mauro Campbell Marques, 2ª Turma, jul. 06.05.2020, *DJe* 08.05.2020). **No mesmo sentido:** STJ, AgInt nos EDcl no AREsp 1.469.004/RJ, Rel. Min. Luis Felipe Salomão, 4ª Turma, jul. 10.03.2020, *DJe* 17.03.2020; STJ, AgInt no AREsp 1.390.990/SP, Rel. Min. Marco Aurélio Bellizze, 3ª Turma, jul. 15.04.2019, *DJe* 23.04.2019.

5. Indisponibilidade do sistema de peticionamento eletrônico. Prorrogação automática. "Controvérsia acerca da possibilidade de se comprovar a indisponibilidade do sistema de peticionamento eletrônico em momento posterior ao da interposição do recurso. Conforme dispõe o art. 224, § 1º, do CPC/2015: 'Os dias do começo e do vencimento do prazo serão protraídos para o primeiro dia útil seguinte, se coincidirem com dia em que o expediente forense for encerrado antes ou iniciado depois da hora normal ou houver indisponibilidade da comunicação eletrônica'. Prorrogação automática do prazo, não se exigindo comprovação da indisponibilidade no ato de interposição do recurso. Doutrina sobre o tema" (STJ, EDcl no AgInt no AREsp 730.114/RJ, Rel. Min. Paulo de Tarso Sanseverino, 3ª Turma, jul. 13.06.2017, *DJe* 26.06.2017).

Comprovação da indisponibilidade em momento posterior. "É entendimento deste STJ que a mera alegação de indisponibilidade do sistema eletrônico do Tribunal, sem a devida comprovação, mediante documentação oficial, não tem o condão de afastar o não conhecimento do recurso, em razão da impossibilidade de aferição da sua tempestividade. Um dos documentos idôneos a comprovar a indisponibilidade do sistema é o relatório de interrupções, que deve ser disponibilizado ao público no sítio do Tribunal, conforme disciplina o art. 10 da Resolução nº 185 do CNJ. É desarrazoado exigir que, no dia útil seguinte ao último dia de prazo para interposição do recurso, a parte já tenha consigo documentação oficial que comprove a instabilidade de sistema, sendo que não compete a ela produzir nem disponibilizar este registro. Este Tribunal da Cidadania não pode admitir que a parte seja impedida de exercer sua ampla defesa em razão de falha técnica imputável somente ao Poder Judiciário, notadamente porque ao menos há fundamentação legal para tanto. A regra do art. 1.003, § 6º, do CPC, trata somente dos feriados locais, não devendo ser aplicada extensivamente às situações que versem sobre instabilidade do sistema eletrônico, pois é fato novo e inesperado o qual a parte não necessariamente terá como comprovar até o dia útil seguinte. A fim de evitar-se uma restrição infundada ao direito da ampla defesa, necessário interpretar o art. 224, § 1º do CPC de forma mais favorável à parte recorrente, que é mera vítima de eventual falha técnica no sistema eletrônico de Tribunal. Admite-se a comprovação da instabilidade do sistema eletrônico, com a juntada de documento oficial, em momento posterior ao ato de interposição do recurso" (STJ, EAREsp 2.211.940/DF, Rel. Min. Nancy Andrighi, 2ª Seção, jul. 12.06.2024, *DJe* 18.06.2024).

Ver jurisprudência do art. 222 do CPC/2015.

6. Intimação ou citação por correio. Termo inicial do prazo. Ver jurisprudência do art. 231 do CPC/2015.

7. Publicação no sábado. "Se a sentença foi publicada em dia de sábado, em regra sem expediente forense, o primeiro dia útil para iniciar a contagem do prazo recursal é a terça-feira próxima" (STJ, REsp 88.601/MG, Rel. Min. José Delgado, 1ª Turma, jul. 23.05.1996, *DJU* 17.06.1996, p. 21.461).

8. Fim do prazo no sábado. Ação rescisória. "Se o prazo de dois anos para propositura da ação rescisória vence em sábado, opera-se a prorrogação para a segunda-feira" (*RT* 497/105).

9. Comprovação. "Inexiste vício na decisão quando, a teor do art. 184, § 1º, II, do Código de Processo Civil, não restar comprovado o encerramento do expediente forense antes do horário normal. Ademais, as eventuais e excepcionais suspensões ou interrupções das atividades processuais nas cortes locais devem ser oportunamente comprovadas no momento do aviamento do agravo" (STJ, EDcl no Ag 1100001/PB, Rel. Min. Paulo Furtado, 3ª Turma, jul. 04.08.2009, *DJe* 14.08.2009).

10. Fax. Recurso. "Interposto o recurso via fac-símile, compete à parte recorrente promover a protocolização da peça original dentro do prazo contínuo de cinco dias, a teor do disposto art. 2º da Lei n. 9.800/1999, inadmitida a contagem em dobro prevista no art. 188 do CPC. O termo inicial desse quinquídio é o dia imediatamente subsequente ao termo final do prazo recursal, ainda que não haja expediente forense ou a interposição por fax tenha ocorrido anteriormente. O termo final, todavia, sujeita-se ao ditame do art. 184 do CPC, segundo o qual ele será postergado para o primeiro dia útil seguinte ao seu vencimento quando este recair em data em que não haja expediente forense regular" (STJ, AgRg no REsp 1.158.839/RJ, Rel. Min. Massami Uyeda, 3ª Turma, jul. 06.04.2010, *DJe* 22.04.2010). **No mesmo sentido:** STJ, EDcl nos EDcl no AgRg no REsp 710.789/RS, Rel. Min. Luiz Fux, 1ª Turma, jul. 22.08.2006, *DJ* 18.09.2006, p. 270; STJ, AgRg nos EDcl nos EDcl no REsp 752.745/PR, Rel. Min. Teori Albino Zavascki, 1ª Turma, jul. 03.08.2006, *DJ* 21.08.2006, p. 236; STJ, AgRg nos Emb. Div. em REsp 489.226/MG, Rel. Min. João Otávio de Noronha, jul. 28.09.2005, *DJ* 17.10.2005; STJ, AgRg na AR 3.577/PE, Rel. Min. José Delgado, Rel. p/ acórdão Min. Luiz Fux, 1ª Seção, jul. 13.06.2007, *DJ* 03.09.2007.

"O agravo regimental interposto via fax deve ser considerado intempestivo caso a petição original não seja apresentada no prazo previsto no art. 2º da Lei 9.800/1999. É pacífico o entendimento desta Corte Superior no sentido de que o referido prazo é contínuo, não se interrompendo aos sábados, domingos ou feriados, uma vez que se trata de prorrogação do prazo para a apresentação do original. Nesse sentido, os seguintes precedentes: EDcl no AgRg no RMS 21.853/PE, 5ª Turma, Rel. Min. Gilson Dipp, *DJ* 30.10.2006, p. 338; AgRg no AgRg no REsp 814.939/AL, 1ª Turma, Rel. Min. Francisco Falcão, *DJ* 16.10.2006, p. 308; AgRg nos EDcl nos EDcl no REsp 752.745/PR, 1ª Turma, Rel. Min. Teori Albino Zavascki, *DJ* 21.08.2006, p. 236; AgRg nos EDcl no Ag 640.164/RJ, 1ª Turma, Rel. Min. Luiz Fux, *DJ* 03.10.2005" (STJ, AgRg no Ag 804.745/PR, Rel. Min. Denise Arruda, 1ª Turma, jul. 27.03.2007, *DJ* 03.05.2007, p. 222). **No mesmo sentido:** STJ, EDcl no REsp 475.020/RS, Rel. Min. Paulo Medina, 6ª Turma, jul. 20.03.2007, *DJ* 30.04.2007, p. 347; STJ, EDcl no REsp 438.673/MG, Rel. Min. Herman Benjamin, 2ª Turma, jul. 10.10.2006, *DJ* 14.02.2007, p. 206; STJ, AgRg nos EAg 528.063/MG, Rel. Min. Eliana Calmon, Corte Especial, jul. 03.02.2010, *DJe* 22.02.2010.

11. Quarta-feira de cinzas. "O fato de começar fora do horário normal, tratando-se da quarta-feira de cinzas, não provoca a aplicação do art. 184, § 1º, II, do Código de Processo Civil, que alcança apenas aqueles casos em que o expediente termina antes da hora prevista em lei" (STJ, REsp 259.088/PR, Rel. Min. Carlos Alberto Menezes Direito, 3ª Turma, jul. 09.04.2002, *DJ* 27.05.2002, p. 168).

12. Prazo em horas. "Como já assentou a corte, o prazo fixado em horas conta-se minuto a minuto. No caso, irrelevante o fato de não constar da certidão a hora da intimação. O acórdão recorrido beneficiou a recorrente com a prorrogação do início para o primeiro minuto do dia seguinte ao da juntada do mandado, adiando o seu termo final para o momento da abertura do expediente forense do dia seguinte ao do encerramento do prazo de 48 h, considerando que este caiu no domingo" (STJ, REsp 416.689/SP, Rel. Min. Carlos Alberto Menezes Direito, 3ª Turma, jul. 29.11.2002, *DJ* 17.02.2003, p. 272).

13. Suspensão do expediente forense. "A eventual falta de expediente no tribunal *a quo* no último dia do prazo para a apresentação do recurso deve ser comprovada por certidão expedida pelo cartório do próprio tribunal ou por outro documento oficial, o que se satisfaz pela juntada de ato emanado do Poder Executivo, reconhecendo como ponto facultativo o último dia do prazo recursal, o qual se mostra hábil ao fim colimado" (STJ, AgRg nos EDcl no Ag 640.664/RJ, Rel. Min. Castro Filho, 3ª Turma, jul. 16.08.2007, *DJ* 10.09.2007, p. 226).

14. Intimação pessoal. Prazo recursal. Contagem. "Mesmo nos casos de intimação mediante ciência pessoal, a contagem do prazo está sujeita à regra do art. 184 do CPC, a saber: seu início se dá a partir do dia seguinte ao da ciência" (STJ, REsp 950.056/RJ, Rel. Min. Teori Albino Zavascki, 1ª Turma, jul. 11.09.2007, *DJ* 27.09.2007, p. 244).

15. Procuradores autárquicos. Intimação pessoal. "A jurisprudência desta Corte Superior de Justiça pacificou já entendimento no sentido de que, antes da vigência da Lei nº 10.910/2004, os procuradores autárquicos não possuíam a prerrogativa da intimação pessoal nos processos em que atuavam. Havendo duplicidade de intimação válida do acórdão recorrido, o prazo para a interposição do recurso especial começa a fluir da primeira" (STJ, AgRg no REsp 334.189/RS, Rel. Min. Hamilton Carvalhido, 6ª Turma, jul. 03.03.2005, *DJ* 01.07.2005, p. 639).

16. Dia útil. "O que se considera útil para o dia do começo do prazo, quanto à intimação judicial, é a existência de expediente forense, pois sua ausência torna o dia equivalente ao feriado" (TACivSP, Ap. 325.173, Rel. Juiz Bernini Cabral, 4ª Câmara, jul. 08.08.1984, *RT* 589/119).

17. Recurso interposto antes do prazo. Tempestividade. Ver jurisprudência do art. 218 do CPC/2015.

Art. 225. A parte poderá renunciar ao prazo estabelecido exclusivamente em seu favor, desde que o faça de maneira expressa.

CPC/1973

Art. 186.

BREVES COMENTÁRIOS

É possível a renúncia, pela parte, de prazo estabelecido exclusivamente em seu favor, desde que o faça de maneira expressa. Para que essa faculdade seja exercida, é necessário que o prazo não seja comum; que o direito em jogo seja disponível; e que a parte seja capaz de transigir. A renúncia para a lei deve ser sempre expressa. O atual CPC superou a tese doutrinária levantada no tempo do Código de 1973 de que era possível a renúncia tanto expressa como a tácita, diante da ausência de norma restritiva que impedisse essa última modalidade.

JURISPRUDÊNCIA SELECIONADA

1. Preclusão consumativa. "Sendo lícito à parte renunciar prazo estipulado em seu favor, nos termos do art. 186 do CPC, quando oferece contestação antes do exaurimento do prazo para tal fim estipulado abdica do lapso remanescente, por força da preclusão consumativa" (TACivSP, AI 286.858-9/00, Rel. Juiz Demóstenes Braga, 7ª Câmara, jul. 05.03.1991, *RT* 672/148).

Art. 226. O juiz proferirá:

I – os despachos no prazo de 5 (cinco) dias;

II – as decisões interlocutórias no prazo de 10 (dez) dias;

III – as sentenças no prazo de 30 (trinta) dias.

CPC/1973

Art. 189.

REFERÊNCIA LEGISLATIVA

Lei Complementar nº 35, de 14.03.1979, art. 35, II (dever do magistrado quanto à observância do prazo).

CPC/2015, arts. 203, § 3º, e 1.001 (despachos).

BREVES COMENTÁRIOS

Os prazos estipulados pela lei para os juízes são prazos impróprios, no sentido de que sua inobservância não gera efeitos para o processo, ou seja, o magistrado não perde o poder-dever de praticar o ato em razão da ultrapassagem do termo final do respectivo prazo. Na ausência de justificativa, porém, poderá sujeitar-se à sanção disciplinar (CPC, art. 235).

JURISPRUDÊNCIA SELECIONADA

1. Prazo impróprio: "Ainda que o art. 189 do CPC/1973 estabeleça lapso de 10 dias para que o julgador profira a decisão, a jurisprudência e a doutrina definem que, para magistrados e seus auxiliares, são impróprios os prazos, porquanto inexiste qualquer sanção processual para a hipótese de descumprimento. Precedentes" (STJ, RMS 32.639/RN, Rel. Min. Og Fernandes, 2ª Turma, jul. 06.04.2017, *DJe* 17.04.2017).

2. Decisão injurídica. "Injurídica é a decisão que deixa de examinar liminar dentro do prazo legal determinado pelo art. 189 do CPC" [art. 226 do CPC 2015] (TJMG, Ag 1.0024.05.695872-1/001, Rel. Des. Belizário de Lacerda, 7ª Câmara, jul. 23.05.2006, *DJe* 23.05.2006).

Art. 227. Em qualquer grau de jurisdição, havendo motivo justificado, pode o juiz exceder, por igual tempo, os prazos a que está submetido.

CPC/1973

Art. 187.

REFERÊNCIA LEGISLATIVA

CPC/2015, art. 235 (juiz e tribunal moroso).

Lei Complementar nº 35, de 14.03.1979, arts. 35, II, e 39 (deveres do magistrado quanto ao prazo).

BREVES COMENTÁRIOS

Os prazos para o juiz são *impróprios*, uma vez que não geram preclusão. Mesmo depois de ultrapassados, o juiz continua com o poder de praticar os atos que lhe cabem no processo.

JURISPRUDÊNCIA SELECIONADA

1. Decisão do juiz. Prazo impróprio. Ver art. 226, nota 1.

2. Prazo peremptório. "Não obstante prazo peremptório, ainda assim o juízo da execução o prorrogou, criando situação processual desprovida de previsão legal, e, por conseguinte, fazendo exsurgir a necessidade de integração legislativa mediante a aplicação dos arts. 187, e 249, § 2º, do CPC, segundo os quais o juiz, havendo motivo justificado, poderá exceder, por igual tempo, o prazo legal para a prática de determinado ato, bem assim que não será determinada a nulidade do ato quando não houver prejuízo à parte" (STJ, REsp 713.507/PR, Rel. Min. Luiz Fux, 1ª Turma, jul. 12.12.2006, *DJ* 15.02.2007, p. 214).

Art. 228. Incumbirá ao serventuário remeter os autos conclusos no prazo de 1 (um) dia e executar os atos processuais no prazo de 5 (cinco) dias, contado da data em que:

I – houver concluído o ato processual anterior, se lhe foi imposto pela lei;

II – tiver ciência da ordem, quando determinada pelo juiz.

§ 1º Ao receber os autos, o serventuário certificará o dia e a hora em que teve ciência da ordem referida no inciso II.

§ 2º Nos processos em autos eletrônicos, a juntada de petições ou de manifestações em geral ocorrerá de forma automática, independentemente de ato de serventuário da justiça.

CPC/1973

Art. 190.

REFERÊNCIA LEGISLATIVA

CPC/2015, arts. 155, I (responsabilidade civil do escrivão) e 233 (prazo; excesso pelo serventuário; procedimento administrativo).

BREVES COMENTÁRIOS

O escrivão atua como a corda ou mola que dá permanente movimento ao processo, daí a marcação de prazos curtos para seus atos, que, na maioria, são meras intimações e singelos registros das ocorrências nos autos.

Para controle do cumprimento desses prazos, dispõe o Código que, "ao receber os autos, o serventuário certificará o dia e hora em que teve ciência da ordem" do juiz, o que, na praxe forense, se faz por meio do termo processual de "recebimento" ou "data".

Por fim, nos processos em autos eletrônicos, a juntada de petições ou de manifestações em geral ocorrerá de forma automática, independentemente de ato de serventuário da justiça. É que o acesso da parte ao processo independe da intermediação de qualquer serventuário; o ingresso se dá eletronicamente, por provocação da própria parte.

JURISPRUDÊNCIA SELECIONADA

1. Processo judicial eletrônico. Petição assinada manualmente e digitalizada por causídico constituído nos autos. Peticionamento por advogado titular de certificado digital sem procuração. Regularidade do ato. Mesma prova do original. "Assim, o peticionamento em autos eletrônicos, com a respectiva juntada automática, é atribuição que o novo CPC transferiu para o advogado, o que inclui a inserção de 'reproduções digitalizadas de qualquer documento público ou particular'. Nesse contexto, revela-se admissível o protocolo de petição em sistema de peticionamento de processo judicial eletrônico por advogado sem procuração nos autos, desde que se trate de documento (i) nato-digital/digitalizado assinado eletronicamente com certificado digital emitido por Autoridade Certificadora credenciada, nos termos da MP n. 2.200-2/2001, por patrono com procuração nos autos, desde que a plataforma de processo eletrônico judicial seja capaz de validar a assinatura digital do documento; ou (ii) digitalizado que reproduza petição impressa e assinada manualmente também por causídico devidamente constituído no feito" (STJ, AgInt no AREsp 1.917.838/RJ, Rel. Min. Luis Felipe Salomão, 4ª Turma, jul. 23.08.2022, *DJe* 09.09.2022).

2. Petição enviada de forma eletrônica por advogado sem procuração. "Assim, o peticionamento em autos eletrônicos, com a respectiva juntada automática, é atribuição que o novo CPC transferiu para o advogado, o que inclui a inserção de 'reproduções digitalizadas de qualquer documento público ou particular'. Nesse contexto, revela-se admissível o protocolo de petição em sistema de peticionamento de processo judicial eletrônico por advogado sem procuração nos autos, desde que se trate de documento (i) nato-digital/digitalizado assinado eletronicamente com certificado digital emitido por Autoridade Certificadora credenciada, nos termos da MP n. 2.200-2/2001, por patrono com procuração nos autos, desde que a plataforma de processo eletrônico judicial seja capaz de validar a assinatura digital do documento; ou (ii) digitalizado que reproduza petição impressa e assinada manualmente também por causídico devidamente constituído no feito" (STJ, AgInt no AREsp 1.917.838/RJ, Rel. Min. Luis Felipe Salomão, 4ª Turma, jul. 23.08.2022, *DJe* 09.09.2022).

3. Prazo para prática de atos processuais. "Tendo sido protocolados documentos no prazo de 48 h antes de ser proferida a sentença, deverão ser eles analisados pelo juiz singular, sob pena de cerceamento de defesa, vez que este é o prazo para que a secretaria os junte aos autos, conforme o art. 190 do CPC" (TAMG, ApCív. 393.106-2, Rel. Juiz Paulo Cézar Dias, 4ª Câmara Cív., jul. 06.08.2003, *DJe* 22.08.2003).

Art. 229. Os litisconsortes que tiverem diferentes procuradores, de escritórios de advocacia distintos, terão prazos contados em dobro para todas as suas manifestações, em qualquer juízo ou tribunal, independentemente de requerimento.

§ 1º Cessa a contagem do prazo em dobro se, havendo apenas 2 (dois) réus, é oferecida defesa por apenas um deles.

§ 2º Não se aplica o disposto no *caput* aos processos em autos eletrônicos.

CPC/1973

Art. 191.

REFERÊNCIA LEGISLATIVA

CPC/2015, arts. 118 (litisconsortes); 180 e 183 (prazo em dobro para a Fazenda Pública e o MP apresentarem contestação ou recurso); 231, § 1º (termo inicial do prazo para contestar quando há vários réus); e 335, § 1º (prazo comum aos litisconsortes).

SÚMULAS

Súmula do STF:

Nº 641: "Não se conta em dobro o prazo para recorrer, quando só um dos litisconsortes haja sucumbido."

BREVES COMENTÁRIOS

Em razão da autonomia dos litisconsortes e da maior complexidade que dela resulta, na prática, para o andamento do processo, há no Código uma regra especial sobre contagem de prazo: quando forem diferentes os procuradores dos vários litisconsortes, de escritórios de advocacia distintos, serão contados em dobro os prazos para todas as suas manifestações, em qualquer juízo ou tribunal, independentemente de requerimento. A contagem em dobro favorece tanto o litisconsórcio ativo quanto o passivo.

A regra, porém, só se aplica quando, na fase recursal, persiste o litisconsórcio. Se este desaparece, porque apenas um dos litisconsortes sucumbiu, e, portanto, só ele terá legitimidade para recorrer, não há mais como dispensar-lhe o tratamento especial do prazo duplo. Também não prevalecerá quando os advogados dos litisconsortes, embora distintos, pertencerem ao mesmo escritório de advocacia. A nova regra procura evitar a dilatação caprichosa de prazo de contestação, que no passado se obtinha por meio de outorga de mandatos, pelos corréus, a diferentes advogados do mesmo escritório.

A contagem em dobro não se aplica aos processos eletrônicos. Isso porque, nestas hipóteses, não há qualquer dificuldade para os advogados acessarem os autos, que estarão sempre à disponibilidade de todos os interessados, pela própria natureza do processo digital.

JURISPRUDÊNCIA SELECIONADA

1. Prazo em dobro. Aplicação.

Processo eletrônico. Ressalva. Prazo em dobro antes da vigência do CPC/2015. "Em respeito ao princípio da legalidade e à legítima expectativa gerada pelo texto normativo vigente, enquanto não houver alteração legal, aplica-se aos processos eletrônicos o disposto no art. 191 do CPC. O novo Código de Processo Civil, atento à necessidade de alteração legislativa, no parágrafo único do art. 229, ressalva a aplicação do prazo em dobro no processo eletrônico. A inaplicabilidade do prazo em dobro para litisconsortes representados por diferentes procuradores em processo digital somente ocorrerá a partir da vigência do novo Código de Processo Civil" (STJ, REsp 1.488.590/PR, Rel. Min. Ricardo Villas Bôas Cueva, 3ª Turma, jul. 14.04.2015, *DJe* 23.04.2015).

Revelia de um dos litisconsortes. "A regra do art. 191 do CPC, que confere prazo dobrado para contestar quando os réus atuem com procuradores diversos, tem aplicação independentemente do comparecimento do outro litisconsorte à lide, bastante que apresente a sua defesa separadamente, mediante advogado exclusivo, sob pena de se suprimir, de antemão, o direito adjetivo conferido à parte, que, atuando individualmente, não tem como saber se o corréu irá ou não impugnar o feito" (STJ, REsp 245.689/PR, Rel. Min. Aldir Passarinho Junior, 4ª Turma, jul. 18.10.2001, *DJU* 25.02.2002). **No mesmo sentido:** STJ, REsp 683.956/MG, Rel. Min. Aldir Passarinho Junior, 4ª Turma, jul. 27.02.2007, *DJ* 02.04.2007; STJ, AgRg no REsp 1.344.103/SP, Rel. Min. Sidnei Beneti, 3ª Turma, jul. 23.10.2012, *DJe* 07.11.2012.

Denunciação da lide. "Aplica-se a regra do art. 191 do CPC quando litisdenunciado e litisdenunciante têm procuradores distintos. Precedentes do STJ. Recurso conhecido e provido" (STJ, REsp 68.614, Rel. Min. Ruy Rosado de Aguiar, 4ª Turma, jul. 03.10.1995, *DJU* 27.11.1995, p. 445). **No mesmo sentido:** STJ, REsp 191.772/RS, 3ª Turma, Rel. Min. Waldemar Zveiter, *DJ* 02.08.1999; STJ, REsp 145.356/SP, Rel. Min. Fernando Gonçalves, 4ª Turma, jul. 02.03.2004, *DJ* 15.03.2004, p. 274; STJ, AgRg no REsp 1.167.272/BA, Rel. Min. Sidnei Beneti, 3ª Turma, jul. 18.11.2010, *DJe* 10.12.2010.

Assistência. "O litisconsórcio que se forma com o ingresso do assistente, representado por advogado diverso do assistido, impõe a aplicação da regra do art. 191 do CPC, que subsistirá enquanto perdurar a pluralidade de sujeitos nas partes" (STJ, AgRg no Ag 1.249.316/DF, Rel. Min. Luiz Fux, 1ª Turma, jul. 18.02.2010, *DJe* 02.03.2010). **Precedentes** do STF e do STJ: AI-AgR 524.171/SP, 2ª Turma, Rel. Min. Joaquim Barbosa, *DJ* 28.04.2006; AgRg no Ag 713.023/RS, 4ª Turma, Rel. Min. Barros Monteiro, *DJ* 27.03.2006; AgRg no Ag 694.100/SC, 2ª Turma, Rel. Min. Francisco Peçanha Martins, *DJ* 05.12.2005; AgRg no Ag 630.734/PR, 2ª Turma, Rel. Min. Franciulli Netto,

DJ 02.05.2005; EDcl no AgRg no Ag 582.049/RS, 1ª Turma, Rel. Min. Denise Arruda, *DJ* 17.12.2004.

Incidente de falsidade. "A regra prevista no art. 191 do CPC é aplicável ao incidente de falsidade, devendo o prazo para a sua arguição ser contado em dobro no caso de litisconsortes com advogados diferentes" (STJ, REsp 152.335/SP, Rel. Min. Antônio de Pádua Ribeiro, 3ª Turma, *DJU* 11.06.2001).

Mandado de segurança. "Processual civil. Mandado de segurança. Recurso ordinário. Acórdão do STJ que concedeu o *writ*. Nulidade do processo por alegada falta de citação. Ação rescisória [...]. Tempestividade da ação, considerada a existência de litisconsórcio a duplicar o prazo recursal, nos termos do art. 191 do CPC" (STJ, AR 771/PA, Rel. Min. Aldir Passarinho Junior, 2ª Seção, jul. 13.12.2006, *DJ* 26.02.2007).

Constituição de novo procurador no curso do prazo. "Se os litisconsortes passam a ter procuradores distintos no curso do processo, a partir desse momento é que têm o prazo em dobro à sua disposição. O momento processual da aplicação do art. 191 do CPC é, portanto, o de quando demonstrada a existência de litisconsórcio com diferentes procuradores" (STJ, REsp 1.309.510/AL, Rel. Min. Nancy Andrighi, 3ª Turma, jul. 12.03.2013, *DJe* 03.04.2013). **No mesmo sentido:** STJ, AgRg no Ag 851.918/SP, Rel. Min. Maria Thereza de Assis Moura, 6ª Turma, jul. 19.02.2009, *DJe* 16.03.2009; STJ, AgRg no REsp 1.096.032/MG, Rel. Min. Antonio Carlos Ferreira, 4ª Turma, jul. 02.12.2014, *DJe* 10.12.2014.

2. Prazo em dobro. Não aplicação.

Processo eletrônico. Prazo em dobro. Inaplicabilidade. "O art. 229 do CPC de 2015, aprimorando a norma disposta no art. 191 do Código revogado, determina que, **apenas nos processos físicos**, os litisconsortes que tiverem diferentes procuradores, de escritórios de advocacia distintos, terão prazos contados em dobro para todas as suas manifestações, em qualquer juízo ou tribunal, independentemente de requerimento" (STJ, REsp 1693784/DF, Rel. Min. Luis Felipe Salomão, 4ª Turma, jul. 28.11.2017, *DJe* 05.02.2018). **No mesmo sentido:** STJ, AgInt no AREsp 1.190.285/DF, Rel. Min. Raul Araújo, 4ª Turma, jul. 21.06.2021, *DJe* 01.07.2021; TJSP, Ap 1023351-50.2015.8.26.0554, Rel. Des. Carlos Abrão, 14ª Câmara de Direito Privado, jul. 02.12.2016, data de registro 02.12.2016.

Agravo interposto contra a decisão que nega seguimento a recurso especial. "O prazo em dobro previsto no art. 229 do CPC/2015, correspondente ao art. 191 do CPC/1973, não se aplica para o agravo interposto contra a decisão que nega seguimento a recurso especial, mesmo que haja litisconsortes com procuradores diversos, porquanto **somente o autor dessa irresignação possuirá interesse e legitimidade para recorrer** (AgInt no AREsp 1.081.447/GO, Rel. Min. Herman Benjamin, 2ª Turma, jul. 24.10.2017, *DJe* 19.12.2017)" (STJ, AgInt no AREsp 1.250.938/SP, Rel. Min. Og Fernandes, 2ª Turma, jul. 09.10.2018, *DJe* 15.10.2018). **No mesmo sentido:** STJ, AgInt no AREsp 1.337.081/DF, Rel. Min. Sérgio Kukina, 1ª Turma, jul. 12.02.2019, *DJe* 21.03.2019; STJ, AgRg no Ag 1.012.528/RJ, Rel. Min. Massami Uyeda, 3ª Turma, jul. 18.12.2008, *DJe* 05.02.2009; STJ, AGA 338.498/MG, Rel. Min. Cesar Asfor Rocha, 4ª Turma, *DJU* 13.08.2001. **No mesmo sentido, em relação ao recurso extraordinário:** STF, AI-AgR-QO 330.106/RJ, Rel. Min. Ellen Gracie, Tribunal Pleno, jul. 12.06.2002, *DJ* 28.06.2002.

Sucumbência de apenas um dos litisconsortes. "O propósito recursal consiste em definir se há prazo em dobro quando apenas um dos litisconsortes sucumbe na demanda cujos autos são físicos – exegese do art. 229 do CPC/15. A razão da norma que amplia o prazo comum diz respeito à paridade de armas no processo, considerando a inevitável dificuldade de acesso aos autos físicos para o pleno exercício do direito de defesa, ante o interesse comum de litisconsortes com diferentes procuradores, de escritórios de advocacia distintos, recorrerem da decisão que, em alguma medida, lhes é desfavorável. Inteligência da Súmula 641/STF preservada em relação aos recursos interpostos sob a vigência do CPC/15" (STJ, REsp 1709562/RS, Rel. Min. Nancy Andrighi, 3ª Turma, jul. 16.10.2018, *DJe* 18.10.2018).

Recurso em conjunto e preparo único. Pretensão de prazo em dobro. Não cabimento. "Recurso em conjunto e preparo. A jurisprudência da Terceira Turma desta Corte é firme no sentido de que somente há prazo em dobro para litisconsortes com diferentes procuradores quando, além de existir dificuldade em cumprir o prazo processual e consultar os autos, for recolhido mais de um preparo recursal. Havendo interposição de recurso em conjunto e o recolhimento de um só preparo, não há que se falar na duplicação legal do prazo" (STJ, REsp 1.694.404/SP, Rel. Min. Moura Ribeiro, 3ª Turma, jul. 22.05.2018, *DJe* 08.06.2018).

Intimação da sentença em datas diferentes. Prazo em dobro. Inaplicabilidade. "Assim como o art. 191 do Código de Processo Civil de 1973, o art. 229 do Código de Processo Civil de 2015, que reproduziu a redação do primeiro, supõe prazo comum aos litisconsortes; não se aplica quando, sendo diferentes as datas de intimação da decisão ou sentença, o prazo para a interposição do recurso de um dos litisconsortes inicia após o término do prazo assinado ao outro" (STJ, AgInt no AREsp 1.150.684/SP, Rel. Min. Lázaro Guimarães, 4ª Turma, jul. 15.03.2018, *DJe* 23.03.2018).

Recurso de apenas um litisconsorte. "Segundo orientação firmada neste Sodalício, o prazo em dobro do art. 229 do CPC/15 existe em relação ao recurso cabível contra a decisão prejudicial aos litisconsortes, mas passa a ser simples para os recursos posteriores, caso apenas um dos litisconsortes tenha recorrido" (STJ, AgInt no AREsp 1.619.533/DF, Rel. Min. Nancy Andrighi, jul. 14.09.2020, *DJe* 17.09.2020).

Ação direta de inconstitucionalidade. "Não se aplica o privilégio do prazo em dobro no processo de controle concentrado de constitucionalidade. Precedentes" (STF, AgRg no RE 830.727, Rel. p/ acórdão Min. Cármen Lúcia, jul. 06.02.2019, *DJe* 26.06.2019).

Litisconsortes representados pelo mesmo advogado até o julgamento do recurso. "A prerrogativa de dobra de prazo recursal, prevista no art. 191 do Código de Processo Civil, somente pode ser aplicada para os litisconsortes que, ao tempo da interposição do recurso ou da apresentação de outro petitório nos autos, estiverem representados no feito por diferentes procuradores" (STJ, REsp 997.337/RN, Rel. Min. Raul Araújo, 4ª Turma, jul. 13.12.2011, *DJe* 01.02.2012).

Extinção do laço litisconsorcial. "Desfeito, no curso do processo, o litisconsórcio total, permanecendo apenas litisconsortes com o mesmo procurador, não se aplica o benefício do art. 191 do CPC" (STJ, AGA 275.263/SP, Rel. Min. Antônio de Pádua Ribeiro, 3ª Turma, *DJU* 01.10.2001, p. 208). **No mesmo sentido:** STJ, AgRg no REsp 525.796/RS, Rel. Min. Nancy Andrighi, 3ª Turma, jul. 11.05.2004, *DJ* 24.05.2004.

Litisconsortes com pelo menos um causídico em comum. "A jurisprudência desta Corte Superior é assente que a disposição contida no art. 191 do Código de Processo Civil – que assegura o prazo em dobro para recorrer às partes em litisconsórcio com advogados diversos – é inaplicável nas hipóteses em que os litisconsortes possuem pelo menos um causídico em comum" (STJ, AgRg no AREsp 499.408/RJ, Rel. Min. Maria Isabel Gallotti, Rel. p/ Acórdão Ministro Luis Felipe Salomão, 4ª Turma, jul. 05.02.2015, *DJe* 13.03.2015). **No mesmo sentido:** STJ, AgRg no REsp 1477916/MS, Rel. Min. Assusete Magalhães, 2ª Turma, jul. 24.02.2015, *DJe* 05.03.2015; STJ, AgRg nos EDcl no AREsp 690.857/PR, Rel. Min. Marco Aurélio Bellizze, 3ª Turma, jul. 23.02.2016, *DJe* 04.03.2016.

Denunciação a lide não admitida. "Consoante entendimento desta Corte, não há falar em contagem de prazo em dobro para recorrer quando não admitida a denunciação da lide" (STJ, AgRg no Ag 587.794/SP, Rel. Min. Fernando Gonçalves, 4ª Turma, jul. 26.10.2004, *DJ* 22.11.2004). **No mesmo sentido:**

STJ, AgRg no Ag 724.376/SP, Rel. Min. Sidnei Beneti, 3ª Turma, jul. 23.09.2008, *DJe* 13.10.2008.

Assistente simples. "O STJ sedimentou a compreensão de que o assistente simples, por esta só condição, não tem direito ao prazo em dobro com base no art. 191 do CPC, pois não está inserido no conceito de parte. A propósito: REsp 909.940/ES, Rel. Ministro Raul Araújo, Quarta Turma, *DJe* 4.8.2014; AgRg no Ag 724.376/SP, Rel. Ministro Sidnei Beneti, Terceira Turma, *DJe* 13.10.2008. Excepciona-se a regra acima com a aplicação do prazo em dobro quando o assistente simples é a Fazenda Pública ou o Ministério Público, o que não se afigura no caso. Nesse sentido: REsp 663.267/PE, Rel. Ministro Jorge Scartezzini, Quarta Turma, *DJ* 13.6.2005, p. 317; e EDcl nos EDcl no REsp 1.035.925/AL, Rel. Ministro Napoleão Nunes Maia Filho, Primeira Turma, julgado em 22.11.2011, *DJe* 23.2.2012" (STJ, REsp 1.654.968/RO, Rel. Min. Herman Benjamin, 2ª Turma, jul. 16.05.2017, *DJe* 16.06.2017).

Citação *ad cautelam*. Prazo simples. "Havendo o órgão associativo, que congrega determinada classe de aposentados, sido citado apenas *ad cautelam*, com o objetivo de manifestar seu eventual interesse na causa e em favor do autor, não é passível de caracterizar-se o litisconsórcio passivo, pelo que à ré não era dado computar o prazo em dobro para defender-se (art. 191 do CPC)" (STJ, REsp 287.791/PE, Rel. Min. Barros Monteiro, 4ª Turma, *DJU* 27.08.2001).

Substabelecimento com reserva de poderes. "Ocorrendo o substabelecimento de procuração com cláusula de reserva de poderes e persistindo um advogado comum aos litisconsortes, não cabe o benefício do prazo em dobro para recorrer (art. 191 do CPC)" (STF, RE 104.992 E-AgR, Rel. Min. Paulo Brossard, Tribunal Pleno, jul. 19.12.1990, *DJ* 22.02.1991).

3. Cumprimento de sentença. Prazo para pagamento voluntário. Litisconsortes com procuradores diferentes. Processos físicos. Cômputo em dobro. Ver jurisprudência do art. 523 do CPC/2015.

4. Prazo em dobro. Aplicação. Desnecessidade de requerimento. "Tendo os litisconsortes procuradores distintos, aplica-se a regra do art. 191 do CPC, independentemente de os advogados apresentarem a petição conjuntamente, suscitando as mesmas razões" (STJ, AGA 242.874/SP, Rel. Min. Fernando Gonçalves, 6ª Turma, jul. 28.09.1999, *DJU* 18.10.1999, p. 297). **No mesmo sentido**: STJ, REsp 577.820/RS, Rel. Min. Carlos Alberto Menezes Direito, 3ª Turma, jul. 18.03.2004, *DJ* 19.04.2004; STJ, REsp 973.465/SP, Rel. Min. Luis Felipe Salomão, 4ª Turma, jul. 04.10.2012, *DJe* 23.10.2012.

Art. 230. O prazo para a parte, o procurador, a Advocacia Pública, a Defensoria Pública e o Ministério Público será contado da citação, da intimação ou da notificação.

CPC/1973

Art. 240.

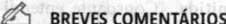

REFERÊNCIA LEGISLATIVA

CPC/2015, arts. 224 (contagem dos prazos), 231 (intimação; fluência do prazo), 335 (prazo para resposta do réu; litisconsórcio passivo), 346 (revelia; fluência dos prazos), 1.003 (prazo para recorrer) e 1.003, § 2º (recurso; contagem do prazo).

BREVES COMENTÁRIOS

Além de propiciar a ciência oficial do ato ao interessado, as intimações determinam o *dies a quo* dos prazos processuais; pois "o prazo para a parte, o procurador, a Advocacia Pública, a Defensoria Pública e o Ministério Público será contado da citação, intimação ou da notificação".

Funciona a intimação, destarte, como mecanismo indispensável à marcha do processo e como instrumento para dar efetividade ao sistema de preclusão, que é fundamental ao processo moderno.

O art. 230, outrossim, determina o dies a quo do prazo processual, o que não exclui o disposto no art. 224 sobre o modo como se deve contar referido prazo, ou seja: a contagem será feita com exclusão do dia do começo e inclusão do dia do vencimento. Assim, o dia da intimação não será computado, começando-se a contagem no primeiro dia útil subsequente.

JURISPRUDÊNCIA SELECIONADA

1. Ciência informal da decisão. "A tese de que os prazos começam a correr também a partir da data em que o advogado toma ciência informal da decisão, antes mesmo de intimado na forma da lei, tal tese somente é aplicável aos casos de ciência inequívoca do conteúdo da sentença ou decisão recorrível. Nas hipóteses em que remanesce alguma dúvida, inclusive por não haver o advogado recebido os autos em carga, cumpre afastar a presunção e simplesmente aplicar a lei" (STJ, REsp 14.939/PR, Rel. Min. Athos Carneiro, 4ª Turma, jul. 04.12.1991, *DJU* 24.02.1992, p. 1.875).

"O simples requerimento da parte, apresentado em cartório, pedindo vista dos autos para recorrer, não dá início à contagem do prazo para apelar, porquanto inexiste nessa situação formal intimação que possibilite o conhecimento do inteiro teor da sentença" (STJ, REsp 605.328/MT, Rel. Min. Aldir Passarinho Junior, 4ª Turma, jul. 02.08.2005, *DJ* 22.08.2005, p. 285).

"Antecipando-se a parte à abertura do prazo recursal pela intimação da sentença, procede com diligência irrepreensível. Tempestivo o recurso oferecido antes da intimação do ato recorrido. Agravo regimental provido" (STJ, AgRg no Ag 655.610/MG, Rel. p/ Ac. Min. Francisco Peçanha Martins, 2ª Turma, jul. 05.04.2005, *DJ* 01.08.2005, p. 399).

2. Expedição de carta intimatória. Prazo. "Expedição de carta intimatória e entrega dos autos ao advogado do vencido. O prazo começou a correr dessa entrega e não da devolução do aviso, que não pôde ser juntado ao processo por encontrar-se este em carga com o mencionado procurador" (STF, RE 88.138/MG, Rel. Min. Soares Muñoz, 1ª Turma, jul. 02.05.1978, *RTJ* 87/341).

3. União. Intimação pessoal. Prazo recursal. Termo inicial. "Intimada pessoalmente a União, pela entrega do mandado pelo oficial ao seu representante, o prazo recursal começa a fluir dessa data, e não da juntada do mandado devidamente cumprido aos autos" (STJ, AgRg no Ag 641.666/SC, Rel. Min. Paulo Medina, 6ª Turma, jul. 27.10.2005, *DJ* 06.02.2006, p. 375).

4. Mandado de citação. Férias forenses. "Se o mandado de citação foi juntado aos autos quando das férias forenses, em ação que não tem curso neste período, considera-se realizado o ato no primeiro dia útil após o recesso, por aplicação analógica do disposto no parágrafo único do art. 240 do CPC. Assim, o início da contagem do prazo de quinze dias para apresentação da contestação é o dia útil subsequente ao do termo inicial, *ex vi* do disposto no art. 184 do CPC. Recurso provido" (TJMG, AI 387.147-6, Rel. Juiz Edgard Penna, 2ª Câmara, jul. 11.02.2003, *DJ* 15.03.2003).

5. Juntada de prova de intimação. Termo inicial (parágrafo único). "O parágrafo único do art. 240 do CPC dispõe que 'as intimações consideram-se realizadas no primeiro dia útil seguinte, se tiverem ocorrido em dia em que não tenha havido expediente forense'. A jurisprudência do Superior Tribunal de Justiça tem entendimento segundo o qual, praticado o ato da juntada de prova da intimação nas férias, o termo inicial é o segundo dia útil do início do semestre forense" (STJ, AgRg no Ag 1.113.950/MG, Rel. Min. Herman Benjamin, 2ª Turma, jul. 04.06.2009, *DJe* 27.08.2009).

Art. 231. Salvo disposição em sentido diverso, considera-se dia do começo do prazo:

I – a data de juntada aos autos do aviso de recebimento, quando a citação ou a intimação for pelo correio;

II – a data de juntada aos autos do mandado cumprido, quando a citação ou a intimação for por oficial de justiça;

III – a data de ocorrência da citação ou da intimação, quando ela se der por ato do escrivão ou do chefe de secretaria;

IV – o dia útil seguinte ao fim da dilação assinada pelo juiz, quando a citação ou a intimação for por edital;

V – o dia útil seguinte à consulta ao teor da citação ou da intimação ou ao término do prazo para que a consulta se dê, quando a citação ou a intimação for eletrônica;

VI – a data de juntada do comunicado de que trata o art. 232 ou, não havendo esse, a data de juntada da carta aos autos de origem devidamente cumprida, quando a citação ou a intimação se realizar em cumprimento de carta;

VII – a data de publicação, quando a intimação se der pelo Diário da Justiça impresso ou eletrônico;

VIII – o dia da carga, quando a intimação se der por meio da retirada dos autos, em carga, do cartório ou da secretaria.

IX – o quinto dia útil seguinte à confirmação, na forma prevista na mensagem de citação, do recebimento da citação realizada por meio eletrônico. (Incluído pela Lei nº 14.195, de 2021.)

§ 1º Quando houver mais de um réu, o dia do começo do prazo para contestar corresponderá à última das datas a que se referem os incisos I a VI do *caput*.

§ 2º Havendo mais de um intimado, o prazo para cada um é contado individualmente.

§ 3º Quando o ato tiver de ser praticado diretamente pela parte ou por quem, de qualquer forma, participe do processo, sem a intermediação de representante judicial, o dia do começo do prazo para cumprimento da determinação judicial corresponderá à data em que se der a comunicação.

§ 4º Aplica-se o disposto no inciso II do *caput* à citação com hora certa.

CPC/1973

Art. 241.

REFERÊNCIA LEGISLATIVA

CPC/2015, arts. 106 (intimação; advogado que não comunica a mudança de endereço); 218 a 229 (contagem de prazo); 239 (citação inicial do réu); 274 (intimação por despacho e por mandado intimação por carta ou em cartório); 306 (prazo para requerido contestar na tutela de cautelar em caráter antecedente); 335 (prazo para resposta do réu); 335, § 1º (vários réus; desistência da ação quanto ao réu não citado); 335, I a III (prazo de contestação no caso de audiência de conciliação); 915 (embargos do executado); e 1.003 (prazo para recurso).

Lei nº 11.419, de 19.12.2006 (Processo Eletrônico – ver Legislação Especial), arts. 4º, §§ 2º e 4º (intimação por publicação eletrônica; início dos prazos processuais); e 9º (citações e intimações).

SÚMULAS

Súmula do STJ:

nº 25: "Nas ações da Lei de Falências o prazo para a interposição de recurso conta-se da intimação da parte."

BREVES COMENTÁRIOS

O art. 231 fornece as regras para fixação do termo inicial da contagem do prazo processual, que devem ser aplicadas tanto às citações como às intimações.

Sendo republicado o ato judicial por nulidade ou deficiência da intimação anterior, reabre-se o prazo a contar da nova publicação, como é óbvio. Não se pode, entretanto, utilizar a republicação por manobra cartorária, como simples expediente para reabrir prazos já vencidos. No entanto, há precedentes cuja adoção deve ser feita com cautela, proclamando a reabertura como ocorrente, ainda quando desnecessária a republicação ocorrida (STJ, AgRg no REsp 651.327/RJ, Rel. Min. Castro Meira, 2ª Turma, jul. 16.02.2006, *DJ* 02.05.2006, p. 286), ou em qualquer situação em que esta tenha se verificado (STJ, EREsp 281.590/MG, Rel. Min. José Delgado, Corte Especial, jul. 20.04.2005, *DJ* 01.08.2006, p. 327). Seria absurdo imaginar, por exemplo, que, já tendo ocorrido a coisa julgada ou a preclusão, uma simples e imotivada republicação deliberada pelo escrivão pudesse reabrir o prazo recursal já extinto.

A intimação por carta postal deve ser feita ao advogado e não à parte, pena de nulidade.

Para efeito de contagem de prazo, a ciência inequívoca do advogado da parte supre a intimação. Mas não se deve presumir ciência inequívoca, por se tratar de exceção à regra legal acerca da necessidade de intimação formal. Remanescendo alguma dúvida, afasta-se a presunção, prevalecendo a exigência da lei (STJ, REsp 532.985/PR, Rel. Min. Menezes Direito, 3ª Turma, ac. 25.11.2003, *DJU* 01.03.2004, p. 183).

Consoante o § 4º do art. 218, não se considera intempestivo o ato processual praticado antes do termo inicial do prazo.

Se a citação for feita por mensagem eletrônica (e-mail), o prazo para a resposta do réu começa no quinto dia útil seguinte à confirmação do recebimento da citação (art. 231, IX). Diverso é o regime da intimação e citação feita em processo eletrônico: o prazo começará no dia útil seguinte à consulta ao teor da citação ou da intimação ou ao término do prazo para que a consulta se dê (art. 231, V). Sobre as diferentes condições da citação em processo eletrônico (Lei nº 11.419/2006) e da citação por mensagem eletrônica em processo físico (CPC, art. 246, na redação da Lei nº 14.195/2021), ver, os *comentários* aos arts. 246 e 247. Ver, também, nosso *Curso de direito processual civil*, v. I., itens 394 a 395-A e 412-A. Texto e jurisprudência da Lei nº 11.419/2006 constam da Parte reservada à Legislação Especial, deste *CPC anotado*.

O quadro a seguir explica quando se inicia a fluência dos prazos processuais, de acordo com cada situação (Disponível em: https://www.dizerodireito.com.br/2021/09/breves-comentarios-lei-141952021-lei-do.html. Acesso em: 14 dez. 2021).

Se a citação ou intimação for pelo/por...	Qual é o dia do começo do prazo?
Correio	A data de juntada aos autos do aviso de recebimento (AR).
Oficial de Justiça	A data de juntada aos autos do mandado cumprido.
Ato do Escrivão ou do Chefe de Secretaria	A data de ocorrência da citação ou da intimação.
Edital	No dia útil seguinte ao fim da dilação assinada pelo juiz.
Eletrônica	No dia útil seguinte à consulta ao teor da citação ou da intimação ou ao término do prazo para que a consulta se dê.
Em Cumprimento de Carta	A data de juntada do comunicado de que trata o art. 232 ou, não havendo este, a data de juntada da carta aos autos de origem devidamente cumprida.
Diário da Justiça (impresso ou eletrônico)	A data de publicação.
Retirada dos Autos, em Carga, do Cartório ou da Secretaria	O dia da carga.

JURISPRUDÊNCIA SELECIONADA

1. Intimação ou citação por correio.

"Não se pode confundir o início do prazo processual com a forma de contagem do mesmo, devendo os arts. 224 e 231 do CPC/2015 ser analisados em conjunto, e não de forma excludente, como feito no acórdão recorrido. Dessa forma, quando a intimação ou citação ocorrer pelo correio, o início do prazo será a data de juntada dos autos do aviso de recebimento, porém, a contagem para a prática de ato processual subsequente deverá excluir o dia do começo – data da juntada do respectivo AR – e incluir o dia do vencimento, conforme estabelecem os aludidos dispositivos legais" (STJ, REsp 1.993.773/SP, Rel. Min. Marco Aurélio Bellizze, 3ª Turma, jul. 16.08.2022, *DJe* 24.08.2022).

"A contagem do prazo para interposição de recurso contra deferimento liminar em ação cautelar, sem audiência da parte contrária, dá-se da juntada aos autos principais do aviso de recebimento, quando feita a citação por carta registrada (art. 241, I, do CPC)" (STJ, REsp 453.200/MG, Rel. Min. Aldir Passarinho Junior, 4ª Turma, jul. 05.11.2002, *DJ* 17.02.2003, p. 296).

"Nos termos do inciso I do artigo 241 do CPC, o prazo para apresentação da contestação inicia-se com a juntada do aviso de recebimento aos autos, não constando de norma legal a obrigatoriedade da publicação da juntada, nem mesmo o seu lançamento no sistema do Siscon para início da contagem daquele" (TJMG, Agravo 1.0443.07.032787-1/001, Rel. Des. Domingos Coelho, 12ª Câmara Cível, jul. 20.02.2008, *DJ* 08.03.2008).

2. Intimação por oficial de justiça, carta rogatória, precatória ou de ordem. Início do prazo recursal. Data da juntada aos autos. "Acórdão submetido ao regime do art. 543-C do CPC/1973 (art. 1.036 do Código Fux, CPC/2015), fixando-se a tese: nos casos de intimação/citação realizadas por Correio, Oficial de Justiça, ou por Carta de Ordem, Precatória ou Rogatória, o prazo recursal inicia-se com a juntada aos autos do aviso de recebimento, do mandado cumprido, ou da juntada da carta". (STJ, REsp 1.632.777/SP, Rel. Min. Napoleão Nunes Maia Filho, Corte Especial, jul. 17.05.2017, *DJe* 26.05.2017). **Obs.: Decisão submetida a julgamento de recursos repetitivos.**

Juntada do mandado aos autos. "Na alcatifa do artigo 241, II, do CPC, realizada a citação e intimação por mandado, o prazo recursal, devidamente cumprido, conta-se da sua juntada aos respectivos autos. Precedentes jurisprudenciais" (STJ, REsp 192.157/SP, Rel. Min. Milton Luiz Pereira, 1ª Turma, jul. 12.06.2001, *DJ* 06.05.2002, p. 245).

"O prazo para interposição do agravo de instrumento iniciou-se com a juntada do mandado de intimação cumprido e não com a efetiva intimação. Apenas nas hipóteses em que a intimação deu-se na própria audiência, por meio de publicação em veículo oficial e ciência inequívoca, como o exame no balcão ou a carga dos autos pelo advogado, é que o prazo é contado da intimação. Entendimento pacífico da Corte Especial deste Tribunal" (STJ, REsp 844.432/ES, Rel. Min. Humberto Martins, 2ª Turma, jul. 22.08.2006, *DJ* 01.09.2006, p. 255).

3. Intimação ou citação por edital.

"O prazo para oferecimento de embargos do devedor, no caso de citação e intimação da penhora por edital, se inicia a partir do término da dilação assinada pelo juiz (art. 241, V, do CPC), e não da juntada aos autos da prova da publicação, posto que a regra da antiga redação do art. 738, I (Lei n. 8.953/1994), atual *caput* (Lei n. 11.382/2006), se refere exclusivamente àquela feita mediante mandado, por oficial de justiça" (STJ, REsp 613.053/GO, Rel. Min. Aldir Passarinho Junior, 4ª Turma, jul. 25.08.2009, *DJe* 05.10.2009). **No mesmo sentido:** STJ, AgRg no REsp 1.065.049/SC, Rel. Min. Herman Benjamin, 2ª Turma, jul. 18.06.2009, *DJe* 31.08.2009.

4. Vista dos autos. Ciência inequívoca. Presunção não extensível aos processos eletrônicos. "A presunção de ciência inequívoca do conteúdo de decisão, quando da habilitação de advogado, não se aplica aos processos eletrônicos, considerada a existência de regra expressa no sentido de que a intimação ocorra nessa seara também na via eletrônica, nos termos do art. 9º da Lei n. 11.419/2006" (STJ, AgInt nos EDcl no REsp 1.841.380/MT, Rel. Min. Luis Felipe Salomão, 4ª Turma, jul. 23.08.2021, *DJe* 26.08.2021). **No mesmo sentido:** STJ, AgInt no REsp 1.592.443/PR, Rel. Min. Paulo de Tarso Sanseverino, 3ª Turma, jul. 17.12.2018, *DJe* 01.02.2019.

5. Pluralidade de réus.

Termo inicial para contagem dos juros. Data da primeira citação válida. "Nos termos do art. 240, *caput*, do CPC/2015, a citação válida constitui em mora o devedor, ressalvadas as hipóteses previstas nos arts. 397 e 398 do CC/02. A corroborar com o previsto na legislação processual, dispõe o art. 405 do CC/02 que 'contam-se os juros de mora desde a citação inicial'. Na espécie, o termo inicial para a fluência dos juros de mora se deu, com relação à recorrida, na data em que a mesma foi propriamente citada (13/09/2004), pois foi neste momento que a mesma foi constituída em mora. Os efeitos da citação não podem ser confundidos com o início do prazo para a defesa dos litisconsortes. Não se aplica, para a constituição em mora, regra processual disciplinadora do termo inicial do prazo para contestar (CPC/2015, art. 231, § 1º), em detrimento da regra geral de direito material pertinente (Código Civil, art. 280)" (STJ, REsp 1.868.855/RS, Rel. Min. Nancy Andrighi, 3ª Turma, jul. 22.09.2020, *DJe* 28.09.2020).

"O art. 241 do CPC estipula, em seus vários incisos, diversas regras para a definição do termo inicial dos prazos processuais, traçando, entre elas, uma específica contida em seu inciso III para as situações em que, havendo 'vários réus', o prazo deverá correr a partir da juntada aos autos do último aviso de recebimento ou mandado citatório cumprido. A aplicação do disposto no inciso III demanda o preenchimento de dois requisitos, sendo o primeiro deles a pluralidade de réus e o segundo o de que o ato de comunicação processual realizado seja uma citação, isto porque a expressão citatório contida na redação do mencionado inciso alcança tanto o aviso de recebimento quanto o mandado que tenha a finalidade de, nos termos do art. 213 do CPC, chamar a juízo o réu ou o interessado para o fim de apresentar defesa. Situação em que, apesar de evidenciada a pluralidade de réus, o agravo de instrumento interposto desafiava o deferimento da inversão do ônus da prova, cuja cientificação do recorrente havia se dado mediante intimação. Na hipótese de intimação realizada pelo correio, aplicar-se-á o inciso I do art. 241 do CPC, devendo o prazo correr para cada um dos interessados a partir da juntada aos autos do respectivo aviso de recebimento" (STJ, REsp 1.095.514/RS, Rel. Min. Nancy Andrighi, 3ª Turma, jul. 01.10.2009, *DJe* 14.10.2009).

"Em se tratando de demanda em que há duas corrés, sendo a última citada por precatória, é a partir da juntada desta carta aos autos que começa a correr o prazo para oferecimento de resposta, computado em dobro por se tratar de litisconsortes com diferentes procuradores (inteligência dos arts. 191 e 241, III e IV, do CPC)" (TJRS, AI 70001605062, Rel. Des. Paulo Antônio Kretzmann, 10ª Câmara Civil, Pelotas, jul. 26.10.2000; *Revista de Jurisprudência do Tribunal de Justiça do Rio Grande do Sul* 215/390).

"Na execução em que há litisconsórcio passivo facultativo, ante a autonomia do prazo para a oposição de embargos do devedor, a ausência da citação de coexecutados não configura óbice oponível ao prosseguimento da execução quanto aos demais já citados, sendo, portanto, inaplicável a regra contida no art. 241 do Código de Processo Civil. Precedentes do STJ" (STJ, REsp 760.152/DF, Rel. Min. Laurita Vaz, 5ª Turma, jul. 10.09.2009, *DJe* 28.09.2009).

6. Posterior publicação da ata de julgamento. Irrelevância para contagem do prazo recursal. "É intempestivo o recurso especial interposto após o prazo de 15 (quinze) dias úteis previsto nos arts. 219 e 1.003, § 5º, do Código de Processo Civil de 2015. Com efeito, de acordo com a jurisprudência do STJ, a publicação posterior da ata da sessão de julgamento não tem o condão de modificar a contagem do prazo recursal, o qual possui como marco inicial a data da publicação do acórdão no *DJe*" (STJ, AgInt no AREsp 1.420.817/DF, Rel. Min. Marco Aurélio Bellizze, 3ª Turma, jul. 04.05.2020, *DJe* 08.05.2020).

7. Peticionamento espontâneo sem comprovação de acesso aos autos. Inexistência de presunção legal de acesso ao processo. "A necessidade de regular intimação da parte acerca das decisões constitui princípio basilar do processo civil (CPC/73, arts. 236 e 242 e CPC/2015, arts. 272 e 1003), em nada enfraquecido ou mitigado pela Lei 11.419/2006. A lei do processo eletrônico substituiu a carga do processo físico, a partir da qual o advogado tomava ciência pessoal do conteúdo dos autos, pela ciência pessoal em decorrência do acesso aos autos eletrônicos, ensejado pelas 'citações, intimações, notificações e remessas que viabilizem o acesso à íntegra do processo correspondente'. Havendo intimação formal, a possibilidade de acesso do advogado implica sua ciência pessoal presumida de todo o conteúdo do processo, nos termos do art. 9º, § 1º, da Lei 11.419/2006. Trata-se de presunção legal aplicável apenas em caso de intimação formal. Não tendo havido intimação formal, o que é incontroverso no caso em exame, não houve acesso e conhecimento presumidos, nos termos da lei de regência. O peticionamento espontâneo, sem comprovado acesso aos autos, não precedido de intimação formal, somente poderia ensejar a conclusão de ciência inequívoca da parte se o conteúdo da petição deixasse claro, indene de dúvidas, o conhecimento a propósito do ato judicial não publicado. Precedentes do STJ. Hipótese em que o conteúdo da petição apresentada espontaneamente pela parte não faz presumir a existência de sentença; ao contrário, é incoerente com o conhecimento da sentença, conforme destacado pela decisão que concedera efeito suspensivo ao agravo, na origem" (STJ, REsp 1.739.201/AM, Rel. Min. Maria Isabel Gallotti, 4ª Turma, jul. 04.12.2018, *DJe* 10.12.2018).

8. Equívoco do sistema eletrônico do Tribunal de Justiça. Justa causa reconhecida. Ver jurisprudência do art. 221 do CPC/2015.

9. Recurso. Interposição fora do prazo. Erro de informação pelo sistema eletrônico do tribunal. Tempestividade. Boa-fé processual. "Porém, o caso dos autos não se trata de modificação voluntária do prazo recursal, mas sim de erro judiciário. De fato, cabe ao procurador da parte diligenciar pela observância do prazo legal para a interposição do recurso. Porém, se todos os envolvidos no curso de um processo devem se comportar de boa-fé à luz do art. 5º do CPC/2015, o Poder Judiciário não se pode furtar dos erros procedimentais que deu causa. O equívoco na indicação do término do prazo recursal contido no sistema eletrônico mantido exclusivamente pelo Tribunal não pode ser imputado ao recorrente. Afinal, o procurador da parte diligente tomará o cuidado de conferir o andamento procedimental determinado pelo Judiciário e irá cumprir às ordens por esse emanadas nos termos do art. 77, IV, do CPC/2015. Portanto, o acórdão a quo deve ser reformado, pois conforme a Corte Especial já declarou: 'A divulgação do andamento processual pelos Tribunais por meio da internet passou a representar a principal fonte de informação dos advogados em relação aos trâmites do feito. A jurisprudência deve acompanhar a realidade em que se insere, sendo impensável punir a parte que confiou nos dados assim fornecidos pelo próprio Judiciário' (REsp 1324432/SC, Rel. Ministro Herman Benjamin, Corte Especial, *DJe* 10/5/2013)" (STJ, EREsp 1.805.589/MT, Rel. Min. Mauro Campbell Marques, Corte Especial, jul. 18.11.2020, *DJe* 25.11.2020).

10. Republicação da sentença. Prazo. "Republicada a sentença de ofício pelo escrivão, após a certidão de trânsito em julgado, face à ausência do nome da advogada da ré na publicação da sentença, o prazo recursal tem início após essa nova intimação pela imprensa" (STJ, REsp 59.291/MG, Rel. Min. Carlos Alberto Menezes Direito, 3ª Turma, jul. 10.03.1997; *Revista do Superior Tribunal de Justiça* 97/191). **No mesmo sentido:** STJ, REsp 252.239/MS, Rel. Min. Gilson Dipp, 5ª Turma, jul. 19.06.2001, *DJ* 27.08.2001, p. 374; STJ, REsp 397.734/RS, Rel. Min. Barros Monteiro, 4ª Turma, jul. 12.03.2002, *DJ* 02.09.2002, p. 196.

"Se o juiz determinou a republicação da sentença, e, confiada no ato judicial, a parte aguardou que o novo prazo se iniciasse, não pode ser surpreendida pela cassação deste, no âmbito do tribunal, quando já não tinha a alternativa de interpor tempestivamente o recurso" (STJ, REsp 260.860/MG, Rel. Min. Ari Pargendler, 3ª Turma, jul. 03.10.2000, *DJ* 30.10.2000, p. 155).

"Reconhecida pelo juízo de primeiro grau a incorreção da primeira publicação da sentença, é a partir da segunda publicação que se inicia o prazo para interposição da apelação" (STJ, REsp 784.325/RJ, Rel. Min. Eliana Calmon, 2ª Turma, jul. 07.08.2007, *DJ* 16.08.2007, p. 310).

11. Publicação no sábado. "Publicada a decisão no sábado, a intimação ocorre na segunda-feira, iniciando-se a contagem do prazo no dia seguinte" (STJ, REsp 30.848-7/SP, Rel. Min. Hélio Mosimann, 2ª Turma, jul. 18.09.1995, *DJU* 09.10.1995, p. 33.538).

12. Intimação. Ciência inequívoca. Ver jurisprudência do art. 1.000 do CPC/2015.

13. Arquivamento. "A certidão de arquivamento na secretaria do tribunal supre a necessidade de juntada do mandado de intimação pessoal" (STJ, AgRg no Ag 1.212.320/RJ, Rel. Min. Haroldo Rodrigues, 6ª Turma, jul. 02.03.2010, *DJe* 10.05.2010).

14. Prazo para aditamento. "Embora o prazo para contestar corra efetivamente a partir da juntada da carta precatória citatória ou da juntada do mandado aos autos, pode o réu, ciente por qualquer forma de ajuizamento da ação, oferecê-la antes daquele termo, que não lhe reabrirá prazo para aditá-la. As causas de aditamento estão formalmente previstas em lei (art. 303 do Código de Processo Civil)" (TJMT, AI 2.110, Rel. Leão Neto do Carmo, 2ª Câmara, jul. 29.03.1977, *RT* 503/178).

15. Apelação. Não conhecimento. Nulidade. "Se não se conhece da apelação (intempestividade, falta de preparo, etc.), não é lícito conhecer-se de ofício de matéria relativa à nulidade do processo" (STJ, REsp 135.256/SC, Rel. Min. Nilson Naves, 3ª Turma, jul. 24.05.1999, *DJU* 01.08.2000, p. 258).

16. Apelação. Feriado. "Se o prazo de recurso iniciava na quarta-feira de cinzas, e nessa data o expediente forense só começou à tarde, a parte não teve quinze dias para apelar, mas quatorze dias e meio, postergando-se o termo *ad quem* para o dia seguinte" (STJ, REsp 294.628/SP, Rel. Min. Ari Pargendler, 3ª Turma, jul. 09.04.2002, *DJ* 13.05.2002, p. 207). **Em sentido contrário:** "Realizada a intimação pessoal através da remessa dos autos ao representante da Fazenda Nacional, o qual após o seu ciente em véspera de feriado de Carnaval, o termo inicial do prazo recursal, que na hipótese é contado em dobro, começa a fluir a partir do primeiro dia útil subsequente à data de sua efetivação. É imprescindível a comprovação, mediante prova documental, da suspensão integral do expediente forense do tribunal de origem na quarta-feira de cinzas. O fato de ter havido expediente somente no período vespertino, na quarta-feira de cinzas, não conduz à prorrogação do termo inicial para a contagem do prazo recursal, pois trata-se de dia útil" (STJ, AgRg no REsp 614.496/RJ, Rel. Min. Denise Arruda, 1ª Turma, jul. 06.12.2005, *DJ* 01.02.2006, p. 437).

17. Endereçamento incorreto. Prazo para recurso. "O endereçamento e protocolo de contestação em vara de comarca diversa da que tramita o processo, ainda que protocolada no prazo legal, acarreta a revelia do réu, por tratar-se de erro grosseiro, mormente quando não há nenhuma justificativa razoável para a confusão entre as comarcas, sem nenhuma similitude onomástica ou regional – muito distantes, aliás (endereçamento à 39ª Vara Cível do foro Central da Comarca da Capital do Estado de São Paulo em vez de 3ª Cível da Comarca de Jales). O precedente de aceitação da tempestividade em caso como o presente teria consequências terríveis na criação de confusões judiciárias, redundando em caminho para a chicana processual sob o argumento da boa-fé – pois o encaminhamento de petições processualmente relevantes, como a contestação, a juízo diverso tiraria o caso do controle da unidade judiciária pertinente para passar a depender do que pudesse ocorrer em toda as demais unidades judiciárias do estado, na busca de encaminhamento de petições indevidamente a alguma deles endereçadas. Na hipótese de revelia, o termo inicial para a contagem do prazo para o recurso de apelação dar-se-á da data da publicação da sentença, sem necessidade de intimação, evidentemente, de advogado que ainda não se encontrava nos autos, pois a contestação por ele oferecida havia sido endereçada à vara de comarca distante, em que permaneceu sem diligência da parte no sentido do recobro e alerta ao juízo para ela, só tendo sido remetida à comarca correta muito tempo depois" (STJ, REsp 847.893/SP, Rel. Min. Sidnei Beneti, 3ª Turma, jul. 02.03.2010, *DJe* 16.04.2010).

18. Informativo da internet. "Informações prestadas pela rede de computadores operada pelo Poder Judiciário são oficiais e merecem confiança. Bem por isso, eventual erro nelas cometido constitui 'evento imprevisto, alheio à vontade da parte e que a impediu de praticar o ato'. Reputa-se, assim, justa causa (CPC, art. 183, § 1º), fazendo com que o juiz permita a prática do ato, no prazo que assinar (art. 183, § 2º)" (STJ, REsp 390.561/PR, Rel. Min. Humberto Gomes de Barros, 1ª Turma, jul. 18.06.2002, *DJ* 26.08.2002, p. 175). **No mesmo sentido:** STJ, REsp 719.286/RS, Rel. Min. Castro Filho, 3ª Turma, jul. 13.09.2005, *DJ* 10.10.2005 p. 364.

19. Advogado sem poderes para receber citação. "O comparecimento espontâneo do réu não tem lugar se a apresentação de procuração e a retirada dos autos foram efetuadas por advogado destituído de poderes para receber citação, caso em que o prazo somente corre a partir da juntada aos autos do mandado citatório respectivo (art. 241, II, do CPC). Precedentes do STJ" (STJ, REsp 407.199/RJ, Rel. Min. Aldir Passarinho Junior, 4ª Turma, jul. 04.09.2003, *DJ* 06.10.2003, p. 274; *Revista do Superior Tribunal de Justiça* 185/441). **No mesmo sentido:** STJ, REsp 747.057/ES, Rel. Min. Hélio Quaglia Barbosa, 4ª Turma, jul. 06.03.2007, *DJ* 02.04.2007, p. 282; STJ, REsp 648.202/RJ, Rel. Min. Carlos Alberto Menezes Direito, 3ª Turma, jul. 03.02.2005, *DJ* 11.04.2005, p. 301; TJSP, Rel. Des. José Reynaldo, 12ª Câmara de Direito Privado, jul. 13.02.2008.

20. Desistência da ação quanto a um dos réus. "O prazo para contestar a ação, na hipótese de desistência da ação em relação ao corréu, somente se inicia a partir da intimação da decisão que a deferiu. Na ausência de procurador constituído pelos réus remanescentes, a intimação será pessoal (art. 238 do CPC). Precedentes" (STJ, REsp 727.065/RJ, Rel. Min. Aldir Passarinho Junior, 4ª Turma, jul. 30.05.2006, *DJ* 26.06.2006, p. 157).

21. Processo executivo. Prazo autônomo. "Havendo litisconsórcio passivo no processo executório, o prazo para oferecer embargos do devedor é autônomo, devendo ser contado a partir de cada uma das intimações de penhora. Precedentes. Contudo, incidindo a penhora sobre bem imóvel, o prazo para oferecer embargos do devedor começa a correr a partir da juntada aos autos da última intimação feita a um dos cônjuges. Precedentes" (STJ, REsp 681.266/DF, Rel. Min. Nancy Andrighi, 3ª Turma, jul. 02.06.2005, *DJ* 01.07.2005, p. 530). **Obs.: No regime do CPC/2015, o prazo para os embargos conta-se da citação e não mais da intimação da penhora (arts. 914 e 915).**

22. Processo executivo. Devedor casado. "Já assentou a corte que o prazo para a apresentação dos embargos do devedor de executado casado que tem bem imóvel penhorado começa a correr quando feita a intimação do cônjuge com a juntada do respectivo mandado aos autos. Com a reforma trazida pela Lei nº 8.953/1994, o prazo para os embargos do devedor conta-se da data da juntada aos autos do mandado de intimação. No caso, a ausência de intimação da mulher do executado que teve bem penhorado, reconhecida pelo tribunal em anterior julgado, traz-lhe benefício quanto ao prazo, mas a pessoa jurídica não é atingida, considerando a autonomia do prazo para cada executado" (STJ, REsp 742.350/MT, Rel. Min. Carlos Alberto Menezes Direito, 3ª Turma, jul. 25.04.2006, *DJ* 14.08.2006, p. 279). **Obs.:** Verificar o art. 915, § 1º, do CPC/2015.

23. Citação por hora certa. "A jurisprudência do STJ, nas hipóteses de citação por hora certa, tem se orientado no sentido de fixar, como termo inicial do prazo para a contestação, a data da juntada do mandado de citação cumprido, e não a data da juntada do aviso de recebimento da correspondência a que alude o art. 229 do CPC. Na hipótese em que, por equívoco do escrivão, fica consignado de maneira expressa na correspondência do art. 229/CPC que o prazo para a contestação será contado a partir da juntada do respectivo AR, a parte foi induzida a erro por ato emanado do próprio Poder Judiciário. Essa peculiaridade justifica que se excepcione a regra geral, admitindo a contestação e afastando a revelia. A moderna interpretação das regras do processo civil deve tender, na medida do possível, para o aproveitamento dos atos praticados e para a solução justa do mérito das controvérsias. Os óbices processuais não podem ser invocados livremente, mas apenas nas hipóteses em que seu acolhimento se faz necessário para a proteção de direitos fundamentais da parte, como o devido processo legal, a paridade de armas ou a ampla defesa. Não se pode transformar o processo civil em terreno incerto, repleto de óbices e armadilhas" (STJ, REsp 746.524/SC, Rel. Min. Nancy Andrighi, 3ª Turma, jul. 03.03.2009, *DJe* 16.03.2009).

Art. 232. Nos atos de comunicação por carta precatória, rogatória ou de ordem, a realização da citação ou da intimação será imediatamente informada, por meio eletrônico, pelo juiz deprecado ao juiz deprecante.

REFERÊNCIA LEGISLATIVA

CPC/2015, art. 231, VI (dia do começo do prazo).

BREVES COMENTÁRIOS

O prazo, no caso de citação e intimação por carta precatória ou de ordem, não depende do retorno da carta ao juízo de origem. Tão logo o ato de comunicação processual tenha sido concluído, o juiz deprecado informará a ocorrência ao deprecante, por meio eletrônico. Juntada a informação aos autos, começará, desde logo, a contagem do prazo para a defesa ou manifestação acerca da citação ou intimação praticada no juízo deprecado.

Seção II
Da Verificação dos Prazos e das Penalidades

Art. 233. Incumbe ao juiz verificar se o serventuário excedeu, sem motivo legítimo, os prazos estabelecidos em lei.

§ 1º Constatada a falta, o juiz ordenará a instauração de processo administrativo, na forma da lei.

§ 2º Qualquer das partes, o Ministério Público ou a Defensoria Pública poderá representar ao juiz contra o serventuário que injustificadamente exceder os prazos previstos em lei.

CPC/1973

Arts. 193 e 194.

REFERÊNCIA LEGISLATIVA

CPC/2015, art. 228 (prazo para o serventuário).

Lei Complementar nº 35, de 14.03.1979, art. 35, III (dever do magistrado quanto à observância do prazo).

BREVES COMENTÁRIOS

Cabe ao juiz fiscalizar o cumprimento dos prazos impostos aos seus serventuários. Essa fiscalização pode ser de ofício ou provocada pela parte, pelo Ministério Público ou pela Defensoria Pública. Se demonstrado motivo legítimo pelo serventuário, dará o juiz por justificado o atraso. Mas, em caso contrário, mandará instaurar procedimento administrativo para punir o faltoso na forma da lei.

JURISPRUDÊNCIA SELECIONADA

1. Procedimento administrativo. "[...] O art. 193 se refere à conduta do serventuário, prevendo que, verificada sua falta, retardando o cumprimento dos prazos, será instaurado procedimento administrativo para sua apuração. Vale isso dizer que a imposição de penalidade tem como pressuposto o devido processo legal" (TJSP, MS 36.304-1, Rel. Des. Alves Braga, 4ª Câmara, *RJTJSP* 87/319).

Art. 234. Os advogados públicos ou privados, o defensor público e o membro do Ministério Público devem restituir os autos no prazo do ato a ser praticado.

§ 1º É lícito a qualquer interessado exigir os autos do advogado que exceder prazo legal.

§ 2º Se, intimado, o advogado não devolver os autos no prazo de 3 (três) dias, perderá o direito à vista fora de cartório e incorrerá em multa correspondente à metade do salário mínimo.

§ 3º Verificada a falta, o juiz comunicará o fato à seção local da Ordem dos Advogados do Brasil para procedimento disciplinar e imposição de multa.

§ 4º Se a situação envolver membro do Ministério Público, da Defensoria Pública ou da Advocacia Pública, a multa, se for o caso, será aplicada ao agente público responsável pelo ato.

§ 5º Verificada a falta, o juiz comunicará o fato ao órgão competente responsável pela instauração de procedimento disciplinar contra o membro que atuou no feito.

CPC/1973

Arts. 195, 196 e 197.

REFERÊNCIA LEGISLATIVA

Estatuto da Advocacia, arts. 34, XXII, e 37, I (infração e sanção disciplinar pela penalidade de retenção de autos).

CP, art. 356 (crime por sonegação de papel ou objeto de valor probatório).

Lei nº 8.625, de 12.02.1993 (LONMP), art. 43, IV (dever do MP quanto à observância dos prazos).

BREVES COMENTÁRIOS

Previa o art. 195 do CPC/1973 que, no caso de restituição dos autos fora do prazo legal, o juiz mandaria, de ofício, riscar o que neles o advogado tivesse escrito, bem como desentranhar as alegações e documentos apresentados. Essas cominações e diligências não foram mantidas pelo Código de 2015. Prevalece, portanto, a orientação traçada pela jurisprudência, ainda ao tempo do Código anterior, segundo a qual não há impedimento a que, em tais circunstâncias, as alegações e documentos tardiamente juntados pelo advogado sejam conservados nos autos, "em observância ao princípio da documentação dos atos processuais", conquanto sem efeito jurídico (STJ, AgRg no Ag 1.074.506/RS, Rel. Min. Sidnei Beneti, 3ª Turma, jul. 17.02.2009, *DJe* 03.03.2009). Não há mais, como se vê, a obrigação do juiz de ordenar o desentranhamento das alegações e documentos juntados em processo restituído fora do prazo legal. Segundo a conveniência do caso concreto, o juiz tomará a decisão que se mostrar adequada.

JURISPRUDÊNCIA SELECIONADA

1. Intimação pessoal. Aplicação da multa. "Cinge-se a controvérsia a definir se é necessária a intimação pessoal do advogado para que lhe sejam aplicadas as sanções previstas no § 2º do art. 234 do CPC/2015. (...) A partir da entrada em vigor do CPC/2015, para aplicar as sanções por retenção dos autos (art. 234, § 2º), exige-se também a intimação pessoal do advogado para devolvê-los. Se o advogado for intimado pessoalmente e não devolver os autos no prazo de 3 (três) dias, perderá o direito à vista fora de cartório e incorrerá em multa correspondente à metade do salário mínimo. Na hipótese, a intimação do advogado ocorreu por meio do diário de justiça, motivo pelo qual devem ser afastadas as sanções previstas no art. 234, § 2º, do CPC/2015" (STJ, REsp 1.712.172/DF, Rel. Min. Ricardo Villas Bôas Cueva, 3ª Turma, jul. 21.08.2018, *DJe* 24.08.2018).

"Havendo excesso de prazo de vista dos autos, deve o advogado ser intimado, pessoalmente, para sua devolução. Acaso não restituídos os autos em 24 horas, perderá o direito de vista fora de cartório, além de incorrer em multa, à luz do art. 196 do CPC. A intimação para a devolução dos autos, na forma do art. 196 do CPC, deve ser engendrada *in faciem* para caracterizar a retenção indevida e intencional, por isso que insubstituível pela publicação oficial. [...]. A intimação, no caso, há de realizar-se através de mandado, a ser cumprido pelo oficial de justiça (art. 143), uma vez que o outro modo previsto para a espécie de comunicação – pelo escrivão (art. 141, I) inviabiliza-se na ausência dos autos. Prazo em horas tem seu termo inicial no exato momento da intimação, correndo de minuto a minuto. In: *Comentários ao Código de Processo Civil*, RT, 2000, p. 412 4. Recurso ordinário provido" (STJ, RMS 18.508/PR, Rel. Min. Luiz Fux, 1ª Turma, jul. 06.12.2005, *DJ* 06.03.2006, p. 160). **No mesmo sentido:** TJSP, MS 36.304-1, Rel. Alves Braga, 4ª Câmara, jul. 25.08.1983, *RT* 579/47; TJSP, MS 233.943, Rel. Tito Hesketh, 5ª Câmara, jul. 17.05.1974, *RT* 471/56; STJ, REsp 1.089.181/DF, Rel. Min. Luis Felipe Salomão, 4ª Turma, jul. 04.06.2013, *DJe* 17.06.2013.

Intimação em nome do patrono que retirou os autos. "A intimação deve ser efetuada por mandado, na pessoa do advogado que retirou os autos e cujo nome consta do livro de carga, somente podendo ser aplicadas as referidas penalidades após ultrapassado o prazo legal, sem a devida restituição" (STJ, REsp 1.089.181/DF, Rel. Min. Luis Felipe Salomão, 4ª Turma, jul. 04.06.2013, *DJe* 17.06.2013).

2. Devolução tardia dos autos. Tempestividade. "Recurso. Interposição sem devolução dos autos. Exegese dos arts. 195 e 514, CPC. I. A não devolução oportuna dos autos ao cartório deve merecer do Juiz as providências cabíveis, com o objetivo de coibir de forma enérgica a malícia e os atos praticados em prejuízo da boa aplicação da lei e da exata observância dos trâmites processuais. II. Eventual devolução tardia dos autos não deve penalizar a parte, cujo recurso foi oportunamente protocolado. III. Recurso conhecido e provido" (STJ, REsp 159.891/SP, Rel. Min. Waldemar Zveiter, 3ª Turma, jul. 21.05.1998, *DJ* 17.08.1998, p. 71). **No mesmo sentido**: STJ, REsp 388.565/PR, Rel. Min. Aldir Passarinho Júnior, 4ª Turma, jul. 22.10.2002, *DJU* 10.03.2003, p. 216; STJ, REsp 770.069/SP, Rel. Min. João Otávio de Noronha, 2ª Turma, jul. 21.03.2006, *DJU* 19.04.2006, p. 126.

3. Devolução espontânea. "A proibição de vista fora do cartório, prevista no art. 196, 2ª parte, do CPC, pressupõe a falta de restituição dos autos no prazo de 24 horas decorrente da intimação pessoal do advogado (CPC, art. 196, 1ª parte), não se aplicando, portanto, à hipótese de retenção abusiva seguida de restituição voluntária (CPC, art. 195, 1ª parte). Agravo de instrumento provido" (TJRS, AI 70000564229, Rel. Des. Araken de Assis, 4ª Câmara, jul. 03.05.2000, *RJ* 274/102). **No mesmo sentido:** TJRJ, MS 2.865, Rel. Des. Jorge Loretti, 5ª Câmara.

4. Aplicação de multa. Competência da OAB. "Incorre violação do art. 196 do CPC se o processo, em poder do advogado, foi devolvido ao cartório dentro do prazo legal, pouco importando que o oficial de justiça tenha ido ao escritório do mesmo por três vezes para intimá-lo. Ao magistrado é defeso aplicar a multa, na hipótese de consumada a falta de não devolução, pelo advogado, dos autos ao cartório no prazo previsto em lei, porquanto compete à OAB tal atribuição, após regular procedimento disciplinar" (TJMG, Ag 20.753/3, Rel. Des. Ayrton Maia, 3ª Câmara, jul. 13.03.1989, *JM* 106/73).

"A multa prevista no parágrafo único do art. 196 do CPC, decorrente da perda pelo advogado do direito de vista dos autos fora de cartório, somente pode ser imposta pela seção local da OAB, após procedimento disciplinar" (TACivSP, AI 340.937-2/00, Rel. Juiz Cunha Cintra, 8ª Câmara, jul. 20.02.1992, *RT* 677/170).

Art. 235. Qualquer parte, o Ministério Público ou a Defensoria Pública poderá representar ao corregedor do tribunal ou ao Conselho Nacional de Justiça contra juiz ou relator que injustificadamente exceder os prazos previstos em lei, regulamento ou regimento interno.

§ 1º Distribuída a representação ao órgão competente e ouvido previamente o juiz, não sendo caso de arquivamento liminar, será instaurado procedimento para apuração da responsabilidade, com intimação do representado por meio eletrônico para, querendo, apresentar justificativa no prazo de 15 (quinze) dias.

§ 2º Sem prejuízo das sanções administrativas cabíveis, em até 48 (quarenta e oito) horas após a apresentação ou não da justificativa de que trata o § 1º, se for o caso, o corregedor do tribunal ou o relator no Conselho Nacional de Justiça determinará a intimação do representado por meio eletrônico para que, em 10 (dez) dias, pratique o ato.

§ 3º Mantida a inércia, os autos serão remetidos ao substituto legal do juiz ou do relator contra o qual se representou para decisão em 10 (dez) dias.

CPC/1973

Art. 198.

REFERÊNCIA LEGISLATIVA

CF, arts. 5º, LXXVIII, acrescentado pela Emenda Constitucional nº 45, de 30.12.2004 (garantia da celeridade processual); 93, II (não promoção de juiz que retém os autos em seu poder injustificadamente).

Lei Orgânica da Magistratura, art. 35, II.

BREVES COMENTÁRIOS

São os seguintes os prazos que, excedidos pelo juiz, ensejam a representação:

a) despachos: 5 dias (art. 226, I);

b) decisões interlocutórias: 10 dias (art. 226, II);

c) sentenças: 30 dias (art. 226, III).

JURISPRUDÊNCIA SELECIONADA

1. Decisão fora do prazo legal. "[...] O fato de ter sido proferida a decisão fora do prazo estabelecido em lei para o magistrado decidir não acarreta nulidade do ato, porque não cominada essa pena para o retardo. O atraso de serviço pode acarretar para o juiz consequências administrativas ou funcionais, mas não afeta a validade dos atos por ele praticados com excesso de prazo" (TJSP, Ap. 45.241-1, Rel. Des. Alves Braga, 4ª Câmara, *RJTJSP* 91/68).

2. Omissão do juiz. "Impera, no vigente estatuto processual, o princípio da recorribilidade de todas as decisões interlocutórias. E para qualquer omissão do juiz há a representação do art. 198 do CPC" (TACivRJ, Rel. Juiz Pestana de Aguiar; *Adcoas*, 1987, nº 111.984). Obs.: cf. o art. 235 do CPC/2015.

☆ **DOS PRAZOS: INDICAÇÃO DOUTRINÁRIA**

Ada Pellegrini Grinover, Benefício de prazo, *Revista Brasileira de Direito Processual* 19/13; Ada Pellegrini Grinover, Citação por hora certa: prazo para resposta, *Revista Jurídica* 1/24; Alcides de Mendonça Lima, Calamidade pública - prazo para apelar, *RP* 10/241 e *Ajuris* 13/110; Amílcar de Castro, *Comentários ao CPC*, São Paulo: Revista dos Tribunais, 1974, v. VIII, nº 275, p. 209, nº 306, p. 227; Arnoldo Wald, Contagem de prazo para recurso – interpretação da Súmula nº 310 do STF, *Revista dos Tribunais* 486/38; *Revista Forense* 252/161; Bruno Garcia Redondo. Prazos. In: Luiz Rodrigues Wambier, Teresa Arruda Alvim Wambier, *Temas Essenciais do Novo CPC*. São Paulo: RT, 2016. P. 161; Cândido R. Dinamarco, Vencimento de prazos e horário do protocolo forense, *Justitia* 102/213; Cândido Rangel Dinamarco, *Litisconsórcio*, São Paulo, Malheiros, 2009; Cassio Scarpinella Bueno, *Manual de direito processual civil*, São Paulo: Saraiva, 2015; César Augusto Luiz Leonardo; João Victor Nardo Andreassa. Considerações sobre a preclusão consumativa no Código de Processo Civil de 2015. *Revista dos Tribunais*, ano 110, v. 1023, São Paulo: RT, jan. 2021, p. 257 e ss.; Clito Fornaciari Júnior, Restituição de autos, *RF* 270/379; Daniel Amorim Assumpção Neves, *Manual de direito processo civil*, São Paulo: Método, 2015; E. D. Moniz de Aragão, *Comentários ao CPC*, 8. Ed. Rio de Janeiro: Forense, 1995, v. II, nº 126-127, p. 102-103; E. D. Moniz de Aragão, *Comentários ao CPC*, Rio de Janeiro: Forense, 1998, v. II, n. 143/145; E. D. Moniz de Aragão, *Exegese do Código de Processo Civil*, Rio de Janeiro, Aide, 1992, v. IV, t. II, n. 316 – contagem de prazos com férias, recesso ou sucessão de feriados; Edson Prata, *Repertório de Jurisprudência do CPC*, São Paulo, 1977, nº 684; Eduardo Couture, *Los _rocesso_os del abogado*, 4. Ed., Buenos Aires: Depalma, 1966, p. 11 e 49/50 – "o tempo se vinga das coisas feitas sem a sua colaboração"; Flávio Renato Correia de Almeida, Preclusão hierárquica, Rio de Janeiro: Lumen Juris, 2019; Francesco Carnelutti, *Instituciones del nuevo _rocesso civil italiano*, trad. Jaime Guasp, Barcelona: Bosch, 1942, nº 487, p. 415; Fredie Didier Jr., *Curso de direito processual civil*, 17. Ed., Salvador: JusPodivm, 2015, v. I; Guilherme Rizzo Amaral, *Comentários às alterações do novo CPC*, São Paulo: Revista dos Tribunais, 2015; Hélio Tornaghi, *Comentários ao CPC*, São Paulo: Revista do Tribunais, 1974, v. II, p. 84 – sobre a imprecisão vocabular do artigo; Humberto Theodoro Júnior, A intimação e a contagem do prazo para recorrer, *Revista Síntese de Direito Civil e Processual Civil* 13/14; Humberto Theodoro Júnior, Alguns reflexos da Emenda Constitucional nº 45, de 08.12.2004, sobre o processo civil, *Revista Síntese de Direito Civil e Processual Civil* 35/17; Humberto Theodoro Júnior, *Curso de direito processual civil*, 61. Ed., Rio de Janeiro: Forense, 2020, v. I; Humberto Theodoro Júnior, *Curso de direito processual civil*, 62. Ed., Rio de Janeiro: Forense, v. I, nos 368, 385 e 395-A; Humberto Theodoro Júnior, *Curso de direito processual civil*, Rio de Janeiro: Forense, 2015, v. I, nº 238; Humberto Theodoro Júnior, Fernanda Alvim Ribeiro de Oliveira, Ester Camila Gomes Norato Rezende (coords.), *Primeiras lições sobre o novo direito processual civil brasileiro*, Rio de Janeiro: Forense, 2015; J. E. Carreira Alvim, *Comentários ao novo Código de Processo Civil*, Curitiba: Juruá, 2015; João Edson de Mello, Duplicação de prazo para defesa, *Revista do Curso de Direito da Universidade Federal de Uberlândia* 12/77; José Miguel Garcia Medina, *Novo Código de Processo Civil comentado*, São Paulo: Revista dos Tribunais, 2015; Leonardo Carneiro da Cunha, In: Sérgio Cruz Arenhart e Daniel Mitidiero (coord.), *Comentários ao Código de Processo Civil*, 2. Ed., São Paulo: RT, 2018, v. 3; Leonardo Greco, *Instituições de processo civil: introdução ao direito processual civil*, 5. Ed., Rio de Janeiro: Forense, 2015; Leonardo José Carneiro da Cunha, Consequências processuais da abolição das férias coletivas pela reforma do Judiciário, *Revista Dialética de Direito Processual* 24/80; Luis Antônio Giampaulo Sarro, *Novo Código de Processo Civil*, São Paulo: Rideel, 2015; Luiz Guilherme da Costa Wagner Junior, In: Teresa Arruda Alvim Wambier, Fredie Didier Jr., Eduardo Talamini, Bruno Dantas, *Breves comentários ao novo Código de Processo Civil*, São Paulo: Revista dos Tribunais, 2015; Marcos Boechat Lopes Filho, In: BRAGA NETO, Felipe Peixoto; SILVA, Michael César; THIBAU, Vinícius Lott (Coord.). *O Direito Privado e o novo Código de Processo Civil: repercussões, diálogos e tendências*, Belo Horizonte: Fórum, 2018; Nelson Nery Junior, Rosa Maria de Andrade Nery, *Comentários ao Código de Processo Civil*, São Paulo: Revista dos Tribunais, 2015; Nicolo Trocker, *Processo civile e Constituzione*, Milão, 1974, p. 501 – sobre o impedimento temporário do defensor; Pedro Batista Martins, *Comentários ao Código de Processo Civil*, Rio de Janeiro, Forense, v. II, n. 113 – sobre intimações por carta registrada; Pedro Batista Martins, *Comentários ao CPC*, 2. Ed., Rio de Janeiro: Forense, 1960, v. I, nº 80, p. 97 – sobre a importância do escrivão como impulso processual; Pontes de Miranda, *Comentários ao Código de Processo Civil de 1973*, Rio de Janeiro, Forense, t. VII – sobre a restrição à duplicidade do prazo no recurso de embargos; Pontes de Miranda, *Comentários ao CPC de 1973*, Rio de Janeiro: Forense, 1997, t. III, p. 152; Riccardo Orestano, *Processo civil romano*, n. 29 – sobre a exclusão do primeiro dia na contagem do prazo; Rogério Lauria Tucci, *Do julgamento conforme o Estado do Processo*, p. 105 – sobre a faculdade de aplicar a multa em primeiro lugar para posteriormente comunicar à entidade do faltoso; Sergio Bermudes, *Comentários ao CPC*, São Paulo: Revista dos Tribunais, 1975, v. VII, p. 346 – sobre a inaplicabilidade da representação na Justiça Federal, sendo nesta cabível a reclamação, conhecida como correição parcial; Teresa Arruda Alvim Wambier, Fredie Didier Jr., Eduardo Talamini, Bruno Dantas (coords.), *Breves comentários ao novo Código de Processo Civil*, São Paulo: Revista dos Tribunais, 2015; Teresa Arruda Alvim Wambier, Maria Lúcia Lins Conceição, Leonardo Ferres da Silva Ribeiro, Rogério Licastro Torres de Melo, *Primeiros comentários ao novo Código de Processo Civil*, São Paulo: Revista dos Tribunais, 2015.

TÍTULO II
DA COMUNICAÇÃO DOS ATOS PROCESSUAIS

Capítulo I
DISPOSIÇÕES GERAIS

Art. 236. Os atos processuais serão cumpridos por ordem judicial.

§ 1º Será expedida carta para a prática de atos fora dos limites territoriais do tribunal, da comarca, da seção ou da subseção judiciárias, ressalvadas as hipóteses previstas em lei.

§ 2º O tribunal poderá expedir carta para juízo a ele vinculado, se o ato houver de se realizar fora dos limites territoriais do local de sua sede.

§ 3º Admite-se a prática de atos processuais por meio de videoconferência ou outro recurso tecnológico de transmissão de sons e imagens em tempo real.

CPC/1973

Art. 200.

REFERÊNCIA LEGISLATIVA

CPC, arts. 385, § 3º (depoimento pessoal); 453, § 1º (oitiva de testemunhas); 461, § 2º (acareação); e 937, § 4º (sustentação oral).

BREVES COMENTÁRIOS

O procedimento se desenvolve sob o signo da publicidade e do contraditório. Não há surpresa para as partes nem para terceiros que eventualmente tenham de prestar colaboração à solução da lide ou que tenham de suportar as consequências dela.

Há, por isso, um sistema de comunicação dos atos processuais pelo qual o juízo põe os interessados a par de tudo o que ocorre no processo e os convoca a praticar, nos prazos devidos, os atos que lhes competem.

Esses atos eram classificados pelo Código de 1939 em citações, notificações e intimações. O Código atual eliminou a distinção entre intimação e notificação e só conhece, de ordinário, como ato de comunicação processual a citação e a intimação.

Ao juiz compete dirigir o processo e determinar os atos que as partes e serventuários haverão de praticar. Mas a autoridade do juiz, pelas regras de competência, se restringe aos limites de sua circunscrição territorial. Assim, quando o ato tiver de ser praticado em território de outra comarca, o juiz da causa não poderá ordená-lo diretamente aos serventuários do juízo; terá, então, de requisitá-lo por carta à autoridade judiciária competente. Há casos, porém, em que a lei permite a prática de atos do oficial de justiça além dos limites territoriais da comarca a que serve, como nas comarcas contíguas e nas que se situem na mesma região metropolitana (art. 255).

As citações e intimações excluem a carta precatória quando realizadas pelo correio, que valem para todo o território nacional (arts. 247 e 273, II). O mesmo se passa com a intimação realizada por meio eletrônico (arts. 193 e 272; Lei nº 11.419/2006, art. 4º).

JURISPRUDÊNCIA SELECIONADA

1. Leilão eletrônico. Competência do juízo da execução. Ver jurisprudência do art. 882, § 1º.

2. Limite territorial. "Por encontrarem-se em sede localizada fora de sua comarca e não poder ser retirados em razão de fiscalização, o MM. Juiz deverá designar a expedição de carta precatória para que, no domicílio da agravante, seja feita a perícia fiscal nos livros da empresa, como determinam os arts. 200 e 428 do Código de Processo Civil, e ainda, o art. 19 (segunda parte) do Código Comercial" (TJES, AI 035009006285, Rel. Des. Manoel Alves Rabelo, jul. 24.09.2001).

"Segundo dispõe o art. 200 do CPC, os atos processuais serão cumpridos por ordem judicial ou requisitados por carta, conforme tenham de realizar-se dentro ou fora dos limites territoriais da comarca" (STJ, Resp 713.014/DF, Rel. Min. Herman Benjamin, 2ª Turma, jul. 20.08.2009, *Dje* 27.08.2009).

"Os atos que devam ser praticados fora da jurisdição territorial do juiz da causa serão requisitados através de carta precatória (art. 200 do CPC). Ao juízo deprecado não cabe questionar a oportunidade ou conveniência do cumprimento. É seu dever, de ofício, atender o requisitado pelo juízo deprecante" (TJMG, AgI 1.0349.03.000163-1/001, Rel. Des. Irmar Ferreira Campos, 17ª Câmara, jul. 23.02.2006, *Dje* 29.03.2006).

3. Advogado intimado da expedição da precatória. Dever de acompanhamento. "Tendo sido intimado da expedição das cartas precatórias, cabe ao defensor constituído acompanhar o trâmite destas. Precedentes do STJ e do STF" (STJ, HC 40.781/SP, Rel. Min. Gilson Dipp, 5ª Turma, jul. 19.05.2005, *DJ* 13.06.2005, p. 329).

4. Advogado na comarca. Necessidade de intimação. "Substabelecidos os poderes, com ou sem reservas, a advogado que reside em comarca onde tramita o feito, deve este ser intimado dos atos processuais, sob pena de nulidade, ainda que não tenha formulado expressamente pedido para que da intimação constasse o seu nome" (STJ, REsp 346.029/MT, Rel. Min. Nancy Andrighi, 3ª Turma, jul. 04.04.2002, *DJ* 06.05.2002, p. 289).

5. Justiça federal. Carta precatória a ser cumprida pela Justiça estadual. Despesas. "Consequentemente, revela-se cabível a expedição de carta precatória, pela Justiça federal, a ser cumprida pelo juízo estadual, uma vez configurada a conveniência do ato processual, devidamente fundamentada pelo juízo deprecante" (STJ, REsp 1.144.687/RS, Rel. Min. Luiz Fux, 1ª Seção, jul. 12.05.2010, *DJe* 21.05.2010).

Art. 237. Será expedida carta:

I – de ordem, pelo tribunal, na hipótese do § 2º do art. 236;

II – rogatória, para que órgão jurisdicional estrangeiro pratique ato de cooperação jurídica internacional, relativo a processo em curso perante órgão jurisdicional brasileiro;

III – precatória, para que órgão jurisdicional brasileiro pratique ou determine o cumprimento, na área de sua competência territorial, de ato relativo a pedido de cooperação judiciária formulado por órgão jurisdicional de competência territorial diversa;

IV – arbitral, para que órgão do Poder Judiciário pratique ou determine o cumprimento, na área de sua competência territorial, de ato objeto de pedido de cooperação judiciária formulado por juízo arbitral, inclusive os que importem efetivação de tutela provisória.

Parágrafo único. Se o ato relativo a processo em curso na justiça federal ou em tribunal superior houver de ser praticado em local onde não haja vara federal, a carta poderá ser dirigida ao juízo estadual da respectiva comarca.

CPC/1973

Art. 201.

REFERÊNCIA LEGISLATIVA

CF, arts. 105, I, *i*, e 109, X (*exequatur* e cumprimento de carta rogatória).

CPC/2015, arts. 260 (requisitos); 261 (prazo); 262 (itinerante); 264 (telegrama); 265 (telefone); 266 (execução de ofício); 267 (recusa); 268 (devolução); 377 (efeito suspensivo); 632 (inventário; avaliação de bens); e 740, § 5º (herança jacente; arrecadação de bens).

Lei nº 5.010, de 30.05.1966 (Justiça Federal – ver Legislação Especial), art. 42, § 1º.

RISTJ, arts. 216-O a 216-X (*exequatur* às cartas rogatórias).

BREVES COMENTÁRIOS

Adotando o CPC/2015 um sistema amplo de cooperação entre os órgãos judiciais, a solenidade das cartas precatórias é, às vezes, dispensada. Permite-se contato mais informal entre autoridades judiciárias de diferentes circunscrições territoriais quando os atos a serem realizados fora da comarca forem de menor significância que as citações, intimações e penhoras e outras diligências que só podem, de fato, ser cumpridas pelas cartas (arts. 67 a 69).

Estabelecem-se assim um intercâmbio e uma colaboração entre dois juízos para que o processo tenha seu devido andamento. Essas cartas, conforme a origem, são:

(a) carta de ordem, quando destinadas pelo tribunal superior a juiz (art. 236, § 2º);

(b) carta rogatória, quando dirigida à autoridade judiciária estrangeira (art. 237, II);

(c) carta precatória, nos demais casos, i. é, quando dirigida a juiz nacional de igual categoria jurisdicional (art. 237, III); e

(d) carta arbitral, quando dirigida a órgão do Poder Judiciário, para cooperação requerida por juízo arbitral (art. 237, IV).

JURISPRUDÊNCIA SELECIONADA

1. Executado domiciliado em município que não é sede da Justiça Federal. Comarca contígua. Carta precatória. Possibilidade. "Atualmente, portanto, a prática de atos processuais em Execução Fiscal que tramita na Justiça Federal, promovida contra réu domiciliado em comarca da Justiça Estadual: a) regra geral, é promovida mediante expedição de Carta Precatória; b) na hipótese específica de o domicílio estar localizado em comarca contígua, poderá ser realizada pelo próprio Oficial de Justiça do juízo federal. Reitere-se que o caráter facultativo, e não impositivo, do art. 255 do CPC decorre da utilização da expressão 'poderá efetuar', e não 'efetuará', relacionada ao ato do Oficial de Justiça" (STJ, REsp 1.820.682/PR, Rel. Min. Herman Benjamin, 2ª Turma, jul. 15.08.2019, *DJe* 11.10.2019).

2. Conflito de competência. Juízo federal e juízo de direito. Execução fiscal ajuizada após a Lei n. 13.043/2014. Carta precatória. Citação. "Com a entrada em vigor da Lei n. 13.043/2014, houve a revogação do art. 15, I, da Lei n. 5.010/1966 que conferia a competência delegada à Justiça estadual para ações de execução fiscal promovidas pela União, pelas autarquias e fundações públicas federais. No caso, a execução foi ajuizada no ano de 2016, isto é, após a entrada em vigor do mencionado diploma legislativo. Além disso, o presente conflito não diz respeito ao juízo competente para o feito executivo, mas apenas para o cumprimento de carta precatória de citação da parte executada. A expedição de carta precatória para o cumprimento de atos processuais não se confunde com a delegação de competência conferida aos juízes estaduais para atuarem investidos de jurisdição federal. Precedentes: CC 10.391/PR, Rel. Min. Ruy Rosado de Aguiar, Segunda Seção, *DJ* 27/3/1995; CC 54.682/SC, Rel. Min. Carlos Alberto Menezes Direito, Segunda Seção, *DJ* 1º/2/2007. Em se tratando do cumprimento de carta precatória, não há delegação da competência jurisdicional para o julgamento da causa, como ocorre nos casos previstos no art. 109, § 3º, da CF. Existe simples pedido de cooperação realizado por determinado juízo a outro, o qual atua nos estreitos limites do ato processual deprecado, no exercício de competência própria relacionada ao cumprimento da respectiva carta. Em tais hipóteses, não há ascendência jurisdicional do respectivo Tribunal Regional Federal sobre o juízo estadual deprecado, cumprindo ao Superior Tribunal de Justiça dirimir o conflito de competência em questão" (STJ, CC 154.894/SC, Rel. Min. Og Fernandes, 1ª Seção, jul. 27.02.2019, *DJe* 13.03.2019).

3. Competência do juiz natural da causa. "Nesse contexto, a efetivação de medida liminar concedida em ação de busca e apreensão de bem móvel, por Juízo onde se localize o bem, a pedido da parte interessada, com fundamento no art. 3º, § 12, do Decreto-Lei n. 911/1969, não atrai a competência desse Juízo para eventual impugnação ao conteúdo de tal liminar, que deverá ser postulada perante o Juízo da causa que concedeu a liminar, afigurando-se igualmente competente para o julgamento de eventual recurso interposto contra essa decisão o Tribunal ao qual se encontra vinculado esse Juízo natural" (STJ, CC 186.137/PR, Rel. Min. Marco Aurélio Bellizze, 2ª Seção, jul. 08.11.2023, *DJe* 16.11.2023).

4. Contagem de prazo. Juntada de carta. "Na hipótese de ato que se realiza em cumprimento de carta de ordem, precatória ou rogatória, o início da contagem do prazo se dá a partir da data de sua juntada aos autos devidamente cumprida, em consonância com o artigo 241, IV, do CPC" (STJ, REsp 879.253/RS, Rel. Min. João Otávio de Noronha, 2ª Turma, jul. 19.04.2007, *DJ* 23.05.2007, p. 254).

Obs.: Quanto à contagem de prazos processuais, vide art. 231 do CPC/2015, especialmente seu inciso VI, que, no caso de citação ou intimação por carta de ordem, precatória ou rogatória, leva em conta a juntada do comunicado de cumprimento da diligência, sem aguardar o retorno e juntada da carta.

DA COMUNICAÇÃO DOS ATOS PROCESSUAIS: INDICAÇÃO DOUTRINÁRIA

Cassio Scarpinella Bueno, *Manual de direito processual civil*, São Paulo: Saraiva, 2015; Daniel Amorim Assumpção Neves, *Manual de direito processo civil*, São Paulo: Método, 2015; Fredie Didier Jr., *Curso de direito processual civil*, 17. ed., Salvador: JusPodivm, 2015, v. I; Guilherme Rizzo Amaral, *Comentários às alterações do novo CPC*, São Paulo: Revista dos Tribunais, 2015; Heitor Vitor Mendonça Sica, In: José Roberto F. Gouvêa; Luis Guilherme A. Bondioli e João Francisco N. da Fonseca (coord.), *Comentários ao Código de Processo Civil*, São Paulo: Saraiva, 2019, v. 5; Humberto Theodoro Júnior, *Curso de direito processual civil*, 61. ed., Rio de Janeiro: Forense, 2020, v. I; Humberto

Theodoro Júnior, Fernanda Alvim Ribeiro de Oliveira, Ester Camila Gomes Norato Rezende (coords.), *Primeiras lições sobre o novo direito processual civil brasileiro*, Rio de Janeiro: Forense, 2015; J. E. Carreira Alvim, *Comentários ao novo Código de Processo Civil*, Curitiba: Juruá, 2015; José Miguel Garcia Medina, *Novo Código de Processo Civil comentado*, São Paulo: Revista dos Tribunais, 2015; Leonardo Carneiro da Cunha, In: Sérgio Cruz Arenhart e Daniel Mitidiero (coord.), *Comentários ao Código de Processo Civil*, 2. ed., São Paulo: RT, 2018, v. 3; Leonardo Greco, *Instituições de processo civil: introdução ao direito processual civil*, 5. ed., Rio de Janeiro: Forense, 2015; Luis Antônio Giampaulo Sarro, *Novo Código de Processo Civil*, São Paulo: Rideel, 2015; Luiz Guilherme Marinoni, Sérgio Cruz Arenhart, Daniel Mitidiero, *Curso de processo civil*, São Paulo: Revista dos Tribunais, 2015, v. I; Nelson Nery Junior, Rosa Maria de Andrade Nery, *Comentários ao Código de Processo Civil*, São Paulo: Revista dos Tribunais, 2015; Paulo Osternack Amaral, In: Teresa Arruda Alvim Wambier, Fredie Didier Jr., Eduardo Talamini, Bruno Dantas, *Breves comentários ao novo Código de Processo Civil*, São Paulo: Revista dos Tribunais, 2015; Pontes de Miranda, *Comentários ao CPC*, 4. ed., Rio de Janeiro: Forense, 1997, t. III, p. 171 – crítica sobre a entrada do instituto da *carta de ordem* no direito pátrio; Teresa Arruda Alvim Wambier, Fredie Didier Jr., Eduardo Talamini, Bruno Dantas (coords.), *Breves comentários ao novo Código de Processo Civil*, São Paulo: Revista dos Tribunais, 2015; Teresa Arruda Alvim Wambier, Maria Lúcia Lins Conceição, Leonardo Ferres da Silva Ribeiro, Rogério Licastro Torres de Melo, *Primeiros comentários ao novo Código de Processo Civil*, São Paulo: Revista dos Tribunais, 2015.

Capítulo II
DA CITAÇÃO

Art. 238. Citação é o ato pelo qual são convocados o réu, o executado ou o interessado para integrar a relação processual.

Parágrafo único. A citação será efetivada em até 45 (quarenta e cinco) dias a partir da propositura da ação. (Incluído pela Lei nº 14.195, de 2021.)

CPC/1973

Art. 213.

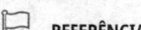

REFERÊNCIA LEGISLATIVA

Lei nº 12.529/2011, art. 118 (intimação do CADE para intervir, querendo, nos processos de repressão às infrações contra a ordem econômica).

BREVES COMENTÁRIOS

Sem a citação do réu não se aperfeiçoa a relação processual e torna-se inútil e inoperante a sentença.

O art. 231, I a VIII, estabelece a fluência do prazo para a defesa após a citação.

Serão nulas as citações feitas sem observância das formalidades legais (art. 280).

Destaque-se que a citação, no sistema do CPC/2015, não é mais a convocação de alguém para se defender (art. 213 do CPC/1973); tem alcance mais amplo: é a convocação de qualquer interessado para "integrar a relação processual". É possível, portanto, que o citado se ponha ao lado do réu ou do autor, ou simplesmente defenda interesse próprio, oponível tanto ao autor como ao réu. A Lei n.º 14.195/2021 fez um acréscimo interessante a esse artigo, estipulando o prazo de 45 (quarenta e cinco) dias, a partir da propositura da ação, para que a citação seja realizada.

JURISPRUDÊNCIA SELECIONADA

1. Finalidade. "O ato citatório tem por finalidade cientificar o réu da existência de demanda, dando-lhe oportunidade de apresentar defesa (art.213 do CPC)" (TJMG, Ag 1.0024.05.812483-5/001, Rel. Des. Elpídio Donizetti, 18ª Câmara, jul. 24.06.2008, *DJ* 12.07.2008).

"Para validade do processo, é indispensável a citação inicial do réu (art. 213/CPC), princípio basilar de toda *litiscontestatio*, justamente porque a citação tem o condão de gerar efeitos processuais e materiais, além de ser o ato marcante na retroação da interrupção da prescrição à data da inicial. Se a finalidade da citação é chamar alguém a juízo e esta restou frustrada, não se estabeleceu a relação processual entre as partes litigantes, devendo a sentença ser cassada" (TJMG, ApCív 389.650-6, Rel. Juiz Saldanha da Fonseca, 4ª Câmara, jul. 05.05.2003, *DJ* 24.05.2003).

2. Citação. Pessoa jurídica.

Mudança de endereço comunicada à Junta Comercial. Carta citatória entregue no endereço antigo. Nulidade. "Controvérsia em torno da validade da citação de pessoa jurídica em seu antigo endereço, cuja mudança fora comunicada à Junta Comercial, mas sem alteração no sítio eletrônico da empresa. Extrema relevância da regularidade formal do ato citatório por sua primordial importância na formação da relação processual. Não preenchimento dos requisitos para aplicação da teoria da aparência" (STJ, REsp 1.976.741/RJ, Rel. Min. Paulo de Tarso Sanseverino, 3ª Turma, jul. 26.04.2022, *DJe* 03.05.2022).

Realizada na pessoa do seu representante legal. "Sendo a citação ato constitutivo da relação processual, impõe-se, para a sua validade, que, em se tratando de pessoa jurídica, seja feita na pessoa do seu representante legal. Recurso especial conhecido e provido" (STJ, REsp 62.634-0/SP, Rel. Min. Cláudio Santos, 3ª Turma, *DJe* 09.10.1995).

3. Despacho de citação do réu. "Não se reveste de ilegalidade, abusividade ou teratologia o despacho do juiz determinando a citação do réu para responder a ação que lhe foi proposta" (STJ, ROMS 9.278/SP, Rel. Min. Francisco Peçanha Martins, 2ª Turma, jul. 21.03.2000, *DJU* 22.05.2000, p. 90).

4. Citação de terceiro. Condenação ao pagamento dos honorários. "Requerida a citação de terceiro, a pedido da ré e contra a vontade do autor, a exclusão daquele permite a condenação da ré ao pagamento dos honorários do patrono do terceiro excluído, pois apenas ela deu causa à despesa. Do contrário, a ré poderia provocar a citação de tantos quantos julgasse conveniente, na certeza de que todo o tumulto indevidamente provocado, além do prejuízo processual, teria suas consequências econômicas lançadas à conta do autor, que nada fez e até se opôs a isso" (STJ, REsp 221.083/SE, Rel. Min. Ruy Rosado de Aguiar, 4ª Turma, jul. 07.10.1999, *DJ* 17.12.1999, p. 378).

Art. 239. Para a validade do processo é indispensável a citação do réu ou do executado, ressalvadas as hipóteses de indeferimento da petição inicial ou de improcedência liminar do pedido.

§ 1º O comparecimento espontâneo do réu ou do executado supre a falta ou a nulidade da citação, fluindo a partir desta data o prazo para apresentação de contestação ou de embargos à execução.

§ 2º Rejeitada a alegação de nulidade, tratando-se de processo de:

I – conhecimento, o réu será considerado revel;

II – execução, o feito terá seguimento.

CPC/1973

Art. 214.

REFERÊNCIA LEGISLATIVA

CPC/2015, arts. 114 (litisconsórcio necessário); 126 (denunciado); 131 (chamado ao processo); 135 (incidente de desconsideração da personalidade jurídica); 303, § 1º, II (procedimento de tutela antecipada antecedente); 306 (tutela cautelar antecedente); 525, § 1º, I (impugnação ao cumprimento de sentença por falta ou nulidade de citação); 608 (oposição); 721 (procedimento de jurisdição voluntária).

BREVES COMENTÁRIOS

A exigência legal da citação diz respeito a todos os processos (de conhecimento e de execução), sejam quais forem os procedimentos (comum ou especiais). Até mesmo os procedimentos de jurisdição voluntária, quando envolverem interesses de terceiros, tornam obrigatória a citação (art. 721).

Tão importante é a citação como elemento instaurador do indispensável contraditório no processo que sem ela todo o procedimento se contamina de irreparável nulidade, que impede a sentença de fazer coisa julgada. Em qualquer época, independentemente de ação rescisória, será lícito ao réu arguir a nulidade de semelhante decisório (arts. 525, § 1º, I, e 535, I). Na verdade, será nenhuma a sentença assim irregularmente prolatada.

Entretanto, se o réu comparecer espontaneamente ao processo, a falta da citação será suprida e desse momento correrá o prazo para contestação.

JURISPRUDÊNCIA SELECIONADA

1. Citação. Analfabeto. "Em se tratando de réu analfabeto, a leitura do conteúdo do mandado é essencial a fim de que possa se defender utilmente, dando inteireza à cláusula do *due process of law*. Diante da certidão do meirinho, onde se consigna que o mandado foi lido para o agravante, que após sua digital e a quem foi entregue cópia do documento citatório, o ato é formalmente perfeito e sua eventual invalidade somente poderá ser deslindada mediante ação rescisória" (TJES, AI 035989001595, Rel. Des. Álvaro Manoel Rosindo Bourguignon, jul. 06.02.2001).

2. Citação de pessoas falecidas. "Requerida a citação editalícia de pessoas que, ao tempo do ajuizamento da ação, já se encontravam falecidas, impõe-se reconhecer a nulidade do processo a partir de então, à falta de comparecimento dos eventuais sucessores" (STJ, REsp 16.391/RJ, Rel. Min. Sálvio de Figueiredo Teixeira, 4ª Turma, jul. 04.05.1993, *LEXSTJ* 51/177). **No mesmo sentido:** STJ, ROMS 8.865/RJ, Rel. Min. Sálvio de Figueiredo Teixeira, 4ª Turma, jul. 19.02.1998, *RT* 753/174.

3. Ciência inequívoca da penhora *on-line*. Termo *a quo* para impugnação. "A intimação é ato solene pelo qual é cientificada a parte sobre algum ato processual, sendo desnecessária sua expedição formal quando a parte comparecer espontaneamente ao processo. Precedentes. Demonstrada ciência inequívoca do Devedor quanto à penhora *on-line* realizada, não há necessidade de sua intimação formal para o início do prazo para apresentar impugnação à fase de cumprimento de sentença, tendo como termo a quo a data em que comprovada a ciência" (STJ, EREsp 1415522/ES, Rel. Min. Felix Fischer, Corte Especial, jul. 29.03.2017, *DJe* 05.04.2017).

4. Comparecimento espontâneo.

"A finalidade da citação é dar conhecimento ao réu da existência de ação contra ele ajuizada, portanto o comparecimento espontâneo de pessoa legalmente habilitada remedeia qualquer possível irregularidade na citação, afastando sua nulidade" (STJ, REsp 671.755/RS, Rel. Min. Castro Meira, 2ª Turma, jul. 06.03.2007, *DJ* 20.03.2007, p. 259).

Petição de pedido de vista, sem poderes para receber citação. Posição consolidada do STJ (Corte Especial). Regra Geral. "O Superior Tribunal de Justiça possui entendimento consolidado de que, em regra, o peticionamento nos autos por advogado destituído de poderes especiais para receber citação não configura comparecimento espontâneo apto a suprir tal necessidade. Precedentes: AgRg no AREsp 410.070/PR, Rel. Ministra Eliana Calmon, Segunda Turma, *DJe* 3/12/2013; AgRg no Ag 1.176.138/MS, Rel. Ministro Raul Araújo, Quarta Turma, *DJe* 6/11/2012; AgRg no Ag 1.144.741/MG, Rel. Ministra Isabel Gallotti, Quarta Turma, *DJe* 27/8/2012; AgRg no REsp 1.256.389/SP, Rel. Ministro João Otávio de Noronha, Terceira Turma, *DJe* 9/10/2014; REsp 648.202/RJ, Rel. Ministro Carlos Alberto Menezes Direito, Terceira Turma, *DJ* 11/4/2005; AgRg no REsp 1.468.906/RJ, Rel. Ministro Mauro Campbell Marques, Segunda Turma, *DJe* 1º/9/2014; AgInt no AREsp 47.435/GO, Rel. Ministro Lázaro Guimarães (Desembargador convocado do TRF 5ª Região), Quarta Turma, *DJe* 16/4/2018; AgInt no AREsp 993.298/MT, Rel. Ministro Marco Buzzi, Quarta Turma, *DJe* 25/4/2018. É que, na forma da orientação pacificada, se configura o comparecimento espontâneo do réu com: 'a) a juntada de procuração com poderes especiais, desde que possível o acesso aos autos do processo; e b) a apresentação de embargos ou exceção de pré-executividade, ainda que não outorgados poderes especiais ao advogado para receber a citação'. Mas, não perfaz tal comparecimento espontâneo: 'a) o peticionamento nos autos por advogado destituído de poderes especiais para receber a citação e sem a apresentação de defesa; b) o peticionamento para informar a adesão a programa de parcelamento do débito tributário; e c) a carga dos autos por advogado sem poderes específicos para receber citação não supre a ausência do referido ato' (REsp 1.165.828/RS, Rel. Ministra Regina Helena Costa, Primeira Turma, julgado em 7/3/2017, *DJe* 17/3/2017)" (STJ, EREsp 1.709.915/CE, Rel. Min. Og Fernandes, Corte Especial, jul. 01.08.2018, *DJe* 09.08.2018).

" Na espécie, a carga dos autos por advogado sem poderes específicos para receber citação não supre a ausência do ato, não podendo, portanto, ser considerado comparecimento espontâneo do executado, máxime para ensejar decreto de prisão civil" (STJ, RHC 168.440/MT, Rel. Min. Raul Araújo, 4ª Turma, jul. 16.08.2022, *DJe* 23.08.2022).

Caso particular, que não contradiz a posição consolidada. "O comparecimento espontâneo, como ato que supre a citação da parte (art. 214, § 1º, do CPC/1973), também ocorre nos casos em que a procuração outorgada confere poderes gerais e contém dados específicos sobre o processo em que se dará a atuação. Precedentes" (STJ, AgInt no REsp 1.390.104/SP, Rel. Min. Antonio Carlos Ferreira, 4ª Turma, jul. 30.09.2019, *DJe* 03.10.2019). No mesmo sentido: STJ, AgRg no REsp 1.280.911/SP, Rel. Min. Marco Buzzi, 4ª Turma, jul. 18.02.2016, *DJe* 25.02.2016; STJ, AgRg no AREsp 536.835/SC, Rel. Min. Luis Felipe Salomão, 4ª Turma, jul. 18.12.2014, *DJe* 03.02.2015; STJ, AgRg no AREsp 276.143/PA, Rel. Min. Raul Araújo, 4ª Turma, jul. 04.08.2015, *DJe* 17.08.2015.

Na fase de cumprimento de sentença. "A norma do art. 239, § 1º, do CPC/2015 é voltada às hipóteses em que o réu toma conhecimento do processo ainda na sua fase de conhecimento. O comparecimento espontâneo do executado na fase de cumprimento de sentença não supre a inexistência ou a nulidade da citação. Ao comparecer espontaneamente nessa etapa processual, o executado apenas dar-se-á por intimado do requerimento de cumprimento e, a partir de então, terá início o prazo para o oferecimento de impugnação, na qual a parte poderá suscitar o vício de citação, nos termos do art. 525, § 1º, I, do CPC/2015. Aplicando-se, por analogia, o disposto no art. 272, § 9º, do CPC/2015 e de forma a prestigiar a duração razoável do processo, caso acolhida a impugnação fundada no art. 525, § 1º, I, do CPC/2015, o prazo para apresentar contestação terá início com a intimação acerca dessa decisão" (STJ, REsp 1.930.225/SP, Rel. Min. Nancy Andrighi, 3ª Turma, jul. 08.06.2021, *DJe* 15.06.2021).

"Resta configurado o instituto do comparecimento espontâneo (art. 214, § 1º, do CPC) na hipótese em que o réu, antecipando-se ao retorno do mandado ou AR de citação, colaciona aos autos procuração dotada de poderes específicos para contestar a demanda, mormente quando segue a pronta retirada dos autos em carga por iniciativa do advogado constituído. Conjuntamente considerados, tais atos denotam a indiscutível ciência do réu acerca da existência da ação contra si proposta, bem como o empreendimento de efetivos e concretos atos de defesa. Flui regularmente, a partir daí, o prazo para apresentação de resposta. Irrelevante, diante dessas condições, que o instrumento de mandato não contenha poderes para recebimento de citação diretamente pelo advogado, sob pena de privilegiar-se a manobra e a má-fé processual" (STJ, REsp 1.026.821/TO, Rel. Min. Marco Buzzi, 4ª Turma, jul. 16.08.2012, *DJe* 28.08.2012).

Advogado sem poderes para receber citação. "O comparecimento espontâneo do réu não tem lugar se a apresentação de procuração e a retirada dos autos foram efetuadas por advogado destituído de poderes para receber citação, caso em que o prazo somente corre a partir da juntada aos autos do mandado citatório respectivo (art. 241, II, do CPC)" (STJ, REsp 407.199/RJ, Rel. Min. Aldir Passarinho Junior, 4ª Turma, jul. 04.09.2003, *DJ* 06.10.2003, p. 274; *RSTJ* 185/441).

Mas "o comparecimento espontâneo do réu, na forma do disposto no § 1º do art. 214 do Código de Processo Civil, supre a falta de citação, ainda que o advogado que comparece e apresenta contestação tenha procuração com poderes apenas para o foro em geral, desde que de tal ato não resulte nenhum prejuízo à parte ré. O sistema processual pátrio é informado pelo princípio da instrumentalidade das formas, que, no ramo do processo civil, tem expressão no art. 244 do CPC. Assim, é manifesto que a decretação da nulidade do ato processual pressupõe o não atingimento de sua finalidade ou a existência de prejuízo manifesto à parte advindo de sua prática" (STJ, REsp 772.648/PR, Rel. Min. João Otávio de Noronha, 2ª Turma, jul. 06.12.2005, *DJ* 13.03.2006, p. 294).

Processo de natureza não contenciosa. "Tratando-se de processo de natureza não contenciosa – onde, portanto, não há falar em réu –, mais se justifica a aplicação do § 1º do art. 214 do CPC, segundo o qual o comparecimento espontâneo do réu supre a falta de citação, princípio esse que, por outro lado, atende à celeridade do processo, convalidando-o, quando disso não decorra prejuízo para as partes" (STF, RE 89.250/RJ, Rel. Min. João Leitão de Abreu, 2ª Turma, ac. unân. 26.05.1981, *RT* 556/234).

5. Manifestação da União de envio de ofício ao Ministério da Saúde anterior à determinação de citação. Não configuração de comparecimento espontâneo. "A situação dos autos não se enquadra no entendimento jurisprudencial de que o comparecimento espontâneo da parte nos autos supre a eventual falta de citação. Na hipótese, a União manifestou-se nos autos tão somente para informar que teria enviado ofício ao Ministério da Saúde para o cumprimento da decisão liminar e, posteriormente, foi proferido despacho no juízo monocrático determinando a citação dos réus para responder a ação, o que não foi feito. Diante da ausência da necessária citação da União, a hipótese dos autos é peculiar, não havendo que se falar, *in casu*, na violação do art. 239, § 1º, do CPC/2015" (STJ, REsp 1.904.530/PE, Rel. Min. Francisco Falcão, 2ª Turma, jul. 08.03.2022, *DJe* 11.03.2022).

6. Comparecimento espontâneo para arguição de nulidade da citação. Contraditório perfectibilizado. "No que tange à preliminar de 'nulidade da citação', penso, nos moldes do parecer do MPF, que a demandada, ao comparecer espontaneamente aos autos para arguir a nulidade da citação no processo de homologação, supriu a deficiência contida no mandado citatório, nos termos do art. 239, § 1º, do CPC/2015, fluindo a partir desta data o prazo para apresentação de contestação. Tal fato é suficiente para considerar perfectibilizado o contraditório, eis que atendida a finalidade da citação, que é possibilitar o conhecimento da parte da existência de um processo contra si" (STJ, SEC 15.513/EX, Rel. Min. Og Fernandes, Corte Especial, jul. 20.02.2019, *DJe* 27.02.2019).

7. Arguição de nulidade (§ 2º). "O art. 214, § 2º, do CPC, segundo o qual o prazo para contestar deve ser devolvido ao réu quando este comparece em juízo para arguir nulidade na citação, somente é aplicável quando, de fato, é reconhecido o vício no ato citatório. Precedentes" (STJ, AgRg no AREsp 88.065/PR, Rel. Min. Castro Meira, 2ª Turma, jul. 09.10.2012, *DJe* 18.10.2012).

"A despeito de irregularidade na citação por edital, se o executado comparece espontaneamente para arguir a nulidade, é lícito que se considere devidamente citado a partir do seu comparecimento. Aplicação do art. 214, § 2º, do CPC" (STJ, REsp 975.328/RS, Rel. Min. Eliana Calmon, 2ª Turma, jul. 15.09.2009, *DJe* 30.09.2009).

8. Falta de citação. "A ausência de citação é caso de **nulidade absoluta** do processo, a qual pode ser arguida a qualquer momento e decretada até mesmo de ofício, não gerando, portanto, a preclusão" (STJ, REsp 649.949/SP, Rel. Min. Francisco Falcão, 1ª Turma, jul. 07.12.2004, *DJ* 14.03.2005, p. 221).

Processo executivo. "Consoante entendimento jurisprudencial, a falta de citação no processo executivo não enseja nulidade, haja vista que o comparecimento espontâneo da parte supre a ausência da citação, conforme dicção do art. 214 do CPC" (STJ, AgRg nos EDcl no REsp 757.444/GO, Rel. Min. Gilson Dipp, 5ª Turma, jul. 17.11.2005, *DJ* 12.12.2005, p. 419).

Cabimento de *querela nullitatis*. "É cabível ação declaratória de nulidade (*querela nullitatis*), para se combater sentença proferida sem a citação de todos os réus, que, por se tratar, no caso, de litisconsórcio unitário, deveriam ter sido citados" (STJ, REsp 194.029/SP, Rel. Min. Maria Thereza de Assis Moura, 6ª Turma, jul. 01.03.2007, *DJ* 02.04.2007, p. 310). **No mesmo sentido:** TJSP, Ap. 113.310-1, Rel. Des. Alexandre Loureiro, 6ª Câmara, jul. 15.06.1989, *RT* 648/71.

Art. 240. A citação válida, ainda quando ordenada por juízo incompetente, induz litispendência, torna litigiosa a coisa e constitui em mora o devedor, ressalvado o disposto nos arts. 397 e 398 da Lei nº 10.406, de 10 de janeiro de 2002 (Código Civil).

§ 1º A interrupção da prescrição, operada pelo despacho que ordena a citação, ainda que proferido por juízo incompetente, retroagirá à data de propositura da ação.

§ 2º Incumbe ao autor adotar, no prazo de 10 (dez) dias, as providências necessárias para viabilizar a citação, sob pena de não se aplicar o disposto no § 1º.

§ 3º A parte não será prejudicada pela demora imputável exclusivamente ao serviço judiciário.

§ 4º O efeito retroativo a que se refere o § 1º aplica-se à decadência e aos demais prazos extintivos previstos em lei.

CPC/1973

Arts. 219 e 220.

REFERÊNCIA LEGISLATIVA

CF, art. 5º, LXXVIII: "a todos, no âmbito judicial e administrativo, são assegurados a razoável duração do processo e os meios que garantam a celeridade da sua tramitação".

CPC/2015, arts. 109 (substituição das partes e dos procuradores; alienação da coisa litigiosa); 310 (processo cautelar; decadência ou prescrição); 312 (formação do processo; propositura da ação); 322 (pedido; interpretação; juros legais); 337, §§ 1º a 4º (litispendência); 487, II (extinção do processo com resolução do mérito; prescrição); 790, V, e 792 (fraude de execução); 802 (execução; interrupção da prescrição); e 808 (execução para a entrega de coisa; alienação da coisa litigiosa).

CC, arts. 189 a 206 (prescrição); 394 a 401 (mora); 405 e 407 (juros de mora).

Lei nº 6.830, de 22.09.1980 (Execução Fiscal – ver Legislação Especial), art. 8º, § 2º.

SÚMULAS

Súmulas do STF:

Nº 150: "Prescreve a execução no mesmo prazo de prescrição da ação."

Nº 163: "Salvo contra a Fazenda Pública, sendo a obrigação ilíquida, contam-se os juros moratórios desde a citação inicial para a ação." Observação: Verifica-se da leitura do acórdão do RE 109.156 (*DJ* 07.08.1987), da 2ª Turma, que a primeira parte da Súmula nº 163 está superada com a vigência da Lei nº 4.414/1964.

Nº 254: "Incluem-se os juros moratórios na liquidação, embora omisso o pedido inicial ou a condenação."

Nº 263: "O possuidor deve ser citado pessoalmente para a ação de usucapião."

Nº 391: "O confinante certo deve ser citado, pessoalmente, para a ação de usucapião."

Nº 631: "Extingue-se o processo de mandado de segurança se o impetrante não promove, no prazo assinado, a citação do litisconsorte passivo necessário."

Súmulas do STJ:

Nº 85: "Nas relações jurídicas de trato sucessivo em que a Fazenda Pública figure como devedora, quando não tiver sido negado o próprio direito reclamado, a prescrição atinge apenas as prestações vencidas antes do quinquênio anterior à propositura da ação."

Nº 106: "Proposta a ação no prazo fixado para o seu exercício, a demora na citação, por motivos inerentes ao mecanismo da Justiça, não justifica o acolhimento da arguição de prescrição ou decadência."

Nº 188: "Os juros moratórios, na repetição do indébito tributário, são devidos a partir do trânsito em julgado da sentença."

Nº 204: "Os juros de mora nas ações relativas a benefícios previdenciários incidem a partir da citação válida."

Súmula do TFR:

Nº 78: "Proposta a ação no prazo fixado para o seu exercício, a demora na citação, por motivos inerentes ao mecanismo da Justiça, não justifica o acolhimento da arguição da prescrição."

BREVES COMENTÁRIOS

A legislação anterior estipulava ainda como efeito da citação a prevenção do juízo (art. 219, *caput*, do CPC/1973). Entretanto, o Código atual adotou orientação diversa ao determinar que a prevenção do juízo ocorre com o registro ou a distribuição da petição inicial (CPC/2015, art. 59). Assim, não é mais a citação o marco para que o juízo se torne prevento.

A litispendência e a litigiosidade são considerados efeitos processuais da citação; a constituição em mora e a interrupção da prescrição, efeitos materiais. O Código anterior distinguia os efeitos processuais e os materiais, dispondo que os primeiros somente ocorreriam se houvesse perfeita regularidade do ato citatório e que os materiais operariam sua eficácia mesmo quando a citação fosse ordenada por juiz incompetente (art. 219, *caput*, segunda parte, do CPC/1973). O atual Código, contudo, não repetiu o entendimento, adotando um critério único para todos os efeitos da citação, sejam eles materiais ou processuais, os quais ocorrerão ainda quando a citação for "ordenada por juízo incompetente" (art. 240, *caput*).

Embora o CPC/2015 preveja a retroação da interrupção prescricional à data da propositura da ação e não mais ao despacho da inicial, isto não quer dizer que seja exatamente o ajuizamento da demanda, por si, a causa interruptiva. É que, não havendo citação, ou sendo esta feita fora do prazo legal, a interrupção se dará na data da citação ou do ato que a supriu sem qualquer eficácia retroativa (CPC, art. 240, § 2º; CC, art. 202, I). Em suma: sem a citação, não há interrupção alguma da prescrição.

A prescrição intercorrente, antes prevista apenas pela Lei de Execução Fiscal, passou a ser admitida em qualquer execução, submetida ao regime do CPC (arts. 921, § 5º, e 924, V).

JURISPRUDÊNCIA SELECIONADA

1. Citação válida *x* nula. "A citação é formalmente válida quando revestida dos requisitos de modo, tempo e lugar bem como a realizada na pessoa indicada na inicial como o demandado, e a **citação nula**, ou seja, eivada de vício formal, não interrompe a prescrição. O efeito interruptivo da prescrição se opera quando validamente citada a pessoa cuja legitimidade seja controversa, havendo inclusive aparência de correta propositura" (STJ, REsp 934.736/RS, Rel. Min. Luiz Fux, 1ª Turma, jul. 06.11.2008, *DJe* 01.12.2008).

Citação válida. "A citação válida torna prevento o juízo, induz litispendência e faz litigiosa a coisa; e ainda quando ordenada por juiz incompetente, constitui em mora o devedor e interrompe a prescrição. A interrupção da prescrição retroagirá à data da propositura da ação. A demora em realizar a citação, atribuída ao Poder Judiciário, não pode afastar os efeitos da citação válida, entre eles fazer retroagir a interrupção da prescrição à data da propositura da ação" (STJ, REsp 598.341/PR, Rel. Min. José Arnaldo da Fonseca, 5ª Turma, jul. 12.04.2005, *DJ* 16.05.2005).

Nulidade *ab initio* do processo por outro motivo que não a incompetência do juízo. "Em regra, a **citação válida**, ainda que ordenada por juiz incompetente, tem efeito interruptivo da prescrição, consoante o art. 172 do CC. Entretanto, excepcionalmente, ocorrendo a nulidade *ab initio* do processo por motivo outro que não a incompetência do juízo, a *citatio* não tem o efeito mencionado. Inocorrendo interrupção do prazo prescritivo pela citação em processo nulo, a nova execução com base no mesmo cheque está irremediavelmente prescrita" (TAMG, Ap. 255.192-2, Rel. Juiz Caetano Levi Lopes, 2ª Câmara Cível, jul. 28.04.1998).

"**Anulada a primeira citação** por decisão da superior instância, torna-se ela ineficaz para interromper a prescrição em curso" (TJRJ, Ag 49, Rel. Des. Lopes de Souza, 6ª Câmara, jul. 24.08.1976, *RT* 503/216).

Citação por edital nula. "A prescrição, nos termos do art. 175 do CC/1916, não se interrompe com a citação editalícia nula" (STJ, REsp 551.522/RS, Rel. Min. Eliana Calmon, 2ª Turma, jul. 03.06.2004, *DJ* 20.09.2004).

"A notificação prévia na **ação de improbidade**, prevista no art. 17, § 7º [Lei nº 8.429/1992], em vigor à data da propositura, impunha-se sob pena de extinção prematura do processo, posto faltante o pressuposto de desenvolvimento válido e regular do processo (art. 267, IV, do CPC) [art. 485, IV, do CPC/2015]. Desta sorte, **a citação que falta a notificação prévia é nula** e não tem o condão de influir na interrupção da prescrição" (STJ, REsp 693.132/RS, Rel. Min. Luiz Fux, 1ª Turma, jul. 26.09.2006, *DJ* 07.12.2006, p. 274). **Em sentido contrário:** "É válida para efeitos de interrupção da prescrição a citação válida do réu em ação civil pública, ainda que o juízo não houvesse determinado a notificação prévia prevista no artigo 17 do mesmo diploma legal" [Lei nº 8.429/1992] (STJ, REsp 665.130/RS, Rel. Min. Castro Meira, 2ª Turma, jul. 18.05.2006, *DJ* 02.06.2006).

Ações conexas em comarcas distintas. "Constatando-se a conexão das ações, e tratando-se de juízos com diferentes jurisdições territoriais, **a primeira citação válida** torna prevento o juízo que a determinou, nos termos do art. 219, CPC [art. 240 do CPC/2015], em detrimento do art. 106 do mesmo Código [arts. 58 e 59 do CPC/2015], aplicável quando os juízes têm a mesma jurisdição territorial" (STJ, CC 32.268/SP, Rel. Min. Sálvio de Figueiredo Teixeira, 2ª Seção, jul. 24.04.2002, *DJ* 19.08.2002). **No mesmo sentido:** STJ, CC 1.395/SP, Rel. Min. Sálvio de Figueiredo Teixeira, 2ª Seção, jul. 14.12.1990, *DJ* 04.03.1991. **Obs.:** Atualmente, a prevenção não se dá pela citação válida, mas com o registro ou a distribuição da petição inicial sem distinção para as ações que correm na mesma ou em diferentes comarcas (art. 59 do CPC/2015).

2. Efeitos da citação válida.

a) Constituição em mora.

a1. Juros de mora. Ação de prestação de contas. Abuso de mandato. Termo inicial. Citação. "O termo inicial dos juros moratórios deve ser determinado a partir da natureza da relação jurídica mantida entre as partes. No caso, tratando-se de mandato, a relação jurídica tem natureza contratual, sendo o termo inicial dos juros moratórios a data da citação (art. 405 do CC). Não havendo prova de má-fé e sendo a mora declarada pelo Poder Judiciário, a citação deve prevalecer como marco inicial da contagem dos juros" (STJ, REsp 1403005/MG, Rel. Min. Paulo de Tarso Sanseverino, 3ª Turma, jul. 06.04.2017, *DJe* 11.04.2017).

Juros moratórios. Precatórios. "No caso dos precatórios, correrão juros moratórios se o débito não for pago até dezembro do exercício seguinte ao que o requisitório foi apresentado. Em se tratando de débito reconhecido para o qual não exista prazo estipulado para pagamento, devem os juros moratórios incidir a partir da citação, nos termos do art. 397, parágrafo único, c/c o art. 405 do Código Civil e 219, *caput*, do CPC [art. 240 do CPC/2015]. Precedente" (STJ, REsp 1.220.108/RS, Rel. Min. Mauro Campbell Marques, 2ª Turma, jul. 03.02.2011, *DJe* 14.02.2011).

Termo inicial de incidência dos juros moratórios. Fazenda Pública. "Em conformidade com os arts. 1º da Lei 4.414/1964, 394 e 397 do atual Código Civil e 15-B do Decreto-lei n. 3.365/1941, esta turma explicitou que, quando for executada a Fazenda Pública, só incidem juros moratórios se a verba honorária não for paga no prazo estipulado paga o pagamento do precatório ou da requisição de pequeno valor, conforme o caso" (STJ, EDcl no REsp 1.141.369/MG, Rel. Min. Mauro Campbell Marques, 2ª Turma, jul. 03.02.2011, *DJe* 14.02.2011).

Danos morais. Juros de mora. "É assente neste tribunal o entendimento segundo o qual os juros moratórios incidem **desde a data do evento danoso em casos de responsabilidade extracontratual**, hipótese observada no caso em tela, nos termos da Súmula 54/STJ: 'Os juros moratórios fluem a partir do evento danoso, em caso de responsabilidade extracontratual'" (STJ, AgRg no AREsp 129.256/RS, Rel. Min. Sidnei Beneti, 3ª Turma, jul. 19.04.2012, *DJe* 07.05.2012).

Obrigação contratual. Juros de mora. Ver jurisprudência do art. 322 do CPC/2015.

a2. Regra processual da constituição em mora. "Os efeitos da citação não podem ser confundidos com o início do prazo para a defesa dos litisconsortes. Não se aplica, para a constituição em mora, regra processual disciplinadora do termo inicial do prazo para contestar (CPC/2015, art. 231, § 1º), em detrimento da regra geral de direito material pertinente (Código Civil, art. 280)" (STJ, REsp 1.868.855/RS, Rel. Min. Nancy Andrighi, 3ª Turma, jul. 22.09.2020, *DJe* 28.09.2020).

"Nas obrigações certas contratualmente assumidas, mas sem prazo definido para o seu cumprimento, o devedor fica constituído em mora pela citação, a qual, salvo exceções legais, substitui a interpelação extrajudicial. Exegese dos arts. 960 do CC/1916 e 219 do CPC" [art. 240 do CPC/2015] (STJ, REsp 879.677/DF, Rel. Min. Luis Felipe Salomão, 4ª Turma, jul. 11.10.2011, *DJe* 29.11.2011).

"A citação inicial somente se presta a constituir mora nos casos em que a ação não se funda na mora do réu, hipótese em que esta deve preceder ao ajuizamento" (STJ, REsp 159.661/MS, Rel. Min. Sálvio de Figueiredo Teixeira, 4ª Turma, jul. 09.11.1999, *DJ* 14.02.2000).

"Sem a prévia notificação para a constituição em mora do devedor, a execução carece de condição de procedibilidade, que **não é suprida pela citação**" (STJ, REsp 576.038/BA, Rel. p/ ac. Min. Humberto Gomes de Barros, 3ª Turma, jul. 25.09.2007, *DJ* 06.11.2007).

3. Interrupção da prescrição (§ 1º).

a) Hipóteses.

Cédula de crédito comercial garantida por alienação fiduciária. Ajuizamento de ação de busca e apreensão. Interrupção da prescrição. Citação válida. "O ajuizamento da ação de busca e apreensão fundada no inadimplemento da cédula de crédito comercial garantida por alienação fiduciária, com a citação válida do devedor, interrompe o prazo para propor ação de execução com base no mesmo título de crédito" (STJ, REsp 1.135.682/RS, Rel. Min. Maria Isabel Gallotti, 4ª Turma, jul. 13.04.2021, *DJe* 23.04.2021).

Aparente legitimidade passiva. Citação. Efeito interruptivo. "Cinge-se a controvérsia a saber se a citação em demanda anterior na qualidade de litisdenunciada teria o efeito de interromper o prazo prescricional de pretensão ao recebimento de indenização securitária por morte decorrente de sinistro ocorrido em viagem de ônibus paga com cartão de crédito cuja bandeira outorgava essa cobertura automaticamente. Na hipótese, uma primeira demanda de cobrança foi ajuizada contra a administradora, que denunciou da lide a bandeira do cartão de crédito. Porém, o processo foi extinto sem resolução de mérito, por ilegitimidade passiva, e a denunciação da lide julgada prejudicada. Em caso de aparente legitimidade passiva, a citação da primeira demandada é válida para interromper o prazo prescricional relativamente à litisdenunciada, retroativamente à data da propositura da ação principal. Precedente da Terceira Turma. A citação válida é causa interruptiva da prescrição, mesmo que o processo seja extinto sem resolução do mérito, excetuadas as hipóteses de inércia do demandante (art. 485, II e III, do CPC/2015). Precedentes" (STJ, REsp 1.679.199/SP, Rel. Min. Ricardo Villas Bôas Cueva, 3ª Turma, jul. 14.05.2019, *DJe* 24.05.2019).

Nomeação à autoria. Aproveitamento dos atos processuais. Citação tempestiva. "Debate-se o marco de interrupção do prazo prescricional em razão da citação do real legitimado passivo ter ocorrido após mais de um ano da propositura da ação. A ação foi inicialmente proposta contra aparente proprietário do veículo envolvido em acidente que resultou no falecimento do cônjuge da autora, vindo a ocorrer sua extromissão e substituição pelo recorrente em virtude de petição de denunciação da lide. A natureza da pretensão – no caso, da intervenção de terceiro – é determinada pelo conteúdo do pedido formulado (extromissão de parte), sendo irrelevante o *nomen iuris* atribuído, revelando, portanto, tratar-se de nomeação à autoria. A alteração dos elementos da demanda após a citação somente é admitida em hipóteses legais excepcionais, como no caso em que o equívoco na indicação de parte ilegítima decorre de sua aparente legitimidade passiva. Nesses casos, a indicação do real legitimado por meio da nomeação à autoria é dever do réu aparente em homenagem aos princípios da boa-fé processual e da cooperação. Informado o real legitimado passivo, deve o autor promover sua oportuna citação, considerando-se para fim de apuração de tempestividade não a data da propositura da demanda, mas o processamento da nomeação à autoria. Promovidos os atos de citação pela autora na oportunidade processualmente assegurada, a interrupção da prescrição retroage à data da propositura da ação" (STJ, REsp 1.705.703/SP, Rel. Min. Marco Aurélio Bellizze, 3ª Turma, jul. 02.10.2018, *DJe* 08.10.2018).

Litisconsórcio ativo multitudinário. Desmembramento. Ausência de citação. Demanda individual subsequente. Prescrição. Interrupção. Marco inicial. Data do ajuizamento da ação originária. Ver jurisprudência do art. 113 do CPC/2015.

"O **ajuizamento de ação cautelar preparatória.** "O despacho do juiz que determina a citação na ação cautelar preparatória tem o condão de interromper o prazo prescricional referente à pretensão principal a ser futuramente exercida (art. 202, I, do novo Código Civil)" (STJ, REsp 822.914/RS, Rel. Min. Humberto Gomes de Barros, 3ª Turma, jul. 01.06.2006, *DJ* 19.06.2006). **No mesmo sentido:** STJ, REsp 1.067.911/SP, Rel. Min. Eliana Calmon, 2ª Turma, jul. 18.08.2009, *DJe* 03.09.2009.

Demanda judicial proposta pelo devedor. "A propositura de demanda judicial pelo devedor, seja anulatória, seja de sustação de protesto, que importe em impugnação do débito contratual ou de cártula representativa do direito do credor, é causa interruptiva da prescrição, nos termos do art. 172, V, do CC" (STJ, REsp 216.382/PR, Rel. Min. Nancy Andrighi, 3ª Turma, jul. 03.08.2004, *DJ* 13.12.2004).

Prévia ação declaratória visando à rescisão do contrato. "Esta Corte reconhece, em algumas hipóteses, que a citação válida em ação declaratória interrompe a prescrição na respectiva ação condenatória, nos termos do art. 219 do Código de Processo Civil [art. 240 do CPC/2015]. Na hipótese, o pedido da ação declaratória caracteriza a causa de pedir para a ação indenizatória, restando, portanto, clara a relação entre elas, e por isso justifica-se a interrupção da prescrição, na esteira dos precedentes desta Corte" (STJ, REsp 1.354.361/SP, Rel. Min. Nancy Andrighi, 3ª Turma, jul. 09.04.2013, *DJe* 15.04.2013).

Ação contra a Fazenda Pública. "A prescrição somente pode ser interrompida uma vez, recomeçando a correr pela metade do prazo, da data do ato que a interrompeu. DL nº 4.597/1942, art. 3º. A prescrição em favor da Fazenda Pública recomeça a correr por dois anos e meio, a partir do ato interruptivo, mas não fica reduzida aquém de cinco anos, embora o titular do direito a interrompa durante a primeira metade do prazo. Súmula nº 383/STF" (STF, Ação Civ. Orig. 493-4/MT, Rel. Min. Carlos Velloso, Pleno, jul. 16.08.1998, *DJU* 21.08.1998).

Limites subjetivos da coisa julgada. "Já decidiu este Superior Tribunal de Justiça no sentido de que a citação, e a consequente interrupção da prescrição, atinge somente as partes que integram a ação, devendo assim ser observados os limites subjetivos da coisa julgada" (STJ, EDcl no AgRg no REsp 510.930/SP, Rel. Min. Gilson Dipp, 5ª Turma, jul. 11.10.2005, *DJ* 07.11.2005).

b) Execução fiscal. "A mera prolação do **despacho que ordena a citação** do executado não produz, por si só, o efeito de interromper a prescrição, impondo-se a interpretação sistemática do art. 8º, § 2º, da Lei nº 6.830/1980, em combinação com o art. 219, § 4º, do CPC [art. 240, § 2º, do CPC/2015] e com o art. 174 e seu parágrafo único do CTN" (STJ, AgRg no AgRg no REsp 736.179/MG, Rel. Min. Luiz Fux, 1ª Turma, jul. 17.05.2007, *DJ* 04.06.2007). **No mesmo sentido:** STJ, REsp 1.074.146/PE, Rel. Min. Benedito Gonçalves, 1ª Turma, jul. 03.02.2009, *DJe* 04.03.2009. **Em sentido contrário:** "A interrupção do prazo para a contagem da prescrição até a vigência da Lei Complementar n. 118/2005 (09.06.2005) era a citação do executado. Após a entrada em vigor da referida Lei, a interrupção passou a ser do despacho que ordena a citação" (STJ, AgRg no REsp 1.045.445/RS, Rel. Min. Humberto Martins, 2ª Turma, jul. 28.04.2009, *DJe* 11.05.2009).

"Esta casa julgadora já se manifestou em inúmeras oportunidades na linha de que, em processo de execução fiscal ajuizado anteriormente à Lei Complementar 118/2005, o despacho que ordena a citação não interrompe o prazo prescricional, pois somente a citação produz esse efeito, devendo prevalecer o disposto no artigo 174 do CTN sobre o artigo 8º, § 2º, da Lei 6.830/1980" (STJ, REsp 1.247.713/MG, Rel. Min. Mauro Campbell Marques, 2ª Turma, jul. 04.10.2011, *DJe* 13.10.2011).

c) Impossibilidade de nova interrupção.

Protesto de duplicatas. Interrupção da prescrição. Posterior ajuizamento de ação declaratória. Impossibilidade de nova interrupção. "O propósito recursal é definir se é possível a interrupção do prazo prescricional em razão do ajuizamento de ação declaratória de inexigibilidade dos débitos pelo devedor quando já tiver havido anterior interrupção do prazo prescricional pelo protesto das duplicatas. Conforme dispõe o art. 202, *caput*, do CC/02, a interrupção da prescrição ocorre somente uma única vez para a mesma relação jurídica. Precedente. Na espécie, os protestos das duplicatas foram promovidos nos meses de outubro e novembro de 2012, momento em que, nos termos do art. 202, III, do CC/02, houve a interrupção do prazo prescricional. O posterior ajuizamento da ação declaratória de inexigibilidade de débitos pela recorrente, ainda que indiscutivelmente seja causa interruptiva da prescrição, não tem o condão, contudo, de promover nova interrupção do prazo prescricional, uma vez que este já havia sido interrompido com o protesto das cártulas" (STJ, REsp 1.963.067/MS, Rel. Min. Nancy Andrighi, 3ª Turma, jul. 22.02.2022, *DJe* 24.02.2022). **No mesmo sentido:** STJ, REsp 1.924.436/SP, Rel. Min. Nancy Andrighi, 3ª Turma, jul. 10.08.2021, *DJe* 16.08.2021.

Ação revisional. Devedor. Ajuizamento da ação executiva. Prazo Interrupção. "O reconhecimento da prescrição se opera em desfavor do titular do crédito. Assim, a disposição contida no § 1º do art. 794 do CPC/2015 não deve ser interpretada no sentido de que a ação executiva seja a única forma de o credor demonstrar uma atitude ativa em relação à pretensão de receber o que lhe é devido. A exegese que harmoniza o art. 794, § 1º, do CPC/2015 com o art. 202 do Código Civil é a que melhor se adéqua ao propósito de conferir efetividade ao processo, devendo prevalecer o pioneiro entendimento no sentido de que a propositura da ação revisional pelo devedor interrompe o prazo prescricional para o ajuizamento da ação executiva" (STJ, REsp 1.956.817/MS, Rel. Min. Ricardo Villas Bôas Cueva, 3ª Turma, jul. 14.06.2022, *DJe* 17.06.2022). **Obs.:** Na hipótese, o STJ entendeu que os atos defensivos praticados no âmbito da demanda ajuizada pelo devedor afastariam a inércia do credor, razão pela qual não se justifica o decurso do prazo prescricional em seu desfavor. Diversamente do ocorrido na jurisprudência anterior, em que, após a interrupção da prescrição pelo credor, ele se manteve inerte em executar a dívida.

Prescrição. Interrupção uma única vez. "Nos termos do art. 202, *caput*, do Código Civil, a prescrição pode ser interrompida somente uma única vez. Logo, em razão do princípio da unicidade da interrupção prescricional, mesmo diante de uma hipótese interruptiva extrajudicial (protesto de título) e outra em decorrência de ação judicial de cancelamento de protesto e título executivo, apenas admite-se a interrupção do prazo pelo primeiro dos eventos" (STJ, 4ª T., REsp 1.786.266/DF, Rel. Min. Antonio Carlos Ferreira, j. 11.10.2022, *DJe* 17.10.2022).

d) Retroação à data da propositura da ação.

Emenda a inicial. Interrupção da prescrição retroage à data da emenda. "Referido dispositivo, por outro lado, não socorre a parte desidiosa, que protocola petição inicial em flagrante desacordo com o disposto no art. 319 do CPC/15 e sem condições de desenvolvimento válido e regular do processo. Nessas situações, a interrupção da prescrição, pelo despacho que ordena a citação do réu, retroage à data da emenda à inicial. Precedentes desta Corte. Tal construção jurisprudencial não se confunde com a necessidade de mera retificação de algum dos elementos da inicial, como ocorre na hipótese dos autos. Aplica-se o art. 240, § 1º, do CPC/15 quando houver determinação de emenda à inicial para simples retificação do valor atribuído à causa, porquanto tal incorreção não configura desídia da parte autora a fim de afastar a regra geral" (STJ, REsp 2.088.491/TO, Rel. Min. Nancy Andrighi, 3ª Turma, jul. 03.10.2023, *DJe* 09.10.2023).

Interrupção. Data em que a petição reuniu condições para desenvolvimento válido e regular do processo. "A interrupção da prescrição, na forma prevista no § 1º do artigo 219 do Código de Processo Civil, retroagirá à data em que petição inicial reunir condições de desenvolvimento válido e regular do processo, o que, no caso, deu-se apenas com a emenda da inicial, momento em que já havia decorrido o prazo prescricional" (STJ, AgInt no AREsp 2.235.620/PR, Rel. Min. Raul Araújo, 4ª Turma, jul. 08.05.2023, *DJe* 17.05.2023).

Interrupção na data do ajuizamento. "A emenda à inicial é posterior ao prazo trienal previsto no art. 206, inciso V, do Código Civil. Ocorre que a petição inicial foi distribuída antes deste prazo, sendo certo que, malgrado os pedidos não tenham sido deduzidos de forma clara naquela oportunidade, a pretensão indenizatória já havia sido deflagrada, não havendo que se falar em prescrição do pleito indenizatório" (STJ, AgInt no AREsp 1.053.871/RJ, Rel. Min. Marco Aurélio Bellizze, 3ª Turma, jul. 22.03.2018, *DJe* 04.04.2018).

Retroatividade. "A citação válida do réu, ainda que ausente de notificação para defesa, interrompe o prazo prescricional, retroagindo, nos termos do art. 219, § 1º, do CPC, à data da propositura da ação" (STJ, REsp 812.162/RS, Rel. Min. Eliana Calmon, 2ª Turma, jul. 04.06.2009, *DJe* 25.06.2009). **Obs.: Com o CPC/2015, a interrupção da prescrição se dá com o despacho que ordena a citação (art. 240, § 1º).**

Inexistência de notificação prévia. "A citação interrompe o prazo prescricional, retroagindo, nos termos do art. 219, § 1º, do CPC [art. 240, § 1º, do CPC/2015], à data da propositura da ação, **mesmo nos casos em que inexiste a notificação prévia mencionada no art. 17, § 7º, da Lei 8.429/1992**. Precedentes do STJ" (STJ, REsp 730.264/RS, Rel. Min. Herman Benjamin, 2ª Turma, jul. 05.11.2008, *DJe* 24.03.2009). **Obs.: Com o CPC/2015, a interrupção da prescrição se dá com o despacho que ordena a citação (art. 240, § 1º).**

"Procedida a **citação por edital**, interrompe-se a prescrição a partir do despacho que determinou a citação" (STJ, REsp 217.401/CE, Rel. Min. Garcia Vieira, 1ª Turma, jul. 19.08.1999, *DJ* 27.09.1999).

Citação válida após complementação de custas iniciais. "Cumprido tempestivamente o despacho que ordenou a complementação das custas, não há que se imputar à recorrente culpa pela citação realizada após o termo final da prescrição, nos termos da Súmula nº 106/STJ, de modo que a citação válida retroage à data da propositura da ação para efeitos de interrupção da prescrição, conforme disposto no art. 219, § 1º, do CPC/1973 (art. 240, § 1º, do CPC/2015). Inaplicabilidade dos precedentes que versam sobre determinação de emenda à inicial" (STJ, AgInt no AREsp 2.150.655/RJ, Rel. Min. Maria Isabel Gallotti, 4ª Turma, jul. 13.08.2024, *DJe* 05.09.2024).

e) Interrupção operada por um devedor.

Contrato de locação. Responsabilidade solidária entre locatária e fiadores. Propositura de execução apenas em relação aos fiadores. Citação. Interrupção da prescrição que não prejudica o devedor principal. "O Código Civil, em seu art. 204, *caput*, prevê, como regra, o caráter pessoal do ato interruptivo da prescrição, haja vista que somente aproveitará a quem o promover ou prejudicará aquele contra quem for dirigido (*persona ad personam non fit interruptio*). Entre as exceções, previu o normativo que, interrompida a prescrição contra o devedor afiançado, *ipso facto*, estará interrompida a pretensão acessória contra o garante fidejussório (princípio da gravitação jurídica), nos termos do art. 204, § 4º, do CC. **A interrupção operada contra o fiador não prejudica o devedor afiançado** (a recíproca não é verdadeira), haja vista que o principal não acompanha o destino do acessório e, por conseguinte, a prescrição continua correndo em favor deste. Como disposição excepcional, a referida norma deve ser interpretada restritivamente, e, como o legislador previu, de forma específica, apenas a interrupção em uma direção – a interrupção produzida contra o principal devedor prejudica o fiador –, não seria de boa hermenêutica estender a exceção em seu caminho inverso. No entanto, a interrupção em face do fiador poderá, sim, excepcionalmente, acabar prejudicando o devedor principal, **nas hipóteses em que a referida relação for reconhecida como de devedores solidários**, ou seja, caso renuncie ao benefício ou se obrigue como principal pagador ou devedor solidário, a sua obrigação, que era subsidiária, passará a ser solidária, e, a partir de então, deverá ser norteada por essa sistemática (CC, arts. 204, § 1º, e 275 a 285)" (STJ, REsp 1276778/MS, Rel. Min. Luis Felipe Salomão, 4ª Turma, jul. 28.03.2017, *DJe* 28.04.2017).

Contrato de fiança. Devedores solidários. "No contrato de fiança, havendo solidariedade entre os devedores, como na hipótese do art. 1.492, II, do CC/1916 (art. 828, II, do CC/2002), a interrupção da prescrição com relação a um codevedor atinge a todos, devedor principal e fiador (art. 176, § 1º, do CC/1916; art. 204, § 1º, do CC/2002)" (STJ, AgRg no REsp 466.498/DF, Rel. Min. Vasco Della Giustina, 3ª Turma, jul. 17.11.2009, *DJe* 24.11.2009).

4. Prazo para providenciar a citação (§ 2º).

Citação não providenciada no prazo. Não interrupção da prescrição. "Se a citação não for providenciada em dez dias contados do despacho que a determinar, a prescrição será considerada não interrompida e será instaurada litispendência na data da propositura da ação" (TJSP, Ap 0017231-67.2011.8.26.0127, Rel. Des. Claudio Hamilton, 25ª Câmara de Direito Privado, jul. 01.09.2016, data de registro 02.09.2016).

"(...). A citação interrompe a prescrição, mas a retroação da interrupção à data da propositura da ação **somente ocorre quando o ato citatório for tempestivamente promovido pela parte autora**, a qual não é prejudicada pela demora imputável ao Poder Judiciário (Súmula 106/STJ)" (STJ, AgInt no AREsp 1219943/DF, Rel. Min. Marco Aurélio Bellizze, 3ª Turma, jul. 22.05.2018, *DJe* 01.06.2018).

Sócio. "'Este Superior Tribunal de Justiça pacificou entendimento no sentido de que a citação da empresa interrompe a prescrição em relação aos seus sócios-gerentes para fins de redirecionamento da execução. Todavia, para que a execução seja redirecionada contra o sócio, é necessário que a sua citação seja efetuada **no prazo de cinco anos a contar da data da citação da empresa executada**, em observância ao disposto no citado art. 174 do CTN' (REsp 702211/RS, 1ª Turma, Min. Denise Arruda, *DJ* 21.06.2007)" (STJ, REsp 790.034/SP, Rel. Min. Teori Albino Zavascki, 1ª Turma, jul. 17.12.2009, *DJe* 02.02.2010).

5. Demora imputável ao serviço judiciário (§ 3º).

Demora na citação. Responsabilidade. "Conforme a jurisprudência da Corte Especial do STJ, 'é consequência inarredável das normas de regência que não há interrupção da prescrição (i) se a citação ocorre depois da implementação do prazo prescricional, salvo demora imputável à administração judiciária (§ 3º do art. 240 do CPC/2015); ou, mesmo antes, (ii) se a citação não obedece a forma da lei processual' (EAREsp n. 1.294.919/PR, Relatora Ministra Laurita Vaz, Corte Especial, julgado em 5/12/2018, *DJe* 13/12/2018), este último requisito inexistente nos autos" (STJ, AgInt no REsp 1.633.410/DF, Rel. Min. Antonio Carlos Ferreira, 4ª Turma, jul. 10.08.2020, *DJe* 14.08.2020).

"Proposta a ação no prazo fixado para o seu exercício, a demora na citação por motivos inerentes ao mecanismo da justiça não justifica o acolhimento da arguição de prescrição ou decadência. Súmula 106/STJ. O vocábulo 'promover' contido no art. 219, § 2º, do CPC [art. 240, § 2º, do CPC/2015] não significa efetivar o ato citatório. A demora do oficial de justiça na realização deste ato não pode ser imputada à parte, cujos ônus, nos termos da lei, se restringem a: (i) requerer a citação; (ii) promover os atos necessários à expedição do mandado, em especial a indicação do endereço do citando e a disponibilização de contrafé; e (iii) pagar todas as despesas inerentes à realização da diligência" (STJ, REsp 1.128.929/PR, Rel. Min. Nancy Andrighi, 3ª Turma, jul. 21.09.2010, *DJe* 06.10.2010). **No mesmo sentido:** STJ, RMS 16.725/GO, Rel. Min. Humberto Gomes de Barros, 1ª Turma, jul. 18.11.2003, *DJ* 09.12.2003.

6. Prescrição.

a) Renúncia tácita. "'A renúncia tácita da prescrição somente se viabiliza mediante a prática de ato inequívoco de reconhecimento do direito pelo prescribente' (AgInt no AREsp 918.906/BA, Rel. Min. Maria Isabel Gallotti, 4ª Turma, jul. 14.02.2017, *DJe* 21.02.2017). No caso concreto, o Tribunal de origem analisou a matéria fática, para concluir que não houve reconhecimento inequívoco do direito do credor no documento assinado pelo recorrido. Alterar tal conclusão demandaria nova análise da prova dos autos, inviável em recurso especial" (STJ, AgRg no AREsp 238.678/MA, Rel. Min. Antonio Carlos Ferreira, 4ª Turma, jul. 17.10.2017, *DJe* 20.10.2017).

b) Hipóteses.

Fiador que paga integralmente dívida oriunda de contrato de locação. "O fiador que paga integralmente o débito objeto de contrato de locação fica sub-rogado nos direitos do credor originário (locador), mantendo-se todos os elementos da obrigação primitiva, inclusive o prazo prescricional. No caso, a dívida foi quitada pela fiadora em 09.12.2002, sendo que, por não ter decorrido mais da metade do prazo prescricional da lei anterior (5 anos – art. 178, § 10, IV, do CC/1916), aplica-se o prazo de 3 (três) anos, previsto no art. 206, § 3º, I, do CC/2002, a teor do art. 2.028 do mesmo diploma legal. Logo, considerando que a ação de execução foi ajuizada somente em 07.08.2007, verifica-se o implemento da prescrição, pois ultrapassado o prazo de 3 (três) anos desde a data da entrada em vigor do Código Civil de 2002, em 11/1/2003" (STJ, REsp 1432999/SP, Rel. Min. Marco Aurélio Bellizze, 3ª Turma, jul. 16.05.2017, *DJe* 25.05.2017).

Prorrogação do prazo para pagamento. Fiança. "A fiança, obrigação acessória que se pressupõe graciosa e de favor, deve ser interpretada restritiva e não ampliativamente. No caso de celebração de segundo contrato que prorrogou o prazo de pagamento sem a anuência dos fiadores originais, o prazo prescricional conta-se do termo inicial estabelecido no primeiro contrato, não se podendo considerar, para nenhum efeito, contra os fiadores as consequências do segundo contrato, de que não participaram. Não se considera, contra os fiadores que não anuíram em segundo contrato, cláusula de que se extraia alongamento da fiança, mediante o alongamento da data de início do cômputo de prazo para início de prescrição, como consequência de previsão do primeiro contrato" (STJ, REsp 1.046.472/RJ, Rel. Min. Sidnei Beneti, 3ª Turma, jul. 06.11.2012, *DJe* 07.12.2012).

"A cláusula que prevê prorrogação automática no contrato bancário não vincula o fiador, haja vista a interpretação restritiva que se deve dar às disposições relativas ao instituto da fiança. Precedentes" (STJ, AgRg no REsp 849.201/RS, Rel. Min. Maria Isabel Gallotti, 4ª Turma, jul. 27.09.2011, *DJe* 05.10.2011). **No mesmo sentido:** STJ, AgRg no AREsp 22.820/SP, Rel. Min. Massami Uyeda, 3ª Turma, jul. 20.11.2012, *DJe* 04.12.2012.

Ações de natureza pessoal. "O STJ reconhece que a prescrição das ações de natureza pessoal que envolvem dívidas líquidas documentadas, em que a obrigação é certa quanto à existência e determinada quanto ao objeto deve observar o prazo previsto no art. 177 do Código Civil de 1916 ou no art. 206, § 6º, inciso I, do Código Civil de 2002, atendida a regra de transição estabelecida no atual *Codex*" (STJ, AgRg no AI 1.052.328, Rel. Min. João Otávio de Noronha, 4ª Turma, jul. 23.03.2010).

Execução. Transação. "Para decidir sobre a prescrição da execução, havendo transação, há que se ter em conta a lide tal como deduzida na inicial" (STJ, REsp 48.417/ES, Rel. Min. Eduardo Ribeiro, 3ª Turma, jul. 24.05.1994, *DJ* 20.06.1994).

Ações de indenização contra armazéns gerais. "O prazo prescricional nas ações de indenização contra armazéns gerais é de três meses, consoante o disposto no art. 11 do Decreto n. 1.102/1903, afastada a incidência do art. 177 do Código Civil de 1916, tendo em vista o princípio da especialidade" (STJ, AgRg no REsp 1.186.115/RJ, Rel. Min. Maria Isabel Gallotti, 4ª Turma, jul. 14.05.2013, *DJe* 27.05.2013).

Ação de responsabilidade contra o Estado. "Mesmo em se tratando de ação de indenização ajuizada contra o Estado, em decorrência de ilícito praticado por agente sob sua responsabilidade, não se pode afastar, como termo inicial para a contagem da prescrição, o trânsito em julgado da sentença penal condenatória. Destarte, 'o termo *a quo* da prescrição da ação de indenização decorrente de ilícito penal praticado por agente do Estado [...] só tem início a partir do trânsito em julgado da ação penal condenatória' (REsp 86.413/ES, Rel. Min. João Otávio de Noronha, *DJ* 08.11.2004)" (STJ, REsp 1.014.307/SP, Rel. Min. Denise Arruda, Rel. p/ ac. Min. Teori Albino Zavascki, 1ª Turma, jul. 26.05.2009, *DJe* 24.06.2009).

Ação executiva contra a Fazenda Pública. "Esta Corte possui entendimento consagrado de que o prazo prescricional para a propositura da ação executiva contra a Fazenda Pública **é de cinco anos**, contados a partir do trânsito em julgado da sentença condenatória, nos termos da Súmula 150/STF" (STJ, AgRg no REsp 1.174.367/RS, Rel. Min. Gilson Dipp, 5ª Turma, jul. 09.11.2010, *DJe* 22.11.2010).

Ação de indenização. Fazenda Pública. Decreto 20.910/1932. "(...) o atual e consolidado entendimento deste Tribunal Superior sobre o tema é no sentido da aplicação do prazo prescricional quinquenal – previsto do Decreto 20.910/32 – nas ações indenizatórias ajuizadas contra a Fazenda Pública, em detrimento do prazo trienal contido do Código Civil de 2002" (STJ, REsp 1.251.993/PR – Recurso Repetitivo – Tema 553, Rel. Min. Mauro Campbell Marques, 1ª Seção, jul. 12.12.2012, *DJe* 19.12.2012

Ação de indenização. Fazenda Pública. Decreto nº 20.910/1932. Termo inicial. "Nos termos da jurisprudência pacífica desta Corte, a prescrição contra a Fazenda Pública, mesmo em ações indenizatórias, rege-se pelo Decreto n. 20.910/1932, que determina o prazo prescricional quinquenal. O termo inicial do prazo prescricional para o ajuizamento de ação de indenização contra ato do Estado ocorre no momento em que constatada a lesão e os seus efeitos, conforme o princípio da *actio nata*" (STJ, AgRg no REsp 1.333.609/PB, Rel. Min. Humberto Martins, 2ª Turma, jul. 23.10.2012, *DJe* 30.10.2012).

Ação contra a União. Contas vinculadas ao PIS/Pasep. "É de cinco anos o prazo prescricional da ação promovida contra a União Federal por titulares de contas vinculadas ao PIS/Pasep visando à cobrança de diferenças de correção monetária incidente sobre o saldo das referidas contas, nos termos do art. 1º do Decreto-lei 20.910/1932. Precedentes" (STJ, REsp 1.205.277/PB, Rel. Min. Teori Albino Zavascki, 1ª Seção, jul. 27.06.2012, *DJe* 01.08.2012).

Pagamento de vantagem suprimida pela Administração Pública. "Encontra-se fulminada pela prescrição a pretensão relativa ao pagamento de vantagem suprimida por ato comissivo da Administração Pública, quando a demanda é proposta mais de cinco anos após o ato de efetiva supressão dessa vantagem"

(STJ, EREsp 266.928/RS, Rel. Min. Félix Fischer, 3ª Seção, jul. 10.03.2010, *DJe* 08.04.2010).

Multa administrativa. Execução fiscal. "É de cinco anos o prazo prescricional para o ajuizamento da execução fiscal de cobrança de multa de natureza administrativa, contado do momento em que se torna exigível o crédito (artigo 1º do Decreto nº 20.910/1932)" (STJ, REsp 1.105.442/RJ, Rel. Min. Hamilton Carvalhido, 1ª Seção, jul. 09.12.2009, *DJe* 22.02.2011).

"Se a relação que deu origem ao crédito em cobrança tem assento no Direito Público, não tem aplicação a prescrição constante do Código Civil. Uma vez que a exigência dos valores cobrados a título de multa tem nascedouro num vínculo de natureza administrativa, não representando, por isso, a exigência de crédito tributário, afasta-se do tratamento da matéria a disciplina jurídica do CTN. Incidência, na espécie, do Decreto 20.910/1932, porque à Administração Pública, na cobrança de seus créditos, deve-se impor a mesma restrição aplicada ao administrado no que se refere às dívidas passivas daquela. Aplicação do princípio da igualdade, corolário do princípio da simetria" (STJ, AgRg no Ag 1.049.451/SP, Rel. Min. Eliana Calmon, 2ª Turma, jul. 23.09.2008, *DJe* 24.03.2009).

Contrato administrativo. *Dies a quo*. "Nos contratos administrativos, o *dies a quo* da prescrição, a favor do Estado, se constitui na data em que o Poder Público se torna inadimplente, deixando de efetuar o pagamento no tempo pactuado, lesando o direito subjetivo da parte" (STJ, REsp 1.174.731/RS, Rel. Min. Mauro Campbell Marques, 2ª Turma, jul. 12.04.2011, *DJe* 27.04.2011).

Ação de repetição do indébito. *Dies a quo*. "Pela teoria da *actio nata*, em ação de cobrança de valores pagos extemporaneamente em sede de cumprimento de contrato administrativo, o prazo prescricional inicia-se a partir do dia fixado pelos contratantes, no instrumento, para a realização pagamento porque nestas hipóteses a causa de pedir é o atraso da quitação" (STJ, REsp 1.115.277/SC, Rel. Min. Mauro Campbell Marques, 2ª Turma, jul. 14.12.2010, *DJe* 10.02.2011).

Lançamento por homologação. Repetição do indébito. "A 1ª Seção deliberou, no dia 24.08.2011, pela imediata adoção da jurisprudência do STF. No presente caso, a demanda foi ajuizada em 21.09.2007, o que resulta no reconhecimento da prescrição no que se refere aos eventuais recolhimentos indevidamente efetuados pela embargada **no período de cinco anos anteriores à data do ajuizamento da ação**, ou seja, 21.09.2002, na forma do art. 3º da LC 118/2005" (STJ, EDcl no AgRg no Ag 1.397.269/AL, Rel. Min. Herman Benjamin, 2ª Turma, jul. 03.11.2011, *DJe* 08.11.2011).

Cobrança da taxa de ocupação dos terrenos da marinha. "O prazo prescricional para a cobrança da taxa de ocupação de terrenos de marinha é de cinco anos, independentemente do período considerado, uma vez que os débitos posteriores a 1998 se submetem ao prazo quinquenal, à luz do que dispõe a Lei 9.636/1998, e os anteriores à citada lei, em face da ausência de previsão normativa específica, se subsumem ao prazo encartado no art. 1º do Decreto-Lei 20.910/1932. Precedentes do STJ" (STJ, REsp 1.133.696/PE, Rel. Min. Luiz Fux, 1ª Seção, jul. 13.12.2010, *DJe* 17.12.2010).

Desapropriação indireta. "Com fundamento no art. 550 do Código Civil de 1916, o STJ firmou a orientação de que 'a ação de desapropriação indireta prescreve em vinte anos' (Súmula 119/STJ). O Código Civil de 2002 reduziu o prazo do usucapião extraordinário para dez anos (art. 1.238, parágrafo único), na hipótese de realização de obras ou serviços de caráter produtivo no imóvel, devendo-se, a partir de então, observadas as regras de transição previstas no Codex (art. 2.028), adotá-lo nas expropriatórias indiretas" (STJ, REsp 1.300.442/SC, Rel. Min. Herman Benjamin, 2ª Turma, jul. 18.06.2013, *DJe* 26.06.2013). **Obs.:** O STJ decidiu, em sede de recurso especial repetitivo, que o prazo prescricional, para desapropriação indireta quando o Poder Público realiza obras no local, é de 10 anos: "O prazo prescricional aplicável à desapropriação indireta, na hipótese em que o Poder Público tenha realizado obras no local ou atribuído natureza de utilidade pública ou de interesse social ao imóvel, é de 10 anos, conforme parágrafo único do art. 1.238 do CC" (STJ, REsp 1.757.352/SC, Rel. Min. Herman Benjamin, 1ª Seção, jul. 12.02.2020, *DJe* 07.05.2020).

Ação contra sociedade de economia mista. "Acerca da prescrição durante a incidência do Código Civil de 1916, pacificou-se no STJ a orientação no sentido de ser aplicável o prazo prescricional vintenário nas hipóteses de ações pessoais movidas contra sociedades de economia mista concessionárias de serviço público [...]. Já na vigência do Código Civil de 2002, esta Corte considerou **quinquenal** o prazo para a ação de cobrança em debate, com fundamento no art. 206, § 5º, I" (STJ, AgRg no REsp 1.171.122, Rel. Min. Aldir Passarinho Junior, *DJ* 20.04.2010).

Erro médico. Ver jurisprudência do art. 27 da Lei nº 8.078/1990.

Ação contra seguradora. "A ação do segurado em grupo contra a seguradora prescreve em um ano (Súmula STJ/101)" (STJ, AgRg no REsp 946.517/RJ, Rel. Min. Sidnei Beneti, 3ª Turma, jul. 15.04.2010, *DJe* 04.05.2010).

Seguro. Ação de cobrança de complementação do benefício. "Prescreve em um ano a ação para cobrança de saldo de indenização securitária devido por pagamento incompleto. Precedentes. O termo inicial de contagem do prazo prescricional para o ajuizamento de ação que objetive a complementação do benefício é a data em que o segurado teve ciência do pagamento em valor inferior ao devido" (STJ, AgRg no Ag 1.277.705/GO, Rel. Min. Nancy Andrighi, 3ª Turma, jul. 21.10.2010, *DJe* 03.11.2010).

Ação do beneficiário. "O prazo prescricional ânuo previsto no art. 178, § 6º, II, do Código Civil somente incide em relação ao próprio segurado, não se aplicando em desfavor da parte beneficiária, quando distinta daquele" (STJ, REsp 436.916/MG, Rel. Min. Aldir Passarinho Junior, 4ª Turma, jul. 15.08.2002, *DJ* 24.03.2003). **Nota: No Código Civil/2002, o prazo do beneficiário é de três anos, conforme previsto no art. 206, § 3º, IX:** "No que se refere ao prazo prescricional para o ajuizamento de ação em que o beneficiário busca o pagamento da indenização referente ao seguro obrigatório, o entendimento assente nesta Corte é no sentido de que o prazo prescricional é de três anos, nos termos do art. 206, § 3º, IX, do CC" (STJ, AgRg no REsp 1.057.098/SP, Rel. Min. Massami Uyeda, 3ª Turma, jul. 14.10.2008, *DJe* 03.11.2008).

Ressarcimento de despesas com cirurgia não autorizada pelo plano de saúde. Ver jurisprudência do art. 27 da Lei nº 8.078/1990.

Encargos acessórios. "A prescrição, no caso, dos encargos acessórios, nos termos do art. 178, § 10, III [CC/1916], é a quinquenal. Dessa forma, a cobrança de tais encargos financeiros será limitada aqueles aplicáveis até cinco anos antes do ajuizamento da ação (REsp n. 474.166-SP, Rel. Min. Ruy Rosado de Aguiar, *DJU* 14.04.2003; REsp n. 976.757-SP, Rel. Min. Nancy Andrighi, *DJe* 03.08.2010)" (STJ, AgRg nos EDcl no Ag 1.165.674/RS, Rel. Min. Aldir Passarinho Junior, 4ª Turma, jul. 05.04.2011, *DJe* 08.04.2011).

Ação declaratória e pretensão condenatória ou constitutiva. "A ação declaratória pura é imprescritível, mas as pretensões condenatórias ou constitutivas resultantes do ato nulo sujeitam-se ao fenômeno da prescrição. Caso em que a prescrição **vintenária** consumou-se antes da propositura da ação e antes da publicação do atual Código Civil" (STJ, REsp 1.046.497/RJ, Rel. Min. João Otávio de Noronha, 4ª Turma, jul. 24.08.2010, *DJe* 09.11.2010).

Ação de cobrança. Transporte terrestre. "O Código Comercial não faz distinção entre o transporte marítimo e o terrestre quando dispõe sobre o prazo prescricional. Nos termos do art. 449, 3°, do CCo, é de um ano o prazo de prescrição para as ações que visam à cobrança de frete relativo a transporte terrestre" (STJ, REsp 1.082.635/MA, Rel. Min. Nancy Andrighi, 3ª Turma, jul. 20.10.2011, *DJe* 03.11.2011).

Ação de cobrança. Cotas condominiais. "A pretensão de cobrança de cotas condominiais, por serem líquidas desde sua definição em assembleia geral de condôminos, bem como lastreadas em documentos físicos, adéqua-se com perfeição à previsão do art. 206, § 5°, I, do CC/2002, razão pela qual aplica-se o prazo prescricional quinquenal" (STJ, REsp 1.366.175/SP, Rel. Min. Nancy Andrighi, 3ª Turma, jul. 18.06.2013, *DJe* 25.06.2013).

Construção de rede elétrica. "A 2ª Seção desta Corte, no julgamento do REsp 1.053.007/RS, firmou entendimento no sentido de que o prazo prescricional para as ações de cobrança relativa aos contratos de financiamento de construção de rede elétrica foi reduzido para cinco anos, contados a partir da entrada em vigor do novo Código Civil, em 11 de janeiro de 2003, nos termos do art. 2.028 do mesmo diploma legal" (STJ, AgRg no Ag 1.376.658/RS, Rel. Min. Sidnei Beneti, 3ª Turma, jul. 17.03.2011, *DJe* 30.03.2011). **No mesmo sentido:** STJ, REsp 1.249.321/RS, Rel. Min. Luis Felipe Salomão, 2ª Seção, jul. 10.04.2013, *DJe* 16.04.2013.

Inadimplemento contratual. "O artigo 206, § 3°, V, do Código Civil cuida do prazo prescricional relativo à indenização por responsabilidade civil extracontratual, disciplinada pelos artigos 186, 187 e 927 do mencionado Diploma. A Corte local apurou que a presente execução versa sobre montante relativo a não cumprimento de obrigação contratual, por isso que não é aplicável o prazo de prescrição previsto no artigo 206, § 3°, V, do Código Civil" (STJ, REsp 1.222.423/SP, Rel. Min. Luis Felipe Salomão, 4ª Turma, jul. 15.09.2011, *DJe* 01.02.2012).

Ação indenizatória. Deveres anexos. "É correto o entendimento de que o termo inicial do prazo prescricional para a propositura de ação indenizatória é a data em que o consumidor toma ciência do registro desabonador, pois, pelo princípio da *actio nata*, o direito de pleitear a indenização surge quando constatada a lesão e suas consequências. A violação dos deveres anexos, também intitulados instrumentais, laterais, ou acessórios do contrato – tais como a cláusula geral de boa-fé objetiva, dever geral de lealdade e confiança recíproca entre as partes –, implica responsabilidade civil contratual, como leciona a abalizada doutrina com respaldo em numerosos precedentes desta Corte, reconhecendo que, no caso, a negativação caracteriza ilícito contratual. O caso não se amolda a nenhum dos prazos específicos do Código Civil, incidindo o prazo prescricional de dez anos previsto no artigo 205 do mencionado Diploma" (STJ, REsp 1.276.311/RS, Rel. Min. Luis Felipe Salomão, 4ª Turma, jul. 20.09.2011, *DJe* 17.10.2011).

Responsabilidade civil. Acidente de trânsito. Prescrição da pretensão indenizatória. "Ação de reparação de danos derivados de acidente de trânsito ocorrido em 26 de agosto de 2002 proposta apenas em 7 de fevereiro de 2006, ensejando o reconhecimento pela sentença da ocorrência da prescrição trienal do art. 206 do CC. [...]. Inaplicabilidade da regra do art. 200 do CC/2002 ao caso, em face da inocorrência de relação de prejudicialidade entre as esferas cível e criminal, pois não instaurado inquérito policial ou iniciada ação penal. Interpretação sistemática e teleológica do art. 200 do CC/2002, com base na doutrina e na jurisprudência cível e criminal desta Corte" (STJ, REsp 1.180.237/MT, Rel. Min. Paulo de Tarso Sanseverino, 3ª Turma, jul. 19.06.2012, *DJe* 22.06.2012).

Título de crédito que perdeu a eficácia de título executivo. "O entendimento do tribunal de origem coaduna-se com o posicionamento do Superior Tribunal de Justiça, que é firme no sentido de que o prazo prescricional para a cobrança de título de crédito que perdeu a eficácia de título executivo é aquele previsto no artigo 206, § 5°, inciso I, do Código Civil. Incidência da Súmula 83/STJ" (STJ, AgRg no AREsp 259.939/SE, Rel. Min. Sidnei Beneti, 3ª Turma, jul. 19.02.2013, *DJe* 01.03.2013).

Uso indevido de marca alheia anteriormente registrada. "O prazo prescricional para a ação de indenização por violação ao uso indevido de marca é quinquenal. Porém, o termo *a quo* nasce a cada dia em que o direito é violado. De fato, se a violação do direito é continuada, de tal forma que os atos se sucedam em sequência, a prescrição ocorre do último deles, mas, se cada ato reflete uma ação independente, a prescrição alcança cada um, destacadamente (PEREIRA, Caio Mário da Silva. *Instituições de Direito Civil*. 25. ed. Rio de Janeiro: Forense, 2012, p. 585)" (STJ, REsp 1.320.842/PR, Rel. Min. Luis Felipe Salomão, 4ª Turma, jul. 14.05.2013, *DJe* 01.07.2013).

Ação monitória aparelhada em nota promissória. "Para fins do art. 543-C do Código de Processo Civil [art. 1.036 do CPC/2015]: 'O prazo para ajuizamento de ação monitória em face do emitente de nota promissória sem força executiva é quinquenal, a contar do dia seguinte ao vencimento do título'" (STJ, REsp 1.262.056/SP, Rel. Min. Luis Felipe Salomão, 2ª Seção, jul. 11.12.2013, *DJe* 03.02.2014).

7. Ações imprescritíveis.

"As ações que visam à obtenção da declaração de tempo de serviço, ou seja, que buscam o reconhecimento da existência de uma relação jurídica, constituem-se em ações declaratórias puras, sendo, portanto, imprescritíveis. Precedentes" (STJ, AgRg no Ag 623.560/RJ, Rel. Min. Laurita Vaz, 5ª Turma, jul. 07.04.2005, *DJ* 02.05.2005, p. 396).

Ação de ressarcimento de danos ao erário. "A ação de ressarcimento de danos ao erário não se submete a qualquer prazo prescricional, sendo, portanto, imprescritível" (STJ, REsp 810.785/SP, Rel. Min. Francisco Falcão, 1ª Turma, jul. 02.05.2006, *DJ* 25.05.2006, p. 184). **No mesmo sentido:** STJ, REsp 700.970/RS, Rel. Min. Castro Meira, 2ª Turma, jul. 02.02.2006, *DJ* 20.02.2006.

Direitos humanos ou direitos fundamentais. "A violação aos direitos humanos ou direitos fundamentais da pessoa humana, como sói ser a proteção da sua dignidade lesada pela tortura e prisão por delito de opinião durante o Regime Militar de exceção, enseja ação de reparação *ex delicto* imprescritível, e ostenta amparo constitucional no art. 8°, § 3°, do Ato das Disposições Constitucionais Transitórias" (STJ, REsp 816.209/RJ, Rel. Min. Luiz Fux, 1ª Turma, jul. 10.04.2007, *DJ* 03.09.2007). **No mesmo sentido:** STJ, REsp 475.625/PR, Rel. Min. Eliana Calmon, Rel. p/ ac. Min. Franciulli Netto, 2ª Turma, jul. 18.10.2005, *DJ* 20.03.2006.

Demanda denegatória de paternidade. Ação de estado. "Firmou-se no Superior Tribunal de Justiça o entendimento de que, por se cuidar de ação de Estado, é imprescritível a **demanda negatória de paternidade**, consoante a extensão, por simetria, do princípio contido no art. 27 da Lei n° 8.069/1990, não mais prevalecendo o lapso previsto no art. 178, § 2°, do antigo Código Civil, também agora superado pelo art. 1.061 na novel lei substantiva civil" (STJ, REsp 576.185/SP, Rel. Min. Aldir Passarinho Junior, 4ª Turma, jul. 07.05.2009, *DJe* 08.06.2009).

Ação de investigação de paternidade. Imprescritibilidade. "Diante da imprescritibilidade da ação de investigação de paternidade, não há como reconhecer a decadência prevista nos artigos 178, § 9°, VI, e 362 do Código Civil revogado" (STJ, REsp 714.969/MS, Rel. Min. Luis Felipe Salomão, 4ª Turma, jul. 04.03.2010, *DJe* 22.03.2010).

Reconhecimento de paternidade. "Assentou o Superior Tribunal de Justiça, pela pacificação do entendimento na 2ª Seção, que o direito do filho natural ao reconhecimento da paternidade é imprescritível, **ainda que atingida a sua maioridade** mais de quatro anos antes quer da Constituição Federal de 1988, quer da vigência da Lei n. 8.069/1990" (STJ, REsp 450.962/MG, Rel. Min. Aldir Passarinho Junior, 4ª Turma, jul. 02.10.2007, *DJ*

22.10.2007). **No mesmo sentido:** STJ, REsp 833.712/RS, Rel. Min. Nancy Andrighi, 3ª Turma, jul. 17.05.2007, *DJ* 04.06.2007.

Nulidade absoluta do casamento. "A ação proposta com a finalidade de declarar-se a nulidade absoluta do casamento, por bigamia, é imprescritível" (STJ, REsp 85.794/SP, Rel. Min. Barros Monteiro, 4ª Turma, jul. 05.10.1999, *LEXSTJ* 129/64).

Ações do depositante contra o depositário para obter restituição da coisa. "Se são imprescritíveis as ações do depositante contra o depositário para obter a restituição da coisa, também é imprescritível o seu direito de demandar que o depositário reajuste de forma correta sua caderneta de poupança" (TAPR, Ap 133.909.100 (11.372), Rel. Des. Juiz Ronald Schulman, 1ª Câmara, *DJPR* 03.09.1999).

Créditos dos depósitos populares de poupança. "Diz o art. 2º, § 1º, da Lei n.º 2.313/1954 que a ação para reclamar os créditos dos depósitos populares de poupança é imprescritível, afastando-se a incidência dos arts. 177 e 178, § 10, III, do CCB/1916" (STJ, REsp 710.471/SC, Rel. Min. Humberto Gomes de Barros, 3ª Turma, jul. 21.11.2006, *DJ* 04.12.2006).

8. Prescrição intercorrente.

Suspensão do processo. "O óbito do exequente determina a suspensão do processo para as devidas habilitações, não tendo curso, para efeito de prescrição intercorrente, o respectivo prazo durante o período de suspensão do processo, quando nenhum ato processual pode ser praticado" (STJ, REsp 11.614/SP, Rel. Min. Dias Trindade, 3ª Turma, jul. 23.08.1991, *DJ* 16.09.1991).

"Com a edição da Lei nº 11.051/2004, que incluiu o § 4º no art. 40 da Lei nº 6.830/1980, **passou a ser autorizado ao julgador reconhecer de ofício a prescrição intercorrente**, desde que ouvida previamente a Fazenda Pública. Tratando-se de norma de natureza processual, a novel legislação tem aplicação imediata, alcançando inclusive os processos em curso. Precedentes: REsp 849.494/RS, Rel. Min. Francisco Falcão, *DJ* 25.09.2006; REsp 810.863/RS, Rel. Min. Teori Albino Zavascki, *DJ* 20.03.2006; e REsp 794.737/RS, Rel. Min. José Delgado, *DJ* 20.02.2006" (STJ, REsp 911.637/SC, Rel. Min. Francisco Falcão, 1ª Turma, jul. 10.04.2007, *DJ* 30.04.2007, p. 297). **No mesmo sentido:** STJ, REsp 814.535/RS, Rel. Min. Denise Arruda, 1ª Turma, jul. 05.10.2006, *DJ* 30.10.2006.

"O arquivamento previsto no art. 20 da Lei 10.522/2002 não impede a ocorrência da prescrição, porquanto não prevê nenhuma hipótese de suspensão do prazo prescricional para a cobrança de crédito tributário" (STJ, AgRg no Ag 924.104/RS, Rel. Min. Denise Arruda, 1ª Turma, jul. 13.11.2007, *DJ* 10.12.2007, p. 330).

"Intimado o credor a se pronunciar sobre a avaliação do bem penhorado e transcorridos mais de quatro anos para tanto, retirando os autos com carga, sem que o feito estivesse suspenso, denota falta injustificada de diligência. Dessa forma, devidamente aplicada a prescrição intercorrente, haja vista transcorrido o prazo de três anos em relação à cambial" (STJ, REsp 777.305/CE, Rel. Min. Aldir Passarinho Junior, 4ª Turma, jul. 09.03.2006, *DJ* 24.04.2006).

Prescrição consumada antes da execução fiscal. "O § 4º do art. 40 da Lei 6.830/1980 disciplina hipótese específica de declaração de ofício de prescrição: é a prescrição intercorrente contra a Fazenda Pública na execução fiscal arquivada com base no § 2º do mesmo artigo, quando não localizado o devedor ou não encontrados bens penhoráveis. Nos demais casos, a prescrição, a favor ou contra a Fazenda Pública, pode ser decretada de ofício com base no art. 219, § 5º, do CPC" [art. 487, II, do CPC/2015] (STJ, REsp 1.001.214/RJ, Rel. Min. Teori Albino Zavascki, 1ª Turma, jul. 03.02.2009, *DJe* 16.02.2009).

Necessidade de prévia audiência da Fazenda Pública. "A prévia audiência da Fazenda Pública é compulsória apenas no tocante à decretação da prescrição intercorrente, determinada pelo § 4º do art. 40 da Lei 6.830/1980, é a prescrição intercorrente contra a Fazenda Pública na execução fiscal arquivada com base no § 2º do mesmo artigo, quando não localizado o devedor ou não encontrados bens penhoráveis (Precedente: REsp 983293/RJ, *DJ* 29.10.2007)" (STJ, REsp 1.004.747/RJ, Rel. Min. Luiz Fux, 1ª Turma, jul. 06.05.2008, *DJe* 18.06.2008).

"O novo art. 219, § 5º, do CPC [art. 487, II, do CPC/2015] não revogou o art. 40, § 4º, da LEF, nos termos do art. 2º, § 2º, da LICC" (STJ, REsp 1.034.251/RS, Rel. Min. Eliana Calmon, 2ª Turma, jul. 18.11.2008, *DJe* 15.12.2008).

Prescrição intercorrente da execução civil. Cf. CPC/2015, arts. 921, § 5º, e 924, V.

9. Aplicação à decadência (§ 4º).

Citação do litisconsórcio necessário. Decadência. "A citação de litisconsorte necessário (em caso de litisconsórcio unitário), antes de decorrido o prazo decadencial, prejudica ou afeta, quanto a isso, os demais litisconsortes", isto é, "não ocorre a decadência com relação aos demais, desde que determinada sua citação posteriormente, essa se faça como se fez, no caso regularmente" (STF, RE 103.766/RS, Rel. Min. Sydney Sanches, 1ª Turma, jul. 18.04.1986, *RTJ* 117/1.263).

Art. 241. Transitada em julgado a sentença de mérito proferida em favor do réu antes da citação, incumbe ao escrivão ou ao chefe de secretaria comunicar-lhe o resultado do julgamento.

CPC/1973

Art. 219, § 6º.

REFERÊNCIA LEGISLATIVA

CPC/2015, art. 332, § 2º (comunicação da sentença que indefere a petição inicial).

BREVES COMENTÁRIOS

Estando autorizado o juiz a decretar de ofício a prescrição no despacho da petição inicial – o que corresponde a uma sentença de mérito em favor do réu ainda não citado –, após o seu trânsito em julgado, o escrivão ou chefe de secretaria deverá comunicar-lhe o resultado do julgamento. Essa comunicação tem por motivo a necessidade de cientificá-lo do ocorrido, uma vez que a sentença foi proferida antes mesmo que a relação processual se tornasse trilateral, pela citação do demandado.

Art. 242. A citação será pessoal, podendo, no entanto, ser feita na pessoa do representante legal ou do procurador do réu, do executado ou do interessado.

§ 1º Na ausência do citando, a citação será feita na pessoa de seu mandatário, administrador, preposto ou gerente, quando a ação se originar de atos por eles praticados.

§ 2º O locador que se ausentar do Brasil sem cientificar o locatário de que deixou, na localidade onde estiver situado o imóvel, procurador com poderes para receber citação será citado na pessoa do administrador do imóvel encarregado do recebimento dos aluguéis, que será considerado habilitado para representar o locador em juízo.

§ 3º A citação da União, dos Estados, do Distrito Federal, dos Municípios e de suas respectivas autarquias e fundações de direito público será realizada perante o órgão de Advocacia Pública responsável por sua representação judicial.

CPC/1973

Art. 215.

REFERÊNCIA LEGISLATIVA

CPC/2015, arts. 71 (representação dos incapazes) e 75 (representação em juízo dos entes públicos e privados e das pessoas jurídicas); 677, § 3º (citação do advogado em embargos de terceiro); 683, parágrafo único (citação do advogado na oposição); 690, parágrafo único (citação do advogado na habilitação).

LSA, art. 119 (representação do acionista residente e domiciliado no exterior).

Lei Complementar nº 73, de 10.02.1993, arts. 35 e 36 (normas sobre citação do Advogado-Geral da União e demais procuradores da União – *RF* 321/420).

BREVES COMENTÁRIOS

Em regra, a citação deve ser sempre pessoal. Se incapaz o demandado, a citação será feita na pessoa de seu representante legal (pai, tutor ou curador). Se pessoa jurídica, em quem tenha poderes estatutários ou convencionais para representá-la em juízo.

O Código excepciona a regra de citação pessoal dos respectivos gestores ou administradores quando o citando for a União, os estados, o Distrito Federal ou os municípios e suas respectivas autarquias e fundações de direito público, hipótese em que o ato citatório será realizado perante o órgão de Advocacia Pública responsável por sua representação judicial.

O Código criou uma regra para a citação do locador que se ausentar do Brasil sem informar ao locatário quem será seu procurador. Nesse caso, a citação se dará na pessoa do administrador do imóvel encarregado de receber os aluguéis.

JURISPRUDÊNCIA SELECIONADA

1. Poderes para receber citação. "O procurador deve exibir poder especial para receber a citação" (STF, RE 96.716/DF, Rel. Min. Djaci Falcão, 2ª Turma, jul. 16.04.1992, *RTJ* 104/1.238).

"Sem poder especial para tanto, expresso no instrumento de mandato, não pode o advogado receber citação inicial, nem – o que é de igual natureza e consequências – dar notícia, em juízo, da ciência do feito por seu constituinte *ad judicia*" (STF, RE 109.091/SP, Rel. Min. Francisco Rezek, 2ª Turma, jul. 27.06.1986, *RTJ* 119/859; *RT* 613/259).

2. Citação. Pessoa jurídica.

a) Teoria da aparência. "Vigora no âmbito do Superior Tribunal de Justiça o entendimento de que, com base na teoria da aparência, considera-se válida a citação quando, encaminhada ao endereço da pessoa jurídica, é recebida por quem se apresenta como representante legal da empresa, sem ressalvas quanto à inexistência de poderes de representação em juízo. O Superior Tribunal de Justiça tem iterativamente assentado que a decretação de nulidade de atos processuais depende da necessidade de efetiva demonstração de prejuízo da parte interessada. Não apresentação pela parte agravante de argumentos novos capazes de infirmar os fundamentos que alicerçaram a decisão agravada" (STJ, AgInt no REsp 1.774.909/PR, Rel. Min. Paulo de Tarso Sanseverino, 3ª Turma, jul. 30.03.2020, *DJe* 01.04.2020). **No mesmo sentido:** STJ, REsp 892.314/MG, Rel. Min. Humberto Martins, 2ª Turma, jul. 21.06.2007, *DJ* 29.06.2007, p. 560; STJ, AgRg nos EREsp 205.275/PR, Rel. Min. Eliana Calmon, Corte Especial, jul. 18.09.2002, *DJ* 28.10.2002, p. 209; STJ, REsp 931.360/MA, Rel. Min. Aldir Passarinho Junior, 4ª Turma, jul. 02.09.2008, *DJe* 29.09.2008.

"Dependendo das circunstâncias do caso concreto, é possível a citação da pessoa jurídica em pessoa diversa da que designada nos estatutos, mormente se se apresentava como representante legal da empresa e utilizava seu carimbo" (STJ, AGA 378.217/RJ, Rel. Min. Antônio de Pádua Ribeiro, 3ª Turma, jul. 12.11.2001, *DJU* 18.02.2002, p. 428).

"Na esteira dos precedentes desta Corte, constitui ônus do autor indicar quem representa a **pessoa jurídica** e pode receber a citação. **Nula** a efetuada em quem não detém poderes para isso. Citação que no caso concreto foi efetuada em pessoa que sequer era empregado da ré, mas de outra empresa. Inaplicabilidade da teoria da aparência" (STJ, REsp 198.847/RJ, Rel. Min. Waldemar Zweiter, 3ª Turma, jul. 15.08.2000, *DJU* 02.10.2000, p. 163).

b) Gerente. "**Citação na pessoa do gerente** da agência bancária onde foi celebrado o contrato. Validade. Inteligência do art. 215, § 1º, do Código de Processo Civil" (TJPR, AI 0106939-2 – (18933), Rel. Des. Sydney Zappa, 4ª Câmara, *DJPR* 06.08.2001).

"É nula a citação efetivada na pessoa de gerente que, declaradamente, não possui nem ostenta poderes de representação da pessoa jurídica. Situação que, no caso concreto, se agrava pela expressa negativa de poderes e de ciência ao mandado de citação" (STJ, REsp 821.620/RS, Rel. Min. Humberto Gomes de Barros, 3ª Turma, jul. 21.11.2006, *DJe* 24.11.2008).

"É possível a realização da citação do gerente de agência bancária que não dispõe de poderes para representá-la judicialmente, independentemente de sua recusa em assinar a contrafé do mandado, quando a controvérsia se refere a contratos firmados na agência ou sucursal. Aplicação, na espécie, do **princípio da instrumentalidade** das formas, vez que o ato, ainda que de outra forma, atingiu sua finalidade" (STJ, REsp 540.376/SP, Rel. Min. Castro Filho, 3ª Turma, jul. 09.09.2003, *DJ* 29.09.2003, p. 252).

Citação. Pessoa jurídica. "Não estando presentes as circunstâncias previstas no artigo 215, § 1º, do CPC [art. 242, § 1º, do CPC/2015], a citação da ré – pessoa jurídica – deve operar-se através de seu representante legal" (STJ, REsp 7.082/RS, Rel. Min. Barros Monteiro, 4ª Turma, jul. 14.05.1991, *DJ* 24.06.1991, p. 8.644).

3. Advogado pertencente aos quadros da empresa. "A circunstância do advogado pertencer aos quadros do réu não lhe dá legitimidade de representação. O *due process of law* tem como um dos seus suportes o procedimento contemplado em lei, que prevê a regularidade da citação (CPC, arts. 12 e 215; CCB, art. 17)" [arts. 75 e 242 do CPC/2015] (STJ, REsp 2.979/RJ, Rel. Min. Sálvio de Figueiredo Teixeira, 4ª Turma, jul. 29.05.1990, *DJU* 18.06.1990, p. 5.687).

"É válida a intimação da empresa na pessoa do advogado chefe de seu departamento jurídico, por haver sido alcançada a finalidade do ato: conhecimento inequívoco da decisão proferida" (STJ, REsp 103.842/SP, Rel. Min. Barros Monteiro, 4ª Turma, jul. 10.09.2002, *DJU* 02.12.2002, p. 312).

4. Citação nula. Citando absolutamente incapaz. "Nula é a citação quando, ao tempo em que foi feita, o citando era absolutamente incapaz para os atos da vida civil, vindo a ser interditado posteriormente" (TACivSP, Ap. 203.188, Rel. Bandeira de Mello, 4ª Câmara, jul. 03.07.1974, *RT* 468/115).

5. Citação de pessoas falecidas. Ver jurisprudência do art. 239 do CPC/2015.

6. Citação da União, Estados, Distrito Federal, Municípios e suas autarquias. "O art. 242, § 3º, do CPC/2015, não fragilizou o direito de defesa dos entes estatais, e sim conferiu a ele maior assertividade, ao direcionar as citações ao órgão responsável por sua defesa em juízo (art. 132 da CF/88). Cada ente federado, no exercício da sua capacidade de auto-organização, pode estabelecer a quem competirá, dentro da estrutura da advocacia pública, o encargo de receber as citações que lhe forem endereçadas. Precedente: ADI nº 5773, Rel. Min Alexandre de Moraes, red do ac. Min. Cármen Lúcia, Tribunal Pleno, *DJe* de 21/5/2021" (STF, ADI 5.737, Rel. p/ acórdão Min. Roberto Barroso, Pleno, jul. 25.04.2023, *DJe* 27.06.2023).

7. Parte que se encontra no exterior (§ 2º). "Não pode ser considerada nula a citação de parte que, por encontrar-se no exterior, não foi localizada em dois endereços fornecidos pela parte contrária, não sendo o caso de proceder-se a citação na forma do § 2º do art. 215, do CPC [§ 2º do art. 242, do CPC/2015], porque, embora locadora de imóvel na comarca, a causa não envolvia questão locativa" (TJPR, AR 0042432-2 – (668), Rel. Des. Fleury Fernandes, 3ª Câmara, *DJPR* 23.10.2000).

Art. 243. A citação poderá ser feita em qualquer lugar em que se encontre o réu, o executado ou o interessado.

Parágrafo único. O militar em serviço ativo será citado na unidade em que estiver servindo, se não for conhecida sua residência ou nela não for encontrado.

CPC/1973

Art. 216.

BREVES COMENTÁRIOS

Como regra geral, "a citação poderá ser feita em qualquer lugar em que se encontre o réu, o executado ou o interessado", seja sua residência, seu local de trabalho, ou qualquer outro lugar. Mas o militar, em serviço ativo, só será citado na unidade em que estiver servindo, se não for conhecida a sua residência ou nela não for encontrado. O que a lei quer, portanto, é que a citação do militar seja normalmente efetivada em seu endereço domiciliar. Só depois de frustrada esta é que a diligência será realizada na unidade em que servir.

JURISPRUDÊNCIA SELECIONADA

1. Citação por edital publicado somente na Espanha. Não produção de efeitos no Brasil. "Se a parte contra quem se deseja efetivar o ato de citação reside no Brasil, não pode o edital para a consumação do procedimento, publicado apenas na Espanha, produzir efeitos em nosso país, sob pena de configurar-se violação aos princípios do contraditório e da ampla defesa. Não preenchido o pressuposto de citação válida, a sentença proferida por autoridade judicial estrangeira não tem validade jurídica no Brasil, nos termos do artigo 217, II, do RISTF" (STF, SEC 6.729, Rel. Min. Maurício Corrêa, Tribunal Pleno, jul. 15.04.2002, *DJ* 07.06.2002).

2. Citação no endereço profissional. "Não encontrado o demandado no endereço domiciliar, nada obsta que seja citado em seu endereço profissional" (TJRS, AI 70020826459, Rel. Rubem Duarte, 20ª Câmara, jul. 06.08.2007).

3. Militar. Citação. Afirmação do autor. "Para a citação por edital, válida é a afirmação contida na inicial de que o réu mudou-se para lugar ignorado, notadamente se tal circunstância é de conhecimento da própria justiça local. Somente o militar da ativa deve ser citado na unidade onde estiver servindo, se não for conhecida sua residência" (TJMG, ApCív. 1.0040.04.018977-7/001, Rel. Des. Guilherme Luciano Baeta Nunes, 15ª Câmara, jul. 23.03.2006).

"No caso, constando dos autos documentos comprobatórios da condição do réu de militar da ativa, é nula a citação por edital. O servidor militar da ativa deve ser citado na forma do disposto no artigo 216 do CPC [art. 243 do CPC/2015], sob pena de nulidade por inobservância de prescrição legal (CPC, art. 247)" [art. 280 do CPC/2015] (TRF-1ª Região, Ap. 199601100067/DF, Rel. Juiz Conv. Leão Aparecido Alves, 3ª Turma, *DJU* 23.01.2002, p. 15).

Sobre a citação de réu ausente, ver jurisprudência selecionada do art. 242 do CPC/2015.

Art. 244. Não se fará a citação, salvo para evitar o perecimento do direito:

I – de quem estiver participando de ato de culto religioso;

II – de cônjuge, de companheiro ou de qualquer parente do morto, consanguíneo ou afim, em linha reta ou na linha colateral em segundo grau, no dia do falecimento e nos 7 (sete) dias seguintes;

III – de noivos, nos 3 (três) primeiros dias seguintes ao casamento;

IV – de doente, enquanto grave o seu estado.

CPC/1973

Art. 217.

BREVES COMENTÁRIOS

Há circunstâncias especiais, previstas no Código, que impedem momentaneamente a citação. Assim, salvo se houver necessidade de evitar perecimento de direito (como nos casos de prescrição ou decadência iminentes), não se fará a citação nas situações descritas no art. 244.

Superado o impedimento, a citação será normalmente feita. Por outro lado, a restrição legal refere-se apenas à pessoa do citando, de modo que, se ele dispuser de procurador com poderes adequados, poderá este ser citado, sem embargo de encontrar-se demandado numa das circunstâncias do art. 244.

Art. 245. Não se fará citação quando se verificar que o citando é mentalmente incapaz ou está impossibilitado de recebê-la.

§ 1º O oficial de justiça descreverá e certificará minuciosamente a ocorrência.

§ 2º Para examinar o citando, o juiz nomeará médico, que apresentará laudo no prazo de 5 (cinco) dias.

§ 3º Dispensa-se a nomeação de que trata o § 2º se pessoa da família apresentar declaração do médico do citando que ateste a incapacidade deste.

§ 4º Reconhecida a impossibilidade, o juiz nomeará curador ao citando, observando, quanto à sua escolha, a preferência estabelecida em lei e restringindo a nomeação à causa.

§ 5º A citação será feita na pessoa do curador, a quem incumbirá a defesa dos interesses do citando.

CPC/1973

Art. 218.

REFERÊNCIA LEGISLATIVA

CPC/2015, art. 751 (citação do interditando).

CC, art. 1.775 (preferência na escolha do curador).

BREVES COMENTÁRIOS

Outra norma especial se refere à parte impossibilitada de receber a *in ius vocatio* por questão de saúde. Se o citando for mentalmente incapaz ou estiver impossibilitado de receber a citação, o oficial de justiça deixará de cumprir o mandado citatório. Devolvê-lo-á com certidão que descreva minuciosamente o ocorrido. O juiz, então, nomeará um médico, a fim de examinar o citando, a quem competirá apresentar laudo em cinco dias. Ficará dispensada, contudo, a referida nomeação se pessoa da família apresentar declaração do médico do citando que ateste a sua incapacidade.

Havendo reconhecimento da impossibilidade de citação pessoal, o juiz dará ao citando um curador especial, observando, quanto à escolha, a preferência estabelecida na lei civil (art. 1.775 do Código Civil). Os poderes de representação serão, contudo, restritos à causa pendente (art. 245, § 4º). O curador assim nomeado receberá pessoalmente a citação e se incumbirá da defesa dos interesses do citando (art. 245, § 5º). Se for advogado, poderá ele mesmo produzir a defesa processual. Não sendo, constituirá profissional legalmente habilitado para atuar em juízo em nome do curatelado.

Confirmada a incapacidade da parte, a nulidade do processo manifesta-se desde a citação, se esta tiver sido praticada sem observância das cautelas do art. 245 e seus parágrafos.

JURISPRUDÊNCIA SELECIONADA

1. Incapacidade. "Nos casos de incapacidade por doença mental comprovada por laudo oficial, o suprimento de incapacidade processual independe de sentença declaratória de interdição e curatela" (TJRS, Ap. 585.023.773, Rel. Des. Uiraçaba Machado, 3ª Câmara, jul. 27.11.1986, *RJTJRS* 123/252).

"**Nulo é o julgamento** da apelação quando há fundada suspeita da incapacidade da parte no curso do processo, e não foi observado o disposto no art. 218, §§ 1º, 2º, do CPC [art. 245, §§ 1º e 4º, do CPC/2015]. Nulidade do acórdão que reforma sentença favorável ao presumido incapaz, sem que lhe tenha sido dado curador, e a assistência do Ministério Público" (STF, RE 86.379, Rel. Min. Cordeiro Guerra, 2ª Turma, jul. 01.09.1978, *DJ* 06.10.1978).

2. Interdição. "Interdito declarado absolutamente incapaz de exercer pessoalmente os atos da vida civil. Ato citatório que deve ser efetivado na pessoa de seu curador. Necessidade, ademais, da intervenção do MP no processamento da causa. Inteligência dos arts. 84 do CC, e 8º, 218, § 3º, 246 e 247 do CPC" [arts. 245, §§ 1º e 2º, e 280 do CPC/2015] (1º TACívSP, AR 800.261-9, Rel. Juiz Ary Bauer, 11ª Câmara, jul. 19.10.1998).

3. Falta de requerimento de citação. "A falta de requerimento de citação não torna nulo o processo se, determinada a realização do ato, este foi realizado de forma válida e regular, ensejando ao réu oportunidade para se defender. Para aplicação da regra do art. 218 do Código de Processo Civil [art. 245 do CPC/2015], necessária a prova da demência ou incapacidade do réu. Inexiste a prescrição se aplicável a regra do art. 177 do Código Civil, e o fato que causou o dano ocorreu somente dois anos antes da propositura da ação" (TAMG, Ap. 311.418-5, Rel. Juiz Edilson Fernandes, 3ª Câmara, jul. 09.08.2000).

4. Citação de réu interdito. "O *due process of law* tem como um de seus principais fundamentos a regularidade da citação. Citado o réu interdito diretamente, e não na figura de seu curador, não há formação da relação jurídica processual" (TJSP, AI 884.695-0/1, Rel. Des. Renato Sartorelli, 26ª Câmara, jul. 02.05.2005, *RT* 838/236).

5. Alegação de insanidade do réu. Exame médico. Curadoria. "Se por qualquer meio verificar-se ser o réu demente ou estar impossibilitado de receber a citação deve o juiz nomear médico a fim de examinar o citando (art. 218, § 1º, do CPC) [art. 245, §§ 1º e 2º, do CPC/2015]. Reconhecida a impossibilidade de o réu receber citação, o juiz dará ao mesmo curador, cabendo intervenção do Ministério Público, sob pena de nulidade do processo" (STJ, REsp 9.996/SP, Rel. Min. Claudio Santos, 3ª Turma, jul. 25.11.1991, *DJ* 16.12.1991, p. 18.534).

"O ato citatório já efetivado deve ser mantido até que seja devidamente apurada eventual doença psíquica do réu, em prestígio aos princípios da instrumentalidade das formas, da economia e da celeridade, orientadores do direito processual civil contemporâneo. Somente após a realização de **exame médico**, a fim de se examinar o real estado de saúde do citando, é que poderá ser nomeado curador especial em seu favor, oportunidade em que poderá ser renovada sua citação nos termos do artigo 218 do CPC" [art. 245 do CPC/2015] (TJMG, AI 1.0024.08.078578-5/001, Rel. Des. Antônio Sérvulo, 6ª Câmara, jul. 26.05.2009, *DJ* 03.07.2009).

6. Nomeação de curador (§ 2º). "A constatação de que o réu é demente ou está impossibilitado de receber a citação não prescinde da obediência de uma série de atos e requisitos legais, e, uma vez constatada, tal como exige o § 2º do art. 218 do CPC [art. 245, § 4º, do CPC/2015], o juiz, na nomeação de curador, deverá obedecer à ordem estabelecida na lei civil, sendo certo que a nomeação de defensor público para tanto resulta em inegável prejuízo para o citando, na medida em que esse profissional, por mais competente que seja, não tem nenhum conhecimento a respeito dos fatos efetivamente ocorridos" (TJMG, ApCív. 407.455-1, Rel. Juiz Batista de Abreu, 8ª Câmara, jul. 03.10.2003, *DJ* 16.10.2003).

Art. 246. A citação será feita preferencialmente por meio eletrônico, no prazo de até 2 (dois) dias úteis, contado da decisão que a determinar, por meio dos endereços eletrônicos indicados pelo citando no banco de dados do Poder Judiciário, conforme regulamento do Conselho Nacional de Justiça. (Redação dada pela Lei nº 14.195, de 2021.)

Incisos I a V (revogados pela Lei 14.195/2021).

§ 1º As empresas públicas e privadas são obrigadas a manter cadastro nos sistemas de processo em autos eletrônicos, para efeito de recebimento de citações e intimações, as quais serão efetuadas preferencialmente por esse meio. (Redação dada pela Lei nº 14.195, de 2021.)

§ 1º-A A ausência de confirmação, em até 3 (três) dias úteis, contados do recebimento da citação eletrônica, implicará a realização da citação: (Incluído pela Lei nº 14.195, de 2021.)

I – pelo correio; (Incluído pela Lei nº 14.195, de 2021.)

II – por oficial de justiça; (Incluído pela Lei nº 14.195, de 2021.)

III – pelo escrivão ou chefe de secretaria, se o citando comparecer em cartório; (Incluído pela Lei nº 14.195, de 2021.)

IV – por edital. (Incluído pela Lei nº 14.195, de 2021.)

§ 1º-B Na primeira oportunidade de falar nos autos, o réu citado nas formas previstas nos incisos I, II, III e IV do § 1º-A deste artigo deverá apresentar justa causa para a ausência de confirmação do recebimento da citação enviada eletronicamente. (Incluído pela Lei nº 14.195, de 2021.)

§ 1º-C Considera-se ato atentatório à dignidade da justiça, passível de multa de até 5% (cinco por cento) do valor da causa, deixar de confirmar no prazo legal, sem justa causa, o recebimento da citação recebida por meio eletrônico. (Incluído pela Lei nº 14.195, de 2021.)

§ 2º O disposto no § 1º aplica-se à União, aos Estados, ao Distrito Federal, aos Municípios e às entidades da administração indireta.

§ 3º Na ação de usucapião de imóvel, os confinantes serão citados pessoalmente, exceto quando tiver por objeto unidade autônoma de prédio em condomínio, caso em que tal citação é dispensada.

§ 4º As citações por correio eletrônico serão acompanhadas das orientações para realização da confirmação de recebimento e de código identificador que permitirá a sua identificação na página eletrônica do órgão judicial citante. (Incluído pela Lei nº 14.195, de 2021.)

§ 5º As microempresas e as pequenas empresas somente se sujeitam ao disposto no § 1º deste artigo quando não possuírem endereço eletrônico cadastrado no sistema integrado da Rede Nacional para a Simplificação do Registro e da Legalização de Empresas e Negócios (Redesim). (Incluído pela Lei nº 14.195, de 2021.)

§ 6º Para os fins do § 5º deste artigo, deverá haver compartilhamento de cadastro com o órgão do Poder Judiciário, incluído o endereço eletrônico constante do sistema integrado da Redesim, nos termos da legislação aplicável ao sigilo fiscal e ao tratamento de dados pessoais. (Incluído pela Lei nº 14.195, de 2021.)

CPC/1973

Art. 221.

REFERÊNCIA LEGISLATIVA

CPC/2015, arts. 247 a 248 (citação pelo correio); 249 a 255 (citação por meio de oficial de justiça); 256 a 258 (citação por edital); 231 (intimação, fluência do prazo); e 280 (nulidade).

Lei nº 6.830, de 22.09.1980, art. 8º (Execução Fiscal – ver Legislação Especial).

Lei nº 9.099, de 26.09.1995, art. 19 (Juizado Especial – ver Legislação Especial).

Lei nº 8.245, de 18.10.1991, art. 58, IV (Locação – ver Legislação Especial).

Lei nº 11.419, de 19.12.2006 (Processo Eletrônico – ver Legislação Especial).

Resolução nº 455/2022 do CNJ (Institui o Portal de Serviços do Poder Judiciário – PSPJ, na Plataforma Digital do Poder Judiciário – PDPJ-Br, para usuários externos).

Resolução nº 569/2024 do CNJ (Altera as regras do Diário Judicial Eletrônico – DJE, dispondo sobre as citações e intimações, distinguindo as que podem ser feitas diretamente às partes e as que, obrigatoriamente, se cumprem perante os advogados), estas por intermédio do Diário de Justiça Eletrônico Nacional (DJEN) e aquelas por meio do Portal de Serviços do Poder Judiciário (PSPJ).

Portaria nº 46, de 16 de fevereiro de 2024 (Estabelece cronograma nacional para cadastro no Domicílio Judicial Eletrônico).

SÚMULAS

Súmula do STF:

Nº 391: "O confinante certo deve ser citado, pessoalmente, para a ação de usucapião."

Súmula do STJ:

Nº 282: "Cabe a citação por edital em ação monitória."

Súmula do TFR:

Nº 210: "Na execução fiscal, não sendo encontrado o devedor, nem bens arrestáveis, é cabível a citação editalícia."

BREVES COMENTÁRIOS

A citação realiza-se de várias maneiras, podendo ser efetuada: (a) por meio eletrônico, preferencialmente (art. 246, *caput*, com a redação da Lei 14.195/2021); ou (b) não sendo possível a citação eletrônica, ou frustrando-se a tentativa de efetuá-la dessa forma, será realizada: (i) pelo correio; (ii) por oficial de justiça; (iii) pelo escrivão ou chefe de secretaria, se o citando comparecer em cartório; ou (iv) por edital (art. 246, § 1º-A, acrescido pela Lei 14.195/2021).

A citação por meio eletrônico, quando praticável, será efetivada no prazo de até dois dias úteis contado da decisão que a determinar. Nos demais meios, deverá se efetivar em até quarenta e cinco dias a partir da propositura ação (art. 238, parágrafo único, com a redação da Lei 14.195/2021), ou seja: a contar do protocolo da petição inicial em juízo (art. 312).

Há uma disposição especial no art. 246, § 3º, prevendo que na ação de usucapião de imóvel os confinantes serão citados pessoalmente, exceto quando tiver por objeto unidade autônoma de prédio em condomínio, caso em que tal citação é dispensada.

Quanto à citação por meio eletrônico, tornada preferencial pela Lei nº 14.195/2021, há que se distinguir entre duas situações: *(i)* a dos processos que já tramitam pela via eletrônica, nos quais a citação se processa nos termos do art. 9º da Lei nº 11.419/2006; e *(ii)* a da citação por meio de endereço eletrônico (*e-mail*), criada pelo art. 246 do CPC/2015 (redação da Lei nº 14.195), que se aplica a todos os processos físicos e eletrônicos, mas cuja observância depende de constar o citando de um banco de dados do Poder Judiciário a ser instituído em regulamento a cargo do Conselho Nacional de Justiça. Enquanto não editado tal regulamento, a citação por via eletrônica só se viabilizará na forma da Lei nº 11.419/2006. A inovação da Lei nº 14.195/2021 (citação por *e-mail*), portanto, só vigorará depois de criado o referido banco de dados pelo CNJ.

Por meio da Resolução nº 455/2022 do CNJ, foi instituído o Portal de Serviços do Poder Judiciário (PSPJ), para viabilizar a citação por *e-mail*. A Resolução nº 569/2024 alterou, entre outros, o art. 18 da Resolução nº 455/2022, que passou a ter o seguinte enunciado: "O Domicílio Judicial Eletrônico será utilizado exclusivamente para citação por meio eletrônico e comunicações processuais que exijam vista, ciência ou intimação pessoal da parte ou de terceiros, com exceção da citação por edital, a ser realizada via DJEN".

As intimações relativas a atos praticados, ou que devam ser praticados, no curso do processo e que, obrigatoriamente, se enderecem aos advogados das partes serão efetuadas por publicação no DJEN, com identificação nominal dos causídicos (Resolução nº 455/2022, art. 12, § 1º). Não produz efeito, portanto, perante o representante processual, detentor do *jus postulandi*, a intimação feita apenas à parte.

JURISPRUDÊNCIA SELECIONADA

1. Fazenda Pública. Intimação pessoal. Obrigação de cadastro na administração do tribunal para a realização de intimação eletrônica do ente federativo. "Outrossim, o art. 246, §§ 1º e 2º, do CPC/2015 dispõe que a Fazenda Pública deve ser, preferencialmente, intimada de forma pessoal por meio eletrônico, o que depende da efetivação de seu cadastro na Administração do Tribunal, conforme determina o art. 1.050 do referido Codex Processual. Nesse sentido, deveria o ora agravante ter realizado o cadastro para recebimento de intimações por meio do Portal de Intimação Eletrônica do Superior Tribunal de Justiça, nos moldes do que consta no Edital de Convocação para Cadastramento de Órgãos Públicos publicado pela Presidência do Superior Tribunal de Justiça, em 4/8/2016, na Edição n. 2024 do Diário da Justiça Eletrônico – DJe" (STJ, AgInt no AgInt no REsp 1.190.095/RS, Rel. Min. Og Fernandes, 2ª Turma, jul. 11.06.2019, *DJe* 18.06.2019).

Intimação pessoal eletrônica. Ausência de cadastro perante o STJ. Intimação via diário de justiça eletrônico (§ 2º). "Nos termos dos arts. 1.050, 246, § 2º e 270, parágrafo único, todos do estatuto processual civil de 2015, a realização de intimação eletrônica está condicionada à realização de cadastro perante a administração do tribunal no qual a parte atua. Não sendo realizado o cadastro exigido, consideram-se feitas as intimações pela publicação dos atos no órgão oficial, conforme disposto no art. 272 do mencionado estatuto processual. Precedentes" (STJ,

AgInt no AREsp 978.007/MG, Rel. Min. Regina Helena Costa, 1ª Turma, jul. 18.05.2020, *DJe* 25.05.2020).

2. Ação de usucapião (§ 3º).

a) Legitimidade.

Condomínio. "Esta Corte Superior entende que o condomínio tem legitimidade ativa e interesse para propor a ação de usucapião de área comum" (STJ, AgInt no REsp 1.723.040/MS, Rel. Min. Marco Aurélio Bellizze, 3ª Turma, jul. 19.06.2018, *DJe* 29.06.2018).

Posse exercida em nome próprio sem oposição do ex-cônjuge coproprietário. "A jurisprudência deste Tribunal Superior assenta-se no sentido de que, dissolvida a sociedade conjugal, o bem imóvel comum do casal rege-se pelas regras relativas ao condomínio, ainda que não realizada a partilha de bens, cessando o estado de mancomunhão anterior. Precedente. Nesse contexto, possui legitimidade para usucapir em nome próprio o condômino que exerça a posse por si mesmo, sem nenhuma oposição dos demais coproprietários, tendo sido preenchidos os demais requisitos legais. Precedentes" (STJ, REsp 1.840.561/SP, Rel. Min. Marco Aurélio Bellizze, 3ª Turma, jul. 03.05.2022, *DJe* 17.05.2022

b) Interesse processual. Exigência de prévio pedido na via extrajudicial. Descabimento. "Controvérsia acerca da exigência de prévio pedido de usucapião na via extrajudicial para se evidenciar interesse processual no ajuizamento de ação com o mesmo objeto. Nos termos do art. 216-A da Lei 6.015/1973: 'Sem prejuízo da via jurisdicional, é admitido o pedido de reconhecimento extrajudicial de usucapião, que será processado diretamente perante o cartório do registro de imóveis da comarca em que estiver situado o imóvel usucapiendo [...]'. Existência de interesse jurídico no ajuizamento direto de ação de usucapião, independentemente de prévio pedido na via extrajudicial. Exegese do art. 216-A da Lei 6.015/1973, em âmbito doutrinário" (STJ, REsp 1.824.133/RJ, Rel. Min. Paulo de Tarso Sanseverino, 3ª Turma, jul. 11.02.2020, *DJe* 14.02.2020).

c) Ausência de citação do confinante. Nulidade relativa. Necessidade de demonstração do prejuízo. "No tocante ao confrontante, apesar de amplamente recomendável, a falta de citação não acarretará, por si, causa de irremediável nulidade da sentença que declara a usucapião, notadamente pela finalidade de seu chamamento – delimitar a área usucapienda, evitando, assim, eventual invasão indevida dos terrenos vizinhos – e pelo fato de seu liame no processo ser bem diverso daquele relacionado ao dos titulares do domínio, formando pluralidade subjetiva da ação especial, denominada de litisconsórcio *sui generis*" (STJ, REsp 1432.579/MG, Rel. Min Luis Felipe Salomão, 4ª Turma, jul. 24.10.2017, *DJe* 23.11.2017).

Desnecessidade de juntada de certidão do Cartório de Registro de Imóveis relativamente a cada um dos confinantes. "A determinação do art. 942 do CPC diz respeito à citação daquele em cujo nome estiver registrado o imóvel usucapiendo, bem como dos confinantes, não se exigindo a juntada de certidão do Cartório de Registros de Imóveis relativamente a cada um dos confrontantes, até porque as confrontações, como parte da descrição do bem, incluem-se no registro do imóvel usucapiendo" (STJ, REsp 952.125/MG, Rel. Min. Sidnei Beneti, 3ª Turma, jul. 07.06.2011, *DJe* 14.06.2011).

d) Prazo

Implementação no curso da demanda. Fato superveniente. Possibilidade. "Cinge-se a controvérsia a definir se é possível o reconhecimento da usucapião de bem imóvel na hipótese em que o requisito temporal (prazo para usucapir) previsto em lei é implementado no curso da demanda. (...). O prazo, na ação de usucapião, pode ser completado no curso do processo, em conformidade com o disposto no art. 462 do CPC/1973 (correspondente ao art. 493 do CPC/2015). A contestação não tem a capacidade de exprimir a resistência do demandado à posse exercida pelo autor, mas apenas a sua discordância com a aquisição do imóvel pela usucapião. A interrupção do prazo da prescrição aquisitiva somente poderia ocorrer na hipótese em que o proprietário do imóvel usucapiendo conseguisse reaver a posse para si. Precedentes. Na hipótese, havendo o transcurso do lapso vintenário na data da prolação da sentença e sendo reconhecido pelo tribunal de origem que estão presentes todos os demais requisitos da usucapião, deve ser julgado procedente o pedido autoral" (STJ, REsp 1.361.226/MG, Rel. Min. Ricardo Villas Bôas Cueva, 3ª Turma, jul. 05.06.2018, *DJe* 09.08.2018).

"É plenamente possível o reconhecimento da prescrição aquisitiva quando o prazo exigido por lei se exauriu no curso da ação de usucapião, por força do art. 462 do CPC, que privilegia o estado atual em que se encontram as coisas, evitando-se provimento judicial de procedência quando já pereceu o direito do autor ou de improcedência quando o direito pleiteado na inicial, delineado pela *causa petendi* narrada, é reforçado por fatos supervenientes" (STJ, REsp 1.720.288/RS, Rel. Min. Nancy Andrighi, 3ª Turma, jul. 26.05.2020, *DJe* 29.05.2020). **No mesmo sentido:** STJ, REsp 1.909.276/RJ, Rel. Min. Ricardo Villas Bôas Cueva, 3ª Turma, jul. 27.09.2022, *DJe* 30.09.2022.

Termo inicial. "O propósito recursal consiste em definir se a teoria da *actio nata* é aplicável à prescrição aquisitiva, notadamente quando a violação ao direito de propriedade é constatada somente após ação demarcatória. (...) O termo inicial da prescrição aquisitiva é o do exercício da posse *ad usucapionem*, e não da ciência do titular do imóvel quanto a eventual irregularidade da posse, devendo ser afastada a aplicação da teoria da *actio nata* em seu viés subjetivo" (STJ, REsp 1.837.425/PR, Rel. Min. Marco Aurélio Bellizze, 3ª Turma, jul. 13.06.2023, *DJe* 22.06.2023).

e) Posse mansa e pacífica. "A contestação não tem a capacidade de exprimir a resistência do demandado à posse exercida pelo autor, mas apenas a sua discordância com a aquisição do imóvel pela usucapião" (STJ, REsp 1.909.276/RJ, Rel. Min. Ricardo Villas Bôas Cueva, 3ª Turma, jul. 27.09.2022, *DJe* 30.09.2022).

f) Imóvel pertencente à Administração.

Imóvel da Caixa Econômica Federal vinculada ao SFH. "Não obstante se trate de empresa pública, com personalidade jurídica de direito privado, a Caixa Econômica Federal, ao atuar como agente financeiro dos programas oficiais de habitação e órgão de execução da política habitacional, explora serviço público, de relevante função social, regulamentado por normas especiais previstas na Lei 4.380/64. O imóvel da Caixa Econômica Federal vinculado ao Sistema Financeiro de Habitação, porque afetado à prestação de serviço público, deve ser tratado como bem público, sendo, pois, imprescritível" (STJ, REsp 1448026/PE, Rel.ª Min.ª Nancy Andrighi, 3ª Turma, jul. 17.11.2016, *DJe* 21.11.2016).

Imóvel. SFH. Impossibilidade. "Ademais, a jurisprudência desta Corte firmou-se no sentido do 'descabimento da aquisição, por usucapião, de imóveis vinculados ao SFH, tendo em vista o caráter público dos serviços prestado pela Caixa Econômica Federal na implementação da política nacional de habitação. Precedentes.' (AgInt no REsp 1712101/AL, Rel. Ministro Paulo de Tarso Sanseverino, Terceira Turma, julgado em 15/05/2018, *DJe* 21/05/2018)" (STJ, AgInt no AREsp 1.343.742/RJ, Rel. Min. Luis Felipe Salomão, 4ª Turma, jul. 26.02.2019, *DJe* 06.03.2019).

Imóvel de sociedade de economia mista. "Conforme entendimento do STJ, os bens integrantes do acervo patrimonial de sociedade de economia mista ou empresa pública não podem ser objeto de usucapião quando sujeitos à destinação pública" (STJ, REsp 2.173.088/DF, Rel. Min. Nancy Andrighi, 3ª Turma, jul. 08.10.2024, *DJe* 11.10.2024).

g) Aquisição de imóvel com proventos de crime.

Alegação de usucapião. Confisco do bem. Perda de objeto. "Subordinação do juízo cível ao juízo criminal após o confisco do imóvel, não se aplicando, nessa hipótese, a regra da independência das instâncias. Doutrina sobre o tema. Perda de objeto da ação de usucapião após a superveniência do confisco do imóvel. Impossibilidade de o juízo cível apreciar as alegações de ineficácia da medida constritiva, boa-fé do possuidor e ausência de registro do sequestro/confisco no cartório de imóveis, pois essas questões são da competência exclusiva do juízo criminal prolator da constrição" (STJ, REsp 1471563/AL, Rel. Min. Paulo de Tarso Sanseverino, 3ª Turma, jul. 26.09.2017, *DJe* 10.10.2017).

Objeto proveniente de crime. Possibilidade. "Recurso no qual se discute a possibilidade de aquisição da propriedade de bem móvel furtado por terceiro que o adquiriu de boa-fé e exerceu a posse ininterrupta e incontestadamente por mais de 20 (vinte) anos. (...) Nos termos do art. 1.261 do CC/2002, aquele que exercer a posse de bem móvel, interrupta e incontestadamente, por 5 (cinco) anos, adquire a propriedade originária do bem, fazendo sanar todo e qualquer vício anterior. A apreensão física da coisa por meio de clandestinidade (furto) ou violência (roubo) somente induz a posse após cessado o vício (art. 1.208 do CC/2002), de maneira que o exercício ostensivo do bem é suficiente para caracterizar a posse mesmo que o objeto tenha sido proveniente de crime. As peculiaridades do caso concreto, em que houve exercício da posse ostensiva de bem adquirido por meio de financiamento bancário com emissão de registro perante o órgão público competente, ao longo de mais de 20 (vinte) anos, são suficientes para assegurar a aquisição do direito originário de propriedade, sendo irrelevante se perquirir se houve a inércia do anterior proprietário ou se o usucapiente conhecia a ação criminosa anterior à sua posse" (STJ, REsp 1.637.370/RJ, Rel. Min. Marco Aurélio Bellizze, 3ª Turma, jul. 10.09.2019, *DJe* 13.09.2019).

h) Efeitos da decretação da falência. Interrupção da prescrição aquisitiva. "O bem imóvel, ocupado por quem tem expectativa de adquiri-lo por meio da usucapião, passa a compor um só patrimônio afetado na decretação da falência, correspondente à massa falida objetiva. Assim, o curso da prescrição aquisitiva da propriedade de bem que compõe a massa falida é interrompido com a decretação da falência, pois o possuidor (seja ele o falido ou terceiros) perde a posse pela incursão do Estado na sua esfera jurídica" (STJ, REsp 1680357/RJ, Rel.ª Min.ª Nancy Andrighi, 3ª Turma, jul. 10.10.2017, *DJe* 16.10.2017).

i) Separação de fato por longo período. Impedimento de fluência da prescrição afastado. Prescrição aquisitiva por usucapião. "A causa impeditiva de fluência do prazo prescricional prevista no art. 197, I, do CC/2002, conquanto topologicamente inserida no capítulo da prescrição extintiva, também se aplica às prescrições aquisitivas, na forma do art. 1.244 do CC/2002. A constância da sociedade conjugal, exigida para a incidência da causa impeditiva da prescrição extintiva ou aquisitiva (art. 197, I, do CC/2002), cessará não apenas nas hipóteses de divórcio ou de separação judicial, mas também na hipótese de separação de fato por longo período, tendo em vista que igualmente não subsistem, nessa hipótese, as razões de ordem moral que justificam a existência da referida norma. Precedente" (STJ, REsp 1.693.732/MG, Rel. Min. Nancy Andrighi, 3ª Turma, jul. 05.05.2020, *DJe* 11.05.2020).

j) Destinação do imóvel para fins comerciais. Possibilidade de reconhecimento da usucapião especial urbana sobre a totalidade da área. "A usucapião especial urbana apresenta como requisitos a posse ininterrupta e pacífica, exercida como dono, o decurso do prazo de cinco anos, a dimensão da área (250 m² para a modalidade individual e área superior a esta, na forma coletiva), a moradia e o fato de não ser proprietário de outro imóvel urbano ou rural. O art. 1.240 do CC/2002 não direciona para a necessidade de destinação exclusiva residencial do bem a ser usucapido. Assim, o exercício simultâneo de pequena atividade comercial pela família domiciliada no imóvel objeto do pleito não inviabiliza a prescrição aquisitiva buscada" (STJ, REsp 1.777.404/TO, Rel. Min. Nancy Andrighi, 3ª Turma, jul. 05.05.2020, *DJe* 11.05.2020).

k) Imóvel sem registro.

Imóvel particular desprovido de registro. Loteamento irregular. Usucapião, Possibilidade. "O reconhecimento da usucapião não impede a implementação de políticas públicas de desenvolvimento urbano. Muito ao revés, constitui, em várias hipóteses, o primeiro passo para restabelecer a regularidade da urbanização. Impossível extinguir prematuramente as ações de usucapião relativas aos imóveis situados no Setor Tradicional de Planaltina com fundamento no art. 485, VI, do NCPC em razão de uma suposta ausência de interesse de agir ou falta de condição de procedibilidade da ação. Recurso especial não provido, mantida a tese jurídica fixada no acórdão recorrido: É cabível a aquisição de imóveis particulares situados no Setor Tradicional de Planaltina/DF, por usucapião, ainda que pendente o processo de regularização urbanística" (STJ, REsp 1.818.564/DF, Rel. Min. Moura Ribeiro, 2ª Seção, jul. 09.06.2021, *DJe* 03.08.2021).

Falta de registro do compromisso de compra e venda. Justo título. Interrupção do prazo prescricional. "A falta de registro de compromisso de compra e venda não é suficiente para descaracterizar o justo título como requisito necessário ao reconhecimento da usucapião ordinária. A interrupção do prazo da prescrição aquisitiva somente é possível na hipótese em que o proprietário do imóvel usucapiendo consegue reaver a posse para si. Precedentes. A mera lavratura de boletim de ocorrência, por iniciativa de quem se declara proprietário de imóvel litigioso, não é capaz de, por si só, interromper a prescrição aquisitiva" (STJ, REsp 1.584.447/MS, Rel. Min. Ricardo Villas Bôas Cueva, 3ª Turma, jul. 09.03.2021, *DJe* 12.03.2021).

l) Propriedade da metade do imóvel. Alteração fática substancial. Transmudação da posse. *Animus domini*. Caracterização. Usucapião reconhecido. "O fato de os possuidores serem proprietários de metade do imóvel usucapiendo não recai na vedação de não possuir 'outro imóvel' urbano, contida no artigo 1.240 do Código Civil. É firme a jurisprudência desta Corte no sentido de ser admissível a usucapião de bem em condomínio, desde que o condômino exerça a posse do bem com exclusividade. A posse exercida pelo locatário pode se transmudar em posse com *animus domini* na hipótese em que ocorrer substancial alteração da situação fática. Na hipótese, os possuidores (i) permaneceram no imóvel por mais de 30 (trinta) anos, sem contrato de locação regular e sem efetuar o pagamento de aluguel, (ii) realizaram benfeitorias, (iii) tornaram-se proprietários da metade do apartamento, e (iv) adimpliram todas as taxas e tributos, inclusive taxas extraordinárias de condomínio, comportando-se como proprietários exclusivos do bem" (STJ, REsp 1.909.276/RJ, Rel. Min. Ricardo Villas Bôas Cueva, 3ª Turma, jul. 27.09.2022, *DJe* 30.09.2022).

m) Condomínio *pro indiviso* entre particulares e Terracap. Gleba não década. Aquisição parcial por usucapião. Possibilidade. "Nos termos da jurisprudência desta Corte, 'Os imóveis administrados pela Companhia Imobiliária de Brasília (TERRACAP) são públicos, sendo insuscetíveis de usucapião' (EREsp 695.928/DF, Relator Ministro JOSÉ DELGADO, Corte Especial, j. em 18/10/2006, *DJ* de 18/12/2006, p. 278). Todavia, é necessário considerar a peculiaridade de que a TERRACAP, conquanto constituída sob a forma de empresa pública, tem justamente a específica finalidade de executar, mediante remuneração, as atividades imobiliárias de interesse do Distrito Federal, compreendendo a utilização, aquisição, administração, disposição, incorporação, oneração ou alienação de bens dominicais do Distrito Federal, susceptíveis de alienação a particulares. Na hipótese, em razão de reiterada inércia da TERRACAP em realizar a divisão da gleba de há muito parcialmente desapropriada em seu favor, distinguindo a parte pública da privada, o imóvel rural encontra-se em condomínio indiviso com particulares. E isso significa que a propriedade não é exclusiva da Companhia. Portanto, ainda que reconhecida a natureza pública da parte da gleba pertencente à empresa pública, não é possível estender tal natureza a todo o imóvel rural para considerá-lo absolutamente insusceptível de usucapião, como ocorreria caso estivesse devidamente dividida, demarcada e identificada a área pública. Nesse cenário, torna-se possível a aquisição, por usucapião, de parte da gleba em questão, porquanto não comprovada a natureza pública da área objeto da pretensão aquisitiva, sendo necessária, no entanto, a devolução dos autos ao eg. Tribunal de Justiça para que se manifeste acerca do preenchimento dos requisitos da usucapião invocada" (STJ, AgInt no REsp 1.504.916/DF, Rel. Min. Raul Araújo, 4ª Turma, jul. 27.09.2022, *DJe* 31.01.2023).

3. Citação por telefone. "A citação por telefone não é admitida pelo ordenamento jurídico pátrio, configurando ato nulo. Art. 221 do CPC [art. 246 do CPC/2015]. Necessidade da regular citação do réu [...]. Cerceamento de defesa reconhecido. Decretada a nulidade processual a partir da audiência de justificação" (TJRS, AI 70013569363, Rel. Des. André Luiz Planella Villarinho, 18ª Câmara Cível, jul. 23.11.2005, *DJ* 01.12.2005).

"Se o réu da ação não é encontrado no seu endereço habitual, se contactado ao telefone, nega-se a fornecer o seu endereço, na verdade, está ele em lugar incerto e não sabido, o que, por si só, justifica a citação editalícia. A alegação, em casos tais, de nulidade porque o autor deveria descobrir o seu paradeiro pelo número do telefone, não pode ser acolhida, vez que, além de não ser exigência legal, importaria em beneficiar a torpeza do réu que procura evadir-se da citação" (TA Cível RJ, AC 9620/91 – (Reg. 4931) – Cód. 91.001.09620, Rel. Juiz Marlan de Morais Marinho, 2ª Câmara, ac. 31.10.1991, *Ementário TACivRJ* 06/92).

4. Citação por fax. "Há uma mácula no nascedouro da ação alienígena, uma vez que a citação do réu, que reside no Brasil, foi inválida, e por conseguinte sua revelia, porquanto não realizada por carta rogatória mas por fax, forma inadmitida pela lei e jurisprudência pátrias" (STJ, SEC 569/EX, Rel. Min. Laurita Vaz, Corte Especial, jul. 17.05.2006, *DJ* 26.06.2006, p. 81).

"A citação via fax praticamente equivale à feita por telefone, que não é admitida, de uma ou de outra forma, por ausência de previsão legal" (1º TACivSP, ApSúm. 598.360-0, Rel. Juiz Roberto Midolla, 7ª Câmara, jul. 02.05.1995, *RT* 718/159).

Art. 247. A citação será feita por meio eletrônico ou pelo correio para qualquer comarca do País, exceto: (Redação dada pela Lei nº 14.195, de 2021.)

I – nas ações de estado, observado o disposto no art. 695, § 3º;

II – quando o citando for incapaz;

III – quando o citando for pessoa de direito público;

IV – quando o citando residir em local não atendido pela entrega domiciliar de correspondência;

V – quando o autor, justificadamente, a requerer de outra forma.

CPC/1973

Art. 222.

BREVES COMENTÁRIOS

Deu-se poder à parte de afastar a regra geral da citação pelo correio, desde que requeira sua feitura por mandado, em qualquer processo. A opção, porém, não é livre, já que o autor terá de justificar sua preferência por outra modalidade citatória.

O art. 247 ressalva as várias situações em que é vedada a citação eletrônica ou pelo correio, sendo de se observar que as hipóteses são as mesmas que já existiam antes da Lei nº 14.195/2021.

JURISPRUDÊNCIA SELECIONADA

1. Citação pelo correio. Execução. Possibilidade. "Citação via correio que passou a ser válida no processo de execução a partir da vigência da Lei 13.105/2015" (TJSP, Agravo de Instrumento 2091426-06.2016.8.26.0000, Rel. Francisco Casconi, 31ª Câmara de Direito Privado, jul. 24.05.2016, *DJe* 30.05.2016).

"A regra estabelecida no art. 247, do CPC, é clara no sentido de que a citação deverá ser feita pelo Correio, para qualquer Comarca do país, até mesmo nos processos de execução" (TJMG, Agravo de Instrumento-Cv 1.0342.15.011209-8/001, Rel. Des. Roberto Vasconcellos, 17ª Câmara Cível, jul. 16.02.2017, *DJe* 03.03.2017).

"O objetivo da citação pelo correio é conferir maior celeridade ao processo, bem como diminuir as despesas processuais. Não se enquadrando a hipótese dos autos em nenhuma das exceções previstas no art. 222 do CPC [art. 247 do CPC/2015], deve a citação ocorrer pelo correio mediante carta com aviso de recebimento" (TJMG, AI 1.0567.08.111585-7/001, Rel. Des. Irmar Ferreira Campos, 17ª Câmara, jul. 17.09.2009, *DJ* 06.10.2009).

Pessoa jurídica. "'É possível a citação da pessoa jurídica pelo correio, desde que entregue no domicílio da ré e recebida por funcionário, ainda que sem poderes expressos para isso' (AgRg no Ag 711.722/PE, 3ª Turma, Rel. Min. Humberto Gomes de Barros, *DJ* 27.03.2006)" (STJ, REsp 489.791/MT, Rel. Min. Herman Benjamin, 2ª Turma, jul. 19.06.2007, *DJe* 19.12.2008).

Regra. Despejo. "A partir da edição da Lei nº 8.710, de 24.09.1993, que, alterando o CPC, adotou como regra a citação pelo correio, restou ultrapassada a exigência de autorização para tanto no contrato, prevista no art. 58, IV, da Lei nº 8.245/1991. A citação pelo correio se aplica à ação de despejo, que não foi excepcionada no art. 222 do CPC [art. 247 do CPC/2015] em sua atual e vigente redação" (TJDF, Ap. 33.428/DF, Rel. Des. Mário Machado, 1ª Turma, *RJ* 212/81).

Comerciante individual. "Citação pelo correio. Comerciante individual. Possibilidade de fazer-se a entrega da carta a quem tenha poderes gerais de gerência ou de administração, malgrado não seja o citando pessoa jurídica. Inviável, entretanto, que aquela se faça em um empregado qualquer, sem aqueles poderes" (STJ, REsp 77.813/RS, Rel. Min. Eduardo Ribeiro, 3ª Turma, jul. 07.11.1995, *DJU* 18.12.1995, p. 44.568).

"O juiz de uma comarca pode determinar a citação do réu, comerciante ou industrial, pelo correio, ainda que residente em outra comarca" (1º TACivSP, AI 311.033, Rel. Roque Komatsu, 2ª Câmara, jul. 06.04.1983, *RT* 573/157).

2. Pessoa jurídica de direito público.

"Com toda a clareza estabelece o art. 222, alínea *c*, do Código de Processo Civil [art. 247, III, do CPC/2015] que, quando o réu for pessoa jurídica de direito público, inviável se torna a citação por carta com AR. [...] Deverá ser citada por carta precatória pessoa de direito público localizada em outro estado" (TJMG, Ag. 1.0145.06.334479-3/001, Rel. Des. Pedro Bernardes, 9ª Câmara Cível, jul. 28.08.2007, *DJ* 07.09.2007).

3. Falência. Citação por via postal. Inadmissão. "A falência, embora não inclusa no rol do art. 222 do CPC [art. 247 do CPC/2015], não admite a citação por via postal, em razão de tal modalidade não estar prevista na lei de quebras, o que, por si só, impossibilita a invocação de norma geral do sistema processual civil comum (art. 221, I, do CPC) [art. 246, I, do CPC/2015], diante de sua incompatibilidade com o sistema processual falimentar" (TJSP, AI 93.737.4/3, Rel. Des. Ruiter Oliva, 9ª Câmara, jul. 15.12.1998, *RT* 762/254).

4. Ação monitória. "Tratando-se de ação monitória, não há qualquer impedimento legal para que a citação se efetive via correio, desde que respeitadas as formalidades referentes à citação postal, conforme o disposto nos arts. 221, I, 223, 240 e 241, I, do CPC [arts. 246, I; 248; 183 e 231, I, do CPC/2015]; havendo dúvida sobre a efetivação do ato citatório, o juiz poderá determinar que seja procedido por oficial de justiça" (TACivSP, AI 1.230.942-7, Rel. Juiz Grava Brazil, 9ª Câmara, jul. 07.10.2003).

5. Ação de alimentos. "Tratando-se de ação de alimentos, nos termos da lei especial, a citação do réu poderá efetivar-se por intermédio de carta com aviso de retorno, carta essa que há de ser recebida pessoalmente pelo citando, acompanhada de uma cópia da petição inicial" (TJSP, AR 230.142, Rel. Alves Braga, 3ª Câmara, jul. 26.09.1974, *RT* 475/104).

Art. 248. Deferida a citação pelo correio, o escrivão ou o chefe de secretaria remeterá ao citando cópias da petição inicial e do despacho do juiz e comunicará o prazo para resposta, o endereço do juízo e o respectivo cartório.

§ 1º A carta será registrada para entrega ao citando, exigindo-lhe o carteiro, ao fazer a entrega, que assine o recibo.

§ 2º Sendo o citando pessoa jurídica, será válida a entrega do mandado a pessoa com poderes de gerência geral ou de administração ou, ainda, a funcionário responsável pelo recebimento de correspondências.

§ 3º Da carta de citação no processo de conhecimento constarão os requisitos do art. 250.

§ 4º Nos condomínios edilícios ou nos loteamentos com controle de acesso, será válida a entrega do mandado a funcionário da portaria responsável pelo recebimento de correspondência, que, entretanto, poderá recusar o recebimento, se declarar, por escrito, sob as penas da lei, que o destinatário da correspondência está ausente.

CPC/1973

Art. 223.

REFERÊNCIA LEGISLATIVA

CPC/2015, art. 231, I (intimação por carta postal; fluência do prazo).

SÚMULAS

Súmula do STJ:

Nº 429: "A citação postal, quando autorizada por lei, exige o aviso de recebimento."

BREVES COMENTÁRIOS

Realiza-se a citação pelo correio, uma vez deferida pelo juiz, por meio de carta registrada com aviso de recepção, expedida pelo escrivão do feito, ou chefe da secretaria, que será acompanhada de cópias da petição inicial e do despacho proferido pelo magistrado. De seu texto deverá constar o prazo para resposta, explicitados o juízo e o cartório, com o respectivo endereço. O Código não faz menção à necessidade de advertência acerca da revelia. Mas sem dúvida terá de constar da carta citatória, já que, em se tratando de processo de conhecimento, dita carta deverá conter todos os requisitos do art. 250.

Impõe o Código ao carteiro a obrigação de entregar a carta pessoalmente ao citando, de quem exigirá assinatura no recibo (art. 248, § 1º). Tratando-se, porém, de pessoa jurídica, o Superior Tribunal de Justiça, ainda na vigência do Código de 1973, consagrou o entendimento de que era válida a citação postal quando realizada no endereço da ré, mesmo que o aviso de recebimento tivesse sido firmado por simples empregado. Desnecessário, em tal caso, que a assinatura fosse do representante legal da empresa.

A matéria foi expressamente regulada pelo CPC/2015, no § 2º do art. 248. Na nova regulamentação legal, a entrega da carta não pode ser a qualquer empregado, mas apenas àqueles responsáveis pelo recebimento de correspondência. No mais, a orientação do Código é a mesma do STJ.

Em caso de citação em condomínio edilício ou em loteamento, o Código atual inseriu regra autorizando a entrega da carta ao funcionário da portaria responsável pelo recebimento de correspondências, podendo, entretanto, se recusar a recebê-la se o destinatário da correspondência estiver ausente (§ 4º).

JURISPRUDÊNCIA SELECIONADA

1. Citação. Correio.

a) Pessoa física. "A citação de pessoa física pelo correio deve obedecer ao disposto no art. 223, parágrafo único, do Código de Processo Civil [art. 248, §§ 1º e 2º, do CPC/2015], necessária a entrega direta ao destinatário, de quem o carteiro deve colher o ciente. Subscrito o aviso por outra pessoa que não o réu, o autor tem o ônus de provar que o réu, embora sem assinar o aviso, teve conhecimento da demanda que lhe foi ajuizada" (STJ, EREsp 117.949/SP, Rel. Min. Carlos Alberto Menezes Direito, Corte Especial, jul. 03.08.2005, *DJ* 26.09.2005, p. 161). **No mesmo sentido:** STJ, REsp 712.609/SP, Rel. Min. Arnaldo Esteves Lima, 5ª Turma, jul. 15.03.2007, *DJ* 23.04.2007, p. 294; STJ, REsp 164.661/SP, Rel. Min. Sálvio de Figueiredo Teixeira, 4ª Turma, jul. 03.12.1998, *DJ* 16.08.1999, p. 74.

Necessidade de recebimento e assinatura pelo próprio citando. "A citação de pessoa física pelo correio se dá com a entrega da carta citatória diretamente ao citando, cuja assinatura deverá constar no respectivo aviso de recebimento, sob pena de nulidade do ato, nos termos do que dispõem os arts. 248, § 1º, e 280 do CPC/2015. Na hipótese, a carta citatória não foi entregue ao citando, ora recorrente, mas sim à pessoa estranha ao feito, em clara violação aos referidos dispositivos legais. Vale ressaltar que o fato de a citação postal ter sido enviada ao estabelecimento comercial onde o recorrente exerce suas atividades como sócio administrador não é suficiente para afastar norma processual expressa, sobretudo porque não há como se ter certeza de que o réu tenha efetivamente tomado ciência da ação monitória contra si ajuizada, não se podendo olvidar que o feito correu à sua revelia. A possibilidade da carta de citação ser recebida por terceira pessoa somente ocorre quando o citando for pessoa jurídica, nos termos do disposto no § 2º do art. 248 do CPC/2015, ou nos casos em que, nos condomínios edilícios ou loteamentos com controle de acesso, a entrega do mandado for feita a funcionário da portaria responsável pelo recebimento da correspondência, conforme estabelece o § 4º do referido dispositivo legal, hipóteses, contudo, que não se subsumem ao presente caso" (STJ, REsp 1.840.466/SP, Rel. Min. Marco Aurélio Bellizze, 3ª Turma, jul. 16.06.2020, *DJe* 22.06.2020).

Aviso de recebimento da carta de citação assinado por pessoa não identificada. Dúvida quanto à validade da citação. Garantia do direito de defesa. "A citação constitui ato essencial ao devido processo legal, à garantia e à segurança do processo, cuja lisura não pode ser acometida de dúvidas. No caso de incerteza quanto à regularidade da citação, não é razoável impor ao réu o ônus da revelia. Hipótese em que não consta do aviso de recebimento carimbo ou registro legível com indicação do nome e documento de identidade da pessoa que recebeu a citação, sendo ilegível sua própria assinatura, de modo a inviabilizar sua identificação. Havendo dúvida quanto à validade da citação, merece ser mantida a solução dada pelas instâncias ordinárias, impondo-se o recebimento da contestação, ainda que intempestiva, em prol da garantia do direito de defesa" (STJ, AgInt no AgInt no REsp 1.639.726/SP, Rel. Min. Lázaro Guimarães, 4ª Turma, jul. 19.10.2017, *DJe* 26.10.2017).

b) Pessoa jurídica.

Aviso de recebimento. Assinatura de terceiro alheio ao quadro de funcionários. Ausência de prejuízo. "A jurisprudência das Turmas que compõem a Segunda Seção desta Corte Superior é firme quanto à validade da citação de pessoa jurídica por via postal, quando remetida a carta citatória para o seu endereço, independentemente da assinatura no aviso de recebimento (AR) e do recebimento da carta terem sido efetivados por seu representante legal" (STJ, AgInt no AREsp 1.167.808/SP, Rel. Min. Ricardo Villas Bôas Cueva, 3ª Turma, jul. 26.06.2018,

DJe 02.08.2018). **No mesmo sentido:** STJ, AgRg no Ag 608.317/SP, Rel. Min. Jorge Scartezzini, 4ª Turma, jul. 16.02.2006, *DJ* 06.03.2006, p. 392; STJ, REsp 190.690/RJ, Rel. Min. Barros Monteiro, 4ª Turma, jul. 14.12.1999, *DJ* 20.03.2000, p. 77; STJ, REsp 879.181/MA, Rel. Min. Sidnei Beneti, 3ª Turma, jul. 08.06.2010, *DJe* 01.07.2010.

"Tanto na execução fiscal como na execução comum, os poderes de representação da pessoa jurídica para recebimento da citação postal não são necessários" (STJ, EREsp 249.771/SC, Rel. Min. Fernando Gonçalves, Corte Especial, jul. 07.11.2007, *DJ* 03.12.2007, p. 247).

Preposto. "Adotando a citação por carta, o legislador acomodou-se às características desse serviço, no desempenho do qual o carteiro não é ordinariamente recebido pelos representantes legais das empresas, bastando que a correspondência seja entregue a preposto" (STJ, AgRg no REsp 262.979/MG, Rel. Min. Ari Pargendler, 3ª Turma, jul. 07.08.2001, *DJ* 10.09.2001).

Teoria da aparência. "A citação constitui ato essencial para a formação do processo, e eventual inobservância na sua concretização implica violação ao princípio do contraditório. Daí o Poder Judiciário cercar-se de muita cautela na adoção da teoria da aparência" (STJ, REsp 622.026/SP, Rel. Min. Arnaldo Esteves Lima, 5ª Turma, jul. 12.09.2006, *DJ* 09.10.2006).

"Válida a citação feita via mandado no domicílio da ré e lá recebida por funcionária sua, sem qualquer ressalva. **Aplicação da teoria da aparência**" (STJ, REsp 931.360/MA, Rel. Min. Aldir Passarinho Junior, 4ª Turma, jul. 02.09.2008, *DJe* 29.09.2008).

2. Execução hipotecária. SFH. "Para a regularidade das notificações referidas pelo artigo 2º, IV, da Lei nº 5.471/1971 [*rectius*: Lei nº 5.741] e pela Súmula 199/STJ, não é necessário que os Avisos de Recebimento (AR) respectivos sejam assinados pelo destinatário, sendo suficiente que eles sejam efetivamente entregues no endereço do imóvel hipotecado, no qual, por força da lei e do contrato, o mutuário está obrigado a residir. II – No caso dos autos, consoante afirmado pelo acórdão recorrido, o AR voltou aos autos sem assinatura do recebedor. Mais que isso, dele não consta nem mesmo o carimbo da unidade dos correios situada na localidade de destino. Não é razoável, nesses termos, afirmar que esse AR serve de prova da entrega da notificação que continha, ou mesmo estabelecer uma presunção nesse sentido" (STJ, REsp 1.102.572/DF, Rel. Min. Sidnei Beneti, 3ª Turma, jul. 02.06.2009, *DJe* 26.06.2009).

3. Correspondência remetida para a caixa postal da ré. "Em hipóteses nas quais a empresa só fornece, nos documentos e correspondências enviados aos seus consumidores, o endereço de uma caixa postal, dificultando-lhes a sua localização, é válida a citação judicial enviada, por correio, para o endereço dessa caixa postal, notadamente tendo em vista a afirmação contida no acórdão recorrido de que esse expediente é utilizado para que a empresa se furte do ato processual. O dever de informação e de boa-fé devem ser sempre colocados em primeiro plano, tanto no desenvolvimento da relação de consumo como no posterior julgamento de processos relacionados à matéria" (STJ, REsp 981.887/RS, Rel. Min. Nancy Andrighi, 3ª Turma, jul. 23.03.2010, *DJe* 01.07.2010).

4. Citação entregue a funcionário de portaria. Validade (§ 4º). "O Código de Processo Civil de 2015, em seu art. 248, § 4º, traz regra no sentido de admitir como válida a citação entregue a funcionário de portaria responsável pelo recebimento de correspondência, norma inaplicável à hipótese dos autos" (STJ, REsp 1625697/PR, Rel. Min. Ricardo Villas Bôas Cueva, 3ª Turma, jul. 21.02.2017, *DJe* 24.02.2017).

Art. 249. A citação será feita por meio de oficial de justiça nas hipóteses previstas neste Código ou em lei, ou quando frustrada a citação pelo correio.

CPC/1973

Art. 224.

REFERÊNCIA LEGISLATIVA

CPC/2015, arts. 683 (citação na oposição), 343, § 1º (citação na reconvenção), 690, parágrafo único (citação na habilitação).

BREVES COMENTÁRIOS

A citação pelo oficial de justiça cabe também no caso de frustração da citação por meio eletrônico (art. 246, § 1º-A, II).

Para realizar o ato citatório, o oficial de justiça deve portar o competente mandado, documento que o legitima a praticar a citação, que, por sua vez, depende sempre de prévio despacho do juiz. É, portanto, o mandado o documento que habilita o oficial a atuar em nome do juiz na convocação do citando para integrar o polo passivo da relação processual instada pelo autor.

JURISPRUDÊNCIA SELECIONADA

1. Citação por edital. "'A citação por oficial de justiça deve preceder a citação por edital, a teor do que dispõe o art. 224 do CPC [art. 249 do CPC/2015], de aplicação subsidiária à Lei de Execução Fiscal (Lei nº 6.830/1980, art. 1º)' (REsp 837.050/RS, Rel. Min. Luiz Fux, 1ª T., *DJU* 18.09.2006)" (STJ, REsp 996.910/RN, Rel. Min. Teori Albino Zavascki, 1ª Turma, jul. 19.02.2008, *DJe* 03.03.2008). Obs.: Cf. art. 246, § 1º-A, do CPC/2015.

Possibilidade mediante prévio exaurimento dos meios à localização do devedor. "Na execução fiscal a citação do devedor por edital só é possível após o esgotamento de todos os meios possíveis à sua localização. A citação por edital deve ser precedida pela citação por oficial de justiça, a teor do disposto no art. 224 do CPC [art. 249 do CPC/2015], que se aplica subsidiariamente às execuções fiscais" (STJ, REsp 653.480/MG, Rel. Min. Francisco Peçanha Martins, 2ª Turma, jul. 01.09.2005, *DJ* 17.10.2005, p. 258).

2. Citação pelos correios frustrada. Citação pelo oficial de justiça. "Frustrada a citação pelo correio, deve ser acolhido o pedido do INSS para promover a citação por meio do oficial de justiça, tendo em conta os termos do art. 8º, I e III, da Lei nº 6.830/1980 e art. 224 do Código de Processo Civil" [art. 249 do CPC/2015] (STJ, REsp 913.341/PE, Rel. Min. Francisco Falcão, 1ª Turma, jul. 17.04.2007, *DJ* 07.05.2007, p. 298).

3. Citação pelo correio. Recusa em receber a carta citatória. Citação frustrada. Citação por edital. "Recusado o recebimento da carta citatória pelo réu, considera-se frustrada a citação. Tal fato, contudo, não possibilita a citação por edital, eis que ausentes os requisitos necessários. Caso em que se aplica o disposto na parte final do art. 224 do CPC [art. 249 do CPC/2015], devendo ser promovida a citação por oficial de justiça" (TJMG, Ag 1.0024.04.303817-3/001, Rel. Des. Mota e Silva, 15ª Câmara, jul. 31.08.2006, *DJ* 24.10.2006).

Art. 250. O mandado que o oficial de justiça tiver de cumprir conterá:

I – os nomes do autor e do citando e seus respectivos domicílios ou residências;

II – a finalidade da citação, com todas as especificações constantes da petição inicial, bem como a menção do prazo para contestar, sob pena de revelia, ou para embargar a execução;

III – a aplicação de sanção para o caso de descumprimento da ordem, se houver;

IV – se for o caso, a intimação do citando para comparecer, acompanhado de advogado ou de defensor público, à audiência de conciliação ou de mediação, com a menção do dia, da hora e do lugar do comparecimento;

V – a cópia da petição inicial, do despacho ou da decisão que deferir tutela provisória;

VI – a assinatura do escrivão ou do chefe de secretaria e a declaração de que o subscreve por ordem do juiz.

CPC/1973

Art. 225.

REFERÊNCIA LEGISLATIVA

CPC/2015, arts. 334 (petição inicial); 695, § 1º (mandado em ações de família).

BREVES COMENTÁRIOS

A observância dos requisitos do art. 250 é de rigor, porquanto "as citações e as intimações serão nulas quando feitas sem observância das prescrições legais" (art. 280). No entanto, "o comparecimento espontâneo do réu supre a falta ou a nulidade da citação" (art. 239, § 1º).

JURISPRUDÊNCIA SELECIONADA

1. Nulidade. Omissão do prazo para defesa. "É regra basilar do processo civil, aliás positivada em nosso Código, a de que para a validade do processo é indispensável a citação. Entre os requisitos do mandado de citação, o Código de Processo Civil exige que se assinale o prazo para a defesa. A inobservância da norma acarreta a nulidade da citação, independentemente do grau de cultura jurídica da pessoa que recebe a citação, conforme dispõe o art. 247 do diploma legal citado" [art. 280 do CPC/2015] (STJ, REsp 807.871/PR, Rel. Min. Francisco Falcão, 1ª Turma, jul. 14.03.2006, *DJ* 27.03.2006, p. 238). **No mesmo sentido:** TJMG, Ap. 170.686-0/00, Rel. Des. Antônio Hélio Silva, 1ª Câmara Cível, jul. 08.02.2000; TJMG, Ap. 78.871-2, Rel. Des. Rubens Xavier Ferreira, 2ª Câmara, jul. 26.10.1988, *Jurisp. Min.* 148/108; TJSP, AI 61.088-2, Rel. Des. Odyr Porto, jul. 24.05.1984, *RT* 590/96; STJ, REsp 10.959-0, Rel. Min. Sálvio de Figueiredo Teixeira, 4ª Turma, jul. 23.06.1992, *DJU* 03.08.1992; TJSP, ApCív. 18.986-1, Rel. Galvão Coelho, 1ª Câmara, jul. 15.06.1982, *RT* 565/5; STJ, REsp 175.546/RS, Rel. Min. Sálvio de Figueiredo Teixeira, 4ª Turma, jul. 05.08.1999, *DJ* 13.09.1999, p. 69.

"É indispensável que constem do mandado citatório o prazo para contestar (art. 225, II, do CPC) [art. 250, II, do CPC/2015] e as cominações legais para eventual não comparecimento do réu (art. 225, IV, do CPC) [art. 250, IV, do CPC/2015], sob pena de nulidade da citação. Não se justifica a anulação da citação na espécie, todavia, uma vez que os réus, acompanhados de seus advogados, foram devidamente intimados em audiência de justificação a que compareceram (CPC, art. 214, § 1º) [art. 239, § 1º, do CPC/2015] do termo *a quo* do prazo de defesa. Se por um lado não é exigido dos réus terem conhecimento do prazo de defesa, por outro incumbe ao advogado não só o conhecimento desse prazo como também a diligência quanto a seu cumprimento" (STJ, REsp 216.849/MG, Rel. Min. Sálvio de Figueiredo Teixeira, 4ª Turma, *DJU* 13.09.1999, p. 73).

"A omissão, no mandado de citação, acerca dos efeitos da revelia, não gera nulidade processual nem induz cerceamento de defesa; apenas impede a presunção ficta consequente da revelia (CPC, art. 285) [art. 334, CPC/2015]" (STJ, AgRg no REsp 643.316/PB, Rel. Min. Denise Arruda, 1ª Turma, jul. 05.06.2007, *DJ* 29.06.2007, p. 491). **No mesmo sentido:** STJ, REsp 30.222/PE, Rel. Min. José Dantas, 5ª Turma, jul. 16.12.1992, *DJ* 15.02.1993, p. 1.697; TJMG, 1.0432.05.008443-8/001(1), Rel. Des. Wagner Wilson, jul. 04.10.2007, *DJe* 23.10.2007.

2. Requisitos indispensáveis. "Os requisitos que o art. 225 do CPC [art. 250 do CPC/2015] enumera como os que o mandado citatório deva conter são indispensáveis, podendo a falta da advertência a que se refere o art. 285, segunda parte [art. 334 do CPC/2015], do mesmo diploma legal consistir em nulidade processual por defeito da citação" (TAMG, Ap. 275.811-8, 1ª Câmara Cível, Rel. Juiz Moreira Diniz, jul. 16.03.1999).

3. Citação. Ausência. Advertência. Revelia. "A ausência, no mandado citatório, da advertência prevista no art. 285 do CPC [art. 334 do CPC/2015], quanto às consequências da ausência de contestação, afasta a revelia" (STJ, REsp 410.814/MG, Rel. Min. Aldir Passarinho Junior, 4ª Turma, jul. 06.11.2007, *DJe* 09.06.2008).

4. Decretação indevida de revelia. Vício sanável. "A ausência, no mandado citatório, da advertência prevista no art. 285 do CPC [art. 334, CPC/2015], quanto às consequências da ausência de contestação, afasta a revelia. Contudo, verificado que a matéria em debate é de direito, dispensando a produção de provas, e ainda que, comparecendo à audiência convocada para os fins do art. 331 da lei adjetiva civil, a parte, representada por seu advogado, não requereu dilação probatória, a revelia, embora erroneamente aplicada, não teve influência maior, inclusive porque, ao afastar a denunciação à lide do município e a sua responsabilidade pela construção da infraestrutura do loteamento, a sentença apreciou o mérito da demanda, no que diz com as obrigações da loteadora" (STJ, REsp 410.814/MG, Rel. Min. Aldir Passarinho Junior, 4ª Turma, jul. 06.11.2007, *DJe* 09.06.2008).

"É indispensável que constem do mandado citatório o prazo para contestar (art. 225, II, CPC) [art. 250, II, CPC/2015] e as cominações legais para eventual não comparecimento do réu (art. 225, IV, CPC) [art. 250, IV, CPC/2015], independentemente do tipo de processo ou procedimento, sob pena de nulidade da citação. Não se justifica a anulação da citação em espécie, todavia, uma vez que o mandado irregular, em procedimento sumário, foi devidamente acompanhado de cópia do despacho do juiz que determinou a citação (fls. 37), no qual restou claro o momento para apresentação de defesa e as cominações legais no caso de não comparecimento do réu" (STJ, REsp 178.145/MA, Rel. Min. Sálvio de Figueiredo Teixeira, 4ª Turma, jul. 23.11.1998, *DJ* 15.03.1999, p. 238).

5. Interpretação das regras de citação. "Incumbe fazer, pois, uma interpretação sistêmica, segundo a qual a regra há de ser analisada dentro de um contexto, de modo que os raciocínios que conduzam a conclusões inadequadas venham a ser rejeitados: *interpretatio facienda est, ut ne sequatur absurdum.* Dessarte, conclui-se que, sendo ônus do autor apresentar cópia(s) da petição inicial para instruir o mandado de citação, haverá o juiz de possibilitar a emenda da inicial, oportunizando ao incumbido que cumpra seu encargo" (STJ, REsp 669.743/RJ, Rel. Min. Hélio Quaglia Barbosa, 6ª Turma, jul. 27.10.2004, *DJ* 22.11.2004, p. 410).

6. Execução fiscal. "A LEF não exige que do mandado de intimação da penhora conste o prazo para resposta (art. 12, Lei 6.830/1980). Embora aplicável subsidiariamente o CPC, o qual contém norma expressa (art. 225, VI, e art. 669) [arts. 250, VI, 842 e 915 do CPC/2015] de consignação, tem entendido a doutrina que a irregularidade não acarreta nulidade" (STJ, REsp 447.296/RJ, Rel. Min. Eliana Calmon, 2ª Turma, jul. 18.03.2004, *DJ* 17.05.2004, p. 175). **Em sentido contrário:** "Caracterizada a omissão no mandado citatório, em processo de execução fiscal, deve o magistrado determinar nova citação, pois a primeira está maculada com vício insanável, tendo em vista não explicitar ao executado o prazo para oferecimento de eventuais embargos" (STJ, REsp 227.292/RJ, Rel. Min. Gilson Dipp, 5ª Turma, jul. 16.05.2000, *DJ* 01.08.2000, p. 304).

"Para que se tenha o devedor como intimado da penhora, no processo de execução fiscal, é necessário que o oficial de justiça advirta-o expressamente de que a partir daquele ato inicia-se o prazo de trinta dias para oferecimento de embargos" (STJ, REsp 212.368/RS, Rel. Min. Humberto Gomes de Barros, 1ª Turma, jul. 18.11.1999, *DJ* 21.02.2000, p. 95).

7. Ação monitória. "Configura-se requisito indispensável do mandado citatório a cominação contida no artigo 225, III [art. 250, III, do CPC/2015], do CPC, porém, desnecessária que seja nos exatos termos utilizados na redação do artigo 1.102c do citado Código, mencionado no presente caso. Aplica-se à decretação de nulidade o princípio da interdependência dos atos processuais, não sendo considerados nulos os atos processuais posteriores que dela não dependam" (STJ, REsp 229.981/PR, Rel. Min. Antônio de Pádua Ribeiro, 3ª Turma, jul. 09.12.2003, *DJ* 25.02.2004, p. 167).

Art. 251. Incumbe ao oficial de justiça procurar o citando e, onde o encontrar, citá-lo:

I – lendo-lhe o mandado e entregando-lhe a contrafé;

II – portando por fé se recebeu ou recusou a contrafé;

III – obtendo a nota de ciente ou certificando que o citando não a apôs no mandado.

CPC/1973

Art. 226.

REFERÊNCIA LEGISLATIVA

CPC/2015, arts. 154 (atribuições do oficial de justiça) e 280 (nulidade da citação).

BREVES COMENTÁRIOS

Cumprido o mandado, o oficial o devolverá ao cartório, com a certidão da diligência, nos termos do art. 154, I e III. Ela conterá, pois, a menção ao lugar, dia e hora em que a diligência se efetuou. A certidão é parte integrante do ato citatório, de modo que seus defeitos contaminam toda a citação e podem, conforme a gravidade do vício, acarretar até sua nulidade (art. 280). É bom lembrar, porém, que o comparecimento do réu aos autos supre a citação, superando os defeitos eventuais do ato de comunicação processual (art. 239, § 1º).

JURISPRUDÊNCIA SELECIONADA

1. Execução de alimentos. Citação. Aposição de ciente no mandado por terceiro. Vício de forma que pode gerar a nulidade do ato citatório. "Em regra, o descumprimento da formalidade prevista no art. 251, III, do CPC/2015, gera a nulidade do ato citatório, na medida em que não pode haver nenhuma dúvida acerca da ciência inequívoca do réu ou do executado de que há uma pretensão contra si deduzida. Na hipótese, o vício de forma consubstanciado na aposição do ciente no mandado de citação por terceira pessoa, irmã do paciente, não se revela suficiente para gerar a nulidade do ato citatório, na medida em que se comprovou que o paciente teve ciência inequívoca das execuções de alimentos contra ele ajuizadas, tendo, inclusive, realizado pagamento parcial equivocado na execução extinta por litispendência" (STJ, HC 470.326/MG, Rel. Min. Nancy Andrighi, 3ª Turma, jul. 12.02.2019, *DJe* 15.02.2019).

2. Ausência de citação do executado. Juntada de procuração nos autos. Comparecimento espontâneo. Não configuração. Ausência de poderes para receber citação. Obs.: cf. jurisprudência do art. 239.

3. Oficial de Justiça. Fé pública. "A fé pública de que goza o oficial de justiça se acha vinculada ao atendimento, pelo servidor, das formalidades previstas nos arts. 226 e 239 da lei adjetiva civil [arts. 251 e 275 do CPC/2015], quanto à completa e correta certificação das diligências alusivas à citação e intimação da parte" (STJ, REsp 178.020/SP, Rel. Min. Aldir Passarinho Junior, 4ª Turma, jul. 12.03.2002, *DJ* 03.06.2002, p. 209).

4. Requisitos essenciais. "Citação por mandado. Nula a que não observa os requisitos essenciais para sua validade, inclusive a leitura do mandado ao citando" (STF, RE 82.389/RJ, Rel. Min. Cordeiro Guerra, 2ª Turma, jul. 19.09.1975, *RTJ* 76/957).

5. Processo de execução. Citação e intimação da penhora. "A certidão do oficial de justiça de que citou o devedor e o intimou da penhora em processo de execução não cede a simples alegação de omissão de testemunhas da recusa do devedor em apor ciência" (STJ, REsp 9.444/CE, Rel. Min. Dias Trindade, 3ª Turma, jul. 14.05.1991, *DJ* 10.06.1991, p. 7.849).

Art. 252. Quando, por 2 (duas) vezes, o oficial de justiça houver procurado o citando em seu domicílio ou residência sem o encontrar, deverá, havendo suspeita de ocultação, intimar qualquer pessoa da família ou, em sua falta, qualquer vizinho de que, no dia útil imediato, voltará a fim de efetuar a citação, na hora que designar.

Parágrafo único. Nos condomínios edilícios ou nos loteamentos com controle de acesso, será válida a intimação a que se refere o *caput* feita a funcionário da portaria responsável pelo recebimento de correspondência.

CPC/1973

Art. 227.

REFERÊNCIA LEGISLATIVA

CPC/2015, arts. 253 (citação com hora certa); 275, § 2º (intimação com hora certa).

SÚMULAS

Súmula do STJ:

Nº 196: "Ao executado que, citado por edital ou por hora certa, permanecer revel, será nomeado curador especial, com legitimidade para apresentação de embargos."

BREVES COMENTÁRIOS

Quando, por malícia do citando, o oficial de justiça não conseguir encontrá-lo para dar-lhe pessoalmente a ciência do ato de cuja prática foi incumbido, permite o Código que a citação se faça de forma ficta ou presumida, sob a denominação de citação com hora certa.

Somente a procura do citando por duas vezes na residência ou domicílio é que justifica a citação ficta com hora marcada. Se a procura se deu em outros lugares, como escritórios ou locais de trabalho, não autoriza o Código essa forma excepcional de citação. Não há, todavia, necessidade de as duas procuras serem efetuadas num só dia, segundo se depreende do artigo em comento.

JURISPRUDÊNCIA SELECIONADA

1. Citação com hora certa. "Conforme disposto no artigo 277 [*rectius*, art. 227] do Código de Processo Civil [art. 252 do CPC/2015], ocorre a citação com hora certa quando há suspeita de ocultação por parte do réu, procurado três vezes em sua residência. Essa forma de citação é aplicável tanto ao processo de conhecimento quanto aos demais processos, incluindo-se o de execução, por força da subsidiariedade prevista no artigo 598 [art. 771, parágrafo único, do CPC/2015] do mesmo estatuto.

Recurso especial provido" (STJ, REsp 673.945/SP, Rel. Min. Castro Filho, 3ª Turma, jul. 25.09.2006, *DJ* 16.10.2006, p. 365). **Obs.: De acordo com o art. 252 do CPC/2015, basta que o réu seja procurado duas vezes.**

Requisitos. "**Desnecessidade** de constarem da certidão passada pelo **meirinho os horários em que efetuou as sucessivas diligências para localização da parte ré.** A contumaz ausência desta, por si só, é bastante para justificar a suspeita de ocultação, que conduz a iniciativa de marcar hora certa para efetivação do chamamento. Ausência de nulidade da citação assim realizada" (TACívRJ, AC 4.277/95, (Reg. 2622-3), Rel. Juiz Nascimento A. Povoas Vaz, 4ª Câmara, jul. 31.08.1995). **Em sentido contrário:** "Se a certidão do oficial de justiça não explicita os horários em que realizou as diligências, nem dá conta dos motivos que o levaram à suspeita de que o réu estava se ocultando, a citação por hora certa é nula. Recurso especial conhecido e provido" (STJ, REsp 473.080/RJ, Rel. Min. Ari Pargendler, 3ª Turma, jul. 21.11.2002, *DJ* 24.03.2003, p. 219). No mesmo sentido: STJ, REsp 468.249/SP, Rel. Min. Nancy Andrighi, 3ª Turma, jul. 05.08.2003, *DJ* 01.09.2003, p. 281; TAMG, Ap. 263.777-0, Rel. Juiz Dorival Guimarães Pereira, 3ª Câmara, jul. 16.09.1998.

"Invalida a citação com hora certa a deficiência de informações mais concretas no pertinente às horas em que teria sido procurado o representante legal do réu. O horário das diligências deve constar claramente da certidão do oficial de justiça" (TJSP, Ag. 53.960-2, Rel. Des. Prado Rossi, 10ª Câmara, jul. 28.12.1982, *RJTJSP* 83/176).

2. Recebimento pelo porteiro. "É válida a citação com hora certa, sem bom sucesso, por quatro vezes no mesmo dia, no edifício onde reside, e ainda que o aviso de recebimento da carta a que alude o art. 229 do Código de Processo Civil [art. 254 do CPC/2015] tenha sido assinado pelo porteiro" (TJSP, AI 111.148-4, Rel. Des. Cezar Peluso, 2ª Câmara, jul. 26.10.1999).

"Não invalida a citação com hora certa a só e só intimação realizada na pessoa do porteiro do edifício onde mora o citando (art. 227 do CPC)" [art. 252 do CPC/2015] (STJ, REsp 647.201/SP, Rel. Min. Cesar Asfor Rocha, 4ª Turma, jul. 05.10.2004, *DJ* 17.12.2004, p. 578).

3. Prazo para contestação. "Na citação com hora certa o prazo para a contestação começa a fluir da juntada do mandado e não do comprovante de recepção da correspondência do escrivão" (STJ, REsp 211.146/SP, Rel. Min. Waldemar Zveiter, 3ª Turma, jul. 08.06.2000, *DJ* 01.08.2000, p. 265).

4. Processo de execução. Possibilidade. "Uma vez verificado nos autos que o executado evita o contato pessoal com o oficial de justiça, como no caso, furtivamente se esquivando da execução forçada do título extrajudicial, pode o credor se valer do que disposto no art. 227 do Código de Processo Civil [art. 252 do CPC/2015], requerendo a citação por hora certa do devedor" (STJ, REsp 286.709/SP, Rel. Min. César Asfor Rocha, 4ª Turma, jul. 03.04.2001, *DJU* 11.06.2001, p. 233).

5. Procedimento monitório. "Permite-se a citação com hora certa em monitória por ser esta ação de conhecimento e não de execução" (TAMG, AI 283.413-7, Rel. Juiz Fernando Bráulio, 7ª Câmara, jul. 24.06.1999).

Art. 253. No dia e na hora designados, o oficial de justiça, independentemente de novo despacho, comparecerá ao domicílio ou à residência do citando a fim de realizar a diligência.

§ 1º Se o citando não estiver presente, o oficial de justiça procurará informar-se das razões da ausência, dando por feita a citação, ainda que o citando se tenha ocultado em outra comarca, seção ou subseção judiciárias.

§ 2º A citação com hora certa será efetivada mesmo que a pessoa da família ou o vizinho que houver sido intimado esteja ausente, ou se, embora presente, a pessoa da família ou o vizinho se recusar a receber o mandado.

§ 3º Da certidão da ocorrência, o oficial de justiça deixará contrafé com qualquer pessoa da família ou vizinho, conforme o caso, declarando-lhe o nome.

§ 4º O oficial de justiça fará constar do mandado a advertência de que será nomeado curador especial se houver revelia.

CPC/1973

Art. 228.

REFERÊNCIA LEGISLATIVA

CPC/2015, art. 72, II (nomeação de curador especial).
CC, arts. 70 a 78 (domicílio).

BREVES COMENTÁRIOS

A citação do réu, quando feita com hora certa, é ficta ou presumida, visto que consumada sem a presença do citando. A intimação do terceiro a quem se entrega a contrafé (art. 253, § 3º) é, no entanto, efetiva (pessoal), devendo recair sobre pessoa capaz. Inválida é a feita a criança ou interdito.

JURISPRUDÊNCIA SELECIONADA

1. Horário das diligências. Ver jurisprudência do art. 252 do CPC/2015.

2. Certidão do oficial. Requisitos. "Existindo na certidão do oficial de justiça erro fundamental de identificação pessoal do citando, a citação é nula, ainda mais se, efetivada por hora certa, foi a contrafé entregue a pessoa da família que não tinha interesse em fazer chegar o fato citatório ao efetivo conhecimento do réu e nem lhe foi entregue a carta de ciência determinada no art. 229 do CPC" [art. 254 do CPC/2015] (1º TACívSP, Ap. 386.030, Rel. Juiz Osvaldo Caron, 7ª Câmara, jul. 26.04.1988, *RT* 631/150).

"Inválida é a citação com hora certa se o oficial de justiça **deixou a contrafé com pessoa absolutamente incapaz** e interdita" (2º TACivSP, AI 32.763, Rel. Mílton Coccaro, 2ª Câmara, jul. 09.09.1975, *RT* 482/181).

Art. 254. Feita a citação com hora certa, o escrivão ou chefe de secretaria enviará ao réu, executado ou interessado, no prazo de 10 (dez) dias, contado da data da juntada do mandado aos autos, carta, telegrama ou correspondência eletrônica, dando-lhe de tudo ciência.

CPC/1973

Art. 229.

BREVES COMENTÁRIOS

A remessa de carta, telegrama ou correspondência eletrônica, pelo escrivão ou chefe de secretaria, é obrigatória, mas não integra os atos de solenidade da citação, tanto que o prazo de contestação começa a fluir da juntada do mandado e não do comprovante de recepção da correspondência do escrivão (art. 231, II e § 4º). Trata-se, na verdade, de reforço das cautelas impostas ao oficial de justiça e que tendem a diminuir o risco de que a ocorrência não chegue ao efetivo conhecimento do réu.

JURISPRUDÊNCIA SELECIONADA

1. Citação com hora certa. "A citação com hora certa é citação por mandado, dispensada a pessoalidade. Completar-se-á no momento em que aquele for cumprido pelo oficial de justiça. O expediente da carta do escrivão nada mais é do que providência suplementar, para tornar mais certa a ciência da citação, mas não constitui elemento integrante do respectivo ato citatório" (1º TACivSP, Autos de Revista 197.762, Rel. Sylvio do Amaral, 1ª Câmara, jul. 01.08.1974, *RT* 469/140).

"A citação com hora certa deve obrigatoriamente ser complementada com a expedição de carta, como determina o art. 229 do Código de Processo Civil" [art. 254 do CPC/2015] (1º TACivSP, ApCív. 214.494, Rel. Geraldo Arruda, 2ª Câmara, jul. 04.02.1976, *RT* 488/121).

2. Nulidade. Ver jurisprudência do art. 252 do CPC/2015.

3. Carta. Comunicação confirmatória. "Observados os requisitos dos artigos precedentes ao art. 229 do CPC [art. 254 do CPC/2015], deve-se ter em mente que a carta é mera comunicação confirmatória do ato, não sendo necessário que vá acompanhada de pormenores, mesmo porque podem ser empregados o telegrama e o radiograma" (2º TACivSP, MS 97.181, Rel. Franciulli Netto, 4ª Câmara, jul. 15.08.1979, *RT* 533/139).

4. Prazo. *Dies a quo*. "A jurisprudência do STJ, nas hipóteses de citação por hora certa, tem se orientado no sentido de fixar, como termo inicial do prazo para a contestação, a data da juntada do mandado de citação cumprido, e não a data da juntada do Aviso de Recebimento da correspondência a que alude o art. 229 do CPC" [art. 254 do CPC/2015] (STJ, REsp 746.524/SC, Rel. Min. Nancy Andrighi, 3ª Turma, jul. 03.03.2009, *DJe* 16.03.2009).

5. Remessa de comunicação. "O comunicado previsto no art. 229 do CPC [art. 254 do CPC/2015] serve apenas para incrementar a certeza de que o réu foi efetivamente cientificado acerca dos procedimentos inerentes à citação com hora certa, sendo uma formalidade absolutamente desvinculada do exercício do direito de defesa pelo réu. Sendo assim, a expedição do referido comunicado não tem o condão de alterar a natureza jurídica da citação com hora certa, que continua sendo ficta, tampouco interfere na fluência do prazo de defesa do réu. O comunicado do art. 229 do CPC [art. 254 do CPC/2015] não integra os atos solenes da citação com hora certa, computando-se o prazo de defesa a partir da juntada do mandado citatório aos autos. Precedentes" (STJ, REsp 1.084.030/MG, Rel. Min. Nancy Andrighi, 3ª Turma, jul. 18.10.2011, *DJe* 28.10.2011).

"O termo 'feita a citação com hora certa...' do art. 229 do CPC [art. 254 do CPC/2015] significa que – 'já antes' – da remessa da carta – "a citação era considerada por lei perfeita e acabada" (TJPR, Ap. 439/86, Rel. Des. Silva Wolff, 3ª Câm., jul. 18.08.1987).

Art. 255. Nas comarcas contíguas de fácil comunicação e nas que se situem na mesma região metropolitana, o oficial de justiça poderá efetuar, em qualquer delas, citações, intimações, notificações, penhoras e quaisquer outros atos executivos.

CPC/1973

Art. 230.

BREVES COMENTÁRIOS

O oficial de justiça exerce seu ofício dentro dos limites territoriais da comarca em que se acha lotado. Permite, contudo, o art. 255 que nas comarcas contíguas, de fácil comunicação, e nas que se situem na mesma região metropolitana (caso em que não necessita a contiguidade), possa o mencionado serventuário efetuar citações, intimações, notificações, penhoras e quaisquer outros atos executivos em qualquer delas, sem depender de carta precatória. Trata-se, porém, de mera faculdade, de modo que expedida a precatória, não cabe ao juiz deprecado recusar-lhe cumprimento, ao simples argumento de inobservância do art. 255.

JURISPRUDÊNCIA SELECIONADA

1. Cumprimento de mandado de penhora e avaliação relativo a executado domiciliado em município que não é sede da justiça federal. Comarca contígua. Carta precatória. Possibilidade. "O art. 255 do CPC instituiu a possibilidade de prática, pelo Oficial de Justiça, de determinados atos processuais nas comarcas contíguas: 'Art. 255. Nas comarcas contíguas de fácil comunicação e nas que se situem na mesma região metropolitana, o oficial de justiça poderá efetuar, em qualquer delas, citações, intimações, notificações, penhoras e quaisquer outros atos executivos'. A norma acima prevê uma faculdade, sem entretanto revogar ou instituir proibição para que o juízo federal depreque ao estadual a realização de atos processuais. Nesse sentido, aliás, a interpretação sistemática demonstra que a expedição de cartas precatórias dirigidas à Justiça Estadual, para realização de atos processuais em demandas que tramitam na Justiça Federal, encontra expressa previsão no art. 237, parágrafo único, do CPC: 'Art. 237. (...) Parágrafo único. Se o ato relativo a processo em curso na justiça federal ou em tribunal superior houver de ser praticado em local onde não haja vara federal, a carta poderá ser dirigida ao juízo estadual da respectiva comarca'. Atualmente, portanto, a prática de atos processuais em Execução Fiscal que tramita na Justiça Federal, promovida contra réu domiciliado em comarca da Justiça Estadual: a) regra geral, é promovida mediante expedição de Carta Precatória; b) na hipótese específica de o domicílio estar localizado em comarca contígua, poderá ser realizada pelo próprio Oficial de Justiça do juízo federal. Reitere-se que o caráter facultativo, e não impositivo, do art. 255 do CPC decorre da utilização da expressão 'poderá efetuar', e não 'efetuará', relacionada ao ato do Oficial de Justiça" (STJ, REsp 1.820.682/PR, Rel. Min. Herman Benjamin, 2ª Turma, jul. 15.08.2019, *DJe* 11.10.2019).

2. Citação pessoal em outra comarca. "A regra estabelecida no art. 230 do CPC [art. 255 do CPC/2015] tem como escopo a efetivação do chamado do réu a compor a lide, de forma mais célere e menos onerosa ao Estado para o efetivo desenvolvimento do processo" (STJ, HC 48.228/PB, Rel. Min. Arnaldo Esteves Lima, 5ª Turma, jul. 02.09.2008, *DJe* 20.10.2008).

3. Carta precatória. "O art. 230 do CPC [art. 255 do CPC/2015] dispensa a expedição de carta precatória para cumprimento de mandados de citação entre comarcas contíguas. Assim, verificando-se as hipóteses desse dispositivo legal, é desnecessária a expedição da referida carta, que apenas torna mais oneroso o desenvolvimento do processo" (STJ, CC 87.094/SP, Rel. Min. Nancy Andrighi, 2ª Seção, jul. 28.05.2008, *DJe* 06.06.2008).

4. Comarca distinta. Mandado de entrega de bens. "O fato de os bens encontrarem-se em comarca vizinha ao juízo deprecado não tem o condão de impedir o cumprimento do mandado de entrega dos bens, já que, consoante estabelece o art. 230 do CPC [art. 255 do CPC/2015], poderá o oficial de justiça efetuar citações, intimações e certamente cumprir determinadas diligências em comarcas contíguas" (TJRS, AI 70020273488, Rel. Marilene Bonzanini Bernardi, 9ª Câmara, jul. 26.06.2007).

Art. 256. A citação por edital será feita:

I – quando desconhecido ou incerto o citando;

II – quando ignorado, incerto ou inacessível o lugar em que se encontrar o citando;

III – nos casos expressos em lei.

§ 1º Considera-se inacessível, para efeito de citação por edital, o país que recusar o cumprimento de carta rogatória.

§ 2º No caso de ser inacessível o lugar em que se encontrar o réu, a notícia de sua citação será divulgada também pelo rádio, se na comarca houver emissora de radiodifusão.

§ 3º O réu será considerado em local ignorado ou incerto se infrutíferas as tentativas de sua localização, inclusive mediante requisição pelo juízo de informações sobre seu endereço nos cadastros de órgãos públicos ou de concessionárias de serviços públicos.

CPC/1973

Art. 231.

REFERÊNCIA LEGISLATIVA

CPC/2015, arts. 72, II (nomeação de curador especial ao réu preso ou revel); 830, § 2º (citação por edital em execução).

BREVES COMENTÁRIOS

Uma forma de citação ficta ou presumida é a que se realiza por meio de edital e que tem cabimento apenas nos casos especiais previstos no art. 256, ou seja:

(a) quando desconhecido ou incerto o citando (inciso I): a hipótese é comum naqueles casos em que se devem convocar terceiros eventualmente interessados, sem que se possa precisar com exatidão de quem se trata (usucapião, falência, insolvência etc.). Pode, também, ocorrer quando a ação é proposta contra espólio, herdeiros ou sucessores, já que às vezes o autor não terá condições de descobrir quem são as pessoas que sucederam ao *de cujus*;

(b) quando ignorado, incerto ou inacessível o lugar em que se encontra o citando (inciso II): no inciso anterior, o desconhecimento era subjetivo (ignorava-se a própria pessoa do citando). Agora, a insciência é objetiva (conhece-se o citando, mas não se sabe como encontrá-lo);

(c) nos casos expressos em lei (inciso III): vários são os procedimentos em que a citação por edital vem determinada expressamente pela própria lei, como a recuperação judicial (Lei nº 11.101/2005, art. 52, § 1º), a falência (Lei nº 11.101/2005, art. 99, § 1º) e a insolvência (art. 1.052 do CPC/2015). Em tais procedimentos, a citação por edital é ordenada pela lei, sejam ou não conhecidos os citandos. Todos os interessados serão citados apenas por essa via.

O réu certo, antes de citado por edital, deverá ter sua localização tentada. Se o autor não tem dados para tanto, deverá requerer ao juiz a requisição de informações sobre seu endereço nos cadastros de órgãos públicos ou de concessionárias de serviços públicos. O oficial de justiça, durante a diligência citatória, poderá efetuar essa pesquisa, por ordem do juiz. Somente após a frustração dessas diligências é que a citação por edital será autorizada (art. 256, § 3º).

JURISPRUDÊNCIA SELECIONADA

1. Citação por edital. Local incerto ou ignorado.

a) Esgotamento das tentativas de localização. "O novo regramento processual civil, além de reproduzir a norma inserta no art. 231, II, do CPC/73 [art. 256, II, do CPC/2015], estabeleceu que o réu será considerado em local ignorado ou incerto se infrutíferas as tentativas de sua localização, inclusive mediante requisição pelo juízo de informações acerca de seu endereço nos cadastros de órgãos públicos ou de concessionárias de serviços públicos. No caso, o fundamento utilizado pelo acórdão recorrido de inexistir comando legal impondo ao autor o dever de provocar o juízo no sentido de expedir ofícios a órgãos ou prestadores de serviços públicos a fim de localizar o réu não subsiste ante a regra expressa inserta no § 3º, do art. 256, do CPC" (STJ, REsp 1.828.219/RO, Rel. Min. Paulo de Tarso Sanseverino, 3ª Turma, jul. 03.09.2019, *DJe* 06.09.2019).

"Nos termos da jurisprudência desta Corte, a citação por edital somente é admitida quando previamente esgotadas as tentativas de localização da parte demandada" (STJ, AgInt no AREsp 1.346.536/PR, Rel. Min. Marco Buzzi, 4ª Turma, jul. 30.09.2019, *DJe* 07.10.2019). **No mesmo sentido:** STJ, REsp 1.828.219/RO, Rel. Min. Paulo de Tarso Sanseverino, 3ª Turma, jul. 03.09.2019, *DJe* 06.09.2019;TJMG, Ap. 1.0015.15.003774-3/001, Rel. Des. Evandro Lopes da Costa Teixeira, 17ª Câmara Cível, jul. 12.09.2019, DJeMG 24.09.2019; STJ, EDcl no AgRg no REsp 1.003.768/PE, Rel. Min. Francisco Falcão, 1ª Turma, jul. 05.06.2008, *DJe* 26.06.2008; STJ, AgRg no Ag 1.019.636/SP, Rel. Min. Eliana Calmon, 2ª Turma, jul. 03.06.2008, *DJe* 06.08.2008.

b) Réu residindo fora do país.

Procurador sem poderes para receber citação. "Após a vigência do Novo Código de Processo Civil, em virtude da disposição expressa do parágrafo 3º do art. 256, do CPC, o réu somente será considerado em local ignorado ou incerto se restarem infrutíferas as tentativas de localização após a pesquisa de seu endereço nos cadastros de órgãos públicos ou de concessionários de serviços públicos. No caso dos autos, todavia, restou confirmado que a parte executada não está residindo no Brasil e na procuração outorgada pela executada à sua mãe para representá-la não há menção expressa ao poder de receber citação. Por outro lado, confirmado que a executada está residindo no exterior, não há necessidade de pesquisa de endereço nos cadastros de órgão públicos ou concessionárias de serviços públicos, razão pela qual deve ser provido o presente agravo de instrumento para permitir a citação por edital" (TRF4R, Ag. 5009772-83.2019.4.04.0000, Rel. Des. Marga Inge Barth Tessler, 3ª Turma, jul. 21.05.2019, *DJe* 22.05.2019).

Endereço desconhecido. Possibilidade. "O propósito recursal é decidir (a) se a informação de que o réu reside no exterior é motivo suficiente para promover citação por edital e (b) qual o parâmetro para se estabelecer o valor da causa em ação de 'querela nullitatis'. O simples fato de o réu residir no exterior não é suficiente para autorizar a citação por edital. A negativa da carta rogatória não é pré-requisito para o deferimento de citação por edital quando o citando reside no exterior, pois a ocorrência de quaisquer das outras hipóteses elencadas no art. 256 do CPC já autoriza essa modalidade citatória. Se for incerto o endereço do citando no país estrangeiro, a previsão do art. 256, II, do CPC admite a citação editalícia, sendo dispensada a carta rogatória" (STJ, REsp 2.145.294/SC, Rel. Min. Nancy Andrighi, 3ª Turma, jul. 18.06.2024, *DJe* 21.06.2024).

2. Citação por edital. Nulidade. "A regra no ordenamento jurídico é a citação pessoal, somente sendo admitida a citação editalícia quando esgotadas todas as possibilidades de localização do réu, entendimento que deve ser observado tanto no processo de conhecimento como na execução. Na hipótese, o Juízo de primeiro grau, conquanto tenha recebido a informação, pelo BACEN e pela Secretaria da Receita Federal, da existência de outros endereços dos executados, em resposta ao seu próprio ofício, determinou a citação por edital, sem proceder à tentativa de localização dos executados nos respectivos endereços, impondo-se, assim, o reconhecimento da nulidade da citação editalícia realizada" (STJ, REsp 1.725.788/SP, Rel. Min. Marco Aurélio Bellizze, 3ª Turma, jul. 26.06.2018, *DJe* 29.06.2018).

3. Citação por edital. Devido processo legal. "Preenchidos os requisitos da citação editalícia, previstos nos arts. 231 e 232, inciso II, do Código de Processo Civil [arts. 256 e 257 do CPC/2015], após o réu ter sido suficientemente procurado, não há que se falar em violação ao devido processo legal" (STJ, AR 2.777/SP, Rel. Min. Maria Thereza de Assis Moura, 3ª Seção, jul. 14.12.2009, *DJe* 03.02.2010).

Situações excepcionais. "A utilização da via editalícia, espécie de citação presumida, só cabe em hipóteses excepcionais, expressamente enumeradas no art. 231 do CPC [art. 256 do CPC/2015] e, ainda assim, após criteriosa análise, pelo julgador, dos fatos que levam à convicção do desconhecimento do paradeiro dos réus e da impossibilidade de serem encontrados por outras diligências. Precedentes" (STJ, REsp 1.280.855/SP, Rel. Min. Nancy Andrighi, 3ª Turma, jul. 06.03.2012, *DJe* 09.10.2012).

"A citação inicial realizada via correio não foi confirmada na segunda citação, promovida por oficial de justiça, tendo este serventuário atestado que a empresa recorrida não funcionava no local, não sabendo onde encontrá-la. Nessa moldura, perfeitamente viável a citação por edital" (STJ, REsp 314.461/SP, Rel. Min. Francisco Falcão, 1ª Turma, jul. 02.10.2001, *DJ* 03.06.2002).

"Consoante inteligência do art. 231, I, do CPC [art. 256, I, do CPC/2015], o oficial de justiça deve envidar todos os meios possíveis à localização do devedor, ao que somente depois deve ser declarado, para fins de citação por edital, encontrar-se em lugar incerto e não sabido. Uma vez certificado tal fato pelo referido servidor, gozarão as certidões por ele lavradas de fé pública, somente ilidíveis por prova em contrário" (STJ, REsp 898.167/SP, Rel. Min. Arnaldo Esteves Lima, 5ª Turma, jul. 11.11.2008, *DJe* 01.12.2008).

4. Reintegração de posse. Impossibilidade de identificar os invasores (inciso I). "Em caso de ocupação de terreno urbano por **milhares de pessoas**, é inviável exigir-se a qualificação e a citação de cada uma delas (AgRg na MC n. 610/SP)" (STJ, REsp 154.906/MG, Rel. Min. Barros Monteiro, 4ª Turma, jul. 04.05.2004, *DJ* 02.08.2004). **No mesmo sentido**: STJ, REsp 362.365/SP, Rel. Min. Barros Monteiro, 4ª Turma, jul. 03.02.2005, *DJ* 28.03.2005; STJ, AgRg na MC. 610/SP, Rel. Min. Carlos Alberto Menezes Direito, 3ª Turma, jul. 19.11.1996, *DJ* 28.04.1997.

"Quando são muitos os réus é impossível a indicação, no pedido inicial, de seus nomes e respectiva qualificação, e é permitido ao autor não declina-los em razão da impossibilidade, procedendo-se à citação por edital, nos termos do art. 231, I, do CPC [art. 256, I, do CPC/2015]. Se assim não se procedesse, estar-se-iam inviabilizando os princípios constitucionais que asseguram o direito à prestação jurisdicional e à propriedade. O procedimento não ofende o princípio do contraditório e da ampla defesa, eis que, caso os terceiros desconhecidos fiquem revéis, ser-lhes-á dado curador especial, a teor do art. 9º, II, do CPC" [art. 72, II, do CPC/2015] (TAMG, EI na Ap. 184.592-5/01, Rel. Min. Lauro Bracarense, 7ª Câmara Cível, jul. 21.09.1995). **Obs.: O CPC/2015, no art. 554, § 1º, autoriza que nessa hipótese a citação seja feita pessoalmente aos ocupantes que forem encontrados no local e por edital aos demais.**

5. Carta precatória (inciso II). "Quando o réu não for localizado no juízo deprecado e estiver em lugar incerto e não sabido, a citação por edital deve ser providenciada perante o juízo deprecante" (STJ, CC 36.213/RS, Rel. Min. Ari Pargendler, 2ª Seção, jul. 26.10.2005, *DJ* 01.02.2006, p. 425).

6. Citando que está viajando e não tem data para retornar. "Se a certidão do oficial de justiça informa que o citando está viajando e não tem data prevista para regresso, é legítimo o deferimento da citação editalícia" (TJSC, Ag. 4.188, Rel. Des. May Filho, jul. 01.12.1987, 3ª Câmara, *Jurisp. Cat.* 58.280).

7. Expedição de ofício à repartição pública. "Não há imposição legal de expedição de ofícios às repartições públicas, para fins de localização do réu tido em local incerto ou não sabido, cuja necessidade deve ser analisada no caso em concreto" (STJ, REsp 364.424/RJ, Rel. Min. Nancy Andrighi, 3ª Turma, jul. 04.04.2002, *DJ* 06.05.2002, p. 289). Obs.: Conferir o disposto no art. 256, § 3º, do CPC/2015.

8. Pessoas falecidas no tempo do ajuizamento da demanda. "Requerida a citação editalícia de pessoas que, ao tempo do ajuizamento da ação, já se encontravam falecidas, impõe-se reconhecer a nulidade do processo a partir de então, à falta de comparecimento dos eventuais sucessores" (STJ, REsp 16.391-0/RJ, Rel. Min. Sálvio de Figueiredo, 4ª Turma, jul. 04.05.1993, *DJU* 21.6.1993, p. 12.370).

9. Ação monitória. "É possível a citação por edital do réu em ação monitória; sendo ele revel, nomear-se-á curador especial para exercer a sua defesa através de embargos (art. 1.102 do CPC)" [art. 700 do CPC/2015] (STJ, REsp 175.090/MS, Rel. Min. Ruy Rosado de Aguiar, 4ª Turma, jul. 29.10.1998, *DJ* 28.02.2000, p. 87).

Art. 257. São requisitos da citação por edital:

I – a afirmação do autor ou a certidão do oficial informando a presença das circunstâncias autorizadoras;

II – a publicação do edital na rede mundial de computadores, no sítio do respectivo tribunal e na plataforma de editais do Conselho Nacional de Justiça, que deve ser certificada nos autos;

III – a determinação, pelo juiz, do prazo, que variará entre 20 (vinte) e 60 (sessenta) dias, fluindo da data da publicação única ou, havendo mais de uma, da primeira;

IV – a advertência de que será nomeado curador especial em caso de revelia.

Parágrafo único. O juiz poderá determinar que a publicação do edital seja feita também em jornal local de ampla circulação ou por outros meios, considerando as peculiaridades da comarca, da seção ou da subseção judiciárias.

CPC/1973

Art. 232.

REFERÊNCIA LEGISLATIVA

CPC/2015, arts. 275, § 2º (intimação por edital), 231, § 1º (fluência do prazo na citação por edital), e 887, § 3º (edital de praça).

BREVES COMENTÁRIOS

O edital de citação que pode ser resumido, desde que não lhe faltem os dados essenciais, será sempre publicado através da rede mundial de computadores (art. 257, II). Supletivamente, poderá ser divulgado também pela imprensa ou por outros meios, a critério do juiz (art. 257, parágrafo único).

Tratando-se de execução fiscal a publicação do edital será única (Lei nº 6.830/1980, art. 8º, IV).

O prazo previsto no item III é para a realização da citação (art. 231, § 1º); o prazo para resposta será de quinze dias (art. 335). Há, portanto, dois prazos sucessivos: o do edital, que é de aperfeiçoamento do ato citatório, e o de resposta ao pleito do autor.

JURISPRUDÊNCIA SELECIONADA

1. Homologação de sentença estrangeira. Citação por edital. Validade. "A citação editalícia, nos autos do pedido de homologação de sentença estrangeira, foi realizada com observância das exigências previstas nos arts. 256 a 259 do

Código de Processo Civil de 2015 e apenas após frustradas as duas tentativas de citação pessoal, por carta de ordem. Ademais, o requerente, divorciado da requerida no estrangeiro há quase nove anos, demonstrou haver diligenciado, mas não conseguido localizá-la" (STJ, SEC 16.080/EX, Rel. Min. Raul Araújo, Corte Especial, jul. 07.08.2019, *DJe* 16.08.2019).

2. Certidão do oficial de justiça. Réus em lugar incerto (inciso I). "A certidão do oficial de justiça que dá aos réus em lugar incerto e não sabida merece fé pública, dispensando outras providências, que não cabem em processos cíveis. Portanto, nenhuma nulidade existe na citação editalícia de réus tidos nestas condições, consoante o art. 232, I, do CPC" [art. 257, I, do CPC/2015] (TJSP, AI 67.871-1, Rel. Des. Freitas Camargo, 4ª Câmara, jul. 20.02.1986, *RT* 607/86). Obs.: cf. o art. 256, § 3º, do CPC/2015.

3. Execução fiscal. "Se, restaram frustradas tanto a citação pelo correio como a citação por oficial de justiça, faz-se oportuna, em executivo fiscal, a citação por edital" (STJ, REsp 264.116/SP, Rel. Min. Humberto Gomes de Barros, 1ª Turma, *DJU* 09.04.2001, p. 333).

"A jurisprudência da primeira seção desta Corte Superior, após o julgamento do REsp n. 1.103050/BA de relatoria do Min. Teori Albino Zavascki, publicado no *DJe* do dia 06.04.2009, assentou que a citação por edital na execução fiscal só é possível após a utilização de todos os meios disponíveis para a localização do devedor" (STJ, AgRg no Ag 971.652/SP, Rel. Min. Benedito Gonçalves, 1ª Turma, jul. 04.08.2009, *DJe* 20.08.2009).

4. Falência. "Se o representante da sociedade não permanece na sede da empresa, a citação do pedido de falência pode ser realizada por edital. Aliás, essa espécie de abandono da empresa sem deixar preposto habilitado para gerir também pode caracterizar sintoma de insolvência" (TJMG, AI 229.377-7/00, Rel. Des. Célio César Paduani, 4ª Câmara, jul. 25.10.2001).

"Falência. Citação-edital. Prazo. A regra do art. 232, IV, do CPC [art. 257, III, do CPC/2015] não se aplica subsidiariamente à Lei de Falências, para a citação do devedor. Precedente. Recurso não conhecido" (STJ, REsp 114.918/MG, Rel. Min. Ruy Rosado de Aguiar, 4ª Turma, jul. 09.06.1997, *DJ* 18.08.1997, p. 37.875).

5. Monitória. "É possível a citação por edital do réu em ação monitória. No caso de revelia, nomear-se-á curador especial para exercer a defesa do réu através de embargos" (STJ, REsp 297.421/MG, Rel. Min. Sálvio de Figueiredo Teixeira, 2ª Seção, *DJU* 12.11.2001, p. 125).

6. Arresto. Novo edital. "É necessária nova intimação do devedor, citado por edital e no qual constou intimação do arresto e sua conversão automática em penhora, acerca da efetivação da penhora de bens, para que se possibilite o contraditório, na esteira do devido processo legal, e o ajuizamento de ação de embargos do devedor à execução. O edital único, o qual se destina, a um só tempo, a promover a citação do devedor e a intimação do arresto dos bens encontrados na sua ausência, não presta para cientificar o devedor a respeito da automática conversão do arresto em penhora, porque, ainda que vise a economia de despesas com dupla publicação de editais, impede o conhecimento do devedor da data exata para ajuizar a ação estatuída no art. 736 do CPC [art. 914 do CPC/2015]. Lavrado o termo de penhora, deve ser expedida intimação-edital para cientificar o devedor do início do prazo de embargos à execução, que não pode ser feita por edital único" (STJ, AGREsp 238.097/SP, Rel. Min. Nancy Andrighi, 3ª Turma, *DJU* 18.02.2002, p. 410).

7. Requisitos. Insuficiência de demonstração. "Correta a conclusão do tribunal *a quo* no sentido do indeferimento da citação por edital se no exame dos fatos, em que é soberano, entendeu que não está suficientemente demonstrado achar-se a ré em local incerto e não sabido, ou tampouco falecida" (STJ, REsp 195.310/SP, Rel. Min. Aldir Passarinho Junior, 4ª Turma, *DJU* 18.02.2002, p. 448).

8. Execução hipotecária. "O princípio da ampla defesa assegura que, em ação de execução hipotecária proposta contra devedor que não mais reside no imóvel objeto do contrato, a citação por edital somente tenha cabimento quando frustradas todas as tentativas com o objetivo de citá-lo pessoalmente" (STJ, REsp 208.338/GO, Rel. Min. Nancy Andrighi, 3ª Turma, *DJU* 27.08.2001, p. 327).

9. Separação judicial. Marido que diz desconhecer o lugar certo de sua mulher. Sentença rescindida. "Deve ser rescindida a sentença que julgou procedente a ação de separação judicial se ficar evidenciado que, não obstante conhecer o autor o endereço de sua ex-mulher, ter o mesmo preferido afirmar achar-se ela em incerto ou ignorado paradeiro, fazendo uso da citação por edital, acarretando a ausência de contestação e, consequentemente, decisão desfavorável à ré" (TJMG, AR 1.248/4, Rel. Vaz de Mello, Câmeras, Cíveis Reunidas, jul. 07.02.1990, *RF* 308/142).

Art. 258. A parte que requerer a citação por edital, alegando dolosamente a ocorrência das circunstâncias autorizadoras para sua realização, incorrerá em multa de 5 (cinco) vezes o salário mínimo.

Parágrafo único. A multa reverterá em benefício do citando.

CPC/1973

Art. 233.

REFERÊNCIA LEGISLATIVA

CPC/2015, arts. 96 (sanções por má-fé) e 966, § 4º (ação anulatória).

BREVES COMENTÁRIOS

Ao autor incumbe a alegação dos pressupostos que autorizam a citação por edital. Se, porém, agir maliciosamente, fazendo afirmação falsa, além de ser nula a citação (CPC/2015, art. 280), incorrerá o autor em multa de cinco vezes o salário mínimo vigente na sede do juízo (art. 258), que reverterá em benefício do citando (art. 258, parágrafo único).

Para que se verifique essa responsabilidade, não basta a conduta culposa do autor. O Código expressamente a condiciona à ação dolosa da parte (art. 258, *caput*), a qual, porém, se deve equiparar o erro grosseiro, que segundo a doutrina se inclui na ideia de dolo processual.

Sem prejuízo da multa, a citação editalícia irregular, nos termos do art. 258, quando resultar em julgamento desfavorável ao réu, autorizará a invalidação da sentença, por meio tanto de ação anulatória como de ação rescisória.

JURISPRUDÊNCIA SELECIONADA

1. Imposição de multa. "Provado que o requerente tinha condições de indicar o endereço da pessoa citada por edital, cabível e justa a imposição da multa prevista no art. 233 do CPC" [art. 258 do CPC/2015] (TJRS, Ap. 587.018.441, Rel. Des. Elias Elmyr Manssour, 1ª Câmara, jul. 16.06.1987, *RJTJRS* 126/429).

"Para aplicação de multa prevista no art. 233 do vigente Estatuto Processual Civil [art. 258 do CPC/2015], é mister que haja por parte do respectivo agente o manifesto e deliberado propósito de prejudicar o citando e o de desviar da vontade judicial, mediante procedimento caracterizadamente doloso" (TJMG, ApCív. 41.420, Rel. Des. Régulo Peixoto, 1ª Câmara, jul. 19.12.1974, *JM* 62/84).

2. Revelia decorrente de má-fé. "A revelia decorrente da má-fé constitui dolo processual, levando à nulidade do processo. O fato de poder a nulidade da citação ser arguida através de embargos ou da competente ação declaratória não exclui a possibilidade de se pleitear a anulação através da ação rescisória" (TJMG, AR 1.010, Rel. Des. Guimarães Mendonça, Câmara, jul. 19.08.1987, *DJMG* 27.04.1988).

3. Omissão de nomeação de curador. "A omissão do juiz na nomeação de curador à lide ao réu revel, citado por edital, implica nulidade dos atos posteriores, inclusive da sentença, que poderá ser rescindida por violação a literal disposição de lei" (TAMG, AR 369-1, Rel. Juiz Gomes Lima, jul. 05.12.1989, *DJMG* 21.11.1990).

4. Citação editalícia. Paradeiro do réu conhecido. "Age com dolo o autor que requer a citação editalícia do réu sob o fundamento de ignorar o seu paradeiro (art. 231, II, do CPC) [art. 256, II, do CPC/2015] quando, na verdade, restou sobejamente comprovado nos autos que a parte autora não ignorava o endereço do réu. Nesta hipótese, aplica-se a multa prevista no art. 233 do Digesto Processual Civil" [art. 258 do CPC/2015] (TJMG, ApCív. 459.892-7, Rel. Juiz Fernando Caldeira Brant, 1ª Câmara, jul. 25.06.2004, *DJ* 14.08.2004).

"Sendo demonstrado pelos autos que o agravante ocultou informação que tinha ou poderia facilmente obter, realizando a citação do réu na ação de usucapião por edital, quando poderia ter informado seu endereço ou de sua inventariante e herdeiros, deve ser anulada a citação por edital realizada e mantida a multa do art. 233 do CPC" [art. 258 do CPC/2015] (TJMG, Ag. 1.0702.02.015194-1/001, Rel. Des. Hilda Teixeira da Costa, 13ª Câmara, jul. 29.06.2006, *DJ* 04.08.2006).

Art. 259. Serão publicados editais:

I – na ação de usucapião de imóvel;

II – na ação de recuperação ou substituição de título ao portador;

III – em qualquer ação em que seja necessária, por determinação legal, a provocação, para participação no processo, de interessados incertos ou desconhecidos.

BREVES COMENTÁRIOS

Há casos em que a própria natureza da demanda envolve a possibilidade de interesses múltiplos de terceiros, nem sempre conhecidos ou determináveis de antemão. Em processos da espécie, além da citação pessoal dos réus conhecidos, determina a lei que sejam expedidos editais para convocar eventuais interessados. Dispõe, a propósito, o atual Código, com esse intuito, que serão publicados editais nos procedimentos elencados no art. 259. É o caso típico da ação de usucapião de bem imóvel, e, entre outras, o da alteração de regime de bens do casamento (art. 734, § 1º), o da arrecadação da herança jacente (art. 741), dos bens de ausente (art. 745) e das coisas vagas (art. 746, § 2º).

JURISPRUDÊNCIA SELECIONADA

1. Prazo. Termo inicial. Ver jurisprudência do art. 246 do CPC/2015.

DAS CITAÇÕES: INDICAÇÃO DOUTRINÁRIA

Amílcar de Castro, *Comentários ao CPC*, São Paulo, v. VIII, p. 393 – sobre a inexistência da relação jurídica com a falta da citação; Arruda Alvim *et alii*, O destinatário na citação pelo correio, *Revista de Processo* 5/177; Arruda Alvim, Citação por edital, nulidade, somada a revelia, desnecessidade da manifestação do réu revel quanto a intenção do autor em desistir da ação, *RP* 53/209; Arruda Alvim, *Novo contencioso cível no CPC/2015*, São Paulo: Revista dos Tribunais, 2016, p. 199-206; Athos Gusmão Carneiro, Da citação pelo correio na justiça comum, *Ajuris* 4/59; Barbosa Moreira, Citação de pessoa falecida, *RF* 321/55, *Ajuris* 58/85; Batista Martins, *Comentários ao CPC*, v. II, n. 104, p. 161; Calmon de Passos, *Inovações no CPC*, Rio de Janeiro: Forense, 1995, p. 103; Carlos Alberto Álvaro de Oliveira, *Alienação da coisa litigiosa*, Rio de Janeiro: Forense, 1986 – litigiosidade; Carlos Aurélio Mota de Souza, Citação em comarca contígua ou de fácil acesso, *RP* 43/236; Carvalho Santos, *CPC interpretado*, v. III, Rio de Janeiro: Freitas Bastos, 1945 – diferença entre a exceção de litispendência e a de prevenção; Cássio Scarpinella Bueno, *Manual de direito processual civil*, São Paulo: Saraiva, 2015; Chiovenda, *Instituições de direito processual civil*, trad. Guimarães Menegale, 2. ed., São Paulo, v. II, § 40, n. 242, p. 293; Clóvis Beviláqua, *Código Civil comentado*, Rio de Janeiro: Francisco Alves, 1959, v. IV, n. 2 – sobre a interpelação e a notificação por meio do registro público; Daniel Amorim Assumpção Neves, *Manual de direito processo civil*, São Paulo: Método, 2015; Dilvanir José da Costa, Os requisitos formais da citação inicial, *RT* 502/43; Djanira Sá Ribeiro, Curador especial e citação pessoal, *RCDUFU* 10/223; E. D. Moniz Aragão, *Comentários ao CPC*, Rio de Janeiro: Forense, 1998, v. II, n. 212/217; E. D. Moniz de Aragão, *Comentários ao CPC*, Rio de Janeiro: Forense, 1998, v. II, n. 266/269; Eduardo Henrique de Oliveira Yoshikawa, Inconstitucionalidade da citação por edital na ação popular: artigo 7º, § 2º, II, da Lei nº 4.717/65, *RDDP* 33/11; Enrico Tullio Liebman, Nulidade da sentença proferida sem citação do réu, *Estudos sobre o processo civil brasileiro*, p. 185/186; Ernane Fidélis dos Santos, *Manual de direito processual civil*, São Paulo: Saraiva, 2011, v. I; Fernando Pinto, A publicação de editais e o segredo da justiça no direito de família, *RF* 254/447; Francisco de Paula Xavier Neto, A citação inicial e a regra do art. 215, § 1º, do CPC, *RJTJSP* 99/15; Fredie Didier Jr., *Curso de direito processual civil*, 17. ed., Salvador: JusPodivm, 2015, v. I; Geraldo Barros Neto, Citação pelo correio feita na pessoa de empregado da pessoa jurídica: arguição de nulidade repelida, *Revista de Processo* 30/195; Giuseppe Chiovenda, *Instituições de direito processual civil*, trad. Santiago Sentis Melendo, Buenos Aires, v. II, n. 15, p. 311 – sobre o imediatismo da citação inicial na Itália e na França; Guilherme Rizzo Amaral, *Comentários às alterações do novo CPC*, São Paulo: Revista dos Tribunais, 2015; Hans Buegens, *Da assistência judiciária*, p. 32/33 – sobre o pagamento da publicação quando a parte está beneficiada pela assistência judiciária; Heitor Vitor Mendonça Sica, In: José Roberto F. Gouvêa; Luis Guilherme A. Bondioli e João Francisco N. da Fonseca (coord.), *Comentários ao Código de Processo Civil*, São Paulo: Saraiva, 2019, v. 5; Helena Abdo, In: Teresa Arruda Alvim Wambier, Fredie Didier Jr., Eduardo Talamini, Bruno Dantas, *Breves comentários ao novo Código de Processo Civil*, São Paulo: Revista dos Tribunais, 2015; Hélio Tornaghi, *Comentários ao Código de Processo Civil*, São Paulo: Revista dos Tribunais, 1976, v. II – sobre a relativa presunção de verdade na informação do carteiro; Humberto Theodoro Jr., *Curso de direito processual civil*, 61. ed., Rio de Janeiro: Forense, 2020, v. I, n. 209-b – sobre processo eletrônico; Humberto Theodoro Júnior, *Curso de direito processual civil*, Rio de Janeiro: Forense, 2015, v. I, n. 252 – sobre o suprimento da citação; n. 253 – destinatário da citação inicial; Humberto Theodoro Júnior, Fernanda Alvim Ribeiro de Oliveira, Ester Camila Gomes Norato Rezende (coords.), *Primeiras lições sobre o novo direito processual civil brasileiro*, Rio de Janeiro: Forense, 2015; J. E. Carreira Alvim, *Comentários ao novo Código de Processo Civil*, Curitiba: Juruá, 2015; João Mendes Júnior, *Direito judiciário brasileiro*, Rio de Janeiro: Freitas Bastos, 1960; João Mendes Júnior, *Direito Judiciário Brasileiro*, Rio de Janeiro: Freitas Bastos, 1954, p. 308 – citação nas Ordenações Filipinas; José Alberto dos Reis, *Comentários ao CPC*, Coimbra: Coimbra Editora, 1945, v. II, 1945, p. 656 – a demência é jurídica e engloba todos os conceitos de doença mental que impossibilite o recebimento da citação; p. 660 – impossibilitado de receber a citação, o juiz nomeará curador *ad litem*; José Alexandre Manzano Oliani, In: Teresa

Arruda Alvim Wambier, Fredie Didier Jr., Eduardo Talamini, Bruno Dantas, *Breves comentários ao novo Código de Processo Civil*, São Paulo: Revista dos Tribunais, 2015; José Frederico Marques, *Instituições de direito processual civil*, Campinas: Millenium, 2000, v. I, n. 284, p. 332 – a procura do réu por três vezes, para que se justifique a citação com hora marcada, deverá ocorrer sempre num mesmo local; José Frederico Marques, *Manual de direito processual civil*, São Paulo: Millennium, 2001, v. II, § 46, n. 330, e v. III, § 123, n. 674 – inexistência da diferença entre exceção de litispendência e a de prevenção; José Lebre de Freitas, João Redinha e Ruy Pinto, *Código de Processo Civil anotado*, Coimbra: Coimbra Editora, 1999, v. I; José Miguel Garcia Medina, *Novo Código de Processo Civil comentado*, São Paulo: Revista dos Tribunais, 2015; Leonardo Carneiro da Cunha, In: Sérgio Cruz Arenhart e Daniel Mitidiero (coord.), *Comentários ao Código de Processo Civil*, 2. ed., São Paulo: RT, 2018, v. 3; Leonardo Greco, *Instituições de processo civil: introdução ao direito processual civil*, 5. ed., Rio de Janeiro: Forense, 2015; Lodovico Mortara, *Commentario del Codice e delle Leggi di Procedura Civile*, Milão: F. Vallardi, 1915, v. III, n. 251; Lopes da Costa, *Direito processual civil brasileiro*, 2. ed., Rio de Janeiro: Forense, 1959, v. II, n. 302, p. 243 – sobre a apuração da responsabilidade; Luis Antônio Giampaulo Sarro, *Novo Código de Processo Civil*, São Paulo: Rideel, 2015; Luís Renato Ferreira da Silva, Considerações sobre os efeitos da revelia na citação por edital, *RT* 630/259; Luiz Eulálio de Bueno Vidigal, *Comentários ao CPC*, São Paulo, Revista dos Tribunais, 1976, v. VI, n. 2; Luiz Guilherme Marinoni, Sérgio Cruz Arenhart, Daniel Mitidiero, *Curso de processo civil*, São Paulo: Revista dos Tribunais, 2015, v. I; Manoel Aureliano de Gusmão, *Processo civil e comercial*, São Paulo: Acadêmica, 1939 – diferença entre exceção de litispendência e a de prevenção; Mantovanni Colares Cavalcante, A citação da pessoa jurídica e a teoria da aparência, *Revista Dialética de Direito* Processual 2/92; Marco Aurélio Martins Rocha, Considerações acerca da citação por carta da pessoa natural no juizado especial cível, *Revista dos Juizados Especiais* 14/32; Nelson Nery Júnior, A citação com hora certa e a contestação do curador especial, *Ajuris* 47/76; Nelson Nery Junior, Rosa Maria de Andrade Nery, *Comentários ao Código de Processo Civil*, São Paulo: Revista dos Tribunais, 2015;Orlando Gomes, *Contratos*, Rio de Janeiro: Forense, 2009, n. 280/288 – sobre mandato; Orlando Soares, *Comentários ao CPC*, Rio de Janeiro: Forense, 1992, v. I, p. 364/367; Oscar da Cunha, *O dolo e o direito judiciário brasileiro*, Rio de Janeiro: Typ. Do Jornal do Commercio, 1936, p. 19/20 – sobre o dolo processual; Pedro Batista Martins, *Comentários ao CPC*, 2. ed., Rio de Janeiro: Forense, 1960, v. II, n. 124, p. 198 – distinção entre desconhecido e incerto; Pontes de Miranda, *Comentários ao CPC de 1973*, Rio de Janeiro: Forense, 1997, t. III, p. 206; Pontes de Miranda, *Comentários ao CPC*, Rio de Janeiro: Forense, 2002, t. III; Pontes de Miranda, *Tratado de direito privado*, v. XLIII, § 4.675, n. 1, p. 6 – sobre o mandato; Sergio Bermudes, *Direito processual civil: estudos e pareceres*, 2ª série, 2. ed., São Paulo: Saraiva, 1994 – capacidade processual e citação de réu morto, p. 123; S. F. Grunzweig, *L'assistence judiciaire*, n. 314, p. 143 – sobre o custeio da publicação quando a parte é beneficiada pela assistência judiciária, o Código Belga prevê o pagamento pelo Tesouro da publicação; Teresa Arruda Alvim Wambier, Fredie Didier Jr., Eduardo Talamini, Bruno Dantas (coords.), *Breves comentários ao novo Código de Processo Civil*, São Paulo: Revista dos Tribunais, 2015; Teresa Arruda Alvim Wambier, Maria Lúcia Lins Conceição, Leonardo Ferres da Silva Ribeiro, Rogério Licastro Torres de Melo, *Primeiros comentários ao novo Código de Processo Civil*, São Paulo: Revista dos Tribunais, 2015; Vicente Greco Filho, *Direito processual civil brasileiro*, São Paulo: Saraiva, 2013, v. II, n. 8; Wellington Moreira Pimentel, *Comentários ao CPC*, v. III, p. 167.

Capítulo III
DAS CARTAS

Art. 260. São requisitos das cartas de ordem, precatória e rogatória:

I – a indicação dos juízes de origem e de cumprimento do ato;

II – o inteiro teor da petição, do despacho judicial e do instrumento do mandato conferido ao advogado;

III – a menção do ato processual que lhe constitui o objeto;

IV – o encerramento com a assinatura do juiz.

§ 1º O juiz mandará trasladar para a carta quaisquer outras peças, bem como instruí-la com mapa, desenho ou gráfico, sempre que esses documentos devam ser examinados, na diligência, pelas partes, pelos peritos ou pelas testemunhas.

§ 2º Quando o objeto da carta for exame pericial sobre documento, este será remetido em original, ficando nos autos reprodução fotográfica.

§ 3º A carta arbitral atenderá, no que couber, aos requisitos a que se refere o *caput* e será instruída com a convenção de arbitragem e com as provas da nomeação do árbitro e de sua aceitação da função.

CPC/1973

Art. 202.

REFERÊNCIA LEGISLATIVA

CPC/2015, arts. 261 (prazo); 262 (itinerante); 264 (telegrama); 265 (telefone); 266 (execução de ofício); 267 (recusa); 268 (devolução), 377 (efeito suspensivo), 632 (inventário; avaliação de bens) e 740, § 1º (herança jacente; arrecadação de bens).

Lei nº 5.010, de 30.05.1966 (Justiça Federal – ver Legislação Especial), art. 42, § 1º.

BREVES COMENTÁRIOS

As cartas rogatórias são instrumentos de cooperação entre órgãos de países diferentes. Denominam-se *ativas* quando o cumprimento for dirigido à autoridade estrangeira, e *passivas* no caso de ser expedida pela autoridade judiciária estrangeira para cumprimento no Brasil.

Cartas de ordem são expedidas pelos tribunais dos órgãos judiciais hierarquicamente inferiores; e as cartas precatórias, as trocadas entre juízes do primeiro grau de jurisdição.

JURISPRUDÊNCIA SELECIONADA

1. Cooperação judiciária. "Consoante dispõe o inciso I do artigo 202 do Código de Processo Civil [260, CPC/2015], a carta rogatória é instrumento próprio à cooperação entre Judiciários, devendo o subscritor estar integrado a esse poder" (STF, HC 87.759, Rel. Min. Marco Aurélio, 1ª Turma, jul. 26.02.2008, *DJe* 17.04.2008).

2. Carta precatória.

Inquirição de testemunha. Depoimento. Degravação. Competência do juízo deprecante. "O cumprimento de carta precatória é composto por diversos atos, os quais possuem suficiente autonomia para não serem considerados um ato único, mas sim como vários procedimentos isolados, aos quais é possível a aplicação de norma processual superveniente. Na vigência do Código de Processo Civil de 2015, a colheita de prova testemunhal por gravação passou a ser um método convencional, ficando a degravação prevista apenas para hipóteses excepcionais em que, em autos físicos, for interposto recurso, sendo impossível o envio da documentação eletrônica. Em caso de precatória inquiritória, a gravação dos depoimentos colhidos em audiência pelo método audiovisual é suficiente para a devolução da carta adequadamente cumprida. Na hipótese excepcional de se mostrar necessária a degravação, deverá ser realizada pelo juízo deprecante ou pela parte interessada" (STJ, CC 150.252/SP, Rel. Min. Ricardo Villas Bôas Cueva, 2ª Seção, jul. 10.06.2020, *DJe* 16.06.2020).

Juntada da procuração. "Não pode ser cumprida carta precatória à qual falta requisito essencial, como o da juntada de procuração" (TACivSP, MS 205.152, Rel. Mário Augusto Collaço Veras, 1ª Câmara do 1º TACiv., jul. 17.09.1974, *RT* 470/126).

3. Carta rogatória.

Documentação suficiente para a compreensão da controvérsia. Requisito do art. 260 do CPC. Aplicação apenas às cartas rogatórias ativas. "Para a concessão do exequatur, a carta rogatória não precisa estar acompanhada de todos os documentos indicados na petição inicial e de detalhes do processo em curso, mas de peças suficientes para a compreensão da controvérsia. Os requisitos previstos no art. 260 do CPC somente são aplicáveis às rogatórias ativas. A prática de ato de comunicação processual é plenamente admissível em carta rogatória. A simples citação, por si só, não representa situação de afronta à ordem pública ou à soberania nacional, destinando-se apenas a dar conhecimento de ação em curso para permitir a defesa da parte interessada" (STJ, AgInt nos EDcl na CR 14.886/EX, Rel. Min. João Otávio de Noronha, Corte Especial, jul. 09.06.2020, *DJe* 16.06.2020).

Via diplomática. Presunção de autenticidade dos documentos. Dispensa de tradução, chancela e procuração. "Diante da autenticidade presumida dos documentos que instruem as cartas rogatórias passivas, as quais são encaminhadas pela via diplomática, são dispensáveis a tradução oficial, a chancela consular e a apresentação de instrumento de mandato" (STJ, AgInt na CR 14.548/EX, Rel. Min. João Otávio de Noronha, Corte Especial, jul. 07.04.2020, *DJe* 16.04.2020).

Procuração. Requisito do art. 260 do CPC/2015. Aplicação apenas às cartas rogatórias ativas. "A procuração conferida ao advogado da parte autora, requisito referido no art. 202 do CPC [art. 260, CPC], é aplicável apenas às cartas rogatórias ativas" (STJ, AgRg na CR 2.116/US, Rel. Min. Barros Monteiro, Corte Especial, jul. 16.05.2007, *DJ* 06.08.2007, p. 384). **No mesmo sentido:** STJ, AgRg na CR 1.596/US, Rel. Min. Barros Monteiro, Corte Especial, jul. 19.12.2006, *DJ* 26.02.2007, p. 529; STJ, AgRg na CR 6/GB, Rel. Min. Edson Vidigal, Corte Especial, jul. 19.10.2005, *DJ* 21.11.2005, p. 110.**4. Carta arbitral.**

Tutela de urgência. Assistência do Poder Judiciário para efetivação da ordem. Medida de apoio deferida pelo Juiz. Cooperação por terceiro. "Como afirmado no julgamento do REsp 1.277.725/AM (Terceira Turma, *DJe* 18.03.2013), 'admite-se a convivência harmônica das duas jurisdições – arbitral e estatal –, desde que respeitadas as competências correspondentes, que ostentam natureza absoluta'. Portanto, é aceitável a convivência de decisões arbitrais e judiciais, quando elas não se contradizerem e tiverem a finalidade de preservar a efetividade de futura decisão arbitral. A determinação de cumprimento de cartas arbitrais pelo Poder Judiciário não constitui uma atividade meramente mecânica. Por mais restrita que seja, o Poder Judiciário possui uma reduzida margem de interpretação para fazer cumprir as decisões legalmente exaradas por Cortes arbitrais" (STJ, REsp 1.798.089/MG, Rel. Min. Nancy Andrighi, 3ª Turma, jul. 27.08.2019, *DJe* 04.10.2019).

Art. 261. Em todas as cartas o juiz fixará o prazo para cumprimento, atendendo à facilidade das comunicações e à natureza da diligência.

§ 1º As partes deverão ser intimadas pelo juiz do ato de expedição da carta.

§ 2º Expedida a carta, as partes acompanharão o cumprimento da diligência perante o juízo destinatário, ao qual compete a prática dos atos de comunicação.

§ 3º A parte a quem interessar o cumprimento da diligência cooperará para que o prazo a que se refere o *caput* seja cumprido.

CPC/1973

Art. 203.

REFERÊNCIA LEGISLATIVA

CPC/2015, arts. 268 (prazo para devolução) e 377 (efeito suspensivo).

BREVES COMENTÁRIOS

Deve o juiz, para evitar paralisação indefinida do processo, declarar o prazo dentro do qual a carta deverá ser cumprida, levando em consideração a facilidade das comunicações e a natureza da diligência. Se, porém, não for possível ao juiz deprecado a realização do ato no prazo constante da carta, poderá ultrapassá-lo, fazendo a devida comunicação ao deprecante. De qualquer forma, cabe à parte interessada diligenciar para que o cumprimento se dê dentro do prazo determinado pelo deprecante. A ampliação desse prazo deve ser requerida ao deprecante pela parte, porque o prazo de cumprimento é estipulado à parte interessada, e não propriamente ao juiz deprecado. Por isso, se há dificuldades que impeçam a conclusão da diligência no tempo previsto, caberia à parte justificá-la, requerendo a dilatação do prazo ao juízo expedidor da carta. Não se trata, enfim, de um prazo fatal. Sua fixação ou ampliação será fruto de apreciação razoável do juiz, de acordo com as circunstâncias do caso concreto. Trata-se, na verdade, de um prazo que não é imposto ao juízo deprecado, mas, sim, à parte interessada para que ela promova a diligência dentro do lapso temporal assinalado pelo deprecante.

As exigências do art. 261, inclusive a pertinente ao prazo de cumprimento, aplicam-se a todas as modalidades de carta, mesmo às rogatórias.

JURISPRUDÊNCIA SELECIONADA

1. Ausência de fixação de prazo. "O prazo a que se refere o art. 203 do CPC [art. 261 do CPC/2015] é para a parte e não para o juiz deprecado. A falta de fixação dele não acarreta nulidade" (TRT da 2ª Região, RO 028.800.668.53-SP, Rel. Juiz Evandro Carneiro Pereira; jul. 29.05.1989, *Adcoas*, 1990, nº 126.251).

2. Declaração de prazo para cumprimento das cartas. "A declaração do prazo, dentro do qual deverão ser cumpridas todas as cartas, inclusive, portanto, as cartas rogatórias, constitui exigência expressa do art. 203 do Código de Processo Civil" [art. 261 do CPC/2015] (TJSP, AgI 251.747, Rel. Campos Gouvêa, 4ª Câmara Civ., jul. 20.05.1976, *RT* 488/109).

"Nada obsta a que o juiz da causa marque prazo para cumprimento de precatória expedida para ouvida de testemunhas, tampouco que se aguarde sua devolução para prolatar a sentença, pois o contrário seria dar-se e negar-se, concomitantemente, a produção da prova" (TJSP, AgI 21.976-1, Rel. Jurandyr Nilsson, 3ª Câmara, jul. 23.03.1982, *RT* 560/82).

Art. 262. A carta tem caráter itinerante, podendo, antes ou depois de lhe ser ordenado o cumprimento, ser encaminhada a juízo diverso do que dela consta, a fim de se praticar o ato.

Parágrafo único. O encaminhamento da carta a outro juízo será imediatamente comunicado ao órgão expedidor, que intimará as partes.

CPC/1973

Art. 204.

BREVES COMENTÁRIOS

Como regra geral, toda carta tem caráter itinerante, de modo que, "antes ou depois de lhe ser ordenado o cumprimento, poderá ser apresentada a juízo diverso do que dela consta, a fim de se praticar o ato". Havendo encaminhamento para outro juízo, o fato será imediatamente comunicado ao órgão expedidor, que intimará as partes, a fim de dar-lhes conhecimento do novo juiz encarregado da diligência.

JURISPRUDÊNCIA SELECIONADA

1. Intimação. Carta precatória. "Tendo sido intimado da expedição das cartas precatórias, cabe ao defensor constituído acompanhar o trâmite destas. Precedentes do STJ e do STF" (STJ, HC 40.781/SP, Rel. Min. Gilson Dipp, 5ª Turma, jul. 19.05.2005, *DJ* 13.06.2005, p. 329).

Art. 263. As cartas deverão, preferencialmente, ser expedidas por meio eletrônico, caso em que a assinatura do juiz deverá ser eletrônica, na forma da lei.

CPC/1973

Art. 202, § 3º.

REFERÊNCIA LEGISLATIVA

CPC/2015, art. 260 (requisitos das cartas); Lei nº 11.419/2006, art. 7º (as cartas serão feitas preferencialmente por meio eletrônico).

BREVES COMENTÁRIOS

Segundo a tradição do processo, as cartas do art. 260 formalizam-se por escrito e são encerradas pela assinatura do juiz que as expede. Dentro do programa de modernização dos serviços judiciais, a Lei nº 11.419, de 19.12.2006, editada no tempo do Código anterior, passou a autorizar que se pudesse expedi-las por meio eletrônico, situação em que a assinatura do juiz deveria ser eletrônica, na forma da Lei. Nos termos do art. 7º da Lei nº 11.419/2006, as comunicações entre os órgãos do Poder Judiciário (inclusive as cartas precatórias, rogatórias e de ordem) não só podiam efetuar-se por meio eletrônico como este deveria ser a via preferencial para a respectiva prática (art. 7º). Essa foi também a orientação do atual Código, adotada no art. 263, de sorte que todas as cartas, sempre que possível, devem ser expedidas por meio eletrônico, com as cautelas da Lei nº 11.4109/2006.

Art. 264. A carta de ordem e a carta precatória por meio eletrônico, por telefone ou por telegrama conterão, em resumo substancial, os requisitos mencionados no art. 250, especialmente no que se refere à aferição da autenticidade.

CPC/1973

Art. 206.

BREVES COMENTÁRIOS

Na hipótese de carta por telefone, o secretário do tribunal, o escrivão ou chefe de secretaria transmitirá o seu conteúdo ao escrivão do 1º Ofício, da primeira vara, se houver mais de uma vara e mais de um ofício no juízo deprecado, observados os requisitos do art. 264 (art. 265).

Art. 265. O secretário do tribunal, o escrivão ou o chefe de secretaria do juízo deprecante transmitirá, por telefone, a carta de ordem ou a carta precatória ao juízo em que houver de se cumprir o ato, por intermédio do escrivão do primeiro ofício da primeira vara, se houver na comarca mais de um ofício ou de uma vara, observando-se, quanto aos requisitos, o disposto no art. 264.

§ 1º O escrivão ou o chefe de secretaria, no mesmo dia ou no dia útil imediato, telefonará ou enviará mensagem eletrônica ao secretário do tribunal, ao escrivão ou ao chefe de secretaria do juízo deprecante, lendo-lhe os termos da carta e solicitando-lhe que os confirme.

§ 2º Sendo confirmada, o escrivão ou o chefe de secretaria submeterá a carta a despacho.

CPC/1973

Art. 207.

REFERÊNCIA LEGISLATIVA

CPC/2015, art. 212 (tempo dos atos processuais).

BREVES COMENTÁRIOS

Adotado o meio eletrônico, o telefone ou o telegrama, a mensagem terá de conter, em resumo substancial, os requisitos que se reclamam para os mandados de citação ou intimação, e que são explicitados pelo art. 250.

Escolhida a forma telefônica, o escrivão do juízo deprecante e o do juízo deprecado tomarão as providências necessárias para assegurar a autenticidade da comunicação processual, que são aquelas preconizadas pelo *caput* e pelo § 1º do art. 265.

Art. 266. Serão praticados de ofício os atos requisitados por meio eletrônico e de telegrama, devendo a parte depositar, contudo, na secretaria do tribunal ou no cartório do juízo deprecante, a importância correspondente às despesas que serão feitas no juízo em que houver de praticar-se o ato.

CPC/1973

Art. 208.

BREVES COMENTÁRIOS

O processamento das cartas está sujeito ao preparo comum, inclusive pagamento de taxa judiciária, conforme a legislação local. O interessado diligenciará no juízo deprecado a realização do competente preparo. Nos casos, porém, de cartas expedidas por telefone, telegrama ou meio eletrônico, o cumprimento deverá ser imediato, ou de ofício. A parte interessada depositará no juízo deprecante a importância correspondente às despesas que serão feitas no juízo em que houver de ser praticado o ato. Não se pode, assim, deixar de dar imediato cumprimento a essas cartas, sob pretexto de falta de preparo das custas. Quanto às demais cartas, não havendo no juízo deprecado preparo prévio, pode o juiz da diligência devolvê-las, sem cumprimento.

Art. 267. O juiz recusará cumprimento a carta precatória ou arbitral, devolvendo-a com decisão motivada quando:

I – a carta não estiver revestida dos requisitos legais;

II – faltar ao juiz competência em razão da matéria ou da hierarquia;

III – o juiz tiver dúvida acerca de sua autenticidade.

Parágrafo único. No caso de incompetência em razão da matéria ou da hierarquia, o juiz deprecado, conforme o ato a ser praticado, poderá remeter a carta ao juiz ou ao tribunal competente.

CPC/1973

Art. 209.

REFERÊNCIA LEGISLATIVA

CPC/2015, arts. 46 a 53 (competência territorial); 66 (conflito de competência); 260 e 264 (requisitos da precatória); Lei nº 9.307/1996, art. 22-C (requisitos da carta arbitral).

BREVES COMENTÁRIOS

Com relação à carta precatória (inclusive a arbitral) que circula entre juízes do mesmo grau de jurisdição, é lícito ao juiz deprecado recusar-lhe cumprimento e devolvê-la ao juiz deprecante, apenas nos casos arrolados no art. 267.

Em qualquer caso, nunca será admissível uma recusa pura e simples. O juiz deprecado terá sempre de fundamentar adequadamente a decisão de recusa. Não cabe ao deprecado rever o conteúdo da decisão proferida pelo deprecante.

No cumprimento da carta arbitral será observado o segredo de justiça, desde que comprovada a confidencialidade estipulada na arbitragem (Lei nº 9.307/1996, art. 22-C, parágrafo único).

JURISPRUDÊNCIA SELECIONADA

1. Requisitos legais (inciso I).

Falta de procuração da parte interessada. Ver jurisprudência do art. 260 do CPC/2015.

Ausência dos requisitos legais. "O juízo deprecado apenas pode descumprir a ordem contida na carta precatória caso esta não possua algum requisito legal, quando carecer de competência em razão da matéria ou da hierarquia ou, ainda, por motivo de dúvida sobre a autenticidade da carta" (STJ, CC 31.886/RJ, Rel. Min. Nancy Andrighi, 2ª Seção, jul. 26.09.2001, *DJ* 29.10.2001, p. 179).

"O juízo deprecado não pode negar cumprimento à precatória, a menos que ela não atenda aos requisitos do art. 209, CPC [art. 267 do CPC/2015], quando se declarar incompetente em razão da matéria ou da hierarquia, ou, ainda, quando duvidar da sua autenticidade. Não cabe ao tribunal estadual, através de rotulada 'reclamação', avocar a carta precatória, suspendendo o seu cumprimento" (STJ, CC 32.268/SP, Rel. Min. Sálvio de Figueiredo Teixeira, 2ª Seção, jul. 24.04.2002, *DJ* 19.08.2002, p. 139).

2. Competência (inciso II).

"É defeso ao juiz deprecado negar cumprimento a precatória, sob o argumento de que o deprecante é incompetente e de ser inconstitucional o ato requisitado. Em se julgando originariamente competente para adotar originariamente o ato deprecado, cumpre ao juiz suscitar conflito de competência. A arguição de inconstitucionalidade do ato deprecado haverá de ser examinada na sede do deprecante, observado o devido processo legal. Não pode o tribunal a que se vincula o juízo deprecado cassar, por afirmada inconstitucionalidade, decisão tomada por juiz vinculado a outro tribunal" (STJ, REsp 174.529/PB, Rel. Min. Humberto Gomes de Barros, 1ª Turma, jul. 13.10.1998, *DJ* 18.12.1998, p. 299). **Obs.: Sobre a impossibilidade da recusa por suposta ilegalidade do ato do juiz deprecado, ver também:** TJPI, Ap. 6.388, Rel. Des. Walter de Carvalho Miranda, jul. 13.05.1986; *Piauí Judic.* 1º/137; TARS, A. 28.504, Rel. Juiz Sérgio Pilla da Silva; *JTARS* 44/227; *Adcoas,* 1983, nº 89.408; STJ, CC 40.405/SP, Rel. Min. Francisco Peçanha Martins, 1ª Seção, jul. 13.12.2004, *DJ* 07.03.2005.

"Não compete ao juiz deprecado recusar o cumprimento da carta precatória, sob a alegação de que o juízo deprecante é incompetente para o exame da causa e, ao mesmo tempo, avocar a si a competência do julgamento da demanda. Inteligência do art. 209 do CPC [art. 267, CPC/2015]. Em se tratando de competência relativa, compete à parte interessada opor a exceção declinatória de foro (art. 112 do CPC) [art. 64 do CPC/2015]. Ato do juiz deprecado que fere a regra processual vigente e afronta os princípios constitucionais" (TJRS, CC 70015026172, Rel. Angela Terezinha de Oliveira Brito, 13ª Câm. Cív., jul. 24.08.2006, *DJ* 05.09.2006). **No mesmo sentido:** TFR, Ag 52.021/SP, Rel. Min. Eduardo Ribeiro, 6ª Turma, 08.04.1987; *RF* 302/113, *RTFR* 148/59.

"O dever de homenagear cartas precatórias não pode conduzir à enormidade de o juiz abdicar de sua própria competência" (STJ, CC 40.122/SP, Rel. Min. Humberto Gomes de Barros, 2ª Seção, jul. 26.02.2004, *DJ* 22.03.2004, p. 192).

Competência absoluta. "Pode o juiz deprecado, sendo absolutamente competente para o conhecimento e julgamento da causa, recusar o cumprimento de carta precatória em defesa de sua própria competência. Conflito conhecido e declarado competente o Juízo de Direito da Vara Cível de Cruz Alta – RS, o suscitante" (STJ, CC 48.647/RS, Rel. Min. Fernando Gonçalves, 2ª Seção, jul. 23.11.2005, *DJ* 05.12.2005).

3. Recusa infundada.

Carta precatória. Videoconferência. Não obrigatoriedade. Rol taxativo. "O art. 267 do CPC/2015 possui rol taxativo de recusa para o cumprimento de carta precatória. A prática de atos processuais por videoconferência é uma faculdade do juízo deprecante, não competindo ao juízo deprecado a determinação de forma diversa da realização de audiência" (STJ, CC 165.381/MG, Rel. Min. Francisco Falcão, 1ª Seção, jul. 12.06.2019, *DJe* 14.06.2019).

"O Juízo deprecado só pode recusar o cumprimento da carta precatória quando evidenciada uma das hipóteses previstas no art. 267 do Novo Código de Processo Civil, o que não ocorreu na espécie" (STJ, AgRg no CC 158.878/ES, Rel. Min. Maria Thereza de Assis Moura, 3ª Seção, jul. 22.08.2018, *DJe* 27.08.2018).

4. Cumprimento de precatória da Justiça federal pela Justiça estadual. "O comando inserto no art. 1.213 do CPC [art. 237, parágrafo único, do CPC/2015] explicita que as cartas precatórias, entre elas as citatórias, expedidas pela Justiça federal, poderão ser cumpridas nas comarcas do interior pela Justiça estadual. [...] – Existindo vara federal na comarca onde se situa o foro distrital, não subsiste a delegação de competência prevista no art. 109, § 3º, da CF, permanecendo incólume a competência absoluta da Justiça federal. Conflito conhecido, declarando-se competente o juízo suscitante" (STJ, CC 62.249/SP, Rel. Min. Nancy Andrighi, 2ª Seção, jul. 28.06.2006, *DJ* 01.08.2006 p. 365).

5. Limitação ao cumprimento da precatória. "O juiz deprecado, salvo as hipóteses do art. 209 do CPC [art. 267, CPC/2015], deve se limitar ao cumprimento da determinação legal do juiz deprecante que mandou penhorar os bens indicados pelo exequente na inicial" (TJMG, Ag 1.0281.05.007422-4/001, Rel. Des. Luciano Pinto, 17ª Câmara Cível, jul. 09.03.2006, *DJe* 17.05.2006).

"O juízo deprecado não é o condutor do processo principal, mas o executor dos atos deprecados, incumbindo-lhe, se for o caso, apenas a recusa da precatória, se configurada alguma das hipóteses previstas no art. 209 do CPC [art. 267, CPC/2015]" (STJ, CC 81.892/DF, Rel. Min. Arnaldo Esteves Lima, 3ª Seção, jul. 12.12.2007, *DJ* 01.02.2008).

Impossibilidade jurídica. "As hipóteses de recusa ao cumprimento de carta precatória não se limitam àquelas do art. 209 do CPC [art. 267, CPC/2015], 'sendo igualmente cabível a rejeição quando parecer ao juiz deprecado, em decisão fundamentada, manifesta a impossibilidade jurídica da providência jurisdicional solicitada' (REsp 649.213/GO, 2ª Turma, Rel. Min. Castro Meira, *DJ* 03.11.2004)" (STJ, REsp 744.744/SE, Rel. Min. Denise Arruda, 1ª Turma, jul. 16.05.2006, *DJ* 01.06.2006, p. 161).

Dúvida sobre a possibilidade de cumprimento da carta precatória. Suspensão do cumprimento da carta até a manifestação do juiz deprecante. Possibilidade. "O juiz deprecado, no exercício da sua função de cooperador, pode dialogar com o juiz deprecante acerca do ato processual requerido, pois o diálogo é pressuposto da cooperação e contribui para que a atividade jurisdicional seja pautada pelos princípios constitucionais que informam o processo e exercida sem vícios, evitando-se a decretação de nulidades" (STJ, REsp 1.203.840/RN, Rel. Min. Nancy Andrighi, 3ª Turma, jul. 06.09.2011, *DJe* 15.09.2011).

Art. 268. Cumprida a carta, será devolvida ao juízo de origem no prazo de 10 (dez) dias, independentemente de traslado, pagas as custas pela parte.

CPC/1973

Art. 212.

BREVES COMENTÁRIOS

As cartas somente serão devolvidas depois de pagas as respectivas custas. Mesmo nas cartas urgentes, o cumprimento será feito sem prévio preparo (art. 266), mas a restituição ao juízo de origem dependerá do recolhimento das custas junto ao juízo deprecado.

JURISPRUDÊNCIA SELECIONADA

1. Prazo. Autoridade deprecada. "O destinatário do prazo de dez dias de que cuida o artigo 212 do Código de Processo Civil [art. 268 do CPC/2015] é a autoridade deprecada, e não a parte no pleito homologatório" (STJ, SEC 946/DE, Rel. Min. Hamilton Carvalhido, Corte Especial, jul. 19.11.2008, *DJe* 05.02.2009).

2. Citação por rogatória. "Realizando-se a citação por carta rogatória, incide a *lex fori*, não havendo fugir ao *locus regit actum*. Devolvida, a carta será anexada com a respectiva versão, firmada por tradutor juramentado" (TJSP, Ag. 48.582-1, Rel. Des. Fonseca Tavares, 8ª Câmara, *RJTJSP* 90/343).

DAS CARTAS: INDICAÇÃO DOUTRINÁRIA

Arruda Alvim *et al.*, Recurso contra ato praticado pelo juízo deprecado, *RP* 7/163; Cássio Scarpinella Bueno, *Manual de direito processual civil*, São Paulo: Saraiva, 2015; Castro Nunes, *Teoria e prática do Poder Judiciário*, Rio de Janeiro: Forense, 1943 – sobre embargos à rogatória; Daniel Amorim Assumpção Neves, *Manual de direito processo civil*, São Paulo: Método, 2015; E. D. Moniz Aragão, *Comentários ao CPC*, Rio de Janeiro: Forense, 1998, v. II, n. 185/186; Ernane Fidélis dos Santos, *Manual de direito processual civil*, São Paulo: Saraiva, 1985, v. I, n. 461; Fredie Didier Jr., *Curso de direito processual civil*, 17. ed., Salvador: JusPodivm, 2015, v. I; Guilherme Rizzo Amaral, *Comentários às alterações do novo CPC*, São Paulo: Revista dos Tribunais, 2015; Heitor Vitor Mendonça Sica, In: José Roberto F. Gouvêa; Luis Guilherme A. Bondioli e João Francisco N. da Fonseca (coord.), *Comentários ao Código de Processo Civil*, São Paulo: Saraiva, 2019, v. 5; Humberto Theodoro Júnior, *Curso de direito processual civil*, 61. ed., Rio de Janeiro: Forense, 2020, v. I; Humberto Theodoro Júnior, *Curso de direito processual civil*, Rio de Janeiro: Forense, 2015, v. I; Humberto Theodoro Júnior, Fernanda Alvim Ribeiro de Oliveira, Ester Camila Gomes Norato Rezende (coords.), *Primeiras lições sobre o novo direito processual civil brasileiro*, Rio de Janeiro: Forense, 2015; J. E. Carreira Alvim, *Comentários ao novo Código de Processo Civil*, Curitiba: Juruá, 2015; João Monteiro, *Teoria do processo civil*, Rio de Janeiro: Borsoi, 1956, § 87, v. I, p. 302, n. 4 – sobre a desnecessidade de juízo prévio de deliberação na carta precatória; José Miguel Garcia Medina, *Novo Código de Processo Civil comentado*, São Paulo: Revista dos Tribunais, 2015; Leonardo Carneiro da Cunha, In: Sérgio Cruz Arenhart e Daniel Mitidiero (coord.), *Comentários ao Código de Processo Civil*, 2. ed., São Paulo: RT, 2018, v. 3; Leonardo Greco, *Instituições de processo civil: introdução ao direito processual civil*, 5. ed., Rio de Janeiro: Forense, 2015; Lopes da Costa, *Direito processual civil brasileiro*, v. I, n. 337 e 353, p. 298 e 309; Luis Antônio Giampaulo Sarro, *Novo Código de Processo Civil*, São Paulo: Rideel, 2015; Luiz Guilherme Marinoni, Sérgio Cruz Arenhart, Daniel Mitidiero, *Curso de processo civil*, São Paulo: Revista dos Tribunais, 2015, v. I; Nelson Nery Junior, Rosa Maria de Andrade Nery, *Comentários ao Código de Processo Civil*, São Paulo: Revista dos Tribunais, 2015; Orlando Soares, *Comentários ao CPC*, Rio de Janeiro: Forense, 1992, v. I, p. 348/9; Paulo Osternack Amaral, In: Teresa Arruda Alvim Wambier, Fredie Didier Jr., Eduardo Talamini, Bruno Dantas, *Breves comentários ao novo Código de Processo Civil*, São Paulo: Revista dos Tribunais, 2015; Pontes de Miranda, *Comentários ao CPC de 1939*, v. I, p. 176, n. 1 – o dispositivo também abrange a carta de ordem; Pontes de Miranda, *Comentários ao CPC*, 4. ed., Rio de Janeiro: Forense, 1997, t. III, p. 171 – crítica sobre a entrada do instituto da *carta de ordem* no direito pátrio; Teresa Arruda Alvim Wambier, Fredie Didier Jr., Eduardo Talamini, Bruno Dantas (coords.), *Breves comentários ao novo Código de Processo Civil*, São Paulo: Revista dos Tribunais, 2015; Teresa Arruda Alvim Wambier, Maria Lúcia Lins Conceição, Leonardo Ferres da Silva Ribeiro, Rogério Licastro Torres de Melo, *Primeiros comentários ao novo Código de Processo Civil*, São Paulo: Revista dos Tribunais, 2015.

Capítulo IV
DAS INTIMAÇÕES

Art. 269. Intimação é o ato pelo qual se dá ciência a alguém dos atos e dos termos do processo.

§ 1º É facultado aos advogados promover a intimação do advogado da outra parte por meio do correio, juntando aos autos, a seguir, cópia do ofício de intimação e do aviso de recebimento.

§ 2º O ofício de intimação deverá ser instruído com cópia do despacho, da decisão ou da sentença.

§ 3º A intimação da União, dos Estados, do Distrito Federal, dos Municípios e de suas respectivas autarquias e fundações de direito público será realizada perante o órgão de Advocacia Pública responsável por sua representação judicial.

CPC/1973

Art. 234.

REFERÊNCIA LEGISLATIVA

CPC/2015, arts. 118 (litisconsorte); 218, § 2º (prazo mínimo para comparecimento); 241 (intimação do réu, após a sentença *prima facie* em seu favor); 255 (comarcas contíguas); 272 (intimação pela imprensa); 274 (intimações por carta ou em cartório); 280 (nulidade); e 346 (fluência do prazo contra o revel).

Lei nº 11.419, de 19.12.2006 (Processo Eletrônico - ver Legislação Especial), arts. 4º, §§ 2º e 5º (publicação eletrônica); 9º (intimações no processo eletrônico).

Resolução nº 455/2022 do CNJ (Institui o Portal de Serviços do Poder Judiciário - PSPJ, na Plataforma Digital do Poder Judiciário - PDPJ-Br, para usuários externos).

Resolução nº 569/2024 do CNJ (Altera as regras do Diário Judicial Eletrônico - DJE, dispondo sobre as citações e intimações, distinguindo as que podem ser feitas diretamente às partes e as que, obrigatoriamente, se cumprem perante os advogados), estas por intermédio do Diário de Justiça Eletrônico Nacional (DJEN) e aquelas por meio do Portal de Serviços do Poder Judiciário (PSPJ).

SÚMULAS

Súmula do STF:

Nº 310: "Quando a intimação tiver lugar na sexta-feira, ou a publicação com efeito de intimação for feita nesse dia, o prazo judicial terá início na segunda-feira imediata, salvo se não houver expediente, caso em que começará no primeiro dia útil que se seguir."

Súmula do TFR:

Nº 190: "A intimação pessoal da penhora ao executado torna dispensável a publicação de que trata o art. 12 da Lei das Execuções Fiscais."

BREVES COMENTÁRIOS

Não há mais, desde o Código de 1973, a distinção entre intimação e notificação de atos processuais, que o Código de 1939 fazia de maneira imprecisa e imperfeita. Entre os atos de comunicação processual, o atual Código só conhece a intimação dos atos do processo, a qual, tecnicamente, tem o objetivo de dar ciência de um ato ou termo processual. Trata-se de ato de comunicação processual da mais relevante importância, pois é da intimação que começam a fluir os prazos para que as partes exerçam os direitos e as faculdades processuais.

É preciso, no entanto, distinguir entre as intimações das partes e a intimação de seus advogados. Em regra, as intimações de atos praticados ou a praticar no curso do processo devem ser feitas aos advogados, não produzindo efeitos processuais aquelas efetuadas diretamente à parte. Só se admite a comunicação direta ao litigante, quando se visa a prática de ato pessoal indelegável, como exame de saúde ou depoimento pessoal (ver comentários ao art. 274 e respectiva jurisprudência).

JURISPRUDÊNCIA SELECIONADA

1. Ciência dos atos processuais. "Impõe-se a intimação da decisão às partes e seus advogados, para que tenham ciência do ato praticado no processo" (STJ, REsp 6.191/DF, Rel. Min. Nilson Naves, 3ª Turma, jul. 29.04.1991, *DJ* 03.06.1991, p. 7.423).

"O objetivo da intimação é dar conhecimento à parte de determinado ato, e por isso ela se torna desnecessária quando o advogado tenha notícia inequívoca do mesmo ato antes mesmo de ser intimado" (TJSP, ApCív. 277.367, Rel. Mendes Pereira, 1ª Câmara, jul. 11.05.1979, *RT* 527/74).

2. Destinatário da intimação. "A intimação é ao advogado e não à parte, salvo disposição de lei em contrário" (STJ, REsp 46.495/BA, Rel. Min. Antônio de Pádua Ribeiro, 2ª Turma, jul. 25.05.1994, *DJ* 13.06.1994, p. 15.097). **No mesmo sentido:** STJ, REsp 312.573/SP, Rel. Min. Nancy Andrighi, 3ª Turma, jul. 06.05.2002, *DJ* 24.06.2002, p. 296.

3. Dupla intimação. "Havendo duplicidade de intimação válida do acórdão recorrido, o prazo para a interposição do recurso especial começa a fluir da primeira" (STJ, AgRg no REsp 334.189/RS, Rel. Min. Hamilton Carvalhido, 6ª Turma, jul. 03.03.2005, *DJ* 01.07.2005, p. 639). **No mesmo sentido:** STJ, REsp 294.209/BA, Rel. Min. Francisco Falcão, 1ª Turma, acórdão 17.04.2001, *DJU* 22.10.2001, p. 270.

4. Validade da intimação irregular. "Embora o CPC indique exigências formais para a comprovação da realização da intimação, destinadas à segurança dos atos processuais, a jurisprudência tem admitido a intimação, nos casos em que ocorra irregularmente, como válida, se a parte a que se destinava teve ciência inequívoca do ato, o que equivale dizer que a parte com segurança tomou conhecimento do ato por outra forma que não a prevista" (TARS, Apelação 2.388/88, Rel. Juiz Alfredo Augusto Malucelli, 4ª Câmara Cível, acórdão unânime de 09.11.1988; *Paraná Jurídica* 28/188). Ver art. 277 do CPC/2015.

5. Finalidade do ato alcançada. Ausência de nulidade. "Atingida a finalidade da intimação do cônjuge a respeito da penhora recaída em bem imóvel, em execução proposta contra devedor casado, não há de se falar em nulidade dos posteriores atos processuais" (STJ, REsp 512.946/RJ, Rel. p/ acórdão Min. Nancy Andrighi, 3ª Turma, jul. 22.06.2004, *DJ* 30.08.2004, p. 281).

6. Intimação via telefone. "A intimação do advogado por via telefônica é nula, não se examinando neste feito legislação especial que a admita por qualquer meio, como no caso da Lei nº 9.099/1995" (STJ, REsp 655.437/RS, Rel. Min. Carlos Alberto Menezes Direito, 3ª Turma, jul. 10.11.2005, *DJ* 03.04.2006, p. 333).

7. Advogado suspenso. Intimação da parte. "Suspenso o advogado do exercício da profissão pela OAB, impõe-se a intimação pessoal da parte para constituir novo patrono" (STJ, REsp 46.096/RJ, Rel. Min. Anselmo Santiago, 6ª Turma, jul. 19.05.1998, *DJ* 10.08.1998, p. 83).

8. Intimação via imprensa. "Contendo a publicação elementos suficientes a ensejar a precisa identificação das partes e de seus advogados, bem como a permitir, de modo inequívoco, o conhecimento da essência e do conteúdo do ato cuja ciência se impõe seja dada aos litigantes (no caso, a existência de sentença desfavorável ao exequente na ação declaratória), e o quanto basta para considerar-se válida a intimação realizada via imprensa oficial e dela extrair os efeitos que lhe são próprios" (STJ, REsp 15.360/MT, Rel. Min. Sálvio de Figueiredo Teixeira, 4ª Turma, jul. 19.04.1994, *DJ* 23.05.1994, p. 12.610).

9. Ato pessoal indelegável.

Intimação para perícia médica em ação de cobrança de seguro DPVAT. Intimação feita ao representante processual. Impossibilidade. "O ato processual ora analisado se trata de intimação para a prática de uma conduta pessoal da parte, qual seja, o comparecimento para a realização da perícia médica, portanto trata-se de ato personalíssimo. Não pode a intimação ser feita ao representante processual, se o ato deve ser pessoalmente praticado pela própria parte, como é o caso dos autos. Recaindo a perícia sobre a própria parte, é necessária a sua intimação pessoal, não por meio do seu advogado, uma vez que se trata de ato personalíssimo. Precedente" (STJ, REsp 1.364.911/GO, Rel. Min. Marco Buzzi, 4ª Turma, jul. 01.09.2016, *DJe* 06.09.2016)

10. Ciência inequívoca. "Os prazos processuais, inclusive os recursais, contam-se a partir do momento em que as partes têm ciência inequívoca do ato praticado no processo, independentemente de terem sido observadas as formalidades referentes à intimação. Intimar significa levar ao íntimo. Considera-se intimado quem tem ciência inequívoca da decisão por qualquer meio, ainda que antes da publicação" (STJ, REsp 869.308/SC, Rel. Min. Humberto Gomes de Barros, 3ª Turma, jul. 09.08.2007, *DJ* 27.08.2007, p. 233).

"Constando dos autos que o advogado, pela consulta direta dos autos, teve ciência inequívoca da data em que se realizaria a audiência, irrelevante não tenha sido intimado de sua designação" (STJ, REsp 11.265/MS, Rel. Min. Eduardo Ribeiro, 3ª Turma, jul. 18.02.1992, *DJ* 16.03.1992, p. 3.098).

11. Estagiário. Retirada dos autos. "A carga dos autos por estagiário de direito não importa em intimação da parte, de modo que a respectiva certidão não equivale à peça obrigatória prevista no art. 525, I, do CPC [art. 1.017, I, do CPC/2015]" (STJ, REsp 1.212.874/AL, Rel. Min. Nancy Andrighi, 3ª Turma, jul. 26.04.2011, *DJe* 01.09.2011). **No mesmo sentido:** STJ, AGRG no AG 1.297.349/SP, Rel. Min. Teori Albino Zavascki, 1ª Turma, jul. 22.06.2010, *DJe* 01.07.2010.

12. Intimação de um dos advogados constituídos. "Havendo dois advogados constituídos, a intimação de apenas um deles não enseja cerceamento de defesa" (STJ, REsp 121.831/RS, Rel. Min. Fernando Gonçalves, 6ª Turma, jul. 10.06.1997, *DJ* 30.06.1997, p. 31.127).

13. Intimação nula. "A intimação é o ato pelo qual se dá ciência a alguém dos atos e termos do processo, para que se faça ou deixe de fazer alguma coisa (art. 234 do CPC) [art. 269, do CPC/2015], considerando que as mesmas são feitas através de publicação no *Diário do Judiciário*. Desse modo, é nula a intimação e, consequentemente, os atos processuais posteriores, quando não constar da publicação o nome de nenhum dos advogados da parte à qual o ato judicial é dirigido" (TJMG, AI. 481.159-4, Rel. Juiz Francisco Kupidlowski, 5ª Câmara, jul. 17.02.2005, *DJ* 09.03.2005).

14. Intimação feita durante as férias forenses. "A intimação da decisão que decreta a ineficácia da medida cautelar, sendo feita durante as férias forenses, período em que o processo não tem curso, apenas produz efeitos a partir do primeiro dia útil após a intimação" (1° TACivSP, AI 270.430, Rel. Mendes Pereira, 2ª Câmara, jul. 19.03.1980, *RT* 540/143).

15. Advogado Público. Intimação pessoal (§ 3º). "A intimação pessoal do representante da Fazenda Pública é de rigor nos feitos em que figura como interessada, autora, ré, assistente, oponente, recorrente ou recorrida, a teor do que dispõe o art. 38 da Lei Complementar 73/93 e art. 6º da Lei 9.028/75. O representante judicial da Fazenda Pública deve ser intimado pessoalmente na execução fiscal e, também, nos embargos contra ela opostos. (Precedentes do STJ: REsp 215.551/PR, Rel. para acórdão Min. Luiz Fux, *DJ* de 04/12/2006; REsp 595812/MT, Rel. Min. João Otávio de Noronha, *DJ* de 06/11/2006; RESP 165231/MG, Relator Ministro José Delgado, *DJ* de 03.08.1998; RESP 313714/RJ, Relator Ministro Milton Luiz Pereira, *DJ* de 11.03.2002). A intimação pessoal obedece à dicotomia das modalidades de intimação quanto à pessoa do destinatário, enquanto que a intimação por carta decorre da forma de intimação." (STJ, REsp 496.978/RS, Rel.ª Min.ª Eliana Calmon, 1ª Seção, jul. 09.11.2005, *DJ* 12.12.2005, p. 263)

Fazenda Pública com escritório fora da comarca. Carta registrada. "Hodiernamente, há legislação, em plena vigência, que esbarra na pretensão de que a intimação, no caso de ser realizada fora da sede do juízo, seja feita pessoalmente. É clara a lei ao afirmar que as intimações realizadas nas comarcas do interior serão feitas, necessariamente, por carta registrada, com aviso de recebimento. 'A intimação por carta registrada feita ao procurador da Fazenda Nacional, fora da sede do Juízo, pode ser considerada como intimação pessoal, atendendo aos ditames do artigo 25 da Lei 6.830/80' (REsp nº 743867/MG, *DJ* de 20/03/2006). 'A jurisprudência, a partir do TFR, vem entendendo que, nas comarcas nas quais não haja procurador residente, pode a intimação fazer-se por carta com AR. Flexibilidade de entendimento que impede a paralisação das execuções fiscais que tramitam nas comarcas do interior dos Estados' (REsp nº 585125/MT, 2ª Turma, *DJ* de 06/03/2006). (...)." (STJ, AgRg no REsp 945.539/PR, Rel. Min. José Delgado, 1ª Turma, jul. 20.09.2007, *DJ* 01.10.2007, p. 248).

Art. 270. As intimações realizam-se, sempre que possível, por meio eletrônico, na forma da lei.

Parágrafo único. Aplica-se ao Ministério Público, à Defensoria Pública e à Advocacia Pública o disposto no § 1º do art. 246.

CPC/1973

Arts. 236, § 2º, e 237, parágrafo único.

REFERÊNCIA LEGISLATIVA

CPC/2015, arts. 183 (intimação pessoal dos representantes da Fazenda Pública); e 186 (intimação pessoal da Defensoria Pública).

Lei nº 10.910/2004 (intimação pessoal dos procuradores do Banco Central).

Lei nº 11.419/2006, arts. 2º e 5º.

Recomendação 101/CNJ/2021, art. 4º (comunicação dos atos processuais a partes sem acesso à internet).

BREVES COMENTÁRIOS

As intimações podem ser feitas pelo escrivão ou pelo oficial de justiça, ou, ainda, por publicação na imprensa ou por meio eletrônico, esta última a via preferencial do Código atual. A matéria encontra-se disciplinada pela Lei nº 11.419, em que se dispõe que cabe a intimação eletrônica se o destinatário achar-se cadastrado no Poder Judiciário e o ato for feito em portal próprio, mediante assinatura eletrônica, nos termos da lei ou da regulamentação do respectivo tribunal (arts. 5º e 2º). A necessidade de manutenção de cadastro eletrônico para recebimento das intimações (art. 246, § 1º) estende-se ao Ministério Público e à Advocacia Pública (art. 270, parágrafo único). Ver, também, os comentários aos arts. 246 e 247 (com a redação da Lei nº 14.195/2021). Ver, ainda, nosso *Curso de direito processual civil*, v. I., itens 394 a 395-A e 412-A.

Por recomendação do CNJ, "a comunicação dos atos processuais às partes não assistidas por advogado e sem acesso à internet e a outros meios de comunicação digitais se dará por meio do envio de carta, com aviso de recebimento, oficial de justiça ou por ligação telefônica" (Recomendação 101/CNJ, de 12.07.2021, art. 4º).

JURISPRUDÊNCIA SELECIONADA

1. Processo judicial eletrônico. Duplicidade de intimações: publicação no diário da justiça eletrônico e por portal eletrônico. Prevalência da intimação pelo portal eletrônico. "A Lei 11.419/2006 – Lei do Processo Judicial Eletrônico – prevê dois tipos de intimações criados para atender à evolução do sistema de informatização dos processos judiciais. A primeira intimação, tratada no art. 4º, de caráter geral, é realizada por publicação no Diário da Justiça Eletrônico; e a segunda, referida no art. 5º, de índole especial, é feita pelo Portal Eletrônico, no qual os advogados previamente se cadastram nos sistemas eletrônicos dos Tribunais para receber a comunicação dos atos processuais. Embora não haja antinomia entre as duas formas de intimação previstas na Lei, ambas aptas a ensejar a válida intimação das partes e de seus advogados, não se pode perder de vista que, caso aconteçam em duplicidade e em diferentes datas, deve ser garantida aos intimados a previsibilidade e segurança objetivas acerca de qual delas deve prevalecer, evitando-se confusão e incerteza na contagem dos prazos processuais peremptórios. Assim, há de prevalecer a intimação prevista no art. 5º da Lei do Processo Eletrônico, à qual o § 6º do art. 5º atribui *status* de intimação pessoal, por ser forma especial sobre a genérica, privilegiando-se a boa-fé processual e a confiança dos operadores jurídicos nos sistemas informatizados de processo eletrônico, bem como garantindo-se a credibilidade e eficiência desses sistemas. Caso preponderasse a intimação por forma geral sobre a de feitio especial, quando aquela fosse primeiramente publicada, é evidente que o advogado cadastrado perderia o prazo para falar nos autos ou praticar o ato, pois, confiando no sistema, aguardaria aquela intimação específica posterior" (STJ, EAREsp 1.663.952/RJ, Rel. Min. Raul Araújo, Corte Especial, jul. 19.05.2021, *DJe* 09.06.2021).

"Controvérsia acerca da contagem de prazo recursal na hipótese de duplicidade de intimações, uma via *DJe* e outra por meio de portal eletrônico. 'As intimações serão feitas por meio eletrônico em portal próprio aos que se cadastrarem na forma do art. 2º desta Lei, dispensando-se a publicação no órgão oficial, inclusive eletrônico' (art. 5º, 'caput', Lei 11.419/2006, sem grifos no original). Prevalência da intimação eletrônica sobre a intimação via *DJe*, na hipótese de duplicidade de intimações. Entendimento em sintonia com o CPC/2015. Contagem do prazo recursal a partir da data em que se considera realizada a intimação eletrônica" (STJ, AgInt no AREsp 903.091/RJ, Rel. Min. Paulo de Tarso Sanseverino, 3ª Turma, jul. 16.03.2017, *DJe* 27.03.2017). **No mesmo sentido**: STJ, AgInt no AREsp 1.330.052/RJ, Rel. Min. Luis Felipe Salomão, 4ª Turma, jul. 26.03.2019, *DJe* 29.04.2019.

2. Intimação via portal eletrônico. Alteração de inopino. Impossibilidade. "1. Se as intimações do feito vêm sendo intimada por meios do Portal eletrônico e, quando da cientificação da data do julgamento de um recurso, o Judiciário, de inopino e sem prévio aviso aos interessados, altera o meio utilizado e faz uma publicação exclusivamente no Diário de Justiça eletrônico, surpreendendo a parte e seu representante e causando-lhe prejuízo, já que não pode comparecer ao julgamento e proferir sustentação oral, é de se reconhecer que ela não se aperfeiçoou" (STJ, REsp 2.018.319/RJ, Rel. Min. João Otávio de Noronha, 4ª Turma, jul. 20.02.2024, *DJe* 22.02.2024).

3. Ministério Público.

"Com o julgamento do HC 83.255/SP pelo Supremo Tribunal Federal, firmou-se entendimento que o início do prazo para a interposição do recurso pelo Ministério Público deve ser contado da entrada dos autos na instituição. Contudo, no momento da interposição do recurso em análise, prevalecia a jurisprudência de que o termo *a quo* era da aposição do ciente pelo representante do *Parquet*. Não se poderia exigir que o órgão ministerial recorrente se pautasse de modo diverso, como se pudesse antever a mudança do entendimento jurisprudencial" (STJ, REsp 796.488/CE, Rel. Min. Laurita Vaz, 5ª Turma, jul. 28.02.2008, *DJ* 07.04.2008, p. 1).

"Tratando-se de julgamento procedido por colegiado, no qual tenha assento o Ministério Público, o termo inicial do prazo para este interpor recurso não como parte, mas como fiscal da lei, prescinde da intimação pessoal" (STF, HC-ED 83.255/SP, Rel. Min. Marco Aurélio, Tribunal Pleno, jul. 09.06.2004, *DJ* 20.08.2004, p. 175).

4. Fazenda Pública. Prerrogativas. "A Lei 11.033/2004, reguladora do mercado financeiro, em seu art. 20, introduziu sorrateiramente dispositivo que privilegia os Procuradores da Fazenda, estabelecendo que eles são intimados com vista aos autos. A sistemática do novo tipo de intimação, além de desigualar o tratamento das partes, estabelecendo o odioso privilégio em favor de uma categoria de representantes da Fazenda Pública, os Procuradores da Fazenda, desorganiza e dificulta a atividade cartorária. Dispositivo legal (art. 20 da Lei 11.033/2004) que se choca com o princípio constitucional da igualdade das partes" (STJ, EDcl no REsp 531.308/PR, Rel. Min. Eliana Calmon, 2ª Turma, jul. 08.03.2005, *DJ* 04.04.2005).

Intimação pessoal. Intimação por oficial de justiça. "A intimação pessoal de representante da Fazenda Nacional, ainda que realizada por mandado judicial cumprido por oficial de justiça, terá como termo inicial do prazo recursal a data de sua efetivação, e não da juntada do mandado aos autos. Precedentes do STJ. A 'intimação pessoal' não se confunde com 'intimação por oficial de justiça' (REsp 514.336/RJ, 1ª Turma, Rel. Min. Teori Albino Zavascki, *DJU* 24.05.2004)" (STJ, AgRg no AgRg no Ag 487.662/RJ, Rel. Min. Denise Arruda, 1ª Turma, jul. 22.06.2004, *DJ* 02.08.2004, p. 307). No mesmo sentido: STJ, REsp 506.017/RS, Rel. Min. José Arnaldo da Fonseca, 5ª Turma, jul. 23.03.2004, *DJ* 26.04.2004, p. 197.

5. Defensoria Pública. Intimação pessoal. "A necessidade da intimação pessoal da defensoria pública decorre de legislação específica que concede prerrogativas que visam facilitar o bom funcionamento do órgão no patrocínio dos interesses daqueles que não possuem recursos para constituir defensor particular. A finalidade da lei é proteger e preservar a própria função exercida pelo referido órgão e, principalmente, resguardar aqueles que não têm condições de contratar um defensor particular. Não se cuida, pois, de formalismo ou apego exacerbado às formas, mas, sim, de reconhecer e dar aplicabilidade à norma jurídica vigente e válida. Nesse contexto, a despeito da presença do defensor público, na audiência de instrução e julgamento, a intimação pessoal da defensoria pública somente se concretiza com a respectiva entrega dos autos com vista, em homenagem ao princípio constitucional da ampla defesa" (STJ, REsp 1.190.865/MG, Rel. Min. Massami Uyeda, 3ª Turma, jul. 14.02.2012, *DJe* 01.03.2012).

Art. 271. O juiz determinará de ofício as intimações em processos pendentes, salvo disposição em contrário.

CPC/1973

Art. 235.

BREVES COMENTÁRIOS

Em razão do princípio do impulso oficial (art. 2º), as intimações não dependem de provocação das partes e são determinadas pelo juiz, de ofício, no curso do processo, salvo disposição em contrário. Aliás, nem sempre dependem de ordem judicial, já que figura na competência do escrivão ou chefe de secretaria realizar as intimações (art. 152, II), que, após qualquer ato relevante do processo, se incluem, teleologicamente, na categoria de "atos meramente ordinatórios" (art. 152, VI), cuja prática independe de despacho do juiz (art. 203, § 4º).

Art. 272. Quando não realizadas por meio eletrônico, consideram-se feitas as intimações pela publicação dos atos no órgão oficial.

§ 1º Os advogados poderão requerer que, na intimação a eles dirigida, figure apenas o nome da sociedade a que pertençam, desde que devidamente registrada na Ordem dos Advogados do Brasil.

§ 2º Sob pena de nulidade, é indispensável que da publicação constem os nomes das partes e de seus advogados, com o respectivo número de inscrição na Ordem dos Advogados do Brasil, ou, se assim requerido, da sociedade de advogados.

§ 3º A grafia dos nomes das partes não deve conter abreviaturas.

§ 4º A grafia dos nomes dos advogados deve corresponder ao nome completo e ser a mesma que constar da procuração ou que estiver registrada na Ordem dos Advogados do Brasil.

§ 5º Constando dos autos pedido expresso para que as comunicações dos atos processuais sejam feitas em nome dos advogados indicados, o seu desatendimento implicará nulidade.

§ 6º A retirada dos autos do cartório ou da secretaria em carga pelo advogado, por pessoa credenciada a pedido do advogado ou da sociedade de advogados, pela Advocacia Pública, pela Defensoria Pública ou pelo Ministério Público implicará intimação de qualquer decisão contida no processo retirado, ainda que pendente de publicação.

§ 7º O advogado e a sociedade de advogados deverão requerer o respectivo credenciamento para a retirada de autos por preposto.

§ 8º A parte arguirá a nulidade da intimação em capítulo preliminar do próprio ato que lhe caiba praticar, o qual será tido por tempestivo se o vício for reconhecido.

§ 9º Não sendo possível a prática imediata do ato diante da necessidade de acesso prévio aos autos, a parte limitar-se-á a arguir a nulidade da intimação, caso em que o prazo será contado da intimação da decisão que a reconheça.

CPC/1973

Art. 236.

REFERÊNCIA LEGISLATIVA

CPC/2015, arts. 180 e 183 (contagem do prazo para o MP e para a Fazenda Pública), 273 (intimação dos advogados nas comarcas do interior), 279 (nulidade por não intimação do MP) e 934 e 935 (intimações nos tribunais).

Regimento Interno do STJ, arts. 88 e 93 (intimação no STJ).

Regimento Interno do STF, art. 82 (intimação no STF).

Resolução do STF nº 404, de 07.08.2009 (dispõe sobre as intimações das decisões proferidas no âmbito do Supremo Tribunal Federal em processos físicos ou eletrônicos e dá outras providências, como destaque para os casos que envolvam o Ministério Público, a União, suas autarquias e fundações, os estados, o Distrito Federal e os municípios).

BREVES COMENTÁRIOS

Quando não realizada por meio eletrônico, a intimação dos advogados se faz pela publicação dos atos processuais no órgão oficial. Não é necessário transcrever todo o teor da decisão, bastando enunciar sinteticamente o seu sentido. O que é imprescindível para a validade da intimação é a menção dos nomes das partes, sem qualquer abreviatura, e de seus advogados, com o respectivo número da inscrição na Ordem dos Advogados do Brasil, ou, se assim requerido, da sociedade de advogados. A preterição desses requisitos causa a nulidade da intimação (art. 280).

JURISPRUDÊNCIA SELECIONADA

1. Duplicidade de comunicação de atos processuais. Intimação eletrônica. Prevalência. Publicação em órgão oficial. Subsidiariedade. "A Lei nº 11.419/2006 – que dispôs sobre a informatização do processo judicial – previu que as intimações serão realizadas por meio eletrônico em portal próprio, dispensando-se a publicação no órgão oficial. O Código de Processo Civil/2015 avançou ao delimitar o tema, prevendo, em seu artigo 272, que, quando não realizadas por meio eletrônico, consideram-se feitas as intimações pela publicação dos atos no órgão oficial. A partir da perquirição dos dispositivos legais que referenciam o tema, resta evidente que a mens legis pretendeu deixar claro que a regra em relação à comunicação dos atos processuais aos advogados ocorre mediante a intimação por via eletrônica, valorizando-se a informatização dos processos judiciais. **Verifica-se que a melhor hermenêutica subsume-se à prevalência da intimação eletrônica sobre a publicação no Diário de Justiça, entendimento em sintonia com o novel Código de Processo Civil.** (...). O teor da Resolução nº 234/2016 do CNJ não contradiz o CPC/2015, pois referencia apenas a possibilidade de a publicação no *DJe* substituir qualquer outra forma de publicação oficial" (STJ, AgInt no AREsp 1330052/RJ, Rel. Min. Luis Felipe Salomão, 4ª Turma, jul. 26.03.2019, *DJe* 29.04.2019).

2. Inexistência de requerimento prévio de intimação exclusiva. Publicação em nome de um dos advogados. Validade. "A jurisprudência já consolidada desta Corte é no sentido de ser 'nula a intimação quando não observado o pedido expresso de publicação em nome de advogado específico' (AgInt no REsp n. 1.771.276/MG, Rel. Ministro Marco Aurélio Bellizze, Terceira Turma, *DJe* de 24/5/2019). Ocorre que, do que se depreende dos autos, inexiste qualquer requerimento nesse sentido. Além disso, o recorrido advogava no feito em causa própria e sem patrocínio de outros advogados, tanto que subscreveu a defesa prévia, a contestação e as contrarrazões ao recurso de apelação interposto pelo Parquet. Ademais, observa-se que a petição e a procuração de fls. 248-249 não indicam que o requerido deixaria de defender seus próprios interesses em conjunto com o novo patrono. Significa dizer que ele, que já atuava em causa própria, continuaria no patrocínio da causa. Sobre o tema, o Superior Tribunal de Justiça, há muito, consagrou o entendimento de que, 'havendo vários advogados habilitados a receber intimações, é válida a publicação realizada na pessoa de apenas um deles. A nulidade das intimações só se verifica quando há requerimento prévio para que sejam feitas exclusivamente em nome de determinado patrono' (AgRg no REsp n. 1.496.663/MS, Rel. Ministro Mauro Campbell Marques, Segunda Turma, julgado em 18/8/2015, *DJe* 28/8/2015), o que não é o caso dos presentes autos. Sendo assim, não há que se falar em nulidade da intimação da decisão proferida pela Primeira Câmara Cível do Tribunal de Justiça do Estado do Maranhão" (STJ, REsp 1.827.707/MA, Rel. Min. Francisco Falcão, 2ª Turma, jul. 12.11.2019, *DJe* 22.11.2019). Precedentes citados: AgInt no REsp 1.795.060/SP, Rel. Min. Raul Araújo, 4ª Turma, jul. 20.8.2019, *DJe* 9.9.2019; AgInt nos EDcl no REsp 1.685.309/MT, Rel. Min. Maria Isabel Gallotti, 4ª Turma, *DJe* de 13.2.2019; AgInt no REsp 1.757.959/GO, Rel. Min. Regina Helena Costa, 1ª Turma, *DJe* de 7.12.2018; AgRg nos EDcl no AREsp 314.781/RS, Rel. Min. Ricardo Villas Bôas Cueva, 3ª Turma, *DJe* de 11.12.2015. **No mesmo sentido**: STJ, EDcl no REsp 526.570/AM, Rel. Min. Castro Filho, 3ª Turma, jul. 16.03.2006, *DJ* 10.04.2006, p. 170; STJ, HC 83.760/PR, Rel. Min. Maria Thereza de Assis Moura, 6ª Turma, jul. 27.11.2007, *DJ* 17.12.2007, p. 350; STJ, HC 24.847/PE, Rel. Min. Jorge Scartezzini, 5ª Turma, jul. 07.10.2003, *DJ* 19.12.2003, p. 515; STJ,

AgRg no AgRg no Ag 869.537/RJ, Rel. Min. José Delgado, 1ª Turma, jul. 27.11.2007, *DJ* 10.12.2007, p. 306; STJ, AgRg no REsp 604.535/MG, Rel. Min. Hélio Quaglia Barbosa, 4ª Turma, jul. 07.08.2007, *DJ* 20.08.2007; STJ, AgRg na APn 510/BA, Rel. Min. Eliana Calmon, Corte Especial, jul. 09.06.2011, *DJe* 02.08.2011; STF, RMS 22.068/DF, Rel. Min. Ilmar Galvão, 1ª Turma, jul. 04.06.1996, *DJ* 06.09.1996, p. 31.869; TJSP, AI 7096080600, Rel. Des. Paulo Hatanaka, 19ª Câmara Dir. Priv., jul. 05.12.2006.

3. Pedido de intimação exclusiva em nome de dois causídicos. Intimação em nome de um advogado. Invalidade da primeira intimação. "Nos termos do art. 272, § 5º, do CPC/2015: 'Constando dos autos pedido expresso para que as comunicações dos atos processuais sejam feitas em nome dos advogados indicados, o seu desatendimento implicará nulidade'. Caso concreto em que, na primeira publicação, constou apenas o nome de um dos advogados indicados, tendo-se realizado uma segunda publicação, com o nome dos dois advogados indicados. Contagem do prazo recursal a partir da segunda publicação, tendo em vista a invalidade da primeira, 'ex vi' do art. 272, § 5º, do CPC/2015" (STJ, AgInt no REsp 1.757.948/DF, Rel. Min. Paulo de Tarso Sanseverino, 3ª Turma, jul. 23.10.2018, *DJe* 29.10.2018).

"Com efeito, na técnica do CPC/15, art. 272, quando a parte está representada por mais de um patrono lhe é facultado requerer que as intimações sejam feitas em determinados procuradores ou sociedade de advogados; e o descumprimento implica em nulidade do ato. A nulidade é relativa, sujeita à preclusão e à condição de ser arguida na primeira oportunidade em que a parte se manifeste, em capítulo preliminar, para se ter por tempestiva a intervenção, por exegese dos respectivos § 5º e § 8º, e precedentes do egrégio Superior Tribunal de Justiça" (STJ, voto do Relator no AgInt no AREsp 1.736.557/RS, Rel. Min. Antonio Carlos Ferreira, 4ª Turma, jul. 08.03.2021, *DJe* 12.03.2021).

4. Intimação. Substabelecimento com reserva. Ausência de pedido de publicação exclusiva em nome de algum dos advogados. Intimação de qualquer advogado constituído nos autos. Validade. "É válida a intimação realizada em nome de advogado constituído nos autos se os poderes a ele outorgados foram substabelecidos com reserva" (STJ, AgInt no AREsp. 2.098.573/GO, Rel. Min. João Otávio de Noronha, 4ª Turma, jul. 14.11.2022, *DJe* 17.11.2022).

5. Indicação correta do nome dos advogados e das partes (§ 4º). Para a intimação e publicidade do julgamento é indispensável o correto registro dos nomes dos advogados e das partes na pauta. É nulo o julgamento quando consta apenas o nome do substabelecente residente em comarca interiorana, omitindo-se o nome do substabelecido para agir perante o órgão recursal sediado na capital do estado e que requereu oportunamente a juntada do mandato. A falta, outrossim, revela manifesto prejuízo ao contraditório. A omissão atrai a incidência da regra sancionatória do art. 236, § 1º, CPC" [art. 272, § 2º, do CPC/2015] (STJ, REsp 118.311/BA, Rel. Min. Milton Luiz Pereira, 1ª Turma, jul. 01.10.1998, *RSTJ* 118/140).

"Na intimação pela imprensa, a grafia equivocada no nome do advogado que não dificulta a sua identificação, assim entendida a substituição do conectivo 'do' pelo conectivo 'de', não enseja a sua nulidade, sendo certo que o dispositivo legal, concebido como garantia das partes no processo, se contenta com identificação das partes e de seus patronos" (STJ, REsp 178.342/RS, Rel. Min. Sálvio de Figueiredo Teixeira, 4ª Turma, jul. 20.08.1998, *DJ* 03.11.1998, p. 168).

"A teor da jurisprudência desta Corte, é nula a intimação que impede a exata identificação do advogado, seja o vício decorrente de erro na grafia de nomes ou sobrenomes ou de sua simples omissão, total ou parcial" (STJ, REsp 696.627/CE, Rel. Min. Jorge Scartezzini, 4ª Turma, jul. 27.09.2005, *DJ* 17.10.2005, p. 310).

6. Intimação. Ato processual em nome de todos os advogados indicados. Requerimento expresso (§ 5º). "A intimação deve ser realizada em nome de todos os advogados indicados pela parte, conforme requerimento expresso, sob pena de nulidade processual. O uso abusivo da prerrogativa de intimação de diversos advogados deve ser tratado como exceção, cabendo a sua análise caso a caso" (STJ, AgRg no HC 880.361/BA, Rel. p/ acórdão Min. Joel Ilan Paciornik, 5ª Turma, jul. 10.09.2024, *DJe* 17.09.2024).

7. Nulidade de intimação.

Alegação tardia. Decurso de mais de dois anos do trânsito em julgado da sentença. Impossibilidade. Ver jurisprudência do art. 280, do CPC/2015.

Intimação do MP. "É nulo o julgamento de ação rescisória promovido sem a regular intimação do Ministério Público, parte no processo. Não sana o vício a simples presença do representante ministerial, na condição de fiscal da lei, na sessão em que ocorreu o julgamento" (STJ, REsp 687.547/RJ, Rel. Min. Teori Albino Zavascki, 1ª Turma, jul. 25.09.2007, *DJ* 18.10.2007, p. 268).

Concreção do princípio constitucional da duração razoável do processo. Preclusão da alegação de nulidade. "Nos termos do art. 272, § 8º, do CPC/2015: A parte arguirá a nulidade da intimação em capítulo preliminar do próprio ato que lhe caiba praticar, o qual será tido por tempestivo se o vício for reconhecido'. Norma que dá concreção ao princípio constitucional da duração razoável do processo, evitando retrocesso da marcha processual para devolução de prazo. Limitação da possibilidade de anulação do processo para devolução de prazo processual apenas à hipótese de inviabilidade de acesso aos autos pela parte prejudicada (cf. art. 272, § 9º, do CPC/015), circunstância que não ocorreu no caso dos autos" (STJ, REsp 1.810.925/MG, Rel. Min. Paulo de Tarso Sanseverino, 3ª Turma, jul. 08.10.2019, *DJe* 15.10.2019).

Intimação de advogado falecido. "Havendo mais de um advogado constituído em conjunto, desnecessária a intimação de todos eles, sendo suficiente constar o nome de um deles na publicação. Inválida é a intimação em nome de advogado já falecido, sendo também de acarretar nulidade se na publicação ficou registrado o nome do pai falecido, sem o acréscimo da palavra Júnior" (STJ, REsp 89.773/RS, Rel. Min. Sálvio de Figueiredo, 4ª Turma, jul. 07.05.1998, *DJU* 03.08.1998, p. 242).

8. Intimação. Resumo do dispositivo. "A publicação da sentença contendo número do processo, partes, advogados e resumo do dispositivo, com decisão parcialmente favorável ao embargante, é suficiente para intimação e abertura da via recursal, deflagrando a contagem do prazo respectivo" (STJ, REsp 876.042/ES, Rel. Min. Aldir Passarinho Junior, 4ª Turma, jul. 16.11.2010, *DJe* 01.12.2010).

9. Publicação em local diverso do destinado aos atos judiciais. "Se a publicação de intimação de sentença denegatória ocorreu em local do *Diário da Justiça* diferente do destinado a comunicação dos atos judiciais, é de prudência, a fim de se resguardar o direito da parte vencida de recorrer, determinar-se a republicação. Em tal situação, o prazo para recorrer deve ser contado a partir da nova publicação" (STJ, REsp 108.135/DF, Rel. Min. José Delgado, 1ª Turma, jul. 12.12.1996, *LEXSTJ* 95/230).

10. Irregularidade na intimação. Republicação. "Irrecorrida a decisão que ordena a republicação da sentença em função de erro na respectiva intimação, o prazo da apelação só flui a partir da nova publicação" (STJ, REsp 873.042/GO, Rel. Min. Ari Pargendler, 3ª Turma, jul. 17.04.2007, *DJe* 24.11.2008).

11. Processo incluído e retirado de pauta. Necessidade de nova intimação. "O processo, uma vez incluído em pauta, com intimação das partes, e adiado o seu julgamento, pode ser julgado nas sessões subsequentes, independentemente de nova publicação. Por outro lado, se o processo é retirado de pauta, faz-se necessária nova intimação das partes" (STJ, REsp 751.306/

AL, Rel. Min. Nancy Andrighi, 3ª Turma, jul. 02.03.2010, *DJe* 16.03.2010).

Art. 273. Se inviável a intimação por meio eletrônico e não houver na localidade publicação em órgão oficial, incumbirá ao escrivão ou chefe de secretaria intimar de todos os atos do processo os advogados das partes:

I – pessoalmente, se tiverem domicílio na sede do juízo;

II – por carta registrada, com aviso de recebimento, quando forem domiciliados fora do juízo.

CPC/1973

Art. 237.

REFERÊNCIA LEGISLATIVA

CPC/2015, arts. 106 (postulação em causa própria; comunicação de mudança de endereço); 231, IV (intimação por carta postal; fluência do prazo); e 1.003 (prazo para recorrer).

Lei nº 9.028, de 12.04.1995, art. 6º, § 2º (intimação de membros da Advocacia-Geral da União).

Lei nº 11.419, de 19.12.2006 (Processo Eletrônico – ver Legislação Especial).

Lei nº 14.195/2021 (Citação por *e-mail*).

BREVES COMENTÁRIOS

Nas comarcas do interior é também possível a intimação pela imprensa, segundo a forma do art. 272, desde que haja na localidade órgão encarregado da publicação dos atos oficiais.

JURISPRUDÊNCIA SELECIONADA

1. Advogado substabelecido. "Substabelecidos os poderes, com ou sem reservas, a advogado que reside em comarca onde tramita o feito, deve este ser intimado dos atos processuais, sob pena de nulidade, ainda que não tenha formulado expressamente pedido para que da intimação constasse o seu nome" (STJ, REsp 346.029/MT, Rel. Min. Nancy Andrighi, 3ª Turma, jul. 04.04.2002, *DJ* 06.05.2002, p. 289).

2. Mudança de endereço do procurador. "Não tendo o procurador comunicado ao cartório sua mudança de endereço, válida se apresenta a intimação pela via postal encaminhada ao endereço constante dos autos" (STJ, REsp 2.290/SC, Rel. Min. Sálvio de Figueiredo, 4ª Turma, ac. 05.06.1990; *Lex-STJ* 19/95).

3. Procurador residente em outra comarca. "'Nas comarcas em que exista órgão encarregado da publicação de atos judiciais, válida e eficaz a intimação por esse meio efetuado, ainda que o advogado não resida na comarca' (REsp 121.018/MG, RSTJ 98-260)" (STJ, REsp 62.534/SC, Rel. Min. Castro Meira, 2ª Turma, jul. 01.06.2004, *DJ* 16.08.2004, p. 155). **No mesmo sentido:** STJ, AgRg no REsp 726.384/MG, Rel. Min. Francisco Falcão, 1ª Turma, jul. 02.08.2005, *DJ* 03.10.2005, p. 148.

4. Procurador residente em outro estado. "Patrono residente em comarca da capital diversa da que corre a demanda – Pretendida incidência da regra do art. 237, I, do CPC [art. 273, I, do CPC/2015), que determina a intimação por meio de carta registrada – Não acolhimento – Havendo órgão de publicação dos atos oficiais na comarca de Curitiba, capital do estado do Paraná, afasta-se a incidência da regra que determina a intimação dos advogados da parte que mantém escritório na capital de São Paulo, por meio de carta registrada, com aviso de recebimento. Aliás, nessa linha de raciocínio, essa colenda 2ª Turma, por meio de voto condutor da lavra da ilustre Ministra Eliana Calmon, já pontificou o 'entendimento desta Corte no sentido de que, no Distrito Federal e nas capitais dos estados, consideram-se feitas as intimações pela só publicação dos atos no órgão oficial' (cf. REsp 300.758-PR, *DJ* 14.08.2001). Na mesma linha, vale ressaltar que, 'ajuizada ação em comarca que dispõe de órgão de divulgação dos atos oficiais, as intimações, que cumprem ser realizadas na pessoa dos advogados das partes, consideram-se aperfeiçoados pela só publicação, ainda que um ou alguns deles residam em estado da Federação distinto daquele por onde tramita o feito' (REsp 23.922-SP, Rel. Min. Sálvio de Figueiredo Teixeira, *DJ* 17.12.1992). Na mesma linha, iterativos precedentes desta Corte Superior de Justiça. A título de mera argumentação, vale ressaltar que carecem os autos de elementos esclarecedores no sentido de que os patronos da impetrante, quando do andamento da ação ordinária, estavam sendo intimados por meio de carta registrada" (STJ, RMS 14.814/PR, Rel. Min. Franciulli Netto, 2ª Turma, jul. 13.09.2005, *DJ* 20.02.2006, p. 247).

5. Procurador. Aviso de recebimento assinado por outrem. "Deve-se entender que, se a lei não dispuser em contrário, o que faz por exemplo em relação às citações da LEF, as intimações postais, cujo aviso de recepção é assinado por outro que não o advogado, têm plena validade, admitindo-se, entretanto, prova em contrário" (STJ, REsp 472.607/MG, Rel. Min. Eliana Calmon, 2ª Turma, jul. 17.06.2004, *DJ* 13.09.2004, p. 201).

6. Regra na comarca do interior. "Intimação. Comarca do interior. Início do prazo desde a circulação do *Diário Oficial*. Resolução do tribunal estadual. Aplicação da regra a decisão proferida pelo próprio tribunal. Possibilidade. Não viola os arts. 236 e 536, CPC [arts. 272 e 1.023 do CPC/2015], a decisão que, aplicando regulamentação local, considera que a parte, na pessoa de seu procurador, só é intimada da decisão proferida pelo tribunal *a quo* no dia da circulação do *Diário Oficial* na comarca do interior onde reside. Pode o Tribunal de Justiça determinar a data a partir da qual deve ser considerada efetivada a intimação na comarca do interior, quando feita através de nota de expediente publicada em jornal editado na capital do estado. Precedentes" (STJ, AgRg nos EDcl no REsp 647.520/MS, Rel. Min. Nancy Andrighi, 3ª Turma, jul. 18.10.2007, *DJ* 29.10.2007, p. 217). **No mesmo sentido:** STJ, REsp 241.620/SP, Rel. Min. Aldir Passarinho Junior, 4ª Turma, jul. 13.02.2001, *DJ* 19.03.2001, p. 115.

7. Domicílio do advogado na sede do juízo. "Nas comarcas do interior em que não haja órgão de publicação dos atos oficiais, o advogado deve ser pessoalmente intimado da sentença, caso tenha domicílio na sede do juízo (art. 237, I, do CPC)" (STJ, REsp 744.273/PE, Rel. Min. Teori Albino Zavascki, 1ª Turma, jul. 08.11.2005, *DJ* 21.11.2005, p. 156).

"Sendo o advogado domiciliado na sede do juízo, é nula a sua intimação, por carta registrada, para a audiência de Instrução e julgamento" (STJ, REsp 48.044/MG, Rel. Min. Antonio Torreão Braz, 4ª Turma, jul. 27.06.1994, *DJ* 22.08.1994, p. 21.269).

8. Intimação pessoal. "Nos casos em que a lei assegura a intimação pessoal dos membros do Ministério Público ou da Advocacia-Geral da União, é da data de sua efetivação que começa a fluir o prazo para interposição de eventual recurso, segundo a regra geral estabelecida nos artigos 240 e 242 do Código [arts. 180 e 183 e 1.003 do CPC/2015]. 2. A 'intimação pessoal' não pode ser confundida com a 'intimação por oficial de justiça', referida no art. 241, II, do CPC [art. 231, II, do CPC/2015]. Esta última, que se efetiva por mandado, ocorre somente em casos excepcionais, como o previsto no art. 239 [art. 275 do CPC/2015]. Já a intimação pessoal não depende de mandado nem de intervenção do oficial de justiça. Ela se perfectibiliza por modos variados, previstos no Código ou na praxe forense, mediante a cientificação do intimado pelo próprio escrivão, ou pelo chefe de secretaria (art. 237, I, e art. 238, parte final, do CPC) [arts. 273, I, e 274 do CPC/2015], ou mediante encaminhamento da ata da publicação dos acórdãos, ou, o que é mais comum, com a entrega dos autos ao intimado ou a sua remessa à repartição a que pertence. Assim, mesmo quando, eventualmente, o executor dessa espécie de providência seja um oficial de justiça, nem assim se poderá considerar alterada a natureza da intimação, que, para os efeitos legais, continua sendo 'pessoal' e não 'por oficial de justiça'" (STJ, REsp 490.881/RJ, Rel. Min. Teori Albino Zavascki, 1ª Turma, jul. 14.10.2003, *DJ* 03.11.2003, p. 254). **No mesmo sentido:** STJ, REsp 653.304/MG, Rel. Min. Luiz Fux, 1ª Turma, jul. 02.12.2004, *DJ* 28.02.2005, p. 236.

"Os procuradores federais e os procuradores do Banco Central, consoante preconizado no art. 17 da Lei 10.910, de 15 de julho de 2004, têm como prerrogativa o recebimento da intimação pessoal, *in verbis*: 'Art. 17. Nos processos em que atuem em razão das atribuições de seus cargos, os ocupantes dos cargos das carreiras de procurador federal e de procurador do Banco Central do Brasil serão intimados e notificados pessoalmente'. A Advocacia-Geral da União era a entidade beneficiária com a referida prerrogativa, que restou alterada pela MP 1.798/1999, para incluir os procuradores federais e os do Banco Central. *In casu*, o acórdão da apelação foi publicado na imprensa oficial em 02.12.2005 (fls. 195), já na vigência da Lei 10.910/2004, razão pela qual imperiosa a intimação pessoal do procurador federal" (STJ, REsp 1.042.361/DF, Rel. Min. Luiz Fux, Corte Especial, jul. 16.12.2009, *DJe* 11.03.2010).

9. Intimação pessoal da Fazenda Pública. Carta registrada. "Nos termos da Lei 6.830, de 1980, a intimação ao representante da Fazenda Pública, nas execuções fiscais, 'será feita pessoalmente' (art. 25) ou 'mediante vista dos autos, com imediata remessa ao representante judicial da Fazenda Pública, pelo cartório ou secretaria' (parágrafo único). Idêntica forma de intimação está prevista na Lei Orgânica da Advocacia-Geral da União (LC 73/1993, art. 38) e na Lei 11.033/2004 (art. 20), relativamente a advogados da União e a procuradores da Fazenda Nacional que oficiam nos autos. 2. Tais disposições normativas estabelecem regra geral fundada em pressupostos de fato comumente ocorrentes. Todavia, nas especiais situações não disciplinadas expressamente nas referidas normas, em que a Fazenda não tem representante judicial lotado na sede do juízo, nada impede que a sua intimação seja promovida na forma do art. 237, II, do CPC [art. 273, II, do CPC/2015] (por carta registrada), solução que o próprio legislador adotou em situação análoga no art. 6º, § 2º, da Lei 9.028/1995, com a redação dada pela MP 2.180-35/2001" (STJ, EREsp 743.867/MG, Rel. Min. Teori Albino Zavascki, 1ª Seção, jul. 28.02.2007, *DJ* 26.03.2007, p. 187). **No mesmo sentido:** STJ, AgRg no REsp 945.539/PR, Rel. Min. José Delgado, 1ª Turma, jul. 20.09.2007, *DJ* 01.10.2007, p. 248; STJ, AgRg no Ag 924.063/GO, Rel. Min. Teori Albino Zavascki, 1ª Turma, jul. 20.11.2007, *DJ* 03.12.2007, p. 293; STJ, REsp 929.216/GO, Rel. Min. Castro Meira, 2ª Turma, jul. 14.08.2007, *DJ* 27.08.2007, p. 214; STJ, EREsp 510.163/SP, Rel. Min. Luiz Fux, 1ª Seção, jul. 12.09.2007, *DJ* 08.10.2007, p. 201; STJ, REsp 940.123/GO, Rel. Min. Teori Albino Zavascki, 1ª Turma, jul. 14.08.2007, *DJ* 27.08.2007, p. 204.

10. Intimação por órgão oficial e pelo correio. "'Adotado na comarca o sistema de intimação dos atos através de jornal local, é da publicação que corre o prazo para o recurso, e não da juntada do AR relativo à correspondência que o cartório, por mera liberalidade, enviado aos advogados domiciliados fora da comarca, que não desconheciam o sistema da publicação oficial' (REsp 46.141/MG, 4ª Turma, Rel. Min. Ruy Rosado de Aguiar, *DJ* 15.08. 1994)" (STJ, AgRg no Ag 498.727/RS, Rel. Min. Carlos Alberto Menezes Direito, 3ª Turma, jul. 21.08.2003, *DJ* 15.09.2003, p. 318). **No mesmo sentido**: STJ, REsp 10.523/PR, Rel. Min. Cesar Asfor Rocha, 4ª Turma, jul. 25.11.1997, *DJ* 06.04.1998, p. 121.

11. Intimação por telefone. "Não se admite, por falta de previsibilidade em lei, que a parte seja intimada pessoalmente via telefônica para dar andamento normal ao feito, sob pena de extinção. A intimação da parte ou de seu advogado é inadmissível via telefônica, por não configurar modalidade prevista na legislação processual civil brasileira" (TJMS, Ap. 1.296/89, Rel. Des. José Augusto de Souza, 2ª Turma, jul. 16.08.1989, *RT* 648/176).

12. Mudança do sistema de intimações. "Intimação. Jornal local. Mudança do sistema. Falta de comunicação aos interessados. Art. 237 do CPC [art. 273 do CPC/2015]. O advogado residente fora do juízo, que vinha sendo intimado por carta registrada com AR, não pode ser surpreendido com a modificação do sistema, mediante a implantação da modalidade de intimação por publicação de nota de expediente em jornal local, autorizada por portaria que de nenhum modo foi levada ao seu conhecimento" (STJ, REsp 36.379/RJ, Rel. Min. Ruy Rosado de Aguiar, 4ª Turma, jul. 21.06.1994, *DJ* 26.09.1994, p. 25.655).

"A mudança de sistemática na intimação foi comunicada por carta ao advogado, com carta enviada para o correto endereço, retornando com aviso de recepção devidamente assinado. [...] Legalidade da intimação pelo jornal, porque avisado o advogado, por carta, da nova sistemática" (STJ, REsp 472.607/MG, Rel. Min. Eliana Calmon, 2ª Turma, jul. 17.06.2004, *DJ* 13.09.2004, p. 201).

13. *Diário de Justiça eletrônico*. Irrelevância do horário de disponibilização da decisão. Ver jurisprudência do art. 212 do CPC/2015.

Art. 274. Não dispondo a lei de outro modo, as intimações serão feitas às partes, aos seus representantes legais, aos advogados e aos demais sujeitos do processo pelo correio ou, se presentes em cartório, diretamente pelo escrivão ou chefe de secretaria.

Parágrafo único. Presumem-se válidas as intimações dirigidas ao endereço constante dos autos, ainda que não recebidas pessoalmente pelo interessado, se a modificação temporária ou definitiva não tiver sido devidamente comunicada ao juízo, fluindo os prazos a partir da juntada aos autos do comprovante de entrega da correspondência no primitivo endereço.

CPC/1973

Art. 238.

REFERÊNCIA LEGISLATIVA

CPC/2015, art. 231 (intimações; fluência do prazo).

BREVES COMENTÁRIOS

Compete ao escrivão ou chefe de secretaria:

(a) intimar pessoalmente os advogados, partes e representantes legais, demais sujeitos do processo, se presentes em cartório; e

(b) por carta registrada, com aviso de recebimento, as referidas pessoas, fora do cartório.

Para efeito de intimação por via postal, as partes e seus advogados devem fornecer nos autos o respectivo endereço. Não sendo encontrado o destinatário naquele endereço, mesmo assim presumir-se-ão válidas as comunicações e intimações por meio de correspondências a ele encaminhadas pelo escrivão. Para evitar a presunção legal, cumpre às partes atualizar nos autos o respectivo endereço sempre que houver modificação temporária ou definitiva. Nessa hipótese, o prazo flui a partir da juntada aos autos do comprovante de entrega da correspondência no primitivo endereço.

Ressalte-se que a intimação para a prática dos atos processuais tem como destinatário o advogado e não a parte, visto que apenas aquele possui o *ius postulandi*, do que resulta a ineficácia para o processo da comunicação feita apenas ao litigante.

JURISPRUDÊNCIA SELECIONADA

1. Intimação. Finalidade.

"Intimação. É válida, se, embora criticável o modo de sua realização, o ato alcançou a sua finalidade" (STJ, AgRg no Ag 20.557/RJ, Rel. Min. Nilson Naves, 3ª Turma, jul. 30.06.1992, *DJ* 10.08.1992, p. 11.950).

"Considerando-se o atendimento da finalidade da norma [...], a falta de arguição da nulidade na primeira oportunidade (CPC, art. 245) [art. 278 do CPC/2015] e, principalmente, a ausência de prejuízo da recorrente (CPC, art. 249, § 1º) [art. 288, § 1º, do CPC/2015], não há falar em nulidade por falta de intimação pessoal. Aplicação dos princípios da instrumentalidade e da economia processual" (STJ, REsp 764.010/RJ, Rel. Min. Denise Arruda, 1ª Turma, jul. 24.10.2006, *DJ* 13.11.2006, p. 232).

2. Destinatário da intimação. "A intimação para a prática dos atos processuais tem como destinatário o advogado e não a parte, eis que apenas aquele possui o *ius postulandi*. Assim, a omissão do nome do patrono de um dos litigantes compromete a identificação do processo, acarretando evidente prejuízo à parte, ensejando a nulidade da intimação" (STJ, REsp 36.265/MG, Rel. Min. Cláudio Santos, 3ª Turma, jul. 29.03.1994, *DJ* 16.05.1994, p. 11.760). **No mesmo sentido:** STJ, REsp 13.557/SP, Rel. Min. Sálvio de Figueiredo Teixeira, 4ª Turma, jul. 20.10.1992, *DJ* 16.11.1992, p. 21.144.

"A parte a quem se destina a ordem de fazer ou não fazer deve ser intimada pessoalmente da decisão judicial, especialmente nos casos em que há fixação de multa diária por descumprimento" (STJ, EDcl no AgRg no Ag 997.887/RS, Rel. Min. João Otávio de Noronha, 4ª Turma, jul. 23.03.2010, *DJe* 05.04.2010).

3. Intimação da parte.

a) Para interpor recurso. "Diz expressamente o art. 242 do CPC [art. 1.003 do CPC/2015] que o prazo para a interposição de recurso conta-se da data em que os advogados são intimados da decisão, da sentença ou do acórdão. Consoante a doutrina, a intimação feita diretamente à parte ou, no caso de ser essa incapaz, a seu representante legal é irrelevante" (STJ, REsp 22.714/DF, Rel. Min. Waldemar Zveiter, 3ª Turma, jul. 30.06.1992, *DJ* 24.08.1992, p. 12.998).

b) Para contestar a ação em que houve desistência quanto a um corréu. "O prazo para contestar a ação, na hipótese de desistência da ação em relação ao corréu, somente se inicia a partir da intimação da decisão que a deferiu. Na ausência de procurador constituído pelos réus remanescentes, a intimação será pessoal (art. 238 do CPC) [art. 274 do CPC/2015]. Precedentes" (STJ, REsp 727.065/RJ, Rel. Min. Aldir Passarinho Junior, 4ª Turma, jul. 30.05.2006, *DJ* 26.06.2006, p. 157).

c) Para regularizar a representação processual. "Não há como aplicar o art. 244 do CPC [art. 277 do CPC/2015] quando o ato não atinge sua finalidade, no caso, dar ciência à parte sobre a regularização da representação processual. Deve ser assegurada às partes a necessária estabilidade para uma efetiva prestação jurisdicional amparada na inafastável segurança jurídica" (STJ, REsp 606.347/MT, Rel. Min. Nancy Andrighi, 3ª Turma, jul. 15.09.2005, *DJ* 03.10.2005, p. 243).

"Suspenso o advogado do exercício da profissão pela OAB, impõe-se a intimação pessoal da parte para constituir novo patrono" (STJ, REsp 46.096/RJ, Rel. Min. Anselmo Santiago, 6ª Turma, jul. 19.05.1998, *DJ* 10.08.1998, p. 83).

d) Falecimento do procurador. "Considera-se válida a intimação se a parte não informou o falecimento de seu patrono nem regularizou sua representação processual" (STJ, EDcl no REsp 526.570/AM, Rel. Min. Castro Filho, 3ª Turma, jul. 16.03.2006, *DJ* 10.04.2006, p. 170).

e) Para efeito de extinção do processo. "A intimação pessoal da parte é imprescindível, para declaração de extinção do processo, por abandono ou por não atendimento a diligências a cargo do autor. Não basta aquela feita na pessoa de seu advogado, uma vez que este é que cumpre, efetivamente, na grande maioria das situações, praticar certos atos processuais tendentes a provocar o andamento regular do feito; e que envolvem o aspecto subjetivo, qual seja, no que diz respeito à vontade do litigante em abandonar ou não a causa. Precedentes do STJ" (STJ, REsp 51.198/DF, Rel. Min. Waldemar Zveiter, 3ª Turma, jul. 13.09.1994, *DJ* 31.10.1994, p. 29.496).

"A intimação pessoal da parte, para efeito de extinção do processo por abandono da causa, deve ser feita por oficial de justiça, mediante mandado, de acordo com a exegese do art. 238 da lei processual civil [art. 274 do CPC/2015], sendo nula a intimação por carta com aviso de recebimento, sobretudo quando assinado por terceira pessoa, porquanto essa modalidade é reservada apenas ao advogado, e não à parte propriamente" (TJMS, Apelações 2.712/89 e 2.713/89, Rel. Des. Abss Duarte, 1ª Turma, jul. 19.12.1989).

4. Desnecessidade de intimação pessoal da parte.

a) Para a purgação da mora. "Alienação fiduciária. É suficiente a intimação pessoal do defensor público (art. 5º, § 5º, da Lei nº 1.060/1951) para a purgação da mora, não sendo requerida a intimação pessoal da parte" (STJ, REsp 199.795/RJ, Rel. Min. Carlos Alberto Menezes Direito, 3ª Turma, jul. 06.12.1999, *DJ* 28.02.2000, p. 77).

b) Para pagamento dos honorários periciais. "Não há, na lei, qualquer determinação no sentido de que a intimação para pagamento de honorários periciais deva ser realizada pessoalmente à parte, sendo, pois, válido o ato de intimação procedido à pessoa de seu advogado, regularmente constituído nos autos e detentor dos poderes da cláusula *ad judicia*" (STJ, REsp 312.573/SP, Rel. Min. Nancy Andrighi, 3ª Turma, jul. 06.05.2002, *DJ* 24.06.2002, p. 296).

c) Sobre renúncia do procurador notificada. "Notificada a parte da renúncia e decorrido o prazo sem que outro procurador seja constituído, resultará que os prazos correrão independentemente de intimação. Portanto, a fluência de prazo para recorrer não se suspende nem se prorroga até a nomeação de novos procuradores nos autos" (TJSP, Ap 7201820700, Rel. Gilberto dos Santos, 11ª Câmara de Direito Privado, jul. 21.02.2008).

5. Intimação dos advogados.

a) Irregularidade. Intimação pessoal da parte. Não suprimento. "A intimação é o ato pelo qual se dá ciência a alguém dos atos e termos do processo para que faça ou deixe de fazer alguma coisa (art. 234 do CPC). Proferida sentença de mérito, é necessária e indispensável a correta intimação dos advogados das partes, pois somente eles, efetivamente, têm capacidade postulatória. A irregular intimação do advogado não é suprida pela existência de intimação pessoal da parte" (STJ, REsp 1.314.955/AM, Rel. Min. João Otávio de Noronha, 3ª Turma, jul. 14.06.2016, *DJe* 22.06.2016).

b) Advogado. Causa própria. "A não intimação do advogado em causa própria qualifica-se como mera irregularidade, porquanto atingiu o ato sua finalidade, pela efetiva intimação do advogado constituído" (STJ, REsp 499.983/RS, Rel. Min. Eliana Calmon, 2ª Turma, jul. 09.12.2003, *DJ* 08.03.2004. p. 216). No mesmo sentido: STJ, HC 33.763/SP, Rel. Min. Gilson Dipp, 5ª Turma, jul. 28.09.2004, *DJ* 03.11.2004, p. 212; STJ, REsp 218.284/RS, Rel. Min. Barros Monteiro, 4ª Turma, jul. 15.02.2001, *DJ* 07.10.2002, p. 260.

c) Aviso de recebimento assinado por outrem. "Deve-se entender que, se a lei não dispuser em contrário, o que faz por exemplo em relação às citações da LEF, as intimações postais, cujo aviso de recepção é assinado por outro que não o advogado, têm plena validade, admitindo-se, entretanto, prova em contrário" (STJ, REsp 472.607/MG, Rel. Min. Eliana Calmon, 2ª Turma, jul. 17.06.2004, *DJ* 13.09.2004, p. 201).

d) Retirada dos autos do cartório. "Tem-se por efetivada a intimação da data em que o advogado da parte retira os autos do cartório, começando o prazo para apelação do primeiro dia útil seguinte" (STJ, REsp 11.228/PR, Rel. Min. Dias Trindade, 3ª Turma, jul. 20.08.1991, *DJ* 16.09.1991, p. 12.635).

e) Em cartório. "Válida a intimação do advogado em cartório, regularmente habilitado, com amplos poderes, sem qualquer ressalva. Ausente, ainda, qualquer particularidade no sentido de que o advogado em apreço tivesse sido contratado apenas para atuar na comarca de origem ou de que as publicações deveriam ocorrer em nome de algum procurador específico. Diante dessas circunstâncias, não se verifica qualquer irregularidade na intimação feita em cartório, data a partir da qual iniciou o prazo para que fosse interposta a apelação" (STJ, AgRg no Ag 667.070/PR, Rel. Min. Carlos Alberto Menezes Direito, 3ª Turma, jul. 16.06.2005, *DJ* 29.08.2005, p. 337).

"O advogado optou por tomar ciência da decisão em cartório. Em consequência, não pode pretender a contagem do prazo recursal somente a partir da publicação na imprensa" (STJ, AgRg na Rcl 7463/SP, Rel. Min. Antonio Carlos Ferreira, 2ª Seção, jul. 12.06.2013, *DJe* 19.06.2013). **No mesmo sentido:** STJ, REsp 193.246/SP, Rel. Min. Vicente Leal, 6ª Turma, jul. 11.05.1999, *DJ* 27.09.1999, p. 126.

"Intimação feita diretamente pelo escrivão ou pelo chefe de secretaria [...]. Nessa hipótese, o prazo processual se inicia a contar da data da certidão, dotada de fé pública, exarada pelo serventuário da justiça, nos termos do art. 242 do CPC" (STJ, REsp 765.007/MG, Rel. Min. Eliana Calmon, 2ª Turma, jul. 15.05.2007, *DJ* 28.05.2007, p. 309).

6. Intimação da Fazenda Pública. "Inexiste forma especial no Código de Processo Civil ou na Lei de Execuções Fiscais para que se realize a intimação pessoal dos representantes judiciais da Fazenda Pública. Desde que realizada de forma pessoal, a intimação feita diretamente pelo escrivão ou pelo chefe de secretaria, tanto quanto a realizada por oficial de justiça, atende aos ditames do artigo 25 da Lei 6.830/1980. Nessa hipótese, o prazo processual se inicia a contar da data da certidão, dotada de fé pública, exarada pelo serventuário da justiça, nos termos do art. 242 do CPC [art. 1.003, do CPC/2015]" (STJ, REsp 765.007/MG, Rel. Min. Eliana Calmon, 2ª Turma, jul. 15.05.2007, *DJ* 28.05.2007, p. 309). **No mesmo sentido:** REsp 490.881/RJ, Rel. Min. Teori Albino Zavascki, *DJ* 03.11.2003; STJ, REsp 653.304/MG, Rel. Min. Luiz Fux, 1ª Turma, jul. 02.12.2004, *DJ* 28.02.2005, p. 236.

7. Intimação de pessoa jurídica. Teoria da aparência. "Citação e intimação. Pessoa jurídica. Teoria da aparência. Consoante entendimento já consolidado nesta Corte Superior, adota-se a teoria da aparência, considerando válida a citação de pessoa jurídica por meio de funcionário que se apresenta a oficial de justiça sem mencionar qualquer ressalva quanto à inexistência de poderes para representação em juízo" (STJ, AgRg no Ag 712.646/RJ, Rel. Min. Jorge Scartezzini, 4ª Turma, jul. 20.06.2006, *DJ* 14.08.2006, p. 285). **No mesmo sentido:** STJ, AgRg no Ag 736.583/MG, Rel. Min. Luiz Fux, 1ª Turma, jul. 14.08.2007, *DJ* 20.09.2007, p. 223; STJ, AgRg no Ag 1.145.777/PR, Rel. Min. Vasco Della Giustina (Des. Conv. do TJRS), 3ª Turma, jul. 23.02.2010, *DJe* 10.03.2010.

8. Intimação por edital.

a) Extinção por abandono da causa. "A intimação pessoal da parte é essencial à extinção do processo com base no art. 267, III, do CPC [art. 485, III, do CPC/2015]. Se o novo endereço é desconhecido, a intimação far-se-á por edital (REsp 38.691-8/DF)" (STJ, REsp 328.389/PR, Rel. Min. Barros Monteiro, 4ª Turma, jul. 09.11.2004, *DJ* 07.03.2005, p. 259).

b) Praça. "A praça é severo ato de afetação patrimonial, sendo imprescindível a ciência adequada da parte para que possa se prevenir. Entretanto, não se pode condicionar o prosseguimento da execução à localização do devedor para intimação pessoal. Trata-se de procedimento a ser adotado de forma prioritária, mas que não deve criar um obstáculo ao seguimento da ação, sobretudo quando evidenciada manobra procrastinatória do executado. Na vigência da pretérita redação do art. 687 do CPC [art. 887, § 3º, do CPC/2015], anterior às alterações trazidas pela Lei nº 11.382/2006, se admitia que a intimação do executado acerca das praças se perfizesse via edital, desde que a circunstância que impedisse a ciência pessoal do devedor fosse razoável" (STJ, REsp 897.682/MS, Rel. Min. Nancy Andrighi, 3ª Turma, jul. 17.05.2007, *DJ* 04.06.2007, p. 353).

"Se não era impossível a intimação pessoal da data da praça ao devedor, é nula a intimação por edital" (STJ, AgRg no Ag 787.381/RS, Rel. Min. Humberto Gomes de Barros, 3ª Turma, jul. 25.09.2007, *DJ* 15.10.2007, p. 258).

c) Prazo. "Intimação por edital. O prazo para a oposição dos embargos do devedor começa a fluir após o decurso do prazo assinado no edital, sem quaisquer outras formalidades" (STJ, AgRg no REsp 860.020/DF, Rel. Min. Ari Pargendler, 3ª Turma, jul. 19.12.2007, *DJ* 05.03.2008, p. 1).

"Na intimação por edital, não há necessidade de fixação de prazo pelo juiz, tal como ocorre com a citação-edital (art. 232, IV, do CPC) [art. 257, IV, do CPC/2015]. O prazo para manifestação da parte começa a fluir da simples publicação do edital pela imprensa" (STJ, REsp 578.364/BA, Rel. Min. Barros Monteiro, 4ª Turma, jul. 11.10.2005, *DJ* 19.12.2005, p. 415).

9. Intimação pela imprensa. Suficiente identificação. "Intimação pela imprensa. A teor da jurisprudência desta Corte, é nula a intimação que impede a exata identificação do advogado, seja o vício decorrente de erro na grafia de nomes ou sobrenomes ou de sua simples omissão, total ou parcial. Recurso conhecido e provido para determinar que seja feita nova publicação do acórdão proferido em sede de embargos de declaração, com o nome completo da advogada do ora recorrente, restituindo-lhe o prazo para recorrer" (STJ, REsp 696.627/CE, Rel. Min. Jorge Scartezzini, 4ª Turma, jul. 27.09.2005, *DJ* 17.10.2005, p. 310).

10. Intimação via telefone. "A intimação do advogado por via telefônica é nula, não se examinando neste feito legislação especial que a admita por qualquer meio, como no caso da Lei nº 9.099/1995" (STJ, REsp 655.437/RS, Rel. Min. Carlos Alberto Menezes Direito, 3ª Turma, jul. 10.11.2005, *DJ* 03.04.2006, p. 333).

"Não há que se falar em nulidade da intimação do defensor por via telefônica quando, sem contestar a notificação por essa via no momento oportuno, houve o comparecimento regular ao feito, sem prejuízo para a defesa" (STJ, REsp 9.859/PR, Rel. Min. Adhemar Maciel, 6ª Turma, jul. 15.12.1993, *DJ* 25.04.1994, p. 9.276).

11. Dever da parte de manter atualizado o endereço informado.

Execução de alimentos. Extinção do processo por abandono. Intimação pelos correios e oficial de justiça infrutífera. "É dever da parte e do seu advogado manter atualizado o endereço onde receberão intimações (art. 77, V, do CPC/2015), sendo considerada válida a intimação dirigida ao endereçamento declinado na petição inicial, mesmo que não recebida pessoalmente pelo interessado a correspondência, se houver alteração temporária ou definitiva nessa localização (art. 274, parágrafo único, do CPC/2015). No caso, a intimação pessoal da exequente foi inviabilizada por falta do endereço correto, motivo pelo qual foi extinto o processo sem resolução de mérito" (STJ, AgInt no

REsp 1.800.035/SC, Rel. Min. Marco Aurélio Bellizze, 3ª Turma, jul. 21.10.2019, *DJe* 28.10.2019).

Alteração de endereço não comunicada. "Não viola o disposto no art. 687, § 5º, CPC [art. 889, I, do CPC/2015] a intimação por edital do devedor, para a ciência do dia e hora da praça ou leilão de seus bens penhorados na execução, se não é ele encontrado no endereço em que fora pessoalmente intimado da penhora, tendo o oficial de justiça colhido nesse local a informação de que ele ali não mais residia, não tendo havido comunicação ao juízo da execução do seu novo endereço. A concretização da intimação editalícia antes do retorno da precatória negativa não impõe a nulidade da arrematação, posto que o devedor não foi efetivamente encontrado, não tendo, ademais, invocado qualquer irregularidade formal no edital intimatório ou qualquer prejuízo processual concreto que lhe teria advindo da duplicidade das vias intimatórias" (STJ, REsp 84.788/SC, Rel. Min. Sálvio de Figueiredo Teixeira, 4ª Turma, jul. 18.06.1998, *DJ* 21.09.1998, p. 166).

12. Comparecimento da parte à audiência sem a constituição de advogado. "Embora não tenha constituído advogado, o fato de o recorrente comparecer à audiência, tendo inclusive transacionado com a parte contrária, impede que lhe sejam imputados os efeitos da revelia, inclusive a regra do art. 322 do CPC [art. 346 do CPC/2015], que estabelece a fluência dos prazos a partir da publicação de cada ato decisório, independentemente de intimação" (STJ, RMS 26.925/RS, Rel. Min. Nancy Andrighi, 3ª Turma, jul. 11.11.2008, *DJe* 20.11.2008).

13. Instrução de agravo de instrumento. "Embora o artigo 238 do CPC [art. 374 do CPC/2015] permita que as intimações sejam realizadas em cartório, o agravo de instrumento deve ser obrigatoriamente instruído com a certidão de intimação da decisão agravada, sob pena de ter seu seguimento negado" (STJ, REsp 164.619/SP, Rel. Min. Castro Meira, 2ª Turma, jul. 28.09.2004, *DJ* 16.11.2004, p. 218).

14. Hermenêutica. "As intimações, como atos processuais que são, devem ocorrer nos precisos contornos dos arts. 236, 237 e 238 do CPC [arts. 272, 273 e 274 do CPC/2015]. Todavia, havendo legislação específica, a regra da boa hermenêutica prevê que esta norma prevaleça sobre a genérica. Por força do art. 38 da Lei Complementar nº 73/1993, as intimações dos membros da Advocacia-Geral da União e dos procuradores da Fazenda Nacional devem ser feitas pessoalmente e não através da imprensa oficial. 3. Precedentes (REsp 152.200/CE, 151.424/AL e 79.431/RS)" (STJ, REsp 259.163/RN, Rel. Min. Jorge Scartezzini, 5ª Turma, jul. 21.11.2000, *DJ* 05.03.2001, p. 206).

15. Cumprimento de sentença. "O cumprimento da sentença não se efetiva de forma automática, ou seja, logo após o trânsito em julgado da decisão. De acordo com o art. 475-J, combinado com os arts. 475-B e 614, II, todos do CPC, cabe ao credor o exercício de atos para o regular cumprimento da decisão condenatória, especialmente requerer ao juízo que dê ciência ao devedor sobre o montante apurado, consoante memória de cálculo discriminada e atualizada" (STJ, REsp 940.274/MS, Rel. Min. Humberto Gomes de Barros, Rel. p/ ac. Min. João Otávio De Noronha, 3ª Turma, jul. 07.04.2010, *DJe* 31.05.2010). **Obs.:** cf. art. 513, § 1º, do CPC/2015.

Art. 275. A intimação será feita por oficial de justiça quando frustrada a realização por meio eletrônico ou pelo correio.

§ 1º A certidão de intimação deve conter:

I – a indicação do lugar e a descrição da pessoa intimada, mencionando, quando possível, o número de seu documento de identidade e o órgão que o expediu;

II – a declaração de entrega da contrafé;

III – a nota de ciente ou a certidão de que o interessado não a após no mandado.

§ 2º Caso necessário, a intimação poderá ser efetuada com hora certa ou por edital.

CPC/1973

Art. 239.

REFERÊNCIA LEGISLATIVA

CPC/2015, arts. 154 (atribuições do oficial de Justiça) e 251 (procedimento na citação por meio de oficial de justiça).

BREVES COMENTÁRIOS

A intimação dos advogados, sempre que possível, é feita por meio eletrônico (art. 270). Não sendo possível o uso de tal via, considerar-se-ão feitas as intimações pela publicação dos atos processuais no órgão oficial (art. 272). Recorrer-se-á às intimações dos advogados pelo escrivão, em cartório (art. 273), ou por meio de correspondência postal (art. 274), ou, em último caso, às diligências por mandado, por oficial de justiça, fora da sede do juízo (art. 275). Atualmente, a intimação por meio do oficial de justiça somente ocorre após frustrar-se a sua realização por meio eletrônico ou pelo correio (art. 275).

Em regra, o oficial, após a leitura do mandado, colherá a nota de ciente e entregará a contrafé ao destinatário da intimação, certificando a ocorrência tanto da intimação como do recebimento do comprovante da realização da diligência. Recusadas a nota e a contrafé, o fato constará da certidão de intimação, a qual, diante da fé pública do oficial de justiça, não depende de comprovação por meio de testemunhas.

JURISPRUDÊNCIA SELECIONADA

1. Citação. Inaplicabilidade do inciso III. "Negando-se o destinatário a apor seu ciente no mandado, o oficial de justiça deve, necessariamente, relatar esse fato na certidão, sem o que a intimação é defeituosa. Recurso especial conhecido e provido" (STJ, REsp 200.854/AL, Rel. Min. Ari Pargendler, 3ª Turma, jul. 10.09.2002, *DJ* 02.12.2002, p. 304).

2. Dispensa das formalidades. "Todos os requisitos previstos no art. 239 do CPC [art. 275, do CPC/2015] se prestam para as partes, mas quando se trata de intimação do escrivão ao advogado, desde que este não oponha seu ciente ou se recuse a tanto, certificará o escrivão, ficando dispensado de tais formalidades" (TJPR, Ag. 18/88, Rel. Des. Luiz Perroti, 3ª Câmara, jul. 23.03.1988).

3. Falta de indicação de nomes. "A falta de indicação de nomes determinados que hajam presenciado a intimação só é relevante quando aquele que teria sido intimado, além de não lançar o ciente, negue tenha havido a intimação" (TFR, Ap.Cív. 99.322, Rel. Min. Eduardo Ribeiro, 6ª Turma, jul. 30.06.1986, *RJM* 36/79).

4. Mudança de endereço. Devolução da carta pelo correio. "Se a carta contendo a intimação pessoal do exequente para dar andamento ao feito é devolvida pela empresa de correios, que atestou a mudança de endereço do destinatário, deve ser tentada a intimação por oficial de justiça, na forma do art. 239 do CPC [art. 275, do CPC/2015]" (TJMG, ApCív. 503.540-1, Rel. Albergaria Costa, 11ª Câmara, jul. 01.06.2005, *DJ* 18.06.2005).

5. Oficial de justiça. Fé pública. "A fé pública de que goza o oficial de justiça se acha vinculada ao atendimento, pelo servidor, das formalidades previstas nos arts. 226 e 239 do CPC [arts. 251 e 275, do CPC/2015], quanto à completa e correta certificação das diligências alusivas à citação e intimação da parte" (STJ, REsp 965.257/SP, Rel. Min. Arnaldo Esteves Lima, 5ª Turma, jul. 11.12.2008, *DJe* 02.02.2009).

6. Intimação com hora certa. Possibilidade. "O fato de o devedor não haver sido encontrado em seu domicílio, por si só, não autoriza a dispensa de sua intimação pessoal, nos termos do § 5º do art. 687 do Código de Processo Civil [art. 889, I, do CPC/2015]; se há suspeita de manobra procrastinatória, pode ser ele cientificado da hasta pública até com hora certa, já que se aplicam à intimação as mesmas regras da citação. O que não se pode admitir é sua intimação pela só publicação do edital de praça, tendo ele endereço certo, informado pelo exequente nos autos" (STJ, REsp 779.860/GO, Rel. Min. Castro Filho, 3ª Turma, jul. 13.06.2006, *DJ* 18.12.2006, p. 378).

"**A intimação da penhora com hora certa é admissível**, desde que presentes os pressupostos a que alude o art. 227 do CPC [art. 252 do CPC/2015]" (STJ, REsp 38.127/SP, Rel. Min. Antônio Torreão Braz, 4ª Turma, jul. 20.11.1993, *DJ* 21.02.1994, p. 2.174).

☆ DAS INTIMAÇÕES: INDICAÇÃO DOUTRINÁRIA

Alcides de Mendonça Lima, Intimação pela imprensa e contagem de prazo, *Ajuris* 9/101; Antônio Vital Ramos de Vasconcelos, A intimação pela imprensa do interior, *RP* 14/199; *RBDP* 21/41; Breno Moreira Mussi, Legalidade e oportunidade da intimação pela imprensa particular, nos juízos do interior, *RT* 513/295; *RBDP* 18/49; Calmon de Passos, *Inovações no CPC*, Rio de Janeiro: Forense, 1995, p. 105; Cassio Scarpinella Bueno, *Manual de direito processual civil*, São Paulo: Saraiva, 2015; Daniel Amorim Assumpção Neves, *Manual de direito processo civil*, São Paulo: Método, 2015; E. D. Moniz de Aragão, *Comentários ao CPC*, Rio de Janeiro: Forense, 1998, v. II, n. 313-314; Francisco Fernandes de Araújo, Intimação processual com hora certa, *RP* 45/266; Fredie Didier Jr., *Curso de direito processual civil*, 17. ed., Salvador: JusPodivm, 2015, v. I; Guilherme Rizzo Amaral, *Comentários às alterações do novo CPC*, São Paulo: Revista dos Tribunais, 2015; Heitor Vitor Mendonça Sica, In: José Roberto F. Gouvêa; Luis Guilherme A. Bondioli e João Francisco N. da Fonseca (coord.), *Comentários ao Código de Processo Civil*, São Paulo: Saraiva, 2019, v. 5; Hélio Tornaghi, *Comentários ao CPC*, São Paulo: revista dos Tribunais, 1976, v. I; Humberto Theodoro Jr., *Curso de direito processual civil*, 61. ed., Rio de Janeiro: Forense, 2020, v. I, e sobre processo eletrônico; Humberto Theodoro Júnior, *A reforma da execução do título extrajudicial*, Rio de Janeiro: Forense, 2007; Humberto Theodoro Júnior, *Curso de direito processual civil*, 61. ed., Rio de Janeiro: Forense, v. I, n. 272, p. 270/271; Humberto Theodoro Júnior, *Curso de direito processual civil*, Rio de Janeiro: Forense, 2015, v. I, n. 270; Humberto Theodoro Júnior, Fernanda Alvim Ribeiro de Oliveira, Ester Camila Gomes Norato Rezende (coords.), *Primeiras lições sobre o novo direito processual civil brasileiro*, Rio de Janeiro: Forense, 2015; J. E. Carreira Alvim, *Comentários ao novo Código de Processo Civil*, Curitiba: Juruá, 2015; José Miguel Garcia Medina, *Novo Código de Processo Civil comentado*, São Paulo: Revista dos Tribunais, 2015; Leonardo Carneiro da Cunha, In: Sérgio Cruz Arenhart e Daniel Mitidiero (coord.), *Comentários ao Código de Processo Civil*, 2. ed., São Paulo: RT, 2018, v. 3; Leonardo Greco, *Instituições de processo civil: introdução ao direito processual civil*, 5. ed., Rio de Janeiro: Forense, 2015; Luis Antônio Giampaulo Sarro, *Novo Código de Processo Civil*, São Paulo: Rideel, 2015; Luis Guilherme A. Bondioli e João Francisco N. da Fonseca (coord.), *Comentários ao Código de Processo Civil*, São Paulo: Saraiva, 2019, v. 5. Luiz Guilherme Marinoni, Sérgio Cruz Arenhart, Daniel Mitidiero, *Curso de processo civil*, São Paulo: Revista dos Tribunais, 2015, v. I; Luiz Rodrigues Wambier, Teresa Arruda Alvim Wambier e José Miguel Garcia Medina, *Breves comentários à nova sistemática processual civil 3: Leis 11.382/2006, 11.417/2006, 11.341/2006, 11.419/2006, 11.441/2007 e 11.448/2007*, São Paulo: Revista dos Tribunais, 2005; Marcos Chaves, Da intimação pessoal do MP no CPC, *RP* 26/169; Nelson Nery Junior, Rosa Maria de Andrade Nery, *Comentários ao Código de Processo Civil*, São Paulo: Revista dos Tribunais, 2015; Orlando Soares, *Comentários ao CPC*, Rio de Janeiro: Forense, 1992, v. I, p. 394/395; Sergio Bermudes, *Comentários ao CPC*, v. II, p. 95; Sidnei Amendoeira Jr., In: Teresa Arruda Alvim Wambier, Fredie Didier Jr., Eduardo Talamini, Bruno Dantas, *Breves comentários ao novo Código de Processo Civil*, São Paulo: Revista dos Tribunais, 2015; Teresa Arruda Alvim Wambier, Maria Lúcia Lins Conceição, Leonardo Ferres da Silva Ribeiro, Rogério Licastro Torres de Melo, *Primeiros comentários ao novo Código de Processo Civil*, São Paulo: Revista dos Tribunais, 2015; Ulderico Pires dos Santos, *Sistematização e exegese dos prazos no novo processo civil*, Rio de Janeiro: Forense, p. 72 – sobre a intimação das partes na audiência de seus procuradores.

TÍTULO III
DAS NULIDADES

Art. 276. Quando a lei prescrever determinada forma sob pena de nulidade, a decretação desta não pode ser requerida pela parte que lhe deu causa.

CPC/1973

Art. 243.

REFERÊNCIA LEGISLATIVA

CPC/2015, arts 239 (citação); 337 (preliminares); 351 (nulidades sanáveis); 938 (nulidade suprível; conversão do julgamento em diligência).

CC, arts. 138 a 165 (defeitos do negócio jurídico); 166 a 184 (invalidade do negócio jurídico); e 848 a 850 (nulidade da transação).

Estatuto da Advocacia, art. 4º (ato privativo de advogado praticado por pessoa não inscrita na OAB).

BREVES COMENTÁRIOS

Nem mesmo a nulidade absoluta pode ser arguida pela parte que lhe deu causa. É que, naturalmente, tendo sido o resultado contrário ao seu interesse em jogo (porque, se favorável, não teria sentido a arguição), a parte contrária acabaria sendo, na conjuntura do processo, a beneficiada em sentido substancial. Não cabe decretação de nulidade alguma em processo quando o resultado do mérito favorece a quem a invalidação tenderia a beneficiar em nível instrumental (art. 282, § 2º). Daí por que, em regra, não cabe ao responsável pela nulidade do ato processual arguir, em proveito próprio, o vício procedimental que ele mesmo provocou. A regra do art. 276, portanto, tem duplo fundamento: reprime a própria torpeza de quem provocou a nulidade e valoriza o princípio da instrumentalidade das formas processuais, fazendo prevalecer o interesse do adversário inocente diante do vício procedimental.

JURISPRUDÊNCIA SELECIONADA

1. Arguição de nulidade.

"A invocação de nulidade da execução à qual o devedor deu causa ao não homologar o acordo de alimentos não pode ter a anuência do Poder Judiciário, porque a ninguém é dado se beneficiar de sua própria torpeza (art. 243 do CPC) [art. 276, do CPC/015]. Adentra a senda da má-fé o devedor de alimentos ao empregar ardis e artifícios de cunho técnico-processual com o objetivo de se esquivar de execução por meio de subterfúgios que ladeiam ato atentatória [sic] à dignidade da Justiça (art. 600, II do CPC) [art. 774, II, do CPC/2015]. Recurso especial não conhecido" (STJ, REsp 593.714/RS, Rel. Min. Nancy Andrighi, 3ª Turma, jul. 04.08.2005, *DJ* 22.08.2005, p. 261).

Deficiência sanável. "Segundo já proclamou a turma (Resp 1561-RJ, *DJU* de 5.290), não se deve nulificar o processo por deficiência sanável sem antes ensejar oportunidade a parte de suprir a irregularidade" (STJ, REsp 6.458/RJ, Rel. Min. Sálvio de Figueiredo Teixeira, 4ª Turma, jul. 11.06.1991, *DJ* 05.08.1991).

Impossibilidade. "Havendo prova insofismável do desinteresse da União em figurar na lide, conjuntamente com o inventariante do extinto Inamps, por intermédio de petição protocolizada junto ao Juízo federal competente, não há que se falar em nulidade processual, pois a teor do art. 243 do CPC [art. 276 do CPC/2015] nenhuma nulidade pode ser arguida por quem lhe deu causa. 2. Agravo regimental desprovido" (STJ, AgRg no Ag 168.632/PE, Rel. Min. Gilson Dipp, 5ª Turma, jul. 10.10.2000, *DJ* 30.10.2000, p. 172).

2. Nulidade absoluta. "Comprovada a ocorrência de nulidade absoluta, o ato deve ser invalidado, por iniciativa do próprio juiz, independentemente de provocação da parte interessada" (TJMG, Ap 1.0024.04.391637-8/002, Rel. p/ ac. Eduardo Marine da Cunha, 17ª Câmara Cível, jul. 24.05.2007, *DJ* 22.06.2007).

"O artigo 243 da Lei Processual Civil [art. 276 do CPC/2015] não tem aplicação quanto às nulidades absolutas, como a competência em razão da matéria" (STJ, REsp 961.407/SP, Rel. p/ ac. Min. Maria Thereza de Assis Moura, 6ª Turma, jul. 19.08.2008, *DJe* 06.10.2008).

Art. 277. Quando a lei prescrever determinada forma, o juiz considerará válido o ato se, realizado de outro modo, lhe alcançar a finalidade.

CPC/1973

Art. 244.

BREVES COMENTÁRIOS

Embora se reconheça a importância das formas para garantia das partes e fiel desempenho da função jurisdicional, não vai o Código, na esteira das mais modernas legislações processuais, ao ponto de privar sempre o ato jurídico processual de efeito apenas por inobservância de rito, quando nenhum prejuízo tenham sofrido as partes.

O princípio que inspirou o Código, nesse passo, foi o que a doutrina chama de princípio da instrumentalidade das formas e dos atos processuais, segundo o qual o ato só se considera nulo e sem efeito se, além de inobservância da forma legal, não tiver alcançado a sua finalidade.

Houve sensível ampliação da flexibilidade e liberdade formal no regime do art. 277 do CPC/2015. Enquanto o Código de 1973 só permitia essa validação do ato irregular nos casos de nulidade não cominada, o Código de 2015 a estende a qualquer tipo de defeito formal, haja ou não cominação legal de nulidade.

JURISPRUDÊNCIA SELECIONADA

1. Princípio da finalidade e do prejuízo. "Em tema de nulidades processuais predomina o princípio da finalidade e do prejuízo – art. 244 do CPC [art. 277 do CPC/2015]. A omissão do mandado de citação do prazo de defesa é suprida se a petição inicial, que integrou o instrumento citatório, faça tal registro" (TJPR, Ap. 1.282/89, Rel. Des. Negi Calixto, 2ª Câmara, jul. 30.11.1989).

2. Excesso de formalismo. Instrumentalidade.

"É possível manter a validade do ato realizado de forma diversa do previsto na lei, quando for alcançada sua finalidade, em razão da aplicação do princípio da instrumentalidade das formas, consoante o art. 244 do CPC/73 [art. 277 do CPC/2015]. Ocorrendo a sub-rogação legal de contrato de locação, o fiador do locatário original poderá exonerar-se das suas responsabilidades em relação ao negócio jurídico locatício, no prazo de 30 dias contado da ciência inequívoca da referida sub-rogação, nos termos do art. 12, § 2º, da Lei 8.245/91 c/c 244 do CPC/73 (277 do CPC/2015). Não há aditamento em contrato de locação sub-rogado por lei, nos termos do art. 12, *caput*, §§ 1º e 2º, da Lei 8.245/91, sendo – portanto – inaplicável a Súmula 214/STJ (O fiador na locação não responde por obrigações resultantes de aditamento ao qual não anuiu) nessas situações" (STJ, REsp 1.510.503/ES, Rel. p/ Acórdão Min. Nancy Andrighi, 3ª Turma, jul. 05.11.2019, *DJe* 19.11.2019).

"A concepção moderna do processo, como instrumento de realização da justiça, repudia o excesso de formalismo, que culmina por inviabilizá-la" (STJ, REsp 15.713/MG, Rel. Min. Sálvio de Figueiredo, 4ª Turma, jul. 04.12.1991, *DJU* 24.02.1992, p. 1.876).

"Nulidade. Processo. Instrumentalidade. O STJ vela pela exata aplicação do direito federal, atento à circunstância de que nosso sistema processual é informado pelo princípio da instrumentalidade das formas. Daí que poderá o eventual descumprimento de determinada disposição legal não conduzir à inutilização do processo" (STJ, AgRg 70.026-7/GO, Rel. Min. Eduardo Ribeiro, 3ª Turma, jul. 22.06.1995, *DJU* 25.09.1995, p. 31.107).

"Caracterizando-se o processo civil contemporâneo pela sua instrumentalidade, não se deve declarar nulidade do ato quando alcançado o seu objetivo sem prejuízo para as partes. Segundo proclamou o recente IX Congresso Mundial de Direito Processual, é em dispositivo do nosso Código de Processo Civil que se encontra a mais bela regra do atual direito processual, a saber, a insculpida no art. 244 [art. 277 do CPC/2015], onde se proclama que, 'quando a lei prescrever determinada forma, sem cominação de nulidade, o juiz considerará válido o ato se, realizado de outro modo, lhe alcançar a finalidade'" (STJ, REsp 7.184/SP, Rel. Min. Sálvio de Figueiredo Teixeira, 4ª Turma, jul. 08.10.1991, *DJ* 11.11.1991, p. 16.149). **No mesmo sentido:** STJ, AgRg no REsp 981.180/RS, Rel. Min. Paulo de Tarso Sanseverino, 3ª Turma, jul. 07.12.2010, *DJe* 15.12.2010.

Exceção de incompetência. Arguição de conexão. Possibilidade. "Em homenagem ao princípio da instrumentalidade das formas, desde que não cause prejuízo à parte adversa, é possível admitir a arguição de conexão em sede de exceção de incompetência. Precedentes" (STJ, REsp 760.983/MG, Rel. Min. Aldir Passarinho Junior, 4ª Turma, jul. 13.10.2009, *DJe* 23.11.2009).

Primazia da instrumentalidade das formas e do acesso à Justiça em detrimento ao formalismo exagerado. Ver jurisprudência do art. 188.

3. Deficiência sanável. "Segundo já proclamou a Turma (REsp 1.561/RJ, *DJU* 05.02.1990), não se deve nulificar o processo por deficiência sanável sem antes ensejar oportunidade à parte de suprir a irregularidade" (STJ, REsp 6.458/RJ, Rel. Min. Sálvio de Figueiredo Teixeira, 4ª Turma, jul. 11.06.91, *DJU* 05.08.1991, p. 10.007).

"Por ser obrigatória a intervenção do órgão ministerial em sede de mandado de segurança, a mera intimação do *Parquet* para manifestar-se sobre a impetração não se mostra suficiente; exige-se, outrossim, o seu efetivo pronunciamento. A teor do disposto no artigo 244 do CPC [art. 277, do CPC/2015], considera-se válido o ato realizado de forma diversa daquela prescrita em lei, sem cominação de nulidade, sempre que lhe alcançar a finalidade. O Superior Tribunal de Justiça tem firmado a compreensão de que a decretação da nulidade deve observar a presença de prejuízo. Constatada a manifestação do Ministério Público em sede de apelação, não há falar em violação do artigo 10 da Lei n. 1.533/1951" (STJ, REsp 948.090/DF, Rel. Min. Jorge Mussi, 5ª Turma, jul. 26.05.2009, *DJe* 03.08.2009).

4. Nulidade de citação. Finalidade do ato atingida. Efetividade do processo. "A finalidade da citação é dar conhecimento ao réu da existência de ação contra ele ajuizada; portanto, o comparecimento espontâneo de pessoa legalmente habilitada remedeia qualquer possível irregularidade na citação, afastando sua nulidade" (STJ, REsp 671.755/RS, Rel. Min. Castro Meira, 2ª Turma, jul. 06.03.2007, *DJ* 20.03.2007, p. 259).

"A citação do devedor por edital na execução fiscal só é possível após o esgotamento de todos os meios possíveis à sua localização. Precedentes: REsp 510791/GO, Rel. Min. Luiz Fux, *DJ* 20.10.2003; REsp 451030/SP, Rel. Min. José Delgado, *DJ* 11.11.2002; EDREsp 217888/SP, Rel. Min. Paulo Medina, *DJ* 16.09.2002; REsp 247368/RS, Rel. Min. José Delgado, *DJ* 29.05.2000). A citação por oficial de justiça deve preceder a citação por edital, a teor do que dispõe o art. 224 do CPC [art. 277 do CPC/2015], de aplicação subsidiária à Lei de Execução Fiscal (Lei nº 6.830/1980, art. 1º). Malograda a citação em face da incapacidade do citando, cumpre ao juiz designar um médico para verificar a impossibilidade e, em caso afirmativo, nomear um curador *ad litem* (art. 218 do CPC) [art. 245 do CPC/2015]. A oposição da exceção de pré-executividade configura comparecimento espontâneo suprindo a falta de citação, não afetando a validade do processo" (STJ, REsp 837.050/SP, Rel. Min. Luiz Fux, 1ª Turma, jul. 17.08.2006, *DJ* 18.09.2006, p. 289).

5. Ação de improbidade administrativa. Falta de pedido de notificação prévia. Diligência ordenada de ofício. "O Colegiado *a quo* entendeu que a citação do ex-prefeito-recorrido fora realizada após o transcurso do lapso prescricional por culpa do recorrente, que não teria feito pedido expresso de notificação na exordial, razão pela qual entendeu prescrita a ação para o referido réu. Não há como imputar ao recorrente culpa pela demora na citação, haja vista que devida ao próprio procedimento adotado na Lei de regência, o qual foi observado pelo juiz singular, destaque-se, mesmo ante a ausência de pedido pela notificação dos réus na exordial. Ademais, a citação realizada atingiu sua finalidade, já que o réu ofereceu novamente contestação à demanda, devendo ser aplicado ao caso o brocardo *pas de nulité sans grief*. Afastada a pecha de nulidade da citação, tem-se a aplicação do art. 219, § 1º, do CPC [art. 240, § 1º, do CPC/2015], ou seja, retroagem seus efeitos à data da propositura da ação, não havendo, pois, que se falar em prescrição para o caso vertente" (STJ, REsp 700.820/RS, Rel. Min. Francisco Falcão, 1ª Turma, jul. 08.11.2005, *DJ* 19.12.2005, p. 238).

6. Concurso público. Procedimento administrativo. "O concurso público, como procedimento administrativo, deve observar o princípio da instrumentalidade das formas (art. 244 do CPC) [art. 277 do CPC/2015]. Em sede de concurso público não se deve perder de vista a finalidade para a qual se dirige o procedimento. Na avaliação da nulidade do ato administrativo é necessário temperar a rigidez do princípio da legalidade, para que ele se coloque em harmonia com os princípios da estabilidade das relações jurídicas, da boa-fé e outros valores essenciais à perpetuação do Estado de Direito. Limite de idade, em concurso público é requisito para o exercício de emprego. Assim, se o candidato que não satisfazia o requisito no momento da inscrição foi admitido ao concurso e aprovado, não é lícito à Administração recusar-lhe a investidura se no momento da contratação a idade mínima já se completara" (STJ, REsp 6.518/RJ, Rel. Min. Humberto Gomes de Barros, 1ª Turma, jul. 19.08.1991, *DJ* 16.09.1991, p. 12.621).

7. Deficiência insanável. "Caso a indenização seja arbitrada sem o procedimento de liquidação e sem a garantia da ampla defesa e do contraditório, torna-se inaplicável o princípio da instrumentalidade das formas, que não tem vez se a nulidade sacrifica os fins de justiça do processo" (STJ, REsp 885.988/ES, Rel. Min. João Otávio de Noronha, 4ª Turma, jul. 09.03.2010, *DJe* 22.03.2010).

Art. 278. A nulidade dos atos deve ser alegada na primeira oportunidade em que couber à parte falar nos autos, sob pena de preclusão.

Parágrafo único. Não se aplica o disposto no *caput* às nulidades que o juiz deva decretar de ofício, nem prevalece a preclusão provando a parte legítimo impedimento.

CPC/1973

Art. 245.

REFERÊNCIA LEGISLATIVA

CPC/2015, arts. 223, § 1º (prazo; preclusão; justa causa), 337, § 5º (contestação; apreciação de ofício), e 485, § 3º (extinção do processo sem resolução de mérito; conhecimento de ofício).

BREVES COMENTÁRIOS

Mesmo as nulidades mais graves, como as decorrentes de cerceamento de defesa e quebra do contraditório, sujeitam-se a preclusão, se o interesse na prática do ato era disponível pela parte prejudicada, e esta, presente no processo, deixou de arguir em tempo útil o vício procedimental. Mesmo quando a lei autoriza o juiz a decretar de ofício uma nulidade, é preciso verificar a quem aproveitará a decretação. Se aquele possível prejudicado teria aberto mão do direito de arguir a nulidade, pondo em risco interesse relacionado com direito subjetivo disponível, não haverá sustentação para autorizar a iniciativa oficial do magistrado, à revelia da parte. Por exemplo, quando, após a juntada de documento promovida por uma parte, o processo teve seguimento irregular, sem abertura de vista à parte contrária, a inobservância do necessário contraditório não pode justificar tardia arguição de nulidade, feita somente depois de julgamento contrário ao interessado, se este teve oportunidade de fazê-lo e se omitiu no momento adequado.

JURISPRUDÊNCIA SELECIONADA

1. Nulidade de Algibeira.

Nulidade do processo. Violação ao princípio da boa-fé que desautoriza pronunciar até mesmo a nulidade absoluta quando causada por quem dela se beneficiará. "Considerando que a boa-fé é princípio que deve iluminar todas as relações jurídicas e humanas, não se decreta a nulidade do processo quando o vício, ainda que grave e reputado absoluto, tenha como causa determinante a ação ou a omissão de quem dele se beneficiou. Inteligência do art. 243 do CPC/73 [art. 276 do CPC/2015]. Na hipótese, verifica-se que a pessoa jurídica teve ciência plena e inequívoca da ação de revogação de doação, mais de 06 anos antes da arguição, em virtude do fato de que 03 de seus 04 acionistas, que respondem por 70% de seu quadro acionário, serem os réus da referida demanda, agravado pela confissão da parte de que apenas suscitou a nulidade quando sobreveio resultado que lhe era potencialmente desfavorável, configurando-se a chamada nulidade de algibeira" (STJ, REsp 1715499/RJ, Rel.ª Min.ª Nancy Andrighi, 3ª Turma, jul. 14.08.2018, *DJe* 17.08.2018).

Nulidade por ausência de intimação do cônjuge do herdeiro do executado. Desnecessidade. "A não arguição da alegada nulidade por ausência de intimação imediatamente após a efetivação do ato de penhora, que veio a ser manifestada apenas em ulterior ação anulatória, bem como a presunção não elidida de que houve ciência inequívoca do ato constritivo pela cônjuge do herdeiro do executado, demonstram ter havido, na hipótese, a denominada nulidade de algibeira, estratégia absolutamente incompatível com o princípio da boa-fé que deve nortear todas as relações jurídicas" (STJ, REsp 1643012/RS, Rel.ª Min.ª Nancy Andrighi, 3ª Turma, jul. 22.03.2018, *DJe* 26.03.2018).

Ocultação da nulidade. "É vedada a manipulação do processo pelas partes por meio da ocultação de nulidade, calculando o melhor momento para a arguição do vício (nulidade de algibeira ou de bolso). Precedentes" (STJ, REsp 1.637.515/AM, Rel. Min. Marco Buzzi, 4ª Turma, jul. 25.08.2020, *DJe* 27.10.2020).

Provocação tardia de intervenção do MP. "Se inexistente a intimação do Ministério Público quando havia interesse de incapaz, todavia, apenas se deve decretar a nulidade do processo quando houver a demonstração de que a ausência de intimação do Parquet resultou em efetivo prejuízo aos interesses dos incapazes. Precedentes. A suscitação tardia da nulidade, somente após a ciência de resultado de mérito desfavorável e quando óbvia a ciência do referido vício muito anteriormente à arguição, configura a chamada nulidade de algibeira, manobra processual que não se coaduna com a boa-fé processual e que é rechaçada pelo Superior Tribunal de Justiça inclusive nas hipóteses de nulidade absoluta. Precedentes" (STJ, REsp 1.714.163/SP, Rel. Min. Nancy Andrighi, 3ª Turma, jul. 24.09.2019, *DJe* 26.09.2019).

Vício de patrocínio duplo. "O vício processual de patrocínio duplo deve ser alegado na primeira oportunidade em que couber à parte se manifestar nos autos, uma vez que a suscitação tardia da nulidade, somente após a ciência de resultado de mérito desfavorável, configura a chamada Nulidade de Algibeira" (STJ, AgInt no AREsp 2.197.101/MS, Rel. Min. Marco Aurélio Bellizze, 3ª Turma, jul. 03.04.2023, *DJe* 10.04.2023).

2. Preclusão.

a) Não ocorrência

Intimação da sentença. Inexistência. Comunicação da digitalização dos autos. Primeira oportunidade de falar. Não caracterização. Não ocorrência. "O STJ possui orientação no sentido de que, em regra, 'o vício relativo à ausência de intimação constitui nulidade relativa, uma vez que, nos termos do art. 245 do CPC/1973 [art. 278 do CPC/2015], 'a nulidade dos atos deve ser alegada na primeira oportunidade em que couber à parte falar nos autos, sob pena de preclusão' (AgInt no REsp n. 1.690.956/MG, relator Ministro Sérgio Kukina, Primeira Turma, julgado em 12/12/2023, *DJe* de 23/1/2024). No caso, não tendo sido a parte intimada da sentença, a comunicação voltada a informar que o processo foi digitalizado, transferindo-se do meio físico para o digital, não pode ser considerada, ao contrário do que concluiu o acórdão recorrido, como a 'primeira oportunidade em que a parte tiver que falar dos autos, sob pena de preclusão'. Sendo fato incontroverso que não houve intimação a respeito da sentença, viola a norma do art. 278, *caput*, do CPC, e a boa-fé processual, concluir que, comunicada apenas sobre a digitalização do processo, caberia à parte revisitar integralmente os autos e alegar nulidade, sob pena de preclusão, notadamente quando o que ficou precluso foi o direito de apelar da sentença" (STJ, REsp 2.001.562/SC, Rel. Min. Gurgel de Faria, 1ª Turma, jul. 14.05.2024, *DJe* 18.06.2024).

"Segundo orientação contida no artigo 245 do Código de Processo Civil [art. 278 do CPC/2015], se a parte aponta a nulidade na primeira oportunidade que teve de falar nos autos, não há falar em preclusão" (STJ, REsp 1.129.498/PB, Rel. Min. Fernando Gonçalves, 4ª Turma, jul. 13.04.2010, *DJe* 27.04.2010).

"Não configura o instituto da preclusão, consoante disposto no art. 245 do CPC [art. 278 do CPC/2015], o simples fato de o Estado recorrente ter deixado de se manifestar por ocasião da sessão de julgamento dos embargos infringentes. Essa penalidade só pode ser aplicada à parte que efetivamente tiver o dever de se manifestar nos autos" (STJ, REsp 667.556/RS, Rel. Min. Castro Meira, 2ª Turma, jul. 02.02.2006, *DJ* 20.02.2006, p. 289).

b) Ocorrência

"A falta de intimação do despacho saneador não causa nulidade quando a parte tem vista dos autos antes da audiência de instalação de perícia, formula quesitos e não manifesta qualquer inconformismo quanto à não indicação de assistente técnico. Consoante estabelece o art. 245 do CPC [art. 278 do CPC/2015], a nulidade dos atos processuais deve ser alegada na primeira oportunidade em que couber à parte falar nos autos, pena de preclusão" (TJSC, Ap 42.245, Rel. Des. Paulo Gallotti, 2ª Câmara, *DJ* 09.10.1995).

"A perícia, na liquidação por arbitramento, é feita na forma disciplinada nos arts. 420 e ss. do CPC [art. 464 do CPC/2015]. A parte, portanto, deve ser intimada para, em cinco dias, indicar assistente e formular quesitos – CPC, art. 22, § 1º. Omitida tal intimação, deve a parte insurgir-se contra isso na primeira oportunidade que vem ao processo. Não o fazendo, opera-se a preclusão – art. 245 do CPC [art. 278 do CPC/2015]. Apelo desprovido" (TJSC, Ap. 47.201, Rel. Des. João Schaefer, 4ª Câmara Cível, *DJ* 29.05.1995).

3. Nulidade absoluta. "Os princípios que norteiam o sistema das formas dos atos processuais e das nulidades no processo civil brasileiro vêm amparados na legalidade, mas também na instrumentalidade, na causalidade, porém, da mesma forma, na economia processual. Por isto, a nulidade só será absoluta e assim considerada quando não observada formalidade apontada na lei como essencial, porque de ordem pública" (1º TACivSP, Embs. 322.048, Rel. Juiz Luiz de Azevedo, 7ª Câmara, *Adcoas* 1985, nº 103.385).

Decretação de ofício. Possibilidade. "Embora o art. 245 do CPC [art. 278, do CPC/2015] imponha que a nulidade dos atos processuais deve ser alegada na primeira oportunidade em que couber à parte se manifestar nos autos, não tem ele incidência quanto às nulidades decretáveis de ofício pelo juiz. A ausência de intimação da sessão de julgamento importa em nulidade absoluta, podendo ser decretada de ofício, não havendo falar, por conseguinte, na aplicação do princípio do *pas de nullité sans grief*. Precedentes do STJ. Agravo regimental improvido" (STJ, AgRg no REsp 1.022.066/RS, Rel. Min. Arnaldo Esteves Lima, 5ª Turma, jul. 03.03.2009, *DJe* 30.03.2009).

4. Momento para alegar vício. "Eventual vício existente na regularidade de representação processual deve ser alegado e provado no devido tempo, ou seja, nas instâncias ordinárias ou na primeira oportunidade em que a parte tiver acesso aos autos (art. 245 do Código de Processo Civil) [art. 278 do CPC/2015]. Não impugnada a exatidão de documento no momento oportuno, incide o disposto no art. 225 do Código Civil de 2002 (AgRg no REsp 963.283/RS, 2ª seção, Rel. Min. Fernando Gonçalves, *DJ* 1º.07.2008)" (STJ, AgRg no REsp 1.043.954/RS, Rel. Min. Honildo Amaral de Mello Castro (Des. Conv. do TJ/AP), 4ª Turma, jul. 11.05.2010, *DJe* 25.05.2010).

5. Anulação *ex officio*. Questão não levantada na apelação. "Viola os arts. 128 e 515 do CPC [arts. 141 e 1.013 do CPC/2015] a anulação de ofício do processo sob fundamento da ocorrência de cerceamento de defesa se a apelante não levantou a questão na apelação" (STJ, REsp 3.505/RJ, Rel. Min. Cláudio Santos, 3ª Turma, jul. 14.08.1990, *DJU* 22.10.1990, p. 11.663).

6. Ilegitimidade de parte. "O reconhecimento da legitimidade passiva, por si só, não tem o condão de violar o parágrafo único do artigo 245 do CPC [art. 278 do CPC/2015], pois o que a norma exige do julgador é que ele aprecie a matéria de ofício, caso não seja invocada pela parte" (STJ, AgRg no REsp 819.252/PE, Rel. Min. Carlos Fernando Mathias, 6ª Turma, jul. 20.11.2007, *DJ* 10.12.2007, p. 457).

Art. 279. É nulo o processo quando o membro do Ministério Público não for intimado a acompanhar o feito em que deva intervir.

§ 1º Se o processo tiver tramitado sem conhecimento do membro do Ministério Público, o juiz invalidará os atos praticados a partir do momento em que ele deveria ter sido intimado.

§ 2º A nulidade só pode ser decretada após a intimação do Ministério Público, que se manifestará sobre a existência ou a inexistência de prejuízo.

CPC/1973

Art. 246.

REFERÊNCIA LEGISLATIVA

CPC/2015, arts. 180 (intimação pessoal do MP) e 721 (citação do MP nos procedimentos de jurisdição voluntária).

SÚMULAS

Súmula do STJ:

Nº 189: "É desnecessária a intervenção do Ministério Público nas execuções fiscais."

BREVES COMENTÁRIOS

Há casos de nulidade expressa, como o da falta de intervenção do Ministério Público (art. 279) e da ausência de outorga uxória não suprida pelo magistrado (art. 74, parágrafo único), que obviamente são casos de nulidade absoluta por determinação da própria lei. Mas nem essas nulidades escapam à incidência do princípio da instrumentalidade, pois sem prejuízo do interesse tutelado não haverá invalidação do processo, ou seja, mesmo na hipótese de inexistência de intimação do Ministério Público em processo do qual ele deve participar, a nulidade pode não ser decretada se inexistir prejuízo. Incide o princípio da conservação dos atos processuais.

JURISPRUDÊNCIA SELECIONADA

1. Intervenção obrigatória do Ministério Público.

a) Hipóteses.

"Surgindo no curso da execução o superveniente interesse de incapazes em face do óbito do executado, herdando-lhe direitos sucessórios provenientes de imóvel sujeito à penhora, torna-se necessária a intervenção do Ministério Público, a teor dos arts. 82, I, e 246 da lei adjetiva civil" [arts. 178, II, e 279 do CPC/2015] (STJ, REsp 596.029/MG, Rel. Min. Aldir Passarinho Junior, 4ª Turma, jul. 06.08.2009, *DJe* 08.09.2009).

"Em processo de interesse imediato da Fazenda Pública e em que se argui a inconstitucionalidade de diversas leis estaduais, é evidente a proeminência do interesse público, a exigir a indispensável intervenção do órgão ministerial, em todas as fases, sob pena de nulidade" (STJ, REsp 12.240/SP, Rel. Min. Demócrito Reinaldo, 1ª Turma, jul. 06.04.1992, *DJ* 08.06.1992, p. 8.599).

b) Intimação *x* manifestação. "O que enseja nulidade, nas ações em que há obrigatoriedade de intervenção do Ministério Público, é a falta de intimação do seu representante, não a falta de efetiva manifestação deste" (STJ, REsp 5.469/MS, Rel. Min. Sálvio de Figueiredo Teixeira, 4ª Turma, jul. 20.10.1992, *RT* 694/183).

Ação de divórcio. "Não se configura nulidade na ação de divórcio litigioso, convertido em consensual, se o Ministério Público, intimado a comparecer à audiência em que se deu o acordo, deixa de comparecer e se manifestar a respeito" (STJ, REsp 85.276/MG, Rel. Min. Aldir Passarinho Júnior, 4ª Turma, jul. 18.05.2000, *DJ* 21.08.2000, p. 135).

c) Suprimento da falta de intervenção do Ministério Público. "A intervenção do Ministério Público em segundo grau de jurisdição, sem arguir nulidade nem prejuízo, supre sua ausência na primeira instância, afastando a nulidade do processo" (STJ,

REsp 221.962/BA, Rel. Min. Humberto Gomes de Barros, 3ª Turma, jul. 18.03.2004, *DJ* 12.04.2004).

2. Desnecessidade de intervenção do Ministério Público.

Recuperação judicial. Empresa em recuperação judicial. Ministério Público. Intervenção. Ausência de obrigatoriedade. "De acordo com o art. 84 do CPC/73, a nulidade decorrente de ausência de intimação do Ministério Público para manifestação nos autos deve ser decretada quando a lei considerar obrigatória sua intervenção. A Lei de Falência e Recuperação de Empresas não exige a atuação obrigatória do Ministério Público em todas as ações em que empresas em recuperação judicial figurem como parte. Hipótese concreta em que se verifica a ausência de interesse público apto a justificar a intervenção ministerial, na medida em que a ação em que a recuperanda figura como parte constitui processo marcado pela contraposição de interesses de índole predominantemente privada, versando sobre direitos disponíveis, sem repercussão relevante na ordem econômica ou social. A anulação da sentença por ausência de intervenção do Ministério Público, na espécie, somente seria justificável se ficasse caracterizado efetivo prejuízo às partes, circunstância que sequer foi aventada por elas nas manifestações que se seguiram à decisão tornada sem efeito pela Corte de origem" (STJ, REsp 1536550/RJ, Rel. Min. Nancy Andrighi, 3ª Turma, jul. 08.05.2018, *DJe* 11.05.2018).

Execução fiscal. "A presença de pessoa jurídica de Direito Público no litígio não determina, por si só, a intervenção obrigatória do Ministério Público, sendo certo que restam inconfundíveis o 'interesse público' com o interesse patrimonial da Fazenda Pública, veiculado em execução fiscal, entendimento cristalizado na Súmula 189/STJ, *verbis*: 'É desnecessária a intervenção do Ministério Público nas execuções fiscais'" (STJ, REsp 824.352/RS, Rel. Min. Luiz Fux, 1ª Turma, jul. 09.09.2008, *DJe* 01.10.2008). **Precedentes citados:** STJ, REsp 801.028/DF, Rel. Min. Denise Arruda, 1ª Turma, jul. 12.12.2006, *DJ* 08.03.2007; STJ, REsp 669.563/RS, Rel. Min. José Delgado, 1ª Turma, jul. 12.04.2005, *DJ* 23.05.2005.

3. Ausência de prejuízo.

Ação de alimentos. Menores. Ausência do Ministério Público na audiência injustificada. Acordo judicial homologado. "Compete ao Ministério Público intervir em causas nas quais há interesses de incapazes. A inércia do Ministério Público em atuar em audiência de conciliação quando devidamente intimado não impõe a nulidade de acordo celebrado entre as partes e homologado em juízo, especialmente na ausência de demonstração de prejuízo" (STJ, REsp 1.831.660/MA, Rel. Min. Ricardo Villas Bôas Cueva, 3ª Turma, jul. 10.12.2019, *DJe* 13.12.2019).

Interesse de incapazes. Nulidade. Prejuízo para as partes. "[...] a jurisprudência desta Corte já assentou entendimento no sentido de que a ausência de intimação do Ministério Público, por si só, não enseja a decretação de nulidade do julgado, a não ser que se demonstre o efetivo prejuízo para as partes ou para a apuração da verdade substancial da controvérsia jurídica, à luz do princípio *pas de nullités sans grief*. Até mesmo nas hipóteses em que a intervenção do *Parquet* é obrigatória, como no presente caso que envolve interesse de incapaz, seria necessária a demonstração de prejuízo deste para que se reconheça a nulidade processual (Precedentes: REsp 1.010.521/PE, Rel. Min. Sidnei Beneti, 3ª Turma, jul. 26.10.2010, *DJe* 09.11.2010; REsp 814.479/RS, Rel. Min. Mauro Campbell Marques, 2ª Turma, jul. 02.12.2010, *DJe* 14.12.2010)" (STJ, REsp 818.978/ES, Rel. Min. Mauro Campbell Marques, 2ª Turma, jul. 09.08.2011, *DJe* 18.08.2011).

Falência. Não intervenção do Ministério Público. Ausência de prejuízo. Ver jurisprudência do art. 176 do CPC/2015.

4. Prejuízo comprovado.

Demarcação de terra indígena. Alegação de nulidade diante da falta de intimação do Ministério Público Federal para manifestação antes do julgamento. Comprovação de prejuízo com a falta de citação. "A discussão envolve litígio pela posse da terra rural, do qual participam membros de comunidade indígena da etnia kaingang, em área que foi objeto de demarcação de terra indígena. Não houve intimação do Ministério Público Federal para oferecimento de parecer após as contrarrazões e, em 24/8/2016, sobreveio o julgamento do agravo de instrumento (evento 21). (...) É pacífico nesta Corte Superior o entendimento segundo o qual a ausência de intimação do Ministério Público em ação civil pública para funcionar como fiscal da lei não dá ensejo, por si só, a nulidade processual, salvo comprovado prejuízo. Nesse sentido em julgado recente: AgInt no REsp n. 1.689.653/PR, Rel. Ministro Mauro Campbell Marques, Segunda Turma, julgado em 19/2/2019, *DJe* 26/2/2019. No caso, o Ministério Público Federal, ora recorrente, aponta que há prejuízo ao interesse da Comunidade Indígena da Terra Indígena Boa Vista, uma vez que ficou mantida a decisão que concedeu ordem de não ocupação da área, sem que a Comunidade Indígena fosse citada para integrar a lide. Assim, demonstrado o prejuízo à Comunidade em decorrência da falta de citação, é de ser anulado o julgamento do agravo de instrumento para o fim de determinar a abertura de prazo para manifestação do Ministério Público Federal e realização de novo julgamento do recurso. Prejudicado o agravo em recurso especial da Funai (fls. 1.304-1.309)" (STJ, AgInt no AgInt no AREsp 1.200.499/PR, Rel. Min. Francisco Falcão, 2ª Turma, jul. 09.05.2019, *DJe* 18.06.2019).

Art. 280. As citações e as intimações serão nulas quando feitas sem observância das prescrições legais.

CPC/1973

Art. 247.

REFERÊNCIA LEGISLATIVA

CPC/2015, arts. 214 (citação nas férias e feriados), 231, 248 a 258 (citações), e 269 a 275 (intimações).

BREVES COMENTÁRIOS

A forma nas intimações e citações é da essência do ato e não apenas meio de prova. Daí por que o Código considera nulos os atos de comunicação processual feitos sem observância dos preceitos legais. Admitem, todavia, suprimento pelo comparecimento da parte, desde que não tenha sofrido prejuízo em sua defesa pela deficiência do ato (arts. 282 e 239, § 1º).

JURISPRUDÊNCIA SELECIONADA

1. Nulidade. Alcance. "Reputam-se sem nenhum efeito todos os atos processuais subsequentes à nulidade constatada, nos termos dos arts. 247 a 249 do CPC [arts. 280, 281 e 288 do CPC/2015]" (STJ, AgRg no REsp 502.109/RS, Rel. Min. Mauro Campbell Marques, 2ª Turma, jul. 18.02.2010, *DJe* 08.03.2010).

2. Nulidade de citação.

Citação postal. Réu pessoa física. Mandado citatório recebido por terceiro. Teoria da aparência que não se aplica ao caso. Nulidade da citação reconhecida. "A citação de pessoa física pelo correio se dá com a entrega da carta citatória diretamente ao citando, cuja assinatura deverá constar no respectivo aviso de recebimento, sob pena de nulidade do ato, nos termos do que dispõem os arts. 248, § 1º, e 280 do CPC/2015. Na hipótese, a carta citatória não foi entregue ao citando, ora recorrente, mas sim à pessoa estranha ao feito, em clara violação aos referidos dispositivos legais. Vale ressaltar que o fato de a citação postal ter sido enviada ao estabelecimento comercial onde o recorrente exerce suas atividades como sócio administrador não é suficiente para afastar norma processual expressa, sobretudo porque não há como se ter certeza de que o réu tenha efetivamente tomado ciência da ação monitória contra si ajuizada, não se podendo olvidar que o feito correu à sua revelia. A possibilidade da carta de citação ser recebida por terceira pessoa somente ocorre quando o citando for pessoa jurídica, nos termos do disposto no § 2º do art. 248 do CPC/2015, ou nos casos em que, nos condomínios edilícios ou loteamentos com controle de acesso, a entrega do mandado for feita a funcionário da portaria responsável pelo recebimento da correspondência, conforme estabelece o § 4º do referido dispositivo legal, hipóteses, contudo, que não se subsumem ao presente caso" (STJ, REsp 1.840.466/SP, Rel. Min. Marco Aurélio Bellizze, 3ª Turma, jul. 16.06.2020, *DJe* 22.06.2020).

3. Nulidade de intimação.

a) Momento de arguição.

Sentença de improcedência do pedido. Arguição na fase de cumprimento ou execução. Possibilidade. "O propósito recursal é definir se é admissível o reconhecimento da nulidade de atos processuais em razão de vícios ocorridos nas intimações, inclusive da sentença de mérito e que resultou no trânsito em julgado da ação negatória de paternidade. É admissível o reconhecimento da nulidade de intimação da sentença por petição apresentada em 1º grau na fase de cumprimento ou de execução do julgado. Precedentes. É nula a intimação realizada apenas em nome do substabelecente quando há patrono substabelecido com o propósito específico de acompanhar o processo em comarca distinta, ainda que não tenha havido pedido expresso de intimação em nome do substabelecido. Precedentes. Para que incida a orientação desta Corte segundo a qual o vício existente na regularidade da intimação deverá ser arguido pela parte interessada na primeira oportunidade para se manifestar nos autos, sob pena de preclusão, é indispensável que a parte efetivamente tenha acesso ao processo e tome ciência inequívoca dos vícios na intimação, o que não se verifica na hipótese em que a primeira manifestação da parte somente noticia fatos novos e não se relaciona, nem mesmo indiretamente, com as decisões judiciais e os atos processuais dos quais não fora intimada" (STJ, REsp 1.778.384/GO, Rel. Min. Nancy Andrighi, 3ª Turma, jul. 03.09.2019, *DJe* 05.09.2019).

Alegação tardia. Decurso de mais de dois anos do trânsito em julgado da sentença. Impossibilidade. "Alegação demasiadamente tardia da alegada nulidade da intimação, configurando-se hipótese de 'nulidade de algibeira'. Descabimento do pedido de devolução do prazo para apelar, uma vez que, nos termos do art. 272, § 8º, do CPC/2015, 'A parte arguirá a nulidade da intimação em capítulo preliminar do próprio ato que lhe caiba praticar [...]'. Intempestividade da apelação interposta no caso concreto" (STJ, REsp 1.833.871/TO, Rel. Min. Paulo de Tarso Sanseverino, 3ª Turma, jul. 21.03.2023, *DJe* 28.03.2023).

b) Hipóteses.

"Processual. Falta de intimação para a sessão de julgamento. Nulidade. É nulo o julgamento quando não consta da publicação da pauta o nome da parte e/ou de seus advogados" (STJ, REsp 2.991/DF, Rel. Min. Dias Trindade, 3ª Turma, jul. 18.12.1990, *DJ* 25.02.1991, p. 1.467).

"Conforme previsto no art. 247 do CPC [art. 280 do CPC/2015], as intimações serão nulas quando feitas sem observância das prescrições legais. O § 1º do art. 236 do CPC [art. 272, § 2º, do CPC/2015], por sua vez, dispõe que é indispensável, sob pena de nulidade, que da publicação constem os nomes das partes e de seus advogados, suficientes para sua identificação" (STJ, EDcl no REsp 688.762/AL, Rel. Min. Mauro Campbell Marques, 2ª Turma, jul. 06.08.2009, *DJe* 19.08.2009).

Nome incompleto. "Esta Corte Superior já pacificou entendimento no sentido de que 'inválida é a intimação em nome de advogado já falecido, sendo também de acarretar nulidade se na publicação ficou registrado o nome do pai falecido, sem o acréscimo da palavra Júnior' (REsp 89.773/RS, Rel. Min. Sálvio de Figueiredo Teixeira) e que 'não tem eficácia a publicação de nota de expediente com o nome incompleto do advogado, a dificultar sua identificação nos sistemas informatizados' (REsp 78766/BA, Rel. Min. Ruy Rosado de Aguiar). *In casu*, os nomes dos advogados que constaram da publicação não têm o condão de validar a intimação, visto que o primeiro não mais pertencia aos quadros da Procuradoria-Geral do Estado e o segundo faleceu antes da intimação e jamais interveio nos autos nem representou o Estado em juízo. Precedentes desta Corte Superior e do colendo STF. Recurso provido, para determinar a nulidade da intimação/publicação do *Diário Oficial* de 27 de setembro de 2000, restituindo-se ao Estado o prazo para apresentar recurso contra a referida decisão" (STJ, REsp 457.533/SP, Rel. Min. José Delgado, 1ª Turma, jul. 17.10.2002, *DJ* 11.11.2002, p. 166).

c) Retorno dos autos à origem. "Reconhecida a nulidade do ato de intimação das partes, desde a publicação do acórdão proferido em sede de apelação no TRF da 1ª Região, deverão os autos retornar à origem para que se proceda nova publicação do mencionado acórdão, oportunidade em que a parte recorrente poderá reiterar suas razões de recurso especial e a parte contrária, querendo, poderá interpor recurso especial" (STJ, REsp 394.772/MT, Rel. Min. Eliana Calmon, 2ª Turma, jul. 23.02.2010, *DJe* 04.03.2010).

Art. 281. Anulado o ato, consideram-se de nenhum efeito todos os subsequentes que dele dependam, todavia, a nulidade de uma parte do ato não prejudicará as outras que dela sejam independentes.

CPC/1973

Art. 248.

REFERÊNCIA LEGISLATIVA

CC, art. 184 (nulidade do ato jurídico).

BREVES COMENTÁRIOS

"Anulado o ato, consideram-se de nenhum efeito todos os subsequentes, que dele dependam", pois, como já se afirmou, o ato processual não tem vida isolada, mas apenas dentro do contexto dos diversos atos que compõem o procedimento, em que se dá um encadeamento, sem solução de continuidade, desde a propositura da ação até final julgamento da lide.

Nos atos complexos, *i.e.*, naqueles que se compõem de um feixe de atos simples, como a audiência de instrução e julgamento e a arrematação, pode ocorrer que a nulidade se refira apenas a parte da complexidade. Nessas circunstâncias, a nulidade apenas de uma parte do ato "não prejudicará, todavia, as outras que dela sejam independentes" (art. 281, segunda parte). Trata-se de aplicação do princípio do *utile per inulite non vitiatur*.

JURISPRUDÊNCIA SELECIONADA

1. Nulidade de atos processuais. "Na proclamação de nulidades deve o Tribunal declinar quais os atos que são atingidos, os efeitos e a extensão, tudo para que se cumpra o comando da retificação ou da repetição do ato" (STJ, REsp 124.775/PE, Rel. Min. Edson Vidigal, 5ª Turma, jul. 15.09.1998, *DJ* 19.10.1998, p. 124).

"Não se anula o ato processual se dele não advém prejuízo às partes" (STJ, AgRg no Ag 457.516/GO, Rel. Min. Antônio de Pádua Ribeiro, 3ª Turma, jul. 16.09.2003, *DJ* 20.10.2003, p. 270).

2. Anulação de sentença. "Anulada que foi a sentença proferida através de carimbo, da nova decisão prolatada é permitido à parte recorrer, ainda que da primeira não o tivesse feito" (STJ,

REsp 10.716/MG, Rel. Min. Barros Monteiro, 4ª Turma, ac. 24.09.91, *DJU* 04.11.91, p. 15.690).

"A não intimação de uma das partes para apresentar memorial acarreta a nulidade da sentença subsequente, em virtude da não observância do contraditório e do tratamento diferenciado dado aos litigantes" (STJ, REsp 125.316/MG, Rel. Min. Eduardo Ribeiro, 3ª Turma, jul. 22.06.1999, *DJ* 23.08.1999, p. 120).

3. Anulação da sentença de primeiro grau. Ausência de intimação do Ministério Público. Indicação dos atos atingidos pela nulidade. "Se o acórdão deixou clara a necessidade de manifestação das partes e do Ministério Público, antes da sentença, cumprindo o despacho exarado naquele juízo, houve decisão anulando a sentença. Anulada a sentença para cumprimento do despacho que determinou a intimação das partes e do Ministério Público, fica prejudicado o exame do mérito" (STJ, REsp 112.972/PR, Rel. Min. Francisco Peçanha Martins, 2ª Turma, jul. 26.10.1999, *DJ* 01.08.2000, p. 220).

4. Teoria das nulidades. Repetição do ato viciado. Produção dos efeitos normais. "Desde a repetição do ato nulo, este produz todos os seus normais efeitos, que não ocorreram em face da irregularidade. Destarte, não se pode limitar a decisão que determina a nova intimação à interposição de um único recurso, mas a todos os eventualmente cabíveis. Ao determinar-se a anulação de um ato processual para o qual a lei comina nulidade (arts. 236, § 1º, e 247, CPC) [arts. 272, § 2º, e 280 do CPC/2015], a repetição do ato nulo é remédio que a lei prevê para evitar que a nulidade contamine atos subsequentes do processo" (STJ, REsp 216.195/RN, Rel. Min. Sálvio de Figueiredo Teixeira, 4ª Turma, jul. 02.12.1999, *DJ* 02.05.2000, p. 146).

Art. 282. Ao pronunciar a nulidade, o juiz declarará que atos são atingidos e ordenará as providências necessárias a fim de que sejam repetidos ou retificados.

§ 1º O ato não será repetido nem sua falta será suprida quando não prejudicar a parte.

§ 2º Quando puder decidir o mérito a favor da parte a quem aproveite a decretação da nulidade, o juiz não a pronunciará nem mandará repetir o ato ou suprir-lhe a falta.

CPC/1973

Art. 249.

REFERÊNCIA LEGISLATIVA

CPC/2015, arts. 188 (forma dos atos processuais), 351 (defesa indireta processual; sanação de nulidade) e 938, § 1º (preliminares; sanação de nulidades).

BREVES COMENTÁRIOS

Em qualquer caso, mesmo quando haja expressa cominação de nulidade para a inobservância de forma, o juiz não decretará a nulidade nem mandará repetir o ato ou suprirlhe a falta:

(a) se não houve prejuízo para a parte (art. 282, § 1º);

(b) quando puder decidir do mérito a favor da parte a quem aproveite a decretação da nulidade (art. 282, § 2º).

Isso quer dizer que o ato, mesmo absolutamente nulo, não prejudicará a validade da relação processual como um todo. Daí poder-se afirmar que, pelo princípio de instrumentalidade dos atos processuais, como regra geral predominam as nulidades relativas no processo.

O prejuízo processual que pode invalidar o ato corresponde à quebra do contraditório e, consequentemente, à perda da possibilidade do exercício da ampla defesa pela parte privada da regular intimação.

JURISPRUDÊNCIA SELECIONADA

1. Princípio da instrumentalidade das formas. "O Superior Tribunal de Justiça, ao conferir a correta interpretação ao direito infraconstitucional, não deve desprezar os princípios da instrumentalidade das formas, bem assim da celeridade processual, devendo adotar a interpretação do art. 249, § 2º, do CPC [art. 288, § 2º, do CPC/2015], segundo o qual 'não se deve decretar a nulidade do julgado quando puder decidir o mérito em favor da parte a quem aproveita a declaração'" (STJ, REsp 1.181.868/RS, Rel. Min. Eliana Calmon, 2ª Turma, jul. 06.05.2010, *DJe* 17.05.2010).

"O princípio da instrumentalidade das formas impede que seja declarada nulidade quando inexiste prova do prejuízo de quem a alega" (STJ, REsp 1.290.042/SP, Rel. Min. Maria Thereza de Assis Moura, 6ª Turma, jul. 01.12.2011, *DJe* 29.02.2012).

2. Nulidade. Falta de prejuízo (§ 1º).

"Por regra geral do CPC não se dá valor a nulidade se dela não resultou prejuízo para as partes, pois aceito, sem restrições, o velho princípio: *pas de nulitté sans grief*. Por isso, para que se declare a nulidade, é necessário que a parte demonstre o prejuízo que ela lhe causa" (STJ, REsp 14.473/RJ, Rel. Min. Cesar Asfor Rocha, 4ª Turma, jul. 26.11.1996, *DJ* 03.03.1997, p. 4.654).

a) Hipóteses.

Citação por edital. "Exegese do § 1º do art. 249 do CPC [art. 288, § 1º, do CPC/2015], ao dispor que o ato não repetirá nem se lhe suprirá a falta quando não prejudicar a parte. Portanto, exercido o direito de defesa, não há falar em anulação do *exequatur* em razão da citação via edital, à luz do princípio *pas des nullités sans grief*" (STJ, EDcl na CR 438/BE, Rel. Min. Luiz Fux, Corte Especial, jul. 01.08.2008, *DJe* 20.10.2008). **Precedentes citados**: STJ, REsp 986.250/SP, decisão monocrática do Rel. Min. Luiz Fux, *DJ* 30.04.2008; STJ, RMS 18.923/PR, Rel. Min. Teori Albino Zavascki, 1ª Turma, *DJ* 12.04.2007; STJ, AgRg no Ag 798.826/SP, Rel. Min. Herman Benjamin, 2ª Turma, *DJ* 19.12.2007.

Inércia da parte ré. "(...). A ré, devidamente citada, não se insurgiu quanto aos termos do mandado de citação, deixando transcorrer *in albis* o prazo designado para o oferecimento da defesa. Sua primeira manifestação nos autos ocorreu somente após a prolação da sentença, com a interposição do recurso de apelação, circunstância que evidencia **sua absoluta ciência acerca da ação ajuizada em seu desfavor. Diante da absoluta inércia da parte ré, a decretação da sua revelia era de rigor, não sendo possível cogitar prejuízo a justificar a anulação do processo**" (STJ, REsp 1582188/SP, Rel. Min. Ricardo Villas Bôas Cueva, 3ª Turma, jul. 24.04.2018, *DJe* 30.04.2018).

Intervenção de terceiros. "Não há violação à ampla defesa se a prova anterior à intervenção de terceiros apenas desfavorece o litisdenunciante, que acompanhou e contribuiu para sua produção. A declaração da nulidade dos atos processuais depende da demonstração da existência de prejuízo à parte interessada, conforme dispõe o art. 249, § 1º, do CPC [art. 288, § 1º, do CPC/2015]" (STJ, REsp 879.567/SP, Rel. Min. Nancy Andrighi, 3ª Turma, jul. 12.05.2009, *DJe* 29.05.2009).

Intimação. "Sem que haja prejuízo processual, não há nulidade na intimação realizada em nome de advogado que recebeu poderes apenas como estagiário. Deficiência na intimação não pode ser guardada como nulidade de algibeira, a ser utilizada quando interessar à parte supostamente prejudicada" (STJ, REsp 756.885/RJ, Rel. Min. Humberto Gomes de Barros, 3ª Turma, jul. 14.08.2007, *DJ* 17.09.2007, p. 255).

"A nulidade havida na decisão do agravo de instrumento, em virtude da falta de intimação do agravado para se manifestar, desmerece acolhida, tendo em vista que, negado provimento ao recurso, não houve prejuízo à parte (CPC, art. 249, § 2º)" [art. 288, § 2º, do CPC/2015] (STJ, REsp 284.449/SP, Rel. Min. Félix Fischer, 5ª Turma, jul. 13.12.2000, *DJ* 12.02.2001, p. 139).

Remessa dos autos ao MP. "Alega o agravante que houve nulidade processual em decorrência do fato de que, após o oferecimento da defesa preliminar na ação de improbidade administrativa, o magistrado remeteu os autos ao Ministério Público para manifestação. [...] Ainda que não tenha ocorrida a preclusão, a decretação da nulidade exige a demonstração do efetivo prejuízo pela parte, de sorte que, mesmo que tenha havido erro procedimental, deveria o réu ter demonstrado em que amplitude tal equívoco lhe causou danos, o que não aconteceu no caso concreto" (STJ, AgRg no REsp 1.269.400/SE, Rel. Min. Humberto Martins, 2ª Turma, jul. 23.10.2012, *DJe* 30.10.2012).

b) Ocorrência de prejuízo.

Perícia. "É nula a perícia produzida sem intimação das partes quanto ao dia e local de realização da prova (art. 431-A, CPC) [art. 474 do CPC/2015]. O ônus de provar que o vício formal do processo não trouxe prejuízos não é da parte a quem aproveita a declaração de nulidade, mas de seu adversário. A realização de ato processual em desatendimento à forma prescrita em lei traz, em si, presunção de prejuízo. A nulidade da perícia contamina todos os atos processuais anteriores" (STJ, REsp 806.266/RS, Rel. Min. Humberto Gomes de Barros, 3ª Turma, jul. 18.10.2007, *DJ* 31.10.2007, p. 323).

Tributário. "Se a notificação do lançamento fiscal não foi remetida a pessoa e ao endereço corretos do ente público envolvido, sujeito passivo da obrigação tributária, há nulidade do processo administrativo e, em consequência, negligenciadas as normas procedimentais de autuação, resta maculada a inscrição do débito superveniente, despindo-se de exigibilidade a certidão da dívida ativa que lastreia o executivo fiscal" (TRF/1ª Região, Remessa *ex officio* 95.01.04087-9, Rel. Juiz Reynaldo Soares da Fonseca, 3ª Turma, jul. 23.11.2000, *DJU* 31.01.2001).

3. Possibilidade de decisão do mérito a favor da parte a quem aproveite a declaração de nulidade (§ 2º). "Não obstante, deve o STJ deixar de pronunciar a nulidade do acórdão recorrido, se pode decidir o mérito do recurso especial favoravelmente ao recorrente, tendo em vista os princípios que regem o moderno Direito Processual Civil, de que são exemplos aqueles positivados no art. 249 do CPC" [art. 288 do CPC/2015] (STJ, REsp 809.426/RS, Rel. Min. Eliana Calmon, 2ª Turma, jul. 05.02.2009, *DJe* 26.02.2009).

4. Reconhecimento da incompetência. Aproveitamento dos atos instrutórios. Ver jurisprudência do art. 63 do CPC/2015.

Art. 283. O erro de forma do processo acarreta unicamente a anulação dos atos que não possam ser aproveitados, devendo ser praticados os que forem necessários a fim de se observarem as prescrições legais.

Parágrafo único. Dar-se-á o aproveitamento dos atos praticados desde que não resulte prejuízo à defesa de qualquer parte.

CPC/1973

Art. 250.

REFERÊNCIA LEGISLATIVA

CPC/2015, arts. 319 (requisitos da petição inicial), 330 (indeferimento da petição inicial) e 554 (ações possessórias; aproveitamento de uma por outra).

BREVES COMENTÁRIOS

A regra incorpora o princípio da instrumentalidade das formas, de maneira que o mais importante é a função do ato processual. Sendo esta preservada, o vício formal não será relevante: o ato, mesmo defeituoso, será aproveitado, se nenhum prejuízo funcional tiver sido acarretado a qualquer das partes (parágrafo único do art. 283). Mesmo quando o defeito tornar o ato inaproveitável, o caso não será de simplesmente declará-lo nulo, pois o que o art. 283, caput, determina é o seu suprimento mediante a prática de medidas tendentes à observância das prescrições legais.

Não se admite, porém, a conversão de um rito em outro com aproveitamento da contestação quando o prazo de defesa ou a matéria arguível eram no procedimento anulado menores ou mais restritos do que no procedimento correto. Haverá, então, de ser reaberto o prazo de defesa.

JURISPRUDÊNCIA SELECIONADA

1. Nulidade. Prejuízo. "O Código de Processo Civil, reproduzindo anterior determinação do diploma processual, contempla a regra oriunda do direito francês do *pas de nullité sans grief* (art. 283 do CPC/15), segundo a qual não se decreta a nulidade do ato se dela não resultar prejuízo para as partes. Nessa esteira, ressalto que esta corte e o STF possuem jurisprudência pacífica sobre a necessidade de demonstração do efetivo prejuízo para que se possa decretar nulidade de julgamento. A fundamentação adotada no acórdão é suficiente para respaldar a conclusão alcançada, pelo que ausente pressuposto a ensejar oposição de embargos de declaração" (STJ, EDcl nos EDcl no AgRg no REsp 1.377.449/ES, Rel.ª Min.ª Regina Elena Costa, 1ª Turma, jul. 25.10.2016, *DJe* 10.11.2016).

"Na linha dos precedentes desta Corte, o princípio processual da instrumentalidade das formas, sintetizado pelo brocardo *pas de nullité sans grief* e positivado nos arts. 282 e 283, ambos do NCPC, impede a anulação de atos inquinados de invalidade quando deles não tenham decorrido prejuízos concretos" (STJ, REsp 1.731.464/SP, Rel. Min. Moura Ribeiro, 3ª Turma, jul. 25.09.2018, *DJe* 01.10.2018).

2. Equívoco na denominação do recurso. Erro material. Princípio da instrumentalidade das formas. "Como o processo é instrumento para a realização de certos fins, se, de um lado, é preciso que seu rigorismo seja observado com vistas a se oferecer segurança jurídica e previsibilidade à atuação do juiz e das partes; de outro, a estrita observância das regras processuais deve ser abrandada pela razoabilidade e proporcionalidade. No Direito Processual, a razoabilidade e a proporcionalidade consubstanciam o princípio da instrumentalidade das formas, consagrado no art. 283, *caput* e seu parágrafo único, do CPC/15. A aplicação do princípio da fungibilidade pressupõe que, por erro justificado, a parte tenha se utilizado de recurso inadequado para impugnar a decisão recorrida e que, apesar disso, seja possível extrair de seu recurso a satisfação dos pressupostos recursais do recurso apropriado. O equívoco da parte em denominar a peça de interposição recursal – recurso inominado, em vez de apelação – não é suficiente para o não conhecimento da irresignação se atendidos todos os pressupostos recursais do recurso adequado, como ocorreu na espécie" (STJ, REsp 1.822.640/SC, Rel. Min. Nancy Andrighi, 3ª Turma, jul. 12.11.2019, *DJe* 19.11.2019).

3. Erro de forma. "O defeito de forma só deve acarretar a anulação do ato processual impassível de ser aproveitado (art. 250 do CPC) [art. 283 do CPC/2015] e que, em princípio, cause prejuízo à defesa dos interesses das partes ou sacrifique os fins de justiça do processo, por força da consagração pelo ordenamento processual pátrio da máxima *pas des nullités sans grief*" (STJ, REsp 851.090/SP, Rel. Min. Luiz Fux, 1ª Turma, jul. 18.12.2007,

DJe 31.03.2008). Precedentes citados: STJ, REsp 654.684/MA, *DJ* 14.06.2007; e REsp 532.577/DF, *DJ* 24.11.2003.

"O erro de forma a que se refere o art. 250 do CPC [art. 283, do CPC/2015] é apenas o erro de procedimento, jamais cuidando de erro do *petitum* ou da causa de pedir. Inaplicabilidade do art. 250 quando é a própria pretensão do Direito Material que é alterada" (TJRS, ApCív. 593010762, Rel. Cacildo de Andrade Xavier, 6ª Câmara, jul. 03.08.1993, *RJTJRGS* 162/270).

4. Conversão do rito.

a) Possibilidade. "A jurisprudência do STJ acolhe entendimento no sentido de que, inexistindo prejuízo para a parte adversa, admissível é a conversão do rito sumário para o ordinário. Não há nulidade na adoção do rito ordinário ao invés do sumário, salvo se demonstrado prejuízo, notadamente porque o ordinário é mais amplo do que o sumário e propicia maior dilação probatória" (STJ, REsp 737.260/MG, Rel. Min. Nancy Andrighi, 3ª Turma, jul. 21.06.2005, *DJ* 01.07.2005, p. 533). **No mesmo sentido:** STJ, REsp 262.669/CE, Rel. Min. Sálvio de Figueiredo Teixeira, 4ª Turma, jul. 13.09.2000, *DJ* 16.10.2000, p. 317). **Contra:** TJRJ, AR 19, Rel. Amaro Martins de Almeida, 2º Grupo de Câmaras, jul. 23.03.1977, *RT* 503/189.

b) Impossibilidade.

Execução em monitória. "Nos termos da jurisprudência do C. STJ, não é possível a conversão da execução em ação monitória depois de ocorrer a citação" (STJ, AgREsp 316.198, Rel. Min. Nancy Andrighi, 3ª Turma, jul. 12.11.2001, *DJU* 18.02.2002, p. 418).

5. Declaração de nulidade. Medida excepcional. "O processo civil deve ser visto como sistema que favoreça, na maior medida possível, um julgamento quanto ao mérito da causa, sempre respeitado o **princípio da paridade de armas.** Assim, o intérprete deve evitar a criação de óbices que não estejam dispostos expressamente em lei. A decretação de nulidades processuais deve ser excepcional" (STJ, REsp 944.040/RS, Rel. Min. Nancy Andrighi, 3ª Turma, jul. 25.05.2010, *DJe* 07.06.2010).

☆ DAS NULIDADES: INDICAÇÃO DOUTRINÁRIA

Alexandre de Paula, *Código de Processo Civil anotado*, 7. ed., São Paulo: Revista dos Tribunais, 1998, v. I; Amílcar de Castro, *Comentários ao CPC*, São Paulo, 1974, v. VIII, p. 393; Amílcar de Castro, Reparos sobre a jurisdição e a ação, *RBDP*, I/24-26; Antonio do Passo Cabral, Nulidades no novo CPC. In: MENDES, Aluisio Gonçalves de Castro (coord.). *O Novo Código de Processo Civil: Programa de Estudos Avançados em Homenagem ao Ministro Arnaldo Esteves Lima*. Rio de Janeiro: Emarf, 2016, p. 241; Antonio do Passo Cabral, Teoria das nulidades processuais no direito contemporâneo, *Revista de Processo*, vol. 255, ano 41, p. 117-140. São Paulo: RT, maio 2016; Antônio Janyr Dall'Agnol Júnior, Invalidade derivada e invalidade parcial. Exegese do art. 248 do CPC, *Ajuris* 33/123; Antônio Janyr Dall'Angol Júnior, Nulidade do processo civil por falta de intimação do MP, *Ajuris* 24/196; Arruda Alvim, *CPC comentado*, São Paulo: Revista dos Tribunais, 1975, v. I, p. 224/225; Cassio Scarpinella Bueno, *Manual de direito processual civil*, São Paulo: Saraiva, 2015; Daniel Amorim Assumpção Neves, *Manual de direito processo civil*, São Paulo: Método, 2015; Daniel Roberto Hertel, Técnica processual e tutela jurisdicional: a instrumentalidade substancial das formas, Porto Alegre: Sergio Antonio Fabris Editor, 2006; Edson Ribas Malachini, Da conversibilidade de um processo em outro, por emenda à petição inicial, *RP* 54/7; Edson Ribas Malachini, Das nulidades no processo civil, *RBDP* 12/13, p. 20; Fábio Gomes, *Comentários ao CPC*, São Paulo: Revista dos Tribunais, 2000, v. 3; Francesco Carnelutti, *Sistema del diritto processuale civile*, Pádua: Cedam, 1938, v. II, n. 426 e 432, p. 126 e 108, respectivamente sobre a classificação dos atos processuais, segundo Carnelutti; Fredie Didier Jr., *Curso de direito processual civil*, 17. ed., Salvador: JusPodivm, 2015, v. I; Galeno Lacerda, *Despacho saneador*, p. 131 – a excludente de falta de prejuízo é inaplicável aos casos de nulidade absoluta; Giuseppe Chiovenda, *Instituições de direito processual civil*, trad. J. Guimarães Menegale, 2. ed., São Paulo, v. II, § 1º, § 22, n. 158, p. 89; Guilherme Rizzo Amaral, *Comentários às alterações do novo CPC*, São Paulo: Revista dos Tribunais, 2015; Heitor Vitor Mendonça Sica, In: José Roberto F. Gouvêa; Luis Guilherme A. Bondioli e João Francisco N. da Fonseca (coord.), *Comentários ao Código de Processo Civil*, São Paulo: Saraiva, 2019, v. 5; Humberto Theodoro Júnior, *Curso de direito processual civil*, 61. ed., Rio de Janeiro: Forense, 2020, v. I; Humberto Theodoro Júnior, Fernanda Alvim Ribeiro de Oliveira, Ester Camila Gomes Norato Rezende (coords.), *Primeiras lições sobre o novo direito processual civil brasileiro*, Rio de Janeiro: Forense, 2015; J. E. Carreira Alvim, *Comentários ao novo Código de Processo Civil*, Curitiba: Juruá, 2015; João Mendes de Almeida Júnior, *Direito judiciário brasileiro*, 4. ed., Rio de Janeiro: Freitas Bastos, 1954, p. 227 – sobre a equivalência de processo e procedimento; José Frederico Marques, *Instituições de direito processual civil*, v. III, § 122, n. 612, p. 120; José Miguel Garcia Medina, *Novo Código de Processo Civil comentado*, São Paulo: Revista dos Tribunais, 2015; José Roberto dos Santos Bedaque, Nulidade processual e instrumentalidade do processo, *Justitia* 150/54; Leonardo Carneiro da Cunha, In: Sérgio Cruz Arenhart e Daniel Mitidiero (coord.), *Comentários ao Código de Processo Civil*, 2. ed., São Paulo: RT, 2018, v. 3; Leonardo Greco, *Instituições de processo civil: introdução ao direito processual civil*, 5. ed., Rio de Janeiro: Forense, 2015; Luis Antônio Giampaulo Sarro, *Novo Código de Processo Civil*, São Paulo: Rideel, 2015; Luiz Guilherme Marinoni, Sérgio Cruz Arenhart, Daniel Mitidiero, *Curso de processo civil*, São Paulo: Revista dos Tribunais, 2015, vol. I; Marcos Chaves, Da intimação pessoal do MP no CPC, *Justitia* 166/71; Moniz Aragão, *Comentários ao CPC*, 3. ed., Rio de Janeiro: Forense, 1979, v. II; Nelson Nery Junior, Rosa Maria de Andrade Nery, *Comentários ao Código de Processo Civil*, São Paulo: Revista dos Tribunais, 2015; Paulo Nalin, Renata C. Steiner, In: BRAGA NETO, Felipe Peixoto; SILVA, Michael César; THIBAU, Vinícius Lott (Coord.). *O Direito Privado e o novo Código de Processo Civil: repercussões, diálogos e tendências*, Belo Horizonte: Fórum, 2018; Pedro Batista Martins, *Comentários ao CPC de 1939*, v. III, n. 203, p. 256 – após o saneador, a declaração de nulidade influente sobre o mérito só pode ser proferida na ocasião de sentença no mesmo sentido; Pontes de Miranda, *Comentários ao CPC de 1973*, Rio de Janeiro: Forense, 1997, t. III, p. 379 e ss.; Teresa Arruda Alvim Wambier, Fredie Didier Jr., Eduardo Talamini, Bruno Dantas (coords.), *Breves comentários ao novo Código de Processo Civil*, São Paulo: Revista dos Tribunais, 2015; Teresa Arruda Alvim Wambier, Maria Lúcia Lins Conceição, Leonardo Ferres da Silva Ribeiro, Rogério Licastro Torres de Melo, *Primeiros comentários ao novo Código de Processo Civil*, São Paulo: Revista dos Tribunais, 2015; Teresa Arruda Alvim Wambier. Nulidades. In: Luiz Rodrigues Wambier, Teresa Arruda Alvim Wambier, *Temas Essenciais do Novo CPC*. São Paulo: RT, 2016, p. 169; Waldemar Mariz de Oliveira Júnior, *Substituição processual*, São Paulo: Revista dos Tribunais, 1969, n. 69, p. 147/150; Zulmar Duarte de Oliveira Junior, Eficácia Consuntiva no novo CPC e os recursos augustos e angustos. In: Paulo Henrique dos Santos Lucon e Pedro Miranda de Oliveira, *Panorama atual do novo CPC*, Florianópolis: Empório do Direito, 2016, p. 395.

TÍTULO IV
DA DISTRIBUIÇÃO E DO REGISTRO

Art. 284. Todos os processos estão sujeitos a registro, devendo ser distribuídos onde houver mais de um juiz.

CPC/1973

Art. 251.

REFERÊNCIA LEGISLATIVA

CF, art. 93, XV, acrescentado pela Emenda Constitucional nº 45, de 30.12.2004 (distribuição imediata).

CPC/2015, arts. 43 (determinação da competência), 59 (prevenção do juízo), 286, parágrafo único (distribuição da intervenção de terceiro), e 930 (distribuição no tribunal).

BREVES COMENTÁRIOS

Faz-se o registro, por meio de lançamento em livro próprio do cartório, dos dados necessários à identificação do feito. A observância de uma sequência numeral para os atos de registro é medida indispensável para a consecução de seu objetivo.

É, o registro, o primeiro ato que o escrivão pratica logo após a autuação da petição inicial. Também nas secretarias dos tribunais, quando sobe o processo em grau de recurso, há novo registro (art. 929).

Por meio do registro, o cartório ou a secretaria estará sempre documentado para certificar a existência ou não de processo sobre determinado litígio.

O registro deve ser precedido de distribuição na serventia competente, sempre que atuarem na comarca diversos juízes servidos por distintos cartórios ou secretarias.

JURISPRUDÊNCIA SELECIONADA

1. Registro e distribuição. "A distribuição e o registro dos processos são obrigatórios por lei. A distribuição tem por objetivo a rigorosa igualdade numérica na partilha dos trabalhos forenses, a fim de evitar que um juiz fique mais acumulado de serviço do que o outro e, ainda, o de se evitar que fique ao arbítrio das partes a escolha do juiz. O registro, por sua vez, além de documentar a ocorrência de um fato que existiu, assegura a publicidade desse fato, bem como o controle das posteriores distribuições, não só quanto à repartição equitativa dos processos como também em face do relacionamento dos feitos, por conexão ou continência. Somente se cancela o registro ante a existência de vício que o nulifique" (TJMT, MS 266, Rel. Des. Ernani Vieira de Souza, Câmaras Reunidas, *RT* 585/209, *Anais For.* 62/157).

"O Código de Processo Civil preceitua que 'todos os processos estão sujeitos a registro' (art. 251, primeira parte) [art. 284 do CPC/2015], estabelecendo, mais, que os atos processuais são públicos, salvo os que correm em segredo de justiça (art. 155, I e II) [art. 189, I e II, do CPC/2015]. E processo de interdição não se inscreve entre aqueles que obrigatoriamente devem correr em segredo de justiça" (TJSP, AI 59.765-1, Rel. Des. Orlando Gandolfo, 6ª Câmara, jul. 15.08.1985, *RT* 602/77).

Ver jurisprudência do art. 288 do CPC/2015 sobre impugnação da distribuição.

2. Negativa de registro e de distribuição pelo Tribunal por não se enquadrar a demanda em nenhuma das classes de processos do Regimento Interno. Clara violação do direito líquido e certo de acesso à justiça. "Manifesta violação do direito líquido e certo de acesso à Justiça, que configura garantia constitucional, prevista no art. 5º, XXXV, da CF, não estando o exercício do direito de ação sujeito a qualquer restrição infraconstitucional" (STJ, RMS 47.407/RJ, Rel. Min. Paulo de Tarso Sanseverino, 3ª Turma, jul. 06.06.2017, *DJe* 12.06.2017).

Art. 285. A distribuição, que poderá ser eletrônica, será alternada e aleatória, obedecendo-se rigorosa igualdade.

Parágrafo único. A lista de distribuição deverá ser publicada no Diário de Justiça.

CPC/1973

Art. 252.

BREVES COMENTÁRIOS

Devem-se abrir, em registro adequado, diversas casas para controle, conforme a natureza dos feitos; e, à medida que os processos vão dando entrada, vão sendo atribuídos um a cada juiz, até completar o número de varas existentes, e depois se reinicia com o da primeira vara, repetindo-se sucessivamente a sequência. Como se vê, se várias são as varas igualmente competentes, só após a distribuição é que o juiz estará em condições de proferir o despacho da inicial.

JURISPRUDÊNCIA SELECIONADA

1. Distribuição proporcional. "A distribuição dos feitos entre os juízes e escrivães (art. 252 do CPC) [art. 285 do CPC/2015] tem por finalidade a partilha equitativa das tarefas. Em razão disto, em casos especiais, e por tempo determinado, poderá o Conselho da Magistratura determinar a distribuição proporcional dos feitos" (TJRS, MS 70022850457, Rel. Marco Aurélio Heinz, 11º Grupo Cível, jul. 28.03.2008, *DJ* 05.05.2008).

2. Declínio de competência. Erro na distribuição. "O juiz pode, ao despachar a inicial e antes de praticar outros atos decisórios no processo, declinar de sua competência se convencido de erro na distribuição" (TJSP, CC 4.962-0, Rel. Des. Prestes Barra, Câmara Especial, jul. 14.11.1985, *RT* 605/30).

Ver jurisprudência do art. 286 do CPC/2015 sobre distribuição por dependência.

Art. 286. Serão distribuídas por dependência as causas de qualquer natureza:

I – quando se relacionarem, por conexão ou continência, com outra já ajuizada;

II – quando, tendo sido extinto o processo sem resolução de mérito, for reiterado o pedido, ainda que em litisconsórcio com outros autores ou que sejam parcialmente alterados os réus da demanda;

III – quando houver ajuizamento de ações nos termos do art. 55, § 3º, ao juízo prevento.

Parágrafo único. Havendo intervenção de terceiro, reconvenção ou outra hipótese de ampliação objetiva do processo, o juiz, de ofício, mandará proceder à respectiva anotação pelo distribuidor.

CPC/1973

Art. 253.

REFERÊNCIA LEGISLATIVA

CPC/2015, arts. 54 a 59 (modificações da competência; conexão e continência); 125 a 132 (intervenção de terceiros: denunciação da lide e chamamento ao processo); 343 (reconvenção); 485 (extinção do processo, sem resolução de mérito); 612 (inventário e partilha; juízo universal); e 682 a 686 (oposição).

Lei nº 11.101, de 09.02.2005, art. 6º, § 8º (falência e recuperação judicial; juízo universal).

SÚMULAS

Súmula do STJ:

Nº 235: "A conexão não determina a reunião dos processos, se um deles já foi julgado."

BREVES COMENTÁRIOS

A competência definida pela distribuição é relativa e, não sendo impugnada, torna-se definitiva, ainda que equivocada. Cabe à parte, porém, o direito de questioná-la, enquanto não ocorrida a prorrogação legal, visto que a irregularidade na espécie pode configurar violação à garantia do juiz natural. O disposto no inciso II do art. 286 tem o objetivo principal de coibir a prática maliciosa de desistência da demanda para, em seguida, repô-la, com distribuição a juiz diferente daquele a quem fora inicialmente atribuída. Haveria na manobra censurada uma fuga do juízo natural, daí a prevenção prevista no dispositivo legal em análise.

JURISPRUDÊNCIA SELECIONADA

1. Distribuição por dependência. "Ao acrescentar o inciso II no art. 253 do CPC [art. 286 do CPC/2015] por meio da Lei nº 10.358/2001, o legislador atendeu ao clamor da comunidade jurídica, que reivindicava um instrumento capaz de coibir a prática maliciosa de alguns advogados de desistir de uma demanda logo após sua distribuição – seja em virtude do indeferimento da liminar requerida, seja em razão do prévio conhecimento da orientação contrária do magistrado acerca da matéria em discussão, ou qualquer outra circunstância que pudesse indicar o insucesso na causa –, para, logo em seguida, intentá-la novamente com o objetivo de chegar a um juiz que, ainda que em tese, lhes fosse mais favorável e conveniente. A novel alteração promovida pela Lei nº 11.280/2006 encaminhou-se tão somente a complementar a salutar regra e conferir maior proteção ao princípio do juiz natural, englobando não apenas os casos em que se formulou expresso requerimento de desistência do feito como também aquelas hipóteses nas quais a extinção da ação originária decorreu de abandono do processo, negligência do autor, falta de recolhimento de custas ou mesmo inércia em providenciar nova representação processual após simulada renúncia ao mandato efetivada pelo causídico" (REsp 1.130.973/PR, Rel. Min. Castro Meira, 2ª Turma, jul. 09.03.2010, *DJe* 22.03.2010).

"A distribuição da causa por dependência somente se dá nos casos autorizados por lei, sob pena de agressão ao princípio do juiz natural, um dos pilares do *due process of law*, devendo ser coibida com rigor qualquer praxe viciosa em contrário" (STJ, REsp 8.449/AM, Rel. Min. Sálvio de Figueiredo, 4ª Turma, jul. 19.11.1991, *DJ* 09.12.1991, p. 18.037).

"O ajuizamento de nova ação em comarca distinta e igualmente competente não excepciona a regra de distribuição por dependência" (REsp 944.214/SP, Rel. Min. Nancy Andrighi, 3ª Turma, jul. 08.09.2009, *DJe* 20.10.2009).

Pedido semelhante. Distribuição por dependência. "A mera semelhança de pedidos não enseja a distribuição por dependência prevista pelo art. 253 do CPC" [art. 286 do CPC/2015] (STF, MS 24.180/DF, Rel. Min. Ellen Gracie, Tribunal Pleno, jul. 20.02.2003, *DJ* 28.03.2003, p. 64).

2. Distribuição. Impugnação por mandado de segurança. "Sendo a distribuição dos feitos mero ato pré-processual, de disciplina interna do juízo ou tribunal, pode ser impugnada através do mandado de segurança, prescindindo-se do recurso prévio tal como exigido nas impetrações contra ato judicial agravável" (STJ, RMS 304/MA, Rel. Min. Gueiros Leite, 3ª Turma, jul. 24.04.1990, *DJ* 28.05.1990, p. 4.730).

3. Conexão ou continência. "Lei n. 11.280, publicada em 17.02.2006, deu nova redação ao inciso II do art. 253 do CPC [art. 286 do CPC/2015], para fixar duas hipóteses de distribuição por dependência entre causas de qualquer natureza: quando houver desistência da ação e quando houver alguma forma de extinção do processo sem julgamento do mérito. No caso dos autos, ajuizada nova demanda quando já vigorava a nova redação do inciso II do art. 253 do CPC, e tendo havido extinção do anterior processo – no qual se veiculara pedido idêntico – sem julgamento do mérito, é obrigatória a incidência da norma a ensejar a distribuição por prevenção das ações" (STJ, CC 97.576/RJ, Rel. Min. Benedito Gonçalves, 1ª Seção, jul. 11.02.2009, *DJe* 05.03.2009).

Renovação da ação. "A renovação da ação cujo processo tenha sido extinto sem julgamento do mérito, com as mesmas partes e pretensão material, será distribuída ao juízo que teve ciência da primeira; igual regime seguirá a renovação da ação cuja distribuição foi cancelada por falta de preparo, com fundamento no § 3º do artigo 10 da Resolução nº 441, de 9 de junho de 2005" (TRF-1ª Região, CC 2006.01.00.006170-6/AM, Rel. Des. Fed. Carlos Fernando Mathias, 1ª Seção, jul. 05.04.2006, *DJ* 15.05.2006, p. 4).

Inclusão de litisconsorte ativo facultativo. "A inclusão de litisconsorte ativo facultativo, após a distribuição da ação judicial, configura desrespeito à garantia constitucional do juiz natural (artigo 5º, incisos XXXVII e LIII, da Constituição Federal de 1988), praxe que é coibida pela norma inserta no artigo 253 do CPC [art. 286 do CPC/2015], segundo o qual as causas de qualquer natureza distribuir-se-ão por dependência quando, tendo sido extinto o processo sem julgamento de mérito, for reiterado o pedido, ainda que em litisconsórcio com outros autores ou que sejam parcialmente alterados os réus da demanda (artigo 253, inciso II, do CPC [art. 286, II, do CPC/2015], com a redação dada pela Lei 11.280/2006) (Precedentes do STJ: AgRg no MS 615/DF, Rel. Min. Bueno de Souza, Corte Especial, jul. 13.06.1991, *DJ* 16.03.1992; REsp 24.743/RJ, Rel. Min. Edson Vidigal, 5ª Turma, jul. 20.08.1998, *DJ* 14.09.1998; e REsp 931.535/RJ, Rel. Min. Francisco Falcão, 1ª Turma, jul. 25.10.2007, *DJ* 05.11.2007)" (STJ, REsp 796.064/RJ, Rel. Min. Luiz Fux, 1ª Seção, jul. 22.10.2008, *DJe* 10.11.2008). **No mesmo sentido:** STJ, CC 87.643/PR, Rel. Min. Teori Albino Zavascki, 1ª Seção, jul. 28.11.2007, *DJ* 17.12.2007, p. 118.

4. Competência absoluta. Inciso II. "A regra de competência prevista no art. 253, II, do CPC [art. 286, II, do CPC/2015] é de natureza absoluta, podendo ser declarada a qualquer tempo, independentemente de exceção declinatória, o que acarreta a nulidade dos atos decisórios proferidos pelo juiz incompetente (art. 113, *caput* e § 2º, do CPC) [art. 63, § 1º, do CPC/2015]" (STJ, REsp 819.862/MA, Rel. Min. Teori Albino Zavascki, 1ª Turma, jul. 08.08.2006, *DJ* 31.08.2006, p. 249). **Em sentido contrário:** "Conquanto a doutrina defenda que a regra do art. 253, II, do CPC [art. 286 do CPC/2015] disciplina uma hipótese de competência funcional absoluta, havendo inclusive precedentes do STJ nesse sentido, é importante notar que tal regra apenas regula a necessidade de distribuição do segundo processo ao mesmo juízo que havia conhecido da primeira ação, extinta sem resolução de mérito. Essa distribuição, contudo, não implica a competência absoluta do juízo para processar e julgar toda a causa. Implica, em vez disso, que o juízo primitivo é absolutamente competente apenas para decidir acerca de sua própria competência, podendo aplicar em tal decisão as regras da competência relativa territorial. Assim, é possível ao réu, mesmo diante da prevenção estabelecida pelo art. 253, II, do CPC [art. 286, II, do CPC/2015], opor exceção de incompetência por cláusula de eleição de foro" (REsp 1.027.158/MG, Rel. Min. Nancy Andrighi, 3ª Turma, jul. 15.04.2010, *DJe* 04.05.2010).

5. Conflito de competência. Juízos com competência territorial e vinculação a tribunais diversos. "Trata-se de Conflito de Competência proposto no STJ atinente ao ajuizamento de ações individuais e coletiva em juízos com competência territorial e vinculação a Tribunais diversos, mas com causa de pedir relacionada à revogação pelo Banco do Brasil do Edital 2017/00192 (8558), que objetivava a contratação de empresas para execução de serviços de cobrança extrajudicial dos seus créditos. (...) Há de se aplicar o art. 58 do CPC/2015, que é claro ao estabelecer: 'O registro ou a distribuição da petição inicial torna prevento o juízo', mesmo que posteriormente a ação que primeiro conheceu da matéria tenha sido extinta. A jurisprudência do STJ tem reconhecido, seguindo a redação do art. 55 do CPC/2015, a possibilidade da reunião de ações para julgamento conjunto, a fim de evitar decisões contraditórias, fixando como o juízo competente aquele que teve a primeira ação ajuizada. Nesse sentido: CC 145.918/DF, Rel. Ministro Og Fernandes, Primeira Seção, *DJe* 17/5/2017; CC 36.439/SC, Rel. Ministro Luiz Fux, Primeira Seção, *DJ* 17/11/2003, p. 197" (STJ, CC 160.428/DF, Rel. Min. Herman Benjamin, 1ª Seção, jul. 27.11.2019, *DJe* 07.05.2020).

Art. 287. A petição inicial deve vir acompanhada de procuração, que conterá os endereços do advogado, eletrônico e não eletrônico.

Parágrafo único. Dispensa-se a juntada da procuração:

I – no caso previsto no art. 104;

II – se a parte estiver representada pela Defensoria Pública;

III – se a representação decorrer diretamente de norma prevista na Constituição Federal ou em lei.

CPC/1973

Art. 254.

BREVES COMENTÁRIOS

Só os advogados podem postular em juízo. Daí que, se a parte não é advogado, terá de se fazer representar por quem a seja; e a procuração terá de obrigatoriamente acompanhar a petição inicial, sob pena de faltar um pressuposto processual. A exigência de constar o endereço do advogado na petição inicial é feita com o objetivo de viabilizar sua intimação durante o curso do processo. Não se pode, entretanto, exigir do advogado a declinação de seu endereço eletrônico, para fins de intimação, sem que o sistema de prática de atos processuais por via eletrônica esteja regulamentado e implantado, de forma que se tenha segurança quanto ao conteúdo da correspondência eletrônica contendo uma intimação (Nelson Nery Jr.; Rosa Maria de Andrade Nery, *Comentários ao Código de Processo Civil*, São Paulo: RT, 2015, p. 830, nota 2 ao art. 287).

Art. 288. O juiz, de ofício ou a requerimento do interessado, corrigirá o erro ou compensará a falta de distribuição.

CPC/1973

Art. 255.

BREVES COMENTÁRIOS

Se houver erro ou falta na distribuição, o juiz que a preside poderá, a pedido do interessado, promover de plano a sua correção, fazendo a devida compensação para manter a rigorosa igualdade entre os diversos órgãos (art. 288). Passado esse momento, se a irregularidade afetou distribuição vinculada por prevenção (casos de conexão ou continência, por exemplo), a inobservância da necessidade de reunião dos processos ou sua imposição de maneira indevida viola, sem dúvida, regra de competência, ensejando a alegação de incompetência, nos moldes do art. 337, II e VIII (preliminar de contestação).

JURISPRUDÊNCIA SELECIONADA

1. Erro na distribuição. "O errado deferimento da distribuição e a subsequente aceitação do feito corrigem-se pela compensação, não sendo aconselhável que, meses após, o magistrado determine a livre distribuição e subsequente baixa" (TA Cível do RJ, 7ª Câmara, Ag. nº 26.810, Rel. Juiz Hélvio Perorázio, jul. 11.09.1985).

2. Distribuição por dependência. Pena de preclusão. "A distribuição da causa por dependência somente se dá nos casos autorizados por lei, sob pena de agressão ao princípio do juiz natural, um dos pilares do *due process of law*, devendo ser coibida com rigor qualquer praxe viciosa em contrário. Eventual anomalia na distribuição deve ser impugnada pelas vias hábeis, pena de preclusão, salvo em se tratando de competência absoluta" (STJ, REsp 8.449/AM, Rel. Min. Sálvio de Figueiredo Teixeira, 4ª Turma, jul. 19.11.1991, *DJ* 09.12.1991, p. 18.037).

Art. 289. A distribuição poderá ser fiscalizada pela parte, por seu procurador, pelo Ministério Público e pela Defensoria Pública.

CPC/1973

Art. 256.

BREVES COMENTÁRIOS

O direito de fiscalizar decorre da publicidade dos atos processuais, tendo o advogado livre ingresso às salas, recintos ou dependências para exercer o seu múnus (Estatuto da Advocacia, art. 7º, VI, *a* a *d*).

Art. 290. Será cancelada a distribuição do feito se a parte, intimada na pessoa de seu advogado, não realizar o pagamento das custas e despesas de ingresso em 15 (quinze) dias.

CPC/1973

Art. 257.

REFERÊNCIA LEGISLATIVA

CPC/2015, arts. 82 (partes; despesas); 91 (MP; Fazenda Pública; despesas); 321 (inicial; emenda); 330 (guia de custas; peça indispensável); e 485, I, III, § 1º (extinção do processo sem resolução do mérito).

Lei nº 1.060, de 05.02.1950 (Assistência Judiciária – ver Legislação Especial).

Lei nº 6.830, de 22.09.1980 (Execução Fiscal – ver Legislação Especial), art. 39 (atos da Fazenda Pública independem de preparo).

Lei nº 9.289, de 04.07.1996 (Custas Justiça Federal – ver Legislação Especial).

SÚMULAS

Súmula do STF:

Nº 667: "Viola a garantia constitucional de acesso à jurisdição a taxa judiciária calculada sem limite sobre o valor da causa."

Súmulas do TJRJ:

Nº 76: "A taxa judiciária é devida por todas as autarquias, notadamente o INSS, ao Fundo Especial do Tribunal de Justiça, competindo-lhes antecipar o pagamento do tributo se agirem na condição de parte autora e, ao final, caso sucumbentes."

Nº 132: "A intimação da parte para fins de extinção do processo na hipótese do art. 267, § 1º, do Código de Processo Civil poderá ser determinada de ofício pelo juiz."

BREVES COMENTÁRIOS

Da distribuição decorre para o autor o primeiro ônus processual, que é o de pagar as custas iniciais para que o feito possa ter andamento. Assim, registrada e autuada a petição inicial, o cumprimento do despacho de citação ficará na dependência do referido preparo. Se a parte, intimada na pessoa do seu advogado, deixar paralisado por quinze dias o feito por falta do preparo inicial, a distribuição será cancelada e o processo, trancado em seu nascedouro. Trata-se de uma causa de extinção do processo antes mesmo que a relação processual se torne trilateral pela citação do réu.

A jurisprudência do tempo do Código anterior controvertia a respeito das condições do cancelamento da distribuição por falta de pagamento das custas e despesas iniciais. Havia, no STJ, decisões que dispensavam a prévia intimação da parte para a medida extintiva (STJ, Corte Especial, Emb. Div. no REsp 264.895/PR, Rel. Min. Ari Pargendler, ac. 19.12.2001, *DJU* 15.04.2002, p. 156). Outras, porém, consideravam indispensável a intimação prévia da parte da conta de custas, para cancelar a distribuição (STJ, 1ª Seção, Emb. Div. no REsp. 199.117/RJ, Rel. p/ acórdão Min. Humberto Gomes de Barros, ac. 11.12.2002, *DJU* 04.08.2003, p. 212). O CPC/2015 eliminou a discussão, optando pela tese da obrigatoriedade da intimação prévia da parte na pessoa de seu advogado (art. 290).

JURISPRUDÊNCIA SELECIONADA

1. Cancelamento da distribuição.

a) Necessidade de intimação.

Petição inicial. Distribuição. Cancelamento. Ausência de recolhimento de custas. Prévia citação, desnecessidade. "O cancelamento da distribuição, a teor do art. 290 do CPC, prescinde da citação ou intimação da parte ré, bastando a constatação da ausência do recolhimento das custas iniciais e da inércia da parte autora, após intimada, em regularizar o preparo" (STJ, REsp 1.906.378/MG, Rel. Min. Nancy Andrighi, 3ª Turma, jul. 11.05.2021, *DJe* 14.05.2021).

"A jurisprudência do Superior Tribunal de Justiça orienta-se no sentido de que a intimação pessoal do autor da ação é exigência apenas para a complementação das custas iniciais, de modo que, em relação às custas iniciais (em que não é feito recolhimento algum de custas processuais), aplica-se a regra estabelecida no art. 290 do CPC/2015 (correspondente ao art. 257 do CPC/1973). Precedentes" (STJ, AgInt no REsp 1.842.026/SP, Rel. Min. Maria Isabel Gallotti, 4ª Turma, jul. 29.11.2021, *DJe* 01.12.2021). **No mesmo sentido:** STJ, AREsp 2.020.222/RJ, Rel. Min. Francisco Falcão, 2ª Turma, jul. 28.02.2023, *DJe* 03.03.2023.

"Execução fiscal. Embargos. Extinção do processo sem julgamento de mérito. Ausência de preparo. Necessidade de intimação. A orientação dominante desta Corte é no sentido de que o processo somente pode ser extinto por falta de preparo se a parte, intimada, permanecer inerte. Precedentes das 1ª, 3ª, 4ª e 5ª Turmas e 1ª Seção" (STJ, AgRg no REsp 626.088/RJ, Rel. Min. Francisco Falcão, 1ª Turma, jul. 04.11.2004, *DJ* 06.12.2004).

b) Fase de réplica.

Descabimento. "Se o processo está na fase da réplica, a distribuição já não pode ser cancelada por falta de preparo, porque essa providência, de natureza administrativa, só pode ser tomada quando caracterizado o abandono da causa antes do seu processamento" (STJ, REsp 194.847/RJ, Rel. Min. Ari Pargendler, 3ª Turma, jul. 06.05.2002, *DJU* 05.08.2002, p. 325). **No mesmo sentido:** STJ, REsp 259.148/RJ, Rel. Min. Ari Pargendler, 3ª Turma, jul. 20.06.2000, *DJU* 23.10.2000, p. 140. **Precedentes citados:** REsp 803.771/SP, 3ª Turma, Rel. Min. Carlos Alberto Menezes Direito, *DJU* 26.02.2007; REsp 345.565/ES, 3ª Turma, Rel. Nancy Andrighi, *DJU* 18.02.2002; REsp 259.148/RJ, 3ª Turma, Rel. Min. Ari Pargendler, *DJU* 23.10.2000; e REsp 90.059/DF, 1ª Turma, Rel. Min. Milton Luiz Pereira, *DJU* 21.10.1996.

c) Inadmissibilidade.

"É inadmissível o cancelamento da distribuição (CPC, art. 257) [art. 290 do CPC/2015] quando a relação jurídica processual já fora estabelecida por meio da citação válida do réu. A extinção do processo com fulcro no art. 267, inc. III, do CPC [art. 485, III, do CPC/2015] depende de intimação da parte, na forma de seu § 1º" (STJ, REsp 345.565/ES, Rel. Min. Nancy Andrighi, 3ª Turma, jul. 12.11.2001, *DJ* 18.02.2002).

d) Honorários.

Não incidência. "A extinção do processo sem resolução do mérito com fundamento nos arts. 290 e 485, IV, do CPC/15, em virtude do não recolhimento das custas iniciais, não implica a condenação do autor ao pagamento dos ônus sucumbenciais, ainda que, por *error in procedendo*, haja sido determinada a oitiva da contraparte" (STJ, REsp 2.053.571/SP, Rel. Min. Nancy Andrighi, 3ª Turma, jul. 16.05.2023, *DJe* 25.05.2023).

"Extinção do processo com base no art. 257 do CPC [art. 290 do CPC/2015]. Não há ilegalidade em não se condenar em honorários" (STJ, REsp 147.934/RS, Rel. Min. Eduardo Ribeiro, 3ª Turma, jul. 19.11.1998, *DJ* 03.05.1999).

e) Exceção. "A regra geral do art. 257 do CPC [art. 290 do CPC/2015] comporta exceção, como na hipótese de depender da contadoria do juízo o cálculo das custas" (STJ, REsp 1.132.771/AM, Rel. Min. Eliana Calmon, 2ª Turma, jul. 01.10.2009, *DJe* 14.10.2009).

f) Recurso cabível. "O pronunciamento judicial que, devido à ausência de pagamento das custas judiciais, determina o cancelamento da distribuição do processo, implicando na sua extinção, tem caráter terminativo. Assim sendo, desafia tal pronunciamento a apelação, conforme artigo 513 do CPC" [art. 1.009 do CPC/2015] (STJ, AgRg no Ag 570.850/RJ, Rel. Min. Francisco Falcão, 1ª Turma, jul. 05.08.2004, *DJ* 27.09.2004).

g) Pedido de desistência. Custas processuais. Intimação para complementação. Homologação. Cobrança da diferença. Não cabimento. "O não recolhimento das custas iniciais em sua integralidade, após a intimação do autor a esse propósito, enseja o imediato indeferimento da petição inicial, com fulcro no art. 330, IV, c/c 485, I, do Código de Processo Civil de 2015, tendo o diploma processual estabelecido, para esta específica hipótese, o cancelamento do registro de distribuição, circunstância que tem o condão de obstar a produção de todo e qualquer efeito, tanto para o autor como para a pessoa/ente indicada na inicial para figurar no polo passivo da ação. *In casu*, a parte demandante, em antecipação a esta inarredável consequência legal, requereu – antes da citação – a desistência da ação, providência que mais se aproxima da desejável cooperação da parte com o juízo do que, propriamente, de um comportamento reprovável, mostrando-se, pois, descabido impor-lhe a complementação das custas iniciais. Recurso especial provido para reconhecer a impossibilidade de se determinar o recolhimento de custas iniciais complementares, quando há a homologação do pedido de desistência do processo, antes da citação da parte contrária" (STJ, REsp 2.016.021/MG, Rel. p/ acórdão Min. Marco Aurélio Bellizze, 3ª Turma, jul. 08.11.2022, *DJe* 24.11.2022).

2. Preparo a destempo. "Não deve a distribuição ser cancelada se o autor, embora a destempo, junta o recolhimento das custas antes de qualquer providência do juízo de primeiro grau, comprovando seu interesse no prosseguimento da causa" (STJ, REsp 166.808/AM, Rel. Min. Castro Filho, 2ª Turma, jul. 13.03.2001, *DJ* 04.06.2001). **No mesmo sentido:** STJ, REsp 63.488-1/MG, Rel. Min. Barros Monteiro, 4ª Turma, jul. 08.08.1995, *DJU* 02.10.1995; STJ, REsp 122.534/ES, Rel. Min. Francisco Falcão, 2ª Turma, jul. 17.08.1999, *DJ* 13.09.1999.

Retratação da sentença. "A sentença que determina o cancelamento da distribuição pode ser objeto de retratação, com aplicação extensiva da regra do art. 296 do CPC [art. 331 do CPC/2015]. O espontâneo recolhimento das custas, embora tardio, autorizava aquela retratação" (STJ, REsp 168.605/SC, Rel. Min. Ruy Rosado de Aguiar, 4ª Turma, jul. 09.06.1998, *DJ* 24.05.1999).

3. Custas complementares. Impugnação ao valor da causa. "Instaurada a relação processual e não facultado pelo juízo prazo para recolhimento complementar das custas processuais em face de acolhimento de impugnação ao valor da causa, não há que se falar em cancelamento da distribuição com amparo no artigo 257 do CPC [art. 290 do CPC/2015]. Precedentes" (STJ, AgRg no REsp 1.042.097/ES, Rel. Min. Marco Buzzi, 4ª Turma, jul. 23.10.2012, *DJe* 14.11.2012). **No mesmo sentido:** STJ, REsp 267.502/ES, Rel. Min. Carlos Alberto Menezes Direito, 3ª Turma, jul. 30.05.2001, *DJU* 20.08.2001, p. 462; STJ, REsp 531.293/MG, Rel. Min. Eliana Calmon, 2ª Turma, jul. 14.12.2004, *DJ* 28.02.2005.

☆ DA DISTRIBUIÇÃO E REGISTRO: INDICAÇÃO DOUTRINÁRIA

Cassio Scarpinella Bueno, *Manual de direito processual civil*, São Paulo: Saraiva, 2015; Daniel Amorim Assumpção Neves, *Manual de direito processo civil*, São Paulo: Método, 2015; E. D. Moniz de Aragão, *Comentários ao Código de Processo Civil*, Rio de Janeiro: Forense, 1998, v. II, n. 409/411; Enrico Tullio Liebman, *Processo de execução*, São Paulo: Bestbook, 2003, n. 19 – sobre a conexão por sucessividade; Fábio Gomes, *Comentários ao Código de Processo Civil*, São Paulo: Revista dos Tribunais, 2000, v. III; Fredie Didier Jr., *Curso de direito processual civil*, 17. ed., Salvador: JusPodivm, 2015, v. I; Guilherme Rizzo Amaral, *Comentários às alterações do novo CPC*, São Paulo: Revista dos Tribunais, 2015; Heitor Vitor Mendonça Sica, In: José Roberto F. Gouvêa; Luis Guilherme A. Bondioli e João Francisco N. da Fonseca (coord.), *Comentários ao Código de Processo Civil*, São Paulo: Saraiva, 2019, v. 5; Hélio Tornaghi, *Comentários ao CPC*, São Paulo: Revista dos Tribunais, v. I, p. 243; Humberto Theodoro Júnior, *As novas reformas do Código de Processo Civil*, Rio de Janeiro: Forense, 2007; Humberto Theodoro Júnior, *Curso de direito processual civil*, 61. ed., Rio de Janeiro: Forense, 2020, v. I; Humberto Theodoro Júnior, Fernanda Alvim Ribeiro de Oliveira, Ester Camila Gomes Norato Rezende (coords.), *Primeiras lições sobre o novo direito processual civil brasileiro*, Rio de Janeiro: Forense, 2015; J. E. Carreira Alvim, *Comentários ao novo Código de Processo Civil*, Curitiba: Juruá, 2015; José Alberto dos Reis, *Comentários ao CPC*, Coimbra: Coimbra Editora, 1960, v. II, n. 74; José Frederico Marques, *Manual de direito processual civil*, São Paulo: Saraiva, 2001, v. III, § 116, n. 720 – o artigo não cria regras fixas para o preparo, ficando a cargo das leis locais; José Frederico Marques, *Manual de direito processual civil*, v. II, § 46, n. 328, p. 12 – a respeito da inaplicabilidade das normas do artigo nos estados; José Miguel Garcia Medina, *Novo Código de Processo Civil comentado*, São Paulo: Revista dos Tribunais, 2015; Juliana Cordeiro de Faria, In: Teresa Arruda Alvim Wambier, Fredie Didier Jr., Eduardo Talamini, Bruno Dantas, *Breves comentários ao novo Código de Processo Civil*, São Paulo: Revista dos Tribunais, 2015; Leonardo Carneiro da Cunha, In: Sérgio Cruz Arenhart e Daniel Mitidiero (coord.), *Comentários ao Código de Processo Civil*, 2. ed., São Paulo: RT, 2018, v. 3; Leonardo Greco, *Instituições de processo civil: introdução ao direito processual civil*, 5. ed., Rio de Janeiro: Forense, 2015; Luis Antônio Giampaulo Sarro, *Novo Código de Processo Civil*, São Paulo: Rideel, 2015; Luiz Guilherme Marinoni, Sérgio Cruz Arenhart, Daniel Mitidiero, *Curso de processo civil*, São Paulo: Revista dos Tribunais, 2015, v. I; Miguel Reale, Da competência por dependência, *RT* 538/31; Nelson Nery Junior, Rosa Maria de Andrade Nery, *Comentários ao Código de Processo Civil*, São Paulo: Revista dos Tribunais, 2015; Pontes de Miranda, *Comentários ao Código de Processo Civil*, Rio de Janeiro: Forense, 2002, v. III; Teresa Arruda Alvim Wambier, Fredie Didier Jr., Eduardo Talamini, Bruno Dantas (coords.), *Breves comentários ao novo Código de Processo Civil*, São Paulo: Revista dos Tribunais, 2015; Teresa Arruda Alvim Wambier, Maria Lúcia Lins Conceição, Leonardo Ferres da Silva Ribeiro, Rogério Licastro Torres de Melo, *Primeiros comentários ao novo Código de Processo Civil*, São Paulo: Revista dos Tribunais, 2015.

TÍTULO V
DO VALOR DA CAUSA

Art. 291. A toda causa será atribuído valor certo, ainda que não tenha conteúdo econômico imediatamente aferível.

CPC/1973

Art. 258.

REFERÊNCIA LEGISLATIVA

CPC/2015, arts. 292 (valor da causa na ação rescisória) e 293 (impugnação do valor da causa).

Lei nº 8.245/1991, art. 58, III (valor da causa nas ações locatícias).

Lei nº 9.099/1995 (Juizado Especial), art. 3º (o valor da causa fixa a competência).

BREVES COMENTÁRIOS

Determina-se o valor da causa apurando-se a expressão econômica da relação jurídica material que o autor quer opor ao réu. O valor do objeto imediato pode influir nessa estimativa, mas nem sempre será decisivo.

Há, outrossim, aquelas causas que não versam sobre bens ou valores econômicos, e ainda as que, mesmo cogitando de valores patrimoniais, não oferecem condições para imediata prefixação de seu valor. Em todos esses casos, haverá de atribuir-se, por simples estimativa, um valor à causa, já que, em nenhuma hipótese, a parte é dispensada do encargo de atribuir um valor à demanda.

O valor da causa após a EC nº 125/2022 assumiu especial importância, uma vez que é suficiente para, por si só, superar o filtro da relevância na admissibilidade do recurso especial, sempre que ultrapassar 500 salários mínimos (CF, art. 105, § 3º, III).

JURISPRUDÊNCIA SELECIONADA

1. Valor da causa. Fixação. Razoabilidade da estimativa. "São dois os sistemas que orientam a fixação do valor da causa: o legal e o voluntário. No primeiro, a lei estabelece os critérios a serem observados; no segundo, o autor é livre para fixar uma estimativa. Mesmo no sistema voluntário de fixação, dever-se-á observar, em todas as oportunidades, o conteúdo patrimonial do pedido, salvo quando não houver qualquer conteúdo patrimonial. A razoabilidade da estimativa do valor da causa há de prevalecer em todas as interpretações e soluções jurídicas, sendo necessária a consciência acerca dos objetivos do sistema processual e da garantia constitucional de acesso a ordem jurídica justa, sob pena de distorções, para evitar sejam impostos pelo juiz valores irreais e às vezes conducentes a despesas processuais insuportáveis. Numa ação coletiva, o sistema para definição do valor da causa é peculiar, tendo em vista o fato de seu proveito econômico não estar, necessariamente, vinculado ao benefício patrimonial, direto ou imediato, de determinado conjunto de pessoas, muitas vezes representando os danos suportados por cada um pertencente àquele grupo, de forma individual. A correta atribuição de um valor à causa contribui para valorizar a própria prestação jurisdicional, na medida em que, da mesma forma que onera demandas temerárias, fornecendo, como visto, substancial base de cálculo para o exercício efetivo do poder de polícia pelo juiz na condução e no saneamento da relação jurídica processual, também, contribui, nas hipóteses de ações civis, para a moralidade do microssistema do processo coletivo, viabilizando única e exclusivamente as discussões socialmente relevantes, sem prejudicar ou dificultar o direito de defesa. No caso concreto, o autor não tratou de apontar, por qualquer meio válido, quer o número, ainda que estimado, de prejudicados com as alegadas práticas ilegais dos bancos réus, quer o valor objetivo desse alegado prejuízo, individualmente considerado ou de forma global, dificultando, sobremaneira, a atribuição de valor certo à causa. Diante da absoluta impossibilidade de demonstração da repercussão econômica da prática de descontos atribuída às recorrentes, o valor dado à causa, por ora, deve ser simbólico e provisório, podendo ser alterado posteriormente" (STJ, REsp 1.712.504/PR, Rel. Min. Luis Felipe Salomão, 4ª Turma, jul. 10.04.2018, *DJe* 14.06.2018).

2. Conteúdo econômico. "O valor da causa deve equivaler, em princípio, ao conteúdo econômico a ser obtido na demanda, ainda que o provimento jurisdicional buscado tenha conteúdo meramente declaratório. Admite-se que o valor da causa seja fixado por estimativa, quando não for possível a determinação exata da expressão econômica da demanda, estando sujeito a posterior adequação ao valor apurado na sentença ou no procedimento de liquidação" (STJ, AgInt no REsp 1.698.699/PR, Rel. Min. Ricardo Villas Bôas Cueva, 3ª Turma, jul. 06.02.2018, *DJe* 23.02.2018). **No mesmo sentido**: STJ, CC 103.205/SP, Rel. Min. Castro Meira, 1ª Seção, jul. 26.08.2009, *DJe* 18.09.2009; STJ, REsp 1.641.888/PE, Rel. Min. Ricardo Villas Bôas Cueva, 3ª Turma, jul. 07.03.2017, *DJe* 14.03.2017.

a) Assistência gratuita. "Via de regra, o valor da causa corresponde ao conteúdo econômico da demanda, medido segundo a pretensão articulada na petição inicial. Se, todavia, litigando sob o regime da justiça gratuita, o autor infla artificialmente o montante do pedido para, em razão das custas judiciais correspondentes, dificultar o eventual recurso do réu, o juiz deve, no julgamento da impugnação, adequar o valor da causa à realidade" (STJ, REsp 166.327/MG, Rel. Min. Ari Pargendler, 3ª Turma, jul. 27.06.2002, *DJU* 23.09.2002).

"Em caso de hipossuficiência econômica para o processo, a parte não deve atribuir valor ínfimo à causa como garantia de acesso à justiça, mas sim pleitear o deferimento dos benefícios da assistência judiciária gratuita" (STJ, REsp 659.622/DF, Rel. Min. Nancy Andrighi, 3ª Turma, jul. 25.09.2007, *DJ* 15.10.2007, p. 255).

b) Ação declaratória. "Existindo conteúdo econômico delimitado, não é possível atribuir-se valor da causa, por estimativa, à ação declaratória" (STJ, REsp 166.464/SP, Rel. Min. Garcia Vieira, 1ª Turma, jul. 04.06.1998, *DJ* 17.08.1998, p. 35).

"Conforme consignado na decisão recorrida, esta Corte entende que em ações declaratórias o valor da causa deve corresponder ao do seu conteúdo econômico. Precedentes" (STJ, AgRg no REsp 599.801/RS, Rel. Min. Humberto Martins, 2ª Turma, jul. 22.09.2009, *DJe* 05.10.2009).

3. Pedido genérico. Incerteza do proveito econômico. Fixação por estimativa. "A jurisprudência desta Corte Superior é no sentido de ser admissível a fixação do valor da causa por estimativa, quando constatada a incerteza do proveito econômico perseguido na demanda" (STJ, AgRg no Ag 471.107/MG, Rel. Min. Vasco Della Giustina, 3ª Turma, jul. 07.10.2009, *DJe* 18.11.2009).

Obs.: Quanto ao valor da causa, vide Jurisprudência Selecionada do art. 292 do CPC/2015.

Art. 292. O valor da causa constará da petição inicial ou da reconvenção e será:

I – na ação de cobrança de dívida, a soma monetariamente corrigida do principal, dos juros de mora vencidos e de outras penalidades, se houver, até a data de propositura da ação;

II – na ação que tiver por objeto a existência, a validade, o cumprimento, a modificação, a resolução, a resilição ou a rescisão de ato jurídico, o valor do ato ou o de sua parte controvertida;

III – na ação de alimentos, a soma de 12 (doze) prestações mensais pedidas pelo autor;

IV – na ação de divisão, de demarcação e de reivindicação, o valor de avaliação da área ou do bem objeto do pedido;

V – na ação indenizatória, inclusive a fundada em dano moral, o valor pretendido;

VI – na ação em que há cumulação de pedidos, a quantia correspondente à soma dos valores de todos eles;

VII – na ação em que os pedidos são alternativos, o de maior valor;

VIII – na ação em que houver pedido subsidiário, o valor do pedido principal.

§ 1º Quando se pedirem prestações vencidas e vincendas, considerar-se-á o valor de umas e outras.

§ 2º O valor das prestações vincendas será igual a uma prestação anual, se a obrigação for por tempo indeterminado ou por tempo superior a 1 (um) ano, e, se por tempo inferior, será igual à soma das prestações.

§ 3º O juiz corrigirá, de ofício e por arbitramento, o valor da causa quando verificar que não corresponde ao conteúdo patrimonial em discussão ou ao proveito econômico perseguido pelo autor, caso em que se procederá ao recolhimento das custas correspondentes.

CPC/1973

Arts. 259 e 260.

REFERÊNCIA LEGISLATIVA

CPC/2015, arts. 19, I (ação declaratória, existência ou inexistência de relação jurídica); 303, § 4º (valor da causa na tutela antecipada em caráter antecedente); 312 (propositura da ação); 319, V (requisitos da petição inicial; valor da causa); 325 (cumulação de pedidos); 327 (requisitos da cumulação de pedidos); 328 (cumulação de pedidos nas ações possessórias); 574 a 587 (ação de demarcação); e 588 a 598 (ação de divisão).

Lei nº 8.245, de 18.10.1991, art. 58, III (Lei de locação dos imóveis urbanos).

SÚMULAS

TRF da 4ª Região:

Nº 5: "A correção monetária incidente até a data do ajuizamento deve integrar o valor da causa na ação de repetição de indébito".

BREVES COMENTÁRIOS

Faltou ao Código estatuir regras pertinentes às ações de procedimento especial, como as possessórias, os embargos de terceiros, a usucapião, bem como aos procedimentos de jurisdição voluntária.

Cremos que, por analogia, em se tratando de bens imóveis, se possa seguir a orientação do inciso IV do art. 292, atribuindo ao feito, qualquer que seja ele, o valor de avaliação da área ou bem objeto do pedido. Se se tratar, porém, de ação sobre coisas móveis, outra solução não haverá senão a de arbitrar o valor do bem disputado.

Para as ações de tutela cautelar antecedente (CPC, art. 305), que tendem a se converter em ação principal nos próprios autos (CPC, art. 308), o valor da causa deverá ser o da demanda principal.

JURISPRUDÊNCIA SELECIONADA

1. Ação de cobrança de dívida (inciso I). "O art. 259, inciso I, do CPC [art. 292, I, do CPC/2015] dispõe que o valor da causa será, na ação de cobrança de dívida, a soma do principal, da pena e dos juros vencidos até a propositura da ação. Trata-se de norma cogente a ser observada pelas partes e pelo juiz, pois do contrário seria dispensável ao legislador tê-la inserido, ficando ao livre-arbítrio dos contendores fixar esse ou outros valores, por simples transação, expressa ou tácita" (TJSP, MS 51.218-1, Rel. Des. Toledo César, 3ª Câmara, *RJTJESP* 93/316).

"*In casu*, a ação não versou sobre todo o contrato, mas tão somente sobre as prestações vencidas do financiamento, razão pela qual não há como se fixar o valor da causa com base no valor total do saldo devedor, levando-se em conta o vencimento antecipado do contrato" (STJ, REsp 101.687/PR, Rel. Min. Demócrito Reinaldo, 1ª Turma, jul. 19.02.1998, *DJ* 30.03.1998, p. 11).

2. Existência, validade, cumprimento, modificação, resolução, resilição ou rescisão de ato jurídico (inciso II).

Ação de rescisão contratual cumulada com pedido de indenização. "Previsão legal tanto do CPC/73 (art. 259, V), como do CPC/2015 (art. 292, II), de que o valor da causa será, 'na ação que tiver por objeto a existência, a validade, o cumprimento, a modificação, a resolução, a resilição ou a rescisão de ato jurídico, o valor do ato ou o de sua parte controvertida'. Possibilidade de determinação da correção de ofício pelo juiz do valor da causa quando verificar que não corresponde ao conteúdo patrimonial em discussão ou ao proveito econômico perseguido pelo autor, caso em que se procederá ao recolhimento das custas correspondentes (§ 3º do art. 292 do CPC/2015)" (STJ, RMS 56.678/RJ, Rel. Min. Paulo de Tarso Sanseverino, 3ª Turma, jul. 17.04.2018, *DJe* 11.05.2018).

Ação revisional. "A jurisprudência desta Corte relaciona o valor da causa ao proveito econômico pretendido com a demanda. Assim, na hipótese em que a ação revisional na qual foi apresentada a impugnação ao valor da causa visa, justamente, nova definição do valor do contrato, a fim de obter o reequilíbrio econômico-financeiro do negócio jurídico; o valor da causa deve ser a diferença entre o valor originalmente fixado e o pretendido" (STJ, REsp 742.163/DF, Rel. Min. Teori Albino Zavascki, 1ª Turma, jul. 15.12.2009, *DJe* 02.02.2010). No mesmo sentido: STJ, REsp 162.516/RS, Rel. Min. César Asfor Rocha, 4ª Turma, jul. 21.02.2002, *DJ* 20.05.2002; STJ, REsp 129.853/RS, Rel. Min. Costa Leite, 3ª Turma, jul. 26.05.1998, *RSTJ* 110/240;

STJ, REsp 674.198/RS, Rel. Min. Nancy Andrighi, 3ª Turma, jul. 06.04.2006, *DJ* 02.05.2006.

"O Superior Tribunal de Justiça pacificou o entendimento de que, quando o litígio tiver por objeto a existência, validade, cumprimento, modificação ou rescisão de negócio jurídico, o **valor da causa será o valor do contrato**" (STJ, REsp 1.069.823/MG, Rel. Min. Eliana Calmon, 2ª Turma, jul. 26.05.2009, *DJe* 04.06.2009).

Ação de reintegração de posse. Contrato de comodato. "Por ausência de expressa disposição do CPC acerca da fixação do valor da causa nas ações possessórias, a jurisprudência desta Corte tem entendido que ele deve corresponder ao benefício patrimonial pretendido pelo autor. Embora o contrato de comodato não tenha conteúdo econômico imediato, o benefício patrimonial pretendido na ação de reintegração consubstancia-se no valor do aluguel que a autora estaria deixando de receber enquanto o réu permanece na posse do bem. É razoável a aplicação analógica do disposto no art. 58, III, da Lei de Locações para estabelecer o valor da causa na possessória que busca a posse por rompimento do contrato de comodato" (STJ, REsp 1.230.839/MG, Rel. Min. Nancy Andrighi, 3ª Turma, jul. 19.03.2013, *DJe* 26.03.2013).

3. Divisão, demarcação, reivindicação (inciso IV).

Divisória e demarcatória. "Referindo-se ao mesmo imóvel, o valor da causa terá em conta a estimativa oficial para lançamento de imposto, não se justificando sua duplicação. Dizendo respeito o pedido apenas a parte do imóvel, essa circunstância será considerada na fixação daquele valor" (STJ, REsp 85.143/SP, Rel. Min. Eduardo Ribeiro, 3ª Turma, jul. 24.03.1998, *LEXSTJ* 110/117). **Obs.**: Ver art. 292, IV, do CPC/2015.

Ações possessórias. "A jurisprudência do Superior Tribunal de Justiça tem admitido que o arbitramento do valor da causa nas ações possessórias, ainda que a pretensão formulada na demanda não tenha imediato proveito econômico, deve corresponder ao benefício patrimonial pretendido pelo autor. Precedente: REsp n. 490.089-RS, 3ª Turma, rel. Min. Nancy Andrighi, *DJ* 09.06.2003" (STJ, AgRg no REsp 612.033/SP, Rel. Min. João Otávio de Noronha, 4ª Turma, jul. 03.09.2009, *DJe* 14.09.2009).

"O rol previsto no art. 269, VII, do CPC é taxativo, descabendo a sua aplicação analógica para com base nele se alterar, de ofício, o valor da causa em ação de imissão de posse, de natureza e conteúdo econômico distintos. Incidência, na espécie, do art. 258 da lei adjetiva civil [art. 291 do CPC/2015], inclusive porque inexistem no acórdão estadual outros elementos fáticos incontroversos que pudessem levar à fixação de valor outro em sede especial. Recurso especial conhecido e provido, para que seja considerado o valor da causa indicado na inicial, prejudicada a MC n. 5.493/SP" (STJ, REsp 650.032/SP, Rel. Min. Aldir Passarinho Junior, 4ª Turma, jul. 23.11.2004, *DJ* 07.03.2005, p. 279).

4. Ação indenizatória (inciso V).

Danos morais. "Se desde logo é possível estimar um valor, ainda que mínimo, para o benefício requerido na demanda, a fixação do valor da causa deve corresponder a essa quantia. Precedentes. De acordo com a iterativa jurisprudência desta Corte, quando há indicação na petição inicial do valor requerido a título de danos morais, ou quando há elementos suficientes para sua quantificação, ele deve integrar o valor da causa. O Código de Processo Civil de 2015 estabelece que o valor da causa, nas ações indenizatórias, inclusive as fundadas em dano moral, será o valor pretendido. Na hipótese em que há pedido de danos materiais cumulado com danos morais, o valor da causa deve corresponder à soma dos pedidos" (STJ, REsp 1698665/SP, Rel. Min. Ricardo Villas Bôas Cueva, 3ª Turma, jul. 24.04.2018, *DJe* 30.04.2018).

Valor da indenização por danos morais. Condenação inferior ao pedido. Sucumbência recíproca. Não ocorrência. Ver jurisprudência do art. 85 do CPC/2015.

"Nas ações de indenização, o valor da causa deve corresponder à soma de todos os valores pretendidos, em consonância com o art. 259, II, do Código de Processo Civil [art. 292, VI, do CPC/2015]. Tendo os autores declinado, na inicial, as importâncias postuladas a título de danos materiais e morais, o valor da causa deverá corresponder ao somatório dos pedidos, não devendo ser acolhida a alegação de que o *quantum* dos danos morais foi apenas sugerido, em caráter provisório" (STJ, AgRg no REsp 1.229.870/SP, Rel. Min. Sidnei Beneti, 3ª Turma, jul. 22.03.2011, *DJe* 30.03.2011). No mesmo sentido: STJ, AgRg no REsp 937.266/SP, Rel. Min. João Otávio de Noronha, 4ª Turma, jul. 04.02.2010, *DJe* 11.02.2010.

"O valor pleiteado na petição inicial da ação de indenização por danos morais e materiais é meramente estimativo, sem observância de quaisquer parâmetros quantitativos para aferir a indenização decorrente dos danos causados, não servindo, pois, de base para conceber a reciprocidade dos ônus sucumbenciais" (STJ, AgRg no REsp 402.442/ES, Rel. Min. Vasco Della Giustina, 3ª Turma, jul. 15.04.2010, *DJe* 23.04.2010).

5. Cumulação de pedidos (inciso VI). "Entre os pedidos efetuados pelos autores, os que apontam valores determinados, ainda que de forma mínima, refletem o benefício econômico pretendido na demanda. Assim, deve seu somatório ser fixado como valor da causa (art. 259, II, do CPC)" [art. 292, VI, do CPC/2015] (STJ, REsp 713.800/MA, Rel. Min. Sidnei Beneti, 3ª Turma, jul. 11.03.2008, *DJ* 01.04.2008, p. 1). **No mesmo sentido:** STJ, REsp 512.082/SC, Rel. Min. Humberto Martins, 2ª Turma, jul. 06.02.2007, *DJ* 14.02.2007, p. 206.

"Nas ações de indenização, o valor da causa deve corresponder à soma de todos os valores pretendidos, em consonância com o art. 259, II, do Código de Processo Civil [art. 292, VI, do CPC/2015]. Tendo os autores declinado, na inicial, as importâncias postuladas a título de danos materiais e morais, o valor da causa deverá corresponder ao somatório dos pedidos, não devendo ser acolhida a alegação de que o *quantum* dos danos morais foi apenas sugerido, em caráter provisório" (STJ, AgRg no REsp 1.229.870/SP, Rel. Min. Sidnei Beneti, 3ª Turma, jul. 22.03.2011, *DJe* 30.03.2011).

6. Pedido alternativo (inciso VII). "O pedido de anulação do negócio jurídico de venda e recompra de ações, ou a devolução das referidas ações, acrescidas de bonificações e dividendos ou, ainda, a indenização pelo valor atualizado da venda das ações, provoca a incidência da regra do art. 259, inc. III, do CPC" [art. 292, VII, do CPC/2015] (STJ, REsp 61.343/SP, Rel. Min. Carlos Alberto Menezes Direito, 3ª Turma, jul. 22.04.1997, *DJ* 08.09.1997).

"Havendo cumulação de pedidos alternativos na ação rescisória, o valor da causa será indicado com base no pedido de maior valor" (STJ, AgRg no Ag 723.394/PR, Rel. Min. Humberto Gomes de Barros, 3ª Turma, jul. 09.08.2007, *DJ* 27.08.2007, p. 223).

7. Pedido genérico. "O valor dado à causa deve ser fixado de acordo com o conteúdo econômico a ser obtido no feito, conforme disposto nos arts. 258 e 259 do Código de Processo Civil [arts. 291 e 292 do CPC/2015]. Todavia, na impossibilidade de mensuração da expressão econômica, o valor da causa pode ser estimado pelo autor em quantia provisória, passível de posterior adequação ao valor apurado na sentença" (STJ, REsp 714.242/RJ, Rel. Min. João Otávio de Noronha, 4ª Turma, jul. 26.02.2008, *DJ* 10.03.2008).

* **Obs.: Ver as jurisprudências do art. 291 sobre valor da causa e o conteúdo econômico.**

8. Litisconsórcio ativo. "O valor da causa, quando o pedido dos litisconsortes se refere ao pagamento de diferenças vencidas e vincendas, ainda que apenas determinável, não pode ser fixado por mera estimativa; aplica-se a regra do CPC, art. 260" [art. 292, § 1º, do CPC/2015] (STJ, REsp 174.364/SP, Rel. Min. Edson Vidigal, 5ª Turma, jul. 16.05.2000, *DJ* 19.06.2000,

p. 165). **No mesmo sentido:** STJ, REsp 762.137/PR, Rel. Min. Arnaldo Esteves Lima, 5ª Turma, jul. 25.10.2007, *DJ* 17.12.2007, p. 291; STJ, REsp 149.960/SP, Rel. Min. Fernandes, 6ª Turma, jul. 25.09.2008, *DJe* 13.10.2008.

9. Pré-contrato. "Tratando-se de pré-contrato, a soma envolvida é aquela objeto do depósito judicial feito pela autora alcançando as arras e a multa contratual, não havendo falar no valor integral, considerando que não foi assinado o contrato definitivo" (STJ, REsp 700.176/RJ, Rel. Min. Carlos Alberto Menezes Direito, 3ª Turma, jul. 21.09.2006, *DJ* 27.11.2006, p. 278).

10. Ação declaratória. "Ainda que se cuide de ação declaratória, o valor da causa deve corresponder ao do seu conteúdo econômico, considerado como tal aquele referente ao benefício que se pretende obter com a demanda, conforme os ditames dos artigos 258 e 259, I, do Código de Processo Civil [arts. 291 e 292, I, do CPC/2015]. Precedentes: REsp 642.488/DF, Rel. Min. Teori Albino Zavascki, *DJ* 28.09.2006, AgRg no REsp nº 722.304/RS, Rel. Min. Luiz Fux, *DJ* 13.02.2006, Rel. Min. Eliana Calmon, *DJ* 01.02.2006" (STJ, REsp 926.535/SP, Rel. Min. Francisco Falcão, 1ª Turma, jul. 22.05.2007, *DJ* 14.06.2007, p. 274).

11. Ação rescisória. "A jurisprudência é uníssona em reconhecer que, nas ações rescisórias, o valor da causa há que ser o mesmo da ação principal, corrigido monetariamente (STF, Pleno, *RTJ* 144/157 e *RT* 189/45; *RTFR* 102/13, *RT* 568/146, *RJTJESP* 90/342 e 102/376; AR nº 568/SP, 1ª Seção, *DJ* 17.12.1999; Ag.Reg. na Petição nº 8/RJ, 1ª Seção, *DJ* 10.10.1989; REsp. nº 8.482/SP, 3ª Turma, *DJ* 27.05.1991)" (STJ, AR 818/AM, Rel. Min. José Delgado, 1ª Seção, *DJ* 24.09.2001, p. 228).

"O valor da ação rescisória deve ser, em regra, o valor da ação originária, monetariamente corrigido. Caso, todavia, o conteúdo econômico almejado com a propositura da ação rescisória seja maior, deverá ele prevalecer. Precedentes do STJ. Hipótese em que o benefício econômico almejado pela autora equivale ao valor da execução contra ela movida com base no acórdão rescindendo, da qual busca livrar-se" (STJ, Pet. 5.541/SP, Rel. Min. Arnaldo Esteves Lima, 3ª Seção, jul. 15.12.2008, *DJe* 06.02.2009). **No mesmo sentido:** STJ, AgRg na AR 4.277/DF, Rel. Min. Eliana Calmon, 1ª Seção, jul. 28.10.2009, *DJe* 10.11.2009; STJ, EDcl na Pet 5.541/SP, Rel. Min. Arnaldo Esteves Lima, 3ª Seção, jul. 14.10.2009, *DJe* 11.02.2010.

12. *Querella nullitatis*. "Sendo o objetivo da 'querela nullitatis' declarar a inexistência de sentença em razão da ausência de citação, essa decisão será desconsiderada por inteiro, motivo pelo qual o valor a ser atribuído à ação declaratória corresponderá ao do 'decisum' que se pretende declarar inexistente. O valor da causa deve equivaler, em princípio, ao conteúdo econômico a ser obtido na demanda, ainda que o provimento jurisdicional buscado tenha conteúdo meramente declaratório. Precedentes. O valor da causa na 'querela nullitatis' deve corresponder ao valor da ação originária ou do proveito econômico obtido, a depender do teor da decisão que se pretende declarar inexistente" (STJ, REsp. 2.145.294/SC, Rel. Min. Nancy Andrighi, 3ª Turma, jul. 18.06.2024, *DJe* 21.06.2024).

13. Ação cautelar antecedente. "Processo civil. Cautelar. Valor da causa. Necessidade. 1. A regra do art. 258 do CPC é genérica e impõe a atribuição do valor da causa no processo cautelar" (STJ, REsp 181.823/RJ, Rel. Min. Humberto Gomes de Barros, 3ª Turma, jul. 19.02.2004, *DJ* 15.03.2004, p. 263)"O valor da causa nas ações cautelares **não se subordina aos critérios do art. 259, mas ao definido no art. 258 [arts. 292 e 291 do CPC/2015]**, ambos do CPC" (STJ, AgRg no Ag 85.598/RJ, Rel. Min. Waldemar Zveiter, 3ª Turma, jul. 07.05.1996, *DJ* 19.08.1996, p. 28.474).

14. Embargos de terceiro. "Nos embargos de terceiro, o valor da causa corresponderá ao valor do bem penhorado, não podendo, contudo, superar o valor do débito" (STJ, AgRg no Ag 1.052.363/CE, Rel. Min. Denise Arruda, 1ª Turma, jul. 06.11.2008, *DJe* 04.12.2008). No mesmo sentido: STJ, REsp 957.760/MS, Rel. Min. Luis Felipe Salomão, 4ª Turma, jul. 12.04.2012, *DJe* 02.05.2012.

15. Processo de execução. "O valor da causa, no processo de execução, é o valor do principal, somado ao da pena, dos juros e da correção monetária e demais acréscimos, legais e/ou contratuais, vencidos até a data da propositura da ação. O processo de execução está inserido no termo geral *cobrança* do art. 259, I, do CPC" [art. 292, I, do CPC/2015] (TARS, Ag 188.097.257, Rel. Juiz Freitas Filho, 2ª Câmara, jul. 22.12.1988, *JTARS* 69/354).

"Não se tratando de ação para anular negócio jurídico, mas sim de atos referentes ao processo de execução extrajudicial e de adjudicação do bem, correta é a fixação do valor da causa considerando o valor do bem adjudicado e não o do saldo devedor" (STJ, REsp 573.949/PR, Rel. Min. Carlos Alberto Menezes Direito, 3ª Turma, jul. 29.06.2004, *DJ* 11.10.2004, p. 319).

16. Usucapião. "O valor da causa na ação de usucapião não corresponde ao valor de mercado do imóvel usucapiendo, mas sim e somente à diferença entre este e o valor já existente antes da declaração judicial do domínio. O benefício patrimonial que o autor persegue não é o domínio, que já tem, mas a certeza jurídica dele e o título registrável. O valor do imóvel deve ser apurado, segundo a estimativa mais fidedigna, apenas para servir de referência" (TJRS, Ag 587.045.014 e 587.050.675, Rel. Des. Adroaldo Furtado Fabrício, 6ª Câmara, jul. 15.03.1988, *RJTJRS* 128/358 e 132/310).

17. Danos materiais. Pagamentos mensais. "Cuidando-se de danos materiais a serem ressarcidos na forma de pagamentos mensais, o valor atribuído à demanda deve ser o equivalente ao valor das prestações vencidas, acrescido de uma prestação anual – isto é, a soma das prestações mensais ao longo de um ano –, na medida em que se pretende vitalícia a pensão" (STJ, REsp 545.251/SP, Rel. Min. Hélio Quaglia Barbosa, 4ª Turma, jul. 18.10.2007, *DJ* 05.11.2007, p. 268).

18. Repetição de indébito. "Na ação de repetição de indébito, o valor da causa é o *quantum* da restituição corrigido monetariamente" (STJ, REsp 104.890/SP, Rel. Min. Adhemar Maciel, 2ª Turma, jul. 26.05.1998, *DJ* 24.08.1998, p. 48).

19. Busca e apreensão. Alienação fiduciária. "Na esteira dos precedentes desta Corte, o valor da causa na ação de busca e apreensão do bem financiado com garantia de alienação fiduciária corresponde ao saldo devedor em aberto" (STJ, REsp 780.054/RS, Rel. Min. Aldir Passarinho Junior, 4ª Turma, jul. 14.11.2006, *DJ* 12.02.2007, p. 264).

20. Reconvenção. "Pretensão, da parte derrotada, de anulação de todo o processo, com fundamento na circunstância de não ter sido atribuído valor da causa à reconvenção. [...] Nos termos da jurisprudência da 3ª Turma deste Tribunal, a ausência de valor à causa não macula a petição inicial a ponto de provocar o indeferimento, na medida em que a jurisprudência já assentou que em tais casos o valor é o mesmo da ação principal. Ademais, seria atentar contra o princípio da instrumentalidade e da razoável duração do processo anular todo o procedimento que já se desenvolveu por diversos anos, com dispêndio de recursos públicos e de material humano, meramente por apego a uma formalidade, notadamente na hipótese em que não se possibilitou ao autor reconvinte que emendasse sua petição inicial na origem" (STJ, REsp 761.262/PR, Rel. Min. Nancy Andrighi, 3ª Turma, jul. 17.04.2008, *DJ* 30.04.2008, p. 1).

21. Prestações vencidas e vincendas. "Quando a ação compreende prestações vencidas e vincendas, tomar-se-á em consideração o valor de umas e outras. O valor das vincendas será igual a uma prestação anual, se por tempo indeterminado ou superior a um ano. Se por tempo inferior, igual à soma das prestações" (STJ, REsp 6.561/ES, Rel. Min. Luiz Vicente Cernicchiaro, 2ª Turma, jul. 05.12.1990, *DJ* 25.02.1991, p. 1.463).

Juizado especial. Prestações vencidas e vincendas. "Conforme entendimento desta Corte, para a fixação do conteúdo econômico da demanda e, consequentemente, a determinação da competência do Juizado Especial Federal, nas ações em que há pedido englobando prestações vencidas e também vincendas, como no caso dos autos, incide a regra do art. 260 do Código de Processo Civil interpretada conjuntamente com o art. 3º, § 2º, da Lei nº 10.259/2001" (STJ, AgRg no CC 103.789/SP, Rel. Min. Laurita Vaz, 3ª Seção, jul. 24.06.2009, *DJe* 01.07.2009).

22. Consignação em pagamento. "O valor da causa, nas ações de consignação em pagamento, corresponde ao total das prestações vencidas, acrescido do montante de doze prestações vincendas" (STJ, CC 74.623/DF, Rel. Min. Fernando Gonçalves, 2ª Seção, jul. 24.10.2007, *DJ* 08.11.2007, p. 157). **No mesmo sentido:** TRF-1ª Região, Ag 199601477020/MG, 3ª Turma, Rel. Juiz Conv. Evandro Reimão dos Reis, *DJU* 22.01.2002, p. 65; STJ, REsp 13.376/ES, Rel. Min. Ari Pargendler, 2ª Turma, jul. 29.11.1995, *DJ* 18.12.1995, p. 44.540.

23. Valor da causa. Alteração de ofício. Possibilidade. "O Código de Processo Civil permite que, em sede de embargos de declaração, o juiz altere a decisão judicial anteriormente proferida quando deva ser pronunciar de ofício acerca da questão. Tratando-se o valor da causa de matéria cognoscível *ex officio*, não há nulidade na decisão" (STJ, REsp 1.799.339/SP, Rel. Min. Paulo de Tarso Sanseverino, 3ª Turma, jul. 08.09.2020, *DJe* 30.09.2020).

Art. 293. O réu poderá impugnar, em preliminar da contestação, o valor atribuído à causa pelo autor, sob pena de preclusão, e o juiz decidirá a respeito, impondo, se for o caso, a complementação das custas.

CPC/1973

Art. 261.

BREVES COMENTÁRIOS

Não existe mais a impugnação por meio de um incidente, com curso fora da causa principal, em autos apensados. Assim, na mesma petição da contestação, o réu apresentará as razões pelas quais não aceita o valor constante da inicial. Uma vez que o prazo para o réu é preclusivo, se não houver impugnação no referido lapso, ocorrerá a presunção legal de aceitação do valor constante da petição inicial. O redimensionamento do valor da causa pode ser provocado tanto por iniciativa do réu como por ato de ofício do juiz.

Antes de julgar a impugnação formulada na contestação (art. 337, III), o juiz deverá ouvir o autor, com prazo de quinze dias, para respeitar o contraditório (art. 350). Em decisão interlocutória, o juiz solucionará a questão e, se for o caso, determinará a complementação das custas (art. 293, *in fine*).

Da decisão que acolher a impugnação não cabe recurso imediato. Mas, depois da sentença, a matéria poderá ser questionada em preliminar de eventual apelação contra a sentença final (art. 1.009, § 1º). Se a impugnação tiver sido decidida em capítulo da própria sentença, poderá ser atacada como tema de mérito da apelação (art. 1.009, *caput*).

JURISPRUDÊNCIA SELECIONADA

1. Impugnação ao valor da causa. Decisão. "Cabe ao juiz, quando do acolhimento da impugnação ao valor da causa, determinar o valor certo correspondente ao benefício econômico buscado com a demanda. Inteligência do disposto no art. 261 do CPC/73, vigente à época dos fatos. Precedentes" (STJ, REsp 1.704.541/PA, Rel. Min. Nancy Andrighi, 3ª Turma, jul. 19.02.2019, *DJe* 22.02.2019).

2. Acolhimento da impugnação ao valor da causa em momento posterior à decisão que julgou o mérito da causa principal. Mera irregularidade. Inexistência de nulidade. "Prolação de decisão de acolhimento da impugnação da causa posterior à decisão de mérito do principal. Irregularidade. Princípio da instrumentalidade das formas. Ausência de prejuízo comprovado" (STJ, AgInt no REsp 1.667.308/SP, Rel. Min. Paulo de Tarso Sanseverino, 3ª Turma, jul. 30.03.2020, *DJe* 01.04.2020).

3. Valor da causa incompatível com o proveito econômico pretendido. Pretensão de alteração em segundo grau pelo autor. Comportamento contraditório. Violação à boa-fé processual. "Se a parte autora indica, na petição inicial, valor da causa incompatível com o proveito econômico pretendido, não pode, após o acolhimento do pedido em sentença, postular a alteração da quantia por ela mesmo arbitrada, com o fim de majorar a base de cálculos de honorários de sucumbência, sob pena de lesão ao princípio da boa-fé processual, que veda comportamentos contraditórios" (STJ, AgInt no AREsp 1.901.349/GO, Rel. Min. Raul Araújo, 4ª Turma, jul. 21.08.2023, *DJe* 25.08.2023).

4. Alteração *ex officio*. "A jurisprudência do STJ admite que o magistrado, mesmo sem provocação da parte, exerça juízo de controle sobre o valor da causa para adequá-lo ao proveito econômico pretendido (REsp 1.257.605/PE, Rel. Min. Mauro Campbell Marques, 2ª Turma, *DJe* 21.09.2011; REsp 1.234.002/RJ, Rel. Min. Castro Meira, 2ª Turma, *DJe* 17.03.2011; REsp 1.077.272/SC, Rel. Min. Francisco Falcão, 1ª Turma, *DJe* 24.11.2008)" (STJ, REsp 1.364.429/RS, Rel. Min. Herman Benjamin, 2ª Turma, jul. 04.04.2013, *DJe* 10.05.2013). **No mesmo sentido:** STJ, REsp 158.015/GO, Rel. Min. Ari Pargendler, 3ª Turma, jul. 02.03.2000, *DJ* 16.10.2000; STJ, REsp 784.857/SP, Rel. Min. Jorge Scartezzini, 4ª Turma, jul. 18.05.2006, *DJ* 12.06.2006, p. 494.

"Possibilidade de revisão *ex officio* do valor atribuído à causa, entretanto, **nunca após a sentença**, devendo-se respeitar a coisa julgada formal" (STJ, REsp 784.435/RJ, Rel. Min. Eliana Calmon, 2ª Turma, jul. 06.09.2007, *DJ* 26.09.2007).

5. Impugnação ao valor da causa. Decadência. Prejudicialidade inexistente. "A impugnação ao valor da causa é questão processual preliminar, cuja análise deve preceder à apreciação do mérito da demanda, nos termos dos arts. 292, § 3º, 293, e 337, III, e § 5º, do CPC/2015. No caso dos autos, deve ser julgada a impugnação ao valor da causa, ainda que extinto o processo, com resolução de mérito, pelo reconhecimento da decadência do direito" (STJ, REsp 1.857.194/MT, Rel. Min. Antonio Carlos Ferreira, 4ª Turma, jul. 17.09.2024, *DJe* 04.10.2024).

DO VALOR DA CAUSA: INDICAÇÃO DOUTRINÁRIA

Cassio Scarpinella Bueno, *Manual de direito processual civil*, São Paulo: Saraiva, 2015; Celso Agrícola Barbi, *Comentários ao CPC*, Rio de Janeiro: Forense, 1998, v. I, n. 235 – a regra do inciso II aplica-se aos casos de ação declaratória incidental; Daniel Amorim Assumpção Neves, *Manual de direito processo civil*, São Paulo: Método, 2015; Eduardo Henrique de Oliveira Yoshikawa, Valor da Causa no Novo CPC, *Revista Síntese*, ano XVII, n. 102, São Paulo: Síntese, jul.-ago. 2016, p. 35; Egas Dirceu Moniz de Aragão, *Comentários ao Código de Processo Civil*, Campinas: Bookseller, 1997, v. II, n. 421, p. 355; Felipe Cunha de Almeida, Novo Código de Processo Civil e o Valor da Causa nas Ações de Reparação por Danos Extrapatrimoniais, *Revista Síntese*, ano XVII, n. 102, São Paulo: Síntese, jul.-ago. 2016, p. 9; Fredie Didier Jr., *Curso de direito processual civil*, 17. ed., Salvador: JusPodivm, 2015, v. I; Guilherme Carvalho e Sousa. Dano Moral e Valor da Causa: entre o Velho e o Novo CPC. *Revista Síntese*, ano XVII, nº 100, mar.-abr. 2016. São Paulo: Síntese, p. 149; Guilherme Rizzo Amaral, *Comentários às alterações do novo CPC*, São Paulo: Revista dos Tribunais, 2015; Heitor Vitor Mendonça Sica, In: José Roberto F. Gouvêa; Luis Guilherme A. Bondioli e João Francisco N. da Fonseca (coord.), *Comentários ao Código de Processo Civil*, São Paulo: Saraiva, 2019, v. 5; Humberto Theodoro Júnior, *Curso de direito processual civil*, 61. ed., Rio de Janeiro: Forense, 2020, v. I; Humberto Theodoro Júnior, Fernanda Alvim Ribeiro de Oliveira, Ester Camila Gomes Norato Rezende (coords.), *Primeiras lições sobre o novo direito processual civil brasileiro*, Rio de Janeiro: Forense, 2015; J. E. Carreira Alvim, *Comentários ao novo Código de Processo Civil*, Curitiba: Juruá, 2015; José Miguel Garcia Medina, *Novo Código de Processo Civil comentado*, São Paulo: Revista dos Tribunais, 2015; Juliana Cordeiro de Faria, In: Teresa Arruda Alvim Wambier, Fredie Didier Jr., Eduardo Talamini, Bruno Dantas, *Breves comentários ao novo Código de Processo Civil*, São Paulo: Revista dos Tribunais, 2015; Leonardo Carneiro da Cunha, In: Sérgio Cruz Arenhart e Daniel Mitidiero (coord.), *Comentários ao Código de Processo Civil*, 2. ed., São Paulo: RT, 2018, v. 3; Leonardo Greco, *Instituições de processo civil: introdução ao direito processual civil*, 5. ed., Rio de Janeiro: Forense, 2015; Lopes da Costa, *Divisão – demarcação – tapumes*, Belo Horizonte: B. Alvares, 1963, n. 73, p. 91 – a incerteza dos limites prejudica o valor da propriedade; Luis Antônio Giampaulo Sarro, *Novo Código de Processo Civil*, São Paulo: Rideel, 2015; Luiz Guilherme Marinoni, Sérgio Cruz Arenhart, Daniel Mitidiero, *Curso de processo civil*, São Paulo: Revista dos Tribunais, 2015, v. I; Marcelo Muritiba Dias Ruas, O Pedido de Reparação por Danos Morais e o Valor da Causa em Causas Cíveis e Trabalhistas Segundo o CPC de 2015, *Revista Síntese*, ano XVII, n. 102, São Paulo: Síntese, jul.-ago. 2016, p. 25; Nelson Nery Junior, Rosa Maria de Andrade Nery, *Comentários ao Código de Processo Civil*, São Paulo: Revista dos Tribunais, 2015; Orlando Gomes, *Obrigações*, Rio de Janeiro: Forense, 2008, n. 55 e n. 58 – sobre obrigações alternativas e obrigações facultativas; René Bernardes de Souza, O valor da causa e sua correção de ofício, *Ajuris* 23/90; Teresa Arruda Alvim Wambier, Fredie Didier Jr., Eduardo Talamini, Bruno Dantas (coords.), *Breves comentários ao novo Código de Processo Civil*, São Paulo: Revista dos Tribunais, 2015; Teresa Arruda Alvim Wambier, Maria Lúcia Lins Conceição, Leonardo Ferres da Silva Ribeiro, Rogério Licastro Torres de Melo, *Primeiros comentários ao novo Código de Processo Civil*, São Paulo: Revista dos Tribunais, 2015; Wellington Moreira Pimentel, *Comentários ao CPC*, São Paulo: Revista dos Tribunais, 1975, v. III, p. 179/180 – conceituação de pedidos alternativos.

LIVRO V
DA TUTELA PROVISÓRIA

TÍTULO I
DISPOSIÇÕES GERAIS

Art. 294. A tutela provisória pode fundamentar-se em urgência ou evidência.

Parágrafo único. A tutela provisória de urgência, cautelar ou antecipada, pode ser concedida em caráter antecedente ou incidental.

BREVES COMENTÁRIOS

Sob o rótulo de "Tutela Provisória", o atual CPC reúne três técnicas processuais de tutela provisória, prestáveis eventualmente em complemento e aprimoramento eficacial da tutela principal, a ser alcançada mediante o provimento que, afinal, solucionará definitivamente o litígio configurador do objeto do processo. Nesse aspecto, as ditas "tutelas provisórias" arroladas pela legislação processual civil renovada correspondem, em regra, a incidentes do processo, e não a processos autônomos ou distintos. De tal sorte que a antiga dicotomia do processo em principal (de cognição ou execução) e cautelar, existente no Código revogado, não mais subsiste na atual lei, pelo menos como regra geral, restando bastante simplificado o procedimento.

As tutelas provisórias têm em comum a meta de combater os riscos de injustiça ou de dano, derivados da espera, sempre longa, pelo desate final do conflito submetido à solução judicial. Representam provimentos imediatos que, de alguma forma, possam obviar ou minimizar os inconvenientes suportados pela parte que se acha numa situação de vantagem aparentemente tutelada pela ordem jurídica material (*fumus boni iuris*). Sem embargo de dispor de meios de convencimento para evidenciar, de plano, a superioridade de seu posicionamento em torno do objeto litigioso, o demandante, segundo o procedimento comum, teria de se privar de sua usufruição, ou teria de correr o risco de vê-lo perecer, durante o aguardo da finalização do curso normal do processo (*periculum in mora*).

Correspondem esses provimentos extraordinários, em primeiro lugar, às tradicionais medidas de urgência – cautelares (conservativas) e antecipatórias (satisfativas) –, todas voltadas para combater o perigo de dano que possa advir do tempo necessário para cumprimento de todas as etapas do devido processo legal.

A essas tutelas de urgência agregou-se mais modernamente a tutela da evidência, que tem como objetivo não propriamente afastar o risco de um dano econômico ou jurídico, mas sim o de combater a injustiça suportada pela parte que, mesmo tendo a evidência de seu direito material, se vê sujeita a privar-se da respectiva usufruição, diante da resistência abusiva do adversário. Se o processo democrático deve ser justo, haverá de contar com remédios adequados a uma gestão mais equitativa dos efeitos da duração da marcha procedimental.

As medidas cautelares no regime do Código revogado eram objeto de ação apartada do processo principal, embora tivessem seus efeitos atrelados ao destino deste (arts. 796 e 800 a 804 do CPC/1973). Já as medidas satisfativas urgentes eram invocáveis sempre no bojo do próprio processo principal (art. 273 do CPC/1973), não dependendo, portanto, do manejo de ação distinta. Eram, assim, objeto de mero incidente do processo já em curso.

O atual Código eliminou essa dualidade de regime processual. Tanto a tutela conservativa como a satisfativa são tratadas, em regra, como objeto de mero incidente processual, que pode ser suscitado na petição inicial ou em petição avulsa (art. 294, parágrafo único, do CPC/2015).

Art. 295. A tutela provisória requerida em caráter incidental independe do pagamento de custas.

BREVES COMENTÁRIOS

O pedido incidental não apresenta dificuldades, uma vez que será feito por simples petição nos autos, sem necessidade sequer de pagamento de custas. É claro, porém, que o requerente deverá comprovar a existência dos requisitos legais: *fumus boni iuris* e *periculum in mora*.

Art. 296. A tutela provisória conserva sua eficácia na pendência do processo, mas pode, a qualquer tempo, ser revogada ou modificada.

Parágrafo único. Salvo decisão judicial em contrário, a tutela provisória conservará a eficácia durante o período de suspensão do processo.

CPC/1973

Arts. 273, § 4º, e 807.

BREVES COMENTÁRIOS

A tutela provisória – seja a de urgência, seja a da evidência – está sempre sujeita, a qualquer tempo, a ser revogada ou modificada, segundo a regra do art. 296 do CPC/2015. Duas circunstâncias básicas definem essa mutabilidade constante dessa espécie de tutela jurisdicional: (i) a *sumariedade* da cognição dos fatos justificadores do provimento emergencial; e (ii) a *provisoriedade* intrínseca das medidas, que não se destinam a resolver em caráter definitivo o conflito existente entre as partes, mas apenas a regulá-lo, precária e temporariamente.

É, pois, a avaliação superficial e não exauriente do suporte fático bem como a sua possível alteração ao longo do tempo de espera da tutela definitiva que conferem à decisão em torno das medidas da tutela de urgência ou da evidência o seu caráter essencialmente provisório. Apoiada a decisão sobre fatos mutáveis, a permanência de seus efeitos fica, por isso mesmo, subordinada à continuidade do estado de coisas em que se assentou o respectivo deferimento. Alterados os fatos, modifica-se a base da decisão, a qual, ao tentar amoldar-se a eles, pode exigir *modificação*, ou até mesmo ter de ser *revogada*.

O pedido de revogação ou modificação da medida provisória não pode ser tratado como simples veículo de reexame dos fatos que serviram de base ao provimento que a deferiu. Se não houve recurso, ou se a impugnação foi rejeitada na via recursal, o questionamento se acha encerrado por preclusão. Mas a preclusão se refere não à análise de todo e qualquer fato, e sim apenas aos fatos e às questões apreciadas na decisão provisória. Fatos novos e argumentos jurídicos novos, dentro da perspectiva da provisoriedade da tutela de urgência, não devem sofrer recusa de análise em pedido de revogação ou modificação de medida deferida à base de cognição apenas superficial do suporte de fato e de direito.

Se o fundamento é novo, do ponto de vista jurídico, pode ser avaliado, ainda que se reporte a fatos anteriores à decisão provisória, quando não aventados no debate que a precedeu. O procedimento justo não pode conduzir a uma omissão ou negação de revisão da tutela de urgência, mediante a criação de obstáculos que a lei não opôs à pretensão revisional por ela autorizada.

JURISPRUDÊNCIA SELECIONADA

1. Revogação da tutela antecipada. Restituição de benefícios previdenciários. "São irrepetíveis, quando percebidos de boa-fé, ainda que em antecipação de tutela, as prestações previdenciárias, em função da sua natureza alimentar, e caráter excepcional, resultante de presumida situação de necessidade" (STJ, AgRg no REsp 1.057.426/RS, Rel. Min. Og Fernandes, 6ª Turma, jul. 19.05.2009, *DJe* 08.06.2009). **Em sentido contrário:** "Historicamente, a jurisprudência do STJ fundamenta-se no princípio da irrepetibilidade dos alimentos para isentar os segurados do RGPS de restituir valores obtidos por antecipação de tutela que posteriormente é revogada. [...]. Não há dúvida de que os provimentos oriundos de antecipação de tutela (art. 273 do CPC) preenchem o requisito da boa-fé subjetiva, isto é, enquanto o segurado os obteve existia legitimidade jurídica, apesar de precária. Do ponto de vista objetivo, por sua vez, inviável falar na percepção pelo segurado da definitividade do pagamento recebido via tutela antecipatória, não havendo o titular do direito precário como pressupor a incorporação irreversível da verba ao seu patrimônio. Dentro de uma escala axiológica, **mostra-se desproporcional o Poder Judiciário desautorizar a reposição do principal ao Erário em situações como a dos autos**, enquanto se permite que o próprio segurado tome empréstimos e consigne descontos em folha, pagando, além do principal, juros remuneratórios a instituições financeiras. À luz do princípio da dignidade da pessoa humana (art. 1º, III, da CF) e considerando o dever do segurado de devolver os valores obtidos por força de antecipação de tutela posteriormente revogada, devem ser observados os seguintes parâmetros para o ressarcimento: a) a execução de sentença declaratória do direito deverá ser promovida; b) liquidado e incontroverso o crédito executado, o INSS poderá fazer o desconto em folha de até 10% da remuneração dos benefícios previdenciários em manutenção até a satisfação do crédito, adotado por simetria com o percentual aplicado aos servidores públicos (art. 46, § 1º, da Lei 8.213/1991" (STJ, REsp 1.384.418/SC, Rel. Min. Herman Benjamin, 1ª Seção, jul. 12.06.2013, *DJe* 30.08.2013).

Art. 297. O juiz poderá determinar as medidas que considerar adequadas para efetivação da tutela provisória.

Parágrafo único. A efetivação da tutela provisória observará as normas referentes ao cumprimento provisório da sentença, no que couber.

CPC/1973

Arts. 798 e 273, § 3º.

REFERÊNCIA LEGISLATIVA

CDC, art. 84, § 5º.

Med. Prov. nº 2.180-35 de 24.08.2001, art. 15: "Aplica-se à ação rescisória o poder geral de cautela de que trata o art. 798 do Código de Processo Civil"; Lei nº 8.437, de 30.06.1992 (cautelar contra ato do Poder Público), art. 1º, § 1º: "Não será cabível, no juízo de primeiro grau, medida cautelar inominada ou a sua liminar, quando impugnado ato de autoridade sujeita, na via do mandado de segurança, à competência originária de tribunal."

SÚMULAS

Súmula do STJ:

Nº 212: "A compensação de créditos tributários não pode ser deferida em ação cautelar ou por medida liminar cautelar ou antecipatória" (cancelada em 14.09.2022 pela 1ª Seção do STJ).

CJF – I JORNADA DE DIREITO PROCESSUAL CIVIL

Enunciado 38 – As medidas adequadas para efetivação da tutela provisória independem do trânsito em julgado, inclusive contra o poder público (art. 297 do CPC).

BREVES COMENTÁRIOS

O atual Código institui um complexo de regras aplicáveis a todas as medidas provisórias (de urgência ou da evidência). O poder tutelar geral do juiz é mais amplo do que o antigo poder geral de cautela, já que se estende a todas as medidas provisórias, sejam elas fundadas na urgência ou na evidência (art. 297, *caput*) e não se restringem apenas a figuras ou hipóteses predefinidas em lei (arts. 297 e 301). Evitou-se, até mesmo, a regulamentação de medidas cautelares típicas, ficando tudo a depender das exigências concretas de medidas urgentes, caso a caso.

Quanto à efetivação da tutela provisória (cautelar ou antecipatória), dispõe o parágrafo único do art. 297 que se sujeitará às normas do cumprimento provisório de sentença. Vale dizer: aplicam-se às medidas provisórias urgentes as regras traçadas pelos arts. 520 a 522, entre as quais se destaca a possibilidade de imposição de caução nos casos de levantamento de depósito em dinheiro, bem como quando o provimento urgente consistir em prática de atos que importem transferência de posse ou alienação de propriedade, ou de outro direito real, ou dos quais possa resultar grave dano ao executado (art. 520, § 4º). O art. 521 enumera quatro casos em que a caução poderá ser dispensada (ver comentários e notas aos arts. 520/522).

JURISPRUDÊNCIA SELECIONADA

1. Tutela de Urgência. Bloqueio de verbas públicas para aquisição de cadeira de rodas. "Diante do descumprimento da decisão que deferiu a tutela de urgência, determinando o fornecimento de cadeira de rodas, plenamente possível ao Julgador determinar o bloqueio de verbas públicas para aquisição de tal equipamento, conforme entendimento jurisprudencial pacífico do Supremo Tribunal Federal e do Superior Tribunal de Justiça" (TJMG, Apelação 1.0003.14.002414-6/002, 5ª Câm. Cível, Rel. Des. Moacyr Lobato, ac. 15.03.2019, *DJeMG* 19.03.2019).

2. Poder geral de cautela. "Esta Corte Superior já assentou: 'valendo-se do poder geral de cautela, pode o magistrado determinar, de ofício, providência que lhe pareça cabível e necessária ao resultado útil do processo' (AgInt no AREsp 975.206/BA, Rel. Ministra Maria Isabel Gallotti, Quarta Turma, julgado em 27/04/2017, *DJe* 04/05/2017)" (STJ, AgInt no AREsp 1.402.383/MS, Rel. Min. Marco Buzzi, 4ª Turma, jul. 01.06.2020, *DJe* 10.06.2020).

3. Decretação de indisponibilidade de bens de ofício. Admissibilidade. "A ausência de expresso requerimento não impede a decretação da indisponibilidade dos réus, desde que presentes indícios da prática de ato de improbidade" (STJ, AREsp 1.444.299/CE, Rel. Min. Francisco Falcão, 2ª Turma, jul. 27.08.2019, *DJe* 07.10.2019).

4. Reforma da decisão que antecipa os efeitos da tutela. Responsabilidade. Ver jurisprudência do art. 302 do CPC/2015.

5. Medida cautelar. Deferimento *ex officio*. Limites do pedido. Observância. Desnecessidade. "Não contraria o princípio da adstrição o deferimento de medida cautelar que diverge ou ultrapassa os limites do pedido formulado pela parte, se entender o magistrado que essa providência milita em favor da eficácia da tutela jurisdicional" (STJ, AgInt na Pet. 15.420/RJ, Rel. Min. Antonio Carlos Ferreira, 3ª Turma, jul. 06.12.2022, *DJe* 13.12.2022).

6. Poder geral de cautela. Medida *ex officio* em tutela da eficácia do processo. "O poder geral de cautela, positivado no art. 798 do CPC/1973 (art. 297 do CPC/2015), autoriza que o magistrado defira medidas cautelares *ex officio*, no escopo de preservar a utilidade de provimento jurisdicional futuro" (STJ, AgInt no AREsp 2.244.318/DF, Rel. Min. Antonio Carlos Ferreira, 4ª Turma, jul. 08.05.2023, *DJe* 12.05.2023). **No mesmo sentido:** STJ, AgInt no AREsp 1.915.609/DF, Rel. Min. Raul Araújo, 4ª Turma, ac. 14.03.2022, *DJe* 01.04.2022; STJ, AgInt no AREsp 1.735.781/PR, Rel. Min. Luis Felipe Salomão, 4ª T., ac. 22.11.2021, *DJe* 25.11.2021.

7. Poder tutelar geral do juiz. "As medidas cautelares resguardam sobretudo o interesse público, sendo necessárias e inerentes à atividade jurisdicional. O artigo 798 do CPC [art. 297 do CPC/2015] atribui amplo poder de cautela ao magistrado, constituindo verdadeira e salutar cláusula geral, que clama a observância ao princípio da adequação judicial, propiciando a harmonização do procedimento às particularidades da lide, para melhor tutela do direito material lesado ou ameaçado de lesão" (STJ, REsp 1.241.509/RJ, Rel. Min. Luis Felipe Salomão, 4ª Turma, jul. 09.08.2011, *DJe* 01.02.2012).

Finalidade. "O poder geral de cautela há que ser entendido com uma amplitude compatível com a sua finalidade primeira, que é a de assegurar a perfeita eficácia da função jurisdicional. Insere-se aí a garantia da efetividade da decisão a ser proferida. A adoção de medidas cautelares (inclusive as liminares *inaudita altera pars*) é fundamental para o próprio exercício da função jurisdicional, que não deve encontrar obstáculos, salvo no ordenamento jurídico" (STJ, MC 4.897/MG, Rel. Min. José Delgado, 1ª Turma, jul. 01.10.2002, *DJ* 28.10.2002).

Requisitos. "O poder geral de cautela reclama os mesmos requisitos do poder cautelar específico, razão pela qual, ausente o *fumus boni juris*, posto ilegal a pretensão da parte, impõe-se cassar a medida deferida" (STJ, REsp 980.732/SP, Rel. Min. Teori Albino Zavascki, Rel. p/ acórdão Min. Luiz Fux, 1ª Turma, jul. 02.12.2008, *DJe* 17.12.2008).

"A concessão de uma medida cautelar não produz efeitos apenas na esfera jurídica do requerente a quem ela favorece. Produz também para o réu, que deve tolerá-la. A manutenção de uma medida cautelar deferida implica tutelar o aparente direito do autor. A sua revogação resguarda a possibilidade de tutelar o suposto direito do réu. Se é possível deferir de ofício uma medida liminar em favor do autor, **não há sentido em se vedar sua revogação de igual modo, em favor do réu**. Ambas as partes ostentam posições equivalentes no processo" (STJ, REsp 1.020.785/ES, Rel. Min. Nancy Andrighi, 3ª Turma, jul. 20.04.2010, *DJe* 06.05.2010).

Hipóteses:

Medida cautelar para emprestar efeito suspensivo a recurso especial e extraordinário. "A concessão de medida cautelar para emprestar efeito suspensivo a recurso especial tem sido tratada pela jurisprudência deste Superior Tribunal de Justiça com homenagem constante ao poder geral de cautela que a Constituição Federal outorga ao Poder Judiciário. Esse poder tem sido exercido com o máximo de prudência, sempre no sentido de atenuar o inquietante problema da influência do tempo no processo e não permitir que o jurisdicionado fique, em determinadas situações, sem juízo a quem recorrer. Por essa razão é que o Superior Tribunal de Justiça tem admitido o deferimento de cautelar para emprestar efeito suspensivo a recurso especial antes mesmo da chegada do referido recurso à corte e em outras condições extravagantes" (STJ, AGRMC 5.422/DF, Rel. Min. José Delgado, 1ª Turma, jul. 01.10.2002, *DJ* 28.10.2002).

"É firme a jurisprudência desta Corte no sentido de não ser adequada a concessão de efeito suspensivo a recurso especial não admitido na origem, o que se tolera apenas quando se vislumbra a existência da plausibilidade do direito e do perigo de dano grave e de difícil reparação" (STJ, AgRg na MC 15.180/RO, Rel. Min. Fernando Gonçalves, 4ª Turma, jul. 24.03.2009, *DJe* 06.04.2009).

"A concessão de medida cautelar pelo Supremo Tribunal Federal, quando requerida com o objetivo de atribuir eficácia suspensiva a recurso extraordinário, exige, para viabilizar-se, a cumulativa observância dos seguintes pressupostos: (1) instauração da jurisdição cautelar do Supremo Tribunal Federal, motivada pela existência de juízo positivo de admissibilidade do recurso extraordinário, (2) viabilidade processual do recurso extraordinário, caracterizada, entre outros requisitos, pelas notas da tempestividade, do prequestionamento explícito da matéria constitucional e da ocorrência de ofensa direta e imediata ao texto da Constituição, (3) plausibilidade jurídica da pretensão de direito material deduzida pela parte interessada e (4) ocorrência de situação configuradora de *periculum in mora*. Precedentes (*RTJ* 174/437-438, *v.g.*)" (STF, Pet.-QO 2.705/SP, Rel. Min. Celso de Mello, 2ª Turma, jul. 27.08.2002, *DJ* 20.05.2005).

Tutela provisória. Efeito suspensivo a recurso especial. Competência. Ver jurisprudência do art. 299 do CPC/2015.

Suspensão de execução. "Medida cautelar visando suspender execução. Possibilidade. A suspensão do processo, nos casos previstos em lei, pode ser determinada pela via da ação cautelar inominada" (STJ, REsp 36.970-3/RS, Rel. Min. Demócrito Reinaldo, 1ª Turma, jul. 06.10.1993, *DJU* 08.11.1993, p. 23.531).

Depósito cautelar. "Medida cautelar. Depósito cautelar. Possibilidade. É possível por meio de medida cautelar obter o depósito de prestações decorrentes de contrato para a aquisição de casa própria, tudo para garantir a eficácia do processo principal, no qual discute-se o indexador adequado para tanto, sendo nessa direção a consolidada jurisprudência dos tribunais" (STJ, REsp 148.407/SP, 3ª Turma, Rel. Min. Carlos Alberto Menezes Direito, ac. 18.03.1999, *DJU* 10.05.1999, p. 166).

"'**A averbação, no cartório de registro de imóveis, de protesto contra alienação de bem**, está dentro do poder geral de cautela do juiz (art. 798 do CPC) [art. 297 do CPC/2015] e se justifica pela necessidade de dar conhecimento do protesto a terceiros, prevenindo litígios e prejuízos para eventuais adquirentes' (Corte Especial, EREsp nº 440.837/RS)" (STJ, EREsp 185.645/

PR, Rel. Min. Luis Felipe Salomão, 2ª Seção, jul. 09.12.2009, *DJe* 15.12.2009). **No mesmo sentido:** STJ, REsp 146.942/SP, Rel. Min. Cesar Asfor Rocha, 4ª Turma, jul. 02.04.2002, *DJ* 19.08.2002; STJ, AgRg no Ag 1.333.611/MT, Rel. Min. Sidnei Beneti, 3ª Turma, jul. 18.11.2010, *DJe* 26.11.2010).

Ação cautelar inominada com efeitos do arresto. "É admissível o ajuizamento de ação cautelar inominada, com os mesmos efeitos do arresto, em face do poder geral de cautela estabelecido no art. 798 do CPC [art. 297 do CPC/2015], para fins de assegurar a eficácia de futura decisão em ação de indenização proposta pelo autor, caso lhe seja favorável. Na hipótese, existe óbice à concessão desse procedimento específico – arresto – em razão de a dívida não ser considerada líquida e certa (art. 814 do CPC), pois ainda em trâmite a outra demanda proposta contra o requerido" (STJ, REsp 753.788/AL, Rel. Min. Félix Fischer, 5ª Turma, jul. 04.10.2005, *DJ* 14.11.2005).

Atualização do instrumento de procuração com poderes especiais. "O magistrado, com base no poder geral de cautela e havendo suspeita ou indícios de que a parte outorgante não esteja ciente do andamento processual, poderá determinar a atualização de procuração com poderes especiais para receber e dar quitação" (STJ, REsp 830.158/MG, Rel. Min. Mauro Campbell Marques, 2ª Turma, jul. 24.03.2009, *DJe* 23.04.2009).

Sustação de protesto. "Justifica-se a sustação de protesto quando as circunstâncias recomendam a proteção do direito do devedor, diante de possível dano de difícil reparação e da presença do *fumus boni iuris*, mormente quando prestada caução para garantia do credor" (STJ, MC 6.379/MT, Rel. Min. Castro Filho, 3ª Turma, jul. 15.05.2003, *DJ* 30.06.2003). **No mesmo sentido:** STJ, REsp 216.996/PR, Rel. Min. Ruy Rosado de Aguiar, 4ª Turma, jul. 04.11.1999, *DJ* 14.02.2000. **Em sentido contrário:** "É inadmissível a concessão de liminar, em cautela, para sustar o protesto de contrato de câmbio, porque tal protesto constitui condição indispensável ao exercício da ação de execução (Lei n. 4.728/1965, art. 75). Os embargos são a sede própria para o devedor opor-se à execução, no todo ou em parte, e arguir as exceções que entender necessárias" (STJ, REsp 36.681/RS, Rel. Min. Antonio Torreão Braz, 4ª Turma, jul. 23.11.1993, *DJ* 07.02.1994).

"Lícito é ao juiz, divisando presentes cumulativamente o *fumus boni juris* e o *periculum in mora*, conceder medida liminar de sustação de protesto requerida em sede de cautelar inominada. O que se lhe mostra defeso, segundo jurisprudência firmada pela 2ª Seção da Corte, é estabelecer vedação ao ingresso em juízo, seja diretamente – impondo expressa proibição ao uso da via executiva, seja reflexamente – sustando, sem qualquer ressalva, o protesto nas hipóteses em que este constitui pressuposto de exequibilidade do crédito" (ac. da 4ª Turma do STJ no REsp 23.630-0/ES, Rel. Min. Sálvio de Figueiredo; *RJ* 212/78).

Juízo arbitral não constituído. Medida cautelar. Competência. Ver jurisprudência do art. 8º da Lei 9.307/1996.

Limitações:

Impedimento ao acesso à justiça. "O poder geral de cautela do juiz não é ilimitado ao ponto de impedir o exercício de um direito genericamente assegurado pela Constituição e especialmente previsto no ordenamento jurídico, possibilitando ao credor de título líquido, certo e exigível o ajuizamento da respectiva ação de execução" (STJ, REsp 19.217/ES, Rel. Min. Claudio Santos, 3ª Turma, jul. 30.06.1992, *DJ* 28.09.1992). **No mesmo sentido:** STJ, REsp 204.231/RJ, Rel. Min. Carlos Alberto Menezes Direito, 3ª Turma, jul. 17.02.2000, *DJ* 02.05.2000.

Ajuizamento posterior de ação cautelar. Suspensão da execução. Impossibilidade. "O ajuizamento de ação de rito ordinário, que vise à redução do valor da dívida, não impede o prosseguimento da execução, principalmente se a esta não foram opostos embargos do devedor. Na linha dos precedentes desta Corte, o poder geral de cautela não tem o condão de impedir ao credor a execução do seu título até o trânsito em julgado de ação de conhecimento" (STJ, REsp 341.084/PB, Rel. Min. Sálvio de Figueiredo Teixeira, 4ª Turma, jul. 13.11.2001, *DJ* 18.02.2002).

Contrato de câmbio. "É inadmissível a concessão de liminar, em cautela, **para sustar o protesto de contrato de câmbio,** porque tal protesto constitui condição indispensável ao exercício da ação de execução (Lei nº 4.728/65, art. 75)" (STJ, REsp 36.681/RS, Rel. Min. Antonio Torreão Braz, 4ª Turma, jul. 23.11.1993, *DJ* 07.02.1994).

Inversão do risco. "É improcedente o pedido de cautela se a medida pleiteada simplesmente inverteria o perigo de lesão irreversível, fazendo-o incidir sobre o réu do processo cautelar" (STJ, MC 523/RS, Rel. Min. Humberto Gomes de Barros, 1ª Turma, *RSTJ* 94/33).

Lesão à parte contrária. "As medidas cautelares devem ser utilizadas como instrumento para obviar lesão irreversível; não é lícita sua utilização para causar dano à parte contrária" (STJ, MC 594/SP, Rel. Min. Humberto Gomes de Barros, 1ª Turma, jul. 21.05.1998, *DJ* 29.06.1998).

8. Suspensão da exigibilidade do crédito tributário. "A suspensão da exigibilidade do crédito tributário só pode ocorrer nos exatos limites postos no art. 151 do CTN, onde não consta a possibilidade de tal ocorrer por via de fiança bancária, nem pelo uso do poder geral de cautela do juiz. As normas do CTN, de modo geral, e especialmente o art. 151, têm natureza de lei complementar. Em consequência, exercem hierarquia sobre o poder geral de cautela outorgado ao juiz pelo Código de Processo Civil" (STJ, REsp 100.031/AL, Rel. Min. José Delgado, 1ª Turma, jul. 10.10.1996, *DJ* 18.11.1996). Obs.: A LC nº 104, de 2001, incluiu o inciso V ao art. 151 do CTN autorizando a suspensão da exigibilidade do crédito tributário por força de concessão de medida liminar ou de tutela antecipada, em outras espécies de ação judicial.

9. Fixação de *astreintes*. Cabimento. "Em certos casos, ainda que no regime anterior à alteração dos artigos 273 e 461 do Código de Processo Civil pela Lei nº 8.953/1994, é de ser reconhecida a possibilidade de as obrigações de fazer e não fazer serem reforçadas pela imposição de multa (*astreintes*) visando forçar o cumprimento da ordem. E o próprio artigo 798 outorga ao juiz o poder geral de cautela, de forma suficientemente ampla, **a conferir-lhe a faculdade de impor esse tipo de sanção tendente à implementação e cumprimento de suas ordens**" (STJ, REsp 159.643/SP, Rel. Min. Humberto Gomes de Barros, Rel. p/ Ac. Min. Castro Filho, 3ª Turma, jul. 23.11.2005, *DJ* 27.11.2006).

10. Execução de medidas antecipatórias. Natureza. "A execução das medidas antecipatórias tem natureza de **execução provisória** (art. 273, § 3º, do CPC) [art. 297, parágrafo único, do CPC/2015]. Como tal, corre por iniciativa, conta e responsabilidade do exequente e fica sem efeito caso a decisão exequenda seja posteriormente anulada ou revogada, restituindo-se as partes ao estado anterior (CPC, art. 475-O, I e II [art. 520, I e II, do CPC/2015], inserido pela Lei nº 11.232/2005; CPC, art. 588, I e III, na primitiva redação)" [art. 520, I e IV, do CPC/2015] (STJ, MS 11.780/DF, Rel. Min. Teori Albino Zavascki, 1ª Seção, jul. 09.05.2007, *DJ* 21.05.2007, p. 529). **No mesmo sentido:** STJ, REsp 988.171/RS, Rel. Min. Napoleão Nunes Maia Filho, 5ª Turma, jul. 04.12.2007, *DJ* 17.12.2007, p. 343.

Desnecessidade do trânsito em julgado. "É desnecessário o trânsito em julgado da sentença para que seja executada a multa por descumprimento fixada em antecipação de tutela. **A fixação de multa diária em sede de antecipação de tutela por decorrência de descumprimento de obrigação de fazer é título executivo hábil para a execução provisória.** Havendo, na sentença, posterior alteração da decisão que promoveu a antecipação de tutela e, por conseguinte, conferiu aplicação às astreintes, ficará sem efeito o crédito derivado da fixação da multa diária, perdendo o objeto a execução provisória daí advinda" (STJ, AgRg no REsp 1.094.296/RS, Rel. Min. João Otávio de Noronha, 4ª Turma, jul. 03.03.2011, *DJe* 11.03.2011). Obs.: Ver o art. 537, § 3º, do CPC/2015, sobre execução provisória da multa. **Obs.: De acordo com o § 3º do art. 537 do CPC/2015,** "a decisão que fixa a multa é passível de cumprimento provisório, devendo ser depositada em juízo, permitido o levantamento do valor após o trânsito em julgado da sentença favorável à parte".

Art. 298. Na decisão que conceder, negar, modificar ou revogar a tutela provisória, o juiz motivará seu convencimento de modo claro e preciso.

CPC/1973

Art. 273, § 1º.

REFERÊNCIA LEGISLATIVA

CF, art. 93, IX (dever de motivação).

CPC/2015, art. 489, § 1º (fundamentação da sentença).

BREVES COMENTÁRIOS

Justamente porque não se trata de mero poder discricionário do magistrado, a lei exige que a decisão acerca da tutela provisória seja sempre fundamentada, cabendo-lhe enunciar "de modo claro e preciso" as razões de seu convencimento. A necessidade decorre do fato de a medida provisória ser deferida a partir de uma instrução sumária, havendo inversão da sequência natural e lógica entre os atos de debate, acertamento e decisão.

O juiz, nessa esteira, deverá fundamentar a decisão, apresentando às partes os fundamentos de fato e de direito que lhe formaram o convencimento acerca da plausibilidade do perigo de dano e do direito invocado. Aliás, o dever de motivação de toda e qualquer decisão judicial é uma imposição de ordem constitucional (CF, art. 93, IX). O maior rigor da lei com relação às medidas sumárias de urgência prende-se ao fato de que a investigação fática nessas medidas se dá com base numa instrução muito superficial.

JURISPRUDÊNCIA SELECIONADA

1. Decisão fundamentada. "Fere o art. 273 do Código de Processo Civil [art. 300 do CPC/2015] a decisão que deixa de expor a fundamentação acerca da existência dos pressupostos legais concessivos da tutela antecipatória, ou seja, além de um dos requisitos constantes nos incisos I e II do *caput* do precitado artigo, prova inequívoca da verossimilhança das alegações" (STJ, REsp 1.084.304/SP, Rel. Min. Sidnei Beneti, 3ª Turma, jul. 05.05.2009, *DJe* 26.05.2009).

Art. 299. A tutela provisória será requerida ao juízo da causa e, quando antecedente, ao juízo competente para conhecer do pedido principal.

Parágrafo único. Ressalvada disposição especial, na ação de competência originária de tribunal e nos recursos a tutela provisória será requerida ao órgão jurisdicional competente para apreciar o mérito.

CPC/2015

Art. 800.

REFERÊNCIA LEGISLATIVA

CPC/2015, arts. 42 a 69 (competência), 55 a 57 (conexão; continência), 58 a 60 (prevenção), 61 (ação acessória) e 286 (distribuição por dependência).

Lei Complementar nº 35/1979 (Lei Orgânica da Magistratura Nacional), art. 68 (competência durante as férias coletivas).

RISTF, art. 38, I.

SÚMULAS

Súmula do TFR:

Nº 263: "A produção antecipada de provas, por si só, não previne a competência para a ação principal."

BREVES COMENTÁRIOS

O sistema do Código atual não é muito diverso do anterior. Pode-se entender que, em linhas gerais, se manteve a orientação doutrinária: em regra, a tutela de urgência, cautelar ou antecipatória, deverá ser requerida pela parte, mesmo porque a respectiva execução corre por sua conta e risco, configurando hipótese legal de responsabilidade civil processual objetiva (art. 302 do CPC/2015).

Se já existe a ação, a parte interessada faz o pedido de tutela provisória diretamente ao juiz da causa, por meio de simples petição, não havendo como antigamente necessidade de instauração de um processo cautelar apartado. Se, contudo, a tutela sumária é antecedente, a determinação da competência se faz examinando, segundo as regras comuns do processo de cognição ou de execução (arts. 42 a 53), qual seria o órgão judicial competente para o pedido principal. Durante a tramitação recursal, é do tribunal e não do juiz de primeiro grau a competência para decidir acerca do pedido de tutela provisória.

Outro aspecto interessante das medidas de urgência é o da dificuldade de obter do juízo competente, em tempo útil, a medida inadiável e indispensável, pelas circunstâncias extraordinárias do caso concreto. É que o perigo de dano imediato pode estar acontecendo longe da circunscrição territorial do juízo competente previsto pelo art. 299 do CPC/2015. Sendo a tutela de urgência condição *sine qua non* para evitar o perigo de dano e assegurar a eficiência da tutela jurisdicional de mérito, não pode o juiz – mesmo incompetente para a causa principal, mas que tem a seu alcance impedir a frustração do acesso à justiça – se recusar a evitá-la, dentro dos mecanismos emergenciais dos provimentos cautelares e antecipatórios. A garantia da tutela efetiva e eficiente não só envolve a satisfação de direito da parte, mas corresponde, também e principalmente, à imposição de ordem pública, no resguardo da autoridade e da dignidade da Justiça.

Insistir em que só o juiz ordinariamente competente tenha poder de evitar o dano imediato que ameaça o direito da parte, em tal conjuntura, equivaleria a ignorar o papel insubstituível da tutela de urgência, quando é o próprio destino do processo principal que se acha em jogo.

É por isso que a tradição de nosso direito sempre contemplou a permissão ao manejo da ação cautelar *onde se fizer necessária,* quando houver risco de se frustrar sua missão institucional, tradição essa que, segundo Pontes de Miranda, não foi eliminada pelo simples silêncio dos últimos Códigos, porque, para todos eles, fora da competência *ratione materiae, se mantém a política da eficiência e conservação dos atos judiciais* (PONTES DE MIRANDA, Francisco Cavalcanti. *Comentários, cit.,* p. 418. No mesmo sentido: SILVA, Ovídio A. Baptista da. *As ações cautelares e o novo processo civil.* 2. ed. Rio de Janeiro: Forense, 1974, n. 11, p. 96).

A jurisprudência, por sua vez, não tem se destoado de tal posicionamento, não havendo razão para ser diferente a postura exegética em face do CPC de 2015. Aliás, a regra geral do CPC atual não é a da imediata nulidade das decisões proferidas, em qualquer caso, por juiz incompetente. Ao contrário, o regime da lei processual civil é o da conservação dos efeitos da decisão proferida pelo juízo incompetente "até que outra seja proferida, se for o caso, pelo juízo competente" (art. 64, § 4º). Enquadra-se nessa sistemática, a justificativa do deferimento de medidas provisórias urgentes pelo juiz da situação do bem a ser preservado. Além de tudo, o Código de 2015 dedica especial atenção à cooperação entre os juízos, despindo-a dos rigores formais que outrora se exigiam para a prática de atos processuais do interesse do juízo competente e que tivessem de ser concretizados sob a jurisdição de juízo diverso.

JURISPRUDÊNCIA SELECIONADA

1. Competência. "O pressuposto processual da competência é aferido no plano lógico, e a cognição a que o juiz procede consiste em simplesmente confrontar a afirmativa da autora com o regramento abstrato previsto em lei, sem indagar da efetiva existência de litisconsórcio material. Inseridos no polo passivo da ação cautelar dois ou mais réus, certo ou errado, não se pode negar que, sob o aspecto formal, há litisconsórcio, e, possuindo os corréus domicílios diversos, a demanda pode ser ajuizada em qualquer deles, encerrando hipótese de competência concorrente, nos moldes do art. 94, § 4º, do CPC" [art. 46, § 4º, do CPC/2015] (STJ, REsp 423.061/MT, Rel. Min. Nancy Andrighi, 3ª Turma, jul. 08.10.2002, *DJ* 11.11.2002).

a) Incompetência do STJ.

Tutela requerida antes da admissibilidade do recurso especial. "As tutelas provisórias requeridas diretamente no STJ são admissíveis nas ações originárias ou nas hipóteses em que se tenha aberto sua competência recursal (arts. 288 RISTJ e 299 do CPC/2015). Segundo a previsão expressa do art. 1.029, § 5º, do CPC/2015, a competência desta Corte para apreciar requerimentos de tutela provisória só se inicia após a publicação da decisão de admissibilidade do recurso especial, não sendo o caso dos autos. O deferimento de tutela provisória de urgência pressupõe a demonstração de elementos que evidenciem a probabilidade do direito alegado e o perigo de dano ou o risco ao resultado útil do processo" (STJ, AgInt no TP 2.306/AC, Rel. Min. Antonio Carlos Ferreira, 4ª Turma, jul. 18.11.2019, *DJe* 22.11.2019). **No mesmo sentido:** STJ, AgRg na MC 5.630/AM, Rel. Min. Eliana Calmon, 2ª Turma, jul. 05.11.2002, *DJ* 02.12.2002, p. 265; STJ, AgRg na MC 2.613/MG, Rel. Min. Eliana Calmon, 2ª Turma, jul. 27.06.2000, *DJ* 12.08.2002, p. 181). **Ver art. 1.029, § 5º, do CPC/2015.**

Indeferimento no tribunal de origem não instaura a competência do STJ. "No caso, é evidente a incompetência desta Corte, sendo que o indeferimento de tutela provisória na origem não inaugura a competência para examinar semelhante pedido, exceto na hipótese de manifesta ilegalidade ou teratologia. Não se verifica, de plano, manifesta ilegalidade no acórdão recorrido, bem como na decisão da Presidência do Tribunal de Justiça que indeferiu o pedido de efeito suspensivo, porquanto a matéria ventilada no recurso especial não foi debatida pelo Tribunal de origem, carecendo do prequestionamento, o qual é indispensável mesmo para as questões de ordem pública" (STJ, AgInt no TP 2.030/SP, Rel. Min. Raul Araújo, 4ª Turma, jul. 11.06.2019, *DJe* 28.06.2019).

Tutela de urgência antecedente em mandado de segurança ainda não examinado no mérito pelo tribunal de origem. "A agravante, com base no art. 288 do RISTJ c/c o art. 294 do CPC/2015, busca a concessão de tutela provisória de urgência, de natureza antecedente, em face do indeferimento de antecipação dos efeitos da tutela recursal, em agravo de instrumento interposto contra *decisum* indeferitório de liminar, que, por sua vez, fora proferido em mandado de segurança, por ela impetrado contra ato do Presidente da Comissão Geral de Licitação do Estado do Amazonas. Nos termos dos arts. 299 e 1.029, § 5º, III, do CPC/2015 e 288 do RISTJ e das Súmulas 634 e 635/STF, tratando-se de decisão monocrática proferida em agravo de instrumento interposto contra o indeferimento de decisão liminar, em mandado de segurança, ainda não examinado, no mérito, pelo órgão colegiado do Tribunal de origem, manifesta a incompetência do STJ para apreciar a presente tutela provisória de urgência" (STJ, AgInt na Pet 11.504/AM, Rel. Min. Assusete Magalhães, 2ª Turma, jul. 15.05.2018, *DJe* 21.05.2018).

b) Competência do STJ.

Exceção. Concessão pelo relator do recurso especial. "Voto do Min. Relator: O perigo da mora só se manifesta em relação ao pedido de suspensão do levantamento da quantia depositada à ordem do juízo, e a questão de que ele é incompetente tem relevância jurídica. Defiro, por isso, em parte, a medida liminar para suspender os efeitos da decisão que deferiu o levantamento da quantia depositada à ordem do juízo até que finde o prazo para a interposição do agravo regimental ou, se interposto, até que seja julgado o recurso especial que vier a ser interposto do respectivo acórdão. **Voto do Min. Humberto Gomes de Barros:** Penso que, em regra, admite-se a medida cautelar e, como diz a lei, quando houver emergência, possibilidade de lesão irreversível ou de provimento de recurso especial, a medida deve ser deferida. **Voto do Min. Castro Filho:** Então, em situações dessa natureza, nas quais há antecipação de tutela, seja ela de mérito ou simplesmente cautelar, submeter a apreciação do pedido de suspensão à interposição do recurso, ainda que dispensemos a obrigatoriedade, como faz o Supremo Tribunal Federal, de manifestação do tribunal de origem, ainda assim, a medida poderia ser tarda; logo, ineficaz, e, com isso, estaríamos contribuindo para que se concretizasse uma injustiça. Somente por isso, por exceção, é que também neste caso acompanho o voto do Sr. Ministro Relator, sem embargo de reconhecer que o normal é admitir a medida apenas após interposto o recurso" (STJ, MC 10.739/CE, Rel. Min. Ari Pargendler, 3ª Turma, ac. por maioria de votos, jul. 17.11.2005, *DJ* 20.03.2006). **Ver art. 1.029, § 5º, do CPC/2015.**

c) Competência do STF

Após o juízo de admissibilidade do recurso extraordinário. "A concessão de medida cautelar, pelo Supremo Tribunal Federal, quando requerida com o objetivo de atribuir eficácia suspensiva a recurso extraordinário, exige, para viabilizar-se, a cumulativa observância dos seguintes pressupostos: (1) instauração da jurisdição cautelar do Supremo Tribunal Federal, motivada pela existência de juízo positivo de admissibilidade do recurso extraordinário, (2) viabilidade processual do recurso extraordinário, caracterizada, entre outros requisitos, pelas notas da tempestividade, do prequestionamento explícito da matéria constitucional e da ocorrência de ofensa direta e imediata ao texto da Constituição, (3) plausibilidade jurídica da pretensão de direito material deduzida pela parte interessada e (4) ocorrência de situação configuradora de *periculum in mora*. Precedentes (*RTJ* 174/437-438, *v.g.*)" (STF, Pet.-QO 2.705/SP, Rel. Min. Celso de Mello, 2ª Turma, jul. 27.08.2002, *DJ* 20.05.2005, p. 31; *RTJ* 194/495).

Recurso extraordinário inadmitido. Exceção. "Em situações **excepcionais**, em que estão patentes a plausibilidade jurídica do pedido – decorrente do fato de a decisão recorrida contrariar jurisprudência ou súmula do Supremo Tribunal Federal – e o perigo de dano irreparável ou de difícil reparação a ser consubstanciado pela execução do acórdão recorrido, o tribunal poderá deferir a **medida cautelar** ainda que o recurso extraordinário tenha sido objeto de juízo negativo de admissibilidade perante o tribunal de origem e **o agravo de instrumento** contra essa decisão ainda esteja pendente de julgamento" (STF, AC 1.550/RO, Rel. Min. Gilmar Mendes, 2ª Turma, jul. 06.02.2007, *DJ* 18.05.2007).

d) Prevenção. "A cautelar não previne a competência quando, por força de modificação legislativa, o juiz que dela conhecer não é mais competente, em razão da matéria, para a ação principal. Assim, modificação superveniente da competência *ratione materiae*, de caráter absoluto, afasta a prevenção de ajuizamento anterior da cautelar, prevalecendo a regra do art. 87 sobre a do art. 800 do CPC" [art. 299 do CPC/2015] (STJ,

CC 280/RS, Rel. Min. Sálvio de Figueiredo Teixeira, 2ª Seção, *DJ* 16.10.1989; *Adcoas*, 1990, nº 125.765). **Ver art. 43 do CPC/2015.**

e) Medidas preparatórias. "Quando preparatórias, as medidas cautelares devem ser requeridas **ao juiz que se apresenta competente para conhecer da causa principal**, que, por isso, fica prevento" (STJ, REsp 6.386/PR, Rel. Min. Sálvio de Figueiredo Teixeira, 4ª Turma, jul. 28.05.1991, *DJ* 07.10.1991). **Ver arts. 305 e 308 do CPC/2015.**

"Compete à justiça estadual apreciar e julgar ação cautelar de exibição de documento comprobatório de tempo de serviço laboral solicitado junto à instituição bancária (empregadora), por exigência da autarquia (INSS), com vistas à concessão de aposentadoria a ser requerida em procedimento administrativo" (STJ, CC 33.533/SP, Rel. Min. Nancy Andrighi, 2ª Seção, jul. 25.09.2002, *DJ* 28.10.2002). **Ver arts. 305 e 308 do CPC/2015.**

"A ação cautelar preparatória, pela regra geral do art. 800 do Código de Processo Civil [art. 299 do CPC/2015], é de competência do juízo que seria o competente para a demanda principal. Na espécie, tratando-se de **futura ação de repetição de indébito de imposto de renda, seria a competência da Justiça Federal**. Contudo, prevalece o art. 109 da Constituição Federal e, não se fazendo presente no processo a União ou qualquer dos seus entes descentralizados, **fica afastada a incidência do mencionado dispositivo constitucional**. [...]. Conflito conhecido para declarar competente o Juízo de Direito da 6ª Vara Cível – 1º Juizado de Porto Alegre – RS, suscitante" (STJ, CC 106.013/RS, Rel. Min. Fernando Gonçalves, 2ª Seção, jul. 10.03.2010, *DJe* 19.03.2010).

Produção antecipada de prova. "É de convir que a aplicação da regra do artigo 800 do CPC [art. 299 do CPC/2015] merece temperamentos quando se trata do ajuizamento de cautelar de produção antecipada de provas, pois 'a produção antecipada de provas, por si só, não previne a competência para a ação principal'. A depender da modalidade de prova requerida, mormente se verificada a intervenção do magistrado no feito, com a nomeação de *expert* de sua confiança, inegável a prevenção do juízo da ação preparatória para exame da principal. Na espécie, tendo em vista que a prova pericial requerida pela autora, ora recorrente, demandou a designação de perito do juízo para averiguação do efetivo adimplemento do objeto contratual pela empresa prestadora do serviço de impermeabilização contratado, e considerando-se que o laudo pericial produzido será utilizado como elemento probatório nos autos da ação de rescisão contratual c/c perdas e danos, recomenda-se a prevenção do juízo que conheceu da primeira ação" (STJ, REsp 487.630/SP, Rel. Min. Franciulli Netto, 2ª Turma, jul. 21.08.2003, *DJ* 28.06.2004).

f) Intervenção da União. Deslocamento. "No momento em que a União Federal intervier na medida cautelar, proposta perante a justiça comum, afirmando interesse jurídico na solução do conflito os autos, evidentemente, serão deslocados para a Justiça federal, porque o juízo comum não pode absorver uma causa federal, mas o juízo federal pode absorver, por conexão, uma medida cautelar proposta inicialmente perante a justiça comum" (STJ, CC 34.200/GO, Rel. Min. Laurita Vaz, 1ª Seção, jul. 10.04.2002, *DJ* 23.09.2002, p. 218).

g) Procedimento meramente conservativo de direito. "Decidido pela 2ª Seção, com apoio em precedente deste tribunal, que o procedimento judicial meramente conservativo de direito **não previne a jurisdição**, inexiste contradição com o texto legal, bem como inapropriada a via processual para confrontação de dissídio interpretativo" (STJ, EDcl no CC 40.451/SP, Rel. Min. Aldir Passarinho Junior, 2ª Seção, jul. 10.11.2004, *DJ* 14.03.2005). **No mesmo sentido:** *RSTJ* 96/422. **Ver art. 729 do CPC/2015.**

2. Tutela de urgência. Manutenção até apreciação pelo juízo competente. "Como esta 4ª Câmara Cível reformou parcialmente a sentença e determinou a remessa dos autos eletrônicos ao Juizado Especial da Fazenda Pública, por certo, deve ser aplicada a regra constante do mencionado § 4º, do art. 64, do CPC/15, que estabelece a conservação dos efeitos da decisão de urgência proferida pelo juízo incompetente até que outra seja proferida, se for o caso, pelo juízo competente" (TJMG, EDcl 1000016029090-4/003, Rel. Des. Dárcio Lopardi Mendes, 4ª Câmara Cível, jul. 20.04.2018, *DJ* 23.04.2018). **No mesmo sentido:** STJ, AgInt no REsp 1.633.210/MG, Rel. Min. Mauro Campbell Marques, 2ª Turma, jul. 23.05.2017, *DJe* 30.05.2017.

3. Incompetência do juiz da causa. "Em virtude do poder geral de cautela concedido ao magistrado na forma dos arts. 798 e 799 do CPC [arts. 297 e 301 do CPC/2015], **mesmo após se declarar absolutamente incompetente para julgar o feito, ele pode conceder ou manter decisão liminar**, como forma de prevenir eventual perecimento do direito ou a ocorrência de lesão grave e de difícil reparação, até que o juízo competente se manifeste quanto à manutenção ou cassação daquele provimento cautelar. Precedentes: REsp 1.288.267/ES, Rel. Min. Benedito Gonçalves, 1ª Turma, *DJe* 21.08.2012; AgRg no REsp 937.652/ES, Rel. Min. Maria Isabel Gallotti, 4ª Turma, *DJe* 28.06.2012" (STJ, EDcl na Pet 7.933/DF, Rel. Min. Arnaldo Esteves Lima, 1ª Seção, jul. 10.04.2013, *DJe* 18.04.2013). **No mesmo sentido:** STJ, REsp 92.671/PR, Rel. Min. Eduardo Ribeiro, 3ª Turma, jul. 02.04.1998, *DJ* 03.08.1998; STJ, REsp 1.038.199/ES, Rel. Min. Castro Meira, 2ª Turma, jul. 07.05.2013, *DJe* 16.05.2013. **Ver art. 64, § 4º, do CPC/2015.**

4. Tutela antecipada de ofício. Benefício previdenciário. "Muito embora o art. 273, *caput*, do CPC [art. 300 do CPC/2015], expressamente, disponha que os efeitos da tutela pretendida na inicial poderão ser antecipados, a requerimento da parte, total ou parcialmente, firmou-se nesta Primeira Turma a possibilidade de o órgão jurisdicional antecipá-lo de ofício, tendo em vista a natureza alimentar do benefício previdenciário e em razão da verossimilhança do direito material alegado" (TRF1, Ap. 0064259-28.2016.4.01.9199/MT, 1ª Turma, jul. 27.09.2017, *DJe* 11.10.2017). **No mesmo sentido:** STJ, REsp 1.309.137/MG, Rel. Min. Herman Benjamin, 2ª Turma, jul. 08.05.2012, *DJe* 22.05.2012).

5. Tutela cautelar em recurso (parágrafo único). "Cessando a jurisdição do juiz singular com a prolação de sentença e tendo a parte irresignada interposto recurso de apelação, eventual medida cautelar deverá ser ajuizada diretamente no tribunal *ad quem*, com caráter incidental ao recurso interposto" (STJ, REsp 1.013.759/AM, Rel. Min. João Otávio de Noronha, 4ª Turma, jul. 22.03.2011, *DJe* 01.04.2011). **Todavia,** "A medida cautelar em apelação só poderá ser requerida no tribunal quando o recurso já tiver subido, de modo que, enquanto o apelo estiver sendo processado em primeira instância, a competência para o exercício geral de cautela é do juiz singular" (TJPR, Agravo Regimental 311087-0/01, Rel. Des. Milani de Moura, 13ª Câmara Cível, jul. 09.11.2005, *DJe* 25.11.2005).

"Nos termos do art. 800, *caput* e parágrafo único, do Código de Processo Civil [art. 299, parágrafo único, do CPC/2015], o ajuizamento de medida cautelar depende inequivocamente da instauração da competência jurisdicional da Corte de Justiça, a qual somente se verificará, no caso do STJ, eventualmente, após a prolação de acórdão por tribunal regional federal ou tribunal de justiça de estado ou do Distrito Federal e territórios (CF/88, art. 105), a interposição de recurso especial e o juízo positivo de sua admissibilidade. Essa é a orientação dos Enunciados 634 e 635 do c. Supremo Tribunal Federal" (STJ, AgRg na MC 18.288/MT, Rel. Min. Raul Araújo, 4ª Turma, jul. 18.08.2011, *DJe* 18.11.2011).

6. Decisão monocrática que indefere liminar. Recurso. "A decisão monocrática de relator que defere liminar em ação cautelar incidental ajuizada perante tribunal de segunda instância pode ser impugnada por recurso interno ao colegiado, ainda que ausente a previsão regimental. O art. 39 da Lei nº 8.038/1990, que disciplina o cabimento do agravo interno contra decisão singular proferida por membro do Superior Tribunal de Justiça e do Supremo Tribunal Federal, deve ser aplicado, por analogia, a todos os tribunais do país, em razão do princípio da colegialidade dos tribunais. Precedentes" (STJ, RMS 21.786/MT, Rel. Min. Castro Meira, 2ª Turma, jul. 27.03.2007, *DJ* 12.04.2007).

7. Arbitragem. Competência para medidas de urgência. "Ação cautelar. Cláusula arbitral. Ajuizamento da ação no juízo estadual. Impossibilidade. Extinção do processo com arrimo no art. 267, VII, do CPC [art. 485, VII, do CPC/2015]. No momento em que as partes convencionam a arbitragem como forma única de solução dos seus conflitos, porventura decorrentes do próprio contrato, apenas a jurisdição privada é que será competente para decidi-las, inclusive as lides acautelatórias deles decorrentes e outras medidas de urgência relacionadas com o mesmo objeto conflituoso" (TJMG, Ag 1.0003.07.023530-8/001, Rel. Des. Domingos Coelho, 12ª Câmara Cível, jul. 13.02.2008, *DJ* 08.03.2008).

☆ DA TUTELA PROVISÓRIA: INDICAÇÃO DOUTRINÁRIA

Alcides de Mendonça Lima, A ação cautelar inominada no direito brasileiro, *RBDP* 26/165; Aluisio Gonçalves de Castro Mendes e Larissa Clare Pochmann da Silva. A tutela provisória no ordenamento jurídico brasileiro: a nova sistemática estabelecida pelo CPC/2015 comparada às previsões do CPC/1973, *Revista de Processo*, n. 257, p. 153-178, *2016;* Cassio Scarpinella Bueno, *Manual de direito processual civil*, São Paulo: Saraiva, 2015; Daniel Amorim Assumpção Neves, *Manual de direito processo civil*, São Paulo: Método, 2015; Daniel Mitidiero, In: Teresa Arruda Alvim Wambier, Fredie Didier Jr., Eduardo Talamini, Bruno Dantas, *Breves comentários ao novo Código de Processo Civil*, São Paulo: Revista dos Tribunais, 2015; Eduardo Henrique de Oliveira Yoshikawa, Indisponibilidade de bens e poder geral de cautela, *RDDP* 74/17; E. D. Moniz de Aragão, Medidas cautelares inominadas, *RBDP* 57/33; Ernane Fidelis Santos, *O direito de estar em juízo e a coisa julgada*, São Paulo: Revista dos Tribunais, 2014, p. 129-143; Fredie Didier Jr., *Curso de direito processual civil*, 10. ed., Salvador: JusPodivm, 2015, v. II; Fredie Didier Jr., *Curso de direito processual civil*, 17. ed., Salvador: JusPodivm, 2015, v. I; Fredie Didier Jr., Leonardo Carneiro da Cunha, Paula Sarno Braga e Rafael Alexandria de Oliveira. Diretrizes para a concretização das cláusulas gerais executivas dos arts. 139, IV, 297 e 536, § 1º, CPC. *Revista de Processo.* vol. 267. ano 42. p. 227. São Paulo: Ed. RT, maio/2017; Galeno Lacerda, Processo cautelar, *RF* 246/158; Guilherme Rizzo Amaral, *Comentários às alterações do novo CPC*, São Paulo: Revista dos Tribunais, 2015; Humberto Theodoro Jr., Medidas cautelares atípicas, *RF* 282/1; Humberto Theodoro Jr., *Processo cautelar*, p. 103 – aplicação de cautelas em fatos oriundos de ações da natureza; Humberto Theodoro Jr., *Tutela cautelar*, Rio de Janeiro: Aide, 1992, §§ 4º, 6º e 16; Humberto Theodoro Júnior, *Curso de direito processual civil*, 61. ed., Rio de Janeiro: Forense, 2020, v. I; Humberto Theodoro Júnior, Fernanda Alvim Ribeiro de Oliveira, Ester Camila Gomes Norato Rezende (coords.), *Primeiras lições sobre o novo direito processual civil brasileiro*, Rio de Janeiro: Forense, 2015; J. E. Carreira Alvim, *Comentários ao novo Código de Processo Civil*, Curitiba: Juruá, 2015; José Luiz Parra Pereira; Gustavo Filipe Barbosa Garcia. Tutelas Provisórias e Medidas de Urgência na Arbitragem. *Revista Magister do Direito Civil e Processual Civil*, ano XIII, n. 73. p. 42. Porto Alegre: Magister, jul.-ago./2016; José Maria Rosa Tesheiner e Rennan Faria Kruger Thamay. Aspectos da tutela provisória: da tutela de urgência e tutela de evidência, *Revista de Processo*, n. 257, p. 179-216, *2016;* Arruda Alvim. *Novo contencioso cível no CPC/2015.* São Paulo: Revista dos Tribunais, 2016, p. 169-193; José Miguel Garcia Medina, *Novo Código de Processo Civil comentado*, São Paulo: Revista dos Tribunais, 2015; Leonardo Ferres da Silva Ribeiro. Tutela provisória. In: Luiz Rodrigues Wambier, Teresa Arruda Alvim Wambier. *Temas Essenciais do Novo CPC.* São Paulo: RT, 2016, p. 177; Leonardo Greco, *Instituições de processo civil: introdução ao direito processual civil*, 5. ed., Rio de Janeiro: Forense, 2015; Leonardo Silva Nunes. A conciliação dos atos de comunicação processual e demais faculdades das partes apões a tutela provisória: um problema ainda mal compreendido. In: Fernando Gonzaga Jayme et. al. *Inovações e Modificações do Código de Processo Civil.* Belo Horizonte: Del Rey, 2017, p. 219; Luis Antônio Giampaulo Sarro, *Novo Código de Processo Civil*, São Paulo: Rideel, 2015; Luiz Guilherme Marinoni, Sérgio Cruz Arenhart, Daniel Mitidiero, *Curso de processo civil*, São Paulo: Revista dos Tribunais, 2015, v. I; Luiz Guilherme Marinoni; Daniel Mitidiero, In: Sérgio Cruz Arenhart e Daniel Mitidiero (coord.), *Comentários ao Código de Processo Civil*, 2. ed., São Paulo: RT, 2018, v. 4; Luiz Manoel Gomes Jr. e Thiago Buchi Batista. A tutela provisória do novo Código de Processo Civil e sua aplicação na ação de Improbidade Administrativa. *Revista de Processo*, vol. 260, ano 41, p. 131-167. São Paulo: RT, outubro/2016; Marcelo de Oliveira Milagres, In: Felipe Peixoto Braga Neto; Michael César Silva; Vinícius Lott Thibau (Coord.). *O Direito Privado e o novo Código de Processo Civil: repercussões, diálogos e tendências*, Belo Horizonte: Fórum, 2018; Nelson Nery Junior, Rosa Maria de Andrade Nery, *Comentários ao Código de Processo Civil*, São Paulo: Revista dos Tribunais, 2015; Oscar Valente Cardoso, A tutela provisória no novo Código de Processo Civil: urgência e evidência, *RDDP*, n. 148, p. 86, jul. 2015; Ricardo Ranzolin, Das tutelas de urgência e da carta arbitral: breves considerações sobre os novos artigos "22-A, B e C" da Lei de Arbitragem, *Revista Magister de Direito Civil e Processual Civil*, ano XI, n. 66, p. 5-13, maio-jun. 2015; Sidnei Amendoeira Júnior, Tutelas provisórias do novo CPC: características gerais, In: Ana Cândida Menezes Marcato et al. (orgs.), Reflexões sobre o Código de Processo Civil de 2015: uma contribuição dos membros do Centro de Estudos Avançados de Processo – Ceapro, São Paulo: Verbatim, 2018, p. 749 e ss.; Sydney Sanches, Poder cautelar geral do juiz, *RT* 587/13; Teresa Arruda Alvim Wambier, Fredie Didier Jr., Eduardo Talamini, Bruno Dantas (coords.), *Breves comentários ao novo Código de Processo Civil*, São Paulo: Revista dos Tribunais, 2015; Teresa Arruda Alvim Wambier, Maria Lúcia Lins Conceição, Leonardo Ferres da Silva Ribeiro, Rogério Licastro Torres de Melo, *Primeiros comentários ao novo Código de Processo Civil*, São Paulo: Revista dos Tribunais, 2015; Vitor Silveira Viana. Tutela provisória e arbitragem no Poder Judiciário. *Revista dos Tribunais*, vol. 973, ano 105. p. 271-319. São Paulo: RT, nov./2016.

TÍTULO II
DA TUTELA DE URGÊNCIA

Capítulo I
DISPOSIÇÕES GERAIS

Art. 300. A tutela de urgência será concedida quando houver elementos que evidenciem a probabilidade do direito e o perigo de dano ou o risco ao resultado útil do processo.

§ 1º Para a concessão da tutela de urgência, o juiz pode, conforme o caso, exigir caução real ou fidejussória idônea para ressarcir os danos que a outra parte possa vir a sofrer, podendo a caução ser dispensada se a parte economicamente hipossuficiente não puder oferecê-la.

§ 2º A tutela de urgência pode ser concedida liminarmente ou após justificação prévia.

§ 3º A tutela de urgência de natureza antecipada não será concedida quando houver perigo de irreversibilidade dos efeitos da decisão.

CPC/1973

Arts. 273 e 804.

REFERÊNCIA LEGISLATIVA

CPC/2015, art. 520 (execução provisória de sentença).

Lei nº 8.245, de 18.10.1991 (Locação – ver Legislação Especial), art. 59, § 1º (liminar para desocupação).

Lei nº 12.016, de 07.08.2009 (Mandado de Segurança – ver Legislação Especial), art. 7º.

Lei nº 8.437, de 30.06.1992 (Medida Cautelar – ver Legislação Especial), arts. 1º, 2º e 3º.

Lei nº 9.469, de 10.07.1997 (Advocacia-Geral da União – ver Legislação Especial), art. 6º (precatório).

Lei nº 8.069, de 13.07.1990 (Estatuto da Criança e do Adolescente), art. 157, §§ 3º e 4º (particularidades da concessão de liminar que envolva criança ou adolescente).

SÚMULAS

Súmulas do STF:

Nº 164: "No processo de desapropriação, são devidos juros compensatórios desde a antecipada imissão de posse, ordenada pelo juiz, por motivo de urgência."

Nº 729: "A decisão na ADC-4 não se aplica à antecipação de tutela em causa de natureza previdenciária."

Súmulas do STJ:

N.º 735: "Não cabe recurso extraordinário contra acórdão que defere medida liminar".

Nº 69: "Na desapropriação direta, os juros compensatórios são devidos desde a antecipada imissão na posse e, na desapropriação indireta, a partir da efetiva ocupação do imóvel."

Nº 212: "A compensação de créditos tributários não pode ser deferida em ação cautelar ou por medida liminar cautelar ou antecipatória." (Súmula cancelada em 14.09.2022 pela 1ª Seção do STJ)

Súmula do TRF da 4ª Região:

Nº 45: "Descabe a concessão de liminar ou de antecipação de tutela para a compensação de tributos."

CJF – I JORNADA DE DIREITO PROCESSUAL CIVIL

Enunciado 39 – Cassada ou modificada a tutela de urgência na sentença, a parte poderá, além de interpor recurso, pleitear o respectivo restabelecimento na instância superior, na petição de recurso ou em via autônoma.

Enunciado 40 – A irreversibilidade dos efeitos da tutela de urgência não impede sua concessão, em se tratando de direito provável, cuja lesão seja irreversível.

Enunciado 41 – Nos processos sobrestados por força do regime repetitivo, são possíveis a apreciação e a efetivação de tutela provisória de urgência, cuja competência será do órgão jurisdicional onde estiverem os autos.

Enunciado 42 – É cabível a concessão de tutela provisória de urgência em incidente de desconsideração da personalidade jurídica.

BREVES COMENTÁRIOS

As tutelas de urgência – cautelares e satisfativas – fundam-se nos requisitos comuns do *fumus boni iuris* e do *periculum in mora*, exigidos cumulativamente. Não há mais exigências particulares para obtenção da antecipação de efeitos da tutela definitiva (de mérito). Não se faz mais a distinção de pedido cautelar amparado na aparência de bom direito e pedido antecipatório amparado em prova inequívoca.

Continua, porém, relevante a distinção entre tutela cautelar (conservativa) e tutela antecipatória (satisfativa), porque (i) a medida cautelar tem a sua subsistência sempre dependente do procedimento que, afinal, deverá compor o litígio que se pode dizer "principal", ou "de mérito"; enquanto (ii) a tutela satisfativa antecipada pode, por conveniência das partes, estabilizar-se, dispensando o prosseguimento do procedimento para alcançar a sentença final de mérito, e, portanto, sem chegar à formação da coisa julgada. Em outros termos, a medida cautelar, por restringir direito, sem dar composição alguma ao litígio, não pode se estabilizar, fora ou independentemente da prestação jurisdicional definitiva; só a medida de antecipação de tutela pode, eventualmente, estabilizar-se, porquanto nela se obtém uma sumária composição da lide, com a qual os litigantes podem se satisfazer ou se contentar.

Para a tutela de urgência, não é preciso demonstrar cabalmente a existência do direito material em risco, mesmo porque esse, frequentemente, é litigioso e só terá sua comprovação e declaração no final do processo. Para merecer a tutela cautelar, o direito em risco há de revelar-se apenas como o interesse que justifica o "direito de ação", ou seja, o direito ao processo de mérito. O juízo necessário não é o de certeza, mas o de verossimilhança, efetuado sumária e provisoriamente à luz dos elementos produzidos pela parte. Incertezas ou imprecisões a respeito do direito material do requerente não podem assumir a força de impedir-lhe o acesso à tutela de urgência. Se, à primeira vista, conta a parte com a possibilidade de exercer o direito de ação e se o fato narrado, em tese, lhe assegura provimento de mérito favorável, e se acha apoiado em elementos de convencimento razoáveis, presente se acha o *fumus boni iuris*, em grau suficiente para autorizar a proteção das medidas sumárias, sejam conservativas ou satisfativas.

Ademais, a parte deverá demonstrar fundado temor de que, enquanto aguarda a tutela definitiva, venham a faltar as circunstâncias de fato favoráveis à própria tutela. E isto pode ocorrer quando haja o risco de perecimento, destruição, desvio, deterioração, ou de qualquer mutação das pessoas, bens ou provas necessários para a perfeita e eficaz atuação do provimento final do processo. O perigo de dano refere-se, portanto, ao interesse processual em obter uma justa composição do litígio, seja em favor de uma ou de outra parte, o que não poderá ser alcançado caso se concretize o dano temido. Ele nasce de dados concretos, seguros, objeto de prova suficiente para autorizar o juízo de grande probabilidade em torno do risco de prejuízo grave. Pretende-se combater os riscos de injustiça ou de dano derivados da espera pela finalização do curso normal do processo. Há que se demonstrar, portanto, o "perigo na demora da prestação da tutela jurisdicional" (CPC/2015, art. 300). Esse dano corresponde, assim, a uma alteração na situação de fato existente no tempo do estabelecimento da controvérsia – ou seja, do surgimento da lide –, que é ocorrência anterior ao processo. Não impedir sua consumação comprometerá a efetividade da tutela jurisdicional a que faz jus o litigante.

A proteção de urgência, como se tem procurado demonstrar, dirige-se predominantemente ao interesse público de preservar a força e a utilidade do processo para o desempenho da missão de promover a justa composição da lide, assim como a efetividade da prestação jurisdicional devida no plano do direito material.

Por isso, não é ela apanágio do requerente da tutela de urgência. Muitas vezes, o juiz, ao conceder a garantia pleiteada pelo requerente, sente que também o requerido pode correr algum risco de dano, igualmente merecedor de precaução processual. Para contornar tais situações, existe a figura da contracautela, segundo a qual o juiz, ao conceder determinada providência urgente a uma parte, condiciona a consecução da medida à prestação de caução, a cargo do requerente (art. 300, § 1º). Tudo se passa como no cumprimento provisório de sentença de mérito (arts. 297 e 520 a 522).

É importante que a reversibilidade prevista no § 3º seja aferida dentro dos limites do processo em que a antecipação ocorre. Como é óbvio, não pode justificar a medida excepcional do art. 300 a vaga possibilidade de a parte prejudicada ser indenizada futuramente por aquele a quem se beneficiou com a medida antecipatória. Só é realmente reversível, para os fins do art. 300, § 3º, a providência que assegure ao juiz as condições de restabelecimento pleno, caso necessário, dentro do próprio processo em curso.

JURISPRUDÊNCIA SELECIONADA

1. Tutela de urgência antecipada. Formação do contraditório antes da apreciação do pedido (§ 2º). "Nos termos do parágrafo 2.º do art. 300 do novo CPC, a tutela de urgência pode ser concedida liminarmente ou após justificação prévia. Regra de instalação do contraditório prévio para a concessão da tutela de urgência antecipada que deve prevalecer. Providência que antecipa os efeitos da tutela final, o que enseja a necessidade do contraditório, em função do princípio da bilateralidade da audiência" (TJSP, AI 2178169-19.2016.8.26.0000, Rel. Gilberto Leme, 35ª Câmara de Direito Privado, jul. 28.11.2016, data de registro 28.11.2016).

2. Tutela de urgência antecipada. Requisitos. Necessidade (*caput*). "A concessão da tutela provisória de urgência antecipada é discricionariedade do juízo monocrático e somente pode ser deferida desde que presentes os requisitos previstos no artigo 300 do novo Código de Processo Civil, o que não ocorreu no presente caso" (TJSP, AI 2228566-82.2016.8.26.0000, Rel. Israel Góes dos Anjos, 37ª Câmara de Direito Privado, jul. 06.12.2016, data de registro 09.12.2016).

"Nos termos do art. 300 do CPC/2015, a concessão da tutela provisória de urgência depende da configuração simultânea dos seguintes requisitos: i) a probabilidade do direito invocado; ii) o perigo de dano ou o risco ao resultado útil do processo; e iii) a reversibilidade dos efeitos da decisão. Logo, a ausência de um deles é suficiente para obstar a concessão da liminar pleiteada. Na hipótese dos autos, não restou devidamente demonstrada a probabilidade do direito invocado. Isto porque as alegações quanto à situação do imóvel não foram comprovadas por meio dos laudos acostados aos autos, de modo que se faz imprescindível a realização de perícia, assim como entendeu o Juízo a quo" (TRF5a Região, Ag. 08032930220194050000, Rel. Des. Fernando Braga, 3ª Turma, jul. 12.07.2019).

3. Tutela de urgência satisfativa. Flexibilização (§ 3º). "A norma que veda a concessão de liminar satisfativa não possui caráter absoluto (art. 1º, § 3º, Lei nº 8.437/92 e art. 300, § 3º, CPC/15), podendo/devendo ser flexibilizada, nas hipóteses de ineficácia da medida, caso outorgada a prestação jurisdicional somente ao final do procedimento e sempre que a situação de fato envolver bem jurídico de relevante importância" (TJMG, Agravo de Instrumento 1.0000.20.050623-6/001, Rel. Des. Alexandre Santiago, 8ª Câmara Cível, jul. 04.09.2020, *DJe* 14.09.2020).

4. Tutela inibitória. "Diante da verossimilhança da prática de concorrência desleal, é permitido ao Estado-Juiz emitir tutela antecipada de cunho inibitório, afastando preventivamente o risco de dano decorrente de ilícito mercadológico (art. 209, § 1º, da Lei nº 9.279/1996 e arts. 461, § 3º, e 273 do CPC)" [arts. 294, parágrafo único, e 300 do CPC/2015] (TJSP, AI 181.711-4/1, Rel. Des. Ênio Santarelli Zuliani, 3ª Câmara de Direito Privado, jul. 13.02.2001).

5. Irreversibilidade inversa (§ 3º).

"Em verdade, diante de tais fatos, noticiados na petição dos embargos de declaração, imperioso concluir que a manutenção da antecipação da tutela, suspendendo a execução do julgado rescindendo, pode ocasionar danos irreparáveis à parte ré, em razão da demora do processo. Trata-se, pois, de irreversibilidade de fato, que impede a concessão da tutela antecipatória, porquanto insuscetível de ser resolvida em perdas e danos (artigo 273, § 2º, do Código de Processo Civil)" [art. 300, § 3º, do CPC/2015] (STJ, EDcl no AgRg na AR 3.163/PR, Rel. Min. Hélio Quaglia Barbosa, 3ª Seção, jul. 08.03.2006, *DJ* 20.03.2006, p. 190). **No mesmo sentido:** STJ, REsp 408.828/MT, Rel. Min. Barros Monteiro, 4ª Turma, jul. 01.03.2005, *DJ* 02.05.2005, p. 354.

"A exigência da irreversibilidade inserta no § 2º do art. 273 do CPC [art. 300, § 3º, do CPC/2015] não pode ser levada ao extremo, sob pena de o novel instituto da tutela antecipatória não cumprir a excelsa missão a que se destina" (STJ, REsp 144.656/ES, Rel. Min. Adhemar Maciel, jul. 06.10.1997, 2ª Turma, *Revista Jurisprudência Mineira* 142/464).

Contrato de franquia. Cláusula de não concorrência. Irreversibilidade inversa (§ 3º). "Não ofende o art. 300, § 3º, do CPC, decisão que, diante da incontroversa existência de cláusula de não concorrência, defere tutela de urgência voltada ao estrito cumprimento do contrato, inibindo a pretensão do contratante a ela vinculado de exercer a concorrência no mesmo mercado durante o respectivo período de vigência. Irreversibilidade causaria a revogação da antecipação de tutela, uma vez que escoaria o período da restrição, exaurindo-se os efeitos da cláusula, sem que ela tivesse surtido seus efeitos próprios, nos termos do contrato de franquia" (STJ, AgInt no REsp 1.802.278/

RJ, Rel. p/ acórdão Min. Maria Isabel Gallotti, 4ª Turma, jul. 29.10.2019, *DJe* 02.12.2019).

6. Tutela antecipada. Requerimento em sustentação oral. Viabilidade. "O pedido de antecipação dos efeitos da tutela poderia ser formulado ao relator, e o art. 273 do CPC/1973 deixa nítido que novas circunstâncias podem autorizar o pedido, não havendo razoabilidade na tese de que o requerimento não pode ser feito, em sede de sustentação oral, ao Colegiado que apreciará o recurso". (STJ, REsp 1332766/SP, Rel. Min. Luis Felipe Salomão, 4ª Turma, jul. 01.06.2017, *DJe* 01.08.2017).

7. Ação pauliana e tutela de urgência. "Vendedora que está sendo demandada em execução de título extrajudicial. Não localização de bens para satisfazer o crédito da execução. Indicativos de insolvência. Decisão que defere tutela de urgência cautelar e determina indisponibilidade de imóvel e seu arresto. Possibilidade" (TJPR, AI n. 0001061-45.2018.8.16.0000, 17ª Cam. Cív. Rel. Des. Jefferson Alberto Jonhsson, *DJ* 15.03.2018).

8. Tutela provisória de urgência. Agregação de efeito suspensivo a recurso especial. "Possibilidade de que a pretensão recursal da agravada tenha êxito, ante a plausibilidade da existência de violação aos dispositivos de lei apontados no recurso especial, o que configura o *fumus boni iuris*. *Periculum in mora* que se evidencia ante aos prejuízos advindos do bloqueio total das contas bancárias da executada, causando desproporcional prejuízo para a continuidade da atividade empresarial. A mera liberação de valores objeto de bloqueio nas contas da sociedade empresária executada, cuja situação econômica não se demonstra estar fragilizada, máxime estar a execução garantida, não configura *periculum in mora inverso*" (STJ, AgInt no AgInt no TP 1.932/SP, Rel. Min. Paulo de Tarso Sanseverino, 3ª Turma, jul. 01.07.2019, *DJe* 02.08.2019).

9. Tutela de urgência. Locação de equipamentos. Pandemia da Covid-9. Abatimento de percentual do aluguel durante o período de exceção. "Na hipótese em apreço, é possível constatar que a queda de faturamento descrita pela autora-agravada neste período em que foi obrigada a reduzir – senão suspender integralmente – suas atividades revela situação crítica diante das despesas mensais vencidas e vincendas no curso da restrição, sendo certo que, a propósito da impugnação ora acrescida em sede de agravo interno, os alugueres com locação de equipamentos médicos representam apenas parte destas despesas. A propósito da irresignação quanto aos critérios para fixação do percentual de abatimento dos alugueres, ressaltou-se a natureza precária da tutela de urgência, cujos efeitos são reversíveis no caso de improcedência ou procedência parcial (art. 296 e 302, CPC), daí por que a possibilidade de contraditório diferido autoriza a decisão liminar com base em juízo de probabilidade, sob pena de ineficácia da pretendida tutela de urgência" (TJSP, Agravo Interno Cível 2119371-26.2020.8.26.0000, Rel. Des. Artur Marques, 35ª Câmara de Direito Privado, jul. 22.07.2020, DJeSP 27.07.2020).

10. Bloqueio de bens particulares e desconsideração da personalidade jurídica. Determinação pelo Tribunal de Contas da União. Possibilidade. "A jurisprudência pacificada do STF admite que as Cortes de Contas lancem mão de medidas cautelares, as quais, levando em consideração a origem pública dos recursos sob fiscalização, podem recair sobre pessoas físicas e jurídicas de direito privado. A Lei 8.443/1992 prevê expressamente a possibilidade de bloqueio cautelar de bens pelo TCU ou por decisão judicial, após atuação da Advocacia-Geral da União (arts. 44, § 2°, e 61). Sem embargo, a fruição do direito de propriedade, que goza de expressa proteção constitucional, somente pode ser obstado ou limitado em caráter definitivo pelo Poder Judiciário, guardião último dos direitos e garantias fundamentais. Nada obsta, porém, que o TCU decrete a indisponibilidade cautelar de bens, pelo prazo não superior a um ano (art. 44, § 2°), sendo-lhe permitido, ainda, promover, cautelarmente, a desconsideração da personalidade jurídica da pessoa jurídica objeto da apuração, de maneira a assegurar o resultado útil do processo" (STF, MS 35.506, Rel. p/ Acórdão Min. Ricardo Lewandowski, Tribunal Pleno, jul. 10.10.2022, *DJe* 14.12.2022).

11. Contracautela em sustação de protesto. "Para fins do art. 543-C do Código de Processo Civil [art. 1.036 do CPC/2015]: A legislação de regência estabelece que o documento hábil a protesto extrajudicial é aquele que caracteriza prova escrita de obrigação pecuniária líquida, certa e exigível. Portanto, a sustação de protesto de título, por representar restrição a direito do credor, exige prévio oferecimento de contracautela, a ser fixada conforme o prudente arbítrio do magistrado" (STJ, REsp 1.340.236/SP, Rel. Min. Luis Felipe Salomão, 2ª Seção, jul. 14.10.2015, *DJe* 26.10.2015).

12. Escopo da norma. "A antecipação de tutela, nos moldes do disposto no artigo 273 do Código de Processo Civil [art. 300 do CPC/2015], constitui relevante instrumentário de que dispõe o magistrado para que, existindo prova inequívoca e verossimilhança das alegações, dentro de seu prudente arbítrio, preste tutela jurisdicional oportuna e adequada que efetivamente confira proteção ao bem jurídico tutelado, abreviando, ainda que em caráter provisório, os efeitos práticos do provimento definitivo" (STJ, REsp 1.306.690/SP, Rel. Min. Luis Felipe Salomão, 4ª Turma, jul. 10.04.2012, *DJe* 23.04.2012).

13. Momento da concessão:

Inaudita altera pars. "A juntada de documentos novos é possível a qualquer momento durante a tramitação do processo. Em que pese, de fato, o julgado singular tenha-se baseado nos documentos sobre os quais não teve prévia vista da parte adversa, considerando as peculiaridades específicas dos autos, de iminente risco de vida da autora, não é de ser proclamada a nulidade. A uma, por se tratar de tutela antecipada e presentes os seus requisitos autorizadores, consubstanciados no risco de lesão grave e verossimilhança do direito alegado, **pode ela ser requerida, concedida e/ou revogada a qualquer momento, no curso da lide, e independentemente da audiência do réu**. A duas, porque, mesmo tendo o deferimento da antecipação da tutela sido embasado em documento novo trazido aos autos, posteriormente o agravante teve a oportunidade de se manifestar acerca de tal prova e optou por não a impugnar quanto ao seu conteúdo. E, por último, a prova juntada aos embargos declaratórios (relatório médico) tratava do grave estado de saúde atual da autora e poderia não ter mais utilidade se a prestação jurisdicional se desse tão somente após a intimação da parte adversa para se manifestar nos autos" (STJ, AgRg no REsp 1.072.934/MG, Rel. Min. Benedito Gonçalves, 1ª Turma, jul. 05.03.2009, *DJe* 18.03.2009).

Apreciação do pedido de antecipação de tutela após a contestação. "O juízo de primeiro grau, ao deixar de apreciar pedido de tutela antecipada, optando por manifestar-se após a contestação, o que fez, em última análise, foi considerar ausente o pressuposto específico do risco de dano (*periculum in mora*), porquanto não vislumbrou prejuízo para a parte quando postergou eventual concessão da medida. Não se trata, portanto, de mero despacho, e sim de decisão interlocutória, vez que, não tendo sido concedida a antecipação da tutela, permaneceu para o autor o interesse em afastar a ocorrência de dano irreparável. Cabível, nessas circunstâncias, a interposição do **agravo de instrumento**, com o intuito de obstar, de imediato, a ocorrência do dano. Em recurso especial contra acórdão que nega ou concede medida cautelar ou antecipação da tutela, as questões federais suscetíveis de exame são as relacionadas com as normas que disciplinam os requisitos ou o regime da tutela de urgência. Não é apropriado invocar desde logo ofensa às disposições normativas relacionadas com o próprio mérito da demanda" (STJ, REsp 814.100/MA, Rel. Min. Teori Albino Zavascki, 1ª Turma, jul. 17.02.2009, *DJe* 02.03.2009).

Sentença. "Se a tutela antecipada é concedida no próprio bojo da sentença terminativa de mérito da ação ordinária, o recurso cabível para impugná-la é a apelação, pelo princípio da unirrecorribilidade, achando-se correto o não conhecimento do agravo de instrumento pelo Tribunal *a quo*" (STJ, REsp 645.921/MG, Rel. Min. Aldir Passarinho Junior, 4ª Turma, jul. 24.08.2004, *DJ* 14.02.2005).

14. Exigência de caução (§ 1º).

"Não há incompatibilidade entre o procedimento da antecipação de efeitos da tutela e a exigência de caução. Apesar de o art. 475-O [art. 520 do CPC/2015] mencionar, apenas, a execução provisória do julgado, sua proteção deve ser estendida, 'no que couber', aos provimentos antecipatórios" (STJ, REsp 952.646/SC, Rel. Min. Nancy Andrighi, 3ª Turma, jul. 04.11.2008, *DJe* 04.08.2009). No mesmo sentido: STJ, AgRg no Ag 860.166/SP, Rel. Min. Sidnei Beneti, 3ª Turma, jul. 05.03.2009, *DJe* 24.03.2009. **Nota:** Cf. art. 300, § 1º, do CPC/2015.

"Não ofende o art. 804 [art. 300, §§ 1º e 2º, do CPC/2015] do estatuto processual decisão que concede liminarmente a medida cautelar sem ordenar a prestação de caução pelo requerente, por tratar-se de faculdade do órgão julgador" (STJ, REsp 601.177/ES, Rel. Min. Cesar Asfor Rocha, 4ª Turma, jul. 08.08.2006, *DJ* 11.09.2006).

15. *Periculum in mora (caput).* "A demora no ajuizamento da ação é incompatível com as alegações de periculum in mora. Ademais, a agravante não trouxe qualquer dado concreto que demonstrasse, de forma cabal, a possibilidade de efetivos danos, de natureza irreparável ou de difícil reparação, limitando-se a emitir alegações genéricas, incapazes de modificar a decisão recorrida" (TRF 4ª Região, AG 5015356-15.2011.4.04.0000, Rel. Des. Maria Lúcia Luz Leiria, 3ª Turma, jul. 25.10.2011, *DJ* 16.12.2011).

"A configuração do periculum in mora resulta da comprovada probabilidade do dano, e não de mera conjectura. Tão só o receio de que o magistrado possa vir a ser induzido a erro quanto à consistência de bem a ser apresentado a caução não revela a presença do requisito" (STJ, AgRg na MC 11.074/RS, Rel. Min. Castro Filho, 3ª Turma, jul. 19.10.2006, *DJU* 13.11.2006, p. 239).

16. Tutela de urgência. Efeitos do recurso de apelação. "A interpretação meramente gramatical do art. 520, VII, do CPC [art. 1.012, V, do CPC/2015] quebra igualdade entre partes. Eventual efeito suspensivo da apelação não atinge o dispositivo da sentença que tratou de antecipação da tutela anteriormente concedida" (STJ, REsp 768.363/SP, Rel. Min. Humberto Gomes de Barros, 3ª Turma, jul. 14.02.2008, *DJ* 05.03.2008, p. 1).

"A doutrina e jurisprudência vêm admitindo a antecipação dos efeitos da tutela na sentença, afastando-se, no momento do recebimento da apelação, o efeito suspensivo com relação a essa parte do *decisum*" (STJ, REsp 706.252/SP, Rel. Min. Luiz Fux, 1ª Turma, jul. 13.09.2005, *DJ* 26.09.2005, p. 234). **No mesmo sentido:** STJ, REsp 648.886/SP, Rel. Min. Nancy Andrighi, 2ª Seção, jul. 25.08.2004, *DJ* 06.09.2004, p. 162; STJ, REsp 267.540/SP, Rel. Min. Humberto Gomes de Barros, 3ª Turma, jul. 21.11.2006, *DJ* 12.03.2007.

"A antecipação da tutela possui conteúdo precário em virtude de seu juízo preliminar e perfunctório, contemplando apenas a verossimilhança das alegações. Uma vez proferida a sentença de mérito e refutada a verossimilhança antes contemplada, não podem subsistir os efeitos da antecipação, importando no retorno imediato ao *status quo* anterior à sua concessão, devido a expresso comando legal. **O recebimento da apelação, no seu duplo efeito, não tem o condão de restabelecer os efeitos da tutela antecipada**" (STJ, AgRg no Ag 1.223.767/SP, Rel. Min. Luis Felipe Salomão, 4ª Turma, *DJ* 22.08.2011).

Ver jurisprudência do art. 1.012 do CPC/2015.

17. Deferimento em embargos de declaração. "A tutela antecipada pode ser concedida na sentença ou, se omitida a questão anteriormente proposta, nos embargos de declaração. Art. 273 do CPC" [art. 300 do CPC/2015] (STJ, REsp 279.251/SP, Rel. Min. Ruy Rosado de Aguiar, 4ª Turma, *DJ* 30.04.2001, p. 138).

18. Tutela de urgência. Reconsideração. Possibilidade. "Cabe ao magistrado reconsiderar decisão de indeferimento de antecipação de tutela quando verificar que o autor cumpriu os pressupostos necessários à concessão da medida requerida" (STJ, AgRg no Ag 1.358.283/MT, Rel. Min. João Otávio de Noronha, 4ª Turma, jul. 09.08.2011, *DJe* 19.08.2011).

19. Recurso especial. "A jurisprudência dominante no STJ é no sentido de não conhecer de recurso especial em que se controverte a respeito da presença ou não dos requisitos da antecipação da tutela previstos no art. 273 do CPC [art. 300 do CPC/2015], para cujo exame faz-se indispensável análise de matéria de fato. Precedentes de todas as turmas do STJ. Considera-se, também, que não cabe, sob o pretexto de discutir a verossimilhança do direito, invocar violação a norma que diga respeito ao próprio mérito da causa, a cujo respeito, nessa fase, o juízo efetuado nas instâncias ordinárias é apenas de verossimilhança, sendo que, não raro, a matéria de mérito é regrada por normas constitucionais ou normas de direito local, insuscetíveis de apreciação em recurso especial. Precedentes" (STJ, REsp 665.273/RS, Rel. Min. Teori Albino Zavascki, 1ª Turma, jul. 22.05.2007, *DJ* 04.06.2007, p. 300). **No mesmo sentido:** STJ, REsp 605.720/PR, Rel. Min. Fernando Gonçalves, 4ª Turma, jul. 12.12.2005, *DJ* 01.02.2006, p. 562; STJ, AgRg no REsp 739.159/PR, Rel. Min. Celso Limongi, 6ª Turma, jul. 17.02.2009, *DJe* 02.03.2009.

20. Agravo. Sentença superveniente "Perde objeto o recurso relativo à antecipação da tutela quando a sentença superveniente (a) revoga, expressa ou implicitamente, a liminar antecipatória (o que pode ocorrer com juízo de improcedência ou de extinção do processo sem julgamento de mérito), ou, (b) sendo de procedência (integral ou parcial), tem aptidão para, por si só, irradiar os mesmos efeitos da medida antecipatória. Em qualquer dessas situações, o provimento do recurso relativo à liminar não teria o condão de impedir o cumprimento da sentença superveniente" (STJ, AgRg no REsp 506.887/RS, Rel. Min. Teori Albino Zavascki, 1ª Turma, jul. 15.02.2005, *DJ* 07.03.2005, p. 142). **No mesmo sentido:** STJ, AgRg no REsp 638.561/RS, Rel. Min. Denise Arruda, 1ª Turma, jul. 02.08.2007, *DJ* 06.09.2007, p. 195; STJ, AgRg no REsp 587.514/SC, Rel. Min. Laurita Vaz, 5ª Turma, jul. 15.02.2007, *DJ* 12.03.2007, p. 308; STJ, AgRg no REsp 727.234/AL, Rel. Min. Teori Albino Zavascki, 1ª Turma, jul. 19.05.2005, *DJ* 06.06.2005, p. 227; STJ, REsp 541.544/SP, Rel. Min. Cesar Asfor Rocha, 4ª Turma, jul. 16.05.2006, *DJ* 18.09.2006, p. 322; STJ, HC 33.051/RS, Rel. Min. Carlos Alberto Menezes Direito, 3ª Turma, jul. 11.05.2004, *DJ* 28.06.2004.

"O julgamento da causa esgota, portanto, a finalidade da medida liminar, fazendo cessar a sua eficácia. Daí em diante, prevalece o comando da sentença, e as eventuais medidas de urgência devem ser postuladas no âmbito do sistema de recursos, seja a título de efeito suspensivo, seja a título de antecipação da tutela recursal, providências cabíveis não apenas em agravo de instrumento (CPC, arts. 527, III e 558) [arts. 1.019, I, e 932, II, do CPC/2015], mas também em apelação (CPC, art. 558, parágrafo único) e em recursos especiais e extraordinários (RI/STF, art. 21, IV; RI/STJ, art. 34, V)" (STJ, REsp 667.281, Rel. Min. Teori Zavascki, jul. 16.05.2006).

21. Reposição do estado *quo ante*. "Em nosso sistema, o risco pela reposição do *status quo ante*, em face do cumprimento de liminares ou sentenças posteriormente modificadas, revogadas ou anuladas, é da parte que requer e que se beneficia da medida (CPC, artigos 475-O, I, e 273, § 3º do CPC)" [arts. 520, I, e 297, parágrafo único, do CPC/2015] (STJ, REsp 767.928/RS, Rel. Min. Teori Albino Zavascki, 1ª Turma, jul. 17.12.2009, *DJe* 02.02.2010).

Fato consumado. "Inaplicável a teoria do fato consumado, *in casu*, pois o candidato, ao tomar posse em cargo público, por meio de antecipação dos efeitos da tutela judicial, assumiu a responsabilidade decorrente da previsível reversibilidade do *decisum* (arts. 273 e 588, ambos do CPC)" [arts. 300 e 520 do CPC/2015] (STJ, AgRg no Ag 964.379/MG, Rel. Min. Celso Limongi, 6ª Turma, jul. 29.09.2009, *DJe* 19.10.2009).

Restituição dos valores recebidos. "É firme a jurisprudência do STJ no sentido de que os valores indevidamente pagos por força de decisão judicial liminar posteriormente revogada são passíveis de devolução" (STJ, AgRg no AREsp 40.007/SC, Rel. Min. Teori Albino Zavascki, 1ª Turma, jul. 10.04.2012, *DJe* 16.04.2012).

22. Fazenda Pública. "A jurisprudência desta Corte se consolidou no sentido da possibilidade de concessão de antecipação de tutela contra a Fazenda Pública, nos casos não vedados pelo art. 1º da Lei nº 9.494/1997. Assim, não versando os autos sobre reclassificação, equiparação, aumento ou extensão de vantagens pecuniárias de servidor público ou concessão de pagamento de vencimentos, a antecipação de tutela deve ser deferida" (STJ, AgRg no Ag 802.016/PE, Rel. Min. Laurita Vaz, 5ª Turma, jul. 21.11.2006, *DJ* 05.02.2007, p. 350). **No mesmo sentido:** STJ, REsp 881.571/PR, Rel. Min. Humberto Martins, 2ª Turma, jul. 15.02.2007, *DJ* 01.03.2007, p. 255; STJ, AgRg no REsp 867.619/PR, Rel. Min. Paulo Medina, 6ª Turma, jul. 08.03.2007, *DJ* 23.04.2007, p. 326; STJ, REsp 535.590/RS, Rel. Min. João Otávio de Noronha, 2ª Turma, jul. 06.02.2007, *DJ* 26.02.2007, p. 569; STF, RE 495.740 TA-referendo/DF, Rel. Min. Celso de Mello, 2ª Turma, jul. 02.06.2009, *DJ* 14.08.2009.

Excepcionalidade. "Esta Corte Superior vem entendendo, em regra, pela impossibilidade da antecipação de tutela em face da Fazenda Pública, conforme a decisão do Pretório Excelso acerca de liminar na ADC nº 4; admitindo-a apenas em casos excepcionais, em que a necessidade premente do requerente tornaria imperiosa a concessão antecipada de tutela. A vedação não tem cabimento em situações especialíssimas, nas quais restam evidentes o estado de necessidade e a exigência da preservação da vida humana, sendo imperiosa a antecipação da tutela como condição de sobrevivência do requerente" (STJ, AGREsp 397.275/SP, Rel. Min. Francisco Falcão, 1ª Turma, *DJ* 02.12.2002).

"A tutela antecipada contra o Estado é admissível quando em jogo direitos fundamentais, como o de prestar saúde a toda a coletividade. Proteção imediata do direito instrumental à consecução do direito-fim e dever do Estado" (STJ, AgRg no REsp 635.949/SC, Rel. Min. Luiz Fux, 1ª Turma, jul. 21.10.2004, *DJ* 29.11.2004, p. 252).

Reexame obrigatório. "A obrigatoriedade do reexame necessário das sentenças proferidas contra a Fazenda Pública (art. 475 do CPC) [art. 496 do CPC/2015]não é óbice à antecipação dos efeitos da tutela pleiteada" (STJ, REsp 913.072/RJ, Rel. Min. Teori Albino Zavascki, 1ª Turma, jul. 12.06.2007, *DJ* 21.06.2007, p. 301).

"Não há falar-se em necessidade da remessa *ex officio* da decisão que antecipou a tutela jurisdicional, visto que aplicável somente às sentenças terminativas, com apreciação do mérito, proferidas em desfavor da Fazenda Pública" (STJ, AgRg no Ag 481.205/MG, Rel. Min. Hélio Quaglia Barbosa, 6ª Turma, jul. 11.04.2006, *DJ* 26.06.2006, p. 224).

23. Intervenção judicial em instituição financeira. "Entre os diversos meios colocados à disposição do interessado para obter o cumprimento da tutela antecipatória, não se acha a intervenção judicial em entidade bancária, mediante o afastamento de seu presidente" (STJ, AgRg na Pet. 734/CE, Rel. Min. Barros Monteiro, 2ª Seção, jul. 23.10.1996, *DJ* 25.11.1996, p. 46.134).

24. Despejo. "Cabível, nas ações de despejo, a antecipação de tutela, como o é em toda a ação de conhecimento, seja a ação declaratória, seja constitutiva (negativa ou positiva) condenatória, mandamental, se presentes os pressupostos legais" (STJ, REsp 445.863/SP, Rel. Min. José Arnaldo da Fonseca, 5ª Turma, jul. 05.12.2002, *DJ* 19.12.2002, p. 407).

25. Inviabilização de atividade econômica. "Não é de se reconhecer descabida, por princípio, a possível solidariedade passiva formada pela construtora e a empresa de assessoria imobiliária que intermedeia e viabiliza venda de apartamento em incorporação frustrada, pela devolução de parcelas pagas pelo consumidor. Ainda que a garantia seja executada em favor do consumidor, não deve levar, em sede de antecipação, a inviabilizar a atividade econômica do devedor, sendo de se reduzir o bloqueio e depósito a 30% das comissões e até o limite da devolução corrigida das parcelas" (TJRS, AI 598501054, Rel. Des. Fernando Henning Júnior, 17ª Câmara Cível, jul. 30.03.1999, *Revista de Jurisprudência do TJRS* 195/260).

26. Ação revisional de contrato de financiamento habitacional. "Conquanto de reconhecida constitucionalidade, a execução do Decreto-lei nº 70/1966 (autoriza o funcionamento de associações de poupança e empréstimos e institui a cédula hipotecária), por se proceder de forma unilateral e extrajudicialmente, não deve acontecer na pendência de ação revisional de contrato de financiamento habitacional movida pelo mutuário, pertinente a concessão de tutela antecipada para tal finalidade" (STJ, REsp 462.629/RS, Rel. Min. Aldir Passarinho Júnior, 4ª Turma, jul. 26.11.2002, *DJ* 10.03.2003, p. 239). **No mesmo sentido:** STJ, REsp 455.933/SP, Rel. Min. Castro Filho, 3ª Turma, jul. 25.09.2006, *DJ* 09.10.2006, p. 284.

27. Desapropriação. "Efeitos da tutela antecipada concedidos para que sejam suspensos pagamentos de parcelas acordados em cumprimento a precatório expedido. Alegação, em sede de ação declaratória de nulidade, de que a área reconhecida como desapropriada, por via de ação desapropriatória indireta, pertence ao vencido, não obstante sentença trânsita em julgado. Efeitos de tutela antecipada que devem permanecer até solução definitiva da controvérsia. Conceituação dos efeitos da coisa julgada em face dos princípios da moralidade pública e da segurança jurídica" (STJ, REsp 240.712/SP, Rel. Min. José Delgado, jul. 15.05.2000, *DJ* 24.04.2000, p. 38).

28. SPC e Serasa. "Em ação cujo pedido se funda na revisão de contrato bancário, só é cabível a antecipação de tutela, como meio para obstar a inscrição do nome do devedor nos cadastros de proteção ao crédito, quando cumpridos os seguintes requisitos: a) que haja ação proposta pelo devedor contestando a existência integral ou parcial do débito; b) que haja efetiva demonstração de que a contestação da cobrança indevida se funda na aparência do bom direito; c) que, sendo a contestação apenas de parte do débito, deposite o valor referente à parte tida por incontroversa, ou preste caução idônea, ao prudente arbítrio do magistrado (REsp nº 527.618, Rel. Min. Cesar Asfor Rocha, jul. 22.11.2003)" (STJ, AgRg no Ag 770.480/RS, Rel. Min. Hélio Quaglia Barbosa, 4ª Turma, jul. 27.03.2007, *DJ* 30.04.2007, p. 325). **No mesmo sentido:** STJ, REsp 522.282/SP, Rel. Min. Jorge Scartezzini, 4ª Turma, jul. 23.11.2004, *DJ* 17.12.2004, p. 555.

29. Ação de emissão na posse. "Não prevista pelo CPC em vigor como ação sujeita a procedimento especial, aplica-se à ação de imissão de posse, de natureza petitória, o rito comum (procedimento ordinário); cabível, em consequência, o pedido de tutela antecipada, a qual será deferida desde que preenchidos os requisitos que lhe são próprios" (STJ, REsp 404.717/MT, Rel. Min. Nancy Andrighi, 3ª Turma, jul. 27.08.2002, *DJ* 30.09.2002, p. 257).

30. Ação de reintegração de posse. "É possível a antecipação de tutela em ação de reintegração de posse em que o esbulho data de mais de ano e dia (posse velha), submetida ao rito comum, desde que presentes os requisitos que autorizam a sua concessão, previstos no art. 273 do CPC [art. 300 do CPC/2015], a serem aferidos pelas instâncias de origem" (STJ, AgRg no REsp 1.139.629/RJ, Rel. Min. Maria Isabel Gallotti, 4ª

Turma, jul. 06.09.2012, *DJe* 17.09.2012). **No mesmo sentido:** TJSP, AgIn 430.674-4/0-00, Rel. Des. Ênio Zuliani, 4ª Câmara, jul. 12.012006, *RT* 849/276.

31. Ação rescisória. "Em casos excepcionais, cabe a concessão de tutela antecipada em ação rescisória, desde que presentes cumulativamente seus requisitos autorizadores. No caso em análise, ainda que se alegue erro de fato, buscando convencer quanto ao *fumus boni iuris*, não foi apontado o *periculum in mora* que justificaria o deferimento do pedido" (STJ, EDcl na AR 4.399/PR, Rel. Min. Herman Benjamin, 1ª Seção, jul. 24.03.2010, *DJe* 16.04.2010). **No mesmo sentido:** STJ, REsp 840.218/SC, Rel. Min. Teori Albino Zavascki, 1ª Turma, jul. 17.08.2006, *DJ* 31.08.2006, p. 271; STJ, EDcl no AgRg na AR 1.291/SP, Rel. Min. Luiz Fux, 1ª Seção, jul. 24.11.2004, *DJ* 13.12.2004, p. 193; STJ, REsp 651.241/SP, Rel. Min. Francisco Peçanha Martins, 2ª Turma, jul. 20.10.2005, *DJ* 21.11.2005, p. 184.

32. Ação declaratória. "A tutela antecipada é cabível em toda ação de conhecimento, seja a ação declaratória, seja constitutiva (negativa ou positiva), condenatória, mandamental, se presentes os requisitos do art. 273, CPC" [art. 300 do CPC/2015] (STJ, AGRMC 4.205/MG, Rel. Min. José Arnaldo da Fonseca, 5ª Turma, *DJ* 04.03.2002). No mesmo sentido: STJ, AgRg no AREsp 521.327/RS, Rel. Min. Ricardo Villas Bôas Cueva, 3ª Turma, jul. 18.06.2015, *DJe* 04.08.2015.

33. Compensação de tributos. "A iterativa jurisprudência desta Corte já firmou o entendimento no sentido de ser incabível a compensação de tributos através de antecipação de tutela, ou via liminar em mandado de segurança, ou em ação cautelar, em razão da total ausência dos requisitos previstos no art. 273 do CPC [art. 300 do CPC/2015], autorizadores do seu deferimento" (STJ, REsp 514.279/RJ, Rel. Min. Francisco Peçanha Martins, 2ª Turma, jul. 23.08.2005, *DJ* 17.10.2005, p. 243).

34. Direitos patrimoniais e não patrimoniais. "A tutela antecipatória prevista no art. 273 do CPC [art. 300 do CPC/2015] pode ser concedida em causas envolvendo direitos patrimoniais ou não patrimoniais, pois o aludido dispositivo não restringiu o alcance do novel instituto, pelo que é vedado ao intérprete fazê-lo. Nada obsta, por outro lado, que a tutela antecipatória seja concedida nas ações movidas contra as pessoas jurídicas de direito público interno" (STJ, REsp 144.656/ES, Rel. Min. Adhemar Maciel, 2ª Turma, jul. 06.10.1997, *DJ* 27.10.1997).

35. Arbitragem. "O cumprimento de sentença arbitral é sempre processado em caráter definitivo, circunstância que não se modifica em virtude do ajuizamento de ação anulatória. São duas as formas de impugnação judicial da sentença proferida em procedimento arbitral quando dela resulta a condenação ao pagamento de quantia certa: a) o ajuizamento de ação visando à declaração de nulidade da sentença, nos moldes do art. 33 da Lei nº 9.307/1996, e b) o oferecimento de impugnação ao pedido de cumprimento de sentença, nos moldes do art. 475-J, § 1º, do CPC/1973 [art. 523, *caput*, do CPC/2015], observada a regra do parágrafo 3º do art. 33 da Lei da Arbitragem. A simples propositura de ação anulatória não é suficiente para suspender a execução, ressalvada a concessão de efeito suspensivo em atendimento a pedido de tutela provisória de urgência, o que não ocorreu na espécie. Possibilidade, em tese, de dar à ação de invalidação de sentença arbitral em curso o mesmo tratamento conferido à impugnação ao cumprimento de sentença, desde que oferecida a garantia e requerida tal providência ao juízo da execução dentro do prazo legal, cabendo a ele decidir, se for o caso, a respeito da suspensão do feito executivo" (STJ, REsp 1.636.113/SP, Rel. Min. Ricardo Villas Bôas Cueva, 3ª Turma, jul. 13.06.2017, *DJe* 05.09.2017).

36. Tutela de urgência no direito de família. "No direito de família, notadamente quando se trata do interesse de menores, a responsabilidade do julgador é redobrada: é a vida da criança que está para ser decidida, e para uma criança, muitas vezes, um simples gesto implica causar-lhe um trauma tão profundo que se refletirá por toda a sua vida adulta. Por esse motivo, toda a mudança brusca deve ser, na medida do possível, evitada. Nos processos envolvendo a guarda de menores, a verossimilhança deve ser analisada com maior rigor. Tirar a criança do convívio com sua mãe, com quem esteve, sempre, desde o nascimento, é medida que só pode ser adotada em casos extremos. Não há reexame de provas nas situações em que, mediante a leitura do próprio acórdão recorrido, é possível extrair informações suficientes para que se promova seu controle de mérito. É inverossímil a versão exposta na petição inicial da ação de guarda, que imputa uma série de comportamentos inaceitáveis à mãe da criança, se poucos meses antes do ajuizamento dessa ação os pais vinham, em conjunto, negociando acordo para a guarda compartilhada do menor. Determinar a modificação da guarda da criança, retirando-a da mãe, diante de um panorama incerto como esse, é medida que deve ser evitada. É fundamental antecipar a tutela recursal para, neste processo, manter a criança com a mãe até o julgamento do recurso especial. Deferida antecipação da tutela recursal" (STJ, AgRg no Ag 1.121.907/SP, Rel. Min. Sidnei Beneti, Rel. p/ Ac. Min. Nancy Andrighi, 3ª Turma, jul. 05.05.2009, *DJe* 03.06.2009).

37. Concessão comercial. Rescisão. "É princípio do direito contratual de relações continuativas que nenhum vínculo é eterno. Se uma das partes manifestou sua vontade de rescindir o contrato, não pode o Poder Judiciário impor a sua continuidade. Ausência do *fumus boni juris*, pressuposto indispensável para concessão de liminar. Precedentes do STJ" (STJ, AgRg no Ag 988.736/SP, Rel. Min. Aldir Passarinho Junior, 4ª Turma, jul. 23.09.2008, *DJe* 03.11.2008).

38. Anulação de processo por falta de litisconsórcio necessário. Tutela de urgência. "Anulado o processo *ab initio*, com a inclusão de litisconsortes necessários, torna-se necessário renovar o juízo de antecipação de tutela" (STJ, EDcl no REsp 1.063.123/AM, Rel. Min. Castro Meira, Rel. p/ ac. Min. Eliana Calmon, 2ª Turma, jul. 10.03.2009, *DJe* 04.05.2009).

39. Concurso público. Tutela de urgência. Posse. "Não ofende a autoridade do acórdão proferido na ADC nº 4 a decisão que, a título de antecipação de tutela, assegura a candidato aprovado em concurso a nomeação e posse em cargo público" (STF, Recl. 5.983 AgRg/PI, Rel. Min. Cezar Peluso, Tribunal Pleno, jul. 03.12.2008, *DJe* 06.02.2009).

40. Juiz natural. Tutela de urgência. "É assente o entendimento desta Corte Superior de que compete ao juízo natural da causa aferir os pressupostos para a concessão da antecipação dos efeitos da tutela, sendo sindicável a sua revisão apenas pelo órgão julgador *a quo*. Incidência da Súmula 7/STJ. (REsp 1.261.908/AM, Rel. Min. Benedito Gonçalves, *DJ* 25.10.2011)" (STJ, AgRg no AREsp 85.230/PR, Rel. Min. Benedito Gonçalves, 1ª Turma, jul. 08.05.2012, *DJe* 14.05.2012).

Art. 301. A tutela de urgência de natureza cautelar pode ser efetivada mediante arresto, sequestro, arrolamento de bens, registro de protesto contra alienação de bem e qualquer outra medida idônea para asseguração do direito.

REFERÊNCIA LEGISLATIVA

CPC/2015, ART. 297.

Lei nº 9.532/97 – Arrolamento fiscal (art.64, *caput*, §§ 1º a 13, art. 64-A e 65).

BREVES COMENTÁRIOS

Dispõe o art. 301 do atual Código de Processo Civil que, além das providências ali nominadas, a tutela cautelar pode ser efetivada por meio de "qualquer outra medida idônea para asseguração do direito". Qualquer que seja a situação de perigo que venha a antepor-se ao interesse da parte, enquanto não solucionado o processo, é de ser provisoriamente coibida por meio de medidas adequadas, criadas e aperfeiçoadas dentro do poder geral de cautela. Tais medidas, nominadas ou não, apresentar-se-ão sempre como uma "ordem", um "comando", ou uma "injunção" imposta pelo órgão judicial a uma das partes em conflito.

Essas ordens podem ser de caráter ou conteúdo "positivo" (ordens de fazer), ou "negativo" (ordens de não fazer), e terão como destinatário a pessoa que com sua ação ou omissão ameaça restringir ou suprimir o interesse substancial do promovente, interesse esse que, teoricamente, está protegido pelo direito.

As ordens ou as injunções de fazer, não fazer ou de prestar, no exercício do poder geral de prevenção (cautelar e satisfativa), podem assumir o conteúdo mais variado possível, segundo as situações de fato ou de direito sobre as quais terão de incidir, para preservar ou tutelar o interesse em risco de lesão. Mas, uma vez requeridas por uma das partes, terão de ser valoradas pelo juiz no que diz respeito não só à sua necessidade, como também à sua adequação ou capacidade para eliminar o perigo evidenciado.

Pela amplitude do poder geral de prevenção, é praticamente ilimitada a possibilidade de seu desdobramento em figuras práticas, diante do infinito e imprevisível número de situações de perigo que podem surgir antes do julgamento das diversas causas que o Poder Judiciário tem de dirimir.

JURISPRUDÊNCIA SELECIONADA

1. Ação cautelar de arrolamento. Prévia indisponibilidade de bens. Interesse de agir. Existência. Ver jurisprudência do art. 17 do CPC/2015.

2. Medida cautelar de indisponibilidade de bens. Inocorrência de impenhorabilidade. "A indisponibilidade é medida cautelar atípica, deferida com substrato no poder geral de cautela do juiz, por meio da qual é resguardado o resultado prático de uma ação pela restrição ao direito do devedor de dispor sobre a integralidade do seu patrimônio, sem, contudo, privá-lo definitivamente do domínio e cujo desrespeito acarreta a nulidade da alienação ou oneração. A indisponibilidade cautelar, diferentemente do arresto, da inalienabilidade e da impenhorabilidade, legal ou voluntárias, atinge todo o patrimônio do devedor, e não um bem específico, não vinculando, portanto, qualquer bem particular à satisfação de um determinado crédito. Além disso, apesar de a adjudicação possuir características similares à dação em pagamento, dela distingue-se por nada ter de contratual, consistindo, em verdade, em ato executivo de transferência forçada de bens, razão pela qual não fica impedida pela indisponibilidade cautelar, que se refere à disposição voluntária pelo devedor." (STJ, REsp 1493067/RJ, Rel.ª Min.ª Nancy Andrighi, 3ª Turma, jul. 21.03.2017, *DJe* 24.03.2017)

"O requerimento de indisponibilidade de bens e direitos no âmbito de execução fiscal de dívida ativa não tributária encontra, em tese, fundamento no poder geral de cautela (arts. 297 e 771, ambos do CPC/2015 e 1º, caput, da Lei n. 6.830/1980). Para tanto, o julgador a quo deve apreciar concretamente o preenchimento dos requisitos da probabilidade do direito e do perigo de dano ou do risco ao resultado útil do processo, nos termos do art. 300 do CPC/2015, em circunstâncias que exijam a efetivação de medida idônea para a asseguração do direito; no caso, a medida de indisponibilidade de bens via Central Nacional de Indisponibilidade – CNIB (art. 301 do CPC/2015). Precedentes citados: REsp n. 1.713.033/SP, Rel. Ministro Herman Benjamin, Segunda Turma, *DJe* 14/11/2018; REsp n. 1.720.172/PE, Rel. Ministro Herman Benjamin, Segunda Turma, *DJe* 2/8/2018. Recurso especial provido, para determinar o retorno dos autos ao Tribunal de origem, a fim de que analise, no caso presente, o cabimento da medida de indisponibilidade de bens via Central Nacional de Indisponibilidade – CNIB com fundamento no poder geral de cautela" (STJ, REsp 1.808.622/SC, Rel. Min. Francisco Falcão, 2ª Turma, jul. 15.10.2019, *DJe* 18.10.2019).

3. Medida cautelar de arresto. Ausência de requisitos específicos. "O novo CPC não prevê requisitos específicos, como previa o CPC de 1973, para o deferimento da medida cautelar de arresto. Entendimento do art. 300 c.c. art. 301 do novo CPC. Arresto que pode ser utilizado como tutela de urgência para 'asseguração do direito'. Respeito aos princípios da efetividade do processo, da ampla defesa, e da menor onerosidade para o executado, que poderá, após a regular citação, apresentar outros bens para garantir a execução, se assim desejar" (TJSP, AI 2098217-88.2016.8.26.0000, Rel. Des. Virgílio de Oliveira Junior, 21ª Câmara de Direito Privado, jul. 19.10.2016, data de registro 19.10.2016).

4. Penhora no rosto dos autos de execução trabalhista por ordem emanada do juízo da execução cível. Poder geral de cautela. "Controvérsia em torno da possibilidade de penhora no rosto dos autos de execução trabalhista por ordem emanada do juízo executivo cível, com base no seu poder geral de cautela. O devedor do juízo cível comum, que era credor na Justiça do Trabalho. Determinação pelo juízo da execução cível, após o falecimento do reclamante, da penhora no rosto dos autos da execução laboral. Alegação pelos herdeiros do devedor do caráter alimentar da verba penhorada (art. 649, IV, do CPC/73). Possibilidade da penhora, com fundamento no poder geral de cautela do juízo da execução cível. O valor penhorado, porém, deve submetido ao juízo do inventário, competente para análise da qualidade do crédito e sua eventual impenhorabilidade, em razão de um herdeiro ser menor e presumidamente dependente da verba alimentar herdada de seu falecido pai" (STJ, REsp 1678209/PR, Rel. Min. Paulo de Tarso Sanseverino, 3ª Turma, jul. 02.10.2018, *DJe* 08.10.2018).

5. Saúde pública. Cadeira de rodas. Bloqueio de verbas públicas diante do descumprimento da decisão judicial. Admissibilidade. "A prestação à saúde compreende responsabilidade solidária de todos os Entes Federativos ante a norma constitucional, subsistindo obrigação conjunta de viabilizar todas as providências cabíveis à necessidade de eficácia do preceito fundamental. Diante do descumprimento da decisão que deferiu a tutela de urgência, determinando o fornecimento de cadeira de rodas, plenamente possível ao Julgador determinar o bloqueio de verbas públicas para aquisição de tal equipamento, conforme entendimento jurisprudencial pacífico do Supremo Tribunal Federal e o do Superior Tribunal de Justiça" (TJMG – Apelação Cível 1.0003.14.002414-6/002, Rel. Des. Moacyr Lobato, 5ª Câmara Cível, jul. 15.03.2019, *DJe-MG* 19.03.2019).

6. Concessão de efeito suspensivo à apelação retida em primeira instância. "Todavia, como deflui dos autos, a mencionada apelação, embora transcorridos mais de três anos desde a sua interposição, ainda permanece retida no Juízo de primeiro grau, vez que o magistrado de piso, em evidente error in procedendo, condicionou sua remessa à instância superior ao julgamento definitivo do agravo de instrumento manejado pela parte apelante para imprimir efeito suspensivo ao apelo em questão. Nesse contexto, e com base no poder geral de cautela a que alude o art. 301 do CPC/2015, caso é de se atribuir, de ofício, efeito suspensivo à referida apelação da Eletropaulo" (STJ, AgInt no AREsp 1.304.352/SP, Rel. Min. Sérgio Kukina, 1ª Turma, jul. 09.10.2018, *DJe* 13.11.2018).

7. Magistrado que adota medida cautelar diferente da requerida. Possibilidade. "Cabe ao julgador a adoção da medida cautelar que mais se adéqua à perfeita eficácia da função jurisdicional. Poder geral de cautela do magistrado devidamente exercido. Inteligência do disposto no art. 139 do Código de

CÓDIGO DE PROCESSO CIVIL ANOTADO

Processo Civil. Inocorrência de decisão *extra petita*" (TJPR, Ag. 0046787-71.2020.8.16.0000, Rel. Des. Fernando Wolff Bodziak, 11ª Câmara Cível, *DJe* 17.11.2020).

8. Protesto contra alienação de bem de família. Cabimento. "Em relação ao bem de família, o protesto contra alienação de bens não possui o objetivo de obstar ou anular o negócio jurídico de venda do imóvel impenhorável, mas somente de informar terceiros de boa-fé a respeito da pretensão do credor de penhora do bem, na hipótese de afastamento da proteção conferida pela Lei n. 8.009/1990. Assim, estão presentes os pressupostos para o protesto contra a alienação de bens, tendo em vista que a publicidade da pretensão é essencial para proteção de terceiros de boa-fé e preservação do direito do executante de futura constrição do imóvel, no caso da perda da qualidade de bem de família" (STJ, REsp 1.236.057/SP, Rel. Min. Antonio Carlos Ferreira, 4ª Turma, jul. 06.04.2021, *DJe* 28.04.2021).

9. Indisponibilidade de bens. "É possível a inclusão do valor de eventual multa civil na medida de indisponibilidade de bens decretada na ação de improbidade administrativa, inclusive naquelas demandas ajuizadas com esteio na alegada prática de conduta prevista no art. 11 da Lei 8.429/1992, tipificador da ofensa aos princípios nucleares administrativos" (STJ, REsp 1.862.792/PR, Rel. Min. Manoel Erhardt, Primeira Seção, jul. 25.08.2021, *DJe* 03.09.2021).

10. Averbação premonitória. Processo de conhecimento. Poder geral de cautela. Ver jurisprudência do art. 828 do CPC/2015.

11. Tutela cautelar. Hipóteses:

Arresto. "'Enquanto não cumprido integralmente o mandado de arresto dos bens dos administradores da empresa liquidanda, não flui para o Ministério Público o prazo de decadência o direito de promover a ação principal. Por isso, não pode cogitar da cessação da eficácia da medida cautelar, contando o tempo da efetivação parcial da ordem" (REsp 90.228/SP, Rel. Min. Waldemar Zveiter, *DJU* de 15.12.1997)" (STJ, REsp 225.907/SP, Rel. Min. Castro Meira, 2ª Turma, jul. 24.08.2005, *DJ* 24.10.2005).

Arrolamento de bens. "Enquanto não efetivada integralmente a liminar de arrolamento dos bens, obstada, no presente caso, pela ocultação de imóvel pelo paciente, o prazo de trinta dias para o ingresso da ação principal (art. 806 do Código de Processo Civil) [art. 308 do CPC/2015] não corre, permanecendo incólume a referida liminar, também, no que diz respeito aos alimentos objeto da execução" (HC 47.834/GO, Rel. Min. Carlos Alberto Menezes Direito, 3ª Turma, jul. 06.12.2005, *DJ* 24.04.2006, p. 391).

Busca e apreensão de bens. "Em se tratando de apreensão de bens, entende-se por efetivação da liminar o momento em que se verifica um ato qualquer de restrição, de maneira que o prazo para interposição da ação principal tem início uma vez praticados os primeiros atos de apreensão, ainda que não concluídos todos. Precedentes" (STJ, REsp 1.040.404/GO Rel. p/ acórdão Min. Nancy Andrighi, 3ª Turma, jul. 23.02.2010, *DJe* 19.05.2010).

Sequestro. Pluralidade de réus. "O trintídio legal previsto no art. 806, CPC [art. 308 do CPC/2015], conta da data da efetivação da liminar. Precedentes. Em se tratando de apreensão de bens, entende-se por efetivação da liminar o momento em que se verifica um ato qualquer de restrição, de maneira que o prazo para interposição da ação principal tem início uma vez praticados os primeiros atos de apreensão, ainda que não concluídos todos. Precedentes. [...]. Portanto, quando a liminar de sequestro abranger uma pluralidade de réus, a efetivação da medida, para fins de apuração do prazo do art. 806 do CPC, deve ser tomada em relação a cada réu, individualmente" (STJ, REsp 1.040.404/GO, Rel. Min. Sidnei Beneti, Rel. p/ ac. Min. Nancy Andrighi, 3ª Turma, jul. 23.02.2010, *DJe* 19.05.2010).

Execução por partes da medida cautelar. "Nos termos da jurisprudência consolidada pela 2ª Seção do STJ, não basta o fato de que a ação principal deixou de ser proposta em trinta dias após a concessão da cautelar, pois é da efetivação do provimento concedido que se dá início à contagem do prazo decadencial para a propositura da ação principal. Mais precisamente, nos termos da jurisprudência da 3ª Turma do STJ, para hipóteses nas quais o provimento cautelar pode ser executado por partes, como ocorre na presente hipótese, conta-se o prazo decadencial de trinta dias para a propositura da ação principal **a partir do primeiro ato de execução**" (STJ, REsp 757.625/SC, Rel. Min. Nancy Andrighi, 3ª Turma, jul. 19.10.2006, *DJ* 13.11.2006).

Protesto contra alienação de bens. "O protesto contra a alienação de bens, calcado no art. 869 do Código de Processo Civil [art. 726, § 1º, do CPC/2015], reclama a presença de dois requisitos: legítimo interesse e não prejudicialidade efetiva da medida. 'O primeiro requisito – legítimo interesse – se traduz na necessidade ou utilidade da medida para assegurar ao promovente o fim colimado. (...). O segundo requisito – não nocividade da medida – exige que o protesto não atente contra a liberdade de contratar ou de agir juridicamente, ou seja, o seu deferimento não deve dar causa a dúvidas e incertezas que possam impedir a formação de contrato ou a realização de negócio lícito. Esse impedimento, porém, é de natureza psicológica, porque o protesto não tem a força de direito de impedir qualquer negócio jurídico'. (RMS 35.481/SP, Rel. p/ Acórdão Ministra Nancy Andrighi, Terceira Turma, julgado em 28/08/2012, *DJe* 10/09/2012). Ademais, esta Corte pacificou o entendimento quanto à legalidade do protesto contra alienação de imóvel, no julgamento dos Embargos de Divergência em Recurso Especial n. 440.837/RS, relator p/ acórdão o Ministro Barros Monteiro, *DJ* de 28/5/2007, **que uniformizou a jurisprudência no sentido de se permitir a averbação dentro dos limites do poder geral de cautela do juiz.** Na espécie, o protesto foi postulado como forma de preservar parte do patrimônio dos impetrantes a fim de garantir o cumprimento de eventual condenação em outra ação judicial, sob o argumento de que os impetrantes estavam procurando alienar ou mesmo transferir bens de sua titularidade a terceiros. Desse modo, ressoa inequívoco o legítimo interesse e a não nocividade da medida" (STJ, AgRg no RMS 48.140/GO, Rel. Min. Luis Felipe Salomão, 4ª Turma, jul. 03.12.2015, *DJe* 11.12.2015).

Sob os efeitos do não cumprimento do prazo da cautelar, ver jurisprudências do art. 302 do CPC/2015.

Art. 302. Independentemente da reparação por dano processual, a parte responde pelo prejuízo que a efetivação da tutela de urgência causar à parte adversa, se:

I – a sentença lhe for desfavorável;

II – obtida liminarmente a tutela em caráter antecedente, não fornecer os meios necessários para a citação do requerido no prazo de 5 (cinco) dias;

III – ocorrer a cessação da eficácia da medida em qualquer hipótese legal;

IV – o juiz acolher a alegação de decadência ou prescrição da pretensão do autor.

Parágrafo único. A indenização será liquidada nos autos em que a medida tiver sido concedida, sempre que possível.

CPC/1973

Art. 811.

REFERÊNCIA LEGISLATIVA

CPC/2015, arts. 80, 81, 96 e 777 (liquidação da litigância de má fé no próprio processo em que ela se deu); e 509 (liquidação da sentença).

BREVES COMENTÁRIOS

A tutela de urgência é deferida por conta e risco do requerente. Se sucumbe no processo principal, terá de responder pelos danos que a providência preventiva acarretou ao requerido.

O prejudicado pela tutela de urgência infundada ou frustrada não precisa propor ação de indenização contra o requerente para obter o reconhecimento de seu direito e a condenação do responsável. Nos termos do art. 302, parágrafo único, a indenização será liquidada nos autos em que a medida tiver sido concedida, sempre que possível. A fonte da obrigação, na espécie, é a própria lei, que a faz assentar sobre dados objetivos, que prescindem de acertamento em ação condenatória apartada.

A obrigação, todavia, depende, para tornar-se exequível, de dois requisitos:

(a) a ocorrência de prejuízo efetivo causado pela execução da tutela de urgência; e

(b) a determinação do *quantum* líquido desse prejuízo, nos moldes dos arts. 509 a 512 do CPC/2015.

JURISPRUDÊNCIA SELECIONADA

1. Responsabilidade processual objetiva.

Reconhecimento posterior da inexistência do direito. Obrigação de reparar o dano processual. "A Segunda Seção do STJ é firme no entendimento de que os danos decorrentes da execução de tutela antecipada, assim como de tutela cautelar e execução provisória, são disciplinados pelo sistema processual vigente, independentemente da análise sobre culpa da parte, ou se esta agiu de má-fé. Esta Corte Superior compreende que a obrigação de indenizar o dano causado pela execução de tutela antecipada posteriormente revogada é consequência natural da improcedência do pedido, dispensando-se, inclusive, pedido da parte interessada. A sentença de improcedência, quando revoga tutela concedida por antecipação, constitui, como efeito secundário, título de certeza da obrigação de o autor indenizar o réu pelos danos eventualmente experimentados, cujo valor exato será posteriormente apurado em liquidação nos próprios autos. Precedente: REsp 1.548.749/RS, Rel. Ministro Luis Felipe Salomão, Segunda Seção, *DJe* 6/6/2016" (STJ, REsp 1767956/RJ, Rel. Min. Moura Ribeiro, 3ª Turma, jul. 23.10.2018, *DJe* 26.10.2018). **No mesmo sentido:** STJ, REsp 1548749/RS, Rel. Min. Luis Felipe Salomão, 2ª Seção, jul. 13.04.2016, *DJe* 06.06.2016; STJ, AgInt no AREsp 896.397/RS, Rel. Min. Marco Buzzi, 4ª Turma, jul. 26.03.2018, *DJe* 26.03.2018.

"Consoante a melhor doutrina, 'o código estabelece, expressamente, que responda pelos prejuízos que causar a parte que, de má-fé, ou não, promove medida cautelar. Basta o prejuízo, se ocorrente qualquer das espécies do art. 811, I e V [art. 302, I a IV, do CPC/2015], do CPC e, nesse tipo de responsabilidade objetiva processual, o pedido de liquidação e formulado nos próprios autos, com simples invocação de qualquer dos fundamentos do art. 811 do CPC" (STJ, REsp 127.498/RJ, Rel. Min. Waldemar Zveiter, 3ª Turma, jul. 20.05.1997, *DJ* 22.09.1997).

Cumprimento de busca e apreensão. Dano moral. "A responsabilidade civil do requerente pelos danos sofridos pelo requerido, decorrentes da execução de medidas cautelares, é objetiva e depende unicamente do posterior julgamento de improcedência do pedido. Por se tratar de responsabilidade objetiva, as alegações de exercício regular do direito de ação ou de que o ajuizamento foi realizado de boa-fé, com convicção acerca do cabimento da medida, não são capazes de afastar o dever de indenizar. Para que a execução da medida cautelar de busca e apreensão seja capaz de causar dano moral indenizável à pessoa jurídica é preciso que existam comprovadas ofensas à sua reputação, seu bom nome, no meio comercial e social em que atua, ou seja, à sua honra objetiva, o que foi verificado pelo Tribunal de origem, na espécie" (STJ, REsp 1.428.493/SC, Rel. Min. Nancy Andrighi, 3ª Turma, jul. 14.02.2017, *DJe* 23.02.2017).

2. Hipóteses de responsabilidade.

a) Sentença desfavorável (inciso I).

"O requerente do procedimento cautelar responde ao requerido pelo prejuízo que lhe causar a execução da medida, se a sentença no processo principal lhe for desfavorável. A União tem direito a receber de volta os valores pagos ao autor por força de liminar cujos efeitos foram cassados quando do julgamento do processo principal. A devolução deve obedecer às disposições contidas no art. 46, § 1º, da Lei 8.112/1990, com a redação dada pela Medida Provisória nº 2.225-45/2001" (TRF 1ª Região, AC 35.000.131.420/GO, Rel. Juiz Tourinho Neto, 2ª Turma, jul. 13.11.2002, *DJU* 20.02.2003).

"Requerida e obtida liminarmente providência cautelar preparatória, ao requerente incumbe, como regra, uma vez lhe tendo sido desfavorável a decisão proferida na ação principal, reparar os prejuízos advindos da execução da medida (art. 811, I e III, CPC) [art. 302, I e III, do CPC/2015]. Se, porém, a despeito de tal sucumbência, **a situação de fato, o estado de coisas estabelecido por força do cumprimento da providência cautelar for mantido com respaldo em circunstância(s) outra(s)** – *in casu*, com base no resultado final da ação indenizatória julgada simultaneamente à ação declaratória principal –, não há que se falar de 'cessação da eficácia' da medida para os efeitos do disposto no art. 811, CPC [art. 302 do CPC/2015], disso decorrendo a inadmissibilidade de, enquanto subsistentes essa(s) circunstância(s) – que, na espécie, é definitiva, tratando-se de decisão judicial acobertada pelo manto da coisa julgada material –, promover-se a liquidação prevista no parágrafo único de aludido preceito legal" (STJ, REsp 34.899/SP, Rel. Min. Sálvio de Figueiredo Teixeira, 4ª Turma, jul. 13.12.1994, *DJ* 13.03.1995).

b) Reforma da decisão que antecipa os efeitos da tutela (inciso III). "Questão de ordem julgada no sentido da reafirmação da tese jurídica, com acréscimo redacional para ajuste à nova legislação de regência, nos termos a seguir: 'A reforma da decisão que antecipa os efeitos da tutela final obriga o autor da ação a devolver os valores dos benefícios previdenciários ou assistenciais recebidos, o que pode ser feito por meio de desconto em valor que não exceda 30% (trinta por cento) da importância de eventual benefício que ainda lhe estiver sendo pago'" (STJ, Pet. 12.482/DF, Rel. Min. Og Fernandes, 1ª Seção, jul. 11.05.2022, *DJe* 24.05.2022).

3. Ação autônoma para indenização de danos decorrentes de medida cautelar. Competência. "De acordo com o art. 811 do Código de Processo Civil [art. 302 do CPC/2015], o prejudicado pode formular nos próprios autos do processo cautelar pedido de liquidação dos prejuízos causados pela execução da medida. A competência para o julgamento de ação de reparação de danos decorrentes de execução de medida cautelar (CPC, art. 811) é do Juízo pelo qual tramitou a ação em que deferida a liminar considerada danosa. Trata-se de responsabilidade objetiva da parte, que, embora no livre exercício do direito de ação, garantido constitucionalmente, pode acarretar danos à parte adversa ao requerer medida baseada em juízo de cognição superficial, posteriormente reformada após juízo de cognição exaustiva. Por se cuidar do direito de ação e da correspondente prestação jurisdicional, não tem incidência o parágrafo único do art. 100 do CPC, já que não se trata de delito. Em ação autônoma de reparação por danos decorrentes de medida cautelar, portanto, não cabe ao autor escolher o foro para propor a demanda" (STJ, REsp 1.322.979/AM, Rel. Min. Maria Isabel Gallotti, 4ª Turma, jul. 09.05.2017, *DJe* 16.05.2017).

4. Liquidação do dano nos próprios autos. "(...) Em relação à forma de se buscar o ressarcimento dos prejuízos advindos com o deferimento da tutela provisória, o parágrafo único do art. 302 do CPC/2015 é claro ao estabelecer que 'a indenização será liquidada nos autos em que a medida tiver sido concedida, sempre que possível', dispensando-se, assim, o ajuizamento de ação autônoma para esse fim. Com efeito, a obrigação de indenizar a parte adversa dos prejuízos advindos com o deferimento da tutela provisória posteriormente revogada é decorrência ***ex lege* da sentença de improcedência ou de extinção do feito sem resolução do mérito, como no caso, sendo dispensável**, portanto, pronunciamento judicial a esse respeito, devendo o respectivo valor ser liquidado nos próprios autos em que a medida tiver sido concedida, em obediência, inclusive, aos princípios da celeridade e economia processual" (STJ, REsp 1.770.124/SP, Rel. Min. Marco Aurélio Bellizze, 3ª turma, jul. 21.05.2019, *DJe* 24.05.2019). **No mesmo sentido:** STJ, REsp 1.637.747/SP, Rel. Min. Nancy Andrighi, jul. 16.03.2017, *DJe* 22.03.2017. **Acrescentando que a indenização deve ser integral (art. 944 do CC):** STJ, REsp 1.780.410/SP, Rel. Min. Paulo de Tarso Sanseverino, jul. 23.02.2021, *DJe* 13.04.2021.

"Em conformidade com o parágrafo único do artigo 811 do Código de Processo Civil [art. 302 do CPC/2015], pode o requerido, mesmo após o trânsito em julgado da sentença de extinção, formular nos próprios autos do procedimento cautelar pedido de liquidação dos prejuízos causados pela execução da medida" (STJ, REsp 802.735/SP, Rel. Min. Sidnei Beneti, 3ª Turma, jul. 03.12.2009, *DJe* 11.12.2009). **No mesmo sentido:** STJ, AgRg no Ag 534.499/RS, Rel. Min. Luis Felipe Salomão, 4ª Turma, jul. 02.04.2009, *DJe* 20.04.2009; STJ, REsp 169.355/SP, Rel. Min. Carlos Alberto Menezes Direito, 3ª Turma, jul. 18.03.1999, *DJ* 10.05.1999.

5. Execução provisória de honorários advocatícios. Levantamento de valores. Posterior redução do *quantum* devido. Devolução da importância paga a maior. Incidência de juros de mora. Impossibilidade. "Segundo entendimento deste Superior Tribunal de Justiça, a obrigação de indenizar o dano causado pela execução de tutela antecipada, de tutela cautelar ou execução provisória posteriormente revogada é consequência natural da improcedência do pedido, dispensando-se, inclusive, o pedido da parte interessada. Ocorre que o art. 396 do CC estabelece que, 'não havendo fato ou omissão imputável ao devedor, não incorre este em mora'. Desse modo, para caracterização ou permanência em mora, é necessário que haja exigibilidade da prestação e inexecução culposa. Ademais, os valores recebidos precariamente, como no caso, por envolver execução provisória, são legítimos enquanto vigorar o título judicial antecipatório, o que caracteriza a boa-fé subjetiva do credor, ora recorrido, no momento em que, mediante o oferecimento de caução, realizou o levantamento da quantia em depósito judicial. Logo, enquanto não for realizada a liquidação com vistas à apuração exata do *quantum* da dívida, não há falar em incidência de juros de mora, os quais não decorrem diretamente da obrigação de reparar o valor a ser repetido, mas, do atraso no seu cumprimento, após o devedor ser informado do quanto efetivamente é por ele devido" (STJ, AgInt no AREsp 1.436.079/SP, Rel. Min. Marco Aurélio Bellizze, 3ª Turma, jul. 27.05.2019, *DJe* 31.05.2019).

6. Devolução de valores recebidos por tutela antecipada posteriormente revogada. Limite de 10%. "A Segunda Seção desta Corte, no julgamento do REsp 1.548.749/RS, superando entendimento anterior, entendeu que 'os valores recebidos precariamente são legítimos enquanto vigorar o título judicial antecipatório, o que caracteriza a boa-fé subjetiva do autor; entretanto, isso não enseja a presunção de que tais verbas, ainda que alimentares, integram o seu patrimônio em definitivo'. A Segunda Seção desta Corte também sedimentou o entendimento de que 'É possível reconhecer à entidade previdenciária, cujo plano de benefícios que administra suportou as consequências materiais da antecipação de tutela (prejuízos), a possibilidade de desconto no percentual de 10% do montante total do benefício mensalmente recebido pelo assistido, até que ocorra a integral compensação da verba percebida. A par de ser solução equitativa, a evitar o enriquecimento sem causa, cuida-se também de aplicação de analogia, em vista do disposto no art. 46, § 1º, da Lei n. 8.112/1990 – aplicável aos servidores públicos' (REsp 1.548.749/RS, Rel. Ministro Luis Felipe Salomão, Segunda Seção, julgado em 13/04/2016, *DJe* de 06/06/2016)" (STJ, AgInt no AgInt no REsp 1.600.942/RS, Rel. Min. Raul Araújo, 4ª Turma, jul. 22.11.2016, *DJe* 12.12.2016).

Todavia, é incabível a incidência de juros moratórios: "É incabível a incidência de juros moratórios sobre valores a serem devolvidos em virtude de revogação de decisão que antecipou os efeitos da tutela, por não haver, no caso, fato ou omissão imputável ao autor da ação de revisão de benefício" (STJ, Edcl no AgInt no AgInt no REsp 1.600.942/RS, Rel. Min. Raul Araújo, 4ª Turma, jul. 07.03.2017, *DJe* 20.03.2017).

Capítulo II
DO PROCEDIMENTO DA TUTELA ANTECIPADA REQUERIDA EM CARÁTER ANTECEDENTE

Art. 303. Nos casos em que a urgência for contemporânea à propositura da ação, a petição inicial pode limitar-se ao requerimento da tutela antecipada e à indicação do pedido de tutela final, com a exposição da lide, do direito que se busca realizar e do perigo de dano ou do risco ao resultado útil do processo.

§ 1º Concedida a tutela antecipada a que se refere o *caput* deste artigo:

I – o autor deverá aditar a petição inicial, com a complementação de sua argumentação, a juntada de novos documentos e a confirmação do pedido de tutela final, em 15 (quinze) dias ou em outro prazo maior que o juiz fixar;

II – o réu será citado e intimado para a audiência de conciliação ou de mediação na forma do art. 334;

III – não havendo autocomposição, o prazo para contestação será contado na forma do art. 335.

§ 2º Não realizado o aditamento a que se refere o inciso I do § 1º deste artigo, o processo será extinto sem resolução do mérito.

§ 3º O aditamento a que se refere o inciso I do § 1º deste artigo dar-se-á nos mesmos autos, sem incidência de novas custas processuais.

§ 4º Na petição inicial a que se refere o *caput* deste artigo, o autor terá de indicar o valor da causa, que deve levar em consideração o pedido de tutela final.

§ 5º O autor indicará na petição inicial, ainda, que pretende valer-se do benefício previsto no *caput* deste artigo.

§ 6º Caso entenda que não há elementos para a concessão de tutela antecipada, o órgão jurisdicional determinará a emenda da petição inicial em até 5 (cinco) dias, sob pena de ser indeferida e de o processo ser extinto sem resolução de mérito.

BREVES COMENTÁRIOS

A tutela de urgência é *satisfativa* quando, para evitar ou fazer cessar o perigo de dano, confere, provisoriamente, ao autor a garantia imediata das vantagens de direito material para as quais se busca a tutela definitiva. Seu objeto, portanto, confunde-se, no todo ou em parte, com o objeto do pedido principal. São efeitos da futura acolhida esperada desse pedido que a tutela satisfativa de urgência pode deferir provisoriamente à parte.

O procedimento dos arts. 303 e 304 é destinado especificamente a proporcionar oportunidade à estabilização da medida provisória satisfativa. Baseia-se na existência de elementos que permitam, sem maiores dificuldades, o deferimento de liminar *inaudita altera parte*, com grande probabilidade de a medida não ser contestada. O atual Código de Processo Civil brasileiro se aproximou do regime do *référé* francês, que autoriza provimentos de urgência em situações que a eles não se opõe nenhuma contestação, nem fato que justifique a litigiosidade ordinária. Daí que a citação só se faz depois de deferida a tutela urgente, concomitantemente com a convocação das partes para uma audiência de conciliação (art. 303, § 1º, II).

Não é, porém, a única via para se buscar essa modalidade de tutela de urgência. Aliás, o art. 303, § 5º, esclarece que, quando a pretensão do requerente for, de fato, trilhar esse sistema tutelar, deverá indicar, na petição inicial, que pretende valer-se do benefício previsto no *caput* do art. 303, qual seja, o de limitar inicialmente sua pretensão à obtenção da tutela antecipada.

Se esta reduzida prestação de tutela não for o intento do requerente, poderá usar outras vias com pedido mais amplo, visando preparar realmente a propositura da demanda principal e buscando a liminar satisfativa apenas para momentaneamente afastar o *periculum in mora*. Nessa situação, requererá a citação do réu, com prazo para defesa imediata quanto à liminar, e a conversão em demanda principal se dará na sequência sem, portanto, passar pelo incidente da estabilização (art. 304), utilizando, por analogia, o procedimento do art. 305 e ss., relativo à tutela cautelar antecedente. Poderá, ainda, requerer a medida antecipatória cumulada com a pretensão principal, ou também mediante formulação incidental já no curso da ação principal, casos em que, obviamente, não haverá lugar para se cogitar da questionada estabilização.

Os prazos fixados no artigo para o requerido apresentar recurso e o autor aditar a inicial, não são concomitantes, mas subsequentes. Como a interposição do agravo de instrumento é eventual e representa o marco indispensável para a passagem do 'procedimento provisório' para o da tutela definitiva, impõe-se a intimação específica do autor para que tome conhecimento desta circunstância, sendo indicada expressa e precisamente a necessidade de que complemente sua argumentação e pedidos, porque o agravo já acarretou o afastamento da estabilização e tornou necessário o prosseguimento do processo principal e exauriente.

JURISPRUDÊNCIA SELECIONADA

1. Tutela antecipada requerida em caráter antecedente. Aditamento da inicial. Prazo. Intimação específica. "Como, na inicial da tutela antecipada antecedente, o autor somente faz a indicação do pedido de tutela final, existe a previsão de que deve complementar sua argumentação, com a confirmação do pedido de tutela final, no prazo de 15 (quinze) dias ou outro maior fixado pelo juiz. Os prazos do requerido, para recorrer, e do autor, para aditar a inicial, não são concomitantes, mas subsequentes. Solução diversa acarretaria vulnerar os princípios da economia processual e da primazia do julgamento de mérito, porquanto poderia resultar na extinção do processo a despeito da eventual ausência de contraposição por parte do adversário do autor, suficiente para solucionar a lide trazida a juízo. Como a interposição do agravo de instrumento é eventual e representa o marco indispensável para a passagem do 'procedimento provisório' para o da tutela definitiva, impõe-se a intimação específica do autor para que tome conhecimento desta circunstância, sendo indicada expressa e precisamente a necessidade de que complemente sua argumentação e pedidos. Na hipótese dos autos, o conteúdo da petição juntada pelo autor, na qual requer a aplicação de multa em razão do descumprimento da tutela antecipada, não permite concluir por seu conhecimento inequívoco da determinação de aditar a inicial. Além disso, a intimação do autor para o aditamento da inicial e o início do prazo de 15 (quinze) dias para a prática desse ato, previstos no art. 303, § 1º, I, do CPC/15, exigem intimação específica com indicação precisa da emenda necessária, como realizado pelo juízo do primeiro grau de jurisdição" (STJ, REsp 1.766.376/TO, Rel. Min. Nancy Andrighi, 3ª Turma, jul. 25.08.2020, *DJe* 28.08.2020). A 4ª Turma igualmente decidiu ser necessária a intimação específica do autor para ditar a petição inicial, não bastando, para contagem do prazo de aditamento da inicial, a mera intimação da concessão da medida liminar (STJ, REsp 1.938.645/CE, Rel. Min. Maria Isabel Gallotti, jul. 04.06.2024, *DJe* 06.09.2024).

2. Falta de recurso. Não suprimento pela contestação antecipada. "I – Nos termos do disposto no art. 304 do Código de Processo Civil de 2015, a tutela antecipada, deferida em caráter antecedente (art. 303), estabilizar-se-á, quando não interposto o respectivo recurso. II – Os meios de defesa possuem finalidades específicas: a contestação demonstra resistência em relação à tutela exauriente, enquanto o agravo de instrumento possibilita a revisão da decisão proferida em cognição sumária. Institutos inconfundíveis. III – A ausência de impugnação da decisão mediante a qual deferida a antecipação da tutela em caráter antecedente, tornará, indubitavelmente, preclusa a possibilidade de sua revisão. IV – A apresentação de contestação não tem o condão de afastar a preclusão decorrente da não utilização do instrumento processual adequado – o agravo de instrumento. V – Recurso especial provido" (STJ, REsp 1.797.365/RS, Rel. p/ ac. Min. Regina Helena Costa, 1ª Turma, jul. 03.10.2019, *DJe* 22.10.2019). **Em sentido contrário**: "(...) a estabilização somente ocorrerá se não houver qualquer tipo de impugnação pela parte contrária", inclusive a contestação antecipada, sem oportuna interposição de agravo (STJ, 3ª T., REsp 1.760.966/SP, Rel. Min. Marco Aurélio Bellizze, jul. 04.12.2018, *DJe* 07.12.2018). Também a 4ª Turma decidiu que é suficiente a contestação, em vez do recurso, para impedir a estabilização da tutela antecipada (STJ, REsp 1.938.645/CE, Rel. Min. Maria Isabel Gallotti, jul. 04.06.2024, *DJe* 06.09.2024).

3. Medidas de antecipação de tutela de caráter antecedente. "A parte que obtiver em cautelar provimento satisfativo, antecipado ou meritório, deve propor a ação principal em trinta dias. Prazo que se conta a partir da eficácia do provimento liminar, tutela antecipada ou sentença, ou seja, a partir do momento do cumprimento da medida" (STJ, REsp 583.345/RJ, Rel. Min. Eliana Calmon, 2ª Turma, jul. 09.11.2004, *DJ* 13.12.2004). **Obs.**: O CPC/2015 instituiu um procedimento optativo em que se cria a possibilidade de tutela satisfativa antecipada estabilizável, sem necessidade de propositura ulterior da ação principal (arts. 303 e 304).

4. Ação cautelar. Sustação de protesto. Título pago. "É satisfativa a medida cautelar de título já pago, pelo que a medida liminar não perde a eficácia pela falta de propositura de outra ação, dispensável no caso" (STJ, REsp 453.083/SE, Rel. Min. Ruy Rosado de Aguiar, 4ª Turma, jul. 07.11.2002, *DJ* 09.12.2002, p. 355).

Art. 304. A tutela antecipada, concedida nos termos do art. 303, torna-se estável se da decisão que a conceder não for interposto o respectivo recurso.

§ 1º No caso previsto no *caput*, o processo será extinto.

§ 2º Qualquer das partes poderá demandar a outra com o intuito de rever, reformar ou invalidar a tutela antecipada estabilizada nos termos do *caput*.

§ 3º A tutela antecipada conservará seus efeitos enquanto não revista, reformada ou invalidada por decisão de mérito proferida na ação de que trata o § 2º.

§ 4º Qualquer das partes poderá requerer o desarquivamento dos autos em que foi concedida a medida, para instruir a petição inicial da ação a que se refere o § 2º, prevento o juízo em que a tutela antecipada foi concedida.

§ 5º O direito de rever, reformar ou invalidar a tutela antecipada, previsto no § 2º deste artigo, extingue-se após 2 (dois) anos, contados da ciência da decisão que extinguiu o processo, nos termos do § 1º.

§ 6º A decisão que concede a tutela não fará coisa julgada, mas a estabilidade dos respectivos efeitos só será afastada por decisão que a revir, reformar ou invalidar, proferida em ação ajuizada por uma das partes, nos termos do § 2º deste artigo.

CJF – JORNADAS DE DIREITO PROCESSUAL CIVIL

I JORNADA

Enunciado 43 – Não ocorre a estabilização da tutela antecipada requerida em caráter antecedente, quando deferida em ação rescisória.

II JORNADA

Enunciado 130 – É possível a estabilização de tutela antecipada antecedente em face da Fazenda Pública.

BREVES COMENTÁRIOS

O atual Código trilhou a enriquecedora linha da evolução da tutela sumária, encontrada nos direitos italiano e francês: admitiu a desvinculação entre a tutela de cognição sumária e a tutela de cognição plena ou o processo de mérito, ou seja, permitiu a chamada autonomização e estabilização da tutela sumária. Em outras palavras, a atual codificação admite que se estabilize e sobreviva a tutela de urgência satisfativa, postulada em caráter antecedente ao pedido principal, como decisão judicial hábil a regular a crise de direito material, mesmo após a extinção do processo antecedente e sem o sequenciamento para o processo principal ou de cognição plena. Todavia, para que isso ocorra exige a lei que o pedido de tutela antecedente explicite a vontade do requerente (art. 303, § 5º) de que a medida urgente seja processada segundo o procedimento especial traçado pelos arts. 303 e 304 (*i.e.*, de que a tutela pleiteada se limite à medida provisória).

O art. 304 dispõe que a tutela antecipada satisfativa "torna-se estável se da decisão que a conceder não for interposto o respectivo recurso". E o art. 304, § 1º, completa que, nesse caso, o processo será extinto e a tutela de urgência continuará a produzir seus efeitos concretos.

Essa decisão antecipatória, todavia, não opera a coisa julgada, ou seja, não se reveste dos efeitos da coisa julgada material, que a tornaria imutável e indiscutível, com força vinculante para todos os juízos. As partes poderão, no prazo decadencial de dois anos, contado da ciência da decisão que extinguiu o processo, apresentar, se lhes convier, a ação principal para discutir a matéria no mérito (art. 304, §§ 2º e 5º). A opção, *in casu*, pela não ocorrência da coisa julgada é lógica e faz sentido, pois não se poderia conferir a mesma dignidade processual a um provimento baseado em cognição sumária e a um provimento lastreado na cognição plena.

JURISPRUDÊNCIA SELECIONADA

1. Estabilização da decisão. Impossibilidade. "Hipótese dos autos que não se amolda à concessão de tutela de urgência antecedente, segundo o art. 303 do CPC/2015 – A tutela requerida não precedeu o pedido principal, eis que postulada na própria petição inicial da ação principal, ocasião em que a autora juntou toda a documentação necessária a comprovar o direito que alega fazer 'jus' na inicial" (TJSP, 2105200-06.2016.8.26.0000, Rel.ª Maria Laura Tavares, 5ª Câmara de Direito Público, jul. 29.08.2016, data de registro 29.08.2016).

2. Ausência de interposição de Agravo de Instrumento. Contestação apresentada pelo réu. Efetiva impugnação. Estabilização. Não ocorrência. "(...). Uma das grandes novidades trazidas pelo novo Código de Processo Civil é a possibilidade de estabilização da tutela antecipada requerida em caráter antecedente, instituto inspirado no *référé* do Direito francês, que serve para abarcar aquelas situações em que ambas as partes se contentam com a simples tutela antecipada, não havendo necessidade, portanto, de se prosseguir com o processo até uma decisão final (sentença), nos termos do que estabelece o art. 304, §§ 1º a 6º, do CPC/2015. Segundo os dispositivos legais correspondentes, **não havendo recurso do deferimento da tutela antecipada requerida em caráter antecedente, a referida decisão será estabilizada** e o processo será extinto, sem resolução de mérito. No prazo de 2 (dois) anos, porém, contado da ciência da decisão que extinguiu o processo, as partes poderão pleitear, perante o mesmo Juízo que proferiu a decisão, a revisão, reforma ou invalidação da tutela antecipada estabilizada, devendo se valer de ação autônoma para esse fim. É de se observar, porém, que, embora o *caput* do art. 304 do CPC/2015 determine que 'a tutela antecipada, concedida nos termos do art. 303, torna-se estável se da decisão que a conceder não for interposto o respectivo recurso', a leitura que deve ser feita do dispositivo legal, tomando como base uma interpretação sistemática e teleológica do instituto, **é que a estabilização somente ocorrerá se não houver qualquer tipo de impugnação pela parte contrária**, sob pena de se estimular a interposição de agravos de instrumento, sobrecarregando desnecessariamente os Tribunais, além do ajuizamento da ação autônoma, prevista no art. 304, § 2º, do CPC/2015, a fim de rever, reformar ou invalidar a tutela antecipada estabilizada" (STJ, REsp 1.760.966/SP, Rel. Min. Marco Aurélio Bellizze, 3ª Turma, jul. 04.12.2018, *DJe* 07.12.2018).

Em sentido contrário: "Nos termos do disposto no art. 304 do Código de Processo Civil de 2015, a tutela antecipada, deferida em caráter antecedente (art. 303), estabilizar-se-á, quando não interposto o respectivo recurso. Os meios de defesa possuem finalidades específicas: a contestação demonstra resistência em relação à tutela exauriente, enquanto o agravo de instrumento possibilita a revisão da decisão proferida em cognição sumária. Institutos inconfundíveis. A ausência de impugnação da decisão mediante a qual deferida a antecipação da tutela em caráter antecedente, tornará, indubitavelmente, preclusa a possibilidade de sua revisão. A apresentação de contestação não tem o condão de afastar a preclusão decorrente da não utilização do instrumento processual adequado – o agravo de instrumento" (STJ, REsp 1.797.365/RS, Rel. p/ Acórdão Min. Regina Helena Costa, 1ª Turma, jul. 03.10.2019, *DJe* 22.10.2019).

Capítulo III
DO PROCEDIMENTO DA TUTELA CAUTELAR REQUERIDA EM CARÁTER ANTECEDENTE

Art. 305. A petição inicial da ação que visa à prestação de tutela cautelar em caráter antecedente indicará a lide e seu fundamento, a exposição sumária do direito que se objetiva assegurar e o perigo de dano ou o risco ao resultado útil do processo.

Parágrafo único. Caso entenda que o pedido a que se refere o *caput* tem natureza antecipada, o juiz observará o disposto no art. 303.

CPC/1973

Arts. 801 e 273, § 7º.

REFERÊNCIA LEGISLATIVA

CPC, art. 319 (requisitos da petição inicial).

CJF – I JORNADA DE DIREITO PROCESSUAL CIVIL

Enunciado 44 – É requisito da petição inicial da tutela cautelar requerida em caráter antecedente a indicação do valor da causa.

Enunciado 45 – Aplica-se às tutelas provisórias o princípio da fungibilidade, devendo o juiz esclarecer as partes sobre o regime processual a ser observado.

BREVES COMENTÁRIOS

A finalidade da tutela conservativa (cautelar) requerida em caráter antecedente é conservar bens, pessoas ou provas, que possam sofrer alguma lesão ou perigo de lesão em razão da longa duração da marcha processual. Assim, antes mesmo de ajuizada a ação contendo o pedido principal, a parte poderá requerer, de forma antecedente, a proteção provisória de seu direito. Essa tutela é requerida mediante petição inicial, que, segundo o art. 305, deverá conter: (i) a indicação da lide e seu fundamento; (ii) a exposição sumária do direito que se visa assegurar; e, (iii) o perigo de dano ou o risco ao resultado útil do processo.

Embora o Código enumere apenas os três requisitos já expostos, é intuitivo que a petição inicial deve estar em consonância com o art. 319 do CPC/2015. Isto é, deve ser endereçada a um órgão judiciário específico (juiz, relator, Tribunal etc.); conter não só o nome das partes, mas também sua indispensável individualização, mediante dados completos da qualificação civil de cada um dos litigantes; indicar o pedido com suas especificações; o valor da causa, inerente a toda e qualquer ação; e as provas com que pretende comprovar os fatos. O autor deverá, ainda, pagar as custas iniciais do processo, uma vez que se trata de ajuizamento de uma demanda.

As medidas cautelares antecedentes, diversamente das antecipatórias, não se estabilizam e obrigam a propositura da pretensão principal, no devido prazo, sob pena de extinção (art. 309, I).

JURISPRUDÊNCIA SELECIONADA

1. Ação cautelar anterior ao ajuizamento da execução fiscal. Possibilidade. "A jurisprudência do STJ se firmou no sentido de que é cabível a ação cautelar para promoção antecipada de caução de crédito tributário ainda não ajuizada. Do mesmo modo, é firme o entendimento do STJ de que, havendo interesse de agir, quando ajuizada a ação cautelar, e sendo extinto o processo, por superveniente perda do interesse processual, responderá pelos ônus da sucumbência aquele que deu causa à demanda" (STJ, AgInt no REsp 1.768.535/SC, Rel. Min. Benedito Gonçalves, 1ª Turma, jul. 23.09.2019, *DJe* 25.09.2019).

2. Requisitos. Lide e seus fundamentos. Para atendimento à exigência do art. 801, III, do CPC [art. 305 do CPC/2015] – indicação, na petição inicial, da *lide e seu fundamento* – não é necessária a nominação da ação. Se o autor diz por que pretende a exibição dos documentos e o que deseja obter, através da ação principal no caso de o exame de tais documentos convencê-lo da necessidade de reclamar junto ao réu direitos seus que considerar lesados, tem-se por satisfeito aquele requisito da lei. E ainda que o juiz considere desatendido o citado requisito, não pode indeferir a petição inicial sem antes mandar completá-la, com o suprimento daquela omissão, tudo nos termos do art. 284 do CPC [art. 321, CPC/2015]" (TJSC, Ap. 26.536, Rel. Des. Norberto Ungaretti; 3ª Câmara, jul. 28.04.1987, *Jurisp. Cat.* 56/251; *RT* 621/187; *Adcoas*, 1987, nº 114.609).

Indicação da ação principal[1]. "Constando na petição inicial a ação principal a ser proposta, afasta-se a arguida violação ao art. 801, III, do CPC [art. 305 do CPC/2015]" (STJ, AgRg no Ag 1.333.245/PR, Rel. Min. Arnaldo Esteves Lima, 1ª Turma, jul. 15.09.2011, *DJe* 21.09.2011).

"A regra contida no art. 801, inciso III, do CPC [art. 305 do CPC/2015] dirige-se à ação principal e, não à cautelar" (STJ, REsp 170.357/SP, Rel. Min. Francisco Peçanha Martins, 2ª Turma, jul. 26.08.2003, *DJ* 28.10.2003).

"Jurisprudência mais recente tem entendimento que, em cautelar preparatória, quando não há indicação da ação principal, a inicial **pode ser emendada por determinação do juiz, mesmo após a contestação**, se isto não alterar o pedido ou a causa de pedir, constituindo a omissão mera irregularidade" (STJ, REsp 142.434/ES, Rel. Min. Waldemar Zveiter, 3ª Turma, jul. 03.12.1998, *DJ* 29.03.1999; *RSTJ* 137/303). No mesmo sentido: STJ, REsp 565.201/RS, Rel. Min. Jorge Scartezzini, 4ª Turma, jul. 16.08.2005, *DJ* 05.09.2005.

Exibição de documentos. Medida exauriente. Desnecessidade de indicação da ação principal. "Em regra, as ações cautelares têm natureza acessória, ou seja, estão, em tese, vinculadas a uma demanda principal, a ser proposta ou já em curso. Ocorre que, em hipóteses excepcionais, a natureza satisfativa das cautelares se impõe, como no caso vertente, em que a ação cautelar de exibição de documentos exaure-se em si mesma, com a simples apresentação dos documentos, inexistindo pretensão ao ajuizamento de ação principal. Desta feita, nos casos em que a ação cautelar tem caráter satisfativo, **não há que se falar no indeferimento da petição inicial pela inobservância do requisito contido no art. 801, III, do CPC** [art. 305 do CPC/2015], segundo o qual 'o requerente pleiteará a medida cautelar em petição escrita, que indicará a lide e seu fundamento'. Precedentes (REsp nºs 104.356/ES e 285.279/MG)" (STJ, REsp 744.620/RS, Rel. Min. Jorge Scartezzini, 4ª Turma, jul. 23.08.2005, *DJ* 12.09.2005).

Cautelar voluntária. Produção antecipada de provas. Desnecessidade de indicação da ação principal[2]. "Em se tratando de cautelar voluntária, é dispensável da petição inicial da medida a indicação da lide e seu fundamento (art. 801, III) [art. 305 do CPC/2015]" (STJ, REsp 2.487/PR, Rel. Min. Fontes de Alencar, 4ª Turma, jul. 05.06.1990, *DJ* 06.08.1990). **No mesmo sentido:**

1 No sistema do CPC/2015, não há mais separação da ação cautelar e da ação principal. O processo único inicia-se com o pedido de medida cautelar imediata, e, no prazo legal, ocorre o adiantamento para formulação do pedido principal. O prazo é o mesmo previsto no CPC/1973 para o ajuizamento da ação principal (CPC/2015, art. 308).

2 O CPC/2015 não mais regula a produção antecipada de provas entre as medidas cautelares. Submete-a a regime próprio no campo da instrução processual, conforme arts. 381 a 383.

STJ, REsp 101.954/RJ, Rel. Min. Carlos Alberto Menezes Direito, 3ª Turma, jul. 05.03.1998, *DJ* 25.05.1998.

3. Valor da causa. Ver jurisprudência do art. 292 do CPC/2015.

4. Indeferimento da inicial. "A ausência dos requisitos da fumaça do bom direito e do perigo da demora com relação ao pedido deduzido em ação cautelar não autoriza o indeferimento da petição inicial desta, mas apenas da liminar pleiteada" (TRF, 5ª Região, Pleno, AGRMC 1.152/AL, Rel. Juiz Ridalvo Costa, ac. 23.08.2000, *DJ* 09.02.2001).

5. Fungibilidade[3]. "'O art. 273, § 7º, do CPC [art. 305 do CPC/2015] abarca o princípio da fungibilidade entre as medidas cautelares e as antecipatórias da tutela e reconhece o interesse processual para se postular providência de caráter cautelar, a título de antecipação de tutela. Precedentes do STJ' (REsp 1011061/BA, Rel. Min. Eliana Calmon, *DJe* 23.04.2009). A interpretação da Corte de origem, de que carece interesse de agir a parte que apresenta pleito cautelar quando o correto é antecipatório, distancia-se da interpretação que o STJ confere à matéria" (STJ, AgRg no REsp 1.013.299/BA, Rel. Min. Mauro Campbell Marques, 2ª Turma, jul. 01.10.2009, *DJe* 15.10.2009).

Art. 306. O réu será citado para, no prazo de 5 (cinco) dias, contestar o pedido e indicar as provas que pretende produzir.

CPC/1973

Art. 802.

REFERÊNCIA LEGISLATIVA

CPC/2015, arts. 180 e 183 (prazo para a Fazenda Pública e o MP), 229 (prazo para litisconsortes), 239 (citação inicial) e 231 (fluência do prazo na intimação).

BREVES COMENTÁRIOS

Sanadas as irregularidades, se as houver, promovida a justificação unilateral, se se fizer necessária, e deferida a medida liminar, se cabível, o juiz mandará que o réu seja citado para, no prazo de cinco dias, contestar o pedido cautelar e indicar as provas que pretende produzir. Na contestação a que alude o art. 306 do CPC/2015, o réu deverá alegar toda a matéria de defesa, expondo as razões de fato e de direito com que impugna o pedido da medida cautelar e especificando as provas que pretende produzir.

JURISPRUDÊNCIA SELECIONADA

1. A citação na tutela cautelar. "Segundo o cânon inscrito no art. 802 do CPC [art. 306 do CPC/2015], os procedimentos cautelares, quer sejam nominados ou inominados, admitem a apresentação de contestação, sendo que, em se tratando de cautelar de produção antecipada de provas requerida com fulcro no artigo 846, a impugnação deve limitar-se à necessidade e à utilidade da tutela que a cautelar visa a garantir" (STJ, REsp 69.981/PR, Rel. Min. Vicente Leal, 6ª Turma, jul. 25.05.1999, *DJ* 14.06.1999).

"A citação, abstraída a imperfeita conceituação contida no art. 213 do CPC [art. 238, CPC/2015], é o ato constitutivo do processo, vale dizer, é o ato através do qual, no processo de conhecimento, se chama o réu a juízo para se defender, no processo de execução o devedor para cumprir a obrigação, no processo cautelar o requerido para impugnar e no procedimento de jurisdição voluntária, o interessado para acompanhar a administração pública do interesse privado" (TRF, 2ª Região, 1ª Turma, AC 240.159/RJ, Rel. Juiz Ney Fonseca, jul. 23.10.2000, *DJU* 05.12.2000).

2. Arguição de incompetência. Prorrogação de competência. "Se o réu não opuser a exceção declinatória na cautelar de protesto, fica a competência prorrogada para a ação principal indenizatória, sendo intempestiva a exceção quando da contestação desta última" (STJ, REsp 489.485/ES, Rel. Min. Carlos Alberto Menezes Direito, 3ª Turma, jul. 26.08.2003, *DJ* 24.11.2003).

3. Prazo. Agravo. "O prazo para a interposição de agravo de instrumento contra a decisão concessiva de liminar, em ação cautelar, flui da juntada aos autos do **mandado de citação devidamente cumprido**, a teor dos arts. 241 e 802 do CPC [arts. 231 e 306 do CPC/2015] (REsp 70.399-PR, Rel. Min. Sálvio de Figueiredo Teixeira; REsp 37.769-2/RJ, Rel. Min. Vicente Leal; REsp 55.133-1/RJ, Rel. Min. Adhemar Maciel)" (TRF, 1ª Região, 2ª Turma, Ag. 01.001.198.310/MG, Rel. Juíza Assusete Magalhães, jul. 24.04.2001, *DJ* 31.05.2002). **No mesmo sentido:** STJ, REsp 198.011/RJ, Rel. Min. Carlos Alberto Menezes Direito, 3ª Turma, jul. 24.06.1999, *DJ* 09.08.1999; STJ, REsp 599.420/SP, Rel. Min. Barros Monteiro, 4ª Turma, jul. 06.12.2005, *DJ* 20.03.2006).

"A regra geral é a de que o prazo para interposição de agravo de instrumento contra liminar concedida *inaudita altera pars* começa a fluir da data da juntada aos autos do mandado de citação. Tendo, contudo, o recorrente espontaneamente comparecido aos autos e apresentado contestação, em que refuta os argumentos da inicial e inclusive da decisão que concedeu a liminar, o termo *a quo* do prazo do art. 522 do CPC [art. 1.015 do CPC/2015] passa a ser **o momento do seu comparecimento, porquanto evidenciada de forma inequívoca a ciência** do conteúdo da decisão agravada" (STJ, REsp 443.085/SP, Rel. Min. Teori Albino Zavascki, 1ª Turma, jul. 27.04.2004, *DJ* 17.05.2004).

*** *Nota: Ver também art. 239 do CPC/2015.***

Art. 307. Não sendo contestado o pedido, os fatos alegados pelo autor presumir-se-ão aceitos pelo réu como ocorridos, caso em que o juiz decidirá dentro de 5 (cinco) dias.

Parágrafo único. Contestado o pedido no prazo legal, observar-se-á o procedimento comum.

CPC/1973

Art. 803.

REFERÊNCIA LEGISLATIVA

CPC/2015, arts. 341 (contestação; ônus da impugnação especificada dos fatos), 309, III (cessação da eficácia por extinção do processo principal), e 358 a 368 (audiência).

Lei nº 9.494, de 10.09.1997 (tutela antecipada contra a Fazenda Pública), art. 2º-B (introduzido pela Med. Prov. nº 2.180-35 de 24.08.2001): "A sentença que tenha por objeto a liberação de recurso, inclusão em folha de pagamento, reclassificação, equiparação, concessão de aumento ou extensão de vantagens a servidores da União, dos Estados, do Distrito Federal e dos Municípios, inclusive de suas autarquias e fundações, somente poderá ser executada após seu trânsito em julgado."

3 O problema da fungibilidade praticamente desapareceu no sistema do CPC/2015, porquanto os requisitos de admissibilidade são comuns às medidas cautelares e às medidas antecipatórias (art. 300). Apenas quanto à liminar é que se faz distinção entre as aludidas medidas. Mas, mesmo em tal caso, o art. 305, parágrafo único, expressamente adota a fungibilidade.

BREVES COMENTÁRIOS

O procedimento a que se aplica o art. 307 é aquele em que a pretensão cautelar é, excepcionalmente, formulada em caráter antecedente. De ordinário, a medida da espécie é objeto de simples pedido incidental, dentro do próprio curso da ação principal (art. 294, parágrafo único).

Contestado o pedido de caráter antecedente, deverá ser observado o procedimento comum quanto à instrução da pretensão cautelar (art. 307, parágrafo único). Não havendo contestação, o réu será considerado revel, presumindo-se aceitos os fatos narrados pelo autor como ocorridos, devendo o juiz decidir o pedido cautelar em cinco dias, independentemente de audiência (arts. 306 e 307).

O pedido cautelar no bojo do processo já em curso, gera um incidente, cuja solução se dá mediante decisão interlocutória, passível de impugnação por agravo de instrumento (art. 1.015, I). Nesse julgamento, o juiz poderá conceder ou negar a tutela e, se esta já tiver sido objeto de liminar, poderá mantê-la, modificá-la ou revogá-la, sempre mediante justificação, de modo claro e preciso (art. 298). Uma vez, porém, que a decisão que concede tutela provisória desafia agravo de instrumento (art. 1.015, I), compete ao demandado, independentemente da contestação, recorrer imediatamente ao tribunal, pleiteando a cassação da liminar, sob pena de preclusão.

Na ação cautelar antecedente, pode-se deferir medida liminar antes da citação do réu (art. 300, § 2º), desafiando agravo de instrumento. Ocorra ou não o agravo, com a contestação da ação cautelar, será, de fato, reaberta a possibilidade do juízo modificativo, pelo magistrado *a quo (art. 296, caput)*. Mas isto se dará na decisão final do incidente, após observado procedimento comum, recomendado pelo art. 307, parágrafo único. Mais uma vez, caberá agravo de instrumento, com igual oportunidade de retratação pelo juiz da causa (art. 1.015, I).

JURISPRUDÊNCIA SELECIONADA

1. Após a decisão sobre a liminar, segue-se o procedimento comum. "Diante das alterações promovidas pelo Código de Processo Civil de 2015, não existe mais a figura do processo cautelar autônomo. Agora, tanto a tutela cautelar quanto a tutela principal são requeridas e desenvolvidas numa mesma relação processual. Deferida tutela cautelar antecedente cujo pedido foi contestado, apesar de desnecessária nova citação, é indispensável que passe a ser observado o procedimento comum. Devem as partes ser intimadas para a audiência e, uma vez não alcançada a autocomposição, tem início o prazo de 15 (quinze) dias para contestação do pedido principal, contado na forma do art. 335. Inaplicabilidade da teoria da ciência inequívoca na hipótese. No caso, deve ser reconhecida a nulidade do feito, a partir da sentença, pois a tutela de urgência deferida na forma antecedente (arresto) foi sucedida pela própria condenação ao pagamento de quantia certa, em julgamento antecipado, porém sem que tenha havido manifestação dos recorrentes sobre o mérito do pedido principal, em contrariedade ao disposto no parágrafo único do art. 307 do CPC/2015" (STJ, REsp 1.802.171/SC, Rel. Min. Ricardo Villas Bôas Cueva, 3ª Turma, jul. 21.05.2019, *DJe* 29.05.2019).

2. Ausência de contestação. Efeitos:

Presunção de veracidade dos fatos. "No processo cautelar, presumem-se como verdadeiros os fatos afirmados pelo requerente quando a requerida não oferece no prazo legal a sua contestação, embora tenha sido devidamente citada. Inteligência do art. 803 [art. 307 do CPC/2015] do CPC. Precedentes do STJ" (STJ, MC 4.891/DF, Rel. Min. Laurita Vaz, 2ª Turma, jul. 26.11.2002, *DJ* 24.05.2004).

"A regra do art. 803 [art. 307 do CPC/2015] diz respeito apenas aos fatos relativos ao **próprio procedimento cautelar**" (Conclusões do Simpósio de Curitiba sobre o CPC/1973 – Nº LXVII, *RT* 482/273).

União. Inaplicabilidade. "Ainda que serôdia, a resposta da União Federal não está sujeita à sanção processual do art. 803 do CPC [art. 307 do CPC/2015], uma vez que seus procuradores não podem confessar nem transigir, mesmo que por ficção legal" (TFR, 5ª Turma, REO 85.026/AL, Rel. Min. Geraldo Sobral, ac. 14.09.1983, *DJU* 13.09.1984).

"Não apresentada contestação (art. 803 do CPC) [art. 307 do CPC/2015] e determinada a subida do recurso especial, é de se **acolher a cautelar para manter os efeitos de liminar, única e especificamente no que concerne à sustação do andamento da execução provisória na instância de origem**, até o trânsito em julgado da decisão a ser proferida no especial" (STJ, MC 4.747/RN, Rel. Min. Fernando Gonçalves, 4ª Turma, jul. 03.04.2003, *DJ* 28.04.2003).

3. Honorários advocatícios:

"Em medida cautelar preparatória é aplicável o princípio da sucumbência, ensejando a condenação em honorários de advogado. O critério a ser observado é o do art. 20, § 4º, do CPC" [art. 85, § 8º, do CPC/2015] (TJSC, Ap. 32.653, Rel. Des. Wilson Guarany, 3ª Câm., *DJSC* 5.4.90; *Adcoas*, 1990, nº 128.443). **No mesmo sentido:** STJ, REsp 58.484-1/ES, Rel. Min. Demócrito Reinaldo, 1ª Turma, jul. 22.03.1995, *DJU* 24.04.1995.

"Indevida a verba honorária se a desistência ocorreu **antes da citação da ré**, inexistindo a sucumbência da autora" (STJ, 2ª Turma, EDARMC 2.785/RJ, Rel. Min. Francisco Peçanha Martins, ac. 08.05.2001, *DJ* 12.08.2002, p. 181).

"A extinção do processo, independentemente de conduta das partes para solução da lide, por reflexo de ato jurídico praticado por outra autoridade judicial, importa o exame de causalidade da propositura da ação, devendo ser condenada em honorários advocatícios a parte que deu causa à expedição de mandado de citação, acarretando para a parte contrária o ônus de constituir advogado para acompanhamento da causa e apresentação de contestação" (STJ, AGRMC 1.243/SP, Rel. Min. Nancy Andrighi, 1ª Seção, jul. 07.04.2000, *DJU* 22.05.2000, p. 62; *JSTJ*, v. 17, p. 145; *LEXSTJ*, v. 135, p. 56).

"Se, apesar de apresentado o pedido de desistência da ação, procedeu-se à citação da parte demandada e esta constituiu e pagou advogado, oferecendo contestação, é devido o pagamento da verba honorária, pois não pode o réu sofrer prejuízo a que não deu causa" (STJ, REsp 244.040/MG, Rel. Min. José Delgado, 1ª Turma, jul. 11.04.2000, *DJ* 15.05.2000, p. 144; *RJADCOAS*, v. 10, p. 81).

Art. 308. Efetivada a tutela cautelar, o pedido principal terá de ser formulado pelo autor no prazo de 30 (trinta) dias, caso em que será apresentado nos mesmos autos em que deduzido o pedido de tutela cautelar, não dependendo do adiantamento de novas custas processuais.

§ 1º O pedido principal pode ser formulado conjuntamente com o pedido de tutela cautelar.

§ 2º A causa de pedir poderá ser aditada no momento de formulação do pedido principal.

§ 3º Apresentado o pedido principal, as partes serão intimadas para a audiência de conciliação ou de mediação, na forma do art. 334, por seus advogados ou pessoalmente, sem necessidade de nova citação do réu.

§ 4º Não havendo autocomposição, o prazo para contestação será contado na forma do art. 335.

CPC/1973

Art. 806.

REFERÊNCIA LEGISLATIVA

CPC/2015, arts. 224 (regra de contagem dos prazos processuais); 312 (momento da propositura da ação).

SÚMULAS

Súmula do STJ:

Nº 482: "A falta de ajuizamento da ação principal no prazo do art. 806 do CPC acarreta a perda da eficácia da liminar deferida e a extinção do processo cautelar."

BREVES COMENTÁRIOS

Convém lembrar que são duas coisas distintas: a discussão do incidente de tutela provisória cautelar antecedente e o aditamento da petição inicial para dar curso ao pedido principal (art. 308). O aforamento da pretensão de mérito não pode ficar paralisado indefinidamente à espera da solução da medida de urgência, se existe liminar já cumprida. Isso porque o Código marca um prazo para a providência, que corre a partir da efetivação da tutela cautelar, que pode se extinguir antes da conclusão do incidente.

Outra hipótese a se cogitar é a de a tutela de urgência ter sido postulada em petição inicial juntamente com a pretensão de mérito, caso em que a contestação será única e abrangente, tanto da matéria principal como da cautelar. Também aqui se haverá de lembrar do cabimento do agravo de instrumento contra a eventual liminar, sob pena de preclusão. Não haverá, entretanto, um julgamento em procedimento próprio para o incidente como aquele previsto para a tutela de urgência antecedente (arts. 307, parágrafo único, e 308, § 1º).

Há duas situações a considerar após a fase processual relativa à medida cautelar antecedente: (a) a pretensão de tutela de urgência é denegada, caso em que o processo se extingue, sem chegar ao estágio de formulação do pedido principal; (b) a pretensão cautelar é deferida, hipótese em que o pedido principal deverá ser formulado nos próprios autos, em trinta dias (CPC/2015, art. 308).

No primeiro caso, o indeferimento da tutela cautelar não obsta a que a parte formule o pedido principal (art. 310), devendo, porém, constar de petição inicial de processo novo, de cognição plena, e não sumário. Em se tratando de ação nova, em autos próprios, não há prazo preclusivo para sua propositura, tanto que a lei só cogita de prazo quando o pedido principal é formulado, em seguida à medida urgente já deferida e executada (art. 308, *caput*).

Uma vez obtida e efetivada a tutela cautelar, não pode a parte manter-se inerte, eternizando, a seu bel-prazer, a medida de urgência que lhe foi deferida em caráter antecedente. Por isso, marca-lhe a lei um prazo dentro do qual o juízo de mérito terá de ser instaurado. Esse prazo, de acordo com o art. 308, é de trinta dias, e tem caráter de fatal ou peremptório, o que quer dizer que se mostra improrrogável. Mas, por ser fatal esse prazo processual, nem por isso deixará de suspender-se nas férias ou nos recessos forenses (arts. 214 e 220).

Se o pedido principal não é proposto nos trinta dias seguintes à efetivação da tutela cautelar antecedente, esta automaticamente perde sua eficácia, por força de lei (art. 309, I, do CPC/2015). A extinção opera *ipso jure*, cabendo ao juiz simplesmente declará-la, pondo fim ao processo sem resolução de mérito. O requerente, como já se observou, não ficará inibido de propor, em novo processo, a ação principal, não poderá, todavia, repetir o pedido cautelar, senão com base em fundamentos novos (art. 309, parágrafo único).

JURISPRUDÊNCIA SELECIONADA

1. Formulação do pedido principal.

a) Prazo processual. Contagem em dias úteis. "Divergência verificada para dirimir controvérsia sobre se o prazo de 30 (trinta) dias para a formulação do pedido principal previsto no art. 308 do Código de Processo Civil possui natureza jurídica material ou processual e se sua contagem é realizada em dias corridos ou dias úteis. Alteração no CPC/2015 com relação ao procedimento para requerimento de tutelas cautelares antecedentes, devendo o pedido principal ser formulado nos mesmos autos, não sendo necessário ajuizamento de nova demanda (extinção da autonomia do processo cautelar). Atual sistemática que prevê apenas um processo, com etapa inicial que cuida de tutela cautelar antecedente, com possibilidade de posterior ampliação da cognição. A dedução do pedido principal, nesse caso, é um ato processual que produz efeitos no processo já em curso, e o transcurso do prazo em branco apenas faz cessar a eficácia da medida concedida (art. 309, II, do CPC/2015), fato que não afeta o direito material em discussão. Constatação de que o prazo de 30 (trinta) dias para a formulação do pedido principal previsto no art. 308 do Código de Processo Civil possui natureza jurídica processual e, consequentemente, sua contagem deve ser realizada em dias úteis, nos termos do art. 219 do CPC" (STJ, EREsp 2.066.868/SP, Rel. Min. Sebastião Reis Júnior, Corte Especial, jul. 03.04.2024, *DJe* 09.04.2024).

Prazo para ajuizamento da ação principal. Várias medidas constritivas. "1. Consoante a jurisprudência desta Corte, o prazo para o ajuizamento da ação principal deve ser contado a partir da data da efetivação da primeira medida liminar concedida. Precedentes. 2. Hipótese em que o Tribunal de origem consignou não ser possível iniciar a contagem do prazo decadencial a partir da execução do primeiro ato constritivo sob o fundamento de que a parte autora 'não teve conhecimento da concessão das medidas, as quais foram executadas de ofício e por ofício de bloqueio de bens dos réus agravantes na mesma data em que deferida a liminar', tendo em vista a falha na intimação respectiva, ocorrida apenas após a efetivação das medidas cautelares. 3. Diante das circunstâncias do caso, considerando que a parte não pode ser prejudicada por falha que não lhe pode ser atribuída, deve ser mantido o acórdão recorrido que, excepcionalmente, considerou como termo inicial para a contagem do prazo do art. 806 do CPC/1973 [art. 308 do CPC/2015] a data da intimação. 4. Agravo interno provido para reconsiderar a decisão agravada, negando provimento ao recurso especial" (STJ, AgInt nos EDcl no REsp 1.801.977/MS, Rel. Min. Raul Araújo, 4ª Turma, jul. 27.10.2020, *DJe* 20.11.2020).

b) Termo inicial

Cumprimento parcial. Trintídio legal. Termo inicial da fluência do prazo para propositura da ação principal. "O cumprimento parcial da tutela de urgência não tem o condão de fazer com que o prazo de 30 (trinta) dias comece a fluir para a formulação do pedido principal. A medida somente poderá ter eficácia depois do seu total implemento" (STJ, REsp 1.954.457/GO, Rel. Min. Moura Ribeiro, 3ª Turma, jul. 09.11.2021, *DJe* 11.11.2021). **Em sentido contrário**: STJ, AgInt nos EDcl no REsp 1.801.977/MS, Rel. Min. Raul Araújo, 4ª Turma, jul. 27.10.2020, *DJe* 20.11.2020.

Cumprimento total. "Interpretando o artigo 806 do CPC [art. 308 do CPC/2015], o prazo de trinta dias para o ajuizamento da ação principal é contado a partir da data da efetivação da medida liminar e não da sua ciência ao requerente da cautelar" (STJ, AgRg no Ag 1.319.930/SP, Rel. Min. Mauro Campbell Marques, 2ª Turma, jul. 07.12.2010, *DJe* 03.02.2011). **No mesmo sentido:** STJ, REsp 327.380/RS, Rel. Min. Antônio de Pádua Ribeiro, 2ª Seção, jul. 22.05.2002, *DJ* 04.05.2005; STJ, AgRg no Ag 1.319.930/SP, Rel. Min. Mauro Campbell Marques, 2ª Turma, jul. 07.12.2010, *DJe* 03.02.2011.

"O prazo decadencial de trinta dias, previsto no art. 806 do CPC [art. 308 do CPC/2015], para o ajuizamento da ação principal é contado a partir da data da efetivação da liminar ou cautelar, concedida em procedimento preparatório. Na hipótese, considera-se efetivada a cautelar na data da exclusão do nome da autora do cadastro do Sisbacen, ato material de cumprimento da decisão liminar, e não na data de mera juntada aos autos do ofício remetido à instituição financeira comunicando-lhe o deferimento da medida acautelatória" (STJ, REsp 869.712/SC, Rel. Min. Raul Araújo, 4ª Turma, jul. 28.02.2012, *DJe* 16.03.2012).

Provimento cautelar executado por partes. "A ação principal deve ser contada a partir da data da efetivação da medida liminar. Entretanto, no caso dos autos, a execução da medida liminar, necessariamente, se desdobra na prática de vários atos e na constrição de vários bens, o que leva à conclusão de que o prazo para promover a ação principal se inicia a partir do primeiro ato constritivo, e não do momento em que se completaram integralmente todas as constrições" (STJ, REsp 1.115.370/SP, Rel. Min. Benedito Gonçalves, 1ª Turma, jul. 16.03.2010, *DJe* 30.03.2010). **No mesmo sentido:** STJ, REsp 757.625/SC, Rel. Min. Nancy Andrighi, 3ª Turma, jul. 19.10.2006, *DJ* 13.11.2006.

Defensoria pública. Prazo em dobro. "Deve ser contado em dobro o prazo para a propositura da ação principal (art. 806 do CPC) [art. 308 do CPC/2015], quando o autor for assistido pela defensoria pública" (STJ, REsp 275.803/SP, Rel. p/ acórdão Min. Ruy Rosado de Aguiar, 4ª Turma, jul. 17.04.2001, *DJ* 13.08.2001).

Férias forenses. Eficácia da medida cautelar. Prazo decadencial. "Sem embargo de ser decadencial o prazo contemplado no art. 806, CPC [art. 308 do CPC/2015], se o seu último dia cai em período de férias, a causa, não sendo das que nelas tem curso, poderá ser ajuizada **até o primeiro dia útil subsequente.** Em se tratando de prazos, o intérprete, sempre que possível, deve orientar-se pela exegese mais liberal, atento às tendências do processo civil contemporâneo – cálculo nos princípios da efetividade e da instrumentalidade – e a advertência da doutrina de que as sutilezas da lei nunca devem servir para impedir o exercício de um direito" (STJ, REsp 11.834/PB, Rel. Min. Sálvio de Figueiredo Teixeira, 4ª Turma, jul. 17.12.1991, *DJ* 30.03.1992). **No mesmo sentido:** REsp 254.443/PR, Rel. Min. Barros Monteiro, 4ª Turma, jul. 20.06.2000, *DJ* 11.09.2000; STJ, REsp 770.920/PE, Rel. Min. Arnaldo Esteves Lima, 5ª Turma, jul. 14.08.2007, *DJ* 24.09.2007; STJ, REsp 257.648/RS, Rel. Min. Ruy Rosado de Aguiar, 4ª Turma, jul. 17.08.2000, *DJ* 11.09.2000.

Protocolo da ação principal. Distribuição no dia seguinte. "O simples protocolo da ação principal cumpre a finalidade de garantir a eficácia da cautelar, que não perde seus efeitos caso a distribuição apenas se consuma no dia seguinte (CPC, arts. 263 e 808, I)" (STJ, REsp 766.563/SP, Rel. Min. Humberto Gomes de Barros, 3ª Turma, jul. 23.08.2005, *DJ* 20.03.2006).

Vencimento do prazo no sábado. "Vencido o trintídio (art. 806, c/c o art. 808, I, do CPC) [art. 308 c/c o art. 309, I, do CPC/2015] em um sábado, ao autor é permitido ajuizar a ação principal **no primeiro dia útil subsequente**. Precedentes" (STJ, REsp 254.443/PR, Rel. Min. Barros Monteiro, 4ª Turma, jul. 20.06.2000, *DJ* 11.09.2000).

2. Prazo para formulação do pedido principal. Inobservância.

Perda da eficácia. Extinção sem exame de mérito. "Desatendido o prazo legal, a medida cautelar concedida perderá a sua eficácia (art. 309, I, do CPC/2015) e o procedimento de tutela cautelar antecedente será extinto sem exame do mérito" (STJ, REsp 2.066.868/SP, Rel. Min. Nancy Andrighi, 3ª Turma, jul. 20.06.2023, *DJe* 26.06.2023).

"A ação cautelar[4] é sempre dependente do processo principal e visa apenas garantir a eficácia da futura prestação jurisdicional. O não ajuizamento da ação principal no prazo estabelecido pelo art. 806 do CPC [art. 308 do CPC/2015] acarreta a perda da medida liminar e a extinção do processo cautelar, sem julgamento do mérito" (STJ, EREsp 327.438/DF, Rel. Min. Francisco Peçanha Martins, Corte Especial, jul. 30.06.2006, *DJ* 14.08.2006). **No mesmo sentido:** STJ, REsp 176.301/RS, Rel. Min. Eduardo Ribeiro, 3ª Turma, jul. 26.06.2000, *DJ* 28.08.2000; STJ, REsp 1.053.818/MT, Rel. Min. Herman Benjamin, 2ª Turma, *DJe* 04.03.2009; STJ, REsp 692.781/ES, Rel. Min. Carlos Alberto Menezes Direito, 3ª Turma, *DJ* 17.09.2007; STJ, REsp 528.525/RS, Rel. Min. Denise Arruda, 1ª Turma, *DJ* 01.02.2006; STJ, REsp 1.115.370/SP, Rel. Min. Benedito Gonçalves, 1ª Turma, jul. 16.03.2010, *DJe* 30.03.2010. **Obs.:** Havia divergência no STJ acerca do tema. Todavia, a jurisprudência deste tribunal foi pacificada a partir do julgamento do EREsp 327.438/DF: *Entendimento consolidado com a edição da Súmula nº 482 do STJ.*

Despacho imotivado. Renovação da medida. "Revogada a medida liminar de busca e apreensão, pelo decurso do prazo previsto no art. 806 do CPC [art. 308 do CPC/2015], a renovação desta cautela, por despacho imotivado, no bojo de ação de conhecimento, revela-se ilegal, conquanto somente através da ação cautelar incidental, neste caso, poderá a providência ser deferida" (TAMG, MS 1.397, Rel. Juiz Leonídio Doehler, 2ª Câmara, jul. 11.09.1987, *DJMG* 02.03.1989).

Sob os efeitos do não cumprimento do prazo da cautelar, ver jurisprudência do art. 302 do CPC/2015.

3. Cautelar preparatória. Propositura da pretensão principal. Necessidade. "Por via de regra, as medidas cautelares estão vinculadas a uma ação principal a ser ajuizada ou em curso, conforme estabelecido nos arts. 800, 806 e 808, inciso I, do CPC [arts. 299, 308 e 309 do CPC/2015], ou seja, há uma dependência entre a ação cautelar e a principal para a obtenção da efetividade da tutela jurisdicional" (STJ, REsp 1.099.623/RS, Rel. Min. Eliana Calmon, 2ª Turma, jul. 08.09.2009, *DJe* 28.09.2009).

4. Cautelares preventivas. "À vistoria *ad perpetuam rei memoriam* não se aplica a preclusão. Em se tratando de medida cautelar de feição preventiva, e não preparatória, não importando afetação de direito ou constrição de bens, não havendo, assim, prejuízo para a parte ré, não incide a exigência do art. 806 do CPC [art. 308 do CPC/2015], de que a ação seja proposta no prazo de trinta dias, não ocorrendo, deste modo, caducidade se tal não suceder. O prazo extintivo de eficácia refere-se naturalmente àquelas medidas de caráter restritivo de direito ou de constrição de bens, pois nos provimentos meramente conservativos – justificações, protestos, interpelações e notificações – e nos de antecipação de provas – vistoria e inquirições *ad perpetuam rei memoriam* – não tem, como é óbvio, nenhuma influência o prazo do art. 806" [art. 308 do CPC/2015] (TJSP, Ap. 144.776-2, Rel. Des. Accioli Freire, 9ª Câmara, jul. 08.06.1989, *RJTJSP* 121/105).

5. Pedido de guarda e educação de filhos. "Se o pedido de guarda e educação de filhos menores não tem o caráter de medida preparatória, mas sim de processo autônomo, independente de qualquer outra ação ou providência judicial, **inaplicável o disposto no art. 806 do CPC** [art. 308 do CPC/2015]. Além disso, ainda que assim não fosse, em se tratando de Direito de Família, não cessa a eficácia da medida cautelar se o processo principal não se instaura no trintídio do referido artigo" (TJMG, Ap. 80.230-1, Rel. Des. Freitas Barbosa, 1ª Câmara, jul. 12.09.1989, *DJMG* 21.10.1989). **Em sentido contrário:** "Os artigos 806 e 808 do CPC incidem nos processos cautelares envolvendo alimentos provisionais" (STJ, REsp 436.763/SP, Rel.

4 A demanda principal, no CPC/2015, é objeto de aditamento da inicial, nos próprios autos em que a medida cautelar foi deferida.

Min. Humberto Gomes de Barros, 3ª Turma, jul. 27.11.2007, *DJ* 06.12.2007).

6. Arguição de incompetência. "A oposição de exceção de incompetência suspende o curso do processo; entretanto, não interfere no cumprimento da exigência estabelecida no art. 806 do CPC [art. 308 do CPC/2015]" (STJ, REsp 641.806/MG, Rel. Min. Nancy Andrighi, 3ª Turma, jul. 20.09.2004, *DJ* 11.10.2004).

Art. 309. Cessa a eficácia da tutela concedida em caráter antecedente, se:

I – o autor não deduzir o pedido principal no prazo legal;

II – não for efetivada dentro de 30 (trinta) dias;

III – o juiz julgar improcedente o pedido principal formulado pelo autor ou extinguir o processo sem resolução de mérito.

Parágrafo único. Se por qualquer motivo cessar a eficácia da tutela cautelar, é vedado à parte renovar o pedido, salvo sob novo fundamento.

CPC/1973

Art. 808.

REFERÊNCIA LEGISLATIVA

CPC/2015, arts. 485 (extinção do processo sem resolução de mérito) e 487 (resolução de mérito).

Lei nº 9.494/1997, art. 2º-B (nas ações contra o Poder Público que tenham como objeto questões salariais ou funcionais, "a sentença proferida em ação cautelar só poderá ter caráter satisfativo quando transitada em julgado a sentença proferida na ação principal").

SÚMULAS

Súmula do STJ:

Nº 482: "A falta de ajuizamento da ação principal no prazo do art. 806 do CPC acarreta a perda da eficácia da liminar deferida e a extinção do processo cautelar."

CJF – I JORNADA DE DIREITO PROCESSUAL CIVIL

Enunciado 46 – A cessação da eficácia da tutela cautelar, antecedente ou incidental, pela não efetivação no prazo de 30 dias, só ocorre se caracterizada omissão do requerente.

BREVES COMENTÁRIOS

A tutela cautelar fundamenta-se em fatos justificadores da pretensão de obter-se, ao longo da duração do processo, medida adequada para afastar o perigo de dano. Se os fatos alegados pela parte e apreciados pelo juiz não foram tidos como hábeis a autorizar a cautela ou se a cautela deferida com base neles veio a se extinguir pelas razões enumeradas no art. 309, a renovação da pretensão de obter medida preventiva só será acolhida se fundada em novos fatos.

Com efeito, a provisoriedade e o caráter restritivo de direitos que se entreveem nas tutelas cautelares não coadunam com o uso reiterado dessas providências, quando a parte sofra, por carência de direito material ou desídia processual, as consequências da extinção da eficácia da medida.

Vem daí a vedação do parágrafo único do art. 309, que opera mesmo naquelas hipóteses em que, extinguindo-se o processo sem julgamento do mérito, possa o autor renová-lo (art. 486). A renovação possível refere-se ao pedido principal e não ao pedido de tutela provisória, se não houver novo fundamento para sustentá-lo.

Se, todavia, o fundamento da renovação da tutela cautelar se apoia em fatos novos, diversos daqueles que motivaram a providência extinta, já então inexistirá o óbice ao novo pedido de tutela cautelar, como expressamente ressalva o parágrafo único, *in fine*, do art. 309.

Por não implicar restrição jurídica à parte contrária, a cessação de eficácia da medida cautelar não se aplica:

a) às notificações;

b) ao pedido de exibição de documento;

c) ao pedido de arrolamento de bens;

d) à produção antecipada de prova.

JURISPRUDÊNCIA SELECIONADA

1. Não ajuizamento da pretensão principal no prazo de trinta dias. Consequências (inciso I). Ver jurisprudência do art. 308 do CPC/2015.

a) Prazo decadencial. "Em se tratando de medida cautelar preparatória, o requerente tem o prazo decadencial de trinta dias, contados da data da sua efetivação, para ajuizamento da ação principal. Não sendo cumprido esse prazo, cessa a eficácia da medida na forma do art. 808, I, do Código de Processo Civil [art. 309, I, do CPC/2015]. A cessação da eficácia da medida também deve ser imputada aos casos em que, a despeito de ter sido proposta, **a ação principal permanece paralisada por mais de dois anos consecutivos**, por negligência da parte autora, o que configura o desinteresse na rápida solução do litígio, fulminando o requisito do *periculum in mora*" (STJ, REsp 225.357/RJ, Rel. Min. João Otávio de Noronha, 2ª Turma, jul. 19.04.2005, *DJ* 15.08.2005, p. 227).

*** Obs.: Ver Súmula nº 482 do STJ.***

b) Termo inicial para a propositura da pretensão principal. Ver jurisprudência do art. 308 do CPC/2015.

c) Direito de família. Ver jurisprudência do art. 308 do CPC/2015.

d) Cautelar de natureza satisfativa. Ver jurisprudência do art. 308 do CPC/2015.

e) Inaplicabilidade do inciso I:

"É de aplicar-se o entendimento jurisprudencial consubstanciado na Súmula 400-STF se a decisão impugnada foi no sentido de que, em se tratando de medida cautelar de feição preventiva e não preparatória, não importando em afetação de direito ou em constrição de bens, não havendo, assim, prejuízo para a parte ré, não incide a exigência do art. 806 do Cód. Proc. Civil [art. 308 do CPC/2015] de que a ação seja proposta no prazo de trinta dias, não ocorrendo, deste modo, caducidade se tal não suceder (art. 808, I, do Cód. Proc. Civil)" [art. 309, I, do CPC/2015] (STF, RE 102.575, Rel. Min. Aldir Passarinho, 2ª Turma, jul. 06.11.1984, *DJ* 14.12.1984).

"Ainda que se admita a natureza preparatória da cautelar em apreço, relativa à eventual ação de partilha de bens, é pacífico na Corte Especial o entendimento de que o 'não ajuizamento da ação principal no prazo estabelecido pelo art. 806 do CPC [art. 308 do CPC/2015] acarreta a perda da medida liminar e a extinção do processo cautelar, sem julgamento do mérito' (EREsp 327.438/DF, *DJ* de 14.08.2006)" (STJ, REsp 401.531/RJ, Rel. Min. Fernando Gonçalves, 4ª Turma, jul. 02.02.2010, *DJe* 08.03.2010).

2. Medida cautelar não efetivada dentro de trinta dias (inciso II). "O depósito judicial de valor relativo ao débito é medida cautelar adequada, com vistas na suspensão de sua exigibilidade. Inexistente o depósito, liminarmente deferido, cessa a eficácia da medida cautelar, que não foi executada dentro de trinta dias (CPC, art. 808, II) [art. 309, II, CPC/2015], por manifesto desinteresse de agir da requerente, impondo-se, assim, a extinção do processo cautelar, à míngua de interesse processual, na espécie" (TRF, 1ª Região, AC 33.000.065.948/

BA, Rel. Juiz Souza Prudente, 6ª Turma, jul. 14.10.2004, *DJ* 06.11.2002, p. 67).

3. Improcedência do pedido principal ou extinção do processo principal sem resolução do mérito (inciso III). "Cessa a eficácia da liminar se o juiz declarar extinto o processo principal, com ou sem julgamento de mérito (art. 808, III, do CPC) [art. 309, III, CPC/2015]" (STJ, AgRg no REsp 470.794/SP, Rel. Min. Luis Felipe Salomão, 4ª Turma, jul. 17.03.2011, *DJe* 23.03.2011). **No mesmo sentido:** STJ, AgRg no REsp 1.202.968/RS, Rel. Min. Humberto Martins, 2ª Turma, jul. 21.10.2010, *DJe* 09.11.2010.

"A sentença substitui a medida liminar, de modo que, prolatada aquela, esta fica sem efeito, qualquer que seja o teor do julgado; se procedente a ação cautelar, a tutela judicial passa a resultar da sentença, que é de execução imediata, à vista do efeito meramente devolutivo da apelação; se improcedente, o provimento liminar não subsiste, cedendo aquele proferido à base de cognição completa. Recurso ordinário improvido" (STJ, RMS 6.890/SP, Rel. Min. Ari Pargendler, 2ª Turma, jul. 17.06.1996, *DJ* 12.08.1996).

Trânsito em julgado da ação principal. "A 1ª Seção desta Corte, interpretando o disposto no art. 808, III, do CPC [art. 309, III, CPC/2015], já se manifestou no sentido de que a cessação da eficácia da medida cautelar independe do trânsito em julgado da ação principal. Precedente: EREsp 1043487/SP, Rel. Min. Teori Albino Zavascki, 1ª Seção, *DJe* de 14.6.2011" (STJ, AgRg no AREsp 29.381/RJ, Rel. Min. Mauro Campbell Marques, 2ª Turma, jul. 06.09.2011, *DJe* 14.09.2011). **No mesmo sentido:** STJ, EREsp 876.595/BA, Rel. Min. Arnaldo Esteves Lima, 1ª Seção, jul. 25.05.2011, *DJe* 07.06.2011). **Em sentido contrário:** "Embora a defeituosa redação do art. 808, III, do CPC [art. 309, III, do CPC/2015] sugira a ideia de que, com a prolação da sentença na ação principal cessa a eficácia da medida cautelar, tal dispositivo deve ser interpretado em conjunto com o art. 807 do mesmo diploma, segundo o qual a cautelar conserva sua eficácia na pendência do processo principal. Assim, somente perde o objeto a cautelar após o trânsito em julgado da ação principal" (STJ, REsp 320.681/DF, Rel. Min. Eliana Calmon, 2ª Turma, jul. 19.02.2002, *DJU* 08.04.2002). **No mesmo sentido:** STJ, REsp 819.074/DF, Rel. Min. Eliana Calmon, 2ª Turma, jul. 21.08.2008, *DJe* 25.09.2008; STJ, REsp 244.831/SC, Rel. Min. Garcia Vieira, 1ª Turma, jul. 06.04.2000, *DJ* 08.05.2000; STJ, MS 14.386/DF, Rel. Min. Napoleão Nunes Maia Filho, 3ª Seção, jul. 25.08.2010, *DJe* 03.09.2010.

"A tutela cautelar não existe em função de si própria. Supõe, por isso mesmo, para efeito de sua concessão, a perspectiva de um processo principal. Uma vez extinta a causa principal, cessa, de pleno direito, a eficácia do provimento cautelar a ela referente (CPC, art. 808, III) [art. 309, III, do CPC/2015]. Com o advento desse fato, **torna-se ineficaz, em virtude da perda superveniente de seu objeto, a medida de contracautela que havia sido concedida para inibir os efeitos do provimento cautelar anteriormente deferido**" (STF, Pet.-AgR-QO 1.318/DF, Rel. Min. Celso de Mello, Tribunal Pleno, jul. 11.02.1999, *DJ* 17.06.2005, p. 7).

"Improcedente a ação principal, perde eficácia a cautela deferida no seu curso ao autor, **independentemente de sentença**" (STJ, REsp 24.986/GO, Rel. Min. Dias Trindade, 3ª Turma, jul. 25.08.1992, *DJ* 28.09.1992).

Art. 310. O indeferimento da tutela cautelar não obsta a que a parte formule o pedido principal, nem influi no julgamento desse, salvo se o motivo do indeferimento for o reconhecimento de decadência ou de prescrição.

CPC/1973

Art. 810.

REFERÊNCIA LEGISLATIVA

CPC/2015, art. 487, II (é decisão de mérito a que pronuncia a prescrição ou a decadência).

BREVES COMENTÁRIOS

A regra é que o indeferimento da medida cautelar, excepcionalmente, poderá, num único caso, importar solução de mérito, prejudicial, portanto, à pretensão principal. Isto se dará quando a rejeição da medida cautelar tiver como fundamento o reconhecimento de decadência ou de prescrição. Assim, a regra geral de que a decisão cautelar não produz coisa julgada, em detrimento da pretensão de mérito, é excepcionada, transformando-se em empecilho à propositura da demanda principal. Em outros termos, prescrição e decadência são questões de mérito da causa principal, cuja apreciação pode ser antecipada para solução ainda no bojo do procedimento das tutelas de urgência. Diante de tais temas de direito material, a tutela que se buscava em caráter provisório e não exauriente transmuda-se em definitiva e exauriente, pondo fim de uma só vez tanto à pretensão preventiva como à definitiva.

JURISPRUDÊNCIA SELECIONADA

1. Autonomia. "São características do processo cautelar, entre outras, sua instrumentalidade e provisoriedade, aquela com o escopo de garantir o resultado útil do processo principal, e a última no sentido de que o provimento cautelar não se reveste de caráter definitivo. Assim, a finalidade do processo cautelar é de assegurar eficácia e utilidade a outro processo, e não solucionar a pretensão material da parte. Daí a autonomia da cautelar – art. 810 do CPC [art. 310 do CPC/2015] –, uma vez que o que se decide na ação cautelar é apenas se houve ou não risco para a efetividade ou utilidade do processo principal, e nunca se a parte tem ou não o direito subjetivo material, que se pretende opor à outra parte" (TJSP, Ap. 117.547-2, Rel. Des. Marcello Motta, 16ª Câmara, jul. 2.9.87, *Adcoas*, 1987, nº 115.547-2).

2. Decisão em medida cautelar preparatória. Inexistência de coisa julgada material. "A decisão proferida em medida cautelar não faz coisa julgada material, apenas formal (artigo 810 do Código de Processo Civil) [art. 310, CPC/2015]. 'O juízo firmado em sede de medidas de natureza cautelar é naturalmente precário, porquanto lastreado na plausibilidade do direito arguido pela parte, estando essas decisões sujeitas a posterior confirmação ou revogação. Não se pode, por isso mesmo, confundir esse exame, realizado com base em juízo de delibação essencialmente provisório e sumário, com aquele mais profundo e detalhado, próprio da fase de cognição plena e exauriente' (Pet na Rcl nº 4.048/TO, Rel. Min. João Otávio de Noronha, Corte Especial, *DJe* 23.08.2010)" (STJ, AgRg no Ag 1.349.856/RS, Rel. Min. Hamilton Carvalhido, 1ª Turma, jul. 02.12.2010, *DJe* 02.02.2011).

3. Prescrição e decadência. "Conforme o art. 810 do CPC [art. 310 do CPC/2015], é lícito ao juiz, na cautelar preparatória, desde que provocado para tanto, declarar a prescrição ou a decadência da pretensão principal. No entanto, tal questão pode vir a ser dirimida na ação principal" (STJ, AgRg no Ag 925.967/SE, Rel. Min. Vasco Della Giustina, 3ª Turma, jul. 09.06.2009, *DJe* 23.06.2009). **Obs.:** cf. o art. 310 do CPC/2015.

"É lícito ao juiz, na cautelar preparatória, desde que provocado para tanto, declarar a prescrição ou a decadência da pretensão principal (art. 810 do CPC) [art. 310 do CPC/2015]. [...] A prescrição ocorre quando o titular do direito não exerce, no prazo legal, ação tendente a proteger tal direito. A inércia é o requisito essencial da prescrição. O despacho do juiz que determina a citação na ação cautelar preparatória tem o condão de interromper o prazo prescricional referente à pretensão principal a ser futuramente exercida (art. 202, I, do novo Código Civil)" (STJ, REsp 822.914/RS, Rel. Min. Humberto Gomes de Barros, 3ª Turma, jul. 01.06.2006, *DJ* 19.06.2006, p. 139).

Interrupção da prescrição. Cautelar de antecipação de prova. "Na sistemática do Código de Processo Civil de 1973, a cautelar de antecipação de prova interrompe a prescrição quando se tratar de medida preparatória de outra ação, tornando inaplicável, nesses casos, o Verbete Sumular nº 154/STF, editado sob a égide do CPC/1939" (STJ, REsp 202.564/RJ, Rel. Min. Sálvio de Figueiredo Teixeira, 4ª Turma, jul. 02.08.2001, *DJ* 01.10.2001).

☆ DA TUTELA DE URGÊNCIA: INDICAÇÃO DOUTRINÁRIA

Alberto Deodato Filho, O processo cautelar segundo o atual CPC, *RBDP* 7/24; Anwar Mohamad Ali, Carlos Augusto de Assis, Leonardo Ferres da Silva Ribeiro. Aspectos controvertidos da tutela provisória no Código de Processo Civil. *Revista de Processo*, n. 292, ano 44, junho 2019, p. 163-196; Athos Gusmão Carneiro, A conciliação no novo Código de Processo Civil, *RT* 471/20; Beatriz Andrade Gontijo da Cunha. Estabilização dos efeitos da tutela antecipada: aspectos históricos e princípios lógicos da medida no direito brasileiro. *Revista de Processo*. vol. 293, ano 44. p. 139-161. São Paulo: Ed. RT, julho/2019; Bruno Garcia Redondo, Estabilização. Modificação e negociação da tutela de urgência antecipada antecedente: principais controvérsias, *Revista de Processo* n. 244, p. 167, jun. 2015; Carlos Augusto de Assis, A estabilização da tutela antecipada e seus problemas revelados na prática, In: Ana Cândida Menezes Marcato et al. (orgs.), Reflexões sobre o Código de Processo Civil de 2015: uma contribuição dos membros do Centro de Estudos Avançados de Processo – Ceapro, São Paulo: Verbatim, 2018, p. 145 e ss.; Cassio Scarpinella Bueno, *Manual de direito processual civil*, São Paulo: Saraiva, 2015; Clito Fornaciari Jr., Dos prejuízos decorrentes da execução de medida cautelar, *Ajuris* 35/78; Clito Fornaciari Júnior. O Novo Perfil da Tutela Provisória. *Revista Síntese*, ano XVII, nº 100. mar.-abr. 2016. São Paulo: Síntese. p. 146; Cristiane Druve Tavares Fagundes, *O direito de estar em juízo e a coisa julgada*, São Paulo: Revista dos Tribunais, 2014, p. 119-129; Cristina Leitão, Estabilização da tutela antecipada antecedente: um olhar otimista, In: Sérgio Cruz Arenhart; Daniel Mitidiero (coords.), O processo civil entre a técnica processual e a tutela dos direitos: estudos em homenagem a Luiz Guilherme Marinoni, São Paulo: RT, 2017, p. 113 e ss.; Daniel Amorim Assumpção Neves, *Manual de direito processo civil*, São Paulo: Método, 2015; Daniel Mitidiero, In: Teresa Arruda Alvim Wambier, Fredie Didier Jr., Eduardo Talamini, Bruno Dantas, *Breves comentários ao novo Código de Processo Civil*, São Paulo: Revista dos Tribunais, 2015; Daniel Penteado de Castro, Responsabilidade pela fruição da tutela provisória, In: Ana Cândida Menezes Marcato et al. (orgs.), Reflexões sobre o Código de Processo Civil de 2015: uma contribuição dos membros do Centro de Estudos Avançados de Processo – Ceapro, São Paulo: Verbatim, 2018, p. 177 e ss.; Donaldo Armelin, Execução de medida cautelar liminarmente concedida e o prazo para resposta, *RP* 31/259; Eduardo de Avelar Lamy e Fernando Vieira Luiz. Estabilização da tutela antecipada no Novo Código de Processo Civil. *Revista de Processo*, vol. 260, ano 41, p. 105-129. São Paulo: RT, out./2016; Eduardo Lamy. *Considerações sobre a tutela de urgência no novo CPC*. In: Paulo Henrique dos Santos Lucon e Pedro Miranda de Oliveira. Panorama atual do novo CPC. Florianópolis: Empório do Direito, 2016, p. 107; Filipe Silveira Aguiar, Da natureza da decisão estabilizada, Revista de Processo, São Paulo, ano 45, v. 305, p. 197-216, jul. 2020; Frederico Augusto Gomes. A autonomia da lide de urgência no novo Código de Processo Civil (ou um tributo a Alcides Munhoz da Cunha no CPC/2015). *Revista de Processo*, vol. 255, ano 41, p. 183-209. São Paulo: RT, maio 2016; Fredie Didier Jr., *Curso de direito processual civil*, 10. ed., Salvador: JusPodivm, 2015, v. II; Fredie Didier Jr., *Curso de direito processual civil*, 17. ed., Salvador: JusPodivm, 2015, v. I; Galeno Lacerda, *Comentários ao CPC*, 6ª ed., Rio de Janeiro: Forense, 1994, v. VIII, t. I, p. 241 – "Não chegaríamos ao ponto, porém, de, com Sérgio Fadel, reconhecer litispendência extintiva do processo principal no período anterior ao trânsito em julgado da referida sentença antecipada"; Gisele Leite. Considerações sobre a antecipação da tutela jurisdicional. *Jurisplenum*, ano XII, nº 71, set./out. 2016). Caxias do Sul: Plenum, 2016, p. 111; Guilherme Rizzo Amaral, *Comentários às alterações do novo CPC*, São Paulo: Revista dos Tribunais, 2015; Hamilton de Moraes e Barros, Breves observações sobre o processo cautelar, *RF* 246/205; Heloisa Leonor Buika. A ambiguidade da estabilização dos efeitos da tutela antecipada e a coisa julgada no novo Código de Processo Civil. *Revista de Processo*. vol. 267. ano 42. p. 289. São Paulo: Ed. RT, maio/2017; Humberto Theodoro Jr., *Processo cautelar*, São Paulo: Leud, 2010, n. 88, p. 123 – quando o perigo de dano referir-se apenas a uma parte do bem ou bens envolvidos no processo principal, o valor da ação cautelar será menor, "em função do montante do risco a ser prevenido"; Humberto Theodoro Júnior, *Curso de direito processual civil*, 61. ed., Rio de Janeiro: Forense, 2020, v. I; Humberto Theodoro Júnior, Fernanda Alvim Ribeiro de Oliveira, Ester Camila Gomes Norato Rezende (coords.), *Primeiras lições sobre o novo direito processual civil brasileiro*, Rio de Janeiro: Forense, 2015; Humberto Theodoro Júnior, *Novo Código de Processo Civil: principais alterações do sistema processual civil*, São Paulo: Rideel, 2014; Humberto Theodoro Júnior. As tutelas de urgência no velho e novo CPC. In: Luís Antônio Giampaulo Sarro. *Novo Código de Processo Civil – Principais Alterações do sistema Processual Civil.* 2. ed. São Paulo: Rideel, 2016, p. 243; J. E. Carreira Alvim, *Comentários ao novo Código de Processo Civil*, Curitiba: Juruá, 2015; José Frederico Marques, *Manual de direito processual civil*, São Paulo: Millenium, 2001, v. IV, p. 363, n. 1.049 – "a regra do art. 806 aplica-se a todos os procedimentos cautelares, comuns ou específicos [...]" – com exceção das justificações; José Marcos Rodrigues Vieira, Pedro Henrique Guimarães Costa. Entre a estabilização da tutela e a composição da lide: a relevância da abertura ao contraditório. In: Fernando Gonzaga Jayme et. al. *Inovações e Modificações do Código de Processo Civil.* Belo Horizonte: Del Rey, 2017, p. 151; José Miguel Garcia Medina, *Novo Código de Processo Civil comentado*, São Paulo: Revista dos Tribunais, 2015; Leonardo Beduschi e Heidy Santos Henckemaier. *Dois temas controvertidos sobre a estabilização da tutela antecipada antecedente.* In: Paulo Henrique dos Santos Lucon e Pedro Miranda de Oliveira. *Panorama atual do novo CPC.* Florianópolis: Empório do Direito, 2016, p. 235; Leonardo Greco, *Instituições de processo civil: introdução ao direito processual civil*, 5. ed., Rio de Janeiro: Forense, 2015; Leonardo Silva Nunes. A conciliação dos atos de comunicação processual e demais faculdades das partes após a tutela provisória: um problema ainda mal compreendido. In: Fernando Gonzaga Jayme et. al. *Inovações e Modificações do Código de Processo Civil.* Belo Horizonte: Del Rey, 2017, p. 219; Lopes da Costa, *Medidas preventivas*, 2ª ed., Belo Horizonte: B. Alvares, 1958, p. 39, n. 36 – o valor da causa deve equivaler "tanto quanto possível ao valor da causa principal"; Luan Eduardo Steffler. Estabilização da tutela antecipada antecedente da incorporação ao sistema jurídico brasileiro até supostos traços da técnica monitória no seu processamento. *Revista de Processo*, n. 316, p. 147, jun. 2021; Luis Antônio Giampaulo Sarro, *Novo Código de Processo Civil*, São Paulo: Rideel, 2015; Luiz Guilherme Marinoni, Sérgio Cruz Arenhart, Daniel Mitidiero, *Curso de processo civil*, São Paulo: Revista dos Tribunais, 2015, v. I; Luiz Guilherme Marinoni; Daniel Mitidiero, In: Sérgio Cruz

Arenhart e Daniel Mitidiero (coord.), *Comentários ao Código de Processo Civil*, 2. ed., São Paulo: RT, 2018, v. 4; Luiza Silva Rodrigues. *Estabilização da tutela antecipada: discussões acerca de sua operalização*. In: Paulo Henrique dos Santos Lucon e Pedro Miranda de Oliveira. *Panorama atual do novo CPC*. Florianópolis: Empório do Direito, 2016, p. 287; Marcos Salvador de Toledo Piza, Contestação em medida cautelar, *RF* 268/437; Nelson Nery Junior, Rosa Maria de Andrade Nery, *Comentários ao Código de Processo Civil*, São Paulo: Revista dos Tribunais, 2015; Oscar Valente Cardoso, A tutela provisória no novo Código de Processo Civil: urgência e evidência, *RDDP* n. 148, p. 86, jul. 2015; Paulo Mendes de Oliveira, Antecipação da tutela no novo Código de Processo Civil: análise crítica e caminhos interpretativos, In: Sérgio Cruz Arenhart; Daniel Mitidiero (coords.), O processo civil entre a técnica processual e a tutela dos direitos: estudos em homenagem a Luiz Guilherme Marinoni, São Paulo: RT, 2017, p. 427 e ss.; Rafael Calmon Rangel. Os arts. 303 e 304 do CPC: da interpretação à aplicação. *Revista de Processo*, vol. 261, ano 41, p. 199-230, São Paulo: Revista de Processo, nov./2016; Renata Christiana Vieira Maia, Fernando Gonzaga Jayme. Da natureza mandamental da tutela provisória cautelar. In: Fernando Gonzaga Jayme et. al. *Inovações e Modificações do Código de Processo Civil*. Belo Horizonte: Del Rey, 2017, p. 203; Teresa Arruda Alvim Wambier, Fredie Didier Jr., Eduardo Talamini, Bruno Dantas (coords.), *Breves comentários ao novo Código de Processo Civil*, São Paulo: Revista dos Tribunais, 2015; Teresa Arruda Alvim Wambier, Maria Lúcia Lins Conceição, Leonardo Ferres da Silva Ribeiro, Rogério Licastro Torres de Melo, *Primeiros comentários ao novo Código de Processo Civil*, São Paulo: Revista dos Tribunais, 2015.

TÍTULO III
DA TUTELA DA EVIDÊNCIA

Art. 311. A tutela da evidência será concedida, independentemente da demonstração de perigo de dano ou de risco ao resultado útil do processo, quando:

I – ficar caracterizado o abuso do direito de defesa ou o manifesto propósito protelatório da parte;

II – as alegações de fato puderem ser comprovadas apenas documentalmente e houver tese firmada em julgamento de casos repetitivos ou em súmula vinculante;

III – se tratar de pedido reipersecutório fundado em prova documental adequada do contrato de depósito, caso em que será decretada a ordem de entrega do objeto custodiado, sob cominação de multa;

IV – a petição inicial for instruída com prova documental suficiente dos fatos constitutivos do direito do autor, a que o réu não oponha prova capaz de gerar dúvida razoável.

Parágrafo único. Nas hipóteses dos incisos II e III, o juiz poderá decidir liminarmente.

CPC/1973

Art. 273, II.

REFERÊNCIA LEGISLATIVA

CPC/2015, art. 300.

CJF – JORNADAS DE DIREITO PROCESSUAL CIVIL

I JORNADA

Enunciado 47 – A probabilidade do direito constitui requisito para concessão da tutela da evidência fundada em abuso do direito de defesa ou em manifesto propósito protelatório da parte contrária.

Enunciado 48 – É admissível a tutela provisória da evidência, prevista no art. 311, II, do CPC, também em casos de tese firmada em repercussão geral ou em súmulas dos tribunais superiores.

Enunciado 49 – A tutela da evidência pode ser concedida em mandado de segurança.

II JORNADA

Enunciado 135 – É admissível a concessão de tutela da evidência fundada em tese firmada em incidente de assunção de competência.

BREVES COMENTÁRIOS

A tutela da evidência não se funda no *fato* da situação geradora do *perigo de dano*, mas no fato de a pretensão de tutela imediata se apoiar em comprovação suficiente do direito material da parte. Justifica-se pela possibilidade de aferir a *liquidez* e a *certeza* do direito material, ainda que sem o caráter de definitividade, já que o debate e a instrução processuais ainda não se completaram. No estágio inicial do processo, porém, já se acham reunidos elementos de convicção suficientes para o juízo de mérito em favor de uma das partes, ainda que de maneira provisória.

Mesmo abstraindo do risco de dano material imediato, a tutela da evidência parte do princípio de que a duração do processo não deve redundar em maior prejuízo para quem já demonstrou, satisfatoriamente, melhor direito dentro do conflito material a ser ao final composto pelo provimento definitivo. Essa técnica tutelar não é nova na prestação jurisdicional, pois é, por exemplo, utilizada, de longa data, em procedimentos especiais que prevejam liminares satisfativas, como as ações possessórias, o mandado de segurança, a ação monitória, a ação de busca e apreensão promovida pelo credor com garantia de alienação fiduciária, a ação de depósito, a ação de despejo por falta de pagamento, a ação declaratória de inconstitucionalidade, a ação popular, a ação de improbidade administrativa, entre outras.

A tutela da evidência não se confunde, na estrutura do atual Código, com um julgamento antecipado da lide. A medida é deferida sumariamente, em alguns casos de maior urgência, até sem audiência da parte contrária, mas não impede o prosseguimento do feito, para completar-se o contraditório e a instrução probatória. A *provisoriedade* da tutela da evidência é, aliás, o traço comum que o atual Código adotou para qualificar as tutelas de urgência e da evidência como espécies do mesmo gênero, ao qual se atribuiu o *nomem iuris* de *tutelas provisórias*.

A tutela da evidência pressupõe, por sua própria natureza, demanda principal já ajuizada, pois é através da dedução da pretensão em juízo, com todos os seus fundamentos e provas disponíveis, que se pode avaliar a evidência do direito da parte sobre o qual a medida provisória irá recair. Aforada a ação, a parte terá oportunidade de postular essa medida, desde logo, cumulando-a com o pedido principal na petição inicial; poderá, também, pleiteá-la posteriormente, a qualquer momento durante o curso do processo. A tutela da evidência, embora haja controvérsia, pode dar-se por qualquer provimento que se mostre adequado às circunstâncias do caso concreto: seja por meio de medida satisfativa, seja por medida conservativa. O que distingue a tutela da evidência das medidas de urgência é a desnecessidade do periculum in mora. Este pode favorecer o seu deferimento, mas não é requisito indispensável.

JURISPRUDÊNCIA SELECIONADA

1. Improbidade administrativa. *Periculum in mora* presumido. "A Primeira Seção do STJ no julgamento do Recurso Especial Repetitivo 1.366.721/BA, Relator para o acórdão Ministro Og Fernandes, fixou o Tema 701 de sua jurisprudência, afirmando, em relação às medidas cautelares ou liminares que decretam a indisponibilidade dos bens do autor de ato de improbidade administrativa, que 'não está condicionada à comprovação de que o réu esteja dilapidando seu patrimônio, ou na iminência de fazê-lo, tendo em vista que o periculum in mora encontra-se implícito no comando legal que rege, de forma peculiar, o sistema de cautelaridade na ação de improbidade administrativa [...]'" (STJ, REsp 1.809.837/SC, Rel. Min. Herman Benjamin, 2ª Turma, jul. 15.10.2019, *DJe* 25.10.2019).

"O acórdão de origem também está em consonância com a orientação firmada por esta Corte Superior de que a decretação de indisponibilidade de bens em ação civil pública por ato de improbidade constitui tutela de evidência, dispensando a comprovação de periculum in mora. É suficiente para o cabimento da medida, portanto, a demonstração, em uma cognição sumária, de que o ato de improbidade causou lesão ao patrimônio público ou ensejou enriquecimento ilícito, o que ocorreu na espécie" (STJ, AgInt no AgInt no AREsp 660.851/ES, Rel. Min. Og Fernandes, 2ª Turma, jul. 18.05.2021, *DJe* 09.06.2021).

2. Cabimento de liminar para acolher o pedido de divórcio *in limine litis*. "Agravo de instrumento. Ação de divórcio litigioso. Recurso em face de despacho que indeferiu pleito de decretação liminar do divórcio. Conteúdo decisório que impõe o conhecimento do recurso. Pretensão de concessão de tutela provisória de evidência. Art. 311, CPC. Direito potestativo. Plausibilidade demonstrada. Demora processual consistente na ausência de êxito em citar o réu que não poderá acarretar em prejuízo à demandante, que pretende contrair novo matrimônio. Contraditório que poderá ser adiado, eis que a oitiva do réu e a produção de outras provas em nada alterará a manifestação de vontade da parte interessada na dissolução da união conjugal e consequente mudança do estado civil. Precedentes" (TJRJ, AI 00424932620198190000, Rel. Des. Maria da Gloria Oliveira Bandeira de Mello, 20ª Câmara Cível, jul. 07.08.2019, DORJ 14.08.2019, p. 322). **No mesmo sentido:** TJSP, AI 22677013320188260000, Rel. Des. José Aparício Coelho Prado Neto, 9ª Câmara de Direito Privado, jul. 22.11.2019, DJESP 04.12.2019, p. 2.611; TJMS, AI 14122995320198120000, Rel. Des. Vitor Luis de Oliveira Guibo, 3ª Câmara Cível, DJMS 16.12.2019, p. 102. **Em sentido contrário:** "Agravo de instrumento. Ação de divórcio. Decisão que indeferiu o pedido de tutela de evidência fundado no art. 311, IV do Código de Processo Civil. Insurgência da autora, requerendo o imediato divórcio do casal. Descabimento. Observância do par. único do art. 311 do CPC. Tutela de evidência só poderá ser deferida pelo julgador nas hipóteses dos incisos II e III, que não se adequam ao presente caso" (TJSP, Agravo de Instrumento 2273022-15.2019.8.26.0000, Rel. Des. Hertha Helena de Oliveira, 2ª Câmara de Direito Privado jul. 06.02.2020, DJESP 06.02.2020). **No mesmo sentido:** TJRS, AI 01746938920198217000, Rel. Des. Luis Felipe Brasil Santos, 8ª Câmara Cível, jul. 7.11.2019, *DJe-RS* 11.11.2019.

3. Pedido de tutela provisória de evidência. ICMS. Base de cálculo. PIS/COFINS. "Em relação à controvérsia dos presentes autos, registra-se que, na sessão do dia 15.3.2017, o Plenário do Supremo Tribunal Federal, julgando o RE 574.706/PR, em repercussão geral, Rel. Min. Cármen Lúcia, entendeu que o valor arrecadado a título de ICMS não se incorpora ao patrimônio do contribuinte e, dessa forma, não pode integrar a base de cálculo dessas contribuições, que são destinadas ao financiamento da Seguridade Social. No particular, os fundamentos da pretensão de que se autorize o recolhimento das parcelas das Contribuições ao PIS e à COFINS, sem a inclusão do ICMS em sua base de cálculo, estão amparados nas conclusões do julgamento do mencionado RE 574.706/PR, subsumindo-se, desse modo, à hipótese prevista no art. 311, II do Código Fux" (STJ, AgInt no TutPrv no AREsp 300.743/SP, Rel. Min. Napoleão Nunes Maia Filho, 1ª Turma, jul. 25.03.2019, *DJe* 01.04.2019).

4. Tutela de evidência. Cognição sumária. *Periculum in mora*. Excepcional Presunção. "No caso da medida cautelar de indisponibilidade, prevista no art. 7º da LIA, não se vislumbra uma típica tutela de urgência, como descrito acima, mas sim uma tutela de evidência, uma vez que o *periculum in mora* não é oriundo da intenção do agente dilapidar seu patrimônio e, sim, da gravidade dos fatos e do montante do prejuízo causado ao erário, o que atinge toda a coletividade. O próprio legislador dispensa a demonstração do perigo de dano, em vista da redação imperativa da Constituição Federal (art. 37, § 4º) e da própria Lei de Improbidade (art. 7º). A referida medida cautelar constritiva de bens, por ser uma tutela sumária fundada em evidência, não possui caráter sancionador nem antecipa a culpabilidade do agente, até mesmo em razão da perene reversibilidade do provimento judicial que a deferir. (...) Assim, como a medida cautelar de indisponibilidade de bens, prevista na LIA, trata de uma tutela de evidência, basta a comprovação da verossimilhança das alegações, pois, como visto, pela própria natureza do bem protegido, o legislador dispensou o requisito do perigo da demora" (STJ, REsp 1.319.515/ES, Rel. p/ acórdão Min. Mauro Campbell Marques, 1ª Seção, jul. 22.08.2012, *DJe* 21.09.2012).

"Tese jurídica. 'É possível a decretação da indisponibilidade de bens do promovido em Ação Civil Pública por Ato de Improbidade Administrativa, quando ausente (ou não demonstrada) a prática de atos (ou a sua tentativa) que induzam a conclusão de risco de alienação, oneração ou dilapidação patrimonial de bens do acionado, dificultando ou impossibilitando o eventual ressarcimento futuro'" (STJ, REsp 1.366.721/BA, Rel. p/ acórdão Min. Og Fernandes, 1ª Seção, jul. 26.02.2014, *DJe* 19.09.2014). **Obs.:** Decisão submetida a julgamento de recursos repetitivos.

5. Cabimento da tutela da evidência. "A tutela provisória pode ser concedida com base na urgência (cautelar ou antecipada), quando houver elementos que evidenciem a probabilidade do direito e o perigo de dano, ou o risco ao resultado útil do processo; ou com fulcro na evidência, caracterizada por situações que autorizam a concessão de tutela jurisdicional, quando o direito se apresenta cristalino, evidente, dispensando-se o perigo de dano e o resultado útil do processo" (STJ, AgInt no AREsp 1.735.781/PR, Rel. Min. Luis Felipe Salomão, 4ª Turma, jul. 22.11.2021, *DJe* 25.11.2021).

☆ DA TUTELA DA EVIDÊNCIA: INDICAÇÃO DOUTRINÁRIA

Alberto Raimundo Gomes dos Santos, CPC de 2015 torna divórcio imediato, disponível em: <http:/ibdfam.org.br/noticias/5924/CPC+de+2015+torna+div%C3%B3rcio+imediato>, acesso em: 4 mar. 2020; André Luiz Bäuml Tesser, A tutela provisória da evidência no Código de Processo Civil de 2015 e a concepção de Marinoni como chave de sua compreensão teórica, In: Sérgio Cruz Arenhart; Daniel Mitidiero (coords.), O processo civil entre a técnica processual e a tutela dos direitos: estudos em homenagem a Luiz Guilherme Marinoni, São Paulo: RT, 2017, p. 393 e ss.; Daniel de Oliveira Pontes. A tutela de evidência no novo Código de Processo Civil: uma gestão mais justa do tempo na relação processual. *Revista de Processo*, vol. 261, ano 41, p. 341-370. São Paulo: Revista de Processo, nov./2016; Daniel Mitidiero, In: Teresa Arruda Alvim Wambier, Fredie Didier Jr., Eduardo Talamini, Bruno Dantas, *Breves comentários ao novo Código de Processo Civil*, São Paulo: Revista dos Tribunais, 2015; Dierle Nunes; Ana Luiza Marques, Parte do Judiciário já entende que é possível a autorização liminar do divórcio, disponível em: <https/www.conjur.com.br/2019-ago-08/opiniao-parte-judiciario-aprova-autorizacao-liminar-divorcio>, acesso em: 7 jan. 2020; Eduardo Cambi; Nicole Schmitz. *Tutela de evidência e garantia do contraditório.* Belo Horizonte: Editora D'Placido, 2020; Ester Camila Gomes Norato Rezende. Tutela de evidência: tutela do direito provável em combate ao dano marginal. In: Fernando Gonzaga Jayme et. al. *Inovações e Modificações do Código de Processo Civil.* Belo Horizonte: Del Rey, 2017, p. 177; Fernanda Tartuce, Divórcio liminar como tutela provisória de evidência: avanços e resistências, Revista Magister de Direito Civil e Processual Civil, v. 95, p. 37-50, mar./abr. 2020; Fredie Didier Jr., *Curso de direito processual civil*, 10. ed., Salvador: JusPodivm, 2015, v. II; Humberto Theodoro Júnior, *Curso de direito processual civil*, 61. ed., Rio de Janeiro: Forense, 2020, v. I; Luiz Guilherme Marinoni; Daniel Mitidiero, In: Sérgio Cruz Arenhart e Daniel Mitidiero (coord.), *Comentários ao Código de Processo Civil*, 2. ed., São Paulo: RT, 2018, v. 4; Rogéria Dotti, Tutela da evidência e atipicidade no Código de Processo Civil de 2015: a defesa inconsistente justifica o tempo do processo? In: Sérgio Cruz Arenhart; Daniel Mitidiero (coords.), O processo civil entre a técnica processual e a tutela dos direitos: estudos em homenagem a Luiz Guilherme Marinoni, São Paulo: RT, 2017, p. 467 e ss.; Fernanda Medina Pantoja; Felipe Barreto Marçal. Tutela de evidência recursal. *Revista de Processo*, vol. 324, fev. 2022, p. 163 e ss.

medida, portanto, a demonstração, em uma cognição sumária, de que o ato de improbidade causou lesão ao patrimônio público ou ensejou enriquecimento ilícito, o que ocorreu na espécie" (STJ, AgInt no AgInt no AREsp 660.551/PS, Rel. Min. Og Fernandes, 2ª Turma, jul. 18.05.2021, DJe 09.06.2021).

2. Cabimento de liminar para acolher o pedido de divórcio *in limine litis*. "Agravo de Instrumento. Ação de divórcio litigioso. Recurso em face de despacho que indeferiu pleito de decretação liminar do divórcio. Conteúdo decisório que impõe o conhecimento do recurso. Pretensão de concessão de tutela provisória de evidência. Art. 311, CPC. Direito potestativo. Plausibilidade demonstrada. Demora processual consistente na ausência de êxito em citar o réu que não poderá acarretar em prejuízo à demandante que pretende contrair novo matrimônio. Contraditório que poderá ser adiado, eis que a oitiva do réu e a produção de outras provas em nada alterará a manifestação de vontade da parte interessada na dissolução da união conjugal e consequente mudança do estado civil. Precedentes" (TJRJ, AI 0042493-26.2019.8.19.0000, Rel. Des. Maria da Glória Oliveira Bandeira de Mello, 20ª Câmara Cível, jul. 07.08.2019, DORJ 14.08.2019, p. 522). **No mesmo sentido:** TJSP, AI 2267701-33.2018.8.26.0000, Rel. Des. José Aparício Coelho Prado Neto, 9ª Câmara de Direito Privado, jul. 22.11.2019, DJESP 04.12.2019, p. 2.611; TJMS, AI 1412299-53.2019.8.12.0000, Rel. Des. Vitor Luis de Oliveira Guibo, 3ª Câmara Cível, DJMS 16.12.2019, p. 102. **Em sentido contrário:** "Agravo de instrumento. Ação de divórcio. Decisão que indeferiu o pedido de tutela de evidência fundado no art. 311, IV, do Código de Processo Civil. Insurgência da autora, requerendo o imediato divórcio do casal. Descabimento. Observância do par. único do art. 311 do CPC. Tutela de evidência só poderá ser deferida pelo julgador nas hipóteses dos incisos II e III, que não se adequam ao presente caso" (TJSP, Agravo de Instrumento 2223022-15.2019.8.26.0000, Rel. Des. Hertha Helena de Oliveira, 2ª Câmara de Direito Privado, jul. 06.02.2020, DJESP 06.02.2020). **No mesmo sentido:** TJRS, AI 0276938920198217000, Rel. Des. Luís Felipe Brasil Santos, 8ª Câmara Cível, jul. 7.11.2019, DJe-RS 11.11.2019.

3. Pedido de tutela provisória de evidência. ICMS. Base de cálculo. PIS/COFINS. "Em relação à controvérsia dos presentes autos, registra-se que, na sessão do dia 15.3.2017, o Plenário do Supremo Tribunal Federal, julgando o RE 574.706/PR, em repercussão geral, Rel. Min. Cármen Lúcia, entendeu que o valor arrecadado a título de ICMS não se incorpora ao patrimônio do contribuinte e, dessa forma, não pode integrar a base de cálculo dessas contribuições, que são destinadas ao financiamento da Seguridade Social. No particular, os fundamentos da pretensão de que se autorize o recolhimento das parcelas das Contribuições ao PIS e à COFINS, sem a inclusão do ICMS em sua base de cálculo, estão amparados nas conclusões do julgamento do mencionado RE 574.706/PR, subsumindo-se, desse modo, à hipótese prevista no art. 311, II do Código Fux" (STJ, AgInt no TutPrv no AREsp 300.743/SP, Rel. Min. Napoleão Nunes Maia Filho, 1ª Turma, jul. 25.03.2019, DJe 01.04.2019).

4. Tutela de evidência. Cognição sumária. *Periculum in mora*. Excepcional Presunção. "No caso da medida cautelar de indisponibilidade, prevista no art. 7º da LIA, não se vislumbra uma típica tutela de urgência, como descrito acima, mas sim uma tutela de evidência, uma vez que o *periculum in mora* não é oriundo da intenção do agente dilapidar seu patrimônio e, sim, da gravidade dos fatos e do montante do prejuízo causado ao erário, o que atinge toda a coletividade. O próprio legislador dispensa a demonstração do perigo de dano, em vista da redação imperativa da Constituição Federal (art. 37, § 4º) e da própria Lei de Improbidade (art. 7º). A referida medida cautelar constritiva de bens, por ser uma tutela sumária fundada em evidência, não possui caráter sancionador nem antecipa a culpabilidade do agente, até mesmo em razão da perene reversibilidade do provimento judicial que a deferir. (...) Assim, como a medida cautelar de indisponibilidade de bens, prevista na LIA, trata de uma tutela de evidência, basta a comprovação da verossimilhança das alegações, pois, como visto, pela própria natureza do bem protegido, o legislador dispensou o requisito do perigo da demora" (STJ, REsp 1.319.515/ES, Rel. p/ acórdão Min. Mauro Campbell Marques, 1ª Seção, jul. 22.08.2012, DJe 21.09.2012).

"**Tese jurídica:** É possível a decretação da indisponibilidade de bens do promovido em Ação Civil Pública por Ato de Improbidade Administrativa, quando ausente (ou não demonstrada) a prática de atos (ou a sua tentativa) que induzam a conclusão de risco de alienação, oneração ou dilapidação patrimonial de bens do acionado, dificultando ou impossibilitando o eventual ressarcimento futuro" (STJ, REsp 1.366.721/BA, Rel. p/ acórdão Min. Og Fernandes, 1ª Seção, jul. 26.02.2014, DJe 19.09.2014). Obs.: Decisão submetida a julgamento de recursos repetitivos.

5. Cabimento da tutela da evidência. "A tutela provisória pode ser concedida com base na urgência (cautelar ou antecipada), quando houver elementos que evidenciem a probabilidade do direito e o perigo de dano, ou o risco ao resultado útil do processo, ou com fulcro na evidência, caracterizada por situações que autorizam a concessão de tutela jurisdicional, quando o direito se apresenta cristalino, evidente, dispensando-se o perigo de dano e o resultado útil do processo" (STJ, AgInt no AREsp 1.755.781/PR, Rel. Min. Luis Felipe Salomão, 4ª Turma, jul. 22.11.2021, DJe 25.11.2021).

DA TUTELA DA EVIDÊNCIA: INDICAÇÃO DOUTRINÁRIA

Alberto Raimundo Gomes dos Santos, CPC de 2015 torna divórcio imediato, disponível em: <http://ibdfam.org.br/noticias/5924/CPC+de+2015+torna+div%C3%B3rcio+imediato>, acesso em: 4 mar. 2020; André Luiz Bäumi Tesser, A tutela provisória da evidência no Código de Processo Civil de 2015 e a concepção de Marinoni como chave de sua compreensão teórica, In: Sérgio Cruz Arenhart; Daniel Mitidiero (coords.), O processo civil entre a técnica processual e a tutela dos direitos: estudos em homenagem a Luiz Guilherme Marinoni, São Paulo: RT, 2017, p. 393 e ss.; Daniel de Oliveira Pontes, A tutela de evidência no novo Código de Processo Civil: uma gestão mais justa do tempo na relação processual, *Revista de Processo*, vol. 261, ano 41, p. 341-370, São Paulo: Revista de Processo, nov./2016; Daniel Mitidiero, In: Teresa Arruda Alvim Wambier; Fredie Didier Jr.; Eduardo Talamini; Bruno Dantas, *Breves comentários ao novo Código de Processo Civil*, São Paulo: Revista dos Tribunais, 2015; Dierle Nunes; Ana Luiza Marques, Parte do Judiciário já entende que é possível a autorização liminar do divórcio, disponível em: <https://www.conjur.com.br/2019-ago-08/opiniao-parte-judiciario-aprova-autorizacao-liminar-divorcio>, acesso em: 7 jan. 2020; Eduardo Cambi; Nicole Schultz, *Tutela de evidência e garantia do contraditório*, Belo Horizonte: Editora D'Plácido, 2020; Ester Camila Gomes Norato Rezende, Tutela de evidência: tutela do direito provável em combate ao dano marginal. In: Fernando Gonzaga Jayme et al. *Inovações e Modificações do Código de Processo Civil*, Belo Horizonte: Del Rey, 2017, p. 177; Fernanda Tartuce, Divórcio liminar como tutela provisória de evidência: avanços e resistências, *Revista Magister de Direito Civil e Processual Civil*, v. 95, p. 37-50, mar./abr. 2020; Fredie Didier Jr., *Curso de direito processual civil*, 10. ed., Salvador: JusPodivm, 2015, v. II; Humberto Theodoro Júnior, *Curso de direito processual civil*, 61. ed., Rio de Janeiro: Forense, 2020, v. I; Luiz Guilherme Marinoni; Daniel Mitidiero, In: Sérgio Cruz Arenhart e Daniel Mitidiero (coord.), *Comentários ao Código de Processo Civil*, 2. ed., São Paulo: RT, 2018, v. 4; Rogéria Dotti, Tutela da evidência e duplicidade no Código de Processo Civil de 2015: a defesa inconsistente justifica o tempo do processo, In: Sérgio Cruz Arenhart; Daniel Mitidiero (coords.), O processo civil entre a técnica processual e a tutela dos direitos: estudos em homenagem a Luiz Guilherme Marinoni, São Paulo: RT, 2017, p. 467 e ss.; Fernanda Medina Pantoja; Felipe Barreto Marçal, Tutela de evidência recursal, *Revista de Processo*, vol. 324, fev. 2022, p. 163 e ss.

LIVRO VI
DA FORMAÇÃO, DA SUSPENSÃO E DA EXTINÇÃO DO PROCESSO

TÍTULO I
DA FORMAÇÃO DO PROCESSO

Art. 312. Considera-se proposta a ação quando a petição inicial for protocolada, todavia, a propositura da ação só produz quanto ao réu os efeitos mencionados no art. 240 depois que for validamente citado.

CPC/1973

Art. 263.

REFERÊNCIA LEGISLATIVA

CPC/2015, arts. 240 (efeitos da citação válida) e 802 (propositura da execução).

BREVES COMENTÁRIOS

Onde há mais de um juiz com igual competência, a petição inicial deve ser, previamente, submetida à distribuição perante a repartição adequada do juízo. Sendo apenas um o competente, a petição é registrada e encaminhada diretamente ao magistrado. Com a distribuição, ou com o protocolo da petição inicial ao juiz, instaurada se acha a relação processual (ainda não trilateral), e proposta se considera a ação.

JURISPRUDÊNCIA SELECIONADA

1. Ação proposta. Protocolo. "A interpretação do art. 263 do Código de Processo Civil [art. 312 do CPC/2015] que melhor cobre a prática judiciária é aquela que considera proposta a ação, ainda que se trate de comarca de vara única, no dia em que protocolada a petição no cartório, recebida pelo serventuário, o qual deve despachá-la com o Juiz. Com isso, a contar desta data correm os efeitos da propositura do pedido, dentre os quais o de interromper a prescrição, na forma do art. 219, § 1º, do Código de Processo Civil" [art. 240, § 1º, do CPC/2015] (STJ, REsp 598.798/RS, Rel. Min. Carlos Alberto Menezes Direito, 3ª Turma, jul. 06.09.2005, *DJ* 21.11.2005). **Obs.: sobre interrupção da prescrição vide Jurisprudência Selecionada do art. 240 do CPC/2015.**

TÍTULO II
DA SUSPENSÃO DO PROCESSO

Art. 313. Suspende-se o processo:

I – pela morte ou pela perda da capacidade processual de qualquer das partes, de seu representante legal ou de seu procurador;

II – pela convenção das partes;

III – pela arguição de impedimento ou de suspeição;

IV – pela admissão de incidente de resolução de demandas repetitivas;

V – quando a sentença de mérito:

a) depender do julgamento de outra causa ou da declaração de existência ou de inexistência de relação jurídica que constitua o objeto principal de outro processo pendente;

b) tiver de ser proferida somente após a verificação de determinado fato ou a produção de certa prova, requisitada a outro juízo;

VI – por motivo de força maior;

VII – quando se discutir em juízo questão decorrente de acidentes e fatos da navegação de competência do Tribunal Marítimo;

VIII – nos demais casos que este Código regula.

IX – pelo parto ou pela concessão de adoção, quando a advogada responsável pelo processo constituir a única patrona da causa; (Acrescido pela Lei nº 13.363/2016)

X – quando o advogado responsável pelo processo constituir o único patrono da causa e tornar-se pai. (Acrescido pela Lei nº 13.363/2016)

§ 1º Na hipótese do inciso I, o juiz suspenderá o processo, nos termos do art. 689.

§ 2º Não ajuizada ação de habilitação, ao tomar conhecimento da morte, o juiz determinará a suspensão do processo e observará o seguinte:

I – falecido o réu, ordenará a intimação do autor para que promova a citação do respectivo espólio, de quem for o sucessor ou, se for o caso, dos herdeiros, no prazo que designar, de no mínimo 2 (dois) e no máximo 6 (seis) meses;

II – falecido o autor e sendo transmissível o direito em litígio, determinará a intimação de seu espólio, de quem for o sucessor ou, se for o caso, dos herdeiros, pelos meios de divulgação que reputar mais adequados, para que manifestem interesse na sucessão processual e promovam a respectiva habilitação no prazo designado, sob pena de extinção do processo sem resolução de mérito.

§ 3º No caso de morte do procurador de qualquer das partes, ainda que iniciada a audiência de instrução e julgamento, o juiz determinará que a parte constitua novo mandatário, no prazo de 15 (quinze) dias, ao final do qual extinguirá o processo sem resolução de mérito, se o autor não nomear novo mandatário, ou ordenará o prosseguimento do processo à revelia do réu, se falecido o procurador deste.

§ 4º O prazo de suspensão do processo nunca poderá exceder 1 (um) ano nas hipóteses do inciso V e 6 (seis) meses naquela prevista no inciso II.

§ 5º O juiz determinará o prosseguimento do processo assim que esgotados os prazos previstos no § 4º.

§ 6º No caso do inciso IX, o período de suspensão será de 30 (trinta) dias, contado a partir da data do parto ou da concessão da adoção, mediante apresentação de certidão de nascimento ou documento similar que comprove a realização do parto, ou de termo judicial que tenha concedido a adoção, desde que haja notificação ao cliente. (Acrescido pela Lei nº 13.363/2016)

§ 7º No caso do inciso X, o período de suspensão será de 8 (oito) dias, contado a partir da data do parto ou da concessão da adoção, mediante apresentação de certidão de nascimento ou documento similar que comprove a realização do parto, ou de termo judicial que tenha concedido a adoção, desde que haja notificação ao cliente. (Acrescido pela Lei nº 13.363/2016)

CPC/1973

Art. 265.

REFERÊNCIA LEGISLATIVA

CPC/2015, arts. 57 (reunião de ações); 76 (incapacidade processual ou irregularidade da representação das partes); 110 (morte de parte); 112 (renúncia do mandato); 146 (exceções: impedimento e suspeição); 200 (atos da parte; declaração de vontade); 214, 215 e 220 (suspensão do processo nas férias e feriados); 221 (prazos; casos de suspensão); 222 (suspensão na fluência de prazo dilatório ou peremptório); 315 (ação penal); 377 (carta precatória); 485 (extinção do processo sem resolução do mérito); 687 a 692 (habilitação); 921 a 923 (suspensão da execução); 1.004 (recurso; falecimento da parte ou do advogado; força maior).

Lei nº 5.764, de 16 de dezembro de 1976, art. 76 (Define a Política Nacional de Cooperativismo, institui o regime jurídico das sociedades cooperativas, e dá outras providências);

Lei nº 6.024/1976, de 13 de março de 1974, art. 18 (Dispõe sobre a intervenção e a liquidação extrajudicial de instituições financeiras, e dá outras providências);

Lei nº 11.101, de 9 de fevereiro de 2005 (Regula a recuperação judicial, a extrajudicial e a falência do empresário e da sociedade empresária);

Lei nº 8.906/1994 (Estatuto da OAB), art. 7º-A (direitos dos advogados).

BREVES COMENTÁRIOS

A suspensão sempre depende de uma decisão judicial que a ordene, pois o comando do processo é do juiz. Essa decisão, todavia, é meramente declarativa, de sorte que, para todos os efeitos, considera-se suspenso o processo desde o momento em que ocorreu o fato que a motivou e não apenas a partir de seu reconhecimento nos autos.

O término da suspensão é automático naqueles casos em que haja um momento preciso, fixado na própria lei (como na hipótese de arguição de suspeição regulada pelo art. 146, § 2º, II), ou no ato judicial que a decretou (como no caso em que se defere a paralisação do feito por prazo determinado). Sendo, porém, impreciso o termo da suspensão (tal como se passa em situação de motivo de força maior), a retomada da marcha e dos prazos processuais dependerá de uma nova deliberação judicial e da consequente intimação das partes.

Em caso de instauração de Incidente de Resolução de Demandas Repetitivas, os processos pendentes, individuais ou coletivos, que tramitam no estado ou na região, identificados como relativos à mesma questão de direito, são paralisados até que o tribunal de segundo grau julgue a tese comum, com eficácia para todo o conjunto de demandas iguais (inciso IV). A suspensão determinada pelo relator do incidente será comunicada aos juízes diretores dos fóruns de cada comarca ou seção judiciária, por meio de ofício (art. 982, § 1º). Nenhum ato processual pode ser praticado durante a paralisação processual. Entretanto, o Código permite a realização de atos urgentes para evitar dano irreparável (art. 314). Determina o Código, ainda, cessar a suspensão dos processos pendentes que versem sobre a mesma questão de direito se não for interposto recurso especial ou recurso extraordinário contra a decisão proferida no incidente (art. 982, § 5º). Ou seja, interposto recurso para os Tribunais Superiores, a suspensão prevalecerá até decisão deste.

Uma interessante inovação foi trazida pela Lei no 13.363/2016 ao instituir nova hipótese de suspensão do processo consistente no parto ou na concessão de adoção, quando advogada responsável pelo processo for a única patrona da causa (inciso IX). A suspensão em tela vigorará pelo período de trinta dias, contado a partir da data do parto ou da concessão da adoção. Ainda em virtude de inovação criada pela Lei nº 13.363/2016, o CPC/2015 passou a prever outra causa de suspensão do processo, que ocorre quando o advogado responsável pelo processo, sendo o único patrono da causa, venha a tornar-se pai (inciso X). A suspensão em foco dura pelo período de oito dias, contado a partir da data do parto ou da concessão da adoção. Nos dois casos, o interessado terá de apresentar certidão de nascimento ou documento similar que comprove a realização do parto, ou de termo judicial que tenha concedido a adoção.

JURISPRUDÊNCIA SELECIONADA

1. Execução fiscal. Morte do executado. Sucessão processual não promovida pela exequente. Extinção do processo sem resolução de mérito. Ver jurisprudência do art. 924 do CPC/2015.

2. Morte da parte. Suspensão do processo. "O art. 313, § 2º, I, do CPC/2015 dispõe que cabe ao juiz, diante da notícia do falecimento do réu, determinar a suspensão processual no prazo de no mínimo 2 (dois) e no máximo 6 (seis) meses, a fim de que o autor promova a citação do respectivo espólio, de quem for o sucessor ou, se for o caso, dos herdeiros. Afigura-se correta a sentença proferida pelo Juízo *a quo*. A inobservância do demandante, após ter decorrido prazo superior a 01 (um) ano da notícia do óbito, para diligenciar acerca da existência de inventário dos bens do executado falecido, ou providenciar a sua abertura, nos termos do art. 616, VI e VIII do CPC/2015, ou indicar administrador provisório dos bens do de cujus, a fim de regularizar a representação do espólio, enseja a extinção do fito sem resolução de mérito" (TRF 2ª Região, Ap. 0007963-94.2012.4.02.5001, Rel. Des. Federal Ricardo Perlingeiro, 5ª Turma, *DJe* 24.05.2019).

"Nos termos do art. 313, I, do Código de Processo Civil, a superveniência do óbito de uma das partes enseja a imediata suspensão do processo – desde o evento morte, portanto –, a fim de viabilizar a substituição processual da parte por seu espólio. Fica nítido, de seus termos, o objetivo de preservar o interesse particular do espólio, assim como dos herdeiros do falecido. Naturalmente, em sendo este o propósito da norma processual, a nulidade advinda da inobservância desta regra é relativa, passível de declaração apenas no caso de a não regularização do polo ensejar real e concreto prejuízo processual ao espólio. Do contrário, os atos processuais praticados, a despeito da não suspensão do feito, hão de ser considerados absolutamente válidos. A caracterização de alegado prejuízo processual, advinda da não suspensão do feito, mostra-se absolutamente incoerente quando a parte a quem a nulidade aproveitaria, ciente de seu fato gerador, não a suscita nos autos logo na primeira oportunidade que lhe é dada, utilizando-se do processo como instrumento hábil a coordenar suas alegações e trazendo a lume a correlata insurgência, ulteriormente, no caso de prolação de decisão desfavorável, em absoluta contrariedade aos princípios da efetividade, da razoabilidade e da boa-fé processual" (STJ, REsp 2.033.239/SP, Rel. Min. Marco Aurélio Bellizze, 3ª Turma, jul. 14.02.2023, *DJe* 16.02.2023).

Morte da parte. "Para o Superior Tribunal de Justiça, a morte da parte ou de seu representante processual provocam a suspensão do processo desde o evento fatídico, sendo irrelevante a data da comunicação ao juízo. Precedentes da 3ª Seção, 3ª e 4ª Turmas" (STJ, REsp 861.723/SP, Rel. Min. Eliana Calmon, 2ª Turma, jul. 10.02.2009, *DJe* 05.03.2009). **No mesmo sentido**: STJ, REsp 298.366/PA, Rel. Min. Ari Pargendler, 3ª Turma, jul. 04.10.2001, *DJ* 12.11.2001.

"Esta Corte possui compreensão segundo a qual, sobrevindo **a morte da parte após concluída a instrução**, não há óbice na prolação da sentença. Nesse contexto, a suspensão do feito poderá ser declarada após a prestação jurisdicional sem ofensa à norma inserta no art. 265 do CPC [art. 313 do CPC/2015]. Precedentes" (STJ, AgRg no REsp 1.136.429/MA, Rel. Min. Jorge Mussi, 5ª Turma, jul. 26.10.2010, *DJe* 22.11.2010).

Prova inequívoca do óbito. "A suspensão do processo, em virtude da morte da parte, somente tem cabimento a partir da prova inequívoca do falecimento. Meros indícios, certificados pelo oficial de justiça, por ouvir dizer, não tem essa força, principalmente porque, conforme já decidido por esta Corte, o termo inicial da sustação é a data do efetivo evento (morte) e não a da comunicação ao Juízo. A simples suspeita do falecimento do executado não tem o condão de anular a arrematação do bem constrito e sustar o rito processual" (STJ, REsp 329.487/SP, Rel. Min. Fernando Gonçalves, 6ª Turma, jul. 10.09.2002, *DJ* 30.09.2002).

Habilitação dos sucessores processuais. "O falecimento de uma das partes tem o efeito de suspender o processo, e ele só retoma o curso após a habilitação dos sucessores ou a prova de que, intimados a fazê-lo, silenciaram, desinteressando-se, assim, da sorte da causa; quando os sucessores não acodem espontaneamente ao processo, cabe à contraparte indicar-lhes o nome e o endereço para a devida intimação" (STJ, AgRg no REsp 248.625/SP, Rel. Min. Ari Pargendler, 3ª Turma, jul. 19.11.2001, *DJ* 18.02.2002).

Comunicação tardia injustificada. "Nos casos em que a comunicação do óbito é injustificadamente tardia e não se vislumbra efetivo prejuízo, a orientação jurisprudencial assente nesta Corte é no sentido de se privilegiar a segurança jurídica e a administração da Justiça, mitigando a regra insculpida no art. 265, I, do Código de Processo Civil. Precedentes" (STJ, AgRg no

Ag 730.068/ES, Rel. Min. Fernando Gonçalves, 4ª Turma, jul. 10.06.2008, *DJe* 23.06.2008).

3. Duração da suspensão (§3º). "Quanto à suspensão do processo nas hipóteses em que a sentença de mérito dependesse do julgamento de outra causa, o art. 265 do CPC/1973 [art. 313 do CPC/2015] preceituava, em seu § 5º, que, 'nos casos enumerados nas letras a, b e c do n. IV, o período de suspensão nunca poderá exceder 1 (um) ano' e que, 'findo este prazo, o juiz mandará prosseguir no processo'. Sendo assim, é inviável qualquer interpretação do art. 265, § 5º, que desconsidere a incidência do prazo legal ânuo, notadamente pela inexistência, na redação do dispositivo, de qualquer exceção à regra de que o sobrestamento nunca excederá 1 (um) ano, em evidente prestígio à razoável duração do processo anunciada pela Constituição Federal. É regra comezinha de interpretação legal a assertiva segundo a qual, onde o legislador não distingue, não cabe ao intérprete fazê-lo; e, no caso em exame, com mais razão, pela presença do advérbio nunca, que afasta qualquer elastério interpretativo" (STJ, EDcl no MS 22.157/DF, Rel. Min. Luis Felipe Salomão, Corte Especial, jul. 14.03.2019, *DJe* 11.06.2019).

4. Duração da suspensão (§§ 4º e 5º). "O prazo máximo de 1 (um) ano para a suspensão do processo, previsto nos arts. 313, V, a, § 4º, e 315, § 2º, do CPC/2015, excepcionalmente pode ser prorrogado mediante decisão judicial devidamente fundamenta à luz das circunstâncias do caso concreto. Nesse sentido, mutatis mutandis: AgInt no AREsp 1.010.223/SP, Rel. Ministro Ricardo Villas Bôas Cueva, Terceira Turma, *DJe* 28/06/2017; REsp 1.374.371/RJ, Rel. Ministro Sidnei Beneti, Terceira Turma, *DJe* 10/03/2014. (...) *In casu*, em que pese ser possível questionar o acerto do magistrado em fundamentar sua decisão à luz do art. 313, V, a, § 4º, do CPC/2015, uma vez que a questão prejudicial por ele apontada vincula-se à discussão acerca da eventual existência de um fato delituoso, o que atrai a incidência da regra específica do art. 315, § 2º, do CPC/2015, e, ainda, considerando-se que a ação ordinária em tela encontra-se suspensa por mais de 1 (um) ano, sem que fosse apresentada fundamentação específica a justificar tal fato, é de rigor reconhecer que o ato apontado como coator importou em evidente ilegalidade. Recurso ordinário provido a fim de reformar o acórdão recorrido e conceder a segurança, para determinar ao Juízo de Direito da Vara da Fazenda Pública da Comarca de Sete Lagoas/MG que dê prosseguimento ao Processo nº 2617547-13.2007.8.13.0672, julgando-o como entender de direito" (STJ, RMS 61.308/MG, Rel. Min. Sérgio Kukina, 1ª Turma, jul. 05.11.2019, *DJe* 08.11.2019).

Falência. Possibilidade de prorrogação da suspensão (Trecho do voto da Ministra Nancy Andrighi): "Forte em tais razões, conheço do recurso especial e dou-lhe provimento, para determinar a suspensão do processo falimentar, com fulcro no art. 265, IV, 'a' do CPC [art. 313, V, "a", do CPC/2015], pelo prazo constante no § 5º do mesmo artigo, nada impedindo a renovação da suspensão por iguais períodos enquanto pendente a decisão da ação declaratória" (STJ, REsp 604.435/SP, Rel. Min. Nancy Andrighi, 3ª Turma, jul. 15.12.2005, *DJ* 01.02.2006).

5. Suspensão de cumprimento de sentença contra cooperativa em regime de liquidação extrajudicial. Prazo. "Nos termos do art. 76 da Lei 5.764/1971, a aprovação da liquidação extrajudicial pela assembleia geral implica a suspensão das ações judiciais contra a cooperativa pelo prazo de um ano, prorrogável por no máximo mais um ano. Inviabilidade de aplicação ao caso das razões de decidir dos precedentes relativos à prorrogação do 'stay period' da recuperação judicial de empresas, pois a recuperação judicial de empresas, por se submeter à supervisão judicial, não guarda semelhança com a liquidação extrajudicial da cooperativa. Caráter excepcional da regra do art. 76 da Lei 5.764/1971 por atribuir a uma deliberação privada o condão de suspender a prestação da atividade jurisdicional. Doutrina sobre o tema. Inviabilidade de interpretação analógica ou extensiva da regra legal 'sub examine', em respeito ao princípio fundamental da inafastabilidade da jurisdição (art. 5º, inciso XXXV, da CF). Caso concreto em que a liquidação extrajudicial foi aprovada em 2011, estando há muito superado o prazo legal de suspensão das ações judiciais. Reforma do acórdão recorrido para se determinar o prosseguimento do cumprimento de sentença" (STJ, REsp 1.833.613/DF, Rel. Min. Paulo de Tarso Sanseverino, 3ª Turma, jul. 17.11.2020, *DJe* 20.11.2020).

6. Morte da parte. Prescrição intercorrente. Termo inicial. "Cinge-se a controvérsia a definir qual o termo inicial do prazo para pronunciar a prescrição na hipótese de a morte do executado ser noticiada nos autos anos após a sua ocorrência. A morte de qualquer das partes, de seus representantes legais ou de seus procuradores determina a suspensão do processo até sua regularização (arts. 265, I, do CPC/1973 e 313, I, do CPC/2015). A suspensão do processo tem como objetivo proteger a parte que não mais está regularmente representada, motivo pelo qual os atos praticados a partir da data do falecimento podem ser anulados desde que causem prejuízo aos interessados. Precedentes. (...) O princípio da publicidade dos atos registrais cria uma ficção acerca do conhecimento do fato ou ato jurídico registrado. Não significa que haja um efetivo conhecimento a respeito do fato, mas que a informação está disponível a todos. Não é possível supor que o exequente, somente em decorrência do registro do óbito no Cartório de Registro das Pessoas Naturais, tinha conhecimento acerca da morte do executado, momento a partir do qual deveria diligenciar a intimação dos sucessores. Somente com a notícia da morte do executado nos autos e a intimação do exequente é que se inicia o prazo para que ele promova a regularização do polo passivo da execução. O dissídio jurisprudencial não está configurado dada a ausência de similitude fática entre os arestos confrontados" (STJ, REsp 1.541.402/RS, Rel. Min. Ricardo Villas Bôas Cueva, 3ª Turma, jul. 08.10.2019, *DJe* 11.10.2019).

"O STJ sedimentou compreensão no sentido de que a suspensão do processo por óbito da parte exequente suspende também o curso do prazo prescricional da pretensão executiva, observando-se que, por não existir previsão legal de prazo para a habilitação dos sucessores, não se pode presumir lapso máximo para a suspensão. Nesse sentido: AgRg no AREsp 523.598/RJ, Rel. Ministro Humberto Martins, Segunda Turma, *DJe* 15.8.2014; AgRg no AREsp 282.834/CE, Rel. Ministro Og Fernandes, Segunda Turma, *DJe* 22.4.2014; AgRg no AREsp 387.111/PE, Rel. Ministro Ari Pargendler, Primeira Turma, *DJe* 22/11/2013" (STJ, REsp 1.801.295/PE, Rel. Min. Herman Benjamin, 2ª Turma, jul. 21.05.2019, *DJe* 30.05.2019). **No mesmo sentido:** STJ, REsp 1.481.077/CE, Rel. Min. Regina Helena Costa, 1ª Turma, jul. 03.05.2019, *DJe* 13.05.2016.

7. Morte da parte. Não suspensão do processo. Nulidade relativa. "Conforme jurisprudência pacífica desta Corte, a inobservância do art. 265, I, do CPC, que determina a suspensão do processo a partir da morte de uma das partes, gera somente a nulidade relativa dos atos praticados desde essa data, sendo válidos aqueles praticados sem prejuízo dos interessados. Tratando-se de nulidade relativa e inexistindo prejuízo à recorrente, tem razão a Corte a quo em afastar a preliminar de nulidade neste ponto" (STJ, AgRg no REsp 1.313.970/TO, Rel. Min. Marco Buzzi, 4ª Turma, jul. 23.02.2016, *DJe* 26.02.2016). **No mesmo sentido**: "Segundo a jurisprudência pacífica desta Corte Superior, apenas se demonstrado efetivo prejuízo aos interessados será declarada a nulidade por falta de suspensão do processo a partir da morte da parte, em razão de inobservância do art. 265, I, do CPC/1973 (art. 313, I, do CPC/2015), o que não é o caso dos autos" (STJ, AgInt na PET no REsp 1.168.935/DF, Rel. Min. Antonio Carlos Ferreira, 4ª Turma, jul. 17.12.2019, *DJe* 19.12.2019). **No mesmo sentido:** STJ, REsp. 2.033.239/SP, Rel. Min. Marco Aurélio Bellizze, 3ª Turma, jul. 14.02.2023, *DJe* 16.02.2023; STJ, REsp 1.787.934/MT, Rel. Min. Nancy Andrighi,

3ª Turma, jul. 19.02.2019, *DJe* 22.02.2019; STJ, Agint no AREsp 1.823.104/SP, Rel. Min. Luis Felipe Salomão, 4ª Turma, jul. 20.06.2022, *DJe* 24.06.2022.

8. Morte de parte. Nulidade do julgamento. "No caso dos autos, o Espólio de Orleir Messias Cameli noticia o óbito do réu antes da prolação do acórdão ora embargado. Tendo o acórdão impugnado sido desfavorável ao réu, existe prejuízo à parte, razão pela qual impõe-se a declaração de nulidade do decisum" (STJ, EDcl no AREsp 374.422/AC, Rel. Min. Benedito Gonçalves, 1ª Turma, jul. 22.10.2019, *DJe* 25.10.2019). Entretanto, "embora o óbito tenha ocorrido anteriormente à prolatação do acórdão proferido no AgInt no REsp 1.400.099, do qual a empresa contribuinte era Agravante e teve seu recurso desprovido, a comunicação do fato foi posterior. O acórdão contra o qual a parte recorrente pleiteia a reabertura de prazo para recurso é um julgado colegiado que apreciou o Agravo Interno no Recurso Especial 1.400.099, o qual supostamente poderia ser atacado via Embargos de Declaração, que, nos termos do Código Fux, possui o prazo de 5 dias úteis. Nesta senda, tendo em vista a publicação do fustigado acórdão em 23.4.2018 (segunda-feira), restara escoado o prazo no dia 30.4.2018. A suspensão do processo fora requerida no dia 4.5.2018, após, portanto, o lapso temporal" (STJ, AgInt na PET no REsp 1.400.099/CE, Rel. Min. Napoleão Nunes Maia Filho, 1ª Turma, jul. 30.09.2019, *DJe* 03.10.2019).

9. Morte do patrono. Nulidade de todos os atos praticados após o falecimento. "Constitui efeito do falecimento do advogado da parte a suspensão do processo, revelando-se nulos os atos praticados em desfavor da outorgante, pois sobre eles não pode exercer qualquer direito de defesa" (STJ, AgInt no REsp 1.606.777/GO, Rel. Min. Paulo de Tarso Sanseverino, 3ª Turma, jul. 02.05.2017, *DJe* 16.05.2017).

Constituição de novo patrono. Intimação pessoal da parte. "A intimação da parte para constituição de novo patrono, há de ser pessoal e não através de publicação no órgão oficial" (STJ, REsp 34.886/RJ, Rel. Min. Cid Flaquer Scartezzini, 5ª Turma, jul. 07.03.1994, *DJ* 21.03.1994).

"A suspensão do processo em decorrência da morte do advogado da parte opera imediatamente, desde a ocorrência do fato, sendo nulos os atos praticados no período, ressalvados aqueles previstos no art. 266 do CPC" [art. 314 do CPC/2015] (STJ, REsp 135.649/RJ, Rel. Min. Carlos Alberto Menezes Direito, 3ª Turma, jul. 16.06.1998, *DJU* 24.08.1998). **No mesmo sentido:** STJ, AgRg no REsp 893.741/SC, Rel. Min. Nancy Andrighi, 3ª Turma, jul. 23.04.2009, *DJe* 15.05.2009; STJ, REsp 861.723/SP, Rel. Min. Eliana Calmon, 2ª Turma, jul. 10.02.2009, *DJe* 05.03.2009; STJ, EREsp 526.570/AM, Rel. Min. Hélio Quaglia Barbosa, 2ª Seção, jul. 27.06.2007, *DJ* 27.09.2007; STJ, REsp 216.714/SP, Rel. Min. Luís Felipe Salomão, 4ª Turma, jul. 02.12.2008, *DJe* 15.12.2008. **Em sentido contrário:** "Não existe irregularidade na intimação de advogado quando não há nos autos notícia de seu falecimento. Há, na verdade, falha das atuais procuradoras que não procuraram informar ao juízo tal fato" (STJ, EDcl no AgRg no Ag 461.375/RS, Rel. Min. Gilson Dipp, 5ª Turma, jul. 21.08.2003, *DJ* 29.09.2003). **No mesmo sentido:** STJ, EDcl no REsp 526.570/AM, Rel. Min. Castro Filho, 3ª Turma, jul. 16.03.2006, *DJ* 10.04.2006.

"A inobservância do artigo 265, I, do CPC [art. 313, I, do CPC/2015], que determina a suspensão do processo a partir da morte da representante legal do espólio, enseja **apenas nulidade relativa**, sendo válidos os atos praticados, desde que não haja prejuízo aos interessados. A norma visa preservar o interesse particular do espólio e dos herdeiros do falecido e, não tendo sido causado nenhum dano a eles, não há por que invalidar os atos processuais praticados' (AgRgAgRgREsp 839.439/MS, Rel. Min. João Otávio de Noronha, in *DJe* 19.08.2010)" (STJ, AgRg no REsp 1.190.810/CE, Rel. Min. Hamilton Carvalhido, 1ª Turma, jul. 21.09.2010, *DJe* 19.11.2010). **No mesmo sentido:** STJ, REsp 767.186/RJ, Rel. Min. Castro Meira, 2ª Turma, jul. 24.08.2005, *DJ* 19.09.2005.

10. Nascimento de filho. "O propósito recursal é dizer sobre a tempestividade da apelação, considerando o nascimento do filho do único patrono da causa no curso do prazo recursal. (...) A suspensão do processo em razão da paternidade se opera tão logo ocorre o fato gerador (nascimento ou adoção), não se podendo exigir do causídico, para tanto, que realize a comunicação imediata ao Juízo, porque isso seria esvaziar o alcance do benefício legal. Se a lei concede ao pai a faculdade de se afastar do trabalho para acompanhar o filho nos seus primeiros dias de vida ou de convívio familiar, não é razoável lhe impor o ônus de atuar no processo, durante o gozo desse nobre benefício, apenas para comunicar e justificar aquele afastamento. Por força da lei, a suspensão do processo pela paternidade tem início imediatamente à data do nascimento ou adoção, ainda que outra seja a data da comprovação nos autos, desde que esta se dê antes de operada a preclusão, já considerado no cômputo do respectivo prazo o período suspenso de 8 (oito) dias. No que tange ao momento da comprovação, não há vedação legal, tampouco se vislumbra qualquer prejuízo, para que seja ela feita no momento da interposição do recurso ou da prática do primeiro ato processual do advogado" (STJ, REsp 1.799.166/GO, Rel. Min. Nancy Andrighi, 3ª Turma, jul. 02.04.2019, *DJe* 04.04.2019).

11. Ação de obrigação de não fazer cumulada com reparação de danos. Pedido contraposto declaratório de nulidade de patentes. Prejudicialidade externa. Suspensão do processo. "Configura prejudicialidade externa a pendência, em um processo extrínseco ao presente caso, de ação judicial na qual se debate a nulidade das patentes em que se funda o objeto principal da desta ação, ainda que a recorrente não faça parte das demandas. A prejudicialidade externa induz à necessidade de sobrestamento desta ação, a fim de resguardar a efetividade da prestação jurisdicional e a racionalidade lógica das decisões judiciais" (STJ, REsp 1.558.149/SP, Rel. Min. Marco Aurélio Bellizze, 3ª Turma, jul. 26.11.2019, *DJe* 03.12.2019).

12. Doença do advogado. Justa causa. Ver jurisprudência do art. 223 do CPC/2015

13. Início da suspensão (*caput*). "A suspensão do processo tem início a partir do exato momento em que o fato ocorre, a despeito de somente mais tarde o juiz vir a declará-lo suspenso. Tal despacho tem efeitos retroativos, sendo declarados inválidos os atos praticados nesse intervalo" (TJSP, Apelação 68.668-1, Rel. Des. Silva Costa, 5ª Câm. Civ., jul. 06.02.1986, *Revista dos Tribunais* 606/90). **No mesmo sentido:** STJ, REsp 10.271/SP, Rel. Min. Barros Monteiro, 4ª Turma, jul. 04.08.1992, *DJ* 05.10.1992, p. 17.104; STJ, REsp 270.191/SP, Rel. Min. Ari Pargendler, Rel. p/ ac. Min. Carlos Alberto Menezes Direito, 3ª Turma, jul. 11.12.2001, *DJ* 08.04.2002, p. 209.

14. Inciso I.

Finalidade da norma. "Os artigos 265, I do CPC e 266 do CPC [arts. 313, I, e 314 do CPC/2015] objetivam, além da regularidade processual, assegurar que não ocorra prejuízo aos sucessores das partes, de seu representante legal ou de seu procurador na condução da lide" (STJ, REsp 767.186/RJ, Rel. Ministro Castro Meira, 2ª Turma, jul. 24.08.2005, *DJ* 19.09.2005).

Atos inexistentes. "Os atos ocorridos durante o período em que o processo deveria estar suspenso por ausência de parte devem ser tidos por inexistentes, ante a falta de relação processual na qual pudessem ser praticados. Por isso, não cabe falar-se em nulidade sanável" (STJ, EDcl no REsp 465.580/RS, Rel. Min. Castro Meira, 2ª Turma, jul. 03.04.2008, *DJe* 18.04.2008).

Litisconsorte. "A ausência de suspensão do processo por morte da parte não gera nulidade se, no mesmo polo da relação processual, há litisconsorte (marido), que assumiu a inventariança do espólio e tomou ciência de todos os atos processuais subsequentes ao falecimento. Em tal situação, a norma do art.

265, I do CPC [art. 313, I, do CPC/2015] terá atingido o escopo para o qual foi concebida: proteger os interesses do espólio. Alegação tardia de nulidade que não causou prejuízo constitui atitude protelatória que agride a lealdade processual. – Nosso Direito processual prestigia a máxima *'pas de nullité sans grief'* (CPC; Arts. 249, § 1º e 250, par. único)" (STJ, REsp 759.927/RS, Rel. Min. Humberto Gomes de Barros, 3ª Turma, jul. 22.08.2006, *DJ* 27.11.2006). **No mesmo sentido:** STJ, REsp 767.186/RJ, Rel. Min. Castro Meira, 2ª Turma, jul. 24.08.2005, *DJ* 19.09.2005; STJ, REsp 959.755/PR, Rel. Min. Luis Felipe Salomão, 4ª Turma, jul. 17.05.2012, *DJe* 29.05.2012.

15. Extinção da pessoa jurídica (inciso I). "Com a extinção da pessoa jurídica que figurava na condição de ré no processo de liquidação, a lide ficou sem parte em seu polo passivo. Demanda que não possui parte não é processo e os atos eventualmente praticados são 'não atos', por falta de pressuposto processual" (STJ, EDcl no REsp 465.580/RS, Rel. Min. Castro Meira, 2ª Turma, jul. 03.04.2008, *DJe* 18.04.2008).

16. Ação de caráter intransmissível. Ver jurisprudência do art. 485 do CPC/2015.

17. Inciso II.

Prazos peremptórios/dilatórios.

"As partes, por convenção, não se faculta suspender prazo recursal, haja vista que peremptório" (STJ, REsp 10.864/SP, Rel. Min. Sálvio de Figueiredo Teixeira, 4ª Turma, jul. 16.03.1993, *DJ* 26.04.1993).

Transação. "Havendo transação entre as partes, para o pagamento do débito que deu origem à ação, pode haver a suspensão do feito, à inteligência do que dispõe o art. 265 do CPC" [art. 313 do CPC/2015] (TJDFT, 20000110301169APC, Rel. Nídia Corrêa Lima, 3ª Turma Cível, jul. 17.08.2006, *DJ* 05.10.2006).

Prazo. "À luz do que dispõe o art. 265 do CPC [art. 313 do CPC/2015], a suspensão do feito, por convenção das partes, nunca deverá exceder 6 (seis) meses. O pedido de suspensão, formulado com fulcro no inciso II do artigo 265, não pode ser formulado unilateralmente, mas, obrigatoriamente, por ambas as partes do processo" (TJDFT, 20000110301169APC, Rel. Nídia Corrêa Lima, 3ª Turma Cível, jul. 17.08.2006, *DJ* 05.10.2006).

18. Inciso III.

Suspeição. "Cabível o mandado de segurança quando se verifica que não foi dada à exceção de suspeição o andamento devido, bem assim usurpada a competência do Órgão Especial competente para o exame da matéria pela Câmara Cível, que procedeu, ato contínuo à rejeição da exceção pelo excepto, ao julgamento dos embargos declaratórios opostos à apelação, sem a suspensão do processo" (STJ, RMS 13.739/RJ, Rel. Min. Aldir Passarinho Junior, 4ª Turma, jul. 05.06.2007, *DJ* 27.08.2007).

19. Prejudicialidade externa (inciso V, alínea "a"). "O artigo 265, IV, *a*, do CPC [art. 313, V, "a", do CPC/2015], alegadamente contrariado pelo acórdão recorrido, somente é aplicável nos casos de prejudicialidade externa, isto é, manifestada em outro processo onde a questão prejudicial deva ser objeto de julgamento" (STJ, REsp 2.520/MT, Rel. Min. Athos Carneiro, 4ª Turma, jul. 21.08.1990, *DJ* 17.09.1990).

"Estando a questão de prejudicialidade externa ainda pendente de julgamento, deve ser mantida a suspensão do processo, anteriormente determinada" (AgRg no REsp 742.428/DF, Rel. Min. Honildo Amaral de Mello Castro, 4ª Turma, jul. 15.12.2009, *DJe* 02.02.2010).

Embargos e Ação declaratória. "Havendo conexão e prejudicialidade entre os embargos do devedor e a ação declaratória, não tendo sido reunidos os feitos para julgamento conjunto, recomendável a suspensão dos embargos até o julgamento da causa prejudicial, nos termos do art. 265, IV, 'a', CPC" [art. 313, V, "a", do CPC/2015] (STJ, AgRg no Ag 35.922/MG, Rel. Min. Sálvio de Figueiredo Teixeira, 4ª Turma, jul. 24.06.1993, *DJ* 02.08.1993, p. 14.259).

Justiça comum x Justiça Federal. "Se, na Justiça Comum, o julgamento dos embargos à execução depende de questões prejudiciais a serem dirimidas em outro processo que se desenvolve na Justiça Federal, os embargos aguardarão em suspenso, até que se decidam aquelas questões (CPC art. 265, IV, *a*) [art. 313, V, "a", do CPC/2015]. A suspensão, contudo, não desloca a competência para a Justiça Federal" (STJ, REsp 175.732/PR, Rel. Min. Humberto Gomes de Barros, 1ª Turma, jul. 18.03.1999, *DJ* 10.05.1999, p. 108).

Execução hipotecária e ajuizamento anterior de ação de conhecimento. "De acordo com os precedentes desta Corte, o ajuizamento anterior de ação de conhecimento tem o condão de provocar a suspensão da execução hipotecária" (STJ, REsp 574.203/RJ, Rel. Min. Carlos Alberto Menezes Direito, 3ª Turma, jul. 03.02.2005, *DJ* 21.03.2005, p. 366).

Controle de constitucionalidade da norma pelo STF (ADIN). "'Embora não seja obrigatória a suspensão do processo nas circunstâncias enunciadas no presente caso, ela certamente não pode ser considerada ofensiva ao dispositivo transcrito. Pelo contrário, considerando a natureza das sentenças proferidas nas ações de controle concentrado de constitucionalidade, que têm eficácia erga *omnes* e efeitos *vinculantes*, não há como negar sua relação de supremacia em face de sentenças proferidas em ações individuais fundadas no mesmo preceito normativo' (REsp 896.840/PR, Min. Teori Zavascki, 1ª Turma, jul. 15.02.2007)" (STJ, REsp 926.043/PR, Rel. Min. Teori Albino Zavascki, Primeira Turma, jul. 10.04.2007, *DJ* 23.04.2007, p. 242). **No mesmo sentido:** STJ, REsp 911.533/PR, Rel. Min. Teori Albino Zavascki, Primeira Turma, jul. 27.03.2007, *DJ* 12.04.200; STJ, REsp 813.055/DF, Rel. Min. Luiz Fux, Primeira Turma, jul. 17.05.2007, *DJ* 31.05.2007; STJ, REsp 775058/DF, Rel. Min. Teori Albino Zavascki, 1ª Turma, jul. 17.11.2005, *DJ* 05.12.2005; STJ, REsp 820.793/DF, Rel. Min. Castro Meira, 2ª Turma, jul. 04.05.2006, *DJ* 18.05.2006.

"O prosseguimento da demanda individual, com julgamento de mérito compatível com o entendimento proclamado no âmbito da ação direta de inconstitucionalidade, é justificável, nessas circunstâncias, porque prestigia a celeridade da prestação jurisdicional, que também é direito constitucional dos cidadãos (CF, art. 5º, LXXVIII)" (STJ, REsp 1.223.910/RS, Rel. Min. Teori Albino Zavascki, 1ª Turma, jul. 17.02.2011, *DJe* 25.02.2011).

Liminar em ação direta de inconstitucionalidade. "A decisão concessiva de liminar em ação direta de inconstitucionalidade é também dotada de efeito vinculante, o que impõe a suspensão dos processos em que se discute a lei atingida pela decisão na ADIn, nos termos do art. 265, IV, do CPC" [art. 313, V, do CPC/2015] (STJ, REsp 908.466/PR, Rel. Min. Castro Meira, 2ª Turma, jul. 16.08.2007, *DJ* 30.08.2007).

Liminar em ação declaratória de constitucionalidade. "A medida cautelar na ação direta de inconstitucionalidade é também dotada de eficácia contra todos e é concedida, em regra, com efeito *ex nunc*, podendo o Tribunal atribuir-lhe eficácia retroativa e, diferentemente do que ocorre com a medida cautelar na ação declaratória de constitucionalidade, não há previsão legal de suspensão dos processos que envolvam a aplicação da lei ou do ato normativo questionado" (STJ, REsp 1.111.099/PR, Rel. Min. Hamilton Carvalhido, 1ª Seção, jul. 25.08.2010, *DJe* 05.10.2010).

Conexão de ação anulatória e ação de execução. "A ação anulatória de débito fiscal tem conexão com a ação de execução, assim, podemos concluir que sempre há prejudicialidade entre elas. A prejudicialidade capaz de ensejar a paralisação da execução só se configura quando está o débito garantido pela penhora ou pelo depósito" (STJ, REsp 719.796/RS, Rel. Min. Eliana Calmon, 2ª Turma, jul. 10.04.2007, *DJ* 20.04.2007).

Preliminar de Prescrição. "A suspensão do processo enquanto é julgada preliminar de prescrição em outra causa encontra amparo no art. 265, IV, *a*, do CPC" [art. 313, V, "a", do CPC/2015] (STJ, REsp 11.244/SP, Rel. Min. Claudio Santos, 3ª Turma, jul. 18.12.1991, *DJ* 16.03.1992).

Busca e apreensão e ação revisional. "Este Tribunal Superior prega que há relação de prejudicialidade externa entre a ação revisional e a ação de busca e apreensão baseadas no mesmo contrato de alienação fiduciária em garantia, podendo ser esta, se proposta ulteriormente, sofrer suspensão enquanto não julgada a de revisão (art. 265, IV, 'a', do CPC)" [art. 313, V, "a", do CPC/2015] (STJ, AgRg no REsp 1.143.018/MG, Rel. Min. Vasco Della Giustina, 3ª Turma, jul. 14.12.2010, *DJe* 02.02.2011). **No mesmo sentido:** STJ, REsp 564.880/SC, Rel. Min. Aldir Passarinho Junior, 4ª Turma, jul. 09.11.2004, *DJ* 09.02.2005. **Em sentido contrário:** "A discussão das cláusulas contratuais na ação revisional não acarreta o sobrestamento da ação de busca e apreensão, porquanto não há conexão entre as ações nem prejudicialidade externa" (STJ, REsp 1.093.501/MS, Rel. Min. João Otávio de Noronha, 4ª Turma, jul. 25.11.2008, *DJe* 15.12.2008).

Reclamação trabalhista e ação de consignação em pagamento. "Se a causa de pedir na reclamatória trabalhista é a existência de vínculo de emprego, e na ação de consignação em pagamento essa causa é a inexistência do vínculo de emprego, há relação de prejudicialidade, de natureza heterogênea, entre ambas as demandas; reservada constitucionalmente à Justiça do Trabalho a competência para decidir a respeito do vínculo de emprego, cabe-lhe dirimir a controvérsia a respeito, suspendendo-se o processo da ação de consignação de pagamento até que isso ocorra (CPC, art. 265, IV, 'a')" [art. 313, V, "a", do CPC/2015] (STJ, CC 88.010/RJ, Rel. Min. Nancy Andrighi, Rel. p/ Acórdão Min. Ari Pargendler, 2ª Seção, jul. 12.12.2007, *DJe* 29.04.2008).

"Deve ser suspenso o processo da ação de embargos à execução em que se cobra abono complementar que teria sido pago indevidamente pelo empregador, uma vez que a empregada cobra na Justiça do Trabalho a continuidade do pagamento dessa parcela" (STJ, REsp 404.597/SP, Rel. Min. Ruy Rosado de Aguiar, 4ª Turma, jul. 18.06.2002, *DJ* 12.08.2002).

20. Falência (inciso V, "a"). "O deferimento do pedido de processamento de recuperação judicial à empresa coexecutada, à luz do art. 6º, da Lei de Falências, não autoriza a suspensão da execução em relação a seus avalistas, por força da autonomia da obrigação cambiária" (STJ, REsp 1.095.352/SP, Rel. Min. Massami Uyeda, 3ª Turma, jul. 09.11.2010, *DJe* 25.11.2010).

Inexistência de depósito elisivo. "Ainda que previamente ajuizada ação anulatória do título que lastreia o pedido de falência, se inexiste depósito elisivo e não houve garantia do juízo, não há de se cogitar a suspensão do processo de falência" (STJ, REsp 867.128/SP, Rel. Min. Nancy Andrighi, 3ª Turma, jul. 01.10.2009, *DJe* 18.11.2009).

Existência de depósito elisivo. "A partir do depósito elisivo e do concomitante oferecimento de defesa, a ação falimentar fundada na impontualidade transforma-se em espécie de ação de cobrança, passando a existir uma congruência parcial entre os objetos desta ação e os da ação declaratória" (STJ, REsp 604.435/SP, Rel. Min. Nancy Andrighi, 3ª Turma, jul. 15.12.2005, *DJ* 01.02.2006).

21. Processo de execução e ações de rito ordinário (inciso V, "a"). "O ajuizamento de ação de rito ordinário, que vise à redução do valor da dívida, não impede o prosseguimento da execução, principalmente se a esta não foram opostos embargos do devedor" (STJ, REsp 341.084/PB, Rel. Min. Sálvio de Figueiredo Teixeira, 4ª Turma, jul. 13.11.2001, *DJ* 18.02.2002). **Obs.:** De acordo com o § 1º do art. 784 do CPC/2015, "a propositura de qualquer ação relativa a débito constante de título executivo não inibe o credor de promover-lhe a execução". **No mesmo sentido:** STJ, AgRg na MC 9.903/SP, Rel. Min. Carlos Alberto Menezes Direito, 3ª Turma, jul. 17.05.2005, *DJ* 01.08.2005; STJ, REsp 764.739/MS, Rel. Min. Castro Filho, 3ª Turma, jul. 22.03.2007, *DJ* 16.04.2007; STJ, AgRg no Ag 969.394/MS, Rel. Min. Aldir Passarinho Junior, 4ª Turma, jul. 24.06.2008, *DJe* 25.08.2008.

Ação declaratória. "O ajuizamento pelo devedor de ação declaratória em que se pretende a redução da dívida, bem como a consignação em pagamento das prestações que entende devidas, não impede o credor de propor a execução" (STJ, REsp 493.565/PR, Rel. Min. Nancy Andrighi, 3ª Turma, jul. 22.05.2003, *DJ* 23.06.2003). Cf. o § 1º do art. 784 do CPC/2015.

Ação consignatória. "O ajuizamento da ação consignatória não retira a liquidez do título executivo extrajudicial nem obsta a execução nele fundada, em atenção ao disposto no § 1º do artigo 585 do CPC [§ 1º do art. 784 do CPC/2015]. O acertamento judicial do título, por meio de embargos à execução, não lhe retira a liquidez, visto que continua possível a determinabilidade do *quantum debeatur*" (STJ, REsp 1.097.930/RS, Rel. Min. João Otávio de Noronha, 4ª Turma, jul. 22.09.2009, *DJe* 12.04.2010).

Ação revisional. Garantia do juízo. "De acordo com a orientação predominante na Corte, ajuizada a ação revisional antes da execução, já aparelhada com a garantia do Juízo, cabível a suspensão" (STJ, REsp 594.244/PR, Rel. Min. Carlos Alberto Menezes Direito, 3ª Turma, jul. 07.12.2004, *DJ* 04.04.2005).

Ação de conhecimento anterior à execução. "De acordo com os precedentes desta Corte, o ajuizamento anterior de ação de conhecimento tem o condão de provocar a suspensão da execução hipotecária" (STJ, REsp 574.203/RJ, Rel. Min. Carlos Alberto Menezes Direito, 3ª Turma, jul. 03.02.2005, *DJ* 21.03.2005). **Obs.:** Aplica-se à ação anterior à execução o tratamento próprio dos embargos do devedor, cujo efeito suspensivo depende dos requisitos do art. 919: *(i) fumus boni iuris* e *periculum in mora*; *(ii)* garantia da execução por penhora, depósito ou caução suficientes.

Poder geral de cautela. "Na linha dos precedentes desta Corte, o poder geral de cautela não tem o condão de impedir ao credor a execução do seu título até o trânsito em julgado de ação de conhecimento" (STJ, REsp 341.084/PB, Rel. Min. Sálvio de Figueiredo Teixeira, 4ª Turma, jul. 13.11.2001, *DJ* 18.02.2002). **Obs.:** Mas pode gerar suspensão da execução, dentro dos casos em que o art. 919, § 1º, do CPC/2015 admite efeito suspensivo aos embargos do devedor.

22. Embargos do devedor (inciso V, "a"). "Embargos do devedor e a ação exoneratória de débitos, não tendo sido reunidos os feitos oportunamente para julgamento conjunto, cabível é a suspensão dos embargos, nos termos do art. 265, IV, 'a', do CPC' [art. 313, V, "a", do CPC/2015] (STJ, REsp 392.680/RS, Rel. Min. Barros Monteiro, 4ª Turma, jul. 16.04.2002, *DJ* 26.08.2002)" (STJ, AgRg no AgRg no Ag 713.051/MT, Rel. Min. Vasco Della Giustina, 3ª Turma, jul. 23.02.2010, *DJe* 10.03.2010).

"Embora exista semelhança entre as ações, principalmente no que diz respeito aos encargos tidos por ilegais, há de se destacar que os embargos são o meio de defesa do qual dispõe o executado e têm por finalidade suspender a execução, o que só ocorre por meio do processo de conhecimento em situações excepcionais" (STJ, REsp 719.566/RS, Rel. Min. Nancy Andrighi, 3ª Turma, jul. 26.09.2006, *DJ* 09.10.2006).

"Há que se dar à declaratória o mesmo tratamento que teriam os embargos, sustando-se a execução a partir do momento em que aqueles seriam admissíveis" (STJ, REsp 260.042/SP, Rel. Min. Eduardo Ribeiro, 3ª Turma, jul. 29.06.2000, *DJ* 23.10.2000). **Obs.:** Cf. o § 1º do art. 919 do CPC/2015.

"Ajuizada ação declaratória antes mesmo do oferecimento dos embargos de devedor, e não reunidos os feitos, deve, no caso concreto, ser admitida a suspensão dos embargos, na forma do art. 265, IV, *a*) [art. 313, V, "a", do CPC/2015], do Código de Processo Civil, observada a regra do § 5º do mesmo artigo" (STJ, REsp 160.026/SP, Rel. Min. Carlos Alberto Menezes Direito, 3ª Turma, jul. 16.03.1999, *DJ* 03.05.1999). **Obs.:** Cf. o § 1º do art. 919 do CPC/2015.

23. Ações coletivas. Suspensão das ações individuais. "Ação coletiva. Servidor público estadual. Piso salarial profissional nacional para os profissionais do magistério público da educação básica, nos termos da Lei nº 11.738/08. Sustação de andamento de ações individuais. Possibilidade. Segundo precedentes deste Superior Tribunal, 'ajuizada ação coletiva atinente a macrolide geradora de processos multitudinários, suspendem-se as ações individuais, no aguardo do julgamento da ação coletiva'. (*v.g.*: REsp 1110549/RS, Rel. Ministro Sidnei Beneti, Segunda Seção, julgado em 28/10/2009, *DJe* 14/12/2009)" (STJ, REsp 1.353.801/RS, Rel. Min. Mauro Campbell Marques, 1ª Seção, jul. 14.08.2013, *DJe* 23.08.2013).

24. Ação de despejo (inciso V, "a"):

Execução. "Fundamentadas ambas as ações, de despejo e de execução, em idêntica relação jurídica, é de rigor o reconhecimento da conexão a justificar a reunião dos feitos, ou, se impossibilitado o ajuntamento, a suspensão de um deles" (STJ, AgRg no REsp 656.277/RJ, Rel. Min. Celso Limongi, 6ª Turma, jul. 18.05.2010, *DJe* 07.06.2010).

Trânsito em julgado da lide principal. "Na hipótese dos autos, não obstante pudesse ter razão o recorrente quanto à suspensão da ação de despejo, certo é que o processo onde se discutia questão prejudicial já teve decisão final, transitada em julgado, não mais subsistindo a justificativa para a eventual suspensão da ação de despejo" (STJ, AgRg no REsp 690.854/PR, Rel. Min. Gilson Dipp, 5ª Turma, jul. 02.02.2006, *DJ* 06.03.2006).

Ação de cobrança de aluguéis e de ação anulatória da venda do imóvel. "Não se apresentada caracterizada a conexão da prejudicialidade, susceptível de suspensão do processo, na forma prevista no art. 265, I, 'a', do CPC [art. 313, V, "a", do CPC/2015], na hipótese de ação de despejo cumulada com cobrança de aluguéis e de ação anulatória de venda do imóvel intentada por terceiros, porque distintos os objetos das duas demandas" (STJ, REsp 158.651/AM, Rel. Min. Vicente Leal, 6ª Turma, jul. 04.10.2001, *DJ* 22.10.2001).

"É de ser suspenso o processo de despejo enquanto não definida ação anulatória da venda do imóvel locado e sua adjudicação ao locatário" (STJ, REsp 7.774/PR, Rel. Min. Dias Trindade, 3ª Turma, jul. 16.04.1991, *DJ* 13.05.1991).

Ação consignatória de aluguéis. "A decisão das ações conexas de despejo e consignatória de aluguéis constitui prejudicial da ação renovatória intentada entre as mesmas partes, impondo-se a suspensão do processo até o trânsito em julgado da decisão que resolver a questão prejudicial" (STJ, REsp 23.331/RJ, Rel. Min. Sálvio de Figueiredo Teixeira, 4ª Turma, jul. 29.06.1992, *DJ* 10.08.1992).

Ação rescisória. "Ação de despejo/ação rescisória. Inexistência de causa para a suspensão do processo. Arts. 265, IV-A e 489, do Cód. de Pr. Civil" [arts. 313, V, "a", e 969 do CPC/2015] (STJ, REsp 4.546/RJ, Rel. Min. Nilson Naves, 3ª Turma, jul. 25.09.1990, *DJ* 22.10.1990).

25. Ações possessórias (inciso V, "a").

Usucapião e reivindicatória. "A prescrição aquisitiva é prejudicial da reivindicatória" (TJSP, AC. 0046352-61.1996.8.26.0000, Rel. Barbosa Pereira, 4ª Câmara de Direito Privado A, jul. 19.05.1998).

Ação possessória e usucapião especial urbano. "Não há prejudicialidade externa que justifique a suspensão da possessória até que se julgue a usucapião. A posse não depende da propriedade e, por conseguinte, a tutela da posse pode se dar mesmo contra a propriedade" (STJ, REsp 866.249/SP, Rel. Min. Nancy Andrighi, 3ª Turma, jul. 17.04.2008, *DJe* 30.04.2008).

Ação de imissão de posse e anulatória de ato de transferência do domínio. "Nesse passo, o STJ possui entendimento consolidado no sentido de que 'o art. 265, IV, 'a', do CPC [art. 313, V, "a", do CPC/2015], não impõe o sobrestamento de ação de imissão de posse enquanto se discute, em outro feito, a anulação de ato de transferência do domínio' (REsp 108.746/SP, Rel. Ministro Carlos Alberto Menezes Direito, *DJ* 02.3.98). A demanda petitória ajuizada objetivou amparar o proprietário sem posse e de boa-fé, que arrematou imóvel leiloado pela Caixa Econômica Federal, por isso não há falar em suspensão da demanda até o julgamento final da ação anulatória de adjudicação extrajudicial" (STJ, AgRg no REsp 1.151.040/RJ, Rel. Min. Luis Felipe Salomão, 4ª Turma, jul. 14.02.2012, *DJe* 22.02.2012). **No mesmo sentido:** STJ, AgRg no Ag 779.534/DF, Rel. Min. Sidnei Beneti, 3ª Turma, jul. 15.04.2008, *DJe* 07.05.2008.

26. Inventário (inciso V, "a"). Ação de reconhecimento e de dissolução de sociedade de fato. "Não é causa de suspensão do processo de inventário a pendência de julgamento de ação de reconhecimento de sociedade de fato ajuizada em face dos herdeiros do falecido companheiro" (STJ, REsp 976.649/SP, Rel. Min. Nancy Andrighi, 3ª Turma, jul. 17.12.2009, *DJe* 02.02.2010).

27. Pendência de ação rescisória (inciso V, "a"). "Injustificável a suspensão do processo, com suporte no art. 265, IV, 'a', do CPC [art. 313, V, "a", do CPC/2015], porque o ajuizamento de ação rescisória não serve de fundamento para suspender o exercício do direito subjetivo do cidadão de ser restituído" (STJ, REsp 807.477/SP, Rel. Min. José Delgado, 1ª Turma, jul. 16.02.2006, *DJ* 13.03.2006).

28. Ação penal. Apuração dos fatos (inciso V, "b"). "Somente nos casos em que possa ser comprovado, na esfera criminal, a inexistência de materialidade ou da autoria do crime, tornando impossível a pretensão ressarcitória cível, será obrigatória a paralisação da ação civil. Não sendo esta a hipótese dos autos, deve prosseguir a ação civil" (STJ, REsp 860.591/PR, Rel. Min. Luis Felipe Salomão, 4ª Turma, jul. 20.04.2010, *DJe* 04.05.2010). **No mesmo sentido:** TJMG, Agravo 1.0620.05.012877-1/001, Rel. Des. Pedro Bernardes, 9ª Câm. Civ., jul. 06.02.2007, *DJ* 03.03.2007.

"'É princípio elementar a independência entre as esferas cíveis e criminais, podendo um mesmo fato gerar ambos os efeitos, não sendo, portanto, obrigatória a suspensão do curso da ação civil até o julgamento definitivo daquela de natureza penal. Deste modo, o juízo cível não pode impor ao lesado, sob o fundamento de prejudicialidade, aguardar o trânsito em julgado da sentença penal' (REsp 347.915/AM, Rel. Min. Fernando Gonçalves, 4ª Turma, *DJU* de 29.10.07)" (STJ, REsp 860.097/PI, Rel. Min. Castro Meira, 2ª Turma, jul. 13.05.2008, *DJe* 21.05.2008).

*** Nota: Ver a jurisprudência do art. 315 do CPC/2015.**

29. Força maior (inciso VI). "Ao dispor o nº V do art. 265 do CPC [art. 313, VI, do CPC/2015] que o processo pode ser suspenso ocorrendo motivo de força maior, deixou ao prudente arbítrio do juiz verificar aqueles casos em que, realmente, se justifica a alegação, máxime nos processos expropriatórios, que trazem denso conteúdo de interesse público. Tal suspensão, no caso de desapropriação, deve ser encarada como forma de se atender a situações onde tal interesse se encontre em confronto com o interesse particular, não significando tratamento desigual das partes, mas simples adequação do processo" (TJSP, AI 136.194-2, Rel. Des. Minhoto Júnior, 13ª Câm. Civ., jul. 20.09.1988, *Revista dos Tribunais* 636/103).

"Suspenso o curso do processo por motivo de força maior, greve dos servidores judiciários, os prazos recomeçam a fluir na data em que é publicado o ato pelo qual o tribunal comunica as partes e aos procuradores a cessação da situação de anormalidade e a retomada no andamento dos processos" (STJ, REsp 17.649/SP, Rel. Min. Athos Carneiro, 4ª Turma, jul. 16.03.1992, *DJ* 13.04.1992).

30. § 1º. "Nos termos do art. 265, § 1º, alíneas 'a' e 'b', do CPC [art. 313, § 1º e 2º, do CPC/2015], no caso de morte de qualquer das partes, pendente o recurso de julgamento na segunda instância e continuando os advogados a acompanhar a causa, a suspensão do processo para eventual habilitação somente deve ocorrer, se caso, após o julgamento pelo colegiado e publicação do acórdão. Precedentes da Corte (AMS 1999.01.00.000808-4/DF, Juiz Federal Alexandre Machado Vasconcelos (conv.); AC 960134374-1/DF, Juiz Federal João Carlos Costa Mayer Soares)" (TRF 1ª Região, AC 1999.34.00.033183-1/DF, Rel. Des. Federal José Amilcar Machado, Juiz Federal Evaldo de Oliveira Fernandes Filho, 1ª Turma, e-*DJF1*, p. 21 de 14.04.2009).

31. § 3º. "O § 2º do art. 265 do CPC [art. 313, § 3º, do CPC/2015] determina o prosseguimento do feito com relação ao réu que não constituir novo mandatário em virtude do falecimento daquele a quem originariamente outorgara procuração. *In casu*, visto que regularmente intimados os embargados, embora não hajam constituído novo causídico, deve o julgamento dos embargos prosseguir" (TRF 1ª Região, AC 1999.34.00.033183-1/DF, Rel. Desembargador Federal José Amilcar Machado, Juiz Federal Evaldo de Oliveira Fernandes Filho, 1ª Turma, e-*DJF1*, p. 21 de 14.04.2009).

32. Carta precatória e carta rogatória. Ver jurisprudência do art. 377 do CPC/2015.

33. Entidade em regime de liquidação extrajudicial. Art. 18 da Lei nº 6.024/1974. "A suspensão das ações e execuções relativas a direitos e interesses do acervo de entidade em regime de liquidação extrajudicial preconizada no art. 18, 'a', Lei n. 6.024/74, há que ser aplicada com certo temperamento, de modo a ressalvar as lides que, em razão de sua natureza, não tenham repercussão na massa liquidanda" (STJ, REsp 7.467/SP, Rel. Min. Claudio Santos, 3ª Turma, jul. 20.09.1994, *DJ* 17.10.1994). **No mesmo sentido:** STJ, REsp 717.166/PE, Rel. Min. Eliana Calmon, 2ª Turma, jul. 08.11.2005, *DJ* 21.11.2005.

"A decretação da liquidação extrajudicial produz, de imediato, o efeito de suspender as ações e as execuções iniciadas sobre direitos e interesses relativos ao acervo da entidade liquidanda que possam implicar o esvaziamento do acervo patrimonial em detrimento de seus credores e do próprio sistema financeiro" (STJ, REsp 727.076/PE, Rel. Min. Luiz Fux, 1ª Turma, jul. 12.09.2006, *DJ* 21.09.2006). **No mesmo sentido**: STJ, REsp 696.976/PE, Rel. Min. Luiz Fux, 1ª Turma, jul. 04.11.2010, *DJ* 25.11.2010.

Processo em estado adiantado de composição. "No caso específico dos autos, a suspensão das ações contra instituição financeira em liquidação extrajudicial (Lei 6.024/1974, art. 18) não se aplica ao processo de conhecimento que se encontra em 'estado adiantado de composição, para determinar que o credor discuta seu direito em processo administrativo de habilitação junto ao liquidante. Na espécie, com mais razão, deve-se mitigar a regra de suspensividade em debate, na medida em que o objeto da ação consignatória, movida pelos mutuários, é o depósito que tem como beneficiário o Banorte, não havendo pretensão a qualquer crédito dessa instituição' (REsp 601.766/PE, Rel. Min. José Delgado, 1ª Turma, julgado em 1º.4.2004, *DJ* 31.05.2004)" (STJ, REsp 635.865/PE, Rel. Min. Humberto Martins, 2ª Turma, jul. 24.03.2009, *DJe* 16.04.2009). **No mesmo sentido:** STJ, REsp 601.766/PE, Rel. Min. José Delgado, 1ª Turma, jul. 01.04.2004, *DJ* 31.05.2004.

34. Sistema financeiro da habitação. "A norma que determina a suspensão das ações contra entidade que se encontra sob liquidação judicial não tem aplicação em processos nos quais se discute o reajuste do financiamento concedido pelo SFH" (STJ, REsp 852.941/SC, Rel. Min. Castro Meira, 2ª Turma, jul. 23.09.2008, *DJe* 23.10.2008).

35. Suspensão da ação de desapropriação. Terras devolutas. Art. 23 da Lei nº 6.383/1976. "Deveras, no caso sub *judice*, há fundadas suspeitas de fraude na alienação de terras devolutas, pairando dúvidas acerca da titularidade da área à época das transmissões, sobre ser da União (por se tratar de terras indígenas) ou do Estado federado, exsurgindo expressiva questão prejudicial ao domínio, pressuposto da ação de desapropriação" (STJ, REsp 934.844/AM, Rel. Min. Luiz Fux, 1ª Turma, jul. 19.10.2010, *DJe* 25.11.2010).

36. Medida cautelar inominada. "A suspensão do processo, nos casos previstos em lei, pode ser determinada pela via da ação cautelar inominada" (STJ, REsp 36.970/RJ, Rel. Min. Demócrito Reinaldo, 1ª Turma, jul. 06.10.1993, *DJU* 08.11.1993, p. 23.531; *Revista do STJ* 57/391). **No mesmo sentido:** STJ, REsp 635.168/PE, Rel. Min. Castro Meira, 2ª Turma, jul. 25.05.2004, *DJ* 16.08.2004.

Art. 314. Durante a suspensão é vedado praticar qualquer ato processual, podendo o juiz, todavia, determinar a realização de atos urgentes a fim de evitar dano irreparável, salvo no caso de arguição de impedimento e de suspeição.

CPC/1973

Art. 266.

REFERÊNCIA LEGISLATIVA

CPC/2015, arts. 214 (atos processuais; exceções de prática durante as férias e nos feriados), 923 (providências cautelares urgentes) e 299, parágrafo único (medidas cautelares; competência).

BREVES COMENTÁRIOS

Ocorre a suspensão do processo quando um acontecimento voluntário, ou não, provoca, temporariamente, a paralisação da marcha dos atos processuais. A suspensão inibe o andamento do feito, mas não elimina o vínculo jurídico emanado da relação processual, que, mesmo inerte, continua a subsistir com toda a sua eficácia. Assim, nenhum prejuízo sofrem os atos processuais anteriormente praticados que permanecem íntegros e válidos à espera da superação da crise.

Todavia, durante a suspensão, em regra, nenhum ato processual é permitido (art. 314) e o desrespeito a essa proibição legal levaria à inexistência jurídica do ato praticado, segundo antiga doutrina. A jurisprudência, todavia, tem aplicado a máxima *pas de nullitè sans grief*, de modo que somente são afetados os atos praticados dos quais tenha decorrido prejuízo para os interessados.

Permite o Código, no entanto, que o juiz da causa excepcionalmente possa, ainda no prazo da suspensão, determinar a realização de atos urgentes, a fim de evitar dano irreparável, a exemplo da necessidade de citação diante da iminência de prescrição ou decadência, bem como de antecipação de prova em risco de se perder. Essa permissão, todavia, não se aplica quando a suspensão decorre de arguição de impedimento e suspeição do juiz (art. 314, segunda parte). Nesse caso, a tutela de urgência será requerida ao substituto legal do juiz da causa (art. 146, § 3º).

JURISPRUDÊNCIA SELECIONADA

1. Penhora ocorrida durante a suspensão do processo decorrente do falecimento do devedor. "O ato de penhora de bem imóvel é um ato de natureza processual, motivo pelo qual é proibida a sua prática no período de suspensão do processo decorrente do falecimento do executado. Na hipótese, todavia, o delineamento fático estampado no acórdão recorrido demonstra que a **penhora era indispensável para assegurar a utilidade e a satisfatividade da execução em curso,** que se prolongava por muitos anos sem nenhuma perspectiva de adimplemento do crédito materializado no título executivo, assumindo a penhora, nesse contexto, o papel de medida assecuratória e conservativa de direito, de modo a atrair a incidência da exceção prevista na parte final do art. 793 do CPC/73. (...)" [art. 923 do CPC/2015] (STJ, REsp 1643012/RS, Rel.ª Min.ª Nancy Andrighi, 3ª Turma, jul. 22.03.2018, *DJe* 26.03.2018).

2. Juntada de documentos durante o prazo de suspensão. "Por não se decretar nulidade sem prejuízo (art. 154 do CPC) [art. 188 do CPC/2015], admite-se a juntada de réplica e desentranhamento de documentos que não acompanharam a contestação, durante o prazo de suspensão do processo, especialmente quando há outros elementos de convicção considerados pelo magistrado" (STJ, REsp 243.492/MS, Rel. Min. Nancy Andrighi, 3ª Turma, jul. 13.11.2001, *DJ* 18.02.2002, p. 410).

3. Nulidade de ato praticado em período de suspensão: "Nulo o ato praticado enquanto suspenso o processo. A eventual falta de diligência da parte, concorrendo para a prática do ato, não o convalida, como também não releva, para esse fim, a boa-fé de quantos dele hajam participado" (STJ, REsp 6.740, Rel. Min. Nilson Naves, 3ª Turma, jul. 27.05.1991, *DJ* 05.08.1991).

4. Princípio *pas de nullité sans grief*. "Os arts. 265, I, do CPC e 266 do CPC [arts. 313, I e 314 do CPC/2015] objetivam, além da regularidade processual, assegurar que não ocorra prejuízo aos sucessores das partes, de seu representante legal ou de seu procurador na condução da lide. Em que pese a previsão legal de suspensão do processo quando ocorrer o falecimento do autor não ter sido observada, ante a falta de prejuízo para a Fazenda Nacional e dos sucessores do autor, não há nulidade a ser declarada, pois não basta a existência de irregularidade processual, é necessário que se verifique prejuízo, considerando que o Código de Processo Civil adotou o princípio *pas de nullité sans grief* (não há nulidade sem prejuízo)" (STJ, REsp 767.186/RJ, Rel. Min. Castro Meira, 2ª Turma, jul. 24.08.2005, *DJ* 19.09.2005).

5. Morte de um dos herdeiros. Comunicação depois de encerrado o processo. Ausência de prejuízo. "A morte de um dos herdeiros no curso do inventário enseja a suspensão do processo desde o evento. Hipótese em que, todavia, o falecimento foi comunicado depois de decorridos dois anos de concluído o processo e homologada a partilha de bens. Ademais, os recorrentes admitiram não existir vício algum na partilha, circunstância que enseja a aplicação do princípio pelo qual não se declara nulidade na ausência de prejuízo dela decorrente. Incidência da Súmula 83/STJ, no ponto" (STJ, EDcl no REsp 903.883/RS, Rel.ª Min.ª Maria Isabel Gallotti, 4ª Turma, jul. 21.03.2013, *DJe* 09.04.2013).

6. Ausência de suspensão do processo. "Esta Corte tem se orientado pelo prestígio dos princípios da segurança jurídica e da celeridade processual, mitigando a necessidade de suspensão automática do processo por falecimento de uma das partes quando existente litisconsórcio passivo, mormente **ante a ausência de comprovado prejuízo** para os herdeiros do *de cujus*, como no caso concreto, em que o bem penhorado pertence a outro executado, sem prejuízo da promoção das ações ordinárias cabíveis (REsp 616.145/PR, Rel. Min. Nancy Andrighi, *DJ* 10.10.2005 e REsp 767.186/RJ, Rel. Min. Castro Meira, *DJ* 19.09.2005)" (STJ, REsp 1.328.760/MG, Rel. Min. Napoleão Nunes Maia Filho, 1ª Turma, jul. 26.02.2013, *DJe* 12.03.2013).

Art. 315. Se o conhecimento do mérito depender de verificação da existência de fato delituoso, o juiz pode determinar a suspensão do processo até que se pronuncie a justiça criminal.

§ 1º Se a ação penal não for proposta no prazo de 3 (três) meses, contado da intimação do ato de suspensão, cessará o efeito desse, incumbindo ao juiz cível examinar incidentemente a questão prévia.

§ 2º Proposta a ação penal, o processo ficará suspenso pelo prazo máximo de 1 (um) ano, ao final do qual aplicar-se-á o disposto na parte final do § 1º.

CPC/1973

Art. 110.

REFERÊNCIA LEGISLATIVA

CPC/2015, art. 313, V, *a* e § 5º (suspensão do processo; sentença de mérito; julgamento de outra causa).

CPP, arts. 24 a 62 (ação penal).

BREVES COMENTÁRIOS

O Código atual prevê a suspensão do processo quando o conhecimento do mérito depender da verificação da existência de fato delituoso, até que a justiça criminal se pronuncie. A suspensão da ação civil para aguardar o resultado do processo criminal é apenas uma faculdade, e não um dever imposto ao juiz. Fica, pois, a critério deste decidir sobre a conveniência ou não da adoção da medida, diante das particularidades do caso concreto. Entretanto, para que o processo não fique paralisado eternamente, estabelece a lei que se a ação penal não for proposta no prazo de três meses, contado da intimação do ato de suspensão, o processo prosseguirá, incumbindo ao juiz cível examinar incidentalmente a questão prévia (art. 315, § 1º). Por fim, se a ação penal for proposta no prazo de três meses, o processo cível poderá ficar suspenso por, no máximo, um ano, ao final do qual o juiz deverá dar prosseguimento ao feito e examinar incidentalmente a questão prévia (art. 315, § 2º).

JURISPRUDÊNCIA SELECIONADA

1. Sobrestamento da ação civil. Faculdade do julgador. "Diante do princípio da independência entre as esferas civil e penal, a suspensão do processo cível até o julgamento definitivo da ação penal é faculdade conferida ao magistrado, não sendo possível a imposição obrigatória de tal suspensão" (STJ, AgRg no AREsp 193.978/SC, Rel. Min. Antonio Carlos Ferreira, 4ª Turma, jul. 24.09.2013, *DJe* 30.09.2013). **No mesmo sentido:** STJ, REsp 860.097/PI, Rel. Min. Castro Meira, 2ª Turma, jul. 13.05.2008, *DJe* 21.05.2008; STJ, REsp 401.720/RJ, Rel. Min. Carlos Alberto Menezes Direito, 3ª Turma, jul. 22.05.2003, *DJ* 04.08.2003, p. 292; TJRS, AI 70028952182, Rel. Leo Lima, 5ª Câm., jul. 13.03.2009, *DJ* 25.03.2009.

"A jurisprudência desta Corte sedimentou-se no entendimento de que a ação penal não paralisa a via cível. Ação prejudicial que não impede a continuidade da ação de reparação" (STJ, REsp 293.771/PR, Rel. Min. Eliana Calmon, 2ª Turma, jul. 13.11.2001, *DJ* 25.02.2002, p. 305).

2. Prejudicialidade. "Os artigos 64 do Código de Processo Penal e 110 do Código de Processo Civil [art. 315 do CPC/2015] encerram faculdade de que na instância ordinária se faça análise de eventual prejudicialidade externa entre ação penal e ação civil pública que justifique a suspensão da segunda" (STJ, REsp 860.097/PI, Rel. Min. Castro Meira, 2ª Turma, jul. 13.05.2008, *DJe* 21.05.2008).

"A norma do art. 110 do CPC [art. 315 do CPC/2015] é faculdade atribuída ao Juiz, que deve observar se a questão discutida nos autos da ação penal é prejudicial àquela que se pretende apurar na ação civil, assim, somente deverá determinar o sobrestamento do feito se o conhecimento da lide cível depender necessariamente da verificação do fato delituoso" (TJSP, AgIn 177.386-4/2, Rel. Des. Rodrigues de Carvalho, 5ª Câmara, jul. 22.02.2001, *RT* 790/259).

3. Possibilidade de sentenças conflitantes. "A jurisprudência desta Corte sedimentou-se no entendimento de que a ação penal não paralisa a via cível, devendo ser analisado caso a caso para verificar a possibilidade de subsistirem decisões contraditórias" (STJ, REsp 994.893/AM, Rel. Min. Eliana Calmon, 2ª Turma, jul. 13.05.2008, *DJe* 26.05.2008).

"Impõe-se o sobrestamento do feito cível, diante da possibilidade de prolação de sentenças conflitantes, mormente se em discussão a tese de legítima defesa, excludente de ilicitude" (TJMG, AI 488.134-5, Rel. Des. Maurício Barros, 11ª Câmara, jul. 04.05.2005, *DJ* 21.05.2005).

4. Legítima defesa. "Na hipótese em que, tanto na ação penal, como na correspondente ação indenizatória, o argumento de defesa consubstancia-se na alegação de ter-se agido em legítima defesa, resta evidenciada a possibilidade de decisões contraditórias no tocante a essa excludente de ilicitude, pelo que se justifica a suspensão do processo civil, nos termos do art. 110, do CPC [art. 315 do CPC/2015]. O prazo de tal suspensão não poderá exceder um ano (art. 265, § 5º, do CPC)" [art. 313, §§ 4º e 5º, do CPC/2015] (STJ, REsp 282.235/SP, Rel. Min. Nancy Andrighi, 3ª Turma, jul. 19.12.2000, *DJ* 09.04.2001, p. 356). **No mesmo sentido:** STJ, REsp 122.573/PR, Rel. Min. Eduardo Ribeiro, 3ª Turma, jul. 23.06.1998, *DJ* 18.12.1998, p. 340; TJMG, Ag 1.0702.06.285142-4/001, Rel. Des. Bitencourt Marcondes, 15ª Câmara, jul. 29.05.2008, *DJ* 17.06.2008.

"Deve-se aguardar o julgamento da ação criminal, se os fatos indicarem a possibilidade de exclusão da culpabilidade do autor do ato danoso" (TJMG, Ap. Cív. 352.190-8, Rel. Des. Eulina do Carmo Almeida, 5ª Câmara, jul. 19.12.2002, *DJ* 14.08.2002).

5. Questionamento acerca da existência do fato ou sua autoria. "Não se dá a suspensão do processo cível para aguardar que se decida em ação penal se houve ou não culpa do agente, mas somente quando se questiona a respeito da existência do fato ou de sua autoria, pois, além de ser a responsabilidade civil independente da criminal, também em extensão diversa é o grau de culpa exigido" (TAMG, AI 294.156-4, Rel. Des. Edivaldo George dos Santos, 2ª Câmara, jul. 05.05.2000, *DJ* 04.03.2000). **No mesmo sentido:** TJMG, Ap. Cív. 1.0499.06.000726-1/001, Rel. Des. Sebastião Pereira de Souza, 16ª Câmara, jul. 29.08.2007, *DJ* 28.09.2007.

"Não se justifica o sobrestamento de ação cível de indenização por colisão de veículos, se o autor não funda a demanda na existência de crime e se não há dúvida sobre a existência do fato e da sua autoria" (TJSP, AI 249.256, Rel. Des. Azevedo Franceschini, 6ª Câmara, jul. 26.02.1976, *RT* 492/108).

6. Celeridade e efetividade à tutela jurisdicional. "A jurisdição civil é independente da criminal, mas a independência é relativa (art. 110 do CPC) [art. 315 do CPC/2015]. Em razão da independência, a suspensão do processo cível constitui mera faculdade para o julgador, entretanto, se não houver circunstâncias especiais, concretas e robustas, a prudência desaconselha a suspensão, devendo ser dada celeridade e efetividade à tutela jurisdicional" (TJMG, Ag. 1.0027.07.125359-8/001, Rel. Des. Luciano Pinto, 17ª Câmara, jul. 17.01.2008, *DJe* 08.02.2008).

7. Pendência de julgamento no juízo criminal. Suspensão. Prazo máximo de 1 ano (§ 2º). "O artigo 110 do Estatuto Processual [art. 315 do CPC/2015] atribui ao juiz a faculdade de sobrestar o andamento do processo civil para a verificação de fato delituoso, atribuindo-se ao magistrado a prerrogativa de examinar a conveniência e a oportunidade dessa suspensão. A suspensão do processo não pode superar 1 (um) ano, ainda que determinada com base no art. 110 do CPC, de modo que, ultrapassado esse prazo, pode o juiz apreciar a questão prejudicial, não se revestindo, essa análise, da força da coisa julgada material, nos termos do art. 469, inciso III, do CPC" (REsp 1.198.068/MS, Rel. Min. Marco Buzzi, 4ª Turma, jul. 02.12.2014, *DJe* 20.02.2015). **Obs.:** A regra do inciso III do art. 469 do CPC/1973, relativa à coisa julgada, não foi adotada pelo CPC/2015, conforme se deduz do § 1º do art. 503 do CPC/2015.

Ver jurisprudência do art. 313 do CPC/2015.

☆ DA FORMAÇÃO E SUSPENSÃO DO PROCESSO: INDICAÇÃO DOUTRINÁRIA

Cassio Scarpinella Bueno, *Manual de direito processual civil*, São Paulo: Saraiva, 2015; Daniel Amorim Assumpção Neves, *Manual de direito processo civil*, São Paulo: Método, 2015; Fredie Didier Jr., *Curso de direito processual civil*, 17. ed., Salvador: JusPodivm, 2015, v. I; Guilherme Rizzo Amaral, *Comentários às alterações do novo CPC*, São Paulo: Revista dos Tribunais, 2015; Humberto Theodoro Júnior, *Curso de direito processual civil*, 61. ed., Rio de Janeiro: Forense, 2020, v. I; Humberto Theodoro Júnior, Fernanda Alvim Ribeiro de Oliveira, Ester Camila Gomes Norato Rezende (coord.), *Primeiras lições sobre o novo direito processual civil brasileiro*, Rio de Janeiro: Forense, 2015; J. E. Carreira Alvim, *Comentários ao novo Código de Processo Civil*, Curitiba: Juruá, 2015; José Miguel Garcia Medina, *Novo Código de Processo Civil comentado*, São Paulo: Revista dos Tribunais, 2015; Leonardo Greco, *Instituições de processo civil: introdução ao direito processual civil*, 5. ed., Rio de Janeiro: Forense, 2015; Luis Antônio Giampaulo Sarro, *Novo Código de Processo Civil*, São Paulo: Rideel, 2015; Luiz Guilherme Marinoni, Sérgio Cruz Arenhart, Daniel Mitidiero, *Curso de processo civil*, São Paulo: Revista dos Tribunais, 2015, v. I; Luiz Guilherme Marinoni; Daniel Mitidiero, In: Sérgio Cruz Arenhart e Daniel Mitidiero (coord.), *Comentários ao Código de Processo Civil*, 2. ed., São Paulo: RT, 2018, v. 4; Luiz Manoel Gomes Junior, In: Teresa Arruda Alvim Wambier, Fredie Didier Jr., Eduardo Talamini, Bruno Dantas, *Breves comentários ao novo Código de Processo Civil*, São Paulo: Revista dos Tribunais, 2015; Luiz Manoel Gomes Junior, In: Teresa Arruda Alvim Wambier, Fredie Didier Jr., Eduardo Talamini, Bruno Dantas, *Breves comentários ao novo Código de Processo Civil*, São Paulo: Revista dos Tribunais, 2015; Nelson Nery Junior, Rosa Maria de Andrade Nery, *Comentários ao Código de Processo Civil*, São Paulo: Revista dos Tribunais, 2015; Pontes de Miranda, *Comentários ao CPC de 1939*, tomo II, n. 1, p. 132 – "o juiz determina a suspensão; não se opera de si mesma, pela ocorrência do pressuposto"; Pontes de Miranda, *Comentários ao CPC de 1973*, tomo VII – a suspensão tem início a partir do fato, mesmo o juiz tendo conhecimento posterior, a sua declaração tem efeitos retroativos; Teresa Arruda Alvim Wambier, Fredie Didier Jr., Eduardo Talamini, Bruno Dantas (coord.), *Breves comentários ao novo Código de Processo Civil*, São Paulo: Revista dos Tribunais, 2015; Teresa Arruda Alvim Wambier, Maria Lúcia Lins Conceição, Leonardo Ferres da Silva Ribeiro, Rogério Licastro Torres de Melo, *Primeiros comentários ao novo Código de Processo Civil*, São Paulo: Revista dos Tribunais, 2015.

TÍTULO III
DA EXTINÇÃO DO PROCESSO

Art. 316. A extinção do processo dar-se-á por sentença.

REFERÊNCIA LEGISLATIVA

CPC/2015, arts. 485 a 488 (sentença e coisa julgada).

BREVES COMENTÁRIOS

O Código anterior tratava detalhadamente das formas de extinção do processo, com ou sem resolução do mérito, no capítulo da formação, suspensão e extinção do processo. Entretanto, o Código atual arrolou essas hipóteses no capítulo da sentença. Assim, no Título da extinção do processo dispôs, apenas, que "a extinção do processo dar-se-á por sentença".

Art. 317. Antes de proferir decisão sem resolução de mérito, o juiz deverá conceder à parte oportunidade para, se possível, corrigir o vício.

REFERÊNCIA LEGISLATIVA

CPC/2015, arts. 485 a 488 (sentença e coisa julgada).

BREVES COMENTÁRIOS

A preocupação do processo moderno com a composição definitiva do litígio confere ao juiz o poder de determinar o suprimento de pressupostos processuais e o saneamento de outros vícios. A meta da jurisdição se concentra nos julgamentos de mérito, de tal sorte que, antes de julgar extinto o processo por força de um embaraço formal, deve o magistrado tentar garantir o prosseguimento do feito, ensejando oportunidade às partes de supri-lo. O art. 317 é mais uma das várias regras do CPC/2015 que dão aplicação ao *princípio da primazia do julgamento do mérito,* adotado como *norma fundamental* pelo art. 6º.

DA EXTINÇÃO DO PROCESSO: INDICAÇÃO DOUTRINÁRIA

Cassio Scarpinella Bueno, *Manual de direito processual civil,* São Paulo: Saraiva, 2015; Daniel Amorim Assumpção Neves, *Manual de direito processo civil,* São Paulo: Método, 2015; Fredie Didier Jr., *Curso de direito processual civil,* 17. ed., Salvador: JusPodivm, 2015, v. I; Guilherme Rizzo Amaral, *Comentários às alterações do novo CPC,* São Paulo: Revista dos Tribunais, 2015; Humberto Theodoro Júnior, *Curso de direito processual civil,* 61. ed., Rio de Janeiro: Forense, 2020, v. I; Humberto Theodoro Júnior, Fernanda Alvim Ribeiro de Oliveira, Ester Camila Gomes Norato Rezende (coord.), *Primeiras lições sobre o novo direito processual civil brasileiro,* Rio de Janeiro: Forense, 2015; J. E. Carreira Alvim, *Comentários ao novo Código de Processo Civil,* Curitiba: Juruá, 2015; José Miguel Garcia Medina, *Novo Código de Processo Civil comentado,* São Paulo: Revista dos Tribunais, 2015; Leonardo Greco, *Instituições de processo civil: introdução ao direito processual civil,* 5. ed., Rio de Janeiro: Forense, 2015; Luis Antônio Giampaulo Sarro, *Novo Código de Processo Civil,* São Paulo: Rideel, 2015; Luiz Guilherme Marinoni, Sérgio Cruz Arenhart, Daniel Mitidiero, *Curso de processo civil,* São Paulo: Revista dos Tribunais, 2015, v. I; Luiz Guilherme Marinoni; Daniel Mitidiero, In: Sérgio Cruz Arenhart e Daniel Mitidiero (coord.), *Comentários ao Código de Processo Civil,* 2. ed., São Paulo: RT, 2018, v. 4;Luiz Manoel Gomes Junior, In: Teresa Arruda Alvim Wambier, Fredie Didier Jr., Eduardo Talamini, Bruno Dantas, *Breves comentários ao novo Código de Processo Civil,* São Paulo: Revista dos Tribunais, 2015; Nelson Nery Junior, Rosa Maria de Andrade Nery, *Comentários ao Código de Processo Civil,* São Paulo: Revista dos Tribunais, 2015; Teresa Arruda Alvim Wambier, Fredie Didier Jr., Eduardo Talamini, Bruno Dantas (coord.), *Breves comentários ao novo Código de Processo Civil,* São Paulo: Revista dos Tribunais, 2015; Teresa Arruda Alvim Wambier, Maria Lúcia Lins Conceição, Leonardo Ferres da Silva Ribeiro, Rogério Licastro Torres de Melo, *Primeiros comentários ao novo Código de Processo Civil,* São Paulo: Revista dos Tribunais, 2015.

PARTE ESPECIAL

LIVRO I
DO PROCESSO DE CONHECIMENTO E DO CUMPRIMENTO DE SENTENÇA

TÍTULO I
DO PROCEDIMENTO COMUM

Capítulo I
DISPOSIÇÕES GERAIS

Art. 318. Aplica-se a todas as causas o procedimento comum, salvo disposição em contrário deste Código ou de lei.

Parágrafo único. O procedimento comum aplica-se subsidiariamente aos demais procedimentos especiais e ao processo de execução.

CPC/1973

Art. 271.

REFERÊNCIA LEGISLATIVA

CPC/2015, arts. 327, § 2º (cumulação de pedidos); 539 e seguintes (procedimentos especiais).

Lei nº 11.101/2002, art. 189, com redação da Lei nº 14.112/2020 (aplicação subsidiária do CPC aos procedimentos de falência e recuperação judicial).

CJF – JORNADAS DE DIREITO PROCESSUAL CIVIL

II JORNADA

Enunciado 119 – É admissível o ajuizamento de ação de exibição de documentos, de forma autônoma, inclusive pelo procedimento comum do CPC (art. 318 e seguintes).

BREVES COMENTÁRIOS

Procedimento comum é o que se aplica às causas para as quais não seja previsto algum procedimento especial. Apenas ele é regulado de maneira completa e exaustiva pelo Código. Os especiais são abordados pelo legislador, no próprio Código ou em normas apartadas, apenas naqueles pontos em que se afasta do procedimento comum, de sorte que este se aplica subsidiariamente a todos os ritos, inclusive os do processo de execução.

Os procedimentos especiais são disciplinados pelos arts. 539 a 770 do CPC/2015.

Fora deste título, seguem também o rito procedimental especial, exemplificativamente, a insolvência (arts. 748 a 786 do CPC/1973, ainda aplicáveis de acordo com o art. 1.052 do CPC/2015), e as tutelas provisórias (arts. 300 a 311), dentre outros.

JURISPRUDÊNCIA SELECIONADA

1. Ação autônoma de exibição de documentos. Procedimento comum. Possibilidade. "Com vistas ao exercício do direito material à prova, consistente na produção antecipada de determinada prova, o Código de Processo Civil de 2015 estabeleceu a possibilidade de se promover ação probatória autônoma, com as finalidades devidamente especificadas no art. 381. Revela-se possível, ainda, que o direito material à prova consista não propriamente na produção antecipada de provas, mas no direito de exigir, em razão de lei ou de contrato, a exibição de documento ou coisa – já existente/já produzida – que se encontre na posse de outrem. Para essa situação, afigura-se absolutamente viável – e tecnicamente mais adequado – o manejo de ação probatória autônoma de exibição de documento ou coisa, que, na falta de regramento específico, há de observar o procedimento comum, nos termos do art. 318 do novo Código de Processo Civil, aplicando-se, no que couber, pela especificidade, o disposto nos arts. 396 e seguintes, que se reportam à exibição de documentos ou coisa incidentalmente. Também aqui não se exige o requisito da urgência, tampouco o caráter preparatório a uma ação dita principal, possuindo caráter exclusivamente satisfativo, tal como a jurisprudência e a doutrina nacional há muito reconheciam na postulação de tal ação sob a égide do CPC/1973. A pretensão, como assinalado, exaure-se na apresentação do documento ou coisa, sem nenhuma vinculação, ao menos imediata, com um dito pedido principal, não havendo se falar, por isso, em presunção de veracidade na hipótese de não exibição, preservada, contudo, a possibilidade de adoção de medidas coercitivas pelo juiz. (...) Registre-se que o cabimento da ação de exibição de documentos não impede o ajuizamento de ação de produção de antecipação de provas" (STJ, REsp 1.803.251/SC, Rel. Min. Marco Aurélio Bellizze, 3ª Turma, jul. 22.10.2019, *DJe* 08.11.2019).

"Nos termos da jurisprudência do STJ, 'Admite-se o ajuizamento de ação autônoma para a exibição de documento, com base nos arts. 381 e 396 e seguintes do CPC, ou até mesmo pelo procedimento comum, previsto nos arts. 318 e seguintes do CPC. Entendimento apoiado nos enunciados n. 119 e 129 da II Jornada de Direito Processual Civil' (REsp 1.774.987/SP, Rel. Ministra Maria Isabel Gallotti, Quarta Turma, julgado em 08/11/2018, *DJe* de 13/11/2018)" (STJ, AgInt no AREsp 1.376.693/SP, Rel. Min. Raul Araújo, 4ª Turma, jul. 28.05.2019, *DJe* 13.06.2019).

Capítulo II
DA PETIÇÃO INICIAL

Seção I
Dos Requisitos da Petição Inicial

Art. 319. A petição inicial indicará:

I – o juízo a que é dirigida;

II – os nomes, os prenomes, o estado civil, a existência de união estável, a profissão, o número de inscrição no Cadastro de Pessoas Físicas ou no Cadastro Nacional da Pessoa Jurídica, o endereço eletrônico, o domicílio e a residência do autor e do réu;

III – o fato e os fundamentos jurídicos do pedido;

IV – o pedido com as suas especificações;

V – o valor da causa;

VI – as provas com que o autor pretende demonstrar a verdade dos fatos alegados;

VII – a opção do autor pela realização ou não de audiência de conciliação ou de mediação.

§ 1º Caso não disponha das informações previstas no inciso II, poderá o autor, na petição inicial, requerer ao juiz diligências necessárias a sua obtenção.

§ 2º A petição inicial não será indeferida se, a despeito da falta de informações a que se refere o inciso II, for possível a citação do réu.

§ 3º A petição inicial não será indeferida pelo não atendimento ao disposto no inciso II deste artigo se a obtenção de tais informações tornar impossível ou excessivamente oneroso o acesso à justiça.

CPC/1973

Art. 282.

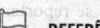

REFERÊNCIA LEGISLATIVA

CPC/2015, arts. 106 (postulação em causa própria), 290 a 293 (valor da causa), 329 (formação do processo), 324 a 329 (pedido), 330, § 1º (inépcia da petição inicial), 337, § 2º (contestação: ações idênticas), 357 (saneamento do processo), 369 a 484 (prova).

Lei nº 6.830, de 22.09.1980, art. 6º (execução fiscal).

Lei nº 9.494/1997, art. 2º-A, parágrafo único (nas ações coletivas contra o Poder Público, o dispositivo passou a exigir a instrução da inicial com a assembleia da entidade associativa, dispondo o nome dos associados e seus endereços).

Lei nº 11.419/2006, art. 15: "Salvo impossibilidade que comprometa o acesso à justiça, a parte deverá informar, ao distribuir a petição inicial de qualquer ação judicial, o número no cadastro de pessoas físicas ou jurídicas, conforme o caso, perante a Secretaria da Receita Federal".

Resolução nº 460 do STF, de 12.04.2011 (dispõe sobre a obrigatoriedade de indicação, no peticionamento junto ao Supremo Tribunal Federal, do número no cadastro de pessoas físicas ou jurídicas, conforme o caso, da Secretaria da Receita Federal), art. 1º.

BREVES COMENTÁRIOS

"Nenhum juiz prestará a tutela jurisdicional senão quando a parte ou o interessado a requerer, nos casos e forma legais", dispunha o art. 2º do CPC de 1973. O atual Código não reproduz esse enunciado, mas dispõe que "o processo começa por iniciativa da parte" cabendo ao juiz a promoção subsequente de seu desenvolvimento com vistas ao provimento jurisdicional que haverá de resolver o conflito deduzido em juízo.

A função jurisdicional, portanto, embora seja uma das expressões da soberania do Estado, só é exercida mediante provocação da parte interessada, princípio esse que se acha confirmado pelo art. 2º. *A demanda* vem a ser, tecnicamente, o ato pelo qual alguém pede ao Estado a prestação jurisdicional, isto é, exerce o direito subjetivo público de ação, causando a instauração da relação jurídico-processual que há de dar solução ao litígio em que a parte se viu envolvida. O veículo de manifestação formal da demanda é a petição inicial, que revela ao juiz a lide e contém o pedido da providência jurisdicional, frente ao réu, que o autor julga necessário para compor o litígio. Duas manifestações, portanto, o autor faz na petição inicial:

a) a *demanda* da tutela jurisdicional do Estado, que causará a instauração do processo, com a convocação do réu;

b) o *pedido* de uma providência contra o réu, que será objeto de julgamento final da sentença de mérito.

Por isso, "petição inicial e sentença são os atos extremos do processo. Aquela determina o conteúdo desta. *Sententia debet esse libello conformis.* Aquela, o ato mais importante da parte, que reclama a tutela jurídica do juiz; esta, o ato mais importante do juiz, a entregar a prestação jurisdicional que lhe é exigida" (Amaral Santos, *Primeiras linhas de direito processual civil*, 3ª ed., v. II, nº 361, p. 98).

Embora se trate de ato processual solene, a petição inicial a que falte algum requisito, dentre os enumerados no inciso II do art. 319, não se contamina de invalidade, nem causa nulidade do processo, quando não acarretar prejuízo aos interesses da demanda e não impedir a identificação dos elementos essenciais à composição do litígio. Prevalece, aqui, o princípio da instrumentalidade das formas processuais (*pas de nullité sans grief*).

JURISPRUDÊNCIA SELECIONADA

1. Requisitos. "A petição inicial não é inepta. A parte autora indicou, de maneira clara e objetiva, o juízo competente, a qualificação das partes, a causa de pedir, o pedido e suas especificações, o valor da causa e as provas necessárias à demonstração da verdade dos fatos, bem assim requereu a citação e juntou documentos (CPC, arts. 282 e 283) [arts. 319 e 320, CPC/2015]" (STJ, REsp 684.801/RJ, Rel. Min. Denise Arruda, 1ª Turma, jul. 03.08.2006, *DJ* 28.08.2006, p. 221).

2. Indicação do juiz (inciso I). "Nos termos do art. 282, I, do CPC [art. 319, I, CPC/2015], cabe à parte indicar o juiz ou tribunal competente para examinar a pretensão formulada, sob pena de inépcia da petição inicial" (STJ, AgRg na Pet 6.149/DF, Rel. Min. Eliana Calmon, 1ª Seção, jul. 12.03.2008, *DJe* 07.04.2008).

3. Qualificação das partes (inciso II). "A qualificação dos autores na petição inicial deve conter os respectivos endereços de forma a possibilitar a intimação pessoal de atos e termos do processo (artigo 282, II, do CPC) [art. 319, II, CPC/2015]" (STJ, REsp 295.642/RO, Rel. Min. Francisco Falcão, 1ª Turma, jul. 13.03.2001, *DJ* 25.06.2001, p. 126). **No mesmo sentido:** TJSP, ApCív. 266.731, Rel. Sydney Sanches, 4ª Câmara, jul. 09.02.1978, *RT* 514/70.

Precisa identificação. "Não obstante constando da petição inicial equívoco quanto à correta designação das pessoas jurídicas demandadas, se foi possível a sua precisa identificação e regular citação, tanto que apresentaram defesa, não se mostra ajustado aos princípios processuais da instrumentalidade e da economia declarar-se a carência da ação, sendo de rigor, dada a ausência de prejuízo, permitir seja sanado o vício, a teor do que dispõem os arts. 244 e 327 da lei instrumental civil [arts. 277 e 351, CPC/2015]" (STJ, REsp 13.810/DF, Rel. Min. Sálvio de Figueiredo Teixeira, 4ª Turma, jul. 01.09.1992, *DJ* 21.09.1992, p. 15.695). **No mesmo sentido:** STJ, REsp 232.655/BA, Rel. Min. Jorge Scartezzini, 5ª Turma, jul. 03.10.2000, *DJ* 13.11.2000, p. 151; STJ, REsp 11.096/MG, Rel. Min. Dias Trindade, 3ª Turma, jul. 20.08.1991, *DJ* 16.09.1991, p. 12.634.

Requisito não previsto em lei. "A Portaria 253/92 do Juiz Federal diretor do foro da seção judiciária do Rio de Janeiro, ao determinar se recusem petições iniciais, quando não acompanhadas de cópia do CPF das partes, incide em ilegalidade. Não é lícito ao Poder Judiciário estabelecer para as petições iniciais, requisito não previsto em Lei Federal (CPC art. 282)" (STJ, RMS 3.568/RJ, Rel. Min. Humberto Gomes de Barros, 1ª Turma, jul. 14.09.1994, *DJ* 17.10.1994, p. 27.860). **Obs.:** Ver a exigência do art. 319, II, c/c os respectivos §§ 2º e 3º do CPC/2015.

4. Causa de pedir (inciso III). "Nos termos da doutrina, a *causa petendi* é o fato ou conjunto de fatos a que o autor atribui a produção do efeito por ele pretendido. O pedido é o que se pretende com a instauração da demanda e se extrai da interpretação lógico-sistemática da petição inicial, sendo de levar-se em conta os requerimentos feitos em seu corpo e não só aqueles constantes em capítulo especial ou sob a rubrica 'dos pedidos'. Não há julgamento *extra petita* quando a parte procura imputar ao réu uma modalidade de culpa e o julgador, diante da prova dos autos, entende caracterizada outra. Na linha de precedente do Tribunal, 'em nosso Direito vigora o princípio de que as leis são do conhecimento do juiz, bastando que as partes apresentem-lhe os fatos, não estando o julgador adstrito aos fundamentos legais apontados pelo autor'" (STJ, REsp 233.446/RJ, Rel. Min. Sálvio de Figueiredo Teixeira, 4ª Turma, jul. 27.03.2001, *DJ* 07.05.2001, p. 145). **No mesmo sentido:** STJ, REsp 1.925/SP, Rel. Min. Eduardo Ribeiro, 3ª Turma, jul. 13.03.1990, *DJ* 09.04.1990, p. 2.742; STJ, CC 91.160/RS, Rel. Min. Fernando Gonçalves, 2ª Seção, jul. 27.02.2008, *DJ* 05.03.2008, p. 1.

"Não se confunde 'fundamento jurídico' com 'fundamento legal', sendo aquele imprescindível e este dispensável, em respeito ao Princípio 'iura novit curia' (o juiz conhece o direito)" (STJ, REsp 477.415/PE, Rel. Min. José Delgado, 1ª Turma, jul. 08.04.2003, *DJ* 09.06.2003, p. 184).

5. Pedido (inciso IV). "O pedido é aquilo que se pretende com a instauração da demanda e se extrai a partir de uma interpretação lógico-sistemática do afirmado na petição inicial, recolhendo todos os requerimentos feitos em seu corpo, e não só aqueles constantes em capítulo especial ou sob a rubrica 'dos pedidos'" (STJ, REsp 120.299/ES, Rel. Min. Sálvio de Figueiredo Teixeira, 4ª Turma, jul. 25.06.1998, *DJ* 21.09.1998, p. 173). **No mesmo sentido:** STJ, AgRg no REsp 788.361/SC, Rel. Min. Paulo Furtado, 3ª Turma, jul. 27.10.2009, *DJe* 13.11.2009.

*** Sobre pedido, ver arts. 324 a 329 do CPC/2015.**

6. Valor da causa (inciso V). "Não constitui violação ao artigo 282, V, do Código de Processo Civil [art. 319 do CPC/2015] a não extinção de processo sem apreciação do mérito, se a omissão em indicar o valor da causa não acarretar qualquer prejuízo às partes" (STJ, REsp 728.963/MT, Rel. Min. Francisco Peçanha Martins, 2ª Turma, jul. 01.09.2005, *DJ* 10.10.2005, p. 338). **No mesmo sentido:** STJ, REsp 182.936/AL, Rel. Min. José Delgado, 1ª Turma, jul. 20.10.1998, *DJ* 01.03.1999, p. 245.

*** Sobre valor da causa, ver arts. 290 a 293 do CPC/2015.**

7. Provas (inciso VI). "O autor, na inicial, tem que indicar as provas com que pretende demonstrar a verdade dos fatos alegados. Ante a ausência de provas, o juiz não pode determinar, de ofício, a produção de qualquer prova" (STJ, REsp 243.311/SP, Rel. Min. Garcia Vieira, 1ª Turma, jul. 21.03.2000, *DJ* 05.06.2000, p. 128).

"Ao julgador é lícita a determinação de produção de provas *ex officio* sempre que o conjunto probatório mostrar-se contraditório, confuso ou incompleto e puder a prova a ser produzida influir na formação de sua convicção" (STJ, REsp 406.862/MG, Rel. p/ ac. Min. Nancy Andrighi, 3ª Turma, jul. 08.11.2002, *DJ* 07.04.2003, p. 281).

*** Sobre provas, ver arts. 369 a 484 do CPC/2015.**

8. Inépcia da inicial.

a) Não ocorrência.

Descrição suficiente dos fatos. "Na linha da jurisprudência desta Corte, 'não é inepta a petição inicial onde feita descrição suficiente dos fatos que servem de fundamento ao pedido, ensejando ao réu o pleno exercício de sua defesa'. II – A inicial padece de inépcia, contudo, quando nela não deduzidas as razões pelas quais foi ajuizada a demanda, nem os fatos ensejadores do pedido. III – A só juntada de documentos com a inicial não supre a dedução lógica a ser desenvolvida na petição de ingresso, nem autoriza o descumprimento dos requisitos exigidos no art. 282, CPC [art. 319 do CPC/2015]" (STJ, REsp 343.592/PR, Rel. Min. Sálvio de Figueiredo Teixeira, 4ª Turma, jul. 28.05.2002, *DJ* 12.08.2002, p. 217).

Nome da ação. "Não é inepta a inicial que descreve situação fática (pedido e causa de pedir) diversa do nome dado à ação, porquanto o que sobreleva é o brocardo *narra mihi factum dabo tibi jus*, notadamente se, como ocorre na espécie, há plena possibilidade de o réu se defender, conforme assegurado pela sentença e pelo acórdão recorrido" (STJ, REsp 710.651/SE, Rel. Min. Fernando Gonçalves, 4ª Turma, jul. 04.10.2005, *DJ* 17.10.2005, p. 311). **No mesmo sentido:** STJ, AgRg no AI 157.911/MG, Rel. Min. Eduardo Ribeiro, 3ª Turma, jul. 27.04.1998, *DJ* 29.06.1998, p. 171.

"O nome atribuído à ação é irrelevante para a aferição da sua natureza jurídica, que tem a sua definição com base no pedido e na causa de pedir, aspectos decisivos para a definição da natureza da ação proposta. Precedentes" (STJ, REsp 509.300/SC, Rel. Min. Humberto Gomes de Barros, 3ª Turma, jul. 28.06.2005, *DJ* 05.09.2005, p. 397). **No mesmo sentido:** STJ, REsp 184.648/RO, Rel. Min. Aldir Passarinho Junior, 4ª Turma, jul. 16.08.2001, *DJ* 04.02.2002, p. 368.

Petição inicial confusa. "A petição inicial só será considerada inepta quando não atender aos requisitos exigidos pelo art. 282 do CPC [art. 319 do CPC/2015] (fatos expostos, fundamentos jurídicos desenvolvidos e pedido), visto que as causas de inépcia da petição inicial são expostas com clareza no ordenamento jurídico positivado. Havendo fatos apresentados, causa de pedir desenvolvida e pedido, mesmo que a petição não seja um exemplo de como se apresentar em juízo, há de ser acatada para o desenvolvimento regular do processo, em face de que os fatos sendo apresentados ao Juiz, cabe-lhe aplicar o direito sobre os mesmos. Considera-se inepta a inicial ininteligível e incompreensível, porém, mesmo confusa e imprecisa, se se permite a avaliação do pedido, há que apreciá-la e julgá-la" (STJ, REsp 171.657/SP, Rel. Min. José Delgado, 1ª Turma, jul. 06.08.1998, *DJ* 21.09.1998, p. 86). **No mesmo sentido:** STJ, REsp 568.017/SP, Rel. Min. Franciulli Netto, 2ª Turma, jul. 04.12.2003, *DJ* 29.03.2004, p. 217; STJ, REsp 640.371/SC, Rel. Min. José Delgado, 1ª Turma, jul. 28.09.2004, *DJ* 08.11.2004, p. 184; STJ, REsp 671.124/RJ, Rel. Min. Barros Monteiro, 4ª Turma, jul. 20.09.2005, *DJ* 07.11.2005, p. 298.

Petição inicial carente de dados (art. 319, § 1º). "3. O dever de colaboração está expresso no art. 6º do CPC, o qual dispõe que 'todos os sujeitos do processo devem cooperar entre si para que se obtenha, em tempo razoável, decisão de mérito justa e efetiva', bem como presente, implicitamente, em outros dispositivos processuais, entre os quais se destaca o art. 319, § 1º, do CPC, a prever que, na petição inicial, poderá o autor, caso não disponha, requerer ao juiz diligências necessárias à obtenção de informações acerca de nomes, prenomes, estado civil, existência de união estável, profissão, número de inscrição no Cadastro de Pessoas Físicas ou no Cadastro Nacional da Pessoa Jurídica, endereço eletrônico, domicílio e residência do réu. (...) 6. Por outro lado, quando comprovado o empenho da parte e o insucesso das medidas adotadas, o juiz tem o dever de auxiliá-la a fim de que encontre as informações que, à disposição do Juízo, condicionem o eficaz desempenho de suas atribuições" (STJ, REsp 2.142.350/DF, Rel. Min. Nancy Andrighi, 3ª Turma, jul. 01.10.2024, *DJe* 04.10.2024).

b) Emenda da inicial.

Ação civil pública. Inépcia. Emenda. Possibilidade. "No que se refere às ações individuais, a jurisprudência do Superior Tribunal de Justiça diverge sobre a possibilidade de, após a contestação, emendar-se a petição inicial, quando detectados defeitos e irregularidades relacionados ao pedido, num momento entendendo pela extinção do processo, sem julgamento do mérito (REsp 650.936/RJ, Rel. Min. Eliana Calmon, 2ª Turma, jul. 21.03.2006, *DJ* 10.05.2006) em outro, afirmando a possibilidade da determinação judicial de emenda à inicial, mesmo após a contestação do réu (REsp 1229296/SP, Rel. Min. Marco Buzzi, 4ª Turma, jul. 10.11.2016, *DJe* 18.11.2016). (...). A orientação que recomenda o suprimento de eventual irregularidade na instrução da exordial por meio de diligência consistente em sua emenda, prestigia a função instrumental do processo, segundo a qual a forma deve servir ao processo e a consecução de seu fim. A técnica processual deve ser observada não como um fim em si mesmo, mas para possibilitar que os objetivos, em função dos quais ela se justifica, sejam alcançados." (STJ, REsp 1279586/PR, Rel. Min. Luis Felipe Salomão, 4ª Turma, jul. 03.10.2017, *DJe* 17.11.2017)

Descabimento de agravo de instrumento. "Sob a égide do CPC/2015, a decisão que determina, sob pena de extinção do processo, a emenda ou a complementação da petição inicial não é recorrível por meio do recurso de agravo de instrumento, motivo pelo qual eventual impugnação deve ocorrer em preliminar de apelação, na forma do art. 331 do referido Diploma" (STJ, REsp 1.987.884/MA, Rel. Min. Nancy Andrighi, 3ª Turma, j. 21.06.2022, *DJe* 23.06.2022).

9. Falta de assinatura. "A ausência de assinatura na petição nas instâncias ordinárias, ao contrário da instância especial, é um vício sanável, a teor do que reza o art. 13 do CPC [art. 76 do CPC/2015], aplicável analogicamente à irregularidade da representação postulatória, de forma que se deve proceder à abertura de prazo razoável para sanar a irregularidade" (STJ, REsp 652.641/RS, Rel. Min. Luiz Fux, 1ª Turma, jul. 02.12.2004, *DJ* 28.02.2005, p. 236). **No mesmo sentido:** STJ, REsp 199.559/PE, Rel. Min. Ari Pargendler, 2ª Turma, jul. 23.02.1999, *DJ* 26.04.1999, p. 87.

Não correção do vício no prazo estipulado. "Os vícios de representação devem ser sanados na instância ordinária, pelo que, repise-se, é perfeitamente possível ao Tribunal de origem a abertura de prazo para remediar esse tipo de defeito, consoante o disposto no referido dispositivo legal. 2. *In casu*, o juízo concedeu à autarquia oportunidade para firmar a inicial de embargos à execução, transcorrendo o prazo de 40 (quarenta) dias sem qualquer atividade da parte. Deveras, à ausência de assinatura da inicial aplica-se o art. 284 e seu parágrafo do CPC [art. 321 do CPC/2015], e não o art. 267, § 1º [art. 485, § 1º, do CPC/2015], cujo escopo é diverso do primeiro dispositivo afastado. 3. Negligenciando a autarquia embargante à determinação do juízo *a quo* para que procedesse à regularização da petição inicial apócrifa, correta a extinção dos embargos à execução sem julgamento de mérito" (STJ, REsp 652.641/RS, Rel. Min. Luiz Fux, 1ª Turma, jul. 02.12.2004, *DJ* 28.02.2005, p. 236).

10. Cópia de documento. "Não é lícito ao juiz estabelecer, para as petições iniciais, requisitos não previstos nos artigos 282 e 283 do CPC [arts. 319 e 320 do CPC/2015]. Por isso, não lhe é permitido indeferir liminarmente o pedido, ao fundamento de que as cópias que o instruem carecem de autenticação. O documento ofertado pelo autor presume-se verdadeiro, se o demandado, na resposta, silencia quanto à autenticidade (CPC, art. 372)" (STJ, EREsp 179.147/SP, Rel. Min. Humberto Gomes de Barros, Corte Especial, jul. 01.08.2000, *DJ* 30.10.2000, p. 118).

Art. 320. A petição inicial será instruída com os documentos indispensáveis à propositura da ação.

CPC/1973

Art. 283.

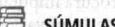

REFERÊNCIA LEGISLATIVA

CPC/2015, arts. 287 (exibição de procuração), 341, 345, III e 406 (documentos indispensáveis), 350 (defesa indireta do mérito), 351 (defesa indireta processual), 434 (prova documental; produção na inicial), 435 (prova documental; juntada de novos documentos), 801 (execução; correção da inicial), 1.014 (apelação; questões de fato; força maior) e 1.016 (agravo de instrumento; prazo para juntada de novos documentos).

SÚMULAS

Súmula do TRF-2 Região:

Nº 42: "A petição inicial não pode ser indeferida liminarmente, ao fundamento de que as cópias que a instruem carecem de autenticação".

BREVES COMENTÁRIOS

Em princípio, o Código determina que a prova documental seja produzida, pelo autor, com a inicial, e, pelo réu, com a contestação (arts. 330 e 335). Inexistindo, porém, malícia processual da parte, não há razão para se vedar a apresentação de documentos úteis à instrução da causa fora dos referidos momentos. O entendimento dominante é o de que "a rigor somente os documentos havidos como pressupostos da ação é que, obrigatoriamente, deverão ser produzidos com a petição inaugural e com a resposta. Tratando-se de documentos não reputados indispensáveis à propositura da ação, conquanto a lei deseje o seu oferecimento com a inicial ou a resposta, não há inconveniente em que sejam exibidos em outra fase do processo" (TJMG, Ag. Inst. 14.014, Rel. Des. Horta Pereira, ac. 18.12.1975, *D.Jud.MG*, de 26.02.1976). No mesmo sentido decidiu o Tribunal de Justiça de São Paulo, admitindo a produção de prova documental, "inclusive em razão ou contrarrazões de recursos, com a única exigência de ser ouvida a parte contrária" (Ap. 243.627, Rel. Des. Moretzohn de Castro, ac. 03.07.1975, *RT* 484/93). A solução é justa e harmoniza-se com os poderes de instrução que o art. 370 confere ao juiz, aos quais não sofrem efeitos da preclusão e podem ser manejados em qualquer momento, enquanto não proferida a sentença. Ao magistrado compete avaliar a conveniência da juntada tardia de prova documental, tendo em conta o compromisso do processo com a apuração da verdade real, sem se submeter a rigores formais exagerados.

JURISPRUDÊNCIA SELECIONADA

1. Documentos indispensáveis. "Os documentos indispensáveis à propositura da ação, e que devem ser instruídos com a inicial, são aqueles que comprovam a ocorrência da causa de pedir (documentos fundamentais) e, em casos específicos, os que a própria lei exige como da substância do ato que está sendo levado à apreciação (documentos substanciais)" (STJ, REsp 1.040.715/DF, Rel. Min. Massami Uyeda, 3ª Turma, jul. 04.05.2010, *DJe* 20.05.2010). **No mesmo sentido:** TJSP, Ap. 133.271-2, Rel. Des. Ferreira da Cruz, 9ª Câmara, jul. 15.09.1988, *RJTJSP* 118/219.

2. Documento essencial. "Quando o autor não apresenta os documentos essenciais à compreensão da causa, mas o réu os apresenta, fica suprida a deficiência" (STJ, AR 822/SP, Rel. Min. Franciulli Netto, 1ª Seção, *DJU* 28.08.2000, p. 50).

"Petição inicial. Documento essencial. Art. 283 do CPC [art. 320 do CPC/2015]. O art. 283 do CPC, como acentuado pelo acórdão recorrido, não tem o alcance de substituir a prova do fato no momento processual próprio, sendo certo que a prova documental, ao contrário do que pretende a empresa, não se esgota com a petição inicial. De fato, está correto o acórdão recorrido quando assevera que prova indispensável não equivale a documento essencial. Em precedente, a Corte decidiu que se a ação não requerer, para sua propositura, como instrução da inicial, documentos ditos indispensáveis pela substância da relação jurídica que se controverte, outros tantos sem essa conotação poderão embasar a convicção do magistrado" (STJ, REsp 107.109/SP, Rel. Min. Carlos Alberto Menezes Direito, 3ª Turma, jul. 28.04.1998, *DJU* 03.08.1998, p. 219).

a) Taxas condominiais. Ação de cobrança. "Segundo orientação do STJ, 'a ausência de apresentação de documento que comprove a anuência dos condôminos sobre a regularidade das verbas destinadas às despesas de condomínio constitui óbice ao regular desenvolvimento da ação de cobrança, revelando-se essencial para demonstrar a razoabilidade de sua cobrança, evitando, com isso, a abusividade desta' (AgInt nos EDcl no REsp 1.456.532/SP, Rel. Ministro Luis Felipe Salomão, Quarta Turma, julgado em 06/03/2018, *DJe* 09/03/2018). Consoante o art. 284, *caput* e parágrafo único, do CPC/1973 (atual art. 321, *caput* e parágrafo único, do CPC/2015), verificando o juiz que a petição inicial não preenche os requisitos exigidos pelos arts. 282 e 283 do CPC/1973 (atuais arts. 319 e 320 do CPC/2015) ou que apresenta defeitos e irregularidades capazes de dificultar o julgamento de mérito, determinará que o autor a emende ou a complete. Se ele não cumprir a diligência, o juiz indeferirá a petição inicial" (STJ, AgInt nos EDcl no REsp 1.758.479/MG, Rel. Min. Marco Aurélio Bellizze, 3ª Turma, jul. 23.09.2019, *DJe* 27.09.2019).

b) Empréstimo compulsório sobre energia elétrica. Responsabilidade da Eletrobrás em fornecer documentos. "Cabe ao autor instruir a petição inicial com os documentos indispensáveis à propositura da ação (art. 283, do CPC/73, atual 320 do CPC/15). Entretanto, o Superior Tribunal de Justiça já decidiu no sentido de que não há ilegalidade na determinação de que a Eletrobrás forneça documentos (em matéria de exibição de documentos referentes a empréstimo compulsório), não sendo razoável exigir do contribuinte que guarde todas as suas contas mensais de energia elétrica, a fim de calcular o valor devido. Também é entendimento desta Corte no sentido de que o fornecimento dos documentos pode ser determinado em liquidação de sentença. Precedentes: AgRg no AREsp 216.315/RS, Rel. Ministro Mauro Campbell Marques, Segunda Turma, julgado em 23/10/2012, *DJe* 06/11/2012; AgRg no AREsp 844.281/DF, Rel. Ministro Herman Benjamin, Segunda Turma, julgado em 19/04/2016, *DJe* 27/05/2016; REsp 1294587/SC, Rel. Ministro Mauro Campbell Marques, Segunda Turma, julgado em 27/03/2012, *DJe* 10/04/2012)" (STJ, AgInt no AREsp 953.514/SP, Rel. Min. Francisco Falcão, 2ª Turma, jul. 20.06.2017, *DJe* 23.06.2017).

3. Exigência de previsão legal. "Não cabe exigir-se, em detrimento das partes, requisito da petição inicial não previsto na lei processual civil (artigo 282 do CPC) [art. 319 do CPC/2015]. Extrapola os termos de norma hierarquicamente superior, o ato que limita o recebimento de petição inicial, sem que a esta seja anexada fotocópia autenticada do CIC das partes (CPF/CGC)" (STJ, ROMS 3.625/RJ, Rel. Min. Demócrito Reinaldo, 1ª Turma, jul. 25.05.1994, *DJU* 27.06.1994, p. 16.879).

4. Jornal ou revista. "Se a inicial foi instruída com a parte do jornal (ou revista) em que se publicou a aleivosia, dispensa-se a juntada integral do periódico" (STJ, AgRg nos EDcl no Ag 494.123/RJ, Rel. Min. Humberto Gomes de Barros, 3ª Turma, jul. 12.04.2005, *DJ* 02.05.2005, p. 337).

5. Cópias. "Pacífico o entendimento nesta Corte Superior no sentido de que as cópias não autenticadas juntadas à petição inicial, e que não são impugnadas pela parte adversa, têm o mesmo valor probante dos originais. Cópia xerográfica de documento juntado por particular, merece legitimidade até demonstração em contrário de sua falsidade (CPC, art. 372) [sem correspondente no CPC/2015]. Precedentes de todas as Turmas, Seções e da Corte Especial deste Tribunal Superior. Recurso provido, com a baixa dos autos ao egrégio Tribunal *a quo* para que o mesmo prossiga no julgamento do mérito da apelação" (STJ, REsp 332.501/SP, Rel. Min. José Delgado, 1ª Turma, jul. 18.09.2001, *DJ* 22.10.2001, p. 282).

6. Ações possessórias. "A juntada do instrumento do contrato de arrendamento mercantil (*leasing* financeiro), ainda que necessária ou essencial a um provimento de mérito positivo (CPC, art. 333, I) [art. 373, I, do CPC/2015], não é indispensável à propositura da ação de reintegração de posse (CPC, art. 283)" (TACivSP, Ap s/ Rev. 739.058-0/9, Rel. Juiz Ribeiro Pinto, 3ª Câmara, jul. 11.06.2002, *RT* 808/313).

7. Ação declaratória. "Na atual sistemática processual civil brasileira, que preza pela celeridade e a utilidade da jurisdição, não há como em uma ação que visa a declaração do direito ao creditamento de ICMS apenas declarar tal direito sem haver uma condenação, no caso, repetição ou compensação do débito. Nessa concepção, na hipótese dos autos o pedido realizado de cunho declaratório tem, de fato, caráter condenatório, uma vez que a sentença conterá juízo de certeza e de definição a respeito de todos os elementos da relação jurídica questionada, reconhecendo ou não em favor do contribuinte o direito de haver a repetição ou compensação de valor indevidamente recolhido. Daí necessária a juntada, na inicial, dos documentos essenciais os quais embasam a pretensão ao direito, *in casu*, a planilha demonstrando quais foram os bens de ativo fixo e materiais de uso e consumo adquiridos. Assim, como a indeterminação versa sobre o *an debeatur*, tratando-se de pedido incerto que impede a defesa da ré ou o próprio julgamento do mérito, a petição inicial deve cumprir os requisitos previstos nos artigos 282 e 283 do CPC [arts. 319 e 320 do CPC/2015], sendo necessária a juntada dos documentos indispensáveis para a análise do direito ao creditamento do ICMS, bem como a indicação do valor da causa" (STJ, REsp 745.350/SP, Rel. Min. Mauro Campbell Marques, 2ª Turma, jul. 24.11.2009, *DJe* 03.12.2009).

8. Reparação de dano. "O certificado de registro e licenciamento do veículo é documento hábil para comprovar a legitimidade ativa em ação de reparação de dano, mesmo juntado *a posteriori*" (TJPR, Ap. 02.000171-1, Rel. Des. Rowilson Teixeira, Câmara Especial, jul. 04.09.2002, *RT* 808/407).

9. Execução fiscal. "Dispensável a juntada da CDA e do termo de penhora, na medida em que os embargos do devedor são autuados em apenso à própria execução (art. 736, parágrafo único, do CPC) [art. 914, § 1º, do CPC/2015], possibilitando a verificação, de plano, pela Secretaria do Juízo, se nos autos da execução fiscal constam as referidas peças, evitando-se, assim, o excesso de formalismo no indeferimento da petição inicial" (STJ, AgRg no AgRg no Ag 1.167.495/SP, Rel. Min. Eliana Calmon, 2ª Turma, jul. 04.05.2010, *DJe* 13.05.2010).

10. Repetição de indébito. "De acordo com a jurisprudência pacífica do STJ, em ação de repetição de indébito, no Município de Londrina, os documentos indispensáveis mencionados pelo art. 283 do CPC [art. 320 do CPC/2015] são aqueles hábeis a comprovar a legitimidade ativa *ad causam* do contribuinte que arcou com o pagamento indevido da exação. Dessa forma, conclui-se desnecessária, para fins de reconhecer o direito alegado pelo autor, a juntada de todos os comprovantes de recolhimento do tributo, providência que deverá ser levada a termo, quando da apuração do montante que se pretende restituir, em sede de liquidação do título executivo judicial" (STJ, REsp 1.111.003/PR, Rel. Min. Humberto Martins, 1ª Seção, jul. 13.05.2009, *DJe* 25.05.2009).

11. Mandado de segurança. "A incompletude documental constitui uma das hipóteses de irregularidades processuais sanáveis, circunstância a demandar a aplicação das disposições contidas no artigo 284 do Código de Processo Civil [art. 321 do CPC/2015] brasileiro, mesmo que, reconhecidamente, estejamos nos domínios do mandado de segurança, procedimento que, conquanto orientado pelos princípios da sumariedade e urgência, não se afasta da subordinação – simultânea – ao da instrumentalidade das formas, nomeadamente quanto ao aproveitamento racional dos atos processuais. Ante tais premissas, demonstra-se oportuna a conversão do julgamento em diligência, a fins de que o impetrante seja intimado para suprir a omissão constatada pelo Juízo, coligindo aos autos os documentos pertinentes às alegações formuladas na petição de exórdio, tal como preceituado nos artigos 283 e 284 do Código de Processo Civil [arts. 319 e 320 do CPC/2015], de aplicação subsidiária ao processamento do mandado de segurança" (STJ, MS 9.261/DF, Rel. Min. Maria Thereza de Assis Moura, Rel. p/ Ac. Min. Og Fernandes, 3ª Seção, jul. 29.10.2008, *DJe* 27.02.2009).

12. Emenda. "O indeferimento da petição inicial, quer por força do não preenchimento dos requisitos exigidos nos artigos 282 e 283 do CPC [arts. 319 e 320 do CPC/2015], quer pela verificação de defeitos e irregularidades capazes de dificultar o julgamento de mérito, reclama a concessão de prévia oportunidade de emenda pelo autor e o transcurso *in albis* do prazo para cumprimento da diligência determinada, *ex vi* do disposto no artigo 284 do CPC [art. 321 do CPC/2015]. O Código de Processo Civil, em seus artigos 282 e 283, estabelece diversos requisitos a serem observados pelo autor ao apresentar em juízo sua petição inicial. Caso, mesmo assim, algum desses requisitos não seja preenchido, ou a petição apresente defeito ou irregularidade capaz de dificultar o julgamento do mérito, o CPC permite (artigo 284) que o juiz conceda ao autor a possibilidade de emenda da petição – se o vício for sanável, porque, se insanável, enseja o indeferimento *prima facie*. Não cumprida essa determinação judicial, a petição inicial será indeferida, nos termos do artigo 295, VI, c/c o parágrafo único, do artigo 284, ambos do CPC [art. 330, IV, c/c o art. 321, parágrafo único, do CPC/2015], o que resulta na extinção do processo sem julgamento do mérito com fulcro no artigo 267, I, do Codex Processual [art. 485, I, do CPC/2015]. Outrossim, sendo obrigatória, antes do indeferimento da inicial da execução fiscal, a abertura de prazo para o Fisco proceder à emenda da exordial não aparelhada com título executivo hábil, revela-se aplicável o brocardo *ubi eadem ratio, ibi eadem dispositio*, no que pertine aos embargos à execução. *In casu*, o indeferimento da inicial se deu no âmbito do Tribunal de origem, sem ter sido intimada a parte para regularizar o feito, razão pela qual se impõe o retorno dos autos, ante a nulidade do julgamento proferido em sede de apelação, que inobservou o direito subjetivo da parte executada" (STJ, REsp 812.323/MG, Rel. Min. Luiz Fux, 1ª Turma, jul. 16.09.2008, *DJe* 02.10.2008).

Art. 321. O juiz, ao verificar que a petição inicial não preenche os requisitos dos arts. 319 e 320 ou que apresenta defeitos e irregularidades capazes de dificultar o julgamento de mérito, determinará que o autor, no prazo de 15 (quinze) dias, a emende ou a complete, indicando com precisão o que deve ser corrigido ou completado.

Parágrafo único. Se o autor não cumprir a diligência, o juiz indeferirá a petição inicial.

CPC/1973

Art. 284.

REFERÊNCIA LEGISLATIVA

CPC/2015, arts. 330 a 331 (indeferimento da inicial; recurso), 801 (execução; correção da inicial).

CJF – JORNADAS DE DIREITO PROCESSUAL CIVIL

II JORNADA

Enunciado 120 – Deve o juiz determinar a emenda também na reconvenção, possibilitando ao reconvinte, a fim de evitar a sua rejeição prematura, corrigir defeitos e/ou irregularidades.

BREVES COMENTÁRIOS

Por grave que seja a deficiência da inicial, inclusive no tocante à falta de documentos essenciais, não cabe ao juiz indeferi-la de plano. Seu dever é tentar superar seus defeitos, para viabilizar a futura solução de mérito, fim último da prestação jurisdicional. Só se o autor não cumprir a diligência no prazo de quinze dias é que o juiz, então, indeferirá a inicial (art. 321, parágrafo único).

Convém ressaltar que o poder do juiz de indeferir a petição inicial é limitado pelo princípio do contraditório que obriga todos os sujeitos do processo, inclusive o magistrado. É por isso que qualquer decisão que afete o interesse da parte não pode ser tomada sem antes ser-lhe dada oportunidade de manifestação e defesa, ainda quando se trate de matéria conhecível de ofício pelo juiz. Assim, sendo sanável o defeito é dever, e não faculdade do juiz, ensejar à parte a emenda ou corrigenda da petição inicial, antes de indeferi-la (art. 321), sob pena de, não o fazendo, cometer ilegalidade e violar o devido processo legal. Por decorrência do caráter cooperativo do processo justo, ao juiz incumbe orientar a parte de modo a facilitar a correção do defeito a ser corrigido.

JURISPRUDÊNCIA SELECIONADA

1. Prazo para apresentação de documentos.

Prazo dilatório. "Para fins do disposto no art. 543-C [art. 1.036 do CPC/2015], o prazo do art. 284 do Código de Processo Civil [art. 321 do CPC/2015] não é peremptório, mas dilatório, ou seja, pode ser reduzido ou ampliado por convenção das partes ou por determinação do juiz, nos termos do art. 181 do Código de Processo Civil [sem correspondência]. *In casu*, contudo, independentemente da natureza jurídica do prazo prescrito no art. 284 do Código de Processo Civil, tendo em conta as duas anteriores concessões de prazo para a regularização da inicial, ambas não atendidas, e a ausência de justificativa plausível para o pedido de nova dilação do prazo, restou configurada a conduta desidiosa e omissiva das recorrentes, estando correta a sentença de indeferimento da inicial e de extinção do processo sem o julgamento do mérito" (STJ, REsp 1.133.689/PE, Rel. Min. Massami Uyeda, 2ª Seção, jul. 28.03.2012, *DJe* 18.05.2012). **No mesmo sentido:** TJPE, Ag 1.126/86, Rel. Des. Belém de Alencar, 2ª Câmara, jul. 28.05.1987, *Adcoas*, 1988, nº 117.808.

2. Falta de assinatura. Ver jurisprudência do art. 319 do CPC/2015.

3. Ilegitimidade ativa. "O reconhecimento da ilegitimidade ativa não pode ser concebido como simples erro na petição inicial, passível de correção. Iniciado o processo sob uma titularidade, a alteração no polo ativo, por meio de emenda, corresponderia a uma substituição processual, mormente quando é determinada após a citação, hipótese expressamente vedada, salvo exceções não presentes no caso, a teor do art. 264 do Código de Processo Civil [art. 329 do CPC/2015]. Recurso provido" (STJ, REsp 758.622/RJ, Rel. Min. Castro Filho, 3ª Turma, jul. 15.09.2005, *DJ* 10.10.2005, p. 366).

Indenização por danos morais e materiais pelo espólio. Instrumentalidade das formas. "(...). Porém, muito embora se reconheça que o espólio não tem legitimidade para pleitear a indenização pelos danos alegados, não se afigura razoável nem condicente com a principiologia moderna que deve guiar a atividade jurisdicional a extinção pura e simples do processo pela ilegitimidade ativa. A consequência prática de uma extinção dessa natureza é a de que o vício de ilegitimidade ativa seria sanado pelo advogado simplesmente ajuizando novamente a mesma demanda, com a mesma causa de pedir e o mesmo pedido, alterando apenas o nome do autor e reimprimindo a primeira página de sua petição inicial. Em casos com esses contornos, a jurisprudência da Casa não tem proclamado a ilegitimidade do espólio, preferindo salvar os atos processuais praticados em ordem a observar o princípio da instrumentalidade. No caso em exame, como ainda não houve julgamento de mérito, é suficiente que a emenda à inicial seja oportunizada pelo Juízo de primeiro grau, como seria mesmo de rigor. Nos termos dos arts. 284, *caput* e parágrafo único [art. 321 do CPC/2015], e 295, inciso VI, do CPC [art. 330, II, do CPC/2015], o juiz não poderia extinguir o processo de imediato e sem a oitiva do autor com base em irregularidades sanáveis, somente cabendo tal providência quando não atendida a determinação de emenda da inicial. Recurso especial provido para que o feito prossiga seu curso normal na origem, abrindo-se prazo para que o autor emende a inicial e corrija a impropriedade de figurar o espólio no polo ativo, nos termos dos arts. 284, *caput* e parágrafo único, e 295, inciso VI, do CPC" (STJ, REsp 1.143.968/MG, Rel. Min. Luis Felipe Salomão, 4ª Turma, jul. 26.02.2013, *DJe* 01.07.2013).

4. Embargos à execução.

Falta de planilha de cálculos. Prazo para convolação do erro. "(...) a jurisprudência do Superior Tribunal de Justiça é pacífica no sentido de que a falta de colação aos autos de planilha que retrate o valor alegado como devido tem como consequência a inépcia da exordial dos embargos à execução, desde que tenha sido concedido à embargante prazo processual para convolação do *error in procedendo*. Nesse mesmo sentido: REsp 1.609.951/PE, Rel. Min. Herman Benjamin, 2ª Turma, jul. 06.12.2016, *DJe* 19.12.2016; AgRg no AREsp 550.462/PR, Rel. Min. Sérgio Kukina, 1ª Turma, jul. 22.09.2016, *DJe* 06.10.2016; AgRg no REsp 1.560.479/RS, Rel. Min. Mauro Campbell Marques, 2ª Turma, jul. 01.12.2015, *DJe* 09.12.2015. Dessa forma, em virtude da ausência de apresentação de memória de cálculo pela embargante, o que constituiu ofensa ao art. 739-A do CPC/73 [art. 919 do CPC/2015], devem ser remetidos os autos a 1ª instância para que seja efetivada a intimação da União para colacionar aos autos planilha que contenha o demonstrativo dos cálculos que subsidiem o valor entendido por ela como devido, nos termos do art. 321 do CPC/15 (art. 284 do CPC/73)" (STJ, AgInt no AREsp 1.027.310/SP, Rel. Min. Francisco Falcão, 2ª Turma, jul. 17.04.2018, *DJe* 23.04.2018).

5. Emenda à inicial após a contestação. "A jurisprudência desta Corte entende ser possível a emenda à inicial após a contestação **quando não ensejar a modificação do pedido ou da causa de pedir**, desde que observados os princípios do contraditório e da ampla defesa. Acórdão recorrido em harmonia com a jurisprudência desta Corte Superior" (STJ, AgInt no AREsp 1261493/DF, Rel. Min. Marco Aurélio Bellizze, 3ª Turma, jul. 05.06.2018, *DJe* 15.06.2018).

"Deve o magistrado, em nome dos princípios da instrumentalidade das formas e da economia processual, determinar a emenda da petição inicial que deixa de indicar o pedido com suas especificações. O fato de já existir contestação do réu não há de ter, só por si, o efeito de inviabilizar a adoção da diligência corretiva prevista no art. 284 do CPC [art. 321, CPC/2015/, em especial nos casos em que a falta for de convalidação possível" (STJ, AgRg no REsp 752.335/MG, Rel. Min. João Otávio de Noronha, 4ª Turma, jul. 02.03.2010, *DJe* 15.03.2010).

6. Documento indispensável à propositura da ação.

Deficiência reconhecida no tribunal. "Art. 284 do CPC/1973, atual art. 321 do CPC/2015. Embargos de declaração. Reconhecida a aplicabilidade do art. 283 do CPC/1973 em grau de apelação ou de reexame necessário, **caberia ao tribunal devolver os autos à instância de início para oportunizar à parte sanar o vício.** Está implícito no acórdão que os autos devem seguir para a instância de início e, após o prazo assinalado para sanar o vício, retornar ao tribunal *a quo* para novo julgamento. Também está implícita a anulação do acórdão recorrido" (STJ, EDcl no REsp 1689995/SP, Rel. Min. Herman Benjamin, 2ª Turma, jul. 27.02.2018, *DJe* 02.08.2018).

Apelação. "A regra do art. 284 do CPC [art. 321 do CPC/2015] que autoriza ao Juiz suprir a ausência de documento indispensável à propositura da ação antes de decretar a extinção do feito sem a resolução do mérito não pode ser aplicada ao recurso de apelação no Tribunal de origem, mormente porque não há falar em ausência de documento essencial à propositura da ação, mas, *in casu*, na não comprovação do direito pleiteado pelo autor, nos termos do art. 333, I, do CPC [art. 373, I, CPC/2015]" (STJ, REsp 886.583/SC, Rel. Min. Arnaldo Esteves Lima, 5ª Turma, jul. 23.02.2010, *DJe* 26.04.2010).

7. Inicial que deixa de indicar o pedido e suas especificações. Emenda à inicial. "Deve o magistrado, em nome dos princípios da instrumentalidade das formas e da economia processual, determinar a emenda da petição inicial que deixa de indicar o pedido com suas especificações. O fato de já existir contestação do réu não há de ter, só por si, o efeito de inviabilizar a adoção da diligência corretiva prevista no art. 284 do CPC [art. 321 do CPC/2015], em especial nos casos em que a falta for de convalidação possível" (STJ, AgRg no REsp 752.335/MG, Rel. Min. João Otávio de Noronha, 4ª Turma, jul. 02.03.2010, *DJe* 15.03.2010).

8. Inépcia da petição inicial. "A extinção do processo, sem julgamento do mérito, ante a ausência de documentos essenciais à propositura da ação ou irregularidade na petição inicial, oportunizada a emenda à inicial, não revela violação ao art. 284 do CPC [art. 321, CPC/2015]. O Código de Processo Civil, em seus arts. 282 e 283 [arts. 319 e 320, CPC/2015], estabelece diversos requisitos a serem observados pelo autor ao apresentar em juízo sua petição inicial. Caso, mesmo assim, algum desses requisitos não seja preenchido, ou a petição apresente defeito ou irregularidade capaz de dificultar o julgamento do mérito, o CPC permite (art. 284) que o juiz conceda ao autor a possibilidade de emenda da petição – se o vício for sanável, porque, se insanável, enseja o indeferimento *prima facie*. Não cumprida essa determinação judicial, a petição inicial será indeferida, nos termos do art. 295, VI, do CPC [art. 330, IV, do CPC/2015] c/c o parágrafo único do 284, o que significa extinção do processo sem julgamento do mérito com fulcro no art. 267, I, do CPC [art. 487, I, do CPC/2015]. *In casu*, não obstante tenha sido intimado para regularizar o feito, o autor não cumpriu da diligência, motivo pelo qual a petição inicial restou indeferida" (STJ, REsp 827.242/DF, Rel. Min. Luiz Fux, 1ª Turma, jul. 04.11.2008, *DJe* 01.12.2008). **No mesmo sentido:**

STJ, REsp 295.642/RO, Rel. Min. Francisco Falcão, 1ª Turma, jul. 13.03.2001, *DJ* 25.06.2001, p. 126.

Oportunidade de emenda pelo autor. Necessidade. "O indeferimento da petição inicial, quer por força do não preenchimento dos requisitos exigidos nos arts. 319 e 320 do CPC, quer pela verificação de defeitos e irregularidades capazes de dificultar o julgamento de mérito, reclama a concessão de prévia oportunidade de emenda pelo autor, nos termos do art. 321 do CPC. Precedentes" (STJ, REsp 2.013.351/PA, Rel. Min. Nancy Andrighi, 2ª Seção, jul. 14.09.2022, *DJe* 19.09.2022).

Ação monitória. Determinação de emenda da petição inicial. Descumprimento. Extinção parcial. Possibilidade. "Descumprida a determinação de emenda a inicial com relação a apresentação do original de uma das cártulas que embasou a monitória, não é juridicamente possível se falar em extinção total da demanda" (STJ, REsp 1.837.301/SC, Rel. Min. Moura Ribeiro, 3ª Turma, jul. 18.02.2020, *DJe* 20.02.2020).

Seção II
Do Pedido

Art. 322. O pedido deve ser certo.

§ 1º Compreendem-se no principal os juros legais, a correção monetária e as verbas de sucumbência, inclusive os honorários advocatícios.

§ 2º A interpretação do pedido considerará o conjunto da postulação e observará o princípio da boa-fé.

CPC/1973

Arts. 286 e 293.

REFERÊNCIA LEGISLATIVA

CPC/2015, arts. 141 (questões não suscitadas); 492 (sentença extra ou ultra petita); 509, § 4º (limites de liquidação da sentença); 917 (excesso de execução).

CC, arts. 405 a 406 (juros; termo inicial, taxa).

CTN, art. 161, § 1º (juros; taxa); 167, parágrafo único (juros, termo inicial).

Decreto-Lei nº 858/1969 (dispõe sobre a cobrança e a correção monetária dos débitos fiscais nos casos de falência e dá outras providências).

Lei nº 6.899/1981 (determina a aplicação da correção monetária nos débitos oriundos de decisão judicial e dá outras providências).

Decreto nº 86.649/1981 (regulamenta a Lei 6.899/81, que determina a aplicação de correção monetária nos débitos oriundos de decisão judicial).

Lei n.º 14.905/2024 (dispõe sobre a atualização monetária e juros).

SÚMULAS

Súmulas do STF:

nº 163: "Salvo contra a Fazenda Pública, sendo a obrigação ilíquida, contam-se os juros moratórios desde a citação inicial para a ação". **Observação: Verifica-se na leitura do acórdão do RE 109.156 (*DJ* 07.08.1987), da 2ª Turma, que a primeira parte da Súmula nº 163 está superada com a vigência da Lei nº 4.414/1964. Ver art. 2º da Lei nº 4.414/1964.**

nº 254: "Incluem-se os juros moratórios na liquidação, embora omisso o pedido inicial ou da condenação".

nº 412: "No compromisso de compra e venda com cláusula de arrependimento, a devolução do sinal, por quem o deu, ou a sua restituição em dobro, por quem o recebeu, exclui indenização maior a título de perdas e danos, salvo os juros moratórios e os encargos do processo".

nº 618: "Na desapropriação, direta ou indireta, a taxa dos juros compensatórios é de 12% (doze por cento) ao ano".

Súmulas do STJ:

nº 12: "Em desapropriação, são cumuláveis juros compensatórios e moratórios".

nº 29: "No pagamento em juízo para elidir falência, são devidos correção monetária, juros e honorários de advogado".

nº 54: "Os juros moratórios fluem a partir do evento danoso, em caso de responsabilidade extracontratual".

nº 56: "Na desapropriação para instituir servidão administrativa são devidos os juros compensatórios pela limitação de uso da propriedade".

nº 69: "Na desapropriação direta, os juros compensatórios são devidos desde a antecipada imissão na posse e, na desapropriação indireta, a partir da efetiva ocupação do imóvel".

nº 70: "Os juros moratórios, na desapropriação direta ou indireta, contam-se desde o trânsito em julgado da sentença".

nº 102: "A incidência dos juros moratórios sobre os compensatórios, nas ações expropriatórias, não constitui anatocismo vedado em lei".

nº 113: "Os juros compensatórios, na desapropriação direta, incidem a partir da imissão na posse, calculados sobre o valor da indenização, corrigido monetariamente".

nº 114: "Os juros compensatórios, na desapropriação indireta, incidem a partir da ocupação, calculados sobre o valor da indenização, corrigido monetariamente".

nº 131: "Nas ações de desapropriação incluem-se no cálculo da verba advocatícia as parcelas relativas aos juros compensatórios e moratórios, devidamente corrigidas".

nº 186: "Nas indenizações por ato ilícito, os juros compostos somente são devidos por aquele que praticou o crime".

nº 188: "Os juros moratórios, na repetição de indébito, são devidos a partir do trânsito em julgado da sentença".

nº 204: "Os juros de mora nas ações relativas a benefícios previdenciários incidem a partir da citação válida".

nº 426: "Os juros de mora na indenização do seguro DPVAT fluem a partir da citação".

nº 472: "A cobrança de comissão de permanência – cujo valor não pode ultrapassar a soma dos encargos remuneratórios e moratórios previstos no contrato – exclui a exigibilidade dos juros remuneratórios, moratórios e da multa contratual".

nº 530: "Nos contratos bancários, na impossibilidade de comprovar a taxa de juros efetivamente contratada – por ausência de pactuação ou pela falta de juntada do instrumento aos autos –, aplica-se a taxa média de mercado, divulgada pelo Bacen, praticada nas operações da mesma espécie, salvo se a taxa cobrada for mais vantajosa para o devedor".

nº 551: "Nas demandas por complementação de ações de empresas de telefonia, admite-se a condenação ao pagamento de dividendos e juros sobre capital próprio independentemente de pedido expresso. No entanto, somente quando previstos no título executivo, poderão ser objeto de cumprimento de sentença".

nº 580: "A correção monetária nas indenizações do seguro DPVAT por morte e invalidez, prevista no § 7º do art. 5º da Lei n. 6.194/1974, redação dada pela Lei n. 11.482/2007, incide desde a data do evento danoso."

nº 632: "Nos contatos regidos pelo Código Civil, a correção monetária sobre a indenização securitária incide a partir da contratação até o efetivo pagamento."

BREVES COMENTÁRIOS

Recomendam os arts. 322 e 324 do CPC/2015 que o pedido deve ser certo e determinado. A certeza e a determinação não são sinônimas nem requisitos alternativos.

Entende-se por certo o pedido expresso, pois não se admite que possa o pedido do autor ficar apenas implícito, salvo apenas nas exceções definidas pela própria lei. Já a determinação se refere aos limites da pretensão. O autor deve ser claro e preciso naquilo que espera obter da prestação jurisdicional. Somente é determinado o pedido se o autor faz conhecer com segurança, o que pede que seja pronunciado pela sentença.

Deve explicar com clareza qual é a espécie de tutela jurisdicional solicitada: se de condenação a uma prestação, se de declaração de existência ou não de relação jurídica, ou se de constituição de nova relação jurídica. A prestação reclamada ou a relação jurídica a declarar ou constituir também devem ser explicitamente definidas e delimitadas. Em conclusão, a certeza e a determinação são requisitos tanto do pedido imediato como do mediato.

O critério interpretativo do pedido não pode ser o ampliativo ou extensivo, mas prevê o Código algumas hipóteses de pedido implícito. Este é o caso do art. 322.

Consoante o art. 322, § 2º, do CPC/2015, "a interpretação do pedido considerará o conjunto da postulação e observará o princípio da boa-fé". Como se vê, o atual Código explicita sua preocupação com a boa-fé que, inclusive, foi inserida como norma fundamental (art. 5º). A regra incorpora ao direito processual um princípio ético que se acha presente no moderno processo justo, como garantia constitucional. Consiste ela em buscar o sentido do pedido, quando não se expresse de maneira muito clara, interpretando-o sempre segundo os padrões de honestidade e lealdade. Por isso mesmo, a leitura do pedido não pode limitar-se a sua literalidade, devendo ser feita sistematicamente, ou seja, dentro da visão total do conjunto da postulação.

Quanto aos juros de mora e a correção monetária, assim como as verbas sucumbenciais, a sentença condenatória incluirá esses encargos, independentemente de requerimento do credor, pois são considerados como integrantes do pedido do principal *ex vi legis* (art. 322, § 1º).

A propósito das taxas de juros e dos índices de correção monetária aplicáveis nas condenações contra a Fazenda Pública Federal, ver, adiante, os comentários ao art. 534.

JURISPRUDÊNCIA SELECIONADA

1. Juros legais.

Juros de mora. Desnecessidade de pedido. "A Súmula 254 do Supremo Tribunal Federal, ao dispor que 'incluem-se os juros moratórios na liquidação, embora omisso o pedido inicial ou a condenação', assegura a possibilidade de inclusão de juros moratórios não previstos na sentença executada. Portanto, sendo legítima a inclusão de juros de mora na condenação em honorários, ainda que não postulados na inicial ou não previstos na sentença executada, deve-se fixar o termo *a quo* de sua incidência. Seguindo esse raciocínio, para que sejam cobrados os juros moratórios é necessário que exista a mora" (STJ, REsp 771.029/MG, Rel. Min. Mauro Campbell Marques, 2ª Turma, jul. 27.10.2009, *DJe* 09.11.2009). No mesmo sentido: STJ, REsp 202.826/RJ, Rel. Min. Sálvio de Figueiredo Teixeira, 4ª Turma, jul. 13.04.1999, *DJ* 24.05.1999, p. 178; STJ, REsp 402.724/SP, Rel. Min. Luis Felipe Salomão, 4ª Turma, jul. 06.04.2010, *DJe* 19.04.2010.

Juros sobre capital próprio. Cumulação com dividendos. Cabimento. Pedido Implícito. "Para fins do art. 543-C do CPC: 1.1. Cabimento da cumulação de dividendos e juros sobre capital próprio. 1.2. Nas demandas por complementação de ações de empresas de telefonia, admite-se a condenação ao pagamento de dividendos e juros sobre capital próprio independentemente de pedido expresso. 1.3. Descabimento da inclusão dos dividendos ou dos juros sobre capital próprio no cumprimento da sentença condenatória à complementação de ações sem expressa previsão no título executivo" (STJ, REsp 1.373.438/RS, Rel. Min. Paulo de Tarso Sanseverino, 2ª Seção, jul. 11.06.2014, *DJe* 17.06.2014). **No mesmo sentido**: STJ, AgInt no REsp 1562878/RS, Rel. Min. Antonio Carlos Ferreira, 4ª Turma, jul. 18.11.2019, *DJe* 22.11.2019; STJ, AgInt no AREsp 756.069/RS, Rel. Min. Marco Buzzi, 4ª Turma, jul. 20.04.2020, *DJe* 27.04.2020.

Estipulação dos juros. Taxa. "Os juros pactuados em limite superior a 12% ao ano não afrontam a lei; somente são considerados abusivos quando comprovado que discrepantes em relação à taxa de mercado, após vencida a obrigação" (STJ, AgRg no REsp 764.863/RS, Rel. Min. Paulo Furtado (Des. Convocado do TJBA), 3ª Turma, jul. 03.11.2009, *DJe* 01.12.2009).

"Não há violação à coisa julgada e à norma do art. 406 do novo Código Civil, quando o título judicial exequendo, exarado em momento anterior ao CC/2002, fixa os juros de mora em 0,5% ao mês e, na execução do julgado, determina-se a incidência de juros previstos nos termos da lei nova. Atualmente, a taxa dos juros moratórios a que se refere o referido dispositivo [art. 406 do CC/2002] é a taxa referencial do Sistema Especial de Liquidação e Custódia – SELIC, por ser ela a que incide como juros moratórios dos tributos federais (arts. 13 da Lei 9.065/95, 84 da Lei 8.981/95, 39, § 4º, da Lei 9.250/95, 61, § 3º, da Lei 9.430/96 e 30 da Lei 10.522/02)' (EREsp 727.842, *DJ* de 20.11.2008)' (REsp 1.102.552/CE, Rel. Min. Teori Albino Zavascki, sujeito ao regime do art. 543-C do CPC, pendente de publicação)" (STJ, REsp 1.111.117/PR, Rel. p/ Acórdão Min. Mauro Campbell Marques, Corte Especial, jul. 02.06.2010, *DJe* 02.09.2010). **No mesmo sentido:** STJ, REsp 1.112.743/BA, Rel. Min. Castro Meira, 1ª Seção, jul. 12.08.2009, *DJe* 31.08.2009; STJ, REsp 1.124.471/RJ, Rel. Min. Luiz Fux, 1ª Turma, jul. 17.06.2010, *DJe* 01.07.2010.

2. Juros moratórios.

Cumprimento de sentença. Obrigação de fazer convertida em perdas e danos. Taxa SELIC. "Nos termos do art. 406 do Código Civil: 'quando os juros moratórios não forem convencionados, ou o forem sem taxa estipulada, ou quando provierem de determinação da lei, serão fixados segundo a taxa que estiver em vigor para a mora do pagamento de impostos devidos à Fazenda Nacional'. Nos termos dos Temas 99 e 112/STJ, a taxa de juros moratórios a que se refere o art. 406 do Código Civil é a taxa referencial do Sistema Especial de Liquidação e Custódia – SELIC, vedada a acumulação com correção monetária" (STJ, REsp 1.846.819/PR, Rel. Min. Paulo de Tarso Sanseverino, 3ª Turma, jul. 13.10.2020, *DJe* 15.10.2020).

Fundo de Garantia do Tempo de Serviço. Expurgos inflacionários. "Orientação jurisprudencial firmada pelo colendo Superior Tribunal de Justiça, em julgamento de recurso especial sob a sistemática do artigo 543-C do Código de Processo Civil, no sentido de que a taxa dos juros moratórios, em ações referentes à aplicação dos expurgos inflacionários no saldo das contas vinculadas ao Fundo de Garantia do Tempo de Serviço, deve ser examinada à luz de quatro situações, levando-se em conta a data da prolação da sentença exequenda: (a) se esta foi proferida antes da vigência do Código Civil de 2002 e determinou incidência de juros legais, deve ser aplicada a taxa mensal de 0,5% (meio por cento) até a entrada em vigor deste e, após, a taxa preconizada em seu artigo 406; (b) se ela foi prolatada antes da vigência do Código Civil de 2002 e fixou juros de 0,5% (meio por cento) ao mês, também se deverá adequar, a partir da entrada em vigor da nova codificação civil, a taxa devida àquela preconizada pela novel legislação; (c) se a sentença é posterior à vigência do Código Civil e determinar a incidência de juros legais, deve ser considerada a taxa mensal de 0,5% (meio por cento) até 11 de janeiro de 2003 e, a contar daí, a decorrente da aplicação do referido artigo 406 da atual codificação civil; (d) se datar a prolação da sentença de época posterior à vigência do novo Código Civil, e determinar a taxa mensal de 0,5% (meio por cento), e não houver interposição de recurso, deve ser aplicado esse percentual, pois a modificação do mesmo depende de iniciativa da parte" (TRF 1ª Região, AG 2007.01.00.048664-9/DF, Rel. Des. Carlos Moreira Alves, 6ª Turma, jul. 05.10.2009, *DJF* 19.10.2009).

Alterações da Lei nº 11.960/2009. Não aplicação aos feitos em andamento. "*Mutatis mutandis*, a Lei nº 11.960/2009, que veio alterar o critério de cálculo dos juros moratórios, previsto no artigo 1º-F da Lei nº 9.494/97, também possui natureza instrumental e material, motivo pelo qual não pode incidir nos feitos em andamento" (STJ, AgRg no REsp 949.839/RS, Rel. Min. Maria Thereza de Assis Moura, 6ª Turma, jul. 08.02.2011, *DJe* 28.02.2011). **No mesmo sentido:** STJ, AgRg no REsp 1.193.062/RJ, Rel. Min. Benedito Gonçalves, 1ª Turma, jul. 21.10.2010, *DJe* 28.10.2010.

3. Juros compensatórios.

Desapropriação indireta. Juros compensatórios e moratórios. Correção monetária. IPCA-E. "Os juros compensatórios, na desapropriação indireta, incidem a partir da ocupação, calculados sobre o valor da indenização, corrigido monetariamente. Os juros moratórios devem ser calculados a partir do primeiro dia do mês de janeiro do exercício seguinte àquele em que o pagamento do precatório deveria ter sido realizado, nos termos do art. 100 da CR/88, com a alteração promovida pela EC nº 62/2009, observados os índices da caderneta de poupança (art. 15-B do DL nº 3.365/1941, com a redação que lhe foi dada pela MP nº 2183-56/2001). Observado o caráter vinculante do que decidido pelo Supremo Tribunal Federal no RE nº 870.947, bem assim o posicionamento adotado pelo Superior Tribunal de Justiça, inclusive em recurso repetitivo representativo de controvérsia – REsp nº 1.270.439/PR –, o IPCA-E deve ser o índice de correção monetária para as condenações da Fazenda Pública, de créditos não tributários" (TJMG, Remessa Necessária-Cv 1.0188.11.012346-3/001, Rel. Des. Luís Carlos Gambogi, 5ª Câmara Cível, jul. 23.04.2020, *DJe* 24.07.2020).

Desapropriação. Juros compensatórios e moratórios. Súmulas 12, 70 e 102/STJ. Limite temporal. "Edição de nova tese: 'As Súmulas 12/STJ (Em desapropriação, são cumuláveis juros compensatórios e moratórios), 70/STJ (Os juros moratórios, na desapropriação direta ou indireta, contam-se desde o trânsito em julgado da sentença) e 102/STJ (A incidência dos juros moratórios sobre compensatórios, nas ações expropriatórias, não constitui anatocismo vedado em lei) somente se aplicam às situações havidas até 12.01.2000, data anterior à vigência da MP 1.997-34'. Explicita-se simultaneamente a validade dos enunciados à luz das normas então vigentes e sua derrogação pelas supervenientes. Providência de simplificação normativa que, ademais, consolida em tese indexada teor de julgamento repetitivo já proferido por esta Corte" (STJ, Pet 12.344/DF, Rel. Min. Og Fernandes, 1ª Seção, jul. 28.10.2020, *DJe* 13.11.2020).

Desapropriação. Juros compensatórios. Revisão e adequação. "1. Adequação da Tese 126/STJ ('Nas ações de desapropriação, os juros compensatórios incidentes após a Medida Provisória n. 1.577, de 11/06/1997, devem ser fixados em 6% ao ano até 13/09/2001 e, a partir de então, em 12% ao ano, na forma da Súmula n. 618 do Supremo Tribunal Federal.') para a seguinte redação: 'O índice de juros compensatórios na desapropriação direta ou indireta é de 12% até 11.6.97, data anterior à publicação da MP 1577/97'. 2. Adequação da Tese 280/STJ à seguinte redação: 'Até 26.9.99, data anterior à publicação da MP 1901-30/99, são devidos juros compensatórios nas desapropriações de imóveis improdutivos'. 3. Adequação da Tese 281/STJ ao seguinte teor: 'Mesmo antes da MP 1901-30/99, são indevidos juros compensatórios quando a propriedade se mostrar impassível de qualquer espécie de exploração econômica atual ou futura, em decorrência de limitações legais ou fáticas'. 4. Adequação da Tese 282/STJ ao seguinte teor: 'A partir de 27.9.99, data de publicação da MP 1901-30/99, exige-se a prova pelo expropriado da efetiva perda de renda para incidência de juros compensatórios (art. 15-A, § 1º, do Decreto-lei 3.365/41); e ii) Desde 5.5.2000, data de publicação da MP 2027-38/00, veda-se a incidência dos juros em imóveis com índice de produtividade zero (art. 15-A, § 2º, do Decreto-Lei 3365/41)'. 5. Cancelamento da Tese 283/STJ ('Para aferir a incidência dos juros compensatórios em imóvel improdutivo, deve ser observado o princípio do *tempus regit actum*, assim como acontece na fixação do percentual desses juros. Publicada a medida liminar concedida na ADI 2.332/DF (*DJU* de 13.09.2001), deve ser suspensa a aplicabilidade dos §§ 1º e 2º do artigo 15-A do Decreto-lei n. 3.365/41 até que haja o julgamento de mérito da demanda.'), ante o caráter condicional do julgado e sua superação pelo juízo de mérito na ADI 2332, em sentido contrário ao da medida cautelar anteriormente deferida" (STJ, Pet 12.344/DF, Rel. Min. Og Fernandes, 1ª Seção, jul. 28.10.2020, *DJe* 13.11.2020).

Juros compensatórios. Percentual. Momento de incidência. "Edição de nova tese: 'Os juros compensatórios observam o percentual vigente no momento de sua incidência'. Evidencia-se a interpretação deste Tribunal sobre a matéria, já constante nos julgados repetitivos, mas não enunciada como tese vinculante própria" (STJ, Pet 12.344/DF, Rel. Min. Og Fernandes, 1ª Seção, jul. 28.10.2020, *DJe* 13.11.2020).

4. Juros remuneratórios.

Empréstimo compulsório sobre energia elétrica. "A Primeira Seção, no julgamento do REsp 1.003.955/RS e do REsp 1.028.592/RS, repetitivos, firmou entendimento segundo o qual são devidos juros remuneratórios sobre a diferença de correção monetária não paga nem convertida em ações, no percentual de 6% ao ano, nos termos do art. 2º do Decreto-lei nº 1.512/1976" (STJ, EDv nos EAREsp 790.288/PR, Rel. Min. Gurgel de Faria, Primeira Seção, jul. 12.06.2019, *DJe* 02.09.2019).

Parcelamento tributário. "A regular incidência dos juros moratórios sobre o crédito tributário originalmente inadimplido deve ocorrer até a efetiva consolidação da dívida, pois é esse o momento em que será definida a base de cálculo da parcela a ser descontada do montante dos juros, nos termos do § 3º do art. 1º da Lei nº 11.941/2009. À míngua de previsão legal específica na lei do parcelamento, não se pode mesmo determinar a exclusão dos juros de mora calculados no período entre a adesão e a consolidação da dívida, sob pena de criar mais um benefício ao devedor, não estabelecido pelo legislador. Hipótese em que o Tribunal Regional Federal da 5ª Região decidiu que, embora o contribuinte não tenha contribuído para a demora entre o requerimento e a consolidação, tal fato não implica a inexigibilidade dos juros moratórios que seriam devidos, ordinariamente, no decorrer do parcelamento" (STJ, REsp 1.523.555/PE, Rel. Min. Gurgel de Faria, Primeira Turma, jul. 13.08.2019, *DJe* 25.09.2019).

Mútuo feneratício. Repetição de indébito. "Tese aplicável a todo contrato de mútuo feneratício celebrado com instituição financeira mutuante: 'Descabimento da repetição do indébito com os mesmos encargos do contrato'" (STJ, REsp 1.552.434/GO, Rel. Min. Paulo de Tarso Sanseverino, 2ª Seção, jul. 13.06.2018, *DJe* 21.06.2018). **Obs.:** Decisão submetida ao julgamento dos recursos repetitivos.

"Em contratos de mútuo bancário, o fato de a taxa de juros remuneratórios ser superior a determinado patamar prefixado – como uma vez e meia, o dobro ou o triplo da taxa média de mercado –, por si só, não configura abusividade" (STJ, REsp 2.015.514/PR, Rel. Min. Nancy Andrighi, 3ª Turma, jul. 07.2.2023, *DJe* 09.02.2023).

***Factoring*. Limitação. Taxa de juros.** "As empresas de *factoring* não se enquadram no conceito de instituições financeiras, e por isso os juros remuneratórios estão limitados em 12% ao ano, nos termos da Lei de Usura. Precedentes" (STJ, AgInt nos EDcl no AREsp 40.581/PR, Rel. Min. Lázaro Guimarães, 4ª Turma, jul. 18.09.2018, *DJe* 21.09.2018). No mesmo sentido, sobre a não caracterização como instituição financeira, jurisprudência do CPC/1973: STJ, REsp 938.979/DF, Rel. Min. Luis Felipe Salomão, jul. 19.06.2012, *DJe* 29.06.2012.

Tabela *Price*. Juros. "Nos contratos celebrados no âmbito do Sistema Financeiro da Habitação, é vedada a capitalização de juros em qualquer periodicidade. Não cabe ao STJ, todavia, aferir se há capitalização de juros com a utilização da Tabela Price, por força das Súmulas 5 e 7. 1.2. O art. 6º, alínea 'e', da Lei nº 4.380/64, não estabelece limitação dos juros remuneratórios" (STJ, REsp 1.070.297/PR, Rel. Min. Luis Felipe Salomão, 2ª Seção, jul. 09.09.2009, *DJe* 18.09.2009).

5. Juros contratuais. Cobrança até a data do efetivo pagamento. "Havendo inadimplência, o termo final para a cobrança dos encargos contratados não é o ajuizamento da ação executiva, mas o efetivo pagamento do débito" (STJ, REsp 402.425/SP, Rel. Min. Luis Felipe Salomão, 4ª Turma, jul. 09.03.2010, *DJe* 22.03.2010).

6. Juros da lei de usura.

Fundos de Investimento em Direito Creditório (FIDCs). Instituição financeira. Equiparação. Não sujeição à incidência da limitação de juros da lei de usura. "O mercado financeiro abrange o de capitais, e a operação dos FIDCs, por envolver a captação de poupança popular mediante a emissão e a subscrição de cotas (valor mobiliário) para concessão de crédito, é inequivocamente de instituição financeira, bastante assemelhada ao desconto ou redesconto bancário, anotando a doutrina especializada que a criação dessa modalidade de fundo de investimento deu-se com o fito de que outras instituições pudessem exercitar tarefa tipicamente bancária. (...) A tese sufragada pelo acórdão recorrido acerca da incidência da limitação de juros da Lei da Usura ignora a natureza de entidade do mercado financeiro dos FIDCs, conduz ao enriquecimento sem causa do cedido e vai na contramão da evolução do Direito, que busca conferir objetivação à regular cessão de crédito, conforme se extrai da teleologia do art. 29, § 1º, da Lei nº 10.931/2004" (STJ, REsp 1.634.958/SP, Rel. Min. Luis Felipe Salomão, 4ª Turma, jul. 06.08.2019, *DJe* 03.09.2019).

7. Contagem dos juros. Termo inicial.

Incidência a partir da citação do devedor. "O Recurso Especial 1.361.800/SP, julgado sob o rito dos recursos repetitivos, consolidou a seguinte tese: 'Os juros de mora incidem a partir da citação do devedor na fase de conhecimento da Ação Civil Pública, **quando esta se fundar em responsabilidade contratual, sem que haja configuração da mora em momento anterior**' (Relator p/ Acórdão Ministro Sidnei Beneti, Corte Especial, *DJe* 14/10/2014)" (STJ, AgInt no AREsp 1.331.833/MS, Rel. Min. Marco Aurélio Bellizze, 3ª Turma, jul. 17.12.2018, *DJe* 01.02.2019).

Ação de locupletamento ilícito. Juros de mora. Termo inicial. "Duplicatas prescritas. Ação de locupletamento. Objeto: o dano sofrido pelo portador do título e o ganho injustificado do devedor. *Quantum* devido a ser apurado no bojo da ação. Título de crédito desprovido de executividade. Mero escrito a ser utilizado neste procedimento ordinário como prova indiciária da existência do prejuízo. Citação válida. Termo *a quo* para os juros moratórios" (STJ, REsp 299.827/RJ, Rel. Min. Vasco Della Giustina, 3ª Turma, jul. 01.03.2011, *DJe* 16.03.2011).

Responsabilidade contratual. "Tratando-se de obrigação contratual, os juros de mora contam-se a partir da citação (arts. 397, do CC, e 219, do CPC)" [art. 240 do CPC/2015] (STJ, REsp 1.353.864/GO, Rel. Min. Sidnei Beneti, 3ª Turma, jul. 07.03.2013, *DJe* 12.03.2013). **No mesmo sentido**: STJ, REsp 1.374.735/RS, Rel. Min. Luis Felipe Salomão, 4ª Turma, jul. 05.08.2014, *DJe* 25.08.2014. **Em sentido parcialmente contrário: Mora *ex re* e mora *ex persona*.** "(...) Cuidando-se de responsabilidade contratual, porém, **os juros de mora não incidirão, necessariamente, a partir da citação**. Nas hipóteses em que a mora se constitui *ex re*, não se sustenta que os juros moratórios incidam apenas a partir da citação, pois assim se estaria sufragando casos em que, a despeito de configurada a mora, não incidiriam os juros correspondentes. Quando se tratar de obrigação positiva e líquida, os juros moratórios são devidos desde o inadimplemento, mesmo nas hipóteses de responsabilidade contratual" (STJ, REsp 1.257.846/RS, Rel. Min. Sidnei Beneti, 3ª Turma, jul. 17.04.2012, *DJe* 30.04.2012). **No mesmo sentido:** STJ, EREsp 1.250.382/RS, Rel. Min. Sidnei Beneti, Corte Especial, jul. 02.04.2014, *DJe* 08.04.2014.

Responsabilidade extracontratual. "Tratando-se de responsabilidade extracontratual, os juros de mora devem incidir a partir do evento danoso (Súmula 54/STJ), e a correção monetária, da data em que houve o efetivo prejuízo (Súmula 43/STJ)" (STJ, REsp 701.381/MT, Rel. Min. Raul Araújo, 4ª Turma, jul. 17.04.2012, *DJe* 02.05.2012).

Dano moral. "Na hipótese de reparação por dano moral, cabível o início da contagem a partir da fixação do *quantum* indenizatório, é dizer, a contar do julgamento no qual foi arbitrado o valor da condenação" (TJRS, ApCív 70020383014, Rel. Odone Sanguiné, 6ª Câmara, jul. 17.09.2008, *RJTJRGS* 273/153).

DPVAT. "Para efeitos do artigo 543-C do CPC [art. 1.036 do CPC/2015]: Em ação de cobrança objetivando indenização decorrente de seguro obrigatório de danos pessoais causados por veículos automotores de via terrestre – DPVAT, os juros de mora são devidos a partir da **citação**, por se tratar de **responsabilidade contratual e obrigação ilíquida**" (STJ, REsp 1.120.615/PR, Rel. Min. Luis Felipe Salomão, 2ª Seção, jul. 28.10.2009, *DJe* 26.11.2009). **No mesmo sentido:** STJ, REsp 1.004.390/SP, Rel. Min. Aldir Passarinho Junior, 4ª Turma, jul. 06.05.2008, *DJ* 26.05.2008.

Honorários advocatícios. "O termo inicial dos juros moratórios em honorários advocatícios fixados com base no valor da causa é a data da **citação** do executado no processo de execução, e não a data da sentença" (STJ, REsp 1.060.155/MS, Rel. Min. Massami Uyeda, 3ª Turma, jul. 04.09.2008, *DJe* 23.09.2008).

Ação monitória. Termo inicial. Ver jurisprudência do art. 700 do CPC/2015.

Repetição de indébito tributário. "Os juros de mora só incidem sobre dívidas tributárias a partir do trânsito em julgado da sentença" (STJ, REsp 722.335/DF, Rel. p/ ac. Min. Eliana Calmon, 2ª Turma, jul. 27.06.2006, *DJ* 14.08.2006). **No mesmo sentido:** STJ, REsp 975.161/SP, Rel. Min. Denise Arruda, 1ª Turma, jul. 20.11.2007, *DJ* 10.12.2007.

Fazenda Pública. Condenação. "Os juros moratórios sobre as condenações contra a Fazenda Pública, nas causas iniciadas após a edição da Medida Provisória 2.180-35/01, que incluiu o art. 1º-F à Lei 9.494/97, devem incidir no percentual de 6% ao ano" (STJ, REsp 891866/SC, Rel. Min. Arnaldo Esteves Lima, 5ª Turma, jul. 04.03.2008, *DJ* 12.05.2008).

"A regra do art. 1º-F da Lei 9.494/97, com a redação da Lei 11.960/09, nada dispôs a respeito do termo inicial dos juros moratórios incidentes sobre obrigações ilíquidas, que continuou regido pelos arts. 219 do CPC e 405 do Código Civil de 2002" (STJ, REsp 1.356.120/RS, Rel. Min. Castro Meira, 1ª Seção, jul. 14.08.2013, *DJe* 30.08.2013).

"A Corte Especial, em sessão de 18.06.2011, por ocasião do julgamento dos EREsp n. 1.207.197/RS, entendeu por bem alterar entendimento até então adotado, firmando posição no sentido de que a Lei 11.960/2009, a qual traz novo regramento concernente à atualização monetária e aos juros de mora devidos pela Fazenda Pública, deve ser aplicada, de imediato, aos processos em andamento, sem, contudo, retroagir a período anterior à sua vigência. Nesse mesmo sentido já se manifestou o Supremo

Tribunal Federal, ao decidir que a Lei 9.494/97, alterada pela Medida Provisória n. 2.180-35/2001, que também tratava de consectário da condenação (juros de mora), devia ser aplicada imediatamente aos feitos em curso. Assim, os valores resultantes de condenações proferidas contra a Fazenda Pública após a entrada em vigor da Lei 11.960/09 devem observar os critérios de atualização (correção monetária e juros) nela disciplinados, enquanto vigorarem. Por outro lado, no período anterior, tais acessórios deverão seguir os parâmetros definidos pela legislação então vigente" (STJ, REsp 1.205.946/SP, Rel. Min. Benedito Gonçalves, Corte Especial, jul. 19.10.2011, *DJe* 02.02.2012).

Parcela em atraso. "A jurisprudência desta Corte é firme e pacífica quanto à incidência de correção monetária nos pagamentos em atraso, mesmo que não haja previsão contratual. (...). Juros de mora devidos a partir do vencimento de cada parcela em atraso, nos termos do art. 960 do CC, por se tratar de inadimplemento de obrigação positiva e líquida. Inexistência de violação ao art. 1.536, § 2º, do CC" (STJ, REsp 437.203/SP, Rel. Min. Eliana Calmon, 2ª Turma, jul. 17.10.2002, *DJ* 18.11.2002, p. 206; *LEXSTJ* 161/159).

Ação civil pública. "Para fins de julgamento de Recurso Representativo de Controvérsia (CPC, art. 543-C, com a redação dada pela Lei 11.418, de 19.12.2006) [art. 1.036 do CPC/2015], declara-se consolidada a tese seguinte: 'Os juros de mora incidem a partir da citação do devedor na fase de conhecimento da Ação Civil Pública, quando esta se fundar em responsabilidade contratual, sem que haja configuração da mora em momento anterior'" (STJ, REsp 1.370.899/SP, Rel. Min. Sidnei Beneti, Corte Especial, jul. 21.05.2014, *DJe* 14.10.2014).

"(...) nos termos do art. 219 do Código de Processo Civil e 397 do Código Civil, na hipótese, a mora verifica-se com a citação do devedor, realizada na fase de liquidação de sentença, e não a partir de sua citação na ação civil pública" (STJ, AgRg no REsp 1.348.512/DF, Rel. Min. Luis Felipe Salomão, 4ª Turma, jul. 18.12.2012, *DJe* 04.02.2013).

8. Correção monetária.

Variação cambial. "A contratação de reajuste vinculado à variação cambial, por constituir matéria de ordem pública, pode ser alegada em qualquer momento processual. É proibida a utilização de reajuste contratual com base na variação cambial, exceto nos contratos de arrendamento mercantil, com base em captação de recursos provenientes do exterior, e nas hipóteses previstas em lei federal. Não é permitida a utilização da variação cambial a título de correção monetária no contrato de compra e venda de participações societárias, por inexistir previsão em lei federal" (TJMG, Ap. Cível 1.0702.07.388124-6/001, Rel. Des. Tiago Pinto, 15ª Câmara Cível, jul. 13.12.2018, *DJe* 25.01.2019).

Contrato celebrado em moeda estrangeira. "São legítimos os contratos celebrados em moeda estrangeira, desde que o pagamento se efetive pela conversão em moeda nacional. Legalidade do reembolso se a moeda estrangeira for convertida em reais usando a cotação do dia do desembolso, seguida de atualização monetária. Afastamento do ressarcimento de valores em dólar americano ou em euro ou a indexação de dívida pela variação cambial" (STJ, REsp 1.632.752/PR, Rel. Min. Ricardo Villas Bôas Cueva, 3ª Turma, jul. 22.08.2017, *DJe* 29.08.2017).

Depósito judicial. Expurgos inflacionários. Inclusão. "Para fins do art. 543-C do Código de Processo Civil [art. 1.036 do CPC/2015] fixa-se a seguinte tese: 'a correção monetária dos depósitos judiciais deve incluir os expurgos inflacionários'. No caso concreto em análise, cuida-se de depósito judicial efetuado junto à Caixa Econômica Federal à luz do disposto no Decreto-lei nº 1.737/79, que determinava a atualização monetária do depósito segundo os critérios fixados para os débitos tributários, circunstância que não impede a incidência dos expurgos inflacionários" (STJ, REsp 1.131.360/RJ, Rel. p/ Acórdão Min. Maria Thereza de Assis Moura, Corte Especial, jul. 03.05.2017, *DJe* 30.06.2017).

Correção monetária incidente em repetição de indébito tributário deve corresponder à utilizada na cobrança do tributo. "A correção monetária incidente na repetição de indébito tributário deve corresponder à utilizada na cobrança do tributo, em atendimento ao princípio da isonomia. Precedentes" (STJ, EDcl nos EDcl no REsp 1.556.957/ES, Rel. Min. Regina Helena Costa, 1ª Turma, jul. 09.03.2020, *DJe* 12.03.2020).

Liquidação de sentença. Título omisso sobre a correção. Ver jurisprudência do art. 509 do CPC/2015.

Incidência da correção monetária. "A incidência da correção monetária sobre o valor objeto da condenação se dá, como os juros de mora, *ex vi legis* (Lei 6.899/81), sendo, por essa razão, independente de pedido expresso e de determinação pela sentença, na qual se considera implicitamente incluída. A explicitação dos índices a serem utilizados em seu cômputo pelo acórdão recorrido, portanto, mesmo em sede de reexame necessário, não caracteriza *reformatio in pejus*, devendo a Fazenda, se for o caso, impugnar os critérios de atualização e de juros estabelecidos" (STJ, EREsp 711.276/SP, Rel. Min. Teori Albino Zavascki, 1ª Seção, jul. 14.09.2005, *DJ* 26.09.2005, p. 169). **No mesmo sentido:** STJ, REsp 912.730/RJ, Rel. Min. Castro Meira, 2ª Turma, jul. 10.04.2007, *DJ* 20.04.2007, p. 344; STJ, REsp 1.354.934/RS, Rel. Min. Luis Felipe Salomão, 4ª Turma, jul. 20.08.2013, *DJe* 25.09.2013; STJ, REsp 1.112.524/DF, Rel. Min. Luiz Fux, Corte Especial, jul. 01.09.2010, *DJe* 30.09.2010.

Benefício acidentário. "A atualização de prestações de benefício acidentário dispõe de critérios próprios, previstos na legislação especial, não se lhes aplicando os índices econômicos de atualização monetária na forma da Lei 6.899/81" (TACivSP, AI 776.237-7, Rel. Juiz Magno Araújo, 1ª Câmara, jul. 25.02.2003, *RT* 814/278).

Aplicação de índices de deflação. "Para fins do art. 543-C do CPC [art. 1.036 do CPC/2015]: Aplicam-se os índices de deflação na correção monetária de crédito oriundo de título executivo judicial, preservado o seu valor nominal" (STJ, REsp 1.361.191/RS, Rel. Min. Paulo de Tarso Sanseverino, Corte Especial, jul. 19.03.2014, *DJe* 27.06.2014). **No mesmo sentido:** STJ, EREsp 1256512/RS, Rel. Min. Arnaldo Esteves Lima, 1ª Seção, jul. 27.02.2013, *DJe* 06.03.2013.

9. Correção monetária e juros.

Validade da correção monetária e dos juros moratórios incidentes sobre as condenações impostas à Fazenda Pública. "1) O art. 1º-F da Lei nº 9.494/97, com a redação dada pela Lei nº 11.960/09, na parte em que disciplina os juros moratórios aplicáveis a condenações da Fazenda Pública, é inconstitucional ao incidir sobre débitos oriundos de relação jurídico-tributária, aos quais devem ser aplicados os mesmos juros de mora pelos quais a Fazenda Pública remunera seu crédito tributário, em respeito ao princípio constitucional da isonomia (CRFB, art. 5º, *caput*); quanto às condenações oriundas de relação jurídica não tributária, a fixação dos juros moratórios segundo o índice de remuneração da caderneta de poupança é constitucional, permanecendo hígido, nesta extensão, o disposto no art. 1º-F da Lei nº 9.494/97 com a redação dada pela Lei nº 11.960/09; e 2) O art. 1º-F da Lei nº 9.494/97, com a redação dada pela Lei nº 11.960/09, na parte em que disciplina a atualização monetária das condenações impostas à Fazenda Pública segundo a remuneração oficial da caderneta de poupança, revela-se inconstitucional ao impor restrição desproporcional ao direito de propriedade (CRFB, art. 5º, XXII), uma vez que não se qualifica como medida adequada a capturar a variação de preços da economia, sendo inidônea a promover os fins a que se destina" (STF, RE 870.947 ED, Rel. p/ acórdão Min. Alexandre de Moraes, Tribunal Pleno, jul. 03.10.2019, *DJe* 03.02.2020).

Condenações impostas à Fazenda Pública. Índices de juros e correção monetária aplicáveis. Ver jurisprudência do art. 1º-F da Lei 9.494/1997.

Cheque prescrito. Juros de mora e correção monetária. Termo inicial. "Nos termos do entendimento do STJ no julgamento do REsp 1.556.834/SP, em qualquer ação utilizada pelo portador para cobrança de cheque, a correção monetária incide a partir da data de emissão estampada na cártula, e os juros de mora a contar da primeira apresentação à instituição financeira sacada ou câmara de compensação" (TJMG, Apelação 0014174-67.2017.8.13.0620, Rel. Des. Luiz Artur Hilário, 9ª Câmara Cível, jul. 10.03.2020, *DJe-MG* 20.03.2020). **No mesmo sentido, a jurisprudência à luz do CPC/1973, ainda aplicável:** STJ, REsp 1.354.934/RS, Rel. Min. Luis Felipe Salomão, 4ª Turma, jul. 20.08.2013, *DJe* 25.09.2013.

10. Interpretação do pedido.

Interpretação lógico-sistemática do pedido. "O pedido deve ser extraído da interpretação lógico-sistemática da petição inicial, a partir da análise de todo o seu conteúdo. Precedentes. O pedido deve ser interpretado como manifestação de vontade, de forma a tornar efetivo o processo, amplo o acesso à justiça e justa a composição da lide. Precedentes. A decisão que interpreta de forma ampla o pedido formulado pelas partes não viola os arts. 128 e 460 do CPC, pois o pedido é o que se pretende com a instauração da ação" (STJ, REsp 1.049.560/MG, Rel. Min. Nancy Andrighi, 3ª Turma, jul. 04.11.2010, *DJe* 16.11.2010). **No mesmo sentido:** STJ, AgRg no REsp 1.455.713/SC, Rel. Min. Mauro Campbell Marques, 2ª Turma, jul. 18.11.2014, *DJe* 24.11.2014; STJ, REsp 1496018/MA, Rel. Min. Ricardo Villas Bôas Cueva, 3ª Turma, jul. 17.05.2016, *DJe* 06.06.2016.

"Se o autor pediu que fosse assegurado seu direito de fiscalização da administração, a **interpretação lógico-sistemática** não conduz, no caso, ao entendimento de que tal pedido abrange o direito de auferir os rendimentos dos resultados sociais. A interpretação da inicial não implica dizer que o critério pode ser extensivo ou ampliativo" (STJ, REsp 985.087/SP, Rel. Min. Humberto Gomes de Barros, 3ª Turma, jul. 06.03.2008, *DJe* 01.04.2008).

Múltiplas interpretações do pedido. "Se o pedido comporta mais de uma interpretação, deve-se recorrer à *causa petendi* para a respectiva compreensão" (STJ, REsp 931.659/RJ, Rel. Min. Ari Pargendler, 3ª Turma, jul. 15.05.2007, *DJ* 18.06.2007, p. 265).

Pedido implícito. Investigação de paternidade. "A falsidade do registro de nascimento pode ser demonstrada no âmbito da ação investigatória de paternidade. A procedência do pedido conduz ao cancelamento do registro, não se exigindo pedido expresso, nem muito menos ação própria" (STJ, REsp 162.028/MG, Rel. Min. César Asfor Rocha, 4ª Turma, jul. 20.11.2001; *LEXSTJ* 154/127). **No mesmo sentido**: STJ, REsp 275.374/PR, Rel. Min. Fernando Gonçalves, Quarta Turma, jul. 21.09.2004, *DJ* 13.12.2004, p. 361.

Contrato.

Anulação de contrato. Restituição de prestações. "No provimento judicial que decreta a rescisão ou a nulidade contratual está ínsito o direito de devolução das quantias eventualmente adiantadas pelos contratantes, independentemente de requerimento expresso nesse sentido, sob pena de enriquecimento sem causa" (STJ, REsp 1.611.415/PR, Rel. Min. Marco Aurélio Bellizze, 3ª Turma, jul. 21.02.2017, *DJe* 07.03.2017).

Rescisão de contrato. Devolução de quantias adiantadas. Decorrência lógica. "No provimento judicial que decreta a rescisão ou a nulidade contratual está ínsito o direito de devolução das quantias eventualmente adiantadas pelos contratantes, independentemente de requerimento expresso nesse sentido, sob pena de enriquecimento sem causa" (STJ, REsp 1.611.415/PR, Rel. Min. Marco Aurélio Bellizze, 3ª Turma, jul. 21.02.2017, *DJe* 07.03.2017). **No mesmo sentido:** "Conforme entendimento pacificado no âmbito das Turmas que integram a Segunda Seção desta Corte Superior, a rescisão judicial do contrato de compra e venda implica, *ex officio*, a restituição das partes ao estado anterior (eficácia restituitória contida no provimento jurisdicional), razão por que não ofende a coisa julgada a inclusão, na conta de liquidação, dos valores pagos pelo comprador" (STJ, AgRg no REsp 1.289.600/TO, Rel. p/ Acórdão Min. Marco Aurélio Bellizze, 3ª Turma, jul. 25.11.2014, *DJe* 17.12.2014); STJ, REsp 500.038/SP, Rel. Min. Aldir Passarinho Junior, 4ª Turma, jul. 22.04.2003, *DJ* 25.08.2003, p. 322.

Cláusula *rebus sic stantibus*. "A Corte Especial, no julgamento do REsp 1.111.117/PR, Rel. p/ acórdão Min. Mauro Campbell Marques, *DJ* 02.09.2010, decidiu que o percentual de 6% ao ano deve incidir até 11 de janeiro de 2003. A partir daí, deve-se observar o disposto no art. 406 do CC/02, 'seguindo a taxa que estiver em vigor para a mora do pagamento de impostos devidos à Fazenda Nacional' (atualmente, a taxa SELIC). Os juros moratórios, assim como a correção monetária, são consectários legais da obrigação principal e estão submetidos à cláusula *rebus sic stantibus*, o que implica reconhecer ter a sentença eficácia futura desde que mantida a situação de fato e de direito na época em que ela foi proferida. Assim, se o título judicial transitado em julgado aplicou o índice vigente à época, deve-se proporcionar a atualização do percentual em vigor no momento do cumprimento da obrigação" (STJ, EREsp 935.608/SP, Rel. Min. Castro Meira, Corte Especial, jul. 24.11.2011, *DJe* 06.02.2012).

Locação. Inadimplemento contratual. Fiador. "A mora *ex re* independe de qualquer ato do credor, como interpelação ou citação, porquanto decorre do próprio inadimplemento de obrigação positiva, líquida e com termo implementado, cuja matriz normativa é o art. 960, primeira parte, do Código Civil de 1916, reproduzido no Código Civil atual no *caput* do art. 397. Dessarte, como consignado no acórdão recorrido, se o contrato de locação especifica o valor do aluguel e a data de pagamento, os juros de mora fluem a partir do vencimento das prestações, a teor do art. 397 do Código Civil. Nos termos da Súmula 214/STJ, o fiador na locação não responde por obrigações resultantes de aditamento ao qual não anuiu e, por razões de equidade, também não pode responder por despesas judiciais antes de sua citação, visto que não lhe foi concedida possibilidade de satisfazer a obrigação que afiançou. Contudo, a fiança, por ser tão somente garantia pessoal, pela qual o fiador se obriga a satisfazer ao credor uma obrigação assumida pelo devedor (locatário), não constitui obrigação distinta da contraída pelo afiançado, compreendendo, salvo pactuação em contrário, os acessórios da obrigação principal. Ademais, o art. 823 do Código Civil prevê expressamente que a fiança pode ser em valor inferior ao da obrigação principal e contraída em condições menos onerosas, limitando-se, todavia, ao valor da obrigação principal, de modo que, por expressa previsão legal, poderia o fiador ter feito pactuação prevendo a incidência dos juros de mora apenas a partir de sua citação" (STJ, REsp 1.264.820/RS, Rel. Min. Luis Felipe Salomão, 4ª Turma, jul. 13.11.2012, *DJe* 30.11.2012).

Contrato de compra e venda. Resilição unilateral. Aluguel. "É cabível o pagamento de aluguel pelo tempo de permanência no imóvel, nas hipóteses em que houver a resilição unilateral de contrato de compra e venda, independentemente do causador da quebra contratual, sob pena de se gerar enriquecimento sem causa. O pagamento pela utilização do imóvel por parte do promissário comprador e a restituição de parcelas pagas pelo promissário vendedor decorrem de consectários lógicos da quebra de contrato de compra e venda de imóvel, situação que leva ao retorno das partes contratantes ao estado anterior à avença, não havendo se falar em necessidade de pedido explícito da parte interessada" (STJ, AgInt nos EDcl no REsp 1.811.724/GO, Rel. Min. João Otávio de Noronha, 4ª Turma, jul. 24.06.2024, *DJe* 27.06.2024).

Dano moral. Pedido genérico. Interpretação. "O pedido formulado pela parte deve ser examinado a partir de uma interpretação lógico-sistemática, não podendo o magistrado se esquivar da análise ampla e detida da relação jurídica posta. É indispensável que, da interpretação conferida pelo magistrado ao pedido inicial, não resulte provimento jamais cogitado pelo autor, sob pena de tolher do réu o direito ao contraditório, exercido com base nos fatos previamente relatados pelo autor da demanda. Hipótese em que, pela simples leitura da petição inicial, não é possível inferir que o autor tenha sofrido algum tipo de constrangimento moral em virtude dos vícios de fabricação em automóvel por ele adquirido, daí decorrendo a impossibilidade de afirmar que, no pedido genérico de reparação por perdas e danos, estão também compreendidos os danos morais, se nenhum abalo de ordem extrapatrimonial foi suscitado, nem sequer na narrativa dos fatos" (STJ, AgInt no REsp 1.593.655/BA, Rel. Min. Ricardo Villas Bôas Cueva, 3ª Turma, jul. 13.12.2016, *DJe* 10.02.2017).

"A interpretação do pedido deve se guiar por duas balizas: de um lado, a contextualização do pedido, integrando-o ao inteiro teor da petição inicial, de modo a extrair a pretensão integral da parte; e, de outro lado, a adstrição do pedido, atendendo-se ao que foi efetivamente pleiteado, sem ilações ou conjecturas que ampliem o seu objeto. A mera circunstância de os fatos narrados comportarem, em tese, indenização por danos morais, sem que haja qualquer pedido ou cogitação tendente a exigi-la, não autoriza o juiz a, de ofício, considerá-la implícita no pedido de ressarcimento por danos materiais, até porque nada impede a parte de, observado o prazo prescricional, ajuizar ação autônoma buscando ressarcimento específico pela violação dos direitos da personalidade. Ademais, justamente por serem de caráter subjetivo, na falta de qualquer sinalização de que tenham realmente sido suportados, não há como presumir ter a parte sofrido danos de ordem moral" (STJ, REsp 1.155.274/PE, Rel. Min. Nancy Andrighi, 3ª Turma, jul. 08.05.2012, *DJe* 15.05.2012).

"Conforme esclareceu a nobre julgadora na decisão que julgou parcialmente procedente a ação concedendo ao recorrente indenização moral, ficou devidamente evidenciado no pedido do autor que na sua pretensão encontra-se incluída a condenação da ré em perdas e danos. Comentando acerca do sentido de perdas e danos ensina Rizzatto Nunes que a expressão há de ser entendida como danos materiais (emergentes e lucros cessantes) e morais (*Curso de Direito do Consumidor*. São Paulo: Saraiva, 2008, fls. 259). Com efeito, cumpre ressaltar que a obrigatória adstrição do julgador ao pedido expressamente formulado pelo autor pode ser mitigada em observância dos brocardos da *mihi factum dabo tibi ius* (dá-me os fatos que te darei o direito) e *iura novit curia* (o juiz é quem conhece o direito). Ademais, o entendimento do STJ é firme no sentido de que os pedidos formulados pelas partes devem ser analisados por uma interpretação lógico-sistemática, não podendo o magistrado se esquivar da análise ampla e detida da relação jurídica posta em exame" (STJ, REsp 1.645.223/SP, Rel. Min. Herman Benjamin, 2ª Turma, jul. 21.02.2017, *DJe* 18.04.2017).

"Embora da leitura da petição inicial possa se verificar, na parte dos pedidos, a ausência de postulação expressa à condenação por dano moral, os demandantes deixam claro na fundamentação que pretendem indenização em razão da morte do filho, em decorrência de erro médico atribuído à conduta dos réus, o que se mostrou suficiente para permitir a condenação sob esse fundamento, notadamente, por terem os requeridos tratado do tema em suas peças de contestação, afastando, assim, a ocorrência de julgamento *extra petita*" (STJ, REsp 1.328.457/RS, Rel. Min. Marco Aurélio Bellizze, 3ª Turma, jul. 11.09.2018, *DJe* 17.09.2018).

Ação de prestação de contas. "Não obstante possua a ação de prestação de contas caráter dúplice, possibilitando ao réu, na contestação, formular pedidos em seu favor, não exigindo reconvenção, resta caracterizada a preclusão quando não houver requerimento nesse sentido. Nos termos do artigo 293 do Código de Processo Civil [art. 322 do CPC/2015], o pedido deve ser interpretado restritivamente, sendo necessária a invocação expressa da pretensão pelo autor e, na espécie, também pelo réu" (STJ, REsp 476.783/RJ, Rel. Min. João Otávio de Noronha, 2ª Turma, jul. 18.10.2007, *DJ* 13.11.2007, p. 520).

"Não pode o juiz, em ação de prestação de contas, alcançando contrato de arrendamento mercantil que estipula aluguel mensal com base em 50% do faturamento líquido da arrendatária, ampliar o pedido inaugural para acolher outras questões, ainda que, eventualmente, possam estar relacionadas com o mesmo contrato. Neste feito, cabível, apenas, nos termos do pedido, a apuração das contas relativas ao aluguel contratado" (STJ, REsp 141.388/RS, Rel. Min. Carlos Alberto Menezes Direito, 3ª Turma, jul. 06.08.1998, *DJ* 13.10.1998, p. 92).

Contrato bancário. Capitalização anual de juros. "Nos contratos bancários celebrados com instituições financeiras, é possível a incidência da capitalização em periodicidade anual, desde que pactuada" (STJ, AgRg no Ag 882.861/SP, Rel. Min. João Otávio de Noronha, 4ª Turma, jul. 11.12.2007, *DJ* 11.02.2008 p. 1; *RJ* 364/158). **No mesmo sentido:** STJ, EREsp 932.303/MG, Rel. Min. Sidnei Beneti, 2ª seção, jul. 23.02.2011, *DJe* 10.03.2011.

"Conforme jurisprudência firmada nesta Corte, embora incidente o diploma consumerista nos contratos bancários, os juros pactuados em limite superior a 12% ao ano não são considerados abusivos, exceto quando comprovado que discrepantes em relação à taxa de mercado, após vencida a obrigação" (STJ, AgRg no Ag 873.681/SC, Rel. Min. Paulo Furtado (Des. Convocado do TJBA), 3ª Turma, jul. 27.10.2009, *DJe* 18.11.2009).

Contrato bancário que não prevê o percentual de juros remuneratórios a ser observado. "Nos contratos de mútuo em que a disponibilização do capital é imediata, o montante dos juros remuneratórios praticados deve ser consignado no respectivo instrumento. Ausente a fixação da taxa no contrato, o juiz deve limitar os juros à média de mercado nas operações da espécie, divulgada pelo Bacen, salvo se a taxa cobrada for mais vantajosa para o cliente. Em qualquer hipótese, é possível a correção para a taxa média se for verificada abusividade nos juros remuneratórios praticados" (STJ, REsp 1.112.879/PR, Rel. Min. Nancy Andrighi, 2ª Seção, jul. 12.05.2010, *DJe* 19.05.2010).

Capitalização mensal de juros. Cédula rural. "A capitalização mensal de juros na cédula de crédito rural é permitida, desde que pactuada. Incidência da Súmula 93/STJ. Entretanto, as instâncias ordinárias não se manifestaram acerca da expressa pactuação da capitalização mensal de juros, o que impossibilita a sua cobrança, já que, nesta esfera recursal extraordinária, não é possível a verificação de tal requisito, sob pena de afrontar o disposto nos Enunciados 5 e 7 da Súmula do Superior Tribunal de Justiça" (STJ, REsp 302.265/RS, Rel. Min. Luis Felipe Salomão, 4ª Turma, jul. 18.03.2010, *DJe* 12.04.2010). **No mesmo sentido**: STJ, REsp 1.333.977/MT, Rel. Min. Maria Isabel Gallotti, 2ª Seção, jul. 26.02.2014, *DJe* 12.03.2014.

Cédula de crédito industrial. Contratação de reajuste pela variação cambial. Nulidade. "No concernente à vinculação dos negócios à variação cambial, a Lei 8.880, de 27 de maio de 1994, que instituiu a URV, dispôs no seu art. 6º: 'É nula de pleno direito a contratação de reajuste vinculado à variação cambial, exceto quando expressamente autorizado por lei federal, e nos contratos de arrendamento mercantil celebrados entre pessoas residentes e domiciliadas no país, com base em captação de recursos provenientes do exterior' (REsp 303.258/PR, Quarta Turma, Rel. Ministro Ruy Rosado de Aguiar, julgado em 25/6/2002, *DJ* de 17/3/2003, p. 234). 4. Agravo regimental não provido" (STJ, AgRg no Ag 1.259.018/SC, Rel. Min. Raul Araújo, 4ª Turma, jul. 18.02.2014, *DJe* 20.03.2014).

11. Sentença *extra petita*.

Não ocorrência. "Consoante o entendimento consolidado neste Tribunal, não configura julgamento *ultra petita* ou *extra petita* o provimento jurisdicional exarado nos limites do pedido, o qual deve ser interpretado lógica e sistematicamente a partir de toda a petição inicial, e não apenas de sua parte final, tampouco quando o julgador aplica o direito ao caso concreto sob fundamentos diversos dos apresentados pela parte. Precedentes" (STJ, AgInt no REsp 1.244.217/ES, Rel. Min. Lázaro Guimarães (Desembargador Convocado do TRF 5ª Região), 4ª Turma, jul. 28.11.2017, *DJe* 04.12.2017). **No mesmo sentido:** STJ, REsp 1400264/RS, Rel. Min. Nancy Andrighi, 3ª Turma, jul. 24.10.2017, *DJe* 30.10.2017.

Compromisso de compra e venda. "Caracteriza-se como *extra petita* a decisão que, ao acolher pedido de resolução de compromisso de compra e venda, determina a expedição de mandado de reintegração na posse não postulada na inicial" (STJ, REsp 18.000/RJ, Rel. Min. Sálvio de Figueiredo Teixeira, 4ª Turma, jul. 18.05.1993, *DJ* 07.06.1993, p. 11.262).

12. Sentença *ultra petita*.

Pedido. Interpretação sistemática. Fato constitutivo superveniente. Consideração. Possibilidade. "Agindo o juiz fora dos limites definidos pelas partes e sem estar amparado em permissão legal que o autorize examinar questões de ofício, haverá violação ao princípio da congruência, haja vista que o pedido delimita a atividade do juiz, que não pode dar ao autor mais do que ele pediu, julgando *ultra petita* (além do pedido). O CPC/15 contém, contudo, expressa ressalva aos limites do pedido, permitindo ao juiz considerar fatos supervenientes que constituam o direito envolvido na lide, na forma do art. 493 do CPC/15. Cabe ao julgador, ademais, a interpretação lógico-sistemática do pedido formulado na petição inicial a partir da análise dos fatos e da causa de pedir, o que atende à necessidade conceder à parte o que foi efetivamente requerido por ela, interpretando o pedido a partir de um exame completo da petição inicial, e não apenas da parte da petição destinada aos requerimentos finais, sem que isso implique decisão *extra* ou *ultra petita*. Precedentes" (STJ, REsp 1.793.637/PR, Rel. Min. Nancy Andrighi, 3ª Turma, jul. 17.11.2020, *DJe* 19.11.2020).

13. Comissão de permanência. "A partir do vencimento do contrato bancário, o devedor responderá exclusivamente pela comissão de permanência (assim entendida como juros remuneratórios à taxa média de mercado acrescidos de juros de mora e multa contratual) sem cumulação com correção monetária (Súmula n. 30 do STJ)" (STJ, AgRg no REsp 989.240/RS, Rel. p/ Acórdão Ministro João Otávio de Noronha, 2ª Seção, jul. 14.10.2009, *DJe* 02.03.2010).

14. Depósito judicial.

Impedimento da fluência de juros moratórios. "O depósito judicial do valor em litígio impede a fluência de juros moratórios, sob pena de ocorrência de *bis in idem*, haja vista a instituição bancária em que realizado o depósito remunerar a quantia com juros e correção monetária. Precedentes do STJ" (STJ, EDcl no REsp 1.139.061/PR, Rel. Min. Herman Benjamin, 2ª Turma, jul. 02.03.2010, *DJe* 26.03.2010).

Desnecessidade de ação específica contra o banco depositário. "A discussão quanto à aplicação de juros e correção monetária nos depósitos judiciais independe de ação específica contra o banco depositário. Precedentes do STJ. Recurso especial parcialmente provido para denegar a segurança, com a ressalva da possibilidade de a recorrida contrapor-se, nos próprios autos em que efetuados os depósitos, à pretensão da ocorrência de juros e correção monetária. Acórdão sujeito ao regime do art. 543-C do CPC [art. 1.036 do CPC/2015] e do art. 8º da Resolução STJ 8/2008" (STJ, REsp 1.360.212/SP, Rel. Min. Herman Benjamin, 1ª Seção, jul. 12.06.2013, *DJe* 11.09.2013).

15. Inclusão da taxa Selic nos cálculos da liquidação. Ofensa à coisa julgada. "A fixação de percentual relativo aos juros moratórios, após a edição da Lei 9.250/95, em decisão que transitou em julgado, impede a inclusão da Taxa Selic em fase de liquidação de sentença, sob pena de violação ao instituto da coisa julgada, porquanto a referida taxa engloba juros e correção monetária, não podendo ser cumulada com qualquer outro índice de atualização. (...) A interpretação da sentença, pelo Tribunal *a quo*, de forma a incluir fator de indexação nominável (Selic), afastando os juros de mora, implica afronta à coisa julgada, não obstante tenha sido determinada a atualização da condenação pelos mesmos índices da correção dos débitos tributários, quando em vigor a Lei 9.250/95" (STJ, REsp 1.136.733/PR, Rel. Min. Luiz Fux, 1ª Seção, jul. 13.10.2010, *DJe* 26.10.2010).

16. Promessa de compra e venda de imóvel. Cobrança de juros compensatórios durante a obra. Abusividade. "Em contratos de promessa de compra e venda de imóvel em construção, descabe a cobrança de juros compensatórios antes da entrega das chaves do imóvel – **'juros no pé'** –, porquanto, nesse período, não há capital da construtora/incorporadora mutuado ao promitente comprador, tampouco utilização do imóvel prometido. Em realidade, o que há é uma verdadeira antecipação de pagamento, parcial e gradual, pelo comprador, para um imóvel cuja entrega foi contratualmente diferida no tempo. Vale dizer, se há aporte de capital, tal se verifica por parte do comprador para com o vendedor, de sorte a beirar situação aberrante a cobrança reversa de juros compensatórios, de quem entrega o capital por aquele que o toma de empréstimo" (STJ, REsp 670.117/PB, Rel. Min. Luis Felipe Salomão, 4ª Turma, jul. 14.09.2010, *DJe* 23.09.2010).

17. Ação civil pública. Expurgos inflacionários. Plano verão (janeiro de 1989). Execução individual. Inclusão de juros remuneratórios e de expurgos subsequentes. Omissão do título. "Na execução individual de sentença proferida em ação civil pública que reconhece o direito de poupadores aos expurgos inflacionários decorrentes do Plano Verão (janeiro de 1989): 1.1. Descabe a inclusão de juros remuneratórios nos cálculos de liquidação se inexistir condenação expressa, sem prejuízo de, quando cabível, o interessado ajuizar ação individual de conhecimento; 1.2. Incidem os expurgos inflacionários posteriores a título de correção monetária plena do débito judicial, que terá como base de cálculo o saldo existente ao tempo do referido plano econômico, e não os valores de eventuais depósitos da época de cada plano subsequente" (STJ, REsp 1.392.245/DF, Rel. Min. Luis Felipe Salomão, 2ª Seção, jul. 08.04.2015, *DJe* 07.05.2015). **Obs.:** Decisão submetida a julgamento de recursos repetitivos.

Art. 323. Na ação que tiver por objeto cumprimento de obrigação em prestações sucessivas, essas serão consideradas incluídas no pedido, independentemente de declaração expressa do autor, e serão incluídas na condenação, enquanto durar a obrigação, se o devedor, no curso do processo, deixar de pagá-las ou de consigná-las.

CPC/1973

Art. 290.

REFERÊNCIA LEGISLATIVA

CPC/2015, art. 541 (ação de consignação em pagamento; prestações periódicas).

Lei nº 8.245/1991 (Lei de Locações), arts. 62, II, a (ação de despejo por falta de pagamento), e 67, III (ação de consignação de aluguel e acessórios da locação).

CJF – I JORNADA DE DIREITO PROCESSO CIVIL

Enunciado 86 – As prestações vincendas até o efetivo cumprimento da obrigação incluem-se na execução de título executivo extrajudicial (arts. 323 e 318, parágrafo único, do CPC).

BREVES COMENTÁRIOS

Há casos em que a obrigação se desdobra em várias prestações periódicas, como os aluguéis, juros e outros encargos, que formam o que a doutrina chama de "obrigações de trato sucessivo".

Quando isto ocorre, mesmo sem menção expressa do autor na petição inicial, o Código considera incluídas no pedido as prestações periódicas de vencimento posterior ao ajuizamento da causa. Trata-se de pedido implícito, na sistemática do Código.

Numa ação de despejo por falta de pagamento, por exemplo, se a purga da mora se dá após vencimento de outros aluguéis, além daqueles relacionados na inicial, deverá a emenda compreender todas as prestações efetivamente vencidas até o momento do pagamento.

Perante essas obrigações de trato sucessivo é, outrossim, possível também a condenação a prestações vincendas, ou seja, prestações que só se vencerão em data posterior à sentença. A execução destas, porém, somente será viável depois dos respectivos termos, obviamente.

JURISPRUDÊNCIA SELECIONADA

1. Prestações sucessivas ou de trato continuado.

a) Cotas condominiais. Prestações sucessivas incluídas no pedido. "O propósito recursal é definir se, à luz das disposições do CPC/2015, é válida a pretensão do condomínio exequente de ver incluídas, em ação de execução de título executivo extrajudicial, as parcelas vincendas no débito exequendo, até o cumprimento integral da obrigação do curso do processo. O art. 323 do CPC/2015, prevê que, na ação que tiver por objeto cumprimento de obrigação em prestações sucessivas, essas serão consideradas incluídas no pedido, independentemente de declaração expressa do autor, e serão incluídas na condenação, enquanto durar a obrigação, se o devedor, no curso do processo, deixar de pagá-las ou de consigná-las. A despeito de referido dispositivo legal ser indubitavelmente aplicável aos processos de conhecimento, **tem-se que deve se admitir a sua aplicação, também, aos processos de execução.** (...) Tal entendimento está em consonância com os princípios da efetividade e da economia processual, evitando o ajuizamento de novas execuções com base em uma mesma relação jurídica obrigacional" (REsp 1756791/RS, Rel. Min. Nancy Andrighi, 3ª Turma, jul. 06.08.2019, *DJe* 08.08.2019). **No mesmo sentido, mas entendendo que apenas as prestações homogêneas, contínuas e da mesma natureza comportam essa inclusão automática na execução:** STJ, REsp 1.835.998/RS, Rel. Min. Luis Felipe Salomão, 4ª Turma, jul. 26.10.2021, *DJe* 17.12.2021.

b) Parcelas vincendas. Inclusão. Admissibilidade. "O art. 323 do CPC/2015 prevê que, na ação que tiver por objeto cumprimento de obrigação em prestações sucessivas, essas serão consideradas incluídas no pedido, independentemente de declaração expressa do autor, e serão incluídas na condenação, enquanto durar a obrigação, se o devedor, no curso do processo, deixar de pagá-las ou de consigná-las. O referido dispositivo legal, indubitavelmente aplicável aos processos de conhecimento, também deve ser adotado nos processos de execução de título extrajudicial. O art. 771 do CPC/2015, na parte que regula o procedimento da execução fundada em título executivo extrajudicial, admite a aplicação subsidiária das disposições concernentes ao processo de conhecimento à lide executiva" (STJ, REsp 1.783.434/RS, Rel. Min. Nancy Andrighi, 3ª Turma, jul. 03.06.2020, *DJe* 04.06.2020).

c) Multiplicidade de prescrições. "4. Em se tratando de obrigação de trato sucessivo, podem incidir, no contexto da mesma relação jurídica, dois prazos prescricionais diferentes – CC/1916 e CC/2002 – a serem contados a partir de dois marcos temporais diferentes – data da entrada em vigor do CC/2002 e data do vencimento de cada prestação –, a depender do momento em que nasce cada pretensão, isoladamente considerada, tendo como referência a vigência do CC/2002" (STJ, 3ª T., REsp 2.001.617/PR, Rel. Min. Nancy Andrighi, j. 02.08.2022, *DJe* 05.08.2022).

d) Consignação em pagamento. "Sem embargo de respeitável corrente doutrinária e jurisprudencial em contrário, a Turma, na linha de precedente seu (REsp 56.761/SP), acolhe entendimento que admite, na ação consignatória, que os depósitos de prestações periódicas sejam efetuados até o trânsito em julgado. As normas dos arts. 290 e 892, CPC [arts. 323 e 541 do CPC/2015], inserem-se em um sistema que persegue a economia processual buscando evitar a multiplicação de demandas" (STJ, REsp 33.976/SP, Rel. Min. Sálvio de Figueiredo Teixeira, 4ª Turma, jul. 18.06.1996, *RSTJ* 87/275).

e) Ação de cobrança. "Sendo de trato sucessivo as prestações (homogêneas, contínuas, da mesma natureza jurídica, sem modificação unilateral), enquanto durar a obrigação estão elas incluídas na sentença condenatória da ação de cobrança. Vencidas depois da condenação, liquidam-se. Novas, não precisam de nova sentença de condenação. As liquidadas por sentença formam título executivo judicial; executam-se. Após a sentença de liquidação, surgidas outras, novamente liquidam-se e se executam, sem necessidade de outra ação de cobrança com sentença condenatória" (1º TACívSP, Ap 426.675-5, Rel. Juiz Costa de Oliveira, jul. 13.12.1989; *RT* 651/97). **No mesmo sentido:** STJ, REsp 1.055.806/PA, Rel. Min. Maria Thereza de Assis Moura, 6ª Turma, jul. 19.03.2009, *DJe* 13.04.2009.

2. Pedido implícito. "Se a causa versa sobre ação de rito comum (sumaríssimo) de ressarcimento, em virtude de descumprimento, pelo locatário, de cláusula contratual a respeito do pagamento de IPTU, é patente a existência de parcelas, com periodicidade anual, a vencerem após o ajuizamento da ação e, por isso mesmo, implícitas no pedido inicial, devem ser incluídas na condenação, nos termos do art. 290 do CPC [art. 323 CPC/2015]" (STJ, REsp 398.013/PR, Rel. Min. Fernando Gonçalves, 6ª Turma, jul. 18.04.2002, *DJU* 06.05.2002, p. 345).

"As prestações vincendas (periódicas) consideram-se implícitas no pedido, devendo ser incluídas na condenação, se não pagas, enquanto durar a obrigação, dispensando-se novo processo de conhecimento. A norma do art. 290, CPC [art. 323 do CPC/2015], insere-se na sistemática de uma legislação que persegue a economia processual buscando evitar o surgimento de demandas múltiplas. Irrelevante que as prestações futuras possam vir a ter seus valores alterados. O que a norma exige é que sejam elas da mesma natureza jurídica, independentemente do seu *quantum*" (STJ, REsp 157.195/RJ, Rel. Min. Sálvio de Figueiredo Teixeira, 4ª Turma, jul. 02.02.1999, *RF* 351/390). **No mesmo sentido:** STJ, REsp 671.428/RJ, Rel. Min. Castro Filho, 3ª Turma, jul. 03.05.2005, *DJ* 23.05.2005, p. 286.

3. Embargos à execução. Título judicial. Relação de trato continuado. Acórdão que extingue a execução. Alteração fática posterior. Violação da coisa julgada. Inocorrência. "Não faz coisa julgada sobre a integralidade da relação jurídica o pronunciamento judicial que aprecia relações de trato continuado que sofrem modificações de ordem fática e jurídica no tempo. Inteligência do art. 505, I, do CPC/2015. Se, a despeito do pedido de rescisão, o pacto que originou a emissão dos títulos de crédito seguiu vigente, os fatos supervenientes, alheios ao pronunciamento anterior e que têm aptidão para alterar o contexto jurídico e a relação entre as partes, não podem ficar imunes à jurisdição" (STJ, REsp 2.027.650/DF, Rel. Min. Ricardo Villas Bôas Cueva, 3ª Turma, jul. 25.10.2022, *DJe* 28.10.2022).

4. Ação revisional. Aluguel provisório e definitivo. "Uma vez arbitrado o valor do aluguel – seja o provisório e/ou o definitivo – revela-se o crédito do locador certo quanto à sua existência, líquido quanto ao seu valor, bem como exigível, desde a citação na ação revisional. O arbitramento do aluguel provisório faz nascer, num primeiro momento, a obrigação do locatário de pagá-lo no vencimento, a partir da citação, e, por conseguinte, o direito do locador de exigi-lo, tão logo constatada eventual mora. E a fixação do aluguel definitivo em quantia inferior à do aluguel provisório, num segundo momento, faz surgir para o locatário o direito à repetição do indébito, relativamente às parcelas pagas depois da citação, ou à compensação da diferença com os aluguéis vincendos" (REsp 1714393/SP, Rel. Min. Nancy Andrighi, 3ª T. jul. 13.08.2019, *DJe* 15.08.2019).

5. Ausência de carência de ação. "Não há carência de ação para o credor por título executivo extrajudicial, representado em instrumento de confissão de dívida pagável em prestações sucessivas, que prefere o procedimento comum de cobrança das parcelas vencidas, ante a faculdade oferecida pelo art. 290 do CPC [art. 323 do CPC/2015], a permitir a inclusão das que se forem vencendo no curso da lide, em vez de ajuizar execução. O seu interesse de agir via procedimento comum funda-se em que não se lhe pode exigir que ajuíze execução de cada parcela inadimplida ou que aguarde o vencimento de várias ou de todas" (TARS, Ap 185.008.281, Rel. Juiz Sérgio Pilla da Silva, 3ª Câmara, jul. 13.03.1985, *JTARS* 53/345).

Art. 324. O pedido deve ser determinado.

§ 1º É lícito, porém, formular pedido genérico:

I – nas ações universais, se o autor não puder individuar os bens demandados;

II – quando não for possível determinar, desde logo, as consequências do ato ou do fato;

III – quando a determinação do objeto ou do valor da condenação depender de ato que deva ser praticado pelo réu.

§ 2º O disposto neste artigo aplica-se à reconvenção.

CPC/1973

Art. 286.

REFERÊNCIA LEGISLATIVA

CPC/2015, art. 329 (alteração do pedido).

BREVES COMENTÁRIOS

A *determinação* se refere aos limites da pretensão. O autor deve ser claro, preciso, naquilo que espera obter da prestação jurisdicional. Somente é determinado o pedido se o autor faz conhecer, *com segurança*, o que pede que seja pronunciado pela sentença. O objeto *imediato* do pedido nunca pode ser genérico e há sempre de ser *determinado* (uma condenação, uma constituição, uma declaração, uma execução, uma medida cautelar). Mas o pedido *mediato* (a utilidade prática visada pelo autor), este pode ser genérico, nos casos do art. 324, § 1º: nas ações universais, se não puder o autor individuar na petição os bens demandados; quando não for possível determinar, desde logo, as consequências do ato ou do fato; quando a determinação do objeto ou do valor da condenação depender de ato que deva ser praticado pelo réu. A indeterminação, contudo, nunca pode ser *total* ou *absoluta*. Na sua *generalidade*, o pedido há sempre de ser certo e determinado. Não se pode, por exemplo, pedir a condenação a *qualquer prestação*. O autor terá, assim, de pedir a condenação a entrega de certas coisas indicadas pelo gênero ou o pagamento de uma indenização de valor ainda não determinado. A indeterminação ficará restrita à quantidade ou qualidade das coisas ou importâncias pleiteadas. Nunca poderá, portanto, haver indeterminação do gênero da prestação pretendida. Nas ações de indenização, que são aquelas em que mais frequentemente ocorrem pedidos genéricos, tem o autor sempre de especificar o prejuízo a ser ressarcido. Expressões vagas como "perdas e danos" e "lucros cessantes" não servem para a necessária individuação do *objeto* da causa. Necessariamente haverá de ser descrita a lesão suportada pela vítima do ato ilícito, *v.g.*: prejuízos (danos emergentes) correspondentes à perda da colheita de certa lavoura, ou ao custo dos reparos do bem danificado, ou à desvalorização do veículo após o evento danoso, ou, ainda, os lucros cessantes representados pela perda do rendimento líquido do veículo durante sua inatividade para reparação, ou dos aluguéis do imóvel durante o tempo em que o dono ficou privado de sua posse etc.

JURISPRUDÊNCIA SELECIONADA

1. Pedido.

a) Conceito. "O pedido é aquilo que se pretende com a instauração da demanda e se extrai a partir de uma interpretação lógico-sistemática do afirmado na petição inicial, recolhendo todos os requerimentos feitos em seu corpo, e não só aqueles constantes em capítulo especial ou sob a rubrica *dos pedidos*" (STJ, REsp 76.153, Rel. Min. Sálvio de Figueiredo, 4ª Turma, jul. 05.12.1995, *RSTJ* 83/258).

b) Pedido certo. Conceito. "A certeza do pedido se configura com a imposição feita ao autor de indicar, de forma precisa e clara, a espécie de tutela jurisdicional pretendida e o resultado prático que se alcançará. A determinação está relacionada à liquidez do objeto, isto é, à qualidade e quantidade do bem da vida buscado" (STJ, REsp 1.823.072/RJ, Rel. Min. Marco Aurélio Bellizze, 3ª Turma, jul. 05.11.2019, *DJe* 08.11.2019).

c) Pedido implícito. "O pedido emana de interpretação lógico-sistemática da petição inicial, não podendo ser restringido somente ao capítulo especial que contenha a denominação 'dos pedidos'. 'Não ocorre julgamento *extra* ou *ultra petita* na hipótese em que o tribunal reconhece os pedidos implicitamente formulados na inicial.' 'Nome ou título da ação utilizado pelo autor, na inicial, não conduz nem tampouco condiciona a atividade jurisdicional, a qual está adstrita tão somente à causa de pedir e ao pedido.' Precedentes" (STJ, AgRg no REsp 1.115.942/RJ, Rel. Min. Vasco Della Giustina, 6ª Turma, jul. 28.02.2012, *DJe* 12.03.2012).

d) Pedido determinado. "A teor do art. 286 do CPC [art. 324 do CPC/2015], o pedido deve ser certo e determinado para que o juiz saiba precisamente qual seja e possa decidir. Deve, ainda, ser concludente, isto é, resultar da causa de pedir. Em face de não ter havido pedido certo e determinado, configura-se *extra petita* a decisão afirmativa de que o 'dano estético é resultante do dano físico', porquanto extravasa a possibilidade de se estabelecer a equivalência entre o dano e o ressarcimento" (STJ, REsp 902.049/BA, Rel. Min. Honildo Amaral de Mello Castro, 4ª Turma, jul. 25.08.2009, *DJe* 02.09.2009).

2. Determinação de restituição, pelo promitente vendedor, das parcelas do preço pagas pelos promitentes compradores. Desnecessidade de pedido expresso dos réus. "Decretada a resolução do contrato de promessa de compra e venda, deve o juiz, ainda que não tenha sido expressamente provocado pela parte interessada, determinar a restituição, pelo promitente vendedor, das parcelas do preço pagas pelos promitentes compradores. Concretização da eficácia restitutória da resolução, aplicável em benefício das duas partes do contrato, como consequência natural da desconstituição do vínculo contratual. Inocorrência de decisão *extra petita*. Reafirmação da jurisprudência da Terceira e da Quarta Turma deste STJ acerca do tema" (STJ, REsp 1.286.144/MG, Rel. Min. Paulo de Tarso Sanseverino, 3ª Turma, jul. 07.03.2013, *DJe* 01.04.2013).

3. Moeda estrangeira. "Quando não enquadradas nas exceções legais, as dívidas fixadas em moeda estrangeira não permitem indexação. Sendo assim, havendo previsão de pagamento futuro, tais dívidas deverão, no ato de quitação, ser convertidas para moeda nacional com base na cotação da data da contratação e, a partir daí, atualizadas com base em índice de correção monetária admitido pela legislação pátria" (STJ, REsp 804.791/MG, Rel. Min. Nancy Andrighi, 3ª Turma, jul. 03.09.2009, *DJe* 25.09.2009).

4. Pedido genérico (§ 1º).

"Não havendo indicação a respeito dos fundamentos de fato e de direito em que se baseia o pleito, deve ser indeferida a petição inicial, nos termos do art. 286 do CPC [art. 324 do CPC/2015]" (STJ, REsp 617.854/SP, Rel. Min. Teori Albino Zavascki, 1ª Turma, jul. 05.10.2004, *DJ* 18.10.2004).

a) Pedido indeterminado.

b) Ato ilícito. Possibilidade. "Consoante o disposto no art. 324, § 1º, II, do CPC/2015, sendo o caso de ato ilícito, em que o autor não puder, de pronto e de forma definitiva, delimitar todas as suas consequências, lhe é devido especificar apenas algumas delas e indicar que não possui condições, no momento de ajuizamento da ação, de delinear as demais, requerendo que se clarifique o pedido no curso da demanda, através de produção de prova técnica, como se verifica na presente hipótese de vício construtivo" (STJ, AgInt no REsp 1.800.488/SP, Rel. Min. Marco Aurélio Bellizze, 3ª Turma, jul. 10.06.2019, *DJe* 13.06.2019).

c) Dano material. "Esta Corte Superior, nos casos de indenização por danos materiais, é firme no seguinte sentido: 'muito embora a lei processual imponha que o pedido seja certo e determinado não obsta que o mesmo seja genérico, como, in casu, em que foi requerida a indenização pelos danos materiais e morais sem definição, initio litis, do quantum debeatur (REsp 693.172/MG, Primeira Turma, Rel. Min. Luiz Fux, *DJ* de 12.9.2005)'" (STJ, AgInt no REsp 1.321.219/RS, Rel. Min. Luis Felipe Salomão, 4ª Turma, jul. 02.05.2017, *DJe* 04.05.2017).

Pensão mensal. Pagamento de uma só vez. Não cabimento. "(...). A controvérsia remanescente neste recurso especial diz respeito à pensão mensal incluída na indenização, consoante o disposto no art. 950 do CC, tendo prevalecido na origem a orientação de que os recorridos têm direito a que a indenização seja arbitrada e paga de uma só vez, nos moldes do respectivo parágrafo único. O pagamento de uma só vez da pensão por indenização é faculdade estabelecida para a hipótese do *caput* do art. 950 do CC, que se refere apenas a defeito que diminua a capacidade laborativa, não se estendendo aos casos de falecimento (REsp 1.230.007/MG, Rel. Ministro Castro Meira, Segunda Turma, *DJe* 28/2/2011; REsp 1.045.775/ES, Rel. Ministro Massami Uyeda, Terceira Turma, *DJe* 4/8/2009; REsp 403.940/TO, Rel. Ministro Sálvio de Figueiredo Teixeira, Quarta Turma, *DJ* 12/8/2002, p. 221)" (STJ, REsp 1.393.577/PR, Rel. Min. Herman Benjamin, 2ª Turma, jul. 04.02.2014, *DJe* 07.03.2014).

d) Dano moral. "Não se configura a alegada inépcia da petição inicial, na medida em que é possível a formulação de pedido genérico em **ação de indenização por danos morais**. Com efeito, 'o pedido inicial, como manifestações de vontade, deve ser interpretado à luz do princípio da efetividade e da economia processual, que visam conferir à parte um máximo de resultado com um mínimo de esforço processual. Consectariamente, muito embora a lei processual imponha que o pedido seja certo e determinado não obsta que o mesmo seja genérico, como, *in casu*, em que foi requerida a indenização pelos danos materiais e morais sem definição, *initio litis*, do *quantum debeatur*' (REsp 693.172/MG, 1ª Turma, Rel. Min. Luiz Fux, *DJ* de 12.9.2005)" (STJ, REsp 926.628/MT, Rel. Min. Denise Arruda, 1ª Turma, jul. 19.05.2009, *DJe* 18.06.2009).

Art. 325. O pedido será alternativo quando, pela natureza da obrigação, o devedor puder cumprir a prestação de mais de um modo.

Parágrafo único. Quando, pela lei ou pelo contrato, a escolha couber ao devedor, o juiz lhe assegurará o direito de cumprir a prestação de um ou de outro modo, ainda que o autor não tenha formulado pedido alternativo.

CPC/1973

Art. 288.

REFERÊNCIA LEGISLATIVA

CPC/2015, arts. 292 (valor da causa; pedido alternativo) e 800 (execução; obrigações alternativas).

CC, arts. 252 a 256.

BREVES COMENTÁRIOS

Pedido alternativo é, pois, o que reclama prestações disjuntivas: ou uma prestação ou outra. Alternatividade refere-se, assim, ao pedido mediato, ou seja, ao bem jurídico que o autor pretende extrair da prestação jurisdicional.

Exemplo de pedido alternativo encontramos na pretensão do depositário que pede a restituição do bem depositado ou o equivalente em dinheiro. E também na hipótese do art. 500 do Código Civil, em que se pode pedir complementação da área do imóvel ou abatimento do preço.

Se a alternatividade for a benefício do credor, este poderá dispensá-la e pedir a condenação do devedor apenas a uma prestação fixa, escolhida entre as que faculta a lei ou o negócio jurídico. Mas, se a escolha couber ao devedor, "o juiz lhe assegurará o direito de cumprir a prestação de um ou de outro modo, ainda que o autor não tenha formulado pedido alternativo" (art. 325, parágrafo único).

JURISPRUDÊNCIA SELECIONADA

1. Prestação da obrigação. "Se múltipla a forma de prestar a obrigação, o pedido é alternativo; porém, se esta for fixa, há cumulação alternativa de pedidos" (TAMG, Ap. 44.270, Rel. Juiz Pinheiro Lago, 3ª Câmara, *Adcoas*, 1990, nº 128.317).

Alternativa (parágrafo único). "A possibilidade da prestação alternativa não impede a execução, de conformidade com o parágrafo único do art. 288 do Código de Processo Civil [art. 324 do CPC/2015], ainda que o credor não tenha citado o devedor para a opção. Não exercida, contudo, a escolha oportunamente e na forma do contrato, pode o credor executar o devedor pela modalidade que melhor satisfaça o seu crédito e que mais se identifique com a vontade das partes" (TJMT, ApCív. 9.477, Rel. Shelma Lombardi de Kato, 2ª Câmara, jul. 18.04.1978, *RT* 515/193).

2. Pedidos alternativos. "O art. 288 do CPC [art. 324 do CPC/2015], que trata da possibilidade de pedidos alternativos, segundo remansosa doutrina, aplica-se a obrigações alternativas, as quais têm 'por objeto uma pluralidade de bens reciprocamente heterogêneos e acidentalmente reunidos pelo contrato' (Caio Mário da Silva Pereira, Instituições de direito civil. Rio de Janeiro, Editora Forense, 2006, p. 122), o que não é o caso dos autos" (STJ, REsp 950.522/PR, Rel. Min. Luis Felipe Salomão, 4ª Turma, jul. 18.08.2009, *DJe* 08.02.2010).

3. Aditamento da petição inicial. Pedido alternativo. Inexistência de julgamento *ultra petita*. "O acatamento de um dos pedidos alternativos veiculados pelo autor em sede de aditamento não importa em julgamento *ultra petita*" (STJ, REsp 297.064/SP, Rel. Min. João Otávio de Noronha, 2ª Turma, jul. 27.09.2005, *DJ* 17.10.2005, p. 236).

Art. 326. É lícito formular mais de um pedido em ordem subsidiária, a fim de que o juiz conheça do posterior, quando não acolher o anterior.

Parágrafo único. É lícito formular mais de um pedido, alternativamente, para que o juiz acolha um deles.

CPC/1973

Art. 289.

REFERÊNCIA LEGISLATIVA

CPC/2015, art. 292 (valor da causa; pedido subsidiário).

CJF – JORNADA DE DIREITO PROCESSUAL CIVIL

II JORNADA

Enunciado 109 – Na hipótese de cumulação alternativa, acolhido integralmente um dos pedidos, a sucumbência deve ser suportada pelo réu.

BREVES COMENTÁRIOS

Enquanto a alternatividade se refere apenas à prestação que é objeto do pedido mediato, no caso de pedidos subsidiários a substituição pode também se referir ao pedido imediato, ou seja, à própria tutela jurisdicional. Assim, é lícito ao autor pedir a rescisão do contrato com perdas e danos, ou, se não configurada razão para tanto, a condenação do réu a pagar a prestação vencida.

Pode-se dar, também, a subsidiariedade de pedidos em litígios matrimoniais, mediante a formulação de pretensão à anulação do casamento ou, se inviável, à decretação do divórcio.

A regra do art. 326 é, como se vê, regra de cumulação de pedidos, mas de cumulação apenas eventual. Há, na verdade, um pedido principal e um ou vários subsidiários, que só serão examinados na eventualidade de rejeição do primeiro.

O parágrafo único do art. 326 permite, ainda, que o autor formule mais de um pedido subsidiário, alternativamente, para que o juiz acolha um deles.

JURISPRUDÊNCIA SELECIONADA

1. Pedidos sucessivos. "(...). A cumulação eventual de pedidos encerra o intuito do autor de ter acolhida uma de duas ou mais pretensões deduzidas, apresentadas em ordem de preferência, que há de ser considerada pelo magistrado no julgamento da demanda, sob pena de restar eivada do vício citra petita, porquanto compete ao Juiz julgar o pedido como posto pelo autor. Nesse sentido, assevera a doutrina especializada, *verbis*: Cúmulo eventual é a reunião de dois ou mais pedidos em uma só iniciativa processual, com a manifestação de preferência por um deles. Esse é um cúmulo alternativo, porque não se deduzem pretensões somadas para que ambas fossem satisfeitas (como no cúmulo simples). Mas é uma alternatividade qualificada pela eventualidade do segundo pedido que se deduz, de modo que este só será apreciado em caso de o primeiro não ser acolhido (CPC, art. 289) [art. 326 do CPC/2015]. O não acolhimento, que autoriza conhecer do segundo pedido, pode ser pela improcedência do primeiro ou pela declaração de sua inadmissibilidade (carência de ação, etc.). Em caso de ser provido o pedido prioritário, fica prejudicado o eventual e não será julgado por ausência de interesse processual. O caráter eventual dessa alternatividade distingue-a da alternatividade ordinária, pela escolha prioritária manifestada pelo autor. Não existe, como lá, a indiferença deste quanto aos resultados. Por isso, a rejeição do pedido prioritário e procedência do eventual não têm o efeito de procedência integral da demanda, mas parcial: o autor tem legítimo interesse recursal em pedir aos órgãos jurisdicionais superiores o provimento do pedido de sua procedência. De todo modo, como os pedidos não são somados, basta o acolhimento de um deles para que suporte o réu, por inteiro, os encargos da sucumbência (art. 20) [art. 85 do CPC/2015]. Pela mesma razão, os pedidos não se somam para efeito de atribuir valor à causa: esta terá o valor do pedido principal e não de ambos (art. 259, inc. IV) [art. 292, VIII, do CPC/2015]' (DINAMARCO, Cândido Rangel. In 'Instituições de Direito Processual Civil', vol. II, 5.ª ed., rev. e atual., São Paulo: Malheiros Editores, pp. 171/172)" (STJ, REsp 844.428/SP, Rel. Min. Luiz Fux, 1ª Turma, jul. 04.03.2008, *DJe* 05.05.2008).

Cumulação alternativa. "Na cumulação alternativa não há hierarquia entre os pedidos, que são excludentes entre si. O acolhimento de qualquer um deles satisfaz por completo a pretensão do autor, que não terá interesse em recorrer da decisão que escolheu uma dentre outras alternativas igualmente possíveis e satisfativas. Se não há interesse recursal, conclui-se que os ônus da sucumbência devem ser integralmente suportados pelo réu. Já na cumulação subsidiária, como é o caso dos autos, os pedidos são formulados em grau de hierarquia, denotando a existência de um pedido principal e outro (ou outros) subsidiário(s). Assim, se o pedido principal foi rejeitado, embora acolhido outro de menor importância, surge para o autor o interesse em recorrer da decisão. Se há a possibilidade de recurso, é evidente que o autor sucumbiu de parte de sua pretensão, devendo os ônus sucumbenciais serem suportados por ambas as partes, na proporção do sucumbimento de cada um. Casos há em que existe um grande distanciamento entre os pedidos cumulados, de modo que a aplicação da tese do aresto paradigma imporia flagrante infringência ao princípio da equidade que deve nortear a fixação de honorários advocatícios" (STJ, EREsp 616.918/MG, Rel. Min. Castro Meira, Corte Especial, jul. 02.08.2010, *DJe* 23.08.2010).

2. Omissão. *Citra petita*. "À luz do art. 289 do Código de Processo Civil [art. 326 do CPC/2015] 'é lícito formular mais de um pedido em ordem sucessiva, a fim de que o juiz conheça do posterior, em não podendo acolher o anterior.' A cumulação eventual de pedidos encerra o intuito do autor de ter acolhida uma de duas ou mais pretensões deduzidas, apresentadas em ordem de preferência, que há de ser considerada pelo magistrado no julgamento da demanda, sob pena de restar eivada do vício *citra petita*, porquanto compete ao Juiz julgar o pedido como posto pelo autor" (STJ, REsp 844.428/SP, Rel. Min. Luiz Fux, 1ª Turma, jul. 04.03.2008, *DJe* 05.05.2008). **No mesmo sentido:** TARS, no Ag 186.036.802, Rel. Juiz Celeste Vicente Rovani, 3ª Câmara, jul. 25.08.1986, *JTARS* 61/192.

3. Acolhimento do principal. "Acolhido o pedido principal, fica o juiz dispensado de apreciar o pedido subsidiário, não podendo ser a sentença acoimada de *citra petita*" (STJ, REsp 122.345/MG, Rel. Min. Adhemar Maciel, jul. 04.08.1997, 2ª Turma, *DJU* 08.09.1997, p. 42.453).

4. Fundamentos opostos. "Tratando-se de pedidos formulados em ordem sucessiva (art. 289 do CPC) [art. 326 do CPC/2015], podem eles ter fundamentos opostos. O segundo pedido somente será objeto de decisão na eventualidade da improcedência do primeiro" (STJ, REsp 34.371/SP, Rel. Min. Barros Monteiro, 4ª Turma, jul. 21.10.1997, *DJU* 15.12.1997, p. 66.414).

5. Unicidade da competência. "Ainda que se trate de cumulação sucessiva de pedidos, prevista no art. 289 do CPC [art. 326 do CPC/2015], em que a sentença deve acolher o pedido posterior, caso não possa reconhecer a procedência do pedido anterior, os seus pressupostos estão determinados no artigo 292 do mesmo Código [art. 327 do CPC/2015], que só permite a cumulação na hipótese de unicidade da competência do juízo para conhecer de todos os pedidos. Não se desconhecem decisões do Superior Tribunal de Justiça e construções doutrinárias pelo abrandamento da necessidade que os pedidos cumulados sejam dirigidos ao mesmo Réu, entretanto, a questão da unicidade da competência verifica-se instransponível. *In casu*, tendo as Apelantes cumulado pedidos subsidiários, em que o juízo não se demonstra competente para julgar o pedido antecedente, imperioso reconhecer a inépcia da inicial, nos termos do artigo 295, inciso VI do parágrafo único, do Código de Processo Civil [art. 330, IV, do CPC/2015]. Trata-se de vício insanável porque ultrapassada a fase processual cabível, não havendo que se falar em emenda a inicial" (TJMG, ApCív. 1.0024.06.019574-0/001, Rel. Des. Brandão Teixeira, 2ª Câmara, jul. 22.01.2008, *DJ* 19.02.2008).

6. Sucumbência. "Formulando o autor pedidos sucessivos, a rejeição do prioritário e o acolhimento do subsidiário não importa em rateio dos encargos da sucumbência, pois, nesse caso, não há soma de pretensões, mas pedidos subsidiários. Sendo a Fazenda Pública vencida na demanda os honorários devem ser fixados de acordo com o art. 20, § 4º do CPC [art. 85, § 8º, do CPC/2015], sendo de bom alvitre que sejam estabelecidos em quantia certa quando não for possível precisar o valor da condenação. Recurso provido em parte" (TJMG, ApCív. 1.0024.07.805369-1/001, Rel. Des. Heloisa Combat, 7ª Câmara, jul. 21.09.2009, *DJ* 18.09.2009). **No mesmo sentido:** STJ, REsp 844.428/SP, Rel. Min. Luiz Fux, 1ª Turma, jul. 04.03.2008, *DJe* 05.05.2008.

7. Pedido sucessivo. Reforma da sentença. É lícito ao réu, vencido em primeiro grau, formular pedidos sucessivos na apelação. Se o Tribunal, por maioria, dá provimento à apelação e reforma a sentença de mérito para julgar improcedente o pedido indenizatório, o réu apelante não tem interesse no exame do segundo pedido, sucessivo, de redução proporcional da indenização. O interesse no exame do pedido sucessivo ressurge quando o Tribunal acolhe embargos infringentes opostos pelo autor/apelado, restabelecendo a sentença que declarou inteiramente procedente o pedido indenizatório (STJ, REsp 1.007.072/MG, Rel. Min. Humberto Gomes de Barros, 3ª Turma, jul. 17.03.2008, *DJe* 16.05.2008).

Art. 327. É lícita a cumulação, em um único processo, contra o mesmo réu, de vários pedidos, ainda que entre eles não haja conexão.

§ 1º São requisitos de admissibilidade da cumulação que:

I – os pedidos sejam compatíveis entre si;

II – seja competente para conhecer deles o mesmo juízo;

III – seja adequado para todos os pedidos o tipo de procedimento.

§ 2º Quando, para cada pedido, corresponder tipo diverso de procedimento, será admitida a cumulação se o autor empregar o procedimento comum, sem prejuízo do emprego das técnicas processuais diferenciadas previstas nos procedimentos especiais a que se sujeitam um ou mais pedidos cumulados, que não forem incompatíveis com as disposições sobre o procedimento comum.

§ 3º O inciso I do § 1º não se aplica às cumulações de pedidos de que trata o art. 326.

CPC/1973

Art. 292.

REFERÊNCIA LEGISLATIVA

CPC/2015, arts. 55 (conexão de ações), 535, IV, e 780 (cumulação de execuções).

BREVES COMENTÁRIOS

Em princípio, a cumulação de pedidos se dá contra "o mesmo réu" (art. 327, *caput*). Esse dado, porém, não deve ser visto como um requisito de admissibilidade da cumulação, pois ocorrendo conexão por objeto ou causa de pedir, é possível reunirem-se réus diferentes em litisconsórcio (art. 113, II), caso em que pedidos não necessariamente iguais poderão ser endereçados a cada demandado, desde que se observem os requisitos dos §§ 1º e 2º do art. 327.

O atual Código nem sempre estabelece como requisito de admissibilidade da cumulação que os pedidos sejam compatíveis entre si. Quando, *v.g.*, se tratar de pedidos subsidiários (art. 327, § 3º), o requisito não prevalece porque eles se submeterão a exame sucessivo e nunca serão deferidos simultaneamente.

JURISPRUDÊNCIA SELECIONADA

1. Cumulação de ações. "É assente nesta Corte a possibilidade de cumulação de pedidos, nos termos do art. 292 do Código de Processo Civil [art. 327 do CPC/2015], quando houver na demanda ponto comum de ordem jurídica ou fática, ainda que contra **réus diversos**. A expressão 'contra o mesmo réu' referida no art. 292 do CPC deve ser interpretada *cum grano salis*, de modo a se preservar o fundamento técnico-político da norma de cumulação simples de pedidos, que é a eficiência do processo e da prestação jurisdicional. Respeitados os requisitos do art. 292, § 1º, do CPC [art. 327, § 1º, do CPC/2015] (= compatibilidade de pedidos, competência do juízo e adequação do tipo de procedimento), aos quais se deve acrescentar a exigência de que não cause tumulto processual (pressuposto pragmático), nem comprometa a defesa dos demandados (pressuposto político), é admissível, inclusive em ação civil pública, a cumulação de pedidos contra réus distintos e atinentes a fatos igualmente distintos, desde que estes guardem alguma relação entre si" (STJ, AgRg no REsp 953.731/SP, Rel. Min. Herman Benjamin, 2ª Turma, jul. 02.10.2008, *DJe* 19.12.2008, *RP* 169/310). **No mesmo sentido:** TFR, Ap. 63.549/GO, Rel. Min. Antonio de Pádua Ribeiro, 4ª Turma, jul. 20.05.1987, *RTFR* 154/49.

"Quando ocorrer **afinidade de questões por um ponto comum de fato e de direito**, conforme previsto no inciso IV do art. 46 do Código de Processo Civil [art. 113, III, do CPC/2015], o autor pode acionar vários réus, ainda se formulados pedidos cumulativos contra réus distintos. Mesmo que o juiz não admita a formulação de pedidos cumulativos contra réus distintos, nem por isso deve indeferir a inicial, pois a interpretação que melhor se ajusta às exigências de um processo civil moderno, cada vez mais preocupado em se desprender dos formalismos, conduz a que se permita que o autor faça opção por um dos pedidos, se forem inacumuláveis, ou que os apresente em ordem sucessiva, se for o caso" (STJ, REsp 204.611/MG, Rel. Min. Cesar Asfor Rocha, 4ª Turma, jul. 16.05.2002, *DJ* 09.09.2002, p. 229).

2. Requisitos (§ 1º)

a) Compatíveis entre si (inciso I).

"O instituto da cumulação de ações, que no sistema processual vigente dispensa a ocorrência de conexão, funda-se no princípio da economia e tem o indisfarçável propósito de impedir a proliferação de processos. Inadmite-se a cumulação simples se há incompatibilidade da via procedimental, a ensejar tumulto e desordem na realização dos atos" (STJ, REsp 2.267/RS, Rel. Min. Sálvio de Figueiredo Teixeira, 4ª Turma, jul. 14.05.1990, *DJ* 04.06.1990, p. 5.062).

Extinção de ofício por incompatibilidade de pedidos. "Não é dado ao Tribunal, de ofício, extinguir o processo sem o conhecimento do mérito por incompatibilidade de pedidos, no recurso de apelação interposto pela autora, visando ampliar o acolhimento de sua pretensão inicial" (STJ, REsp 547.663/RS, Rel. Min. Barros Monteiro, 4ª Turma, jul. 16.08.2005, *DJ* 03.10.2005, p. 260). **Em sentido contrário:** "As questões de ordem pública referentes às condições da ação e aos pressupostos processuais podem ser conhecidas de ofício pelo órgão julgador nas instâncias ordinárias. Precedentes. A adequação procedimental necessária à cumulação de execuções prevista no art. 573 do CPC [art. 780 do CPC/2015] constitui condição da ação de execução referente ao interesse processual, a qual, uma vez ausente, pode ensejar a extinção do feito de ofício pelo órgão julgador" (STJ, REsp 670.233/RN, Rel. Min. João Otávio de Noronha, 4ª Turma, jul. 04.03.2008, *DJe* 16.06.2008).

b) Competência do mesmo juízo (inciso II).

Competência distinta. Impossibilidade de cumulação. Harmonização da regra especial e competência absoluta. "A previsão legal para formulação de pedido incidental de nulidade de patente como matéria de defesa, a qualquer tempo (art. 56, § 1º, da Lei n. 9.279/1996), deve ser interpretada de forma harmônica com as regras de competência absoluta para conhecimento da matéria. (...) A observância das regras de competência absoluta é pressuposto intransponível para a cumulação de pedidos, razão pela qual o pedido incidental declaratório de nulidade de patente não pode ser julgado pelo Juízo de direito estadual" (STJ, REsp 1.558.149/SP, Rel. Min. Marco Aurélio Bellizze, 3ª Turma, jul. 26.11.2019, *DJe* 03.12.2019). **No mesmo sentido:** STJ, REsp 1.188.105/RJ, Rel. Min. Luis Felipe Salomão, 4ª Turma, jul. 05.03.2013, *DJe* 12.04.2013.

Litisconsórcio facultativo. "O litisconsórcio facultativo comum traduz-se em verdadeiro cúmulo de demandas, que buscam vários provimentos somados em uma sentença formalmente única (DINAMARCO, Cândido Rangel. *Litisconsórcio*. 8. ed. São Paulo: Malheiros, 2009, p. 86). Sendo assim – e levando-se em conta que 'todo cúmulo subjetivo tem por substrato um cúmulo objetivo' (*idem, ibidem*), com causas de pedir e pedidos materialmente diversos (embora formalmente únicos) –, para a formação de litisconsórcio facultativo comum há de ser observada a limitação segundo a qual só é lícita a cumulação de pedidos se o juízo for igualmente competente para conhecer de todos eles (art. 292, § 1º, inciso II, do CPC) [art. 327, § 1º, II, do CPC/2015]. Portanto, como no litisconsórcio facultativo comum o cúmulo subjetivo ocasiona cumulação de pedidos, não sendo o juízo competente para conhecer de todos eles, ao fim e ao cabo fica inviabilizado o próprio litisconsórcio, notadamente nos casos em que a competência se define *ratione personae*, como é a jurisdição cível da Justiça Federal" (STJ, REsp 1.120.169/RJ, Rel. Min. Luis Felipe Salomão, 4ª Turma, jul. 20.08.2013, *DJe* 15.10.2013).

Pedido de nulidade de registro de marca e abstenção de uso. Pedido de danos morais e materiais. Cumulação. Impossibilidade. "Embora seja possível a cumulação do pedido de nulidade de registro de marca com o pedido de abstenção de uso, em razão da previsão expressa do art. 173 da LPI, não se mostra possível a cumulação do pedido de indenização por danos materiais e morais. Cumulação que apenas se mostra possível quando o mesmo juízo for competente para conhecer dos diferentes pedidos, o que não é o caso, considerando que a ação de nulidade deve tramitar, por força do art. 175 da LPI, na Justiça Federal. Inteligência do art. 292, § 1º, do CPC/73 (art. 327, § 1º, do CPC/15). Precedentes deste Superior Tribunal" (STJ, REsp 1.848.033/RJ, Rel. Min. Paulo de Tarso Sanseverino, 3ª Turma, jul. 19.10.2021, *DJe* 12.11.2021).

c) Adequação para todos os pedidos o tipo de procedimento (Inciso III).

Ação de prestação de contas e de nulidade de contratos. "De feições complexas e comportando duas fases distintas, inadmissível é a cumulação da ação de prestação de contas com as ações de nulidade de contratos e declaratória de inexigibilidade de títulos, por ensejar tumulto e desordem na realização dos atos processuais. Precedente da Quarta Turma" (STJ, REsp 190.892/SP, Rel. Min. Barros Monteiro, 4ª Turma, jul. 15.06.2000, *DJ* 21.08.2000, p. 140).

Prestação de contas. Dissolução de sociedade. "Dissolução de sociedade. Sendo inacumuláveis os pedidos de prestação de contas e dissolução de sociedade, pela diversidade de rito, deve ser oportunizada ao autor a opção por uma das ações, ainda depois da resposta do réu. Art. 284 do CPC [art. 321 do CPC/2015]" (STJ, REsp 80.168/GO, Rel. Min. Ruy Rosado de Aguiar, 4ª Turma, jul. 27.02.1996, *DJU* 06.05.1996, p. 14.427).

3. Adoção do procedimento comum (§ 2º).

Procedimentos distintos. Conversão para o rito ordinário. "De acordo com o art. 292, § 1º, III e § 2º, do CPC [art. 327 do CPC/2015], a cumulação de pedidos se sujeita, entre outros requisitos, à identidade de procedimento ou à possibilidade de que todos os pedidos sejam processados pelo rito ordinário. Em nosso sistema processual prevalece a regra da indisponibilidade do procedimento, segundo a qual as partes não podem alterar a espécie procedimental prevista para determinada situação litigiosa. Todavia, há situações em que o ordenamento jurídico possibilita que pedidos sujeitos a procedimentos especiais sejam também formulados via procedimento comum, como é o caso das ações possessórias e monitórias. Dessa forma, a partir de uma análise sistemática do CPC, conclui-se que a regra do art. 292, § 2º, não se aplica indiscriminadamente, alcançando apenas os pedidos sujeitos a procedimentos que admitam conversão para o rito ordinário" (STJ, REsp 993.535/PR, Rel. Min. Nancy Andrighi, 3ª Turma, jul. 06.04.2010, *DJe* 22.04.2010).

4. Incidentes processuais. "A possibilidade de cumulação de pedidos, prevista no art. 292, § 2º, do CPC [art. 327 do CPC/2015], não abrange meros incidentes processuais, aos quais não é proibido aplicar o procedimento ordinário" (TJRJ, Emb. na Ap 682, Rel. Des. Barbosa Moreira, 5ª Câmara, *Adcoas*, nº 126.296, 1990).

5. Reunião de processos. Faculdade do juiz. "A reunião de processos contra o mesmo devedor por conveniência da unidade da garantia da execução, nos termos do art. 28 da Lei 6.830/80, não é um dever do Juiz, e sim uma faculdade. Precedentes citados: AgRg no Ag 288.003/SP, 2ª Turma, Rel. Min. Eliana Calmon, *DJ* de 1º.8.2000, p. 250; REsp 62.762/RS, 2ª Turma, Rel. Min. Adhemar Maciel, *DJ* de 16.12.1996, RT 739/212" (STJ, AgRg no REsp 609.066/PR, Rel. Min. Denise Arruda, 1ª Turma, jul. 21.09.2006, *DJ* 19.10.2006, p. 240).

"O Sistema Processual Brasileiro, por seu turno, assimila esse poder judicial de avaliação da cumulação de ações, como se observa no litisconsórcio recusável (art. 46, parágrafo único, do CPC) [art. 113 do CPC/2015] e na cumulação de pedidos (art. 292 e parágrafos do CPC) [art. 327 do CPC/2015]" (STJ, REsp 1.125.387/SP, Rel. Min. Luiz Fux, 1ª Turma, jul. 08.09.2009, *DJe* 08.10.2009).

6. Investigação de paternidade e anulação de registro civil. "É possível a cumulação, no âmbito de uma mesma ação, dos pedidos de investigação de paternidade e de anulação ou retificação do registro de nascimento, tendo em vista que a modificação do registro é consequência lógica da eventual procedência do pedido investigatório" (STJ, REsp 1.215.189/RJ, Rel. Min. Raul Araújo, 4ª Turma, jul. 02.12.2010, *DJe* 01.02.2011).

Art. 328. Na obrigação indivisível com pluralidade de credores, aquele que não participou do processo receberá sua parte, deduzidas as despesas na proporção de seu crédito.

CPC/1973

Art. 291.

REFERÊNCIA LEGISLATIVA

CC, arts. 257 a 263.

BREVES COMENTÁRIOS

Quando vários credores são titulares, em conjunto, de uma relação jurídica que representa obrigação indivisível, isto é, insuscetível de cumprimento fracionado ou parcial, qualquer deles é parte legítima para pedir a prestação por inteiro (CC, art. 260). Não há litisconsórcio necessário na hipótese, pois cada um dos credores tem direito próprio a exigir toda a prestação, cabendo-lhe acertar posteriormente com os demais credores as partes que lhes tocarem.

À vista dessas regras de direito material, dispõe o art. 328 do CPC/2015 que aquele credor que não tiver movido a ação também receberá a sua parte, devendo, porém, reembolsar ao autor as despesas feitas no processo, na proporção de sua parcela no crédito. Por conseguinte, o autor só estará legitimado a levantar, na execução, a parte que lhe couber no crédito indivisível, quando puder, naturalmente, separá-la fisicamente. Quando a indivisibilidade decorrer da natureza da coisa devida, o credor que obtiver sentença favorável poderá levantá-la por inteiro, ficando responsável pela entrega em dinheiro da parte dos demais credores (CC, art. 261), se não lhes convier manterem-se em condomínio.

JURISPRUDÊNCIA SELECIONADA

1. Inexistência de litisconsorte. Condôminos. "Inexistência de litisconsorte necessário ativo entre os condôminos de bem divisível, cabendo a cada condômino defender sua quota-parte" (STJ, AR 1.589/SP, Rel. p/ Ac. Min. Eliana Calmon, 1ª Seção, jul. 26.02.2004, *DJ* 24.05.2004, p. 142).

2. Legitimidade ativa. Condômino. Ajuizamento. Ação de indenização. Desapropriação indireta. "A legitimidade para propor a desapropriação indireta não implica o direito de receberem os condôminos a totalidade da indenização. Aliás, o próprio Código de Processo Civil (CPC, art. 291) [art. 328 do CPC/2015] prevê a possibilidade de cotitulares levantarem, em juízo, apenas a cota que lhes pertence, como sói ocorrer nas obrigações individuais" (STJ, REsp 300.196/SP, Rel. Min. Milton Luiz Pereira, 1ª Turma, jul. 12.08.2003, *DJ* 15.12.2003, p. 183).

Art. 329. O autor poderá:

I – até a citação, aditar ou alterar o pedido ou a causa de pedir, independentemente de consentimento do réu;

II – até o saneamento do processo, aditar ou alterar o pedido e a causa de pedir, com consentimento do réu, assegurado o contraditório mediante a possibilidade de manifestação deste no prazo mínimo de 15 (quinze) dias, facultado o requerimento de prova suplementar.

Parágrafo único. Aplica-se o disposto neste artigo à reconvenção e à respectiva causa de pedir.

CPC/1973

Arts. 264 e 294.

BREVES COMENTÁRIOS

A estabilização da demanda no CPC/2015 permanece, basicamente, a mesma do Código anterior, porém, apenas no tocante às alterações por livre iniciativa das partes (art. 329, II). Estabilizado o objeto do processo, caberá ao juiz pronunciar-se rigorosamente dentro dos limites da demanda proposta, no tocante às partes, pedido e causa de pedir (CPC/2015, arts. 141 e 492).

Em nosso sistema processual, portanto, os limites do pronunciamento judicial possível estabilizem-se no momento em que a citação do demandado ocorre. Daí em diante, só é possível alterar o pedido e a causa de pedir, havendo consentimento do réu (CPC/2015, art. 329, II), caso em que o contraditório e a instrução probatória serão reabertos. Depois do saneamento, o CPC/2015 não prevê a possibilidade de alterações do pedido ou da causa de pedir, por livre convenção dos litigantes.

Por fim, resolvidas todas as questões incidentes, fixados os pontos de fato que dependem de provas e deferidos os meios probatórios cabíveis, o procedimento estará saneado e preparado para a instrução. Terá chegado a um ponto tal, "que retroagir seria tumultuar; como o processo não é um negócio em família e a jurisdição é uma função pública, o poder de disposição das partes não pode chegar ao ponto de permitir que elas prejudiquem o bom exercício desta" (DINAMARCO, Cândido Rangel. *Instituições de direito processual civil.* São Paulo: Malheiros, v. II, n. 414, p. 68). Daí não falar o Código na possibilidade de alterações posteriores ao saneamento.

Não quer isso dizer, todavia, que seja absoluta a vedação em tela após o saneamento. Existe, ainda, a possibilidade de negócio jurídico processual cuja prática não encontra limite temporal na regulação do CPC/2015 (art. 190). Dessa maneira, torna-se possível, por meio de convenção, eventual modificação do procedimento, inclusive do pedido. A diferença, contudo, reside em que até o saneamento o problema se resolve pela pura convenção entre as partes. Saneado o processo, o negócio jurídico fica sujeito ao controle e aprovação do juiz (art. 190, parágrafo único), que levará em conta interesses públicos que acaso desaconselhem a reabertura da fase postulatória, em nome de seus deveres de velar pela rápida e efetiva composição do litígio.

Esquematicamente o regime de alteração e aditamento do pedido e da causa de pedir, instituído pelo CPC/2015, pode ser assim visto:

(a) antes da citação, o autor é livre para fazê-lo;

(b) após a citação e antes do saneamento do processo, as partes são livres para fazê-lo, mediante consenso;

(c) após o saneamento, as partes ainda poderão fazê-lo mediante negócio jurídico processual, cujo efeito, todavia, dependerá de controle e aprovação do juiz.

JURISPRUDÊNCIA SELECIONADA

1. Exegese. "O artigo 294 do Código de Processo Civil [art. 329 do CPC/2015] estabelece que o autor poderá aditar o pedido, arcando com todas as despesas daí decorrentes, permitindo a alteração da ação ajuizada, desde que ainda não instaurada a relação processual pela citação do réu, pois, caso contrário, ocorrida a estabilização do processo, a modificação do pedido ou da causa de pedir somente será permitida com o consentimento do réu, nos termos do artigo 264 do mesmo diploma legal [art. 329 do CPC/2015]" (TJMG, AI 1.0702.08.437719-2/001, Rel. Des. Alvimar de Ávila, 12ª Câmara, jul. 01.10.2008, *DJ* 08.10.2008). **No mesmo sentido:** STJ, AR 213/RJ, Rel. Min. Waldemar Zveiter, 2ª Seção, jul. 13.12.1989, *DJ* 19.02.1990, p. 1.030.

2. Alteração antes da citação (inciso I).

Embargos à execução. Aditamento. "Os embargos à execução, embora incidentes em um processo de execução e apesar de terem por objetivo veicular a defesa do executado, ostentam natureza jurídica de verdadeiro processo de conhecimento, autônomo em relação ao processo de execução. Aplicável aos embargos à execução a regra do artigo 294 do Código de Processo Civil [art. 329 do CPC/2015], permitindo-se o aditamento da petição inicial, desde que em momento anterior à intimação do embargado" (STJ, REsp 700.117, Rel. Min. Sidnei Beneti, 3ª Turma, jul. 01.12.2009, *DJ* 10.12.2009). **No mesmo sentido:** STJ, REsp 952.211/RS, Rel. Min. Arnaldo Esteves Lima, 5ª Turma, jul. 05.02.2009, *DJe* 09.03.2009.

Alteração do polo passivo da ação antes da citação. Possibilidade. Princípio da estabilização subjetiva do processo. "Até a citação, a parte autora pode emendar a inicial, com a correção do polo passivo, em razão de não ter ocorrido a estabilização da demanda (arts. 264 e 294 do CPC) [art. 329 do CPC/2015]" (STJ, REsp 614.617/DF, Rel. Min. Humberto Martins, 2ª Turma, jul. 09.06.2009, *DJe* 29.06.2009). **Precedentes citados:** STJ, REsp 799.369/BA, Rel. Min. Teori Albino Zavascki, 1ª Turma, jul. 18.09.2008, *DJe* 25.09.2008; STJ, REsp 988.505/DF, Rel. Min. Nancy Andrighi, 3ª Turma, jul. 26.06.2008, *DJe* 05.08.2008; e STJ, REsp 435.580/RJ, Rel. Min. João Otávio de Noronha, 2ª Turma, jul. 03.08.2006, *DJ* 18.08.2006, p. 362.

3. Alteração após a citação, antes do saneamento (inciso II).

Modificação do percentual de juros de mora após a propositura da execução. Necessidade de consentimento do executado. "Os recorrentes alegam, em síntese, que, diante do disposto no art. 322, § 1º, do CPC e por cuidar-se de questão de ordem pública, o percentual de juros poderia ser modificado, independentemente de anuência da parte contrária. Correta a posição firmada no acórdão combatido, no sentido da imprescindibilidade da anuência da executada para a modificação do pedido constante da exordial, por força do art. 329, I e II, do CPC e da preclusão da matéria. O § 1º do art. 322 do CPC prevê tão somente que o juiz não fica adstrito à eventual omissão da parte autora no tocante às matérias nele apontadas, pois os pedidos – juros legais, correção monetária e verbas de sucumbência –, por serem considerados como pedidos implícitos. Não obstante, uma vez que tais parcelas da condenação estejam acobertadas pela coisa julgada, bem como pleiteadas em procedimento executório, com a concordância da parte contrária, não é mais lícito à parte pretender modificá-las sem a anuência do executado, seja pelo disposto no art. 329, II, do CPC, seja pela ocorrência de preclusão consumativa (art. 507 do CPC). É importante ressaltar ainda que não se desconhece a natureza de questão de ordem pública dos juros legais, conforme entendimento pacífico desta Corte. Todavia, tal natureza não é capaz de se impor sobre outras questões da mesma ordem, tal como a coisa julgada e a preclusão" (STJ, REsp 1.783.281/PE, Rel. Min. Og Fernandes, 2ª Turma, jul. 22.10.2019, *DJe* 29.10.2019).

Citação. Emenda posterior da inicial para incluir litisconsorte necessário. Possibilidade, desde que não acarrete alteração do pedido. "Observados os princípios da instrumentalidade das formas e da economia processual, a jurisprudência do Superior Tribunal de Justiça admite a emenda da inicial após a citação do réu para incluir um litisconsorte necessário, desde que isso não acarrete alteração da causa de pedir ou do pedido" (STJ, AgInt nos EDcl no AREsp 1.269.139/SP, Rel. Min. Ricardo Villas Bôas Cueva, 3ª Turma, jul. 08.10.2018, *DJe* 15.10.2018).

Inclusão no polo passivo. Alteração após o saneamento. Pedido e causa de pedir iguais. Possibilidade. "O propósito recursal é decidir se é possível a alteração do polo passivo da demanda após o saneamento do processo e sem a autorização do réu. (...) A alteração do polo passivo quando mantido o pedido e a causa de pedir não viola o art. 329 do CPC. Pelo contrário, além de homenagear os princípios da economia processual e da primazia do julgamento de mérito, essa possibilidade cumpre com o dever de utilizar a técnica processual não como um fim em si mesmo, mas como um instrumento para a célere composição do litígio. Determinar o ajuizamento de nova demanda apenas para que seja alterado o polo passivo traria mais prejuízos às partes, pois haveria um inefetivo adiamento do julgamento de mérito. As causas em que o pedido ou a causa de pedir são iguais deverão ser julgadas conjuntamente, pois são conexas. Portanto, não há razão para impedir o aditamento que altera apenas a composição subjetiva da lide. Há de ser oportunizada à parte autora a alteração do polo passivo mesmo após o saneamento do processo, desde que não haja alteração do pedido ou da causa de pedir. Dispensada a autorização do réu para alteração do polo passivo quando mantidos o pedido ou a casa de pedir, pois não se trata da hipótese prevista no art. 329 do Código de Processo Civil" (STJ, REsp 2.128.955/MS, Rel. Min. Nancy Andrighi, 3ª Turma, jul. 13.08.2024, *DJe* 15.08.2024).

Usucapião. Imóvel rural. Nova delimitação do imóvel. Possibilidade. Juntada de documentos. Alteração da área. Exame. Possibilidade. "É admissível a determinação de emenda à petição inicial, mesmo após a citação do réu e a apresentação de defesa, quando não houver alteração no pedido ou na causa de pedir. Precedente. Eventuais alterações no memorial descritivo do imóvel podem ser feitas unilateralmente antes da angularização da relação jurídico-processual ou, depois da citação, somente com a anuência explícita do réu. Precedente. Na hipótese, não há como concluir que a mera juntada da planta e do memorial descritivo georreferenciado implicou alteração objetiva da demanda, ou seja, do pedido formulado na petição inicial da ação de usucapião. No caso concreto, inexiste prejuízo aos litigantes, visto que, depois da apresentação dos documentos, o magistrado de primeiro grau determinou a intimação do demandado, dos confinantes e das Fazendas Públicas, em observância ao devido processo legal, ao contraditório e à ampla defesa" (STJ, REsp 1.685.140/MG, Rel. Min. Ricardo Villas Bôas Cueva, 3ª Turma, jul. 25.08.2020, *DJe* 31.08.2020).

Modificação do pedido após a citação. Necessidade de nova citação e consentimento expresso do demandado. "Tendo em vista que a lei determina a citação para os casos de ampliação objetiva da demanda, em havendo tão somente a intimação, o consentimento quanto ao novo pedido somente poderá atingir seu objetivo – com o vigor o princípio da instrumentalidade das formas – caso esse consentimento se dê de forma expressa, como decorrência lógica da análise sistêmica das normas do direito processual civil. Ora, se a lei prevê determinada forma para a realização de um ato, sem a cominação de nulidade, o juiz considerará válido o ato se, realizado de outro modo, lhe alcançar a finalidade – art. 244, CPC [art. 277 do CPC/2015]. Dessarte, para casos assim é obrigatória a realização da citação. Em não havendo a citação, mas simples intimação do Município, a regra contida no artigo 264 do CPC, segunda parte [art. 329 do CPC/2015], teria sido observada apenas e tão somente se a municipalidade tivesse declarado expressa concordância quanto à ampliação da lide. Entendimento contrário implicaria aceitar que à parte ré recairia o ônus decorrente de seu silêncio, mesmo não havendo cumprimento de determinação legal expressa, qual seja, citação válida, o que, a toda evidência, não se coaduna com o ordenamento jurídico pátrio. Assim, não há como entender no sentido de que o consentimento exigido pelo artigo 264 do Código de Processo Civil pode se dar tacitamente, na medida em que, caso citado, o silêncio do réu deve ser punido com a revelia. Por sua vez, em sendo apenas intimado, caso haja comparecimento espontâneo, o consentimento deve ser expresso. Na espécie, não houve citação, mas apenas intimação do Município para que se manifestasse sobre o pedido formulado pelo particular acerca da condenação das parcelas pretéritas em uma única sentada, desde o ilegal cessamento do adicional inicialmente pleiteado (fls. 76/79). Pelas razões acima expostas, é vedado interpretar o silêncio do Município de Xaxim como aceitação tácita acerca do pedido trazido aos autos em momento posterior à contestação, já que se presume o prejuízo causado pela ausência de citação" (STJ, REsp 1.307.407/SC, Rel. Min. Mauro Campbell Marques, 2ª Turma, jul. 22.05.2012, *DJe* 29.05.2012).

4. Fundamentação da sentença. Fundamento legal da ação pode ser alterado pelo juiz. Ver jurisprudência do art. 489 do CPC/2015.

5. Adequação dos pedidos. "A causa de pedir está ligada aos fatos e fundamentos jurídicos apresentados na inicial. No caso dos autos, não houve alteração da causa de pedir, apenas a adequação dos pedidos à morte do menor, não havendo falar em afronta ao art. 329, II, do Código de Processo Civil de 2015" (STJ, AgInt no AREsp 1.477.798/RS, Rel. Min. Ricardo Villas Bôas Cueva, 3ª Turma, jul. 04.05.2020, *DJe* 07.05.2020).

6. Tese alegada apenas em instrução, sob a forma de quesitos. Impossibilidade. "Caso concreto em que a alegação de pagamento somente veio a ser deduzida na fase de instrução, sob a forma de quesitos complementares à perícia, quando já preclusa a matéria, configurando inovação da lide (art. 264 do CPC/1973, atual art. 329 do CPC/2015). Inocorrência, porém, de coisa julgada material, ficando aberta a via da ação autônoma para se obter a declaração de quitação parcial, bem como a condenação da exequente às sanções devidas pela cobrança de dívida já paga, se for o caso" (STJ, REsp 1.487.124/PR, Rel. Min. Paulo de Tarso Sanseverino, 3ª Turma, jul. 26.09.2017, *DJe* 02.10.2017).

7. Investigação de paternidade. Alteração da causa de pedir. "No caso trazido ao Superior Tribunal de Justiça, verifica-se que o pedido formulado na petição inicial foi voltado à investigação de paternidade na modalidade biológica, não podendo após a estabilização da lide, ele também se voltar para a socioafetiva, situação fática que não se amolda ao Tema nº 622 do STF, não sendo possível a realização de juízo de retratação (art. 1.040, II, do NCPC)" (STJ, REsp 1.769.328/DF, Rel. Min. Moura Ribeiro, 3ª Turma, jul. 02.06.2020, *DJe* 09.06.2020).

8. Consequência lógica do pedido de resolução do contrato. Dispensa de pedido para incluir nos efeitos da sentença de mérito. "O pedido de indenização por benfeitorias, ainda que formulado após a contestação, é consequência lógica da procedência do pedido de resolução do contrato, cujo resultado prático é o retorno das partes ao 'status quo ante'. Com a retomada do imóvel pela promitente-vendedora, esta não pode locupletar-se, recebendo seu terreno com a construção realizada pelos promitentes-compradores sem a correspondente indenização" (STJ, REsp 764.529/RS, Rel. Min. Paulo de Tarso Sanseverino, 3ª Turma, jul. 26.10.2010, *DJe* 09.11.2010).

Execução da sentença. Pedido formulado para ajustes na execução. "Não há violação ao art. 294 do CPC [art. 329 do CPC/2015], se implicitamente no pedido do autor está contido o ressarcimento aos prejuízos sofridos, não sendo necessário apurar-se tais prejuízos em ação própria" (STJ, REsp 435.398/SP, Rel. Min. Felix Fischer, 5ª Turma, jul. 28.10.2003, *DJ* 01.12.2003, p. 391).

9. Aditamento da inicial. Questão preclusão. "Embora o aditamento da inicial para a formulação de novo pedido seja vedada pelo art. 294 do CPC [art. 329 do CPC/2015], observa-se que, admitida pelo Magistrado, contra ela não se opôs a agravante ao contestar a ação, quando, seguramente, tinha conhecimento desse fato, estando, pois, a questão preclusa. O conhecimento do aditamento da inicial é denotado pelos termos da contestação, que faz expressa referência ao valor pretendido, só constante do que acrescentado pela autora. Assim, em face do conhecimento do aditamento, tido pela ré, não houve prejuízo, além da questão não ter sido arguida na primeira oportunidade em que a ré falou nos autos, contrariando o disposto no art. 245 do CPC" (TJSP, Ap 122.360-2, Rel. Des. Ferreira da Cruz, 9ª Câmara, jul. 19.11.1987, *RJTJSP* 114/193).

Seção III
Do Indeferimento da Petição Inicial

Art. 330. A petição inicial será indeferida quando:

I – for inepta;

II – a parte for manifestamente ilegítima;

III – o autor carecer de interesse processual;

IV – não atendidas as prescrições dos arts. 106 e 321.

§ 1º Considera-se inepta a petição inicial quando:

I – lhe faltar pedido ou causa de pedir;

II – o pedido for indeterminado, ressalvadas as hipóteses legais em que se permite o pedido genérico;

III – da narração dos fatos não decorrer logicamente a conclusão;

IV – contiver pedidos incompatíveis entre si.

§ 2º Nas ações que tenham por objeto a revisão de obrigação decorrente de empréstimo, de financiamento ou de alienação de bens, o autor terá de, sob pena de inépcia, discriminar na petição inicial, dentre as obrigações contratuais, aquelas que pretende controverter, além de quantificar o valor incontroverso do débito.

§ 3º Na hipótese do § 2º, o valor incontroverso deverá continuar a ser pago no tempo e modo contratados.

CPC/1973

Art. 295.

REFERÊNCIA LEGISLATIVA

CPC/2015, arts. 17 (ação; interesse e legitimidade), 19 (ação declaratória; autenticidade ou falsidade de documento), 283 (nulidade; erro de forma), 319 (requisitos da petição inicial), 321 (emenda à inicial), 324 a 329 (pedido), 331 (recurso contra o indeferimento da inicial), 485, I (pronunciamento judicial que não resolve o mérito por indeferimento da inicial), 487, II (resolução de mérito; arguição de decadência ou prescrição), e 1.009 (apelação).

BREVES COMENTÁRIOS

Como se vê, os casos de indeferimento são de três espécies:

(a) de ordem formal (art. 330, I e IV);

(b) de inadmissibilidade da ação, por faltar-lhe condição necessária ao julgamento de mérito (art. 330, II e III); e

(c) por motivo excepcional de improcedência do próprio pedido (mérito) (art. 330, § 1º, III).

Entende-se por inepta a petição inicial quando (art. 330, § 1º):

(a) lhe faltar pedido ou causa de pedir (inciso I);

(b) o pedido for indeterminado, ressalvadas as hipóteses legais em que se permite o pedido genérico (inciso II);

(c) da narração dos fatos não decorrer logicamente a conclusão (inciso III);

(d) contiver pedidos incompatíveis entre si (inciso IV).

O atual Código não mais considera inepta a petição inicial quando o pedido for juridicamente impossível, porquanto essa matéria é tratada como pertencente ao mérito da causa, ou, às vezes, se confunde com a falta do interesse.

Não se recomenda uma intepretação ampliativa, ou extensiva, das hipóteses legais de indeferimento sumário da inicial. O correto será estabelecer-se, primeiro, o contraditório, sem o qual o processo, em princípio, não se mostra completo e apto a sustentar o provimento jurisdicional nem a solução das questões incidentais relevantes. O indeferimento liminar e imediato da petição inicial, antes da citação do réu, é de se ver como exceção. A regra é a audiência bilateral, *i.e.*, o respeito ao contraditório. Por isso, mesmo os motivos evidentes de indeferimento da peça de abertura do processo passam a ser, após o aperfeiçoamento da relação processual, causas de extinção do processo sem apreciação do mérito (art. 485).

Entre as situações que desaconselham o indeferimento da inicial antes da citação do réu, lembra-se a da possível preexistência da coisa julgada, cujo reconhecimento não figura, de forma expressa, no elenco do art. 330. Dessa maneira, não é legítimo o ato judicial que, de plano, denega a inicial a pretexto de existir *res iudicata* e, muito menos, é de admitir-se o imediato acolhimento do pedido, sem audiência do réu, sob o argumento de estar a pretensão do autor apoiada em coisa julgada. Em ambas as situações maltrata-se o devido processo legal.

JURISPRUDÊNCIA SELECIONADA

1. Interpretação restritiva. "As regras de indeferimento da petição inicial recebem interpretação restritiva" (STJ, REsp

356.368/BA, Rel. Min. José Delgado, 1ª Turma, jul. 26.02.2002, *DJ* 25.03.2002, p. 196).

2. Hipóteses de indeferimento da inicial.

a) Inépcia (inciso I).

Indicação errônea do dispositivo legal. "Ao autor cumpre precisar os fatos que autorizam a concessão da providência jurídica reclamada, incumbindo ao juiz conferir-lhes o adequado enquadramento legal. Não é inepta a inicial que indica erroneamente o dispositivo legal em que se funda a pretensão. Basta a narrativa dos fatos e a referência dos fundamentos jurídicos do pedido" (TAMG, Ap. 227.467-3, Rel. Juiz Lauro Bracarense, 7ª Câmara, jul. 28.11.1996).

Ausência de especificação de valores. "Ao propor ação declaratória cumulada com pedido de restituição de valores pagos, os consorciados desistentes, na petição inicial, deixaram de especificar valores, individualizar as prestações pagas e juntar documentos comprobatórios de pagamento das mensalidades. Diante da inépcia da exordial, impõe-se a extinção do processo sem julgamento de mérito, com fundamento no art. 267, I, do CPC [art. 485, I, do CPC/2015]" (TJPR, Ap. 121.855-7, Rel. Des. Dilmar Kessler, 4ª Câmara, jul. 19.02.2003, *RT* 815/338).

Rol taxativo. "A inépcia da petição inicial só se caracteriza quando presente qualquer uma das condições declinadas no parágrafo único do art. 295 do CPC [art. 330 do CPC/2015]. (...) Havendo causa de pedir compreensível, pedido certo possível formulado, fatos narrados determinando conclusão lógica, não há de ser considerar inepta, de pronto, petição inicial" (STJ, REsp 723.899/MT, Rel. Min. José Delgado, 1ª Turma, jul. 12.05.2005, *DJ* 15.08.2005, p. 221).

"A incompatibilidade de pedidos que dá lugar à inépcia da inicial é aquela em que as pretensões cumuladas excluem-se mutuamente, tornando-se inviável a solução da lide" (2º TACivSP, AI 116.691, Rel. Celso Ferraz, 3ª Câmara, jul. 11.08.1980, *RT* 546/154).

b) Não é inepta a inicial. "Petição inicial. Inépcia. Ainda que não podendo a inicial ser apontada como um primor de forma, nem por isso deve ela ser considerada inepta desde que contenha pedido, causa de pedir, e estejam os fatos narrados de forma a que disso decorra logicamente um pedido juridicamente possível" (STJ, REsp 65-296-0/RN, Rel. Min. Cesar Asfor Rocha, 1ª Turma, jul. 07.06.1995, *DJU* 11.09.1995, p. 28.807). **No mesmo sentido:** STJ, REsp 52.537-3/RN, Rel. Min. Milton Luiz Pereira, 1ª Turma, jul. 04.09.1995, *DJU* 02.10.1995, p. 32.330; TJPR, AI 12.254-9, Rel. Des. Wilson Reback, 4ª Câmara, jul. 24.10.1990, *RT* 679/157.

"Não há inépcia da inicial mesmo se não feita a indicação do valor da causa. O fato de ter constado do preâmbulo, e não do final, como sói acontecer, não constitui sequer irregularidade" (STJ, REsp 765.309/RS, Rel. Min. Castro Filho, 3ª Turma, jul. 23.08.2007, *DJ* 10.09.2007, p. 228; *RT* 867/147).

"Não se aperfeiçoa a divergência no tocante ao art. 282 do Código de Processo Civil [art. 319 do CPC/2015], porquanto o cerne da controvérsia gira em torno da constatação ou não da indicação da causa de pedir, exercício que se faz com base nas características de cada caso concreto, ou seja, dependendo das peculiaridades da demanda, haverá, ou não, inépcia da inicial" (STJ, REsp 1.062.996/PR, Rel. Min. Fernando Gonçalves, 4ª Turma, jul. 09.03.2010, *DJe* 26.04.2010).

Suficiente exposição dos fatos. "Na linha da jurisprudência desta Corte, 'não é inepta a petição inicial onde feita descrição suficiente dos fatos que servem de fundamento ao pedido, ensejando ao réu o pleno exercício de sua defesa'. A inicial padece de inépcia, contudo, quando nela não deduzidas as razões pelas quais foi ajuizada a demanda, nem os fatos ensejadores do pedido. A só juntada de documentos com a inicial não supre a dedução lógica a ser desenvolvida na petição de ingresso, nem autoriza o descumprimento dos requisitos exigidos no art. 282, CPC [art. 319 do CPC/2015]" (STJ, REsp 343.592/PR, Rel. Min. Sálvio de Figueiredo Teixeira, 4ª Turma, *DJU* 12.08.2002, p. 217).

c) Autor carece de interesse processual (inciso III).

Telefonia. Participação financeira. Pedido incidental de exibição de documentos. Requerimento administrativo. Não ocorrência. Falta de interesse de agir. "Não confirmado o pedido administrativo e pagamento de taxa, não há que se falar em interesse de agir, devendo o feito ser extinto com base no art. 330, III, do Código de Processo Civil/2015, esbarrando o recurso no óbice da Súmula 389/STJ" (STJ, AgInt nos EDcl no REsp 1.777.443/PR, Rel. Min. Maria Isabel Gallotti, 4ª Turma, jul. 25.06.2019, *DJe* 01.07.2019).

Ação rescisória. "Faltante a prova do pressuposto essencial do trânsito em julgado do aresto rescindendo, a inadmissibilidade da ação rescisória assegura a extinção do processo (arts. 295, IV, e 490, I, CPC) [arts. 332, § 1º, e 968 § 3º, do CPC/2015]. Processo extinto" (STJ, AR 1.088/DF, Rel. Min. Milton Luiz Pereira, 1ª Seção, *DJU* 01.07.2002).

d) Não atendidas as prescrições dos arts. 106 e 321 (inciso IV).

Indeferimento da petição inicial. Regularização. "De acordo com a jurisprudência do STJ, 'o descumprimento, pela parte autora, de determinação judicial para a emenda da inicial impõe o indeferimento da petição, com a extinção do processo sem a resolução do mérito. Inteligência da regra do art. 284, parágrafo único, do CPC/73' [art. 321 do CPC/2015] (AgRg no REsp n. 1.575.717/MG, Relator Ministro Marco Buzzi, Quarta Turma, julgado em 17/5/2016, *DJe* 24/5/2016), o que ocorreu no caso" (STJ, AgInt no AREsp 841.047/DF, Rel. Min. Antonio Carlos Ferreira, 4ª Turma, jul. 11.05.2020, *DJe* 14.05.2020).

3. Indeferimento sumário. Não cabimento. "O indeferimento da petição inicial, quer por força do não preenchimento dos requisitos exigidos nos artigos 282 e 283, do CPC [arts. 319 e 320 do CPC/2015], quer pela verificação de defeitos e irregularidades capazes de dificultar o julgamento de mérito, reclama a concessão de prévia oportunidade de emenda pelo autor e o transcurso *in albis* do prazo para cumprimento da diligência determinada, *ex vi* do disposto no artigo 284 do CPC (Precedentes do STJ: REsp 671986/RJ, *DJ* 10.10.2005; REsp 802055/DF, *DJ* 20.03.2006; REsp 101.013/CE, *DJ* de 18.08.2003; AGREsp 330.878/AL, *DJ* de 30.06.2003; REsp 390.815/SC, *DJ* de 29.04.2002; REsp 384.962/MG, *DJ* de 08.04.2002; e REsp 319.044/SP, *DJ* de 18.02.2002). O Código de Processo Civil, em seus artigos 282 e 283, estabelece diversos requisitos a serem observados pelo autor ao apresentar em juízo sua petição inicial. Caso, mesmo assim, algum desses requisitos não seja preenchido, ou a petição apresente defeito ou irregularidade capaz de dificultar o julgamento do mérito, o CPC permite (artigo 284) [art. 321, CPC/2015] que o juiz conceda ao autor a possibilidade de emenda da petição – se o vício for sanável, porque, se insanável, enseja o indeferimento *prima facie*. Não cumprida essa determinação judicial, a petição inicial será indeferida, nos termos do artigo 295, VI, c/c o parágrafo único, do artigo 284, ambos do CPC [arts. 330, IV, e 321 do CPC/2015], o que resulta na extinção do processo sem julgamento do mérito com fulcro no artigo 267, I, do Codex Processual [art. 485, I, do CPC/2015]. Outrossim, sendo obrigatória, antes do indeferimento da inicial da execução fiscal, a abertura de prazo para o Fisco proceder à emenda da exordial não aparelhada com título executivo hábil, revela-se aplicável o brocardo *ubi eadem ratio, ibi eadem dispositio*, no que pertine aos embargos à execução. *In casu*, o indeferimento da inicial se deu no âmbito do Tribunal de origem, sem ter sido intimada a parte para regularizar o feito, razão pela qual se impõe o retorno dos autos, ante a nulidade do julgamento proferido em sede de apelação, que inobservou o direito subjetivo da parte executada" (STJ, REsp 812.323/MG, Rel. Min. Luiz Fux, 1ª Turma, jul. 16.09.2008, *DJe* 02.10.2008). **No mesmo sentido:** STJ, REsp 70.546/RS, Rel. Min. Milton Luiz

Pereira, 1ª Turma, jul. 13.12.1995, *DJU* 18.03.1996, p. 7.532; STJ, REsp 170.202/SP, Rel. Min. Milton Luiz Pereira, 1ª Turma, jul. 09.06.1998, *DJU* 24.08.1998, p. 29.

Art. 331. Indeferida a petição inicial, o autor poderá apelar, facultado ao juiz, no prazo de 5 (cinco) dias, retratar-se.

§ 1º Se não houver retratação, o juiz mandará citar o réu para responder ao recurso.

§ 2º Sendo a sentença reformada pelo tribunal, o prazo para a contestação começará a correr da intimação do retorno dos autos, observado o disposto no art. 334.

§ 3º Não interposta a apelação, o réu será intimado do trânsito em julgado da sentença.

CPC/1973

Art. 296.

REFERÊNCIA LEGISLATIVA

CPC/2015, arts. 334 a 346 (revelia).

CJF – I JORNADA DE DIREITO PROCESSUAL CIVIL

Enunciado 68 – A intempestividade da apelação desautoriza o órgão *a quo* a proferir juízo positivo de retratação.

BREVES COMENTÁRIOS

Em todos os casos de indeferimento da petição inicial, tanto por deficiências formais como por motivos de mérito, o pronunciamento judicial assume a natureza de sentença (i. é, julgamento que põe fim ao processo) e desafia o recurso de apelação. Poderá, assim, surgir do indeferimento liminar coisa julgada formal e até material.

Havendo apelação, o juiz poderá, no prazo de cinco dias, rever sua decisão e reformá-la, em juízo de retratação análogo ao do agravo (art. 331, *caput*). Não ocorrendo a reforma, o juiz mandará citar o réu para responder ao recurso (art. 331, § 1º).

O Código atual reformou a orientação da lei anterior, que não mais permitia a citação do réu para acompanhar a apelação contra o indeferimento da inicial. Isto porque, se ele não integrava, ainda, a relação processual ao tempo do ato recorrido, era natural que não se visse compelido a ter de participar da tramitação recursal que, até então, só dizia respeito ao autor. Somente, pois, após o eventual provimento do recurso, é que, baixando os autos à comarca de origem, haveria a normal citação do demandado para responder à ação. Atualmente, portanto, o réu, sendo de logo citado, participa do processamento e julgamento do recurso, de modo que o acórdão que manda prosseguir o feito ser-lhe-á oponível. Por isso, não lhe caberá reabrir, em contestação, discussão sobre o tema decidido no recurso.

Caso a sentença seja reformada pelo tribunal, o prazo para a contestação começará a correr a contar da intimação do retorno dos autos, observado o disposto no art. 334 que trata da audiência de conciliação ou de mediação, quando for o caso (art. 331, § 2º).

Se o autor, contudo, se conformar com o indeferimento da petição inicial, o réu será intimado do trânsito em julgado da sentença (art. 331, § 3º), fato acontecido sem sua anterior presença nos autos.

JURISPRUDÊNCIA SELECIONADA

1. Indeferimento da petição inicial. Recurso cabível. "Cabe apelação da sentença que indeferiu a petição inicial e é facultado ao juiz reformá-la no prazo de 48 horas (art. 296 do CPC)" [art. 331 do CPC/2015] (TJES, AC 047019000786, Rel. Des. Arione Vasconcelos Ribeiro, 1ª Câmara, jul. 26.03.2002). **Nota: o prazo para retratação, com o CPC/2015, é de 05 dias.**

Agravo de Instrumento. Erro grosseiro. "A decisão que indefere o pleito liminar e julga extinta a ação cautelar é, à evidência, decisão extintiva, porque põe termo ao processo, desafiando recurso de apelação, constituindo-se erro grosseiro a interposição de agravo de instrumento, restando afastada a aplicação do princípio da fungibilidade dos recursos. Precedentes da Corte" (TJRS, AI 70003667664, Rel. Des. Teresinha de Oliveira Silva, 2ª Câmara, jul. 20.02.2002). **No mesmo sentido:** TJPR, Ag 475/85, Rel. Des. Cláudio Nunes do Nascimento, 1ª Câmara, jul. 04.03.1986; TAPR, AI 111/76, Rel. Renato Pedroso, 2ª Câmara, jul.-out. 1976, *RT* 510/237.

Recurso especial. "Não se conhece de recurso especial interposto de acórdão que reforma a sentença de indeferimento da petição inicial (art. 296 do CPC) [art. 331 do CPC/2015], já tendo os autos retornado à origem, onde a ação foi contestada e julgada" (STJ, REsp 182.350/SP, Rel. Min. Ruy Rosado de Aguiar, 4ª Turma, jul. 23.09.1998, *DJU* 01.03.1999, p. 337).

2. Apelação contra o indeferimento. Contrarrazões apresentadas pelo réu. Honorários. "Indeferida a petição inicial sem a citação ou o comparecimento espontâneo do réu, não cabe a condenação do autor ao pagamento de honorários advocatícios sucumbenciais. Interposta apelação contra sentença que indefere a petição inicial e não havendo retratação do ato decisório pelo magistrado, o réu deve ser citado para responder ao recurso. Citado o réu para responder a apelação e apresentadas as contrarrazões, cabe a fixação de honorários advocatícios sucumbenciais se o referido recurso não for provido" (STJ, REsp 1.801.586/DF, Rel. Min. Ricardo Villas Bôas Cueva, 3ª Turma, jul. 11.06.2019, *DJe* 18.06.2019). **No mesmo sentido:** STJ, REsp 1.753.990/DF, Rel. Min. Maria Isabel Gallotti, 4ª Turma, jul. 09.10.2018, *DJe* 11.12.2018.

Execução. Indeferimento da inicial. Citação do executado na fase de apelação. Verba honorária. Cabimento. Ver jurisprudência do art. 85 do CPC/2015.

3. Retratação. "Verificando o juiz que a sentença indeferitória da petição inicial baseou-se em fato que, posteriormente não correspondia à verdade, pode ser retratada, corrigindo-se o erro material e, consequentemente permitir o conseguimento da permissão contida no art. 296 do CPC [art. 331 do CPC/2015]" (TJRJ, AI 12.495/2001 (2001.002.12495), Rel. Des. Paulo Gustavo Horta, 7ª Câmara, jul. 29.01.2002).

Cancelamento da distribuição. "A sentença que determina o cancelamento da distribuição pode ser objeto de retratação, com aplicação extensiva da regra do art. 296 do CPC [art. 331 do CPC/2015]. O espontâneo recolhimento das custas, embora tardio, autorizava aquela retratação" (STJ, REsp 168.605/SC, Rel. Min. Ruy Rosado de Aguiar, 4ª Turma, jul. 09.06.1998, *DJU* 24.05.1999, p. 173).

4. Documentos indispensáveis. Ausência. Juntada após a fluição do prazo determinado pelo juízo. "Cumprida, mesmo que serodiamente a diligência, com a juntada, aos autos, dos documentos indispensáveis à propositura da ação, injustificável é, à luz do art. 296, do CPC [art. 331 do CPC/2015], a decisão que liminarmente indeferiu a petição inicial" (STJ, REsp 178.540/SP, Rel. Min. Humberto Gomes de Barros, 1ª Turma, jul. 12.11.1998, *DJ* 08.03.1999, p. 125).

5. Sentença modificada pelo juiz. Possibilidade. "Publicada a sentença de mérito, sua modificação, pelo juiz de primeiro grau, somente é possível nas hipóteses previstas nos artigos 285-A, 296 e 463 do CPC [arts. 332, 331 e 494 do CPC/2015]" (STJ, REsp 945.891/SC, Rel. Min. Teori Albino Zavascki, 1ª Turma, jul. 03.04.2008, *DJe* 23.04.2008).

Capítulo III
DA IMPROCEDÊNCIA LIMINAR DO PEDIDO

Art. 332. Nas causas que dispensem a fase instrutória, o juiz, independentemente da citação do réu, julgará liminarmente improcedente o pedido que contrariar:

I – enunciado de súmula do Supremo Tribunal Federal ou do Superior Tribunal de Justiça;

II – acórdão proferido pelo Supremo Tribunal Federal ou pelo Superior Tribunal de Justiça em julgamento de recursos repetitivos;

III – entendimento firmado em incidente de resolução de demandas repetitivas ou de assunção de competência;

IV – enunciado de súmula de tribunal de justiça sobre direito local.

§ 1º O juiz também poderá julgar liminarmente improcedente o pedido se verificar, desde logo, a ocorrência de decadência ou de prescrição.

§ 2º Não interposta a apelação, o réu será intimado do trânsito em julgado da sentença, nos termos do art. 241.

§ 3º Interposta a apelação, o juiz poderá retratar-se em 5 (cinco) dias.

§ 4º Se houver retratação, o juiz determinará o prosseguimento do processo, com a citação do réu, e, se não houver retratação, determinará a citação do réu para apresentar contrarrazões, no prazo de 15 (quinze) dias.

CPC/1973

Art. 285-A.

CJF – I JORNADA DE DIREITO PROCESSUAL CIVIL

Enunciado 22 – Em causas que dispensem a fase instrutória, é possível o julgamento de improcedência liminar do pedido que contrariar decisão do Supremo Tribunal Federal em controle concentrado de constitucionalidade ou enunciado de súmula vinculante.

Enunciado 68 – A intempestividade da apelação desautoriza o órgão *a quo* a proferir juízo positivo de retratação.

BREVES COMENTÁRIOS

O atual Código autoriza o julgamento imediato de improcedência do pedido, independentemente da citação do réu, em duas circunstâncias (CPC/2015, art. 332): (i) quando o pedido contrariar súmula dos tribunais superiores ou de tribunal de justiça local; acórdão ou entendimento firmado pelos tribunais superiores a respeito de recursos repetitivos ou de incidente de resolução de demandas repetitivas ou de assunção de competência; e (ii) quando se constatar a ocorrência de prescrição ou decadência.

Em relação à primeira circunstância, as justificativas para essa medida drástica (decretação da improcedência do pedido, antes de citado o réu) ligam-se ao princípio da economia processual, bem como à valorização da jurisprudência, principalmente nos casos de demandas ou recursos repetitivos. Prendem-se, também, à repulsa, *prima facie*, das demandas insustentáveis no plano da evidência, dada a total ilegitimidade da pretensão de direito material veiculada na petição inicial.

Para evitar que os inúmeros processos sobre casos análogos forcem o percurso inútil de todo o *iter* procedimental, para desaguar, longo tempo mais tarde, num resultado já previsto, com total segurança, pelo juiz da causa, desde a propositura da demanda, o art. 332 muniu o juiz do poder de, antes da citação do réu, proferir a sentença de improcedência *prima facie* do pedido traduzido na inicial.

Esse julgamento liminar do mérito da causa é medida excepcional e se condiciona aos seguintes requisitos: (a) preexistência de enunciado de súmula dos tribunais superiores ou do tribunal de justiça local; acórdão proferido pelo STJ ou STF em julgamento de recursos repetitivos; ou de entendimento firmado em incidente de resolução de demandas repetitivas ou de assunção de competência; e (b) a matéria controvertida deve prescindir de fase instrutória.

A aplicação do art. 332, como se vê, só se presta para rejeitar a demanda, nunca para acolhê-la. Na rejeição, é irrelevante qualquer acertamento sobre o suporte fático afirmado pelo autor. A improcedência somente favorece o réu, eliminando pela *res iudicata* qualquer possibilidade de extrair o promovente alguma vantagem do pedido declarado sumariamente improcedente. Limitando-se ao exame da questão de direito na sucessão de causas idênticas, para a rejeição liminar do novo pedido ajuizado por outro demandante, pouco importa que o suporte fático afirmado seja verdadeiro ou não. Pode ficar de lado esse dado, porque no exame do efeito jurídico que dele se pretende extrair a resposta judicial será fatalmente negativa para o autor e benéfica para o réu.

No que tange à segunda hipótese, malgrado o Código dispense a manifestação prévia dos litigantes, nenhum juiz tem, na prática, condições de, pela simples leitura da inicial, reconhecer ou rejeitar uma prescrição. Não se trata de uma questão apenas de direito, como é a decadência, que se afere por meio de um simples cálculo do tempo ocorrido após o nascimento do direito potestativo de duração predeterminada. A prescrição não opera *ipso iure*; envolve necessariamente fatos verificáveis no exterior da relação jurídica, cuja presença ou ausência são decisivas para a configuração da causa extintiva da pretensão do credor insatisfeito. Sem dúvida, as questões de fato e de direito se entrelaçam profundamente, de sorte que não se pode tratar a prescrição como uma simples questão de direito que o juiz possa, *ex officio*, levantar e resolver liminarmente, sem o contraditório entre os litigantes. A prescrição envolve, sobretudo, questões de fato, que, por versar sobre eventos não conhecidos do juiz, inibem-no de pronunciamentos prematuros e alheios às alegações e conveniências dos titulares dos interesses em confronto.

O julgamento liminar, nos moldes traçados pelo art. 332, não agride o devido processo legal, no tocante às exigências do contraditório e ampla defesa. A previsão de um juízo de retratação e do recurso de apelação assegura ao autor, com a necessária adequação, um contraditório suficiente para o amplo debate em torno da questão de direito enfrentada e solucionada *in limine litis*.

JURISPRUDÊNCIA SELECIONADA

1. Necessidade de dilação probatória. Inaplicabilidade do dispositivo. "Nas ações de busca e apreensão fundadas em contrato de alienação fiduciária, a análise da abusividade das cláusulas contratuais requer dilação probatória e, ainda, questionamento explícito da parte devedora, não sendo possível ao magistrado analisá-las de ofício a ponto de entender que são ilegais e aplicar o art. 285-A, do CPC [art. 332 do CPC/2015]. Nos termos do arts. 3º, c/c 2º, parágrafo 2º, do Dec.-lei nº 911/69, comprovada a mora, deve ser deferida, a requerimento do credor, liminarmente a busca e apreensão do bem alienado fiduciariamente" (TJMG, Ap 1.0024.08.132563-1/001, Rel. Des. Selma Marques, 11ª Câmara

Cível, jul. 21.01.2009, *DJe* 13.02.2009). **No mesmo sentido:** TJGO, Ap 134263-2/188, Rel. Des. Leobino Valente Chaves, 1ª Câmara Cível, jul. 20.01.2009, *DJe* 10.02.2009.

2. Ação civil pública que versa sobre acolhimento institucional de menor por período acima daquele fixado em lei. Julgamento de improcedência liminar ou antecipado do pedido em razão de questão repetitiva que não foi objeto de precedente vinculante. Não cabimento. "Diferentemente do tratamento dado à matéria no revogado CPC/73, não mais se admite, no novo CPC, o julgamento de improcedência liminar do pedido com base no entendimento firmado pelo juízo em que tramita o processo sobre a questão repetitiva, exigindo-se, ao revés, que tenha havido a prévia pacificação da questão jurídica controvertida no âmbito dos Tribunais, materializada em determinadas espécies de precedentes vinculantes, a saber: súmula do STF ou do STJ; súmula do TJ sobre direito local; tese firmada em recursos repetitivos, em incidente de resolução de demandas repetitivas ou em incidente de assunção de competência. Por se tratar de regra que limita o pleno exercício de direitos fundamentais de índole processual, em especial o contraditório e a ampla defesa, as hipóteses autorizadoras do julgamento de improcedência liminar do pedido devem ser interpretadas restritivamente, não se podendo dar a elas amplitude maior do que aquela textualmente indicada pelo legislador no art. 332 do novo CPC. (...) Para a adequada resolução dos litígios estruturais, é preciso que a decisão de mérito seja construída em ambiente colaborativo e democrático, mediante a efetiva compreensão, participação e consideração dos fatos, argumentos, possibilidades e limitações do Estado em relação aos anseios da sociedade civil adequadamente representada no processo, por exemplo, pelos *amici curiae* e pela Defensoria Pública na função de *custos vulnerabilis*, permitindo-se que processos judiciais dessa natureza, que revelam as mais profundas mazelas sociais e as mais sombrias faces dos excluídos, sejam utilizados para a construção de caminhos, pontes e soluções que tencionem a resolução definitiva do conflito estrutural em sentido amplo. Na hipótese, conquanto não haja, no Brasil, a cultura e o arcabouço jurídico adequado para lidar corretamente com as ações que demandam providências estruturantes e concertadas, não se pode negar a tutela jurisdicional minimamente adequada ao litígio de natureza estrutural, sendo inviável, em regra, que conflitos dessa magnitude social, política, jurídica e cultural, sejam resolvidos de modo liminar ou antecipado, sem exauriente instrução e sem participação coletiva, ao simples fundamento de que o Estado não reuniria as condições necessárias para a implementação de políticas públicas e ações destinadas à resolução, ou ao menos à minimização, dos danos decorrentes do acolhimento institucional de menores por período superior àquele estipulado pelo ECA" (STJ, REsp 1854842/CE, Rel. Min. Nancy Andrighi, 3ª Turma, jul. 02.06.2020, *DJe* 04.06.2020).

3. Exclusão de herdeiro que atenta contra a vida dos pais. Inviabilidade de julgamento de improcedência liminar do pedido. "Na hipótese, a questão relativa à possibilidade de exclusão do herdeiro que atenta contra a vida dos pais é objeto de severas controvérsias doutrinárias, seja sob a perspectiva da taxatividade, ou não, do rol do art. 1.814 do CC/2002, seja sob o enfoque dos métodos admissíveis e apropriados para a interpretação das hipóteses listadas no rol, razão pela qual as múltiplas possibilidades hermenêuticas do referido dispositivo induzem à inviabilidade do julgamento de improcedência liminar do pedido" (STJ, REsp 1.938.984/PR, Rel. Min. Nancy Andrighi, 3ª Turma, jul. 15.02.2022, *DJe* 18.02.2022).

4. Manutenção da sentença. Faculdade do juiz (§ 4º). "Se o autor apelar, o juiz deve decidir se mantém a sentença e, caso seja mantida, o réu deve ser citado para responder ao recurso" (TJMG, ApCív 1.0024.09.641739-9/001, Rel. Des. Pedro Bernardes, 9ª Câmara, jul. 13.07.2009, *DJe* 02.08.2010).

Capítulo IV

DA CONVERSÃO DA AÇÃO INDIVIDUAL EM AÇÃO COLETIVA

Art. 333. (Vetado.)

Capítulo V

DA AUDIÊNCIA DE CONCILIAÇÃO OU DE MEDIAÇÃO

Art. 334. Se a petição inicial preencher os requisitos essenciais e não for o caso de improcedência liminar do pedido, o juiz designará audiência de conciliação ou de mediação com antecedência mínima de 30 (trinta) dias, devendo ser citado o réu com pelo menos 20 (vinte) dias de antecedência.

§ 1º O conciliador ou mediador, onde houver, atuará necessariamente na audiência de conciliação ou de mediação, observando o disposto neste Código, bem como as disposições da lei de organização judiciária.

§ 2º Poderá haver mais de uma sessão destinada à conciliação e à mediação, não podendo exceder a 2 (dois) meses da data de realização da primeira sessão, desde que necessárias à composição das partes.

§ 3º A intimação do autor para a audiência será feita na pessoa de seu advogado.

§ 4º A audiência não será realizada:

I – se ambas as partes manifestarem, expressamente, desinteresse na composição consensual;

II – quando não se admitir a autocomposição.

§ 5º O autor deverá indicar, na petição inicial, seu desinteresse na autocomposição, e o réu deverá fazê-lo, por petição, apresentada com 10 (dez) dias de antecedência, contados da data da audiência.

§ 6º Havendo litisconsórcio, o desinteresse na realização da audiência deve ser manifestado por todos os litisconsortes.

§ 7º A audiência de conciliação ou de mediação pode realizar-se por meio eletrônico, nos termos da lei.

§ 8º O não comparecimento injustificado do autor ou do réu à audiência de conciliação é considerado ato atentatório à dignidade da Justiça e será sancionado com multa de até dois por cento da vantagem econômica pretendida ou do valor da causa, revertida em favor da União ou do Estado.

§ 9º As partes devem estar acompanhadas por seus advogados ou defensores públicos.

§ 10. A parte poderá constituir representante, por meio de procuração específica, com poderes para negociar e transigir.

§ 11. A autocomposição obtida será reduzida a termo e homologada por sentença.

§ 12. A pauta das audiências de conciliação ou de mediação será organizada de modo a respeitar o intervalo mínimo de 20 (vinte) minutos entre o início de uma e o início da seguinte.

CPC/1973

Art. 285.

REFERÊNCIA LEGISLATIVA

CPC, arts. 248, §§ 1º e 2º, 250, I, e 257, IV (direitos indispensáveis), 307 (medida cautelar; presunção de veracidade dos fatos), 344 e 345 (revelia).

Lei n.º 13.994/2020 (possibilitar a conciliação não presencial no âmbito dos Juizados Especiais Cíveis).

Recomendação 101/CNJ/2021, art. 5º (audiências presenciais e mistas, nos casos de participação de excluídos digitais).

CJF – JORNADAS DE DIREITO PROCESSUAL CIVIL

I JORNADA

Enunciado 23 – Na ausência de auxiliares da justiça, o juiz poderá realizar a audiência inaugural do art. 334 do CPC, especialmente se a hipótese for de conciliação.

Enunciado 24 – Havendo a Fazenda Pública publicizado ampla e previamente as hipóteses em que está autorizada a transigir, pode o juiz dispensar a realização da audiência de mediação e conciliação, com base no art. 334, § 4º, II, do CPC, quando o direito discutido na ação não se enquadrar em tais situações.

Enunciado 25 – As audiências de conciliação ou mediação, inclusive dos juizados especiais, poderão ser realizadas por videoconferência, áudio, sistemas de troca de mensagens, conversa on-line, conversa escrita, eletrônica, telefônica e telemática ou outros mecanismos que estejam à disposição dos profissionais da autocomposição para estabelecer a comunicação entre as partes.

Enunciado 26 – A multa do § 8º do art. 334 do CPC não incide no caso de não comparecimento do réu intimado por edital.

Enunciado 67 – Há interesse recursal no pleito da parte para impugnar a multa do art. 334, § 8º, do CPC por meio de apelação, embora tenha sido vitoriosa na demanda.

II JORNADA

Enunciado 121 – Não cabe aplicar multa a quem, comparecendo à audiência do art. 334 do CPC, apenas manifesta desinteresse na realização de acordo, salvo se a sessão foi designada unicamente por requerimento seu e não houver justificativa para a alteração de posição.

BREVES COMENTÁRIOS

A audiência preliminar de conciliação ou de mediação é ato integrante do procedimento comum, só não sendo observado nas causas em que a autocomposição não for admissível nos termos da lei.

Assim, ainda que o autor manifeste expressamente na petição inicial desinteresse pela autocomposição, o juiz a despachará designando dia e hora para sua realização. Esse ato conciliatório somente não será realizado se o réu aderir ao desinteresse do autor em petição posterior à citação e anterior à audiência. O autor, portanto, não tem o poder de, isoladamente, impedir ou evitar a audiência. Sem a adesão do réu, a sessão ocorrerá necessariamente. Da mesma forma, o demandado também não tem poder de impedi-la pela só manifestação individual de desinteresse. Nem uma nem outra parte tem possibilidade de, sozinha, escapar da audiência preliminar.

A audiência de conciliação ou de mediação é, pois, designada pelo juiz no despacho da petição inicial, sempre que ela preencher os requisitos essenciais e não for o caso de improcedência liminar do pedido. Observar-se-á a antecedência mínima de trinta dias. Para participar da audiência, o réu será citado com pelo menos vinte dias de antecedência (art. 334, *caput*). A intimação do autor dar-se-á na pessoa de seu advogado (art. 334, § 3º).

A audiência obedecerá às normas do Código e da Lei de Organização Judiciária, e dela participarão necessariamente o conciliador ou o mediador, salvo se não existirem na comarca esses auxiliares do juízo (art. 334, § 1º). Poderá realizar-se, inclusive, por meios eletrônicos, nos termos da lei própria (art. 334, § 7º). Por recomendação do CNJ, os tribunais deverão disponibilizar aos excluídos digitais audiências de conciliação e instrução e julgamento nas modalidades presenciais e mistas, podendo ser facultada às pessoas com deficiência sua participação virtual, sempre que necessário (Recomendação 101/CNJ, de 12.07.2021, art. 5º).

No regime do Código de 1973, a audiência preliminar de conciliação realizava-se na fase de saneamento do processo, ou seja, depois de contestada a ação. Assim, além da busca da autocomposição do litígio, servia de oportunidade para facilitar o contato do juiz com as partes, com o fito de delimitar o objeto do conflito e de definir as provas a ele pertinentes (CPC/73, art. 331). O sistema do Código de 2015 é outro: a audiência de mediação ou conciliação realiza-se *in limine litis*, antes, portanto, da resposta do réu ao pedido do autor. Em tal estágio, entende o legislador que seria mais fácil encaminhar os litigantes para uma solução negocial da contenda, mormente porque a tentativa de conciliação não mais será realizada pelo juiz, mas por auxiliares técnicos do juízo (mediadores ou conciliadores).

O contato pessoal do juiz com as partes, visando melhor delinear o objeto do litígio e especificar as provas adequadas à sua resolução, não foi totalmente suprimido pelo CPC/2015. Frustrada a tentativa liminar de autocomposição, o juiz, depois de concluída a fase da litiscontestação, procederá ao saneamento e à organização do processo, ocasião em que, diante da complexidade das questões de fato e de direito em jogo, deverá designar audiência, cuja finalidade será, segundo a lei, efetuar o saneamento "em cooperação com as partes", permitindo o convite aos litigantes "a integrar ou esclarecer suas alegações" (CPC/2015, art. 357, § 3º). Com essa atividade conjunta dos sujeitos processuais, é evidente que se tornará mais fácil e mais eficiente a tarefa do juiz de "delimitar as questões de fato sobre as quais recairá a atividade probatória", bem como de especificar os "meios de prova admitidos" (art. 357, II); e, se for o caso, promover a redistribuição do ônus da prova permitida pelo art. 373, § 1º.

Sobre a conciliação e a mediação, sobreveio ao CPC/2015 a Lei nº 13.140/2015, que cuidou da autocomposição por via dos mecanismos citados, tanto nos conflitos entre particulares como naqueles que envolvem a administração pública.

JURISPRUDÊNCIA SELECIONADA

1. Audiência de Conciliação. "A nova sistemática processual visa a estimular a autocomposição em fase processual preliminar. A realização da audiência de conciliação não importa prejuízo à parte. Princípio pas de nullité sans grief." (TJSP, AI 2180134-32.2016.8.26.0000, Rel. Des. Antonio Nascimento, 26ª Câmara de Direito Privado, jul. 29.09.2016, data de registro 29.09.2016)

2. Multa (§ 8º)

a) Aplicação.

Audiência de conciliação. Ausência injustificada. Multa. "Locação de imóvel rural. Ação de reintegração de posse. Ausência não justificada dos requeridos na audiência de conciliação. Manutenção da multa por ato atentatório à dignidade da justiça que se impõe. Exegese do § 8º, do art. 334, do CPC/2015." (TJSP, AI 2186926-02.2016.8.26.0000 Rel. Des. Gomes Varjão; 34ª Câmara de Direito Privado, jul. 13.12.2016, data de registro 13.12.2016). **No mesmo sentido:** STJ, REsp 1.824.214/DF, Rel. Min. Ricardo Villas Bôas Cueva, 3ª Turma, jul. 10.09.2019, *DJe* 13.09.2019.

Ausência do INSS à audiência de conciliação. Aplicação da multa. "No caso dos autos, o INSS manifestou desinteresse na realização da audiência, contudo, a parte autora manifestou o seu interesse, o que torna obrigatória a realização da audiência de conciliação, com a indispensável presença das partes. Comporta frisar que o processo judicial não é mais concebido como um duelo, uma luta entre dois contendores ou um jogo de habilidades ou espertezas. Exatamente por isso, não se deixará a sua efetividade ao sabor ou ao alvedrio de qualquer dos seus atores, porque a justiça que por meio dele se realiza acha-se sob a responsabilidade do Juiz e constitui, inclusive, o macro-objetivo do seu mister. Assim, não comparecendo o INSS à audiência de conciliação, inevitável a aplicação da multa prevista no art. 334, § 8º, do CPC/2015, que estabelece que o não comparecimento injustificado do autor ou do réu à audiência de conciliação é considerado ato atentatório à dignidade da Justiça e será sancionado com multa de até 2% da vantagem econômica pretendida ou do valor da causa, revertida em favor da União ou do Estado. Qualquer interpretação passadista desse dispositivo será um retrocesso na evolução do Direito pela via jurisdicional e um desserviço à Justiça" (STJ, REsp 1.769.949/SP, Rel. Min. Napoleão Nunes Maia Filho, 1ª Turma, jul. 08.09.2020, *DJe* 02.10.2020).

b) Descabimento

Não comparecimento da parte. Representação por advogado com poderes para transigir. "Na hipótese, é cabível o mandado de segurança e nítida a violação de direito líquido e certo do impetrante, pois tem-se ato judicial manifestamente ilegal e irrecorrível, consistente em decisão interlocutória que impôs à parte ré multa pelo não comparecimento pessoal à audiência de conciliação, com base no § 8º do art. 334 do CPC, por suposto ato atentatório à dignidade da Justiça, embora estivesse representada naquela audiência por advogado com poderes específicos para transigir, conforme expressamente autoriza o § 10 do mesmo art. 334" (STJ, AgInt no RMS 56.422/MS, Rel. Min. Raul Araújo, 4ª Turma, jul. 08.06.2021, *DJe* 16.06.2021).

c) Desnecessidade de advertência sobre a incidência da multa no ato de intimação. "Embargante que não comparece à audiência de tentativa de conciliação – Imposição da multa de que trata o art. 334, § 8º, do CPC – Pretendido cancelamento – Pleito improcedente – Ausência não justificada – Desnecessidade de advertência sobre a incidência da multa no ato da intimação, tanto porque a intimação dirigida ao autor se faz por intermédio do advogado (§ 3º), profissional que, cabe presumir, conhece o teor da lei – Sanção, aliás, insignificante no caso dos autos, uma vez que diminuto o valor da causa." (TJSP, AI 2129690-92.2016.8.26.0000, Rel. Des. Ricardo Pessoa de Mello Belli, 19ª Câmara de Direito Privado, jul. 22.08.2016, data de registro 25.08.2016).

d) Recurso. Agravo de instrumento contra a decisão cominatória de multa à parte pela ausência injustificada à audiência de conciliação. Inadmissibilidade. Ver jurisprudência do art. 1.015 do CPC/2015.

3. Decisão cominatória de multa à parte pela ausência injustificada à audiência de conciliação. Inadmissibilidade. Ver jurisprudência do art. 1.015 do CPC.

4. Fazenda Pública como ré. "Advertência, no mandado de citação, quanto às consequências da falta de contestação. Defeito inócuo, quando o citando é o Estado, representado por procurador, que não ignora esse efeito da revelia, consignado no art. 319 do mesmo código [art. 344 do CPC/2015]" (STF, RE 92.676, Rel. Min. Decio Miranda, 2ª Turma, jul. 13.03.1981, *DJ* 10.04.1981, p. 3.175; *RTJ* 97/869).

5. Processo de execução. "A exigência do art. 285 do Código de Processo Civil [art. 334 do CPC/2015]refere-se apenas aos processos de conhecimento, não alcançando os processos de execução, nos quais não há lugar para discussão de matéria de fato" (TJMG, 1.0470.07.037586-5/001(1), Rel. Des. Cláudia Maia, jul. 19.06.2008, *DJe* 12.07.2008). **No mesmo sentido:** TJMG, 1.0024.07.463986-5/001(1), Rel. Des. Márcia de Paoli Balbino, jul. 23.08.2007, *DJe* 12.09.2007.

☆ DO PROCEDIMENTO COMUM, DA PETIÇÃO INICIAL E PEDIDO: INDICAÇÃO DOUTRINÁRIA

Ada Pellegrini Grinover, *As condições da ação penal*, São Paulo, 1977, p. 38 e ss.; Aderbal Torres de Amorim, *Reconvenção, cumulação de ações e ação rescisória*, *RT* 581/268; *RBDP*, 40/21; Agnelo Amorim Filho, Critério científico para distinguir a prescrição de decadência e para identificar as ações imprescritíveis, *RDP* 3/95; Aluisio Gonçalves de Castro Mendes e Larissa Clare Pochmann da Silva. O julgamento liminar de improcedência do pedido: a previsão do CPC/2015 comparada à do CPC/1973. *Revista de Processo*. vol. 261. ano 41. p. 141-158. São Paulo: RT, nov./2016; Andrea Boari Caraciola, Congruência da tutela e interpretação lógico-sistemática do pedido, In: Ana Cândida Menezes Marcato et al. (orgs.), Reflexões sobre o Código de Processo Civil de 2015: uma contribuição dos membros do Centro de Estudos Avançados de Processo – Ceapro, São Paulo: Verbatim, 2018, p. 53 e ss.; Antonio Gama Junior, Gisele Leite, A petição inicial e as novidades no novo Código de Processual Civil, *Jurisplenum* n. 64, ano XI, p. 45-52, jul.-ago. 2015; Araken de Assis, *Cumulação de ações*, 1989; Ariana Regina Storer Brunieri e Daniele Prates Pereira. A cidadania como fulcro da judicialização da mediação pelo novo CPC (Lei 13.105/2015). *Revista de Processo*. vol. 267. ano 42. p. 487. São Paulo: Ed. RT, maio/2017; Arruda Alvim. *Novo contencioso cível no CPC/2015*. São Paulo: Revista dos Tribunais, 2016, p. 149-166; Augusto Tavares Rosa Marcacini, Considerações sobre a certeza e determinação do pedido, In: Ana Cândida Menezes Marcato et al. (orgs.), Reflexões sobre o Código de Processo Civil de 2015: uma contribuição dos membros do Centro de Estudos Avançados de Processo – Ceapro, São Paulo: Verbatim, 2018, p. 103 e ss.; Bernardino Lima Luz, *Concurso e cumulação de ações*, *RBDP* 36/35; Bruno Garcia Redondo. Conciliação e mediação. In: Luiz Rodrigues Wambier; Teresa Arruda Alvim Wambier, *Temas Essenciais do Novo CPC*. São Paulo: RT, 2016. p. 219; Cândido Rangel Dinamarco, *Execução civil*, *RT*, 1973, n. 19; Cândido Rangel Dinamarco, *Instituições de direito processual civil*, São Paulo: Malheiros, v. II, n. 414; Cardoso Faria. A mediação e a conciliação como métodos autocompositivos no contexto do Código de Processo Civil de 2015. *Revista Forense*. vol. 423. ano 112. p. 147. Rio de Janeiro: Forense, jan.-jun./2016; Carlos Alberto Dabus Maluf, *Cumulação de ações no processo civil*, *RP* 17/61; Carlos Godinho, *Cumulação de ações perante o novo CPC*, *RF* 252/418; Cassio Scarpinella Bueno, *Manual de direito processual civil*, São Paulo: Saraiva, 2015; Celso Anicet Lisboa, Do aditamento à petição inicial, *RP* 59/234; Claudio Aparecido Ribas da Silva. Mediação e conciliação no novo Código de Processo Civil: uma nova estrutura processual para tais meios de solução de conflitos. In: Luís Antônio Giampaulo Sarro. *Novo Código de Processo Civil – Principais Alterações do sistema Processual Civil*. 2. ed. São Paulo: Rideel, 2016, p. 381; Clóvis Beviláqua, *Direito das obrigações*, 5. ed., 1940, § 22 – as obrigações cujas prestações são suscetíveis de cumprimento parcial se dizem divisíveis; e aquelas cujas prestações só podem ser cumpridas por inteiro se dizem indivisíveis. O fenômeno da divisibilidade, porém, só ocorre nas obrigações com multiplicidade de credores ou devedores, pois as obrigações simples são legalmente indivisíveis, ainda que suas prestações sejam naturalmente divisíveis; Daniel Amorim Assumpção Neves, *Manual de direito processo civil*, São Paulo: Método, 2015; E. D. Moniz Aragão, *Juros, honorários e custas no processo de execução de títulos extrajudiciais*, *RF* 254/23; *RP* 6/15; E. D. Moniz de Aragão, *Comentários ao CPC*, Forense, v. II, n. 423 – conceito de pedido alternativo; Edson Prata, *Inépcia da petição inicial*, *RCJ* 3/36; Fernando Vieira Luiz. A força dos *precedentes* na improcedência liminar do pedido. In: Paulo Henrique dos Santos Lucon e Pedro Miranda de Oliveira. *Panorama atual do novo CPC*. Florianópolis: Empório do Direito, 2016, p. 163; Flávio Luiz Yarshell, Guilherme Setoguti J. Pereira, In: Sérgio Cruz Arenhart e

Daniel Mitidiero (coord.), *Comentários ao Código de Processo Civil*, 2. ed., São Paulo: RT, 2018, v. 5; Fredie Didier Jr., *Curso de direito processual civil*, 17. ed., Salvador: JusPodivm, 2015, v. I; Gilberto Gomes Bruschi e Leandro Leão. *O cumprimento da sentença de obrigação pecuniária: aspectos relevantes*. In: Paulo Henrique dos Santos Lucon e Pedro Miranda de Oliveira. Panorama atual do novo CPC. Florianópolis: Empório do Direito, 2016, p. 199; Guilherme César Pinheiro. O Novo Código de Processo Civil e as alterações não explícitas sobre a petição inicial. *Revista de Processo*. vol. 258, ano 41. ago./2016, p. 85; Guilherme Rizzo Amaral, *Comentários às alterações do novo CPC*, São Paulo: Revista dos Tribunais, 2015; Hannah Gevartosky. A realização de audiência de mediação/conciliação *initio litis* no Novo Código de Processo Civil. *Revista de Processo*, vol. 260, ano 41, p. 415-437. São Paulo: RT, out./2016; Humberto Theodoro Júnior, A exceção de prescrição no processo civil – impugnação do devedor e decretação de ofício pelo juiz, *Meios de impugnação ao julgado civil – estudos em homenagem a José Carlos Barbosa Moreira*, Forense; Humberto Theodoro Júnior, *Curso de direito processual civil*, 61. ed., Rio de Janeiro: Forense, 2020, v. I; Humberto Theodoro Júnior, Estabilização da demanda no novo Código de Processo Civil, *Revista de Processo*, ano 40, v. 244, p. 195, jun. 2015; Humberto Theodoro Júnior, Fernanda Alvim Ribeiro de Oliveira, Ester Camila Gomes Norato Rezende (coord.), *Primeiras lições sobre o novo direito processual civil brasileiro*, Rio de Janeiro: Forense, 2015; J. E. Carreira Alvim, *Comentários ao novo Código de Processo Civil*, Curitiba: Juruá, 2015; J. J. Calmon de Passos, Capacidade processual, verbete *in Enciclopédia Saraiva de Direito*; J. J. Calmon de Passos, *Comentários ao CPC*, v. II, n. 129/130; Jedor Pereira Baleeiro, *Procedência da ação ou procedência do pedido*, *RF* 307/245; João Mendes, *Direito judiciário brasileiro*, p. 477 – sobre inépcia da inicial; José Carlos Barbosa Moreira, Apontamentos para um estudo sistemático da legitimação extraordinária, *Direito processual civil*, p. 58 e ss.; José Carlos Teixeira Giorgis, *A lide como categoria comum do processo*, 1991; José Frederico Marques, *Instituições de direito processual civil*, v. III, n. 559 – sobre pedido; José Miguel Garcia Medina, *Novo Código de Processo Civil comentado*, São Paulo: Revista dos Tribunais, 2015; José Rogério Cruz e Tucci, *A causa petendi no processo civil*, 1993; José Rogério Cruz e Tucci, In: José Roberto F. Gouvêa; Luis Guilherme A. Bondioli e João Francisco N. da Fonseca (coord.), *Comentários ao Código de Processo Civil*, 2. ed., São Paulo: Saraiva, 2017, v. 7; Lázaro Alves Martins Júnior, A audiência de tentativa de conciliação no novo Código de Processo Civil, *Revista Magister de Direito Civil e Processual Civil*, ano XII, n. 72, p. 76-93, maio-jun. 2016; Leonardo Greco, *Instituições de processo civil: introdução ao direito processual civil*, 5. ed., Rio de Janeiro: Forense, 2015; Leonardo Oliveira Soares. Incidência de multa pelo não comparecimento da parte à audiência de conciliação nos Juizados Especiais da Fazenda Pública. *Revista Síntese*. ano XVII. nº 100. mar-abr 2016. São Paulo: Sintese, p. 43; Lucas Buril de Macêdo. Improcedência liminar do pedido. *Revista dos Tribunais*. vol. 973. ano 105. p. 240-270. São Paulo: RT, nov./2016; Luciano Souto Dias; Kamila Cardoso Faria. A conciliação e a mediação como mecanismos para a solução de conflitos no contexto do novo Código de Processo Civil de 2015. *Juris Plenum*. Ano XII, n. 70. p. 89. jul./ago. 2016. Caxias do Sul, RS: Plenum, 2016; Luís Antônio de Andrade, Cumulação de pedidos – cumulação sucessiva, *RF* 270/121; Luis Antônio Giampaulo Sarro, *Novo Código de Processo Civil*, São Paulo: Rideel, 2015; Luis Guilherme Aidar Bondioli, In: Teresa Arruda Alvim Wambier, Fredie Didier Jr., Eduardo Talamini, Bruno Dantas, *Breves comentários ao novo Código de Processo Civil*, São Paulo: Revista dos Tribunais, 2015; Luis Guilherme Aidar Bondioli. Procedimento comum: fase postulatória, *Revista de Processo*, n. 257, p. 79-108, 2016; Luiz Guilherme Marinoni, Sérgio Cruz Arenhart, Daniel Mitidiero, *Curso de processo civil*, São Paulo: Revista dos Tribunais, 2015, v. I; Luiz Guilherme Marinoni, Sérgio Cruz Arenhart, *Manual do processo de conhecimento*, 4. ed., São Paulo: Revista dos Tribunais, 2005; Luiz Guilherme Marinoni; Daniel Mitidiero, In: Sérgio Cruz Arenhart e Daniel Mitidiero (coord.), *Comentários ao Código de Processo Civil*, 2. ed., São Paulo: RT, 2018, v. 4; Marcelo Pacheco Machado. Deformalização e identificação do ato postulatório no novo CPC: Os problemas de um sistema de petições iniciais sem demanda e contestações reconvencionais. In: Thereza Arruda Alvim et. al., *O Novo Código Processo Civil Brasileiro – Estudos dirigidos: sistematização e procedimentos*. Rio de Janeiro: Forense, 2015, p. 223; Maria Lúcia Lins Conceição. Do procedimento comum/da postulação ao saneamento. In: Luiz Rodrigues Wambier, Teresa Arruda Alvim Wambier, *Temas Essenciais do Novo CPC*, São Paulo: RT, 2016, p. 255; Milton Paulo de Carvalho, *Do pedido no processo civil*, 1992; Nelson Nery Junior, Rosa Maria de Andrade Nery, *Comentários ao Código de Processo Civil*, São Paulo: Revista dos Tribunais, 2015; Pedro Roberto Decomain, A audiência conciliatória no novo CPC, *Revista Dialética de Direito Processual*, n. 150, p. 94-111; Pontes de Miranda, *Comentários ao CPC (1939)*, tomo II, p. 386; Pontes de Miranda, *Comentários ao CPC (1939)*, tomo II, p. 388; tomo XII, p. 129/130 – sobre pedido e condenação implícitos; Pontes de Miranda, *Comentários ao CPC (1939)*, v. III, tomo 1, p. 9; Roberto de Ruggiero, *Instituições de direito civil*, 6ª ed., italiana, trad. por Ary dos Santos, v. III, § 92 – sobre obrigações de prestação complexa ou prestação cumulativa; Rodrigo Costa Buarque; Adriano Sant'Ana Pedra, A recusa das partes à audiência preliminar no novo Código de Processo Civil: necessidade de motivação ante o dever fundamental de cooperação com a Justiça, *Revista Magister de Direito Civil e Processual Civil*, ano XII, n. 72, p. 112-123, maio-jun. 2016; Rodrigo Elian Sanchez. A audiência de conciliação ou mediação, no procedimento comum civil e o conflito normatizo entre o CPC/2015 e a lei da mediação. *Revista de Processo*, n. 316, p. 417, jun. 2021; Teresa Arruda Alvim Wambier, Fredie Didier Jr., Eduardo Talamini, Bruno Dantas (coord.), *Breves comentários ao novo Código de Processo Civil*, São Paulo: Revista dos Tribunais, 2015; Teresa Arruda Alvim Wambier, Maria Lúcia Lins Conceição, Leonardo Ferres da Silva Ribeiro, Rogério Licastro Torres de Melo, *Primeiros comentários ao novo Código de Processo Civil*, São Paulo: Revista dos Tribunais, 2015; Torquato de Castro, Julgamentos preliminares no processo civil, *Estudos Jurídicos*, p. 77 e ss.; Welder Queiroz dos Santos, Indeferimento da petição inicial, princípio do contraditório e vedação de decisão surpresa, In: Ana Cândida Menezes Marcato et al. (orgs.), Reflexões sobre o Código de Processo Civil de 2015: uma contribuição dos membros do Centro de Estudos Avançados de Processo – Ceapro, São Paulo: Verbatim, 2018, p. 837 e ss.; Wellington Moreira Pimentel, *Comentários ao CPC*, v. III, p. 206 – pedido implícito.

Capítulo VI
DA CONTESTAÇÃO

Art. 335. O réu poderá oferecer contestação, por petição, no prazo de 15 (quinze) dias, cujo termo inicial será a data:

I – da audiência de conciliação ou de mediação, ou da última sessão de conciliação, quando qualquer parte não comparecer ou, comparecendo, não houver autocomposição;

II – do protocolo do pedido de cancelamento da audiência de conciliação ou de mediação apresentado pelo réu, quando ocorrer a hipótese do art. 334, § 4º, inciso I;

III – prevista no art. 231, de acordo com o modo como foi feita a citação, nos demais casos.

§ 1º No caso de litisconsórcio passivo, ocorrendo a hipótese do art. 334, § 6º, o termo inicial previsto no inciso II será, para cada um dos réus, a data de apresentação de seu respectivo pedido de cancelamento da audiência.

§ 2º Quando ocorrer a hipótese do art. 334, § 4º, inciso II, havendo litisconsórcio passivo e o autor desistir da ação em relação a réu ainda não citado, o prazo para resposta correrá da data de intimação da decisão que homologar a desistência.

CPC/1973

Art. 297.

REFERÊNCIA LEGISLATIVA

CPC/2015, arts. 180 e 183 (prazo para a Fazenda Pública e o MP), 186 (prazo para a defensoria pública), 229 (prazo para litisconsortes com procuradores diferentes), 231 (intimação; fluência do prazo), 336 a 342 (contestação) e 343 (reconvenção).

Lei nº 9.800, de 26.05.1999 (*DOU* 27.05.1999 – Fax – texto adiante).

CJF – JORNADAS DE DIREITO PROCESSUAL CIVIL

II JORNADA

Enunciado 122 – O prazo de contestação é contado a partir do primeiro dia útil seguinte à realização da audiência de conciliação ou mediação, ou da última sessão de conciliação ou mediação, na hipótese de incidência do art. 335, inc. I, do CPC.

Enunciado 124 – Não há preclusão consumativa do direito de apresentar contestação, se o réu se manifesta, antes da data da audiência de conciliação ou de mediação, quanto à incompetência do juízo.

BREVES COMENTÁRIOS

Nos quinze dias seguintes à citação ou à realização da audiência de conciliação, o réu poderá responder ao pedido do autor através de contestação e reconvenção. O atual Código não mais prevê exceções processadas em incidente fora dos autos da ação, como ocorria no art. 297 do CPC de 1973. Tudo se resolve mediante arguição em preliminar da contestação, seja a arguição de incompetência absoluta ou relativa; a impugnação ao valor da causa; ou a impugnação à concessão da gratuidade de justiça.

Essa resposta deve ser formalizada em petição escrita, no prazo de quinze dias, subscrita por advogado, endereçada ao juiz da causa.

O prazo de defesa, no litisconsórcio passivo, é comum a todos os réus, tanto quando corre da audiência de conciliação frustrada, como da citação direta para a contestação, sem passar pela audiência. Só há prazo separado quando é designada a audiência e os litisconsortes passivos manifestam seu desinteresse pela autocomposição em petições distintas. Nesse caso, aplica-se o disposto no art. 335, § 1º, isto é, cada réu terá prazo próprio para responder à ação.

JURISPRUDÊNCIA SELECIONADA

1. Comparecimento espontâneo da parte. Início do prazo para contestação. "Conforme a jurisprudência do Superior Tribunal de Justiça, o comparecimento espontâneo da parte supre a ausência de citação e dá ensejo ao início do prazo para a contestação, sendo prescindível a citação de todos os litisconsortes passivos e conseguinte juntada do último mandado aos autos para impulsionamento do feito" (STJ, REsp 1650584/SP, Rel. Min. Herman Benjamin, 2ª Turma, jul. 16.03.2017, *DJe* 24.04.2017).

2. Férias forenses. "O prazo para oferecimento de contestação de réu citado durante o período de férias forenses conta-se do primeiro dia útil imediato, computando-se o dia do começo" (2º TACívSP, Ag 246.935-5, Rel. Juiz Acayaba de Toledo, 2ª Câmara, jul. 18.10.1989, *RT* 649/127).

3. Remessa de contestação mediante fax. "A remessa de contestação mediante fax no último dia de prazo, com a protocolização do original no dia subsequente, tem plena validade" (STJ, REsp 26.559/SP, Rel. Min. José Cândido de Carvalho Filho, 6ª Turma, jul. 29.10.1992, *DJ* 30.11.1992, p. 22.638).

4. Reconvenção não é bivalente. "Inadmitida a contestação por intempestiva, a reconvenção apresentada não a substituirá" (STJ, REsp 50.535/DF, Rel. Min. Barros Monteiro, 4ª Turma, jul. 22.11.1994, *DJ* 13.03.1995, p. 5.305).

Art. 336. Incumbe ao réu alegar, na contestação, toda a matéria de defesa, expondo as razões de fato e de direito com que impugna o pedido do autor e especificando as provas que pretende produzir.

CPC/1973

Art. 300.

REFERÊNCIA LEGISLATIVA

CPC/2015, arts. 434 e 435 (prova documental; produção de documentos; juntada de documentos novos).

SÚMULAS

Súmula do STF:

Nº 237: "O usucapião pode ser arguido em defesa."

BREVES COMENTÁRIOS

O ônus de arguir na contestação "toda a matéria de defesa" é consagração, pelo Código, do princípio da eventualidade ou da concentração, que consiste na preclusão do direito de invocar em fases posteriores do processo matéria de defesa não manifestada na contestação.

Dessa forma, incumbe ao réu formular de uma só vez na contestação todas as defesas de que dispõe, de caráter formal ou material, inclusive aquelas que, no tempo do Código revogado, constituíam objeto específico de outras respostas ou incidentes, como as exceções e a reconvenção. Se alguma arguição defensiva for omitida nessa fase, impedido estará ele, portanto, de levantá-la em outros momentos ulteriores do procedimento. Ressalvam-se, porém, as questões de ordem pública, como as condições da ação e os pressupostos processuais, que não precluem e podem ser apreciadas a qualquer tempo, a requerimento ou de ofício.

JURISPRUDÊNCIA SELECIONADA

1. Contestação. Exposição de toda a matéria de defesa. Preclusão. "O art. 300 do Código de Processo Civil [art. 336 do CPC/2015] orienta que cabe ao réu, na contestação, expor defesas processuais e as de mérito passíveis de ser arguidas naquele momento processual, isto é, na peça processual devem estar concentradas todas as teses, inclusive as que, nos termos do art. 333, II, do CPC [art. 373, II, do CPC/2015], possam demonstrar a existência de fato impeditivo, modificativo ou extintivo do direito do autor, sob pena de a parte sofrer os efeitos da preclusão consumativa" (STJ, REsp 1.224.195/SP, Rel. Min. Luis Felipe Salomão, 4ª Turma, jul. 13.09.2011, *DJe* 01.02.2012). **No mesmo sentido:** STJ, REsp 129.317/SP, Rel. Min. Peçanha Martins, 2ª Turma, jul. 02.04.1998, *DJ* 08.06.1998.

"A inovação de tese em sede recursal, trazendo a lume argumentos não declinados no juízo *a quo*, que não foram sequer abordados na r. decisão recorrida, ofende o princípio do duplo grau de jurisdição, causando surpresa ao litigante adverso e ofendendo o princípio da eventualidade ou da concentração (art. 300 do CPC)" [art. 336 do CPC/2015] (TJMG, ApCív. 2.0000.00.514714-8/000, Rel. Des. Afrânio Vilela, 11ª Câmara, jul. 05.10.2005, *DJ* 05.10.2005).

2. Defesa indireta em contestação. Possibilidade. Compensação. "Segundo a jurisprudência do STJ, a compensação é matéria possível de ser alegada em contestação, de forma a justificar o não pagamento do valor cobrado ou a sua redução, extinguindo ou modificando o direito do autor. Todavia, conforme o art. 369 do CC/2002, a compensação se dá apenas entre dívidas líquidas, vencidas e de coisas fungíveis" (STJ, REsp 2.000.288/MG, Rel. Min. Nancy Andrighi, 3ª Turma, jul. 25.10.2022, *DJe* 27.10.2022).

3. Reconvenção e não contestação. Pretensão de revisão ou rescisão contratual. "Não se pode formular, na contestação, pedido de rescisão ou revisão contratual, tendo em vista que o direito do autor só seria extinto ou modificado após a decretação da rescisão ou da revisão do contrato por sentença e, para tanto, seria necessária a realização de um pedido em reconvenção ou em ação autônoma". Entretanto, "o réu pode alegar, na contestação, a ocorrência anterior do desfazimento do contrato, como na hipótese de cláusula resolutiva expressa (art. 474 do CC/2002) ou de distrato (art. 472 do CC/2002), pois, nessa situação, o desfazimento já se operou, extinguindo o direito do autor no plano do direito material, sem a necessidade de decisão judicial" (STJ, REsp 2.000.288/MG, Rel. Min. Nancy Andrighi, 3ª Turma, jul. 25.10.2022, *DJe* 27.10.2022).

4. Conhecimento *ex officio*. Ausência de preclusão. "A jurisprudência do STJ firmou orientação no sentido de que, 'Nas instâncias ordinárias, não há preclusão em matéria de condições da ação e pressupostos processuais enquanto a causa estiver em curso, ainda que haja expressa decisão a respeito, podendo o Judiciário apreciá-la mesmo de ofício (arts. 267, § 3º, e 301, § 4º, CPC)' [arts. 485, § 3º, e 337 do CPC/2015] (REsp n. 285.402/RS, 4ª Turma, Min. Sálvio de Figueiredo Teixeira, *DJ* 07.05.2001)" (STJ, REsp 847.390/SP, Rel. Min. Teori Albino Zavascki, 1ª Turma, jul. 06.03.2007, *DJ* 22.03.2007, p. 302).

"A extensão do pedido devolutivo se mede pela impugnação feita pela parte nas razões do recurso, podendo ser apreciadas em segunda instância as matérias passíveis de ser conhecidas de ofício pelo juiz (condições da ação, pressupostos processuais, perempção, litispendência e coisa julgada – arts. 267, § 3º, e 301, § 4º, do CPC) [arts. 485, § 3º, e 337 do CPC/2015], mesmo que a parte não tenha provocado sua discussão na petição inicial ou na contestação" (STJ, REsp 316.269/SP, Rel. Min. Arnaldo Esteves Lima, 5ª Turma, jul. 12.09.2006, *DJ* 09.10.2006, p. 337). **No mesmo sentido:** STJ, REsp 279.295/SP, Rel. Min. Jorge Scartezzini, 4ª Turma, jul. 23.08.2005, *DJ* 12.09.2005, p. 332; STJ, REsp 767.790/PR, Rel. Min. Arnaldo Esteves Lima, 5ª Turma, jul. 27.09.2007, *DJ* 22.10.2007, p. 352.

"Até mesmo as questões de ordem pública, passíveis de conhecimento *ex officio*, em qualquer tempo e grau de jurisdição ordinária, não podem ser analisadas no âmbito do recurso especial se ausente o requisito do prequestionamento. Excepciona-se a regra se o recurso especial ensejar conhecimento por outros fundamentos, ante o efeito translativo dos recursos, que tem aplicação, mesmo que de forma temperada, na instância especial" (STJ, REsp 790.407/SP, Rel. Min. Castro Meira, 2ª Turma, jul. 05.12.2006, *DJ* 14.12.2006, p. 332).

5. Provas. "O protesto na contestação pela produção de provas impõe ao magistrado, antes de sentenciar o feito, faculte à parte justificar o pedido. O julgamento antecipado da lide sem observância desta formalidade acarreta quebra do princípio da igualdade das partes" (STJ, REsp 235.196/PB, Rel. Min. Fernando Gonçalves, 4ª Turma, jul. 26.10.2004, *DJ* 22.11.2004, p. 345).

6. Exceção de pré-executividade. "Não tem direito a devolução de prazo para defender-se o executado que, não tendo sido formalmente citado, comparece espontaneamente e interpõe exceção de pré-executividade – modalidade de defesa regida também pelo princípio da eventualidade, de modo que nela o executado tem o dever de deduzir todos os argumentos de que dispuser contra a execução, não se cogitando de reabertura de prazo para ulteriores embargos do devedor" (STJ, REsp 1.041.542/RN, Rel. Min. Sidnei Beneti, 3ª Turma, jul. 03.03.2009, *DJe* 24.03.2009).

7. Exceção do contrato não cumprido. "A exceção de contrato não cumprido constitui defesa indireta de mérito (exceção substancial); quando acolhida, implica a improcedência do pedido, porque é uma das espécies de fato impeditivo do direito do autor, oponível como preliminar de mérito na contestação (CPC, art. 326) [art. 350 do CPC/2015]. Recurso especial conhecido e provido" (STJ, REsp 673.773/RN, Rel. p/ ac. Ari Pargendler, 3ª Turma, jul. 15.03.2007, *DJ* 23.04.2007, p. 256).

Art. 337. Incumbe ao réu, antes de discutir o mérito, alegar:

I – inexistência ou nulidade da citação;

II – incompetência absoluta e relativa;

III – incorreção do valor da causa;

IV – inépcia da petição inicial;

V – perempção;

VI – litispendência;

VII – coisa julgada;

VIII – conexão;

IX – incapacidade da parte, defeito de representação ou falta de autorização;

X – convenção de arbitragem;

XI – ausência de legitimidade ou de interesse processual;

XII – falta de caução ou de outra prestação que a lei exige como preliminar;

XIII – indevida concessão do benefício de gratuidade de justiça.

§ 1º Verifica-se a litispendência ou a coisa julgada quando se reproduz ação anteriormente ajuizada.

§ 2º Uma ação é idêntica a outra quando possui as mesmas partes, a mesma causa de pedir e o mesmo pedido.

§ 3º Há litispendência quando se repete ação que está em curso.

§ 4º Há coisa julgada quando se repete ação que já foi decidida por decisão transitada em julgado.

§ 5º Excetuadas a convenção de arbitragem e a incompetência relativa, o juiz conhecerá de ofício das matérias enumeradas neste artigo.

§ 6º A ausência de alegação da existência de convenção de arbitragem, na forma prevista neste Capítulo, implica aceitação da jurisdição estatal e renúncia ao juízo arbitral.

CPC/1973

Art. 301.

REFERÊNCIA LEGISLATIVA

CF, art. 5º, XXXVI: "A lei não prejudicará o direito adquirido, o ato jurídico perfeito e a coisa julgada".

CPC/2015, arts. 54 a 58 (modificações da competência: conexão; continência; reunião de ações; prevenção); 62 e 64 (incompetência absoluta); 70 a 76 (capacidade processual); 239, §§ 1º e 2º (citação, arguição de nulidade); 240 (citação, litispendência); 278 (nulidade; princípio da preclusão); 280 (nulidade; citação e intimação); 330, I e § 1º (indeferimento da petição inicial; inépcia); 342, II (novas alegações); 350 (defesa indireta do mérito); 351 a 353 (alegações do réu); 485, IV, V, VI, VII (extinção do processo sem resolução de mérito); 487 (resolução de mérito); e 502 a 508 (coisa julgada).

Lei nº 9.307, de 23.09.1996 (Arbitragem – ver Legislação Especial).

BREVES COMENTÁRIOS

A coisa julgada é instituto processual de ordem pública, de sorte que a parte não pode abrir mão dela. Cumpre ao réu argui-la nas preliminares da contestação (art. 337, VII). Mas de sua omissão não decorre qualquer preclusão, porquanto, em razão de seu aspecto de interesse iminentemente público, pode a exceção de *res iudicata* ser oposta em qualquer fase do processo e em qualquer grau de jurisdição, "devendo ser decretada, até mesmo de ofício", pelo juiz.

Outrossim, para ser acolhida a exceção de *res iudicata*, haverá de concorrer, entre as duas causas, a tríplice identidade de partes, pedido e causa de pedir (art. 337, § 2º). Mesmo após o encerramento do processo por sentença definitiva e depois de esgotadas as possibilidades de recurso, ainda é possível, durante dois anos, a invalidação do decisório ofensivo à coisa julgada, por meio da ação rescisória autorizada pelo art. 966, IV.

Em suma, embora o momento apropriado para a arguição da coisa julgada seja a contestação, certo é que poderia fazê-lo a qualquer tempo, pois a matéria não se sujeita à preclusão. Igual tratamento se aplica às demais preliminares do art. 337. Ressalvam-se apenas a convenção de arbitragem e incompetência relativa, que não se podem acolher de ofício, e se sujeitam a preclusão se o réu não as alegar na contestação.

JURISPRUDÊNCIA SELECIONADA

1. Matérias arguíveis

a) Inexistência ou nulidade da citação (inciso I).

"A nulidade por incompetência absoluta do juízo e ausência de citação da executada no feito que originou o título executivo são matérias que podem e devem ser conhecidas mesmo que de ofício, a qualquer tempo ou grau de jurisdição, pelo que perfeitamente cabível sejam aduzidas, como *in casu* o foram, por meio de simples petição, o que configura a cognominada 'exceção de pré-executividade'" (STJ, REsp 667.002/DF, Rel. Min. Luiz Fux, 1ª Turma, jul. 12.12.2006, *DJ* 26.03.2007).

Citação válida *x* citação nula. Ver jurisprudência do art. 240 do CPC/2015.

Honorários advocatícios. "Não são devidos honorários advocatícios nas situações em que o juiz decreta a nulidade da citação e de todos os atos posteriores, determinando a repetição do ato citatório e o prosseguimento do feito" (STJ, REsp 1.019.953/MG, Rel. Min. João Otávio de Noronha, 4ª Turma, jul. 05.04.2011, *DJe* 12.04.2011).

b) Inépcia da petição inicial (inciso IV). Ver jurisprudência do art. 330 do CPC/2015.

c) Litispendência (inciso VI).

Litispendência. Inventário e partilha de bens do mesmo *de cujus* iniciados por mais de um colegitimado. "Há litispendência entre duas ações de inventário e partilha ajuizadas por distintos colegitimados quando presente a tríplice identidade – mesmas partes, mesmas causas de pedir e mesmos pedidos –, sendo irrelevante o fato de as partes ocuparem polos processuais contrapostos nas duas ações em virtude da legitimação concorrente e disjuntiva para o ajuizamento da ação. A ação de inventário e de partilha de bens é de natureza contenciosa e se submete a procedimento especial regulado pelo próprio CPC/15, de modo que a ela se aplicam as regras relacionadas ao momento de propositura da ação, à prevenção e à litispendência e que se encontram na parte geral do Código. A data da nomeação do inventariante não pode ser elemento temporal definidor acerca de qual ação litispendente deve seguir em tramitação, seja porque inexiste previsão legal nesse sentido, seja porque se trata de marco temporal inseguro, porque vinculado a movimentações e atos processuais que independem exclusivamente das partes, devendo ser fixado, como marco definidor acerca de qual das ações idênticas deve prosseguir, a data de seu registro ou distribuição, nos termos dos arts. 59 e 312, ambos do CPC/15" (STJ, REsp 1.739.872/MG, Rel. Min. Nancy Andrighi, 3ª Turma, jul. 13.11.2018, *DJe* 22.11.2018). No mesmo sentido: STJ, REsp 1.591.224, Rel. Min. João Otávio de Noronha, 3ª Turma, jul. 26.04.2016, *DJe* 29.04.2016.

Litispendência. Mandado de segurança e ação declaratória. "Ocorre litispendência quando existem dois processos em curso com identidade de partes, pedido e causa de pedir (CPC/1973, art. 301, III, §§ 1º a 3º, e CPC/2015, art. 337, VI, §§ 1º a 3º) e se reconhece tal fenômeno 'ainda que o polo passivo seja constituído de pessoas distintas; em um pedido mandamental, a autoridade administrativa, e, no outro, a própria entidade de Direito Público' (AgRg no MS 18.759/DF, Rel. Ministro Napoleão Nunes Maia Filho, Primeira Seção, julgado em 27/04/2016, *DJe* 10/05/2016). Caso em que se constata a tríade de identidade a configurar a litispendência, porquanto impetrado *mandamus* com o mesmo desiderato de ação declaratória ajuizada: a suspensão dos efeitos de portaria que impôs à impetrante a pena de impedimento de licitar e contratar com a União pelo prazo de 3 (três) anos. Verificado que a providência requerida na ação mandamental e aquela pleiteada em anterior ação ordinária convergem, ao final, para o mesmo resultado prático pretendido e sob a mesma *causa petendi*, há pressuposto processual negativo apto a obstar o regular processamento deste segundo feito" (STJ, MS 21.734/DF, Rel. Min. Gurgel de Faria, 1ª Seção, jul. 23.11.2016, *DJe* 09.12.2016). **No mesmo sentido**: "A jurisprudência do Superior Tribunal de Justiça cristalizou-se no sentido de que a litispendência não é descaracterizada pela circunstância de que o polo passivo do mandado de segurança é ocupado pela autoridade indicada como coatora, enquanto figura como réu da ação ordinária a própria pessoa jurídica de direito público a cujos quadros pertence o impetrado no *writ*. Precedentes: REsp 866.841/RJ, Rel. Min. Eliana Calmon, *DJe* 07.11.2008; RMS 11.905/PI, Rel. Min. Humberto Martins, *DJU* 23.08.2007; AgREsp 932.363/RJ, Rel. Min. José Delgado, *DJU* 30.08.2007" (STJ, RMS 29.729/DF, Rel. Min. Castro Meira, 2ª Turma, jul. 09.02.2010, *DJe* 24.02.2010).

Litispendência entre mandado de segurança e ação ordinária. "No caso, entendeu-se pela ocorrência de litispendência entre o presente *mandamus* e a Ação Ordinária n. 0027812-80.2013.4.01.3400, com base em jurisprudência desta Corte Superior acerca da possibilidade de litispendência entre mandado de segurança e ação ordinária, na ocasião em que as ações intentadas objetivam, ao final, o mesmo resultado, ainda que o polo passivo seja constituído de pessoas distintas" (STJ, EDcl no MS 21.315/DF, Rel. Min. Diva Malerbi, 1ª Seção, jul. 08.06.2016, *DJe* 15.06.2016).

"Caracterizada a litispendência, prossegue-se nos autos do primeiro processo" (STJ, REsp 174.261/BA, Rel. Min. Ruy Rosado de Aguiar, 4ª Turma, jul. 07.08.2001, *DJ* 08.10.2001, p. 218).

Identidade de ações. "A diversidade de fundamento legal invocado pelas partes ou a alteração na qualificação jurídica dos fatos narrados não são determinantes para afastar a identidade entre as ações. Tais fatores não integram a causa de pedir nem vinculam o magistrado, por força dos princípios *iura novit curia* e da *mihi factum, dabo tibi jus*. A nossa legislação processual adotou a teoria da substanciação, segundo a qual são os fatos narrados na petição inicial que delimitam a causa de pedir. [...] 'Passada em julgado a sentença de mérito, reputar-se-ão deduzidas e repelidas todas as alegações e defesas, que a parte poderia opor assim ao acolhimento como à rejeição do pedido' (art. 474 do CPC) [art. 508 do CPC/2015]" (STJ, REsp 1.009.057/SP, Rel. Min. Vasco Della Giustina, 3ª Turma, jul. 27.04.2010, *DJe* 17.05.2010).

d) Não há litispendência.

Ações de improbidade ajuizadas pelo MPF e MP estadual. Litispendência. Inexistência. "Caso concreto em que o Ministério Público Federal, legítimo titular para a lide, propôs ação de improbidade administrativa contra os ora recorrentes, que já respondiam a anterior ação de improbidade movida pelo *Parquet* estadual (parte ilegítima), com o mesmo objeto, cuja demanda sancionadora, inclusive, veio de ser julgada improcedente pelo Juízo estadual, com decisão transitada em julgado. Réus que postulam a configuração de litispendência e de coisa julgada (arts. 267, V, e 301, § 3º, do CPC/73) para fins de extinção, sem resolução de mérito, da segunda demanda em curso perante a Justiça federal, sob o argumento da unidade institucional existente nos domínios do Ministério Público, enquanto princípio afirmado no art. 127, § 1º, da CF/88. A tese assim erguida pelos recorrentes, no entanto, não merece prosperar, pois inexiste unidade institucional entre o Ministério Público Federal e os Ministérios Públicos estaduais, como bem evidenciado no acórdão regional" (STJ, REsp 1.494.405/CE, Rel. p/ Acórdão Min. Sérgio Kukina, 1ª Turma, jul. 06.11.2018, *DJe* 28.11.2018).

"O STJ firmou jurisprudência no sentido de que, para se configurar a litispendência, faz-se necessária identidade de partes, de pedidos e de causas de pedir, em conjunto. Caso inexistente a denominada 'tríplice identidade', descaracteriza-se a litispendência. *In casu*, a jurisprudência do STJ assim entende: A teor do art. 301 do CPC [art. 337 do CPC/2015], verifica-se a litispendência quando há identidade de partes, de causa de pedir e de pedido entre duas ou mais ações. Se há fatos conexos, mas independentes entre si, é possível o ajuizamento de mais de uma ação, desde que a causa de pedir seja distinta. Nessa hipótese, inexiste litispendência" (STJ, AgRg no REsp 724.538/RS, Rel. Min. Humberto Martins, 2ª Turma, jul. 12.06.2007, *DJ* 22.06.2007, p. 397). **No mesmo sentido:** STJ, REsp 627.975/PB, Rel. Min. Luiz Fux, 1ª Turma, jul. 21.09.2006, *DJ* 09.10.2006, p. 260; TJRJ, Ap 2.348/86, Rel. Des. José Edvaldo Tavares, 7ª Câmara, *Adcoas*, n. 117.542, 1988.

Ação de dano infecto. "Não há litispendência entre a ação de dano infecto promovida pelo proprietário com base no art. 554 do Código Civil, e a ação intentada pelo município contra a mesma ré, para fazer prevalecer os seus regulamentos. A propositura da ação pelo município não extingue o interesse de agir do proprietário prejudicado pelo mau uso da propriedade" (STJ, REsp 196.503/SP, Rel. Min. Ruy Rosado de Aguiar, 4ª Turma, jul. 23.02.1999, *DJ* 22.03.1999, p. 217). **No mesmo sentido:** STJ, REsp 11.887/SP, Rel. Min. Bueno de Souza, 4ª Turma, jul. 17.11.1994, *DJ* 04.09.1995, p. 27.834.

"Concomitante aforamento de **ação de busca e apreensão e ação executiva**. Litispendência não configurada, uma vez que a ação de busca e apreensão (que se converteu em ação de depósito) foi proposta contra o devedor principal, enquanto a de execução foi intentada tão somente contra os avalistas de nota promissória. Ausência de prejuízo para o devedor e avalistas, pela propositura das mencionadas demandas, ante possibilidade de noticiar prontamente ao juízo a entrega do bem, depósito em dinheiro ou pagamento do débito" (STJ, REsp 11.887/SP, Rel. Min. Bueno de Souza, 4ª Turma, jul. 17.11.1994, *DJ* 04.09.1995).

Ação individual com mesmo objeto de ação civil pública. Inexistência. "Não se pode falar em litispendência quando for proposta ação individual com o mesmo objeto que a ação civil pública, sendo certo que os efeitos da coisa julgada *erga omnes* e *ultra partes*, no caso das ações coletivas previstas no art. 81, I e II, da Lei 8.078/1990, não alcançam os autores da ação individual se estes não requererem a suspensão do prazo de trinta dias, quando da ciência do ajuizamento da ação coletiva, conforme o disposto no art. 104 da mesma lei" (TACivSP, Ap 849.256-6, Rel. Juiz Artur César Beretta da Silveira, 12ª Câm., jul. 27.05.2003, *RT* 819/219).

"Não há litispendência entre ação declaratória de compromisso arbitral e embargos do devedor objetivando a desconstituição da sentença arbitral. Embora exista coincidência entre alguns fundamentos jurídicos apresentados em ambas as ações, é inviável reconhecer a litispendência, pois seria necessária não apenas semelhança, mas identidade entre as causas de pedir. Não é possível a análise do mérito da sentença arbitral pelo Poder Judiciário, sendo, contudo, viável a apreciação de eventual nulidade no procedimento arbitral" (STJ, REsp 693.219/PR, Rel. Min. Nancy Andrighi, 3ª Turma, jul. 19.04.2005, *DJ* 06.06.2005).

e) Coisa julgada (inciso VII).

"O Juízo de primeiro grau sentenciou que: 'a impetração de uma segunda ação quando já houve pronunciamento judicial de mérito da instância superior, evidencia a intenção de alcançar, por insistência, a nomeação em cargo público' (...) 'Demais a mais, não se mostra pertinente a homologação judicial de acordo em ações deste jaez quando a parte é aprovada fora do número de vagas, sem haver notícia de nomeação de outros candidatos em melhor posição'. Não obstante, indiscutivelmente já houve provimento jurisdicional pretérito, julgando improcedente o pedido autoral, conforme se aquilata da cópia do acórdão, juntado aos autos. Compulsando os autos, verifica-se ter ocorrido a tríplice equivalência entre partes, pedido e causa de pedir, isto porque a autora ajuizou Mandado de Segurança, objetivando sua nomeação em cargo público efetivo do quadro de pessoal do Município de Patos (processo 0007828-62.2012.815.0251). Foi concedida a segurança, bem como houve recurso da edilidade, ao qual fora dado provimento monocrático para denegar a ordem. Assim, nos termos do disposto no § 4º do art. 337 do CPC/2015, 'Há coisa julgada quando se repete ação que já foi decidida por decisão transitada em julgado'" (STJ, REsp 1850464/PB, Rel. Min. Herman Benjamin, 2ª Turma, jul. 18.02.2020, *DJe* 13.05.2020).

Nulidade de tarifas bancárias. Trânsito em julgado. Posterior ação de repetição de indébito. Juros remuneratórios incidentes sobre a mesma tarifa. Existência de coisa julgada. "Na hipótese, da forma como a autora formulou o pedido na primeira ação, já transitada em julgado e que tramitou perante o Juizado Especial Cível, consignando expressamente que buscava a devolução em dobro de todos os valores pagos com as tarifas declaradas nulas, é possível concluir que o pleito abarcou também os encargos incidentes sobre as respectivas tarifas, da mesma forma em que se busca na ação subjacente, havendo, portanto, nítida identidade entre as partes, a causa de pedir e o pedido, o que impõe o reconhecimento da coisa julgada. Não se pode olvidar que o acessório (juros remuneratórios incidentes sobre a tarifa) segue o principal (valor correspondente à própria tarifa), razão pela qual o pedido de devolução de todos os valores pagos referentes à tarifa nula abrange, por dedução lógica, a restituição também dos respectivos encargos, sendo incabível, portanto, nova ação para rediscutir essa matéria" (STJ, REsp 1.899.115/PB, Rel. Min. Marco Aurélio Bellizze, 3ª Turma, jul. 05.04.2022, *DJe* 08.04.2022).

Coisa julgada. "Para que se possa reconhecer a existência de coisa julgada, é indispensável que haja duas decisões sobre a mesma lide. Duas lides são idênticas entre si quando têm as mesmas partes, o mesmo objeto e a mesma causa de pedir. Se não há identidade entre as duas lides, improcede a alegação de coisa julgada" (STF, AgRg no Ag 91.690-3/PA, Rel. Min. Alfredo Buzaid, 1ª Turma, j 19.04.1983, *DJ* 10.06.1983, p. 8.469). **No mesmo sentido:** STJ, REsp 913.797/MG, Rel. Min. Francisco Falcão, 1ª Turma, jul. 19.06.2007, *DJ* 02.08.2007, p. 412.

"A coisa julgada deve respeitar seus limites objetivos. O fundamento e as razões de decidir não se tornam imutáveis, podendo ser rediscutidos em processo futuro" (STJ, REsp 1.087.353/PB, Rel. Min. Nancy Andrighi, 3ª Turma, jul. 17.02.2009, *DJe* 05.03.2009).

f) Conexão (inciso VIII).

"Preliminar de conexão suscitada na contestação e só afastada expressamente na sentença que julgou antecipadamente a causa. Reiteração dessa preliminar no recurso de apelação, não conhecido nesse ponto pelo tribunal por considerar a matéria preclusa. Divergência com a Súmula 424 do STF caracterizada. Conhecimento do recurso, pela letra *c*, e seu provimento para determinar-se a renovação do julgamento do recurso com apreciação da questão preliminar em foco" (STJ, REsp 37.814/BA, Rel. Min. Assis Toledo, 5ª Turma, jul. 01.12.1993, *DJ* 13.12.1993).

g) Convenção de arbitragem (inciso X). Previsão de solução alternativa de conflitos: resolução por mediação ou arbitragem. Compatibilidade. Ver jurisprudência do art. 4º da Lei nº 9.307/1996.

2. Conhecimento *ex officio* (§ 5º).

Convenção de arbitragem. Excepcionalidade. "Toda a matéria constante do art. 301 do CPC [art. 337 do CPC/2015], incluída nela a caução de que trata o art. 835 do CPC [art. 83 do CPC/2015], é de ordem processual e dela conhecerá de ofício o magistrado, salvo a referente a compromisso arbitral, que exige aprovação do réu" (TJSC, Ag 4.685, Rel. Des. Eduardo Luz, 2ª Câmara, ac. unân. 17.11.1988; *JC* 63/183). **Nota:** O juiz também não poderá conhecer de ofício da incompetência relativa (art. 337, § 5º, do CPC/2015).

Art. 338. Alegando o réu, na contestação, ser parte ilegítima ou não ser o responsável pelo prejuízo invocado, o juiz facultará ao autor, em 15 (quinze) dias, a alteração da petição inicial para substituição do réu.

Parágrafo único. Realizada a substituição, o autor reembolsará as despesas e pagará os honorários ao procurador do réu excluído, que serão fixados entre três e cinco por cento do valor da causa ou, sendo este irrisório, nos termos do art. 85, § 8º.

CPC/1973

Arts. 62 a 64 (nomeação à autoria).

BREVES COMENTÁRIOS

A alegação de ilegitimidade *ad causam* pode ser feita tanto em relação ao autor como em relação ao réu. Quando a arguição se referir ao réu, este, em preliminar de contestação, poderá alegar ser parte ilegítima ou não ser o responsável pelo prejuízo invocado. Nesse caso, o juiz facultará ao autor, em quinze dias, a alteração da petição inicial para substituição do demandado (CPC/2015, art. 338, *caput*).

Com esta medida, o atual Código aboliu a antiga intervenção de terceiro da nomeação à autoria, permitindo que tudo se resolva como mera correção da petição inicial. Caso o autor faça a substituição da parte ilegítima, deverá reembolsar as despesas feitas pelo réu excluído. Da mesma forma, pagará ao procurador da parte ilegítima honorários advocatícios, que serão fixados entre 3% e 5% do valor da causa ou, sendo este irrisório, serão arbitrados por apreciação equitativa, observando-se: (i) o grau de zelo do profissional; (ii) o lugar da prestação do serviço; (iii) a natureza e a importância da causa; e (iv) o trabalho realizado pelo advogado e o tempo exigido para o seu serviço (art. 338, parágrafo único).

JURISPRUDÊNCIA SELECIONADA

1. Nomeação à autoria. Contagem do prazo prescricional contra o nomeado. "Debate-se o marco de interrupção do prazo prescricional em razão da citação do real legitimado passivo ter ocorrido após mais de um ano da propositura da ação. A ação foi inicialmente proposta contra aparente proprietário do veículo envolvido em acidente que resultou no falecimento do cônjuge da autora, vindo a ocorrer sua extromissão e substituição pelo recorrente em virtude de petição de denunciação da lide. A natureza da pretensão – no caso, da intervenção de terceiro – é determinada pelo conteúdo do pedido formulado (extromissão de parte), sendo irrelevante o nomen iuris atribuído, revelando, portanto, tratar-se de nomeação à autoria. A alteração dos elementos da demanda após a citação somente é admitida em hipóteses legais excepcionais, como no caso em que o equívoco na indicação de parte ilegítima decorre de sua aparente legitimidade passiva. Nesses casos, a indicação do real legitimado por meio da nomeação à autoria é dever do réu aparente em homenagem aos princípios da boa-fé processual e da cooperação. Informado o real legitimado passivo, deve o autor promover sua oportuna citação, considerando-se para fim de apuração de tempestividade não a data da propositura da demanda, mas o processamento da nomeação à autoria. Promovidos os atos de citação pela autora na oportunidade processualmente assegurada, a interrupção da prescrição retroage à data da propositura da ação" (STJ, REsp 1705703/SP, Rel. Min. Marco Aurélio Bellizze, 3ª Turma, jul. 02.10.2018, *DJe* 08.10.2018).

2. Ação de indenização proposta contra o espólio dos pretensos causadores do acidente de trânsito, que faleceram em razão do infortúnio. Redirecionamento do feito ao fabricante do produto. Alteração subjetiva e objetiva da lide após a citação. Possibilidade. "Discute-se nos autos a possibilidade de redirecionar ação indenizatória ao fabricante do pneu defeituoso causador do acidente de trânsito, após a demanda inicialmente proposta contra os pretensos responsáveis haver permanecido suspensa aguardando o desfecho do processo conexo em que justamente foi reconhecida a verdadeira causa do evento. A jurisprudência desta Corte, na linha dos arts. 41 e 264 do CPC/73 [arts. 108 e 329 do CPC/2015], ressalta a impossibilidade de alteração subjetiva da lide após a citação. Válida, contudo, a extinção da lide em relação aos réus originários, com sua condenação ao pagamento de custas processuais e honorários advocatícios, e concomitante determinação de citação de um novo réu, indicado pelo autor, nos autos do mesmo processo. Orientação corroborada pelo art. 338 do NCPC. Também é válido, por isso, o aditamento do pedido formulado em relação aos réus originários, porque agora direcionado contra outra pessoa, ainda não citada" (STJ, REsp 1443735/SC, Rel. Min. Moura Ribeiro, 3ª Turma, jul. 13.06.2017, *DJe* 22.06.2017).

3. Honorários advocatícios.

Ilegitimidade passiva de um dos coexecutados. Honorários advocatícios. Regra geral. "A incidência da previsão do art. 338 do CPC/15 é exclusiva da hipótese em que há a extinção do processo em relação ao réu originário, com a inauguração de um novo processo, por iniciativa do autor, em relação a um novo réu, de modo que, ausentes essas circunstâncias específicas, descabe cogitar da fixação de honorários mencionada no parágrafo único do art. 338 do CPC/15. Hipótese dos autos em que foi acolhida a preliminar de ilegitimidade passiva de um dos dois executados, prosseguindo o processo, no entanto, em face do outro, sem 'substituição' da parte ré. Aplicabilidade da regra geral de fixação dos honorários advocatícios, nos moldes do art. 85, § 2º, do CPC/15" (STJ, REsp 1.895.919/PR, Rel. Min. Nancy Andrighi, 3ª Turma, jul. 01.06.2021, *DJe* 08.06.2021).

Exclusão de litisconsorte passivo. Extinção do processo em relação à parte ilegítima. Honorários advocatícios. Novas regras. "Possibilidade de distinção, no caso concreto, mediante a aplicação analógica da regra estatuída no § único do art. 338 do CPC/2015 para as hipóteses de substituição do réu através do aditamento da petição inicial, reconhecendo o autor sua ilegitimidade passiva alegada na contestação: 'Realizada a substituição, o autor reembolsará as despesas e pagará os honorários ao procurador do réu excluído, que serão fixados entre três e cinco por cento do valor da causa ou, sendo este irrisório, nos termos do art. 85, § 8º'. Precedente específico desta Terceira Turma, no julgamento do RESP 1.760.538/RS, no sentido de que 'o juiz, ao reconhecer a ilegitimidade *ad causam* de um dos litisconsortes passivos e excluí-lo da lide, não está obrigado a fixar, em seu benefício, honorários advocatícios sucumbenciais mínimos de 10% sobre o valor da causa'. Arbitramento da verba em 3% sobre o valor atualizado da causa, valor este consentâneo à parca complexidade da demanda, ao tempo de duração da lide até a exclusão da demandada e ao trabalho desempenhado até aquele incipiente momento" (STJ, REsp 1.935.852/GO, Rel. Min. Paulo de Tarso Sanseverino, 3ª Turma, jul. 04.10.2022, *DJe* 10.11.2022). **No mesmo sentido:** "Diante de decisão interlocutória que determina a exclusão de litisconsorte por ilegitimidade *ad causam*, é devida a condenação da contraparte ao pagamento de honorários advocatícios proporcionais, podendo ser fixados em *quantum* inferior ao percentual mínimo previsto pelo art. 85, § 2º, do CPC/15. Julgados da Terceira Turma" (STJ, REsp 2.098.934/RO, Rel. Min. Nancy Andrighi, 3ª Turma, jul. 05.03.2024, *DJe* 07.03.2024).

Ação de cobrança. Cotas condominiais. Ausência de partilha. Ilegitimidade passiva dos herdeiros. Honorários. "Enquanto não aberto o inventário e realizada a partilha de bens, o espólio responde pelas dívidas do falecido, nos termos dos arts. 1.997, *caput*, do CC/2002 e 597 do CPC/1973 (art. 796 do CPC/2015). Nesse contexto, os herdeiros não têm legitimidade para figurar no polo passivo da ação de cobrança de cotas condominiais relativas a imóvel pertencente aos falecidos. Precedentes. A fixação dos honorários advocatícios com base no art. 338, parágrafo único, do CPC/2015 somente se justifica quando, alegada a ilegitimidade passiva, o autor promove a substituição da parte, o que não ocorreu no caso" (STJ, AgInt nos EDcl no AREsp 698.185/SP, Rel. Min. Raul Araújo, 4ª Turma, jul. 20.08.2019, *DJe* 09.09.2019).

Art. 339. Quando alegar sua ilegitimidade, incumbe ao réu indicar o sujeito passivo da relação jurídica discutida sempre que tiver conhecimento, sob pena de arcar com as despesas processuais e de indenizar o autor pelos prejuízos decorrentes da falta de indicação.

§ 1º O autor, ao aceitar a indicação, procederá, no prazo de 15 (quinze) dias, à alteração da petição inicial para a substituição do réu, observando-se, ainda, o parágrafo único do art. 338.

§ 2º No prazo de 15 (quinze) dias, o autor pode optar por alterar a petição inicial para incluir, como litisconsorte passivo, o sujeito indicado pelo réu.

CJF – JORNADAS DE DIREITO PROCESSUAL CIVIL

II JORNADA

Enunciado 123 – Aplica-se o art. 339 do CPC à autoridade coatora indicada na inicial do mandado de segurança e à pessoa jurídica que compõe o polo passivo.

BREVES COMENTÁRIOS

O atual Código estabeleceu, ainda, a obrigatoriedade do réu que alegar sua ilegitimidade de indicar o sujeito passivo da relação jurídica discutida em juízo, sempre que tiver conhecimento de quem seja, sob pena de arcar com as despesas processuais e indenizar o autor pelos prejuízos decorrentes da falta da indicação (art. 339, *caput*). Se o autor aceitar a indicação, deverá, no prazo de quinze dias, proceder à substituição do réu, reembolsando as despesas e efetuando o pagamento dos honorários advocatícios do procurador da parte excluída (art. 339, § 1º). Entretanto, se não aceitar a alegação de ilegitimidade do réu, poderá alterar a petição inicial não para substituir, mas para incluir na lide, como litisconsorte passivo, o sujeito indicado pelo réu (art. 339, § 2º) (é o caso, por exemplo, da corresponsabilidade entre preponente e preposto). Nessa hipótese, o processo prosseguirá contra todos os réus indicados pelo autor.

Art. 340. Havendo alegação de incompetência relativa ou absoluta, a contestação poderá ser protocolada no foro de domicílio do réu, fato que será imediatamente comunicado ao juiz da causa, preferencialmente por meio eletrônico.

§ 1º A contestação será submetida a livre distribuição ou, se o réu houver sido citado por meio de carta precatória, juntada aos autos dessa carta, seguindo-se a sua imediata remessa para o juízo da causa.

§ 2º Reconhecida a competência do foro indicado pelo réu, o juízo para o qual for distribuída a contestação ou a carta precatória será considerado prevento.

§ 3º Alegada a incompetência nos termos do *caput*, será suspensa a realização da audiência de conciliação ou de mediação, se tiver sido designada.

§ 4º Definida a competência, o juízo competente designará nova data para a audiência de conciliação ou de mediação.

CPC/1973

Art. 305.

CJF – JORNADAS DE DIREITO PROCESSUAL CIVIL

II JORNADA

Enunciado 124 – Não há preclusão consumativa do direito de apresentar contestação, se o réu se manifesta, antes da data da audiência de conciliação ou de mediação, quanto à incompetência do juízo.

BREVES COMENTÁRIOS

O réu domiciliado fora da comarca da causa pode alegar, em preliminar de contestação, a incompetência absoluta ou relativa do juízo e indicar a prevalência do foro de seu domicílio. O atual Código autoriza nessa hipótese que a contestação seja protocolada no foro de domicílio do réu, ao invés de enviada ao juiz da causa. Trata-se de medida de economia processual, aplicável às citações pelo correio, carta precatória ou por edital, para desonerar o demandado dos ônus de deslocamento até o foro da causa para se defender. A defesa assim apresentada será imediatamente comunicada ao juízo da causa, preferencialmente por meio eletrônico, e a ele remetida em seguida.

Art. 341. Incumbe também ao réu manifestar-se precisamente sobre as alegações de fato constantes da petição inicial, presumindo-se verdadeiras as não impugnadas, salvo se:

I – não for admissível, a seu respeito, a confissão;

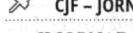

II – a petição inicial não estiver acompanhada de instrumento que a lei considerar da substância do ato;

III – estiverem em contradição com a defesa, considerada em seu conjunto.

Parágrafo único. O ônus da impugnação especificada dos fatos não se aplica ao defensor público, ao advogado dativo e ao curador especial.

CPC/1973

Art. 302.

REFERÊNCIA LEGISLATIVA

CPC/2015, arts. 345 (revelia; direitos indisponíveis), 374, II e III (prova; dispensabilidade de fatos), 392 (confissão; direitos indisponíveis) e 406 (prova documental; instrumento público).

BREVES COMENTÁRIOS

A presunção de veracidade por falta de impugnação especificada fato por fato é relativa e muito frágil, porque o próprio art. 341, em seu inciso III, a afasta quando simplesmente houver contradição entre ela e a defesa, "considerada em seu conjunto". Mais vale, portanto, o sentido geral da contestação que a falta de impugnação a um ou alguns fatos descritos na inicial.

Há também outro caso em que a presunção de veracidade dos fatos não impugnados deixa legalmente de operar: ocorre quando a contestação é formulada por defensor público, advogado dativo, curador especial (art. 341, parágrafo único). É que, em tais circunstâncias, o relacionamento entre o representante e o representado não tem a intimidade ou profundidade que é comum entre os clientes e seus advogados normalmente contratados. Ao contrário do Código anterior, que incluía o órgão do Ministério Público na dispensa da impugnação especificada dos fatos, o Código atual não o faz. Por autorizar, *in casu*, a contestação por negação geral, a simples resposta torna controvertidos todos os fatos invocados na petição inicial, mantendo-se, por conseguinte, o ônus da prova inteiramente a cargo do autor.

JURISPRUDÊNCIA SELECIONADA

1. Presunção relativa. "A presunção do art. 302 do CPC [art. 341 do CPC/2015] não é regra absoluta. É uma presunção por demais frágil, que não pode se sobrepor a qualquer outro meio de prova. Nem sempre a não impugnação do fato determinará a procedência da ação. Se a posição jurídica assumida pelo réu é compatível com a presunção de verdade do fato não impugnado, o art. 302 incide. Se incompatível, a incidência não ocorre" (TJMG, EI na Ap. 62.744, Rel. Des. Walter Veado, 2ª Câmara, jul. 06.11.1984, *JM* 90/168). **No mesmo sentido:** STJ, REsp 772.804/SP, Rel. Min. Castro Filho, Rel. p/ acórdão Min. Humberto Gomes de Barros, 3ª Turma, jul. 17.08.2006, *DJ* 02.10.2006, p. 271.

2. Contestação oferecida por curador. Não aplicação da regra de impugnação específica. "Nas citações fictas (com hora certa ou por edital) não há a certeza de que o réu tenha de fato tomado ciência de que está sendo chamado a juízo para defender-se. Trata-se de uma presunção legal, criada para compatibilizar a obrigatoriedade do ato citatório, enquanto garantia do contraditório e da ampla defesa, com a efetividade da tutela jurisdicional, que ficaria prejudicada se, frustrada a citação real, o processo fosse paralisado *sine die*. Diante da precariedade da citação ficta, os revéis assim incorporados à relação processual não se submetem à regra do art. 322 do CPC [art. 346 do CPC/2015], sendo-lhes dado um curador especial, consoante determina o art. 9º, II, do CPC [art. 72, II, do CPC/2015]. Dadas as circunstâncias em que é admitido no processo, o curador de ausentes não conhece o réu, não tem acesso a ele, tampouco detém informações exatas sobre os fatos narrados na petição inicial, tanto que o parágrafo único do art. 302 do CPC [art. 341 do CPC/2015] não o sujeita à regra de impugnação específica, facultando a apresentação de defesa por negativa geral" (STJ, REsp 1.009.293/SP, Rel. Min. Nancy Andrighi, 3ª Turma, jul. 06.04.2010, *DJe* 22.04.2010).

3. Efeitos da revelia. "A revelia tem aplicação factual, pois acarreta a incontrovérsia dos fatos alegados pelo autor. Isto não representa a automática procedência do pedido, eis que a revelia somente alcança os fatos e não o direito a que se postula. A Lei Processual resguarda os direitos do réu citado por edital, impondo-lhe a nomeação de um curador especial. Se o réu não contesta a ação, através do curador que lhe foi nomeado, está ele imune aos efeitos da revelia. Interpretação extensiva do parágrafo único do art. 302 do CPC [art. 341 do CPC/2015]" (STJ, REsp 252.152/MG, Rel. Min. Waldemar Zveiter, 3ª Turma, jul. 20.02.2001, *DJ* 16.04.2001, p. 107).

4. Prova indireta. Fato secundário. "A prova dos fatos secundários prova indiretamente os fatos principais. Assim, se o autor alega que o fato principal decorre de dois fatos secundários – ambos suficientes por si sós para a demonstração da ocorrência daquele – e o réu contesta apenas um desses fatos secundários, o fato principal resta provado por força da aplicação do art. 302 do CPC [art. 341 do CPC/2015] quanto ao fato secundário que não foi impugnado especificamente pelo réu" (STJ, REsp 702.739/PB, Rel. Min. Nancy Andrighi, Rel. p/ Ac. Min. Ari Pargendler, 3ª Turma, jul. 19.09.2006, *DJ* 02.10.2006, p. 266).

5. Fazenda Pública. Presunção de veracidade. Inaplicabilidade. "Cabe ao réu, nos termos do art. 302 do CPC [art. 341 do CPC/2015], manifestar-se precisamente sobre os fatos narrados na petição inicial, sob pena de recair sobre eles a presunção de veracidade. Tal presunção, todavia, não se opera se não for admissível, a respeito dos fatos não impugnados, a confissão (art. 302, I do CPC). O direito tutelado pela Fazenda Pública é indisponível e, como tal, não é admissível, quanto aos fatos que lhe dizem respeito, a confissão. Por esta razão, a condição peculiar que ocupa a Fazenda Pública impede que a não impugnação específica dos fatos gere a incontrovérsia destes" (STJ, AgRg no REsp 1.187.684/SP, Rel. Min. Humberto Martins, 2ª Turma, jul. 22.05.2012, *DJe* 29.05.2012)

"A não aplicação dos efeitos da revelia à Fazenda Pública não pode servir como um escudo para que os entes públicos deixem de impugnar os argumentos da parte contrária, não produzam as provas necessárias na fase de instrução do feito e, apesar disso, busquem reverter as decisões em sede recursal. Precedentes: REsp 541.239/DF, Rel. Min. Luiz Fux, *DJ* 05.06.2006; REsp 624.922/SC, Rel. Min. Carlos Alberto Menezes Direito, *DJU* 07.11.2005" (STJ, REsp 635.996/SP, Rel. Min. Castro Meira, 2ª Turma, jul. 06.12.2007, *DJ* 17.12.2007, p. 159).

6. Concentração da defesa. Presunção relativa. "O princípio da concentração da defesa ou da eventualidade impõe ao réu o ônus de impugnar, especificadamente, as alegações de fato formuladas pelo autor, sob pena de serem havidas como verdadeiras (art. 341 do CPC/2015). A presunção de veracidade decorrente da ausência de impugnação, todavia, é relativa, não impedindo que o julgador, à luz das provas produzidas no processo, forme livremente a sua convicção, bem como atinge apenas as questões de fato" (STJ, REsp 1.885.201/SP, Rel. Min. Nancy Andrighi, 3ª Turma, jul. 23.11.2021, *DJe* 25.11.2021).

Art. 342. Depois da contestação, só é lícito ao réu deduzir novas alegações quando:

I – relativas a direito ou a fato superveniente;

II – competir ao juiz conhecer delas de ofício;

III – por expressa autorização legal, puderem ser formuladas em qualquer tempo e grau de jurisdição.

CPC/1973

Art. 303.

REFERÊNCIA LEGISLATIVA

CPC/2015, arts. 337, § 5º (contestação; apreciação de ofício), 485, § 3º (extinção do processo sem resolução de mérito; conhecimento de matérias de ofício), 493 (sentença; fatos supervenientes) e 1.014 (apelação; questões de fato; força maior).

BREVES COMENTÁRIOS

O ônus de arguir na contestação "toda a matéria de defesa" é a consagração, pelo Código, do princípio da *eventualidade* ou da *concentração*, que consiste na preclusão do direito de invocar em fases posteriores do processo matéria de defesa não manifestada na contestação. Dessa forma, incumbe ao réu formular, de uma só vez, na contestação todas as defesas de que dispõe, de caráter formal ou material, salvo apenas aquelas que constituem objeto específico de outras respostas ou incidentes, como as exceções e a reconvenção. Se alguma arguição defensiva for omitida nessa fase, impedido estará ele, portanto, de levantá-la em outros momentos ulteriores do procedimento. Há, porém, hipóteses em que o Código abre exceção ao princípio da eventualidade ou concentração da defesa, para permitir que o réu possa deduzir novas alegações no curso do processo, depois da contestação, que são aquelas ressalvadas nos incisos do art. 342.

JURISPRUDÊNCIA SELECIONADA

1. Inovações após a contestação (*caput*). "Fato anterior à contestação não gera direito superveniente, não autorizando seu aditamento com fundamento no inc. I do art. 303 do CPC [art. 342 do CPC/2015]" (2º TACivSP, AI 286.725-9/00, Rel. Juiz Adail Moreira, 5ª Câmara, jul. 27.02.1991, *RT* 667/135).

"É vedado às partes deduzirem novas alegações após concluída a *litis contestatio* (art. 303 do CPC) [art. 342 do CPC/2015] (CPC, art. 333, I) [art. 373, I, do CPC/2015]" (TJMG, ApCív. 1.0024.05.630117-9/001, Rel. Des. Roberto Borges de Oliveira, 10ª Câmara, jul. 16.05.2006, *DJ* 13.06.2006).

"Por força do princípio da eventualidade (art. 303 do CPC) [art. 342 do CPC/2015], o agravante não pode, em sede de embargos de divergência, aduzir alegação jurídica preclusa, por ocasião da contestação" (STJ, AgRg nos EREsp 280.378/MG, Rel. Min. Paulo Medina, 3ª Seção, jul. 11.05.2005, *DJ* 01.08.2005 p. 318).

2. Inovação em sede recursal. "O princípio da eventualidade impõe que toda matéria de defesa seja apresentada em contestação, sendo vedado ao recorrente inovar em sede recursal, salvo nos casos previstos no art. 303 do Código de Processo Civil [art. 342 do CPC/2015]" (TJPR, Ap. 0115337-7, 1ª Câmara Cível, Rel. Des. Ulysses Lopes, *DJPR* 15.04.2002).

"Não se conhece de matéria nova apresentada na apelação (art. 303, CPC) [art. 342 do CPC/2015]" (TJMS, AC 1000.073535-1, 1ª Turma Cível, Rel. Des. Jorge Eustácio da Silva Frias, ac. 12.11.2002).

3. Direito superveniente (inciso I). "Sendo a escritura de doação do imóvel locado anterior à propositura da ação renovatória de locação, o momento processual próprio para demonstrarem os contestantes a existência de usufruto e de sua extinção com a morte do usufrutuário, locador do imóvel, deve ser o da contestação. Não se tratando de fato novo ou superveniente, inaplicável o disposto nos arts. 397 e 462 do CPC [arts. 435 e 493 do CPC/2015]" (2º TACivSP, Ap. 210.139-6, Rel. Juiz Ricardo Brancato, 5ª Câmara, jul. 06.10.1987, *RT* 624/151).

"Tendo a questão envolvendo a validade da fiança sido arguida pelos fiadores apenas em memoriais, após a apresentação da contestação, é de rigor o reconhecimento da preclusão consumativa, o que veda seu conhecimento pelo tribunal de origem. Inteligência do art. 300, c/c o art. 303 do CPC [arts. 336 e 342 do CPC/2015]" (STJ, REsp 936.573/MG, Rel. Min. Arnaldo Esteves Lima, 5ª Turma, jul. 04.12.2008, *DJe* 02.02.2009).

"A teor do art. 462 do Código de Processo Civil [art. 493 do CPC/2015], o magistrado, ao decidir a causa, deverá levar em consideração, de ofício ou a requerimento das partes, fato ou legislação superveniente cuja índole extintiva, modificativa ou constitutiva de direito tenha o condão de influir no julgamento" (STJ, AgRg no REsp 961.348/SP, Rel. Min. Laurita Vaz, 5ª Turma, jul. 02.03.2010, *DJe* 29.03.2010).

"Ademais, 'a regra do *ius superveniens* dirige-se também ao juízo de segundo grau, pois a tutela jurisdicional deve compor a lide tal como se apresenta no momento da entrega (art. 462 do CPC) [art. 493 do CPC/2015]' (REsp 51811/SP, Rel. Min. Barros Monteiro, 4ª Turma, *DJ* 14.12.1998)" (STJ, REsp 710.081/SP, Rel. Min. Luiz Fux, 1ª Turma, jul. 14.03.2006, *DJ* 27.03.2006, p. 183).

Capítulo VII
DA RECONVENÇÃO

Art. 343. Na contestação, é lícito ao réu propor reconvenção para manifestar pretensão própria, conexa com a ação principal ou com o fundamento da defesa.

§ 1º Proposta a reconvenção, o autor será intimado, na pessoa de seu advogado, para apresentar resposta no prazo de 15 (quinze) dias.

§ 2º A desistência da ação ou a ocorrência de causa extintiva que impeça o exame de seu mérito não obsta ao prosseguimento do processo quanto à reconvenção.

§ 3º A reconvenção pode ser proposta contra o autor e terceiro.

§ 4º A reconvenção pode ser proposta pelo réu em litisconsórcio com terceiro.

§ 5º Se o autor for substituto processual, o reconvinte deverá afirmar ser titular de direito em face do substituído, e a reconvenção deverá ser proposta em face do autor, também na qualidade de substituto processual.

§ 6º O réu pode propor reconvenção independentemente de oferecer contestação.

CPC/1973

Art. 315.

REFERÊNCIA LEGISLATIVA

CPC/2015, arts. 19 (ação declaratória), 55 (conexão), 85, § 1º (despesas judiciais), 306 (tutela cautelar), 335 (resposta do réu; prazo para oferecimento), 395 (confissão; indivisibilidade), 544 (ação de consignação em pagamento), 550 e 552 (ação de prestação de contas), 556 (ação possessória), 589 (ação de divisão), 721 (processo de jurisdição voluntária) e 970 (ação rescisória).

Regimento de Custas da Justiça Federal, art. 7º (despesas processuais).

Lei nº 5.478, de 25.07.1968 (alimentos).

Lei nº 9.099, de 26.09.1995, art. 31 (juizados especiais).

SÚMULAS

Súmula do STF:

Nº 258: "É admissível reconvenção em ação declaratória."

Súmula do STJ:

Nº 292: "A reconvenção é cabível na ação monitória, após a conversão do procedimento em ordinário."

CJF – JORNADAS DE DIREITO PROCESSUAL CIVIL

II JORNADA

Enunciado 120 – Deve o juiz determinar a emenda também na reconvenção, possibilitando ao reconvinte, a fim de evitar a sua rejeição prematura, corrigir defeitos e/ou irregularidades.

ENUNCIADOS DO FÓRUM PERMANENTE DE PROCESSUALISTAS CIVIS

Enunciado 45 – (art. 343) Para que se considere proposta a reconvenção, não há necessidade de uso desse *nomen iuris*, ou dedução de um capítulo próprio. Contudo, o réu deve manifestar inequivocamente o pedido de tutela jurisdicional qualitativa ou quantitativamente maior que a simples improcedência da demanda inicial.

BREVES COMENTÁRIOS

A grande inovação do atual Código se deu na instauração do procedimento da reconvenção que, doravante, será proposta na petição da contestação (CPC/2015, art. 343, *caput*). No tempo da lei anterior, embora oferecida simultaneamente com a contestação, a reconvenção deveria sempre ser deduzida em petição autônoma, que, contudo, não reclamava autuação apartada e era, tão somente, juntada aos autos, tal como a da contestação.

Agora, a reconvenção será proposta na própria contestação, como parte integrante da respectiva petição, da qual formará um capítulo. É importante ressaltar, porém, que, a despeito da alteração procedimental, a reconvenção continua a ser uma ação autônoma, e não um simples meio de defesa.

Da autonomia da reconvenção decorre a possibilidade de o réu deixar de oferecer a contestação e limitar-se à propositura da primeira resposta (art. 343, § 6º). Todavia, como a reconvenção não substitui a contestação, em tal hipótese ocorrerá revelia quanto à ação principal, o que não impede a apreciação do pedido formulado na ação incidental. A reconvenção, embora prevista legalmente para ser produzida no bojo da contestação, não está obrigatoriamente subordinada a essa conjunta formulação. Mesmo se omitindo quanto à contestação, pode o demandado, que não tem defesa contra a ação ou que não deseja simplesmente resisti-la, ter matéria conexa para reconvir (CPC/2015, art. 343, § 6º). Nesse caso, será revel na ação principal e nela sucumbirá. Poderá, no entanto, diminuir o efeito da condenação obtendo êxito na pretensão reconvencional conexa. Por exemplo: o réu que não tem como negar a falta de pagamento de uma prestação a seu cargo pode, no entanto, ter direito a cobrar multa contratual por descumprimento por parte do autor de outra prestação relacionada ao mesmo contrato, que este realizou fora do prazo convencionado. A reconvenção, nesse quadro, terá vida própria, sem depender do manejo simultâneo da contestação.

JURISPRUDÊNCIA SELECIONADA

1. Reconvenção. Pressupostos. O instituto da reconvenção exige, como pressuposto de cabimento, a conexão entre a causa deduzida em juízo e a pretensão contraposta pelo réu. A conexão de causas, por sua vez, dá-se por coincidência de objeto ou causa de pedir" (STJ, REsp 72.065/RS, Rel. Min. Castro Meira, 2ª Turma, jul. 03.08.2004, *DJ* 06.09.2004 p. 185). **No mesmo sentido:** TJMG, Ap 1.0000.00.248.857-5/00, Rel. Des. Almeida Melo, 4ª Câmara, jul. 30.11.2001, *DJ* 06.02.2002.

"Em outras palavras, estando presentes todos os requisitos inerentes à reconvenção, não há razão para deixar de admiti-la pelo simples argumento de que o réu não praticou qualquer ato anterior ao ajuizamento da reconvenção que demonstrasse interesse na obtenção da prestação jurisdicional" (STJ, REsp 207.509/SP, Rel. Min. Sálvio de Figueiredo Teixeira, 4ª Turma, jul. 27.11.2001, *DJ* 18.08.2003, p. 209).

2. Reconvenção na própria contestação. "O Novo Código de Processo Civil no seu art. 343, atento aos princípios da economia e da celeridade processual, adotou a concentração das respostas do réu, facultando a propositura da reconvenção na própria contestação" (STJ, REsp 1524730/MG, Rel. Min. Ricardo Villas Bôas Cueva, 3ª Turma, jul. 18.08.2015, *DJe* 25.08.2015).

Reconvenção em peça autônoma. Mera irregularidade formal. "Reconvenção ofertada em peça autônoma, apesar do art. 343 do CPC/2015 determinar sua apresentação na própria contestação. Possibilidade. Mera irregularidade formal. Precedentes deste Tribunal. Princípios da economia e celeridade processual e da segurança jurídica que devem ser prestigiados em detrimento do excesso de formalismo" (TJSP, AI 2155171-57.2016.8.26.0000, Rel. Hugo Crepaldi, 25ª Câmara de Direito Privado, jul. 27.10.2016, data de registro 27.10.2016).

3. Recolhimento de custas. Necessidade. "Reconvenção. Recolhimento de custas. Novo Código de Processo Civil que tornou mais simples a propositura da reconvenção, porém, sem isentar o réu-reconvinte do dever de recolher as custas iniciais. Lei Estadual nº 11.60803, art. 4º, I. Determinação de recolhimento, sob pena de inscrição na dívida ativa estadual" (TJSP, AI 2199834-91.2016.8.26.0000, Rel. Maurício Pessoa, 14ª Câmara de Direito Privado, jul. 28.11.2016, data de registro 28.11.2016).

4. Indeferimento liminar. Recurso cabível. "Cabe agravo da decisão que indefere liminarmente a reconvenção. Precedentes" (STJ, REsp 443.175/SP, Rel. Min. Ruy Rosado de Aguiar, 4ª Turma, jul. 21.11.2002, *DJ* 16.12.2002, p. 345).

5. Reconvenção ajuizada em face do autor e de terceiro. Possibilidade. "O Código de Processo Civil de 2015, inovando em relação à vetusta codificação, veio a permitir que a reconvenção seja ajuizada em face de terceiro. Alegação de nulidade da arrematação extrajudicial que vem a guardar conexão com os fundamentos da defesa. Inteligência do art. 343 do CPC/15. Prestígio ao contraditório, à ampla defesa e à economia processual" (TJSP, AI 2146558-48.2016.8.26.0000, Rel. Rosangela Telles, 2ª Câmara de Direito Privado, jul. 15.09.2016, data de registro 15.09.2016).

6. Pedido contraposto. Possibilidade de acolhimento como reconvenção. "Apelação Cível. Ação de obrigação de fazer. Procedência parcial do pedido formulado na inicial e procedência do pedido contraposto. Inconformismo por parte da autora. Não acolhimento. Possibilidade de aproveitamento do pedido contraposto como reconvenção, à falta de prejuízo à outra parte – homenagem aos princípios da economia e da celeridade processual, bem como ao Novo Código de Processo Civil, cujos ditames podem ser resumidos no princípio da primazia do julgamento do mérito." (TJSP, Ap. 0013102-26.2012.8.26.0566, Rel. Des. Piva Rodrigues, 9ª Câmara de Direito Privado, jul. 20.09.2016, data de registro 20.09.2016)

Equivocada denominação do pedido reconvencional como pedido contraposto. Irrelevância. "A equivocada denominação do pedido reconvencional como pedido contraposto não impede o regular processamento da pretensão formulada pelo réu contra o autor, desde que ela esteja bem delimitada na contestação e que ao autor seja assegurado o pleno exercício do contraditório e da ampla defesa. A existência de manifestação inequívoca do réu qualitativa ou quantitativamente maior que a simples improcedência da demanda principal é o quanto basta para se considerar proposta a reconvenção, independentemente do *nomen iuris* que se atribua à pretensão, nos termos do Enunciado nº 45 do Fórum Permanente dos Processualistas

Civis" (STJ, REsp 1.940.016/PR, Rel. Min. Ricardo Villas Bôas Cueva, 3ª Turma, jul. 22.06.2021, *DJe* 30.06.2021).

7. Alienação fiduciária. Apresentação de reconvenção. "Possibilidade de apresentação de reconvenção nas ações de busca e apreensão (artigo 3º, § 3º, do Decreto Lei nº 911/69, redação dada pela Lei 10.931/2004)" (TJSP, Ap. 1004620-35.2014.8.26.0006, Rel. Carlos von Adamek, 34ª Câmara de Direito Privado; Data do julgamento: 27/07/2016; data de registro: 28/07/2016).

8. Reconvenção na exibição de documentos. Possibilidade. Ver jurisprudência do art. 396 do CPC/2015.

9. Dissolução parcial. Reconvenção. "A ausência de intimação para oferecer contestação à reconvenção não ensejou qualquer prejuízo ao autor reconvindo, isto porque o pedido formulado na reconvenção foi atendido na própria ação de dissolução proposta pelo reconvindo, decretada a dissolução apenas parcial da sociedade. Não há, portanto, ofensa ao artigo 316 do Código de Processo Civil" (STJ, REsp 450.129/MG, Rel. Min. Carlos Alberto Menezes Direito, 3ª Turma, jul. 08.10.2002, *DJ* 16.12.2002).

10. Ilegitimidade passiva. Reconvenção. Possibilidade. "O fato de ter sido reconhecida a ilegitimidade passiva do réu-reconvinte na ação principal após a propositura da reconvenção não implica, necessariamente, em inadmissibilidade da demanda reconvencional, uma vez que, no momento do ajuizamento, havia direito de reconvir. Inteligência do art. 317 do CPC/73. Precedentes" (STJ, REsp 1.490.073/MG, Rel. Min. Nancy Andrighi, 3ª Turma, jul. 22.05.2018, *DJe* 28.05.2018).

"Por outro lado, conforme dispõe o art. 317 do CPC/73, a extinção da ação principal, no caso a ação monitória, por ilegitimidade passiva dos réus, não impede o prosseguimento da reconvenção proposta com objetivo de condenar a autora ao pagamento do dobro do que cobrou indevidamente, tendo como causa de pedir justamente o reconhecimento da ilegitimidade passiva dos réus da ação principal" (STJ, AgInt no AgInt no REsp 1.250.182/PR, Rel. Min. Lázaro Guimarães, 4ª Turma, jul. 08.02.2018, *DJe* 16.02.2018).

11. Reconvenção sucessiva. Admissibilidade. "O propósito recursal é definir se, no sistema processual brasileiro, é admissível a reconvenção sucessiva, também denominada de reconvenção à reconvenção (...) Assim, também na vigência do CPC/15, é igualmente correto concluir que a reconvenção à reconvenção não é vedada pelo sistema processual, condicionando-se o seu exercício, todavia, ao fato de que a questão que justifica a propositura da reconvenção sucessiva tenha surgido na contestação ou na primeira reconvenção, o que viabiliza que as partes solucionem integralmente o litígio que as envolve no mesmo processo e melhor atende aos princípios da eficiência e da economia processual, sem comprometimento da razoável duração do processo" (STJ, REsp 1.690.216/RS, Rel. p/ Acórdão Min. Nancy Andrighi, 3ª Turma, jul. 22.09.2020, *DJe* 28.09.2020).

12. Consequência lógica do pedido de resolução do contrato. Dispensa de pedido para incluir nos efeitos da sentença de mérito. Ver jurisprudência do art. 329.

13. Contestação. Defesa substancial indireta. Arguição de nulidade. Reconvenção. Desnecessidade. "Se a pretensão de cobrança deduzida na inicial é fundada em cláusula contratual, a alegação de nulidade dessa cláusula ou da própria cobrança pode ser manejada em contestação, por caracterizar fato extintivo do direito do autor" (STJ, REsp 2.000.288/MG, Rel. Min. Nancy Andrighi, 3ª Turma, jul. 25.10.2022, *DJe* 27.10.2022).

14. Sentença que não examinou pedido reconvencional. Vício insanável. "Sentença que não examinou o pedido reconvencional. Vício insanável que impõe a anulação da sentença com a baixa dos autos à Vara de origem para o exame da reconvenção, com observância do disposto nos arts. 489 e seguintes do Código de Processo Civil. Sentença anulada de ofício" (TJSP, AC 1003626-68.2018.8.26.0587, Rel. Des. Daise Fajardo Nogueira Jacot, 21ª Câmara de Direito Privado, *DJe* 09.0.2021).

15. Sentença que extingue ação principal e não decide a reconvenção. *Citra petita*. "É nula, porque *citra petita*, a sentença que extingue a ação principal sem decidir acerca da demanda reconvencional, que é autônoma e independente. A extinção da principal não obsta o **prosseguimento da reconvenção** (CPC, art. 317) [art. 343, § 2º, do CPC/2015], persistindo o interesse dos reconvintes em cobrar o saldo devedor dos contratos pretendidos revisar. Apelo do réu-reconvinte provido, para desconstituir a sentença" (TJRS, ApCív. 70010248383, Rel. Orlando Heemann Júnior, 12ª Câmara, jul. 31.03.2005).

16. Conexão entre causas de pedir. "Cabível a reconvenção pelo credor para cobrança da dívida no bojo de ação de revisão de contrato c/c declaração de inexistência de débito, em face da conexão existente entre as causas de pedir" (STJ, REsp 647.390/RJ, Rel. Min. João Otávio de Noronha, 4ª Turma, jul. 17.11.2009, *DJe* 30.11.2009).

17. Compensação reconvencional. "A compensação reconvencional é reconhecível se as duas partes forem ao mesmo tempo credor e devedor uma da outra, como se lê no art. 1.009 do CC, se as respectivas dívidas estiverem vencidas, qual o diz art. 1.010 do citado Código, o devedor postule o encontro de contas por meio de reconvenção e esta seja havida como procedente. Se, todavia, a reconvenção é julgada improcedente, não se tem como admitir a compensação reconvencional" (STF, RE 76.535, Rel. Antônio Néder, 1ª Turma, jul. 06.05.1977, *RT* 526/232).

18. Admissão. "Admite-se a reconvenção para a formulação do pedido de retomada para o uso próprio, na exceção oposta pelo locador na ação renovatória, tendo em vista a finalidade instrumental do processo e a ausência de prejuízo para a outra parte" (STJ, REsp 138.525/PE, Rel. Min. Edson Vidigal, 5ª Turma, jul. 16.12.1997, *DJ* 02.03.1998, p. 133).

19. Inadmissão. "Não é necessária nem admissível a reconvenção em renovatória" (STJ, REsp 4.258/SP, Rel. Min. Nilson Naves, 3ª Turma, jul. 11.09.1990, *DJ* 09.10.1990, p. 10.897). No mesmo sentido: TACivSP, Ap. 191.882-8, Rel. Juiz Soares Lima, 6ª Câmara, jul. 28.05.1986, *RT* 609/153.

"O caráter dúplice da ação renovatória possibilita ao réu, na contestação, formular pedidos em seu favor, não exigindo reconvenção" (STJ, REsp 285.472/SP, Rel. Min. Fernando Gonçalves, 6ª Turma, jul. 16.10.2001, *DJ* 05.11.2001, p. 147).

20. Intimação do autor para ofertar resposta. Pena de nulidade dos atos processuais (§ 1º). "Apresentada a reconvenção, deve o juiz, sob pena de nulidade dos atos processuais praticados posteriormente, determinar a intimação do autor/reconvindo para ofertar contestação, no prazo de quinze dias, nos termos do art. 316 do CPC" [art. 343, § 1º, do CPC/2015] (TJMG, ApCív. 1.0183.05.081404-9/001, Rel. Des. Tarcisio Martins Costa, 9ª Câmara, jul. 25.08.2009, *DJ* 28.09.2009).

Efeitos da intimação. "A intimação para contestar a reconvenção, a que alude o art. 316 do CPC [art. 343, § 1º, do CPC/2015] – segundo entendimento dos processualistas –, produz, em princípio, todos os efeitos elencados no art. 219 do referido Código [art. 240 do CPC/2015], inclusive o constitutivo da mora" (TJSP, Embs. 129.963-2, Rel. Des. Carlos Ortiz, 12ª Câmara, jul. 14.03.1989, *RJTJSP* 120/387).

21. Prosseguimento da reconvenção (§ 2º). "A reconvenção, além dos requisitos atinentes a todo o processo, possui pressupostos processuais próprios, entre os quais a conexão com a ação principal, a pendência desta e a identidade de procedimento, sem os quais não se admite o prosseguimento do pedido contraposto. Contudo, no caso concreto, apesar de o pedido de desistência da ação ter sido ofertado antes de findar o prazo para resposta, não tem ele força para obstar o prosseguimento da reconvenção, na medida em que a sentença que o homologou foi prolatada após a apresentação do pedido contraposto. Efeitos da desistência que somente passam a incidir após a sua homologação judicial, consoante exegese do parágrafo único do art. 158 do CPC [art. 200 do CPC/2015]. Hipótese que se enquadra na regra do art. 317 da Lei Adjetiva" [art. 343, § 2º, do CPC/2015] (TJRS, Ag. 70010387595, Rel. Pedro Celso Dal Pra, 18ª Câmara, jul. 09.12.2004).

"A extinção da ação principal, sem resolução do mérito, não constitui óbice ao processamento e julgamento da reconvenção, em virtude de sua autonomia. Fundando-se ambas as ações no mesmo contrato, presente a conexão necessária à admissibilidade da reconvenção" (TJMG, ApCív. 1.0024.03.056972-7/001, Rel. Des. José Antônio Braga, 9ª Câmara, jul. 03.04.2007, *DJ* 21.04.2007).

22. Ação possessória: Inadmissão. "O pedido de perdas e danos reclamados pelo réu de ação possessória dispensa a reconvenção, conforme o disposto no art. 922 do CPC [art. 556 do CPC/2015]. Todavia, essa ampliação subjetiva só pode ocorrer – em tese, e ainda assim dependendo das peculiaridades de cada caso – ou quando o integrante novo trazido na contra-ação formar um litisconsórcio com o autor da demanda inicial, ou quando os direitos ou as obrigações em causa derivarem do mesmo fundamento de fato ou de direito" (STJ, REsp 147.944/SP, Rel. Min. Cesar Asfor Rocha, 4ª Turma, jul. 18.12.1997, *DJ* 16.03.1998, p. 156). **No mesmo sentido: TAPR**, Ap. 6/75, Rel. Juiz Nunes do Nascimento, 1ª Câmara Cível, jul. 30.04.1975, *RT* 495/233; 2º TA Cível SP, Ap. 152.187, Rel. Juiz Macedo Cerqueira, 6ª Câmara Cível, jul. 11.10.1983, *RT* 579/143.

23. Admissão da reconvenção.

Ação de rito especial. "O único requisito exigido pelo Código de Processo Civil para o cabimento da ação reconvencional é a sua conexão com a causa principal ou com os fundamentos da defesa apresentada. Ressalte-se que não há qualquer ressalva sobre o cabimento da reconvenção em ações que obedeçam a procedimentos especiais, sendo, pois, perfeitamente cabível a propositura de ação reconvencional em feitos de rito especial, desde que ocorra a conexão prevista em lei. Há que se enfatizar que a diferença de ritos entre a ação principal e a reconvencional não obsta o cabimento desta, pelo que se mostra perfeitamente cabível, em ação de usucapião, a reconvenção reivindicatória, cumulada com cobrança dos frutos civis pela utilização do imóvel" (TJMG, Ag 1.0024.02.828141-8/002, Rel. Des. Eduardo Mariné da Cunha, 17ª Câmara Cível, jul. 14.06.2007, *DJ* 27.07.2007). **No mesmo sentido:** TAMG, Ap. 2.0000.00.308.221-7/000, Rel. Juiz Duarte de Paula, 3ª Câmara Cível, jul. 25.04.2001, *DJ* 05.05.2001.

Ação de busca e apreensão. Ver jurisprudência do art. 3º do Decreto-lei nº 911/1969.

Réu com título executivo extrajudicial oponível ao autor. "Quem, sendo réu na ação, tem título executivo extrajudicial oponível ao autor pode, com base nele, opor reconvenção; aproveita assim um processo já existente para dotar o seu crédito da força de um título judicial" (STJ, REsp 631.678/DF, Rel. Min. Ari Pargendler, 3ª Turma, jul. 16.11.2006, *DJ* 26.02.2007, p. 582).

"Na ação em que se visa a impedir o protesto de título é cabível a apresentação de reconvenção com o objetivo de cobrar esses mesmos títulos. Identidade da relação jurídica subjacente" (STJ, REsp 953.192/SC, Rel. Min. Sidnei Beneti, 3ª Turma, jul. 07.12.2010, *DJe* 17.12.2010).

24. Inadmissão da reconvenção.

Ação popular. "O instituto da reconvenção exige, como pressuposto de cabimento, a conexão entre a causa deduzida em juízo e a pretensão contraposta pelo réu. A conexão de causas, por sua vez, dá-se por coincidência de objeto ou causa de pedir. Na hipótese, existe clara diversidade entre a ação popular e a reconvenção. Enquanto a primeira objetiva a anulação de ato administrativo e tem como causa de pedir a suposta lesividade ao patrimônio público, a segunda visa à indenização por danos morais e tem como fundamento o exercício abusivo do direito à ação popular. O pedido reconvencional pressupõe que as partes estejam litigando sobre situações jurídicas que lhes são próprias. Na ação popular, o autor não ostenta posição jurídica própria nem titulariza o direito discutido na ação, que é de natureza indisponível. Defende-se, em verdade, interesses pertencentes a toda sociedade. É de se aplicar, assim, o parágrafo único do art. 315 do CPC [art. 343 do CPC/2015], que não permite ao réu, 'em seu próprio nome, reconvir ao autor, quando este demandar em nome de outrem'" (STJ, REsp 72.065/RS, Rel. Min. Castro Meira, 2ª Turma, jul. 03.08.2004, *DJ* 06.09.2004, p. 185).

Assistente. "Quanto ao oferecimento de reconvenção, não pode ser efetuado quer pelo assistente simples, quer pelo litisconsorcial, uma vez que não é dado a estes praticar atos que digam respeito à lide entre as partes" (TRF-4ª Região, Ag no AI 1998.04.01.047573-7/SC, Rel. Des. Fed. Marga Inge Barth Tessler, 3ª Turma, jul. 22.10.1998, *DJ* 18.11.1998, p. 651).

25. Restituição em dobro de dívida já paga. Reconvenção. Desnecessidade. "Controvérsia submetida ao rito dos **recursos repetitivos (artigo 543-C do CPC):** A aplicação da sanção civil do pagamento em dobro por cobrança judicial de dívida já adimplida (cominação encartada no artigo 1.531 do Código Civil de 1916, reproduzida no artigo 940 do Código Civil de 2002) pode ser postulada pelo réu na própria defesa, independendo da propositura de ação autônoma ou do manejo de reconvenção, sendo imprescindível a demonstração de má-fé do credor." (STJ, REsp 1111270/PR, Rel. Min. Marco Buzzi, 2ª Seção, jul. 25.11.2015, *DJe* 16.02.2016). **No mesmo sentido:** STJ, REsp 229.259/SP, Rel. Min. Ruy Rosado de Aguiar, 4ª Turma, jul. 27.05.2003, *DJ* 01.09.2003, p. 290; STJ, AgRg no Ag 689.254/RS, Rel. Min. Sidnei Beneti, 3ª Turma, jul. 11.11.2008, *DJe* 16.12.2008; STJ, REsp 661.945/SP, Rel. Min. Luis Felipe Salomão, 4ª Turma, jul. 17.08.2010, *DJe* 24.08.2010.

26. Chamamento ao processo. "O chamamento ao processo não pode ser feito pelo réu reconvinte" (2º TACivSP, AI 83.483, Rel. Álvaro de Menezes, 2ª Câmara, jul. 20.09.1978, *RT* 519/197).

27. "Carece de interesse recursal o réu que pretende a procedência da ação reconvencional oferecida pela litisdenunciada, se a relação de direito material subjacente à demanda envolve tão somente esta e o autor" (STJ, EREsp 88.791/BA, Rel. Min. Luis Felipe Salomão, 2ª Seção, jul. 25.03.2009, *DJe* 03.08.2009).

28. Ausência de intimação específica dos advogados dos reconvindos. "A ausência de intimação dos advogados do reconvindo para o oferecimento de contestação à reconvenção não enseja nulidade quando inexiste prova do prejuízo à parte, exatamente como o caso dos autos, em que houve ciência inequívoca da reconvenção por parte dos recorrentes" (STJ, REsp 1.051.526/ES, Rel. Min. Massami Uyeda, 3ª Turma, jul. 17.09.2009, *DJe* 14.10.2009).

29. Ação de guarda de menor. Natureza dúplice. Pedido contraposto. "As ações dúplices são regidas por normas de direito material, e não por regras de direito processual. Em ação de guarda de filho menor, tanto o pai como a mãe podem perfeitamente exercer de maneira simultânea o direito de ação, sendo que a improcedência do pedido do autor conduz à procedência do pedido de guarda à mãe, restando evidenciada, assim, a natureza dúplice da ação. Por conseguinte, em demandas dessa natureza, é lícito ao réu formular **pedido contraposto, independentemente de reconvenção**" (STJ, REsp 1.085.664/DF, Rel. Min. Luis Felipe Salomão, 4ª Turma, jul. 03.08.2010, *DJe* 12.08.2010).

☆ DA CONTESTAÇÃO E RECONVENÇÃO: INDICAÇÃO DOUTRINÁRIA

Ada P. Grinover, *As condições da ação penal*, São Paulo: Bushatsky, 1977, p. 23/24 – litispendência não é pressuposto processual, mas diz respeito ao direito de ação; Arruda Alvim. *Novo contencioso cível no CPC/2015*. São Paulo: Revista dos Tribunais, 2016; Calmon de Passos, *Comentários ao CPC*, Rio de Janeiro: Forense, 1977, v. III (a relatividade da presunção do art. 302); Cândido Dinamarco, *Ônus de afirmar e ônus de impugnação específica*, *RF* 341/215; Carolina Uzeda. Reconvenção subjetivamente ampliada: a posição do terceiro-interveniente. *Revista de Processo*. vol. 285. Ano 43.p. 43-64. São Paulo: Ed. RT, nov./2018; Cassio Scarpinella Bueno, *Manual de direito processual civil*, São Paulo: Saraiva, 2015; Celso Agrícola Barbi, *Comentários ao Código de Processo Civil*, Rio de Janeiro: Forense, 1998, v. I, n. 611 – a prevenção decorre da citação, quando em foros diversos; Cézar Santos, O ônus da impugnação específica no novo CPC, *RBDP* 42/11; Chiovenda, *Instituições de direito processual civil*, São Paulo: Saraiva, 1969, v. I, n. 109 – a identidade dos sujeitos, como indicado, não é a física e sim a jurídica (301, V); n. 110 – sobre objeto mediato; Daniel Amorim Assumpção Neves, *Manual de direito processo civil*, São Paulo: Método, 2015; Everardo de Souza, Do princípio da eventualidade no sistema do CPC, *RF* 251/101; Flávio Luiz Yarshell, Guilherme Setoguti J. Pereira, In: Sérgio Cruz Arenhart e Daniel Mitidiero (coord.), *Comentários ao Código de Processo Civil*, 2. ed., São Paulo: RT, 2018, v. 5; Flávio Renato Correia de Almeida, Preclusão hierárquica, Rio de Janeiro: Lumen Juris, 2019; Francisco Negrisollo, O princípio da estabilização do pedido na ação declaratória incidental, *RT* 476/41; *JTACiv.SP* 29/467; Fredie Didier Jr., *Curso de direito processual civil*, 17. ed., Salvador: JusPodivm, 2015, v. I; Guilherme Rizzo Amaral, *Comentários às alterações do novo CPC*, São Paulo: Revista dos Tribunais, 2015; Heitor Vitor Mendonça Sica, In: Teresa Arruda Alvim Wambier, Fredie Didier Jr., Eduardo Talamini, Bruno Dantas, *Breves comentários ao novo Código de Processo Civil*, São Paulo: Revista dos Tribunais, 2015; Humberto Theodoro Júnior, *Curso de direito processual civil*, 61. ed., Rio de Janeiro: Forense, 2020, v. I; Humberto Theodoro Júnior, *Curso de direito processual civil*, Rio de Janeiro: Forense, 2015, v. I, n. 380/2; Humberto Theodoro Júnior, Fernanda Alvim Ribeiro de Oliveira, Ester Camila Gomes Norato Rezende (coords.), *Primeiras lições sobre o novo direito processual civil brasileiro*, Rio de Janeiro: Forense, 2015; J. E. Carreira Alvim, *Comentários ao novo Código de Processo Civil*, Curitiba: Juruá, 2015; J. J. Calmon de Passos, *A nulidade no processo civil*, Salvador: Imprensa Oficial, 1959; J. J. Calmon de Passos, *Comentários ao CPC*, Rio de Janeiro: Forense, 1977, v. III, nos arts. 209/212; João Gabriel Cardoso, Afinal, é possível a reconvenção nos processos coletivos? *Revista Síntese Direito Civil e Processual Civil*, São Paulo, n. 125, p. 227-228, maio/jun. 2020; José Carlos Barbosa Moreira, *A conexão de causas como pressuposto da reconvenção*, São Paulo: Saraiva, 1979; José Carlos Barbosa Moreira, *O novo processo civil brasileiro*, Rio de Janeiro: Forense, 2012, § 4º, nº II; José de Moura Rocha, Notas sobre a fixação da natureza da relação processual, *RP* 46/29; José Frederico Marques, *Instituições de direito processual civil*, v. II, p. 466; José Miguel Garcia Medina, *Novo Código de Processo Civil comentado*, São Paulo: Revista dos Tribunais, 2015; José Rogério Cruz e Tucci, In: José Roberto F. Gouvêa; Luis Guilherme A. Bondioli e João Francisco N. da Fonseca (coord.), *Comentários ao Código de Processo Civil*, 2. ed., São Paulo: Saraiva, 2017, v. 7; Leonardo Greco, *Instituições de processo civil: introdução ao direito processual civil*, 5. ed., Rio de Janeiro: Forense, 2015; Luis Antônio Giampaulo Sarro, *Novo Código de Processo Civil*, São Paulo: Rideel, 2015; Luiz Guilherme Marinoni, Sérgio Cruz Arenhart, Daniel Mitidiero, *Curso de processo civil*, São Paulo: Revista dos Tribunais, 2015, v. I; Marcos Salvador de Toledo Piza, Contestação em medida cautelar, *RTJ* 18/277; Marcos Salvador de Toledo Piza, Prazo na contestação nas ações de separação e divórcio, *RP* 32/270; Nelson Nery Junior, Rosa Maria de Andrade Nery, *Comentários ao Código de Processo Civil*, São Paulo: Revista dos Tribunais, 2015; Pontes de Miranda, *Comentários ao CPC*, Rio de Janeiro: Forense, 2002, t. IV – admite a possibilidade de contestação por negação geral; Pontes de Miranda, Competência, *RF* 246/249; Teresa Arruda Alvim Wambier, Fredie Didier Jr., Eduardo Talamini, Bruno Dantas (coords.), *Breves comentários ao novo Código de Processo Civil*, São Paulo: Revista dos Tribunais, 2015; Teresa Arruda Alvim Wambier, Maria Lúcia Lins Conceição, Leonardo Ferres da Silva Ribeiro, Rogério Licastro Torres de Melo, *Primeiros comentários ao novo Código de Processo Civil*, São Paulo: Revista dos Tribunais, 2015.

Capítulo VIII
DA REVELIA

Art. 344. Se o réu não contestar a ação, será considerado revel e presumir-se-ão verdadeiras as alegações de fato formuladas pelo autor.

CPC/1973

Art. 319.

REFERÊNCIA LEGISLATIVA

CPC/2015, arts. 2º (tutela jurisdicional), 76, § 1º, II (irregularidade de mandato ao advogado do réu), 117 (litisconsórcio), 278, 334 (requisitos da petição inicial; advertência do réu), 341 (contestação; ônus da impugnação especificada dos fatos), 346 (produção de provas pelo revel), 970 (ação rescisória), 546 (ação de consignação em pagamento) e 626 (inventário).

SÚMULAS

Súmulas do TFR:

Nº 118: "Na ação expropriatória, a revelia do expropriado não implica em aceitação do valor da oferta e, por isso, não autoriza a dispensa da avaliação."

Nº 256: "A falta de impugnação dos embargos do devedor não produz, em relação à Fazenda Pública, os efeitos de revelia."

BREVES COMENTÁRIOS

Ocorre a revelia ou contumácia quando, regularmente citado, o réu deixa de oferecer resposta à ação, no prazo legal. O réu não tem o dever de contestar o pedido, mas tem o ônus de fazê-lo. Se não responde ao autor, incorre em revelia, que cria para o demandado inerte um particular estado processual, passando a ser tratado como um ausente do processo.

Há revelia, outrossim, tanto quando o réu não comparece ao processo no prazo da citação como quando, comparecendo, deixa de oferecer contestação.

Para alertar o demandado a respeito da relevância da revelia, o mandado de citação deve conter a menção "do prazo para contestar, sob pena de revelia" (art. 250, II). A falta de semelhante nota no mandado compromete a validade do ato citatório e impede a verificação da presunção legal prevista no art. 344. Diante da revelia, torna-se desnecessária, portanto, a prova dos fatos em que se baseou o pedido de modo a permitir o julgamento antecipado da lide, dispensando-se, desde logo, a audiência de instrução e julgamento (art. 355, II).

Isto, porém, não quer dizer que a revelia importe automático julgamento de procedência do pedido. Pode muito bem estar a relação processual viciada por defeito que torne impraticável o julgamento de mérito, e, mesmo assim, ao juiz competir conhecer de ofício as preliminares relativas aos pressupostos processuais e às condições da ação (art. 337, § 5º). A revelia, por si, não tem força para sanar tais vícios do processo.

De mais a mais, embora aceitos como verídicos os fatos, a consequência jurídica a extrair deles pode não ser a pretendida pelo autor. Nesse caso, mesmo perante a revelia do réu, o pedido será julgado improcedente.

JURISPRUDÊNCIA SELECIONADA

1. Revelia. Efeitos.

a) Presunção relativa.

"A caraterização da revelia não conduz a uma presunção absoluta de veracidade dos fatos narrados pelo autor, permitindo ao juiz, para formar o seu convencimento, que analise as alegações formuladas pelas partes em confronto com as provas constantes dos autos. Precedentes" (STJ, AgInt no AREsp 1.383.629/SC, Rel. Min. Ricardo Villas Bôas Cueva, 3ª Turma, jul. 13.05.2019, *DJe* 21.05.2019). **No mesmo sentido:** "Na revelia, a presunção acerca da veracidade dos fatos alegados pelo autor é relativa, cabendo à parte autora o ônus da prova quanto ao fato constitutivo do direito alegado. Precedentes" (STJ, AgInt no AREsp 1.746.990/SP, Rel. Min. Raul Araújo, 4ª Turma, jul. 07.06.2021, *DJe* 01.07.2021).

Busca pela verdade real. "A presunção de veracidade dos fatos alegados em razão da revelia não é absoluta. O julgador pode, na busca da verdade real, determinar a produção das provas que julgar necessárias à elucidação da causa" (STJ, AgRg no Ag 1.088.359/GO, Rel. Min. Sidnei Beneti, 3ª Turma, jul. 28.04.2009, *DJe* 11.05.2009).

Ausência de verossimilhança do pedido. "Nos termos do art. 319 do CPC/1973: 'Se o réu não contestar a ação, reputar-se-ão verdadeiros os fatos afirmados pelo autor'. Caráter relativo da presunção de veracidade que emana do referido enunciado normativo, possibilitando que o juízo exerça um juízo de verossimilhança sobre as alegações da parte autora da demanda. Doutrina e jurisprudência sobre o tema. Caso concreto em que a parte autora da ação revisional, com base no extrato bancário relativo a apenas três meses de conta-corrente, pretendeu a revisão de encargos contratuais de modo a ver declarada a quitação dos débitos lançados em conta-corrente, bem como dos títulos emitidos em favor do banco. Flagrante carência de verossimilhança das alegações da parte autora da demanda revisional, impondo-se a rescisão da sentença, com base na violação literal à norma que emana do art. 319 do CPC/1973" (STJ, REsp 1.758.786/TO, Rel. Min. Paulo de Tarso Sanseverino, 3ª Turma, jul. 02.04.2019, *DJe* 05.04.2019).

b) Ausência de condições da ação ou evidente falta de direito. "Não tendo sido apresentada contestação oportunamente, em princípio presumem-se verdadeiros os fatos narrados na inicial. Em alguns casos, todavia, como naquelas em que ausente alguma das condições da ação ou haja evidente falta de direito, o não oferecimento oportuno da contestação não importa na procedência do pedido. E da melhor doutrina que 'não está no espírito da lei obrigar o juiz a abdicar de sua racionalidade e julgar contra evidência, ainda que esta lhe tenha passado desapercebida" (STJ, AgRg no Ag 123.413/PR, Rel. Min. Sálvio de Figueiredo Teixeira, 4ª Turma, jul. 26.02.1997, *DJ* 24.03.1997).

c) Processo de execução. Embargos do devedor. "A não impugnação dos embargos do devedor não induz os efeitos da revelia, pois que, no processo de execução, diferentemente do processo de conhecimento em que se busca a certeza do direito vindicado, o direito do credor encontra-se consubstanciado no próprio título, que se reveste da presunção de veracidade, até porque já anteriormente comprovado, cabendo assim ao embargante-executado o ônus quanto à desconstituição da eficácia do título executivo" (STJ, REsp 601.957/RJ, Rel. Min. Hamilton Carvalhido, 6ª Turma, jul. 23.08.2005, *DJ* 14.11.2005, p. 410). **No mesmo sentido:** REsp 23.177/PR, Rel. Min. Fontes de Alencar, 4ª Turma, jul. 23.03.1993, *DJ* 03.05.1993; STJ, REsp 747.000/MG, Rel. Min. Arnaldo Esteves Lima, 5ª Turma, jul. 11.11.2008, *DJe* 01.12.2008; STJ, REsp 671.515/RJ, Rel. Min. João Otávio de Noronha, 2ª Turma, jul. 03.10.2006, *DJ* 23.10.2006; STJ, REsp 671.515/RJ, Rel. Min. João Otávio de Noronha, 2ª Turma, jul. 03.10.2006, *DJ* 23.10.2006.

d) Réu pessoa jurídica de direito público. "Tratando-se de ação promovida contra pessoa jurídica de direito público, é defeso ao juiz, ante a ausência de resposta, efetivar o julgamento antecipado da lide com a aplicação dos efeitos do art. 319 do CPC" [art. 344 do CPC/2015] (TJSC, Ap 49.204, Rel. Des. Orli Rodrigues, 1ª Câmara Cível, publ. 18.09.1995).

Obrigação de direito privado. "Os efeitos materiais da revelia não são afastados quando, regularmente citado, deixa o Município de contestar o pedido do autor, sempre que não estiver em litígio contrato genuinamente administrativo, mas sim uma obrigação de direito privado firmada pela Administração Pública" (STJ, REsp 1.084.745/MG, Rel. Min. Luis Felipe Salomão, 4ª Turma, jul. 06.11.2012, *DJe* 30.11.2012).

e) Ação rescisória. "Na ação rescisória, mercê de sua natureza, com finalidade de desconstituição da coisa julgada, não incidem os efeitos preconizados pelo art. 319 do CPC" [art. 344 do CPC/2015] (1º TACível SP, AR 338.100, Rel. Juiz Roberto Stucchi, 4º Gr. de Câmaras, jul. 10.06.1986, *Adcoas* n. 110.009). No mesmo sentido: STJ, AR 3.341/SP, Rel. Min. Arnaldo Esteves Lima, 3ª Seção, jul. 14.12.2009, *DJe* 01.02.2010.

"A revelia da parte, por si só, não inviabiliza o ajuizamento da ação rescisória" (STJ, REsp 723.083/SP, Rel. Min. Nancy Andrighi, 3ª Turma, jul. 09.08.2007, *DJ* 27.08.2007, p. 223).

2. Direitos indisponíveis. Ação de guarda dos filhos e partilha de bens. "Nos termos do que dispõem os arts. 344 e 345, inciso II, do Código de Processo Civil de 2015 (correspondentes aos arts. 319 e 320, II, do CPC/1973), se o réu não contestar a ação, será considerado revel e presumir-se-ão verdadeiras as alegações de fato formuladas pelo autor, salvo se o litígio versar sobre direitos indisponíveis. Sendo o direito de guarda dos filhos indisponível, não obstante admita transação a respeito de seu exercício, não há que se falar em presunção de veracidade dos fatos oriunda da revelia. Em outras palavras, a revelia na ação que envolve guarda de filho, por si só, não implica em renúncia tácita do requerido em relação à guarda compartilhada, por se tratar de direito indisponível" (STJ, REsp 1.773.290/MT, Rel. Min. Marco Aurélio Bellizze, 3ª Turma, jul. 21.05.2019, *DJe* 24.05.2019).

3. Curador especial. Réu citado por edital. "A lei processual resguarda os direitos do réu citado por edital, impondo-lhe a nomeação de um curador especial. Se o réu não contesta a ação, através do curador que lhe foi nomeado, está ele imune aos efeitos da revelia" (STJ, REsp 252.152/MG, Rel. Min. Waldemar Zveiter, 3ª Turma, jul. 20.02.2001, *RT* 792/225). **No mesmo sentido:** STF, RE 93.234/RJ, Rel. Min. Firmino Paz, 2ª Turma, jul. 20.10.1981, *RTJ* 99/847; TACível SP, Ap. 50.061, Rel. Juiz Hudson Lourenço 3ª Câmara, jul. 12.03.1987, *Adcoas*, n. 114.139, 1987.

4. Liquidação por artigos. "Em processo de liquidação por artigos, de procedimento ordinário, ante a necessidade de que sejam provados fatos não definidos no processo de conhecimento, não se apresenta incompatível a produção de prova com a ocorrência de revelia se esses fatos não se acham objetivados na postulação, de sorte a tê-los por fictamente provados" (STJ, ROMS 707/SP, Rel. Min. Dias Trindade, 3ª Turma, jul. 18.12.1990, *DJU* 18.02.1991, p. 1.032).

5. Produção de provas pelo réu revel. "Admite-se que o réu revel produza contraprovas aos fatos narrados pelo autor, na tentativa de elidir a presunção relativa de veracidade, desde que intervenha no processo antes de encerrada a fase instrutória" (STJ, REsp 677.720/RJ, Rel. Min. Nancy Andrighi, 3ª Turma, jul. 10.11.2005, *DJ* 12.12.2005, p. 375).

Juntada de documentos. "Embora não apresentando a contestação no prazo legal, poderia o recorrido intervir no feito, em qualquer fase, até a prolação da sentença, apenas recebendo-o no estado em que se encontrar. Desta forma, cabível a juntada dos documentos" (STJ, AgRg no Ag 1.088.359/GO, Rel. Min. Sidnei Beneti, 3ª Turma, jul. 28.04.2009, *DJe* 11.05.2009).

Art. 345. A revelia não produz o efeito mencionado no art. 344 se:

I – havendo pluralidade de réus, algum deles contestar a ação;

II – o litígio versar sobre direitos indisponíveis;

III – a petição inicial não estiver acompanhada de instrumento que a lei considere indispensável à prova do ato;

IV – as alegações de fato formuladas pelo autor forem inverossímeis ou estiverem em contradição com prova constante dos autos.

CPC/1973

Art. 320.

REFERÊNCIA LEGISLATIVA

CPC/2015, arts. 72 (nomeação de curador especial), 76, § 1º, II (incapacidade processual do réu reputado revel), 121 (assistência), 373, § 3º, 392 (direitos indisponíveis), 406 (prova documental; instrumento público).

CC, arts. 108 e 215.

BREVES COMENTÁRIOS

A ressalva do art. 345, I, tocante a que não ocorrerá revelia se, havendo pluralidade de réus (*litisconsórcio passivo*), algum deles contestar a ação, atinge apenas os litisconsortes necessários, não os facultativos.

A propósito do inciso II do art. 345, é bom ressaltar que as relações obrigacionais ajustadas pelo Poder Público nem sempre envolvem direitos indisponíveis. É o que se passa, por exemplo, diante de contratos da Administração Pública ajustados nos padrões do direito privado, hipótese em que a falta de contestação, precedida de regular citação da pessoa jurídica de direito público, produzirá os efeitos materiais previstos no art. 344.

JURISPRUDÊNCIA SELECIONADA

1. Revelia. Ação de divórcio com pedido de exclusão de patronímico adotado pela cônjuge. "A decretação da revelia do réu não resulta, necessariamente, em procedência do pedido deduzido pelo autor, sobretudo quando ausente a prova dos fatos constitutivos alegados na petição inicial. Precedentes. O fato de a ré ter sido revel em ação de divórcio em que se pretende, também, a exclusão do patronímico adotado por ocasião do casamento não significa concordância tácita com a modificação de seu nome civil, quer seja porque o retorno ao nome de solteira após a dissolução do vínculo conjugal exige manifestação expressa nesse sentido, quer seja o efeito da presunção de veracidade decorrente da revelia apenas atinge às questões de fato, quer seja ainda porque os direitos indisponíveis não se submetem ao efeito da presunção da veracidade dos fatos. A pretensão de alteração do nome civil para exclusão do patronímico adotado por cônjuge por ocasião do casamento, por envolver modificação substancial em um direito da personalidade, é inadmissível quando ausentes quaisquer circunstâncias que justifiquem a alteração, especialmente quando o sobrenome se encontra incorporado e consolidado em virtude do uso contínuo do patronímico pela ex-cônjuge por quase 35 anos" (STJ, REsp 1.732.807/RJ, Rel. Min. Nancy Andrighi, 3ª Turma, jul. 14.08.2018, *DJe* 17.08.2018).

2. Contestação de apenas um dos réus litisconsortes (inciso I).

"A contestação do litisconsorte só aproveita ao revel quando cuida de impugnar o mérito da demanda. No caso, tendo o corréu discutido apenas sua ilegitimidade passiva, impossível o aproveitamento" (STJ, AgRg no REsp 625.768/SP, Rel. Min. Humberto Gomes de Barros, 3ª Turma, jul. 19.05.2005, *DJ* 01.08.2005 p. 446). **No mesmo sentido:** STJ, REsp 44.545/SP, Rel. Min. Costa Leite, 3ª Turma, jul. 19.04.1994, *DJ* 20.03.1995.

"Não se configura a revelia quando, em litisconsórcio, um dos réus contestar, aproveitando a contestação aos demais, justamente porque tal contestação implica ocorrência de limitação à incidência da revelia" (2º TA Cível SP, Ap. 193.222-0, Rel. Juiz Soares Lima, 6ª Câmara, jul.11.06.86, *RT* 612/147). **No mesmo sentido:** TJMG, Ap. 1.0271.02.011116-4/001, Rel. Des. José Antônio Braga, 9ª Câmara, jul. 10.07.2007.

"A revelia de um dos réus não induz necessariamente à sua responsabilização pelos danos se a cada um é atribuída a prática de ato próprio" (TAPR, Ap. 1.587/87, Rel. Juiz Franco de Carvalho, 2ª Câmara, jul. 01.12.1987, *RT* 626/175).

3. Direitos indisponíveis (inciso II).

"Tratando-se de direitos indisponíveis, a revelia não opera os efeitos quanto à presunção de veracidade dos fatos alegados" (STJ, REsp 671.755/RS, Rel. Min. Castro Meira, 2ª Turma, jul. 06.03.2007, *DJ* 20.03.2007, p. 259). **No mesmo sentido**: TJSC, Ap. 49.204, Rel. Des. Orli Rodrigues, 1ª Câmara Cível, publ. 18.09.1995; STJ, REsp 8.392/MT, Rel. Min. Eduardo Ribeiro, 3ª Turma, jul. 29.04.1991, *DJ* 27.05.1991.

a) CDC. "Ao dizer que as normas do CDC são 'de ordem pública e interesse social', o art 1º da Lei 8.078/1990 não faz indisponíveis os direitos outorgados ao consumidor – tanto que os submete à decadência e torna prescritíveis as respectivas pretensões. Assim, no processo em que se discutem direitos do consumidor, a revelia induz o efeito previsto no art. 319 do Código de Processo Civil [art. 344 do CPC/2015]" (STJ, REsp 767.052/RS, Rel. Min. Humberto Gomes de Barros, 3ª Turma, jul. 14.06.2007, *DJ* 01.08.2007).

b) Fazenda Pública.

Contestação intempestiva. "Consoante jurisprudência do STJ, ainda que a contestação apresentada pela Fazenda Pública tenha sido reputada intempestiva, diante de direitos indisponíveis do ente estatal, os fatos da causa não comportam confissão, tampouco estão sujeitos aos efeitos da revelia. A remessa oficial comporta o efeito translativo do recurso" (STJ, AgRg no REsp 817.402/AL, Rel. Min. Jane Silva 6ª Turma, jul. 18.11.2008, *DJe* 09.12.2008). **No mesmo sentido**: STJ, AgRg no REsp 1.137.177/SP, Rel. Min. Humberto Martins, 2ª Turma, jul. 18.02.2010, *DJe* 02.03.2010; STJ, EDcl no REsp 724.111/RJ, Rel. Min. Luiz Fux, 1ª Turma, jul. 17.12.2009, *DJe* 12.02.2010.

Prerrogativas do Estado. "Assim, resguardadas estarão as prerrogativas do Estado de que contra ele não prevalecem a regra da confissão ficta e a incidência dos efeitos da revelia, por se tratar de direito indisponível (art. 320, II, do CPC)" [art. 345, II, do CPC/2015] (STJ, REsp 281.483/RJ, Rel. Min. José Delgado, 1ª Turma, *DJU* 07.10.2002).

c) Direito de família.

Alimentos. Revelia. Fixação em patamar inferior ao postulado. Possibilidade. "O propósito recursal consiste em definir se é possível a fixação do valor dos alimentos em patamar inferior ao pleiteado na inicial quando há o reconhecimento da revelia do réu e a incidência de seus efeitos. (...) Contudo, na ação de alimentos, os aludidos princípios devem ser observados sob outra perspectiva em razão de suas especificidades, motivo pelo qual o Magistrado da causa poderá arbitrar a verba alimentar de acordo com os elementos carreados aos autos e fora dos parâmetros estabelecidos pelo autor, mediante a observância do binômio necessidade/capacidade. Na hipótese dos autos, constata-se que, a despeito de ter sido pessoalmente citado, o alimentante deixou de apresentar contestação, tendo sido decretada sua revelia, com a incidência dos efeitos dela decorrentes. A sentença julgou parcialmente procedente o pedido para condenar o requerido ao pagamento de alimentos na quantia mensal equivalente a 30% do salário mínimo vigente, sendo que, na hipótese de se comprovar vínculo trabalhista fixo, a pensão será fixada em 20% dos rendimentos líquidos, apesar de o pedido autoral ter requerido o arbitramento em R$ 500,00 (quinhentos reais). De acordo com o quadro fático delineado pelas instâncias ordinárias, é incontroversa a necessidade de o autor menor receber a pensão alimentícia, todavia, não obstante os efeitos da revelia, o demandante não trouxe nenhum elemento indicativo da capacidade financeira do genitor, de maneira que, ante a presunção relativa de veracidade advinda da revelia, observou-se o binômio necessidade/possibilidade, constatando a razoabilidade e proporcionalidade da verba empregada, não havendo falar em reforma das decisões proferidas pelas instâncias ordinárias" (STJ, REsp 1.971.966/SP, Rel. Min. Marco Aurélio Bellizze, 3ª Turma, jul. 05.03.2024, *DJe* 12.03.2024).

Separação litigiosa. "Deixando o réu de apresentar contestação ao pedido de separação judicial de cunho litigioso a envolver interesse de menores, filhos do casal, não pode o juiz simplesmente decretar a pena da confissão ficta. As ações de separação judicial, nas quais o debate cinge-se ao âmbito do casal separando, tratam de direitos transigíveis. As consequências da separação judicial com pedido de decretação de culpa, em especial aquelas a envolver os interesses dos filhos do casal, ainda menores, sobrepõem-se necessariamente à disponibilidade dos direitos restritos à esfera dos cônjuges, e não permitem que os graves efeitos da revelia preponderem ante a imprescindibilidade da instrução processual" (STJ, REsp 686.978/RS, Rel. Min. Nancy Andrighi, 3ª Turma, jul. 29.11.2005, *DJ* 13.02.2006). **No mesmo sentido:** STJ, REsp 485.958/SP, Rel. Min. Aldir Passarinho Junior, 4ª Turma, jul. 18.12.2003, *DJ* 08.03.2004.

Art. 346. Os prazos contra o revel que não tenha patrono nos autos fluirão da data de publicação do ato decisório no órgão oficial.

Parágrafo único. O revel poderá intervir no processo em qualquer fase, recebendo-o no estado em que se encontrar.

CPC/1973

Art. 322.

REFERÊNCIA LEGISLATIVA

CF, art. 5º, LV (direito ao contraditório e à ampla defesa).

CPC/2015, arts. 72, II (curador especial; revel citado por edital ou por hora certa); 76 (irregularidade na capacidade processual e de fato não regularizada); 344 (efeitos da revelia); 348 (não ocorrência do efeito da revelia; verificação pelo juiz); 355 (julgamento antecipado da lide); e 683 (revelia do oposto).

SÚMULAS

Súmula do STF:

Nº 231: "O revel, em processo cível, pode produzir provas, desde que compareça em tempo oportuno."

Súmula do STJ:

Nº 196: "Ao executado que, citado por edital ou por hora certa, permanecer revel, será nomeado curador especial, com legitimidade para apresentação de embargos."

BREVES COMENTÁRIOS

Em consequência da revelia, todos os atos processuais passam a ser praticados sem intimação ou ciência ao réu, ou seja, o processo passa a correr à revelia do demandado, numa verdadeira abolição do princípio do contraditório, o que, todavia, não configura uma ofensa àquele princípio, visto que se deve à conduta do próprio réu o estabelecimento da situação processual que inviabiliza as intimações na forma prevista em lei. A dispensa de intimação só prevalece em relação ao demandado revel que não tenha advogado nos autos.

Se o réu não contesta mas apresenta reconvenção, deverá ser intimado de todos os atos do processo. Cessam também os efeitos da revelia quando, após sua configuração, o réu se faz representar nos autos por advogado. Essa cessação, porém, manifesta-se *ex nunc*, ou seja, afeta apenas em relação aos atos processuais subsequentes.

No entanto, mesmo quando o revel não tenha advogado no processo, os atos decisórios que o afetem deverão ser publicados no órgão oficial (*Diário da Justiça*, físico ou eletrônico), pois será a partir dessa publicação que serão contados os prazos contra o revel não representado nos autos, na sistemática do art. 346 do CPC.

JURISPRUDÊNCIA SELECIONADA

1. Consequências da revelia. "Da revelia resultam duas consequências, uma de natureza material. A presunção de veracidade dos fatos afirmados pelo autor. E outra de cunho processual. A dispensa de intimação do réu para os atos subsequentes. Mas não fica o réu proibido de intervir no processo. Só que o recebe no estado em que se encontra (CPC, art. 322, parte final) [art. 346 do CPC/2015]. Comparecendo aos autos, através de advogado devidamente constituído, a partir daí adquire o direito de ser intimado de todos os atos subsequentes, inclusive, a toda evidência, da sentença" (STJ, REsp 238.229/RJ, Rel. Min. Castro Filho, 3ª Turma, *DJ* 16.09.2002).

2. Réu revel no processo de conhecimento. Advogado não constituído. Intimação por carta para cumprimento de sentença. Ver jurisprudência do art. 513 do CPC/2015.

3. Revelia. Réu sem advogado constituído nos autos. Intimação por meio do sistema eletrônico do respectivo Tribunal. Impossibilidade. Necessidade de publicação do ato decisório no órgão oficial. "Nos termos do art. 346 do CPC/2015, 'Os prazos contra o revel que não tenha patrono nos autos fluirão da data de publicação do ato decisório no órgão oficial'. Logo, exige-se a publicação do ato decisório na imprensa oficial, para que se inicie o prazo processual contra o revel que não tenha advogado constituído nos autos, não sendo suficiente a mera publicação em cartório, como ocorria sob a égide do diploma processual anterior. (...) Dessa forma, ainda que se trate de processo eletrônico, a publicação da decisão no órgão oficial somente será dispensada quando a parte estiver representada por advogado cadastrado no sistema do Poder Judiciário, ocasião em que a intimação se dará de forma eletrônica, situação, contudo, não verificada nos autos" (STJ, REsp 1.951.656/RS, Rel. Min. Marco Aurélio Bellizze, 3ª Turma, jul. 07.02.2023, *DJe* 10.02.2023). **No mesmo sentido:** STJ, REsp 2.106.717/PR, Rel. Min. Gurgel de Faria, 1ª Turma, jul. 17.09.2024, *DJe* 25.09.2024.

4. Livre convencimento do juiz. "Os efeitos da revelia podem ser temperados, deixando margem ao livre convencimento do juiz diante de provas existentes nos autos" (STJ, REsp 624.922/SC, Rel. Min. Carlos Alberto Menezes Direito, 3ª Turma, jul. 04.08.2005, *DJ* 07.11.2005, p. 265). **No mesmo sentido: TJSP**, Ap. c/ Rev. 1.087.024.006, Rel. Ruy Coppola, 32ª Câmara Dir. Priv., jul. 18.10.2007.

5. Citação ficta. "Diante da precariedade da citação ficta, os revéis assim incorporados à relação processual não se submetem à regra do art.322 do CPC [art. 346 do CPC/2015], sendo-lhes dado um curador especial, consoante determina o art. 9º, II, do CPC [art. 72, II, do CPC/2015]" (STJ, REsp 1.009.293/SP, Rel. Min. Nancy Andrighi, 3ª Turma, jul. 06.04.2010, *DJe* 22.04.2010).

6. Procurador nos autos. Direito à intimação dos atos processuais. "Nos termos da jurisprudência do STJ, o réu revel, com procurador no processo, adquire o direito de ser intimado de todos os atos subsequentes, inclusive da sentença" (STJ, AgRg no REsp 710.129/GO, Rel. Min. Nancy Andrighi, 3ª Turma, jul. 03.05.2005, *DJ* 16.05.2005, p. 349). **No mesmo sentido:** STJ, REsp 732.537/MA, Rel. Min. Jorge Scartezzini, 4ª Turma, jul. 15.09.2005, *DJ* 03.10.2005, p. 280.

"Cumprindo a parte a determinação específica do magistrado para apresentar substabelecimento para o processo, não pode a mesma ser alcançada pela revelia, porque há defeito no instrumento de mandato, que não foi objeto da decisão. Em tal situação deveria o magistrado ter assinado prazo razoável para que fosse regularizada a representação processual, nos termos do art. 13 do Código de Processo Civil" (STJ, REsp 469.185/MA, Rel. Min. Carlos Alberto Menezes Direito, 3ª Turma, jul. 20.05.2003, *DJ* 18.08.2003, p. 204).

"Ao órgão julgador é permitido ordenar a permanência nos autos da procuração e dos documentos que acompanham a contestação, não obstante a intempestividade desta" (STJ, REsp 556.937/SP, Rel. Min. Barros Monteiro, 4ª Turma, jul. 09.12.2003, *DJ* 05.04.2004, p. 272).

7. Dispensa de intimação. Contumácia do réu. "A dispensa de intimação para os atos processuais, no caso de revelia, só ocorre enquanto permanecer a contumácia do réu. Oferecida a contestação, ainda que fora do prazo, as intimações posteriores se impõem" (STJ, REsp 545.482/DF, Rel. Min. Antônio de Pádua Ribeiro, 3ª Turma, jul. 06.04.2004, *DJ* 17.05.2004, p. 218).

8. Litisconsórcio. "Ainda que existente litisconsorte, a decretação da revelia de um dos réus não elide o efeito previsto no art. 322 do CPC [art. 346 do CPC/2015], afastando apenas a consequência do art. 319 do mesmo diploma legal [art. 344 do CPC/2015]" (STJ, REsp 139.788/BA, Rel. Min. Eduardo Ribeiro, 3ª Turma, jul. 15.12.1998, *DJ* 15.03.1999, p. 216).

Prazo em dobro. "Conforme disposto no art. 191, CPC [art. 299 do CPC/2015], a formação de litisconsórcio passivo com diversidade de procuradores enseja a abertura de prazo em dobro para contestar, recorrer e, de modo geral, para falar nos autos, sendo desnecessária a juntada do instrumento particular de mandato durante os primeiros quinze dias do prazo para apresentação da resposta, bem como o requerimento postulando a aplicação da regra insculpida no referido dispositivo legal. Desse modo, a revelia de um dos litisconsortes não tem o condão de afastar o benefício do prazo em dobro, não sendo razoável que a parte tenha de aguardar a defesa da outra (se existirá ou não) para que possa fruir do prazo em dobro, correndo o risco de, se o litisconsorte for revel, ter por intempestiva sua peça de defesa" (TJMG, Ap. 1.0702.03.094599-3/001, Rel. Des. Cláudia Maia, 13ª Câmara Cível, jul. 17.01.2008, *DJ* 15.02.2008). **No mesmo sentido:** STJ, REsp 599.005/SP, Rel. Min. Félix Fischer, 5ª Turma, jul. 18.11.2004, *DJ* 06.12.2004, p. 356; STJ, REsp 453.826/MT, Rel. Min. Barros Monteiro, 4ª Turma, jul. 18.02.2003, *DJ* 14.04.2003, p. 230. Obs.: Não se aplica o prazo em dobro nos processos eletrônicos (CPC/2015, art. 229, § 2º).

9. Produção de prova pelo réu revel. "Admite-se que o réu revel produza contraprovas aos fatos narrados pelo autor, na tentativa de elidir a presunção relativa de veracidade, desde que intervenha no processo antes de encerrada a fase instrutória" (STJ, REsp 677.720/RJ, Rel. Min. Nancy Andrighi, 3ª Turma, jul. 10.11.2005, *DJ* 12.12.2005, p. 375). No mesmo sentido: STJ, REsp 211.851/SP, Rel. Min. Sálvio de Figueiredo Teixeira, 4ª Turma, jul. 10.08.1999, *DJ* 13.09.1999, p. 71.

10. Prazo para recurso. "Ao réu revel que ainda não se manifestou nos autos, o prazo para recorrer se inicia com a publicação em cartório da sentença. Precedente da Corte Especial (EREsp 318.242/SP, Rel. Min. Franciulli Netto, *DJ* 27.06.2005). Nessa hipótese não há falar-se em ocorrência de tratamento desigual entre as partes, pois o próprio Código de Processo Civil prevê que 'contra o revel correrão os prazos independentemente de intimação' (CPC, art. 322, na redação anterior à Lei n. 11.280/2006) [art. 346 do CPC/2015]. Havendo incerteza quanto ao momento em que a sentença foi publicada em cartório, não pode a data ser estabelecida por ilações, pois o direito processual deve trazer segurança às partes. No caso, esse momento somente ocorreu, seguramente, quando foi efetuado o primeiro ato da secretaria após a prolação da sentença" (STJ, REsp 799.965/RN, Rel. Min. Sidnei Beneti, 3ª Turma, jul. 07.10.2008, *DJe* 28.10.2008). **No mesmo sentido:** STJ, AgRg no REsp 812.117/SC, Rel. Min. Castro Filho, 3ª Turma, jul. 08.05.2007, *DJ* 18.06.2007, p. 261; STJ, REsp 549.919/MG, Rel. Min. José Delgado, 1ª Turma, jul. 16.09.2003, *DJ* 20.10.2003, p. 238; STJ, REsp 399.704/PR, Rel. Min. Luiz Fux, 1ª Turma, jul. 03.10.2002, *RSTJ* 164/121; STJ, REsp 236.421/DF, Rel. Min. Barros Monteiro, 4ª Turma, *DJ* 19.11.2001, p. 279; STJ, AgRg no Ag 1.155.241/GO, Rel. Min. Sidnei Beneti, 3ª Turma, jul. 27.10.2009, *DJe* 06.11.2009.

"A intervenção do revel nos autos apenas afasta os efeitos da revelia para os atos processuais posteriores, não interfere nos prazos já em curso" (STJ, REsp 324.080/RS, Rel. Min. Humberto Gomes de Barros, 3ª Turma, jul. 18.03.2004, *DJ* 12.04.2004, p. 204).

Curadoria especial. "O prazo recursal para o réu revel corre a partir da publicação da sentença em cartório, independentemente de intimação, e tão logo intervenha nos autos, cessa a assistência da curadoria especial, nos termos do art. 322 do Diploma Processual [art. 346 do CPC/2015]" (STJ, AgRg no REsp 1.050.250/DF, Rel. Min. Laurita Vaz, 5ª Turma, jul. 21.09.2010, *DJe* 11.10.2010).

11. Procedimento sumário. Ausência de advogado na audiência. Revelia. "O não comparecimento em audiência de patrono regularmente constituído pela parte caracteriza inequívoca revelia desta, visto que a falta de representação postulatória obsta a aceitação de qualquer defesa porventura apresentada" (TJSP, AI 1.076.668.800, Rel. Des. Artur Marques, jul. 26.03.2007).

"Embora não tenha constituído advogado, o fato de o **recorrente comparecer à audiência**, tendo inclusive transacionado com a parte contrária, impede que lhe sejam imputados os efeitos da revelia, inclusive a regra do art. 322 do CPC [art. 346 do CPC/2015], que estabelece a fluência dos prazos a partir da publicação de cada ato decisório, independentemente de intimação. Ante a inexistência de dispositivo legal regulando a hipótese específica dos autos, incide a norma do art. 238 do CPC [art. 274 do CPC/2015], de modo que, tendo o recorrente comparecido à audiência, evitando a caracterização da revelia, mas, por outro lado, tendo deixado de constituir advogado para representá-lo nos autos, deveria em princípio ele próprio ter sido intimado, pela via postal, dos atos decisórios praticados após a audiência" (STJ, RMS 26.925/RS, Rel. Min. Nancy Andrighi, 3ª Turma, jul. 11.11.2008, *DJe* 20.11.2008).

12. Contestação tempestiva juntada após o prazo. "O endereçamento e protocolo de contestação em vara de comarca diversa da que tramita o processo, ainda que protocolada no prazo legal, acarreta a revelia do réu, por tratar-se de erro grosseiro, mormente quando não há nenhuma justificativa razoável para a confusão entre as comarcas, sem nenhuma similitude onomástica ou regional – muito distantes, aliás (endereçamento à 39ª Vara Cível do foro Central da Comarca da Capital do Estado de São Paulo em vez de 3ª Cível da Comarca de Jales). O precedente de aceitação da tempestividade em caso como o presente teria consequências terríveis na criação de confusões judiciárias, redundando em caminho para a chicana processual sob o argumento da boa-fé – pois o encaminhamento de petições processualmente relevantes, como a contestação, a juízo diverso tiraria o caso do controle da unidade judiciária pertinente para passar a depender do que pudesse ocorrer em todas as demais unidades judiciárias do estado, na busca de encaminhamento de petições indevidamente a alguma deles endereçadas" (STJ, REsp 847.893/SP, Rel. Min. Sidnei Beneti, 3ª Turma, jul. 02.03.2010, *DJe* 16.04.2010). **No mesmo sentido:** STJ, AgInt no REsp 1.213.568/MG, Rel. Min. Sérgio Kukina, 1ª Turma, jul. 05.12.2017, *DJe* 13.12.2017.

13. Fazenda Pública. Dever de impugnação. "A não aplicação dos efeitos da revelia à Fazenda Pública não pode servir como um escudo para que os entes públicos deixem de impugnar os argumentos da parte contrária, não produzam as provas necessárias na fase de instrução do feito e, apesar disso, busquem reverter as decisões em sede recursal. Precedentes: REsp 541.239/DF, Rel. Min. Luiz Fux, *DJ* 05.06.2006; REsp 624.922/SC, Rel. Min. Carlos Alberto Menezes Direito, *DJU* 07.11.05" (STJ, REsp 635.996/SP, Rel. Min. Castro Meira, 2ª Turma, jul. 06.12.2007, *DJ* 17.12.2007, p. 159).

14. Ação rescisória. Termo inicial. "A revelia do réu em juízo rescindendo não antecipa o termo inicial do prazo para que ele proponha ação rescisória. Cabendo apelação pela parte adversa e ainda restando tempo para a sua interposição, somente com o escoamento deste último prazo há trânsito em julgado'. O *dies a quo* do direito de propor ação rescisória é o *dies ad quem* do prazo do recurso que, abstratamente e em tese, poderia ser interposto, ainda que não tenha sido exercitado' (REsp 12.550/SP, por mim relatado, *DJ* 04.11.1996)" (STJ, REsp 694.896/RS, Rel. Min. Cesar Asfor Rocha, 4ª Turma, jul. 03.08.2006, *DJ* 04.09.2006).

15. Processo de execução. Nomeação de curador especial. "Este Superior Tribunal de Justiça possui entendimento pacífico no sentido de que é legítima a nomeação de curador especial no processo de execução, inclusive no de execução fiscal, em que a parte executada, citada por edital, não comparece em juízo, nos termos da Súmula 196/STJ: 'Ao executado que, citado por edital ou por hora certa, permanecer revel, será nomeado curador especial, com legitimidade para apresentação de embargos'" (STJ, REsp 685.251/RS, Rel. Min. Denise Arruda, 1ª Turma, jul. 21.06.2007, *DJ* 02.08.2007, p. 342).

"No caso de nomeação de curador especial pelo juízo para a defesa de réu revel, pela particularidade da situação, em que não é possível de logo supor a sua aceitação, em face dos mais variados motivos que podem levar à sua indisponibilidade para exercer tal encargo, é de entender que o prazo, no caso dos autos, para a apresentação de embargos à execução **somente começa a fluir a partir da expressa aceitação da sua indicação**" (STJ, REsp 407.913/PR, Rel. Min. Aldir Passarinho Junior, 4ª Turma, jul. 20.05.2003, *DJ* 01.09.2003, p. 291).

16. Matéria de ordem pública. Prescrição. "Embora a redação do art. 219, § 5º, do CPC [art. 487, II, CPC/2015] – então vigente – não determinasse que, em se tratando de direitos patrimoniais, o juiz se pronunciasse de ofício sobre o tema da prescrição, em sendo a questão suscitada pelo revel nas razões da apelação, não poderia o tribunal estadual deixar de enfrentar e julgar a matéria, sob o argumento de o réu estar inovando na lide" (STJ, REsp 890.311/SP, Rel. Min. Sidnei Beneti, 3ª Turma, jul. 12.08.2010, *DJe* 23.08.2010).

17. Intervenção do revel no processo em qualquer fase (parágrafo único). "Nos termos do art. 322, parágrafo único, do Código de Processo Civil [art. 346 do CPC/2015], o réu revel poderá intervir no processo em qualquer fase, recebendo-o no estado em que se encontrar. Assim, caso intervenha no processo antes de encerrada a fase instrutória, poderá o revel requerer a produção de provas" (STJ, AgRg nos EDcl no REsp 813.959/RS, Rel. Min. Gilson Dipp, 5ª Turma, jul. 14.11.2006, *DJ* 18.12.2006, p. 495). **No mesmo sentido:** STJ, REsp 890.311/SP, Rel. Min. Sidnei Beneti, 3ª Turma, jul. 12.08.2010, *DJe* 23.08.2010.

☆ **DA REVELIA: INDICAÇÃO DOUTRINÁRIA**

Cassio Scarpinella Bueno, *Manual de direito processual civil*, São Paulo: Saraiva, 2015; Daniel Amorim Assumpção Neves, *Manual de direito processo civil*, São Paulo: Método, 2015; Flávio Luiz Yarshell, Guilherme Setoguti J. Pereira, In: Sérgio Cruz Arenhart e Daniel Mitidiero (coord.), *Comentários ao Código de Processo Civil*, 2. ed., São Paulo: RT, 2018, v. 5; Fredie Didier Jr., *Curso de direito processual civil*, 17. ed., Salvador: JusPodivm, 2015, v. I; Guilherme Rizzo Amaral, *Comentários às alterações do novo CPC*, São Paulo: Revista dos Tribunais, 2015; Hélio Armond Werneck Côrtes, Revelia, confissão e transigência – relativamente aos direitos (indisponíveis) em o CPC vigente, *RT* 471/34, *RF* 251/148; Humberto Theodoro Júnior, *As novas reformas do Código de Processo Civil*, Rio de Janeiro: Forense, 2007, cap. I, n. 1.4.6; Humberto Theodoro Júnior, *Curso de direito processual civil*, 61. ed., Rio de Janeiro: Forense, 2020, v. I; Humberto Theodoro Júnior, Fernanda Alvim Ribeiro de Oliveira, Ester Camila Gomes Norato Rezende (coords.), *Primeiras lições sobre o novo direito processual civil brasileiro*, Rio de Janeiro: Forense, 2015; J. E. Carreira Alvim, *Comentários ao novo Código de Processo Civil*, Curitiba: Juruá, 2015; J. J. Calmon de Passos, *Comentários ao CPC*, Rio de Janeiro: Forense, 1977, v. III, n. 252/258; João Luiz Lessa Neto. Notas sobre a revelia e a contumácia no Código de Processo Civil de 2015. *Revista de Processo*. vol. 261. ano 41. p. 87-116. São Paulo: Revista de Processo, nov./2016; José Miguel Garcia Medina, *Novo Código de Processo Civil comentado*, São Paulo: Revista dos Tribunais, 2015; José Rogério Cruz e Tucci, In: José Roberto F. Gouvêa; Luis Guilherme A. Bondioli e João Francisco N. da Fonseca (coord.), *Comentários ao Código de Processo Civil*, 2. ed., São Paulo: Saraiva, 2017, v. 7; Leonardo Greco, *Instituições de processo civil: introdução ao direito processual civil*, 5. ed., Rio de Janeiro: Forense, 2015; Luis Antônio Giampaulo Sarro, *Novo Código de Processo Civil*, São Paulo: Rideel, 2015; Luiz Guilherme Marinoni, Sérgio Cruz Arenhart, Daniel Mitidiero, *Curso de processo civil*, São Paulo: Revista dos Tribunais, 2015, v. I; Maria Lúcia Lins Conceição, In: Teresa Arruda Alvim Wambier, Fredie Didier Jr., Eduardo Talamini, Bruno Dantas, *Breves comentários ao novo Código de Processo Civil*, São Paulo: Revista dos Tribunais, 2015; Maria Lúcia Lins Conceição, In: Teresa Arruda Alvim Wambier, Fredie Didier Jr., Eduardo Talamini, Bruno Dantas, *Breves comentários ao novo Código de Processo Civil*, São Paulo: Revista dos Tribunais, 2015; Nelson Nery Junior, Rosa Maria de Andrade Nery, *Comentários ao Código de Processo Civil*, São Paulo: Revista dos Tribunais, 2015; Teresa Arruda Alvim Wambier, Fredie Didier Jr., Eduardo Talamini, Bruno Dantas (coords.), *Breves comentários ao novo Código de Processo Civil*, São Paulo: Revista dos Tribunais, 2015; Teresa Arruda Alvim Wambier, Maria Lúcia Lins Conceição, Leonardo Ferres da Silva Ribeiro, Rogério Licastro Torres de Melo, *Primeiros comentários ao novo Código de Processo Civil*, São Paulo: Revista dos Tribunais, 2015.

Capítulo IX
DAS PROVIDÊNCIAS PRELIMINARES E DO SANEAMENTO

Art. 347. Findo o prazo para a contestação, o juiz tomará, conforme o caso, as providências preliminares constantes das seções deste Capítulo.

CPC/1973

Art. 323.

BREVES COMENTÁRIOS

As providências preliminares nem sempre se verificam. Não são requisitos necessários do procedimento, mas acontecimento eventual que ocorre e varia de conteúdo, conforme as circunstâncias de cada caso. E pode até não haver necessidade de nenhuma providência preliminar em casos como o de revelia (fora da hipótese do art. 345) ou de contestação sem arguição das matérias dos arts. 337 e 350. Na primeira hipótese (revelia), o juiz passará diretamente à fase decisória e proferirá, desde logo, "julgamento antecipado do mérito" (art. 355); na segunda, proferirá diretamente o "julgamento, conforme o estado do processo", saneando o processo ou decidindo o mérito, tendo em conta a matéria controvertida e as provas existentes no bojo dos autos (arts. 354 a 357).

É, destarte, na ocasião das "providências preliminares" que o juiz realiza o complexo exame dos pressupostos processuais e das condições da ação, para penetrar no saneamento do feito.

JURISPRUDÊNCIA SELECIONADA

1. Efeitos da revelia. "Se o réu citado não contesta a ação ou o faz tardiamente, deve o juiz verificar, dentro de dez dias – art. 323 do CPC[art. 347 do CPC/2015] –, se ocorreram ou não os efeitos da revelia; se o processo deve ou não caminhar para a especificação de provas ou audiência final. Caso contrário, deve julgar de plano a lide, mormente se o pedido pleiteia o reconhecimento de direito manifesto ou acompanhado de prova inequívoca" (TJSC, Ap. 23.307, Rel. Des. Ernâni Ribeiro, 2ª Câmara, jul. 12.11.1985, *RT* 608/215).

Seção I
Da Não Incidência dos Efeitos da Revelia

Art. 348. Se o réu não contestar a ação, o juiz, verificando a inocorrência do efeito da revelia previsto no art. 344, ordenará que o autor especifique as provas que pretenda produzir, se ainda não as tiver indicado.

CPC/1973

Art. 324.

REFERÊNCIA LEGISLATIVA

CPC/2015, art. 345 (efeito da revelia).

BREVES COMENTÁRIOS

Há casos em que, mesmo sem a resposta do réu, o autor não se desobriga do ônus de provar os fatos jurídicos que servem de base à sua pretensão, como ocorre nos litígios sobre direitos indisponíveis. Quando isto se dá (art. 345), o juiz, após escoado o prazo de contestação, profere despacho mandando que o autor especifique as provas que pretenda produzir na audiência.

JURISPRUDÊNCIA SELECIONADA

1. Preclusão do direito. "O requerimento de provas divide-se em duas fases: na primeira, vale o protesto genérico para futura especificação probatória (CPC, art. 282, VI) [art. 319, VI, CPC/2015]; na segunda, após a eventual contestação, o juiz chama à especificação das provas, que será guiada pelos pontos controvertidos na defesa (CPC, art. 324) [art. 348 do CPC/2015]. O silêncio da parte em responder ao despacho de especificação de provas faz precluir do direito à produção probatória, implicando desistência do pedido genérico formulado na inicial" (STJ, REsp 329.034/MG, Rel. Min. Humberto Gomes de Barros, 3ª Turma, jul.14.02.2006, *DJ* 20.03.2006, p. 263).

2. Cerceamento de defesa. "Não é o bastante a revelia do réu propiciar o julgamento antecipado da lide se a solução da demanda depende ainda de outras provas requeridas pelo autor. Cerceamento caracterizado" (STJ, REsp 5.388/SP, Rel. Min. Barros Monteiro, 4ª Turma, jul. 23.04.1991, *DJ* 20.05.1991, p. 6.534).

"O indeferimento de prova essencial requerida pela parte, julgando-se antecipadamente a lide, caracteriza cerceamento de defesa" (STJ, REsp 69.393/SE, Rel. Min. Francisco Peçanha Martins, 2ª Turma, jul. 12.12.1996, *DJ* 23.06.1997, p. 29.075).

Art. 349. Ao réu revel será lícita a produção de provas, contrapostas às alegações do autor, desde que se faça representar nos autos a tempo de praticar os atos processuais indispensáveis a essa produção.

SÚMULAS

Súmula do STF:

nº 231: "O revel, em processo cível, pode produzir provas desde que compareça em tempo oportuno".

BREVES COMENTÁRIOS

O atual Código enfrentou o problema do direito ou não de o revel produzir provas. Na linha de jurisprudência antiga, prestigiada pela Súmula nº 231 do STF, o art. 349 do CPC/2015 assegura ao réu que não contestou a ação o direito de produzir provas contrapostas às alegações do autor. Para tanto, deverá fazer-se representar por advogado nos autos a tempo de praticar os atos processuais indispensáveis a essa produção.

Seção II
Do Fato Impeditivo, Modificativo ou Extintivo do Direito do Autor

Art. 350. Se o réu alegar fato impeditivo, modificativo ou extintivo do direito do autor, este será ouvido no prazo de 15 (quinze) dias, permitindo-lhe o juiz a produção de prova.

CPC/1973

Art. 326.

REFERÊNCIA LEGISLATIVA

CPC/2015, art. 525, § 1º, VII (impugnação à execução por título judicial).

Lei nº 9.800, de 26.05.1999 (*DOU* 27.05.1999). Mencionada lei instituiu a utilização do sistema de transmissão de dados e imagens tipo fac-símile, para a prática de atos processuais que dependam de petição escrita.

BREVES COMENTÁRIOS

Quando o réu ataca o fato jurídico que constitui o mérito da causa (a sua causa *petendi*), tem-se a defesa chamada de mérito. A defesa de mérito pode também ser indireta quando, embora se reconheçam a existência e a eficácia do fato jurídico arrolado pelo autor, o réu invoca outro fato novo que seja "impeditivo, modificativo ou extintivo do direito do autor". Para manter a observância do princípio do contraditório, sempre que a contestação contiver defesa indireta de mérito, o juiz mandará ouvir o autor sobre a resposta, em quinze dias.

Se o autor não for ouvido no prazo assinalado pelo art. 350, a sentença será tida como nula, por ofensiva ao princípio do contraditório. A nulidade ficará preclusa, porém, se o processo prosseguir, sem sentença imediata, e o autor não alegar a nulidade na primeira fala que proferir nos autos (CPC, art. 278).

JURISPRUDÊNCIA SELECIONADA

1. Fato novo. "Defendendo-se indiretamente o contestante, antes da defesa de mérito, com a arguição de fato novo, nos termos do art. 326 do CPC [art. 350 do CPC/2015], compete ao juiz ouvir o autor, facultando-lhe a produção de prova documental" (STF, RE 83.652/GO, Rel. Min. João Leitão de Abreu, 2ª Turma, jul. 26.09.1978, *RTJ* 90/165).

2. Defesas de mérito. "As exceções de direito material existentes no art. 326 do CPC [art. 350 do CPC/2015] são defesas de mérito e conduzem à improcedência da pretensão autoral, e não à extinção do feito sem julgamento de mérito" (TJDF, APC 20010110384697, Rel. Des. Adelith de Carvalho Lopes, 2ª Turma Cível, *DJU* 11.12.2002, p. 43).

"A exceção de contrato não cumprido constitui defesa indireta de mérito (exceção substancial); quando acolhida, implica a improcedência do pedido, porque é uma das espécies de fato impeditivo do direito do autor, oponível como preliminar de mérito na contestação (CPC, art. 326) [art. 350 do CPC/2015]" (STJ, REsp 673.773/RN, Rel. Min. Nancy Andrighi, Rel. p/ acórdão Min. Ari Pargendler, 3ª Turma, jul. 15.03.2007, *DJ* 23.04.2007, p. 256).

3. Cerceamento de defesa. "Se a parte ré, em sua contestação, alega fato impeditivo do direito do autor e o julgador, ao invés de abrir prazo para este se manifestar em réplica, julga antecipadamente a lide, ocorre cerceamento de defesa, restando ofendidos os princípios do contraditório e da ampla defesa. Incidência do art. 326 do CPC [art. 350 do CPC/2015]" (STJ, REsp 655.226/PE, Rel. Min. Jorge Scartezzini, 4ª Turma, jul. 13.09.2005, *DJ* 03.10.2005, p. 269).

"Nula é a sentença igualmente se, após a apresentação da contestação, não foram os autores ouvidos na forma do art. 326 do CPC [art. 350 do CPC/2015]" (TRF 1ª Região, AC 01000877523/MG, Rel. Juiz Conv. Iran Velasco Nascimento, 2ª Turma, *DJU* 21.10.2002, p. 33).

4. Possibilidade de réplica. "Não há violação do princípio contraditório quando o acórdão ampara a possibilidade da réplica em prazo desencadeado por alegação de fato modificativo, impeditivo ou extintivo (art. 326, CPC) [art. 350, CPC/2015]" (TJRS, ED 70011412194, Rel. José Carlos Teixeira Giorgis, 7ª Câmara, Cível, jul. 20.04.2005).

"Assim, a abertura para a réplica, p. ex., encontra limites estreitos no CPC, seja quando o réu alegar alguma das matérias do art. 301 do mesmo diploma legislativo [art. 337 do CPC/2015], seja quando o réu trouxer dados inéditos ao processo, tendo a parte autora, como consequência do devido processo legal, do contraditório e da ampla defesa, direito de sobre eles se manifestar (arts. 326 e 327 do CPC) [arts. 350 e 351 do CPC/2015]" (STJ, REsp 840.690/DF, Rel. Min. Mauro Campbell Marques, 2ª Turma, jul. 19.08.2010, *DJe* 28.09.2010).

5. Reconhecimento da prescrição. "O reconhecimento da prescrição sem a prévia oitiva do autor da ação civil pública implica ofensa aos arts. 326 e 398 do CPC [arts. 350 e 437, § 1º, do CPC/2015]. Cumpre ao magistrado, em observância ao devido processo legal, assegurar às partes paridade no exercício do contraditório, é dizer, no conhecimento das questões e provas levadas aos autos e na participação visando influir na decisão judicial" (STJ, REsp 1.098.669/GO, Rel. Min. Arnaldo Esteves Lima, 1ª Turma, jul. 04.11.2010, *DJe* 12.11.2010).

6. Embargos à monitória. Alegação de compensação da dívida. Possibilidade. "Cuidando-se de defesa indireta de mérito, consubstanciada em fato extintivo do direito do autor (art. 326 e 333, II, do CPC) [arts. 350 e 373, II, do CPC/2015], não há óbice à alegação de compensação de créditos em sede de embargos à ação monitória, tampouco é vedado ao embargante alegar e provar pagamento parcial da dívida, sendo desnecessário pleito reconvencional para tanto" (STJ, REsp 781.427/SC, Rel. Min. Luis Felipe Salomão, 4ª Turma, jul. 19.08.2010, *DJe* 09.09.2010).

Seção III
Das Alegações do Réu

Art. 351. Se o réu alegar qualquer das matérias enumeradas no art. 337, o juiz determinará a oitiva do autor no prazo de 15 (quinze) dias, permitindo-lhe a produção de prova.

CPC/1973

Art. 327.

REFERÊNCIA LEGISLATIVA

CPC/2015, arts. 76 (incapacidade processual e irregularidade de representação), 276 a 283 (nulidades), 337 (contestação; alegação de preliminares).

BREVES COMENTÁRIOS

Para manter a observância do princípio do contraditório, quando o contestante arguir qualquer das preliminares previstas para a contestação no art. 337, o juiz mandará ouvir o autor sobre a resposta, em quinze dias. Será facultado ao autor produzir provas.

JURISPRUDÊNCIA SELECIONADA

1. Finalidade da norma. "A norma contida no art. 327 do Código de Processo Civil [art. 351 do CPC/2015] faculta ao autor a produção de prova documental quando alegadas pelo réu, na contestação, quaisquer das matérias enumeradas no art. 301 do mesmo diploma legal [art. 337 do CPC/2015], entre as quais encontra-se a hipótese de inépcia da petição inicial" (STJ, AgRg no REsp 622.430/DF, Rel. Min. Denise Arruda, 1ª Turma, jul. 14.02.2006, *DJ* 13.03.2006, p. 195).

2. Prazo para réplica. "O prazo para réplica é de dez dias, a teor do art. 327 do CPC [art. 351 do CPC/2015]. Interposta fora do prazo, correta se mostra a decisão que a deu por intempestiva e determinou seu desentranhamento" (TJES, AI 48019000529, Rel. Des. Arnaldo Santos Souza, 1ª Câmara, jul. 02.04.2002). **Obs.: O prazo atual é de quinze dias (CPC/2015, art. 351).**

3. Intimação do autor. Necessidade imperiosa "A intimação do autor para falar sobre a contestação não é defeito de procedimento, e sim necessidade imperiosa, como ordena o art. 327 do CPC [art. 351 do CPC/2015]" (STJ, EDAR 729/PB, Rel. Min. Eliana Calmon, 1ª Seção, *DJU* 12.11.2001, p. 122).

4. Hipóteses de desnecessidade de intimação. "Não tendo os reconvindos, em sua contestação, alegado qualquer das matérias elencadas no art. 301 do CPC [art. 337 do CPC/2015], desnecessária a intimação do reconvinte para apresentar réplica (art. 327, CPC) [art. 351 do CPC/2015]. Ademais, não se observa prejuízo algum, pois que, intimado o reconvinte acerca da pretensão de produzir mais provas no processo, manteve-se inerte" (TJRS, Ap. 70033640160, Rel. Ricardo Moreira Lins Pastl, 4ª Câmara, jul. 24.02.2010).

"Tratando de questão puramente de direito e não exigindo a controvérsia nenhuma providência preliminar, é permitido ao juiz julgar desde logo o feito, sem a audiência prévia do autor" (STJ, REsp 267.830/ES, Rel. Min. Barros Monteiro, 4ª Turma, jul. 07.11.2002, *DJ* 24.02.2003, p. 237).

5. Cerceamento de defesa. Embargos monitórios. "Opostos os embargos monitórios, se o embargante reconhecer o fato em que se funda a ação, mas outro opuser impeditivo, modificativo ou extintivo do direito do autor, ou se alegar qualquer das matérias enumeradas no art. 301 do CPC [art. 337 do CPC/2015], o juiz mandará ouvir o réu no prazo de dez dias, permitindo-lhe a produção de prova documental (arts. 326 e 327 do CPC) [arts. 350 e 351 do CPC/2015]. A não observância de tal norma acarreta flagrante violação aos princípios do contraditório e da ampla defesa, uma vez que a ausência de impugnação pelo autor dos fatos afirmados nos embargos faz presumir sua aceitação como verdadeiros" (TJMG, Ac. 1.0210.07.044114-7/011(1), Rel. Cláudia Maia, jul. 19.03.2009). **Obs.: O prazo atual é de quinze dias (CPC/2015, art. 351).**

6. Fiadores rejeitados pelo locador. Oportunidade para troca. "Em sede de ação renovatória de contrato de locação comercial, uma vez rejeitados pelo locador os fiadores apresentados, impõe-se seja dada nova oportunidade para o locatário promover a substituição" (STJ, REsp 83.643/RJ, Rel. Min. Vicente Leal, 6ª Turma, jul. 10.06.1996, *DJ* 05.05.1997).

Art. 352. Verificando a existência de irregularidades ou de vícios sanáveis, o juiz determinará sua correção em prazo nunca superior a 30 (trinta) dias.

CPC/1973

Art. 327.

BREVES COMENTÁRIOS

Não pode o juiz, na sistemática do Código, desde logo extinguir o processo sem apreciação do mérito simplesmente porque encontrou um defeito nas questões preliminares de formação da relação processual. Agir dessa maneira, frente a um vício sanável, importaria subverter a missão do processo e a função jurisdicional.

No caso da defesa indireta do art. 337, depois de ouvida a réplica do autor, se o juiz entender que as irregularidades ou nulidades comprovadas são sanáveis, marcará prazo de até trinta dias para que sejam supridas.

JURISPRUDÊNCIA SELECIONADA

1. Nulidade insanável. "Não estando a contestação assinada, imputam-se ao réu os efeitos da revelia, nos termos do art. 319, CPC [art. 344 do CPC/2015], porquanto não é possível sanar o ato neste grau de jurisdição, inviabilizando a aplicação do art. 327, CPC [art. 352 do CPC/2015]" (TJRS, Apl. 70015476476, Rel. Tasso Caubi Soares Delabary, 9ª Câmara, jul. 07.02.2007).

Demonstração de documentos. Permanência da omissão. "Embora possa ser justificada a falta de apresentação dos autos constitutivos da pessoa jurídica de direito privado, colocadas dúvidas de ser irregular a sua constituição, torna-se exigível a prova. Impugnado o instrumento procuratório apresentado (arts. 300, 301, VIII, e 327, CPC) [arts. 336, 337 e 352 do CPC/2015], existindo omissão na demonstração da condição de parte e de regular representação judicial, o desfecho e a extinção do processo (art. 267, IV, CPC) [art. 485, IV, do CPC/2015]" (STJ, REsp 72.865/PE, Rel. p/ Acórdão Min. Milton Luiz Pereira, 1ª Turma, jul. 23.11.1995, *DJ* 25.03.1996).

2. Nulidade sanável. "Não se deve nulificar o processo por deficiência sanável sem antes ensejar oportunidade à parte de suprir a irregularidade" (STJ, REsp 6.458/RJ, Rel. Min. Sálvio de Figueiredo Teixeira, 4ª Turma, jul. 11.06.1991, *DJ* 05.08.1991).

Erro na designação do nome. "Desde que possível a identificação da parte ré, e sendo feita regularmente a citação, o erro na designação do seu nome é vício perfeitamente sanável, mormente pela ausência de prejuízo às partes" (STJ, REsp 470.529/DF, Rel. Min. Castro Filho, 3ª Turma, jul. 17.05.2005, *DJ* 06.06.2005, p. 318).

"A falta de assinatura de advogado na contestação é irregularidade corrigível, sem importar em inexistência da peça de resposta" (STJ, REsp 33.081/RJ, Rel. Min. Dias Trindade, 4ª Turma, jul. 08.11.1993, *DJ* 13.12.1993).

Art. 353. Cumpridas as providências preliminares ou não havendo necessidade delas, o juiz proferirá julgamento conforme o estado do processo, observando o que dispõe o Capítulo X.

CPC/1973

Art. 328.

BREVES COMENTÁRIOS

Cumpridas as providências preliminares, ou não havendo necessidade delas, o juiz proferirá "julgamento conforme o estado do processo". Essa decisão poderá ser:

(i) de extinção do processo, sem julgamento do mérito, caso o autor não tenha diligenciado o saneamento das falhas apontadas pelo juiz e ocorra alguma das hipóteses de sentença terminativa previstas nos arts. 485;

(ii) de extinção do processo por ocorrência de decadência e prescrição (art. 487, II) ou por homologação de ato de autocomposição do litígio (art. 487, III) (art. 402);

(iii) de julgamento antecipado do mérito, quando não houver necessidade de mais provas (art. 355);

(iv) de saneamento e organização do processo, quando o processo deva prosseguir, por não ter sido objeto de extinção sem julgamento de mérito nem de julgamento antecipado da lide (art. 357).

DAS PROVIDÊNCIAS PRELIMINARES E SANEADOR: INDICAÇÃO DOUTRINÁRIA

Cassio Scarpinella Bueno, *Manual de direito processual civil*, São Paulo: Saraiva, 2015; Daniel Amorim Assumpção Neves, *Manual de direito processo civil*, São Paulo: Método, 2015; Flávio Luiz Yarshell, Guilherme Setoguti J. Pereira, In: Sérgio Cruz Arenhart e Daniel Mitidiero (coord.), *Comentários ao Código de Processo Civil*, 2. ed., São Paulo: RT, 2018, v. 5; Fredie Didier Jr., *Curso de direito processual civil*, 17. ed., Salvador: JusPodivm, 2015, v. I; Guilherme Rizzo Amaral, *Comentários às alterações do novo CPC*, São Paulo: Revista dos Tribunais, 2015; Humberto Theodoro Júnior, *Curso de direito processual civil*, 61. ed., Rio de Janeiro: Forense, 2020, v. I; Humberto Theodoro Júnior, *Curso de direito processual civil*, Rio de Janeiro: Forense, 2015, v. I, n. 401; Humberto Theodoro Júnior, Fernanda Alvim Ribeiro de Oliveira, Ester Camila Gomes Norato Rezende (coords.), *Primeiras lições sobre o novo direito processual civil brasileiro*, Rio de Janeiro: Forense, 2015; J. E. Carreira Alvim, *Comentários ao novo Código de Processo Civil*, Curitiba: Juruá, 2015; J. J. Calmon de Passos, Capacidade processual, verbete, *in Enciclopédia Saraiva de Direito* – sobre incapacidade processual e irregularidade de representação, faltas supríveis; J. J. Calmon de Passos, *Comentários ao CPC*, 7. ed., v. II, p. 478/9; José Miguel Garcia Medina, *Novo Código de Processo Civil comentado*, São Paulo: Revista dos Tribunais, 2015; José Olympio de Castro Filho, Revelia, efeitos da revelia, declaração incidente, fatos impeditivos, modificativos ou extintivos do pedido, *RF* 246/207; José Rogério Cruz e Tucci, In: José Roberto F. Gouvêa; Luis Guilherme A. Bondioli e João Francisco N. da Fonseca (coord.), *Comentários ao Código de Processo Civil*, 2. ed., São Paulo: Saraiva, 2017, v. 7; José Rogério Cruz e Tucci, In: José Roberto F. Gouvêa; Luis Guilherme A. Bondioli e João Francisco N. da Fonseca (coord.), *Comentários ao Código de Processo Civil*, 2. ed., São Paulo: Saraiva, 2017, v. 7; Leonardo Greco, *Instituições de processo civil: introdução ao direito processual civil*, 5. ed., Rio de Janeiro: Forense, 2015; Luis Antônio Giampaulo Sarro, *Novo Código de Processo Civil*, São Paulo: Rideel, 2015; Luis Guilherme A. Bondioli e João Francisco N. da Fonseca (coord.), *Comentários ao Código de Processo Civil*, 2. ed., São Paulo: Saraiva, 2017, v. 7; Luiz Guilherme Marinoni, Sérgio Cruz Arenhart, Daniel Mitidiero, *Curso de processo civil*, São Paulo: Revista dos Tribunais, 2015, v. I; Marcelo Navarro Ribeiro Dantas, In: Teresa Arruda Alvim Wambier, Fredie Didier Jr., Eduardo Talamini, Bruno Dantas, *Breves comentários ao novo Código de Processo Civil*, São Paulo: Revista dos Tribunais, 2015; Maria Lúcia Lins Conceição, In: Teresa Arruda Alvim Wambier, Fredie Didier Jr., Eduardo Talamini, Bruno Dantas, *Breves comentários ao novo Código de Processo Civil*, São Paulo: Revista dos Tribunais, 2015; Nelson Nery Junior, Rosa Maria de Andrade Nery, *Comentários ao Código de Processo Civil*, São Paulo: Revista dos Tribunais, 2015; Teresa Arruda Alvim Wambier, Fredie Didier Jr., Eduardo Talamini, Bruno Dantas (coords.), *Breves comentários ao novo Código de Processo Civil*, São Paulo: Revista dos Tribunais, 2015; Teresa Arruda Alvim Wambier, Maria Lúcia Lins Conceição, Leonardo Ferres da Silva Ribeiro, Rogério Licastro Torres de Melo, *Primeiros comentários ao novo Código de Processo Civil*, São Paulo: Revista dos Tribunais, 2015.

Capítulo X
DO JULGAMENTO CONFORME O ESTADO DO PROCESSO

Seção I
Da Extinção do Processo

Art. 354. Ocorrendo qualquer das hipóteses previstas nos arts. 485 e 487, incisos II e III, o juiz proferirá sentença.

Parágrafo único. A decisão a que se refere o *caput* pode dizer respeito a apenas parcela do processo, caso em que será impugnável por agravo de instrumento.

CPC/1973

Art. 329.

REFERÊNCIA LEGISLATIVA

CPC/2015, arts. 485 (extinção do processo sem resolução de mérito) e 487 (resolução de mérito).

BREVES COMENTÁRIOS

No julgamento conforme o estado do processo, o juiz proferirá sentença, sem apreciar o mérito da causa, nas hipóteses previstas no art. 485 ou poderá proferir julgamento para extingui-lo antecipadamente, com resolução de mérito nos casos do art. 487, II e III.

Segundo o atual Código, essa sentença proferida pelo juiz pode dizer respeito a toda a ação ou a apenas parte do processo. Se o julgamento conforme o estado do processo abranger apenas parcela do processo, o recurso cabível será o agravo de instrumento.

JURISPRUDÊNCIA SELECIONADA

1. Sentença. "A sentença que extingue o processo por carecer o autor de uma das condições da ação, como a possibilidade jurídica do pedido, pode ser proferida após a fase das providências preliminares e não se subordina aos requisitos do art. 330 do CPC [art. 355 do CPC/2015], mas aos do art. 329 [art. 354 do CPC/2015]" (TJMS, Ap. 755/86, Rel. Des. Leão Neto do Carmo, jul. 22.04.1986).

2. Erro de procedimento. "Incide em evidente erro de procedimento e julgamento o órgão judicante que, na hipótese de carência da ação, não adota por solução a extinção do processo, nos moldes do art. 329 do CPC [art. 354 do CPC/2015], e sim o julgamento antecipado da lide, como previsto no art. 330 do CPC [art. 355 do CPC/2015]" (TRF, 1ª Região, AC 01288102/GO, Rel. Juiz Conv. João Carlos Mayer Soares, 1ª Turma Supl., *DJU* 18.07.2002, p. 65).

3. Preliminar de mérito. "Se a preliminar relativa à impossibilidade jurídica do pedido envolve o *meritum causae*, é facultado ao juiz relegar a sua apreciação para a decisão final da lide" (STJ, REsp 1.751/SP, Rel. Min. Barros Monteiro, 4ª Turma, jul. 20.03.1990, *DJU* 09.04.1990, p. 2.745).

Seção II
Do Julgamento Antecipado do Mérito

Art. 355. O juiz julgará antecipadamente o pedido, proferindo sentença com resolução de mérito, quando:

I – não houver necessidade de produção de outras provas;

II – o réu for revel, ocorrer o efeito previsto no art. 344 e não houver requerimento de prova, na forma do art. 349.

CPC/1973

Art. 330.

REFERÊNCIA LEGISLATIVA

CPC/2015, arts. 344 (revelia) e 487 (resolução de mérito).

CJF – I JORNADA DE DIREITO PROCESSUAL CIVIL

Enunciado 27 – Não é necessário o anúncio prévio do julgamento do pedido nas situações do art. 355 do CPC.

BREVES COMENTÁRIOS

Em todas as hipóteses arroladas no art. 355, o juiz, logo após o encerramento da fase postulatória, já se encontra em condições de decidir sobre o mérito da causa, pois:

(a) não se realiza a audiência por desnecessidade de outras provas, além daquelas que já se encontram nos autos (o juiz não deve, segundo o art. 370, promover diligências inúteis); e

(b) não há prova a produzir, pois, ocorrendo os efeitos da revelia, as alegações de fato formuladas pelo autor são presumidas verdadeiras.

JURISPRUDÊNCIA SELECIONADA

1. Faculdade do juiz. "*In casu*, o magistrado de primeira instância julgou antecipadamente a lide por entender que não havia mais controvérsia quanto aos fatos nucleares da demanda, restando apenas o deslinde das questões de direito. Consoante jurisprudência pacífica desta Corte, não há cerceamento do direito de defesa nesses casos, pois o juiz tem o poder-dever de julgar a lide antecipadamente, desprezando a realização de audiência para a produção de provas ao constatar que o acervo documental é suficiente para nortear e instruir seu entendimento" (STJ, AgRg no Ag 1.193.852/MS, Rel. Min. Humberto Martins, 2ª Turma, jul. 23.03.2010, *DJe* 06.04.2010).

"Presentes as condições que ensejam o julgamento antecipado da causa, é dever do juiz, e não mera faculdade, assim proceder" (STJ, REsp 2.832/RJ, Rel. Min. Sálvio de Figueiredo Teixeira, 4ª Turma, jul. 14.08.1990, *DJ* 17.09.1990, p. 9.513).

2. Necessidade de produção de provas. "Em matéria de julgamento antecipado da lide, predomina a prudente discrição do magistrado no exame da necessidade ou não da realização de prova em audiência, ante as circunstâncias de cada caso concreto e a necessidade de não ofender o princípio basilar do pleno contraditório" (STJ, REsp 3.047/ES, Rel. Min. Athos Carneiro, 4ª Turma, jul. 21.08.1990, *DJ* 17.09.1990, p. 9.514).

"Alegação de ofensa aos artigos 330, I; 331, II; 332 e 333, III, do Código de Processo Civil [arts. 355, I, 369 e 373 do CPC/2015]. Em princípio, cabe ao tribunal de segundo grau, sopesando os termos do contraditório e os elementos probatórios contidos no processo, decidir se há ou não necessidade de produzir prova em audiência" (STJ, AgRg no Ag 2.472/MS, Rel. Min. Athos Carneiro, 4ª Turma, jul. 21.08.1990, *DJ* 17.09.1990, p. 9.512). **No mesmo sentido:** STJ, AgRg no Ag 504.542/PR, Rel. Min. Jorge Scartezzini, 4ª Turma, jul. 21.06.2005, *DJ* 22.08.2005.

"**Sendo a questão de direito e de fato, e prescindível a produção de outras provas em audiência**, o juiz conhecerá diretamente do pedido (CPC, 330) [art. 355 do CPC/2015], não podendo a parte, que contribuiu para a antecipação desse conhecimento, alegar posteriormente cerceamento de defesa" (STJ, REsp 13.378/ES, Rel. Min. Francisco Peçanha Martins, 2ª Turma, jul. 18.05.1992, *DJ* 29.06.1992).

Lide com insuficiência de provas. "Ainda que as partes não tenham requerido produção de provas, mas sim o julgamento antecipado da lide, se esta não estiver suficientemente instruída de sorte a permitir tal julgamento, cabe ao juiz, de ofício, determinar as provas necessárias à instrução do processo" (1° TACivSP, Ap 422.322-3, Rel. Juiz Walter Guilherme, 4ª Câmara, jul. 27.06.1990, *RT* 664/91).

3. Cerceamento de defesa.

a) Inocorrência.

"O indeferimento da realização de prova pericial não importa cerceamento de defesa quando o juiz da causa, diante do cenário fático-probatório, houver concluído pela existência de elementos suficientes à formação de sua livre convicção motivada. Incide, nesse campo, o princípio da persuasão racional cujo mérito não pode ser revisto em recurso especial, consoante dispõe a Súmula n. 7/STJ" (STJ, AgInt no REsp 1.822.790/SC, Rel. Min. Marco Aurélio Bellizze, 3ª Turma, jul. 11.11.2019, *DJe* 21.11.2019).

"Constantes dos autos elementos de prova documental suficientes para formar o convencimento do julgador, inocorre cerceamento de defesa se julgada antecipadamente a controvérsia" (STJ, AgRg no Ag 14.952/DF, Rel. Min. Sálvio de Figueiredo Teixeira, 4ª Turma, jul. 04.12.1991, *DJ* 03.02.1992). **No mesmo sentido:** STJ, REsp 406.545/SP, Rel. Min. Luiz Fux, 1ª Turma, *DJU* 09.12.2002; STJ, REsp 57861/GO, Rel. Min. Anselmo Santiago, 6ª Turma, jul. 17.02.1998, *DJ* 23.03.1998, p. 178.

"Inexiste cerceamento se a parte teve ciência de que seria julgado o feito antecipadamente e nada requereu" (STJ, REsp 148.424/PR, Rel. Min. Ruy Rosado de Aguiar, 4ª Turma, jul. 14.04.1998, *DJU* 29.06.1998, p. 198).

Autor que requer julgamento antecipado da lide não pode pretender anulação do julgado. "Se se trata de direito disponível, e o autor requer o julgamento antecipado da lide, fica ele sujeito à limitação que impôs ao juiz, não podendo – depois de sentença desfavorável em razão da insuficiência de provas – pretender a anulação do julgado; o juiz arranharia a imparcialidade que lhe é exigida se, substituindo-se ao interessado, determinasse a realização da prova pericial" (STJ, AgRg no Ag 133.929/SP, Rel. Min. Ari Pargendler, 2ª Turma, jul. 16.05.1997, *DJ* 16.06.1997, p. 27.358).

Contestação genérica. "Não há como opor-se ao julgamento antecipado da lide se o recorrente limitou-se, em sua contestação, a formular defesa genérica contra a inicial, sem protestar sequer pela realização de provas especificamente" (STJ, REsp 3.416/RS, Rel. Min. Waldemar Zveiter, 3ª Turma, jul. 14.08.1990, *DJ* 17.09.1990, p. 9.509).

"Se o réu anuir expressamente com a sentença, em ação de investigação de paternidade cumulada com alimentos, não lhe é lícito invocar posteriormente, na via do recurso especial, após majorada a pensão em grau de apelação, cerceamento decorrente do julgamento antecipado da causa" (STJ, REsp 6.414/MG, Rel. Min. Sálvio de Figueiredo Teixeira, 4ª Turma, jul. 18.06.1991, *DJU* 05.08.1991).

"Se a parte não requereu a produção de provas sobre determinados fatos relativos a direitos disponíveis, não lhe é lícito alegar cerceamento por julgamento antecipado" (STJ, REsp 9.077/RS, Rel. Min. Sálvio de Figueiredo Teixeira, 4ª Turma, jul. 25.02.1992, *DJU* 30.03.1992, p. 3.992).

Embargos do devedor. Ilegitimidade. "Inexiste cerceamento de defesa quando o embargado não detém legitimidade para questionar o valor da dívida hipotecária e em decorrência requerer prova pericial quanto ao saldo devedor decorrente do contrato de mútuo, visto não lhe pertencerem a titularidade do direito e o interesse de agir jungidos ao vínculo contratual entre a CEF e seu mutuário. Não é nula desde aí a sentença, tendo em vista o julgamento antecipado da lide, se a causa se enquadra na hipótese contemplada pelo art. 330, I, do CPC [art. 355, I, do CPC/2015]" (TRF 1ª Região, AC 01000270156/MT, Rel. Juiz Conv. Carlos Alberto Simões de Tomaz, 3ª Turma Supl., *DJU* 05.12.2002, p. 140).

b) Ocorrência.

"A concessão do pensionamento não está limitada somente à prova da alteração do binômio necessidade-possibilidade, devendo ser consideradas outras circunstâncias, tais como a capacidade potencial para o trabalho e o tempo decorrido entre o seu início e a data do pedido de desoneração. No caso concreto, ao divergirem quanto à necessidade de manutenção da obrigação da prestação alimentar, ambas as instâncias ordinárias firmaram suas convicções baseadas em meras suposições. Apesar da consabida importância da prova documental, em se tratando de controvérsia jurídica inegavelmente permeada por questões eminentemente fáticas, a hipótese dos autos revela a imprescindibilidade da produção de outras provas admitidas pelo ordenamento jurídico a fim de se oportunizar às partes a ampla defesa de seus argumentos, bem como permitir sejam proferidos pronunciamentos judiciais baseados em fundamentação capaz de justificar racionalmente a decisão adotada" (STJ, REsp 1.829.295/SC, Rel. Min. Paulo de Tarso Sanseverino, 3ª Turma, jul. 10.03.2020, *DJe* 13.03.2020).

"Esta Corte possui jurisprudência firme no sentido de que o julgador não pode indeferir a produção de prova requerida pela parte para, em seguida, seja em sede de julgamento antecipado da lide, seja em julgamento não antecipado, extinguir o processo sem exame do mérito por ausência da prova que ele próprio inviabilizou" (STJ, REsp 1.228.751/PR, Rel. Min. Sidnei Beneti, 3ª Turma, jul. 06.11.2012, *DJe* 04.02.2013). **No mesmo sentido**: STJ, REsp 714.467/PB, Rel. Min. Luis Felipe Salomão, 4ª Turma, jul. 02.09.2010, *DJe* 09.09.2010; STJ, AgRg no REsp 998.593/SC, Rel. Min. Napoleão Nunes Maia Filho, 5ª Turma, jul. 13.04.2010, *DJe* 10.05.2010.

"Na ação de investigação de paternidade, o autor tem direito à realização da prova técnica que corresponda aos maiores avanços da ciência (atualmente, o exame de DNA), bem assim à produção da prova testemunhal tempestivamente requerida – ainda que o resultado do exame hematológico levado a efeito recomende a improcedência do pedido; o julgamento antecipado da lide sem que a instrução seja a mais ampla possível cerceia indevidamente a atividade probatória do autor" (STJ, REsp 790.750/SP, Rel. Min. Ari Pargendler, 3ª Turma, jul. 16.05.2006, *DJ* 05.06.2006, p. 280).

4. Julgamento antecipado. Desnecessidade de provas (inciso I). "A omissão do magistrado em realizar a audiência prévia de conciliação não induz a nulidade do processo, na hipótese de o caso comportar o julgamento antecipadamente da lide por se tratar de matéria de direito. Situação que se amolda à hipótese prevista no art. 330, inciso I, do CPC [art. 355, I, do CPC/2015], que possibilita ao magistrado desprezar a realização do ato. O julgamento antecipado da lide não importa cerceamento de defesa quando a própria litigante manifesta-se sobre a inexistência de provas a produzir" (STJ, REsp 485.253/RS, Rel. Min. Teori Albino Zavascki, 1ª Turma, jul. 05.04.2005, *DJ* 18.04.2005).

5. Ausência de tentativa de conciliação. "Tendo havido julgamento antecipado da lide, não se há de cogitar de nulidade processual por ausência de tentativa de conciliação" (STJ, REsp 5.442/RJ, Rel. Min. Sálvio de Figueiredo Teixeira, 4ª Turma, jul. 04.03.1991, *DJ* 25.03.1991, p. 3.226).

6. Julgamento antecipado após o saneamento. "Não obstante o saneamento da causa, ao juiz é permitido proferir o julgamento antecipado da lide em determinadas circunstâncias especiais, quando a prova já se apresentar suficiente à decisão e a designação de audiência se mostrar de todo desnecessária. Precedente da 4a Turma" (STJ, REsp 61.462-7/PE, Rel. Min. Barros Monteiro, 4ª Turma, jul. 29.05.1995, *DJU* 21.08.1995, p. 25.372).

7. Reconvenção. "Embora a ação principal comporte o reconhecimento do pedido, se a ação reconvencional depende da produção de provas, inadmite-se o julgamento antecipado da lide em face da norma do art. 318 do CPC [sem correspondente], que, em tais hipóteses, determina o julgamento simultâneo das ações" (2º TACivSP, AgIn 689.965-00/0, Rel. Juiz Walter Zeni, 8ª Câmara, jul. 17.05.2001, *RT* 793/297).

8. Ausência de requerimento de outras provas. "Se a controvérsia gira em torno da autenticidade de assinatura aposta em alteração de contrato social, o juiz pode, após a conclusão da perícia, e não havendo o requerimento de outras provas, julgar a causa desde logo" (STJ, REsp 902.447/MG, Rel. Min. Ari Pargendler, 3ª Turma, jul. 05.06.2008, *DJe* 05.08.2008).

9. Julgamento da causa madura. Ver jurisprudência do art. 1.013 do CPC/2015.

10. Ação rescisória. "Na ação rescisória, como nas demais demandas, inexistindo produção de prova no curso da demanda, sendo o processo julgado de forma antecipada, não há necessidade de abrir-se prazo para que as partes apresentem razões finais ou memoriais, conforme decidiu a seção" (STJ, EDcl na AR. 729/PB, Rel. Min. Eliana Calmon, 1ª Seção, jul. 22.11.2000, *DJ* 12.11.2001).

11. Julgamento antecipado do mérito de apelação. Possibilidade. "Situações descritas no art. 356 do CPC/2015. Presentes tais requisitos, não há óbice para que os tribunais apliquem a técnica do julgamento antecipado parcial do mérito. Tal possibilidade encontra alicerce na teoria da causa madura, no fato de que a anulação dos atos processuais é a *ultima ratio*, no confinamento da nulidade (art. 281 do CPC/2015, segunda parte) e em princípios que orientam o processo civil, nomeadamente, da razoável duração do processo, da eficiência e da economia processual" (STJ, REsp 1.845.542/PR, Rel. Min. Nancy Andrighi, 3ª Turma, jul. 11.05.2021, *DJe* 14.05.2021).

12. Exclusão de herdeiro que atenta contra a vida dos pais. Inviabilidade de julgamento de improcedência liminar do pedido. Ver REsp 1.938.984/PR na jurisprudência do art. 330.

Seção III
Do Julgamento Antecipado Parcial do Mérito

Art. 356. O juiz decidirá parcialmente o mérito quando um ou mais dos pedidos formulados ou parcela deles:

I – mostrar-se incontroverso;

II – estiver em condições de imediato julgamento, nos termos do art. 355.

§ 1º A decisão que julgar parcialmente o mérito poderá reconhecer a existência de obrigação líquida ou ilíquida.

§ 2º A parte poderá liquidar ou executar, desde logo, a obrigação reconhecida na decisão que julgar parcialmente o mérito, independentemente de caução, ainda que haja recurso contra essa interposto.

§ 3º Na hipótese do § 2º, se houver trânsito em julgado da decisão, a execução será definitiva.

§ 4º A liquidação e o cumprimento da decisão que julgar parcialmente o mérito poderão ser processados em autos suplementares, a requerimento da parte ou a critério do juiz.

§ 5º A decisão proferida com base neste artigo é impugnável por agravo de instrumento.

CPC/1973

Art. 273, § 6º.

CJF – JORNADAS DE DIREITO PROCESSUAL CIVIL

I JORNADA

Enunciado 5 – Ao proferir decisão parcial de mérito ou decisão parcial fundada no art. 485 do CPC, condenar-se-á proporcionalmente o vencido a pagar honorários ao advogado do vencedor, nos termos do art. 85 do CPC.

Enunciado 61 – Deve ser franqueado às partes sustentar oralmente as suas razões, na forma e pelo prazo previsto no art. 937, *caput*, do CPC, no agravo de instrumento que impugne decisão de resolução parcial de mérito (art. 356, § 5º, do CPC).

II JORNADA

Enunciado 117 – O art. 356 do CPC pode ser aplicado nos julgamentos dos tribunais.

Enunciado 125 – A decisão parcial de mérito não pode ser modificada senão em decorrência do recurso que a impugna.

Enunciado 126 – O juiz pode resolver parcialmente o mérito, em relação à matéria não afetada para julgamento, nos processos suspensos em razão de recursos repetitivos, repercussão geral, incidente de resolução de demandas repetitivas ou incidente de assunção de competência.

IBDFAM

Enunciado 18 – Nas ações de divórcio e de dissolução da união estável, a regra deve ser o julgamento parcial do mérito (art. 356, do Novo CPC), para que seja decretado o fim da conjugalidade, seguindo a demanda com a discussão de outros temas.

BREVES COMENTÁRIOS

O atual Código repudia a tese da indivisibilidade do objeto litigioso, que segundo seus defensores exigiria um único julgamento de mérito em cada processo e, consequentemente, atingiria a coisa julgada numa única oportunidade. Prevê, pelo contrário, expressamente a possibilidade de fracionamento do objeto do processo, regulando no art. 356 as condições para que um ou mais pedidos, ou parcela de pedidos, sejam solucionados separadamente.

Na sistemática de nosso atual sistema processual civil, o julgamento antecipado e parcial do mérito não é visto como faculdade, mas sim como um dever do juiz, segundo o tom imperativo do art. 356: nas duas situações nele enumeradas, "o juiz decidirá parcialmente o mérito", ordena o dispositivo legal. Trata-se de uma exigência do princípio que impõe a rápida e efetiva solução da lide, requisito fundamental à configuração da garantia constitucional do processo justo (moderna visão do devido processo legal).

JURISPRUDÊNCIA SELECIONADA

1. Decisão parcial de mérito para decretar-se, antecipadamente, o divórcio, prosseguindo-se o processo para resolver-se outras questões na sentença final. "Insurgência contra decisão que, a pedido do autor, deferiu a antecipação da tutela para decretar o divórcio do casal. Verdadeira decisão parcial de mérito. Insurgência da ré-reconvinte. Pretensão ao reconhecimento, também, da união estável em decisão parcial de mérito. Impossibilidade. Supressão de instância. Questão, ademais, controversa. Divórcio. Possibilidade de decretação anteriormente à sentença (art. 356 do CPC). Ausência de controvérsia entre as partes sobre o fim da sociedade conjugal. Direito, ademais, potestativo. Inexistência de prejuízo à posterior análise da partilha de bens e ocorrência de eventual união estável anterior. Recurso desprovido" (TJSP, Agravo de Instrumento 2227920-67.2019.8.26.0000, Rel. Des. Carlos Alberto de Salles, 3ª Câmara de Direito Privado, jul. 26.11.2019, DJeSP 26.11.2019).

2. Decisão parcial de mérito. "Consoante dispõe o art. 356, *caput*, I e II, e § 5º, do CPC/2015, o juiz decidirá parcialmente o mérito quando um ou mais dos pedidos formulados ou parcela deles mostrarem-se incontroversos ou estiver em condições de imediato julgamento, nos termos do art. 355, sendo a decisão proferida com base neste artigo impugnável por agravo de instrumento. No caso, conforme asseverou o acórdão recorrido, a decisão do Juízo singular não ingressou no mérito, justamente porque entendeu pela necessidade de dilação probatória, deferindo as provas testemunhal e pericial. Logo, não havendo questão incontroversa que possibilitasse a prolação de decisão de mérito, inviável se falar, por conseguinte, na impugnação do referido *decisum* por meio de agravo de instrumento, por não estar configurada a hipótese do art. 1.015, II, do CPC/2015" (STJ, AgInt no AREsp 1.411.485/SP, Rel. Min. Marco Aurélio Bellizze, 3ª Turma, jul. 01.07.2019, *DJe* 06.08.2019).

"O CPC/15 passou a admitir, expressamente, a possibilidade de serem proferidas decisões parciais de mérito, reconhecendo a possibilidade de pedidos cumulados ou de parcelas de pedidos suscetíveis de fracionamento estarem aptos para julgamento em momentos processuais distintos, seja porque sobre eles não existe controvérsia, seja porque sobre eles não há necessidade de mais aprofundada dilação probatória, com aptidão, em ambas as hipóteses, para a formação de coisa julgada material" (STJ, REsp 1.798.975/SP, Rel. Min. Nancy Andrighi, 3ª Turma, jul. 02.04.2019, *DJe* 04.04.2019).

3. Julgamento parcial do mérito. Formação progressiva da coisa julgada. "A parte incontroversa, sobre a qual não há discussão, portanto líquida e certa, está acobertada pelo trânsito em julgado, cuidando-se de execução definitiva, não provisória. Nesse ponto, operou-se a resolução parcial de mérito, com formação progressiva da coisa julgada, possibilitando a expedição de precatório, em estrita obediência ao art. 100, § 5º, da Constituição Federal" (TRF 3ª Região, Ac 0025240-88.2013.4.03.9999/SP, Rel. Des. Federal Therezinha Astolphi Cazerta, 8ª Turma, jul. 03.11.2014, DEJF 17.11.2014, p. 3.189).

4. Recurso de apelação. Julgamento antecipado parcial do mérito. Possibilidade. Ver jurisprudência do art. 1.013 do CPC/2015.

5. Requisitos do julgamento parcial do mérito. "O art. 356 do CPC/2015 prevê, de forma clara, as situações em que o juiz deverá proceder ao julgamento antecipado parcial do mérito. Esse preceito legal representa, portanto, o abandono do dogma da unicidade da sentença. Na prática, significa dizer que o mérito da causa poderá ser cindido e examinado em duas ou mais decisões prolatadas no curso do processo. Não há dúvidas de que a decisão interlocutória que julga parcialmente o mérito da demanda é proferida com base em cognição exauriente e ao transitar em julgado, produz coisa julgada material (art. 356, § 3º, do CPC/2015)" (STJ, REsp 1.845.542/PR, Rel. Min. Nancy Andrighi, 3ª Turma, jul. 11.05.2021, *DJe* 14.05.2021).

6. Julgamento parcial do mérito pelo tribunal. Recurso de apelação. Possibilidade. Ver jurisprudência do art. 1.013 do CPC/2015.

7. Julgamento parcial do mérito. Cumulação de pedidos autônomos e independentes. Possibilidade. "O art. 356 do CPC/2015 prevê, de forma clara, as situações em que o juiz deverá proceder ao julgamento antecipado parcial do mérito. Esse preceito legal representa, portanto, o abandono do dogma da unicidade da sentença. Na prática, significa dizer que o mérito da causa poderá ser cindido e examinado em duas ou mais decisões prolatadas no curso do processo. Não há dúvidas de que a decisão interlocutória que julga parcialmente o mérito da demanda é proferida com base em cognição exauriente e ao transitar em julgado, produz coisa julgada material (art. 356, § 3º, do CPC/2015). No entanto, o julgador apenas poderá valer-se dessa técnica, caso haja cumulação de pedidos e estes sejam autônomos e independentes ou, tendo sido deduzido um único pedido, esse seja decomponível. Além disso, é imprescindível que se esteja diante de uma das situações descritas no art. 356 do CPC/2015" (STJ, REsp 1.845.542/PR, Rel. Min. Nancy Andrighi, 3ª Turma, jul. 11.05.2021, *DJe* 14.05.2021).

Seção IV
Do Saneamento e da Organização do Processo

Art. 357. Não ocorrendo nenhuma das hipóteses deste Capítulo, deverá o juiz, em decisão de saneamento e de organização do processo:

I – resolver as questões processuais pendentes, se houver;

II – delimitar as questões de fato sobre as quais recairá a atividade probatória, especificando os meios de prova admitidos;

III – definir a distribuição do ônus da prova, observado o art. 373;

IV – delimitar as questões de direito relevantes para a decisão do mérito;

V – designar, se necessário, audiência de instrução e julgamento.

§ 1º Realizado o saneamento, as partes têm o direito de pedir esclarecimentos ou solicitar ajustes, no prazo comum de 5 (cinco) dias, findo o qual a decisão se torna estável.

§ 2º As partes podem apresentar ao juiz, para homologação, delimitação consensual das questões de fato e de direito a que se referem os incisos II e IV, a qual, se homologada, vincula as partes e o juiz.

§ 3º Se a causa apresentar complexidade em matéria de fato ou de direito, deverá o juiz designar audiência para que o saneamento seja feito em cooperação com as partes, oportunidade em que o juiz, se for o caso, convidará as partes a integrar ou esclarecer suas alegações.

§ 4º Caso tenha sido determinada a produção de prova testemunhal, o juiz fixará prazo comum não superior a 15 (quinze) dias para que as partes apresentem rol de testemunhas.

§ 5º Na hipótese do § 3º, as partes devem levar, para a audiência prevista, o respectivo rol de testemunhas.

§ 6º O número de testemunhas arroladas não pode ser superior a 10 (dez), sendo 3 (três), no máximo, para a prova de cada fato.

§ 7º O juiz poderá limitar o número de testemunhas levando em conta a complexidade da causa e dos fatos individualmente considerados.

§ 8º Caso tenha sido determinada a produção de prova pericial, o juiz deve observar o disposto no art. 465 e, se possível, estabelecer, desde logo, calendário para sua realização.

§ 9º As pautas deverão ser preparadas com intervalo mínimo de 1 (uma) hora entre as audiências.

CPC/1973

Art. 331, § 2º.

REFERÊNCIA LEGISLATIVA

CPC/2015, arts. 139, V (tentativa de conciliação); 359 (audiência de conciliação); e 369 a 484 (provas).

CC, arts. 212 a 232 (prova).

SÚMULAS

Súmula do STF:

Nº 424: "Transita em julgado o despacho saneador de que não houve recurso, excluídas as questões deixadas, explícita ou implicitamente, para a sentença."

CJF – JORNADAS DE DIREITO PROCESSUAL CIVIL

I JORNADA

Enunciado 28 – Os incisos do art. 357 do CPC não exaurem o conteúdo possível da decisão de saneamento e organização do processo.

Enunciado 29 – A estabilidade do saneamento não impede a produção de outras provas, cuja necessidade se origine de circunstâncias ou fatos apurados na instrução.

II JORNADA

Enunciado 127 – O juiz pode homologar parcialmente a delimitação consensual das questões de fato e de direito, após consulta às partes, na forma do art. 10 do CPC.

BREVES COMENTÁRIOS

Segundo a tradição do direito luso-brasileiro, o saneamento do processo deveria dar-se em decisão interlocutória escrita, após o encerramento da fase postulatória. O sistema germânico adota, porém, a audiência preliminar, destinada a preparar o feito para ingressar na fase instrutória, depois de resolvidas oralmente as questões preliminares. O Código de 1973, procurando incentivar a autocomposição dos litígios, instituiu a obrigatoriedade de uma audiência preliminar, em que se tentaria a conciliação das partes, antes de dar início à fase específica da instrução processual (CPC/1973, art. 331), audiência essa que, porém, não se restringia apenas à busca da solução negocial para o conflito, já que nela o juiz completaria a tarefa saneadora.

O Código atual aboliu essa audiência preliminar após a fase postulatória. O saneamento do processo é feito, portanto, por decisão interlocutória do juiz (art. 357). Contudo, pode eventualmente haver audiência de saneamento em causas complexas, nos termos do art. 357, § 3º, cuja matéria de fato ou de direito exija que a atividade saneadora seja feita em cooperação com as partes. Nessa hipótese, serão elas convidadas a integrar ou esclarecer suas alegações. E, havendo necessidade de oitiva de testemunhas, o rol deverá ser apresentado nessa audiência de saneamento (art. 357, § 5º).

Não há previsão de agravo contra a decisão de saneamento. Assegura, todavia, o art. 357, § 1º, às partes "o direito de pedir esclarecimentos ou solicitar ajustes, no prazo comum de cinco dias, findo o qual a decisão se torna estável". Esses pedidos de esclarecimentos e ajustes não se equiparam a recurso e por isso não podem, na sua falta, tornar preclusa a matéria assentada no saneamento.

O fato de se falar em estabilidade, na espécie, quer dizer que após o prazo de esclarecimentos não podem os interessados voltar a reclamar contra o ato judicial. De qualquer forma, sendo a decisão de saneamento não sujeita a agravo, é forçoso reconhecer que a parte prejudicada sempre terá a seu alcance a possibilidade de se defender, em grau recursal, através das preliminares de apelação ou de suas contrarrazões (art. 1.009, § 1º). Esta sim será a via recursal disponibilizada à parte inconformada com a decisão interlocutória contida no saneador.

Pode, entretanto, haver preclusão em torno de matéria resolvida no saneamento, quando envolver extinção parcial do processo, em decorrência de resolução de questões processuais pendentes, como previsto no art. 357, I, se contra a decisão a parte prejudicada não interpõe o recurso de agravo de instrumento, previsto expressamente nos arts. 354, parágrafo único, e 356, § 5º. Haverá também preclusão se no saneador houver sido decidido sobre distribuição do ônus da prova, visto tratar-se de decisão recorrível por agravo de instrumento (art. 1.015, XI).

JURISPRUDÊNCIA SELECIONADA

1. Despacho saneador.

a) Questões preliminares.

Questões que se confundem com a pretensão meritória. Postergação do exame. Possibilidade. "Não há nulidade no despacho saneador que se limita a postergar o exame das matérias preliminares alegadas, porque se confundem com a pretensão meritória posta em juízo e especialmente em razão da constatação de que, no caso dos autos, há a necessidade de prévia instrução probatória, para a completa compreensão e solução da lide, tanto do juízo rescindente como rescisório" (STJ, REsp 1.945.660/SP, Rel. Min. Benedito Gonçalves, 1ª Turma, jul. 04.10.2022, *DJe* 10.10.2022).

"Tendo em vista o princípio do livre convencimento do juiz e considerando que sua atividade saneadora no processo é constante, válida é a decisão, na sentença final, de questões preliminares envolvidas, com as de mérito, uma vez que para o julgador tais questões processuais não precluem" (TAMG, AI. 3.313, Rel. Juiz Francisco Brito, 3ª Câmara Cível, jul. 11.08.1987; *RJTAMG* 32/65). No mesmo sentido: TJSC, AI 4.211, Rel. Des. Protásio Leal, 1ª Câmara Cível, jul. 22.12.1987; *Adcoas*, n. 117.783, 1988.

b) Recurso cabível. "Se o despacho saneador não pôs termo ao processo, com julgamento do mérito, ou sem ele, mas considerou insubsistente a preliminar de prescrição contra ele, nessa parte cabe a interposição de agravo de instrumento, e não de apelação" (STF, RE 92.605/SP, Rel. Min. Moreira Alves, 2ª Turma, jul. 07.11.1980; *RTJ* 100/313).

c) Questão decidida no saneador contra o qual foi interposto agravo, não conhecido. "Impossibilidade de rever-se o decidido, não importando que, redundantemente, o tema haja sido novamente examinado na sentença" (STJ, REsp 8.553/SP, Rel. Min. Nilson Naves, 3ª Turma, jul. 14.05.1991, *DJ* 01.07.1991).

2. Falta de despacho saneador. Ausência de nulidade. "'Quanto à necessidade ou não da realização de despacho saneador, o juiz tem o poder-dever de julgar a lide antecipadamente, desprezando a realização de audiência para a produção de provas ao constatar que o acervo documental é suficiente para nortear e instruir seu entendimento. É do seu livre convencimento o deferimento de pedido para a produção de quaisquer provas que entender pertinentes ao julgamento da lide' (REsp 102.303/PE, Rel. Min. Vicente Leal, *DJ* 17.05.1999). Precedentes no mesmo sentido: MS 7.834/DF, Rel. Min. Félix Fischer; REsp 330.209/SP, Rel. Min. Ari Pargendler; REsp 66.632/SP, Rel. Min. Vicente Leal, AgReg no Ag 111.249/GO, Rel. Min. Sálvio de Figueiredo Teixeira; REsp 39.361/RS, Rel. Min. José Arnaldo da Fonseca; EDcl nos EDcl no REsp 4.329/SP, Rel. Min. Milton Luiz Pereira. Inexistência de cerceamento de defesa diante da ausência de despacho saneador" (STJ, AgRg no REsp 810.124/RR, Rel. Min. José Delgado, 1ª Turma, jul. 20.06.2006, *DJ* 03.08.2006, p. 219). **No mesmo sentido:** STJ, REsp 215.552/AM, Rel. Min. Milton Luiz Pereira, 1ª Turma, jul. 06.12.2001, *DJ* 11.03.2002, p. 183.

3. Despacho. Preclusão. "Quando o despacho que anuncia que o processo está pronto para julgamento não é atacado pelo recurso de agravo, torna-se precluso qualquer inconformismo com as provas realizadas, não podendo ser acolhida a súplica recursal que pugna por realização de nova perícia, uma vez que o magistrado monocrático considerou idônea a perícia já realizada nos autos" (TAPR, Ap 67.373-4, Rel. Juiz Mário Rau, 1ª Câmara Cível, jul. 26.09.1995).

4. Cerceamento de defesa. "A parte não pode alegar cerceamento de defesa se, instada a se manifestar sobre as provas que pretendia produzir, nada requereu. A ninguém é dado comportar-se contraditoriamente no processo" (STJ, AgInt no AREsp 1.414.770/DF, Rel. Min. Maria Isabel Gallotti, 4ª Turma, jul. 06.08.2019, *DJe* 12.08.2019).

5. Testemunhas. Limite de número de testemunhas.

a) Oitiva a menor. Cerceamento de defesa. "De acordo com o parágrafo único do art. 407 do CPC/73, é lícito a cada parte oferecer, no máximo, dez testemunhas. Quando qualquer das partes oferecer mais de três testemunhas para a prova de cada fato, o juiz poderá dispensar as restantes. *In casu*, em que pese a identidade da natureza jurídica dos pedidos, reconhecimento de duas diferentes uniões estáveis, as situações fáticas, por óbvio, eram diversas, tendo sido julgados dois fatos, e não apenas um. Tendo sido arroladas cinco testemunhas pelo promovido (que poderia ter arrolado ao menos seis), não há como se afirmar que o indeferimento da oitiva da quinta testemunha não trouxe prejuízo à sua defesa, configurando cerceamento de defesa, especialmente no ponto relativo à intenção do promovido de limitar no tempo o reconhecimento de uma das uniões estáveis" (STJ, AgInt no AREsp 719.811/RJ, Rel. p/ Acórdão Min. Raul Araújo, 4ª Turma, jul. 27.04.2017, *DJe* 22.05.2017).

b) Oitiva de testemunhas superior ao limite legal. Admissibilidade. "Ausência de nulidade processual por o magistrado ter colhido número de testemunhas superior à previsão legal, desde que necessária à formação do seu convencimento e considerando a complexidade dos fatos apurados" (STJ, REsp 1.676.558/RS, Rel. Min. Herman Benjamin, 2ª Turma, jul. 27.02.2018, *DJe* 02.08.2018).

6. Prescrição e decadência decididas no saneador. Preclusão consumativa. "'As matérias de ordem pública, como prescrição e decadência, podem ser analisadas a qualquer tempo nas instâncias ordinárias. Todavia, quando decididas no bojo do despacho saneador, sujeitam-se a preclusão consumativa, caso não haja impugnação no momento processual oportuno' (AgInt no REsp 1.542.001/DF, Rel. Ministro Marco Buzzi, Quarta Turma, julgado em 07/11/2019, *DJe* de 12/11/2019)" (STJ, AgInt no REsp 1.700.828/PR, Rel. Min. Raul Araújo, 4ª Turma, jul. 15.06.2020, *DJe* 01.07.2020).

7. Revelia. "Não tendo havido requerimento de provas a serem produzidas em audiência, por serem os réus revéis, nada impede que o juiz, reconsiderando o despacho de alimpamento do processo, profira julgamento antecipado da lide" (TJSP, Ap 135.581-2, 13ª Câmara Cível, Rel. Des. Minhoto Júnior, jul. 23.10.1988; *RJTJSP* 118/125).

8. Decisão do incidente. "Pela regra do art. 331, § 2º, do CPC [art. 357 do CPC/2015], na audiência de conciliação, rejeitada esta, o juiz decidirá 'as questões processuais pendentes', o que inclui a controvérsia alusiva à assistência judiciária" (STJ, REsp 16.328/SP, Rel. Min. Aldir Passarinho, 4ª Turma, jul. 27.06.2002, *DJ* 26.08.2002, p. 229).

9. Produção de provas. "Constatando que o desate da lide não exige a produção de prova oral (inidônea para contrariar a prova documental), o juiz deve dispensá-la" (STJ, REsp 264.647/PR, Rel. Min. Ari Pargendler, 3ª Turma, jul. 16.11.2006, *DJ* 19.03.2007, p. 316).

Iniciativa de prova pelo juiz. Preclusão *pro judicato*. Inexistência. "A preclusão é instituto processual que importa em sanção à parte, não alcançando o magistrado que, em qualquer estágio do procedimento, de ofício, pode ordenar a realização das provas que entender imprescindíveis à formação de sua convicção" (STF, AR-AgR-AgR 1.538/MG, Rel. Min. Maurício Corrêa, Pleno, jul. 04.10.2001, *DJ* 08.02.2002).

10. Súmula 424 do STF. "O Enunciado n. 424 da Súmula STF não se aplica aos requisitos de admissibilidade da tutela jurisdicional" (STJ, REsp 8.668/PR, Rel. Min. Sálvio de Figueiredo Teixeira, 4ª Turma, jul. 09.03.1993, *DJ* 29.03.1993). **Em sentido contrário:** "Quando, no despacho saneador, o juiz decide expressamente quanto aos pressupostos e condições da ação, cumpre à parte insatisfeita recorrer da decisão. Caso contrário, opera-se a preclusão, instituto que interessa também ao Estado" (STJ, REsp 52.940/SP, Rel. Min. Luiz Vicente Cernicchiaro, 6ª Turma, jul. 13.09.1994, *DJ* 28.11.1994).

11. Saneador. Estabilização apenas após o prazo de 5 dias ou decisão sobre o pedido de esclarecimentos. "O termo inicial para interposição do agravo de instrumento, na hipótese do pedido previsto no art. 357, § 1º, do CPC/2015, somente se inicia depois de estabilizada a decisão de saneamento, o que ocorre após publicada a deliberação do juiz sobre os esclarecimentos e/ou ajustes ou, não havendo requerimento, com o transcurso do prazo de 5 (cinco) dias" (STJ, REsp. 1.703.571/DF, Rel. Min. Antonio Carlos Ferreira, 4ª Turma, jul. 22.11.2022, *DJe* 07.03.2023).

☆ DO JULGAMENTO CONFORME O ESTADO DO PROCESSO: INDICAÇÃO DOUTRINÁRIA

Alberto Raimundo Gomes dos Santos, CPC de 2015 torna divórcio imediato. Disponível em: <http:/ibdfam.org.br/noticias/5924/CPC+de+2015+torna+div%C3%B3rcio+imediato>. Acesso em: 4 mar. 2020; Arruda Alvim. *Novo contencioso cível no CPC/2015*. São Paulo: Revista dos Tribunais, 2016, p. 231-237; Caroline Pomjé. Sobre o que incide a estabilização prevista no art. 357, § 1º, do Código de Processo Civil de 2015? *Revista dos Tribunais*, ano 110, v. 1023, São Paulo: RT, jan. 2021, p. 235 e ss.; Cassio Scarpinella Bueno, *Manual de direito processual civil*, São Paulo: Saraiva, 2015; Daniel Amorim Assumpção Neves, *Manual de direito processo civil*, São Paulo: Método, 2015; Dierle Nunes, Ana Luiza Marques, Parte do Judiciário já entende que é possível a autorização liminar do divórcio. Disponível em: <https/www.conjur.com.br/2019-ago-08/opinião--parte-judiciario-aprova-autorizacao-liminar-divorcio>. Acesso em: 7 jan. 2020; Felippe Borring Rocha, Bárbara Fonseca de Moura, Qual é o propósito do pedido de esclarecimentos ou ajustes do pronunciamento saneador, previsto no artigo 357, § 1º, do Código de Processo Civil Brasileiro? *Revista de Processo*, São Paulo, ano 45, v. 305, p. 219-247, jul. 2020; Flávio Luiz Yarshell, Guilherme Setoguti J. Pereira, In: Sérgio Cruz Arenhart e Daniel Mitidiero (coord.), *Comentários ao Código de Processo Civil*, 2. ed., São Paulo: RT, 2018, v. 5; Fredie Didier Jr., *Curso de direito processual civil*, 17. ed., Salvador: JusPodivm, 2015, v. I; Guilherme Rizzo Amaral, *Comentários às alterações do novo CPC*, São Paulo: Revista dos Tribunais, 2015; Heitor Vitor Mendonça Sica, Evolução legislativa da fase de saneamento e organização do processo. *Revista de Processo*. vol. 255, p. 435-460. São Paulo: RT, maio 2016; Humberto Theodoro Júnior, *Curso de direito processual civil*, 61. ed., Rio de Janeiro: Forense, 2020, v. I; Humberto Theodoro Júnior, Fernanda Alvim Ribeiro de Oliveira, Ester Camila Gomes Norato Rezende (coords.), *Primeiras lições sobre o novo direito processual civil brasileiro*, Rio de Janeiro: Forense, 2015; J. E. Carreira Alvim, *Comentários ao novo Código de Processo Civil*, Curitiba: Juruá, 2015; José Manoel de Arruda Alvim Netto. Saneamento e organização do processo. *Revista Jurídica da Escola Superior de Advocacia da OAB-PR*, n. 1, ano 1, p. 15, ago./2016; José Miguel Garcia Medina, *Novo Código de Processo Civil comentado*, São Paulo: Revista dos Tribunais, 2015; José Rogério Cruz e Tucci, In: José Roberto F. Gouvêa; Luis Guilherme A. Bondioli e João Francisco N. da Fonseca (coord.), *Comentários ao Código de Processo Civil*, 2. ed., São Paulo: Saraiva, 2017, v. 7; Leonardo Greco, *Instituições de processo civil: introdução ao direito processual civil*, 5. ed., Rio de Janeiro: Forense, 2015; Letícia de Souza Baddauy, Capítulos de sentença: primeiras impressões sobre a cisão da sentença no Código de Processo Civil de 2018, In: Ana Cândida Menezes Marcato et al. (orgs.), Reflexões sobre o Código de Processo Civil de 2015: uma contribuição dos membros do Centro de Estudos Avançados de Processo – Ceapro, São Paulo: Verbatim, 2018, p. 463 e ss.; Lilian Rodrigues Mano. A problemática das sentenças parciais e o novo Código de Processo Civil. In: Thereza Arruda et al. *O Novo Código de Processo Civil Brasileiro – Estudos dirigidos: Sistematização e procedimentos*. Rio de Janeiro: Forense, 2015, p. 533; Luis Antônio Giampaulo Sarro, *Novo Código de Processo Civil*, São Paulo: Rideel, 2015; Luiz Guilherme Marinoni, Sérgio Cruz Arenhart, Daniel Mitidiero, *Curso de processo civil*, São Paulo: Revista dos Tribunais, 2015, v. I; Marcellus Polastri Lima; Luciano Souto Dias. A audiência de saneamento compartilhado no Código de Processo Civil de 2015. *Revista Jurídica Lex*. vol. 78. São Paulo: Lex Editora, nov./dez. 2015, p. 65; Nelson Nery Junior, Rosa Maria de Andrade Nery, *Comentários ao Código de Processo Civil*, São Paulo: Revista dos Tribunais, 2015; Pedro Miranda de Oliveira; Rosalvo Moreira de Oliveira. Ainda sobre a decisão parcial (com ou sem resolução de mérito). *Revista de processo*. n. 317, p. 93-110; Ricardo Alexandre da Silva, In: Teresa Arruda Alvim Wambier, Fredie Didier Jr., Eduardo Talamini, Bruno Dantas, *Breves comentários ao novo Código de Processo Civil*, São Paulo: Revista dos Tribunais, 2015; Rinaldo Mouzalas e João Otávio Terceiro Neto B. de Albuquerque. *Revista de Processo*. vol. 260. ano 41. p. 199-226. São Paulo: RT, out./2016; Rodrigo Ramina de Lucca. Julgamentos antecipados parciais de mérito, *Revista de Processo*, n. 257, p. 125-154, *2016;* Teresa Arruda Alvim Wambier, Fredie Didier Jr., Eduardo Talamini, Bruno Dantas (coords.), *Breves comentários ao novo Código de Processo Civil*, São Paulo: Revista dos Tribunais, 2015; Teresa Arruda Alvim Wambier, Maria Lúcia Lins Conceição, Leonardo Ferres da Silva Ribeiro, Rogério Licastro Torres de Melo, *Primeiros comentários ao novo Código de Processo Civil*, São Paulo: Revista dos Tribunais, 2015; William Santos Ferreira, William Lecciolli, Audiência de saneamento e organização instrutória comparticipativa (case manefement), Revista de Processo, São Paulo, ano 45, v. 305, p. 111-137, jul. 2020; Leonardo Peteno Magnusson; Lucas Augusto Gaioski Pagani; Renan Thamay. Organização e saneamento do processo e contraditório participativo. *Revista de Direito Privado*, n. 118, p. 183 e ss., out./dez. 2023.

Capítulo XI
DA AUDIÊNCIA DE INSTRUÇÃO E JULGAMENTO

Art. 358. No dia e na hora designados, o juiz declarará aberta a audiência de instrução e julgamento e mandará apregoar as partes e os respectivos advogados, bem como outras pessoas que dela devam participar.

CPC/1973

Art. 450.

REFERÊNCIA LEGISLATIVA

Recomendação 101/CNJ/2021, art. 5º (audiências presenciais e mistas, nos casos de participação de excluídos digitais).

BREVES COMENTÁRIOS

Audiência é o ato processual solene realizado na sede do juízo que se presta para o juiz colher a prova oral e ouvir pessoalmente as partes e seus procuradores. Em várias oportunidades, o juiz promove audiências, como a de conciliação ou mediação (art. 334), e as de justificação liminar nas ações possessórias (art. 562) e nas tutelas de urgência (art. 300, § 2º). Contudo, a principal audiência regulada pelo Código de Processo Civil é a de instrução e julgamento (arts. 358 a 368), que é momento integrante do procedimento comum e também se aplica a todos os demais procedimentos, desde que haja prova oral ou esclarecimento de peritos a ser colhido antes da decisão da causa.

A abertura da audiência observará o disposto no art. 358. Isto é, "no dia e hora designados, o juiz declarará aberta a audiência e mandará apregoar as partes e os seus respectivos advogados, bem como outras pessoas que dela devam participar". Consiste o pregão no anúncio feito, de viva voz, pelo oficial de justiça ou outro serventuário encarregado do ofício de porteiro do auditório forense, convocando aqueles que devam participar da audiência.

É possível a realização de audiência por meio eletrônico, mas, por recomendação do CNJ, os tribunais deverão disponibilizar aos excluídos digitais audiências de conciliação e instrução e julgamento nas modalidades presenciais e mistas, podendo ser facultada às pessoas com deficiência sua participação virtual, sempre que necessário (Recomendação 101/CNJ, de 12.07.2021, art. 5º). Entende-se por excluído digital "parte que não tem acesso à internet e a outros meios de comunicação digitais e/ou que não tenha possibilidade ou conhecimento para utilizá-los, inclusive com tecnologia assistida" (idem, art. 1º, I).

JURISPRUDÊNCIA SELECIONADA

1. Pregão. Formalidade. "No sistema moderno de audiências e julgamentos não se trata o pregão dos interessados de mera formalidade inócua. Sua inobservância acarreta a nulidade do processo. Todavia, em relação ao Ministério Público, a preterição do ato não tem o mesmo efeito. Isso porque, sendo ele intimado por antecipação do dia e hora da audiência [...], seu comparecimento independe de chamamento pelo meirinho" (TJSP, Ap. 121.110-1, Rel. Des. Alves Braga, 4ª Câmara, jul. 05.04.1990, *RT* 658/89).

Art. 359. Instalada a audiência, o juiz tentará conciliar as partes, independentemente do emprego anterior de outros métodos de solução consensual de conflitos, como a mediação e a arbitragem.

CPC/1973

Art. 448.

BREVES COMENTÁRIOS

Somente nas causas sujeitas à audiência é que tem cabimento a tentativa de conciliação mencionada no art. 359 do CPC/2015. Por isso, quando for o caso de julgamento antecipado ou de extinção do processo sem apreciação do mérito, não caberá a medida. Havendo, porém, audiência de instrução e julgamento, a conciliação será tentada em todos os processos de natureza patrimonial privada, até nos de rito especial e nos incidentais. Essa tentativa de conciliação ocorre independentemente do emprego anterior de outros métodos de solução consensual de conflitos, como a mediação e a arbitragem, para os quais o CPC/2015 prevê uma audiência inicial, realizada antes mesmo da contestação da demanda.

JURISPRUDÊNCIA SELECIONADA

1. Conciliação. "Afirmações e manifestações colhidas em audiência de conciliação não têm força de confissão nem importam alteração do pedido inicial. O procedimento conciliatório é pressuposto do procedimento contencioso (arts. 447 e 448, CPC) [art. 359 do CPC/2015]" (STJ, REsp 201.356/RJ, Rel. Min. José Arnaldo da Fonseca, 5ª Turma, jul. 25.05.1999, *DJ* 21.06.1999, p. 195).

"A tentativa de conciliação é preceito de ordem pública. Para omiti-la não basta pronunciamento de uma das partes, no sentido de repulsa antecipada de qualquer acordo" (*RT* 472/91).

Art. 360. O juiz exerce o poder de polícia, incumbindo-lhe:

I – manter a ordem e o decoro na audiência;

II – ordenar que se retirem da sala de audiência os que se comportarem inconvenientemente;

III – requisitar, quando necessário, força policial;

IV – tratar com urbanidade as partes, os advogados, os membros do Ministério Público e da Defensoria Pública e qualquer pessoa que participe do processo;

V – registrar em ata, com exatidão, todos os requerimentos apresentados em audiência.

CPC/1973

Art. 445.

REFERÊNCIA LEGISLATIVA

CPC/2015, arts. 78, § 1º (expressões injuriosas), 459 (oitiva das testemunhas).

Estatuto da Advocacia, arts. 31 e 33 (ética do advogado).

BREVES COMENTÁRIOS

O juiz exerce um dos poderes constitucionais inerentes à soberania estatal; daí dispor do poder de polícia para assegurar o bom desempenho da função jurisdicional que lhe foi atribuída.

Art. 361. As provas orais serão produzidas em audiência, ouvindo-se nesta ordem, preferencialmente:

I – o perito e os assistentes técnicos, que responderão aos quesitos de esclarecimentos requeridos no prazo e na forma do art. 477, caso não respondidos anteriormente por escrito;

II – o autor e, em seguida, o réu, que prestarão depoimentos pessoais;

III – as testemunhas arroladas pelo autor e pelo réu, que serão inquiridas.

Parágrafo único. Enquanto depuserem o perito, os assistentes técnicos, as partes e as testemunhas, não poderão os advogados e o Ministério Público intervir ou apartear, sem licença do juiz.

CPC/1973

Art. 452.

REFERÊNCIA LEGISLATIVA

CPC/2015, arts. 385 a 388 (depoimento pessoal) e 442 a 463 (prova testemunhal).

BREVES COMENTÁRIOS

No regime do Código anterior, diante do rigor literal do seu art. 452, entendia-se que a coleta das provas orais (peritos, partes e testemunhas) deveria ser feita dentro da escala de gradação da lei. Por isso, os mais formalistas ensinavam que o adiamento da audiência ocorreria a partir do momento em que se deveria ouvir o não comparecente. Os depoimentos que, segundo a lei, seriam tomados em seguida ficariam adiados para a sessão posterior. Não é o sistema do Código atual, mais flexível e que determina que as provas orais serão ouvidas na ordem do art. 361, apenas preferencialmente. Logo, cabe ao juiz decidir, nas circunstâncias do caso concreto, se há ou não prejuízo para o processo com a eventual quebra da sequência estipulada pela lei.

JURISPRUDÊNCIA SELECIONADA

1. Ordem dos trabalhos. Ausência de prejuízo. "Além de não ser peremptória a ordem estabelecida no art. 452 do CPC [art. 361 do CPC/2015], há de a parte evidenciar o prejuízo que lhe adviria com a inversão ocorrida" (STJ, REsp 35.786/SP, Rel. Min. Barros Monteiro, 4ª Turma, jul. 14.11.1994, *DJ* 12.12.1994, p. 34.350). **No mesmo sentido: TJPR**, Ap. 380/85, Rel. Des. Costa Lima, 3ª Câmara, jul. 01.04.1986.

2. Inquirição em datas diferentes. "Fora das hipóteses legais não é lícito ao juiz fragmentar o procedimento de colheita da prova testemunhal, deixando de inquirir, no mesmo dia, segundo a ordem e as cautelas da lei, todas as testemunhas arroladas. Se ouve as do autor numa data e, em outra, as do réu, e há prejuízo para o autor, anula-se a instrução" (TJSP, Ap. 162.903.1/8, 2ª Câmara, Rel. Des. Cezar Peluso, jul. 14.04.92, *RT* 687/77).

Art. 362. A audiência poderá ser adiada:

I – por convenção das partes;

II – se não puder comparecer, por motivo justificado, qualquer pessoa que dela deva necessariamente participar;

III – por atraso injustificado de seu início em tempo superior a 30 (trinta) minutos do horário marcado.

§ 1º O impedimento deverá ser comprovado até a abertura da audiência, e, não o sendo, o juiz procederá à instrução.

§ 2º O juiz poderá dispensar a produção das provas requeridas pela parte cujo advogado ou defensor público não tenha comparecido à audiência, aplicando-se a mesma regra ao Ministério Público.

§ 3º Quem der causa ao adiamento responderá pelas despesas acrescidas.

CPC/1973

Art. 453.

REFERÊNCIA LEGISLATIVA

CPC/2015, art. 93 (despesas processuais; atos adiados ou repetidos).

BREVES COMENTÁRIOS

Na fase de abertura, poderá o juiz determinar a suspensão dos trabalhos e o adiamento da audiência, nas hipóteses do art. 362. O impedimento de comparecimento deverá ser comprovado pelo interessado até a abertura da audiência; não feita a comprovação, o juiz dará sequência à audiência, procedendo à instrução. A ausência do juiz impede a abertura da audiência, porque, sem ele, não é possível promovê-la. A ausência injustificada de outras pessoas que deveriam participar da audiência, via de regra, não é motivo de adiamento, mas de realização sem a sua participação. Assim, se o ausente é o advogado ou o defensor público, o juiz realizará a audiência e poderá dispensar a produção das provas requeridas em nome da parte que lhe tocava representar. O mesmo se aplica ao Ministério Público. Se faltarem ambos os advogados, poderá o juiz dispensar toda a instrução e proferir logo o julgamento conforme o estado do processo, ou, então, promover a colheita da prova, sem a presença dos interessados.

A parte que der causa ao adiamento, quer por falta de comparecimento pessoal ou do respectivo advogado, quer por ter requerido o depoimento ou esclarecimento do perito ou testemunha que deixou de comparecer, ficará responsável pelas despesas acrescidas com a realização da nova audiência.

JURISPRUDÊNCIA SELECIONADA

1. Adiamento da audiência de instrução e julgamento por acordo entre as partes (inciso I).

Possibilidade. Negócio jurídico processual. "A audiência pode ser adiada por convenção das partes, o que configura um autêntico negócio jurídico processual e consagra um direito subjetivo dos litigantes, sendo prescindível a homologação judicial para sua eficácia. Contudo, é dever do Magistrado controlar a validade do negócio jurídico processual, de ofício ou a requerimento da parte ou de interessado, analisando os pressupostos estatuídos pelo direito material. A jurisprudência do STJ é no sentido de que o adiamento da audiência de julgamento é uma faculdade atribuída ao Magistrado, cujo indeferimento não configura cerceamento de defesa. As particularidades do caso vertente afastam a alegada nulidade. O Juízo *a quo* exerceu o controle da validade do negócio jurídico processual e, ao assim proceder, constatou a inexistência de um dos pressupostos de validade, qual seja, a manifestação de vontade não viciada das partes. A despeito de ter a recorrente formulado, em 3/10/2011, pedido de adiamento da audiência de instrução e julgamento em petição assinada pelos patronos de ambas as partes, a recorrida protocolou petição no dia seguinte, em 4/10/2011, opondo-se ao pedido e revogando a procuração do seu antigo advogado. Ademais, no dia subsequente, isto é, em 5/10/2011, o Magistrado de primeiro grau indeferiu o pleito de adiamento e manteve o ato processual para o dia anteriormente designado, ou seja, para 6/10/2011. Caberia à parte requerente diligenciar perante a Secretaria da Vara e acompanhar a análise do seu pedido, notadamente porque a audiência estava na iminência de ser realizada, e tanto a parte contrária como o Magistrado se manifestaram tempestivamente nos autos acerca do não adiamento" (STJ, REsp 1.524.130/PR, Rel. Min. Marco Aurélio Bellizze, 3ª Turma, jul. 03.12.2019, *DJe* 06.12.2019).

2. Adiamento da audiência por motivo justificado (inciso II):

a) Ocorrência.

"**Pedido de adiamento por advogado já intimado a comparecer a outra audiência no mesmo horário.** Indeferimento. [...]. Força maior comprovada. Cerceamento de defesa comprovado" (TARS, Ap 185073335, Rel. Juiz Ivo Gabriel da Cunha, 3ª Câmara, jul. 19.02.1986, *RT* 610/213).

Sessão de julgamento. Impossibilidade de comparecer. "Comprovando o advogado, antes da sessão de julgamento, encontrar-se impossibilitado de a ela comparecer, deverá em princípio ser adiada a apreciação do recurso em que haja de atuar. Aplicação analógica do art. 453, II, do Código de Processo Civil [art. 362, II, do CPC/2015]" (STJ, REsp 67.712-2/RJ, Rel. Min. Eduardo Ribeiro, 3ª Turma, jul. 09.10.1995; *RSTJ* 79/209).

b) Não ocorrência.

Evento previsível. "O acúmulo de veículos, dificultando o trânsito, em decorrência de antecedentes chuvas, não é motivo que justifique o não comparecimento a audiência, tratando-se o congestionamento de evento previsível. Inocorrência de afronta ao art. 453, II, do CPC" [art. 362, II, do CPC/2015] (STJ, REsp 44.854/BA, Rel. Min. Nilson Naves, 3ª Turma, jul. 05.03.1996, *DJ* 15.04.1996, p. 11.523).

3. Pequeno atraso. Admissibilidade. "Conquanto mereça respeito o horário designado para a audiência de instrução e julgamento, reputa-se consentâneo com os dias atuais admitir-se um atraso justificável (no caso, cinco minutos), sendo de assinalar que a instrumentalidade do processo não admite apego exagerado à forma do ato processual, que, na medida do possível, deve ser flexibilizada para atender ao comando da lei e melhor propiciar o exame do direito material em litígio" (STJ, REsp 119.885/SP, Rel. Min. Sálvio de Figueiredo Teixeira, 4ª Turma, jul. 25.06.1998, *DJ* 21.09.1998, p. 173).

4. Comprovação do impedimento (§ 1º).

"Provado, na abertura da audiência, o impedimento do advogado, não pode ser realizado o ato com dispensa das provas por ele requeridas, como estabelece o § 1º do art. 453 do Código de Processo Civil [art. 362, § 1º, do CPC/2015]" (STJ, REsp 34.070/MG, Rel. Min. Dias Trindade, 3ª Turma, jul. 10.05.1993, *DJ* 07.06.1993, p. 11.259).

"A justificativa pelo não comparecimento do advogado até a abertura da audiência nem sempre é possível, como quando se trata de mal que acontece pouco antes do ato ter início" (TJSP, Ap 253.728/1, Rel. Des. Gildo dos Santos, 1ª CDP, jul. 21.05.1996; *Lex* 192/19).

Tentativa de conciliação. "Não demonstrado o impedimento do advogado até a abertura da audiência, não pode o juiz ficar à sua espera para convocação de tentativa de conciliação" (TASP, Ap 339.671, Rel. Juiz Marcondes Machado, 5ª Câmara, jul. 30.04.1985, *RT* 600/121).

5. Dispensa de oitiva das testemunhas arroladas por procurador que não comparece (§ 2º). "Nos termos do art.

453, § 2º, do CPC/1973 (CPC/2015, art. 362, § 2º), o juiz pode dispensar a prova testemunhal requerida pela parte cujos advogados não compareceram à audiência designada e também não apresentaram justificativa. Hipótese em que, ademais, a questão relativa à capacidade do executado ao tempo da realização do negócio foi decidida com base na prova documental juntada aos autos, não se configurando o alegado cerceamento de defesa" (STJ, AgInt no AREsp 1.480.137/MG, Rel. Min. Raul Araújo, 4ª Turma, jul. 10.12.2019, *DJe* 04.02.2020).

Art. 363. Havendo antecipação ou adiamento da audiência, o juiz, de ofício ou a requerimento da parte, determinará a intimação dos advogados ou da sociedade de advogados para ciência da nova designação.

CPC/1973

Art. 242, § 2º.

BREVES COMENTÁRIOS

Por motivos de conveniência da Justiça, ou a requerimento de uma das partes, pode o juiz antecipar a data inicialmente designada para a audiência de instrução e julgamento.

Em tais casos, ao contrário do determinado pelo Código anterior, o juiz determinará a intimação dos advogados ou da sociedade de advogados, podendo esta ser feita por publicação na imprensa. Isto porque a lei nova não repetiu o disposto no art. 242, § 2º, do CPC/1973, que exigia a intimação pessoal na espécie e previu regime único para a antecipação e o adiamento, submetendo-os à intimação do advogado na forma comum.

Art. 364. Finda a instrução, o juiz dará a palavra ao advogado do autor e do réu, bem como ao membro do Ministério Público, se for o caso de sua intervenção, sucessivamente, pelo prazo de 20 (vinte) minutos para cada um, prorrogável por 10 (dez) minutos, a critério do juiz.

§ 1º Havendo litisconsorte ou terceiro interveniente, o prazo, que formará com o da prorrogação um só todo, dividir-se-á entre os do mesmo grupo, se não convencionarem de modo diverso.

§ 2º Quando a causa apresentar questões complexas de fato ou de direito, o debate oral poderá ser substituído por razões finais escritas, que serão apresentadas pelo autor e pelo réu, bem como pelo Ministério Público, se for o caso de sua intervenção, em prazos sucessivos de 15 (quinze) dias, assegurada vista dos autos.

CPC/1973

Art. 454.

REFERÊNCIA LEGISLATIVA

CPC/2015, arts. 113 a 118 (litisconsórcio), 119 a 123 (assistência), 125 a 129 (denunciação da lide), 130 a 132 (chamamento ao processo), e 682 a 686 (oposição).

BREVES COMENTÁRIOS

Finda a instrução, terão lugar os debates orais. O juiz, então, dará a palavra, sucessivamente, ao advogado do autor e ao do réu, bem como ao membro do Ministério Público, se for caso de sua intervenção, pelo prazo de vinte minutos para cada um deles. Havendo litisconsorte ou terceiro interveniente, o prazo de sustentação oral será de trinta minutos para cada grupo e se dividirá entre os diversos interessados, salvo se convencionarem de modo diverso (art. 364, § 1º).

Em causas que versem sobre questões complexas de fato ou de direito, o debate oral poderá ser substituído pela posterior apresentação de memoriais, que serão produzidos pelo autor e pelo réu, bem como pelo Ministério Público, se for caso de sua intervenção, em prazos sucessivos de quinze dias, assegurada vista dos autos (art. 364, 2º). O juiz, então, suspenderá a audiência ao encerrar a instrução e aguardará o oferecimento das alegações escritas.

JURISPRUDÊNCIA SELECIONADA

1. Alegações finais. Cabimento. "As alegações finais são próprias dos procedimentos em que houver produção de prova pericial ou testemunhal, oportunizando-se às partes concluir suas teses, mercê de confronto com a prova coligida, apontando aspectos de suporte ou de fragilidade da pretensão ou da resistência" (TRF 1ª Região, AC 1999.01.00.023747-0/GO, Rel. Juiz Federal Carlos Alberto Simões de Tomaz, 2ª Turma, jul. 17.03.2004, *DJ* 15.04.2004).

2. Oralidade. Regra. "O art. 473 do CPC [*rectius* 454/1973, equivalente ao 364 do CPC/2015] adota a oralidade como regra na instrução e julgamento, possibilitando às partes sustentar, oralmente e na mesma audiência, suas razões finais antes do julgamento, vinculando-se a substituição dessa fase oral, por memoriais, à complexidade das questões discutidas, consoante preceitua o § 3º. Sua supressão implica, outrossim, em cerceio de defesa, consoante pacífico entendimento jurisprudencial" (TJMG, Ap. Cív. 6730064-23.2009.8.13.0024, Rel. Des. Tarcísio Martins Costa, 9ª Câmara Cível, *DJe* 06.02.2012).

3. Memoriais (§ 2º).

"A oportunização de oferecimento das alegações finais na forma de memorial, em prazo definido pelo magistrado, não configura nulidade, porquanto prevista na legislação processual (art. 454, § 3º, do CPC) [art. 364, § 2º, CPC/2015]" (STJ, REsp 840.692/AL, Rel. Min. Aldir Passarinho Junior, 4ª Turma, jul. 19.10.2010, *DJe* 04.11.2010).

"Se ao réu é conferido o privilégio de manifestar-se por derradeiro, sempre sucessivamente ao pronunciamento do autor, o contraditório somente se aperfeiçoará ante a cientificação ao réu das razões precedentemente expendidas por seu antagonista" (TJSP, Ap. c/ Rev. 281394300, Rel. Des. Debatin Cardoso, 8ª Câmara Direito Privado, jul. 19.08.1998, *DJe* 27.08.1998).

Juntada de memoriais não autorizada:

Ausência de nulidade. "O art. 454, § 3º, do CPC [art. 364, § 2º, do CPC/2015] confere uma faculdade ao juiz condutor da causa, e não um dever. Por isso, não há nulidade na sentença se, em momento posterior e em razão de sua discricionariedade na condução do processo, o magistrado não autoriza a juntada de memoriais e não há prejuízo para a parte (no que tange ao exercício do contraditório e da ampla defesa)" (STJ, AgRg no Ag 1.158.027/RS, Rel. Min. Eliana Calmon, 2ª Turma, jul. 13.10.2009, *DJe* 28.10.2009).

"Até mesmo na esfera penal, que lida, no que se refere aos réus, com um dos bens jurídicos mais caros ao ordenamento jurídico – a liberdade –, reconhece-se que a não abertura para apresentação de alegações finais só macula de nulidade a sentença caso venha a ser demonstrado de forma cabal o prejuízo suportado pela parte interessada em sua apresentação (nulidade relativa). O mesmo se pode dizer, assim, no âmbito do processo civil, especialmente diante do que determinam os arts. 154, 244 e 249 do CPC [arts. 188, 277 e 288 do CPC/2015], que expressamente introduzem os princípios da instrumentalidade das formas e do *pas de nullité sans grief*" (STJ, REsp 977.013/DF,

Rel. Min. Mauro Campbell Marques, 2ª Turma, jul. 24.08.2010, *DJe* 30.09.2010).

4. Prescrição. "Em face do disposto no art. 162 do Código Civil, é possível alegar-se a prescrição apenas nas razões finais, uma vez que não ocorre a preclusão ainda que tendo a parte sido silente, quanto a esse aspecto, ao apresentar a sua contestação" (STJ, REsp 57.534/SP, Rel. Min. Cesar Asfor Rocha, 1ª Turma, jul. 15.05.1995, *DJ* 12.06.1995, p. 17.598).

Art. 365. A audiência é una e contínua, podendo ser excepcional e justificadamente cindida na ausência de perito ou de testemunha, desde que haja concordância das partes.

Parágrafo único. Diante da impossibilidade de realização da instrução, do debate e do julgamento no mesmo dia, o juiz marcará seu prosseguimento para a data mais próxima possível, em pauta preferencial.

CPC/1973

Art. 455.

BREVES COMENTÁRIOS

Una, na expressão do Código, quer dizer que, embora fracionada em mais de uma sessão, a audiência é tratada como uma unidade, um todo. Há, assim, uma continuidade entre os atos fracionados, e não uma multiplicidade de audiências, quando não é possível iniciar e encerrar os trabalhos numa só sessão. Se, por exemplo, a parte não arrolar testemunhas antes da primeira fase dos trabalhos, não poderá fazê-lo a pretexto do adiamento.

Corolário desta regra é que, se houver motivo para nulidade da primeira sessão, todas as demais posteriormente realizadas estarão afetadas, pois o vício atingirá a audiência como um todo.

JURISPRUDÊNCIA SELECIONADA

1. Audiência una. Rol de testemunhas. "Em face dos termos do art. 455 do CPC [art. 365 do CPC/2015], a audiência é una e contínua, e, havendo interrupção, seu prosseguimento não é nova audiência, sendo impossível a retificação do rol de testemunhas apresentado a destempo" (TJSC, Ag. 3.592, Rel. Des. Osny Caetano, 1ª Câmara, jul. 09.09.1986; *RT* 613/213).

Art. 366. Encerrado o debate ou oferecidas as razões finais, o juiz proferirá sentença em audiência ou no prazo de 30 (trinta) dias.

CPC/1973

Art. 456.

BREVES COMENTÁRIOS

Encerrado o debate ou oferecidas as razões finais, na mesma audiência o juiz proferirá a sentença, ditando-a ao escrivão. Se se não julgar em condições de sentenciar imediatamente, poderá fazê-lo no prazo de trinta dias (art. 366). No segundo caso, a sentença será elaborada por escrito e depositada em mãos do escrivão para dar a necessária publicidade processual ao ato. O Código atual não prevê a designação de nova audiência para leitura e publicação da sentença.

JURISPRUDÊNCIA SELECIONADA

1. Apresentação de memoriais. "A não intimação de uma das partes para apresentar memorial acarreta a nulidade da sentença subsequente, em virtude da não observância do contraditório e do tratamento diferenciado dado aos litigantes" (STJ, REsp 125.316/MG, Rel. Min. Eduardo Ribeiro, 3ª Turma, jul. 22.06.1999, *DJ* 23.08.1999, p. 120).

2. Julgamento antecipado. "Produzida a prova e encerrada a instrução e não havendo necessidade de esclarecimentos do perito, não caracteriza cerceamento de defesa o julgamento antecipado, porque a realização da audiência de julgamento seria uma inutilidade. Não houve violação aos arts. 454 e 456 do CPC [arts. 364 e 365 do CPC/2015]" (STJ, REsp 26.775/SP, Rel. Min. Garcia Vieira, 1ª Turma, jul. 23.09.1992, *DJ* 16.11.1992, p. 21.121).

Art. 367. O servidor lavrará, sob ditado do juiz, termo que conterá, em resumo, o ocorrido na audiência, bem como, por extenso, os despachos, as decisões e a sentença, se proferida no ato.

§ 1º Quando o termo não for registrado em meio eletrônico, o juiz rubricar-lhe-á as folhas, que serão encadernadas em volume próprio.

§ 2º Subscreverão o termo o juiz, os advogados, o membro do Ministério Público e o escrivão ou chefe de secretaria, dispensadas as partes, exceto quando houver ato de disposição para cuja prática os advogados não tenham poderes.

§ 3º O escrivão ou chefe de secretaria trasladará para os autos cópia autêntica do termo de audiência.

§ 4º Tratando-se de autos eletrônicos, observar-se-á o disposto neste Código, em legislação específica e nas normas internas dos tribunais.

§ 5º A audiência poderá ser integralmente gravada em imagem e em áudio, em meio digital ou analógico, desde que assegure o rápido acesso das partes e dos órgãos julgadores, observada a legislação específica.

§ 6º A gravação a que se refere o § 5º também pode ser realizada diretamente por qualquer das partes, independentemente de autorização judicial.

CPC/1973

Art. 457.

REFERÊNCIA LEGISLATIVA

CPC/2015, art. 459, § 3º (termo das perguntas indeferidas).

Lei nº 11.419, de 19.12.2006 (Processo Eletrônico – ver Legislação Especial).

BREVES COMENTÁRIOS

Os atos praticados na audiência deverão ser documentados em livro próprio e nos autos do processo. No livro de audiências lavrar-seá o termo respectivo, que será redigido pelo escrivão, sob ditado do juiz, e conterá em resumo o relato de tudo o que ocorreu durante os trabalhos da audiência. Obrigatoriamente ficarão consignados: (a) as presenças registradas na abertura da audiência; (b) todos os requerimentos formulados durante os trabalhos; (c) as decisões do juiz a respeito dos requerimentos; (d) o debate oral; (e) a sentença.

JURISPRUDÊNCIA SELECIONADA

1. Termo de audiência. Obrigatoriedade. "A não lavratura do termo de audiência constitui causa de nulidade absoluta. Não se trata de simples irregularidade formal, mas de cerceamento do direito de defesa. Se não foi registrado o que ocorreu na audiência não se sabe se o processo se desenvolveu regularmente. A parte fica impedida de analisar os atos praticados, para exercer plenamente seu direito de recorrer" (TJSP, Ap. 38.899-1, Rel. Des. Macedo Bettencourt, 6ª Câmara, ac. unân. 19.09.1985; *RJTJSP* 100/46).

2. Falta de assinatura. "A falta de assinatura da curadora no termo de audiência constitui mera irregularidade que não tem o condão de ensejar a nulidade do processo, pois pela simples leitura do termo de audiência é possível verificar a presença da curadora naquele ato" (TJMG, AR 2.0000.00.496454-7/000, Rel. Des. José Flávio de Almeida, 6º Grupo de Câmaras Cíveis, 21.03.2007, *DJMG* 05.05.2007).

Art. 368. A audiência será pública, ressalvadas as exceções legais.

CPC/1973

Art. 444.

REFERÊNCIA LEGISLATIVA

CPC/2015, arts. 189 (segredo de justiça) e 363 (antecipação da audiência).

BREVES COMENTÁRIOS

A audiência é pública. Aliás, em regra, todos os atos processuais são públicos para o nosso Código (art. 189). Consiste a publicidade da audiência em franquear-se a presença, a seus trabalhos, a qualquer pessoa que quiser assisti-los. Deve, por isso, a sessão realizar-se de portas abertas. Ressalvam-se, contudo, os processos que correm em segredo de justiça, hipótese em que, entretanto, não se poderia vedar a presença das partes e seus advogados (CF, art. 93, IX).

AUDIÊNCIA DE INSTRUÇÃO E JULGAMENTO: INDICAÇÃO DOUTRINÁRIA

Cassio Scarpinella Bueno, *Manual de direito processual civil*, São Paulo: Saraiva, 2015; Castro Nunes, *Teoria e prática do Poder Judiciário*, Rio de Janeiro: Forense, 1943, p. 617 – sobre o poder de polícia do juiz; Daniel Amorim Assumpção Neves, *Manual de direito processo civil*, São Paulo: Método, 2015; Elício de Cresci Sobrinho, O dever do juiz de perguntar, *RF* 295/463; Eliezer Rosa, *Dicionário de processo civil*, 2. ed., São Paulo: Bushatsky, 1973, p. 83/6 – a audiência é ato solene, revestido de publicidade, substancial ao processo, que se realiza sob a presidência do juiz e que se presta à instrução, discussão e decisão da causa; Flávio Luiz Yarshell, Guilherme Setoguti J. Pereira, In: Sérgio Cruz Arenhart e Daniel Mitidiero (coord.), *Comentários ao Código de Processo Civil*, 2. ed., São Paulo: RT, 2018, v. 5; Fredie Didier Jr., *Curso de direito processual civil*, 17. ed., Salvador: JusPodivm, 2015, v. I; Guilherme Rizzo Amaral, *Comentários às alterações do novo CPC*, São Paulo: Revista dos Tribunais, 2015; Humberto de Paiva, Os memoriais no atual CPC, *RBDP* 13/239; Humberto Theodoro Jr., *Curso de direito processual civil*, 61. ed., Rio de Janeiro: Forense, 2020, v. I; Humberto Theodoro Júnior, Fernanda Alvim Ribeiro de Oliveira, Ester Camila Gomes Norato Rezende (coords.), *Primeiras lições sobre o novo direito processual civil brasileiro*, Rio de Janeiro: Forense, 2015; J. E. Carreira Alvim, *Comentários ao novo Código de Processo Civil*, Curitiba: Juruá, 2015; Joaquim Felipe Spadoni, In: Teresa Arruda Alvim Wambier, Fredie Didier Jr., Eduardo Talamini, Bruno Dantas, *Breves comentários ao novo Código de Processo Civil*, São Paulo: Revista dos Tribunais, 2015; José de Moura Rocha, Há poder de polícia no art. 445 do CPC, *RP* 6/27; José Frederico Marques, *Manual de direito processual civil*, v. III, n. 518, p. 19 – entende-se que peritos e assistentes técnicos se sujeitem à condução forçada; José Miguel Garcia Medina, *Novo Código de Processo Civil comentado*, São Paulo: Revista dos Tribunais, 2015; José Rogério Cruz e Tucci, In: José Roberto F. Gouvêa; Luis Guilherme A. Bondioli e João Francisco N. da Fonseca (coord.), *Comentários ao Código de Processo Civil*, 2. ed., São Paulo: Saraiva, 2017, v. 7; Leonardo Greco, *Instituições de processo civil: introdução ao direito processual civil*, 5. ed., Rio de Janeiro: Forense, 2015; Luis Antônio Giampaulo Sarro, *Novo Código de Processo Civil*, São Paulo: Rideel, 2015; Luiz Guilherme Marinoni, Sérgio Cruz Arenhart, Daniel Mitidiero, *Curso de processo civil*, São Paulo: Revista dos Tribunais, 2015, v. I; Marcos Afonso Borges, *Comentários ao CPC*, São Paulo, Leud, 1974, v. II, p. 135 – deverão ser consignados: *a*) as presenças na abertura da audiência; *b*) todos os requerimentos formulados durante os trabalhos; *c*) as decisões do juiz a respeito dos requerimentos; *d*) o debate oral; *e*) a sentença; Moacyr Amaral Santos, *Comentários ao CPC*, Rio de Janeiro: Forense, 1989, v. IV, n. 294; Nelson Nery Junior, Rosa Maria de Andrade Nery, *Comentários ao Código de Processo Civil*, São Paulo: Revista dos Tribunais, 2015; Orlando Soares, *Comentários ao CPC*, v. I, p. 800/2; Rogério Lauria Tucci e José Rogério Cruz e Tucci, Indevido processo legal decorrente da apresentação simultânea de memoriais, *RT* 662/24; Teresa Arruda Alvim Wambier, Fredie Didier Jr., Eduardo Talamini, Bruno Dantas (coords.), *Breves comentários ao novo Código de Processo Civil*, São Paulo: Revista dos Tribunais, 2015; Teresa Arruda Alvim Wambier, Maria Lúcia Lins Conceição, Leonardo Ferres da Silva Ribeiro, Rogério Licastro Torres de Melo, *Primeiros comentários ao novo Código de Processo Civil*, São Paulo: Revista dos Tribunais, 2015.

Capítulo XII
DAS PROVAS

Seção I
Disposições Gerais

Art. 369. As partes têm o direito de empregar todos os meios legais, bem como os moralmente legítimos, ainda que não especificados neste Código, para provar a verdade dos fatos em que se funda o pedido ou a defesa e influir eficazmente na convicção do juiz.

CPC/1973

Art. 332.

REFERÊNCIA LEGISLATIVA

CF, art. 5º, LVI.

CPC/2015, arts. 370 (indeferimento de prova inútil ou protelatória) e 371 (livre apreciação da prova pelo juiz).

LINDB, art. 13 (prova de fato ocorrido no estrangeiro).

CC, art. 212.

Lei nº 9.099, de 26.09.1995, arts. 32 a 37 (juizados especiais).

Lei nº 9.296, de 24.07.1996 (interceptação de comunicações telefônicas).

BREVES COMENTÁRIOS

O direito à produção de prova constitui, segundo a previsão do art. 5º, LIV, da Constituição, elemento essencial da garantia do devido processo legal (CF, art. 5º, V). Não basta assegurar o contraditório, se à parte não for garantido o direito à ampla defesa que só se realiza mediante o livre exercício da atividade probatória necessária à comprovação das alegações fáticas relevantes à justa solução do conflito deduzido em juízo (Cf.

nosso *Curso de processo civil*. 65. ed. Rio de Janeiro: Forense, 2014, v. I, item 644).

Toda prova há de ter um *objeto*, uma *finalidade*, um *destinatário* e deverá ser obtida mediante *meios* e *métodos* determinados. A prova judiciária tem como *objeto* os fatos deduzidos pelas partes em juízo. Sua *finalidade* é a formação da convicção em torno dos mesmos fatos. O *destinatário* é o *juiz*, pois é ele quem deverá se convencer da verdade dos fatos para dar solução jurídica ao litígio. Os *meios legais de prova* são os previstos nos arts. 369 a 484 do CPC/2015; mas, além deles, permite o Código outros não especificados, desde que "moralmente legítimos".

JURISPRUDÊNCIA SELECIONADA

1. Meios de prova. Pertinência. Duração razoável do processo. "Sobre o tema, o Código Fux disciplina, em seu art. 369, que as partes têm o direito de empregar todos os meios legais, bem como os moralmente legítimos, ainda que não especificados neste Código, para provar a verdade dos fatos em que se funda o pedido ou a defesa e influir eficazmente na convicção do juiz. No caso dos autos, o Tribunal de Justiça do Estado do Amapá manteve inalterada a decisão de Primeiro Grau que determinou o desentranhamento de documentos, ao fundamento de que: (a) a juntada demandaria o serviço de muitos Servidores; (b) a parte não evidenciou a sua pertinência para o processo; (c) os documentos ocupariam sete volumes de caderno processual, o que representaria violação ao postulado da razoável duração do processo. Contrariamente ao que asseverou o acórdão, não se pode lançar ao demandado, antes da solução final meritória, a tese de que deve comprovar a pertinência dos documentos veiculados para sua defesa. Com efeito, a quem se lança à defesa em lide sancionadora, a pertinência dos documentos pode-se dizer presumida. Somente ao final, por ocasião da solução final, é que se pode proferir afirmação sobre a pertinência dos documentos, quando então já se terá juízo acerca de absolvição ou de condenação do acusado. (...) Não há nexo de causalidade entre a razoável duração do processo e a eventual juntada volumosa de documentos. Trata-se de entimema, uma vez que esconde a afirmação, possivelmente falaciosa, de que muitos documentos a serem juntados nos autos resultam em demora processual. A razoável duração do processo não é apta a justificar o impedimento da juntada de documentos de defesa" (STJ, AgInt no AREsp 1.046.734/AP, Rel. Min. Napoleão Nunes Maia Filho, 1ª Turma, jul. 10.12.2019, *DJe* 12.12.2019).

2. Julgamento antecipado da lide. Cerceamento de defesa. "Consoante jurisprudência desta Corte Superior, há cerceamento de defesa quando a parte, embora pugnando pela produção de determinada prova, tem obstado o ato processual e há julgamento contrário ao seu interesse com fundamento na ausência de prova de suas alegações. Na hipótese, é de se reconhecer a violação ao art. 369 do CPC/2015, a fim de que seja oportunizada a produção das provas requeridas pela ora agravante, a fim de comprovar as alegações apresentadas na petição inicial" (STJ, AgInt no AREsp 1.327.290/SP, Rel. Min. Raul Araújo, 4ª Turma, jul. 20.08.2019, *DJe* 09.09.2019).

3. Prova ilícita.

Conversa de Whatsapp sem autorização legal. "Ilícita é a devassa de dados, bem como das conversas de Whatsapp, obtidas diretamente pela polícia em celular apreendido no flagrante, sem prévia autorização judicial. Recurso ordinário em habeas corpus provido, para declarar a nulidade das provas obtidas no celular do paciente sem autorização judicial, cujo produto deve ser desentranhado dos autos" (STJ, RHC 51.531/RO, Rel. Min. Nefi Cordeiro, 6ª Turma, jul. 19.04.2016, *DJe* 09.05.2016).

"A ação persecutória do Estado, qualquer que seja a instância de poder perante a qual se instaure, para revestir-se de legitimidade, não pode apoiar-se em elementos probatórios ilicitamente obtidos, sob pena de ofensa à garantia constitucional do *due process of law*, que tem, no dogma da inadmissibilidade das provas ilícitas, uma de suas mais expressivas projeções concretizadoras no plano do nosso sistema de direito positivo" (STF, HC 93.050, Rel. Min. Celso de Mello, 2ª Turma, jul. 10.06.2008, *DJe* 01.08.2008).

4. Interceptação de comunicação eletrônica. Ordem judicial descabida. "Inicio dizendo que, ao buscar mecanismos de proteção à liberdade de expressão e comunicação privada, por meio da criptografia de ponta a ponta, as empresas estão protegendo direito fundamental, reconhecido expressamente na Carta Magna. (...) Convém ressaltar que, tanto o Ministro Edson Fachin quanto a Ministra Rosa Weber, ao fim de seus votos [na ADPF 403 e ADI 5.527], chegam, ambos, à mesma conclusão: o ordenamento jurídico brasileiro não autoriza, em detrimento da proteção gerada pela criptografia de ponta a ponta, em benefício da liberdade de expressão e do direito à intimidade, sejam os desenvolvedores da tecnologia multados por descumprirem ordem judicial incompatível com encriptação. (...) Por isso, embora chamando atenção para os graves aspectos que neste meu voto inicialmente levantei, curvo-me aos argumentos apresentados pelos Em. Ministros Rosa Weber e Edson Fachin, os quais representam, ao menos até a presente altura, o pensamento do Supremo Tribunal Federal na matéria. E, assim, endosso a ponderação de valores realizada pelos aludidos Ministros, que, em seus votos, concluíram que os benefícios advindos da criptografia de ponta a ponta se sobrepõem às eventuais perdas pela impossibilidade de se coletar os dados das conversas dos usuários da tecnologia" (STJ, RMS 60.531/RO, Rel. p/ Acórdão Min. Ribeiro Dantas, 3ª Seção, jul. 09.12.2020, *DJe* 17.12.2020).

5. Dados eletrônicos. "Trata-se, inclusive, de tema já enfrentado por esta Eg. Corte Superior, vejamos: 'Na espécie, a ordem judicial direcionou-se a dados estáticos (registros), relacionados à identificação de usuários em determinada localização geográfica que, de alguma forma, possam ter algum ponto em comum com os fatos objeto de investigação por crimes de homicídio.(...) A determinação do Magistrado de primeiro grau, de quebra de dados informáticos estáticos, relativos a arquivos digitais de registros de conexão ou acesso a aplicações de internet e eventuais dados pessoais a eles vinculados, é absolutamente distinta daquela que ocorre com as interceptações das comunicações, (...) A quebra do sigilo de dados, na hipótese, corresponde à obtenção de registros informáticos existentes ou dados já coletados (...) Assim, para que o magistrado possa requisitar dados pessoais armazenados por provedor de serviços de internet, mostra-se satisfatória a indicação dos seguintes elementos previstos na lei: a) indícios da ocorrência do ilícito; b) justificativa da utilidade da requisição; e c) período ao qual se referem os registros (...) Logo, a quebra do sigilo de dados armazenados, de forma autônoma ou associada a outros dados pessoais e informações, não obriga a autoridade judiciária a indicar previamente as pessoas que estão sendo investigadas (...)' (RMS n. 62.143/RJ, Sexta Turma, Rel. Min. Rogério Schietti Cruz, *DJe* de 8/9/2020, grifei). Convém registrar ainda que a quebra de sigilo em tela foi decretada por decisão judicial devidamente fundamentada, após pedido expresso da autoridade policial, no seio de investigação policial, tendo, como referência, fatos concretos relacionados ao suposto cometimento de crime grave (homicídio). Não obstante, a ordem foi dirigida a provedor cuja relação é regida pelo Marco Civil da Internet, o qual nem mesmo prevê, dentre os requisitos que estabelece para a quebra de sigilo, que a decisão judicial especifique previamente as pessoas objeto da investigação ou que a prova da infração (ou da autoria) possa ser realizada facilmente por outros meios (arts. 22 e 23 da Lei n. 12.965/2014)" (STJ, AgRg no RMS 65.993/SP, Rel. Min. Felix Fischer, 5ª Turma, jul. 18.05.2021, *DJe* 25.05.2021).

6. Gravação de conversa telefônica. "Gravação de conversa telefônica feita pela autora da ação de investigação de paternidade com testemunha do processo. Requerimento de juntada da fita, após a audiência da testemunha, que foi deferido pelo juiz. Tal não representa procedimento em ofensa ao disposto no art. 332 do CPC [art. 369 do CPC/2015], pois aqui o meio de produção da prova não é ilegal nem moralmente ilegítimo. Ilegal é a interceptação ou a escuta de conversa telefônica alheia. Objetivo do processo, em termos de apuração da verdade material ('a verdade dos fatos em que se funda a ação ou defesa')" (STJ, REsp 9.012/RJ, Rel. p/ Acórdão Min. Nilson Naves, 3ª Turma, jul. 24.02.1997, *DJU* 14.04.1997, p. 12.735).

"**É lícita a prova consistente em gravação de conversa telefônica realizada por um dos interlocutores**, sem conhecimento do outro, se não há causa legal específica de sigilo nem de reserva da conversação" (STF, AI 560.223 AgR, Rel. Min. Joaquim Barbosa, 2ª Turma, jul. 12.04.2011, *DJe* 29.04.2011). **No mesmo sentido:** STF, RE 583.937 QO-RG, Rel. Min. Cezar Peluso, jul. 19.11.2009, *DJe* 18.12.2009; STF, AI 578.858 AgR, Rel. Min. Ellen Gracie, 2ª Turma, jul. 04.08.2009, *DJe* 28.08.2009; STJ, AgRg no Ag 962.257/MG, Rel. Min. Aldir Passarinho Junior, 4ª Turma, jul. 10.06.2008, *DJe* 30.06.2008; STJ, RMS 19.785/RO, Rel. Min. Arnaldo Esteves Lima, 5ª Turma, jul. 10.10.2006, *DJ* 30.10.2006; STF, Ap 447/RS, Rel. Min. Carlos Britto, Plenário, jul. 18.02.2009, *DJe* 29.05.2009.

Procedimento administrativo disciplinar. "Dados obtidos em interceptação de comunicações telefônicas e em escutas ambientais, judicialmente autorizadas para produção de prova em investigação criminal ou em instrução processual penal, podem ser usados em procedimento administrativo disciplinar, contra a mesma ou as mesmas pessoas em relação às quais foram colhidos, ou contra outros servidores cujos supostos ilícitos teriam despontado à colheita dessa prova" (STF, Inq 2.424/RJ, Rel. Min. Cezar Peluso, Plenário, jul. 19 e 20.11.2008).

"**A prova obtida mediante a escuta gravada por terceiro de conversa telefônica alheia é patentemente ilícita** em relação ao interlocutor insciente da intromissão indevida, não importando o conteúdo do diálogo assim captado" (STF, HC 80.949, Rel. Min. Sepúlveda Pertence, 1ª Turma, jul. 30.10.2001, *DJ* 14.12.2001). **No entanto**, "a ilicitude da escuta e gravação não autorizadas de conversa alheia não aproveita em princípio ao interlocutor que, ciente, haja aquiescido na operação; aproveita-lhe, no entanto, se, ilegalmente preso na ocasião, o seu aparente assentimento na empreitada policial, ainda que existente, não seria válido" (STF, HC 80.949, Rel. Min. Sepúlveda Pertence, 1ª Turma, jul. 30.10.2001, *DJ* 14.12.2001).

Advogado não é pessoa estranha aos interlocutores. "Advogado de uma das partes demandantes em juízo e que toma a iniciativa em nome do cliente de gravar a conversa telefônica a respeito de atos negociais do processo com a outra parte não é terceira pessoa estranha aos interlocutores. A reprodução do diálogo, por isso, pode ser utilizada como prova sem que haja quebra do sigilo das comunicações telefônicas ou da intimidade do segundo interlocutor" (2º TACível SP, AI 635.534-00/9, 5ª Câm., jul. 03.05.2000, *RT* 780/302).

7. Gravação de conversa ambiental. "É lícita a prova obtida mediante a gravação ambiental, por um dos interlocutores, de conversa não protegida por sigilo legal. Hipótese não acobertada pela garantia do sigilo das comunicações telefônicas (inciso XII do art. 5º da Constituição Federal). 2. Se qualquer dos interlocutores pode, em depoimento pessoal ou como testemunha, revelar o conteúdo de sua conversa, não há como reconhecer a ilicitude da prova decorrente da gravação ambiental" (STF, Inq 2.116, Rel. Min. Marco Aurélio, Rel. p/ acórdão Min. Ayres Britto, Tribunal Pleno, jul. 15.09.2011, *DJe* 29.02.2012).

8. Iniciativa probatória do magistrado. "Admite-se no processo moderno a iniciativa probatória do juiz, pois a efetividade do processo e a absorção do conflito no plano social dependem de uma decisão cunhada a partir do princípio da verdade real dos fatos. Tal poder, entretanto, deve ser exercido sem que o julgador desmereça os demais princípios que norteiam o processo civil" (STJ, REsp 151.924/PR, Rel. Min. Nancy Andrighi, 3ª Turma, jul. 19.06.2001, *DJ* 08.10.2001, p. 210).

Convicção do juiz. "A convicção do juiz resulta do exame feito, sobre o conjunto probatório, sem indagar a quem competiria o *onus probandi*, como determina o art. 332 do CPC" [art. 369 do CPC/2015] (STJ, REsp 324.282/MT, Rel. Min. Humberto Gomes de Barros, 1ª Turma, *DJ* 01.04.2002).

9. Sigilo bancário. Ver jurisprudência do art. 380 do CPC/2015.

10. Proteção ao direito autoral de *software*. Meios de prova. "Conquanto o art. 9º da Lei 9.609/1998 faça remissão expressa ao contrato de licença e ao documento fiscal como meios hábeis de provar a regularidade do programa de computador, o dispositivo não excluiu expressamente outros elementos de prova, devendo ser interpretado em conformidade com o ordenamento jurídico brasileiro, que admite, nos termos dos arts. 332, CPC [art. 369 do CPC/2015], e 212, CC, a comprovação dos fatos alegados pelas partes por qualquer meio idôneo, ainda que não especificado em lei" (STJ, REsp 913.004/RJ, Rel. p/ ac. Min. Luis Felipe Salomão, 4ª Turma, jul. 25.08.2009, *DJe* 19.10.2009).

11. Prova desnecessária.

Cerceamento de defesa. "Não há falar em cerceamento de defesa quando as provas pretendidas são repelidas com a devida fundamentação, considerando a existência de provas suficientes, incluídos a escrita contábil da empresa e documento em que se constata a existência da dívida objeto da execução, presente o livre convencimento do juiz, estando maduro o processo para julgamento" (STJ, REsp 836.158/ES, Rel. Min. Carlos Alberto Menezes Direito, 3ª Turma, jul. 07.12.2006, *DJ* 20.08.2007). No mesmo sentido: STJ, REsp 335.683/SP, Rel. Min. Humberto Gomes de Barros, 1ª Turma, *DJ* 24.06.2002.

Fatos inúteis ao deslinde da causa. "O indeferimento do pedido de produção de provas não implica violação ao direito da parte se os fatos a serem comprovados são inúteis ao deslinde da causa" (STJ, REsp 1.006.387/SC, Rel. Min. Nancy Andrighi, 3ª Turma, jul. 02.09.2010, *DJe* 15.09.2010).

12. Laudo pericial. "O laudo pericial subscrito por expertos oficiais é meio de prova que desfruta de acentuado grau de credibilidade, gerando presunção de procedência e veracidade quanto aos fatos que descreve e às conclusões que emite. Essa presunção somente se desfaz em caso de convincente prova em contrário ou manifesta incongruência interna nos seus elementos de convicção" (TJMG, Ap. 75.644-2, Rel. Des. Walter Veado, 2ª Câm., jul. 25.04.1989, *JM* 106/116).

13. Presunções. *Status* de provas específicas. "As presunções assumem o papel de prova privilegiada, ou, mais recentemente, de prova específica. E na avaliação da prova deve, evidentemente, concorrer a experiência do juiz, o conhecimento que ele tem da vida dos homens, no sentido de dar aos fatos trazidos para o processo a sua real significação" (TJRS, Ap. 586.011.116, Rel. Des. Oscar Gomes Nunes, 4ª Câm., jul. 14.05.1986, *Adcoas*,1987, nº 112.484).

14. Prova emprestada. Possibilidade. Ver jurisprudência do art. 372 do CPC/2015.

15. *E-mail* difamatório. "É competente o juízo cível para o processamento e julgamento de ação cautelar que pede informação a respeito do nome do responsável pelo envio de *e-mail* difamatório, que pode ser obtida por meio do IP (Internet Protocol) do computador do usuário, uma vez que não se caracteriza quebra de sigilo por meio de interceptação telefônica, não se enquadrando, pois, na Lei 9.296/1996. É juridicamente possível o pedido à empresa de telefonia de exibição do nome do usuário de seus serviços, que utiliza-se da internet para causar danos a outrem, até por ser o único modo de o autor ter conhecimento acerca daqueles que entende ter ferido a sua reputação" (STJ, REsp 879.181/MA, Rel. Min. Sidnei Beneti, 3ª Turma, jul. 08.06.2010, *DJe* 01.07.2010).

16. Falência. Direito à produção de provas. "A pessoa jurídica atingida por pedido de falência tem o direito de produzir a prova da sua defesa, nos termos do art. 12 da Lei de Falências, sobre eventual pagamento e origem ilícita da dívida. A alegação da natureza usurária do débito é relevante, pois o fato já constituía crime ao tempo e hoje. Além disso, é determinante da inversão do ônus da prova (MP 2172/32, de 23.8.2001). A degravação de conversa telefônica mantida entre os interessados não é fato ilícito e pode ser autorizada para esclarecimento dos fatos" (STJ, REsp 112.274/SP, Rel. Min. Ruy Rosado de Aguiar, 4ª Turma, jul. 11.06.2002, *DJ* 05.08.2002).

17. Processo administrativo. "No processo administrativo cumpre observar o princípio da ampla defesa. Todavia, a nulidade somente é proclamada se ocorrer prejuízo. Não acontece quando a decisão é tomada independentemente da prova requerida, que focalizaria fatos descritos em depoimentos anteriormente produzidos" (STJ, RMS. 192/SC, Rel. Min. Luiz Vicente Cernicchiaro, 2ª Turma, jul. 23.05.1990, *DJ* 11.06.1990, p. 5.352).

Art. 370. Caberá ao juiz, de ofício ou a requerimento da parte, determinar as provas necessárias ao julgamento do mérito.

Parágrafo único. O juiz indeferirá, em decisão fundamentada, as diligências inúteis ou meramente protelatórias.

CPC/1973

Art. 130.

REFERÊNCIA LEGISLATIVA

CPC/2015, arts. 77, III (deveres das partes e dos procuradores; produção de prova inútil ou desnecessária), 156 (atuação do perito), 278 (nulidades; princípios da finalidade e da preclusão), 319 (requisitos da petição inicial), 438 (prova documental; requerimento de certidões e procedimentos administrativos), 442 (indeferimento de prova testemunhal), 464, § 1º (indeferimento de perícia), 480 (realização de nova perícia), 932 (indeferimento de agravo), 938, § 1º (decisão das preliminares), e 1.001 (despacho).

BREVES COMENTÁRIOS

Na direção do processo, ao determinar a produção de provas, o juiz deve velar pela rápida solução do litígio, assegurando às partes igualdade de tratamento e prevenindo ou reprimindo qualquer ato contrário à dignidade da Justiça (art. 139).

Os poderes do juiz, no domínio da prova, permanecem reconhecidos e reforçados no direito positivo, capacitando-o a realizar de ofício a instrução processual. Munido de tais poderes instrutórios, estará ele sempre credenciado a atuar de modo coerente e compatível com os ideais constitucionais, relacionados com a garantia de acesso efetivo à justiça e, particularmente, com a meta de promover a justa composição dos litígios.

JURISPRUDÊNCIA SELECIONADA

1. Produção de prova.

a) Iniciativa do juiz.

Determinação *ex officio*. "Os juízos de primeiro e segundo graus de jurisdição, sem violação ao princípio da demanda, podem determinar as provas que lhes aprouverem, a fim de firmar seu juízo de livre convicção motivado, diante do que expõe o art. 130 do CPC [art. 370 do CPC/2015]" (STJ, REsp 345.436/SP, Rel. Min. Nancy Andrighi, 3ª Turma, jul. 07.03.2002, *DJU* 13.05.2002). **No mesmo sentido:** TASP, AI 684.831-00/4, Rel. Juiz Arantes Theodoro, 12ª Câmara, jul. 26.04.2001, *RT* 794/320; STJ, REsp 186.854/PE, 1ª Turma, Rel. Min. Garcia Vieira, jul. 14.12.1998, *DJU* 05.04.1999.

"Os arts. 130 e 1.107 do CPC [art. 370 do CPC/2015], mitigando o princípio da demanda, conferem poderes instrutórios ao juiz, mas não lhe impõem o dever da investigação probatória. Mesmo porque, nos fatos constitutivos do direito, o ônus da prova cabe ao autor (CPC, art. 333, I) [art. 373, I, do CPC]. A faculdade outorgada para instrução probatória do juízo milita em favor de uma melhor formação da convicção do magistrado. No entanto, o juiz não pode substituir as partes nos ônus que lhe competem, ainda mais quando a perícia não se realizou por inércia da parte no pagamento dos honorários do perito" (STJ, REsp 471.857/ES, Rel. Min. Humberto Gomes de Barros, 1ª Turma, jul. 21.10.2003, *DJ* 17.11.2003).

Iniciativa probatória do magistrado. Ausência de preclusão. "A iniciativa probatória do magistrado em busca da verdade real, com realização de provas de ofício, não se sujeita à preclusão temporal, porque é feita no interesse público de efetividade da Justiça" (STJ, REsp 345.436/SP, Rel. Min. Nancy Andrighi, 3ª Turma, jul. 07.03.2002, *DJU* 13.05.2002). **No mesmo sentido:** STJ, REsp 140.665/MG, Rel. Min. Sálvio de Figueiredo Teixeira, 4ª Turma, jul. 17.09.1998, *DJ* 03.11.1998; STJ, AgRg no REsp 1.157.796/DF, Rel. Min. Benedito Gonçalves, 1ª Turma, jul. 18.05.2010, *DJe* 28.05.2010; STJ, REsp 1.132.818/SP, Rel. Min. Nancy Andrighi, 3ª Turma, jul. 03.05.2012, *DJe* 10.05.2012.

b) Limites. "Não é cabível a dilação probatória quando haja outros meios de prova, testemunhal e documental, suficientes para o julgamento da demanda, devendo a iniciativa do juiz se restringir a situações de perplexidade diante de provas contraditórias, confusas ou incompletas" (STJ, REsp 345.436/SP, Rel. Min. Nancy Andrighi, 3ª Turma, jul. 07.03.2002, *DJU* 13.05.2002).

"A dispensa da prova oral pelo juiz, como consequência sancionatória à ausência do advogado do autor à audiência de instrução e julgamento do rito sumário, o impede de, mais tarde, determinar a inquirição das mesmas testemunhas. Violação aos princípios da imparcialidade do julgamento, do ônus da prova, da ordem de oitiva de testemunhas e do tratamento igualitário que deve conferir às partes" (STJ, REsp 151.924/PR, Rel. Min. Nancy Andrighi, 3ª Turma, jul. 19.06.2001, *DJ* 08.10.2001).

2. Poderes do juiz. Provas desnecessárias.

Indeferimento. "E ainda que assim não fosse, acresça-se, a título de *obiter dictum*, que os princípios da livre admissibilidade da prova e da persuasão racional autorizam o julgador a determinar as provas que repute necessárias ao deslinde da controvérsia, e a indeferir aquelas consideradas prescindíveis ou meramente protelatórias. Não configura cerceamento de defesa o julgamento da causa sem a produção da prova solicitada pela parte, quando devidamente demonstrada a instrução do feito e a presença de dados suficientes à formação do convencimento" (STJ, AgInt no REsp 1.821.037/SP, Rel. Min. Herman Benjamin, 2ª Turma, jul. 22.04.2020, *DJe* 30.04.2020).

"A finalidade da prova é o convencimento do juiz, de modo que a livre convicção do magistrado consubstancia a bússola norteadora da necessidade ou não de produção de quaisquer provas que entender pertinentes ao julgamento da lide, bem como da atribuição do peso que entender devido a cada um dos elementos probatórios constantes dos autos. Precedentes" (STJ, AgInt no AREsp 2.081.093/SP, Rel. Min. Nancy Andrighi, 3ª Turma, jul. 10.10.2022, *DJe* 13.10.2022). **No mesmo sentido:** STJ, AgInt no AREsp 1.569.489/SP, Rel. Min. Raul Araújo, 4ª Turma, jul. 20.04.2020, *DJe* 04.05.2020.

Princípio da persuasão racional. O art. 370, parágrafo único, do CPC/2015 cristaliza os princípios da persuasão racional e da livre admissibilidade da prova, autorizando o juiz a indeferir as diligências inúteis ou meramente protelatórias. Assim, a decisão que indefere a prova pericial com fundamento na sua inutilidade para a resolução do litígio está em conformidade com esse dispositivo legal (STJ, REsp 1.885.201/SP, Rel. Min. Nancy Andrighi, 3ª Turma, jul. 23.11.2021, *DJe* 25.11.2021). **No mesmo sentido:** STJ, REsp 879.677/DF, Rel. Min. Luis Felipe Salomão, 4ª Turma, jul. 11.10.2011, *DJe* 29.11.2011; STJ, AgRg no REsp 1.063.041/SC, Rel. Min. Félix Fischer, 5ª Turma, jul. 23.09.2008, *DJe* 17.11.2008.

Todavia, diante das circunstâncias do caso concreto, a realização da prova mostra-se medida impositiva ao magistrado. "As regras contidas nos arts. 130 e 437 do CPC [arts. 370 e 480 do CPC/2015] não conferem ao juiz poderes meramente discricionários. A determinação de novas diligências pode apresentar-se como impositiva conforme as circunstâncias da causa. Hipótese em que, além da natureza do direito em discussão, havia indícios não desprezíveis a indicar a existência do vínculo de paternidade" (STJ, REsp 85.883/SP, Rel. Min. Eduardo Ribeiro, 3ª Turma, jul. 16.04.1998, *DJU* 03.08.1998).

Conversão de apelação em diligência. Possibilidade. "A conversão de apelação em diligência para produção de provas não implica julgamento *ultra* ou *extra petita*, pois o art. 130 do CPC [art. 370 do CPC/2015] também possibilita aos tribunais a prerrogativa de determinarem a produção de provas que consideram necessárias" (STJ, REsp 985.077/SC, Rel. Min. Humberto Gomes de Barros, 3ª Turma, jul. 18.10.2007, *DJ* 06.11.2007).

3. Investigação de paternidade. Busca da verdade real. "Em ação de investigação de paternidade, impõe-se um papel ativo ao julgador, que não deve medir esforços para determinar a produção de provas na busca da verdade real, porquanto a pretensão fundamenta-se no direito personalíssimo, indisponível e imprescritível de conhecimento do estado biológico de filiação, consubstanciado no princípio constitucional da dignidade da pessoa humana (CF, art. 1º, III). Se o resultado negativo do exame de DNA contradiz as demais provas produzidas nos autos, deve-se converter o feito em diligência, a fim de que novo teste de material genético seja produzido, em laboratório diverso, com o intuito de minimizar a possibilidade de erro. Nesse sentido: REsp 397.013/MG, Rel. Ministra Nancy Andrighi, Terceira Turma, julgado em 11/11/2003, *DJ* de 09/12/2003, p. 279" (STJ, EDcl no AgInt nos EDcl no REsp 1.629.844/MT, Rel. Min. Lázaro Guimarães, 4ª Turma, jul. 15.05.2018, *DJe* 25.05.2018).

4. Improcedência por falta de provas. Cerceamento de defesa.

a) Ocorrência.

"Esta Corte possui jurisprudência firme no sentido de que o julgador não pode indeferir a prova requerida pela parte para, em seguida, julgar improcedente o pedido por falta de provas" (STJ, AgRg no REsp 842.754, Rel. Min. Sidnei Beneti, jul. 03.12.2009).

b) Inocorrência.

Ausência de diligência do autor da ação. Atividade instrutória do juiz. Limites. Boa-fé objetiva processual. Dever de lealdade. "Deixar de requerer diligências possíveis ao tempo da ação e atribuir responsabilidade instrutória ao magistrado, desrespeita a lealdade processual um dos deveres anexos criados pela boa-fé objetiva e direcionada a todos os partícipes do processo. Sua incidência no campo instrutória, indica ser dever das partes apontar todos os elementos probatórios, de forma a permitir que a parte *ex adversa* exerça o contraditório de forma eficaz" (STJ, REsp 1.693.334/RJ, Rel. Min. Mauro Campbell Marques, 2ª Turma, jul. 07.12.2021, *DJe* 14.12.2021).

5. Juntada extemporânea de documentos. Poderes instrutórios do juízo. Ver jurisprudência do art. 435 do CPC/2015.

Art. 371. O juiz apreciará a prova constante dos autos, independentemente do sujeito que a tiver promovido, e indicará na decisão as razões da formação de seu convencimento.

CPC/1973

Art. 131.

REFERÊNCIA LEGISLATIVA

CPC/2015, art. 479 (princípio do livre convencimento do juiz).

BREVES COMENTÁRIOS

O convencimento do juiz é livre, mas não arbitrário, posto que deverá ser fundamentado e apenas poderá assentar-se sobre os fatos e circunstâncias do processo. A liberdade prende-se à ausência de hierarquia entre os meios de prova, mas não desobriga o juiz de fundamentar racionalmente a formação de seu convencimento. O art. 371, outrossim, consagra o princípio da aquisição da prova pelo processo, segundo o qual não interfere no valor do elemento de convicção a iniciativa da produção de determinada prova. O juiz levará em consideração todas as provas disponíveis nos autos, tendo sido juntadas por qualquer das partes, por terceiro, ou por determinação do próprio julgador. Uma vez entranhada regularmente nos autos, a prova não é nem do autor nem do réu, é do processo, e como tal terá de ser examinada e avaliada no julgamento da causa.

JURISPRUDÊNCIA SELECIONADA

1. Princípio da persuasão racional.

a) Conceito.

"O art. 131 do CPC [art. 371 do CPC/2015] consagra o princípio da persuasão racional, habilitando-se o magistrado a valer-se do seu convencimento à luz dos fatos, provas, jurisprudência, aspectos pertinentes ao tema e da legislação que entender aplicável ao caso concreto constante dos autos, rejeitando diligências que delongam desnecessariamente o julgamento, atuando em consonância com o princípio da celeridade processual" (STJ, REsp 474.475/SP, Rel. Min. Luiz Fux, 1ª Turma, jul. 09.09.2008, *DJe* 06.10.2008).

"Ao juiz, no exercício de suas funções judicantes, deve ser garantida total independência, que também se manifesta através do princípio do livre convencimento motivado, manifestado pelo princípio da persuasão racional, sem subordiná-lo à aceitação de qualquer argumento ou prova que se apresente nos autos" (STJ, HC 117.566/SP, Rel. Min. Arnaldo Esteves Lima, 5ª Turma, jul. 16.06.2009, *DJe* 03.08.2009). **No mesmo sentido:** TJMT, ApCiv 918/76, Rel. Zanoni Gonçalves, 4ª Câmara, jul. 10.11.1976, *RT* 500/180.

"Consoante jurisprudência desta Corte, compete ao magistrado, à luz do princípio do livre convencimento motivado, previsto no art. 131 do Código de Processo Civil [art. 371 do CPC/2015], decidir quais as provas necessárias para formar sua convicção, razão pela qual não se pode exigir que seja levado em consideração determinado depoimento, mormente quando se tratar daquele prestado pelas testemunhas consideradas inidôneas. A convicção do julgador deve resultar do conjunto das provas produzidas na demanda" (STJ, REsp 1.155.641/GO, Rel. Min. Raul Araújo, 4ª Turma, jul. 13.12.2011, *DJe* 28.09.2012).

b) Apreciação das provas pelo juiz. Fundamentação. "O entendimento consolidado do STJ acerca da interpretação do conteúdo normativo dos arts. 130 e 131 do CPC/73 (arts. 370 e 371 do CPC/15) aponta no sentido que compete ao juiz a direção da instrução probatória, apreciando livremente as provas produzidas a fim de formar a sua convicção, não havendo que se falar na violação desses dispositivos legais quando o juiz, sopesando todo o conjunto probatório produzido e carreado aos autos, julga a causa em sentido oposto ao pretendido pela parte, como no particular. Precedente" (STJ, REsp 1.832.148/RJ, Rel. Min. Nancy Andrighi, 3ª Turma, jul. 20.02.2020, *DJe* 26.02.2020).

"É firme o entendimento adotado por esta Corte de que, quanto à alegação de cerceamento de defesa e de indevida inversão do ônus probatório, o art. 371 do Código Fux determina que o Juiz apreciará a prova constante dos autos, independentemente do sujeito que a tiver promovido, e indicará na decisão as razões da formação de seu convencimento. Esclarece-se, ainda, que a fundamentação de uma decisão judicial, seja sentença, acórdão ou decisão interlocutória, é a exposição da atividade intelectual do Juiz, com base na lógica, diante do caso concreto. Nesse contexto, surge o princípio, de cunho processual, do livre convencimento motivado ou da persuasão racional, que garante ao Juiz decidir de acordo com a convicção formada pela análise do conjunto probatório, não sendo vinculado a nenhum tipo de prova ou argumentação" (STJ, AgInt no AREsp 1.558.292/PE, Rel. Min. Napoleão Nunes Maia Filho, 1ª Turma, jul. 15.06.2020, *DJe* 17.06.2020).

"O art. 131 do CPC [art. 371 do CPC/2015] estabelece que o juiz não está adstrito aos fundamentos legais apontados pelas partes. Exige-se apenas que a decisão seja fundamentada, aplicando o julgador a solução por ele considerada pertinente ao caso concreto, segundo o princípio do livre convencimento" (STJ, AgRg no REsp 1.127.416/RJ, Rel. Min. Benedito Gonçalves, 1ª Turma, jul. 13.04.2010, *DJe* 28.04.2010).

Erro médico. Acórdão contrário à conclusão da perícia. Necessidade de fundamentação. "Determina o art. 131 do CPC que [art. 371 do CPC/2015] o 'juiz apreciará livremente a prova, atendendo aos fatos e circunstâncias constantes dos autos, ainda que não alegados pelas partes; mas deverá indicar na sentença os motivos que lhe formaram o convencimento'. Na hipótese em que a ação proposta tem fundamento na existência de erro médico, uma vez que realizada perícia, deve o julgador indicar os motivos pelos quais resolve concluir pela obrigação de indenizar, tomando posição oposta às conclusões do perito. *In casu*, o acórdão recorrido não se manifestou a respeito da prova pericial realizada, pautando-se apenas nas provas testemunhais e documentais. Violação do art. 131 do CPC ocorrida, pois o agravante foi condenado sem a análise da prova pericial, o que acarreta a nulidade do acórdão recorrido, por não ter indicado integralmente os motivos que lhe formaram o convencimento" (STJ, AgRg no AREsp 14.705/RS, Rel. Min. Humberto Martins, 2ª Turma, jul. 13.09.2011, *DJe* 21.09.2011).

Confissão. Não vinculação do juízo. Ver jurisprudência do art. 374.

c) Revelia. "O sistema da livre convicção do juiz, explícito no art. 131 do CPC [art. 371 do CPC/2015], autoriza a determinação de provas, até mesmo no caso de ausência de contestação. Ademais, a revelia não conduz necessariamente à condenação, já que esta decorre do direito postulado pelo autor e respectiva prova" (2º TACivSP, Ag 188.923-7, Rel. Juiz Debatin Cardoso, 3ª Câmara, jul. 25.02.1986, *RT* 607/150).

2. Adstrição do juiz ao laudo pericial. "A jurisprudência desta Corte entende que, 'no sistema da persuasão racional, adotado pela legislação processual civil (artigos 130 e 131, CPC/1973 e 371, CPC/2015), o magistrado é livre para examinar o conjunto fático-probatório produzido nos autos para formar sua convicção, desde que indique de forma fundamentada os elementos de seu convencimento' (AgInt no AgRg no AREsp 717.723/SP, Rel. Ministro Marco Buzzi, Quarta Turma, julgado em 22/03/2018, *DJe* 02/04/2018). Consoante o STJ, 'não fica o juiz adstrito ao laudo pericial, podendo formar sua convicção com base em outros elementos ou fatos provados nos autos, podendo determinar a realização de nova perícia, quando a matéria não estiver suficientemente esclarecida, nos termos dos arts. 371, 479 e 480, do Código de Processo Civil de 2015' (AgInt no REsp 1.738.774/SP, Rel. Ministra Regina Helena Costa, Primeira Turma, julgado em 07/08/2018, *DJe* 13/08/2018)' (AgInt no REsp n. 1.736.715/MT, Rel. Ministro Marco Aurélio Bellizze, Terceira Turma, julgado em 25/2/2019, *DJe* 13/3/2019)" (STJ, AgInt no AREsp 813.359/MA, Rel. Min. Antonio Carlos Ferreira, 4ª Turma, jul. 22.06.2020, *DJe* 26.06.2020).

"Não há qualquer impedimento, dentro dos princípios do livre convencimento e da persuasão racional, para que o magistrado entenda que o laudo do assistente técnico de uma das partes melhor traduz o valor de mercado do imóvel" (STJ, REsp 475.136/PR, Rel. Min. Paulo Gallotti, 6ª Turma, jul. 20.03.2003, *DJU* 28.06.2004, p. 426).

Livre convencimento. Decisão fundamentada. Ver jurisprudência do art. 479 do CPC/2015.

3. Locação. Vistoria pericial. "A vistoria, de natureza pericial, de danos causados em imóvel, quando encerrada a locação, não pode ser erigida em prova única a se admitir, sem negar vigência ao art. 136 do CC, que contempla os meios de prova dos atos jurídicos, quando não prevista em lei forma especial" (STJ, REsp 8.835/RS, Rel. Min. Dias Trindade, 3ª Turma, jul. 08.04.1991, *DJU* 20.05.1991, p. 6.530).

4. Recusa de exame de DNA. "A ação foi julgada improcedente em primeira instância e procedente no tribunal *a quo*. Considerou aquele colegiado a recusa dos avós ao teste de DNA como confissão ficta. Para a turma, conforme vários precedentes, a recusa dos pais (nem é a dos avós) não importa em confissão ficta, mas em elemento indiciário a ser aferido em conjunto com outras provas. Como o acórdão examinou apenas um aspecto do litígio, o da confissão ficta, sem examinar outros ângulos da controvérsia, houve ofensa aos arts. 131 e 535, I e II, do CPC [arts. 371 e 1.022, I e II, do CPC/2015], devendo ser anulada a apelação, inclusive para se oportunizar, em diligência, a realização do exame de DNA dos réus (avós)" (STJ, REsp 292.543/PA, Rel. Min. Aldir Passarinho Júnior, jul. 05.12.2002).

Art. 372. O juiz poderá admitir a utilização de prova produzida em outro processo, atribuindo-lhe o valor que considerar adequado, observado o contraditório.

SÚMULAS

Súmula do STJ:

Nº 591: "É permitida a prova emprestada no processo administrativo disciplinar, desde que devidamente autorizada pelo juízo competente e respeitados o contraditório e a ampla defesa."

CJF – I JORNADA DE DIREITO PROCESSUAL CIVIL

Enunciado 30 – É admissível a prova emprestada, ainda que não haja identidade de partes, nos termos do art. 372 do CPC.

BREVES COMENTÁRIOS

Por prova emprestada entende-se aquela que foi produzida em outro processo e que é trasladada por meio de certidão para os autos de nova causa, nos quais entra sob a forma documental. Pode-se referir a qualquer uma das modalidades probatórias, como documentos, testemunhas, confissões, perícias ou depoimento pessoal. É, enfim, o aproveitamento de atividade judiciária já anteriormente praticada, em nome do princípio da economia processual.

O atual Código – ao contrário da legislação anterior, que era omissa – prevê expressamente a possibilidade de o juiz utilizar "prova emprestada", para julgar a lide.

A despeito da omissão do Código de 1973, doutrina e jurisprudência já admitiam a utilização da prova emprestada, fosse porque a lei permitia o emprego de "todos os meios legais, bem como os moralmente legítimos" para provar a verdade dos fatos em que se funda a ação ou a defesa (art. 332 do CPC/1973), fosse por força dos princípios da economia processual e celeridade nos julgamentos.

JURISPRUDÊNCIA SELECIONADA

1. Prova emprestada.

a) Possibilidade.

"É assente o entendimento desta Corte Superior sobre a admissibilidade de prova emprestada, uma vez observado o devido contraditório, ainda que as partes não tenham participado do feito para o qual a prova será trasladada (EREsp n. 617.428-SP, Relatora a Ministra Nancy Andrighi, Corte Especial, *DJe* de 17/6/2014). No caso, além de haver identidade substancial de partes e o objeto da prova ser o mesmo, a exigência do contraditório foi observada, uma vez que os réus foram intimados e ofereceram suas respectivas contestações, por meio das quais puderam se pronunciar sobre a prova emprestada, insurgindo-se, inclusive, contra os seus efeitos. Desse modo, é de se ressaltar a desnecessidade da produção de prova testemunhal e de depoimento pessoal dos ora recorrentes, na medida em que a discussão sobre o crime praticado não necessitaria ser repetida nos presentes autos" (STJ, AgInt no AREsp 1.333.528/SP, Rel. Min. Marco Aurélio Bellizze, 3ª Turma, jul. 19.08.2019, *DJe* 22.08.2019).

Prova emprestada em processo administrativo disciplinar. "De acordo com a jurisprudência pátria, é possível a utilização de prova emprestada no âmbito do processo administrativo disciplinar, desde que obedecidos os princípios do contraditório e da ampla defesa. Na espécie, o servidor foi acompanhado durante todo o feito por defensor constituído, tendo sido regularmente notificado de cada fase processual, com oportunidade de requerer a produção de provas, contraditar os documentos juntados aos autos e pedir, por diversas vezes, dilação de prazos, sendo-lhe resguardados, em sua plenitude, o contraditório e o exercício do direito de defesa" (STJ, MS 15.848/DF, Rel. Min. Castro Meira, 1ª Seção, jul. 24.04.2013, *DJe* 16.08.2013). **Nesse sentido, em relação à prova colhida em processo criminal:** STJ, AgRg no AREsp 24.940/RJ, Rel. Min. Napoleão Nunes Maia Filho, 1ª Turma, jul. 18.02.2014, *DJe* 24.02.2014.

b) Requisitos.

"A prova emprestada deve atender a alguns requisitos considerados pela doutrina: que tenha sido colhida em processos **entre as mesmas partes**, que tenham sido observadas, no processo em que foram produzidas, **as formalidades legais, e que o fato que se busca provar seja idêntico**. Mesmo admitida a prova emprestada, a sua valoração está subordinada ao livre convencimento do juiz, que não está adstrito a qualquer critério de valoração" (TJMG, 1.0024.01.048428-5/001, Rel. Des. Hilda Teixeira da Costa, jul. 04.10.2007, *DJe* 13.11.2007). **No mesmo sentido:** TJMG, 1.0024.04.531893-8/001, Rel. Des. Elpídio Donizetti, jul. 28.04.2009, *DJe* 20.05.2009. **Em sentido parcialmente contrário:** "Em vista das reconhecidas vantagens da prova emprestada no processo civil, é recomendável que essa seja utilizada sempre que possível, desde que se mantenha hígida a garantia do contraditório. No entanto, a prova emprestada **não pode se restringir a processos em que figurem partes idênticas, sob pena de se reduzir excessivamente sua aplicabilidade** sem justificativa razoável para tanto. Independentemente de haver identidade de partes, o contraditório é o requisito primordial para o aproveitamento da prova emprestada, de maneira que, assegurado às partes o contraditório sobre a prova, isto é, o direito de se insurgir contra a prova e de refutá-la adequadamente, afigura-se válido o empréstimo" (STJ, EREsp 617.428/SP, Rel. Min. Nancy Andrighi, Corte Especial, jul. 04.06.2014, *DJe* 17.06.2014).

"É lícita a utilização da denominada prova emprestada, desde que a situação fática seja a mesma e que seja ela produzida sob o crivo do contraditório" (TJMG, 1.0027.06.092477-9/001, Rel. Des. Tarcisio Martins Costa, jul. 06.05.2008, *DJe* 31.05.2008). **No mesmo sentido:** TJMG, 1.0024.06.047697-5/004, Rel. Des. Rel. Otávio Portes, jul. 13.05.2009, *DJe* 26.06.2009.

c) Observação ao princípio constitucional do contraditório.

"A garantia constitucional do contraditório – ao lado, quando for o caso, do princípio do juiz natural – é o obstáculo mais frequentemente oponível à admissão e à valoração da prova emprestada de outro processo, no qual, pelo menos, não tenha sido parte aquele contra quem se pretenda fazê-la valer; por isso mesmo, no entanto, a circunstância de provir a prova de procedimento a que estranho a parte contra a qual se pretende utilizá-la só tem relevo se se cuida de prova que – não fora o seu traslado para o processo – nele se devesse produzir no curso da instrução contraditória, com a presença e a intervenção das partes" (STF, RE 328.138/MG, Rel. Min. Sepúlveda Pertence, 1ª Turma, jul. 16.09.2003, *DJ* 17.10.2003, p. 21; *RTJ* 191/313).

d) Valoração. "A chamada prova emprestada, ou seja, a prova transportada de um processo para outro, nem sempre neste outro será estimada pelo valor em que foi tida no processo em que se produziu, ainda que entre as mesmas partes. Nada obsta que a verdade produzida pela prova no primeiro processo seja negada em um segundo processo em que se discutem os mesmos fatos e entre as mesmas partes" (TJSP, Ap 358.061, Rel. Juiz Roberto Stucchi, 7ª Câmara, jul. 10.06.1986).

2. Prova emprestada. Comprovação de incapacidade permanente. "Como destinatário final da prova, cabe ao magistrado, respeitando os limites adotados pelo Código de Processo Civil, a interpretação da produção probatória, necessária à formação do seu convencimento. Revisão do entendimento esbarraria no óbice contido na Súmula nº 7/STJ. A prova pericial emprestada produzida em juízo é apta a comprovar, nos termos do artigo 372, do CPC/15, a presença da doença que acarreta a incapacidade permanente do segurado" (STJ, AgInt no AREsp 1.082.454/DF, Rel. Min. Maria Isabel Gallotti, 4ª Turma, jul. 12.12.2017, *DJe* 18.12.2017).

Art. 373. O ônus da prova incumbe:

I – ao autor, quanto ao fato constitutivo de seu direito;

II – ao réu, quanto à existência de fato impeditivo, modificativo ou extintivo do direito do autor.

§ 1º Nos casos previstos em lei ou diante de peculiaridades da causa relacionadas à impossibilidade ou à excessiva dificuldade de cumprir o encargo nos termos do *caput* ou à maior facilidade de obtenção da prova do fato contrário, poderá o juiz atribuir o ônus da prova de modo diverso, desde que o faça por decisão fundamentada, caso em que deverá dar à parte a oportunidade de se desincumbir do ônus que lhe foi atribuído.

§ 2º A decisão prevista no § 1º deste artigo não pode gerar situação em que a desincumbência do encargo pela parte seja impossível ou excessivamente difícil.

§ 3º A distribuição diversa do ônus da prova também pode ocorrer por convenção das partes, salvo quando:

I – recair sobre direito indisponível da parte;

II – tornar excessivamente difícil a uma parte o exercício do direito.

§ 4º A convenção de que trata o § 3º pode ser celebrada antes ou durante o processo.

CPC/1973

Art. 333.

REFERÊNCIA LEGISLATIVA

CPC/2015, arts. 344 e 345 (revelia), 370 (juiz; iniciativa probatória), 392 (confissão; direitos indisponíveis) e 429 (prova de falsidade de documento).

Lei nº 8.078/1990 (Código de Defesa do Consumidor), art. 6º, VIII, e art. 51, VI.

Lei nº 13.709/2018 – LGPD, art. 8º, § 2º (regra básica imputa ao controlador de dados a prova de que agiu de acordo com o consentimento do titular) e art. 42, § 2º (regra especial que permite a inversão do ônus por ato do juiz).

CJF – JORNADAS DE DIREITO PROCESSUAL CIVIL

II JORNADA

Enunciado 128 – Exceto quando reconhecida sua nulidade, a convenção das partes sobre o ônus da prova afasta a redistribuição por parte do juiz.

SÚMULAS

Súmula do TJSC:

Nº 55: "A inversão do ônus da prova não exime o consumidor de trazer aos autos indícios mínimos do direito alegado na inicial quando a prova lhe diga respeito."

BREVES COMENTÁRIOS

Embora prevaleça hoje, em doutrina, a tese de que o ônus da prova funciona objetivamente como mecanismo ou técnica de julgamento, não se pode deixar de enfocá-lo, também, como norma de procedimento, que, de certa forma, exerce pressão sobre a atividade das partes, na fase de instrução do processo. Nesse aspecto de influência subjetiva, a norma informa à parte qual é a sua tarefa a cumprir com relação aos fatos dependentes de apuração em juízo, para atingir a solução do mérito da causa.

A maior evidência do caráter procedimental da norma definidora da distribuição do ônus probatório, encontra-se na possibilidade legal conferida ao juiz para dinamizar esse encargo, afastando-o do sistema estático da lei (art. 373, § 1º). Essa alteração, porém, exige o cumprimento do contraditório e só pode acontecer mediante decisão judicial fundamentada. Só se justifica, outrossim, com o propósito de transferir o *onus probandi* à parte que possua, de fato, melhores condições de cumpri-lo.

O que se transfere para a outra parte não é a prova total do fato constitutivo do direito defendido pelo adversário, mas apenas da defesa da própria parte, a qual, ordinariamente, não figurava como objeto de ônus em seu desfavor. Assim, por exemplo, quem pretende indenização por ato ilícito tem o ônus de provar o dano e a conduta ilícita daquele que o praticou. Com a inversão do ônus, o réu terá apenas de provar que agiu licitamente, não podendo ser-lhe impugnada a responsabilidade pretendida pelo autor. O autor continuará com o encargo de provar o dano e quem o causou.

JURISPRUDÊNCIA SELECIONADA

1. Ônus da prova.

Finalidade (inciso I). "O chamado 'ônus da prova' é instituto de direito processual que busca, acima de tudo, viabilizar a consecução da vedação ao *non liquet*, uma vez que, por meio do art. 333, inc. I, do CPC, garante-se ao juiz o modo de julgar quando qualquer dos litigantes não se desincumbir da carga probatória definida legalmente, apesar de permanecer dúvidas razoáveis sobre a dinâmica dos fatos" (STJ, REsp 840.690/DF, Rel. Min. Mauro Campbell Marques, 2ª Turma, jul. 19.08.2010, *DJe* 28.09.2010).

"**As partes não podem transferir ao juiz diligências probatórias que estão ao seu alcance**" (STJ, REsp 235.638/SP, Rel. Min. Ari Pargendler, 3ª Turma, jul. 09.12.1999, *DJ* 07.02.2000, p. 162).

Momento processual para apresentação. "Ainda acerca do direito probatório, convém ressaltar que, via de regra, a oportunidade adequada para que a parte autora produza seu caderno probatório é a inicial (art. 282, inc. I, do CPC) [art. 319, I, do CPC/2015]. Para o réu, este momento é a contestação (art. 300 do CPC) [art. 336 do CPC/2015]. Qualquer outro momento processual que possa eventualmente ser destinado à produção probatória deve ser encarado como exceção" (STJ, REsp 840.690/DF, Rel. Min. Mauro Campbell Marques, 2ª Turma, jul. 19.08.2010, *DJe* 28.09.2010).

Despacho saneador. Ver jurisprudência do art. 6º, VIII, da Lei nº 8.078/1990.

Desídia do autor. Formação de coisa julgada. "A formação de coisa julgada material em desfavor da parte autora, longe de ser pena demasiada, é mera consequência de sua desídia na formação do conjunto probatório, desídia esta que não justifica a anulação de sentença proferida nos termos da lei" (STJ, REsp 840.690/DF, Rel. Min. Mauro Campbell Marques, 2ª Turma, jul. 19.08.2010, *DJe* 28.09.2010).

Fato positivo *x* fato negativo. "Na colisão de um fato negativo com um fato positivo, quem afirma um fato positivo tem de prová-lo, com preferência a quem afirma um fato negativo" (STJ, AgRg no Ag 1.181.737/MG, Rel. Min. Arnaldo Esteves Lima, 5ª Turma, jul. 03.11.2009, *DJe* 30.11.2009).

2. Fato impeditivo do direito do autor (inciso II). "Sendo direito do exequente a penhora preferencialmente em dinheiro (art. 655, inciso I, do CPC), **a impenhorabilidade dos depósitos em contas correntes, ao argumento de tratar-se de verba salarial**, consubstancia fato impeditivo do direito do autor (art. 333, inciso II, do CPC) [art. 373, II, do CPC/2015], recaindo sobre o réu o ônus de prová-lo. Ademais, à luz da teoria da carga dinâmica da prova, não se concebe distribuir o ônus probatório de modo a retirar tal incumbência de quem poderia fazê-lo mais facilmente e atribuí-la a quem, por impossibilidade lógica e natural, não o conseguiria" (STJ, REsp 619.148/MG, Rel. Min. Luis Felipe Salomão, 4ª Turma, jul. 20.05.2010, *DJe* 01.06.2010).

Indenização securitária. "Nas demandas de indenização securitária em que não há partes vulneráveis ou hipossuficientes e que não incidem peculiaridades relacionadas à impossibilidade ou à excessiva dificuldade de cumprir o encargo ou à maior facilidade de obtenção da prova do fato contrário (§§ 1º ou 3º do art. 373 do CPC) deve-se aplicar a regra geral de distribuição estática do ônus da prova" (STJ, REsp 2.150.776/SP, Rel. Min. Nancy Andrighi, 3ª Turma, ac. 03.09.2024, *DJe* 13.09.2024).

Plano de saúde. Abusividade no reajuste. Necessidade de verificação. "Consoante entendimento sufragado em recurso especial repetitivo 1.124.552/RS, julgado pela Corte Especial, o melhor para a segurança jurídica consiste em não admitir que matérias de fato ou eminentemente técnicas sejam tratadas como se fossem exclusivamente de direito, resultando em deliberações arbitrárias ou divorciadas do exame probatório do caso concreto. É dizer, quando o juiz ou o Tribunal, *ad nutum*, afirmar abusividade no reajuste por aumento de sinistralidade, sem antes verificar, no caso concreto, a ocorrência, há ofensa aos arts. 131, 333, 335 e 420 do CPC/1973 [correspondentes aos arts. 371, 373, 375 e 464 do CPC/2015]. Em vista da inexistência de instrução processual para aferir a higidez do substancioso percentual de reajuste por aumento de sinistralidade, a tornar temerária a imediata solução do litígio para julgamento de total improcedência, aplicando-se o direito à espécie (art. 1.034 do CPC/2015 e Súmula 456/STF), é de rigor a anulação do acórdão recorrido e da sentença, para que a parte autora possa demonstrar os fatos constitutivos de seu direito, apurando-se, com a produção de prova pericial atuarial, concretamente, eventual abusividade do reajuste aplicado (AgInt no REsp 1.676.857/CE, Rel. Ministro Luis Felipe Salomão, Quarta Turma, julgado em

16/10/2018, *DJe* 19/10/2018)" (STJ, AgInt no REsp 1.710.487/SP, Rel. Min. Luis Felipe Salomão, 4ª Turma, jul. 13.12.2018, *DJe* 01.02.2019).

3. Distribuição dinâmica do ônus da prova.

Fundamento. "O fundamento da repartição do ônus da prova entre as partes é, além de uma razão de oportunidade e experiência, a ideia de equidade resultante da consideração de que, litigando as partes e devendo conceder-se-lhes a palavra igualmente para o ataque e a defesa, é justo não impor só a uma o ônus da prova" (TACiv SP, Apel. 57.709, Rel. Desig. Juiz Guedes Pinto, 2ª Câmara, jul. 04.06.87, *Arqs. TARJ* 8°/190).

"A teoria da dinâmica da prova transfere o ônus para a parte que melhores condições tenha de demonstrar os fatos e esclarecer o juízo sobre as circunstâncias da causa" (STJ, REsp 316.316/PR, Rel. Min. Ruy Rosado de Aguiar, 4ª Turma, jul. 18.09.2001, *DJ* 12.11.2001). **Observação:** O caso referia-se a uma demanda em torno de "telebingo", e a decisão do STJ foi no sentido de que somente a empresa promotora do evento televisivo teria condições de comprovar como o sorteio realmente se deu.

"Não se trata de inversão irregular do ônus da prova, mas de determinar que a parte que tem mais meios de complementar a instrução o faça, a bem de contribuir para a correta solução do litígio. A teoria da carga dinâmica da prova não se aplica somente no âmbito do microssistema do consumidor, mas sim no processo civil comum. Assim, seja em razão da inversão do ônus prevista no CDC, seja em razão da aplicação da Teoria da Carga Dinâmica da Prova, o Banco deve apresentar a documentação necessária para realização da perícia, uma vez que sua guarda é ônus de sua própria atividade" (TJSP, AI 0062559-76.2012.8.26.0000, Rel. Maria Lúcia Pizzotti, 20ª Câmara de Direito Privado, jul. 18.06.2012).

"O Tribunal de origem, com base no exame dos elementos fáticos dos autos e diante das peculiaridades da causa, concluiu pela hipossuficiência técnica da parte autora, notadamente diante da excessiva dificuldade de se desincumbir do ônus que lhe fora atribuído, e também da maior facilidade de obtenção da prova do fato contrário pelo réu, ora agravante, defendendo, assim, o acerto da decisão de 1º Grau, que determinara a inversão do ônus da prova. Segundo o acórdão recorrido, 'o Distrito Federal é quem possui melhores condições para produzir as provas com capacidade de demonstrar a regularidade do tratamento médico/terapêutico ao qual foi submetido o autor, a fim de afastar o nexo de causalidade entre a conduta de seus prepostos e os danos experimentados pela recorrida'" (STJ, AgInt no AREsp 1.757.143/DF, Rel. Min. Assusete Magalhães, 2ª Turma, jul. 01.03.2021, *DJe* 08.03.2021).

Bem imóvel. Presunção legal *juris tantum* de realização de acessões/benfeitorias pelo cônjuge varão. Interrupção da união conjugal. Comunhão parcial de bens. Deslocamento do ônus probatório. Teoria da carga dinâmica. "Cinge-se a controvérsia a definir se a atribuição dinâmica do ônus probatório acerca da realização de acessões/benfeitorias em imóvel de propriedade do cônjuge varão, objeto de eventual partilha em ação de divórcio, pode afastar a presunção do art. 1.253 do Código Civil de 2002 ('Toda construção ou plantação existente em um terreno presume-se feita pelo proprietário e à sua custa, até que se prove o contrário'). (...) No caso dos autos, a participação do cônjuge varão como coproprietário do imóvel em cujas acessões/benfeitorias foram realizadas faz presumir também o esforço comum do cônjuge virago na sua realização (art. 1.660, I e IV, do CC/2002), além de que ocorreram interrupções no vínculo matrimonial, são peculiaridades que autorizam a dinamização do ônus probatório para o recorrente (art. 371, § 1º, do CPC/2015)" (STJ, REsp 1.888.242/PR, Rel. Min. Ricardo Villas Bôas Cueva, 3ª Turma, jul. 29.03.2022, *DJe* 31.03.2022).

Atribuição de modo diverso. Situação em que a desincumbência do encargo pela parte seja impossível. "O art. 373 do CPC dispõe que o ônus da prova incumbe: I – ao autor, quanto ao fato constitutivo de seu direito; II – ao réu, quanto à existência de fato impeditivo, modificativo ou extintivo do direito do autor. O § 1º estabelece que, nos casos previstos em lei ou diante de peculiaridades da causa relacionadas à impossibilidade ou à excessiva dificuldade de cumprir o encargo nos termos do *caput* ou ainda à maior facilidade de obtenção da prova do fato contrário, poderá o juiz atribuir o ônus da prova de modo diverso, desde que o faça por decisão fundamentada, caso em que deverá dar à parte a oportunidade de se desincumbir do ônus que lhe foi atribuído. Já o § 2º elucida que a decisão prevista no § 1º desse artigo não pode gerar situação em que a desincumbência do encargo pela parte seja impossível ou excessivamente difícil. (...) Malgrado o art. 370, *caput*, do CPC estabeleça poder instrutório amplo, em linha de princípio, deve ser utilizado somente de forma complementar, proporcionando às partes primeiramente se desincumbirem de seus ônus da forma que melhor lhes aprouver" (STJ, REsp 1.583.430/RS, Rel. Min. Luis Felipe Salomão, 4ª Turma, jul. 23.08.2022, *DJe* 23.09.2022).

Inversão do ônus da prova quando a prova do dano material depende de perícia. Descabimento. "No acórdão objeto do recurso especial, o Tribunal de origem, conquanto tenha reconhecido a aplicabilidade, ao caso, do Código de Defesa do Consumidor, concluiu, com base no exame dos elementos fáticos dos autos, que 'a vulnerabilidade que a caracteriza consumidora não permite a aplicação da teoria dinâmica do ônus da prova. Além dos laudos técnicos já anexados aos autos (ordem 23), a prova da demonstração dos supostos danos materiais, se for o caso, será feita por meio de uma perícia. Ou seja, a parte não é hipossuficiente na produção dessa prova, muito menos tem nisso um obstáculo para a comprovação dos fatos narrados em petição inicial'" (STJ, AgInt no AREsp 1.758.633/MG, Rel. Min. Assusete Magalhães, 2ª Turma, jul. 28.06.2021, *DJe* 01.07.2021).

4. Inversão do ônus da prova.

Finalidade. "Para o Código de Processo Civil (art. 333, I) [art. 373, I, do CPC/2015] é do autor o ônus de provar o fato constitutivo de seu direito. Se o autor reclama um direito – inversão do ônus da prova, com base no art. 6º, VIII, do CDC – tem o ônus de provar o fato constitutivo desse direito" (STJ, REsp 1.007.077/SP, Rel. Min. Humberto Gomes de Barros, 3ª Turma, jul. 24.03.2008, *DJe* 13.05.2008).

"No processo civil, a técnica do ônus dinâmico da prova concretiza e aglutina os cânones da solidariedade, da facilitação do acesso à Justiça, da efetividade da prestação jurisdicional e do combate às desigualdades, bem como expressa um renovado *due process*, tudo a exigir uma genuína e sincera cooperação entre os sujeitos na demanda. O legislador, diretamente na lei (= *ope legis*), ou por meio de poderes que atribui, específica ou genericamente, ao juiz (= *ope judicis*), modifica a incidência do *onus probandi*, transferindo-o para a parte em melhores condições de suportá-lo ou cumpri-lo eficaz e eficientemente, tanto mais em relações jurídicas nas quais ora claudiquem direitos indisponíveis ou intergeracionais, ora as vítimas transitem no universo movediço em que convergem incertezas tecnológicas, informações cobertas por sigilo industrial, conhecimento especializado, redes de causalidade complexa, bem como danos futuros, de manifestação diferida, protraída ou prolongada" (STJ, REsp 883.656/RS, Rel. Min. Herman Benjamin, 2ª Turma, jul. 09.03.2010, *DJe* 28.02.2012).

Prova dos fatos constitutivos. "Conforme entendimento desta Corte Superior, a inversão do ônus da prova não exime a parte autora da prova mínima sobre os fatos constitutivos do seu direito e do nexo entre a atuação da parte ré e os alegados prejuízos" (STJ, AgInt no AREsp 2.172.151/RS, Rel. Min. Raul Araújo, 4ª Turma, jul. 28.08.2023, *DJe* 01.09.2023).

Inversão "draconiana". Ver jurisprudência do art. 6º da Lei nº 8.078/1990.

Hipóteses excepcionais. "Segundo exegese do artigo 6º, inciso VIII, do Código de Defesa do Consumidor, tem-se que a inversão do ônus probatório constitui exceção à regra geral estabelecida no artigo 333, inciso I, do CPC [art. 373, I, do CPC/2015], quanto à produção de provas e não quanto à responsabilidade pelo pagamento de despesas relativas a estas. Não se pode obrigar o réu a custear perícia requerida pelo autor" (TRF, 1ª R., AI 01000093760/MT, 5ª Turma, Rel. Des. Fed. Selene Maria de Almeida, *DJU* 23.08.2002). **No mesmo sentido:** STJ, REsp 881.651/BA, Rel. Min. Hélio Quaglia Barbosa, 4ª Turma, jul. 10.04.2007, *DJ* 21.05.2007.

Agiotagem (§ 1º). "Esta Corte Superior registra precedentes no sentido de que, havendo indícios suficientes da prática de agiotagem, nos termos da Medida Provisória nº 2.172-32, é possível a inversão do ônus da prova, imputando-se, assim, ao credor a responsabilidade pela comprovação da regularidade jurídica da cobrança." (STJ, AgInt no REsp 1325505/MG, Rel. Min. Ricardo Villas Bôas Cueva, 3ª Turma, jul. 20.09.2016, *DJe* 04.10.2016). **No mesmo sentido:** STJ, REsp 1.132.741/MG, Rel. Min. Massami Uyeda, 3ª Turma, jul. 06.09.2011, *DJe* 16.09.2011.

Prova pericial. Responsabilidade pelas custas. "A alteração ope legis ou *ope judicis* da sistemática probatória ordinária leva consigo o custeio da carga invertida, não como dever, mas como simples faculdade. Logo, não equivale a compelir a parte gravada a pagar ou a antecipar pagamento pelo que remanescer de ônus do beneficiário. Modificada a atribuição, desaparece a necessidade de a parte favorecida provar aquilo que, daí em diante, integrar o âmbito da inversão. Ilógico e supérfluo, portanto, requisitar produza o réu prova de seu exclusivo interesse disponível, já que a omissão em nada prejudicará o favorecido ou o andamento processual. Ou seja, a inversão não implica transferência ao réu de custas de perícia requerida pelo autor da demanda, pois de duas, uma: ou tal prova continua com o autor e somente a ele incumbe, ou a ele comumente cabia e foi deslocada para o réu, titular da opção de, por sua conta e risco, cumpri-la ou não. Claro, se o sujeito titular do ônus invertido preferir não antecipar honorários periciais referentes a seu encargo probatório, presumir-se-ão verdadeiras as alegações da outra parte" (STJ, REsp 1.807.831/RO, Rel. Min. Herman Benjamin, 2ª Turma, jul. 07.11.2019, *DJe* 14.09.2019).

Pagamento dos custos das provas. "A inversão do ônus da prova não implica a transferência, ao demandado, da obrigação pelo pagamento ou adiantamento das despesas do processo. 'A questão do ônus da prova diz respeito ao julgamento da causa quando os fatos alegados não restaram provados'. Todavia, independentemente de quem tenha o ônus de provar este ou aquele fato, cabe a cada parte prover as despesas dos atos que realiza ou requer no processo, antecipando-lhes o pagamento (CPC, art. 19) [art. 82 do CPC/2015], sendo que compete ao autor adiantar as despesas relativas a atos cuja realização o juiz determinar de ofício ou a requerimento do Ministério Público (CPC, art. 19, § 2º)' [art. 82, § 1º, do CPC/2015]. (REsp 538.807/RS, 1ª Turma, Rel. Min. Teori Albino Zavascki, *DJ* de 7.11.2006)" (STJ, REsp 797.079/SP, Rel. Min. Denise Arruda, 1ª Turma, jul. 18.03.2008, *DJe* 24.04.2008). **No mesmo sentido:** STJ, AgRg no Ag 884.407/SP, Rel. Min. Aldir Passarinho Junior, 4ª Turma, jul. 21.08.2007, *DJ* 05.11.2007; STJ, REsp 435.155/MG, Rel. Min. Carlos Alberto Menezes Direito, 3ª Turma, jul. 11.02.2003, *DJ* 10.03.2003; STJ, REsp 665.699/MG, Rel. Min. Carlos Alberto Menezes Direito, 3ª Turma, jul. 16.11.2006, *DJ* 19.03.2007, p. 322; STJ, REsp 803.565/SP, Rel. Min. Honildo Amaral de Mello Castro, 4ª Turma, jul. 10.11.2009, *DJe* 23.11.2009; TJPR, AI 0121108-3, 6ª Câmara Cível, Rel. Des. Cordeiro Cleve, *DJPR* 17.06.2002. **Em sentido contrário:** "A inversão do ônus da prova significa também transferir ao réu o ônus de antecipar as despesas de perícia tida por imprescindível ao julgamento da causa" (STJ, REsp 383.276/RJ, Rel. Min. Ruy Rosado de Aguiar, 4ª Turma, jul. 18.06.2002, *DJ* 12.08.2002). No mesmo sentido: TRF 3ª Região, AI 112.268 – 2000.03.00.038010-4/SP, Rel. Des. Fed. Sylvia Steiner 2ª Turma, *DJU* 06.03.2002.

"A inversão do ônus da prova não é incompatível com a atividade instrutória do juiz reconhecida no artigo 130 do Código de Processo Civil" [art. 370 do CPC/2015] (STJ, REsp 696.816/RJ, Rel. Min. Sidnei Beneti, 3ª Turma, jul. 06.10.2009, *DJe* 29.10.2009).

Possibilidade. "Acerca da inversão do ônus da prova, nenhum reparo merece o acórdão recorrido. Em perfeita sintonia com a Constituição de 1988, o art. 373, § 1º, do Código de Processo Civil reproduz, na relação processual, a transição da isonomia formal para a isonomia material, mutação profunda do paradigma dos direitos retóricos para o paradigma dos direitos operativos, pilar do Estado Social de Direito. Não se trata, contudo, de prerrogativa judicial irrestrita, pois depende ora de previsão legal (direta ou indireta, p. ex., como consectário do princípio da precaução), ora, na sua falta, de peculiaridades da causa, associadas quer à impossibilidade ou a excessivo custo ou complexidade de cumprimento do encargo probante, quer à maior capacidade de obtenção da prova pela parte contrária. Naquela hipótese, em reação à natureza espinhosa da produção probatória, a inversão foca em dificuldade do beneficiário da inversão; nesta, prestigia a maior facilidade, para tanto, do detentor da prova do fato contrário. Qualquer elemento probatório, pontualmente – ou todos eles conjuntamente –, pode ser objeto da decretação de inversão, desde que haja adequada fundamentação judicial" (STJ, REsp 1.807.831/RO, Rel. Min. Herman Benjamin, 2ª Turma, jul. 07.11.2019, *DJe* 14.09.2020).

Inversão do ônus da prova enquanto regra de julgamento. Ocorrência em apelação. Impossibilidade. "A jurisprudência desta Corte é no sentido de que a inversão do ônus da prova prevista no art. 6º, VIII, do CDC, é regra de instrução e não regra de julgamento, motivo pelo qual a decisão judicial que a determina deve ocorrer antes da etapa instrutória, ou quando proferida em momento posterior, garantir a parte a quem foi imposto o ônus a oportunidade de apresentar suas provas. Precedentes. Inviabilidade da inversão do ônus probatório em sede de apelação, notadamente quando fundado em premissa equivocada atinente a suposta hipossuficiência da parte autora, visto que o órgão do Ministério Público não é de ser considerado opositor enfraquecido ou impossibilitado de promover, ainda que minimamente, o ônus de comprovar os fatos constitutivos de seu direito" (STJ, REsp 1.286.273/SP, Rel. Min. Marco Buzzi, 4ª Turma, jul. 08.06.2021, *DJe* 22.06.2021).

Momento da inversão do ônus da prova. Ver jurisprudência do art. 6º da Lei nº 8.078/1990.

Dano ambiental. Risco integral. "Esta Corte possui firme o entendimento no sentido de que: 'Tratando-se de ação indenizatória por dano ambiental, a responsabilidade pelos danos causados é objetiva, pois fundada na teoria do risco integral. Assim, cabível a inversão do ônus da prova' (AgRg no AREsp 533.786/RJ, Rel. Ministro Antonio Carlos Ferreira, Quarta Turma, julgado em 22/9/2015, *DJe* de 29/9/2015). O acolhimento das teses recursais no tocante à inversão do ônus da prova, somente poderia ocorrer mediante o reexame do acervo fático-probatório dos autos, o que é vedado em sede de recurso especial, em razão do óbice da Súmula 7 do STJ" (STJ, AgInt no AREsp 1.801.191/SP, Rel. Min. Luis Felipe Salomão, 4ª Turma, jul. 09.08.2021, *DJe* 24.08.2021).

5. Ônus da prova em ação de responsabilidade civil.

Responsabilidade subjetiva. "Nos termos da jurisprudência do STJ, a responsabilidade civil do estado por condutas omissivas é subjetiva, sendo necessário, dessa forma, comprovar a negligência na atuação estatal, o dano e o nexo causal entre ambos" (STJ, AgRg no AREsp 501.507/RJ, Rel. Min. Humberto Martins, 2ª Turma, jul. 27.05.2014, *DJe* 02.06.2014). **No mesmo sentido:** STJ, AgRg no REsp 1.345.620/RS, Rel. Min. Assusete Magalhães, 2ª Turma, jul. 24.11.2015, *DJe* 02.12.2015.

Responsabilidade objetiva. "Para efeitos do art. 543-C do CPC [art. 1.036 do CPC/2015]: As instituições bancárias respondem objetivamente pelos danos causados por fraudes ou delitos praticados por terceiros – como, por exemplo, abertura de conta-corrente ou recebimento de empréstimos mediante fraude ou utilização de documentos falsos –, porquanto tal responsabilidade decorre do risco do empreendimento, caracterizando-se como fortuito interno" (STJ, REsp 1.197.929/PR, Rel. Min. Luis Felipe Salomão, 2ª Seção, jul. 24.08.2011, *DJe* 12.09.2011). **Obs.**: Decisão submetida a julgamento de recursos repetitivos.

6. Danos emergentes. Perda de uma chance. Dano moral. "Afigura-se inviável a reparação a título de danos materiais pretendida pela ré, por perda de uma chance, na medida em que o exame do conjunto probatório dos autos não permite formar juízo em torno de chance real e séria do êxito que teria a ré no âmbito negocial pretendido. Pedido da autora de afastamento da verba a tal título arbitrada na sentença que se acolhe, portanto. Descabe a reparação por danos materiais atinentes a lucros cessantes e danos emergentes, ante o desatendimento, pela ré/reconvinte, do ônus probatório referente aos fatos constitutivos do seu direito, dado pelo art. 373, I, do CPC. Ausência de provas quanto à diminuição dos valores auferidos pela demandada, tampouco do alegado prejuízo. Alegações sem respaldo probatório ou de cunho hipotético. Impossibilidade de reparação diante da falta de comprovação do próprio *an debeatur*. Conquanto não mais se discuta a possibilidade de a pessoa jurídica sofrer tal espécie de dano, nos termos da Súmula nº 227 do Superior Tribunal de Justiça, cumpre registrar que o prejuízo extrapatrimonial por ela experimentado difere daquele que atinge a pessoa natural. Isto porque a pessoa jurídica, embora não seja titular de honra subjetiva, a qual se caracteriza pelo sentimento de dignidade, decoro, auto-estima, possui o que se convencionou denominar de honra objetiva, que se traduz, por exemplo, em ofensa a sua credibilidade, reputação, bom nome ou conceito no mercado. Logo, há dano quando violados tais atributos. Dano moral não configurado, no caso concreto, em que somente se constata arguição genérica e abstrata da autora acerca de dano moral, sem comprovação, nos autos, de efetivo abalo a sua honra objetiva. Contexto de transação negocial entre as partes pautada por percalços diversos não caracteriza situação de dano moral *in re ipsa*, isto é, inerente ao fato em si e, por isso, prescindível de comprovação dos autos; trata-se, antes, de dissabor inerente à vida cotidiana, não se verificando, no caso concreto, prejuízo de ordem extrapatrimonial atinente à honra subjetiva ou objetiva de que são titulares as demandadas/reconvintes, as quais não cuidaram de demonstrá-lo" (TJRGS, Ap. 70082131335, Rel. Des. Umberto Guaspari Sudbrack, 12ª Câmara Cível, jul. 24.10.2019, *DJ* 28.10.2019).

7. Prova dos fatos negativos. "Tanto a doutrina como a jurisprudência superaram a complexa construção do direito antigo acerca da prova dos fatos negativos, razão pela qual a afirmação dogmática de que o fato negativo nunca se prova é inexata, pois há hipóteses em que uma alegação negativa traz, inerente, uma afirmativa que pode ser provada, de modo que apenas as negativas absolutas são insuscetíveis de prova" (STJ, REsp 1.050.554/RJ, Rel. Min. Nancy Andrighi, 3ª Turma, jul. 25.08.2009, *DJe* 09.09.2009).

8. Formação do convencimento do magistrado. "Ao juiz, frente à moderna sistemática processual, incumbe analisar o conjunto probatório em globalidade, sem perquirir a quem competiria o *onus probandi*. Constando dos autos a prova, ainda que desfavorável a quem a tenha produzido, é dever do julgador tomá-la em consideração na formação de seu convencimento" (STJ, 4ª Turma, REsp 11.468/RS, Rel. Min. Sálvio de Figueiredo Teixeira, ac. de 07.04.92, *LEXSTJ* 35/177).

9. Embargos à execução. "Nos termos do art. 333, I, do CPC [art. 373, I, do CPC/2015]., o ônus da prova quanto à alegação de que houve excesso de execução incumbe ao autor dos embargos à execução, mediante juntada dos extratos das contas de poupança, cuja responsabilidade pela manutenção era, ademais, da instituição financeira, CEF, sob fiscalização do BACEN. (STJ, REsp 829.159/RJ, Rel. Min. Eliana Calmon, *DJe* 18.4.2008)" (STJ, AgRg no REsp 1.135.212/RJ, Rel. Min. Humberto Martins, 2ª Turma, jul. 09.11.2010, *DJe* 17.11.2010).

Embargos à execução fiscal. "É cediço que os embargos à execução fiscal constituem processo de conhecimento, no qual aplicam-se as regras dos arts. 333 e 334 do CPC [arts. 373 e 374 do CPC/2015] no que tange ao ônus da prova" (STJ, AgRg no Ag 1.191.978/SP, Rel. Min. Mauro Campbell Marques, 2ª Turma, jul. 03.08.2010, *DJe* 24.08.2010).

10. Embargos à monitória. "Cuidando-se de defesa indireta de mérito, consubstanciada em fato extintivo do direito do autor (arts. 326 e 333, II, do CPC) [arts. 350 e 373, II, do CPC/2015], não há óbice à alegação de compensação de créditos em sede de embargos à ação monitória, tampouco é vedado ao embargante alegar e provar pagamento parcial da dívida, sendo desnecessário pleito reconvencional para tanto" (STJ, REsp 781.427/SC, Rel. Min. Luis Felipe Salomão, 4ª Turma, jul. 19.08.2010, *DJe* 09.09.2010).

11. Compensação de tributos. "Deveras, é cediço que, à luz do disposto no artigo 333, I, do CPC [art. 373, I, do CPC/2015], 'em ação de conhecimento de conteúdo condenatório em que se busca a compensação de tributos, a ausência de comprovação da existência do pagamento indevido acarreta a improcedência do pedido' (REsp 807.692/ES, Rel. Ministro Castro Meira, Segunda Turma, julgado em 15.03.2007, *DJ* 12.04.2007), exegese aplicável *in casu*, porquanto a recorrente pleiteou compensação de débitos que não se sabe se derivados de atos tipicamente cooperativos, mercê de liberá-la, quanto aos demais, a via administrativa da Fazenda" (STJ, REsp 832.629/MG, Rel. Min. Luiz Fux, 1ª Turma, jul. 21.10.2010, *DJe* 03.11.2010).

12. Imunidade tributária. Entidade religiosa. Ônus da prova. "Tratando-se a recorrida de entidade religiosa, há presunção relativa de que o terreno adquirido para construção do templo gerador do débito é revertido para as suas finalidades essenciais. Assim é que caberia à Fazenda Pública, nos termos do artigo 333, inciso II, do CPC [art. 373, II, do CPC/2015], apresentar prova de que o terreno em comento estaria desvinculado da destinação institucional" (STJ, AgRg no AREsp 444.193/RS, Rel. Min. Mauro Campbell Marques, 2ª Turma, jul. 04.02.2014, *DJe* 10.02.2014).

13. Acidente de trânsito. "Nos termos da orientação adotada pela Turma, o proprietário do veículo responde solidariamente com o condutor do veículo. Em outras palavras, a responsabilidade do dono da coisa é presumida, invertendo-se, em razão disso, o ônus da prova, cabendo ao réu a prova de desoneração de sua culpa. Não demonstrado pelo proprietário do veículo que o condutor o utilizou ao arrepio da sua permissão, responde aquele solidariamente pelos danos causados pelo ato culposo do motorista" (STJ, 4ª Turma, REsp 216.301/RJ, Rel. Min. Sálvio de Figueiredo Teixeira, jul. 17.08.1999, *DJU* 13.09.1999).

Presunção de culpa. "De acordo com a jurisprudência do Superior Tribunal de Justiça, 'culpado, em linha de princípio, é o motorista que colide por trás, invertendo-se, em razão disso, o *onus probandi*, cabendo a ele a prova de desoneração de sua culpa' (REsp 198.196, RJ, relator o eminente Ministro Sálvio de Figueiredo Teixeira, publicado no *DJ* de 12.04.1999)" (STJ, AgRg no REsp 535.627/MG, Rel. Min. Ari Pargendler, 3ª Turma, jul. 27.05.2008, *DJe* 05.08.2008).

14. Danos ambientais. "O **princípio da precaução**, aplicável à hipótese, **pressupõe a inversão do ônus probatório**, transferindo **para** a concessionária o encargo de provar que sua conduta não ensejou riscos para o **meio ambiente** e, por consequência, aos pescadores da região. Recurso especial parcialmente conhecido e nesta parte provido para determinar o retorno dos autos à origem para que, promovendo-se a inversão do ônus da prova, proceda-se a novo julgamento" (STJ, REsp

1.330.027/SP, Rel. Min. Ricardo Villas Bôas Cueva, 3ª Turma, jul. 06.11.2012, *DJe* 09.11.2012). **No mesmo sentido:** STJ, REsp 1.060.753/SP, Rel. Min. Eliana Calmon, 2ª Turma, jul. 1º.12.2009, *DJe* 14.12.2009; STJ, REsp 1.049.822/RS, Rel. Min. Francisco Falcão, 1ª Turma, jul. 23.4.2009, *DJe* 18.05.2009.

Art. 374. Não dependem de prova os fatos:

I – notórios;

II – afirmados por uma parte e confessados pela parte contrária;

III – admitidos no processo como incontroversos;

IV – em cujo favor milita presunção legal de existência ou de veracidade.

CPC/1973

Art. 334.

SÚMULAS

Súmulas do STJ:

Nº 370: "Caracteriza dano moral a apresentação antecipada de cheque pré-datado."

Nº 388: "A simples devolução indevida de cheque caracteriza dano moral."

CJF – III JORNADA DE DIREITO CIVIL

Enunciado 189 – Na responsabilidade civil por dano moral causado à pessoa jurídica, o fato lesivo, como dano eventual, deve ser devidamente demonstrado.

BREVES COMENTÁRIOS

A regra do art. 374 não é de caráter facultativo. Os fatos neles referidos não devem ser submetidos à diligência probatória, seja por iniciativa judicial, seja por requerimento da parte. Isto porque o art. 370 impõe ao juiz o dever de somente deferir as provas necessárias, determinando, em consequência, o indeferimento de toda diligência inútil ao processo.

A respeito dos fatos em cujo favor milite presunção legal de veracidade ou existência, é importante, no caso de relatividade da presunção, verificar se no processo não há algum elemento que a anule ou enfraqueça. Estando a verossimilhança comprometida, pode o juiz, de ofício, afastar-se da presunção para acolher prova em contrário, ou para ordenar diligência esclarecedora por iniciativa própria (art. 370). Essa deliberação judicial, no entanto, não é discricionária e somente se justificará à luz de dados concretos verificados nos autos, em sentido incompatível com a presunção imposta *ex lege*.

JURISPRUDÊNCIA SELECIONADA

1. Não depende de prova.

a) Fatos notórios (inciso I)

"A circunstância de o fato encontrar certa publicidade na imprensa não basta para tê-lo como notório, de maneira a dispensar a prova. Necessário que seu conhecimento integre o comumente sabido, ao menos em determinado estrato social por parcela da população a que interesse" (STJ, REsp 7.555/SP, Rel. Min. Eduardo Ribeiro, 3ª Turma, jul. 30.04.1991, *DJU* 03.06.1991, p. 7.425).

Ausência de citação. "A jurisprudência desta Corte Superior consolidou-se no sentido de que é despicienda a juntada da procuração da parte agravada quando esta ainda não participa da relação processual (ausência de citação). Precedentes. Igualmente desnecessário que a parte agravante promova a anexação de certidão expedida por serventia judicial neste sentido, em razão da certeza de sua inexistência nos autos, na forma do art. 334, inc. IV, do CPC (não se provam fatos em relação aos quais existe presunção legal de inexistência – no caso concreto, antes do despacho citatório, presume-se inexistir 'parte ré') [art. 374, IV, CPC/2015]" (STJ, REsp 1.181.167/SP, Rel. Min. Mauro Campbell Marques, 2ª Turma, jul. 24.08.2010, *DJe* 30.09.2010).

Acidente de trânsito com vítima fatal. "Desnecessidade de comprovação das despesas de funeral para a obtenção do ressarcimento dos causadores do sinistro, em face da certeza do fato, da modicidade da verba quando dentro dos parâmetros previstos pela Previdência Social e da imperiosidade de se dar proteção e respeito à dignidade humana. Precedentes do STJ" (STJ, REsp 625.161/RJ, Rel. Min. Aldir Passarinho Junior, 4ª Turma, jul. 27.11.2007, *DJ* 17.12.2007).

b) Fatos afirmados por uma parte e confessados pela outra (inciso II).

"A regra do art. 334, II, do CPC [art. 374, II, CPC/2015] não exclui o princípio da livre e fundamentada apreciação das provas pelo juiz. Não cabe a reapreciação delas em recurso extraordinário" (STF, AI 62.631 AgR, Rel. Min. Rodrigues Alckmin, 1ª Turma, jul. 03.06.1975, *DJ* 08.07.1975).

Confissão. Não vinculação do juízo. "Ausência de violação do art. 334 do CPC [art. 374 do CPC/2015], porquanto a confissão não vincula o Juízo, que, em razão do princípio do livre convencimento motivado (art. 131 do CPC) [art. 371 do CPC/2015], dar-lhe-á o peso que entender adequado" (STJ, REsp 1145.728/MG, Rel. p/ Acórdão Min. Luis Felipe Salomão, 4ª Turma, jul. 28.06.2011, *DJe* 08.09.2011).

c) Fatos incontroversos (inciso III).

"Fatos incontroversos, nos termos do art. 334, III, do CPC de 1973 [art. 374, III, do CPC/2015], são aqueles afirmados por uma parte e confessados ou admitidos pela outra – mesmo que admitidos pelo silêncio, isto é, mesmo que não contestados – e, também os fatos notórios" (STF, RE 80.474/PR, Rel. p/ Acórdão Min. Antônio Neder, 1ª Turma, jul. 25.03.1980; *RT* 93/164).

d) Presunções (inciso IV).

Dano moral.

Uso indevido de marca. "Por sua natureza de bem imaterial, é ínsito que haja prejuízo moral à pessoa jurídica quando se constata o uso indevido da marca. A reputação, a credibilidade e a imagem da empresa acabam atingidas perante todo o mercado (clientes, fornecedores, sócios, acionistas e comunidade em geral), além de haver o comprometimento do prestígio e da qualidade dos produtos ou serviços ofertados, caracterizando evidente menoscabo de seus direitos, bens e interesses extrapatrimoniais. O dano moral por uso indevido da marca é aferível *in re ipsa*, ou seja, sua configuração decorre da mera comprovação da prática de conduta ilícita, revelando-se despicienda a demonstração de prejuízos concretos ou a comprovação probatória do efetivo abalo moral" (STJ, REsp 1.327.773/MG, Rel. Min. Luis Felipe Salomão, 4ª Turma, jul. 28.11.2017, *DJe* 15.02.2018).

Protesto indevido. "É pacífica a jurisprudência desta Corte no que se refere ao cabimento de danos morais decorrentes de protesto indevido. Incidência da Súmula 83 do STJ" (STJ, AgInt no AREsp 1.445.853/RJ, Rel. Min. Luis Felipe Salomão, 4ª Turma, jul. 05.11.2019, *DJe* 12.11.2019). **No mesmo sentido:** STJ, REsp 419.365/MT, Rel. Min. Nancy Andrighi, 3ª Turma, jul. 11.11.2002, *DJU* 09.12.2002, p. 341; STJ, AgRg no Ag 703.852/MS, Rel. Min. Carlos Alberto Menezes Direito, 3ª Turma, jul. 06.04.2006, *DJ* 07.08.2006.

Restituição indevida de cheque. "A restituição indevida de cheque sem fundos acarreta a responsabilidade de indenizar razoavelmente o dano moral correspondente, que prescinde da prova de prejuízo (REsp 53.729/MA)" (STJ, REsp 251.713/BA, Rel. Min. Barros Monteiro, 4ª Turma, jul. 04.10.2001, *DJ* 11.03.2002).

Cheque pré-datado. "A apresentação do cheque pré-datado antes do prazo estipulado gera o dever de indenizar, presente, como no caso, a devolução do título por ausência de provisão de fundos" (STJ, REsp 707.272/PB, Rel. Min. Nancy Andrighi, 3ª Turma, jul. 03.03.2005, *DJ* 21.03.2005).

Dano moral coletivo. "O dano moral coletivo é aferível *in re ipsa*, ou seja, sua configuração decorre da mera constatação da prática de conduta ilícita que, de maneira injusta e intolerável, viole direitos de conteúdo extrapatrimonial da coletividade, revelando-se despicienda a demonstração de prejuízos concretos ou de efetivo abalo moral. (...) Nesse contexto, a infidelidade de bandeira constitui prática comercial intolerável, consubstanciando, além de infração administrativa, conduta tipificada como crime à luz do código consumerista (entre outros), motivo pelo qual a condenação do ofensor ao pagamento de indenização por dano extrapatrimonial coletivo é medida de rigor, a fim de evitar a banalização do ato reprovável e inibir a ocorrência de novas lesões à coletividade" (STJ, REsp 1.487.046/MT, Rel. Min. Luis Felipe Salomão, 4ª Turma, jul. 28.03.2017, *DJe* 16.05.2017).

Atraso de voo. "Na específica hipótese de atraso ou cancelamento de voo operado por companhia aérea, não se vislumbra que o dano moral possa ser presumido em decorrência da mera demora e eventual desconforto, aflição e transtornos suportados pelo passageiro. Isso porque vários outros fatores devem ser considerados a fim de que se possa investigar acerca da real ocorrência do dano moral, exigindo-se, por conseguinte, a prova, por parte do passageiro, da lesão extrapatrimonial sofrida. Sem dúvida, as circunstâncias que envolvem o caso concreto servirão de baliza para a possível comprovação e a consequente constatação da ocorrência do dano moral" (STJ, REsp 1.796.716/MG, Rel. Min. Nancy Andrighi, 3ª Turma, jul. 27.08.2019, *DJe* 29.08.2019).

Atraso excessivo na conclusão da viagem. "A prova do dano se satisfaz, na espécie, com a demonstração do fato externo que o originou e pela experiência comum. Não há como negar o desconforto e o desgaste físico causados pela demora imprevista e pelo excessivo retardo na conclusão da viagem" (STJ, REsp 241.813/SP, Rel. Min. Sálvio de Figueiredo Teixeira, 4ª Turma, jul. de 23.10.01, *DJU* 04.02.02, p. 372). **No mesmo sentido:** STJ, REsp 168.976/SP, Rel. Min. Barros Monteiro, 4ª Turma, *DJU* 02.12.2002; STJ, REsp 612.817/MA, Rel. Min. Hélio Quaglia Barbosa, 4ª Turma, jul. 20.09.2007, *DJ* 08.10.2007.

Overbooking. "É cabível o pagamento de indenização por danos morais a passageiro que, por causa de overbooking, só consegue embarcar no dia seguinte à data designada, tendo em vista a situação de indiscutível constrangimento e aflição a que foi submetido, decorrendo o prejuízo, em casos que tais, da prova do atraso em si e da experiência comum" (STJ, REsp 521.043/RJ, Rel. Min. Castro Filho, 3ª Turma, jul. 26.06.2003, *DJ* 12.08.2003).

Acidente de veículos sem vítimas. "Não caracteriza dano moral *in re ipsa* os danos decorrentes de acidentes de veículos automotores sem vítimas, os quais normalmente se resolvem por meio de reparação de danos patrimoniais" (STJ, REsp 1.653.413/RJ, Rel. Min. Marco Aurélio Bellizze, 3ª Turma, jul. 05.06.2018, *DJe* 08.06.2018).

Requisitos. "Basta a demonstração de que a vítima tenha passado por situação de transtorno, vexame ou humilhação para caracterizar-se o dano moral, passível de reparação. Circunstância que prescinde de prova, pois decorre da experiência comum" (STJ, REsp 576.520/PB, Rel. Min. Barros Monteiro, 4ª Turma, jul. 20.05.2004, *DJ* 30.08.2004).

Morte de pessoa da família. "É desnecessária a fundamentação do dano moral, na hipótese dos autos, já que a morte de pessoa da família causa sofrimento, o qual decorre da experiência comum e não há nos autos prova contrária à assertiva" (STJ, REsp 214.838/RR, Rel. Min. Francisco Peçanha Martins, 2ª Turma, jul. 27.11.2001, *DJ* 11.03.2002). **No mesmo sentido:** STJ, REsp 256.327/PR, Rel. Min. Aldir Passarinho Junior, 4ª Turma, jul. 21.06.2001, *DJ* 04.03.2002; STJ, REsp 331.333/MG, Rel. Min. Humberto Gomes de Barros, 3ª Turma, jul. 14.02.2006, *DJ* 13.03.2006; STJ, REsp 1.101.213/RJ, Rel. Min. Castro Meira, 2ª Turma, jul. 02.04.2009, *DJe* 27.04.2009; STJ, REsp 1.121.800/RR, Rel. Min. Castro Meira, 2ª Turma, jul. 18.11.2010, *DJe* 01.12.2010.

Pessoa jurídica. "Na concepção moderna da reparação do dano moral prevalece a orientação de que a responsabilização do agente se opera por força do simples fato da violação, de modo a tornar-se desnecessária a prova do prejuízo em concreto" (STJ, REsp 173.124/RS, Rel. Min. Cesar Asfor Rocha, 4ª Turma, jul. 11.09.2001, *DJ* 19.11.2001, p. 277).

Dano patrimonial.

Atraso na entrega do imóvel. "O atraso na entrega do imóvel enseja pagamento de indenização por lucros cessantes durante o período de mora do promitente vendedor, sendo presumido o prejuízo do promitente comprador" (STJ, Ed no REsp 1.341.138, Rel. Min. Isabel Gallotti, 2ª Seção, jul. 09.05.2018, *DJe* 22.05.2018).

Art. 375. O juiz aplicará as regras de experiência comum subministradas pela observação do que ordinariamente acontece e, ainda, as regras de experiência técnica, ressalvado, quanto a estas, o exame pericial.

CPC/1973

Art. 335.

REFERÊNCIA LEGISLATIVA

CPC/2015, art. 371 (princípio da livre convicção do juiz na apreciação da prova).

BREVES COMENTÁRIOS

A propósito do disposto no art. 375, há de se ter em conta que as *máximas de experiência* não se confundem com o conhecimento pessoal do juiz sobre algum fato concreto. Esse testemunho particular o juiz não pode utilizar na sentença, porque obtido sem passar pelo crivo do contraditório e porque quebra a imparcialidade resguardada pelo princípio dispositivo. As máximas de experiência não se ressentem dessas impropriedades, uma vez que não decorrem de ciência privada do juiz acerca de fatos concretos. Representam, na verdade, percepções em abstrato do que ordinariamente acontece. Integram a "cultura média da sociedade", isto é, a "cultura do homem médio", formando um verdadeiro "patrimônio comum de uma coletividade". Por isso que, sendo noções conhecidas e indiscutíveis, podem ser utilizadas sem depender de prova e sem violação da imparcialidade do juiz e do contraditório. As máximas de experiência podem formar-se a partir tanto da experiência *comum* (empírica) como da experiência *técnica* (científica). Mas, em qualquer caso, deverão cair no domínio público, isto é, no conhecimento geral do homem médio da coletividade. De maneira alguma pode o juiz valer-se de conhecimentos técnicos extrajurídicos de que porventura seja dotado, pela mesma razão de que sua introdução não observaria as exigências do contraditório. Apreciação técnica dos fatos da causa somente pode ocorrer dentro do procedimento específico da prova pericial. Ao juiz não é dado cumular sua função natural de julgador com a função especial de perito, de maneira alguma, e muito menos a pretexto de se valer de máximas de experiência. É este o significado da ressalva constante do enunciado do art. 375, *in fine*.

JURISPRUDÊNCIA SELECIONADA

1. Penhora de imóvel. Avaliação. Controvérsia acerca do valor. Aplicação das regras ou máximas de experiência. Impossibilidade. "Discute-se nos autos se o imóvel penhorado para pagamento da dívida deve ser avaliado necessariamente por perícia ou se, ao contrário, pode seu valor ser fixado pelo próprio julgador com base nas máximas da experiência de que trata o art. 375 do CPC. As regras (ou máximas) da experiência designam um conjunto de juízos que podem ser formulados pelo homem médio a partir da observação do que normalmente acontece. Reúnem proposições muito variadas, que vão desde conhecimentos científicos consolidados como o de que corpos metálicos dilatam no calor até convenções mais ou menos generalizadas, como a de que as praias são mais frequentadas aos finais de semana. Muito embora constituam um conhecimento próprio do juiz, não se confundem com o conhecimento pessoal que ele tem a respeito de algum fato concreto, em relação ao qual, exige-se, de qualquer forma, a produção de prova específica, sob o crivo do contraditório. Conquanto se possa admitir que o Desembargador Relator do acórdão recorrido, por conhecer o mercado imobiliário do Rio de Janeiro e também o imóvel penhorado, pudesse saber o seu real valor, não há como afirmar que essa seja uma informação de conhecimento público. Impossível sustentar, nesses termos, que o bem penhorado podia ser avaliado sem produção de prova pericial, pelo próprio julgador, com base no art. 375 do CPC" (STJ, REsp 1.786.046/RJ, Rel. Min. Moura Ribeiro, 3ª Turma, jul. 09.05.2023, *DJe* 11.05.2023).

2. Investigação de paternidade. "Ação de investigação de paternidade. *Exceptio plurium concubentium*. DNA. Deve ser afastada a alegação de *plurium concubentium* da mãe da autora, ao tempo da concepção, se os réus (irmãos e herdeiros do investigado) recusam submeter-se a exame de DNA, assim impedindo o juiz de apurar a veracidade da sua alegação. Elementos suficientes de convicção sobre a paternidade imputada ao investigado" (STJ, REsp 135.361/MG, Rel. Min. Ruy Rosado de Aguiar, 4ª Turma, jul. 15.12.1998, *DJU* 15.03.1999, p. 229).

3. Regras de experiência. Conhecimento técnico. "As regras de experiência não podem ser aplicadas pelo julgador quando a solução da lide demandar conhecimentos técnicos sobre o tema, conforme dicção o art. 335, do CPC [art. 375 do CPC/2015]. Consectariamente, acaso o juiz entendesse pelo desacerto do laudo pericial oficial (...), caberia a ele determinar a realização de nova perícia'. É verdade que o juiz não está adstrito ao laudo pericial, podendo formar sua convicção com outros elementos ou fatos provados nos autos (art. 436 do CPC) [art. 479 do CPC/2015]. Não é menos verdade, entretanto, que o laudo, sendo um parecer dos técnicos que levaram a efeito a perícia, é peça de fundamental importância para o estabelecimento daquela convicção (José Carlos de Moraes Salles, in A Desapropriação à Luz da Doutrina e da Jurisprudência, 5. ed. Editora Revista dos Tribunais, p. 329-332)" (STJ, REsp 750.988, Rel. Min. Luiz Fux, 1ª Turma, jul. 17.08.2006, *DJ* 25.09.2006, p. 236).

4. Reexame de prova. "Não é nula a decisão se o julgador, fazendo alusão a fatos de seu conhecimento pessoal, advindos de sua experiência de vida, sopesa-os com aqueles extraídos dos autos, formando, assim, a sua livre convicção. Parte do processo decisório empreendido pelo julgador envolve a interpretação da consciência social, dando-lhe efeito jurídico. Esse processo exegético não deriva da apreciação das provas carreadas aos autos, mas da experiência de vida cumulada pelo julgador, não jungida aos limites impostos pela Súmula 07/STJUL. A análise de proposições que sejam fruto exclusivo da experiência individual do julgador não implica reexame da prova. Isso caracteriza apenas a reapreciação de juízos de valor que serviram para dar qualificação jurídica a determinada conduta" (STJ, REsp 1.105.768/RN, Rel. Min. Nancy Andrighi, 3ª Turma, jul. 01.06.2010, *DJe* 15.06.2010).

5. Arbitramento de honorários advocatícios. Experiência do Juiz. "Muito embora seja admissível, a nomeação de perito técnico para a precisa avaliação do trabalho advocatício prestado não exsurge como obrigação imposta ao magistrado, até mesmo porque ao juiz da causa recai a melhor experiência para tal aferição, uma vez que é profissional do direito, expectador e destinatário de toda prova e de toda atividade vertida nas demandas judiciais" (STJ, AgRg no Ag 1.206.781/MG, Rel. Min. Vasco Della Giustina, 3ª Turma, jul. 28.09.2010, *DJe* 14.10.2010).

6. Licitação. "Evidente que, segundo as regras de experiência ordinárias (ainda mais levando em conta tratar-se, na espécie, de administradores públicos), o direcionamento de licitações, sem a devida publicidade, levará à contratação de propostas eventualmente superfaturadas (salvo nos casos em que não existem outras partes capazes de oferecerem os mesmos produtos e/ou serviços)" (STJ, REsp 1.190.189/SP, Rel. Min. Mauro Campbell Marques, 2ª Turma, jul. 10.08.2010, *DJe* 10.09.2010).

7. Elementos fáticos probatórios. "A conclusão do acórdão é resultante da aplicação das regras de experiência sobre os elementos fáticos-probatórios reunidos nos autos. Procedimento, aliás, absolutamente correto e respaldado pelo artigo 131 do Código de Processo Civil [art. 371 do CPC/2015]" (STJ, REsp 750.128/RS, Rel. Min. Massami Uyeda, 3ª Turma, jul. 05.05.2009, *DJe* 15.05.2009).

Art. 376. A parte que alegar direito municipal, estadual, estrangeiro ou consuetudinário provar-lhe-á o teor e a vigência, se assim o juiz determinar.

CPC/1973

Art. 337.

BREVES COMENTÁRIOS

Para a lei processual, os meios legais de prova e os moralmente legítimos são empregados no processo "para provar a verdade dos *fatos* em que se funda a ação ou a defesa" (art. 369). São, pois, os fatos litigiosos o objeto da prova. O direito, em regra, não se prova, máxime quando se trata da ordem jurídica federal. O direito local, estrangeiro ou costumeiro nem sempre é suficientemente divulgado, entre nós. Daí a possibilidade de o juiz ordenar à parte que o alegar fazer a prova de seu teor e de sua vigência, quando entender necessário.

JURISPRUDÊNCIA SELECIONADA

1. A comprovação do direito local. Aplicação apenas nas instâncias ordinárias. "A regra do art. 376 do novo CPC (antigo art. 337 do CPC/73), segundo a qual a parte que alega direito local somente lhe provará teor, vigência e conteúdo se houver determinação judicial, situa-se no âmbito da teoria geral da prova e serve às instâncias ordinárias na atividade instrutória da causa, não se aplicando, todavia, ao juízo de admissibilidade de recurso dirigido ao Superior Tribunal de Justiça, que possui regra específica. Precedente" (STJ, REsp 1.763.167/GO, Rel. p/ Acórdão Min. Nancy Andrighi, 3ª Turma, jul. 18.02.2020, *DJe* 26.02.2020).

2. Exceção. "Salvo nas hipóteses do art. 212 do CPC de 1939, reproduzido no art. 337 do CPC de 1973 [art. 376, CPC/2015], não é necessário que a parte junte aos autos processuais o texto da lei em que baseia o seu direito. Se a lei, reguladora da matéria controvertida, já se achava editada e em pleno vigor, devia o eg. Tribunal *a quo* aplicá-la independentemente de se lhe juntar o texto nos autos processuais. Incide no pormenor o brocardo latino que diz: *jura novit curia*. Julgando, como julgou, que a

Recorrente não demonstrou a existência da questionada lei, que, na verdade, existia, o acórdão impugnado negou vigência dessa lei" (STF, RE 74.066/SP, Rel. Min. Antônio Neder, 1ª Turma, jul. 12.05.1981, *RTJ* 99/146).

3. *Jura novit curia*. "A regra esposada no art. 337 do CPC [art. 376 do CPC/2015] decorre do princípio geral segundo o qual o magistrado conhece o direito (*iura novit curia*). Se o conhecimento do preceito normativo municipal não dependia de prova, nem ela foi previamente exigida da parte, não há como impor qualquer sanção processual ao autor" (STJ, REsp 1.123.156/MG, Rel. Min. Castro Meira, 2ª Turma, jul. 09.02.2010, *DJe* 24.02.2010). **No mesmo sentido:** STJ, AgRg no REsp 299.177/MG, Rel. Min. Francisco Falcão, Rel. p/ ac. Min. Teori Albino Zavascki, 1ª Turma, jul. 15.09.2005, *DJ* 28.11.2005, p. 189; STJ, AgRg no REsp 1.130.001/SC, Rel. Min. Benedito Gonçalves, 1ª Turma, jul. 19.08.2010, *DJe* 25.08.2010.

4. Feriado local. Comprovação. "Nos termos do art. 337 do CPC [art. 376 do CPC/2015], compete à parte recorrente comprovar a ausência de expediente forense para justificar a interposição de seu recurso em data posterior ao que normalmente seria o termo final do prazo recursal. Precedentes do STF e do STJ" (STJ, AgRg no AgRg no Ag 1.188.471/MG, Rel. Min. Arnaldo Esteves Lima, 5ª Turma, jul. 04.05.2010, *DJe* 21.06.2010). **No mesmo sentido:** STJ, AgRg no Ag 1.039.755/RJ, Rel. Min. Hamilton Carvalhido, 1ª Turma, jul.26.08.2008, *DJe* 03.09.2008.

5. Comprovação da existência do costume comercial. "Há desvio de perspectiva na afirmação de que só a prova documental derivada do assentamento demonstra um uso ou costume comercial. O que ocorre é a atribuição de um valor especial – de prova plena – àquela assim constituída; mas disso não se extrai, como pretende a recorrente, que o assentamento é o único meio de se provar um costume. Não é possível excluir, de plano, a possibilidade de que a existência de um costume mercantil seja demonstrada por via testemunhal" (STJ, REsp 877.074/RJ, Rel. Min. Nancy Andrighi, 3ª Turma, jul. 12.05.2009, *DJe* 17.08.2009).

6. Costume *contra legem*. "A adoção de costume 'contra legem' é controvertida na doutrina, pois depende de um juízo a respeito da natureza da norma aparentemente violada como sendo ou não de ordem pública" (STJ, REsp 877.074/RJ, Rel. Min. Nancy Andrighi, 3ª Turma, jul. 12.05.2009, *DJe* 17.08.2009).

Art. 377. A carta precatória, a carta rogatória e o auxílio direto suspenderão o julgamento da causa no caso previsto no art. 313, inciso V, alínea "b", quando, tendo sido requeridos antes da decisão de saneamento, a prova neles solicitada for imprescindível.

Parágrafo único. A carta precatória e a carta rogatória não devolvidas no prazo ou concedidas sem efeito suspensivo poderão ser juntadas aos autos a qualquer momento.

CPC/1973

Art. 338.

REFERÊNCIA LEGISLATIVA

CPC/2015, arts. 260 a 268 (cartas), 313, V, *b* (suspensão do processo; sentença de mérito pendente de cumprimento de carta), 357 (saneamento do processo).

BREVES COMENTÁRIOS

Diligências fora do juízo da causa, não explicadas ou mal explicadas pela parte, ficarão a cargo do requerente, sem comprometer o desenvolvimento normal do processo. Somente as que, à evidência, forem relevantes serão dotadas de força suspensiva.

Mesmo quando se confere efeito suspensivo à carta precatória ou rogatória, deve o juiz fixar o prazo dentro do qual a parte interessada haverá de promover o cumprimento da diligência. Mas quando a carta retornar após o prazo assinado pelo juiz, ou quando for expedida sem efeito suspensivo, deverá, ainda assim, ser juntada aos autos, "a qualquer momento". O prazo, in casu, tem a função de impedir a suspensão indefinida do processo e evitar manobras de procrastinação maliciosa de resolução de mérito.

JURISPRUDÊNCIA SELECIONADA

1. Precatória. "Seu deferimento para ser cumprida antes da data designada para a realização da audiência de instrução e julgamento. Falta de providencias da parte, que, inclusive, deixou de pagar as custas para a realização das diligencias. Legalidade do encerramento da instrução" (STF, AI 99.030 AgR, Rel. Min. Soares Muñoz, 1ª Turma, jul. 04.09.1984, *DJ* 05.10.1984).

2. Prova testemunhal por precatória ou rogatória. "A prova testemunhal por precatória ou rogatória requerida nos moldes do art. 338 do CPC [art. 377 do CPC/2015] não impede o Juiz de julgar a ação, muito menos o obriga a suspender o processo, devendo fazê-lo apenas quando considerar essa prova imprescindível, assim entendida aquela sem a qual seria inviável o julgamento de mérito. A prova meramente útil, esclarecedora ou complementar, não deve obstar o processo de seguir seu curso regularmente" (STJ, REsp 1.132.818/SP, Rel. Min. Nancy Andrighi, 3ª Turma, jul. 03.05.2012, *DJe* 10.05.2012).

Art. 378. Ninguém se exime do dever de colaborar com o Poder Judiciário para o descobrimento da verdade.

CPC/1973

Art. 339.

REFERÊNCIA LEGISLATIVA

CPC/2015, art. 438, I (requisição de certidão a repartição pública).

CJF – I JORNADA DE DIREITO PROCESSUAL CIVIL

Enunciado 31 – A compatibilização do disposto nos arts. 378 e 379 do CPC com o art. 5º, LXIII, da CF/1988, assegura à parte, exclusivamente, o direito de não produzir prova contra si quando houver reflexos no ambiente penal.

BREVES COMENTÁRIOS

A realização da justiça é um dos objetivos primaciais do Estado moderno. O poder de promovê-la inscreve-se entre os atributos da soberania. Acima dos interesses particulares das partes, há um interesse superior, de ordem pública, na justa composição da lide e na prevalência da vontade concreta da lei, como desígnios indissociáveis do ideal da manutenção da paz social e do império da ordem jurídica. É por esta razão que a autoridade do juiz é reforçada pelos Códigos atuais, naquilo que se refere à pesquisa da verdade real. E para todo o cidadão surge, como um princípio de direito público, o *dever de colaborar com o Poder Judiciário na busca da verdade*. Trata-se de uma sujeição que atinge não apenas as partes, mas todos que tenham entrado em contato com os fatos relevantes para a solução do litígio.

JURISPRUDÊNCIA SELECIONADA

1. Compartilhamento e produção de provas. Confidencialidade, reciprocidade e necessidade de provas. "A ninguém é dado eximir-se do dever de colaborar com o Poder Judiciário, incumbindo ao terceiro, em relação a qualquer causa, exibir coisa ou documento que esteja em seu poder, observado o direito de abster-se de eventual autoincriminação (arts. 378, 379 e 380, II, do CPC). A ressalva feita pelo Brasil em relação ao *pre-trial discovery of documents*, nos termos do art. 23 da Convenção de Haia sobre a Obtenção de Provas no Estrangeiro em Matéria Civil ou Comercial, não impede a busca de provas no estrangeiro, mas evita a coleta abusiva de provas quando dirigidas contra particulares" (STJ, AgInt na CR 14.548/EX, Rel. Min. João Otávio de Noronha, Corte Especial, jul. 07.04.2020, *DJe* 16.04.2020).

2. Ação de exibição de documentos. "É legítima a pretensão da CEF de exigir, dos referidos bancos, a entrega de dados e extratos correspondentes ao período em que foram responsáveis pela conta vinculada, especialmente quando tal exigência se destina a formar prova judicial em demanda do interesse do titular da conta. Afinal, 'ninguém se exime do dever de colaborar com o Poder Judiciário para o descobrimento da verdade' (CPC, art. 339) [art. 378 do CPC/2015]" (EREsp 706.660/PE, Rel. Min. Teori Albino Zavascki, 1ª Seção, jul. 08.03.2006, *DJ* 27.03.2006, p. 148).

Art. 379. Preservado o direito de não produzir prova contra si própria, incumbe à parte:

I – comparecer em juízo, respondendo ao que lhe for interrogado;

II – colaborar com o juízo na realização de inspeção judicial que for considerada necessária;

III – praticar o ato que lhe for determinado.

CPC/1973

Art. 340.

REFERÊNCIA LEGISLATIVA

CF, art. 5º, II.

CPC/2015, arts. 385 a 388 (depoimento pessoal), 481 a 484 (inspeção judicial).

BREVES COMENTÁRIOS

Os deveres gerais das partes, enunciados no art. 77, resumem-se ao compromisso com a *lealdade* e a *veracidade*. No campo da prova, o art. 379 detalha deveres que representam a forma prática de cooperação obrigatória do litigante na revelação da verdade em torno dos fatos básicos do litígio.

Em relação ao direito de o indivíduo não fazer prova contra si próprio, analisando situação em que houve recusa em se submeter ao exame do bafômetro, o STJ entendeu que o princípio *nemo tenetur se detegere* protege "os acusados ou suspeitos de possíveis violências físicas e morais empregadas pelo agente estatal na coação em cooperar com a investigação criminal. Daí a aplicá-lo, de forma geral e irrestrita, a todas as hipóteses de sanção estatal "destituídas do mesmo sistema de referência vai uma larga distância". Por isso, para a aplicação das penalidades administrativas, sem conteúdo criminal, em que as sanções têm caráter meramente persuasório da observância da legislação de trânsito", não há qualquer incompatibilidade entre o princípio do *nemo tenetur se detegere* e o § 3º, do art. 277 do CTB (REsp 1.677.380/RS).

JURISPRUDÊNCIA SELECIONADA

1. Intimação para fornecimento de documentos solicitados pela justiça estrangeira. Possibilidade. "A intimação para fornecimento de documentos solicitados pela Justiça estrangeira não caracteriza, por si só, violação da garantia contra a autoincriminação e a concessão de exequatur não acarreta prejuízo aos direitos da parte. Ninguém pode eximir-se de colaborar com o Poder Judiciário, mas a parte tem o direito de não produzir prova contra si, em observância ao princípio *nemo tenetur se detegere*" (STJ, AgInt nos EDcl na CR 10.603/EX, Rel. Min. João Otávio de Noronha, Corte Especial, jul. 13.11.2018, *DJe* 20.11.2018).

2. Teste do bafômetro. Recusa em se submeter ao exame. Sanção administrativa. Autonomia das infrações. Identidade de penas. Desnecessidade de prova da embriaguez. Infração de mera conduta. Dever instrumental de fazer. Princípio da autoincriminação. Inaplicabilidade. "O princípio *nemo tenetur se detegere* merece prestígio no sistema de referência próprio, servindo para neutralizar os arbítrios contra a dignidade da pessoa humana eventualmente perpetrados pela atividade estatal de persecução penal. Protege os acusados ou suspeitos de possíveis violências físicas e morais empregadas pelo agente estatal na coação em cooperar com a investigação criminal. Daí a aplicá-lo, de forma geral e irrestrita, a todas as hipóteses de sanção estatal destituídas do mesmo sistema de referência vai uma larga distância. Não há incompatibilidade entre o princípio *nemo tenetur se detegere* e o § 3º do art. 277 do CTB, pois este se dirige a deveres instrumentais de natureza estritamente administrativa, sem conteúdo criminal, em que as sanções estabelecidas têm caráter meramente persuasório da observância da legislação de trânsito. A dignidade da pessoa humana em nada se mostra afrontada pela obrigação de fazer prevista no *caput* do art. 277 do CTB, com a consequente penalidade estabelecida no § 3º do mesmo dispositivo legal. Primeiro, porque inexiste coação física ou moral para que o condutor do veículo se submeta ao teste de alcoolemia, etilômetro ou bafômetro. Só consequência patrimonial e administrativa pelo descumprimento de dever positivo instituído pela legislação em favor da fiscalização viária. Pode o condutor livremente optar por não realizar o teste, assumindo os ônus legais correspondentes. Segundo, porque a sanção administrativa pela recusa em proceder na forma do art. 277, *caput*, não presume culpa de embriaguez, nem implica autoincriminação. Tampouco serve de indício da prática do crime do art. 306 do CTB. Restringe-se aos efeitos nela previstos, sem repercussão na esfera penal ou na liberdade pessoal do indivíduo. A exigência legal de submissão a exame técnico ou científico, com os consectários jurídicos da recusa, não é exclusividade do CTB. Consta, *v.g.*, dos art. 231 e 232 do Código Civil. O STJ editou a Súmula 301 com o seguinte teor: 'Em ação investigatória, a recusa do suposto pai a submeter-se ao exame de DNA induz presunção *juris tantum* de paternidade.' A previsão de efeitos legais contrários a quem se recusa a se submeter a prova técnica não é tema heterodoxo na legislação ou repelido pelo Superior Tribunal de Justiça, desde que não envolvida matéria criminal" (STJ, REsp 1.677.380/RS, Rel. Min. Herman Benjamin, 2ª Turma, jul. 10.10.2017, *DJe* 16.10.2017).

3. Decisão sem a realização de prova técnica (inciso III). "Não violenta os artigos 333, I, e 340, III, do Código de Processo Civil [arts. 373, I, e 379, III, do CPC/2015] o julgado que decide a causa sem a realização de perícia requerida pelo embargante, que dela desistiu por falta de condições para arcar com os custos do perito, considerando suficiente a prova documental para os pontos que desafiou" (STJ, REsp 302.555/SE, Rel. Min. Carlos Alberto Menezes Direito, 3ª Turma, jul. 13.11.2001, *DJ* 18.02.2002, p. 416).

"O Oficial de Justiça ou o Perito não estão obrigados a arcar, em favor da Fazenda Pública, com as despesas necessárias para a execução de atos judiciais" (STJ, REsp 117.631/SP, Rel. Min. Milton Luiz Pereira, 1ª Turma, jul. 02.12.1999, *DJ* 08.03.2000, p. 47).

Art. 380. Incumbe ao terceiro, em relação a qualquer causa:

I – informar ao juiz os fatos e as circunstâncias de que tenha conhecimento;

II – exibir coisa ou documento que esteja em seu poder.

Parágrafo único. Poderá o juiz, em caso de descumprimento, determinar, além da imposição de multa, outras medidas indutivas, coercitivas, mandamentais ou sub-rogatórias.

CPC/1973

Art. 341.

REFERÊNCIA LEGISLATIVA

CF, art. 5º, XIV.

CPC/2015, arts. 396 a 404 (exibição de documento ou coisa).

LC nº 105, de 10 de janeiro de 2001 (sigilo bancário).

Lei nº 1.079, de 10.04.1950 (Lei que define os crimes de responsabilidade), art. 5º, 4 (revelar negócios políticos ou militares que devam ser mantidos secretos a bem da defesa da segurança externa e dos interesses da Nação).

Lei nº 8.021, de 14.04.1990 (dispõe sobre a identificação dos contribuintes para fins fiscais), art. 8º (a autoridade fiscal poderá solicitar informações sobre operações realizadas pelo contribuinte em instituições financeiras, inclusive extratos de contas bancária).

Lei nº 9.472, de 16.07.1997 (dispõe sobre a organização dos serviços de telecomunicações), art. 72.

Lei nº 12.846, de 1º.08.2013 (dispõe sobre a responsabilidade administrativa e civil de pessoas jurídicas pela prática de atos contra a Administração Pública nacional ou estrangeira – Lei Anticorrupção).

BREVES COMENTÁRIOS

O dever dos terceiros de colaborar com a Justiça no descobrimento da verdade, que se acha detalhado no art. 380, é limitado pelo sigilo profissional e pela inviolabilidade da intimidade, da honra, da vida privada, que encontram defesa na legislação civil e penal, configurando garantias fundamentais asseguradas pela Constituição (art. 5º, X). As informações do item I são tomadas através de depoimentos testemunhais e ainda através de correspondência, quando o juiz requisita dados, como nos casos de salários do devedor em ação de alimentos, e outras situações análogas. As próprias repartições públicas não se excluem desse dever de informar, o mesmo ocorrendo com as pessoas jurídicas de direito privado, como os estabelecimentos bancários, companhias de seguro etc. Sobre a exibição de documento ou coisa, há um incidente apropriado, que se regula pelos arts. 396 a 404.

JURISPRUDÊNCIA SELECIONADA

1. Dever de colaboração. Juntada de documentos. Procedimento administrativo. Acordo de leniência. Sigilo. Extensão. Limites. Oposição ao poder judiciário. "O acordo de leniência é instituto destinado a propiciar a obtenção de provas da prática de condutas anticoncorrenciais, por meio do qual se concede ao coautor signatário benefícios penais e administrativos. Nos termos da legislação, assegura-se o sigilo das propostas de acordo de leniência, as quais, eventualmente rejeitadas, não terão nenhuma divulgação, devendo ser restituídos todos os documentos ao proponente. Aceito e formalizado o acordo de leniência, a extensão do sigilo somente se justificará no interesse das apurações ou em relação a documentos específicos cujo segredo deverá ser guardado também em tutela da concorrência. Todavia, ainda que estendido o sigilo, não se pode admitir sua protração indefinida no tempo, perdendo sentido sua manutenção após esgotada a fase de apuração da conduta, termo marcado pela apresentação do relatório circunstanciado pela Superintendência-Geral ao Presidente do Tribunal Administrativo. O dever geral de colaboração para elucidação dos fatos, imposto nos termos do art. 339 do CPC [art. 378 do CPC/2015], somente é afastado por meio de regras expressas de exclusão, entre as quais o sigilo profissional calcado na necessidade precípua de manutenção da relação de confiança inerente a determinadas profissões, o que não se afigura razoável na hipótese dos autos em que a relação entre signatários do acordo e a entidade pública se vinculam por meio do exercício do poder de polícia. Nos termos da Lei n. 12.529/11, art. 11, X, compete aos conselheiros do Tribunal Administrativo de Defesa Econômica prestar informações e fornecer cópias dos autos dos procedimentos administrativos ao Poder Judiciário, quando requeridas para instruir ações judiciais, de modo que eventual sigilo do procedimento administrativo não pode ser oposto ao Poder Judiciário" (STJ, REsp 1.554.986/SP, Rel. Min. Marco Aurélio Bellizze, 3ª Turma, jul. 08.03.2016, *DJe* 05.04.2016).

2. Prova. Interceptação de comunicação eletrônica. Ordem judicial descabida. Ver jurisprudência do art. 369 do CPC/2015.

3. Sigilo bancário e fiscal.

a) Requisitos:

Satisfatória fundamentação judicial a ensejar a quebra de sigilo. "A unissona jurisprudência do Superior Tribunal de Justiça e do Supremo Tribunal Federal tem disciplinado que, havendo **satisfatória fundamentação judicial** a ensejar a quebra de sigilo, não há violação a nenhuma cláusula pétrea constitucional. Tal assertiva decorre do direito à proteção dos sigilos bancário, telefônico e fiscal ser relativo e não absoluto como pugna a recorrente. Precedentes" (STJ, RMS 18.445/PE, Rel. Min. Castro Filho, 3ª Turma, jul. 03.05.2005, *DJ* 23.05.2005, p. 264).

"A violação do sigilo bancário sem autorização judicial extrapola a moderação exigida pela Lei e não configura legítima defesa do patrimônio alheio. Tal conduta rompe o limite do comedimento e descamba para a ilicitude" (STJ, REsp 268.694/SP, Rel. Min. Humberto Gomes de Barros, 3ª Turma, jul. 22.02.2005, *DJ* 04.04.2005, p. 298).

Esgotamento das tentativas de obtenção dos dados na via extrajudicial. "O STJ firmou entendimento de que a quebra de sigilo fiscal ou bancário do executado para que o exequente obtenha informações sobre a existência de bens do devedor inadimplente é admitida somente após terem sido esgotadas as tentativas de obtenção dos dados na via extrajudicial" (STJ, AgRg no REsp 1.135.568/PE, Rel. Min. João Otávio de Noronha, 4ª Turma, jul. 18.05.2010, *DJe* 28.05.2010).

Demonstração da indispensabilidade da medida. "A decisão que determinou a quebra de sigilo bancário do ora Recorrente, sem a necessária demonstração da indispensabilidade da medida, configura-se ilegítima" (STJ, RMS 22.761/BA, Rel. Min. Laurita Vaz, 5ª Turma, jul. 07.12.2010, *DJe* 17.12.2010).

Prevalência do direito público sobre o privado. Decisão fundamentada. "A proteção ao sigilo fiscal não é direito absoluto, podendo ser quebrado quando houver a prevalência do direito público sobre o privado, na apuração de fatos delituosos, desde que a decisão esteja adequadamente fundamentada na necessidade da medida" (STJ, REsp 1.028.315/BA, Rel.ª Min.ª Nancy Andrighi, 3ª Turma, jul. 14.06.2011, *DJe* 24.06.2011). **No mesmo sentido**: STJ, 6ª Turma, HC 15.026/SC, Rel. Min. Vicente Leal, *DJU* 04.11.2002; STJ, RMS 7.423/SP, Rel. Min. Milton Luiz Pereira, 1ª Turma, jul. 12.06.1997, *DJ* 03.11.1997, p. 56.217; STJ, REsp 996.983/PE, Rel. Min. Herman Benjamin, 2ª Turma, jul. 18.06.2009; STJ, RMS 22.761/BA, Rel. Min. Laurita Vaz, 5ª Turma, jul. 07.12.2010, *DJe* 17.12.2010.

b) Excepcionalidade da medida. "A interferência do Poder Estatal na vida privada das pessoas, das organizações e das empresas deve ser admitida sempre com renovada cautela. Por isso, a quebra de sigilo bancário, por interferir na esfera de intimidade do cidadão e das corporações, **é medida de todo excepcional**, que exige decisão judicial concretamente fundamentada, sob pena de se transformar em acessório genérico de busca de prova em toda e qualquer investigação, incidindo a famigerada figura da pesquisa exploratória de dados que deve ser confinada em seguros padrões de legalidade" (STJ, HC 101.461/SP, Rel. Min. Napoleão Nunes Maia Filho, 5ª Turma, jul. 03.03.2009, *DJe* 16.03.2009).

"Conforme disposto no inciso XII do artigo 5º da Constituição Federal, **a regra é a privacidade** quanto à correspondência, às comunicações telegráficas, aos dados e às comunicações, ficando a exceção – a quebra do sigilo – submetida ao crivo de órgão equidistante – o Judiciário – e, mesmo assim, para efeito de investigação criminal ou instrução processual penal. Sigilo de dados bancários – Receita Federal. Conflita com a Carta da República norma legal atribuindo à Receita Federal – parte na relação jurídico-tributária – o afastamento do sigilo de dados relativos ao contribuinte" (STF, RE 389.808, Rel. Min. Marco Aurélio, Tribunal Pleno, jul. 15.12.2010, *DJ* 10.05.2011).

c) Exceções quanto à necessidade de autorização judicial para a quebra do sigilo fiscal e bancário:

Fazenda Pública. Desnecessidade de prévia autorização judicial. Sigilo bancário. Fornecimento de informações sobre movimentação bancária de contribuintes, pelas instituições financeiras, diretamente ao fisco, sem prévia autorização judicial (lei complementar 105/2001). Possibilidade de aplicação da lei 10.174/2001 para apuração de créditos tributários referentes a exercícios anteriores ao de sua vigência" (STF, RE 601.314 RG, Rel. Min. Ricardo Lewandowski, jul. 22.10.2009, *DJe* 20.11.2009).

Ministério Público. "A exemplo do entendimento consagrado no STJ, no sentido de que nas Execuções Fiscais a Fazenda Pública pode requerer a quebra do sigilo fiscal e bancário sem intermediação judicial, tal possibilidade deve ser estendida ao **Ministério Público, que possui atribuição constitucional de requisitar informações para fins de procedimento administrativo de investigação**, além do fato de que ambas as instituições visam ao bem comum e ao interesse público. Precedentes do STJ e do STF" (STJ, RMS 31.362/GO, Rel. Min. Herman Benjamin, 2ª Turma, jul. 17.08.2010, *DJe* 16.09.2010).

d) Procedimento administrativo-fiscal. "O sigilo bancário do contribuinte não pode ser quebrado com base em procedimento administrativo-fiscal, por implicar indevida intromissão na privacidade do cidadão, garantia esta expressamente amparada pela CF (art. 5º, inc. X). Apenas o **Poder Judiciário**, por um de seus órgãos, pode eximir as instituições financeiras do dever de segredo em relação às matérias arroladas em lei. Interpretação integrada e sistemática dos arts. 38, § 5º, da Lei nº 4.595/64 e 197, inciso II e § 1º, do CTN" (STJ, REsp 37.566-5/RS, Rel. Min. Demócrito Reinaldo, 1ª Turma, jul. 02.02.1994, *DJU* 28.03.1994, p. 6.294).

e) Carta rogatória. "O deferimento de execução de carta rogatória, com exclusão de sequestro – medida executória – e de quebra de sigilo bancário, para obter-se simples informações, não implica ofensa à ordem pública e à soberania nacional" (STF, AGRCR 8.622/IT, Rel. Min. Marco Aurélio, Tribunal Pleno, *DJU* 01.02.2002, p. 87).

f) Dados não abarcados. "Não estão abarcados pelo sigilo fiscal ou bancário os dados cadastrais (endereço, n.º telefônico e qualificação dos investigados) obtidos junto ao banco de dados do Serpro" (STJ, EDcl no RMS 25.375/PA, Rel. Min. Felix Fischer, 5ª Turma, jul. 18.11.2008, *DJe* 02.02.2009).

g) Obtenção acerca da existência de ativos financeiros. BACEN. "A jurisprudência de ambas as Turmas que compõem a Primeira Seção desta Corte é firme no sentido de admitir a possibilidade de quebra do sigilo bancário (expedição de ofício ao Banco Central para obter informações acerca da existência de ativos financeiros do devedor), desde que esgotados todos os meios para localizar bens passíveis de penhora. Sobre o tema, esta Corte estabeleceu dois entendimentos, segundo a data em que foi requerida a penhora, se antes ou após a vigência da Lei n. 11.382/2006. A primeira, aplicável aos pedidos formulados antes da vigência da aludida lei, no sentido de que a penhora pelo sistema Bacen-JUD é medida excepcional, cabível apenas quando o exequente comprova que exauriu as vias extrajudiciais de busca dos bens do executado. Na maioria desses julgados, o STJ assevera que discutir a comprovação desse exaurimento esbarra no óbice da Súmula n. 7/STJ. Por sua vez, a segunda solução, aplicável aos requerimentos realizados após a entrada em vigor da mencionada lei é no sentido de que essa penhora não exige mais a comprovação de esgotamento de vias extrajudiciais de busca de bens a serem penhorados. O fundamento desse entendimento é justamente o fato de a Lei n. 11.382/2006 equiparar os ativos financeiros a dinheiro em espécie" (STJ, AgRg no Ag 1.007.114/SP, Rel. Min. Benedito Gonçalves, 1ª Turma, jul. 18.11.2008, *DJe* 26.11.2008). **No mesmo sentido, anterior à entrada em vigor da Lei n. 11.382/2006:** STJ, EDcl no REsp 159.705/SP, Rel. Min. Sálvio de Figueiredo Teixeira, 4ª Turma, jul. 15.06.1999, *DJ* 16.08.1999.

h) Comissão Parlamentar de Inquérito (CPI). "A quebra de sigilo – que se apoia em fundamentos genéricos e que não indica fatos concretos e precisos referentes à pessoa sob investigação – constitui ato eivado de nulidade. Revela-se desvestido de fundamentação o ato de Comissão Parlamentar de Inquérito, que, ao ordenar a ruptura do sigilo inerente aos registros fiscais, bancários e telefônicos, apoia-se em motivação genérica, destituída de base empírica idônea e, por isso mesmo, desvinculada de fatos concretos e específicos referentes à pessoa investigada. Sem a existência de causa provável, a ser necessariamente indicada pela Comissão Parlamentar de Inquérito, no ato que ordena a quebra de sigilo, não se legitima a excepcional interferência do Estado na esfera sensível da intimidade, que representa prerrogativa jurídica a todos assegurada pela própria Constituição da República" (STF, MS 23.868, Rel. Min. Celso de Mello, Pleno, jul. 30.08.2001, *DJ* 21.06.2002). **No mesmo sentido:** STF, Pleno, MS 23.964/DF, Rel. Min. Celso de Mello, *DJ* 21.06.2002, p. 98.

Lei Complementar nº 105. "O art. 38 da Lei 4.595/64 (Lei do Sistema Financeiro Nacional) previa a quebra de sigilo bancário e fiscal, sendo certo que, com o advento da Lei Complementar 105, de 10.01.2001, culminou por ampliar as hipóteses de exceção do sigilo (§§ 3º e 4º do art. 1º), permitindo o Poder Legislativo e a CPI obterem informações das instituições financeiras, sem a interferência do Poder Judiciário" (STJ, RMS 20.350/MS, Rel. Min. Luiz Fux, 1ª Turma, jul. 15.02.2007, *DJ* 08.03.2007, p. 159). **No mesmo sentido:** ACO 730, Rel. Min. Joaquim Barbosa, Tribunal Pleno, jul. 22.09.2004, *DJ* 11.11.2005.

i) Ações de improbidade. "O art. 1º, § 4º, da Lei Complementar 105/2001 confere respaldo legal à determinação judicial de quebra do sigilo. De acordo com o seu teor, tal medida não se dirige apenas à apuração de crime, mas de 'qualquer ilícito', o que evidencia a sua possível aplicação nas ações de improbidade, máxime quando relacionada a atividade também delituosa, como ocorre no caso. Os sigilos bancário e fiscal, corolários do direito à privacidade, não são absolutos, nem se levantam como barreira de proteção à criminalidade, à corrupção e à sonegação fiscal. Por isso, podem ser excepcional e justificadamente flexibilizados, caso a caso, em prol do interesse público. Precedentes do STJ" (STJ, REsp 996.983/PE, Rel. Min. Herman Benjamin, 2ª Turma, jul. 18.06.2009, *DJe* 30.09.2010).

4. Sigilo telefônico. "A juntada de documento contendo o registro de ligações telefônicas de uma das partes, autorizada por essa e com a finalidade de fazer prova de fato contrário alegado por essa, não enseja quebra de sigilo telefônico nem violação do direito à privacidade, sendo ato lícito nos termos do art. 72, § 1º, da Lei n. 9.472/97 (Lei Geral das Telecomunicações)" (STJ, REsp 605.687/AM, Rel. Min. Nancy Andrighi, 3ª Turma, jul. 02.06.2005, *DJ* 20.06.2005, p. 273).

"O Poder Constituinte Originário resguardou o sigilo das comunicações telefônicas, erigindo-o à categoria de garantia individual, prevista no artigo 5º, inciso XII, da Constituição Federal, admitindo, de forma excepcional, a sua flexibilidade, nos termos da Lei n. 9.296/96" (STJ, HC 128.087/SP, Rel. Min. Jorge Mussi, 5ª Turma, jul. 27.10.2009, *DJe* 14.12.2009).

5. Sigilo profissional. "O sigilo profissional é exigência fundamental da vida social que deve ser respeitado como princípio de ordem pública, por isso mesmo que o Poder Judiciário não dispõe de força cogente para impor a sua revelação, salvo na hipótese de existir específica norma de lei formal autorizando a possibilidade de sua quebra, o que não se verifica na espécie. O interesse público do sigilo profissional decorre do fato de se constituir em um elemento essencial à existência e à dignidade de certas categorias, e à necessidade de se tutelar a confiança nelas depositadas, sem o que seria inviável o desempenho de suas funções, bem como por se revelar em uma exigência da vida e da paz social" (STJ, RMS 9.612/SP, Rel. Min. Cesar Asfor Rocha, 4ª Turma, jul. 03.09.1998, *DJ* 09.11.1998, p. 103, *RSTJ* 114/253).

Médico. "É dever do profissional preservar a intimidade do seu cliente, silenciando quanto a informações que lhe chegaram por força da profissão. O sigilo profissional sofre exceções, como as previstas para o profissional médico, no Código de Ética Médica (art. 102). Hipótese dos autos em que o pedido da Justiça não enseja quebra de sigilo profissional, porque pedido o prontuário para saber da internação de um paciente e do período" (STJ, RMS 14.134/CE, Rel. Min. Eliana Calmon, 2ª Turma, jul. 25.06.2002, *DJ* 16.09.2002, p. 160). **No mesmo sentido:** TACSP, AGI 526199-00/3, Rel. Juiz Milton Severino, 3ª Câmara, jul. 11.08.1998, *RT* 760/295.

"O Tribunal disse, com clareza, que à vista do prontuário, preservados os dados sigilosos quanto à doença e ao tratamento realizado, todos os demais dados relativos à internação não estão ao abrigo do sigilo profissional" (STJ, EDcl no RMS 14.134/CE, Rel. Min. Eliana Calmon, 2ª Turma, jul. 22.10.2002, *DJ* 25.11.2002, p. 214).

Todavia: "Viola a ética médica a entrega de prontuário de paciente internado à companhia seguradora responsável pelo reembolso das despesas" (STJ, REsp 159.527/RJ, Rel. Min. Ruy Rosado de Aguiar, 4ª Turma, jul. 14.04.1998, *RSTJ* 112/224).

Relativização. Impunidade. "O ordenamento jurídico tutela o sigilo profissional do advogado, que, como detentor de função essencial à Justiça, goza de prerrogativa para o adequado exercício profissional. Entretanto, referida prerrogativa não pode servir de esteio para impunidade de condutas ilícitas" (STJ, RHC 22.200/SP, Rel. Min. Arnaldo Esteves Lima, 5ª Turma, jul. 09.03.2010, *DJe* 05.04.2010).

6. Dados cadastrais. "O que é pré-requisito para a 'quebra' de sigilo não pode também ser oponível ao fisco como sigiloso. Desse modo, se a obtenção da ficha cadastral do sujeito passivo (nome, CPF/CNPJ, endereço) é necessária para preencher o critério para a quebra do sigilo, conforme dispõem o art. 3º, § 2º, II, do Decreto n. 3.724/2001, por decorrência lógica, não pode estar sujeita ao sigilo. Dados cadastrais, tais como o nome completo, CPF/CNPJ, endereço e manutenção de conta-corrente em instituições financeiras, são dados de informação obrigatória ao Fisco por parte do sujeito passivo quando da sua declaração do imposto de renda. Não havendo que se falar aí em oponibilidade de qualquer tipo de sigilo à Administração Tributária Federal, pois a simples mudança da fonte da informação não gera a oponibilidade do dever de sigilo" (STJ, REsp 957.379/PR, Rel. Min. Mauro Campbell Marques, 2ª Turma, jul. 02.12.2010, *DJe* 15.12.2010).

☆ DAS PROVAS: INDICAÇÃO DOUTRINÁRIA

Alípio Silveira, A reelaboração das leis por obra dos tribunais, *RP* 13/15; André Cordeiro Leal, Vinícius Lott Thibau. In: BRAGA NETO, Felipe Peixoto; SILVA, Michael César; THIBAU, Vinícius Lott (Coord.). *O Direito Privado e o novo Código de Processo Civil: repercussões, diálogos e tendências*, Belo Horizonte: Fórum, 2018; Antônio Carlos de Araújo Cintra, Prova do direito estrangeiro, *RT* 485/16; Arruda Alvim. *Novo contencioso cível no CPC/2015*. São Paulo: Revista dos Tribunais, 2016; Bruno de Almeida Lewer Amorim, César Fiuza, In: BRAGA NETO, Felipe Peixoto; SILVA, Michael César; THIBAU, Vinícius Lott (Coord.). *O Direito Privado e o novo Código de Processo Civil: repercussões, diálogos e tendências*, Belo Horizonte: Fórum, 2018; Carlos Roberto Gonçalves, Análise da LICC: função no ordenamento jurídico e em especial no processo civil, *RP* 37/85; Cassio Scarpinella Bueno, *Manual de direito processual civil*, São Paulo: Saraiva, 2015; Chiovenda, *A oralidade e a prova, RF* 74/232; Chiovenda, *Instituições de direito processual civil*, São Paulo, v. I, n. 32, p. 187/188; Daniel Amorim Assumpção Neves, *Manual de direito processo civil*, São Paulo: Método, 2015; Dierle Nunes, Alexandre Bahia, Flávio Quinaud Pedron, *Teoria geral do processo*, Salvador: JusPodivm, 2020; E. T. Liebman, *Manuale di diritto processuale civile*, 2. ed., Milão: Giuffrè, 1957, v. I, n. 128, p. 230 – *judex secundum allegata et probata partiam judicare debet*; Elício de Cresci Sobrinho, O juiz e as máximas de experiência, *RF*, 296/430; Enrico Tullio Liebman, A força criativa da jurisprudência e os limites impostos pelo texto da lei, *RP* 43/57; Flávio Quinaud Pedron; Isadora Costa Ferreira. O ônus da prova dinâmica no Código de Processo Civil de 2015. *Revista de Processo*. vol. 285. ano 43. p. 121-156. São Paulo: Ed. RT, nov./2018; Fredie Didier Jr., *Curso de direito processual civil*, 10. ed., Salvador: JusPodivm, 2015, v. II; Fritz Baur, O papel ativo do juiz, *RP* 27/186; Gabriel do Val Santos. A aplicação da teoria das cargas dinâmicas da prova ao novo Código de Processo Civil. In: Thereza Arruda Alvim et al. *O Novo Código de Processo Civil Brasileiro – Estudos dirigidos: Sistematização e procedimentos*. Rio de Janeiro: Forense, 2015, p. 457; Gelson Amaro de Souza, A jurisprudência como interpretação do direito, *RF* 290/462; Getúlio Evaristo dos Santos Neto, Fato notório – verdade sabida – ciência privada, *RJTJSP* 84/25; Guilherme Calmon Nogueira da Gama, In: BRAGA NETO, Felipe Peixoto; SILVA, Michael César; THIBAU, Vinícius Lott (Coord.). *O Direito Privado e o novo Código de Processo Civil: repercussões, diálogos e tendências*, Belo Horizonte: Fórum, 2018; Guilherme Rizzo Amaral, *Comentários às alterações do novo CPC*, São Paulo: Revista dos Tribunais, 2015; Hugo de Brito Machado, Regra geral sobre o ônus da prova no processo judicial, *Revista Dialética de Direito Processual*, n. 150, p. 50-56; Humberto Theodoro Jr., *Curso de direito processual civil*, 61. ed., Forense, 2020, v. I; Humberto Theodoro Júnior e Adriana Mandim Theodoro de Mello, O papel do juiz na instrução do processo que depende de prova técnica – impossibilidade de o magistrado assumir a função do perito, *Revista Magister de Direito Civil e Processual Civil* 50/28; Humberto Theodoro Júnior, *As novas reformas do Código de Processo Civil*, Rio de Janeiro: Forense; Humberto Theodoro Júnior, *Curso de direito processual civil*, 61. ed., Forense: Rio de Janeiro, 2020, v. I; Humberto Theodoro Júnior, Fernanda Alvim Ribeiro de Oliveira, Ester Camila Gomes Norato Rezende (coords.), *Primeiras lições sobre o novo direito processual civil brasileiro*, Rio de Janeiro: Forense, 2015; Humberto Theodoro Júnior, Os poderes do juiz em face da prova, *RF* 263/39, *RCDUFU* 8-1/37; Igor Bimkowski Rossoni, Verdade, certeza e processo: apontamentos sobre a verdade dos fatos no processo judicial, *Revista de Processo*, ano 44, v. 298, p. 43 e ss.; J. E. Carreira Alvim, *Comentários ao novo Código de Processo Civil*, Curitiba: Juruá, 2015; Jaime Piterman, A significação do princípio da independência do juízo no CPC de 1973, *RBDP* 44/135; José Carlos Barbosa Moreira, Os poderes do juiz na direção e na instrução do processo, *RBDP* 48/111, e O juiz e a prova, *RP* 35/178; José Carlos Barbosa Moreira, Regras de experiência e conceitos juridicamente indeterminados, *RF* 261/13; José Carlos Van Cleef de Almeida Santos, *Novo Código de Processo Civil: principais alterações do sistema processual civil*, São Paulo: Rideel, 2014; José Carlos Van Cleef de Almeida Santos. Estudos sobre o ônus da prova da ótica da Lei nº 13.105, de 16 de março de 2015 (CPC/2015). In: SARRO, Luís Antônio Giampaulo. *Novo Código de Processo Civil – Principais Alterações do sistema Processual Civil.* 2. ed. São Paulo: Rideel, 2016, p. 325; José Miguel Garcia Medina, *Novo Código de Processo Civil comentado*, São Paulo: Revista dos Tribunais, 2015; Júlio Cesar Goulart Lanes, Fabrício Costa Pozatti, O juiz como o único destinatário da prova (?), In: Sérgio Cruz Arenhart; Daniel Mitidiero (coords.), *O processo civil entre a técnica processual e a tutela dos direitos*: estudos em homenagem a Luiz Guilherme Marinoni, São Paulo: RT, 2017, p. 495 e ss.; Leonardo Greco, *instituições de processo civil: introdução ao direito processual civil*, 5. ed., Rio de Janeiro: Forense, 2015; Lucas Buril de Macedo, Ravi Peixoto, O paradigma racionalista e o momento de modificação do ônus da prova, *RBDPro*, ano 22, n. 88, p. 211-227, out.-dez. 2014; Luis Antônio Giampaulo Sarro, *Novo Código de Processo Civil*, São Paulo: Rideel, 2015; Luiz Alberto Reichelt. O direito fundamental à prova e os desafios relativos à sua concretização no novo Código de Processo Civil. *Revista de Processo*. vol. 267. ano 42. p. 191. São Paulo: Ed. RT, maio/2017; Luiz Cezar Ramos Pereira, A prova do direito estrangeiro e sua aplicabilidade, *RP* 39/276; Luiz Guilherme Marinoni, Regras de experiência, *Gênesis: Revista de Direito Processual Civil* 41/127; Luiz Guilherme Marinoni, Sérgio Cruz Arenhart, Daniel Mitidiero, *Curso de processo civil*, São Paulo: Revista dos Tribunais, 2015, v. I; Luiz Guilherme Marinoni, Sérgio Cruz Arenhart, In: Sérgio Cruz Arenhart e Daniel Mitidiero (coord.), *Comentários ao Código de Processo Civil*, 2. ed., São Paulo: RT, 2018, v. 6; M. Cappelletti, *La testemonianza della parte nel sistema dell'oralità*, Milão: Giuffrè, 1962, v. I, p. 337; Marcílio da Silva Ferreira Filho, O ônus da prova quanto ao destaque válido do patrimônio público-privado nas ações de usucapião: reflexos do novo e antigo CPC, *Revista Dialética de Direito Processual*, n. 150, p. 56-70; Maria Lúcia Lins Conceição. Provas. In: Luiz Rodrigues Wambier, Teresa Arruda Alvim Wambier. *Temas Essenciais do Novo CPC*. São Paulo: RT, 2016. p. 238; Michele Taruffo. *Uma simples verdade.* O juiz e a construção dos fatos. São Paulo: Marcial Pons, 2016; Michele Taruffo. *A prova.* São Paulo: Marcial Pons, 2014; Moacyr Amaral Santos, *Prova judiciária*, v. I, cap. XII – sobre objeto da prova; Nathaly Campitelli Roque, *Novo Código de Processo Civil: principais alterações do sistema processual civil*, São Paulo: Rideel, 2014; Nathaly Campitelli Roque. Breves apontamentos sobre o regime do ônus da prova no novo Código de Processo Civil. In: SARRO, Luís Antônio Giampaulo. *Novo Código de Processo Civil – Principais Alterações do sistema Processual Civil.* 2. ed. São Paulo: Rideel, 2016, p. 255; Nelson Nery Junior, Rosa Maria de Andrade Nery, *Comentários ao Código de Processo Civil*, São Paulo: Revista dos Tribunais, 2015; Pery Saraiva Neto. Notas sobre a distribuição dinâmica do ônus probatório no novo Código de Processo Civil. In: SARRO, Luís Antônio Giampaulo. *Novo Código de Processo Civil – Principais Alterações do sistema Processual Civil.* 2. ed. São Paulo: Rideel, 2016, p. 459; Pestana de Aguiar, *Comentários ao CPC*, 1977, v. IV, p. 93 e ss. – sobre fatos notórios; Piero Calamandrei, *Instituciones de derecho procesal civil*, Buenos Aires: Depalma, 1942, v. I, p. 330/332; Pontes de Miranda, *Comentários ao CPC* (1939), v. II, p. 165 e ss. – sobre fatos notórios; Teresa Arruda Alvim Wambier, Fredie Didier Jr., Eduardo Talamini, Bruno Dantas (coords.), *Breves comentários ao novo Código de Processo Civil*, São Paulo: Revista dos Tribunais, 2015; Teresa Arruda Alvim Wambier, Maria Lúcia Lins Conceição, Leonardo Ferres da Silva Ribeiro, Rogério Licastro Torres de Melo, *Primeiros comentários ao novo Código de Processo Civil*, São Paulo: Revista dos Tribunais, 2015; Willian Santos Ferreira, In: Teresa Arruda Alvim Wambier, Fredie Didier Jr., Eduardo Talamini, Bruno Dantas, *Breves comentários ao novo Código de Processo Civil*, São Paulo: Revista dos Tribunais, 2015.

Seção II
Da Produção Antecipada da Prova

Art. 381. A produção antecipada da prova será admitida nos casos em que:

I – haja fundado receio de que venha a tornar-se impossível ou muito difícil a verificação de certos fatos na pendência da ação;

II – a prova a ser produzida seja suscetível de viabilizar a autocomposição ou outro meio adequado de solução de conflito;

III – o prévio conhecimento dos fatos possa justificar ou evitar o ajuizamento de ação.

§ 1º O arrolamento de bens observará o disposto nesta Seção quando tiver por finalidade apenas a realização de documentação e não a prática de atos de apreensão.

§ 2º A produção antecipada da prova é da competência do juízo do foro onde esta deva ser produzida ou do foro de domicílio do réu.

§ 3º A produção antecipada da prova não previne a competência do juízo para a ação que venha a ser proposta.

§ 4º O juízo estadual tem competência para produção antecipada de prova requerida em face da União, de entidade autárquica ou de empresa pública federal se, na localidade, não houver vara federal.

§ 5º Aplica-se o disposto nesta Seção àquele que pretender justificar a existência de algum fato ou relação jurídica para simples documento e sem caráter contencioso, que exporá, em petição circunstanciada, a sua intenção.

CPC/1973

Arts. 846 e 847.

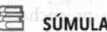

REFERÊNCIA LEGISLATIVA

CPC/2015, arts. 385 a 388 (depoimento pessoal), 442 a 463 (inquirição de testemunhas), 464 a 480 (exame pericial).

SÚMULAS

Súmula do STF:

Nº 154: "Simples vistoria não interrompe a prescrição".

Súmula do STJ:

Nº 32: "Compete à Justiça Federal processar justificações judiciais destinadas a instruir pedidos perante entidades que nela têm exclusividade de foro, ressalvada a aplicação do art. 15, II, da Lei 5.010/66."

Súmula do TFR:

Nº 263: "A produção antecipada de provas, por si só, não previne a competência para a ação principal."

CJF – JORNADAS DE DIREITO PROCESSUAL CIVIL

I JORNADA

Enunciado 50 – A eficácia da produção antecipada de provas não está condicionada a prazo para a propositura de outra ação.

II JORNADA

Enunciado 118 – É cabível a fixação de honorários advocatícios na ação de produção antecipada de provas na hipótese de resistência da parte requerida na produção da prova.

Enunciado 129 – É admitida a exibição de documentos como objeto de produção antecipada de prova, nos termos do art. 381 do CPC.

BREVES COMENTÁRIOS

O direito positivo anterior cuidava da prova antecipada sempre tendo em vista sua utilização em processo futuro e, por isso, regulava o instituto a partir do fundamento de que a antecipação se justificaria pelo risco ou dificuldade da respectiva produção na fase adequada do procedimento normal. Havia, no entanto, construção doutrinária que defendia a existência de um direito autônomo à prova, exercitável, em determinadas circunstâncias, sem cogitar de qualquer futuro processo. O atual Código adere a esse posicionamento, regulando, sob a denominação de "produção antecipada de prova", casos em que se combate o risco de prejuízo para a instrução de processo atual ou iminente e, também, casos em que a parte age em busca de conhecimento de fatos que possam esclarecer sobre a conveniência de não demandar ou de obter composição extrajudicial para controvérsias (CPC/2015, art. 381, II e III).

A produção antecipada de prova, permitida pelo CPC/2015, tem cabimento qualquer que seja a natureza da demanda visada – que pode ser contenciosa, ou mesmo de jurisdição voluntária – e tanto pode ser manejada por quem pretenda agir como por quem queira defender-se, como ainda por quem apenas queira certificar a ocorrência de determinado fato, documentando-a judicialmente. Sua admissibilidade, porém, não fica subordinada ao alvedrio do promovente. É essencial que esteja presente a necessidade de antecipar-se a prova para alguns dos objetivos traçados pelo art. 381 do CPC/2015, ou seja:

(a) para evitar a impossibilidade de sua realização futura (inciso I);

(b) para viabilizar a autocomposição ou outro meio adequado de solução de conflito (inciso II); ou

(c) para conhecimento prévio dos fatos que possa justificar ou evitar o ajuizamento de ação (inciso III).

O fundado receio exigido pela lei (Inciso I) corresponde à probabilidade de não ter a parte condições, no momento processual adequado, de produzir a prova, seja porque o fato é passageiro, seja porque a coisa ou a pessoa possam perecer ou desaparecer. Se não existe esse risco, a medida autorizada no inciso I do art. 381 não terá cabimento e poderá, inclusive, ser contestada pelo promovido como medida desnecessária e onerosa. Na hipótese do inciso I, do art. 381, tem-se uma medida que desempenha tutela cautelar, justificada pelo risco de ficar a parte impedida de contar com a prova, caso tenha de aguardar o desenvolvimento normal do processo principal para produzi-la. Esse traço, porém, não se faz presente nos demais itens do art. 381, os quais autorizam produção antecipada de prova sem qualquer conotação com sua urgência.

O atual Código reconhece, pois, riscos ou motivos jurídicos distintos da impossibilidade de produção futura da prova, mas que se mostram relevantes para ulterior tomada de decisões pela parte promovente. A falta de prova atual, por si só, pode obstar, dificultar ou simplesmente comprometer a futura defesa de interesses em juízo. Por isso, antes de decidir sobre o ingresso em juízo, ou mesmo sobre a conveniência de não demandar, é justo que o interessado se certifique da realidade da situação fática em que se acha envolvido. Obtendo provas elucidadoras previamente, evitar-se-ia demanda temerária ou inadequada à real situação da controvérsia. Esclarecida a quadra fática, facilitar-se-ia a autocomposição, ou até mesmo se evitaria o ingresso em juízo com demanda desnecessária e inviável.

Em suma, a ação de exibição pode ser proposta como preparatória de ação principal previamente anunciada, mas pode, também, ser manejada como ação autônoma, sem vinculação necessária com outra ação.

O atual Código permite, ainda, que a produção antecipada ocorra para quem pretender justificar a existência de algum fato ou relação jurídica para documentação, sem caráter contencioso.

JURISPRUDÊNCIA SELECIONADA

1. *Credit score*, Interesse de agir. Ação cautelar de exibição de documentos. "A Segunda Seção do STJ, no julgamento do REsp 1.419.697/RS, submetido ao regime dos recursos repetitivos, definiu que, no tocante ao sistema *scoring* de pontuação, 'apesar de desnecessário o consentimento do consumidor consultado, devem ser a ele fornecidos esclarecimentos, caso solicitado, acerca das fontes dos dados considerados (histórico de crédito), bem como as informações pessoais valoradas' (REsp 1419697/RS, Rel. Ministro Paulo de Tarso Sanseverino, Segunda Seção, julgado em 12/11/2014, *DJe* 17/11/2014). (...). Destarte, para efeitos do art. 543-C do CPC [art. 1.036 do CPC/2015], firma-se a seguinte tese: "Em relação ao sistema *credit scoring*, o interesse de agir para a propositura da ação cautelar de exibição de documentos exige, no mínimo, a prova de: i) **requerimento** para obtenção dos dados ou, ao menos, a tentativa de fazê-lo à instituição responsável pelo sistema de pontuação, com a fixação de prazo razoável para atendimento; e ii) **que a recusa do crédito almejado ocorreu em razão da pontuação que lhe foi atribuída pelo sistema Scoring**" (STJ, REsp 1304736/RS, Rel. Min. Luis Felipe Salomão, 2ª Seção, jul. 24.02.2016, *DJe* 30.03.2016).

2. Produção antecipada de prova. Desnecessidade de indicação da ação principal a ser proposta. "Novo Código de Processo Civil que trouxe significativas mudanças em relação a este instituto jurídico. *Fumus boni juris* bem demonstrado. Desnecessidade de indicação da ação principal a ser proposta" (TJSP, Ap.1021351-05.2016.8.26.0114, Rel. Des. Silveira Paulilo, 21ª Câmara de Direito Privado, jul. 04.10.2016, data de registro 04.10.2016).

3. Ação de exibição de documentos. Ação autônoma. "Admite-se o ajuizamento de ação autônoma para a exibição de documento, com base nos arts. 381 e 396 e seguintes do CPC [arts. 420 e 434 do CPC/2015], ou até mesmo pelo procedimento comum, previsto nos arts. 318 e seguintes do CPC, ou seja, o cabimento da ação de exibição de documentos não impede o ajuizamento de ação de produção de antecipação de provas. Precedentes" (STJ, AgInt nos EDcl no REsp 1.867.001/CE, Rel. Min. Nancy Andrighi, 3ª Turma, jul. 10.08.2020, *DJe* 14.08.2020). No mesmo sentido: STJ, REsp 1.774.987/SP, Rel. Min. Maria Isabel Gallotti, 4ª Turma, jul. 08.11.2018, *DJe* de 13.11.2018.

4. Necessidade de requerimento administrativo prévio. Ausência de interesse de agir. "Nos termos da jurisprudência do STJ, 'nas ações de exibição de documentos, a ausência de prévio requerimento administrativo denota a ausência de interesse de agir' (AgInt no AREsp 1.403.993/SP, Rel. Ministro MARCO BUZZI, Quarta Turma, *DJe* de 29.3.2019)" (STJ, AgInt no AREsp 1.546.118/SP, Rel. Min. Raul Araújo, 4ª Turma, jul. 20.04.2020, *DJe* 04.05.2020).

5. Ação ajuizada antes da instauração da arbitragem. Competência. "Uma vez estabelecida a cláusula compromissória arbitral, compete, a partir de então, ao Juízo arbitral solver todo e quaisquer conflitos de interesses, determinados ou não, advindos da relação contratual subjacente, inclusive em tutela de urgência, seja acautelatória, seja antecipatória.

Todavia, com o escopo único de viabilizar o acesso à Justiça, na exclusiva hipótese de que a arbitragem, por alguma razão, ainda não tenha sido instaurada, eventual medida de urgência deverá ser intentada perante o Poder Judiciário, para preservar direito sob situação de risco da parte postulante e, principalmente, assegurar o resultado útil da futura arbitragem. Ressai evidenciada, nesse contexto, a indispensável cooperação entre as jurisdições arbitral e estatal. (...) Diante da existência de um direito material à prova, autônomo em si – que não se confunde com os fatos que ela se destina a demonstrar (objeto da prova), tampouco com as consequências jurídicas daí advindas, podendo (ou não) subsidiar outra pretensão –, a lei adjetiva civil estabelece instrumentos processuais para o seu exercício, que pode se dar incidentalmente, no bojo de um processo já instaurado entre as partes, ou por meio de uma ação autônoma (ação probatória *lato sensu*). Esta ação probatória autônoma não exige, necessariamente, que a produção da prova se apresente em situação de risco, podendo ser utilizada, inclusive, para evitar o ajuizamento de uma futura ação, seja pela constatação, a partir da prova produzida, da ausência de direito passível de tutela, seja para viabilizar a composição entre as partes. A ação de produção antecipada de prova, especificamente nas hipóteses estabelecidas nos incisos II e III do art. 381 do CPC/2015, apresenta-se, desse modo, absolutamente desvinculada da natureza cautelar ou de caráter de urgência (concebida como o risco de perecimento do direito à prova). Afigurando-se indiscutível o caráter jurisdicional da atividade desenvolvida pela arbitragem ao julgar ações probatórias autônomas, as quais guardam, em si, efetivos conflitos de interesses em torno da própria prova, cujo direito à produção é que constitui a própria causa de pedir deduzida – e resistida pela parte adversa –, a estipulação de compromisso arbitral atrai inarredavelmente a competência do Tribunal arbitral para conhecer a ação de produção antecipada de provas. A urgência, 'que dita impossibilidade prática de a pretensão aguardar a constituição da arbitragem', é a única exceção legal à competência dos árbitros. Doutrina especializada. Esta compreensão apresenta-se mais consentânea com a articulação – e mesmo com a divisão de competências legais – existente entre as jurisdições arbitral e estatal, reservando-se a esta última, em cooperação àquela, enquanto não instaurada a arbitragem, preservar o direito à prova da parte postulante que se encontra em situação de risco, com o escopo único de assegurar o resultado útil de futura arbitragem. Ausente esta situação de urgência, única capaz de autorizar a atuação provisória da Justiça estatal em cooperação, nos termos do art. 22-A da Lei de Arbitragem, toda e qualquer pretensão – até mesmo a relacionada ao direito autônomo à prova, instrumentalizada pela ação de produção antecipada de provas, fundada nos incisos II e II do art. 381 do CPC/2015 – deve ser submetida ao Tribunal arbitral, segundo a vontade externada pelas partes contratantes. Em sendo a pretensão afeta ao direito à prova indiscutivelmente relacionada à relação jurídica contratual estabelecida entre as partes, cujos litígios e controvérsias dela advindos foram, sem exceção, voluntariamente atribuídos à arbitragem para solvê-los, dúvidas não remanescem a respeito da competência exclusiva dos árbitros para conhecer a correlata ação probatória desvinculada de urgência. Não cabe, pois, ao intérprete restringi-la, se as partes contratantes não o fizeram expressamente" (STJ, REsp 2.023.615/SP, Rel. Min. Marco Aurélio Bellizze, 3ª Turma, jul. 14.03.2023, *DJe* 20.03.2023).

6. Competência. "Antes mesmo do advento da norma expressa do art. 381, § 2º, do CPC/2015, o STJ já permitia a relativização da competência do juízo da ação principal em relação aos procedimentos cautelares ao interpretar a aplicabilidade do art. 800 do CPC/73 à produção de provas na forma antecipada, levando em consideração questões práticas de instrução processual, além de a necessidade de se conferir maior celeridade. Precedentes. Hipótese em que a realização de prova pericial em equipamento localizado em sede de empresa terceira exigirá do perito levantamento estrutural, verificação de cálculos e soluções de engenharia, além de questionamentos sobre materiais e técnicas de construção utilizados, para fins de avaliar existência de problemas ou defeitos que poderão ensejar eventual ação principal. O foro de exame prévio de prova não torna ele prevento para a eventual ação principal (art. 381, § 3º, do CPC/2015), razão pela qual inexiste prejuízo presumido da parte que busca a prevalência da regra geral de competência territorial do domicílio do réu, ou da eleição de foro em contrato" (STJ, REsp 2.136.190/RS, Rel. Min. Nancy Andrighi, 3ª Turma, jul. 04.06.2024, *DJe* 06.06.2024).

7. Requisitos da antecipação. "A pretensão a antecipar prova está subordinada a requisitos estipulados em lei. Não é simples obra de arbítrio da parte. Por isso, o requerente, ao formular o pedido da prova antecipada, deverá apresentar a justificativa da medida cautelar. A justificação sumária consiste na simples e breve demonstração de que ocorre um dos pressupostos do art. 847 do CPC [arts. 381 e 382 do CPC/2015], ou de que a natureza da perícia, por si só, autoriza o fundado receio de que venha a tornar-se, no futuro, impossível ou improfícuo o exame – art. 849 do CPC" [art. 381, I, do CPC/2015] (TJSC, Ag. 3.612, Rel. Des. Nélson Konrad, 3ª Câmara, jul. 09.09.1986, *Adcoas*, 1987, nº 113.101).

"Produção antecipada de prova. Seguradora que intenta seja efetuado exame pericial de prédio segurado. Legitimidade e interesse presentes, embora não tenha havido pagamento de indenização" (STJ, REsp 8.971/SP, Rel. Min. Eduardo Ribeiro, 3ª Turma, jul. 21.05.1991, *DJ* 17.06.1991, p. 8.206).

8. Natureza. "A ação cautelar de produção antecipada de provas, prevista no artigo 846 e seguintes do CPC [arts. 381 e ss. do CPC/2015], a rigor, é procedimento de jurisdição voluntária" (TRF 5ª Região, Ap. 173.103/PB, Rel. Juiz Rogério Fialho Moreira, 1ª Turma, jul. 08.08.2002, *DJU* 30.09.2002, p. 1.064).

"A medida cautelar de produção antecipada de provas, prevista nos artigos 846 a 851, do CPC [arts. 381 a 383 do CPC/2015], deve encerrar-se com uma sentença, de natureza formal, na qual o Juiz homologa a prova produzida, após examinar apenas a regularidade formal do processo" (TRF 2ª Região, Ag. 11.143/RJ, Rel. Juiz Franca Neto, 6ª Turma, jul. 25.06.2002, *DJU* 30.08.2002, p. 367).

9. Interrupção da prescrição. "Na sistemática do Código de Processo Civil de 1973, a cautelar de antecipação de prova interrompe a prescrição quando se tratar de medida preparatória de outra ação, tornando inaplicável, nesses casos, o verbete sumular nº 154/STF, editado sob a égide do CPC/1939" (STJ, REsp 202.564/RJ, Rel. Min. Sálvio de Figueiredo Teixeira, 4ª Turma, jul. 02.08.2001, *DJU* 01.10.2001, p. 220).

10. Intervenção de terceiros. "Não cabe denunciação da lide em medida cautelar de produção antecipada de prova. É admissível a intervenção de terceiro em ação cautelar de produção antecipada de prova, na forma de assistência provocada, pois visa garantir a efetividade do princípio do contraditório, de modo a assegurar a eficácia da prova produzida perante aquele que será denunciado à lide, posteriormente, no processo principal" (STJ, REsp 213.556/RJ, Rel.ª Min.ª Nancy Andrighi, 3ª Turma, jul. 20.08.2001, *DJU* 17.09.2001, p. 161; *JBCC*, v. 194, p. 340).

"Proposição deduzida no momento processual adequado, obrigando o Magistrado a lançar pronunciamento a respeito. Providência admissível, desde que cabível no processo principal. Embargos infringentes recebidos para anular a sentença, devendo o Juiz decidir sobre a viabilidade da citação do terceiro" (TJSP, Emb. Infr. 79.885-4, Rel. Waldemar Nogueira Filho, 3ª Câmara Dir. Priv., jul. 28.03.2000).

11. Custas e honorários. "Com a instauração de litígio no curso do processo, face a resistência da parte contrária na realização da produção antecipada de provas, é de se ter como legítima a condenação do sucumbente não só nas custas como também na verba honorária" (TAPR, Ap. 141252200, Rel. Juiz

Conv. Jucimar Novochadlo, 8ª Câmara Cível, jul. 29.11.1999, *DJ* 04.02.2000).

12. Questão objeto de discussão. "Tratando-se de simples medida acautelatória que não comporta qualquer julgamento, nenhuma questão estranha à realização da prova poderá ser levantada. Decisão mantida. Recurso improvido" (2º TA Cível SP, AI 625.960-00/2, Rel. Juiz Felipe Ferreira, 2ª Câmara, jul. 27.03.2000). **No mesmo sentido:** AI 625.960-00/2, Rel. Juiz Felipe Ferreira, 2ª Câmara Cível, jul. 27.03.2000, com a seguinte referência: TFR, Ag. 55.286/RJ, Rel. Min. Costa Leite, 1ª Turma, jul. 07.06.1988, negaram provimento, *DJU* 17.10.1988, p. 26.589.

13. Legitimidade. "A legitimidade passiva, como condição da ação, deve recair na pessoa em face de quem pode ser manejada a pretensão da demanda. Tratando-se de contrato de prestação de serviços, a legitimidade para integrar o polo passivo da medida cautelar de produção antecipada de prova é da empresa com a qual se contratou o serviço, e não de quem o executou na qualidade de representante" (TAMG, Ap. 338.195-1, Rel. Juiz Gouvêa Rios, 1ª Câmara Cível, jul. 21.08.2001).

"Informação. Internet. Origem de mensagem eletrônica (*e-mail*). Identificação de usuário. Legitimidade passiva. Pretendendo os autores, em cautelar preparatória, obter informações a respeito da origem de mensagens eletrônicas recebidas – *e-mails* –, a direcionarem futura ação indenizatória, não assume legitimidade a demandada que somente prestou serviço de transporte de telecomunicações SRTT –, servindo tão somente de meio físico a interligar o usuário final ao provedor do serviço de conexão a Internet" (TJRS, AI 70003736659, Rel. Paulo Antônio Kretzmann, 10ª Câmara Cível, jul. 20020509).

"Tratando-se de área comum sob suspeita de ser propriedade do condomínio, este pode ser representado para responder a medida cautelar de produção antecipada de provas por seu síndico, não precisando de uma autorização especial, servindo-lhe a já outorgada pela assembleia-geral" (2º TACSP, AI 653.099-00/9, Rel. Juiz Henrique Nelson Calandra, 3ª Câmara Cível, jul. 5.2.2000, *JTA(LEX)* 187/430).

"Direito de vizinhança. Legitimidade passiva. Construtor. Solidariedade. Reconhecimento. É certa a responsabilidade solidária do construtor por eventuais danos causados a imóvel vizinho, a refletir sua legitimidade passiva em cautelar de antecipação de prova, medida que se justifica pela dinâmica dos fatos" (2º TA Cível SP, AI 718.522-00/0, Rel. Juiz Celso Pimentel, 4ª Câmara, jul. 06.11.2001).

"O processo de produção antecipada de provas, por não possuir natureza contenciosa, não comporta seja nele suscitada questão de legitimidade de parte em face de atos e fatos que serão devidamente investigados por ocasião da ação indenizatória principal, a ser futuramente ajuizada" (STJ, REsp 119.953/GO, Rel. Min. Aldir Passarinho Júnior, 4ª Turma, jul. 04.09.2001, *DJU* 04.02.2002, p. 365).

14. Identidade física do juiz. "É inaplicável o princípio da identidade física do Juiz (art. 32 do CPC) [art. 94 do CPC/2015] ao procedimento antecipado de prova, não somente por nele inexistir audiência de instrução, bem como julgamento da lide. A impugnação da prova é impertinente no juízo antecipatório" (TRF 1ª Região, Ap. 01.468.439/MG, Rel. Juiz Evandro Reimão dos Reis, 3ª Turma, jul. 10.04.2002, *DJU* 13.06.2002, p. 349).

15. Desapropriação. "Em ação de desapropriação, a produção antecipada de prova pericial deve ater-se ao registro de situações fáticas passíveis de serem alteradas no curso da lide, mas não para a fixação do preço da indenização" (TRF 4ª Região, Ag. 47.997/SC, Rel.ª Juíza Maria de Fátima Freitas Labarrére, 3ª Turma, jul. 06.03.2001, *DJU* 04.04.2001, p. 688).

16. Diferença para antiga vistoria *ad perpetuam rei memoriam*. "Cautelar de produção antecipada de provas com observância do princípio do contraditório não é medida equiparável a antiga vistoria *ad perpetuam rei memoriam*" (STJ, REsp 28.368/SP, Rel. Min. Waldemar Zveiter, 3ª Turma, jul. 01.12.1992, *DJ* 01.02.1993, p. 463).

17. Produção antecipada de prova testemunhal. "A produção antecipada de provas está adstrita àquelas consideradas de natureza urgente pelo Juízo processante, consoante sua prudente avaliação, no caso concreto. Não serve como justificativa do pedido a alusão abstrata e especulativa no sentido de que as testemunhas podem se esquecer dos fatos ou que poderão mudar de endereço ou até vir a falecer durante o tempo em que perdurar a suspensão do processo. Muito embora sejam assertivas passíveis de concretização, não passam, no instante presente, de mera conjectura, já que desvinculadas de elementos objetivamente deduzidos. A afirmação de que a passagem do tempo propicia um inevitável esquecimento dos fatos, se considerada como verdade absoluta, implicaria a obrigatoriedade da produção antecipada da prova testemunhal em todos os casos de suspensão do processo, na medida em que seria reputada de antemão e inexoravelmente de caráter urgente, retirando do Juiz a possibilidade de avaliá-la no caso concreto" (STJ, EREsp 469.775/SP, Rel. Min. Laurita Vaz, 3ª Seção, jul. 24.11.2004, *DJ* 02.03.2005, p. 186).

Art. 382. Na petição, o requerente apresentará as razões que justificam a necessidade de antecipação da prova e mencionará com precisão os fatos sobre os quais a prova há de recair.

§ 1º O juiz determinará, de ofício ou a requerimento da parte, a citação de interessados na produção da prova ou no fato a ser provado, salvo se inexistente caráter contencioso.

§ 2º O juiz não se pronunciará sobre a ocorrência ou a inocorrência do fato, nem sobre as respectivas consequências jurídicas.

§ 3º Os interessados poderão requerer a produção de qualquer prova no mesmo procedimento, desde que relacionada ao mesmo fato, salvo se a sua produção conjunta acarretar excessiva demora.

§ 4º Neste procedimento, não se admitirá defesa ou recurso, salvo contra decisão que indeferir totalmente a produção da prova pleiteada pelo requerente originário.

CPC/1973

Art. 848.

CJF – I JORNADA DE DIREITO PROCESSUAL CIVIL

Enunciado 32 – A vedação à apresentação de defesa prevista no art. 382, § 4º, do CPC, não impede a alegação pelo réu de matérias defensivas conhecíveis de ofício.

BREVES COMENTÁRIOS

É essencial que se demonstre a necessidade de se produzir antecipadamente certa prova, seja em razão do perigo de se tornar impossível ou muito difícil sua produção, seja para evitar futuro litígio ou para auxiliar na autocomposição.

Recebida a petição, o juiz determinará, de ofício ou a requerimento, a citação de interessados na produção da prova ou no fato a ser provado, salvo se inexistir caráter contencioso (art. 382, § 1º).

Em se tratando de prova oral, o juiz ao despachar a petição simplesmente designará audiência para inquirição da testemunha ou interrogatório da parte. A testemunha será intimada e a parte contrária citada.

Se a prova a antecipar for pericial, o procedimento terá de adaptar-se ao disposto nos arts. 464 a 480. O promovente deverá formular seus quesitos e indicar seu assistente técnico na própria petição, bem como pedir a citação da parte contrária para acompanhar a perícia.

JURISPRUDÊNCIA SELECIONADA

1. Ação de produção antecipada de provas. Deferimento liminar do pedido, sem oitiva da parte adversa. Contraditório. Vulneração. "É de se reconhecer, portanto, que a disposição legal contida no art. 382, § 4º, do Código de Processo Civil não comporta interpretação meramente literal, como se no referido procedimento não houvesse espaço algum para o exercício do contraditório, sob pena de se incorrer em grave ofensa ao correlato princípio processual, à ampla defesa, à isonomia e ao devido processo legal" (STJ, REsp. 2.037.088/SP, Rel. Min. Marco Aurélio Bellizze, 3ª Turma, jul. 07.03.2023, *DJe* 13.03.2023).

2. Decisão irrecorrível. Mandado de segurança. Ausência de manifesta ilegalidade ou teratologia. Segurança Denegada. "Hipótese em que o ato judicial impugnado foi proferido em procedimento de produção antecipada de prova no qual, nos termos do art. 382, § 4º, do CPC/2015, não cabe recurso algum. 'A impossibilidade de interposição de recurso prevista no § 4º do art. 382 do Código de Processo Civil de 2015 não enseja, por si só, a concessão da segurança, devendo ser apreciada a eventual teratologia, a manifesta ilegalidade ou o abuso de poder no ato judicial atacado'. No caso dos autos, não se verifica ilegalidade ou teratologia na decisão que indeferiu o pedido de reabertura de prazo concedido pelo Juiz, por liberalidade e sem respaldo na legislação, e mesmo assim descumprido pela agravante, ao apresentar quesitos complementares a serem respondidos pelo perito somente um dia antes da audiência (CPC/2015, art. 477, § 3º) (AgInt no RMS 63.075/SP, Relator Ministro Ricardo Villas Bôas Cueva, terceira turma, julgado em 23/11/2020, *DJe* de 1º/12/2020)" (STJ, AgInt no RMS 69.967/PR, Rel. Min. Raul Araújo, 4ª Turma, jul. 16.05.2023, *DJe* 23.05.2023).

3. Condições da ação. "Somente é possível a arguição de ausência de condições da ação e descabimento da medida, em vista do disposto no artigo 848 do Estatuto Processual" (TRF 1ª Região, Ap 01.468.439/MG, Rel. Juiz Evandro Reimão dos Reis, 3ª Turma, jul. 10.04.2002, *DJ* 13.06.2002, p. 349).

Art. 383. Os autos permanecerão em cartório durante 1 (um) mês para extração de cópias e certidões pelos interessados.

Parágrafo único. Findo o prazo, os autos serão entregues ao promovente da medida.

CPC/1973

Art. 851.

BREVES COMENTÁRIOS

A sentença que o juiz profere nas medidas de antecipação de prova é apenas homologatória, isto é, refere-se apenas ao reconhecimento da eficácia dos elementos coligidos, para produzir efeitos inerentes à condição de prova judicial. Após a sentença homologatória, os autos da antecipação de prova permanecem em Cartório durante um mês para extração de cópias e certidões, findo este prazo, os autos serão entregues ao promovente da medida. Por isso, não se há de cogitar, na espécie, de prevenção de competência para eventual ajuizamento de futura ação em torno dos fatos pesquisados num procedimento meramente administrativo.

JURISPRUDÊNCIA SELECIONADA

1. Validade da medida. "Concluída a perícia realizada na produção antecipada de prova pericial, homologado o laudo, não sendo proposta qualquer ação com vistas a utilização da prova realizada e não induzindo a simples distribuição qualquer tipo de litispendência, nem alerta da existência de lide, para resguardo de terceiros, vale a medida somente entre as partes que dela participaram. Inexiste, assim, qualquer inconveniente em que se dê baixa na distribuição, o que não interfere com a determinação do art. 851 do CPC" [art. 383 do CPC/2015] (1º TARJ Ag. 25.086, Rel. Juiz Francisco Farias, 2ª Câmara, jul. 17.05.1984, *Adcoas*, 1985, nº 99.539).

2. Sentença. "... Posto que a praxe venha admitindo a homologação da prova, falando mesmo em sentença homologatória, na realidade sentença alguma há, pois ao juiz, realizado o exame pericial, só compete dar cumprimento ao art. 851 do CPC [art. 383 do CPC/2015]. E, mesmo para os que entendem existir tal sentença, teria caráter meramente homologatório, sem qualquer influência sobre a prova, reconhecendo – o que se projeta desnecessário – a eficácia dos elementos coligidos para que sirvam judicialmente. Por outras palavras, ela atestaria a circunstância de a coleta ter sido feita em Juízo e para fins judiciais" (1º TA Cível SP, Ap. 352.087, Rel. Juiz Rodrigues de Carvalho, 8ª Câmara, jul. 18.3.86, na, *Adcoas*, 1987, nº 111.240).

3. Honorários advocatícios. "São indevidos os honorários advocatícios na produção antecipada de prova, vez que, se tratando de providência destinada à colheita de prova cuja verificação posterior possa tornar-se impossível ou difícil, inexiste litígio ensejador da sucumbência" (STJ, REsp 39.441-4/BA, Rel. Min. Cláudio Santos, 3ª Turma, jul. 15.03.1993; *DJU* 07.03.1994, p. 3.662).

"Não discrepa a Terceira Turma sobre o não cabimento de honorários de advogado em medida cautelar de produção antecipada de prova, considerando que não há lide a justificá-los" (STJ, REsp 401.003/SP, Rel. Min. Carlos Alberto Menezes Direito, 3ª Turma, jul. 11.06.2002, *DJ* 26.08.2002, p. 215). **Entretanto**, "Deve ser condenado a pagar honorários o réu que resiste à pretensão cautelar de produção antecipada de provas e, ao final, fica vencido" (STJ, AgRg no REsp 826.805/RS, Rel. Min. Humberto Gomes de Barros, 3ª Turma, jul. 06.12.2007, *DJ* 18.12.2007, p. 269).

4. Designação de audiência. "A produção antecipada de prova visa apenas documentar a prova como fato, não havendo espaço suficiente para designação de audiência onde o perito possa comparecer para esclarecer quesitos, pois '... feito o exame pericial, os autos permanecerão em cartório...' (art. 851 do CPC) [art. 383 do CPC/2015], à disposição dos interessados. Assim qualquer esclarecimento do perito há de ser feito no processo principal' (ac. un. 7444 da 8ª Câmara Cível, TAPR, Rel. Juiz Airvaldo Stela Alves)'" (TAPR, Ap. 141252200, Sertanópolis, Rel. Juiz Conv. Jucimar Novochadlo, ac. 29.11.1999, 8ª Câmara Cível, *DJ* 04.02.2000).

5. Desistência. "Efetivada a prova, em ação cautelar de produção antecipada, o requerente dela não mais pode desistir, pois essa prova serve mais ao processo que propriamente ao interesse ou ao direito subjetivo da parte" (*JTJ* 157/134).

PRODUÇÃO ANTECIPADA DE PROVA: INDICAÇÃO DOUTRINÁRIA

Américo Andrade Pinho, Ações probatórias autônomas, *Revista de Processo*, São Paulo, ano 45, v. 307, p. 247 e ss., set. 2020; Arthur Ferrari Arsutti, *A nova produção antecipada da prova*: estratégia, eficiência e organização do processo, Salvador: JusPodivm, 2019; Cláudio Vianna de Lima, O processo cautelar no novo CPC, *RF* 246/109; Eduardo Talamini. Produção antecipada de prova no Código de Processo Civil de 2015. *Revista de Processo*, vol. 260, ano 41, p. 75-101. São Paulo: RT, out./2016; Elias Marques de Medeiros Neto; Lucas Dantas. *Notas sobre a ação de produção antecipada de provas*. Caxias do Sul: Jurisplenum, ano XV, n. 85. jan. 2019, p. 55-68; Flávio Cheim Jorge; Thiago Ferreira Siqueira. Produção antecipada de prova e tutela jurisdicional diferenciada no Código de Processo Civil de 2015. *Revista Magister de Direito Civil e Processual Civil*, v. 90, maio/jun. 2019, p. 21-40; Fredie Didier Jr., *Curso de direito processual civil*, 10. ed., Salvador: JusPodivm, 2015, v. II; Gil Trotta Telles, Contestação em produção antecipada de provas, *Ajuris* 23/158; Humberto Theodoro Jr., *Comentários ao CPC*, v. V, – a contestação do promovido deve versar sobre *ilegitimidade de parte, falta de requisito legal da medida* etc., e versará, ainda, sobre a necessidade ou não da medida e sobre o *conteúdo* das provas a serem colhidas; Humberto Theodoro Júnior, *Curso de direito processual civil*, 61. ed., Rio de Janeiro: Forense, 2020, v. I; Humberto Theodoro Júnior, Fernanda Alvim Ribeiro de Oliveira, Ester Camila Gomes Norato Rezende (coords.), *Primeiras lições sobre o novo direito processual civil brasileiro*, Rio de Janeiro: Forense, 2015; Luiz Guilherme Marinoni, Sérgio Cruz Arenhart, In: Sérgio Cruz Arenhart e Daniel Mitidiero (coord.), *Comentários ao Código de Processo Civil*, 2. ed., São Paulo: RT, 2018, v. 7; Pontes de Miranda, *Comentários ao CPC (1973)*, tomo XII, p. 267 – "não há dúvida que se procede antecipadamente, por cautela, mas o depoimento aí, já é parte da instrução (art. 410, I e III); o que não se dá quanto ao depoimento *ad perpetuam rei memoriam*"; Rodrigo Barioni, A produção antecipada de provas sem o requisito da urgência em matéria ambiental: repensando a estratégia dos litígios ambientais, In: Ana Cândida Menezes Marcato et al. (orgs.), Reflexões sobre o Código de Processo Civil de 2015: uma contribuição dos membros do Centro de Estudos Avançados de Processo – Ceapro, São Paulo: Verbatim, 2018, p. 657 e ss; Fábio Ferrez de Arruda Leme; Ricardo Nunes. Antecipação da prova pericial em ações envolvendo propriedade intelectual – viabilidade para concessão de tutelas provisórias. *Revista dos Tribunais*, v. 1.050, p. 245-272.

Seção III
Da Ata Notarial

Art. 384. A existência e o modo de existir de algum fato podem ser atestados ou documentados, a requerimento do interessado, mediante ata lavrada por tabelião.

Parágrafo único. Dados representados por imagem ou som gravados em arquivos eletrônicos poderão constar da ata notarial.

REFERÊNCIA LEGISLATIVA

Lei nº 8.935/1994, arts. 1º e 3º.

BREVES COMENTÁRIOS

A ata notarial foi incluída pelo atual CPC como meio de prova, no art. 384. Entende-se por serviço notarial e de registro os de organização técnica e administrativa, destinados a garantir a publicidade, a autenticidade, a segurança e a eficácia dos atos jurídicos (art. 1º da Lei nº 8.935/1994).

A atividade notarial e de registro é exercida pelo tabelião ou notário, profissional do direito, dotado de fé pública (art. 3º da Lei nº 8.935/1994), que atua como delegatário do Poder Público, por meio de concurso público. Uma vez que a lei não define o que é a ata notarial, a doutrina a conceitua como "o testemunho oficial de fatos narrados pelo notário no exercício de sua competência em razão de seu ofício", ou, ainda, como o "documento em que foram narrados os fatos presenciados pelo tabelião" (CHAVES, Carlos Fernando Brasil; REZENDE, Afonso Celso F. *Tabelionato de notas e o notário perfeito*. 5. ed. Campinas: Millennium, 2010, p. 172).

Embora ambas sejam tecnicamente meios de prova pertencentes ao gênero dos documentos notariais, a escritura pública e a ata notarial não se confundem. Enquanto a escritura pública retrata um negócio jurídico praticado entre as partes contratantes em presença do tabelião, a ata notarial registra um fato jurídico narrado ou não, de acordo com a percepção sensorial do notário. A escritura pública dá forma solene ao negócio, interferindo o tabelião ativamente, por meio da emissão de juízos de valor, relevantes para sua eficácia plena. Para a ata notarial, a atuação do tabelião apresenta um caráter eminentemente passivo, de situar-se como um observador que não se intromete na ação, limitando-se a certificar a ocorrência (PEREIRA, Márcio Alexandre. Ata notarial como instrumento probatório no processo. *Revista de Direito Privado*, São Paulo, v. 120, p. 76, abr./jun. 2024).

Importante ressaltar, então, que o notário, na ata, não dá autenticidade ao fato, apenas o relata com autenticidade. É especialmente por isso que a ata notarial é um instrumento distinto da escritura pública. Esta se presta a provar negócios jurídicos e declarações de vontade; aquela simplesmente descreve, a requerimento do interessado, fatos constatados presencialmente pelo tabelião. A ata notarial, de tal forma, atesta ou documenta a existência e o modo de existir de algum fato (art. 384, caput), além de poder preservar a memória do registro eletrônico, na medida em que também pode reproduzir dados representados por imagem ou som gravados em arquivos eletrônicos (art. 384, parágrafo único).

DA ATA NOTARIAL: INDICAÇÃO DOUTRINÁRIA

Arruda Alvim. *Novo contencioso cível no CPC/2015*. São Paulo: Revista dos Tribunais, 2016; Carlos Fernando Brasil Chaves, Afonso Celso F. Rezende, *Tabelionato de notas e o notário perfeito*, 5. ed., Campinas: Millennium, 2010; Fredie Didier Jr., *Curso de direito processual civil*, 10. ed., Salvador: JusPodivm, 2015, v. II; Humberto Theodoro Júnior, *Curso de direito processual civil*, 61. ed., Forense: Rio de Janeiro, 2020, v. I; Juliana de Oliveira Xavier Ribeiro, *Direito notarial e registral*, Rio de Janeiro: Elsevier, 2008; Luiz Guilherme Marinoni, Sérgio Cruz Arenhart, In: Sérgio Cruz Arenhart e Daniel Mitidiero (coord.), *Comentários ao Código de Processo Civil*, 2. ed., São Paulo: RT, 2018, v. 7; Narciso Orlandi Neto, Ata notarial e a retificação no registro imobiliário, In: Leonardo Brandelli (coord.), *Ata notarial*, Porto Alegre: Instituto de Registro Imobiliário do Brasil: S/A, 2004, p. 156; Rodrigo Barioni, Os limites da ata notarial como meio de prova em juízo, In: Olavo de Oliveira Neto, Elias Marques de Medeiros Neto; Ricardo Augusto de Castro Lopes (coords.), *A prova no direito processual civil: estudos em homenagem ao professor João Batista Lopes*, São Paulo: Verbatim, 2013; William Santos Ferreira, In: Teresa Arruda Alvim Wambier, Fredie Didier Jr., Eduardo Talamini, Bruno Dantas, *Breves comentários ao novo Código de Processo Civil*, São Paulo: Revista dos Tribunais, 2015.

Seção IV
Do Depoimento Pessoal

Art. 385. Cabe à parte requerer o depoimento pessoal da outra parte, a fim de que esta seja interrogada na audiência de instrução e julgamento, sem prejuízo do poder do juiz de ordená-lo de ofício.

§ 1º Se a parte, pessoalmente intimada para prestar depoimento pessoal e advertida da pena de confesso, não comparecer ou, comparecendo, se recusar a depor, o juiz aplicar-lhe-á a pena.

§ 2º É vedado a quem ainda não depôs assistir ao interrogatório da outra parte.

§ 3º O depoimento pessoal da parte que residir em comarca, seção ou subseção judiciária diversa daquela onde tramita o processo poderá ser colhido por meio de videoconferência ou outro recurso tecnológico de transmissão de sons e imagens em tempo real, o que poderá ocorrer, inclusive, durante a realização da audiência de instrução e julgamento.

CPC/1973

Art. 343.

REFERÊNCIA LEGISLATIVA

CPC/2015, arts. 379, I (dever de comparecer em juízo e responder ao que lhe for perguntado); 388 (dispensa a parte do ônus de depor); 389 a 395 (confissão).

CJF – I JORNADA DE DIREITO PROCESSUAL CIVIL

Enunciado 33 – No depoimento pessoal, o advogado da contraparte formulará as perguntas diretamente ao depoente.

BREVES COMENTÁRIOS

A finalidade desse meio de prova é dupla: provocar a confissão da parte e esclarecer fatos discutidos na causa. O momento processual da ouvida do depoimento pessoal é a audiência de instrução e julgamento (art. 385). Trata-se de ato personalíssimo, que não pode ser praticado por mandatário.

A pena de confissão, imposta à parte convocada a prestar depoimento pessoal, conduz a uma presunção relativa, que pode não prevalecer diante do conjunto probatório dos autos (STJ, AI 43.984-4/RJ, 4ª Turma, *DJU* 28.03.1994, p. 6.331).

Se o depoente residir fora da comarca onde corre o feito, poderá ser ouvido através de carta precatória ou rogatória. Mas o atual Código inovou, ao permitir que a oitiva seja feita por meio de videoconferência ou outro recurso tecnológico de transmissão de sons e imagens em tempo real, podendo dar-se, inclusive, durante a realização da audiência de instrução e julgamento (art. 385, § 3º).

Além do depoimento pessoal, que tem por objetivo principal provocar a confissão, o juiz, a qualquer tempo, pode ordenar o comparecimento da parte, para inquiri-la sobre fatos da causa. Nessa hipótese, não se cuida propriamente de obtenção de prova, mas de esclarecimento (CPC, art. 139, VIII). Isto, porém, não quer dizer que a parte, convocada para esclarecimentos, esteja impedida de confessar, se a tanto se mostrar disposta. Se tal ocorrer, o interrogatório esclarecedor terá se transformado em depoimento pessoal, com eficácia de confissão, para a instrução probatória do processo.

JURISPRUDÊNCIA SELECIONADA

1. Depoimento pessoal.

Direito do adversário. "Nos termos do art. 343 do CPC/1973 (atual artigo 385 do NCPC/2015), o depoimento pessoal é um direito conferido ao adversário, seja autor ou réu. Não cabe à parte requerer seu próprio depoimento, bem assim dos seus litisconsortes, que desfrutam de idêntica situação na relação processual" (STJ, REsp 1291096/SP, Rel. Min. Ricardo Villas Bôas Cueva, 3ª Turma, jul. 02.06.2016, *DJe* 07.06.2016).

Ato personalíssimo. "O depoimento pessoal é ato personalíssimo, em que a parte revela ciência própria sobre determinado fato. Assim, nem o mandatário com poderes especiais pode prestar depoimento pessoal no lugar da parte" (STJ, REsp 623.575/RO, Rel. Min. Nancy Andrighi, 3ª Turma, jul. 18.11.2004, *DJ* 07.03.2005, p. 250; *Revista Jurídica* 329/122). **No mesmo sentido:** STJ, REsp 54.809/MG, Rel. Min. Sálvio de Figueiredo Teixeira, 4ª Turma, jul. 08.05.1996, *DJ* 10.06.1996; TACSP, AI 244.941-2, Rel. Juiz Demóstenes Braga, 7ª Câmara, jul. 12.09.1989, *RT* 651/116.

Depoimento pessoal não se pode sobrepor às demais provas constantes nos autos. "A confissão, enquanto meio de prova, conduz a uma presunção relativa da veracidade dos fatos, devendo ser analisada pelo juiz diante de todo o contexto probatório produzido nos autos. E foi exatamente o que ocorreu no caso vertente, ao assinalar a câmara julgadora que o depoimento pessoal não poderia se sobrepor à prova documental carreada ao processo, notadamente o contrato de prestação de serviços firmado entre as partes, base de toda a controvérsia deduzida em juízo" (STJ, REsp 464.041/SE, Rel. Min. Castro Filho, 3ª Turma, jul. 16.10.2003, *DJ* 03.11.2003, p. 316).

Depoimento prestado por mandatário. Possibilidade. "É admissível o depoimento pessoal por procuração, desde que com poderes específicos (artigos 661, § 1º e 38 do Código Civil, cumulados com o artigo 349, parágrafo único do Código de Processo Civil) [art. 390, § 1º, do CPC/2015]" (TJSP, AI 1155363000, Rel. Des. José Malerbi, 35ª Câm. Dir. Priv., jul. 19.05.2008).

"Nada se alegando oportunamente contra depoimento pessoal prestado por procurador, a matéria torna-se preclusa e é vedada a sua posterior discussão" (TJMS, Ap. 28.266-6, Rel. Des. Elpídio Helvéquio Chaves Martins, 1ª Turma, jul. 11.02.1992, *RT* 679/176).

Depoimento prestado por terceiro. "É de se admitir como válido o depoimento pessoal a ser prestado por gerente-funcionário do agravante, desde que devidamente habilitado, quer por possuir conhecimento direto e pessoal, quer por estar regularmente autorizado por quem em cujo nome deverá depor" (TARS, AGI 196.175.319, Rel. Perciano de Castilhos Bertoluci, 7ª Câm. Cív., jul. 20.11.1996, *RT* 740/427).

2. Litisconsortes. "Aqueles que são litisconsortes participam da situação de autor ao réu, podendo ser chamados a depor a requerimento da parte contraria. Os litisconsortes passivos, como se dá no caso (corréus na relação processual), somente poderiam depor em virtude de determinação, de ofício, do juiz, ou a requerimento do autor, a quem poderia interessar o seu depoimento, para o esclarecimento da verdade. Jamais por iniciativa da ré na ação" (STF, RE 96.551/PR, Rel. Min. Djaci Falcão, 2ª Turma, jul. 07.06.1983, *DJ* 26.08.1983).

3. Ausência de advogado em audiência. "Inocorre a nulidade apontada, se o advogado da parte, que a argui, munido dos poderes para transigir, deixa de comparecer a audiência de instrução e julgamento, apesar de devidamente intimado" (STJ, REsp 4.857/SP, Rel. Min. Barros Monteiro, 4ª Turma, jul. 02.04.1991, *DJ* 06.05.1991).

4. Ausência do depoente. A ausência do autor a audiência em que deveria prestar depoimento pessoal, por si só, não importa em improcedência do pedido, devendo juiz examinar as provas e formar o seu convencimento, tanto mais quando deficiente a contestação que deixa de impugnar os fatos deduzidos na inicial, que se tornam incontroversos" (STJ, AgRg no Ag 43.984/RJ, Rel. Min. Dias Trindade, 4ª Turma, jul. 15.12.1993, *DJ* 28.03.1994).

5. Pessoa jurídica. Preposto. "A pessoa jurídica pode ser representada em Juízo por preposto, ainda que este não seja seu diretor; basta a designação regular. Recurso especial conhecido e provido" (STJ, REsp 191.078/MA, Rel. Min. Ari Pargendler, 3ª Turma, jul. 15.09.2000, *DJ* 09.10.2000).

6. Réus residentes fora da comarca. "A parte, intimada a prestar depoimento pessoal, não está obrigada a comparecer perante o Juízo diverso daquele em que reside" (STJ, REsp 161.438/SP, Rel. Min. Barros Monteiro, 4ª Turma, jul. 06.10.2005, *DJ* 20.02.2006, p. 341).

7. Presunção relativa. "A pena de confissão não gera presunção absoluta, de forma a excluir a apreciação do Juiz acerca de outros elementos probatórios. Prematura, assim, a decisão do Magistrado que, declarada encerrada desde logo a instrução, dispensa a oitiva das testemunhas arroladas" (STJ, REsp 161.438/SP, Rel. Min. Barros Monteiro, 4ª Turma, jul. 06.10.2005, *DJ* 20.02.2006, p. 341).

"A pena de confissão – meio de prova, aliás, que conduz a uma presunção relativa, e não absoluta –, somente poderá ser aplicada se no mandado intimatório constar expressamente, para ciência inequívoca do intimado, que se o mesmo não comparecer ou se recusar a depor, se presumirão verdadeiros os fatos contra ele alegados. Não e bastante a sucinta menção a 'pena de confesso'" (STJ, REsp 2.340/SP, Rel. Min. Athos Carneiro, 4ª Turma, jul. 29.06.1990, *DJ* 10.09.1990).

8. Pena de confissão (§ 1º).

"É pressuposto para a aplicação da pena de confesso, prevista no § 2º do art. 343, do CPC [art. 385, § 1º, do CPC/2015], que a parte seja previamente intimada para prestar depoimento pessoal e advertida do risco de aplicação da pena" (STJ, REsp 702.739/PB, Rel. p/ Acórdão Min. Ari Pargendler, 3ª Turma, jul. 19.09.2006, *DJ* 02.10.2006).

"Conforme o disposto no artigo 343 do CPC [art. 385 do CPC/2015], a pena de confissão ficta é aplicável quando deixa o réu de comparecer à audiência de instrução e julgamento, não se podendo atribuí-la à parte que, por equívoco, foi intimada para audiência de conciliação" (TJMG, Ap. 2.0000.00.505805-5/000 (1), Rel. Renato Martins Jacob, jul. 09.06.2005, *DJe* 01.07.2005).

9. Processo eleitoral. Indisponibilidade. "O silêncio da lei eleitoral a respeito não é casual, mas eloquente: o depoimento pessoal, no processo civil, é primacialmente um ensaio de obter-se a confissão da parte, a qual, de regra, não tem relevo no processo eleitoral, dada a indisponibilidade dos interesses de que nele se cuidam" (STF, HC 85.029/SP, Rel. Min. Sepúlveda Pertence, Tribunal Pleno, jul. 09.12.2004, *DJ* 01.04.2005).

10. Fatos não impugnados. Inocorrência de confissão. "'Inaplicável a pena de confissão, se a contestação não afirmava peremptoriamente fatos contrários ao autor, limitando-se a suscitar dúvidas sobre a propriedade da ação e afirmar genericamente a improcedência do pedido.' (RTJ 111/681). Assim, o que a outra parte não afirmou, o depoente revel não poderia ter confessado" (STF, RE 108.272/RS, Rel. Min. Celio Borja, 2ª Turma, jul. 10.04.1987, *DJ* 12.06.1987). **No mesmo sentido:** STF, RE 96.364/SP, Rel. Min. Décio Miranda, 2ª Turma, jul. 29.05.1984, *DJ* 26.06.1984.

Art. 386. Quando a parte, sem motivo justificado, deixar de responder ao que lhe for perguntado ou empregar evasivas, o juiz, apreciando as demais circunstâncias e os elementos de prova, declarará, na sentença, se houve recusa de depor.

CPC/1973

Art. 345.

BREVES COMENTÁRIOS

A recusa de depor e a resposta evasiva equivalem-se, sujeitando a parte à pena de confesso, de maneira igual. Diante dessa situação, se tais fatos forem suficientes para o acolhimento do pedido do autor, o juiz poderá dispensar as demais provas e passar ao julgamento da causa, observado, porém, o debate oral, se a falta de depoimento pessoal ocorrer em audiência.

Art. 387. A parte responderá pessoalmente sobre os fatos articulados, não podendo servir-se de escritos anteriormente preparados, permitindo-lhe o juiz, todavia, a consulta a notas breves, desde que objetivem completar esclarecimentos.

CPC/1973

Art. 346.

BREVES COMENTÁRIOS

O interrogatório será feito pelo juiz diretamente à parte, que, em princípio, não poderá se representar por procurador (art. 387), por tratar-se de ato pessoal. Ao advogado da parte contrária, também será franqueado o direito de interrogar o depoente. O juiz indeferirá as perguntas se julgar pertinente. As respostas ao interrogatório devem ser orais, não podendo a parte "servir-se de escritos anteriormente preparados". O Código, todavia, autoriza o juiz a permitir que a parte consulte notas breves, desde que objetivem completar esclarecimentos (art. 387, *in fine*).

O advogado não pode prestar depoimento pessoal em nome da parte, mas, dispondo de poderes especiais, poderá produzir confissão de fatos em desfavor do litigante que representa no processo (CPC, arts. 105, 389 e 392, § 2º).

Art. 388. A parte não é obrigada a depor sobre fatos:

I – criminosos ou torpes que lhe forem imputados;

II – a cujo respeito, por estado ou profissão, deva guardar sigilo;

III – acerca dos quais não possa responder sem desonra própria, de seu cônjuge, de seu companheiro ou de parente em grau sucessível;

IV – que coloquem em perigo a vida do depoente ou das pessoas referidas no inciso III.

Parágrafo único. Esta disposição não se aplica às ações de estado e de família.

CPC/1973

Art. 347.

REFERÊNCIA LEGISLATIVA

CP, art. 154 (violação de segredo profissional).

BREVES COMENTÁRIOS

O ônus da parte não é apenas o de depor, mas o de responder a todas as perguntas formuladas pelo juiz, com clareza e lealdade. Há casos, porém, em que se considera liberta a parte do ônus de depor. Sua recusa, então, será feita com "motivo justificado", como diz a ressalva do art. 386, e não terá aplicação a pena de confesso. Essas exceções estão previstas no art. 388, que dispõe não estar a parte obrigada a depor sobre: (a) fatos criminosos ou torpes que lhe forem imputados (inciso I); (b) fatos a cujo respeito, por estado ou profissão, deva guardar sigilo (inciso II); (c) fatos a que não possa responder sem desonra própria, de seu cônjuge, de seu companheiro ou de parente em grau sucessível (inciso III); e (d) fatos que coloquem em perigo a vida do depoente ou das pessoas referidas acima (inciso IV).

A exigência do processo civil de que a parte não se recuse a depor sobre os fatos relevantes da causa não ofende a garantia constitucional do direito ao silêncio (CF, art. 5º, LXIII), visto que este se refere apenas aos reflexos negativos que possam ocorrer no âmbito da persecução criminal, hipótese que já se acha contemplada nas escusativas do art. 388.

Seção V
Da Confissão

Art. 389. Há confissão, judicial ou extrajudicial, quando a parte admite a verdade de fato contrário ao seu interesse e favorável ao do adversário.

CPC/1973

Art. 348.

REFERÊNCIA LEGISLATIVA

CPC/2015, art. 105 (procuração geral para o foro).

BREVES COMENTÁRIOS

Confissão, segundo clássica lição de João Monteiro (*Programa do curso de processo civil*, 3ª ed., v. II, § 144, p. 190), é a declaração, judicial ou extrajudicial, provocada ou espontânea, em que um dos litigantes, capaz e com ânimo de se obrigar, faz da verdade, integral ou parcial, dos fatos alegados pela parte contrária, como fundamentais da ação ou da defesa. Não se trata de reconhecer a justiça ou injustiça da pretensão da parte contrária, mas apenas de reconhecer a veracidade do fato por ela arrolado. Dessa forma, a confissão não pode ser confundida com a figura do reconhecimento da *procedência do pedido*, que, segundo o art. 487, III, *a*, do CPC/2015, é causa de extinção do processo, com resolução de mérito. É a confissão apenas um meio de prova, que, como os demais, se presta a formar a convicção do julgador em torno dos fatos controvertidos na causa. Pode muito bem ocorrer confissão, e a ação ser julgada, mesmo assim, em favor do confitente. Basta que o fato confessado não seja causa suficiente, por si só, para justificar o acolhimento do pedido.

JURISPRUDÊNCIA SELECIONADA

1. Alcance. "O instituto da confissão alcança toda matéria de fato, sobretudo a desfavorável ao confitente e favorável à parte adversa. É a declaração judicial ou extrajudicial, provocada ou espontânea, em que um dos litigantes, capaz e com ânimo de se obrigar, faz da verdade, integral ou parcial, dos fatos alegados pela parte contrária, como fundamentos da ação ou da defesa" (Ac. 1.837 da 1ª Turma do TST no RR 3.658/86-6, Rel. Min. Farias Mello; *DJ* 16.10.86; *Adcoas*, 1988, nº 117.074).

2. Tributário. Confissão de dívida. "A declaração do contribuinte, confessando a dívida, constitui o crédito tributário para todos os efeitos, não havendo razão para, relativamente aos valores declarados, promover o ato de lançamento tributário. É que o lançamento, que é um ato exclusivo do Fisco, não é o único modo de se constituir o crédito" (STJ, REsp 905.524/RS, Rel. Min. Teori Albino Zavascki, 1ª Turma, jul. 20.03.2007, *DJ* 02.04.2007, p. 260).

3. Audiência de Conciliação. "Afirmações e manifestações colhidas em audiência de conciliação não têm força de confissão, nem importam alteração do pedido inicial. O procedimento conciliatório é pressuposto do procedimento contencioso (arts. 447 e 448, CPC) [art. 259 do CPC/2015]" (STJ, REsp 201.356/RJ, Rel. Min. José Arnaldo da Fonseca, 5ª Turma, jul. 25.05.1999, *DJ* 21.06.1999, p. 195).

Art. 390. A confissão judicial pode ser espontânea ou provocada.

§ 1º A confissão espontânea pode ser feita pela própria parte ou por representante com poder especial.

§ 2º A confissão provocada constará do termo de depoimento pessoal.

CPC/1973

Art. 349.

REFERÊNCIA LEGISLATIVA

CPC/2015, art. 105 (procuração geral para o foro).

BREVES COMENTÁRIOS

A confissão judicial é subdividida pelo Código em: (a) espontânea: a que resulta de iniciativa do próprio confitente, que dirige petição nesse sentido ao juiz, manifestando seu propósito de confessar; e (b) provocada: a que resulta de depoimento pessoal, requerido pela parte contrária, ou determinado, *ex officio*, pelo juiz. A confissão, judicial ou extrajudicial, pode ainda ser total ou parcial, conforme admita o confitente a veracidade de todo o fato arrolado pela parte contrária, ou apenas de uma parcela dele.

JURISPRUDÊNCIA SELECIONADA

1. Confissão. Ver Jurisprudência do art. 385 do CPC/2015.

Art. 391. A confissão judicial faz prova contra o confitente, não prejudicando, todavia, os litisconsortes.

Parágrafo único. Nas ações que versarem sobre bens imóveis ou direitos reais sobre imóveis alheios, a confissão de um cônjuge ou companheiro não valerá sem a do outro, salvo se o regime de casamento for o de separação absoluta de bens.

CPC/1973

Art. 350.

REFERÊNCIA LEGISLATIVA

CPC/2015, arts. 128, III (denunciação da lide; confissão) e 374, II (dispensabilidade da prova por motivo de confissão da parte contrária).

BREVES COMENTÁRIOS

A confissão costuma ser chamada de rainha das provas, pela maior força da convicção que gera no espírito do juiz. Seus principais efeitos, segundo clássica doutrina, são:

a) fazer prova plena contra o confitente;

b) suprir, em regra, eventuais defeitos formais do processo.

Uma vez que os litisconsortes são considerados, em face do adversário, como litigantes distintos (salvo no caso de litisconsórcio unitário), os atos de um não prejudicam os demais (CPC, art. 117). Esse o motivo pelo qual a confissão de um não prejudica os outros litisconsortes (CPC, art. 391, *caput*).

O parágrafo único do art. 391 cuida de preservar os interesses da sociedade conjugal, impedindo que um dos cônjuges, mesmo quando não se tenha instalado em juízo, venha a confessar em ação real imobiliária, burlando a regra do art. 1.647, I, do Código Civil, de alguma forma. O impedimento legal se estende, também, aos companheiros em união estável, mas não atinge os casos de regime matrimonial de separação absoluta de bens (CPC, art. 391, parágrafo único, *in fine*).

JURISPRUDÊNCIA SELECIONADA

1. Confissão. Ver Jurisprudência do art. 385 do CPC/2015.

Art. 392. Não vale como confissão a admissão, em juízo, de fatos relativos a direitos indisponíveis.

§ 1º A confissão será ineficaz se feita por quem não for capaz de dispor do direito a que se referem os fatos confessados.

§ 2º A confissão feita por um representante somente é eficaz nos limites em que este pode vincular o representado.

CPC/1973

Art. 351.

REFERÊNCIA LEGISLATIVA

CPC/2015, art. 373, § 3º (ônus da prova; direitos indisponíveis).

CC, arts. 213 e 214.

CF, art. 127 (tutela pelo MP).

BREVES COMENTÁRIOS

A doutrina costuma arrolar os seguintes requisitos para a eficácia da confissão:

I) *capacidade plena* do confitente; os representantes legais de incapazes nunca podem confessar por eles;

II) inexigibilidade de *forma especial* para a validade do ato jurídico confessado (não se pode confessar um casamento sem demonstrar que ele se realizou com as solenidades legais; ou a aquisição da propriedade imobiliária sem a transcrição no Registro de Imóveis);

III) *disponibilidade* do direito relacionado com o fato confessado (art. 392, § 1º).

JURISPRUDÊNCIA SELECIONADA

1. Depoimento pessoal. "A finalidade do depoimento pessoal é obter a confissão do depoente, mas o art. 351 do CPC [art. 392 do CPC/2015] é taxativo ao determinar que 'não vale como confissão a admissão, em juízo, de fatos relativos a direitos indisponíveis" (TJMG, AI 1.0702.05.256791-5/001, 6ª Câmara Cível, Rel. Des. Edilson Fernandes, *DJMG* 04.05.2007).

2. Ente estatal. "Consoante jurisprudência do STJ, ainda que a contestação apresentada pela Fazenda Pública tenha sido reputada intempestiva, diante de direitos indisponíveis do ente estatal, os fatos da causa não comportam confissão, tampouco estão sujeitos aos efeitos da revelia. A remessa oficial comporta o efeito translativo do recurso. Precedentes" (STJ, AgRg no REsp 817.402/AL, Rel. Min. Jane Silva, 6ª Turma, jul. 18.11.2008, *DJe* 09.12.2008).

3. Direitos indisponíveis. Ver jurisprudência do art. 345 do CPC/2015.

Art. 393. A confissão é irrevogável, mas pode ser anulada se decorreu de erro de fato ou de coação.

Parágrafo único. A legitimidade para a ação prevista no *caput* é exclusiva do confitente e pode ser transferida a seus herdeiros se ele falecer após a propositura.

CPC/1973

Art. 352.

REFERÊNCIA LEGISLATIVA

CC, arts. 145 a 155.

BREVES COMENTÁRIOS

O atual Código corrigiu a impropriedade de linguagem da *lei anterior* que falava em "revogar" a confissão quando, em verdade, tratava-se de caso de anulação, já que se trata de desconstituir ato contaminado por vício de consentimento. O Código Civil, ao tratar do mesmo tema, também corrigiu o equívoco terminológico. Seu art. 214 dispõe, com mais precisão que, quando decorre de erro de fato ou de coação, a confissão "pode ser anulada". Para furtar-se aos efeitos da confissão assim viciada, o confitente terá de ajuizar ação de anulação, cuja legitimidade é apenas do próprio confitente. Mas se, depois de iniciada a causa, vier a falecer o autor, seus herdeiros poderão dar-lhe prosseguimento (art. 393, parágrafo único).

JURISPRUDÊNCIA SELECIONADA

1. Confissão judicial. Retratação. "(...) A confissão judicial, inclusive aquela feita por procurador com poderes especiais, somente pode ser revogada quando emanar de erro, dolo ou coação, e assim mesmo em sede de ação anulatória, se pendente o processo em que foi feita, ou em ação rescisória, se a sentença houver transitado em julgado, conforme o art. 352 e seus incisos, do CPC [art. 393 do CPC/2015], de nada valendo, portanto, a retratação feita por mera afirmação ou declaração do confitente" (TJMG, AC 412.863-6 – 25.08.2004, 3ª C.C, Rel. Des. Maurício Barros, *DJMG* 14.09.2004).

2. Execução fundada em confissão de dívida. Desnecessidade de ação autônoma. "A abusividade de cláusula contratual pode ser alegada em embargos do devedor, não necessitando de ação autônoma para a respectiva anulação; acórdão anulado para que o Tribunal *a quo* enfrente a questão" (STJ, REsp 259.150/MS, Rel. Min. Ari Pargendler, 3ª Turma, jul. 15.09.2000, *DJ* 09.10.2000).

3. Ação anulatória. Cessão de crédito. "Proposta a ação de anulação da confissão de dívida contra o primitivo credor, o cessionário deste, que vem a juízo sustentar a validade do título, é um assistente do cedente, não um opoente. Art. 56 do CPC [art. 682 do CPC/2015]" (STJ, REsp 47.142/MG, Rel. Min. Ruy Rosado de Aguiar, 4ª Turma, jul. 29.11.1994, *DJ* 13.02.1995, p. 2.242).

Art. 394. A confissão extrajudicial, quando feita oralmente, só terá eficácia nos casos em que a lei não exija prova literal.

CPC/1973

Art. 353.

REFERÊNCIA LEGISLATIVA

CC, arts. 108 e 215.

BREVES COMENTÁRIOS

A confissão extrajudicial pode ser feita por escrito ou verbalmente. A confissão verbal fora dos autos só se prova com testemunhas e só é admissível para prova de atos jurídicos não solenes. Seu valor será apreciado segundo o merecimento que tiver, no caso, a prova testemunhal. A confissão extrajudicial por escrito compreende a feita: (i) diretamente à parte ou a seu representante; (ii) a terceiro; (iii) em testamento.

JURISPRUDÊNCIA SELECIONADA

1. Confissão de Dívida. "(...) A singela alegação de não cumprimento de obrigações do arrendador, destituída de qualquer prova, não pode ser oposta a uma confissão extrajudicial de pagamento de valor determinado não impugnada" (TJRS, ACl 598018109, 2ª C. C, Rel. Des. Arno Werlang, jul. 09.06.1999).

2. Confissão extrajudicial feita por escrito. "Conquanto a pretensão recursal se fundamente na inexistência de discussão nos autos a respeito da ocorrência de novação contratual, verifica-se que, na realidade, tal alegação foi contestada pelo réu (apelado) oportunamente, pelo que não há que se falar em fato incontroverso. – Apesar de a confissão extrajudicial feita por escrito possuir a mesma eficácia que a judicial, não se demonstrou, no caso dos autos, a afirmação de que a parte ré haveria confessado extrajudicialmente os fatos aduzidos na inicial" (TJMG, 1.0251.04.008625-7/001(1); 0086257-78.2004.8.13.0251, Rel. Des. Elpídio Donizetti, jul. 01.12.2006, *DJe* 25.02.2006).

"A confissão extrajudicial prevalece sobre a retratação judicial, se esta se acha em desarmonia com o conjunto probatório. A jurisprudência é uníssona, quando dá maior credibilidade à confissão extrajudicial do que à retratação em juízo, desde que a primeira esteja amoldada às demais provas e circunstâncias dos autos, e a segunda, totalmente inverossímil e distanciada do conjunto probatório" (TJMG, AC. 100790100916390011 MG 1.0079.01.009163-9/001(1), Rel. Hyparco Immes, jul. 25.01.2007, *DJe* 03.04.2007).

Art. 395. A confissão é, em regra, indivisível, não podendo a parte que a quiser invocar como prova aceitá-la no tópico que a beneficiar e rejeitá-la no que lhe for desfavorável, porém cindir-se-á quando o confitente a ela aduzir fatos novos, capazes de constituir fundamento de defesa de direito material ou de reconvenção.

CPC/1973

Art. 354.

REFERÊNCIA LEGISLATIVA

CPC/2015, arts. 343 (reconvenção), 412, parágrafo único (documento particular; indivisibilidade), 419 (indivisibilidade da escrituração contábil).

BREVES COMENTÁRIOS

Convém observar que a regra da indivisibilidade da confissão só é absoluta quando seja esta o único meio de prova para basear a sentença. Quando o juiz dispõe de outros elementos para fundar seu convencimento, pode cotejar trechos da confissão com outras provas, para aproveitar apenas aquilo que estiver em harmonia com o conjunto dos elementos de convencimento. Não há hierarquia de valor probante da confissão que impeça a aplicação da regra fundamental do art. 371. Destarte, prevalece, ainda hoje, o ensinamento de João Monteiro, firmado ao abrigo do art. 156 do Regulamento nº 737, de 1850, no sentido de que "a confissão é indivisível para não ser aceita em parte, e rejeitada em parte, se outra prova não houver".

JURISPRUDÊNCIA SELECIONADA

1. Indivisibilidade. "A confissão, quando qualificada ou complexa, abrangendo fatos conexos contra e em favor do comitente, há que ser considerada indivisível, não podendo ser aceita em parte e rejeitada em parte" (TJSP, na Ap. 103.232-2, Rel. Des. Carlos Ortiz, 12ª Câmara, jul. 29.04.1986, *RJTJSP* 102/166).

"(...) A indivisibilidade da confissão, referida no art. 354 do CPC [art. 395, CPC/2015], é tão só pertinente ao ato em que ela se insere, de modo que não se pode considerar confissão o estabelecimento de cláusulas de garantia do contrato, porque no caso a confissão é do ato que configurou a dívida e as cláusulas de garantia são somente meio de segurança e interesse do credor, do qual ele pode dispor, se o quiser, não podendo o devedor pretender que o credor seja obrigado a utilizar tal ou qual meio para haver o seu crédito" (TJMG, AR 1.0000.05.419640-7/000, 8º Grupo de C.C, Rel. Des. Luciano Pinto, *DJMG* 23.11.2005).

DEPOIMENTO PESSOAL E CONFISSÃO: INDICAÇÃO DOUTRINÁRIA

Arruda Alvim. *Novo contencioso cível no CPC/2015.* São Paulo: Revista dos Tribunais, 2016; Câmara Leal, *Depoimento pessoal*, n. 38; Fredie Didier Jr., *Curso de direito processual civil*, 10. ed., Salvador: JusPodivm, 2015, v. II; Gisele Fernandes Góes, In: Teresa Arruda Alvim Wambier, Fredie Didier Jr., Eduardo Talamini, Bruno Dantas, *Breves comentários ao novo Código de Processo Civil*, São Paulo: Revista dos Tribunais, 2015; Humberto Theodoro Júnior, *Curso de direito processual civil*, 57. ed., Rio de Janeiro: Forense, 2016, v. I; Humberto Theodoro Júnior, *Curso de direito processual civil*, 61. ed., Rio de Janeiro: Forense, 2020, v. I; Ives Gandra da Silva Martins, Sigilo de dados que devem as autoridades manter sob risco de responsabilidade civil, *RF* 336/197; João Baptista Cordeiro Guerra, O valor probante das confissões extrajudiciais, *RF* 285/1; João Monteiro, *Programa do curso de processo civil*, v. II, § 153, p. 210 – efeitos da confissão; José Antonio Chagas Azzolin. Análise do depoimento pessoal em uma perspectiva cooperativa. *Revista de Processo.* Vol. 285. Ano 43.p. 89-117. São Paulo: Ed. RT, nov./2018; Luiz Guilherme Marinoni, Sérgio Cruz Arenhart, In: Sérgio Cruz Arenhart e Daniel Mitidiero (coord.), *Comentários ao Código de Processo Civil*, 2. ed., São Paulo: RT, 2018, v. 7; Moacyr Amaral Santos, *Comentários ao CPC*, v. IV, n. 88/9; Moacyr Amaral Santos, *Prova judiciária*, v. II, n. 115 – sobre fatos criminosos ou torpes; Nathália Gonçalves de Macedo Carvalho. O depoimento pessoal no novo Código de Processo Civil. In: Thereza Arruda Alvim Wambier et al. *O Novo Código de Processo Civil Brasileiro – Estudos dirigidos: Sistematização e procedimentos.* Rio de Janeiro: Forense, 2015, p. 593; Nelson Nery Júnior, Rosa Maria De Andrade Nery, *Comentários ao Código de Processo Civil*, 2. tir. São Paulo: Ed. RT, 2015; Orlando Soares, *Comentários ao CPC*, v. I, p. 663/4; Roberto Silvestre Bento, Eficácia da confissão extrajudicial, *RCDUFU* 19/65.

Seção VI
Da Exibição de Documento ou Coisa

Art. 396. O juiz pode ordenar que a parte exiba documento ou coisa que se encontre em seu poder.

CPC/1973

Art. 355.

REFERÊNCIA LEGISLATIVA

CPC/2015, arts. 420 (exibição integral de livros empresariais e de documentos de arquivo), 421 (exibição parcial dos livros e documentos).

Lei 13.709/2018 (Lei Geral de Proteção de Dados Pessoais).

BREVES COMENTÁRIOS

Ao processo de conhecimento pertence a exibição apenas como incidente da fase probatória. Pode provocá-lo o juiz, de ofício ou a requerimento de uma das partes, ou de interveniente no processo. A medida não é arbitrária, de modo que o requerente há de demonstrar interesse jurídico na exibição, e o juiz só poderá denegá-la se concluir que o documento ou coisa visada pelo requerente não guarda conexão com o objeto da lide ou não terá nenhuma influência no julgamento da causa.

JURISPRUDÊNCIA SELECIONADA

1. Quebra de sigilo bancário. Desconsideração inversa da personalidade jurídica. "Diante das sérias consequências da aplicação dessa teoria, o pedido de quebra de sigilo bancário da pessoa jurídica, para que a ex-cônjuge consiga um mínimo de conhecimento sobre o patrimônio imobilizado em cotas, constitui um *minus* que deve ser deferido, mormente quando se verifica a ocorrência de vultosa quantia do ex-cônjuge sócio para a pessoa jurídica". (STJ, REsp 1626493/SC, Rel.ª Min.ª Nancy Andrighi, 3ª Turma, jul. 22.09.2016, *DJe* 04.10.2016)

2. Ação de exibição de documentos. Dados coletados pelo IBGE. Repasse sem finalidades estatísticas. Impossibilidade. (...). O sigilo dos dados coletados pelo IBGE além de assegurado por Lei (Decreto-Lei 161/67, Lei 5.534/68 e Lei 5.878/73), presta-se justamente a gerar a necessária confiança daqueles que prestam as informações, bem como a garantia da fidedignidade dos dados coletados. Dessa forma, o IBGE está legalmente impedido de fornecer a quem quer que seja as informações individualizadas que coleta, no desempenho de suas atribuições, para que sirvam de prova em quaisquer outros procedimentos administrativos. E a utilização de tais informações, que não seja com finalidades estatísticas, estará revestida de flagrante ilegalidade. Na presente demanda, as Instâncias Ordinárias acolheram a pretensão da Municipalidade gaúcha de obter as informações dos cidadãos coletadas pelo IBGE ao fundamento de que os dados não estariam albergados em ressalva constitucional atinente à segurança da sociedade e do Estado (art. 5º., XXXIII da CF/88)." (STJ, REsp 1353602/RS, Rel. Min. Napoleão Nunes Maia Filho, 1ª Turma, jul. 30.11.2017, *DJe* 07.12.2017)

3. Ação de exibição de documento. Honorários advocatícios. Pretensão resistida. "É firme a orientação do Superior Tribunal de Justiça no sentido de que, em ação de exibição de documentos, para haver condenação em honorários advocatícios, deve estar caracterizada a pretensão resistida. Precedentes." (STJ, AgInt no AREsp 1289543/SP, Rel. Min. Ricardo Villas Bôas Cueva, 3ª Turma, jul. 03.12.2018, *DJe* 06.12.2018).

4. Ação autônoma de exibição de documentos. Possibilidade. Procedimento comum. "A controvérsia posta no presente recurso especial centra-se em saber se, a partir da vigência do Código de Processo Civil de 2015, é possível o ajuizamento de ação autônoma de exibição de documentos, sob o rito do procedimento comum (arts. 318 e seguintes), ou, como compreenderam as instâncias ordinárias, a referida ação deve se sujeitar, necessariamente, para efeito de adequação e interesse processual, ao disposto em relação ao 'procedimento' da 'produção antecipada de provas' (arts. 381 e seguintes). (...) Para além das situações que revelem urgência e risco à prova, a pretensão posta na ação probatória autônoma pode, eventualmente, se exaurir na produção antecipada de determinada prova (meio de produção de prova) ou na apresentação/exibição de determinado documento ou coisa (meio de prova ou meio de obtenção de prova – caráter híbrido), a permitir que a parte demandante, diante da prova produzida ou do documento ou coisa apresentada, avalie sobre a existência de um direito passível de tutela e, segundo um juízo de conveniência, promova ou não a correlata ação. Com vistas ao exercício do direito material à prova, consistente na produção antecipada de determinada prova, o Código de Processo Civil de 2015 estabeleceu a possibilidade de se promover ação probatória autônoma, com as finalidades devidamente especificadas no art. 381. Revela-se possível, ainda, que o direito material à prova consista não propriamente na produção antecipada de provas, mas no direito de exigir, em razão de lei ou de contrato, a exibição de documento ou coisa – já existente/já produzida – que se encontre na posse de outrem. Para essa situação, afigura-se absolutamente viável – e tecnicamente mais adequado – o manejo de ação probatória autônoma de exibição de documento ou coisa, que, na falta de regramento específico, há de observar o procedimento comum, nos termos do art. 318 do novo Código de Processo Civil, aplicando-se, no que couber, pela especificidade, o disposto nos arts. 396 e seguintes, que se reportam à exibição de documentos ou coisa incidentalmente. Também aqui não se exige o requisito da urgência, tampouco o caráter preparatório a uma ação dita principal, possuindo caráter exclusivamente satisfativo, tal como a jurisprudência e a doutrina nacional há muito reconheciam na postulação de tal ação sob a égide do CPC/1973. A pretensão, como assinalado, exaure-se na apresentação do documento ou coisa, sem nenhuma vinculação, ao menos imediata, com um dito pedido principal, não havendo se falar, por isso, em presunção de veracidade na hipótese de não exibição, preservada, contudo, a possibilidade de adoção de medidas coercitivas pelo juiz" (STJ, REsp 1803251/SC, Rel. Min. Marco Aurélio Bellizze, 3ª Turma, jul. 22.10.2019, *DJe* 08.11.2019).

"Admite-se o ajuizamento de ação autônoma para a exibição de documento, com base nos arts. 381 e 396 e seguintes do CPC, ou até mesmo pelo procedimento comum, previsto nos arts. 318 e seguintes do CPC. Entendimento apoiado nos enunciados n. 119 e 129 da II Jornada de Direito Processual Civil" (STJ, REsp 1774987/SP, Rel. Min. Maria Isabel Gallotti, 4ª Turma, jul. 08.11.2018, *DJe* 13.11.2018).

5. Reconvenção. Possibilidade. "O propósito recursal consiste em definir se, em ação de exibição de documentos, é admissível a propositura de reconvenção veiculando pedido condenatório do débito constante dos documentos apresentados e se a extinção da ação principal obsta o prosseguimento da reconvenção. (...) A reconvenção tem natureza jurídica de ação e é autônoma em relação à demanda principal. Desse modo, a ação principal pode ser extinta, com ou sem resolução de mérito, podendo o mesmo ocorrer com a reconvenção, sem que o destino de uma das demandas condicione o da outra (art. 343, § 2º, do CPC/2015)" (STJ, REsp 2.076.127/SP, Rel. Min. Nancy Andrighi, 3ª Turma, jul. 12.09.2023, DJe 15.09.2023).

6. Execução. Decisão judicial para apresentação do contrato de serviços advocatícios. Providência com a finalidade de localizar o endereço do executado. Violação do sigilo profissional. Ver jurisprudência do art. 404 do CPC/2015.

7. Ministério Público. Requerimento cautelar de guarda dos dados e conteúdos por período determinado além do prazo legal. Prévia autorização judicial. Desnecessidade. Efetivo acesso dependente de ordem judicial. Ver jurisprudência do art. 177 do CPC/2015.

8. Requerimento de expedição de ofícios para apresentação de arquivos. Natureza de exibição de documentos. Agravo de instrumento. Cabimento. Ver jurisprudência do art. 1.015 do CPC/2015.

9. Aplicação. Incidente processual. "O art. 355 do Código de Processo Civil [art. 396 do CPC/2015] incide, apenas, nos casos de incidente processual, não se aplicando em caso de ação própria de exibição, movida contra terceiro (artigos 360 a 362 do Código de Processo Civil), nem em cautelar preparatória ou incidental (artigos 844 e 845 do Código de Processo Civil). No caso, não se tratando de incidente processual, não há falar em violação do mencionado dispositivo" (STJ, REsp 581.764/CE, Rel. Min. Carlos Alberto Menezes Direito, 3ª Turma, jul. 29.06.2004, *DJ* 25.10.2004, p. 342).

10. Descumprimento. "Ordenada, pelo juiz, a exibição de documento ou coisa, o requerido não estará obrigado a atender a ordem se não dispuser do objeto da requisição" (STJ, REsp 688.873/PR, Rel. Min. Teori Albino Zavascki, 1ª Turma, jul. 17.05.2005, *DJ* 06.06.2005).

Presunção de veracidade dos fatos. "A não exibição do documento requerido pelo autor na via judicial implica a admissão da presunção da verdade dos fatos que se pretendem comprovar por meio daquela prova sonegada pela parte *ex adversa*, restando este fato a única sanção processual cabível" (STJ, REsp 845.860/SP, Rel. Min. Luiz Fux, 1ª Turma, jul. 07.05.2009, *DJe* 10.06.2009).

11. Multa diária. Ver art. 400 do CPC/2015.

12. Desnecessidade de medida antecedente ao ajuizamento da demanda principal. "Pretendeu a recorrente a declaração de nulidade das cláusulas relativas aos juros remuneratórios e à cobrança de encargos moratórios não acordados originalmente. Daí por que a dispensabilidade da exigência de ajuizamento de medida cautelar preparatória, pois ficaria limitada sua utilidade a, simplesmente, revelar o identificador (um algarismo, uma letra etc.) da disposição havida por abusiva, sendo suficiente o pedido de exibição, arrimado nos artigos 355 e seguintes do Código de Ritos" [arts. 396 e ss do CPC/2015] (STJ, REsp 685.517/DF, Rel. Min. Hélio Quaglia Barbosa, 4ª Turma, jul. 15.05.2007, *DJ* 04.06.2007).

13. Administração Pública. "À luz do artigo 355, do Codex Processual [art. 396 do CPC/2015], não se vislumbra a ilegalidade do ato judicial que determina que o órgão da Administração Pública Indireta forneça informações sobre ato administrativo que lhe favorecera" (STJ, REsp 834.297/PR, Rel. Min. Luiz Fux, 1ª Turma, jul. 18.09.2008, *DJe* 20.10.2008).

14. Interesse meramente específico. Possibilidade. "Admite-se a produção de prova pericial nos livros comerciais de empresas, mesmo que o interesse do requerente seja meramente civil e específico, seguindo-se o rito previsto nos Arts. 355 a 363 do CPC" [art. 396 a 404 do CPC/2015] (STJ, REsp 696.676/RS, Rel. Min. Humberto Gomes de Barros, 3ª Turma, jul. 16.12.2004, *DJ* 28.02.2005).

Art. 397. O pedido formulado pela parte conterá:

I – a descrição, tão completa quanto possível, do documento ou da coisa, ou das categorias de documentos ou de coisas buscados; (Redação dada pela Lei nº 14.195, de 2021.)

II – a finalidade da prova, com indicação dos fatos que se relacionam com o documento ou com a coisa, ou com suas categorias; (Redação dada pela Lei nº 14.195, de 2021.)

III – as circunstâncias em que se funda o requerente para afirmar que o documento ou a coisa existe, ainda que a referência seja a categoria de documentos ou de coisas, e se acha em poder da parte contrária. (Redação dada pela Lei nº 14.195, de 2021.)

CPC/1973

Art. 356.

BREVES COMENTÁRIOS

Se a parte não descrever, pormenorizadamente, o fato a ser provado com o documento ou coisa a exibir, inaplicável será a presunção do art. 400. O pedido exibitório é manifestável, ordinariamente, nos autos do processo, na fase de instrução probatória. Admite-se, também, sua formulação em ação autônoma de exibição de documento (arts. 318 e 396 e seguintes) ou pelo procedimento comum (arts. 318 e ss.), conforme jurisprudência do STJ.

JURISPRUDÊNCIA SELECIONADA

1. Exibição de documentos. Documento comum. Contrato. Citação de todos os contratantes. Litisconsórcio necessário. Inexistência. "O conceito de documento comum, previsto no art. 844, II, do CPC/1973, não se limita àquele pertencente a ambas as partes, mas engloba também o documento sobre o qual as partes têm interesse comum. Precedente. Uma vez reconhecido o direito da parte ao exame do documento comum, pode exercê-lo em relação a quem o detenha. Na ação cautelar em que se pede a exibição de contrato, não há propriamente interferência na esfera jurídica dos contratantes, pois ainda inexiste lide acerca dos termos do ajuste, não sendo o caso de litisconsórcio necessário" (STJ, REsp 1662355/RJ, Rel. Min. Ricardo Villas Bôas Cueva, 3ª Turma, jul. 11.09.2018, *DJe* 14.09.2018).

2. Requisitos.

Individuação do documento a exibir. "Na ação de exibição de documentos é necessário que a parte autora faça a individuação do documento, não sendo suficiente referência genérica que torne inviável a apresentação pela parte ré. Ainda que não seja completa a individuação, deve ser bastante para a identificação dos documentos a serem apresentados" (STJ, REsp 862.448/AL, Rel. Min. Carlos Alberto Menezes Direito, 3ª Turma, jul. 15.05.2007, *DJ* 25.06.2007). **No mesmo sentido:** STJ, REsp 590.002/RJ, Rel. Min. Castro Filho, 3ª Turma, jul. 16.09.2004, *DJ* 04.10.2004; STJ, AgRg no REsp 875.799/SP, Rel. Min. Luiz Fux, 1ª Turma, jul. 07.10.2008, *DJe* 03.11.2008; 1º TARJ, Ap. 11.069, Rel. Juiz Antônio Lindenberg Montenegro, 5ª Câmara, jul. 17.04.1985.

"Tendo a inicial discriminado as questões e documentos que pretende sejam esclarecidos, inexiste a propalada violação ao artigo 356, I, do Código de Processo Civil [art. 397, I, do CPC/2015]" (STJ, REsp 590.002/RJ, Rel. Min. Castro Filho, 3ª Turma, jul. 16.09.2004, *DJ* 04.10.2004, p. 293).

3. Produção antecipada de prova. Instrução com comprovante de prévio pedido à instituição financeira não atendido em tempo razoável. Necessidade. "'A propositura de ação cautelar de exibição de documentos bancários (cópias e segunda via de documentos) é cabível como medida preparatória a fim de instruir a ação principal, bastando a demonstração da existência de relação jurídica entre as partes, a comprovação de prévio pedido à instituição financeira não atendido em prazo razoável, e o pagamento do custo do serviço conforme previsão contratual e normatização da autoridade monetária'. (...) Desnecessidade de propositura da presente ação. Carência da ação por falta de interesse de agir. Sentença de extinção do feito mantida" (TJSP, Apelação Cível 1013737-66.2018.8.26.0020, Rel. Des. Plinio Novaes de Andrade Júnior, 24ª Câmara de Direito Privado, jul. 16.03.2021, *DJe* 16.03.2021).

Art. 398. O requerido dará sua resposta nos 5 (cinco) dias subsequentes à sua intimação.

Parágrafo único. Se o requerido afirmar que não possui o documento ou a coisa, o juiz permitirá que o requerente prove, por qualquer meio, que a declaração não corresponde à verdade.

CPC/2015

Art. 357.

BREVES COMENTÁRIOS

Deferido o pedido exibitório, a parte contrária será intimada na pessoa de seu advogado, pois a lei não exige que o demandado o seja pessoalmente, e terá cinco dias para responder.

Quando o promovido nega possuir o documento ou a coisa, caberá ao promovente o ônus de provar, por qualquer meio, que a declaração não corresponde à verdade, e a solução do incidente ficará na dependência dessa prova. Além disso, o ônus de provar a posse do documento ou coisa pelo terceiro é da parte promovente (art. 398, parágrafo único, por analogia).

JURISPRUDÊNCIA SELECIONADA

1. Não exibição do documento ou coisa. Consequências. "Se o demandado não exibir o documento mas também não afirmar que não possui – caso em que o juiz permitirá que o requerente prove que tal declaração não corresponde à verdade – ou se a recusa em mostrá-lo for tida como ilegítima, o juiz admitirá como verdadeiros os fatos que, por meio do referido documento, a parte pretenda provar" (TJSC, Ap. 28.594, Rel. Des. Norberto Ungaretti, Jurisp. Cat. 60/181).

2. Procedimento. "Para que seja instaurado o incidente de exibição de documentos, deve o requerido ser intimado a oferecer sua resposta em 5 (cinco) dias. Caso o requerido não efetue a exibição ou faça qualquer declaração nesse prazo, o juiz decidirá o pedido, admitindo como verdadeiros os fatos que, por meio do documento, a parte pretendia provar" (STJ, REsp 468.901/RO, Rel.ª Min.ª Nancy Andrighi, 3ª Turma, jul. 26.06.2003, *DJ* 18.08.2003, p. 204).

Art. 399. O juiz não admitirá a recusa se:

I – o requerido tiver obrigação legal de exibir;

II – o requerido tiver aludido ao documento ou à coisa, no processo, com o intuito de constituir prova;

III – o documento, por seu conteúdo, for comum às partes.

CPC/1973

Art. 358.

SÚMULAS

Súmulas do STF:

Nº 260: "O exame de livros comerciais, em ação judicial, fica limitado às transações entre os litigantes".

Nº 390: "A exibição judicial de livros comerciais pode ser requerida como medida preventiva".

BREVES COMENTÁRIOS

Promovida entre partes do processo, a exibição funciona, de certa maneira, como quebra do sistema normal de distinção do ônus da prova (art. 373). Estando em situação em que a lei a considera obrigatória, o litigante não tem a liberdade de recusar ao fornecimento do meio da prova reclamado pelo adversário (art. 399). Se resistir ao comando do juiz, suportará a sanção legal de ter presumido como verdadeiro o fato que o adversário pretendia comprovar por meio da exibição, além de ser permitida ao juiz, quando necessário, a adoção de medidas coercitivas, mandamentais, ou sub-rogatórias para que o documento seja exibido. Com isto, aquele que tinha, normalmente, o ônus da prova ficará dele desonerado (art. 400, II), graças a uma presunção legal extraída da recusa injusta do possuidor do documento.

JURISPRUDÊNCIA SELECIONADA

1. Recusa ilegítima. "O juiz não poderá admitir a recusa de exibição de documento quando o requerido tiver obrigação legal de exibir e quando o documento, por seu conteúdo, for comum às partes. Se a recusa for havida por ilegítima, o juiz, ao decidir o pedido, admitirá por verdadeiros os fatos que por meio do documento se pretenda provar (arts. 358, I e II, e 359, II, do CPC) [arts. 399, I e II, e 400, II, do CPC/2015]. Não previu o legislador, como consequência da recusa, a execução específica da ordem judicial, e sim a admissibilidade – ficta, é certo – dos fatos" (TJSC, Ap. 42.060, Rel. Des. Vanderlei Romer, 2ª Câmara Cível, *DJ* 09.10.1995).

2. Presunção. "Se o requerido tiver obrigação legal de exibir o documento, o magistrado não admitirá a recusa e aceitará como verdadeiros os fatos que o requerente pretendia provar por intermédio da exibição. Inteligência dos artigos 358 e 359 do Código de Processo Civil [arts. 399 e 400, CPC/2015/" (TJDF, AI 20020020011250, 1ª Turma Cível, Rel. Des. Valter Xavier, *DJU* 11.12.02, p. 26).

3. Falta de provas. "Não tendo sido provada pela autora a posse do réu sobre todos os documentos por ela requeridos, a sua pretensão exibitória somente poderá ser acolhida parcialmente, não se mostrando aplicável, em relação aos documentos ausentes, a presunção do art. 359 do CPC [art. 400, CPC/2015]" (TJDF, Ap 19980110513696, 3ª Turma Cível, Rel. Des. Wellington Medeiros, *DJU* 15.05.2002, p. 87).

4. Recorrente. Posse do objeto da requisição judicial. "A *contrario sensu*, se a própria recorrente afirma possuir o objeto da requisição judicial, não poderá eximir-se de cumpri-la" (STJ, REsp 688.873/PR, Rel. Min. Teori Albino Zavascki, 1ª Turma, jul. 17.05.2005, *DJ* 06.06.2005, p. 207).

5. Inciso I. "A afirmação da agravante de que não possui o documento presume-se recusa e não tem o condão de afastar o comando legal do art. 358 do CPC [art. 399 do CPC/2015], nem a decisão nele amparada no sentido de que, sendo o contrato comum às partes, deveria ser guardado para ser apresentado em momento oportuno" (STJ, AgRg no Ag 1.128.185/RS, Rel. Min. Sidnei Beneti, 3ª Turma, jul. 28.04.2009, *DJe* 13.05.2009).

6. Inciso II.

Ausência de certeza que a documentação foi extraviada. "Hipótese em que o Tribunal de origem concluiu que, 'considerando que não há nos autos nenhuma migalha de prova de que tenha sido a documentação extraviada, tenho que a negativa da entrega sem qualquer justificativa se mostra ato de flagrante violação à legislação pertinente que autoriza a exibição, cabendo *in casu* aplicação da regra do art. 358, inciso I, do CPC [art. 399, I, do CPC/2015], ao estipular que 'o juiz não admitirá a recusa se o requerido tiver obrigação legal de exibir'" (STJ, AgRg no Ag 1.200.943/ES, Rel. Min. Herman Benjamin, 2ª Turma, jul. 17.12.2009, *DJe* 02.02.2010).

Sociedade de economia mista, concessionária de serviço público. "A partir da interpretação do art. 358, II, do CPC [art. 399, II, do CPC/2015], não se admite a recusa da CEEE quanto à exibição de documento comum às partes litigantes antes de consumado o prazo prescricional de vinte anos, incidente na hipótese, por se tratar de sociedade de economia mista, concessionária de serviço público. Precedentes" (STJ, AgRg no Ag 538.002/RS, Rel. Min. Paulo Furtado, 3ª Turma, jul. 24.03.2009, *DJe* 14.04.2009).

7. Inciso III. "O conceito de documento comum, previsto no art. 844, II, do CPC/1973, não se limita àquele pertencente a ambas as partes, mas engloba também o documento sobre o qual as partes têm interesse comum. Precedente. Na hipótese dos autos, o documento cuja exibição se pretende influi na relação jurídica material havida entre as partes, servindo de base de cálculo para identificação do valor devido em contrato de cessão de direitos" (STJ, REsp 1.645.581/DF, Rel. Min. Ricardo Villas Bôas Cueva, 3ª Turma, jul. 08.08.2017, *DJe* 15.08.2017).

"Não se admite a recusa de exibição de documento comum às partes" (STJ, AgRg no Ag 511.849/RS, Rel. Min. Nancy Andrighi, 3ª Turma, jul. 23.09.2003, *DJ* 10.11.2003, p. 190).

Existência de relação jurídica entre as partes. "A assertiva extraída do acórdão recorrido de que a relação jurídica não foi negada pelas partes, constitui fundamento suficiente a demonstrar a inconsistência da recusa manifestada pela agravante em apresentar o instrumento contratual, e abre ensejo à aplicação do art. 358, III, do Código de Processo Civil [art. 399, III, do CPC/2015]" (STJ, AgRg no Ag 498.708/RS, Rel. Min. João Otávio de Noronha, 2ª Turma, jul. 18.09.2003, *DJ* 03.11.2003, p. 305).

Prontuário médico. "O hospital tem o dever de exibir o prontuário médico do paciente e, quando falecido, atender a igual pedido de exibição formulado pela viúva" (TJMG, ApCv 7473466-16.2009.8.13.0024, Rel. Des. Saldanha da Fonseca, 12ª Câmara Cível, jul. 23.03.2011, *DJe* 04.04.2011).

8. Prescrição. "Já reconheceu esta Corte que se tratando de 'documento comum às partes, não se admite a recusa de exibi-lo, notadamente quando a instituição recorrente tem a obrigação de mantê-lo enquanto não prescrita eventual ação sobre ele' (AgRgAg 647.746/RS, 4ª Turma, Relator o Ministro Barros Monteiro, *DJ* de 12.12.05)" (STJ, AgRg no Ag 1.128.185/RS, Rel. Min. Sidnei Beneti, 3ª Turma, jul. 28.04.2009, *DJe* 13.05.2009).

"Ocorrida a prescrição, não mais sobrevive o dever de guarda de documentos, sendo legítima a recusa fundada no transcurso do prazo prescricional. Pensar diferente seria impor à parte obrigação juridicamente impossível. Ausência de ofensa aos arts. 358 e 359 do CPC" [arts. 399 e 400 do CPC/2015] (STJ, REsp 1.046.497/RJ, Rel. Min. João Otávio de Noronha, 4ª Turma, jul. 24.08.2010, *DJe* 09.11.2010).

9. Procedimento administrativo/provas não apresentado pela Administração Pública. "O fato de a administração pública não exibir os registros, papéis e documentos relativos a possíveis serviços prestados pelo beneficiário, tendo em vista caso fortuito ou força maior (extravio), admite-se como verdadeiros os fatos que se pretendia provar" (STJ, AgRg no REsp 388.256/AP, Rel. Min. José Arnaldo da Fonseca, 5ª Turma, jul. 28.09.2005, *DJ* 07.11.2005, p. 326). **No mesmo sentido:** STJ, REsp 720.251/MA, Rel. Min. José Arnaldo da Fonseca, 5ª Turma, jul. 07.04.2005, *DJ* 09.05.2005, p. 472.

Art. 400. Ao decidir o pedido, o juiz admitirá como verdadeiros os fatos que, por meio do documento ou da coisa, a parte pretendia provar se:

I – o requerido não efetuar a exibição nem fizer nenhuma declaração no prazo do art. 398;

II – a recusa for havida por ilegítima.

Parágrafo único. Sendo necessário, o juiz pode adotar medidas indutivas, coercitivas, mandamentais ou sub-rogatórias para que o documento seja exibido.

CPC/1973

Art. 359.

REFERÊNCIA LEGISLATIVA

CPC/2015, art. 398 (exibição de documento ou coisa; prazo para resposta).

SÚMULAS

Súmula do STJ:

Nº 372: "Na ação de exibição de documentos, não cabe a aplicação de multa cominatória" (entendimento prejudicado com a previsão do art. 400, parágrafo único, do CPC/2015).

BREVES COMENTÁRIOS

Se houve alegação de inexistência da obrigação de exibir, o juiz examinará a procedência ou não dos argumentos e, se julgá-los injustos, aplicará à parte que se escusou a sanção do art. 400, II, isto é, admitirá a veracidade dos fatos a cuja prova se destinava o documento ou coisa.

O atual Código inovou ao permitir que o juiz, se necessário for, adote medidas indutivas, coercitivas, mandamentais ou sub-rogatórias para que o documento seja exibido (art. 400, parágrafo único). Com essa previsão, o CPC/2015 afasta o entendimento da Súmula nº 372 do STJ, que impedia a imposição de multa à parte que descumprisse a ordem exibitória. A penalidade, todavia, não excluirá a presunção de veracidade do *caput* do art. 400, se for o caso.

Não cabe a presunção se a exibição é requerida, cautelarmente, sem que a parte saiba o que de fato contém o documento, mas apenas como investigação de evento relevante para defesa eventual de seus interesses. O art. 400 pressupõe a afirmação, pelo requerente, de fato certo, a ser demonstrado com o documento em poder do requerido.

A decisão que aplica à parte a presunção do art. 400 é interlocutória, desafiando agravo (art. 1.015, VI). Se a matéria for mencionada na própria sentença da causa, será atacável na apelação (art. 1.009, *caput*).

JURISPRUDÊNCIA SELECIONADA

1. Presunção de veracidade. "Requerida a exibição de documentos pelos devedores, a omissão da instituição financeira na apresentação dos contratos implica a presunção de veracidade dos fatos alegados pelo devedor/réu/executado, na forma do art. 400 do NCPC" (STJ, AgInt no AREsp 520.975/RS, Rel. Min. Marco Buzzi, 4ª Turma, jul. 01.06.2020, *DJe* 10.06.2020).

2. Presunção relativa de veracidade. Execução de título extrajudicial. "Conforme entendimento desta Corte 'em exibição incidental de documentos, cabe a presunção relativa de veracidade dos fatos que a parte adversa pretendia comprovar com a juntada dos documentos solicitados, nos termos do art. 359 do CPC/1973 (atual art. 400 do CPC/2015), sendo certo que, no julgamento da lide, as consequências dessa veracidade serão avaliadas, pelo Juízo de origem, em conjunto com as demais provas produzidas nos autos' (AgInt no AREsp 1.646.587/PR, Rel. Ministro Raul Araújo, Quarta Turma, julgado em 24/08/2020, *DJe* de 15/09/2020)" (STJ, AgInt no AREsp 2.102.423/PR, Rel. Min. Marco Buzzi, 4ª Turma, jul. 21.08.2023, *DJe* 24.08.2023).

3. Recusa ilegítima (inciso II).

"A falta de exibição que dá ensejo à sanção do *caput* do art. 359 do CPC [art. 400 do CPC/2015] – admitir como verdadeiros os fatos que a parte pretendia provar por meio do documento – é a que decorre de recusa 'havida por ilegítima'" (STJ, REsp 1.046.497/RJ, Rel. Min. João Otávio de Noronha, 4ª Turma, jul. 24.08.2010, *DJe* 09.11.2010).

"Existente sentença transitada em julgado de cautelar, impondo a apresentação dos documentos requisitados pela parte, e fazendo-se novo requerimento nos autos do processo principal, diante de nova recusa do embargante, será esta considerada ilegítima, submetendo-se a parte que se recusou a apresentar os documentos à consequência imposta pelo *caput* do art. 359 do CPC [art. 400 do CPC/2015], considerando como verdadeiros os fatos que a parte contrária pretendia provar por meio dos escritos" (TJMG, AI 366.987, Rel. Paulo Cezar Dias, 4ª Câmara, jul. 21.08.2002, *DJMG* 31.08.2002).

4. Ausência de ordem judicial para a exibição de documentos. "Se não houve determinação do juiz no sentido de que a parte exibisse documentos em seu poder, nos termos do disposto no art. 355, CPC [art. 396 do CPC/2015], não há ensejo a aplicação dos arts. 358 e 359 [arts. 399 e 400 do CPC/2015], que dizem com a recusa da parte em atender a ordem" (STJ, REsp 50.936/SP, Rel. Min. Sálvio de Figueiredo Teixeira, 4ª Turma, jul. 17.08.1994, *DJ* 19.09.1994).

5. Fornecimentos de dados para identificação de usuário. Cominação de *astreintes*. "Na hipótese dos autos, verifica-se que a pretensão cautelar reside no fornecimento de dados para identificação de suposto ofensor da imagem da sociedade de economia federal e de seus dirigentes. Assim, evidencia-se a preponderância da obrigação de fazer, consistente no ato de identificação do usuário do serviço de internet. Tal obrigação, certificada mediante decisão judicial, não se confunde com a pretensão cautelar de exibição de documento, a qual era regulada pelo artigo 844 do CPC de 1973. Isso porque os autores da cautelar inominada não buscaram a exibição de um documento específico, mas, sim, o fornecimento de informações aptas a identificação do tomador do serviço prestado pela requerida, sendo certo que, desde 2009, já havia recomendação do Comitê Gestor de Internet no Brasil no sentido de que os provedores de acesso mantivessem, por um prazo mínimo de três anos, os dados de conexão e comunicação realizadas por meio de seus equipamentos. (...) As citadas peculiaridades, extraídas do caso concreto, constituem *distinguishing* apto a afastar a incidência do entendimento plasmado na Súmula 372/STJ ('na ação de exibição de documentos, não cabe a aplicação de multa cominatória') e reafirmado no Recurso Especial repetitivo 1.333.988/SP ('descabimento de multa cominatória na exibição, incidental ou autônoma, de documento relativo a direito disponível')" (STJ, REsp 1.560.976/RJ, Rel. Min. Luis Felipe Salomão, 4ª Turma, jul. 30.05.2019, *DJe* 01.07.2019).

Cominação de *astreintes* na exibição de documentos requerida contra a parte *ex adversa*. Cabimento. "Tese para os fins do art. 1.040 do CPC/2015: 'Desde que prováveis a existência da relação jurídica entre as partes e de documento ou coisa que se pretende seja exibido, apurada em contraditório prévio, poderá o juiz, após tentativa de busca e apreensão ou outra medida coercitiva, determinar sua exibição sob pena de multa com base no art. 400, parágrafo único, do CPC/2015' (Tema 1.000/STJ)" (STJ, REsp 1.777.553/SP, Rel. Min. Paulo de Tarso Sanseverino, 2ª Seção, jul. 26.05.2021, *DJe* 01.07.2021). **No memo sentido:** STJ, REsp 1.763.462/MG, Rel. Min. Paulo de Tarso Sanseverino, 2ª Seção, jul. 09.06.2021, *DJe* 01.07.2021. **Decisões submetidas a julgamento de recursos repetitivos.**

6. Processo cautelar. "A orientação jurisprudencial da jurisprudência desta Corte está consolidada no sentido de que o desatendimento para exibição de documentos, no processo cautelar, não acarreta a presunção de veracidade dos fatos alegados, prevista no artigo 359 do Código de Processo Civil [art. 400 do CPC/2015] (Nesse sentido, o REsp 1.094.846/MS, Relator o Ministro Carlos Fernando Mathias, Desembargador convocado, Segunda Seção)" (STJ, AgRg no Ag 946.101/RS, Rel. Min. Vasco Della Giustina (Des. Conv. do TJ/RS), 3ª Turma, jul. 18.02.2010, *DJe* 05.03.2010). **No mesmo sentido:** STJ, AgRg no Ag 985.154/BA, Rel. Min. João Otávio de Noronha, 4ª Turma, jul. 03.12.2009, *DJe* 18.12.2009; STJ, REsp 1.098.992/RS, Rel. Min. Luis Felipe Salomão, 4ª Turma, jul. 02.09.2010, *DJe* 07.02.2011.

Art. 401. Quando o documento ou a coisa estiver em poder de terceiro, o juiz ordenará sua citação para responder no prazo de 15 (quinze) dias.

CPC/1973

Art. 360.

BREVES COMENTÁRIOS

A medida em relação a terceiro deve ser processada em apenso aos autos principais e será objeto de decisão interlocutória, que desafiará agravo de instrumento (art. 1.015, VI). O procedimento é sumário e acha-se definido nos arts. 401 e 402: citação com prazo de 15 dias e designação de audiência para depoimento do terceiro e, se for o caso, de testemunhas, seguindo-se a decisão do incidente.

JURISPRUDÊNCIA SELECIONADA

1. Fornecimento de material genético para exame de DNA. Aplicação analógica do art. 401, NCPC. "Aplicam-se aos terceiros que possam fornecer material genético para a realização do novo exame de DNA as mesmas diretrizes anteriormente formuladas, pois, a despeito de não serem legitimados passivos para responder à ação investigatória (legitimação *ad processum*), são eles legitimados para a prática de determinados e específicos atos processuais (legitimação *ad actum*), observando-se, por analogia, o procedimento em contraditório delineado nos art. 401 a 404, do novo CPC, que, inclusive, preveem a possibilidade de adoção de medidas indutivas, coercitivas, sub-rogatórias ou mandamentais ao terceiro que se encontra na posse de documento ou coisa que deva ser exibida" (STJ, Rcl 37.521/SP, Rel. Min. Nancy Andrighi, 2ª Seção, jul. 13.05.2020, *DJe* 05.06.2020).

2. Documento ou coisa em poder de terceiro. Procedimento incidental. "A impossibilidade de exibição e a determinação de tal providência por terceiro são medidas passíveis de serem discutidas no âmbito do procedimento incidental (arts. 357 e 360 do CPC) [arts. 398 e 401 do CPC/2015]" (STJ, REsp 896.435/PR, Rel. Min. Nancy Andrighi, 3ª Turma, jul. 27.10.2009, *DJe* 09.11.2009).

"É perfeitamente viável a determinação judicial de exibição de documentos de firma comercial estranha à demanda principal, nos termos do artigo 360 e seguintes do CPC [art. 401 do CPC/2015], ainda que se trate de informações comerciais, desde que estas não infrinjam os princípios da livre-concorrência e do sigilo, guardando tais documentos pertinência com a causa pendente. 360CPC- Documentos comuns entre a recorrente e uma das partes. Incidente instaurado pelo juízo" (TJMG, 200000043232330001 MG 2.0000.00.432323-3/000(1), Rel. Heloisa Combat, jul. 21.10.2004, *DJe* 10.11.2004).

3. Ação de exibição em face do banco para que a instituição financeira exiba o documento de cadastro do emitente do cheque. "(...) Recebimento de cheque sem fundos. Prévio requerimento administrativo do endereço do emitente. Descabimento. Ação de exibição em face do banco para que a instituição financeira exiba o documento de cadastro do emitente do cheque. Possibilidade. Multa cominatória. Inviabilidade. Tendo em vista que os artigos 339 a 341 do Código de Processo Civil [arts. 378 a 380 do CPC/2015] impõem a terceiros o dever de colaboração com o Judiciário, o fornecimento de informações de natureza cadastral aos credores da obrigação cambiária é feito em benefício do direito fundamental de ação, da função social do contrato, do sistema de crédito e da economia, da adequada utilização do cheque, que contribui para o aperfeiçoamento do sistema financeiro, da proteção do credor de boa-fé e da solução rápida dos conflitos, não podendo o Banco acobertar o devedor" (STJ, REsp 1.159.087/MG, Rel. Min. Luis Felipe Salomão, 4ª Turma, jul. 17.04.2012, *DJe* 15.05.2012).

Art. 402. Se o terceiro negar a obrigação de exibir ou a posse do documento ou da coisa, o juiz designará audiência especial, tomando-lhe o depoimento, bem como o das partes e, se necessário, o de testemunhas, e em seguida proferirá decisão.

CPC/1973

Art. 361.

BREVES COMENTÁRIOS

O pedido de exibição, quando formulado contra quem não é parte no processo principal, provoca a instauração de um novo processo, em que são partes o pretendente à exibição e o possuidor do documento ou coisa. Estabelece-se, pois, uma relação processual paralela, com partes diferentes, tendo também por objeto uma lide diferente, girando em torno da existência do documento ou coisa procurada e do dever de exibir. Esse feito incidental, para evitar tumulto no andamento da ação, deverá ser processado em autos próprios, em apenso aos principais, e será julgado por decisão interlocutória, como dispõe o art. 402, da qual caberá agravo de instrumento (art. 1.015, VI).

Art. 403. Se o terceiro, sem justo motivo, se recusar a efetuar a exibição, o juiz ordenar-lhe-á que proceda ao respectivo depósito em cartório ou em outro lugar designado, no prazo de 5 (cinco) dias, impondo ao requerente que o ressarça pelas despesas que tiver.

Parágrafo único. Se o terceiro descumprir a ordem, o juiz expedirá mandado de apreensão, requisitando, se necessário, força policial, sem prejuízo da responsabilidade por crime de desobediência, pagamento de multa e outras medidas indutivas, coercitivas, mandamentais ou sub-rogatórias necessárias para assegurar a efetivação da decisão.

CPC/1973

Art. 362.

REFERÊNCIA LEGISLATIVA

CP, art. 330 (desobediência).

SÚMULAS

Súmula do STJ:

Nº 372: "Na ação de exibição de documentos, não cabe a aplicação de multa cominatória" **(Entendimento prejudicado com a previsão dos arts. 400, parágrafo único, e 403, parágrafo único, do CPC/2015).**

BREVES COMENTÁRIOS

Para o terceiro a consequência da não exibição é a execução coativa por meio da apreensão judicial do referido objeto, "sem prejuízo" – ainda – "da responsabilidade por crime de desobediência, pagamento de multa e outras medidas indutivas, coercitivas, mandamentais ou sub-rogatórias necessárias para assegurar a efetivação da decisão" (art. 403, parágrafo único). Se, finalmente, o promovido destruir a coisa ou documento que deveria exibir, ficará, além disso, responsável civilmente pelas perdas e danos que acarretar ao promovente, as quais poderão ser demandadas em ação comum de indenização.

JURISPRUDÊNCIA SELECIONADA

1. Desobediência. Busca e apreensão. "Nos casos de recusa permite-se ao juiz mandar apreendê-la tal como o faz quando se trata de 'medida proposta contra terceiro' que recalcitra em cumprir o julgado, hipótese que imprime-se cunho mandamental à decisão" (STJ, REsp 845.860/SP, Rel. Min. Luiz Fux, 1ª Turma, jul. 07.05.2009, *DJe* 10.06.2009).

Art. 404. A parte e o terceiro se escusam de exibir, em juízo, o documento ou a coisa se:

I – concernente a negócios da própria vida da família;

II – sua apresentação puder violar dever de honra;

III – sua publicidade redundar em desonra à parte ou ao terceiro, bem como a seus parentes consanguíneos ou afins até o terceiro grau, ou lhes representar perigo de ação penal;

IV – sua exibição acarretar a divulgação de fatos a cujo respeito, por estado ou profissão, devam guardar segredo;

V – subsistirem outros motivos graves que, segundo o prudente arbítrio do juiz, justifiquem a recusa da exibição;

VI – houver disposição legal que justifique a recusa da exibição.

Parágrafo único. Se os motivos de que tratam os incisos I a VI do *caput* disserem respeito a apenas uma parcela do documento, a parte ou o terceiro exibirá a outra em cartório, para dela ser extraída cópia reprográfica, de tudo sendo lavrado auto circunstanciado.

CPC/1973

Art. 363.

REFERÊNCIA LEGISLATIVA

CF, art. 5º, X: *"são invioláveis a intimidade, a vida privada, a honra e a imagem das pessoas, assegurado o direito a indenização pelo dano material ou moral decorrente de sua violação"*.

Código de Ética e Disciplina da OAB (ver Legislação Especial), de 13.02.1995, arts. 35 e 38.

BREVES COMENTÁRIOS

A propósito do sigilo profissional, convém ressaltar que essa escusação não pode ser vista como obstáculo absoluto à investigação judicial. Assim, *v.g.*, o Código de Ética Médica prevê o impedimento do médico de *"revelar fato de que tenha conhecimento em virtude do exercício de sua profissão*, salvo por motivo justo, dever legal ou consentimento, por escrito, do paciente" (art. 73). Isto quer dizer que, por interesse público, o juiz pode ordenar a quebra do sigilo, e o médico, ou outro profissional acobertado por igual dever de sigilo, terá de exibir o conteúdo de seus assentos. Caberá ao juiz, diante da natureza do processo e da relevância do direito em litígio, definir a presença, ou não, do interesse de ordem pública, para concluir, pela ocorrência, ou não, da *justa causa* para ruptura do sigilo profissional.

JURISPRUDÊNCIA SELECIONADA

1. Execução. Decisão judicial para apresentação do contrato de serviços advocatícios. Providência com a finalidade de localizar o endereço do executado. Violação do sigilo profissional. "O contrato de prestação de serviços advocatícios está sob a guarda do sigilo profissional, assim como se comunica à inviolabilidade da atividade advocatícia, sendo possível o afastamento daquelas garantias tão somente por meio de ordem judicial expressa e fundamentada e em relação a questões envolvendo o próprio advogado e que sejam relativas a fato ilícito em que ele seja autor" (STJ, RMS 67.105/SP, Rel. Min. Luis Felipe Salomão, 4ª Turma, jul. 21.09.2021, *DJe* 17.11.2021).

2. Segredo profissional (inciso IV). "O sigilo profissional é exigência fundamental da vida social que deve ser respeitado como princípio de ordem pública, por isso mesmo que o Poder Judiciário não dispõe de força cogente para impor a sua revelação, salvo na hipótese de existir específica norma de lei formal autorizando a possibilidade de sua quebra, o que não se verifica na espécie. O interesse público do sigilo profissional decorre do fato de se constituir em um elemento essencial à existência e à dignidade de certas categorias, e à necessidade de se tutelar a confiança nelas depositada, sem o que seria inviável o desempenho de suas funções, bem como por se revelar em uma exigência da vida e da paz social. Hipótese em que se exigiu da recorrente ela que tem notória especialização em serviços contábeis e de auditoria e não é parte na causa – a revelação de segredos profissionais obtidos quando anteriormente prestou serviços à ré da ação. Recurso provido, com a concessão da segurança" (STJ, RMS 9.612/SP, Rel. Min. Cesar Asfor Rocha, 4ª Turma, jul. 03.09.1998, *DJ* 09.11.1998, p. 103).

Médico. "De acordo com o Código de Ética Médica, os médicos e hospitais estão obrigados a exibir documentos médicos relativos ao próprio paciente que requeira a exibição. – A negativa injustificada à exibição de documentos médicos pela via administrativa, que obrigou o paciente à propositura de ação à sua exibição pela via judicial, tem o condão de responsabilizar o hospital pelo pagamento dos ônus de sucumbência, em atenção ao princípio da causalidade, nos termos dos precedentes firmados no STJ" (STJ, REsp 540.048/RS, Rel. Min. Nancy Andrighi, 3ª Turma, jul. 02.12.2003, *DJ* 12.04.2004, p. 207; *EJSTJ* 39/166).

"A obrigatoriedade do sigilo profissional do médico **não tem caráter absoluto**. A matéria, pela sua delicadeza, reclama diversidade de tratamento diante das particularidades de cada caso" (STF, RE 91.218/SP, Rel. Min. Djaci Falcão, 2ª Turma, jul. 10.11.1981; *RTJ* 101/676).

Seguradora. "A seguradora tem o dever de apresentar apólice e condições gerais referentes ao seguro contratado, não estando a recusa em exibir o documento correta nesse caso, sendo que o mesmo não consta das hipóteses justificáveis para a negativa de exibição, nos termos do artigo 363 do CPC [art. 404 do CPC/2015]" (TJMG, Ap. 1.0701.06.153596-2/001, Rel. Des. Valdez Leite Machado, ac. 08.11.2007, *DJMG* 28.11.2007).

EXIBIÇÃO DE DOCUMENTOS E COISAS: INDICAÇÃO DOUTRINÁRIA

Arruda Alvim. *Novo contencioso cível no CPC/2015*. São Paulo: Revista dos Tribunais, 2016; Carlos Alberto Dabus Maluf, Exibição de documento ou coisa, *RF* 302/261; Elias Marques de Medeiros Neto; Lucas Dantas. *Notas sobre a ação de produção antecipada de provas*. Caxias do Sul: Jurisplenum, ano XV, n. 85. Jan. 2019 p. 55-68 (possibilidade de utilizar na exibição de documentos o rito da produção antecipada de provas); Fredie Didier Jr., *Curso de direito processual civil*, 10. ed., Salvador: JusPodivm, 2015, v. II; Humberto Theodoro Júnior, *Curso de direito processual civil*, 61. ed., Rio de Janeiro: Forense, 2020, v. I; J. C. Barbosa Moreira, *O novo processo civil brasileiro*, § 8º, n. III, 2; João Roberto Parizatto, *Da prova no processo civil: doutrina, jurisprudência*, Ed. Leme; Kátia Aparecida Mangone, In: Teresa Arruda Alvim Wambier, Fredie Didier Jr., Eduardo Talamini, Bruno Dantas, *Breves comentários ao novo Código de Processo Civil*, São Paulo: Revista dos Tribunais, 2015; Lopes da Costa, *Direito processual civil brasileiro*, 1946, v. II, n. 357 – sobre documento comum; Luiz Guilherme Marinoni, Sérgio Cruz Arenhart, In: Sérgio Cruz Arenhart e Daniel Mitidiero (coord.), *Comentários ao Código de Processo Civil*, 2. ed., São Paulo: RT, 2018, v. 7; Moacyr Amaral Santos, *Comentários ao Código de Processo Civil*, Forense, v. IV; Moacyr Amaral Santos, *Prova judiciária*, v. IV, n. 251 e 254 – do procedimento da exibitória contra a parte e da resposta e sua fundamentação; Orlando Soares, *Comentários ao CPC*, v. I, p. 6/9; Pontes de Miranda, *Comentários ao CPC*, tomo IV – sobre a necessidade da exibição por terceiros de livros mercantis.

Seção VII
Da Prova Documental

Subseção I
Da Força Probante dos Documentos

Art. 405. O documento público faz prova não só da sua formação, mas também dos fatos que o escrivão, o chefe de secretaria, o tabelião ou o servidor declarar que ocorreram em sua presença.

CPC/1973

Art. 364.

REFERÊNCIA LEGISLATIVA

Lei nº 7.433, de 18.12.1985 (requisitos do instrumento público); Decreto nº 93.240, de 09.09.1986 (regulamento).

BREVES COMENTÁRIOS

Há presunção legal de autenticidade do documento público, entre as partes e perante terceiros, fato que decorre da atribuição de fé pública conferida aos órgãos estatais. Esses documentos contêm afirmações que se referem: (a) às circunstâncias de formação do ato, como data, local, nome e qualificação das partes etc.; e (b) às declarações de vontade, que o oficial ouvir das partes.

A presunção da veracidade acobertada pela fé pública do oficial só atinge os elementos de formação do ato e a autoria das declarações das partes, e não o conteúdo destas mesmas declarações. Pela verdade das afirmações feitas perante o oficial, só mesmo os autores delas são os responsáveis.

JURISPRUDÊNCIA SELECIONADA

1. Documento público. Valor probante. "A presunção *juris tantum* como prova de que gozam os documentos públicos há de ser considerada em relação às condições em que constituído o seu teor. Se este se resume a conter declaração unilateral da vítima, conquanto possa servir de elemento formador da convicção judicial, não se lhe é de reconhecer, por outro lado, como suficiente, por si só, à veracidade dos fatos, o que somente ocorreria se corroborado por investigação ou informe policial também nele consignado" (STJ, REsp 236.047/SP, Rel. Min. Aldir Passarinho Junior, 4ª Turma, jul. 22.03.2001, *DJ* 11.06.2001, p. 227).

"Documento público faz prova dos fatos que o funcionário declarar que ocorreram em sua presença. Assim, tratando-se de declarações de um particular, tem-se como certo, em princípio, que foram efetivamente prestadas. Não, entretanto, que seu conteúdo corresponda a verdade" (STJ, REsp 59.841/RS, Rel. Min. Waldemar Zveiter, 3ª Turma, jul. 27.02.1996, *DJ* 27.05.1996, p. 17.866). No mesmo sentido: STJ, REsp 37.253/SP, Rel. p/ Acórdão Min. Eduardo Ribeiro, 3ª Turma, jul. 12.09.1994, *DJ* 24.10.1994, p. 28.752; STJ, AgRg no Ag 653.907/RJ, Rel. Min. Ari Pargendler, 3ª Turma, jul. 20.04.2006, *DJe* 13.03.2008.

"Negar a presunção de autenticidade de documentos com trânsito no Ministério da Justiça é colocar em suspeita a lisura do órgão do poder público brasileiro competente para processar os intentos rogatórios" (STJ, AgRg na CR 1.000/AR, Rel. Min. Barros Monteiro, Corte Especial, jul. 07.06.2006, *DJ* 01.08.2006).

2. Declarações das partes ao oficial de registro que possuem presunção relativa de veracidade admitindo-se prova

em contrário. "As declarações prestadas pelas partes ao notário, bem ainda o documento público por ele elaborado, possuem presunção relativa (*juris tantum*) de veracidade, admitindo-se prova em contrário. Precedentes. A quitação, quando considerada ficta, exarada para fins de transferência de propriedade, exige prova do pagamento para que seja reputada consumada. Consoante delineado pela Corte local, com amparo nos elementos de convicção dos autos, inviável conferir o atributo de prova plena, absoluta e incontestável à escritura aquisitiva – como pretende a insurgente – a fim de desconstituir a exigibilidade do crédito executado, pois no documento não consta pagamento algum na presença do servidor cartorário ao exequente ou aos antigos proprietários e, por consequência, não existe relação direta, ou prejudicial, entre o que foi declarado na escritura e a obrigação de pagar assumida pela recorrente perante o exequente no contrato particular de compromisso de compra e venda" (STJ, REsp 1.288.552/MT, Rel. Min. Marco Buzzi, 4ª Turma, jul. 24.11.2020, *DJe* 02.12.2020).

3. Escritura pública. "A quitação expressa em escritura pública goza de presunção absoluta (*juris et de iure*) do pagamento, que se sobrepõe à existência de notas promissórias em poder do credor, vinculada ao contrato que originou aquela escritura" (STJ, REsp 108.264/DF, Rel. Min. Sálvio de Figueiredo Teixeira, 4ª Turma, jul. 26.06.2001, *DJ* 15.10.2001, p. 265).

"Valor probante a transcrição, em escritura, de atestados médicos faz prova de que foram exibidos ao tabelião mas não de que seu conteúdo corresponda necessariamente a verdade" (STJ, REsp 33.719/GO, Rel. Min. Eduardo Ribeiro, 3ª Turma, jul. 27.04.1993, *DJ* 10.05.1993, p. 8.635).

4. Boletim de ocorrência. "Certo é, nos termos da jurisprudência desta Corte, que o boletim de ocorrência policial não gera presunção *juris tantum* da veracidade dos fatos narrados, uma vez que apenas consigna as declarações unilaterais narradas pelo interessado, sem atestar que tais afirmações sejam verdadeiras" (STJ, AgRg no REsp 310.191/BA, Rel. Min. Sálvio de Figueiredo Teixeira, 4ª Turma, jul. 07.06.2001, *DJ* 20.08.2001, p. 479).

"Não é admissível admitir-se valor probante a um determinado documento (B.O.), que não vem corroborado pelos demais elementos de prova coligidos nos autos" (STJ, REsp 439.760/ES, Rel. Min. Barros Monteiro, 4ª Turma, jul. 20.08.2002, *DJ* 18.11.2002, p. 229).

"Caso em que, além de limitado o Boletim de Ocorrência do furto do veículo no estabelecimento réu às alegações exclusivas da vítima, cliente da seguradora que ora move ação regressiva, o Tribunal estadual, soberano no exame da prova, apontou deficiência no contexto probatório para que se configurasse ato ilícito da empresa ré" (STJ, REsp 236.047/SP, Rel. Min. Aldir Passarinho Junior, 4ª Turma, jul. 22.03.2001, *DJ* 11.06.2001, p. 227).

Acidente de trânsito. "O documento público faz prova dos fatos que o funcionário declarar que ocorreram na sua presença (art. 364 do CPC) [art. 405 do CPC/2015]. Três são as hipóteses mais ocorrentes: (I) o escrivão recebe declarações e as registra, quando então 'tem-se como certo, em princípio, que foram efetivamente prestadas. Não, entretanto, que seu conteúdo corresponda a verdade' (REsp 55.088/SP, 3ª Turma, Rel. em. Min. Eduardo Ribeiro); (II) O policial comparece ao local do fato, e registra o que observa, quando então há presunção de veracidade ('o boletim de ocorrência goza de presunção *iuris tantum* de veracidade, prevalecendo até que se prove o contrário' – REsp 4.365/RS, 3ª Turma, Rel. em. Min. Waldemar Zveiter), e tal se dá quando consigna os vestígios encontrados, a posição dos veículos, a localização dos danos etc.; (III) O policial comparece ao local e consigna no boletim o que lhe foi referido pelos envolvidos ou testemunhas, quando então a presunção de veracidade é de que tais declarações foram prestadas, mas não se estende ao conteúdo delas ('o documento público não faz prova dos fatos simplesmente referidos pelo funcionário' – REsp 42.031/RJ, 4ª Turma, Rel. em. Min. Fontes de Alencar). Em todos os casos, a presunção é apenas relativa" (STJ, REsp 135.543/ES, Rel. Min. Ruy Rosado de Aguiar, 4ª Turma, jul. 08.10.1997, *DJ* 09.12.1997, p. 64.715).

5. Certidão. Escrivão do juízo. "As certidões emanadas dos escrivães do Juízo, em razão de seu ofício, revestem-se de presunção *juris tantum* de legitimidade e de veracidade, em razão da fé pública de que gozam tais agentes auxiliares do Juízo" (STJ, REsp 1.002.702/BA, Rel. Min. Luis Felipe Salomão, 4ª Turma, jul. 26.10.2010, *DJe* 04.11.2010).

6. Depoimento de testemunha. "O depoimento de testemunha para valer como prova no processo deve ser prestado perante o juiz, com perguntas e reperguntas das partes; ainda que feito perante tabelião e documentado por escritura pública, o testemunho de quem, como preposto, se diz autor de assinatura aposta em contrato, não inibe a realização de prova grafotécnica, se o preponente opõe dúvidas a respectiva autenticidade" (STJ, REsp 472.174/MT, Rel. Min. Ari Pargendler, 3ª Turma, jul. 02.05.2006, *DJ* 12.06.2006).

7. Certidões judiciais. Inconstitucionalidade de lei federal que autoriza cobrança de custas para expedição. "O direito à gratuidade das certidões, contido no art. 5º, XXXIV, b, da Carta Magna, também inclui as certidões emitidas pelo Poder Judiciário, inclusive aquelas de natureza forense. A Constituição Federal não fez qualquer ressalva com relação às certidões judiciais, ou àquelas oriundas do Poder Judiciário. Todavia, a gratuidade não é irrestrita, nem se mostra absoluta, pois está condicionada à demonstração, pelo interessado, de que a certidão é solicitada para a defesa de direitos ou o esclarecimento de situações de interesse pessoal. Essas finalidades são presumidas quando a certidão pleiteada for concernente ao próprio requerente, sendo desnecessária, nessa hipótese, expressa e fundamentada demonstração dos fins e das razões do pedido. Quando o pedido tiver como objeto interesse indireto ou de terceiros, mostra-se imprescindível a explicitação das finalidades do requerimento" (STF, ADI 2259, Rel. Min. Dias Toffoli, Tribunal Pleno, jul. 14.02.2020, *DJe* 25.03.2020).

Art. 406. Quando a lei exigir instrumento público como da substância do ato, nenhuma outra prova, por mais especial que seja, pode suprir-lhe a falta.

CPC/1973

Art. 366.

REFERÊNCIA LEGISLATIVA

CC, arts. 108 e 215 e ss.

BREVES COMENTÁRIOS

Não obstante a adoção pelo Código do princípio do livre convencimento, nos atos solenes, isto é, naqueles em que a forma é substancial, o documento público exigido por lei para sua validade assume supremacia sobre qualquer outra prova, e não pode mesmo ser substituído por nenhum outro meio de convicção.

JURISPRUDÊNCIA SELECIONADA

1. Instrumento público. Desnecessidade. "Não há que se falar em violação ao art. 366 do CPC [art. 406 do CPC/2015], pois o mesmo é claro ao dispor sobre a necessidade de instrumento público para fins de prova, quando a lei exigir, não tendo o Ato Normativo citado pelo recorrente a força para tanto, uma vez que legislação que rege a espécie aceita a simples declaração do segurado" (STJ, REsp 268.030/BA, Rel. Min. José Arnaldo da Fonseca, 5ª Turma, jul. 13.02.2001, *DJ* 26.03.2001, p. 454).

"Segundo a jurisprudência do STJ, a promessa de venda e compra gera efeitos obrigacionais, não dependendo, para sua eficácia e validade, de ser formalizada por instrumento público" (STJ, REsp 236.192/RN, Rel. Min. Barros Monteiro, 4ª Turma, jul. 28.03.2000, *DJ* 05.06.2000, p. 171).

Art. 407. O documento feito por oficial público incompetente ou sem a observância das formalidades legais, sendo subscrito pelas partes, tem a mesma eficácia probatória do documento particular.

CPC/1973

Art. 367.

BREVES COMENTÁRIOS

O documento público registra uma declaração de vontade, que alguém pronunciou em presença do oficial público. Se, por vício de competência ou de forma o ato notarial se contamina de nulidade, remanesce a declaração do particular transcrita no documento público invalidado. Se este assinou o ato do agente público, que não vale como tal, remanesce a declaração assinalada pelo particular, à qual a lei reconhece a eficácia probatória de documento particular.

Art. 408. As declarações constantes do documento particular escrito e assinado ou somente assinado presumem-se verdadeiras em relação ao signatário.

Parágrafo único. Quando, todavia, contiver declaração de ciência de determinado fato, o documento particular prova a ciência, mas não o fato em si, incumbindo o ônus de prová-lo ao interessado em sua veracidade.

CPC/1973

Art. 368.

BREVES COMENTÁRIOS

Cumpre distinguir entre instrumentos particulares e simples documentos particulares. Instrumentos são os escritos redigidos com o fito específico de documentar a prática de um ato jurídico e, assim, formar uma prova pré-constituída para uso futuro (ex.: o instrumento do mandato ou do contrato de locação, o recibo de um pagamento feito etc.). Simples documentos particulares são quaisquer outros escritos que casualmente sirvam para provar algum acontecimento ligado ao ato jurídico.

Nos instrumentos predominam as declarações de vontade e, nos simples documentos, as declarações de conhecimento acerca de fatos. A força probante varia conforme o conteúdo do documento particular.

Quando a vontade é enunciada expressamente no instrumento, incide a regra do art. 408, *caput*, do CPC/2015 segundo a qual "as declarações constantes do documento particular escrito e assinado, ou somente assinado presumem-se verdadeiras em relação ao signatário".

Quando, porém, em vez de uma declaração de vontade, contiver "declaração de ciência de determinado fato, o documento particular prova a ciência, mas não o fato em si, incumbindo o ônus de prová-lo ao interessado em sua veracidade" (art. 408, parágrafo único).

JURISPRUDÊNCIA SELECIONADA

1. Escrito particular. Prova eficaz. "O escrito particular, assinado pelas partes, isento de quaisquer ilicitudes, vícios de vontade ou de consentimento, e assim ratificado (CC, art. 148) em juízo pelos interessados, constitui prova eficaz das obrigações nele insertas, para produzir efeitos entre seus signatários" (TJPR, Ap. 2265-9, Rel. Des. Silva Wolff, 3ª Câmara Cível, jul. 24.10.1989).

2. Presunção de veracidade. "A presunção *juris tantum* de veracidade do conteúdo de instrumento particular e invocável tão somente em relação aos seus subscritores" (STJ, REsp 33.200/SP, Rel. Min. Sálvio de Figueiredo Teixeira, 4ª Turma, jul. 13.03.1995, *DJ* 15.05.1995, p. 13.407).

3. Declarações dispositivas e enunciativas diretas. "As declarações que se presumem verdadeiras são as dispositivas e enunciativas diretas. As enunciativas indiretas, como ensina a doutrina, máxime quando apenas referentes à ciência relativa a determinado fato, valem como simples declarações, e como tais são havidas provadas. O fato declarado, entretanto, depende de prova pelos meios regulares, recaindo o ônus da prova em quem tenha interesse em demonstrar a sua veracidade, nos termos do art. 368, parágrafo único, do CPC [art. 408, parágrafo único, do CPC/2015]" (TJRS, Ap 586.022.527, Rel. Des. Jauro Duarte Gehlen, 4ª Câmara Cível, jul. 20.05.1987, *RJTJRS* 125/411).

4. Declaração de ciência (parágrafo único). "Quando a matéria devidamente alegada choca-se com a quitação passada no contrato mediante documento particular cabe a parte o ônus de provar a veracidade daquela alegação, eis que o documento particular prova a declaração mas não o fato declarado" (STJ, REsp 1.918/RS, Rel. Min. Waldemar Zveiter, 3ª Turma, jul. 20.03.1990, *DJ* 16.04.1990, p. 2.876).

"O documento particular faz prova da declaração, mas não do fato declarado; seu conteúdo é invocável apenas em relação aos subscritores e não a terceiros; e que a veracidade das declarações nele contidas são de natureza *juris tantum*" (STJ, AgRg no Ag 1.088.781/MG, Rel. Min. Laurita Vaz, 5ª Turma, jul. 16.04.2009, *DJe* 11.05.2009).

5. Sociedade de fato. Prova escrita. Requisito indispensável. "O regime jurídico da separação convencional de bens voluntariamente estabelecido pelo ex-casal é imutável, ressalvada manifestação expressa de ambos os cônjuges em sentido contrário ao pacto antenupcial. A prova escrita constitui requisito indispensável para a configuração da sociedade de fato perante os sócios entre si. Inexistência de *affectio societatis* entre as partes e da prática de atos de gestão ou de assunção dos riscos do negócio pela recorrida" (STJ, REsp 1706812/DF, Rel. Min. Ricardo Villas Bôas Cueva, 3ª Turma, jul. 03.09.2019, *DJe* 06.09.2019).

6. Nota fiscal. Ação monitória. "A nota fiscal, acompanhada do respectivo comprovante de entrega e recebimento da mercadoria ou do serviço, devidamente assinado pelo adquirente, pode servir de prova escrita para aparelhar a ação monitória" (STJ, REsp 778.852/RS, Rel. Min. Nancy Andrighi, 3ª Turma, jul. 15.08.2006, *DJ* 04.09.2006).

Art. 409. A data do documento particular, quando a seu respeito surgir dúvida ou impugnação entre os litigantes, provar-se-á por todos os meios de direito.

Parágrafo único. Em relação a terceiros, considerar-se-á datado o documento particular:

I – no dia em que foi registrado;

II – desde a morte de algum dos signatários;

III – a partir da impossibilidade física que sobreveio a qualquer dos signatários;

IV – da sua apresentação em repartição pública ou em juízo;

V – do ato ou do fato que estabeleça, de modo certo, a anterioridade da formação do documento.

CPC/1973

Art. 370.

BREVES COMENTÁRIOS

Entre os próprios litigantes, há uma presunção legal de que a data por eles aposta ao documento particular é verdadeira. Surgida controvérsia entre eles, acerca de tal data, a presunção poderá ser afastada por prova em contrário, a cargo do impugnante. Perante terceiros, a data lançada no documento particular é inoperante, pois, em tais casos, a eficácia é limitada às partes. Para aqueles que não participaram do negócio jurídico documentado, a eficácia do instrumento particular só se inicia a partir de sua transcrição no Registro Público (CC/2002, art. 221). O art. 409, parágrafo único, do Código de Processo Civil, todavia, apresenta cinco exceções em que a data do instrumento particular operará contra terceiros, mesmo antes da transcrição no Registro Público.

As presunções dos incisos II a V, entre os quais se pode incluir no último inciso a que provém do reconhecimento da firma por tabelião, referem-se à prova da data apenas, mas não à eficácia do negócio jurídico perante terceiros, pois essa, em matéria de instrumento particular, depende sempre da transcrição no Registro Público, segundo a sistemática de nosso direito material (CC/2002, art. 221).

JURISPRUDÊNCIA SELECIONADA

1. *Caput*. "A data do documento particular, quando a seu respeito surgir dúvida ou impugnação entre os litigantes, provar-se-á por todos os meios de direito. Em relação a terceiros, considerar-se-á datado no dia em que houve o reconhecimento da firma pelo tabelião. Inteligência do art. 370, combinado com o art. 369 do CPC [art. 409 c/c o art. 411 do CPC/2015]" (TJDF, Ap 20.21789, Rel. Des. Elmano de Farias, 2ª Turma Cível, jul. 26.10.1989, *Rev. de Dout. E Juris.* 31/142).

2. Apresentação do documento em repartição pública ou em juízo (inciso IV). "Nega vigência ao art. 370 IV do CPC [art. 409, IV, do CPC/2015] a decisão que transfere ao terceiro impugnante a prova de que a data de documento apresentado em juízo, sem autenticação, é falsa, pois diante da presunção legal, cabe a quem o exibe em juízo provar a sua veracidade" (STJ, REsp 6.425/PR, Rel. Min. Dias Trindade, 3ª Turma, jul. 10.12.1990, *DJ* 18.02.1991, p. 1.039).

"Em relação a terceiros, considera-se datado o documento particular, dentre outras hipóteses, da sua apresentação em juízo (CPC, art. 370-IV) [art. 409, IV, do CPC/2015]" (STJ, REsp 28.027/SP, Rel. Min. Sálvio de Figueiredo Teixeira, 4ª Turma, jul. 11.10.1993, *DJ* 27.03.1995).

"(...) Um contrato assinado, apenas pelas partes, não comprova a posse anterior de terceiros, pois, para sua validade *erga omnes*, na forma do art. 370, IV, do CPC [art. 409, IV, do CPC/2015], há necessidade, pelo menos, de que seja levado a uma repartição pública que aponha data, assim como o reconhecimento das firmas nele consignadas. Ademais, na forma da Jurisprudência do STJ, essa prova deverá ser complementada por informações orais e seguras, mostrando-se o referido instrumento insuficiente a tanto (...)" (TJMG, Ap 1.0024.02.627374-8/001, Rel. Des. Francisco Kupidlowski, 13ª Câmara Cível, jul. 20.10.2005, *DJMG* 25.02.2006).

3. Automóvel. Alienação. Recibo não registrado na serventia de registro de títulos e documentos (inciso V). "Como assentado em precedente da corte, a 'circunstância de não se haver operado a transferência, junto à repartição de trânsito, e de não se ter diligenciado o registro na serventia de títulos e documentos não obsta que a prova da alienação se faça por outros meios" (STJ, REsp 63.805/RS, Rel. Min. Carlos Alberto Menezes Direito, 3ª Turma, jul. 10.12.1996, *DJ* 17.03.1997). **No mesmo sentido:** STJ, REsp 24.601/MS, Rel. p/ Acórdão Min. Eduardo Ribeiro, 3ª Turma, jul. 17.11.1992, *DJ* 14.12.1992.

Art. 410. Considera-se autor do documento particular:

I – aquele que o fez e o assinou;

II – aquele por conta de quem ele foi feito, estando assinado;

III – aquele que, mandando compô-lo, não o firmou porque, conforme a experiência comum, não se costuma assinar, como livros empresariais e assentos domésticos.

CPC/1973

Art. 371.

REFERÊNCIA LEGISLATIVA

CPC/2015, arts. 415 (registros domésticos), 417 e 418 (livros comerciais).

BREVES COMENTÁRIOS

Os documentos particulares, isto é, aqueles em que não ocorre interferência de oficial público em sua elaboração, podem assumir as feições de declaração: escrita e assinada pelo declarante; escrita por outrem e assinada pelo declarante; escrita pela parte, mas não assinada (papéis domésticos e anotações posteriores em documentos assinados); nem escrita nem assinada pela parte (livros empresariais). É indiferente que a redação do texto tenha sido manuscrita, datilografada ou impressa. A autenticidade e a força probante variam conforme o tipo do documento particular.

JURISPRUDÊNCIA SELECIONADA

1. Autoria do documento particular (incisos I e II). "... A questão de conter o documento substância, aposta por outrem que não quem o subscreveu, é matéria a ser apreciada pelo juiz. Para tanto, o legislador adotou o regramento contido no art. 371 do CPC [art. 410 do CPC/2015], onde dispõe que é autor do documento particular, aquele que o fez e o assinou; aquele, por conta de quem foi feito, estando assinado. Ora na fase probatória caberá ao juiz propiciar às partes a produção de prova tendente a demonstrar se o documento foi feito por conta de quem assinou" (TJRS, Ag 586014722, Rel. Des. Décio Antônio Erpen, 3ª Câmara, jul. 13.05.1986).

2. Petição inicial. Ação monitória (inciso III). "Não é imprescindível que o documento esteja, para embasar a inicial da Monitória, assinado, podendo mesmo ser acolhido o que provém de terceiro ou daqueles registros, como os do comerciante ou dos assentos domésticos que não costumam ser assinados, mas aos quais se reconhece natural força probante (CPC, art. 371)" (STJ, REsp 164.190/SP, Rel. Min. Waldemar Zveiter, 3ª Turma, jul. 06.05.1999, *DJ* 14.06.1999, p. 186).

Art. 411. Considera-se autêntico o documento quando:

I – o tabelião reconhecer a firma do signatário;

II – a autoria estiver identificada por qualquer outro meio legal de certificação, inclusive eletrônico, nos termos da lei;

III – não houver impugnação da parte contra quem foi produzido o documento.

CPC/1973

Art. 369.

BREVES COMENTÁRIOS

É relativa a presunção de veracidade das assinaturas lançadas em documento pelo tabelião reconhecidas.

JURISPRUDÊNCIA SELECIONADA

1. Contrato eletrônico. Assinatura digital. Possibilidade. "A assinatura digital de contrato eletrônico tem a vocação de certificar, através de terceiro desinteressado (autoridade certificadora), que determinado usuário de certa assinatura a utilizara e, assim, está efetivamente a firmar o documento eletrônico e a garantir serem os mesmos os dados do documento assinado que estão a ser sigilosamente enviados" (STJ, REsp 1495920/DF, Rel. Min. Paulo de Tarso Sanseverino, 3ª Turma, jul. 15.05.2018, *DJe* 07.06.2018).

Art. 412. O documento particular de cuja autenticidade não se duvida prova que o seu autor fez a declaração que lhe é atribuída.

Parágrafo único. O documento particular admitido expressa ou tacitamente é indivisível, sendo vedado à parte que pretende utilizar-se dele aceitar os fatos que lhe são favoráveis e recusar os que são contrários ao seu interesse, salvo se provar que estes não ocorreram.

CPC/1973

Art. 373.

REFERÊNCIA LEGISLATIVA

CPC/2015, arts. 407 a 412 (documento particular).

BREVES COMENTÁRIOS

As regras do art. 412 e seu parágrafo retratam presunções que operam plenamente entre as partes, não perante terceiros. A indivisibilidade do documento impede que a parte simplesmente se recuse a aceitar fragmento da declaração dele constante. Não a priva, porém, da possibilidade de produzir prova capaz de demonstrar a inveracidade de parte do respectivo enunciado.

JURISPRUDÊNCIA SELECIONADA

1. Declaração de desistência de nomeação e posse em cargo público. Autenticidade. "Inexiste exigência legal de que declaração de desistência de nomeação e posse em cargo público seja autenticada em cartório. Inteligência do disposto no § 2º, do art. 22 da Lei n. 9.784/1999, c/c arts. 411 e 412 do CPC/2015 e nas disposições constantes da Lei n. 13.726/2018. Não havendo impugnação específica acerca da autenticidade dos documentos, mas apenas afirmação que deveriam ser reconhecidos em cartório, deve ser reconhecida sua validade" (STJ, EDcl no RMS 52.044/DF, Rel. Min. Og Fernandes, 2ª Turma, jul. 23.10.2018, *DJe* 31.10.2018).

2. Autenticidade reconhecida. "Não arguida suspeita ou dúvida como pórtico para a verificação de falsidade, a cópia de instrumento procuratório original, regularmente chancelada no âmbito da administração pública, fica resguardada pela autenticidade, sem óbice a aceitação e legalidade" (STJ, EREsp 123.099/SP, Rel. Min. Milton Luiz Pereira, Corte Especial, jul. 18.02.1998, *DJ* 20.04.1998).

Art. 413. O telegrama, o radiograma ou qualquer outro meio de transmissão tem a mesma força probatória do documento particular se o original constante da estação expedidora tiver sido assinado pelo remetente.

Parágrafo único. A firma do remetente poderá ser reconhecida pelo tabelião, declarando-se essa circunstância no original depositado na estação expedidora.

CPC/1973

Art. 374.

BREVES COMENTÁRIOS

A evolução dos meios magnéticos de comunicação tem criado substitutivos para o tradicional telegrama, como o "telex" e o "tele-fax", que se intercambiam diretamente entre o expedidor e o destinatário, sem necessidade da intermediação do serviço telegráfico. Havendo controle e registro dos aparelhos de origem e destino, devem ser havidas como autênticas as mensagens, independentemente de comprovação das assinaturas dos originais, mesmo porque ditos originais serão inacessíveis ao destinatário, por pertencerem ao próprio expedidor.

A Lei nº 9.800, de 26.05.1999, disciplinou a utilização de sistema de transmissão de dados e imagens tipo *fac-símile* ou outro similar, para a prática de atos processuais que dependam de petição escrita. Não prevalecem mais as restrições que parte da jurisprudência fazia aos recursos via *fax*. Bastará à parte juntar os originais da petição até cinco dias após o prazo legal previsto para o ato praticado (art. 2º). O texto da Lei nº 9.800 se encontra na parte reservada à Legislação Especial.

JURISPRUDÊNCIA SELECIONADA

1. "*Fac-símile*". Requisitos. "A legislação processual civil admite a interposição de peças processuais via fax, nos termos do art. 374, do CPC [art. 413 do CPC/2015]. A regra, todavia, há que ser conjugada com o disposto no art. 2º, da Lei nº 9.800/99, que dispõe ser imprescindível a apresentação do respectivo original, dentro de cinco dias, a contar da interposição via fac-símile. Precedentes: EDcl no Ag 804704; Relator Ministro João Otávio de Noronha; 2ª Turma *DJ* 26.02.2007 p. 578; AgRg no CC 61903; Relator Ministro Humberto Gomes de Barros; 2ª Seção; *DJ* 07.12.2006, p. 269; AgRg no REsp 824.609/RS, 1ª Turma, Rel. Min. Francisco Falcão, *DJ* de 1º.06.2006; EDcl no AgRg no Ag 756.696/MG, 5ª Turma, Rel. Min. Arnaldo Esteves Lima, *DJ* de 18.12.2006" (STJ, AgRg no Ag 765.541/SP, Rel. Min. Luiz Fux, 1ª Turma, jul. 15.03.2007, *DJ* 09.04.2007, p. 228). **No mesmo sentido:** STJ, AgRg no Ag 1.166.778/MS, Rel. Min. Celso Limongi (Des. Conv. do TJ/SP), 6ª Turma, jul. 10.11.2009, *DJe* 30.11.2009.

Desnecessidade de reconhecimento de firma. "A exigência de reconhecimento da firma se justifica no caso de petições interpostas por telegrama ou telex, podendo ser dispensada no caso de petições manifestadas pelo sistema fax, pois nas cópias por fax consta a imagem gráfica da assinatura do advogado, passível de confrontação com as assinaturas constantes dos autos. Todavia, por segurança e como as cópias fax podem com o tempo sofrer esmaecimento, deverá o peticionário providenciar a breve apresentação do original da petição. Harmoniza-se, assim, o uso de técnicas modernas com as necessidades de segurança processual" (STJ, AgRg no REsp 2.705/MT, Rel. Min. Athos Carneiro, 4ª Turma, jul. 16.04.1991, *DJ* 10.06.1991).

Ver jurisprudência da Lei nº 9.800, de 26.05.1999.

2. Tempestividade. "A tempestividade do recurso afere-se pela data de entrega da petição de interposição no protocolo desta corte e não pela data em que o telex foi expedido. O ônus de fazê-lo chegar ao setor específico para chancela do recebimento compete à parte, e não aos serviços do tribunal" (STF, AI 146.876 AgR, Rel. Min. Ilmar Galvão, 1ª Turma, jul. 31.08.1993, *DJ* 01.10.1993).

"'A tempestividade de recurso interposto no Superior Tribunal de Justiça é aferida pelo registro da Secretaria e não pela data de entrega na agência do correio' (Enunciado 216/STJ)" (STJ, AgRg no Ag 423.060/RJ, Rel. Min. Garcia Vieira, 1ª Turma, jul. 03.09.2002, *DJ* 28.10.2002).

3. Prazo para juntada da documentação original. "O prazo para apresentação dos originais enviados anteriormente por fac-símile é de cinco dias, contados a partir do termo final do prazo para a apresentação do recurso." (AgRg no EResp 640.803/RS, Min. Teori Albino Zavascki, Corte Especial)" (STJ, AgRg no Ag 1.295.234/TO, Rel. Min. Luis Felipe Salomão, 4ª Turma, jul. 16.12.2010, *DJe* 1º.02.2011). **No mesmo sentido:** STJ, AgRg no Ag 1.000.664/MG, Rel. Min. Eliana Calmon, 2ª Turma, jul. 22.04.2008, *DJe* 09.05.2008

"Em conformidade com a jurisprudência deste STJ, não é possível a juntada extemporâneo de peças essenciais à formação do instrumento, pelo que deve a parte zelar pela sua perfeita instrução, sob pena de seu liminar indeferimento. Impossibilidade de se aferir a tempestividade dos originais pela data do AR: 'O Superior Tribunal de Justiça somente está apto a aferir o requisito da tempestividade recursal pelo protocolo de recebimento, aposto na petição do recurso, sendo impossível a aferição de tal requisito pela data constante do AR.' (AgRg no Ag 1043077/SP, Rel. Min. Aldir Passarinho Júnior, 4ª Turma *DJe* 09.12.2008" (STJ, AgRg no Ag 802.894/PR, Rel. Min. Luis Felipe Salomão, 4ª Turma, jul. 04.06.2009, *DJe* 22.06.2009). **Em sentido contrário:** "Interposto tempestivamente o recurso via fax, a juntada da petição original logo após o decurso do prazo do recurso não o prejudica" (STJ, AgRg no Ag 37.149/MG, Rel. Min. Cesar Asfor Rocha, Rel. p/ Acórdão Min. Garcia Vieira, 1ª Turma, jul. 06.10.1993, *DJ* 22.11.1993, p. 24.909).

4. Peças transmitidas por fax. Correspondência com as peças originais. "Outrossim, as peças dos recursos interpostos via fac-símile devem corresponder às originais, sob pena de não conhecimento do recurso. (Precedentes: EDcl no Ag 752.847 – SP, decisão monocrática desta relatoria, *DJ* de 27 de setembro de 2006; AgRg nos EDcl no AgRg no REsp 675.934/RS, Relator Min. Ari Pargendler, 3ª Turma, *DJ* de 19 de setembro de 2005; AgRg nos EREsp 484304 – RS, Rel. Min. João Otávio de Noronha, 2ª Turma, *DJ* de 13 de dezembro de 2004)" (STJ, EDcl nos EDcl no AgRg nos EDcl no REsp 737.797/RJ, Rel. Min. Luiz Fux, 1ª Turma, jul. 09.09.2008, *DJe* 29.09.2008).

5. Falta de autenticação do documento. "É impossível conhecer de recurso em que apresentada somente cópia reprográfica sem autenticação ou assinatura original do advogado, conforme entendimento desta Corte. Precedentes: AgRg no REsp 1.015.787/RS, Rel. Min. Felix Fischer, *DJe* de 18.08.2008 e AgRg no Ag nº 1.014.245/SP, Rel. Min. Nancy Andrighi, *DJe* de 23.05.2008" (STJ, AgRg nos EDcl no AgRg no REsp 1.080.697/SP, Rel. Min. Francisco Falcão, 1ª Turma, jul. 17.02.2009, *DJe* 09.03.2009).

"A interposição de recurso via fax, sem a autenticação da peça transmitida, não assegura a sua tempestividade, se não apresentado o original dentro do prazo legal" (STJ, AgRg no Ag 160.825/PR, Rel. Min. Cid Flaquer Scartezzini, 5ª Turma, jul. 05.02.1998, *DJ* 30.03.1998). **No mesmo sentido**: STJ, EDcl no AgRg no Ag 138.958/SP, Rel. Min. José Dantas, 5ª Turma, jul. 21.10.1997, *DJ* 24.11.1997.

6. Duplicata. Valor probante. "O telex passado entre sacado e banco endossatário, atestando o recebimento das mercadorias, não constitui 'documento hábil' para os fins do disposto no art. 15, II, 'b', da lei das duplicatas, salvo se acompanhado de prova inequívoca da autoria das declarações nele contidas (Art. 374, CPC) [art. 413 do CPC/2015]" (STJ, REsp 20.148/MG, Rel. Min. Sálvio de Figueiredo Teixeira, 4ª Turma, jul. 16.06.1992, *DJ* 09.11.1992).

7. Recurso desprovido de razões. "Pelo sistema vigente, não se pode conhecer de recurso interposto, via telegrama, protestando por posterior ratificação, oportunidade na qual seriam apresentadas as razões" (STJ, EDcl no REsp 8.708/RJ, Rel. Min. Sálvio de Figueiredo Teixeira, 4ª Turma, jul. 14.05.1991, *DJ* 10.06.1991).

8. *E-mail* corporativo. "O e-mail corporativo, por se tratar de uma ferramenta de trabalho, fornecida pelo empregador, não se equipara às correspondências pessoais, não havendo falar em violação à intimidade do recorrente quando o empregador acessa arquivo de mensagens que se encontrava em computador utilizado como ferramenta de trabalho e de propriedade da empresa" (STJ, REsp 1875319/PR, Rel. Min. Nefi Cordeiro, 6ª Turma, jul. 15.09.2020, *DJe* 23.09.2020).

Art. 414. O telegrama ou o radiograma presume-se conforme com o original, provando as datas de sua expedição e de seu recebimento pelo destinatário.

CPC/1973

Art. 375.

BREVES COMENTÁRIOS

Telegrama, no processo civil, é utilizado para a transmissão *urgente* de *cartas de ordem* e *precatória*, e, a requerimento do interessado, do inteiro teor da sentença em *mandado de segurança*. A presunção de que o telegrama esteja conforme com o original é, naturalmente, relativa. Prevalece até prova em contrário.

Art. 415. As cartas e os registros domésticos provam contra quem os escreveu quando:

I – enunciam o recebimento de um crédito;

II – contêm anotação que visa a suprir a falta de título em favor de quem é apontado como credor;

III – expressam conhecimento de fatos para os quais não se exija determinada prova.

CPC/1973

Art. 376.

REFERÊNCIA LEGISLATIVA

Lei nº 9.610/1998, art. 34 (publicação de cartas missivas).

BREVES COMENTÁRIOS

As cartas compreendem todas as correspondências entre duas pessoas, tanto quando se refiram diretamente à formação de contrato (caso em que se transformam em instrumento do ajuste), como quando apenas registram fatos relevantes para a causa. Quando assinadas, as cartas se enquadram na categoria geral de documentos particulares (art. 408). A hipótese do art. 415 refere-se, porém, às cartas domésticas, sem assinatura, ou com firma incompleta. São os bilhetes ou pequenas correspondências em que o remetente apenas coloca o prenome ou um cognome qualquer, ou mesmo deixa de se identificar expressamente.

Também os registros domésticos são apontamentos escritos pela parte, mas não assinados. Referem-se às anotações, memórias, diários, relacionados com a vida profissional ou privada do autor. Podem referir-se também à escrituração rudimentar de débitos e créditos da vida econômica da parte. Fazem prova, as cartas e registros domésticos, apenas contra quem os escreveu, e desde que a lei não exija determinada prova para o ato (art. 415). Embora não assinados, esses documentos devem ter sido escritos pela própria pessoa contra quem se pretende opô-los.

JURISPRUDÊNCIA SELECIONADA

1. Carta anônima. "Decidiu-se, por maioria e de acordo com o voto médio, manter apensadas por linha cópias de documentos de outros processos, devendo ser destruídas as cartas anônimas" (STJ, AgRg no REsp 295.155/RJ, Rel. Min. Sálvio de Figueiredo Teixeira, 4ª Turma, jul. 16.10.2001, *DJ* 05.08.2002, p. 347).

2. Registros domésticos (inciso II). "Os registros domésticos fazem prova contra quem os escreveu quando enunciam o recebimento de um crédito e contêm anotação que visa suprir a falta de título em favor de quem é apontado como credor" (TJMG, AP 1.0024.97.048422-6/001 (1), Rel. Osmando Almeida, jul. 15.07.2008, *DJe* 09.08.2008).

Art. 416. A nota escrita pelo credor em qualquer parte de documento representativo de obrigação, ainda que não assinada, faz prova em benefício do devedor.

Parágrafo único. Aplica-se essa regra tanto para o documento que o credor conservar em seu poder quanto para aquele que se achar em poder do devedor ou de terceiro.

CPC/1973

Art. 377.

BREVES COMENTÁRIOS

As anotações cogitadas pelo art. 416 não dependem, para valer como prova, de assinatura do declarante. Devem, contudo, ser escritas pela própria pessoa contra quem se pretende opô-las.

Apenas as anotações favoráveis ao devedor é que fazem prova em benefício do devedor, como as quitações parciais, prorrogação de vencimento etc. Essa regra é aplicada tanto para o documento que o credor conservar em seu poder como para aquele que se achar em poder do devedor ou de terceiro (art. 416, parágrafo único).

Art. 417. Os livros empresariais provam contra seu autor, sendo lícito ao empresário, todavia, demonstrar, por todos os meios permitidos em direito, que os lançamentos não correspondem à verdade dos fatos.

CPC/1973

Art. 378.

REFERÊNCIA LEGISLATIVA

Lei nº 6.404, de 15.12.1976 (sociedades anônimas), art. 100.

Lei nº 5.474, de 18.07.1968 (duplicatas), art. 19.

DL nº 486, de 03.03.1969 (escrituração de livros mercantis).

Decreto nº 64.567, de 22.05.1969 (regulamento).

JURISPRUDÊNCIA SELECIONADA

1. Livros contábeis. É dever da empresa recorrente manter a correta escrituração dos seus livros fiscais, fazendo estes inclusive prova em contrário com presunção relativa de veracidade. Assim dispõe o artigo 378 do CPC [art. 417 do CPC/2015] (STJ, AgRg no Ag 1.116.433/MG, Rel. Min. Mauro Campbell Marques, 2ª Turma, jul. 09.06.2009, *DJe* 23.06.2009).

2. Valor probante. "Somente fazem prova plena os livros comerciais legalizados, escriturados em forma mercantil, sem emendas ou rasuras e em perfeita harmonia uns com os outros. Ao demais, contra pessoa não comerciante, a prova dos livros comerciais é subsidiária, pelo que os lançamentos contábeis devem ser comprovados por documento que, por si só, não tenha pleno valor probante" (TJMG, Apelação Cível 381.114-3, Rel. Des. Dárcio Lopardi Mendes, 6ª Câm. Civil do Tribunal de Alçada de Minas Gerais, jul. 24.04.2003, *DJMG* 14.05.2003).

"Nos termos do art. 378 do CPC [art. 417 do CPC/2015], os livros comerciais fazem prova contra o seu autor, cabendo ao comerciante, autor do livro exibido em juízo, o ônus de provar que as anotações contidas no mesmo não são verdadeiras, sob pena de prevalecerem os dados apontados no livro comercial. A penalidade prevista no art. 1.531 do Código Civil, que trata da responsabilidade do demandante por débito já solvido, só pode ser aplicada se houver dolo ou prova da má-fé do credor" (TJMG, Ap Cível 329.710-9, Rel. Des. Edilson Fernandes, 3ª Câm. Civil do Tribunal de Alçada de Minas Gerais, jul. 28.03.2001, *DJMG* 07.04.2001).

3. Interesse civil e específico. "Admite-se a produção de prova pericial nos livros comerciais de empresas, mesmo que o interesse do requerente seja meramente civil e específico, seguindo-se o rito previsto nos arts. 355 a 363 do CPC [arts. 396 a 404 e 417 do CPC/2015]" (STJ, REsp 696.676/RS, Rel. Min. Humberto Gomes de Barros, 3ª Turma, jul. 16.12.2004, *DJ* 28.02.2005, p. 322).

4. Juízo falimentar. "Corréu de sociedade falida, em execução fiscal, pode o sócio-gerente requerer nos embargos, o exame da escrita contábil, arrecadada pelo síndico. Não lhe é lícito, contudo, requerer, no juízo da falência, que o síndico exiba os livros ao juízo de execução" (STJ, REsp 869.345/SP, Rel. Min. Humberto Gomes de Barros, 3ª Turma, jul. 09.08.2007, *DJ* 27.08.2007, p. 234).

Art. 418. Os livros empresariais que preencham os requisitos exigidos por lei provam a favor de seu autor no litígio entre empresários.

CPC/1973

Art. 379.

BREVES COMENTÁRIOS

Os livros empresariais, conforme o art. 417 do CPC/2015, fazem prova contra o seu autor. Mas, se o litígio se estabeleceu entre dois comerciantes, "os livros empresariais que preencham os requisitos exigidos por lei provam a favor do seu autor" (art. 418). Em ambos os casos, porém, é lícito à parte "demonstrar, por todos os meios permitidos em direito, que os lançamentos não correspondem à verdade dos fatos" (art. 417).

Art. 419. A escrituração contábil é indivisível, e, se dos fatos que resultam dos lançamentos, uns são favoráveis ao interesse de seu autor e outros lhe são contrários, ambos serão considerados em conjunto, como unidade.

CPC/1973

Art. 380.

REFERÊNCIA LEGISLATIVA

CPC/2015, arts. 395 (indivisibilidade da confissão) e 412, parágrafo único (indivisibilidade do documento particular).

BREVES COMENTÁRIOS

O disposto neste artigo não impede, porém, que a parte contrária use de outros meios de prova para demonstrar a inverdade parcial dos lançamentos. A regra do art. 419 aplica-se apenas quando a escrituração é a única prova existente.

Art. 420. O juiz pode ordenar, a requerimento da parte, a exibição integral dos livros empresariais e dos documentos do arquivo:

I – na liquidação de sociedade;

II – na sucessão por morte de sócio;

III – quando e como determinar a lei.

CPC/1973

Art. 381.

REFERÊNCIA LEGISLATIVA

CPC/2015, arts. 396 a 404 (exibição de documento ou coisa); LSA, art. 105;

LF, arts. 7º, 51, § 2º, 104, II, V, IX, e 105, V.

SÚMULAS

Súmula do STF:

Nº 260: "O exame de livros comerciais, em ação judicial, fica limitado às transações entre os litigantes".

Súmula do TJSC:

Nº 57: "Disponível em sítio eletrônico o documento pretendido, carece de interesse processual a produção antecipada de provas ou a pretensão de sua exibição".

BREVES COMENTÁRIOS

Dentre os poderes da parte de conhecer os registros de livros empresariais inclui-se o da quebra do sigilo bancário requerida por cônjuge, para preparar a partilha dos bens do casal, em relação a pessoa jurídica da qual o consorte, casado em comunhão de bens, é sócio, como já decidiu o STJ (REsp 1.626.493/SC).

JURISPRUDÊNCIA SELECIONADA

1. Caráter incidental. "A exibição, contemplada no art. 381 do CPC [art. 420 do CPC/2015], só tem aplicação se requerida em caráter incidental. O texto legal é bastante claro, pois só a pode pleitear quem é parte em processo pendente. Sobreleva considerar que a exibitória, como medida cautelar, autônoma, portanto, tem lugar unicamente nos casos expressos em lei, consoante prescreve o art. 844, III, do CPC [art. 420, III, do CPC/2015]. Não se cuidando de questão entre sócios ou sucessão por morte, o procedimento cautelar não é apropriado para a apuração de débito com exame de escrita, o que deve ser encontrado por ação própria" (1º TACivSP, Ap 368.269-0, Rel. Juiz Pereira da Silva, 7ª Câmara, ac. unân. 31.03.1987, *JTACivSP* 105/61).

2. Livros comerciais. Sigilo de dados (*caput*). "No caso de pedido de exibição de livros-caixa de empresa o deferimento da exibição de documentos, prevista no art. 355 e seguintes do Código Processo Civil [art. 396 e seguintes CPC/2015], deve estar em consonância com o que dispõe o art. 381 do mesmo Diploma Legal [art. 420 do CPC/2015] e demais normas pertinentes à exibição de livros comerciais, pois envolve quebra de sigilo de dados da empresa, que é protegido por lei que só o admite em casos excepcionais submetidos ao prudente arbítrio do Juiz" (TJMG, AI 1.0024.07.392843-4/001, Rel. Des. José Affonso da Costa Côrtes, 15ª Câmara Cível, jul. 28.02.2008, *DJMG* 11.03.2008).

3. Quebra de sigilo bancário. Desconsideração inversa da personalidade jurídica.

* Ver jurisprudência do art. 396.

4. Execução de título extrajudicial. Pedido de exibição de livros contábeis e extratos bancários dos últimos cinco anos das executadas. Impossibilidade. "Medida que importa em quebra de sigilo bancário e contábil. Pretensão fundada em situação hipotética (eventual fraude ou anormalidade praticada pelas devedoras para prejudicar o andamento da execução). Não caracterizada situação excepcional a justificar a medida extrema. Livros contábeis cuja exibição, em razão do sigilo, possui regramento próprio previsto no art. 1.191 do Código Civil. Pretensão que não se amolda às hipóteses legais" (TJSP, Agravo de Instrumento 2189491-31.2019.8.26.0000, Rel. Des. Francisco Giaquinto, 13ª Câmara de Direito Privado, jul. 13.11.2019, *DJeSP* 14.11.2019).

5. Determinação legal (inciso III). "O art. 844, III, do CPC [art. 420, III, do CPC/2015], permite a exibição de livros nas hipóteses previstas em lei. No caso, a permissão encontra embasamento legal nos arts. 18 e 19 do Código Comercial, vigentes à época" (STJ, REsp 175.250/SC, Rel. Min. Barros Monteiro, 4ª Turma, jul. 04.09.2003, *DJ* 24.11.2003, p. 307).

"A indicação de muitos documentos a serem exibidos não traduz pedido genérico, quando estão todos identificados por natureza e período. O art. 18 do Código Comercial não foi revogado pelo art. 381 do CPC [art. 420 do CPC/2015]. Ao contrário, ele trata de uma das hipóteses legais de exibição integral da contabilidade da empresa, referida no próprio art. 381, III, do CPC. Mesmo depois de revogado o art. 18 do Código Comercial pelo novo Código Civil, sua norma subsiste no ordenamento, porque repetido no Art. 1.191, caput, do Código Civil de 2002" (REsp 796.729/SP, Rel. Min. Humberto Gomes de Barros, 3ª Turma, jul. 13.02.2007, *DJ* 12.03.2007, p. 231).

6. Aplicação do CDC. "O Juiz pode ordenar ao banco réu a juntada de cópia de contrato e de extrato bancário, atendendo aos princípios da inversão do ônus da prova e da facilitação da defesa do direito do consumidor em Juízo. Art. 6º, VIII, do CDC. Art. 381 do CPC [art. 420 do CPC/2015]" (STJ, REsp 264.083/RS, Rel. Min. Ruy Rosado de Aguiar, 4ª Turma, jul. 29.05.2001, *DJ* 20.08.2001, p. 473).

7. Parte estranha ao processo. Exibição não obrigatória. "A sociedade comercial não é obrigada a exibir seus livros em litígio a que é estranha. Não é possível, pois, obter a exibição de livros para perícia direta, como quer o recorrente, de um terceiro que não seja parte na operação discutida no processo e limitada aos litigantes, na qual é estranho. Seus livros, nessa circunstância, não podem ser requisitados para exame judicial" (TJSP, AI 122.835-4/5, Rel. Des. Octavio Helene, 6ª Câmara de Direito Privado, jul. 09.09.1999).

Art. 421. O juiz pode, de ofício, ordenar à parte a exibição parcial dos livros e dos documentos, extraindo-se deles a suma que interessar ao litígio, bem como reproduções autenticadas.

CPC/1973

Art. 382.

BREVES COMENTÁRIOS

A exibição não deve violar o sigilo contábil, motivo pelo qual não se permite que vá além da parte da escrituração pertinente ao litígio.

SÚMULAS

Súmula do STF:

Nº 260: "O exame de livros comerciais, em ação judicial, fica limitado às transações entre os litigantes".

JURISPRUDÊNCIA SELECIONADA

1. Terceiros. "Os arts. 19, CCom. e 382, CPC [art. 421 do CPC/2015], não impõem a terceiros a obrigação de exibir livros e documentos, mas somente às partes da relação jurídica processual" (STJ, REsp 206.946/PR, Rel. Min. Sálvio de Figueiredo Teixeira, 4ª Turma, jul. 03.04.2001, *DJ* 07.05.2001, p. 145).

2. Utilidade da prova. "Os artigos 381 e 382 do CPC [art. 420 e 421 do CPC/2015] permitem que o Juiz ordene à parte a exibição parcial ou integral dos livros comerciais e documentos, nas hipóteses neles previstas, ou quando determinar a lei. Compete ao Magistrado decidir sobre a necessidade e utilidade da prova requerida, não consistindo cerceamento de defesa o indeferimento de exibição de livros comerciais, no caso de haver outros meios de provas hábeis à solução satisfatória da lide" (TJMG, Agravo 1.0069.03.010482-7/001, Rel. Des. Pereira da Silva, 10ª Câmara Cível, jul. 24.01.2006, *DJMG* 04.02.2006).

3. Partilha de bens. "Exame contábil que tem assento no art. 382 do CPC [art. 421 do CPC/2015], cujo objetivo é a segurança da partilha de bens decorrente da dissolução de sociedade conjugal. Legalidade da medida" (STJ, RMS 2.618/SP, Rel. Min. Antonio Torreão Braz, 4ª Turma, jul. 24.05.1994, *DJ* 01.08.1994, p. 18.650).

Art. 422. Qualquer reprodução mecânica, como a fotográfica, a cinematográfica, a fonográfica ou de outra espécie, tem aptidão para fazer prova dos fatos ou das coisas representadas, se a sua conformidade com o documento original não for impugnada por aquele contra quem foi produzida.

§ 1º As fotografias digitais e as extraídas da rede mundial de computadores fazem prova das imagens que reproduzem, devendo, se impugnadas, ser apresentada a respectiva autenticação eletrônica ou, não sendo possível, realizada perícia.

§ 2º Se se tratar de fotografia publicada em jornal ou revista, será exigido um exemplar original do periódico, caso impugnada a veracidade pela outra parte.

§ 3º Aplica-se o disposto neste artigo à forma impressa de mensagem eletrônica.

CPC/1973

Arts. 383 e 385, § 2º.

REFERÊNCIA LEGISLATIVA

CC/2002, arts. 212 a 232.

BREVES COMENTÁRIOS

O atual Código deu o mesmo tratamento das fotografias digitais à forma impressa de mensagens eletrônicas, ou seja, reconhece sua força probante, desde que não impugnada pela parte contrária. Ocorrendo impugnação, deverá ser apresentada a respectiva autenticação eletrônica ou, não sendo isto possível, realizada perícia (art. 422, § 3º).

JURISPRUDÊNCIA SELECIONADA

1. Produção de prova mediante reprodução mecânica. Possibilidade. "A lei processual admite a produção de prova por meio de fotocópias de documentos particulares ou por outros tipos de reprodução mecânica. Suscitado incidente de falsidade documental das cópias reprográficas e realizado exame pericial dos documentos impugnados, não há ofensa ao art. 383, *caput* e parágrafo único, do CPC [art. 422 do CPC/2015], mas seu estrito cumprimento" (STJ, REsp 1.046.497/RJ, Rel. Min. João Otávio de Noronha, 4ª Turma, jul. 24.08.2010, *DJe* 09.11.2010).

2. Presunção de veracidade da cópia. "Impõe-se a presunção de veracidade dos documentos apresentados por cópia, se na oportunidade de resposta a parte contrária não questiona sua autenticidade (EREsp 179.147/SP, Corte Especial)" (STJ, REsp 1.122.560/RJ, Rel. Min. Luiz Fux, 1ª Turma, jul. 23.03.2010, *DJe* 14.04.2010).

3. Fotocópia não autenticada. "Não é lícito ao juiz estabelecer, para as petições iniciais, requisitos não previstos nos artigos 282 e 283 do CPC [arts. 421 e 422 do CPC/2015]. Por isso, não lhe é permitido indeferir liminarmente o pedido, ao fundamento de que as cópias que o instruem carecem de autenticação. O documento ofertado pelo autor presume-se verdadeiro, se o demandado, na resposta, silencia quanto à autenticidade (CPC, art. 372) [art. 422 do CPC/2015]" (STJ, EREsp 179.147/SP, Rel. Min. Humberto Gomes de Barros, Corte Especial, jul. 01.08.2000, *DJ* 30.10.2000, p. 118).

"Fotocópia não autenticada equipara-se ao original, caso a contraparte não demonstre sua falsidade (CPC, art. 372)" [art. 422 do CPC/2015] (STJ, AgRg no Ag 292.920/SP, Rel. p/ Acórdão Min. Humberto Gomes de Barros, 1ª Turma, jul. 05.12.2000, *DJ* 02.04.2001, p. 262). **No mesmo sentido:** STJ, REsp 85.645/SP, Rel. Min. Fontes de Alencar, 4ª Turma, jul. 18.06.1996, *DJ* 12.08.1996, p. 27.489; STJ, AgRg no Ag 116.822/SP, Rel. Min. Waldemar Zveiter, 3ª Turma, jul. 26.06.1997, *DJ* 20.10.1997, p. 53.054; STJ, EREsp 898.510/RS, Rel. Min. Teori Albino Zavascki, Corte Especial, jul. 19.11.2008, *DJe* 05.02.2009; STJ, REsp 622.804/RJ, Rel. Min. Eliana Calmon, 2ª Turma, jul. 21.09.2004, *DJ* 29.11.2004, p. 296.

Autenticação por funcionário de autarquia. "Eficácia probatória. Autenticada por servidor público que tem a guarda do original, a reprografia de documento público merece fé, até demonstração em contrário. Em não sendo impugnada, tal reprografia faz prova das coisas e dos fatos nelas representadas (CPC, art. 383) [art. 422 do CPC/2015]" (STJ, EREsp 123.930/SP, Rel. Min. Humberto Gomes de Barros, Corte Especial, jul. 06.05.1998, *DJ* 15.06.1998, p. 2).

4. Fotografias. "O fato de não ter sido juntado aos autos o negativo da fotografia não impede que seja utilizada como prova, ainda mais, se não impugnada pela parte contrária" (TJDF, APC 19980110090665/DF, Rel.ª Des.ª Sandra de Santis, 5ª Turma Cível, *DJU* 19.06.2002, p. 61).

5. Cópia retirada da Internet. "A jurisprudência mais recente do STJ entende que peças extraídas da Internet utilizadas na formação do agravo de instrumento necessitam de certificação de sua origem para serem aceitas. Há, ainda, entendimento mais formal, que não admite a utilização de cópia retirada da Internet. (...). Os avanços tecnológicos vêm, gradativamente, modificando as rígidas formalidades processuais anteriormente exigidas. (...). A autenticidade da decisão extraída da Internet não foi objeto de impugnação, nem pela parte agravada, nem pelo Tribunal de origem, o que leva à presunção de veracidade, nos termos do art. 372 do CPC [art. 422 do CPC/2015], ficando evidenciado que, não havendo prejuízo, jamais se decreta invalidade do ato" (STJ, REsp 1.073.015/RS, Rel. Min. Nancy Andrighi, 3ª Turma, jul. 21.10.2008, *DJe* 26.11.2008).

"A disponibilização, pelo Tribunal, do serviço eletrônico de acompanhamento dos atos processuais, para consulta das partes e dos advogados, impõe que ele se realize de modo eficaz, uma vez que há presunção de confiabilidade das informações divulgadas" (STJ, REsp 1.186.276/RS, Rel. Min. Massami Uyeda, 3ª Turma, jul. 16.12.2010, *DJe* 03.02.2011).

Ver jurisprudência selecionada do art. 423 do CPC/2015.

6. Microfilmagem. "Necessidade da microfilmagem dos cheques para a prova do pagamento. Indeferimento de pedido de expedição de ofício ao banco" (TJPR, AI 123.061-3 (378), Antônio Renato Strapasson, 8ª C.C, jul. 17.06.2002).

Art. 423. As reproduções dos documentos particulares, fotográficas ou obtidas por outros processos de repetição, valem como certidões sempre que o escrivão ou o chefe de secretaria certificar sua conformidade com o original.

CPC/1973

Art. 384.

REFERÊNCIA LEGISLATIVA

CPC/2015, art. 425, III e IV (cópias reprográficas);

Lei de Registros Públicos, art. 141 (microfilmagem).

Lei nº 9.492, de 10.09.1997 (regulamenta os serviços concernentes ao protesto de títulos), art. 39.

Lei nº 10.522, de 19.07.2002 (cadastro informativo dos créditos não quitados de órgãos e entidades federais), art. 24.

JURISPRUDÊNCIA SELECIONADA

1. Procuração. Cópia. Autenticação.

"A cópia autenticada da procuração vale como certidão à qual é defeso negar fé (CPC, art. 384)" (STJ, REsp 464.319/RJ, Rel. Min. Humberto Gomes de Barros, 1ª Turma, jul. 18.03.2003, *DJ* 31.03.2003).

2. Autenticação feita pelo advogado. "(...) a autenticação pelo próprio advogado não é uma exigência, mas uma garantia, uma faculdade" (STJ, AgRg no AgRg no Ag 719.539/AL, Rel. Min. Eliana Calmon, 2ª Turma, jul. 18.10.2007, *DJ* 31.10.2007).

3. Documentos oriundos do próprio processo. "(...) não tem pertinência a aplicação do art. 365 do CPC [art. 425 do CPC/2015], relativo à força probante dos documentos trazidos para o processo, porque as peças de que se cuida já se encontram nele" (STJ, AgRg no AgRg no Ag 719.539/AL, Rel. Min. Eliana Calmon, 2ª Turma, jul. 18.10.2007, *DJ* 31.10.2007, p. 306).

4. Pessoa jurídica de direito público. "Este Superior Tribunal de Justiça já se manifestou no sentido da não exigência da autenticação das cópias de documentos apresentados em juízo por pessoa jurídica de direito público. Precedentes" (STJ, REsp 651.260/SP, Rel. Min. Gilson Dipp, 5ª Turma, jul. 02.05.2006, *DJ* 29.05.2006). **No mesmo sentido:** STJ, REsp 685.098/PE, Rel. Min. Francisco Peçanha Martins, 2ª Turma, jul. 16.03.2006, *DJ* 11.04.2006).

5. Validade da autenticação. Servidor público. "As cópias das peças processuais podem ser autenticadas por servidor do quadro da autarquia, não sendo indispensável a figura do serventuário" (STJ, EREsp 162.807/SP, Rel. Min. Helio Mosimann, Corte Especial, jul. 08.04.1999, *DJ* 10.05.1999, p. 96).

6. Agravo de instrumento. Formação. "Inexistindo impugnação relativa à autenticidade das peças que instruem o agravo de instrumento, e sendo sempre possível, na instância ordinária, o suprimento da exigência de autenticação, **descabe o não conhecimento do recurso por tal motivo**" (STJ, REsp 698.421/GO, Rel. Min. Aldir Passarinho Junior, 4ª Turma, jul. 12.12.2006, *DJ* 05.03.2007).

7. Assinatura eletrônica. Original para todos os efeitos. "Os documentos produzidos eletronicamente e juntados aos processos eletrônicos com garantia da origem e de seu signatário, na forma da lei, são considerados originais para todos os efeitos, nos termos do artigo 11 da Lei nº 11.419/2006. Em homenagem à instrumentalidade do processo, o vício correspondente à ausência de assinatura em petição pode ser sanado, na instância ordinária, concedendo prazo à parte para que regularize a subscrição. Precedentes" (STJ, REsp 1.258.802/MS, Rel. Min. Castro Meira, 2ª Turma, jul. 09.08.2011, *DJe* 30.08.2011).

Art. 424. A cópia de documento particular tem o mesmo valor probante que o original, cabendo ao escrivão, intimadas as partes, proceder à conferência e certificar a conformidade entre a cópia e o original.

CPC/1973

Art. 385.

REFERÊNCIA LEGISLATIVA

CPC/2015, art. 423 (reproduções fotográficas; certidões).

BREVES COMENTÁRIOS

Os documentos particulares podem ser reproduzidos de duas formas:

(a) por meios mecânicos, como a fotografia, a xerox etc.; (b) por simples traslado. As reproduções dos documentos particulares, fotográficas ou obtidas por outros processos de repetição valem como certidões, sempre que o escrivão ou chefe de secretaria certificar sua conformidade com o original (CPC/2015, art. 423). É o que na vida forense recebe a denominação de autenticação da fotocópia, ato que pode ser praticado pelo escrivão do feito ou por qualquer tabelião ou oficial público.

Se o documento constar do processo, sua cópia poderá ser autenticada pelo advogado que a utiliza (por exemplo: para instruir recurso ou embargo). Enquanto não impugnada, a reprodução fará a mesma prova que o original (art. 425, IV). As outras cópias, aquelas que não são reprodução mecânica do documento, mas simples traslados feitos sem intervenção de oficial público, para produzir o mesmo efeito probante do original, deverão ser submetidas à conferência pelo escrivão do processo, depois de intimadas as partes (art. 424).

O atual Código acolheu o entendimento que tem prevalecido nos tribunais de que a autenticação da cópia de documento nem sempre é requisito de sua acolhida como prova no processo. Se a cópia não é impugnada, "há de ter-se como conforme ao original" e desse modo gozar do "mesmo valor probante do original". Em suma, a conferência ou autenticação da cópia "somente é imprescindível se a parte contra quem produzida impugná-la".

Esta, aliás, foi a orientação adotada no plano de direito material, pelo art. 225 do Código Civil de 2002, *in verbis*: "As reproduções fotográficas, cinematográficas, os registros fonográficos e, em geral, quaisquer outras reproduções mecânicas ou eletrônicas de fatos ou de coisas fazem prova plena destes, se a parte, contra quem forem exibidos, não lhes impugnar a exatidão". A regra foi editada diretamente para as reproduções mecânicas de coisas, mas não há como recusar-lhe aplicação também à reprodução de documentos, como, aliás, já vinha fazendo a jurisprudência, antes do Código Civil de 2002.

JURISPRUDÊNCIA SELECIONADA

1. Valor probante. "Pacífico o entendimento nesta Corte Superior no sentido de que as cópias não autenticadas juntadas aos autos, e que não são impugnadas pela parte adversa no momento próprio, têm o mesmo valor probante dos originais" (STJ, AgRg no Ag 535.018/RJ, Rel. Min. José Delgado, 1ª Turma, jul. 16.03.2004, *DJ* 10.05.2004, p. 178). **No mesmo sentido:** STJ, REsp 332.501/SP, Rel. Min. José Delgado, 1ª Turma, jul. 18.09.2001, *DJ* 22.10.2001, p. 282; STJ, REsp 85.645/SP, Rel. Min. Fontes de Alencar, 4ª Turma, jul. 18.06.1996, *DJ* 12.08.1996, p. 27.489; STJ, AgRg no Ag 116.822/SP, Rel. Min. Waldemar Zveiter, 3ª Turma, jul. 26.06.1997, *DJ* 20.10.1997.

2. Impugnação. Época oportuna. "(...) 'a cópia de documento particular que não sofre impugnação na época oportuna, daquele contra quem foi produzida, tem a mesma eficácia probatória do original'" (STJ, AgRg no Ag 42.659/MG, Rel. Min. Sálvio de Figueiredo Teixeira, 4ª Turma, jul. 14.12.1993, *DJ* 28.02.1994, p. 2.898).

3. "'A simples impugnação de uma parte não obriga necessariamente a autenticação de documento oferecido pela outra. Faz-se mister que esta impugnação tenha relevância apta a influir no julgamento da causa, como, por exemplo, não espelhar o documento o verdadeiro teor do original.' (EDcl no REsp 278.766, Min. Fernando Gonçalves, *DJ* 16.11.2004)" (STJ, REsp 614.580/RS, Rel. Min. Humberto Martins, 2ª Turma, jul. 17.10.2006, *DJ* 30.10.2006, p. 268).

4. Recusa na exibição de documento original. Ineficácia instrutória. "'Como decidido em anterior julgamento, a não exibição do original, sem que oferecida, pela parte intimada a fazê-lo, recusa justificada, conduz ao reconhecimento da ineficácia instrutória do documento inquinado de falso, com a consequente inadmissibilidade de sua utilização como elemento de prova e convicção.' **Assim sendo, a posterior juntada do documento original não tem o condão de reabrir a instrução probatória, uma vez operada a preclusão"** (STJ, REsp 178.189/SP, Rel. Min. Sálvio de Figueiredo Teixeira, 4ª Turma, jul. 06.03.2003, *DJ* 07.04.2003, p. 289).

5. Cópia de instrumento de mandato ou de substabelecimento sem autenticação. Irregularidade formal. "A apresentação de cópia do instrumento de mandato ou de substabelecimento sem autenticação configura irregularidade da representação processual. De acordo com os artigos 384 e 385 do Código de Processo Civil [arts. 423 e 424 do CPC/2015], a cópia obtida do mandado judicial somente tem validade se o escrivão portar por fé a sua conformidade com o original, o que não ocorreu no presente caso" (STJ, AgRg no Ag 679.710/RJ, Rel. Min. Carlos Alberto Menezes Direito, 3ª Turma, jul. 18.08.2005, *DJ* 14.11.2005, p. 317).

"A cópia xerográfica da procuração – salvo quando impugnada pela outra parte – comprova satisfatoriamente a existência do mandato. A exigência de apresentação do documento original maltrata o art. 385 do Código de Processo Civil [art. 424 do CPC/2015]" (STJ, REsp 464.319/RJ, Rel. Min. Humberto Gomes de Barros, 1ª Turma, jul. 18.03.2003, *DJ* 31.03.2003, p. 162). **No mesmo sentido:** STJ, REsp 45.177/SP, Rel. Min. Hamilton Carvalhido, 6ª Turma, jul. 10.10.2000, *DJ* 05.02.2001, p. 132.

Trânsito em julgado da decisão. "A ausência de procuração original detectada no momento da expedição do precatório complementar, quando já transitada em julgado a decisão do processo do conhecimento, bem como a que determina o pagamento do primeiro precatório, não enseja a decretação de nulidade de todo o processo, em razão do princípio da preclusão e da coisa julgada" (STJ, REsp 622.804/RJ, Rel. Min. Eliana Calmon, 2ª Turma, jul. 21.09.2004, *DJ* 29.11.2004, p. 296).

6. Indeferimento de petição. Impossibilidade. Ver jurisprudência do art. 422 do CPC/2015.

7. Título extrajudicial. Cópia. "A juntada do título executivo original é essencial para a validade do processo de execução. – Entretanto, não há nulidade se, aparelhada em cópia do título extrajudicial, for juntada a via original, ainda que posterior à oferta dos embargos do devedor, e se não houver impugnação à autenticidade da cópia apresentada" (STJ, AgRg no REsp 821.508/SC, Rel. Min. Humberto Gomes de Barros, 3ª Turma, jul. 25.09.2007, *DJ* 15.10.2007, p. 259).

8. Notas fiscais. "A só falta de autenticação das cópias das notas fiscais juntadas aos autos, sem a conjugação de outros elementos que indiquem vícios nos documentos, não implicam sua falsidade" (STJ, REsp 203.225/MG, Rel. Min. Sálvio de Figueiredo Teixeira, 4ª Turma, jul. 02.04.2002, *DJ* 05.08.2002, p. 344).

9. Documento já apresentado em primeira instância. "A recusa da parte apelante em juntar a via original de documento já apresentado, por cópia, em primeira instância, sem ter havido impugnação quanto à sua veracidade, não tem o condão de, por si só, obstar o recebimento do recurso com base na intempestividade" (STJ, REsp 178.333/SP, Rel. Min. Sálvio de Figueiredo Teixeira, 4ª Turma, jul. 16.05.2000, *DJ* 07.08.2000, p. 109).

10. Fotografia. Juntada do negativo (§ 1º). Ver jurisprudência do art. 422.

Art. 425. Fazem a mesma prova que os originais:

I – as certidões textuais de qualquer peça dos autos, do protocolo das audiências ou de outro livro a cargo do escrivão ou do chefe de secretaria, se extraídas por ele ou sob sua vigilância e por ele subscritas;

II – os traslados e as certidões extraídas por oficial público de instrumentos ou documentos lançados em suas notas;

III – as reproduções dos documentos públicos, desde que autenticadas por oficial público ou conferidas em cartório com os respectivos originais;

IV – as cópias reprográficas de peças do próprio processo judicial declaradas autênticas pelo advogado, sob sua responsabilidade pessoal, se não lhes for impugnada a autenticidade;

V – os extratos digitais de bancos de dados públicos e privados, desde que atestado pelo seu emitente, sob as penas da lei, que as informações conferem com o que consta na origem;

VI – as reproduções digitalizadas de qualquer documento público ou particular, quando juntadas aos autos pelos órgãos da justiça e seus auxiliares, pelo Ministério Público e seus auxiliares, pela Defensoria Pública e seus auxiliares, pelas procuradorias, pelas repartições públicas em geral e por advogados, ressalvada a alegação motivada e fundamentada de adulteração.

§ 1º Os originais dos documentos digitalizados mencionados no inciso VI deverão ser preservados pelo seu detentor até o final do prazo para propositura de ação rescisória.

§ 2º Tratando-se de cópia digital de título executivo extrajudicial ou de documento relevante à instrução do processo, o juiz poderá determinar seu depósito em cartório ou secretaria.

CPC/1973

Art. 365.

REFERÊNCIA LEGISLATIVA

CPC/2015, arts. 423 (reproduções fotográficas; certidões); 424 (cópia de documento particular; valor probante).

CC, art. 217 (tabelião ou oficial de registro; traslados e certidões; força probante).

Lei nº 6.015, de 31.12.1973 (Registros Públicos – ver Legislação Especial), art. 161.

Lei nº 11.419, de 19.12.2006 (Processo Eletrônico – ver Legislação Especial).

DL nº 5.452, de 01.05.1943 (Consolidação das Leis do Trabalho), art. 830.

Lei nº 10.522, de 19.07.2002 (Cadastro Informativo dos créditos não quitados de órgãos e entidades federais), art. 24.

Lei de Registros Públicos, art. 161.

BREVES COMENTÁRIOS

As cópias reprográficas têm por si só força probante, ainda que não autenticadas por oficial público. Podem, entretanto, ser impugnadas, mas só se desmerecem se o questionamento afetar de fato a confiança em seu conteúdo. Não cabe recusar-lhes eficácia probatória simplesmente invocando a falta de autenticação.

O reconhecimento de que as cópias reprográficas do processo judicial declaradas autênticas pelo advogado e não impugnadas fazem a mesma prova que os originais corrobora entendimento há muito consolidado pela doutrina, pela jurisprudência e pela própria legislação processual. Sempre, pois, que a cópia for extraída para instruir qualquer incidente de autuação apartada (recurso, exceção, impugnação ao valor da causa, conflito de competência etc.), cabível será a dispensa da autenticação por escrivão. A presunção de conformidade com o original é *juris tantum* e pode facilmente ser elidida. O advogado, entretanto, não se transforma em tabelião para autenticar qualquer cópia reprográfica e só pode fazê-lo em relação àquelas extraídas do processo em que atua. Não há, porém, necessidade de um termo formal de autenticação, sendo suficiente a afirmação contida na própria petição de que as cópias foram extraídas dos autos (STF, AgRg no AI 466.032-3/GO, Pleno, Rel. Min. Sepúlveda Pertence, jul. 19.08.2004, *Repro* 134/180).

JURISPRUDÊNCIA SELECIONADA

1. Sentença. Certidões conflitantes (inciso I). "A menos que os fatos sejam devidamente apurados, deles resultando que uma certidão é verdadeira, e a outra, não, prevalece aquela que for confortada pelo registro da sentença no livro próprio" (STJ, REsp 274.440/PR, Rel. Min. Ari Pargendler, 3ª Turma, jul. 20.09.2001, *DJ* 04.03.2002, p. 255).

2. Valor probante de documento público (inciso III). "O art. 365, III [art. 425, III, do CPC/2015] equipara, em tema de valor probante, o documento público à respectiva cópia. Tal equiparação subordina-se ao adimplemento de um requisito: autenticação por agente público. O CPC, contudo, não transforma em inutilidade a cópia sem autenticação" (STJ, REsp 162.807/SP, Rel. p/ Acórdão Min. Humberto Gomes de Barros, 1ª Turma, jul. 11.05.1998, *DJ* 29.06.1998, p. 70).

3. Advogado (inciso IV).

Declaração de autenticidade de documentos pelo advogado, para finalidade distinta do uso em processo judicial. Excepcionalidade. "O propósito recursal é definir se é admissível a autenticação de documentos estrangeiros pelo advogado para a obtenção, perante a Receita Federal, de inscrição no Cadastro de Pessoas Físicas em nome de pessoa falecida que residia no exterior, permitindo-se a continuidade da ação de inventário, especialmente quando há notória impossibilidade, ainda que momentânea, de obtenção das referidas autenticações no país de origem. Tratando-se de fato notório a existência de situação de anormalidade institucional em país estrangeiro que faz presumir a dificuldade ou a inviabilidade de se obter documentos ou informações necessárias para o prosseguimento da ação de inventário, deve-se flexibilizar a regra segundo a qual é dever da parte atender às exigências e determinações de órgãos e entidades para que se dê regular prosseguimento ao processo judicial, admitindo-se o uso de instrumentos de cooperação jurídica internacional para a prática de atos ou obtenção de informações de países do exterior. Sendo infrutífero o pedido de cooperação jurídica internacional e em se tratando de situação de notória anormalidade institucional existente no país de origem, é admissível, subsidiariamente e em caráter excepcional, que seja determinado à Receita Federal que emita CPF sem que haja autenticação, no país de origem, dos documentos estrangeiros por ela comumente exigidos, suprindo-se a referida autenticação por declaração de autenticidade dos documentos estrangeiros realizada pelo advogado das partes, sob sua responsabilidade pessoal, como autoriza, no processo judicial, o art. 425, IV, V e VI, do CPC/15" (STJ, REsp 1.782.025/MG, Rel. Min. Nancy Andrighi, 3ª Turma, jul. 02.04.2019, *DJe* 04.04.2019).

"Inaugurando nova divergência, a Primeira Seção e a Sexta Turma, em decisões isoladas, vêm considerando obrigatórias a autenticação ou a declaração de autenticidade firmada pelo advogado no agravo de instrumento do art. 544 do CPC [art. 1.042 do CPC/2015], em virtude da alteração legislativa promovida no seu parágrafo primeiro pela Lei 10.352/2001. Interpretação sistemática que chancela os precedentes anteriores da Corte Especial, não alterada pela nova reforma do CPC, que veio apenas positivar e consolidar a interpretação dada pelos Tribunais, no sentido de que é desnecessária a autenticação dos documentos juntados com a inicial ou nos agravos de instrumento dos arts. 525 [art. 1.017 do CPC/2015] e 544 do CPC [art. 1.042 do CPC/2015], prevalecendo a presunção *juris tantum* de veracidade" (STJ, AgRg no Ag 563.189/SP, Rel. Min. Eliana Calmon, Corte Especial, jul. 15.09.2004, *DJ* 16.11.2004, p. 174). **No mesmo sentido:** "Em suma: a autenticação pelo próprio advogado é uma garantia, uma faculdade, não uma exigência" (STJ, AgRg no AI 492.642/SP, Rel. Min. Denise Arruda, 1ª Turma, jul. 02.03.2004, *DJ* 28.04.2004, p. 229).

Pessoa jurídica de direito público. "Este Superior Tribunal de Justiça já se manifestou no sentido da não exigência da autenticação das cópias de documentos apresentados em juízo por pessoa jurídica de direito público. Precedentes" (STJ, REsp 651.260/SP, Rel. Min. Gilson Dipp, 5ª Turma, jul. 02.05.2006, *DJ* 29.05.2006, p. 287).

4. Planilhas emitidas pela Dataprev (inciso V). "As planilhas elaboradas por processamento eletrônico da Dataprev, subscritas por funcionário autárquico, possuem veracidade presumida e constitui documento hábil para comprovação de pagamento na via administrativa de benefícios previdenciários" (STJ, REsp 546.616/RN, Rel. Min. Jorge Scartezzini, 5ª Turma, jul. 03.02.2004, *DJ* 05.04.2004, p. 315). **No mesmo sentido:** STJ, REsp 499.602/RN, Rel. Min. Jorge Scartezzini, 5ª Turma, jul. 19.08.2003, *DJ* 15.09.2003, p. 364; REsp 348.115/PB, Rel. Min. Jorge Scartezzini, 5ª Turma, jul. 15.08.2002, *DJ* 23.09.2002.

Planilhas não subscritas ou assinadas por agentes públicos. "A planilha de cálculos elaborada pela Dataprev, ainda que não subscrita por agente público responsável, possui fé pública (artigos 364 e 334 do CPC) [arts. 405 e 374 do CPC/2015], até prova em contrário, porquanto emitida por empresa pública constituída para tal finalidade" (STJ, EREsp 519.988/CE, Rel. Min. Hélio Quaglia Barbosa, 3ª Seção, jul. 23.02.2005, *DJ* 07.03.2005, p. 139). **Em sentido contrário:** "As planilhas emitidas pela Dataprev não possuem fé pública quando ausentes assinaturas de servidores da autarquia previdenciária, ou qualquer meio de autenticação. Precedentes do STJ" (STJ, REsp 477.988/PB, Rel. Min. Laurita Vaz, 5ª Turma, jul. 07.10.2003, *DJ* 10.11.2003, p. 204).

5. Documento extraído da internet (inciso VI). "Ausência de fé pública. Impossibilidade de oposição contra o STJ. Decorrência da medida provisória nº 2.200/01" (STJ, AgRg no REsp 1.103.021/DF, Rel. Min. Luis Felipe Salomão, 4ª Turma, jul. 26.05.2009, *DJe* 08.06.2009).

Presunção de confiabilidade. "A disponibilização, pelo Tribunal, do serviço eletrônico de acompanhamento dos atos processuais, para consulta das partes e dos advogados, impõe que ele se realize de modo eficaz, uma vez que há presunção de confiabilidade das informações divulgadas" (STJ, REsp 1.186.276/RS, Rel. Min. Massami Uyeda, 3ª Turma, jul. 16.12.2010, *DJe* 03.02.2011).

6. Mídia digital contendo cópia integral dos autos. "... Não há precedentes no STJ contendo questão absolutamente idêntica à debatida nos autos. Não obstante, já em outras ocasiões, o STJ reconheceu a força probante dos documentos digitalizados, excepcionando apenas a hipótese em que sobrevém fundada dúvida ou impugnação à sua validade. Cuida-se de situações em que, por exemplo, foi juntado documento em papel (cópia simples de decisão judicial) extraído da internet, digitalizado, cuja autenticidade não foi questionada. Idêntico raciocínio deve ser aqui apresentado. Com a dispensa da juntada das peças originais, a apresentação em forma física (papel por cópia ou reprodução simples) ou eletrônica (mídia contendo imagens), acompanhada da declaração de autenticidade pelo advogado e não impugnada pela parte adversária, deve ser considerada válida" (STJ, REsp 1608298/SP, Rel. Min. Herman Benjamin, 2ª Turma, jul. 01.09.2016, *DJe* 06.10.2016).

7. Assinatura digitalizada. Impossibilidade de aferição de autenticidade. Ver jurisprudência do art. 1º da Lei nº 11.419/2006.

8. Execução de cédula de produto rural financeira. Natureza cambial. Circularidade. Apresentação do original do título executivo. Necessidade. Ver jurisprudência do art. 798, I, do CPC/2015.

9. Impugnação da parte contrária. "'A simples impugnação de uma parte não obriga necessariamente a autenticação de documento oferecido pela outra. Faz-se mister que esta impugnação tenha relevância apta a influir no julgamento da causa, como, por exemplo, não espelhar o documento o verdadeiro teor do original' (EDcl no REsp 278.766, Min. Fernando Gonçalves, *DJ* 16.11.2004)" (STJ, REsp 614.580/RS, Rel. Min. Humberto Martins, 2ª Turma, jul. 17.10.2006, *DJ* 30.10.2006, p. 268).

10. Petição inicial. "Não é lícito ao juiz estabelecer, para as petições iniciais, requisitos não previstos nos artigos 282 e 283 do CPC [arts. 319 e 330 do CPC/2015]. Por isso, não lhe é permitido indeferir liminarmente o pedido, ao fundamento de que as cópias que o instruem carecem de autenticação" (STJ, REsp 260.465/SP, Rel. Min. Felix Fischer, 5ª Turma, jul. 08.08.2000, *DJ* 04.09.2000, p. 190).

Art. 426. O juiz apreciará fundamentadamente a fé que deva merecer o documento, quando em ponto substancial e sem ressalva contiver entrelinha, emenda, borrão ou cancelamento.

CPC/1973

Art. 386.

REFERÊNCIA LEGISLATIVA

CPC/2015, art. 211 (atos processuais; espaços em branco, entrelinhas, emendas e rasuras).

BREVES COMENTÁRIOS

Observe-se que apenas o defeito "em ponto substancial" é que vicia o documento, não aquele que apenas atinge cláusula ou palavra de significado secundário e não relevante para a solução do litígio. Também não terá consequências o vício documental em questão, quando, ainda referente a ponto substancial, não tiver sido objeto de impugnação pela parte contrária. Note-se, finalmente, que a ressalva colocada antes do fecho e da assinatura do documento elimina inteiramente o defeito do documento naquilo que se refere à emenda, borrão, entrelinha ou rasura discriminada. Esses vícios podem ser arguidos em contestação ou impugnação ou em quinze dias após a juntada aos autos (art. 430). Podem referir-se a documentos públicos ou particulares. Quando for o caso de certidões ou traslados, a solução será fácil, pois bastará efetuar-se o cotejo do documento produzido defeituosamente com o original das notas ou arquivos da repartição pública, de onde proveio.

JURISPRUDÊNCIA SELECIONADA

1. Ponto substancial. "No caso, o recorrente aponta equivocadamente como indispensáveis documentos que determinam o montante do indébito, porquanto a demonstração de que o autor é atendido pela Companhia de Distribuição, com a apresentação, por exemplo, de uma única conta onde conste a presença de débito relativo à Taxa de Iluminação Pública, faz presumir que ele pagou a referida taxa, atendendo-se ao disposto no art. 386 do CPC" [art. 426 do CPC/2015] (STJ, REsp 1.102.277/PR, Rel. Min. Benedito Gonçalves, 1ª Turma, jul. 20.08.2009, *DJe* 31.08.2009).

Art. 427. Cessa a fé do documento público ou particular sendo-lhe declarada judicialmente a falsidade.

Parágrafo único. A falsidade consiste em:

I – formar documento não verdadeiro;

II – alterar documento verdadeiro.

CPC/1973

Art. 387.

REFERÊNCIA LEGISLATIVA

CPC/2015, arts. 430 a 433 (arguição de falsidade).

BREVES COMENTÁRIOS

Forma-se, materialmente, um documento falso quando, por exemplo, se utiliza papel assinado em branco e nele se lança uma declaração nunca formulada, nem desejada pelo signatário; ou quando se utiliza apenas a parte final de um texto, de onde se extrai a assinatura da parte para incluí-la num outro texto totalmente diverso do primitivo. Nesse caso, não se pode falar em falsidade ideológica, porque o autor nunca quis declarar o fato não verdadeiro, pois a declaração falsa foi lançada por outrem. Por outro lado, *altera-se* um instrumento quando não se cria um documento novo, mas apenas se modificam palavras, cláusulas ou termos de escrito preexistente. Em suma: formar documento não verdadeiro é criar documento por inteiro, e alterar documento verdadeiro é apenas inserir novidade no documento para modificar o sentido da declaração nele contida.

JURISPRUDÊNCIA SELECIONADA

1. *Caput.* "Hipótese em que foi constatada por perícia a adulteração da data da certidão de juntada aos autos do mandado de citação e penhora e que não foi possível identificar o autor do fato. (...) Cessa a fé do documento público quando lhe for declarada judicialmente a falsidade" (STJ, REsp 724.462/SP, Rel. Min. Nancy Andrighi, 3ª Turma, jul. 14.06.2007, *DJ* 27.08.2007, p. 224).

2. "Não se confundem falsidade de assinatura e falsidade de documento" (STJ, REsp 2.544/SP, Rel. Min. Sálvio de Figueiredo Teixeira, 4ª Turma, jul. 19.06.1990, *DJ* 06.08.1990, p. 7.341).

3. Falsidade (parágrafo único). "Hipótese em que, embora propendendo, em tese, pela inviabilidade do incidente de falsidade, quando ideologicamente arguido, há que excepcionar alguns casos, tais como aqueles em que a prova poderá se resumir ao exame pericial semântico do texto, devendo, então, o juiz, perquirir cada caso quando ou se alegado o falso ideológico, cuja prova se pretenda" (STJ, REsp 9.197/SC, Rel. Min. Waldemar Zveiter, 3ª Turma, jul. 17.09.1991, *DJ* 11.11.1991, p. 16.145).

4. Juntada de documentos com a apelação. "A juntada de documentos com a apelação é possível, desde que respeitado o contraditório e inocorrente a má-fé, com fulcro no art. 397 do CPC [art. 435 do CPC/2015]. Precedentes" (STJ, REsp 980.191/MS, Rel. Min. Nancy Andrighi, 3ª Turma, jul. 21.02.2008, *DJe* 10.03.2008).

Art. 428. Cessa a fé do documento particular quando:

I – for impugnada sua autenticidade e enquanto não se comprovar sua veracidade;

II – assinado em branco, for impugnado seu conteúdo, por preenchimento abusivo.

Parágrafo único. Dar-se-á abuso quando aquele que recebeu documento assinado com texto não escrito no todo ou em parte formá-lo ou completá-lo por si ou por meio de outrem, violando o pacto feito com o signatário.

CPC/1973

Art. 388.

BREVES COMENTÁRIOS

Completa a ideia de falsidade material do documento particular o disposto no art. 428, onde se dispõe que cessa a fé de tais documentos, quando:

(a) lhe for impugnada a autenticidade e enquanto não se lhe comprovar a sua veracidade (inciso I);

(b) assinado em branco, lhe for impugnado o conteúdo, por preenchimento abusivo (inciso II).

No primeiro caso, como já se afirmou, basta a impugnação do signatário para afastar a presunção de autenticidade do documento particular, o que dispensa o incidente de falsidade e carreia para a parte que produziu o documento o ônus de provar a veracidade da firma (art. 428, I). No segundo caso, estamos diante de um documento falso na sua elaboração em vista de máfé do portador a quem foi confiado documento assinado com texto não escrito, no todo ou em parte. O abuso ocorrerá quando o portador formar ou completar o documento acima, por si ou por meio de outrem, "violando o pacto feito com o signatário" (art. 428, parágrafo único).

JURISPRUDÊNCIA SELECIONADA

1. Inciso I. "Contestada a assinatura do documento particular, cessa-lhe a fé, independente da arguição de falsidade, cabendo o ônus da prova, nesse caso, a parte que o produziu, durante a instrução da causa. Por isso, não era licito ao juiz, na espécie, julgar antecipadamente os embargos a execução" (STJ, REsp 15.706/SP, Rel. Min. Nilson Naves, 3ª Turma, jul. 24.03.1992, *DJ* 13.04.1992).

2. Inciso II. Tendo o embargante, deficiente visual, alegado que houve abuso no preenchimento dos cheques por parte do exequente, àquele caberia provar o alegado vício. Incidência do princípio geral insculpido no art. 333, incs. I e II, do CPC [art. 373, I e II, do CPC/2015]" (STJ, REsp 69.895/SP, Rel. Min. Carlos Alberto Menezes Direito, 3ª Turma, jul. 26.05.1997, *DJ* 04.08.1997).

Art. 429. Incumbe o ônus da prova quando:

I – se tratar de falsidade de documento ou de preenchimento abusivo, à parte que a arguir;

II – se tratar de impugnação da autenticidade, à parte que produziu o documento.

CPC/1973

Art. 389.

BREVES COMENTÁRIOS

Essas regras são de observar-se tanto no incidente de falsidade como nas ações declaratórias principais, bem como quando a assinatura é apenas impugnada em alegação de defesa no curso do processo. Observe-se, outrossim, que a impugnação à assinatura, a que alude o art. 429, II, é apenas a que se relaciona com os documentos particulares, pois os documentos públicos gozam de presunção legal de autenticidade, a qual só pode ser destruída por sentença judicial, cabendo, então, a regra de que o ônus da prova toca à parte que arguir a falsidade (art. 429, I). Também não incide a regra do inciso II, e sim a do inciso I do art. 429, quando o documento particular tiver sido firmado nas condições do art. 411, I. Quando o caso for de impugnação da validade de documento assinado em branco, competirá ao impugnante "o ônus da prova, não só de que ele foi assinado em branco, mas, também, de que foi ele abusivamente preenchido".

JURISPRUDÊNCIA SELECIONADA

1. Falsidade de documento (inciso I). "De acordo com o art. 389, I, do CPC [art. 429, I, do CPC/2015], 'incumbe o ônus da prova quando: I – se tratar de falsidade de documento, à parte que a arguir'. Tendo, na espécie, ficado patente a inércia da parte na condução do processo, não pode ela, depois, querer beneficiar-se de sua própria torpeza, travestida de um cerceamento de defesa que jamais existiu" (STJ, REsp 980.191/MS, Rel. Min. Nancy Andrighi, 3ª Turma, jul. 21.02.2008, *DJe* 10.03.2008). **No mesmo sentido:** STJ, AgRg no REsp 1.197.521/ES, Rel. Min. Massami Uyeda, 3ª Turma, jul. 16.09.2010, *DJe* 04.10.2010.

2. Falsidade na assinatura do contrato (Inciso II). "Contestada a assinatura do contrato, tendo o réu alegado sua falsidade, não se aplica a regra geral do art. 95 do novo CPC/2015, mas sim a regra específica do art. 429, vez que não se trata de uma perícia qualquer, mas sim, uma que se faz necessária para comprovar a autenticidade do documento, especificamente a assinatura" (TJSP, AI 2209581-65.2016.8.26.0000, Rel. Des. Paulo Ayrosa, 31ª Câmara de Direito Privado, jul. 22.11.2016, data de registro 22.11.2016).

"Tratando-se de contestação de assinatura, o ônus da prova da sua veracidade incumbe à parte que produziu o documento. A fé do documento particular cessa com a impugnação do pretenso assinante, e a eficácia probatória do documento não se manifestará enquanto não comprovada a sua veracidade" (STJ, REsp 908.728/SP, Rel. Min. João Otávio de Noronha, 4ª Turma, jul. 06.04.2010, *DJe* 26.04.2010). **No mesmo sentido:** STJ, AgRg no Ag 604.033/RJ, Rel. Min. Massami Uyeda, 3ª Turma, jul. 12.08.2008, *DJe* 28.08.2008.

3. **Processo acobertado pela coisa julgada.** "Inviável rediscutir falsidade de assinatura do contrato quando esse ponto, em outro processo, foi acobertado pela *res judicata*, que negou os vícios que se lhe imputam" (STJ, REsp 8.546/SP, Rel. Min. Waldemar Zveiter, 3ª Turma, jul. 06.08.1991, *DJ* 16.09.1991).

PROVA DOCUMENTAL: INDICAÇÃO DOUTRINÁRIA

Carvalho de Mendonça, *Tratado de direito comercial brasileiro*, 1933, v. VI, n. 162 – "o telegrama é cópia da tradução do despacho pela estação receptora; não é cópia do original, assinado pelo expedidor, e entregue na estação transmissora"; Carvalho Santos, *Código Civil brasileiro interpretado*, v. III, p. 127; Carvalho Santos, *Código de Processo Civil interpretado*, v. III, p. 244 – sobre menção liberatória; Cássio Scarpinella Bueno, *A nova etapa da reforma do Código de Processo Civil: comentários sistemáticos à Lei 11.382, de 6 de dezembro de 2006*, Saraiva, v. 3; Clóvis Beviláqua, *Código Civil comentado*, coms. ao art. 131 – ônus de provar a veracidade dos fatos; Ferreira Coelho, *Código Civil brasileiro*, v. IX, n. 82; Fredie Didier Jr., *Curso de direito processual civil*, 10. ed., Salvador: JusPodivm, 2015, v. II; Hermano Durval, *A dimensão jurídica da fita magnética*, *RF* 251/385; Hermano Durval, Livros comerciais sem fé judicial, *RF* 251/95; Humberto Theodoro Jr., *Curso de direito processual civil*, Forense, v. I, n. 209-b – sobre processo eletrônico; Humberto Theodoro Júnior, *A reforma da execução do título extrajudicial*, Forense – sobre cópia digital de título executivo extrajudicial; Humberto Theodoro Júnior, Ação declaratória e incidente de falsidade: falso ideológico e intervenção de terceiros, *Rev. de Processo*, São Paulo, 51/32; Humberto Theodoro Júnior, *Curso de direito processual civil*, 61. ed., Rio de Janeiro: Forense, 2020, v. I; João Abraão, *O valor probatório das reproduções mecânicas*, *RP* 20/127; João Monteiro, *Programa do curso de processo civil*, 3. ed., v. II, § 134, p. 138; Jorge Americano, *Processo civil e comercial*, 1925, p. 21/2 – sobre falsidades material e ideológica; Luiz Guilherme Marinoni, *Comentários ao Código de Processo Civil*, São Paulo: Revista dos Tribunais, v. 5, t. 2, art. 384; Luiz Guilherme Marinoni, Sérgio Cruz Arenhart, In: Sérgio Cruz Arenhart e Daniel Mitidiero (coord.), *Comentários ao Código de Processo Civil*, 2. ed., São Paulo: RT, 2018, v. 7; Márcio Antônio Inacarato, O valor probante dos livros comerciais, *RF* 268/427; Moacyr Amaral Santos, *Comentários ao Código de Processo Civil*, 2. ed., São Paulo: RT, 1976, v. IV, n. 157; Moacyr Amaral Santos, *Primeiras linhas de direito processual civil*, v. II, n. 612 – documentos públicos; Moacyr Amaral Santos, *Prova judiciária*, v. IV, cap. III – documentos públicos; Orlando Soares, *Comentários ao CPC*, v. I, p. 696/7; Orlando Soares, *Comentários ao CPC*, v. I, p. 701/2; Renato Maciel de Sá Jr., *A prova fonográfica*, *RF* 290/498; Rômulo Greff Mariani, O documento eletrônico como meio de prova no processo civil, *RDC* nº 79; Sérgio Cruz Arenhart, In: Teresa Arruda Alvim Wambier, Fredie Didier Jr., Eduardo Talamini, Bruno Dantas, *Breves comentários ao novo Código de Processo Civil*, São Paulo: Revista dos Tribunais, 2015; Sérgio Sahione Fadel, *CPC comentado*, Forense, v. I; Waldemar Ferreira, *Tratado de direito mercantil brasileiro*, 1939, v. II, p. 199 – prova dos livros comerciais; Waldírio Bulgarelli, Exibição judicial de livros – segredo mercantil, *RF* 258/202.

Subseção II
Da Arguição de Falsidade

Art. 430. A falsidade deve ser suscitada na contestação, na réplica ou no prazo de 15 (quinze) dias, contado a partir da intimação da juntada do documento aos autos.

Parágrafo único. Uma vez arguida, a falsidade será resolvida como questão incidental, salvo se a parte requerer que o juiz a decida como questão principal, nos termos do inciso II do art. 19.

CPC/1973

Art. 390.

REFERÊNCIA LEGISLATIVA

CPC/2015, art. 429 (prova documental; ônus da prova).

BREVES COMENTÁRIOS

A arguição de falsidade pode se dar como simples matéria de defesa, mas pode, também, constituir um incidente em que a falsidade se torne questão principal a ser solucionada por decisão de mérito. A arguição, todavia, é regulada de maneira mais singela no CPC/2015, pois não se exige processamento em autos próprios, nem mesmo petição inicial distinta, já que pode figurar em capítulos de outras petições, e seu julgamento dar-se-á junto com o da causa principal, numa só sentença. A arguição é admissível na contestação, na réplica ou no prazo de quinze dias, contado a partir da intimação da juntada aos autos do documento (CPC/2015, art. 430) e pode referir-se tanto aos documentos públicos como aos particulares. O atual Código não manteve a regra do anterior que permitia a instauração do incidente em qualquer grau de jurisdição (art. 390 do CPC/1973). Com isso, não se pode cogitar da arguição de falsidade nas instâncias recursais, mas apenas na pendência do processo perante o juízo de primeiro grau ou de grau único.

Se foi produzido com a inicial, o réu deverá suscitar o incidente na contestação. Se em qualquer outro momento processual, a parte interessada terá quinze dias, a contar da intimação da juntada, para propor o incidente.

JURISPRUDÊNCIA SELECIONADA

1. **Cabimento.** "Cabe arguir, em incidente de falsidade, tanto a falsidade material de documento quanto a da veracidade do seu contexto" (STJ, 3ª Turma, REsp 21.302/BA, Rel. Min. Dias Trindade, ac. de 10.08.1992, *DJU* 37/545).

2. **Objeto.** "No incidente de falsidade, reconhece-se que o documento é falso ou não, exclusivamente; só a sentença proferida na ação principal poderá dizer se o *falsum* obriga" (STJ, 3ª Turma, REsp 172.878/MG, Rel. Min. Ari Pargendler, ac. de 19.10.2000, *RT* 790/223). No mesmo sentido: STJ, REsp 44.509/PA, Rel. Min. Eduardo Ribeiro, 3ª Turma, jul. 30.05.1994, *DJ* 20.06.1994.

3. **Arguição de falsidade de forma autônoma. Possibilidade.** "Locação de imóvel. Execução. Arguição de falsidade material de documento de forma autônoma. Possibilidade, desde que proposta no prazo para embargos à execução." (TJSP, Ap. 0047179-88.2014.8.26.0114, Rel. Cristina Zucchi, 34ª Câmara de Direito Privado, jul. 18.05.2016, data de registro 22.05.2016)

4. **Incidente de falsidade. Substituição indevida/ilícita de duas folhas que compunham o instrumento do recurso.** "Não veda a lei a declaração de falsidade documental quando existirem vestígios materiais definitivos, demonstrando que os documentos questionados resultam da substituição de outras folhas anteriormente inseridas nos autos de processo, haja vista que terá ocorrido não só a supressão do papel antecedente, mas também a falsificação, decorrente da substituição impertinente da documentação prévia. Embora não tenham os órgãos investigativos obtido êxito em apontar a autoria do grave fato ocorrido no bojo do AG nº 1.256.398/GO relativamente à substituição grosseira de duas folhas dos referidos autos, deve ser acolhido o presente incidente de falsidade, porquanto existem vestígios

materiais definitivos, demonstrando que os documentos questionados de fls. 1760-1761 resultam da substituição de outras folhas anteriormente inseridas entre aquelas, sendo viável imputar ao suscitante/agravante a responsabilização pelo manejo indevido da documentação reputada faltante" (STJ, Pet 7.808/GO, Rel. Min. Marco Buzzi, 4ª Turma, jul. 07.02.2017, *DJe* 28.03.2017).

5. Falsidade ideológica:

Arguição. Prazo. "O momento apropriado para alegar o incidente de falsidade ideológica é na fase de contestação, quanto aos documentos apresentados junto com a inicial da ação. Inteligência do artigo 390 do Código de Processo Civil [art. 430 do CPC/2015]" (TJMG, AI 223.847-5/00, 4ª CC., Rel. Des. Almeida Melo, ac. de 13.09.2001).

"A extemporânea arguição de falsidade documental impede que o incidente seja processado como tal. Não obstante, a prova pericial produzida no incidente pode ser tomada de empréstimo pelo juízo dos embargos do devedor, valendo-se deste elemento de convicção para estabelecer se ainda subsiste título executivo e contra quais devedores" (STJ, REsp 1.024.759/RJ, Rel. Min. Nancy Andrighi, 3ª Turma, jul. 25.11.2008, *DJe* 17.12.2008).

"A falsidade de cópia da procuração ou do substabelecimento deve ser suscitada na forma e prazo previstos no art. 390 CPC [art. 430 do CPC/2015], sob pena da reprodução ser tida como eficaz, conforme o art. 225 do CC (2ª Seção, AgRg no REsp n. 963.283-RS, Rel. Min. Fernando Gonçalves, *DJ* 1º.07.2008)" (STJ, AgRg nos EDcl no REsp 1.033.928/RS, Rel. Min. Aldir Passarinho Junior, 4ª Turma, jul. 23.09.2008, *DJe* 28.10.2008).

6. Reconhecimento da falsidade. Desconstituição da situação jurídica. Impossibilidade. "Na via do incidente de falsidade documental, somente se poderá reconhecer o falso ideológico quando tal não importar desconstituição de situação jurídica" (STJ, AgRg no REsp 1.024.640/DF, Rel. Min. Massami Uyeda, 3ª Turma, jul. 16.12.2008, *DJe* 10.02.2009). **No mesmo sentido:** STJ, AgRg no REsp 1.024.640/DF, Rel. Min. Massami Uyeda, 3ª Turma, jul. 16.12.2008, *DJe* 10.02.2009; STJ, REsp 717.216/SP, Rel. Min. Laurita Vaz, 5ª Turma, jul. 04.12.2009, *DJe* 08.02.2010; STJ, AgRg no Ag 354.529/MT, Rel. Min. Castro Filho, 3ª Turma, jul. 30.04.2002, *DJ* 03.06.2002, p. 202; STJ, AGA 204.657/SP, Rel. Min. Sálvio de Figueiredo Teixeira, 4ª Turma, ac. de 23.11.1999, *DJU* 14.02.2000.

7. Cerceamento de defesa. "O fato de o Tribunal de origem ter indeferido o processamento do incidente de falsidade arguido na apelação não importa em cerceamento de defesa, tendo em vista que a documentação cuja autenticidade foi impugnada foi juntada com a petição inicial, razão pela qual competia aos réus suscitarem a sua falsidade na contestação, nos termos do art. 390 do CPC [art. 430 do CPC/2015]" (STJ, REsp 908.374/SP, Rel. Min. Arnaldo Esteves Lima, 5ª Turma, jul. 11.12.2008, *DJe* 02.02.2009).

8. Litisconsórcio. "A regra prevista no art. 191 do CPC [art. 229 do CPC/2015] é aplicável ao incidente de falsidade, devendo o prazo para a sua arguição ser contado em dobro no caso de litisconsortes com advogados diferentes" (STJ, 3ª Turma, REsp 152.335/SP, Rel. Min. Antônio de Pádua Ribeiro, *DJU* 11.06.2001, p. 198).

9. Denunciação da lide. "Apresenta-se impertinente a denunciação da lide em incidente de falsidade" (STJ, 4ª Turma, REsp 2.544/SP, Rel. Min. Sálvio de Figueiredo Teixeira, ac. de 19.06.1990, *DJU* 06.08.1990, p. 7.341).

10. Não exibição do documento original. "Suscitado incidente de falsidade material de instrumento de contrato, cumpre seja trazido aos autos o respectivo original para sujeição a exame pericial, afigurando-se inservível, para esse efeito, sem justificativa, a apresentação de cópia, ainda que autenticada e registrada. A não exibição do original, sem que oferecida pela parte intimada a fazê-lo recusa justificada, conduz ao reconhecimento da ineficácia instrutória do documento inquinado de falso, com a consequente inadmissibilidade de sua utilização como elemento de prova e convicção." (STJ, REsp 45730/SP, Rel. Min Sálvio de Figueiredo Teixeira, 4ª Turma, jul. 09.08.1995, *DJ* 11.09.1995).

11. Processo de execução:

Assinaturas falsas. "Rendendo homenagem aos princípios da efetividade e economia processual, embora não tenha sido observada a melhor técnica processual, não é razoável permitir o prosseguimento de execução baseada em título que se provou ineficaz ante à comprovação de que são falsas as assinaturas dos fiadores apostas ao contrato de locação." (STJ, REsp 821.714/SP, Rel. Min. Laurita Vaz, 5ª Turma, jul. 20.05.2010, *DJe* 14.06.2010).

"A arguição da falsidade do título que embasa a execução, cujo reconhecimento depende da produção e do exame de prova, inclusive pericial, deve ser formulada através de embargos a execução, e não de simples petição no processo de execução." (STJ, REsp 112.959/GO, Rel. Min. Ruy Rosado de Aguiar, 4ª Turma, jul. 24.03.1997, *DJ* 10.11.1997).

12. Retirada do documento dos autos. Expediente protelatório. "Propondo-se a parte que produziu o documento a retirá-lo dos autos, o incidente perde a razão de ser. Fotografias que corresponderiam a outro estabelecimento de recolhimento de idosos. Equívoco que poderia ser demonstrado nos autos independentemente do incidente." (STJ, REsp 297.440/RJ, Rel. Min. Ruy Rosado de Aguiar, 4ª Turma, jul. 22.03.2001, *DJ* 07.05.2001).

13. Incidente de falsidade que não tangencia o mérito. Agravo. "(...) o entendimento que prestigia o cabimento do agravo quando a decisão se limita a julgar o incidente de falsidade processado nos autos principais sem adentrar no mérito da causa." (STJ, REsp 10.318/PR, Rel. Min. Sálvio de Figueiredo Teixeira, 4ª Turma, jul. 07.04.1992, *DJ* 04.05.1992).

Art. 431. A parte arguirá a falsidade expondo os motivos em que funda a sua pretensão e os meios com que provará o alegado.

CPC/1973

Art. 391.

BREVES COMENTÁRIOS

O incidente de falsidade corre nos próprios autos, uma vez que deve ser suscitado na contestação, na réplica ou em quinze dias da juntada do documento ao processo. O incidente, em regra, não suspende o curso do processo. A parte, ao arguir a falsidade, deverá expor os motivos em que funda a sua pretensão e os meios com que provará o alegado.

JURISPRUDÊNCIA SELECIONADA

1. Alegação de falsidade. "... Se não encerrada a instrução do processo principal, a alegação de falsidade de documento apresentado como prova pode ser instruída até mesmo pericialmente dentro da causa sem se precisar especificamente suspender a decisão, porque esta só será proferida após encerrada a instrução. Assim, a alegação da falsidade será submetida à instrução probatória como qualquer outra alegação da parte e será decidida *incidenter tantum*, na sentença que decidir a causa principal" (TJSP, Ap. 67.020-2, Rel. Desig. Des. Paulo Shintate, 13ª Câmara, jul. 24.04.1984).

Art. 432. Depois de ouvida a outra parte no prazo de 15 (quinze) dias, será realizado o exame pericial.

Parágrafo único. Não se procederá ao exame pericial se a parte que produziu o documento concordar em retirá-lo.

CPC/1973

Art. 392.

REFERÊNCIA LEGISLATIVA

CPC/2015, art. 478 (exames especiais).

BREVES COMENTÁRIOS

Recebida a arguição, o juiz deverá intimar a parte contrária para, em quinze dias, se manifestar. Ouvidas as partes, será realizada a prova pericial. Não haverá necessidade da realização do exame pericial se a parte que produziu o documento concordar em retirá-lo dos autos.

JURISPRUDÊNCIA SELECIONADA

1. Desnecessidade de prova. "No incidente de falsidade, a parte que produziu o documento suspeito, é intimada para responder a inicial, e não citada, uma vez que já se encontra representada nos autos principais. O comando do art. 392 do CPC [art. 432 do CPC/2015] deve ser mitigado, quando o Magistrado constatar a desnecessidade da produção de prova pericial" (TJMT, RAC 25.167, Rel. Des. José Ferreira Leite, 3ª C.C., jul. 18.04.2001).

2. Contraditório. "No incidente de falsidade, há de se assegurar a parte oportunidade para a resposta, o que, no caso, não ocorreu. Aplicação do art. 392, *caput*, do CPC [art. 432 do CPC/2015]" (STJ, REsp 63.391/RJ, Rel. Min. Antônio de Pádua Ribeiro, 2ª Turma, jul. 18.03.1997, *DJ* 14.04.1997, p. 12.707).

"Apresentado o laudo, não pode o juiz proferir sentença, sem antes propiciar as partes que se pronunciem sobre o mesmo. Não atendida essa exigência do contraditório, anula-se aquele ato decisório" (STJ, REsp 6.102/AM, Rel. Min. Eduardo Ribeiro, 3ª Turma, jul. 11.03.1991, *DJ* 22.04.1991, p. 4.784).

3. Revelia. "É possível, em tese, que o fato alegado, e objeto do documento sem autenticação, seja considerado incontroverso ou haja, ainda, à revelia" (TRF 2ª Região, AI 2000.02.01.027873-0/RJ, Rel. Juiz Ricardo Perlingeiro, 3ª Turma, jul. 24.04.2001, *DJU* 28.06.2001).

4. Julgamento do incidente e da ação principal. "O juiz pode julgar o incidente de falsidade em que se apurou a irregularidade no ajuizamento da contestação, e na mesma sentença julgar a ação principal, em que reconheceu a intempestividade da contestação e à revelia do réu. Não há nulidade no julgamento simultâneo quando o incidente pode ser julgado como questão prejudicial" (STJ, REsp 325.908/ES, Rel. Min. Ruy Rosado de Aguiar, 4ª Turma, jul. 26.02.2002, *DJ* 22.04.2002, p. 212).

5. Citação. Pessoa do advogado. Ausência de resposta. "No incidente de falsidade basta a convocação da parte contrária na pessoa de seu Advogado, sem necessidade de pessoal citação do litigante. A falta de resposta não induz à presumida falsidade documental porque imprescindível a prova técnica e, ainda, porque não discutir a falsidade não significa admiti-la" (TJSP, AI 601.024-00/0, Rel. Des. Arantes Theodoro, 12ª Câmara, jul. 30.09.1999).

Art. 433. A declaração sobre a falsidade do documento, quando suscitada como questão principal, constará da parte dispositiva da sentença e sobre ela incidirá também a autoridade da coisa julgada.

CPC/1973

Art. 395.

BREVES COMENTÁRIOS

O incidente de falsidade, como já se afirmou, quando a arguição é feita como questão principal, é uma espécie de ação declaratória incidental, com que uma parte amplia o objeto da lide, de maneira que o mérito a decidir passe a ser não só o pedido inicial, como também a questão incidente. Com isso, obtém-se a eficácia da *res iudicata* não apenas sobre a solução do pedido inicial, mas igualmente sobre a questão superveniente da falsidade.

A parte interessada, por sua vez, pode optar entre arguir a falsidade como questão incidental ou argui-la como questão principal. Se escolhe a primeira via, a consequência será que o reconhecimento eventual do *falsum* figurará tão somente entre os "motivos" da sentença, que, segundo o art. 504, I, não fazem coisa julgada. Por isso, em futuros processos, a mesma questão poderá ser reaberta, já que inexistirá o empecilho da *res iudicata*.

Se, porém, o interessado alegar a falsidade como questão principal, nos moldes do art. 19, II, do CPC/2015, o que ocorrerá será o deslocamento da matéria do *falsum* da área dos simples motivos para o campo do mérito, de tal modo que o pronunciamento jurisdicional a respeito da falsidade documental se revestirá da indiscutibilidade e imutabilidade que caracterizam a coisa julgada material (art. 433).

JURISPRUDÊNCIA SELECIONADA

1. Ordem de julgamento. "A apresentação de incidente de falsidade determina a suspensão do processo apenas quanto à prolação da sentença, o que não impede seu julgamento simultâneo com o processo principal, como questão prejudicial deste" (STJ, REsp 263.797/RJ, Rel. Min. Fernando Gonçalves, 4ª Turma, jul. 18.12.2003, *DJ* 01.02.2005, p. 563). **No mesmo sentido:** STJ, REsp 10.049/PE, Rel. Min. Claudio Santos, 3ª Turma, jul. 29.06.1992, *DJ* 28.09.1992, p. 16.424.

"(...) enquanto pendente julgamento de incidente de falsidade, invertendo, assim, o procedimento previsto nos artigos 394 e 395 do Código [art. 433 do CPC/2015] de Ritos que determinam o exame da arguição de falsidade antes do julgamento da demanda principal. Incensurável o acórdão hostilizado que ordenou a cassação da sentença com o desiderato de viabilizar o processamento e julgamento do incidente de falsidade" (STJ, REsp 742.683/DF, Rel. Min. José Delgado, 1ª Turma, jul. 03.05.2007, *DJ* 31.05.2007, p. 336).

2. Incidente de falsidade processado nos próprios autos. "A decisão que indeferiu o requerimento de incidente de falsidade, porque a matéria poderia ser objeto de prova no processo de conhecimento, tem natureza interlocutória e dela cabe agravo de instrumento" (STJ, REsp 264.193/RJ, Rel. Min. Ruy Rosado de Aguiar, 4ª Turma, jul. 26.09.2000, *DJ* 27.11.2000, p. 172).

3. Incidente de falsidade processado em autos apartados. "A decisão que acolhe, com apoio em perícia, o incidente de falsidade, e, em consequência, extingue o processo, constitui sentença recorrível por meio de apelação e não por intermédio de agravo de instrumento. Fungibilidade descabida" (STJ, REsp 55.940/RJ, Rel. Min. William Patterson, 6ª Turma, jul. 25.09.1995, *DJ* 04.12.1995, p. 42.145).

"Tratando-se de incidente de falsidade requerido em autos apartados, entende-se que o ato judicial que extinguiu o processo é sentença, desafiando recurso de apelação" (TJMG, Ap. Cív. 1.0024.05.654596-5/002, Rel. Des. Tarcísio Martins Costa, 9ª Câmara Cível, jul. 26.10.2010, *DJMG* 16.11.2010). **No mesmo sentido:** STJ, REsp 343.564/SP, Rel. Min. Barros Monteiro, 4ª Turma, jul. 07.02.2002, *DJ* 27.05.2002, p. 177; STJ, REsp 41.158/MG, Rel. Min. Carlos Alberto Menezes Direito, 3ª Turma, jul. 20.08.1996, *DJ* 30.09.1996, p. 36.636.

4. Sistema recursal. Divergência jurisprudencial. "Sentença que julga procedente o Incidente de falsidade nos próprios autos da ação anulatória – Recurso cabível é o agravo de instrumento – Contudo, a agravante ingressa também com apelação – Aplicação do princípio da unirrecorribilidade dos recursos – Não conheceram do recurso" (TJSP,

AI 0302449-09.2010.8.26.0000, Rel. Des. Osvaldo Capraro, 18ª Câmara de Direito Público, jul. 13.01.2011).

5. Intempestividade. "Se a parte não recorreu da decisão que, com base em certidão do cartório, não recebeu embargos de declaração e apelação porque intempestivos, é correta também a que não permite o prosseguimento de incidente de falsidade ajuizado após o trânsito em julgado da sentença. Ressalva do direito da parte em questionar a veracidade da certidão por outro meio" (TRF-4ª Região, AI 95.04.37375-5, Rel. Juiz Manoel Lauro Volkmer de Castilho, 3ª Turma, jul. 05.09.1995).

6. Julgamento simultâneo. "O juiz pode julgar o incidente de falsidade em que se apurou a irregularidade no ajuizamento da contestação, e na mesma sentença julgar a ação principal, em que reconheceu a intempestividade da contestação e a revelia do réu. Não há nulidade no julgamento simultâneo quando o incidente pode ser julgado como questão prejudicial (REsp 10.049/PE, 3ª Turma, Rel. Min. Claudio Santos). Recurso conhecido e provido, para afastar a preliminar de nulidade da sentença" (STJ, REsp 325.908/ES, Rel. Min. Ruy Rosado de Aguiar, 4ª Turma, jul. 26.02.2002, *DJ* 22.04.2002, p. 212).

7. Honorários de advogado. "O vencido no incidente de falsidade não responde por honorários de advogado, apenas pelas respectivas despesas (CPC, art. 20, § 1º) [art. 85, *caput*, do CPC/2015]; evidentemente, o resultado do incidente será valorizado, ao final do processo, no arbitramento da verba honorária" (STJ, REsp 172.878/MG, Rel. Min. Ari Pargendler, 3ª Turma, jul. 19.10.2000, *DJ* 05.03.2001, p. 153).

8. Coisa julgada material. "A sentença de incidente de falsidade faz coisa julgada material entre as partes, ainda que *incidenter tantum*. Decide a questão, inclusive, com respeito a todos os litígios nos quais o documento possa ter relevância" (2º TA Cível de SP, AgRg 180.204-2, Rel. Juiz Mello Junqueira, 8ª Câmara, *RT* 598/161).

"Na espécie, contudo, o banco teve a oportunidade de, no incidente de falsidade, produzir todas as provas que entendesse necessárias com vistas a demonstrar a inidoneidade do recibo de pagamento, mas preferiu quedar-se inerte, dispensando inclusive a prova pericial. Diante disso, operou-se a coisa julgada material, conforme prevista no art. 467 do CPC [art. 502 do CPC/2015], de sorte que não cabia às instâncias ordinárias rediscutir tal controvérsia no âmbito do processo principal" (STJ, REsp 980.191/MS, Rel.ª Min.ª Nancy Andrighi, 3ª Turma, jul. 21.02.2008, *DJe* 10.03.2008).

DA ARGUIÇÃO DE FALSIDADE: INDICAÇÃO DOUTRINÁRIA

Arruda Alvim, Ação incidental de falsidade ideológica de laudo pericial – preclusão – sentido da palavra documento, *RP* 54/224; Arruda Alvim, Incidente de falsidade ideológica em processo de inventário, *RP* 16/20; Daniela Santos Bonfim, In: Teresa Arruda Alvim Wambier, Fredie Didier Jr., Eduardo Talamini, Bruno Dantas, *Breves comentários ao novo Código de Processo Civil*, São Paulo: Revista dos Tribunais, 2015; Fredie Didier Jr., *Curso de direito processual civil*, 10. ed., Salvador: JusPodivm, 2015, v. II; Humberto Theodoro Júnior, Ação declaratória e incidente de falsidade: falso ideológico e intervenção de terceiros, *RP* 51/32; Humberto Theodoro Júnior, *Curso de direito processual civil*, 61. ed., Rio de Janeiro: Forense, 2020, v. I; Luiz Guilherme Marinoni, Sérgio Cruz Arenhart, In: Sérgio Cruz Arenhart e Daniel Mitidiero (coord.), *Comentários ao Código de Processo Civil*, 2. ed., São Paulo: RT, 2018, v. 7; Marcelo Cintra Zarif, Comentário a acórdão relativo à falsidade documental, *RP* 6/285; Milton Sanseverino, *Recurso cabível no incidente de falsidade documental*, *Justitia* 121/173; *RBDP* 39/91; *RP* 24/201; Moacyr Amaral Santos, *Comentários do CPC*, v. IV, n. 191; Ney da Gama Ahrends, Comentário ao art. 392 do CPC, *Ajuris* 3/96; Pontes de Miranda, *Comentários ao CPC*, tomo IV – trata-se de sentença definitiva sobre a questão prejudicial, de sentença em ação declarativa, com a possível eficácia de coisa julgada material, posto que *incidenter tantum*; Humberto Theodoro Júnior, *Curso de direito processual civil*, v. I, n. 454.

Subseção III
Da Produção da Prova Documental

Art. 434. Incumbe à parte instruir a petição inicial ou a contestação com os documentos destinados a provar suas alegações.

Parágrafo único. Quando o documento consistir em reprodução cinematográfica ou fonográfica, a parte deverá trazê-lo nos termos do *caput*, mas sua exposição será realizada em audiência, intimando-se previamente as partes.

CPC/1973

Art. 396.

REFERÊNCIA LEGISLATIVA

CPC/2015, arts. 320 (instrução da petição inicial), 335 (resposta do réu), 350 (defesa indireta do mérito), 351 e 352 (defesa indireta processual), 435 (juntada de documentos novos), 1.014 (questões de fato).

SÚMULAS

Súmulas do TJSC:

Nº 57: "Disponível em sítio eletrônico o documento pretendido, carece de interesse processual a produção antecipada de provas ou a pretensão de sua exibição."

BREVES COMENTÁRIOS

Produzir prova documental é fazer com que o documento penetre nos autos do processo e passe a integrá-lo como peça de instrução. O atual Código especifica, no art. 434, os momentos adequados para a produção dessa prova, dispondo que os documentos destinados à prova dos fatos alegados devem ser apresentados em juízo com a petição inicial (art. 320), ou com a resposta (art. 335).

Boa parte da doutrina e jurisprudência, ao tempo do Código anterior, entendia que, quanto aos documentos "não indispensáveis", não estariam as partes impedidas de produzi-los em outras fases posteriores àquelas aludidas pelo art. 344. Mesmo para os que são mais rigorosos na interpretação do dispositivo em mira, o que se deve evitar é a malícia processual da parte que oculta desnecessariamente documento que poderia ser produzido no momento próprio. Assim, quando já ultrapassado o ajuizamento da inicial ou a produção da resposta do réu, desde que "inexistente o espírito de ocultação premeditada e o propósito de surpreender o juízo, verificada a necessidade, ou a conveniência, da juntada do documento, ao magistrado cumpre admiti-la" (Amaral Santos, Prova Judiciária, São Paulo: Max Limonad, 1966, v. IV, n. 200, p. 396).

JURISPRUDÊNCIA SELECIONADA

1. Documento novo.

"É fora de dúvida que o artigo 396 do Código de Processo Civil [art. 434 do CPC/2015] estatui competir à parte instruir a petição inicial com os documentos destinados a provar-lhe as alegações. Tal disposição, contudo, não é absoluta, sendo lícito, como é, às partes, em qualquer tempo, **juntar aos autos documentos novos**, não apenas para a prova de fatos supervenientes, mas, também, para contrapô-los aos que foram produzidos nos autos. E mais, é poder-dever do juiz requisitar nas repartições públicas, em qualquer tempo ou grau de jurisdição, provas necessárias às alegações apontadas (artigo 399, inciso I, do Código de Processo Civil)" (STJ, EDcl no REsp 208.050/SC, Rel. Min. Hamilton Carvalhido, 6ª Turma, jul. 05.12.2000, *DJ* 27.08.2001, p. 420).

"Se a autora, embora descrevendo corretamente a lide, junta documento relativo a outro negócio semelhante, travado entre as partes, é lhe permitido corrigir o erro, apresentando, em réplica, o documento correto. Tal correção que homenageia a economia processual, pressupõe nova vista ao demandado para que se manifeste sobre o novo documento" (STJ, AgRg no AgRg no Ag 672.578/SP, Rel. Min. Humberto Gomes de Barros, 3ª Turma, jul. 01.03.2007, *DJ* 19.03.2007, p. 322).

a) Não caracterização. "Nos termos do art. 396 do CPC/73 (art. 434 do CPC/2015), cabe à parte instruir a inicial ou a contestação com os documentos que forem necessários para provar o direito alegado. Na hipótese, foi consignado pelas instâncias ordinárias que os documentos apresentados são antigos e, não tendo sido apresentados no momento oportuno, operou-se a preclusão" (STJ, AgInt nos EDcl no AREsp 1573807/MG, Rel. Min. Raul Araújo, 4ª Turma, jul. 20.04.2020, *DJe* 04.05.2020).

"Hipótese em que os documentos, apresentados pela parte ré apenas em alegações finais, não podem ser considerados novos porque, nos termos do consignado pelas instâncias ordinárias, visavam comprovar fato anterior à propositura da demanda, sobre o qual já tinha conhecimento quando do ajuizamento da demanda" (STJ, AgInt no AREsp 1192246/DF, Rel. Min. Raul Araújo, 4ª Turma, jul. 26.11.2019, *DJe* 19.12.2019).

2. Ausência de má-fé. Possibilidade de juntada posterior de documentos. "Ademais, a jurisprudência desta Corte Superior admite a relativização da regra do artigo 396 do CPC/73 (atual 434 do CPC/15), predominando o entendimento de que, inexistindo má-fé ou intenção de surpreender o juízo, é possível a juntada de documentos aos autos a qualquer tempo, desde que não sejam os indispensáveis para a propositura da ação e que tenha sido respeitado o contraditório. Precedentes" (STJ, AgInt nos EDcl no REsp 1788165/MA, Rel. Min. Marco Buzzi, 4ª Turma, jul. 02.09.2019, *DJe* 06.09.2019).

3. Documentos indispensáveis. "A circunstância de os documentos "indispensáveis" não acompanharem a inicial nem por isso acarreta o indeferimento dessa, devendo o magistrado ensejar o respectivo suprimento através da diligencia prevista no art. 284, CPC [art. 321 do CPC/2015], preservando a função instrumental do processo" (STJ, REsp 9.031/MG, Rel. Min. Sálvio de Figueiredo Teixeira, 4ª Turma, jul. 18.02.1992, *DJ* 30.03.1992, p. 3.992).

"Somente os documentos tidos como indispensáveis, porque **pressupostos da ação**, é que devem acompanhar a inicial e a defesa. Os demais podem ser oferecidos em outras fases e até mesmo na via recursal, desde que ouvida a parte contrária e inexistentes o espírito de ocultação premeditada e a propositura de surpreender o juízo" (STJ, REsp 181.627/SP, Rel. Min. Sálvio de Figueiredo Teixeira, 4ª Turma, jul. 18.03.1999, *DJ* 21.06.1999, p. 164). **No mesmo sentido:** STJ, REsp 431.716/PB, Rel. Min. Sálvio de Figueiredo Teixeira, 4ª Turma, jul. 22.10.2002, *DJ* 19.12.2002, p. 370.

4. Documentos em poder de terceiro. Exibição. "Do ponto de vista eminentemente formal, é do autor o ônus da juntada, na petição inicial, dos documentos que fundamentam sua pretensão. Com a perda do contrato mediante a qual aderiu a consórcio, a autora teria, em princípio, de ajuizar uma ação cautelar preparatória de exibição de documentos para, só depois, se for o caso, ajuizar a ação principal de cobrança das parcelas pagas. Numa perspectiva dinâmica do processo, é possível ao juiz admitir a propositura da ação principal sem esses documentos, se formulado pedido incidental para sua exibição" (STJ, REsp 896.435/PR, Rel.ª Min.ª Nancy Andrighi, 3ª Turma, jul. 27.10.2009, *DJe* 09.11.2009).

5. Juntada posterior de documentos:

Após a réplica. "Consoante o entendimento do STJ, nas instâncias ordinárias, é lícito às partes juntarem documentos aos autos em qualquer tempo (até mesmo por ocasião da interposição de apelação), desde que tenha sido observado o princípio do contraditório; por isso, não há qualquer violação ao art. 396 do CPC [art. 434 do CPC/2015], com a juntada de documentos após a réplica" (STJ, REsp 660.267/DF, Rel. Min. Nancy Andrighi, 3ª Turma, jul. 07.05.2007, *DJ* 28.05.2007, p. 324).

Diligência do relator. "Não importa ofensa ao art. 396 do CPC [art. 434 do CPC/2015] a juntada de documentos determinada por diligência do relator, ainda mais se a parte contrária, intimada, não manifestou à época qualquer oposição" (STJ, REsp 809.379/RS, Rel. Min. Teori Albino Zavascki, 1ª Turma, jul. 18.05.2006, *DJ* 29.05.2006, p. 199).

"Não configura prejuízo à recorrente a juntada posterior de documentos não utilizados pelo Magistrado para fundamentar a sua decisão" (STJ, REsp 758.730/RJ, Rel. Min. Felix Fischer, 5ª Turma, jul. 25.04.2006, *DJ* 12.06.2006, p. 536).

6. Parecer opinativo. "Parecer da lavra de jurista renomado não constitui documento" (STF, RHC 94.350, Rel. Min. Cármen Lúcia, 1ª Turma, jul. 14.10.2008, *DJe*-206, divulg. 30.10.2008, public. 31.10.2008).

7. Ação rescisória. Desconhecimento de documento cuja produção exige provocação. "Não é possível sustentar desconhecimento de documento cuja produção exige sua prévia provocação. Constata-se, portanto, que, em verdade, a parte olvidou diligenciar a produção e juntada da mencionada prova por ocasião do ajuizamento da ação originária, nos termos do art. 396 do CPC [art. 434 do CPC/2015], não sendo possível apreciá-la neste momento, porquanto a ação rescisória não pode ser utilizada para subverter o modo pelo qual as provas devem ser produzidas no processo civil" (STJ, AR 4.364/RJ, Rel. Min. Benedito Gonçalves, 1ª Seção, jul. 23.06.2010, *DJe* 02.08.2010).

8. Ação de repetição de indébito. "A jurisprudência do STJ é pacífica no sentido de que é essencial a comprovação do recolhimento, bem como do valor recolhido indevidamente, para o ajuizamento da ação repetitória de indébito. Se a parte formula, inicialmente, pedido para que lhe seja entregue sentença com força constitutiva ou mandamental, com efeitos tributários (desoneração de recolher tributos, compensação e repetição de indébito), está obrigada a juntar a documentação comprobatória de suas alegações, isto é, dos valores dos tributos recolhidos. Cabe ao autor, portanto, comprovar, por meio de documentos, no ato da propositura da ação de repetição de indébito, o fato constitutivo de seu direito, ou seja, o recolhimento indevido. Precedentes: REsps 855.273/PR, *DJ* 12.02.2007; 795.418/RJ, *DJ* 31.08.2006; 381.164/SC, *DJ* 23.05.2006; 380.461/SC, *DJ* 22.03.2006; 397.364/RS, *DJ* 05.08.2002; 119.475/PR, *DJ* 04.09.2000; 87.227/SP, *DJ* 20.09.1999; AgReg no REsp 402.146/SC, *DJ* 28.06.2004" (STJ, AgRg no REsp 1.005.925/PR, Rel. Min. José Delgado, 1ª Turma, jul. 22.04.2008, *DJe* 21.05.2008). **Em sentido contrário:** "No entanto, a Primeira Seção, em data de 13.02.2008, ao julgar os EREsp nº 953369/PR, nos quais fui voto-vencido, mudou de posicionamento, passando a adotar a tese defendida pela parte autora. Entendeu-se que, na espécie, tratando-se de obrigação de natureza continuativa, é suficiente para comprovar a sua existência a juntada de um, dois ou três comprovantes de pagamento" (STJ, AgRg no REsp 1.005.925/PR, Rel. Min. José Delgado, 1ª Turma, jul. 22.04.2008, *DJe* 21.05.2008).

9. Arrendamento mercantil. "Cabe à arrendadora desincumbir-se do ônus da prova de captação específica de recursos provenientes de empréstimo em moeda estrangeira, quando impugnada a validade da cláusula de correção pela variação cambial. Esta prova deve acompanhar a contestação (art. 297

e 396 do CPC) [arts. 335 e 434 do CPC/2015], uma vez que os negócios jurídicos entre a instituição financeira e o banco estrangeiro são alheios ao consumidor, que não possui meios de averiguar as operações mercantis daquela, sob pena de violar o art. 6º da Lei n. 8.880/94" (STJ, REsp 802.062/RS, Rel. p/ Acórdão Min. Nancy Andrighi, 3ª Turma, jul. 16.09.2008, *DJe* 01.12.2008).

10. Ação de cobrança. Consumo de energia elétrica. Faturas correspondentes ao período cobrado. "Tratando-se de ação de cobrança pelo fornecimento de energia elétrica, as faturas tidas por não quitadas constituem documentos essenciais à propositura da ação, e, por isso mesmo, devem ser apresentadas com a petição inicial, especialmente se a parte autora pretende, desde logo, a declaração da existência do débito e a condenação do usuário ao pagamento de quantia certa. Situação diversa ocorre se, em razão dos limites em que a demanda for submetida à apreciação do Poder Judiciário, restar evidente, *prima facie*, que a apuração do *quantum debeatur* será postergada para a fase liquidação da sentença, quando pode ser dispensada a apresentação das faturas com a petição inicial. Não apresentadas as faturas que geraram o débito objeto da cobrança, e suscitada a ausência de tais documentos em preliminar na contestação, por impossibilitar a ampla defesa do devedor, deve o processo ser extinto, sem resolução de mérito" (STJ, REsp 830.043/RS, Rel. Min. Eliana Calmon, 2ª Turma, jul. 20.11.2008, *DJe* 17.12.2008).

Art. 435. É lícito às partes, em qualquer tempo, juntar aos autos documentos novos, quando destinados a fazer prova de fatos ocorridos depois dos articulados ou para contrapô-los aos que foram produzidos nos autos.

Parágrafo único. Admite-se também a juntada posterior de documentos formados após a petição inicial ou a contestação, bem como dos que se tornaram conhecidos, acessíveis ou disponíveis após esses atos, cabendo à parte que os produzir comprovar o motivo que a impediu de juntá-los anteriormente e incumbindo ao juiz, em qualquer caso, avaliar a conduta da parte de acordo com o art. 5º.

CPC/1973

Art. 397.

REFERÊNCIA LEGISLATIVA

CPC/2015, art. 1.017 (documento novo em agravo de instrumento).

RISTF, art. 115 (documento novo em recurso extraordinário).

BREVES COMENTÁRIOS

O atual Código inovou ao admitir, também, a juntada posterior de documentos formados após a petição inicial ou a contestação, bem como daqueles que se tornaram conhecidos, acessíveis ou disponíveis após esses atos, cabendo à parte que os produzir comprovar o motivo que a impediu de juntá-los anteriormente. Em qualquer caso, o juiz deverá avaliar se a conduta da parte está em consonância com a boa-fé (art. 435, parágrafo único).

JURISPRUDÊNCIA SELECIONADA

1. Finalidade da norma. "Conforme se observa no art. 396 do CPC [art. 434 do CPC/2015], a parte autora deverá apresentar juntamente com a petição inicial a prova documental necessária à demonstração do direito vindicado. Tal regra é excepcionada pelo art. 397 do mesmo código [art. 435 do CPC/2015], que disciplina ser 'lícito às partes, em qualquer tempo, juntar aos autos documentos novos, quando destinados a fazer prova de fatos ocorridos depois dos articulados, ou para contrapô-los aos que foram produzidos nos autos'. Excepciona-se, portanto, da regra contida no citado art. 396 nos casos em que se pretende a juntada de documentos novos, destinados a fazer prova de fatos supervenientes. A documentação que se pretende juntar no caso em análise não se enquadra na permissão contida no referido dispositivo. Trata-se de contratos sociais já existentes no momento da propositura da ação, visando comprovar situação já consolidada à época (atividade exercida pelas empresas), e que não deixaram de ser apresentados por motivo de força maior" (STJ, REsp 861.255/RJ, Rel. Min. Denise Arruda, 1ª Turma, jul. 16.10.2008, *DJe* 06.11.2008).

2. Juntada extemporânea de documentos. "Dessarte, a mera declaração de intempestividade **não tem, por si só, o condão de provocar o desentranhamento do documento dos autos**, impedindo o seu conhecimento pelo Tribunal *a quo*, mormente tendo em vista a maior amplitude, no processo civil moderno, dos poderes instrutórios do juiz, ao qual cabe determinar, até mesmo de ofício, a produção de provas necessárias à instrução do processo (art. 130 do CPC) [art. 370 do CPC/2015]" (STJ, REsp 1.072.276/RN, Rel. Min. Luis Felipe Salomão, 4ª Turma, jul. 21.02.2013, *DJe* 12.03.2013).

"Ao órgão julgador é permitido ordenar a permanência, nos autos, da procuração e dos documentos que acompanham a contestação, não obstante a intempestividade desta" (STJ, REsp 556.937/SP, Rel. Min. Barros Monteiro, 4ª Turma, jul. 09.12.2003, *DJ* 05.04.2004, p. 272).

3. Revelia. Documento novo. "A revelia decorrente da citação com hora certa repele de imediato qualquer alegação de força maior e conduz à interpretação restritiva do art. 397 do Estatuto Processual Civil [art. 435, CPC/2015], só se admitindo documento novo como prova eficaz se relativo a fatos ocorridos depois dos articulados ou para contrapô-lo a outros documentos já produzidos nos autos" (TAMG, Ap 25.232, Rel. Juiz Bernardino Godinho Campos, 1ª Câmara, jul. 14.09.1984, *RJTAMG* 20/165; *RDC* 38/254).

4. Juntada de documentos na fase recursal. Possibilidade. "É possível a juntada a posteriori de documentos com a apelação, desde que tais documentos sejam acerca de fatos já alegados ou para contrapor-se a outros fatos que foram produzidos nos autos, nos termos do art. 435 do CPC/2015 (art. 397 do CPC/1973)" (STJ, AgInt no AREsp 1471855/SP, Rel. Min. Maria Isabel Gallotti, 4ª Turma, jul. 10.03.2020, *DJe* 17.03.2020).

"Possibilidade de juntada de documentos novos na fase recursal, desde que não se trate de documento indispensável à propositura da ação, não haja má-fé na ocultação e seja ouvida a parte contrária (AgRg no REsp 1362266/AL, Rel. Ministro Ricardo Villas Bôas Cueva, Terceira Turma, *DJe* 10/09/2015)" (STJ, REsp 1726229/RJ, Rel. Min. Paulo de Tarso Sanseverino, 3ª Turma, jul. 15.05.2018, *DJe* 29.05.2018).

"Se estiver ausente a chamada guarda de trunfos, vale dizer, o espírito de ocultação premeditada e o propósito de surpreender o juízo e a parte contrária, a juntada de documento novo – mesmo em fase recursal – pode ser admitida, em caráter excepcional, desde que sejam respeitados os princípios da lealdade, da boa-fé e do contraditório, preservando-se, dessa forma, a função instrumental do processo" (STJ, REsp 1.121.031/MG, Rel. Min. Nancy Andrighi, 3ª Turma, jul. 09.11.2010, *DJe* 22.11.2010). **No mesmo sentido**: STJ, REsp 253.058/MG, Rel. Min. Fernando Gonçalves, 4ª Turma, jul. 04.02.2010, *DJe* 08.03.2010; STJ, REsp 660.267/DF, Rel. Min. Nancy Andrighi, 3ª Turma, jul. 07.05.2007, *DJ* 28.05.2007.

Contraditório. "Tratando-se de documentos essenciais a prova do fato constitutivo, que alteram substancialmente, e não apenas complementam o panorama probatório, não podem ser considerados pela instância revisora, porquanto restaria comprometido o contraditório em sua plenitude, com manifesto prejuízo para a parte contrária" (STJ, REsp 71.813/RJ, Rel. Min. Paulo Costa Leite, 3ª Turma, jul. 14.11.1995, *DJ* 20.05.1996, p. 16.704).

5. Parecer de jurista. "Parecer de jurista não se compreende no conceito de documento novo para os efeitos do art. 398 do CPC/73 [art. 437, § 1º, do CPC/2015] porque se trata apenas de reforço de argumentação para apoiar determinada tese jurídica, não sendo, portanto, imperativa a oitiva da parte contrária a seu respeito. Na linha dos precedentes desta Corte, o princípio processual da instrumentalidade das formas, sintetizado pelo brocardo pas de nullité sans grief e positivado nos arts. 249 e 250, ambos do CPC/73 (arts. 282 e 283 do NCPC), impede a anulação de atos inquinados de invalidade quando deles não tenham decorrido prejuízos concretos. Se o parecer jurídico acostado aos autos não teve nenhuma influência no julgamento da controvérsia, não acarretou nenhum prejuízo para a parte. Impossível, assim, declarar a nulidade do processo" (STJ, REsp 1641901/SP, Rel. Min. Moura Ribeiro, 3ª Turma, jul. 09.11.2017, *DJe* 20.11.2017).

6. Prova do fato constitutivo do direito afirmado e documento essencial à propositura da demanda. Distinção. "Não se pode confundir 'documento essencial à propositura da ação' com 'ônus da prova do fato constitutivo do direito'. Ao autor cumpre provar os fatos que dão sustento ao direito afirmado na petição inicial, mas isso não significa dizer que deve fazê-lo mediante apresentação de prova pré-constituída e já por ocasião do ajuizamento da demanda. Nada impede que o faça na instrução processual e pelos meios de prova regulares" (STJ, REsp 487.202/RJ, Rel. Min. Teori Albino Zavascki, 1ª Turma, jul. 06.05.2004, *DJ* 24.05.2004, p. 164).

Art. 436. A parte, intimada a falar sobre documento constante dos autos, poderá:

I – impugnar a admissibilidade da prova documental;

II – impugnar sua autenticidade;

III – suscitar sua falsidade, com ou sem deflagração do incidente de arguição de falsidade;

IV – manifestar-se sobre seu conteúdo.

Parágrafo único. Nas hipóteses dos incisos II e III, a impugnação deverá basear-se em argumentação específica, não se admitindo alegação genérica de falsidade.

BREVES COMENTÁRIOS

Ao se manifestar sobre documentos juntados aos autos, a parte, ao ser intimada, poderá: (i) impugnar a admissibilidade da prova documental; (ii) impugnar sua autenticidade; (iii) suscitar sua falsidade, com ou sem deflagração do incidente de arguição de falsidade; e (iv) manifestar-se sobre seu conteúdo. Se impugnar a autenticidade ou suscitar a falsidade, a parte terá de basear-se em argumentação específica, não podendo fazer alegação genérica de falsidade.

Impugnar, outrossim, um documento, segundo a lição doutrinária, não significa necessariamente alegar sua falsidade. A impugnação, por exemplo, pode consistir na desclassificação do documento mediante demonstração de sua inaptidão para comprovar o fato afirmado ou negado pela parte que o juntou aos autos, ou, ainda, por ser relacionado a matéria irrelevante para a solução do litígio.

Art. 437. O réu manifestar-se-á na contestação sobre os documentos anexados à inicial, e o autor manifestar-se-á na réplica sobre os documentos anexados à contestação.

§ 1º Sempre que uma das partes requerer a juntada de documento aos autos, o juiz ouvirá, a seu respeito, a outra parte, que disporá do prazo de 15 (quinze) dias para adotar qualquer das posturas indicadas no art. 436.

§ 2º Poderá o juiz, a requerimento da parte, dilatar o prazo para manifestação sobre a prova documental produzida, levando em consideração a quantidade e a complexidade da documentação.

CPC/1973

Art. 398.

REFERÊNCIA LEGISLATIVA

CPC/2015, art. 430 (arguição de falsidade).

BREVES COMENTÁRIOS

Os documentos produzidos como prova devem passar pelo crivo da avaliação de todos os sujeitos do processo, isto é, da parte que o juntou aos autos, da parte contrária e do julgador. Se a causa for decidida com base em documento cuja produção desrespeitou essa cautela, a sentença incorrerá em nulidade.

É para assegurar a observância do princípio do contraditório, que o art. 437, *caput*, determina que sobre os documentos juntados à inicial, o réu deverá manifestar-se em contestação; e sobre aqueles colacionados à contestação, o autor deverá manifestar-se na réplica. Ainda dispõe o § 1º do mesmo dispositivo que, "sempre que uma das partes requerer a juntada de documento aos autos, o juiz ouvirá, a seu respeito, a outra, que disporá do prazo de quinze dias para adotar qualquer das posturas indicadas no art. 436". No entanto, é possível ao juiz, a pedido da parte, dilatar o seu prazo para manifestação sobre a prova documental produzida, levando em consideração a quantidade e a complexidade da documentação (art. 437, § 2º).

A ampliação em tela cabe até mesmo nas hipóteses em que a manifestação deva ser feita em contestação ou réplica, sem que o benefício importe permissão para dilatar o próprio prazo da contestação, que sabidamente é peremptório. A ampliação ficará limitada apenas ao prazo para manifestação sobre a documentação.

JURISPRUDÊNCIA SELECIONADA

1. Cerceamento de defesa. "A nulidade por inobservância do art. 437, § 1º, do CPC/15 (art. 398 do CPC/73) deve ser proclamada nos casos em que os documentos juntados pela parte adversa tenham sido relevantes e influenciaram o deslinde da controvérsia, caracterizando-se prejuízo à parte contrária. Incidência da Súmula 83/STJ" (STJ, AgInt no AREsp 1479391/SP, Rel. Min. Marco Buzzi, 4ª Turma, jul. 26.11.2019, *DJe* 27.11.2019).

2. Ausência de contraditório. Nulidade (§ 1º). "Se à parte não é conferida oportunidade de se pronunciar a respeito de documento relevante para o julgamento da demanda, é nulo o processo, por desrespeito ao indeclinável contraditório" (STJ, REsp 785.360/DF, Rel.ª Min.ª Nancy Andrighi, 3ª Turma, jul. 16.10.2008, *DJe* 28.10.2008). **Precedente citado:** STJ, AgRg no REsp 729.282/SP, Rel. Min. Humberto Gomes de Barros, 3ª Turma, jul. 01.03.2007, *DJ* 19.03.2007. **No mesmo sentido:** TRF, 1ª Região, Ap. 01000352718/BA, 2ª Turma Supl., Rel. Juiz Conv. Cândido Moraes, *DJ* 07.11.2002, p. 117; STJ, REsp 592.888/MG,

Rel. Min. João Otávio de Noronha, 4ª Turma, jul. 02.02.2010, *DJe* 11.02.2010; STJ, REsp 6.081/RJ, Rel. Min. Sálvio de Figueiredo Teixeira, 4ª Turma, jul. 21.05.1991, *DJ* 25.05.1992, p. 7.398.

"A parte agravada não foi intimada dos documentos juntados aos autos pela Fazenda Nacional nas contrarrazões ao recurso adesivo, (...) sobre os quais o acórdão recorrido se embasou para extinguir o processo com resolução de mérito nos termos do art. 269, V, do CPC [art. 487, III, *c*, do CPC/2015]. O não atendimento ao comando previsto no artigo 398 do CPC [art. 437 do CPC/2015] leva à nulidade processual quando os documentos juntados são relevantes e influenciam no deslinde da controvérsia. Na hipótese em tela, é evidente o prejuízo enfrentado pela parte agravada, pelo que é de se acolher a preliminar de nulidade processual determinando o retorno dos autos ao Tribunal de origem para que possa sanar o vício constatado e proferir novo acórdão" (STJ, AgRg no REsp 1.069.580/ES, Rel. Min. Mauro Campbell Marques, 2ª Turma, jul. 28.04.2009, *DJe* 15.05.2009). **No mesmo sentido:** STJ, AgRg no Ag 958.005/SP, Rel. Min. Humberto Gomes de Barros, 3ª Turma, jul. 12.02.2008, *DJe* 03.03.2008.

3. Inexistência de nulidade:

Documento irrelevante. "A juntada de peça tida como irrelevante ao julgamento, da qual não foi dada vista ao lado adverso, não afronta o art. 398 do CPC [art. 437 do CPC/2015], permitido o julgamento antecipado da lide" (STJ, REsp 193.279/MA, Rel. Min. Aldir Passarinho Junior, 4ª Turma, jul. 16.12.2004, *DJ* 21.03.2005, p. 382). **No mesmo sentido:** STJ, AgRg no Ag 720.105/RS, Rel. Min. Sidnei Beneti, 3ª Turma, jul. 15.04.2008, *DJe* 07.05.2008; STJ, REsp 40.072/ES, Rel. Min. Adhemar Maciel, 6ª Turma, jul. 14.03.1994, *DJ* 04.04.1994, p. 6.697; STJ, REsp 2.459/RJ, Rel. Min. Gueiros Leite, 3ª Turma, jul. 28.06.1990, *DJ* 10.09.1990, p. 9.124.

"A jurisprudência do Superior Tribunal de Justiça é pacífica no sentido de que não há falar em ofensa ao art. 398 do CPC [art. 437 do CPC/2015] se a juntada de documento novo não trouxe prejuízo à parte que, por sua vez, não havia sido intimada a pronunciar-se sobre ele". **Precedentes:** REsp 1.050.998/RN, jul. 13.04.2010, *DJe* 03.05.2010; REsp 868.688/MG, *DJ* 22.10.2007; AgRg no Ag 782.446/RJ, *DJ* 20.09.2007; REsp 902.431/RS, *DJ* 10.09.2007; AgRg no REsp 514.818/MG, *DJ* 24.11.2003 (STJ, AgRg no REsp 1.192.564/PR, Rel. Min. Benedito Gonçalves, 1ª Turma, jul. 21.10.2010, *DJe* 28.10.2010).

Ausência de alegação pela parte interessada. "A norma que impõe seja dada vista a parte, sobre documento apresentado pelo adversário, visa a assegurar a amplitude de defesa. Se o interessado nada alega ao apelar, não deverá o tribunal reconhecer nulidade" (STJ, REsp 6.273/CE, Rel. Min. Eduardo Ribeiro, 3ª Turma, jul. 29.04.1991, *DJ* 03.06.1991, p. 7.423).

4. Parecer opinativo. "Parecer de jurista não se compreende no conceito de documento para os efeitos do artigo 398 do CPC [art. 437 do CPC/2015], porque trata-se apenas de reforço de argumentação para apoiar determinada tese jurídica" (STJ, AgRg no Ag 750.021/SP, Rel. Min. Fernando Gonçalves, 4ª Turma, jul. 09.10.2007, *DJ* 12.11.2007, p. 222).

5. Cópia de Acórdão. "Não há violação ao art. 398, do CPC [art. 437 do CPC/2015], quando o documento acostado pela parte não influencia no julgamento da causa, mormente quando trata-se de cópia de acórdãos do Tribunal de Justiça, sendo, pois, desnecessário abrir vista à parte contrária" (STJ, REsp 316.324/CE, Rel. Min. Jorge Scartezzini, 5ª Turma, jul. 19.03.2002, *DJ* 20.05.2002, p. 178).

6. Ação civil pública. Prescrição. "O reconhecimento da prescrição sem a prévia oitiva do autor da ação civil pública implica ofensa aos arts. 326 e 398 do CPC [arts. 350 e 437 do CPC/2015]. Cumpre ao magistrado, em observância ao devido processo legal, assegurar às partes paridade no exercício do contraditório, é dizer, no conhecimento das questões e provas levadas aos autos e na participação visando influir na decisão judicial" (STJ, REsp 1.098.669/GO, Rel. Min. Arnaldo Esteves Lima, 1ª Turma, jul. 04.11.2010, *DJe* 12.11.2010).

Art. 438. O juiz requisitará às repartições públicas, em qualquer tempo ou grau de jurisdição:

I – as certidões necessárias à prova das alegações das partes;

II – os procedimentos administrativos nas causas em que forem interessados a União, os Estados, o Distrito Federal, os Municípios ou entidades da administração indireta.

§ 1º Recebidos os autos, o juiz mandará extrair, no prazo máximo e improrrogável de 1 (um) mês, certidões ou reproduções fotográficas das peças que indicar e das que forem indicadas pelas partes, e, em seguida, devolverá os autos à repartição de origem.

§ 2º As repartições públicas poderão fornecer todos os documentos em meio eletrônico, conforme disposto em lei, certificando, pelo mesmo meio, que se trata de extrato fiel do que consta em seu banco de dados ou no documento digitalizado.

CPC/1973

Art. 399.

REFERÊNCIA LEGISLATIVA

CF, art. 5º, XXXIII, XXXIV, *b*.

Lei nº 4.717, de 29.06.1965 (Ação Popular – ver Legislação Especial), art. 1º, § 6º.

Lei nº 6.830, de 22.09.1980 (Execução Fiscal – ver Legislação Especial), art. 41, parágrafo único.

Lei nº 9.051, de 18.05.1995, arts. 1º e 2º (certidões).

Lei nº 11.419, de 19.12.2006 (Processo Eletrônico – ver Legislação Especial).

Lei nº 12.527, de 18.11.2011 (Lei de Acesso às Informações Públicas).

Lei nº 13.709/2018 (Lei Geral de Proteção de Dados Pessoais).

Lei nº 13.726/2018 (Racionaliza atos e procedimentos administrativos dos Poderes da União, dos Estados, do Distrito Federal e dos Municípios e institui o Selo de Desburocratização e Simplificação).

BREVES COMENTÁRIOS

Com relação aos documentos pertencentes à Administração Pública, prevê o art. 438, I, o poder conferido ao juiz de requisitar, em qualquer tempo ou grau de jurisdição, "as certidões necessárias à prova das alegações das partes". Requerida a certidão pelas partes, não cabe ao juiz, segundo o teor do art. 438, apenas a faculdade de requisitá-la, pois o Código determina imperativamente que o juiz terá de assim o fazer.

Mas não é lícito à parte transformar o juiz num mero preposto para obtenção de quaisquer certidões. Dessa forma, o dever do juiz de requisitar tais documentos ficará na dependência do exame do requisito de sua necessidade e da dificuldade ponderável de ser a certidão obtida diretamente pela parte. É importante destacar, porém, que o inc. XXXIII do art. 5º da Constituição declara ser "direito fundamental" de todos o de "receber dos órgãos públicos informações de seu interesse particular, ou de interesse coletivo ou geral, que serão prestadas no prazo da lei, sob pena de responsabilidade, ressalvadas aquelas cujo sigilo seja imprescindível à segurança da sociedade e do Estado".

A Lei nº 12.527/2011, editada para regulamentar o dispositivo constitucional referido, evidencia que a publicidade das informações devida pelos órgãos públicos é a regra e o sigilo, a exceção (art. 3º, I). Na esteira da disciplina constitucional, a Lei regulamentadora reitera o dever de informação da Administração Pública como "direito fundamental, acentuando a obrigatoriedade de oferta das informações de modo objetivo, ágil, transparente, clara e em linguagem de fácil compreensão (art. 5º da Lei 12.527/2011)".

O Código previu uma outra modalidade de fornecimento de documentos pelas repartições públicas: todos os documentos que devam fornecer poderão ser transmitidos em meio eletrônico conforme disposto em lei, certificando, pelo mesmo meio, que se trata de extrato fiel do que consta em seu banco de dados ou do documento digitalizado (art. 438, § 2º).

Quando se tratar de requisição de procedimento administrativo, este não será anexado definitivamente ao processo judicial. Permanecerá em juízo apenas para permitir a extração de cópias das peças indicadas pelo juiz e pelas partes, prazo esse que não ultrapassará um mês. Em seguida, os autos administrativos retornarão à repartição de origem (art. 438, § 1º).

JURISPRUDÊNCIA SELECIONADA

1. MP. Requisição pelo MP. Dados fiscais. Autorização judicial. Ausência. Ilegalidade. Ver jurisprudência do art. 177 do CPC.

2. Requisição a repartições públicas. Requisitos:

Interesse da justiça. "A requisição, frustrados os esforços do exequente para localização de bens do devedor para a constrição, é feita no interesse da justiça como instrumento necessário para o Estado cumprir o seu dever de prestar jurisdição. Não é somente no interesse do credor" (STJ, EREsp 163.408/RS, Rel. Min. José Arnaldo da Fonseca, Corte Especial, jul. 06.09.2000, *DJ* 11.06.2001, p. 86). **No mesmo sentido:** TJES, AI 31019000111, 3ª Câm. Cív., Rel. Des. Rômulo Taddei, ac. 18.02.2002; TJPR, AI 0113824-7 (21389), Rel. Des. Ulysses Lopes, 1ª Câm. Cív., *DJ* 15.04.2002; REsp 499.949/MG, Rel. Min. José Delgado, 1ª Turma, jul. 06.05.2003, *DJ* 02.06.2003; STJ, REsp 499.949/MG, Rel. Min. José Delgado, 1ª Turma, jul. 06.05.2003, *DJ* 02.06.2003.

Exaurimento de todos os meios. "O Superior Tribunal de Justiça já se manifestou no sentido de que a solicitação de informações **a entidades governamentais**, com a finalidade de fornecer elementos úteis à localização de bens de devedor inadimplente para a penhora, somente se justifica em hipóteses excepcionais, após o exaurimento de todos os demais meios possíveis realizados pelo credor, sendo, ainda, necessária a presença de motivos relevantes, bem como a existência de ordem judicial devidamente fundamentada. Precedentes" (STJ, REsp 659.127/SP, Rel. p/ ac. Min. Gilson Dipp, 5ª Turma, jul. 23.11.2004, *DJ* 21.02.2005). **No mesmo sentido:** STJ, AgRg no Ag 932.843/MG, Rel. Min. Eliana Calmon, 2ª Turma, jul. 04.12.2007, *DJ* 11.12.2007; STJ, AgRg no AgRg no REsp 499.373/PR, Rel. Min. Luiz Fux, 1ª Turma, jul. 21.10.2003, *DJ* 03.11.2003; STJ, REsp 529.752/PR, Rel. Min. Franciulli Netto, 2ª Turma, jul. 17.06.2004, *DJ* 18.10.2004.

3. Quebra de sigilo bancário:

Direito a privacidade "A jurisprudência do Superior Tribunal de Justiça é pacífica e remansosa no sentido de que: 'O contribuinte ou o titular de conta bancária **tem direito à privacidade em relação aos seus dados pessoais**, além do que não cabe ao Judiciário substituir a parte autora nas diligências que lhe são cabíveis para demandar em juízo' (REsp 306570/SP, 2ª Turma, Rel. Min. Eliana Calmon, *DJ* 18.02.2002). 'As informações sobre a movimentação bancária do executado só devem ser **expostas em casos de grande relevância para a prestação jurisdicional**. *In casu*, a varredura das contas em nome do executado, visando posterior penhora, não justifica a quebra do sigilo bancário' (AgReg no AG nº 225634/SP, 2ª Turma, Rel. Min. Nancy Andrighi, *DJ* 20.03.2000). Incontroverso que foram efetuadas e esgotadas todas as diligências possíveis, sem que se tivesse auferido qualquer êxito, não restando outra alternativa à agravante que não o requerimento de quebra de sigilo bancário do devedor" (STJ, AgRg no REsp 743.586/SP, Rel. Min. José Delgado, 1ª Turma, jul. 21.06.2005, *DJ* 08.08.2005).

Solicitação à Fazenda Nacional. "Entendimento desta Corte Superior no sentido de que 'a prestação de esclarecimentos e informes pelas instituições financeiras à autoridade fiscal, observadas as condições do § 5.º do art. 38 da Lei n.º 4.595/1964, não viola o dever de sigilo bancário'" (STJ, REsp 921.494/MS, Rel. Min. Humberto Gomes de Barros, Rel. p/ acórdão Min. Sidnei Beneti, 3ª Turma, *DJe* 14.04.2009). **No mesmo sentido:** STJ, REsp 622.365/RJ, Rel. Min. Vasco Della Giustina (Des. Conv. do TJ/RS), 3ª Turma, jul. 13.04.2010, *DJe* 28.04.2010.

4. Quebra do sigilo fiscal. Esgotabilidade da via extrajudicial. "É firme a orientação deste sodalício no sentido de que a **quebra de sigilo fiscal do executado**, para que a Fazenda Pública obtenha informações acerca da existência de bens do devedor inadimplente, somente será autorizada em hipóteses excepcionais, quando esgotadas todas as tentativas de obtenção dos dados pela via extrajudicial" (STJ, REsp 529.752/PR, Rel. Min. Franciulli Netto, 2ª Turma, jul. 17.06.2004, *DJ* 18.10.2004). **No mesmo sentido:** STJ, REsp 282.717/SP, Rel. Min. Garcia Vieira, 1ª Turma, jul. 14.11.2000, *DJ* 11.12.2003; STJ, REsp 499.949/MG, Rel. Min. José Delgado, 1ª Turma, jul. 06.05.2003, *DJ* 02.06.2003. No mesmo sentido: STJ, EDcl no AgRg no Ag 843.321/SP, Rel. Min. Sidnei Beneti, 3ª Turma, jul. 18.09.2008, *DJe* 08.10.2008.

5. Bacen. "Esta Corte admite a expedição de ofício ao Banco Central do Brasil (Bacen) para **obter informações sobre a existência de ativos financeiros do devedor**, desde que o exequente comprove ter exaurido todos os meios de levantamento de dados na via extrajudicial" (STJ, AgRg no Ag 944.358/SC, Rel. Min. Castro Meira, 2ª Turma, jul. 26.02.2008, *DJ* 11.03.2008).

Existência de contas bancárias. "Pedido para que o **juiz requisite informações apenas sobre a existência de contas do devedor**, a partir de relação fornecida pelo Banco Central. Diligência que **não quebra o sigilo bancário** nem pode ser cumprida pela parte. Obrigação do Judiciário em possibilitar a vinda aos autos de elementos a que os litigantes não têm acesso. Aplicação analógica do art. 399 do CPC [art. 438 do CPC/2015]" (TJRS, AI 70003590361, Rel. Des. João Carlos Branco Cardoso, 4ª Câm. Cív., ac. 06.03.2002).

6. Penhora *on-line*. Lei nº 11.382/2006. "Após o advento da Lei nº 11.382/2006, o juiz, ao decidir acerca da realização da penhora *on-line*, não pode mais exigir a prova, por parte do credor, de exaurimento de vias extrajudiciais na busca de bens a serem penhorados" (STJ, REsp 1.112.943/MA, Rel. Min. Nancy Andrighi, Corte Especial, jul. 15.09.2010, *DJe* 23.11.2010).

7. Endereço do devedor. "A Corte não tem admitido, salvo em situações excepcionais, a expedição de ofício à Receita Federal para a obtenção de informações sobre os bens do executado, de caráter sigiloso. Todavia, a restrição não merece existir se se trata, apenas, de pedido de endereço do devedor, não envolvendo sigilo fiscal, **não sendo razoável impedir-se a providência, uma das medidas ao alcance do credor para satisfazer o seu crédito pela via judicial**" (STJ, REsp 236.704/SP, Rel. Min. Carlos Alberto Menezes Direito, 3ª Turma, jul. 25.04.2000, *DJ* 12.06.2000. **Em sentido contrário:** "Embora na hipótese dos autos não se pretenda, através de requisição ao Banco Central, obter informações acerca de bens do devedor passíveis de execução, mas **tão somente o endereço, o raciocínio jurídico a ser adotado é o mesmo**" (STJ, REsp 306.570/SP, Rel. Min. Eliana Calmon, 2ª Turma, jul. 18.10.2001, *DJ* 18.02.2002. **No mesmo sentido:** STJ, REsp 434.950/RS, Rel. Min. Castro Filho, 3ª Turma, jul. 18.11.2003, *DJ* 09.12.2003; STJ,

REsp 389.876/SP, Rel. Min. Aldir Passarinho Junior, 4ª Turma, jul. 21.08.2003, *DJ* 22.09.2003.

8. Requisição a empresas privadas e a profissionais liberais. "A expedição de ofícios pelo Judiciário a empresa particular e a profissional liberal, a exemplo do que ocorre em relação às repartições públicas, justifica-se em situações excepcionais, quando a parte requeira a diligência **demonstrando a sua necessidade e o insucesso das tentativas no âmbito administrativo**" (TAMG, AI 337.391-9, Rel. Des. Edgard Penna Amorim, 2ª Câm. Cív., jul. 09.10.2001, *DJ* 06.11.2001).

9. Inciso I.

a) Poder-dever do juiz. "É poder-dever do juiz requisitar nas repartições públicas, em qualquer tempo ou grau de jurisdição, provas necessárias às alegações apontadas (art. 399, inciso I, do Código de Processo Civil)" [art. 438, I, do CPC/2015] (STJ, EDcl no REsp 208.050/SC, Rel. Min. Hamilton Carvalhido, 6ª Turma, jul. 05.12.2000, *DJ* 27.08.2001, p. 420).

b) Iniciativa do juiz. "Existindo possibilidade de a parte a obter e apresentar a documentação necessária à prova do direito vindicado – ainda que de natureza pública –, descabe ao juiz a iniciativa de requisitá-la à Administração, de forma a instruir o processo. Precedentes" (STJ, REsp 702.977/PB, Rel. Min. Laurita Vaz, 5ª Turma, jul. 17.12.2007, *DJ* 07.02.2008, p. 1). **No mesmo sentido:** TJMG, Ap. 1.0024.06.990771-5/001, Rel. Des. Caetano Levi Lopes, 2ª Câm. Cív., jul. 13.02.2007, *DJ* 02.03.2007.

10. MP. "O Ministério Público, nos termos dos arts. 129, VI, da Constituição Federal e 26, I, *b*, da Lei 8.625/1993, detém a prerrogativa de conduzir diligências investigatórias, podendo requisitar diretamente documentos e informações que julgar necessários ao exercício de suas atribuições de *dominus litis*" (STJ, HC 53.818/BA, Rel. Min. Arnaldo Esteves Lima, 5ª Turma, jul. 06.12.2007, *DJ* 07.02.2008, p. 1). **No mesmo sentido:** STJ, REsp 666.249/PR, Rel. Min. Herman Benjamin, 2ª Turma, jul. 01.09.2009, *DJe* 24.09.2009.

Legitimidade. "O Ministério Público não possui legitimidade para requisitar documentos que impliquem quebra de sigilo bancário. Precedentes do STF" (STJ, REsp 633.250/AM, Rel. p/ ac. Min. Arnaldo Esteves Lima, 5ª Turma, jul. 21.11.2006, *DJ* 26.02.2007).

11. Inciso II.

a) Procedimento administrativo. "Se há nos autos certidão contendo os dados suficientes ao deslinde da causa, não se faz mister a requisição do procedimento administrativo" (STJ, REsp 36.544/MS, Rel. Min. Costa Leite, 3ª Turma, jul. 15.12.1993, *DJ* 11.04.1994).

b) Inversão do ônus da prova. "Admitem-se como verdadeiros os fatos alegados na inicial, quando a outra parte não exibe documento reconhecidamente em seu poder. O INSS não justificou devidamente a escusa de apresentação do processo administrativo referente à aposentadoria do segurado, onde constavam os elementos probatórios do seu tempo de serviço. Ônus da prova que se inverte. Apelação provida" (TRF-5ª Região, Ap. 77.874/PE, Rel. Juiz José Delgado, 2ª Turma, *DJ* 09.06.1995).

"Desde longa data, assentou-se nesta Corte o entendimento no sentido de que não se pode **impor aos correntistas, titulares das contas vinculadas do FGTS**, a apresentação de documentos dos quais não dispõem, obstaculizando assim a efetividade da prestação jurisdicional, quando a própria CEF detém prerrogativas legais para tomar tais providências, mesmo que os dados sejam de períodos anteriores à vigência da Lei nº 8.036/1990" (STJ, REsp 844.418/SP, Rel. Min. José Delgado, 1ª Turma, jul. 17.10.2006, *DJ* 07.11.2006). **No mesmo sentido:** STJ, AgRg no Ag 1.104.732/SC, Rel. Min. Hamilton Carvalhido, 1ª Turma, jul. 18.05.2010, *DJe* 14.06.2010; STJ, AgRg no REsp 580.432/PE, Rel. Min. Humberto Martins, 2ª Turma, jul. 11.03.2008, *DJe* 26.03.2008.

12. Meio eletrônico (§ 2º). "Apesar de **preferencial**, essa forma não é exclusiva, de forma que a requisição de informações e a determinação de indisponibilidade de bens **podem ser feitas pelo tradicional método de expedição de ofício**" (STJ, REsp 1.017.506/RS, Rel. Min. João Otávio de Noronha, 4ª Turma, jul. 22.03.2011, *DJe* 01.04.2011).

☆ DA PRODUÇÃO DA PROVA DOCUMENTAL: INDICAÇÃO DOUTRINÁRIA

Arruda Alvim, A nulidade da sentença por infração do art. 398 do CPC, *RP* 3/218; artigo de Edson Prata sobre juntada de documentos não indispensáveis, *RF* 252/26; Castro Nunes, *Do mandado de segurança*, Rio de Janeiro: Forense, p. 426 – certidões para defesa de direitos não podem ser recusadas pela autoridade pública; Francisco Morato, *Parecer sobre documentos novos*, 81/19; Fredie Didier Jr., *Curso de direito processual civil*, 10. ed., Salvador: JusPodivm, 2015, v. II; Humberto Theodoro Júnior, *Curso de direito processual civil*, 61. ed., Rio de Janeiro: Forense, 2020, v. I; João Carlos Pestana de Aguiar, *Comentários ao Código de Processo Civil*, São Paulo: Revista dos Tribunais, 1974, v. IV; José Frederico Marques, *Manual de direito processual civil*, v. II, n. 396, p. 219/220 – sobre a juntada de documentos não indispensável; José Rogério Cruz e Tucci, In: Teresa Arruda Alvim Wambier, Fredie Didier Jr., Eduardo Talamini, Bruno Dantas, *Breves comentários ao novo Código de Processo Civil*, São Paulo: Revista dos Tribunais, 2015; Luiz Guilherme Marinoni, Sérgio Cruz Arenhart, In: Sérgio Cruz Arenhart e Daniel Mitidiero (coord.), *Comentários ao Código de Processo Civil*, 2. ed., São Paulo: RT, 2018, v. 7; Marco Antonio Karam Silveira, Lei de acesso à informação pública (Lei nº 12.527/2011). Democracia, República e Transparência no Estado Constitucional, *Revista dos Tribunais*, v. 927, p. 140, jan. 2013; Moacyr Amaral Santos, *Prova judiciária no cível e comercial*, São Paulo: Saraiva, 1983, v. IV, n. 197/8 – requisição de certidões; Moacyr Amaral Santos, *Prova judiciária*, v. IV, n. 200, p. 396; Nelson Nery Júnior e Rosa Maria de Andrade Nery, *Comentários ao Código de Processo Civil*, 2. tir., São Paulo: Ed. RT, 2015; Olavo de Oliveira Neto, Paulo Henrique dos Santos Lucon. Manifestação do Instituto Brasileiro de Direito Processual Civil como *amicus curiae* no Recurso Especial 1.763.462/MG, da relatoria do Senhor Ministro Paulo de Tarso Sanseverino, sobre a possibilidade de aplicação de multa coercitiva em ação de exibição de documentos (Superação da tese fixada na Súmula 372 do Egrégio Superior Tribunal de Justiça). *Revista de Processo*. vol. 293, ano 44. p. 113-136. São Paulo: Ed. RT, julho/2019; Pedro Leonel Pinto de Carvalho, *Oportunidade para juntada de documentos*, *RBDP* 11/213.

Seção VIII
Dos Documentos Eletrônicos

Art. 439. A utilização de documentos eletrônicos no processo convencional dependerá de sua conversão à forma impressa e da verificação de sua autenticidade, na forma da lei.

REFERÊNCIA LEGISLATIVA

Lei nº 11.419/2006, arts. 11, 12 e 13.

Decreto nº 10.278/2020 (regulamenta o disposto no inciso X do *caput* do art. 3º da Lei nº 13.874, de 20 de setembro de 2019, e no art. 2º-A da Lei nº 12.682, de 9 de julho de 2012, para estabelecer a técnica e os requisitos para a digitalização de documentos públicos ou privados, a fim de que os documentos digitalizados produzam os mesmos efeitos legais dos documentos originais).

BREVES COMENTÁRIOS

Em síntese, o regime da prova por documento eletrônico, segundo o atual CPC, é o seguinte:

(a) o documento emitido por meio de assinatura digital, acompanhado de certificação nos moldes do ICP-Brasil, equivale a documento particular autêntico (art. 439);

(b) o documento eletrônico formado sem as cautelas da assinatura digital é meio de prova, cuja força de convencimento, entretanto, será avaliada dentro das circunstâncias do caso concreto;

(c) para a utilização do documento eletrônico no processo convencional, deverá ele ser convertido à forma impressa, e submeter-se à verificação de autenticidade, na forma da Lei (art. 439);

(d) no processo digital, o documento eletrônico não convertido será avaliado pelo juiz em seu valor probante, assegurado sempre às partes o acesso ao respectivo teor (não poderá, por exemplo, permanecer cifrado) (art. 440);

(e) a produção e conservação dos documentos eletrônicos utilizados no processo judicial observará a legislação específica (Lei nº 11.419/2006, arts. 11 e 12) (art. 441);

(f) a exibição e o envio de dados e de documentos existentes em cadastros públicos, mantidos por entidades públicas, concessionárias de serviço público ou empresas privadas, e que contenham informações indispensáveis ao exercício da função judicante, poderão ocorrer por meio eletrônico, se o juiz assim determinar (Lei nº 11.419/2006, art. 13) (art. 425, V);

(g) a digitalização de documento físico para uso em processo comum ou eletrônico equivale a cópia reprográfica (*xerox*), devendo o original ser conservado pela parte, para conferência em juízo, se ocorrer futura impugnação (art. 425, VI e § 1º);

(h) todo documento digital é eletrônico, mas nem todo documento eletrônico é digital. De acordo com a definição do CONARQ – Conselho Nacional de Arquivos –, o documento eletrônico é aquele acessível e interpretável por meio de um equipamento eletrônico, como videocassete, filmadora ou computador, podendo ser registrado e codificado em forma analógica ou em dígitos binários. Por documento digital (que também é eletrônico) entende-se o que é caracterizado pela codificação em dígitos binários e acessado por meio de sistema computacional (cf. Nelson Nery Júnior e Rosa Maria de Andrade Nery, *Comentários ao Código de Processo Civil*, 2. tir., São Paulo: Ed. RT, 2015, nota 4 ao art. 439).

Art. 440. O juiz apreciará o valor probante do documento eletrônico não convertido, assegurado às partes o acesso ao seu teor.

BREVES COMENTÁRIOS

O documento eletrônico desacompanhado da certificação digital não perde por inteiro sua eficácia probatória. O não uso da assinatura digital não pode alijar, por si só, o documento eletrônico do rol dos meios de prova com que conta a instrução processual. O juiz, nesses casos, dará ao documento o valor que julgar merecer. Em outros termos, dispõe o atual CPC que o juiz apreciará o valor probante do documento eletrônico, verificando sua autenticidade, na forma da lei. Como o sistema da valoração probatória civil é o da convicção formada sobre todo o conjunto dos meios disponíveis nos autos, sem hierarquia entre eles, é perfeitamente possível que o juiz admita a autenticidade do documento eletrônico, ainda quando não tenha sido formado com obediência aos requisitos da certificação digital.

Art. 441. Serão admitidos documentos eletrônicos produzidos e conservados com a observância da legislação específica.

REFERÊNCIA LEGISLATIVA

Lei nº 11.419/2006, arts. 11 e 12.

CPC/2015, art. 367, §§ 5º e 6º (gravação da audiência de instrução e julgamento), e art. 460 (gravação de depoimento testemunhal).

DOCUMENTOS ELETRÔNICOS: INDICAÇÃO DOUTRINÁRIA

Augusto Tavares Rosa Marcacini, In: Teresa Arruda Alvim Wambier, Fredie Didier Jr., Eduardo Talamini, Bruno Dantas, *Breves comentários ao novo Código de Processo Civil*, São Paulo: Revista dos Tribunais, 2015; Fredie Didier Jr., *Curso de direito processual civil*, 10. ed., Salvador: JusPodivm, 2015, v. II; Arruda Alvim. Novo contencioso cível no CPC/2015. São Paulo: Revista dos Tribunais, 2016; Humberto Theodoro Júnior, *Curso de direito processual civil*, 61. ed., Rio de Janeiro: Forense, 2020, v. I; Luiz Guilherme Marinoni, Sérgio Cruz Arenhart, In: Sérgio Cruz Arenhart e Daniel Mitidiero (coord.), *Comentários ao Código de Processo Civil*, 2. ed., São Paulo: RT, 2018, v. 7.

Seção IX
Da Prova Testemunhal

Subseção I
Da Admissibilidade e do Valor da Prova Testemunhal

Art. 442. A prova testemunhal é sempre admissível, não dispondo a lei de modo diverso.

CPC/1973

Art. 400.

REFERÊNCIA LEGISLATIVA

CF, art. 5º, LV (princípio do contraditório e da ampla defesa).

BREVES COMENTÁRIOS

Segundo o prisma histórico, a prova testemunhal é o mais antigo dos meios de convencimento utilizado pela Justiça. Deplorada por muitos, dada a notória falibilidade humana, e pelo mau uso que não poucos inescrupulosos fazem do testemunho, a verdade é que o processo não pode prescindir do concurso das testemunhas para solucionar a grande maioria dos litígios que são deduzidos em juízo. Daí ver Bentham, nas testemunhas, "os olhos e os ouvidos da Justiça". Por isso mesmo, para o nosso Código, "a prova testemunhal é sempre admissível, não dispondo a lei de modo diverso" (art. 442). É no direito material que se encontrarão negócios jurídicos não prováveis apenas por testemunhas, como a fiança (CC, art. 819), o distrato de contrato escrito (CC, art. 472), o contrato de seguro (CC, art. 752), o depósito convencional (CC, art. 646), o mandato (CC, art. 657) etc.

JURISPRUDÊNCIA SELECIONADA

1. Prova testemunhal. Admissibilidade. "À luz do que dispõe o art. 400 do CPC/73 (correspondente ao art. 442 do CPC/2015), 'a prova testemunhal é sempre admissível, não dispondo a lei de modo diverso'. Assim, não havendo vedação legal para a hipótese – na qual a prova testemunhal foi utilizada com o objetivo de identificar qual era o rendimento mensal da vítima do acidente, para fins de cálculo da pensão fixada no título exequendo –, a prova exclusivamente testemunhal é admissível, não sendo aplicável, ao caso, o disposto no art. 401 do CPC/73 [sem correspondente], pois, como destacou o acórdão recorrido, 'o art. 401 do Código de Processo Civil está em proibir a produção de prova exclusivamente testemunhal que incidir sobre a existência do negócio jurídico. A contrario sensu, quaisquer outras circunstâncias e fatos que não estejam relacionados à aludida existência do contrato poderão ser provadas exclusivamente por prova oral (testemunhas), ainda que o objeto do litígio exceda o limite de 10 (dez) salários mínimos previsto no preceito legal'" (STJ, AgInt no REsp 1172444/ES, Rel. Min. Assusete Magalhães, 2ª Turma, jul. 13.03.2018, *DJe* 19.03.2018). Precedentes citados: STJ, AgRg no Ag 1.137.449/SC, Rel. Min. Maria Isabel Gallotti, 4ª Turma, *DJe* de 05.12.2014; AgRg no AREsp 476.483/PR, Rel. Min. Raul Araújo, 4ª Turma, *DJe* de 20.08.2014; AgRg no Ag 1.319.590/MG, Rel. Min. Sidnei Beneti, 3ª Turma, *DJe* de 28.09.2010; REsp 712.826/BA, Rel. Min. Paulo Furtado, 3ª Turma, *DJe* de 30.06.2010.

2. Oitiva obrigatória. "Se o rol de testemunhas foi depositado tempestivamente em cartório, tendo sido elas intimadas e comparecendo à audiência de instrução e julgamento, inocorrendo quaisquer dos casos previstos no art. 400 do CPC [art. 442 do CPC/2015], não pode o juiz, *ex officio*, dispensar sua ouvida, sob pena de cercear a defesa do interessado, principalmente se acaba dando pela improcedência do pedido exatamente sob o argumento de falta de prova" (Ac. unân. da Turma Cível do TJMS de 21.11.1985, na Ap. 722/85, Rel. Des. Sérgio Martins Sobrinho; *RT* 605/180).

3. Prova testemunhal. "O depoimento de testemunha para valer como prova no processo deve ser prestado perante o juiz, com perguntas e reperguntas das partes; ainda que feito perante tabelião e documentado por escritura pública, o testemunho de quem, como preposto, se diz autor de assinatura aposta em contrato, não inibe a realização de prova grafotécnica, se o preponente opõe dúvidas à respectiva autenticidade" (STJ, REsp 472.174/MT, Rel. Min. Ari Pargendler, 3ª Turma, jul. 02.05.2006, *DJ* 12.06.2006, p. 472).

4. Interpretação. "Deve, portanto, a interpretação dos arts. 400 e ss. do CPC [art. 442 e ss do CPC/2015] propiciar às vítimas da agiotagem a ampla dilação probatória para demonstrar a verossimilhança do ilícito, que permitirá a abertura da via da inversão do ônus da prova contemplada pela MP nº 2.172-32" (STJ, REsp 722.600/SC, Rel. Min. Nancy Andrighi, 3ª Turma, jul. 04.08.2005, *DJ* 29.08.2005, p. 342).

5. Depoimento. Validade. Ver jurisprudência do art. 405 do CPC/2015.

6. Costume mercantil. "Não é possível excluir, de plano, a possibilidade de que a existência de um costume mercantil seja demonstrada por via testemunhal. Da simples autorização para produção de prova testemunhal não decorre, automaticamente, qualquer imputação de responsabilidade a uma das partes. Trata-se apenas, uma vez demonstrada a existência do costume, de tomá-lo como regra jurídica para a solução do litígio. Tal solução, porém, dependerá ainda da verificação da subsunção do suporte fático àquele comando, em atividade cognitiva posterior. A adoção de costume *contra legem* é controvertida na doutrina, pois depende de um juízo a respeito da natureza da norma aparentemente violada como sendo ou não de ordem pública" (STJ, REsp 877.074/RJ, Rel. Min. Nancy Andrighi, 3ª Turma, jul. 12.05.2009, *DJe* 17.08.2009).

7. União estável. Prova exclusivamente testemunhal. Possibilidade. "Se a lei não impõe a necessidade de prova material para a comprovação tanto da convivência em união estável como da dependência econômica para fins previdenciários, não há por que vedar à companheira a possibilidade de provar sua condição mediante testemunhas, exclusivamente" (STJ, REsp 783.697/GO, Rel. Min. Nilson Naves, 6ª Turma, jul. 20.06.2006, *DJ* 09.10.2006, p. 372).

8. Julgamento antecipado da lide. Ver jurisprudência do art. 355 do CPC/2015.

Art. 443. O juiz indeferirá a inquirição de testemunhas sobre fatos:

I – já provados por documento ou confissão da parte;

II – que só por documento ou por exame pericial puderem ser provados.

CPC/1973

Art. 400.

REFERÊNCIA LEGISLATIVA

CF, art. 5º, LV (princípio do contraditório e da ampla defesa).

BREVES COMENTÁRIOS

A inquirição de testemunhas só não terá cabimento naqueles casos em que o próprio Código veda esse tipo de prova (arts. 442 a 449). Dentro do sistema do livre convencimento motivado (art. 371), a prova testemunhal não é mais nem menos importante do que os outros meios probatórios, a não ser naqueles casos em que a lei exija a forma solene para reconhecer eficácia ao ato jurídico. Nas hipóteses comuns, o valor probante das testemunhas será aferido livremente por meio do cotejo com as alegações das partes e com os documentos, perícias e demais elementos do processo.

JURISPRUDÊNCIA SELECIONADA

1. Indeferimento da prova testemunhal. "Não há falar em cerceamento de defesa ante o indeferimento da prova testemunhal se a instância ordinária, soberana para apreciá-la, entendeu desnecessária sua produção, ante o exaurimento propiciado pela perícia" (STJ, AgRg no Ag 681.759/SP, Rel. Min. Arnaldo Esteves Lima, 5ª Turma, jul. 05.12.2006, *DJ* 05.02.2007, p. 332).

Cerceamento de defesa. "Não se admite, por causar indevido cerceamento de defesa, o indeferimento de prova testemunhal sob o argumento de que o exame pericial já havia constatado a ausência do nexo causal entre a lesão e a atividade profissional, se a finalidade dos depoimentos não é comprovar o nexo, mas sim demonstrar que o laudo partiu de premissa errada, pois concluiu com base em vistoria efetuada sobre as condições de trabalho existentes na empresa, as quais, no entanto, não são idênticas, em tese, às da época em que o obreiro tinha quando lá trabalhava" (STJ, REsp 316.217/SP, Rel. Min. Félix Fischer, 5ª Turma, jul. 06.06.2002, *DJ* 01.07.2002, p. 374).

2. Incisos I e II. "O art. 400 do CPC [art. 443 do CPC/2015] só autoriza que seja dispensada a prova testemunhal nas hipóteses em que os fatos estejam efetivamente comprovados por documentos (inciso I) ou nas hipóteses em que tal modalidade de prova seja inadequada, técnica ou juridicamente, porque o direito a ser comprovado demanda conhecimentos especializados, ou recai sobre negócio jurídico cuja forma escrita seja requisito essencial (inciso II)" (STJ, REsp 798.079/MS, Rel. Min. Nancy Andrighi, 3ª Turma, jul. 07.10.2008, *DJe* 23.10.2008). **No mesmo sentido:** STJ, REsp 712.826/BA, Rel. Min. Paulo Furtado (Des. Conv. do TJ/BA), 3ª Turma, jul. 01.06.2010, *DJe* 30.06.2010.

3. Desnecessidade de prova testemunhal. "A prova testemunhal não é um fim em si mesma. Se a prova documental ou pericial basta à formação do convencimento do juiz, a oitiva de testemunhas, mais ainda anos após os fatos, passa a ser um exagero de caráter protelatório e, por isso mesmo, repreensível" (STJ, REsp 714.710/MG, Rel. Min. Herman Benjamin, 2ª Turma, jul. 06.03.2007, *DJ* 07.02.2008, p. 1).

Art. 444. Nos casos em que a lei exigir prova escrita da obrigação, é admissível a prova testemunhal quando houver começo de prova por escrito, emanado da parte contra a qual se pretende produzir a prova.

CPC/1973

Art. 402.

SÚMULAS

Súmulas do STJ:

Nº 149: "A prova exclusivamente testemunhal não basta à comprovação da atividade rurícola para efeito da obtenção de benefício previdenciário."

BREVES COMENTÁRIOS

O Código anterior limitava a prova exclusivamente testemunhal aos contratos cujo valor não excedesse o décuplo do maior salário mínimo vigente no País, ao tempo em que foram celebrados (art. 401 do CPC/1973). A norma não foi repetida pelo atual CPC. Assim, atualmente, a prova exclusivamente testemunhal é admitida, independentemente do valor do contrato, desde que a lei não exija prova escrita. Tratando-se de contrato solene, a respeito do qual a lei material exige pelo menos a forma escrita, a prova por testemunhas somente será admitida quando houver começo de prova por escrito emanado da parte contra a qual se pretende produzir.

JURISPRUDÊNCIA SELECIONADA

1. Concorrência desleal. Conjunto-imagem (*Trade Dress*). Mera comparação de fotografias. Insuficiência. Necessidade de produção de prova técnica. Ver jurisprudência do art. 464 do CPC/2015.

2. Prova exclusivamente testemunhal para provar a existência de contrato. "É admissível a prova testemunhal, independentemente do valor do contrato, quando for existente início de prova escrita que a sustente, conforme previsão dos arts. 401 e 402 do CPC/73 [art. 444, do CPC/2015] e jurisprudência consolidada nesta Corte. Precedentes" (STJ, AgInt no AgRg no REsp 1153050/AC, Rel. Min. Marco Buzzi, 4ª Turma, jul. 27.11.2018, *DJe* 04.12.2018).

3. Começo de prova por escrito.

"Início de prova por escrito. Admissível a prova testemunhal, independentemente do valor do contrato, quando existente começo de prova escrita que sustente a testemunhal. Inteligência dos arts. 401 e 402 do CPC" [art. 444 do CPC/2015] (STJ, REsp 30.846/SP, Rel. Min. Cláudio Santos, 3ª Turma, ac. de 08.03.1994, *DJU* 11.04.1994, p. 7.641). **No mesmo sentido:** STJ, REsp 864.308/SC, Rel. p/ acórdão Min. Nancy Andrighi, 3ª Turma, jul. 05.10.2010, *DJe* 09.11.2010; STJ, REsp 725.914/MS, Rel. Min. Félix Fischer, 5ª Turma, jul. 04.05.2006, *DJ* 05.06.2006, p. 311.

"Para que haja começo de prova por escrito, não é indispensável seja o documento subscrito pela parte a quem é oposto" (STJ, 3ª Turma, REsp 58.026/RS, Rel. Min. Eduardo Ribeiro, ac. de 15.08.1995, *DJU* 25.09.1995, p. 31.103).

Art. 445. Também se admite a prova testemunhal quando o credor não pode ou não podia, moral ou materialmente, obter a prova escrita da obrigação, em casos como o de parentesco, de depósito necessário ou de hospedagem em hotel ou em razão das práticas comerciais do local onde contraída a obrigação.

CPC/1973

Art. 402.

REFERÊNCIA LEGISLATIVA

CC, arts. 647 a 652 (depósito necessário).

BREVES COMENTÁRIOS

Não se tratando de contrato solene, a respeito do qual a lei material exige pelo menos a forma escrita, a prova apenas por testemunhas também será admitida quando o credor não pode ou não podia, moral ou materialmente, obter prova escrita da obrigação, em casos como: (i) o do parentesco, (ii) o do depósito necessário, (iii) o da hospedagem em hotel, ou (iv) em razão das práticas comerciais do local onde contraída a obrigação. Em todas essas situações, porém, está implícita a impossibilidade de a obrigação ser comprovada por documentos.

JURISPRUDÊNCIA SELECIONADA

1. Admissão de prova testemunhal. Parentesco. "[...] havendo início de prova documental, perfeitamente cabível seu complemento por meio de testemunhas. Hipótese que, além de se amoldar à previsão acima, também se inclui na exceção do art. 402, inc. II [art. 445 do CPC/2015], do referido Estatuto, onde é admitida a prova exclusivamente testemunhal, porquanto as partes envolvidas no negócio são parentes (mãe e filho)" (STJ, REsp 651.315/MT, Rel. Min. Castro Filho, 3ª Turma, jul. 09.08.2005, *DJ* 12.09.2005, p. 324).

Art. 446. É lícito à parte provar com testemunhas:

I – nos contratos simulados, a divergência entre a vontade real e a vontade declarada;

II – nos contratos em geral, os vícios de consentimento.

CPC/1973

Art. 404.

REFERÊNCIA LEGISLATIVA

CC, arts. 138 a 165 (defeitos do negócio jurídico).

BREVES COMENTÁRIOS

O art. 446 do atual CPC prevê, sem menção à natureza do contrato, a possibilidade de a parte provar com testemunhas: (a) a divergência entre a vontade real e a vontade declarada, nos casos de contratos simulados; e (b) os vícios de consentimento, nos contratos em geral. Os vícios de consentimento – fraude, dolo, erro, coação – e, em geral, tudo mais que gera nulidade e dever de indenizar, são práticas ilícitas cujo meio natural de comprovação são as provas orais e as indiciárias. Daí por que o Código autoriza sejam eles provados por testemunhas.

JURISPRUDÊNCIA SELECIONADA

1. Cerceamento de defesa (inciso I). "Em contratos da espécie, alegada a simulação, impõe-se a realização de ampla dilação probatória, configurando-se o cerceamento de defesa quando a improcedência da alegação está calcada na prova testemunhal, a única que foi deferida" (STJ, REsp 760.206/MS, Rel. Min. Carlos Alberto Menezes Direito, 3ª Turma, jul. 14.12.2006, *DJ* 16.04.2007, p. 185).

2. Contratos por escritura pública. Vício do consentimento (inciso II). "Admissibilidade de prova exclusivamente testemunhal para a demonstração da ocorrência de vício da vontade capaz de invalidá-los. Aplicação do art. 404 do Código de Processo Civil [art. 446 do CPC/2015], que afasta o princípio do art. 401 do mesmo Código (e que corresponde, em sua substância, ao do art. 141 do Código Civil), até porque os dois últimos dizem respeito à prova do contrato, ao passo que aquele concerne à de fatos (como os vícios da vontade) que acarretam a invalidade dele" (STF, RE 96.403, Rel. Min. Moreira Alves, 2ª Turma, jul. 09.03.1982, *DJ* 07.05.1982).

3. Agiotagem. "Deve, portanto, a interpretação dos arts. 400 e ss. do CPC [arts. 442 e ss do CPC/2015] propiciar às vítimas da agiotagem a ampla dilação probatória para demonstrar a verossimilhança do ilícito, que permitirá a abertura da via da inversão do ônus da prova contemplada pela MP nº 2.172-32. Assim, a despeito da ausência de mecanismos oficiais de combate à agiotagem, a Justiça encontrou um caminho para tutelar as vítimas de tal prática" (STJ, REsp 722.600/SC, Rel. Min. Nancy Andrighi, 3ª Turma, jul. 04.08.2005, *DJ* 29.08.2005, p. 342).

Art. 447. Podem depor como testemunhas todas as pessoas, exceto as incapazes, impedidas ou suspeitas.

§ 1º São incapazes:

I – o interdito por enfermidade ou deficiência mental;

II – o que, acometido por enfermidade ou retardamento mental, ao tempo em que ocorreram os fatos, não podia discerni-los, ou, ao tempo em que deve depor, não está habilitado a transmitir as percepções;

III – o que tiver menos de 16 (dezesseis) anos;

IV – o cego e o surdo, quando a ciência do fato depender dos sentidos que lhes faltam.

§ 2º São impedidos:

I – o cônjuge, o companheiro, o ascendente e o descendente em qualquer grau e o colateral, até o terceiro grau, de alguma das partes, por consanguinidade ou afinidade, salvo se o exigir o interesse público ou, tratando-se de causa relativa ao estado da pessoa, não se puder obter de outro modo a prova que o juiz repute necessária ao julgamento do mérito;

II – o que é parte na causa;

III – o que intervém em nome de uma parte, como o tutor, o representante legal da pessoa jurídica, o juiz, o advogado e outros que assistam ou tenham assistido as partes.

§ 3º São suspeitos:

I – o inimigo da parte ou o seu amigo íntimo;

II – o que tiver interesse no litígio.

§ 4º Sendo necessário, pode o juiz admitir o depoimento das testemunhas menores, impedidas ou suspeitas.

§ 5º Os depoimentos referidos no § 4º serão prestados independentemente de compromisso, e o juiz lhes atribuirá o valor que possam merecer.

CPC/1973

Art. 405.

REFERÊNCIA LEGISLATIVA

CPC/2015, arts. 448, II (escusa de depor por dever de sigilo em função de estado ou profissão), e 452 (arrolamento de juiz como testemunha).

Estatuto da Advocacia, art. 7º, XIX (recusa do advogado a depor como testemunha em razão da profissão).

CP, art. 342 (falso testemunho).

BREVES COMENTÁRIOS

É dever de todo cidadão colaborar com o Poder Judiciário na apuração da verdade a fim de que os litígios sejam legitimamente compostos. O depoimento testemunhal, assim, não é uma faculdade, mas um dever, imposto expressamente pelo art. 380, I. Qualquer pessoa, desde que não seja considerada pela lei incapaz, impedida ou suspeita, pode ser chamada a depor como testemunha. Até as impedidas ou suspeitas, porém, poderão ser ouvidas pelo juiz, "sendo estritamente necessário". Mas seus depoimentos serão prestados independentemente de compromisso (art. 458), e o juiz lhes atribuirá o valor que possam merecer (art. 447, § 5º).

JURISPRUDÊNCIA SELECIONADA

1. Empregado público. "A lei processual civil não veda a utilização do empregado da empresa lesada pelo ilícito como testemunha. Ausência de nulidade processual por o magistrado ter colhido número de testemunhas superior à previsão legal, desde que necessária à formação do seu convencimento e considerando a complexidade dos fatos apurados" (STJ, REsp 1676558/RS, Rel. Min. Herman Benjamin, 2ª Turma, jul. 27.02.2018, *DJe* 02.08.2018).

2. Colaboração com o Poder Judiciário. Dever do cidadão. "Ninguém se exime do dever de colaborar com o Poder Judiciário para o descobrimento da verdade, competindo a todo cidadão, em relação a qualquer pleito, informar ao juiz os fatos e circunstâncias de que tenha conhecimento. Qualquer pessoa pode ser chamada a depor como testemunha, salvo se for incapaz, impedida ou suspeita" (TRT-3ª Região, AC. no RO 3.666/89, Rel. Juiz Nilo Álvaro Soares; 4ª Turma, *Adcoa*, 1990, nº 128.244; *DJMG* 18.05.1990).

3. (§ 2º, III). "Pessoa impedida de depor, em face do art. 405, § 2º, III, do CPC [art. 447, § 2º, III, CPC/2015], não pode ser considerada testemunha. Ausência de contradita que não impediu, no caso concreto, o reconhecimento de suspeição" (STJ, AgRg no Ag 398.015/SP, Rel. Min. Barros Monteiro, 4ª Turma, jul. 19.12.2002, *DJ* 31.03.2003, p. 228).

Testemunho de advogado da autora colhido em audiência sobre fatos posteriores ao evento em si. "Inobstante impedido o advogado de prestar testemunho em favor de sua cliente, ao teor do art. 405, § 2º, III, do CPC [art. 447, § 2º, III, do CPC/2015], é de se afastar a nulidade dos julgamentos se os fatos narrados foram posteriores ao evento danoso e limitados a discorrer sobre as tratativas de transação, sem maior repercussão no convencimento dos órgãos judicantes, havendo inclusive constado do acórdão da apelação que seria tomado apenas como espécie de peça processual, nada além" (STJ, REsp 35.204/SP, Rel. Min. Aldir Passarinho Junior, 4ª Turma, jul. 02.06.2005, *DJ* 01.07.2005, p. 536).

"O impedimento do advogado em testemunhar se restringe ao processo em que assiste ou assistiu a parte" (STJ, REsp 76.153/SP, Rel. Min. Sálvio de Figueiredo Teixeira, 4ª Turma, jul. 05.12.1995, *DJ* 05.02.1996, p. 1.406).

Assistente técnico. "Concluiu o acórdão ter a testemunha participado do trabalho realizado nos autos a título de assistência técnica. Nesse caso, correto o reconhecimento do impedimento de depor, nos termos do art. 405, § 2º, inciso III, do Código de Processo Civil [art. 447, § 2º, III, do CPC/2015]" (STJ, AgRg no Ag 283.323/SP, Rel. Min. Carlos Alberto Menezes Direito, 3ª Turma, jul. 27.04.2000, *DJ* 26.06.2000, p. 171).

4. § 3º.

Oficial de justiça. "Não é testemunha legalmente suspeita o oficial de justiça que age no cumprimento de mandado judicial e narra o acontecido em tal ocasião" (STJ, 4ª Turma, REsp 8.936/SP, Rel. Min. Athos Carneiro, Ac. de 07.04.92, *DJU* 04.05.1992, p. 5.889).

Parentesco eclesiástico. "No direito moderno, o parentesco eclesiástico – compadrio – não induz, por si só, suspeição da testemunha, salvo se existir concomitantemente amizade íntima, nos termos do art. 405, § 3º, do CPC [art. 447, § 3º, do CPC/2015], para o que deve o juiz verificar se ocorre a proibição legal, não podendo de plano declará-la suspeita" (TJBA, AI. 16.498-7, 2ª Câmara Cível, Rel. Des. Armadiz Barreto, 01.11.1994).

5. § 3º, I. "É suspeita como testemunha a pessoa íntima da parte e, por isso, não pode depor" (STJ, RMS 1.664/BA, Rel. Min. Waldemar Zveiter, 3ª Turma, jul. 09.06.1992, *DJ* 31.08.1992, p. 13.644).

6. § 3º, II. "Nos termos do disposto no art. 405, § 3º, IV, do CPC [art. 447, § 3º, I, CPC/2015], não podem depor como testemunhas as pessoas que têm interesse no litígio" (STJ, AgRg no Ag 652.861/RJ, Rel. Min. Francisco Peçanha Martins, 2ª Turma, jul. 21.02.2006, *DJ* 27.03.2006, p. 247).

a) Preposto. "Não é pelo simples fato de ser empregado da empresa ré que se dá a suspeição da testemunha, uma vez que não se demonstrou ser inimigo capital da parte ou seu amigo íntimo ou mesmo que tivesse qualquer interesse na causa (incisos II e III do citado parágrafo) [incisos I e II do CPC/2015], já que as demais hipóteses de suspeição, à evidência, não se aplicariam ao caso. Ademais, pela natureza da causa o depoimento de companheiro de trabalho do autor se apresenta como prova possível para determinar a pertinência ou não dos argumentos contidos na inicial" (2º TACivSP, AI 676.061-00/0, 7ª C., Rel. Juiz Paulo Ayrosa, *Doesp* 20.04.2001).

"Não se configura o cerceamento da defesa se a testemunha arrolada pela ré é ouvida em juízo, apenas que, com admissão da contradita, considerado como informante, por se tratar do próprio condutor do veículo envolvido na colisão, portanto diretamente interessado no resultado da causa e, à época, empregado da recorrente" (STJ, REsp 190.456/SP, 4ª Turma, Rel. Min. Aldir Passarinho Júnior, *DJU* 28.08.2000, p. 87).

"Ambos os depoimentos colhidos são prejudicados por evidente suspeição. O trocador por ser empregado subalterno da empresa, alegando ainda não ter visto o fato. E o motorista atropelador, que, além de empregado, tem evidente interesse no litígio, sendo, pois, suspeito para servir de testemunha (art. 405, § 3º, IV, do CPC) [art. 447, § 3º, II, do CPC/2015]" (TJRJ, Ap. 16.706/1999 – (31032000), 8ª CC., Rel. Des. Paulo Lara, ac. de 15.02.2000).

b) Testemunha presumidamente interessada no desfecho da demanda. Nulidade. "Com base no princípio do livre convencimento motivado do juiz, não se traduz em nulidade valorar o depoimento de testemunha presumidamente interessada no desfecho da demanda como se prestado por informante, apesar da ausência de contradita. Se a testemunha foi efetivamente ouvida, conquanto seu depoimento tenha sido analisado com as restrições do art. 405, § 3º, IV, do Estatuto Processual [art. 447, § 3º, II, do CPC/2015], não há que se falar em cerceamento de defesa" (STJ, REsp 824.473/PB, Rel. Min. Fernando Gonçalves, 4ª Turma, jul. 06.11.2008, *DJe* 24.11.2008).

Art. 448. A testemunha não é obrigada a depor sobre fatos:

I – que lhe acarretem grave dano, bem como ao seu cônjuge ou companheiro e aos seus parentes consanguíneos ou afins, em linha reta ou colateral, até o terceiro grau;

II – a cujo respeito, por estado ou profissão, deva guardar sigilo.

CPC/1973

Art. 406.

REFERÊNCIA LEGISLATIVA

CPC/2015, arts. 404, IV (exibição de documento ou coisa; direito de escusa de divulgação por dever de sigilo), e 457, § 3º (escusa de depor da testemunha).

CP, art. 154 (violação do segredo profissional).

BREVES COMENTÁRIOS

A violação do segredo profissional é crime (Código Penal, art. 154). E ninguém deve ser obrigado a depor sobre fatos que importem desonra própria ou dos que lhe são próximos.

Acobertam-se, porém, pelo sigilo profissional, apenas os fatos que foram confiados pela parte à testemunha, no estrito exercício de sua profissão. "Sobre os fatos que, por outros meios, tenham chegado ao seu conhecimento, não prevalece o sigilo" (TJSP – *RT* 127/212), ainda que haja relação com a atividade profissional do depoente.

A desobediência ao dever da verdade, sobre o qual a testemunha é advertida expressamente antes de depor (art. 458), acarreta-lhe pena criminal de dois a quatro anos de reclusão e multa (art. 342 do Código Penal). O crime de falso testemunho ocorre tanto quando se faz afirmação falsa como quando se nega ou oculta a verdade (CPC/2015, art. 458, parágrafo único).

JURISPRUDÊNCIA SELECIONADA

1. Advogado. "É direito do advogado recusar-se a informar aquilo que constitua sigilo profissional. Se ele considera que constitui sigilo profissional o problema relacionado com a origem, ou como lhe chegou às mãos, o documento utilizado a favor de seu cliente, não está ele obrigado a depor como testemunha. Ao advogado se reconhece o direito, antes o dever, de declinar e esclarecer apenas e tão só os fatos que a sua consciência ética e a fé do seu grau autorizem-no a fazê-lo" (STF, Rec. de HC 56.563-8/SP, Rel. Min. Décio Meirelles de Miranda, 2ª Turma, jul. 20.10.1978, *DJ* 28.12.1978, p. 10.573; *Adcoas*,1979, nº 65.963; *RTJ* 88/852).

"Recusa de advogado arrolado de depor sob alegação de sigilo profissional. Admissibilidade, pois tal ato de nenhum modo feriu o inciso LV do art. 5º da CF, porque a ampla defesa foi-lhe garantida, nem o art. 332 do CPC [art. 369 do CPC/2015], porque teriam à disposição outros meios, inclusive orais, para comprovar a versão dos fatos. Arts. 406, II, 414, § 2º, do CPC [arts. 448, II e 457, § 3º, do CPC/2015] e 144 do CC" (1º TA Cível SP, AI 0893724-0 (33650), Guarujá, 6ª C., Rel. Juiz Jorge Farah, ac. de 07.12.1999).

"A intimação do paciente, que é advogado, para prestar depoimento à CPI, não representa violência ao disposto no art. 133 da CF nem às normas dos arts. 87 e 89 da Lei nº 4.215 de 1963, 406, CPC [art. 448 do CPC/2015], 154, CP, e 207, CPP. O paciente, se for o caso, invocará perante a CPI, sempre com possibilidade de ser requerido o controle judicial, os direitos decorrentes do seu *status* profissional, sujeitos os que se excederem ao crime de abuso de autoridade" (STF, HC 71231-2, Rel. Min. Carlos Velloso, 2ª Turma, *DJU* 31.10.1996).

Art. 449. Salvo disposição especial em contrário, as testemunhas devem ser ouvidas na sede do juízo.

Parágrafo único. Quando a parte ou a testemunha, por enfermidade ou por outro motivo relevante, estiver impossibilitada de comparecer, mas não de prestar depoimento, o juiz designará, conforme as circunstâncias, dia, hora e lugar para inquiri-la.

CPC/1973

Art. 336.

REFERÊNCIA LEGISLATIVA

CPC/2015, arts. 361 (produção de provas em audiência); 381 a 383 (produção antecipada de provas) e 453 (produção de prova testemunhal).

BREVES COMENTÁRIOS

O momento processual adequado à produção da prova oral é, normalmente, audiência de instrução e julgamento. São elas coletadas por meio de termos em que se registram as declarações orais das partes e das testemunhas. Excepcionalmente, pode haver antecipação de tais provas, como prevê o art. 381 para as hipóteses em que haja fundado receio de que venha a tornar-se impossível ou muito difícil a verificação de certos fatos na pendência da ação. Quando, também, houver impossibilidade de comparecer à audiência, mas não de prestar depoimento, em razão de enfermidade ou outro motivo relevante, o juiz poderá designar outro dia, horário e local para ouvir o depoente (art. 449, parágrafo único).

JURISPRUDÊNCIA SELECIONADA

1. Depoimento de testemunha. "O depoimento da testemunha será oral, de modo que deve depor em audiência, respondendo de viva voz às perguntas que lhe fizer o juiz. É inadmissível pretender-se substituir o depoimento de uma testemunha por declaração escrita da mesma" (1º TA Cível SP, Ap. 358.741, Rel. Juiz Ernâni de Paiva, 6ª Câmara, jul. 17.06.1986).

Subseção II
Da Produção da Prova Testemunhal

Art. 450. O rol de testemunhas conterá, sempre que possível, o nome, a profissão, o estado civil, a idade, o número de inscrição no Cadastro de Pessoas Físicas, o número de registro de identidade e o endereço completo da residência e do local de trabalho.

CPC/1973

Art. 407.

REFERÊNCIA LEGISLATIVA

CPC/2015, arts. 370 (provas; de ofício ou a requerimento da parte) e 381 (produção antecipada de provas, depoimento de testemunhas e interrogatório de parte).

Lei nº 6.830, de 22.09.1980 (Execução Fiscal – ver Legislação Especial), art. 16, § 2º (embargos; juntada do rol de testemunhas).

Lei nº 9.099, de 26.09.1995 (Juizados Especiais – ver Legislação Especial), art. 34 (testemunhas; requerimento apresentado à secretaria até cinco dias antes da audiência).

CJF – I JORNADA DE DIREITO PROCESSUAL CIVIL

Enunciado 34 – A qualificação incompleta da testemunha só impede a sua inquirição se houver demonstração de efetivo prejuízo.

BREVES COMENTÁRIOS

A parte que desejar produzir prova testemunhal deverá, no prazo que o juiz fixar na decisão de saneamento, depositar, em Cartório, o respectivo rol (CPC, art. 357, § 4º), no qual figurarão nome, profissão, estado civil, idade, número de cadastro de pessoa física e do registro de identidade e endereço completo da residência e do local de trabalho das testemunhas a ouvir (CPC, art. 450).

A testemunha residente fora da comarca da sede do juízo não está obrigada a deslocar-se para depor. Deverá, em regra, ser ouvida mediante precatória, dispensando-se esta se se apresentar espontaneamente perante o juízo da causa.

JURISPRUDÊNCIA SELECIONADA

1. Rol de testemunhas.

a) Prazo preclusivo. "Segundo o entendimento desta Corte, é preclusivo o prazo fixado pelo juiz para apresentação do rol de testemunhas, em atenção ao princípio do tratamento igualitário das partes" (STJ, AgInt no AREsp 175.512/SP, Rel. Min. Raul Araújo, 4ª Turma, jul. 18.10.2018, *DJe* 25.10.2018).

"O prazo para oferecimento de rol de testemunhas é de até dez dias antes da audiência, em obediência ao art. 407 do Cód. de Proc. Civil [art. 357, § 4º, do CPC/2015], salvo sistema diverso estabelecido pela lei, como no procedimento sumário (CPC, art. 276) [sem correspondente] e salvo outro prazo, também reverso, determinado pelo juízo. Não se aplica ao prazo de oferecimento de rol de testemunhas a regra genérica do art. 185 do Cód. de Proc. Civil [art. 218, § 3º, CPC/2015], ante a especificidade do disposto no art. 407 do mesmo Código" (STJ, REsp 1.109.979/RS, Rel. Min. Sidnei Beneti, 3ª Turma, jul. 20.10.2009, *DJe* 03.11.2009). **No mesmo sentido:** STJ, REsp 700.400/PR, Rel. Min. Arnaldo Esteves Lima, 5ª Turma, jul. 26.06.2007, *DJ* 06.08.2007, p. 617. **Obs.:** Pelo atual, CPC o rol deverá ser apresentado no prazo fixado pelo juiz na decisão de saneamento.

"O prazo do art. 407 do estatuto processual civil [art. 357, § 4º, do CPC/2015] deve ser observado mesmo quando as testemunhas vão comparecer independentemente de intimação, pois o seu objetivo é sobretudo ensejar às partes ciência das pessoas que irão depor" (STJ, AgRg no Ag 88.563/MG, Rel. Min. Sálvio de Figueiredo Teixeira, 4ª Turma, jul. 27.06.1996, *DJ* 26.08.1996, p. 29.693).

b) Finalidade. "Em princípio, para que se tenha como efetuado tempestivamente o depósito do rol de testemunhas, necessário que se encontre em cartório, com a antecedência prevista em lei, não bastando seja a petição recebida no protocolo geral. A ser de modo diverso, não se atenderá à finalidade da lei, que é a de ensejar, a parte contrária, tomar ciência do nome e qualificação das testemunhas, em vista de possíveis impugnações" (STJ, REsp 6.828/SP, Rel. Min. Eduardo Ribeiro, 3ª Turma, jul. 24.09.1991, *DJ* 28.10.1991, p. 15.252).

"Possui o art. 407 do CPC [art. 357, § 4º, do CPC/2015] dupla finalidade: uma meramente operacional, qual a de garantir antecedência suficiente para permitir a intimação, em tempo hábil, das testemunhas; e outra, mais importante, de assegurar à parte contrária a prévia ciência de quais pessoas que irão depor" (STJ, REsp 209.456/MG, Rel. Min. Hélio Quaglia Barbosa, 4ª Turma, jul. 14.08.2007, *DJ* 27.08.2007, p. 254).

2. Despacho. (Lei nº 10.352/01) "É possível ao magistrado ordenar prazo para juntada de rol de testemunhas, prazo hoje judicial (Lei nº 10.352/2001) ou, no silêncio, de dez dias. Ao mandar cumprir o dispositivo do art. 407, parágrafo único, do CPC [art. 357, § 4º, do CPC/2015], o magistrado profere mero despacho de expediente, de que não cabe agravo" (TJRS, Ag 70003970191, Rel. Des. Rejane Maria Dias de Castro Bins, 9ª Câmara Cível, jul. 24.04.2002).

3. Adiamento da audiência. "No caso em testilha, houve o adiamento da audiência sem que houvesse o início da instrução, visto que dois dos requeridos não haviam sido intimados a tempo para o ato processual; parece claro que em tal situação não se vulnerou qualquer das garantias objetivadas pela norma; por isso, não se afigura correto haver como preclusa a faculdade, como entendeu o tribunal *a quo*" (STJ, REsp 209.456/MG, Rel. Min. Hélio Quaglia Barbosa, 4ª Turma, jul. 14.08.2007, *DJ* 27.08.2007, p. 254).

4. Qualificação da testemunha. "A ausência da qualificação da testemunha no rol apresentado em juízo constitui irregularidade que, por si só, não tem o condão de anular o ato de inquirição. Necessária a demonstração do efetivo prejuízo para que se caracterize vício passível de nulidade" (STJ, REsp 158.093/SP, Rel. Min. Félix Fischer, 5ª Turma, jul. 18.06.1998, *DJ* 03.08.1998, p. 292). **No mesmo sentido:** STJ, REsp 114.303/SP, Rel. Min. Ruy Rosado de Aguiar, 4ª Turma, jul. 01.04.1997, *DJ* 12.05.1997, p. 18.822.

Em sentido contrário: "A exigência do depósito do rol de testemunhas, devidamente qualificadas e com a necessária antecedência, justifica-se para que a parte contrária possa melhor inquiri-las e, especialmente, contraditá-las. Não contraria a lei a recusa em ouvir as que, constantes embora do rol, não estão acompanhadas da qualificação completa" (STJ, REsp 137.495/SP, Rel. Min. Eduardo Ribeiro, 3ª Turma, jul. 14.10.1997, *DJ* 01.12.1997, p. 62.743).

Qualificação incompleta. Posterior regularização. Ausência de prejuízo. "Pacífico o entendimento nesta Corte Superior de que a decretação de nulidade de atos processuais depende da necessidade de efetiva demonstração de prejuízo da parte interessada por prevalência do princípio *pas de nulitté sans grief*" (STJ, REsp 1.330.028/DF, Rel. Min. Ricardo Villas Bôas Cueva, 3ª Turma, jul. 06.11.2012, *DJe* 17.12.2012).

5. Dispensa de testemunha. "Pode o juiz limitar as testemunhas a serem inquiridas ao número de três para cada fato, consoante preceitua o parágrafo único do art. 407 do CPC [art. 357, § 6º, do CPC/2015]. Destarte, não configura cerceamento de defesa a dispensa de testemunha quando o julgador, sentindo-se convencido com a prova colhida, inclusive testemunhal, entender desnecessária a oitiva das demais testemunhas arroladas face à inexistência de controvérsia acerca do fato probante" (STJ, REsp 40.212/BA, Rel. Min. Cláudio Santos, 3ª Turma, jul. 28.03.1994, *DJ* 02.05.1994, p. 10.008).

6. Substituição de testemunha. "Não cerceia a defesa do investigado a substituição de testemunha com seu consentimento, sem que, por desídia pessoal, outra seja indicada" (STJ, REsp 721.991/CE, Rel. Min. Aldir Passarinho Junior, 4ª Turma, jul. 02.12.2008, *DJe* 02.02.2009).

7. Embargos de terceiro. "Não pode ser tomado o depoimento de testemunhas cujo rol não tenha sido apresentado com a petição inicial, na forma do art. 1.050 do Código de Processo Civil [art. 677 do CPC/2015]" (STJ, REsp 298.396/SP, Rel. Min. Carlos Alberto Menezes Direito, 3ª Turma, jul. 04.10.2001, *DJU* 05.11.2001, p. 109). **No mesmo sentido:** STJ, REsp 362.504/RS, Rel. Min. João Otávio de Noronha, 2ª Turma, jul. 04.04.2006, *DJ* 23.05.2006, p. 135; STJ, REsp 599.491/MT, Rel. Min. Carlos Alberto Menezes Direito, 3ª Turma, jul. 05.04.2005, *DJ* 13.06.2005, p. 295.

Art. 451. Depois de apresentado o rol de que tratam os §§ 4º e 5º do art. 357, a parte só pode substituir a testemunha:

I – que falecer;

II – que, por enfermidade, não estiver em condições de depor;

III – que, tendo mudado de residência ou de local de trabalho, não for encontrada.

CPC/1973

Art. 408.

BREVES COMENTÁRIOS

À parte não é dado substituir livremente as testemunhas já arroladas. Ao juiz, porém, cabe a iniciativa de incluir testemunhas novas *ex officio*, se reputar relevante para a apuração dos fatos fundamentais da causa. Pode, por isso, deferir substituição de testemunhas da parte a qualquer tempo, se considerar conveniente a medida, segundo seu prudente arbítrio. Se não houve protesto da parte contrária, a ouvida de testemunha irregularmente substituída não pode ser objeto de invalidação tardiamente postulada (STJ, REsp 9.777).

JURISPRUDÊNCIA SELECIONADA

1. Rol complementar. "Apresentado o referido rol de testemunhas, é inviável a apresentação de 'rol complementar', salvo para substituir testemunha que, nos termos do art. 408, I, II e III, do CPC [art. 451, I, II e III, do CPC/2015], houver falecido, estiver enferma ou não for encontrada pelo oficial de justiça, o que não ocorreu *in casu*" (STJ, REsp 700.400/PR, Rel. Min. Arnaldo Esteves Lima, 5ª Turma, jul. 26.06.2007, *DJ* 06.08.2007, p. 617).

2. Modificação do rol de testemunhas. "O art. 408 do Código de Processo Civil [art. 451 do CPC/2015] dispõe sobre as possibilidades de substituição de testemunha depois de apresentado o rol de testemunhas. Porém, o advérbio 'só' deve ser entendido em termos: a substituição é livre, se feita pelo menos cinco dias antes da audiência (*RT* 522/83, *RJTJESP* 55/115), mesmo fora dos casos mencionados no art. 408 do CPC" (TJMG, Ag 1.0479.03.061014-7/003, Rel. Des. Batista Franco, 6ª Câmara Cível, jul. 02.08.2005, *DJMG* 26.08.2005). **No mesmo sentido:** TJMG, Ap. Cív. 1.0313.06.207079-9/001, Rel. Des. Alberto Henrique, 13ª Câmara Cível, jul. 29.11.2007, *DJMG* 12.01.2008). **Em sentido contrário:** "Em relação ao art. 408 do CPC [art. 451 do CPC/2015], o posicionamento doutrinário e jurisprudencial mais acertado é no sentido de que a modificação do rol de testemunhas não é possível apenas nas hipóteses ali elencadas, mas também em qualquer outro caso em que a substituição se faça necessária, desde que realizada no prazo previsto no art. 407 [art. 450 do CPC/2015], ou seja, em até dez dias antes da audiência" (TJMG, AI 432.814-9, Rel. Des. Eduardo Mariné da Cunha, 5ª Câm. Cív. do Tribunal de Alçada de MG, jul. 18.12.2003, *DJMG* 11.02.2004).

Art. 452. Quando for arrolado como testemunha, o juiz da causa:

I – declarar-se-á impedido, se tiver conhecimento de fatos que possam influir na decisão, caso em que será vedado à parte que o incluiu no rol desistir de seu depoimento;

II – se nada souber, mandará excluir o seu nome.

CPC/1973

Art. 409.

REFERÊNCIA LEGISLATIVA

CPC/2015, art. 144, I (impedimento do juiz).

BREVES COMENTÁRIOS

O juiz, como qualquer pessoa, pode presenciar, fora do processo, fatos que se tornem relevantes para o julgamento da causa. Não está obviamente impedido de testemunhar a seu respeito em juízo. O que não se tolera é a confusão das duas funções, a de julgar e a de testemunhar. Se é arrolado o juiz como testemunha, deverá em primeiro lugar certificar-se de que realmente tenha algum conhecimento acerca do fato discutido no processo. Inexistindo o que depor, ser-lhe-á possível recusar-se a atuar como testemunha no feito submetido à sua direção. Tendo, porém, conhecimento pessoal a revelar, instalar-se-á a incompatibilidade entre a qualidade de magistrado e a de testemunha. Ficará impedido de continuar como juiz do feito (art. 144, I). Ainda, porém, que não seja arrolado como testemunha, não tem o juiz condição de dirigir o processo e julgá-lo quando houver presenciado os fatos básicos do litígio. É que, em tal circunstância, consciente ou inconscientemente, sua convicção estaria sob impacto de eventos e circunstâncias extra-autos. Na verdade, a influência do conhecimento extra-autos que o juiz detenha sobre a base fática da lide traduz-se em quebra da garantia do contraditório. A sentença, diante desse quadro, terá sido proferida sob influência de elementos que não passaram pelo debate dialético da instrução probatória. O que não está nos autos não existe para o processo, segundo clássica parêmia de raízes romanas. O convencimento do juiz é livre, mas tem de ser formado apenas sobre os fatos e elementos do processo (art. 371).

JURISPRUDÊNCIA SELECIONADA

1. Juiz arrolado como testemunha (inciso II). "A exclusão, pelo próprio magistrado arrolado como testemunha em processo, é faculdade interpretativa dada ao art. 409, II, CPC [art. 452, II, do CPC/2015], não se verificando qualquer inversão tumultuária do feito" (TJMG, Correição Parcial 1.0000.06.441387-5/000, Rel. Des. Eduardo Andrade, Conselho da Magistratura do Tribunal de Justiça do Estado de Minas Gerais, jul. 04.12.2006, *DJMG* 09.03.2007).

Art. 453. As testemunhas depõem, na audiência de instrução e julgamento, perante o juiz da causa, exceto:

I – as que prestam depoimento antecipadamente;

II – as que são inquiridas por carta.

§ 1º A oitiva de testemunha que residir em comarca, seção ou subseção judiciária diversa daquela onde tramita o processo poderá ser realizada por meio de videoconferência ou outro recurso tecnológico de transmissão e recepção de sons e imagens em tempo real, o que poderá ocorrer, inclusive, durante a audiência de instrução e julgamento.

§ 2º Os juízos deverão manter equipamento para a transmissão e recepção de sons e imagens a que se refere o § 1º.

CPC/1973

Art. 410.

REFERÊNCIA LEGISLATIVA

CPC/2015, arts. 260 a 268 (cartas), 381 a 383 (produção antecipada de provas).

BREVES COMENTÁRIOS

A testemunha depõe no foro de seu domicílio. Pode concordar em depor em outro foro, mas não pode ser obrigada a fazê-lo (*RT* 546/137). A atual legislação permite que a testemunha que não reside na comarca seja ouvida por meio de videoconferência ou outro recurso tecnológico de transmissão e recepção de sons e imagens em tempo real. Nessa circunstância, a oitiva pode se dar na própria audiência de instrução e julgamento. Para que seja possível essa modalidade de inquirição, o juízo deve manter equipamentos desse tipo. Prevalece a oitiva por meio de carta precatória, se não há condições para se valer da videoconferência.

JURISPRUDÊNCIA SELECIONADA

1. Carta precatória. Oitiva de testemunha. Degravação de depoimento. Ver jurisprudência do art. 460 do CPC/2015.

2. Oralidade. "O depoimento da testemunha será oral, de modo que deve depor em audiência, respondendo de viva voz às perguntas que lhe fizer o juiz. É inadmissível pretender-se substituir o depoimento de uma testemunha por declaração escrita da mesma" (TJSP, Ap. 358.741, Rel. Des. Juiz Ernâni de Paiva, 1º TA Cível, jul. 17.06.1986).

"O depoimento de testemunha, para valer como prova no processo, deve ser prestado perante o juiz, com perguntas e reperguntas das partes" (STJ, REsp 472.174/MT, Rel. Min. Ari Pargendler, 3ª Turma, jul. 02.05.2006, *DJ* 12.06.2006, p. 472).

3. Interrogatório de testemunhas por carta precatória (inciso II). "É facultado à testemunha depor fora de seu domicílio, porém, não poderá ser obrigada a se deslocar do local onde reside para prestar depoimento em outra cidade. A teor do art. 410, II, do CPC [art. 453, II, do CPC/2015], a testemunha que reside fora da cidade em que o juízo tem sede não está obrigada a comparecer à audiência, devendo ser ouvida mediante precatória" (STJ, CC 14.953/SC, Rel. Min. Vicente Leal, 3ª Seção, jul. 12.03.1997, *DJ* 05.05.1997, p. 17.003).

"O art. 410, II, do Código de Processo Civil [art. 453, II, do CPC/2015] não altera o prazo instituído pelo art. 407 [art. 450 do CPC/2015], mas apenas dispensa as testemunhas inquiridas por carta do dever de depor perante o juiz da causa" (STJ, REsp 331.084/MG, Rel. Min. Castro Filho, 3ª Turma, jul. 21.10.2003, *DJ* 10.11.2003, p. 185).

Carta rogatória. "Estando a parte residindo em outro país, seu depoimento será tomado através de carta rogatória, e não na sede do juízo em que está sendo processada a causa, salvo se acorde a mesma em comparecer" (STJ, REsp 94.551/RJ, Rel. Min. Sálvio de Figueiredo Teixeira, 4ª Turma, jul. 16.04.1998, *DJ* 08.06.1998, p. 113).

Art. 454. São inquiridos em sua residência ou onde exercem sua função:

I – o presidente e o vice-presidente da República;

II – os ministros de Estado;

III – os ministros do Supremo Tribunal Federal, os conselheiros do Conselho Nacional de Justiça e os ministros do Superior Tribunal de Justiça, do Superior Tribunal Militar, do Tribunal Superior Eleitoral, do Tribunal Superior do Trabalho e do Tribunal de Contas da União;

IV – o procurador-geral da República e os conselheiros do Conselho Nacional do Ministério Público;

V – o advogado-geral da União, o procurador-geral do Estado, o procurador-geral do Município, o defensor público-geral federal e o defensor público-geral do Estado;

VI – os senadores e os deputados federais;

VII – os governadores dos Estados e do Distrito Federal;

VIII – o prefeito;

IX – os deputados estaduais e distritais;

X – os desembargadores dos Tribunais de Justiça, dos Tribunais Regionais Federais, dos Tribunais Regionais do Trabalho e dos Tribunais Regionais Eleitorais e os conselheiros dos Tribunais de Contas dos Estados e do Distrito Federal;

XI – o procurador-geral de justiça;

XII – o embaixador de país que, por lei ou tratado, concede idêntica prerrogativa a agente diplomático do Brasil.

§ 1º O juiz solicitará à autoridade que indique dia, hora e local a fim de ser inquirida, remetendo-lhe cópia da petição inicial ou da defesa oferecida pela parte que a arrolou como testemunha.

§ 2º Passado 1 (um) mês sem manifestação da autoridade, o juiz designará dia, hora e local para o depoimento, preferencialmente na sede do juízo.

§ 3º O juiz também designará dia, hora e local para o depoimento, quando a autoridade não comparecer, injustificadamente, à sessão agendada para a colheita de seu testemunho no dia, hora e local por ela mesma indicados.

CPC/1973

Art. 411.

REFERÊNCIA LEGISLATIVA

Lei Orgânica da Magistratura Nacional, art. 33, I (inquirição de ministro e de juiz).

LC nº 80, de 12.01.1994 (Lei de Organização da Defensoria Pública da União, Distrito Federal e dos Territórios), art. 44, XIV (inquirição do defensor público da União); arts. 89, XIV, e 128, XIV (inquirição dos defensores do Distrito Federal e dos Territórios e dos Estados.

Lei nº 8.625, de 12.02.1993 (Lei Orgânica Nacional do Ministério Público), art. 40, I.

BREVES COMENTÁRIOS

Fora do juízo, serão ouvidas as testemunhas que possuem privilégio de função e, portanto, são inquiridas em sua residência ou onde exercem sua função. Nesses casos, o juiz oficiará à autoridade que deve depor, solicitando que designe dia, hora e local, a fim de ser inquirida. Remeterá, com o ofício, cópia da petição inicial ou da defesa oferecida pela parte, que a arrolou como testemunha (art. 454, § 1º). Caso a autoridade não responda ao ofício em um mês, o juiz designará dia, hora e local para o depoimento, preferencialmente na sede do juízo (art. 454, § 2º). O mesmo será feito pelo juiz caso a autoridade não compareça, injustificadamente, à sessão agendada para a colheita do seu testemunho, no dia, hora e local por ela mesma indicados (art. 454, § 3º).

JURISPRUDÊNCIA SELECIONADA

1. Prerrogativa de função. "A prerrogativa de os dignitários referidos no art. 411 C. Pr. Civ. [art. 454 do CPC/2015] poderem designar o local e o tempo de sua inquirição, para não se reduzir a mero privilégio, há de ser vista sob a perspectiva dos percalços que, sem ela, poderiam advir ao exercício de suas altas funções, em relação às quais pouco importa que a audiência se faça na qualidade de testemunha ou de parte" (STF, HC 85.029, Rel. Min. Sepúlveda Pertence, Tribunal Pleno, jul. 09.12.2004).

Art. 455. Cabe ao advogado da parte informar ou intimar a testemunha por ele arrolada do dia, da hora e do local da audiência designada, dispensando-se a intimação do juízo.

§ 1º A intimação deverá ser realizada por carta com aviso de recebimento, cumprindo ao advogado juntar aos autos, com antecedência de pelo menos 3 (três) dias da data da audiência, cópia da correspondência de intimação e do comprovante de recebimento.

§ 2º A parte pode comprometer-se a levar a testemunha à audiência, independentemente da intimação de que trata o § 1º, presumindose, caso a testemunha não compareça, que a parte desistiu de sua inquirição.

§ 3º A inércia na realização da intimação a que se refere o § 1º importa desistência da inquirição da testemunha.

§ 4º A intimação será feita pela via judicial quando:

I – for frustrada a intimação prevista no § 1º deste artigo;

II – sua necessidade for devidamente demonstrada pela parte ao juiz;

III – figurar no rol de testemunhas servidor público ou militar, hipótese em que o juiz o requisitará ao chefe da repartição ou ao comando do corpo em que servir;

IV – a testemunha houver sido arrolada pelo Ministério Público ou pela Defensoria Pública;

V – a testemunha for uma daquelas previstas no art. 454.

§ 5º A testemunha que, intimada na forma do § 1º ou do § 4º, deixar de comparecer sem motivo justificado será conduzida e responderá pelas despesas do adiamento.

CPC/1973

Art. 412.

BREVES COMENTÁRIOS

Uma inovação importante do atual Código foi a atribuição ao advogado da obrigação de informar ou intimar a testemunha que arrolou do local, do dia e do horário da audiência designada, dispensando-se a intimação do juízo (art. 455, *caput*). Essa intimação feita pelo próprio advogado deverá ser realizada por carta com aviso de recebimento, devendo ser juntada aos autos, com antecedência de pelo menos três dias da data da audiência, cópia da correspondência de intimação e do comprovante de recebimento (art. 455, § 1º).

Se o advogado não diligenciar a intimação, implicará a desistência da inquirição da testemunha (art. 455, § 3º). Se, intimada, a testemunha não comparecer, sem motivo justificado, será, por força de mandado, conduzida e responderá pelas despesas do adiamento (art. 455, § 5º).

O advogado, em vez de intimar as testemunhas a depor, pode encarregar-se de apresentá-las em audiência, independentemente de intimação. Nesse caso, faltando a testemunha à audiência, não caberá o requerimento de condução forçada (art. 455, § 5º). Presumir-se-á que a parte desistiu de sua inquirição (art. 455, § 2º). Igual presunção de desistência ocorrerá quando o advogado encarregar-se da intimação de suas testemunhas e não cuidar de efetivá-la em tempo útil e de forma adequada (art. 455, § 3º).

O § 4º do art. 455 enumera cinco casos em que a intimação das testemunhas terá de ser feita pela via judicial, necessariamente.

JURISPRUDÊNCIA SELECIONADA

1. Dever de colaboração. "Não pode o terceiro, injustificadamente, recusar sua colaboração para esclarecer fatos necessários ao julgamento da causa. Não há razão, entretanto, para ser determinada sua condução se não foi previamente intimado a comparecer em determinado dia e local" (STJ, RHC 8.448/PR, Rel. Min. Eduardo Ribeiro, 3ª Turma, jul. 11.05.1999, *DJ* 21.06.1999, p. 148).

2. (§ 2º). "Comprometendo-se a parte a levar a testemunha à audiência, independentemente de intimação, presume-se, caso não compareça, que desistiu de ouvi-la (art. 412, § 1º, do CPC) [art. 455, § 2º, do CPC/2015]" (STJ, REsp 109.851/DF, Rel. Min. Barros Monteiro, 4ª Turma, jul. 07.12.1999, *DJ* 20.03.2000, p. 75). **No mesmo sentido:** STJ, REsp 57.144/SP, Rel. Min. Garcia Vieira, 1ª Turma, jul. 06.02.1995, *DJ* 06.03.1995, p. 4.327.

Presunção relativa. "Comprovada a impossibilidade de a testemunha comparecer em juízo na data aprazada para a realização da audiência, por problemas de saúde, não se afigura razoável a negativa de redesignação do ato, não só porque o seu depoimento é necessário para o esclarecimento dos fatos como também porque a produção da prova foi determinada de ofício pelo juiz e havia justo impedimento para o seu não comparecimento ao ato. A presunção de desistência da prova, prevista no art. 412, § 1º, do CPC [art. 455, § 2º, do CPC/2015] é relativa e não subsiste ante a existência de motivo justificado" (TRF4, Ag. 2003.04.01.052389-4, Rel. Des. Vivian Josete Pantaleão Caminha, 1ª Turma, jul. 27.09.2006, *DJe* 11.12.2006).

Audiência adiada. "Se a audiência não se realizou, não há falar em preclusão da prova testemunhal do réu por não comparecimento (§ 1º, art. 412, CPC) [art. 455, § 2º, do CPC/2015]. Até porque se a audiência não se realiza, ou nela não se inicia a fase de instrução, abre-se novo prazo para a indicação do rol de testemunhas, podendo a parte substituir as testemunhas para a nova audiência designada" (TJSP, AI 0359916-43.2010.8.26.0000, Rel. Des. Manoel Justino Bezerra Filho, 35ª Câmara de Direito Privado, jul. 30.08.2010).

Art. 456. O juiz inquirirá as testemunhas separada e sucessivamente, primeiro as do autor e depois as do réu, e providenciará para que uma não ouça o depoimento das outras.

Parágrafo único. O juiz poderá alterar a ordem estabelecida no *caput* se as partes concordarem.

CPC/1973

Art. 413.

BREVES COMENTÁRIOS

A ordem em questão não deve ser vista como absoluta, podendo ser alterada segundo conveniências do caso concreto, desde que não acarrete prejuízo para nenhuma das partes. É a hipótese, *v.g.*, das testemunhas ouvidas em audiências diferentes ou em juízos diversos. A alteração da ordem, contudo, deverá ter a concordância das partes.

A concordância, todavia, não pode ser caprichosa. Se a parte não justifica sua alegação, o juiz pode desprezá-la, determinando a inversão que for conveniente ao melhor andamento do processo.

JURISPRUDÊNCIA SELECIONADA

1. Inversão da ordem de inquirição das testemunhas das partes. Inocorrência de nulidade. "A regra contida no art. 413 do CPC [art. 456 do CPC/2015] aplica-se somente quando as testemunhas de ambas as partes serão inquiridas em uma só audiência de instrução e julgamento, não se aplicando, portanto, quando as testemunhas se encontram em lugares diversos. Caso contrário, haveria evidente ofensa ao princípio da celeridade processual" (TJMG, AI 1.0362.03.022709-8/001, Rel. Des. Evangelina Castilho Duarte, 14ª Câmara Cível, jul. 19.06.2008, *DJMG* 15.07.2008). **No mesmo sentido:** TJSP, Ap. c/ Rev. 954009-0/9, Rel. Des. Arthur de Paula Gonçalves, 32ª Câm. do D. 6º Grupo, jul. 24.03.2006.

Art. 457. Antes de depor, a testemunha será qualificada, declarará ou confirmará seus dados e informará se tem relações de parentesco com a parte ou interesse no objeto do processo.

§ 1º É lícito à parte contraditar a testemunha, arguindo-lhe a incapacidade, o impedimento ou a suspeição, bem como, caso a testemunha negue os fatos que lhe são imputados, provar a contradita com documentos ou com testemunhas, até 3 (três), apresentadas no ato e inquiridas em separado.

§ 2º Sendo provados ou confessados os fatos a que se refere o § 1º, o juiz dispensará a testemunha ou lhe tomará o depoimento como informante.

§ 3º A testemunha pode requerer ao juiz que a escuse de depor, alegando os motivos previstos neste Código, decidindo o juiz de plano após ouvidas as partes.

CPC/1973

Art. 414.

BREVES COMENTÁRIOS

A contradita é um incidente que se provoca e resolve na própria audiência. A parte que se dispõe a formulá-la deve ter as provas necessárias disponíveis no ato. A parte contrária que a impugne também deverá fazê-lo com base em provas imediatamente produzíveis, se for o caso. Incorre em preclusão o direito de contraditar a testemunha que não é feito logo após a respectiva qualificação e antes de iniciada a inquirição. Mesmo sendo procedente a contradita, o juiz não fica impedido de ouvir a testemunha como simples informante, se julgar necessário ou conveniente. Naturalmente, o depoimento assim produzido será de menor influência em cotejo com os demais relatos das testemunhas compromissadas e outros elementos de convicção coletados durante a instrução da causa, mas poderá ser útil para esclarecimento de pontos incertos ou duvidosos remanescentes da valoração do acervo probatório.

JURISPRUDÊNCIA SELECIONADA

1. Momento adequado. "O momento oportuno da contradita da testemunha arrolada pela parte contrária é aquele entre a qualificação desta e o início de seu depoimento" (STJ, REsp 735.756/BA, Rel. Min. João Otávio de Noronha, 4ª Turma, jul. 09.02.2010, *DJe* 18.02.2010).

2. Qualificação completa das testemunhas. Relevância. Ver jurisprudência do art. 450 do CPC.

3. Contradita (§ 1º).

Impedimento. "Prospera a contradita levantada contra testemunha que é cunhado do condômino dos autores da possessória, sobretudo em tendo este sido denunciado à lide. O fato de o condômino/denunciado não ser civilmente casado com a irmã da testemunha contraditada não afasta o vínculo gerador do impedimento" (STJ, REsp 81.551/TO, Rel. Min. Waldemar Zveiter, 3ª Turma, jul. 23.09.1997, *DJ* 27.10.1997, p. 54.786).

Suspeição. "A inquirição de testemunha tida como suspeita condiciona-se à consideração de ser a prova estritamente necessária à formação da convicção do julgador. Ocorrência, ademais, da preclusão, à falta de oportuna impugnação a respeito pelo litigante nela interessado" (STJ, REsp 51.714/MG, Rel. Min. Barros Monteiro, 4ª Turma, jul. 22.08.1995, *DJ* 02.10.1995, p. 32.372).

"**Verificando a suspeição de testemunha, nada impede que o juiz a declare de ofício**, sem que a tanto tenha sido instado pela parte interessada, pois, se poderia até mesmo indeferir a oitiva, nada obsta a que a declare suspeita" (*JTJ* 290/213).

4. Pessoas impedidas ou suspeitas. Ver jurisprudência do art. 447 do CPC/2015.

5. Ausência de fato impeditivo. "É correta a decisão do magistrado que não acolhe a contradita quando não demonstrado o fato impeditivo da oitiva da testemunha" (STJ, REsp 1.184.973/MG, Rel. Min. Arnaldo Esteves Lima, 1ª Turma, jul. 16.09.2010, *DJe* 21.10.2010).

6. Depoimento de testemunha presumidamente interessada na demanda. "Com base no princípio do livre convencimento motivado do juiz, não se traduz em nulidade valorar o depoimento de testemunha presumidamente interessada no desfecho da demanda como se prestado por informante, apesar da ausência de contradita" (STJ, REsp 824.473/PB, Rel. Min. Fernando Gonçalves, 4ª Turma, jul. 06.11.2008, *DJe* 24.11.2008).

Art. 458. Ao início da inquirição, a testemunha prestará o compromisso de dizer a verdade do que souber e lhe for perguntado.

Parágrafo único. O juiz advertirá à testemunha que incorre em sanção penal quem faz afirmação falsa, cala ou oculta a verdade.

CPC/1973

Art. 415.

REFERÊNCIA LEGISLATIVA

CP, art. 342 (falso testemunho).

CPC/2015, art. 447, § 4º (depoimento da testemunha impedida ou suspeita independente de compromisso).

BREVES COMENTÁRIOS

A desobediência ao dever da verdade, sobre o qual a testemunha é advertida expressamente antes de depor, acarreta-lhe pena criminal de dois a quatro anos de reclusão e multa (art. 342 do Código Penal). O crime de falso testemunho ocorre tanto quando se faz afirmação falsa como quando se nega ou oculta a verdade (art. 458, parágrafo único).

JURISPRUDÊNCIA SELECIONADA

1. Crime de falso testemunho. "Esse delito se caracteriza pela mera potencialidade de dano à administração da justiça, sendo, portanto, crime formal que se consuma com o depoimento falso, independentemente da produção do efetivo resultado material a que visou o agente. Por isso, a extinção da punibilidade, por prescrição declarada no processo de que teria havido a prática do delito de falso testemunho, não impede que seja este apurado e reprimido" (STF, RE 112.808/SP, Rel. Min. Moreira Alves, 1ª Turma, jul. 28.08.1987, *DJ* 11.12.1987). **No mesmo sentido:** STJ, RHC 9.414/SP, Rel. Min. Edson Vidigal, 5ª Turma, jul. 08.02.2000, *DJ* 08.03.2000, p. 134; STJ, HC 89.885/PE, Rel. Min. Arnaldo Esteves Lima, 5ª Turma, jul. 16.03.2010, *DJe* 19.04.2010; STJ, CC 90.947/RS, Rel. Min. Arnaldo Esteves Lima, 3ª Seção, jul. 22.04.2009, *DJe* 20.05.2009.

Sujeito ativo. "Sujeito ativo do crime de falso testemunho pode ser somente a testemunha, perito, tradutor ou intérprete. Tais pessoas são obrigadas a dizer verdade, prestando compromisso nesse sentido. Não sendo o acusado testemunha, perito, tradutor ou intérprete no processo em que se verificou o falso testemunho, falta tipicidade ao delito que lhe é imputado, impondo-se consequentemente o trancamento da ação penal, por lhe faltar justa causa" (TJSP, HC 37.719-3, Rel. Des. Jarbas Mazzoni, 1ª Câmara Criminal, jul. 12.08.85; *RJTJSP* 97/250). **Em sentido contrário:** STJ, HC 92.836/SP, Rel. Min. Maria Thereza de Assis Moura, 6ª Turma, jul. 27.04.2010, *DJe* 17.05.2010.

2. Testemunha com laços de afetividade. "Tratando-se de testemunha com fortes laços de afetividade (esposa) com o réu, não se pode exigir-lhe diga a verdade, justamente em detrimento da pessoa pela qual nutre afeição, pondo em risco até mesmo a própria unidade familiar. Ausência de ilicitude na conduta" (STJ, HC 92.836/SP, Rel. Min. Maria Thereza de Assis Moura, 6ª Turma, jul. 27.04.2010, *DJe* 17.05.2010).

3. Participação do advogado. "O Superior Tribunal de Justiça firmou compreensão de que, apesar de o crime de falso testemunho ser de mão própria, pode haver a participação do advogado no seu cometimento" (STJ, HC 30.858/RS, Rel. Min. Paulo Gallotti, 6ª Turma, jul. 12.06.2006, *DJ* 01.08.2006, p. 549).

Art. 459. As perguntas serão formuladas pelas partes diretamente à testemunha, começando pela que a arrolou, não admitindo o juiz aquelas que puderem induzir a resposta, não tiverem relação com as questões de fato objeto da atividade probatória ou importarem repetição de outra já respondida.

§ 1º O juiz poderá inquirir a testemunha tanto antes quanto depois da inquirição feita pelas partes.

§ 2º As testemunhas devem ser tratadas com urbanidade, não se lhes fazendo perguntas ou considerações impertinentes, capciosas ou vexatórias.

§ 3º As perguntas que o juiz indeferir serão transcritas no termo, se a parte o requerer.

CPC/1973

Art. 416.

REFERÊNCIA LEGISLATIVA

CPC/2015, arts. 361, parágrafo único (audiência; atividades do juiz), e 367 (termo da audiência).

BREVES COMENTÁRIOS

O atual Código alterou a forma do interrogatório, que antes era ato exclusivo do juiz. Agora será feito pelas partes diretamente à testemunha, começando por quem a arrolou. Entretanto, o juiz não admitirá as perguntas que puderem induzir a resposta, não tiverem relação com as questões de fato objeto da atividade probatória ou importarem repetição de outra já respondida (art. 459, *caput*). As perguntas que o juiz indeferir serão transcritas no termo, se a parte o requerer (art. 459, § 3º).

Não foi subtraído ao juiz o poder de inquirir a testemunha. O atual Código continua assegurando-lhe a possibilidade de fazê-lo, a seu critério, antes ou depois das inquirições efetuadas pelas partes (art. 459, § 1º).

JURISPRUDÊNCIA SELECIONADA

1. Irregularidade de inquirição. "A irregularidade de inquirição de testemunhas só pode ser alegada utilmente na própria audiência ou, quando mais, no prazo para agravar" (TJRS, Ap. 587.049.917, Rel. Des. Adroaldo Furtado Fabrício, 6ª Câmara, jul. 22.12.87, *RJTJRS* 128/452).

Art. 460. O depoimento poderá ser documentado por meio de gravação.

§ 1º Quando digitado ou registrado por taquigrafia, estenotipia ou outro método idôneo de documentação, o depoimento será assinado pelo juiz, pelo depoente e pelos procuradores.

§ 2º Se houver recurso em processo em autos não eletrônicos, o depoimento somente será digitado quando for impossível o envio de sua documentação eletrônica.

§ 3º Tratando-se de autos eletrônicos, observar-se-á o disposto neste Código e na legislação específica sobre a prática eletrônica de atos processuais.

CPC/1973

Art. 417.

REFERÊNCIA LEGISLATIVA

CPC/2015, arts. 188 (finalidade essencial do ato; meios eletrônicos), 209 (atos datilografados; processo eletrônico) e 210 (permissão do uso da taquigrafia, estenotipia e de outro meio idôneo).

Lei nº 11.419, de 19.12.2006 (Processo Eletrônico – ver Legislação Especial).

BREVES COMENTÁRIOS

O depoimento é sempre oral, de modo que não é lícito à parte substituí-lo por declaração escrita adrede preparada. Isto não impede que se permita à testemunha consultar breves anotações ou documentos em seu poder.

Findo o depoimento, lavrará o escrivão o competente termo, que deve ser digitado, taquigrafado ou estenotipado, e assinado pelo juiz, pela testemunha e pelos advogados das partes (art. 460, § 1º). Destina-se o termo a documentar, para os autos, as declarações do depoente.

Segundo o atual Código, o depoimento poderá também ser documentado por meio de gravação (art. 460, caput). Se houver recurso em processo em autos não eletrônicos, o depoimento gravado somente será digitado quando for impossível o envio de sua documentação eletrônica (art. 460, § 2º). Tratando-se de autos eletrônicos, deve-se observar o disposto no Código e na legislação específica sobre a prática eletrônica de atos processuais (art. 460, § 3º).

JURISPRUDÊNCIA SELECIONADA

1. Carta precatória. Oitiva de testemunha, Degravação de depoimento. "O cumprimento de carta precatória é composto por diversos atos, os quais possuem suficiente autonomia para não serem considerados um ato único, mas sim como vários procedimentos isolados, aos quais é possível a aplicação de norma processual superveniente. Na vigência do Código de Processo Civil de 2015, a colheita de prova testemunhal por gravação passou a ser um método convencional, ficando a degravação prevista apenas para hipóteses excepcionais em que, em autos físicos, for interposto recurso, sendo impossível o envio da documentação eletrônica. Em caso de precatória inquiritória, a gravação dos depoimentos colhidos em audiência pelo método audiovisual é suficiente para a devolução da carta adequadamente cumprida. Na hipótese excepcional de se mostrar necessária a degravação, deverá ser realizada pelo juízo deprecante ou pela parte interessada" (STJ, CC 150.252/SP, Rel. Min. Ricardo Villas Bôas Cueva, 2ª Seção, jul. 10.06.2020, *DJe* 16.06.2020).

Em sentido contrário: "Em caso de precatória para oitiva de testemunhas, a degravação dos depoimentos colhidos em audiência é de observância obrigatória para o juízo deprecado, pois é procedimento que integra o cumprimento da carta precatória. O juízo deprecado, pois, quando receber a precatória para tomada de depoimento(s) e desejar implementar método não convencional (como taquigrafia, estenotipia ou outro método idôneo de documentação), deverá ter condições também para a transcrição, devolvendo a carta adequadamente cumprida" (STJ, CC 126.747/RS, Rel. Min. Luis Felipe Salomão, 2ª Seção, jul. 25.09.2013, *DJe* 06.12.2013).

2. Outros métodos idôneos. "Não há qualquer ilegalidade em portaria que substitui o sistema de estenotipia por gravação fonográfica, se é viabilizada a transcrição da mesma forma e ainda se assegura a conferência do conteúdo pelas partes" (STJ, HC 55.051/GO, Rel. Min. Maria Thereza de Assis Moura, 6ª Turma, jul. 29.11.2007, *DJ* 17.12.2007, p. 346).

3. Transcrição. Prazo recursal. "Sentença publicada em audiência. Anotações pelo sistema de estenotipia. Prazo para transcrição do ato e sua impugnação. Termo *a quo* do prazo recursal. 'A sentença que, embora proferida em audiência, dependia de formalidades posteriores para existir nos autos, gera incerteza quanto ao início do prazo recursal, pois inviabiliza a recorribilidade imediata' (REsp 714810/RS, 4ª Turma, Min. Cesar Asfor Rocha, *DJ* 29.05.2006). Nessas situações, o prazo recursal deve começar a fluir no momento de concretização de tais formalidades. No caso, tendo sido determinada a juntada da transcrição do termo de audiência com a sentença nele proferida, bem como oportunizada a impugnação dessa transcrição, o prazo para interposição de recurso tem início na conclusão dessas diligências e não da data da audiência" (STJ, REsp 692.819/RS, Rel. Min. Teori Albino Zavascki, 1ª Turma, jul. 11.03.2008, *DJ* 02.04.2008, p. 1).

4. Transcrição. Necessidade de intimação. "A alegada nulidade da sentença efetivamente ocorreu, pois a parte não foi cientificada da transcrição do depoimento tomado por estenotipia, nem concedido prazo para ela se manifestar a respeito, só tendo podido fazê-lo quando tomou conhecimento do teor da sentença" (TJSP, 3733074200, Rel. Des. Percival Nogueira, reg. 13.04.2007).

5. Uso de estenografia. Desnecessidade de consulta às partes. "Havendo previsão legal para o uso da estenografia, a conveniência de seu emprego fica a critério exclusivo do juiz, independentemente de consulta às partes" (TJSP, Ap. 179.830-4, Rel. Des. Accioli Freire, 4ª Câmara do 2º Tribunal de Alçada Civil, jul. 02.04.85, *RT* 596/163).

6. Apreensão de aparelhagem eletrônica de gravação e reprodução de som. "É ilegal e abusivo o ato do magistrado que, em audiência de instrução e julgamento, determina a apreensão da aparelhagem eletrônica utilizada pelo advogado da parte para gravação e posterior reprodução dos atos praticados na audiência. Conquanto tenha tido o ato, conforme declarado pelo juiz, o objetivo de zelar pelo segredo de justiça, a gravação deve ser permitida, eis que essa particularidade processual não pode ser oposta às próprias partes nem a seus advogados, já que a estes é garantido o direito de pleno acesso aos autos, inclusive o de obter cópia deles. O ato acaba por violar as prerrogativas dos advogados, ferindo, por via reflexa, a plenitude do exercício de defesa e do contraditório constitucionalmente protegido, merecendo, pois, corrigenda pela via da presente ação mandamental" (TJDF, MS 2007002006388-3, Rel. Des. Natanael Caetano, 1ª Câmara Cível, jul. 23.07.2007, *DJU* 09.10.2007).

Art. 461. O juiz pode ordenar, de ofício ou a requerimento da parte:

I – a inquirição de testemunhas referidas nas declarações da parte ou das testemunhas;

II – a acareação de 2 (duas) ou mais testemunhas ou de alguma delas com a parte, quando, sobre fato determinado que possa influir na decisão da causa, divergirem as suas declarações.

§ 1º Os acareados serão reperguntados para que expliquem os pontos de divergência, reduzindo-se a termo o ato de acareação.

§ 2º A acareação pode ser realizada por videoconferência ou por outro recurso tecnológico de transmissão de sons e imagens em tempo real.

CPC/1973

Art. 418.

BREVES COMENTÁRIOS

Testemunha referida é a pessoa estranha ao processo, que foi mencionada no depoimento de outra testemunha ou da parte. A audiência daquela pode destinar-se a confirmar ou esclarecer o depoimento já tomado. A *acareação* consiste em promover o confronto pessoal, numa só audiência, das pessoas que prestaram depoimentos contraditórios. É cabível também entre testemunhas e parte, mas não entre as duas partes. Essas duas diligências podem ser determinadas pelo juiz a requerimento da parte ou de ofício. Sua efetivação pode ocorrer na própria audiência de instrução e julgamento, se estiverem presentes os interessados; ou em outra data, designada pelo juiz, caso em que a conclusão dos trabalhos da audiência ficará suspensa. Pode ainda ocorrer por meio de videoconferência ou outro recurso tecnológico de transmissão de sons e imagens em tempo real (art. 461, § 2º). Os acareados serão reperguntados para que expliquem os pontos de divergência, reduzindo-se a termo o ato de acareação (art. 461, § 1º).

JURISPRUDÊNCIA SELECIONADA

1. Acareação (inciso II). "Não se acolhe alegação de nulidade por cerceamento de defesa em função do indeferimento de pedido de acareação, pois o julgador pode, de maneira fundamentada, indeferir diligências que considere protelatórias ou desnecessárias, tendo em vista um juízo de conveniência quanto à necessidade de sua realização, que é próprio do seu regular poder discricionário" (STJ, HC 20.132/DF, 5ª Turma, Rel. Min. Gilson Dipp, *DJU* 03.06.2002).

Art. 462. A testemunha pode requerer ao juiz o pagamento da despesa que efetuou para comparecimento à audiência, devendo a parte pagá-la logo que arbitrada ou depositá-la em cartório dentro de 3 (três) dias.

CPC/1973

Art. 419.

REFERÊNCIA LEGISLATIVA

CPC/2015, art. 84 (diária de testemunha).

BREVES COMENTÁRIOS

Reconhecem-se à testemunha os seguintes direitos: (a) o de se recusar a depor. Quando ocorrerem as hipóteses do art. 448, a testemunha requererá ao juiz a dispensa e este, ouvidas as partes, decidirá de plano (art. 457, § 3º); (b) o de ser tratada pelas partes com urbanidade, às quais não é lícito formular perguntas ou considerações impertinentes, capciosas ou vexatórias (art. 459, § 2º); e (c) o de ser reembolsada pela despesa que efetuou para comparecer à audiência, "devendo a parte pagá-la logo que arbitrada, ou depositá-la em cartório dentro de três dias" (art. 462).

JURISPRUDÊNCIA SELECIONADA

1. Diárias de testemunha e indenização de viagem. "As custas processuais são as taxas adiantadas pela parte para remunerar os serviços públicos, sendo compreendida pelas despesas, que abrangem todos os demais gastos efetuados pela parte para a realização dos atos processuais, inclusive os honorários periciais, as diárias de testemunha e indenização de viagem" (TJMG, Ap Cível 447.258-4, Rel. Des. Teresa Cristina da Cunha Peixoto, 3ª Câmara Civil do Tribunal de Alçada, jul. 09.03.2005, *DJMG* 02.04.2005).

Art. 463. O depoimento prestado em juízo é considerado serviço público.

Parágrafo único. A testemunha, quando sujeita ao regime da legislação trabalhista, não sofre, por comparecer à audiência, perda de salário nem desconto no tempo de serviço.

CPC/1973

Art. 419, parágrafo único.

REFERÊNCIA LEGISLATIVA

CPC/2015, art. 84 (diária de testemunha).

BREVES COMENTÁRIOS

Considera-se serviço público o depoimento prestado em juízo pela testemunha. Assim, quando está sujeita ao regime da legislação trabalhista, não pode a testemunha sofrer perda de salário ou desconto no tempo de serviço por ter comparecido à audiência. O encargo, porém, não recai sobre a parte; continua a cargo do empregador.

DA PROVA TESTEMUNHAL: INDICAÇÃO DOUTRINÁRIA

Carvalho Santos, *Código Civil brasileiro interpretado*, v. III, p. 205; Clóvis Beviláqua, *Código Civil comentado*, Rio de Janeiro: Francisco Alves, 1959, v. I, coms. ao art. 142 – sobre impedimento dos membros familiares; Elicio de Cresci Sobrinho, O juiz testemunha, *RF* 293/507; Fredie Didier Jr., *Curso de direito processual civil*, 10. ed., Salvador: JusPodivm, 2015, v. II; Herotides da Silva Lima, *Comentários ao CPC*, São Paulo: Saraiva, 1940, v. I, p. 444 – os depoimentos negativos não devem ser contados, ou seja, não devem ser computadas como testemunhas aquelas que declararam nada saber; Humberto Theodoro Jr., *Curso de direito processual civil*, Rio de Janeiro: Forense, 2020, v. I, n. 461; Humberto Theodoro Júnior, *A reforma da execução do título extrajudicial*, Rio de Janeiro: Forense, 2007; Ives Gandra da Silva Martins, Sigilo de dados que devem as autoridades manter sob risco de responsabilidade civil, *RF* 336/197; João Mendes Júnior, Inquirição de testemunhas, *RFDUSP* 03/81; João Monteiro, *Programa do curso de processo civil*, 3. ed., v. II, § 162, p. 240 – testemunha é a pessoa, capaz e estranha ao feito, chamada a juízo para depor o que sabe sobre o fato litigioso; Jorge Americano, *Código Civil comentado*, v. I, obs. ao art. 144 – direito da testemunha em recusar-se a depor; Jorge

Americano, *Comentários ao CPC*, 2. ed., São Paulo: Saraiva, 1958, v. I, p. 380 – direito da testemunha em recusar-se a depor; José Frederico Marques, *Manual de direito processual civil*, v. II, n. 498, p. 241 – não é cabível a contradita entre as partes; Luiz Guilherme Marinoni, Sérgio Cruz Arenhart, In: Sérgio Cruz Arenhart e Daniel Mitidiero (coord.), *Comentários ao Código de Processo Civil*, 2. ed., São Paulo: RT, 2018, v. 7; Luiz Rodrigues Wambier, Tereza Arruda Alvim Wambier e José Miguel Garcia Medina, *Breves comentários à nova sistemática processual civil 3: Leis 11.382/2006, 11.417/2006, 11.341/2006, 11.419/2006, 11.441/2007 e 11.448/2007*, São Paulo: Revista dos Tribunais, 2005; Marcelo Abelha Rodrigues, In: Teresa Arruda Alvim Wambier, Fredie Didier Jr., Eduardo Talamini, Bruno Dantas, *Breves comentários ao novo Código de Processo Civil*, São Paulo: Revista dos Tribunais, 2015; Marcelo Cintra Zarif, Prova testemunhal – acareação – testemunha referida, *RP* 21/90; Moacyr Amaral Santos, *Comentários ao CPC*, Rio de Janeiro: Forense, 1989, v. IV, n. 202/3; Moacyr Amaral Santos, *Prova judiciária*, São Paulo; Saraiva, 1983, v. III, n. 149 – sobre prova da simulação; Orlando Soares, *Comentários ao CPC*, Rio de Janeiro: Forense, 1992, v. I, p. 744/6; Pontes de Miranda, *Tratado de direito privado*, v. III, p. 438 e ss.; Renato Campos Andrade, In: BRAGA NETO, Felipe Peixoto; SILVA, Michael César; THIBAU, Vinícius Lott (Coord.). *O Direito Privado e o novo Código de Processo Civil: repercussões, diálogos e tendências*, Belo Horizonte: Fórum, 2018; Robson Renault Godinho, In: Teresa Arruda Alvim Wambier, Fredie Didier Jr., Eduardo Talamini, Bruno Dantas, *Breves comentários ao novo Código de Processo Civil*, São Paulo: Revista dos Tribunais, 2015; Sidnei Agostinho Beneti, A estenotipia no Judiciário, *RJTJSP* 76/29; Teresa Celina de Arruda Alvim Pinto, Testemunha referida, *RP* 46/190.

Seção X
Da Prova Pericial

Art. 464. A prova pericial consiste em exame, vistoria ou avaliação.

§ 1º O juiz indeferirá a perícia quando:

I – a prova do fato não depender de conhecimento especial de técnico;

II – for desnecessária em vista de outras provas produzidas;

III – a verificação for impraticável.

§ 2º De ofício ou a requerimento das partes, o juiz poderá, em substituição à perícia, determinar a produção de prova técnica simplificada, quando o ponto controvertido for de menor complexidade.

§ 3º A prova técnica simplificada consistirá apenas na inquirição de especialista, pelo juiz, sobre ponto controvertido da causa que demande especial conhecimento científico ou técnico.

§ 4º Durante a arguição, o especialista, que deverá ter formação acadêmica específica na área objeto de seu depoimento, poderá valer-se de qualquer recurso tecnológico de transmissão de sons e imagens com o fim de esclarecer os pontos controvertidos da causa.

CPC/1973

Art. 420.

REFERÊNCIA LEGISLATIVA

CPC/2015, arts. 82 e 95 (remuneração do perito e dos assistentes técnicos), 156 a 158 (perito) e 481 a 484 (inspeção de pessoas ou coisas pelo juiz).

CC, art. 232 (recusa à perícia médica).

SÚMULAS

Súmula do STJ:

Nº 301: "Em ação investigatória, a recusa do suposto pai a submeter-se ao exame de DNA induz presunção *juris tantum* de paternidade".

BREVES COMENTÁRIOS

O exame é a inspeção sobre coisas, pessoas ou documentos, para verificação de qualquer fato ou circunstância que tenha interesse para a solução do litígio. Vistoria é a mesma inspeção quando realizada sobre bens imóveis. E avaliação ou arbitramento é a apuração de valor, em dinheiro, de coisas, direitos ou obrigações em litígio.

Por se tratar de prova especial, subordinada a requisitos específicos, a perícia só pode ser admitida pelo juiz quando a apuração do fato litigioso não se puder fazer pelos meios ordinários de convencimento. Somente haverá perícia, portanto, quando o exame do fato probando depender de conhecimentos técnicos ou especiais e essa prova, ainda, tiver utilidade diante dos elementos disponíveis para exame.

Quando o ponto controvertido da demanda for de menor complexidade, o atual Código autoriza que o juiz, de ofício ou a requerimento, substitua a prova pericial pela produção de prova técnica simplificada (art. 464, § 2º). Essa prova simplificada consistirá na inquirição pelo juiz de especialista, que deverá ter formação acadêmica específica na área objeto de seu depoimento, sobre o ponto controvertido da causa, que demande especial conhecimento científico ou técnico (art. 464, § 3º). O profissional poderá valer-se, durante a inquirição, de qualquer recurso tecnológico de transmissão de sons e imagens com o fim de esclarecer os pontos necessários (art. 464, § 4º) e seu depoimento será prestado em audiência, sujeitando-se à inquirição do juiz e das partes.

Não é lícito ao magistrado valer-se de seus conhecimentos pessoais, de natureza técnica extrajurídica para dispensar a perícia (RT, 606/199), porque isto provocaria julgamento com base em elemento não controlável previamente pelas partes. Só o procedimento legal da coleta da perícia no processo assegura o contraditório e a ampla defesa em face da prova técnica. O magistrado, enfim, não pode ser perito e juiz, ao mesmo tempo.

JURISPRUDÊNCIA SELECIONADA

1. Utilização indiscriminada. "A prova pericial não pode ser utilizada indiscriminadamente e é inválida quando ao perito se comete analisar documentos e ouvir testemunhas sobre fatos não técnicos, porque isso implica violação aos princípios da imediatidade e da concentração, pelos quais a autoridade judiciária é que deve ter contato direto com aquele que vai prestar depoimento, e que só pode prestá-lo em juízo e em audiência" (TRT, RO 3.368/85, Rel. Juiz Aroldo Gonçalves, 1ª Turma, 3ª Região, jul. 17.02.1986, *Adcoas*, n. 108.592, 1986).

2. Necessidade de prova técnica.

Perturbação do sossego público. "Entre as várias formas de poluição ambiental está a sonora. Para que se caracterize a poluição sonora, mister que haja prova técnica – medição por decibelímetro do som para verificar se este realmente encontra-se acima da tolerância da audição humana" (TJMG, Reexame Necessário Cível 1.0342.09.117266-4/001, Rel. Des. Belizário de Lacerda, 7ª Câmara Cível, jul. 15.02.2011, *DJe* 01.04.2011).

Concorrência desleal. Conjunto-imagem (*Trade Dress*). Mera comparação de fotografias. Insuficiência. Necessidade de produção de prova técnica. "A fim de se concluir pela existência de concorrência desleal decorrente da utilização indevida do conjunto-imagem de produto da concorrente é necessária a produção de prova técnica (CPC/73, art. 145) [art. 156 do CPC/2015]. O indeferimento de perícia oportunamente requerida para tal fim caracteriza cerceamento de defesa" (STJ, REsp 1778910/SP, Rel. Min. Maria Isabel Gallotti, 4ª Turma, jul. 06.12.2018, *DJe* 19.12.2018).

3. Justificativa da necessidade da prova. "Compete a quem requer perícia a justificativa da necessidade da prova. Acaso não justificada a sua necessidade, ou em sendo de verificação impraticável, lícito é ao juiz indeferir a perícia" (STJ, REsp 41.127/MG, Rel. Min. Nilson Naves, 3ª Turma, jul. 27.06.1994, *DJ* 19.09.1994, p. 24.692).

4. Casos de indeferimento de perícia.

a) Desnecessidade de perícia. "Em tema de marca de indústria e comércio, sendo jurídicos os conceitos de imitação, reprodução ou confusão, de todo inútil a realização de perícia se a contrafação é facilmente perceptível e não depende, portanto, de conhecimento técnico especial, aplicando-se o disposto no art. 420, parágrafo único, do CPC [art. 464, CPC/2015]" (TJSP, Ap 86.953-1, 5ª Câmara Cível, Rel. Des. Ralpho Waldo, jul. 11.06.1987) (*RT* 625/67).

"Na linha da iterativa jurisprudência desta Casa de Justiça, o magistrado não está obrigado a realizar todas as perícias requeridas pelas partes. Ao revés, dentro do livre convencimento motivado, pode dispensar exames que repute desnecessários ou protelatórios. Na hipótese, se não foi deferida a diligência complementar – esclarecimentos adicionais ao perito –, é porque o juiz do processo a entendeu irrelevante" (STJ, REsp 1.352.497/DF, Rel. Min. Og Fernandes, 2ª Turma, jul. 04.02.2014, *DJe* 14.02.2014). **No mesmo sentido**: STJ, REsp 50.473/SP, Rel. Min. Nilson Naves, 3ª Turma, jul. 04.06.1996, *DJ* 19.08.1996.

b) Cerceamento de defesa. Não ocorrência. "O indeferimento de pedido de produção de perícia, **por si só**, não se caracteriza como cerceamento de defesa, principalmente se a parte faz solicitação aleatória, desprovida de qualquer esclarecimento" (STJ, MS 7.275/DF, 3ª Seção, Rel. Min. Félix Fischer, *DJU* 23.04.2001, p. 117).

Inexistência de violação do direito à prova. "Entendendo o julgador que há elementos suficientes para o julgamento da lide, em razão das provas já produzidas no processo, não há que se falar em cerceamento de defesa, pelo indeferimento da produção de prova pericial, a teor do art. 420, parágrafo único, do CPC [art. 464, § 1º, CPC/2015]" (STJ, REsp 878.226/RS, Rel. Min. Francisco Falcão, 1ª Turma, jul. 27.02.2007, *DJ* 02.04.2007).

"A alegação de cerceamento de defesa por indeferimento de perícia contábil importa reexame de matéria de prova, defeso na via do recurso especial, consoante Súmula nº 7-STJ" (STJ, REsp 213.489/SP, Rel. Min. Gilson Dipp, 5ª Turma, *DJU* 05.06.2000, p. 196).

c) Cerceamento de defesa. Ocorrência. "O indeferimento de perícia, oportuna e fundamentadamente requerida, que se revela essencial ao deslinde da controvérsia posta em juízo, **implica cerceamento de defesa**. A perícia judicial somente pode ser dispensada, com base no art. 427 do CPC [art. 472 do CPC/2015], se não comprometer o contraditório, vale dizer, quando ambas as partes apresentam desde logo elementos de natureza técnica prestados a que o juiz forme a sua convicção. É a exegese que se impõe, pois fora daí sequer haveria a igualdade no tratamento das partes que a lei processual manda observar" (STJ, 3ª Turma, REsp 56.963/MG, Rel. Min. Costa Leite, ac. de 17.04.1995, *RSTJ* 73/382).

5. Exame de DNA. Ausência injustificada do réu.

Condução coercitiva. Impossibilidade. "Discrepa, a mais não poder, de garantias constitucionais implícitas e explícitas – preservação da dignidade humana, da intimidade, da intangibilidade do corpo humano, do império da lei e da inexecução específica e direta de obrigação de fazer – provimento judicial que, em ação de investigação de paternidade, implique determinação no sentido de o réu ser conduzido ao laboratório, 'debaixo de vara' para a coleta do material indispensável à feitura do exame DNA. A recusa resolve-se no plano jurídico-instrumental, consideradas a dogmática, a doutrina e a jurisprudência, no que voltadas ao deslinde das questões ligadas à prova dos fatos" (STF, Pleno, HC 71.373-4/RS, Rel. Min. Marco Aurélio, ac. de 10.11.1994, *DJU* 22.11.1996, p. 31.390).

Presunção relativa. "'Apesar de a Súmula 301/STJ ter feito referência à presunção *juris tantum* de paternidade na hipótese de recusa do investigado em se submeter ao exame de DNA, os precedentes jurisprudenciais que sustentaram o entendimento sumulado definem que esta circunstância não desonera o autor de comprovar, minimamente, por meio de provas indiciárias a existência de relacionamento íntimo entre a mãe e o suposto pai' (REsp 692.242/MG, Rel. Min. Nancy Andrighi, 3ª Turma, *DJ* 12.09.2005. [...]. Pensamento contrário ao sufragado pela jurisprudência desta Corte geraria situações em que qualquer homem estaria sujeito a ações temerárias, quiçá fraudulentas, pelas quais incautos encontrariam caminho fácil para a riqueza, principalmente se o investigado é detentor de uma boa situação material" (STJ, REsp 1.068.836/RJ, Rel. Min. Honildo Amaral de Mello Castro, 4ª Turma, jul. 18.03.2010, *DJe* 19.04.2010).

Pretensão do autor em realizar segundo exame. Recusa do réu. "A recusa do suposto pai em realizar segundo exame pericial, quando o primeiro exame concluiu pela negativa de paternidade, não pode ser acolhida como prova desfavorável ao réu, tendo em vista que tal presunção esbarraria no resultado do laudo apresentado pelos peritos no primeiro exame, não contestado em nenhum aspecto pelo recorrente" (STJ, REsp 777.435/SP, Rel. Min. Sidnei Beneti, 3ª Turma, jul. 15.12.2009, *DJe* 18.12.2009).

Descendentes. Presunção *iuris tantum*. Impossibilidade. "A presunção relativa decorrente da recusa do suposto pai em submeter-se ao exame de DNA, nas ações de investigação de paternidade, cristalizada na Súmula 301/STJ, não pode ser estendida aos seus descendentes, por se tratar de direito personalíssimo e indisponível" (STJ, REsp 714.969/MS, Rel. Min. Luis Felipe Salomão, 4ª Turma, jul. 04.03.2010, *DJe* 22.03.2010).

Restos mortais. Exumação. "A tendência internacional na esfera da jurisdição é o recurso a esta perícia para a indicação correta da verdade biológica, desatendendo-se, inclusive, a solução preconizada largamente na doutrina e na jurisprudência da improcedência da ação em caso da *exceptio plurium concumbentium*, porque os avanços da ciência permitem até nessa hipótese indicar a relação paterna" (*RT* 720/220). **No mesmo sentido:** STJ, AgRg na Pet 8.321/DF, Rel. Min. Massami Uyeda, 3ª Turma, jul. 05.04.2011, *DJe* 25.04.2011.

Testemunha. "As testemunhas não são parte do processo, portanto não podem ser objeto de perícia pelo método DNA, ainda mais que é prova imprópria ao fim desejado, pois sua finalidade na ação de investigação de paternidade é afirmar ou negar a paternidade presumida" (TJMG, Ap 21728/81, Rel. Des. Bady Curi, 5ª Câmara Cível, jul. 30.06.1996, *RT* 715/241).

Terceiro. "A prova da paternidade deve restringir-se às partes envolvidas no processo. Quem não é parte na ação não pode ser compelido a submeter-se ao exame da paternidade, para o que não há amparo legal" (TJSP, AI 235.820-1/5, Rel. Des. Toledo Silva, 4ª Câmara Cível, jul. 29.12.1994) (*RT* 715,140).

6. Responsabilidade civil. Erro médico. "As provas não possuem valor determinado, sendo apreciadas no contexto e conjuntamente com as demais. A conclusão da perícia oficial prevalece, se as outras provas são incapazes de desmerecê-la" (TJMG, Apelação Cível 1.0521.10.000258-8/001, Rel. Des.

Ramom Tácio, 16ª Câmara Cível, jul. 06.11.2019, *DJe-MG* 21.11.2019).

7. Mandado de segurança. "Não viola direito líquido e certo, tutelável pela via excepcional do *writ* contra ato judicial, a decisão do magistrado que, nas circunstâncias do caso concreto, autoriza o início da perícia antes da citação da parte adversa" (STJ, ROMS 381/SP, Rel. Min. Athos Carneiro, 4ª Turma, jul. 21.08.1990, *DJU* 10.09.1990, p. 9.129).

8. Processo cautelar. "O procedimento da ação cautelar de antecipação de provas deverá ser adaptado ao disposto nos arts. 420 a 439 do CPC [arts. 464 a 480 do CPC/2015]. Por isso não há, em tal feito, fase de especificação de provas, devendo o juiz, se deferida a liminar, nomear perito e determinar que sejam oferecidos quesitos e indicação de assistentes técnicos, se o desejarem as partes. De qualquer forma, preambularmente citada a parte *ex adversa*" (TJMG, AI 258.437-3/00, Rel. Des. Páris Peixoto Pena, 1ª Câmara, jul. 12.03.2002).

9. Não comparecimento do autor. "Não tendo o autor comparecido à perícia designada, nem tendo sido encontrado no endereço constante da inicial, e intimada a parte para dar prosseguimento, sem resultado, pode o juiz decretar a extinção do processo" (STJ, REsp 34.226/SP, Rel. p/ acórdão Min. Assis Toledo, 5ª Turma, jul. 07.06.1993, *DJ* 02.08.1993).

10. Realização de segunda perícia. "Tendo em vista os princípios da livre apreciação da prova e da não adstrição do juiz ao laudo pericial, estando devidamente fundamentada a decisão, fica ao seu prudente arbítrio deferir a realização da segunda perícia. Sem que a parte interessada tenha impugnado oportunamente a qualificação do perito ou nomeado assistente técnico, não pode impor ao juiz a realização de nova perícia, apenas porque a primeira lhe foi desfavorável" (STJ, REsp 217.847/PR, Rel. Min. Castro Filho, 3ª Turma, jul. 04.05.2004, *DJ* 17.05.2004).

Art. 465. O juiz nomeará perito especializado no objeto da perícia e fixará de imediato o prazo para a entrega do laudo.

§ 1º Incumbe às partes, dentro de 15 (quinze) dias contados da intimação do despacho de nomeação do perito:

I – arguir o impedimento ou a suspeição do perito, se for o caso;

II – indicar assistente técnico;

III – apresentar quesitos.

§ 2º Ciente da nomeação, o perito apresentará em 5 (cinco) dias:

I – proposta de honorários;

II – currículo, com comprovação de especialização;

III – contatos profissionais, em especial o endereço eletrônico, para onde serão dirigidas as intimações pessoais.

§ 3º As partes serão intimadas da proposta de honorários para, querendo, manifestar-se no prazo comum de 5 (cinco) dias, após o que o juiz arbitrará o valor, intimando-se as partes para os fins do art. 95.

§ 4º O juiz poderá autorizar o pagamento de até cinquenta por cento dos honorários arbitrados a favor do perito no início dos trabalhos, devendo o remanescente ser pago apenas ao final, depois de entregue o laudo e prestados todos os esclarecimentos necessários.

§ 5º Quando a perícia for inconclusiva ou deficiente, o juiz poderá reduzir a remuneração inicialmente arbitrada para o trabalho.

§ 6º Quando tiver de realizar-se por carta, poder-se-á proceder à nomeação de perito e à indicação de assistentes técnicos no juízo ao qual se requisitar a perícia.

CPC/1973

Arts. 421 e 428.

REFERÊNCIA LEGISLATIVA

CPC/2015, arts. 82 e 95 (remuneração do perito e dos assistentes técnicos), 156 a 158 (perito) e 481 a 484 (inspeção de pessoas ou coisas pelo juiz).

BREVES COMENTÁRIOS

O técnico que deve servir no processo como perito é escolhido pelo juiz (CPC/2015, art. 465). Uma vez nomeado, passa a exercer a função pública de órgão auxiliar da Justiça (art. 149), com o encargo de assistir o juiz na prova do fato que depender de seu conhecimento técnico ou científico (art. 156). O perito pode escusar-se, deixando de aceitar o encargo que o juiz lhe destinou. Pode, também, ser recusado pelas partes, por impedimento ou suspeição (art. 467).

A nomeação do perito é feita pelo juiz na decisão de saneamento, quando houver por bem deferir a prova técnica, estabelecendo de logo o prazo para a entrega do laudo e o calendário para sua realização (arts. 357, § 8º, e 465, *caput*).

JURISPRUDÊNCIA SELECIONADA

1. Nomeação de estabelecimento oficial sem individuação do perito. "A nomeação de estabelecimento oficial para a realização de perícia médico-oficial, sem individuação do perito, não viola o art. 421, CPC [art. 465 do CPC/2015], e encontra suporte legal no art. 434 da lei processual [art. 478 do CPC/2015], supondo a confiança do juiz em todos os integrantes do quadro, bem como no critério de seu diretor" (STJ, AgRg no Ag 38.839/SP, Rel. Min. Sálvio de Figueiredo Teixeira, 4ª Turma, jul. 07.02.1995, *DJ* 20.03.1995, p. 6.121).

2. Perito. Escolha do magistrado. "O fato de a lei dispor que o perito será escolhido de preferência entre os técnicos dos estabelecimentos oficiais especializados não impede que o magistrado nomeie médico particular tecnicamente habilitado e de sua confiança" (STJ, REsp 19.062/SP, Rel. Min. José de Jesus Filho, 2ª Turma, jul. 29.11.1993, *DJ* 13.12.1993, p. 27.431).

3. Interpretação da norma. "A prova pericial deve se revestir das formalidades previstas em lei. A interpretação teleológica do art. 421 do CPC [art. 465 do CPC/2015] impõe ao juízo a observância da qualificação técnica e imparcialidade do perito, sobre quem se aplicam, inclusive, as disposições atinentes ao impedimento e suspeição" (STJ, REsp 655.747/MG, Rel. Min. Jorge Scartezzini, 4ª Turma, jul. 16.08.2005, *DJ* 12.09.2005, p. 339).

4. Necessidade de realização da prova ainda que o magistrado tenha conhecimento técnico. "Em se tratando de matéria complexa, em que se exige o conhecimento técnico ou científico, a perícia deve ser realizada. O juiz, ainda que não esteja vinculado às conclusões do laudo pericial, não pode realizar os cálculos 'de próprio punho'. Isso porque, com a determinação da perícia, as partes terão a oportunidade de participar da produção probatória, com a nomeação de assistentes técnicos e a formulação de quesitos. [...] Assim, a realização da prova pericial, quando o fato a ser demonstrado exigir conhecimento técnico ou científico, é um direito da parte, não podendo o magistrado indeferi-la, ainda que possua capacitação técnica" (STJ, AgRg no AREsp 184.563/RN, Rel. Min. Humberto Martins, 2ª Turma, jul. 16.08.2012, *DJe* 28.08.2012).

Perícia. Prova necessária. "Ocorre que a **análise dos balanços contábeis da empresa depende de conhecimentos técnicos específicos**, sendo matéria que escapa às regras da experiência comum do magistrado. A matéria relativa à natureza jurídica do valor cobrado na presente ação é de fato, está controvertida e demanda instrução probatória, com a realização de perícia por profissional habilitado, a qual, aliás, foi requerida oportunamente pelas partes" (STJ, REsp 1.324.681/SC, Rel. Min. Nancy Andrighi, 3ª Turma, jul. 09.04.2013, *DJe* 15.04.2013).

5. Imparcialidade do perito (*caput*). "É aberrante a nomeação, pelo juiz, de parente, cônjuge, consanguíneo ou afim, bem como de amigo íntimo, como perito do juízo, comportamento esse que macula a imagem do Poder Judiciário, corrói a sua credibilidade social e viola frontalmente os deveres de 'assegurar às partes igualdade de tratamento' e 'prevenir ou reprimir qualquer ato contrário à dignidade da justiça' (CPC, art. 125, I e III) [art. 139, I e III, do CPC/2015]" (STJ, RMS 15.316/SP, Rel. Min. Herman Benjamin, 2ª Turma, jul. 01.09.2009, *DJe* 30.09.2009).

6. Perícia em comarca diversa. "É possível, pelas peculiaridades da espécie, ao juiz da causa designar vistoria para proceder perícia nos livros e contabilidade da empresa que se encontram em sua sede localizada fora de sua comarca" (STJ, REsp 95.314/SP, Rel. Min. Cesar Asfor Rocha, 4ª Turma, jul. 29.04.1998, *DJ* 22.06.1998, p. 83).

7. Profissional com habilitação diversa. "A perícia realizada cumpriu sua finalidade, ainda que tenha sido elaborada por profissional de nível superior com habilitação diversa daquela pretendida pelo recorrente" (STJ, REsp 177.047/RS, Rel. Min. Franciulli Netto, 2ª Turma, jul. 17.05.2001, *DJ* 13.08.2001, p. 88). **No mesmo sentido:** TASP, AC no Ag 223.398-7, Rel. Juiz Ruiter Oliva, 1ª Câmara Cível, jul. 17.08.1988 (*RT* 635/264).

Perito não especialista na área de conhecimento. Validade. "O art. 465, *caput*, do CPC prevê que 'o juiz nomeará perito especializado no objeto da perícia e fixará de imediato o prazo para a entrega do laudo'. Exige-se, assim, que o perito seja um profissional com conhecimento especializado exigido para a realização da perícia. Sucede que nem sempre o objeto da perícia reclamará o exame por profissional com especialidade em determinada área do conhecimento. Assim, basta que o perito nomeado tenha conhecimento técnico ou científico bastante para contribuir com a elucidação dos fatos controvertidos no processo. Na hipótese, a perícia realizada por clínico geral e não por médico especialista em ginecologia e obstetrícia é válida, tendo em vista que o perito comprovou possuir conhecimento técnico na área objeto da perícia, demonstrando ser graduado em medicina, pós-graduado em urgência, emergência médica e terapia intensiva, bem como ter prática em atendimentos de pré-natal e puerpério" (STJ, REsp 2.121.056/PR, Rel. Min. Nancy Andrighi, 3ª Turma, jul. 21.05.2024, *DJe* 24.05.2024).

8. Nomeação de perito. Impugnação. Momento oportuno. "Intimado da nomeação do perito, deveria o Incra ter impugnado tal ato nesse momento, ao invés de esperar a conclusão do laudo para verificar se foi favorável ou não e, então, após tal observação, alegar o vício, consistente na subscrição do laudo por engenheiro civil, ao invés de engenheiro agrônomo" (STJ, AgRg no REsp 517.425/CE, Rel. Min. Francisco Falcão, 1ª Turma, jul. 04.12.2003, *DJ* 22.03.2004, p. 222).

"Decorrido o prazo para a interposição de recurso contra a sentença que, em seu dispositivo, nomeou o perito-liquidante, e já oferecido o laudo, não pode ser acolhida a impugnação da nomeação do *expert*, fundada em suposta ausência de capacidade técnica em razão da preclusão antes ocorrida" (STJ, REsp 914.363/RJ, Rel. Min. Sidnei Beneti, 3ª Turma, jul. 19.08.2010, *DJe* 02.02.2011).

"A ausência de impugnação tempestiva da nomeação do perito pelo autor deve ser relativizada em determinadas circunstâncias. Não é possível exigir das partes que sempre saibam de antemão quais são exatamente as qualificações técnicas e o alcance dos conhecimentos do perito nomeado" (STJ, REsp 957.347/DF, Rel. Min. Nancy Andrighi, 3ª Turma, jul. 23.03.2010, *DJe* 28.04.2010).

9. Intimação. Contraditório (§ 1º). "Nos termos do art. 421, § 1º, do Código de Processo Civil [art. 465, § 1º, CPC/2015], após a nomeação do perito responsável pela produção da prova pericial, deve o juiz intimar as partes para indicação de assistente técnico e apresentação de quesitos, em observância ao princípio do contraditório. As partes têm direito de contraditar o laudo produzido pelo *expert*, refutar suas conclusões e requerer esclarecimentos acerca da prova técnica, sendo certo que tais providências só podem ser adotadas se forem elas intimadas da produção da prova pericial" (STJ, REsp 812.027/RN, Rel. Min. Maria Thereza de Assis Moura, 6ª Turma, jul. 05.10.2010, *DJe* 18.10.2010).

10. (§ 1º). "A falta de intimação do despacho de nomeação de perito pode ser suprida pelo juiz com a ampliação do prazo do art. 421, § 1º, do CPC [art. 465, § 1º, do CPC/2015] para garantia da participação do assistente técnico na perícia" (STJ, REsp 1.932/SP, Rel. Min. Gueiros Leite, 3ª Turma, jul. 14.05.1990, *DJ* 11.06.1990, p. 5.355).

11. Prazo para apresentação dos quesitos (§ 1º, II). "É possível a indicação de assistente técnico e a formulação de quesitos de perícia, além do quinquídio previsto no art. 421, § 1º, do Código de Processo Civil [art. 465, § 1º, I, do CPC/2015] (prazo não preclusivo), desde que não dado início aos trabalhos da prova pericial. Precedentes" (STJ, REsp 796.960/MS, Rel. Min. Fernando Gonçalves, 4ª Turma, jul. 15.04.2010, *DJe* 26.04.2010). **Obs.:** No CPC/2015 o prazo é de quinze dias. **No mesmo sentido:** STJ, AgRg no Ag 381.069/SP, Rel. Min. Carlos Alberto Menezes Direito, 3ª Turma, jul. 13.08.2001, *DJ* 08.10.2001, p. 215. **Em sentido contrário: Prazo preclusivo.** "Não havendo motivo relevante para o retardamento da indicação de assistente técnico e apresentação de quesitos quer na oportunidade da extemporânea indicação, quer nas razões de recurso, considera-se precluso o direito do litigante interessado pelo decurso do prazo legal" (TJSP, AI 81.503-2, Rel. Des. José Cardinale, 17ª Câmara Cível, jul. 19.12.1984) (*RT* 595/105).

12. Honorários de perito. "Os honorários periciais relativos a quesitos suplementares que, como no caso dos autos, configuram em realidade uma nova perícia, devem ser adiantados pela parte que os formula. Essa orientação, além de respeitar a real natureza da nova quesitação ainda impede eventual comportamento processual malicioso" (STJ, REsp 842.316/MG, Rel. Min. Sidnei Beneti, 3ª Turma, jul. 25.05.2010, *DJe* 18.06.2010).

Art. 466. O perito cumprirá escrupulosamente o encargo que lhe foi cometido, independentemente de termo de compromisso.

§ 1º Os assistentes técnicos são de confiança da parte e não estão sujeitos a impedimento ou suspeição.

§ 2º O perito deve assegurar aos assistentes das partes o acesso e o acompanhamento das diligências e dos exames que realizar, com prévia comunicação, comprovada nos autos, com antecedência mínima de 5 (cinco) dias.

CPC/1973

Art. 422.

BREVES COMENTÁRIOS

O atual Código, a exemplo do anterior, dispensa a formalidade do compromisso do perito, impondo-lhe, porém, a obrigação de cumprir escrupulosamente o encargo judicial que lhe foi cometido.

Como agente auxiliar do juízo, está o perito sujeito a impedimento e suspeição, nos mesmos casos em que o juiz se submete a essas interdições de atuação no processo (art. 148, II). O mesmo não ocorre com o assistente técnico, considerado apenas elemento de confiança da parte, e por isso não se sujeita a impedimento ou suspeição (art. 466, § 1º).

Ao realizar a perícia, o perito deve assegurar aos assistentes técnicos das partes acompanhar as diligências, comunicando-os previamente de cada ato, com antecedência mínima de cinco dias. Trata-se de diligência probatória que deve ser realizada e concluída em presença e com participação de todos os técnicos credenciados pelo juiz e pelas partes.

JURISPRUDÊNCIA SELECIONADA

1. Perito. "O perito judicial é um auxiliar do juízo e não um servidor público" (STJ, RMS 12.963/SP, Rel. Min. Jorge Scartezzini, 4ª Turma, jul. 21.10.2004, *DJ* 06.12.2004, p. 311).

"O perito é auxiliar do juízo e deve pautar suas atividades com o máximo de isenção" (STJ, RMS 22.514/SP, Rel. Min. Humberto Martins, 2ª Turma, jul. 06.02.2007, *DJe* 18.11.2008).

2. Assistente técnico

Pessoa jurídica. "Não veda o sistema processual vigente que pessoa jurídica possa servir como assistente técnico, sobretudo após a edição da Lei 8.455/1992" (STJ, REsp 36.578/SP, Rel. Min. Sálvio de Figueiredo Teixeira, 4ª Turma, jul. 24.08.1993, *DJ* 27.09.1993, p. 19.823).

Impedimento e suspeição. "O entendimento do v. acórdão recorrido encontra-se em consonância com o posicionamento desta Corte, no sentido de que, com a sistemática introduzida pela Lei 8.455/1992, que alterou a redação do art. 422 do Código de Processo Civil [art. 466 do CPC/2015], o assistente técnico não se sujeita ao impedimento e suspeição, como ocorre com o perito. Precedente" (STJ, AgRg no Ag 679.750/SE, Rel. Min. Jorge Scartezzini, 4ª Turma, jul. 25.04.2006, *DJ* 15.05.2006, p. 219).

3. Indicação de outro assistente.

Ausência de nulidade. Caso, todavia, em que a indicação de outro assistente técnico, conquanto feita pela parte sem a apresentação de motivo específico, se deu antes de prestado tal compromisso, de sorte que não era hipótese clássica de substituição, achando-se correta a interpretação do tribunal *a quo* que a admitiu. Ademais, a investigação probatória, com a colheita do parecer do assistente técnico, foi mais profunda, inexistindo prejuízo – muito ao contrário – quanto à apuração da verdade dos fatos; e se ocorreu, eventualmente, algum retardamento na marcha processual, isso já está agora superado pelo decurso do tempo desde então" (STJ, REsp 44.170/SP, Rel. Min. Aldir Passarinho Junior, 4ª Turma, jul. 17.02.2000, *DJ* 24.04.2000, p. 55).

Art. 467. O perito pode escusar-se ou ser recusado por impedimento ou suspeição.

Parágrafo único. O juiz, ao aceitar a escusa ou ao julgar procedente a impugnação, nomeará novo perito.

CPC/1973

Art. 423.

REFERÊNCIA LEGISLATIVA

CPC/2015, arts. 148, II (impedimento e suspeição do perito e dos assistentes técnicos) e 157 (escusa do perito).

BREVES COMENTÁRIOS

O perito pode escusar-se, deixando de aceitar o encargo que o juiz lhe destinou. Pode, também, ser recusado pelas partes, por impedimento ou suspeição.

O perito deverá ser imparcial e insuspeito, tal como se passa com o juiz e com todos os seus auxiliares.

JURISPRUDÊNCIA SELECIONADA

1. Recusa de assistente técnico pelo magistrado *ex officio*. "Não pode o magistrado, de ofício, recusar o assistente técnico indicado por um dos litigantes sem que tenha havido manifestação da parte contrária a impugnar a indicação por impedimento ou suspeição" (TJMG, Ag 20.595/5, Rel. Des. Branca Rennó, 5ª Câmara, jul. 09.09.88; *Jurisp. Min.* 102 e 103/80). **Obs.: Conferir o § 1º do art. 466 do CPC/2015.**

2. Paciente de médico. "Tendo a perícia judicial sido realizada pelo médico da parte autora, é prudente que seja refeita tal prova, com a nomeação de médico sem qualquer vinculação com as partes, a fim de ser dada maior segurança a decisão monocrática" (TRF 4ª Região, Ap. 5019888-66.2015.4.04.9999/PR, Rel. Des. João Batista Pinto Silveira, ac. 17.08.2019, *DJe* 17.08.2016). **No mesmo sentido**: TARS, Ap. 189052764, Câmara de Férias Cível, Rel. Des. Antônio Carlos Stangler Pereira, jul. 12.07.1989.

Art. 468. O perito pode ser substituído quando:

I – faltar-lhe conhecimento técnico ou científico;

II – sem motivo legítimo, deixar de cumprir o encargo no prazo que lhe foi assinado.

§ 1º No caso previsto no inciso II, o juiz comunicará a ocorrência à corporação profissional respectiva, podendo, ainda, impor multa ao perito, fixada tendo em vista o valor da causa e o possível prejuízo decorrente do atraso no processo.

§ 2º O perito substituído restituirá, no prazo de 15 (quinze) dias, os valores recebidos pelo trabalho não realizado, sob pena de ficar impedido de atuar como perito judicial pelo prazo de 5 (cinco) anos.

§ 3º Não ocorrendo a restituição voluntária de que trata o § 2º, a parte que tiver realizado o adiantamento dos honorários poderá promover execução contra o perito, na forma dos arts. 513 e seguintes deste Código, com fundamento na decisão que determinar a devolução do numerário.

CPC/1973

Art. 424.

BREVES COMENTÁRIOS

Sendo de livre escolha do juiz, o perito é agente de sua confiança. Por isso mesmo, cessada a confiança, tem o magistrado poder para removê-lo, a qualquer tempo. O dispositivo legal não cuida da substituição de assistente técnico nem pode ser aplicado analogicamente a ele, visto que, de acordo com o art. 466 do CPC, o assistente não exerce múnus *processual* e não passa de um assessor da parte. Sem embargo de algumas poucas decisões que exigem justo motivo para tal substituição, o entendimento correto deve ser no sentido de que o assessor técnico, como elemento de confiança da parte, pode ser livremente substituído quando esta não mais lhe depositar confiança. Quem não tem poderes para remover ou substituir o assistente técnico é o juiz, não a parte que o contratou. Ao magistrado, a quem compete velar pelo regular andamento do processo, o que pode e deve ser feito é o policiamento da conduta das partes e seus assistentes, a fim de evitar abusos e temeridades.

O perito pode ser substituído quando não tiver conhecimentos técnicos ou científicos suficientes para a elaboração da perícia ou deixar de cumprir o encargo sem motivo legítimo. Nesse caso, o experto é obrigado a restituir os valores recebidos pelo trabalho não realizado, no prazo de 15 dias, sob pena de (i) ficar impedido de atuar como perito judicial pelo prazo de cinco anos, e, (ii) ser executado pela parte que pagou a diligência, na forma dos arts. 513 e seguintes do CPC/2015.

JURISPRUDÊNCIA SELECIONADA

1. Destituição do perito. Quebra de confiança. "Quebrada a confiança do magistrado e constatada a falta de isenção na elaboração do laudo pericial, pode o juiz determinar, inclusive de ofício, a substituição do *expert*, com a devolução dos honorários à parte que não contribuiu para o fato e se viu devidamente prejudicada" (STJ, RMS 22.514/SP, Rel. Min. Humberto Martins, 2ª Turma, jul. 06.02.2007, *DJe* 18.11.2008).

2. Conhecimento técnico insuficiente (inciso I). "Na hipótese em que o próprio perito confirma seu desconhecimento acerca das técnicas necessárias à realização de cálculos de avaliação atuarial, e considerando-se que a questão assume grande importância para a decisão da lide, torna-se necessária a nomeação de profissional especializado nessa área do conhecimento, para que complemente o laudo pericial entregue. É dever do próprio perito escusar-se, de ofício, do encargo que lhe foi atribuído, na hipótese em que seu conhecimento técnico não seja suficiente para realizar o trabalho pericial de forma completa e confiável" (STJ, REsp 957.347/DF, Rel. Min. Nancy Andrighi, 3ª Turma, jul. 23.03.2010, *DJe* 28.04.2010).

3. Falta de empenho na prestação de esclarecimentos. "A destituição do perito oficial por desídia ocorreu não por qualquer motivo relacionado ao trabalho que ele originariamente desenvolveu, mas por falta de empenho manifestada apenas por ocasião da prestação de esclarecimentos suplementares. Não há menção de má-fé ou impedimento do primeiro perito a invalidar seu trabalho original. Com isso, a perícia inicialmente elaborada não é inválida, mas incompleta, demandando a nomeação de novo perito para complementá-la" (STJ, REsp 805.252/MG, Rel. Min. Nancy Andrighi, 3ª Turma, jul. 27.03.2007, *DJ* 16.04.2007, p. 190).

4. Afastamento *ex officio* e *ad nutum*. "O perito judicial é um auxiliar do juízo e não um servidor público. Logo, sua desconstituição dispensa a instauração de qualquer processo administrativo ou arguição por parte do magistrado que o nomeou, não lhe sendo facultado a ampla defesa ou o contraditório nestes casos, pois seu afastamento da função pode se dar *ex officio* e *ad nutum*, quando não houver mais o elo de confiança. Isto pode ocorrer em razão da precariedade do vínculo entre ele e o poder público, já que seu auxílio é eventual" (STJ, RMS 12.963/SP, Rel. Min. Jorge Scartezzini, 4ª Turma, jul. 21.10.2004, *DJ* 06.12.2004, p. 311).

5. Morte do perito. Laudo ainda não anexado aos autos. Nomeação de outro perito. (TJSP, Ap. 153.211-2, Rel. Des. Laerte Nordi, 11ª Câmara, jul. 22.02.1990, *RJTJESP* 124/234).

6. Assistente técnico. Substituição. "No regime da Lei 8.455, de 1992, que alterou a redação do art. 424 do CPC [art. 468 do CPC/2015], o assistente técnico, depois de intimado sem recusar o encargo, já não pode ser substituído, salvo por motivo de força maior devidamente comprovado" (STJ, REsp 45.491/SP, Rel. Min. Ari Pargendler, 2ª Turma, jul. 06.03.1997, *DJ* 14.04.1997, p. 12.705). **No mesmo sentido:** STJ, REsp 655.363/SC, Rel. Min. Aldir Passarinho Junior, 4ª Turma, jul. 04.12.2008, *DJe* 02.02.2009.

Impedimento e suspeição. "O juiz, no exercício da sua função jurisdicional, não pode ver-se tolhido na direção da fase instrutória do processo, só porque não se aplicam o impedimento e a suspeição aos assistentes técnicos, devendo conduzir a marcha processual no sentido da estabilidade das relações entre as partes e da garantia de igualdade de tratamento" (STJ, REsp 125.706/SP, Rel. Min. Sálvio de Figueiredo Teixeira, 4ª Turma, jul. 26.10.1999, *DJ* 13.12.1999, p. 149).

Art. 469. As partes poderão apresentar quesitos suplementares durante a diligência, que poderão ser respondidos pelo perito previamente ou na audiência de instrução e julgamento.

Parágrafo único. O escrivão dará à parte contrária ciência da juntada dos quesitos aos autos.

CPC/1973

Art. 425.

REFERÊNCIA LEGISLATIVA

CPC/2015, art. 477, §§ 3º e 4º (esclarecimentos do perito e dos assistentes técnicos).

BREVES COMENTÁRIOS

A admissão de quesitos suplementares pressupõe que o laudo não tenha sido concluído e deve ser policiado pelo juiz para evitar manobras procrastinatórias de litigante de má-fé, principalmente quando os pedidos de esclarecimento já foram respondidos pelo perito.

JURISPRUDÊNCIA SELECIONADA

1. Tempestividade. "Quando já apresentados o laudo pericial e os esclarecimentos posteriores, inadmissível o oferecimento de quesitos suplementares, que devem ser formulados durante a diligência. Assim, o indeferimento dos formulados extemporaneamente não constitui cerceamento de defesa, ainda mais se as respectivas respostas encontram-se no corpo do laudo apresentado" (2º TASP, AC 203.498-8, Rel. Juiz Bóris Kauffmann, 7ª C.C., jul. 24.02.1987; *RT* 618/152; *JTACiv.SP* 103/413).

"Enquanto não devolvido o laudo pericial, qualquer quesito pode ser formulado, mesmo que nenhum tenha sido feito antes" (TJSP, Ag. 229679-1, Rel. Des. Ernane de Paiva, 6ª Câmara, jul. 04.08.1994, *JTJ* 164/217).

"A parte que não formulou quesitos principais no prazo do art. 421, § 1º, II, do CPC [art. 465, § 1º, III, do CPC/2015] não se encontra, a rigor, impedida de formular quesitos suplementares ao outro litigante" (1º TACivSP, AI 505398-5, Rel. Juiz Ferraz Nogueira, 3ª Câmara, jul. 05.05.1992, *RT* 687/103).

2. Manobras procrastinatórias. "Conquanto seja assegurado à parte apresentar quesitos suplementares, essa faculdade deve ser apreciada com atenção, a fim de evitar ações procrastinatórias que retardem a marcha processual" (STJ, REsp 36.471/SP, Rel. Min. Aldir Passarinho Junior, 4ª Turma, jul. 02.03.2000, *DJ* 02.05.2000, p. 141). **No mesmo sentido:** STJ, REsp 697.446/AM, Rel. Min. Cesar Asfor Rocha, 4ªTurma, jul. 27.03.2007, *DJ* 24.09.2007 p. 313.

Art. 470. Incumbe ao juiz:

I – indeferir quesitos impertinentes;

II – formular os quesitos que entender necessários ao esclarecimento da causa.

CPC/1973

Art. 426.

REFERÊNCIA LEGISLATIVA

CPC/2015, arts. 139, II (dever do juiz de velar pela rápida solução do litígio), e 370 (poder do juiz de determinar as provas necessárias e dever de indeferir as diligências inúteis).

BREVES COMENTÁRIOS

A formulação de quesitos pelo juiz decorre do seu poder de iniciativa da prova, previsto no art. 370 do CPC.

O indeferimento de quesito deve ser fundamentado, como toda decisão judicial. Podendo configurar cerceamento de defesa, o indeferimento pode ser impugnado em preliminar das razões ou contrarrazões da apelação contra a sentença posteriormente pronunciada (CPC/2015, art. 1.009, § 3º).

JURISPRUDÊNCIA SELECIONADA

1. Quesitos impertinentes (inciso I).

Ausência de nulidade. "O art. 426, I, do CPC [art. 470, I, do CPC/2015], por seu turno, também deixa claro que compete ao juiz o indeferimento de quesitos impertinentes. [...] O indeferimento de quesitos impertinentes é faculdade atribuída ao julgador durante a fase de instrução do processo, não constituindo causa de nulidade da sentença" (STJ, REsp 811.429/SP, Rel. Min. Denise Arruda, 1ª Turma, jul. 13.03.2007, *DJ* 19.04.2007, p. 236). **No mesmo sentido:** STJ, AgRg no Ag 997.897/RJ, Rel. Min. Fernando Gonçalves, 4ª Turma, jul. 04.03.2010, *DJe* 22.03.2010.

Desconsideração em grau de recurso. Possibilidade. "O quesito impertinente, se não foi indeferido no juízo de 1º grau, como lhe competia (art. 426, I, do CPC) [art. 470, I, do CPC/2015], cabe em grau de recurso, seja excluído ou desconsiderado, caso já tenha sido respondido" (*RT* 687/103).

2. Questão estranha ao objeto da perícia. "A decisão judicial que indefere o quesito, qualificando-o como estranho ao objeto da perícia, configura-se como devidamente fundamentada, nos termos do art. 165 do CPC [art. 205 do CPC/2015]" (TRF-1ª Região, AgIn 2000.01.00.107113-8, Rel. Juiz Conv. Alexandre Vidigal de Oliveira, 4ª Turma, jul. 25.07.2005, *DJ* 30.08.2005).

3. Indeferimento.

Intimação. "As partes devem ser intimadas do indeferimento dos quesitos; a efetivação da medida sem tal intimação prévia constitui cerceamento de defesa" (TJRS, Ag. 593146400, Rel. Des. Waldemar L. de Freitas Filho, 7ª Câmara Cível, jul. 23.03.1994, *RJTJERGS* 165/207).

Art. 471. As partes podem, de comum acordo, escolher o perito, indicando-o mediante requerimento, desde que:

I – sejam plenamente capazes;

II – a causa possa ser resolvida por autocomposição.

§ 1º As partes, ao escolher o perito, já devem indicar os respectivos assistentes técnicos para acompanhar a realização da perícia, que se realizará em data e local previamente anunciados.

§ 2º O perito e os assistentes técnicos devem entregar, respectivamente, laudo e pareceres em prazo fixado pelo juiz.

§ 3º A perícia consensual substitui, para todos os efeitos, a que seria realizada por perito nomeado pelo juiz.

REFERÊNCIA LEGISLATIVA

CPC/2015, art. 190 (negócio jurídico processual).

BREVES COMENTÁRIOS

Cabe ao juiz nomear, em cada processo, o perito que deverá ser especializado no objeto a ser submetido à prova técnica (art. 465, *caput*). O atual CPC, no entanto, apresenta uma novidade na matéria, ao prever que as partes, de comum acordo, podem escolher o perito, antecipando-se, portanto, à nomeação do juiz.

JURISPRUDÊNCIA SELECIONADA

1. Despacho de citação. Prazo. Matéria controvertida. Inexistência. "O prazo estabelecido pelo juiz no despacho de citação não configura matéria controvertida entre as partes a demandar a prolação de uma decisão, porquanto nem sequer havia manifestação delas (partes) a respeito disso, de modo que o tema não se apresenta insusceptível de novo pronunciamento, tanto é assim que o próprio Juízo de primeiro grau de jurisdição proferiu sentença julgando intempestivos os embargos à execução, provimento reformado pelo Tribunal de origem, no acórdão recorrido" (STJ, AgInt no AgInt no AREsp 653.774/DF, Rel. Min. Gurgel de Faria, 1ª Turma, jul. 14.06.2022, *DJe* 30.06.2022).

Art. 472. O juiz poderá dispensar prova pericial quando as partes, na inicial e na contestação, apresentarem, sobre as questões de fato, pareceres técnicos ou documentos elucidativos que considerar suficientes.

CPC/1973

Art. 427.

REFERÊNCIA LEGISLATIVA

CPC/2015, arts. 371 (livre apreciação da prova) e 476 a 477 (prova pericial; prorrogação do prazo; entrega do laudo).

BREVES COMENTÁRIOS

As partes, na inicial ou na contestação, podem apresentar sobre as questões da causa (de fato apenas) pareceres técnicos ou documentos elucidativos. Se o juiz os considerar suficientes para a solução da lide, poderá dispensar a realização da perícia judicial. Trata-se, de certo modo, de admitir a perícia extrajudicial. Não fica o juiz, entretanto, impedido de solicitar esclarecimentos complementares do parecerista, principalmente diante do quadro probatório formado ao longo da instrução do processo. Em tal situação, pode agir de ofício ou a requerimento da parte.

JURISPRUDÊNCIA SELECIONADA

1. Substituição da perícia por pareceres técnicos juntados pelas partes. "Sendo o juiz destinatário das provas, nos termos do art. 370 do CPC/2015, cabe-lhe determinar a produção das que considerar necessárias ao julgamento de mérito. (...) O art. 472 do CPC/2015 (art. 427 do CPC/1973) dispõe que 'o juiz poderá dispensar prova pericial quando as partes, na inicial e na contestação, apresentarem, sobre as questões de fato, pareceres técnicos ou documentos elucidativos que considerar suficientes'. Tendo o julgador entendido pela insuficiência da prova produzida, não se pode dispensar a produção de perícia judicial, no caso" (STJ, REsp 1804146/SE, Rel. Min. Herman Benjamin, 2ª Turma, jul. 09.05.2019, *DJe* 29.05.2019).

2. Valoração dos elementos de convicção do magistrado. "Os artigos 427 e 436 do CPC [arts. 472 e 479 do CPC/2015] não impõem ao juízo uma *capitis deminutio*, impedindo-o de avaliar a prova; ao revés, é tarefa judicial a valoração dos elementos de convicção, exteriorizada no convencimento racional motivado" (STJ, REsp 930.970/SP, Rel. Min. Luiz Fux, 1ª Turma, jul. 14.10.2008, *DJe* 03.11.2008).

"O critério de aferição da necessidade ou não da realização de prova pericial é de estrita competência do juiz presidente do processo, destinatário de toda prova. Cabendo ao julgador a direção do processo, a quem a instrução é dirigida, deve valer-se do disposto no art. 130 do CPC [art. 370 do CPC/2015] para a escolha das provas hábeis e apropriadas para esclarecer a verdade dos fatos, posto que não impõe a lei os meios de prova para determinar sua convicção" (TJMG, Ag. 1.0105.03.085173-4/001, Rel. Des. Gouvêa Rios, 1ª Câm. Cív., jul. 15.06.2004, *DJ* 18.06.2004).

3. Cerceamento de defesa. Ver jurisprudência do art. 464 do CPC/2015.

4. Acidente de trânsito. Orçamento idôneo. "A apresentação de orçamento idôneo, não elidido por elementos hábeis pela parte contrária, é suficiente para a comprovação dos danos alegados pelo autor" (STJ, REsp 260.742/RJ, Rel. Min. Barros Monteiro, 4ª Turma, jul. 10.04.2001, *DJ* 13.08.2001, p. 164).

"Para aferição do valor da indenização, em acidente de trânsito, dispensa-se a produção de prova pericial quando o pedido vem suficientemente instruído com orçamentos, notas ou recibos discriminados, emitidos por empresas especializadas e idôneas" (TJSP, Ap. s/ Rev. 992050160280 (947758800), Rel. Des. Douglas Augusto dos Santos, 26ª C. C., jul. 21.05.2007).

Art. 473. O laudo pericial deverá conter:

I – a exposição do objeto da perícia;

II – a análise técnica ou científica realizada pelo perito;

III – a indicação do método utilizado, esclarecendo-o e demonstrando ser predominantemente aceito pelos especialistas da área do conhecimento da qual se originou;

IV – resposta conclusiva a todos os quesitos apresentados pelo juiz, pelas partes e pelo órgão do Ministério Público.

§ 1º No laudo, o perito deve apresentar sua fundamentação em linguagem simples e com coerência lógica, indicando como alcançou suas conclusões.

§ 2º É vedado ao perito ultrapassar os limites de sua designação, bem como emitir opiniões pessoais que excedam o exame técnico ou científico do objeto da perícia.

§ 3º Para o desempenho de sua função, o perito e os assistentes técnicos podem valer-se de todos os meios necessários, ouvindo testemunhas, obtendo informações, solicitando documentos que estejam em poder da parte, de terceiros ou em repartições públicas, bem como instruir o laudo com planilhas, mapas, plantas, desenhos, fotografias ou outros elementos necessários ao esclarecimento do objeto da perícia.

CPC/1973

Art. 429.

BREVES COMENTÁRIOS

O laudo pericial é o relato das impressões captadas pelo técnico em torno do fato litigioso, por meio dos conhecimentos especiais de quem o examinou. Vale pelas informações que contenha, não pela autoridade de quem o subscreveu, razão pela qual deve o perito indicar as razões em que se fundou para chegar às conclusões enunciadas em seu laudo. As conclusões do técnico têm de ser convincentes, do ponto de vista lógico, e se não o são, o juiz não fica a elas adstrito, podendo formar seu convencimento com base em outras provas dos autos, ou até mesmo em função do ônus da prova, se for o caso.

JURISPRUDÊNCIA SELECIONADA

1. Ato personalíssimo. "Não é a perícia ato essencialmente personalíssimo. Assim, pode o perito oficial, sem macular seu laudo, valer-se dos suplementos técnicos de adjuvantes não compromissados para complementar seu trabalho e reforçar suas conclusões, sem que isto invalide a perícia e seu resultado" (TJMG, Ap. 74.860/2, Rel. Des. Sérgio Léllis Santiago, 2ª Câmara Cível, jul. 06.09.1988, *Jurisp. Min.* 104/121).

2. Possibilidade da utilização de diversos meios de coleta de dados. "Para a realização da perícia, o perito e o assistente técnico podem socorrer-se de todos os meios de coleta de dados necessários, inclusive conhecimentos técnicos de outros profissionais, devidamente qualificados nos autos" (STJ, REsp 217.847/PR, Rel. Min. Castro Filho, 3ª Turma, jul. 04.05.2004, *DJ* 17.05.2004, p. 212).

Art. 474. As partes terão ciência da data e do local designados pelo juiz ou indicados pelo perito para ter início a produção da prova.

CPC/1973

Art. 431-A.

BREVES COMENTÁRIOS

A preocupação da norma contida no art. 474 é a de evitar perícias levadas a efeito em segredo e sem condições de acompanhamento pelas partes e seus assistentes. Portanto, antes de dar início a suas tarefas técnicas, o perito tem de certificar-se da prévia intimação dos litigantes.

Sobre o direito da parte de participar da própria realização da prova, discorre Luiz Guilherme Marinoni, *Novas linhas do processo civil*, São Paulo: Malheiros, p. 258-259: "O direito à prova é resultado da necessidade de se garantir ao cidadão a adequada participação no processo. Como demonstra Vigorriti, a estreita conexão entre as alegações dos fatos, com que se exercem os direitos de ação e de defesa, e a possibilidade de submeter ao juiz os elementos necessários para demonstrar os fundamentos das próprias alegações, tornou clara a influência das normas em termos de prova sobre os direitos garantidos pelo *due process of law*. A mesma conexão impõe o reconhecimento, em nível constitucional, de um verdadeiro e próprio direito à prova (*right to evidence*) em favor daqueles que têm o direito de agir ou de se defender em juízo. O direito de produzir prova engloba o direito à adequada oportunidade de requerer sua produção, o direito de participar da sua realização e o direito de falar sobre os seus resultados".

JURISPRUDÊNCIA SELECIONADA

1. Inobservância da norma.

a) Nulidade do ato. "É nula a perícia produzida sem intimação das partes quanto ao dia e local de realização da prova (Art. 431-A, CPC)" [art. 474 do CPC/2015] (STJ, AgRg no REsp 1.070.733/RJ, Rel. Min. Humberto Martins, 2ª Turma, jul. 18.12.2008, *DJe* 16.02.2009). **No mesmo sentido:** TJSP, AI 2005.002.02462, Rel. Des. Cássia Medeiros, 18ª Câmara Cível, jul. 12.04.2005; TJSP, AI 2002.002.20661, Rel. Des. Ivan Cury, 10ª Câmara Cível, jul. 09.06.2003; TJMG, APCV

7526614-10.2007.8.13.0024; 9ª Câmara Cível, Rel. Des. Tarcisio Martins Costa, *DJEMG* 10.10.2011.

b) Ausência de prejuízo.

Ausência de intimação da parte para acompanhar a perícia. Prejuízo não demonstrado. "O Tribunal de origem observou que, embora intimadas, as partes não indicaram assistentes técnicos ou mesmo formularam quesitos e, quanto à ausência de comunicação às partes da data e local para produção da prova, não se demonstrou prejuízo concreto ocasionado pela falta de acompanhamento das diligências. Segundo a jurisprudência do Superior Tribunal de Justiça, a inobservância da intimação referida no art. 431-A do CPC/73 (atual art. 474 do NCPC) não ocasiona nulidade absoluta, devendo a parte demonstrar a existência de prejuízo, o que não ocorreu no caso dos autos, em que a perícia estava destinada apenas à apuração de valores locatícios e de venda de imóvel" (STJ, AgInt no AREsp 1.274.421/SC, Rel. Min. Lázaro Guimarães, 4ª Turma, jul. 05.06.2018, *DJe* 12.06.2018). **No mesmo sentido:** STJ, REsp 1.121.718/SP, Rel. Min. Nancy Andrighi, 3ª Turma, jul. 05.08.2010, *DJe* 20.08.2010.

2. Intimação para perícia médica em ação de cobrança de seguro DPVAT. Intimação feita ao representante processual. Impossibilidade. Ver jurisprudência do art. 269.

3. Prova pericial. Ausência de intimação da parte para acompanhar a continuação da perícia não enseja suspeição do *expert*. "A ausência de intimação da parte para a continuidade da relação da perícia não acarreta necessariamente a suspeição do expert. Em incidente de exceção de suspeição de perito, em que não se requereu a nulidade da perícia, a apresentação de tal pleito apenas em sede de recurso especial representa inovação recursal" (STJ, AgInt no AREsp 1404114/SP, Rel. Min. Luis Felipe Salomão, 4ª Turma, jul. 14.05.2019, *DJe* 23.05.2019).

4. Repetição da perícia. "Deve ser repetida a produção de prova pericial se as partes não foram devidamente cientificadas da data e do local do início dos trabalhos, conforme determina o art. 431-A do CPC" [art. 474 do CPC/2015] (1º TACivSP, Ag. 1254344-3, Rel. Juiz Erbetta Filho, 3ª Câmara, jul. 23.03.2004, *RT* 827/287).

5. Intimação dos assistentes. Se a perícia se desenvolve mediante a mera elaboração de cálculos, não há necessidade de intimação dos assistentes técnicos, na medida em que não há diligências a serem acompanhadas (STJ, REsp 976.888/MG, Rel. Min. Nancy Andrighi, 3ª Turma, jul. 06.04.2010, *DJe* 01.07.2010).

Art. 475. Tratando-se de perícia complexa que abranja mais de uma área de conhecimento especializado, o juiz poderá nomear mais de um perito, e a parte, indicar mais de um assistente técnico.

CPC/1973

Art. 431-B.

BREVES COMENTÁRIOS

Para as perícias complexas, que reclamem conhecimento multidisciplinar, o juiz poderá nomear mais de um perito. É o caso, por exemplo, do julgamento de uma demanda indenizatória por falha de equipamentos industriais, cuja solução reclamará trabalho técnico de engenheiro e de economista, ou de técnico em contabilidade; ou a hipótese de avaliação de sequelas de lesões pessoais que tenham afetado as funções motora e psíquica da vítima, reclamando laudos de ortopedista e de psiquiatra etc. Ressalte-se, porém, que a regra básica do Código é a nomeação de um só perito, de modo que a multiplicidade autorizada pelo art. 475 só se justifica pela diversidade de técnicas em jogo. Não poderá servir de pretexto para a indicação de mais de um experto da mesma área de conhecimento. O que a norma excepcional permite, portanto, é apenas um perito diferente para cada área especializada de conhecimento.

Se o juiz nomear mais de um perito, com conhecimentos técnicos diferenciados, também as partes poderão, cada uma, designar assistentes técnicos diferentes para cada experto do juiz.

JURISPRUDÊNCIA SELECIONADA

1. Perícia. Designação de equipe multidisciplinar. Faculdade do magistrado. "A jurisprudência desta Corte de Justiça é firme no sentido de que a prova tem como destinatário o magistrado, a quem cabe avaliar sua suficiência, necessidade e relevância. Assim, é facultado ao julgador o indeferimento e a não realização de produção probatória que julgar desnecessária para o regular trâmite do processo, sob o pálio da prerrogativa do livre convencimento, seja ela testemunhal, pericial ou documental, cabendo-lhe, apenas, expor fundamentadamente o motivo de sua decisão. Da leitura do art. 475 do CPC/15 infere-se que a nomeação de mais de um perito constitui faculdade do juiz, não sendo possível, no caso concreto, obrigá-lo à designação de equipe multidisciplinar, especialmente quando, segundo seu convencimento, um perito especialista em engenharia ambiental é hábil a analisar os pontos levantados pelas partes" (STJ, AgInt no REsp 1648745/PR, Rel. Min. Sérgio Kukina, 1ª Turma, jul. 27.11.2018, *DJe* 06.12.2018).

2. Internação involuntária por transtorno psiquiátrico. Prova pericial. Especialidade do perito. Neurocirurgião. Necessidade de perícia complementar por médico psiquiatra. "O propósito recursal é decidir sobre a necessidade de substituição do perito, médico neurocirurgião, por outro da área de psiquiatria, ou de realização de nova perícia, a fim de que se possa aferir a regularidade da internação involuntária da recorrente em virtude de transtorno psiquiátrico. (...) O STJ flexibilizou as regras contidas no art. 145 do CPC/73 para decidir que a formação do perito – seu grau de instrução e/ou sua especialidade – deve ser compatível com a natureza e a complexidade da perícia. A neurologia – e a neurocirurgia, por sua vez – é ramo da medicina que cuida das doenças que afetam o sistema nervoso; trata do corpo físico, portanto. A psiquiatria, noutro ângulo, é ramo da medicina que cuida das doenças emocionais e comportamentais, que até podem alterar o corpo físico, mas residem em uma dimensão imaterial. É extremamente delicada, complexa e singular a tarefa de analisar o que se passa na mente humana, sobretudo porque as enfermidades a ela relacionadas nem sempre se manifestam por sinais e sintomas no corpo físico. Ante a gravidade das circunstâncias descritas nos autos, que culminaram com a privação da liberdade da recorrente, é recomendável que à perícia do neurocirurgião se agregue o exame sob o enfoque emocional, mental e comportamental, por médico psiquiatra, complementando, assim, o estudo quanto ao estado de saúde psicofísico da pericianda. A perícia psiquiátrica complementar visa a aferir, com maior segurança, se a recorrente sofria realmente de transtornos psiquiátricos de tamanha gravidade, aptos a justificar a adoção de medida tão drástica como a sua internação involuntária" (STJ, REsp 1704544/SP, Rel. Min. Nancy Andrighi, 3ª Turma, jul. 22.05.2018, *DJe* 28.05.2018).

3. Nomeação de outro perito. Ato privativo do juiz. "O artigo 431-B do CPC [art. 475, CPC/2015] autoriza a nomeação pelo magistrado de mais de um *expert* nos casos em que, em razão da complexidade e abrangência de várias áreas técnicas, haja necessidade da participação de mais de um profissional especializado. A nomeação é ato privativo da autoridade judicial, vedando-se a escolha pelo perito nomeado pelo juízo" (STJ, REsp 866.240/RS, Rel. Min. Castro Meira, 2ª Turma, jul. 22.05.2007, *DJ* 08.08.2007, p. 366).

Art. 476. Se o perito, por motivo justificado, não puder apresentar o laudo dentro do prazo, o juiz poderá conceder-lhe, por uma vez, prorrogação pela metade do prazo originalmente fixado.

CPC/1973

Art. 432.

BREVES COMENTÁRIOS

A entrega do laudo, em regra, ocorrerá dentro do prazo fixado, mas havendo motivo legítimo o juiz poderá conceder ampliação daquele prazo, pela metade e apenas por uma única vez. Se o laudo não for produzido no tempo determinado, o juiz poderá substituir o perito moroso.

JURISPRUDÊNCIA SELECIONADA

1. Prazo dilatório. "O prazo para a produção da perícia é dilatório, portanto é admissível que o perito o exceda, desde que se justifique razoavelmente" (TJCE, Ap. 15.262, Rel. Des. Costa e Silva, 2ª Câmara, jul. 21.03.1984; *Jurisp. e Doutr.* 138/57).

Art. 477. O perito protocolará o laudo em juízo, no prazo fixado pelo juiz, pelo menos 20 (vinte) dias antes da audiência de instrução e julgamento.

§ 1º As partes serão intimadas para, querendo, manifestar-se sobre o laudo do perito do juízo no prazo comum de 15 (quinze) dias, podendo o assistente técnico de cada uma das partes, em igual prazo, apresentar seu respectivo parecer.

§ 2º O perito do juízo tem o dever de, no prazo de 15 (quinze) dias, esclarecer ponto:

I – sobre o qual exista divergência ou dúvida de qualquer das partes, do juiz ou do órgão do Ministério Público;

II – divergente apresentado no parecer do assistente técnico da parte.

§ 3º Se ainda houver necessidade de esclarecimentos, a parte requererá ao juiz que mande intimar o perito ou o assistente técnico a comparecer à audiência de instrução e julgamento, formulando, desde logo, as perguntas, sob forma de quesitos.

§ 4º O perito ou o assistente técnico será intimado por meio eletrônico, com pelo menos 10 (dez) dias de antecedência da audiência.

CPC/1973

Arts. 433 e 435.

BREVES COMENTÁRIOS

Mesmo além do termo assinalado, poder-seá aceitar o laudo desde que se respeite a antecedência mínima de vinte dias da audiência. As regras dos arts. 465, 477 e 476 não devem ser entendidas como inflexíveis, cumprindo evitar inteligência que as considere geradoras de prazos fatais e irremediáveis.

Em hipótese alguma é de admitir-se que o juiz proceda ao julgamento da causa imediatamente após a juntada do laudo pericial, sem ouvir as partes a seu respeito (art. 477, § 1º). Semelhante proceder representaria grave violação ao contraditório, acarretando nulidade da sentença por cerceamento de defesa.

Os assistentes não estão obrigados a subscrever o laudo do perito, embora possam fazê-lo quando estiverem de acordo com suas conclusões. Seu encargo é o de apresentar parecer, seja para apoiar o laudo, seja para dele discordar.

O perito pode ser ouvido em audiência de instrução e julgamento para esclarecer pontos do seu trabalho, quando os esclarecimentos prestados nos autos forem insuficientes (art. 477, § 3º). A convocação do perito para a audiência pode ser deliberada pelo juiz, de ofício ou a requerimento da parte.

JURISPRUDÊNCIA SELECIONADA

1. Pedido de esclarecimentos ao perito. "Possibilidade de a parte discordante solicitar esclarecimentos ao perito após a elaboração do laudo (cf. art. 477 do CPC/2015), bem como de interpor recurso contra a decisão do juízo que vier a encampar as conclusões do 'expert'" (STJ, AgInt no REsp 1557353/RS, Rel. Min. Paulo de Tarso Sanseverino, 3ª Turma, jul. 17.11.2016, *DJe* 22.11.2016).

2. Princípio do contraditório. "Apresentado o laudo pericial, é defeso ao juiz proferir desde logo a sentença, devendo abrir vista às partes para que se manifestem sobre o mesmo, pena de violação do princípio do contraditório. A Lei n. 10.358/2001 alterou o parágrafo único do art. 433, CPC [art. 477 do CPC/2015], que passou a exigir expressamente a intimação das partes a respeito do laudo pericial" (STJ, REsp 421.342/AM, Rel. Min. Sálvio de Figueiredo Teixeira, 4ª Turma, jul. 11.06.2002, *DJ* 25.11.2002, p. 240).

"Se o laudo pericial influenciou o julgamento da causa, sua juntada aos autos sem o conhecimento da parte que sucumbiu implica a nulidade do processo" (STJ, REsp 275.686/PR, Rel. Min. Ari Pargendler, 3ª Turma, jul. 23.10.2000, *DJ* 04.12.2000, p. 65). **No mesmo sentido:** STJ, REsp 92.313/SP, Rel. Min. Sálvio de Figueiredo Teixeira, 4ª Turma, jul. 14.04.1998, *DJ* 08.06.1998, p. 113).

3. Realização da audiência. Apresentação do laudo com antecedência. "Deferida a realização de perícia, o juiz não pode realizar a audiência se o laudo não for apresentado com antecedência prevista no art. 433 [art. 477, CPC/2015]" (*RJTJES* 62/263).

4. Laudo juntado fora do prazo. Vinte dias antes da audiência. Ausência de prejuízo. Possibilidade. (TJSP, Ag. 122567-2, Rel. Des. Oliveira Costa, 11ª Câmara, jul. 15.10.1987, *JTACSP* 111/353).

5. Assistente. Prazo preclusivo. "O prazo de que dispõe o assistente técnico para juntada do parecer é preclusivo, cuja apresentação extemporânea impõe o seu desentranhamento. Precedentes: REsp 792.741/RS, Rel. Min. Nancy Andrighi, *DJ* 25.10.2007; REsp 800.180/SP, Rel. Min. Jorge Scartezzini, *DJ* 08.05.2006; REsp 299.575/MG, Rel. Min. Antônio de Pádua Ribeiro, *DJ* 15.12.2003" (STJ, REsp 918.121/SP, Rel. Min. Luiz Fux, 1ª Turma, jul. 02.12.2008, *DJe* 17.12.2008).

6. Perito residente em comarca diversa. "Se o perito não reside na sede do juízo, nada impede que o julgador remeta pedido de esclarecimentos ao mesmo, que os prestará por escrito, para se evitarem indagações embaraçosas ao *expert*, que só serviriam para confundir e desmerecer a perícia, sendo desnecessária a designação de audiência para tal fim" (*RT* 715/241).

7. Indicação genérica dos quesitos. "Os esclarecimentos dos peritos em audiência devem ser pedidos mediante a formulação das perguntas a serem respondidas, 'sob a forma de quesitos' (art. 435, e parágrafo único, do Código de Processo Civil de 1973 [art. 477 e § 4º do CPC/2015]), não satisfazendo esse requisito a genérica indicação dos quesitos já respondidos" (1º TACivSP, Ap. 214.452, Rel. Juíza Paula Bueno, 6ª Câmara, jul. 26.08.1975, *RT* 482/136).

8. Respostas aos quesitos. Limite. "Os quesitos de esclarecimento previstos no art. 435 do CPC [art. 477, CPC/2015] somente podem ter por objeto as respostas dadas aos quesitos inicialmente apresentados" (2º TACivSP, Ap. 249658-8, REl. Juiz Bóris Kauffmann, 7ª Câmara, jul. 28.11.1989, *RT* 649/135).

9. Julgamento antecipado da lide. Impossibilidade. "Deferida e realizada a prova pericial, há de se entender imprescindível a audiência de instrução e julgamento, termo final dos esclarecimentos periciais a que se refere o art. 435 do CPC [art. 477 do CPC/2015]. Nulidade do julgamento antecipado, tanto mais que, no caso, resultaram frustrados os esclarecimentos periciais requeridos e a própria prova testemunhal oportunamente deferida" (*RTFR* 157/249).

10. Esclarecimentos através de carta precatória. Impossibilidade. (TJSP, Ag. 70149-1, Rel. Des. Gonçalves Santana, 6ª Câmara Cível, jul. 19.12.1985, *RJTJESP* 102/257).

11. (§ 4º). "É de ser indeferido pedido de esclarecimentos ao perito quando a petição é protocolada em comarca diversa sete dias antes da audiência designada, impossibilitando a observância do prazo assinalado de cinco dias previsto no parágrafo único do artigo 435 do Código de Processo Civil [art. 477 do CPC/2015]" (JTACSP 161/332). **Obs.:** O prazo atual é de dez dias.

Art. 478. Quando o exame tiver por objeto a autenticidade ou a falsidade de documento ou for de natureza médico-legal, o perito será escolhido, de preferência, entre os técnicos dos estabelecimentos oficiais especializados, a cujos diretores o juiz autorizará a remessa dos autos, bem como do material sujeito a exame.

§ 1º Nas hipóteses de gratuidade de justiça, os órgãos e as repartições oficiais deverão cumprir a determinação judicial com preferência, no prazo estabelecido.

§ 2º A prorrogação do prazo referido no § 1º pode ser requerida motivadamente.

§ 3º Quando o exame tiver por objeto a autenticidade da letra e da firma, o perito poderá requisitar, para efeito de comparação, documentos existentes em repartições públicas e, na falta destes, poderá requerer ao juiz que a pessoa a quem se atribuir a autoria do documento lance em folha de papel, por cópia ou sob ditado, dizeres diferentes, para fins de comparação.

CPC/1973

Art. 434.

BREVES COMENTÁRIOS

A lei não obriga que a perícia, nos casos do art. 478, seja sempre realizada em estabelecimentos oficiais. Prevê apenas uma preferência, a qual, entretanto, não exclui o poder do juiz de escolha de técnico de sua confiança, estranho ao serviço público. No caso de interesse de parte litigante sob a garantia de assistência judiciária, o recurso aos estabelecimentos oficiais é a forma adequada de superar o problema do custeio da perícia, sempre que haja instituição pública acessível.

JURISPRUDÊNCIA SELECIONADA

1. Cópia xerográfica. "Não é possível periciar-se cópia xerográfica para apurar autenticidade ou falsidade de assinatura lançada no original" (TARS, Ap. 188.018.238, Rel. Juiz Ivo Gabriel da Cunha, 3ª Câmara, jul. 13.04.1988; *JTARS* 66/404).

Art. 479. O juiz apreciará a prova pericial de acordo com o disposto no art. 371, indicando na sentença os motivos que o levaram a considerar ou a deixar de considerar as conclusões do laudo, levando em conta o método utilizado pelo perito.

CPC/1973

Art. 436.

BREVES COMENTÁRIOS

O perito é apenas um auxiliar da Justiça e não um substituto do juiz na apreciação do evento probando. Seu parecer não é uma sentença, mas apenas fonte de informação para o juiz, que não fica adstrito ao laudo e pode formar sua convicção de modo contrário à base de outros elementos ou fatos provados no processo (art. 479). E, realmente, deve ser assim, pois, do contrário, o laudo pericial deixaria de ser simples meio de prova para assumir o feitio de decisão arbitral e o perito se colocaria numa posição superior à do próprio juiz, tornando dispensável até mesmo o pronunciamento jurisdicional. Embora não esteja o juiz vinculado ao laudo, não pode desprezá-lo arbitrariamente, devendo sempre motivar com rigor sua decisão a respeito (CF, art. 93, IX e CPC, art. 11, *caput*).

JURISPRUDÊNCIA SELECIONADA

1. Valoração da prova. Inexistência de graduação. "De acordo com as regras processuais de valoração da prova, inexiste graduação entre os meios probatórios admitidos. Mesmo nos casos em que a realização de prova técnica se afigure indispensável à solução da controvérsia – como se dá, indiscutivelmente, no caso dos autos –, o Magistrado não se encontra vinculado às suas conclusões, podendo delas se apartar, desde que o faça fundamentadamente, valendo-se de outras provas acostadas aos autos que as infirmem de modo convincente e integral" (STJ, REsp 1599405/SP, Rel. Min. Marco Aurélio Bellizze, 3ª Turma, jul. 04.04.2017, *DJe* 17.04.2017).

2. Dispensa de perícia. Conhecimento técnico do próprio juiz. Inadmissibilidade (art. 375 do CPC/2015). Livre convencimento. Decisão fundamentada. "A finalidade da prova é o convencimento do juiz, sendo ele o seu direto e principal destinatário, de modo que a livre convicção do magistrado consubstancia a bússola norteadora da necessidade ou não de produção de quaisquer provas que entender pertinentes ao julgamento da lide, bem como lhe cabe atribuir o peso que entender devido a cada um dos elementos probatórios constantes dos autos. Assim, deve o magistrado analisar livremente o conjunto de provas, expondo os fundamentos que o levaram àquela conclusão, a qual deve estar atrelada à racionalidade e à atenção exclusiva aos elementos de convicção constantes dos autos (art. 131 do CPC) [art. 371 do CPC/2015]. Dessarte, a diretriz resultante da interpretação conjunta dos arts. 131 e 436, Código de Processo Civil [arts. 371 e 436 do CPC/2015], permite ao juiz apreciar livremente a prova, mas não lhe dá a prerrogativa de trazer aos autos impressões pessoais e conhecimentos extraprocessuais que não possam ser objeto do contraditório e da ampla defesa pelas partes litigantes, nem lhe confere a faculdade de afastar injustificadamente a prova pericial, porquanto a fundamentação regular é condição de legitimidade da sua decisão" (STJ, REsp 1.095.668/RJ, Rel. Min. Luis Felipe Salomão, 4ª Turma, jul. 12.03.2013, *DJe* 26.03.2013).

"Da mesma forma que o juiz não está adstrito ao laudo pericial, podendo, inclusive, formar a sua convicção com outros elementos ou fatos provados nos autos, inexiste empecilho para que ele o adote integralmente como razões de decidir, dispensando as outras provas produzidas, inclusive os laudos apresentados pelos assistentes técnicos das partes, desde que dê a devida fundamentação. 'A livre apreciação da prova, desde que a decisão seja fundamentada, considerada a lei e os elementos existentes nos autos, é um dos cânones do nosso sistema processual' (REsp 7.870/SP, 4ª Turma, Rel. Min. Sálvio de Figueiredo Teixeira, *DJ* de 03.02.1992)" (STJ, REsp 908.239/MT, Rel.ª Min.ª Denise Arruda, 1ª Turma, jul. 21.08.2007, *DJ* 20.09.2007).

"O juiz não está adstrito ao laudo pericial, podendo formar sua convicção com outros elementos, podendo determinar a realização de nova perícia, quando a matéria não lhe parecer suficientemente esclarecida. Não há impedimento ao juiz oficiar à recorrente, para que esta lhe preste os esclarecimentos que achar necessários para o deslinde da lide" (STJ, REsp 817.769/SP, Rel. Min. Francisco Falcão, 1ª Turma, jul. 09.05.2006, *DJ* 25.05.2006). **No mesmo sentido**: STJ, AgRg no Ag 27.011/RS, Rel. Min. Dias Trindade, 3ª Turma, jul. 26.10.1992, *DJ* 23.11.1992; STJ, AgRg no AREsp 81.149/ES, Rel. Min. Napoleão Nunes Maia Filho, 1ª Turma, jul. 15.10.2013, *DJe* 04.12.2013.

3. Exame de DNA. "Ao juiz é dado apreciar livremente a prova produzida, não sendo o laudo pericial o único elemento de convicção (REsp 197.906/SP, da minha relatoria, *DJ* de 06.09.99); por outro lado, o grau de confiabilidade do DNA não exclui a possibilidade de erro, não pela técnica em si mesma, mas, sim, pela própria realização, em função da falibilidade humana, não se cuidando da realização de novo exame de confirmação" (STJ, REsp 317.809/MG, Rel. Min. Carlos Alberto Menezes Direito, 3ª Turma, *DJU* 05.08.2002).

Ação negatória de paternidade. Relação socioafetiva. "(...) O êxito em ação negatória de paternidade depende da demonstração, a um só tempo, da inexistência de origem biológica e também de que não tenha sido constituído o estado de filiação, fortemente marcado pelas relações socioafetivas e edificado na convivência familiar. Vale dizer que a pretensão voltada à impugnação da paternidade não pode prosperar, quando fundada apenas na origem genética, mas em aberto conflito com a paternidade socioafetiva. No caso, as instâncias ordinárias reconheceram a paternidade socioafetiva (ou a posse do estado de filiação), desde sempre existente entre o autor e as requeridas" (STJ, REsp 1.059.214/RS, Rel. Min. Luis Felipe Salomão, 4ª Turma, jul. 16.02.2012, *DJe* 12.03.2012).

4. Destituição do perito oficial. "A destituição do perito oficial por desídia ocorreu, não por qualquer motivo relacionado ao trabalho que ele originariamente desenvolveu, mas por falta de emprenho manifestada apenas por ocasião da prestação de esclarecimentos suplementares. Não há menção de má fé ou impedimento do primeiro perito, a invalidar seu trabalho original. Com isso, a perícia inicialmente elaborada não é inválida, mas incompleta, demandando a nomeação de novo perito para complementá-la. Não obstante o segundo perito entenda, por um critério técnico, que seria necessário repetir todo o exame da causa, produzindo novo laudo pericial completo, o juiz responsável, bem como o respectivo Tribunal, não ficam vinculados a essa medida. Assim, podem, nos expressos termos do art. 439, parágrafo único, do CPC [art. 480, § 3º, do CPC/2015], apreciar livremente os dois laudos periciais preparados e acolher, tanto o primeiro, como o segundo, conforme seu livre convencimento" (STJ, REsp 805.252/MG, Rel.ª Min.ª Nancy Andrighi, 3ª Turma, jul. 27.03.2007, *DJ* 16.04.2007, p. 190).

Art. 480. O juiz determinará, de ofício ou a requerimento da parte, a realização de nova perícia quando a matéria não estiver suficientemente esclarecida.

§ 1º A segunda perícia tem por objeto os mesmos fatos sobre os quais recaiu a primeira e destina-se a corrigir eventual omissão ou inexatidão dos resultados a que esta conduziu.

§ 2º A segunda perícia rege-se pelas disposições estabelecidas para a primeira.

§ 3º A segunda perícia não substitui a primeira, cabendo ao juiz apreciar o valor de uma e de outra.

CPC/1973

Arts. 437, 438 e 439.

BREVES COMENTÁRIOS

Essa deliberação poderá ser tomada, de ofício ou a requerimento da parte, logo após a juntada do laudo ao processo, ou em diligência após os esclarecimentos dos peritos em audiência e coleta dos demais meios de prova, desde que persista a dúvida em trono do *thema probandum*. A nova perícia é uma exceção, e não uma faculdade da parte, de sorte que o juiz só a determinará quando julgá-la realmente imprescindível diante de uma situação obscura refletida nos elementos de prova dos autos. Conforme o sábio conselho de Batista Martins, "o juiz deverá usar desse arbítrio com moderação e prudência, para evitar a perda de tempo e o aumento das despesas, mas semelhantes preocupações não lhe deverão embaraçar a ação, desde que o laudo pericial e a crítica não lhe hajam subministrado os conhecimentos de que precisa". Sua finalidade, portanto, é apenas eliminar a perplexidade do julgador, gerada pela prova existente nos autos.

O segundo laudo não anula ou invalida o primeiro. Ambos permanecerão nos autos, e o juiz fará o cotejo entre eles, apreciando livremente o valor de um e outro (art. 480, § 3º), a fim de formar seu convencimento, segundo a regra geral do art. 371. Poderão, destarte, ser extraídos dados ou elementos de convicção de ambos os trabalhos periciais, não obstante as imperfeições do primeiro laudo.

JURISPRUDÊNCIA SELECIONADA

1. Realização de nova perícia. Faculdade do juiz. "Tendo em vista os princípios da livre apreciação da prova e da não adstrição do juiz ao laudo pericial, estando devidamente fundamentada a decisão, fica ao seu prudente arbítrio deferir a realização da segunda perícia. Sem que a parte interessada tenha impugnado oportunamente a qualificação do perito ou nomeado assistente técnico, não pode impor ao juiz a realização de nova perícia, apenas porque a primeira lhe foi desfavorável" (STJ, REsp 217.847/PR, Rel. Min. Castro Filho, 3ª Turma, jul. 04.05.2004, *DJ* 17.05.2004). **No mesmo sentido:** STJ, AgRg no AgRg no RMS 30.405/MG, Rel. Min. Benedito Gonçalves, 1ª Turma, jul. 04.05.2010, *DJe* 11.05.2010.

"A prova é destinada ao Juiz, para a formação de seu convencimento, razão pela qual somente a ele cabe analisar a necessidade de realização de nova perícia" (STJ, REsp 1.070.772/RJ, Rel. Min. Nancy Andrighi, 3ª Turma, jul. 22.06.2010, *DJe* 03.08.2010). **No mesmo sentido:** TJSP, AGI 630.350-4/0-00, Rel. Des. Carlos Augusto de Santi Ribeiro, 1ª Câmara Direito Privado, jul. 12.05.2009, *DJe* 02.06.2009; STJ, AgRg no Ag 500.602/MG, Rel. Min. Castro Filho, 3ª Turma, jul. 16.11.2004, *DJ* 06.12.2004.

"O instituto da preclusão, em princípio, dirige-se as partes, como expresso no art. 437 do CPC [art. 480 do CPC/2015], podendo o juiz de superior instância reexaminar decisões interlocutórias, máxime se pertinentes à prova" (STJ, EDcl no REsp 2.340/SP, Rel. Min. Athos Carneiro, 4ª Turma, jul. 23.10.1990, *DJ* 12.11.1990).

Nota: Ver também a jurisprudência selecionada do art. 370 do CPC/2015.

2. Maior segurança. Finalidade da norma. "Há razoabilidade em ato judicial de determinação de nova perícia técnica no intuito de se aferir, com maior segurança, o valor real no mercado imobiliário da área em litígio sem prejudicar qualquer das partes envolvidas" (STJ, REsp 602.636/MA, Rel. Min. José Delgado, 1ª Turma, jul. 06.05.2004, *DJ* 14.06.2004).

"Não há impedimento legal a que o juiz, à vista do longo tempo decorrido e de outras circunstâncias que possam pôr em dúvida as conclusões da primeira perícia, determine, no curso da ação de desapropriação, a realização de novo laudo, que permite, com maior segurança, apurar o valor da justa indenização devida" (STJ, REsp 592.736/RJ, Rel. Min. Teori Albino Zavascki, 1ª Turma, jul. 27.09.2005, *DJ* 10.10.2005, p. 223).

3. Livre convencimento motivado do julgador. Perícia insuficiente. Realização de nova perícia na fase de liquidação. "Tanto o CPC/73 como o CPC/15 estabelecem que o julgador não está adstrito ao laudo pericial, e, constatando que a matéria não foi suficientemente esclarecida, seja por não ter esgotado o estudo técnico dos fatos a serem provados, seja por falta de precisão, clareza ou certeza quanto a determinado dado relevante, pode determinar a realização de uma segunda perícia, a fim de corrigir eventual omissão ou inexatidão dos resultados a que a primeira conduziu. Não há regra em nosso ordenamento jurídico que imponha seja realizada a segunda perícia, na hipótese de insuficiência da primeira, tampouco que se faça aquela pelo mesmo profissional que efetivou esta, incumbindo ao julgador, no exercício do livre convencimento motivado, avaliar as circunstâncias concretas. Hipótese em que não se evidencia qualquer nulidade na decisão que, diante da insuficiência do resultado da perícia com relação à extensão dos danos materiais, relega, para a fase de liquidação por arbitramento, a apuração do quanto devido pela recorrente aos recorridos, assim resolvendo, desde logo, a crise de adimplemento havida entre as partes" (STJ, REsp 1.758.265/PR, Rel. Min. Nancy Andrighi, 3ª Turma, jul. 02.04.2019, *DJe* 04.04.2019).

4. Meio recursal de impugnação. "Como consequência do princípio da não adstrição do juiz ao laudo na formação do seu convencimento, a lei processual o autoriza, como diretor do processo, a determinar a realização de nova perícia (CPC, arts. 436/437) [arts. 479 e 480 do CPC/2015], não cabendo recurso, em princípio, desse pronunciamento" (STJ, REsp 160.028/SP, Rel. Min. Sálvio de Figueiredo Teixeira, 4ª Turma, jul. 02.02.1999, *DJ* 12.04.1999, p. 159). **No mesmo sentido:** "É irrecorrível a decisão que indefere segunda perícia" (2º TACivSP, AI 182296-3, Rel. Juiz Almeida Ribeiro, 7ª Câmara, jul. 8.10.1983, *RT* 604/131).

5. Determinação de ofício. "Determinar a realização de prova pericial de ofício não caracteriza julgamento *extra petita*. O magistrado deve assegurar a produção das provas que considera necessárias à instrução do processo, de ofício ou a requerimento das partes, bem como apreciá-las livremente para a formação de seu convencimento" (STJ, AgRg no AREsp 77.030/SC, Rel. Min. Castro Meira, 2ª Turma, jul. 13.03.2012, *DJe* 28.03.2012).

6. Liquidação por arbitramento. "O julgador não está adstrito à perícia, dado o seu livre convencimento (art. 436 do CPC) [art. 479 do CPC/2015]; outrossim, pode determinar, até de ofício, a realização de segunda perícia (art. 437 do CPC) [art. 480 do CPC/2015], se não se convencer da primeira, podendo, inclusive, descartá-las para arbitrar o valor do dano reconhecido na sentença; mas, em se cuidando de liquidação por arbitramento, não pode deixar de quantificá-lo, tampouco pode exigir novo ônus probatório se fixados os parâmetros na decisão liquidanda, sob pena de violação da coisa julgada" (STJ, AgRg no REsp 628.263/SC, Rel. Min. Vasco Della Giustina, 3ª Turma, jul. 15.10.2009, *DJe* 03.11.2009).

Seção XI
Da Inspeção Judicial

Art. 481. O juiz, de ofício ou a requerimento da parte, pode, em qualquer fase do processo, inspecionar pessoas ou coisas, a fim de se esclarecer sobre fato que interesse à decisão da causa.

CPC/1973

Art. 440.

BREVES COMENTÁRIOS

Inspeção judicial é o meio de prova que consiste na percepção sensorial direta do juiz sobre qualidades ou circunstâncias corpóreas de pessoas ou coisas relacionadas com litígio. O art. 481 do CPC/2015 confere, expressamente, ao juiz o poder de, *ex officio* ou a requerimento da parte, "em qualquer fase do processo, inspecionar pessoas ou coisas, a fim de se esclarecer sobre fato que interesse à decisão da causa".

Os objetos da inspeção podem ser:

(a) *pessoas:* que podem ser partes ou não do processo, desde que haja necessidade de verificar seu estado de saúde, suas condições de vida etc.;

(b) *coisas:* móveis ou imóveis e mesmo documentos de arquivos, de onde não possam ser retirados;

(c) *lugares:* quando, por exemplo, houver conveniência de se conhecer detalhes de uma via pública onde se deu um acidente ou outro acontecimento relevante para a solução da causa.

Não se reconhece à parte o direito de exigir a inspeção judicial. Cabe apenas ao juiz deliberar sobre a conveniência, ou não, de realizá-la, de sorte que seu indeferimento não configura cerceamento de defesa.

JURISPRUDÊNCIA SELECIONADA

1. Cabimento. "A utilização da inspeção judicial como meio de prova se justifica sempre que houver necessidade de o magistrado melhor avaliar ou esclarecer um fato controvertido, ou seja, naquelas situações em que essa percepção não puder ser obtida pelos outros meios de prova comumente admitidos no processo" (STJ, AgRg no REsp 1.110.215/RJ, Rel. Min. Sidnei Beneti, 3ª Turma, jul. 27.10.2009, *DJe* 06.11.2009).

"O juiz é o destinatário da prova e somente a ele cumpre aferir sobre a necessidade da realização da inspeção judicial" (TJMG, Ap. Cív. 1.0699.08.082305-6/002, Rel. Des. Rogério Medeiros, 14ª Câm. Cív., jul. 25.02.2010, *DJMG* 12.04.2010).

2. Facultatividade. "A inspeção judicial como prova complementar, que visa esclarecer fato que tem interesse direto com o julgamento da causa, pode ser realizada em qualquer fase do processo. Entretanto, como norma facultativa, e não imperativa, violenta o princípio do livre convencimento o exame especial que demanda livre eleição do juiz. Daí, não estar ele obrigado a fazer a inspeção, ainda que os elementos dos autos possam proclamar a sua conveniência" (TJSC, Ap. 28.044, Rel. Des. Volnei Carlin, 2ª Câmara, jul. 15.03.88; *RT* 689/206). **No mesmo sentido:** TJMG, AI 1.0024.07.444199-9/001. Rel. Des. Batista de Abreu, 16ª Câm. Cív, jul. 18.08.2010, *DJMG* 23.09.2010; TASP, Ap. 220.383-5, Rel. Des. Accioli Freire, 4ª Câm. Cív., jul. 19.07.1988; *RT* 633/134.

3. Momento. "O exame ocular, como meio probatório, não teve momento processual limitado pelo legislador em que pode ser deferido. Não há óbice legal a determinação da prova, pela segunda instância, quando isso se fizer absolutamente necessário, através da conversão do julgamento em diligência, executada esta pelo juiz de primeiro grau" (TJSC, Ap. 28.044, Rel. Des. Volnei Carlin, 2ª Câmara, jul. 15.03.1988; *RT* 689/206).

Art. 482. Ao realizar a inspeção, o juiz poderá ser assistido por um ou mais peritos.

CPC/1973

Art. 441.

BREVES COMENTÁRIOS

Aplicam-se à inspeção direta as regras a que aludem os arts. 477, § 3º, 361, I, e 362, II, do CPC/2015.

Durante a inspeção, o juiz poderá ser assistido de um ou mais peritos, se julgar conveniente, os quais serão de sua exclusiva escolha, por se tratar, a inspeção, de ato pessoal do magistrado. Pode, naturalmente, ser o perito já nomeado no processo, ou outro escolhido para o ato.

Art. 483. O juiz irá ao local onde se encontre a pessoa ou a coisa quando:

I – julgar necessário para a melhor verificação ou interpretação dos fatos que deva observar;

II – a coisa não puder ser apresentada em juízo sem consideráveis despesas ou graves dificuldades;

III – determinar a reconstituição dos fatos.

Parágrafo único. As partes têm sempre direito a assistir à inspeção, prestando esclarecimentos e fazendo observações que considerem de interesse para a causa.

CPC/1973

Art. 442.

BREVES COMENTÁRIOS

A exibição da coisa ou pessoa a ser inspecionada, normalmente, deve ser feita em juízo, em audiência, para isso determinada, com prévia ciência das partes. O juiz, no entanto, pode também deslocar-se e realizar a diligência no próprio local onde se encontre a pessoa ou coisa, o que será regra no caso de imóveis ou de coisas que por sua natureza sejam irremovíveis ou dificilmente removíveis.

JURISPRUDÊNCIA SELECIONADA

1. Nulidade (parágrafo único). "A inspeção judicial é prevista na lei adjetiva (CPC, artigos 440 a 443) [arts. 481 a 484 do CPC/2015], porém não dispensa o respeito ao princípio da publicidade e muito menos a sua formalização, mediante a lavratura do respectivo auto. Assim, tal como realizada, sem forma nem figura de juízo, e na clandestinidade, é nula, como nula é a decisão que nela se esteou, induzindo cerceio de defesa, porque proferida em vulneração aos princípios da ampla defesa e do contraditório" (TJMG, Ag 1.0024.07.492353-3/002, Rel. Des. Tarcisio Martins Costa, 9ª Câm. Cív., jul. 27.05.2008, *DJMG* 14.06.2000).

2. Competência extraordinária. Foro do local da inspeção. "(...) por questões de ordem prática e processual, pode ser reconhecida a competência do foro onde encontra-se o bem objeto da lide, facilitando, com isso, a realização de diligências, perícias e inspeção judicial, bem como possibilitando maior celeridade à prestação jurisdicional" (STJ, AgRg no Ag 1.137.193/GO, Rel. Min. Luiz Felipe Salomão, 4ª Turma, jul. 27.10.2009, *DJe* 16.11.2009).

Art. 484. Concluída a diligência, o juiz mandará lavrar auto circunstanciado, mencionando nele tudo quanto for útil ao julgamento da causa.

Parágrafo único. O auto poderá ser instruído com desenho, gráfico ou fotografia.

CPC/1973

Art. 443.

BREVES COMENTÁRIOS

Concluída a diligência, mandará o juiz que seja, logo em seguida, lavrado auto circunstanciado, mencionando nele tudo quanto for útil ao julgamento da causa. O mais interessante é iniciar a lavratura do auto já no curso da inspeção, de modo que cada fato, circunstância ou esclarecimento apurado pelo juiz vá ficando logo registrado, para evitar controvérsias ou impugnações que são comuns diante de documentos redigidos *a posteriori*. Para tanto, o juiz se fará acompanhar do escrivão do feito, que redigirá o auto no próprio local da inspeção, colhendo, ao final, a assinatura do juiz, das partes e demais pessoas que tenham participado da diligência.

O auto não é local adequado para o juiz proferir julgamento de valor quanto ao fato inspecionado, apreciação que deverá ficar reservada para a sentença. O auto deve ser objetivo, limitando-se à enunciação ou notícia dos fatos apurados.

JURISPRUDÊNCIA SELECIONADA

1. Auto circunstanciado. Valor probatório. "O auto de inspeção judicial deve ser circunstanciado, conforme mandamento expresso do art. 443 do CPC [art. 484 do CPC/2015], a fim de que proporcione à instância recursal condições de resolver a lide, de acordo com os fatos emergentes no processo" (TAMG, Ap. 25.465, Rel. Juiz Costa e Silva, 2ª Câmara, jul. 31.08.1984, *RJTAMG* 20/191).

O julgador singular não mandou lavrar auto circunstanciado de sua inspeção (CPC, art. 443) [art. 484 do CPC/2015] que ficou sem o valor de prova (STJ, AgRg no Ag 14.646/MG, Rel. Min. Garcia Vieira, 1ª Turma, jul. 09.12.1992, *DJ* 05.04.1993, p. 5.810). **Em sentido contrário:** "O fato de o MM. Juiz monocrático não ter lavrado auto circunstanciado, consoante determinação do artigo 443 do CPC [art. 484 do CPC/2015], não é capaz de macular de nulidade a inspeção judicial, porquanto o procedimento foi totalmente descrito na ata de audiência de justificação, inexistindo qualquer prejuízo para as partes, até porque tal ato foi convalidado por seus advogados que firmaram a ata, sem qualquer ressalva" (TJMG, AI 391.705-7, Rel. Des. Teresa Cristina da Cunha Peixoto, 3ª Câmara Cível do Tribunal Alçada, jul. 05.02.2003, *DJMG* 07.03.2003).

DA PROVA PERICIAL: INDICAÇÃO DOUTRINÁRIA

Alcides de Mendonça Lima, *A eficácia do meio de prova ilícito no CPC, Ajuris* 38/104; Arruda Alvim, Apontamentos sobre a perícia, *RBDP* 37/17; *RP* 23/9; Arruda Alvim. Novo contencioso cível no CPC/2015. São Paulo: Revista dos Tribunais, 2016; Bruno Vinicius da Rós Bodart, Ensaio sobre a prova pericial no Código de Processo Civil de 2015, *Revista de Processo*, n. 244, p. 33, jun. 2015; Caio Mário da Silva Pereira, *Nova formulação das provas, ROAB* 14/399; Coqueijo Costa, Perícia facultativa e perícia obrigatória, *RF* 256/151; Fredie Didier Jr. e Paula Sarno Braga, In: Teresa Arruda Alvim Wambier, Fredie Didier Jr., Eduardo Talamini, Bruno Dantas, *Breves comentários ao novo Código de*

Processo Civil, São Paulo: Revista dos Tribunais, 2015; Fredie Didier Jr., *Curso de direito processual civil*, 10. ed., Salvador: JusPodivm, 2015, v. II; Gledson Marques de Campos e Victor Moraes de Paula, O art. 425 e o termo final para apresentação de quesitos, *RDDP* 69/57; Humberto Theodoro Júnior e Adriana Mandim Theodoro de Mello, O papel do juiz na instrução do processo que depende de prova técnica – impossibilidade de o magistrado assumir a função do perito, *Revista Magister de Direito Civil e Processual Civil* 50/28; Humberto Theodoro Júnior, *Curso de direito processual civil*, 61. ed., Rio de Janeiro: Forense, 2020, v. I; Ivan Lira de Carvalho, A prova pericial e a nova redação do CPC, *Ajuris* 57/241; J. C. Barbosa Moreira, *O novo processo civil brasileiro*, Rio de Janeiro: Forense, 2012, § 8º, n. VI, 5 – ordena ao órgão judicial comunicar a ocorrência à corporação profissional a que pertença o perito moroso; João Batista Lopes. Importância da inspeção judicial para a formação do convencimento do juiz. *Revista de Processo*, n. 318, p. 149 e ss., agosto 2021; João Leão de Faria Jr., Avaliações judiciais, *RT* 518/53; João Monteiro, *Programa do curso de processo civil*, v. II, § 180, p. 322; José Frederico Marques, *Manual de direito processual civil*, 1974, v. II, n. 493 – conceito de inspeção; Luiz Guilherme Marinoni, *Novas linhas do processo civil*, São Paulo: Malheiros, p. 258/259; Luiz Guilherme Marinoni, Sérgio Cruz Arenhart, In: Sérgio Cruz Arenhart e Daniel Mitidiero (coord.), *Comentários ao Código de Processo Civil*, 2. ed., São Paulo: RT, 2018, v. 7; Moacyr Amaral Santos, *A prova pericial nas ações judiciais e nos procedimentos administrativos de interesse da procuradoria do patrimônio imobiliário, RPGESP* 12/519; Moacyr Amaral Santos, *Comentários ao CPC*, v. IV, n. 248, p. 314 – para deferimento da perícia interessa a sua *utilidade* não a sua necessidade; Mozar Costa de Oliveira, Laudo pericial no juízo cível, *RF* 282/477; Ney da Gama Ahrends, *A inspeção judicial no CPC de 1973, RJ* 82/86; Paula Sarno Braga, In: Teresa Arruda Alvim Wambier, Fredie Didier Jr., Eduardo Talamini, Bruno Dantas, *Breves comentários ao novo Código de Processo Civil*, São Paulo: Revista dos Tribunais, 2015; Paulo Henrique dos Santos Lucon. Prova pericial no CPC/2015. *Revista de Processo*. vol. 267. ano 42. p. 211. São Paulo: Ed. RT, maio/2017; Pedro Batista Martins, *Comentários ao CPC*, 2. ed., v. III, t. 2, n. 77, p. 99 – o parecer do perito é meramente opinativo e vale pela força dos argumentos em que repousa. Se o perito subtrair ao conhecimento do juiz e dos interessados os motivos em que se baseou para emitir a sua opinião, nenhum valor se poderá atribuir ao seu laudo: é como se não existisse laudo pericial; Pedro Batista Martins, *Comentários ao CPC*, Rio de Janeiro: Forense, 1960, v. III, n. 128 – a verificação da utilidade da perícia *é que a lei, em cada caso, confia à experiência do juiz;* Pestana de Aguiar, *Comentários ao CPC*, 1974, v. IV, p. 390 – as partes podem ser assessoradas por técnicos de sua confiança na inspeção; Roberto Frants, *A inspeção judicial no novo CPC, RJ* 82/100; Sérgio Sahione Fadel, *CPC comentado*, v. I, p. 690/1.

Capítulo XIII
DA SENTENÇA E DA COISA JULGADA

Seção I
Disposições Gerais

Art. 485. O juiz não resolverá o mérito quando:

I – indeferir a petição inicial;

II – o processo ficar parado durante mais de 1 (um) ano por negligência das partes;

III – por não promover os atos e as diligências que lhe incumbir, o autor abandonar a causa por mais de 30 (trinta) dias;

IV – verificar a ausência de pressupostos de constituição e de desenvolvimento válido e regular do processo;

V – reconhecer a existência de perempção, de litispendência ou de coisa julgada;

VI – verificar ausência de legitimidade ou de interesse processual;

VII – acolher a alegação de existência de convenção de arbitragem ou quando o juízo arbitral reconhecer sua competência;

VIII – homologar a desistência da ação;

IX – em caso de morte da parte, a ação for considerada intransmissível por disposição legal; e

X – nos demais casos prescritos neste Código.

§ 1º Nas hipóteses descritas nos incisos II e III, a parte será intimada pessoalmente para suprir a falta no prazo de 5 (cinco) dias.

§ 2º No caso do § 1º, quanto ao inciso II, as partes pagarão proporcionalmente as custas, e, quanto ao inciso III, o autor será condenado ao pagamento das despesas e dos honorários de advogado.

§ 3º O juiz conhecerá de ofício da matéria constante dos incisos IV, V, VI e IX, em qualquer tempo e grau de jurisdição, enquanto não ocorrer o trânsito em julgado.

§ 4º Oferecida a contestação, o autor não poderá, sem o consentimento do réu, desistir da ação.

§ 5º A desistência da ação pode ser apresentada até a sentença.

§ 6º Oferecida a contestação, a extinção do processo por abandono da causa pelo autor depende de requerimento do réu.

§ 7º Interposta a apelação em qualquer dos casos de que tratam os incisos deste artigo, o juiz terá 5 (cinco) dias para retratar-se.

CPC/1973

Art. 267.

REFERÊNCIA LEGISLATIVA

CF, art. 5º, XXXVI: "a lei não prejudicará o direito adquirido, o ato jurídico perfeito e a coisa julgada".

CPC/2015, arts. 17 (ação; interesse e legitimidade); 19 (ação declaratória); 92 (extinção; nova ação; custas); 115, parágrafo único (litisconsórcio necessário); 203, § 1º (sentença); 313, § 4º (suspensão do processo por convenção das partes); 321, parágrafo único (indeferimento da petição inicial); 329, I (consentimento do réu); 330 (indeferimento da petição inicial); 335 (resposta do réu; prazo); 337 (contestação; preliminares); 351 e 352 (nulidade sanável; suprimento pelo autor); 354 (extinção do processo; decretação antecipada); 490 (sentença); 493 (fato superveniente); 668, II (arrolamento; extinção do processo); 924 (extinção da execução); 998 (desistência do recurso); 1.009 e 1.013, § 3º (apelação).

Lei nº 9.099, de 26.09.1995 (Juizados Especiais – ver Legislação Especial), art. 51 (extinção do processo).

SÚMULAS

Súmulas do STF:

nº 631: "Extingue-se o processo de mandado de segurança se o impetrante não promove, no prazo assinado, a citação do litisconsorte passivo necessário".

Súmulas do STJ:

nº 240: "A extinção do processo, por abandono da causa pelo autor, depende de requerimento do réu".

nº 485: "A Lei de Arbitragem aplica-se aos contratos que contenham cláusula arbitral, ainda que celebrados antes da sua edição".

Súmulas do TFR:

nº 137: "A sentença que, em execução fiscal promovida por autarquia, julga extinto o processo, sem decidir o mérito (CPC, art. 267), não está sujeita ao duplo grau de jurisdição obrigatório".

Súmulas do TJMG:

nº 19: "A extinção do processo, por abandono da causa pelo autor, depende de requerimento do réu".

Súmulas do TJRJ:

nº 132: "A intimação da parte para fins de extinção do processo na hipótese do art. 267, parágrafo 1º, do Código de Processo Civil, poderá ser determinada de ofício pelo juiz".

CJF – I JORNADA DE DIREITO PROCESSUAL CIVIL

Enunciado 68 – A intempestividade da apelação desautoriza o órgão *a quo* a proferir juízo positivo de retratação.

BREVES COMENTÁRIOS

Para o atual Código, sentença é o pronunciamento por meio do qual o juiz, com fundamento nos arts. 485 e 487 do CPC/2015, põe fim à fase cognitiva do procedimento comum, bem como extingue a execução (art. 203, § 1º), ou seja, é tanto o ato que extingue o processo sem resolução de mérito como o que o faz resolvendo o mérito da causa. Mas, teórica e praticamente, há que se distinguir, dada a completa diversidade de efeitos, entre os provimentos que solucionam a lide e os que não a alcançam.

Assim, as sentenças são tradicionalmente classificadas em:

(a) sentenças terminativas; e

(b) sentenças definitivas.

Terminativas são as que "põem fim ao processo, sem lhe resolverem, entretanto, o mérito". São as que correspondem aos casos de extinção previstos no art. 485. Importam reconhecimento de inadmissibilidade da tutela jurisdicional nas circunstâncias em que foi invocada pela parte. O direito de ação permanece latente, mesmo depois de proferida a sentença.

Definitivas são as sentenças "que decidem o mérito da causa, no todo ou em parte". Apresentam à parte a prestação jurisdicional postulada e, de tal sorte, extinguem o direito de ação, no pertinente ao acertamento pretendido pela parte. Como a resolução do mérito da causa pode ser fracionada, não se deve considerar sentença senão o julgamento que completa o acertamento em torno do objeto do processo. As soluções incidentais de fragmentos do mérito são decisões interlocutórias (art. 203, § 2º), ainda quando versem sobre questões de direito material. Sentença, realmente, só ocorre quando, no primeiro grau de jurisdição, o juiz conclui a fase cognitiva do processo. O atual Código eliminou a incorreção da legislação anterior e qualificou a sentença de forma objetiva, sem se importar com o seu conteúdo, que tanto pode referir-se ao mérito, como a preliminares processuais. Não é, pois, o conteúdo que qualifica a decisão como sentença, mas, sim, o fato de ela extinguir ou não o processo ou uma de suas fases.

Dá-se, portanto, a extinção do processo, sem julgamento do mérito, quando o juiz põe fim à relação processual sem dar uma resposta (positiva ou negativa) ao pedido do autor, ou seja, sem prestar-lhe a tutela jurisdicional, que se revelou inadmissível diante das circunstâncias do caso concreto.

O CPC de 1973 previa especificamente a confusão como causa de extinção do processo sem resolução do mérito (art. 267, X). O CPC/2015 não repetiu o dispositivo, e não o fez certamente por considerá-lo desnecessário, uma vez que a confusão acarreta perda do interesse processual, e como tal se acha implícita na hipótese extintiva contemplada no inciso VI de seu art. 485.

JURISPRUDÊNCIA SELECIONADA

1. Indeferimento da petição inicial (inciso I).

Intimação pessoal do autor. Desnecessidade. "É desnecessária a intimação pessoal do autor, prevista no art. 267, § 1º, do CPC/73 [art. 485, § 1º, do CPC/2015], para extinção do processo sem resolução do mérito ante o indeferimento da inicial (art. 267, I, do CPC/73) [art. 485, I, do CPC/2015] por ausência de complementação das custas iniciais, notadamente quando intimado por meio de seu advogado, a parte deixa de emendar a inicial" (STJ, AgInt no AREsp 864.530/RS, Rel. Min. Maria Isabel Gallotti, 4ª Turma, jul. 13.09.2016, *DJe* 21.09.2016).

Recolhimento de custas iniciais. Pagamento parcial. Necessidade. Ver jurisprudência do art. 290 do CPC/2015.

"O Código de Processo Civil, em seus artigos 282 e 283 [arts. 319 e 320 do CPC/2015], estabelece diversos **requisitos** a serem observados pelo autor ao apresentar em juízo sua petição inicial. Caso, mesmo assim, algum desses requisitos não seja preenchido, ou a petição apresente defeito ou irregularidade capaz de dificultar o julgamento do mérito, o CPC permite (artigo 284) [art. 321 do CPC/2015] que o juiz conceda ao autor a possibilidade de **emenda da petição** – se o vício for sanável, porque, se insanável, enseja o indeferimento *prima facie*. Não cumprida essa determinação judicial, a petição inicial será indeferida, nos termos do artigo 295, VI, c/c o parágrafo único, do artigo 284, ambos do CPC [arts. 330, IV, c/c 321, parágrafo único, do CPC/2015], o que resulta na extinção do processo sem julgamento do mérito com fulcro no artigo 267, I, do *Codex* Processual" (STJ, REsp 812.323/MG, Rel. Min. Luiz Fux, 1ª Turma, jul. 16.09.2008, *DJe* 02.10.2008). **Precedentes citados:** STJ, REsp 671.986/RJ, *DJ* 10.10.2005; STJ, REsp 802.055/DF, *DJ* 20.03.2006; STJ, REsp 101.013/CE, *DJ* 18.08.2003; STJ, AGREsp 330.878/AL, *DJ* 30.06.2003; STJ, REsp 390.815/SC, *DJ* 29.04.2002; STJ, REsp 384.962/MG, *DJ* 08.04.2002; STJ, REsp 319.044/SP, *DJ* 18.02.2002.

Documento ilegível. "A petição inicial apresentada pelo autor não atende aos requisitos do art. 283, do CPC [art. 320 do CPC/2015], uma vez que, embora tenha sido oportunizado a juntada de cópia do recurso especial, a fl. 160 do documento apresentado encontra-se ilegível. Destarte, não tendo a parte promovido a emenda da petição inicial no prazo assinado, deve o processo ser extinto sem julgamento do mérito, nos termos dos arts. 267, I, e 284 parágrafo único, ambos do CPC" (STJ, AgRg na AR 2.181/AL, Rel. Min. Felix Fischer, 3ª Seção, jul. 28.03.2007, *DJ* 04.06.2007).

"A extinção do processo sem análise do mérito, nos termos dos artigos 267, inciso I, e 295, inciso I e parágrafo único, inciso I, do Código de Processo Civil [arts. 485, I, e 330, I e § 1º, do CPC/2015], há de ser feita, de ofício pelo Tribunal, mesmo em sede de apelação, o que afasta as alegações de julgamento *extra petita e reformatio in pejus*, levantadas pela parte agravante. Sobreleva notar a seguinte manifestação doutrinária: 'salvo a questão da prescrição, as matérias que ensejam o indeferimento da petição inicial são de ordem pública. Não estão sujeitas a preclusão, podem ser alegadas a qualquer tempo e em qualquer grau da jurisdição ordinária e devem ser conhecidas *ex officio* pelo juiz' (*in* 'Código de Processo Civil comentado e legislação processual civil extravagante em vigor', São Paulo: Editora Revista dos Tribunais, 1999, p. 783)" (STJ, AgRg no Ag 243.230/MG, Rel. Min. Franciulli Netto, 2ª Turma, jul. 21.09.2004, *DJ* 21.02.2005).

Carência de pedido mediato e imediato. "A petição inicial que carece de pedido mediato e imediato, de forma a tornar inidentificável o tipo de prestação jurisdicional pretendida, leva à extinção do processo sem julgamento do mérito" (TJDFT, APC 3451495, Rel. José Hilário de Vasconcelos, 1ª Turma Cível, jul. 27.03.1995, *DJ* 11.04.1995).

Parte manifestamente ilegítima. "Sendo a parte manifestamente ilegítima, deve a petição inicial ser indeferida (art. 295, II, do CPC) e o processo julgado extinto sem julgamento do mérito (art. 267, I, do CPC)" [art. 485, I, do CPC/2015] (TJDFT, APC 2.831.192, Rel. Jeronymo de Souza, 1ª Turma Cível, jul. 26.11.1992, *DJ* 10.02.1993).

Obs.: Ver a jurisprudência selecionada para o art. 330 do CPC/2015.

2. Inércia da parte (inciso II).

"Tratando-se de extinção do processo, com base no art. 267, II, do CPC [art. 485, II, do CPC/2015] (quando ficar o processo parado durante mais de um ano por negligência das partes), é necessário que o juiz aplique a regra do § 1º do referido dispositivo, declarando a extinção 'se a parte, intimada pessoalmente, não suprir a falta em 48 (quarenta e oito) horas'. Desse modo, carece de amparo legal a tese no sentido de que a extinção do processo, na hipótese em comento, prescinde de intimação da parte" (STJ, AgRg no Ag 735.857/GO, Rel. Min. Denise Arruda, Primeira Turma, jul. 05.10.2006, *DJ* 07.11.2006, p. 240). **Obs.:** O prazo para o CPC/2015 é de 5 (cinco) dias (art. 485, § 1º).

"**Arquivado o processo** por erro do juízo de primeiro grau, é de afastar o pedido de extinção do processo por negligência das partes, nos termos do artigo 267, incisos II e III do CPC" [art. 485, II e III, do CPC/2015] (STJ, REsp 58.758/MG, Rel. Min. Vicente Leal, 6ª Turma, jul. 05.06.2001, *DJ* 20.08.2001).

Interrupção da prescrição. "A citação realizada em ação ajuizada anteriormente, extinta sem julgamento do mérito, por inércia do autor (art. 267, II e III, do CPC) [art. 485, II e III, do CPC/2015], não tem o condão de interromper a prescrição. Precedentes" (SJT, REsp 523.264/RS, Rel. Min. Jorge Scartezzini, 4ª Turma, jul. 12.12.2006, *DJ* 26.02.2007, p. 594).

Desídia do inventariante. "Ante o manifesto interesse público, não pode o juiz extinguir, de ofício, o inventário, sob a forma de arrolamento, por inércia da inventariante, mesmo intimando-a, pessoalmente, a dar andamento ao feito, no prazo de 48 (quarenta e oito) horas. Em casos tais, ante a desídia da inventariante, impõe-se sua remoção do cargo, mas não a extinção do processo" (TJMG, Ap. Cív. 1.0479.03.055260-4/001, Rel. Des. Edivaldo George dos Santos, 7ª Câmara Cível, jul. 04.07.2006, *DJ* 18.08.2006). **Em sentido parcialmente contrário:** "A paralisação do inventário ou do arrolamento de bens não acarreta a extinção do processo, salvo nas hipóteses de inexistência de bens a inventariar ou de falsidade do atestado de óbito" (TJSP, Ap 58.094-1, Rel. Des. Márcio Bonilha, 5ª Câmara Cível, jul. 28.03.1985, *RT* 598/81). **Obs.:** O prazo para o CPC/2015 é de 5 (cinco) dias (art. 485, § 1º).

3. Abandono de causa (inciso III).

Citação válida. Inércia do demandante. Prescrição. "Cinge-se a controvérsia a saber se a citação em demanda anterior na qualidade de litisdenunciada teria o efeito de interromper o prazo prescricional de pretensão ao recebimento de indenização securitária por morte decorrente de sinistro ocorrido em viagem de ônibus paga com cartão de crédito cuja bandeira outorgava essa cobertura automaticamente. Na hipótese, uma primeira demanda de cobrança foi ajuizada contra a administradora, que denunciou da lide a bandeira do cartão de crédito. Porém, o processo foi extinto sem resolução de mérito, por ilegitimidade passiva, e a denunciação da lide julgada prejudicada. **Em caso de aparente legitimidade passiva, a citação da primeira demandada é válida para interromper o prazo prescricional relativamente à litisdenunciada, retroativamente à data da propositura da ação principal. Precedente da Terceira Turma.** A citação válida é causa interruptiva da prescrição, mesmo que o processo seja extinto sem resolução do mérito, excetuadas as hipóteses de inércia do demandante (art. 485, II e III, do CPC/2015). Precedentes" (STJ, REsp 1679199/SP, Rel. Min. Ricardo Villas Bôas Cueva, 3ª Turma, jul. 14.05.2019, *DJe* 24.05.2019).

"Se a parte não se mantém inerte após intimação para que se manifeste acerca de determinação judicial de complementação das custas processuais, não há que se falar em abandono da causa" (STJ, REsp 715.085/AL, Rel. Min. Jorge Scartezzini, Quarta Turma, j. 15.03.2005, *DJ* 25.04.2005 p. 359).

"Cuidando-se de execução não embargada, 'o abandono da causa pode ser causa de extinção, de ofício, do processo, independentemente de requerimento, anuência ou ciência da parte contrária' (Theotonio Negrão, 'CPC e Legislação Processual em Vigor', ed. Saraiva, S. Paulo, 2007, nota 11 ao art. 267, pág. 387)" (STJ, REsp 208.245/RS, Rel. Min. Hélio Quaglia Barbosa, 4ª Turma, jul. 25.09.2007, *DJ* 15.10.2007, p. 270).

Requerimento do réu. "Nos termos do inciso III do art. 267 do CPC [art. 485, III, do CPC/2015], não é conferido ao juiz extinguir o processo de ofício, por abandono de causa, sendo imprescindível o requerimento do réu, pois não é admissível se estabelecer presunção de desinteresse do autor no prosseguimento do feito e seu deslinde. Tal posicionamento cristalizou-se com a edição da Súmula 240/STJ ('A extinção do processo, por abandono da causa pelo autor, depende de requerimento do réu')" (STJ, REsp 688.681/CE, Rel. Min. José Delgado, Primeira Turma, jul. 17.02.2005, *DJ* 11.04.2005). **No mesmo sentido**: STJ, REsp 534.214/SC, Rel. Min. Hélio Quaglia Barbosa, 4ª Turma, jul. 17.04.2007, *DJ* 21.05.2007; TJMG, Apelação 1.0701.06.140049-8/001, Rel. Des. Márcia de Paoli Balbino, 17ª Câm. Civ., jul. 12.04.2007, *DJ* 05.05.2007; TJRJ, Ap 2007.001.45266, Rel. Des. Conceição Mousnier, 20ª Câmara Cível, jul. 20.08.2007.

Intimação do autor. "**É imprescindível a intimação pessoal do autor** para dar andamento ao feito no prazo de 48 horas, antes de extinguir o processo sem julgamento de mérito, por abandono de causa. Conquanto a exigência de intimação pessoal possa ser suprida pela intimação realizada por carta registrada, é preciso que fique comprovado que o autor foi devidamente cientificado da necessidade de promover o andamento do processo, em determinado prazo, sob pena de sua extinção, o que não se verificou na hipótese em exame, cujos comprovantes de recebimento não foram por eles assinados. Precedentes do Superior Tribunal de Justiça" (TJRJ, Apelação 2007.001.28926, Rel. Des. Lindolpho Morais Marinho, 16ª Câm. Cív., jul. 21.08.2007). **No mesmo sentido:** STJ, REsp 205.177/SP, Rel. Min. Nancy Andrighi, Terceira Turma, jul. 07.06.2001, *DJ* 25.06.2001, p. 169; STJ, REsp 467.202/GO, Rel. Min. Aldir Passarinho Junior, 4ª Turma, jul. 19.11.2002, *DJ* 24.02.2003; STJ, REsp 618.655/MG, Rel. Min. Nancy Andrighi, 3ª Turma, jul. 17.03.2005, *DJ* 25.04.2005. **Obs.:** O prazo para o CPC/2015 é de cinco dias (art. 485, § 1º).

Fazenda Pública. "A orientação das Turmas que integram a Primeira Seção desta Corte firmou-se no sentido de que 'a inércia da Fazenda exequente, uma vez atendidos os artigos 40 e 25 da Lei de Execução Fiscal e regularmente intimada com o escopo de promover o andamento da execução fiscal, impõe a extinção do feito sem julgamento do mérito' (REsp 770.240/PB, Rel. Min. Luiz Fux, Primeira Turma, *DJ* 31.5.2007)" (STJ, AgRg no REsp 644.885/PB, Rel. Min. Humberto Martins, 2ª Turma, jul. 23.04.2009, *DJe* 08.05.2009).

Réu ainda não citado. "Ao juiz é lícito declarar *ex officio* a extinção do processo, sem julgamento de mérito, por abandono do autor, quando o réu ainda não tenha sido citado" (STJ,

REsp 983.550, Rel. Min. Luiz Fux, 1ª Turma, jul. 04.11.2008, *DJe* 27.11.2008).

Cancelamento da distribuição. "O cancelamento da distribuição, por ausência de preparo no prazo legal, configura uma modalidade específica de abandono da causa antes de formada a relação processual, a qual enseja a extinção do feito" (TJRJ, Apelação 2007.001.43284, Rel. Des. Milton Fernandes de Souza, 5ª Câmara Cível, jul. 21.08.2007).

Cancelamento da distribuição. Honorários. Não incidência. Ver jurisprudência do art. 290 do CPC/2015.

Jurisdição voluntária. "Nos processos de jurisdição voluntária cabe ao juiz, de ofício, impulsionar o feito, sendo inaplicável o art. 267, III, do CPC" [art. 485, III, do CPC/2015] (TJPR, Ap. Cív. 182.244-6, Rel. Des. Idevan Lopes, 6ª Câmara, jul. 14.02.2006, *RT* 851/320).

Honorários periciais definitivos. Falta de complementação. "Não é possível condicionar a prolação da sentença ao depósito da remuneração definitiva do perito. Extinção do processo. Art. 267, III, do CPC [art. 485, III, do CPC/2015]. Ilegalidade" (STJ, REsp 149.819/SP, Rel. Min. Antônio de Pádua Ribeiro, 3ª Turma, jul. 29.03.2005, *DJ* 23.05.2005).

Execução contra devedor insolvente. Pedido de arquivamento temporário. Extinção do processo sem julgamento de mérito. Impossibilidade (inciso III). "Na insolvência civil, todo o impulso da execução concursal, até sua efetiva conclusão, compete à iniciativa oficial, sendo que a execução do insolvente, justamente pela sua universalidade e pela predominância do interesse público que a envolve, não se subordina à vontade das partes, para extinguir-se, como se dá com a execução singular. Na hipótese, o magistrado não poderia ter extinto o processo, sem julgamento do mérito, por inércia ou desídia do administrador" (STJ, REsp 1257730/RS, Rel. Min. Luis Felipe Salomão, 4ª Turma, jul. 03.05.2016, *DJe* 30.05.2016).

4. Ausência de pressuposto processual (inciso IV).

Aposentadoria por idade rural. Ausência de início de prova material. "Aposentadoria por idade rural. Ausência de prova material apta a comprovar o exercício da atividade rural. Carência de pressuposto de constituição e desenvolvimento válido do processo. Extinção do feito sem julgamento do mérito, de modo que a ação pode ser reproposta, dispondo a parte dos elementos necessários para comprovar o seu direito" (STJ, REsp 1352721/SP, Rel. Min. Napoleão Nunes Maia Filho, Corte Especial, jul. 16.12.2015, *DJe* 28.04.2016).

Conhecimento de ofício. "As questões de ordem pública referentes às condições da ação e pressupostos processuais da execução podem e devem ser conhecidas de ofício pelos tribunais de segundo grau. Precedentes do STJ" (STJ, REsp 106.487/AM, Rel. Min. Aldir Passarinho Junior, 4ª Turma, jul. 07.06.2005, *DJ* 01.08.2005, p. 460).

Recurso. Apelação. "Proclamada, de todo modo, a ausência de pressupostos de constituição e desenvolvimento válido e regular do processo (art. 267, IV, do CPC) [art. 485, IV, do CPC/2015], o recurso cabível contra a decisão do Juiz singular é o de apelação" (STJ, REsp 408.272/MG, Rel. Min. Barros Monteiro, 4ª turma, jul. 02.04.2002, *DJ* 26.08.2002).

Necessidade de participação de advogado. "Sobressai da doutrina de Nelson Nery, ao comentar o art. 267, inciso IV, do CPC [art. 485, IV, do CPC/2015], acerca da ausência de pressupostos de constituição e desenvolvimento válido e regular do processo, o que se segue: 'IV: 32. Casuística: Capacidade postulatória. Direito de Petição: 'O direito de petição, previsto na CF 5º, XXXIV, 'a', não representa a garantia do próprio interessado postular em juízo, em nome próprio. Para isso, há de estar devidamente habilitado, na forma da lei. Não é possível, com fundamento nesse direito, garantir à parte vir a juízo sem a presença de advogado. São distintos o direito de petição e o de postular em juízo. Processo extinto por ausência dos pressupostos de constituição válido (CPC 267 IV) – (STF 1ª Turma – Pet 825-1 – BA, rel. Ministro Ilmar Galvão, j. 17.12.1993, *DJU* 3.2.1994, p. 787.' (*In Código de Processo Civil Comentado*, Editora Revista dos Tribunais, 9ª Edição, pág. 438)'" (STJ, AgRg no AgRg nos EDcl no REsp 723.432/RJ, Rel. Min. Luiz Fux, 1ª Turma, jul. 04.03.2008, *DJe* 05.05.2008).

"Não estando o impetrante devidamente representado por advogado regularmente inscrito na OAB, deve incidir a letra do art. 267, IV, do Código de Processo Civil [art. 485, IV, do CPC/2015], ante a falta de um pressuposto de constituição regular do processo" (STJ, MS 6.548/DF, Rel. Min. Fernando Gonçalves, 3ª Seção, jul. 24.11.1999, *DJ* 17.12.1999).

5. Perempção, litispendência ou coisa julgada (inciso V).

Nova ação. "O autor, vencido na primeira demanda, pode intentar uma nova mesma ação desde que, salvo a hipótese prevista no art. 267, V, CPC [art. 485, V, do CPC/2015], comprove o pagamento das verbas sucumbenciais que lhe foram impostas na primeira" (STJ, REsp 127.084/MG, Rel. Min. Cesar Asfor Rocha, 4ª Turma, jul. 15.08.2000, *DJ* 02.10.2000).

Litispendência. "A constatação de litispendência entre a ação declaratória de nulidade anteriormente proposta e a presente ação ordinária, nos termos previstos no art. 302, § 2º, do CPC [art. 341, II, do CPC/2015], implica a extinção do presente feito, conforme disposto no art. 267, V, do CPC" [art. 485, V, do CPC/2015] (STJ, REsp 884.581/DF, Rel. Min. Arnaldo Esteves Lima, 5ª Turma, jul. 25.10.2007, *DJ* 17.12.2007, p. 307).

"Processual civil. Mandado de segurança. Ação ordinária ajuizada anteriormente. Litispendência. Extinção do processo sem julgamento do mérito, restando prejudicado o recurso" (STJ, RMS 20.668/RS, Rel. Min. Teori Albino Zavascki, 1ª Turma, jul. 19.04.2007, *DJ* 10.05.2007 p. 344). **No mesmo sentido:** STJ, EDcl no REsp 597.414/SC, Rel. Min. Castro Meira, 2ª Turma, jul. 13.12.2005, *DJ* 06.02.2006).

Coisa julgada formal. "A coisa julgada formal não impede novo ajuizamento da ação, exceto no caso do art. 267, V [art. 485, V, do CPC/2015], do CPC (art. 268, *caput*, CPC)" [art. 486 do CPC/2015] (STJ, REsp 1.006.091/SP, Rel. Min. Humberto Gomes de Barros, 3ª Turma, jul. 17.03.2008, *DJe* 13.05.2008).

Coisa julgada. "Afirmando o acórdão recorrido que a decisão proferida nos embargos à execução, julgados improcedentes, já transitou em julgado, sendo conflitante com a da presente ação de revisão, impõe-se o acolhimento da coisa julgada, com a extinção do processo, sem julgamento de mérito, na forma do art. 267, V, do Código de Processo Civil" [art. 485, V, do CPC/2015] (STJ, REsp 255.068/RS, Rel. Min. Carlos Alberto Menezes Direito, 3ª Turma, jul. 03.10.2000, *DJ* 27.11.2000, p. 158). **No mesmo sentido:** STJ, REsp 116.579/RS, Rel. Min. Francisco Peçanha Martins, 2ª Turma, jul. 28.09.1999, *DJ* 16.11.1999, p. 203.

Coisa julgada material. Mandado de segurança. "A coisa julgada material perfaz-se no *writ* quando o mérito referente à própria existência do direito (art. 16 da Lei 1.533/51) resta apreciado, por isso que a ação declaratória que repete a pretensão deduzida em mandado de segurança já transitado em julgado, nessa tese, deve ser extinta, sem resolução de mérito, com fundamento no art. 267, V, do CPC [art. 485, V, do CPC/2015]. É que 'em mandado de segurança, se a sentença denegatória apreciou o mérito da causa, há coisa julgada sobre a matéria, não podendo, no caso, a mesma questão ser reapreciada em ação de repetição de indébito' (REsp 308.800/RS, *DJU* 25.06.2001). (...) Deveras, o *mandamus* foi debatido nas instâncias ordinárias e no STF e restou denegado, mediante apreciação do mérito da causa, no qual se reconheceu a constitucionalidade do tributo combatido, sendo certo que após o trânsito em julgado do *writ*, que se deu em 28.05.2004, a recorrente ajuizou ação declaratória cumulada com repetição de indébito, com o mesmo objeto, que restou extinta, na origem, sem julgamento de mérito, com fundamento no art. 267, V, do CPC" (STJ, REsp 842.838/SC, Rel. Min. Luiz Fux, 1ª Turma, jul. 16.12.2008, *DJe* 19.02.2009).

Obs.: A possibilidade de repropositura do mandado de segurança, quando não há apreciação do mérito, está atualmente prevista no art. 6º, § 6º, da Lei nº 12.016/2009, que revogou a Lei nº 1.533/1951.

Perempção. "Desta forma, apenas em raros casos a citação válida não interrompe a prescrição. Um deles é a perempção, fenômeno processual resultante da extinção do processo, por três vezes, por negligência do autor que, não promovendo os atos e diligências que lhe competirem, abandonar a causa por mais de 30 (trinta) dias (art. 267, III do CPC) [art. 485, III, do CPC/2015]. O outro ocorre quando ficar o processo parado durante mais de um ano por negligência das partes (art. 267, II, da norma processual)" (STJ, AgRg no REsp 806.852/PR, Rel. Min. Gilson Dipp, 5ª Turma, jul. 11.04.2006, *DJ* 08.05.2006, p. 291).

Ação de manutenção de posse de imóvel. Pendência. Ajuizamento de ação de imissão na posse pelo proprietário. Inadmissibilidade. Natureza petitória. "Apesar de seu *nomen iuris*, a ação de imissão na posse é ação do domínio, por meio da qual o proprietário, ou o titular de outro direito real sobre a coisa, pretende obter a posse nunca exercida. Semelhantemente à ação reivindicatória, a ação de imissão funda-se no direito à posse que decorre da propriedade ou de outro direito real (*jus possidendi*), e não na posse em si mesmo considerada, como uma situação de fato a ser protegida juridicamente contra atentados praticados por terceiros (*jus possessionis*). A ação petitória ajuizada na pendência da lide possessória deve ser extinta sem resolução do mérito, por lhe faltar pressuposto negativo de constituição e de desenvolvimento válido do processo" (STJ, REsp 1.909.196/SP, Rel. Min. Nancy Andrighi, 3ª Turma, jul. 15.06.2021, *DJe* 17.06.2021).

6. Ilegitimidade. Ausência de interesse processual (inciso VI).

Contrato de plano de saúde coletivo. Destinatário final. Legitimidade ativa. "O contrato de plano de saúde coletivo estabelece o vínculo jurídico entre uma operadora de plano de saúde e uma pessoa jurídica, a qual atua em favor de uma classe (coletivo por adesão) ou em favor de seus respectivos empregados (coletivo empresarial). Esse contrato caracteriza-se como uma estipulação em favor de terceiro, em que a pessoa jurídica figura como intermediária da relação estabelecida substancialmente entre o indivíduo integrante da classe/empresa e a operadora (art. 436, parágrafo único, do Código Civil). O fato de o contrato ser coletivo não impossibilita que o beneficiário busque individualmente a tutela jurisdicional que lhe seja favorável, isto é, o restabelecimento do seu vínculo contratual com a operadora, que, em tese, foi rompido ilegalmente" (STJ, REsp 1705311/SP, Rel. Min. Nancy Andrighi, 3ª Turma, jul. 09.11.2017, *DJe* 17.11.2017).

Autor falecido anteriormente ao ajuizamento da demanda ordinária. Extinção do mandato. Incapacidade para ser parte. Ilegitimidade para o processo. "A morte do mandante extingue automaticamente os efeitos do mandato, nos termos do art. 1.316, II do CC de 1916 ou do art. 682, II do CC de 2002. (...) A morte do autor anteriormente à propositura da demanda de conhecimento é, portanto, fato jurídico relevante para se declarar a inexistência do processo judicial em relação a ele, eis que a relação processual não se angularizou, nunca existiu, não se formou validamente, à míngua da capacidade daquele autor para ser parte e, por conseguinte, extinguiu-se, ao mesmo tempo, o mandato outorgado ao advogado, carecendo a relação processual de pressuposto de desenvolvimento válido e regular, qual seja, aquele relativo à capacidade postulatória. Nesse sentido: AR n. 3.285/SC, Terceira Seção, Rel. Ministro Nilson Naves, Rel. p/ Acórdão Ministro Felix Fischer, *DJe* de 8/10/2010. Ação rescisória procedente" (STJ, AR 3.269/SC, Rel. p/ Acórdão Min. Felix Fischer, 3ª Seção, jul. 14.06.2017, *DJe* 21.08.2017).

Ilegitimidade. "Antes de fixado o juízo competente para decidir a causa, não é possível decidir-se sobre a legitimidade do recorrente. Ofensa ao art. 267, VI, do CPC [art. 485, VI, do CPC/2015], não caracterizada" (STJ, REsp 38.349-8/SP, Rel. Min. Antônio de Pádua Ribeiro, 2ª Turma, jul. 15.12.1993, *RSTJ* 60/365).

Legitimidade das partes. "A extinção do primeiro processo sem julgamento de mérito, em razão da ilegitimidade ativa da autora, isto é, com base no art. 267, inciso VI [art. 485, VI, do CPC/2015], não tem o condão de obstar a propositura de nova ação pelo autor. Verifica-se neste caso, a coisa julgada formal. A coisa julgada formal, ocorrente na espécie, redunda na imutabilidade da sentença dentro do processo em que foi proferida. Inexiste coisa julgada material se as questões decididas forem de natureza processual" (STJ, AgRg no Ag 232.205/MG, Rel. Min. Nancy Andrighi, 2ª Turma, jul. 23.05.2000, *DJ* 26.06.2000, p. 150). **No mesmo sentido:** STJ, REsp 903.355/DF, Rel. Min. Francisco Falcão, 1ª Turma, jul. 17.04.2007, *DJ* 14.06.2007, p. 269.

Interesse processual. "Extinção do feito, com fundamento no art. 267, VI, do Código de Processo Civil [art. 485, VI, do CPC/2015]. (...) Ausência de uma das condições da ação, no caso, o interesse processual, caracterizado pela presença de dois elementos: necessidade da tutela jurisdicional **e** adequação do provimento pleiteado" (STJ, RMS 24.336/TO, Rel. Min. Denise Arruda, 1ª Turma, jul. 19.02.2009, *DJe* 30.03.2009).

Perda do objeto. Interesse. "A perda do objeto da demanda acarreta a ausência de interesse processual, condição da ação cuja falta leva à extinção do processo (CPC, art. 267, VI)" [art. 485, VI, do CPC/2015] (STJ, RMS 19.568/SP, Rel. Min. Teori Albino Zavascki, 1ª Turma, jul. 16.05.2006, *DJ* 25.05.2006, p. 149).

Interesse processual. "Extinção do feito sem julgamento do mérito aos impetrantes que, na forma do art. 267, VI, do CPC [art. 485, VI, do CPC/2015], não têm interesse processual por já terem obtido a permissão perseguida com o *mandamus*" (STJ, RMS 20.849/RJ, Rel. Min. Eliana Calmon, 2ª Turma, jul. 06.06.2006, *DJ* 02.08.2006, p. 229).

Interesse de agir. "A ausência total de pedido na via administrativa, ingressando a segurada, diretamente, na esfera judiciária, visando obter benefício previdenciário (aposentadoria por idade), enseja a falta de uma das condições da ação – interesse de agir – pois, à míngua de qualquer obstáculo imposto pela autarquia (INSS), não se aperfeiçoa a lide, doutrinariamente conceituada como um conflito de interesses caracterizado por uma pretensão resistida" (STJ, REsp 151.818/SP, Rel. Min. Fernando Gonçalves, 6ª Turma, jul. 10.03.1998, *DJ* 30.03.1998, p. 166). **No mesmo sentido:** STJ, REsp 147.186/MG, Rel. Min. Fernando Gonçalves, 6ª Turma, jul. 19.03.1998, *DJ* 06.04.1998, p. 179; TJMG, 1.0000.00.236265-5/000(1), Rel. Des. Kildare Carvalho, 3ª Câm., jul. 09.05.2002, *DJ* 24.05.2002.

Ação negatória de paternidade. Sub-rogação dos avós. Impossibilidade. Ver jurisprudência do art. 17 do CPC/2015.

Ação de reintegração de posse. Ausência de prova da posse alegada. Hipótese de improcedência. Carência de ação. Afastamento. Ver jurisprudência do art. 554 do CPC/2015.

Condições da ação. Teoria da asserção. Ver jurisprudência do art. 17 do CPC/2015.

Confusão entre autor e réu.

"Endosso-mandato. O endossatário, tratando-se de **endosso-mandato**, age em nome do endossante. Não deve figurar, em nome próprio, em ação de sustação de protesto ou de anulação do título" (STJ, REsp 149.365/MG, Rel. Min. Eduardo Ribeiro, 3ª Turma, jul. 16.03.2000, *DJ* 15.05.2000, p. 157).

"O entendimento pacífico desta Corte Superior é no sentido de que a Defensoria Pública é um órgão do Estado, desprovido de personalidade jurídica própria, razão pela qual não pode figurar como credora de honorários advocatícios sucumbenciais em litígio contra o próprio Estado. Efetivamente, os honorários advocatícios sucumbenciais, devidos nas ações ajuizadas pela Defensoria Pública, não são destinados à referida instituição, mas ao Estado para o qual presta serviços de assistência jurídica a pessoas carentes. Portanto, nas demandas em que a parte vencida for o próprio Estado, é evidente a confusão entre a pessoa do credor e do devedor, prevista nos arts. 381, do Código Civil de 2002 (art. 1.049 do Código Civil de 1916), e 267, X, do Código de Processo Civil , sendo indevida a verba honorária sucumbencial. Ademais, o fato de existir lei estadual que tenha instituído fundo financeiro especial, destinado ao aparelhamento da Defensoria Pública, não altera tal conclusão, pois permanece a situação jurídica relacionada ao credor e devedor da verba honorária. Nesse sentido, a orientação pacífica da Primeira Seção deste Tribunal Superior: EREsp 480.598/RS, Rel. Min. Luiz Fux, *DJ* de 16.5.2005, p. 224; EREsp 566.551/RS, Rel. Min. José Delgado, *DJ* de 17.12.2004, p. 403; REsp 596.836/RS, Rel. p/ acórdão Min. Luiz Fux, *DJ* de 2.8.2004, p. 294. Recurso especial parcialmente conhecido e, nessa parte, provido" (STJ, REsp 671.190/RJ, Rel. Min.ª Denise Arruda, ¹a Turma, jul. 21.09.2006, *DJ* 19.10.2006). **No mesmo sentido:** STJ, AgRg no REsp 1.054.873/RS, Rel. Min. Denise Arruda, 1ª Turma, jul. 11.11.2008, *DJe* 15.12.2008.

"Hipótese em que o Ministério Público ajuizou ação civil pública exclusivamente contra o Estado de Mato Grosso, para obrigá-lo a cessar o pagamento de pensões especiais concedidas a determinados servidores estaduais. *In casu*, é inviável a inclusão do Estado de Mato Grosso no polo ativo da presente demanda, sob pena de caracterizar a extinção do processo sem julgamento do mérito, em razão de confusão entre autor e réu na mesma ação (art. 267, X, do CPC)" (STJ, REsp 984.329/MT, Rel. Min. Herman Benjamin, 2ª Turma, jul. 28.10.2008, *DJe* 09.03.2009).

Decisão parcial da lide. Litisconsórcio passivo. Honorários sucumbenciais. Ver jurisprudência do art. 85 CPC/2015.

7. Cláusula compromissória (Inciso VII).

Contratos coligados. Contratos de "swap". "Controvérsia em torno da (a) extensão da eficácia do compromisso arbitral constante do contrato principal de abertura de crédito aos contratos de *swap*, em face da coligação negocial, e da (b) validade da formação da corte arbitral. Nos contratos coligados, as partes celebram uma pluralidade de negócios jurídicos tendo por desiderato um conjunto econômico, criando entre eles efetiva dependência. Reconhecida a coligação contratual, mostra-se possível a extensão da cláusula compromissória prevista no contrato principal aos contratos de 'swap', pois integrantes de uma operação econômica única. No sistema de coligação contratual, o contrato reputado como sendo o principal determina as regras que deverão ser seguidas pelos demais instrumentos negociais que a este se ajustam, não sendo razoável que uma cláusula compromissória inserta naquele não tivesse seus efeitos estendidos aos demais" (STJ, REsp 1.639.035/SP, Rel. Min. Paulo de Tarso Sanseverino, 3ª Turma, jul. 18.09.2018, *DJe* 15.10.2018).

Arbitragem. Prioridade do juízo arbitral sobre o juiz togado para definir a sua competência. Regra da *kompetenz-kompetenz*. "Afigura-se absolutamente possível a imediata promoção da ação de execução de contrato que possua cláusula compromissória arbitral perante o Juízo estatal (única jurisdição, aliás, dotada de coercibilidade, passível de incursionar no patrimônio alheio), não se exigindo, para esse propósito, a existência de prévia sentença arbitral. Afinal, se tal contrato, por si, já possui os atributos de executibilidade exigidos pela lei de regência, de todo despiciendo a prolação de anterior sentença arbitral para lhe conferir executividade. Todavia, o Juízo estatal, no qual se processa a execução do contrato (com cláusula compromissória arbitral), não possui competência para dirimir temas próprios de embargos à execução e de terceiros, atinentes ao título ou às obrigações ali consignadas (existência, constituição ou extinção do crédito) e das matérias que foram eleitas pelas partes para serem solucionadas pela instância arbitral (*kompetenz-kompetenz*). Cabe ao Juízo arbitral, nos termos do art. 8º da Lei n. 9.307/1996 que lhe confere a medida de competência mínima, veiculada no princípio da *kompetenz-kompetenz*, deliberar sobre a sua competência, precedentemente a qualquer outro órgão julgador, imiscuindo-se, para tal propósito, sobre as questões relativas à existência, validade e eficácia (objetiva e subjetiva) da convenção de arbitragem e do contrato que contenha a cláusula compromissória. Conflito de competência conhecido para declarar a competência do Juízo arbitral, a obstar o prosseguimento da execução perante o Juízo estatal, enquanto não definida a discussão lá posta ou não advir deliberação em sentido contrário do Juízo arbitral reputado competente" (STJ, CC 150.830/PA, Rel. Min. Marco Aurélio Bellizze, 2ª Seção, jul. 10.10.2018, *DJe* 16.10.2018). **No mesmo sentido:** STJ, AgInt no REsp 1.746.049/SP, Rel. Min. Moura Ribeiro, 3ª Turma, jul. 29.06.2020, *DJe* 01.07.2020.

Ação de despejo de contrato com cláusula compromissória. "A ação de despejo tem o objetivo de rescindir a locação, com a consequente devolução do imóvel ao locador ou proprietário, sendo enquadrada como ação executiva *lato sensu*, à semelhança das possessórias. Em razão de sua peculiaridade procedimental e natureza executiva ínsita, com provimento em que se defere a restituição do imóvel, o desalojamento do ocupante e a imissão na posse do locador, não parece adequada a jurisdição arbitral para decidir a ação de despejo. Com efeito, a execução na ação de despejo possui característica peculiar e forma própria. Justamente por se tratar de ação executiva *lato sensu*, verifica-se ausente o intervalo que se entrepõe entre o acatamento e a execução, inerente às ações sincréticas, visto que cognição e execução ocorrem na mesma relação processual, sem descontinuidade. Na hipótese, o credor optou por ajuizar ação de despejo, valendo-se de duas causas de pedir em sua pretensão – a falta de pagamento e o abandono do imóvel –, ambas não impugnadas pela recorrente, para a retomada do bem com imissão do credor na posse. Portanto, há competência exclusiva do juízo togado para apreciar a demanda, haja vista a natureza executória da pretensão" (STJ, REsp 1.481.644/SP, Rel. Min. Luis Felipe Salomão, 4ª Turma, jul. 01.06.2021, *DJe* 19.08.2021).

Cláusula compromissória. "No momento em que as partes convencionam a Arbitragem como forma única de solução dos seus conflitos, porventura decorrentes do próprio contrato, apenas a jurisdição privada é que será competente para decidi-las, inclusive as lides acautelatórias deles decorrentes e outras medidas de urgência relacionadas com o mesmo objeto conflituoso" (TJMG, Ag. 1.0003.07.023530-8/001, Rel. Des. Domingos Coelho, 12ª Câm. Civ., jul. 13.02.2008, *DJ* 08.03.2008). **No mesmo sentido:** STJ, REsp 791.260/RS, Rel. Min. Paulo Furtado, 3ª Turma, jul. 22.06.2010, *DJe* 01.07.2010.

"Cabe mencionar, por oportuno, o acórdão proferido no REsp 712.566/RJ, de relatoria da Ministra Nancy Andrighi (3ª Turma, *DJ* de 5.9.2005), no qual se decidiu que, 'com a alteração do art. 267, VII, do CPC [art. 485, VII, do CPC/2015] pela Lei de Arbitragem, a pactuação tanto do compromisso como da cláusula arbitral passou a ser considerada hipótese de extinção do processo sem julgamento do mérito'. Assim, 'impõe-se a extinção do processo sem julgamento do mérito se, quando invocada a existência de cláusula arbitral, já vigorava a Lei de Arbitragem, ainda que o contrato tenha sido celebrado em data anterior à sua vigência, pois as normas processuais têm aplicação imediata'. Afirma, ademais, que, 'pelo Protocolo de Genebra de 1923, subscrito pelo Brasil, a eleição de compromisso ou cláusula arbitral imprime às partes contratantes a obrigação de submeter eventuais conflitos à arbitragem, ficando afastada a solução judicial. Nos contratos internacionais, devem prevalecer os princípios gerais de direito internacional em detrimento da normatização específica de cada país, o que justifica a análise da cláusula arbitral sob a ótica do Protocolo de Genebra de 1923'"

(STJ, MC 14.130/RJ, Rel. Min. Denise Arruda, jul. 28.04.2008, *DJe* 30.04.2008).

Cláusula compromissória e execução do título. "Deve-se admitir que a cláusula compromissória possa conviver com a natureza executiva do título. Não se exige que todas as controvérsias oriundas de um contrato sejam submetidas à solução arbitral. Ademais, não é razoável exigir que o credor seja obrigado a iniciar uma arbitragem para obter juízo de certeza sobre uma confissão de dívida que, no seu entender, já consta do título executivo. Além disso, é certo que o árbitro não tem poder coercitivo direto, não podendo impor, contra a vontade do devedor, restrições a seu patrimônio, como a penhora, e nem excussão forçada de seus bens" (STJ, REsp 944.917/SP, Rel. Min. Nancy Andrighi, 3ª Turma, jul. 18.09.2008, *DJe* 03.10.2008).

"É incompetente o juiz de direito para dizer da existência, validade e eficácia da convenção de arbitragem, competência que, nos termos do artigo 8º, parágrafo único, da Lei nº 9.307, de 23 de setembro de 1996, é do próprio juiz arbitral. Cláusula que, ao contrário do posto na sentença, não tem, obrigatoriamente, de ser instituída em documento apartado, podendo ser no próprio corpo do contrato, atendidos os requisitos do artigo 4º, § 2º, da Lei de Regência. Obrigatoriedade de as partes submeterem seu litígio ao juízo arbitral, conforme manifestação de vontade posta no ato da contratação. A lei de arbitragem é posterior à lei consumerista, não excluindo sua aplicação às relações dessa natureza, não podendo o intérprete criar restrições onde a lei não cria. Extinção do processo sem apreciação do mérito, na forma prevista no artigo 267, VII, do Código de Processo Civil. Provimento da apelação, prejudicado o recurso adesivo" (TJRJ, Ap. Cív. 2008.001.30250, Rel. Des. Sergio Lucio de Oliveira Cruz, 15ª Câmara Cível, jul. 01.07.2008, *RBAr* 19/121).

Dissolução parcial da sociedade. Cláusula compromissória no contrato social. Submissão da sociedade e de todos os sócios, atuais e futuros. Ver jurisprudência do art. 599 do CPC/2015.

8. Desistência da ação (inciso VIII).

"Nos termos do art. 267, inciso VIII, do CPC [art. 485, VIII, do CPC/2015], extingue-se o processo sem resolução de mérito por desistência da ação. Todavia, a desistência somente pode ser manifestada antes da prolação da sentença. Proferida a sentença, cabe ao autor desistir de eventual recurso ou renunciar ao pedido sobre o qual se funda a ação" (STJ, AgRg no REsp 1.435.763/SP, Rel. Min. Humberto Martins, 2ª Turma, jul. 01.04.2014, *DJe* 07.04.2014). No mesmo sentido: STF, AI-AgR-AgR 221.462/SP, Rel. Min. Cezar Peluso, 2ª Turma, jul. 07.08.2007, *DJ* 24.08.2007.

"A desistência da ação é instituto de natureza eminentemente processual, que possibilita a extinção do processo, sem julgamento do mérito, até a prolação da sentença. Após a citação, o pedido somente pode ser deferido com a anuência do réu ou, a critério do magistrado, se a parte contrária deixar de anuir sem motivo justificado. A demanda poderá ser proposta novamente e se existirem depósitos judiciais, estes poderão ser levantados pela parte autora. Antes da citação o autor somente responde pelas despesas processuais e, tendo sido a mesma efetuada, deve arcar com os honorários do advogado do réu. A desistência do recurso, nos termos do art. 501 do CPC [art. 998 do CPC/2015], independe da concordância do recorrido ou dos litisconsortes e somente pode ser formulado até o julgamento do recurso. Neste caso, há extinção do processo com julgamento do mérito, prevalecendo a decisão imediatamente anterior, inclusive no que diz respeito a custas e honorários advocatícios. A renúncia é ato privativo do autor, que pode ser exercido em qualquer tempo ou grau de jurisdição, independentemente da anuência da parte contrária, ensejando a extinção do feito com julgamento do mérito, o que impede a propositura de qualquer outra ação sobre o mesmo direito. É instituto de natureza material, cujos efeitos equivalem aos da improcedência da ação e, às avessas, ao reconhecimento do pedido pelo réu. Havendo depósitos judiciais, estes deverão ser convertidos em renda da União. O autor deve arcar com as despesas processuais e honorários advocatícios, a serem arbitrados de acordo com o art. 20, § 4º, do CPC [art. 85, § 8º, do CPC/2015] ('causas em que não houver condenação')" (STJ, REsp 555.139/CE, Rel. Min. Eliana Calmon, 2ª Turma, jul. 12.05.2005, *DJ* 13.06.2005).

Município. Desistência da ação. "São institutos diversos a desistência da ação, a transação e a renúncia ao direito litigioso, rendendo ensejo também a consequências processuais absolutamente distintas. A desistência da ação é comportamento eminentemente processual que, de regra, não atinge o direito material em disputa, gerando, com efeito, extinção do processo sem exame do mérito. Por outro lado, muito embora não seja, em regra, cabível a homologação de transação a dispor sobre direitos públicos indisponíveis, no caso, também, não se mostra possível compelir o Município a prosseguir no feito como parte autora. Com efeito, a solução mais consentânea com o sistema processual, sem se olvidar, todavia, do respeito ao interesse público, que é indisponível, é extinguir o processo sem exame de mérito – acolhendo-se o pedido de desistência da ação (art. 267, inciso VIII, do CPC) [art. 485, VIII, do CPC/2015] –, sem que isso implique homologação de qualquer transação a versar sobre os direitos postos em juízo" (STJ, REsp 586.304/MG, Rel. Min. Luis Felipe Salomão, 4ª Turma, jul. 04.11.2010, *DJe* 11.11.2010).

9. Morte da parte. Ação personalíssima (inciso IX).

Morte do interditando no curso da ação (inciso IX). "A representação do interditando por seu curador provisório, assim nomeado dentro do poder geral de cautela do juiz, visa suprir a incapacidade postulatória, que não se confunde com a capacidade de ser titular de direitos. Embora a morte do interditando acarrete a extinção da ação de interdição sem julgamento de mérito, dada sua natureza personalíssima, com a cassação da liminar que nomeara curador provisório, isso não implica igual extinção da ação de prestação de contas, pois o direito nesta tutelado e titularizado pelo interditando passa, com sua morte, a ser titularizado pelo espólio" (STJ, REsp 1444677/SP, Rel. Min. João Otávio de Noronha, 3a Turma, jul. 03.05.2016, *DJe* 09.05.2016).

Ação de obrigação de fazer. Falecimento do autor. Incidência da multa. "Falecimento do autor durante o período de desobediência à ordem judicial, antes mesmo que ele pudesse fazer uso da medicação pretendida. Hipótese excepcional em que se justifica a manutenção da multa cominatória, presente a circunstância de ter havido o descumprimento da ordem judicial antecipatória. Em um sistema constitucional que consagra o direito à vida como garantia fundamental e inclui o direito à saúde na categoria dos direitos sociais, não é razoável permitir que a parte, analisando apenas os aspectos financeiros da lide, opte por deixar de cumprir decisões judiciais que determinam o fornecimento de medicação de alto custo. Manutenção das *astreintes* com o propósito de evitar o estímulo a eventuais ponderações desprovidas de um verdadeiro espírito de humanidade, notadamente nas concessões de provimentos liminares a pacientes portadores de doenças graves em estágio avançado e em estado terminal, na certeza de que, sobrevindo a morte do paciente, nada mais se poderia exigir a título de multa cominatória" (STJ, REsp 1.722.666/RJ, Rel. Min. Ricardo Villas Bôas Cueva, 3ª Turma, jul. 24.04.2018, *DJe* 08.06.2018).

Internação em UTI de hospital particular. Morte da paciente. Extinção do processo sem resolução de mérito. Ressarcimento das despesas médicas. Pedido cumulativo. Prosseguimento da ação. Herdeiros. Legitimidade. "Embora o falecimento da autora tenha ensejado a perda do objeto quanto à necessidade do tratamento médico – internação em UTI –, o mesmo não se pode dizer em relação ao pedido remanescente, por não se tratar de direito privado da personalidade, mas patrimonial, devendo o feito prosseguir para o enfrentamento do mérito dessa questão, com a substituição processual da parte ativa pelos herdeiros" (STJ, AgInt no AREsp 525.359/MS, Rel. Min. Gurgel de Faria, 1ª Turma, jul. 06.02.2018, *DJe* 01.03.2018).

Ação revisional de benefícios. "Ao contrário do que entendeu o aresto recorrido, desnecessária é a juntada de cópia do inventário do segurado falecido para comprovar-se a sucessão processual, porque esta ocorre na hipótese do art. 1.055 do CPC [art. 687 do CPC/2015]. Neste caso, a Ação Revisional de Benefícios é suspensa para ser feita a sucessão processual. Como não se trata de ação personalíssima ou intransmissível (caso em que o processo seria extinto sem julgamento de mérito – art. 267, IX do CPC) [art. 485, IX, do CPC/2015], deverá ocorrer a habilitação do espólio, se existir inventário aberto, ou de seus sucessores, a teor do comando do art. 1.055 do CPC, sem que para tanto seja necessária a abertura de inventário e, por conseguinte, a juntada da cópia comprovando esta" (STJ, REsp 442.383/SP, Rel. Min. José Arnaldo da Fonseca, 5ª Turma, jul. 11.03.2003, *DJ* 07.04.2003, p. 320).

Fornecimento de medicamento. "Ação ordinária objetivando o fornecimento, de forma gratuita, de medicamento ou, na impossibilidade, o fornecimento de numerário destinado à sua aquisição. Antecipação de tutela concedida, tendo o réu optado pelo depósito em dinheiro para aquisição do medicamento. Com o falecimento do autor, não houve perda de objeto da ação, devendo prosseguir o feito com a substituição processual da parte ativa pelos herdeiros, pois não se trata de ação personalíssima. Não há que se falar em alteração do pedido, devendo ser analisado o mérito da causa e não extinto o feito sem julgamento do mérito, nos termos do art. 267, IX, do CPC [art. 485, IX, do CPC/2015]. 5. Recurso especial provido" (STJ, REsp 713.281/RS, Rel. Min. Eliana Calmon, 2ª Turma, jul. 06.12.2005, *DJ* 19.12.2005, p. 358).

Ação de nulidade do registro civil. "A viúva do autor da ação de nulidade do registro civil, no qual teria havido falsa declaração de paternidade, pode prosseguir na ação depois do falecimento do marido" (STJ, REsp 142.202/MG, Rel. Min. Ruy Rosado de Aguiar, 4ª Turma, jul. 21.09.2000, *DJ* 27.11.2000).

Direito à internação. "Mandado de segurança impetrado para garantir ao impetrante o direito à internação em UTI. Óbito do impetrante ocorrido após a concessão da liminar e antes da prolação da sentença. Fato superveniente noticiado em contrarrazões de apelo e desconsiderado pelo Tribunal *a quo*, embora instado a manifestar-se através de embargos declaratórios. Embora haja omissão no julgado, que analisou o mérito da impetração, quanto à existência de fato superveniente, não deve ser anulado o acórdão por violação ao art. 535 do CPC [art. 1.022 do CPC/2015], mas extinto o feito sem julgamento do mérito, nos termos do art. 267, IX, do CPC [art. 485, IX, do CPC/2015] porque, *in casu*, a aplicação das regras processuais adequadas a ninguém aproveitará. 3. Hipótese de ação personalíssima, cujo direito não é passível de transmissão aos herdeiros. Recurso especial provido para extinguir o feito sem julgamento do mérito" (STJ, REsp 703.594/MG, Rel. Min. Eliana Calmon, 2ª Turma, jul. 06.12.2005, *DJ* 19.12.2005).

Obrigação personalíssima. "Ação de prestação de contas – Morte do réu – Ilegitimidade passiva dos herdeiros na prestação de contas – Obrigação personalíssima e intransmissível – Processo extinto sem julgamento de mérito – Artigo 267, IV, do Código de Processo Civil [art. 485, IV, do CPC/2015]. Ocorrendo o falecimento do réu da ação de prestação de contas, não há razões para que a obrigação de prestar contas da sua gestão seja naturalmente transmitida aos seus herdeiros, que se revelam partes passivas ilegítimas" (TJMG, Ap. Cív. 1.0290.98.003801-9/001, Rel. Des. D. Viçoso Rodrigues, 18ª Câmara Cível, jul. 15.01.2008, *DJ* 25.01.2008).

"Mandado de segurança – Morte da Impetrante – Extinção do feito. Em razão da natureza personalíssima das lides veiculadas em ação de mandado de segurança, a morte de impetrante no curso do processo implica extinção do feito, sem exame de mérito. Sentença cassada, extinto o feito, sem exame de mérito" (TJMG, Ap. Cív. 1.0145.03.082577-5/001, Rel. Des. Lamberto Sant'Anna, jul. 14.04.2005, *DJ* 17.05.2005).

Ação revisional de alimentos. "Ação revisional de alimentos. Morte do alimentante. Extinção do processo sem julgamento do mérito. Por ter a obrigação alimentar caráter personalíssimo, com a morte do alimentante, extingue-se tal obrigação, ficando sem objeto a ação revisional de alimentos" (TJMG, Ap. Cív. 1.0672.01.048091-7/001, Rel. Des. Maria Elza, 5ª Câmara Cível, jul. 17.03.2005, *DJ* 15.04.2005).

Divórcio. "Divórcio. Procuração. Validade. Princípio da razoabilidade. Recurso provido. O juiz, ao prestar a função jurisdicional, deve fazê-lo dentro de um critério de razoabilidade. Nesse contexto, extinguir uma ação de divórcio, sem exame do mérito, ao fundamento de que o divórcio é uma ação personalíssima e que é dever do juiz tentar conciliar as partes, afigura-me uma decisão desarrazoada, quando está provado que o apelante reside em outro país, estando separado de fato da apelada há mais de três anos. Mais importante que perquirir a intenção da lei é o exame das peculiaridades fáticas do caso a ser julgado. Não me afigura razoável, no caso em tela, exigir que o apelante venha dos Estados Unidos para postular o divórcio em face da apelada, quando há provas de que as partes não têm mais vida em comum há mais de três anos. O instrumento de procuração, que concede poderes específicos para propositura da ação de divórcio, autoriza o pleito do apelante. Maior formalismo não deve ser exigido, pois para pedir divórcio não é necessária procuração com poderes específicos. Ademais, restou evidenciada a vontade de o apelante em se divorciar da apelada. Assim, não é razoável, por um excesso de formalismo, impedir-lhe ou dificultar-lhe de alcançar tal intento, ainda mais quando o apelante reside em outro país e já está separado de fato há mais de três anos" (TJMG, Ap. Cív. 1.0486.06.012073-1/001, Rel. Des. Maria Elza, jul. 30.08.2007, *DJ* 14.09.2007).

10. Demais casos previstos em lei (inciso X).

"O juiz deve assinar prazo no despacho que ordena ao autor a regularização da representação processual (CPC, art. 13) [art. 76 do CPC/2015]; sem a marcação do prazo, não pode extinguir o processo, ainda que o despacho judicial seja desatendido. Recurso especial não conhecido" (STJ, REsp 47.657/SP, Rel. Min. Ari Pargendler, 2ª Turma, jul. 05.12.1996, *DJ* 03.02.1997, p. 686).

"Satisfeita a obrigação fiscal na via administrativa, impõe-se a extinção da execução e dos embargos de devedor, como estabelecido no art. 794, I CPC" [art. 924, II, do CPC/2015] (STJ, REsp 151.191/PE, Rel. Min. Francisco Peçanha Martins, 2ª Turma, jul. 09.05.2000, *DJ* 12.06.2000, p. 90).

"Execução e embargos de terceiro. Custas e honorários advocatícios. A extinção do processo de execução (CPC, **art. 794, I**) [art. 924, II, do CPC/2015], menos ainda a desistência da ação de execução (CPC, art. 26) [art. 90 do CPC/2015], não impede, uma vez extinto o processo dos embargos, também sem julgamento do seu mérito, seja o embargado condenado a pagar custas e honorários" (STJ, REsp 59.519/PA, Rel. Min. Nilson Naves, 3ª Turma, jul. 24.09.1996, *DJ* 11.11.1996).

"A falta da correção da capacidade processual (art. 37, § único, do CPC) [art. 104, § 2º, do CPC/2015], pressuposto de existência da relação jurídica, bem como de juntada de planilha de cálculos atualizada na fase executória pela parte devidamente intimada (fls. 104), importa na extinção do feito sem julgamento do mérito, independentemente de citação pessoal da autora, por não se tratar de hipótese de abandono da causa (art. 267, III, do CPC) [art. 485, III, do CPC/2015], que a reclama" (STJ, AgRg no AgRg nos EDcl no REsp 723.432/RJ, Rel. Min. Luiz Fux, 1ª Turma, jul. 04.03.2008, *DJe* 05.05.2008).

"Nas instâncias locais, a ausência de procuração é vício sanável e a juntada da procuração antes da sentença supre a anterior ausência de poderes e impede a extinção do processo sem julgamento do mérito" (STJ, REsp 617.050/BA, Rel. Min.

Humberto Gomes de Barros, 3ª Turma, jul. 13.12.2005, *DJ* 20.03.2006, p. 266).

11. Intimação pessoal do autor. Abandono da causa (§ 1º). "Para a extinção da ação por abandono da causa, é necessária a intimação pessoal da parte autora, sendo descabida a intimação de seu advogado. Incidência da Súmula n. 83/STJ" (STJ, EDcl no AgRg no AREsp 205.965/MA, Rel. Min. João Otávio de Noronha, 3ª Turma, jul. 04.02.2016, *DJe* 19.02.2016).

"É cediço que, nas hipóteses de extinção do processo sem julgamento de mérito por abandono da causa (art. 267, inciso III, do CPC) [art. 485, III, do CPC/2015], **a intimação pessoal do autor é indispensável**, na forma do § 1º do mesmo artigo. Se o oficial de justiça deixou de cumprir o mandado de intimação da empresa autora para complementação das custas porque não localizado o representante legal da pessoa jurídica, o ilustre magistrado condutor do feito deveria ter procedido à **intimação por edital**, ao invés de ter intimado o procurador constituído nos autos. A **intimação pessoal do patrono** da parte, a par de ser dispensável, **não é apta a suprir a intimação pessoal do autor**" (STJ, REsp 316.656/RS, Rel. Min. Franciulli Netto, 2ª Turma, jul. 03.06.2004, *DJ* 06.09.2004).

Meios de intimação: "Para que se caracterize o abandono de causa (art. 267, III, do CPC) [art. 485, III, do CPC/2015] é preciso a intimação pessoal da parte, via mandado ou carta com AR, não bastando a realização da intimação através de **publicação no órgão de imprensa oficial**, posto que esta se destina ao advogado. É nula a sentença proferida se não foi realizada a intimação pessoal da parte (art. 267, III, § 1º, do CPC)" [art. 485, § 1º, do CPC/2015] (TRF-5ª Reg., Ap. 2001.05.00.0120907-8/PB, Rel. Des. Fed. Manoel Erhardt, 3ª Turma, jul. 22.05.2001, *DJ* 17.08.2001, *RT* 796/438).

Intimação por edital. "São dois os requisitos para a extinção do feito com base no inciso III do art. 267 do CPC [art. 485, III, do CPC/2015], a saber o requerimento do réu (Súmula 240, STJ) e a intimação pessoal do autor. II – Não sendo possível a intimação pessoal do autor por AR, o juiz não pode extinguir o feito sem antes determinar que se proceda a **intimação por meio do edital**" (TJDF, Ap 20050150041280, Rel. Hermenegildo Gonçalves, 1ª Turma, jul. 16.11.2005, *DJ* 13.12.2005, p. 61, *RT* 845/304).

"Conforme consignado no acórdão embargado, o Juízo de primeiro grau cumpriu o preceito legal, necessário ao desenvolvimento da execução, em consonância com o artigo 267, § 1º, do Código de Processo Civil [art. 485, § 1º, do CPC/2015], ao intimar a Fazenda Nacional para que se manifestasse sobre o prosseguimento do feito, sob pena de extinção, todavia a exequente deixou escoar o prazo assinado, sem qualquer providência. Em razão da inação, o processo foi julgado extinto, sem julgamento do mérito, com fundamento no artigo 267, inciso III, do Código de Processo Civil [art. 485, III, do CPC/2015]. Prevalece o entendimento nesta Corte de que a extinção do processo, sem resolução do mérito, ante inércia do autor, o qual foi intimado para dar andamento ao processo, **independe de provocação do réu**, quando a relação processual não foi angulada com a presença deste, sendo inaplicável a Súmula 240/STJ" (STJ, EDcl no AgRg no REsp 719.451/RS, Rel. Min. Humberto Martins, 2ª Turma, jul. 10.02.2009, *DJe* 05.03.2009).

Indeferimento da petição inicial. Desnecessidade de intimação pessoal. "É desnecessária a **intimação pessoal** da parte quando se tratar de extinção do processo por indeferimento da petição inicial. A regra inserta no § 1º, do art. 267, do CPC [art. 485, § 1º, do CPC/2015], não se aplica à hipótese do parágrafo único do art. 284 do CPC" [art. 321 do CPC/2015] (STJ, REsp 1.074.668/MG, Rel. Min. Eliana Calmon, 2ª Turma, jul. 06.11.2008, *DJe* 27.11.2008). **Em sentido parcialmente contrário:** "Não há falar em extinção do processo, sem julgamento do mérito, em face do indeferimento da petição inicial, por conta da não complementação de despesas complementares, sem a devida intimação pessoal dos autores, nos termos do disposto no art. 267, § 1º, do Código de Ritos" [art. 485, § 1º, do CPC/2015] (STJ, AgRg no Ag 506.736/GO, Rel. Min. Hélio Quaglia Barbosa, 4ª Turma, jul. 11.09.2007, *DJ* 24.09.2007).

"Partindo-se do pressuposto de que é válida a **intimação pela via postal** a fim de cientificar o autor acerca da necessidade de promover o prosseguimento do feito, desde que atinja tal desiderato, e considerando não se mostrar crível que a carta devidamente encaminhada ao endereço da empresa-autora constante de seu estatuto social e da petição inicial, ainda que não recebida por seus representantes legais, não tenha chegado ao conhecimento destes, tem-se por atendida a exigência prevista no artigo 267, § 1º, do CPC [art. 485, § 1º, do CPC/2015]; II – Reputando-se válida a intimação e remanescendo a autora da ação inerte, a extinção do feito, em que não restou conformada a relação processual com o ora recorrido, era mesmo a medida de rigor. Ressalte-se, assim, que, em se tratando de ação de busca e apreensão em que o réu não foi citado, a extinção do feito, de ofício pelo magistrado, prescinde da manifestação do réu. Afasta-se, por isso, a incidência, na espécie, do enunciado n. 240/STJ. III – Recurso especial não conhecido" (STJ, REsp 1.094.308/RJ, Rel. Min. Massami Uyeda, 3ª Turma, jul. 19.03.2009, *DJe* 30.03.2009).

"Tratando-se de advogado em causa própria, prescindível é a sua intimação pessoal para fins do disposto no art. 267, § 1º, do CPC" [art. 485, § 1º, do CPC/2015] (STJ, REsp 218.284/RS, Rel. Min. Barros Monteiro, 4ª Turma, jul. 15.02.2001, *DJ* 07.10.2002, p. 260).

12. Pagamento de custas e despesas (§ 2 º). "O artigo 267, § 2º, do CPC [art. 485, § 2º, do CPC/2015] determina que, se o processo for extinto sem resolução do mérito, por abandono da causa pelo Autor, este será condenado ao pagamento das custas e honorários advocatícios" (TJMG, Ap Cível 1.0439.02.008443-0/001, Rel. Des. Pereira da Silva, 10ª Câm. Cível, jul. 05.12.2006, *DJ* 19.01.2007).

"Se, na fase executiva, a relação processual não chegou a se completar, certamente, não se aplica o disposto no § 2º do art. 267 do CPC [art. 485, § 2º, do CPC/2015], que impõe ao autor a condenação da verba honorária, à míngua da prestação de serviço de advogado" (TJMG, Ap. Cível 391.851-4, Rel. Des. Eduardo Marine da Cunha, jul. 24.04.2003, *DJ* 07.05.2003).

13. Conhecimento de ofício da matéria constante dos incisos IV, V, VI e IX (§ 3º). "As matérias de ordem pública (arts. 267, § 3º, e 301, § 4º, do CPC) [arts. 485, § 3º, e 337, § 5º, do CPC/2015] podem ser conhecidas de ofício, em qualquer tempo e grau de jurisdição, ainda que em sede de embargos infringentes, não havendo se falar em preclusão" (STJ, REsp 304.629/SP, Rel. Min. Luis Felipe Salomão, 4ª Turma, jul. 09.12.2008, *DJe* 16.03.2009). **No mesmo sentido:** STJ, AgRg no Ag 698.472/RJ, Rel. Min. Paulo Gallotti, 6ª Turma, jul. 18.10.2007, *DJ* 12.11.2007, p. 310; STJ, REsp 869.534/SP, Rel. Min. Teori Albino Zavascki, 1ª Turma, jul. 27.11.2007, *DJ* 10.12.2007; STJ, REsp 1.054.847/RJ, Rel. Min. Luiz Fux, 1ª Turma, jul. 24.11.2009, *DJe* 02.02.2010; STJ, EDcl no AgRg no REsp 1.043.561/RO, Rel. Min. Francisco Falcão, Rel. p/ Acórdão Min. Luiz Fux, 1ª Turma, jul. 15.02.2011, *DJe* 28.02.2011.

"Nos termos da jurisprudência desta Corte, não há preclusão em relação às condições da ação, que devem ser apreciadas ainda que arguidas em sede recursal. A indevida qualificação de defesa de mérito como condição da ação não transforma sua natureza jurídica" (STJ, REsp 595.188/RS, Rel. Min. Antonio Carlos Ferreira, 4ª Turma, jul. 22.11.2011, *DJe* 29.11.2011).

"Em sede de **recurso especial**, é **inviável** a apreciação de matérias que não foram debatidas pela Corte de origem, ainda que concernentes às **condições da ação.** Tal proceder fere a regra de ouro do recurso especial, qual seja, o prequestionamento" (STJ, EREsp 173.421/AL, Rel. Min. Humberto Gomes de Barros, Rel. p/ ac. Min. Cesar Asfor Rocha, Corte Especial, jul. 27.11.2008,

DJe 02.04.2009). **Em sentido contrário:** "As **matérias de ordem pública**, como sói ser a coisa julgada, conquanto cognoscíveis **de ofício** pelo juiz ou Tribunal em qualquer tempo e grau de jurisdição (art. 267, § 3º, do CPC) [art. 485, § 3º, do CPC/2015], carecem de prequestionamento em sede de **recurso especial**" (STJ, AgRg nos EDcl no REsp 907.417/PR, Rel. Min. Luiz Fux, 1ª Turma, jul. 10.03.2009, *DJe* 26.03.2009).

"Consoante a mais atualizada jurisprudência do Superior Tribunal de Justiça, pode-se aplicar ao recurso especial, quando ultrapassado seu juízo de admissibilidade, o chamado efeito translativo, consistente na possibilidade, atribuída ao órgão julgador, de conhecer de ofício as questões de ordem pública previstas nos arts. 267, § 3º, e 301, § 4º, do CPC [arts. 485, § 3º, e 337, § 5º, do CPC/2015], nos termos da Súmula 456/STF e do art. 257 do RISTJ" (STJ, EDcl no REsp 984.599/DF, Rel. Min. Arnaldo Esteves Lima, 5ª Turma, jul. 19.02.2009, *DJe* 30.03.2009).

Legitimidade. Decisão anterior. Preclusão consumativa (§ 3º). "Havendo decisão anterior declarando a legitimidade do agravante, esta não pode ser alterada em vista da ocorrência da preclusão consumativa, mesmo em se tratando de matéria de ordem pública" (STJ, AgInt no AREsp 369.417/RJ, Rel. Min. Ricardo Villas Bôas Cueva, 3ª Turma, jul. 15.09.2016, *DJe* 21.09.2016).

14. Desistência da ação após contestação (§ 4º). "Após o escoamento do prazo para resposta, somente é admissível a desistência da ação com a aquiescência do réu, pois ele também tem direito ao julgamento de mérito da controvérsia, bem como a eventual formação de coisa julgada material a seu favor. A recusa do réu, todavia, deve ser fundamentada em motivo razoável, sendo insuficiente a simples alegação de discordância sem a indicação de qualquer motivo plausível. Precedentes. Na hipótese, verifica-se que os autores pretendem desistir da ação para deduzir pretensão assentada em questão conexa em juízo distinto daquele em que tramita a ação em 1º grau de jurisdição, de modo que a justificativa apresentada pelos réus, ainda que sucinta, é relevante e busca, em última análise, evitar a artificial modificação de regra de competência e a violação ao princípio constitucional do juiz natural" (STJ, REsp 1.519.589/DF, Rel. Min. Nancy Andrighi, 3ª Turma, jul. 10.04.2018, *DJe* 13.04.2018). No mesmo sentido: STJ, REsp 1.267.995/PB, Rel. Min. Mauro Campbell Marques, 1ª Seção, jul. 27.06.2012, *DJe* 03.08.2012; STJ, REsp 1.174.137/PR, Rel. Min. Luiz Fux, 1ª Turma, jul. 06.04.2010, *DJe* 26.04.2010; STJ, REsp 1.318.558/RS, Rel. Min. Nancy Andrighi, 3ª Turma, jul. 04.06.2013, *DJe* 17.06.2013.

Desistência da ação antes da contestação. "De acordo com a jurisprudência dominante do Superior Tribunal de Justiça, entende-se que, via de regra, desde que não oferecida a contestação, o autor pode requerer a desistência da ação, antes do transcurso do prazo para a apresentação de defesa, independentemente do consentimento do réu para a sua homologação. Precedentes: AgRg no AREsp n. 291.199/DF, Rel. Ministro Sidnei Beneti, Terceira Turma, julgado em 11/4/2013, *DJe* 3/5/2013; REsp n. 509.972/BA, Rel. Ministro Barros Monteiro, Quarta Turma, julgado em 2/6/2005, *DJ* 29/8/2005, p. 348; e REsp n. 380.022/SC, Rel. Ministro Garcia Vieira, Primeira Turma, julgado em 21/2/2002, *DJ* 25/3/2002, p. 208. Ainda de acordo com a jurisprudência do STJ, entende-se que 'é facultado ao autor da ação acidentária desistir do feito, sem o consentimento do réu, ainda que haja a apresentação da prova pericial e desde que não tenha sido formulada a contestação' (REsp n. 591.849/SP, Rel. Ministra Laurita Vaz, Quinta Turma, julgado em 10/8/2004, *DJ* 6/9/2004, p. 300). Assim, deve ser dado provimento ao recurso especial para afastar a exigência de consentimento do réu a fim de que seja homologado o pedido de desistência da ação" (STJ, REsp 1.646.549/SP, Rel. Min. Francisco Falcão, 2ª Turma, jul. 13.11.2018, *DJe* 21.11.2018).

"A desistência da ação pressupõe não haver sido proferida, ainda, sentença de mérito, sendo que, contestada, requer o consentimento do réu" (STF, RE 163.976 ED, Rel. Min. Marco Aurélio, 2ª Turma, jul. 11.03.1996, *DJ* 26.04.1996).

"Descabida é a homologação de pedido de desistência da ação, nesta instância recursal, mas tão somente do recurso pois, nos termos do art. 501 do CPC [art. 998 do CPC/2015], a parte poderá, a qualquer tempo, sem a anuência do recorrido ou dos litisconsortes, desistir do recurso" (STJ, AgRg no REsp 389.430/SC, Rel. Min. Denise Arruda, 1ª Turma, jul. 20.05.2004, *DJ* 30.09.2004, p. 217).

Mandado de segurança. Sentença favorável. Desistência. "O impetrante pode desistir do mandado de segurança a qualquer tempo, independente da manifestação do impetrado, máxime quando a sentença lhe é favorável, sendo, portanto, inaplicável o disposto no art. 267, § 4º, do CPC" [art. 485, § 4º, do CPC/2015] (STJ, REsp 930.952/RJ, Rel. p/ Acórdão Min. Luiz Fux, 1ª Turma, jul. 12.05.2009, *DJe* 17.06.2009). **Precedentes citados:** STJ, Pet 4.375/PR, Rel. Min. João Otávio de Noronha, 1ª Seção, *DJ* 18.09.2006; STJ, AgRg no REsp 389.638/PR; Rel. Min. Castro Meira, *DJ* 20.02.2006; STJ, AgRg no REsp 600.724/PE; deste relator, *DJ* 28.06.2004; STJ, REsp 373.619/MG, Rel. Min. Humberto Gomes de Barros, *DJ* 15.12.2003; STJ, REsp 440.019/RS, Rel. Min. Felix Fischer, *DJ* 24.02.2003; STJ, AROMS 12.394/MG, Rel. Min. Hamilton Carvalhido, *DJ* 25.02.2002 e STJ, REsp 61.244/RJ, Rel. Min. Antônio de Pádua Ribeiro, *DJ* 14.04.1997.

Ação de investigação de paternidade. "A desistência da ação de investigação de paternidade apenas põe termo à demanda, mas não extingue o direito do investigando. De ser renunciável um direito não se segue necessariamente a obrigatoriedade do seu exercício" (STF, Ap. Cível 279/RJ, Rel. Min. Carlos Madeira, jul. 03.06.1987, *RTJ* 126/14).

"O direito ao reconhecimento da paternidade é indisponível, pelo que não é possível à tutora da menor desistir da ação já em curso, ao argumento de que a adoção que se propunha ela própria fazer era mais vantajosa à tutelada, e que, a todo tempo, seria possível à autora novamente intentar igual pedido, por imprescritível" (STJ, REsp 472.608/AL, Rel. Min. Aldir Passarinho Junior, 4ª Turma, jul. 18.03.2003, *DJ* 09.06.2003).

Ação possessória. "Nas ações possessórias, sendo cabível o provimento liminar e havendo necessidade de se realizar a audiência de justificação, não pode o autor desistir da ação, após sua realização, sem o consentimento do réu" (STJ, REsp 1.090.109/AL, Rel. Min. Massami Uyeda, 3ª Turma, jul. 03.09.2009, *DJe* 29.09.2009).

15. Devedor não localizado. Extinção do processo. Impossibilidade. Citação por edital. "A sentença extinguiu a ação monitória (art. 485, III, do CPC/2015), fundada em contrato de empréstimo – Cheque Especial e Crédito Direto Caixa, pois a exequente, intimada pessoalmente para, no prazo de 5 dias, informar o endereço atualizado da ré ou comprovar o esgotamento de tentativas de localização, quedou-se inerte. A impossibilidade de realizar a citação no endereço indicado inicialmente, sem que outro endereço seja fornecido pela parte autora da ação monitória, não configura ausência de pressuposto de constituição e de desenvolvimento válido e regular do processo, tampouco falta de interesse processual. Ademais, o Código de Processo Civil prevê a citação por edital, quando, dentre outras hipóteses, o réu estiver em lugar ignorado, incerto ou inacessível (art. 256), delimitados os seus requisitos no artigo 257 do mesmo diploma" (TRF 2ª Região, AC 0001157-09.2018.4.02.5101, Rel. Des. Antônio Henrique Correa da Silva, 7ª Turma Especializada, ac. 04.07.2019, *DJe* 12.07.2019). **Obs.:** Ver arts. 239 e 256, § 3º, do CPC/2015 e a respectiva jurisprudência.

16. Extinção do processo sem resolução do mérito. Medida excepcional. "O processo civil foi criado para possibilitar que se profiram decisões de mérito, não para ser, ele mesmo, objeto das decisões que proporciona. A extinção de processos por meros óbices processuais deve ser sempre medida de exceção"

(STJ, REsp 802.497/MG, Rel. Min. Nancy Andrighi, 3ª Turma, jul. 15.05.2008, *DJe* 24.11.2008).

17. "Reconhecimento do pedido, administrativamente, antes do ajuizamento da ação. Falta de interesse caracterizado. Caracterizada a falta de interesse de agir, cabe a extinção do processo sem julgamento do mérito, sem que isso possa interferir na sucumbência" (STJ, AgRg no REsp 616.221/RN, Rel. Min. José Arnaldo da Fonseca, 5ª Turma, jul. 08.11.2005, *DJ* 05.12.2005).

18. Sistema recursal.

Antes da Lei nº 11.232/2005. "O indeferimento preliminar quanto a um dos pedidos iniciais não põe fim ao processo, que prossegue em relação ao outro, de sorte que cabível, em tais circunstâncias, o agravo de instrumento dado à continuidade da relação jurídico-litigiosa entre as partes autora e ré" (STJ, REsp 330.246/SP, Rel. Min. Aldir Passarinho Junior, 4ª Turma, jul. 27.06.2002, *DJ* 26.08.2002, p. 230).

"Contra a 'sentença' que põe fim à ação declaratória incidental, cabe agravo de instrumento se a ação versar, como no caso, questão prejudicial ao julgamento da principal e for julgada anteriormente a esta, liminarmente ou não, dada a natureza de decisão interlocutória. Ocorrendo extinção apenas parcial do processo (*v.g.*, quando indeferida a declaratória incidental, a reconvenção ou excluído um dos litisconsortes), o recurso próprio é o agravo" (STJ, REsp 323.405/RJ, Rel. Min. Sálvio de Figueiredo Teixeira, 4ª Turma, jul. 11.09.2001, *DJ* 04.02.2002). **No mesmo sentido:** STJ, REsp 502.145/PR, Rel. Min. Luiz Fux, 1ª Turma, jul. 07.10.2003, *DJ* 28.10.2003; STJ, REsp 443.175/SP, Rel. Min. Ruy Rosado de Aguiar, 4ª Turma, jul. 21.11.2002, *DJ* 16.12.2002; AgRg no REsp 544.378/MG, Rel. Min. Francisco Falcão, 1ª Turma, jul. 28.10.2003, *DJ* 15.12.2003; STJ, AgRg no Ag 728.015/SP, Rel. Min. Jorge Scartezzini, 4ª Turma, jul. 04.05.2006, *DJ* 05.06.2006.

Interposição de recurso de apelação em face de decisão que determina a exclusão de alguns dos indicados no polo passivo. Aplicação do princípio da fungibilidade recursal. Impossibilidade. "De acordo com a jurisprudência do STJ, o recurso de apelação não é cabível em face de decisão que, antes da prolação da sentença, reconhece a ilegitimidade de alguma das partes. (...) Diante da ausência de dúvida objetiva e do reconhecimento de erro grosseiro na espécie, mostra-se inviável a incidência do princípio da fungibilidade recursal na hipótese dos autos" (STJ, REsp 1.026.021/SP, Rel. Min. Nancy Andrighi, 3ª Turma, jul. 17.04.2008, *DJe* 30.04.2008). **Em sentido contrário:** *RT* 616/135.

Art. 486. O pronunciamento judicial que não resolve o mérito não obsta a que a parte proponha de novo a ação.

§ 1º No caso de extinção em razão de litispendência e nos casos dos incisos I, IV, VI e VII do art. 485, a propositura da nova ação depende da correção do vício que levou à sentença sem resolução do mérito.

§ 2º A petição inicial, todavia, não será despachada sem a prova do pagamento ou do depósito das custas e dos honorários de advogado.

§ 3º Se o autor der causa, por 3 (três) vezes, a sentença fundada em abandono da causa, não poderá propor nova ação contra o réu com o mesmo objeto, ficando-lhe ressalvada, entretanto, a possibilidade de alegar em defesa o seu direito.

CPC/1973

Art. 268.

REFERÊNCIA LEGISLATIVA

CPC/2015, arts. 92 (despesas processuais; extinção do processo sem resolução de mérito) e 310 (indeferimento de medida cautelar).

BREVES COMENTÁRIOS

Em regra, a extinção do processo sem resolução do mérito só produz coisa julgada formal. Não tolhe à parte o direito de renovar a propositura da ação (art. 486). A petição inicial do novo processo, todavia, não será despachada sem a prova do pagamento ou do depósito das custas e honorários advocatícios devidos pela extinção do feito anterior (arts. 92 e 486, § 2º).

Nos casos de extinção em razão de litispendência, indeferimento da inicial, ausência de pressupostos de constituição e de desenvolvimento válido e regular do processo, ausência de condição da ação e convenção de arbitragem, a propositura da nova ação depende da correção do vício que levou à extinção do processo, sem resolução do mérito (art. 486, § 1º).

Há, não obstante, três casos previstos no Código em que a sentença terminativa, tal como a definitiva (ou de mérito), impede a renovação do processo: isso se dá quando a extinção tiver sido decretada por reconhecimento de litispendência, coisa julgada ou perempção (art. 485, V).

Em caso de litispendência, a repropositura da ação está impedida, enquanto perdurar a litispendência. Superada esta, pode o autor propor nova demanda, desde que corrija o vício que levou à sentença sem resolução do mérito.

JURISPRUDÊNCIA SELECIONADA

1. Nova ação intentada.

a) Correção do vício

(i) Ilegitimidade passiva. Extinção da ação. Repetição da ação. Regularização da falta de condição da ação. Necessidade. "A extinção do processo sem julgamento de mérito, por falta de legitimidade ad causam, não forma coisa julgada material, mas, sim, coisa julgada formal. Para que o autor proponha a ação novamente, é necessário que sane a falta da condição antes ausente. Tendo sido o processo extinto por falta de legitimidade do réu, não é possível repetir a ação sem indicar a parte legítima, pois não se pode rediscutir questão já decidida, por força da coisa julgada" (STJ, AgInt no REsp 1587423/MG, Rel. Min. Ricardo Villas Bôas Cueva, 3ª Turma, jul. 26.09.2017, *DJe* 10.10.2017).

"A sentença que indefere a petição inicial e julga extinto o processo, sem o julgamento de mérito, pela falta de **legitimidade passiva** para a causa, faz trânsito em julgado material, se a parte deixar transcorrer em branco o prazo para a interposição do recurso cabível, sendo impossível o novo ajuizamento de ação idêntica" (STJ, REsp 160.850/SP, Rel. Min. Cesar Asfor Rocha, 4ª Turma, jul. 17.10.2000, *DJ* 05.03.2001, p. 167).

(ii) Falta de condição da ação

Extinção do processo por ausência de condição da ação. Trânsito em julgado. Renovação do pedido. "A extinção do processo por descabimento da ação civil pública, na espécie, por falta de condição da ação, obsta a que o autor intente de novo a ação" (STJ, REsp 103.584/SP, Rel. Min. Sálvio de Figueiredo Teixeira, 4ª Turma, jul. 05.06.2001, *DJ* 13.08.2001, p. 159). **Em sentido contrário:** "A eg. Corte Especial firmou o entendimento no sentido de que a extinção do processo por falta de condição da ação não é passível de formar coisa julgada material, mas apenas formal, pelo que possível o ajuizamento de nova ação, desde que suprida a irregularidade da anterior" (STJ, RMS 14.752/RN, Rel. Min. Francisco Peçanha Martins, 2ª Turma, jul. 02.02.2006, *DJ* 29.03.2006, p. 130).

Aposentadoria por idade rural. Ausência de início de prova material apta a comprovar o exercício da atividade rural. Ver jurisprudência do art. 485 do CPC/2015.

b) Comprovante de pagamento das custas.

"Ajuizada nova ação, porquanto a primeira foi extinta sem resolução do mérito, pode o magistrado intimar o autor para que comprove o pagamento ou deposite as custas, conforme determina o art. 268 do CPC/1973 (correspondente ao art. 486, § 2º, do CPC/2015). Precedentes" (STJ, AgInt nos EDcl no AREsp 1.132.081/SP, Rel. Min. Raul Araújo, 4ª Turma, jul. 17.09.2019, *DJe* 03.10.2019). **Obs.:** Não é o caso de indeferimento imediato da petição inicial (STJ, REsp 127.084/MG, Rel. Min. Cesar Asfor Rocha, 4ª Turma, jul. 15.08.2000, *DJ* 02.10.2000, p. 171).

"De acordo com o art. 268 do CPC [art. 486 do CPC/2015], o pagamento das custas e honorários de advogado imposto na ação anterior só é exigível para que o autor intente 'de novo a ação'. O cumprimento dessa obrigação **é condição para que seja ajuizada a mesma ação e não outra**, ainda que com o mesmo objeto" (TJSP, Ap 159.299-2, Rel. Des. Accioli Freire, 9ª Câmara, jul. 17.08.1990, *RT* 663/94).

2. Ausência de julgamento do mérito de reconvenção proposta anteriormente pelo autor em ação reivindicatória. Coisa julgada formal. Ajuizamento de nova demanda. "'A coisa julgada material somente se dá quando apreciado e decidido o mérito da causa' (EREsp 160.850/SP, Rel. Ministro Edson Vidigal, Rel. p/ acórdão Ministro Sálvio de Figueiredo Teixeira, Corte Especial, julgado em 03/02/2003, *DJ* de 29/09/2003, p. 134). No caso, a ausência de análise do mérito da reconvenção, sob o fundamento de impossibilidade de ampliação do liame objetivo e subjetivo da demanda, não é passível de formar coisa julgada material, mas somente coisa julgada formal, que não impede a propositura de nova demanda para discutir a questão acerca da nulidade do negócio jurídico" (STJ, AgInt no AREsp 1511032/DF, Rel. Min. Raul Araújo, 4ª Turma, jul. 04.02.2020, *DJe* 13.02.2020).

3. Monitória. Custas e honorários advocatícios devidos na execução anterior. "O credor que promoveu execução, com base em contrato de abertura de crédito, extinta sem julgamento de mérito, por ausência de título, pode ajuizar ação monitória para cobrança de seu crédito, sem necessidade de pagar custas e honorários advocatícios relativos ao processo anterior" (STJ, REsp 333.275/ES, Rel. Min. Nancy Andrighi, 3ª Turma, jul. 16.05.2002, *DJ* 24.06.2002, p. 298).

"**Sendo diversas as ações intentadas pelo autor**, calcada a segunda na cobrança de nota promissória prescrita, não constitui pressuposto para o ajuizamento da monitória o pagamento antecipado das custas e honorários a que foi condenado quando da extinção da execução, além do que, de toda sorte, caberia a prévia intimação para o recolhimento" (STJ, REsp 437.136/MS, Rel. Min. Aldir Passarinho Junior, 4ª Turma, jul. 13.05.2008, *DJe* 09.06.2008).

4. Indeferimento liminar da inicial. Coisa julgada material. Inexistência. "Não produz coisa julgada material sentença que indefere liminarmente a petição inicial, por impossibilidade jurídica do pedido, ainda que fundamentada em suposta inexistência do direito material. A coisa julgada formal não impede novo ajuizamento da ação, exceto no caso do art. 267, V, do CPC [art. 485, V, do CPC/2015] (art. 268, *caput*, CPC) [art. 486, *caput*, do CPC/2015]" (STJ, REsp 1.006.091/SP, Rel. Min. Humberto Gomes de Barros, 3ª Turma, jul. 17.03.2008, *DJe* 13.05.2008).

"'A extinção do processo sem julgamento de mérito, por falta de legitimidade *ad causam*, não é passível de formar coisa julgada material, mas sim coisa julgada formal, que impede a discussão da questão no mesmo processo e não em outro' (EREsp 160.850/SP, Corte Especial, Rel. p/ acórdão Min. Sálvio de Figueiredo Teixeira, *DJ* de 29.9.2003). Assim, inexiste óbice para o ajuizamento de nova demanda com mesmo pedido e causa de pedir, conforme o disposto no art. 268 do Código de Processo Civil [art. 486, CPC/2015] – 'Salvo o disposto no art. 267, V [art. 485, V, CPC/2015], a extinção do processo não obsta a que o autor intente de novo a ação'" (STJ, AgRg no REsp 914.218/PR, Rel. Min. Denise Arruda, 1ª Turma, jul. 26.06.2007, *DJ* 02.08.2007, p. 413).

Art. 487. Haverá resolução de mérito quando o juiz:

I – acolher ou rejeitar o pedido formulado na ação ou na reconvenção;

II – decidir, de ofício ou a requerimento, sobre a ocorrência de decadência ou prescrição;

III – homologar:

a) o reconhecimento da procedência do pedido formulado na ação ou na reconvenção;

b) a transação;

c) a renúncia à pretensão formulada na ação ou na reconvenção.

Parágrafo único. Ressalvada a hipótese do § 1º do art. 332, a prescrição e a decadência não serão reconhecidas sem que antes seja dada às partes oportunidade de manifestar-se.

CPC/1973

Art. 269.

REFERÊNCIA LEGISLATIVA

CPC/2015, arts. 19 (prescrição de ação declaratória); 90 (desistência, reconhecimento do pedido e transação; despesas e honorários); 178 (nulidade de transação atinente a direitos de incapazes, por ausência de intervenção do MP); 200 (homologação de transação); 203, § 1º (conceito de sentença); 240 (prescrição intercorrente); 302, IV (prescrição em tutela de urgência); 354 (extinção do processo); 359 (conciliação; direitos disponíveis); 490 (acolhimento ou rejeição do pedido na sentença); 515, II (transação em título executivo judicial); 525, § 1º, VII (prescrição em impugnação ao cumprimento de sentença); 535, VI (prescrição em embargos à execução contra a Fazenda Pública); 924 (extinção e suspensão da execução); 1.000 (transação e renúncia ao recurso); 1.009 (recurso cabível para a sentença, apelação); 1.014 (prescrição em apelação).

CC, arts. 189 (prescrição); 193 (prescrição; alegação em qualquer grau de jurisdição); 205 e 206 (prazos de prescrição); 207 (decadência, não suspende e nem interrompe); 210 (decadência; reconhecimento de ofício); 840 a 850 (transação).

Lei nº 12.016, de 07.08.2009 (Mandado de Segurança – ver Legislação Especial), art. 23.

Lei nº 5.478, de 25.07.1968 (Alimentos – ver Legislação Especial), art. 23.

Lei nº 4.717, de 29.06.1965 (Ação Popular – ver Legislação Especial), art. 21.

Lei nº 6.404, de 15.12.1976, arts. 285 a 287 (sociedades por ações; prazos de prescrição).

Lei nº 8.906, de 04.07.1994 (Advogado – ver Legislação Especial), arts. 24, § 4º, e 25.

Lei nº 9.469, de 10.07.1997 (Advocacia-Geral da União – ver Legislação Especial), arts. 1º a 3º e 6º, § 2º.

Lei nº 9.099, de 26.09.1995 (Juizados Especiais – ver Legislação Especial), arts. 2º e 22, § 1º.

Lei nº 10.259, de 12.07.2001 (Juizados Especiais Federais – ver Legislação Especial), art. 10, parágrafo único.

Lei nº 11.101, de 09.02.2005, art. 82, § 1º (falências; prescrição da ação de responsabilidade dos sócios).

SÚMULAS

Súmulas do STF:

nº 149: "É imprescritível a ação de investigação de paternidade, mas não o é a de petição de herança".

nº 150: "Prescreve a execução no mesmo prazo de prescrição da ação".

nº 151: "Prescreve em um ano a ação do segurador sub-rogado para haver indenização por extravio ou perda de carga transportada por navio".

nº 154: "Simples vistoria não interrompe a prescrição".

nº 230: "A prescrição da ação de acidente do trabalho conta-se do exame pericial que comprovar a enfermidade ou verificar a natureza da incapacidade".

nº 383: "A prescrição em favor da Fazenda Pública recomeça a correr, por dois anos e meio, a partir do ato interruptivo, mas não fica reduzida aquém de cinco anos, embora o titular do direito a interrompa durante a primeira metade do prazo".

nº 443: "A prescrição das prestações anteriores ao período previsto em lei não ocorre, quando não tiver sido negado, antes daquele prazo, o próprio direito reclamado, ou a situação jurídica de que ele resulta".

nº 494: "A ação para anular venda de ascendente a descendente, sem consentimento dos demais, prescreve em vinte anos, contados da data do ato, revogada a Súmula nº 152".

Súmulas do STJ:

nº 39: "Prescreve em vinte anos a ação para haver indenização, por responsabilidade civil, de sociedade de economia mista". **Observação: A prescrição ordinária, na espécie, foi reduzida para três anos pelo art. 206, § 3º, V, do Código Civil/2002.**

nº 85: "Nas relações jurídicas de trato sucessivo em que a Fazenda Pública figure como devedora, quando não tiver sido negado o próprio direito reclamado, a prescrição atinge apenas as prestações vencidas antes do quinquênio anterior à propositura da ação".

nº 101: "A ação de indenização do segurado em grupo contra a seguradora prescreve em um ano".

nº 106: "Proposta a ação no prazo fixado para o seu exercício, a demora na citação, por motivos inerentes ao mecanismo da Justiça, não justifica o acolhimento da arguição de prescrição ou decadência".

nº 119: "A ação de desapropriação indireta prescreve em vinte anos". **Observação: o prazo de usucapião, que serviu de parâmetro para a súmula, foi reduzido para dez anos pelo art. 1.238, parágrafo único, do Código Civil/2002.**

nº 143: "Prescreve em cinco anos a ação de perdas e danos pelo uso de marca comercial".

nº 194: "Prescreve em vinte anos a ação para obter, do construtor, indenização por defeitos da obra". **Observação: Conferir sistema prescricional do CDC, arts. 26 e 27; Código Civil/2002, art. 618.**

nº 278: "O termo inicial do prazo prescricional, na ação de indenização, é a data em que o segurado teve ciência inequívoca da incapacidade laboral".

nº 210: "A ação de cobrança das contribuições para o FGTS prescreve em trinta (30) anos".

nº 291: "A ação de cobrança de parcelas de complementação de aposentadoria pela previdência privada prescreve em cinco anos".

BREVES COMENTÁRIOS

Lide e *mérito* da causa são sinônimos para o Código. O pedido do autor, manifestado na propositura da ação, revela processualmente qual a lide que se pretende compor por meio da tutela jurisdicional.

Ocorre sentença definitiva de mérito quando o juiz, acolhendo ou rejeitando o pedido, resolve o conflito de pretensões (lide). Outras vezes, as próprias partes se antecipam e, no curso do processo, encontram, por si mesmas, uma solução para a lide. Ao juiz, nesses casos, compete apenas homologar o negócio jurídico praticado pelos litigantes, para integrá-lo ao processo e dar-lhe eficácia equivalente ao de julgamento de mérito. É o que ocorre quando o autor renuncia ao direito material sobre o qual se funda a ação (CPC/2015, art. 487, III, *c*), ou quando as partes fazem transação sobre o objeto do processo (art. 487, III, "b"), ou, ainda, quando o réu reconhece a procedência do pedido do autor (art. 487, III, "a").

Com a eliminação da ação autônoma de execução de sentença e a inclusão dos atos de cumprimento da condenação na própria relação processual em que esta foi pronunciada (art. 475-I do CPC de 1973, com a redação da Lei nº 11.232/2005), nem toda sentença de mérito porá fim ao processo. Apenas as declaratórias e as constitutivas terão possibilidade de ser o provimento final da prestação jurisdicional do processo de conhecimento. Nas ações julgadas por sentença de natureza condenatória (ou que tenha força equivalente, como as homologatórias de transação e os julgados de partilha, por exemplo), o julgamento de mérito será apenas uma etapa do procedimento, visto que a prestação jurisdicional terá, ainda, que se desdobrar em ulteriores atos de cunho executivo. Aliás, nem mesmo as sentenças constitutivas e declaratórias têm condições de encerrar o processo, pois sempre conterão uma parte condenatória, no relativo às despesas e honorários sucumbenciais, cujo cumprimento se dará no prolongamento do processo pós decisão de mérito. Diante dessa nova realidade, o texto do art. 269, do CPC/1973, foi inovado para cuidar não exclusivamente das sentenças que extinguem o processo, mas para destacar aquelas que, com ou sem extinção do processo, resolvem o mérito da causa. As hipóteses no Código atual são as mesmas arroladas pelo primitivo art. 269. A novidade, assim, está em que a solução do mérito não é mais vista como causa necessária de extinção do processo.

Na atual sistemática prevista pelo CPC/2015 (arts. 497 e 498), a sentença de mérito, em si mesma, tanto pode provocar extinção do processo, como pode ser indiferente à sua continuação em busca de providências jurisdicionais complementares, acaso necessárias para satisfazer de maneira integral e efetiva a pretensão acolhida em juízo. O normal, porém, será que, à falta de cumprimento voluntário do vencido, o procedimento deverá prosseguir até que a condenação de verbas principais ou acessórias seja efetivamente cumprida.

Em todos os casos de encerramento do processo, uma coisa é certa: é imprescindível a sentença do juiz da causa, ainda que se restrinja a homologar ato das próprias partes. E, portanto, nunca é, a rigor, a sentença que, por si só, faz extinguir, prontamente, a relação processual, pois, mesmo depois dela, há sempre possibilidade de o feito prosseguir na esfera recursal ou na fase executiva. Na verdade, é a coisa julgada formal (exaustão dos recursos ou perda do prazo de manifestá-los) assim como os eventuais atos de cumprimento da sentença que põem termo ao processo, após a sentença ou o acórdão.

A sentença é, porém, o último ato jurisdicional antes do encerramento da relação processual de conhecimento, e na execução, é ato judicial que decreta o fim do processo executivo. Uma vez que o Código adota o sistema em que o cumprimento de sentença não depende de nova ação para ser realizado, uma só relação processual, como já visto, pode ter duas fases: a de conhecimento e a de execução. Assim, a sentença é o ato judicial que resolve a primeira fase do processo, ou seja, a que põe termo, em primeiro grau, à fase de conhecimento, solucionando, ou não, o mérito da causa. É também sentença a que extingue a execução, seja no cumprimento de sentença, seja na ação executiva autônoma (art. 203, § 1º). Portanto, as sentenças terminativas ocorrem nas situações arroladas no art. 485, e as definitivas ou de mérito são as correspondentes aos casos do art. 487.

JURISPRUDÊNCIA SELECIONADA

1. Resolução do mérito (*caput*). "Para verificar se houve exame do mérito há que pesquisar se a pretensão formulada foi decidida. Isso tendo ocorrido, não importa que a sentença haja, equivocadamente, afirmado que o autor era carecedor da ação. Fica o tribunal, no julgamento da apelação, autorizado a examinar todas as questões pertinentes ao merecimento" (STJ, REsp 31.766/RS, Rel. Min. Eduardo Ribeiro, 3ª Turma, jul. 25.04.1994, *DJ* 30.05.1994).

"Perecendo o objeto, perece o direito e, pois, a ação, extinguindo-se o processo. A sentença que assim o declarar é um julgamento de mérito" (TJMG, Ap 1.0000.00.259280-6, Rel. Des. Isalino Lisboa, 3ª Câmara, jul. 13.02.2003, *DJ* 14.03.2003).

Coisa julgada material. "A extinção do processo com julgamento do mérito faz coisa julgada material, pelo que não é lícito ao autor intentar novamente a ação" (STJ, REsp 618.063/MG, Rel. Min. João Otávio de Noronha, 4ª Turma, jul. 29.09.2009, *DJe* 13.10.2009)

2. Acolher ou rejeitar o pedido (inciso I).

Improcedência do pedido. Insuficiência de provas. "'Dúvida não há, portanto, de que a insuficiência ou falta de provas acarreta a improcedência do pedido, não a extinção do processo sem julgamento do mérito. Se o autor não consegue provar o fato constitutivo de seu direito, deverá sofrer as consequências da ausência ou insuficiência de provas, que invariavelmente será a improcedência de seu pedido, nos termos do art. 269-I, CPC [art. 487 do CPC/2015]. Em outras palavras, não provado o direito postulado, o julgador deve negar a pretensão, que ocorrerá com o julgamento de mérito do pedido' (REsp 330.172/RJ, Quarta Turma, Rel. Min. Sálvio de Figueiredo Teixeira, *DJ* 22/4/02)" (STJ, REsp 873.884/SP, Rel. Min. Arnaldo Esteves Lima, 5ª Turma, jul. 02.03.2010, *DJe* 29.03.2010).

Ação de reintegração de posse. Ausência de prova da posse alegada. Hipótese de improcedência. Carência de ação. Afastamento. Ver jurisprudência do art. 554 do CPC/2015.

3. Interpretação do pedido. Ver jurisprudência do art. 322 do CPC/2015.

4. Prescrição (inciso II). Ver jurisprudência do art. 240 do CPC/2015.

Prescrição não reconhecida de ofício pelo. Ação rescisória. Inadmissibilidade. Ver jurisprudência do art. 966 do CPC/2015.

Cumprimento de sentença. Termo inicial do prazo prescricional da pretensão executória. "Sobre a execução dos honorários, o entendimento desta Corte é no sentido de que, quando fixados sobre o valor da condenação ilíquida, o prazo prescricional começa a fluir do trânsito em julgado da sentença de liquidação, pois somente a partir dela é que o título judicial se apresenta líquido e, por conseguinte, capaz de embasar a ação executiva correspondente" (STJ, REsp 1.769.045/MG, Rel. Min. Nancy Andrighi, 3ª Turma, jul. 26.02.2019, *DJe* 01.03.2019).

Prescrição intercorrente. Intimação pessoal. Contraditório. "Mesmo sendo possível o reconhecimento de ofício da prescrição intercorrente, é necessário o prévio contraditório, não para que a parte promova, extemporaneamente, o andamento do processo, mas para assegurar a oportunidade de apresentar defesa quanto à eventual ocorrência de fatos impeditivos, interruptivos ou suspensivos da prescrição" (STJ, AgInt no AREsp 1.356.274/PR, Rel. Min. Raul Araújo, 4ª Turma, jul. 12.11.2019, *DJe* 09.12.2019). **No mesmo sentido:** STJ, AgInt no REsp 1.350.303/MG, Rel. Min. Antonio Carlos Ferreira, 4ª Turma, jul. 07.02.2017, *DJe* 10.02.2017.

Interrupção de prazo prescricional pelo protesto de duplicatas. Posterior ajuizamento de ação declaratória de inexistência de débito. Impossibilidade de nova interrupção. "Conforme dispõe o art. 202, *caput*, do CC/02, a interrupção da prescrição ocorre somente uma única vez para a mesma relação jurídica. Precedente. Na espécie, os protestos das duplicatas foram promovidos nos meses de outubro e novembro de 2012, momento em que, nos termos do art. 202, III, do CC/02, houve a interrupção do prazo prescricional. O posterior ajuizamento da ação declaratória de inexigibilidade de débitos pela recorrente, ainda que indiscutivelmente seja causa interruptiva da prescrição, não tem o condão, contudo, de promover nova interrupção do prazo prescricional, uma vez que este já havia sido interrompido com o protesto das cártulas. A prescrição de 3 (três) anos (art. 206, § 3º, VIII, do CC/02) operou-se em 2015, sendo que a ação de execução de título executivo extrajudicial somente foi ajuizada pela recorrida em 2019" (STJ, REsp 1.963.067/MS, Rel. Min. Nancy Andrighi, 3ª Turma, jul. 22.02.2022, *DJe* 24.02.2022).

5. Decadência (inciso II).

Negatória de filiação. "A jurisprudência de ambas as turmas de Direito Privado desta Corte Superior é na vertente de que 'a regra que impõe o prazo de quatro anos para impugnar o reconhecimento da paternidade constante do registro civil só é aplicável ao filho natural que pretende afastar a paternidade por mero ato de vontade, com o objetivo único de desconstituir o reconhecimento da filiação, sem, contudo, buscar constituir nova relação. A decadência, portanto, não atinge o direito do filho que busca o reconhecimento da verdade biológica em investigação de paternidade e a consequente anulação do registro com base na falsidade deste' (REsp 987.987/SP, Rel. Min. Nancy Andrighi, *DJe* 05.09.2008)" (STJ, AgRg no Ag 853.665/GO, Rel. Min. Vasco Della Giustina (Desembargador Convocado do TJRS), 3ª Turma, jul. 15.06.2010, *DJe* 29.06.2010).

6. Reconhecimento da procedência do pedido (inciso III, "a").

"No sistema jurídico-processual vigente, se não contestada a ação, manifestar-se o réu como pago e satisfeito e não desejando estabelecer o contraditório, equivale ao reconhecimento do pedido, levando à procedência do pedido" (STJ, AR 585/DF, Rel. Min. Demócrito Reinaldo, 1ª Seção, jul. 28.04.1999, *DJ* 21.06.1999). **No mesmo sentido:** TJMG, Ap 1.0024.06.933487-8/001, Rel. Des. José Flávio de Almeida, 12ª Câmara, jul. 06.06.2007, *DJ* 23.06.2007.

"Se havia interesse de agir quando do ajuizamento da ação e, no curso da lide, desaparece esse interesse em razão de ato praticado pelo réu, ocorre a perda superveniente de objeto por reconhecimento do pedido" (STJ, REsp 792.299/RJ, Rel. Min. Eliana Calmon, 2ª Turma, jul. 07.08.2007, *DJ* 16.08.2007). **No mesmo sentido:** STJ, REsp 480.710/ES, Rel. Min. Barros Monteiro, 4ª Turma, jul. 03.05.2005, *DJ* 13.06.2005.

Pedido subsidiário. "O reconhecimento pelo réu da procedência de pedido subsidiário não importa em extinção do processo, com julgamento do mérito ou por falta de interesse de agir do autor, porquanto perdura a lide, em face do pedido principal" (STJ, REsp 8.892/SP, Rel. Min. Dias Trindade, 3ª Turma, jul. 30.04.1991, *DJ* 27.05.1991).

Dívida paga pelo executado. "A circunstância de o executado haver pago a dívida, aproveitando-se de abatimento com autorização em lei, não configura transação, mas reconhecimento do pedido" (STJ, REsp 46.210/SP, Rel. Min. Humberto Gomes de Barros, 1ª Turma, jul. 26.10.1994, *DJ* 05.12.1994).

7. Transação (inciso III, "b").

"A transação se constitui em ato jurídico bilateral, pelo qual as partes, fazendo concessões recíprocas, extinguem os processos. É um equivalente jurisdicional, tendo o efeito de compor a lide, sem intervenção do juiz, produzindo o mesmo resultado da sentença. Homologado em juízo o acordo ajustado entre as partes, e declarado extinto o processo, nos termos do artigo 269, inciso III, do Código de Processo Civil [art. 487, III, do CPC/2015], caracterizada está a transação" (TJMG, Ag 1.0000.00.236662-3/000, Rel. Des. Almeida Melo, 4ª Câmara, jul. 18.10.2001, *DJ* 31.10.2001).

Arrependimento. "É pacífica a jurisprudência desta Corte no sentido de que, em regra, é descabido o arrependimento e a rescisão unilateral da transação, ainda que antes da homologação judicial. Precedentes" (STJ, AgInt no AREsp 1.952.184/SC, Rel. Min. Maria Isabel Gallotti, 4ª Turma, ac. 22.08.2022, *DJe* 25.08.2022).

"Esta Corte Superior entende que a transação, com observância das exigências legais, sem demonstração de algum vício, é ato jurídico perfeito e acabado, não podendo o simples arrependimento unilateral de uma das partes dar ensejo à anulação do acordo firmado, ainda que não tenha sido homologado pelo Judiciário. Incidência da Súmula n. 83 do STJ. A jurisprudência do STJ é firme sobre a aplicação dos princípios da segurança jurídica e da boa-fé objetiva, bem como da vedação ao comportamento contraditório (*venire contra factum proprium*), a impedir que a parte, após praticar ato em determinado sentido, venha adotar comportamento posterior e contraditório. Precedentes" (STJ, AgInt no REsp 1.472.899/DF, Rel. Min. Antonio Carlos Ferreira, 4ª Turma, jul. 28.09.2020, *DJe* 01.10.2020).

Rescisão unilateral. "É descabido o arrependimento e rescisão unilateral da transação, ainda que não homologada de imediato pelo Juízo. Uma vez concluída a transação, as suas cláusulas ou condições obrigam definitivamente os contraentes, e sua rescisão só se torna possível 'por dolo, coação, ou erro essencial quanto à pessoa ou coisa controversa' (CC/2002, art. 849)" (STJ, AgInt no REsp 1.793.194/PR, Rel. Min. Marco Aurélio Bellizze, 3ª Turma, ac. 02.12.2019, *DJe* 05.12.2019).

Momento processual. Anterior à sentença. "Nos termos do art. 794, inciso II, do Código de Processo Civil, extingue-se a execução quando o devedor obtém, por transação ou por qualquer outro meio, a remissão total da dívida. Todavia, a teor do que dispõe o art. 741, inciso VI, do Estatuto Processual [art. 535, VI, do CPC/2015], a transação só obstará a execução se tiver sido celebrada após a prolação da sentença. Na hipótese em apreço, constata-se que o mencionado acordo foi realizado **antes de prolatada a sentença na ação de conhecimento** e sequer foi homologado em juízo, razão pela qual não tem o condão de extinguir a execução" (STJ, AgRg no REsp 869.343/RS, Rel. Min. Laurita Vaz, 5ª Turma, jul. 12.02.2008, *DJ* 03.03.2008).

Momento processual. Já iniciado o julgamento. "Acordando as partes, mesmo após já iniciado o julgamento e colhidos três dos votos, homologa-se a transação, com respectiva extinção do processo" (STJ, REsp 13.648/SP, Rel. Min. Sálvio de Figueiredo Teixeira, 4ª Turma, jul. 29.11.1993, *DJ* 24.10.1994, p. 28.760).

Momento processual. Após a sentença. "É possível a transação após a sentença, antes do trânsito em julgado da mesma" (TJMG, AI 480.113-4, Rel. Des. José Affonso da Costa Côrtes, 15ª Câmara Cível, jul. 24.05.2005, *DJ* 29.06.2005).

Adesão do contribuinte a programa de parcelamento de créditos tributários. "Não se aplica ao caso o art. 269, III, do CPC [art. 587, III, do CPC/2015], o qual dispõe que haverá resolução de mérito quando as partes transigirem, haja vista que a adesão do contribuinte a programa de parcelamento ou pagamento à vista de créditos tributários não configura transação, consoante decidido por esta Turma, no REsp 1.244.347/MS (Rel. Min. Mauro Campbell Marques, *DJe* de 28.4.2011)" (STJ, AgRg nos EDcl no REsp 1.220.327/MA, Rel. Min. Mauro Campbell Marques, 2ª Turma, jul. 16.08.2011, *DJe* 23.08.2011).

Intervenção do Ministério Público. "Sob a égide do art. 55 da Lei n. 7.244/84 não se exige a intervenção do Ministério Público para a homologação de transação, salvo naqueles casos em que a intervenção é obrigatória, como, por exemplo, havendo interesse de menores" (STJ, REsp 108.130/MG, Rel. Min. Carlos Alberto Menezes Direito, 3ª Turma, jul. 09.12.1997, *DJ* 09.03.1998, p. 89).

Disposição das verbas honorárias. "Trata-se de transação celebrada entre as partes já durante o decurso de processo judicial, da qual participaram, também, os respectivos advogados, a qual se encerrou com a respectiva homologação. Considerando-se a intervenção dos causídicos durante as tratativas, tem-se a possibilidade de livre disposição das verbas honorárias por tais profissionais, segundo precedentes jurisprudenciais desta Corte Superior" (STJ, AgRg no REsp 978.109/RS, Rel. Min. Hélio Quaglia Barbosa, 4ª Turma, jul. 18.12.2007, *DJ* 11.02.2008).

Transação firmada sem aquiescência do advogado. Honorários. "Nos termos dos arts. 23 e 24, § 4º, da Lei nº 8.906/94, o advogado tem direito autônomo de executar a sentença no tocante aos honorários de sucumbência, sendo certo, ainda, que a transação firmada pelas partes, sem aquiescência do advogado, não prejudica os honorários, tanto os convencionados como os de sucumbência. Precedentes" (STJ, REsp 525.397/SC, Rel. Min. Laurita Vaz, 5ª Turma, jul. 26.06.2007, *DJ* 06.08.2007, p. 604).

Desistência do recurso interposto. "Havendo acordo entre as partes considera-se que houve a desistência do recurso interposto" (TRF 1ª Região, AC 1997.01.00.060523-4/BA, Rel. Juiz Federal Wilson Alves de Souza (conv.), 3ª Turma Supl., jul. 09.09.2004, *DJ* 07.10.2004, p. 53).

"Se a sentença se torna ineficaz em virtude da existência de transação posterior, devidamente celebrada e homologada, não há interesse em interpor recurso para atacá-la. Nesta hipótese, a apelação só seria possível contra a decisão que homologou a transação obtida em conciliação, ainda assim apenas por irregularidade da homologação e não para discutir o conteúdo do acordo" (TAMG, Ap. 336.263-6, Rel. Des. Maria Elza, 4ª Câmara Cível, jul. 08.08.2001, *DJ* 25.08.2001).

Remessa necessária. "A transação põe fim ao litígio e exclui a remessa necessária, porque não mais subsiste a sentença, eis que os valores indenizatórios serão os constantes do acordo e não os da prestação jurisdicional" (TRF 1ª Região, REO 89.01.21017-7/BA, Rel. Juiz Fernando Gonçalves, 3ª Turma, jul. 11.12.1989, *DJ* 05.03.1990).

Assistente não litisconsorcial. "Desnecessária a intervenção de assistente não litisconsorcial, quando da homologação judicial de transação, posto que, não sendo titular, de outro modo, da relação jurídica material que se deduz em juízo, não demonstrou que os efeitos da sentença, pelo menos, indiretamente, lhe colhem" (STJ, REsp 27.321/SP, Rel. Min. Waldemar Zveiter, 3ª Turma, jul. 09.02.1993, *DJ* 22.03.1993).

Vício de vontade. Nulidade da transação. "A nulidade da transação por vício de vontade deve ser alegada, se for o caso, em ação própria. Precedentes: REsp 730.053/PR, 1ª Turma, Min. Teori Albino Zavascki, *DJ* 06.06.2005; REsp 797.484/SC, 2ª Turma, Min. Peçanha Martins, *DJ* 26.04.2006" (STJ, REsp 889.190/RS, Rel. Min. Teori Albino Zavascki, 1ª Turma, jul. 10.04.2007, *DJ* 19.04.2007).

Anulação da transação. Causas de anulabilidade. "Para se anular a transação havida entre as partes, não basta a alegação de ausência de participação de seu procurador, devendo ser comprovada alguma das **causas de anulabilidade**, como erro, dolo, coação etc. Art. 138 e seguintes do Código Civil. Ademais, tratando-se de direitos disponíveis, são válidos os atos voluntários de disposição" (TJMG, Proc. 1.0027.05.066213-2/001, Rel. Des. Wagner Wilson, 15ª Câmara, jul. 15.02.2007, *DJ* 27.03.2007).

Desconstituição. Ver jurisprudência do art. 966, § 4º, do CPC/2015.

8. Homologação da transação (inciso III, "b"). "Se o negócio jurídico da transação se encontra concluído entre as partes, impossível é a qualquer delas o arrependimento unilateral. Válido o acordo celebrado, obriga-se o juiz à sua homologação, salvo se ilícito o seu objeto, incapazes as partes ou irregular o ato, o que não ocorreu no presente caso" (STJ, REsp 889.983/RS, Rel. Min. Humberto Martins, 2ª Turma, jul. 07.11.2006, *DJ* 29.11.2006, p. 195). **No mesmo sentido:** STJ, AgRg no REsp 634.971/DF, Rel. Min. Teori Albino Zavascki, 1ª Turma, jul, 05.10.2004, *DJ* 18.10.2004, p. 195; STJ, REsp 331.059/MG, Rel. Min. Sálvio de Figueiredo Teixeira, 4ª Turma, jul. 26.08.2003, *DJ* 29.09.2003, p. 255; STJ, REsp 237.554/RS, Rel. Min. Nancy Andrighi, 3ª Turma, jul. 03.06.2003, *DJ* 18.08.2003.

"A quitação plena e geral, para nada mais reclamar a qualquer título, constante do acordo extrajudicial, é válida e eficaz, desautorizando investida judicial para ampliar a verba indenizatória aceita e recebida. Precedentes" (STJ, REsp 1.265.890/SC, Rel. Min. Nancy Andrighi, 3ª Turma, jul. 01.12.2011, *DJe* 09.12.2011).

Título executivo judicial. "A transação extrajudicial tem eficácia imediata, de modo que a homologação só lhe confere a qualidade de título executivo judicial. A ausência de homologação não inibe os efeitos da transação entre as partes. Isso quando, evidentemente, é extrajudicial e feita fora dos autos. Trata-se de um contrato. A homologação apenas empresta valor processual à transação" (TJSP, EDcl 1.002.387.012, Rel. Des. Antonio Rigolin, 31ª Câmara Dir. Priv., jul. 26.02.2008).

"**Descumprimento do acordo**. A sentença homologatória de transação é título executivo judicial, executável nos próprios autos do processo que ela extinguiu" (TJSP, Ap. s/ Rev. 1.022.287.000, Rel. Mendes Gomes, 35ª Câmara do 8º Grupo, jul. 26.03.2007). No mesmo sentido: TJSP, Ap.182.085-4, Rel. Juiz Mello Junqueira, 8ª Câmara, jul. 26.06.1985, *RT* 603/160.

Impossibilidade de prosseguir na execução do título originário. "Homologação transação, com a extinção do processo com julgamento do mérito, na forma do art. 269, III, do CPC [art. 487, III, "b", do CPC/2015], tem-se outro título, não sendo dado prosseguir, no caso de inadimplemento posterior, na execução de título originário, como se de suspensão de execução se tratasse" (STJ, REsp 146.532/PR, Rel. Min. Costa Leite, 3ª Turma, jul. 20.10.1998, *DJ* 07.12.1998, p. 81).

Ausência de procurador. "É válida a transação realizada entre as partes extrajudicialmente sem a presença dos respectivos procuradores, cuja intervenção somente se torna imprescindível no momento da homologação judicial. Precedentes" (STJ, REsp 950.455/SC, Rel. Min. Eliana Calmon, 2ª Turma, jul. 11.03.2008, *DJ* 28.03.2008). **No mesmo sentido**: STJ, REsp 666.400/SC, Rel. Min. Teori Albino Zavascki, 1ª Turma, jul. 19.10.2004, *DJ* 22.11.2004; STJ, AgRg no REsp 861.730/PR, Rel. Min. Felix Fischer, 5ª Turma, jul. 17.05.2007, *DJ* 11.06.2007; STJ, REsp 791.906/MG, Rel. Min. Herman Benjamin, 2ª Turma, jul. 06.03.2007, *DJ* 07.02.2008. **Em sentido contrário:** "A transação, como negócio jurídico que é, tem como pressuposto de validade os requisitos previstos no artigo 104 do CC/02, de modo que, sendo as partes capazes, em plenas condições de transigirem, e cuidando-se de direitos disponíveis, faz-se possível a celebração de avença, sendo desnecessária **assistência de advogado para respectiva homologação**" (TJMG, Proc. 1.0024.06.256569-2/001, Rel. Des. Irmar Ferreira Campos, 17ª Câmara, jul. 09.08.2007, *DJ* 28.08.2007). **No mesmo sentido:** TJSP, AI 1.148.121.006, Rel. Des. Júlio Vidal, 28ª Câmara Dir. Priv., jul. 18.12.2007.

Recurso cabível. "O ato judicial que homologa acordo firmado entre as partes e põe fim ao processo nos termos do art. 269, III, do CPC [art. 487, III, do CPC/2015] é sentença, a qual, segundo o disposto no art. 513 do mesmo diploma legal [art. 1.009 do CPC/2015], está sujeita a recurso de **apelação.** Incidência da Súmula n. 267/STF" (STJ, RMS 32.726/DF, Rel. Min. João Otávio de Noronha, 4ª Turma, jul. 23.11.2010, *DJe* 26.11.2010). **No mesmo sentido:** STJ, REsp 13.478/SP, Rel. Min. José de Jesus Filho, 2ª Turma, jul. 03.06.1992, *DJ* 03.08.1992.

"**A decisão que homologa transação e extingue parcialmente a execução**, determinando seu prosseguimento com relação aos litisconsortes que não transigiram, possui natureza interlocutória, motivo pelo qual o recurso contra ela cabível é o agravo de instrumento, e não a apelação. Tratando-se de erro grosseiro, não se aplica o princípio da fungibilidade. Precedentes" (STJ, REsp 829.992/DF, Rel. Min. Arnaldo Esteves Lima, 5ª Turma, jul. 13.12.2007, *DJ* 07.02.2008). **No mesmo sentido:** STJ, AgRg no REsp 838.866/DF, Rel. Min. Felix Fischer, 5ª Turma, jul. 08.08.2006, *DJ* 11.09.2006.

9. Transação. Hipóteses de cabimento (inciso III, "b").

Direitos indisponíveis. Impossibilidade. "O benefício previdenciário (acidentário) traduz direito disponível. Refere-se à espécie de direito subjetivo, ou seja, pode ser abdicado pelo respectivo titular, contrapondo-se ao direito indisponível, **que é insuscetível de disposição ou transação por parte do seu detentor**. Precedentes" (STJ, REsp 770.741/PA, Rel. Min. Gilson Dipp, 5ª Turma, jul. 20.04.2006, *DJ* 15.05.2006). **No mesmo sentido:** STJ, RMS 14.624/RS, Rel. Min. Hélio Quaglia Barbosa, 6ª Turma, jul. 30.06.2005, *DJ* 15.08.2005.

Direitos difusos. Excepcionalidade. "A regra geral é de não serem passíveis de transação os direitos difusos. Quando se tratar de direitos difusos que importem obrigação de fazer ou não fazer deve-se dar tratamento distinto, possibilitando dar à controvérsia a melhor solução na composição do dano, quando impossível o retorno ao *status quo ante*. A admissibilidade de transação de direitos difusos é exceção à regra" (STJ, REsp 299.400/RJ, Rel. Min. Francisco Peçanha Martins, Rel. p/ ac. Min. Eliana Calmon, 2ª Turma, jul. 01.06.2006, *DJ* 02.08.2006, p. 229).

Estatuto da Criança e do Adolescente. Necessidade de autorização judicial e intervenção do Ministério público. "São indispensáveis a autorização judicial e a intervenção do Ministério Público em acordo extrajudicial firmado pelos pais dos menores, em nome deles, para fins de receber indenização por ato ilícito" (STJ, AgRg no Ag 742.886/SP, Rel. Min. Massami Uyeda, 4ª Turma, jul. 13.11.2007, *DJ* 03.12.2007, p. 314).

Condomínio. "A transação somente afeta os direitos disponíveis de cada condômino, não atingindo direitos comuns, como aqueles relacionados com os defeitos de construção. Esses direitos pertencem a todos, inclusive ao condomínio, e **somente podem ser objeto de transação se aprovados pela unanimidade dos condôminos**" (STJ, REsp 83.751/SP, Rel. Min. Sálvio de Figueiredo Teixeira, 4ª Turma, jul. 19.06.1997, *DJ* 25.08.1997).

Fazenda Pública. "À Fazenda Pública é defeso firmar 'transação', negócio jurídico de direito privado, salvo com autorização legal, hipótese inocorrente" (STJ, REsp 68.177/RS, Rel. Min. Milton Luiz Pereira, 1ª Turma, jul. 02.09.1996, *DJ* 07.10.1996. **Em sentido contrário:** "Não há vedação legal a impedir a realização de acordos pela Fazenda Pública, máxime quando tais acordos não representam qualquer gravame para o ente político transigente. Além disso, operaram-se sobre o caso os efeitos da coisa julgada material" (TJPR, AC-RN 0086198-3 (18915), Rel. Des. conv. Munir Karam, 2ª Câmara, *DJ* 19.03.2001).

10. Renúncia ao direito a que se funda a ação (inciso III, "c").

Ação renovatória de locação. "A renúncia é ato unilateral, no qual o autor dispõe da pretensão de direito material deduzida em Juízo, podendo ser apresentada até o trânsito em julgado da demanda. Precedentes. Não procede o argumento acerca da impossibilidade do acolhimento do pedido de renúncia formulado pelo autor, haja vista que não houve o exaurimento da pretensão renovatória. A improcedência da pretensão renovatória fundada no desatendimento dos requisitos legais implica na expedição de mandado de despejo, além da possibilidade de cobrança dos aluguéis não quitados. Na hipótese, o pedido de renúncia à pretensão renovatória de locação comercial merece ser deferido, devendo, todavia, permanecer a ordem de despejo e a determinação do pagamento dos aluguéis até a efetiva devolução do imóvel" (STJ, REsp 1.707.365/MG, Rel. Min. Ricardo Villas Bôas Cueva, 3ª Turma, jul. 27.11.2018, *DJe* 06.12.2018).

"A renúncia ao direito a que se funda a ação é ato unilateral, que independe da anuência da parte adversa e pode ser requerida a qualquer tempo e grau de jurisdição até o trânsito em julgado da sentença, cumprindo apenas ao magistrado averiguar se o advogado signatário da renúncia goza de poderes para tanto, *ex vi* do art. 38 do CPC" [art. 105 do CPC/2015] (STJ, AgRg nos EDcl no REsp 422.734/GO, Rel. Min. Teori Albino Zavascki,

1ª Turma, jul. 07.10.2003, *DJ* 28.10.2003). **No mesmo sentido:** STJ, REsp 577.183/CE, Rel. Min. Laurita Vaz, 5ª Turma, jul. 25.10.2007, *DJ* 17.12.2007.

Pedido posterior ao julgamento do feito. Impossibilidade. "Não se homologa renúncia do direito sobre qual se funda a ação, quando o pedido seja posterior ao julgamento do feito, embora a decisão não tenha sido publicada" (STF, RE-AgR 123.328/DF, Rel. Min. Cezar Peluso, 1ª Turma, jul. 20.09.2005, *DJ* 14.10.2005).

"Pedido de desistência homologado no limite em que requerido pela ora agravada, pois esta somente manifestou seu interesse em desistir do agravo de instrumento por ela interposto, e, nesse caso, não há necessidade de anuência da parte contrária. Sem renúncia ao direito em que se funda a ação, não há falar em extinção do processo com julgamento do mérito, nos termos do inciso V do art. 269 do CPC [art. 487, III, "c", do CPC/2015]. Eventual desinteresse em relação ao direito objeto da ação e a alegada necessidade de condenação em verbas de sucumbência deverão ser apreciadas pelo juízo de origem, nos termos do art. 26 do CPC" (STF, AI-AgR-AgR 450.141/MG, Rel. Min. Ellen Gracie, 2ª Turma, jul. 14.02.2006, *DJ* 10.03.2006).

Adesão ao Refis. "Pacificou-se no Superior Tribunal de Justiça o entendimento de que a adesão ao Refis depende de confissão irrevogável e irretratável dos débitos fiscais, o que leva à extinção do feito com julgamento do mérito em razão da renúncia ao direito sobre o qual se funda a ação, na forma do disposto no art. 3º, I, da Lei n. 9.964/2000. Em razão disso, a extinção do feito deve ocorrer com fundamento no art. 269, V, do Código de Processo Civil" [art. 487, III, "c", do CPC/2015]. (STJ, REsp 637.852/PR, Rel. Min. João Otávio de Noronha, 2ª Turma, jul. 24.04.2007, *DJ* 10.05.2007). **No mesmo sentido:** STJ, REsp 726.293/RS, Rel. Min. Luiz Fux, 1ª Turma, jul. 15.03.2007, *DJ* 29.03.2007; STJ, EREsp 491.361/RS, Rel. Min. Humberto Martins, 1ª Seção, jul. 09.08.2006, *DJ* 28.08.2006, p. 206.

Possibilidade da homologação do pedido de renúncia na instância extraordinária. "A jurisprudência do STF firmou-se no sentido de reconhecer, também na instância extraordinária, a possibilidade da homologação do pedido de renúncia ao direito sobre o qual se funda a ação, quando postulado por procurador habilitado com poderes específicos. Extinção do processo, com resolução de mérito, nos termos do art. 269, V, do CPC" [art. 487, III, "c", do CPC/2015] (STJ, AgRg no REsp 1.079.838/DF, Rel. Min. Mauro Campbell Marques, 2ª Turma, jul. 21.09.2010, *DJe* 08.10.2010).

Necessidade de manifestação da parte quanto ao interesse de renunciar. "O pedido de desistência formulado pelo autor, acompanhado de pleito no sentido da renúncia ao direito sobre que se funda a ação judicial, constitui fato extintivo do aludido direito subjetivo, ensejando a extinção do processo com 'resolução' do mérito, à luz do disposto no artigo 269, V, do CPC [art. 487, III, "c", do CPC/2015]. *In casu*, a procuração de fl. 325 (e-STJ) outorga poderes aos subscritores da petição para renunciar ao direito em que se funda a ação, em atendimento ao disposto no artigo 38 do CPC" [art. 105 do CPC/2015] (STJ, PET no AgRg na DESIS no AgRg no REsp 1.114.790/SC, Rel. Min. Luiz Fux, 1ª Turma, jul. 16.12.2010, *DJe* 23.02.2011).

"A primeira Seção, em sede de recurso especial representativo de controvérsia (art. 543-C do CPC), consolidou o entendimento de que 'ausente a manifestação expressa da pessoa jurídica interessada em aderir ao PAES quanto à confissão da dívida e à desistência da ação com renúncia ao direito, é incabível a extinção do processo com julgamento de mérito, porquanto o preenchimento dos pressupostos para a inclusão da empresa no referido programa é matéria que deve ser verificada pela autoridade administrativa, fora do âmbito judicial' (REsp 1.124.420/MG, Rel. Min. Luiz Fux, *DJe* 18.12.2009)" (STJ, AgRg no REsp 1.126.778/PR, Rel. Min. Benedito Gonçalves, 1ª Turma, jul. 05.10.2010, *DJe* 14.10.2010). **No mesmo sentido:** STJ, REsp 1.117.164/RJ, Rel. Min. Benedito Gonçalves, 1ª Turma, jul. 03.09.2009, *DJe* 16.09.2009; STJ, AgRg no AgRg no Ag 1.250.214/MG, Rel. Min. Teori Albino Zavascki, 1ª Turma, jul. 21.06.2011, *DJe* 30.06.2011; STJ, AgRg no REsp 1.073.719/BA, Rel. Min. Arnaldo Esteves Lima, 1ª Turma, jul. 24.08.2010, *DJe* 01.09.2010.

Honorários advocatícios. "Hipótese em que o autor renuncia ao direito sobre que se funda a ação, nos termos do art. 269, V, do CPC [art. 487, III, "c", do CPC/2015], em fase recursal. A renúncia ocasiona julgamento favorável ao réu, cujo efeito equivale à improcedência do pedido formulado pelo autor, de modo que este deve arcar com o pagamento dos honorários advocatícios" (STJ, REsp 1.104.392/MG, Rel. Min. Nancy Andrighi, 3ª Turma, jul. 17.11.2009, *DJe* 26.11.2009).

"Theotonio Negrão e José Roberto F. Gouvêa, ao comentarem o art. 20 do CPC [art. 85 do CPC/2015], afirmaram categoricamente: 'Nas sentenças de mérito (art. 269) [art. 487 do CPC/2015], cabem, obrigatoriamente, honorários advocatícios'" (STJ, AgRg no REsp 856.789/RJ, Rel. Min. Denise Arruda, 1ª Turma, jul. 19.06.2008, *DJe* 01.08.2008).

Mandado de segurança. "O STJ pacificou o entendimento de que a desistência do mandado de segurança pode ser requerida a qualquer tempo, desde que efetuada em momento anterior à prolação da sentença. 'A renúncia ao direito é o ato unilateral com que o autor dispõe do direito subjetivo material que afirmara ter, importando a extinção da própria relação de direito material que dava causa à execução forçada, consubstanciando instituto bem mais amplo que a desistência da ação, que opera tão somente a extinção do processo sem resolução do mérito, permanecendo íntegro o direito material, que poderá ser objeto de nova ação *a posteriori*' (EREsp 35.615/RS, Rel. Min. Luiz Fux, Primeira Seção, julgado em 22.04.2009, *DJe* 11.05.2009)" (STJ, AgRg nos EDcl na PET no REsp 573.482/RS, Rel. Min. Humberto Martins, 2ª Turma, jul. 26.08.2010, *DJe* 08.09.2010).

Substitutos processuais. "Carecem os substituídos processuais de legitimidade para renunciar o direito a que se funda a ação, pois este direito assiste somente ao autor impetrante do mandado de segurança coletivo" (STJ, AgRg nos EDcl na PET no REsp 573.482/RS, Rel. Min. Humberto Martins, 2ª Turma, jul. 26.08.2010, *DJe* 08.09.2010).

Decisão que homologa a renúncia ao direito em que se funda a ação. Ação rescisória. Ver jurisprudência do art. 966.

11. Exclusão de sócio. Ação de dissolução parcial de sociedade. Decisão que homologa transação. Natureza jurídica de sentença. Apelação. Ver jurisprudência do art. 599 do CPC/2015.

Art. 488. Desde que possível, o juiz resolverá o mérito sempre que a decisão for favorável à parte a quem aproveitaria eventual pronunciamento nos termos do art. 485.

BREVES COMENTÁRIOS

Importante ressaltar a preferência do atual Código em que o juiz, sempre que possível, julgue o mérito, ao invés de extinguir o processo sem julgamento de mérito. A função do processo não é a de servir de palco a um debate teórico sobre as regras e princípios do direito processual. É, isto sim, proporcionar às partes uma solução justa e efetiva ao litígio que as intranquiliza e compromete a convivência social pacífica.

Por isso, as nulidades em geral não se decretam quando, malgrado o vício procedimental, o juiz tem condições de decidir o mérito em favor da parte que se poderia beneficiar com a decretação de invalidade (art. 282, § 2º).

Da mesma maneira, e pelas mesmas razões, não se deve extinguir o processo sem resolução do mérito quando for possível oportunizar o saneamento do vício processual.

Seção II
Dos Elementos e dos Efeitos da Sentença

Art. 489. São elementos essenciais da sentença:

I – o relatório, que conterá os nomes das partes, a identificação do caso, com a suma do pedido e da contestação, e o registro das principais ocorrências havidas no andamento do processo;

II – os fundamentos, em que o juiz analisará as questões de fato e de direito;

III – o dispositivo, em que o juiz resolverá as questões principais que as partes lhe submeterem.

§ 1º Não se considera fundamentada qualquer decisão judicial, seja ela interlocutória, sentença ou acórdão, que:

I – se limitar à indicação, à reprodução ou à paráfrase de ato normativo, sem explicar sua relação com a causa ou a questão decidida;

II – empregar conceitos jurídicos indeterminados, sem explicar o motivo concreto de sua incidência no caso;

III – invocar motivos que se prestariam a justificar qualquer outra decisão;

IV – não enfrentar todos os argumentos deduzidos no processo capazes de, em tese, infirmar a conclusão adotada pelo julgador;

V – se limitar a invocar precedente ou enunciado de súmula, sem identificar seus fundamentos determinantes nem demonstrar que o caso sob julgamento se ajusta àqueles fundamentos;

VI – deixar de seguir enunciado de súmula, jurisprudência ou precedente invocado pela parte, sem demonstrar a existência de distinção no caso em julgamento ou a superação do entendimento.

§ 2º No caso de colisão entre normas, o juiz deve justificar o objeto e os critérios gerais da ponderação efetuada, enunciando as razões que autorizam a interferência na norma afastada e as premissas fáticas que fundamentam a conclusão.

§ 3º A decisão judicial deve ser interpretada a partir da conjugação de todos os seus elementos e em conformidade com o princípio da boa-fé.

CPC/1973

Art. 458.

REFERÊNCIA LEGISLATIVA

CPC/2015, arts. 57 (de ações conexas), 129 a 132 (da denunciação da lide e do chamamento ao processo), 490 (sentença terminativa) e 685 e 686 (julgamento simultâneo da ação e da oposição).

CF, art. 93, IX (princípio da publicidade dos julgamentos e da fundamentação das decisões).

A Lei de Introdução às Normas do Direito Brasileiro – LINDB, sofreu acréscimo dos arts. 20 a 30, por força da Lei nº 13.655/2018, os quais repercutem sobre a técnica da fundamentação das decisões judiciais e administrativas. O Decreto nº 9.830/2019 regulamenta esses dispositivos da LINDB.

CJF – I JORNADA DE DIREITO PROCESSUAL CIVIL

Enunciado 37 – Aplica-se aos juizados especiais o disposto nos parágrafos do art. 489 do CPC.

BREVES COMENTÁRIOS

Registre-se que as formalidades prescritas pelo Código são substanciais, isto é, correspondem a elementos essenciais, na dicção da lei, de modo que sua inobservância leva à nulidade da sentença.

A sentença que apresentar nulidade por inobservância dos requisitos em apreciação poderá ser invalidada em grau de apelação. E se passar em julgado, por não ter havido recurso em tempo hábil, poderá ser objeto de ação rescisória, por violação de literal disposição da lei – *error in procedendo* (CPC/2015, arts. 489 e 966, V).

O atual Código foi severo e minucioso na repulsa à tolerância com que os tribunais vinham compactuando com verdadeiros simulacros de fundamentação, em largo uso na praxe dos juízos de primeiro grau e nos tribunais superiores. A sentença, para a atual legislação processual, não deve ser apenas fundamentada, deve ser adequadamente fundamentada, sob pena de não satisfazer as exigências do moderno processo justo, idealizado pela Constituição. Assim, o CPC/2015 (art. 489, § 1º) não considera fundamentada a decisão que:

(a) *Se limitar à indicação, à reprodução ou à paráfrase de ato normativo, sem explicar sua relação com a causa ou a questão decidida* (inciso I): não basta a indicação da lei que seria aplicável ao caso concreto, tampouco a transcrição do enunciado da norma em que se fundamenta o julgado. É essencial que o juiz explique o motivo da escolha da norma.

(b) *Empregar conceitos jurídicos indeterminados, sem explicar o motivo concreto de sua incidência no caso* (inciso II): a legislação moderna cada vez mais vem se utilizando de conceitos vagos e indeterminados, cujo referencial semântico não é tão nítido, como meio de adequar-se à realidade em que hoje vivemos, caracterizada pela velocidade com que as coisas acontecem e os relacionamentos sociais se modificam. Dessa forma, os conceitos vagos podem abranger um maior número de situações concretas. Daí a necessidade de o juiz explicar o motivo da incidência do conceito vago ao caso concreto, para evitar a arbitrariedade na sua aplicação nas decisões judiciais. Embora os conceitos jurídicos indeterminados não se confundam inteiramente com os princípios, muito se aproximam deles, de modo que sua aplicação pelo julgador também deve observar as técnicas da ponderação e os critérios da razoabilidade e da proporcionalidade, nos casos de conflitos, além das regras gerais da hermenêutica jurídica.

(c) *Invocar motivos que se prestariam a justificar qualquer outra decisão* (inciso III): é o que comumente ocorre quando o juiz, por exemplo, defere uma liminar, afirmando tão somente que estão presentes os pressupostos legais. Ao julgador cabe justificar o seu posicionamento, de maneira clara e precisa.

Nessa mesma perspectiva, não pode a decisão restringir-se à reafirmação de teses abstratas de direito, sem justificar sua aplicação concreta ao quadro fático da controvérsia.

(d) *Não enfrentar todos os argumentos deduzidos no processo capazes de, em tese, infirmar a conclusão adotada pelo julgador* (inciso IV): o juiz tem o dever de enfrentar as alegações das partes e confrontá-las com o caso concreto e a legislação, principalmente aquelas que levariam a uma conclusão diversa. A fundamentação incompleta, para o CPC/2015, não é admissível. É o que se passa quando o juiz se limita a mencionar as provas que confirmam sua conclusão, desprezando as demais, como se fosse possível uma espécie de seleção artificial e caprichosa em matéria probatória.

É inaceitável, para a sistemática do CPC/2015, que a decisão se limite a deduzir a motivação pela qual adotou a tese eleita pelo órgão julgador. Se o processo democrático fundamentalmente adota o princípio da cooperação e da possibilidade de efetiva contribuição ou participação dos litigantes na formação do provimento judicial (arts. 6º, 9º e 10), todos os argumentos deduzidos pelas partes que, em tese, poderiam ser contrapostos à conclusão adotada devem, obrigatoriamente, ser apreciados e respondidos pelo órgão julgador, sob pena de se apresentar incompleto e nulo o ato judicial, nos termos do art. 93, IX da CF e do art. 11 do CPC/2015.

(e) *Se limitar a invocar precedente ou enunciado de súmula, sem identificar seus fundamentos determinantes, nem demonstrar que o caso sob julgamento se ajusta àqueles fundamentos* (inciso V): o juiz tem de demonstrar a semelhança do caso concreto com o precedente utilizado ou com o quadro fático que ensejou a elaboração de súmula, para justificar sua utilização. Incumbe-lhe, enfim, demonstrar a pertinência com o caso concreto. É claro que o juiz, ao aplicar, nos fundamentos da sentença, a súmula ou o precedente, não precisa repetir todo o histórico e todo o debate que conduziram à formulação da tese jurisprudencial consolidada. A fundamentação terá como ponto de partida a referida tese, que já ultrapassou a discussão de seus pressupostos. O julgador terá de preocupar-se com o enquadramento ou não da nova causa nos moldes do precedente invocado. A operação é de interpretação e aplicação racional da tese pretoriana já assentada, e, por conseguinte, apenas de demonstração de sua adequação fático-jurídica ao objeto da nova causa sob exame.

(f) *Deixar de seguir enunciado de súmula, jurisprudência ou precedente invocado pela parte, sem demonstrar a existência de distinção no caso em julgamento ou a superação do entendimento* (inciso VI): o julgador não pode, simplesmente, ignorar precedentes e súmulas, como se o caso concreto estivesse sendo colocado à apreciação do Judiciário pela primeira vez. Para deles afastar-se, terá de demonstrar que o caso apresenta peculiaridades em relação àquele do precedente ou que a tese tratada anteriormente já se encontra superada.

Tão importante como a motivação da sentença é a técnica de sua interpretação. Dela cuidou o CPC/2015 na regra inserida no art. 489, § 3º, determinando seja a decisão judicial interpretada não só pelo seu dispositivo, mas sempre a partir da conjugação de todos os seus elementos e em conformidade com o princípio da boa-fé. Sobre um panorama mais amplo do tema, ver nosso *Curso de Direito Processual Civil*, volume I, número 783.

O sistema do CPC de fundamentação jurídica completa e adequada das decisões judiciais (art. 489 e §§) recebeu reforço através de acréscimo de vários dispositivos inseridos no texto da LINDB pela Lei nº 13.655/2018, dentre os quais se destacam: (a) a vedação de julgamento com base em *valores jurídicos abstratos* "sem que sejam consideradas as consequências práticas da decisão" (art. 20, *caput*), caso em que a motivação deverá não só demonstrar a necessidade e a adequação do provimento adotado, como justificar a escolha "em face das possíveis alternativas" (art. 20, parágrafo único); (b) a obrigatoriedade, na interpretação de normas de gestão públicas, de considerar "os obstáculos e as dificuldades reais do gestor e as exigências das políticas públicas a seu cargo, sem prejuízo dos direitos dos administrados" (art. 22, *caput*), caso em que, na decisão sobre regularidade de conduta ou validade de ato ou processo, "serão consideradas as circunstâncias práticas que houverem imposto, limitado ou condicionado a ação do agente" (art. 22, §1º); (c) a necessidade de modulação sempre que a decisão estabelecer interpretação ou orientação nova sobre norma de conteúdo indeterminado, impondo novo dever ou novo condicionamento de direito, caso em que será previsto o regime de transição "quando indispensável para que o novo dever ou condicionamento de direito seja cumprido de modo proporcional, equânime e eficiente e sem prejuízo aos interesses gerais" (art. 23); (d) a necessidade, nas decisões de revisão ou invalidação de ato, processo ou norma administrativa cuja produção de efeito já se houver completado, de levar em conta "as orientações gerais da época", caso em que será vedado que, com base em mudança posterior de orientação geral, "se declarem inválidas situações plenamente constituídas" (art. 24, *caput*). Por orientações gerais, na espécie, serão consideradas "as interpretações e especificações contidas em atos públicos de caráter geral ou em jurisprudência judicial ou administrativa majoritária, e ainda as adotadas por prática administrativa reiterada e de amplo conhecimento público" (art. 24, parágrafo único).

JURISPRUDÊNCIA SELECIONADA

1. Requisitos essenciais da sentença. "Nos termos dos arts. 165 e 458 do Código de Processo Civil [art. 489 do CPC/2015], são requisitos essenciais da sentença o relatório, os fundamentos e o dispositivo" (STJ, RMS 25.082/RJ, Rel. Min. Denise Arruda, 1ª Turma, jul. 21.10.2008, *DJe* 12.11.2008).

2. Relatório (inciso I).

Importância. "O relatório é requisito essencial e indispensável da sentença e a sua ausência prejudica a análise da controvérsia, suprimindo questões fundamentais para o julgamento do processo. Tal consideração impõe o reconhecimento da nulidade do julgado impugnado, em manifesta violação dos arts. 165 e 458, do Código de Processo Civil [art. 489 do CPC/2015], e 93, IX, da Constituição Federal" (STJ, RMS 25.082/RJ, Rel. Min. Denise Arruda, 1ª Turma, jul. 21.10.2008, *DJe* 12.11.2008).

Nome das partes. "Sentença que, em lugar de enunciar os nomes das partes, refere-se a terceiros, não integrantes da relação processual. Tal sentença é nula" (STJ, REsp 22.689/SP, Rel. Min. Humberto Gomes de Barros, 1ª Turma, jul. 18.08.1993, *DJ* 27.09.1993, p. 19.780).

"A menção de todos os nomes dos litigantes é obrigatória. Sem esse requisito (CPC, art. 458, I) [art. 489, I, do CPC/2015], a sentença é ineficaz, porque não se pode identificar quem deverá ser atingido pelo comando emergente da decisão" (TRF 3ª Região, Ap em MS 89030078837/SP, Rel. Juiz Sinval Antunes, 1ª Turma, jul. 18.03.1997; *RT* 742/426).

3. Fundamentação (inciso II).

Garantia constitucional. "O sistema jurídico-processual vigente é infenso às decisões implícitas (CPC, art. 458) [art. 489 do CPC/2015], eis que todas elas devem ser fundamentadas" (STJ, REsp 77.129/SP, Rel. Min. Demócrito Reinaldo, 1ª Turma, jul. 04.11.1996, *DJ* 02.12.1996, p. 47.636).

"A garantia constitucional estatuída no artigo 93, inciso IX, da Constituição Federal, segundo a qual todas as decisões judiciais devem ser fundamentadas, é exigência inerente ao Estado Democrático de Direito e, por outro, é instrumento para viabilizar o controle das decisões judiciais e assegurar o exercício do direito de defesa. A decisão judicial não é um ato autoritário, um ato que nasce do arbítrio do julgador, daí a necessidade da sua apropriada fundamentação. A lavratura do acórdão dá consequência à garantia constitucional da motivação dos julgados" (STF, RE 540.995/RJ, Rel. Min. Menezes Direito, 1ª Turma, jul. 19.02.2008, *DJe* 30.04.2008).

"O dever de motivar as decisões implica necessariamente cognição efetuada diretamente pelo órgão julgador. Não se pode admitir que a Corte estadual limite-se a manter a sentença por seus próprios fundamentos e a adotar o parecer ministerial, sendo de rigor que acrescente fundamentação que seja própria do órgão judicante. A mera repetição da decisão atacada, além de desrespeitar o regramento do art. 93, IX, da Constituição Federal, causa prejuízo para a garantia do duplo grau de jurisdição, na exata medida em que não conduz a substancial revisão judicial da primitiva decisão, mas a cômoda reiteração" (STJ, HC

232.653/SP, Rel. Min. Maria Thereza de Assis Moura, 6ª Turma, jul. 24.04.2012, *DJe* 07.05.2012).

Fundamentos sucintos. "Inexiste a violação do artigo 458 do Código de Processo Civil [art. 489 do CPC/2015] se o acórdão, embora sucintamente, mostra motivação suficiente, abrangendo a matéria que lhe era própria, de modo a permitir a exata compreensão da controvérsia, sendo certo que a apreciação de modo contrário ao interesse da parte não configura ausência de fundamentação" (STJ, AgRg no Ag 1.364.663/RS, Rel. Min. Hamilton Carvalhido, 1ª Turma, jul. 12.04.2011, *DJe* 26.04.2011). **No mesmo sentido:** STJ, REsp 1.100.938/PR, Rel. Min. Aldir Passarinho Junior, 4ª Turma, jul. 12.04.2011, *DJe* 25.04.2011; STJ, AgRg no REsp 1.049.165/CE, Rel. Min. Maria Thereza de Assis Moura, 6ª Turma, jul. 14.04.2011, *DJe* 02.05.2011; STJ, AgRg no Ag 169.073/SP, Rel. Min. José Delgado, 1ª Turma, jul. 04.06.1998, *DJ* 17.08.1998; STJ, REsp 1.138.190/RJ, Rel. Min. Mauro Campbell Marques, 2ª Turma, jul. 12.04.2011, *DJe* 27.04.2011.

Sentença mal fundamentada ou incompleta. "Não agride o art. 458, do CPC [art. 489 do CPC/2015], a sentença que contém relatório e fundamentos suficientes para se entender por que motivos o julgador decidiu a causa como o fez, demonstrando a sua convicção, e atendendo, assim, à norma constitucional prevista no art. 93, IX, da Carta Magna. O que conduz à nulidade da sentença, é a ausência completa de fundamentação. Estando a decisão mal ou sucintamente fundamentada, fundamentação existe, não se podendo atribuir a ela qualquer carga de nulidade" (TJMG, Ap. Cív. 319.462-5, Rel. Des. Gouvêa Rios, 1ª Câmara Cível do Trib. de Alçada, jul. 28.11.2000, *DJMG* 15.12.2000). **No mesmo sentido**: TJMG, Ap. Cív. 1.0145.04.188009-0/001, Rel. Des. Alberto Aluízio Pacheco de Andrade, 10ª Câmara Cível, jul. 10.07.2007, *DJMG* 01.08.2007.

"Nula é a sentença que, julgando improcedente a ação, abstém-se de examinar um dos fundamentos, apresentado como causa de pedir" (STJ, REsp 14.825/PR, Rel. Min. Eduardo Ribeiro, 3ª Turma, jul. 11.11.1991, *DJ* 02.12.1991, p. 17.539).

"Nulo é o acórdão que se limita a reportar aos fundamentos de outros não trazidos aos autos" (STJ, REsp 82.116/MG, Rel. Min. Aldir Passarinho Junior, 4ª Turma, jul. 10.10.2000, *DJ* 04.12.2000, p. 70).

Decisões claras e precisas. "Em face do sistema jurídico-constitucional vigente, as decisões judiciais, além de proferidas com precisão e clareza, devem ser fundamentadas, sob pena de nulidade (CF/1988, art. 93, IX, CPC, art. 165). Ao juiz é defeso o proferimento de decisões, em código, impedindo o conhecimento do respectivo teor pelas partes e pelo M. Público e impossibilitando a interposição do recurso adequado" (STJ, RMS 7.322/MG, Rel. Min. Demócrito Reinaldo, 1ª Turma, jul. 13.03.1997, *DJ* 22.04.1997, p. 14.373).

"O acolhimento dos fundamentos do voto do relator por seus pares não torna o julgamento nulo por falta de publicidade das opiniões de cada magistrado participante, porquanto se trata de mera técnica de julgamento, com vistas à agilização da apuração do escrutínio no colegiado" (STJ, RMS 17.464/BA, Rel. Min. Jorge Mussi, 5ª Turma, jul. 09.06.2009, *DJe* 03.08.2009).

"A motivação contrária ao interesse da parte ou mesmo omissão em relação a pontos considerados irrelevantes pelo *decisum* não se traduz em maltrato às normas apontadas como violadas" (STJ, AgRg no Ag 1.365.250/RS, Rel. Min. Vasco Della Giustina (Des. Conv. do TJ/RS), 3ª Turma, jul. 05.04.2011, *DJe* 14.04.2011).

"Não configura ofensa aos arts. 489 e 1.022 do CPC/2015 o fato de o Tribunal de origem, embora sem examinar individualmente cada um dos argumentos suscitados pelo recorrente, adotar fundamentação contrária à pretensão da parte, suficiente para decidir integralmente a controvérsia" (STJ, AgInt no AREsp 1.740.716/MG, Rel. Min. Raul Araújo, 4ª Turma, jul. 22.03.2021, *DJe* 13.04.2021).

4. Dispositivo (inciso III). "Anula-se o acórdão que não contém dispositivo preciso acerca do provimento parcial que deu a apelação, desconhecendo-se se algum dos pedidos formulados pelos autores mereceu ou não acolhimento" (STJ, REsp 10.310/SP, Rel. Min. Barros Monteiro, 4ª Turma, jul. 03.11.1992, *DJ* 30.11.1992, p. 22.616).

5. Decisão não fundamentada (§ 1º).

Se limitar à indicação e reprodução de ato normativo (inciso I).

Fundamentação de todas as decisões. "Decisão que recebeu embargos à execução fundada em título extrajudicial sem atribuição de efeito suspensivo. Necessidade de fundamentação de todas as decisões judiciais, ainda que de modo conciso, sob pena de nulidade. Inteligência dos arts. 11, do novo Código de Processo Civil, vigente à época da prolação da decisão agravada, e 93, inciso IX, da Constituição Federal. Ausência de fundamentação dos motivos pelos quais não foi aplicada a regra do art. 919, § 1º, do novo Código de Processo Civil. Necessidade do exame das questões alegadas pelos embargantes, notadamente a presença de requisitos legais que autorizavam a suspensão da presente execução, previstos no art. 919, § 1º, do CPC, matérias estas que não podem ser analisadas nessa fase recursal, sob pena de supressão de instância. Decisão anulada. Recurso provido" (TJSP, AgIn 2162787-37.2016.8.26.0000, Rel. Des. Plinio Novaes de Andrade Junior, 24ª Câmara de Direito Privado, jul. 27.10.2016, *DJ* 19.12.2016).

Não enfrentar as questões relevantes (inciso IV)

Obrigatoriedade de enfrentamento apenas de questões capazes de infirmar a conclusão adotada. "Os embargos de declaração, conforme dispõe o art. 1.022 do CPC, destinam-se a suprir omissão, afastar obscuridade, eliminar contradição ou corrigir erro material existente no julgado, o que não ocorre na hipótese em apreço. O julgador não está obrigado a responder a todas as questões suscitadas pelas partes, quando já tenha encontrado motivo suficiente para proferir a decisão. A prescrição trazida pelo art. 489 do CPC/2015 veio confirmar a jurisprudência já sedimentada pelo Colendo Superior Tribunal de Justiça, sendo dever do julgador apenas enfrentar as questões capazes de infirmar a conclusão adotada na decisão recorrida." (STJ, EDcl no MS 21.315/DF, Rel. Min. Diva Malerbi, 1ª Seção, jul. 08.06.2016, *DJe* 15.06.2016).

Decisão incompleta: "A parte tem direito a que haja manifestação direta sobre as suas pretensões. A omissão constitui negativa de entrega da prestação jurisdicional, que deve ser plena. É dever do magistrado apreciar as questões que lhe são impostas nos autos, assim como é direito da parte ter analisado os fatos postos ao exame do Poder Judiciário" (STJ, REsp 589.626/RS, Rel. Min. Arnaldo Esteves Lima, 5ª Turma, jul. 07.11.2006, *DJ* 27.11.2006, p. 309).

Dever de enfrentar todas as questões pertinentes e relevantes. "Conquanto o julgador não esteja obrigado a rebater, com minúcias, cada um dos argumentos deduzidos pelas partes, o novo Código de Processo Civil, exaltando os princípios da cooperação e do contraditório, **lhe impõe o dever, dentre outros, de enfrentar todas as questões pertinentes e relevantes, capazes de, por si sós e em tese, infirmar a sua conclusão sobre os pedidos formulados**, sob pena de se reputar não fundamentada a decisão proferida. Na hipótese, mostra-se deficiente a fundamentação do acórdão, no qual é confirmado o indeferimento da gratuidade de justiça, sem a apreciação das questões suscitadas no recurso, as quais indicam que a recorrente – diferentemente dos recorridos, que foram agraciados com o benefício – não possui recursos suficientes para arcar com as despesas do processo e honorários advocatícios. É vedado ao relator limitar-se a reproduzir a decisão agravada para julgar improcedente o agravo interno" (STJ, REsp 1622386/MT, Rel. Min. Nancy Andrighi, 3ª Turma, jul. 20.10.2016, *DJe* 25.10.2016). **No mesmo sentido:** TJSP, Ap. 0000291-67.2011.8.26.0146, Rel. Afonso Celso da

Silva, 17ª Câmara de Direito Público, jul. 27.09.2016, data de registro 29.09.2016.

Acórdão. Nulidade. Questões relevantes não apreciadas. "Diante da existência de argumentos diversos e capazes, cada qual, de imprimir determinada solução à demanda, não há que se considerar suficiente a motivação que, assentada em um deles, silencie acerca dos demais, reputando-os automaticamente excluídos. Ora, em casos que tais, em contraposição ao direito das partes a uma prestação jurisdicional satisfatória, encontra-se o dever do julgador de explicitar as razões utilizadas para determinar a prevalência de um argumento em detrimento dos outros. (...) Vislumbrando no v. acórdão recorrido a mácula da omissão ao deixar de enfrentar questão relevante ao deslinde da controvérsia, em violação ao art. 458, II, do CPC [art. 489, II, do CPC/2015], de rigor o reconhecimento de sua nulidade. Além do que, sendo indevidamente rejeitados os Embargos de Declaração, porquanto, como assinalado, omisso o *decisum* sobre pontos que devia elucidar, impossibilitando o respectivo exame por esta Corte, uma vez ausente o prequestionamento, constata-se, de igual modo, afronta ao art. 535, II, do CPC" [art. 1.022, II, do CPC/2015] (STJ, REsp 908.282/SP, Rel. Min. Jorge Scartezzini, 4ª Turma, jul. 15.02.2007, *DJ* 16.04.2007, p. 216).

Invocação de precedente (inciso V).

Julgamento de agravo regimental. Mera reprodução da decisão monocrática. Não apreciação de questões relevantes. "É vedado ao relator limitar-se a reproduzir a decisão agravada para julgar improcedente o agravo interno" (STJ, REsp 1622386/MT, Rel. Min. Nancy Andrighi, 3ª Turma, jul. 20.10.2016, *DJe* 25.10.2016).

Renovação de fundamentação. "Utilização da técnica da fundamentação do acórdão *per relationem* já sob a égide do novo CPC. Acolhimento dos embargos para proceder a nova fundamentação do agravo regimental. Ausência de congruência entre o agravo e os fundamentos que levaram ao parcial provimento do recurso especial. Em se tratando de seguro habitacional, de remarcada função social, há de se interpretar a apólice securitária em benefício do consumidor/mutuário e da mais ampla preservação do imóvel que garante o financiamento. Impossibilidade de exclusão do conceito de danos físicos e de ameaça de desmoronamento, cujos riscos são cobertos, de causas relacionadas, também, a vícios construtivos" (STJ, EDcl no AgRg no REsp 1540894/SP, Rel. Min. Paulo de Tarso Sanseverino, 3ª Turma, jul. 24.05.2016, *DJe* 02.06.2016).

"Exigindo a lei apresente o apelante as razões por que pretende a reforma da sentença, a isso corresponde o dever do tribunal de esclarecer os motivos que o levam a confirmá-la. **Insuficiência da afirmação, traduzida na fórmula de que a sentença é mantida 'por seus próprios e jurídicos fundamentos', salvo se o apelante se limita a repisar argumentos já examinados pela sentença,** sem atacar os motivos que levaram o juiz a recusá-los" (STJ, REsp 8.416/SP, Rel. Min. Eduardo Ribeiro, 3ª Turma, jul. 20.08.1991, *DJ* 09.09.1991).

Fundamentação *per relationem*. Possibilidade. "A utilização de motivação *per relationem* nas decisões judiciais não configura, por si só, ausência de fundamentação" (STF, AgRg HC 130860, Rel. Min. Alexandre de Moraes, 1ª Turma, jul. 26.10.2017, *DJe* 27.10.2017).

Inobservância de súmula, jurisprudência ou precedente (inciso VI)

Demonstração de distinção ou superação apenas para súmulas e precedentes vinculantes. "A regra do art. 489, § 1º, VI, do CPC/15, segundo a qual o juiz, para deixar de aplicar enunciado de súmula, jurisprudência ou precedente invocado pela parte, deve demonstrar a existência de distinção ou de superação, somente se aplica às súmulas ou precedentes vinculantes, mas não às súmulas e aos precedentes apenas persuasivos, como, por exemplo, os acórdãos proferidos por Tribunais de 2º grau distintos daquele a que o julgador está vinculado" (STJ, REsp 1698774/RS, Rel. Min. Nancy Andrighi, 3ª Turma, jul. 01.09.2020, *DJe* 09.09.2020). **No mesmo sentido:** STJ, REsp 1.892.941/SP, Rel. Min. Nancy Andrighi, 3ª Turma, jul. 01.06.2021, *DJe* 08.06.2021.

Indicação de julgado isolado. "A indicação de julgado simples e isolado não ostenta a natureza jurídica de 'súmula, jurisprudência ou precedente' para fins de aplicação do art. 489, § 1º, VI, do CPC" (STJ, AREsp 1.267.283/MG, Rel. Min. Gurgel de Faria, 1ª Turma, jul. 27.09.2022, *DJe* 26.10.2022).

6. Fundamentação da sentença. Fundamento legal da ação pode ser alterado pelo juiz. "Inexiste afronta ao art. 489, § 1º, IV, do CPC/2015 quando o órgão julgador se pronuncia de forma clara e suficiente acerca das questões suscitadas nos autos, não havendo necessidade de se construir textos longos e individualizados para rebater uma a uma cada argumentação, quando é possível aferir, sem esforço, que a fundamentação não é genérica. Não há falar em erro de julgamento se a decisão de primeiro grau aplica indevidamente o art. 927 do CPC/73, e o Tribunal de origem enquadra o fato em dispositivo legal diverso, confirmando a liminar de reintegração de posse, porque preenchidos os requisitos do art. 273 do CPC/73" (STJ, AgInt no AREsp 1089677/AM, Rel. Min. Lázaro Guimarães, 4ª Turma, jul. 08.02.2018, *DJe* 16.02.2018).

7. Decisão fundamentada. Ausência de nulidade. "Afasta-se a alegação de ofensa aos arts. 489, III, 490 e 492, parágrafo único, do CPC/2015, porquanto a instância ordinária solucionou, de forma clara e fundamentada, as questões que lhe foram submetidas, apreciando integralmente a controvérsia posta nos autos, não havendo que se confundir julgamento desfavorável ao interesse da parte com negativa ou ausência de prestação jurisdicional" (STJ, AgInt no AREsp 1252108/SP, Rel. Min. Sérgio Kukina, 1ª Turma, jul. 17.05.2018, *DJe* 24.05.2018).

"Não viola o art. 489 do Código de Processo Civil de 2015 nem importa em negativa de prestação jurisdicional o acórdão que adota fundamentação suficiente para a resolução da causa, porém diversa da pretendida pelo recorrente, decidindo de modo integral a controvérsia posta" (STJ, AgInt no AgInt no AREsp. 2.035.907/SC, Rel. Min. Ricardo Villas Bôas Cueva, 3ª Turma, jul. 05.12.2022, *DJe* 09.12.2022).

8. Decisão que se apoia em princípios jurídicos sem proceder à necessária densificação. Negativa de prestação jurisdicional. Caracterização. "Incorre em negativa de prestação jurisdicional o Tribunal que prolata acórdão que, para resolver a controvérsia, apoia-se em princípios jurídicos sem proceder à necessária densificação, bem como emprega conceitos jurídicos indeterminados sem explicar o motivo concreto de sua incidência no caso. Inteligência dos arts. 489 e 1.022 do CPC/2015" (STJ, REsp 1.999.967/AP, Rel. Min. Mauro Campbell Marques, 2ª Turma, jul. 16.08.2022, *DJe* 31.08.2022).

9. Falta de assinatura. "A assinatura indica não só a **veracidade e a autenticidade do ato,** mas também demonstra o comprometimento do órgão julgador, que, ao apor a sua assinatura, deve necessariamente analisar e revisar o ato, comprometendo-se com o seu conteúdo e responsabilizando-se por eventuais omissões e erros" (STJ, REsp 1.033.509/SP, Rel. Min. Mauro Campbell Marques, 2ª Turma, jul. 04.06.2009, *DJe* 23.06.2009).

"É inexistente o julgado sem assinatura do juízo competente, porquanto carece de autenticidade" (STJ, AgRg no Ag 566838/SC, Rel. Min. Denise Arruda, 1ª Turma, jul. 29.06.2004, *DJ* 02.08.2004, p. 320).

Membros do órgão colegiado. "Não há violação ao art. 164 do Código de Processo Civil [art. 205 do CPC/2015] se no acórdão proferido pelo Tribunal de origem inexistir a assinatura de todos os membros do Colegiado que participaram do Julgamento" (STJ, AgRg no REsp 733.390/RR, Rel. Min. Laurita Vaz, 5ª Turma, jul. 19.09.2006, *DJ* 30.10.2006, p. 382).

"Não causa nulidade a falta de assinatura no despacho de confirmação da decisão agravada, no juízo de retratação. Irregularidade sanada com a ratificação do despacho" (STJ, AgRg no Ag 6.550/RS, Rel. Min. Cláudio Santos, 3ª Turma, jul. 05.02.1991, *DJ* 18.03.1991, p. 2801).

10. Sentenças nulas ou inexistentes. Ação rescisória. Descabimento. "Dessa forma, as sentenças tidas como nulas de pleno direito e ainda as consideradas inexistentes, a exemplo do que ocorre quando proferidas sem assinatura ou sem dispositivo, ou ainda quando prolatadas em processo em que ausente citação válida ou quando o litisconsorte necessário não integrou o polo passivo, não se enquadram nas hipóteses de admissão da ação rescisória, face a inexistência jurídica da própria sentença porque inquinada de vício insanável" (STJ, REsp 1.105.944/SC, Rel. Min. Mauro Campbell Marques, 2ª Turma, jul. 14.12.2010, *DJe* 08.02.2011).

11. Interpretação da sentença (§ 3º). "Uma sentença não se interpreta exclusivamente com base em seu dispositivo. O ato de sentenciar representa um raciocínio lógico desenvolvido pelo juízo, que culmina com a condenação contida no dispositivo. Os fundamentos, assim, são essenciais para que se compreenda o alcance desse ato" (STJ, AR 4.836/RS, Rel. Min. Nancy Andrighi, 2ª Seção, jul. 25.09.2013, *DJe* 10.12.2013).

Art. 490. O juiz resolverá o mérito acolhendo ou rejeitando, no todo ou em parte, os pedidos formulados pelas partes.

CPC/1973

Art. 459.

REFERÊNCIA LEGISLATIVA

CPC/2015, arts. 2º e 141 (princípio dispositivo), 324 a 329 (pedido), 485 (extinção do processo sem resolução de mérito), 487, I (resolução de mérito).Código de Defesa do Consumidor, art. 84 (cumprimento de obrigação de fazer ou não fazer).

Lei das Sociedades Anônimas, art. 290 (indenização por perdas e danos).

SÚMULAS

Súmula do STJ:

Nº 318: "Formulado pedido certo e determinado, somente o autor tem interesse recursal em arguir o vício da sentença ilíquida".

BREVES COMENTÁRIOS

Acolhendo ou rejeitando, no todo ou em parte, o pedido formulado pelo autor, o juiz, independentemente de pedido da parte, manifestar-se-á também sobre: *a)* cálculo da correção monetária; *b)* remuneração da perícia; *c)* condenação ao pagamento dos juros legais; *d)* condenação ao pagamento das despesas e honorários advocatícios.

A sentença deve, outrossim, ser completa, dando solução a todas as questões suscitadas pelas partes. É nula, portanto, quando não esgota a prestação jurisdicional (sentença *citra petita*) (*RT* 506/143; *RTJ* 74/618; *RF* 291/340).

JURISPRUDÊNCIA SELECIONADA

1. Omissão na apreciação do pedido. "Se a sentença prolatada numa ação se omite sobre um dos capítulos do pedido constante da inicial, não transita em julgado sobre ele, podendo, portanto, o autor propor outra ação para obter a prestação jurisdicional pertinente" (TRF 4ª Região, Ac 96.04.42347-9, Rel. Luiz Carlos de Castro Lugon, 6ª Turma, jul. 08.05.2001; *RTRF-4ª* 41/2001/323).

2. Julgamento *citra petita*. Pedido subsidiário. "Caracteriza sentença *citra petita*, por isso nula, a rejeição do pedido principal sem, contudo, apreciar o subsidiário ou sucessivo, pelo que, neste caso, o julgado não esgotou a prestação jurisdicional, acolhendo ou rejeitando, no todo ou em parte, o último. Trata-se, como se colhe da doutrina, de pedidos formulados para a eventualidade de rejeição de um dentre eles (o principal ou o subsidiário)" (STJ, REsp 26.423/SP, Rel. Min. Waldemar Zveiter, 3ª Turma, jul. 27.10.1992, *DJ* 30.11.1992, p. 22.612).

3. Fundamentação. "Negativa de vigência dos artigos 458 e 459, do CPC [arts. 489 e 490 do CPC/2015], por terem sido decididas, em uma mesma sentença, a cautelar e a ação principal, sem que tenha havido fundamentos para ambos os feitos. Não importa negativa de prestação jurisdicional, a decisão que, mesmo sem ter examinado individualmente cada um dos argumentos trazidos pela parte vencida, tenha adotado fundamentação suficiente para decidir de modo integral a controvérsia posta, hipótese dos autos" (STJ, REsp 970.361/RO, Rel. Min. Castro Meira, 2ª Turma, jul. 21.10.2010, *DJe* 10.11.2010).

4. Danos morais. Liquidação por arbitramento. "A fixação do dano moral não exige liquidação por arbitramento. Recomenda-se, na verdade, que o valor seja fixado desde logo, buscando dar solução definitiva ao caso e evitando inconvenientes e retardamento na solução jurisdicional" (STJ, REsp 402.356/MA, Rel. Min. Sálvio de Figueiredo Teixeira, 4ª Turma, jul. 25.03.2003, *DJ* 23.06.2003, p. 375).

"O arbitramento da indenização de dano moral é da exclusiva alçada do juiz, que nem deve cometê-la a peritos nem pode diferi-la para a liquidação de sentença" (STJ, REsp 198.458/MA, Rel. Min. Ari Pargendler, 3ª Turma, jul. 29.03.2001, *DJ* 28.05.2001, p. 160).

"Em apreço ao princípio da economia processual, e tratando a hipótese de dano moral *in re ipsa*, nada impede que o valor da indenização seja fixado em sede de recurso especial" (STJ, REsp 782.969/PR, Rel.ª Min.ª Nancy Andrighi, 3ª Turma, jul. 17.08.2006, *DJ* 04.09.2006).

5. Decisão *extra petita*. "É *extra petita* a decisão que, em ação de reparação de prejuízos supostamente causados pela compensação e posterior depósito de cheque nominal endossado por quem não tinha poderes para tanto, condena a instituição financeira ao pagamento do valor das cártulas indevidamente compensadas. A decretação de nulidade é a sanção prevista para a hipótese de decisão *extra* ou *ultra petita*, somente podendo ser relativizada, mediante o decote da parte que excede à pretensão manifestada, se não houver prejuízo para as partes" (STJ, REsp 2.035.370/DF, Rel. Min. Ricardo Villas Bôas Cueva, 3ª Turma, jul. 18.04.2023, *DJe* 24.04.2023).

Art. 491. Na ação relativa à obrigação de pagar quantia, ainda que formulado pedido genérico, a decisão definirá desde logo a extensão da obrigação, o índice de correção monetária, a taxa de juros, o termo inicial de ambos e a periodicidade da capitalização dos juros, se for o caso, salvo quando:

I – não for possível determinar, de modo definitivo, o montante devido;

II – a apuração do valor devido depender da produção de prova de realização demorada ou excessivamente dispendiosa, assim reconhecida na sentença.

§ 1º Nos casos previstos neste artigo, seguir-se-á a apuração do valor devido por liquidação.

§ 2º O disposto no *caput* também se aplica quando o acórdão alterar a sentença.

SÚMULAS

Súmula do STJ:

Nº 318: "Formulado pedido certo e determinado, somente o autor tem interesse recursal em arguir o vício da sentença ilíquida".

BREVES COMENTÁRIOS

Do art. 491 do CPC/2015, podem-se deduzir duas conclusões:

(a) sempre que possível, a condenação relacionada com obrigação por quantia deverá ser líquida, pouco importando que o pedido tenha sido líquido ou genérico;

(b) ainda que genérica a condenação, a sentença deverá conter os elementos necessários à determinação da extensão da obrigação, no que diz respeito ao principal e respectivos acessórios. Para a liquidação não podem ser relegadas questões básicas sobre a existência da própria obrigação, mas apenas a operação de sua quantificação. Somente as obrigações certas podem ser submetidas à liquidação de sentença. Genérica ou ilíquida, a sentença na espécie não pode deixar de definir as taxas e os índices dos juros e da correção monetária, assim como a periodicidade da capitalização dos juros, para evitar as previsíveis discussões na fase de cumprimento do julgado, tendo em vista a multiplicidade de critérios presentes na legislação e no mercado para cálculo desses acessórios.

A exigência do art. 491, *caput*, como é óbvio, também se aplica ao acórdão que alterar a sentença, razão pela qual deverá, também, condenar ao pagamento da quantia devida, com explicitação dos acessórios (art. 491, § 2º).

O importante a ressaltar é que, na sua generalidade, a sentença ilíquida há de ser precisa, tanto quanto possível, acerca da extensão da prestação imposta à parte, ainda que seu montante exato não tenha sido definido. Pense-se, por exemplo, nos lucros cessantes devidos pela paralisação do veículo acidentado: a condenação deverá prever a base de cálculo para sua apuração (renda líquida) e o tempo razoável a ser levado em conta (tempo necessário para os reparos). O mesmo se passa com os danos materiais, quando se controverte quanto às verbas que devem figurar nas perdas e nos danos a reparar: a sentença terá de decidir, desde logo, quais são as verbas que a condenação genérica compreende.

A sentença, para o CPC/2015, não pode ser tão genérica que deixe em aberto a própria definição do objeto da condenação. Perigosíssimas e mesmo intoleráveis são as sentenças que vagamente condenam a perdas e danos, sem qualquer esclarecimento sobre sua extensão. Por isso, prevalece, no regime atual, a antiga advertência de que mesmo a sentença ilíquida deve ser sempre certa em sua generalidade.

JURISPRUDÊNCIA SELECIONADA

1. Ação de reparação de danos materiais e compensação de danos morais. Sentença ilíquida. Relegação da comprovação dos danos materiais à fase de cumprimento de sentença. Impossibilidade. "À luz do CPC/73, havia previsão legal expressa de vedação à prolação de sentença ilíquida quando o autor houver formulado pedido certo (art. 459, parágrafo único, do CPC/73). A jurisprudência deste STJ, contudo, entende que, não estando o juiz convencido da extensão do pedido certo, pode remeter as partes à liquidação de sentença, devendo o art. 459, parágrafo único do CPC ser aplicado em consonância com o princípio do livre convencimento (art. 131, do CPC/73). No bojo do novo Código de Processo Civil, a regra processual de vedação da prolação de sentença ilíquida permanece hígida no diploma (art. 491 do CPC/2015). Dos termos do art. 491 do CPC/2015 extrai-se duas conclusões: i) sempre que possível, a condenação relacionada com obrigação por quantia deverá ser líquida, pouco importando que o pedido tenha sido líquido ou genérico; e ii) excepcionalmente, admitir-se-á condenação genérica quando não for possível determinar, de modo definitivo, o montante devido ou quando a apuração do valor devido depender da produção de prova de realização demorada ou excessivamente dispendiosa, assim reconhecida na sentença, hipóteses em que seguir-se-á a apuração do valor devido por liquidação. Na hipótese dos autos, o autor da ação fez pedido certo – condenação à reparação de danos materiais no importe de R$ 1.830,00 (mil oitocentos e trinta reais) e o acórdão acabou por proferir comando ilíquido, relegando à fase de cumprimento de sentença a comprovação do que fora eventualmente despendido com o conserto do veículo. O Tribunal de origem não definiu que o valor a ser fixado a título de reparação dos danos materiais dependeria de liquidação, reconhecendo que a comprovação dos gastos poderia ocorrer na própria fase de cumprimento de sentença, em evidente descompasso com o previsto na legislação processual civil. Imperioso mostra-se, portanto, o retorno dos autos ao TJ/SP para que este, à luz do entendimento firmado neste voto, defina a necessidade de liquidação do julgado ou, na hipótese de reconhecer pela sua desnecessidade, promova a prolação de decisum líquido, nos termos do art. 491 do CPC/2015" (STJ, REsp 1837436/SP, Rel. Min. Nancy Andrighi, 3ª Turma, jul. 10.03.2020, *DJe* 12.03.2020).

2. Ação de alimentos. Sentença líquida. "Controvérsia acerca do cabimento da revisão da obrigação de alimentos, estabelecida em valor fixo, para uma quantia ilíquida. Fixação pelo acórdão recorrido do percentual de 30% sobre os rendimentos do alimentante, conforme ficar comprovado no curso do processo, por não ser o alimentante assalariado. Existência de regra processual vedando a prolação de sentença ou decisão ilíquida no processo civil (art. 459, p. u., CPC/1973, atual art. 491 do CPC/2015), quando se tratar de obrigação de pagar quantia. Previsão na Lei de Alimentos de que o juiz fixará os alimentos provisórios no limiar do processo, antes da instrução processual (art. 4º da Lei 5.478/1968). Necessidade de se proferir decisões e sentenças líquidas nas ações de alimentos, para se atender às necessidades prementes do alimentando, principalmente quando se trata de menor. Nulidade do acórdão recorrido, em razão da iliquidez da obrigação nele estabelecida" (STJ, REsp 1442975/PR, Rel. Min. Paulo de Tarso Sanseverino, 3ª Turma, jul. 27.06.2017, *DJe* 01.08.2017).

Art. 492. É vedado ao juiz proferir decisão de natureza diversa da pedida, bem como condenar a parte em quantidade superior ou em objeto diverso do que lhe foi demandado.

Parágrafo único. A decisão deve ser certa, ainda que resolva relação jurídica condicional.

CPC/1973

Art. 460.

SÚMULAS

Súmulas do STJ

Nº 381: "Nos contratos bancários, é vedado ao julgador conhecer, de ofício, da abusividade das cláusulas".

BREVES COMENTÁRIOS

Como o juiz não pode prestar a tutela jurisdicional senão quando requerida pela parte (CPC/2015, art. 2º), conclui-se que o pedido formulado pelo autor na petição inicial é a condição sem a qual o exercício da jurisdição não se legitima. *Ne procedat iudex ex officio.* Como, ainda, a sentença não pode versar senão sobre o que pleiteia o demandante, forçoso é admitir que o pedido é também o limite da jurisdição (arts. 141 e 492). *Iudex secundum allegata partium iudicare debet.*

O primeiro enunciado corresponde ao princípio da demanda, que se inspira na exigência de imparcialidade do juiz, que restaria comprometida caso pudesse a autoridade judiciária agir por iniciativa própria na abertura do processo e na determinação daquilo que constituiria o objeto da prestação jurisdicional.

A segunda afirmativa traduz o princípio da congruência entre o pedido e a sentença, que é uma decorrência necessária da garantia do contraditório e ampla defesa (CF, art. 5º, LV). É preciso que o objeto do processo fique bem claro e preciso para que sobre ele possa manifestar-se a defesa do réu. Daí por que, sendo o objeto da causa o pedido do autor, não pode o juiz decidir fora dele, sob pena de surpreender o demandado e cercear-lhe a defesa, impedindo-lhe o exercício do pleno contraditório. O princípio da congruência, que impede o julgamento fora ou além do pedido, insere-se, destarte, no âmbito maior da garantia do devido processo legal. O mesmo se diz do princípio da demanda, porque sua inobservância comprometeria a imparcialidade, atributo inafastável da figura do juiz natural.

A sentença *extra petita* incide em nulidade porque soluciona causa diversa da que foi proposta pelo pedido. E há julgamento fora do pedido tanto quando o juiz defere uma prestação diferente da que lhe foi postulada como quando defere a prestação pedida, mas com base em fundamento jurídico não invocado como causa do pedido na propositura da ação. Quer isso dizer que não é lícito ao julgador alterar o pedido, tampouco a *causa petendi*.

O defeito da sentença *ultra petita*, por seu turno, não é totalmente igual ao da *extra petita*. Aqui, o juiz decide o pedido, mas vai além dele, dando ao autor mais do que fora pleiteado (CPC/2015, art. 492). A nulidade, então, é parcial, não indo além do excesso praticado, de sorte que, ao julgar o recurso da parte prejudicada, o tribunal não anulará todo o decisório, mas apenas decotará aquilo que ultrapassou o pedido.

Se, malgrado a nulidade da sentença *ultra* ou *extra petita*, ocorrer o trânsito em julgado, ficará ela sujeita à ação rescisória, por conter violação manifesta a norma jurídica (art. 966, V), no tocante aos limites da jurisdição impostos pelos arts. 141 e 492.

A sentença, enfim, é *citra petita* quando não examina todas as questões propostas pelas partes. O réu, por exemplo, defendeu-se do pedido reivindicatório alegando nulidade do título dominial do autor e prescrição aquisitiva em seu favor. Se o juiz acolher o pedido do autor, mediante reconhecimento apenas da eficácia do seu título, sem cogitar da usucapião invocada pelo réu, terá proferido sentença nula, porque *citra petita*, já que apenas foi solucionada uma das duas questões propostas.

No entanto, o exame imperfeito ou incompleto de uma questão não induz, necessariamente, nulidade da sentença, porque o tribunal tem o poder de, no julgamento da apelação, completar tal exame, em face do efeito devolutivo assegurado pelo art. 1.013, § 1º. Assim, se a parte pediu juros da mora a partir de determinado momento e o juiz os deferiu sem especificar o *dies a quo*, pode o tribunal completar o julgamento, determinando o marco inicial da fluência dos juros. O mesmo ocorre quando o pedido é líquido e a condenação apenas genérica, graças à insuficiente apreciação da prova. Aqui, também, o Tribunal pode completar o julgamento da lide, fixando o *quantum debeatur*, sem necessidade de anular a sentença recorrida.

JURISPRUDÊNCIA SELECIONADA

1. Fundamentação da sentença. Fundamento legal da ação pode ser alterado pelo juiz. Ver jurisprudência do art. 489 do CPC/2015.

2. Causa de pedir. Pedido. "A decisão judicial não está limitada apenas pelo pedido formulado pela parte, mas também pela causa de pedir deduzida, sendo esta elemento delimitador da atividade jurisdicional na ação. Neste sentido, se o magistrado se limita ao pedido formulado, considerando, entretanto, outra causa de pedir que não aquela suscitada pela parte, estará incorrendo em decisão *extra petita*, restando configurada a nulidade da sentença, ante a ofensa ao princípio da congruência" (STJ, EDcl no MS 9.315/DF, Rel. Min. Gilson Dipp, 3ª Seção, jul. 24.08.2005, *DJ* 12.09.2005, p. 205).

"O pedido feito com a instauração da demanda emana de interpretação lógico-sistemática da petição inicial, não se restringindo somente ao capítulo especial que contenha a denominação 'dos pedidos'" (STJ, AgRg nos EDcl no Ag 762.469/MS, Rel. Min. Vasco Della Giustina, 3ª Turma, jul. 05.04.2011, *DJe* 13.04.2011). **No mesmo sentido:** STJ, AgRg no REsp 976.306/ES, Rel. Min. Napoleão Nunes Maia Filho, 5ª Turma, jul. 28.09.2010, *DJe* 25.10.2010).

3. Princípio da adstrição.

Violação. Nulidade. "A Corte local, ao inovar no julgamento da apelação, trazendo a afirmação de que o contrato ajustado entre as partes era de agência, cerceou o direito de defesa do réu, impondo-lhe as consequências previstas pela Lei nº 4.886/1965 para a rescisão imotivada do contrato de representação comercial sem que houvesse requerimento da autora e sem possibilidade de apresentar argumentos ou produzir provas em sentido contrário" (STJ, REsp. 1.641.446/PI, Rel. Min. Ricardo Villas Bôas Cueva, 3ª Turma, jul. 14.03.2017, *DJe* 21.03.2017).

"O provimento do pedido feito na inicial por fundamentos jurídicos diversos dos alegados pelo autor não implica julgamento *extra* ou *ultra petita*. O princípio da adstrição visa apenas a assegurar o exercício, pelo réu, de seu direito de defesa, de modo que é possível o acolhimento da pretensão por fundamento autônomo, como corolário do princípio da *mihi factum dabo tibi ius*, desde que não reflita na instrução da ação" (STJ, REsp 1.195.636/RJ, Rel. Min. Nancy Andrighi, 3ª Turma, jul. 14.04.2011, *DJe* 27.04.2011).

4. Princípio da congruência. "Para que se verifique ofensa ao princípio da congruência, encartado nos arts. 128 e 460, do CPC [arts. 141 e 492 do CPC/2015], é necessário que a decisão ultrapasse o limite dos pedidos deduzidos no processo, extrapolando-se os pleitos da exordial" (STJ, REsp 1.213.565/MT, Rel. Min. Castro Meira, 2ª Turma, jul. 17.03.2011, *DJe* 25.03.2011).

"O STJ pacificou entendimento no sentido de que o pedido de pagamento de juros sobre capital próprio deve figurar desde a petição inicial, não sendo possível a sua inclusão de ofício pelo juízo entre os consectários da condenação e nem muito menos seja formulado apenas na fase de cumprimento da sentença. Isso tendo em vista o princípio da congruência entre o pedido e a sentença e o postulado da coisa julgada" (STJ, AgRg no REsp 1.180.198/RS, Rel. Min. Maria Isabel Gallotti, 4ª Turma, jul. 15.03.2011, *DJe* 22.03.2011).

"A regra da congruência (ou correlação) entre pedido e sentença (CPC, 128 e 460) [arts. 141 e 492 do CPC/2015] é decorrência do princípio dispositivo. Quando o juiz tiver de decidir independentemente de pedido da parte ou interessado, o que ocorre, por exemplo, com as matérias de ordem pública, não incide a regra da congruência. Isso quer significar que não haverá julgamento *extra*, *infra* ou *ultra petita* quando o juiz ou tribunal pronunciar-se de ofício sobre referidas matérias de ordem pública" (STJ, REsp 1.112.524/DF, Rel. Min. Luiz Fux, Corte Especial, jul. 01.09.2010, *DJe* 30.09.2010).

Sentença. Imposição da multa do art. 56, I, do CDC de ofício. Julgamento além do pedido. Configuração. "O juiz não pode conhecer de questões a respeito das quais a lei exige iniciativa das partes, somente podendo examinar, de ofício, matérias por elas não suscitadas se a lei dispensar expressamente essa iniciativa. Agindo o juiz fora dos limites definidos pelas partes e sem estar amparado em permissão legal que o autorize examinar questões de ofício, haverá violação ao princípio da congruência, haja vista que o pedido delimita a atividade do juiz (CPC, arts.128 e 460), que não pode dar ao autor mais do que ele pediu, julgando além do pedido, como ocorreu na hipótese em exame, com a imposição de ofício da multa do art. 56, I, do CDC ao recorrente" (STJ, REsp 1377463/SC, Rel. Min. Nancy Andrighi, 3ª Turma, jul. 27.02.2018, *DJe* 02.03.2018).

5. Julgamento *extra petita*. "O julgamento *extra petita*, não consubstanciando nulidade pleno *iure*, não pode ser desconstituído se transcorrido *in albis* o prazo bienal da rescisória" (STJ, REsp 13.420/GO, Rel. Min. Sálvio de Figueiredo Teixeira, 4ª Turma, jul. 27.10.1992, *DJ* 30.11.1992, p. 22.617).

Ocorrência.

"Considera-se *extra petita* a decisão que aprecia pedido ou causa de pedir distintos daqueles apresentados pela parte postulante, isto é, aquela que confere provimento judicial sobre algo que não foi pedido" (STJ, REsp 1.219.606/PR, Rel. Min. Mauro Campbell Marques, 2ª Turma, jul. 07.04.2011, *DJe* 15.04.2011). **No mesmo sentido:** STJ, AgRg no REsp 736.996/RJ, Rel. Min. João Otávio de Noronha, 4ª Turma, jul. 02.06.2009, *DJe* 29.06.2009

"Havendo julgamento de pedido estranho à lide, é imperioso o reconhecimento do julgamento *extra petita*, que consequencializa a nulidade do *decisum* e a prolação de nova decisão" (STJ, AgRg no REsp 1.118.668/SP, Rel. Min. Hamilton Carvalhido, 1ª Turma, jul. 24.08.2010, *DJe* 01.10.2010).

"Incorre em julgamento *extra petita* a decisão que concede indenização por danos morais a sociedade empresária, quando o pedido indenizatório está fundado na alegação de danos experimentados pelos seus sócios" (STJ, REsp 1605281/MT, Rel. Min. Moura Ribeiro, 3ª Turma, jul. 11.06.2019, *DJe* 01.08.2019).

Decisão *extra petita*. Condenação pela perda de uma chance. Inocorrência. Ver jurisprudência do art. 141 do CPC/2015.

Cumprimento de sentença. Acórdão que reconheceu a ocorrência de fraude contra credores. Julgamento *extra petita*. "Assim, no curso do cumprimento de sentença, é inviável o reconhecimento incidental de fraude contra credores, sem que tenha sido utilizada a referida ação pauliana, bem como propiciado às partes contraditório prévio sobre o possível vício na transação comercial. Precedente: REsp 1.479.385/PE, Rel. Ministro Ricardo Villas Bôas Cueva, Terceira Turma, julgado em 05/04/2016, *DJe* 13/04/2016" (STJ, AgInt no REsp 1551.305/PR, Rel. Min. Mauro Campbell Marques, 2ª Turma, jul. 10.04.2018, *DJe* 16.04.2018).

Pedido de busca e apreensão de bem alienado fiduciariamente. Extinção do contrato firmado sem pedido expresso do autor. "O contrato de alienação fiduciária em garantia de bem móvel não se extingue somente por força da consolidação da propriedade em nome do credor fiduciário. O julgamento *extra petita* está configurado quando o magistrado concede prestação jurisdicional diversa da pleiteada na inicial. Na hipótese, à míngua do pedido de rescisão do contrato de alienação fiduciária, a sentença que reconhece extinta a relação contratual é *extra petita*" (STJ, REsp 1.779.751/DF, Rel. Min. Ricardo Villas Bôas Cueva, 3ª Turma, jul. 16.06.2020, *DJe* 19.06.2020).

"Pedindo a autora a condenação da ré no pagamento de pensão mensal para custear futuros tratamentos médicos, remédios, exames e outros, não é lícito ao juiz julgar procedente o pedido para determinar que a ré pague plano de saúde para a autora" (STJ, REsp 899.869/MG, Rel. Min. Humberto Gomes de Barros, 3ª Turma, jul. 13.02.2007, *DJ* 26.03.2007).

"Postulada pelo autor, após rompida a relação concubinária, o reconhecimento do seu direito à titularidade integral ou, ao menos, à meação de determinados bens, é defeso ao Tribunal *a quo*, em não deferindo tais pretensões, deliberar o pagamento, pela ré, de indenização ao recorrido por serviços prestados, tema que não foi objeto da exordial, nem como pedido alternativo, nem sucessivo" (STJ, REsp 59.738/SP, Rel. Min. Aldir Passarinho Junior, 4ª Turma, jul. 10.10.2000, *DJ* 04.12.2000).

"Tendo a petição inicial veiculado pedido específico visando o abatimento do preço dos imóveis adquiridos na planta, em vista de diferença detectada entre o que foi contratado e o que foi efetivamente entregue, não poderia o magistrado, de ofício, em audiência prévia de conciliação, determinar que a ré apurasse os vícios e realizasse os reparos necessários. Ainda que se faculte ao juiz, em circunstâncias especiais, proceder a ajustes na extensão da providência judicial requerida, a iniciativa não pode alterar a essência da pretensão perseguida, como se verifica no caso em análise, em que se acabou por conceder prestação jurisdicional diversa do que foi exposto e requerido na inicial, iniciativa que não se justifica, nem mesmo a pretexto de tratar-se de tutela de direitos do consumidor" (STJ, REsp 493.187/DF, Rel. Min. Castro Filho, 3ª Turma, jul. 03.04.2007, *DJ* 07.05.2007, p. 313).

Benfeitorias. "Inexistindo pedido específico de indenização por benfeitorias, não podia o venerando acórdão proceder a tal condenação. A concessão de benefício diverso do pleiteado constitui decisão fora do pedido, não havendo que se falar em aplicação do princípio *jura novit curia*" (STJ, REsp 46.730/SP, Rel. Min. Garcia Vieira, 1ª Turma, jul. 16.05.1994, *DJ* 13.06.1994, p. 15.089).

Reintegração de posse. Reconhecimento de ofício ao recebimento de indenização por benfeitorias úteis e necessárias. Impossibilidade. Ver jurisprudência do art. 555 do CPC/2015.

Danos materiais e morais. Perda de uma chance. "Assim, a pretensão à indenização por danos materiais individualizados e bem definidos na inicial, possui causa de pedir totalmente diversa daquela admitida no acórdão recorrido, de modo que há julgamento *extra petita* se o autor deduz pedido certo de indenização por danos materiais absolutamente identificados na inicial e o acórdão, com base na teoria da 'perda de uma chance', condena o réu ao pagamento de indenização por danos morais" (STJ, REsp 1.190.180/RS, Rel. Min. Luis Felipe Salomão, 4ª Turma, jul. 16.11.2010, *DJe* 22.11.2010).

Não ocorrência.

"O juiz conhece o direito (*iura novit curia*) e o aplica ao *petitum*, levando em conta a *causa petendi*. Irrelevante a indicação de dispositivo legal pela parte, porquanto o objeto de exame é a pretensão. Inocorrente julgamento *extra petita* e por consequência as violações aos arts. 128 e 460, do CPC" [arts. 141 e 492 do CPC/2015] (STJ, REsp 75.524/RS, Rel. Min. Cláudio Santos, 3ª Turma, jul. 27.11.1995, *DJ* 05.02.1996, p. 1.393).

"O fundamento jurídico do pedido constitui somente uma proposta de enquadramento do fato ou ato à norma, não vinculando o juiz. Como consequência, não há de se falar em sentença *extra petita* pela condenação por responsabilidade objetiva, ainda que a demanda tenha sido proposta com base na responsabilidade aquiliana" (STJ, REsp 819.568/SP, Rel. Min. Nancy Andrighi, 3ª Turma, jul. 20.05.2010, *DJe* 18.06.2010). **No mesmo sentido:** STJ, REsp 164.953/RS, Rel. Min. Sálvio de Figueiredo Teixeira, 4ª Turma, jul. 23.05.2000, *DJ* 07.08.2000, p. 109; STJ, AgRg nos EDcl no REsp 1.095.017/RS, Rel. Min. Paulo de Tarso Sanseverino, 3ª Turma, jul. 26.10.2010, *DJe* 05.11.2010.

Julgamento *citra petita* e *extra petita*. "Não caracteriza julgamento *citra petita* a falta de apreciação de pedidos sucessivos que dependiam de pedido antecedente que nem sequer foi feito. O julgamento *extra petita* fica caracterizado quando o provimento jurisdicional extrapola os limites objetivos delineados na petição inicial ou confere pretensão diversa da requerida, o que não ocorreu no caso em apreço. O condômino de coisa indivisa que não exerce o direito de preferência que lhe confere a lei, depositando o valor da venda tanto por tanto, não tem interesse para obter a declaração de nulidade do contrato de compra e venda firmado com estranho" (STJ, REsp 1637882/RJ, Rel. Min. Ricardo Villas Bôas Cueva, 3ª Turma, jul. 22.09.2020, *DJe* 28.09.2020).

Usucapião. Reconhecimento. Liquidação de sentença. Ausência de pedido expresso na inicial. Não ocorrência de decisão *extra petita*. "Inexiste violação dos limites da causa quando o julgador reconhece os pedidos implícitos formulados na petição inicial, não estando restrito ao que está expresso no capítulo referente aos pedidos, sendo-lhe permitido extrair, mediante interpretação lógico-sistemática da petição inicial, aquilo que a parte pretende obter, aplicando o princípio da equidade. Não é *extra petita* o julgado que decide questão que é reflexo de pedido deduzido na inicial, superando a ideia da absoluta congruência entre o pedido e a sentença para outorgar ao demandante a tutela jurisdicional adequada e efetiva. (...) A conclusão pela necessidade de liquidação de sentença com a produção de perícia técnica para determinar e individualizar a área usucapida de imóvel maior e indiviso outorga tutela jurisdicional adequada e efetiva à parte, na medida em que necessária para a expedição do mandado de registro da usucapião. A sentença judicial que, ao reconhecer a usucapião, individualiza, de forma clara e precisa, a área usucapida, pode ser objeto de registro no cartório de registro de imóveis, sem a necessidade de pedido expresso na inicial a respeito da medida extrajudicial" (STJ, AgInt no REsp 1.802.192/MG, Rel. Min. João Otávio de Noronha, 4ª Turma, jul. 12.12.2022, *DJe* 15.12.2022).

"Não há falar em alteração da causa de pedir, tampouco em julgamento *extra petita*, quando a Corte de origem, com o intuito apenas de reforçar os fundamentos do julgado, faz referência a lei não mencionada pelas partes" (STJ, AgRg no Ag 754.872/DF, Rel. Min. Maria Thereza de Assis Moura, 6ª Turma, jul. 02.06.2009, *DJe* 22.06.2009).

"Não é *extra petita* a sentença que, diante do pedido de exoneração total de pensão, defere a redução dos alimentos. Como se sabe, no pedido mais abrangente se inclui o de menor abrangência" (STJ, REsp 249.513/SP, Rel. Min. Sálvio de Figueiredo Teixeira, 4ª Turma, jul. 06.03.2003, *DJ* 07.04.2003, p. 289). **No mesmo sentido:** STF, RE 100.894/RJ, Rel. Min. Moreira Alves, 2ª Turma, jul. 04.11.1983, *DJ* 10.02.1984.

"Não é *extra petita* a condenação em danos morais inferida do termo 'danos' consignado na peça exordial" (STJ, REsp 665.696/RJ, Rel. Min. Castro Meira, 2ª Turma, jul. 23.05.2006, *DJ* 02.06.2006, p. 113).

Improbidade administrativa. "Não há falar 'em julgamento fora ou além do pedido quando o julgador, em face da relevância da questão social e do interesse público, sujeita, na condenação do responsável por atos de improbidade administrativa que atenta contra os princípios da administração pública, às penas cominadas por lei, como é a hipótese dos autos' (REsp 324.282/MT)" (STJ, AgRg no REsp 1.125.634/MA, Rel. Min. Arnaldo Esteves Lima, 1ª Turma, jul. 16.12.2010, *DJe* 02.02.2011).

Dano moral. "A fixação do dano moral não exige liquidação por arbitramento, podendo quantificar-se desde logo, desde que haja elementos suficientes para tanto, não importando em julgamento *extra petita* (art. 460 do CPC) [art. 492 do CPC/2015]. Precedentes: REsp n. 285.630/SP, Rel. Min. Ruy Rosado de Aguiar, *DJU* de 04.02.2002; REsp n. 402.356/MA, Rel. Min. Sálvio de Figueiredo Teixeira, *DJU* de 23.06.2003)" (STJ, REsp 303.506/PA, Rel. Min. Aldir Passarinho Junior, 4ª Turma, jul. 06.03.2007, *DJ* 17.09.2007, p. 282).

Sociedade anônima. Pedido de dissolução integral. Sentença que decreta dissolução parcial e determina a apuração de haveres. "Não é *extra petita* a sentença que decreta a dissolução parcial da sociedade anônima quando o autor pede sua dissolução integral" (STJ, REsp 507.490/RJ, Rel. Min. Humberto Gomes de Barros, 3ª Turma, jul. 19.09.2006, *DJ* 13.11.2006, p. 241).

Tutela ambiental. "A tutela ambiental é de natureza fungível por isso que a área objeto da agressão ao meio ambiente pode ser de extensão maior do que a referida na inicial e, uma vez assim aferida pelo conjunto probatório, não importa em julgamento *ultra* ou *extra petita*. A decisão *extra petita* é aquela inaproveitável por conferir à parte providência diversa da almejada, mercê do deferimento de pedido diverso ou baseado em *causa petendi* não eleita. Consectariamente, não há decisão *extra petita* quando o juiz examina o pedido e aplica o direito com fundamentos diversos dos fornecidos na petição inicial ou mesmo na apelação, desde que baseados em fatos ligados ao fato-base" (STJ, REsp 1.107.219/SP, Rel. Min. Luiz Fux, 1ª Turma, jul. 02.09.2010, *DJe* 23.09.2010).

"Alegação de que o magistrado de primeiro grau de jurisdição, ao declarar a nulidade da multa administrativa, proferiu sentença de natureza diversa da pedida pelo autor, que limitou-se a requerer a substituição da pena de multa que lhe foi aplicada pela de prestação de serviços relacionados à proteção do meio ambiente. Não viola o art. 460 do CPC [art. 492 do CPC/2015] o julgado que interpreta de maneira ampla o pedido formulado na petição inicial, pois 'o pedido é o que se pretende com a instauração da demanda e se extrai da interpretação lógico-sistemática da petição inicial, sendo de levar-se em conta os requerimentos feitos em seu corpo e não só aqueles constantes em capítulo especial ou sob a rubrica 'dos pedidos' (REsp 284.480/RJ, 4ª Turma, Min. Sálvio de Figueiredo Teixeira, *DJ* de 02.04.2001). Hipótese, ademais, em que o magistrado de primeiro grau de jurisdição declarou a nulidade da pena de multa aplicada ao autor, sem prejuízo da aplicação de nova penalidade pelo IBAMA, desde que adequada aos princípios que regem a atividade administrativa. Percebe-se, desse modo, que o ora agravante poderá impor nova penalidade ao administrado, convertendo-a, inclusive, se assim entender, em serviços de preservação, melhoria e recuperação da qualidade do meio ambiente, nos termos do § 4º do art. 72 da Lei 9.605/98" (STJ, AgRg no Ag 1.038.295/RS, Rel. Min. Denise Arruda, 1ª Turma, jul. 04.11.2008, *DJe* 03.12.2008).

6. Decisão *ultra petita*. "A sentença *ultra petita* é nula, e por se tratar de nulidade absoluta, pode ser decretada de ofício. Contudo, em nome do princípio da economia processual, quando possível, a decisão deve ser anulada apenas na parte que extrapola o pedido formulado" (STJ, REsp 263.829/SP, Rel. Min. Fernando Gonçalves, 6ª Turma, jul. 04.12.2001, *DJ* 18.02.2002, p. 526). **No mesmo sentido:** STJ, REsp 250.255/RS, Rel. Min. Gilson Dipp, 5ª Turma, jul. 18.09.2001, *DJ* 15.10.2001, p. 281.

Ocorrência.

"Se o autor faz pedido de indenização de danos morais e de danos materiais em quantia certa, o juiz está sujeito ao limite de cada qual; não pode, a pretexto de que observou a soma das verbas pleiteadas, majorar o que foi postulado como indenização dos danos morais, sob pena de julgar *ultra petita*" (STJ, REsp 425.448/MA, Rel. Min. Ari Pargendler, 3ª Turma, jul. 20.09.2007, *DJ* 01.02.2008, p. 1).

Ampliação da causa de pedir. Vedação. "Não pode o juiz, em ação de prestação de contas, alcançando contrato de arrendamento mercantil que estipula aluguel mensal com base em 50% do faturamento líquido da arrendatária, ampliar o pedido inaugural para acolher outras questões, ainda que, eventualmente, possam estar relacionadas com o mesmo contrato. Neste feito, cabível, apenas, nos termos do pedido, a apuração das contas relativas ao aluguel contratado" (STJ, REsp 141.388/RS, Rel. Min. Carlos Alberto Menezes Direito, 3ª Turma, jul. 06.08.1998, *DJ* 13.10.1998, p. 92).

Perda das prestações pagas. Necessidade de pedido explícito. "Ofende o direito vigente a decisão judicial que condena o promissário-comprador a perda das prestações pagas se da inicial da causa não consta expressamente pedido a respeito (CPC, art. 293)" [art. 322, § 1º, do CPC/2015] (STJ, REsp 6.315/RJ, Rel. Min. Sálvio de Figueiredo Teixeira, 4ª Turma, jul. 09.10.1991, *DJ* 18.11.1991, p. 16.527).

Não ocorrência.

Homologação de cálculo em valor superior ao postulado pelo exequente. "Conforme a jurisprudência consolidada no Superior Tribunal de Justiça, 'o acolhimento dos cálculos elaborados por Contador Judicial em valor superior ao apresentado pelo exequente não configura julgamento *ultra petita*, uma vez que, ao adequar os cálculos aos parâmetros da sentença exequenda, garante a perfeita execução do julgado' (STJ, AgRg no Ag 1.088.328/SP, Rel. Ministro Napoleão Nunes Maia Filho, quinta turma, *DJe* de 16/08/2010). Em igual sentido: STJ, AgRg no REsp 1.262.408/AL, Rel. Ministra Regina Helena Costa, primeira turma, *DJe* de 19/04/2016; AgRg no AgRg no AREsp 650.227/SP, Rel. Ministro Mauro Campbell Marques, segunda turma, *DJe* de 13/05/2015; AgRg no AREsp 563.091/SP, Rel. Ministro Herman Benjamin, segunda turma, *DJe* de 04/12/2014; AgRg no REsp 575.970/SP, Rel. Ministro Nefi Cordeiro, sexta turma, *DJe* de 09/06/2014" (STJ, REsp 1.934.881/SP, Rel. Min. Assusete Magalhães, 2ª Turma, jul. 27.09.2022, *DJe* 30.09.2022).

"Pedindo o autor na inicial da ação de indenização que fosse o valor arbitrado pelo Juiz, posto que tenha mencionado valor mínimo como referência, não se há de caracterizar violação do art. 460 do Código de Processo Civil" [art. 492 do CPC/2015] (STJ, REsp 767.307/SP, Rel. Min. Carlos Alberto Menezes Direito, 3ª Turma, jul. 06.12.2005, *DJ* 10.04.2006, p. 189).

"Não há julgamento *ultra petita*, tampouco ofensa ao art. 460 do CPC [art. 492 do CPC/2015], quando o Tribunal *a quo* fixa como crédito a ser satisfeito em sede executória a importância apurada por perícia técnica requerida pela parte embargante, especialmente quando esta mantém-se inerte ante a possibilidade de impugnação do laudo pericial" (STJ, REsp 838.338/BA, Rel. Min. José Delgado, 1ª Turma, jul. 19.10.2006, *DJ* 16.11.2006, p. 228).

Julgamento *ultra ou extra petita*. Interpretação lógico e sistemática do pedido. "Não configura julgamento *ultra* ou *extra petita* o provimento jurisdicional exarado nos limites do pedido, o qual deve ser interpretado lógica e sistematicamente a partir de toda a petição inicial e arrazoados recursais. Precedentes" (STJ, AgInt no AREsp 1.746.990/SP, Rel. Min. Raul Araújo, 4ª Turma, jul. 07.06.2021, *DJe* 01.07.2021).

Aplicação da legislação mais benéfica ao devedor. "Não incorre em julgamento *ultra petita* a aplicação de ofício pelo Tribunal de lei mais benéfica ao contribuinte, para redução de multa, em processo no qual se pugna pela nulidade total da inscrição na dívida ativa. Inexistência de violação ao art. 460 do CPC" [art. 492 do CPC/2015] (STJ, REsp 649.957/SP, Rel. Min. Eliana Calmon, 2ª Turma, jul. 23.05.2006, *DJ* 28.06.2006, p. 239).

"Não ocorre julgamento *ultra petita* na hipótese em que o Tribunal de origem, antes do trânsito em julgado da sentença homologatória dos cálculos, determina a incidência de índice inflacionário expurgado na atualização monetária do débito judicial, ainda que em recurso exclusivo da embargante" (STJ, EDcl no AgRg no Ag 281.954/SP, Rel. Min. Vicente Leal, 6ª Turma, jul. 17.05.2001, *DJ* 13.08.2001, p. 308).

Decisão que não ultrapassa os limites da lide. Ver jurisprudência do art. 141 do CPC/2015.

7. Deferimento de consequência lógica do pedido.

Inadimplemento do promissário comprador. Pagamento de aluguel pelo uso do imóvel. Desnecessidade de pedido expresso. Consectário lógico do retorno ao estado anterior. "O direito de recebimento de indenização a título de aluguel do promissário comprador que, mesmo dando causa à rescisão, permanece na posse do imóvel, decorre da privação do promitente vendedor do uso do imóvel, à luz do disposto nos artigos 402, que trata das perdas e danos, 419, que trata da indenização suplementar às arras confirmatórias, além dos artigos 884 e 885, que versam sobre o princípio da vedação ao enriquecimento sem causa, todos do Código Civil. Nesse contexto, o encargo locatício mostra-se devido durante todo o período de ocupação, ainda que não haja pedido expresso na petição inicial, visto que é consectário lógico do retorno ao status quo ante pretendido com a ação de rescisão de promessa de compra e venda, sob pena de premiar os inadimplentes com moradia graciosa e estimular a protelação do final do processo" (STJ, AgInt no REsp 1167766/ES, Rel. p/ Acórdão Min. Maria Isabel Gallotti, 4ª Turma, jul. 16.11.2017, *DJe* 01.02.2018).

"Anulado o contrato de compra e venda, é possível determinar, de ofício, a compensação entre valores a serem restituídos pelo credor com indenização pelo tempo de uso indevido do imóvel pelo devedor" (STJ, AgInt nos EDcl no REsp 1649729/MT, Rel. Min. Antonio Carlos Ferreira, 4ª Turma, jul. 12.11.2019, *DJe* 19.11.2019).

"A decisão judicial que, ao julgar procedente pedido de reintegração de servidor público, determina o pagamento dos direitos e vantagens retroativos à data do afastamento não é *extra petita*, porquanto tal providência consiste em consequência lógica do acolhimento do pedido" (STJ, AgRg no Ag 693.564/SE, Rel. Min. Arnaldo Esteves Lima, 5ª Turma, jul. 06.12.2005, *DJ* 03.04.2006, p. 395). **No mesmo sentido:** STJ, AgRg no Ag 1.259.493/PE, Rel. Min. Jorge Mussi, 5ª Turma, jul. 01.03.2011, *DJe* 14.03.2011.

8. Critério de interpretação da sentença. "Havendo dúvidas na interpretação do dispositivo da sentença, deve-se preferir a que seja mais conforme à fundamentação e aos limites da lide, de acordo com o pedido formulado no processo" (STJ, REsp 1.149.575/DF, Rel. Min. Nancy Andrighi, 3ª Turma, jul. 28.08.2012, *DJe* 11.10.2012).

"Recorre-se à inicial quando a própria sentença não traz em seu bojo os termos em que o pedido foi acolhido, ou seja, quando o dispositivo é do tipo 'indireto', simplesmente acolhendo o pedido do autor" (STJ, REsp 846954/MG, Rel. Min. Luis Felipe Salomão, 4ª Turma, ac. 22.11.2011, *DJe* 09.02.2012).

9. Sentença condicional e incerta. "Ao solver a controvérsia e pôr fim à lide, o provimento do juiz deve ser certo, ou seja, não pode deixar dúvidas quanto à composição do litígio, nem pode condicionar a procedência ou a improcedência do pedido a evento futuro e incerto. Ao contrário, deve declarar a existência ou não do direito da parte, ou condená-la a uma prestação, deferindo-lhe ou não a pretensão. A sentença condicional mostra-se incompatível com a própria função estatal de dirimir conflitos, consubstanciada no exercício da jurisdição. Diferentemente da 'sentença condicional' (ou 'com reservas', como preferem Pontes de Miranda e Moacyr Amaral Santos), a que decide relação jurídica de direito material, pendente de condição, vem admitida no Código de Processo Civil (art. 460, parágrafo único) [art. 492, parágrafo único, do CPC/2015]. Na espécie, é possível declarar-se a existência ou não do direito de percepção de honorários, em ação de rito ordinário, e deixar a apuração do montante para a liquidação da sentença, quando se exigirá a verificação da condição contratada, como pressuposto para a execução" (STJ, REsp 164.110/SP, Rel. Min. Sálvio de Figueiredo Teixeira, 4ª Turma, jul. 21.03.2000, *DJ* 08.05.2000, p. 96).

"A sentença que condena o Estado a prestar o tratamento a ser indicado pelo médico geneticista ao autor, que sofre de paralisia cerebral, durante o tempo que dele necessitar não é incerta, tampouco advém de formulação de pedido genérico" (STJ, REsp 1.044.028/RS, Rel. Min. Castro Meira, 2ª Turma, jul. 27.05.2008, *DJe* 06.06.2008).

"Não é condicional o acórdão que admite a prova do fato culposo e a existência dos danos dele decorrentes, assim como enumerados pela autora nos autos, mas relega para a fase da liquidação da sentença a definição do seu valor" (STJ, AgRg no Ag 1.140.198/RJ, Rel. Min. Luis Felipe Salomão, 4ª Turma, jul. 29.09.2009, *DJe* 26.10.2009).

"A jurisprudência desta Corte Superior de Justiça firmou entendimento no sentido de ser nula a sentença que submete a procedência ou a improcedência do pedido à ocorrência de fato futuro e incerto, como no caso em apreço, no qual o que se pretende é o direito à complementação de aposentadoria que ainda não se efetivou" (STJ, AgRg no Ag 934.982/SP, Rel. Min. Og Fernandes, 6ª Turma, jul. 05.02.2009, *DJe* 09.03.2009). No mesmo sentido: STJ, AgRg nos EDcl no REsp 1.150.740/SP, Rel. Min. Jorge Mussi, 5ª Turma, jul. 22.02.2011, *DJe* 14.03.2011.

Indenização. Lucro cessante. "Não se admite sentença condicional (CPC, art. 461) [art. 497 do CPC/2015]. A prova do lucro cessante deve ser feita no processo de conhecimento, jamais na liquidação" (STJ, REsp 38.465/DF, Rel. Min. Humberto Gomes de Barros, 1ª Turma, jul. 16.05.1994, *DJ* 20.06.1994, p. 16.059).

10. Pedido certo.

"Se o dano pode revelar-se inexistente, ele também não é certo e, portanto, não há indenização possível" (STJ, REsp 965.758/RS, Rel. Min. Nancy Andrighi, 3ª Turma, jul. 19.08.2008, *DJe* 03.09.2008).

"Não pode o Tribunal deferir indenização em valor superior ao pedido na inicial, sob pena de violar o art. 460 do Código de Processo Civil" [art. 492 do CPC/2015] (STJ, REsp 612.529/MG, Rel. Min. Carlos Alberto Menezes Direito, 3ª Turma, jul. 03.03.2005, *DJ* 16.05.2005, p. 346).

11. Correção monetária. "A correção monetária é matéria de ordem pública, integrando o pedido de forma implícita, razão pela qual sua inclusão *ex officio*, pelo juiz ou tribunal, não caracteriza julgamento *extra* ou *ultra petita*, hipótese em que prescindível o princípio da congruência entre o pedido e a decisão judicial que: 'A regra da congruência (ou correlação) entre pedido e sentença (CPC, 128 e 460) [arts. 141 e 492, parágrafo único, do CPC/2015] é decorrência do princípio dispositivo. Quando o juiz tiver de decidir independentemente de pedido da parte ou interessado, o que ocorre, por exemplo, com as matérias de ordem pública, não incide a regra da congruência. Isso quer significar que não haverá julgamento *extra, infra ou ultra petita* quando o juiz ou tribunal pronunciar-se de ofício sobre referidas matérias de ordem pública. Alguns exemplos de matérias de ordem pública: a) substanciais: cláusulas contratuais abusivas (CDC, 1º e 51); cláusulas gerais (CC 2035 par. ún.) da função social do contrato (CC 421), da função social da propriedade (CF, 5º XXIII e 170 III e CC 1228, § 1º), da função social da empresa (CF 170; CC 421 e 981) e da boa-fé objetiva (CC 422); simulação de ato ou negócio jurídico (CC 166, VII e 167); b) processuais: condições da ação e pressupostos processuais (CPC 3º, 267, IV e V; 267, § 3º; 301, X; 30, § 4º) [arts. 17, 485, IV e V; 485, § 3º; 337, XI; 337, § 5º, do CPC/2015]; incompetência absoluta (CPC 113, § 2º) [art. 63, § 3º, do CPC/2015]; impedimento do juiz (CPC 134 e 136) [arts. 144 e 147 do CPC/2015]; preliminares alegáveis na contestação (CPC 301 e § 4º) [art. 337, § 5º, do CPC/2015]; pedido implícito de juros legais (CPC 293) [art. 322 do CPC/2015], juros de mora (CPC 219) [art. 240 do CPC/2015] e de correção monetária (L 6899/81; TRF-4ª 53); juízo de admissibilidade dos recursos (CPC 518, § 1º (...)' (Nelson Nery Junior e Rosa Maria de Andrade Nery, in 'Código de Processo Civil Comentado e Legislação Extravagante', 10ª ed., Ed. Revista dos Tribunais, São Paulo, 2007, pág. 669). A correção monetária plena é mecanismo mediante o qual se empreende a recomposição da efetiva desvalorização da moeda, com o escopo de se preservar o poder aquisitivo original, sendo certo que independe de pedido expresso da parte interessada, não constituindo um *plus* que se acrescenta ao crédito, mas um *minus* que se evita" (STJ, REsp 1.112.524/DF, Rel. Min. Luiz Fux, Corte Especial, jul. 01.09.2010, *DJe* 30.09.2010). **Obs.:** De acordo com o § 1º do art. 322 do CPC/2015, "compreendem-se no principal os juros legais, a correção monetária e as verbas de sucumbência, inclusive os honorários advocatícios".

Art. 493. Se, depois da propositura da ação, algum fato constitutivo, modificativo ou extintivo do direito influir no julgamento do mérito, caberá ao juiz tomá-lo em consideração, de ofício ou a requerimento da parte, no momento de proferir a decisão.

Parágrafo único. Se constatar de ofício o fato novo, o juiz ouvirá as partes sobre ele antes de decidir.

CPC/1973

Art. 462.

BREVES COMENTÁRIOS

Determina o atual Código – em homenagem ao princípio da não surpresa – que se o juiz constatar, de ofício, fato novo, deverá ouvir as partes, a seu respeito, antes de decidir (arts. 9º e 10). A regra vale tanto para o Juiz Singular como para o Tribunal.

JURISPRUDÊNCIA SELECIONADA

1. Fato superveniente.

Fato novo. "A *ratio* do art. 462, do CPC [art. 493 do CPC/2015], tutela o princípio de que a sentença deve refletir o estado de fato no momento do julgamento da ação, e não da sua propositura. Daí deve-se admitir que novos fatos sejam levados em conta pelo julgador quando do proferimento da sentença. Precedentes: REsp 1.090.165/SP, Rel. Min. Arnaldo Esteves Lima, *DJe* 02.08.2010; EDcl no REsp 487784/DF, Rel. Min. Paulo Gallotti, *DJe* 30.06.2008; REsp 887.378/SP, Rel. Min. Nancy Andrighi, *DJ* 17.09.2007)" (STJ, REsp 1.109.048/PR, Rel. Min. Luiz Fux, 1ª Turma, jul. 16.11.2010, *DJe* 14.12.2010).

Pertinência com a causa de pedir. "Consoante dispõe o art. 462 do CPC, a sentença deve refletir o estado de fato e de direito vigente no momento do julgamento, e não no da propositura da ação. Todavia, para que um fato novo possa ser levado em conta no momento da prolação da sentença, deve guardar pertinência com a causa de pedir e com o pedido inicial" (TJMG, Ap. Cív. 1.0382.02.021885-7/001, Rel. Des. Elpídio Donizetti, 18ª Câmara Cível, jul. 27.01.2009, *DJMG* 16.02.2009).

Fato superveniente. Necessidade de consideração para a solução da controvérsia. "A jurisprudência desta Corte admite a consideração de fatos supervenientes que possam influenciar no resultado da demanda, como ocorreu nos autos, em que a recorrente somente teve acesso à informação dos motivos que ensejaram a sua eliminação no concurso após a propositura da ação, por ocasião do cumprimento da decisão liminar, que assegurou vista do espelho de correção detalhado e reabertura do prazo recursal administrativo. Somente a partir da juntada aos autos do referido espelho detalhado de avaliação das provas discursivas e da motivação dos seus recursos é que a recorrente pode constatar a ocorrência de erros materiais na atribuição dos pontos e assim requerer a pontuação respectiva. Assim, considerando que o pedido de reconhecimento de erro material na atribuição de pontos guarda pertinência com a causa de pedir constante na inicial, por ser decorrência lógica do pedido, é de se concluir pela possibilidade de aplicação dos artigos 303 c/c 462 do CPC [arts. 342 c/c 493 do CPC/2015], com o fim de ser considerado para a solução da demanda" (STJ, AREsp 1092759/GO, Rel. Min. Benedito Gonçalves, 1ª Turma, jul. 27.06.2017, *DJe* 10.08.2017).

Fato novo. Conhecimento pelo STJ. "O art. 462 do CPC permite, tanto ao Juízo singular como ao Tribunal, a análise de circunstâncias outras que, devido a sua implementação tardia, não eram passíveis de resenha inicial. Tal diretriz deve ser observada no âmbito do Superior Tribunal de Justiça, **porquanto o art. 462** [art. 493 do CPC/2015] **não possui aplicação restrita às instâncias ordinárias"** (STJ, REsp 704.637/RJ, Rel. Min. Luis Felipe Salomão, 4ª Turma, jul. 17.03.2011, *DJe* 22.03.2011). **Entretanto, em se tratando de recurso especial.** "Nos termos do artigo 462 do Código de Processo Civil, os fatos supervenientes à propositura da ação só podem ser levados em consideração até o momento da sentença (ou do acórdão), não em sede de recurso especial, inclusive por força da exigência constitucional do prequestionamento" (STJ, AgRg no Ag 1.355.283/MS, Rel. Min. Sidnei Beneti, 3ª Turma, jul. 26.04.2011, *DJe* 04.05.2011). **No mesmo sentido:** STJ, REsp 971.026/RS, Rel. Min. Sidnei Beneti, 3ª Turma, jul. 15.02.2011, *DJe* 02.03.2011.

Desaparecimento da condição da ação. "Não há que se falar em atentado à indisponibilidade da ação civil pública quando fatos supervenientes acabam por atingir uma das condições da ação" (STJ, REsp 37.271/SP, Rel. Min. Francisco Peçanha Martins, 2ª Turma, jul.12.03.2002, *DJ* 13.05.2002).

Recurso especial não conhecido. "4. A jurisprudência do Superior Tribunal de Justiça é uníssona no sentido de que o fato superveniente só pode ser considerado na hipótese de conhecimento do recurso especial, o que não ocorreu na espécie" (STJ, EDcl no AgInt no AREsp 1.626.837/SP, Rel. Min. Benedito Gonçalves, 1ª Turma, jul. 20.06.2022, *DJe* 22.06.2022). **No mesmo sentido:** STJ, EDcl no AgInt no AREsp 1.807.665/RS, Rel. Min. Gurgel de Faria, 1ª Turma, jul. 11.10.2021, *DJe* 22.10.2021.

2. Não configuração de fato superveniente.

Fato ocorrido antes do processo. "Fato superveniente – art. 462 do CPC [art. 493 do CPC/2015], como tal não se considera a circunstância já existente, ainda que só apurada no curso do processo" (STJ, REsp 4.508/SE, Rel. Min. Eduardo Ribeiro, 3ª Turma, jul. 23.03.1993, *DJ* 19.04.1993).

Edição de súmula. "A edição da Súmula (...) por esta Corte não caracteriza fato superveniente" (STJ, AgRg no Ag 550.118/SP, Rel. Min. Antônio de Pádua Ribeiro, 3ª Turma, jul. 28.06.2004, *DJ* 20.09.2004, p. 285).

Fato consumado. Lei superveniente. Não aplicação do art. 493 do CPC/2015. Ver jurisprudência do art. 1º da Lei nº 12.016/2009.

Provimento jurisdicional externo. Necessidade do trânsito em julgado. "Sem o trânsito em julgado do provimento jurisdicional externo, não há de se falar no surgimento de fato superveniente prejudicial à relação jurídica analisada em outro processo, sendo, portanto, inaplicável o art. 462 do CPC [art. 493 do CPC/2015], que mitiga o princípio da estabilidade da demanda" (STJ, REsp 977.910/SP, Rel. Min. Nancy Andrighi, 3ª Turma, jul. 06.05.2010, *DJe* 18.06.2010).

3. Prova nova.

Prova testemunhal. "A descoberta, pela parte, de uma nova testemunha por ela desconhecida por ocasião da instrução do feito não pode ser caracterizado fato superveniente, em sentido estrito. Não obstante, é possível qualificá-lo, na esteira de autorizada doutrina, como 'fato de conhecimento superveniente', que justificaria, em princípio, a aplicação da regra do art. 462 do CPC [art. 493 do CPC/2015]. Não obstante a possibilidade teórica da aplicação desse dispositivo para os fatos de conhecimento superveniente, na hipótese dos autos não se justifica a anulação da sentença para que se colha o depoimento de uma testemunha tardiamente descoberta. Admitir tal situação implicaria estabelecer um perigoso precedente, que poderia representar valioso expediente à disposição dos que, de má fé, eventualmente tenham interesse na eternização das lides forenses. Assim, compete à parte diligenciar para que todas as provas que possam ser produzidas o sejam até o momento da audiência de instrução e julgamento" (STJ, REsp 926.721/RJ, Rel. Min. Nancy Andrighi, 3ª Turma, jul. 19.02.2008, *DJe* 05.03.2008).

Prova pericial. IML. Sentença que concede indenização conforme laudo. Possibilidade. "O seguro obrigatório DPVAT é seguro de nítido caráter social cuja indenização deve ser paga pelas seguradoras sem qualquer margem de discricionariedade e sempre que atendidos os requisitos da Lei 6.194/74. Precedente. Assim, o pedido de complementação da indenização paga a menor deve ser interpretado sistematicamente, a fim de garantir à vítima o valor correspondente à lesão por ela sofrida, segundo o grau de sua invalidez, ainda que o pedido específico, formulado ao final da peça inicial, tenha sido formulado equivocadamente, com a fixação de valor definido; e, não o suficiente, a eventual realização de laudo pericial pelo Instituto Médico Legal (IML) no curso do processo deve ser considerado fato superveniente constitutivo do direito do autor, na forma do art. 493 do CPC/15. Na hipótese concreta, por aplicação da norma constante no art. 493 do CPC/15, o acórdão que concede ao recorrente a indenização conforme a posterior perícia médica do IML não pode ser considerada para além do pedido (*ultra petita*), razão pela qual não havia motivos para a limitação da complementação da indenização aos valores numéricos referidos à inicial" (STJ, REsp 1.793.637/PR, Rel. Min. Nancy Andrighi, 3ª Turma, jul. 17.11.2020, *DJe* 19.11.2020).

4. *Error in procedendo*. Fato superveniente. "É dever do magistrado, no momento de proferir a sentença, levar em consideração, de ofício ou a requerimento da parte, a superveniência de fato ou direito novo, nos termos do art. 462 do CPC [art. 493 do CPC/2015], incorrendo em *error in procedendo* o Tribunal que, ignorando tal providência, prolata acórdão que dá ensejo à coexistência de duas decisões inconciliáveis – uma no processo de execução, determinando a impenhorabilidade do bem de família, e outra nos embargos, estabelecendo a possibilidade de excussão desse mesmo bem" (STJ, REsp1.074.838/SP, Rel. Min. Luis Felipe Salomão, 4ª Turma, jul. 23.10.2012, *DJe* 30.10.2012).

5. *Jus superveniens*.

Fato anterior à sentença. "O direito vigente à época da decisão deve ser aplicado pelo juiz, ainda que posterior ao ajuizamento da ação, sempre que a lei nova não ressalve os efeitos da lei anterior" (STJ, REsp 30.774/PR, Rel. Min. Peçanha Martins, 2ª Turma, jul. 08.04.1997, *DJU* 23.06.1997, p. 29.073).

"As normas legais editadas após o ajuizamento da ação devem levar-se em conta para regular a situação posta na inicial" (STJ, REsp 665.683/MG, Rel. Min. Teori Albino Zavascki, 1ª Turma, jul. 26.02.2008, *DJe* 10.03.2008).

Fato posterior à sentença. "Ocorrendo fato superveniente, no curso da ação, posterior a sentença, que possa influir na solução da lide, cumpre ao tribunal tomá-lo em consideração ao decidir a apelação. A regra do *ius superveniens* dirige-se, também, ao juízo de segundo grau, uma vez que deve a tutela jurisdicional compor a lide como esta se apresenta no momento da entrega (art. 460, do CPC)" [art. 492 do CPC/2015] (STJ, REsp 75.003/RJ, Rel. Min. Waldemar Zveiter, 3ª Turma, jul. 26.03.1996, *DJU* 10.06.1996, p. 20.323). **No mesmo sentido:** STJ, REsp 847.831/SP, Rel. Min. Francisco Falcão, 1ª Turma, jul. 28.11.2006, *DJU* 14.12.2006, p. 302; STJ, REsp 704.637/RJ, Rel. Min. Luis Felipe Salomão, 4ª Turma, jul. 17.03.2011, *DJe* 22.03.2011.

6. Usucapião extraordinária. Prazo implementado no curso da demanda. "O prazo, na ação de usucapião, pode ser completado no curso do processo, em conformidade com o disposto no art. 462 do CPC/1973 (correspondente ao art. 493 do CPC/2015). A contestação não tem a capacidade de exprimir a resistência do demandado à posse exercida pelo autor, mas apenas a sua discordância com a aquisição do imóvel pela usucapião. A interrupção do prazo da prescrição aquisitiva somente poderia ocorrer na hipótese em que o proprietário do imóvel usucapiendo conseguisse reaver a posse para si. Precedentes. Na hipótese, havendo o transcurso do lapso vintenário na data da prolação da sentença e sendo reconhecido pelo tribunal de origem que estão presentes todos os demais requisitos da usucapião, deve ser julgado procedente o pedido autoral" (STJ, REsp 1361226/MG, Rel. Min. Ricardo Villas Bôas Cueva, 3ª Turma, jul. 05.06.2018, *DJe* 09.08.2018). **No mesmo sentido:** STJ, REsp 1.720.288/RS, Rel. Min. Nancy Andrighi, 3ª Turma, jul. 26.05.2020, *DJe* 29.05.2020.

Ver jurisprudência do art. 246 do CPC/2015.

7. Direito previdenciário. Fato superveniente. "A reafirmação da DER (data de entrada do requerimento administrativo), objeto do presente recurso, é um fenômeno típico do direito previdenciário e também do direito processual civil previdenciário. Ocorre quando se reconhece o benefício por fato superveniente ao requerimento, fixando-se a data de início do benefício para o momento do adimplemento dos requisitos legais do benefício previdenciário. Tese representativa da controvérsia fixada nos seguintes termos: É possível a reafirmação da DER (Data de Entrada do Requerimento) para o momento em que implementados os requisitos para a concessão do benefício, mesmo que isso se dê no interstício entre o ajuizamento da ação e a entrega da prestação jurisdicional nas instâncias ordinárias, nos termos dos arts. 493 e 933 do CPC/2015, observada a causa de pedir" (STJ, REsp 1727064/SP, Rel. Min. Mauro Campbell Marques, 1ª Seção, jul. 23.10.2019, *DJe* 02.12.2019). **Obs.:** Decisão submetida a julgamento de recursos repetitivos.

8. Embargos de declaração. Suscitação de fato novo. "A jurisprudência desta Corte firmou-se no sentido de admitir a suscitação, em embargos de declaração, de fato novo que possa influir no julgamento do feito" (STJ, REsp 1.215.205/PE, Rel. Min. Adilson Vieira Macabu, 5ª Turma, jul. 12.04.2011, *DJe* 12.05.2011). **No mesmo sentido:** STJ, REsp 434.797/MS, Rel. Min. Ruy Rosado de Aguiar, 4ª Turma, jul. 26.11.2002, *DJ* 10.02.2003; STJ, REsp 734.598/MG, Rel. Min. Francisco Falcão, 1ª Turma, jul. 19.05.2005, *DJ* 01.07.2005. **Em sentido contrário:** "Fato novo, ocorrido após o julgamento do recurso, não pode ser alegado, com base no art. 462 do CPC [art. 493 do CPC/2015], em embargos de declaração para modificar-se a conclusão do acórdão embargado" (STF, RMS 22.135 ED, Rel. Min. Moreira Alves, 1ª Turma, jul. 23.02.1996, *DJ* 19.04.1996).

9. Antecipação de tutela. Perda do objeto. "Nos termos do art. 462 do Código de Processo Civil [art. 493 do CPC/2015], resta prejudicado, ante a perda de objeto, o agravo de instrumento interposto contra decisão que concedeu antecipação de tutela, nas hipóteses em que o feito principal é julgado definitivamente – Precedentes do STJ" (STJ, REsp 946.880/SP, Rel. Min. Massami Uyeda, 4ª Turma, jul. 20.09.2007, *DJe* 31.03.2008).

10. União estável. Reconhecimento superveniente. Ver jurisprudência do art. 620 do CPC/2015.

Art. 494. Publicada a sentença, o juiz só poderá alterá-la:

I – para corrigir-lhe, de ofício ou a requerimento da parte, inexatidões materiais ou erros de cálculo;

II – por meio de embargos de declaração.

CPC/1973

Art. 463.

REFERÊNCIA LEGISLATIVA

CPC/2015, arts. 1.012 (apelação; proibição de inovar), 1.022 a 1.026 (embargos de declaração).

BREVES COMENTÁRIOS

É só com a publicação da sentença de mérito que o juiz realmente cumpre o ofício jurisdicional relativo ao acertamento que lhe foi pleiteado. Desde então, já não pode mais alterar o seu decisório (art. 494). Esse cumprimento do ofício do juiz é completo no tocante aos provimentos declaratórios e constitutivos, que via de regra trazem em seu próprio teor toda a prestação jurisdicional pretendida pela parte. Nos provimentos condenatórios (ou de força equivalente à condenação), embora seja vedado ao juiz alterar a sentença publicada, deve continuar prestando tutela jurisdicional à parte vencedora até que se alcance o efetivo cumprimento do comando sentencial.

JURISPRUDÊNCIA SELECIONADA

1. Prolação de nova sentença. Impossibilidade. "Proferida sentença de mérito no presente feito homologando transação, esta, não apresentando vício, é perfeitamente válida, não sendo, pois, cabível que outra fosse proferida em seu lugar em virtude da vedação contida no art. 463 do CPC [art. 494 do CPC/2015]. Nula, portanto, a segunda sentença proferida no feito, devendo ser cassada, restabelecendo-se a eficácia da anteriormente proferida" (TRF-1ª Região, Ap. Cív. 2007.38.00.008364-9/MG, Rel. Juiz Fed. Klaus Kuschel, jul. 09.06.2009, *RDCPC* 60/166).

"Proferida a sentença, o juiz termina o seu ofício jurisdicional, não podendo revogá-la, ainda que supostamente ilegal, sob pena de grave violação da coisa julgada e, por consequência, de ensejar instabilidade nas situações jurídicas" (STJ, REsp 93813/GO, Rel. Min. Sálvio de Figueiredo Teixeira, 4ª Turma, jul. 19.03.1998, *DJ* 22.06.1998, p. 83).

"Prolação de nova sentença na mesma relação processual, julgando mais uma vez improcedente o pleito formulado: pronunciamento que, a toda evidência, enquadra-se como ato inexistente, porquanto encerrada a prestação jurisdicional no exato momento em que publicada a primeira decisão" (TRF-3ª Região, Ap. Cív. 0036708-59.2007.4.03.9999/SP, Rel. Des. Federal Therezinha Cazerta, 8ª Turma, jul. 04.10.2010, *DJe* 20.10.2010).

2. Sentença terminativa. "O disposto no art. 463 do Código de Processo Civil [art. 494 do CPC/2015] aplica-se também às sentenças terminativas" (STJ, REsp 132.205/SP, Rel. Min. Laurita Vaz, 2ª Turma, jul. 10.09.2002, *DJ* 07.10.2002).

3. Sentença. Publicação. "A sentença, seja qual for a data que dela conste, só vale como ato processual depois da entrega ao escrivão, sendo nula se isso acontece quando o juiz que a proferiu, já promovido, não estava no exercício do cargo" (STJ, REsp 750.651/PA, R Rel. p/ Acórdão Min. Ari Pargendler, 3ª Turma, jul. 04.04.2006, *DJ* 22.05.2006).

"É com a entrega da sentença assinada pelo juiz ao escrivão que se consuma a sua publicação. Enquanto não publicada, a sentença é mero trabalho intelectual de seu prolator. **A publicidade é que lhe imprime existência jurídica como ato processual**" (STJ, AgRg no AgRg no Ag 685.829/RS, Rel. Min. Luis Felipe Salomão, 4ª Turma, jul. 05.10.2010, *DJe* 19.10.2010).

4. Alteração de sentença após publicação. "Decisão em que o juiz acrescenta novo dispositivo a sentença já publicada. Tal decisão não é ato judicial, pois o magistrado já exaurira e acabara seu ofício jurisdicional (CPC, art. 463) [art. 494 do CPC/2015]. Nela se contém ato administrativo, emanado de autoridade incompetente. Contra ela cabe mandado de segurança, independentemente de recurso preparatório" (STJ, RMS 1.618/SP, Rel. Min. Humberto Gomes de Barros, 1ª Turma, jul. 09.12.1992, *DJ* 01.03.1993).

5. Atividade jurisdicional após o trânsito em julgado. Possibilidade. "Dentro do modelo constitucional do processo, a sentença, ainda que de mérito, não implica, necessariamente, na satisfação do jurisdicionado, pois, no mais das vezes, a resolução definitiva da lide dependerá da consumação de atos materiais visando à realização concreta do direito reconhecido judicialmente. **Por isso, justamente em virtude da necessidade de tornar efetivo o direito reconhecido na fase de conhecimento da ação,** nada impede que o Juiz se mantenha no exercício da atividade jurisdicional mesmo após o trânsito em julgado da sentença" (STJ, RMS 26.925/RS, Rel.ª Min.ª Nancy Andrighi, 3ª Turma, jul. 11.11.2008, *DJe* 20.11.2008).

"A determinação de complementação dos honorários periciais não altera a sentença. Inexistindo revisão da matéria de fundo ou de outras questões necessárias para o deslinde da demanda, não há falar em ofensa ao art. 463 do CPC [art. 494 doCPC/2015]. Precedente" (STJ, REsp 721.630/SP, Rel. Min. Herman Benjamin, 2ª Turma, jul. 19.06.2008, *DJe* 04.03.2009).

6. Erro material (inciso I).

(i) Correção. "'Na forma da jurisprudência desta Corte, 'o erro material previsto no inciso I do art. 463 do CPC/1973 [art. 494 do CPC/2015], passível de ser corrigido a qualquer tempo, é aquele relativo à inexatidão perceptível à primeira vista e cuja correção não modifica o conteúdo decisório do julgado. Caso contrário, trata-se de erro de julgamento, hipótese na qual a parte deve lançar mão das vias de impugnação apropriadas' (STJ, AgInt no REsp n. 1.469.645/CE, Relator Ministro Og Fernandes, Segunda Turma, *DJe* de 5/12/2017). O erro material, passível de ser corrigido de ofício e não sujeito à preclusão, é 'aquele reconhecível *primo ictu oculi*, consistente em equívocos materiais sem conteúdo decisório, e cuja correção não implica em alteração do conteúdo do provimento jurisdicional (STJ, EDcl no AgRg no RMS n. 36.986/PB, Relator Ministro Mauro Campbell Marques, Segunda Turma, *DJe* de 18/4/2016)" (AgInt no REsp n. 1.435.045/SP, Relatora Ministra Assusete Magalhães, Segunda Turma, julgado em 6/9/2018, *DJe* 13/9/2018)" (STJ, AgInt no AREsp 1354555/PB, Rel. Min. Antonio Carlos Ferreira, 4ª Turma, jul. 30.03.2020, *DJe* 01.04.2020).

Ofensa à coisa julgada. Não configurada. "Exige-se de toda decisão judicial, dentre outros requisitos, a coerência interna entre seus elementos estruturais: a vinculação lógica entre relatório, fundamentação e dispositivo, aos quais, nos acórdãos, deve estar também alinhado o resultado proclamado do julgamento. Embora relacionado ao conteúdo decisório, mas sem com ele se confundir, configura-se o erro material quando o resultado proclamado do julgamento se encontra clara e completamente dissociado de toda a motivação e do dispositivo, revelando nítida incoerência interna no acórdão, o que, em última análise, compromete o fim último da atividade jurisdicional que é a entrega da decisão congruente e justa para permitir a pacificação das pessoas e a eliminação dos conflitos. Hipótese em que a correção efetivada pelo Tribunal de origem está dentro dos poderes conferidos ao julgador pelo art. 463, I, do CPC/73, correspondente ao art. 494, I, do CPC/15, na medida em que não alteraram as razões ou os critérios do julgamento, tampouco afetaram a substância do julgado, aumentando ou diminuindo seus efeitos" (STJ, REsp 1685092/RS, Rel. Min. Nancy Andrighi, 3ª Turma, jul. 18.02.2020, *DJe* 21.02.2020).

"O trânsito em julgado da sentença de mérito não impede, em face de evidente erro material, que se lhe corrija a inexatidão. CPC, art. 463, I [art. 494, I, do CPC/2015]" (STJ, ED no REsp 40.892-4/MG, Rel. Min. Nilson Naves, Corte Especial, jul. 30.03.1995, *DJ* 02.10.1995, p. 32.303). **Em sentido contrário:** "Transitada em julgado a sentença onde se insere o erro e iniciada a execução, não é mais possível corrigi-lo por simples despacho, mormente se deve ocorrer a modificação da substancia do julgado" (STJ, REsp 40.892/MG, Rel. Min. Barros Monteiro, 4ª Turma, jul. 28.03.1994, *DJ* 30.05.1994, p. 12.486).

"O erro material, passível de ser corrigido de ofício e não sujeito à preclusão, 'é o reconhecido *primu ictu oculi*, consistente em equívocos materiais sem conteúdo decisório propriamente dito, como a troca de uma legislação por outra, a consideração de data inexistente no processo ou uma inexatidão numérica; e não aquele que decorre de juízo de valor ou de aplicação de uma norma jurídica sobre o(s) fato(s) do processo' (STJ, REsp 102.1841/PR, Rel. Min. Eliana Calmon, 2ª Turma, *DJe* de 04.11.2008)" (STJ, REsp 819.568/SP, Rel. Min. Nancy Andrighi, 3ª Turma, jul. 20.05.2010, *DJe* 18.06.2010). **No mesmo sentido:** STJ, EDcl nos EDcl no AI 1.167.994, Rel. Min. Paulo de Tarso Sanseverino, 3ª Turma, jul. 05.10.2010, *DJe* 20.10.2010; STJ, REsp 1.151.982/ES, Rel. Min. Nancy Andrighi, 3ª Turma, jul. 23.10.2012, *DJe* 31.10.2012.

"A correção de erro material disciplinado pelo art. 463 do CPC [art. 494 do CPC/2015] não se sujeita aos institutos da preclusão e da coisa julgada, porquanto constitui matéria de ordem pública cognoscível de ofício pelo magistrado'. Precedentes: REsp 824.289/TO, Rel. Ministro João Otávio de Noronha, 2ª Turma, *DJ* 16.10.2006; AgRg no REsp 773273/MG, Rel. Ministro Luiz Fux, 1ª Turma, *DJ* 27.02.2008" (STJ, AgRg no REsp 1.160.801/CE, Rel. Min. Benedito Gonçalves, 1ª Turma, jul. 03.05.2011, *DJe* 10.05.2011). **No mesmo sentido:** STJ, EREsp 252.915/DF, Rel. Min. Garcia Vieira, 1ª Turma, *DJ* 26.08.2002; STJ, AgRg no REsp 209.235/SC, Rel. Min. Milton Luiz Pereira, Rel. p/ ac. Min. Luiz Fux, 1ª Turma, jul. 04.10.2007, *DJ* 13.12.2007, p. 323; *RDDP* 60/240; STF, AI-AgR 492.365, Rel. Min. Marco Aurélio, 1ª Turma, *DJe* 13.11.2009.

"Se a contradição existente entre a fundamentação e o dispositivo do comando judicial recorrido decorre de erro material manifesto, é possível a sua correção a qualquer tempo e grau de jurisdição, inclusive de ofício, a teor do art. 463 do CPC [art. 494 do CPC/2015]" (STJ, REsp 1.070.772/RJ, Rel. Min. Nancy Andrighi, 3ª Turma, jul. 22.06.2010, *DJe* 03.08.2010).

"O erro material em que foi induzido o julgador por parte de terceiro estranho à lide pode ser corrigido a qualquer tempo" (STJ, AgRg nos EDcl no REsp 972.521/RS, Rel. p/ Acórdão Min. Nancy Andrighi, 3ª Turma, jul. 02.09.2008, *DJe* 12.03.2009).

(ii) Correção monetária. "Ao determinar a incidência de correção monetária sobre importância fixa arbitrada com base em laudo pericial já atualizado, obviamente que o juiz apenas pretendeu assegurar o recebimento desse efetivo valor visto que a correção monetária não é um *plus* que se acrescenta, mas um *minus* que se evita. Assim, a fixação do ajuizamento da ação como termo a quo da correção monetária configura erro material" (STJ, REsp 1400776/SP, Rel. Min. João Otávio de Noronha, 3ª Turma, jul. 03.05.2016, *DJe* 16.05.2016).

(iii) Não constituem erro material:

Equívoco da parte. "O equívoco da parte não enseja a aplicação do disposto no art. 463 do CPC [art. 494 do CPC/2015], visto que o destinatário da norma é o juiz, e não a parte" (STJ, AgRg no REsp 1.218.654/ES, Rel. Min. Humberto Martins, 2ª Turma, jul. 15.03.2011, *DJe* 23.03.2011).

Erro de fato. "No caso, o que houve não foi erro material, mas, tipicamente, erro de fato que não pode ser corrigido de ofício ou por petição do interessado, após o trânsito em julgado da decisão que nele incidiu" (STF, RE 190.117 QO, Rel. Min. Moreira Alves, 1ª Turma, jul. 29.09.1998, *DJ* 19.03.1999).

7. Erro de cálculo (inciso I)

"Erro material para os fins do artigo 463, I do CPC [art. 494, I, CPC/2015], e consoante entendimento firmado no Superior Tribunal de Justiça, é aquele evidente, decorrente de simples equívoco aritmético ou inexatidão material, e não o erro relativo aos elementos ou critérios de fixação de cálculo" (STJ, AgRg no REsp 989.910/PR, Rel. Min. Luis Felipe Salomão, 4ª Turma, jul. 05.05.2011, *DJe* 10.05.2011). **No mesmo sentido:** STJ, REsp 123.352/SP, Rel. Min. José Delgado, 1ª Turma, jul. 12.06.1997, *DJ* 12.08.1997, p. 36.263; STJ, AgRg no Ag 814.741/MG, Rel. Min. Aldir Passarinho Junior, 4ª Turma, jul. 06.03.2007, *DJ* 16.04.2007.

(i) Não é erro de cálculo.

Índice de correção monetária. "Por não se tratar de mero erro de cálculo, mas de critério de cálculo, não se pode, após o trânsito em julgado da sentença homologatória, modificar o índice de correção monetária que já restou definido na conta, sob pena de ofensa à coisa julgada" (STJ, EREsp 462.938/DF, Rel. Min. Cesar Asfor Rocha, Corte Especial, jul. 18.05.2005, *DJ* 29.08.2005).

(ii) Recurso cabível. "O ato do juiz que, com fundamento no art. 463, I, do CPC [art. 494, I, do /2015], corrige mero erro de cálculo em sentença já transitada em julgado não é sentença e, portanto, não comporta apelação. Sendo lesivo a qualquer das partes, configura decisão interlocutória, suscetível de impugnação mediante agravo" (TASP, Ap. 181.814-6, Rel. Juiz Cezar Peluso, 5ª Câmara, jul. 04.06.1985, *RT* 603/173).

8. (Inciso II). Ver jurisprudência do art. 1.022 do CPC/2015.

9. Erro material. Prazo recursal.

Reabertura. "O pedido de correção de erro material, mesmo quando atendido, com a consequente republicação da decisão sem a apontada inexatidão datilográfica, não tem o condão de reabrir o prazo recursal, sob pena de ofensa a coisa julgada" (STJ, REsp 50.212/RJ, Rel. Min. Adhemar Maciel, 6ª Turma, jul. 04.06.1996, *DJ* 01.07.1996, p. 24.104).

Suspensão. "O pedido de correção não suspende o prazo para a interposição de outros recursos" (STJ, REsp 14.723/RJ, Rel. Min. Nilson Naves, 3ª Turma, jul. 26.11.1991, *DJ* 16.12.1991, p. 18.540).

10. Retratação após rejeição de embargos de declaração. Impossibilidade. "Retratação de ofício da sentença após rejeição dos embargos de declaração. Impossibilidade. Princípio da inalterabilidade. O princípio da inalterabilidade da sentença é insculpido no art. 463 do Código de Processo Civil [art. 494 do CPC/2015], trazendo pressupostos em que poderá o juiz alterar o conteúdo do provimento jurisdicional" (STJ, AgRg no AREsp 290.919/RJ, Rel. Min. Herman Benjamin, 2ª Turma, jul. 21.03.2013, *DJe* 09.05.2013).

11. Questão de ordem pública. Preclusão consumativa. "A jurisprudência do STJ é no sentido de que, ainda que a questão seja de ordem pública, é imperioso o reconhecimento da preclusão consumativa, se esta tiver sido objeto de decisão anterior definitivamente julgada (AgRg no AREsp 264.238/RJ, 4ª Turma, *DJe* de 18/12/2015), o que impede nova apreciação do tema pelo princípio da inalterabilidade da decisão judicial (arts. 493, 494 e 507 do CPC/15)" (STJ, AgInt nos EDcl no AREsp 1167255/GO, Rel. Min. Nancy Andrighi, 3ª Turma, jul. 29.06.2020, *DJe* 01.07.2020).

Cumprimento de sentença. Erro material de cálculo. Preclusão. Não ocorrência. "Nos termos da jurisprudência do STJ, eventuais erros materiais nos cálculos apresentados para o cumprimento de sentença não estão sujeitos à preclusão" (STJ, AgInt no REsp 1.794.087/RJ, Rel. Min. Raul Araújo, 4ª Turma, jul. 22.03.2021, *DJe* 13.04.2021).

12. Contradição entre notas taquigráficas e o voto do relator. Prevalência das notas taquigráficas. Ver jurisprudência do art. 1.022 do CPC/2015.

13. Sentença *extra petita*. "O teor do art. 463, I, do CPC [art. 494, I, do CPC/2015] permite ao magistrado corrigir, *ex officio*, erro material verificado na sentença proferida. Assim, se o juiz profere sentença totalmente diversa do pedido formulado na inicial, não há que se exigir da parte que interponha recurso de apelação para anular a sentença, eis que tal providência vai de encontro aos princípios da celeridade processual e da eficiência, sobretudo porque o cunho *extra petita* da sentença anulada na hipótese deriva de completo equívoco do sentenciante" (STJ, REsp 1.134.214/SP, Rel. Min. Mauro Campbell Marques, 2ª Turma, jul. 04.11.2010, *DJe* 12.11.2010).

A correção do erro material pode fazer-se de ofício ou por meio de embargos de declaração. "Conhecem-se dos embargos de declaração a fim de corrigir erro material, embora sanável de ofício" (STJ, EDcl no REsp 2.874/SP, Rel. Min. Luiz Vicente Cernicchiaro, 2ª Turma, jul. 06.08.1990, *DJ* 10.09.1990, p. 91.17). **No mesmo sentido:** STJ, EDcl na RCDESP nos EAg 1.193.220/SP, Rel. Min. Mauro Campbell Marques, 1ª Seção, jul. 11.05.2011, *DJe* 17.05.2011.

"A correção do erro material pode fazer-se de ofício. Desse modo, não importa que não se tenha contido nos termos do pedido de declaração formulado pela parte. Não há cogitar de *reformatio in pejus*" (STJ, REsp 13.685/SP, Rel. Min. Eduardo Ribeiro, 3ª Turma, jul. 17.03.1992, *DJ* 06.04.1992, p. 4.491).

14. Liquidação de sentença. "O *quantum debeatur* a ser apurado deve limitar-se ao comando inserto na sentença exequenda, sendo indevida a incidência de novos critérios, sob pena de ofensa à coisa julgada" (STJ, REsp 352.133/SP, Rel. Min. Fernando Gonçalves, 6ª Turma, *DJ* 14.10.2002).

"Em sede de liquidação de sentença é cabível a retificação dos cálculos quando constatada a ocorrência de erro material, referente à aritmética e não aos critérios do cálculo" (STJ, AgRg no Ag 814.741/MG, Rel. Min. Aldir Passarinho Junior, 4ª Turma, jul. 06.03.2007, *DJ* 16.04.2007). **No mesmo sentido:** STJ, AgRg no REsp 1.172.053/PR, Rel. Min. Nancy Andrighi, 3ª Turma, jul. 19.08.2010, *DJe* 26.08.2010.

15. Acordo entre as partes. Homologação após a prolação da sentença de mérito. "Logo, no novo regime processual, não existe óbice para que o magistrado homologue acordo celebrado entre as partes, mesmo após a prolação da sentença de mérito, uma vez que a homologação simplesmente certifica decisão já tomada pelas próprias partes" (TJDF, AI 2009.00.2.012673-4, Rel. Des. Flavio Rostirola, jul. 04.11.2009, *DJDFTE* 24.11.2009

Art. 495. A decisão que condenar o réu ao pagamento de prestação consistente em dinheiro e a que determinar a conversão de prestação de fazer, de não fazer ou de dar coisa em prestação pecuniária valerão como título constitutivo de hipoteca judiciária.

§ 1º A decisão produz a hipoteca judiciária:

I – embora a condenação seja genérica;

II – ainda que o credor possa promover o cumprimento provisório da sentença ou esteja pendente arresto sobre bem do devedor;

III – mesmo que impugnada por recurso dotado de efeito suspensivo.

§ 2º A hipoteca judiciária poderá ser realizada mediante apresentação de cópia da sentença perante o cartório de registro imobiliário, independentemente de ordem judicial, de declaração expressa do juiz ou de demonstração de urgência.

§ 3º No prazo de até 15 (quinze) dias da data de realização da hipoteca, a parte informá-la-á ao juízo da causa, que determinará a intimação da outra parte para que tome ciência do ato.

§ 4º A hipoteca judiciária, uma vez constituída, implicará para o credor hipotecário o direito de preferência quanto ao pagamento, em relação a outros credores, observada a prioridade no registro.

§ 5º Sobrevindo a reforma ou a invalidação da decisão que impôs o pagamento de quantia, a parte responderá, independentemente de culpa, pelos danos que a outra parte tiver sofrido em razão da constituição da garantia, devendo o valor da indenização ser liquidado e executado nos próprios autos.

CPC/1973

Art. 466.

REFERÊNCIA LEGISLATIVA

CPC/2015, arts. 513, § 1º, 520 e 1.012, § 2º (apelação; execução provisória).

Lei de Registros Públicos, art. 167, I, 2 (hipoteca judicial).

Lei 13.726/2018 (Racionaliza atos e procedimentos administrativos dos Poderes da União, dos Estados, do Distrito Federal e dos Municípios e institui o Selo de Desburocratização e Simplificação).

CC, arts. 1.489 a 1.491 (hipoteca legal).

BREVES COMENTÁRIOS

A hipoteca judiciária apresenta-se como um efeito secundário próprio da sentença condenatória à prestação de quantia de dinheiro ou de outras prestações que se tenham convertido em dinheiro. Incide sobre imóveis do vencido. Decorre imediatamente da sentença condenatória, sendo irrelevante a interposição ou não de recurso contra ela. Tampouco importa sua liquidez ou iliquidez; mas, para ser hipoteca oposta a terceiros, depende de averbação no registro de imóveis (art. 495, § 2º).

Dita hipoteca, no regime do CPC/1973, continha apenas o elemento "sequela", inexistindo a "preferência". Na lição de Amílcar de Castro, funcionava como "um meio preventivo da fraude, para evitar a alienação em fraude de execução e impedir a constituição de novas garantias, e não com o intuito de conferir preferência ao credor que a inscreva". O atual Código, além de facilitar sua constituição, deu-lhe maiores dimensões, de sorte que o gravame legal passou a contar também com "o direito de preferência quanto ao pagamento, em relação a outros credores, observada a prioridade no registro" (art. 495, § 4º).

Com a cautela da inscrição da hipoteca judiciária, o credor evita os percalços de provar os requisitos da fraude de execução. A inscrição não se faz *ex officio*, dependendo de requerimento do interessado. Decorre a faculdade da simples publicação da sentença. Não se subordina à coisa julgada. Para inscrevê-la, não há necessidade de mandado do juiz. Basta que a parte apresente ao registro de imóveis cópia da sentença, a qual, naturalmente, deverá estar autenticada (art. 495, § 2º). E é admissível, de acordo com § 1º do art. 495, ainda que:

(a) seja genérica a condenação (inciso I);

(b) exista arresto de bens do devedor (inciso II);

(c) seja possível o cumprimento provisório da sentença (inciso II); e

(d) tenha sido impugnada por recurso dotado de efeito suspensivo (inciso III).

Atualmente, o título executivo judicial não é mais apenas a sentença condenatória. Qualquer modalidade de sentença pode assumir força executiva, bastando que contenha o reconhecimento da existência de obrigação de fazer, não fazer, entregar coisa ou pagar quantia (art. 515, I). Diante disso, embora o CPC/2015 fale, no art. 495, em decisão que condene o réu ao pagamento de quantia de dinheiro, o certo é que a hipoteca judiciária não mais depende de uma sentença tipicamente condenatória. Poderá ser deferida, também, com base em sentenças declaratórias ou constitutivas, sempre que nelas se der o acertamento da existência de obrigação cuja prestação seja o pagamento de soma de dinheiro ou de decisões que tenham convertido em dinheiro prestações originariamente relacionadas a outros bens.

Como não se exige a condenação em sentido literal, a hipoteca judiciária poderá ser obtida tanto pelo autor como pelo réu, conforme os termos do reconhecimento da obrigação contido na sentença. A hipoteca judiciária, como o nome indica, deverá recair sobre bem imóvel, de escolha do credor. Destinando-se a garantir futura execução por quantia certa, o gravame há de incidir sobre bem penhorável, como é óbvio.

JURISPRUDÊNCIA SELECIONADA

1. Hipoteca judiciária. Conceito. "A jurisprudência e a doutrina entendem que a hipoteca judiciária constitui efeito acessório da sentença favorável ao credor de quantia em dinheiro e o assegura contra fraude em execução. Mesmo no caso de apelação recebida em ambos os efeitos, a lei e a doutrina deferem ao credor a hipoteca judiciária como efeito secundário da sentença que lhe foi favorável" (TJRJ, Agr.9.699, Rel. Des. Décio Cretton, 7ª Câmara, jul. 20.08.1985, *RDC* 39/259).

2. Requisitos. "A hipoteca judiciária, prevista no art. 466 do Código de Processo Civil [art. 495, CPC/2015], constitui efeito natural e imediato da sentença condenatória, de modo que pode ser deferida a requerimento do credor independentemente de outros requisitos, não previstos pela lei" (STJ, REsp 1.133.147/SP, Rel. Min. Sidnei Beneti, 3ª Turma, jul. 04.05.2010, *DJe* 24.05.2011).

3. Levantamento de penhora judiciária com vista a garantir o cumprimento da sentença. Trânsito em julgado. Desnecessidade. "É possível tanto o deferimento da hipoteca judiciária para aquele que teve seu pedido julgado procedente em sede de apelação quanto o seu levantamento nos casos em que o acórdão de apelação reforma a anterior sentença de procedência, não sendo necessário aguardar o trânsito em julgado da decisão. A hipoteca judiciária é uma garantia que recai sobre os bens do devedor. Assim, revela-se destituída de sentido a manutenção do gravame após a decisão do tribunal que, dotada de efeito substitutivo, reforma a sentença de mérito, afastando da parte recorrente a condição de devedora" (STJ, REsp 1.963.553/SP, Rel. Min. Ricardo Villas Bôas Cueva, 3ª Turma, jul. 14.12.2021, *DJe* 16.12.2021).

4. Inscrição. Pendência de recurso. Possibilidade. "A hipoteca judiciária pode ser inscrita, desde que ajuste às disposições legais, independentemente de pendência ou não de recurso, pois é resultante de um efeito imediato da decisão, que surge com ela, para oferecer pronta garantia à disponibilidade do credor" (TJSP, AI 88873-2, Rel. Des. Joaquim de Oliveira, 17ª Câmara Cível, jul. 13.03.1985, *RT* 596/99).

"**O direito do credor à hipoteca judiciária não se suprime ante a recorribilidade, com efeito suspensivo**, da sentença, nem ante a aparência de suficiência patrimonial do devedor, nem, ainda, de desproporção entre o valor da dívida e o do bem sobre o qual recaia a hipoteca, apenas devendo, na execução, observar-se a devida adequação proporcional à dívida" (STJ, REsp 1.133.147/SP, Rel. Min. Sidnei Beneti, 3ª Turma, jul. 04.05.2010, *DJe* 24.05.2011). No mesmo sentido: STJ, REsp 981.001/SP, Rel. Min. Nancy Andrighi, 3ª Turma, jul. 24.11.2009.

5. Antecipação dos efeitos. "A hipoteca judiciária pode ter os seus efeitos e inscrição imobiliária antecipados, mesmo pendentes recursos contra as sentenças, em ações cujos pedidos foram julgados procedentes, salvo aquelas submetidas às disposições especiais do artigo 19, Lei 4.717/1965" (STJ, RMS 9.002/PR, Rel. Min. Milton Luiz Pereira, 1ª Turma, jul. 11.03.1999, *DJ* 07.06.1999).

6. Ação civil pública. "Deve ser autorizada a hipoteca judiciária, por força de sentença proferida em ação civil pública, quando o administrador é condenado a ressarcir os cofres públicos por contratações irregulares, ainda que o dispositivo sentencial lhe permita deduzir valores eventualmente devolvidos pelos corréus beneficiários" (STJ, REsp 762.230/SP, Rel. Min. Castro Meira, 2ª Turma, jul. 16.10.2008, *DJe* 06.11.2008).

7. Sentença ilíquida. "Admissível a hipoteca judiciária garantir a sentença condenatória ilíquida, pois são requisitos essenciais do ato a inscrição e a individualização dos bens a ela submetidos, e não a liquidez do débito" (1º TACivSP, AI 427940-1, Rel. Juiz José Geraldo de Jacobina Rabello, 2ª Câmara Cível, jul. 22.11.1989, *RT* 674/133).

8. Bem de família. "A impenhorabilidade de que cuida o art. 1º da Lei nº 8.009/1990 alcança – por isso mesmo que impede – a constituição de hipoteca judicial. É que esse instituto objetiva fundamentalmente garantir a execução da sentença condenatória, o que importa dizer que o bem que lhe serve de objeto será penhorado e expropriado, quando promovida a execução, para cumprimento da condenação, desde que a obrigação imposta pela sentença não seja cumprida ou inexistirem outros bens do vencido. Sendo assim, a constituição da hipoteca judicial sobre bem impenhorável não conduz a nenhuma utilidade, pois ela em nada resultaria, já que não é permitida a expropriação desse bem" (STJ, 4ª Turma, ROMS 12.373/RJ, Rel. Min. César Asfor Rocha, ac. de 14.11.2000, *RSTJ* 141/409).

Mandado de segurança. "Pelas circunstâncias da espécie, é cabível o mandado de segurança contra o ato judicial que determinou a constituição da hipoteca legal sobre o imóvel residencial do impetrante, pois esse instituto está subsumido na área de abrangência do art. 1º da Lei 8.009/1990" (STJ, RMS 8.281/RJ, Rel. Min. Barros Monteiro, Rel. p/ acórdão Min. Cesar Asfor Rocha, 4ª Turma, jul. 16.12.1997, *DJ* 27.04.1998).

☆ DA SENTENÇA: INDICAÇÃO DOUTRINÁRIA

Ada Pellegrini Grinover, *O controle do raciocínio judicial pelos tribunais superiores brasileiros, Ajuris* 50/05; Alexandre Gustavo Melo Franco de Moraes Bahia. Fundamentação das decisões judiciais: algumas considerações sobre as críticas ao art. 489, § 1º do CPC, In: Fernando Gonzaga Jayme et al. *Inovações e modificações do Código Processo Civil*. Belo Horizonte: Del Rey, 2017, p. 47; Arruda Alvim, O art. 268 do CPC. A ilegitimidade e a ocorrência de coisa julgada: critérios de interpretação, *RF* 401/61; Arruda Alvim, Sentença *citra petita* – necessidade de ação rescisória, *RP* 14/235; Arruda Alvim. *Novo contencioso cível no CPC/2015*. São Paulo: Revista dos Tribunais, 2016; Arruda Alvim, *Sentença no processo em primeiro grau, RP* 2/13; Athos Gusmão Carneiro, A sentença ilíquida e o art. 459, parágrafo único, do CPC, *RF* 251/65; Athos Gusmão Carneiro, Sentença mal fundamentada e sentença não fundamentada. Conceitos. Nulidade, *Ajuris 65/5 e RJ 216/5;* Beclaute Oliveira Silva, Contornos da fundamentação no CPC/2015, In: Ana Cândida Menezes Marcato et al. (orgs.), Reflexões sobre o Código de Processo Civil de 2015: uma contribuição dos membros do Centro de Estudos Avançados de Processo – Ceapro, São Paulo: Verbatim, 2018, p. 131 e ss.; Calmon de Passos, *Inovações no CPC*, Rio de Janeiro: Forense, 1995, p. 51 e ss.; Cândido R. Dinamarco, *Capítulos de sentença*, Malheiros, Cap. III; Carlos Frederico Bastos Pereira, Fundamentação das decisões judiciais, consequências práticas e o art. 20 da LINDB, *Revista dos Tribunais*, São Paulo, ano 108, v. 1.009, p. 99 e ss., nov. 2019; Carlos José Cordeiro e Josiane Araújo Gomes. Motivação das decisões judiciais: estudo à luz do art. 489 do Novo Código de Processo Civil. *Revista de Processo*, vol. 261, ano 41, p. 53-86. São Paulo: RT, nov./2016; Cássio Scarpinella Bueno, *Manual de direito processual civil*, São Paulo: Saraiva, 2015; Clarissa Tassinari; Ziel Ferreira Lopes. Aproximações hermenêuticas sobre o art. 489, § 1º, do CPC/2015: "Julgamento analítico" ou fundamentação da fundamentação? In: ALVIM, Thereza Arruda et. al. *O Novo Código Processo Civil Brasileiro – Estudos dirigidos: sistematização e procedimentos*. Rio de Janeiro: Forense, 2015, p. 83; Cláudio Ari Mello. Interpretação jurídica e dever de fundamentação das decisões judiciais no Novo Código de Processo Civil. *Revista de Processo*, vol. 255, ano 41, p. 63-90. São Paulo: RT, maio 2016; Daniel Amorim Assumpção Neves, *Manual de direito processo civil*, São Paulo: Método, 2015; Daniel Mitidiero, Fundamentação e precedente – dois discursos a partir da decisão judicial, *RePRO* 206/62; Diego Crevelin de Souza; Lucio Delfino. O levante contra o art. 489, § 1º, incisos I a VI, CPC/2015: o autoritarismo nosso de cada dia e a resistência à normatividade constitucional. *In:* Helder Moroni Câmara; Lucio Delfino; Luiz Eduardo Ribeiro Mourão; Rodrigo Mazzei. *Aspectos polêmicos do novo Código de Processo Civil*. São Paulo: Almedina, 2018, v. 1, p. 67-83; Dierle Nunes, Alexandre Bahia, Flávio Quinaud Pedron, Teoria geral do processo, Salvador: JusPodivm, 2020; E. D. Moniz de Aragão, *Comentários ao CPC*, v. II, n. 543/546; Edson Ribas Malachini, Pedido certo e sentença ilíquida, *RF* 265/458; *RBDP* 19/47; *RP* 47/84; *RT* 521/314; Enrico T. Liebman, Sentença e coisa julgada, *RFDUSP* (XL, 107); Erik Frederico Gramstrup e Rennan Faria Krüger Thamay. Motivação das decisões judiciais. *Revista de Processo*. vol. 267. ano 42. p. 89. São Paulo: Ed. RT, maio/2017; Felipe Scalabrin; Gustavo Santanna. A Legitimação pela fundamentação: anotação ao art. 489, § 1º e § 2º, do Novo Código de Processo Civil. *Revista de Processo*, vol. 255, ano 41, p. 17-40. São Paulo: RT, maio 2016; Flávio Quinaud Pedron; Rafael de Oliveira Costa. A fundamentação dos provimentos jurisdicionais no novo Código de Processo Civil: avanços e retrocessos. *In:* Helder Moroni Câmara; Lucio Delfino; Luiz Eduardo Ribeiro Mourão; Rodrigo Mazzei. *Aspectos polêmicos do novo Código de Processo Civil*. São Paulo: Almedina, 2018, v. 1, p. 123-145; Fredie Didier Jr., *Curso de direito processual civil*, 10. ed., Salvador: JusPodivm, 2015, v. II; Gabriel Rezende Filho, *Curso de direito processual civil*, 5. ed., São Paulo: Saraiva, 957, v. III, n. 827 – citando Amílcar de Castro, "hipoteca judicial é um meio preventivo da fraude, para evitar a alienação em fraude de execução e impedir a constituição de novas garantias, e não com o intuito de conferir preferência ao credor que a inscreve"; Galeno Lacerda, O código e o formalismo processual, *Ajuris 28/7*; Guilherme Rizzo Amaral, *Comentários às alterações do novo CPC*, São Paulo: Revista dos Tribunais, 2015; Hermes Zaneti Jr.; Carlos Frederico Bastos Pereira. Teoria da decisão judicial no Código de Processo Civil: uma ponte entre hermenêutica e analítica? *Revista de Processo*, vol. 259, ano 41, p. 21-53. São Paulo: RT, set./2016; Hugo de Brito Machado, Fundamentação como condição de validade das decisões judiciais e o novo CPC, *Revista Dialética de Direito Processual*, n. 151, p. 70-74, out. 2015; Humberto Theodoro Júnior e Dierle José Coelho Nunes, Uma dimensão que urge reconhecer ao contraditório no direito brasileiro: sua aplicação como garantia de influência, de não surpresa e de aproveitamento da atividade processual, *RP* 168/107; Humberto Theodoro Júnior, *Curso de direito processual civil*, 57. ed., Forense: Rio de Janeiro, 2016, v. I; Humberto Theodoro Júnior, *Curso de direito processual civil*, 61. ed., Rio de Janeiro: Forense, 2020, v. I; Humberto Theodoro Júnior, Fernanda Alvim Ribeiro de Oliveira, Ester Camila Gomes Norato Rezende (coord.), *Primeiras lições sobre o novo direito processual civil brasileiro*, Rio de Janeiro: Forense, 2015; Humberto Theodoro Júnior, Nulidade, *inexistência e rescindibilidade da sentença, Ajuris* 25/161; Humberto Theodoro Júnior, *Princípios informativos e técnica de julgar no processo civil, RF* 268/103; J. E. Carreira Alvim, *Comentários ao novo Código de Processo Civil*, Curitiba: Juruá, 2015; J. Oswaldo de Oliveira Leite, Direito superveniente à propositura da ação, *RF* 266/443; João Delfino, Sentença: momento de sua publicação, *RBDP* 48/105; João Francisco N. da Fonseca, In: José Roberto F. Gouvêa; Luis Guilherme A. Bondioli e João Francisco N. da Fonseca (coord.), *Comentários ao Código de Processo Civil*, São Paulo: Saraiva, 2017, v. 9; José Carlos Barbosa Moreira, *Conteúdo e efeitos da sentença: variações sobre o tema, RP* 40/07; José Frederico Marques, *Manual de direito processual civil*, v. III, n. 541 – a regra do 463 aplica-se também às sentenças terminativas; José Henrique Mouta Araújo, Os pronunciamentos de mérito no novo CPC: reafirmação de um posicionamento, *Revista Dialética de Direito Processual*, n. 149, ago. 2015, p. 62-69; José Miguel Garcia Medina, *Novo Código de Processo Civil comentado*, São Paulo: Revista dos Tribunais, 2015; José Roberto dos Santos Bedaque, In: Teresa Arruda Alvim Wambier, Fredie Didier Jr., Eduardo Talamini, Bruno Dantas, *Breves comentários ao novo Código de Processo Civil*, São Paulo: Revista dos Tribunais, 2015; José Rogério Cruz e Tucci, In: Sérgio Cruz Arenhart e Daniel Mitidiero (coord.). *Comentários ao Código de Processo Civil*, 2. ed., São Paulo: RT, 2018, v. 8;José Wellington Bezerra da Costa Neto. Fundamentação das decisões judiciais no Código de Processo Civil de 2015. *Revista de Processo*. vol. 293, ano 44. p. 49-82. São Paulo: Ed. RT, julho/2019; Leonardo Carneiro da Cunha, In: Teresa Arruda Alvim Wambier, Fredie Didier Jr., Eduardo Talamini, Bruno Dantas, *Breves comentários ao novo Código de Processo Civil*, São Paulo: Revista dos Tribunais, 2015; Leonardo Greco, *Instituições de processo civil: introdução ao direito processual civil*, 5. ed., Rio de Janeiro: Forense, 2015; Luis Antônio Giampaulo Sarro, *Novo Código de*

Processo Civil, São Paulo: Rideel, 2015; Luiz Guilherme Marinoni, Sérgio Cruz Arenhart, Daniel Mitidiero, *Curso de processo civil*, São Paulo: Revista dos Tribunais, 2015, v. I; Milton dos Santos Martins, Da sentença ilíquida, art. 459, parágrafo único do CPC, *RT* 499/22; *RP* 10/101; Moacyr Amaral Santos, *Comentários ao CPC*, v. IV, n. 330; Moacyr Amaral Santos, *Primeiras linhas de direito processual civil*, São Paulo: Saraiva, 2012, v. III, n. 722/3 – efeitos secundários da sentença; Nelson Nery Jr., Direito superveniente – não cabimento de alteração da causa de pedir, *RP* 25/214; Nelson Nery Junior, Rosa Maria de Andrade Nery, *Comentários ao Código de Processo Civil*, São Paulo: Revista dos Tribunais, 2015; Orlando Soares, *Comentários ao CPC*, Forense, 1992, p. 451-452; Oscar Valente Cardoso, O conteúdo mínimo da fundamentação das decisões judiciais no novo Código de Processo Civil: comentários ao parágrafo 1º do art. 489, *Revista Dialética de Direito Processual*, n. 149, ago. 2015, p. 80-89; Pontes de Miranda, *Comentários ao CPC (1939)*, v. II, p. 342 – sobre hipoteca judiciária; Pontes de Miranda, *Comentários ao CPC*, tomo V – sentença é emitida como prestação do Estado, em virtude da obrigação assumida na relação jurídica processual (processo), quando a parte ou as partes vierem a juízo, isto é, exercerem a pretensão à tutela jurídica; Said Ramos Neto. O princípio da primazia da decisão de mérito e o interesse recursal do réu. *Revista de Processo*, vol. 260, ano 41, p. 227-229. São Paulo: Revista dos Tribunais, out./2016; Sônia Hase de Almeida Baptista, Erro em julgado, *RP* 71/174; Erro de cálculo e trânsito em julgado, *RP* 54/250; Teresa Arruda Alvim Wambier, Fredie Didier Jr., Eduardo Talamini, Bruno Dantas (coord.), *Breves comentários ao novo Código de Processo Civil*, São Paulo: Revista dos Tribunais, 2015; Teresa Arruda Alvim Wambier, Maria Lúcia Lins Conceição, Leonardo Ferres da Silva Ribeiro, Rogério Licastro Torres de Melo, *Primeiros comentários ao novo Código de Processo Civil*, São Paulo: Revista dos Tribunais, 2015; Teresa Arruda Alvim Wambier. *Sentença*. In: Luiz Rodrigues Wambier; Teresa Arruda Alvim Wambier, Temas essenciais do Novo CPC. São Paulo: Revista dos Tribunais, 2016, p. 373-389; Thiago Carlos de Souza Brito. Desafios para fundamentação das decisões judiciais: algumas considerações sobre as críticas ao art. 489, § 1º do CPC. In Fernando Gonzaga Jayme et al. *Inovações e modificações do Código Processo Civil*. Belo Horizonte: Del Rey, 2017, p. 65; Willis Santiago Guerra Filho, Eficácia ultrassubjetiva da sentença, *RF* 337/401.

Seção III
Da Remessa Necessária

Art. 496. Está sujeita ao duplo grau de jurisdição, não produzindo efeito senão depois de confirmada pelo tribunal, a sentença:

I – proferida contra a União, os Estados, o Distrito Federal, os Municípios e suas respectivas autarquias e fundações de direito público;

II – que julgar procedentes, no todo ou em parte, os embargos à execução fiscal.

§ 1º Nos casos previstos neste artigo, não interposta a apelação no prazo legal, o juiz ordenará a remessa dos autos ao tribunal, e, se não o fizer, o presidente do respectivo tribunal avocá-los-á.

§ 2º Em qualquer dos casos referidos no § 1º, o tribunal julgará a remessa necessária.

§ 3º Não se aplica o disposto neste artigo quando a condenação ou o proveito econômico obtido na causa for de valor certo e líquido inferior a:

I – 1.000 (mil) salários-mínimos para a União e as respectivas autarquias e fundações de direito público;

II – 500 (quinhentos) salários-mínimos para os Estados, o Distrito Federal, as respectivas autarquias e fundações de direito público e os Municípios que constituam capitais dos Estados;

III – 100 (cem) salários mínimos para todos os demais Municípios e respectivas autarquias e fundações de direito público.

§ 4º Também não se aplica o disposto neste artigo quando a sentença estiver fundada em:

I – súmula de tribunal superior;

II – acórdão proferido pelo Supremo Tribunal Federal ou pelo Superior Tribunal de Justiça em julgamento de recursos repetitivos;

III – entendimento firmado em incidente de resolução de demandas repetitivas ou de assunção de competência;

IV – entendimento coincidente com orientação vinculante firmada no âmbito administrativo do próprio ente público, consolidada em manifestação, parecer ou súmula administrativa.

CPC/1973

Art. 475.

REFERÊNCIA LEGISLATIVA

Lei nº 12.016/2009, art. 14 (mandado de segurança – sentença concessiva da segurança está sujeita obrigatoriamente ao duplo grau de jurisdição).

Lei nº 10.522, de 19.7.2002 (dispõe sobre o cadastro informativo dos créditos não quitados de órgãos e entidades federais e dá outras providências), art. 19 (autoriza a Procuradoria Geral da Fazenda Nacional a não contestar, a não interpor recurso ou a desistir do que tenha sido interposto).

Medida Provisória nº 2.180-35, de 24.08.2001, art. 12 (dispensa o duplo grau de jurisdição obrigatório de sentenças proferidas contra a União, nas hipóteses elencadas).

SÚMULAS

Súmulas do STF:

Nº 423: "Não transita em julgado a sentença por haver omitido o recurso *ex officio*, que se considera interposto *ex lege*."

Nº 620: "A sentença proferida contra Autarquias não está sujeita a reexame necessário, salvo quando sucumbente em execução de dívida ativa." **Obs.: Entendimento superado pela redação do art. 475, I, do CPC/73, após a Lei nº 10.352/2001, mantido pelo art. 496, I, do CPC/2015.**

Súmulas do STJ:

Nº 45: "No reexame necessário, é defeso ao Tribunal agravar a condenação imposta à Fazenda Pública."

Nº 253: "O art. 557 do CPC, que autoriza o relator a decidir o recurso, alcança o reexame necessário." Obs.: Artigo 932 do CPC/2015.

Nº 325: "A remessa oficial devolve ao Tribunal o reexame de todas as parcelas da condenação suportadas pela Fazenda Pública, inclusive dos honorários de advogado."

Nº 490: "A dispensa de reexame necessário, quando o valor da condenação ou do direito controvertido for inferior a sessenta salários mínimos, não se aplica a sentenças ilíquidas."

Súmulas do TRF 2:

Nº 14: "A remessa necessária não pode ser provida para agravar a condenação imposta à Fazenda Pública, haja ou não recurso voluntário das partes."

Nº 61: "Há remessa necessária nos casos de sentenças ilíquidas e condenatórias, de obrigação de fazer ou de não fazer, nos termos do art. 496, inciso I e parágrafo 3º, do Código de Processo Civil de 2015."

BREVES COMENTÁRIOS

Antes do reexame, ou seja, enquanto não for confirmada, a sentença a que alude o art. 496 não poderá ser executada.

Quando a causa for julgada em desfavor da Fazenda, cumprirá ao juiz, de ofício, determinar a subida dos autos ao tribunal, mesmo se a pessoa jurídica sucumbente não interpuser apelação no prazo legal. Se não o fizer, o presidente do tribunal poderá avocá-los para que o reexame necessário seja cumprido (art. 496, § 1º). A novidade do CPC de 2015 é a supressão da superposição de remessa necessária e apelação. Se o recurso cabível já foi voluntariamente manifestado, o duplo grau já estará assegurado, não havendo necessidade de o juiz proceder à formalização da remessa oficial. A sistemática do Código anterior complicava o julgamento do tribunal, que tinha de se pronunciar sobre dois incidentes: a remessa necessária e a apelação, o que quase sempre culminava com a declaração de ter restado prejudicado o recurso da Fazenda Pública, diante da absorção de seu objeto pelo decidido no primeiro expediente.

O atual Código manteve a orientação do anterior no sentido de excluir as causas de menor valor do reexame necessário. Mas não é o pedido inicial que importa, senão o valor em que a sentença condena o Poder Público, ou lhe nega direito em face do adversário. A dispensa de reexame necessário, todavia, não se aplica a sentenças ilíquidas, qualquer que seja o valor da causa (Súmula nº 490 do STJ), ou seja, haverá sempre o reexame quando a sentença prejudicial aos interesses da Fazenda for ilíquida. É que, nessa hipótese, não se sabe qual será o valor definitivo que só será fixado após a necessária liquidação.

O Código de 2015 também excluiu do reexame necessário a sentença contrária à Fazenda Pública que estiver lastreada num dos seguintes fundamentos (art. 496, § 4º):

(a) súmula de tribunal superior (inciso I);

(b) acórdão proferido pelo Supremo Tribunal Federal ou pelo Superior Tribunal de Justiça em julgamento de recursos repetitivos (inciso II);

(c) entendimento firmado em incidente de resolução de demandas repetitivas ou de assunção de competência (inciso III);

(d) entendimento coincidente com orientação vinculante firmada no âmbito administrativo do próprio ente público, consolidada em manifestação, parecer ou súmula administrativa (inciso IV).

Uma questão que gerava muita controvérsia, inclusive no seio do STJ, dizia respeito ao cabimento ou não de recurso especial, pela Fazenda Pública, contra o acórdão objeto da remessa necessária, contra o qual o ente público vencido na instância local não interpusera recurso voluntário. A Corte Especial do STJ pôs fim à divergência, assentando a tese favorável à admissibilidade do Especial pela Fazenda Pública, "ainda que não tenha apresentado recurso de apelação contra a sentença que lhe foi desfavorável" (STJ, EREsp 1.119.666/RS, Rel. Min. Eliana Calmon, Corte Especial, jul. 01.09.2010, *DJe* 08.11.2010).

JURISPRUDÊNCIA SELECIONADA

1. Reexame necessário.

Direito intertemporal. "A remessa necessária ou reexame necessário não é recurso, mas sim condição de eficácia da sentença – A remessa necessária deverá observar a regra vigente quando da publicação da decisão em cartório ou disponibilização da sentença em autos eletrônicos – Assim, eventual limitação prevista no Código de Processo Civil de 2015 não prejudica a necessidade do reexame previsto no Código de Processo Civil de 1973 – Inteligência da Súmula nº 490 do C. STJ." (TJSP, Reexame necessário n. 1025659-55.2014.8.26.0114, Rel. Antonio Celso Faria. 8ª Câmara de Direito Público; jul. 21.09.2016, data de registro 21.09.2016).

Ampla devolutividade. "O reexame necessário impõe que a decisão revista o seja à luz dos argumentos e questões suscitadas ou apreciáveis *ex officio*, por isso que se denomina duplo grau obrigatório de jurisdição. A jurisdição é a mesma, apenas exercida duplamente" (STJ, REsp 461.188/SP, Rel. p/ acórdão Min. Luiz Fux, 1ª Turma, jul. 15.03.2005, *DJ* 27.06.2005).

Obrigatoriedade. "O princípio *tantum devolutum quantum appelatum* não inibe a apreciação de demais questões quando o processo sobe ao órgão *ad quem* por força, inclusive, de remessa *ex officio*, que indubitavelmente não é recurso, e sim obrigatoriedade imposta ao magistrado de submeter ao duplo grau de jurisdição o *decisum* proferido" (STJ, AR 51/RJ, Rel. Min. Geraldo Sobral, 1ª Seção, jul. 12.09.1989, *DJ* 06.11.1989, p. 16.681). **Todavia**, "Pedido cumulativo formulado pela parte e afirmado prejudicado na sentença monocrática não pode, em sede de reexame necessário, estabelecido em prol do ente público, ser apreciado pelo tribunal, sob pena de supressão de um grau de jurisdição" (RTRF – 3ª Reg. 19/229).

Ausência de preclusão lógica. "Em recente julgado, este tribunal superior decidiu que não implica preclusão lógica nem configura aceitação tácita dos termos da sentença de primeiro grau a inexistência do recurso de apelação interposto pela Fazenda Pública, pois esta possui o privilégio de submeter-se ao duplo grau de jurisdição mesmo que de forma involuntária. Precedente" (STJ, REsp 1.173.724/AM, Rel. Min. Mauro Campbell Marques, 2ª Turma, jul. 26.10.2010, *DJe* 10.11.2010).

Natureza do fenômeno. "A decisão de primeiro grau contrária ao Estado constitui o primeiro dos momentos de um ato judicial complexo, cujo aperfeiçoamento requer manifestação do tribunal. Quando aprecia remessa *ex officio*, o tribunal não decide apelação: simplesmente complementa o ato complexo" (STJ, REsp 100.715/BA, Rel. Min. Humberto Gomes de Barros, 1ª Turma, jul. 31.03.1997, *DJ* 14.04.1997).

2. Remessa necessária. "Não se encontra no art. 475 do Código de Processo Civil [art. 496 do CPC/2015], que prevê a chamada remessa necessária, qualquer menção a ser obrigatório, no tribunal, o exame colegiado do que foi decidido na sentença. Assim, o art. 557 do CPC **[art. 932 do CPC/2015]** alcança os recursos previstos no art. 496 do mesmo diploma legal, bem como a remessa oficial, podendo o relator efetuar o reexame obrigatório através de decisão monocrática, nos casos de recursos intempestivos, incabíveis e contrários à jurisprudência dominante dos respectivos tribunais, bem como dos tribunais superiores ou do Supremo Tribunal Federal, alcançando-se a necessária celeridade processual, sem qualquer prejuízo às partes ou violação ao princípio do duplo grau de jurisdição" (STJ, AgRg no REsp 226.985/SC, Rel. Min. Paulo Gallotti, 2ª Turma, jul. 12.12.2000, *DJ* 25.02.2002).

3. Decisão interlocutória. "A decisão que antecipa os efeitos da tutela proferida no curso do processo tem natureza de interlocutória, não lhe cabendo aplicar o art. 475 do CPC [art. 496 do CPC/2015], o qual se dirige a dar condição de eficácia às sentenças proferidas contra a Fazenda Pública, quando terminativas com apreciação do mérito' (REsp 659.200/DF, Rel. Min. Hélio Quaglia Barbosa, 6ª Turma, *DJ* 11.10.2004, p. 384)" (STJ, REsp 636.438/RS, Rel. Min. Arnaldo Esteves Lima, 5ª Turma, jul. 18.10.2005, *DJ* 05.12.2005, p. 356). **No mesmo sentido:** STJ, AgRg no REsp 757.837/PR, Rel. Min. Laurita Vaz, 5ª Turma, jul. 08.09.2009, *DJe* 28.09.2009).

"Decisão saneadora que afasta alegada prescrição em favor de município. Por efeito do art. 475 do CPC [art. 496 do CPC/2015], é possível sua reforma por sentença emitida no mesmo processo" (STJ, REsp 6.993/SP, Rel. Min. Humberto Gomes de Barros, 1ª Turma, jul. 29.06.1992, *DJ* 24.08.1992, p. 129.77).

4. Hipóteses.

Inciso I.

Sentença de carência ou improcedência de ação de improbidade. Reexame necessário. "A jurisprudência do STJ se firmou no sentido de que o Código de Processo Civil deve ser aplicado subsidiariamente à Lei de Improbidade Administrativa. Nesse sentido: REsp 1.217.554/SP, Rel. Min. Eliana Calmon, 2ª Turma, *DJe* 22.08.2013, e REsp 1.098.669/GO, Rel. Min. Arnaldo Esteves Lima, 1ª Turma, *DJe* 12.11.2010. Portanto, **é cabível o reexame necessário na Ação de Improbidade Administrativa**, nos termos do art. 475 do CPC/1973 [art. 496 do CPC/2015]. Nessa linha: REsp 1.556.576/PE, Rel. Min. Herman Benjamin, 2ª Turma, *DJe* 31.05.2016. 5. Ademais, por '**aplicação analógica da primeira parte do art. 19 da Lei nº 4.717/65,** as sentenças de improcedência de ação civil pública sujeitam-se indistintamente ao reexame necessário' (REsp 1.108.542/SC, Rel. Min. Castro Meira, j. 19.05.2009, *DJe* 29.05.2009). Nesse sentido: AgRg no REsp 1.219.033/RJ, Rel. Min. Herman Benjamin, 2ª Turma, *DJe* 25.04.2011" (STJ, EREsp 1.220.667/MG, Rel. Min. Herman Benjamin, 1ª Seção, jul. 24.05.2017, *DJe* 30.06.2017).

Embargos de terceiro. "Constituindo os embargos de terceiro ação de conhecimento, exercitável incidentalmente quer em ação de execução, quer em qualquer outro processo, forçoso concluir que a sentença que julga procedente o pedido, desconstituindo a penhora anteriormente efetivada em sede de execução fiscal, está sujeita a reexame necessário, por força do disposto no art. 475, I, do CPC [art. 496, I, do CPC/2015], desde que a condenação ou direito controvertido não sejam inferiores a sessenta salários mínimos (§ 2º do art. 475 do CPC)" (STJ, REsp 521.714/AL, Rel. Min. Luiz Fux, 1ª Turma, jul. 02.03.2004, *DJ* 22.03.2004, p. 224). **No mesmo sentido:** STJ, REsp 440.966/RS, Rel. Min. João Otávio de Noronha, 2ª Turma, jul. 01.06.2006, *DJ* 02.08.2006, p. 238.

"Todas as questões julgadas pelo Juiz singular, mesmo que não tenham sido objeto de recurso voluntário, do começo ao final, devem ser reexaminadas pelo tribunal *ad quem*, sendo inaceitável a inobservância de obrigatória cognição reaberta por lei. No consequente reexame, a *obrigatio legis*, sem o óbice da preclusão, cumpre-se o duplo grau de jurisdição, necessário para a constituição da *coisa julgada*. No caso, porém, incorporando, o acórdão reanimou a fundamentação do título sentencial, objetivo nas suas razões e parte dispositiva, sem o vislumbre de prejuízo à compreensão do julgado e à defesa, podendo ser mantido. Recurso improvido" (STJ, REsp 66.269-9/ES, Rel. Min. Milton Luiz Pereira, 1ª Turma, jul. 21.03.1996, *DJU* 29.04.1996, p. 13.397).

Ação popular. "Por aplicação analógica da primeira parte do art. 19 da Lei nº 4.717/1965, as sentenças de improcedência de ação civil pública sujeitam-se indistintamente ao reexame necessário. Doutrina" (STJ, REsp 1.108.542/SC, Rel. Min. Castro Meira, 2ª Turma, jul. 19.05.2009, *DJe* 29.05.2009).

Sentenças contra autarquias. "Com o advento da Lei nº 9.469/1997, as sentenças contra as autarquias ficaram sujeitas ao reexame necessário, não havendo distinguir as ações acidentárias das previdenciárias" (STJ, 5ª Turma, REsp 401.527/SP, Rel. Min. Gilson Dipp, *DJU* 02.09.2002). **Obs.:** As autarquias foram inseridas na redação do novo inciso I, com redação da Lei nº 10.352, de 26.12.2001, regra que o CPC/2015 conservou em seu art. 496, I.

Inciso II.

Rejeição dos embargos à execução. "O CPC, art. 475 [art. 496 do CPC/2015], ao tratar do reexame obrigatório em favor da Fazenda Pública, incluídas as autarquias e fundações públicas, no tocante ao processo de execução, limitou o seu cabimento apenas à hipótese de procedência dos embargos opostos em execução de dívida ativa (inciso II). Não há, pois, que estendê-lo aos demais casos" (STJ, EREsp 251.841/SP, Rel. Min. Edson Vidigal, Corte Especial, jul. 25.03.2004, *DJ* 03.05.2004, p. 85). **No mesmo sentido:** STJ, EREsp 241.959/SP, Rel. Min. Sálvio de Figueiredo Teixeira, Corte Especial, jul. 29.05.2003, *DJ* 18.08.2003, p. 149.

5. Não cabimento do reexame necessário.

Ações de natureza mandamental e sem pretensão de valor econômico. "Nas ações em geral, notadamente nas de natureza mandamental, em que a pretensão é de que se assegurem direitos ou garantias e que o pedido não contém expressão ou reflexo econômico, a sentença proferida contra o estado, o município, e as respectivas autarquias e fundações de direito público não se submetem ao duplo grau de jurisdição, por força do art. 475, § 2º, do Código de Processo Civil [art. 496, § 3º, do CPC/2015], com redação da Lei nº 10.352, de 26.12.2001, disposição processual de ordem pública, que se aplica aos processos em andamento" (TJSP, Ap. 147.426-5, Caçapava, Rel. Des. Rui Stoco, 3ª C.D. Públ., jul. 07.05.2002).

Execução de sentença. "A remessa *ex officio*, prevista no art. 475, II, do CPC [art. 496, II, do CPC/2015], providência imperativa na fase de conhecimento, sem a qual não ocorre o trânsito em julgado da sentença, é descabida em fase de execução de sentença, pois prevalece a disposição específica do art. 520, V, do CPC" [art. 1.012, III, do CPC/2015] (STJ, EREsp 224.532/SP, Rel. Min. Fernando Gonçalves, Corte Especial, jul. 04.06.2003, *DJ* 23.06.2003, p. 231).

Embargos à execução da Fazenda. "A remessa de ofício consignada no art. 475, II, do Código de Processo Civil [art. 496, II, do CPC/2015] não alcança a hipótese na qual a Fazenda, **impugnando execução apresentada pelo particular, opõe embargos e obtém parcial provimento**. Essa disposição, no que se refere a embargos à execução, aplica-se tão somente à hipótese formal e expressamente estabelecida no Código de Processo Civil, segundo a qual a sentença que julgar procedentes, no todo ou em parte, os embargos à execução de dívida ativa da Fazenda Pública, somente produz efeito após confirmada pelo tribunal" (STJ, EREsp 522.904/MS, Rel. Min. José Delgado, 1ª Seção, jul. 14.09.2005, *DJ* 24.10.2005).

Extinção da execução fiscal decorrente do acolhimento da exceção de pré-executividade. "Somente a condenação ao pagamento dos honorários que tenha por fonte causadora a derrota da Fazenda Pública em relação ao conteúdo da exceção de pré-executividade é que estará sujeita ao reexame necessário (aplicação, por analogia, da Súmula 325/STJ). **Caso a execução fiscal seja encerrada por força do cancelamento da CDA** (art. 26 da Lei 6.830/1980), seja este motivado por reconhecimento expresso da Fazenda Pública quanto à procedência das alegações lançadas na objeção pré-executiva, seja por iniciativa de ofício do Fisco, o cabimento em si da condenação ao pagamento de verba honorária, ou o litígio quanto ao seu montante, somente poderá ser debatido por meio de recurso voluntário, afastada a incidência do art. 475, I, do CPC" [art. 496, I, do CPC/2015] (STJ, REsp 1.415.603/CE, Rel. Min. Herman Benjamin, 2ª Turma, jul. 22.05.2014, *DJe* 20.06.2014).

6. Dispensa do reexame (§ 3º).

"Se o legislador não excluiu expressamente a submissão ao duplo grau quando o ente público – autor da demanda de conhecimento – for vencido, não cabe ao intérprete excluí-la de maneira mais gravosa à parte. Aplica-se, *in casu*, a máxima *inclusio unius alterius exclusio*. Precedente: (AgRg no Ag 954.848/SP, Rel. Min. Herman Benjamin, *DJe* 04.03.2009)" (STJ, REsp 1.144.732/BA, Rel. Min. Castro Meira, 2ª Turma, jul. 06.10.2009, *DJe* 15.10.2009).

"[...] a exceção contemplada no § 2º do art. 475 do Código de Processo Civil [art. 496, § 3º, do CPC/2015] supõe, primeiro, que a condenação ou o direito controvertido tenham valor certo e, segundo, que o respectivo montante não exceda de sessenta salários mínimos" (STJ, EREsp 701.306/RS, Rel. Min. Fernando Gonçalves, Corte Especial, jul. 07.04.2010, *DJe* 19.04.2010).

a) Sentença ilíquida.

Autarquia previdenciária. Condenação ou proveito econômico inferior a mil salários mínimos. Remessa necessária. Dispensa. "A controvérsia cinge-se ao cabimento da remessa necessária nas sentenças ilíquidas proferidas em desfavor da Autarquia Previdenciária após a entrada em vigor do Código de Processo Civil/2015. A orientação da Súmula 490 do STJ não se aplica às sentenças ilíquidas nos feitos de natureza previdenciária a partir dos novos parâmetros definidos no art. 496, § 3º, I, do CPC/2015, que dispensa do duplo grau obrigatório as sentenças contra a União e suas autarquias cujo valor da condenação ou do proveito econômico seja inferior a mil salários mínimos. A elevação do limite para conhecimento da remessa necessária significa uma opção pela preponderância dos princípios da eficiência e da celeridade na busca pela duração razoável do processo, pois, além dos critérios previstos no § 4º do art. 496 do CPC/15, o legislador elegeu também o do impacto econômico para impor a referida condição de eficácia de sentença proferida em desfavor da Fazenda Pública (§ 3º). A novel orientação legal atua positivamente tanto como meio de otimização da prestação jurisdicional – ao tempo em que desafoga as pautas dos Tribunais – quanto como de transferência aos entes públicos e suas respectivas autarquias e fundações da prerrogativa exclusiva sobre a rediscussão da causa, que se dará por meio da interposição de recurso voluntário. Não obstante a aparente iliquidez das condenações em causas de natureza previdenciária, a sentença que defere benefício previdenciário é espécie absolutamente mensurável, visto que pode ser aferível por simples cálculos aritméticos, os quais são expressamente previstos na lei de regência, e são realizados pelo próprio INSS. Na vigência do Código Processual anterior, a possibilidade de as causas de natureza previdenciária ultrapassarem o teto de sessenta salários mínimos era bem mais factível, considerado o valor da condenação atualizado monetariamente. Após o Código de Processo Civil/2015, ainda que o benefício previdenciário seja concedido com base no teto máximo, observada a prescrição quinquenal, com os acréscimos de juros, correção monetária e demais despesas de sucumbência, não se vislumbra, em regra, como uma condenação na esfera previdenciária venha a alcançar os mil salários mínimos, cifra que no ano de 2016, época da propositura da presente ação, superava R$ 880.000,00 (oitocentos e oitenta mil reais)" (STJ, REsp 1.735.097/RS, Rel. Min. Gurgel de Faria, 1ª Turma, jul. 08.10.2019, *DJe* 11.10.2019). **No mesmo sentido:** STJ, AREsp 1.712.101/RJ, Rel. Min. Herman Benjamin, 2ª Turma, jul. 22.09.2020, *DJe* 05.10.2020.

Sentença ilíquida INSS. "Esta Corte firmou a compreensão de que, a partir da vigência do CPC/2015, em regra, as sentenças proferidas em lides de natureza previdenciária não se sujeitam a reexame obrigatório, por estar prontamente evidenciado que o valor da condenação ou do proveito econômico obtido nesses feitos não alcançará o limite de mil salários mínimos, definido pelo art. 496, § 3º, I, do CPC/2015" (STJ, AgInt no REsp 1871438/SC, Rel. Min. Sérgio Kukina, 1ª Turma, jul. 08.09.2020, *DJe* 11.09.2020).

Sentença ilíquida. "O acórdão recorrido destoa do entendimento do Superior Tribunal de Justiça de que a dispensa do exame obrigatório, quando o valor da condenação ou do direito controvertido for inferior ao limite legal, não se aplica a sentenças ilíquidas, pressupondo a certeza de que a condenação não superará o citado teto, previsto seja no art. 475 do CPC/1973 ou no 496 do CPC/2015, inadmitindo-se mera estimativa quanto a tal limite. Na mesma linha: REsp 1.717.256/RS, Rel. Ministro Francisco Falcão, Segunda Turma, *DJe* 11/12/2018; REsp 1.760.371/SP, Rel. Ministro Francisco Falcão, Segunda Turma, *DJe* 21/11/2018 e REsp 1.664.062/RS, Rel. Ministro Herman Benjamin, Segunda Turma, *DJe* 20/6/2017" (STJ, REsp 1.845.962/PR, Rel. Min. Herman Benjamin, 2ª Turma, jul. 17.12.2019, *DJe* 27.05.2020).

"É obrigatório o reexame da sentença ilíquida proferida contra a União, os estados, o Distrito Federal, os municípios e as respectivas autarquias e fundações de direito público (Código de Processo Civil, art. 475, § 2º)" [art. 496, § 3º, do CPC/2015] (STJ, REsp 1.101.727/PR, Rel. Min. Hamilton Carvalhido, Corte Especial, jul. 04.11.2009, *DJe* 03.12.2009). **No mesmo sentido:** STJ, EREsp 934.642/PR, Rel. Min. Ari Pargendler, Corte Especial, jul. 30.06.2009, *DJe* 26.11.2009; STJ, EAg 877.007/RJ, Rel. Min. Nancy Andrighi, Corte Especial, jul. 03.11.2010, *DJe* 23.11.2010. **Em sentido contrário:** "'[...]. Líquido o *quantum* apurado em sentença condenatória, este valor será considerado para exame do limite em apreço. Ilíquido o valor da condenação ou, ainda, não havendo sentença condenatória, utiliza-se o valor da causa atualizado como critério. Se assim não fosse, esvaziar-se-ia o conteúdo do art. 475, § 2º, do Código de Processo Civil [art. 496, § 3º, do CPC/2015], determinando o reexame necessário todas as vezes em que ilíquido o valor da condenação' (REsp 655.046/SP, Rel. Min. Hélio Quaglia Barbosa, *DJ* 03.04.2006)" (STJ, AgRg no REsp 660.010/RS, Rel. Min. Hamilton Carvalhido, 6ª Turma, jul. 21.08.2007, *DJe* 07.04.2008). **No mesmo sentido:** STJ, AgRg no REsp 710.504/RN, Rel. Min. Gilson Dipp, 5ª Turma, jul. 22.03.2005, *DJ* 18.04.2005.

b) Valor certo.

Expressão "valor certo". Interpretação. "Consoante anterior manifestação da Eg. 5ª Turma desta Corte, quanto ao 'valor certo', devem-se considerar os seguintes critérios e hipóteses orientadores: a) havendo sentença condenatória líquida: valor a que foi condenado o Poder Público, constante da sentença; b) não havendo sentença condenatória (quando a lei utiliza a terminologia direito controvertido – sem natureza condenatória) ou sendo esta ilíquida: valor da causa atualizado até a data da sentença, que é o momento em que deverá se verificar a incidência ou não da hipótese legal" (STJ, AgRg no REsp 710.504/RN, Rel. Min. Gilson Dipp, 5ª Turma, jul. 22.03.2005, *DJ* 18.04.2005).

Valor certo. "Nos termos do art. 475, § 2º, do CPC [art. 496, § 3º, do CPC/2015], a sentença não está sujeita a reexame necessário quando 'a condenação ou o direito controvertido for de valor certo não excedente a sessenta salários mínimos'. Considera-se 'valor certo', para esse efeito, o que decorre de uma sentença líquida, tal como prevê o art. 459 e seu parágrafo, c/c o art. 286 do CPC" [art. 324 do CPC/2015] (STJ, EREsp 600.596/RS, Rel. Min. Teori Albino Zavascki, Corte Especial, jul. 04.11.2009, *DJe* 23.11.2009).

Valor certo. Valor da causa. Atualização. Data da prolação da sentença. "A orientação jurisprudencial desta Corte é no sentido de que, na hipótese do art. 475, § 2º, do CPC [art. 496, § 3º, do CPC/2015], o julgador deve levar em conta o valor da causa atualizado até a data da prolação da sentença, caso haja falta de liquidez do título judicial" (STJ, AgRg no REsp 1.079.016/PR, Rel. Min. Jane Silva, 6ª Turma, jul. 09.12.2008, *DJe* 19.12.2008). **No mesmo sentido:** STJ, REsp 866.329/SP, Rel. Min. Arnaldo Esteves Lima, 5ª Turma, jul. 03.04.2008, *DJe* 09.06.2008.

Valor da causa. Aferição do valor no momento da prolação da sentença. "'O 'valor certo' referido no § 2º do art. 475 do CPC [§ 3º do art. 496 do CPC/2015] deve ser aferido quando da prolação da sentença e, se não for líquida a obrigação, deve-se utilizar o valor da causa, devidamente atualizado, para o cotejamento com o parâmetro limitador do reexame necessário. Precedentes" (STJ, AgRg no REsp 911.273/PR, Rel. Min. Laurita Vaz, 5ª Turma, jul. 10.05.2007, *DJ* 11.06.2007, p. 377).

c) Prestação continuada. "Em se tratando especificamente de prestação continuada, para efeito do disposto no art. 475, § 2º, do CPC [art. 496, § 3º, do CPC/2015], a remessa necessária será incabível, também, se o valor das prestações vencidas, quando da prolação da sentença, somado ao das doze prestações seguintes, não exceder a sessenta salários mínimos" (STJ, AgRg no REsp 922.375/PR, Rel. Min. Paulo Gallotti, 6ª Turma, jul. 22.11.2007, *DJ* 10.12.2007).

d) Sentença sobre relação sem natureza econômica. "A norma do art. 475, § 2º [art. 496, § 3º, do CPC/2015], é incompatível com sentenças sobre relações litigiosas sem natureza econômica, com sentenças declaratórias e com sentenças constitutivas ou desconstitutivas insuscetíveis de produzir condenação de valor certo ou de definir o valor certo do objeto litigioso" (STJ, EREsp 600.596/RS, Rel. Min. Teori Albino Zavascki, Corte Especial, jul. 04.11.2009, *DJe* 23.11.2009). **No mesmo sentido:** STJ, REsp 1.172.903/PR, Rel. Min. Benedito Gonçalves, 1ª Turma, jul. 20.04.2010, *DJe* 03.05.2010.

e) Mandado de segurança

"A existência de regra específica acerca do reexame necessário das sentenças concessivas de mandado de segurança (art. 12 da Lei nº 1.533/1951) afasta a incidência do art. 475, II, do CPC [art. 496, II, do CPC/2015], de aplicação subsidiária" (STJ, REsp 313.773/AL, Rel. Min. Félix Fischer, 5ª Turma, *DJ* 16.09.2002). **Obs.:** Atualmente, o reexame necessário das sentenças concessivas de mandado de segurança está previsto no art. 14 da Lei nº 12.016/2009, e as exceções à execução imediata, no art. 7º desta mesma lei, que revogou as Leis nº 1.533/1951 nº 4.348/1964.

"A exceção imposta pelo § 2º do art. 475 [art. 496, § 3º, do CPC/2015], quanto ao cabimento do reexame necessário, aplica-se às sentenças em mandado de segurança. O parâmetro adotado no citado parágrafo para definir as hipóteses de não cabimento do reexame necessário não foi o valor da causa, mas o valor da condenação ou do direito controvertido, que há de ser: a) certo; e b) não excedente a sessenta salários mínimos. Trata-se de critério de natureza essencialmente econômica, não suscetível de ser aplicado às causas fundadas em direitos de outra natureza. Ademais, a aferição dos seus pressupostos é feita não pelos elementos econômicos da demanda, e sim pelos que decorrem da sentença que a julga" (STJ, REsp 625.219/SP, Rel. p/ ac. Min. Teori Albino Zavascki, 1ª Turma, jul. 14.09.2004, *RSTJ* 186/131).

7. Outros casos de dispensa da remessa necessária (§ 4º).

Alcance da norma. Aspectos principais da lide. "Não se pode dar interpretação rígida à norma do art. 475, § 3º, do CPC [art. 496, § 4º, do CPC/2015], a ponto de exigir, para sua aplicação, que haja súmula ou jurisprudência sobre cada um dos pontos enfrentados na sentença, sejam eles principais ou acessórios, importantes ou secundários. Se assim fosse, o dispositivo seria letra morta. A jurisprudência ou a súmula do tribunal superior que, invocada na sentença, dispensa o reexame necessário, há de ser entendida como aquela que diga respeito aos aspectos principais da lide, às questões centrais decididas, e não aos seus aspectos secundários e acessórios" (STJ, REsp 572.890/SC, Rel. Min. Teori Albino Zavascki, 1ª Turma, jul. 04.05.2004, *DJ* 24.05.2004, p. 190). **No mesmo sentido:** STJ, REsp 623.898/SC, Rel. Min. Francisco Peçanha Martins, 2ª Turma, jul. 07.06.2005, *DJ* 01.08.2005; STJ, REsp 866.925/RN, Rel. Min. Jorge Mussi, 5ª Turma, jul. 02.06.2009, *DJe* 03.08.2009.

"Conforme nova redação do art. 475, § 3º, do CPC [art. 496, § 4º, do CPC/2015], introduzida pela Lei 10.352/2001, com vigência a contar de 26 de março de 2002, as sentenças fundamentadas em jurisprudência do pleno do STF, ou em súmula deste tribunal ou de tribunal superior competente, não estarão sujeitas ao duplo grau de jurisdição, senão em virtude de recurso voluntário. Questão da integralidade da pensão por morte de ex-servidor que já foi pacificada pelo Pleno do STF. Reexame não conhecido" (TJRS, Ap. 70004945978, Rel. Des. Carlos Roberto Lofego Canibal, 1ª Câmara Cível, ac. 27.11.2002).

Juizado Especial Federal. "É fato público e notório que as reformas processuais implementadas no Código de Processo Civil ao longo dos últimos anos têm como objetivo dar efetividade à garantia constitucional do acesso à justiça, positivada no art. 5º, inciso XXXV, da Constituição Federal. Como exemplo desse louvável movimento do legislador tem-se a dispensa do reexame necessário nas causas de competência do Juizado Especial Federal, consoante prevê o art. 13 da Lei 10.259/2001, e nas demais causas mencionadas nos §§ 2º e 3º do art. 475 [§§ 3º e 4º do art. 496 do CPC/2015] do diploma processual, na redação que lhes deu a Lei 10.352/2001. À luz dessa constatação, incumbe ao STJ harmonizar a aplicação dos institutos processuais criados em benefício da Fazenda Pública, de que é exemplo o reexame necessário, com os demais valores constitucionalmente protegidos, como é o caso do efetivo acesso à justiça" (STJ, REsp 1.085.257/SP, Rel. Min. Eliana Calmon, 2ª Turma, jul. 09.12.2008, *DJe* 24.03.2009).

8. Liquidação de sentença.

"**Obs.:** Ver o art. 496, § 3º, do CPC/2015.

"Segundo decidido pela Corte Especial no EREsp nº 934.642/PR, a 'sentença ilíquida proferida contra a União, o estado, o Distrito Federal, o município e as respectivas autarquias e fundações de direito público está sujeita ao duplo grau de jurisdição, não produzindo efeito senão depois de confirmada pelo tribunal [...]'" (STJ, EREsp 701.306/RS, Rel. Min. Fernando Gonçalves, Corte Especial, jul. 07.04.2010, *DJe* 19.04.2010).

Liquidação de sentença por arbitramento ou por artigos. "A Corte Especial do Superior Tribunal de Justiça, no julgamento dos EREsp 226.156/SP, firmou o entendimento de que cabe o reexame necessário no tocante às sentenças que julgarem liquidação por arbitramento ou por artigos, nas execuções de sentenças ilíquidas contra a União, os estados e os municípios, nos termos do art. 3º da Lei 2.770/1956, com a redação que lhe foi dada pela Lei 6.071/1974" (STJ, AgRg no REsp 1.112.621/SP, Rel. Min. Herman Benjamin, 2ª Turma, jul. 03.09.2009, *DJe* 11.09.2009).

Liquidação de sentença por cálculo. Descabimento. "Não cabe reexame necessário de sentença homologatória de liquidação por cálculo do contador, que só terá lugar quando esta se der por arbitramento ou por artigos" (STJ, AgRg no Ag 211.051/SP, Rel. Min. Fernando Gonçalves, ac. de 15.04.1999, *DJ* 10.05.1999, p. 242). **No mesmo sentido:** STJ, 1ª Turma, REsp 57.798/SP, Rel. Min. Demócrito Reinaldo, ac. de 04.09.1995, *DJ* 25.09.1995, p. 31.078.

9. Não conhecimento da remessa necessária. "Não sendo conhecida a remessa necessária, sob o fundamento do art. 475, § 2º, do CPC [art. 496, § 3º, do CPC/2015], o tribunal *a quo* deve restringir-se à apreciação da matéria veiculada nas razões da apelação da União, sob pena de configuração de julgamento *extra petita*, previsto no art. 460 do CPC [art. 492 do CPC/2015], bem como ofensa aos arts. 503 e 515, também do CPC" [arts. 1.000 e 1.013 do CPC/2015] (STJ, AgRg nos EDcl no REsp 887.522/SP, Rel. Min. Herman Benjamin, 2ª Turma, jul. 07.08.2007, *DJ* 20.09.2007, p. 273).

10. Fazenda pública. Revelia. "A prescrição pode ser alegada pelo revel em qualquer fase, ou ainda quando o tribunal se omite em reexaminar a matéria sujeita ao duplo grau de jurisdição pela remessa *ex officio*" (STJ, REsp 3.049/PR, Rel. Min. Jose de Jesus Filho, 1ª Turma, jul. 29.04.1992, *DJ* 08.06.1992).

11. *Reformatio in pejus.*

Finalidade da norma. "A proibição da *reformatio in pejus*, cujo *status* principiológico é inegável, porquanto exprime uma noção primordial do sistema recursal, encontra-se implicitamente contida na regra do art. 475 do CPC [art. 496 do CPC/2015], que trata da remessa necessária. É cabível ação rescisória contra acórdão transitado em julgado que, em remessa necessária, houver afrontado o princípio da *non reformatio in pejus*" (STJ, EREsp 935.874/SP, Rel. Min. Arnaldo Esteves Lima, Corte Especial, jul. 17.06.2009, *DJe* 14.09.2009). **No mesmo**

sentido: STJ, REsp 697.955/MT, Rel. Min. Castro Meira, 2ª Turma, jul. 27.09.2005, *DJ* 10.10.2005; STJ, REsp 461.188/SP, Rel. p/ acórdão Min. Luiz Fux, 1ª Turma, jul. 15.03.2005, *DJ* 27.06.2005, p. 227; STJ, REsp 1.379.494/MG, Rel. Min. Sérgio Kukina, 1ª Turma, jul. 06.06.2013, *DJe* 12.06.2013.

Explicitação da correção monetária. Possibilidade. "A União foi condenada em correção monetária, não estabelecida a forma. O v. acórdão explicitou a sentença sem agravar a situação da União" (STJ, REsp 16.055/SP, Rel. Min. Garcia Vieira, 1ª Turma, jul. 17.02.1992, *DJ* 06.04.1992).

Inclusão na condenação de juros moratórios. Possibilidade. "No reexame necessário, é defeso ao tribunal agravar a condenação imposta à Fazenda Pública (Súmula n. 45-STJ). Todavia, a inclusão dos juros moratórios, nesse caso, não enseja agravamento, mas explicitação da condenação estabelecida pela sentença" (STJ, REsp 31.528/MG, Rel. Min. Antônio de Pádua Ribeiro, 2ª Turma, jul. 27.04.1994, *DJ* 16.05.1994). **No mesmo sentido:** STJ, EREsp 647.596/MG, Rel. Min. Fernando Gonçalves, Corte Especial, jul. 19.12.2006, *DJ* 12.02.2007, p. 212; STJ, AgRg no REsp 708.768/SP, Rel. Min. Humberto Martins, 2ª Turma, jul. 04.06.2009, *DJe* 25.06.2009; STJ, 6ª Turma, REsp 460.332/CE, Rel. Min. Vicente Leal, ac. de 12.11.2002, *DJU* 09.12.2002, p. 412.

Taxa Selic. "Não se configura julgamento extra *petita* ou *reformatio in pejus* quando, à míngua de apelação do contribuinte, é aplicada na repetição de indébito tributário a Taxa Selic, a partir de 01.01.1996" (STJ, REsp 686.751/MG, Rel. Min. Eliana Calmon, 2ª Turma, jul. 24.05.2005, *DJ* 20.06.2005, p. 228). **No mesmo sentido:** STJ, EREsp 686.751/MG, Rel. Min. Luiz Fux, 1ª Seção, jul. 23.05.2007, *DJ* 18.06.2007, p. 240; STJ, AgRg nos EREsp 801.138/DF, 1ª Seção, Rel. Min. Eliana Calmon, *DJU* 19.03.2007.

Ausência de recurso voluntário da parte. Majoração da verba honorária. Impossibilidade. "Não havendo recurso voluntário da parte, o tribunal não pode, em recurso *ex officio*, majorar a verba honorária arbitrada na sentença de primeiro grau, para agravar a situação da Fazenda Pública. É vedada, no direito brasileiro, a *reformatio in pejus*" (STJ, REsp 16.965/SP, Rel. Min. Francisco Peçanha Martins, 2ª Turma, jul. 11.03.1992, *DJ* 06.04.1992, p. 4.480). **No mesmo sentido:** STJ, REsp 264.264/BA, Rel. Min. João Otávio de Noronha, 2ª Turma, jul. 10.02.2004, *DJ* 15.03.2004, p. 219; STJ, REsp 635.787/RS, Rel. Min. Laurita Vaz, 5ª Turma, jul. 03.08.2004, *DJ* 30.08.2004.

Omissão da verba honorária. "A apelação da Fazenda omitiu-se quanto à verba honorária, mas ao tribunal caberia, via remessa oficial, pela abrangência da mesma, examinar o quantitativo da condenação" (STJ, REsp 373.834/RS, Rel. Min. Eliana Calmon, 2ª Turma, jul. 02.05.2002, *DJ* 12.08.2002

Inexigibilidade de multa. "Na hipótese, o aresto impugnado agravou a situação jurídica que o magistrado de primeiro grau houvera imposto à Fazenda. Isto porque a sentença apenas afastou a necessidade de pagamento da multa para o recolhimento do imposto mediante a DCTF. O tribunal, por seu turno, declarou a inexigibilidade da multa por se tratar de pagamento espontâneo, caracterizando a *reformatio in pejus* no julgamento da remessa necessária" (STJ, REsp 782.690/RJ, Rel. Min. José Delgado, 1ª Turma, jul. 08.11.2005, *DJ* 05.12.2005).

Ônus sucumbenciais. "A jurisprudência da corte firmou-se no sentido de que a remessa necessária devolve à instância *ad quem* também as questões relativas aos ônus sucumbenciais" (STJ, AgRg no REsp 1.096.292/RJ, Rel. Min. Mauro Campbell Marques, 2ª Turma, jul. 07.10.2010, *DJe* 25.10.2010).

12. Recurso contra o acórdão do reexame necessário. Possibilidade.

"A Corte Especial, no julgamento do REsp 905.771/CE (Rel. Min. Teori Zavascki, julgado em 29/06/2010, acórdão pendente de publicação), afastou a tese da preclusão lógica e adotou o entendimento de que a Fazenda Pública, ainda que não tenha apresentado recurso de apelação contra a sentença que lhe foi desfavorável, pode interpor recurso especial. Embargos de divergência conhecidos e providos" (STJ, EREsp 1.119.666/RS, Rel. Min. Eliana Calmon, Corte Especial, jul. 01.09.2010, *DJe* 08.11.2010.)

"A ausência de recurso da Fazenda Pública contra sentença de primeiro grau, que lhe foi desfavorável, não impede a interposição de novo recurso, agora contra o acórdão proferido pelo Tribunal de origem, não se aplicando o instituto da preclusão lógica. Precedente: REsp 905.771/CE, Rel. Min. Teori Zavascki, *DJE* de 19/8/2010" (STJ, AgRg no REsp. 1.326.237/SC, Rel. Min. Sérgio Kukina, 1ª Turma, jul. 07.05.2013, *DJe* 13.05.2013).

Julgamento da remessa necessária desfavorável à Fazenda Pública. "A Corte Especial do STJ pacificou seu entendimento recentemente, afirmando que a Fazenda Pública pode opor recurso especial contra acórdão que, julgando reexame necessário, manteve a sentença de primeiro grau contrária aos seus interesses" (STJ, AgRg no REsp 1.096.292/RJ, Rel. Min. Mauro Campbell Marques, 2ª Turma, jul. 07.10.2010, *DJe* 25.10.2010).

Embargos de declaração. Legitimidade. "A remessa necessária (CPC, art. 475, I) [art. 496, I, do CPC/2015] devolve ao tribunal a apreciação de toda a matéria discutida na demanda que tenha contribuído para a sucumbência da Fazenda Pública. É procedimento obrigatório não sujeito ao princípio do *tantum devolutum quantum appellatum*. Mesmo não tendo recorrido voluntariamente, assiste ao ente público legitimidade para opor embargos de declaração visando sanar eventual omissão do acórdão proferido em reexame necessário" (STJ, REsp 397.154/PB, Rel. Min. Teori Albino Zavascki, 1ª Turma, jul. 04.05.2004, *DJ* 24.05.2004, p. 157).

13. Autonomia da verba honorária a ensejar a incidência do reexame necessário. "De acordo com o art. 23 da Lei n. 8.906/1994, os honorários advocatícios constituem verba autônoma, inexistindo, na aplicação do reexame necessário para a revisão dessa parcela, qualquer afronta ao § 3º do art. 475 do CPC/1973 [art. 496, § 4º, do CPC/2015] nos casos em que mencionado dispositivo foi aplicado, tão somente, para o capítulo da decisão que resolveu a relação jurídica principal. (...) Como se não bastassem tais fundamentos, é de se registrar que a remessa necessária, uma vez interposta, submete ao tribunal revisor a devolução integral dos temas decididos em desfavor da Fazenda Pública litigante, pelo que fica afastada a tese de violação do disposto no § 3º do art. 475 do CPC/1973, [§ 4º do art. 496 do CPC/2015] '[...] na medida em que [o] amplo efeito devolutivo da remessa necessária conjura o princípio *tantum devolutum quantum appellatum*, uma vez que não limita o conhecimento do Tribunal *a quo* à matéria efetivamente impugnada no recurso de apelação pelo ente público' (EDcl no AgRg nos EDcl no REsp 1.108.636/SP, Rel. Ministro Humberto Martins, Segunda Turma, *DJe* 1º/12/2010). Dessa forma, não há falar em julgamento *extra* ou *ultra petita*, 'uma vez que a remessa necessária devolve ao Tribunal *a quo* toda a matéria controvertida no processo' (REsp 1.173.724/AM, Rel. Ministro Mauro Campbell Marques, Segunda Turma, *DJe* 10/11/2010)" (STJ, REsp 1.604.444/CE, Rel. Min. Og Fernandes, 2ª Turma, jul. 08.08.2017, *DJe* 05.10.2017).

14. Lei nº 10.352/2001. Abrangência. "A jurisprudência do STJ é pacífica no sentido de que a lei em vigor na ocasião da prolação da sentença regula os recursos cabíveis contra ela, motivo por que devem ser respeitados os atos praticados sob a égide da lei revogada. Assim sendo, a alteração do art. 475 [art. 496 do CPC/2015], provocada pela Lei 10.352/2001, não alcança as sentenças proferidas em data anterior à sua vigência, como no caso dos autos" (STJ, REsp 1.186.615/SP, Rel. Min. Herman Benjamin, 2ª Turma, jul. 04.05.2010, *DJe* 21.06.2010).

DA REMESSA NECESSÁRIA: INDICAÇÃO DOUTRINÁRIA

Eduardo Talamini. Remessa necessária (reexame necessário). In: SARRO, Luís Antônio Giampaulo. *Novo Código de Processo Civil – Principais alterações do sistema Processual Civil*. 2. ed. São Paulo: Rideel, 2016, p. 447; Ennio Bastos de Barros, Os embargos infringentes e o reexame necessário, *RF* 254/59; Felipe Barbosa de Menezes, a nova remessa necessária no Código de Processo Civil de 2015, *Revista Magister de Direito Civil e Processual Civil*, ano XII, n. 72, p. 94-111, maio-jun. 2016; Fredie Didier Jr., *Curso de direito processual civil*, 10. ed., Salvador: JusPodivm, 2015, v. II; Humberto Theodoro Júnior, *Curso de direito processual civil*, 61. ed., Rio de Janeiro: Forense, 2020, v. I; João Francisco N. da Fonseca, In: José Roberto F. Gouvêa; Luis Guilherme A. Bondioli e João Francisco N. da Fonseca (coord.), *Comentários ao Código de Processo Civil*, São Paulo: Saraiva, 2017, v. 9; José Eustáquio Cardoso, Do cabimento de embargos infringentes ou recurso extraordinário da decisão tomada no julgamento da chamada remessa *ex officio*, *RF* 262/101; José Rogério Cruz e Tucci, In: Sérgio Cruz Arenhart e Daniel Mitidiero (coord.), *Comentários ao Código de Processo Civil*, 2. ed., São Paulo: RT, 2018, v. 8; Leonardo Carneiro da Cunha, In: Teresa Arruda Alvim Wambier, Fredie Didier Jr., Eduardo Talamini, Bruno Dantas, *Breves comentários ao novo Código de Processo Civil*, São Paulo: Revista dos Tribunais, 2015; Leonardo Oliveira Soares, Duas restrições, no futuro CPC, ao exercício constitucional ao recurso, *RDDP*, n. 148, p. 62, jul. 2015; Moacyr Amaral Santos, *Comentários ao CPC*, Rio de Janeiro: Forense, 1989, v. IV, n. 373/04; Orlando Soares, *Comentários ao CPC*, v. I, p. 840/02; Rogerio Mollica, Algumas questões controversas sobre a remessa necessária no novo Código de Processo Civil, In: Ana Cândida Menezes Marcato et al. (orgs.), Reflexões sobre o Código de Processo Civil de 2015: uma contribuição dos membros do Centro de Estudos Avançados de Processo – Ceapro, São Paulo: Verbatim, 2018, p. 709 e ss.; *Rogério Mollica. A remessa necessária e as controvérsias trazidas pelo Código de Processo Civil de 2015. Caxias do Sul: Jurisplenum, ano XV, n. 85. Jan.2019, p. 103-114*; Rogerio Mollica. A Remessa Necessária e o Novo Código de Processo Civil. In: Fredie Didier Jr. (coord.), Processo nos tribunais e meios de impugnação às decisões judiciais. 2. ed. Salvador: JusPodivm, 2016, p. 101; Walter Borges Carneiro, Duplo grau de jurisdição obrigatório, *Ajuris* 15/149; Weber Luiz de Oliveira, Remessa necessária, julgamento antecipado parcial de mérito e estabilização da tutela antecipada – reflexões iniciais para execução contra a Fazenda Pública diante do Novo Código de Processo Civil de 2015, *Revista Magister de Direito Civil e Processual Civil*, ano XI, n. 66, p. 54-67, maio-jun. 2015; Bruno Garcia Redondo; Marco Antonio dos Santos Rodrigues. Apelação voluntária parcial e reexame necessário complementar: o efeito devolutivo integral das questões contrárias à Fazenda Pública. *Revista de Processo*, ano 47, v. 328, p. 209-218, jun. 2022.

Seção IV
Do Julgamento das Ações Relativas às Prestações de Fazer, de Não Fazer e de Entregar Coisa

Art. 497. Na ação que tenha por objeto a prestação de fazer ou de não fazer, o juiz, se procedente o pedido, concederá a tutela específica ou determinará providências que assegurem a obtenção de tutela pelo resultado prático equivalente.

Parágrafo único. Para a concessão da tutela específica destinada a inibir a prática, a reiteração ou a continuação de um ilícito, ou a sua remoção, é irrelevante a demonstração da ocorrência de dano ou da existência de culpa ou dolo.

CPC/1973

Art. 461.

REFERÊNCIA LEGISLATIVA

CPC/2015, arts. 300 (antecipação de tutela); 513 (cumprimento de sentença); 814 (execução de obrigação de fazer ou de não fazer); 815 a 821 (execução das obrigações de fazer); 822 e 823 (execução de obrigação de não fazer).

CC, arts. 247 a 249 (obrigações de fazer); 250 e 251 (obrigações de não fazer).

Lei nº 12.016, de 07.08.2009 (Mandado de Segurança – ver Legislação Especial), art. 15.

Lei nº 8.437, de 30.06.1992 (Medidas Cautelares – ver Legislação Especial).

Lei nº 9.494, de 10.09.1997 (Tutela antecipada contra a Fazenda Pública – ver Legislação Especial).

SÚMULAS

Súmulas do STJ:

Nº 372: "Na ação de exibição de documentos, não cabe a aplicação de multa cominatória".

Nº 410: "A prévia intimação pessoal do devedor constitui condição necessária para a cobrança de multa pelo descumprimento de obrigação de fazer ou não fazer".

BREVES COMENTÁRIOS

O atual CPC conserva a orientação antes adotada pelo Código de 1973, a partir da reforma de seu art. 461, realizada pela Lei nº 8.952/1994, com a preocupação de assegurar efetividade à tutela das obrigações de fazer e de não fazer. Em suas linhas básicas, o tratamento processual dispensado a tais obrigações é o da garantia de tutela específica, de modo a impedir a saída fácil para as condenações a perdas e danos ou ao simples pagamento de multas contratuais.

Em regra, o juiz está obrigado a conceder a tutela específica da obrigação (art. 497, *caput*). Não sendo viável a execução específica, a sentença, ao condenar o réu ao cumprimento da obrigação de fazer ou não fazer, determinará providências concretas que assegurem o resultado prático equivalente ao do adimplemento (art. 497, *caput*). Dessa forma, não se pratica a conversão da obrigação de fazer ou não fazer em perdas e danos, mas se impõe uma outra prestação capaz de garantir resultados práticos equivalentes ao do cumprimento *in natura*. Para a concessão da tutela inibitória destinada a impedir a prática, a reiteração ou a continuação de um ilícito, ou sua remoção (tutela às obrigações de não fazer), é irrelevante a demonstração da prévia ocorrência de dano ou da existência de dolo ou culpa (art. 497, parágrafo único).

Diante da sistemática do art. 497, e especialmente da determinação de que o juiz, ao decretar a procedência do pedido "determinará providências que assegurem a obtenção de tutela pelo resultado prático equivalente", pode-se concluir que a eficiência da tutela específica das obrigações de fazer e não fazer está assegurada da maneira mais ampla possível e que o sistema pode adequar-se à tutela tanto ressarcitória como inibitória: pode servir tanto para impedir a consumação de dano ao direito da parte, mediante coibição de mal apenas ameaçado (obrigação de não fazer), como para fazer cessar o dano decorrente do inadimplemento já consumado (obrigação de fazer). Em todo e qualquer caso, a lei está preocupada em prestigiar a execução específica da obrigação, deixando em segundo plano a saída para sua substituição por perdas e danos.

JURISPRUDÊNCIA SELECIONADA

1. Pretensão de constrição do réu ao cumprimento de obrigação contratualmente estabelecida. Obrigação de fazer. "Controvérsia em torno do cabimento de ação para cumprimento de obrigação de fazer para compelir o comprador de diversos veículos financiados perante terceiros a proceder à cessão dos financiamentos, ou, periodicamente, efetuar o adimplemento das parcelas do financiamento, tendo sido ambas as obrigações inadimplidas. O perfeito enquadramento das obrigações nas modalidades doutrinariamente previstas nem sempre é possível e, por vezes, provoca tormento àquele que vê o seu direito afrontado, mas não consegue identificar a ação adequada para cessação do ilícito. Sendo a obrigação de fazer a determinação de uma conduta, na espécie, conforme o contrato celebrado, a consubstancia o comportamento atribuído ao comprador de proceder à cessão dos financiamentos dos veículos adquiridos, o que não dependia apenas de sua vontade, ou de, periodicamente, proceder ao adimplemento do financiamento na forma contratada junto a terceiros. Possível categorizar como obrigação de fazer aquela em que o devedor se obriga a saldar mensalmente junto a terceiro o financiamento dos bens por ele adquiridos, mas que se encontra ainda em nome do vendedor. Na perspectiva de sobrelevo do direito material e da adaptação dos meios processuais existentes para a repressão do ilícito, razoável a utilização da ação de obrigação de fazer na espécie, notadamente, em face do eficaz meio de concitação ao cumprimento consubstanciado na aplicação de multa diária" (STJ, REsp 1528133/PR, Rel. Min. Paulo de Tarso Sanseverino, 3ª Turma, jul. 12.06.2018, *DJe* 15.06.2018).

2. Intervenção do Poder Judiciário em políticas públicas. Possibilidade. Ver jurisprudência do art. 536 do CPC.

3. Sentença com força executiva própria e imediata. "No atual regime do CPC, em se tratando de obrigações de prestação pessoal (fazer ou não fazer) ou de entrega de coisa, as sentenças correspondentes são executivas *lato sensu*, a significar que o seu cumprimento se opera na própria relação processual original, nos termos dos artigos 461 e 461-A do CPC [arts. 497 e 498 do CPC/2015]. Não é cabível, nesse sistema, a aplicação dos arts. 614 e 632 do CPC [arts. 798 e 815 do CPC/2015], próprios de obrigação de fazer prevista em título extrajudicial. Não há, nisso, violação ao princípio dispositivo. Com efeito, no regime do art. 461 do CPC, em que as atividades cognitivas e executivas são promovidas na mesma relação processual, o pedido formulado na propositura da demanda já embute, ainda que implicitamente, as providências necessárias à efetivação de todas as medidas correspondentes, que, a teor do disposto no art. 262 do CPC, devem ser promovidas por impulso oficial" (STJ, REsp 1.008.311/RN, Rel. Min. Teori Albino Zavascki, 1ª Turma, jul. 05.04.2011, *DJe* 15.04.2011).

Descabimento de embargos à execução (*caput*). "Com o advento da Lei 10.444, de 07.05.2002, foi incluído no Código de Processo Civil o art . 461-A [art. 498 do CPC/2015], trazendo a hipótese de tutela específica para as obrigações de entrega de coisa certa decorrentes de título judicial, independentemente do ajuizamento de processo executivo. Recaindo a tutela específica sobre obrigação constante de título judicial, não há falar em possibilidade de ajuizamento de embargos à execução mediante depósito da coisa. A norma de cunho processual tem aplicação imediata" (STJ, REsp 595.950/MG, Rel. Min. Fernando Gonçalves, 4ª Turma, jul. 23.11.2004, *DJ* 13.12.2004, p. 371).

"No atual regime do CPC, em se tratando de obrigações de prestação pessoal (fazer ou não fazer) ou de entrega de coisa, as sentenças correspondentes são executivas *lato sensu*, a significar que o seu cumprimento se opera na própria relação processual original, nos termos dos arts. 461 e 461-A do CPC [arts. 497 e 498 do CPC/2015]. Afasta-se, nesses casos, o cabimento de ação autônoma de execução, bem como, consequentemente, de oposição do devedor por ação de embargos" (STJ, REsp 1.079.776/PE, Rel. Min. Teori Albino Zavascki, 1ª Turma, jul. 23.09.2008, *DJe* 01.10.2008).

4. Alcance da norma. Obrigações de fazer ou não fazer (fungíveis ou infungíveis). "Com efeito, o Código de Processo Civil autoriza o juiz, de ofício ou a requerimento, a determinar medidas necessárias para assegurar a efetivação da tutela específica pretendida nas ações que tenham objeto o cumprimento de obrigações de fazer ou não fazer (fungíveis ou infungíveis) ou de entregar coisa, bem como para garantir a obtenção do resultado prático equivalente (artigos 461 e 461-A) [arts. 497 e 498, CPC/2015]" (STJ, REsp 1.069.441/PE, Rel. Min. Luiz Fux, 1ª Turma, jul. 14.12.2010, *DJe* 17.12.2010).

5. Execução de sentença que concede reajustes salariais a servidor público. Possibilidade de cumulação das obrigações de fazer e de pagar quantia certa. "Tratando-se de execução de sentença que concede a servidores públicos reajustes salariais, é possível cumular-se a execução por quantia certa para haver as prestações vencidas, com a obrigação de fazer, para implementar o percentual aos vencimentos do executante" (STJ, REsp 1.263.294/RR, Rel. Min. Diva Malerbi, 2ª Turma, jul. 13.11.2012, *DJe* 23.11.2012).

6. Tutela liminar:

Cabimento. "Apenas cabe a antecipação de tutela nas obrigações que envolvam um fazer, ou uma conduta omissiva, quando desde logo evidenciada a relevância do fundamento da demanda e presente forte possibilidade de ineficácia do pronunciamento final. Incidência do § 3º do art. 461 do CPC [art. 300 do CPC/2015]. Contexto probatório ainda incipiente para permitir a outorga da pretendida antecipação" (TJRJ, AI 11740/2000, Rel. Des. Luiz Fernando de Carvalho, 3ª Câmara, jul. 02.10.2001).

Requisitos. "Em se tratando de tutela específica que tem por objeto o cumprimento de obrigação de fazer, prevista no art. 461 do CPC [art. 497 do CPC/2015], a lei processual não exige, para a concessão da tutela liminar, os requisitos expressamente previstos no artigo 273 [art. 300 do CPC/2015]. Basta, segundo prescreve o § 3º do art. 461 [art. 300 do CPC/2015], que o fundamento da demanda seja relevante e haja justificado receio de ineficácia do provimento final" (STJ, REsp 737.047/SC, Rel. Min. Nancy Andrighi, 3ª Turma, jul. 16.02.2006, *DJ* 13.03.2006).

Serviço de proteção ao crédito. "Cabe o deferimento de liminar para impedir a inscrição do nome do devedor em cadastros de inadimplência enquanto tramita ação para definir a amplitude do débito. Art. 461, § 3º, do CPC" [art. 300 do CPC/2015] (STJ, REsp 190.616/SP, Rel. Min. Ruy Rosado de Aguiar, 4ª Turma, jul. 15.12.1998, *DJ* 15.03.1999).

Escritura de imóvel. "Demonstrado o receio de dano irreparável, consistente na possibilidade de decretação de falência da vendedora, e a verossimilhança do direito alegado, com a prova de pagamentos revertidos em favor da mesma e o depósito em juízo da diferença do preço, correta a concessão da tutela antecipatória determinando a outorga da escritura do imóvel em favor da compradora e o respectivo registro no cartório competente, mediante caução idônea, com base nos art. 273 e 461 do Código de Processo Civil [arts. 300 e 497 do CPC/2015]" (TJPR, AI 0118868-9 (20124), Rel. Des. Dilmar Kessler, 4ª Câmara, *DJ* 08.04.2002).

Tratamento de saúde. "Não ofende a regra do art. 461 do CPC [art. 497 do CPC/2015] a decisão que defere tutela antecipada a fim de determinar à seguradora a expedição de ordens, guias e autorizações para a internação e o tratamento do doente, sob pena de aplicação de multa" (STJ, REsp 299.099/SP, Rel. Min. Ruy Rosado de Aguiar, 4ª Turma, *DJ* 25.06.2001, p. 191).

Tutela de remoção do ato ilícito. "Possibilidade do deferimento de tutela de remoção do ato ilícito, requerida em pedido contraposto, a despeito da ausência de previsão expressa no art. 922 do Código de Processo Civil [art. 556 do CPC/2015]. Princípio da atipicidade dos meios executivos. Doutrina sobre o tema" (STJ, REsp 1.423.898/MS, Rel. Min. Paulo de Tarso Sanseverino, 3ª Turma, jul. 02.09.2014, *DJe* 01.10.2014). Obs.: V. art. 139, IV, do CPC/2015.

7. Efetivação da tutela específica ou para a obtenção do resultado prático equivalente. "De acordo com o art. 461, § 5º, do CPC [art. 536, § 1º, do /2015], é cabível a multa cominatória em duas situações: para a efetivação da tutela específica ou para a obtenção do resultado prático equivalente. Afasta-se a multa cominatória quando há impossibilidade fático-material de se cumprir a ordem judicial" (STJ, REsp 743.185/SP, Rel. Min. Nancy Andrighi, 3ª Turma, jul. 09.03.2010, *DJe* 17.03.2010).

"O § 5º do art. 461 do CPC [art. 536, § 1º, do CPC/2015] possibilita ao juiz fixar multa por tempo de atraso, de onde se conclui pela legalidade da multa por hora na interrupção do serviço fixada pelo tribunal de origem" (STJ, REsp 1.142.908/MA, Rel. Min. Eliana Calmon, 2ª Turma, jul. 06.04.2010, *DJe* 14.04.2010).

Improcedência do pedido da ação principal. Execução da multa da sentença cautelar. Impossibilidade. "Os efeitos da sentença proferida em ação cautelar – demanda de natureza acessória e de efeitos temporários, cujo objetivo é garantir a utilidade do resultado de outra ação – não subsistem diante do julgamento de improcedência do pedido deduzido no processo principal, o que inviabiliza a execução da multa lá fixada" (STJ, REsp 1.370.707/MT, Rel. Min. Nancy Andrighi, 3ª Turma, jul. 04.06.2013, *DJe* 17.06.2013).

8. Bloqueio de verbas públicas. Custeio de tratamento médico indispensável. "Tratando-se de fornecimento de medicamentos, cabe ao juiz adotar medidas eficazes à efetivação de suas decisões, podendo, se necessário, determinar até mesmo o sequestro de valores do devedor (bloqueio), segundo o seu prudente arbítrio, e sempre com adequada fundamentação" (STJ, REsp 1.069.810/RS, Rel. Min. Napoleão Nunes Maia Filho, 1ª Seção, jul. 23.10.2013, *DJe* 06.11.2013). **No mesmo sentido**: STJ, REsp 827.133/RS, Rel. Min. Teori Albino Zavascki, 1ª Turma, jul. 18.05.2006, *DJ* 29.05.2006. Obs.: V. art. 139, IV, do CPC/2015.

9. Mandado de segurança. "A decisão que em sede de mandado de segurança impõe obrigação de fazer é essencialmente mandamental, sendo subsidiariamente substituída por perdas e danos, no caso de real impossibilidade de cumprimento, diante da interpretação analógica do art. 461 do CPC [art. 497 do CPC/2015]" (TRF 2ª Região, AI 97.02.29066-0/RJ, Rel. Juiz Ricardo Perlingeiro, 3ª Turma, *DJ* 21.08.2001).

10. Ações de indenização por ato ilícito. "Nas ações de indenização por ato ilícito não se aplicam as disposições do art. 461, CPC [art. 497 do CPC/2015], que somente terão vigência nas ações que tenham por objeto o cumprimento de obrigação de fazer ou não fazer" (TAMG, Ap. 340.111-6, Rel. Juiz Edivaldo George, 2ª Câmara, jul. 14.08.2001).

Art. 498. Na ação que tenha por objeto a entrega de coisa, o juiz, ao conceder a tutela específica, fixará o prazo para o cumprimento da obrigação.

Parágrafo único. Tratando-se de entrega de coisa determinada pelo gênero e pela quantidade, o autor individualizá-la-á na petição inicial, se lhe couber a escolha, ou, se a escolha couber ao réu, este a entregará individualizada, no prazo fixado pelo juiz.

CPC/1973

Art. 461-A.

REFERÊNCIA LEGISLATIVA

CPC/2015, arts. 300 (antecipação de tutela); 513 (cumprimento de sentença); e 806 a 813 (execução de entrega de coisa).

CC, arts. 233 a 246 (obrigações de dar).

Lei nº 2.770, de 04.05.1956 (liberação de bens).

Lei nº 8.245, de 18.10.1991 (Locação – ver Legislação Especial), arts. 64 a 65.

Lei nº 9.494, de 10.09.1997 (Tutela antecipada contra a Fazenda Pública – ver Legislação Especial).

BREVES COMENTÁRIOS

Nenhuma sentença que condena à entrega de coisa se submeterá ao sistema da duplicidade de ações (uma para a condenação e outra para a execução). Uma única relação processual proporcionará o acertamento e a realização do direito do credor de coisa. Apenas se empregará a *actio iudicati* para os títulos executivos extrajudiciais.

O credor das obrigações de dar coisa certa tem direito à tutela específica, devendo o juiz fixar na sentença o prazo para sua entrega. Dispõe, ainda, o atual Código que, em se tratando de entrega de coisa determinada pelo gênero e pela quantidade, o autor deverá individualizá-la na petição inicial, se lhe couber a escolha; se a escolha, contudo, couber ao réu, este a entregará individualizada, no prazo fixado pelo juiz. Para forçar o devedor à entrega da coisa devida cabe a cominação de multa progressiva; a substituição por perdas e danos é excepcional, somente permitida quando requerida pelo credor ou quando tornada impossível a prestação específica.

JURISPRUDÊNCIA SELECIONADA

1. Ação reivindicatória. "A execução de sentença na ação reivindicatória (sentença executiva *lato sensu*), após a Lei nº 10.444/2002, é feita por meio de ofício do juízo, independentemente de execução sucessiva e de embargos, conforme o art. 461-A do CPC [art. 498 do CPC/2015]: o juiz fixa prazo para cumprimento da obrigação (entrega da coisa), que, se não cumprido, implicará a expedição de mandado de busca e apreensão ou de imissão, conforme se trate, respectivamente, de coisa móvel ou imóvel" (TRF-1ª Região, AG 2004.01.00.017361-3/AC, Rel. Des. Federal Olindo Menezes, 3ª Turma, *DJ* 14.01.2005).

2. Ações possessórias. "Nas ações possessórias, dada a sua natureza executiva, a posse é mantida ou restituída de plano ao vencedor da demanda, mediante simples expedição e cumprimento de mandado, sendo inaplicável, em casos tais, o disposto nos arts. 621 e 744, CPC [art. 806 do CPC/2015]" (STJ, REsp 14.138/MS, Rel. Min. Sálvio de Figueiredo Teixeira, 4ª Turma, jul. 20.10.1993, *DJ* 29.11.1993).

3. Fixação de multa diária. "Consoante entendimento jurisprudencial reiterado desta Corte Superior, o art. 461-A, § 3º, do CPC [art. 536, § 1º, do CPC/2015] estendeu a previsão de possibilidade de imposição de multa diária ao réu, por atraso na obrigação de fazer (art. 461, § 4º) [art. 537 do CPC/2015], à obrigação de entrega de coisa" (STJ, AgRg no Ag 1.311.941/SP, Rel. Min. Vasco Della Giustina, 3ª Turma, jul. 16.11.2010, *DJe* 24.11.2010).

"A jurisprudência desta Corte é pacífica no sentido de ser cabível a aplicação de multa diária como meio coercitivo de impor o cumprimento de medida antecipatória ou de sentença definitiva de obrigação de fazer ou entregar coisa, nos termos dos arts. 461 e 461-A do CPC [arts. 497 e 498 do CPC/2015]" (STJ, AgRg no AgRg no REsp 1.087.647/RS, Rel. Min. Humberto Martins, 2ª Turma, jul. 08.09.2009, *DJe* 28.09.2009).

Fazenda Pública. Ver jurisprudência do art. 497 do CPC/2015.

4. Cumprimento espontâneo

Prazo. "A diferença é que, nos casos das obrigações referidas nos arts. 461 e 461-A [arts. 497 e 498 do CPC/2015], o prazo para o cumprimento do provimento jurisdicional é fixado na própria sentença, enquanto nos casos das obrigações por quantia certa, é a lei que fixa o prazo de quinze dias para que haja o voluntário atendimento ao *decisum* e, consequentemente, a satisfação do direito da parte vencedora da ação" (STJ, REsp 1.130.893/SP, Rel. Min. Castro Meira, 2ª Turma, jul. 08.09.2009, *DJe* 18.09.2009).

Honorários advocatícios. "Em que pese o art. 475-I do CPC [art. 513 do CPC/2015] reservar a expressão 'cumprimento de sentença' às obrigações de fazer e de entregar coisa e destinar o termo 'execução' às obrigações por quantia certa, em ambos os casos poderá haver o cumprimento espontâneo da obrigação, sendo desnecessária a execução e, portanto, incabíveis os honorários advocatícios, por não haver previsão legal para a remuneração de advogado sem a prestação de serviços" (STJ, REsp 1.130.893/SP, Rel. Min. Castro Meira, 2ª Turma, jul. 08.09.2009, *DJe* 18.09.2009).

Art. 499. A obrigação somente será convertida em perdas e danos se o autor o requerer ou se impossível a tutela específica ou a obtenção de tutela pelo resultado prático equivalente.

Parágrafo único. Nas hipóteses de responsabilidade contratual previstas nos arts. 441, 618 e 757 da Lei nº 10.406, de 10 de janeiro de 2002 (Código Civil), e de responsabilidade subsidiária e solidária, se requerida a conversão da obrigação em perdas e danos, o juiz concederá, primeiramente, a faculdade para o cumprimento da tutela específica. (Incluído pela Lei nº 14.833, de 2024.)

CPC/1973

Art. 461, § 1º.

REFERÊNCIA LEGISLATIVA

CPC/2015, arts. 300 (antecipação de tutela); 513 (cumprimento de sentença); 814 (execução de obrigação de fazer ou de não fazer); 815 a 821 (execução das obrigações de fazer); 822 e 823 (execução de obrigação de não fazer).

CC, arts. 247 a 249 (obrigações de fazer); e 250 e 251 (obrigações de não fazer).

Lei nº 12.016, de 07.08.2009 (Mandado de Segurança – ver Legislação Especial), art. 15.

Lei nº 8.437, de 30.06.1992 (Medidas Cautelares – ver Legislação Especial).

Lei nº 9.494, de 10.09.1997 (Tutela antecipada contra a Fazenda Pública – ver Legislação Especial).

SÚMULAS

Súmulas do STJ:

nº 372: "Na ação de exibição de documentos, não cabe a aplicação de multa cominatória".

nº 410: "A prévia intimação pessoal do devedor constitui condição necessária para a cobrança de multa pelo descumprimento de obrigação de fazer ou não fazer".

BREVES COMENTÁRIOS

A conversão da obrigação em perdas e danos só acontecerá se o credor a requerer ou se a execução específica mostrar-se impossível (perecimento ou desvio da coisa), de modo a torná-la inalcançável pela parte (art. 499). Não há para o credor de coisa certa a possibilidade prevista para as prestações de fato de substituir a prestação devida por providência capaz de produzir resultado prático equivalente ao adimplemento (*caput* do art. 497).

O objeto vinculado à obrigação de dar não se submete à outra substituição que não seja seu equivalente econômico. Não há vantagem relevante no fato de a sentença substituí-lo por coisa diversa. Isso não seria, de forma alguma, uma execução específica nem conduziria a um resultado que se pudesse pretender equivalente. O prestígio da obrigação, *in casu*, está justamente na fiel perseguição da exata *coisa devida*, que fica mais ao alcance do órgão judicial que o *facere* ou o *non facere*.

A Lei nº 14.833/2024 acrescentou ao art. 499 o parágrafo único para arrolar duas hipóteses em que o pedido de conversão da obrigação em perdas e danos somente será deferido depois de facultado previamente pelo juiz o cumprimento da tutela específica: a) responsabilidade contratual por vício redibitório (CC, art. 441); responsabilidade do empreiteiro de edifícios e outras construções consideráveis pela solidez e segurança da obra (CC, art. 618); responsabilidade do segurador pelo risco contratado (CC, art. 757); b) responsabilidade subsidiária e solidária em geral. Portanto, mesmo inadimplente o devedor, nos casos em foco, continua ele com a faculdade de cumprir a prestação devida *in natura*, antes de ser compelido a convertê-la em perdas e danos.

JURISPRUDÊNCIA SELECIONADA

1. Conversão da obrigação de fazer em perdas e danos.

(i) Possibilidade. "O Superior Tribunal de Justiça tem entendimento assente no sentido de que a conversão da obrigação de fazer em indenização não configura julgamento extra petita. A propósito: AgInt nos EDv nos EREsp 1.364.503/PE, Rel. Ministro Francisco Falcão, Corte Especial, *DJe* 18/6/2018; AgRg no REsp 1.471.450/CE, Rel. Ministro Humberto Martins, Segunda Turma, *DJe* 8/3/2016; AgRg no REsp 992.028/RJ, Rel. Ministro Napoleão Nunes Maia Filho, Quinta Turma, *DJe* 14/2/2011. Assim, pode ser aplicada a conversão da obrigação de fazer em perdas em danos, solução essa encontrada nos arts. 497, 499 e 536 do CPC/2015, independentemente de haver o titular do direito subjetivo requerido expressamente (art. 499). A obrigação somente será convertida em perdas e danos se o autor o requerer ou se impossível a tutela específica ou a obtenção de tutela pelo resultado prático equivalente. Entendimento diverso resultaria no desprestígio do Poder Judiciário, com o esvaziamento dos efeitos da tutela jurisdicional transitada em julgado, por não assegurar ao cidadão posição jurídica equivalente ao que foi postulado inicialmente e assegurado em juízo" (STJ, AgInt no REsp 1779534/RJ, Rel. Min. Herman Benjamin, 2ª Turma, jul. 23.05.2019, *DJe* 19.06.2019). **No mesmo sentido:** STJ, REsp 2.121.365/MG, Rel. Min. Regina Helena Costa, 1ª Turma, jul. 03.09.2024, *DJe* 09.09.2024).

"Buscando a parte o cumprimento de obrigação contratual e verificada a impossibilidade desse adimplemento, a conversão em perdas e danos, nos termos do art. 461, § 1º, do CPC [art. 499 do CPC/2015], não perde o caráter de indenização em virtude de responsabilidade contratual, razão pela qual os juros moratórios incidem a partir da citação" (STJ, AgRg no REsp 1.086.273/RS, Rel. Min. Aldir Passarinho Junior, 4ª Turma, jul. 22.03.2011, *DJe* 28.03.2011).

"É certo que a execução deve obediência ao princípio da fidelidade ao julgado exequendo, não podendo fugir aos limites da condenação. Todavia, essa regra não tem caráter absoluto, especialmente quando, em se tratando de obrigação pessoal (fazer ou não fazer) ou de entrega de coisa (como é o caso, em última análise, da ação de reintegração de posse), a execução específica se mostra inviável ou impossível na prática, por fato superveniente. Em casos tais, a lei processual admite expressamente a conversão da tutela específica em tutela alternativa de indenização em dinheiro" (STJ, REsp 1.007.110/SC, Rel. Min. Teori Albino Zavascki, 1ª Turma, jul. 18.12.2008, *DJe* 02.03.2009).

"A jurisprudência desta Eg. Corte e do STF, com fundamento nos princípios da economia e celeridade além da tutela das obrigações de fazer, não fazer e entregar coisa certa distinta de dinheiro, consagrou a orientação de que é possível que a ação reintegratória seja convertida em ação de indenização por desapropriação indireta. Na espécie, havendo pedido, é possível que a ação reintegratória seja convertida em ação de indenização em respeito aos princípios da celeridade e economia processuais" (STJ, REsp 1.060.924/RJ, Rel. Min. Castro Meira, 2ª Turma, jul. 03.11.2009, *DJe* 11.11.2009).

(ii) Impossibilidade.

Conversão da obrigação de fazer no equivalente. Impossibilidade fática do cumprimento específico. Inexistência. "A impossibilidade que admite a conversão em perdas e danos deve ser de ordem subjetiva (por exemplo, a recusa do devedor, no caso de infungibilidade da obrigação de fazer: pintar um quadro, escrever um livro, etc.) ou de ordem objetiva/fática/material (por exemplo, a destruição do bem da vida, a venda a terceiros, etc., no caso de obrigações de fazer fungíveis), sob pena de completo desvirtuamento do instituto que privilegia o cumprimento específico da obrigação. No caso em apreço – que versa acerca de obrigação de fazer de caráter nitidamente fungível (realizar reparos em um muro) –, não se pode afirmar que a presença de animosidade entre as partes, o tempo de tramitação do processo ou até mesmo a constatação de que a concretização da obrigação seria de difícil consecução dada a falta de diálogo entre os vizinhos seria equiparável a uma real impossibilidade fática de cumprimento da obrigação na forma específica" (STJ, REsp 1760195/DF, Rel. p/ Acórdão Min. Ricardo Villas Bôas Cueva, 3ª Turma, jul. 27.11.2018, *DJe* 10.12.2018).

2. Conversão no equivalente. Desnecessidade de discussão sobre culpa do devedor. "A conversão em perdas e danos da obrigação de fazer dispensa pronunciamento sobre a efetiva culpa pelo inadimplemento da prestação. Apresentam-se suficientes para o deferimento do pedido a demonstração de descumprimento da sentença por fato imputável ao devedor e o requerimento de conversão do credor. Inteligência do art. 461, *caput* e § 1º, do Código de Processo Civil de 1973 [art. 499 do CPC/2015]" (STJ, REsp 1365638/SP, Rel. Min. Ricardo Villas Bôas Cueva, 3ª Turma, jul. 05.05.2016, *DJe* 12.05.2016).

"A conversão da obrigação de dar, fazer ou não fazer em perdas e danos, em decorrência da inviabilidade de cumprimento específico, não representa julgamento extra petita, ainda que a parte lesada não pleiteie a conversão, pois é lícito ao julgador valer-se das disposições do art. 461, § 1º, do Código de Processo Civil de 1973 [art. 499 do CPC/2015] para determinar a conversão da obrigação em obrigação pecuniária quando aquela não pode ser executada, no todo ou em parte" (STJ, AgInt no AREsp 698.725/SC, Rel. Min. Maria Isabel Gallotti, 4ª Turma, jul. 17.08.2017, *DJe* 22.08.2017).

3. Impossibilidade de entrega das ações ao acionista. Eventos societários ocorridos entre a data de emissão das ações e a do trânsito em julgado. Necessidade de inclusão no cálculo. "Nas causas que envolvem a conversão de ações em indenização por perdas e danos, é preciso considerar, na fase de cumprimento de sentença, os eventos societários que tenham importado em grupamento e/ou desdobramentos desses títulos ocorridos entre a data em que eles foram emitidos e a data do trânsito em julgado da sentença proferida na fase de conhecimento, sob pena de configurar-se enriquecimento ilícito da parte vencedora. Precedentes. Não há óbice à revisão dos cálculos de liquidação do julgado para que se ajustem à orientação desta Corte acerca do grupamento e desdobramento de ações, sendo certo que a não observância dos eventos societários pertinentes configura erro material e teratológico gravíssimo que pode ser corrigido a qualquer tempo, não se sujeitando à preclusão. Precedentes" (STJ, AgInt no AREsp 1.488.546/PE, Rel. p/acórdão Min. Maria Isabel Gallotti, 4ª Turma, jul. 06.02.2024, *DJe* 02.04.2024).

"Nas situações em que for impossível a entrega das ações, cumpre estabelecer-se critério indenizatório que recomponha ao acionista a perda por ele sofrida, conforme prevê o art. 461, § 1º, do Código de Processo Civil" [art. 499 do CPC/2015] (STJ, REsp 1.025.298/RS, Rel. Min. Massami Uyeda, 2ª Seção, jul. 24.11.2010, *DJe* 11.02.2011). **No mesmo sentido**: TRF 4ª Região, AI 1998.04.01.066347-5/RS, Rel. Juiz Edgard A. Lippmann Júnior, 4ª Turma, *DJ* 09.05.2001.

4. Onerosidade excessiva. "Portanto, o cumprimento específico da obrigação, no caso, demandaria uma onerosidade muito maior do que o prejuízo já experimentado pela recorrente, razão pela qual não se pode impor o comportamento que exige o ressarcimento na forma específica quando o seu custo não justifica a opção por esta modalidade de ressarcimento, devendo, na forma do que determina o art. 461, § 1º, do Código de Processo Civil [art. 499, CPC/2015], ser convertida a obrigação em perdas e danos" (STJ, REsp 898.184/RJ, Rel. Min. Maria Thereza de Assis Moura, 6ª Turma, jul. 24.06.2008, *DJe* 04.08.2008). **No mesmo sentido:** STJ, REsp 1055822/RJ, Rel. Min. Massami Uyeda, 3ª Turma, jul. 24.05.2011, *DJe* 26.10.2011. Ver, entretanto, jurisprudência posterior ao CPC/2015 (n. 1 e n. 2).

Art. 500. A indenização por perdas e danos dar-se-á sem prejuízo da multa fixada periodicamente para compelir o réu ao cumprimento específico da obrigação.

CPC/1973

Art. 461, § 2º.

REFERÊNCIA LEGISLATIVA

CPC/2015, arts. 300 (antecipação de tutela); 513 (cumprimento de sentença); 814 (execução de obrigação de fazer ou de não fazer); 815 a 821 (execução das obrigações de fazer); 822 e 823 (execução de obrigação de não fazer).

CC, arts. 247 a 249 (obrigações de fazer); e 250 e 251 (obrigações de não fazer).

Lei nº 12.016, de 07.08.2009 (Mandado de Segurança – ver Legislação Especial), art. 15.

Lei nº 8.437, de 30.06.1992 (Medidas Cautelares – ver Legislação Especial).

Lei nº 9.494, de 10.09.1997 (Tutela antecipada contra a Fazenda Pública – ver Legislação Especial).

SÚMULAS

Súmulas do STJ:

nº 372: "Na ação de exibição de documentos, não cabe a aplicação de multa cominatória".

nº 410: "A prévia intimação pessoal do devedor constitui condição necessária para a cobrança de multa pelo descumprimento de obrigação de fazer ou não fazer".

BREVES COMENTÁRIOS

Ocorrendo a inviabilização da entrega da coisa, apurada depois da condenação específica, sua conversão em indenização pelas perdas e danos dar-se á sem prejuízo da multa prevista (art. 500); não tem cabimento, no entanto, impor multa da espécie se a entrega da coisa se inviabilizou antes da condenação, ou se o credor já optou de antemão pelo equivalente econômico.

JURISPRUDÊNCIA SELECIONADA

1. Multa cominatória fixada em demanda pretérita. Descumprimento. Cumulação. Possibilidade. "Cinge-se a controvérsia em definir se é possível prosperar o pedido de indenização por danos morais em razão de descumprimento de ordem judicial em demanda pretérita, na qual foi fixada multa cominatória. A jurisprudência desta Corte é firme no sentido de que a inscrição indevida em cadastro de inadimplentes gera dano moral passível de indenização, salvo constatada a existência de outras anotações preexistentes àquela que deu origem a ação reparatória (Súmula nº 385 do STJ). Referida indenização visa a reparar o abalo moral sofrido em decorrência da verdadeira agressão ou atentado contra dignidade da pessoa humana. A multa cominatória, por outro lado, tem cabimento nas hipóteses de descumprimento de ordens judiciais, sendo fixada justamente com o objetivo de compelir a parte ao cumprimento daquela obrigação. Encontra justificativa no princípio da efetividade da tutela jurisdicional e na necessidade de se assegurar o pronto cumprimento das decisões judiciais cominatórias. Considerando, portanto, que os institutos em questão têm natureza jurídica e finalidades distintas, é possível a cumulação" (STJ, REsp 1689074/RS, Rel. Min. Moura Ribeiro, 3ª Turma, jul. 16.10.2018, *DJe* 18.10.2018).

2. *Astreintes*. Ver jurisprudência do art. 537 do CPC/2015.

3. Mandado sem prazo para cumprimento. Nulidade. "Imposta multa à parte como forma de impor o cumprimento de medida liminar, deve obrigatoriamente constar do mandado o prazo assinalado para o atendimento da ordem, mormente quando extremamente exíguo e elevado o valor da *astreinte* diária. CPC, arts. 225, VI, e 247 [arts. 250, II e 280, CPC/2015]" (STJ, REsp 620.106/RS, Rel. Min. Aldir Passarinho Junior, 4ª Turma, jul. 18.08.2009, *DJe* 28.09.2009).

4. Ações de indenização por ato ilícito. "Nas ações de indenização por ato ilícito não se aplicam as disposições do art. 461, CPC [art. 497 do CPC/2015], que somente terão vigência nas ações que tenham por objeto o cumprimento de obrigação de fazer ou não fazer" (TAMG, Ap. 340.111-6, Rel. Juiz Edivaldo George, 2ª Câmara, jul. 14.08.2001).

5. Multa prevista no art. 77 do CPC/2015 *x* multa prevista no art. 500 do CPC/2015. "A multa processual prevista no *caput* do artigo 14 do CPC [art. 77 do CPC/2015] difere da multa cominatória prevista no art. 461, §§ 4º e 5º [arts. 537 e 536, § 1º, do CPC], vez que a primeira tem natureza punitiva, enquanto a segunda tem natureza coercitiva a fim de compelir o devedor a realizar a prestação determinada pela ordem judicial" (STJ, REsp 770.753/RS, Rel. Min. Luiz Fux, 1ª Turma, jul 27.02.2007, *DJ* 15.03.2007).

6. Multa prevista no art. 555, parágrafo único, do CPC/2015 *x* multa prevista no art. 500 do CPC/2015. "A multa imposta com base no art. 461, § 4º [art. 537 do CPC/2015], do Código de Processo Civil tem natureza coercitiva e visa compelir o devedor a cumprir determinação judicial, possuindo natureza distinta da multa prevista no art. 921, inciso II, do Código de Processo Civil [art. 555, parágrafo único, I, do CPC/2015], que tem cunho sancionatório, aplicável na hipótese de nova turbação à posse; possuindo, inclusive, fatos geradores distintos. Enquanto a multa do art. 461, § 4º, do Código de Processo Civil [art. 537 do CPC/2015] decorre do não cumprimento da decisão judicial, a do art. 921, inciso II [art. 555, parágrafo único, I, do CPC/2015], origina-se de novo ato do réu, atentando contra a posse do autor" (STJ, REsp 903.226/SC, Rel. Min. Laurita Vaz, 5ª Turma, jul. 18.11.2010, *DJe* 06.12.2010).

Art. 501. Na ação que tenha por objeto a emissão de declaração de vontade, a sentença que julgar procedente o pedido, uma vez transitada em julgado, produzirá todos os efeitos da declaração não emitida.

CPC/1973

Art. 466-A.

BREVES COMENTÁRIOS

Obtida a sentença que condenou o devedor a emitir a prometida declaração de vontade, o atendimento da pretensão do credor não mais dependerá de qualquer atuação do promitente. A própria sentença, uma vez transitada em julgado, substituirá a declaração não emitida, produzindo todos os efeitos jurídicos a que esta se destinava. A sentença, em outras palavras, supre a declaração de vontade sonegada pelo devedor.

Os casos mais comuns de pré-contrato ou promessa de contratar são os compromissos de compra e venda. No entanto, o art. 501 refere-se a qualquer promessa de contratar, salvo aquelas em que se admitir a possibilidade de arrependimento. Existindo essa faculdade contratual, o devedor deverá exercitá-la na fase da contestação, pois, após a sentença condenatória, não haverá a oportunidade dos embargos. A sentença é autoexequível e não depende da *actio iudicati* para surtir os efeitos a que se destina.

O registro da sentença não é propriamente uma forma de execução. Tem apenas a função própria dos atos de registro público: eficácia *erga omnes*, transferência dominial, criação de direito real etc., tal como ocorreria com a transcrição do contrato principal se firmado fosse diretamente pelas partes. Deve o registro, no entanto, ser feito mediante mandado do juiz da ação.

JURISPRUDÊNCIA SELECIONADA

1. Desmembramento de imóvel. Matrícula individualizada. Condição indispensável para a procedência da ação de adjudicação. "A averbação do desmembramento do imóvel urbano, devidamente aprovado pelo Município, é formalidade que deve anteceder qualquer registro da área desmembrada. A existência de imóvel registrável é condição específica da ação de adjudicação compulsória" (STJ, REsp 1851104/SP, Rel. Min. Ricardo Villas Bôas Cueva, 3ª Turma, jul. 12.05.2020, *DJe* 18.05,2020).

2. Ação de adjudicação compulsória. Desdobro do imóvel prometido à venda. Não averbação. Improcedência. "A averbação do desmembramento do imóvel urbano, devidamente aprovado pelo Município, é formalidade que deve anteceder qualquer registro da área desmembrada. A existência de imóvel registrável é condição específica da ação de adjudicação compulsória. No caso dos autos, o desmembramento do terreno não foi averbado na matrícula do imóvel, condição indispensável para a procedência da ação de adjudicação compulsória" (STJ, REsp 1851104/SP, Rel. Min. Ricardo Villas Bôas Cueva, 3ª Turma, julgado em 12.05.2020, *DJe* 18.05.2020).

3. Condição meramente potestativa. Interesse do credor. Possibilidade. "Discute-se nos autos a validade de estipulação que conferia ao credor a possibilidade de exigir, 'tão logo fosse de seu interesse', a transferência da propriedade de imóvel. (...) No caso, a estipulação assinalada mais se assemelha a termo incerto ou indeterminado do que, propriamente, a condição potestativa. E mesmo admitindo tratar-se de condição, seria de rigor verificar quem ela beneficiava (credor e devedor), não havendo falar, por isso, em falta de seriedade na proposta ou risco à estabilidade das relações jurídicas. Ademais, foi estatuída em consideração a uma circunstância fática alheia à vontade das partes: o resultado de uma determinada ação judicial (usucapião), havendo, assim, interesse juridicamente relevante a justificar sua estipulação. Desse modo a condição não seria inútil ou inconveniente e, em consequência, pode ser considerada válida, até mesmo para efeito de impedir a fluência do prazo prescricional" (STJ, REsp 1.990.221/SC, Rel. Ministro Moura Ribeiro, 3ª Turma, jul. 03.05.2022, *DJe* 13.05.2022).

4. Incorporação imobiliária. Memorial de incorporação não registrado. Adjudicação do imóvel. Impossibilidade. "Na espécie, inviável adjudicação do imóvel, pois o memorial de incorporação não foi devidamente registrado no Cartório de Registro de Imóveis e a comercialização dos bens se deu por pessoa que não possuía sequer uma perspectiva de aquisição do domínio do terreno. Contudo, o descumprimento da obrigação de registro do memorial de incorporação pelo incorporador não implica a invalidade ou nulidade do contrato de compromisso de compra e venda, pois este gera efeitos obrigacionais entre as partes e, até mesmo, contra terceiros. Assim, a questão deverá ser resolvida pela rescisão do contrato e a condenação da suposta incorporadora por perdas e danos" (STJ, REsp 1.770.095/DF, Rel. Min. Marco Aurélio Bellizze, 3ª Turma, jul. 10.05.2022, *DJe* 17.05.2022).

5. Promessa de compra e venda. Retorno ao *status quo ante*. Indenização. Restituição integral dos valores despendidos com o imóvel com os encargos legais. Lucros cessantes. Descabimento. "De acordo com a regra do art. 475 do Código Civil, se o credor opta por pleitear o cumprimento da obrigação, terá direito também ao ressarcimento de todos os prejuízos sofridos (danos emergentes e lucros cessantes), sendo colocado na mesma situação em que estaria se o contrato tivesse sido cumprido voluntariamente e no modo/tempo/lugar devido (interesse contratual positivo ou interesse de cumprimento). Neste caso, os lucros cessantes são presumidos, porque o comprador ficou privado do uso e fruição do imóvel, para moradia própria ou obtenção de renda durante o período de atraso. Diversamente, se o credor, com base no mesmo dispositivo legal, opta pela resolução do contrato de compra e venda, só poderá pedir de forma cumulada a indenização relacionada aos danos que sofreu pela alteração da sua posição contratual, sendo ressarcido na importância necessária para colocá-lo na mesma situação em que estaria se o contrato não tivesse sido celebrado (interesse contratual negativo). Nesta hipótese, decretada a resolução do contrato, com a restituição das parcelas pagas pelo comprador, o retorno das partes ao estado anterior (arts. 475 c/c 182, ambos do Código Civil) implica a restituição da quantia paga devidamente corrigida e acrescida dos juros legais (Súmula 543 do STJ), abarcando também o interesse contratual negativo, o qual deve ser comprovado. No caso em exame, como o autor escolheu a rescisão do contrato, nunca terá o bem em seu patrimônio, de forma que sua pretensão resolutória é incompatível com o postulado ganho relacionado à renda mensal que seria gerada pelo imóvel. Assim, os lucros cessantes, no caso do interesse contratual negativo, não são presumidos, devendo ser cabalmente alegados e demonstrados" (STJ, AgInt no REsp 1.881.482/SP, Rel. Min. Maria Isabel Gallotti, 4ª Turma, jul. 06.02.2024, *DJe* 02.05.2024).

6. Contrato preliminar e contrato definitivo. Prevalência do contrato definitivo. "O contrato preliminar confere, em benefício de qualquer das partes, a prerrogativa de exigir da outra a celebração do negócio definitivo com observância do que inicialmente pactuado. Nada obsta, porém, que, na oportunidade da celebração do contrato definitivo, as partes estabeleçam, de comum acordo, deveres e obrigações diversos e até mesmo contrários àqueles previstos no pacto inicial. A liberdade contratual confere aos negociantes amplos poderes para revogar, modificar ou substituir ajustes anteriores. Não importa se esses ajustes foram incorporados em contrato preliminar ou definitivo, a autonomia da vontade das partes pode, em qualquer caso, desconstituir obrigações anteriormente assumidas. Impossível, dessa forma, conferir maior eficácia jurídica ao contrato preliminar que ao definitivo, sobretudo quando as partes, nessa nova avença, pactuaram obrigações diametralmente opostas e desautorizam, expressamente, os termos da proposta original" (STJ, REsp 2.054.411/DF, Rel. Min. Moura Ribeiro, 3ª Turma, jul. 03.10.2023, *DJe* 06.10.2023).

7. Antecipação de tutela. "Demonstrado o receio de dano irreparável, consistente na possibilidade de decretação de falência da vendedora, e a verossimilhança do direito alegado, com a prova de pagamentos revertidos em favor da mesma e o depósito em juízo da diferença do preço, correta a concessão da tutela antecipatória, determinando a outorga da escritura do imóvel em favor da compradora, e o respectivo registro no cartório competente, mediante caução idônea, com base nos arts. 273 e 461 do Código de Processo Civil" (TJPR, AI 0118868-9 (20124), Rel. Des. Dilmar Kessler, 4ª Câmara Cível, *DJ* 08.04.2002).

8. Vício na sentença. "Não há vício na sentença que determina a outorga de cessão de direitos hereditários e não a de escritura definitiva de compra e venda, conforme pedido na inicial, se, sendo válido o negócio realizado pelas partes, até o proferimento da decisão não houver se encerrado o inventário, por ser a cessão um *minus* em relação ao pedido da autora" (STJ, REsp 823.724/RJ, Rel. Min. Sidnei Beneti, 3ª Turma, jul. 18.05.2010, *DJe* 07.06.2010).

☆ DO JULGAMENTO DE AÇÕES RELATIVAS À OBRIGAÇÃO DE FAZER ETC.: INDICAÇÃO DOUTRINÁRIA

Ada Pellegrini Grinover, A tutela jurisdicional nas obrigações de fazer e não fazer, *RF* 333/3; *RP* 79/67: "O art. 461 aplica-se a todas as obrigações de fazer e não fazer, fungíveis, com a observação de que a tutela específica das obrigações de prestar declaração de vontade continua subsumida ao regime próprio dos arts. 639/641, CPC, que não sofreram alteração"; Antônio Cláudio da Costa Machado, *Tutela antecipada*, São Paulo: Oliveira Mendes, 1999; Athos Gusmão Carneiro, *Da antecipação de tutela no processo civil*, Rio de Janeiro: Forense, 1999; Cândido R. Dinamarco, *A reforma do Código de Processo Civil*, São Paulo: Malheiros, 1995, p. 149 e ss.; Carlos Eduardo da Rosa da Fonseca Passos, A indústria da multa e a necessidade de uniformizar, *Remerj* 43/48; Carlos Eduardo da Rosa da Fonseca Passos, Métodos de cumprimento da tutela específica, *REMERJ* 42/72 – sobre medidas práticas para realizar a execução específica; Cássio Scarpinella Bueno, *Execução provisória e antecipação da tutela – dinâmica do efeito suspensivo da apelação e da execução provisória*: conserto para a efetividade do processo, São Paulo: Saraiva, 1999; Cassio Scarpinella Bueno, *Tutela antecipada*, São Paulo: Saraiva, 2007, Parte 1, n. 12.5; Celso Barbi Filho, Efeitos da reforma do Código de Processo Civil na execução específica do acordo de acionistas, *RF* 338/49: "Está claro no texto pátrio (art. 287 referido) que as hipóteses de cominação de pena pecuniária estão restritas às hipóteses em que invoca o demandante tutela jurisdicional de caráter condenatório. E, como se teve oportunidade de expor, na invocação da tutela específica sob exame, não se reclama propriamente a condenação do réu a emitir declaração de vontade, mas a prolação de sentença que produza eficácia jurídica idêntica à que resultaria do adimplemento voluntário da obrigação"; Fernando Rubin, A regra da preclusividade das decisões judiciais frente à situação anômala da revogação de liminares e da utilização do atípico pedido de reconsideração, *Revista Dialética de Direito Processual* 116/44; Flávio Cheim Jorge e Marcelo Abelha Rodrigues, Tutela específica do art. 461 do CPC e o processo de execução in: Sérgio Shimura, Teresa Arruda Alvim Wambier (coords.), *Processo de execução*, São Paulo: Revista dos Tribunais, 2001, v. 2; Fredie Didier Jr., *Curso de direito processual civil*, 10. ed., Salvador: JusPodivm, 2015, v. II; Guilherme Rizzo Amaral, As astreintes e o novo Código de Processo Civil, *RP* 182/181; Guilherme Rizzo Amaral, *As astreintes e o processo civil brasileiro*, Porto Alegre: Livraria do Advogado, 2010; Humberto Theodoro Júnior, *As inovações no Código de Processo Civil*, Rio de Janeiro: Forense, 1995, p. 17 e ss.; Humberto Theodoro Júnior, *As novas reformas do Código de Processo Civil: Leis ns. 11.187, de 19.10.2005; 11.232, de 22.12.2005; 11.276 e 11.277, de 07.02.2006; e 11.280, de 16.02.2006*, Rio de Janeiro: Forense, 2007; Humberto Theodoro

Júnior, *Curso de direito processual civil*, 61. ed., Rio de Janeiro: Forense, 2020, v. I; Humberto Theodoro Júnior, Tutela específica das obrigações de fazer e não fazer, *RP* 105/9; João Batista Lopes, *Tutela antecipada no processo civil brasileiro*, São Paulo: Revista dos Tribunais, 2009, Quarta Parte, n. 2; João Francisco N. da Fonseca, In: José Roberto F. Gouvêa; Luis Guilherme A. Bondioli e João Francisco N. da Fonseca (Coord.), *Comentários ao Código de Processo Civil*, São Paulo: Saraiva, 2017, v. 9; Jorge Pinheiro Castelo, *Tutela antecipada: na teoria geral do processo*, São Paulo: LTr, 1999, v. 1, n. 5.3; José Rogério Cruz e Tucci, In: Sérgio Cruz Arenhart e Daniel Mitidiero (coord.), *Comentários ao Código de Processo Civil*, 2. ed., São Paulo: RT, 2018, v. 8; Luix Fux, *Tutela de segurança e tutela da evidência (fundamentos da tutela antecipada)*, São Paulo: Saraiva, 1996; Luiz Guilherme Marinoni, As novas sentenças e os novos poderes do juiz para a prestação da tutela, *RGDPC* 29/548; *Ciência Jurídica* 119/305; Tutela inibitória, *RJ* 41/40; A prova na ação inibitória, *RJ* 294/15; Tutela inibitória a tutela de prevenção de ilícito, *RGDPC* 2/347; As novas sentenças e os novos poderes do juiz para a prestação da tutela, *CJ* 119/305; *RGDPC* 29/548; e O direito ambiental e as ações inibitória e de remoção do ilícito, *CJ* 120/217; Luiz Guilherme Marinoni, *Tutela antecipada e julgamento antecipado: parte incontroversa da demanda*, São Paulo: Revista dos Tribunais, 2002, cap. III, n. 8; Luiz Guilherme Marinoni, *Tutela cautelar e tutela antecipatória*, São Paulo: Revista dos Tribunais, 1994; *A antecipação da tutela*, São Paulo: Malheiros, 2004; *Tutela inibitória*: individual e coletiva, São Paulo: Revista dos Tribunais, 2012; *Tutela específica*: arts. 461, CPC e 84, CDC, São Paulo: Revista dos Tribunais, 2001; Luiz Guilherme Marinoni. Tutela contra o ilícito – artigo 497, parágrafo único, do CPC/2015. *Revista Jurídica Lex*, vol. 78, São Paulo: Lex Editora, nov./dez. 2015, p. 23; Luiz Manoel Gomes Junior, Execução de multa – art. 461, § 4º, do CPC e a sentença de improcedência do pedido, in: Sérgio Shimura, Teresa Arruda Alvim Wambier (coords.), *Processo de execução*, São Paulo: Revista dos Tribunais, 2001, v. 2; Rinaldo Mouzalas, In: Teresa Arruda Alvim Wambier, Fredie Didier Jr., Eduardo Talamini, Bruno Dantas, *Breves comentários ao novo Código de Processo Civil*, São Paulo: Revista dos Tribunais, 2015; Sérgio Cruz Arenhart, A intervenção judicial e o cumprimento da tutela específica, *RJ* 385/45; Sidney Sanches, Execução específica das obrigações de contratar e de prestar declaração de vontade, *RDP* 54/30; Vicente de Paula Ataide Junior, A tutela específica no CPC/2015, In: Sérgio Cruz Arenhart; Daniel Mitidiero (coords.), *O processo civil entre a técnica processual e a tutela dos direitos*: estudos em homenagem a Luiz Guilherme Marinoni, São Paulo: RT, 2017, p. 759 e ss; Eduardo Talamini, Adjudicação compulsória extrajudicial: pressupostos, natureza e limites. *Revista de Processo*, n. 336, p. 319 e ss, fev.2023.

Seção V
Da Coisa Julgada

Art. 502. Denomina-se coisa julgada material a autoridade que torna imutável e indiscutível a decisão de mérito não mais sujeita a recurso.

CPC/1973

Art. 467.

REFERÊNCIA LEGISLATIVA

CPC/2015, arts. 337, §§ 1º a 6º (definição; requisitos), 485, VI (extinção do processo sem resolução de mérito), 515, VI (execução; influência de sentença penal condenatória no juízo cível).

CC, art. 935 (responsabilidade civil).

CPP, art. 63 (execução da sentença condenatória no cível).

Código de Defesa do Consumidor, art. 103 (coisa julgada nas ações coletivas em defesa do consumidor – Ver Legislação Especial).

Lei nº 5.478, de 25.07.1968, art. 15 (Alimentos – Ver Legislação Especial).

Lei nº 7.347, de 24.07.1985, art. 16 (Ação civil pública – Ver Legislação Especial).

Lei nº 4.717, de 29.06.1965, art. 18 (Ação popular – Ver Legislação Especial).

Lei nº 11.101, de 09.02.2005, arts. 90 e 91 (Falências).

Lei nº 12.016, de 07.08.2009, arts. 15 e 16 (Mandado de Segurança – Ver Legislação Especial).

BREVES COMENTÁRIOS

A *res iudicata* se apresenta como uma qualidade da sentença, assumida em determinado momento processual. Não é efeito da sentença, mas a qualidade dela, representada pela "imutabilidade" do julgado e de seus efeitos, depois que não seja mais possível impugná-los por meio de recurso.

É de se ter em conta que a coisa julgada é uma decorrência do conteúdo do julgamento de mérito e não da natureza processual do ato decisório. Quando os arts. 502 e 503 do atual Código estabelecem o conceito legal e a extensão do fenômeno da coisa julgada e se referem a ela como uma qualidade da *decisão de mérito*, e não apenas da sentença, reconhecem a possibilidade de a *res iudicata* recair sobre qualquer ato decisório, que solucione "total ou parcialmente o mérito". Dessa maneira, a coisa julgada leva em conta o objeto da decisão, que haverá de envolver o mérito da causa, no todo ou em parte, seja o ato decisório uma sentença propriamente dita, seja um acórdão, seja uma decisão interlocutória. O importante é que o pronunciamento seja definitivo e tenha sido resultado de um acertamento judicial precedido de contraditório efetivo.

O que a coisa julgada acarreta é uma transformação qualitativa nos efeitos da sentença, efeitos esses que já poderiam estar sendo produzidos antes ou independentemente do trânsito em julgado. Uma sentença exequível provisoriamente produz, por exemplo, efeitos, sem embargo de ainda não se achar acobertada pela coisa julgada. Quando não cabe mais recurso algum, é que o decisório se torna imutável e indiscutível, revestindo-se da autoridade de coisa julgada. Não se acrescentou, portanto, efeito novo à sentença. Deu-se-lhe apenas um qualificativo e reforço, fazendo que aquilo até então discutível e modificável se tornasse definitivo e irreversível.

Por outro lado, se a coisa julgada não é um efeito da sentença, tampouco se pode afirmar que seja uma qualidade de aplicação limitada ao seu efeito declarativo. Quando uma sentença passa em julgado, a autoridade da *res iudicata* manifesta-se sobre todos os efeitos concretos da sentença, sejam eles declaratórios, condenatórios ou constitutivos. A situação emergente da definição e comando da sentença, toda ela adquire a força de lei entre as partes e o juiz, de modo a impedir que novas discussões e novos julgamentos a seu respeito venham a acontecer (CPC/2015, arts. 502, 503 e 505). Não é, portanto, só a declaração que se reveste da autoridade de coisa julgada, mas também o pronunciamento constitutivo e o condenatório.

Em resumo:

(a) o efeito principal e necessário da sentença de mérito é a composição do litígio; com ele extingue-se o conflito jurídico que levou as partes à justiça;

(b) esta composição se dá por meio da definição que confere certeza à existência ou inexistência da relação jurídica litigiosa (provimento *declaratório*), assim como pela constituição de uma nova situação jurídica entre os litigantes (provimento *constitutivo*), ou, ainda, pela imposição de sanção àquele que descumpriu obrigação legal ou negocial (provimento *condenatório*);

(c) é esta composição que, em qualquer de suas modalidades, representará a situação jurídica que, em determinado momento (*i.e.*, quando não mais caiba recurso contra a sentença), *transitará em julgado*, tornando-se imutável e indiscutível, de maneira a impedir que outros processos, entre as mesmas partes, venham a rediscutir e rejulgar o conflito já então definitivamente solucionado;

(d) é nesse sentido que se afirma que a coisa julgada não é um efeito da sentença ,mas uma qualidade que o ato judicial e seus efeitos assumem, quando não mais se possa questioná-los pela via recursal.

JURISPRUDÊNCIA SELECIONADA

1. Coisa julgada material. Definição. "Coisa julgada material é o atributo da decisão judicial que extingue o processo resolvendo todas as questões de mérito e resolvendo a lide" (STJ, AgRg nos EREsp 492.171/RS, Rel. Min. Humberto Gomes de Barros, Corte Especial, jul. 29.06.2007, *DJ* 13.08.2007, p. 312).

"Entende-se por coisa julgada material a imutabilidade da sentença de mérito que impede que a relação de direito material, decidida entre as mesmas partes, seja reexaminada e decidida, no mesmo processo ou em processo distinto, pelo mesmo ou por distinto julgador" (STJ, REsp 200.289/SP, Rel. Min. Vasco Della Giustina, 3ª Turma, jul. 02.09.2010, *DJe* 15.09.2010).

"A coisa julgada é formal quando não mais se pode discutir no processo o que se decidiu. A coisa julgada material é a que impede discutir-se, noutro processo, o que se decidiu" (STF, RE 102381, Rel. Min. Carlos Madeira, 2ª Turma, jul. 20.05.1986, *RTJ* 123/569).

2. Delimitação da coisa julgada material. "A coisa julgada material refere-se ao julgamento proferido relativamente a lide, como posta na inicial, delimitada pelo pedido e causa de pedir. Não atinge decisões de natureza interlocutória, que se sujeitam a preclusão, vedado seu reexame no mesmo processo, mas não em outro" (STJ, REsp 7.128/SP, Rel. Min. Eduardo Ribeiro, 3ª Turma, jul. 13.08.1991, *DJ* 16.09.1991, p. 12.631).

Pedido formulado e não apreciado. Coisa julgada. Inexistência. "A imutabilidade da autoridade da coisa julgada existirá se o juiz decidiu a lide nos limites em que foi proposta pelo autor. Sendo necessário, para que haja coisa julgada, que exista pedido e, sobre ele, decisão. Por essa razão, a parte que não foi decidida – e que, portanto, caracteriza a existência de julgamento *infra petita* –, poderá ser objeto de nova ação judicial para que a pretensão que não fora decidida o seja agora" (STJ, EREsp 1264894/PR, Rel. Min. Nancy Andrighi, Corte Especial, jul. 16.09.2015, *DJe* 18.11.2015).

3. Efeitos da coisa julgada.

Efeito negativo. Tríplice identidade entre as ações. "Segundo entendimento pacífico desta Corte, para que se opere a coisa julgada deve haver tríplice identidade entre as ações, ou seja, suas partes, causa de pedir e pedido devem ser os mesmos" (STJ, REsp 332.959/PR, Rel. Min. Nancy Andrighi, 3ª Turma, jul. 07.06.2005, *DJ* 27.06.2005, p. 363). **No mesmo sentido:** STJ, REsp 888.112/MS, Rel. Min. Francisco Falcão, 1ª Turma, jul. 28.11.2006, *DJ* 18.12.2006; STJ, AgRg no REsp 680.956/RJ, Rel. Min. Laurita Vaz, 5ª Turma, jul. 28.10.2008, *DJe* 17.11.2008.

Efeito positivo. "A eficácia da coisa julgada (CPC, art. 467) [art. 502 do CPC/2015] não se limita a impedir a renovação de demanda idêntica à anterior (CPC, art. 301, § 3º) [art. 336, § 4º, do CPC/2015], mas fundamentalmente impede que o desfecho do segundo processo entre as mesmas partes contradiga o resultado do primeiro" (TJRS, Ap 70010848687, Rel. Des. Araken de Assis, 4ª Câmara Cível, jul. 15.06.2005, *RJTJERGS* 254/173).

Eficácia preclusiva. "A eficácia preclusiva da coisa julgada manifesta-se no impedimento que surge, com o trânsito em julgado, à discussão e apreciação das questões suscetíveis de incluir, por sua solução, no teor do pronunciamento judicial, ainda que não examinadas pelo juiz. Essas questões perdem, por assim dizer, toda a relevância que pudessem ter em relação à matéria julgada. Posto que se conseguissem demonstrar que a conclusão seria diversa, caso elas houvessem sido tomadas em consideração, nem por isso o resultado ficaria menos firme; para evitar, pois, dispêndio inútil de atividade processual, simplesmente se exclui que possam ser suscitadas com o escopo de atacar *res judicata*" (1º TACívelSP, Ap 365.873/7, Rel. Juiz Pereira da Silva, 7ª Câmara, jul. 17.02.87, *Adcoas*, n. 114.140, 1987).

"A autoridade da coisa julgada material impede que a matéria já decidida venha a ser novamente analisada, tendo em vista a **imutabilidade e indiscutibilidade** da questão solucionada" (STJ, REsp 96.357/SP, Rel. Min. Sálvio de Figueiredo Teixeira, 4ª Turma, jul. 25.06.1998, *DJ* 14.09.1998, p. 62).

Dispositivo da sentença. "É cediço que é o dispositivo da sentença que faz coisa julgada material, abarcando o pedido e a causa de pedir, tal qual expressos na petição inicial e adotados na fundamentação do *decisum*, compondo a *res judicata*" (STJ, Rcl 4.421/DF, Rel. Min. Luiz Fux, 1ª Seção, jul. 23.02.2011, *DJe* 15.04.2011).

Motivos da sentença. "Os motivos são, pois, excluídos por essa razão, da coisa julgada, mas constituem amiúde indispensável elemento para determinar com exatidão o significado e o alcance do dispositivo" (STJ, Rcl 4.421/DF, Rel. Min. Luiz Fux, 1ª Seção, jul. 23.02.2011, *DJe* 15.04.2011).

4. Erro material. Correção a qualquer tempo. "O erro material pode ser sanado a qualquer tempo, sem que seja caracterizada qualquer ofensa à coisa julgada, mormente porque a correção do erro constitui mister inerente à função jurisdicional" (STJ, AgRg no REsp 495.706/MT, Rel. Min. Luiz Fux, 1ª Turma, jul. 03.05.2007, *DJ* 31.05.2007, p. 322). **No mesmo sentido:** STJ, REsp 12.700/SP, Rel. Min. Nilson Naves, 3ª Turma, jul. 28.10.1991, *DJ* 02.12.1991, p. 17.533.

5. Realização de nova perícia. Possibilidade. Excepcionalidade. Ver jurisprudência do art. 509, § 4º, do CPC/2015.

6. Embargos declaratórios. Aperfeiçoamento da decisão. "Sentença que resolve parcialmente a lide só se aperfeiçoa após integrada por embargos declaratórios. Se assim ocorre, não se concebe o fatiamento do trânsito em julgado" (STJ, AgRg nos EREsp 492.171/RS, Rel. Min. Humberto Gomes de Barros, Corte Especial, jul. 29.06.2007, *DJ* 13.08.2007, p. 312).

7. Trânsito em julgado. Revogação de ofício. Teratologia. "Enseja mandado de segurança, por teratologia, a decisão judicial que determina a complementação de custas judiciais depois de transitada em julgado a ação de inventário" (STJ, RMS 19.075/PB, Rel. Min. Ricardo Villas Bôas Cueva, 3ª Turma, jul. 06.11.2012, *DJe* 09.11.2012).

8. Processo de execução. "Em execução, não se admite a rediscussão de questões de mérito já decididas no curso do processo de conhecimento, porquanto já abrangidas pelo instituto da coisa julgada" (STJ, AgRg no REsp 601.382/PR, Rel. Min. Arnaldo Esteves Lima, 5ª Turma, jul. 10.05.2007, *DJ* 28.05.2007, p. 384).

"Justamente por ter como pré-requisito essencial a análise de questão de mérito é que se diz que a sentença extintiva da execução não possui força declaratória suficiente para produzir coisa julgada material, que é o fim buscado, em verdade, pelo processo de conhecimento" (STJ, REsp 200.289/SP, Rel. Min. Vasco Della Giustina, 3ª Turma, jul. 02.09.2010, *DJe* 15.09.2010).

"Verifica-se, portanto, que a desconstituição da coisa julgada pode ser perseguida até mesmo por intermédio de alegações incidentes ao próprio processo executivo, tal como ocorreu na hipótese dos autos" (STJ, REsp 622.405/SP, Rel. Min. Denise Arruda, 1ª Turma, jul. 14.08.2007, *DJ* 20.09.2007, p. 221).

9. Cumprimento de sentença. Interpretação do título. "De acordo com a jurisprudência desta Corte, inexiste ofensa à coisa julgada quando o magistrado, em sede de cumprimento de sentença, interpreta o título judicial para melhor definir seu alcance e extensão. Precedentes" (STJ, AgInt no AREsp 1281209/ES, Rel. Min. Marco Buzzi, 4ª Turma, jul. 17.12.2019, *DJe* 03.02.2020).

10. Verificação da exatidão de cálculos. "Deveras, é cediço no E. STJ a possibilidade, 'em tese', de verificação da exatidão dos cálculos, mesmo após a sentença, porquanto a coisa julgada incide tão somente quanto ao acertamento da relação litigiosa (Precedentes: REsp 439.863 RO, Rel. p/ lavratura de acórdão Min. José Delgado, 1ª Turma, *DJ* 15.03.2004; REsp 545.292/DF, Rel. Min. Eliana Calmon, 2ª Turma, *DJ* 24.11.2003; REsp 497.684/RN, Rel. Min. Jorge Scartezzini, *DJ* 07.10.2003)" (STJ, AgRg nos EDcl no REsp 721.907/RJ, Rel. Min. Luiz Fux, 1ª Turma, jul. 17.05.2007, *DJ* 04.06.2007).

11. Expurgos inflacionários. "A jurisprudência desta Corte é firme no sentido de que a inclusão dos expurgos inflacionários, na fase executiva, não implica violação dos institutos da preclusão e da coisa julgada, ainda que o tema não tenha sido discutido no processo de conhecimento, desde que não estabelecidos na sentença os índices de correção monetária a serem utilizados" (STJ, REsp 705.593/RJ, Rel. Min. Denise Arruda, 1ª Turma, jul. 15.05.2007, *DJ* 11.06.2007, p. 266).

12. Decisão proferida em medida cautelar antecedente. "A decisão proferida em medida cautelar não faz coisa julgada material, apenas formal (art. 468 do Código de Processo Civil)" [art. 503 do CPC/2015] (STJ, REsp 124.278/DF, Rel. Min. Hamilton Carvalhido, 6ª Turma, jul. 04.11.1999, *DJ* 19.06.2000, p. 213).

13. Novo pedido de desconsideração, pela mesma razão: encerramento irregular da pessoa jurídica. Inviabilidade. Coisa julgada. Ver jurisprudência do art. 134 do CPC/2015.

14. Revisão pelo Tribunal de Contas. Inadmissibilidade. "O Tribunal de Contas da União não dispõe, constitucionalmente, de poder para rever decisão judicial transitada em julgado (*RTJ* 193/556-557) nem para determinar a suspensão de benefícios garantidos por sentença revestida da autoridade da coisa julgada (*RTJ* 194/594), ainda que o direito reconhecido pelo Poder Judiciário não tenha o beneplácito da jurisprudência prevalecente no âmbito do Supremo Tribunal Federal, pois a *res judicata* em matéria civil só pode ser legitimamente desconstituída mediante ação rescisória" (STF, MS 27.962 MC/DF, Rel. Min. Celso de Mello, jul. 24.04.2009, *DJ* 30.04.2009).

15. Sentença penal condenatória transitada em julgado.

Extinção da punibilidade. Prescrição. "O reconhecimento da extinção da punibilidade pela prescrição retroativa após o trânsito em julgado da sentença penal condenatória não afasta a caracterização desta como título executivo no âmbito cível, a ensejar a reparação do dano causado ao ofendido" (STJ, REsp 722.429/RS, Rel. Min. Jorge Scartezzini, 4ª Turma, jul. 13.09.2005, *DJ* 03.10.2005, p. 279). **No mesmo sentido:** STJ, REsp 789.251/RS, Rel. Min. Nancy Andrighi, 3ª Turma, jul. 11.11.2008, *DJe* 04.08.2009).

Absolvição por negativa de autoria. Decisão não fundamentada. "Permite-se a investigação, no âmbito cível, da existência de responsabilidade civil, quando o tribunal do júri absolve o réu, por negativa de autoria, uma vez que essa decisão não é fundamentada, gerando incerteza quanto à real motivação do juízo decisório criminal" (STJ, REsp 485.865/RJ, Rel. Min. Castro Filho, 3ª Turma, jul. 25.05.2004, *DJ* 07.06.2004, p. 219).

16. Premissa fática adotada em demanda indenizatória antecedente. Coisa julgada. Inexistência. "É certo que, a partir da vigência do CPC de 2015, a coisa julgada pode favorecer terceiros. Contudo, tal regramento somente pode ser aplicado àquelas decisões judiciais de mérito transitadas em julgado sob sua égide, nos termos do artigo 14 do novel *codex*. Ademais, o conteúdo do artigo 469 do CPC de 1973, sobre os limites objetivos da coisa julgada, também inviabiliza a adoção da premissa fática firmada em ação precedente em benefício do herdeiro da vítima do sinistro. Isso porque os motivos (a exemplo da causa de pedir), ainda quando relevantes para o comando concreto pronunciado pelo juiz na decisão, somente fazem coisa julgada se conectados ao pedido, isto é, como elemento da situação jurídica definida pelo dispositivo. Da mesma forma, a verdade dos fatos, estabelecida como fundamento da sentença ou do acórdão, não se recobre do manto da intangibilidade da *res judicata*. (...) Assim, não se reveste da imutabilidade da coisa julgada a premissa fática (culpa concorrente pelo acidente de trânsito) adotada, na demanda anterior, como fundamento para a condenação do espólio do *de cujus* (genitor do ora recorrido) ao pagamento de indenização pelos danos materiais causados ao ora recorrente, quando dissociada do pedido deduzido naqueles autos. Desse modo, tanto em razão dos limites subjetivos quanto dos objetivos, não é possível reconhecer, na espécie, coisa julgada vinculativa da atividade jurisdicional, afigurando-se correta, portanto, a decisão proferida pelo magistrado de piso, que, analisando o caderno probatório, apontou a culpa exclusiva do *de cujus* pelo acidente de trânsito e, consequentemente, julgou improcedente a pretensão indenizatória ajuizada pelo ora recorrido" (STJ, REsp 1421034/RS, Rel. Min. Luis Felipe Salomão, 4ª Turma, jul. 17.05.2018, *DJe* 08.06.2018).

17. Relativização da coisa julgada.

Ações de investigação de paternidade. "Deve ser relativizada a coisa julgada firmada em ação de investigação de paternidade julgada improcedente por insuficiência de provas, na qual o exame hematológico determinado pelo juízo deixou de ser realizado, no entender do Tribunal de origem, por desídia da parte autora. Fundamento que não pode servir de obstáculo ao conhecimento da verdade real, uma vez que a autora, à época da primeira ação, era menor impúbere, e o direito à paternidade, sendo personalíssimo, irrenunciável e imprescritível, não pode ser obstado por ato atribuível exclusivamente à representante legal da parte, máxime considerando-se que anterior à universalização do exame de DNA" (STJ, REsp 1.071.458/MG, Rel. Min. Raul Araújo, 4ª Turma, jul. 07.03.2017, *DJe* 15.03.2017).

Impossibilidade de relativização da coisa julgada. Prova pericial realizada. "Não se admite o ajuizamento de nova ação para comprovar a paternidade mediante a utilização de exame de DNA, em caso no qual o pedido anterior foi julgado improcedente com base em prova pericial produzida de acordo com a tecnologia então disponível, a qual excluiu expressamente o pretendido vínculo genético, em face da impossibilidade de duas pessoas do tipo sanguíneo 'O' gerarem um filho do grupo 'A'. Hipótese distinta da julgada pelo STF no RE 363.889" (STJ, AgRg no REsp 929.773/RS, Rel. Min. Maria Isabel Gallotti, 4ª Turma, jul. 06.12.2012, *DJe* 04.02.2013).

Teoria da relativização da coisa julgada. "Segundo a teoria da relativização da coisa julgada, haverá situações em que a própria sentença, por conter vícios insanáveis, será considerada inexistente juridicamente. Se a sentença sequer existe no mundo jurídico, não poderá ser reconhecida como tal, e, por esse motivo, nunca transitará em julgado" (STJ, REsp 1.048.586/SP, Rel. Min. Denise Arruda, 1ª Turma, jul. 04.06.2009, *DJe* 01.07.2009).

Ação de nulidade (*querella nullitatis*). Situações excepcionais. "Admite-se a relativização da coisa julgada material em situações extraordinárias, por exemplo, quando se trata de sentença nula ou inexistente, embora haja, no Superior Tribunal, vozes que não admitem a relativização em hipótese alguma" (STJ, REsp 893.477/PR, Rel. Min. Nilson Naves, 6ª Turma, jul. 22.09.2009, *DJe* 19.10.2009).

"A chamada *querela nullitatis insanabilis* é de competência do juízo monocrático, pois não se pretende a rescisão da coisa julgada, mas apenas o reconhecimento de que a relação processual e a sentença jamais existiram" (STJ, REsp 1.015.133/MT, Rel. p/ acórdão Min. Castro Meira, 2ª Turma, jul. 02.03.2010, *DJe* 23.04.2010). **No mesmo sentido:** STJ, REsp 710.599/SP, Rel. Min. Denise Arruda, 1ª Turma, jul. 21.06.2007, *DJ* 14.02.2008.

Sentença com errônea resolução da questão de fato. "Em se tratando de sentença injusta, ou melhor, de errônea resolução da questão de fato (erro de fato), como na espécie (é o que se alega e é o que se diz), não é lícito o emprego da ação de nulidade" (STJ, REsp 893.477/PR, Rel. Min. Nilson Naves, 6ª Turma, jul. 22.09.2009, *DJe* 19.10.2009).

Vício de citação. Nulidade absoluta insanável. "A coisa julgada material produz efeitos entre as partes, não sendo apta a prejudicar a parte que deveria figurar no polo passivo da ação. Além disso, a ausência de citação ou a citação inválida configuram nulidade absoluta insanável por ausência de pressuposto de existência da relação processual" (STJ, REsp 695.879/AL, Rel. Min. Maria Isabel Gallotti, 4ª Turma, jul. 21.09.2010, *DJe* 07.10.2010).

18. Recurso intempestivo. Trânsito em julgado. Dia seguinte ao transcurso do prazo recursal. "No julgamento dos EREsp 1.352.730/AM, a Corte Especial do STJ firmou orientação de que o prazo para o ajuizamento da ação rescisória tem início com o trânsito em julgado da última decisão proferida no processo originário, ainda que seja uma decisão que negue seguimento a recurso intempestivo. Todavia, estabeleceu-se que, quando ficar constatada a manifesta e evidente intempestividade do recurso, indicando que seu manejo se deu apenas como mecanismo de procrastinação da lide originária, o prazo da rescisória há de ser contado da data em que precluiu o direito de recorrer. Nos termos da doutrina e da jurisprudência, o recurso intempestivo não obsta a formação da coisa julgada, de modo que a decisão que atesta a sua intempestividade não posterga o termo final do trânsito em julgado, que ocorre imediatamente no dia seguinte após expirado o prazo para interposição do recurso intempestivo" (STJ, REsp 1.984.292/DF, Rel. Min. Nancy Andrighi, 3ª Turma, jul. 29.03.2022, *DJe* 01.04.2022).

19. Desapropriação. Princípios da moralidade e da justa indenização. "Não obstante, em decisão anterior já transitada em julgado, se haja definido o termo inicial da correção monetária, não se pode acolher a invocação de supremacia da coisa julgada principalmente tendo-se em vista o evidente erro cometido pela sentença que determina que a correção [...] O *bis in idem* perpetrado pela aplicação retroativa da correção monetária aumentou em seis vezes o valor devido, o que não se compadece com o conceito da justa indenização preconizada no texto constitucional, impondo-se inelutável a sua retificação sob pena de enriquecimento ilícito do expropriado, pois, se é certo que os expropriados devem receber o pagamento justo, é certo também que este deve se pautar segundo os padrões da normalidade e da moralidade" (STJ, REsp 554.402/RS, Rel. Min. José Delgado, 1ª Turma, jul. 21.09.2004, *DJ* 01.02.2005, p. 410). **Em sentido contrário:** "A preservação da coisa julgada constitui garantia fundamental consagrada no art. 5º, XXXVI, da CF/1988, de modo que a sua relativização, mesmo para aqueles que defendem a aplicação do referido instituto em nosso ordenamento jurídico, só pode ser permitida em hipóteses absolutamente excepcionais, o que não é o caso dos autos" (STJ, REsp 1.048.586/SP, Rel. Min. Denise Arruda, 1ª Turma, jul. 04.06.2009, *DJe* 01.07.2009).

Desapropriação. "Efeitos da tutela antecipada concedidos para que sejam suspensos pagamentos de parcelas acordados em cumprimento a precatório expedido. Alegação, em sede de ação declaratória de nulidade, de que a área reconhecida como desapropriada, por via de ação desapropriatória indireta, pertence ao vencido, não obstante sentença trânsita em julgado. Efeitos de tutela antecipada que devem permanecer até solução definitiva da controvérsia. Conceituação dos efeitos da coisa julgada em face dos princípios da moralidade pública e da segurança jurídica. Direitos da cidadania em face da responsabilidade financeira estatal que devem ser assegurados. Inexistência de qualquer pronunciamento prévio sobre o mérito da demanda e da sua possibilidade jurídica. Posição que visa, unicamente, valorizar, em benefício da estrutura social e estatal, os direitos das partes litigantes" (STJ, 1ª Turma, REsp 240.712/SP, Rel. Min. José Delgado, jul. 15.02.2000, *DJU* 24.04.2000, p. 38).

20. Ação civil pública. Declaração de nulidade. "A 1ª Seção, por ambas as turmas, reconhece na ação civil pública o meio processual adequado para se formular pretensão declaratória de nulidade de ato judicial lesivo ao patrimônio público (*querela nullitatis*). Precedentes" (STJ, REsp 1.015.133/MT, Rel. p/ acórdão Min. Castro Meira, 2ª Turma, jul. 02.03.2010, *DJe* 23.04.2010).

21. Ilegitimidade de parte. Coisa julgada formal. "A extinção do processo sem julgamento de mérito, por falta de legitimidade *ad causam*, não é passível de formar coisa julgada material, mas sim coisa julgada formal, que impede a discussão da questão no mesmo processo e não em outro' (EREsp 160.850/SP, Corte Especial, Rel. p/ acórdão Min. Sálvio de Figueiredo Teixeira, *DJ* 29.09.2003) Assim, inexiste óbice para o ajuizamento de nova demanda com mesmo pedido e causa de pedir, conforme o disposto no art. 268 do Código de Processo Civil [art. 486 do CPC/2015. 'Salvo o disposto no art. 267, V [art. 485, V, do CPC/2015], a extinção do processo não obsta a que o autor intente de novo a ação'" (STJ, AgRg no REsp 914.218/PR, Rel. Min. Denise Arruda, 1ª Turma, jul. 26.06.2007, *DJ* 02.08.2007).

22. Assistente litisconsorcial. "O assistente litisconsorcial detém relação de direito material com o adversário do assistido, de modo que a sentença que vier a ser proferida, em relação a ele, constituirá coisa julgada material. Assim, não há como afastar a legitimidade passiva *ad causam* do recorrente" (STJ, REsp 623.055/SE, Rel. Min. Castro Meira, 2ª Turma, jul. 19.06.2007, *DJ* 01.08.2007, p. 434).

Art. 503. A decisão que julgar total ou parcialmente o mérito tem força de lei nos limites da questão principal expressamente decidida.

§ 1º O disposto no *caput* aplica-se à resolução de questão prejudicial, decidida expressa e incidentemente no processo, se:

I – dessa resolução depender o julgamento do mérito;

II – a seu respeito tiver havido contraditório prévio e efetivo, não se aplicando no caso de revelia;

III – o juízo tiver competência em razão da matéria e da pessoa para resolvê-la como questão principal.

§ 2º A hipótese do § 1º não se aplica se no processo houver restrições probatórias ou limitações à cognição que impeçam o aprofundamento da análise da questão prejudicial.

CPC/1973

Art. 468.

CJF – I JORNADA DE DIREITO PROCESSUAL CIVIL

Enunciado 35 – Considerando os princípios do acesso à justiça e da segurança jurídica, persiste o interesse de agir na propositura de ação declaratória a respeito da questão prejudicial incidental, a ser distribuída por dependência da ação preexistente, inexistindo litispendência entre ambas as demandas (arts. 329 e 503, § 1º, do CPC).

BREVES COMENTÁRIOS

A coisa julgada tem, objetivamente, duas dimensões: uma exterior, a lide, e outra interior, as questões decididas. Quando, pois, em outra causa, a parte repete todas as questões solucionadas na anterior, a *res iudicata* inviabiliza totalmente o julgamento de mérito do novo processo. Os limites objetivos da coisa julgada afetam todo o objeto do feito repetido. Quando, porém, o objeto da nova demanda compreende questões velhas e questões novas, a coincidência de elementos será apenas parcial. Não haverá, por isso, lugar para trancamento do processo pela preliminar de coisa julgada, muito embora continue vedada a reapreciação das questões acobertadas pela intangibilidade própria da *res iudicata*. Deve-se, nessa ordem de ideias, admitir que a exceção de coisa julgada pode ser total ou parcial. No limite, porém, de sua incidência, haverá sempre de configurar-se a tríplice identidade de partes, pedido e causa de pedir.

A tese outrora dominante entre nós de que não se poderia isolar a *causa petendi* para reconhecer coisa julgada sobre ela, fora de sua intervinculação com o pedido respondido pelo dispositivo da sentença, não é a que tem prevalecido no direito comparado nos últimos tempos, nem é a que merece ser prestigiada diante do regime implantado pelo nosso atual Código de Processo Civil, principalmente se levarmos em conta o reconhecimento expresso de que a resolução da questão prejudicial, por si só, tornou-se passível de transitar em julgado (CPC/2015, art. 503, § 1º).

O Código atual optou por entendimento bem diferente daquele que a lei anterior seguia. A coisa julgada doravante recobrirá também a questão prejudicial, decidida expressa e incidentalmente no processo. A política que orientou o CPC/2015 foi a de facilitar a inclusão da questão prejudicial no alcance da coisa julgada, a partir de um critério de economia processual, sem depender da propositura da antiga ação declaratória incidental, que, aliás, foi abolida. Somente em algumas situações particulares do incidente de falsidade ainda se pode cogitar da velha e ultrapassada ação declaratória incidental (art. 433).

É importante observar que não tem mais sentido restringir a coisa julgada ao dispositivo da sentença, diante da clara orientação do CPC/2015 que deslocou o seu limite objetivo para a solução de questão, seja esta principal (art. 503, *caput*) ou incidental (art. 503, § 1º). Aliás, mesmo no regime do Código anterior, Liebman já advertia que a parte dispositiva da sentença deveria ser entendida de modo a não abranger somente a fase final da sentença, "mas também qualquer outro ponto que tenha o juiz eventualmente provido sobre os pedidos das partes" (*Eficácia e autoridade da sentença*, Rio de Janeiro: Ed. Forense, 1981, p. 57-58). Todas as questões de mérito (pontos controvertidos) resolvidas como requisito necessário ao julgamento definitivo da causa ficam alcançadas pela eficácia da coisa julgada material, não podendo ser tratadas como simples motivo do julgamento (Marinoni, Luiz Guilherme. *Coisa Julgada sobre Questão*, São Paulo: Ed. RT, 2018, p. 302-303).

Controverte-se sobre como considerar preparada processualmente a questão prejudicial para que sua solução seja acobertada pela coisa julgada. Os requisitos legais acham-se enumerados no § 1º do art. 503, são: (a) a dependência lógica entre a resolução da prejudicial substancial e a decisão do mérito da causa; (b) o prévio e efetivo contraditório sobre a questão prejudicial; (c) a decisão expressa e incidente no processo sobre a prejudicial; (d) a competência do juízo para julgar a prejudicial como questão de mérito.

Logo, superados os requisitos intrínsecos da prejudicialidade e da competência, o que quer a lei é que a questão incidental seja submetida ao indispensável e efetivo contraditório e que tenha sido expressamente decidida no processo. Tem-se cogitado, porém, de outras exigências como a obrigatoriedade de a resolução da prejudicial constar do dispositivo da sentença (art. 489, III), bem como de ser a questão incidente previamente incluída pelo juiz, na fase de saneamento, entre as questões de direito relevantes para a decisão de mérito (art. 357, IV).

Deve-se ponderar, todavia, que ao CPC/2015 repugna o formalismo excessivo, que contraria seus princípios fundamentais da primazia da resolução de mérito e da sanabilidade dos vícios processuais, comprometendo, ainda, as garantias de duração razoável do processo, de efetividade e eficiência da tutela jurisdicional. Desse modo, e por exigências formais, impor como requisito de validade de ato processual não previsto em lei é algo não condizente com o direito positivo retratado no CPC/2015.

É certo que, operacionalmente, é interessante e recomendável que o juiz tome providências como as previstas no arts. 489, III, e 357, IV. O que não nos afigura correto é condicionar a coisa julgada, na espécie, a tais medidas de maneira absoluta e inflexível.

A propósito, é sempre bom lembrar que o dispositivo da sentença nem sempre se confunde com o fecho do texto da sentença, que, aliás, costuma se limitar à pura declaração de procedência ou improcedência do pedido, sem maiores esclarecimentos. Na verdade, a lei qualifica como *dispositivo* o momento em que, na sentença, o juiz resolve as questões principais que as partes lhe submeteram (art. 489, III), momento este que, tanto poderá ser o fecho do texto sentencial, como qualquer outro ao longo do corpo do decisório em que alguma questão de mérito seja enfrentada e resolvida.

Observa-se, ainda, que a coisa julgada recairá sobre "a decisão de mérito não mais sujeita a recurso" (art. 502) e que a força de lei caracterizadora da coisa julgada opera "nos limites da questão principal expressamente decidida" (art. 503, *caput*), o mesmo ocorrendo com a questão prejudicial, desde que "decidida expressa e incidentemente no processo" (art. 503, § 1º).

Enfim, se o juiz tem o cuidado de, na fase de saneamento, declarar a questão prejudicial como inserida, incidentemente, no objeto litigioso do processo e de no fecho da sentença consignar que a está resolvendo como decisão de mérito, tudo fica muito claro e fora de discussão. Faltando, porém, essa cautela do julgador, nem por isso se estará impedindo a configuração da coisa julgada, se a questão prejudicial tiver sido realmente proposta e discutida com observância do contraditório efetivo exigido pelo art. 503, § 1º.

Havendo discussão a respeito da matéria, tudo se resolverá, positiva ou negativamente, através de análise e interpretação da sentença e seus antecedentes. Uma cautela, outrossim, que a parte pode adotar, após a prolação da sentença em termos ensejadores de dúvida ou incerteza, será o manejo de embargos declaratórios, em que se pleiteará que o juiz esclareça se a questão prejudicial foi ou não apreciada em condições de fazer coisa julgada material (art. 1.022, I). A propósito, Marinoni reconhece que a constituição da coisa julgada sobre a questão prejudicial se dá apenas com o trânsito em julgado da decisão respectiva, tendo, porém, as partes o direito de exigir do juiz a declaração de que os requisitos dos parágrafos do art. 503 foram observados (*op. cit.*, p. 306).

Por fim, o art. 1.054 do CPC/2015 estabelece regra de direito intertemporal, ao prever que o disposto no art. 503, § 1º, somente se aplica aos processos iniciados após a vigência do atual CPC, aplicando-se aos processos anteriores a regra do CPC/1973 em relação à questão prejudicial. Ou seja: aos processos anteriores ao CPC/2015, a coisa julgada sobre a questão prejudicial continua dependendo da ação declaratória incidental, mesmo que o julgamento de mérito tenha ocorrido na vigência da lei atual.

JURISPRUDÊNCIA SELECIONADA

1. Ver jurisprudência selecionada para o art. 504 do CPC/2015.

2. Extensão. "A coisa julgada, tal qual definida em lei, abrangerá unicamente as questões expressamente decididas, assim consideradas as que estiverem expressamente referidas na parte dispositiva da sentença. O sistema jurídico-processual vigente é infenso às decisões implícitas (CPC, art. 458) [art. 489 do CPC/2015], eis que todas elas devem ser fundamentadas" (STJ, REsp 77.129/SP, Rel. Min. Demócrito, 1ª Turma, jul. 04.11.1996,

DJU 02.12.1996, p. 47636). **Entretanto,** "Uma sentença não se interpreta exclusivamente com base em seu dispositivo. O ato de sentenciar representa um raciocínio lógico desenvolvido pelo juízo, que culmina com a condenação contida no dispositivo. Os fundamentos, assim, são essenciais para que se compreenda o alcance desse ato" (STJ, AR 4.836/RS, Rel. Min. Nancy Andrighi, 2ª Seção, jul. 25.09.2013, *DJe* 10.12.2013).

"É exato dizer que a coisa julgada se restringe à parte dispositiva da sentença; a essa expressão, todavia, deve dar-se um sentido substancial e não formalista, de modo que abranja não só a parte final da sentença, como também qualquer outro ponto em que tenha o juiz eventualmente provido sobre os pedidos das partes" (2º TACivSP, Ap. 201.841-9, Rel. Juiz Alfredo Nigliori, 5ª Câmara Cível, jul. 20.05.1987, RT 623/125). **No mesmo sentido:** STF, RE 111.954/PR, Rel. Min. Oscar Correia, Pleno, jul. 01.06.1988, RTJ 133/1.331).

3. Finalidade da norma. "A regra do art. 468 do Código de Processo Civil [art. 503, CPC/2015] é libertadora. Ela assegura que o exercício da jurisdição completa-se com o último julgado, que se torna inatingível, insuscetível de modificação" (STJ, REsp 107.248/GO, Rel. Min. Carlos Alberto Menezes Direito, 3ª Turma, jul. 07.05.1998, *DJ* 29.06.1998, p. 161).

4. Questões de natureza processual. Inexistência de coisa julgada material. "Inexiste coisa julgada material se as questões decididas foram somente de natureza processual. A incidência do disposto no art. 468 do CPC supõe decisão de mérito [art. 503 do CPC/2015]" (STJ, REsp 3.193/PR, Rel. Min. Eduardo Ribeiro, 3ª Turma, jul. 10.09.1990, *DJ* 09.10.1990, p. 10.894).

5. Propositura de nova ação com base em novas provas. Impossibilidade. "É inviável, por ofensa à coisa julgada, a propositura de segunda ação, com o mesmo objeto, fundada em novas provas, não produzidas na primeira" (*RTJ* 94/829).

Ação de investigação de paternidade. Superveniência de novos meios de prova. Ver jurisprudência do art. 502 do CPC/2015.

6. Dano material e moral. "A transação realizada em ação anterior, tendo se limitado aos danos materiais pedidos, não impede a propositura de outra ação para obter a reparação do dano moral concernente ao mesmo fato" (STJ, REsp 158.137/SP, Rel. Min. Sálvio de Figueiredo Teixeira, 4ª Turma, jul. 09.03.1999, *RSTJ* 117/440). **No mesmo sentido:** STJ, REsp 143.568/SP, Rel. Min. Ruy Rosado de Aguiar, 4ª Turma, jul. 10.11.1997, *LEXSTJ* 106/236.

7. Matéria decidida em embargos do devedor. "Está sujeita a preclusão máxima a decisão irrecorrida do juiz de direito que dera, em embargos a execução, pela não incidência no caso da Lei n. 8.009, de 29.03.1990" (STJ, REsp 45.271/RJ, Rel. Min. Barros Monteiro, 4ª Turma, jul. 11.04.1994, *DJ* 23.05.1994, p. 12.617).

8. Título de crédito sem requisito necessário. "Declarada a falta de requisito do título de crédito com a ausência do nome do beneficiário, não ofende a coisa julgada a nova execução do título, suprida a omissão" (STJ, REsp 38.471/MG, Rel. Min. Cláudio Santos, 3ª Turma, jul. 07.03.1995, *DJ* 24.04.1995).

9. Limites objetivos da coisa julgada. "[...] se a sentença prolatada numa ação se omite – e a omissão, no caso, foi reconhecida pelo acórdão que julgou a apelação e que declarou a preclusão desse ponto por falta de embargos declaratórios para supri-la – sobre um dos capítulos do pedido constante da inicial, não transita em julgado sobre ele, podendo, portanto, o autor propor outra ação para obter a prestação jurisdicional pertinente" (STF, RE 91.521, Rel. Min. Moreira Alves, Tribunal Pleno, jul. 26.06.1980, *DJ* 19.09.1980).

10. Denunciação da lide. "Havendo a sentença originária definido a responsabilidade perante terceiro sem decidir as relações entre denunciante e denunciado, não afronta a coisa julgada a decisão que, em processo específico, resolve essa questão. Re não conhecido" (STF, RE 112.402, Rel. Min. Celio Borja, 2ª Turma, jul. 16.05.1989, *DJ* 18.08.1989).

11. Terceiro estranho à lide. Ver jurisprudência do art. 506 do CPC/2015.

12. Interpretação lógico-sistemática do pedido. Ver jurisprudência do art. 322 do CPC/2015.

Art. 504. Não fazem coisa julgada:

I – os motivos, ainda que importantes para determinar o alcance da parte dispositiva da sentença;

II – a verdade dos fatos, estabelecida como fundamento da sentença.

CPC/1973

Art. 469.

SÚMULAS

Súmula do STF:

Nº 239: "Decisão que declara indevida a cobrança do imposto em determinado exercício não faz coisa julgada em relação aos posteriores."

BREVES COMENTÁRIOS

Motivo não se confunde com *causa petendi*. Aquele não faz coisa julgada. Esta, porém, constitui *questão decidida*, sobre a qual a sentença deve ter força de lei, de acordo com o art. 503 do CPC/2015. A tese antiga de que a causa de pedir também seria parte dos motivos que não transitam em julgado não deve prevalecer em face da sistemática do CPC/2015 e dos novos rumos doutrinários predominantes, inclusive no direito comparado. Deve-se ter em conta, principalmente, o reconhecimento expresso de que a resolução da questão prejudicial, por si só, tornou-se passível de transitar em julgado (CPC/2015, art. 503, § 1º).

Com efeito, se a legislação atual aboliu a necessidade de ação declaratória incidental para que a decisão sobre a questão prejudicial se revista da autoridade da coisa julgada, é óbvio que não há mais como justificar, lógica e juridicamente, que a questão principal (*i.e.*, a causa de pedir) continue sendo tratada como simples motivo insuscetível de ter a respectiva solução colocada no terreno da indiscutibilidade e imutabilidade próprias do julgamento definitivo do litígio.

JURISPRUDÊNCIA SELECIONADA

1. Não fazem coisa julgada.

a) Os motivos (inciso I).

Ação de guarda. Trânsito em julgada de sentença anterior que decidiu pedido de afastamento de convívio familiar. Fatos relevantes da causa. "Transitada em julgado a sentença de procedência do pedido de afastamento do convívio familiar de que resultou o acolhimento institucional da menor, quem exercia irregularmente a guarda e pretende adotá-la possui interesse jurídico para, após considerável lapso temporal, ajuizar ação de guarda cuja causa de pedir seja a modificação das circunstâncias fáticas que ensejaram o acolhimento, não lhe sendo oponível a coisa julgada que se formou na ação de afastamento. A fundamentação adotada pela sentença que julgou procedente o pedido de afastamento do convívio familiar, no sentido de que seria juridicamente impossível o reconhecimento da filiação socioafetiva que tenha em sua origem uma adoção à brasileira, não impede o exame da questão na superveniente ação de guarda, pois os motivos que conduziram à procedência do pedido anterior, por mais relevantes que sejam, não fazem coisa julgada, a teor do art. 504, I, do CPC/15" (STJ, REsp 1878043/

SP, Rel. Min. Nancy Andrighi, 3ª Turma, jul. 08.09.2020, *DJe* 16.09.2020).

"O art. 469, I, do CPC [art. 504, I, do CPC/2015] é categórico ao preconizar que não fazem coisa julgada 'os motivos, ainda que importantes para determinar o alcance da parte dispositiva da sentença', de forma que apenas o dispositivo é recoberto pela intangibilidade prevista no art. 467 do CPC [art. 502 do CPC/2015]. Por outro lado, os fundamentos da decisão são assaz relevantes para compreendê-la e permitir a determinação de seus limites objetivos, sendo indispensável que se realize uma interpretação conjugada das razões do julgado e de seu dispositivo" (STJ, REsp 968.384/RJ, Rel. Min. Castro Meira, 2ª Turma, jul. 01.04.2008, *DJe* 27.02.2009). **No mesmo sentido:** STJ, AgRg no Ag 1.219.679/RS, Rel. Min. Luis Felipe Salomão, 4ª Turma, jul. 02.12.2010, *DJe* 09.12.2010; STJ, AgRg nos EDcl no REsp 1.117.158/RJ, Rel. Min. Og Fernandes, 6ª Turma, jul. 14.09.2010, *DJe* 04.10.2010.

"A motivação da sentença ou premissas que não constituem a lide nem questão incidental fica fora dos limites objetivos da coisa julgada" (STJ, REsp 6.774/PA, Rel. Min. Claudio Santos, 3ª Turma, jul. 30.03.1992, *DJ* 04.05.1992, p. 5.883). **No mesmo sentido**: STJ, REsp 85.333/RJ, Rel. Min. Eduardo Ribeiro, 3ª Turma, jul. 26.06.1996, *DJ* 26.08.1996, p. 29.682; STJ, REsp 20.754/MS, Rel. Min. Nilson Naves, 3ª Turma, jul. 25.06.1996, *DJ* 30.09.1996, p. 36.636; STJ, REsp 36.807/SP, Rel. Min. Demócrito Reinaldo, 1ª Turma, jul. 15.08.1994, *DJ* 05.09.1994, p. 23.039; STJ, AgRg no Ag 1.011.802/RS, Rel. Min. Luis Felipe Salomão, 4ª Turma, jul. 02.04.2009, *DJe* 20.04.2009.

Improcedência por falta de provas. "Os fundamentos da sentença anterior, que deu pela improcedência da ação por falta de prova dos fatos, não fazem coisa julgada material" (STJ, REsp 261.175/SP, Rel. Min. Ruy Rosado de Aguiar, 4ª Turma, jul. 10.10.2000, *DJ* 05.03.2001, p. 172).

"**Diversas as causas de pedir, em uma e outra demanda, inexiste coisa julgada,** a obstar seja apreciado o mérito da segunda" (STJ, REsp 3.171/CE, Rel. Min. Eduardo Ribeiro, 3ª Turma, jul. 23.10.1990, *DJ* 19.11.1990, p. 13.258).

Reapreciação de fatos tidos como fundamentos em sentença anterior. "Possibilidade de, em ação de rescisão de contrato de promessa de compra e venda, serem novamente apreciados fatos postos como fundamento da sentença em anterior ação de adjudicação do imóvel objeto da lide. Limites objetivos da coisa julgada que não abrangem os motivos da decisão nem a verdade dos fatos, estabelecida como fundamento da sentença" (STJ, REsp 18.993/SP, Rel. Min. Athos Carneiro, 4ª Turma, jul. 16.11.1992, *DJ* 30.11.1992, p. 22.619).

Decisão rescindida. "[...] não configura ofensa ao art. 469, I, do CPC [art. 504, I, do CPC/2015], que preconiza que os motivos não fazem coisa julgada, ainda que importantes para determinar o alcance da parte dispositiva da sentença. Isto porque, uma vez rescindida a decisão objeto da rescisória, ressurge a necessidade de composição da lide nos limites em que anteriormente posta perante o órgão julgador prolator do julgado desconstituído, razão pela qual se preserva a ampla esfera de liberdade do magistrado em qualificar juridicamente os fatos narrados na inicial" (STJ, REsp 886.509/PR, Rel. Min. Luiz Fux, 1ª Turma, jul. 02.12.2008, *DJe* 11.12.2008).

b) A verdade dos fatos (inciso II).

"Os limites objetivos da coisa julgada, que não abrangem os motivos da decisão nem a verdade dos fatos, estabelecida como fundamento da sentença" (STJ, REsp 18.993/SP, Rel. Min. Athos Carneiro, 4ª Turma, jul. 16.11.1992, *DJ* 30.11.1992, p. 22.619). **No mesmo sentido:** 1º TACivSP, Ap 357.460, Rel. Juiz Ernâni Paiva, jul. 10.06.1986.

2. Fazem coisa julgada.

Fundamentação. Pontos relevantes da decisão. "No art. 469 do CPC [art. 504 do CPC/2015], ao elencar as partes da sentença não abarcadas pela *res judicata*, pretendeu o legislador retirar a imutabilidade das questões que compõem os fundamentos jurídicos aduzidos pelo autor, enfrentados pelo réu e decididos pelo juiz. Porém, não constitui vontade legislativa retirar os efeitos da coisa julgada das premissas essenciais à matriz lógica mediante a qual se alcançou o comando normativo contido no dispositivo da sentença" (STJ, REsp 488.519/RJ, Rel. Min. Luis Felipe Salomão, 4ª Turma, jul. 19.02.2009, *DJe* 09.03.2009).

"A coisa julgada alcança não só a parte dispositiva da sentença ou acórdão, mas também o fato constitutivo do pedido. Abrange questão última do raciocínio do juiz, a conclusão de seu silogismo, que constitui a premissa essencial objetiva, a base lógica necessária do dispositivo" (TJSP, Ap 55477-2, Rel. Des. Salles Penteado, 11ª Câmara Cível, jul. 29.03.1984, *RJTJESP* 88/63).

"A coisa julgada alcança também a parte dispositiva da sentença, que deve ser entendida como parte do julgamento, pois é nela que o juiz decide sobre o pedido. Desnecessidade de que a coisa julgada seja alcançada apenas na parte final da sentença" (STJ, AgRg no Ag 473.361/SP, Rel. Min. Castro Meira, 2ª Turma, jul. 04.12.2003, *DJ* 25.02.2004, p. 147).

Pedido e causa de pedir. Delimitadores do conteúdo e da extensão da parte dispositiva da sentença. "Conquanto seja de sabença que é o dispositivo da sentença que faz coisa julgada material, faz-se mister ressaltar que o pedido e a causa de pedir, tal qual expressos na petição inicial e adotados na fundamentação do *decisum*, integram *a res judicata*, uma vez que atuam como delimitadores do conteúdo e da extensão da parte dispositiva da sentença. [...] Esse é, aliás, o posicionamento do STJ, porquanto 'A coisa julgada está delimitada pelo pedido e pela causa de pedir apresentados na ação de conhecimento, devendo sua execução se processar nos seus exatos limites' (REsp 882.242/ES, Rel. Min. Laurita Vaz, 5ª Turma, *DJe* 01.06.2009). **No mesmo sentido:** AgRg no Ag 1.024.330/SP, Rel. Min. Fernando Gonçalves, *DJe* 09.11.2009; REsp 11.315/RJ, Rel. Min. Eduardo Ribeiro, *DJU* 28.09.1992; REsp 576.926/PE, Rel. Min. Denise Arruda, *DJe* 30.06.2006; REsp 763.231/PR, Rel. Min. Luiz Fux, *DJ* 12.03.2007; REsp 795.724/SP, Rel. Min. Luiz Fux, *DJ* 15.03.2007" (STJ, Rcl 4.421/DF, Rel. Min. Luiz Fux, 1ª Turma, jul. 14.09.2010, *DJe* 30.09.2010; STJ, REsp 900.561/SP, Rel. Min. Denise Arruda, 1ª Turma, jul. 24.06.2008, *DJe* 01.08.2008; STJ, AgRg no Ag 162.593/RS, 3ª Turma, Rel. Min. Eduardo Ribeiro, *DJ* 08.09.1998; TJSP, Ap 55.477-2, Rel. Des. Salles Penteado, 11ª Câmara, jul. 29.03.1984, *RJTJSP* 88/64; STJ, REsp 11.315-0/RJ, Rel. Min. Eduardo Ribeiro, 3ª Turma, jul. 31.08.1992, *RSTJ* 37/413).

Ações de controle concentrado da constitucionalidade. "Hipótese a justificar a transcendência sobre a parte dispositiva dos motivos que embasaram a decisão e dos princípios por ela consagrados, uma vez que os fundamentos resultantes da interpretação da Constituição devem ser observados por todos os tribunais e autoridades, contexto que contribui para a preservação e desenvolvimento da ordem constitucional" (STF, Rcl 1.987, Rel. Min. Maurício Corrêa, Tribunal Pleno, jul. 01.10.2003, *DJ* 21.05.2004). **No mesmo sentido:** STF, Rcl 2.363, Rel. Min. Gilmar Mendes, Tribunal Pleno, jul. 23.10.2003, *DJ* 01.04.2005.

"**Questão já decidida.** "Embora os motivos do julgamento não se revistam da condição de imutabilidade e indiscutibilidade, muitas vezes esses motivos nada mais são que questões levantadas pelas partes e decididas, sobre as quais incide a preclusão máxima" (STJ, REsp 63.654/RJ, Rel. Min. Sálvio de Figueiredo Teixeira, 4ª Turma, jul. 24.10.1995, *DJ* 20.11.1995, p. 39.603).

3. Interpretação da sentença.

"O cânone hermenêutico da totalidade faz com que a interpretação da decisão judicial seja feita como um todo em si mesmo coerente, e não a partir de simples frases ou trechos isolados" (STJ, REsp 716.841/SP, Rel. Min. Nancy Andrighi, 3ª Turma, jul. 02.10.2007, *DJ* 15.10.2007, p. 256). **No mesmo sentido:** STJ, REsp 1.178.152/GO, Rel. Min. Eliana Calmon, 2ª Turma, jul. 19.08.2010, *DJe* 30.08.2010.

"Havendo dúvidas na interpretação do dispositivo da sentença, deve-se preferir a que seja mais conforme à fundamentação e aos limites da lide, em conformidade com o pedido formulado no processo. Não há sentido em se interpretar que foi proferida sentença *ultra* ou *extra petita*, se é possível, sem desvirtuar seu conteúdo, interpretá-la em conformidade com os limites do pedido inicial" (STJ, REsp 818.614/MA, Rel. Min. Nancy Andrighi, 3ª Turma, jul. 26.10.2006, *DJ* 20.11.2006, p. 309).

"No caso vertente, os motivos sobejaram a expressa decisão contida no dispositivo, e, nesse caso, a ambiguidade há de ser solucionada em favor deste último, o qual deve prevalecer em prejuízo da fundamentação. Argumento de caráter narrativo que não constitui pressuposto lógico para atingir-se o provimento inserto no dispositivo consubstancia-se em verdadeiro *obiter dictum*, mera ponderação realizada pelo julgador, que não se reveste do manto da coisa julgada" (STJ, REsp 968.384/RJ, Rel. Min. Castro Meira, 2ª Turma, jul. 01.04.2008, *DJe* 27.02.2009).

4. Liquidação de sentença. Coisa julgada incide sobre o dispositivo da sentença. "Tribunal *a quo* concluiu ser inviável a inclusão na perícia contábil da fase de liquidação das contas-correntes não abrangidas na parte dispositiva da sentença transitada em julgado. O instituto da coisa julgada diz respeito ao comando normativo veiculado no dispositivo da sentença, de sorte que os motivos e os fundamentos, ainda que importantes para determinar o alcance da parte dispositiva, não são alcançados pelo fenômeno da imutabilidade, nos termos do art. 469, do CPC/73, atual 504 do NCPC. Inexistindo determinação expressa no dispositivo da sentença transitada em julgado acerca das contas-correntes referidas pela parte agravante, não podem estas ser objeto de liquidação por ensejarem violação à coisa julgada" (STJ, AgInt no AREsp 384.553/SC, Rel. Min. Marco Buzzi, 4ª Turma, jul. 23.04.2019, *DJe* 26.04.2019).

"Se autor teve reconhecido, no segundo grau de jurisdição, seu direito à 'aposentadoria por tempo de serviço proporcional, a contar da data do protocolo administrativo', é decorrência lógica que a eventual prescrição das parcelas já vencidas deste benefício deve ser contada com base no mesmo marco, ou seja, estariam prescritas as parcelas já vencidas anteriores a 18/11/1994 (cinco anos antes da data do requerimento administrativo). A despeito de a decisão monocrática proferida em recurso especial interposto contra tal acórdão ter feito alusão à prescrição de parcelas vencidas anteriores à data da propositura da ação, o trecho corresponde a mero erro material, devendo prevalecer a parte dispositiva da decisão na qual se afirma que o acórdão recorrido está em consonância com a jurisprudência desta Corte, não merecendo reforma e se nega provimento ao especial. Isso porque, segundo preceitua o art. 469 do CPC/1973, mantido na mesma redação no art. 504 do CPC/2015, o que faz coisa julgada é o dispositivo do *decisum*. Assim sendo, a interpretação conjunta do dispositivo da decisão monocrática no recurso especial e do correto resultado de julgamento do acórdão da Corte regional somente pode levar à conclusão de que este Tribunal Superior manteve, na íntegra, o provimento total do apelo da parte autora, reconhecendo-lhe o direito ao recebimento de aposentadoria por tempo de serviço proporcional, a contar da data do requerimento administrativo" (STJ, Rcl 35.637/SC, Rel. Min. Reynaldo Soares da Fonseca, 3ª Seção, jul. 22.08.2018, *DJe* 27.08.2018).

"Entende-se que os encargos incidentes, fixados no dispositivo da sentença de liquidação, independentemente de estarem ou não explicitamente lá contidos, compõem um todo lógico indissolúvel, de modo que mostra-se inviável a modificação dos critérios de cálculo fixados em sentença contra a qual não cabe recurso, porquanto, em relação a eles, também operou-se coisa julgada" (STJ, REsp 488.519/RJ, Rel. Min. Luis Felipe Salomão, 4ª Turma, jul. 19.02.2009, *DJe* 09.03.2009).

5. Reflexo do juízo penal na esfera cível.

Estado de necessidade. "Havendo a sentença penal reconhecido ter sido o ato praticado em estado de necessidade, não se pode, no cível, deixar de reconhecer esse fato" (STJ, REsp 27.063/SC, Rel. p/ acórdão Min. Eduardo Ribeiro, 3ª Turma, jul. 04.03.1997, *DJ* 31.03.1997, p. 9.627).

Absolvição do réu no juízo criminal. "Não faz coisa julgada no juízo cível a sentença penal que, nos termos do art. 386, VI, do CPP dá pela absolvição do réu em face da insuficiência probatória quanto ao elemento subjetivo do ilícito (culpabilidade)" (STJ, REsp 6.914/DF, Rel. Min. Barros Monteiro, 4ª Turma, jul. 27.08.1991, *DJ* 30.09.1991, p. 13.488).

6. "Não faz coisa julgada a sentença homologatória de cálculos que inclui parcela ausente no *decisum* da causa de que não caiba mais recurso" (STJ, REsp 5.659/SP, Rel. Min. Cesar Asfor Rocha, 1ª Turma, jul. 23.09.1992, *DJ* 26.10.1992, p. 18.997).

Art. 505. Nenhum juiz decidirá novamente as questões já decididas relativas à mesma lide, salvo:

I – se, tratando-se de relação jurídica de trato continuado, sobreveio modificação no estado de fato ou de direito, caso em que poderá a parte pedir a revisão do que foi estatuído na sentença;

II – nos demais casos prescritos em lei.

CPC/1973

Art. 471.

REFERÊNCIA LEGISLATIVA

CPC/2015, arts. 114 (ineficácia da sentença proferida sem a presença dos litisconsortes necessários), 507 (preclusão), 509, § 4º (liquidação de sentença), 533, § 3º (revisão de prestação alimentícia).

SÚMULAS

Súmula do STF:

nº 239: "Decisão que declara indevida a cobrança de imposto em determinado exercício não faz coisa julgada em relação aos posteriores".

BREVES COMENTÁRIOS

Nenhum juiz decidirá novamente as questões já decididas, relativas à mesma lide (preclusão *pro iudicato*). Tratando-se, porém, de relação jurídica de trato continuado, se sobrevier modificação no estado de fato ou de direito, poderá a parte pedir a revisão do que foi estatuído na sentença (art. 505, I).

Isto se dá naquelas situações de julgamento *rebus sic stantibus*, como é típico o caso de alimentos. A sentença – nesse caso denominada sentença determinativa – baseando-se numa situação atual, tem sua eficácia projetada sobre o futuro. Como os fatos que motivaram o comando duradouro da sentença podem se alterar ou mesmo desaparecer, é claro que a eficácia do julgado não deverá perdurar imutável e intangível. Desaparecida a situação jurídica abrangida pela sentença, a própria sentença tem que desaparecer também. Não se trata, como se vê, de alterar a sentença anterior, mas de obter uma nova sentença para uma situação também nova.

A modificação do decisório será objeto de outra ação – a ação revisional – cuja sentença, se for de procedência, terá natureza constitutiva, pois alterará a relação jurídica vigente entre as partes. A inovação, porém, vigorará *ex nunc*, atuando apenas sobre as prestações posteriores ao surgimento do novo quadro fático-jurídico justificador da ação revisional. Os efeitos anteriores à revisão judicial permanecerão intactos, sob o pálio da coisa julgada gerada pela sentença anterior.

É certo que a preclusão temporal se destina apenas às partes, mesmo porque os prazos para a prática de atos do juiz são "impróprios", isto é, quando ultrapassados não lhe acarretam perda do poder de realizá-los tardiamente. Assim, em matéria de prova, por exemplo, é tranquilo que o juiz possa, a qualquer tempo, ordenar sua produção, embora as partes já tenham incorrido em preclusão a seu respeito. O mesmo, porém, não se passa com a preclusão consumativa, de sorte que, quando o juiz enfrenta uma questão incidental e soluciona por meio de decisão interlocutória, não se pode deixar de reconhecer que, por força do art. 505, está formada, também para o órgão judicial, a preclusão *pro iudicato*, de modo a impedi-lo, fora das vias recursais, de voltar ao reexame e rejulgamento da mesma questão em novos pronunciamentos no processo. Somente não ocorrerá esse tipo de preclusão quando afastada por regra legal extraordinária, como se dá, *v.g.*, com as condições da ação e os pressupostos processuais (art. 485, § 3º).

JURISPRUDÊNCIA SELECIONADA

1. Revisão da questão já decidida. Preclusão (*caput*). "Se houve decisão anterior irrecorrida, o juiz não a poderia rever sem a ocorrência de fato novo. (...) Somente nas questões referentes às condições da ação e aos pressupostos processuais, a cujo respeito há expressa previsão legal (CPC, art. 267, § 3º) [art. 485, § 3º, do CPC/2015], a preclusão não se opera. Fora dessas hipóteses, o juiz está sujeito à preclusão. (...) A preclusão vincula o juiz, impedindo-o de reexaminar decisão consolidada pela ausência de recurso" (STJ, REsp 999.348/RS, Rel. Min. Humberto Gomes de Barros, 3ª Turma, jul. 18.12.2007, *DJ* 08.02.2008, p. 686).

"Decidida a questão da impenhorabilidade do bem de família, nos termos da Lei nº 8.009/90, não é dado ao magistrado, ao seu talante, rever a decisão anterior, porquanto operada a preclusão quanto a matéria" (STJ, REsp 976.566/RS, Rel. Min. Luis Felipe Salomão, 4ª Turma, jul. 20.04.2010, *DJe* 04.05.2010).

"O magistrado de primeiro grau não pode julgar em dissonância com o acórdão já proferido no agravo de instrumento. A própria Câmara Cível, no recurso de apelação, não pode rever sua decisão anterior. A vedação se impõe aos dois graus de jurisdição, com o propósito de proteger o que foi julgado e tornou-se imutável e indiscutível na mesma lide" (TJPR, Emb. Infringentes Cív. 0137558-0/01, Rel. Des. Munir Karam, IV Grupo de Câmara Cível, jul. 25.03.2004, *DJ* 19.04.2004).

Questão de ordem pública. "Nos termos da jurisprudência do Superior Tribunal de Justiça, sujeitam-se à preclusão consumativa as questões decididas no processo, inclusive as de ordem pública, que não tenham sido objeto de impugnação recursal no momento próprio. Precedentes" (STJ, AgInt no AREsp 2.019.623/SP, Rel. Min. Raul Araújo, 4ª Turma, jul. 19.09.2022, *DJe* 04.10.2022).

Honorários. "Fixados honorários advocatícios em processo de habilitação e restando irrecorrida essa fixação, não há como reabrir-se discussão em Embargos de Declaração interpostos por ocasião de Processo de Execução por Título Executivo Judicial. Não cabe discutir, por matéria preclusa, se cabentes ou não honorários advocatícios a síndico que atuou como advogado no processo de habilitação de crédito" (STJ, REsp 957.084/RS, Rel. Min. Sidnei Beneti, 3ª Turma, jul. 18.11.2008, *DJe* 01.12.2008).

2. Questão decidida no processo de conhecimento. Revisão em embargos do devedor. Impossibilidade (*caput*). "Se o acórdão, no processo de conhecimento, deixou de determinar a capitalização dos juros, não há como autorizá-la no âmbito da execução" (STJ, AR 3.150/MG, Rel. p/ Acórdão Min. Ari Pargendler, 2ª Seção, jul. 28.11.2007, *DJe* 21.11.2008).

"A teor do disposto nos arts. 741 do CPC [art. 535 do-CPC/2015], afigura-se viável alegar, na via dos embargos, excesso de execução com base na interpretação do título judicial exequendo, sem que isso importe no revolvimento de matéria já decidida no processo de conhecimento" (STJ, REsp 505.944/RS, Rel. Min. João Otávio de Noronha, 2ª Turma, jul. 05.12.2006, *DJ* 07.02.2007, p. 274). **No mesmo sentido:** STJ, EDcl nos EDcl no REsp 250.003/SC, Rel. Min. Humberto Martins, 2ª Turma, jul. 16.10.2008, *DJe* 05.11.2008.

3. Relação de trato continuado (inciso I).

Prestação de caráter continuado. Termo final das prestações vencidas no curso do processo. "O propósito recursal é determinar o termo final para que as prestações de caráter continuado vencidas no curso da ação possam ser incluídas na fase de execução de título executivo judicial, nos termos do art. 290 do CPC/73. No que diz respeito à exigibilidade, a legislação processual tratou de maneira distinta certas relações jurídicas obrigacionais que se protraem no tempo, configuradoras de relações jurídicas continuativas (art. 471, I, do CPC/73) ou de trato continuado (art. 505, I, do CPC/15), como é o caso das despesas condominiais. O art. 290 do CPC/73 [art. 323 do CPC/2015] prevê que as prestações vencidas e vincendas no curso do processo têm natureza de pedido implícito, as quais devem ser contempladas na sentença ainda que não haja requerimento expresso do autor na inicial. Em virtude da previsão do art. 290 do CPC/73, a sentença das relações continuativas fixa, na fase de conhecimento, o vínculo obrigacional entre o credor e o devedor. Basta, para a execução, que se demonstre a falta de pagamento das prestações vencidas, ou seja, que se demonstre a exigibilidade do crédito no momento da execução do título executivo judicial. Ao devedor, cabe demonstrar a eventual cessação superveniente do vínculo obrigacional" (STJ, REsp 1548227/RJ, Rel. Min. Nancy Andrighi, 3ª Turma, jul. 07.11.2017, *DJe* 13.11.2017).

Benefício previdenciário. Alteração no estado de fato ou de direito. "Apesar de o direito ao benefício assistencial ou previdenciário não se submeter à prescrição de fundo, por estar inserido nos direitos fundamentais, a ocorrência de indeferimento do pedido administrativo faz nascer o interesse de agir, por se tratar de ato específico, o qual não se renova mês a mês. Inteligência da Súmula 85 do STJ. O reconhecimento da prescrição do fundo de direito, por si só, não afasta a possibilidade de nova postulação de benefício por incapacidade, ou assistencial, tendo em vista a natureza dos direitos sociais e eventuais alterações no estado de fato ou de direito do segurado, de seu beneficiário ou do requerente de que trata a LOAS (Lei Orgânica da Assistência Social), *ex vi* do art. 505, I, do CPC/2015 (art. 471 do CPC/1973). Caso em que a parte autora pode postular a concessão de benefício a qualquer tempo, sendo certo que, decorridos mais de cinco anos desde o indeferimento administrativo e havendo alteração no estado de fato ou de direito do segurado, este fará jus ao benefício, atendidos os requisitos legais, mas a contar da nova demanda judicial" (STJ, AgInt no REsp 1.864.367/CE, Rel. Min. Gurgel de Faria, 1ª Turma, jul. 31.08.2020, *DJe* 08.09.2020).

Ação de investigação de paternidade. Circunstâncias fáticas. Mudança. "Não excluída expressamente a paternidade do investigado na primitiva ação de investigação de paternidade, diante da precariedade da prova e da ausência de indícios suficientes a caracterizar tanto a paternidade como a sua negativa, e considerando que, quando do ajuizamento da primeira ação, o exame pelo DNA ainda não era disponível e nem havia notoriedade a seu respeito, admite-se o ajuizamento de ação investigatória, ainda que tenha sido aforada uma anterior com sentença julgando improcedente o pedido. (...) 'A coisa julgada, em se tratando de ações de estado, como no caso de investigação de paternidade, deve ser interpretada *modus in rebus*. Nas palavras de respeitável e avançada doutrina, quando estudiosos hoje se aprofundam no reestudo do instituto, na busca sobretudo da realização do processo justo'" (STJ, REsp 226.436/PR, Rel. Min. Sálvio de Figueiredo Teixeira, 4ª Turma, jul. 28.06.2001, *DJ* 04.02.2002, p. 370). **No mesmo sentido:** STJ, REsp 427.117/MS, Rel. Min. Castro Filho, 3ª Turma, jul. 04.11.2003, *DJ* 16.02.2004, p. 241; STJ, REsp 594.238/RJ, Rel. Min. Luis Felipe Salomão, 4ª Turma, jul. 04.08.2009, *DJe* 17.08.2009.

Ação negatória de paternidade. Relativização da coisa julgada formada em anterior investigação de paternidade. Excepcional possibilidade ante as peculiaridades do caso. "A excepcional relativização da coisa julgada nas ações de investigação de paternidade anteriores à universalização do exame de DNA é admitida pelo eg. Supremo Tribunal Federal (RE 363.889/MG, Rel. Ministro Dias Toffoli) e também pelo Superior Tribunal de Justiça (AgRg nos EREsp 1.202.791/SP, Segunda Seção, Rel. Ministro Ricardo Villas Bôas Cueva). O entendimento das Turmas que compõem a Segunda Seção deste Tribunal permite a superação da coisa julgada, nos termos do Tema 392/STF, quando, na primeira ação, o exame de DNA não foi realizado por impossibilidade alheia à vontade das partes. A hipótese *sub judice* apresenta peculiaridades: embora reconhecida a paternidade, diante da recusa do requerido de submeter-se a exame genético, em anterior ação movida pela suposta filha, já maior de idade, contra o suposto pai, nesta posterior ação negatória de paternidade, entre as mesmas partes, determinou-se a realização de exame de DNA, o qual afastou a existência de vínculo biológico entre os investigados. Não se pode desconsiderar a verdade real obtida mediante prova científica, em perícia produzida em juízo, sob o crivo do contraditório, privilegiando-se a verdade formal representada pela coisa julgada anterior, constituída sem que realizado nenhum exame" (STJ, REsp 1.639.372/SC, Rel. Min. Raul Araújo, 4ª Turma, jul. 04.06.2024, *DJe* 28.06.2024).

"Os direitos à filiação, à identidade genética e à busca pela ancestralidade integram uma parcela significativa dos direitos da personalidade e são elementos indissociáveis do conceito de dignidade da pessoa humana, impondo ao Estado o dever de tutelá-los e de salvaguardá-los de forma integral e especial, a fim de que todos, indistintamente, possuam o direito de ter esclarecida a sua verdade biológica" (STJ, REsp 1.632.750/SP, Rel. p/acórdão Min. Nancy Andrighi, 3ª Turma, jul. 24.10.2017, *DJe* 13.11.2017).

Alteração fática superveniente. "A jurisprudência do STJ entende que, tratando-se de relação jurídica continuativa, a superveniente modificação do estado de direito não caracteriza a violação da coisa julgada, o que torna possível uma nova prestação jurisdicional" (STJ, AgRg no Ag 1.220.655/RJ, Rel. Min. Benedito Gonçalves, 1ª Turma, jul. 16.12.2010, *DJe* 02.02.2011).

"Portanto, também quanto às relações jurídicas sucessivas, a regra é a de que as sentenças só têm força vinculante sobre as relações já efetivamente concretizadas, não atingindo as que poderão decorrer de fatos futuros, ainda que semelhantes. Elucidativa dessa linha de pensar é a Súmula 239/STF. **Todavia, há certas relações jurídicas sucessivas que nascem de um suporte fático complexo, formado por um fato gerador instantâneo, inserido numa relação jurídica permanente.** Ora, nesses casos, pode ocorrer que a controvérsia decidida pela sentença tenha por origem não o fato gerador instantâneo, mas a situação jurídica de caráter permanente na qual ele se encontra inserido, e que também compõe o suporte desencadeador do fenômeno de incidência. Tal situação, por seu caráter duradouro, está apta a perdurar no tempo, podendo persistir quando, no futuro, houver a repetição de outros fatos geradores instantâneos, semelhantes ao examinado na sentença. Nestes casos, admite-se a eficácia vinculante da sentença também em relação aos eventos recorrentes. Isso porque o juízo de certeza desenvolvido pela sentença sobre determinada relação jurídica concreta decorreu, na verdade, de juízo de certeza sobre a situação jurídica mais ampla, de caráter duradouro, componente, ainda que mediata, do fenômeno de incidência. Essas sentenças conservarão sua eficácia vinculante enquanto se mantiverem inalterados o direito e o suporte fático sobre os quais estabeleceu o juízo de certeza. Em nosso sistema, as decisões tomadas em controle difuso de constitucionalidade, ainda que pelo STF, limitam sua força vinculante às partes envolvidas no litígio. Não afetam, por isso, de forma automática, como decorrência de sua simples prolação, eventuais sentenças transitadas em julgado em sentido contrário, para cuja desconstituição é indispensável o ajuizamento de ação rescisória" (STJ, REsp 686.058/MG, Rel. Min. Luiz Fux, Rel. p/ Acórdão Min. Teori Albino Zavascki, 1ª Turma, jul. 19.10.2006, *DJ* 16.11.2006, p. 220).

"A decisão em ação declaratória que reconhece, em manifestação trânsita, o direito à não incidência de ICMS sobre produtos industrializados exportados, em face de imunidade constitucional (art. 155, § 2º, X, 'a'), é ato jurisdicional prescritivo, que torna indiscutível a exigibilidade do tributo, sob pena de violação da coisa julgada. (...) Dessa forma, enquanto perdurar a situação fático-jurídica descrita na causa de pedir, aquele comando normativo emanado na sentença, desde que esta transite em julgado, continuará sendo aplicado, protraindo-se no tempo, salvo a superveniência de outra norma em sentido diverso" (STJ, REsp 875.635/MG, Rel. Min. Luiz Fux, 1ª Turma, jul. 16.10.2008, *DJe* 03.11.2008).

Controle difuso de inconstitucionalidade. "A edição de Resolução do Senado Federal suspendendo a execução das normas declaradas inconstitucionais, contudo, confere à decisão *in concreto* efeitos *erga omnes*, universalizando o reconhecimento estatal da inconstitucionalidade do preceito normativo, e acarretando, a partir de seu advento, mudança no estado de direito capaz de sustar a eficácia vinculante da coisa julgada, submetida, nas relações jurídicas de trato sucessivo, à cláusula *rebus sic stantibus*" (STJ, REsp 686.058/MG, Rel. Min. Luiz Fux, Rel. p/ Acórdão Min. Teori Albino Zavascki, 1ª Turma, jul. 19.10.2006, *DJ* 16.11.2006, p. 220).

4. Relativização da coisa julgada

a) Impossibilidade.

Ação negatória de paternidade. Relativização da coisa julgada. Impossibilidade. "O Supremo Tribunal Federal, ao apreciar o RE 363.889/DF, com repercussão geral reconhecida, permitiu, em caráter excepcional, a relativização da coisa julgada formada em ação de investigação julgada improcedente por ausência de provas, quando não tenha sido oportunizada a realização de exame pericial acerca da origem biológica do investigando por circunstâncias alheias à vontade das partes. Hipótese distinta do caso concreto em que a ação de investigação de paternidade foi julgada procedente com base na prova testemunhal, e, especialmente, diante da reiterada recusa dos herdeiros do investigado em proceder ao exame genético, que, chamados à coleta do material por sete vezes, deixaram de atender a qualquer um deles". (STJ, REsp 1562239/MS, Rel. Min. Paulo de Tarso Sanseverino, 3ª Turma, jul. 09.05.2017, *DJe* 16.05.2017)

5. Efeitos da coisa julgada. "O art. 471 do CPC [art. 505 doCPC/2015] enuncia o princípio de que a sentença definitiva não pode ser modificada. É princípio que tem pertinência com a coisa julgada, ou, mais precisamente, com os efeitos que lhe são inerentes e que se prolongam no futuro" (STF, RE 79.027/SP, voto do Rel. Min. Antônio Neder, 1ª Turma, jul. 29.04.1981; RTJ 99/679).

6. Lei nova. "A coisa julgada não impede que lei nova passe a reger diferentemente os fatos ocorridos a partir de sua vigência" (STF, RE 90.518/PR, Rel. Min. Xavier de Albuquerque, 1ª Turma, jul. 02.03.1979; *RTJ* 89/344).

"A coisa julgada que assegura vantagens funcionais se perfectibiliza à vista da lei vigente à data da sentença. Alterada a lei, e fixados novos vencimentos, o funcionário só tem direito a sua irredutibilidade, de modo que, se for o caso, perceberá como vantagem pessoal a parcela suprimida. Precedente. Segurança denegada" (STJ, MS 13.721/DF, Rel. Min. Nancy Andrighi, Corte Especial, jul. 20.05.2009, *DJe* 08.06.2009).

"Não se deve, portanto, superestimar a proteção constitucional à coisa julgada, tendo sempre presente que o texto protege a situação concreta da decisão transitada em julgado contra a possibilidade de incidência de nova lei. Não se trata de proteção ao instituto da coisa julgada, (em tese) de molde a torná-la inatingível, mas de resguardo de situações em que se operou a coisa julgada, da aplicabilidade de lei superveniente" (STJ, REsp 1.152.174/RS, Rel. Min. Luiz Fux, 1ª Turma, jul. 03.02.2011, *DJe* 22.02.2011).

7. Eficácia. "A eficácia da sentença declaratória perdura enquanto estiver em vigor a lei em que se fundamentou, interpretando-a" (STJ, REsp 719/SP, Rel. Min. Américo Luz, 2ª Turma, jul. 07.02.1990, *RSTJ* 8/341).

8. Ação principal e cautelar. Dedução de uma mesma questão. "Deduzida uma mesma questão nos autos da ação principal e nos autos da cautelar correlata, de forma quase que concomitante, a decisão a respeito proferida em qualquer dos dois é como se estivesse sido lançada a um só tempo em ambos, descabendo ao órgão julgador que a tenha proferido voltar a pronunciar-se acerca do tema" (STJ, REsp 26.602/SP, Rel. Min. Sálvio de Figueiredo Teixeira, 4ª Turma, jul. 20.09.1994, *DJ* 31.10.1994, p. 29.501).

9. Trânsito em julgado. Revogação de ofício. Teratologia. Ver jurisprudência do art. 502 do CPC/2015.

10. Acordo homologado pelo juiz após sentença de mérito. Possibilidade. "Acordo homologado pelo juiz, para pagamento parcelado da dívida, após sentença de mérito que julgara procedente a ação. Possibilidade, sem que isso implique afronta ao art. 471 do CPC [art. 505 do CPC/2015]" (STJ, REsp 50.669/SP, Rel. Min. Assis Toledo, 5ª Turma, jul. 08.03.1995, *DJ* 27.03.1995, p. 7.179).

11. Conflito de sentenças. "Quanto ao tema, os precedentes desta Corte são no sentido de que, havendo conflito entre duas coisas julgadas, prevalecerá a que se formou por último, enquanto não se der sua rescisão para restabelecer a primeira" (STJ, AgRg no REsp 643.998/PE, Rel. Min. Celso Limongi, 6ª Turma, jul. 15.12.2009, *DJe* 01.02.2010). **No mesmo sentido:** STJ, AR 3.248/SC, Rel. Min. Castro Meira, 1ª Seção, jul. 09.12.2009, *DJe* 01.02.2010.

Inexistência da segunda decisão. "Na hipótese, havendo decisão duplificante no mesmo processo, considera-se a segunda como inexistente" (STJ, AgRg nos EREsp 170.421/RS, Rel. Min. Franciulli Netto, 1ª Seção, jul. 06.12.1999, *DJ* 21.02.2000, p. 81).

12. Matéria decidida em agravo de instrumento. "Tendo a matéria da legitimidade ativa sido enfrentada em agravo de instrumento, transitada em julgado a decisão, não tem pertinência nova decisão levando à extinção do processo, presente a disciplina do art. 471 do Código de Processo Civil [art. 505 do CPC/2015]" (REsp 232.744/RJ, Rel. Min. Carlos Alberto Menezes Direito, 3ª Turma, jul. 31.08.2000, *DJ* 30.10.2000, p. 151).

13. Agravo de instrumento. Apelação. "O magistrado de primeiro grau não pode julgar em dissonância com o acórdão já proferido no agravo de instrumento. A própria Câmara Cível, no recurso de apelação, não pode rever sua decisão anterior. A vedação se impõe aos dois graus de jurisdição, com o propósito de proteger o que foi julgado e tornou-se imutável e indiscutível na mesma lide" (TJPR, Emb. Infrigentes Cíveis 0137558-0/01, Rel. Des. Munir Karam, IV Grupo de Câmara Cível, jul. 25.03.2004, *DJ* 19.04.2004).

14. Cláusula *rebus sic stantibus*. "A indenização destinada à manutenção dos aparelhos ortopédicos utilizados pela vítima de acidente reveste-se de natureza alimentar, na medida em que objetiva a satisfação de suas necessidades vitais. Por isso, a sentença que fixa o valor da prótese não estabelece coisa julgada material, trazendo implícita a cláusula *rebus sic stantibus*, que possibilita sua revisão face a mudanças nas circunstâncias fáticas que ampararam a decisão" (STJ, REsp 594.238/RJ, Rel. Min. Luis Felipe Salomão, 4ª Turma, jul. 04.08.2009, *DJe* 17.08.2009).

15. Proclamação de resultado de julgamento. Modificação via questão de ordem. Impossibilidade. "Uma vez concluído o julgamento do feito e proclamado o resultado pelo presidente do colegiado, a Corte julgadora exaure a sua competência jurisdicional, motivo pelo qual, salvo erro material evidente, somente se permite a sua modificação mediante recurso do interessado e resposta respectiva da parte *ex adversa*, sob pena de violação ao princípio do contraditório. No caso, depois de concluído o julgamento do recurso, em que foram realizadas sustentações orais, houve a proclamação do resultado e a posterior publicação da ata da sessão, havendo, posteriormente, alteração do julgado por meio de questão de ordem, o que viola o primado constitucional e impõe considerar a nulidade anunciado na via integrativa, via cabível para se corrigir, a tempo, o vício *in procedendo*" (STJ, EDcl nos EAg 884.487/SP, Rel. p/ Acórdão Min.ª Maria Thereza de Assis Moura, Corte Especial, jul. 06.02.2013, *DJe* 25.06.2013).

Art. 506. A sentença faz coisa julgada às partes entre as quais é dada, não prejudicando terceiros.

CPC/1973

Art. 472.

REFERÊNCIA LEGISLATIVA

CPC/2015, arts. 109, § 3º (substituição processual), 114 (litisconsórcio necessário), 123 (assistência).

SÚMULAS

Súmulas do TFR:

nº 120: "A decisão proferida em processo de retificação do registro civil, a fim de fazer prova junto à Administração Militar, não faz coisa julgada relativamente à União Federal, se esta não houver sido citada para o feito".

nº 202: "A impetração de segurança por terceiro, contra ato judicial, não se condiciona a interposição de recurso".

CJF – I JORNADA DE DIREITO PROCESSUAL CIVIL

Enunciado 36 – O disposto no art. 506 do CPC não permite que se incluam, dentre os beneficiados pela coisa julgada, litigantes de outras demandas em que se discuta a mesma tese jurídica.

BREVES COMENTÁRIOS

O sistema geral do Código limita o alcance da coisa julgada às partes entre as quais a sentença foi pronunciada, de modo que os terceiros não podem ser, por ela, prejudicados (art. 506). Essa limitação, porém, não é absoluta, pois há na lei exceções em que a força da coisa julgada repercute também sobre pessoas que não figuraram como partes na relação processual.

O primeiro e mais significativo exemplo é o da *substituição processual* (art. 18), que se verifica quando, por previsão legal, alguém é autorizado a demandar em nome próprio a defesa de direito alheio. A substituição, na espécie, provoca uma dissociação entre a parte processual (substituto) e a parte material (substituído). A coisa julgada provocada pela atividade do substituto operará sobre a situação jurídica material do substituído, mesmo que este, processualmente, não tenha figurado como parte. Outros casos de extensão da coisa julgada a terceiros ocorrem na legitimação *ad causam* concorrente e nas ações coletivas. Quando, por exemplo, a lei autoriza diversos acionistas a demandarem, em conjunto ou individualmente, a anulação de uma deliberação assemblear, a coisa julgada alcançará, indistintamente, a todos os legitimados concorrentes, tenham ou não participado da ação anulatória. Os legitimados que não figuraram no processo estarão impedidos de, após a coisa julgada, propor ação igual. Só não prevalecerá o impedimento se a nova ação anulatória se fundar em causa de pedir distinta da que foi apreciada no processo anterior. É que, então, não haverá coisa julgada, porquanto dessa exceção só se pode cogitar se presentes nas duas ações as mesmas partes, o mesmo pedido e a mesma causa de pedir (art. 337, §§ 1º e 2º).

Nos casos de comunhão de direitos e obrigações, em que o direito material legitima qualquer dos comunheiros a defender a situação jurídica litigiosa comum, como ocorre com as obrigações solidárias, com o condomínio, com a composse, com o casamento etc., também é possível ocorrer coisa julgada perante o cointeressado que poderia ter participado do processo como litisconsorte, mas não o fez. Essa matéria, todavia, não é pacífica, havendo quem reconheça ao comunheiro, que não participou do processo petitório ou possessório, a possibilidade de renovar a demanda, sem que se lhe possa opor a exceção de coisa julgada.

Não quer este artigo dizer que os estranhos possam ignorar a coisa julgada. Não é certo, portanto, dizer que a sentença só prevalece ou somente vale entre as partes. O que ocorre é que apenas a imutabilidade e a indiscutibilidade da sentença não podem prejudicar estranhos ao processo em que foi proferida a decisão transitada em julgado.

Assim, determinado credor, embora estranho à lide, não pode pretender ignorar a sentença em favor de outrem que condenou seu devedor, desfalcando o patrimônio que lhe servia de garantia comum. O prejuízo que não se alcança com a coisa julgada é o *jurídico* (a negação de um direito do terceiro, ou a restrição direta a ele) e não o simplesmente *de fato* (caso de diminuição do patrimônio do devedor comum). Não são terceiros, porém, os sucessores *causa mortis* ou *inter vivos* da parte sujeita aos efeitos da sentença.

Enfim, o terceiro que seja titular de relação jurídica cujos efeitos dependam da relação litigiosa não pode ignorar a sentença sobre esta pronunciada, apenas pelo fato de não ter sido parte no respectivo processo e não se achar sob o alcance da imutabilidade e indiscutibilidade específicas da coisa julgada. O decisório, na espécie, é fato jurídico relevante para todos os que se ponham dentro da área de sua eficácia. Outro aspecto interessante do tema dos limites subjetivos da coisa julgada situa-se na própria regra do art. 506, que exclui da eficácia da sentença apenas os terceiros que poderiam ser prejudicados, não aqueles eventualmente beneficiados. Com efeito, é perfeitamente possível que um estranho à relação processual se prevaleça da sentença passada em julgado *inter alios*, por achar-se em situação de direito material que é a mesma do demandante vitorioso, ou por ser titular de relação conexa com a resolvida no processo de que não participou. Por exemplo, nos termos do art. 274 do Código Civil, "o julgamento contrário a um dos credores solidários não atinge os demais, mas o julgamento favorável aproveita-lhes (...)".

Com a abertura do art. 506 feita no sentido de estender a coisa julgada a terceiros, que possam extrair dela efeitos benéficos, restaram superados os limites subjetivos outrora rígidos e circunscritos apenas às partes do processo, de modo que, no sistema atual, terceiros titulares de situações jurídicas intervinculadas com a que foi objeto da sentença *inter alios* poderão também se valer da indiscutibilidade e imutabilidade da solução definida no processo de que não participaram, para dela se beneficiarem.

JURISPRUDÊNCIA SELECIONADA

1. Efeitos reflexos da coisa julgada perante terceiros. "Os limites subjetivos da coisa julgada – os quais se destinam a definir quais sujeitos estão impedidos de discutir novamente provimentos judiciais definitivos – não se confundem com os efeitos legítimos que a sentença pode irradiar sobre terceiros que, embora não figurem como sujeitos ativos ou passivos da relação jurídico-substancial versada no litígio, são titulares de relações jurídicas que com ela se relacionam ou que dela dependam. Doutrina." (STJ, REsp 1763920/SP, Rel.ª Min.ª Nancy Andrighi, 3ª Turma, jul. 16.10.2018, *DJe* 18.10.2018)

"É possível os efeitos da sentença atingirem outras pessoas além das partes, entretanto, isso não pode servir de obstáculo para que estes terceiros, que não participaram de modo nenhum no processo, venham a juízo discutir seus próprios direitos" (STJ, AgInt no AREsp 2.163.776/RJ, Rel. Min. Moura Ribeiro, 3ª Turma, jul. 28.11.2022, DJe 30.11.2022).

2. Extensão dos efeitos da sentença transitada em julgado que reconhece relação de parentesco. "Os efeitos da sentença, que não se confundem com a coisa julgada e seus limites subjetivos, irradiam-se com eficácia erga omnes, atingindo mesmo aqueles que não figuraram como parte na relação jurídica processual. Reconhecida, por decisão de mérito transitada em julgado, a relação de parentesco entre pai e filho, a consecutiva relação avoenga (vínculo secundário) é efeito jurídico dessa decisão (CC/2002, art. 1.591), afigurando-se inadequada a ação declaratória incidental para a desconstituição do vínculo primário, sob o exclusivo argumento de inexistência de liame biológico." (STJ, REsp 1331815/SC, Rel. Min. Antonio Carlos Ferreira, 4ª Turma, jul. 16.06.2016, *DJe* 01.08.2016).

3. Limites subjetivos da coisa julgada. Impossibilidade de prejudicar terceiro. "Ademais, não se pode reconhecer ter havido a coisa julgada em desfavor da recorrida, haja vista que os limites subjetivos da coisa julgada obstam seja o terceiro prejudicado, nos termos do que preconiza o art. 506 do CPC/2015 (equivalente ao art. 472 do CPC/1973). Precedente" (STJ, AgInt no AgInt no Ag no REsp 1695444/SP, Rel. Min. Marco Aurélio Bellizze, 3ª Turma, jul. 20.04.2020, *DJe* 24.04.2020).

4. Terceiro adquirente. Boa-fé. Eficácia subjetiva da coisa julgada. Bem ou direito litigioso. Marco inicial. Litispendência. Propositura da ação. Citação válida. "A regra geral do artigo 472 do Código de Processo Civil de 1973 dispõe que a coisa julgada só opera efeito entre as partes integrantes da lide. O artigo 109, § 3º, do Código de Processo Civil de 2015 (art. 42, § 3º, do CPC/1973), por exceção, dispõe que, em se tratando de aquisição de coisa ou direito litigioso, a sentença proferida entre as partes originárias estende os seus efeitos ao adquirente ou ao cessionário. Segundo a doutrina especializada, o bem ou direito se torna litigioso com a litispendência, ou seja, com a lide pendente. A lide é considerada pendente, para o autor, com a propositura da ação e, para o réu, com a citação válida. Para o adquirente, o momento em que o bem ou direito é considerado litigioso varia de acordo com a posição ocupada pela parte na relação jurídica processual que sucederia. Não há falar em extensão dos efeitos da coisa julgada ao adquirente se o bem é adquirido por terceiro de boa-fé antes de configurada a litigiosidade" (STJ, AgInt no AREsp 1293353/DF, Rel. Min. Ricardo Villas Bôas Cueva, 3ª Turma, jul. 03.12.2018, *DJe* 06.12.2018).

5. Terceiro estranho à lide. "Contemplando a solução judicial ordem contra terceiro não integrado na relação processual estabilizada, deve ser anulado o acórdão, afastando-se objurgada ilegalidade" (STJ, REsp 36.508/PR, Rel. Min. Milton Luiz Pereira, 1ª Turma, jul. 20.03.1995, *DJ* 17.04.1995, p. 9.560).

"Relativamente a terceiros pode (a coisa julgada) ser utilizada como reforço de argumentação. Jamais como imposição" (STJ, REsp 28.618-2/GO, Rel. Min. Vicente Cernicchiaro, 6ª Turma, jul. 24.11.1992, **DJU** 18.10.1993, p. 21.890).

Alcance da coisa julgada a terceiros. Exceção. "Nos termos do art. 472 do CPC [art. 506 do CPC/2015], a regra é que a imutabilidade dos efeitos da sentença só alcance as partes. Contudo, em determinadas circunstâncias, *diante da posição do terceiro na relação de direito material, bem como pela natureza desta, a coisa julgada pode atingir quem não foi parte no processo.* Entre essas hipóteses está a sucessão, pois o sucessor assume a posição do sucedido na relação jurídica deduzida no processo, impedindo nova discussão sobre o que já foi decidido" (STJ, REsp 775.841/RS, Rel. Min. Nancy Andrighi, 3ª Turma, jul. 19.03.2009, *DJe* 26.03.2009).

6. Ação indenizatória ajuizada pela mãe não gera efeitos aos filhos. "A sistemática do Código de Processo Civil brasileiro não se compadece com a extensão da coisa julgada a terceiros, que não podem suportar as consequências prejudiciais da sentença, consoante princípio com teto no art. 472 da lei processual civil [art. 506 do CPC/2015]. Assim, anterior ação indenizatória ajuizada pela mãe não gera efeitos aos filhos, que posteriormente venham a postular seus direitos" (STJ, REsp 268.020/SP, Rel. Min. Sálvio de Figueiredo Teixeira, 4ª Turma, jul. 13.11.2001, *DJ* 18.02.2002, p. 450).

7. Extensão dos efeitos de decisão individual à categoria de classe. "Por outro lado, da análise dos autos, verifica-se que as ações originárias não foram ajuizadas em favor da categoria e, sim, em caráter individualizado, não se podendo, portanto, extrapolar os limites subjetivos da coisa julgada sob o fundamento de isonomia, uma vez que a igualdade deve ser reconhecida frente à lei e não frente a decisões judiciais" (STJ, REsp 796.826/MG, Rel. Min. Gilson Dipp, 5ª Turma, jul. 03.10.2006, *DJ* 30.06.2006). **No mesmo sentido:** STJ, AgRg no AI 987.427/RS, Rel. Min. Jane Silva, 6ª Turma, jul. 07.10.2008, *DJ* 20.10.2008.

8. Fraude à execução. "A decisão transitada em julgado, reconhecendo a fraude à execução, vincula tão somente as partes do processo em que foi prolatada, não estendendo seus efeitos a terceiros" (STJ, REsp 633.418/MG, Rel. Min. Castro Filho, 3ª Turma, jul. 09.08.2005, *DJ* 12.09.2005, p. 322).

9. Ação de reintegração de posse. "(...) a decisão de reintegração vale em relação a todos os outros invasores. Isto dada a dificuldade de nomear-se, uma a uma, as pessoas que lá se encontram nos dias atuais" (STJ, REsp 326.165/RJ, Rel. Min. Jorge Scartezzini, 4ª Turma, jul. 09.11.2004, *DJ* 17.12.2004, p. 548).

10. Execução de sentença. "Parte estranha ao processo em que se formou o título judicial não possui legitimidade ativa para executá-lo" (STJ, REsp 1.084.892/RS, Rel. Min. Eliana Calmon, 2ª Turma, jul. 18.08.2009, *DJe* 03.09.2009).

11. Ação civil pública. "A Lei nº 7.347/85, em seu artigo 16, consagrou hipótese de exceção ao princípio dos limites subjetivos da coisa julgada (art. 472 do CPC) [art. 506 do CPC/2015] ao estabelecer a **eficácia** *erga omnes* da decisão proferida nos autos de ação civil pública" (STJ, RMS 10.839/RS, Rel. Min. Maria Thereza de Assis Moura, 6ª Turma, jul. 08.05.2007, *DJ* 28.05.2007, p. 400).

12. Legitimação concorrente. Condomínio edilício. "Todavia, nessas hipóteses de legitimação concorrente em condomínio edilício, a coisa julgada formada em razão do manejo de ação reivindicatória de alguns condôminos diretamente prejudicados não inibirá a futura propositura de outra demanda reivindicatória pelo condomínio" (STJ, REsp 1.015.652/RS, Rel. Min. Massami Uyeda, 3ª Turma, jul. 02.06.2009, *DJe* 12.06.2009).

13. Mandado de segurança impetrado contra decisão proferida em outro processo. Possibilidade. Súmula 202/STJ. "'A impetração de segurança por terceiro, contra ato judicial, não se condiciona a interposição de recurso' (Súmula 202/STJ). 'O terceiro prejudicado por decisão judicial, prolatada em processo do qual não foi parte, pode impetrar mandado de segurança para defender direito violado, mesmo que a decisão tenha transitado em julgado, vez que o processo judicial transcorreu sem o seu conhecimento.' (RMS 14.554/PR, 1ª Turma, Rel. Min. Francisco Falcão, *DJ* de 15.12.2003)" (STJ, REsp 1.107.263/SP, Rel. Min. Denise Arruda, 1ª Turma, jul. 05.11.2009, *DJe* 27.11.2009). **No mesmo sentido:** STJ, AgRg no Ag 790.691/GO, Rel. Min. Aldir Passarinho Junior, 4ª Turma, jul. 24.06.2008, *DJe* 01.09.2008.

14. Falência. Desconsideração da personalidade jurídica. Nula, a teor do artigo 472, CPC [art. 506 do CPC/2015], a decisão que estende a coisa julgada a terceiro que não integrou a respectiva relação processual. A desconsideração da pessoa jurídica é medida excepcional que reclama o atendimento de pressupostos específicos relacionados com a fraude ou abuso de direito em prejuízo de terceiros, o que deve ser demonstrado sob o crivo do devido processo legal (STJ, REsp 347.524/SP, Rel. Min. Cesar Asfor Rocha, 4ª Turma, jul. 18.02.2003, *DJ* 19.05.2003, p. 234). **No mesmo sentido:** STJ, REsp 370.068/GO, Rel. Min. Nancy Andrighi, 3ª Turma, jul. 16.12.2003, *DJ* 14.03.2005.

15. Processo penal. "A coisa julgada só pode atingir o réu do processo penal, não os possíveis responsáveis no âmbito cível, pois a sentença faz coisa julgada entre as partes, não beneficiando, nem prejudicando terceiros (art. 472, CPC)" [art. 506 do CPC/2015] (STJ, REsp 686.486/RJ, Rel. Min. Luis Felipe Salomão, 4ª Turma, jul. 14.04.2009, *DJe* 27.04.2009).

16. Citação. Interrupção da prescrição. "Já decidiu este Superior Tribunal de Justiça, no sentido de que a citação, e a consequente interrupção da prescrição, atinge somente as partes que integram a ação, devendo assim ser observados os limites subjetivos da coisa julgada" (STJ, EDcl no AgRg no REsp 510.930/SP, Rel. Min. Gilson Dipp, 5ª Turma, jul. 11.10.2005, *DJ* 07.11.2005 p. 332).

17. Embargos de terceiro. Coisa julgada. "No caso em apreço, à toda evidência, verifica-se a existência de dois processos, os quais têm partes distintas – o executivo, em que figuram o condomínio e o cônjuge da recorrente, e o de embargos de terceiro, cuja relação jurídico-processual tem como atores o mesmo condomínio e a esposa ora recorrente, por isso não se há falar em coisa julgada" (STJ, REsp 1.074.838/SP, Rel. Min. Luis Felipe Salomão, 4ª Turma, jul. 23.10.2012, *DJe* 30.10.2012).

Art. 507. É vedado à parte discutir no curso do processo as questões já decididas a cujo respeito se operou a preclusão.

CPC/1973

Art. 473.

REFERÊNCIA LEGISLATIVA

CPC/2015, arts. 223(atos processuais), 278, parágrafo único (nulidade), 774, parágrafo único (execução; proibição de falar nos autos).

BREVES COMENTÁRIOS

Assim como o juiz está impedido de decidir novamente a questão já decidida (preclusão *pro iudicato*), também as partes não têm como, em princípio, reabrir discussão a seu respeito, pelo menos em face do mesmo julgador, se configurada a preclusão temporal, lógica ou consumativa. Ou seja, a preclusão faz com que as questões incidentemente discutidas e apreciadas ao longo do curso processual não possam, após a respectiva decisão, voltar a ser tratadas em fases posteriores do processo.

Não se conformando a parte com a decisão interlocutória proferida pelo juiz (art. 203, § 2º), cabe-lhe o direito de recurso através do agravo de instrumento (art. 1.015) ou das preliminares da apelação (art. 1.009, § 1º). Mas se não interpõe o recurso no prazo legal, ou se é ele rejeitado pelo tribunal, opera-se a preclusão, não sendo mais lícito à parte reabrir discussão, no mesmo processo, sobre a questão.

JURISPRUDÊNCIA SELECIONADA

1. Interposição de mais de um recurso pela mesma parte. Preclusão Consumativa. "No caso de interposição de dois recursos pela mesma parte e contra a mesma decisão, apenas o primeiro poderá ser submetido à análise, em face da preclusão consumativa e do princípio da unicidade recursal, que proíbe a interposição simultânea de mais de um recurso contra a mesma decisão judicial." STJ, EDcl no AgInt no REsp 1.673.933, Rel. Min. Francisco Falcão, 2ª Turma, jul. 04.12.2018, *DJE* 11.12.2018). No mesmo sentido: TJRGS, Ap 70080094428, Rel. Des. Umberto Guaspari Sudbrack, 12ª Câmara Cível, jul. 21.11.2019.

2. Impugnação tardia dos fundamentos da decisão de inadmissibilidade. Impossibilidade. Preclusão temporal. "Com efeito, a ausência de interposição do recurso próprio no momento oportuno acarreta a preclusão do direito de recorrer concernente à questão decidida. Evidenciada a preclusão temporal, não cabe qualquer discussão ou apreciação de matéria já decidida" (STJ, AgInt no REsp 1868909/PE, Rel. Min. Herman Benjamin, 2ª Turma, jul. 29.06.2020, *DJe* 21.08.2020).

3. Preclusão.

Conceito. "O acórdão prolatado em agravo de instrumento torna preclusa a questão decidida, sendo certo que a preclusão é um fenômeno endoprocessual, ou seja, somente diz respeito ao processo em curso e às suas partes, não alcançando direito de terceiro, da mesma forma que nem sempre terá repercussões para as próprias partes em outros processos nos quais a mesma questão venha a ser incidentalmente tratada" (STJ, REsp 1.074.838/SP, Rel. Min. Luis Felipe Salomão, 4ª Turma, jul. 23.10.2012, *DJe* 30.10.2012).

Questão decidida por órgão superior hierárquico. Preclusão. "Se um órgão jurisdicional superior decide sobre uma das condições da ação, a matéria não pode ser reapreciada por órgão inferior de modo diverso, sob pena de violar a preclusão hierárquica" (STJ, AgInt no REsp 1650256/RS, Rel. Min. Gurgel de Faria, 1ª Turma, jul. 03.04.2018, *DJe* 09.05.2018).

4. Exceção de pré-executividade. Matéria não tratada em embargos do devedor. "O STJ entende que não pode ser rediscutida em exceção de pré-executividade matéria já decidida em Embargos do Devedor, ainda que trate de questão de ordem pública. Então, a contrário sensu, se as matérias arguidas em Exceção de Pré-Executividade não tiverem sido discutidas nos Embargos à Execução anteriormente opostos, e se tratar de matéria de ordem pública e não demandarem dilação probatória, poderão ser sim analisadas nessa Exceção de Pré-Executividade oposta após o julgamento dos Embargos à Execução" (STJ, REsp 1.755.221/PR, Rel. Min. Herman Benjamin, 2ª Turma, jul. 11.09.2018, *DJe* 21.11.2018).

5. Declaração de inconstitucionalidade pelo STF. Preclusão. Não configuração. "Em ação de inventário, o juiz que proferiu decisão interlocutória fundada no art. 1.790 do CC/2002 estará autorizado a proferir uma nova decisão a respeito da matéria anteriormente decidida, de modo a ajustar a questão sucessória ao superveniente julgamento da tese firmada no tema 809/STF e à disciplina do art. 1.829 do CC/2002, uma vez que o Supremo Tribunal Federal modulou temporalmente a aplicação da tese de modo a atingir os processos judiciais em que ainda não tenha havido trânsito em julgado da sentença de partilha. Precedente" (STJ, REsp 2.017.064/SP, Rel. Min. Nancy Andrighi, 3ª Turma, jul. 11.04.2023, *DJe* 14.04.2023).

6. Aplicação. "A preclusão é sanção imposta à parte, porque consiste na perda de uma faculdade processual; mas não se aplica ao juiz, qualquer que seja o grau da jurisdição ordinária. Para o juiz só opera a preclusão maior, ou seja, a coisa julgada" (STF, AgRg na ACO 268/DF, Rel. Min. Alfredo Buzaid, seção plena de 28.04.1982, *RTJ* 101/901; *RDC* 24/184).

"A preclusão é instituto que decorre da lei e existe para manutenção da segurança jurídica" (STJ, REsp 770.849/RS, Rel. Min. Luis Felipe Salomão, 4ª Turma, jul. 22.03.2011, *DJe* 31.03.2011).

7. Preclusão:

Inexistência de preclusão para o juiz. Instâncias ordinárias. "O tribunal da apelação, ainda que decidido o mérito na sentença, poderá conhecer de ofício da matéria concernente aos pressupostos processuais e as condições da ação. Nas instâncias ordinárias não há preclusão para o órgão julgador enquanto não acabar o seu ofício jurisdicional na causa pela prolação da decisão definitiva" (STJ, REsp 24.258/RJ, Rel. Min. Sálvio de Figueiredo Teixeira, 4ª Turma, jul. 03.05.1994, *DJ* 30.05.1994).

"O instituto da preclusão, em princípio, dirige-se as partes, como expresso o art. 437 do CPC [art. 480 do CPC/2015], podendo o juiz de superior instancia reexaminar decisões interlocutórias, máxime se pertinentes a prova" (STJ, EDcl no REsp 2.340/SP, Rel. Min. Athos Carneiro, 4ª Turma, jul. 23.10.1990, *DJ* 12.11.1990, p. 12.872).

8. Instrução probatória. "Além das questões concernentes às condições da ação e aos pressupostos processuais, a cujo respeito há expressa imunização legal (CPC, art. 267, § 3º) [art. 485, § 3º, do CPC/2015], a preclusão não alcança o juiz em se cuidando de instrução probatória. Diante do cada vez maior sentido publicista que se tem atribuído ao processo contemporâneo, o juiz deixou de ser mero espectador inerte da batalha judicial, passando a assumir uma posição ativa, que lhe permite, dentre outras prerrogativas, determinar a produção de provas, desde que o faça com imparcialidade e resguardando o princípio do contraditório" (STJ, REsp 222.445/PR, Rel. p/ o Ac. Min. Sálvio de Figueiredo Teixeira, 4ª Turma, ac. de 07.03.2002, *RSTJ* 157/418). **No mesmo sentido:** STJ, REsp 222.445/PR, Rel. Min. Sálvio de Figueiredo Teixeira, 4ª Turma, jul. 07.03.2002, *DJ* 29.04.2002, p. 246; STJ, AgRg no Ag 857.760/SP, Rel. Min. Humberto Gomes de Barros, 3ª Turma, jul. 09.08.2007, *DJ* 27.08.2007, p. 231; STJ, EDcl no REsp 953.213/PR, Rel. Min. José Delgado, 1ª Turma, jul. 22.04.2008, *DJe* 21.05.2008; STJ, EDcl no REsp 1.189.458/RJ, Rel. Min. Humberto Martins, 2ª Turma, jul. 26.08.2010, *DJe* 08.09.2010.

9. Disponibilidade de direito. "É de se concluir que, a preclusão ocorre para as partes, quando tratar-se de matéria disponível da parte em relação à matéria decidida. Se indisponível, a questão, a ausência de recurso não impede o reexame pelo Juiz, se disponível, a falta de impugnação importa concordância para com a decisão, quando então, firma-se o efeito preclusivo não só para as partes, mas também para o Juiz, no sentido de que vedada se torna a retratação" (2º TACivSP, Ap. 377480-00/9, Rel. Juiz Oswaldo Breviglieri, 3ª Câmara, jul. 19.04.1994, *RT* 710/96).

10. Indeferimento da denunciação da lide. "Rejeitada a denunciação, é vedado ao juiz, *ex officio*, deferi-la a *posteriori* ou a parte discuti-la por força da preclusão (art. 473 do CPC)" [art. 507 do CPC/2015] (STJ, REsp 785.823/MA, Rel. Min. Luiz Fux, 1ª Turma, jul. 01.03.2007, *DJ* 15.03.2007, p. 272).

11. Preclusão lógica. "A preclusão lógica decorre da incompatibilidade entre o ato praticado e outro que se queira praticar" (STJ, REsp 770.849/RS, Rel. Min. Luis Felipe Salomão, 4ª Turma, jul. 22.03.2011, *DJe* 31.03.2011).

12. Prescrição. "Em se tratando de pretensão de natureza patrimonial, afastada a prescrição no despacho saneador e não havendo a interposição do recurso de agravo de instrumento, não pode o Tribunal, em sede de apelação, sob pena de vulneração do instituto da preclusão, proferir nova decisão sobre a matéria" (STJ, REsp 706.754/RJ, Rel. Min. João Otávio de Noronha, 4ª Turma, jul. 15.04.2008, *DJe* 05.05.2008). **No mesmo sentido**: STJ, REsp 1.147.112/PR, Rel. Min. Castro Meira, 2ª Turma, jul. 10.08.2010, *DJe* 19.08.2010.

13. Vício do negócio jurídico. "Decidida a ocorrência de coação em primeiro julgamento procedido pelo Tribunal de

Justiça, o tema fica alcançado pela preclusão, ante a imutabilidade da coisa julgada, de sorte que é vedada a sua rediscussão, como indevidamente ocorreu no acórdão subsequente da mesma Corte" (STJ, REsp 402.254/RJ, Rel. Min. Cesar Asfor Rocha, Rel. p/ Acórdão Min. Aldir Passarinho Junior, 4ª Turma, jul. 17.04.2008, *DJe* 30.06.2008).

14. "A preclusão não se confunde com a litispendência" (STJ, REsp 893.613/RS, Rel. Min. Luiz Fux, 1ª Turma, jul. 10.03.2009, *DJe* 30.03.2009).

15. Questão incidental. "O juízo em 1º grau de jurisdição proferiu decisão para resolver controvérsia, que, após a improcedência dos embargos do devedor, se estabeleceu nos autos do processo de execução. Esta decisão interlocutória resolveu questão incidente, fazendo um juízo de acertamento quanto à forma de atualização da dívida e aos honorários de sucumbência. Solucionou, portanto, essa particular lide, que até então, não havia se apresentado ao julgador. Com a preclusão desta decisão e levantamento de valores depositados, torna-se impossível, ante a dicção do art. 471 do CPC [art. 505 do CPC/2015], a retratação pelo juízo monocrático" (STJ, REsp 1.057.808/PR, Rel. Min. Nancy Andrighi, 3ª Turma, jul. 25.08.2009, *DJe* 09.09.2009).

"Não pode o magistrado ao seu talante reconsiderar questão decidida em sede de saneador, relativa **à penhorabilidade de bem constrito** – a *fortiori* porque mantida a decisão pela segunda instância, em sede de agravo de instrumento –, porquanto já acobertada pelo manto da preclusão" (STJ, REsp 254.236/SP, Rel. Min. Luis Felipe Salomão, 4ª Turma, jul. 02.03.2010, *DJe* 22.03.2010).

16. Ingresso de terceiro. "Opondo-se o autor ao ingresso de outrem nos autos, no polo passivo, não pode, em sede de embargos declaratórios a acórdão e, posteriormente, de recurso especial, pretender o contrário. Caso de preclusão lógica" (STJ, REsp 20.001/SP, Rel. Min. Cláudio Santos, 3ª Turma, ac. de 17.11.1992, *DJU* 07.12.1992, p. 23.311). **Todavia,** "A Corte Especial, no julgamento do REsp 905.771/CE (rel. Min. Teori Zavascki, publicado no *DJ* de 19.8.2010), afastou a tese da preclusão lógica e adotou o entendimento de que a **Fazenda Pública pode interpor Recurso Especial, ainda que não tenha apresentado recurso de apelação contra a sentença que lhe foi desfavorável**" (STJ, AgRg no Ag 1.347.407/PI, Rel. Min. Herman Benjamin, 2ª Turma, jul. 15.02.2011, *DJe* 16.03.2011).

Assistente litisconsorcial. "O assistente litisconsorcial detém relação de direito material com o adversário do assistido, de modo que a sentença que vier a ser proferida, em relação a ele, constituirá coisa julgada material. Assim, não há como afastar a legitimidade passiva *ad causam* do recorrente" (STJ, REsp 623.055/SE, Rel. Min. Castro Meira, 2ª Turma, jul. 19.06.2007, *DJ* 01.08.2007, p. 434).

17. "A alteração superveniente da jurisprudência do STF, e deste próprio STJ, não abre para as partes a oportunidade de rediscutir aquilo que foi anteriormente decidido em sede de conflito de competência. Ao julgar o conflito de competência, esta Corte esgotou sua jurisdição sobre o tema, havendo coisa julgada formal" (STJ, REsp 1.004.834/SC, Rel. Min. Nancy Andrighi, 3ª Turma, jul. 04.09.2008, *DJe* 16.09.2008).

"A competência em razão da matéria é questão de ordem pública e não está sujeita aos efeitos da preclusão" (STJ, REsp 1.020.893/PR, Rel. Min. Ari Pargendler, Rel. p/ Acórdão Min. João Otávio de Noronha, 2ª Seção, jul. 26.11.2008, *DJe* 07.05.2009).

18. Decisão interlocutória. Prolação da sentença. Não vinculação do juiz. "A decisão que admitiu o recorrente como litisconsorte não é sentença que pudesse transitar em julgado ou mesmo fazer coisa julgada na forma do artigo 471 do CPC [art. 505 do CPC/2015], mas decisão interlocutória (...). Esse artigo se refere à vedação quanto ao proferimento de ato decisório em lide cuja sentença já tenha sido proferida e atingida pela coisa julgada. Por essa razão, 'a versão dada pelo juiz, em decisão interlocutória, não o vincula ao proferir sentença'" (STJ, REsp 200.208/MA, Rel. Min. Franciulli Netto, 2ª Turma, jul. 21.08.2003, *DJ* 28.10.2003, p. 239). **No mesmo sentido:** STJ, REsp 19.015/SP, Rel. Min. Eduardo Ribeiro, 3ª Turma, jul. 09.02.1993, *DJ* 15.03.1993, p. 3.816. **Em sentido contrário:** "Havendo a eg. Câmara decidido, em sede de agravo de instrumento, pela negativa da reabertura de prazo, não poderia o mesmo órgão julgador, em momento posterior, quando do julgamento da apelação, deliberar de forma contrária, pela devolução do mesmo prazo" (STJ, REsp 255.355/RJ, Rel. Min. Barros Monteiro, 4ª Turma, jul. 03.08.2000, *DJ* 02.10.2000, p. 174).

19. Nova perícia após homologação da decisão. "Entendo que a documentação apresentada na cautelar de prestação de contas não impede a realização de nova perícia, porque a homologação não faz coisa julgada material. A nova prova terá, obviamente, o valor que merecer, mormente porque a perícia é mais ampla e abrange exame de fatos e documentos" (TAMG, 1ª C. Civ., AI 397.948-6, Rel. Juiz Nepomuceno Silva, ac. de 01.04.2003, *DJMG* 12.04.2003).

20. Embargos à execução. "A redação do art. 741, CPC [art. 535 do CPC/2015], não permite alargar a enumeração das matérias nele previstas para o cabimento de embargos à execução por título judicial, seja pela literalidade do dispositivo, seja porque a própria natureza do processo de execução veda a ressurreição dos temas já debatidos e decididos no processo de conhecimento, que sepultou as incertezas e conferiu à demanda a definitividade da jurisdição, seja, ainda, porque, como cediço, a execução se ampara em títulos dotados de certeza, liquidez e exigibilidade, sobre cujo direito já se operou coisa julgada" (STJ, REsp 302.905/SP, Rel. Min. Sálvio de Figueiredo Teixeira, 4ª Turma, jul. 19.04.2001, *DJ* 25.06.2001, p. 194).

Art. 508. Transitada em julgado a decisão de mérito, considerar-se-ão deduzidas e repelidas todas as alegações e as defesas que a parte poderia opor tanto ao acolhimento quanto à rejeição do pedido.

CPC/1973

Art. 474.

REFERÊNCIA LEGISLATIVA

CPC/2015, art. 487 (resolução de mérito).

BREVES COMENTÁRIOS

Nenhuma alegação ou defesa pode, após a coisa julgada, ser levantada contra a sentença, visando a alterar o resultado da lide composta em juízo. Isto, porém, não impede que a questão omitida seja apreciada em novo processo, desde que a propósito de lide diferente e sem a força de atingir o conteúdo da sentença trânsita em julgado (*RSTJ* 37/413).

A imutabilidade da situação jurídica definida pela sentença transitada em julgado acarreta o chamado *efeito preclusivo* da *res iudicata*, que, na verdade, vai além das questões explicitamente solucionadas, de modo que mesmo as alegações e defesas não suscitadas pelas partes ficam impedidas de ser manejadas em processos futuros, se disso puder decorrer redução ou ampliação do que já se achar judicialmente acertado em torno da mesma lide e em relação às mesmas partes. Desse modo, a coisa julgada recobre tanto o deduzido no processo como o que poderia ter sido deduzido e não o foi. Acerca das questões omitidas, ergue-se a *coisa julgada implícita*.

JURISPRUDÊNCIA SELECIONADA

1. Escopo da norma. "A eficácia preclusiva prejudicial da coisa julgada impõe que premissa coberta pela *res judicata* seja respeitada em todo e qualquer julgamento em que a questão se coloque como antecedente lógico da conclusão do juiz noutro feito" (STJ, REsp 1.063.792/RJ, Rel. Min. Luiz Fux, 1ª Turma, jul. 10.11.2009, *DJe* 07.12.2009).

Eficácia preclusiva da coisa julgada. "O art. 474 do CPC [art. 508 do CPC/2015] reflete a denominada eficácia preclusiva da coisa julgada, pela qual todas as questões deduzidas que poderiam sê-lo e não o foram encontram-se sob o manto da coisa julgada, não podendo constituir novo fundamento para discussão da mesma causa, mesmo que em ação diversa. (...). Se o recorrente almejava um completo pronunciamento desta Corte, à época da sentença que transitou em julgado, deveria tê-lo provocado, por meio de embargos de declaração, a fim de suprir a omissão que ora tenta reparar, o que não ocorreu na hipótese, de maneira a ensejar a eficácia preclusiva da coisa julgada" (STJ, REsp 1.264.894/PR, Rel. Min. Humberto Martins, 2ª Turma, jul. 01.09.2011, *DJe* 09.09.2011).

"O art. 474 do CPC [art. 508 do CPC/2015] sujeita aos efeitos da coisa julgada todas as alegações que poderiam ser arguidas como matéria de defesa. A sentença de procedência do pedido reivindicatório faz coisa julgada material e impede que em futura ação se declare usucapião, em favor do réu, assentado em posse anterior à ação reivindicatória" (STJ, REsp 332.880/DF, Rel. Min. Humberto Gomes de Barros, 3ª Turma, jul. 05.10.2006, *DJ* 27.11.2006).

Eficácia preclusiva da coisa julgada. Pedido formulado com base nos mesmos fatos e fundamentos jurídicos. Impossibilidade. "A eficácia preclusiva da coisa julgada impede a apreciação de questões deduzidas e dedutíveis, ainda que não tenham sido examinadas, desde que atinentes à mesma causa de pedir. Hipótese na qual a parte autora ajuizou nova ação buscando a restituição de valores pagos a título de juros remuneratórios em razão da incidência destes sobre tarifas bancárias declaradas abusivas em sentença com trânsito em julgado, que determinou a restituição dos valores pagos indevidamente, com base nos mesmos fatos e fundamentos jurídicos do primeiro processo" (STJ, REsp 1.989.143/PB, Rel. Min. Maria Isabel Gallotti, 4ª Turma, jul. 06.12.2022, *DJe* 13.12.2022).

Eficácia preclusiva da coisa julgada. Ação de restituição de quantia paga. "Cinge-se a controvérsia a definir sobre a possibilidade de ajuizamento de nova ação para pleitear a restituição de quantia paga a título de acessórios (juros remuneratórios) incidentes sobre tarifas bancárias declaradas nulas em sentença proferida em ação anterior, na qual condenada a instituição financeira à devolução dos valores cobrados indevidamente pela instituição financeira. A eficácia preclusiva da coisa julgada impede a apreciação de questões deduzidas e dedutíveis, ainda que não tenham sido examinadas, desde que atinentes à mesma causa de pedir" (STJ, EREsp 2.036.447/PB, Rel. Min. Maria Isabel Gallotti, 2ª Seção, jul. 12.06.2024, *DJe* 10.09.2024).

2. Ação de repetição de indébito, tendo por propósito auferir a importância que a então demandante deixou de receber e o lucro que a instituição financeira percebeu por dispor do capital alheio, consistente nos encargos que remuneraram o indébito (já repetido, com juros legais e correção monetária em ação anterior), segundo as taxas estabelecidas nos contratos ajustados entre as partes. Ofensa à coisa julgada não ocorrida. "Enquanto na primeira ação pretendeu-se a devolução dos valores efetivamente pagos, considerados indevidos no bojo dos contratos de arrendamento estabelecidos entre as partes, na segunda, diversamente, pugnou-se pela 'devolução' da importância que se deixou de auferir e que a demandada lucrou, por dispor indevidamente de capital alheio, atinente à mesma relação contratual. Evidenciada a distinção de pedidos efetuados em cada ação, a correlata argumentação, ainda que guarde entre si alguma similitude, considerado o enfoque dado pela parte demandante (limitação dos lucros da arrendante e proibição, por parte desta, de enriquecimento sem causa), é insuficiente para se cogitar de indevida repetição de demanda transitada em julgado. Tais pretensões, cumuláveis que são, poderiam ter sido postuladas conjuntamente numa só ação, especialmente por advirem da mesma causa de pedir, envolvendo as mesmas partes. Aliás, seria salutar que assim se procedesse. Todavia, inexiste óbice para a veiculação de cada pedido em ações próprias, como se deu na espécie. E, inexistindo identidade de pedidos, não há se falar em eficácia preclusiva da coisa julgada ou inobservância do princípio do deduzido ou dedutível, insculpido no art. 474 do CPC/73 [art. 508 do CPC/2015]" (STJ, REsp 1439789/MA, Rel. Min. Marco Aurélio Bellizze, 3ª Turma, jul. 14.06.2016, *DJe* 22.06.2016).

3. Diversidade de fundamento.

Prescrição afastada. Novo argumento. Impossibilidade. "Nos termos em que dispunha o art. 474 do CPC/1973 [art. 508 do CPC/2015], transitada em julgado a sentença de mérito, 'reputar-se-ão deduzidas e repelidas todas as alegações e defesas que a parte poderia opor assim ao acolhimento como à rejeição do pedido'. Ainda que a prescrição tenha sido afastada por fundamento distinto nos embargos à execução, a alegação não poderia ser ressuscitada pela União posteriormente ao trânsito em julgado daquela ação. Precedentes" (STJ, AgInt no REsp 1336847/PR, Rel. Min. Og Fernandes, 2ª Turma, jul. 05.12.2019, *DJe* 11.12.2019).

Diversidade de fundamento legal ou alteração na qualificação jurídica pelas partes. "A diversidade de fundamento legal invocado pelas partes ou a alteração na qualificação jurídica dos fatos narrados não são determinantes para afastar a identidade entre as ações. Tais fatores não integram a causa de pedir, nem vinculam o magistrado, por força dos princípios *iura novit curia* e da *mihi factum, dabo tibi jus*. A nossa legislação processual adotou a teoria da substanciação, segundo a qual são os fatos narrados na petição inicial que delimitam a causa de pedir" (STJ, REsp 1.009.057/SP, Rel. Min. Vasco Della Giustina, 3ª Turma, jul. 27.04.2010, *DJe* 17.05.2010). **No mesmo sentido:** STJ, AgRg no REsp 876.774/DF, Rel. Min. Humberto Martins, 2ª Turma, jul. 28.09.2010, *DJe* 13.10.2010.

"Não modifica a causa de pedir a mudança do dispositivo legal em que se fundamenta a pretensão" (*RTFR* 136/77).

4. Nulidade do contrato. Reconhecimento judicial. Trânsito em julgado. "O reconhecimento da nulidade integral de contrato, por decisão judicial transitada em julgado, obsta que seja posteriormente reconhecida, em ações distintas, a validade parcial dessa mesma avença, sob pena de se incorrer em grave ofensa à autoridade da coisa julgada. O reconhecimento da nulidade do contrato original torna inexigíveis as notas promissórias *pro solvendo* emitidas em garantia do negócio ali avançado, especialmente quando, por não terem circulado, apresentam-se desprovidas da abstração" (STJ, REsp 1.608.424/SP, Rel. Min. Ricardo Villas Bôas Cueva, 3ª Turma, jul. 12.12.2017, *DJe* 01.03.2018).

5. Ação monitória anteriormente ajuizada. Ausência de embargos. Decisão que defere o mandado inicial de pagamento convertido em título executivo. Posterior ação de conhecimento. Impossibilidade. "A não oposição de embargos, com a consequente conversão do mandado inicial em mandado definitivo e a constituição do título executivo judicial, enseja a produção de coisa julgada material, inviabilizando a posterior propositura de ação de conhecimento relativa ao mesmo contrato objeto da ação monitória anterior" (STJ, REsp 1.038.133/PR, Rel. Min. Raul Araújo, 4ª Turma, jul. 14.03.2017, *DJe* 27.03.2017).

6. Reexame das alegações em outro processo. Possibilidade. "A norma do art. 474 do CPC [art. 508 do CPC/2015] faz com que se considerem repelidas também as alegações que poderiam ser deduzidas e não o foram, o que não significa haja impedimento a seu reexame em outro processo, diversa a lide" (STJ, REsp 11.315/RJ, Rel. Min. Eduardo Ribeiro, 3ª Turma, jul.

31.08.1992, *DJ* 28.09.1992). **Todavia, há impossibilidade se a ação proposta posteriormente conduz ao mesmo resultado de processo anterior.** "A *ratio essendi* da coisa julgada interdita à parte que promova duas ações visando o mesmo resultado o que, em regra, ocorre quando o autor formula, em face da mesma parte, o mesmo pedido fundado na mesma causa *petendi*. Consectariamente, por força da mesma é possível afirmar-se que há coisa julgada quando duas ou mais ações conduzem ao 'mesmo resultado'; por isso: *electa una via altera non datur.* (...). A coisa julgada atinge o pedido e a sua causa de pedir. Destarte, a eficácia preclusiva da coisa julgada (art. 474, do CPC) impede que se infirme o resultado a que se chegou em processo anterior com decisão trânsita, ainda que a ação repetida seja outra, mas que por via oblíqua desrespeita o julgado anterior" (STJ, REsp 1.152.174/RS, Rel. Min. Luiz Fux, 1ª Turma, jul. 03.02.2011, *DJe* 22.02.2011).

7. Prolação de sentença antes de se decidir sobre agravo interposto. "A existência de agravo não impede que a sentença seja proferida nem que ela transite em julgado, dada a ausência, por lei, de efeito suspensivo para o agravo. Sem a suspensão da eficácia da decisão interlocutória impugnada pela via do agravo de instrumento, o processo segue seu curso, sem prejuízo dos atos subsequentes, entre eles o pronunciamento de mérito. (...) Assim, a eficácia do comando da sentença não pode subordinar-se ao julgamento de agravo interposto anteriormente, seja pela inadmissibilidade da sentença condicional, seja pela sua finalidade de resolver definitivamente o conflito de interesses" (STJ, REsp 292.565/RS, Rel. Min. Sálvio de Figueiredo Teixeira, 4ª Turma, jul. 27.11.2001, *DJ* 05.08.2002, p. 347).

☆ DA COISA JULGADA: INDICAÇÃO DOUTRINÁRIA

Ada P. Grinover, *Direito processual civil*, p. 91 – se o fundamento é tão precípuo, que abstraindo-se dele o julgamento será outro, faz ele praticamente parte do dispositivo da sentença; Adelício Theodoro, Breves considerações sobre alguns aspectos do CPC, *RP* 10/83; *RT* 492/16; Antônio Carlos Marcato, Preclusões: limitação ao contraditório, *RP* 17/105; Antonio do Passo Cabral, In: Teresa Arruda Alvim Wambier, Fredie Didier Jr., Eduardo Talamini, Bruno Dantas, *Breves comentários ao novo Código de Processo Civil*, São Paulo: Revista dos Tribunais, 2015; Antônio Vital Ramos de Vasconcelos, O pedido de reconsideração e a preclusividade das decisões judiciais, *RT* 616/17; Araken de Assis, *O direito de estar em juízo e a coisa julgada*, São Paulo: Revista dos Tribunais, 2014; Araken de Assis, Reflexões sobre a eficácia preclusiva da coisa julgada, *Ajuris* 44/25; Arruda Alvim. *Novo contencioso cível no CPC/2015.* São Paulo: Revista dos Tribunais, 2016; Cândido Rangel Dinamarco. *Instituições de direito processual civil.* 7.ed. São Paulo: Malheiros, 2017, v. III, n. 1.158, p. 385; Daniel Colnago Rodrigues e Paulo Eduardo D'Arce Pinheiro, *O direito de estar em juízo e a coisa julgada*, São Paulo: Revista dos Tribunais, 2014; Daniel Mitidiero, Abrangência da coisa julgada no plano objetivo – segurança jurídica, *RP* 184/317: "[...] o mérito da causa é formado por questões levadas ao processo pelo demandante mediante a propositura da ação. Estas questões constam da causa de pedir (art. 282, III, CPC) e levam à formulação do pedido (art. 282, IV, CPC). Causa de pedir e pedido compõem o *mérito da causa* no direito brasileiro [...]. Observe-se que o mérito da causa pode, eventualmente, ser ampliado pela atuação do demandado [...] articulando o demandado defesas indiretas na contestação, isto é, alegando fatos impeditivos, modificativos ou extintivos do direito do autor, estas alegações também formarão o mérito da causa. Conforme, igualmente, Carlos Alberto Alvaro de Oliveira e Daniel Mitidiero" (*Curso de processo civil*, São Paulo: Atlas, 2010, v. 1, p. 69); Délio Mota de Oliveira Junior. A formação progressiva da coisa julgada material e o prazo para o ajuizamento da ação rescisória: contradição do Novo Código de Processo Civil. In: Fredie Didier Jr. (coord.). *Processo nos tribunais e meios de impugnação às decisões judiciais*. 2. ed. Salvador: JusPodivm, 2016, p.129; Eduardo Maneira, Donovan Mazza e Marcos Correia Piqueira Maia, A coisa julgada no âmbito do mandado de segurança coletivo e o art. 22 da Lei nº 12.016/2009, *RDDP*, n. 148, p. 14, jul. 2015; Eduardo Talamini. Coisa julgada no CPC/2015. In: Fernando Gonzaga Jayme et. al. *Inovações e Modificações do Código de Processo Civil.* Belo Horizonte: Del Rey, 2017, p. 275; Enrico T. Liebman, *Eficácia e autoridade da sentença – decisões referentes a relações jurídicas continuadas*; Flávio Renato Correia de Almeida, *Preclusão hierárquica*, Rio de Janeiro: Lumen Juris, 2019; Francisco dos Santos Dias Bloch, *O direito de estar em juízo e a coisa julgada*, São Paulo: Revista dos Tribunais, 2014, p. 735-746; Fredie Didier Jr., *Curso de direito processual civil*, 10. ed., Salvador: JusPodivm, 2015, v. II; Gelson Amaro de Souza. Coisa julgada e o efeito extensivo do recurso CPC/2015. In: Fredie Didier Jr. (coord.), *Processo nos tribunais e meios de impugnação às decisões judiciais*. 2. ed. Salvador: JusPodivm, 2016, p. 603; Gustavo Felipe Barbosa Garcia, Coisa julgada e revisão de benefício previdenciário concedido por decisão judicial. *Revista de Processo*, v. 269. Ano 42. P. 401-417. São Paulo: Ed. RT, julho 2017; Heitor Vitor Mendonça Sica, *Preclusão processual civil*, 2. ed., Atlas; Hermenegildo de Souza Rêgo, Os motivos da sentença e a coisa julgada (em especial os arts. 810 e 817 do CPC), *RP* 35/7; Humberto Theodoro Júnior, *Curso de direito processual civil*, 61. ed., Rio de Janeiro: Forense, 2020, v. I, n. 509; e Processo civil – objeto do processo – pedido e sua interpretação – adstrição do juiz ao pedido no julgamento – interpretação da sentença – coisa julgada e seus limites, *RDDP* 62/115; J. C. Barbosa Moreira, *Questões prejudiciais e coisa julgada*, Rio de Janeiro: Borsoi, 1967; João Batista Lopes, Breves considerações sobre o instituto da preclusão, *RJTJSP*, 16/13; João Francisco N. da Fonseca, In: José Roberto F. Gouvêa; Luis Guilherme A. Bondioli e João Francisco N. da Fonseca (coord.), *Comentários ao Código de Processo Civil*, São Paulo: Saraiva, 2017, v. 9; João Francisco Naves da Fonseca, *O direito de estar em juízo e a coisa julgada*, São Paulo: Revista dos Tribunais, 2014, p. 773-787; José Carlos Van Cleef de Almeida Santos, A coisa julgada e a decisão interlocutória de mérito. A reafirmação do sistema pelo Projeto do novo CPC, In: Arlete Inês Aurelli et al. (coords.), *O direito de estar em juízo e a coisa julgada*, São Paulo: Revista dos Tribunais, 2014, p. 805-830; José Henrique Mouta Araújo. A estabilização das decisões judiciais decorrente da preclusão e da coisa julgada no Novo CPC: Reflexões Necessárias. *Revista Síntese*, ano XVII, nº 100, mar.-abr. 2016. São Paulo: Síntese. p. 18; José Rogério Cruz e Tucci, Coisa julgada em mandado de segurança – subsídios para a interpretação dos limites, *Revista Magister de Direito Civil e Processual Civil*, ano XI, n. 66, p. 35-40, maio-jun. 2015; José Rogério Cruz e Tucci, In: Sérgio Cruz Arenhart e Daniel Mitidiero (coord.), *Comentários ao Código de Processo Civil*, 2. ed., São Paulo: RT, 2018, v. 8; Leonardo de Faria Beraldo, Revisitando a teoria da flexibilização da coisa julgada nas ações de investigação de paternidade: enfoque no REsp 706.987/SP do STJ, In: Arlete Inês Aurelli et al. (coords.), *O direito de estar em juízo e a coisa julgada*, São Paulo: Revista dos Tribunais, 2014, p. 855-866; Leonardo Greco, Cognição sumária e coisa julgada, In: Arlete Inês Aurelli et al. (coords.), *O direito de estar em juízo e a coisa julgada*, São Paulo: Revista dos Tribunais, 2014, p. 867-884; Lírio Hoffmann Júnior. A teoria da substanciação e seus reflexos sobre a coisa julgada. In: Paulo Henrique dos Santos Lucon; Pedro Miranda de Oliveira. *Panorama atual do novo CPC*. Florianópolis: Empório do Direito, 2016, p. 251; Luiz Dellore, Dos limites objetivos da coisa julgada no CPC/2015. In: Ana Cândida Menezes Marcato et al. (orgs.), *Reflexões sobre o Código de Processo Civil de 2015*: uma contribuição dos membros do Centro de Estudos Avançados de Processo – Ceapro, São Paulo: Verbatim, 2018, p. 543 e ss.; Luiz Guilherme Marinoni, Coisa julgada sobre questão, inclusive em benefício de terceiro. *Revista Magister de Direito Civil e Processual Civil*, n.

76, p. 05/23; Luiz Guilherme Marinoni. *Coisa Julgada sobre Questão*, São Paulo: Ed. RT, 2018; Mário Aguiar Moura, Limites subjetivos da coisa julgada material na ação de investigação de paternidade, *Ajuris* 18/58; *RF* 268/432; *RP* 27/167; Maurício Giannico, *A preclusão no direito processual civil brasileiro*, 2. ed., Saraiva; Negi Calixto e Victor A. A. Bonfim, Eficácia da sentença e coisa julgada perante terceiros, *Ajuris* 44/239; *RJ* 150/5; *RT* 632/44; Paulo Roberto Pereira de Souza, Da recorribilidade ou irrecorribilidade da decisão que rejeita fundamentos, *RBDP* 55/125; Pedro Henrique Pedrosa Nogueira, Notas sobre preclusão e *venire contra factum proprium*, *RP* 168/331; Ramon Ouais Santos, Teoria dos capítulos de sentença à luz das técnicas de jurisdição constitucional, *RP* 184/42; Renato de Lemos Maneschy, Extinção do processo. Preclusão, *RF*, 269/153; Rennan Faria Kruger Thamay, *Novo Código de Processo Civil: principais alterações do sistema processual civil*, São Paulo: Rideel, 2014; Rennan Faria Kruger Thamay. A coisa julgada do atual ao projetado novo Código de Processo Civil. In: Luís Antônio Giampaulo Sarro, *Novo Código de Processo Civil – Principais Alterações do sistema Processual Civil*. 2. ed. São Paulo: Rideel, 2016, p. 283; Ricardo Alexandre da Silva, Coisa julgada e questões prejudiciais: análise de alguns aspectos polêmicos, In: Sérgio Cruz Arenhart; Daniel Mitidiero (coords.), *O processo civil entre a técnica processual e a tutela dos direitos*: estudos em homenagem a Luiz Guilherme Marinoni, São Paulo: RT, 2017, p. 905 e ss.; Ricardo Magalhães de Mendonça, *O direito de estar em juízo e a coisa julgada*, São Paulo: Revista dos Tribunais, 2014; Roberto de Aragão Ribeiro Rodrigues. Limites objetivos da coisa julgada. *Revista de Processo*. vol. 293, ano 44. p. 85-109. São Paulo: Ed. RT, julho/2019; Rodrigo Mazzei, Tiago Figueiredo Gonçalves, *O direito de estar em juízo e a coisa julgada*, São Paulo: Revista dos Tribunais, 2014; Sérgio Gischkow Pereira, Eficácia subjetiva da coisa julgada e ação de investigação de paternidade ou maternidade, *Ajuris* 8/121; *RBDP* 10/113; *RP* 7-8/99; Sônia Márcia Hase de Almeida Baptista, Erro de cálculo e trânsito em julgado, *RP* 54/250; Teresa Arruda Alvim Wambier. *Coisa Julgada*. In: Luiz Rodrigues Wambier; Teresa Arruda Alvim Wambier, *Temas essenciais do Novo CPC*. São Paulo: RT, 2016, p. 393-398.

Capítulo XIV
DA LIQUIDAÇÃO DE SENTENÇA

Art. 509. Quando a sentença condenar ao pagamento de quantia ilíquida, proceder-se-á à sua liquidação, a requerimento do credor ou do devedor:

I – por arbitramento, quando determinado pela sentença, convencionado pelas partes ou exigido pela natureza do objeto da liquidação;

II – pelo procedimento comum, quando houver necessidade de alegar e provar fato novo.

§ 1º Quando na sentença houver uma parte líquida e outra ilíquida, ao credor é lícito promover simultaneamente a execução daquela e, em autos apartados, a liquidação desta.

§ 2º Quando a apuração do valor depender apenas de cálculo aritmético, o credor poderá promover, desde logo, o cumprimento da sentença.

§ 3º O Conselho Nacional de Justiça desenvolverá e colocará à disposição dos interessados programa de atualização financeira.

§ 4º Na liquidação é vedado discutir de novo a lide ou modificar a sentença que a julgou.

CPC/1973

Arts. 475-A, 475-C, 475-E, 475-F e 475-G.

REFERÊNCIA LEGISLATIVA

CPC/2015, art. 783 (necessidade de liquidez do título para ser executável).

SÚMULAS

Súmula do STJ:

Nº 254: "Incluem-se os juros moratórios na liquidação, embora omisso o pedido inicial ou a condenação".

Nº 344: "A liquidação por forma diversa da estabelecida na sentença não ofende a coisa julgada".

CJF – JORNADAS DE DIREITO PROCESSUAL CIVIL

II JORNADA

Enunciado 145 – O recurso cabível contra a decisão que julga a liquidação de sentença é o agravo de instrumento.

BREVES COMENTÁRIOS

O procedimento da liquidação de sentença variará conforme a natureza das operações necessárias para fixação do *quantum debeatur* ou do *quod debeatur*.

Para tanto, prevê o Código duas modalidades distintas de liquidação:

(a) liquidação por arbitramento (art. 509, I);

(b) liquidação pelo procedimento comum (art. 509, II).

Na estrutura de cumprimento da sentença, adotada pelo Código de Processo Civil de 1973 e seguida pelo atual, a liquidação não se dá mais por meio de nova relação processual. Resume-se a simples incidente do processo em que houve a condenação genérica. Por isso, não há mais citação do devedor, mas simples intimação de seu advogado para acompanhar os atos de definição do *quantum debeatur* requeridos pelo credor (arts. 510 e 511). Se o réu for revel e não tiver patrono nos autos, nenhuma intimação lhe será feita, porque, na sistemática do art. 346, o feito corre independentemente de intimação da parte ausente, enquanto não intervier no processo, sendo suficiente a publicação do ato decisório no órgão oficial.

JURISPRUDÊNCIA SELECIONADA

1. Cabimento. "Só cabe a liquidação da sentença, que é incidente complementar do processo de conhecimento, para a determinação do valor da condenação – arts. 586, § 1º, e 603, do CPC. Portanto, não há que se falar de liquidação do título extrajudicial que, por sua natureza, é líquido e certo. Neste caso, procede-se, apenas, a simples cálculos de verificação, porque alguns dos elementos contidos no título – juros e correção monetária – são dinâmicos e sujeitos a constante atualização" (TJSP, Ag 119.121-1, Rel. Des. Luiz Tâmbara, 16ª Câmara, ac. 17.06.1987; *RJTJSP* 108/312). **Obs.:** Jurisprudência anterior à Lei nº 11.232/2005, que revogou o art. 603, transpondo seu objeto para o atual art. 475-A (art. 509 do CPC/2015).

2. Liquidação por arbitramento.

Lucro cessante. Presunções e deduções. Admissibilidade. "A utilização de presunções não pode ser afastada de plano, uma vez que sua observância no direito processual nacional é exigida como forma de facilitação de provas difíceis, desde que razoáveis. Na apreciação de lucros cessantes, o julgador não pode se afastar de forma absoluta de presunções e deduções, porquanto deverá perquirir acerca dos benefícios legítimos que não foram realizados por culpa da parte *ex adversa*. Exigir prova absoluta do lucro que não ocorreu, seria impor ao lesado o ônus de prova impossível" (STJ, REsp 1549467/SP, Rel. Min. Marco Aurélio Bellizze, 3ª Turma, jul. 13.09.2016, *DJe* 19.09.2016)

Cabimento. "A liquidação por arbitramento constitui procedimento hábil para a apuração do valor das perdas e danos, objeto do acórdão condenatório, quando não há fatos novos a provar ou quando não podem ser provados" (STF, RE 104.455/PR, Rel. Min. Luiz Rafael Mayer, 1ª Turma, jul. 14.05.1985; *RTJ* 114/394). **No mesmo sentido:** STJ, REsp 976.888/MG, Rel. Min. Nancy Andrighi, 3ª Turma, jul. 06.04.2010, *DJe* 01.07.2010.

Apresentação de documento. Exigência. "Exigir a apresentação de documentos junto com o cálculo do valor que se pretende executar é desarrazoado e acaba por transformar a execução por cálculos em execução por arbitramento" (STJ, REsp 1.186.685/DF, Rel. Min. Humberto Martins, 2ª Turma, jul. 17.05.2011, *DJe* 24.05.2011).

Honorários advocatícios. "Quando a liquidação por arbitramento assumir nítido caráter contencioso, cabe a fixação de honorários advocatícios" (STJ, AgRg no Ag 1.324.453/ES, Rel. Min. Nancy Andrighi, 3ª Turma, jul. 14.12.2010, *DJe* 02.02.2011). **No mesmo sentido:** STJ, AgRg no REsp 962.961/RJ, Rel. Min. João Otávio de Noronha, 4ª Turma, jul. 22.06.2010, *DJe* 01.07.2010.

"Na hipótese dos autos o pagamento de honorários advocatícios na liquidação importaria em *bis in idem*, haja vista ter havido fixação de honorários na fase cognitiva da ordem de 15% (quinze por cento) sobre a condenação, a qual por sua vez importou em cerca de duzentos milhões de reais. II – Descabida a nova fixação em honorários na espécie" (STJ, REsp 1.016.068/PR, Rel. Min. Francisco Falcão, 1ª Turma, jul. 17.04.2008, *DJ* 15.05.2008).

Perda de uma chance. Inadmissibilidade. "De acordo com o CC/02, os lucros cessantes representam aquilo que o credor razoavelmente deixou de lucrar, por efeito direto e imediato da inexecução da obrigação pelo devedor. A perda de uma chance não tem previsão expressa no nosso ordenamento jurídico, tratando-se de instituto originário do direito francês, recepcionado pela doutrina e jurisprudência brasileiras, e que traz em si a ideia de que o ato ilícito que tolhe de alguém a oportunidade de obter uma situação futura melhor gera o dever de indenizar. Nos lucros cessantes há certeza da vantagem perdida, enquanto na perda de uma chance há certeza da probabilidade perdida de se auferir uma vantagem. Trata-se, portanto, de dois institutos jurídicos distintos. Assim feita a distinção entre os lucros cessantes e a perda de uma chance, a conclusão que se extrai, do confronto entre o título executivo judicial – que condenou a ré à indenização por lucros cessantes – e o acórdão recorrido – que calculou o valor da indenização com base na teoria perda de uma chance – é a da configuração de ofensa à coisa julgada. Especificamente quanto à hipótese dos autos, o entendimento desta Corte é no sentido de **não admitir a indenização por lucros cessantes sem comprovação e, por conseguinte, rejeitar os lucros hipotéticos, remotos ou presumidos**, incluídos nessa categoria aqueles que supostamente seriam gerados pela rentabilidade de atividade empresarial que sequer foi iniciada" (REsp 1.750.233/SP, Rel. Min. Nancy Andrighi, 3ª Turma, jul. 05.02.2019, *DJe* 08.02.2019). **No mesmo sentido:** REsp 1658754/PE, Rel. Min. Ricardo Villas Bôas Cueva, 3ª T, jul. 14.08.2018, *DJe* 23.08.2018; AgInt nos EDcl no AREsp 110.662/SP, Rel. Min. Lázaro Guimarães, 4ª Turma, jul. 05.06.2018, *DJe* 12.06.2018; AgInt no AREsp 964.233/SP, Rel. p/ Acórdão Min. Maria Isabel Gallotti, 4ª Turma, jul. 04.04.2017, *DJe* 23.05.2017).

3. Cumprimento de sentença. Sentença ilíquida. Conversão do cumprimento em liquidação. Ver jurisprudência do art. 525 do CPC/2015.

4. Cumprimento de sentença. Indenização. Manutenção dos critérios definidos na decisão. "Em sede de execução, devem ser mantidos os critérios de cálculo da indenização definidos pela decisão exequenda, em obediência à coisa julgada. Precedentes" (STJ, AgInt no AREsp 1512972/DF, Rel. Min. Raul Araújo, 4ª Turma, jul. 04.02.2020, *DJe* 13.02.2020).

5. Cumprimento de sentença. Alteração dos critérios de atualização da decisão transitada em julgado para adequação ao entendimento do STF firmado em repercussão geral. Impossibilidade. "Conforme entendimento firmado pelo Pretório Excelso, '[...] a decisão do Supremo Tribunal Federal declarando a constitucionalidade ou a inconstitucionalidade de preceito normativo não produz a automática reforma ou rescisão das sentenças anteriores que tenham adotado entendimento diferente; para que tal ocorra, será indispensável a interposição do recurso próprio ou, se for o caso, a propositura da ação rescisória própria, nos termos do art. 485, V, do CPC, observado o respectivo prazo decadencial (CPC, art. 495)' (RE 730.462, Rel. Min. Teori Zavascki, Tribunal Pleno, julgado em 28/5/2015, acórdão eletrônico repercussão geral - mérito DJe-177 divulg 8/9/2015 public 9/9/2015). Sem que a decisão acobertada pela coisa julgada tenha sido desconstituída, não é cabível ao juízo da fase de cumprimento de sentença alterar os parâmetros estabelecidos no título judicial, ainda que no intuito de adequá-los à decisão vinculante do STF" (STF, REsp 1861550/DF, Rel. Min. Og Fernandes, 2ª Turma, jul. 16.06.2020, *DJe* 04.08.2020).

6. Liquidação por artigos.

Liquidação de sentença iniciada sob a modalidade por arbitramento. Deliberação judicial transitada em julgado, na fase de liquidação, determinando fosse promovida na forma por artigos. "A adequada interpretação a ser conferida à Súmula 344/STJ é de que se admite a mudança no modo pelo qual será processada a liquidação, mas tão somente enquanto não houver juízo definitivo processual firmado especificamente sobre a questão (coisa julgada formal), ou seja, é viável a alteração do regime de liquidação desde que sobre o ponto não incida a denominada preclusão máxima ou coisa julgada formal, a qual se verifica quando o órgão judicante analisa, de forma categórica e ultimada, o ponto controvertido, sobre ele exarando comando não mais sujeito a recurso. As alterações no método de liquidação não podem ser realizadas ad aeternum, pois inviabilizariam não só o exercício da função jurisdicional, mas também a pretensão da parte credora, o que atenta contra o princípio da segurança jurídica e viola o ditame legal constante do art. 4º do NCPC" (STJ, REsp 1538301/PE, Rel. p/ Acórdão Min. Marco Buzzi, 4ª Turma, jul. 04.04.2017, *DJe* 23.05.2017).

Liquidação por artigos. Fato novo. Insuficiência de prova técnica com base em elementos constantes dos autos. "Ao magistrado e às partes, no âmbito do processo, não é dada a ampla e irrestrita liberdade na escolha da espécie de liquidação a ser seguida, ao contrário, o que a define é a natureza da operação necessária para a fixação do *quantum debeatur*, ou seja, o grau de imprecisão da sentença (título judicial ilíquido) que reconheceu a obrigação. Na liquidação por artigos – diversamente da liquidação por arbitramento – a simples prova técnica, com base nos elementos já constantes nos autos, não possibilitará a determinação do limite condenatório, haja vista que a fixação da condenação depende da aferição de 'fato novo', motivo pelo qual ocorre a abertura de efetiva fase de apresentação dos fatos constitutivos do direito do autor referentes ao objeto condenatório lançado no título, bem ainda, com amparo nos princípios do contraditório e ampla defesa, a elaboração de material contestatório e elementos de prova periciais, a fim de que possa o magistrado deliberar acerca da perfectibilização do quantum devido. Na hipótese, não é possível extrair da sentença condenatória (título judicial ilíquido) os parâmetros para a singela elaboração de mera perícia contábil, pois, a *primo icto oculi*, não se afigura viável presumir quais seriam os referidos 'prejuízos sofridos' ou 'sérios prejuízos' aludidos na deliberação, o que denota ser essa não apenas ilíquida mas também genérica, face a ausência da fixação dos critérios/diretrizes para a obtenção do *quantum debeatur*" (STJ, REsp 1538301/PE, Rel. p/ Acórdão Min. Marco Buzzi, 4ª Turma, jul. 04.04.2017, *DJe* 23.05.2017).

Fato novo. "O fato novo que sugestiona liquidação por artigos (artigo 608 do CPC) é aquele que, não sendo comprovado, não completa o título executivo. O acórdão, ao silenciar sobre a forma de apuração do valor do dano devido pela caducidade de alvarás de pesquisa mineral, enseja abertura de fase cognitiva de todos os fatos conexos com o objetivo perseguido, o que inviabiliza o pretendido arbitramento" (TJSP, AI 8.973/4, Rel. Des. Ênio Zuliani, 3ª Câm. de Direito Privado, jul. 30.04.1996; *Lex* 192/248). **Obs.:** A matéria, antes disciplinada pelo art. 608, passou para o art. 475-Edo CPC/1973, por força da Lei nº 11.232, de 22.12.2005. A jurisprudência formada ao tempo do dispositivo revogado continua útil para a continuidade dos processos pendentes e para aplicação do novo artigo. A antiga liquidação por artigos é a atual pelo procedimento comum, do inciso II do art. 509.

"Nos termos do art. 475-E do CPC [art. 509, II, do CPC/2015], a liquidação por artigos tem como pressuposto a necessidade de alegar e provar fato novo. Tendo o contribuinte apresentado a prova do recolhimento indevido, na qual consta a base de cálculo da incidência do tributo, já homologada, ainda que tacitamente, pela fazenda pública, bem como as planilhas discriminando a metodologia utilizada na apuração do indébito, torna-se desnecessária a liquidação por artigos" (STJ, REsp 942.369/RS, Rel. Min. Eliana Calmon, 2ª Turma, jul. 12.08.2008, *DJe* 05.09.2008). **No mesmo sentido:** STJ, AgRg no REsp 1.186.608/BA, Rel. Min. Luiz Fux, 1ª Turma, jul. 14.09.2010, *DJe* 30.09.2010.

Honorários advocatícios. "Assumindo a liquidação por artigos cunho de contenciosidade, evidenciada pela clara resistência oposta pelo réu, são devidos os honorários de advogado" (STJ, EREsp 179.355/SP, Rel. Min. Barros Monteiro, Corte Especial, *DJ* 11.03.2002).

"A liquidação é procedimento preparatório, de natureza cognitiva, que visa a tornar líquida a sentença, sendo, portanto, incidente final do processo de conhecimento e não incidente da execução. Embora a liquidação seja um incidente processual, no que tange à sua modalidade por artigos, por suas características e peculiaridades, como procedimento complementar da sentença de mérito, não se enquadra ela rigorosamente na previsão do § 1º do art. 20, CPC, podendo, excepcionalmente, ensejar a alteração dos honorários advocatícios" (STJ, REsp 276.010/SP, Rel. Min. Sálvio de Figueiredo Teixeira, 4ª Turma, jul. 24.10.2000; *RSTJ* 142/387).

7. Liquidação. Interpretação do título executivo judicial. "O montante a ser apurado na liquidação deve, partindo do comando do título executivo judicial, observar o que foi deduzido na petição inicial, pois o provimento judicial de mérito é o conjunto indissociável de todas as questões resolvidas que compõem o objeto litigioso. O juízo de liquidação pode interpretar o título formado na fase de conhecimento, com o escopo de liquidá-lo, extraindo-se o sentido e alcance do comando sentencial mediante integração de seu dispositivo com a sua fundamentação, mas, nessa operação, nada pode acrescer ou retirar, devendo apenas aclarar o exato alcance da tutela antes prestada" (STJ, AgInt no REsp 1599412/BA, Rel. Min. Nancy Andrighi, 3ª Turma, jul. 06.12.2016, *DJe* 24.02.2017).

8. Liquidação de sentença. Título omisso sobre a correção. "Na liquidação de sentença, sendo omisso o título exequendo acerca dos critérios a serem aplicados para a correção monetária, de rigor a incidência dos expurgos inflacionários expressamente previstos no Manual de Orientação de Procedimento para os Cálculos na Justiça Federal" (STJ, REsp 1.904.401/RJ, Rel. Min. Marco Aurélio Bellizze, 3ª Turma, jul. 07.12.2021, *DJe* 14.12.2021).

9. Liquidação de sentença. Violação à coisa julgada. "Na fase de liquidação de sentença, não se admite a alteração dos parâmetros estabelecidos no título executivo judicial, sob pena de violação à coisa julgada. Hipótese em que a sentença transitada em julgado determinou a apuração, em liquidação de sentença, dos prejuízos suportados pela autora da ação decorrentes do não recolhimento de tributos e lançamentos em seu nome pelo fisco após a assunção da empresa pela executada (ato ilícito). Configura violação à coisa julgada a determinação para pagamento, diretamente à exequente, da quantia correspondente ao valor da dívida tributária da qual o credor é o fisco, cujo pagamento sequer foi alegado ou comprovado pela exequente" (STJ, AgInt nos EDcl no AREsp 1.832.357/DF, Rel. p/ acórdão Min. Maria Isabel Gallotti, 4ª Turma, jul. 23.08.2022, *DJe* 17.10.2022).

10. Alteração de índices de juros e correção posterior ao CC/2002 e à Lei 11.960. "Ofende a coisa julgada a alteração de índices de juros e correção monetária posterior ao advento do CC/2002 e à Lei 11.960/09. A aplicação/modificação de tais consectários é possível em algumas circunstâncias: (a) quando não houver prévios debates sobre eles (cf. AgInt nos EDcl nos EDcl no REsp 1.754.427/MS, Rel. Ministro Benedito Gonçalves, Primeira Turma, *DJe* 30/09/2021); (b) quando a lei que altera o regime de juros é superveniente à decisão que os fixou (cf. AgInt no REsp 1487923/RS, Rel. Ministro Benedito Gonçalves, Primeira Turma, *DJe* 25/08/2021; AgInt no REsp 1935719/RS, Rel. Ministro Herman Benjamin, Segunda Turma, *DJe* 31/08/2021); ou (c) se a decisão que os fixou é posterior a 17/05/2018, data em que o Supremo Tribunal Federal concluiu o julgamento da ADI nº 2.332/DF (cf. REsp n. 1.975.455/PR, relatora Ministra Assusete Magalhães, Segunda Turma, *DJe* de 7/4/2022). Hipóteses não ocorrentes no caso em apreço" (STJ, AgInt no REsp 2.097.689/PB, Rel. Min. Mauro Campbell Marques, 2ª Turma, jul. 04.12.2023, *DJe* 06.12.2023).

11. Natureza jurídica. "A liquidação não integra o processo executivo, mas o antecede, constituindo procedimento complementar do processo de conhecimento, para tornar líquido o título judicial (CPC, arts. 586 e 618)" (STJ, REsp 586/PR, Rel. Min. Sálvio de Figueiredo, 3ª Turma, jul. 20.11.1990, *DJ* 18.02.1991, p. 1.041).

12. Liquidação pelo procedimento comum:

Apuração dos danos e lucros cessantes. Dedução de todas as despesas. "Lucros cessantes consistem naquilo que o lesado deixou razoavelmente de lucrar como consequência direta do evento danoso (Código Civil, art. 402). No caso de incêndio de estabelecimento comercial (posto de gasolina), são devidos pelo período de tempo necessário para as obras de reconstrução. A circunstância de a empresa ter optado por vender o imóvel onde funcionava o empreendimento, deixando de dedicar-se àquela atividade econômica, não justifica a extensão do período de cálculo dos lucros cessantes até a data da perícia. A apuração dos lucros cessantes deve ser feita com a dedução de todas as despesas operacionais da empresa, inclusive tributos" (STJ, REsp 1.110.417/MA, Rel. Min. Maria Isabel Gallotti, 4ª Turma, jul. 07.04.2011, *DJe* 28.04.2011). **No mesmo sentido:** STJ, REsp 489.195/RJ, Rel. Min. Aldir Passarinho Junior, 4ª Turma, jul. 23.10.2007, *DJ* 19.11.2007.

Coisa julgada. "O *quantum debeatur* a ser apurado deve limitar-se ao comando inserto na sentença exequenda, sendo indevida a incidência de novos critérios, sob pena de ofensa à coisa julgada" (STJ, REsp 252.757/SP, Rel. Min. Fernando Gonçalves, 6ª Turma, jul. 04.02.2003, *DJ* 24.02.2003, p. 311). **No mesmo sentido:** *RJTAMG* 70/131; *JTA* 102/94.

13. Preclusão. "Não se admite impugnação de conta em execução de sentença já homologada após discussão entre as partes e sem que tenha havido recurso" (TJSP, Ap. 250.580, jul. 28.05.1976; *RT* 490/109).

14. Recurso. "A decisão que homologa cálculos de atualização é interlocutória sendo impugnável, pois, por meio de agravo de instrumento" (STJ, ED no REsp 16.541-0/SP, Rel. Min. Costa Leite, jul. 12.11.1992; *RSTJ* 42/385).

Cumprimento de sentença. Iliquidez da condenação. Discussão acerca dos limites da sentença. "Independentemente do nome que se dê ao provimento jurisdicional, é importante deixar claro que, para que ele seja recorrível, basta que possua algum conteúdo decisório capaz de gerar prejuízo às partes. Na hipótese, o provimento judicial impugnado por meio de agravo possui carga decisória, não se tratando de mero impulso processual consubstanciado pelo cumprimento da sentença transitada em julgado" (STJ, REsp 1.219.082/GO, Rel.ª Min.ª Nancy Andrighi, 3ª Turma, jul. 02.04.2013, *DJe* 10.04.2013).

15. Dano moral. Condenação ilíquida. "É possível, uma vez observados os critérios definidos no título judicial, a apuração do valor da indenização na liquidação de sentença. Precedentes. A definição do *quantum debeatur* na fase de liquidação do título judicial condenatório não impedirá o condenado, no momento oportuno, de exercer a fiscalização e pleitear o controle jurisdicional do valor fixado" (STJ, AgRg no REsp 791.529/RN, Rel.ª Min.ª Denise Arruda, 1ª Turma, jul. 02.08.2007, *DJ* 10.09.2007, p. 192; *RT* 867/151).

16. Dissolução parcial da sociedade. Liquidação. "A dissolução parcial de sociedade, com a retirada de um dos sócios, não prevê procedimento de liquidação, incompatível com o objetivo de preservação da atividade empresarial, sendo cabível a indicação de perito contábil, pelo juízo, para apuração dos haveres do sócio excluído" (STJ, REsp 242.603/SC, Rel. Min. Luís Felipe Salomão, 4ª Turma, jul. 04.12.2008, *DJe* 18.12.2008).

17. Liquidação zero. Inexistência de ofensa à coisa julgada. "As Instâncias ordinárias, ao contrário do que sustenta o ora recorrente, não excluíram a condenação por perdas e danos processuais, reconhecida definitivamente, na sentença, mas sim, quando de seu arbitramento, chegaram à conclusão de que o *quantum debeatur* é zero, o que, de forma alguma, significa inobservância da coisa julgada. É o que autorizada doutrina denomina 'liquidação zero', situação que, ainda que não desejada, tem o condão de adequar à realidade uma sentença condenatória que, por ocasião de sua liquidação, mostra-se vazia, porquanto não demonstrada sua quantificação mínima e, por conseguinte, sua própria existência" (STJ, REsp 1.011.733/MG, Rel. Min. Massami Uyeda, 3ª Turma, jul. 01.09.2011, *DJe* 26.10.2011).

"Impossibilitada a demonstração do dano sem culpa de parte a parte, deve-se, por analogia, aplicar a norma do art. 915 do CPC/1939, extinguindo-se a liquidação sem resolução de mérito quanto ao dano cuja extensão não foi comprovada, facultando-se à parte interessada o reinício dessa fase processual, caso reúna, no futuro, as provas cuja inexistência se constatou" (STJ, REsp 1.280.949/SP, Rel.ª Min.ª Nancy Andrighi, 3ª Turma, jul. 25.09.2012, *DJe* 03.10.2012).

18. Execução individual. Ação coletiva. "A execução individual de sentença condenatória proferida no julgamento de ação coletiva não segue a regra geral dos arts. 475-A e 575, II, do CPC [arts. 509 e 516, II, do CPC/2015], pois inexiste interesse apto a justificar a prevenção do Juízo que examinou o mérito da ação coletiva para o processamento e julgamento das execuções individuais desse título judicial" (STJ, REsp 1.098.242/GO, Rel. Min. Nancy Andrighi, 3ª Turma, jul. 21.10.2010, *DJe* 28.10.2010).

19. Sucumbência recíproca. Necessidade de mensuração em sede de liquidação. "Diante da multiplicidade de pedidos, não há como esta Corte mensurar em que medida cada parte foi sucumbente, de modo que a análise do pagamento das custas antecipadas e honorários advocatícios deve ser remetida para discussão em sede de liquidação do julgado onde mais bem serão aplicados os arts. 20 e 21, do CPC [arts. 85 e 86 do CPC/2015], havendo sucumbência recíproca no presente caso" (STJ, EDcl no REsp 1.331.033/SC, Rel. Min. Mauro Campbell Marques, 2ª Turma, jul. 21.05.2013, *DJe* 28.05.2013). **Obs.: V. art. 85, § 14, do CPC/2015, que veda a compensação de honorários em caso de sucumbência recíproca.**

20. Honorários do perito. Ver jurisprudência do art. 510 do CPC/2015.

21. Coisa julgada. "Não é lícito, em liquidação de sentença, nem em processo de execução, alterar os critérios dispostos na sentença exequenda para atualização dos cálculos elaborados em sede de execução, porque o não permite a coisa julgada" (STF, AI-AgR 346.543/SP, Rel. Min. Cezar Peluso, 1ª Turma, ac. unân. jul. 19.10.2004, *DJ* 12.11.2004, p. 24; *RT* 832/156). **No mesmo sentido:** STJ, REsp 511.369/DF, Rel. Min. Luiz Fux, 1ª Turma, jul. 06.11.2003, *DJ* 09.12.2003, p. 227; STJ, AgRg no REsp 1.172.053/PR, Rel. Min. Nancy Andrighi, 3ª Turma, jul. 19.08.2010, *DJe* 26.08.2010; STJ, REsp 498-0/SP, Rel. Min. Ari Pargendler, 2ª Turma, jul. 06.09.1995, *DJ* 02.10.1995; STJ, REsp 109.817/BA, Rel. Min. Ari Pargendler, 2ª Turma, jul. 01.12.1998, *DJ* 22.02.1999.

"Como já decidiu a Corte, a 'liquidação de sentença deve guardar estrita consonância com o decidido no processo de conhecimento, para o que se impõe averiguar o sentido lógico da decisão liquidanda, por meio de análise integrada de seu conjunto' (REsp 229.802/SC, Rel. o Sr. Min. Sálvio de Figueiredo Teixeira, *DJ* de 03.4.00)" (STJ, REsp 466.755/MG, Rel. Min. Carlos Alberto Menezes Direito, 3ª Turma, jul. 05.11.2002, *DJ* 02.12.2002, p. 311).

"As formas de liquidação especificadas na sentença cognitiva não transitam em julgado, razão pela qual aplica-se, na hipótese de vício de inadequação da espécie de liquidação, o chamado princípio da fungibilidade das formas de liquidação, segundo o qual a fixação do *quantum debeatur* deve processar-se pela via adequada, independentemente do preceito expresso no título exequendo. A coisa julgada somente torna imutável a forma de liquidação depois do trânsito em julgado da sentença proferida no processo de liquidação e não do trânsito em julgado da sentença proferida no processo de conhecimento" (STJ, REsp 657.476/MS, Rel. Min. Nancy Andrighi, 3ª Turma, jul. 18.05.2006, *DJ* 12.06.2006, p. 475).

Inclusão de valores não constantes da sentença. "Não é lícito incluir na condenação, em sede de liquidação, valores não postulados na inicial e não mencionados na sentença liquidanda, sob pena de ofensa ao art. 610 do CPC" (STJ, REsp 756.885/RJ, Rel. Min. Humberto Gomes de Barros, 3ª Turma, jul. 14.08.2007, *DJ* 17.09.2007, p. 255). **Obs.: A matéria, antes disciplinada pelo art. 610, por força da Lei nº 11.232, de 22.12.2005, passou para o art. 475-G (art. 509, § 4º do CPC/2015). A jurisprudência formada ao tempo do dispositivo revogado continua útil para a continuidade dos processos pendentes e para a aplicação do novo artigo.**

22. Erro material. "Apenas o erro aritmético é considerado erro material e, por isso é passível de alteração, mas não é possível alteração de índice após o trânsito em julgado da sentença que o fixou. Precedentes" (STJ, AgRg no REsp 1.125.061/PR, Rel. Min. Humberto Martins, 2ª Turma, jul. 20.10.2009, *DJe* 29.10.2009).

"A correção de erro de cálculo verificado no processo, não obstante a homologação da conta de liquidação, não preclui nem transita em julgado, de modo que não compromete a autoridade da coisa julgada. Ao revés, assegurar-lhe-á a eficácia material, em observância ao princípio da fidelidade à sentença liquidanda. Precedentes do STJ" (STJ, REsp 613.239/RJ, Rel. Min. Denise Arruda, 1ª Turma, jul. 25.10.2005, *DJ* 21.11.2005).

23. Honorários advocatícios. Desistência da ação. Apreciação pelo juízo de origem. "Nos termos do Código de Processo Civil e de precedentes do Supremo Tribunal Federal, compete ao Juízo da execução a apreciação de atos executórios dentre os quais está a fixação de honorários advocatícios" (STF, RE 386.103 AgR, Rel.ª Min.ª Ellen Gracie, 2ª Turma, jul. 19.10.2010, *DJe* 19.11.2010).

Apuração do valor exato dos honorários advocatícios. Juízo da execução. "A apuração do valor exato dos honorários advocatícios deve ser realizada no Juízo da execução, sede apropriada para a referida discussão. Precedentes" (STF, RE 611.479 ED, Rel. Min. Ricardo Lewandowski, 2ª Turma, jul. 23.08.2011, *DJe* 06.09.2011).

Em sentido contrário: STF, RE 306.188 AgR-segundo, Rel. Min. Ricardo Lewandowski, Rel. p/ acórdão Min. Marco Aurélio, 1ª Turma, jul. 07.06.2011, *DJe* 04.08.2011.

24. Discussão de fatos impeditivos, modificativos ou extintivos. "Mas a discussão de fatos impeditivos, modificativos ou extintivos do crédito deve se dar na impugnação de sentença, não na liquidação" (STJ, REsp 976.888/MG, Rel. Min. Nancy Andrighi, 3ª Turma, jul. 06.04.2010, *DJe* 01.07.2010).

25. Prescrição. "A matéria atinente à prescrição não foi suscitada no momento oportuno, (...) deveria ter sido objeto de apelação à sentença do processo de conhecimento, e não apenas arguida na fase de liquidação" (STJ, AgRg no REsp 958.522/RO, Rel. Min. Laurita Vaz, 5ª Turma, jul. 25.10.2007, *DJ* 26.11.2007, p. 242). **Obs.: Ver art. 525, § 1º, do CPC/2015, em que se permite arguição de prescrição contra cumprimento de sentença, apenas quando posterior ao título judicial.**

26. Correção monetária. "Sobre os valores apurados em liquidação de sentença, devem incidir, até o efetivo pagamento, correção monetária e juros de mora a partir da citação" (STJ, EDcl nos EDcl no AgRg no REsp 1.023.728/RS, Rel. Min. Humberto Martins, 2ª Turma, jul. 10.05.2011, *DJe* 17.05.2011).

"A correção monetária não se constitui acréscimo, mas simples recomposição da moeda corroída pela espiral inflacionária" (STJ, REsp 4.265-0/SP, Rel. Min. Demócrito Reinaldo, 1ª Turma, jul. 07.11.1994, *RSTJ* 71/367).

RPV (Requisição de pequeno valor). "Incide correção monetária entre a elaboração dos cálculos e o efetivo pagamento da RPV, observando-se os critérios de atualização porventura fixados na sentença de liquidação (REsp nº 1.143.677/RS, Relator o Ministro Luiz Fux, *DJe* 4.2.2010)" (STJ, AgRg no REsp 857.509/SC, Rel. Min. Haroldo Rodrigues, 6ª Turma, jul. 22.02.2011, *DJe* 04.04.2011).

27. Expurgos inflacionários. "'Esta c. Corte já firmou o entendimento segundo o qual a inclusão dos expurgos inflacionários nos cálculos de liquidação de sentença não ofende a coisa julgada, nem se caracteriza como excesso de execução, mas visa tão somente manter o valor real da dívida' (AgRg no Ag 1.227.995/RJ, Rel. Min. Felix Fischer, *DJe* 12.04.2010)" (STJ, AgRg no REsp 751.461/PR, Rel. Min. Vasco Della Giustina, 3ª Turma, jul. 26.04.2011, *DJe* 11.05.2011). **No mesmo sentido:** STJ, REsp 1.423.027/PR, Rel. Min. Humberto Martins, 2ª Turma, jul. 06.02.2014, *DJe* 17.02.2014.

28. Juros compensatórios. "Resta violada a coisa julgada na hipótese em que, na fase de liquidação, foi modificado o decidido na sentença proferida no processo de cognição, já transitado em julgado, na parte relativa à forma de cálculo dos juros compensatórios" (STJ, REsp 489.439/RJ, Rel. Min. João Otávio de Noronha, 2ª Turma, jul. 03.08.2006, *DJ* 18.08.2006, p. 370).

"A inclusão de juros compensatórios, em fase de liquidação de sentença, não é admitida. Precedentes" (STJ, REsp 695.885/RJ, Rel. Min. Luis Felipe Salomão, 4ª Turma, jul. 14.09.2010, *DJe* 23.09.2010). **No mesmo sentido:** STJ, REsp 470.618/RJ, Rel. Min. Herman Benjamin, 2ª Turma, jul. 20.08.2009, *DJe* 31.08.2009.

"Assim, não ofende o art. 610 do CPC o acórdão que, em sede de liquidação, defere o cômputo dos juros compensatórios no cálculo da indenização, assegurados pela sentença singular e não afastados pelos acórdãos proferidos pelas instâncias *ad quem*, na fase de conhecimento" (STJ, AgRg no REsp 598.946/RJ, Rel. Min. Denise Arruda, 1ª Turma, jul. 27.09.2005, *DJ* 24.10.2005, p. 178). **Obs.: A matéria, antes disciplinada pelo art. 610, por força da Lei nº 11.232, de 22.12.2005, passou para o art. 475-G (art. 509, § 4º do CPC/2015). A jurisprudência formada ao tempo do dispositivo revogado continua útil para a continuidade dos processos pendentes e para a aplicação do novo artigo.**

Desapropriação direta. "O fato de ter o Egrégio Superior Tribunal de Justiça (Súmula nº 69) alterado o critério para o cálculo dos juros compensatórios na desapropriação direta não autoriza o juiz a mudar o critério estabelecido no título executivo transitado em julgado" (STJ, REsp 192.409/CE, Rel. Min. Garcia Vieira, 1ª Turma, jul. 11.12.1998, *DJ* 05.04.1999).

29. Juros moratórios. "Consoante entendimento sumulado do Supremo Tribunal Federal, 'incluem-se os juros moratórios na liquidação, embora omisso o pedido inicial ou a condenação' (Súmula nº 254/STF)" (STJ, AgRg no Ag 1.326.027/SP, Rel. Min. Sidnei Beneti, 3ª Turma, jul. 26.10.2010, *DJe* 12.11.2010).

Incidência dos juros de mora nos honorários advocatícios. Termo *a quo*. Ver jurisprudência do art. 85 do CPC/2015.

Modificação. Recálculo. "Resta violada a coisa julgada na hipótese em que, na fase de liquidação, foi modificado o decidido na sentença proferida no processo de cognição, já transitado em julgado, na parte relativa à forma de cálculo dos juros moratórios" (STJ, REsp 249.827/DF, Rel. Min. João Otávio de Noronha, 2ª Turma, jul. 23.03.2004, *DJ* 05.05.2004).

SELIC. "A fixação de percentual relativo aos juros moratórios, após a edição da Lei 9.250/95, em decisão que transitou em julgado, impede a inclusão da Taxa SELIC em fase de liquidação de sentença, sob pena de violação ao instituto da coisa julgada, porquanto a referida taxa engloba juros e correção monetária, não podendo ser cumulada com qualquer outro índice de atualização" (STJ, REsp 1.136.733/PR, Rel. Min. Luiz Fux, 1ª Seção, jul. 13.10.2010, *DJe* 26.10.2010). **Precedentes citados:** STJ, REsp 872.621/RS, Rel. Min. Mauro Campbell Marques, 2ª Turma, jul. 16.03.2010, *DJe* 30.03.2010; STJ, AgRg no AgRg no REsp 1.109.446/SP, Rel. Min. Benedito Gonçalves, 1ª Turma, jul. 06.10.2009, *DJe* 13.10.2009; STJ, REsp 1.057.594/AL, Rel. Min. Teori Albino Zavascki, 1ª Turma, jul. 23.06.2009, *DJe* 29.06.2009; STJ, AgRg no REsp 993.990/SP, Rel. Min. Herman Benjamin, 2ª Turma, jul. 26.05.2009, *DJe* 21.08.2009; STJ, AgRg no AgRg no REsp 937.448/SP, Rel. Min. Humberto Martins, 2ª Turma, jul. 06.03.2008, *DJe* 18.03.2008; STJ, REsp 933.905/SP, Rel. Min. Eliana Calmon, 2ª Turma, jul. 06.11.2008, *DJe* 17.12.2008; STJ, EREsp 816.031/DF, Rel. Min. Luiz Fux, 1ª Seção, jul. 12.12.2007, *DJ* 25.02.2008; STJ, EREsp 779.266/DF, Rel. Min. Castro Meira, 1ª Seção, jul. 14.02.2007, *DJ* 05.03.2007.

Cumulação dos juros moratórios e compensatórios. "Tendo em vista que, na sentença proferida na fase de conhecimento, tampouco no julgamento dos recursos subsequentes interpostos, nada foi dito acerca da possibilidade de cumulação dos juros moratórios e compensatórios, afigura-se perfeitamente viável a discussão dessa matéria no processo de liquidação, sem importar isso em ofensa à *res judicata*" (STJ, REsp 119.701/SP, Rel. Min. João Otávio de Noronha, 2ª Turma, jul. 16.03.2004, *DJ* 26.04.2004, p. 156).

30. Inexistência de ofensa à coisa julgada. "(...) O reconhecimento da alegada perda do quinhão hereditário, em razão do também alegado descumprimento contratual por parte dos autores, em nenhum momento foi objeto da ação em que se formou o presente título liquidando. Na verdade, conferir à presente liquidação contornos mais abrangentes daqueles gizados na ação de resolução parcial do contrato, dissonante, portanto, de seu objeto, tal como pretendido pelo ora recorrente, redundaria, inequivocamente, à tangibilidade da coisa julgada, o que não se afigura, na espécie, permitido" (STJ, REsp 1.011.733/MG, Rel. Min. Massami Uyeda, 3ª Turma, jul. 01.09.2011, *DJe* 26.10.2011).

31. Interpretação do título judicial. "Descabida a interpretação de título executivo judicial quando há neste determinação explícita de como deve ser elaborado o cálculo de liquidação" (STJ, AgRg. no REsp 599.785/RJ, Rel. Min. Paulo Medina, 6ª Turma, jul. 03.03.2005, *DJ* 18.04.2005, p. 403).

"A elaboração de conta em sede de liquidação deve-se fazer em estrita consonância com o decidido na fase cognitiva, para o que se impõe averiguar o sentido lógico da decisão liquidanda, por meio de analise integrada de seu conjunto, afigurando-se despropositado o apego a interpretação literal de período gramatical isolado que conflita com o contexto de referida decisão" (STJ, REsp 44.465/PE, Rel. Min. Sálvio de Figueiredo Teixeira, 4ª Turma, jul. 12.04.1994, *DJ* 23.05.1994, p. 12.616).

32. Obrigações de fazer. Multa. "Decisão, na fase de execução, na qual se estabeleceu que a multa se computava a contar da ciência, pela executada, da decisão exequanda. Não configuração da pretendida ofensa a coisa julgada" (STF, RE 85263/RJ, Rel. Min. Leitão de Abreu, 2ª Turma, jul. 23.09.1977, *RTJ* 83/493).

33. Perdas e danos. "Na liquidação por artigos, ao se apurar perdas e danos, o juiz pode apreciar e interpretar a sentença sem entrar na questão de seu erro ou de sua injustiça e o expresso no *decisum* deve compreender o que virtualmente nele se contém, embora dando aparência de ampliar a liquidação. Tal entendimento cabe ainda no caso em que a reparação foi objeto de pedido genérico, mas os danos foram aferidos a partir das provas dos autos" (STJ, REsp 13.746/PR, Rel. Min. Dias Trindade, Rel. p/ Acórdão Min. Waldemar Zveiter, 3ª Turma, jul. 29.10.1991, *DJ* 13.04.1992, p. 4.996).

34. Nova realização de perícia. Possibilidade. Excepcionalidade. "Esta Corte Superior possui entendimento no sentido da possibilidade de elaboração de nova perícia, em casos excepcionais, como quando o lapso temporal transcorrido entre a data da avaliação e o seu pagamento seja demasiado o suficiente a não demonstrar a justa indenização, que é justamente o caso dos autos, conforme relatado no acórdão recorrido. Precedentes: REsp 906.227/DF, Rel. Ministro Mauro Campbell Marques, Segunda Turma, *DJe* 05/11/2010; REsp 592.736/RJ, Rel. Ministro Teori Albino Zavascki, Primeira Turma, *DJ* 10/10/2005" (STJ, AgRg no AREsp 83.804/PE, Rel. Min. Benedito Gonçalves, 1ª Turma, jul. 12.04.2012, *DJe* 19.04.2012).

35. Conversão de tutela específica em tutela alternativa. "Viabilidade de, em artigos de liquidação, postular conversão de tutela específica em tutela alternativa de indenização em dinheiro" (STJ, REsp 1.007.110/SC, Rel. Min. Teori Albino Zavascki, 1ª Turma, jul. 18.12.2008, *DJe* 02.03.2009).

36. Desnecessidade de liquidação. "O juízo da execução pode concluir pela desnecessidade da liquidação da sentença exequenda a despeito de entendimento contrário do juízo da ação de conhecimento. Desnecessária a liquidação da sentença quando o valor da dívida depender de meros cálculos aritméticos" (STJ, REsp 877.648/CE, Rel. Min. João Otávio de Noronha, 4ª Turma, jul. 09.02.2010, *DJe* 18.02.2010). **No mesmo sentido:** STJ, REsp 1.232.569/PB, Rel. Min. Mauro Campbell Marques, 2ª Turma, jul. 05.04.2011, *DJe* 13.04.2011.

37. Reconhecimento parcial da dívida. Parte líquida. Execução imediata. "Na fase de liquidação de sentença, a quantia que o devedor reconhece e expressamente declara como devida representa a parte líquida da condenação, e como tal pode ser exigida desde logo. A jurisprudência do STJ prestigia o comando do art. 509, § 1º, do CPC/2015, segundo o qual, '[q]uando na sentença houver uma parte líquida e outra ilíquida, ao credor é lícito promover simultaneamente a execução daquela e, em autos apartados, a liquidação desta'" (STJ, REsp 2.067.458/SP, Rel. Min. Antonio Carlos Ferreira, 4ª Turma, jul. 04.06.2024, *DJe* 11.06.2024).

Art. 510. Na liquidação por arbitramento, o juiz intimará as partes para a apresentação de pareceres ou documentos elucidativos, no prazo que fixar, e, caso não possa decidir de plano, nomeará perito, observando-se, no que couber, o procedimento da prova pericial.

CPC/1973

Art. 475-D.

REFERÊNCIA LEGISLATIVA

CPC/2015, arts. 359 a 368 (audiência), 464 a 480 (prova pericial).

BREVES COMENTÁRIOS

O atual Código simplificou e facilitou o procedimento da liquidação por arbitramento, na medida em que conferiu ao juiz poder de intimar as partes para apresentarem pareceres ou documentos elucidativos, no prazo que fixar (art. 510). Após analisar a documentação apresentada, se entender possuir todos os elementos necessários para decidir, julgará a liquidação de plano, dispensando até mesmo a prova pericial (art. 510, *in fine*).

Somente, portanto, na hipótese de não serem suficientes os documentos apresentados pelas partes é que o juiz nomeará perito, e o arbitramento se processará com observância das normas gerais da prova pericial.

JURISPRUDÊNCIA SELECIONADA

1. Ação de dissolução de sociedade de fato. Liquidação de sentença. Apuração do acervo societário. Rateio das despesas. "Na liquidação de sentença proferida em ação de dissolução de sociedade de fato, que não envolve, propriamente, vencedores e vencidos, mas que se limita a definir o percentual do acervo societário a cada uma das partes, mostra-se adequado o rateio das despesas relativas aos honorários periciais entre todos os integrantes da relação processual, na proporção de seus respectivos quinhões previamente estabelecidos na fase de conhecimento, tendo em vista a natureza da demanda" (STJ, REsp 1548758/PR, Rel. Min. Ricardo Villas Bôas Cueva, 3ª Turma, jul. 10.05.2016, *DJe* 17.05.2016).

2. Procedimento. "Tratando-se de liquidação por arbitramento, há necessidade de ser ouvida a parte no prazo de 10 dias na forma do art. 607 do CPC [art. 510 do CPC/2015], para pronunciar-se sobre o laudo, podendo ocorrer a hipótese de esclarecimentos do *expert* e até designação de audiência de instrução e julgamento" (TACivSP, Ap. 39.292, Rel. Juiz Hélio Perorázio, 3ª Câm., jul. 05.02.1986).

3. Honorários do perito. "Tendo a sentença determinado que o valor a ser pago pelo devedor fosse apurado em liquidação de sentença por arbitramento, e tendo, ainda, repartido os ônus, em virtude da sucumbência recíproca, cabe a ambas as partes o pagamento dos honorários do perito" (STJ, REsp 830.025/RJ, Rel. Min. Sidnei Beneti, 3ª Turma, jul. 16.03.2010, *DJe* 29.03.2010).

"Para fins do art. 543-C do CPC [art. 1.036 do CPC/2015]: (...) 'Na fase autônoma de liquidação de sentença (por arbitramento ou por artigos), **incumbe ao devedor a antecipação dos honorários periciais**'" (STJ, REsp 1.274.466/SC, Rel. Min. Paulo de Tarso Sanseverino, 2ª Seção, jul. 14.05.2014, *DJe* 21.05.2014).

4. Perícia. Consequência da norma. "Na liquidação por arbitramento, a perícia decorre do próprio procedimento fixado pelo art. 475-D do CPC [art. 510 do CPC/2015], e não de eventual insurgência do réu, de sorte que não se pode relacionar sua realização com a existência de litigiosidade. Tanto é assim que, mesmo na hipótese de o réu manter-se inerte após ser cientificado acerca da liquidação por arbitramento, deverá o Juiz nomear perito para quantificação da obrigação contida no título executivo judicial" (STJ, REsp 1.084.907/SP, Rel. Min. Nancy Andrighi, 3ª Turma, jul. 23.02.2010, *DJe* 05.03.2010).

5. Indicação de assistente técnico. Exercício do contraditório. "O fato do réu indicar assistente técnico para acompanhar a perícia não significa, necessariamente, resistência ao pedido do autor, visto que se trata de medida visando apenas a assegurar o contraditório, podendo, como ocorre na hipótese dos autos, haver a concordância com as conclusões do laudo" (STJ, REsp 1.084.907/SP, Rel. Min. Nancy Andrighi, 3ª Turma, jul. 23.02.2010, *DJe* 05.03.2010).

Art. 511. Na liquidação pelo procedimento comum, o juiz determinará a intimação do requerido, na pessoa de seu advogado ou da sociedade de advogados a que estiver vinculado, para, querendo, apresentar contestação no prazo de 15 (quinze) dias, observando-se, a seguir, no que couber, o disposto no Livro I da Parte Especial deste Código.

BREVES COMENTÁRIOS

Apresentado o requerimento do credor, será realizada a intimação do vencido, na pessoa de seu advogado ou da sociedade de advogados a que tiver vinculado, para, querendo, acompanhar a liquidação, apresentando contestação, no prazo de quinze dias (art. 511). Na sequência, será observado, o disposto no Livro I da Parte Especial, ou seja, o procedimento comum (especialmente os dispositivos que cuidam da fase postulatória, da audiência de conciliação, do saneamento e da instrução probatória).

Muito embora a liquidação, na espécie, observe o procedimento contencioso completo das ações de conhecimento, seu encerramento não se dá por meio de sentença, mas, de decisão interlocutória, desafiadora de agravo de instrumento, já que se forma e se resolve incidentalmente dentro do processo de cognição (art. 1.015, parágrafo único).

JURISPRUDÊNCIA SELECIONADA

1. Liquidação de sentença. Litigiosidade. Honorários. Ver jurisprudência do art. 85 do CPC/2015.

2. Liquidação de sentença. Prova de parte do dano. Impossibilidade sem culpa das partes. "Não é possível ao juízo promover a liquidação da sentença valendo-se, de maneira arbitrária, de meras estimativas, na hipótese em que a sentença fixa a obrigatoriedade de indenização do dano, mas as partes sem culpa estão impossibilitadas de demonstrar a sua extensão. Assim, por falta de previsão expressa do atual CPC, deve-se, por analogia, aplicar a norma do art. 915 do CPC/1939, **extinguindo-se a liquidação sem resolução de mérito quanto ao dano cuja extensão não foi comprovada, facultando-se à parte interessada o reinício dessa fase processual, caso reúna, no futuro, as provas cuja inexistência se constatou.** A norma do art. 915 do CPC/1939 preconiza que, se as provas não oferecerem elementos suficientes para que o juiz determine o valor da condenação, o liquidante será condenado nas custas, procedendo-se à nova liquidação. Ademais, o CPC/1973 não autoriza, fora das hipóteses do art. 475-B, §§ 1º e 2º [art. 509, §§ 1º e 2º, do CPC/2015], a utilização de presunções para estabelecer o montante da indenização devida. Portanto, não sendo possível apurar, na liquidação, o montante devido pela parte da condenação, sem culpa das partes, extingue-se o processo sem resolução do mérito, facultando-se à parte reiniciar a liquidação no futuro, caso reúna, com novos elementos, provas suficientes para revestir de certeza seu direito à reparação" (STJ, REsp 1.280.949/SP, Rel. Min. Nancy Andrighi, 3ª Turma, jul. 25.09.2012, *DJ* 03.10.2012).

Art. 512. A liquidação poderá ser realizada na pendência de recurso, processando-se em autos apartados no juízo de origem, cumprindo ao liquidante instruir o pedido com cópias das peças processuais pertinentes.

CPC/1973

Art. 475-A, § 2º.

BREVES COMENTÁRIOS

O processamento da liquidação faz-se, ordinariamente, nos próprios autos da ação condenatória. Quando couber a execução provisória (CPC/2015, arts. 520 e 1.012, § 2º), liquida-se a sentença em autos apartados formados com cópias das peças processuais pertinentes (art. 512). Assim também se procede quando a sentença contém parte líquida e parte ilíquida, porque o credor tem direito de promover, paralelamente, o cumprimento da condenação já liquidada na sentença e a liquidação da sua parte genérica (art. 509, § 1º).

JURISPRUDÊNCIA SELECIONADA

1. Recurso em liquidação. Interposição de apelação. Erro grosseiro. "Decisão em liquidação de sentença. Interposição de apelação. Erro grosseiro. Impossibilidade de aplicação do princípio da fungibilidade. Violação ao art. 475-H do CPC/73 caracterizada" [art. 1.015, parágrafo único, do CPC/2015] (STJ, EDcl no AgRg no REsp 1.044.447/SP, Rel. Min. Raul Araújo, 4ª Turma, jul. 01.12.2016, *DJe* 14.12.2016).

DA LIQUIDAÇÃO DE SENTENÇA: INDICAÇÃO DOUTRINÁRIA

Araken de Assis, *Cumprimento da sentença*; Cassio Scarpinella Bueno, In: José Roberto F. Gouvêa; Luis Guilherme A. Bondioli e João Francisco N. da Fonseca (coord.), *Comentários ao Código de Processo Civil*, São Paulo: Saraiva, 2018, v. 10; Ernane Fidélis dos Santos, *As reformas de 2005 do Código de Processo Civil*; Fredie Didier Jr., *Curso de direito processual civil*, 10. ed., Salvador: JusPodivm, 2015, v. II; Humberto Theodoro Júnior, *As novas reformas do Código de Processo Civil*, Rio de Janeiro: Forense; Humberto Theodoro Júnior, *Curso de direito processual civil*, 53. ed., Rio de Janeiro: Forense, 2020, v. III; Humberto Theodoro Júnior, *Curso de direito processual civil*, Forense, v. II, n. 680 a 683-g; J. E. Carreira Alvim, Luciana Gontijo Carreira Alvim Cabral, *Cumprimento da sentença;* José Rogério Cruz e Tucci, In: Sérgio Cruz Arenhart e Daniel Mitidiero (coord.), *Comentários ao Código de Processo Civil*, 2. ed., São Paulo: RT, 2018, v. 8; Luiz Rodrigues Wambier, In: Teresa Arruda Alvim Wambier, Fredie Didier Jr., Eduardo Talamini, Bruno Dantas, *Breves comentários ao novo Código de Processo Civil*, São Paulo: Revista dos Tribunais, 2015; Luiz Rodrigues Wambier. Liquidação de sentença. In: Luiz Rodrigues Wambier, Teresa Arruda Alvim Wambier. *Temas essenciais do Novo CPC*. São Paulo: RT, 2016, p. 401-408; Pontes de Miranda, *Comentários ao CPC (1973)*, tomo IX, p. 538 – é inadmissível a inspeção quando ocorre arbitramento.

TÍTULO II
DO CUMPRIMENTO DA SENTENÇA

Capítulo I
DISPOSIÇÕES GERAIS

Art. 513. O cumprimento da sentença será feito segundo as regras deste Título, observando-se, no que couber e conforme a natureza da obrigação, o disposto no Livro II da Parte Especial deste Código.

§ 1º O cumprimento da sentença que reconhece o dever de pagar quantia, provisório ou definitivo, far-se-á a requerimento do exequente.

§ 2º O devedor será intimado para cumprir a sentença:

I – pelo Diário da Justiça, na pessoa de seu advogado constituído nos autos;

II – por carta com aviso de recebimento, quando representado pela Defensoria Pública ou quando não tiver procurador constituído nos autos, ressalvada a hipótese do inciso IV;

III – por meio eletrônico, quando, no caso do § 1º do art. 246, não tiver procurador constituído nos autos;

IV – por edital, quando, citado na forma do art. 256, tiver sido revel na fase de conhecimento.

§ 3º Na hipótese do § 2º, incisos II e III, considera-se realizada a intimação quando o devedor houver mudado de endereço sem prévia comunicação ao juízo, observado o disposto no Parágrafo único do art. 274.

§ 4º Se o requerimento a que alude o § 1º for formulado após 1 (um) ano do trânsito em julgado da sentença, a intimação será feita na pessoa do devedor, por meio de carta com aviso de recebimento encaminhada ao endereço constante dos autos, observado o disposto no parágrafo único do art. 274 e no § 3º deste artigo.

§ 5º O cumprimento da sentença não poderá ser promovido em face do fiador, do coobrigado ou do corresponsável que não tiver participado da fase de conhecimento.

CPC/1973

Art. 475-I.

REFERÊNCIA LEGISLATIVA

CPC/2015, arts. 771 (procedimento de execução fundado em título extrajudicial) e 783 (requisitos da execução).

SÚMULAS

Súmulas do STJ:

Nº 268: "O fiador que não integrou a relação processual na ação de despejo não responde pela execução do julgado."

BREVES COMENTÁRIOS

Embora seja desnecessário o ajuizamento pelo credor de nova ação para satisfazer o crédito reconhecido na fase de conhecimento, deve haver um requerimento de sua parte para o início da fase executiva, em razão do princípio dispositivo (art. 513, § 1º).

Uma vez, porém, requerido o cumprimento da sentença, pode essa atividade satisfativa prosseguir até as últimas consequências por impulso oficial. A interferência do credor pode, no entanto, fazer cessar ou suspender essa atividade, já que toda execução se desenvolve no seu exclusivo interesse (arts. 775 e 797).

Como a atividade executiva é mero prosseguimento da cognitiva, as partes serão as mesmas. Assim, o cumprimento não poderá ser promovido em face do fiador, do coobrigado ou do corresponsável que não tiver participado da fase de conhecimento (art. 513, § 5º).

JURISPRUDÊNCIA SELECIONADA

1. Sentença proferida na vigência do CPC/1973. Cumprimento de sentença iniciado na vigência do CPC/2015. "Como bem observa a doutrina, é possível a aplicação da norma processual superveniente a situações pendentes, desde que respeitada a eficácia do ato processual já praticado. Esse entendimento é corroborado pelo Enunciado Administrativo 4/STJ, *in verbis*: 'Nos feitos de competência civil originária e recursal do STJ, os atos processuais que vierem a ser praticados por julgadores, partes, Ministério Público, procuradores, serventuários e auxiliares da Justiça a partir de 18 de março de 2016, deverão observar os novos procedimentos trazidos pelo CPC/2015, sem prejuízo do disposto em legislação processual especial'. No caso concreto, embora a sentença exequenda tenha sido proferida na vigência do CPC/73, o cumprimento de sentença iniciou-se na vigência do CPC/2015, razão pela qual é aplicável a nova legislação. Assim, considerando que a agravante foi intimada e não efetuou o pagamento voluntário, o débito deve ser acrescido de multa de dez por cento e, também, de honorários de advogado de dez por cento (art. 523, § 1º, do CPC/2015)" (STJ, REsp 1.815.762/SP, Rel. Min. Mauro Campbell Marques, 2ª Turma, jul. 05.11.2019, *DJe* 07.11.2019).

2. Intimação.

a) Intimação via advogado. Ônus ao advogado. "Conquanto o pagamento seja ato a ser praticado pela parte, a intimação para o cumprimento voluntário da sentença ocorre, como regra, na pessoa do advogado constituído nos autos (CPC/2015, art. 513, § 2º, I), fato que, inevitavelmente, acarreta um ônus ao causídico, o qual deverá comunicar ao seu cliente não só o resultado desfavorável da demanda, como também as próprias consequências jurídicas da ausência de cumprimento da sentença no respectivo prazo legal" (STJ, REsp 1708348/RJ, Rel. Min. Marco Aurélio Bellizze, 3ª Turma, jul. 25.06.2019, *DJe* 01.08.2019).

b) Réu revel

Réu revel no processo de conhecimento. Advogado não constituído. Intimação por carta para cumprimento de sentença. "Em regra, intimação para cumprimento da sentença, consoante o CPC/2015, realiza-se na pessoa do advogado do devedor (art. 513, § 2º, inciso I, do CPC/2015). Em se tratando de parte sem procurador constituído, aí incluindo-se o revel que tenha sido pessoalmente intimado, quedando-se inerte, o inciso II do § 2º do art. 513 do CPC fora claro ao reconhecer que a intimação do devedor para cumprir a sentença ocorrerá 'por carta com aviso de recebimento'. Pouco espaço deixou a nova lei processual para outra interpretação, pois ressalvara, apenas, a hipótese em que o revel fora citado fictamente, exigindo, ainda assim, em relação a este nova intimação para o cumprimento da sentença, em que pese na via do edital. Correto, assim, o acórdão recorrido em afastar nesta hipótese a incidência do quanto prescreve o art. 346 do CPC" (STJ, REsp 1.760.914/SP, Rel. Min. Paulo de Tarso Sanseverino, 3ª Turma, jul. 02.06.2020, *DJe* 08.06.2020).

"É causa de nulidade processual a falta de intimação do réu revel na fase de cumprimento de sentença, devendo ser realizada por intermédio de carta com aviso de recebimento nas hipóteses em que o executado estiver representado pela Defensoria Pública ou não possuir procurador constituído nos autos, na forma do art. 513, § 2º, II, do CPC/2015" (STJ, REsp 2.053.868/RS, Rel. Min. Antonio Carlos Ferreira, 4ª Turma, jul. 06.06.2023, *DJe* 12.06.2023).

3. Exceção de pré-executividade. Revisão de multa cominatória. Questão apreciável de ofício. "Esta Corte já se pronunciou no sentido do cabimento do incidente de pré-executividade na execução fiscal para se discutir matérias de ordem pública e que não demandem dilação probatória. O art. 475-I do CPC [art. 513 do CPC/2015] é expresso ao afirmar que o cumprimento da sentença, nos casos de obrigação pecuniária, faz-se por execução, o que não impede a oposição da exceção de pré-executividade para se discutir matérias aferíveis de ofício pelo julgador. Assim, em se tratando de revisão de valor fixado a título de multa diária (*astreintes*), matéria que pode ser conhecida de ofício pelo juiz, segundo disposto no art. 461, § 6º, do CPC, não há razão para repelir o cabimento da exceção de pré-executividade" (STJ, REsp 1.187.637/MG, Rel. Min. Mauro Campbell Marques, 2ª Turma, jul. 22.11.2011, *DJe* 01.12.2011).

4. Excesso de execução. Desnecessidade de ação autônoma. "Na fase de cumprimento de sentença – arts. 475-I a 475-R do CPC [arts. 513 a 527 do CPC/2015] –, impedir a restituição ao executado, nos autos dos embargos ou da própria execução, de importância levantada a maior pelo credor não se harmoniza com a reforma instituída pela Lei n. 11.232/05, delineada, precipuamente, para a celeridade e efetividade da prestação jurisdicional. Reconhecido o excesso de execução por ato decisório com trânsito em julgado, não há óbice em determinar ao exequente, mediante intimação na pessoa do seu advogado, que devolva a parcela declarada indevida, observando-se o disposto nos arts. 475-B e 475-J do diploma processual [arts. 523 e 524 do CPC/2015], sem a necessidade de propositura de ação autônoma" (STJ, REsp 1.090.635/PR, Rel. Min. João Otávio de Noronha, 4ª Turma, jul. 02.12.2008, *DJe* 18.12.2008). **No mesmo sentido:** STJ, AgRg no REsp 1.149.694/PR, Rel. Min. Aldir Passarinho Junior, 4ª Turma, jul. 03.08.2010, *DJe* 27.08.2010; STJ, REsp 757.850/RJ, Rel. Min. Humberto Gomes de Barros, 3ª Turma, jul. 20.04.2006, *DJ* 15.05.2006, p. 211.

5. Cumprimento de sentença. Danos a bens do executado. "Cinge-se a controvérsia a definir se, na hipótese, o locador é parte legítima para responder pelos danos causados ao locatário diante da alegada devolução parcial dos bens após a execução da ordem de despejo. A parte que obtém a tutela jurisdicional não responde, em regra, pelos danos advindos da execução da referida ordem concedida pelo magistrado da causa. A partir do momento em que o Estado avoca para si o monopólio do exercício da jurisdição, ele se torna, em tese, responsável pelos danos que causar aos litigantes. O depositário é a parte legítima para figurar no polo passivo de ação na qual se discute os danos decorrentes da ausência de devolução dos bens retirados do imóvel locado. Precedente. O locador somente responderá por eventuais perdas e danos se tiver atuado diretamente no cumprimento da ordem judicial de despejo" (STJ, REsp 1819837/SP, Rel. Min. Ricardo Villas Bôas Cueva, 3ª Turma, jul. 20.08.2019, *DJe* 28.08.2019).

6. Honorários advocatícios.

a) Execução de honorários nos mesmos autos. "O advogado tem legitimidade para pleitear a cobrança dos honorários sucumbenciais nos próprios autos da ação, não havendo necessidade de ajuizar demanda própria para o recebimento de tal verba. Arts. 24 e 25, § 1º, da Lei 8.906/94. Recurso provido, em decisão monocrática" (TJRS, AgInt 70083364885, Rel. Des. José Antônio Daltoe Cezar, 8ª Câmara Cível, jul. 10.07.2020).

b) Verba fixada para o cumprimento de sentença. "O art. 475-I, do CPC [art. 513 do CPC/2015], é expresso em afirmar que o cumprimento da sentença, nos casos de obrigação pecuniária, se faz por execução. Ora, se haverá arbitramento de honorários na execução (art. 20, § 4º, do CPC) [art. 85, § 8º, do CPC/2015] e se o cumprimento da sentença se faz por execução (art. 475, I, do CPC), outra conclusão não é possível, senão a de que haverá a fixação de verba honorária na fase de cumprimento da sentença. Ademais, a verba honorária fixada na fase de cognição leva em consideração apenas o trabalho realizado pelo advogado até então" (STJ, REsp 978.545/MG, Rel. Min. Nancy Andrighi, 3ª Turma, jul. 11.03.2008, *DJ* 01.04.2008, p. 1).

Obs.: Ver art. 523, § 1º, do CPC/2015, sobre cabimento de multa e honorários de advogado no cumprimento de sentença.

7. Sistema recursal.

a) Despacho determinando a intimação do réu para o cumprimento de sentença. Impulso processual. Descabimento de agravo de instrumento. "No CPC/15, seguindo a mesma linha do CPC/73, os pronunciamentos jurisdicionais são classificados em sentenças, decisões interlocutórias e despachos, permanecendo como critério de distinção entre as decisões interlocutórias e os despachos a ausência de conteúdo decisório nos últimos, os quais têm como desiderato o mero impulso da marcha processual. Por visarem unicamente ao impulsionamento da marcha processual, não gerando danos ou prejuízos às partes, os despachos são irrecorríveis (art. 1.001 do CPC/15). Sob a égide do CPC/15, o início do cumprimento de sentença, definitivo ou provisório (art. 520, *caput*, do CPC/15), passou a depender de requerimento expresso do credor, conforme disposto no art. 513, § 1º, do atual Código, razão pela qual o despacho que intima para pagamento não gera, por si só, prejuízo à parte" (STJ, REsp 1.725.612/RS, Rel. Min. Nancy Andrighi, 3ª Turma, jul. 02.06.2020, *DJe* 04.06.2020).

b) Decisão que julga embargos à execução. Apelação. "Processados os embargos à execução na vigência da regra anterior, a decisão monocrática, ainda que proferida após a Lei n. 11.232/2005, possui caráter de sentença e é atacável pela via da apelação" (REsp 1.044.693/MG, Rel. p/ Acórdão Min. Aldir Passarinho Junior, Corte Especial, jul. 03.12.2008, *DJe* 06.08.2009). **No mesmo sentido:** STJ, EDcl no AgRg no REsp 1.182.458/AM, Rel. Min. Aldir Passarinho Junior, 4ª Turma, jul. 22.03.2011, *DJe* 28.03.2011; STJ, REsp 974.873/RS, Rel. Min. Humberto Gomes de Barros, 3ª Turma, jul. 08.02.2008, *DJ* 25.02.2008.

c) Fungibilidade. "A jurisprudência desta Corte pacificou-se no sentido de que da sentença proferida no julgamento dos embargos à execução, mesmo quando julgada já sob a égide da Lei nº 11.232/05, cabe recurso de apelação e não de agravo de instrumento, cabível, em qualquer caso, no entanto, a aplicação do princípio da fungibilidade recursal" (STJ, REsp 1.214.133/SP, Rel. Min. Sidnei Beneti, 3ª Turma, jul. 07.04.2011, *DJe* 17.05.2011). **No mesmo sentido:** STJ, REsp 1.081.248/RJ, Rel. Min. Denise Arruda, 1ª Turma, jul. 03.02.2009, *DJe* 02.03.2009.

8. Contribuições de condomínio. Ver jurisprudência do art. 784, X, do CPC/2015.

Compromisso de compra e venda. Cotas condominiais. "Ação de cobrança, já em fase de cumprimento de sentença, em virtude da inadimplência no pagamento de cotas condominiais. (...) Em se tratando a dívida de condomínio de obrigação *propter rem* e partindo-se da premissa de que o próprio imóvel gerador das despesas constitui garantia ao pagamento da dívida, o proprietário do imóvel pode figurar no polo passivo do cumprimento de sentença, ainda que não tenha sido parte na ação de cobrança originária, ajuizada, em verdade, em face dos promitentes compradores do imóvel. Ausência de colisão com o que decidido pela 2ª Seção no bojo do REsp 1.345.331/RS, julgado sob a sistemática dos recursos repetitivos, uma vez que a questão que se incumbiu decidir nos referidos autos foi acerca da responsabilidade pelo pagamento da dívida, e não propriamente sobre a legitimidade para figurar no polo passivo da ação. O acordo firmado entre o mutuário e o Condomínio – não cumprido em sua integralidade –, não acarreta a alteração da natureza da dívida, que mantém-se *propter rem*" (STJ, REsp 1.696.704/PR, Rel. Min. Nancy Andrighi, 3ª Turma, jul. 08.09.2020, *DJe* 16.09.2020).

Condomínio. Despesas comuns. Ação de cobrança. Compromisso de compra e venda não levado a registro. Legitimidade passiva. Promitente vendedor ou promissário comprador. "Para efeitos do art. 543-C do CPC [art. 1.036 do CPC/2015], firmam-se as seguintes teses: a) O que define a responsabilidade pelo pagamento das obrigações condominiais não é o registro do compromisso de compra e venda, mas a relação jurídica material com o imóvel, representada pela imissão na posse pelo promissário comprador e pela ciência inequívoca do condomínio acerca da transação. b) Havendo compromisso de compra e venda não levado a registro, a responsabilidade pelas despesas de condomínio pode recair tanto sobre o promitente vendedor quanto sobre o promissário comprador, dependendo das circunstâncias de cada caso concreto. c) Se ficar comprovado: (i) que o promissário comprador se imitira na posse; e (ii) o condomínio teve ciência inequívoca da transação, afasta-se a legitimidade passiva do promitente vendedor para responder por despesas condominiais relativas a período em que a posse foi exercida pelo promissário comprador" (STJ, REsp 1.345.331/RS, Rel. Min. Luis Felipe Salomão, 2ª Seção, jul. 08.04.2015, *DJe* 20.04.2015). **Decisão submetida a julgamento de recursos repetitivos. No mesmo sentido, admitindo a legitimidade da arrendatária:** STJ, REsp 1.704.498/SP, Rel. Min. Nancy Andrighi, 3ª Turma, jul. 17.04.2018, *DJe* 24.04.2018.

9. Penhora de unidade condominial alugada. Sentença contra o locatário. Ver jurisprudência do art. 784, X, do CPC/2015.

10. Execução. Parte autônoma. Preclusão. Possibilidade. "Possível é a execução parcial do título judicial no que revela parte autônoma transitada em julgado na via da recorribilidade" (STF, RE 1.205.530, Rel. Min. Marco Aurélio, Tribunal Pleno, jul. 08.06.2020, *DJe* 01.07.2020).

11. Intervenção de pessoas jurídicas de direito público. Cabimento. "Cabível a intervenção das pessoas jurídicas de direito público, com base no art. 5º, parágrafo único, da Lei 9.469/1997, nos casos de embargos à execução, pelo devedor ou por terceiro, tendo em vista a sua natureza de ação incidental de cognição" (STJ, REsp 968.475/RR, Rel. Min. Eliana Calmon, 2ª Turma, jul. 20.04.2010, *DJe* 03.05.2010).

Art. 514. Quando o juiz decidir relação jurídica sujeita a condição ou termo, o cumprimento da sentença dependerá de demonstração de que se realizou a condição ou de que ocorreu o termo.

CPC/1973

Art. 572.

REFERÊNCIA LEGISLATIVA

CC, arts. 121 e ss. (condição), 131 e ss. (termo).

CPC/2015, arts. 525, III (impugnação ao cumprimento da sentença), 535, III (embargos à execução contra a Fazenda Pública), 798, I, "b" (requisitos da execução), 803, III (nulidade da execução), 917, § 2º, V (excesso de execução).

BREVES COMENTÁRIOS

Uma coisa, porém, deve ficar bem esclarecida: quando a lei permite a condenação condicional ou a termo, o que tem em mira é apenas a prestação e nunca a própria relação obrigacional. Seria totalmente inadmissível uma sentença que condenasse alguém a pagar, por exemplo, uma indenização, se ficar, no futuro, provado que praticou ato ilícito, ou, se, em liquidação, se provar que o autor sofreu algum prejuízo. A relação obrigacional, ainda quando sujeita a condição ou termo, tem de ser certa e tem de ser provada antes da condenação. A sentença somente deixará pendente o momento de exigibilidade da prestação, que será aquele em que ocorrer o fato condicionante ou o termo. Fora disso, ter-se-ia uma sentença meramente hipotética, por declarar uma tese e não solucionar um caso concreto (lide), o que contrariaria todos os princípios do processo e da função jurisdicional.

JURISPRUDÊNCIA SELECIONADA

1. Execução de honorários advocatícios de sucumbência. Demonstração da modificação da situação financeira do beneficiário. Possibilidade. Ver jurisprudência do art. 98 do CPC/2015.

2. Liquidez, certeza e exigibilidade. "Se o título tem e encerra quantia que não necessita de operação para que fique bem conhecida, pode-se dizer líquido; se oferece elementos quanto ao credor, devedor, bem quanto ao objeto devido, é certo; se está vencido pela ocorrência do prazo marcado, por condição realizada, não ajustada ou cumprida – art. 572 do CPC [art. 514 do CPC/2015] – é exigível" (TARS, Ap. 183.002.146, Rel. Juiz Luiz Fernando Koch, 3ª Câmara, *Adcoas*,1983, nº 93.516).

3. Nulidade. "Nula se apresenta a execução se instaurada antes de se verificar a condição ou de ocorrido o termo, como proclamam as normas dos arts. 572 e 618, III, do CPC [arts. 514 e 803 do CPC/2015]" (STJ, REsp 1.680, Rel. Min. Sálvio de Figueiredo, 4ª Turma, *DJU* 02.04.1990). Obs.: Ver arts. 525, § 1º, III, e 803, I, do CPC/2015.

Art. 515. São títulos executivos judiciais, cujo cumprimento dar-se-á de acordo com os artigos previstos neste Título:

I – as decisões proferidas no processo civil que reconheçam a exigibilidade de obrigação de pagar quantia, de fazer, de não fazer ou de entregar coisa;

II – a decisão homologatória de autocomposição judicial;

III – a decisão homologatória de autocomposição extrajudicial de qualquer natureza;

IV – o formal e a certidão de partilha, exclusivamente em relação ao inventariante, aos herdeiros e aos sucessores a título singular ou universal;

V – o crédito de auxiliar da justiça, quando as custas, emolumentos ou honorários tiverem sido aprovados por decisão judicial;

VI – a sentença penal condenatória transitada em julgado;

VII – a sentença arbitral;

VIII – a sentença estrangeira homologada pelo Superior Tribunal de Justiça;

IX – a decisão interlocutória estrangeira, após a concessão do exequatur à carta rogatória pelo Superior Tribunal de Justiça;

X – (VETADO).

§ 1º Nos casos dos incisos VI a IX, o devedor será citado no juízo cível para o cumprimento da sentença ou para a liquidação no prazo de 15 (quinze) dias.

§ 2º A autocomposição judicial pode envolver sujeito estranho ao processo e versar sobre relação jurídica que não tenha sido deduzida em juízo.

CPC/1973

Art. 475-N.

REFERÊNCIA LEGISLATIVA

CPP, art. 387, IV (com a redação dada pela Lei nº 11.719/2008, prevê que a sentença penal conterá a indenização mínima devida ao ofendido).

CPP, art. 63.

Lei nº 9.307 (Lei de Arbitragem), arts. 29 e 31.

CJF – I JORNADA DE DIREITO PROCESSUAL CIVIL

Enunciado 85 – Na execução de título extrajudicial ou judicial (art. 515, § 1º, do CPC) é cabível a citação postal.

BREVES COMENTÁRIOS

O art. 515 enumera o rol de títulos executivos judiciais, hábeis a autorizar o procedimento do cumprimento de sentença, que não são apenas as sentenças tipicamente condenatórias. O importante, para que uma decisão judicial (condenatória, constitutiva ou declaratória) seja qualificada como título executivo, é que nela resulte certificada a exigibilidade de uma obrigação certa e líquida, como evidencia o art. 515, I. Aliás, nos demais incisos do mesmo artigo, não é possível cogitar de condenação civil, seja em virtude da forma seja pelo conteúdo do ato decisório. O que predomina, em quase todos, é o caráter homologatório e não condenatório.

Os serventuários e auxiliares da Justiça dispõem de título executivo para cobrar seus créditos por custas (CPC/2015, art. 515, V). O Código anterior, qualificava esses créditos como títulos executivos extrajudiciais. O atual os conceitua como títulos judiciais, desde que o crédito tenha sido aprovado por decisão judicial.

Quanto aos créditos correspondentes aos emolumentos devidos pelos atos notariais ou de registro público, configuram título executivo extrajudicial, quando constantes de certidão expedida pela serventia que os praticou (art. 784, XI).

JURISPRUDÊNCIA SELECIONADA

1. Decisões proferidas no processo civil que reconheçam a exigibilidade de obrigação de pagar quantia, de fazer, de não fazer ou de entregar coisa (inciso I).

a) Sentença declaratória.

(i) Exequibilidade. "No atual estágio do sistema do processo civil brasileiro não há como insistir no dogma de que as sentenças declaratórias jamais têm eficácia executiva. O art. 4º, parágrafo único, do CPC [art. 19 do CPC/2015] considera 'admissível a ação declaratória ainda que tenha ocorrido a violação do direito', modificando, assim, o padrão clássico da tutela puramente declaratória, que a tinha como tipicamente preventiva. Atualmente, portanto, o Código dá ensejo a que a sentença declaratória possa fazer juízo completo a respeito da existência e do modo de ser da relação jurídica concreta. Tem eficácia executiva a sentença declaratória que traz definição integral da norma jurídica individualizada. Não há razão alguma, lógica ou jurídica, para submetê-la, antes da execução, a um segundo juízo de certificação, até porque a nova sentença não poderia chegar a resultado diferente do da anterior, sob pena de comprometimento da garantia da coisa julgada, assegurada constitucionalmente. E instaurar um processo de cognição sem oferecer às partes e ao juiz outra alternativa de resultado que não um, já prefixado, representaria atividade meramente burocrática e desnecessária, que poderia receber qualquer outro qualificativo, menos o de jurisdicional" (STJ, REsp 588.202/PR, Rel. Min. Teori Albino Zavascki, 1ª Turma, jul. 10.02.2004, *DJ* 25.02.2004). **No mesmo sentido:** TJRS, AI 60985-42.2011.8.21.7000, 21ª Câmara Cível, Rel. Des. Marco Aurélio Heinz, *DJ* 30.05.2011.

"A sentença declaratória que, para fins de compensação tributária, certifica o direito de crédito do contribuinte que recolheu indevidamente o tributo, contém juízo de certeza e de definição exaustiva a respeito de todos os elementos da relação jurídica questionada e, como tal, é título executivo para a ação visando à satisfação, em dinheiro, do valor devido" (STJ, REsp 1.114.404/MG, Rel. Min. Mauro Campbell Marques, 1ª Seção, jul. 10.02.2010, *DJe* 01.03.2010).

Sentença de improcedência da ação declaratória. "O art. 475-N, I do CPC [art. 515, I, do CPC/2015] se aplica também à sentença que, julgando improcedente (parcial ou totalmente) o pedido de declaração de inexistência de relação jurídica obrigacional, reconhece a existência de obrigação do demandante para com o demandado. Essa sentença, como toda sentença de mérito, tem eficácia de lei entre as partes (CPC, art. 468) [art. 503 do CPC/2015] e, transitada em julgado, torna-se imutável e indiscutível (CPC, art. 467) [art. 502 do CPC/2015], ficando a matéria decidida acobertada por preclusão, nesse ou em qualquer outro processo (CPC, art. 471) [art. 505 do CPC/2015], salvo em ação rescisória, se for o caso' (REsp 1.300.213/RS, Primeira Turma, Rel. Min. Teori Albino Zavascki, *DJe* 18.4.2012)" (STJ, AgRg no AREsp 385.551/RJ, Rel. Min. Arnaldo Esteves Lima, 1ª Turma, jul. 04.02.2014, *DJe* 11.02.2014). **No mesmo sentido:** *JTJ* 348/43.

Decisão que admite a legalidade de cobrança, mas nega o cumprimento da decisão nos próprios autos. Inadmissibilidade. "Com a atual redação do art. 475-N, inc. I, do CPC [art. 515, I, do CPC/2015], atribuiu-se 'eficácia executiva' às sentenças 'que reconhecem a existência de obrigação de pagar quantia'. No caso concreto, a sentença que se pretende executar **está incluída nessa espécie de provimento judicial**, uma vez que julgou parcialmente procedente o pedido autoral para (i) reconhecer a legalidade do débito impugnado, embora (ii) declarando inexigível a cobrança de custo administrativo de 30% do cálculo de recuperação de consumo elaborado pela concessionária recorrente, e (iii) discriminar os ônus da sucumbência (v. fl. 26, e-STJ)" (STJ, REsp 1.261.888/RS, Rel. Min. Mauro Campbell Marques, 1ª Seção, jul. 09.11.2011, *DJe* 18.11.2011). **Obs.:** Decisão submetida ao regime de julgamento de recursos repetitivos.

(ii) Não exequibilidade. "Para fins do art. 543-C do CPC [art. 1.036 do CPC/2015], firma-se a seguinte tese: 'A sentença, qualquer que seja sua natureza, de procedência ou improcedência do pedido, constitui título executivo judicial, desde que estabeleça obrigação de pagar quantia, de fazer, não fazer ou entregar coisa, admitida sua prévia liquidação e execução nos próprios autos'. No caso, não obstante tenha sido reconhecida a relação obrigacional entre as partes, decorrente do contrato de arrendamento mercantil, ainda é controvertida a existência ou não de saldo devedor – ante o depósito de várias somas no decorrer do processo pelo executado – e, em caso positivo, qual o seu montante atualizado. Sendo perfeitamente possível a liquidação da dívida previamente à fase executiva do julgado, tal qual se dá com as decisões condenatórias carecedoras de liquidez, deve prosseguir a execução, sendo certa a possibilidade de sua extinção se verificada a plena quitação do débito exequendo" (STJ, REsp 1.324.152/SP, Rel. Min. Luis Felipe Salomão, Corte Especial, jul. 04.05.2016, *DJe* 15.06.2016).

b) Decisão que reconhece a obrigação de pagar.

"Esta Corte, por ocasião do julgamento do REsp 1.192.783/RS, de relatoria do Ministro Mauro Campbell Marques, Segunda Turma, julgado em 4.8.2011, *DJe* 15.8.2011, submetido à sistemática dos recursos repetitivos, firmou entendimento no sentido de que a decisão proferida no processo civil que reconhece a existência de dada obrigação de pagar é título executivo hábil a fundar pedido de cumprimento de sentença. No caso dos autos, todavia, verifica-se que a sentença em questão apenas julga pedido declaratório de inexistência de débito, e não pedido de reconhecimento de qualquer obrigação" (STJ, AgRg no AREsp 55.282/RS, Rel. Min. Humberto Martins, 2ª Turma, jul. 27.03.2012, *DJe* 03.04.2012). **Obs.:** Acórdão submetido ao regime de julgamento de recursos repetitivos.

2. Decisão homologatória de autocomposição judicial (inciso II).

"A transação judicial homologada pelo juiz é título executivo judicial (art. 475-N do CPC, correspondente ao revogado art. 584 do CPC) [art. 515, II, CPC/2015]. Não cumprida a obrigação, sua execução judicial deve observar o procedimento comum da execução contra a Fazenda Pública" (STJ, REsp 890.215/RS, Rel. Min. Teori Albino Zavascki, 1ª Turma, jul. 15.02.2007, *DJ* 22.03.2007, p. 315).

"A sentença homologatória de transação, por disposição legal, é título executivo judicial - art. 584, inciso III, do CPC [art. 515, II, do CPC/2015]. Assim, havendo no acordo algo a executar, deve-se, em tese, admitir a possibilidade de liquidação, desde, é claro que a estipulação exequenda seja ilíquida pois, como é de primeira evidência, só há falar em processo de liquidação se a execução depender de acertamento, como ocorre quando o valor é indeterminado ou o objeto não está individuado" (TJRJ, Apel. 3.308, Rel. Des. Narciso Pinto, 5ª Câmara, jul. 03.11.1986, *Adcoas*, 1987, nº 112.764). **Obs.:** Jurisprudência anterior à Lei nº 11.232/2005, porém ainda aplicável ao inciso II do art. 515 do CPC/2015.

"Credor que prefere executar em processo autônomo sentença homologatória de acordo celebrado nos autos de ação ordinária (CPC, art. 584, inc. III) [art. 515, II, do CPC/2015]. Ausência de ilegalidade" (STJ, ROMS 2.130/DF, Rel. Min. Antônio Torreão Braz, 4ª Turma, jul. 10.05.1994, *DJ* 30.05.1994, p. 12.484). **No mesmo sentido:** STJ, REsp 351.757/SP, Rel. Min. Gilson Dipp, 5ª Turma, *DJ* 04.02.2002. **Obs.:** Jurisprudência anterior à Lei nº 11.232/2005, porém ainda aplicável ao inciso II do art. 515 do CPC/2015.

"Esta Câmara bem como a jurisprudência dominante deste Tribunal não encontra óbice à homologação do acordo após o julgamento da causa (sentença ou acórdão). Constitui título executivo judicial todo o conteúdo da transação homologada judicialmente, ainda que o acordo verse sobre matéria alheia à ação pendente (art. 475-N, III, do CPC) [art. 515, II, do CPC/2015], ensejando execução pela forma de cumprimento da sentença (art. 475, I, do CPC) [art. 513 do CPC/2015], que se processa perante o mesmo juízo que a homologou (art. 475-P, II, do CPC) [art. 516, II, do CPC/2015]" (TJRS, AgIn 70028127462, Rel. Sejalmo Sebastião de Paula Nery, jul. 20.01.2009, *DJe* 06.02.2009).

"**A sentença homologatória de conciliação** possui caráter de título executivo judicial, nos termos do art. **475-N** do CPC [art. 515 do CPC/2015], afigurando-se despicienda a propositura de ação monitória, uma vez que presente título hábil a amparar uma ação de execução" (TJRS, Ap. Cív. 70021779145, Rel. Walda Maria Melo Pierro, jul. 23.07.2008, *DJe* 02.09.2008).

3. Decisão homologatória de autocomposição extrajudicial (inciso III).

"A transação extrajudicial que tem por objeto direito litigioso afeta imediatamente a pretensão posta em juízo, independentemente de menção específica a respeito. Não sendo nula, a transação impõe juízo de procedência, com o reconhecimento do direito nos termos como acordado entre as partes (CPC, art. 269, III) [art. 487, III, *b*, do CPC/2015] e nesses limites é que poderá ser cumprida (CPC, art. 475-N, III e V) [art. 515, II e III, do CPC/2015]" (STJ, EDcl no REsp 945.150/PR, Rel. Min. Teori Albino Zavascki, 1ª Turma, jul. 04.11.2008, *DJe* 13.11.2008).

Necessidade de lide previamente existente. "Na última alteração a que se sujeitou o código, contudo, incluiu-se o art. 475-N [art. 515 do CPC/2015], que em lugar de atribuir eficácia de título executivo judicial à sentença que homologue acordo que verse sobre matéria não posta em juízo, passou a falar em transações que incluam matéria não posta em juízo. Uma transação que inclua matéria não posta em juízo está claramente a exigir que a transação, para ser homologável, tem de se referir a uma lide previamente existente, ainda que tenha conteúdo mais amplo que o dessa lide posta. Assim, a transação para ser homologada teria de ser levada a efeito em uma ação já ajuizada" (STJ, REsp 1.184.151/MS, Rel. Min. Massami Uyeda, Rel. p/ Acórdão Min. Nancy Andrighi, 3ª Turma, jul. 15.12.2011, *DJe* 09.02.2012).

"**O prévio acordo extrajudicial entre Consumidora e Instituição Financeira**, devidamente homologado pelo Juízo competente, pondo fim à ação revisional envolvendo as mesmas partes, implica na existência de título executivo judicial, na forma prevista no art. 475-N, inciso V do CPC [art. 515, III, do CPC/2015]" (TJRS, AgIn 70026365460, Rel. Gelson Rolim Stocker, jul. 13.11.2008, *DJe* 09.12.2008).

"**Ação de cobrança. Quotas condominiais.** Acordo homologado judicialmente com os adquirentes do imóvel. Descumprimento do avençado. Título executivo judicial, a teor do disposto pelo art. 475-N, V, do CPC [art. 515, III, do CPC/2015]" (TJRS, AgIn 70029928926, Rel. Elaine Harzheim Macedo, 17ª Câmara Cível, jul. 07.05.2009, *DJe* 18.05.2009).

"**Alimentos ajustados em acordo homologado judicialmente** constituem-se em título executivo judicial. Termos do inciso V, do art. 475-N, do CPC [art. 515, III, do CPC/2015]. A execução de alimentos, na modalidade coercitiva, prevista no art. 733 do CPC [art. 911 do CPC/2015], abrange as três últimas parcelas vencidas à data do ajuizamento da ação e, também, todas aquelas que se vencerem no curso da lide. Inteligência do art. 290 do CPC [art. 323 do CPC/2015]" (TJRS, HC 70.028.824.191, Rel. André Luiz Planella Villarinho, jul. 11.03.2009, *DJe* 19.03.2009).

4. Formal e certidão de partilha (Inciso IV).

"O formal ou a certidão de partilha não perdem a condição de título executivo pela circunstância de poder o valor reclamado, na via executiva, vir a ser acrescido de juros de mora e de correção monetária, futuramente, por simples cálculo do contador. Para cobrar importância incluída em seu quinhão, o herdeiro, munido de formal ou de certidão de partilha, deverá promover a execução contra o inventariante" (TJSC, na Apel. 23.710, Rel. Des. Napoleão Amarante, 1ª Câm., jul. 13.03.1986, *Jurisp. Cat.* 52/142; *Adcoas*, n. 108.021 e 108.185, 1986).

5. Sentença penal condenatória (inciso VI).

Reparação civil do dano causado pela infração penal. Possibilidade. "Considerando que a norma não limitou e nem regulamentou como será quantificado o valor mínimo para a indenização e considerando que a legislação penal sempre priorizou o ressarcimento da vítima em relação aos prejuízos sofridos, o juiz que se sentir apto, diante de um caso concreto, a quantificar, ao menos o mínimo, o valor do dano moral sofrido pela vítima, não poderá ser impedido de fazê-lo. Ao fixar o valor de indenização previsto no artigo 387, IV, do CPP, o juiz deverá fundamentar minimamente a opção, indicando o *quantum* que refere-se ao dano moral" (STJ, REsp 1.585.684/DF, Rel. Min. Maria Thereza de Assis Moura, 6ª Turma, jul. 09.08.2016, *DJe* 24.08.2016).

Violência doméstica e familiar contra a mulher. Dano moral *in re ipsa*. Reconciliação entre a vítima e o agressor. "A Terceira Seção do Superior Tribunal de Justiça, no julgamento do Recurso Especial Repetitivo nº 1.675.874/MS, fixou a compreensão de que a prática de violência doméstica e familiar contra a mulher implica a ocorrência de dano moral *in re ipsa*, de modo que, uma vez comprovada a prática delitiva, é desnecessária maior discussão sobre a efetiva comprovação do dano para a fixação de valor indenizatório mínimo. (...) A posterior reconciliação entre a vítima e o agressor não é fundamento suficiente para afastar a necessidade de fixação do valor mínimo previsto no art. 387, inciso IV, do Código de Processo Penal, seja porque não há previsão legal nesse sentido, seja porque compete à própria vítima decidir se irá promover a execução ou não do título executivo, sendo vedado ao Poder Judiciário omitir-se na aplicação da legislação processual penal que determina a fixação de valor mínimo em favor da vítima" (STJ, REsp 1.819.504/MS, Rel. Min. Laurita Vaz, 6ª Turma, jul. 10.09.2019, *DJe* 30.09.2019).

"O ordenamento jurídico estabelece a relativa independência entre as jurisdições cível e penal, de tal modo que quem pretende ser ressarcido dos danos sofridos com a prática de um delito pode escolher, de duas, uma das opções: ajuizar a correspondente ação cível de indenização ou aguardar o desfecho da ação penal, para, então, liquidar ou executar o título judicial eventualmente constituído pela sentença penal condenatória transitada em julgado. A decretação da prescrição da pretensão punitiva do Estado impede, tão somente, a formação do título executivo judicial na esfera penal, indispensável ao exercício da pretensão executória pelo ofendido, mas não fulmina o interesse processual no exercício da pretensão indenizatória a ser deduzida no juízo cível pelo mesmo fato. O art. 200 do CC/02 dispõe que, quando a ação se originar de fato que deva ser apurado no juízo criminal, não correrá a prescrição antes da respectiva sentença definitiva. Hipótese em que se verifica que a pretensão deduzida pelo recorrido não é de liquidação ou execução da sentença penal condenatória, senão a de se ver reparado dos danos que lhe foram causados pelo recorrente e os demais agressores, apenas se valendo, para tanto, do fato de terem sido eles condenados em primeira instância pelo crime de lesões corporais graves" (STJ, REsp 1.802.170/SP, Rel. Min. Nancy Andrighi, 3ª Turma, jul. 20.02.2020, *DJe* 26.02.2020).

"Embora tanto a responsabilidade criminal quanto a civil tenham tido origem no mesmo fato, cada uma das jurisdições utiliza critérios diversos para verificação do ocorrido. A responsabilidade civil independe da criminal, sendo também de extensão diversa o grau de culpa exigido em ambas as esferas. Todo ilícito penal é também um ilícito civil, mas nem todo ilícito civil corresponde a um ilícito penal. A existência de decisão penal absolutória que, em seu dispositivo, deixa de condenar o preposto do recorrente por ausência de prova de ter o réu concorrido para a infração penal (art. 386, IV, do CPP) não impede o prosseguimento da ação civil de indenização. A decisão criminal que não declara a inexistência material do fato permite o prosseguimento da execução do julgado proferido na ação cível ajuizada por familiar da vítima do ato ilícito" (STJ, REsp 1.117.131/SC, Rel. Min. Nancy Andrighi, 3ª Turma, jul. 01.06.2010, *DJe* 22.06.2010).

"As jurisdições cível e criminal intercomunicam-se. A segunda repercute de modo absoluto na primeira quando reconhece o fato ou a autoria. Nesse caso, a sentença condenatória criminal constitui título executório no cível" (STJ, REsp 302.165/MS, Rel. Min. José Delgado, 1ª Turma, jul. 05.04.2001, *DJ* 18.06.2001, p. 117).

6. Sentença arbitral (inciso VII).

Alegação de nulidade do título exequendo. Inexistência. "Como regra, a celebração de cláusula compromissória implica a derrogação da jurisdição estatal, impondo ao árbitro o poder-dever de decidir as questões decorrentes do contrato e, inclusive, decidir acerca da própria existência, validade e eficácia da cláusula compromissória (princípio da *Kompetenz-Kompetenz*). Assim, se pairassem dúvidas acerca da própria contratação da cláusula compromissória arbitral, tal questão deveria ser dirimida pelo árbitro, não cabendo à parte intentar fazê-lo perante o juízo estatal" (STJ, REsp 1.818.982/MS, Rel. Min. Nancy Andrighi, 3ª Turma, jul. 04.02.2020, *DJe* 06.02.2020).

"Sendo a sentença arbitral em comento de nacionalidade brasileira, constitui, nos termos dos arts. 475-N, IV, do CPC [art. 515, VII, do CPC] e 31 da Lei da Arbitragem, título executivo idôneo para embasar a ação de execução da qual o presente recurso especial se origina" (STJ, REsp 1.231.554/RJ, Rel. Min. Nancy Andrighi, 3ª Turma, jul. 24.05.2011, *DJe* 01.06.2011).

7. Sentença estrangeira homologada pelo STJ (inciso VIII).

Sentença arbitral estrangeira contestada. Ausência de violação da ordem pública. Impossibilidade de análise do mérito da relação de direito material. Ver jurisprudência do art. 960 do CPC/2015.

8. Juizado especial. Acordo de reparação civil entre as partes. Possibilidade. Título executivo judicial. "O entendimento de que o acordo celebrado entre o denunciado e a vítima constitui título executivo atende ao espírito da Lei dos Juizados Especiais, que prima pela celeridade e concentração dos atos processuais, assim como pela simplificação dos procedimentos, a fim de incentivar as partes à autocomposição" (STJ, REsp 1.123.463/DF, Rel. Min. Maria Isabel Gallotti, 4ª Turma, jul. 21.02.2017, *DJe* 14.03.2017).

9. Pretensão executória fundada em decisão interlocutória.

Formação do título executivo judicial. "Há um título executivo judicial que não se insere no rol do CPC 475-N [art. 515 do CPC/2015], mas que pode dar ensejo à execução provisória (CPC 475-O) [art. 520 do CPC/2015]. É a denominada decisão ou sentença liminar extraída dos processos em que se permite a antecipação da tutela jurisdicional, dos processos cautelares, ou das ações constitucionais" (STJ, REsp 885.737/SE, Rel. Min. Francisco Falcão, 1ª Turma, jul. 27.02.2007, *DJ* 12.04.2007).

"A decisão interlocutória que impõe multa (*astreintes*) por descumprimento de determinação judicial, dotada de eficácia condenatória, caracteriza-se como título executivo judicial, autorizando a execução forçada, mesmo que provisória em razão de pendência de recurso. Exegese dos artigos 475-N e 475-O, do CPC [arts. 515 e 520 do CPC/2015]" (TJRS, AgIn 70023134174, Rel. Sejalmo Sebastião de Paula Nery, 14ª Câmara Cível, jul. 18.12.2008, *DJe* 03.02.2009). **No mesmo sentido:** TJRS, AgIn 70029210630, Rel. Niwton Carpes da Silva, jul. 26.03.2009, *DJe* 24.04.2009; STJ, AgRg no REsp 724.160/RJ, Rel. Min. Ari Pargendler, 3ª Turma, jul. 04.12.2007, *DJ* 01.02.2008, p. 1; STJ, REsp 880.371/MG, Rel. Min. Sidnei Beneti, 3ª Turma, jul. 27.10.2009, *DJe* 12.11.2009.

Execução imediata. Desnecessidade do trânsito em julgado. "É desnecessário o trânsito em julgado da sentença para executar a multa por descumprimento de obrigação de fazer fixada em antecipação de tutela. Precedentes: REsp 1.098.028/SP, Rel. Min. Luiz Fux, Primeira Turma, *DJe* 02.03.2010; e REsp 885.737/SE, Rel. Min. Francisco Falcão, Primeira Turma, *DJ* 12.04.2007" (STJ, REsp 1.170.278/RJ, Rel. Min. Castro Meira, 2ª Turma, jul. 22.06.2010, *DJe* 03.08.2010). **No mesmo sentido:** STJ, REsp 1.098.028/SP, Rel. Min. Luiz Fux, 1ª Turma, jul. 09.02.2010, *DJe* 02.03.2010; TJRS, AgIn 70025827841, Rel. Angela Terezinha de Oliveira Brito, jul. 20.08.2008, *DJe* 28.08.2008.

Art. 516. O cumprimento da sentença efetuar-se-á perante:

I – os tribunais, nas causas de sua competência originária;

II – o juízo que decidiu a causa no primeiro grau de jurisdição;

III – o juízo cível competente, quando se tratar de sentença penal condenatória, de sentença arbitral, de sentença estrangeira ou de acórdão proferido pelo Tribunal Marítimo.

Parágrafo único. Nas hipóteses dos incisos II e III, o exequente poderá optar pelo juízo do atual domicílio do executado, pelo juízo do local onde se encontrem os bens sujeitos à execução ou pelo juízo do local onde deva ser executada a obrigação de fazer ou de não fazer, casos em que a remessa dos autos do processo será solicitada ao juízo de origem.

CPC/1973

Art. 475-P.

BREVES COMENTÁRIOS

Para a execução da sentença, não importa que o feito tenha tramitado pelo Tribunal em grau de recurso, nem mesmo é relevante o fato de ter o Tribunal reformado a sentença de primeiro grau. A competência executiva será sempre do *juízo da causa*, isto é, daquele órgão jurisdicional que figurou na formação da relação processual. A competência, *in casu*, porém, não se liga à pessoa física do juiz, mas sim ao órgão judicial que ele representa. Por isso, irrelevantes são as eventuais alterações ou substituições da pessoa do titular do juízo. É, outrossim, *funcional* e, por isso, *absoluta e improrrogável*, a competência prevista no art. 516, para o cumprimento da sentença civil. Ressalva-se, contudo, a hipótese do parágrafo único do mesmo artigo, em que o exequente poderá optar pelo cumprimento no juízo do atual domicílio do executado, no juízo do local onde se encontrem os bens sujeitos à execução ou no juízo do local onde deva ser executada a obrigação de fazer ou de não fazer.

O acórdão proferido pelo Tribunal Marítimo é executado no juízo cível como título extrajudicial, e não como sentença (título judicial). O procedimento, portanto, é o da ação executiva autônoma, não se aplicando as regras do cumprimento de sentença, em face do veto oposto ao art. 515, X, do CPC/2015.

Cumpre lembrar que as liquidações individuais em sede de ação coletiva poderão ser propostas no juízo da ação condenatória ou no foro do domicílio do liquidante (art. 98, § 2º, II, do CDC).

JURISPRUDÊNCIA SELECIONADA

1. Juízo que proferiu a decisão inicial. "É competente para processar a execução de sentença quem a emitiu, ainda que, posteriormente, venha a lume norma constitucional estabelecendo novas regras de distribuição de competência. Se a Justiça Federal emitiu a sentença é dela a competência para a respectiva execução" (STJ, CC 90.071/PE, Rel. Min. Humberto Gomes de Barros, 2ª Seção, jul. 24.10.2007, *DJ* 28.11.2007, p. 206). **No mesmo sentido:** STJ, CC 108.684/SP, Rel. Min. Luiz Fux, 1ª Seção, jul. 08.09.2010, *DJe* 22.09.2010.

Cumprimento de sentença relativo a honorários periciais. "A norma prevista no art. 516, II, do CPC, consagra regra segundo a qual o juízo que decidiu a causa no primeiro grau de jurisdição é competente para o cumprimento de sentença, reafirmando o sincretismo processual e o princípio da *perpetuatio jurisdictionis*, segundo o qual a competência é determinada no momento do registro ou da distribuição da petição inicial. Não se enquadra em nenhuma das situações que excepcionam a regra contida no art. 516, II, do CPC, motivo pelo qual conheço do Conflito para declarar competente para o processamento do feito o Juiz de Direito suscitado" (STJ, CC 191.185/MS, Rel. Min. Afrânio Vilela, 1ª Seção, jul. 28.02.2024, *DJe* 04.03.2024).

2. Juízo da Justiça da Infância e da Juventude. Cumprimento de sentença de verba sucumbencial. Competência. "O viés taxativo do art. 148 do ECA, no que estabelece as importantes competências da Justiça da Infância e da Juventude, sem contemplar expressamente a execução de verba honorária por ela arbitrada, não induz, só por si, a incompetência daquele Juízo especializado para o cumprimento/efetivação do montante sucumbencial. Da combinada leitura dos arts. 148 e 152 do ECA, 24, § 1º, do Estatuto da Advocacia e 516, II, do CPC/15, depreende-se que, como regra, o cumprimento da sentença, aí abarcada a imposição sucumbencial, deve ocorrer nos mesmos autos em que se formou o correspondente título exequendo e, por conseguinte, perante o Juízo prolator do título. Ressalte-se que tal solução longe está de inquinar ou contrariar as estritas hipóteses de competência da Vara da Infância e Juventude (art. 148 do ECA), porquanto a postulada verba honorária decorreu de discussão travada em causa cível que tramitou no próprio Juízo menorista, razão pela qual não há falar, no caso concreto, em desvirtuamento de sua competência executória. Por fim, impende realçar que a mesma Lei n. 8.069/90 (ECA), por seu artigo 152, assinala que 'Aos procedimentos regulados nesta Lei aplicam-se subsidiariamente as normas gerais previstas na legislação processual pertinente', autorizando, no ponto, a supletiva aplicação do referido art. 516, II, do vigente CPC, segundo o qual 'O cumprimento da sentença efetuar-se-á perante [...] o juízo que decidiu a causa no primeiro grau de jurisdição'" (STJ, REsp 1859295/MG, Rel. Min. Sérgio Kukina, 1ª Turma, jul. 26.05.2020, *DJe* 29.05.2020).

3. Execução por quantia certa. Juízo competente. Escolha do credor. "O propósito recursal é dizer se, nos termos do art. 516, parágrafo único, do CPC/2015, é possível a remessa dos autos ao foro de domicílio do executado após o início do cumprimento de sentença. (...) Certo é que, se o escopo da norma é realmente viabilizar a efetividade da pretensão executiva, não há justificativa para se admitir entraves ao pedido de processamento do cumprimento de sentença no foro de opção do exequente, ainda que o mesmo já tenha se iniciado" (STJ, REsp 1776382/MT, Rel. Min. Nancy Andrighi, 3ª Turma, jul. 03.12.2019, *DJe* 05.12.2019).

4. Ação coletiva. Execução. Competência e rito. Juizados especiais da Fazenda Pública. Impossibilidade. "Fixa-se a seguinte tese repetitiva para o Tema 1.029/STJ: 'Não é possível propor nos Juizados Especiais da Fazenda Pública a execução de título executivo formado em Ação Coletiva que tramitou sob o rito ordinário, assim como impor o rito sumaríssimo da Lei 12.153/2009 ao juízo comum da execução'" (STJ, REsp 1804186/SC, Rel. Min. Herman Benjamin, 1ª Seção, jul. 12.08.2020, *DJe* 11.09.2020). Obs.: *Decisão submetida a julgamento de recursos repetitivos.*

5. Ausência de bens para garantir a execução no juízo do cumprimento de sentença. Alteração. Possibilidade. "De acordo com os autos, a ECT ajuizou ação de cobrança, que tramitou no Juízo Federal da 9ª Vara da Seção Judiciária de Goiás, suscitado. Julgado procedente o pedido e iniciado o cumprimento da sentença, foram realizadas diversas diligências infrutíferas para a localização de ativos patrimoniais dos executados, passíveis de penhora, pelo que requereu a exequente a penhora de quotas de capital da empresa executada, situada no Município de Lajeado/RS, local onde também tem domicílio o executado pessoa física. A parte exequente foi então intimada a manifestar seu interesse em prosseguir com a execução no domicílio dos executados, nos termos do art. 516, parágrafo único, do CPC/2015. Com a concordância da exequente, os autos foram remetidos ao Juízo suscitante, que suscitou o presente Conflito, ao fundamento de que a faculdade prevista no referido dispositivo não poderia ser exercida após a propositura do pedido de cumprimento da sentença. (...) Apreciando situação semelhante à dos autos, a Terceira Turma do Superior Tribunal de Justiça, no julgamento do REsp 1.776.382/MT (Rel. Ministra Nancy Andrighi, *DJe* de 05/12/2019), decidiu que 'a lei não impõe qualquer outra exigência ao exequente quando for optar pelo foro de processamento do cumprimento de sentença, tampouco dispondo acerca do momento em que o pedido de remessa dos autos deve ser feito – se antes de iniciada a execução ou se ele pode ocorrer incidentalmente ao seu processamento'. Conflito conhecido, para declarar competente o Juízo Federal da 1ª Vara de Lajeado – SJ/RS, o suscitante, para o julgamento da lide" (STJ, CC 159.326/RS, Rel. Min. Assusete Magalhães, 1ª Seção, jul. 13.05.2020, *DJe* 21.05.2020).

6. Cumprimento de sentença proferida em ação civil pública ajuizada perante a Justiça Federal. Executado Banco do Brasil S/A. Incompetência da Justiça Federal. "Observa-se que, a despeito de a sentença exequenda ter sido proferida em ação civil pública ajuizada perante a Justiça Federal, a qual, a princípio, seria competente também para o respectivo cumprimento, a teor do que determina o artigo 516 do Código de Processo Civil de 2015, no caso temos no polo passivo apenas do Banco do Brasil S.A. Nesse contexto, não havendo no cumprimento de sentença em referência nenhum dos entes elencados no inciso I do artigo 109 da Constituição Federal, não se justifica, de fato, o seu processamento perante a Justiça Federal" (STJ, CC 165.129, Min. Rel. Ricardo Villas Bôas Cueva, 2ª Seção, julg. 22.04.2019, *DJe* 02.05.2019.

7. Juízo federal que reconheceu a ilegitimidade passiva de autarquia federal e remeteu os autos à justiça estadual, fixando honorários advocatícios em favor da autarquia. Prevalência do juízo em que se formou o título executivo. "Da exegese do art. 516, II, do CPC/2015 se depreende que a competência para dar cumprimento do título executivo judicial é do Juízo que decidiu a causa em primeiro grau de jurisdição. Por sua vez, conforme o art. 24, § 1º, da Lei n. 8.906/1994, a execução da verba honorária pode ser promovida nos mesmos autos da ação, se assim convier ao advogado, sobretudo porque se trata de título autônomo à demanda originária. No caso, o Juiz federal reconheceu a ilegitimidade passiva da autarquia federal e condenou a autora ao pagamento de honorários, determinando a remessa dos autos à Justiça estadual. Assim, apesar de não ser possível que se dê nos próprios autos, a execução da verba honorária requerida pela entidade federal deve ser processada perante o Juízo federal que constituiu o título executivo" (STJ, CC 175.883/PR, Rel. Min. Marco Aurélio Bellizze, 2ª Seção, jul. 24.08.2022, *DJe* 26.08.2022).

8. Competência para processar e julgar cumprimento de sentença trabalhista, já iniciado, cujo crédito reconhecido é cedido a terceiro. Competência da Justiça Trabalhista. Ver jurisprudência do art. 43 do CPC/2015.

9. Cumprimento de sentença promovido pelo INSS para o ressarcimento de honorários periciais antecipados no bojo de ação acidentária. "A norma prevista no art. 516, II, do CPC, consagra regra segundo a qual o juízo que decidiu a causa no primeiro grau de jurisdição é competente para o cumprimento de sentença, reafirmando o sincretismo processual e o princípio da *perpetuatio jurisdictionis*, segundo o qual a competência é determinada no momento do registro ou da distribuição da petição inicial. 2. Não se enquadra em nenhuma das situações que excepcionam a regra contida no art. 516, II, do CPC, motivo pelo qual conheço do conflito para declarar competente para o processamento do feito o Juiz de Direito suscitado" (STJ, CC 191.185/MS, Rel. Min. Afrânio Vilela, 1ª Seção, jul. 28.02.2024, *DJe* 04.03.2024).

10. Competência funcional. Absoluta. "Consoante entendimento desta Corte, é absoluta a competência funcional estabelecida nos referidos artigos, sendo inviável a discussão acerca da competência após o trânsito em julgado, sob pena de ofensa aos princípios da segurança jurídica e da coisa julgada" (STJ, CC 112.219/RS, Rel. Min. Gilson Dipp, 3ª Seção, jul. 27.10.2010, *DJe* 12.11.2010).

11. Alimentos. Foro da residência do alimentando. "É competente para o processamento da execução de alimentos o foro do domicílio ou residência do alimentando, eleito por ele para o ajuizamento da ação, ainda que a sentença exequenda tenha sido proferida em foro diverso. Relativização da competência funcional prevista no art. 475-P do CPC. Precedentes do STJ. Conflito de competência conhecido para declarar a competência do Juízo Suscitado" (STJ, CC 118.340/MS, Rel.ª Min.ª Nancy Andrighi, 2ª Seção, jul. 11.09.2013, *DJe* 19.09.2013). **No mesmo sentido:** STJ, CC 2.933/DF, Rel. Min. Waldemar Zveiter, 2ª Seção, jul. 28.10.1992, *DJ* 17.12.1992, p. 24.206; STJ, REsp 223.207/MG, Rel. Min. Humberto Gomes de Barros, 3ª Turma, jul. 18.05.2004, *DJ* 16.08.2004; STJ, REsp 436.251/MG, Rel. Min. Antônio de Pádua Ribeiro, Rel. p/ Acórdão Min. Nancy Andrighi, 3ª Turma, jul. 21.06.2005, *DJ* 29.08.2005, p. 329.

12. Competência alterada pela EC/45. Justiça Federal x Justiça do Trabalho (inciso II). "Prolatada sentença de mérito pelo Juízo Federal, com trânsito em julgado, a ele compete o processamento da execução do título judicial, conforme estabelece o art. 575, inc. II, do CPC [art. 516 do CPC/2015]. Precedentes. O advento da EC nº 45/04 não tem o condão de em nada modificar o estabelecimento, de rigor, da competência da Justiça Federal para prosseguir na execução de título judicial dela oriundo" (STJ, CC 74.531/SP, Rel. Min. Nancy Andrighi, 2ª Seção, jul. 24.10.2007, *DJ* 08.11.2007, p. 157).

13. Manifestação prévia do juízo natural. Necessidade. "Em que pese o dispositivo inserto no art. 475-P, inciso II e parágrafo único [art. 516 do CPC/2015], permitir a eleição de foro por competência territorial para a fase de execução, tal possibilidade é condicionada à manifestação prévia do juízo natural acerca da escolha do exequente, o que não ocorreu no caso em análise. Precedente da Primeira Seção" (STJ, REsp 1.119.548/PR, Rel. Min. Castro Meira, 2ª Turma, jul. 01.09.2009, *DJe* 14.09.2009).

14. Sentença de ações coletivas. Liquidação e execução. "É sabido que as normas do Código de Defesa do Consumidor, especialmente no que interessa ao tema proposto, visam, precipuamente, a ensejar a defesa de interesses e direitos de inegável influxo social através de um só processo e, em regra, uma só ação, conferindo aos entes ali elencados legitimidade extraordinária, concorrente e disjuntiva para a defesa de tais interesses no que possuem de comum. Dessa forma é que, julgada procedente a ação civil no processo de conhecimento, oportuniza-se ao consumidor buscar a execução de seu direito de forma que melhor lhe aprouver. Assim, resta a ele demonstrar seu prejuízo pessoal quanto ao ato perpetrado pela instituição bancária e já firmado na ação coletiva. E, como decorrência lógica de um microssistema destinado ao implemento não só de normas materiais destinadas à proteção aos hipossuficientes na relação consumerista, mas também de regras de cunho precipuamente processual dirigidas à facilitação da defesa desses interesses em Juízo, é que se permite a execução da r. sentença tanto no foro da condenação, quanto no foro da liquidação, nos termos permitidos no artigo 98, § 2º c/c artigo 101, ambos do Código do Consumidor" (TJPR, Ap. 166.764-3, Rel. Des. Waldemir Luiz da Rocha, jul. 07.12.2004, *RMDECC* 15/127). **No mesmo sentido:** TJPR, AI 0388109-0, Rel. Des. Rosene Arão de Cristo Pereira, 5ª Câmara, jul. 24.03.2007, *RMDECC* 15/125.

Art. 517. A decisão judicial transitada em julgado poderá ser levada a protesto, nos termos da lei, depois de transcorrido o prazo para pagamento voluntário previsto no art. 523.

§ 1º Para efetivar o protesto, incumbe ao exequente apresentar certidão de teor da decisão.

§ 2º A certidão de teor da decisão deverá ser fornecida no prazo de 3 (três) dias e indicará o nome e a qualificação do exequente e do executado, o número do processo, o valor da dívida e a data de decurso do prazo para pagamento voluntário.

§ 3º O executado que tiver proposto ação rescisória para impugnar a decisão exequenda pode requerer, a suas expensas e sob sua responsabilidade, a anotação da propositura da ação à margem do título protestado.

§ 4º A requerimento do executado, o protesto será cancelado por determinação do juiz, mediante ofício a ser expedido ao cartório, no prazo de 3 (três) dias, contado da data de protocolo do requerimento, desde que comprovada a satisfação integral da obrigação.

REFERÊNCIA LEGISLATIVA

CPC/2015, art. 528, §§ 1º e 3º (protesto de sentença de alimentos); art. 728, §§ 3º e 5º (inscrição do executado em cadastro de inadimplentes).

Lei nº 9.492/1997 (Lei de Protesto de Títulos e outros Documentos).

BREVES COMENTÁRIOS

O CPC/2015 transformou em regra expressa (art. 517) prática já adotada no foro extrajudicial, qual seja, a da possibilidade de se levar a protesto decisão judicial transitada em julgado que prevê obrigação de pagar quantia, desde que seja certa, líquida e exigível. Entretanto, o protesto, na espécie, só será efetivado após o prazo de quinze dias para pagamento voluntário, previsto no art. 523.

A remissão do art. 517 ao art. 523, que diz respeito à execução por quantia certa, deixa claro que o protesto só pode se referir às sentenças que autorizam aquela modalidade executiva. Há de se levar em conta, contudo, que sentenças relacionadas a obrigações de fazer ou de entrega de coisa podem eventualmente ensejar conversão para a obrigação substitutiva do equivalente econômico. Ocorrida a conversão, a sentença se tornará passível de protesto.

Trata o protesto de meio de prova especial que tem por finalidade tornar inequívoco o inadimplemento da obrigação e dar publicidade da mora do devedor. É uma medida coercitiva bastante eficaz, que visa dar maior efetividade ao cumprimento da decisão, na medida em que abala o acesso ao crédito por parte do devedor inadimplente. De certa forma, funciona como medida de reforço da atividade processual executiva, de modo a conduzir o executado à solução voluntária da obrigação, evitando os encargos e incômodos da execução forçada.

O protesto ficou reservado à decisão judicial transitada em julgado, não se admitindo sua realização com base nos títulos que permitem apenas a execução provisória. São, porém, protestáveis todas as decisões que o CPC/2015 qualifica como títulos executivos judiciais, inclusive a sentença arbitral e as decisões homologatórias de autocomposição.

JURISPRUDÊNCIA SELECIONADA

1. Inscrição dos nomes dos executados no SPC e no SERASA, Possibilidade. "Mera penhora no rosto dos autos que não garante a satisfação do crédito, pois a constrição, por si só, apesar de garantir o Juízo, não gera a extinção da obrigação. Protesto de sentença condenatória. Possibilidade. Inteligência do art. 517 do Código de Processo Civil vigente. Medida apta a compelir o devedor a saldar o crédito. Possibilidade, ainda, de inscrição dos nomes dos devedores no rol de cadastros de restrição ao crédito. Inteligência do art. 782, § 3º, do CPC/2015. Providências menos gravosas do que a excussão do patrimônio dos devedores. Medidas que, a rigor, atendem à finalidade maior de facilitar a satisfação do direito do credor, que decorre de obrigação certa, líquida e exigível oriunda de título executivo judicial." (TJSP, 2211802-21.2016.8.26.0000, Rel. Francisco Loureiro, 1ª Câmara Reservada de Direito Empresarial, jul. 24.11.2016, data de registro 24.11.2016). **No mesmo sentido:** TJSP, 2162001-39.2016.8.26.0000, Rel. Gomes Varjão, 34ª Câmara de Direito Privado, jul. 28.09.2016, data de registro 30.09.2016.

Desnecessidade de comprovação de solvência do devedor. "Ainda que assim não fosse, não constitui pressuposto para o protesto e a inscrição do réu nos cadastros de proteção ao crédito a comprovação, por parte do exequente, de que o executado possui patrimônio e está se esquivando do processo executivo. No emprego de medidas executivas 'típicas' – como as previstas nos arts. 517 e 782, § 3º, do CPC/15, de natureza coercitiva –, há uma ponderação anterior pelo legislador dos princípios da efetividade da tutela executiva e da liberdade patrimonial do devedor. Quando as aplica, parte o juiz de um crivo de proporcionalidade realizado a priori pelo Parlamento, de modo que não opera de forma desproporcional e desarrazoada. Não se pode, como pretendeu o recorrente, atribuir às medidas executivas 'típicas' as mesmas exigências valorativas comuns às medidas executivas 'atípicas'" (STJ, AREsp 1536713/PR, Rel. Min. Francisco Falcão, 2ª Turma, jul. 10.03.2020, *DJe* 17.03.2020).

2. Cancelamento do protesto. Comprovação do pagamento integral da obrigação. "O art. 517 do CPC/2015 exige para o cancelamento do protesto a comprovação da satisfação integral da obrigação, não sendo suficiente a simples garantia do juízo prevista na hipótese do art. 782 do CPC/2015" (STJ, AgInt no AREsp 1399527/SP, Rel. Min. Paulo de Tarso Sanseverino, 3ª Turma, jul. 08.04.2019, *DJe* 15.04.2019).

Art. 518. Todas as questões relativas à validade do procedimento de cumprimento da sentença e dos atos executivos subsequentes poderão ser arguidas pelo executado nos próprios autos e nestes serão decididas pelo juiz.

BREVES COMENTÁRIOS

Ao devedor deve ser garantido o amplo direito de defesa, para apresentar impugnação a qualquer desvio de procedimento eventualmente perpetrado pelo credor. Entretanto, não será necessário o ajuizamento de uma nova ação de embargos à execução. Tudo se processará por meio de mero incidente, nos próprios autos. Os embargos somente se exigem para arguir os fatos arrolados no art. 917, que ocorreram antes da propositura da execução ou que se verificaram em consequência imediata da abertura do processo e da citação do executado. Os atos processuais e os fatos jurídicos ulteriores são invocados e apreciados em juízo, sem depender de embargos à execução, pois são tratados como simples incidentes da execução, nos moldes do art. 518.

JURISPRUDÊNCIA SELECIONADA

1. Defesa do devedor. "A defesa do devedor, no cumprimento de sentença, deve, em regra, ser deduzida na impugnação à referida fase processual, mas certas matérias, como a iliquidez da dívida lançada no título, podem ser arguidas por meio de mera petição, na forma do art. 518 do CPC/15" (STJ, REsp 1725612/RS, Rel. Min. Nancy Andrighi, 3ª Turma, jul. 02.06.2020, *DJe* 04.06.2020).

Art. 519. Aplicam-se as disposições relativas ao cumprimento da sentença, provisório ou definitivo, e à liquidação, no que couber, às decisões que concederem tutela provisória.

BREVES COMENTÁRIOS

As decisões que, em liminar ou em incidente do processo, deferem medidas de tutela provisória, configuram títulos executivos judiciais e, assim, podem ser cumpridas segundo o mesmo procedimento aplicado às sentenças, tanto em caráter definitivo como provisório.

DO CUMPRIMENTO DE SENTENÇA: INDICAÇÃO DOUTRINÁRIA

Alcides de Mendonça Lima, *Comentários ao CPC, 7. ed.*, v. VI, n. 405, p. 159 – "O fato de o art. 572 referir-se à necessidade de provar que se realizou a condição é porque, implicitamente, a mesma é a suspensiva, cuja verificação dará vida ao ato jurídico a ela sujeito; Pontes de Miranda, *Comentários ao CPC (1973)*, tomo IX, p. 137, n. 4 – *idem;* Antonio Notoriano Jr., Gilberto Gomes Bruschi, As primeiras impressões sobre o sistema de cumprimento de sentença que prevê obrigação de pagar no novo CPC, *RDDP*, n. 148, p. 9, jul. 2015; Araken de Assis, *Cumprimento da sentença;* Araken de Assis. *Manual da execução*. 18. ed. São Paulo: Revista dos Tribunais, 2016; Armando Verri Junior, *O direito de estar em juízo e a coisa julgada*, São Paulo: Revista dos Tribunais, 2014; Cassio Scarpinella Bueno, In: José Roberto F. Gouvêa; Luis Guilherme A. Bondioli e João Francisco N. da Fonseca (coord.), *Comentários ao Código de Processo Civil*, São Paulo: Saraiva, 2018, v. 10; Cássio Scarpinella Bueno, *Manual de direito processual civil*, São Paulo: Saraiva, 2015; Daniel Amorim Assumpção Neves, *Manual de direito processo civil*, São Paulo: Método, 2015; Ernane Fidélis dos Santos, *As reformas de 2005 do Código de Processo Civil;* Fredie Didier Jr., *Curso de direito processual civil*, 17. ed., Salvador: JusPodivm, 2015, v. I; Guilherme Rizzo Amaral, *Comentários às alterações do novo CPC*, São Paulo: Revista dos Tribunais, 2015; Gustavo Henrique Trajano de Azevedo e Lucas Buril de Macêdo, Protesto de decisão judicial, *Revista de Processo*, n. 244, p. 323, jun. 2015; Humberto Theodoro Júnior, *As novas reformas do Código de Processo Civil*; Humberto Theodoro Júnior, *Curso de direito processual civil*, 61. ed., Rio de Janeiro: Forense, 2020, v. I; Humberto Theodoro Júnior, Fernanda Alvim Ribeiro de Oliveira, Ester Camila Gomes Norato Rezende (coord.), *Primeiras lições sobre o novo direito processual civil brasileiro*, Rio de Janeiro: Forense, 2015; J. E. Carreira Alvim, *Comentários ao novo Código de Processo Civil*, Curitiba: Juruá, 2015; J. E. Carreira Alvim, Luciana Gontijo Carreira Alvim Cabral, *Cumprimento da sentença;* José Carlos Barbosa Moreira, Breves observações sobre a execução de sentença estrangeira à luz das recentes reformas do CPC, *Revista de Processo* 138/7; José Miguel Garcia Medina, *Novo Código de Processo Civil comentado*, São Paulo: Revista dos Tribunais, 2015; José Miguel Garcia Medina. *Direito Processo Civil moderno*, 2. ed. São Paulo: Revista dos Tribunais, 2016; José Rogério Cruz e Tucci, In: Sérgio Cruz Arenhart e Daniel Mitidiero (coord.), *Comentários ao Código de Processo Civil*, 2. ed., São Paulo: RT, 2018, v. 8; Leonardo Greco, *Instituições de processo civil*: introdução ao direito processual civil, 5. ed., Rio de Janeiro: Forense, 2015; Luis Antônio Giampaulo Sarro, *Novo Código de Processo Civil*, São Paulo: Rideel, 2015; Luiz Guilherme Marinoni, Sérgio Cruz Arenhart, Daniel Mitidiero, *Curso de processo civil*, São Paulo: Revista dos Tribunais, 2015, v. I; Luiz Olavo Baptista, Constituição e arbitragem: dever de revelação, devido processo legal, *Revista Magister de Direito Civil e Processual Civil*, ano XI, n. 66, p. 13-22, maio-jun. 2015; Marcelo Abelha Rodrigues, O novo CPC e a tutela jurisdicional executiva, *Revista de Processo*, n. 244, p. 87, jun. 2015; Nelson Nery Junior, Rosa Maria de Andrade Nery, *Comentários ao Código de Processo Civil*, São Paulo: Revista dos Tribunais, 2015; Nilsiton Rodrigues de Andrade Aragão. Exiquibilidade das decisões declaratórias, constitutivas e de improcedência. *Revista de Processo*. vol. 285. ano 43. p. 159-174. São Paulo: Ed. RT, nov./2018; Renata Caroline Kroska, Aspectos polêmicos da execução civil da sentença penal condenatória, *RBDPro*, ano 22, n. 88, p. 51-89, out.-dez. 2014; Rinaldo Mouzalas de Souza e Silva. Executividade das decisões de improcedência de acordo com o Código de Processo Civil de 2015. Caxias do Sul: *Jurisplenum*, ano XV, n. 85. Jan. 2019 p. 69-102; Sérgio Seiji Shimura, In: Teresa Arruda Alvim Wambier, Fredie Didier Jr., Eduardo Talamini, Bruno Dantas, *Breves comentários ao novo Código de Processo Civil*, São Paulo: Revista dos Tribunais, 2015; Sérgio Seiji Shimura. Cumprimento de sentença. In: Luiz Rodrigues Wambier; Teresa Arruda Alvim Wambier. *Temas essenciais do Novo CPC*. São Paulo: RT, 2016, p. 411-430; Teresa Arruda Alvim Wambier, Fredie Didier Jr., Eduardo Talamini, Bruno Dantas (coord.), *Breves comentários ao novo Código de Processo Civil*, São Paulo: Revista dos Tribunais, 2015; Teresa Arruda Alvim Wambier, Maria Lúcia Lins Conceição, Leonardo Ferres da Silva Ribeiro, Rogério Licastro Torres de Melo, *Primeiros comentários ao novo Código de Processo Civil*, São Paulo: Revista dos Tribunais, 2015; Welder Queiroz dos Santos. O protesto de decisões judiciais e de outros títulos. In: Paulo Henrique dos Santos Lucon e Pedro Miranda de Oliveira. *Panorama atual do novo CPC*. Florianópolis: Empório do Direito, 2016, p. 385.

Capítulo II
DO CUMPRIMENTO PROVISÓRIO DA SENTENÇA QUE RECONHECE A EXIGIBILIDADE DE OBRIGAÇÃO DE PAGAR QUANTIA CERTA

Art. 520. O cumprimento provisório da sentença impugnada por recurso desprovido de efeito suspensivo será realizado da mesma forma que o cumprimento definitivo, sujeitando-se ao seguinte regime:

I – corre por iniciativa e responsabilidade do exequente, que se obriga, se a sentença for reformada, a reparar os danos que o executado haja sofrido;

II – fica sem efeito, sobrevindo decisão que modifique ou anule a sentença objeto da execução, restituindo-se as partes ao estado anterior e liquidando-se eventuais prejuízos nos mesmos autos;

III – se a sentença objeto de cumprimento provisório for modificada ou anulada apenas em parte, somente nesta ficará sem efeito a execução;

IV – o levantamento de depósito em dinheiro e a prática de atos que importem transferência de posse ou alienação de propriedade ou de outro direito real, ou dos quais possa resultar grave dano ao executado, dependem de caução suficiente e idônea, arbitrada de plano pelo juiz e prestada nos próprios autos.

§ 1º No cumprimento provisório da sentença, o executado poderá apresentar impugnação, se quiser, nos termos do art. 525.

§ 2º A multa e os honorários a que se refere o § 1º do art. 523 são devidos no cumprimento provisório de sentença condenatória ao pagamento de quantia certa.

§ 3º Se o executado comparecer tempestivamente e depositar o valor, com a finalidade de isentar-se da multa, o ato não será havido como incompatível com o recurso por ele interposto.

§ 4º A restituição ao estado anterior a que se refere o inciso II não implica o desfazimento da transferência de posse ou da alienação de propriedade ou de outro direito real eventualmente já realizada, ressalvado, sempre, o direito à reparação dos prejuízos causados ao executado.

§ 5º Ao cumprimento provisório de sentença que reconheça obrigação de fazer, de não fazer ou de dar coisa aplica-se, no que couber, o disposto neste Capítulo.

CPC/1973

Art. 475-O.

REFERÊNCIA LEGISLATIVA

Lei nº 6.015/1973, arts. 205 e 259 (não pode haver cumprimento provisório de sentença que determine cancelamento de ato de registro de imóveis).

CJF – I JORNADA DE DIREITO PROCESSUAL CIVIL

Enunciado 88 – A caução prevista no inc. IV do art. 520 do CPC não pode ser exigida em cumprimento definitivo de sentença. Considera-se como tal o cumprimento de sentença transitada em julgado no processo que deu origem ao crédito executado, ainda que sobre ela penda impugnação destituída de efeito suspensivo.

BREVES COMENTÁRIOS

O procedimento que orienta o cumprimento provisório da sentença é basicamente o mesmo do definitivo. Devem, no entanto, ser observadas normas peculiares ao caráter provisório da decisão e que, conforme o art. 520, do CPC/2015, são as seguintes:

(a) corre por iniciativa e responsabilidade do exequente, que se obriga, se a sentença for reformada, a reparar os danos que o executado haja sofrido (inciso I);

(b) fica sem efeito, sobrevindo decisão que modifique ou anule a sentença objeto da execução, restituindo-se as partes ao estado anterior e liquidados eventuais prejuízos nos mesmos autos (inciso II);

(c) se a sentença objeto de cumprimento provisório for modificada ou anulada apenas em parte, somente nesta ficará sem efeito a execução (inciso III);

(d) o levantamento de depósito em dinheiro, a prática de atos que importem transferência de posse ou alienação de propriedade ou de outro direito real, ou dos quais possa resultar grave dano ao executado dependem de caução suficiente e idônea, arbitrada de plano pelo juiz e prestada nos próprios autos (inciso IV).

O atual Código, no § 1º do art. 520, foi expresso ao abrir a possibilidade ao executado de apresentar impugnação ao cumprimento provisório da sentença. Não havia sentido em restringir tal direito ao executado, ainda mais por se tratar de um título provisório, sujeito a modificações posteriores.

Agora também passa a ser devida no cumprimento provisório ao pagamento de quantia certa, a multa de dez por cento e os honorários de dez por cento, referidos no § 1º do art. 523 (art. 520, § 2º).

JURISPRUDÊNCIA SELECIONADA

1. Execução provisória.

Direito subjetivo. Satisfação do crédito (*caput*). "É direito subjetivo da parte vencedora em instância ordinária valer-se da execução provisória na busca da tutela estatal para a satisfação do seu crédito" (STJ, AgRg na MC 11.520/SP, Rel. Min. Humberto Martins, 2ª Turma, jul. 08.05.2007, *DJ* 25.06.2007, p. 223).

Superveniência de sentença. Ineficácia da Liminar (*caput*). "A execução provisória da sentença não constitui quebra de hierarquia ou ato de desobediência a anterior decisão do Tribunal que indeferira a liminar. Liminar e sentença são provimentos com natureza, pressupostos e finalidades distintas e com eficácia temporal em momentos diferentes. Por isso mesmo, a decisão que defere ou indefere liminar, mesmo quando proferida por tribunal, não inibe a prolação e nem condiciona o resultado da sentença definitiva, como também não retira dela a eficácia executiva conferida em lei" (STJ, REsp 818.169/CE, Rel. Min. Teori Albino Zavascki, 1ª Turma, jul. 28.03.2006, *DJ* 15.05.2006).

Medida cautelar. Interesse na interposição. "Só haverá interesse da parte na interposição de medida cautelar originária neste Tribunal, visando a obstar a execução provisória de sentença, quando seu pedido tiver por fundamento matéria não enumerada no art. 475-L do CPC [art. 525 do CPC/2015]. Do contrário, deverá formulá-lo ao juízo de origem" (STJ, MC 13.346/RS, Rel. Min. Nancy Andrighi, 3ª Turma, jul. 09.10.2007, *DJ* 25.10.2007, p. 165).

2. *Astreintes*. "É desnecessário o trânsito em julgado da sentença para que seja executada a multa por descumprimento fixada em antecipação de tutela. A fixação de multa diária em sede de antecipação de tutela por decorrência de descumprimento de obrigação de fazer é título executivo hábil para a execução provisória. Havendo, na sentença, posterior alteração da decisão que promoveu a antecipação de tutela e, por conseguinte, conferiu aplicação às *astreintes*, ficará sem efeito o crédito derivado da fixação da multa diária, perdendo o objeto a execução provisória daí advinda" (STJ, AgRg no REsp 1.094.296/RS, Rel. Min. João Otávio de Noronha, 4ª Turma, jul. 03.03.2011, *DJe* 11.03.2011). **No mesmo sentido:** STJ, REsp 1.170.278/RJ, Rel. Min. Castro Meira, 2ª Turma, jul. 22.06.2010, *DJe* 03.08.2010.

3. Execução de medidas antecipatórias. "A tutela antecipada é provimento jurisdicional de caráter provisório, que, nos termos do art. 273, § 3º, e 475-O do CPC [arts. 279, parágrafo único, e 520, CPC/2015], tem a sua execução realizada por iniciativa, conta e responsabilidade do exequente, que se obriga, se a decisão for reformada, a reparar os danos que o executado haja sofrido (...). Embora possibilite a fruição imediata do direito material, a tutela antecipada não perde a sua característica de provimento provisório e precário, daí por que a sua futura revogação acarreta a restituição dos valores recebidos em decorrência dela (arts. 273, § 3º, e 475-O do CPC)" (STJ, REsp 988.171/RS, Rel. Min. Napoleão Nunes Maia Filho, 5ª Turma, jul. 04.12.2007, *DJ* 17.12.2007, p. 343). **No mesmo sentido:** STJ, MS 11.780/DF, Min. Teori Albino Zavascki, 1ª Seção, *DJ* 21.05.2007; STJ, MS 11.890/DF, Min. Eliana Calmon, *DJ* 05.03.2007; STJ, MS 11.812/DF, Min. Castro Meira, *DJ* 27.11.2006; STJ, MS 11.957/DF, Rel. Min. Teori Albino Zavascki, 1ª Seção, jul. 14.11.2007, *DJ* 10.12.2007, p. 275.

4. Responsabilidade do exequente (inciso I). "A execução provisória, a teor do art. 475-O, I, do CPC [art. 520, I, do CPC/2015], ocorre por iniciativa, conta e responsabilidade do exequente, que se obriga, se a sentença for reformada, a reparar os danos que o executado haja sofrido. E, ainda, conforme os incisos II e III do art. 475-O, do CPC [art. 520, II e IV, do CPC/2015], caso o exequente cause eventual prejuízo ao executado, será ele restituído nos mesmos autos, por arbitramento, sendo que qualquer levantamento da quantia depositada pelo executado depende de caução idônea. Entender de modo diverso é negar ao próprio requerido a garantia do devido processo legal, insculpida no inciso LV, do art. 5º, da CF, bem como a universalidade da jurisdição" (STJ, AgRg na MC 11.520/SP, Rel. Min. Humberto Martins, 2ª Turma, jul. 08.05.2007, *DJ* 25.06.2007, p. 223). **No mesmo sentido**: STJ, AgRg na MC 11.520/SP, Rel. Min. Humberto Martins, 2ª Turma, jul. 08.05.2007, *DJ* 25.06.2007, p. 223.

Apuração de danos nos próprios autos. "Como regra, ante a possibilidade de modificação do título judicial que ampara a execução provisória, ao credor é imposta a responsabilidade objetiva de reparar os eventuais prejuízos causados ao devedor, restituindo-se as partes ao estado anterior. Nessas hipóteses, a apuração dos danos sofridos pelo executado poderá ocorrer nos mesmos autos, mediante liquidação por arbitramento. Inteligência do art. 475-O, I e II, do CPC/1973 [art. 516, I e II, do CPC/2015]" (STJ, REsp 1.576.994/SP, Rel. Min. Marco Aurélio Bellizze, 3ª Turma, jul. 21.11.2017, *DJe* 29.11.2017).

5. Reforma da decisão. Restituição do *status quo ante* (inciso II). "Reforma, pelo Supremo Tribunal Federal, de decisão objeto de execução provisória. (...) Direito, do vencedor, a restituição das importâncias já pagas, podendo ser reclamadas e liquidadas nos próprios autos da antiga ação" (STF, RE 92.027, Rel. Min. Leitão de Abreu, 2ª Turma, jul. 07.11.1980, *DJ* 06.02.1981). **No mesmo sentido:** STF, AI 85.696 AgR, Rel. Min. Cunha Peixoto, 1ª Turma, jul. 04.12.1981, *DJ* 18.12.1981.

6. Caução suficiente e idônea (inciso IV).

Finalidade da caução. "A caução na execução provisória (...) tem como escopo evitar o chamado risco processual, sobretudo quando os procedimentos executivos envolvem a entrega de bens ou dinheiro ao credor" (STJ, AgRg no Ag 596.145/SP, Rel. Min. Humberto Gomes de Barros, 3ª Turma, jul. 26.10.2006, *DJ* 04.12.2006, p. 296).

Momento da prestação da caução. "Quando provisória a execução, não é de imperiosa necessidade a caução para o seu prosseguimento. Correto, por conseguinte, o acórdão local: 'A caução deve ser prestada no momento anterior à alteração que, por força da execução, ocorrerá na situação jurídica do executado'" (STJ, REsp 653.879/SP, Rel. Min. Nilson Naves, 6ª Turma, jul. 07.10.2004, *DJ* 22.11.2004).

Necessidade. "Na execução provisória, a caução é exigível apenas por ocasião do levantamento do dinheiro" (STJ, REsp 300.196/SP, Rel. Min. Milton Luiz Pereira, 1ª Turma, jul. 12.08.2003, *DJ* 15.12.2003, p. 183). **No mesmo sentido:** STJ, REsp 399.702/RJ, Rel. Min. Humberto Gomes de Barros, 1ª Turma, jul. 19.02.2002, *DJ* 22.04.2002, p. 178.

Compensação tributária. "Tratando-se, contudo, de sentença que permite compensação tributária de valores a serem devolvidos, tal, em sede de execução provisória, só pode produzir efeitos se a parte exequente apresentar caução idônea" (STJ, REsp 806.132/PE, Rel. Min. José Delgado, 1ª Turma, jul. 07.11.2006, *DJ* 20.11.2006, p. 282).

Existência de controvérsia. Poder geral de cautela. "Havendo controvérsias sobre o direito da parte que pretende levantar quantia depositada em arrematação, não é ilegal a exigência de caução. Exercício pelo juiz do poder geral de cautela. Pretensão de levantar vultosa soma depositada em juízo, em procedimento arrematatório, quando há ação pretendendo anular esse evento" (STJ, REsp 617.715/DF, Rel. Min. José Delgado, 1ª Turma, jul. 04.03.2008, *DJ* 02.04.2008, p. 1).

Vencimentos dos funcionários públicos. "Embora absolutamente impenhoráveis, os vencimentos dos funcionários públicos podem servir de caução quando oferecidos pelo credor" (TJSP, AI 222473-4, Rel. Des. Flávio Pinheiro, 3ª Câmara Cível, jul. 12.04.1994, *JTJ* 159/206).

7. Ação investigatória de paternidade cumulada com alimentos. "A condenação aos alimentos fixados em sentença de ação de investigação de paternidade pode ser executada de imediato, pois a apelação que contra ela se insurge é de ser recebida no efeito meramente devolutivo" (STJ, REsp 595.746/SP, Rel. Min. Aldir Passarinho Junior, 4ª Turma, jul. 02.12.2010, *DJe* 15.12.2010).

8. Incidência da multa do art. 523. Ver jurisprudência do art. 523 do CPC/2015.

9. Execução provisória contra a Fazenda Pública. Possibilidade. Interpretação restritiva do art. 2º-B da Lei nº 9.494/1997. Ver jurisprudência do art. 534 do CPC/2015.

10. Procuração geral para o foro. Limitação do poder de receber intimação. Penhora. Intimação pessoal. Desnecessidade. Intimação do procurador constituído válida. "O poder de receber intimação está incluso, na verdade, nos poderes gerais para o foro e não há previsão no art. 105 do CPC/15 quanto à possibilidade de o outorgante restringir tais poderes por meio de cláusula especial. Pelo contrário, com os poderes concedidos na procuração geral para o foro, entende-se que o procurador constituído pode praticar todo e qualquer ato do processo, exceto aqueles mencionados na parte final do art. 105 do CPC/15. Logo, todas as intimações ocorridas no curso do processo, inclusive a intimação da penhora, podem ser recebidas pelo patrono constituído nos autos. Além disso, conforme estabelecido na norma veiculada pelo art. 841, §§ 1º e 2º, do CPC/15 (art. 659, §§ 4º e 5º, c/c art. 652, § 4º, do CPC/73), a intimação da penhora deve ser feita ao advogado da parte devedora, reservando-se a intimação pessoal apenas para a hipótese de não haver procurador constituído nos autos. Na hipótese concreta, considera-se válida, portanto, a intimação da penhora feita ao advogado da devedora habilitado nos autos, não havendo, assim, nulidade a ser reconhecida" (STJ, REsp 1.904.872/PR, Rel. Min. Nancy Andrighi, 3ª Turma, jul. 21.09.2021, *DJe* 28.09.2021).

Art. 521. A caução prevista no inciso IV do art. 520 poderá ser dispensada nos casos em que:

I – o crédito for de natureza alimentar, independentemente de sua origem;

II – o credor demonstrar situação de necessidade;

III – pender o agravo do art. 1.042; (Redação dada pela Lei nº 13.256, de 04.02.2016)

IV – a sentença a ser provisoriamente cumprida estiver em consonância com súmula da jurisprudência do Supremo Tribunal Federal ou do Superior Tribunal de Justiça ou em conformidade com acórdão proferido no julgamento de casos repetitivos.

Parágrafo único. A exigência de caução será mantida quando da dispensa possa resultar manifesto risco de grave dano de difícil ou incerta reparação.

REDAÇÃO PRIMITIVA DO CPC/2015

Art. 521 (...)

III – pender o agravo fundado nos incisos II e III do art. 1.042;

CPC/1973

Art. 475-O, § 2º.

BREVES COMENTÁRIOS

O art. 521 do CPC/2015 elenca as hipóteses em que poderá haver a dispensa da caução. Não há a exigência cumulativa das hipóteses arroladas, ou seja, independem umas das outras. Basta o atendimento de uma delas para que se abra a possibilidade de dispensa de caução.

JURISPRUDÊNCIA SELECIONADA

1. Dispensa de caução. Agravo do art. 1.042. "Nos termos do art. 521, III, do CPC/2015, encontrando-se a causa na pendência do agravo do art. 1.042, poderá ser dispensada a caução prevista no inciso IV do art. 520 do mesmo diploma legal. Precedentes" (STJ, AgInt no AREsp 1685632/RS, Rel. Min. Raul Araújo, 4ª Turma, jul. 14.09.2020, *DJe* 01.10.2020).

2. Caução. Manifesto risco de grave dano. "A mera instauração do cumprimento provisório de sentença não traduz risco iminente de dano irreparável, sendo certo que mesmo na hipótese em que houver o depósito da quantia reivindicada pela parte credora, a devedora poderá requerer ao Juízo da causa que exija caução para o levantamento dos valores depositados (CPC/2015, art. 521, § 1º), sujeitando-se eventual deliberação negativa aos recursos processuais comportados" (STJ, AgInt no TP 2.631/PE, Rel. Min. Antonio Carlos Ferreira, 4ª Turma, jul. 01.06.2020, *DJe* 05.06.2020).

3. Hipóteses de dispensa de caução:

Crédito alimentar superior a 60 salários mínimos. "Na linha dos precedentes desta Corte Superior de Justiça, é possível deferir o levantamento de valor em execução provisória, sem caucionar, quando o tribunal local, soberano na análise fática da causa, verifica, como na hipótese, que, além de preenchidos os pressupostos legais e mesmo com perigo de irreversibilidade da situação, os danos ao exequente são de maior monta do que ao patrimônio da executada. (...) Acórdão sujeito ao regime do artigo 543-C do Código de Processo Civil [art. 1.036 do CPC/2015] e da Resolução STJ nº 8/2008" (STJ, REsp 1.145.353/PR, Rel. Min. Ricardo Villas Bôas Cueva, 2ª Seção, jul. 25.04.2012, *DJe* 09.05.2012). **No mesmo sentido:** STJ, REsp 1.066.431/SP, Rel.ª Min.ª Nancy Andrighi, 3ª Turma, jul. 15.09.2011, *DJe* 22.09.2011; STJ, AgRg no Ag 339.604/SP, Rel. Min. Maria Thereza de Assis Moura, 6ª Turma, jul. 01.03.2007, *DJ* 26.03.2007.

Processo coletivo. "Admite-se a execução provisória de tutela coletiva. Em relação à prestação de caução, diante da omissão da legislação específica do processo coletivo, aplica-se subsidiariamente as regras do CPC. Portanto, para o levantamento de quantias, em regra, há necessidade de prestação de caução. Todavia, se presentes concomitantemente os requisitos elencados no art. 475-O, § 2º, I [art. 520 do CPC/2015] (crédito alimentar, quantia de até sessenta salários, exequente em estado de necessidade), é possível a dispensa de caucionamento. Regra aplicável considerando cada um dos beneficiários, sob pena de tornar menos efetiva a tutela coletiva. O risco de irreversibilidade será maior caso não haja o pagamento da quantia em favor do hipossuficiente" (STJ, REsp 1.318.917/BA, Rel. Min. Antonio Carlos Ferreira, 4ª Turma, jul. 12.03.2013, *DJe* 23.04.2013).

Ausência de prejuízo. "Se a execução não implica em alienação do domínio ou risco de dano ao executado, é prescindível a garantia" (STJ, AgRg no Ag 596.145/SP, Rel. Min. Humberto Gomes de Barros, 3ª Turma, jul. 26.10.2006, *DJ* 04.12.2006). **No mesmo sentido:** STJ, REsp 13.900/SP, Rel. Min. Demócrito Reinaldo, 1ª Turma, jul. 07.11.1994, *DJ* 28.11.1994; STJ, REsp 67.697/RS, Rel. Min. Felix Fischer, 5ª Turma, jul. 18.03.1997, *DJ* 05.05.1997.

Penhora e avaliação. "A simples penhora e avaliação do bem não constituem atos que importem em alienação de propriedade, nos termos do que estabelece o art. 475-O, III, do CPC [art. 520, IV, do CPC/2015], de maneira que não se faz necessário, nesse momento, exigir dos exequentes a prestação de caução suficiente e idônea" (STJ, MC 13.346/RS, Rel. Min. Nancy Andrighi, 3ª Turma, jul. 09.10.2007, *DJ* 25.10.2007, p. 165).

"A caução (...) visa a acautelar interesse do executado, caso o título, posteriormente, seja modificado. A possibilidade de dano não ocorre com a instauração do processo. Acontece no momento em que aconteça fato que possa acarretar prejuízo. Assim, por exemplo, a retirada da posse direta do executado. A prestação da caução se impõe no momento, anterior a essa modificação da situação jurídica" (STJ, REsp 30.507/SP, Rel. Min. Luiz Vicente Cernicchiaro, 6ª Turma, jul. 29.03.1993, *DJ* 10.05.1993). **No mesmo sentido**: STJ, REsp 63.097/SP, Rel. Min. Demócrito Reinaldo, 1ª Turma, jul. 03.06.1996, *DJ* 01.07.1996.

4. Caução. Fazenda Pública. "Gozando os municípios da presunção de idoneidade financeira, não há que se exigir deles a prestação de caução para levantamento, em execução, de quantia depositada" (STJ, REsp 64.218/SP, Rel. Min. Helio Mosimann, 2ª Turma, jul. 02.06.1998, *DJ* 29.06.1998, p. 135).

"Já é forte a jurisprudência desta Corte no sentido de que, tratando-se de crédito de natureza alimentar (revisão de proventos), em consideração a seu aspecto social, não tem cabimento a exigência da caução na execução provisória (Art. 588, do CPC) [sem correspondente]" (STJ, REsp 434.723/AL, Rel. Min. José Arnaldo da Fonseca, 5ª Turma, jul. 25.02.2003, *DJ* 24.03.2003, p. 267).

Art. 522. O cumprimento provisório da sentença será requerido por petição dirigida ao juízo competente.

Parágrafo único. Não sendo eletrônicos os autos, a petição será acompanhada de cópias das seguintes peças do processo, cuja autenticidade poderá ser certificada pelo próprio advogado, sob sua responsabilidade pessoal:

I – decisão exequenda;

II – certidão de interposição do recurso não dotado de efeito suspensivo;

III – procurações outorgadas pelas partes;

IV – decisão de habilitação, se for o caso;

V – facultativamente, outras peças processuais consideradas necessárias para demonstrar a existência do crédito.

CPC/1973

Art. 475-O, § 3º.

BREVES COMENTÁRIOS

O procedimento (rito) do cumprimento provisório é o mesmo do definitivo (art. 520, *caput*). Como deve, entretanto, correr apartado, reclama a formação de autos próprios, o que se fará utilizando cópias extraídas dos autos principais, por iniciativa do exequente. Aboliu-se a solenidade de uma carta de sentença pela autoridade judiciária. Ele será requerido por petição dirigida ao juiz competente.

Para tanto, basta a extração de cópias das peças do processo, cuja autenticidade poderá ser certificada pelo próprio advogado, sob sua responsabilidade pessoal (art. 522, *caput*).

JURISPRUDÊNCIA SELECIONADA

1. Requerimento ao juízo da execução. "Não se conhece de pedido de imediato restabelecimento de benefício, porquanto, nos termos do art. 522 do CPC/2015, o cumprimento provisório da sentença será requerido ao juízo da execução" (STJ, AgInt no AREsp 533.282/SP, Rel. Min. Gurgel de Faria, 1ª Turma, jul. 08.06.2017, *DJe* 07.08.2017).

2. Formação de autos suplementares. "Pedido de cumprimento da sentença. Formação de autos suplementares. Caso em que o processo onde formado o título executivo judicial não se encontra na instância *a quo*. Viabilidade da formação de autos suplementares a fim de dar seguimento ao pedido de cumprimento da sentença, consoante a exegese do art. 475-O,

§ 3º, do CPC [art. 522 do CPC/2015], mesmo se tratando de título executivo judicial com trânsito em julgado" (TJRS, AI 56693-77.2012.8.21.7000, Rel.ª Des.ª Elaine Harzheim Macedo, 17ª Câmara Cível, *DJ* 04.10.2012).

CUMPRIMENTO PROVISÓRIO DE PAGAR QUANTIA CERTA: INDICAÇÃO DOUTRINÁRIA

Cassio Scarpinella Bueno, In: José Roberto F. Gouvêa; Luis Guilherme A. Bondioli e João Francisco N. da Fonseca (coord.), *Comentários ao Código de Processo Civil*, São Paulo: Saraiva, 2018, v. 10; Cassio Scarpinella Bueno, In: Teresa Arruda Alvim Wambier, Fredie Didier Jr., Eduardo Talamini, Bruno Dantas, *Breves comentários ao novo Código de Processo Civil*, São Paulo: Revista dos Tribunais, 2015; Cássio Scarpinella Bueno, *Manual de direito processual civil*, São Paulo: Saraiva, 2015; Daniel Amorim Assumpção Neves, *Manual de direito processo civil*, São Paulo: Método, 2015; Daniel Roberto Hertel, Cumprimento provisório das decisões judiciais e o Código de Processo Civil Brasileiro, Revista Magister de Direito Civil e Processual Civil, Porto Alegre, n. 98, p. 76 e ss., set./out. 2020; Fredie Didier Jr., *Curso de direito processual civil*, 17. ed., Salvador: JusPodivm, 2015, v. I; Guilherme Rizzo Amaral, *Comentários às alterações do novo CPC*, São Paulo: Revista dos Tribunais, 2015; Humberto Theodoro Júnior, *Curso de direito processual civil*, 61. ed., Rio de Janeiro: Forense, 2020, v. I; Humberto Theodoro Júnior, Fernanda Alvim Ribeiro de Oliveira, Ester Camila Gomes Norato Rezende (coord.), *Primeiras lições sobre o novo direito processual civil brasileiro*, Rio de Janeiro: Forense, 2015; J. E. Carreira Alvim, *Comentários ao novo Código de Processo Civil*, Curitiba: Juruá, 2015; José Miguel Garcia Medina, *Novo Código de Processo Civil comentado*, São Paulo: Revista dos Tribunais, 2015; José Rogério Cruz e Tucci, In: Sérgio Cruz Arenhart e Daniel Mitidiero (coord.), *Comentários ao Código de Processo Civil*, 2. ed., São Paulo: RT, 2018, v. 8; Leonardo Greco, *Instituições de processo civil: introdução ao direito processual civil*, 5. ed., Rio de Janeiro: Forense, 2015; Luis Antônio Giampaulo Sarro, *Novo Código de Processo Civil*, São Paulo: Rideel, 2015; Luiz Guilherme Marinoni, Sérgio Cruz Arenhart, Daniel Mitidiero, *Curso de processo civil*, São Paulo: Revista dos Tribunais, 2015, v. I; Nelson Nery Junior, Rosa Maria de Andrade Nery, *Comentários ao Código de Processo Civil*, São Paulo: Revista dos Tribunais, 2015; Teresa Arruda Alvim Wambier, Fredie Didier Jr., Eduardo Talamini, Bruno Dantas (coord.), *Breves comentários ao novo Código de Processo Civil*, São Paulo: Revista dos Tribunais, 2015; Teresa Arruda Alvim Wambier, Maria Lúcia Lins Conceição, Leonardo Ferres da Silva Ribeiro, Rogério Licastro Torres de Melo, *Primeiros comentários ao novo Código de Processo Civil*, São Paulo: Revista dos Tribunais, 2015.

Capítulo III
DO CUMPRIMENTO DEFINITIVO DA SENTENÇA QUE RECONHECE A EXIGIBILIDADE DE OBRIGAÇÃO DE PAGAR QUANTIA CERTA

Art. 523. No caso de condenação em quantia certa, ou já fixada em liquidação, e no caso de decisão sobre parcela incontroversa, o cumprimento definitivo da sentença far-se-á a requerimento do exequente, sendo o executado intimado para pagar o débito, no prazo de 15 (quinze) dias, acrescido de custas, se houver.

§ 1º Não ocorrendo pagamento voluntário no prazo do *caput*, o débito será acrescido de multa de dez por cento e, também, de honorários de advogado de dez por cento.

§ 2º Efetuado o pagamento parcial no prazo previsto no *caput*, a multa e os honorários previstos no § 1º incidirão sobre o restante.

§ 3º Não efetuado tempestivamente o pagamento voluntário, será expedido, desde logo, mandado de penhora e avaliação, seguindo-se os atos de expropriação.

CPC/1973

Art. 475-J.

REFERÊNCIA LEGISLATIVA

CPC/2015, arts. 829 (citação; prazo) e 870 (execução; avaliação).

SÚMULA

Súmula do STJ:

Nº 410: "A prévia intimação pessoal do devedor constitui condição necessária para a cobrança de multa pelo descumprimento de obrigação de fazer ou não fazer".

Nota: A Corte Especial, no entanto, passou a entender que a intimação do art. 475-J pode ser feita na pessoa do advogado do devedor, por meio de publicação na imprensa oficial (REsp 940.274, jul. 07.04.2010).

Nº 517: "São devidos honorários advocatícios no cumprimento de sentença, haja ou não impugnação, depois de escoado o prazo para pagamento voluntário, que se inicia após a intimação do advogado da parte executada".

Súmula do TRF4:

Nº 134: "A ausência de impugnação pela Fazenda Pública ao cumprimento de sentença não enseja a redução pela metade dos honorários advocatícios por ela devidos, não sendo aplicável à hipótese a regra do art. 90, § 4º, c/c art. 827, § 1º, ambos do CPC de 2015".

CJF – I JORNADA DE DIREITO PROCESSUAL CIVIL

Enunciado 84 – O comparecimento espontâneo da parte constitui termo inicial dos prazos para pagamento e, sucessivamente, impugnação ao cumprimento de sentença.

Enunciado 89 – Conta-se em dias úteis o prazo do *caput* do art. 523 do CPC.

Enunciado 92 – A intimação prevista no *caput* do art. 523 do CPC deve contemplar, expressamente, o prazo sucessivo para impugnar o cumprimento de sentença.

BREVES COMENTÁRIOS

O cumprimento definitivo da sentença que reconhece a exigibilidade de pagar quantia certa pressupõe que exista:

(a) condenação prévia em quantia certa; ou

(b) quantia já fixada em liquidação; ou ainda

(c) decisão sobre parcela incontroversa: julgamento antecipado parcial do mérito (art. 389), na fase de julgamento conforme o estado do processo, ou decisão interlocutória de mérito.

Cabe ao credor requerer a promoção do cumprimento da sentença, com a necessária intimação do devedor para que se dê a fluência do prazo de 15 dias e se tornem exequíveis a multa de dez por cento e os honorários também de dez por cento.

Regulando de forma expressa e clara essa situação processual, prevê o art. 523, § 1º, do CPC/2015 que, à falta de cumprimento espontâneo da obrigação de pagar quantia certa, o devedor será intimado a pagar o débito em quinze dias acrescido de custas e honorários advocatícios de dez por cento, sem prejuízo daqueles impostos na sentença. Nesta altura, portanto, dar-se-á a soma das duas verbas sucumbenciais, a da fase cognitiva e a da fase executiva. Esta última incide, de início, sob a forma de alíquota legal única de dez por cento. Portanto, haja ou não, o incidente de impugnação ao cumprimento da sentença (CPC/2015, art. 525, § 1º), a verba honorária incidirá sempre que o devedor não cuidar de promover o pagamento voluntário antes de escoado o prazo assinado para tanto (art. 523). Nesse rumo, firmou-se a jurisprudência do STJ, ainda sob o regime do CPC/1973, de sorte que, a ultrapassagem do termo legal de cumprimento voluntário da sentença, sem que este tenha sido promovido, acarreta não só a sujeição à multa legal do art. 523, §1º, como também à nova verba de honorários sucumbenciais (art. 85, § 1º).

Aspecto interessante da multa é o seu caráter de acessório do crédito exequendo. Isto quer dizer que, podendo dispor do principal, no todo ou em parte, pode o credor não exigir a multa e optar por executar apenas o valor simples da condenação.

A intimação do devedor para cumprir a condenação é feita com a cominação da multa legal, mas esta somente se tornará exigível caso o pagamento não seja feito nos quinze dias do art. 523, *caput*. Não se trata, portanto, de uma verba acessória acrescentável à obrigação exequenda, automaticamente, pelo simples fato de não ter havido pagamento voluntário dentro de quinze dias após o trânsito em julgado da sentença. É necessário que antes ocorra a intimação executiva, para que flua o prazo legal viabilizador do pagamento sem multa.

O STJ (REsp 1.693.784) já decidiu ser aplicável ao prazo de pagamento voluntário, no cumprimento de sentença, a contagem em dobro prevista no art. 229 para as manifestações de litisconsortes representados por procuradores diferentes. *Data venia*, a aplicação do art. 229 é imprópria, não só porque o prazo de pagamento não pode ser interpretado como "prazo para manifestação", como principalmente atritar a contagem dúplice com o sistema de autonomia das defesas dos diversos executados reconhecida pelo art. 915, § 1º. Para referido dispositivo legal, sempre que houver mais de um executado o prazo de embargos é autônomo, contando-se para cada um deles em separado, a partir da consumação da respectiva citação. Se até para embargar os litisconsortes passivos da execução não contam com prazo em dobro, não há razão para que isto se dê em relação ao prazo anterior à defesa dos codevedores, seja na execução do título extrajudicial, seja no cumprimento da sentença.

JURISPRUDÊNCIA SELECIONADA

1. Finalidade da norma. "O artigo 475-J [art. 523 do CPC/2015], com redação dada pela Lei n. 11.232/2005, foi instituído com o objetivo de estimular o devedor a realizar o pagamento da dívida objeto de sua condenação, evitando assim a incidência da multa pelo inadimplemento da obrigação constante do título executivo" (STJ, REsp 1.100.658/SP, Rel. Min. Humberto Martins, 2ª Turma, jul. 07.05.2009, *DJe* 21.05.2009).

2. Cumprimento definitivo. Título executivo judicial transitado em julgado. "A execução fundada em título judicial transitado em julgado é definitiva, mesmo quando pendente de julgamento recurso interposto contra decisão de improcedência da impugnação ao cumprimento de sentença, sendo desnecessária, em tal situação, a prestação de caução pelo exequente para levantamento do seu crédito depositado. Precedentes. Pela mesma razão, deve ser autorizado o levantamento de valores penhorados quando a impugnação tenha sido parcialmente acolhida, desde que observados os limites fixados nesse *decisum*" (STJ, AREsp 1241270/MG, Rel. Min. Moura Ribeiro, 3ª Turma, jul. 24.04.2018, *DJe* 30.04.2018).

Liquidação de sentença. Definitividade da execução. "É definitiva a execução de título judicial transitado em julgado quando há recurso sem efeito suspensivo pendente de julgamento na liquidação ou impugnação ao cumprimento de sentença, sendo desnecessária a prestação de caução para levantamento dos valores depositados. Precedentes" (STJ, AgInt no AREsp 938.640/SP, Rel. Min. Marco Aurélio Bellizze, 3ª Turma, jul. 17.06.2019, *DJe* 25.06.2019).

3. Termo *a quo*. Prazo para pagamento (*caput*). "Concedida a oportunidade para o adimplemento voluntário do crédito exequendo, o não pagamento no prazo de quinze dias importará na incidência sobre o montante da condenação de multa no percentual de dez por cento (art. 475-J do CPC) [art. 523 do CPC/2015], compreendendo-se **o termo inicial do referido prazo o primeiro dia útil posterior à data da publicação de intimação do devedor na pessoa de seu advogado**" (STJ, AgRg no REsp 1.052.774/RS, Rel. Min. João Otávio de Noronha, 4ª Turma, jul. 05.11.2009, *DJe* 16.11.2009). **No mesmo sentido:** STJ, AgRg no REsp 1.220.458/RS, Rel. Min. Nancy Andrighi, 3ª Turma, jul. 05.04.2011, *DJe* 13.04.2011.

"Transitado em julgado o título judicial ou sendo possível sua execução provisória, o juiz, **em obediência ao princípio do impulso oficial, deve proferir despacho informando o executado que terá início o curso para pagamento da dívida sem multa** e dele o seu advogado será intimado pela imprensa" (TJSP, Ag 1.067.206-0/0, Rel. Des. Sílvia Rocha Gouvêa, 29ª Câmara da Seção de Direito Privado, jul. 20.09.2006, *RP* 145/331).

"O cumprimento da sentença deve ser iniciado pelo credor, **com a apresentação da planilha de cálculo, intimando-se daí o devedor na pessoa de seu advogado**, para quem, em quinze dias, efetive o pagamento do montante da condenação, sob pena de incidência da multa de 10%" (TJSP, AI 1.081.610-00/1, Rel. Des. Neves Amorim, jul. 12.12.2006, *RF* 391/489).

Prazo para pagamento voluntário. Contagem em dias úteis. Prazo processual. "Conquanto o pagamento seja ato a ser praticado pela parte, a intimação para o cumprimento voluntário da sentença ocorre, como regra, na pessoa do advogado constituído nos autos (CPC/2015, art. 513, § 2º, I), fato que, inevitavelmente, acarreta um ônus ao causídico, o qual deverá comunicar ao seu cliente não só o resultado desfavorável da demanda, como também as próprias consequências jurídicas da ausência de cumprimento da sentença no respectivo prazo legal. Ademais, nos termos do art. 525 do CPC/2015, 'transcorrido o prazo previsto no art. 523 sem o pagamento voluntário, inicia-se o prazo de 15 (quinze) dias para que o executado, independentemente de penhora ou nova intimação, apresente, nos próprios autos, sua impugnação'. Assim, não seria razoável fazer a contagem dos primeiros 15 (quinze) dias para o pagamento voluntário do débito em dias corridos, se considerar o prazo de natureza material, e, após o transcurso desse prazo, contar os 15 (quinze) dias subsequentes, para a apresentação da impugnação, em dias úteis, por se tratar de prazo processual. (...) E, sendo um ato processual, o respectivo prazo, por decorrência lógica, terá a mesma natureza jurídica, o que faz incidir a norma do art. 219 do CPC/2015, que determina a contagem em dias úteis. Em análise do tema, a I Jornada de Direito Processual Civil do Conselho da Justiça Federal – CJF aprovou o Enunciado n. 89, de seguinte teor: 'Conta-se em dias úteis o prazo do *caput* do art. 523 do CPC'" (STJ, REsp 1.708.348/RJ, Rel. Min. Marco Aurélio Bellizze, 3ª Turma, jul. 25.06.2019, *DJe* 01.08.2019). **No mesmo sentido:** STJ, REsp 1.693.784/DF, Rel. Min. Luis Felipe Salomão, 4ª Turma, jul. 28.11.2017, *DJe* 05.02.2018.

Prazo para pagamento voluntário. Litisconsortes com procuradores diferentes. Processos físicos. Cômputo em dobro. Dias úteis. "O artigo 229 do CPC de 2015, aprimorando a norma disposta no artigo 191 do código revogado, determina que, apenas nos processos físicos, os litisconsortes que tiverem diferentes procuradores, de escritórios de advocacia distintos, terão prazos contados em dobro para todas as suas manifestações, em qualquer juízo ou tribunal, independentemente de requerimento. A impossibilidade de acesso simultâneo aos autos físicos constitui a *ratio essendi* do prazo diferenciado para litisconsortes com procuradores distintos, tratando-se de norma processual que consagra o direito fundamental do acesso à justiça. Tal regra de cômputo em dobro deve incidir, inclusive, **no prazo de quinze dias úteis para o cumprimento voluntário** da sentença, previsto no artigo 523 do CPC de 2015, cuja natureza é dúplice: cuida-se de ato a ser praticado pela própria parte, mas a fluência do lapso para pagamento inicia-se com a intimação do advogado pela imprensa oficial (inciso I do § 2º do artigo 513 do atual *Codex*), o que impõe ônus ao patrono, qual seja o dever de comunicar o devedor do desfecho desfavorável da demanda, alertando-o das consequências jurídicas da ausência do cumprimento voluntário. Assim, uma vez constatada a hipótese de incidência da norma disposta no artigo 229 do Novo CPC (litisconsortes com procuradores diferentes), o prazo comum para pagamento espontâneo deverá ser computado em dobro, ou seja, trinta dias úteis" (STJ, REsp 1.693.784/DF, Rel. Min. Luis Felipe Salomão, 4ª Turma, jul. 28.11.2017, *DJe* 05.02.2018).

4. Intimação do devedor para o cumprimento da sentença: "Na hipótese em que **o trânsito em julgado da sentença condenatória** com força de executiva (sentença executiva) ocorrer em sede de instância recursal (STF, STJ, TJ E TRF), após a baixa dos autos à Comarca de origem e a aposição do 'cumpra-se' pelo juiz de primeiro grau, o devedor haverá de ser intimado na pessoa do seu advogado, por publicação na imprensa oficial, para efetuar o pagamento no prazo de quinze dias, a partir de quando, caso não o efetue, passará a incidir sobre o montante da condenação, a multa de 10% (dez por cento) prevista no art. 475-J, *caput*, do Código de Processo Civil" (STJ, REsp 940.274, Rel. Min. Humberto Gomes de Barros, Corte Especial, jul. 07.04.2010, *DJ* 31.05.2010). **No mesmo sentido:** STJ, AgRg no REsp 1.174.560/SP, Rel. Min. João Otávio de Noronha, 4ª Turma, jul. 08.02.2011, *DJe* 15.02.2011; STJ, AgRg no REsp 1.100.962/RS, Rel. Min. Ricardo Villas Bôas Cueva, 3ª Turma, jul. 09.04.2013, *DJe* 12.04.2013; STJ, REsp 1.262.933/RJ, Rel. Min. Luis Felipe Salomão, Corte Especial, jul. 19.06.2013, *DJe* 20.08.2013; STJ, AgInt no REsp 1818850/PR, Rel. Min. Herman Benjamin, 2ª Turma, jul. 05.03.2020, *DJe* 28.08.2020.

Defensor Público. "Inexiste necessidade de intimação pessoal do devedor para o cumprimento da sentença, sendo válida a intimação do defensor público, desde que feita **pessoalmente**" (STJ, REsp 1.032.436/SP, Rel. Min. Nancy Andrighi, 3ª Turma, jul. 04.08.2011, *DJe* 15.08.2011).

Cumprimento de sentença. Devedor representado por defensor público. Prazo em dobro. Ver jurisprudência do art. 186 do CPC/2015.

5. Sentença ilíquida. Necessidade de intimação. "Em se tratando de sentença ilíquida, a iniciativa prévia do credor também é exigência para inauguração da nova fase do processo, *ex vi* da exegese dos arts. 475-A, § 1º, 475-B e 475-D do CPC [arts. 509, 524 e 510 do CPC/2015]. Em ambas as hipóteses, a incidência da multa do art. 475-J do CPC [art. 523 do CPC/2015] só tem cabimento quando e se oportunizado ao devedor – por meio de sua anterior intimação, na pessoa de seu advogado ou pessoalmente, na falta deste – o cumprimento voluntário da obrigação, no prazo legal de 15 (quinze) dias, e este quedar-se inerte. Precedentes. Se, casuisticamente, o início da fase de cumprimento de sentença, mesmo em se tratando de título executivo judicial ilíquido, se deu por ato de ofício do juiz e o devedor, no intuito de cumprir espontaneamente a condenação, deposita valor menor que a quantia posteriormente indicada pelo credor, deve ser oportunizada a complementação do depósito inicial, no prazo legal de 15 dias, sob pena de incidir, sobre a diferença, a multa de 10% do art. 475-J do CPC" (STJ, REsp 1.320.287/SP, Rel. Min. Nancy Andrighi, 3ª Turma, jul. 10.09.2013, *DJe* 23.09.2013).

6. Réu revel. "A imposição da multa do art. 475-J [art. 523 do CPC/2015] do CPC ao réu-revel implicaria responsabilizá-lo objetivamente pelo não pagamento, já que não há como lhe imputar a culpa pela conduta, a qual pressupõe ciência acerca da condenação e a consequente resistência em cumpri-la. Mesmo com o advento do CC/02, a regra no direito civil brasileiro continua sendo a responsabilidade subjetiva, consoante se depreende da análise dos seus arts. 186 e 927 [arts. 225 e 561 do CPC/2015], de modo que a incidência da responsabilidade objetiva depende de expressa previsão legal, inexistente no caso do art. 475-J do CPC. Nas hipóteses em que o cumprimento da sentença voltar-se contra réu-revel citado fictamente, a incidência da multa de 10% do art. 475-J do CPC [art. 523 do CPC/2015] exigirá sua prévia intimação, nos termos do art. 238 e seguintes do CPC" [art. 274 do CPC/2015] (STJ, REsp 1.009.293/SP, Rel. Min. Nancy Andrighi, 3ª Turma, jul. 06.04.2010, *DJe* 22.04.2010).

Revel. Citação ficta. "O devedor citado por edital, contra quem se inicie o cumprimento de sentença, não está impedido de exercer o direito de defesa durante a fase executiva, pois o ordenamento jurídico coloca a sua disposição instrumentos para que ele possa se contrapor aos atos expropriatórios. Na hipótese de o executado ser representado por curador especial em virtude de citação ficta, **não há necessidade de intimação para a fluência do prazo estabelecido no art. 475-J do CPC**" [art. 523 do CPC/2015] (STJ, REsp 1.189.608/SP, Rel. Min. Nancy Andrighi, 3ª Turma, jul. 18.10.2011, *DJe* 21.03.2012).

7. Assistência judiciária (*caput*). "Devedora acobertada pelos benefícios da assistência jurídica integral e gratuita. Necessidade de intimação pessoal, em virtude da proximidade entre o beneficiário e o defensor público" (TJSP, Ag 7.150.144-1, Rel. Des. Thiers Fernandes Lobo, 22ª Câmara de Direito Privado, jul. 04.12.2007, *RP* 158/306).

8. Intimação do executado para pagamento, sob pena de multa e fixação de honorários. Despacho de mero expediente. Agravo de instrumento. Descabimento. Ver jurisprudência do art. 1.001 do CPC/2015.

9. Quitação voluntária. Juntada do respectivo comprovante após o decurso do prazo. Desnecessidade (*caput*). "Eventual omissão em trazer aos autos o demonstrativo do depósito judicial ou do pagamento feito ao credor dentro do prazo legal, não impõe ao devedor o ônus do art. 475-J do CPC [art. 523 do CPC/2015]. A quitação voluntária do débito, por si só, afasta a incidência da penalidade" (STJ, REsp 1.047.510/RS, Rel. Min. Nancy Andrighi, 3ª Turma, jul. 17.11.2009, *DJe* 02.12.2009).

10. Multa de 10%.

Depósito do valor do débito. Finalidade de impugnação ao cumprimento de sentença. Incidência. "Iniciado o cumprimento de sentença, a realização do depósito, a depender de sua finalidade, pode ou não ilidir a multa de 10% prevista no art. 475-J do CPC/1973 [art. 523 do CPC/2015]. Se o depósito tiver por propósito o pagamento do débito, inaplicável a aludida sanção. Todavia, caso o depósito tenha o escopo, único e exclusivo, de garantir o juízo, a fim de viabilizar a apresentação de impugnação, desta data se inicia o prazo para a apresentação de sua defesa, sem, contudo, ilidir a referida sanção. Precedentes" (STJ, AgInt no REsp 1.597.623/PA, Rel. Min. Marco Aurélio Bellizze, 3ª Turma, jul. 20.09.2016, *DJe* 04.10.2016). **No mesmo sentido**: STJ, REsp 1.175.763/RS, Rel. Min. Marco Buzzi, 4ª Turma, jul. 21.06.2012, *DJe* 05.10.2012; AgRg nos EDcl no REsp 1.445.301/SP, Rel. Min. Marco Aurélio Bellizze, 3ª Turma, jul. 23.02.2016, *DJe* 08.03.2016.

Finalidade de pagamento. Não incidência da multa. "São dois os critérios a dizer da incidência da multa prevista no art. 523, § 1º, do CPC, a intempestividade do pagamento ou a resistência manifestada na fase de cumprimento de sentença. Considerando o caráter coercitivo da multa, a desestimular comportamentos exclusivamente baseados na protelação da satisfação do débito perseguido, não há de se admitir sua aplicação para o devedor que efetivamente faz o depósito integral da quantia dentro do prazo legal e não apresenta impugnação ao cumprimento de sentença. Na hipótese dos autos, apesar de advertir sobre o pretendido efeito suspensivo e da garantia do juízo, é incontroverso que a executada realizou tempestivamente o depósito integral da quantia perseguida e não apresentou impugnação ao cumprimento de sentença, fato que revela, indene de dúvidas, que houve verdadeiro pagamento do débito, inclusive com o respectivo levantamento pela exequente. Não incidência da multa prevista no art. 523, § 1º, do CPC e correta extinção do processo, na forma do art. 924, II, do CPC" (STJ, REsp 1.834.337/SP, Rel. Min. Nancy Andrighi, 3ª Turma, jul. 03.12.2019, *DJe* 05.12.2019). **No mesmo sentido:** STJ, AgInt no AREsp 709.873/MS, Rel. Min. Marco Aurélio Bellizze, 3ª Turma, jul. 09.09.2019, *DJe* 12.09.2019).

Natureza jurídica. "A multa prevista no art. 475-J do CPC [art. 523 do CPC/2015] tem natureza processual coercitiva" (TJSP, Ag 1.067.206-0/0, Rel. Des. Sílvia Rocha Gouvêa, 29ª Câmara da Seção de Direito Privado, jul. 20.09.2006, *RP* 145/331).

Cumulação com a multa do art. 774 do CPC/2015. Ver artigo do art. 774 do CPC/2015.

Execução provisória. Multa e honorários. "(...) 2. O propósito recursal é definir se, no cumprimento provisório de decisão condenatória ao pagamento de quantia certa, pode o executado, com base no art. 520, § , do CPC/15, comparecer tempestivamente e depositar um bem imóvel (e não o valor executado) como forma de se isentar da multa e dos honorários advocatícios. 3. Contrariando a jurisprudência que se firmou na vigência do CPC/73, a nova legislação processual civil passou a prever, expressamente, que a multa e os honorários advocatícios, previstos para a hipótese de descumprimento da decisão definitiva que condena ao pagamento de obrigação de quantia certa, também serão devidos na hipótese de cumprimento provisório. 4. Diante da aparente contradição entre as regras do art. 520, §§ 2º e 3º, do CPC/15, é correto afirmar que, em se tratando de cumprimento definitivo da decisão, a multa será excluída apenas se o executado depositar voluntariamente a quantia devida em juízo, sem condicionar seu levantamento a qualquer discussão do débito. Precedente. 5. Entretanto, se se tratar de cumprimento provisório da decisão, a multa e os honorários advocatícios não serão devidos se houver o simples depósito judicial do valor (que não se confunde com o pagamento voluntário da condenação), de modo a compatibilizar a referida regra com a preservação do interesse recursal do executado que impugnou a decisão exequenda" (REsp 1.942.671/SP, Rel. Min. Nancy Andrighi, 3ª Turma, jul. 21.09.2021, *DJe* 23.09.2021).

Imposição da multa. Ato recorrível. "O ato do juiz que determina o acréscimo de 10% sobre o valor do débito a título de multa (art. 475-J, do CPC) [art. 523 do CPC/2015] é recorrível porquanto causa gravame ao devedor" (TJPR, Ag 374.059-6, Rel. Des. Jucimar Novochadlo, 15ª Câmara Cível, jul. 24.01.2007, *RP* 147/287).

11. Cumprimento de sentença. Honorários periciais. Inclusão. "É adequada a inclusão dos honorários periciais em conta de liquidação quando o dispositivo da sentença com trânsito em julgado condena o vencido, genericamente, ao pagamento de custas processuais" (STJ, REsp 1.558.185/RJ, Rel. Min. Nancy Andrighi, 3ª Turma, jul. 02.02.2017, *DJe* 16.02.2017).

12. Honorários advocatícios 10%.

Base de cálculo. Valor da dívida. Não inclusão da multa. "(...) Cinge-se a controvérsia a definir se a verba honorária devida no cumprimento definitivo de sentença a que se refere o § 1º do art. 523 do CPC/2015 será calculada apenas sobre o débito exequendo ou também sobre a multa de 10% (dez por cento) decorrente do inadimplemento voluntário da obrigação no prazo legal. A base de cálculo sobre a qual incidem os honorários advocatícios devidos em cumprimento de sentença é o valor da dívida (quantia fixada em sentença ou na liquidação), acrescido das custas processuais, se houver, sem a inclusão da multa de 10% (dez por cento) pelo descumprimento da obrigação dentro do prazo legal (art. 523, § 1º, do CPC/2015)" (STJ, REsp 1.757.033/DF, Rel. Min. Ricardo Villas Bôas Cueva, 3ª Turma, jul. 09.10.2018, *DJe* 15.10.2018).

Cumprimento de sentença. Pagamento voluntário. Não ocorrência. Honorários. Relativização. Impossibilidade. "Em sede de cumprimento de sentença, não ocorrendo pagamento voluntário no prazo de 15 (quinze) dias, o débito será acrescido de multa de 10% (dez por cento) e, também, de honorários de advogado de 10% (dez por cento), nos termos do art. 523, § 1º, do CPC/2015. O percentual de 10% (dez por cento) previsto no art. 523, § 1º, do CPC/2015 não admite mitigação porque: (i) a um, a própria lei tratou de tarifar-lhe expressamente; (ii) a dois, a fixação equitativa da verba honorária só tem lugar nas hipóteses em que constatado que o proveito econômico é inestimável ou irrisório, ou o valor da causa é muito baixo (art. 85, § 8º, do CPC/2015); e (iii) a três, os próprios critérios de fixação da verba honorária, previstos no art. 85, § 2º, I a IV, do CPC/2015, são destinados a abalizar os honorários advocatícios a serem fixados, conforme a ordem de vocação, no mínimo de 10% (dez por cento) ao máximo de 20% (vinte por cento) do valor da condenação, do proveito econômico ou do valor atualizado da causa" (STJ, REsp 1.701.824/RJ, Rel. Min. Nancy Andrighi, 3ª Turma, jul. 09.06.2020, *DJe* 12.06.2020).

Legitimidade de sociedade de advogados. "A Corte Especial/STJ, interpretando esse dispositivo, pacificou entendimento no sentido da ilegitimidade da sociedade de advogados 'se a procuração deixar de indicar o nome da sociedade de que o profissional faz parte', pois, nessa hipótese, 'presume-se que a causa tenha sido aceita em nome próprio, e nesse caso o precatório deve ser extraído em benefício do advogado, individualmente' (AgRg no Prc 769/DF, Corte Especial, Rel. Min. Ari Pargendler, *DJe* de 23.3.2009). *A contrario sensu*, se a sociedade que o advogado integra é indicada no instrumento de mandato (como ocorre no caso dos autos), impõe-se reconhecer a sua legitimidade para fins de recebimento do precatório, como bem entendeu o Tribunal de origem" (STJ, AgRg nos EDcl no REsp 1.354.565/PE, Rel. Min. Mauro Campbell Marques, 2ª Turma, jul. 11.03.2014, *DJe* 17.03.2014).

Legitimidade concorrente. "É firme a orientação desta Corte Superior de que a legitimidade para promover a execução dos honorários advocatícios é concorrente, podendo ser proposta tanto pelo advogado como pela parte" (STJ, AgInt no AREsp 1.155.225/ES, Rel. Min. Napoleão Nunes Maia Filho, 1ª Turma, jul. 20.02.2018, *DJe* 07.03.2018).

Revogação de mandato dos patronos. Posterior sentença homologatória de transação. Verba honorária. Fixação no despacho inicial. Título executivo. Execução nos próprios autos. Ver jurisprudência do art. 827 do CPC/2015.

13. Penhora (§ 3º).

Intimação do devedor. "Se pendente a intimação do devedor sobre a penhora que recaiu sobre os seus bens, esse ato deve se dar sob a forma do art. 475-J, § 1º, CPC [art. 523 do CPC/2015], possibilitando a intimação do devedor na pessoa de seu advogado" (STJ, REsp 1.076.080/PR, Rel. Min. Nancy Andrighi, 3ª Turma, jul. 17.02.2009, *DJe* 06.03.2009).

Desnecessidade de procuração com poderes específicos. "Ora, se quando há constrição patrimonial do devedor, com intervenção direta do judiciário em seu patrimônio, o Código Processual Civil permite que a intimação se faça por meio do advogado constituído nos autos (§ 1º do art. 475-J) [art. 523 do CPC/2015], sem exigir que haja a constituição de poderes específicos para tanto, não é razoável se entender que o recebimento, pelo advogado, da simples intimação para o cumprimento da sentença necessite de procuração com poderes específicos" (STJ, REsp 1.080.939/RJ, Rel. Min. Benedito Gonçalves, 1ª Turma, jul. 10.02.2009, *DJe* 02.03.2009).

Bloqueio de valores. Imediato levantamento pelo credor. Impossibilidade. "Constrição que depende da formalização do auto de penhora e regular intimação do devedor para oferecimento de impugnação, sob pena de ofensa aos princípios do devido processo legal e ampla defesa" (TJSP, AgIn 504.631-4/9, Rel. Des. Galdino Toledo Júnior, 10ª Câmara de Direito Privado, jul. 07.08.2007; *RT* 867/194).

Depósito para penhora. Necessidade de especificação na petição. "Ao promover depósito judicial, em cumprimento à norma do art. 475-J do CPC [art. 523 do CPC/2015], o devedor que tiver a intenção de que o mesmo seja recebido como garantia, em lugar de pagamento, deve fazer ressalva expressa" (STJ, REsp 1.122.824/SP, Rel. Min. Nancy Andrighi, 3ª Turma, jul. 18.11.2010, *DJe* 25.11.2010).

Conversão do arresto em penhora. "Promovida a conversão do arresto em penhora, por Oficial de Justiça, e tendo o executado ciência inequívoca da prática do referido ato, torna-se despicienda, ante sua inutilidade para o processo, a lavratura do auto de penhora, vez que já constituída a mesma pela mencionada conversão. O art. 475-J, § 1º [art. 523 do CPC/2015], do Código de Processo Civil, não estipula obrigatoriedade da lavratura do auto de penhora, estabelece apenas que, em havendo prática do referido ato, deve dele ser intimado o executado, na pessoa de seu advogado ou representante legal, para que, querendo, ofereça impugnação, no prazo de quinze dias" (STJ, REsp 1.162.144/MG, Rel. Min. Vasco Della Giustina (Des. Conv. do TJ/RS), 3ª Turma, jul. 06.05.2010, *DJe* 24.05.2010).

14. Justiça do Trabalho. Compatibilidade. "A decisão que determina a incidência de multa do art. 475-J do CPC [art. 523do CPC/2015], em processo trabalhista, viola o art. 889 da CLT, na medida em que a aplicação do processo civil, subsidiariamente, apenas é possível quando houver omissão da CLT, seguindo, primeiramente, a linha traçada pela Lei de Execução fiscal, para apenas após fazer incidir o CPC. Ainda assim, deve ser compatível a regra contida no processo civil com a norma trabalhista, nos termos do art. 769 da CLT, o que não ocorre no caso de cominação de multa no prazo de quinze dias, quando o art. 880 da CLT determina a execução em 48 horas, sob pena de penhora, não de multa" (TST, RR-668/2006-005-13-40.6, Rel. Min. Aloysio Corrêa da Veiga, 6ª Turma, jul. 20.02.2008, *DJ* 28.03.2008).

15. Dívida do espólio. Inventário. "A interpretação harmônica do artigo 475-J [art. 523 do CPC/2015] com o art. 992, III, ambos do CPC [art. 619, III, do CPC/2015], leva ao entendimento de que o devedor fica a salvo da multa nele prevista desde que, no prazo de quinze dias, tome as providências a seu alcance para o cumprimento da obrigação, a saber, prove que requereu, ao juízo do inventário, autorização para o pagamento da dívida, sujeitando-se às providências por ele determinadas para tal fim" (STJ, EDcl nos EDcl nos EDcl no REsp 1.021.416/AM, Rel. Min. Maria Isabel Gallotti, 4ª Turma, jul. 12.11.2013, *DJe* 10.12.2013).

16. Recuperação judicial.

Crédito reconhecido judicialmente. Ação que demanda quantia ilíquida. Multa do art. 523. Inaplicabilidade. "Nos termos do art. 59, *caput*, da Lei 11.101/05, o plano de recuperação judicial implica novação dos créditos anteriores ao pedido e obriga o devedor e todos os credores a ele sujeitos. (...) A multa prevista no art. 523, § 1º, do CPC/15 somente incide sobre o valor da condenação nas hipóteses em que o executado não paga voluntariamente a quantia devida estampada no título executivo judicial. Na hipótese, portanto, não há como acrescer ao valor do crédito devido pela recorrente a penalidade do dispositivo supracitado, uma vez que o adimplemento da quantia reconhecida em juízo, por decorrência direta da sistemática prevista na Lei 11.101/05, não constituía obrigação passível de ser exigida da recuperanda nos termos da regra geral da codificação processual" (STJ, REsp 1.937.516/SP, Rel. Min. Nancy Andrighi, 3ª Turma, jul. 03.08.2021, *DJe* 09.08.2021).

Inaplicabilidade. Crédito extraconcursal. Cumprimento de sentença. Não pagamento voluntário. Penalidades. "A recuperanda não está impedida, pelo texto da Lei 11.101/05, de satisfazer voluntariamente créditos extraconcursais perseguidos em execuções individuais, de modo que as consequências jurídicas previstas na norma do dispositivo precitado devem incidir quando não pago o montante devido. (...) Não sendo, portanto, defeso à recuperanda dispor de seu acervo patrimonial para pagamento de créditos extraconcursais (observada a exceção do art. 66 da LFRE), uma vez recebida a comunicação do juízo do soerguimento para depósito da quantia objeto da execução, deve passar a correr o prazo de 15 dias estabelecido no art. 523, *caput*, do CPC/15" (STJ, REsp 1.953.197/GO, Rel. Min. Nancy Andrighi, 3ª Turma, jul. 05.10.2021, *DJe* 08.10.2021).

17. Débito condominial. Imóvel que passa a pertencer apenas à ex-companheira que não figurou na ação de cobrança. Cumprimento de sentença. Penhora do bem. Obrigação *propter rem*. "Segundo o reiterado entendimento deste Superior Tribunal de Justiça, a obrigação de pagamento das despesas condominiais é de natureza *propter rem*, ou seja, é obrigação 'própria da coisa', ou, ainda, assumida 'por causa da coisa'. Por isso, a pessoa do devedor se individualiza exclusivamente pela titularidade do direito real, desvinculada de qualquer manifestação da vontade do sujeito. Em havendo mais de um proprietário do imóvel, como ordinariamente ocorre entre cônjuges ou companheiros, a responsabilidade pelo adimplemento das cotas condominiais é solidária, o que, todavia, não implica a existência de litisconsórcio necessário entre os coproprietários, podendo o condomínio demandar contra qualquer um deles ou contra todos em conjunto, conforme melhor lhe aprouver. Precedente. Hipótese dos autos em que, à época da fase de conhecimento, o imóvel encontrava-se registrado em nome dos dois companheiros, mostrando-se válido e eficaz, portanto, o acordo firmado pelo ex-companheiro da recorrente com o condomínio. Descumprido o acordo e retomada a ação, e em não sendo efetuado o pagamento do débito, é viável a penhora do imóvel gerador das despesas, ainda que, nesse novo momento processual, esteja ele registrado apenas em nome da recorrente, que não participou da fase de conhecimento. Sob o enfoque do direito material, aplica-se a regra do art. 1.345 do CC/02, segundo o qual 'o adquirente de unidade responde pelos débitos do alienante, em relação ao condomínio, inclusive multa e juros moratórios'. Por outro lado, no plano processual, a penhora do imóvel e a inclusão da proprietária no polo passivo da lide é viável ante o disposto no art. 109, § 3º, do CPC/15, no sentido de que os efeitos da sentença proferida entre as partes originárias se estendem ao adquirente ou cessionário. Ademais, a solução da controvérsia perpassa pelo princípio da instrumentalidade das formas, aliado ao princípio da efetividade do processo, no sentido de se utilizar a técnica processual não como um entrave, mas como um instrumento para a realização do direito material. Afinal, se o débito condominial possui caráter ambulatório, não faz sentido impedir que, no âmbito processual, o proprietário possa figurar no polo passivo do cumprimento de sentença" (STJ, REsp 1.683.419/RJ, Rel. Min. Nancy Andrighi, 3ª Turma, jul. 20.02.2020, *DJe* 26.02.2020).

18. Excesso de execução. Devolução. Ver jurisprudência do art. 513 do CPC/2015.

Art. 524. O requerimento previsto no art. 523 será instruído com demonstrativo discriminado e atualizado do crédito, devendo a petição conter:

I – o nome completo, o número de inscrição no Cadastro de Pessoas Físicas ou no Cadastro Nacional da Pessoa Jurídica do exequente e do executado, observado o disposto no art. 319, §§ 1º a 3º;

II – o índice de correção monetária adotado;

III – os juros aplicados e as respectivas taxas;

IV – o termo inicial e o termo final dos juros e da correção monetária utilizados;

V – a periodicidade da capitalização dos juros, se for o caso;

VI – especificação dos eventuais descontos obrigatórios realizados;

VII – indicação dos bens passíveis de penhora, sempre que possível.

§ 1º Quando o valor apontado no demonstrativo aparentemente exceder os limites da condenação, a execução será iniciada pelo valor pretendido, mas a penhora terá por base a importância que o juiz entender adequada.

§ 2º Para a verificação dos cálculos, o juiz poderá valer-se de contabilista do juízo, que terá o prazo máximo de 30 (trinta) dias para efetuá-la, exceto se outro lhe for determinado.

§ 3º Quando a elaboração do demonstrativo depender de dados em poder de terceiros ou do executado, o juiz poderá requisitá-los, sob cominação do crime de desobediência.

§ 4º Quando a complementação do demonstrativo depender de dados adicionais em poder do executado, o juiz poderá, a requerimento do exequente, requisitá-los, fixando prazo de até 30 (trinta) dias para o cumprimento da diligência.

§ 5º Se os dados adicionais a que se refere o § 4º não forem apresentados pelo executado, sem justificativa, no prazo designado, reputar-se-ão corretos os cálculos apresentados pelo exequente apenas com base nos dados de que dispõe.

CPC/1973

Art. 475-B.

SÚMULAS

Súmula do STJ:

nº 118: "O agravo de instrumento é o recurso cabível da decisão que homologa a atualização do cálculo da liquidação".

CJF – I JORNADA DE DIREITO PROCESSUAL CIVIL

Enunciado 91 – Interpreta-se o art. 524 do CPC e seus parágrafos no sentido de permitir que a parte patrocinada pela Defensoria Pública continue a valer-se da contadoria judicial para elaborar cálculos para execução ou cumprimento de sentença.

BREVES COMENTÁRIOS

Incumbe ao exequente fixar o montante atualizado do débito correspondente à condenação, demonstrando a forma com que foi ele apurado.

O exequente, para facilitar a penhora, poderá indicar, em seu requerimento, os bens a serem excutidos (art. 524, VII); o que, porém, não exclui o direito do devedor de obter a substituição da penhora quando configuradas algumas das hipóteses do art. 848. Não se trata, todavia, de um ônus, na medida em que sua omissão não acarretará consequências processuais negativas.

JURISPRUDÊNCIA SELECIONADA

1. Credor. Exercício de atos para o regular cumprimento da decisão condenatória. "A jurisprudência do Superior Tribunal de Justiça firmou-se no sentido de que 'o cumprimento da sentença não se efetiva de forma automática, ou seja, logo após o trânsito em julgado da decisão. De acordo com o art. 475-J [art. 523 do CPC/2015] combinado com os arts. 475-B e 614, II, todos do CPC [arts. 524 e 798, I, *b*, do CPC/2015], cabe ao credor o exercício de atos para o regular cumprimento da decisão condenatória, especialmente requerer ao juízo que dê ciência ao devedor sobre o montante apurado, consoante memória de cálculo discriminada e atualizada' (STJ, REsp 940.274/MS, Rel. Min. Humberto Gomes de Barros, Rel. p/ Acórdão Min. João Otávio de Noronha, Corte Especial, jul. 7.4.2010, *DJe* 31.5.2010)" (STJ, AgRg no REsp 1.218.667/RS, Rel. Min. Humberto Martins, 2ª Turma, jul. 15.03.2011, *DJe* 23.03.2011).

2. Cumprimento de sentença. Expedição de ofício ao cadastro de cliente do sistema financeiro nacional do Banco Central do Brasil – CCS/BACEN. Possibilidade. "O Cadastro de Clientes do Sistema Financeiro Nacional (CCS) é um sistema de informações de natureza cadastral, que tem por objeto os relacionamentos mantidos pelas instituições participantes com os seus correntistas ou clientes, mas não congrega dados relativos a valor, movimentação financeira ou saldos de contas e aplicações. (...) O CCS-Bacen, portanto, ostenta natureza meramente cadastral. Não implica constrição, mas sim subsídio à eventual constrição, e funciona como meio para o atingimento de um fim, que poderá ser a penhora de ativos financeiros por meio do BacenJud. Em outras palavras, o acesso às informações do CCS serve como medida que poderá subsidiar futura constrição, alargando a margem de pesquisa por ativos. Não se mostra razoável, assim, permitir a realização de medida constritiva por meio do BacenJud e negar a pesquisa exploratória em cadastro meramente informativo, como é o caso do CCS. Precedente. Dessa forma, não há qualquer impedimento à consulta ao CCS-Bacen nos procedimentos cíveis, devendo ser considerado como apenas mais um mecanismo à disposição do credor na busca para satisfazer o seu crédito" (STJ, REsp 1.938.665/SP, Rel. Min. Nancy Andrighi, 3ª Turma, jul. 26.10.2021, *DJe* 03.11.2021).

3. Cumprimento de sentença. Alteração da base de cálculo dos honorários advocatícios. Ofensa à coisa julgada. "A base de cálculo da verba honorária é insuscetível de modificação na execução ou na fase de cumprimento da sentença, sob pena de ofensa à coisa julgada. Precedentes. No caso dos autos, a determinação contida no acórdão rescindendo de que o cálculo da verba honorária abrangesse, além do valor da condenação (correspondente à repetição do indébito), outra parcela, de conteúdo declaratório (consistente no reconhecimento de quitação de dívida), além de ofender o comando expresso do § 3º do artigo 20 do CPC/1973, também violou a coisa julgada formada com o trânsito em julgado da referida sentença exequenda" (STJ, AR 5.869/MS, Rel. Min. Ricardo Villas Bôas Cueva, 2ª Seção, jul. 30.11.2021, *DJe* 04.02.2022).

4. Fornecimento de dados. Sanção processual. "Consectariamente, à míngua de previsão legal, são incabíveis as *astreintes* na hipótese vertente, tanto mais que *ad impossibilia nemo tenetur*, mercê de a novel Lei nº 11.232/2005 sugerir solução factível mais adequada do que os referidos meios de coerção. (...) A sanção processual para o descumprimento da ordem judicial que determina os fornecimentos destes dados essenciais consiste na presunção de que os cálculos elaborados unilateralmente pelo credor são corretos, sem prejuízo de o magistrado poder valer-se do contador judicial para confirmação dos cálculos apresentados, caso haja indício de erro" (STJ, REsp 767.269/RJ, Rel. Min. Luiz Fux, 1ª Turma, jul. 23.10.2007, *DJ* 22.11.2007, p. 191).

5. Cálculos aritméticos. Liquidez. "Quando o título requer, apenas, a elaboração de cálculos aritméticos, não há falar em falta de liquidez, sendo certo que tal se aplica para a conversão de moeda estrangeira pela taxa vigente na data do pagamento" (STJ, REsp 270.674/RS, Rel. Min. Carlos Alberto Menezes Direito, 3ª Turma, jul. 30.05.2001, *DJ* 20.08.2001, p. 463).

"Segundo a nova sistemática prevista no art. 604 do CPC [art. 524 do CPC/2015], quando a determinação do valor da condenação depender apenas de cálculo aritmético, o credor deverá instruir o pedido com memória discriminada e atualizada do cálculo (art. 604 do CPC). Eventuais impugnações sobre o valor do crédito deverão ser levantadas pelo devedor em sede de embargos à execução" (STJ, REsp 247.433/SP, Rel. Min. Felix Fischer, 5ª Turma, jul. 16.05.2000, *DJ* 05.06.2000, p. 204). **Obs.:** A matéria antes disciplinada pelo art. 604 passou para o art. 475-B, por força da Lei nº 11.232, de 22.12.2005. A jurisprudência formada ao tempo do dispositivo revogado continua útil para a continuidade dos processos pendentes e para aplicação do novo artigo. **No mesmo sentido:** STJ, REsp 157.362/BA, Rel. Min. Edson Vidigal, 5ª Turma, jul. 18.02.1999, *DJ* 29.03.1999, p. 201; STJ, REsp 233.508/PE, Rel. Min. Humberto Gomes de Barros, 1ª Turma, jul. 22.08.2000, *DJ* 16.10.2000, p. 289.

Reexame necessário. Descabimento. "A liquidação de sentença por mero cálculo do contador não está sujeita ao duplo grau obrigatório, ao contrário da liquidação por artigos ou por arbitramento" (STJ, REsp 257.569/SP, Rel. Min. João Otávio de Noronha, 2ª Turma, jul. 17.11.2005, *DJ* 19.12.2005, p. 296).

6. Memória de cálculo. "Nos casos em que a liquidação de sentença depende somente de cálculo aritmético, determina o Código de Processo Civil, art. 604 [art. 524 do CPC/2015], que o exequente deve elaborar a memória discriminada e atualizada de cálculo e apresentá-la em juízo. Por se tratar de ato privativo, o próprio credor deve arcar com eventuais despesas para a contratação de perito contábil. Em caso de impossibilidade financeira, pode requerer ao Juiz os serviços da Contadoria Judicial, pagando as custas devidas ou pedindo o benefício da gratuidade. Precedentes" (STJ, EREsp 472.867/RS, Rel. Min. Edson Vidigal, Corte Especial, jul. 25.03.2004, *DJ* 04.10.2004, p. 187). **No mesmo sentido:** *RSTJ* 187/55. **Obs.:** A matéria antes disciplinada pelo art. 604 passou para o art. 475-B, por força da Lei nº 11.232, de 22.12.2005.

Demonstrativo do crédito. Honorários periciais. Encargo do vencido. "Para fins do art. 543-C do CPC: (...) 'Na liquidação por cálculos do credor, descabe transferir do exequente para o executado o ônus do pagamento de honorários devidos ao perito que elabora a memória de cálculos'" (STJ, REsp 1.274.466/SC, Rel. Min. Paulo de Tarso Sanseverino, 2ª Seção, jul. 14.05.2014, *DJe* 21.05.2014).

"Tem-se, porém que é insatisfatório e insuficiente para a definição da liquidez do título o demonstrativo sumário que se limita a apontar o valor principal do débito sem explicitação dos critérios utilizados para o alcance do montante apontado. Note-se que no período houve conversão da moeda do padrão do cruzeiro real para a URV e deste para o real e todavia a planilha não esclarece quais foram os índices de correção monetária utilizados e nem foram discriminados os juros mês a mês. **Não preenchendo todos os requisitos obrigatórios pela lei que o disciplina, tanto os relativos à forma como aos de fundo, o título extrajudicial não é apto a embasar execução, tornando-se nulo"** (TAMG, Ap 393.255-0, Rel. Juiz Alvimar de Ávila, 4ª Câmara Cível, ac. 20.08.2003).

"A complexidade dos cálculos não exime o credor de apresentá-los a quem caberá o ônus pela contratação da perícia para a elaboração da memória discriminada de cálculo para a liquidação da sentença" (STJ, AgRg no REsp 1.218.667/RS, Rel. Min. Humberto Martins, 2ª Turma, jul. 15.03.2011, *DJe* 23.03.2011). **No mesmo sentido:** STJ, EDREsp 436.278/RS, Rel. Min. Edson Vidigal, jul. 25.03.2004, *DJU* 04.10.2004.

7. Remessa dos autos à Contadoria Judicial.

Poder *ex officio* do juiz (§ 2º). "O juiz dispõe de poder *ex officio* para determinar a remessa dos autos à Contadoria Judicial para certificar-se dos valores apresentados pelo credor, se assim entender necessário, independentemente de ser o exequente beneficiário da justiça gratuita" (STJ, REsp 804.382/RS, Rel. Min. Luiz Fux, 1ª Turma, jul. 09.09.2008, *DJe* 01.10.2008). **Precedentes citados:** STJ, REsp 615.548/RS, Rel. Min. João Otávio de Noronha, 2ª Turma, jul. 27.02.2007, *DJ* 28.03.2007; STJ, REsp 884.916/PB, Rel. Min. Paulo Medina, 6ª Turma, jul. 28.11.2006, *DJ* 01.10.2007; STJ, REsp 719.792/RS, Rel. Min. Francisco Peçanha Martins, 2ª Turma, jul. 06.12.2005, *DJ* 13.02.2006; STJ, REsp 755.644/RS, Rel. Min. Castro Meira, 2ª Turma, jul. 02.08.2005, *DJ* 05.09.2005).

"(...) Se o cálculo apresentado pelo credor não vincula o juízo nem mesmo quanto a realização da penhora, podendo ser objeto de verificação antes da citação, não há razão para que passe a ser vinculante após a apresentação de embargos pelo devedor. (...) Assim, não houve qualquer violação aos arts. 283, 302, 598 e 741 do CPC [arts. 320, 341, 771, parágrafo único, e 535 do CPC/2015]. (...) O TJPR agiu com prudência e equilíbrio ao apontar as inconsistências do cálculo apresentado pelo credor-exequente, determinando que a sentença proferida em 1º grau de jurisdição fosse cassada 'para que os autos sejam remetidos ao Contador Judicial a fim de que sejam apurados os cálculos de acordo com os elementos constantes dos autos'" (STJ, REsp 1.012.306/PR, Rel. Min. Nancy Andrighi, 3ª Turma, jul. 28.04.2009, *DJe* 07.05.2009).

Credor beneficiário da justiça gratuita. "Para fins do art. 543-C do CPC [art. 1.036 do CPC/2015]: (...) 'Se o credor for beneficiário da gratuidade da justiça, pode-se determinar a elaboração dos cálculos pela contadoria judicial'" (STJ, REsp 1.274.466/SC, Rel. Min. Paulo de Tarso Sanseverino, 2ª Seção, jul. 14.05.2014, *DJe* 21.05.2014).

Beneficiário da justiça gratuita representação pela Defensoria Pública. "O fato do recorrente, na hipótese, já estar sendo representado pela Defensoria Pública não lhe retira a possibilidade de poder se utilizar dos serviços da contadoria judicial, como beneficiário da assistência judiciária" (STJ, REsp 1.200.099/SP, Rel. Min. Nancy Andrighi, 3ª Turma, jul. 06.05.2014, *DJe* 19.05.2014).

Cálculos pela contadoria judicial. Valor superior ao apresentado pelo exequente. Adequação do título. Não ocorrência de julgamento *extra* ou *ultra petita*. "O entendimento adotado pelo Tribunal de origem não se alinha à diretriz desta Corte Superior de que os valores indicados pelas partes não vinculam o Magistrado, que, com base no livre convencimento motivado, poderá definir qual valor melhor reflete o título. Com efeito, o acolhimento de cálculos elaborados pela contadoria oficial, embora superiores àqueles apresentados pela parte exequente, não configura hipótese de julgamento *ultra petita*, à vista da necessidade de ajustar os cálculos aos parâmetros da sentença exequenda, garantindo a perfeita execução do julgado (AgInt no REsp 1.650.796/RS, Rel. Min. Regina Helena Costa, *DJe* 23.8.2017). Ademais, importante salientar que no momento em que um Juiz envia um título executivo para a Contadoria para fins de conferência dos cálculos ele apenas está exercendo mais um dos seus deveres: o controle jurisdicional. Cumpre-se, assim, a regra de que a jurisdição atue, e isso jamais poderia ser equiparado a um julgamento *ultra petita*. A Contadoria não atua para prestar serviço exclusivamente ao Juiz, mas precipuamente aos jurisdicionados, pois um erro de cálculo pode causar prejuízo a qualquer uma das partes em um litígio. Daí por que a lei, § 2º do art. 524 do Código , confere ao Magistrado a prerrogativa de utilizar o serviço judicial da Contadoria quando entender necessário. Trata-se de uma prerrogativa, que não importa em julgamento *extra* ou *ultra petita*, ainda que a Contadoria Judicial apure valores diversos daqueles apontados pelas partes.

Precedentes: AgInt no REsp 1.672.844/PE, Rel. Min. Francisco Falcão, *DJe* 24.9.2019; AgInt nos EDcl no AREsp 1.306.961/PA, Rel. Min. Luis Felipe Salomão, *DJe* 26.2.2019; REsp 1.753.655/PE, Rel. Min. Herman Benjamin, *DJe* 26.11.2018" (STJ, AgInt no REsp 1.586.666/SP, Rel. Min. Napoleão Nunes Maia Filho, 1ª Turma, jul. 25.08.2020, *DJe* 01.09.2020).

Realização de perícia. Não obrigatoriedade. "Numa interpretação literal do art. 524, § 2º do CPC, constata-se que a perícia prevista no referido dispositivo não é de realização obrigatória, devendo o magistrado verificar a sua pertinência e necessidade no caso em concreto" (STJ, AgInt no AREsp 1548314/PR, Rel. Min. Luis Felipe Salomão, 4ª Turma, jul. 18.02.2020, *DJe* 03.03.2020).

8. Cálculos do contador. Homologação. "Entendimento que melhor reflete a orientação sedimentada desta Corte Superior, firme no sentido de que mesmo inclusão de índices de correção monetária, após o trânsito em julgado de sentença homologatória de cálculos de liquidação, constitui ofensa à coisa julgada (Precedentes: AgRg no REsp 1.073.057/SP, Rel. Min. Herman Benjamin, Segunda Turma, *DJe* de 13/03/2009; e AgRg no REsp 744.729/SC, Rel. Min. Mauro Campbell Marques, Segunda Turma, *DJe* 16.12.2008)" (STJ, REsp 714.205/PR, Rel. Min. Vasco Della Giustina, 3ª Turma, jul. 04.06.2009, *DJe* 26.06.2009).

9. Elaboração de novos cálculos. Preclusão. "'Uma vez apurado o *quantum debeatur*, descabe a elaboração de novos cálculos e consequente homologação, face a juntada de documentos novos, porquanto a questão encontrava-se preclusa' (REsp 299.176/PE, Rel. Min. Jorge Scartezzini, Quinta Turma, julgado em 08.06.2004, *DJ* 02.08.2004, p. 472). Outros precedentes: AgRg no Ag 1.041.629/BA, Rel. Min. Napoleão Nunes Maia Filho, Primeira Turma, julgado em 26.10.2010, *DJe* 29.11.2010; REsp 901.734/RJ, Rel. Ministra Eliana Calmon, Segunda Turma, julgado em 18.03.2008, *DJe* 25.04.2008; REsp 702.849/RJ, Rel. Min. Herman Benjamin, Segunda Turma, julgado em 26.06.2007, *DJe* 30.09.2008; EREsp 208.109/RS, Rel. Min. Barros Monteiro, Corte Especial, julgado em 04.10.2006, *DJ* 11.12.2006, p. 293; REsp 235.921/DF, Rel. Min. Aldir Passarinho Júnior, Quarta Turma, julgado em 08.10.2002, *DJ* 17.03.2003, p. 233" (STJ, AgRg no AREsp 44.230/AM, Rel. Min. Humberto Martins, 2ª Turma, jul. 18.10.2012, *DJe* 25.10.2012).

10. Excesso na execução. "Na hipótese de execução de valores exageradamente elevados, cuja demonstração dependa de dilação probatória, é possível ao juízo, nos termos da doutrina citada no acórdão, determinar a penhora de valor menor que o exigido pelo credor, de modo que reste garantido o pagamento da parcela incontroversa do débito. O excesso de execução, assim, pode ser discutido posteriormente, mediante embargos do devedor" (STJ, REsp 410.063/PE, Rel. p/ Acórdão Min. Nancy Andrighi, 3ª Turma, jul. 03.04.2007, *DJ* 21.05.2007).

11. Liquidação de sentença em ação de pedido de complementação de ações. "Para fins do art. 543-C do CPC [art. 1.036 do CPC/2015]: O cumprimento de sentença condenatória de complementação de ações dispensa, em regra, a fase de liquidação de sentença" (STJ, REsp 1.387.249/SC, Rel. Min. Paulo de Tarso Sanseverino, 2ª Seção, jul. 26.02.2014, *DJe* 10.03.2014).

Art. 525. Transcorrido o prazo previsto no art. 523 sem o pagamento voluntário, inicia-se o prazo de 15 (quinze) dias para que o executado, independentemente de penhora ou nova intimação, apresente, nos próprios autos, sua impugnação.

§ 1º Na impugnação, o executado poderá alegar:

I – falta ou nulidade da citação se, na fase de conhecimento, o processo correu à revelia;

II – ilegitimidade de parte;

III – inexequibilidade do título ou inexigibilidade da obrigação;

IV – penhora incorreta ou avaliação errônea;

V – excesso de execução ou cumulação indevida de execuções;

VI – incompetência absoluta ou relativa do juízo da execução;

VII – qualquer causa modificativa ou extintiva da obrigação, como pagamento, novação, compensação, transação ou prescrição, desde que supervenientes à sentença.

§ 2º A alegação de impedimento ou suspeição observará o disposto nos arts. 146 e 148.

§ 3º Aplica-se à impugnação o disposto no art. 229.

§ 4º Quando o executado alegar que o exequente, em excesso de execução, pleiteia quantia superior à resultante da sentença, cumprir-lhe-á declarar de imediato o valor que entende correto, apresentando demonstrativo discriminado e atualizado de seu cálculo.

§ 5º Na hipótese do § 4º, não apontado o valor correto ou não apresentado o demonstrativo, a impugnação será liminarmente rejeitada, se o excesso de execução for o seu único fundamento, ou, se houver outro, a impugnação será processada, mas o juiz não examinará a alegação de excesso de execução.

§ 6º A apresentação de impugnação não impede a prática dos atos executivos, inclusive os de expropriação, podendo o juiz, a requerimento do executado e desde que garantido o juízo com penhora, caução ou depósito suficientes, atribuir-lhe efeito suspensivo, se seus fundamentos forem relevantes e se o prosseguimento da execução for manifestamente suscetível de causar ao executado grave dano de difícil ou incerta reparação.

§ 7º A concessão de efeito suspensivo a que se refere o § 6º não impedirá a efetivação dos atos de substituição, de reforço ou de redução da penhora e de avaliação dos bens.

§ 8º Quando o efeito suspensivo atribuído à impugnação disser respeito apenas a parte do objeto da execução, esta prosseguirá quanto à parte restante.

§ 9º A concessão de efeito suspensivo à impugnação deduzida por um dos executados não suspenderá a execução contra os que não impugnaram, quando o respectivo fundamento disser respeito exclusivamente ao impugnante.

§ 10. Ainda que atribuído efeito suspensivo à impugnação, é lícito ao exequente requerer o prosseguimento da execução, oferecendo e prestando, nos próprios autos, caução suficiente e idônea a ser arbitrada pelo juiz.

§ 11. As questões relativas a fato superveniente ao término do prazo para apresentação da impugnação, assim como aquelas relativas à validade e à adequação da penhora, da avaliação e dos atos executivos subsequentes, podem ser arguidas por simples petição, tendo o executado, em qualquer dos casos, o prazo de 15 (quinze) dias para formular esta arguição, contado da comprovada ciência do fato ou da intimação do ato.

§ 12. Para efeito do disposto no inciso III do § 1º deste artigo, considera-se também inexigível a obrigação reconhecida em título executivo judicial fundado em lei ou ato normativo considerado inconstitucional pelo Supremo Tribunal Federal, ou fundado em aplicação ou interpretação da lei ou do ato normativo tido pelo Supremo Tribunal Federal como incompatível com a Constituição Federal, em controle de constitucionalidade concentrado ou difuso.

§ 13. No caso do § 12, os efeitos da decisão do Supremo Tribunal Federal poderão ser modulados no tempo, em atenção à segurança jurídica.

§ 14. A decisão do Supremo Tribunal Federal referida no § 12 deve ser anterior ao trânsito em julgado da decisão exequenda.

§ 15. Se a decisão referida no § 12 for proferida após o trânsito em julgado da decisão exequenda, caberá ação rescisória, cujo prazo será contado do trânsito em julgado da decisão proferida pelo Supremo Tribunal Federal.

CPC/1973

Arts. 475-J, § 1º, 475-L e 475-M.

REFERÊNCIA LEGISLATIVA

CPC/2015, arts. 535 (embargos à execução da Fazenda Pública); 917 (embargos à execução de título extrajudicial).

SÚMULAS

Súmula do STF:

nº 150: "Prescreve a execução no mesmo prazo de prescrição da ação".

Súmula do STJ:

nº 519: "Na hipótese de rejeição da impugnação ao cumprimento de sentença, não são cabíveis honorários advocatícios".

Súmula do TRF4:

nº 134: "A ausência de impugnação pela Fazenda Pública ao cumprimento de sentença não enseja a redução pela metade dos honorários advocatícios por ela devidos, não sendo aplicável à hipótese a regra do art. 90, § 4º, c/c art. 827, § 1º, ambos do CPC de 2015".

CJF – JORNADAS DE DIREITO PROCESSUAL CIVIL

I JORNADA

Enunciado 89 – Conta-se em dias úteis o prazo do *caput* do art. 523 do CPC.

Enunciado 90 – Conta-se em dobro o prazo do art. 525 do CPC nos casos em que o devedor é assistido pela Defensoria Pública.

Enunciado 94 – Aplica-se o procedimento do art. 920 do CPC à impugnação ao cumprimento de sentença, com possibilidade de rejeição liminar nas hipóteses dos arts. 525, § 5º, e 918 do CPC.

Enunciado 95 – O juiz, antes de rejeitar liminarmente a impugnação ao cumprimento de sentença (art. 525, § 5º, do CPC), deve intimar o impugnante para sanar eventual vício, em observância ao dever processual de cooperação (art. 6º do CPC).

BREVES COMENTÁRIOS

O executado, após a intimação para pagar a dívida, terá o prazo de trinta dias úteis (art. 219) para apresentar a impugnação: quinze dias para realizar o pagamento voluntário, e mais quinze dias para impugnar o cumprimento da sentença, se for o caso. E tal prazo se conta agora independentemente de penhora ou depósito, pondo fim a controvérsia doutrinária ao tempo do CPC/1973, acerca de ser ou não a garantia da execução o marco inicial do prazo da defesa do executado. Ou seja, o executado pode apresentar a impugnação sem qualquer garantia prévia do juízo.

Como as matérias suscitáveis na impugnação correspondem, em regra, à falta de pressupostos processuais ou à ausência de condições de procedibilidade, não tem sentido condicionar sua apreciação em juízo à penhora ou a um prazo fatal. Essas matérias, por sua natureza, são conhecíveis de ofício, a qualquer tempo ou fase do processo (art. 485, § 3º, aplicável à execução por força do art. 771, parágrafo único). Antes ou depois dos quinze dias referidos no art. 525, *caput*, o juiz já pode conhecer, de ofício, da falta de pressupostos processuais e condições da execução. Pelo que, também, pode o executado arguir a mesma matéria a qualquer tempo e independentemente de penhora.

A irrelevância do prazo do art. 525 manifesta-se não apenas em relação às questões pertinentes aos pressupostos processuais e às condições de procedibilidade *in executivis*, que são naturalmente imunes à preclusão. Muitos são os atos executivos que, de ordinário ocorrem, ou podem ocorrer, depois de escoado o prazo ordinário da impugnação.

Para que não fique o executado privado do contraditório diante de tais atos, ressalva-lhe o § 11 do art. 525 a possibilidade de arguir as questões e os fatos processuais supervenientes ao termo estatuído pelo *caput* do mesmo artigo (assim como as relativas à validade e à adequação da penhora, da avaliação e dos atos executivos subsequentes) por meio de simples petição, em quinze dias contados da ciência do fato ou da intimação do ato. É claro, porém, que esse novo prazo de quinze dias, tal como o da impugnação ordinária, nem sempre pode ser visto como peremptório ou fatal. Se a arguição for de fato extintivo ou impeditivo da própria execução (nulidade absoluta, pagamento, remissão, prescrição intercorrente etc.), lícita será sua suscitação em juízo, a qualquer tempo, enquanto não extinto o processo.

JURISPRUDÊNCIA SELECIONADA

1. Prazo.

Prazo para pagamento voluntário do débito executado. Prazo de natureza processual. Contagem em dias úteis. Ver jurisprudência do art. 523 do CPC/2015.

Transcurso do prazo para cumprimento espontâneo na vigência do CPC/1973. Necessidade de intimação do executado para apresentar impugnação ao cumprimento de sentença. "Nos termos do art. 475-J do CPC/1973 [art. 523 do CPC/2015, o prazo para impugnação ao cumprimento de sentença somente era contado a partir da intimação do auto de penhora e avaliação. Por sua vez, nos termos do art. 525 do CPC/2015: 'Transcorrido o prazo previsto no art. 523 sem o pagamento voluntário, inicia-se o prazo de 15 (quinze) dias para que o executado, independentemente de penhora ou nova intimação, apresente, nos próprios autos, sua impugnação' (sem grifos no original). Descabimento da aplicação da norma do art. 525 do CPC/2015 ao caso dos autos, pois o novo marco temporal do prazo (fim do prazo para pagamento voluntário) ocorreu na vigência do CPC/1973, o que conduziria a uma indevida aplicação retroativa do CPC/2015. Inviabilidade, por sua vez, de aplicação do CPC/1973 ao caso dos autos, pois a impugnação, sendo fato futuro, deveria ser regida pela lei nova ('tempus regit actum'). Existência de conexidade entre os prazos para pagamento voluntário e para impugnação ao cumprimento de sentença, tanto na vigência do CPC/1973 quanto na vigência do CPC/2015, fato que impede a simples aplicação da técnica do isolamento dos atos processuais na espécie. Doutrina sobre o tema. Necessidade de compatibilização das leis aplicáveis mediante a exigência de intimação específica para impugnação ao cumprimento de sentença em hipóteses como a dos autos. Aplicação ao caso do Enunciado nº 525 do Fórum Permanente de Processualistas Civis, assim redigido: 'Após a entrada em vigor do CPC-2015, o juiz deve intimar o executado para apresentar impugnação ao cumprimento de sentença, em quinze dias, ainda que sem depósito, penhora ou caução, caso tenha transcorrido o prazo para cumprimento espontâneo da obrigação na vigência do CPC-1973 e não tenha àquele tempo garantido o juízo' (sem grifos no original)" (STJ, REsp 1.833.935/RJ, Rel. Min. Paulo de Tarso Sanseverino, 3ª Turma, jul. 05.05.2020, *DJe* 11.05.2020).

Termo inicial. Término do prazo para pagamento voluntário do débito. Garantia do juízo. Irrelevância. "No CPC/15, com a redação do art. 525, § 6º, do CPC/15, a garantia do juízo deixa expressamente de ser requisito para a apresentação do cumprimento de sentença, passando a se tornar apenas mais uma condição para a suspensão dos atos executivos. Por essa razão, no atual Código, a intimação da penhora e o termo de depósito não mais demarcam o início do prazo para a oposição da defesa do devedor, sendo expressamente disposto, em seu art. 525, *caput*, que o prazo de 15 (quinze) dias para a apresentação da impugnação se inicia após o prazo do pagamento voluntário. Assim, mesmo que o executado realize o depósito para garantia do juízo no prazo para pagamento voluntário, o prazo para a apresentação da impugnação somente se inicia após transcorridos os 15 (quinze) dias contados da intimação para pagar o débito, previsto no art. 523 do CPC/15, independentemente de nova intimação" (STJ, REsp 1.761.068/RS, Rel. p/ Acórdão Min. Nancy Andrighi, 3ª Turma, jul. 15.12.2020, *DJe* 18.12.2020).

Litisconsortes passivos. Procuradores diferentes. Prazo em dobro. Aplicabilidade. "Havendo coexecutados representados por advogados diferentes, as diversas impugnações apresentadas serão processadas todas no feito do cumprimento de sentença. Já no que diz respeito aos embargos, serão formadas novas demandas tantas quantas forem os embargos ajuizados. Assenta-se, desse modo, que o prazo de 15 (quinze) dias para a apresentação da impugnação ao cumprimento de sentença previsto no art. 475-J, § 1º, do CPC/1973 sujeita-se à regra da contagem em dobro prevista no art. 191 do CPC/1973, não se lhe revelando extensível subsidiariamente (segundo prevê o art. 475-R do CPC/1973) a vedação incidente sobre os embargos à execução (art. 738, § 3º, do CPC/2015), em razão da distinção ontológica entre os referidos institutos de defesa" (STJ, REsp 1.964.438/SP, Rel. Min. Marco Aurélio Bellizze, 3ª Turma, jul. 07.12.2021, *DJe* 14.12.2021).

Prazo para pagamento e prazo para impugnação. Distinção. "Não há identidade entre os prazos previstos no *caput* do art. 475-J do CPC [art. 523 do CPC/2015] e aquele positivado no seu § 1º. O primeiro se refere ao prazo para o pagamento espontâneo do valor devido, tendo início na intimação do advogado do devedor. O segundo se refere ao interregno previsto para formulação de impugnação pelo executado e tem termo inicial no depósito da dívida incontroversa. Precedentes" (STJ, REsp 1.327.781/BA, Rel. Min. Eliana Calmon, 2ª Turma, jul. 02.05.2013, *DJe* 10.05.2013). **Obs.:** Pelo CPC/2015, não é mais necessária a garantia do juízo para a impugnação à execução.

2. Matérias arguíveis.

Falta ou nulidade de citação (Inciso I)

Comparecimento do réu apenas na fase de cumprimento de sentença. Impugnação. Citação. "A citação é indispensável à garantia do contraditório e da ampla defesa, sendo o vício de nulidade de citação o defeito processual mais grave no sistema processual civil brasileiro. Esta Corte tem entendimento consolidado no sentido de que o defeito ou inexistência da citação opera-se no plano da existência da sentença. Caracteriza-se como vício transrescisório que pode ser suscitado a qualquer tempo, inclusive após escoado o prazo para o ajuizamento da ação rescisória, mediante simples petição, por meio de ação declaratória de nulidade (*querela nullitatis*) ou impugnação ao cumprimento de sentença (art. 525, § 1º, I, do CPC/2015)" (STJ, REsp 1.930.225/SP, Rel. Min. Nancy Andrighi, 3ª Turma, jul. 08.06.2021, *DJe* 15.06.2021).

Ilegitimidade das partes (inciso II).

"Conforme orientação pacífica da jurisprudência desta Corte, uma vez decidida a questão da legitimidade passiva no processo de conhecimento, tendo sido regularmente formado o título executivo, não cabe a rediscussão do tema em sede de execução, sob pena de ofensa à coisa julgada" (STJ, AgRg no Ag 1.275.364/SP, Rel. Min. Sidnei Beneti, 3ª Turma, jul. 20.04.2010, *DJe* 05.05.2010). **No mesmo sentido:** STJ, REsp 917.974/MS, Rel. Min. Luis Felipe Salomão, 4ª Turma, jul. 05.04.2011, *DJe* 04.05.2011.

Inexequibilidade do título ou inexigibilidade da obrigação (inciso III).

Liquidação zero. Inexequibilidade do título. Extinção da execução. Recurso cabível (inciso III). "Com o provimento de recurso especial anteriormente interposto perante esta Corte (REsp 1.092.201/RJ), determinou-se ao juízo de primeiro grau que apurasse o valor devido, nos termos do art. 475-B, §§ 3º e 4º, do CPC [art. 524, §§ 1º e 2º, do CPC/2015]. Nova decisão foi proferida pelo juízo de primeiro grau concluindo no sentido da inexequibilidade do título, pois a liquidação redundou em valor zero. Segundo jurisprudência pacífica desta Corte, o recurso cabível contra a decisão que, ao resolver impugnação ao cumprimento de sentença, extingue a execução, é a apelação. Recurso Especial 1.364.958/RJ provido. Recurso Especial 1.337.724/RJ provido. Recurso especial 1.127.488/RJ prejudicado" (STJ, REsp 1.127.488/RJ, Rel. Min. Sidnei Beneti, Rel. p/ Acórdão Min. Paulo de Tarso Sanseverino, 3ª Turma, jul. 18.11.2014, *DJe* 02.03.2015).

Penhora incorreta ou avaliação errônea (inciso IV).

"(...) as questões relativas à nulidade da penhora podem ser apresentadas por simples petição nos autos da execução ou nos embargos correspondentes" (STJ, REsp 555.968/PR, Rel. Min. Carlos Alberto Menezes Direito, 3ª Turma, jul. 14.06.2004, *DJ* 23.08.2004, p. 231). **Em sentido contrário:** "Decorrido o prazo próprio para a oposição dos embargos do devedor, já não é possível discutir a respeito da regularidade, ou não, da penhora de bens" (STJ, REsp 84.560/SP, Rel. Min. Ari Pargendler, 2ª Turma, jul. 19.03.1998, *DJ* 06.04.1998, p. 73).

Impenhorabilidade de bem de família. Honorários. "A impenhorabilidade de bem de família pode ser alegada, por simples petição, no curso do processo de execução. Precedentes. Sendo possível alegar-se a impenhorabilidade de bem de família por simples petição nos autos, a oposição, em seu lugar, de embargos à execução, pode não necessariamente acarretar a condenação do embargado ao pagamento da verba sucumbencial, se este de pronto anui com o levantamento da constrição, o que não é a hipótese dos autos. Se o credor embargado resiste ao pedido de exclusão da penhora, apresentando impugnações de várias espécies, dando causa ao prosseguimento da lide, a sua derrota atrai a condenação ao pagamento das custas e honorários advocatícios" (STJ, AgInt nos EDcl no AREsp. 2.160.071/RJ, Rel. Min. Maria Isabel Gallotti, 4ª Turma, jul. 02.09.2024, *DJe* 04.09.2024).

Excesso de execução ou cumulação indevida (inciso V).

Devolução. Ver jurisprudência do art. 513 do CPC/2015.

Incompetência absoluta ou relativa do juízo (inciso VI).

"A incompetência absoluta do juízo pode ser alegada em qualquer fase ou grau de jurisdição do processo de conhecimento ou, em última hipótese, via ação rescisória (art. 485, II, do CPC) [art. 966, II, do CPC/2015]. Em sede de execução de título judicial não é dado ao devedor alegar a incompetência do juízo do processo de conhecimento" (STJ, REsp 919.308/PR, Rel. Min. Castro Meira, 2ª Turma, jul. 04.09.2007, *DJ* 18.09.2007, p. 289).

Qualquer causa modificativa ou extintiva da obrigação (inciso VII).

a) Coisa julgada. "Verifica-se, portanto, que a desconstituição da coisa julgada pode ser perseguida até mesmo por intermédio de alegações incidentes ao próprio processo executivo, tal como ocorreu na hipótese dos autos" (STJ, REsp 622.405/SP, Rel. Min. Denise Arruda, 1ª Turma, jul. 14.08.2007, *DJ* 20.09.2007, p. 221).

Ato lesivo ao patrimônio público. "Se a orientação sedimentada nesta Corte é de afastar a coisa julgada quando a sentença fixa indenização em desconformidade com a base fática dos autos ou quando há desrespeito explícito ao princípio constitucional da 'justa indenização', com muito mais razão deve ser 'flexibilizada' a regra, quando condenação milionária é imposta à União pela expropriação de terras já pertencentes ao seu domínio indisponível, como parece ser o caso dos autos" (STJ, REsp 1.015.133/MT, Rel. Min. Eliana Calmon, Rel. p/ Ac. Min. Castro Meira, 2ª Turma, jul. 02.03.2010, *DJe* 23.04.2010).

Cancelamento de inscrição em dívida ativa da União. "A questão debatida nos autos foi amplamente apreciada pelo STJ. Por conseguinte, acolheu-se a tese da legalidade do cancelamento de inscrição em dívida ativa da União, na hipótese da decisão judicial, transitada em julgado, encampar tese da constitucionalidade da exação cobrada com fundamento nos Decretos-leis n. 2.445 e 2.449/88. (Enunciado 83 da Súmula do STJ)" (STJ, AgRg no REsp 1.091.146/RS, Rel. Min. Humberto Martins, 2ª Turma, jul. 28.04.2009, *DJe* 11.05.2009).

Exceção de coisa julgada. Oportunidade. "A exceção de coisa julgada não suscitada apropriadamente na fase de conhecimento e, tendo havido o trânsito em julgado da decisão de mérito, não sendo fato superveniente a esta (art. 475-L do CPC), somente pode ser alegada na via da ação rescisória (art. 485, IV, do CPC) e não na fase de cumprimento de sentença" (STJ, EDcl no AgRg nos EDcl no REsp 1.309.826/RS, Rel. Min. Ricardo Villas Bôas Cueva, 3ª Turma, jul. 01.03.2016, *DJe* 07.03.2016).

Título executivo judicial com mais de uma interpretação. Ofensa à coisa julgada. Inocorrência. "Se o título exequendo admite mais de uma interpretação, dada a equivocidade de seus termos, não é possível falar em ofensa à coisa julgada na definição de seu conteúdo. Precedentes. De acordo com a jurisprudência desta Corte, quando mais de uma interpretação é possível, deve ser adotada aquela que esteja de acordo com o princípio da razoabilidade e não desborde das linhas que estruturam o ordenamento jurídico" (STJ, REsp 928.133/RS, Rel. Min. Ricardo Villas Bôas Cueva, 3ª Turma, jul. 27.06.2017, *DJe* 02.08.2017).

b) Prescrição. "Sob o ângulo do prazo prescricional, a ação de execução segue a sorte da ação de conhecimento, na forma prevista na Súmula 150 do Pretório Excelso, segundo a qual prescreve a execução no mesmo prazo de prescrição da ação" (STJ, EmbExeMS 4.565/DF, Rel. Min. Napoleão Nunes Maia Filho, 3ª Seção, jul. 14.12.2009, *DJe* 18.12.2009).

Prescrição superveniente. Alegação. Excepcionalidade. "Apenas a prescrição superveniente à formação do título pode ser alegada em cumprimento de sentença" (STJ, REsp 1.931.969/SP, Rel. Min. Ricardo Villas Bôas Cueva, 3ª Turma, jul. 08.02.2022, *DJe* 11.02.2022). **No mesmo sentido:** TJRS, Ag 70.028.263.168, Rel. Des. Otávio Augusto de Freitas Barcellos, 15ª Câmara Cível, jul. 08.04.2009, *RDCPC* 59/56; STJ, AgRg no REsp 1426423/AM, Rel. Min. Mauro Campbell Marques, 2ª Turma, jul. 24.02.2015, *DJe* 02.03.2015.

Prescrição superveniente à sentença.

Cumprimento de sentença. "Estabelecer-se a autonomia entre as ações de liquidação de sentença e de execução é fundamental para fins de contagem da prescrição. Em sendo a liquidação e a execução ações autônomas entre si, o prazo prescricional para a propositura da ação executiva só teria início quando do trânsito em julgado da sentença de homologação dos cálculos na liquidação, devendo ser aplicado, no caso, o princípio da *actio nata*, porquanto, sem pretensão não se pode cogitar da fluência do prazo prescricional. Partindo-se, pois, da premissa de que, liquidada a sentença, competiria ao particular promover a execução, pelo prazo de 20 anos, tenho que está caracterizada a prescrição no caso em análise. (...). Assim, até a data do presente julgamento, não houve promoção da ação de execução, razão por que inevitável o reconhecimento da prescrição da pretensão executiva, que teve o prazo vintenário contado a partir do trânsito em julgado da homologação da sentença de liquidação, que se deu em 2.4.1990 e findou em 2.4.2010" (STJ, REsp 894.911/RJ, Rel. Min. Mauro Campbell Marques, 2ª Turma, jul. 21.06.2011, *DJe* 29.06.2011).

Prescrição da pretensão executiva. "O entendimento do Tribunal de origem coaduna-se com a orientação jurisprudencial do Superior Tribunal de Justiça segundo a qual 'a liquidação é fase do processo de cognição, só sendo possível iniciar a execução quando o título, certo pelo trânsito em julgado da sentença de conhecimento, apresentar-se também líquido. Logo, o lapso prescricional da ação de execução só tem início quando finda a liquidação' (AgRg no REsp 1.212.834/PR, Rel. Min. Humberto Martins, Segunda Turma, *DJe* 13.04.2011)" (STJ, AgRg no Ag 1.418.380/RS, Rel. Min. Arnaldo Esteves Lima, 1ª Turma, jul. 15.12.2011, *DJe* 02.02.2012).

c) Pagamento anterior à sentença. "Esta Corte tem consagrado o entendimento de que impossível ao devedor impugnar o título judicial com base em pagamento pretensamente ocorrido em fase anterior à formação do título executivo judicial – art. 741, VI, do CPC [art. 535, VI, do CPC/2015] (REsp n. 871.166/SP, Rel. Min. Luiz Fux, *DJe* 13.11.2008; REsp n. 392.573/RS, Rel. Min. Eliana Calmon, *DJ* 5.8.2002; REsp n. 269.403/SP, Rel. Min. José Arnaldo da Fonseca, *DJ* 26.3.2001; REsp n. 713.052/PR, Rel. Min. Cesar Asfor Rocha, *DJ* 29.6.2007) (STJ, AgRg no REsp 1.081.870/PR, Rel. Min. Aldir Passarinho Junior, 4ª Turma, jul. 24.03.2009, *DJe* 11.05.2009)" (STJ, AgRg no REsp 1.047.809/PR, Rel. Min. João Otávio de Noronha, 4ª Turma, jul. 14.04.2011, *DJe* 03.05.2011).

d) Compensação. "A devedora que não é titular de dívida líquida e vencida não pode pretender a compensação" (STJ, REsp 29.675/SP, Rel. Min. Ruy Rosado de Aguiar, 4ª Turma, jul. 13.06.1994, *DJ* 01.08.1994, p. 18.653).

"Havendo culpa do exequente no desaparecimento da garantia pignoratícia, admite-se compensação entre o crédito exequendo e o valor monetário da mercadoria apenhada" (STJ, REsp 8.453/SP, Rel. Min. Sálvio de Figueiredo Teixeira, 4ª Turma, jul. 16.03.1992, *DJ* 03.08.1992, p. 11.320).

e) Absolvição criminal. Causa excludente da ilicitude. "A absolvição no juízo criminal, posterior à sentença da ação civil reparatória por ato ilícito, importa em causa superveniente extintiva da obrigação" (STJ, REsp 118.449/GO, Min. Cesar Asfor Rocha, 4ª Turma, jul. 26.11.1997, *DJ* 20.04.1998, p. 89). **No mesmo sentido:** STJ, REsp 686.486/RJ, Rel. Min. Luis Felipe Salomão, 4ª Turma, jul. 14.04.2009, *DJe* 27.04.2009).

3. Excesso de execução (§ 4º).

Impugnação por excesso de execução. Necessidade de apontar a parcela incontroversa do débito. "Para fins do art. 543-C do CPC [art. 1.036 do CPC/2015]: 'Na hipótese do art. 475-L, § 2º, do CPC [art. 525, § 4º, do CPC/2015], é indispensável apontar, na petição de impugnação ao cumprimento de sentença, a parcela incontroversa do débito, bem como as incorreções encontradas nos cálculos do credor, sob pena de rejeição liminar da petição, não se admitindo emenda à . Caso concreto: 2.1. Impossibilidade de se reiterar, em impugnação ao cumprimento de sentença, matéria já preclusa no curso da execução. Precedentes" (STJ, REsp 1.387.248/SC, Rel. Min. Paulo de Tarso Sanseverino, Corte Especial, jul. 07.05.2014, *DJe* 19.05.2014). **Obs.:** Decisão submetida ao julgamento dos recursos repetitivos.

4. Efeito suspensivo (§ 6º).

"Dentro da nova sistemática de cumprimento das sentenças fixada pela Lei nº 11.232/05, que inseriu, entre outros, o art. 475-M no CPC [art. 525, § 6º, do CPC/2015], o próprio juiz pode suspender a execução, bastando, para tanto, que o executado comprove a presença dos requisitos legais" (STJ, MC 13.208/PR, Rel. Min. Nancy Andrighi, 3ª Turma, jul. 04.09.2007, *DJ* 24.09.2007, p. 286).

"Presentes os requisitos previstos no art. 475-M [art. 525, § 6º, do CPC/2015] do Código de Processo Civil, quais sejam, relevância da argumentação e risco de grave dano ou de difícil ou incerta reparação, há de ser concedido o efeito suspensivo à impugnação ao cumprimento de sentença" (TJPR, AgIn 0790168-8, Rel. Des. Celso Jair Mainardi, 7ª Câmara Cível, *DJPR* 12.09.2011, p. 88).

5. Declaração de inconstitucionalidade (§ 12).

Coisa julgada inconstitucional. Ver jurisprudência do art. 535.

Relações jurídicas de trato sucessivo. "As sentenças proferidas em relações jurídicas de trato sucessivo transitam em julgado e fazem coisa julgada material, ainda que possam ter a sua eficácia limitada no tempo, quanto aos fatos supervenientes que alterem os dados da equação jurídica nelas traduzida. (...). A declaração de inconstitucionalidade estabelece uma nova situação jurídica, submetida ao superveniente estado de direito, que faz cessar, prospectivamente, os efeitos da constitucionalidade emitidos na sentença proferida em sentido contrário. Destarte, deve-se observar que há retroação da declaração de inconstitucionalidade, mas a decisão transitada em julgado perpetua-se até a declaração de inconstitucionalidade da norma pela Suprema Corte, respeitando a coisa julgada material naquele lapso temporal" (STJ, REsp 1.103.584/DF, Rel. Min. Luiz Fux, 1ª Turma, jul. 18.05.2010, *DJe* 10.09.2010).

"Não podem ser desconsideradas as decisões do Plenário do STF que reconhecem constitucionalidade ou a inconstitucionalidade de diploma normativo. **Mesmo quando tomadas em controle difuso, são decisões de incontestável e natural vocação expansiva,** com eficácia imediatamente vinculante para os demais tribunais, inclusive o STJ (CPC, art. 481, § único [art. 949, parágrafo único, do CPC/2015]: 'Os órgãos fracionários dos tribunais não submeterão ao plenário, ou ao órgão especial, a arguição de inconstitucionalidade, quando já houver pronunciamento destes ou do plenário do Supremo Tribunal Federal sobre a questão'), e, no caso das decisões que reconhecem a inconstitucionalidade de lei ou ato normativo, com força de inibir a execução de sentenças judiciais contrárias, que se tornam inexigíveis (CPC, art. 741, § único; art. 475-L, § 1º [arts. 535, § 5º, 525, § 12, do CPC/2015], redação da Lei 11.232/05)" (STJ, EDcl no REsp 821.951/SP, Rel. Min. Teori Albino Zavascki, 1ª Turma, jul. 15.08.2006, *DJ* 31.08.2006, p. 250).

"A declaração final de inconstitucionalidade, quando proferida em sede de fiscalização normativa abstrata, importa – considerado o efeito repristinatório que lhe é inerente – em restauração das normas estatais anteriormente revogadas pelo diploma normativo objeto do juízo de inconstitucionalidade, eis que o ato inconstitucional, por juridicamente inválido (RTJ 146/461-462), não se reveste de qualquer carga de eficácia derrogatória" (STF, ADI 2.884, Rel. Min. Celso de Mello, Tribunal Pleno, jul. 02.12.2004, *DJ* 20.05.2005). **No mesmo sentido:** STJ, RMS 93, Rel. Min. Armando Rolemberg, 1ª Turma, jul. 07.05.1990, *RT* 657/176.

Concessão de liminar. Norma de efeitos exauridos. "Embora, normalmente, a concessão de liminar só produza efeitos *ex nunc*, quando a norma impugnada tem os seus efeitos exauridos logo após sua entrada em vigor, mas com repercussão indireta no futuro pela desconstituição de atos pretéritos, repercussão essa a justificar a concessão da liminar, tal concessão se dá para o efeito único possível de suspender a eficácia da norma *ex tunc*, certo como é que não se pode suspender para o futuro o que já se exauriu no passado" (STF, ADI 596, Rel. Min. Moreira Alves, jul. 11.10.1991, *RTJ* 138/86).

Concurso público. Ato normativo inconstitucional. "Nulidade de concurso declarada pela Administração Pública. Atos normativos julgados inconstitucionais pela Corte Superior do Tribunal de Justiça do Estado de Minas Gerais. Invalidade e ineficácia dos atos baseados nos dispositivos legais declarados nulos" (STF, RE 348.468/MG, Rel. Min. Gilmar Mendes, 2ª Turma, jul. 15.12.2009).

Inexigibilidade do título por inconstitucionalidade de lei. "São constitucionais as disposições normativas do parágrafo único do art. 741 do CPC, do § 1º do art. 475-L, ambos do CPC/73, bem como os correspondentes dispositivos do CPC/15, o art. 525, § 1º, III e §§ 12 e 14, o art. 535, § 5º. São dispositivos que, buscando harmonizar a garantia da coisa julgada com o primado da Constituição, vieram agregar ao sistema processual brasileiro um mecanismo com eficácia rescisória de sentenças revestidas de vício de inconstitucionalidade qualificado, assim caracterizado nas hipóteses em que (a) a sentença exequenda esteja fundada em norma reconhecidamente inconstitucional – seja por aplicar norma inconstitucional, seja por aplicar norma em situação ou com um sentido inconstitucional; ou (b) a sentença exequenda tenha deixado de aplicar norma reconhecidamente constitucional; e (c) desde que, em qualquer dos casos, o reconhecimento dessa constitucionalidade ou a inconstitucionalidade tenha decorrido de julgamento do STF realizado em data anterior ao trânsito em julgado da sentença exequenda" (STF, ADI 2418, Rel. Min. Teori Zavascki, Tribunal Pleno, jul. 04.05.2016, *DJe* 17.11.2016).

6. Declaração de constitucionalidade ou inconstitucionalidade pelo STF (§ 15). Ver jurisprudência do art. 966 do CPC/2015.

Declaração de inconstitucionalidade. Modulação temporal de efeitos e eficácia *ex nunc* como exceção. Tema 809/STF. Aplicabilidade aos processos em que não tenha havido trânsito em julgado da sentença de partilha. Preexistência de decisão excluindo herdeiro da sucessão à luz do dispositivo posteriormente declarado inconstitucional. Irrelevância. Ação de inventário sem sentença de partilha e sem trânsito em julgado. Possibilidade de arguição em impugnação ao cumprimento da sentença. "Considerando que a lei incompatível com o texto constitucional padece do vício de nulidade, a declaração de sua inconstitucionalidade, de regra, produz efeito *ex tunc*, ressalvadas as hipóteses em que, no julgamento pelo Supremo Tribunal Federal, houver a modulação temporal dos efeitos, que é excepcional. Da excepcionalidade da modulação decorre a necessidade de que o intérprete seja restritivo, a fim de evitar inadequado acréscimo de conteúdo sobre aquilo que o intérprete autêntico pretendeu proteger e salvaguardar. Ao declarar a inconstitucionalidade do art. 1.790 do CC/2002 (tema 809), o Supremo Tribunal Federal modulou temporalmente a aplicação da tese para apenas 'os processos judiciais em que ainda não tenha havido trânsito em julgado da sentença de partilha', de modo a tutelar a confiança e a conferir previsibilidade às relações finalizadas sob as regras antigas (ou seja, às ações de inventário concluídas nas quais foi aplicado o art. 1.790 do CC/2002). Aplica-se a tese fixada no tema 809/STF às ações de inventário em que ainda não foi proferida a sentença de partilha, ainda que tenha havido, no curso do processo, a prolação de decisão que, aplicando o art. 1.790 do CC/2002, excluiu herdeiro da sucessão e que a ela deverá retornar após a declaração de inconstitucionalidade e a consequente aplicação do art. 1.829 do CC/2002. Não são equiparáveis, para os fins da aplicação do tema 809/STF, as sentenças de partilha transitadas em julgado e as decisões que, incidentalmente, versam sobre bens pertencentes ao espólio, uma vez que a inconstitucionalidade de lei, enquanto questão de ordem pública, é matéria suscetível de arguição em impugnação ao cumprimento de sentença e que, com muito mais razão, pode ser examinada na fase de conhecimento" (STJ, REsp 1.904.374/DF, Rel. Min. Nancy Andrighi, 3ª Turma, jul. 13.04.2021, *DJe* 15.04.2021).

Lei posteriormente declarada não recepcionada pela CF. Impossibilidade de relativizar a coisa julgada. "Nos termos do RE 730.462, 'a decisão do Supremo Tribunal Federal declarando a constitucionalidade ou a inconstitucionalidade de preceito normativo não produz a automática reforma ou rescisão das decisões anteriores que tenham adotado entendimento diferente. Para que tal ocorra, será indispensável a interposição de recurso próprio ou, se for o caso, a propositura de ação rescisória própria, nos termos do art. 485 do CPC [art. 966 do CPC/2015], observado o respectivo prazo decadencial (art. 495)' [art. 975 do CPC/2015]. **Não se revela possível a utilização da *querela nullitatis*** com a finalidade de desconstituir título executivo judicial fundada em lei declarada inconstitucional após o trânsito em julgado da ação de conhecimento" (STJ, REsp 1.237.895/ES, Rel. Min. Og Fernandes, 2ª Turma, jul. 15.09.2015, *DJe* 12.02.2016).

Modulação dos efeitos. "Situação excepcional em que a declaração de nulidade, com seus normais efeitos *ex tunc*, resultaria grave ameaça a todo o sistema legislativo vigente. Prevalência do interesse público para assegurar, em caráter de exceção, efeitos *pro futuro* à declaração incidental de inconstitucionalidade" (STF, RE 197.917, Rel. Min. Maurício Corrêa, Tribunal Pleno, jul. 06.06.2002, *DJ* 07.05.2004).

7. Exceção de incompetência. Segurança do juízo. "As normas que estabelecem limitações de acesso aos meios de tutela de direitos em juízo devem ser interpretadas restritivamente, e não há qualquer disposição legal que condicione o conhecimento da exceção de incompetência à prévia segurança do juízo da execução" (STJ, REsp 491.171/SP, Rel. Min. Teori Albino Zavascki, 1ª Turma, jul. 19.10.2004, *DJ* 16.11.2004, p. 188).

8. Liquidação em desacordo com o título exequendo. Correção. "Segundo a pacífica jurisprudência desta Corte, é possível a correção da conta de liquidação na hipótese em que a memória de cálculo apresentada pela parte exequente está em desacordo com o comando expresso no título judicial exequendo, sem que isso implique violação da coisa julgada. Precedentes. Hipótese em que o cálculo de liquidação não estava perfeitamente adequado à metodologia definida na sentença, que determinou o reajuste dos valores do benefício, desde a primeira renda mensal, com aplicação, no primeiro reajuste, do índice integral da política salarial. Possibilidade de retificação dos cálculos, ainda que acobertados pela coisa julgada, para ajustá-los ao comando expresso na sentença" (STJ, AgRg na AR 3.913/RN, Rel. Min. Rogerio Schietti Cruz, 3ª Seção, jul. 25.02.2016, *DJe* 02.03.2016)

9. Sentença ilíquida. Conversão do cumprimento em liquidação. "O STJ estabeleceu, em recurso especial submetido ao rito dos recursos repetitivos, tendo por objeto idêntica questão, que, se para a apuração do *quantum* ao final devido forem indispensáveis cálculos mais elaborados, com perícia, a sentença não pode ser considerada líquida no sentido que lhe empresta o CPC. No caso, deve ser possibilitada a conversão do cumprimento da sentença em liquidação por arbitramento" (TRF4, AG 5058931-63.2017.4.04.0000, Rel. Des. Fed. Sebastião Ogê Muniz, 2ª Turma, *DEJF* 09.02.2018).

10. Cumprimento de sentença. Emenda. Não cabimento. "'Na hipótese do art. 475-L, § 2º, do CPC [art. 525, § 4º, do CPC/2015], é indispensável apontar, na petição de impugnação ao cumprimento de sentença, a parcela incontroversa do débito, bem como as incorreções encontradas nos cálculos do credor, sob pena de rejeição liminar da petição, não se admitindo emenda à inicial' (STJ, REsp 1.387.248/SC, Rel. Min. Paulo de Tarso Sanseverino, Corte Especial, jul. 07.05.2014, *DJe* 19.05.2014)" (STJ, REsp 1.600.861/SE; Rel. Min. Luis Felipe Salomão, 4ª Turma, *DJe* 01.08.2016).

11. Levantamento de valores a maior. Restituição imediata nos próprios autos. Ver jurisprudência do art. 914 do CPC/2015.

12. Cumulação de honorários advocatícios. Limite de 20%. Ver jurisprudência do art. 85 do CPC/2015.

13. Embargos do devedor opostos sob a égide da Lei nº 11.232/2005. Recebimento como impugnação. "A oposição de embargos do devedor obedece a lei vigente no momento de sua apresentação. Assim, se a execução foi iniciada antes da vigência da Lei nº 11.232/05, mas os embargos somente foram opostos após a vigência dessa Lei, devem ser recebidos como mera impugnação" (STJ, REsp 1.185.390/SP, Rel. Min. Nancy Andrighi, 3ª Turma, jul. 27.08.2013, *DJe* 05.09.2013).

14. Rejeição da impugnação ao cumprimento de sentença arbitral. Honorários advocatícios. Cabimento. "A impugnação ao cumprimento de sentença arbitral, em que se busca a nulidade da sentença, possui potencial de encerrar ou modificar significativamente o processo de execução judicial. Nesse aspecto, são cabíveis honorários advocatícios pela rejeição da impugnação ao cumprimento de sentença arbitral, na hipótese em que se pleiteia anulação da sentença com fundamento nos arts. 26 e 32 da Lei n. 9.307/1996" (STJ, REsp 2.102.676/SP, Rel. Min. Antonio Carlos Ferreira, 4ª Turma, jul. 21.11.2023, *DJe* 30.11.2023).

15. Impugnação ao cumprimento de sentença. Recurso cabível. "A impugnação ao cumprimento de sentença se resolverá a partir de pronunciamento judicial, que pode ser sentença ou decisão interlocutória, a depender de seu conteúdo e efeito: se extinguir a execução, será sentença, conforme o citado art. 203, § 1º, parte final; caso contrário, será decisão interlocutória, conforme art. 203, § 2º, CPC/2015. A execução será extinta sempre que o executado obtiver, por qualquer meio, a supressão total da dívida (art. 924, CPC/2015), que ocorrerá com o reconhecimento de que não há obrigação a ser exigida, seja porque adimplido o débito, seja pelo reconhecimento de que ele não existe ou se extinguiu. No sistema regido pelo CPC/2015, o recurso cabível da decisão que acolhe impugnação ao cumprimento de sentença e extingue a execução é a apelação. As decisões que acolherem parcialmente a impugnação ou a ela negarem provimento, por não acarretarem a extinção da fase executiva em andamento, tem natureza jurídica de decisão interlocutória, sendo o agravo de instrumento o recurso adequado ao seu enfrentamento" (STJ, REsp 1.698.344/MG, Rel. Min. Luis Felipe Salomão, 4ª Turma, jul. 22.05.2018, *DJe* 01.08.2018).

Extinção do processo. Apelação. "Cabe apelação contra a decisão que acolhe impugnação do cumprimento de sentença, extinguindo a fase expropriatória, sendo inviável o conhecimento de agravo de instrumento interposto erroneamente. Diante da pacífica jurisprudência desta Corte quanto ao recurso cabível contra decisão que acolhe impugnação do cumprimento de sentença e extingue a execução, não há que se falar em dúvida objetiva quanto ao instrumento recursal a ser utilizado, afastando-se a tese recursal de inexistência de erro grosseiro" (STJ, AgInt nos EDcl no AREsp 1.137.181/SC, Rel. Min. Lázaro Guimarães (Desembargador Convocado do TRF 5ª Região), 4ª Turma, jul. 02.08.2018, *DJe* 08.08.2018)

Decisão interlocutória. Agravo de instrumento. Ver jurisprudência do art. 1.015 do CPC/2015.

Penhora de bens. Recurso cabível. "Na fase de cumprimento de sentença, não há óbice à interposição direta do recurso de agravo de instrumento contra decisão que determina a penhora de bens sem a prévia utilização do procedimento de impugnação previsto no art. 525, § 11, do CPC" (STJ, REsp 2.023.890/MS, Rel. Min. Nancy Andrighi, 3ª Turma, jul. 25.10.2022, *DJe* 27.10.2022).

16. Cumprimento de sentença. Acolhimento da impugnação. Sucumbência. Ver jurisprudência do art. 85 do CPC/2015.

17. Execução de honorários advocatícios de sucumbência. Demonstração da modificação da situação financeira do beneficiário. Possibilidade. Ver jurisprudência do art. 98 do CPC/2015.

18. Alteração do título judicial. Inadmissibilidade. "Cinge-se a controvérsia a definir se é possível, em fase de cumprimento de sentença, alterar os critérios de atualização dos cálculos estabelecidos na decisão transitada em julgado, a fim de adequá-los ao entendimento firmado pelo Supremo Tribunal Federal em repercussão geral. (...) Conforme entendimento firmado pelo Pretório Excelso, '[...] a decisão do Supremo Tribunal Federal declarando a constitucionalidade ou a inconstitucionalidade de preceito normativo não produz a automática reforma ou rescisão das sentenças anteriores que tenham adotado entendimento diferente; para que tal ocorra, será indispensável a interposição do recurso próprio ou, se for o caso, a propositura da ação rescisória própria, nos termos do art. 485, V, do CPC, observado o respectivo prazo decadencial (CPC, art. 495)' (RE 730.462, Rel. Min. Teori Zavascki, Tribunal Pleno, julgado em 28/5/2015, acórdão eletrônico repercussão geral – mérito *DJe*-177 divulg. 8/9/2015 public. 9/9/2015)'. Sem que a decisão acobertada pela coisa julgada tenha sido desconstituída, não é cabível ao juízo da fase de cumprimento de sentença alterar os parâmetros estabelecidos no título judicial, ainda que no intuito de adequá-los à decisão vinculante do STF" (STJ, REsp 1.861.550/DF, Rel. Min. Og Fernandes, 2ª Turma, jul. 16.06.2020, *DJe* 04.08.2020).

19. Retomada do cumprimento de sentença já iniciado. Fracionamento do cumprimento de sentença de único provimento jurisdicional. Impossibilidade. Coisa julgada. Impeditivo de nova demanda. "Na espécie, há a tipificação da tríplice identidade entre as ações, bastando uma simplória leitura das duas petições de cumprimento de sentença que postulam o direito de perceber 15% do crédito que a TECOMAR detinha em face da CVRD, bem como da sentença que extinguiu outra tentativa do cumprimento de sentença da 'segunda parcela', reconhecendo a coisa julgada, contra a qual não houve nenhuma insurgência, atraindo a incidência do art. 268 do CPC/1973. Ademais, é sabido que a lei autoriza, em algumas situações específicas e justificadas, o fracionamento do feito executivo nas ações de exigir contas; na ação de divisão e demarcação; na ação de consignação em pagamento quando o depósito for insuficiente (CPC/2015, art. 545) ou quando houver dúvida quanto a quem efetuar o pagamento (CPC/2015, art. 547); na sentença genérica ou ilíquida, havendo uma parte líquida (CPC/2015, art. 509), ou, ainda, quando houver vários pedidos e um deles for incontroverso ou todos estiverem em condições de imediato julgamento (CPC/2015, art. 356). (...) No presente caso, não se está executando os termos de cessão de crédito, mas, ao revés, um único provimento jurisdicional com único capítulo de sentença, não havendo, materialmente, várias decisões (*rectius*, vários capítulos) nem nenhum tipo de cisão do julgamento de mérito, seja material, seja formal, ou provimento com parte líquida e parte ilíquida, muito menos pedidos diversos com parte incontroversa e outras não, ou pedido em condições de imediato julgamento, e outro não. Por conseguinte, não há interesse fático ou jurídico plausível para que os recorridos fracionassem o julgado em cumprimentos de sentença distintos. Aliás, fracionar a bel-prazer o cumprimento de sentença de crédito único, líquido e certo (para executar uma das parcelas em momento diverso), envolvendo as mesmas partes e decorrente do mesmo fato gerador (provimento jurisdicional de capítulo único), sem que se efetivasse nenhuma ressalva em relação ao 'primeiro' cumprimento de sentença, demonstra um comportamento contraditório em verdadeiro *venire contra factum proprium*" (STJ, REsp 1.778.638/MA, Rel. Min. Luis Felipe Salomão, 4ª Turma, jul. 02.08.2022, *DJe* 07.11.2022).

20. Impugnação ao cumprimento de sentença. Execução do valor incontroverso. Possibilidade. "Ocorre que, tratando-se de impugnação parcial ao cumprimento de sentença, é direito da parte exequente prosseguir com os atos executórios sobre a parte incontroversa da dívida, inclusive com realização de penhora, nos termos do que dispõe o art. 525, § 6º, do CPC/2015. Com efeito, por se tratar de quantia incontroversa, não há razão para se postergar a execução imediata, pois, ainda que a impugnação seja acolhida, não haverá qualquer modificação em relação ao valor não impugnado pela parte devedora" (STJ, REsp 2.077.121/GO, Rel. Min. Marco Aurélio Bellizze, 3ª Turma, jul. 08.08.2023, *DJe* 15.08.2023).

Art. 526. É lícito ao réu, antes de ser intimado para o cumprimento da sentença, comparecer em juízo e oferecer em pagamento o valor que entender devido, apresentando memória discriminada do cálculo.

§ 1º O autor será ouvido no prazo de 5 (cinco) dias, podendo impugnar o valor depositado, sem prejuízo do levantamento do depósito a título de parcela incontroversa.

§ 2º Concluindo o juiz pela insuficiência do depósito, sobre a diferença incidirão multa de dez por cento e honorários advocatícios, também fixados em dez por cento, seguindo-se a execução com penhora e atos subsequentes.

§ 3º Se o autor não se opuser, o juiz declarará satisfeita a obrigação e extinguirá o processo.

CPC/1973

Art. 475-J, § 4º.

BREVES COMENTÁRIOS

Antes de ser intimado para o cumprimento da sentença, o executado, para evitar a multa legal e os honorários de advogado, pode tomar a iniciativa de comparecer em juízo e oferecer em pagamento o valor que entender devido, apresentando memória discriminada do cálculo, liberando-se, assim, da obrigação (art. 526, *caput*). É bom lembrar que o devedor tem não só o dever de pagar, mas também o direito de fazê-lo, para se desvincular da obrigação.

Tendo sido genérica a sentença, a exigibilidade do débito somente acontecerá depois de sua liquidação em procedimento adequado (arts. 509 e ss.). Se é de interesse do devedor liberar-se da obrigação, ou de seus encargos, caber-lhe-á promover, antes, o procedimento liquidatório, cuja iniciativa a lei assegura tanto ao credor como ao devedor (art. 509, *caput*).

Ocorrendo impugnação ao cálculo feito pelo devedor, caberá ao juiz resolver a divergência por meio de decisão interlocutória, podendo, conforme o caso, valer-se de cálculo do contabilista do juízo para esclarecer-se (art. 524, § 2º). Reconhecendo-se que o depósito foi feito a menor, terá havido pagamento parcial. A multa e os honorários de advogado previstos no § 1º do art. 523 incidirão sobre o restante (art. 523, § 2º).

Não havendo, no devido tempo, oposição do credor aos termos do requerimento de cumprimento espontâneo formulado pelo devedor, o juiz declarará satisfeita a obrigação e extinto o processo (art. 526, § 3º).

JURISPRUDÊNCIA SELECIONADA

1. Acordo oferecido pelo devedor. Vinculação ao limite da proposta. "Cinge-se a controvérsia a verificar se o oferecimento de proposta de acordo por devedor de alimentos, em audiência de conciliação, sem a presença do beneficiário, pode importar no reconhecimento parcial da dívida. A proposta de pagamento parcial por devedor de alimentos em audiência de conciliação já na fase de cumprimento de sentença, perante o patrono da parte contrária, vincula o devedor no limite da proposta, restando assegurada nova negociação quanto ao valor remanescente" (STJ, REsp 1821906/MG, Rel. Min. Ricardo Villas Bôas Cueva, 3ª Turma, jul. 20.10.2020, *DJe* 12.11.2020).

2. Cumprimento espontâneo de sentença. Ação de reembolso. Ausência de impugnação tempestiva por parte do credor. Preclusão. "Nos termos do art. 526, § 3º, do CPC/2015, é lícito ao réu, antes de ser intimado para o cumprimento da sentença, comparecer em juízo e oferecer em pagamento o valor que entender devido, apresentando memória discriminada do cálculo. Assim, se o autor não se opuser, o juiz declarará satisfeita a obrigação e extinguirá o processo" (STJ, REsp 2.077.205/GO, Rel. Min. Humberto Martins, 3ª Turma, jul. 26.09.2023, *DJe* 04.10.2023).

Art. 527. Aplicam-se as disposições deste Capítulo ao cumprimento provisório da sentença, no que couber.

REFERÊNCIA LEGISLATIVA

CPC/2015, art. 771 (processo de execução).

BREVES COMENTÁRIOS

O art. 527 do CPC/2015 deixa expresso o intercâmbio das regras do cumprimento definitivo da obrigação de pagar quantia certa ao cumprimento provisório. Isto porque manteve-se a regra de que a execução provisória se processa do mesmo modo que a definitiva, respeitadas as peculiaridades de cada procedimento. Ademais, deve-se lembrar que as normas do processo de execução incidem, subsidiariamente, no cumprimento de sentença, seja provisório ou definitivo (arts. 513 e 771).

CUMPRIMENTO DEFINITIVO: INDICAÇÃO DOUTRINÁRIA

Carlos Eduardo Araújo de Carvalho, Coisa julgada inconstitucional por prejudicialidade transrescisória, *RBDPro*, ano 22, n. 88, p. 93-120, out.-dez. 2014; Cassio Scarpinella Bueno, In: José Roberto F. Gouvêa; Luis Guilherme A. Bondioli e João Francisco N. da Fonseca (coord.), *Comentários ao Código de Processo Civil*, São Paulo: Saraiva, 2018, v. 10; Cassio Scarpinella Bueno, *Manual de direito processual civil*, São Paulo: Saraiva, 2015; Daniel Amorim Assumpção Neves, *Manual de direito processo civil*, São Paulo: Método, 2015; Daniela Jorge Milani, *O direito de estar em juízo e a coisa julgada*, São Paulo: Revista dos Tribunais, 2014; Fredie Didier Jr., *Curso de direito processual civil*, 17. ed., Salvador: JusPodivm, 2015, v. I; Guilherme Rizzo Amaral, *Comentários às alterações do novo CPC*, São Paulo: Revista dos Tribunais, 2015; Humberto Theodoro Júnior, *Curso de direito processual civil*, 61. ed., Rio de Janeiro: Forense, 2020, v. I; Humberto Theodoro Júnior, Fernanda Alvim Ribeiro de Oliveira, Ester Camila Gomes Norato Rezende (coord.), *Primeiras lições sobre o novo direito processual civil brasileiro*, Rio de Janeiro: Forense, 2015; Humberto Theodoro Júnior, In: BRAGA NETO, Felipe Peixoto; SILVA, Michael César; THIBAU, Vinícius Lott (Coord.). *O Direito Privado e o novo Código de Processo Civil: repercussões, diálogos e tendências*, Belo Horizonte: Fórum, 2018; J. E. Carreira Alvim, *Comentários ao novo Código de Processo Civil*, Curitiba: Juruá, 2015; Jorge Octávio Lavocat Galvão e Sophia Guimarães, Coisa julgada inconstitucional, ação rescisória e inexigibilidade do título judicial: análise comparativa entre meios de impugnação do CPC/2015 e do CPC/1973, Revista de Processo, ano 45, n. 300, p. 109-132, fev. 2020; José Miguel Garcia Medina, *Novo Código de Processo Civil comentado*, São Paulo: Revista dos Tribunais, 2015; José Rogério Cruz e Tucci, In: Sérgio Cruz Arenhart e Daniel Mitidiero (coord.), *Comentários ao Código de Processo Civil*, 2. ed., São Paulo: RT, 2018, v. 8; Juliana Borinelli Franzoi. O princípio do contraditório no cumprimento da sentença: defesas do executado. In: Paulo Henrique dos Santos Lucon e Pedro Miranda de Oliveira. *Panorama atual do novo CPC*. Florianópolis: Empório do Direito, 2016, p. 221; Leonardo Greco, *Instituições de processo civil: introdução ao direito processual civil*, 5. ed., Rio de Janeiro: Forense, 2015; Luciano Souto Dias e Priscila Kélita Leal da Silva. A *querela nullitatis insanabilis* a partir do Código de Processo Civil de 2015. *Juris Plenum*. n. 75. Ano XIII. Caxias do Sul: Ed. Plenum. maio/2017, p. 31; Luis Alberto Reichelt. Reflexões sobre a relativização da coisa julgada no Novo Código de Processo Civil. *Revista de Processo*. vol. 255, ano 41. p. 167-180. São Paulo: RT, maio 2016; Luis Antônio Giampaulo Sarro, *Novo Código de Processo Civil*, São Paulo: Rideel, 2015; Luiz Guilherme Marinoni, Sérgio Cruz Arenhart, Daniel Mitidiero, *Curso de processo civil*, São Paulo: Revista dos Tribunais, 2015, v. I; Nelson Nery Junior, Rosa Maria de Andrade Nery, *Comentários ao Código de Processo Civil*, São Paulo: Revista dos Tribunais, 2015; Paulo Guilherme R. R. Mazini, A coisa julgada em face de decisões que se pautaram em leis ou atos normativos proclamados inconstitucionais pelo STF – análise à luz do novo CPC e de precedentes do STF, In: Sérgio Cruz Arenhart; Daniel Mitidiero (coords.), O processo civil entre a técnica processual e a tutela dos direitos: estudos em homenagem a Luiz Guilherme Marinoni, São Paulo: RT, 2017, p. 885 e ss.; Rafael Ribeiro Rodrigues. A multa do art. 475-J na execução provisória, o novo Código de Processo Civil, a posição do Superior Tribunal de Justiça e temas correlatos. In: Thereza Arruda et al. *O Novo Código de Processo Civil Brasileiro – Estudos dirigidos: Sistematização e procedimentos*. Rio de Janeiro: Forense, 2015, p. 603; Sergio Shimura, In: Teresa Arruda Alvim Wambier, Fredie Didier Jr., Eduardo Talamini, Bruno Dantas, *Breves comentários ao novo Código de Processo Civil*, São Paulo: Revista dos Tribunais, 2015; Teresa Arruda Alvim Wambier, Fredie Didier Jr., Eduardo Talamini, Bruno Dantas (coord.), *Breves comentários ao novo Código de Processo Civil*, São Paulo: Revista dos Tribunais, 2015; Teresa Arruda Alvim Wambier, Maria Lúcia Lins Conceição, Leonardo Ferres da Silva Ribeiro, Rogério Licastro Torres de Melo, *Primeiros comentários ao novo Código de Processo Civil*, São Paulo: Revista dos Tribunais, 2015.

Capítulo IV
DO CUMPRIMENTO DE SENTENÇA QUE RECONHEÇA A EXIGIBILIDADE DE OBRIGAÇÃO DE PRESTAR ALIMENTOS

Art. 528. No cumprimento de sentença que condene ao pagamento de prestação alimentícia ou de decisão interlocutória que fixe alimentos, o juiz, a requerimento do exequente, mandará intimar o executado pessoalmente para, em 3 (três) dias, pagar o débito, provar que o fez ou justificar a impossibilidade de efetuá-lo.

§ 1º Caso o executado, no prazo referido no *caput*, não efetue o pagamento, não prove que o efetuou ou não apresente justificativa da impossibilidade de efetuá-lo, o juiz mandará protestar o pronunciamento judicial, aplicando-se, no que couber, o disposto no art. 517.

§ 2º Somente a comprovação de fato que gere a impossibilidade absoluta de pagar justificará o inadimplemento.

§ 3º Se o executado não pagar ou se a justificativa apresentada não for aceita, o juiz, além de mandar protestar o pronunciamento judicial na forma do § 1º, decretar-lhe-á a prisão pelo prazo de 1 (um) a 3 (três) meses.

§ 4º A prisão será cumprida em regime fechado, devendo o preso ficar separado dos presos comuns.

§ 5º O cumprimento da pena não exime o executado do pagamento das prestações vencidas e vincendas.

§ 6º Paga a prestação alimentícia, o juiz suspenderá o cumprimento da ordem de prisão.

§ 7º O débito alimentar que autoriza a prisão civil do alimentante é o que compreende até as 3 (três) prestações anteriores ao ajuizamento da execução e as que se vencerem no curso do processo.

§ 8º O exequente pode optar por promover o cumprimento da sentença ou decisão desde logo, nos termos do disposto neste Livro, Título II, Capítulo III, caso em que não será admissível a prisão do executado, e, recaindo a penhora em dinheiro, a concessão de efeito suspensivo à impugnação não obsta a que o exequente levante mensalmente a importância da prestação.

§ 9º Além das opções previstas no art. 516, parágrafo único, o exequente pode promover o cumprimento da sentença ou decisão que condena ao pagamento de prestação alimentícia no juízo de seu domicílio.

CPC/1973

Art. 733, §§ 1º a 3º.

REFERÊNCIA LEGISLATIVA

CPC/2015, arts. 693 a 699 (ações de família); arts. 911 a 913 (execução de alimentos).

Lei nº 5.478/1968 (ação de alimentos).

Recomendação nº 62/2020 do CNJ (recomenda aos Tribunais e magistrados a adoção de medidas preventivas à propagação da infecção pelo novo coronavírus - Covid-19 no âmbito dos sistemas de justiça penal e socioeducativo), art. 6º (colocação de prisão domiciliar aos devedores de dívida alimentícia).

SÚMULAS

Súmulas do STJ

nº 309: "O débito alimentar que autoriza a prisão do alimentante é o que compreende as três prestações anteriores ao ajuizamento da execução e as que se vencerem no curso do processo."

nº 596: "A obrigação alimentar dos avós tem natureza complementar e subsidiária, somente se configurando no caso de impossibilidade total ou parcial de seu cumprimento pelos pais."

nº 621: "Os efeitos da sentença que reduz, majora ou exonera o alimentante do pagamento retroagem à data da citação, vedadas a compensação e a repetibilidade."

CJF – JORNADAS DE DIREITO PROCESSUAL CIVIL

II JORNADA

Enunciado 146 – O prazo de 3 (três) dias previsto pelo art. 528 do CPC conta-se em dias úteis e na forma dos incisos do art. 231 do CPC, não se aplicando seu § 3º.

Enunciado 147 – Basta o inadimplemento de uma parcela, no todo ou em parte, para decretação da prisão civil prevista no art. 528, § 7º, do CPC.

BREVES COMENTÁRIOS

O atual Código coerente com a lógica de celeridade e eficiência que lhe inspira, trouxe para o âmbito do cumprimento de sentença a execução das decisões definitivas ou interlocutórias que fixem alimentos, a teor do art. 528. Dispensa-se nesse novo regime, portanto, a instauração de ação executiva autônoma, seguindo-se com a intimação do executado no próprio procedimento originalmente instaurado pelo credor, em se tratando de decisão definitiva ou em autos apartados, em se tratando de decisão provisória (art. 531, §§ 1º e 2º).

O credor, neste momento, pode optar por executar a obrigação observando as regras gerais do cumprimento de sentença que reconheça a exigibilidade de obrigação de pagar quantia certa (Livro I da parte especial, Título II, Capítulo III), caso em que não será admissível a prisão do executado, ou seguir no procedimento específico que permite a prisão (art. 528, § 8º). Em qualquer hipótese, porém, poderá levar a cabo o procedimento executivo no juízo de seu domicílio (art. 528, § 9º).

Optando o credor pelo procedimento específico que autoriza a prisão, existem peculiaridades. Destaque-se, desde logo, uma singular distinção em face da regra geral das execuções por quantia certa: a intimação do devedor de alimentos terá de ser feita pessoalmente e não através de seu advogado. A exigência dessa cautela prende-se, não só às eventuais justificativas da impossibilidade de pagamento, que só o próprio devedor está em condições de esclarecê-las, como também à grave sanção da prisão civil a que se acha sujeito, caso não resgate o débito nem apresente razões legítimas para a falta, dentro do prazo legal.

A intimação pessoal, entretanto, não significa que o ato deva ser praticado por oficial de justiça, em cumprimento de mandado. O que a lei determina é que não se pode utilizar a intimação na pessoa do advogado. O executado, porém, poderá ser intimado pelo correio (CPC, art. 274) ou por meio eletrônico (CPC, art. 270), desde, é claro, que a mensagem seja dirigida diretamente ao devedor.

JURISPRUDÊNCIA SELECIONADA

1. Protesto e inscrição do nome do devedor de alimentos em cadastro de inadimplentes. "É possível, à luz do melhor interesse do alimentando, na execução de alimentos de filho menor, o protesto e a inscrição do nome do devedor de alimentos nos cadastros de proteção ao crédito" (STJ, REsp 1.469.102/SP, Rel. Min. Ricardo Villas Bôas Cueva, 3ª Turma, jul. 08.03.2016, *DJe* 15.03.2016).

2. Morte do alimentando. Inexistência de transferência automática do dever de alimentar aos avós. "A obrigação dos avós de prestar alimentos tem natureza complementar e somente exsurge se ficar demonstrada a impossibilidade de os dois genitores proverem os alimentos dos filhos, ou de os proverem de forma suficiente. Precedentes. No julgamento do REsp 1.354.693/SP, ficou decidido que o espólio somente deve alimentos na hipótese em que o alimentado é também herdeiro, mantendo-se a obrigação enquanto perdurar o inventário. Nesse contexto, não tendo ficado demonstrada a impossibilidade ou a insuficiência do cumprimento da obrigação alimentar pela mãe, como também pelo espólio do pai falecido, não há como reconhecer a obrigação do avô de prestar alimentos. O falecimento do pai do alimentante não implica a automática transmissão do dever alimentar aos avós" (STJ, REsp 1.249.133/SC, Rel. Min. Antonio Carlos Ferreira, Rel. p/ Acórdão Min. Raul Araújo, 4ª Turma, jul. 16.06.2016, *DJe* 02.08.2016).

Obrigação alimentar avoenga. Natureza complementar e subsidiária. Outros meios executivos diversos da prisão civil (§ 3º). "O propósito do *habeas corpus* é definir se deve ser mantida a ordem de prisão civil dos avós, em virtude de dívida de natureza alimentar por eles contraída e que diz respeito às obrigações de custeio de mensalidades escolares e cursos extracurriculares dos netos. A prestação de alimentos pelos avós possui natureza complementar e subsidiária, devendo ser fixada, em regra, apenas quando os genitores estiverem impossibilitados de prestá-los de forma suficiente. Precedentes. O fato de os avós assumirem espontaneamente o custeio da educação dos menores não significa que a execução na hipótese de inadimplemento deverá, obrigatoriamente, seguir o mesmo rito e as mesmas técnicas coercitivas que seriam observadas para a cobrança de dívida alimentar devida pelos pais, que são os responsáveis originários pelos alimentos necessários aos menores. **Havendo meios executivos mais adequados e igualmente eficazes para a satisfação da dívida alimentar dos avós, é admissível a conversão da execução para o rito da penhora e da expropriação**, que, a um só tempo, respeita os princípios da menor onerosidade e da máxima utilidade da execução, sobretudo diante dos riscos causados pelo encarceramento de pessoas idosas que, além disso, previamente indicaram bem imóvel à penhora para a satisfação da dívida" (STJ, HC 416.886/SP, Rel.ª Min.ª Nancy Andrighi, 3ª Turma, jul. 12.12.2017, *DJe* 18.12.2017)

3. Transferência de guarda no curso de ação de execução de débitos alimentares. "A genitora possui legitimidade para prosseguir na execução de débitos alimentares proposta à época em que era guardiã das menores, visando a satisfação de prestações pretéritas, até o momento da transferência da guarda. A mudança da guarda das alimentandas em favor do genitor no curso da execução de alimentos, não tem o condão de extinguir a ação de execução envolvendo débito alimentar referente ao período em que a guarda judicial era da genitora, vez que tal débito permanece inalterado. Não há falar em ilegitimidade ativa para prosseguimento da execução, quando à época em que proposta, e do débito correspondente, era a genitora a representante legal das menores. Ação de execução que deve prosseguir até satisfação do débito pelo devedor, ora recorrido." (STJ, REsp 1410815/SC, Rel. Min. Marco Buzzi, 4ª Turma, jul. 09.08.2016, *DJe* 23.09.2016). **Em sentido contrário:** "A controvérsia instaurada no presente recurso especial centra-se em saber se a genitora do alimentando poderia prosseguir, em nome próprio, com a ação de execução de alimentos, a fim de perceber os valores referentes aos débitos alimentares vencidos, mesmo após a transferência da titularidade da guarda do menor ao executado. (...) Do viés personalíssimo do direito aos alimentos, destinado a assegurar a existência do alimentário e de ninguém mais, decorre a absoluta inviabilidade de se transmiti-lo a terceiros, seja por negócio jurídico, seja por qualquer outro fato jurídico. Nessa linha de entendimento, uma vez extinta a obrigação alimentar pela exoneração do alimentante – no caso, pela alteração da guarda do menor em favor do executado –, a genitora não possui legitimidade para prosseguir na execução dos alimentos vencidos, em nome próprio, pois não há que se falar em sub-rogação na espécie, diante do caráter personalíssimo do direito discutido. Para o propósito perseguido, isto é, de evitar que o alimentante, a despeito de inadimplente, se beneficie com a extinção da obrigação alimentar, o que poderia acarretar enriquecimento sem causa, a genitora poderá, por meio de ação própria, obter o ressarcimento dos gastos despendidos no cuidado do alimentando, durante o período de inadimplência do obrigado, nos termos do que preconiza o art. 871 do Código Civil" (STJ, REsp 1771258/SP, Rel. Min. Marco Aurélio Bellizze, 3ª Turma, jul. 06.08.2019, *DJe* 14.08.2019).

4. Ação de investigação de paternidade. Execução de verba pretérita. Prescrição. Termo inicial. "O prazo prescricional para o cumprimento de sentença que condenou ao pagamento de verba alimentícia retroativa se inicia tão somente com o trânsito em julgado da decisão que reconheceu a paternidade" (STJ, REsp 1634063/AC, Rel. Min. Moura Ribeiro, 3ª Turma, jul. 20.06.2017, *DJe* 30.06.2017).

5. Compensação da quantia arbitrada em pecúnia com prestação paga in natura. Impossibilidade. "A jurisprudência desta Corte está sedimentada no sentido de que, fixada a prestação alimentícia, incumbe ao devedor cumprir a obrigação na forma determinada pela sentença, não sendo possível compensar os alimentos arbitrados em pecúnia com parcelas pagas in natura. Precedentes. *In casu*, ficou reconhecido pelo Tribunal de origem, com base em convicções formadas a partir do contexto fático-probatório dos autos, que não há diferenças a serem compensadas do valor principal da pensão alimentícia, uma vez que **o pagamento a maior constitui mera liberalidade** do alimentante." (STJ, AgInt no AREsp 1031163/RJ, Rel. Min. Raul Araújo, 4ª Turma, jul. 20.06.2017, *DJe* 29.06.2017). **Em sentido contrário:** "Controvérsia em torno da possibilidade, em sede de execução de alimentos, de serem deduzidas da pensão alimentícia fixada exclusivamente em pecúnia as despesas pagas *in natura* referentes a aluguel, condomínio e IPTU do imóvel onde residia o exequente. Esta Corte Superior de Justiça, sob o prisma da vedação ao enriquecimento sem causa, vem admitindo, excepcionalmente, a mitigação do princípio da incompensabilidade dos alimentos. Precedentes. Tratando-se de custeio direto de despesas de natureza alimentar, comprovadamente feitas em prol do beneficiário, possível o seu abatimento no cálculo da dívida, sob pena de obrigar o executado ao duplo pagamento da pensão, gerando enriquecimento indevido do credor" (STJ, REsp 1501992/RJ, Rel. Min. Paulo de Tarso Sanseverino, 3ª Turma, jul. 20.03.2018, *DJe* 20.04.2018).

6. Débito alimentar incontroverso. Teoria do adimplemento substancial. Não aplicabilidade. "A Teoria do Adimplemento Substancial, de aplicação estrita no âmbito do direito contratual, somente nas hipóteses em que a parcela inadimplida revela-se de escassa importância, não tem incidência nos vínculos jurídicos familiares, revelando-se inadequada para solver controvérsias relacionadas a obrigações de natureza alimentar" (STJ, HC 439.973/MG, Rel. Min. Luis Felipe Salomão, Rel. p/ Acórdão Min. Antonio Carlos Ferreira, 4ª Turma, jul. 16.08.2018, *DJe* 04.09.2018)

7. Prisão civil por alimentos.

Decisão de dosimetria do prazo. Fundamentação. "Prevalece o dever de fundamentação analítica e adequada de toda decisão determinante de prisão civil do devedor de alimentos, seja quanto ao preenchimento dos requisitos –requerimento do credor; existência de débito alimentar que compreenda até 3 prestações anteriores ao ajuizamento da execução; não pagamento do débito em 3 dias; ausência de justificação ou de impossibilidade de fazê-lo (CPC, art. 528) –, seja quanto à definição do tempo de constrição de liberdade entre o mínimo e o máximo (1 a 3 meses) estabelecidos pela legislação. Trata-se de dever jurisdicional de cumprir a garantia constitucional de real motivação da decisão restritiva de direitos fundamentais, mais precisamente a dignidade da pessoa humana e o direito de liberdade, sob pena de violação à ampla defesa, ensejando a aferição do dever de imparcialidade do magistrado. Assim, no momento da definição do prazo da prisão civil, deve haver um juízo de ponderação acerca dos efeitos ético-sociais da reprimenda frente às garantias constitucionais, por meio de mecanismo argumentativo justificador quanto à proporcionalidade e à razoabilidade, conforme as circunstâncias fáticas e a respectiva base empírica, restringindo-se a possibilidade de exacerbação da reprimenda e inibindo-se soluções judiciais arbitrárias e opressivas. Por conseguinte, deve o magistrado fixar de forma individualizada, proporcional e razoável, como toda medida de índole coercitiva, o tempo de restrição da liberdade, estabelecendo critérios objetivos de ponderação, enquanto não houver tal estipulação pelo legislador, evitando-se, assim, a escolha de prazo de restrição da liberdade ao mero talante do julgador" (STJ, RHC 188.811/GO, Rel. Min. Raul Araújo, 4ª Turma, jul. 12.03.2024, *DJe* 02.04.2024).

Ausência de esclarecimentos sobre a obrigação alimentar avoenga. Impossibilidade (§ 7º). "A existência de dúvida sobre o período em que os alimentos foram prestados pela avó, quais valores foram destinados ao credor e a natureza substitutiva ou complementar dos alimentos que foram prestados também desautoriza o uso da prisão civil como técnica coercitiva". (HC 415.215/SP, Rel. Min. Nancy Andrighi, 3ª Turma, jul. 06.02.2018, *DJe* 08.02.2018)

Alimentos compensatórios. Impossibilidade. "A prisão por dívida de alimentos, por se revelar medida drástica e excepcional, só se admite quando imprescindível à subsistência do alimentando, sobretudo no tocante às verbas arbitradas com base no binômio necessidade-possibilidade, a evidenciar o caráter estritamente alimentar do débito exequendo. O inadimplemento dos alimentos compensatórios (destinados à manutenção do padrão de vida do ex-cônjuge que sofreu drástica redução em razão da ruptura da sociedade conjugal) e dos alimentos que possuem por escopo a remuneração mensal do ex-cônjuge credor pelos frutos oriundos do patrimônio comum do casal administrado pelo ex-consorte devedor não enseja a execução mediante o rito da prisão positivado no art. 528, § 3º, do CPC/2015, dada a natureza indenizatória e reparatória dessas verbas, e não propriamente alimentar. Na hipótese dos autos, a obrigação alimentícia foi fixada, visando indenizar a ex-esposa do recorrente pelos frutos advindos do patrimônio comum do casal, que se encontra sob a administração do ora recorrente, bem como a fim de manter o padrão de vida da alimentanda, revelando-se ilegal a prisão do recorrente/alimentante, a demandar a suspensão do decreto prisional, enquanto perdurar essa crise proveniente da pandemia causada por Covid-19, sem prejuízo de nova análise da ordem de prisão, de forma definitiva, oportunamente, após restaurada a situação de normalidade" (STJ, RHC 117.996/RS, Rel. Min. Marco Aurélio Bellizze, 3ª Turma, jul. 02.06.2020, *DJe* 08.06.2020). **No mesmo sentido:** STJ, HC 744.673/SP, Rel. Min. Raul Araújo, 4ª Turma, jul. 13.09.2022, *DJe* 20.09.2022; STJ, HC 392.521/SP, Rel. Min. Nancy Andrighi, 3ª Turma, jul. 27.06.2017, *DJe* 01.08.2017.

Cumprimento em regime aberto (§ 4º). "O art. 528, § 4º, do CPC/2015 determina que a **prisão** será cumprida no **regime** fechado, apenas devendo o inadimplente ser mantido separado dos presos comuns, já que não se trata de **prisão** criminal e a ela não se aplicam disposições típicas da legislação penal, como a que admite progressão de **regime** ou sua substituição por outras penas. Diante disso, esta Corte Superior firmou o entendimento de que não há motivo para se afastar a regra de que a **prisão civil** seja cumprida em **regime** fechado, salvo em situações excepcionalíssimas, como idade avançada do devedor ou problemas de saúde que inspirem cuidados específicos" (STJ, REsp 2.104.738/RS, Rel. Min. Marco Aurélio Bellizze, 3ª Turma, ac. 03.09.2024, *DJe* 06.09.2024).

***Habeas Corpus*. Verificação da real capacidade financeira. Impossibilidade (§ 7º).** "Não é admissível a utilização de *habeas corpus* como sucedâneo ou substitutivo de recurso ordinário cabível. A deficiência da instrução do *writ* e a inexistência de provas pré-constituídas de que não tem condições financeiras de adimplir a obrigação alimentícia para com o filho e de que sobrevive apenas de "bicos", impossibilitam a aferição da ilegalidade apontada do decreto de prisão. A teor da jurisprudência desta eg. Corte Superior, a real capacidade financeira do paciente não pode ser verificada em *habeas corpus* que, por possuir cognição sumária, não comporta dilação probatória e não admite a análise aprofundada de provas e fatos controvertidos. Precedentes. O STJ já consolidou o entendimento de que a ocorrência de desemprego do alimentante não é motivo suficiente, por si, para justificar o inadimplemento da obrigação alimentar, devendo tal circunstância ser examinada em ação revisional ou exoneratória de alimentos. (...)". (STJ, HC 465.321/SP, Rel.ª Min.ª Moura Ribeiro, 3ª Turma, jul. 09.10.2018, *DJe* 18.10.2018).

Atualidade da verba executada (§7º). "A prisão civil por dívida alimentar tem como pressuposto a **atualidade da verba executada**, a traduzir a urgência da prestação jurisdicional requerida, de modo a serem acudidas as necessidades momentâneas do alimentando. Na hipótese, a alimentanda é maior e casada, presumindo-se que, ainda que não exerça atividade remunerada, o marido assumiu suas despesas e lhe garante as necessidades básicas, inexistindo situação emergencial a justificar a medida extrema da restrição da liberdade sob o regime fechado de prisão. A obrigação alimentar de débito pretérito em atraso poderá ser cobrada pelo rito menos gravoso da expropriação. Devidamente ajuizada a ação de exoneração de alimentos, mas ainda sem julgamento definitivo, o paciente não pode aguardar indefinidamente o respectivo desfecho para ter acolhida sua justificativa para o não pagamento do débito alimentar. O delicado estado de saúde do recorrente, portador de diabetes com grave insuficiência renal, fartamente documentado nos autos, também constitui circunstância relevante, por si só, capaz de afastar o inadimplemento voluntário e inescusável, requisitos essenciais para a excepcional prevalência da prisão civil do devedor de alimentos." (STJ, RHC 105.198/MG, Rel. Min. Raul Araújo, 4ª Turma, jul. 19.03.2019, *DJe* 22.03.2019). **No mesmo sentido:** STJ, RHC 95.204/MS, Rel. Min. Ricardo Villas Bôas Cueva, 3ª Turma, jul. 24.04.2018, *DJe* 30.04.2018.

Conversão em prisão domiciliar quando a devedora for responsável pela guarda de outro filho. Possibilidade. "Na hipótese de inadimplemento de dívida de natureza alimentar da mãe que possui filho sob a sua guarda de até 12 anos, deve haver a segregação da devedora de alimentos, com a finalidade de incomodá-la a ponto de buscar os meios possíveis de solver a obrigação, mas essa restrição deve ser compatibilizada com a necessidade de obter recursos financeiros aptos não apenas a quitar a dívida alimentar em relação ao credor, mas também suprir as necessidades básicas do filho que se encontra sob a sua guarda. Pelo mesmo motivo, deve ser possibilitado à mãe o atendimento de necessidades vitais e emergenciais do filho que se encontra sob a sua guarda, sempre mediante comprovação perante o juízo da execução dos alimentos, autorizando-se, ademais, a aplicação, inclusive cumulativa e combinada, de medidas indutivas, coercitivas, mandamentais ou sub-rogatórias, nos termos do art. 139, IV, do CPC/15, com o propósito de estimular o cumprimento da obrigação de natureza alimentar" (STJ, HC 770.015/SP, Rel. Min. Nancy Andrighi, 3ª Turma, jul. 07.02.2023, *DJe* 09.02.2023).

Prisão civil inadequada e ineficaz no caso concreto. Afastamento excepcional. Legalidade. "O risco alimentar e a própria sobrevivência do credor, não se mostram iminentes e insuperáveis, podendo ele, por si só, como vem fazendo, afastar a hipótese pelo próprio esforço. A Terceira Turma já decidiu, em caso semelhante, que o fato de a credora ter atingido a maioridade e exercer atividade profissional, bem como fato de o devedor ser idoso e possuir problemas de saúde incompatíveis com o recolhimento em estabelecimento carcerário, recomenda que o restante da dívida seja executada sem a possibilidade de uso da prisão civil como técnica coercitiva, em virtude da indispensável ponderação entre a efetividade da tutela e a menor onerosidade da execução, somada à dignidade da pessoa humana sob a ótica da credora e também do devedor (RHC nº 91.642/MG, Rel. Ministra Nancy Andrighi, *DJe* de 9/3/2018)" (STJ, RHC 160.368/SP, Rel. Min. Moura Ribeiro, 3ª Turma, jul. 05.04.2022, *DJe* 18.04.2022).

Decretação de ofício. "A execução de sentença condenatória de prestação alimentícia, em princípio, rege-se pelo procedimento da execução por quantia certa, ressaltando-se, contudo, que, a considerar o relevo das prestações de natureza alimentar, que possuem nobres e urgentes desideratos, a lei adjetiva civil confere ao exequente a possibilidade de requerer a adoção de mecanismos que propiciam a célere satisfação do débito alimentar, seja pelo meio coercitivo da prisão civil do devedor, seja pelo desconto em folha de pagamento da importância devida"

(STJ, HC 128.229/SP, Rel. Min. Massami Uyeda, 3ª Turma, jul. 23.04.2009, *DJe* 06.05.2009). Trecho do voto do relator: "Sobre a inviabilidade de decretar, de ofício, a prisão civil do devedor de alimentos, autorizada doutrina, citando Amílcar de Castro, assim aborda a questão: 'A prisão civil, é importante lembrar, não deve ser decretada 'ex officio'. É o credor que 'sempre estará em melhores condições que o Juiz para avaliar sua eficácia e oportunidade'. Deixa-se, pois, ao exequente, 'a liberdade de pedir, ou não, a aplicação desse meio executivo de coação, quando, no caso concreto, veja que lhe vai ser de utilidade, pois pode bem acontecer que o exequente, maior interessado na questão, por qualquer motivo, não julgue oportuna e até considere inconveniente a prisão do executado (cf. Theodoro Jr, Humberto. *Curso de Direito Processual Civil*. 39. ed. Rio de Janeiro: Forense, 2006, p. 369)" (STJ, HC 128.229/SP, Rel. Min. Massami Uyeda, 3ª Turma, jul. 23.04.2009, *DJe* 06.05.2009).

Dívida de alimentos. Ordem de prisão relativa à inadimplência de débitos que já levaram o paciente à prisão anteriormente. "Não é possível decretar a prisão do devedor de prestação alimentícia por inadimplência de parcelas que já o levaram à prisão anteriormente. Precedentes. Ressalte-se não haver impedimento de nova prisão contra o mesmo devedor de prestação alimentícia quanto a débitos referentes a períodos diversos" (STJ, HC 149.590/MG, Rel. Min. Sidnei Beneti, 3ª Turma, jul. 17.11.2009, *DJe* 24.11.2009).

Descumprimento de acordo de conhecimento do paciente. "No caso de descumprimento da avença firmada entre o alimentante e o alimentado, nos autos da ação de alimentos, a dívida negociada constitui débito em atraso, e não pretérita, pelo que a inobservância do pactuado acarreta a prisão civil do devedor. *In casu*, o acordo homologado teve origem por iniciativa do paciente, tendo sido, ainda, adimplidas pelo próprio 11 das 30 parcelas pactuadas, sendo descabido, assim, alegar agora desconhecimento da obrigação por suposta irregularidade de sua intimação" (STJ, HC 155.823/RJ, Rel. Min. Vasco Della Giustina, 3ª Turma, jul. 27.04.2010, *DJe* 07.05.2010).

Conhecimento do valor exato devido. "É ilegal o decreto prisional expedido por autoridade judiciária sem prévia intimação do alimentante acerca dos valores nele contidos. O cumprimento de mandado de prisão civil decorrente de inadimplemento de obrigação alimentar pressupõe o conhecimento, pelo alimentante, do exato valor devido" (TJSC, HC 05.027428-4, Rel. Des. Monteiro Rocha, 2ª Câmara, jul. 17.11.2005, *RT* 846/409).

Pagamento do débito. "De acordo com a orientação desta Corte, para o paciente se livrar da prisão, deve pagar a totalidade das três parcelas anteriores à citação, bem como as que vencerem no curso do processo, até o efetivo pagamento, quando, então, finda-se aquela execução" (STJ, HC 77.839/SP, Rel. Min. Hélio Quaglia Barbosa, 4ª Turma, jul. 09.10.2007, *DJe* 17.03.2008). **No mesmo sentido:** STJ, RHC 27.936/RJ, Rel. Min. Paulo de Tarso Sanseverino, 3ª Turma, jul. 16.09.2010, *DJe* 28.09.2010.

Falta de recursos. "*Habeas corpus*. Prisão civil. Devedor de alimentos. Inadimplemento involuntário e escusável. Constrangimento ilegal caracterizado. Ordem concedida" (STF, HC 106.709, Rel. Min. Gilmar Mendes, 2ª Turma, jul. 21.06.2011, *DJe* 15.09.2011).

Desnecessidade do trânsito em julgado da decisão que determina a prisão civil. "Em face da sua natureza coercitiva, diferentemente da pena criminal, o cumprimento da prisão civil contra o devedor de alimentos não se condiciona ao trânsito em julgado da decisão que a determina. Inaplicabilidade do art. 5º, LVII, da Constituição" (STJ, HC 16.1217/SP, Rel. Min. Paulo de Tarso Sanseverino, 3ª Turma, jul. 08.02.2011, *DJe* 11.02.2011).

Prisão civil em ação de investigação de paternidade. "No caso em apreço, foi decretada a prisão do paciente em razão do descumprimento de obrigação de prestar alimentos fixados em decisão interlocutória proferida em ação de investigação de paternidade, antes, portanto, da prolação de sentença reconhecendo a relação de parentesco entre o recorrente e a alimentanda. (...) Nesse contexto, embora a matéria não esteja pacificada no âmbito desta Eg. Corte, a redação legal, o precedente supramencionado e posições doutrinárias no sentido *supra* evidenciam a existência de dúvidas acerca da legalidade de decisão que determina, no bojo de ação investigatória de paternidade cumulada com alimentos, o pagamento de alimentos provisionais, antes da prolação de sentença que declare a existência do vínculo de parentesco. Da leitura do art. 5º, inc. LXVII, da CF, depreende-se que a gravidade da medida coercitiva de prisão civil só será aplicável em casos excepcionais, nos quais o descumprimento da obrigação revele-se inescusável, o que não se vislumbra na hipótese. Ressalte-se que não se está a desonerar o recorrente da obrigação de prestar os alimentos provisionais fixados, o que se mostra inclusive inviável na presente estreita via, mas tão somente retirando a força coercitiva de tal obrigação a ponto de ensejar a segregação civil do recorrente" (STJ, RHC 28.382/RJ, Rel. Min. Raul Araújo, 4ª Turma, jul. 21.10.2010, *DJe* 10.11.2010).

Prisão civil de advogado. Sala de Estado-Maior. Ver jurisprudência do art. 7º da Lei nº 8.906/1994.

Perda da finalidade. "A prisão civil perde sua finalidade quando for constatado que o devedor, apesar de quitar o débito alimentar de forma parcial, presta assistência ao alimentando, zelando por sua sobrevivência de forma digna" (STJ, HC 111.253/RS, Rel. Min. João Otávio de Noronha, 4ª Turma, jul. 19.02.2009, *DJe* 09.03.2009).

Diferença de alimentos. "Em atenção aos princípios da proporcionalidade e da razoabilidade, na hipótese de superveniência de sentença que fixa alimentos definitivos em quantia inferior aos provisórios, a prisão civil do alimentante só poderá ser decretada até a quantia devida tendo como base os alimentos definitivos. A diferença entre os alimentos definitivos e os provisórios deve ser buscada nos moldes do artigo 732 do Código de Processo Civil [art. 528 do CPC/2015]. O pagamento de quantia referente a mais de 3 (três) meses anteriores ao ajuizamento da ação livra o alimentante da prisão, desde que esteja quite com as prestações vencidas no decorrer da ação" (STJ, HC 146.402/SP, Rel. Min. Massami Uyeda, 3ª Turma, jul. 23.03.2010, *DJe* 12.04.2010).

Ação revisional. "A propositura de ação revisional não obsta a execução de alimentos com base no art. 733 do Código de Processo Civil [art. 911 do CPC/2015], admitindo-se a prisão civil do devedor. Optando os credores dos alimentos pelo rito do art. 733 do Código de Processo Civil, ao invés do previsto no art. 732 do mesmo diploma processual [art. 528 do CPC/2015], a eventual indicação de bens pelo devedor não obsta a prisão civil" (STJ, HC 24.296/SP, Rel. Min. Carlos Alberto Menezes Direito, 3ª Turma, jul. 15.05.2003, *DJ* 23.06.2003, p. 350).

Extinção da punibilidade pela prescrição penal. "Improcede o pleito de se aplicar as regras da extinção da pretensão punitiva pela prescrição, oriundas do processo penal, pois a natureza da coerção civil é diversa daquela. Precedentes" (STJ, RHC 24.555/SP, Rel. Min. Aldir Passarinho Junior, 4ª Turma, jul. 16.12.2008, *DJe* 02.02.2009).

Inclusão de honorários advocatícios. Inadmissibilidade. "Inadmissível que se incluam, sob o procedimento pelo qual há a ameaça de constrição à liberdade do devedor de alimentos, disciplinado no art. 733 do CPC [art. 911 do CPC/2015], verbas estranhas à pensão alimentícia objeto de cobrança, como as custas processuais e os honorários de advogado, crédito para o qual o sistema legal prevê instrumentos próprios de realização que não o violento expediente da prisão civil por dívida" (STJ, HC 224.769/DF, Rel. Min. Paulo de Tarso Sanseverino, 3ª Turma, jul. 14.02.2012, *DJe* 17.02.2012).

Impossibilidade de prisão civil do inventariante pelo inadimplemento de pensão alimentícia. "Nessa ordem de ideias, e seja qual for a conclusão quanto a transmissibilidade ou não da obrigação alimentar, não parece possível a decretação de prisão civil do inventariante do Espólio, haja vista que a restrição da liberdade constitui sanção também de natureza personalíssima e que não pode recair sobre terceiro, estranho ao dever de alimentar, como sói acontecer com o inventariante, representante legal e administrador da massa hereditária" (STJ, HC 256.793/RN, Rel. Min. Luis Felipe Salomão, 4ª Turma, jul. 01.10.2013, *DJe* 15.10.2013).

8. Prisão civil por alimentos. Pandemia de Covid-19. Risco de contágio. Prisão domiciliar. "O pagamento parcial do débito não afasta a regularidade da prisão civil, porquanto as quantias inadimplidas caracterizam-se como débito atual, que compreende as três prestações anteriores à citação e as que vencerem no curso do processo, nos termos da Súmula 309/STJ. Diante do iminente risco de contágio pelo Covid-19, bem como em razão dos esforços expendidos pelas autoridades públicas em reduzir o avanço da pandemia, é recomendável o cumprimento da prisão civil por dívida alimentar em regime diverso do fechado. Ordem de habeas corpus parcialmente concedida para que o paciente, devedor de alimentos, cumpra a prisão civil em regime domiciliar" (STJ, HC 561.257/SP, Rel. Min. Raul Araújo, 4ª Turma, jul. 05.05.2020, *DJe* 08.05.2020). No mesmo sentido: STJ, HC 575785/GO, Rel. Min. Raul Araújo, 4ª Turma, jul. 16.06.2020, *DJe* 14.09.2020.

Pandemia de Covid-19. Suspensão da prisão dos devedores por dívida alimentícia. "Em virtude da pandemia causada pelo coronavírus (Covid-19), admite-se, excepcionalmente, a suspensão da prisão dos devedores por dívida alimentícia em regime fechado. Hipótese emergencial de saúde pública que autoriza provisoriamente o diferimento da execução da obrigação cível enquanto pendente a pandemia" (STJ, HC 574.495/SP, Rel. Min. Ricardo Villas Bôas Cueva, 3ª Turma, jul. 26.05.2020, *DJe* 01.06.2020).

Suspensão da prisão em regime fechado durante a pandemia de Covid-19. Lei nº 10.410/2020. "Em atenção: i) ao estado de emergência em saúde pública declarado pela Organização Mundial de Saúde, que perdura até os dias atuais, decorrente da pandemia de Covid-19, doença causada pelo Coronavírus (Sars-Cov-2); ii) à adoção de medidas necessárias à contenção da disseminação levadas a efeito pelo Poder Público, as quais se encontram em vigor; iii) à Recomendação n. 62 do Conselho Nacional de Justiça consistente na colocação em prisão domiciliar das pessoas presas por dívida alimentícia; e, mais recentemente, iv) à edição da Lei n. 10.410, de 10 de junho de 2020, que determinou, expressamente, que, até 30 de outubro de 2020, a prisão civil por dívida de alimentos seja cumprida exclusivamente sob a modalidade domiciliar, sem prejuízo da exigibilidade das respectivas obrigações, mostra-se flagrante a ilegalidade no ato atacado, a autorizar, excepcionalmente, o conhecimento do presente writ e, principalmente, a concessão da ordem impetrada. As Turmas de Direito Privado do STJ são uníssonas em reconhecer a indiscutível ilegalidade/teratologia da prisão civil, sob o regime fechado, no período de pandemia, anterior ou posterior à Lei n. 10.410/2020. A divergência subsistente no âmbito das Turmas de Direito Privado refere-se apenas ao período anterior à edição da Lei n. 10.410/2020, tendo esta Terceira Turma, no tocante a esse interregno, compreendido ser possível o diferimento da prisão civil para momento posterior ao fim da pandemia; enquanto a Quarta Turma do STJ tem reconhecido a necessidade de aplicar o regime domiciliar" (STJ, HC 569.014/RN, Rel. Min. Marco Aurélio Bellizze, 3ª Turma, jul. 06.10.2020, *DJe* 14.10.2020).

Pandemia de Covid-19. Retomada da prisão civil. "O propósito do *habeas corpus* é definir se, no atual momento da pandemia causada pelo coronavírus, é admissível a retomada da prisão civil do devedor de alimentos em regime fechado. (...) Passados oito meses desde a última modificação de posicionamento desta Corte a respeito do tema, é indispensável que se reexamine a questão à luz do quadro atual da pandemia no Brasil, especialmente em virtude da retomada das atividades econômicas, comerciais, sociais, culturais e de lazer e do avanço da vacinação em todo o território nacional. Diante do cenário em que se estão em funcionamento, em níveis próximos ao período pré-pandemia, os bares, restaurantes, eventos, shows, boates e estádios, e no qual quase três quartos da população brasileira já tomou a primeira dose e quase um terço se encontra totalmente imunizada, não mais subsistem as razões de natureza humanitária e de saúde pública que justificaram a suspensão do cumprimento das prisões civis de devedores de alimentos em regime fechado" (STJ, HC 706.825/SP, Rel. Min. Nancy Andrighi, 3ª Turma, jul. 23.11.2021, *DJe* 25.11.2021).

9. Acordo para exoneração do devedor de alimentos devidos e não pagos. Renúncia. Possibilidade. "É irrenunciável o direito aos alimentos presentes e futuros (art. 1.707 do Código Civil), mas pode o credor renunciar aos alimentos pretéritos devidos e não prestados, isso porque a irrenunciabilidade atinge o direito, e não o seu exercício. Na hipótese, a extinção da execução em virtude da celebração de acordo em que o débito foi exonerado não resultou em prejuízo, visto que não houve renúncia aos alimentos vincendos e que são indispensáveis ao sustento das alimentandas. As partes transacionaram somente o crédito das parcelas específicas dos alimentos executados, em relação aos quais inexiste óbice legal" (STJ, REsp 1529532/DF, Rel. Min. Ricardo Villas Bôas Cueva, 3ª Turma, jul. 09.06.2020, *DJe* 16.06.2020).

10. Os efeitos da sentença de alimentos retroagem à data da citação. "Os efeitos da sentença que reduz, majora ou exonera o alimentante do pagamento retroagem à data da citação, vedadas a compensação e a repetibilidade (Enunciado da Súmula 621/STJ)" (STJ, AgInt no AREsp 1616792/SC, Rel. Min. Maria Isabel Gallotti, 4ª Turma, jul. 01.06.2020, *DJe* 05.06.2020).

11. Alimentos decorrentes de ato ilícito. Natureza indenizatória. Prisão civil indevida. "Os alimentos devidos em razão da prática de ato ilícito, conforme previsão contida nos artigos 948, 950 e 951 do Código Civil, possuem natureza indenizatória, razão pela qual não se aplica o rito excepcional da prisão civil como meio coercitivo para o adimplemento" (STJ, HC 523.357/MG, Rel. Min. Maria Isabel Gallotti, 4ª Turma, jul. 01.09.2020, *DJe* 16.10.2020).

12. Desemprego. Prisão civil indevida.

Ineficácia da medida. "A autorização constitucional e legal para que se utilize a prisão civil como técnica de coerção do devedor de alimentos não significa dizer que se trata de medida de deferimento obrigatório e irrefletido, devendo ser examinado, sempre, as circunstâncias que permeiam a hipótese em juízo de ponderação entre a máxima efetividade da tutela satisfativa e a menor onerosidade da execução. Na hipótese, além de o devedor estar comprovadamente desempregado, consignou-se que a credora não está em situação de risco iminente de vida, pois é pessoa maior, capaz e que se recolocou profissionalmente no ano de 2013, de modo que, nesse contexto específico, os alimentos, indiscutivelmente devidos até que haja a eventual exoneração por sentença, deverão ser executados sem a possibilidade de decretação da prisão civil, podendo o juízo de 1º grau, inclusive, valer-se de outras medidas típicas e atípicas de coerção ou sub-rogação, como autoriza o art. 139, IV, do CPC/15" (STJ, HC 422.699/SP, Rel. Min. Nancy Andrighi, 3ª Turma, jul. 26.06.2018, *DJe* 29.06.2018).

Incapacidade para o trabalho. "Pensão alimentícia. Prisão. Paciente portador de deficiência. Incapacidade para o trabalho. Comprovada a incapacidade do paciente para cumprir a obrigação de prestar alimentos, deve ser afastada a possibilidade de prisão civil" (STJ, RHC 22.635/RS, Rel. Min. Fernando Gonçalves, 4ª Turma, jul. 10.02.2009, *DJe* 26.02.2009).

Desemprego. Afastamento do decreto prisional (§ 2º e §7º). "A obrigação alimentar é regida pelo binômio necessidade-possibilidade, não se impondo maior valia a nenhuma dessas duas variáveis, mas não se deve desconsiderar que a variável da necessidade é elástica e quase ilimitada, enquanto a da possibilidade é rígida e limitada às posses e disponibilidade do alimentante para o trabalho e, portanto, para a ampliação de seus ganhos. Na hipótese, a obrigação alimentar foi fixada, alternativamente, em 1,5 (um e meio) salário mínimo mensal ou, no caso de vínculo empregatício, em 25% (vinte e cinco por cento) do salário líquido do paciente. Os autos comprovam que **o paciente passou por longo período de desemprego, razão pela qual não teve como cumprir a obrigação nos termos em que avençada, realizando pagamentos apenas parciais**, e que, atualmente, não obstante empregado como auxiliar administrativo, recebe apenas o equivalente a um salário mínimo mensal, **não se encontrando em condições de quitar a dívida pretérita**, acumulada em R$ 17.411,99. Ademais, os alimentos atuais vêm sendo regularmente pagos mediante desconto direto em folha de pagamento, no percentual de 25% do salário do devedor. Diante de tais circunstâncias, verifica-se que o inadimplemento não se apresenta inescusável e voluntário, assim como previsto na Constituição Federal, em seu art. 5º, LXVII, para admitir, excepcionalmente, a prisão civil do devedor de alimentos" (STJ, HC 472.730/SP, Rel. Min. Raul Araújo, 4ª turma, jul. 13.12.2018, *DJe* 19.12.2018).

13. Desemprego. Prisão civil devida.

Existência de outra prole. "As alegações de ocorrência de desemprego ou de existência de outra família ou prole são insuficientes, por si só, para justificar o inadimplemento da obrigação alimentícia. Precedentes. O pagamento parcial da dívida executada não impede a decretação da prisão civil. Precedentes" (STJ, RHC 92.211/SP, Rel. Min. Nancy Andrighi, 3ª Turma, jul. 27.02.2018, *DJe* 02.03.2018). No mesmo sentido: STJ, HC 560.208/SP, Rel. Min. Moura Ribeiro, 3ª Turma, jul. 05.05.2020, *DJe* 11.05.2020).

Ação revisional ajuizada. "Conforme assente jurisprudência deste Tribunal, a apresentação de justificativa de inadimplemento de prestações alimentícias, por si só, oferecida pelo executado, ora Agravante, nos autos de ação de execução de alimentos, aliada ao ajuizamento de ação revisional de alimentos e à condição de desemprego do alimentante, não constitui motivo bastante para afastar a exigibilidade da prisão civil, nos termos do artigo 733 do Código de Processo Civil" [art. 911 do CPC/2015] (STJ, AgRg nos EDcl no REsp 1.005.597/DF, Rel. Min. Sidnei Beneti, 3ª Turma, jul. 16.10.2008, *DJe* 03.11.2008).

14. Prorrogação da prisão. Possibilidade. "A jurisprudência do STJ já proclamou que, decretada inicialmente a segregação do devedor de alimentos pelo prazo mínimo, dependendo da sua postura, ou seja, demonstrada a recalcitrância e a desídia no cumprimento da obrigação alimentar, não há impedimento para posterior prorrogação do prazo de prisão civil até o limite máximo de 90 (noventa) dias. Precedentes" (STJ, HC 586.925/RJ, Rel. Min. Moura Ribeiro, 3ª Turma, jul. 18.08.2020, *DJe* 26.08.2020).

15. Maioridade civil do alimentando durante a execução. Manutenção da prisão. Impossibilidade. "O fato de o credor dos alimentos, durante o trâmite da execução, ter atingido a maioridade civil, cursado ensino superior e passado a exercer atividade profissional remunerada, embora não desobrigue o genitor pela dívida pretérita contraída exclusivamente em razão de sua recalcitrância, torna desnecessária, na hipótese, a prisão civil como medida coativa, seja em razão da ausência de atualidade e de urgência da prestação dos alimentos, seja porque essa técnica será ineficaz para compelir o devedor a satisfazer integralmente o débito que se avolumou de forma significativa. A existência de dúvida sobre o período em que os alimentos foram prestados pela avó, quais valores foram destinados ao credor e a natureza substitutiva ou complementar dos alimentos que foram prestados também desautoriza o uso da prisão civil como técnica coercitiva" (STJ, HC 415.215/SP, Rel. Min. Nancy Andrighi, 3ª Turma, jul. 06.02.2018, *DJe* 08.02.2018).

16. Conversão de rito *ex officio*. "Feita a escolha do procedimento que permite a prisão civil do executado, desde que observado o disposto na Súmula 309/STJ, como na espécie, não se mostra possível a sua conversão, de ofício, para o rito correspondente à execução por quantia certa, cuja prisão é vedada, sob o fundamento de que o débito foi adimplido parcialmente, além do transcurso de tempo razoável desde o ajuizamento da ação, o que afastaria o caráter emergencial dos alimentos. Nos termos da jurisprudência pacífica desta Corte Superior, o pagamento parcial do débito alimentar não impede a prisão civil do executado. Além disso, o tempo transcorrido desde o ajuizamento da ação de execução, salvo em situações excepcionais, não tem o condão de afastar o caráter de urgência dos alimentos, sobretudo no presente caso, em que a demora na solução do litígio foi causada pelo próprio devedor, sem contar que os alimentandos possuem, hoje, 10 (dez) e 15 (quinze) anos de idade, o que revela a premente necessidade no cumprimento da obrigação alimentar" (STJ, REsp 1773359/MG, Rel. Min. Marco Aurélio Bellizze, 3ª Turma, jul. 13.08.2019, *DJe* 16.08.2019).

Impossibilidade de prisão enquanto durar a pandemia do coronavírus. Determinação de penhora sem que haja conversão. Possibilidade. "Considerando a suspensão de todas as ordens de prisão civil, seja no regime domiciliar, seja em regime fechado, no âmbito do Distrito Federal, enquanto durar a pandemia do coronavírus, impõe-se a realização de interpretação sistemático-teleológica dos dispositivos legais que regem a execução de alimentos, a fim de equilibrar a relação jurídica entre as partes. Se o devedor está sendo beneficiado, de um lado, de forma excepcional, com a impossibilidade de prisão civil, de outro é preciso evitar que o credor seja prejudicado com a demora na satisfação dos alimentos que necessita para sobreviver, pois ao se adotar o entendimento defendido pelo ora recorrente estaria impossibilitado de promover quaisquer medidas de constrição pessoal (prisão) ou patrimonial, até o término da pandemia. Ademais, tratando-se de direitos da criança e do adolescente, como no caso, não se pode olvidar que o nosso ordenamento jurídico adota a doutrina da proteção integral e do princípio da prioridade absoluta, nos termos do art. 227 da Constituição Federal. Dessa forma, considerando que os alimentos são indispensáveis à subsistência do alimentando, possuindo caráter imediato, deve-se permitir, ao menos enquanto perdurar a suspensão de todas as ordens de prisão civil em decorrência da pandemia da Covid-19, a adoção de atos de constrição no patrimônio do devedor, sem que haja a conversão do rito" (STJ, REsp 1.914.052/DF, Rel. Min. Marco Aurélio Bellizze, 3ª Turma, jul. 22.06.2021, *DJe* 28.06.2021).

17. Execução de alimentos. Descabimento da medida coercitiva extrema. "A jurisprudência do Superior Tribunal de Justiça tem-se orientado no sentido de reconhecer que: 'A constrição da liberdade somente se justifica se: 'i) for indispensável à consecução dos alimentos inadimplidos; ii) atingir o objetivo teleológico perseguido pela prisão civil – garantir, pela coação extrema da prisão do devedor, a sobrevida do alimentado – e; iii) for a fórmula que espelhe a máxima efetividade com a mínima restrição aos direitos do devedor' (HC n. 392.521/SP, Relatora a Ministra Nancy Andrighi, Terceira Turma, *DJe* de 1º/8/2017)' (HC 447.620/SP, Rel. Ministro Marco Aurélio Bellizze, Terceira Turma, *DJe* de 13/8/2018). (...) No mais, o valor elevado da dívida pretérita acumulada aponta para a ineficácia da prisão como forma de compelir o devedor ao pagamento integral do débito, o que poderá ser buscado por outros meios, menos gravosos ao executado e mais proporcionais aos valores em confronto" (STJ, HC 663.356/PR, Rel. Min. Raul Araújo, 4ª Turma, jul. 10.08.2021, *DJe* 01.10.2021).

"Na linha da jurisprudência do STJ, em regra, a maioridade civil e a capacidade, em tese, de promoção ao próprio sustento, por si sós, não são capazes de desconstituir a obrigação alimentar, devendo haver prova pré-constituída da ausência de necessidade dos alimentos. Precedentes. Particularidades, contudo, do caso concreto, permitem aferir a ausência de urgência no recebimento dos alimentos executados pelo rito da prisão civil, porque (i) a credora é maior de idade (26 anos), com formação superior (Direito) e pós-graduanda em Direito em Processo do Trabalho, inscrita no respectivo conselho de classe e é associada a um escritório de advocacia e atua em diversas causas. O risco alimentar e a própria sobrevivência da credora não se mostram iminentes e insuperáveis, podendo ela, por si só, como vem fazendo, afastar a hipótese pelo próprio esforço" (STJ, HC 875.013/RN, Rel. Min. Moura Ribeiro, 3ª Turma, jul. 20.02.2024, *DJe* 23.02.2024).

18. Cumprimento de sentença condenatória de alimentos. Exame da gratuidade a partir da situação econômica do representante legal do menor. Impossibilidade. Presunção de insuficiência econômica do menor. Ver jurisprudência do art. 99 do CPC/2015.

19. Cumprimento de sentença. Medidas executivas. Coerção pessoal (prisão) e patrimonial (penhora). Possibilidade de cumulação. "É cabível a cumulação das técnicas executivas da coerção pessoal (prisão) e da coerção patrimonial (penhora) no âmbito do mesmo processo executivo de alimentos, desde que não haja prejuízo ao devedor (a ser devidamente comprovado) nem ocorra nenhum tumulto processual no caso em concreto (a ser avaliado pelo magistrado). Traz-se, assim, adequação e efetividade à tutela jurisdicional, tendo sempre como norte a dignidade da pessoa do credor necessitado. No entanto, é recomendável que o credor especifique, em tópico próprio, a sua pretensão ritual em relação aos pedidos, devendo o mandado de citação/intimação prever as diferentes consequências de acordo com as diferentes prestações. A defesa do requerido, por sua vez, poderá ser ofertada em tópicos ou separadamente, com a justificação em relação às prestações atuais e com a impugnação ou os embargos a serem opostos às prestações pretéritas. Na hipótese, o credor de alimentos estabeleceu expressamente a sua 'escolha' acerca da cumulação de meios executivos, tendo delimitado de forma adequada os seus requerimentos. Por conseguinte, em princípio, é possível o processamento em conjunto dos requerimentos de prisão e de expropriação, devendo os respectivos mandados citatórios/intimatórios se adequar a cada pleito executório" (STJ, REsp 1.930.593/MG, Rel. Min. Luis Felipe Salomão, 4ª Turma, jul. 09.08.2022, *DJe* 26.08.2022).

20. Executado que fora intimado e preso anteriormente. "O fundamento para que não seja admitida a intimação do devedor na pessoa de seu advogado, sem poderes específicos para tanto, consiste na necessidade de se ter a certeza da efetiva ciência do devedor de alimentos a respeito do cumprimento de sentença instaurado, notadamente em razão da grave consequência ocasionada pelo não cumprimento dessa obrigação, qual seja, a decretação de prisão civil. Na hipótese, contudo, o paciente teve ciência inequívoca da execução da dívida alimentar subjacente, tanto que chegou a ser preso no bojo do primeiro cumprimento de sentença instaurado. Assim, o fato de ter sido instaurado um segundo cumprimento de sentença não exige que o paciente seja novamente intimado pessoalmente, pois se trata do mesmo título judicial executado em relação ao primeiro cumprimento de sentença instaurado, mudando-se apenas o período correspondente ao débito executado. Dessa forma, havendo inequívoca ciência do devedor acerca do débito alimentar objeto de execução, não há que se falar em ilegalidade na decisão do Juízo a quo, que determinou nova intimação na pessoa do seu advogado" (STJ, HC 831.606/SP, Rel. Min. Marco Aurélio Bellizze, 3ª Turma, jul. 24.10.2023, *DJe* 26.10.2023).

21. Reconhecimento e dissolução de união estável cumulada com pedido de alimentos. "Não **reconhecida a união estável, não há como deferir o pedido de alimentos decorrentes do dever de mútua assistência** que norteia as relações entre cônjuges/companheiros, persistindo após a separação quando demonstrada a dependência econômica de uma parte em relação a outra e a incapacidade de prover o próprio sustento" (TJRS, AC 0472439-46.2014.8.21.7000, Rel.ª Des.ª Sandra Bisolara Medeiros, 7ª Câmara Cível, *DJERS* 03.06.2015).

22. Remessa ao exterior de valores relativos à pensão alimentícia. Abstenção de cobrança de tarifas bancárias. Convenção de Nova Iorque. "A remessa para o exterior de verba alimentar fixada judicialmente representa a efetivação da decisão judicial e, consequentemente, a viabilização da obtenção dos alimentos, e culmina na conclusão de que a isenção prevista na Convenção de Nova Iorque deve incidir também sobre as tarifas bancárias exigidas em tal operação" (STJ, REsp 1.705.928/SP, Rel. Min. Humberto Martins, 3ª Turma, jul. 12.12.2023, *DJe* 25.01.2024).

Art. 529. Quando o executado for funcionário público, militar, diretor ou gerente de empresa ou empregado sujeito à legislação do trabalho, o exequente poderá requerer o desconto em folha de pagamento da importância da prestação alimentícia.

§ 1º Ao proferir a decisão, o juiz oficiará à autoridade, à empresa ou ao empregador, determinando, sob pena de crime de desobediência, o desconto a partir da primeira remuneração posterior do executado, a contar do protocolo do ofício.

§ 2º O ofício conterá o nome e o número de inscrição no Cadastro de Pessoas Físicas do exequente e do executado, a importância a ser descontada mensalmente, o tempo de sua duração e a conta na qual deve ser feito o depósito.

§ 3º Sem prejuízo do pagamento dos alimentos vincendos, o débito objeto de execução pode ser descontado dos rendimentos ou rendas do executado, de forma parcelada, nos termos do *caput* deste artigo, contanto que, somado à parcela devida, não ultrapasse cinquenta por cento de seus ganhos líquidos.

CPC/1973

Art. 734.

BREVES COMENTÁRIOS

Uma vez averbada a prestação em folha, considera-se seguro o juízo, como se penhora houvesse, podendo o devedor pleitear efeito suspensivo à sua defesa, se for caso (Moacyr Amaral Santos. *Primeiras linhas de direito processual civil. 22. ed. São Paulo: Saraiva, 2008, v, III, n. 918, p. 296*). Ao contrário, se frustrado o desconto, seguir-se-á com a penhora de bens do executado (art. 831), conforme determina o art. 530 do atual Código.

JURISPRUDÊNCIA SELECIONADA

1. Desconto em folha de pagamento.

Penhora de bens do devedor. Concomitância. Possibilidade. Adoção de medidas atípicas. "Diferentemente do CPC/73, em que vigorava o princípio da tipicidade dos meios executivos para a satisfação das obrigações de pagar quantia certa, o CPC/15, ao estabelecer que a satisfação do direito é uma norma fundamental do processo civil e permitir que o juiz adote todas as medidas indutivas, coercitivas, mandamentais ou sub-rogatórias para assegurar o cumprimento da ordem judicial, conferiu ao magistrado um poder geral de efetivação de amplo espectro e que rompe com o dogma da tipicidade. Respeitada a necessidade de fundamentação adequada e que justifique a técnica adotada a partir de critérios objetivos de ponderação, razoabilidade e proporcionalidade, conformando os princípios da máxima efetividade da execução e da menor onerosidade do devedor, permite-se, a partir do CPC/15, a adoção de técnicas de executivas apenas existentes em outras modalidades de execução, a criação de técnicas executivas mais apropriadas para cada situação concreta e a combinação de técnicas típicas e atípicas, sempre com o objetivo de conferir ao credor o bem da vida que a decisão judicial lhe atribuiu. Na hipótese, pretende-se o adimplemento de obrigação de natureza alimentar devida pelo genitor há mais de 24 (vinte e quatro) anos, com valor nominal superior a um milhão e trezentos mil reais e que já foi objeto de sucessivas impugnações do devedor, sendo admissível o **deferimento do desconto em folha de pagamento do débito**, parceladamente e observado o limite de 10% sobre os subsídios líquidos do devedor, observando-se que, se adotada apenas essa modalidade executiva, a dívida somente seria inteiramente quitada em 60 (sessenta) anos, motivo pelo qual se deve admitir **a combinação da referida técnica sub-rogatória com a possibilidade de expropriação dos bens penhorados**" (STJ, REsp 1733697/RS, Rel. Min. Nancy Andrighi, 3ª Turma, jul. 11.12.2018, *DJe* 13.12.2018).

Desconto em folha de pagamento. "O desconto em folha de pagamento é meio de expropriação em execução de prestação alimentícia, sendo o inadimplemento requisito indispensável. Dessa medida não se pode cogitar para as prestações ainda não vencidas, ao arrepio do acordo celebrado em juízo, que estabeleceu o depósito em conta bancária como forma de pagamento, para evitar eventuais atrasos no pagamento. De qualquer modo, na espécie, em se tratando de pensão de elevado valor, os pequenos atrasos verificados, em um curto espaço de tempo, não tiveram o condão de criar situações de insuportabilidade para a credora, a justificar na ordem pretendida" (TJSP, AGI 5.802.4/1, Rel. Ruiter Oliva, 9ª Câmara de D. Priv., jul. 07.05.1996, *RJ* 229/55).

Prestações vencidas. Admissibilidade. "(...) Os artigos 16 da Lei 5.478/1968 e 734 do Código de Processo Civil [art. 912 do CPC/2015] preveem, preferencialmente, o desconto em folha para satisfação do crédito alimentar. Destarte, não havendo ressalva quanto ao tempo em que perdura o débito para a efetivação da medida, não é razoável restringir-se o alcance dos comandos normativos para conferir proteção ao devedor de alimentos. Precedente do STJ. É possível, portanto, o desconto em folha de pagamento do devedor de alimentos, inclusive quanto a débito pretérito, contanto que o seja em montante razoável e que não impeça sua própria subsistência" (STJ, REsp 997.515/RJ, Rel. Min. Luis Felipe Salomão, 4ª Turma, jul. 18.10.2011, *DJe* 26.10.2011). **Em sentido contrário:** "A dívida de alimentos, concernente ao período anterior às três últimas parcelas que antecedem ao ajuizamento da ação de execução, deve ser cobrada segundo o rito do artigo 732 do Código de Processo Civil (Capítulo IV – Execução por Quantia Certa), restando, portanto, **obstado o desconto direto na folha de pagamento do executado do débito relativo a tal período**, ainda mais considerando-se que a dívida alimentar, no caso concreto, formou-se por culpa exclusiva da fonte pagadora, que recolheu a menor o valor mensal devido pelo executado à exequente" (STJ, AgRg no REsp 822.486/RJ, Rel. Min. Sidnei Beneti, 3ª Turma, jul. 18.09.2008, *DJe* 08.10.2008).

Servidor Público. "O desconto em folha de pagamento do servidor público só é possível para as prestações vincendas" (STJ, HC 20.905/MS, Rel. Min. Aldir Passarinho Junior, 4ª Turma, jul. 25.06.2002, *DJ* 26.08.2002).

2. Base de cálculo da pensão alimentar. "Consolidação da jurisprudência desta Corte no sentido da incidência da pensão alimentícia sobre o décimo terceiro salário e o terço constitucional de férias, também conhecidos, respectivamente, por gratificação natalina e gratificação de férias. Julgamento do especial como representativo da controvérsia, na forma do art. 543-C do CPC [art. 1.036 do CPC/2015] e da Resolução 08/2008 do STJ – Procedimento de Julgamento de Recursos Repetitivos" (STJ, REsp 1.106.654/RJ, Rel. Min. Paulo Furtado, 2ª Seção, jul. 25.11.2009).

Art. 530. Não cumprida a obrigação, observar-se-á o disposto nos arts. 831 e seguintes.

CPC/1973

Art. 735.

REFERÊNCIA LEGISLATIVA

CP, art. 244 (abandono material).

Lei nº 5.478/1968, art. 4º (alimentos provisórios).

BREVES COMENTÁRIOS

Cabe ao credor, na abertura da execução de alimentos, optar entre requerer a citação com cominação de prisão (art. 528, § 3º), ou apenas de penhora (arts. 528, § 8º, e 530). No entanto, a escolha da primeira opção não lhe veda o direito de, após a prisão ou a justificativa do devedor, pleitear o prosseguimento da execução por quantia certa, sob o rito comum das obrigações dessa natureza (art. 528, § 5º), caso ainda persista o inadimplemento. Nem o Código nem a Lei nº 5.478/1968 impõem ao credor de alimentos a obrigação de primeiro executar o alimentando pelas vias comuns da execução por quantia certa para depois requerer as medidas coativas do art. 528, de sorte que pode perfeitamente iniciar-se o processo executivo por qualquer dos dois caminhos legais.

Art. 531. O disposto neste Capítulo aplica-se aos alimentos definitivos ou provisórios.

§ 1º A execução dos alimentos provisórios, bem como a dos alimentos fixados em sentença ainda não transitada em julgado, se processa em autos apartados.

§ 2º O cumprimento definitivo da obrigação de prestar alimentos será processado nos mesmos autos em que tenha sido proferida a sentença.

REFERÊNCIA LEGISLATIVA

Lei nº 5.478/1968, art. 4º (alimentos provisórios na ação de alimentos); art. 13, § 3º (duração dos alimentos provisórios) e art. 19 (execução de sentença e prisão civil).

BREVES COMENTÁRIOS

O atual Código sepulta de vez a antiga tese pontiana de que a hipótese de prisão seria própria apenas da execução de alimentos provisionais. Para o mestre Pontes de Miranda, a prisão somente ocorreria se houvesse sentença ou decisão fixando alimentos provisionais, já que a referência dos textos dos arts. 733 e 735 do Código de 1973 seria apenas a essa modalidade de prestação alimentícia.

Com o atual Código, além da substituição da antiga expressão "alimentos provisionais" do art. 733 do CPC/1973 pela expressão "prestação alimentícia", que dissipou qualquer possibilidade de dúvida quanto ao cabimento de prisão para decisões definitivas, também se unificaram os dois regimes quanto ao prazo para prisão do executado: mínimo de um e máximo de três meses (art. 528).

JURISPRUDÊNCIA SELECIONADA

1. Alimentos provisórios. Sentença definitiva. Eficácia. "À luz da jurisprudência desta Corte, a sentença definitiva exoneratória da obrigação de pagamento de alimentos retroage com eficácia *ex tunc* independentemente do caso. Uma vez demonstrado em sede de juízo exauriente, observado o contraditório e a ampla defesa, que a obrigação imposta liminarmente não deve subsistir, resta vedada a cobrança dos denominados alimentos provisórios, sob pena de enriquecimento sem causa. A Segunda Seção, no julgamento do EREsp nº 1.181.119/RJ, ao interpretar o art. 13, § 2º, da Lei nº 5.478/1968, concluiu, por maioria, que os **alimentos provisórios não integram o patrimônio jurídico subjetivo do alimentando, podendo ser revistos a qualquer tempo**, porquanto provimento *rebus sic stantibus*, já que não produzem coisa julgada material (art. 15 da Lei nº 5.478/1968). A sentença exoneratória que redimensiona o binômio necessidade-possibilidade segue a mesma lógica das ações congêneres revisionais, devendo seus efeitos retroagir à data da citação" (STJ, REsp 1.426.082/MG, Rel. Min. Ricardo Villas Bôas Cueva, 3ª Turma, jul. 02.06.2015, *DJe* 10.06.2015).

Art. 532. Verificada a conduta procrastinatória do executado, o juiz deverá, se for o caso, dar ciência ao Ministério Público dos indícios da prática do crime de abandono material.

REFERÊNCIA LEGISLATIVA

CP, art. 244 (crime de abandono material).

CPC/2015, art. 774 (configuração de conduta atentatória à dignidade da justiça).

BREVES COMENTÁRIOS

O retardamento ou não pagamento injustificado da prestação alimentícia pode ter repercussão penal. É mais uma hipótese que, embora não prevista expressamente na legislação anterior, já seria permitida, considerando que, em regra, o magistrado deve oficiar o órgão do Ministério Público quando tiver ciência do indício de qualquer ilícito penal. Não obstante, a nosso juízo, andou bem o legislador, mais uma vez inspirado no propósito de efetividade, ao adotar a postura pedagógica de dispor expressamente sobre a matéria na nova codificação.

O descumprimento da sentença alimentícia sem justificação adequada pode também configurar atentado à dignidade da justificação, dando ensejo à aplicação da multa prevista no parágrafo único do art. 774 do CPC.

Art. 533. Quando a indenização por ato ilícito incluir prestação de alimentos, caberá ao executado, a requerimento do exequente, constituir capital cuja renda assegure o pagamento do valor mensal da pensão.

§ 1º O capital a que se refere o *caput*, representado por imóveis ou por direitos reais sobre imóveis suscetíveis de alienação, títulos da dívida pública ou aplicações financeiras em banco oficial, será inalienável e impenhorável enquanto durar a obrigação do executado, além de constituir-se em patrimônio de afetação.

§ 2º O juiz poderá substituir a constituição do capital pela inclusão do exequente em folha de pagamento de pessoa jurídica de notória capacidade econômica ou, a requerimento do executado, por fiança bancária ou garantia real, em valor a ser arbitrado de imediato pelo juiz.

§ 3º Se sobrevier modificação nas condições econômicas, poderá a parte requerer, conforme as circunstâncias, redução ou aumento da prestação.

§ 4º A prestação alimentícia poderá ser fixada tomando por base o salário-mínimo.

§ 5º Finda a obrigação de prestar alimentos, o juiz mandará liberar o capital, cessar o desconto em folha ou cancelar as garantias prestadas.

CPC/1973

Art. 475-Q.

REFERÊNCIA LEGISLATIVA

CC, arts. 186 (ato ilícito); 927 (responsabilidade civil); 942 (responsabilidade patrimonial); 948 (prestação de alimentos).

SÚMULAS

Súmula do STF:

nº 490: "A pensão correspondente à indenização oriunda de responsabilidade civil deve ser calculada com base no salário mínimo vigente ao tempo da sentença e ajustar-se-á às variações ulteriores".

nº 493: "O valor da indenização, se consistente em prestações periódicas e sucessivas, compreenderá, para que se mantenha inalterável na sua fixação, parcelas compensatórias do imposto de renda, incidente sobre os juros do capital gravado ou caucionado, nos termos dos arts. 911 e 912 do CPC".

nº 562: "Na indenização de danos materiais decorrente de ato ilícito cabe a atualização de seu valor, utilizando-se, para esse fim, dentre outros critérios, dos índices de correção monetária".

Súmula do STJ:

nº 313: "Em ação de indenização, procedente o pedido, é necessária a constituição de capital ou caução fidejussória para a garantia de pagamento da pensão, independentemente da situação financeira do demandado". **Obs.: Entendimento flexibilizado pela disposição do art. 533 do CPC/2015.**

BREVES COMENTÁRIOS

Não há inovação, a propósito, dessa sistemática, uma vez que a garantia ora prevista já era estabelecida pelo Código anterior em seu art. 475-Q.

A finalidade da constituição de capital é a de garantir o adimplemento da obrigação alimentar devida pela prática de ato ilícito, mediante um patrimônio de afetação dos bens do executado, que, entretanto, para o CPC/2015, não se forma por iniciativa do juiz, de ofício, mas depende de requerimento do interessado.

Optando pela constituição de capital, o seu montante será definido por meio do procedimento incidental de liquidação de sentença, cujo rito variará conforme o tipo de operação que se fizer necessário para estimar a idoneidade do bem garantidor oferecido pelo devedor e sua rentabilidade. Da maior ou menor complexidade da operação, poder-se-á ir do simples cálculo da própria parte até as medidas contenciosas da liquidação por arbitramento ou por artigos (arts. 509 a 512).

Não se aplica a prisão civil no caso de execução de pensionamento derivado de responsabilidade civil por ato ilícito (STJ, HC 523357, Rel. Min. Maria Isabel Gallotti, 4ª Turma, jul. 01.09.2020, *DJe* 16.10.2020).

JURISPRUDÊNCIA SELECIONADA

1. Vítima com idade superior à expectativa de vida média do brasileiro. "O direito a pensão mensal surge exatamente da necessidade de reparação de dano material decorrente da perda de ente familiar que contribuía com o sustento de parte que era economicamente dependente até o momento do óbito. O fato de a vítima já ter ultrapassado a idade correspondente à expectativa de vida média do brasileiro, por si só, não é óbice ao deferimento do benefício, pois muitos são os casos em que referida faixa etária é ultrapassada. **É cabível a utilização da tabela de sobrevida**, de acordo com os cálculos elaborados pelo IBGE, para melhor valorar a expectativa de vida da vítima quando do momento do acidente automobilístico e, consequentemente, fixar o termo final da pensão." (STJ, REsp 1311402/SP, Rel. Min. João Otávio de Noronha, 3ª Turma, jul. 18.02.2016, *DJe* 07.03.2016).

2. Vítima estrangeira. Expectativa de vida de acordo com o Banco Mundial. Fixação da pensão com base no salário mínimo do Estado da Califórnia, nos Estados Unidos. "É devido o pagamento de pensão mensal vitalícia à vítima de acidente automobilístico provocado por terceiros quando de tal evento tenham resultado lesões que revelem sua perda total e permanente da capacidade laboral. (...) Inexistindo comprovação dos rendimentos da vítima do acidente ensejador de seu direito ao recebimento de pensão mensal por incapacidade laboral, a jurisprudência desta Corte Superior é firme no sentido de que tal verba deve corresponder a 1 (um) salário mínimo. No caso, em virtude da nacionalidade da autora e do fato de residir no exterior, impõe-se que a pensão seja fixada em valor equivalente ao do salário mínimo do Estado da Califórnia, nos Estados Unidos da América. (...) Consoante a jurisprudência pacífica desta Corte Superior, a obrigação de pagamento de pensão mensal por morte de cônjuge resultante da prática de ato ilícito tem como termo final a data em que a vítima do evento danoso atingiria idade correspondente à expectativa média de vida do brasileiro prevista no momento de seu óbito, segundo a tabela do IBGE, ou até o falecimento do beneficiário, se tal fato vier a ocorrer primeiro. Sendo a vítima do evento um estrangeiro, residente e domiciliado nos Estados Unidos da América, revela-se adequada a substituição da tabela do IBGE (para fins de fixação do termo final da pensão mensal devida a seu respectivo cônjuge) por apontamento estatístico que indique, com maior precisão, a expectativa média de vida naquele país. No caso, cumpre bem essa finalidade a base de dados do Banco Mundial, segundo a qual a expectativa de vida do norte-americano no ano de 2001 era pouco superior a 76 (setenta e seis) anos" (STJ, REsp 1677955/RJ, Rel. Min. Ricardo Villas Bôas Cueva, 3ª Turma, jul. 18.09.2018, *DJe* 26.09.2018).

3. Reparação civil do dano causado pela infração penal. Possibilidade (inciso VI). Ver jurisprudência do art. 515.

4. Família de baixa renda. Presunção relativa da dependência econômica entre os membros. "Em se tratando de famílias de baixa renda, há presunção relativa da dependência econômica entre os seus membros, sendo, pois, devido, a título de dano material, o pensionamento mensal aos genitores do falecido. Estabeleceu-se como parâmetro que o pensionamento devido aos pais pela morte do filho deve ser o equivalente a 2/3 do salário mínimo ou do valor da remuneração deste, dos 14 até quando completaria 25 anos de idade e, a partir daí, reduzido para 1/3 até a data correspondente à expectativa média de vida da vítima, segundo a tabela do IBGE vigente na data do óbito ou até o falecimento dos beneficiários, o que ocorrer primeiro. No particular, em respeito aos limites da pretensão recursal deduzida pela recorrente e para evitar a reformatio in pejus, há de ser reduzido o pensionamento para o equivalente a 2/3 do salário mínimo, a partir da data em que o falecido completaria 35 anos de idade até o falecimento da beneficiária. O valor do seguro obrigatório DPVAT deve ser deduzido da indenização judicialmente fixada (Súmula 246/STJ), independentemente da comprovação de que a vítima recebeu o referido seguro. A jurisprudência desta Corte Superior tem arbitrado, em regra, para as hipóteses de dano-morte, a indenização por dano moral em valores entre 300 e 500 salários mínimos. Hipótese em que, considerando as peculiaridades da espécie, em especial o fato de se tratar de morte de filho único de mulher viúva e de baixa renda, há de ser reduzido o valor fixado a título de compensação do dano moral para R$ 500.000,00 (quinhentos mil reais), o equivalente a 500 salários mínimos, considerado o valor atualmente vigente (R$ 998,00)" (STJ, REsp 1842852/SP, Rel. Min. Nancy Andrighi, 3ª Turma, jul. 05.11.2019, *DJe* 07.11.2019).

"A concessão de pensão por morte de filho que já atingiu a idade adulta exige a demonstração da efetiva dependência econômica dos pais em relação à vítima na época do óbito. Precedentes. Na hipótese dos autos, a pensão mensal é devida à genitora da vítima, haja vista a existência de prova testemunhal atestando que o filho, antes do óbito, prestava assistência financeira à mãe, como registrado no acórdão recorrido e na sentença" (STJ, REsp 1616128/RS, Rel. Min. Nancy Andrighi, 3ª Turma, jul. 14.03.2017, *DJe* 21.03.2017).

5. Encarceramento não afasta a presunção de ajuda financeira. "O encarceramento não afasta a presunção de ajuda mútua familiar, pois, após a soltura, existe a possibilidade de contribuição do filho para o sustento da família, especialmente em razão do avançar etário dos pais" (STJ, AgInt no AREsp 812.782/PR, Rel. Min. Og Fernandes, 2ª Turma, jul. 17.10.2018, *DJe* 23.10.2018).

6. Inexistência de comprovação do salário da vítima. Fixação em um salário mínimo. "Apenas se não existir comprovação dos rendimentos da vítima do acidente é que deverá a pensão mensal por incapacidade laboral ser estabelecida em 1 (um) salário mínimo. Precedentes do STJ" (STJ, AgInt nos EDcl no REsp 1821329/SP, Rel. Min. Herman Benjamin, 2ª Turma, jul. 22.04.2020, *DJe* 05.05.2020).

7. Prestação fixada em salário mínimo. Correção monetária. "O julgador pode fixar o valor da pensão mensal tomando como referência o valor do salário mínimo. Contudo, não é devida a indexação do valor da indenização, arbitrando-a com base no salário mínimo com a incidência concomitante de atualização monetária, sem que haja sua conversão em valores líquidos. As parcelas de pensão fixadas em salário mínimo devem ser convertidas em valores líquidos à data do vencimento e, a partir de então, atualizadas monetariamente" (STJ, EREsp 1191598/DF, Rel. Min. Marco Aurélio Bellizze, 2ª Seção, jul. 26.04.2017, *DJe* 03.05.2017). No mesmo sentido: "As parcelas de pensão fixadas em salário mínimo devem ser convertidas em valores líquidos à data do vencimento e, a partir de então, atualizadas monetariamente. Precedente da 2ª Seção (STJ, EDcl no AgInt no AREsp 1314880/SC, Rel. Min. Nancy Andrighi, 3ª Turma, jul. 28.10.2019, *DJe* 30.10.2019).

8. Constituição de capital ou fiança. *Caput*. "'Em ação de indenização, procedente o pedido, é necessária a constituição de capital ou caução fidejussória para a garantia de pagamento da pensão, independentemente da situação financeira do demandado'. É lícito ao juiz determinar que o réu constitua capital para garantir o adimplemento da pensão a que foi condenado, mesmo sem pedido do autor" (STJ, REsp 899.869/MG, Rel. Min. Humberto Gomes de Barros, 3ª Turma, jul. 13.02.2007, *DJ* 26.03.2007, p. 242).

Obrigação de fazer. "A constituição de capital prevista no art. 602 do Código de Processo Civil tem natureza de obrigação de fazer, comportando a imposição da multa para seu cumprimento" (STJ, REsp 631.756/RJ, Rel. Min. Carlos Alberto Menezes Direito, 3ª Turma, jul. 06.09.2005, *DJ* 21.11.2005). **Obs.: A matéria antes disciplinada pelo art. 602 passou para o art. 475-Q do CPC/1973 (art. 533 do CPC/2015), por força da Lei nº 11.232, de 22.12.2005.**

"A constituição de capital se destina a garantir o adimplemento da prestação de alimentos (CPC, art. 602); não pode abranger outras parcelas da condenação" (STJ, EDcl na MC 10.949/RJ, Rel. Min. Ari Pargendler, 3ª Turma, jul. 05.09.2006, *DJ* 04.12.2006). **A matéria antes disciplinada pelo art. 602, passou para o art. 475-Q (art. 533 do CPC/2015), por força da Lei nº 11.232, de 22.12.2005.**

9. Indenização. Ato ilícito.

Culpa concorrente. "O entendimento consolidado na jurisprudência do STJ é no sentido de que, no caso de culpa concorrente, a indenização, que tem característica típica de alimentos, deve ser fixada na metade do valor da prestação pretendida" (STJ, REsp 35.446/MT, Rel. Min. Waldemar Zveiter, 3ª Turma, jul. 19.10.1993, *DJ* 14.03.1994).

10. Morte de filho menor:

Família de baixa renda. "O pensionamento pela morte de filho menor, que não exercia atividade remunerada, somente é cabível quando se trata de família de baixa renda, caso em que é de se supor que, dada a carência do grupo, a vítima logo iria trabalhar para colaborar no sustento de todos. Caso, todavia, em que a situação é diversa, cuidando-se de família de renda mais elevada, onde tal presunção é de ser afastada" (STJ, REsp 323.919/MG, Rel. Min. Aldir Passarinho Junior, 4ª Turma, jul. 26.03.2002, *DJ* 27.05.2002, p. 175). No mesmo sentido: STJ, REsp 740.059/RJ, Rel. Min. Aldir Passarinho Junior, 4ª Turma, jul. 12.06.2007, *DJ* 06.08.2007.

"Cabível a indenização por danos materiais quando se trate de menor de tenra idade, integrando família de baixa renda, a partir da idade em que poderia ingressar no mercado de trabalho até a data em que completaria 70 anos, reduzida pela metade a partir da data em que completaria 25 anos" (STJ, REsp 646.482/DF, Rel. Min. Carlos Alberto Menezes Direito, 3ª Turma, jul. 15.12.2005, *DJ* 08.05.2006). No mesmo sentido: STJ, REsp 124.565/MG, Rel. Min. Ruy Rosado de Aguiar, 4ª Turma, jul. 11.11.1997, *DJ* 09.02.1998, p. 22.

"Assentou a Corte que sendo a vítima menor, sem participar, comprovadamente, das despesas do lar, não configurando nem a sentença nem o Acórdão a família como de baixa renda, o cálculo da pensão deve considerar o limite de 25 anos de idade" (STJ, REsp 208.363/ES, Rel. Min. Carlos Alberto Menezes Direito, 3ª Turma, jul. 10.12.1999, *DJ* 08.03.2000).

Família de renda elevada. Pensionamento indevido. "O pensionamento pela morte de filho menor, que não exercia atividade remunerada, somente é cabível quando se trata de família de baixa renda, caso em que é de se supor que, dada a carência do grupo, a vítima logo iria trabalhar para colaborar no sustento de todos. Caso, todavia, em que a situação é diversa, cuidando-se de família de renda mais elevada, onde tal presunção é de ser afastada. Precedentes" (STJ, REsp 323.919/MG, Rel. Min. Aldir Passarinho Junior, 4ª Turma, jul. 26.03.2002, *DJ* 27.05.2002, p. 175).

Filho recém-nascido. "A jurisprudência do STJ é pacífica no sentido de ser devida a indenização por dano material aos pais de família de baixa renda, em decorrência da morte de filho menor, independentemente do exercício de trabalho remunerado pela vítima" (STJ, REsp 738.413/MG, Rel. Min. João Otávio de Noronha, 2ª Turma, jul. 18.10.2005, *DJ* 21.11.2005).

Termo inicial. "A jurisprudência do STJ fixa em 14 anos o termo a partir do qual as famílias pobres são indenizadas, em razão de dano material, pela morte de filho menor de idade. Esse entendimento parte do pressuposto de que, nas famílias humildes, os filhos colaboram desde cedo com o sustento do lar, tendo o *dies a quo* sido fixado em 14 anos por ser esta a idade mínima autorizada pelo art. 7º, XXXIII, da CF, para o trabalho de menores, na condição de aprendizes. Essa presunção relativa, criada pela jurisprudência do STJ, cede ante à constatação de que, na hipótese específica dos autos, a realidade era outra e que, ao falecer, a vítima tinha 16 anos de idade e não exercia atividade remunerada. Afastada a presunção de que a vítima trabalhava desde os 14 anos de idade, estabelece-se outra, no sentido de que, por ser de família de baixa renda, completados 18 anos, integraria o mercado de trabalho. Por maior que seja o empenho dos pais para retardar o ingresso dos filhos no mercado de trabalho, é de se supor que, com idade suficiente para terem encerrado o ensino médio, já adultos e em condições de se sustentar, sejam estes compelidos a trabalhar, até mesmo para fazer frente às suas crescentes necessidades financeiras, bem como para aliviar ao menos parte do fardo imposto até então aos seus pais" (STJ, REsp 1.045.389/RS, Rel. Min. Nancy Andrighi, 3ª Turma, jul. 19.11.2009, *DJ* 26.11.2009). **No mesmo sentido:** STJ, EREsp 107.617/RS, Rel. Min. Ari Pargendler, Corte Especial, jul. 04.05.2005, *DJ* 01.08.2005.

Termo final. "Considerando a posição da turma – reformulando parcialmente entendimento no tormentoso tema do limite temporal da indenização –, a pensão mensal arbitrada em favor dos pais deve ser integral até os 25 (vinte e cinco) anos, idade presumida do casamento da vítima, reduzindo-se a partir de então essa pensão a metade até a data em que, também por presunção, a vítima atingiria os 65 (sessenta e cinco) anos de idade" (STJ, REsp 138.373/SP, Rel. Min. Sálvio de Figueiredo Teixeira, 4ª Turma, jul. 21.05.1998, *DJ* 29.06.1998). **No mesmo sentido**: STJ, REsp 646.482/DF, Rel. Min. Carlos Alberto Menezes Direito, 3ª Turma, jul. 15.12.2005, *DJ* 08.05.2006.

Em se tratando de família de baixa renda, é devido o pensionamento pela morte de filho menor em acidente automobilístico, equivalente a 2/3 do salário mínimo dos 14 anos até 25 anos de idade da vítima, **reduzido para 1/3 até a longevidade provável do falecido,** segundo tabela da previdência social, baseada nos cálculos do IBGE, se a tanto sobreviver a recorrente. Há necessidade de constituição de capital para assegurar o pagamento das prestações futuras do pensionamento, consoante a orientação jurisprudencial uniformizada na 2ª Seção do STJ é no sentido da exigência de tal garantia (REsp n. 302.304-RJ, 2ª Seção, Rel. Min. Carlos Alberto Menezes Direito, unânime, *DJU* de 02.09.2002)" (STJ, REsp 1.082.663/MG, Rel. Min. Aldir Passarinho Junior, 4ª Turma, jul. 04.03.2010, *DJe* 29.03.2010). **No mesmo sentido**: STJ, AgRg no REsp 734.987/CE, Rel. Min. Sidnei Beneti, 3ª Turma, jul. 27.10.2009, *DJe* 29.10.2009; STJ, REsp 740.059/RJ, Rel. Min. Aldir Passarinho Junior, 4ª Turma, jul. 12.06.2007, *DJ* 06.08.2007; STJ, REsp 302.298/MG, Rel. Min. Sálvio de Figueiredo Teixeira, 4ª Turma, jul. 07.05.2002, *DJ* 17.06.2002, p. 269; *RJTAMG* 86/377; STJ, EREsp 106.327/PR, Rel. Min. César Asfor Rocha, 2ª Seção, jul. 23.02.2000, *DJ* 01.10.2001; STJ, REsp 323.904/ES, Rel. Min. Carlos Alberto Menezes Direito, 3ª Turma, jul. 13.12.2001, *DJ* 25.03.2002.

"A jurisprudência do STJ sedimentou-se no sentido de fixar a indenização por perda de filho menor, com pensão integral até a data em que a vítima completaria 24 anos e, a partir daí, pensão reduzida em 2/3, até a idade provável da vítima, 65 anos" (STJ, REsp 507.120/CE, Rel. Min. Eliana Calmon, 2ª Turma, jul. 02.10.2003, *DJ* 10.11.2003). **No mesmo sentido:** STJ, REsp 674.586/SC, Rel. Min. Luiz Fux, 1ª Turma, jul. 06.04.2006, *DJ* 02.05.2006.

"Segundo orientação que veio a prevalecer na turma, o pensionamento é devido até a data em que a vítima completaria sessenta e cinco (65) anos **ou até a data do falecimento do beneficiário, prevalecendo o termo que primeiro ocorrer**" (STJ, REsp 19.111/SP, Rel. Min. Sálvio de Figueiredo Teixeira, 4ª Turma, jul. 09.06.1992, *DJ* 26.10.1992).

"(...) se algum dos pais-beneficiários falecer, antes de atingido o termo final, a pensão fica reduzida à metade" (STJ, REsp 51.966/SP, Rel. Min. Humberto Gomes de Barros, 1ª Turma, jul. 07.12.1994, *DJ* 06.03.1995). **Em sentido contrário: "Não há idade limite para a duração dessa pensão que, por natureza,** é vitalícia" (STJ, EDcl no REsp 437.681/DF, Rel. Min. Ari Pargendler, 3ª Turma, jul. 10.02.2004, *DJ* 29.03.2004, p. 231).

11. Morte do genitor. "A obrigação de dar pensão, pela morte do pai, ao filho menor, cessa quando este completar vinte e cinco anos. Tal regra incide apenas quando o pensionário é física e mentalmente são" (STJ, REsp 205.847/RJ, Rel. Min. Humberto Gomes de Barros, 1ª Turma, jul. 16.12.1999, *DJ* 08.03.2000). No mesmo sentido: STJ, REsp 860.221/RJ, Rel. Min. Luis Felipe Salomão, 4ª Turma, jul. 19.05.2011, *DJe* 02.06.2011.

"O pensionamento em favor dos filhos menores do *de cujus* tem como limite a idade de 24 (vinte e quatro) anos dos beneficiários, marco em que se considera estar concluída a sua formação universitária, que os habilita ao pleno exercício da atividade profissional" (STJ, REsp 530.618/MG, Rel. Min. Aldir Passarinho Junior, 4ª Turma, jul. 19.08.2004, *DJ* 07.03.2005).

12. Vítima. Dona de casa. "O fato de a vítima não exercer atividade remunerada não nos autoriza concluir que, por isso, não contribuía ela com a manutenção do lar, haja vista que os trabalhos domésticos prestados no dia a dia podem ser mensurados economicamente, gerando reflexos patrimoniais imediatos" (STJ, REsp 402.443/MG, Rel. Min. Carlos Alberto Menezes Direito, Rel. p/ Acórdão Min. Castro Filho, 3ª Turma, jul. 02.10.2003, *DJ* 01.03.2004).

13. União estável. "A pensão fixada para a companheira da vítima não pode ser condicionada à manutenção da sua situação de mulher sozinha, dado o seu caráter indenizatório (precedentes do STJ)" (STJ, REsp 392.240/DF, Rel. Min. Eliana Calmon, 2ª Turma, jul. 04.06.2002, *DJ* 19.08.2002, p. 159).

14. Novo casamento. "A pensão prestada à viúva pelos danos materiais decorrentes da morte de seu marido não termina em face da remaridação, tanto porque o casamento não constitui nenhuma garantia da cessação das necessidades da viúva alimentanda, quanto porque o prevalecimento da tese oposta importa na criação de obstáculo para que a viúva venha a contrair novas núpcias, contrariando o interesse social que estimula que as relações entre homem e mulher sejam estabilizadas com o vínculo matrimonial" (STJ, REsp 100.927/RS, Rel. Min. Cesar Asfor Rocha, 4ª Turma, jul. 26.10.1999, *DJ* 15.10.2001).

15. Acidente de trabalho. "O tempo de pensionamento, no caso de vítima sobrevivente ao acidente de trabalho, é pautado pela longevidade real da mesma. Mantida, contudo, no caso, a idade de 70 (setenta) anos imposta pelo Tribunal de origem, para evitar reformatio in pejus, porém limitada à sobrevida do autor, se menor" (STJ, REsp 775.332/MT, Rel. Min. Aldir Passarinho Junior, 4ª Turma, jul. 05.03.2009, *DJe* 23.03.2009).

16. Direito de acrescer. "O beneficiário da pensão decorrente de ilícito civil tem **direito de acrescer** à sua quota o montante devido a esse título aos filhos da vítima do sinistro acidentário, que deixarem de perceber a verba a qualquer título. Precedentes do STJ" (STJ, REsp 530.618/MG, Rel. Min. Aldir Passarinho Junior, 4ª Turma, jul. 19.08.2004, *DJ* 07.03.2005). **No mesmo sentido:** STJ, REsp 408.802/RS, Rel. Min. Nancy Andrighi, 3ª Turma, jul. 27.06.2002, *DJ* 16.09.2002, p. 185; STJ, REsp 860.221/RJ, Rel. Min. Luis Felipe Salomão, 4ª Turma, jul. 19.05.2011, *DJe* 02.06.2011.

"Vulnera os arts. 128 e 460 do CPC [arts. 141 e 492 do CPC/2015] a concessão de direito de acréscimo de pensão por ato ilícito, sem pedido nos autos, em favor da autora, mãe da vítima, e em caso de seu falecimento também ao marido, pois este não é beneficiário da pensão porque não figurou no processo como litisconsorte ativo" (STJ, REsp 1.014.848/DF, Rel. Min. Luis Felipe Salomão, 4ª Turma, jul. 23.03.2010, *DJe* 12.04.2010).

17. Dados estatísticos. Utilização.

Tabela do IBGE. "Em regra, os precedentes do STJ determinam a utilização da tabela de sobrevida do IBGE" (STJ, REsp 503.046/RJ, Rel. Min. Luis Felipe Salomão, 4ª Turma, jul. 28.04.2009, *DJe* 25.05.2009). **No mesmo sentido**: STJ, REsp 1.124.471/RJ, Rel. Min. Luiz Fux, 1ª Turma, jul. 17.06.2010, *DJe* 01.07.2010.

"É possível a utilização dos dados estatísticos divulgados pela Previdência Social, com base nas informações do IBGE, no tocante ao cálculo de sobrevida da população média brasileira" (STJ, REsp 1.027.318/RJ, Rel. Min. Herman Benjamin, 2ª Turma, jul. 07.05.2009, *DJe* 31.08.2009).

18. Montante da pensão. "A pensão mensal devida aos familiares não pode ser igual aos rendimentos que eram percebidos pela vítima, porque desse montante deve ser descontado o que lhe era necessário para o sustento próprio" (STJ, REsp 191.379/RJ, Rel. Min. Ari Pargendler, 3ª Turma, jul. 27.08.2001, *DJ* 01.10.2001). **No mesmo sentido**: STJ, REsp 267.513/BA, Rel. Min. Barros Monteiro, 4ª Turma, jul. 03.05.2005, *DJ* 13.06.2005.

"O valor da pensão para a viúva e os filhos da vítima deve corresponder, pelas peculiaridades da espécie, a 2/3 (dois terços) dos rendimentos desta, presumindo-se que o restante se destinava para despesas estritamente pessoais da vítima, e não da família" (STJ, REsp 100.927/RS, Rel. Min. Cesar Asfor Rocha, 4ª Turma, jul. 26.10.1999, *DJ* 15.10.2001).

"A ausência de prova de que a vítima possuía, ao tempo do acidente, vínculo empregatício, constitui óbice à inclusão do décimo terceiro salário e da gratificação de férias no montante da indenização" (STJ, REsp 659.715/RJ, Rel. Min. João Otávio de Noronha, 4ª Turma, jul. 14.10.2008, *DJe* 03.11.2008).

"**A indicação, na inicial, do valor desejado a título de pensão não torna certo o pedido, nem inibe o juízo de fixar *quantum* diverso**, cuja convicção é formada após o exame da prova produzida no curso da lide. Julgamento extra petita não caracterizado" (STJ, REsp 323.919/MG, Rel. Min. Aldir Passarinho Junior, 4ª Turma, jul. 26.03.2002, *DJ* 27.05.2002). **No mesmo sentido:** STJ, REsp 533.163/RJ, Rel. Min. Nancy Andrighi, 3ª Turma, jul.02.06.2005, *DJ* 01.08.2005.

19. Pagamento em parcela única. "No caso de sobrevivência da vítima, não é razoável o pagamento de pensionamento em parcela única, diante da possibilidade de enriquecimento ilícito, caso o beneficiário faleça antes de completar sessenta e cinco anos de idade" (STJ, REsp 876.448/RJ, Rel. Min. Sidnei Beneti, 3ª Turma, jul. 17.06.2010, *DJe* 21.09.2010).

Dano moral. "A satisfação de um dano moral deve ser paga de uma só vez, de imediato" (STJ, REsp 58.519/DF, Rel. Min. Cesar Asfor Rocha, 1ª Turma, jul. 20.03.1995, *DJ* 17.04.1995).

20. Renda auferida pela vítima. Base para o valor da pensão. "A jurisprudência desta Corte firmou-se no sentido de que a pensão mensal deve ser fixada tomando-se por base a renda auferida pela vítima no momento da ocorrência do ato ilícito. No caso, não restou comprovado o exercício de atividade laborativa remunerada, razão pela qual a pensão deve ser fixada em valor em reais equivalente a um salário mínimo e paga mensalmente" (STJ, REsp 876.448/RJ, Rel. Min. Sidnei Beneti, 3ª Turma, jul. 17.06.2010, *DJe* 21.09.2010).

21. Incidência de Imposto de Renda. "Diante de transação em que as partes instituem pensionamento mensal, com inclusão em folha de pagamento, pondo fim a demanda indenizatória, os pagamentos conservam a natureza indenizatória da origem da obrigação, não havendo fundamento para retenção do imposto de renda na fonte" (STJ, REsp 1.012.843/RJ, Rel. Min. Sidnei Beneti, 3ª Turma, jul. 05.11.2008, *DJe* 17.02.2009).

22. Dedução de contribuições previdenciárias. "A orientação fixada no Superior Tribunal de Justiça é no sentido de que, em face da diversidade de suas origens – uma advinda de contribuições específicas ao INSS e outra devida pela prática de ilícito civil – não pode haver, no pagamento desta última, dedução de quaisquer parcelas pagas à vítima a título de benefício previdenciário" (STJ, REsp 248.412/RS, Rel. Min. Aldir Passarinho Junior, 4ª Turma, jul. 09.04.2002, *DJ* 19.08.2002).

23. Honorários advocatícios. "No caso de pensionamento, o capital necessário a produzir a renda correspondente às prestações vincendas nunca deve integrar a base de cálculo da verba honorária" (STJ, EREsp 109.675/RJ, Rel. Min. Milton Luiz Pereira, Rel. p/ Acórdão Min. Cesar Asfor Rocha, Corte Especial, jul. 25.06.2001, *DJ* 29.04.2002).

24. Denunciação da lide. "Nas ações indenizatórias, o objetivo de constituir-se um capital é o de dar à parte lesada a segurança de que não será frustrada quanto ao efetivo recebimento das prestações futuras a que faz jus. Regra aplicável, pois, à relação entre devedor e credor da lide principal" (STJ, EDcl no AgRg no Ag 274.106/SP, Rel. Min. Castro Filho, 3ª Turma, jul. 16.08.2001, *DJ* 24.09.2001).

25. Desconto em folha de pagamento (§ 2º).

Descabimento de penhora. "Não é possível autorizar a penhora do salário em execução de valor resultante de indenização decorrente de ato ilícito, já estando sendo feito o desconto do débito relativo à pensão mensal" (STJ, REsp 656.944/RJ, Rel. Min. Carlos Alberto Menezes Direito, 3ª Turma, jul. 21.02.2006, *DJ* 12.06.2006).

"Não constitui penhora de salários o desconto em folha de pagamento da empregadora do réu, referente à indenização por morte do esposo e pai dos autores, a quem cabia o sustento de sua família, em razão do nítido caráter alimentar da prestação" (STJ, REsp 194.581/MG, Rel. Min. Antônio de Pádua Ribeiro, 3ª Turma, jul. 19.05.2005, *DJ* 13.06.2005).

"Determinada a constituição de capital para garantir o pagamento da indenização, nos termos do art. 602 do CPC, não tem fundamento a inclusão, também, do autor na folha de pagamento, visto que a constituição de uma das garantias é suficiente para assegurar ao lesado o pagamento das futuras prestações. Precedentes" (STJ, REsp 541.304/MG, Rel. Min. Luis Felipe Salomão, 4ª Turma, jul. 20.05.2010, *DJe* 29.06.2010).

Empresa que apresenta notória capacidade econômica. Substituição. Folha de pagamento. O advento da Lei 11.232/2005, que instituiu o atual art. 475-Q, § 2º, do Código de Processo Civil [art. 533, § 2º, do CPC/2015], ao prescrever ser faculdade do juiz a substituição da determinação de constituição de capital pela inclusão dos beneficiários na folha de pagamento de sociedade empresária que apresente notória capacidade econômica, impõe que a Súmula 313 deste Tribunal seja interpretada de forma consentânea ao texto legal. Por isso, é possível determinar a inclusão de beneficiários de pensão em folha de pagamento de concessionária de distribuição de energia elétrica que, conforme apurado pelo Tribunal de origem, tem "idoneidade econômica" (STJ, REsp 860.221/RJ, Rel. Min. Luis Felipe Salomão, 4ª Turma, jul. 19.05.2011, *DJe* 02.06.2011).

"**A empresa concessionária de serviço público** pode ser dispensada da formação do capital garantidor do pagamento da pensão mensal, com inclusão da parcela em folha de pagamento" (STJ, REsp 171.009/RJ, Rel. Min. Ruy Rosado de Aguiar, 4ª Turma, jul. 06.08.1998, *DJ* 14.09.1998, p. 82). **No mesmo sentido:** TACívRJ, Ap. 8.425/94, Rel. Juiz Jorge de Miranda, 6ª Câm. Cív., reg. 08.11.1994. **Obs.: A matéria antes disciplinada pelo art. 602, passou para o art. 475-Q (art. 533 do CPC/2015), por força da Lei nº 11.232, de 22.12.2005.**

26. Alteração do valor da prestação (§ 3º). "As duas únicas variações que abrem a possibilidade de alteração do valor da prestação de alimentos decorrentes de indenização por ato ilícito, são: (i) o decréscimo das condições econômicas da vítima, dentre elas inserida a eventual defasagem da indenização fixada; (ii) a capacidade de pagamento do devedor: se houver acréscimo, possibilitará o pedido de revisão para mais, por parte da vítima, até atingir a integralidade do dano material futuro; se sofrer decréscimo, possibilitará pedido de revisão para menos, por parte do próprio devedor, em atenção a princípios outros, como a dignidade da pessoa humana e a própria faculdade então outorgada pelo art. 602, § 3º, do CPC (atual art. 475-Q, § 3º, do CPC)" [art. 533, § 3º, do CPC/2015] (STJ, REsp 913.431/RJ, Rel. Min. Nancy Andrighi, 3ª Turma, jul. 27.11.2007, *DJe* 26.11.2008). **No mesmo sentido:** STJ, REsp 594.238/RJ, Rel. Min. Luis Felipe Salomão, 4ª Turma, jul. 04.08.2009, *DJe* 17.08.2009.

"De outra parte, o art. 475-Q, § 3º, do CPC [art. 533, § 3º, do CPC/2015] admite expressamente a possibilidade de majoração da pensão fixada em decorrência da prática de ato ilícito, quando ocorre alteração superveniente na condição econômica das partes" (STJ, REsp 1.230.097/PR, Rel. Min. Luis Felipe Salomão, 4ª Turma, jul. 06.09.2012, *DJe* 27.09.2012).

27. (§ 4º). "Em relação ao valor da indenização, não há vedação legal a que se fixe valor da pensão mensal tomando como referência o valor do salário mínimo" (STJ, AgRg no REsp 1.218.130/ES, Rel. Min. Sidnei Beneti, 3ª Turma, jul. 22.03.2011, *DJe* 30.03.2011).

Correção monetária. "Nos termos da jurisprudência desta Corte, em casos de devolução de valores pagos parceladamente, a correção monetária incide sobre as prestações vencidas a partir da data em que deveriam ter sido pagas e não o foram. Tratando-se de responsabilidade contratual, os juros incidirão a partir da citação. Quanto à data do início do pensionamento no valor de um salário mínimo, deve retroagir à data do evento danoso" (STJ, EDcl no REsp 400.843/RS, Rel. Min. Carlos Alberto Menezes Direito, 3ª Turma, jul. 09.08.2007, *DJ* 15.10.2007, p. 254). **Em sentido contrário:** "A pensão fixada a título de indenização por ato ilícito em número de salários mínimos também deve ser corrigida monetariamente, não sendo lícito afirmar que ela apenas será reajustada com a alteração do valor do próprio salário mínimo" (STJ, AgRg no Ag 816.398/RJ, Rel. Min. Sidnei Beneti, 3ª Turma, jul. 07.08.2008, *DJe* 28.08.2008).

"**Os juros de mora,** em casos de responsabilidade contratual, são contados a partir da citação, incidindo a correção monetária a partir da data do arbitramento do quantum indenizatório, conforme pacífica jurisprudência deste Tribunal" (STJ, REsp 876.448/RJ, Rel. Min. Sidnei Beneti, 3ª Turma, jul. 17.06.2010, *DJe* 21.09.2010).

"As prestações devidas a título de pensão indenizatória devem, para garantir o princípio da restitutio in integrum, acompanhar a variação salarial da categoria funcional a que pertencia a vítima" (STJ, REsp 39.625/BA, Rel. Min. Cláudio Santos, 3ª Turma, jul. 17.04.1995, *DJ* 15.05.1995, p. 13.396).

☆ CUMPRIMENTO DE SENTENÇA DE PRESTAR ALIMENTOS: INDICAÇÃO DOUTRINÁRIA

Bruna Lyra Duque. Alimentos e mudanças no processo judicial de família. *Juris Plenum*, ano XII, n. 70. p. 35. jul./ago. 2016. Caxias do Sul, RS: Plenum, 2016; Cassio Scarpinella Bueno, In: José Roberto F. Gouvêa; Luis Guilherme A. Bondioli e João Francisco N. da Fonseca (coord.), *Comentários ao Código de Processo Civil*, São Paulo: Saraiva, 2018, v. 10; Cassio Scarpinella Bueno, *Manual de direito processual civil*, São Paulo: Saraiva, 2015; Daniel Amorim Assumpção Neves, *Manual de direito processo civil*, São Paulo: Método, 2015; Edgar Moura Bittencourt, *Alimentos*, 4. ed., São Paulo: Leud, 1979, n. 108-D, p. 161; Enio Duarte Fernandez Junior, Renata Martins da Rosa. O regime de prisão civil no Código de Processo Civil de 2015. *Juris Plenum*, ano XII, n. 70. p. 43. jul./ago. 2016. Caxias do Sul, RS: Plenum, 2016; Fredie Didier Jr., *Curso de direito processual civil*, 17. ed., Salvador: JusPodivm, 2015, v. I; Guilherme Rizzo Amaral, *Comentários às alterações do novo CPC*, São Paulo: Revista dos Tribunais, 2015; Humberto Theodoro Júnior, *Curso de direito processual civil*, 61. ed., Rio de Janeiro: Forense, 2020, v. I; Humberto Theodoro Júnior, Fernanda Alvim Ribeiro de Oliveira, Ester Camila Gomes Norato Rezende (coord.), *Primeiras lições sobre o novo direito processual civil brasileiro*, Rio de Janeiro: Forense, 2015; J. E. Carreira Alvim, *Comentários ao novo Código de Processo Civil*, Curitiba: Juruá, 2015; José Miguel Garcia Medina, *Novo Código de Processo Civil comentado*, São Paulo: Revista dos Tribunais, 2015; José Rogério Cruz e Tucci,

In: Sérgio Cruz Arenhart e Daniel Mitidiero (coord.), *Comentários ao Código de Processo Civil*, 2. ed., São Paulo: RT, 2018, v. 8; Léia Comar Riva, Prisão do alimentante inadimplente: convenção americana sobre direitos humanos e os direitos brasileiro e argentino, *Revista Magister de Direito Civil e Processual Civil*, Porto Alegre, ano XVI, v. 92, p. 91 e ss., set./out. 2019; Leonardo Alves de Oliveira. As formas coercitivas para compelir o devedor de alimentos a adimplir com sua obrigação: avanços perpetrados pela jurisprudência e abarcados pelo novo Código de Processo Civil (Lei 13.105/2015). *Revista dos Tribunais*. vol. 969, ano 105. p. 133-146. São Paulo: RT, jul. 2016; Leonardo Greco, *Instituições de processo civil: introdução ao direito processual civil*, 5. ed., Rio de Janeiro: Forense, 2015; Luis Antônio Giampaulo Sarro, *Novo Código de Processo Civil*, São Paulo: Rideel, 2015; Luiz Fernando Valladão Nogueira. A execução de alimentos no novo Código de Processo Civil. *Revista IBDFAM*. vol. 7. p. 21; Luiz Guilherme Marinoni, Sérgio Cruz Arenhart, Daniel Mitidiero, *Curso de processo civil*, São Paulo: Revista dos Tribunais, 2015, v. I; Maria Berenice Dias. A citação do devedor de alimentos no novo CPC. *Revista Juris Plenum*. vol. 72. p. 147-150; Nelson Nery Junior, Rosa Maria de Andrade Nery, *Comentários ao Código de Processo Civil*, São Paulo: Revista dos Tribunais, 2015; Pontes de Miranda, *Comentários ao Código de Processo Civil*, Rio de Janeiro: Forense, 1976, v. X, p. 492; Rita de Cassia Côrrea de Vasconcelos, In: Teresa Arruda Alvim Wambier, Fredie Didier Jr., Eduardo Talamini, Bruno Dantas, *Breves comentários ao novo Código de Processo Civil*, São Paulo: Revista dos Tribunais, 2015; Teresa Arruda Alvim Wambier, Fredie Didier Jr., Eduardo Talamini, Bruno Dantas (coord.), *Breves comentários ao novo Código de Processo Civil*, São Paulo: Revista dos Tribunais, 2015; Teresa Arruda Alvim Wambier, Maria Lúcia Lins Conceição, Leonardo Ferres da Silva Ribeiro, Rogério Licastro Torres de Melo, *Primeiros comentários ao novo Código de Processo Civil*, São Paulo: Revista dos Tribunais, 2015.

Capítulo V
DO CUMPRIMENTO DE SENTENÇA QUE RECONHEÇA A EXIGIBILIDADE DE OBRIGAÇÃO DE PAGAR QUANTIA CERTA PELA FAZENDA PÚBLICA

Art. 534. No cumprimento de sentença que impuser à Fazenda Pública o dever de pagar quantia certa, o exequente apresentará demonstrativo discriminado e atualizado do crédito contendo:

I – o nome completo e o número de inscrição no Cadastro de Pessoas Físicas ou no Cadastro Nacional da Pessoa Jurídica do exequente;

II – o índice de correção monetária adotado;

III – os juros aplicados e as respectivas taxas;

IV – o termo inicial e o termo final dos juros e da correção monetária utilizados;

V – a periodicidade da capitalização dos juros, se for o caso;

VI – a especificação dos eventuais descontos obrigatórios realizados.

§ 1º Havendo pluralidade de exequentes, cada um deverá apresentar o seu próprio demonstrativo, aplicando-se à hipótese, se for o caso, o disposto nos §§ 1º e 2º do art. 113.

§ 2º A multa prevista no § 1º do art. 523 não se aplica à Fazenda Pública.

REFERÊNCIA LEGISLATIVA

CPC/2015, art. 910 (execução contra a Fazenda Pública).

CF, art. 100 (regime dos precatórios).

Lei nº 14.057/2020 (disciplina o acordo com credores para pagamento com desconto de precatórios federais e o acordo terminativo de litígio contra a Fazenda Pública e dispõe sobre a destinação dos recursos deles oriundos para o combate à Covid-19, durante a vigência do estado de calamidade pública reconhecido pelo Decreto Legislativo nº 6, de 20 de março de 2020; e altera a Lei nº 7.689, de 15 de dezembro de 1988, e a Lei nº 8.212, de 24 de julho de 1991).

Resolução n.º 303/2019 do CNJ (dispõe sobre a gestão dos precatórios e respectivos procedimentos judiciais).

BREVES COMENTÁRIOS

Agora, na sistemática do CPC/2015, publicada a sentença condenatória contra a Fazenda Pública, não mais se tem por finda a prestação jurisdicional a que se destinava o processo, de modo que, para alcançar medidas concretas de coerção da devedora, com vistas à satisfação do direito reconhecido em juízo, em favor do credor, desnecessário se torna a propositura de uma nova ação – a ação de execução da sentença (*actio iudicati*), como outrora acontecia sob o regime do CPC/1973.

Dessa feita, enquanto para a codificação anterior, se faziam necessárias nova petição inicial a ser deduzida em juízo, e nova citação da devedora, e a eventual resposta da Fazenda executada deveria se dar por meio de embargos à execução, e não por contestação nem por simples impugnação (art. 730 do CPC/1973); pelo atual Código, basta a intimação do ente público, por seu representante judicial, cuja defesa se processará como incidente de impugnação ao cumprimento de sentença, conforme dispõem os arts. 534 e 535. O cumprimento da sentença, atualmente, processa-se como simples incidente da ação em que se deu a condenação, seja o título judicial formado contra o particular seja contra o Poder Público.

O CNJ, após julgamento pelo STF das ADIs 4.357 e 4.425, e depois do advento das ECs 94/2016 e 99/2017, e tendo em vista a complexidade do regime especial de pagamentos de precatórios estabelecido pelo atual art. 101 do ADCT, baixou a Resolução nº 303/2019, que dispôs minuciosamente sobre a gestão dos precatórios e respectivos procedimentos operacionais no âmbito do Poder Judiciário. O *Título II* da Resolução nº 303 é dedicado especificamente ao precatório e contém os seguintes Capítulos: I – Da expedição, recebimento, validação e processamento; II – Da expedição do ofício requisitório; III – Do aporte de recursos; IV – Do pagamento. O *Título III* compõe-se de Capítulos dedicados à Penhora de valores do precatório; à Cessão de crédito. O *Título IV* ocupa-se do Pagamento das obrigações de pequeno valor. Por último, o *Título V* tem um longo Capítulo sobre o Regime especial de pagamento de precatórios, voltado diretamente para aplicação dos atuais arts. 101 a 105 do ADCT, onde se trata, além do controle administrativo da gestão dos recursos destinados ao cumprimento dos precatórios, de medidas excepcionais, como o Sequestro de recursos públicos; o Cadastro das entidades inadimplentes de precatórios (CEDINPREC); o Pagamento de precatórios no regime especial; o Pagamento mediante acordo direto; a Compensação no regime especial; e a Extinção do regime especial.

Referida Resolução compõe-se, hoje, de 89 artigos e entrou em vigor em 1º de janeiro de 2020, tendo sofrido alterações por meio de sucessivas Resoluções, entre as quais se destacam as de nº 365/2021, nº 327/2020 e nº 482/2022, todas do CNJ. Essas últimas Resoluções do CNJ cumprem um importante papel na missão institucional de aprimorar o espinhoso procedimento da execução contra a Fazenda Pública, facilitando, na medida do possível, o acesso dos particulares a uma tutela jurisdicional que há muito tempo reclama maior eficiência (sobre a resolução ver nosso *Curso de direito processual civil*, 57. ed., Rio de Janeiro: Forense, 2024, v. III).

Tema de muita controvérsia sempre tem sido o relacionado com os juros de mora e com a correção monetária aplicáveis nas condenações impostas à Fazenda Pública. A polêmica, em boa parte, foi enfrentada pela 1ª Seção do STJ, que no Recurso Especial nº 1.492.221/PR (em regime de recursos repetitivos), assentou as seguintes teses:

I – Correção monetária: "o art. 1º-F da Lei 9.494/97 (com redação dada pela Lei 11.960/2009), para fins de correção monetária, não é aplicável nas condenações judiciais impostas à Fazenda Pública, independentemente de sua natureza". Vale dizer: para fins de atualização monetária da condenação imposta à Fazenda Pública, não se pode utilizar o indexador da remuneração da caderneta de poupança. Não há uma fixação apriorística da taxa de correção monetária, mas a aplicação de índices como o INPC e o IPCA-E, de acordo com o caso concreto, "é legítima enquanto tais índices sejam capazes de captar o fenômeno inflacionário".

II – Juros de mora: "o art. 1º-F da Lei 9.494/97 (com redação dada pela Lei 11.960/2009), na parte em que estabelece a incidência de juros de mora nos débitos da Fazenda Pública com base no índice oficial de remuneração da caderneta de poupança, aplica-se às condenações impostas à Fazenda Pública, excepcionadas as condenações oriundas de relação jurídico-tributária".

III – Índices aplicáveis a depender da natureza da condenação:

1) Encargos impostos nas condenações judiciais de natureza administrativa em geral

(a) "até dezembro/2002: juros de mora de 0,5% ao mês; correção monetária de acordo com os índices previstos no Manual de Cálculos da Justiça Federal, com destaque para a incidência do IPCA-E a partir de janeiro/2001";

(b) "no período posterior à vigência do CC/2002 e anterior à vigência da Lei 11.960/2009: juros de mora correspondentes à taxa Selic, vedada a cumulação com qualquer outro índice";

(c) "período posterior à vigência da Lei 11.960/2009: juros de mora segundo o índice de remuneração da caderneta de poupança; correção monetária com base no IPCA-E".

2) Encargos impostos nas condenações judiciais referentes a servidores e empregados públicos:

(a) "até julho/2001: juros de mora: 1% ao mês (capitalização simples); correção monetária: índices previstos no Manual de Cálculos da Justiça Federal, com destaque para a incidência do IPCA-E a partir de janeiro/2001";

(b) "agosto/2001 a junho/2009: juros de mora: 0,5% ao mês; correção monetária: IPCA-E";

(c) "a partir de julho/2009: juros de mora: remuneração oficial da caderneta de poupança; correção monetária: IPCA-E".

3) Encargos impostos nas condenações judiciais referentes a desapropriações diretas e indiretas: "No âmbito das condenações judiciais referentes a desapropriações diretas e indiretas existem regras específicas, no que concerne aos juros moratórios e compensatórios, razão pela qual não se justifica a incidência do art. 1º-F da Lei 9.494/97 (com redação dada pela Lei 11.960/2009), nem para compensação da mora nem para remuneração do capital".

4) Encargos nas condenações judiciais de natureza previdenciária: "As condenações impostas à Fazenda Pública de natureza previdenciária sujeitam-se à incidência do INPC, para fins de correção monetária, no que se refere ao período posterior à vigência da Lei 11.430/2006, que incluiu o art. 41-A na Lei 8.213/91. Quanto aos juros de mora, incidem segundo a remuneração oficial da caderneta de poupança (art. 1º-F da Lei 9.494/97, com redação dada pela Lei n. 11.960/2009)".

5) Encargos nas condenações judiciais de natureza tributária: "A correção monetária e a taxa de juros de mora incidentes na repetição de indébitos tributários devem corresponder às utilizadas na cobrança de tributo pago em atraso. Não havendo disposição legal específica, os juros de mora são calculados à taxa de 1% ao mês (art. 161, § 1º, do CTN). Observada a regra isonômica e havendo previsão na legislação da entidade tributante, é legítima a utilização da taxa Selic, sendo vedada sua cumulação com quaisquer outros índices".

6) Preservação da coisa julgada: "Não obstante os índices estabelecidos para atualização monetária e compensação da mora, de acordo com a natureza da condenação imposta à Fazenda Pública, cumpre ressalvar eventual coisa julgada que tenha determinado a aplicação de índices diversos, cuja constitucionalidade/legalidade há de ser aferida no caso concreto" (STJ, 1ª Seção, REsp 1.492.221/PR – recurso repetitivo, Rel. Min. Mauro Campbell Marques, jul. 22.02.2018, *DJe* 20.03.2018).

JURISPRUDÊNCIA SELECIONADA

1. Implantação de pensão previdenciária (art. 17 da Lei 10.259/2001). "Execução contra a Fazenda Pública. Obrigação de fazer. Fracionamento da execução para que uma parte seja paga antes do trânsito em julgado, por meio de Complemento Positivo, e outra depois do trânsito, mediante Precatório ou RPV. Impossibilidade. Repercussão geral da questão constitucional reconhecida. Reafirmação de jurisprudência. Precedentes. Conhecimento do agravo e provimento do recurso extraordinário para afastar o fracionamento da execução" (STF, RE 723307 Manif-RG, Rel. Min. Gilmar Mendes, jul. 08.08.2014, *DJe* 27.09.2016).

2. Obrigação de fazer em face da Fazenda Pública. Precatórios. Inaplicabilidade. Ver jurisprudência do art. 910 do CPC/2015.

3. RPV. Juros de mora. Período compreendido entre a data da elaboração da conta de liquidação e a expedição do requisitório. Incidência. "A Corte Especial do STJ, no julgamento do REsp 1.143.677/RS, Rel. Min. Luiz Fux, sob o regime do art. 543-C do CPC, havia consolidado o entendimento de que não incidem juros moratórios entre a data da elaboração da conta de liquidação e a do efetivo pagamento do precatório ou da requisição de pequeno valor (RPV), tendo sido decidida a presente demanda com base nesse entendimento. Em face da interposição de recurso extraordinário, o feito foi sobrestado pela Vice-presidência desta Corte Superior, a fim de aguardar o julgamento do RE 579.431/RS, pelo Supremo Tribunal Federal. No julgamento dessa matéria, o STF firmou entendimento em sentido diametralmente oposto ao do STJ, tendo sido fixada a seguinte tese de repercussão geral: '**Incidem os juros da mora no período compreendido entre a data da realização dos cálculos e a da requisição ou do precatório**'. Em juízo de retratação, com fundamento no art. 1.030, II, do CPC/2015, fica reformado o julgado desta Corte Especial, proferido nestes autos, e o próprio julgado embargado, prolatado no âmbito da eg. Quinta Turma" (STJ, EREsp 1150549/RS, Rel. Min. Og Fernandes, Corte Especial, jul. 29.11.2017, *DJe* 12.12.2017)

4. Cessão de crédito.

Honorários advocatícios de sucumbência. "A Corte Especial, por ocasião do julgamento do Recurso Especial Representativo da Controvérsia 1.102.473/RS, de relatoria da eminente Ministra Maria Thereza de Assis Moura, *DJe* 27/8/2012, acolheu a tese da legitimidade do cessionário de honorários advocatícios sucumbenciais para se habilitar no crédito consignado no precatório quando preenchidos os seguintes requisitos: (a) comprovação da validade do ato de cessão dos honorários, realizado por escritura pública e (b) discriminação no precatório do valor devido a título da respectiva verba advocatícia'. Precedente: EREsp 1.178.915/RS, Rel. Min. Napoleão Nunes Maia Filho, Corte Especial, jul. 02.12.2015, *DJe* 14.12.2015. No presente caso, o acórdão embargado entendeu ser possível a cessão do crédito e a consequente habilitação do cessionário em processo judicial, reformando, assim, aresto do E. TJ/RS, mesmo que o valor da verba honorária não tenha sido destacado quando da expedição do requisitório. Ocorre que, conforme jurisprudência assentada nesta Corte Especial, **exige-se que o valor dos honorários advocatícios seja especificado no próprio requisitório,** o que, contudo, não ocorreu, impossibilitando a cessão da verba honorária a terceiros e a consequente habilitação do cessionário na demanda executória. Embargos de divergência providos a fim de prevalecer o entendimento adotado pelo acórdão paradigma e anular a cessão de crédito e a consequente habilitação do cessionário no processo executivo" (STJ, EREsp 1127228/RS, Rel. Min. Benedito Gonçalves, Corte Especial, jul. 21.06.2017, *DJe* 29.06.2017).

Transmudação da natureza. Tema 361/STF. "A cessão de crédito alimentício não implica a alteração da natureza" (STF, RE 631.537/RS, Rel. Min. Marco Aurélio, Pleno, jul. 22.05.2020, *DJe* 03.06.2020).

Cessão de crédito inscrito em precatório previdenciário. Possibilidade. "A cessão de créditos inscritos em precatórios, autorizada pelo art. 100, §§ 13 e 14, da Constituição da República, permite ao credor, mediante negociações entabuladas com eventuais interessados na aquisição do direito creditício com deságio, a percepção imediata de valores que somente seriam obtidos quando da quitação da dívida pelo Poder Público, cujo notório inadimplemento fomenta a instituição de mercado dos respectivos títulos, abrangendo, inclusive, as parcelas de natureza alimentar. Conquanto o princípio da intangibilidade das prestações da Previdência Social, estampado no art. 114 da Lei n. 8.213/1991, vede a cessão dos benefícios *per se*, obstando, por conseguinte, a alienação ou transmissão irrestrita de direitos personalíssimos e indisponíveis, ao titular de crédito inscrito em precatório, inclusive o oriundo de ação previdenciária, faculta-se a transferência creditícia do título representativo a terceiros, porquanto direito patrimonial disponível passível de livre negociação. A possibilidade de cessão de precatórios decorrentes de ações previdenciárias não impede o juiz de controlar *ex officio* a validade de sua transmissão, negando a produção de efeitos a negócios jurídicos eivados de nulidade, independentemente de ajuizamento de ação própria, como dispõe o art. 168, parágrafo único, do Código Civil" (STJ, REsp 1.896.515/RS, Rel. Min. Regina Helena Costa, 1ª Turma, jul. 11.04.2023, *DJe* 17.04.2023).

5. Execução de sentença contra a Fazenda Pública. Concomitância de embargos à execução. Bilateralidade dos créditos. Compensação de Verba honorária. Impossibilidade. "Os embargos do devedor são ação de conhecimento incidental à execução, razão por que os honorários advocatícios podem ser fixados em cada uma das duas ações, de forma relativamente autônoma, respeitando-se os limites de repercussão recíproca entre elas, desde que a cumulação da verba honorária não exceda o limite máximo previsto no § 3º do art. 20 do CPC/1973. Inexistência de reciprocidade das obrigações ou de bilateralidade de créditos: ausência dos pressupostos do instituto da compensação (art. 368 do Código Civil). Impossibilidade de se compensarem os honorários fixados em embargos à execução com aqueles fixados na própria ação de execução. Solução do caso Concreto. Possibilidade de cumulação da verba honorária fixada nos embargos à execução com a arbitrada na própria execução contra a Fazenda Pública, vedada a compensação entre ambas" (STJ, REsp 1520710/SC, Rel. Min. Mauro Campbell Marques, Corte Especial, jul. 18.12.2018, *DJe* 27.02.2019).

6. Precatório. Direito de preferência. Reconhecimento mais de uma vez, em um mesmo precatório. Impossibilidade. "Na linha do entendimento firmado pelo Supremo Tribunal Federal, este Tribunal Superior tem pacífico entendimento pela possibilidade de haver o reconhecimento ao credor, mais de uma vez, do direito à preferência constitucional do § 2º do art. 100 da Constituição Federal. Contudo, a preferência autorizada pela Constituição não pode ser reconhecida duas vezes em um mesmo precatório, porquanto, por via oblíqua, implicaria a extrapolação do limite previsto na norma constitucional. Aliás, o próprio § 2º do art. 100 da CF/1988 revela que, após o fracionamento para fins de preferência, eventual saldo remanescente deverá ser pago na ordem cronológica de apresentação do precatório. Portanto, as hipóteses autorizadoras da preferência (idade, doença grave ou deficiência) devem ser consideradas, isoladamente, a cada precatório, ainda que tenha como destinatário um mesmo credor" (STJ, AgInt no RMS 61.014/RO, Rel. Min. Benedito Gonçalves, 1ª Turma, jul. 20.04.2020, *DJe* 24.04.2020).

7. Precatório. "(...) utilidade da presente arguição de descumprimento de preceito fundamental. Necessidade de uso de precatórios no pagamento de dívidas da Fazenda Pública, independente de o débito ser proveniente de decisão concessiva de mandado de segurança, ressalvada a exceção prevista no § 3º do art. 100 da Constituição da República (obrigações definidas em leis como de pequeno valor). Precedentes" (STF, ADPF 250, Rel. Min. Cármen Lúcia, Tribunal Pleno, jul. 13.09.2019, *DJe* 27.09.2019).

8. Precatório ou RPV federais. Pretensão de nova expedição. Prescritibilidade. "A pretensão de expedição de novo precatório ou nova RPV, após o cancelamento de que trata o art. 2º da Lei nº 13.463/2017, não é imprescritível. O direito do credor de que seja expedido novo precatório ou nova RPV começa a existir na data em que houve o cancelamento do precatório ou RPV cujos valores, embora depositados, não tenham sido levantados" (STJ, REsp 1859409/RN, Rel. Min. Mauro Campbell Marques, 2ª Turma, jul. 16.06.2020, *DJe* 25.06.2020). **No mesmo sentido, ressaltando que o prazo prescricional é o quinquenal do Decreto 20.910/32 e tem como termo inicial a notificação do credor:** STJ, REsp 1.961.642/CE, Rel. Min. Assusete Magalhães, 1ª Seção, jul. 25.10.2023, *DJe* 31.10.2023; STJ, REsp 1.944.899/PE, Rel. Min. Assusete Magalhães, 1ª Seção, jul. 25.10.2023, *DJe* 31.10.2023. **Obs.: Recursos julgados sob o rito dos recursos repetitivos.**

9. Juros de mora. Incidência. "O período previsto no art. 100, parágrafo 5º, da Constituição (precatórios apresentados até 1º de julho, devendo ser pagos até o final do exercício seguinte) costuma ser chamado de 'período de graça constitucional'. Nesse interregno, não cabe a imposição de juros de mora, pois o ente público não está inadimplente. Caso não haja o pagamento integral dentro deste prazo, os juros de mora passam a correr apenas a partir do término do 'período de graça'. Recurso extraordinário a que se nega provimento. Tese de repercussão geral: 'O enunciado da Súmula Vinculante 17 não foi afetado pela superveniência da Emenda Constitucional 62/2009, de modo que não incidem juros de mora no período de que trata o § 5º do art. 100 da Constituição. Havendo o inadimplemento pelo ente público devedor, a fluência dos juros inicia-se após o 'período de graça''" (STF, RE 1.169.289/SC, Rel. Min. Marco Aurélio, Tribunal Pleno, jul. 16.06.2020, *DJe* 01.07.2020).

Relações jurídicas não tributárias. "A Lei n. 11.960, de 29 de junho de 2009, alterou a de n. 9.494, de 10 de setembro de 1997, e deu nova redação ao art. 1º-F, o qual passou a prever que, nas condenações impostas à Fazenda Pública, para fins de atualização monetária, remuneração do capital e compensação da mora, incidirão, de uma só vez, até o efetivo pagamento, os índices oficiais de remuneração básica e de juros aplicados à caderneta de poupança. A respeito das condenações oriundas de relação jurídica não tributária, o Supremo Tribunal Federal, ao apreciar o RE 870.947 (Tema n. 810/RG), Ministro Luiz Fux, declarou a constitucionalidade do art. 1º-F da Lei n. 9.494/1997, na redação dada pela de n. 11.960/2009, concernente à fixação de juros moratórios segundo o índice de remuneração da caderneta de poupança. (...) Proposta de tese: 'É aplicável às condenações da Fazenda Pública envolvendo relações jurídicas não tributárias o índice de juros moratórios estabelecido no art. 1º-F da Lei n. 9.494/1997, na redação dada pela Lei n. 11.960/2009, a partir da vigência da referida legislação, mesmo havendo previsão diversa em título executivo judicial transitado em julgado'" (STF, RE 1.317.982, Rel. Min. Nunes Marques, Tribunal Pleno, jul. 12.12.2023, *DJe* 08.01.2024).

10. Condenação imposta à Fazenda Pública. Atualização monetária pela caderneta de poupança. Inconstitucionalidade. "O art. 1º-F da Lei nº 9.494/97, com a redação dada pela Lei nº 11.960/09, na parte em que disciplina a atualização monetária das condenações impostas à Fazenda Pública segundo a remuneração oficial da caderneta de poupança, revela-se inconstitucional ao impor restrição desproporcional ao direito de propriedade (CRFB, art. 5º, XXII), uma vez que não se qualifica como medida adequada a capturar a variação de preços da economia, sendo inidônea a promover os fins a que se destina. 5. Agravo conhecido para conhecer em parte do recurso especial e, nessa extensão, negar-lhe provimento" (STJ, AREsp 1644576/PE, Rel. Min. Mauro Campbell Marques, 2ª Turma, jul. 02.06.2020, *DJe* 09.06.2020).

11. Correção monetária para as condenações da Fazenda Pública de créditos não tributários. IPCA-E. "Conforme decidido pelo STF no RE n.º 870.947/SE, bem assim o posicionamento adotado pelo Superior Tribunal de Justiça, em recurso repetitivo representativo de controvérsia – REsp n.º 1.270.439/PR, o IPCA-E deve ser o índice de correção monetária para as condenações da Fazenda Pública, de créditos não tributários, a incidir a partir de quando cada pagamento seria devido. Os juros moratórios devem ser calculados nos termos do art. 1º-F da Lei n.º 9.494/97, com redação dada pela Lei n.º 11.960/2009, a partir da citação" (TJMG, Apelação Cível 1.0692.13.002878-4/001, Rel. Des. Luís Carlos Gambogi, 5ª Câmara Cível, jul. 02.07.2020, *DJe* 24.07.2020).

12. Execução provisória contra a Fazenda Pública. Possibilidade. Interpretação restritiva do art. 2º-B da Lei 9.494/1997. "A jurisprudência do Superior Tribunal de Justiça entende que deve ser dada interpretação restritiva ao art. 2º-B da Lei 9.494/1997, a qual veda a execução provisória de sentença contra a Fazenda Pública, antes que se opere o seu trânsito em julgado, em ações que tenham por objeto a liberação de recurso, inclusão em folha de pagamento, reclassificação, equiparação, concessão de aumento ou extensão de vantagens a Servidores, devendo ser observadas as hipóteses expressamente definidas na norma (REsp 1.812.278/CE, Rel. Min. Herman Benjamin, *DJe* 29.10.2019)" (STJ, AgInt no REsp 1830176/SP, Rel. Min. Napoleão Nunes Maia Filho, 1ª Turma, jul. 08.09.2020, *DJe* 14.09.2020).

Entretanto, "Fixação da seguinte tese ao Tema 45 da sistemática da repercussão geral: 'A execução provisória de obrigação de fazer em face da Fazenda Pública não atrai o regime constitucional dos precatórios'. A jurisprudência do STF firmou-se no sentido da inaplicabilidade ao Poder Público do regime jurídico da execução provisória de prestação de pagar quantia certa, após o advento da Emenda Constitucional 30/2000. Precedente. A sistemática constitucional dos precatórios não se aplica às obrigações de fato positivo ou negativo, dada a excepcionalidade do regime de pagamento de débitos pela Fazenda Pública, cuja interpretação deve ser restrita. Por consequência, a situação rege-se pela regra geral de que toda decisão não autossuficiente pode ser cumprida de maneira imediata, na pendência de recursos não recebidos com efeito suspensivo. Não se encontra parâmetro constitucional ou legal que obste a pretensão de execução provisória de sentença condenatória de obrigação de fazer relativa à implantação de pensão de militar, antes do trânsito em julgado dos embargos do devedor opostos pela Fazenda Pública" (STF, RE 573872, Rel. Min. Edson Fachin, Pleno, jul. 25.04.2017, *DJe* 11.09.2017).

13. Não aplicação da multa de 10% à Fazenda Pública. "Por outro lado, no que se refere à alegada afronta ao art. 534, § 2º, do CPC/2015, tal dispositivo estabelece que 'a multa prevista no § 1º do art. 523 não se aplica à Fazenda Pública'. Trata-se de norma que leva em consideração o regime especial de cumprimento de sentença que reconheça a exigibilidade de obrigação de pagar quantia certa pela Fazenda Pública. Em se tratando de bens públicos, encontram-se vinculados a uma finalidade pública específica e são inalienáveis (em regra) e não se sujeitam à expropriação em razão de execução forçada. Destarte, o adimplemento dos débitos pecuniários da Fazenda Pública deve observar o disposto no art. 100 da CF/88, c/c os arts. 534 e 535 do CPC/2015. Em se tratando de regramento especial, não é possível a aplicação do disposto no art. 534, § 2º, do CPC/2015 ao particular, com base no princípio da isonomia" (STJ, REsp 1815762/SP, Rel. Min. Mauro Campbell Marques, 2ª Turma, jul. 05.11.2019, *DJe* 07.11.2019).

14. Execução. Parte autônoma. Preclusão. Possibilidade. Ver jurisprudência do art. 513 do CPC/2015.

Julgamento parcial do mérito. Formação progressiva da coisa julgada. Expedição de precatório. "A parte incontroversa, sobre a qual não há discussão, portanto líquida e certa, está acobertada pelo trânsito em julgado, cuidando-se de execução definitiva, não provisória. Nesse ponto, operou-se a resolução parcial de mérito, com formação progressiva da coisa julgada, possibilitando a expedição de precatório, em estrita obediência ao art. 100, § 5º, da Constituição Federal" (TRF 3ª Região, Ac 0025240-88.2013.4.03.9999/SP, Rel. Des. Federal Therezinha Astolphi Cazerta, 8ª Turma, jul. 03.11.2014, *DEJF* 17.11.2014, p. 3.189).

15. Direito de preferência, por idoso, no recebimento de precatório de natureza comum. Interpretação extensiva do art. 100, § 2º, da Constituição Federal. Impossibilidade. Configuração de requisitos para a obtenção da prioridade para pagamento. Dívida alimentar e titulares idosos ou portadores de doença grave. "Na forma da jurisprudência do Superior Tribunal de Justiça, 'para a obtenção da preferência no pagamento de precatório, faz-se necessária a conjugação dos requisitos constantes do art. 100, § 2º, da Constituição Federal, ou seja, dívida de natureza alimentar e titular idoso ou portador de doença grave' (STJ, AgInt no RMS 59.676/RO, Rel. Ministro Benedito Gonçalves, Primeira Turma, *DJe* de 11/09/2019). Em igual sentido: 'A ampliação permitida pelo acórdão recorrido, com a exclusão do requisito de que o crédito tenha natureza alimentar, bastando a condição de que o titular seja idoso ou portador de doença grave, não encontra fundamento no ordenamento jurídico pátrio. O art. 12 da Resolução 115/CNJ apenas disciplina o conceito de idoso, sem qualquer alusão à preferência delimitada no dispositivo constitucional' (STJ, RMS 51.943/RO, Rel. Ministro Francisco Falcão, Segunda Turma, *DJe* de 27/04/2017). Com a mesma orientação: RMS 54.069/RO, Rel. Ministro Benedito Gonçalves, Primeira Turma, *DJe* de 21/11/2019. O art. 71 da Lei 10.471/2003 – Estatuto do Idoso – assegura apenas 'a prioridade na tramitação dos processos e procedimentos e na execução dos atos e diligências judiciais em que figure como parte ou interveniente pessoa com idade igual ou superior a 60 (sessenta) anos', não dispondo sobre a prioridade no pagamento de precatórios de natureza alimentar, ou não, de que sejam titulares idosos, matéria disciplinada no art. 100, § 2º, da CF/88" (STJ, RMS 65.747/SP, Rel. Min. Assusete Magalhães, 2ª Turma, jul. 16.03.2021, *DJe* 08.04.2021).

16. Precatório ou Requisição de Pequeno Valor (RPV). Cancelamento. Reexpedição. Prescrição. "Conforme o entendimento da Segunda Turma desta Corte Superior, é prescritível a pretensão de expedição de novo precatório ou RPV após o cancelamento estabelecido pelo art. 2º da Lei n. 13.463/2017. 'O direito do credor de que seja expedido novo precatório ou nova RPV começa a existir na data em que houve o cancelamento do precatório ou RPV cujos valores, embora depositados, não tenham sido levantados' (REsp 1.859.409/RN, Rel. Min. Mauro Campbell Marques, Segunda Turma, julgado em 16/6/2020, *DJe* 25/6/2020). Na hipótese dos autos, a RPV foi cancelada em 2017 e a sua reexpedição foi postulada em 23/1/2018, razão pela qual a prescrição não está configurada" (STJ, REsp 1.833.358/PB, Rel. Min. Og Fernandes, 2ª Turma, jul. 06.04.2021, *DJe* 14.04.2021).

Ver jurisprudência do art. 910 do CPC/2015.

17. Cumprimento de sentença. Precatórios. Recuperação judicial. Ultimação de pagamento. Competência do juízo do cumprimento de sentença. "Compete ao Juízo da recuperação manifestar-se acerca da natureza do crédito, definindo se está ou não submetido aos efeitos da recuperação judicial, assim como verificar se determinado bem integra o ativo da recuperanda, estando destinado ao cumprimento das obrigações do plano. Na hipótese, tendo o Juízo da recuperação se manifestado no sentido de que os créditos relativos ao pagamento de honorários contratuais não integram o patrimônio da recuperanda e nem se submetem aos efeitos da recuperação, cabe ao Juízo suscitante ultimar os atos de pagamento" (STJ, CC 185.966/AM, Rel. Min. Ricardo Villas Bôas Cueva, 2ª Seção, jul. 14.12.2022, *DJe* 19.12.2022).

18. Cancelamento de precatório e requisições federais de pequeno valor não resgatados em dois anos. Inconstitucionalidade. "5. Impossibilidade de edição de medidas legislativas para condicionar e restringir o levantamento dos valores a título de precatórios. Precedente: ADI 3453 (Relatora: Min. Cármen Lúcia, Tribunal Pleno, *DJ* 16.3.2007). Violação da separação dos Poderes: a Constituição Federal desenhou o regime de pagamento de precatório e conferiu atribuições ao Poder Judiciário sem deixar margem limitativa do direito de crédito ao legislador infraconstitucional. Devem ser prestigiados o equilíbrio e a separação dos Poderes (art. 2º, CF), bem como a garantia da coisa julgada (art. 5º, XXXVI, CF) mediante a satisfação do crédito a conferir eficácia às decisões. A lei impugnada transfere do Judiciário para a instituição financeira a averiguação unilateral do pagamento e autoriza, indevidamente, o cancelamento automático do depósito e a remessa dos valores à Conta Única do Tesouro Nacional. Configurada uma verdadeira burla aos freios e contrapesos indispensáveis ao bom funcionamento dos Poderes. 6. A mora do credor em relação ao levantamento dos valores depositados na instituição financeira deve ser apurada no bojo do processo de execução, sem necessidade de cancelamento automático das requisições em ausência de prévia ciência ao interessado. Violação do devido processo legal (art. 5º, LIV, CF) e do princípio da proporcionalidade. Revela-se desproporcional a imposição do cancelamento automático após o decurso de dois anos do depósito dos valores a título de precatório e RPV. A atuação legislativa não foi pautada pela proporcionalidade em sua faceta de vedação do excesso. 7. Ao determinar o cancelamento puro e simples, imediatamente após o biênio em exame, a Lei nº 13.463/2017 afronta, outrossim, os incisos XXXV e XXXVI do art. 5º da Constituição da República, por violar a segurança jurídica, a inafastabilidade da jurisdição, além da garantia da coisa julgada e de cumprimento das decisões judiciais. Precedentes. 8. A lei impugnada imprime um tratamento mais gravoso ao credor, com a criação de mais uma assimetria entre a Fazenda Pública e o cidadão quando ocupantes dos polos de credor e devedor. Manifesta ofensa à isonomia, seja quanto à distinta paridade de armas entre a Fazenda Pública e os credores, seja no que concerne a uma diferenciação realizada entre os próprios credores: aqueles que consigam fazer o levantamento no prazo de dois anos e os que assim não o façam, independentemente da averiguação prévia das razões. Distinção automática e derivada do decurso do tempo entre credores sem a averiguação das razões do não levantamento dos valores atinentes aos precatórios e requisições de pequeno valor, que podem não advir necessariamente de mero desinteresse ou inércia injustificada. Ofensa à sistemática constitucional de precatórios como implementação da igualdade (art. 5º, *caput*, CF). Precedentes. 9. O manejo dos valores de recursos públicos depositados e à disposição do credor viola o direito de propriedade (art. 5º, XXII, CF). Ingerência sobre o montante depositado e administrado pelo Poder Judiciário, que passa a ser tratado indevidamente como receita pública e alvo de destinação. 10. A ação direta conhecida e pedido julgado procedente" (STF, ADI 5755, Rel. Min. Rosa Weber, Tribunal Pleno, jul. 30.06.2022, *DJe* 04.10.2022).

Modulação de efeitos. "Verificadas razões de segurança jurídica ou de excepcional interesse social, a teor do art. 27 da Lei 9.868/1999, cumpre ao Supremo Tribunal Federal harmonizar o princípio da nulidade da norma inconstitucional com a exigência de preservação de outros valores constitucionais, como a segurança jurídica, a confiança legítima e a boa-fé objetiva, a que a atribuição de eficácia retroativa ou plena à decisão traria danos irreversíveis. As disposições legais declaradas inconstitucionais ao julgamento do presente feito, não obstante viciadas na sua origem, ampararam a concretização de inúmeros atos jurídicos que levaram ao cancelamento de diversos precatórios e RPVs, praticados ao abrigo legal por longo período, a impor a aplicação do art. 27 da Lei 9.868/1999. Embargos de declaração acolhidos, em parte, para modular os efeitos da declaração de inconstitucionalidade, assentando que o decisum de mérito proferido nesta ação direta somente produz efeitos a partir da publicação da ata de julgamento meritório (06.7.2022)" (STF, ADI 5755 ED, Rel. Min. Rosa Weber, Tribunal Pleno, jul. 29.05.2023, *DJe* 09.06.2023).

Cancelamento automático. Validade até 06.07.2022. "É válido o ato jurídico de cancelamento automático de precatórios ou requisições federais de pequeno valor realizados entre 06/07/2017 (data da publicação da Lei 13.463/2017) e 06/07/2022 (data da publicação da ata da sessão de julgamento da ADI 5.755/DF), nos termos do art. 2º, *caput*, e § 1º, da Lei 13.463/2017, desde que caracterizada a inércia do credor em proceder ao levantamento do depósito pelo prazo legalmente estabelecido (dois anos). É ilegal esse mesmo ato se circunstâncias alheias à vontade do credor impediam, ao tempo do cancelamento, o levantamento do valor depositado" (STJ, REsp 2.045.191/DF, Rel. Min. Paulo Sérgio Domingues, 1ª Seção, jul. 22.05.2024, *DJe* 27.05.2024). **Obs.: Decisão submetida a julgamento de recursos repetitivos.**

19. Norma estadual que estipula o dever do credor de encaminhar ordem de pagamento de obrigação de pequeno valor diretamente ao órgão público devedor. Inconstitucionalidade. "Ação direta de inconstitucionalidade. Lei estadual n. 14.757, de 16 de novembro de 2015, do Estado do Rio Grande do Sul. Pagamento de requisições de pequeno valor. Redefinição do limite do RPV. Possibilidade. Norma estadual que estipula dever do credor de encaminhar ordem de pagamento de obrigação de pequeno valor diretamente ao órgão público devedor. Impossibilidade. Violação da competência privativa da União para legislar sobre Direito Processual. Precedentes. Ação direta de inconstitucionalidade julgada parcialmente procedente para (a) declarar a inconstitucionalidade do *caput* e do parágrafo único do art. 6º da Lei estadual n. 14.757/2015, do Estado do Rio Grande do Sul; bem como (b) dar interpretação conforme à Constituição aos incisos do mesmo art. 6º, para limitar sua aplicação aos processos judiciais de competência da justiça estadual. Assim, os incisos do mencionado art. 6º não deverão ser aplicados aos processos julgados no exercício da competência federal delegada, os quais devem ser regidos pela Resolução do CJF" (STF, ADI 5421, Rel. Min. Gilmar Mendes, Tribunal Pleno, jul. 17.12.2022, *DJe* 25.01.2023).

20. Pedido de renegociação de débitos de precatórios vencidos e dos que se vencerão dentro do prazo previsto pela EC 09/2021. Possibilidade. "O Supremo Tribunal Federal adotou a compreensão no sentido de que o plano de pagamentos apresentado pelo devedor de precatórios ao respectivo Tribunal deve contemplar todo o passivo, de modo a formar um único montante global de débitos de precatórios, ainda que se refiram a parcelas vencidas e não pagas em período anterior ao advento da Emenda Constitucional 109/2021. Nesse sentido: MS 36035 AgR, relator Ministro Alexandre de Moraes, Primeira Turma, *DJe* de 20/9/2021. Uma vez que o prazo de pagamento antes estabelecido pela EC 99/2017 (até 31/12/2024) foi estendido pela EC 109/2021 para 31/12/2029, sem qualquer ressalva quanto aos anos a que se referem os débitos em questão, apresenta-se indevida a discriminação realizada pela autoridade impetrada, no sentido de não autorizar a renegociação proposta pelo ora recorrente quanto às dívidas anteriores a 2021. Reconhecida a impropriedade da motivação contida no ato apontado como coator para subsidiar a ordem de sequestro, não pode ela subsistir. Nesse sentido: AgRg no RMS n. 33.821/PB, relatora Ministra Assusete Magalhães, Segunda Turma, *DJe* de 29/4/2022" (STJ, AgInt no RMS 69.711/SP, Rel. Min. Sérgio Kukina, 1ª Turma, jul. 15.08.2023, *DJe* 21.08.2023).

21. Honorários advocatícios. Legitimidade de sociedade de advogados. Ver jurisprudência do art. 523 do CPC/2015.

22. Desapropriação. Diferença entre o valor do depósito inicial e o valor efetivo da indenização final. Precatório. "A jurisprudência tradicional desta Corte firmou-se no sentido de que a indenização na desapropriação deve ser prévia à transmissão formal da propriedade ao Poder Público, que somente ocorre após o término do processo e a quitação do precatório. Em abstrato, esse entendimento não parece violar o comando constitucional de indenização prévia e justa do art. 5º, XXIV. Entretanto, se o ente expropriante não estiver em dia com o pagamento dos precatórios, esse entendimento não deve prevalecer. O Estado tem o dever de ser correto com seus cidadãos. A indenização da desapropriação não pode ser transformada em um calote disfarçado ou no reconhecimento vazio de uma dívida, sob pena de se frustrar o comando constitucional do art. 5º, XXIV. O atraso indefinido no pagamento dos precatórios desnatura a natureza prévia da indenização e esvazia o conteúdo do direito de propriedade. Portanto, se o Poder Público não estiver em dia com os precatórios, deverá pagar a indenização mediante depósito judicial direto. Recurso Extraordinário a que se dá provimento, com modulação temporal dos efeitos e a fixação da seguinte tese: 'No caso de necessidade de complementação da indenização, ao final do processo expropriatório, deverá o pagamento ser feito mediante depósito judicial direto se o Poder Público não estiver em dia com os precatórios'" (STF, RE 922.144, Rel. Min. Luís Roberto Barroso, Tribunal Pleno, jul. 19.10.2023, *DJe* 07.02.2024).

Art. 535. A Fazenda Pública será intimada na pessoa de seu representante judicial, por carga, remessa ou meio eletrônico, para, querendo, no prazo de 30 (trinta) dias e nos próprios autos, impugnar a execução, podendo arguir:

I – falta ou nulidade da citação se, na fase de conhecimento, o processo correu à revelia;

II – ilegitimidade de parte;

III – inexequibilidade do título ou inexigibilidade da obrigação;

IV – excesso de execução ou cumulação indevida de execuções;

V – incompetência absoluta ou relativa do juízo da execução;

VI – qualquer causa modificativa ou extintiva da obrigação, como pagamento, novação, compensação, transação ou prescrição, desde que supervenientes ao trânsito em julgado da sentença.

§ 1º A alegação de impedimento ou suspeição observará o disposto nos arts. 146 e 148.

§ 2º Quando se alegar que o exequente, em excesso de execução, pleiteia quantia superior à resultante do título, cumprirá à executada declarar de imediato o valor que entende correto, sob pena de não conhecimento da arguição.

§ 3º Não impugnada a execução ou rejeitadas as arguições da executada:

I – expedir-se-á, por intermédio do presidente do tribunal competente, precatório em favor do exequente, observando-se o disposto na Constituição Federal;

II – por ordem do juiz, dirigida à autoridade na pessoa de quem o ente público foi citado para o processo, o pagamento de obrigação de pequeno valor será realizado no prazo de 2 (dois) meses contado da entrega da requisição, mediante depósito na agência de banco oficial mais próxima da residência do exequente.

§ 4º Tratando-se de impugnação parcial, a parte não questionada pela executada será, desde logo, objeto de cumprimento.

§ 5º Para efeito do disposto no inciso III do *caput* deste artigo, considera-se também inexigível a obrigação reconhecida em título executivo judicial fundado em lei ou ato normativo considerado inconstitucional pelo Supremo Tribunal Federal, ou fundado em aplicação ou interpretação da lei ou do ato normativo tido pelo Supremo Tribunal Federal como incompatível com a Constituição Federal, em controle de constitucionalidade concentrado ou difuso.

§ 6º No caso do § 5º, os efeitos da decisão do Supremo Tribunal Federal poderão ser modulados no tempo, de modo a favorecer a segurança jurídica.

§ 7º A decisão do Supremo Tribunal Federal referida no § 5º deve ter sido proferida antes do trânsito em julgado da decisão exequenda.

§ 8º Se a decisão referida no § 5º for proferida após o trânsito em julgado da decisão exequenda, caberá ação rescisória, cujo prazo será contado do trânsito em julgado da decisão proferida pelo Supremo Tribunal Federal.

CPC/1973

Art. 741.

REFERÊNCIA LEGISLATIVA

CF, art. 100 (regime dos precatórios), § 3º (exclusão do regime de precatórios para as causas de pequeno valor).

CPC/2015, arts. 75, I e IV (representação judicial da Fazenda Pública), 144 (impedimento do juiz), 145 (suspeição do juiz), 239 (citação), 344 (revelia), 514 (execução sujeita a condição ou termo), 780 (cumulação de execuções), 781 a 782 (competência), 798, I, *b* (execução; requisitos da inicial), 798, I, *c* (execução; providência do credor), 803, III (nulidade da execução), 913 (execução de prestação alimentícia), 917, § 2º (excesso de execução), 921 a 923 (suspensão da execução).

CC, arts. 304 a 333 (pagamento), 360 a 367 (novação), 368 a 380 (compensação), 840 a 850 (transação).

Lei nº 10.522, de 19.07.2002, art. 20-A (autoriza a Procuradoria-Geral da Fazenda Nacional a não opor embargos quando o valor pleiteado pelo exequente for inferior àquele fixado em ato do Ministro da Fazenda).

Lei nº 8.213/1991, art. 28 (com a redação da Lei nº 10.099/2000) (sobre concessão ou reajuste de benefícios previdenciários de valor até R$ 5.180,25, pagáveis fora do regime do precatório).

Lei nº 10.259/2001 (Lei dos Juizados Especiais), art. 17, § 1º (execuções de pequeno valor contra a União).

Lei nº 9.494/1997, art. 1º -E (acrescido pela MP 2.180-35/2001 (permite revisão das contas do precatório, pelo Presidente do Tribunal).

Lei nº 9.469/1997, art. 6º, § 1º (preferência dos precatórios alimentícios e gradação entre eles).

Resolução n.º 303/2019 do CNJ (dispõe sobre a gestão dos precatórios e respectivos procedimentos judiciais).

Lei n.º 13.463/2017 (Dispõe sobre os recursos destinados aos pagamentos decorrentes de precatórios e de Requisições de Pequeno Valor (RPV) federais), art. 2º (Ficam cancelados os precatórios e as RPV federais expedidos e cujos valores não tenham sido levantados pelo credor e estejam depositados há mais de dois anos em instituição financeira oficial). O STF, entretanto, declarou a inconstitucionalidade material deste dispositivo, na ADI 5755 (pleno, Rel. Min. Rosa Weber, jul. 30.06.2022, *DJe* 04.10.2022).

SÚMULAS

Súmulas Vinculantes do STF:

nº 17: "Durante o período previsto no § 1º do art. 100, da Constituição, não incidem juros de mora sobre os precatórios que nele sejam pagos".

nº 47: "Os honorários advocatícios incluídos na condenação ou destacados do montante principal devido ao credor consubstanciam verba de natureza alimentar cuja satisfação ocorrerá com a expedição de precatório ou requisição de pequeno valor, observada ordem especial restrita aos créditos dessa natureza".

Súmula do STF:

nº 150: "Prescreve a execução no mesmo prazo de prescrição da ação".

Súmulas do STJ:

nº 311: "Os atos do presidente do tribunal que disponham sobre processamento e pagamento de precatório não têm caráter jurisdicional".

nº 394: "É admissível, em embargos à execução, compensar os valores de imposto de renda retidos indevidamente na fonte com os valores restituídos apurados na declaração anual".

nº 487: "O parágrafo único do art. 741 do CPC não se aplica às sentenças transitadas em julgado em data anterior à da sua vigência".

nº 655: "A exceção prevista no art. 100, caput, da Constituição, em favor dos créditos de natureza alimentícia, não dispensa a expedição de precatório, limitando-se a isentá-los da observância da ordem cronológica dos precatórios decorrentes de condenações de outra natureza".

Súmula TRF4:

nº 134: "A ausência de impugnação pela Fazenda Pública ao cumprimento de sentença não enseja a redução pela metade dos honorários advocatícios por ela devidos, não sendo aplicável à hipótese a regra do art. 90, § 4º, combinado com o art. 827, § 1º, ambos do CPC 2015".

BREVES COMENTÁRIOS

De acordo com o atual Código, a Fazenda será intimada, na pessoa de seu representante judicial, por carga, remessa ou meio eletrônico, sem cominação de penhora, isto é, limitando-se à convocação para impugnar a execução no prazo de trinta dias (CPC/2015, art. 535).

Não havendo impugnação, ou sendo esta rejeitada, o juiz, por meio do Presidente de seu tribunal superior, expedirá a requisição de pagamento, que tem o nome de precatório (art. 535, § 3º, I), ou a requisição de pequeno valor. Esta constará de ordem do próprio juiz, dirigida à autoridade citada em nome do ente público na fase de conhecimento do processo (art. 535, § 3º, II).

O oferecimento de defesa pela Fazenda Pública deverá observar o título impugnado: (i) tratando-se de cumprimento de sentença, o juiz deverá julgar eventual impugnação da Fazenda Pública, prevista no art. 525 e aplicável, no que couber, ao rito especial aqui examinado; e (ii) tratando-se de execução de título extrajudicial, deverá observar o rito dos embargos à execução regulado nos arts. 914 e seguintes, também aplicável naquilo que couber, ao presente capítulo.

A diferença mais significativa diz respeito aos temas que podem figurar na defesa contra a execução. É mais ampla a matéria discutível frente ao título extrajudicial (arts. 910, § 2º, e 917), do que em relação ao título judicial (art. 535). Dessa forma, quando a execução contra a Fazenda Pública estiver apoiada em título judicial, a regra a observar é a do art. 535, que não tolera a rediscussão daquilo já resolvido no provimento da fase de cognição.

No final de 2020, o STF, julgando a ADI nº 5.534 conferiu interpretação conforme à Constituição ao art. 535, § 4º, do CPC, no sentido de que "para efeito de determinação do regime de pagamento do valor incontroverso, deve ser observado o valor total da condenação, conforme tese firmada no RE com repercussão geral nº 1205530 (Tema 28)" (STF, ADI 5.534/DF, Rel. Min. Dias Toffoli, jul. 21.12.2020). O acórdão, até a data desta edição, encontra-se pendente de publicação.

Sobre o cabimento ou descabimento de honorários advocatícios em cumprimento de sentença contra a Fazenda Pública, veja os breves comentários ao art. 85 do CPC/2015.

JURISPRUDÊNCIA SELECIONADA

1. Regime de precatórios. Ver jurisprudência do art. 910 do CPC/2015.

2. Nulidade da citação. Revelia (inciso I). "A eficácia preclusiva do julgado impede que a parte renove, no processo de execução, matérias atinentes ao processo de cognição, salvo a falta de citação no caso de revelia (art. 741, I, do CPC) [art. 535, I, do CPC/2015], hipótese em que os embargos revelam nítido caráter rescindente" (STJ, REsp 492.891/RS, Rel. Min. Luiz Fux, 1ª Turma, jul. 16.12.2003, *DJ* 16.02.2004, p. 209). **No mesmo sentido:** STJ, AgRg no REsp 864.669/RJ, Rel. Min. Paulo Medina, 6ª Turma, jul. 08.03.2007, *DJ* 23.04.2007, p. 325; STJ, REsp 402.291/PB, Rel. Min. Castro Filho, 3ª Turma, jul. 21.10.2003, *DJ* 10.11.2003, p. 186.

3. Ilegitimidade das partes (inciso II). "O art. 741, III, do CPC [art. 535, II, do CPC/2015], ao permitir que os embargos à execução fundada em sentença versem sobre a ilegitimidade das partes, refere-se aos arts. 566 a 568 do Diploma Processual. Isto porque eventual nulidade processual ocorrida no processo de conhecimento, mesmo que absoluta – salvo aquela relacionada a vício na citação – torna-se inatacável em sede de embargos à execução, porquanto houve sentença com trânsito em julgado, confere-lhe a imutabilidade inerente à autoridade da coisa julgada" (STJ, REsp 871.166/SP, Rel. Min. Luiz Fux, 1ª Turma, jul. 21.10.2008, *DJe* 13.11.2008).

"(...) Ademais, a simples alegação de ilegitimidade passiva independe de garantia do juízo porque é tema que pode ser arguido em exceção de pré-executividade" (STJ, REsp 685.744/BA, Rel. Min. Humberto Gomes de Barros, 3ª Turma, jul. 21.09.2006, *DJ* 29.06.2007, p. 580).

4. Inexequibilidade do título (inciso III).

Exceção de pré-executividade. Meio excepcional de defesa. "A exceção de pré-executividade é espécie excepcional de defesa específica do processo de execução, admitida, conforme entendimento da Corte, nas hipóteses em que a nulidade do título possa ser verificada de plano, bem como quanto às questões de ordem pública, pertinentes aos pressupostos processuais e às condições da ação, desde que desnecessária a dilação probatória. Precedentes" (STJ, REsp 915.503/PR, Rel. Min. Hélio Quaglia Barbosa, 4ª Turma, jul. 23.10.2007, *DJ* 26.11.2007, p. 207). **No mesmo sentido:** STJ, REsp 502.113/PE, Rel. Min. Francisco Peçanha Martins, 2ª Turma, jul. 02.02.2006, *DJ* 28.03.2006, p. 202.

Exceção de pré-executividade. Utilização. "A exceção de pré-executividade é servil à suscitação de questões que devam ser conhecidas de ofício pelo juiz, como as atinentes à liquidez do título executivo, os pressupostos processuais e as condições da ação executiva. O espectro das matérias suscitáveis através da exceção tem sido ampliado por força da exegese jurisprudencial mais recente, admitindo-se a arguição de **prescrição e decadência**, desde que não demande dilação probatória (exceção *secundum eventus probationis*)" (STJ, AgRg no Ag1.060.318/SC, Rel. Min. Luiz Fux, 1ª Turma, jul. 02.12.2008, *DJe* 17.12.2008).

Obrigações recíprocas. Descumprimento pelo exequente. "A alegada ausência de contraprestação do exequente – consistente no pagamento de indenização determinada no processo de conhecimento – possui a virtualidade de atingir a própria exigibilidade do título, matéria absolutamente passível de ser alegada em sede de embargos à execução (art. 741, inciso II) [art. 535, III, do CPC/2015] ou de impugnação ao cumprimento de sentença (art. 475-L, inciso II) [art. 525, III, do CPC/2015], no momento da execução de sentença constitutiva de obrigação bilateral" (STJ, REsp 826.781/RS, Rel. Min. Luis Felipe Salomão, 4ª Turma, jul. 22.02.2011, *DJe* 25.02.2011).

5. Excesso de execução (inciso IV). "É aplicável à Fazenda Pública a disposição geral que prevê, nos embargos do devedor fundados em excesso de execução, caber ao executado indicar o valor correto da dívida, acompanhado da memória de cálculos, sob pena de rejeição liminar dos embargos" (STJ, REsp 1.099.897/RS, Rel. Min. Herman Benjamin, 2ª Turma, jul. 24.03.2009, *DJe* 20.04.2009). **No mesmo sentido:** STJ, REsp 1.115.217/RS, Rel. Min. Luiz Fux, 1ª Turma, jul. 02.02.2010, *DJe* 19.02.2010.

"É possível alegar, nos embargos do devedor, excesso de execução com base na interpretação da sentença exequenda, sem que isso signifique revolver as questões já decididas no processo de conhecimento. Precedentes: REsp 818.614/MA, Rel. Min. Nancy Andrighi, 3ª Turma, *DJ* de 20.11.2006; AgRg no REsp 1.015.470/SC, Rel. Min. Felix Fischer, 5ª Turma, *DJe* de 04.08.2008; REsp 918.213/SE, Rel. Min. José Delgado, 1ª Turma, *DJ* de 13.09.2007" (STJ, AgRg nos EREsp 505.944/RS, Rel. Min. Francisco Falcão, CE, jul. 18.03.2009, *DJe* 02.04.2009).

Honorários. "Consoante a jurisprudência dominante no STJ, em se tratando de embargos à execução, a base de cálculo da verba honorária é o valor afastado com a procedência do pedido, ou seja, o montante correspondente ao excesso de execução" (STJ, AgRg no Ag 1.108.553/RS, Rel. Min. Herman Benjamin, 2ª Turma, jul. 28.04.2009, *DJe* 25.05.2009).

Excesso de execução e excesso de penhora. Ver, na jurisprudência do art. 917, a nota sobre o REsp 531.307/RS (Ac. de 05.12.2006, 2ª Turma do STJ, *DJe* 07.02.2007), na qual as figuras *supra* são diferenciadas, inclusive quanto à forma da respectiva arguição em juízo.

6. Incompetência absoluta do juízo (inciso V). "A nulidade por incompetência absoluta do juízo e ausência de citação da executada no feito que originou o título executivo são matérias que podem e devem ser conhecidas mesmo que de ofício, a qualquer tempo ou grau de jurisdição, pelo que, perfeitamente cabível, sejam aduzidas, como, *in casu*, o foram, por meio de simples petição, o que configura a cognominada 'exceção de pré-executividade'" (STJ, REsp 667.002/DF, Rel. Min. Luiz Fux, 1ª Turma, jul. 12.12.2006, *DJ* 26.03.2007, p. 206).

7. (Inciso VI).

Transação. "Nos termos do art. 794, inciso II, do Código de Processo Civil [art. 924, III, do CPC/2015], extingue-se a execução quando o devedor obtém, por transação ou por qualquer outro meio, a remissão total da dívida. Todavia, a teor do que dispõe o art. 741, inciso VI [art. 535, VI, do CPC/2015], do Estatuto Processual, a transação só obstará a execução se tiver sido celebrada após a prolação da sentença" (STJ, AgRg no REsp 869.343/RS, Rel. Min. Laurita Vaz, 5ª Turma, jul. 12.02.2008, *DJ* 03.03.2008, p. 1).

"A eventual existência de vícios maculando a transação judicial deve ser discutida em ação própria, pois as matérias suscetíveis de exame em embargos à execução de título judicial são somente aquelas elencadas no art. 741 do Código de Processo Civil" [art. 535 do CPC/2015] (STJ, REsp 778.344/RS, Rel. Min. Fernando Gonçalves, 4ª Turma, jul. 18.11.2008, *DJe* 20.04.2009).

Pagamento. "A jurisprudência desta Corte é firme no sentido de que, em embargos à execução de título judicial, somente se admite a alegação de pagamento posterior à sentença exequenda (CPC, art. 741)" [art. 535 do CPC/2015] (STJ, AgRg no REsp 849.434/PR, Rel. Min. Sidnei Beneti, 3ª Turma, jul. 17.06.2010, *DJe* 30.06.2010).

Prescrição. "O prazo prescricional para a cobrança de crédito de natureza administrativa é de cinco anos, nos termos do Decreto nº 20.910/32, em obediência ao princípio da igualdade" (STJ, REsp 781.601/DF, Rel. originária Min. Maria Thereza de Assis Moura, Rel. para ac. Min. Nilson Naves, 6ª Turma, jul. 24.11.2009).

"O prazo prescricional da pretensão executória é de cinco anos, contados do trânsito em julgado da sentença proferida na ação de conhecimento (Súmula 150/STF).' Precedentes: AgRg no Ag 1.208.060/RS, Rel. Min. Maria Thereza de Assis Moura, Sexta Turma, j. 14.02.2012, *DJe* 27.02.2012; AgRg no REsp 1.163.494/RS, Rel. Min. Sebastião Reis Júnior, Sexta Turma, j. 1º.12.2011, *DJe* 19.12.2011" (STJ, AgRg no AgRg no REsp 1.165.488/RS, Rel. Min. Og Fernandes, 6ª Turma, jul. 03.05.2012, *DJe* 30.05.2012).

"Ainda que se trate de execução, e não tenha sido alegada nos respectivos embargos, a prescrição pode ser invocada na apelação. Recurso especial conhecido e provido" (STJ, REsp 219.581/GO, Rel. Min. Ari Pargendler, 3ª Turma, jul. 06.05.2002, *DJ* 05.08.2002, p. 326).

"Nos termos do art. 741, VI, do CPC [art. 535, VI, do CPC/2015], com redação dada pela Lei n. 11.232, de 2005, só é possível a discussão quanto à prescrição, em sede de embargos à execução contra a Fazenda Pública, **quando essa for superveniente à sentença**, sob pena de ofensa à coisa julgada. Precedentes" (STJ, AgRg no REsp 973.098/SC, Rel. Min. Mauro Campbell Marques, 2ª Turma, jul. 20.11.2008, *DJe* 16.12.2008).

"A ausência de manifestação, no título judicial exequendo, sobre a prescrição, inviabiliza sua análise na fase executiva, sob pena de ofensa à coisa julgada, nos termos do art. 741, VI, do CPC [art. 535, VI, do CPC/2015]. Precedentes desta Corte" (STJ, AgRg no REsp 1.073.923/PR, Rel. Min. Jorge Mussi, 5ª Turma, jul. 18.11.2008, *DJe* 02.02.2009).

"Nos termos dos arts. 265, I, e 791, II, do CPC [art. 313, I, 921, I, do CPC/2015], a **morte de uma das partes importa na suspensão do processo**, razão pela qual, na ausência de previsão legal impondo prazo para a habilitação dos respectivos sucessores, **não há falar em prescrição intercorrente**" (STJ, AgRg no AREsp 286.713/CE, Rel. Min. Mauro Campbell Marques, 2ª Turma, jul. 21.03.2013, *DJe* 01.04.2013).

Abatimento do indébito. "Eventual abatimento do indébito mediante declaração anual de ajuste constitui causa superveniente modificativa da obrigação objeto da sentença condenatória (de restituir valores indevidamente retidos na fonte). Tal matéria se comporta no âmbito dos embargos à execução" (STJ, REsp 836.719/DF, Rel. Min. Teori Albino Zavascki, 1ª Turma, jul. 20.06.2006, *DJ* 30.06.2006).

Execuções típicas do CPC. "Neste panorama, deve restar reconhecido que a ressalva contida na regra do artigo 741, VI, do CPC [art. 535, VI, do CPC/2015], sobre a inviabilidade de se suscitar causa impeditiva, modificativa ou extintiva da obrigação ocorrida antes da sentença, destina-se a execuções típicas do CPC, não se aplicando à peculiar execução da sentença proferida em ação coletiva" (STJ, REsp 1.071.787/RS, Rel. Min. Francisco Falcão, 1ª Turma, jul. 24.03.2009, *DJe* 10.08.2009).

Ato decisório da liquidação. "Não obstante o art. 741, VI, do CPC [art. 535, VI, do CPC/2015], dispor que causas impeditivas, modificativas ou extintivas do direito do direito do autor possam ser alegadas em sede de embargos à execução, quando supervenientes à sentença, a exegese do dispositivo não desconsidera o ato decisório da liquidação que, complementando a condenação, é passível de objeção em embargos, máxime com a eliminação da liquidação por cálculo (precedente: REsp 155.037 – RJ, Relator Ministro Ruy Rosado de Aguiar, 4ª Turma, *DJ* 19 de fevereiro de 1998)" (STJ, REsp 797.771/SC, Rel. Min. Luiz Fux, 1ª Turma, jul. 21.03.2006, *DJ* 03.04.2006, p. 283).

Violação de coisa julgada. "Esta Corte sedimentou o entendimento no sentido de que só não viola a coisa julgada, em sede de embargos à execução, o debate sobre questão não decidida no processo de conhecimento, conforme o disposto no art. 741, VI, do CPC [art. 525, VI, do CPC/2015]. Precedentes: AgRg no AREsp 41.065/MA, Rel. Min. Humberto Martins, Segunda Turma, *DJe* 04.11.2011; AgRg no Ag 514.828/SP, Rel. Min. Ricardo Villas Bôas Cueva, Terceira Turma, *DJe* 22.8.2011; AgRg no REsp 1.171.371/DF, Rel. Min. Laurita Vaz, Quinta Turma, *DJe* 16.8.2011; AgRg no AREsp 47398/MA, Rel. Min. Humberto Martins, Segunda Turma, *DJe* 23.11.2011" (STJ, AgRg no AREsp 27.440/MA, Rel. Min. Benedito Gonçalves, 1ª Turma, jul. 10.04.2012, *DJe* 13.04.2012).

8. Cumprimento de sentença contra a Fazenda Pública. Alegação de excesso. Ausência de planilha de cálculos. Concessão de prazo. Possibilidade (§ 2º). "Em regra, a ausência de indicação do valor que a Fazenda Pública entende como devido na impugnação enseja o não conhecimento da arguição de excesso, por existência de previsão legal específica nesse sentido (art. 535, § 2º, do CPC). No entanto, tal previsão legal não afasta o poder-dever de o magistrado averiguar a exatidão dos cálculos à luz do título judicial que lastreia o cumprimento de sentença, quando verificar a possibilidade de existência de excesso de execução. Precedentes. (...) Nesse sentido, se é cabível a remessa dos autos à contadoria do juízo para a verificação dos cálculos, é razoável a concessão de prazo para apresentação da respectiva planilha pela Fazenda Pública, documento que pode inclusive vir a facilitar o trabalho daquele órgão auxiliar em eventual necessidade de manifestação. Precedente (REsp 1726382/MT, Rel. Ministro Herman Benjamin, Segunda Turma, julgado em 17/04/2018, *DJe* 24/05/2018)" (STJ, REsp 1.887.589/GO, Rel. Min. Og Fernandes, 2ª Turma, jul. 06.04.2021, *DJe* 14.04.2021).

9. Execução de sentença contra a Fazenda Pública. Demora ou dificuldade no fornecimento de fichas financeiras (§ 3º). "Tese firmada: 'A partir da vigência da Lei n. 10.444/2002, que incluiu o § 1º ao art. 604, dispositivo que foi sucedido, conforme Lei n. 11.232/2005, pelo art. 475-B, §§ 1º e 2º, todos do CPC/1973 [art. 524, §§ 3º e 5º, do CPC/2015], não é mais imprescindível, para acertamento de cálculos, a juntada de documentos pela parte executada ou por terceiros, reputando-se correta a conta apresentada pelo exequente, quando a requisição judicial de tais documentos deixar de ser atendida, injustificadamente, depois de transcorrido o prazo legal. Assim, sob a égide do diploma legal citado, incide o lapso prescricional, pelo prazo respectivo da demanda de conhecimento (Súmula 150/STF), sem interrupção ou suspensão, não se podendo invocar qualquer demora na diligência para obtenção de fichas financeiras ou outros documentos perante a administração ou junto a terceiros'. 7. Recurso especial a que se nega provimento" (STJ, REsp 1.336.026/PE, Rel. Min. Og Fernandes, 1ª Seção, jul. 28.06.2017, *DJe* 30.06.2017). **Obs.: Decisão submetida ao julgamento dos recursos repetitivos.**

"O recorrente defende a inviabilidade de uma execução contra a Fazenda quando o credor não diligencia, previamente, por informações necessárias para a formulação do cálculo do valor devido. Contudo, o Tribunal de origem observa o entendimento do STJ firmado no julgamento do REsp n. 1.336.026/PE, submetido ao rito dos recursos especiais repetitivos, no qual não há necessidade de uma fase prévia à execução contra a Fazenda para acertamento do valor devida após a vigência da Lei n. 10.444/2002" (STJ, AgInt no AREsp 1.165.051/SP, Rel. Min. Mauro Campbell Marques, 2ª Turma, jul. 13.03.2018, *DJe* 19.03.2018). No mesmo sentido: STJ, AgInt no REsp 1.749.737/RS, Rel. Min. Francisco Falcão, 2ª Turma, jul. 06.12.2018, *DJe* 12.12.2018).

10. Coisa julgada inconstitucional (§ 5º). "São constitucionais as disposições normativas do parágrafo único do art. 741 do CPC, do § 1º do art. 475-L, ambos do CPC/73, **bem como os correspondentes dispositivos do CPC/15, o art. 525, § 1º, III e §§ 12 e 14, o art. 535, § 5º.** Os dispositivos questionados buscam harmonizar a garantia da coisa julgada com o primado da Constituição, agregando ao sistema processual brasileiro, um mecanismo com eficácia rescisória de sentenças revestidas de vício de inconstitucionalidade qualificado. São consideradas decisões com vícios de inconstitucionalidade qualificados: (a) a sentença exequenda fundada em norma reconhecidamente inconstitucional, seja por aplicar norma inconstitucional, seja por aplicar norma em situação ou com sentido inconstitucionais; (b) a sentença exequenda que tenha deixado de aplicar norma reconhecidamente constitucional. Para o reconhecimento do vício de inconstitucionalidade qualificado exige-se que o julgamento do STF, que declara a norma constitucional ou inconstitucional, tenha sido realizado em data anterior ao trânsito em julgado da sentença exequenda" (STF, RE 611503, Rel. p/ Acórdão: Min. Edson Fachin, Tribunal Pleno, jul. 20.08.2018, *DJe* 19.03.2019). **No mesmo sentido:** STJ, REsp 970.848/RS, Rel. Min. Napoleão Nunes Maia Filho, 5ª Turma, jul. 29.05.2008, *DJe* 25.08.2008.

Inexigibilidade do título executivo transitado em julgado. Extensão do entendimento do STJ aos casos com trânsito em julgado anteriores. "Fixação das teses, as quais demandam análise conjunta: '1) é possível aplicar o artigo 741, parágrafo único, do CPC/73, atual art. 535, § 5º, do CPC/2015, aos feitos submetidos ao procedimento sumaríssimo, desde que o trânsito em julgado da fase de conhecimento seja posterior a 27.8.2001; 2) é admissível a invocação como fundamento da inexigibilidade de ser o título judicial fundado em aplicação ou interpretação tida como incompatível com a Constituição quando houver pronunciamento jurisdicional, contrário ao decidido pelo Plenário do Supremo Tribunal Federal, seja no controle difuso, seja no controle concentrado de constitucionalidade; 3) o art. 59 da Lei 9.099/1995 não impede a desconstituição da coisa julgada quando o título executivo judicial se amparar em contrariedade à interpretação ou sentido da norma conferida pela Suprema Corte, anterior ou posterior ao trânsito em julgado, admitindo, respectivamente, o manejo (i) de impugnação ao cumprimento de sentença ou (ii) de simples petição, a ser apresentada em prazo equivalente ao da ação rescisória'. 7. Provimento, em parte, do recurso extraordinário" (STF, RE 586.068, Rel. p/ Acórdão Min. Gilmar Mendes, Tribunal Pleno, jul. 09.11.2023, *DJe* 31.01.2024).

Aplicabilidade às sentenças transitadas em julgado posteriormente à sua vigência. "Se à época da promoção dos embargos de devedor já havia decisão da Suprema Corte extirpando a norma ou a sua interpretação do ordenamento jurídico é possível a relativização da coisa julgada, ante o caráter processual do art. 741, parágrafo único, do CPC [art. 535, § 5º, do CPC/2015] e à máxima efetividade das decisões emanadas da Corte Constitucional" (STJ, REsp 1.049.702/RS, Rel. Min. Eliana Calmon, 2ª Turma, jul. 17.03.2009, *DJe* 27.05.2009).

"O art. 741, parágrafo único, do CPC [art. 535, § 5º, do CPC/2015], atribuiu aos embargos à execução eficácia rescisória de sentenças inconstitucionais. Por tratar-se de norma que excepciona o princípio da imutabilidade da coisa julgada, deve ser interpretada restritivamente, abarcando, tão somente, as sentenças fundadas em norma inconstitucional, assim consideradas as que: (a) aplicaram norma declarada inconstitucional; (b) aplicaram norma em situação tida por inconstitucional; ou (c) aplicaram norma com um sentido tido por inconstitucional. Em qualquer desses três casos, é necessário que a inconstitucionalidade tenha sido declarada em precedente do STF, em controle concentrado ou difuso e independentemente de resolução do Senado, mediante: (a) declaração de inconstitucionalidade com ou sem redução de texto; ou (b) interpretação conforme a Constituição. Por consequência, não estão abrangidas pelo art. 741, parágrafo único, do CPC [art. 535, § 5º, do CPC/2015] as demais hipóteses de sentenças inconstitucionais, ainda que tenham decidido em sentido diverso da orientação firmada no STF, tais como as que: (a) deixaram de aplicar norma declarada constitucional, ainda que em controle concentrado; (b) aplicaram dispositivo da Constituição que o STF considerou sem autoaplicabilidade; (c) deixaram de aplicar dispositivo da Constituição que o STF considerou autoaplicável; e (d) aplicaram preceito normativo que o STF considerou revogado ou não recepcionado. Também estão fora do alcance do parágrafo único do art. 741 do CPC [art. 535, § 5º, do CPC/2015] as sentenças cujo trânsito em julgado tenha ocorrido em data anterior à vigência do dispositivo" (STJ, REsp 1.189.619/PE, Rel. Min. Castro Meira, 1ª Seção, jul. 25.08.2010, *DJe* 02.09.2010). **No mesmo sentido:** STJ, AgRg no REsp 1.342.550, Rel. Min. Humberto Martins, 2ª Turma, *DJ* 25.10.2012.

Inexigibilidade do título executivo judicial. Inaplicabilidade às sentenças transitadas em julgado antes de sua vigência. "O parágrafo único do art. 741 do CPC [art. 535, § 5º, do CPC/2015], acrescentado pela MP 2.180-35/2001, aplica-se às sentenças que tenham transitado em julgado em data posterior a 24/8/2001, não estando sob seu alcance aquelas cuja preclusão máxima tenha ocorrido anteriormente, ainda que eivadas de inconstitucionalidade. A sentença de mérito, coberta por coisa julgada material, não pode ser descumprida, sob pena de violação da segurança jurídica, ainda que aquele ato judicial se fundamente em legislação posteriormente declarada inconstitucional pelo Supremo Tribunal Federal, tanto na forma concentrada como na via difusa. Precedente do STF" (STJ, EREsp 1.050.129/SP, Rel. Min. Nancy Andrighi, Corte Especial, jul. 12.05.2011, *DJe* 07.06.2011).

Inconstitucionalidade declarada pelo STF. "O fato de o STF ter decidido, em situação concreta, inexistir direito adquirido aos percentuais dos Planos Bresser, Collor I e II, não conduz ao entendimento de que o art. 741, parágrafo único do CPC [art. 535, § 5º, do CPC/2015] tem o condão de desconstituir os títulos judiciais que reconheceram como devidos os referidos índices de correção monetária. Essa hipótese não se amolda àquela prevista pela norma em questão, visto não se fundar a decisão exequenda em lei ou ato normativo declarados inconstitucionais pelo STF, tampouco emprestar a eles interpretação incompatível com a Carta Magna. Trata-se de norma de caráter excepcional, pelo que se deve restringir a sua incidência, apenas, às hipóteses expressamente nela previstas" (STJ, REsp 730.395/SC, Rel. Min. José Delgado, 1ª Turma, jul. 12.04.2005, *DJ* 30.05.2005, p. 260).

STF. Controle difuso. "Não podem ser desconsideradas as decisões do Plenário do STF que reconhecem constitucionalidade ou a inconstitucionalidade de diploma normativo. Mesmo quando tomadas em controle difuso, são decisões de incontestável e natural vocação expansiva, com eficácia imediatamente vinculante para os demais tribunais, inclusive o STJ (CPC, art. 481, § único [art. 949, parágrafo único, do CPC/2015]: 'Os órgãos fracionários dos tribunais não submeterão ao plenário, ou ao órgão especial, a arguição de inconstitucionalidade, quando já houver pronunciamento destes ou do plenário do Supremo Tribunal Federal sobre a questão'), e, no caso das decisões que reconhecem a inconstitucionalidade de lei ou ato normativo, com força de inibir a execução de sentenças judiciais contrárias, que se tornam inexigíveis (CPC, art. 741, § único; art. 475-L, § 1º, redação da Lei 11.232/05)" [arts. 535, § 5º, e 525, § 12, do CPC/2015] (STJ, REsp 819.850/RS, Rel. Min. Teori Albino Zavascki, 1ª Turma, jul. 01.06.2006, *DJ* 19.06.2006, p. 125).

11. Legitimidade do título executivo. "Cabe ao Juiz no processo de execução examinar a legitimidade do título executivo, sendo nula a execução acaso o título em que ela se ampara estiver afetado pela ilegalidade que lhe deu origem" (STJ, AgRg no REsp 867.856/SC, Rel. Min. Sidnei Beneti, 3ª Turma, jul. 17.06.2010, *DJe* 30.06.2010).

12. Vícios e defeitos do processo de conhecimento. "Os vícios e defeitos inerentes à substância da relação processual, no processo cognitivo, não são passíveis de reconhecimento de ofício, tampouco viabilizam a desconstituição do contido no título executivo, a não ser pela via incidental dos embargos do devedor, sede propícia à dilação probatória pertinente" (STJ, REsp 915.503/PR, Rel. Min. Hélio Quaglia Barbosa, 4ª Turma, jul. 23.10.2007, *DJ* 26.11.2007, p. 207).

13. Execução e embargos. Ações distintas. "Distintas são as ações de execução e de embargos do devedor ainda que esta seja incidental do processo originado na primeira. Por essa razão, impossível é a declaração de inépcia da inicial da execução, de ofício, no julgamento da apelação interposta da decisão singular que julgou improcedentes os embargos, vistos não ter a questão sido suscitada na ação de oposição" (STJ, REsp 1.194/GO, Rel. Min. Claudio Santos, 3ª Turma, jul. 23.08.1991, *DJ* 23.09.1991, p. 13.080).

14. Cessão de crédito de precatório.

Precatório alimentar. Cessão de crédito não altera a sua natureza. "O Supremo Tribunal Federal, após reconhecer a existência de repercussão geral da matéria atinente à 'transmudação da natureza de precatório alimentar em normal em virtude de cessão do direito nele estampado' (Tema nº 361/STF), decidiu que a cessão de crédito não implica a alteração da sua natureza" (STJ, REsp 1570452/RJ, Rel. Min. Ricardo Villas Bôas Cueva, 3ª Turma, jul. 22.09.2020, *DJe* 28.09.2020).

Escritura pública. Desnecessidade. "Conforme jurisprudência desta Corte, 'a forma do negócio jurídico é o modo pelo qual a vontade é exteriorizada. No ordenamento jurídico pátrio, vigora o princípio da liberdade de forma (art. 107 do CC/02). Isto é, salvo quando a lei requerer expressamente forma especial, a declaração de vontade pode operar de forma expressa, tácita ou mesmo pelo silêncio (art. 111 do CC/02)', sendo certo, ademais, que 'a exigência legal de forma especial é questão atinente ao plano da validade do negócio (art. 166, IV, do CC/02)' (REsp 1.881.149/DF, Rel. Ministra Nancy Andrighi, Terceira Turma, *DJe* 10/6/2021). A obrigatoriedade de que a cessão de créditos se dê por escritura pública representa uma exceção à regra geral estabelecida no art. 107 do Código Civil. Inteligência dos arts. 288 e 654, § 1º, do mesmo diploma substantivo. (...) A tese repetitiva firmada no REsp 1.102.473/RS (Rel. Ministra Maria Thereza de Assis Moura, Corte Especial, *DJe* 27/8/2012), mesmo porque não era esse o seu objeto de atenção, não estabeleceu compreensão de que a cessão de crédito constante de precatório deva se operar apenas por escritura pública" (STJ, RMS 67.005/DF, Rel. Min. Sérgio Kukina, 1ª Turma, jul. 16.11.2021, *DJe* 19.11.2021).

15. Requisição de pequeno valor (RPV).

Cancelamento do art. 2º da Lei nº 13.463/2017. Pretensão de novo RPV. Imprescritibilidade. "A previsão contida no art. 3º da Lei 13.463/2017 é expressa ao determinar que, havendo o cancelamento do precatório ou RPV, poderá ser expedido novo ofício requisitório, a requerimento do credor, não havendo, por opção do legislador, prazo prescricional para que o credor faça a respectiva solicitação. Esse dispositivo legal deixa à mostra que não se trata de extinção de direito do credor do precatório ou RPV, mas sim de uma postergação para recebimento futuro, quando tiverem decorridos dois anos da liberação, sem que o credor levante os valores correspondentes. De acordo com o sistema jurídico brasileiro, nenhum direito perece sem que haja previsão expressa do fenômeno apto a produzir esse resultado. Portanto, não é lícito estabelecer-se, sem lei escrita, ou seja, arbitrariamente, uma causa inopinada de prescrição. Por outro lado, o retorno dos valores do precatório ou RPV, havendo seu cancelamento depois de um biênio, tem todo o aspecto de um empréstimo ao Ente Público pagador, tanto que o credor poderá requerer novo requisitório, sem limite de tempo e sem quantificação do número de vezes. Com efeito, por ausência de previsão legal quanto ao prazo para que o credor solicite a reexpedição do precatório ou RPV, não há que se falar em prescrição, sobretudo por se tratar do exercício de um direito potestativo, o qual não estaria sujeito à prescrição, podendo ser exercido a qualquer tempo. Precedentes: REsp 1.827.462/PE, Rel. Min. Herman Benjamin, *DJe* 11.10.2019; AgRg no REsp 1.100.377/RS, Rel. Min. Marco Aurélio Bellizze, *DJe* 18.3.2013" (STJ, REsp 1.856.498/PE, Rel. Min. Napoleão Nunes Maia Filho, 1ª Turma, jul. 06.10.2020, *DJe* 13.10.2020).

Cancelamento. Reexpedição. Prescrição. Ver jurisprudência do art. 534 do CPC/2015.

Cumprimento espontâneo pela Fazenda. Execução invertida. "É firme o entendimento desta Corte Superior admitindo o cumprimento espontâneo da obrigação de pequeno valor pela Fazenda Pública. Trata-se da denominada execução invertida, na qual o Ente Público, após o trânsito em julgado da sentença condenatória, apresenta os cálculos devidos e postula a expedição da Requisição de Pequeno Valor. Tal medida não afronta o art. 535 do CPC/2015. Primeiro porque o direito de ação se submete ao requisito do interesse processual, naturalmente ausente no caso em que a Fazenda procura adimplir sua obrigação. Demais disso, a execução invertida não resulta em qualquer prejuízo para o credor; pelo contrário, a obtenção do bem da vida, a quantia em dinheiro, ocorrerá de forma mais célere. Julgados: AgInt nos EDcl no REsp 1.539.158/RS, Rel. Min. Napoleão Nunes Maia Filho, *DJe* 28.2.2019; AgRg no AREsp 605.340/RS, Rel. Min. Olindo Menezes, *DJe* 9.12.2015; REsp 1.524.662/MG, Rel. Min. Mauro Campbell Marques, *DJe* 30.6.2015" (STJ, AgInt no REsp 1.742.650/RS, Rel. Min. Napoleão Nunes Maia Filho, 1ª Turma, jul. 08.06.2020, *DJe* 17.06.2020).

Fixação de limites pelas unidades federadas. Possibilidade. "Tese fixada em repercussão geral: I – As unidades federadas podem fixar os limites das respectivas requisições de pequeno valor em patamares inferiores aos previstos no artigo 87 do ADCT, desde que o façam em consonância com sua capacidade econômica; II – A aferição da capacidade econômica, para este fim, deve refletir não somente a receita, mas igualmente os graus de endividamento e de litigiosidade do ente federado; III – A ausência de demonstração concreta da desproporcionalidade na fixação do teto das requisições de pequeno valor impõe a deferência do Poder Judiciário ao juízo político-administrativo externado pela legislação local" (STF, RE 1.359.139/RG, Rel. Min. Luiz Fux, Pleno, jul. 01.09.2022, *DJe* 08.09.2022).

Ausência de impugnação da Fazenda. Honorários advocatícios sucumbenciais. Descabimento. Modulação. "Tese repetitiva: Propõe-se o estabelecimento da seguinte tese: 'Na ausência de impugnação à pretensão executória, não são devidos honorários advocatícios sucumbenciais em cumprimento de sentença contra a Fazenda Pública, ainda que o crédito esteja submetido a pagamento por meio de Requisição de Pequeno Valor - RPV.' Modulação dos efeitos: Os pressupostos para a modulação estão presentes, uma vez que a jurisprudência desta Corte havia se firmado no sentido de que, nas hipóteses em que o pagamento da obrigação é feito mediante Requisição de Pequeno Valor, seria cabível a fixação de honorários advocatícios nos cumprimentos de sentença contra o Estado, ainda que não impugnados. Por isso, a tese repetitiva deve ser aplicada apenas nos cumprimentos de sentença iniciados após a publicação deste acórdão" (STJ, REsp 2.029.636/SP, Rel. Min. Herman Benjamin, 1ª Seção, jul. 20.06.2024, *DJe* 01.07.2024). Obs.: Decisão submetida a julgamento de recursos repetitivos.

16. Depósitos judiciais. "A Constituição de 1988 não determina a obrigatoriedade do depósito em banco público dos valores referidos nos arts. 840, inciso I, e 535, § 3º, inciso II, do CPC/2015, os quais não correspondem a 'disponibilidades de caixa' (art. 164, § 3º, da CF/88). Os depósitos judiciais não são recursos públicos, não estão à disposição do Estado, sendo recursos pertencentes aos jurisdicionados. Precedentes: ADI nº 6.660, Rel. Min. Rosa Weber, *DJe* de 29/6/22; ADI nº 5409, Rel. Min. Edson Fachin, Tribunal Pleno, *DJe* de 12/2/20. A obrigatoriedade de depósitos judiciais e de pagamento de obrigações de pequeno valor em bancos públicos cerceia a autonomia dos entes federados e configura ofensa aos princípios da eficiência administrativa, da livre concorrência e da livre-iniciativa. Proposta de interpretação conforme à Constituição de 1988 com base nos parâmetros fixados pelo Conselho Nacional de Justiça no enfrentamento da matéria. (...) Pedido julgado parcialmente procedente para: (...) declarar a inconstitucionalidade da expressão 'de banco oficial' constante do art. 535, § 3º, inciso II, do CPC/2015 e conferir interpretação conforme à Constituição ao dispositivo para que se entenda que a 'agência' nele referida pode ser de instituição financeira pública ou privada" (STF, ADIs 5.737 e 5.492, Rel. p/ acórdão Min. Roberto Barroso, Pleno, jul. 25.04.2023, *DJe* 27.06.2023).

17. Concessão de mandado de segurança. Restituição de valores devidos. Necessidade de precatório. "Pagamento indevido. Concessão de mandado de segurança. Restituição de valores devidos. Necessidade de precatório. Art. 100 da Constituição da República. Precedentes" (STF, RE 1.388.631-AgR/SP, Rel. Min. Cármen Lúcia, 1ª Turma, jul. 22.08.2022, *DJe* 23.08.2022).

"Todo pagamento devido pela Fazenda Pública em razão de decisão judicial deve observar o regime de precatório ou de requisição de pequeno valor, conforme o valor da condenação, nos termos do art. 100 da Constituição Federal" (STF, RE 1.405.737-AgR/SC, Rel. Min. Ricardo Lewandowski, jul. 24.10.2022, *DJe* 16.12.2022).

18. Execução iniciada antes do prazo para cumprimento espontâneo da Fazenda. Honorários. Inadmissibilidade. "Não é cabível a fixação de honorários advocatícios em execução contra a Fazenda Pública não embargada, quando a parte dá início ao processo executivo antes de possibilitar o cumprimento espontâneo da obrigação pela Fazenda Pública. Precedentes" (STJ, AgInt no AREsp 1.143.706/SP, Rel. Min. Gurgel de Faria, 1ª Turma, jul. 31.08.2020, *DJe* 17.09.2020).

19. Ação coletiva. Execução sem individualização de valores por filiado. Nulidade. "Tratando-se de execução decorrente de ação coletiva, a falta de individualização dos créditos importa em nulidade da execução, para evitar duplicidade no pagamento da indenização, haja vista que as empresas filiadas não encontram vedação para ajuizar ações individuais sobre o mesmo crédito, sendo curial que várias das empresas já ajuizaram ações em relação aos mesmos valores aqui questionados" (STJ, REsp 766.134/DF, Rel. Min. Francisco Falcão, 1ª Turma, jul. 15.05.2008, *DJe* 27.08.2008).

20. Efeito suspensivo. "A Lei nº 11.382/2006, ao revogar o § 1º do art. 739 do Código de Processo Civil , eliminou a automática concessão de efeito suspensivo à execução pela oposição dos embargos à execução. De acordo com a nova disciplina estabelecida pela novel legislação, que introduziu o art. 739-A no Diploma Processual [art. 919 do CPC/2015], a concessão de efeito suspensivo aos embargos do devedor dependerá de provimento judicial, a requerimento do embargante, quando demonstrado que o prosseguimento da execução possa acarretar ao executado dano de difícil ou incerta reparação" (STJ, AgRg nos EmbExeMS 6.864/DF, Rel. Min. Laurita Vaz, 3ª Seção, jul. 13.10.2010, *DJe* 05.11.2010).

21. Verba de natureza alimentar. Caracterização. "O art. 100, § 1º, da Constituição Federal não encerra um rol taxativo das verbas consideradas de natureza alimentar, mas, ao invés, tão somente exemplificativo, de sorte que a definição da natureza jurídica de determinada verba deverá ser buscada a partir da possibilidade de sua subsunção a uma das categorias elencadas no referido dispositivo constitucional. Nesse sentido: RE n. 470.407, relator Ministro Marco Aurélio, Primeira Turma, DJe de 13/10/2006. 'Uma verba tem natureza alimentar quando destinada à subsistência do credor e de sua família' (REsp n. 1.815.055/SP, relatora Ministra Nancy Andrighi, Corte Especial, *DJe* de 26/8/2020). Caso concreto em que a hipótese não versa a respeito de salários, vencimentos, proventos, pensões e suas complementações ou benefícios previdenciários, pois o precatório em tela refere-se a crédito oriundo de indenização devida pelo Estado da Bahia, em virtude da demora na concessão da aposentadoria do impetrante, ora primeiro recorrente. O § 1º do art. 100 da Constituição da República não faz remissão a qualquer tipo de indenização fundada em responsabilidade civil, mas especificamente às indenizações por morte ou invalidez, o que, a toda evidência, não é o caso dos autos. A indenização devida pelo Estado da Bahia não tem por escopo assegurar a subsistência do primeiro recorrente ou de sua família – como é o caso de seus proventos de aposentadoria –, mas única e exclusivamente reparar prejuízos a ele causados em decorrência de ato ilícito praticado pela Administração, situação que também evidencia a natureza comum do crédito em análise" (STJ, RMS 72.481/BA, Rel. Min. Sérgio Kukina, 1ª Turma, jul. 05.12.2023, *DJe* 15.12.2023).

☆ CUMPRIMENTO DE QUANTIA DA FAZENDA PÚBLICA: INDICAÇÃO DOUTRINÁRIA

Cassio Scarpinella Bueno, In: José Roberto F. Gouvêa; Luis Guilherme A. Bondioli e João Francisco N. da Fonseca (coord.), *Comentários ao Código de Processo Civil*, São Paulo: Saraiva, 2018, v. 10; Cassio Scarpinella Bueno, *Manual de direito processual civil*, São Paulo: Saraiva, 2015; Cláudia Aparecida Cimardi, In: Teresa Arruda Alvim Wambier, Fredie Didier Jr., Eduardo Talamini, Bruno Dantas, *Breves comentários ao novo Código de Processo Civil*, São Paulo: Revista dos Tribunais, 2015; Daniel Amorim Assumpção Neves, *Manual de direito processo civil*, São Paulo: Método, 2015; Fredie Didier Jr., *Curso de direito processual civil*, 17. ed., Salvador: JusPodivm, 2015, v. I; Guilherme Rizzo Amaral, *Comentários às alterações do novo CPC*, São Paulo: Revista dos Tribunais, 2015; Humberto Theodoro Júnior, *Curso de direito processual civil*, 61. ed., Rio de Janeiro: Forense, 2020, v. I; Humberto Theodoro Júnior, Fernanda Alvim Ribeiro de Oliveira, Ester Camila Gomes Norato Rezende (coord.), *Primeiras lições sobre o novo direito processual civil brasileiro*, Rio de Janeiro: Forense, 2015; Humberto Theodoro Júnior, Sentença inconstitucional: nulidade, inexistência, rescindibilidade, *RDDP* 63/36; J. E. Carreira Alvim, *Comentários ao novo Código de Processo Civil*, Curitiba: Juruá, 2015; José Miguel Garcia Medina, *Novo Código de Processo Civil comentado*, São Paulo: Revista dos Tribunais, 2015; José Rogério Cruz e Tucci, In: Sérgio Cruz Arenhart e Daniel Mitidiero (coord.), *Comentários ao Código de Processo Civil*, 2. ed., São Paulo: RT, 2018, v. 8; Leonardo Greco, *Instituições de processo civil: introdução ao direito processual civil*, 5ª ed., Rio de Janeiro: Forense, 2015; Luis Antônio Giampaulo Sarro, *Novo Código de Processo Civil*, São Paulo: Rideel, 2015; Luiz Guilherme Marinoni, Sérgio Cruz Arenhart, Daniel Mitidiero, *Curso de processo civil*, São Paulo: Revista dos Tribunais, 2015, v. I; Nelson Nery Junior, Rosa Maria de Andrade Nery, *Comentários ao Código de Processo Civil*, São Paulo: Revista dos Tribunais, 2015; Teresa Arruda Alvim Wambier, Fredie Didier Jr., Eduardo Talamini, Bruno Dantas (coord.), *Breves comentários ao novo Código de Processo Civil*, São Paulo: Revista dos Tribunais, 2015; Teresa Arruda Alvim Wambier, Maria Lúcia Lins Conceição, Leonardo Ferres da Silva Ribeiro, Rogério Licastro Torres de Melo, *Primeiros comentários ao novo Código de Processo Civil*, São Paulo: Revista dos Tribunais, 2015; Waldir Alves, Inexigibilidade de título judicial fundado em lei ou ato normativo declarado inconstitucional ou interpretado pelo STF como incompatível com a Constituição, *RT* 916/409.

Capítulo VI
DO CUMPRIMENTO DE SENTENÇA QUE RECONHEÇA A EXIGIBILIDADE DE OBRIGAÇÃO DE FAZER, DE NÃO FAZER OU DE ENTREGAR COISA

Seção I
Do Cumprimento de Sentença que Reconheça a Exigibilidade de Obrigação de Fazer ou de Não Fazer

Art. 536. No cumprimento de sentença que reconheça a exigibilidade de obrigação de fazer ou de não fazer, o juiz poderá, de ofício ou a requerimento, para a efetivação da tutela específica ou a obtenção de tutela pelo resultado prático equivalente, determinar as medidas necessárias à satisfação do exequente.

§ 1º Para atender ao disposto no *caput*, o juiz poderá determinar, entre outras medidas, a imposição de multa, a busca e apreensão, a remoção de pessoas e coisas, o desfazimento de obras e o impedimento de atividade nociva, podendo, caso necessário, requisitar o auxílio de força policial.

§ 2º O mandado de busca e apreensão de pessoas e coisas será cumprido por 2 (dois) oficiais de justiça, observando-se o disposto no art. 846, §§ 1º a 4º, se houver necessidade de arrombamento.

§ 3º O executado incidirá nas penas de litigância de má-fé quando injustificadamente descumprir a ordem judicial, sem prejuízo de sua responsabilização por crime de desobediência.

§ 4º No cumprimento de sentença que reconheça a exigibilidade de obrigação de fazer ou de não fazer, aplica-se o art. 525, no que couber.

§ 5º O disposto neste artigo aplica-se, no que couber, ao cumprimento de sentença que reconheça deveres de fazer e de não fazer de natureza não obrigacional.

REFERÊNCIA LEGISLATIVA

CPC/2015, arts. 520, § 5º (execução provisória de obrigação de fazer, de não fazer e de dar coisa), 814 (execução das obrigações de fazer e não fazer).

BREVES COMENTÁRIOS

Já no Código de 1973, o art. 644, com a redação que lhe deu a Lei nº 10.444/2002, separou os procedimentos a que se devem submeter os títulos judiciais e os extrajudiciais, em tema de obrigações de fazer e não fazer. A legislação atual manteve essa sistemática (CPC/2015, arts. 536 e 814), de forma que (i) as sentenças judiciais serão cumpridas, em princípio, de acordo com os arts. 536 e ss.; ao passo que (ii) os títulos extrajudiciais sujeitam-se à ação executiva disciplinada pelos arts. 814 a 823.

O cumprimento de sentença relativa às obrigações de fazer e não fazer pressupõe que o comando a ser cumprido sempre tenha concedido a tutela específica à parte ou determinado as providências que assegurem o resultado prático equivalente, por força do art. 497 do CPC/2015. Trata-se, pois, de procedimento destinado a implementar as medidas necessárias à satisfação do exequente, quando não cumpridas espontaneamente pelo devedor da obrigação de fazer ou não fazer certificada no título executivo judicial (art. 536). Além de determinar de que maneira prática a prestação devida será cumprida, a sentença ordenará as chamadas medidas de apoio necessárias.

JURISPRUDÊNCIA SELECIONADA

1. Bloqueio de verbas públicas. Possibilidade. "Admite-se o bloqueio de contas da Fazenda Pública desde que o bem da vida deduzido na lide justifique o implemento desta medida. *In casu*, o bloqueio foi determinado, a fim de se garantir a efetivação da tutela jurisdicional concedida à agravada, consistente na entrega de medicamento, decisão esta não cumprida pela Fazenda Pública. Dicção do art. 536 do atual CPC (art. 461, § 5º, do CPC/73). Precedentes do STJ" (TJSP, AI 2115306-27.2016.8.26.0000, Rel. Des. Nogueira Diefenthaler, 5ª Câmara de Direito Público, jul. 27.11.2016, *DJESP* 09.02.2017). **No mesmo sentido:** STJ, REsp 874.630/RS, Rel. Min. Humberto Martins, 2ª Turma, jul. 21.09.2006, *DJ* 02.10.2006, p. 262.

2. Obrigação de fazer em face da Fazenda Pública. Precatórios. Inaplicabilidade. Ver jurisprudência do art. 910 do CPC/2015.

3. Ação de obrigação de fazer. Fazenda Pública. *Astreintes*. Possibilidade. Ver jurisprudência do art. 537 do CPC/2015.

4. Cumprimento de sentença relativa à prestação de fazer. Controle judicial de políticas públicas. "O STJ tem decidido que, ante a demora do Poder competente, o Poder Judiciário poderá determinar, em caráter excepcional, a implementação de políticas públicas de interesse social – principalmente nos casos em que visem resguardar a supremacia da dignidade humana sem que isso configure invasão da discricionariedade ou afronta à reserva do possível. O controle jurisdicional de políticas públicas se legitima sempre que a "inescusável omissão estatal" na sua efetivação **atinja direitos essenciais inclusos no conceito de mínimo existencial**. O Pretório Excelso consolidou o posicionamento de ser lícito ao Poder Judiciário 'determinar que a Administração Pública adote medidas assecuratórias de direitos constitucionalmente reconhecidos como essenciais, sem que isso configure violação do princípio da separação dos Poderes' (AI 739.151 AgR, Rel. Min. Rosa Weber, *DJe* 11.06.2014, e AI 708.667 AgR, Rel. Min. Dias Toffoli, *DJe* 10.04.2012)." (STJ, AgInt no REsp 1304269/MG, Rel. Min. Og Fernandes, 2ª Turma, jul. 17.10.2017, *DJe* 20.10.2017).

5. Intimação do executado. Ausência. Cumprimento de sentença. Obrigação de fazer. Pronunciamento judicial apto a causar prejuízo. "A Corte Especial consignou que a irrecorribilidade de um pronunciamento judicial advém, não só da circunstância de se tratar, formalmente, de despacho, mas também do fato de que seu conteúdo não é apto a causar gravame às partes. Hipótese em que se verifica que o comando dirigido à recorrente é apto a lhe causar prejuízo, em face da inobservância da necessidade de intimação pessoal da devedora para a incidência de multa pelo descumprimento de obrigação de fazer" (REsp 1758800/MG, Rel. Min. Nancy Andrighi, 3ª Turma, jul. 18.02.2020, *DJe* 21.02.2020).

6. *Astreintes*. Telefonia. Cumprimento de sentença. "No caso dos autos, o agravante permitiu o transcurso de quatro anos entre o suposto descumprimento da ordem judicial e a notícia nos autos desse fato. Ausência de boa-fé da pretensa parte credora da multa. Inexistência de prova do alegado descumprimento da obrigação de fazer. É dever da parte credora dar ciência ao juiz que a medida não está sendo cumprida pelo devedor da obrigação" (TJRS, Ag. 70084471721, Rel. Des. Maria Thereza Barvieri, 15ª Câmara Cível, jul. 02.12.2020, *Revista Síntese de Direito Civil e Processo Civil*, n. 130, p. 198-199).

7. Cumprimento de sentença. Obrigações de fazer. Natureza do prazo. Aplicação do art. 219, do CPC. "O Superior Tribunal de Justiça, ao examinar a natureza do prazo fixado para o cumprimento das obrigações de pagar quantia certa, concluiu que 'a intimação para o cumprimento de sentença, independentemente de quem seja o destinatário, tem como finalidade a prática de um ato processual, pois, além de estar previsto na própria legislação processual (CPC), também traz consequências para o processo, caso não seja adimplido o débito no prazo legal, tais como a incidência de multa, fixação de honorários advocatícios, possibilidade de penhora de bens e valores, início do prazo para impugnação ao cumprimento de sentença, dentre outras. E, sendo um ato processual, o respectivo prazo, por decorrência lógica, terá a mesma natureza jurídica, o que faz incidir a norma do art. 219 do CPC/2015, que determina a contagem em dias úteis' (REsp 1.708.348/RJ, Rel. Ministro Marco Aurélio Bellizze, Terceira Turma, julgado em 25/6/2019, *DJe* 1º/8/2019). A mesma *ratio* contida no precedente indicado acima deve ser aplicada ao presente caso, que diz respeito ao momento a partir do qual se considera que houve o descumprimento das obrigações de fazer constantes do título judicial. Ainda que a prestação de fazer seja ato a ser praticado pela parte, não se pode desconsiderar a natureza processual do prazo judicial fixado para o cumprimento da sentença, o que atrai a incidência da regra contida no art. 219 do CPC" (STJ, REsp 1.778.885/DF, Rel. Min. Og Fernandes, 2ª Turma, jul. 15.06.2021, *DJe* 21.06.2021).

8. Multa por ato atentatório à dignidade da justiça e multa diária. Cumulação. Possibilidade. Ver jurisprudência do art. 77 do CPC/2015.

9. Intervenção do Poder Judiciário em políticas públicas. Possibilidade. "1. Recurso extraordinário, com repercussão geral, que discute os limites do Poder Judiciário para determinar obrigações de fazer ao Estado, consistentes na realização de concursos públicos, contratação de servidores e execução de obras que atendam o direito social da saúde. No caso concreto, busca-se a condenação do Município à realização de concurso público para provimento de cargos em hospital específico, além da correção de irregularidades apontadas em relatório do Conselho Regional de Medicina. 2. O acórdão recorrido determinou ao Município: (i) o suprimento do déficit de pessoal, especificamente por meio da realização de concurso público de provas e títulos para provimento dos cargos de médico e funcionários técnicos, com a nomeação e posse dos profissionais aprovados no certame; e (ii) a correção dos procedimentos e o saneamento das irregularidades expostas no relatório do Conselho Regional de Medicina, com a fixação de prazo e multa pelo descumprimento. 3. A saúde é um bem jurídico constitucionalmente tutelado, por cuja integridade deve zelar o Poder Público, a quem incumbe formular – e implementar – políticas sociais e econômicas que visem a garantir, aos cidadãos, o acesso universal e igualitário às ações e serviços para sua promoção, proteção e recuperação. 4. A intervenção casuística do Poder Judiciário, definindo a forma de contratação de pessoal e da gestão dos serviços de saúde, coloca em risco a própria continuidade das políticas públicas de saúde, já que desorganiza a atividade administrativa e compromete a alocação racional dos escassos recursos públicos. Necessidade de se estabelecer parâmetros para que a atuação judicial seja pautada por critérios de razoabilidade e eficiência, respeitado o espaço de discricionariedade do administrador. 5. Parcial provimento do recurso extraordinário, para anular o acórdão recorrido e determinar o retorno dos autos à origem, para novo exame da matéria, de acordo com as circunstâncias fáticas atuais do Hospital Municipal Salgado Filho e com os parâmetros aqui fixados. 6. Fixação das seguintes teses de julgamento: '1. A intervenção do Poder Judiciário em políticas públicas voltadas à realização de direitos fundamentais, em caso de ausência ou deficiência grave do serviço, não viola o princípio da separação dos poderes. 2. A decisão judicial, como regra, em lugar de determinar medidas pontuais, deve apontar as finalidades a serem alcançadas e determinar à Administração Pública que apresente um plano e/ou os meios adequados para alcançar o resultado; 3. No caso de serviços de saúde, o déficit de profissionais pode ser suprido por concurso público ou, por exemplo, pelo remanejamento de recursos humanos e pela contratação de organizações sociais (OS) e organizações da sociedade civil de interesse público (OSCIP)'" (STF, RE 684612, Rel. Min. p/ acórdão Min. Roberto Barroso, Tribunal Pleno, jul. 03.07.2023, *DJe* 07.08.2023).

10. Conversão da obrigação de fazer em perdas e danos. Possibilidade. Ver jurisprudência do art. 499 do CPC/2015.

Art. 537. A multa independe de requerimento da parte e poderá ser aplicada na fase de conhecimento, em tutela provisória ou na sentença, ou na fase de execução, desde que seja suficiente e compatível com a obrigação e que se determine prazo razoável para cumprimento do preceito.

§ 1º O juiz poderá, de ofício ou a requerimento, modificar o valor ou a periodicidade da multa vincenda ou excluí-la, caso verifique que:

I – se tornou insuficiente ou excessiva;

II – o obrigado demonstrou cumprimento parcial superveniente da obrigação ou justa causa para o descumprimento.

§ 2º O valor da multa será devido ao exequente.

§ 3º A decisão que fixa a multa é passível de cumprimento provisório, devendo ser depositada em juízo, permitido o levantamento do valor após o trânsito em julgado da sentença favorável à parte. (Redação dada pela Lei nº 13.256, de 04.02.2016)

§ 4º A multa será devida desde o dia em que se configurar o descumprimento da decisão e incidirá enquanto não for cumprida a decisão que a tiver cominado.

§ 5º O disposto neste artigo aplica-se, no que couber, ao cumprimento de sentença que reconheça deveres de fazer e de não fazer de natureza não obrigacional.

REDAÇÃO PRIMITIVA DO CPC/2015

Art. 153 (...)

§ 3º Após elaboração de lista própria, respeitar-se-ão a ordem cronológica de recebimento entre os atos urgentes e as preferências legais.

CPC/1973

Art. 461, §§ 4º e 6º.

REFERÊNCIA LEGISLATIVA

CPC/2015, art. 814 (execução das obrigações de fazer e não fazer).

CJF – I JORNADA DE DIREITO PROCESSUAL CIVIL

Enunciado 96 – Os critérios referidos no *caput* do art. 537 do CPC devem ser observados no momento da fixação da multa, que não está limitada ao valor da obrigação principal e não pode ter sua exigibilidade postergada para depois do trânsito em julgado.

BREVES COMENTÁRIOS

Além da execução por terceiro, que é objeto próprio do processo de execução, o direito moderno criou a possibilidade de coagir o devedor das obrigações de fazer e não fazer a cumprir as prestações a seu cargo mediante a imposição de multas. Respeitada a intangibilidade corporal do devedor, criam-se, dessa forma, forças morais e econômicas de coação para convencer o inadimplente a realizar pessoalmente a prestação pactuada.

O Código prevê, expressamente, a utilização de multa diária para compelir o devedor a realizar a prestação de fazer ou não fazer. Essa multa será aquela prevista na sentença condenatória e, se omissa, a que for arbitrada durante o cumprimento da condenação (art. 536, § 1º). No caso de título executivo extrajudicial, a multa será fixada pelo juiz ao despachar a inicial da execução, oportunidade em que também definirá a data a partir da qual será devida (art. 814). Embora o usual seja o cálculo diário da multa, não está impedido o juiz de fixar ou alterar a periodicidade, com base em outros padrões temporários. Aliás, o CPC/2015, a propósito das obrigações de fazer ou não fazer, não mais fala em multa diária, mas em "multa fixada periodicamente para compelir o réu ao cumprimento específico da obrigação" (art. 500).

A autorização de execução provisória da multa é dada pelo § 3º, mas seu valor ficará retido em juízo, só podendo ser levantado pelo exequente após obtenção de sentença transitada em julgado em seu favor. O texto primitivo do referido parágrafo facultava tal levantamento, independentemente da *res iudicata*, quando o julgado em favor do exequente se encontrasse sujeito apenas a agravo contra inadmissão de recurso extraordinário ou especial (§ 3º, *in fine*). Essa regalia, todavia, foi suprimida pela Lei nº 13.256/2016, que deu nova redação ao aludido parágrafo.

JURISPRUDÊNCIA SELECIONADA

1. *Astreintes*:

a) Natureza jurídica.

Instrumento de coação. "A *astreinte* não tem natureza de punição, mas é medida legítima de coação, visando forçar a satisfação de prestação que deveria ser cumprida de forma espontânea pelo devedor. Uma vez cumprida a obrigação almejada no curso da demanda, não há razão para a imposição da aludida multa" (STJ, AgRg no Ag 436.086/MT, Rel. Paulo Furtado, 3ª Turma, jul. 26.05.2009, *DJe* 04.08.2009).

"As *astreintes* foram instituídas para convencer o devedor a cumprir a obrigação de fazer em tempo razoável (art. 461, §§ 2º e 4º, do CPC) [arts. 19 e 537 do CPC/2015]; quando ocorre incumprimento injustificado, com o devedor pouco ou nada importando com a possível incidência das *astreintes*, a sua exigibilidade passa a ser questão de honra para a efetividade do processo (art. 5º, XXXV, da CF)" (TJSP, AC 119.016-4/0, Rel. Des. Ênio Santarelli Zuliani, 3ª Câmara Direito Privado, jul. 29.05.2001). **No mesmo sentido:** STJ, REsp 663.774/PR, Rel. Min. Nancy Andrighi, 3ª Turma, jul. 26.10.2006, *DJ* 20.11.2006; STJ, REsp 780.567/PR, Rel. Min. Luiz Fux, 1ª Turma, jul. 15.05.2007, *DJ* 04.06.2007.

Natureza patrimonial. Função coercitiva e inibitória. Execução provisória das *astreintes* antes da sentença de mérito. Possibilidade. "À luz do novo Código de Processo Civil, não se aplica a tese firmada no julgamento do REsp 1200856/RS, porquanto o novo Diploma inovou na matéria, permitindo a execução provisória da multa cominatória mesmo antes da prolação de sentença de mérito. (...) A teor do § 3º do art. 537 do CPC/2015, é imperioso concluir que as *astreintes*, devidas desde o dia em que configurado o descumprimento da ordem judicial, podem ser objeto de execução provisória antes da confirmação da tutela provisória por sentença de mérito" (STJ, REsp 1.958.679/GO, Rel. Min. Nancy Andrighi, 3ª Turma, jul. 23.11.2021, *DJe* 25.11.2021).

Caráter híbrido material/processual. "A multa pecuniária, arbitrada judicialmente para forçar o réu ao cumprimento de medida liminar antecipatória (arts. 273 e 461, §§ 3º e 4º, CPC) [arts. 300 e 497 do CPC/2015] detém caráter híbrido, englobando aspectos de direito material e processual, pertencendo o valor decorrente de sua incidência ao titular do bem da vida postulado em juízo. **Sua exigibilidade, por isso, encontra-se vinculada ao reconhecimento da existência do direito material vindicado na demanda.** Nesse sentido: REsp 1.006.473/PR, Rel. Ministro Luis Felipe Salomão, Rel. p/ Acórdão Ministro Marco Buzzi, Quarta Turma, julgado em 08.05.2012, *DJe* 19.06.2012)" (STJ, REsp 1.347.726/RS, Rel. Min. Marco Buzzi, 4ª Turma, jul. 27.11.2012, *DJe* 04.02.2013).

b) Caráter de precariedade. "A multa cominatória prevista no art. 461, do CPC [art. 497 do CPC/2015], carrega consigo o caráter de precariedade, de forma que, mesmo após o trânsito em julgado da sentença que confirmou a antecipação, não se reveste o valor da multa do caráter de definitividade, liquidez e certeza, pressupostos para a execução segundo o rito do art. 475-J do CPC [art. 523 do CPC/2015]" (STJ, REsp 1.239.714/RJ, Rel. p/ Acórdão Min. Maria Isabel Gallotti, 4ª Turma, jul. 16.08.2011, *DJe* 17.02.2012).

c) Faculdade do juiz. "O art. 461, § 4º, do CPC [art. 537 do CPC/2015], ao prever que o magistrado poderá cominar a multa pelo não cumprimento de obrigação de fazer ou não fazer, dispõe sobre uma faculdade do juiz, que poderá ou não a impor" (STJ, AgRg no Ag 1.179.745/SP, Rel. Min. Luis Felipe Salomão, 4ª Turma, jul. 09.11.2010, *DJe* 12.11.2010). **No mesmo sentido:** STJ, REsp 585.460/RS, Rel. Min. José Arnaldo da Fonseca, 5ª Turma, jul. 14.10.2003, *DJ* 17.11.2003.

2. Critérios de fixação

"O arbitramento da multa coercitiva e a definição de sua exigibilidade, bem como eventuais alterações do seu valor e/ou periodicidade, exige do magistrado, sempre dependendo das circunstâncias do caso concreto, **ter como norte alguns parâmetros**: (i) valor da obrigação e importância do bem jurídico tutelado; (ii) tempo para cumprimento (prazo razoável e periodicidade); (iii) capacidade econômica e de resistência do devedor; () possibilidade de adoção de outros meios pelo magistrado e dever do credor de mitigar o próprio prejuízo (*duty to mitigate the loss*) (AgInt no AgRg no AREsp 738.682/RJ, Rel. p/ Acórdão Ministro Luis Felipe Salomão, Quarta Turma, julgado em 17/11/2016, *DJe* 14/12/2016). **Não fixado prazo para o cumprimento da obrigação de fazer, não cabe a incidência da multa cominatória uma vez que ausente o seu requisito intrínseco temporal**" (STJ, AgInt no REsp 1361544/RS, Rel. Min. Luis Felipe Salomão, 4ª Turma, jul. 03.10.2017, *DJe* 05.10.2017). **No mesmo sentido:** STJ, AgInt no AREsp 1163837/DF, Rel. Min. Francisco Falcão, 2ª Turma, jul. 04.09.2018, *DJe* 11.09.2018).

"(...) Ao contrário do Código de 39, a lei vigente não estabelece limitação para o valor da multa cominada na sentença que tem o objetivo de induzir ao cumprimento da obrigação e não o de ressarcir. Nem se justifica tolerância com o devedor recalcitrante que, podendo fazê-lo, se abstém de cumprir a sentença" (STJ, REsp 141.559/RJ, Rel. Min. Eduardo Ribeiro, 3ª Turma, jul. 17.03.1998, *DJ* 17.08.1998, p. 68).

"A multa pelo descumprimento de decisão judicial não pode ensejar o enriquecimento sem causa da parte a quem favorece" (STJ, REsp 793.491/RN, Rel. Min. Cesar Asfor Rocha, 4ª Turma, jul. 26.09.2006, *DJ* 06.11.2006, p. 337).

"O julgamento *ultra petita* não se verifica quando o juízo fixa a multa diária cominatória (*astreinte*) em valor superior ao postulado pela parte na petição inicial, máxime porquanto poderia fixá-la até mesmo *ex officio*, independente de requerimento, consoante expressamente previsto no Código de Ritos (precedentes: REsp 781.400 – RS, decisão monocrática desta relatoria, *DJ* de 16 de maio de 2006; REsp 149.297 – RS, Relator Ministro Fernando Gonçalves, 4ª Turma, *DJ* de 1º de fevereiro de 2006; REsp 507.966 – RS, Relator José Arnaldo da Fonseca, 5ª Turma, *DJ* de 08 de março de 2004)" (STJ, REsp 780.567/PR, Rel. Min. Luiz Fux, 1ª Turma, jul. 15.05.2007, *DJ* 04.06.2007, p. 309).

3. Suspensão da *astreinte*. "Não obstante inexistir previsão expressa, o magistrado pode sobrestar ou suspender a pena imposta, ainda que sem requerimento da parte. Inteligência do art. 461 do CPC [art. 497 do CPC/2015]. Nessas circunstâncias, não há que se falar em julgamento *ultra petita*" (STJ, REsp 776.922/SP, Rel. Min. Eliana Calmon, 2ª Turma, jul. 27.03.2007, *DJ* 13.04.2007, p. 364).

4. Intimação pessoal. Necessidade. Súmula 410 do STJ. "É necessária a prévia intimação pessoal do devedor para a cobrança de multa pelo descumprimento de obrigação de fazer ou não fazer antes e após a edição das Leis nº 11.232/2005 e nº 11.382/2006, nos termos da Súmula 410 do STJ, cujo teor permanece hígido também após a entrada em vigor do novo Código de Processo Civil. Embargos de divergência não providos" (STJ, EREsp 1.360.577/MG, Rel. Min. Humberto Martins, Rel. p/ Acórdão Min. Luis Felipe Salomão, Corte Especial, jul. 19.12.2018, *DJe* 07.03.2019). **No mesmo sentido:** STJ, AgInt no AREsp 1450922/SP, Rel. Min. Marco Buzzi, 4ª Turma, jul. 24.06.2019, *DJe* 01.07.2019; STJ, AgInt no AREsp 706.334/DF, Rel. Min. Maria Isabel Gallotti, 4ª Turma, jul. 21.09.2020, *DJe* 24.09.2020.

Em sentido contrário: "Segundo entendimento do STJ, após a vigência da Lei n. 11.232/2005, é desnecessária a intimação pessoal do executado para cumprimento da obrigação de fazer imposta em sentença, para fins de aplicação das *astreintes*. Cabe ao Superior Tribunal de Justiça examinar a insurgência à luz do ordenamento jurídico e impor a aplicação de sua jurisprudência, ainda quando advém alteração de entendimento entre o período que intermedeia a interposição do reclamo e seu definitivo julgamento (STJ, AgInt no AREsp 62.961/RJ, Rel. Min. Gurgel de Faria, 1ª Turma, jul. 26.06.2018, *DJe* 08.08.2018).

"A intimação do devedor acerca da imposição da multa do art. 461, § 4º, do CPC [art. 537 do CPC/2015], para o caso de descumprimento de obrigação de fazer ou não fazer, **pode ser feita via advogado** porque: (i) guarda consonância com o espírito condutor das reformas que vêm sendo imprimidas ao CPC, em especial a busca por uma prestação jurisdicional mais célere e menos burocrática, bem como a antecipação da satisfação do direito reconhecido judicialmente; (ii) em que pese o fato de receberem tratamento legal diferenciado, não há distinção ontológica entre o ato de fazer ou de pagar, sendo certo que, para este último, consoante entendimento da Corte Especial no julgamento do REsp 940.274/MS, admite-se a intimação, via advogado, acerca da multa do art. 475-J, do CPC [art. 513 do CPC/2015]; (iii) eventual resistência ou impossibilidade do réu dar cumprimento específico à obrigação terá, como consequência final, a transformação da obrigação numa dívida pecuniária, sujeita, pois, à multa do art. 475-J do CPC que, como visto, pode ser comunicada ao devedor por intermédio de seu patrono; (iv) a exigência de intimação pessoal privilegia a execução inespecífica das obrigações, tratada como exceção pelo próprio art. 461 do CPC [art. 497 do CPC/2015]; (v) uniformiza os procedimentos, simplificando a ação e evitando o surgimento de verdadeiras 'arapucas' processuais que confundem e dificultam a atuação em juízo, transformando-a em terreno incerto. (...) Em suma, o cômputo das *astreintes* terá início após: (i) a intimação do devedor, por intermédio do seu patrono, acerca do resultado final da ação ou acerca da execução provisória; e (ii) o decurso do prazo fixado para o cumprimento voluntário da obrigação" (STJ, EAg 857.758/RS, Rel. Min. Nancy Andrighi, 2ª Seção, jul. 23.02.2011, *DJe* 25.08.2011). **No mesmo sentido:** STJ, AgRg no AREsp 405.565/RJ, Rel. Min. Herman Benjamin, 2ª Turma, jul. 03.12.2013, *DJe* 28.02.2014.

5. Termo inicial de incidência. "É entendimento desta Corte Superior que o termo inicial das *astreintes* fixadas para o cumprimento de obrigação de fazer é a data em que a parte devedora, após intimada da decisão que fixou a multa cominatória, deixa de observar o comando judicial respectivo" (STJ, AgInt no REsp 1.678.767/RS, Rel. Min. Raul Araújo, 4ª Turma, jul. 30.11.2020, *DJe* 18.12.2020). **No mesmo sentido:** STJ, AgRg no REsp 1.213.061/RS, Rel. Min. Gilson Dipp, 5ª Turma, jul. 17.02.2011, *DJe* 09.03.2011; STJ, REsp 903.226/SC, Rel. Min. Laurita Vaz, 5ª Turma, jul. 18.11.2010, *DJe* 06.12.2010.

"Se omisso o título executivo, a multa diária somente pode ser cobrada a partir do inadimplemento do devedor, ou seja, a partir da citação no processo executivo. Precedentes: REsp 141.782/MG, 4ª Turma, Rel. Min. Barros Monteiro, *DJ* de 2.5.2005; REsp 110.344/RJ, 3ª Turma, Rel. p/ acórdão Waldemar Zveiter, *DJ* de 14.8.2000; REsp 123.645/BA, 4ª Turma, Rel. Min. Sálvio de Figueiredo Teixeira, *DJ* de 18.12.1998" (STJ, REsp 756.525/DF, Rel. Min. Denise Arruda, 1ª Turma, jul. 04.09.2007, *DJ* 11.10.2007, p. 294).

6. Duração da multa. "A imposição de multa diária pelo descumprimento de obrigação de fazer deve levar em consideração as condições de que dispõe a parte para sua efetivação, entre as quais a razoabilidade de prazo em função de fatores outros que possam influenciar no cumprimento ao que lhe foi exigido" (TRF 4ª Região, AI 1998.04.01.066347-5/RS, Rel. Juiz Edgard A. Lippmann Júnior, 4ª Turma, *DJ* 09.05.2001).

"O 'prazo razoável' de que cuida o § 4º do art. 461 do CPC [art. 537, *caput*, do CPC/2015] não se refere às obrigações de se abster na prática de determinado ato" (STJ, REsp 521.184/SP, Rel. Min. Humberto Gomes de Barros, 3ª Turma, jul. 24.08.2004, *DJ* 06.12.2004).

Termo de quitação. Obrigação cumprida a destempo. Multa cominatória devida. "A quitação é mera declaração emitida pelo credor que torna certo o cumprimento da obrigação pelo devedor, consistindo em meio robusto de prova do adimplemento. O cumprimento tardio da obrigação, após o transcurso do prazo judicialmente assinalado, sujeita o devedor à incidência de multa cominatória" (STJ, REsp 1.183.774/SP, Rel. Min. Nancy Andrighi, 3ª Turma, jul. 18.06.2013, *DJe* 27.06.2013).

7. Descumprimento de obrigação de fazer. Não incidência de juros moratórios legais. "A controvérsia reside em definir se sobre a multa prevista no § 4º do art. 461 do CPC [art. 537 do CPC/2015] incidem juros de mora legais e correção monetária e, em caso positivo, o termo inicial para sua exigibilidade. O poder de intimidação refletido no valor arbitrado pelo Juiz a título de multa diária, nos termos do § 4º do art. 461 do CPC, deve ser preservado ao longo do tempo – e, portanto, corrigido – a fim de que corresponda, desde então, à expectativa de ser o suficiente para a obtenção da tutela específica. Assim, a partir de sua fixação, o contexto apresentado para o devedor tem de revelar, sempre, que lhe é mais interessante cumprir a obrigação principal que pagar a multa. O termo inicial de incidência da correção monetária sobre a multa do § 4º do art. 461 do CPC deve ser a data do respectivo arbitramento, como ocorre nas hipóteses de dano moral (Súm. 362/STJ). Não incidem juros de mora sobre a multa imposta pelo descumprimento de obrigação de fazer, sob pena de configurar *bis in idem*" (STJ, REsp 1.327.199/RJ, Rel. Min. Nancy Andrighi, 3ª Turma, jul. 22.04.2014, *DJe* 02.05.2014). **No mesmo sentido:** STJ, REsp 1.699.443/PB, Rel. Min. Regina Helena Costa, 1ª Turma, jul. 08.02.2018, *DJe* 22.02.2018.

8. Hipóteses de cabimento das *astreintes*:

a) Contra o Poder Público.

Fornecimento de medicamento. "A particularidade de impor obrigação de fazer ou de não fazer à Fazenda Pública não ostenta a propriedade de mitigar, em caso de descumprimento, a sanção de pagar multa diária, conforme prescreve o § 5º do art. 461 do CPC/1973. E, em se tratando do direito à saúde, com maior razão deve ser aplicado, em desfavor do ente público devedor, o preceito cominatório, sob pena de ser subvertida garantia fundamental. Em outras palavras, é o direito-meio que assegura o bem maior: a vida. Precedentes: AgRg no AREsp 283.130/MS, Relator Ministro Napoleão Nunes Maia Filho, Primeira Turma, *DJe* 8/4/2014; REsp 1.062.564/RS, Relator Ministro Castro Meira, Segunda Turma, *DJ* de 23/10/2008; REsp 1.062.564/RS, Relator Ministro Castro Meira, Segunda Turma, *DJ* de 3/10/2008; REsp 1.063.902/SC, Relator Ministro Francisco Falcão, Primeira Turma, *DJ* de 1/9/2008; e AgRg no REsp 963.416/RS, Relatora Ministra Denise Arruda, Primeira Turma, *DJ* de 11/6/2008" (STJ, REsp 1.474.665/RS, Rel. Min. Benedito Gonçalves, 1ª Seção, jul. 26.04.2017, *DJe* 22.06.2017).

Necessidade de realização de obras de drenagem pluvial. "Admissível a cominação de multa diária como meio coercitivo para obrigar a Administração Pública Municipal a adimplir obrigação de fazer, na forma dos arts. 536, § 1º, e 537 do CPC. Manutenção do valor da multa cominatória diária, porquanto compatível com os princípios da proporcionalidade e da razoabilidade" (TJRS, Ap 70078581949, Rel. Des. Miguel Ângelo da Silva, 22ª Câmara Cível, jul. 29.11.2018, *DJ* 10.12.2018).

Imposição contra o poder público. "Esta Corte já firmou a orientação de que é possível a imposição de multa diária contra o Poder Público quando esse descumprir obrigação a ele imposta por força de decisão judicial. Não há falar em ofensa ao princípio da separação dos poderes quando o Poder Judiciário desempenha regularmente a função jurisdicional" (STF, AI 732.188 AgR, Rel. Min. Dias Toffoli, 1ª Turma, jul. 12.06.2012, *DJe* 01.08.2012). **No mesmo sentido:** STJ, REsp 987.280/SP, Rel. Min. Luiz Fux, 1ª Turma, jul. 16.04.2009, *DJe* 20.05.2009; STJ, AgRg no REsp 976.446/RS, Rel. Min. Jorge Mussi, 5ª Turma, jul. 30.10.2008, *DJe* 02.02.2009; STJ, AgRg no REsp 1.176.638/RS, Rel. Min. Haroldo Rodrigues, 6ª Turma, jul. 17.08.2010, *DJe* 20.09.2010; STJ, AgRg no Ag 1.326.439/RJ, Rel. Min. Herman Benjamin, 2ª Turma, jul. 07.10.2010, *DJe* 02.02.2011.

Entidades de direito público. "Legitimidade jurídica da imposição, ao poder público, das 'astreintes'. Inexiste obstáculo jurídico-processual à utilização, contra entidades de direito público, da multa cominatória prevista no § 5º do art. 461 do CPC [§ 1º do art. 536 do CPC/2015]. A 'astreinte' – que se reveste de função coercitiva – tem por finalidade específica compelir, legitimamente, o devedor, mesmo que se cuide do Poder Público, a cumprir o preceito" (STF, RE 495.740 TA-referendo/DF, Rel. Min. Celso de Mello, 2ª Turma, jul. 02.06.2009, *DJ* 14.08.2009).

b) Direito de família.

Descumprimento do direito de visitas do genitor. Possibilidade. "O direito de visitação tem por finalidade manter o relacionamento da filha com o genitor não guardião, que também compõe o seu núcleo familiar, interrompido pela separação judicial ou por outro motivo, tratando-se de uma manifestação do direito fundamental de convivência familiar garantido pela Constituição Federal. (...) O direito de visitação deve ser entendido como uma obrigação de fazer da guardiã de facilitar, assegurar e garantir, a convivência da filha com o não guardião, de modo que ele possa se encontrar com ela, manter e fortalecer os laços afetivos, e, assim, atender suas necessidades imateriais, dando cumprimento ao preceito constitucional. (...) A aplicação das *astreintes* em hipótese de descumprimento do regime de visitas por parte do genitor, detentor da guarda da criança, se mostra um instrumento eficiente, e, também, menos drástico para o bom desenvolvimento da personalidade da criança, que merece proteção integral e sem limitações" (STJ, REsp 1.481.531/SP, Rel. Min. Moura Ribeiro, 3ª Turma, jul. 16.02.2017, *DJe* 07.03.2017).

c) Obrigações infungíveis. "É admissível a aplicação de multa no caso de inadimplemento de obrigação personalíssima, como a de prestação de serviços artísticos, não sendo suficiente a indenização pelo descumprimento do contrato, a qual visa a reparar as despesas que o contratante teve que efetuar com a contratação de um outro profissional" (STJ, EDcl no REsp 482.094/RJ, Rel. Min. Sidnei Beneti, 3ª Turma, jul. 26.05.2009, *DJe* 12.06.2009). **No mesmo sentido:** STJ, REsp 6.314/RJ, Rel. Min. Waldemar Zveiter, 3ª Turma, jul. 25.02.1991, *DJ* 25.03.1991.

d) Instituição financeira

Exclusão da inscrição em cadastro de inadimplentes. "É possível a imposição de multa diária para o caso de descumprimento de decisão judicial que determina a exclusão de inscrição nos serviços de proteção ao crédito" (STJ, AgRg no REsp 737.637/RS, Rel. Min. Vasco Della Giustina (Desembargador convocado do TJRS), 3ª Turma, jul. 18.02.2010, *DJe* 03.03.2010). **No mesmo sentido:** STJ, AgRg no Ag 658.626/SC, Rel. Min. Carlos Fernando Mathias, 4ª Turma, jul. 04.11.2008, *DJe* 17.11.2008.

Obrigação de não fazer. "A multa cominatória, prevista nos arts. 461 e 461-A do Código de Processo Civil [arts. 497 e 537 do CPC/2015], é reservada para as hipóteses de ações que tenham por objeto o cumprimento de obrigação de direito material de fazer, não fazer ou de entregar coisa certa e tem por finalidade garantir a eficácia dos provimentos judiciais. Na hipótese dos autos, a decisão judicial que fixou as *astreintes* fundou-se em obrigação de não fazer, **consubstanciada na determinação de o banco abster-se de efetuar novos descontos na conta bancária da parte ora agravada**. Consectariamente, uma vez efetuados os descontos, e para cada desconto efetuado, é plausível a aplicação da multa pecuniária, nos termos do art. 461, § 4º, do CPC" [art. 537 do CPC/2015] (STJ, AgRg no Ag 1.382.565/SP, Rel. Min. Ricardo Villas Bôas Cueva, 3ª Turma, jul. 07.03.2013, *DJe* 13.03.2013). **No mesmo sentido:** STJ, REsp 1.085.633/PR, Rel. Min. Massami Uyeda, 3ª Turma, jul. 09.11.2010, *DJe* 17.12.2010.

Dano moral. "Nas ações de indenização por dano moral decorrente de inscrição indevida nos cadastros de proteção ao crédito, é cabível multa para o descumprimento de liminar que determina a retirada, ou não inscrição, do devedor nos cadastros de inadimplentes. A cominação de multa diária insere-se no poder geral de cautela" (STJ, AgRg no Ag 761.329/RS, Rel. Min. Humberto Gomes de Barros, 3ª Turma, jul. 23.08.2007, *DJ* 10.09.2007, p. 228; *RT* 867/143). **No mesmo sentido:** TJRS, AI 70.004.361.838, Rel. Des. Marco Aurélio dos Santos Caminha, 5ª Câmara, jul. 08.08.2002.

e) Direito de vizinhança. "Estacionamento de automotores por vizinho a impor obstáculo quanto ao acesso à via pública. Passagem comum que deve ser livre a todos os moradores da vila. Imposição de multa diária na hipótese de descumprimento do julgado. Cabimento. Exegese do artigo 461, § 4º, do Código de Processo Civil [art. 537 do CPC/2015]" (2º TACivSP, Ap 603.736-00/2, Rel. Juiz Francisco Casconi, 4ª Câmara, *DOESP* 09.11.2001).

f) Medida antecipatória precedente. "Em certos casos, ainda que no regime anterior à alteração dos artigos 273 e 461 do Código de Processo Civil pela Lei nº 8.953/94 [arts. 300 e 497 do CPC/2015], é de ser reconhecida a possibilidade de as obrigações de fazer e não fazer serem reforçadas pela imposição de multa (*astreintes*) visando forçar o cumprimento da ordem. E o próprio artigo 798 [art. 297 do CPC/2015] outorga ao juiz o poder geral de cautela, de forma suficientemente ampla, a conferir-lhe a faculdade de impor esse tipo de sanção tendente à implementação e cumprimento de suas ordens" (STJ, REsp 159.643/SP, Rel. Min. Humberto Gomes de Barros, Rel. p/ Acórdão Min. Castro Filho, 3ª Turma, jul. 23.11.2005, *DJ* 27.11.2006).

g) Escritura de bem imóvel. "Demonstrada a mora da construtora, por não ter outorgado aos adquirentes a escritura definitiva de compra de imóvel e ter deixado de providenciar a liberação de hipoteca, correta a condenação imposta pelo juízo de primeiro grau, com cominação de multa para o caso de descumprimento da obrigação, conforme previsto no art. 461 e § 4º do Código de Processo Civil [art. 537 do CPC/2015]" (TJPR, Ap 0114729-1 (20349), Rel. Des. Dilmar Kessler, 4ª Câmara, *DJ* 13.05.2002).

h) Seguro-saúde. "A obrigação principal no seguro-saúde é de dar; todavia, dependendo, o internamento hospitalar e a cobertura de despesas médicas, de atos de responsabilidade da seguradora, há no contrato obrigações, acessórias, de fazer, que autorizam a cominação judicial de multa para o caso de descumprimento" (STJ, REsp 205.895/SP, Rel. Min. Ari Pargendler, 3ª Turma, jul. 27.06.2002, *DJ* 05.08.2002, p. 325). **No mesmo sentido:** STJ, REsp 1.186.851/MA, Rel. Min. Nancy Andrighi, 3ª Turma, jul. 27.08.2013, *DJe* 05.09.2013).

i) FGTS. "Decorrendo da sentença, não a obrigação de pagar quantia, mas sim a de efetuar crédito em conta vinculada do FGTS, o seu cumprimento se dá sob o regime do art. 461 do CPC [art. 497 do CPC/2015]. Não havendo dúvida sobre o montante a ser creditado e nem outra justificativa para o não atendimento da sentença, é cabível a aplicação de multa diária como meio coercitivo para o seu cumprimento" (STJ, REsp 869.106/RS, Rel. Min. Teori Albino Zavascki, 1ª Turma, jul. 14.11.2006, *DJ* 30.11.2006, p. 168).

"É cabível a fixação de multa pelo descumprimento de obrigação de fazer (*astreintes*), nos termos do art. 461, § 4º, do CPC [art. 537 do CPC/2015], no caso de atraso no fornecimento em juízo dos extratos de contas vinculadas ao FGTS" (STJ, REsp 1.112.862/GO, Rel. Min. Humberto Martins, 1ª Seção, jul. 13.04.2011, *DJe* 04.05.2011).

j) Imposição de multa diária fixada incidentalmente em processo de conhecimento. Possibilidade. Ver jurisprudência do art. 396 do CPC/2015.

9. Hipóteses de não cabimento das *astreintes*:

a) Quem não é executado.

"A extensão ao agente político de sanção coercitiva aplicada à Fazenda Pública, ainda que revestida do motivado escopo de dar efetivo cumprimento à ordem mandamental, está despida de juridicidade. As autoridades coatoras que atuaram no mandado de segurança como substitutos processuais não são parte na execução, a qual dirige-se à pessoa jurídica de direito público interno. A norma que prevê a adoção da multa como medida necessária à efetividade do título judicial restringe-se ao réu, como se observa do § 4º do art. 461 do Códex Instrumental [art. 537 do CPC/2015]" (STJ, REsp 747.371/DF, Rel. Min. Jorge Mussi, 5ª Turma, jul. 06.04.2010, *DJe* 26.04.2010).

b) Benefício acidentário. "É incabível a imposição de multa diária para a falta de implantação do benefício acidentário" (2º TACivSP, Ap. s/ Rev. 596.958-00/6, Rel. Juiz Paulo Hungria, 6ª Câmara, *DOESP* 20.04.2001).

c) Impossibilidade de cumprimento da obrigação. "Inexiste verossimilhança em pedido de tutela antecipada com imposição de elevada multa, quando se verifica, já à primeira vista, a razoabilidade da tese oposta quanto à impossibilidade de cumprimento da obrigação de fazer perseguida na ação, dado depender da vontade de terceiros" (STJ, REsp 1.057.369/RS, Rel. originário Min. Fernando Gonçalves, Rel. para acórdão Min. Aldir Passarinho Junior, 4ª Turma, jul. 23.06.2009).

d) Obrigações de pagar quantia. "A multa é meio executivo de coação, não aplicável a obrigações de pagar quantia, que atua sobre a vontade do demandado a fim de compeli-lo a satisfazer, ele próprio, a obrigação decorrente da decisão judicial" (STJ, EREsp 770.969/RS, Rel. Min. José Delgado, 1ª Seção, jul. 28.06.2006, *DJ* 21.08.2006). **No mesmo sentido:** STJ, AgRg nos EDcl no REsp 1.158.868/PE, Rel. Min. Raul Araújo, 4ª Turma, jul. 15.12.2011, *DJe* 09.05.2013.

e) Ação de prestação de contas. "Descabe imposição de multa cominatória na sentença que, em primeira fase, julga procedente o pedido de prestação de contas, porquanto a consequência jurídico-processual da não apresentação das contas pelo obrigado é a de 'não lhe ser lícito impugnar as que o autor apresentar' (art. 915, § 2º, CPC)" (STJ, REsp 1.092.592/PR, Rel. Min. Luis Felipe Salomão, 4ª Turma, jul. 24.04.2012, *DJe* 23.05.2012).

f) Crédito executado ilíquido. Não aplicação de multa e honorários. "O acórdão recorrido está em consonância com a jurisprudência desta Corte, ao registrar que, se o crédito executado demanda prévia apuração, não incide a sanção do art. 523 do CPC, pois a devedora ainda não foi intimada para solver o débito sobejante, apurado de forma definitiva. Além disso, em razão da inexistência de decurso do prazo para o cumprimento espontâneo da obrigação, não há que se falar em honorários na fase executiva" (STJ, AgInt no AREsp 1.552.801/DF, Rel. Min. Luis Felipe Salomão, 4ª Turma, jul. 25.05.2020, *DJe* 01.06.2020).

10. *Astreintes*. Execução provisória.

***Astreinte*. Apelação sem efeito suspensivo. Execução provisória.** "Ao decidir o REsp 1.200.856/RS (Rel. Ministro Sidnei Beneti, *DJe* 17/09/2014), em modo repetitivo, a Corte Especial do STJ assinalou a possibilidade da execução provisória de *astreintes* confirmadas em sentença seguida de apelação sem efeito suspensivo, nada dispondo, porém, quanto a eventual modulação dos efeitos desse julgamento. Sendo assim, não pode a agravante devedora, invocando o princípio da segurança jurídica, reivindicar a aplicação, no presente caso concreto, de efeito prospectivo *ex nunc* derivado daquele repetitivo. (...). A expectativa de eventual minoração da multa diária, por intermédio de recurso distinto manejado pela parte devedora, não inibe, só por si, a execução provisória de valores mais elevados pelo credor, ante o conteúdo garantidor da regra inscrita no art. 520, III, do CPC/15" (STJ, AgRg no REsp 1.471.500/BA, Rel. Min. Sérgio Kukina, 1ª Turma, jul. 26.06.2018, *DJe* 02.08.2018)

"A anterior jurisprudência do Superior Tribunal de Justiça (REsp 1200856/RS, Corte Especial, Relator Sidnei Beneti, *DJe* 17.9.2014, Tema n. 743/STJ) assentava que era inadmissível a execução provisória de multa cominatória (*astreintes*), fixada em tutela provisória, antes da confirmação desta em sentença de mérito. Tal precedente qualificado foi superado (*overruling*) com o advento do CPC/2015, que passou a admitir a imediata execução da multa cominatória, consagrando sua exigibilidade imediata. É dizer, não há mais respaldo legal para a exigência de confirmação em sentença de mérito para que haja a execução provisória da multa cominatória, conforme a redação do art. 537, § 3º, CPC/2015: '§ 3º A decisão que fixa a multa é passível de cumprimento provisório, devendo ser depositada em juízo, permitido o levantamento do valor após o trânsito em julgado da sentença favorável à parte'. Precedente citado: REsp 1958679/GO, Rel. Ministra Nancy Andrighi, Terceira Turma, julgado em 23/11/2021, *DJe* 25/11/2021. Vale ressaltar que a execução provisória será, todavia, incompleta, pois o levantamento do depósito correspondente somente ocorrerá após o trânsito em julgado favorável à parte beneficiada pela multa cominatória, o que foi atendido no presente caso" (STJ, AREsp. 2.079.649/MA, Rel. Min. Francisco Falcão, 2ª Turma, jul. 07.03.2023, *DJe* 10.03.2023.)

11. Valor da *astreinte*. Alteração.

a) Possibilidade.

Valor excessivo. Desproporcionalidade. Enriquecimento sem causa. Revisão a qualquer tempo. "Assim, sempre que o valor acumulado da multa devida à parte destinatária tornar-se irrisório ou exorbitante ou desnecessário, poderá o órgão julgador modificá-lo, até mesmo de ofício, adequando-o a patamar condizente com a finalidade da medida no caso concreto, ainda que sobre a quantia estabelecida já tenha havido explícita manifestação, mesmo que o feito esteja em fase de execução ou cumprimento de sentença" (STJ, EAREsp 650.536/RJ, Rel. Min. Raul Araújo, Corte Especial, jul. 07.04.2021, *DJe* 03.08.2021).

b) Momento da análise.

Razoabilidade. Análise no momento de sua fixação. "Consoante a orientação apregoada por esta e. Terceira Turma, o critério mais justo e eficaz para a aferição da proporcionalidade e da razoabilidade da multa cominatória **consiste em comparar o valor da multa diária, no momento de sua fixação, com a expressão econômica da prestação que deve ser cumprida pelo devedor**. Entendimento em sentido contrário, que admitisse a revisão da multa apenas levando em consideração o valor final alcançado pelas *astreintes*, poderia implicar em estímulo à recalcitrância do devedor, além de desprestígio à atividade jurisdicional das instâncias ordinárias. Assim, em se verificando que a multa diária foi estipulada em valor compatível com a prestação imposta pela decisão judicial, eventual obtenção de valor final expressivo, decorrente do decurso do tempo associado à inércia da parte em cumprir a determinação, não enseja a sua redução. (...)" (STJ, REsp 1.714.990/MG, Rel. Min. Nancy Andrighi, 3ª Turma, jul. 16.10.2018, *DJe* 18.10.2018).

"O valor justo da multa é aquele capaz de dobrar a parte renitente, sujeitando-a aos termos da lei. Justamente aí reside o grande mérito da multa diária: ela se acumula até que o devedor se convença da necessidade de obedecer a ordem judicial. A multa perdurou enquanto foi necessário; se o valor final é alto, ainda mais elevada era a resistência da recorrente a cumprir o devido. A análise sobre o excesso ou não da multa, portanto, não deve ser feita na perspectiva de quem, olhando para fatos já consolidados no tempo – agora que a prestação finalmente foi cumprida – procura razoabilidade quando, na raiz do problema, existe justamente um comportamento desarrazoado de uma das partes; ao contrário, a eventual revisão deve ser pensada de acordo com as condições enfrentadas no momento em que a multa incidia e com o grau de resistência do devedor" (STJ, REsp 1.022.033/RJ, Rel. Min. Nancy Andrighi, 3ª Turma, jul. 22.09.2009, *DJe* 18.11.2009).

c) Majoração.

"A multa cominatória tem por finalidade essencial o desincentivo à recalcitrância contumaz no cumprimento de decisões judiciais, de modo que seu valor deve ser dotado de força coercitiva real. A limitação da multa cominatória em patamar estático pode resultar em elemento determinante no cálculo de custo-benefício, no sentido de configurar o desinteresse no cumprimento das decisões, engessando a atividade jurisdicional e tolhendo a eficácia das decisões. **A multa diária mostrou-se insuficiente**, em face da concreta renitência quanto ao cumprimento voluntário da decisão judicial, impondo sua majoração excepcional por esta Corte Superior, com efeitos *ex nunc*, em observância ao princípio da não surpresa, dever lateral à boa-fé objetiva processual expressamente consagrado no novo CPC (art. 5º)" (STJ, REsp 1.582.981/RJ, Rel. Min. Marco Aurélio Bellizze, 3ª Turma, jul. 10.05.2016, *DJe* 19.05.2016)

Majoração contra a Fazenda Pública por descumprimento de obrigação de fazer. Possibilidade. "De acordo com a jurisprudência do STJ, a fixação da pena de multa para garantir o cumprimento da decisão judicial é ato discricionário do julgador, que deve observar os critérios de razoabilidade e proporcionalidade, bem como atender às finalidades preventiva e repressiva da pena, podendo majorá-la, reduzi-la, ou mesmo supri-la" (STJ, REsp 1.811.098/SP, Rel. Min. Herman Benjamin, 2ª Turma, jul. 25.06.2019, *DJe* 01.08.2019).

d) Redução.

Redução de ofício do valor da multa. Impossibilidade. "Dizer que determinada questão pode ser conhecida de ofício significa reconhecer que o juiz pode decidi-la independentemente de pedido, mas em momento processual adequado. Aceitando-se que o momento adequado para a entrega de uma prestação jurisdicional de mérito só se inaugura, no caso dos recursos, quando ultrapassada sua admissibilidade, tem-se de concluir que, no âmbito recursal cível, **não cabe pronunciamento meritório de ofício sem que o recurso interposto tenha sido ao menos admitido**. Precedentes. No caso dos autos o Tribunal de origem não poderia ter reduzido de ofício o valor das *astreintes*, porque a questão foi suscitada em recurso de apelação não conhecido" (STJ, REsp 1.508.929/RN, Rel. Min. Moura Ribeiro, 3ª Turma, jul. 07.03.2017, *DJe* 21.03.2017).

Valor excessivo. "É possível a redução do valor da multa por descumprimento de decisão judicial (art. 461 do Código de Processo Civil) [art. 497 do CPC/2015] quando se tornar exorbitante e desproporcional. O valor da multa cominatória estabelecido na sentença não é definitivo, pois poderá ser revisto em qualquer fase processual, caso se revele excessivo ou insuficiente (CPC, art. 461, § 6º)" (STJ, AgInt no REsp 1.481.282/MA, Rel. Min. Maria Isabel Gallotti, 4ª Turma, jul. 16.08.2016, *DJe* 24.08.2016).

Multa em valor superior ao discutido na lide. "Consoante entendimento desta Corte Superior, é possível a redução do valor das *astreintes* nas hipóteses em que a sua fixação ensejar multa de valor muito superior ao discutido na ação judicial em que foi imposta, a fim de evitar possível enriquecimento sem causa, em atenção aos princípios da razoabilidade e proporcionalidade. Precedentes" (STJ, AgInt no AREsp 1.661.221/SP, Rel. Min. Raul Araújo, 4ª Turma, jul. 28.09.2020, *DJe* 20.10.2020).

Entretanto, "o simples fato de a multa ser superior ao valor da obrigação principal não caracteriza sua desproporcionalidade, cujo juízo de ponderação deve considerar a finalidade para a qual a penalidade fora fixada, qual seja, a de funcionar como um mecanismo coercitivo para forçar a parte ao cumprimento da obrigação fixada judicialmente, considerando-se as particularidades do caso concreto" (STJ, EDcl nos EDcl no AgRg no AREsp 559.219/PE, Rel. Min. Francisco Falcão, 2ª Turma, jul. 16.11.2017, *DJe* 22.11.2017).

Em sentido contrário: "O legislador não estipulou percentuais ou patamares que vinculassem o juiz na fixação da multa diária cominatória. Ao revés, o § 6º, do art. 461 [art. 537 do CPC/215], autoriza o julgador a elevar ou diminuir o valor da multa diária, em razão da peculiaridade do caso concreto, verificando que se tornou insuficiente ou excessiva, sempre com o objetivo de compelir o devedor a realizar a prestação devida. **O valor da multa cominatória pode ultrapassar o valor da obrigação a ser prestada, porque a sua natureza não é compensatória, porquanto visa persuadir o devedor a realizar a prestação devida.** Advirta-se, que a coerção exercida pela multa é tanto maior se não houver compromisso quantitativo com a obrigação principal, obtemperando-se os rigores com a percepção lógica de que o meio executivo deve conduzir ao cumprimento da obrigação e não inviabilizar pela bancarrota patrimonial do devedor" (STJ, REsp 770.753/RS, Rel. Min. Luiz Fux, 1ª Turma, jul. 27.02.2007, *DJ* 15.03.2007).

"É possível a redução das *astreintes* fixadas fora dos parâmetros de razoabilidade e proporcionalidade, fixada a sua limitação ao valor do bem da obrigação principal, evitando-se o enriquecimento sem causa" (STJ, REsp 947.466/PR, Rel. Min. Aldir Passarinho Junior, 4ª Turma, jul. 17.09.2009, *DJe* 13.10.2009). **No mesmo sentido**: STJ, REsp 973.879/BA, Rel. Min. Luis Felipe Salomão, 4ª Turma, jul. 08.09.2009, *DJe* 09.11.2009; STJ, REsp 998.481/RJ, Rel.ª Min.ª Denise Arruda, 1ª Turma, jul. 03.12.2009, *DJe* 11.12.2009; STJ, AgRg no Ag 1.200.819/MG, Rel. Min. João Otávio de Noronha, 4ª Turma, jul. 09.08.2011, *DJe* 19.08.2011.

e) Redução por descaso devedor. Impossibilidade. "A *astreinte* não deve ser reduzida se o único obstáculo ao cumprimento de determinação judicial foi o descaso do devedor. Na hipótese em que o devedor tome medidas tendentes ao cumprimento da ordem, ainda que tenha obrado com culpa leve pelos atos de descumprimento, justifica-se a redução da multa, fixada em patamar exagerado" (STJ, REsp 1.151.505/SP, Rel. Min. Nancy Andrighi, 3ª Turma, jul. 07.10.2010, *DJe* 22.10.2010).

"Para redução da multa diária fixada a fim de se cumprir obrigação de fazer ou de não fazer, é necessário que a elevação no montante não decorra simplesmente da resistência da parte em cumprir a ordem judicial. A análise sobre o excesso da multa deve ser pensada de acordo com as condições enfrentadas no momento em que a multa incidia e com o grau de resistência do devedor. Não se pode analisá-la na perspectiva de quem, olhando para fatos já consolidados no tempo, depois de cumprida a obrigação, procura razoabilidade quando, na raiz do problema, existe um comportamento desarrazoado de uma das partes" (STJ, REsp 1.135.824/MG, Rel. Min. Nancy Andrighi, 3ª Turma, jul. 21.09.2010, *DJe* 14.03.2011). **No mesmo sentido:** STJ, REsp 1.185.260/GO, Rel. Min. Nancy Andrighi, 3ª Turma, jul. 07.10.2010, *DJe* 11.11.2010.

f) Coisa julgada. Inexistência. "É firme a jurisprudência do Superior Tribunal de Justiça no sentido de que a multa cominatória deve ser fixada em valor razoável, podendo, em casos como o dos autos, em que desobedecidos os princípios da razoabilidade e da proporcionalidade, ser revista em qualquer fase do processo, até mesmo após o trânsito em julgado da decisão que a fixou, pois tal não constitui ofensa a coisa julgada" (STJ, Rcl 3.897/PB, Rel. Min. Raul Araújo, 2ª Seção, jul. 11.04.2012, *DJe* 12.06.2012). **No mesmo sentido:** STJ, REsp 708.290/RS, Rel. Min. Arnaldo Esteves Lima, 5ª Turma, jul. 26.06.2007, *DJ* 06.08.2007; STJ, REsp 1.019.455/MT, Rel. Min. Massami Uyeda, 3ª Turma, jul. 18.10.2011, *DJe* 15.12.2011; STJ, AgRg no REsp 1.098.061/RJ, Rel. Min. Marco Buzzi, 4ª Turma, jul. 28.05.2013, *DJe* 11.06.2013; STJ, AgRg no AREsp 172.561/RJ, Rel. Min. Luis Felipe Salomão, 4ª Turma, jul. 17.12.2013, *DJe* 03.02.2014.

g) Faculdade do juiz. "A disposição contida no § 6º, do artigo 461, do Código de Processo Civil [art. 537 do CPC/2015] não obriga ao magistrado alterar o valor da multa, mas, em verdade, confere uma faculdade, condicionada ao preenchimento de um requisito, qual seja, que tal valor tenha se tornado insuficiente ou excessivo" (STJ, REsp 938.605/CE, Rel. Min. Francisco Falcão, 1ª Turma, jul. 04.09.2007, *DJ* 08.10.2007).

h) Multa de elevado valor. "Não deve permanecer a imposição de multa diária de elevado valor (...) para que a vendedora assine escritura de compra e venda de uma garagem, sabendo-se que em pouco tempo a multa alcançará valor muito superior ao do bem" (STJ, REsp 223.782/RJ, Rel. p/ Ac. Min. Ruy Rosado de Aguiar, 4ª Turma, jul. 20.02.2001, *DJ* 28.05.2001).

i) Análise da multa por Tribunal Superior. "O valor executado a título de multa cominatória pode ser alterado, mesmo após o trânsito em julgado da sentença de mérito, em hipóteses excepcionais, quando for verificada a exorbitância ou a irrisoriedade da importância arbitrada, o que não se verifica no caso em exame (CPC, art. 461, § 6º) [art. 537 do CPC/2015]. Precedentes" (STJ, AgRg no Ag 1.095.408/RS, Rel. Min. Maria Isabel Gallotti, 4ª Turma, jul. 16.08.2011, *DJe* 24.08.2011).

j) *Reformatio in pejus.*

"Controvérsia acerca da possibilidade de, em se tratando de questão afeta a *astreintes*, cuja majoração, minoração, revogação ou cominação independe de provocação da parte, ser agravada, de ofício, a situação do recorrente, retirando-se o limite estabelecido para a multa na decisão agravada, **sem que o credor das *astreintes* tenha assim postulado, maculando-se o princípio da 'non reformatio in pejus'**. Negado provimento ao agravo de instrumento interposto pela devedora (locatária) em face da decisão que fixara as *astreintes* e sem que haja pretensão de reforma da parte credora (locadora), beneficiária da multa diária, **não pode o tribunal extrapolar os limites traçados no recurso e a ele devolvidos para afastar completamente o limite de dias-multa estabelecido na decisão recorrida, agravando sensivelmente a situação da parte recorrente.** Violação do princípio da vedação da reforma em prejuízo da parte recorrente ('non reformatio in pejus'), orientado pelos princípios do dispositivo, da congruência e do devido processo legal. Inexistência de questão que pudesse ser considerada de ordem pública. Decote do acórdão recorrido do tópico em relação ao qual a parte interessada não se irresignou" (STJ, REsp 1.753.224/RS, Rel. Min. Paulo de Tarso Sanseverino, 3ª turma, jul. 16.10.2018, *DJe* 19.10.2018).

Retardamento de adimplemento da obrigação. Não incidência da multa. "No caso, sequer descumprimento de obrigação de fazer houve, mas retardamento de adimplemento de obrigação de pagar dinheiro, obrigação esta cujo valor não foi fixado na decisão antecipatória de tutela e nem no título judicial transitado em julgado. Não seria, portanto, sequer o caso de imposição de multa diária cominatória. Mantém-se, todavia, o seu arbitramento, tendo em vista a impossibilidade de reforma em prejuízo daquele que recorre" (STJ, REsp 1.239.714/RJ, Rel. p/ Acórdão Min. Maria Isabel Gallotti, 4ª Turma, jul. 16.08.2011, *DJe* 17.02.2012).

k) Exceção de pré-executividade. Revisão de multa cominatória. Questão apreciável de ofício. Ver jurisprudência do art. 513 do CPC/2015.

"É cabível exceção de pré-executividade com objetivo de discutir matéria atinente à *astreinte*" (STJ, REsp 1.019.455/MT, Rel. Min. Massami Uyeda, 3ª Turma, jul. 18.10.2011, *DJe* 15.12.2011).

12. Valor acumulado. Possibilidade de revisão. Sucessivas revisões. Impossibilidade. Preclusão consumativa. "A jurisprudência do Superior Tribunal de Justiça sedimentou-se, sob a égide do CPC/1973, no sentido da possibilidade de revisão do valor acumulado da multa periódica a qualquer tempo. No entanto, segundo o art. 537, § 1º, do CPC/2015, a modificação somente é possível em relação à 'multa vincenda'. A alteração legislativa tem a finalidade de combater a recalcitrância do devedor, a quem compete, se for o caso, demonstrar a ocorrência de justa causa para o descumprimento da obrigação. No caso concreto, ademais, ocorreu preclusão *pro judicato* consumativa, pois o montante alcançado com a incidência da multa já havia sido reduzido por meio de decisão transitada em julgado" (STJ, EAREsp 1.766.665/RS, Rel. p/ acórdão Min. Ricardo Villas Bôas Cueva, Corte Especial, jul. 03.04.2024, *DJe* 06.06.2024).

13. Cumulação com reparação de dano moral. "Cinge-se a controvérsia em definir se é possível prosperar o pedido de indenização por danos morais em razão de descumprimento de ordem judicial em demanda pretérita, na qual foi fixada multa cominatória. A jurisprudência desta Corte é firme no sentido de que a inscrição indevida em cadastro de inadimplentes gera dano moral passível de indenização, salvo constatada a existência de outras anotações preexistentes àquela que deu origem a ação reparatória (Súmula nº 385 do STJ). Referida indenização visa a reparar o abalo moral sofrido em decorrência da verdadeira agressão ou atentado contra dignidade da pessoa humana. A multa cominatória, por outro lado, tem cabimento nas hipóteses de descumprimento de ordens judiciais, sendo fixada justamente com o objetivo de compelir a parte ao cumprimento daquela obrigação. Encontra justificativa no princípio da efetividade da tutela jurisdicional e na necessidade de se assegurar o pronto cumprimento das decisões judiciais cominatórias. Considerando, portanto, que os institutos em questão têm natureza jurídica e finalidades distintas, é possível a cumulação" (STJ, REsp 1.689.074/RS, Rel. Min. Moura Ribeiro, 3ª Turma, jul. 16.10.2018, *DJe* 18.10.2018).

Seção II
Do Cumprimento de Sentença que Reconheça a Exigibilidade de Obrigação de Entregar Coisa

Art. 538. Não cumprida a obrigação de entregar coisa no prazo estabelecido na sentença, será expedido mandado de busca e apreensão ou de imissão na posse em favor do credor, conforme se tratar de coisa móvel ou imóvel.

§ 1º A existência de benfeitorias deve ser alegada na fase de conhecimento, em contestação, de forma discriminada e com atribuição, sempre que possível e justificadamente, do respectivo valor.

§ 2º O direito de retenção por benfeitorias deve ser exercido na contestação, na fase de conhecimento.

§ 3º Aplicam-se ao procedimento previsto neste artigo, no que couber, as disposições sobre o cumprimento de obrigação de fazer ou de não fazer.

REFERÊNCIA LEGISLATIVA

CPC/2015, arts. 498 (sentença que condena à entrega de coisa), 806 (execução para a entrega de coisa).

BREVES COMENTÁRIOS

Aplicando-se ao cumprimento de sentença das obrigações de dar as disposições relativas às obrigações de fazer, poderá o juiz, a requerimento do exequente, utilizar as medidas de coerção e apoio, como a multa por atraso no cumprimento da sentença, e as demais providências autorizadas pelo art. 536, § 1º.

JURISPRUDÊNCIA SELECIONADA

1. Direito de retenção por benfeitorias. "A jurisprudência desta Corte tem se firmado no sentido de que a pretensão ao exercício do direito de retenção por benfeitorias tem de ser exercida no momento da contestação de ação de cunho possessório, sob pena de preclusão. Na hipótese de ação declaratória de invalidade de compromisso de compra e venda, com pedido de imediata restituição do imóvel, o direito de retenção deve ser exercido na contestação por força da elevada carga executiva contida nessa ação. O pedido de restituição somente pode ser objeto de cumprimento forçado pela forma estabelecida no art. 461-A do CPC, que não mais prevê a possibilidade de discussão, na fase executiva, do direito de retenção. Esse entendimento, válido para o fim de impedir a apresentação de embargos de retenção, deve ser invocado também para impedir a propositura de uma ação autônoma de retenção, com pedido de antecipação de tutela. O mesmo resultado não pode ser vedado quando perseguido por uma via processual, e aceito por outra via" (STJ, REsp 1278094/SP, Rel. Min. Nancy Andrighi, 3ª Turma, jul. 16.08.2012, *DJe* 22.08.2012).

CUMPRIMENTO DE OBRIGAÇÃO DE FAZER ETC.: INDICAÇÃO DOUTRINÁRIA

Araken de Assis, *Manual da execução*, 9. ed., São Paulo: Revista dos Tribunais, 2005, n. 209.3, p. 523; Carlos Eduardo

Jorge Bernardini. *Astreintes* – Um acerto quanto à possibilidade de execução imediata pelo credor, prevista no novo Código de Processo Civil? In: Thereza Arruda Alvim et al. *O novo Código de Processo Civil brasileiro – Estudos dirigidos: Sistematização e procedimento*. Rio de Janeiro: Forense, 2015, p. 351; Cassio Scarpinella Bueno, In: José Roberto F. Gouvêa; Luis Guilherme A. Bondioli e João Francisco N. da Fonseca (coord.), *Comentários ao Código de Processo Civil*, São Paulo: Saraiva, 2018, v. 10; Cássio Scarpinella Bueno, *Manual de direito processual civil*, São Paulo: Saraiva, 2015; Daniel Amorim Assumpção Neves, *Manual de direito processo civil*, São Paulo: Método, 2015; Fredie Didier Jr., *Curso de direito processual civil*, 17ª ed., Salvador: JusPodivm, 2015, v. I; Fredie Didier Jr., Leonardo Carneiro da Cunha, Paula Sarno Braga e Rafael Alexandria de Oliveira. Diretrizes para a concretização das cláusulas gerais executivas dos arts. 139, IV, 297 e 536, § 1º, CPC. *Revista de Processo*. vol. 267. ano 42. p. 227. São Paulo: Ed. RT, maio/2017; Gilliani Costa Romano. O instituto da multa coercitiva (astreintes) no novo Código de Processo Civil. *Revista dos Tribunais*. vol. 967, ano 105, p. 305-315. São Paulo: RT, maio 2016; Guilherme Rizzo Amaral, *Comentários às alterações do novo CPC*, São Paulo: Revista dos Tribunais, 2015; Guilherme Rizzo Amaral, In: Teresa Arruda Alvim Wambier, Fredie Didier Jr., Eduardo Talamini, Bruno Dantas, *Breves comentários ao novo Código de Processo Civil*, São Paulo: Revista dos Tribunais, 2015; Humberto Theodoro Júnior, *Curso de direito processual civil*, 61. ed., Rio de Janeiro: Forense, 2020, v. I; Humberto Theodoro Júnior, Fernanda Alvim Ribeiro de Oliveira, Ester Camila Gomes Norato Rezende (coord.), *Primeiras lições sobre o novo direito processual civil brasileiro*, Rio de Janeiro: Forense, 2015; J. E. Carreira Alvim, *Comentários ao novo Código de Processo Civil*, Curitiba: Juruá, 2015; José Miguel Garcia Medina, *Novo Código de Processo Civil comentado*, São Paulo: Revista dos Tribunais, 2015; José Rogério Cruz e Tucci, In: Sérgio Cruz Arenhart e Daniel Mitidiero (coord.), *Comentários ao Código de Processo Civil*, 2. ed., São Paulo: RT, 2018, v. 8; Leonardo Greco, *Instituições de processo civil: introdução ao direito processual civil*, 5ª ed., Rio de Janeiro: Forense, 2015; Luis Antônio Giampaulo Sarro, *Novo Código de Processo Civil*, São Paulo: Rideel, 2015; Luiz Guilherme Marinoni, Sérgio Cruz Arenhart, Daniel Mitidiero, *Curso de processo Civil*, São Paulo: Revista dos Tribunais, 2015, v. I; Luiz Guilherme Marinoni, Tutela ressarcitória na forma específica, *Revista de Processo*, ano 45, n. 300, p. 223-249, fev. 2020; Nelson Nery Junior, Rosa Maria de Andrade Nery, *Comentários ao Código de Processo Civil*, São Paulo: Revista dos Tribunais, 2015; Teresa Arruda Alvim Wambier, Fredie Didier Jr., Eduardo Talamini, Bruno Dantas (coord.), *Breves comentários ao novo Código de Processo Civil*, São Paulo: Revista dos Tribunais, 2015; Teresa Arruda Alvim Wambier, Maria Lúcia Lins Conceição, Leonardo Ferres da Silva Ribeiro, Rogério Licastro Torres de Melo, *Primeiros comentários ao novo Código de Processo Civil*, São Paulo: Revista dos Tribunais, 2015.

TÍTULO III
DOS PROCEDIMENTOS ESPECIAIS

Capítulo I
DA AÇÃO DE CONSIGNAÇÃO EM PAGAMENTO

Art. 539. Nos casos previstos em lei, poderá o devedor ou terceiro requerer, com efeito de pagamento, a consignação da quantia ou da coisa devida.

§ 1º Tratando-se de obrigação em dinheiro, poderá o valor ser depositado em estabelecimento bancário, oficial onde houver, situado no lugar do pagamento, cientificando-se o credor por carta com aviso de recebimento, assinado o prazo de 10 (dez) dias para a manifestação de recusa.

§ 2º Decorrido o prazo do § 1º, contado do retorno do aviso de recebimento, sem a manifestação de recusa, considerar-se-á o devedor liberado da obrigação, ficando à disposição do credor a quantia depositada.

§ 3º Ocorrendo a recusa, manifestada por escrito ao estabelecimento bancário, poderá ser proposta, dentro de 1 (um) mês, a ação de consignação, instruindo-se a inicial com a prova do depósito e da recusa.

§ 4º Não proposta a ação no prazo do § 3º, ficará sem efeito o depósito, podendo levantá-lo o depositante.

CPC/1973

Art. 890.

REFERÊNCIA LEGISLATIVA

CC, arts. 334 a 345 (pagamento por consignação).

CTN, art. 164.

Lei nº 8.245, de 18.10.1991 (Lei do Inquilinato), art. 67 (ação de consignação de aluguel e acessórios da locação).

BREVES COMENTÁRIOS

A legislação processual procurou restringir-se ao âmbito da atividade procedimental, resguardando para o direito civil e demais ramos do direito material a especificação dos casos em que se admite a extinção da obrigação pela via do depósito judicial.

As principais fontes do direito de consignar encontram-se no Código Civil, art. 335, e no Código Tributário Nacional (art. 164).

Todos esses permissivos legais referem-se a embaraços enfrentados pelo devedor na busca de libertar-se da obrigação, de sorte a não conseguir efetuar o pagamento ou não lograr efetuá-lo com segurança jurídica de plena eficácia.

Ao permitir o depósito judicial liberatório, cuida a lei, pois, de contornar situações como:

(a) a da impossibilidade real do pagamento voluntário:

1. por recusa injusta de receber a prestação por parte do credor; ou por

2. ausência, desconhecimento ou inacessibilidade do sujeito ativo da obrigação; e

(b) a da insegurança ou risco de ineficácia do pagamento voluntário:

1. por recusa do credor de fornecer a quitação devida;
2. por dúvida fundada quanto à pessoa do credor;
3. por litigiosidade em torno da prestação entre terceiros;
4. por falta de quem represente legalmente o credor incapaz.

JURISPRUDÊNCIA SELECIONADA

1. Consignação em pagamento:

a) Objetivo. "A consignação em pagamento visa exonerar o devedor de sua obrigação, mediante o depósito da quantia ou da coisa devida, e só poderá ter força de pagamento se concorrerem 'em relação às pessoas, ao objeto, modo e tempo, todos os requisitos sem os quais não é válido o pagamento' (artigo 336 do NCC) (REsp 1.194.264/PR, relator Ministro Luis Felipe Salomão, 4ª Turma, unânime, *DJe* 04.03.2011)" (STJ, AgRg no REsp 947.460/RS, Rel.ª Min.ª Maria Isabel Gallotti, 4ª Turma, jul. 27.03.2012, *DJe* 10.04.2012).

"O depósito em consignação é modo de extinção da obrigação, com força de pagamento, e a correspondente ação consignatória tem por finalidade ver atendido o direito – material – do devedor de liberar-se da obrigação e de obter quitação. Trata-se de ação eminentemente declaratória: declara-se que o depósito oferecido liberou o autor da respectiva obrigação" (STJ, REsp 659.779/RS, Rel. Min. Teori Albino Zavascki, 1ª Turma, jul. 14.09.2004, *DJ* 27.09.2004).

b) Matérias possíveis de discussão.

(i) Declaração de inexistência de dívida. "Conquanto meramente liberatória a pretensão deduzida na consignação em pagamento, ao Judiciário impõe-se a apreciação incidental de todas as questões que se mostrem relevantes a sua solução, para aferir-se o *quantum* realmente devido e estabelecer correspondência com o valor depositado, restringindo-se o provimento judicial, contudo, à declaração de liberação da dívida" (STJ, REsp 23.717-1/RJ, Rel. Min. Sálvio de Figueiredo, 4ª Turma, jul. 31.08.1992, no *Lex-JSTJ* 42/269).

(ii) Discussão da natureza, origem e valor da obrigação. "A consignação em pagamento é ação própria para discutir-se a natureza, a origem e o valor da obrigação, quando controvertidos. **Repudia-se antiga prática de expurgar-se, do âmago da consignatória, cognição quanto a controvérsias em torno do *an e quantum debeatur*.** Prestações atrasadas, se idôneas para o credor, podem ser consignadas" (STJ, REsp 256.275/GO, Rel. Min. Eliana Calmon, 2ª Turma, jul. 19.02.2002, *DJ* 08.04.2002). **No mesmo sentido:** STJ, AgRg no Ag 326.383/BA, Rel. Min. Barros Monteiro, 4ª Turma, jul. 21.03.2002, *DJ* 03.06.2002.

"O pedido, na consignatória, será sempre de liberação da dívida. Para isso decidir, entretanto, haverá o juiz de examinar quantas questões sejam colocadas, para que possa verificar se o depósito é integral. Nada impede que a controvérsia abranja temas de alta indagação, pertinentes à matéria de fato, ou à interpretação de cláusulas contratuais ou normas legais"

(STJ, REsp 5.903/TO, Rel. Min. Eduardo Ribeiro, 3ª Turma, jul. 11.03.1991, *DJ* 08.04.1991).

(iii) Cumulação com pedido de revisão de cláusula contratual. "Plenamente possível a revisão das cláusulas contratuais em sede de ação consignatória, eis que necessária à correlação entre o valor depositado e o efetivamente devido. Precedentes" (STJ, REsp 275.979/SE, Rel. Min. Aldir Passarinho Júnior, 4ª Turma, jul. 01.10.2002, *DJ* 09.12.2002). **No mesmo sentido:** STJ, REsp 406.408/SP, Rel. Min. Nancy Andrighi, 3ª Turma, jul. 03.12.2001, *DJ* 18.02.2002; STJ, REsp 645.756/RJ, Rel. Min. Aldir Passarinho Junior, 4ª Turma, jul. 07.12.2010, *DJe* 14.12.2010; STJ, AgRg no REsp 1179034/RJ, Rel. Min. Maria Isabel Gallotti, 4ª Turma, jul. 28.04.2015, *DJe* 05.05.2015.

"Na ação de consignação em pagamento, é possível ampla discussão sobre o débito e o seu valor, inclusive com a interpretação da validade e alcance das cláusulas contratuais. Precedentes" (STJ, REsp 436.842/RS, Rel. Min. Nancy Andrighi, 3ª Turma, jul. 08.03.2007, *DJ* 14.05.2007). **No mesmo sentido:** STJ, AgRg no REsp 1.179.034/RJ, Rel. Min. Maria Isabel Gallotti, 4ª Turma, jul. 28.04.2015, *DJe* 05.05.2015.

c) Objeto do depósito. "Consignação exige que o depósito judicial compreenda o mesmo objeto que seria preciso prestar, para que o pagamento possa extinguir a obrigação, pois 'o credor não é obrigado a receber a prestação diversa da que lhe é devida, ainda que mais valiosa' (art. 313 do NCC)" (STJ, REsp 1.194.264/PR, Rel. Min. Luis Felipe Salomão, 4ª Turma, jul. 01.03.2011, *DJe* 04.03.2011).

d) Natureza dúplice da ação. "Com a atual configuração do rito, a ação de consignação pode ter natureza dúplice, já que se presta, em certos casos, a outorgar tutela jurisdicional em favor do réu, a quem assegura não apenas a faculdade de levantar, em caso de insuficiência do depósito, a quantia oferecida, prosseguindo o processo pelas diferenças controvertidas (CPC, art. 899, § 1º) [art. 545, § 1º, do CPC/2015], como também a de obter, em seu favor, título executivo pelo valor das referidas diferenças que vierem a ser reconhecidas na sentença (art. 899, § 2º) [art. 543, § 2º, do CPC/2015]" (STJ, REsp 659.779/RS, Rel. Min. Teori Albino Zavascki, 1ª Turma, jul. 14.09.2004, *DJ* 27.09.2004).

e) Valor da causa. "O valor da causa, nas ações de consignação em pagamento, corresponde ao total das prestações vencidas, acrescido do montante de doze prestações vincendas. O valor da causa está dentro do previsto no art. 3º da Lei 10.259/2001" (STJ, CC 74.623/DF, Rel. Min. Fernando Gonçalves, 2ª Seção, jul. 24.10.2007, *DJ* 08.11.2007).

2. Ação de consignação em pagamento após o vencimento da obrigação. Possibilidade.

"O devedor não está obrigado a consignar, podendo exercitar o direito sob o timbre da conveniência, enquanto o credor não haja diligenciado para se livrar das consequências do retardamento (*mora creditoris – mora accipiendi*). A consignação pode abranger inclusive os casos de *mora debitoris,* servindo para purgá-la. Divisada a mora do credor, irrelevante a questão temporal, pela permanência da recusa (REsp 1.426/MS, Rel. Min. Athos Carneiro)" (STJ, no REsp 70.887/GO, Rel. Min. Milton Luiz Pereira, 1ª Turma, jul. 08.02.1996). **No mesmo sentido:** STJ no REsp 1.426/MS, Rel. Min. Athos Carneiro, 4ª Turma, *DJ* 2.4.90; *Adcoas,* 1990, nº 128.293.

"Verificada a mora do credor por se recusar a receber o pagamento da forma que lhe é ofertado, para ele é transferida a responsabilidade pelo inadimplemento. Dessa forma, ainda que esteja em mora, ao devedor é lícita a propositura de ação de consignação em pagamento para eximir-se da obrigação avençada entre as partes. Precedentes" (STJ, REsp 419.016/PR, Rel.ª Min.ª Nancy Andrighi, 3ª Turma, jul. 14.05.2002, *DJ* 24.06.2002, p. 330). **No mesmo sentido:** STJ, REsp 38.204/RJ, *RDR* 8/249, REsp 1.426/MS, *RSTJ* 11/319, *RJTJRS* 145/37. **Em sentido contrário:** "Ao devedor em mora – já que não adimpliu a obrigação no tempo e forma convencionados – é defeso utilizar-se da consignação com efeito de pagamento. A culpa, como elemento constitutivo da 'mora' e, por definição – o '*ritardo colposi ou injusta* tarditas' –, é sempre presumida em relação ao devedor que atrasa o pagamento do débito" (STJ, REsp 71.163/DF, Rel. Min. Demócrito Reinaldo, 1ª Turma, jul. 12.09.1996, *DJ* 04.11.1996).

Pagamento dos encargos decorrentes do atraso e necessidade de utilidade da prestação ao credor. "A mora do devedor não lhe retira o direito de saldar seu débito, devendo o credor receber, desde que o pagamento se faça com os encargos decorrentes do atraso e a prestação ainda lhe seja útil. A recusa injustificada de receber configura '*mora accipiendi*', autorizando a consignatória" (STJ, REsp 39.862/SP, Rel. Min. Eduardo Ribeiro, 3ª Turma, jul. 30.11.1993, *DJ* 07.02.1994). **No mesmo sentido:** TJPR, 7ª Câmara Cível, Ap. 97213200/Foz do Iguaçu, Rel. Juiz Conv. Noeval de Quadros, jul 18.08.2000, *DJ* 15.09.2000, *Juis – Jurisp. Inform. Saraiva* nº 32.

3. Cabimento:

Título de crédito. "Conforme já decidiu esta Corte, é cabível a ação de consignação em pagamento nos casos de dívida representada por título cambiário" (STJ, REsp 849.539/MG, Rel. Min. Jorge Scartezzini, 4ª Turma, jul. 21.09.2006, *DJ* 09.10.2006). **Em sentido contrário:** TJSP, Ap. 269.629, Rel. Des. Vieira de Moraes, jul. 25.03.1980, *RT* 543/151 (cheque protestado), *BOLAASP* 1.628/56.

Mutuário. "O cessionário tem o direito, como terceiro interessado (art. 930/CC), de continuar efetuando o pagamento das prestações do financiamento contratado pelo cedente" (STJ, REsp 96.640/SE, Rel. Min. Ruy Rosado de Aguiar, 4ª Turma, jul. 23.09.1996, *DJ* 11.11.1996).

Contribuinte. "Não há qualquer vedação legal a que o contribuinte lance mão da ação consignatória para ver satisfeito o seu direito de pagar corretamente o tributo quando entende que o fisco está exigindo prestação maior que a devida. É possibilidade prevista no art. 164 do Código Tributário Nacional. Ao mencionar que 'a consignação só pode versar sobre o crédito que o consignante se propõe a pagar', o § 1º daquele artigo deixa evidenciada a possibilidade de ação consignatória nos casos em que o contribuinte se propõe a pagar valor inferior ao exigido pelo fisco. Com efeito, exigir valor maior equivale a recusar o recebimento do tributo por valor menor" (STJ, REsp 659.779/RS, Rel. Min. Teori Albino Zavascki, 1ª Turma, jul. 14.09.2004, *DJ* 27.09.2004).

Tributo declarado posteriormente inconstitucional. Depósito parcial. "Tem-se por legítima a consignação em pagamento de tributo que o Fisco se recusa a receber sem que esteja acompanhado de obrigação acessória que, *a posteriori*, vem a ser declarada inconstitucional pelo Colendo Supremo Tribunal Federal, como é o caso dos presentes autos (correção monetária instituída pelo art. 18 do Decreto-Lei nº 2.323/1987)" (STJ, REsp 261.995/PE, Rel. Min. José Delgado, 1ª Turma, jul. 25.09.2000, *DJ* 27.11.2000).

Banco. Prevenção de danos indevidos ao consumidor. Quitação de débito para cancelamento de protesto de cliente ensejado por fortuito interno. "O procedimento da consignação em pagamento existe para atender as peculiaridades do direito material, cabendo às regras processuais regulamentar tão somente o iter para o reconhecimento judicial da eficácia liberatória do pagamento especial, constituindo o depósito em consignação modo de extinção da obrigação, com força de pagamento. (...). É patente a idoneidade do instrumento processual utilizado, pois o autor expõe na inicial não ter sido possível localizar a portadora do título levado a protesto, para quitação da obrigação e resgate da cártula protestada. Nesse passo, quando a extinção da obrigação decorrer de processo judicial, o cancelamento do registro do protesto poderá ser requerido com a apresentação da certidão expedida pelo juízo processante, com elementos que identifiquem o documento de dívida protestado com menção do trânsito em julgado, que substituirá o documento protestado (art. 26, § 4º, da Lei n. 9.492/1997)" (STJ, REsp 1.318.747/SP, Rel. Min. Luis Felipe Salomão, 4ª Turma, jul. 04.10.2018, *DJe* 31.10.2018).

4. Não cabimento:

Mensalidade escolar. "Consoante entendimento firmado por esta Corte, 'estabelecido um procedimento específico para acertamento da contribuição escolar, tanto na esfera administrativa como na judicial, não vulnera a lei a decisão que considera inadequada a ação de consignação em pagamento proposta por alunos para a mesma finalidade' (REsp 120.676/RS, Rel. Min. Barros Monteiro, Quarta Turma, *DJ* 05/05/2003)" (STJ, AgRg no Ag 1160238/MG, Rel. Min. Sidnei Beneti, 3ª Turma, jul. 17.06.2010, *DJe* 29.06.2010). **No mesmo sentido:** STJ, 4ª Turma, REsp 120.621/RS, Rel. Min. Aldir Passarinho, ac. 04.06.2002, *DJ* 26.08.2002, p. 221; STJ, 4ª Turma, REsp 120.676/RS, Rel. Min. Barros Monteiro, ac. 11.03.2003, *DJ* 05.05.2003, p. 299.

Matéria tributária. Concessão de parcelamento e discussão da exigibilidade e extensão do crédito tributário. "É pacífico o entendimento desta Corte Superior no sentido de que a ação de consignação em pagamento é via inadequada para forçar a concessão de parcelamento e discutir a exigibilidade e a extensão do crédito tributário. Precedentes. Há pelo menos cinco anos foi firmada a orientação do Superior Tribunal de Justiça no sentido de que '[o] deferimento do parcelamento do crédito fiscal subordina-se ao cumprimento das condições legalmente previstas. Dessarte, afigura-se inadequada a via da ação de consignação em pagamento, cujo escopo é a desoneração do devedor, mediante o depósito do valor correspondente ao crédito, e não via oblíqua à obtenção de favor fiscal, em burla à legislação de regência' (REsp 554.999/RS, Rel. Min. Luiz Fux, Primeira Turma, *DJU* 10.11.2003)" (STJ, AgRg no REsp 909.267/RS, Rel. Min. Mauro Campbell Marques, 2ª Turma, jul. 16.03.2010, *DJe* 30.03.2010). **No mesmo sentido**: STJ, AgRg no REsp 1.270.034/RS, Rel. Min. Mauro Campbell Marques, 2ª Turma, jul. 23.10.2012, *DJe* 06.11.2012.

5. Ação de consignação em pagamento de aluguel. Ver jurisprudência do art. 67 da Lei nº 8.245/1991.

6. SFH:

União. Legitimidade passiva. "A União é parte ilegítima para figurar no polo passivo da relação processual de ação movida para discutir o critério e a legalidade de reajuste de prestações da casa própria, adquirida com financiamento pelo Sistema Financeiro da Habitação. Precedentes do STJ" (STJ, 4ª Turma, REsp 227.515/MG, Rel. Min. Barros Monteiro, ac. 05.10.2000, *DJ* 05.03.2001).

Esgotamento da via administrativa. "Inocorrência de violação ao artigo 22, § 5º, da Lei nº 8.004/1990. Não contraria o disposto no artigo 22, § 5º, da Lei nº 8.004/1990, a decisão que, malgrado reconheça ser inexigível o prévio esgotamento da via administrativa para o ajuizamento da ação consignatória, entende necessária a solicitação da revisão do valor das prestações da casa própria, porquanto somente na hipótese de recusa é que se configura a pretensão 'resistida' a justificar a intervenção judicial" (STJ, 4ª Turma, REsp 227.515/MG, Rel. Min. Garcia Vieira, ac. 06.12.2001, *DJ* 11.03.2002, p. 202).

Desconto em folha de pagamento. "Revisão de cláusulas contratuais. Desconto em folha. SFH. Se o pagamento da prestação é feito mediante desconto em folha, seria, em princípio, desnecessária ação para consignar o pagamento que já está sendo efetivado. Proposta a ação de consignação para discutir o valor das prestações – o que tem sido admitido, em certos casos – o cancelamento do desconto em folha não é efeito necessário da consignatória. Para cancelar o desconto, seria necessária a antecipação da tutela, cujos pressupostos não estão presentes (art. 273 do CPC) [art. 300 do CPC/2015]" (STJ, 3ª Turma, REsp 399.861/DF, Rel. Min. Ruy Rosado de Aguiar, jul. 23.04.2002, *DJ* 24.06.2002).

7. Contrato de *leasing*. Desnecessidade de restituição do bem juntamente com o depósito. "Contrato de arrendamento. '*Leasing*' de veículo. Ação de consignação em pagamento. Desnecessidade de, juntamente com o depósito, ser restituído o bem. Pretensão creditícia que deve ter lugar em ação própria. Incabível a pretensão do credor de que o devedor, ao consignar em ação cautelar as prestações do financiamento, no valor que entende devidas, concomitante restitua-lhe a posse do veículo arrendado. Tal postulação cabe ao arrendador, pela via processual própria" (STJ, REsp 222.835/MS, Rel. Min. Aldir Passarinho Júnior, 4ª Turma, jul. 12.03.2002, *DJ* 20.05.2002).

8. Ação de cobrança:

Litispendência. "O pleito de recolhimento da contribuição sindical aos cofres do Recorrente está prejudicado, em face da existência de uma ação de consignação em pagamento, anteriormente processada, onde se discute a titularidade do direito ao recolhimento da contribuição devido a pluralidade de entes sindicais que a disputam. Qualquer decisão valorativa a este respeito abarcaria a mesma causa *petendi*, revelando a tríplice identidade entre os elementos da ação e configurando a litispendência entre as demandas. A verificação da existência de fato impeditivo, no caso a litispendência, obsta o julgamento do recurso pelo juízo ou tribunal *ad quem*" (STJ, ROMS 6.000/RJ, Rel.ª Min.ª Laurita Vaz, 2ª Turma, jul. 07.03.2002, *DJ* 24.04.2002, p. 182).

Coisa julgada. "Seguro. Ação de consignação anterior. Ação ordinária com alegação de insuficiência do valor recebido. Coisa julgada. Decidido na anterior ação de consignação em pagamento que o valor do depósito era suficiente, julgada procedente a ação e, em consequência, conferido o devido efeito liberatório, uma vez afastadas as impugnações apresentadas pela parte interessada, existe a coisa julgada para interceptar o ajuizamento de ação ordinária para receber alegada diferença" (STJ, REsp 242.320/GO, Rel. Min. Carlos Alberto Menezes Direito, 3ª Turma, jul. 12.09.2000, *DJ* 06.11.2000, p. 202).

Prescrição. "Ação de cobrança de prestações escolares e ação de consignação em pagamento. O ajuizamento de ação consignatória em pagamento de prestação escolar, em que se discute apenas o valor destas (*quantum debeatur*), interrompe o curso do prazo prescricional da respectiva ação de cobrança, porquanto implica o reconhecimento inequívoco, por parte da devedora, do direito da credora relativo às prestações reclamadas (*an debeatur*)" (STJ, REsp 121.921/SP, Rel. Min. Antônio de Pádua Ribeiro, 3ª Turma, jul. 08.08.2000, *DJ* 10.06.2002). **No mesmo sentido:** STJ, REsp 221.997/SP, Rel. Min. Aldir Passarinho Júnior, 4ª Turma, jul. 16.11.2000, *DJ* 19.02.2001; STJ, 3ª Turma, REsp 436.056/SP, Rel. Ruy Rosado de Aguiar, ac. 24.09.2002, *DJ* 18.11.2002, p. 228; STJ, 4ª Turma, REsp 125.145/SP, Rel. Min. Aldir Passarinho, jul. 17.02.2000, *DJ* 24.04.2000, p. 57.

9. Ação de execução:

Execução hipotecária. Consignação em pagamento relativa à mesma dívida não obsta a execução. "A execução fundada em título executivo não pode ser obstada pelo ajuizamento da consignatória, inexistindo litispendência entre as duas ações. Precedentes" (STJ, AgInt no REsp 1.471.252/PA, Rel. Min. Maria Isabel Gallotti, 4ª Turma, jul. 26.02.2019, *DJe* 06.03.2019).

Conexão. Inexistência. "Execução hipotecária. Ação de consignação em pagamento. Não há como estabelecer conexão, do ponto de vista processual, entre a execução hipotecária que já está na fase da praça, e a ação de consignação em pagamento na qual se discute as prestações do mútuo hipotecário. Conflito de competência não conhecido" (STJ, 2ª Seção, CC 27.976/MG, Rel. Min. Ari Pargendler, jul. 29.02.2000, *DJ* 25.09.2000).

Litispendência. Inexistência. "A litispendência ocorre pelo curso de ações idênticas. Duas ações são idênticas quando entre elas houver identidade de partes, de pedido (objeto) e de causa de pedir (artigo 301, § 2º, CPC) [art. 337, § 2º, do CPC/2015]. Muito embora versem sobre um mesmo contrato, os pedidos formulados na execução e na ação consignatória são distintos, inexistindo, portanto, litispendência entre elas. A execução fundada em título executivo não pode ser obstada pelo ajuizamento da consignatória. O credor tem direito de promover a execução, consoante o disposto no § 1º do artigo 585 do CPC [art. 784, § 1º, do CPC/2015]. Não sendo mais possível, por já ter havido sentença na consignatória, a reunião dos feitos para julgamento conjunto, cumpre no julgamento dos embargos à execução considerar a existência de fato superveniente relativo ao trânsito em julgado da sentença proferida na consignatória" (STJ, REsp 155.134/MG, Rel. Min. César Asfor Rocha, 4ª Turma, jul. 26.02.2002, *DJ* 20.04.2002). **Obs.:** Ver art. 55, § 2º, I, sobre conexão entre ação de execução e ação de conhecimento.

10. Alienação fiduciária. Busca e apreensão. Ver jurisprudência do art. 3º do Decreto-lei nº 911/1969.

11. Ação de consignação em pagamento. Apuração de valores em liquidação de sentença. Impossibilidade. "Descabe, em ação de consignação em pagamento, determinação de apuração de valores em liquidação de sentença, instituto cabível tão somente quando for o caso de sentença condenatória, inocorrente na hipótese dos autos, até porque não foi a pretensão deduzida pela ré, quando da contestação" (TJRS, Ap. 70010163814, Rel.ª Des.ª Elaine Harzheim Macedo, 17ª Câmara Cível, jul. 23.11.2004, *RJTJRS* 245/283).

12. Insuficiência de depósito.

Necessidade de depósito integral da dívida e encargos respectivos. Mora ou recusa injustificada do credor. "Tese para os efeitos dos arts. 927 e 1.036 a 1.041 do CPC: 'Em ação consignatória, a insuficiência do depósito realizado pelo devedor conduz ao julgamento de improcedência do pedido, pois o pagamento parcial da dívida não extingue o vínculo obrigacional'" (STJ, REsp 1.108.058/DF, Rel. p/ Acórdão Min. Maria Isabel Gallotti, 2ª Seção, jul. 10.10.2018, *DJe* 23.10.2018). **Obs.: Decisão submetida a julgamento de recursos repetitivos. Aplica-se, porém, a sistemática do art. 545 do CPC, que permite a liberação parcial, com condenação ao pagamento da diferença.**

Depósito parcial sem correção monetária. Eficácia liberatória. Inexistência. "O STJ, no julgamento do REsp 1.108.058/DF, submetido à sistemática dos recursos repetitivos – Tema 967 –, reconheceu que o depósito parcial não tem o efeito liberatório do devedor, conduzindo à improcedência do pedido formulado em ação de consignação em pagamento. A correção monetária não constitui acréscimo ao valor da obrigação, senão uma forma de manutenção do poder de compra da moeda, eventualmente corroído pelo fenômeno inflacionário. Por conseguinte, o depósito efetuado sem contemplar a correção monetária do período revela-se parcial e não tem o efeito liberatório legalmente determinado. Malgrado o precedente se refira às ações de consignação em pagamento, seu espectro alcança as consignações extrajudiciais, porquanto o efeito material de extinção das obrigações não decorre da ação judicialmente proposta, mas do fato do depósito, que pode, ao talante do devedor e se a prestação o comportar, ser realizado também em instituição financeira, a teor do disposto nos arts. 334 do Código Civil e 540, § 1º, do Código de Processo Civil" (STJ, REsp 1.831.057/MT, Rel. Min. Antonio Carlos Ferreira, 4ª Turma, jul. 20.06.2023, *DJe* 26.06.2023).

13. Consignação extrajudicial (§ 1º). "É da responsabilidade do depositante em consignação em pagamento extrajudicial e não da instituição financeira a comprovação, perante o estabelecimento bancário, da propositura de ação de consignação em pagamento em juízo, para que o estabelecimento bancário possa aplicar o regime de depósito em caderneta de poupança incidente sobre os depósitos judiciais, nos termos do art. 11, § 1º, da Lei nº 9.289/96 e da Resolução BACEN nº 2814" (STJ, RMS 28.841/SP, Rel. Min. Sidnei Beneti, 3ª Turma, jul. 12.06.2012, *DJe* 02.08.2012).

Ação de prestação de contas. Consignação extrajudicial. Ausência de empecilho ao prosseguimento daquela. "A mera consignação de valores pela via extrajudicial não impede à outra parte o ajuizamento, aliás em época concomitante, de ação de prestação de contas relativa a valores recebidos por advogados em face de processos judiciais findos com êxito para seu cliente" (STJ, REsp 533.814/RS, Rel. Min. Aldir Passarinho Junior, 4ª Turma, jul. 19.02.2009, *DJe* 23.03.2009).

Art. 540. Requerer-se-á a consignação no lugar do pagamento, cessando para o devedor, à data do depósito, os juros e os riscos, salvo se a demanda for julgada improcedente.

CPC/1973

Art. 891.

REFERÊNCIA LEGISLATIVA

Código Civil, art. 337.

BREVES COMENTÁRIOS

Há regra específica de competência para a ação consignatória, no art. 540 do atual Código de Processo Civil, onde se determina que a consignação será requerida no lugar do pagamento.

Trata-se de regra especial, mas não inovativa, posto que, em caráter geral, já consta do art. 53, III, "d", do mesmo Código, que o foro do local onde deva ser satisfeita a obrigação é o competente para a ação relativa ao seu cumprimento.

O importante, todavia, da estipulação de uma regra especial e única para a competência, no caso da consignatória, está em que sua especificidade exclui a alternatividade, válida nos procedimentos comuns, pelo foro de eleição ou do domicílio do demandado. Isto quer dizer que o credor, na consignação, tem o direito de exigir que o depósito só se faça no local convencionado para pagamento, ainda que haja foro contratual diverso, e não obstante residir em outra circunscrição judiciária.

JURISPRUDÊNCIA SELECIONADA

1. Ação de consignação em pagamento. Necessidade de depósito integral da dívida e encargos respectivos. Mora ou recusa injustificada do credor. Ver jurisprudência do art. 539 do CPC/2015.

2. Foro de eleição. "A respeito das ações consignatórias, há regra especial do Código do Processo, dispondo que devem ser propostas no lugar do pagamento – art. 891 [art. 540 do CPC/2015]. Havendo no contrato previsão expressa quanto ao lugar de pagamento, a competência para a consignação judicial define-se por essa cláusula, ainda que as partes tenham elegido outro foro para as dúvidas oriundas do contrato" (TJSP, no Ag. 8.406-0, Rel. Des. Sylvio do Amaral, Câmara Esp, jul. 17.03.1988, *RJTJSP* 111/296).

Contrato de adesão. "Prevalece sobre a cláusula genérica referente à eleição de foro, quando de adesão o contrato, o que se contém no art. 891 do Código de Processo Civil [art. 540 do CPC/2015]. Precedentes do Superior Tribunal de Justiça" (STJ, REsp 25.602/SP, Rel. Min. Fontes De Alencar, 4ª Turma, jul. 28.09.1992, *DJ* 03.11.1992).

3. Lugar do pagamento. Prova. "A utilização da notificação judicial como prova na ação consignatória, especificamente quanto ao lugar do pagamento e a quem se deve pagar, não contraria a finalidade do instituto, nem ofende o art. 867, CPC [art. 726 do CPC/2015]" (STJ, REsp 180.882/SP, Rel. Min. Sálvio de Figueiredo Teixeira, 1ª Turma, jul. 26.09.2000, *DJ* 23.10.2000).

4. SFH. "Pagamento. Mutuário contra agente privado. Sistema de carteira hipotecária. Se, no juízo federal, a União e a caixa econômica federal foram excluídas do processo, compete a justiça estadual conhecer de ação consignatória, em que mutuário do sistema de carteira hipotecária discute cláusula contratual, com agente privado do sistema financeiro nacional" (STJ, CC 16.252, Rel. Min. Humberto Gomes de Barros, 1ª Seção, jul. 22.05.1996, *DJ* 24.06.1996).

5. Contrato de trabalho. Verbas rescisórias. "Ação de consignação em pagamento. Verbas relativas à rescisão contratual em virtude de falecimento de empregado. Dúvida entre a ex-mulher e a companheira. Compete à justiça comum estadual processar e julgar ação de consignação em pagamento movida contra a ex-mulher e a companheira de empregado falecido buscando definir de quem o direito a perceber valor referente à rescisão contratual do *de cujus*. Competência do Juízo de Direito da 1ª Vara de Família do Rio de Janeiro/RJ" (STJ, CC 27.874/RJ, Rel. Min. César Asfor Rocha, 2ª Seção, jul. 12.12.2001, *DJ* 22.04.2002, p. 158, *LEXSTJ*, vol. 156, p. 41).

6. Contribuição sindical. "Contribuição Social. Empresa Contribuinte. Sindicato. CF, artigo 114. CLT, artigos 518 e 610. Lei nº 8.984/95 (art. 1º). O artigo 114 da Constituição Federal não atribuiu competência à Justiça do Trabalho para deslindar conflito entre empresa industrial e sindicato, mas, isto sim, entre empregadores e trabalhadores e, bem assim, para a solução de litígios que tenham origem no cumprimento de suas próprias sentenças, inclusive coletivas. Tratando-se, pois, de Ação de Consignação em Pagamento (art. 898, CPC) [art. 548 do CPC/2015], objetivando o correto enquadramento sindical dos empregados da autora, com o fito de assegurar a destinação certa do pagamento das contribuições devidas, plasma-se a competência da Justiça Estadual (Súmula nº 222/STJ). Outrossim, está fugidia a relação empregatícia (art. 114, CF) e, no caso, descogita-se do cumprimento de convenção coletiva homologada, ou não, pela Justiça do Trabalho, andante, já que o pedido na Ação de Consignação versou o enquadramento sindical, sem a natureza de dissídio trabalhista, desfigurando-se a aplicação da Súmula nº 57/STJ. Afirmação da competência da egrégia Primeira Seção (art. 9º, §§ 1º e 2º, RISTJ)" (STJ, CC 28.214/SP, Rel. Min. Milton Luiz Pereira, 1ª Seção, jul. 07.05.2001, *DJ* 05.11.2001).

Art. 541. Tratando-se de prestações sucessivas, consignada uma delas, pode o devedor continuar a depositar, no mesmo processo e sem mais formalidades, as que se forem vencendo, desde que o faça em até 5 (cinco) dias contados da data do respectivo vencimento.

CPC/1973

Art. 892.

REFERÊNCIA LEGISLATIVA

CPC/2015, art. 323 (prestações periódicas).

BREVES COMENTÁRIOS

A incidência da regra pressupõe negócio jurídico material único com preço desdobrado em sucessivas prestações, como ocorre, frequentemente, com as vendas a crédito, com os aluguéis, foros, salários etc. Para exercício dessa faculdade processual, não impõe a lei ao devedor maiores solenidades. Não há sequer necessidade de nova citação do credor, nem tampouco de requerimento ao juiz a cada prestação vencida. Ao fazer o depósito inicial da primeira prestação, o autor já pode obter a abertura da conta judicial onde serão repetidos os depósitos periódicos, a seu devido tempo. Assim, a cada vencimento seguir-se-á o depósito respectivo e, após, a juntada do comprovante aos autos, tudo por diligência da parte e do escrivão.

JURISPRUDÊNCIA SELECIONADA

1. Prestações vincendas:

Pedido implícito. "Pedido. Prestações periódicas. Inclusão implícita no pedido. Prestações vincendas. Inclusão na condenação, independentemente de pedido. 'Enquanto durar a obrigação'. As prestações vincendas (periódicas) consideram-se implícitas no pedido, devendo ser incluídas na condenação, se não pagas, **enquanto durar a obrigação**. A norma do art. 290, CPC [art. 323 do CPC/2015], insere-se na sistemática de uma legislação que persegue a economia processual buscando evitar o surgimento de demandas múltiplas" (STJ, REsp 43.750/RJ, Rel. Min. Sálvio de Figueiredo Teixeira, 3ª Turma, jul. 14.11.1995, *DJ* 18.12.1995).

Ausência do depósito. "A mora do devedor não representa obstáculo à consignação da prestação devida, desde que devidamente emendada. Compete ao credor réu justificar a insuficiência do depósito, com a indicação do valor que reputa devido, seja para demonstrar a correção de sua defesa, seja, ainda, para possibilitar ao consignante o livre exercício de sua faculdade, legalmente reconhecida, de complementá-lo. Rompida a corrente dos depósitos periódicos, o processo já instaurado não mais se presta à consignação das prestações em aberto, sob pena de afronta ao art. 892 do Código de Processo Civil [art. 541 do CPC/2015]" (2º TACível SP, Ap. 429.259-00/1, Rel. Juiz Antonio Marcato, 7ª Câmara, jul. 06.06.1995).

Depósito intempestivo. "A falta de depósito oportuno das prestações subsequentes não afeta os depósitos feitos em tempo" (5º Encontro Nacional dos Tribunais de Alçada, realizado no Rio de Janeiro em novembro/1981).

2. Limite temporal. Trânsito em julgado. "Originando-se a controvérsia submetida ao Judiciário da interpretação da mesma tese jurídica, a consignação e os efeitos do julgamento não se limitam, apenas, às prestações pretéritas à data em que proferida a sentença monocrática, estendendo-se às parcelas que se vencerem **até o trânsito em julgado**" (STJ, REsp 43.750/RJ, Rel. Min. Aldir Passarinho Junior, 4ª Turma, jul. 10.10.2000, *DJ* 27.11.2000). **No mesmo sentido:** STJ, REsp 139.402/MG, Rel. Min. Ari Pargendler, 2ª Turma, jul. 05.02.1998, *DJ* 02.03.1998; STJ, REsp 78.052/RS, Rel. Min. José de Jesus Filho, 1ª Turma, jul. 14.03.1996, *DJ* 22.04.1996. **Em sentido contrário:** "Precedente desta Turma não vê violação ao art. 892 do Código de Processo Civil [art. 541 do CPC/2015] no julgado que **não admite a continuidade dos depósitos após a prolação da sentença**" (STJ, REsp 126.610/SP, Rel. Min Carlos Alberto Menezes Direito, 3ª Turma, jul. 28.04.1998, *DJ* 18.05.1998).

Ações em que a controvérsia se limita à adoção de índice de reajuste das prestações. "Nas ações em que a controvérsia se limita à adoção de índice de reajuste das prestações, deve ser admitida a consignação de prestações após a publicação da sentença, porquanto tal solução privilegia, de um lado, a efetividade do princípio da economia processual, e, de outro, a natureza eficacial da sentença que dirime conflito acerca de obrigações que envolvam prestações periódicas" (STJ, REsp 439.489/SP, Rel. p/ Acórdão Min.ª Nancy Andrighi, 2ª Seção, jul. 10.12.2003, *DJ* 19.04.2004).

3. Consignação em pagamento. Suficiência do depósito quanto ao vencido e insuficiência quanto às parcelas vincendas. "Quitação parcial. Índice de atualização. É legítimo que, reconhecida a suficiência do depósito ao vencido, seja a dívida quitada parcialmente, quando, com base nos fatos da causa, o acórdão tem por insuficientes os depósitos subsequentes, relativos às parcelas vincendas" (STJ, REsp 37.670/SP, Rel. Min. Dias Trindade, 4ª Turma, jul. 13.09.1993, *DJ* 18.10.1993).

Art. 542. Na petição inicial, o autor requererá:

I – o depósito da quantia ou da coisa devida, a ser efetivado no prazo de 5 (cinco) dias contados do deferimento, ressalvada a hipótese do art. 539, § 3º;

II – a citação do réu para levantar o depósito ou oferecer contestação.

Parágrafo único. Não realizado o depósito no prazo do inciso I, o processo será extinto sem resolução do mérito.

CPC/1973

Art. 893.

BREVES COMENTÁRIOS

A falta do depósito inviabiliza a consignatória, provocando sua extinção imediata (art. 542, parágrafo único), a qual não dependerá, na espécie, da prévia intimação do autor ordinariamente prevista no art. 485, § 1º. A petição inicial, então, além de atender às exigências ordinárias previstas no art. 319, terá de conter pedido especial de depósito da quantia ou coisa devida, a ser efetivado no prazo de cinco dias contado do deferimento.

JURISPRUDÊNCIA SELECIONADA

1. Depósito (inciso I):

a) Momento do depósito.

"Ação de consignação em pagamento. Depósito. Citação. Contestação. *Dies a quo* do prazo. Na ação de consignação em pagamento, consoante a regra do art. 893 e incisos do CPC [art. 542 do CPC/2015], com as alterações introduzidas pela Lei nº 8.951/94, o autor requererá, na petição inicial, o depósito e a citação do réu. Esta deverá ocorrer, no entanto, após a efetivação daquele, sob pena de se subverter o procedimento adequado. Se o réu compareceu, espontaneamente, antes da citação, mas, também, antes da efetivação do depósito, o *dies a quo* do prazo para resposta deve ser contado da data em que este foi realizado e juntado nos autos" (STJ, REsp 124.276/SP, Rel. Min. Waldemar Zveiter, 3ª Turma, jul. 16.06.1998, *DJU* 31.08.1998).

Depósito extemporâneo. "O ato processual praticado de maneira irregular deve ser aproveitado quando tiver alcançado seu objetivo e se a inobservância da forma não trouxer prejuízo a outra parte. Deve ser aproveitado o depósito efetuado extemporaneamente pelo devedor-consignante, não sendo, portanto, causa de extinção do processo sem julgamento do mérito a consignação da prestação fora do prazo legal. O descumprimento do prazo para o depósito, na ação de consignação em pagamento, só acarreta prejuízo ao devedor-consignante, porque, enquanto não depositada a prestação, persiste a mora com todas as consequências a ela inerentes" (STJ, REsp 617.323/RJ, Rel. Min. Nancy Andrighi, 3ª Turma, jul. 03.05.2005, *DJ* 20.06.2005, p. 274). **No mesmo sentido:** STJ, REsp 702.739/PB, Rel.ª Min.ª Nancy Andrighi, Rel. p/ Acórdão Min. Ari Pargendler, 3ª Turma, jul. 19.09.2006, *DJ* 02.10.2006. **Em sentido contrário:** STJ, AgRg no Ag 683.402/RJ, Rel. Min. Jorge Scartezzini, 4ª Turma, jul. 12.12.2005, *DJ* 13.02.2006.

Ação de consignação em pagamento. Decadência. "Ajuizada a ação antes de esgotado o prazo de caducidade, tem-se por exercido o direito, ainda que o depósito se faça em data posterior a seu exaurimento, atendida a designação judicial" (STJ, REsp 110.496/SP, Rel. Min. Eduardo Ribeiro, 3ª Turma, jul. 10.03.1997, *DJ* 22.04.1997).

b) Impossibilidade da realização do depósito. Justa Causa. "Tendo o Tribunal *a quo* reconhecido a impossibilidade da realização do depósito em face da não expedição, pelo cartório, da respectiva guia de recolhimento, a hipótese é de justa causa. Inexistência de ofensa ao art. 893, I, do CPC [art. 542, I, do CPC/2015]" (STJ, AgRg no Ag 582.345/RJ, Rel. Min. Barros Monteiro, 4ª Turma, jul. 08.03.2005, *DJ* 02.05.2005).

"Admitido como depósito valores pertencentes à autora, que o réu mantinha bloqueados, não há que se falar em extinção da consignatória pela ausência de depósito" (STJ, REsp 101.042/RS, Rel. Min. Cesar Asfor Rocha, 4ª Turma, jul. 23.11.1998, *DJ* 15.03.1999).

c) Depósito integral. Multa e correção monetária. "Na ação de consignação em pagamento, o depósito feito pelo devedor deve ser integral, incluindo multa por atraso de pagamento e correção monetária, sob pena de improcedência do pedido" (STJ, REsp 369.773/ES, Rel. Min. Garcia Vieira, 1ª Turma, jul. 16.04.2002, *DJ* 20.05.2002).

"Impõe-se ao devedor, na consignação, ao efetuar o depósito, fazê-lo com inclusão da correção monetária do período compreendido entre a data do vencimento da obrigação e a do efetivo depósito, sob pena de ser julgado improcedente o pedido" (ac. unân. da 4ª Turma do STJ de 09.05.1994, no AI 48.450-5-SP-AgRg, Rel. Min. Sálvio de Figueiredo, *DJU* 30.05.1994, p. 13.490).

d) Requerimento do depósito apenas das prestações que forem vencendo no decorrer da tramitação do processo. Descabimento. "(...). para que a consignação tenha força de pagamento, conforme disposto no art. 336 do Código Civil, é mister concorram, em relação às pessoas, ao objeto, modo e tempo, todos os requisitos sem os quais não é válido o pagamento. Destarte, a consignação em pagamento só é cabível pelo depósito da coisa ou quantia devida, não sendo possível ao recorrente pretender fazê-lo por montante ou objeto diverso daquele a que se obrigou, pois o credor (réu) não pode ser compelido a receber prestação diversa ou, em se tratando de obrigação que tenha por objeto prestação divisível, a receber por partes, se assim não se ajustou (arts. 313 e 314 do CC)" (STJ, REsp 1.170.188/DF, Rel. Min. Luis Felipe Salomão, 4ª Turma, jul. 25.02.2014, *DJe* 25.03.2014).

e) Ausência de depósito. Extinção do processo sem resolução do mérito. Desnecessidade de intimação. "Tratando-se da falta do depósito em ação consignatória, quando o Juízo já havia determinado à parte que realizasse tal providência, a extinção do processo não depende de prévia intimação. Inaplicável à hipótese em questão o § 1º do artigo 267 do Código de Processo Civil [art. 485, § 1º, do CPC/2015]" (STJ, AgRg no Ag 396.222/SP, Rel. Min. Carlos Alberto Menezes Direito, 3ª Turma, jul. 08.10.2001, *DJ* 19.11.2001).

2. Inépcia da inicial. Inocorrência. Petição singela. "Ação de consignação. Inépcia da inicial. Inocorrência. Carência de ação. Decretação indevida. Petição formalmente correta que, embora singela, permite ao réu respondê-la integralmente, não pode ser considerada inepta. Na consignatória, o *quantum debeatur* constitui matéria de mérito que conduz a procedência ou improcedência do pedido. Manifestada dúvida sobre o valor da quantia oferecida, a decisão não podia decretar a inépcia da inicial e, em consequência, a extinção do processo por carência de ação" (STJ, REsp 56.992, Rel. Min. Francisco Peçanha Martins, 2ª Turma, jul. 17.05.1995, *DJ* 04.09.1995).

"Inépcia da petição inicial. Ausência de pedido. **Identificados o pedido de consignação e de quitação do débito não há falar-se em inépcia da petição inicial**" (STJ, AREsp 302.526/RJ, Rel. Min. Antônio de Pádua Ribeiro, 3ª Turma, jul. 26.08.2002, *DJ* 04.11.2002).

3. Solidariedade ativa. Citação de apenas um credor. Possibilidade (inciso II). "Solidariedade ativa. Em se tratando de solidariedade ativa, e de pagamento via consignatória, ainda que citado apenas um dos credores, o acórdão que mantém a sentença que a julgou precedente não ofende o direito federal" (STJ, REsp 2.536/SP, Rel. Min. Fontes de Alencar, 4ª Turma, jul. 14.11.1995, *DJ* 18.12.1995).

4. Desistência do pedido de consignação em pagamento. Levantamento das quantias depositadas. "A desistência do pedido de consignação em pagamento acarretando a extinção do processo, sem julgamento de mérito, permite que o autor levante as quantias depositadas" (STJ, AgRg no REsp 816.413/DF, Rel. Min. Humberto Gomes de Barros, 3ª Turma, jul. 03.12.2007, *DJ* 18.12.2007).

Art. 543. Se o objeto da prestação for coisa indeterminada e a escolha couber ao credor, será este citado para exercer o direito dentro de 5 (cinco) dias, se outro prazo não constar de lei ou do contrato, ou para aceitar que o devedor a faça, devendo o juiz, ao despachar a petição inicial, fixar lugar, dia e hora em que se fará a entrega, sob pena de depósito.

CPC/1973

Art. 894.

REFERÊNCIA LEGISLATIVA

CC, arts. 252 a 256 (obrigações alternativas).

BREVES COMENTÁRIOS

Ao deferir a inicial, deve o magistrado, num só despacho, ordenar a citação para escolha da prestação alternativa e designar dia, local e hora para o recebimento. Naturalmente, deverá fazê-lo com previsão de tempo suficiente para que a escolha seja comunicada nos autos e dela intimado o devedor, de modo a propiciar-lhe meios de promover a oblação judicial, oportuna e adequadamente. O exercício do direito de opção pelo credor (réu) não importa reconhecimento da procedência do pedido de consignação formulado pelo devedor (autor). Pode perfeitamente fazer a escolha e, após, recusar a oferta, para contestar a ação, negando, por exemplo, a *mora accipiendi*, ou arguindo outro dos motivos previstos no art. 544 do CPC/2015 (Ernane Fidelis dos Santos, *Comentários ao CPC*, vol. VI, 2. ed., nº 16, p. 12). A regra do art. 543 do CPC/2015 refere-se explicitamente às obrigações genéricas (coisas definidas pelo gênero e quantidade apenas), mas se aplica também às obrigações alternativas, porque em ambas há necessidade de escolha da coisa devida, antes do pagamento (CC, arts. 244 e 252).

JURISPRUDÊNCIA SELECIONADA

1. Credor omisso. "Na obrigação alternativa, se ao credor compete a escolha, mas não o fez no quinquídio previsto no art. 894 do CPC [art. 543 do CPC/2015], impõe-se o depósito do bem exibido pelo devedor, se o credor não comparece à audiência designada para esse fim" (TJMS, Ap. 1.173/89, Rel. Des. Rubens Bergonzi Bossay, 1ª Turma, jul. 30.05.1989).

Art. 544. Na contestação, o réu poderá alegar que:

I – não houve recusa ou mora em receber a quantia ou a coisa devida;

II – foi justa a recusa;

III – o depósito não se efetuou no prazo ou no lugar do pagamento;

IV – o depósito não é integral.

Parágrafo único. No caso do inciso IV, a alegação somente será admissível se o réu indicar o montante que entende devido.

CPC/1973

Art. 896.

BREVES COMENTÁRIOS

Em se tratando de contestação, o tema da resposta acha-se limitado pela lei, em face do caráter especial do procedimento, que se restringe à discussão em torno da eficácia ou não do depósito promovido pelo autor. Assim, os temas que o demandado pode utilizar para contrapor ao pedido do promovente são os previstos no art. 544.

JURISPRUDÊNCIA SELECIONADA

1. Insuficiência do depósito (inciso IV). Ação de consignação em pagamento. Necessidade de depósito integral da dívida e encargos respectivos. Mora ou recusa injustificada do credor. Ver jurisprudência do art. 539 do CPC/2015.

Depósito parcial sem correção monetária. Eficácia liberatória. Inexistência. Ver jurisprudência do art. 539 do CPC/2015.

2. Depósito não integral. Discussão do valor do débito (inciso IV). "Ação de consignação. Discussão em torno do valor a ser pago. Ofensa ao art. 896 do CPC [art. 544 do CPC/2015]. Inexistência. No processo de consignação em pagamento, é possível discutir-se o montante da dívida a ser quitada. O art. 896, IV, do CPC [art. 544, IV, do CPC/2015] autoriza tal debate. O debate pode envolver apuração de fatos, assim como a interpretação de textos legais ou contratuais" (STJ, REsp 147.081/SP, Rel. Min. Humberto Gomes de Barros, 1ª Turma, jul. 08.06.1998, *DJU* 29.06.1998). **No mesmo sentido:** STJ, REsp 577.744/RJ, Rel. Min. Carlos Alberto Menezes Direito, 3ª Turma, jul. 26.08.2004, *DJ* 06.12.2004.

Indicação do montante devido. Necessidade (parágrafo único). "Alegada a insuficiência do depósito, ao credor contestante cabe declinar o valor por ele tido como escorreito, assim como a correspondente comprovação" (STJ, REsp 161.306/RO, Rel. Min. Barros Monteiro, 4ª Turma, jul. 20.05.2004, *DJ* 30.08.2004).

Diferença mínima. "Se a dívida é superior ao consignado, a ação é improcedente, por não ter sido oferecido o valor integral do débito. Não há como relevar-se a insuficiência de preço por consideração de ser mínima a falta, porque a lei só admite a consignação como válida, quando o depósito é integral, art. 896, IV, do Código de Processo Civil [art. 544, IV, do CPC/2015], máxime quando a consignante não se valeu da faculdade do art. 899 do Código de Processo Civil" (STF, RE 104.229, Rel. Min. Cordeiro Guerra, 2ª Turma, jul. 14.05.1985, *DJ* 18.10.1985).

3. Contestação. Prazo. "Se o réu compareceu, espontaneamente, antes da citação, mas, também, antes da efetivação do depósito, o *dies a quo* do prazo para a resposta deve ser contado da data em que este foi realizado e juntado nos autos. Recurso conhecido em parte e nessa parte provido" (STJ, REsp 124.276/SP, Rel. Min. Waldemar Zveiter, 3ª Turma, jul. 16.06.1998, *DJU* 31.08.1998).

"Com o advento da Lei nº 8.951/1994, que conferiu nova redação ao artigo 896 do CPC [art. 544 do CPC/2015], não mais dispondo sobre o prazo especial de dez dias para a resposta em ação de consignação em pagamento, aplica-se às consignatórias regidas pela Lei do Inquilinato o prazo comum de quinze dias. Recurso especial conhecido" (STJ, REsp 63.409/SP, Rel. Min. Vicente Leal, 6ª Turma, jul. 17.05.2001, *DJ* 18.06.2001).

Reconvenção. Possibilidade. "A ação consignatória tem natureza declaratória e não de execução inversa ou constitutiva, nela se admitindo a discussão de tudo que seja pertinente ao conhecimento de uma declaratória. Admitida, em tal ação, a reconvenção, esse âmbito de conhecimento pode ser ampliado para abranger questões próprias de ações de outra natureza. Admissível que na consignação em pagamento se discuta o valor da prestação não pode essa questão afastar o julgamento da ação pelo mérito" (1º TACível SP, Ap. 391.084-3, Rel. Juiz Ferraz Nogueira, 3ª Câmara, jul. 22.08.1988, *JTACiv.SP* 113/249).

Denunciação da lide. Possibilidade. "Não são incompatíveis os institutos da denunciação da lide e da consignação em pagamento, desde que presentes os seus pressupostos" (STJ, AgRg no Ag 17.386/GO, Rel. Min. Sálvio de Figueiredo Teixeira, 4ª Turma, jul. 02.02.1993, *DJ* 08.03.1993).

4. Justa causa (inciso I)

a) Mora do devedor . "Incide em *mora accipiendi* o credor que, injustificadamente, recusa receber a oferta do devedor de pagamento do débito, sempre tempestiva, enquanto não constituído em mora absoluta. E a consignatória, configurada a mora do credor, constitui-se em mera faculdade de que poderá valer-se o devedor para desonerar-se da obrigação, sem sujeição a prazos preclusivos. Se está em mora relativa o devedor e, desde que não convertida em absoluta, poderá ele solver o débito. E se, ainda assim, sua oferta é recusada pelo credor, injustificadamente, o que exsurge é a *mora creditoris*. É que não podem existir, simultaneamente, as moras do credor e do devedor, excluindo a mora de um a do outro" (TJSP, Embs. 141.108-2, Rel. Des. Carlos Ortiz, 12ª Câmara, jul. 19.09.1989, *RJTJRJ* 122/348). *Ver nota ao art.539 do CPC/2015.*

"Ação de consignação em pagamento. Mora do devedor. Enquanto o credor não extrair da mora do devedor os efeitos próprios, cabe a ação de consignação em pagamento. Agravo regimental improvido" (STJ, no AgRg em Ag. 118.439/GO, Rel. Min. Ari Pargendler, 2ª Turma, jul. 24.10.1996, *DJU* 18.11.1996).

"Consignação em pagamento. Faculdade do devedor, mesmo que se encontre em mora. O devedor não está obrigado a consignar a quantia devida, podendo ajuizar ou não a ação. Ocorrida a mora do devedor, irrelevante a questão do tempo, pela permanência da recusa" (STJ, REsp 38.204/RJ, Rel. Min. Hélio Mosimann, 1ª Turma, jul. 09.05.1996, *DJ* 27.05.1996).

b) Necessidade de equivalência de objetos. "A consignação exige que o depósito judicial compreenda o mesmo objeto que seria preciso prestar, para que o pagamento possa extinguir a obrigação, pois 'o credor não é obrigado a receber a prestação diversa da que lhe é devida, ainda que mais valiosa (art. 313 do NCC)'" (STJ, REsp 1.194.264/PR, Rel. Min. Luis Felipe Salomão, 4ª Turma, jul. 01.03.2011, *DJe* 04.03.2011). **No mesmo sentido:** STJ, REsp 323.411/RO, Rel.ª Min.ª Nancy Andrighi, 3ª Turma, jul. 19.06.2001, *DJ* 20.08.2001.

Prestações periódicas. Ordem do pagamento. Recusa legítima. "Prestações periódicas. Consignação em pagamento. Recusa em receber a última, antes de solvidas as anteriores. Art. 943, CC. Presunção relativa. Ônus da prova contrária atribuído ao credor. Em se tratando de prestações periódicas, a quitação da última gera a presunção relativa de já terem sido pagas as anteriores, incumbindo a prova em contrário ao credor, conforme o art. 943 do Código Civil. Pode o credor recusar a última prestação periódica, estando em débito parcelas anteriores, uma vez que, ao aceitar, estaria assumindo o ônus de desfazer a presunção *juris tantum* prevista no art. 943 do Código Civil, atraindo para si o ônus da prova. Em outras palavras, a imputação do pagamento, pelo devedor, na última parcela, antes de oferecidas as anteriores, devidas e vencidas, prejudica o interesse do credor, tornando-se legítima a recusa no recebimento da prestação" (STJ, REsp 225.435/PR, Rel. Min. Sálvio de Figueiredo Teixeira, 4ª Turma, jul. 22.02.2000, *DJ* 19.06.2000). **Nota: o CC citado no ac. é o de 1916.**

c) Prova da injusta recusa. "Em ação de consignação em pagamento, a prova direta da injusta recusa no recebimento da quantia ou da coisa devida é extremamente difícil, razão pela qual deve o julgador guiar-se pelos indícios e provas circunstanciais" (2º TASP, EmbInfrs 270.919-6/01, Rel. Juiz Martins Costa, 8ª Câmara, jul. 28.02.1991).

5. Insuficiência do depósito (inciso IV).

Ação de consignação em pagamento. Necessidade de depósito integral da dívida e encargos respectivos. Mora ou recusa injustificada do credor. Ver jurisprudência do art. 539 do CPC/2015.

Depósito parcial sem correção monetária. Eficácia liberatória. Inexistência. Ver jurisprudência do art. 539 do CPC/2015.

Depósito não integral. Discussão do valor do débito. "Ação de consignação. Discussão em torno do valor a ser pago. Ofensa ao art. 896 do CPC [art. 544 do CPC/2015]. Inexistência. No processo de consignação em pagamento, é possível discutir-se o montante da dívida a ser quitada. O art. 896, IV, do CPC [art. 544, IV, do CPC/2015] autoriza tal debate. O debate pode envolver apuração de fatos, assim como a interpretação de textos legais ou contratuais" (STJ, REsp 147.081/SP, Rel. Min. Humberto Gomes de Barros, 1ª Turma, jul. 08.06.1998, *DJU* 29.06.1998). **No mesmo sentido:** STJ, REsp 577.744/RJ, Rel. Min. Carlos Alberto Menezes Direito, 3ª Turma, jul. 26.08.2004, *DJ* 06.12.2004.

Indicação do montante devido. Necessidade. "Alegada a insuficiência do depósito, ao credor contestante cabe declinar o valor por ele tido como escorreito, assim como a correspondente comprovação" (STJ, REsp 161.306/RO, Rel. Min. Barros Monteiro, 4ª Turma, jul. 20.05.2004, *DJ* 30.08.2004).

Diferença mínima. "Se a dívida é superior ao consignado, a ação é improcedente, por não ter sido oferecido o valor integral do débito. Não há como relevar-se a insuficiência de preço por consideração de ser mínima a falta, porque a lei só admite a consignação como válida, quando o depósito é integral, art. 896, IV, do Código de Processo Civil [art. 544, IV, do CPC/2015], máxime quando a consignante não se valeu da faculdade do art. 899 do Código de Processo Civil" [art. 544 do CPC/2015] (STF, RE 104.229, Rel. Min. Cordeiro Guerra, 2ª Turma, jul. 14.05.1985, *DJ* 18.10.1985).

6. Honorários de sucumbência. "Julgado improcedente o pedido formulado em ação de consignação em pagamento, os honorários de sucumbência devem ser fixados considerando o efetivo proveito econômico da lide, consistente na diferença entre as pretensões do credor e devedor" (STJ, REsp 251.077/MS, Rel. Min. Eduardo Ribeiro, 3ª Turma, jul. 25.05.2000, *DJ* 14.08.2000).

7. Coisa julgada. "Ação de consignação. Coisa julgada. Se a improcedência de consignatória anterior não se prendeu apenas à insuficiência de oferta, eis que reconhecida, também, a mora do devedor, na parte dispositiva, não há como elidir, no particular, a coisa julgada" (STJ, REsp 39.745-6/RS, Rel. Min. Cláudio Santos, 3ª Turma, jul. 01.06.1999, *DJU* 28.06.1999).

Art. 545. Alegada a insuficiência do depósito, é lícito ao autor completá-lo, em 10 (dez) dias, salvo se corresponder a prestação cujo inadimplemento acarrete a rescisão do contrato.

§ 1º No caso do *caput*, poderá o réu levantar, desde logo, a quantia ou a coisa depositada, com a consequente liberação parcial do autor, prosseguindo o processo quanto à parcela controvertida.

§ 2º A sentença que concluir pela insuficiência do depósito determinará, sempre que possível, o montante devido e valerá como título executivo, facultado ao credor promover-lhe o cumprimento nos mesmos autos, após liquidação, se necessária.

CPC/1973

Art. 899.

BREVES COMENTÁRIOS

O credor não é obrigado a receber prestação menor ou diversa daquela pela qual se obrigou o devedor. Por isso, o art. 544, IV, do CPC/2015, arrola, entre as defesas úteis, a da insuficiência do depósito efetuado pelo promovente da consignatória. Provada essa defesa, a consequência natural seria a improcedência do pedido. A lei, no entanto, por política de economia processual e pela preocupação de eliminar o litígio, instituiu uma faculdade especial para o devedor, quando a defesa se referir apenas à insuficiência do depósito: em semelhante situação, faculta-se ao autor a complementação em dez dias.

É bom lembrar que esse depósito complementar não foi condicionado pela lei nem a erro nem a boa-fé do autor, de sorte que se mostra irrelevante o motivo da insuficiência do depósito. Desde que o devedor concorde com a alegação do réu e se disponha a complementar o depósito, aberta lhe será a faculdade do art. 545.

No caso de insuficiência do depósito, não superada por complementação, a sentença não será de simples improcedência da consignatória. Reconhecerá o saldo devedor correto e valerá como título executivo em favor do réu (art. 545, § 2º).

JURISPRUDÊNCIA SELECIONADA

1. Natureza dúplice da ação. "A ação de consignação em pagamento, não obstante ajuizada no interesse do autor, aproveita imediatamente ao réu, que pode, desde logo, levantar a quantia depositada, ainda que insuficiente, servindo-lhe também de modo mediato porque a sentença proporcionará um título executivo para a cobrança do saldo remanescente (CPC, art. 899, §§ 1º e 2º)" [art. 545, §§ 1º e 2º, do CPC/2015] (STJ, REsp 886.823/DF, Rel. Min. Ari Pargendler, 3ª Turma, jul. 17.05.2007, *DJ* 25.06.2007).

"(...) o caso da ação consignatória, além de ter rito especialmente amoldado à satisfação específica do direito material de liberar-se da obrigação, sua adoção, na forma como estabelecida a partir da reforma processual de 1994, é também de interesse do réu, não só por lhe ser facultado levantar antecipadamente os depósitos (CPC, art. 899, § 1º) [art. 545, § 1º, do CPC/2015], mas, sobretudo, porque poderá, ao final, obter tutela jurisdicional em seu favor (art. 899, § 2º) [art. 545, § 2º, do CPC/2015]. Trata-se de ação dúplice, em que a tutela em favor do réu é dada independentemente de reconvenção, o que não ocorre no procedimento comum. Assim, porque prejudicial ao réu, já não dispõe o autor da faculdade de optar pelo rito comum, ao exercer a sua pretensão de consignar em pagamento" (STJ, REsp 816.402/RS, Rel. Min. Teori Albino Zavascki, 1ª Turma, jul. 15.09.2009, *DJe* 23.09.2009).

2. Insuficiência do depósito. "Ao ser alegada insuficiência da oferta na contestação, deve o magistrado abrir prazo para a complementação do depósito e, após, decidir as demais alegações arguidas naquela peça" (TJSC, Ap. 45.747, Rel. Des. Carlos Prudêncio, 1ª Câmara Cível, jul. 16.06.1995).

Provimento parcial. "'Esta Corte de Uniformização Infraconstitucional firmou entendimento no sentido de que o depósito efetuado a menor em ação de consignação em pagamento não acarreta a total improcedência do pedido, na medida em que a obrigação é parcialmente adimplida pelo montante consignado, acarretando a liberação parcial do devedor. O restante do débito, reconhecido pelo julgador, pode ser objeto de execução nos próprios autos da ação consignatória (cf. REsp nº 99.489/SC, Rel. Ministro Barros Monteiro, *DJ* de 28.10.2002; REsp nº 599.520/TO, Rel. Ministra Nancy Andrighi, *DJ* de 01.02.2005; REsp nº 448.602/SC, Rel. Ministro Ruy Rosado de Aguiar, *DJ* de 17.02.2003; AgRg no REsp nº 41.953/SP, Rel. Ministro Aldir Passarinho Júnior, *DJ* de 06.10.2003; REsp nº 126.326/RJ, Rel. Ministro Barros Monteiro, *DJ* de 22.09.2003)'. (REsp 613.552/RS, Rel. Min. Jorge Scartezzini, Quarta Turma, Unânime, *DJ* 14.11.2005, p. 329)" (STJ, REsp 912.697/RO, Rel. Min. Aldir Passarinho Junior, 4ª Turma, jul. 07.10.2010, *DJe* 25.10.2010). **No mesmo sentido:** STJ, REsp 194.530/SC, Rel. Min. Ruy Rosado de Aguiar, 4ª Turma, jul. 16.11.1999, *DJ* 17.12.1999. **Em sentido contrário**: "Depósito parcial. Na ação de consignação em pagamento, o depósito feito pelo devedor deve ser integral, incluindo multa por atraso de pagamento e correção monetária, sob pena de improcedência do pedido" (STJ, REsp 369.773/ES, Rel. Min. Garcia Vieira, 1ª Turma, jul. 16.04.2002, *DJ* 20.05.2002). **No mesmo sentido**: STJ, REsp 598.617/MS, Rel. Min. Carlos Alberto Menezes Direito, 3ª Turma, jul. de 16.06.2005, *DJ* 26.09.2005. **Obs.:** V. nº 12 da jurisprudência do CPC/2015, art. 539 (REsp 1.108.058/DF).

Índice de reajuste. "Se o depósito não se apresenta suficiente, não é dado considerar satisfeito o débito na medida em que aquele foi feito remetendo as partes a outro processo, para discussão dos índices de reajuste aplicáveis às prestações objeto da consignatória. Recurso especial conhecido e provido" (STJ, ac. unân. da 3ª Turma, publ. em 04.09.1995, REsp 38.916-0/SP, Rel. Min. Costa Leite).

"A ação consignatória permite a discussão sobre o índice aplicável para a atualização do débito. Efetuado o depósito com pequena diferença a menor, nem por isso deixa de ser a ação procedente, reconhecido o saldo como crédito da ré, valendo a sentença como título executivo. Aplicação do disposto no art. 899, § 2º, do CPC [art. 545, § 2º, do CPC/2015]" (ac. unân. da 4ª Turma do STJ, no REsp 64.631/BA, jul. 19.09.1995, *DJU* 27.11.1995, p. 40.895). **Obs.:** V. nº 2 da jurisprudência do CPC/2015, art. 539 (REsp 1.108.058/DF).

3. Complementação de depósito:

Faculdade do autor. "Depósito insuficiente. Complementação. Faculdade do autor. Precedente. Recurso não conhecido. Em ação de consignação em pagamento, apontada na contestação a insuficiência do valor depositado, cabe ao autor, se concordar com a alegação do réu, requerer a complementação do depósito, conforme faculta o art. 899, CPC [art. 545 do CPC/2015]" (STJ, REsp 241.178/SC, Rel. Min. Carlos Alberto Menezes Direito, 3ª Turma, jul. 26.09.2000, *DJ* 20.11.2000).

Retrovenda. "Ação de consignação em pagamento proposta para, nos termos de cláusula de retrovenda, devolver ao comprador a parte do preço já paga. Despesas correlatas ao negócio desconhecidas do autor na data da propositura da ação. Direito à complementação do depósito. Recurso especial conhecido e provido" (STJ, REsp 206.124/RJ, Rel. Min. Ari Pargendler, 3ª Turma, jul. 02.10.2001, *DJ* 05.11.2001).

SFH. Liquidação de sentença. Cabimento. "É possível, em ação de consignação em pagamento relativa a contrato de mútuo do SFH, discutir-se o valor das prestações e o critério de reajuste. Sendo o depósito insuficiente, pode haver a complementação na fase de liquidação da sentença" (STJ, REsp 389.190/SC, Rel. Min. Castro Meira, 2ª Turma, jul. 14.02.2006, *DJ* 13.03.2006). **No mesmo sentido**: STJ, REsp 180.438/RS, Rel. Min. Franciulli Netto, 4ª Turma, jul. 21.05.2002, *DJ* 30.09.2002; STJ, REsp 242.321/RS, Rel. Min. Carlos Alberto Menezes Direito, 3ª Turma, jul. 23.11.2000, *DJ* 05.02.2001. **Entendendo pelo descabimento de liquidação de sentença na ação de consignação em pagamento:** "Descabe, em ação de consignação em pagamento, determinação de apuração de valores em liquidação de sentença, instituto cabível tão somente quando for o caso de sentença condenatória, inocorrente na hipótese dos autos, até porque não foi a pretensão deduzida pela ré, quando da contestação" (TJRGS, Ap. 70010163814, Rel.ª Des.ª Elaine Harzheim Macedo, 17ª Câmara Cível, jul. 23.11.2004, *RJTJRGS* 245/283-284).

Sucumbência. "O só fato de o autor complementar o depósito feito em ação de consignação em pagamento não lhe impõe os encargos da sucumbência, desde que seja vitorioso na contenda" (STJ, 4ª Turma, REsp 122.559/MG, Rel. Min. César Asfor Rocha, ac. 28.03.2000, *DJ* 22.05.2000).

4. Ação de consignação em pagamento julgada improcedente. Depósito. Conversão em renda. Possibilidade. "Nos termos da jurisprudência do STJ, julgada improcedente a ação de consignação em pagamento, impõe-se a conversão em renda do valor do depósito" (STJ, AgRg no REsp 1.348.040/DF, Rel. Min. Humberto Martins, 2ª Turma, jul. 27.08.2013, *DJe* 06.09.2013).

5. Locação. Recurso cabível. Determinação do valor. "Nos autos de ação consignatória de alugueres e encargos locatícios, a decisão que ordena o depósito judicial no valor arbitrado na ação revisional, diverso da importância indicada na petição inicial, tem a natureza de decisão interlocutória, suscetível de ataque por meio de agravo de instrumento" (STJ, REsp 263.207/MG, Rel. Min. Vicente Leal, 6ª Turma, jul. 14.12.2000, *DJ* 19.02.2001).

6. Revelia. Ver jurisprudência do art. 546 do CPC/2015.

7. Coisa julgada. Ver jurisprudência do art. 546 do CPC/2015.

Art. 546. Julgado procedente o pedido, o juiz declarará extinta a obrigação e condenará o réu ao pagamento de custas e honorários advocatícios.

Parágrafo único. Proceder-se-á do mesmo modo se o credor receber e der quitação.

CPC/1973

Art. 897.

BREVES COMENTÁRIOS

A estrutura do procedimento especial da ação de consignação em pagamento, conduz a uma sentença declaratória. Sobre o mérito da causa, não ocorre nem constituição, nem condenação. Não é o ato judicial do magistrado que extingue a obrigação, mas o depósito feito em juízo pelo autor. A sentença apenas reconhece a eficácia do ato da parte. E a única condenação que se dá é a pertinente aos encargos da sucumbência (custas e honorários de advogado), porque é lógico que as despesas do pagamento hão de ser suportadas por quem está em mora e, assim, deu causa à ação consignatória.

Excepcionalmente a sentença pode transformar-se em condenatória, quando se verificar a situação tratada no art. 545, § 2º.

JURISPRUDÊNCIA SELECIONADA

1. Relativização dos efeitos da revelia. "A revelia caracterizada pela ausência de contestação ou a apresentação intempestiva desta, não conduz à procedência do pedido deduzido na demanda consignatória, salvo se verificado pelo magistrado que, do exame das provas colacionadas aos autos suficientes ao seu convencimento, resulte a presunção de veracidade dos fatos, consoante o disposto no art. 897 do CPC (com a redação que lhe deu a Lei nº 8.951/1994) [art. 546 do CPC/2015], *verbis*: 'Não oferecida a contestação, e ocorrentes os efeitos da revelia, o juiz julgará procedente o pedido, declarará extinta a obrigação e condenará o réu nas custas e honorários advocatícios' (Precedentes: REsp 624.922/SC, Rel. Ministro Carlos Alberto Menezes Direito, Terceira Turma, julgado em 04.08.2005, *DJ* 07.11.2005 p. 265; REsp 302.280/RJ, Rel. Ministro Carlos Alberto Menezes Direito, Terceira Turma, julgado em 26.06.2001, *DJ* 18.02.2002, p. 415; REsp 434.866/CE, Rel. Ministro Barros Monteiro, Quarta Turma, julgado em 15.08.2002, *DJ* 18.11.2002 p. 227; REsp 261.310/RJ, Rel. Ministro Ruy Rosado de Aguiar, Quarta Turma, julgado em 03.10.2000, *DJ* 27.11.2000, p. 171)" (STJ, REsp 984.897/PR, Rel. Min. Luiz Fux, 1ª Turma, jul. 19.11.2009, *DJe* 02.12.2009). **No mesmo sentido**: STJ, REsp 35.228/RJ, Rel. Min. Anselmo Santiago, 6ª Turma, jul. 03.09.1998, *DJ* 09.11.1998.

2. Levantamento do depósito após a sentença. Extinção da obrigação. "Se, em ação de consignação em pagamento, o réu, após decisão que lhe é contrária, requer o levantamento do depósito e o obtém, tem-se com aplicação do disposto ao art. 897 do CPC [art. 546 do CPC/2015], que a obrigação do consignante se extingue, importando, em consequência de tal levantamento, com a **implícita desistência do recurso** que o credor tenha interposto" (STF, RE 109.849-0/BA, Rel. Min. Aldir Passarinho, 2ª Turma, *DJ* 21.8.87; *Adcoas*, 1988, nº 116.327).

3. Coisa julgada. "Decidido na anterior ação de consignação em pagamento que o valor do depósito era suficiente, julgada procedente a ação e, em consequência, conferido o devido efeito liberatório, uma vez afastadas as impugnações apresentadas pela parte interessada, existe a coisa julgada para interceptar o ajuizamento de ação ordinária para receber alegada diferença" (STJ, REsp 242.320/GO, Rel. Min. Carlos Alberto Menezes Direito, 3ª Turma, jul. 12.09.2000, *DJ* 06.11.2000).

"Na ação consignatória, a coisa julgada relaciona-se apenas com a suficiência ou insuficiência da oferta" (STJ, REsp 242.100/SP, Rel. Min. Humberto Gomes de Barros, 3ª Turma, jul. 07.10.2004, *DJ* 03.11.2004).

"Julgada improcedente uma primeira ação consignatória, através da qual o devedor pretendia efetuar o pagamento do preço com aplicação da tablita, pode ele promover segunda demanda, alegando agora que o credor se recusa a receber o preço atualizado, calculado sem a deflação. Inexistência de coisa julgada" (STJ, REsp 102.497/SP, Rel. Min. Ruy Rosado de Aguiar, 4ª Turma, jul. 03.12.1996, *DJ* 03.02.1997).

4. Compromissário-adquirente. Improcedência do pedido. Mora *ex re* do autor. "Proposta ação de consignação em pagamento por compromissário-adquirente, diante de impasse quanto ao critério que, em face do advento de 'plano econômico', deveria ser adotado para saldar as últimas prestações avençadas, da improcedência do pedido não resulta a automática resolução do ajuste, mas tão somente o reconhecimento de haver o autor incorrido em mora *ex re*" (STJ, REsp 15.489/SP, Rel. Min. Sálvio de Figueiredo Teixeira, 4ª Turma, jul. 06.06.1994, *DJ* 05.09.1994).

Art. 547. Se ocorrer dúvida sobre quem deva legitimamente receber o pagamento, o autor requererá o depósito e a citação dos possíveis titulares do crédito para provarem o seu direito.

CPC/1973

Art. 895.

BREVES COMENTÁRIOS

A dúvida do devedor, que justifica o depósito judicial em pagamento, há de ser razoável, fundando-se na legitimidade do titular do crédito ou do representante autorizado a receber.

JURISPRUDÊNCIA SELECIONADA

1. Citação dos possíveis credores. Providência acautelatória de direitos. "Acrescente-se que, nos termos do art. 895 do CPC [art. 547 do CPC/2015], 'se ocorrer dúvida sobre quem deva legitimamente receber o pagamento, o autor requererá o depósito e a citação dos que o disputam para provarem o seu direito'. Como bem esclarecem Nelson Nery Junior e Rosa Maria de Andrade Nery, nessa hipótese, 'a providência do devedor é acautelatória de seus direitos', pois 'quer pagar bem e não incorrer no risco que lhe adviria de pagar para quem não é o legítimo credor da prestação' (*Código de Processo Civil Comentado e legislação extravagante*, 10. ed., São Paulo: RT, 2007, p. 1.151)" (STJ, REsp 931.566/MG, Rel.ª Min.ª Denise Arruda, 1ª Turma, jul. 23.04.2009, *DJe* 07.05.2009).

Art. 548. No caso do art. 547:

I – não comparecendo pretendente algum, converter-se-á o depósito em arrecadação de coisas vagas;

II – comparecendo apenas um, o juiz decidirá de plano;

III – comparecendo mais de um, o juiz declarará efetuado o depósito e extinta a obrigação, continuando o processo a correr unicamente entre os presuntivos credores, observado o procedimento comum.

CPC/1973

Art. 898.

REFERÊNCIA LEGISLATIVA

CPC/2015, arts. 347 (providências preliminares), 348 (revelia), 350 (defesa indireta do mérito), 351 e 352 (alegações do réu), 353 (julgamento conforme o estado do processo), 354 (extinção do processo), 355 (julgamento antecipado da lide), 744 e 745 (bens de ausentes).

BREVES COMENTÁRIOS

Comparecendo mais de um pretendente à consignação, o juiz declarará efetuado o depósito e extinta a obrigação; o processo, porém, terá prosseguimento entre os credores concorrentes.

Se não comparecer nenhum pretendente, também será declarada extinta a obrigação, sendo, porém, o depósito convertido em arrecadação de bens de ausente.

Comparecendo apenas um pretendente a ação será processada como consignatória comum, limitando-se a apreciação judicial à situação dos interessados presentes.

JURISPRUDÊNCIA SELECIONADA

1. Exclusão do autor. "Na ação de consignação proposta com fundamento na dúvida do devedor acerca de quem seja o credor, a decisão do processo se dá em duas fases: inicialmente, libera-se o devedor e, após, o processo continua pelo procedimento ordinário para determinar quem, entre os que disputam o crédito, tem titularidade para recebê-lo. Inteligência do art. 898 do CPC [art. 548 do CPC/2015]" (STJ, REsp 825.795/MS, Rel. Min. Nancy Andrighi, 3ª Turma, jul. 07.02.2008, *DJe* 26.09.2008).

2. Sucumbência. "Em ação de consignação em pagamento fundada em dúvida quanto à titularidade do crédito, declarado procedente o depósito, são devidos honorários advocatícios pelos supostos credores em favor do autor, permanecendo a lide em relação àqueles. Posteriormente, resolvida a questão relativa à titularidade do crédito, em favor do réu vencedor são devidos honorários advocatícios, além do reembolso dos honorários já pagos ao autor da consignatória" (STJ, REsp 784.256/RJ, Rel.ª Min.ª Denise Arruda, 1ª Turma, jul. 16.09.2008, *DJe* 01.10.2008). **No mesmo sentido**: STJ, REsp 109.868/MG, Rel. Min. Aldir Passarinho Júnior, 4ª Turma, jul. 15.02.2000, *DJ* 22.05.2000; STJ, 3ª Turma, REsp 325.140/ES, Rel.ª Min.ª Eliana Calmon, jul. 16.05.2002, *DJ* 30.09.2002.

3. Decisão que homologa o depósito. Recurso cabível. "A matéria relativa ao recurso cabível contra a decisão que homologa o depósito na ação de consignação em pagamento não está pacificada na doutrina, caracterizando dúvida objetiva capaz de justificar a aplicação do princípio da fungibilidade. Esta Corte já se pronunciou no sentido de que a ação consignatória, por sua natureza, enseja dúvida quanto ao recurso cabível para impugnar a decisão que homologa o depósito e exclui o devedor da lide" (STJ, REsp 914.438/SP, Rel. Min. Laurita Vaz, 5ª Turma, jul. 26.10.2010, *DJe* 22.11.2010).

Art. 549. Aplica-se o procedimento estabelecido neste Capítulo, no que couber, ao resgate do aforamento.

CPC/1973

Art. 900.

SÚMULAS

Súmulas do STF:

nº 122: "O enfiteuta pode purgar a mora enquanto não decretado o comisso por sentença".

nº 170: "É resgatável a enfiteuse instituída anteriormente à vigência do Código Civil".

BREVES COMENTÁRIOS

A enfiteuse é um direito real em extinção. O nosso Código Civil não mais a permite. Ressalvam-se, porém, as constituídas sob o regime do Código de 1916. Embora de índole perpétua, não quer a lei que o foreiro fique subjugado, indefinidamente, a esse direito real sobre coisa alheia. Daí a instituição de uma faculdade que consiste no poder jurídico, atribuído ao titular do domínio útil, de resgatar a enfiteuse depois de transcorridos 10 anos da constituição do gravame, "mediante pagamento de um laudêmio, que será de dois e meio por cento sobre o valor atual da propriedade plena, e de 10 pensões anuais" (art. 693 do Cód. Civil de 1916, com a redação da Lei nº 5.827, de 23.11.1972). Se o senhorio se recusa a aceitar o regaste, permite o art. 549 do CPC/2015 que o foreiro se valha da ação de consignação em pagamento, para liberar seu imóvel do gravame existente. Nesse caso, a sentença não tem a força normal de declarar extinta a dívida do autor da consignatória, pois, na verdade, nada devia ele ao réu. O que se dá é o exercício de uma faculdade legal (a de liberar o imóvel de um ônus real), mediante resgate imposto ao titular do *ius in re*. A sentença, incidindo sobre o depósito efetuado pelo foreiro à disposição do senhorio, declarará sua eficácia liberatória e servirá de título para cancelamento do direito real lançado no Registro de Imóveis (Lei nº 6.015/1973, art. 250, I).

PROCEDIMENTOS ESPECIAIS: AÇÃO DE CONSIGNAÇÃO: INDICAÇÃO DOUTRINÁRIA

Adroaldo Furtado Fabrício, *Ação consignatória fundada em dúvida quanto à titularidade do crédito, Ajuris* 18/5; Adroaldo Furtado Fabrício, *Comentários ao CPC*, 6ª ed., v. VIII, tomo III, p. 137, n. 121 – o prazo é preclusivo, não admitindo a complementação posterior, nada impedindo a possibilidade de as partes transigirem; Andrea Zanetti e Fernanda Tartuce. A demanda consignatória e a mora do credor: compreensão tradicional e avanços jurisprudenciais. *Revista Magister de Direito Civil e Processual civil.* n. 76, p. 71/92; Antônio Carlos Marcato, *Procedimentos especiais.* 16. ed., São Paulo: Atlas, 2016; Cassio Scarpinella Bueno, *Manual de direito processual civil*, São Paulo: Saraiva, 2015; Daniel Amorim Assumpção Neves, *Manual de direito processo civil*, São Paulo: Método, 2015; Fredie Didier Jr., *Curso de direito processual civil*, 17. ed., Salvador: JusPodivm, 2015, v. I; Guilherme Rizzo Amaral, *Comentários às alterações do novo CPC*, São Paulo: Revista dos Tribunais, 2015; Humberto Theodoro Júnior, *As inovações no Código de Processo Civil*, 6ª ed., 1996, p. 56 – "É que, mesmo não havendo resposta do réu, a inicial pode veicular, por seus próprios termos, fatos que, por si, não justificam a pretensão do autor. Malgrado, portanto, a inércia do demandado, não estará o juiz autorizado a pronunciar, desde logo, o decreto de procedência do pedido"; Humberto Theodoro Júnior, *Curso de direito processual civil*, 54. ed., Rio de Janeiro: Forense, 2020, v. II; Humberto Theodoro Júnior, *Curso de direito processual civil*, v. II, n. 1.218 – "Se o autor ... não recolhe em depósito judicial a prestação litigiosa, o caso é de imediata extinção do processo, sem julgamento de mérito, por ter se tornado juridicamente impossível a tutela jurisdicional de início requerida (CPC, art. 267, nº VI)"; *Inovações do Código de Processo Civil*, Forense, 1995, p. 54; Humberto Theodoro Júnior, Fernanda Alvim Ribeiro de Oliveira, Ester Camila Gomes Norato Rezende (coord.), *Primeiras lições sobre o novo direito processual civil brasileiro*, Rio de Janeiro: Forense, 2015; J. E. Carreira Alvim, *Comentários ao novo Código de Processo Civil*, Curitiba: Juruá, 2015; José Miguel Garcia Medina, *Novo Código de Processo Civil comentado*, São Paulo: Revista dos Tribunais, 2015; Leonardo Greco, *Instituições de processo civil: introdução ao direito processual civil*, 5. ed., Rio de Janeiro: Forense, 2015; Luis Antônio Giampaulo Sarro, *Novo Código de Processo Civil*, São Paulo: Rideel, 2015; Luiz Guilherme Marinoni, Sérgio Cruz Arenhart, Daniel Mitidiero, *Curso de processo civil*, São Paulo: Revista dos Tribunais, 2015, v. I; Luiz Guilherme Marinoni, Sérgio Cruz Arenhart, Daniel Mitidiero, *Novo curso de processo civil*, São Paulo: Revista dos Tribunais, 2015, v. III, p. 127; Nelson Nery Junior, Rosa Maria de Andrade Nery, *Comentários ao Código de Processo Civil*, São Paulo: Revista dos Tribunais, 2015; Pontes de Miranda, *Comentários ao CPC, 1973*, tomo XIII, p. 27/8 – sobre a possibilidade de se fazer depósito antes da citação do réu, por excepcionalidade, como quando o credor alegasse estado de necessidade; Priscila Kei Sato, In: Teresa Arruda Alvim Wambier, Fredie Didier Jr., Eduardo Talamini, Bruno Dantas, *Breves comentários ao novo Código de Processo Civil*, São Paulo: Revista dos Tribunais, 2015; Ricardo Alexandre da Silva, Eduardo Lamy, In: Sérgio Cruz Arenhart e Daniel Mitidiero (coord.), *Comentários ao Código de Processo Civil*, 2. ed., São Paulo: RT, 2018, v. 9; Rita de Cassia Corrêa de Vasconcelos. Dos procedimentos especiais. In: Luiz Rodrigues Wambier; Teresa Arruda Alvim Wambier. *Temas Essenciais do Novo CPC*. São Paulo: RT, 2016. p. 278; Ronaldo Vasconcelos, Ação de consignação em pagamento, In: Ana Cândida Menezes Marcato et al. (orgs.), *Reflexões sobre o Código de Processo Civil de 2015*: uma contribuição dos membros do Centro de Estudos Avançados de Processo – Ceapro, São Paulo: Verbatim, 2018, p. 733 e ss.; Teresa Arruda Alvim Wambier, Fredie Didier Jr., Eduardo Talamini, Bruno Dantas (coord.), *Breves comentários ao novo Código de Processo Civil*, São Paulo: Revista dos Tribunais, 2015; Teresa Arruda Alvim Wambier, Maria Lúcia Lins Conceição, Leonardo Ferres da Silva Ribeiro, Rogério Licastro Torres de Melo, *Primeiros comentários ao novo Código de Processo Civil*, São Paulo: Revista dos Tribunais, 2015; Vicente Greco Filho, *Direito processual civil brasileiro*, v. 3º, p. 211 – sobre a revelia na consignatória; Edson Prata, *Reconhecimento da procedência do pedido, RFDU* 3/168; Yussef Said Cahali, *Honorários advocatícios*, p. 424/5 – sobre a possibilidade de extrair do depósito o montante de custas e honorários advocatícios.

Capítulo II
DA AÇÃO DE EXIGIR CONTAS

Art. 550. Aquele que afirmar ser titular do direito de exigir contas requererá a citação do réu para que as preste ou ofereça contestação no prazo de 15 (quinze) dias.

§ 1º Na petição inicial, o autor especificará, detalhadamente, as razões pelas quais exige as contas, instruindo-a com documentos comprobatórios dessa necessidade, se existirem.

§ 2º Prestadas as contas, o autor terá 15 (quinze) dias para se manifestar, prosseguindo-se o processo na forma do Capítulo X do Título I deste Livro.

§ 3º A impugnação das contas apresentadas pelo réu deverá ser fundamentada e específica, com referência expressa ao lançamento questionado.

§ 4º Se o réu não contestar o pedido, observar-se-á o disposto no art. 355.

§ 5º A decisão que julgar procedente o pedido condenará o réu a prestar as contas no prazo de 15 (quinze) dias, sob pena de não lhe ser lícito impugnar as que o autor apresentar.

§ 6º Se o réu apresentar as contas no prazo previsto no § 5º, seguir-se-á o procedimento do § 2º, caso contrário, o autor apresentá-las-á no prazo de 15 (quinze) dias, podendo o juiz determinar a realização de exame pericial, se necessário.

CPC/1973

Art. 915.

REFERÊNCIA LEGISLATIVA

CPC/2015, arts. 360 a 368 (audiência).

SÚMULAS

Súmula do STJ:

Nº 259: "A ação de prestação de contas pode ser proposta pelo titular de conta corrente bancária".

Súmula do TJPR:

Nº 12: "Nas ações de prestação de contas, em ambas as fases, é admissível a concessão de medida liminar de natureza cautelar para impedir ou suspender a inscrição do nome do devedor nos cadastros de proteção ao crédito".

BREVES COMENTÁRIOS

O Código anterior, ao instituir o procedimento especial previsto em seu art. 914, dispunha textualmente, que "a ação de prestação de contas competirá a quem tiver: I – o direito de exigi-las; II – a obrigação de prestá-las". O Código novo, porém, só trata como procedimento especial aquele que se destina a exigir contas. Logo, a pretensão de dar contas ficou relegada ao procedimento comum.

Vê-se, assim, que a demanda sobre contas autorizada pelo art. 550 do CPC/2015 só pode partir da iniciativa de quem tem o direito de exigi-las. No entanto, na composição das verbas reunidas nas contas discutidas em juízo, a iniciativa é bilateral. Ambas as partes podem reclamar inserção e exclusão de parcelas e podem pretender alterações quantitativas.

JURISPRUDÊNCIA SELECIONADA

1. Ação dúplice. "Não obstante possua a ação de prestação de contas caráter dúplice, possibilitando ao réu, na contestação, formular pedidos em seu favor, não exigindo reconvenção, resta caracterizada a preclusão quando não houver requerimento nesse sentido. Nos termos do artigo 293 do Código de Processo Civil [art. 322 do CPC/2015], o pedido deve ser interpretado restritivamente, sendo necessária a invocação expressa da pretensão pelo autor e, na espécie, também pelo réu" (STJ, REsp 476.783/RJ, Rel. Min. João Otávio de Noronha, 2ª Turma, jul. 18.10.2007, *DJ* 13.11.2007).

Possibilidade de reconvenção. "É possível a reconvenção em ação de prestação de contas, mas o seu indeferimento não é causa de nulidade se a mesma matéria foi apresentada na contestação, considerando-se que nesse tipo de ação 'a reconvenção é implícita na defesa'" (REsp 239.311/CE, Rel. Min. Ruy Rosado de Aguiar, 4ª Turma, jul. 15.02.2000, *DJ* 08.05.2000).

2. Pedido Genérico. Impossibilidade. "A despeito de ser cabível a ação de prestação de contas relativamente à movimentação financeira do correntista, é indispensável que o pedido venha especificado de forma clara com apontamento das irregularidades supostamente havidas em desconformidade com o contrato, sob pena de inviabilizar a via especial escolhida" (TJPR, Ap. Cív. 1578065-5, Rel. Des. Hayton Lee Swain Filho, 15ª Câmara Cível, *DJ* 11.10.2016).

3. Cabimento da ação.

Alienação fiduciária. Administração de bens de terceiro. "A administração de interesse de terceiro decorre do comando normativo que exige destinação específica do *quantum* e a entrega de eventual saldo ao devedor. Após a entrada em vigor da Lei n. 13.043/2014, que alterou o art. 2º do Decreto-lei n. 911/1969, a obrigação de prestar contas ficou expressamente consignada" (STJ, REsp 1.678.525/SP, Rel. Min. Antonio Carlos Ferreira, 4ª Turma, jul. 05.10.2017, *DJe* 09.10.2017).

Alienação fiduciária. Leilão extrajudicial do bem. "A jurisprudência do Superior Tribunal de Justiça já decidiu que, em se tratando de leilão extrajudicial de bem objeto de alienação fiduciária, é cabível a ação de prestação de contas quanto aos valores decorrentes da venda e à correta imputação no débito (saldo remanescente). Há interesse de agir para o devedor fiduciário ajuizar ação de prestação de contas, especificamente quanto aos valores decorrentes do leilão extrajudicial do bem e à evolução do débito" (STJ, AgInt nos EDcl no REsp 1.851.447/PR, Rel. Min. Ricardo Villas Bôas Cueva, 3ª Turma, jul. 29.06.2020, *DJe* 03.08.2020).

Alienação fiduciária. Busca e apreensão. Consolidação da propriedade fiduciária. Venda do bem. Ônus de comprovar a alienação e o preço de venda. "É do credor fiduciário, após a consolidação da propriedade fiduciária decorrente da mora do devedor, o ônus de comprovar a venda do bem e o valor auferido com a alienação, porquanto a administração de interesse de terceiro decorre do comando normativo que exige destinação específica do *quantum* e a entrega de eventual saldo ao devedor, principalmente após a entrada em vigor da Lei nº 13.043/2014, que alterou o art. 2º do Decreto-lei nº 911/1969, a qual consignou, expressamente, a obrigação do credor fiduciário de prestar contas" (STJ, REsp 1.742.102/MG, Rel. Min. Marco Buzzi, 4ª Turma, jul. 23.03.2023, *DJe* 04.04.2023).

Bens e direitos em estado de mancomunhão. "(...) O Novo CPC, por seu turno, não mais prevê a possibilidade de propositura de ação para prestar contas, mas apenas a instauração de demanda judicial com o objetivo de exigi-las (art. 550). Assim como consagrado jurisprudencialmente sob a égide do CPC de 1973, o *Codex* de 2015 explicitou o dever do autor de, na petição inicial, especificar, detalhadamente, as razões pelas quais exige as contas, instruindo-a com documentos comprobatórios dessa necessidade, se existirem. São as causas de pedir remota e próxima, as quais devem ser deduzidas, obrigatoriamente, na exordial, a fim de demonstrar a existência de interesse de agir do autor. (...) No tocante especificamente à relação decorrente do fim da convivência matrimonial, infere-se que, **após a separação de fato ou de corpos, o cônjuge que estiver na posse ou na administração do patrimônio partilhável – seja na condição de administrador provisório, seja na de inventariante – terá o dever de prestar contas ao ex-consorte.** Isso porque, uma vez cessadas a afeição e a confiança entre os cônjuges, aquele titular de bens ou negócios administrados pelo outro tem o legítimo interesse ao pleno conhecimento da forma como são conduzidos, não se revelando necessária a demonstração de qualquer irregularidade, prejuízo ou crédito em detrimento do gestor" (STJ, REsp 1274639/SP, Rel. Min. Luis Felipe Salomão, 4ª Turma, jul. 12.09.2017, *DJe* 23.10.2017).

Ex-cônjuge de herdeira. Casamento sob regime de comunhão universal de bens. Dever legal de prestar contas atribuído ao inventariante. "Por outro lado, o casamento contraído sob o regime de comunhão universal de bens tem como consequência a comunicação de todos os bens presentes e futuros dos cônjuges e suas dívidas passivas (art. 1.667 do CC), salvo, quanto aos bens herdados, os gravados com cláusula de incomunicabilidade (art. 1.668, I, do CC), dos quais, porém, são partilhados os respectivos frutos (art. 1.669 do CC). Além disso, o direito sucessório pátrio rege-se pelo princípio da *saisine*, positivado no art. 1.784 do CC, segundo o qual, aberta a sucessão, a herança transmite-se, desde logo, aos herdeiros legítimos e testamentários, bastando apenas a aceitação da herança para o aperfeiçoamento dessa sucessão *mortis causa* (art. 1.804 do CC). Portanto, o ex-cônjuge, casado em regime de comunhão universal de bens na data de abertura da sucessão do seu ex-sogro, tem legitimidade e interesse para a propositura de ação de prestação de contas contra a parte inventariante, ante a comunicação imediata, a partir do óbito do autor da herança, de todos os bens e direitos integrantes do quinhão hereditário de sua ex-consorte, segundo o princípio da *saisine*, ainda que ultimada a partilha decorrente da dissolução da sociedade conjugal" (STJ, REsp 2.172.029/SP, Rel. Min. Marco Aurélio Bellizze, 3ª Turma, jul. 08.10.2024, *DJe* 14.10.2024).

Contrato de agência. "O vínculo contratual colaborativo originado do contrato de agência importa na administração recíproca de interesses das partes contratantes, viabilizando a utilização da ação da prestação de contas e impondo a cada uma das partes o dever de prestar contas a outra. A remuneração devida à promotora é apurada, após a conclusão dos contratos de aquisição de quotas, podendo ser influenciada também em razão de desistências posteriores, como no caso concreto, de modo que não é possível o conhecimento de todas as parcelas que compõem a remuneração final, sem a efetiva participação da administradora. A apresentação extrajudicial e voluntária das contas não prejudica o interesse processual da promotora de vendas, na hipótese de não serem elas recebidas como boas. Precedentes" (STJ, REsp 1.676.623/SP, Rel. Min. Marco Aurélio Bellizze, 3ª Turma, jul. 23.10.2018, *DJe* 26.10.2018)

Contrato de cartão de crédito. Delimitação do período e das dúvidas. "Para que o consumidor tenha direito à prestação de contas em contrato de cartão de crédito, é necessário, além de indicar a existência de ocorrências duvidosas, a delimitação do período da relação do qual requer esclarecimentos" (STJ, AgInt no AREsp 865.276/RS, Rel. Min. João Otávio de Noronha, 3ª Turma, jul. 23.06.2016, *DJe* 01.07.2016).

Contrato de locação comercial. *Shopping center*. Prazo de 60 dias. Intervalo mínimo de tempo. "Ação de exigir contas, por meio da qual a locatária objetiva conferir lançamentos realizados em boletos de cobrança, decorrentes de contrato de locação comercial (*shopping center*). (...) O art. 54, § 2º, da Lei 8.245/61 não estabelece prazo decadencial de 60 dias para que se formule pedido de prestação de contas no seio de contrato de locação em *shopping center*, mas sim estatui uma periodicidade mínima para essa prestação" (STJ, REsp 2.003.209/PR, Rel. Min. Nancy Andrighi, 3ª Turma, jul. 27.09.2022, *DJe* 30.09.2022).

Conta-corrente bancária. Ausência de autorização do correntista. "Nas circunstâncias da discussão entre as partes, que tem por objeto lançamentos em conta-corrente bancária que retroagem vinte anos, a ausência de autorização escrita do correntista para cada lançamento contábil em conta-corrente é insuficiente para caracterizar a irregularidade ou a inexistência da operação bancária e determinar o saldo restituível pelo banco ao correntista. Exige-se o exame da totalidade da prova, composta da prova documental e da prova pericial aos quais se podem integrar as presunções que se deduzem das características da relação entre as partes e do que de comum ocorre na vida e quando se trata de conta-corrente bancária de muitos anos. A autorização do correntista expressa-se de muitos modos admitidos em direito, escrito ou tácito e desde que corresponda a um ato jurídico comprovado ou documentado e mantido em contabilidade bancária, da qual a conta-corrente é um extrato ou resumo. A inexistência de reclamação do correntista com relação a créditos e débitos contabilizados, situação que perdurou vinte anos, tem valor jurídico como prova, pode gerar a presunção da adequação do lançamento em conta-corrente bancária com o efeito de completar e suprir a prova documental disponível" (TJRS, Ap 70082513524, Rel. Des. Carlos Cini Marchionatti, 20ª Câmara Cível, jul. 11.03.2020, *DJe* 15.09.2020).

Condomínio. Síndico que não obtém aprovação de contas em assembleia deve prestá-las judicialmente. "Apelação cível. Ação de exigir contas. Parcial procedente. Ação ajuizada pelo condomínio em face de ex-síndico. Irregularidades verificadas em perícia contábil. Interesse de agir configurado. Jurisprudência pacífica no sentido de que é exigível do ex-síndico a prestação de contas quando não comprovada sua aprovação perante a assembleia geral. Manutenção do dever de prestação de contas. Decisão mantida. Agravo de instrumento não provido" (TJPR, Ap. Cível 1.712.940-5, Rel. Des. Alexandre Barbosa Fabiani, 8ª Câmara Cível, *DJ* 31.08.2018).

Condomínio. Prestação de contas do síndico. Prazo de guarda de documentos. "Tendo em vista que, na primeira fase da ação de prestação de contas, o julgador limita-se meramente a decidir se há a obrigação do réu em prestar determinadas contas, a alegação relativa à desnecessidade de o ex-síndico guardar documentação relativa ao condomínio por prazo superior a 5 (cinco) anos é questão a ser analisada apenas na segunda fase da ação. Ademais, a obrigação constante do art. 22, § 1º, 'g', da Lei 4.591/64 circunscreve-se à obrigação da guarda de documentação pelo síndico – o que fulminaria, sim, uma suposta pretensão de exibição de documentos –, ao passo que a prestação de contas poderá ser feita de outras formas, ainda que não se esteja mais na posse desta documentação" (STJ, REsp 1.820.603/MT, Rel. Min. Nancy Andrighi, 3ª Turma, jul. 10.12;2019, *DJe* 17.12.2019).

Administradora de condomínio. Prestação de contas devida. "Condomínio. Ação de prestação de contas. Primeira fase. Agravante que era, incontroversamente, a responsável pela administração contábil do condomínio no período apontado na inicial. Decisão mantida. Recurso não provido. Considerando-se que, nesta primeira fase de prestação de contas, cabe ao juiz apenas decidir se há ou não obrigação de prestar contas, deverá a administradora/agravante prestar contas do correspondente ao período de gestão do condomínio agravado" (TJSP, Agravo de Instrumento 2082089-85.2019.8.26.0000, Rel. Des. Paulo Ayrosa, 31ª Câmara de Direito Privado, julg. 25.07.2017, *DJe* 16.06.2019).

Condomínio. "O fato de existir uma administradora realizando os serviços específicos para o condomínio e tendo sob seu controle os documentos contábeis correspondentes não retira a legitimidade do ex-síndico de uma das unidades condominiais de integrar o polo passivo da ação de prestação de contas nem o impossibilita de prestar as contas devidas de sua gestão" (TJRJ, Ap 9.778/79, Rel. Des. Antônio Duarte, 3ª Câmara Cível, jul. 26.10.1999, *RT* 780/361).

Direito de família. Demanda ajuizada pelo filho em desfavor da mãe. Causa de pedir fundada em abuso de direito. Pedido juridicamente possível.

"Nos termos da jurisprudência do Superior Tribunal de Justiça, 'em regra, não existe o dever de prestar contas acerca dos valores recebidos pelos pais em nome do menor, durante o exercício do poder familiar, porquanto há presunção de que as verbas recebidas tenham sido utilizadas para a manutenção da comunidade familiar, abrangendo o custeio de moradia, alimentação, saúde, vestuário, educação, entre outros' (REsp 1.623.098/MG, Rel. Ministro Marco Aurélio Bellizze, Terceira Turma, julgado em 13/03/2018, *DJe* de 23/03/2018). Em hipóteses excepcionais, contudo, em que a causa de pedir esteja relacionada ao abuso de direito no exercício do poder de usufruto e administração dos bens de filhos menores, é possível o ajuizamento da ação de exigir contas, o que, no entanto, não importa procedência automática do pedido, que deverá ser devidamente instruído (CPC/2015, art. 550, § 1º). Precedentes" (STJ, AgInt no REsp 1.811.331/SP, Rel. Min. Raul Araújo, 4ª Turma, jul. 28.09.2020, *DJe* 21.10.2020). **No mesmo sentido:** STJ, REsp 1.623.098/MG, Rel. Min. Marco Aurélio Bellizze, 3ª Turma, jul. 13.03.2018, *DJe* 23.03.2018.

Pensão alimentícia. Informações sobre a destinação. Possibilidade. "Em determinadas situações, não se pode negar ao alimentante não guardião o direito de averiguar se os valores que paga a título de pensão alimentícia estão sendo realmente dirigidos ao beneficiário e voltados ao pagamento de suas despesas e ao atendimento dos seus interesses básicos fundamentais, sob pena de se impedir o exercício pleno do poder familiar. Não há apenas interesse jurídico, mas também o dever legal, por força do § 5º do art. 1.538 do CC/02, do genitor alimentante de acompanhar os gastos com o filho alimentado que não se encontra sob a sua guarda, fiscalizando o atendimento integral de suas necessidades materiais e imateriais essenciais ao seu desenvolvimento físico e também psicológico, aferindo o real destino do emprego da verba alimentar que paga mensalmente, pois ela é voltada para esse fim. O que justifica o legítimo interesse processual em ação dessa natureza é só e exclusivamente a finalidade protetiva da criança ou do adolescente beneficiário dos alimentos, diante da sua possível malversação, e não o eventual acertamento de contas, perseguições ou picuinhas com a(o) guardiã(o), devendo ela ser dosada, ficando vedada a possibilidade de apuração de créditos ou preparação de revisional, pois os alimentos são irrepetíveis" (STJ, REsp 1.814.639/RS, Rel. p/ Acórdão Min. Moura Ribeiro, 3ª Turma, jul. 26.05.2020, *DJe* 09.06.2020). **No mesmo sentido:** STJ, REsp 1.911.030/PR, Rel. Min. Luis Felipe Salomão, 4ª Turma, jul. 01.06.2021, *DJe* 31.08.2021. **Em sentido contrário:** "O alimentante não possui interesse processual em exigir contas da detentora da guarda do alimentando porque, uma vez cumprida a obrigação, a verba não mais compõe o seu patrimônio, remanescendo a possibilidade de discussão do montante em juízo com ampla instrução probatória" (STJ, REsp 1.767.456/MG, Rel. Min. Ricardo Villas Bôas Cueva, 3ª Turma, jul. 25.11.2021, *DJe* 13.12.2021).

Pagamento de dividendos, juros sobre capital próprio e outros rendimentos inerentes à titularidade de ações. Prazo prescricional trienal. "As pretensões de exigir contas e a de obter o ressarcimento, na eventualidade de se apurar a existência de crédito a favor do demandante, embora não se confundam, são imbricadas entre si e instrumentalizadas no bojo da mesma ação, a observar, por isso, necessariamente, o mesmo prazo prescricional [...] Estabelecido por lei especial (art. 287, II, *a*, da Lei n. 6.404/1976), regente da matéria posta, que a ação para haver dividendos da companhia prescreve em 3 (três) anos, a veiculação de tal pretensão, no bojo de ação de prestação de contas, mesmo que eventual, deve observar o aludido prazo prescricional" (STJ, REsp 1.608.048/SP, Rel. Min. Marco Aurélio Bellizze, 3ª Turma, jul. 22.05.2018, *DJe* 01.06.2018).

4. Descabimento da ação

Contrato de seguro de vida. Administração de bens ou interesses de terceiros. Não ocorrência. Ausência de interesse processual. "Nos contratos de seguro, o valor de indenização a ser recebido na hipótese de ocorrência do evento segurado é estabelecido previamente no contrato e, por isso, não há a 'guarda' dos valores produtos da arrecadação, ou seja, dos prêmios. Falta ao segurado, bem como ao eventual beneficiário, interesse processual para promover a ação de exigir contas decorrente do contrato de seguro porque, nessa hipótese, tratando-se de negócio aleatório, falta à pretensão a premissa fática essencial, qual seja, a existência da administração de bens ou interesses de terceiros" (STJ, REsp 1.738.657/DF, Rel. Min. Moura Ribeiro, 3ª Turma, jul. 14.06.2022, *DJe* 21.06.2022).

5. Revisão de cláusulas contratuais. Impossibilidade. "Tese para os efeitos do art. 543-C do Código de Processo Civil de 1973 [art. 1.036 do CPC/2015]: Impossibilidade de revisão de cláusulas contratuais em ação de prestação de contas. O rito especial da ação de prestação de contas não comporta a pretensão de alterar ou revisar cláusula contratual, em razão das limitações ao contraditório e à ampla defesa" (STJ, REsp 1.497.831/PR, Rel. p/ Acórdão Min. Maria Isabel Gallotti, 2ª Seção, jul. 14.09.2016, *DJe* 07.11.2016). **No mesmo sentido:** STJ, REsp 1.166.628/PR, Rel. Min. Nancy Andrighi, 3ª Turma, jul. 09.10.2012, *DJe* 16.10.2012; STJ, AgRg no Ag 276.180/MG, Rel. Min. Aldir Passarinho Junior, 4ª Turma, jul. 21.06.2001, *DJ* 05.11.2001.

6. Obrigação personalíssima. Transmissão da obrigação ao espólio. Inviabilidade. "A obrigação de prestar contas é personalíssima e não se transmite ao espólio ou herdeiros, tendo em vista a natureza personalíssima da obrigação. Precedentes" (STJ, AgInt no AREsp 684.116/RS, Rel. Min. Lázaro Guimarães, 4ª Turma, jul. 18.09.2018, *DJe* 21.09.2018).

7. Ampliação do pedido pelo juiz. Impossibilidade. "Não pode o juiz, em ação de prestação de contas, alcançando contrato de arrendamento mercantil que estipula aluguel mensal com base em 50% do faturamento líquido da arrendatária, ampliar o pedido inaugural para acolher outras questões, ainda que, eventualmente, possam estar relacionadas com o mesmo contrato. Neste feito, cabível, apenas, nos termos do pedido, a apuração das contas relativas ao aluguel contratado" (STJ, REsp 141.388/RS, Rel. Min. Carlos Alberto Menezes Direito, 3ª Turma, jul. 06.08.1998, *DJ* 13.10.1998).

8. Apresentação das contas pelo réu (§ 2º). "Se o réu, na contestação, não se escusa a prestar as contas e desde logo as apresenta, é de se seguir o procedimento previsto no § 1º do art. 915 do CPC [art. 550, § 2º, do CPC/2015], devendo o Juiz Singular proferir sentença acerca da exatidão das contas apresentadas, visto que inexistiu questão litigiosa a dirimir acerca do dever de prestar as ditas contas" (STJ, REsp 1.010.176/PR, Rel. Min. Francisco Falcão, 1ª Turma, jul. 12.08.2008, *DJe* 27.08.2008).

Prazo para a impugnação. "O prazo de cinco dias assinado ao autor pelo art. 915, § 1º, do CPC [art. 550, § 2º, do CPC/2015], supõe que o réu tenha prestado contas em forma mercantil, tal como previsto no art. 917 [art. 551 do CPC/2015]; não se pode exigir do autor que se manifeste sobre um amontoado de documentos no prazo aludido" (STJ, REsp 67.671/RS, Rel. Min. Ari Pargendler, 3ª Turma, jul. 22.06.1999, *DJU* 13.09.1999, p. 62). **Obs.: O prazo, segundo o CPC de 2015, é de 15 dias.**

"Após a produção de provas documentais e testemunhais e a apresentação das contas, não pode o juiz determinar adaptação destas à forma mercantil, pois afronta os termos do art. 915, § 1º, do CPC" [art. 550, § 2º, do CPC/2015] (2º TACivSP, Ap. 227.801, Rel. Juiz Sebastião Amorim, 5ª Câmara, jul. 30.11.1988, *JTACivSP* 115/307).

9. Primeira fase.

Fatos extintivos do direito do requerente. "Negado, o dever de prestar contas, na contestação, não há lugar para julgamento antecipado da lide, tanto mais quando se propõe o réu a comprovar fatos elisivos dessa obrigação" (STJ, REsp 87.867/RJ, Rel. Min. Waldemar Zveiter, 3ª Turma, jul. 18.03.1997, *DJU* 12.05.1997).

Sentença única, sem prazo para que o réu apresente as contas. "Segundo o rito previsto nos arts. 915 e seguintes do CPC/1973 [art. 550 do CPC/2015], quando negado o dever de prestar contas, a ação por meio da qual o interessado exige-as desdobra-se em duas fases: '[n]a primeira, o autor busca a condenação do réu na obrigação de prestar contas; na segunda, por sua vez, serão julgadas e apreciadas as contas apresentadas, fixando-se o saldo devido, se houver' (REsp 707.646/RS, Rel. Ministro Luis Felipe Salomão, Quarta Turma, *DJe* 14/12/2009). Viola o art. 915, § 2º, segunda parte, do CPC/1973 [art. 550, §§ 4º e 5º, do CPC/2015] o acórdão que, a despeito da manifestação negativa do réu quanto ao dever de prestar contas, decide as duas fases do procedimento em um único julgamento, e desde logo acolhe as contas oferecidas pelo autor da ação sem que se tenha franqueado ao réu o prazo legal para apresentá-las" (STJ, REsp 1.483.855/PE, Rel. Min. Antonio Carlos Ferreira, 4ª Turma, jul. 25.04.2017, *DJe* 26.05.2017).

Primeira fase. Pedido inicial julgado procedente. Prestação de contas. Termo inicial. Intimação da decisão. "À luz do atual Código de Processo Civil, o pronunciamento que julga procedente a primeira fase da ação de exigir contas tem natureza jurídica de decisão interlocutória de mérito, recorrível por meio de agravo de instrumento. Precedente. Por essa razão, a contagem do prazo previsto no art. 550, § 5º, do CPC/2015 começa a fluir automaticamente a partir da intimação do réu, na pessoa do seu advogado, acerca da respectiva decisão, porquanto o recurso cabível contra o *decisum*, em regra, não tem efeito suspensivo (art. 995 do CPC/2015)" (STJ, REsp 1.847.194/MS, Rel. Min. Marco Aurélio Bellizze, 3ª Turma, jul. 16.03.2021, *DJe* 23.03.2021).

Julgamento estendido. Primeira fase. Possibilidade. "O conceito de 'julgar parcialmente o mérito' não se circunscreve ao julgamento antecipado parcial de mérito previsto no art. 356 do CPC, mas, ao revés, diz respeito mais amplamente às decisões interlocutórias que versem sobre o mérito do processo, de modo que esta Corte tem, reiteradamente, conferido contornos mais precisos às hipóteses em que deve ser aplicada a técnica de ampliação do colegiado prevista no art. 942, § 3º, II, do CPC. Precedentes. Na hipótese sob julgamento, a decisão interlocutória que julgou parcialmente procedente a primeira fase da ação de exigir contas possui conteúdo meritório e, uma vez que o conceito de 'julgar parcialmente o mérito' diz respeito amplamente às decisões interlocutórias que versarem sobre o mérito do processo, a conclusão é de que o acórdão recorrido é nulo por não ter sido observada a necessidade de ampliação do colegiado prevista no art. 942, § 3º, II, do CPC" (STJ, REsp 2.105.946/SP, Rel. Min. Nancy Andrighi, 3ª Turma, jul. 11.06.2024, *DJe* 14.06.2024).

Apresentação extrajudicial. "Verificada a insuficiência das contas apresentadas extrajudicialmente, é procedente a ação, na sua primeira fase" (STJ, REsp 445.537/RS, Rel. Min. Ruy Rosado de Aguiar, 4ª Turma, jul. 06.03.2003, *DJU* 07.04.2003).

10. Recurso cabível contra decisão da primeira fase.

Recurso. "O ato judicial que encerra a primeira fase da ação de exigir contas possuirá, a depender de seu conteúdo, diferentes naturezas jurídicas: se julgada procedente a primeira fase da ação de exigir contas, o ato judicial será decisão interlocutória com conteúdo de decisão parcial de mérito, impugnável por agravo de instrumento; se julgada improcedente a primeira fase da ação de exigir contas ou se extinto o processo sem a resolução de seu mérito, o ato judicial será sentença, impugnável por apelação. Precedente" (STJ, REsp 2.105.946/SP, Rel. Min. Nancy Andrighi, 3ª Turma, jul. 11.06.2024, *DJe* 14.06.2024).

Fungibilidade. "Havendo dúvida fundada e objetiva acerca do recurso cabível e inexistindo ainda pronunciamento judicial definitivo acerca do tema, deve ser aplicado o princípio da fungibilidade recursal. Na hipótese, a matéria é ainda bastante controvertida tanto na doutrina como na jurisprudência, pois trata-se de definir, à luz do Código de Processo Civil de 2015, qual o recurso cabível contra a decisão que julga procedente, na primeira fase, a ação de exigir contas (arts. 550 e 551), condenando o réu a prestar as contas exigidas. Não acarretando a decisão o encerramento do processo, o recurso cabível será o agravo de instrumento (CPC/2015, arts. 550, § 5º, e 1.015, II). No caso contrário, ou seja, se a decisão produz a extinção do processo, sem ou com resolução de mérito (arts. 485 e 487), aí sim haverá sentença e o recurso cabível será a apelação" (STJ,

REsp 1.680.168/SP, Rel. p/ ac. Min. Raul Araújo, 4ª Turma, jul. 09. 04.2019, *DJe* 10.06.2019).

"A jurisprudência do STJ firmou o entendimento no sentido de que 'o ato judicial que encerra a primeira fase da ação de exigir contas possuirá, a depender de seu conteúdo, diferentes naturezas jurídicas: se julgada procedente a primeira fase da ação de exigir contas, o ato judicial será decisão interlocutória com conteúdo de decisão parcial de mérito, impugnável por agravo de instrumento; se julgada improcedente a primeira fase da ação de exigir contas ou se extinto o processo sem a resolução de seu mérito, o ato judicial será sentença, impugnável por apelação'. Todavia, 'havendo dúvida objetiva acerca do cabimento do agravo de instrumento ou da apelação, consubstanciada em sólida divergência doutrinária e em reiterado dissídio jurisprudencial no âmbito do 2º grau de jurisdição, deve ser afastada a existência de erro grosseiro, a fim de que se aplique o princípio da fungibilidade recursal' (REsp 1.746.337/RS, Rel. Ministra Nancy Andrighi, Terceira Turma, julgado em 9.4.2019, *DJe* de 12.4.2019)" (STJ, AgInt nos EDcl no REsp 1831900/PR, Rel. Min. Maria Isabel Gallotti, 4ª Turma, jul. 20.04.2020, *DJe* 24.04.2020).

11. Prazo para apresentação das contas fixado em sentença (§ 5º). "Como já assentou a Corte, o prazo fixado em horas conta-se minuto a minuto. No caso, irrelevante o fato de não constar da certidão a hora da intimação. O Acórdão recorrido beneficiou a recorrente com a prorrogação do início para o primeiro minuto do dia seguinte ao da juntada do mandado, adiando o seu termo final para o momento da abertura do expediente forense do dia seguinte ao do encerramento do prazo de 48 h, considerando que este caiu no domingo" (STJ, REsp 416.689/SP, 3ª Turma, jul. 29.11.2002, *DJU* 17.02.2003). **Obs.: O prazo, segundo o CPC de 2015, é de 15 dias.**

"O prazo de 48 horas disposto no art. 915, § 2º, do CPC [art. 550, §§ 4º e 5º, do CPC/2015], não é peremptório, permitindo flexibilização pelo julgador, conforme a complexidade das contas a serem prestadas" (STJ, REsp 1.194.493/RJ, Rel. Min. Nancy Andrighi, 3ª Turma, jul. 23.10.2012, *DJe* 30.10.2012). **Obs.: O prazo, segundo o CPC de 2015, é de 15 dias.**

Intimação do advogado. "A intimação da sentença que julga procedente o pedido de exigir contas, de que trata o art. 915, § 2º, do CPC [art. 550, §§ 4º e 5º, do CPC/2015], deve ser realizada ao advogado, de modo que é desnecessária a intimação pessoal da parte" (STJ, REsp 913.411/SP, Rel. Min. Nancy Andrighi, 3ª Turma, jul. 03.11.2009, *DJe* 23.11.2009). **No mesmo sentido:** STJ, REsp 961.439/CE, Rel. Min. Luis Felipe Salomão, 4ª Turma, jul. 16.04.2009, *DJe* 27.04.2009.

Preclusão. "Diante das peculiaridades da espécie, em que o patrono da ré retirou os autos e permaneceu inerte por vários meses quanto a eventual nulidade da intimação (prevista no art. 915, § 2º, do CPC) [art. 550, §§ 4º e 5º, do CPC/2015], é inoportuna a invocação da questão quando já em fase executiva a ação" (STJ, REsp 658.960/SP, Rel. Min. Cesar Asfor Rocha, 4ª Turma, jul. 17.10.2006, *DJ* 11.12.2006, p. 363).

Termo inicial. Intimação do trânsito em julgado da sentença. "O propósito recursal é determinar o termo inicial do prazo de 48 (quarenta e oito) horas, previsto no art. 915, § 2º, do CPC/73 [art. 550, §§ 4º e 5º, do CPC/2015], para a prestação de contas por parte do réu – se a data da intimação ou do trânsito em julgado da sentença que a determina. (...) O prazo de 48 (quarenta e oito) horas para a apresentação das contas pelo réu, previsto no art. 915, § 2º, do CPC/73 [art. 550, §§ 4º e 5º, do CPC/2015], deve ser computado a partir da intimação do trânsito em julgado da sentença que reconheceu o direito do autor de exigir a prestação de contas" (STJ, REsp 1.582.877/SP, Rel. Min. Nancy Andrighi, 3ª Turma, jul. 23.04.2019, *DJe* 26.04.2019). **Obs.: O prazo, segundo o CPC de 2015, é de 15 dias.**

12. Apresentação de contas pelo autor (§ 6º). "O direito que o art. 915, § 3º, do CPC [art. 550, § 6º, do CPC/2015] confere ao autor é o de prestar contas admissíveis segundo o critério da lei e do bom senso; não, porém, de presunção de veracidade para quaisquer contas cuja exatidão não fique configurada" (TAMG, Ag 5.031, Rel. Juiz Bernardino Godinho, 1ª Câmara, jul. 03.10.1986, *RJTAMG* 29/75).

Poder de investigação do magistrado. "O simples fato de ser intempestiva a impugnação às contas apresentadas não significa que o julgador deva acatá-las de plano. Ao magistrado são facultados amplos poderes de investigação, podendo ele, a despeito do desentranhamento da resposta, instaurar a fase instrutória do feito, com a realização da perícia e colheita de prova em audiência. Inteligência do art. 915, parágrafos 1º e 3º, do CPC" [art. 550, §§ 2º e 6º, do CPC/2015] (STJ, REsp 167.718/RJ, Rel. Min. Barros Monteiro, 4ª Turma, jul. 21.11.2000, *DJ* 05.03.2001). **No mesmo sentido:** STJ, AgRg no Ag 718.903/RS, Rel. Min. Humberto Gomes de Barros, 3ª Turma, jul. 25.09.2007, *DJ* 15.10.2007.

Intimação do réu na segunda fase. "Não é necessária a intimação pessoal da ré, na segunda fase do procedimento de prestação de contas, ante a ausência de amparo legal, devendo igualmente ser aceita a intimação de seu causídico, desde que devidamente representado no feito. Correta a deliberação do Tribunal, considerando que as contas foram intempestivas e, com isso, na forma do art. 915, § 3º, do CPC [art. 550, § 6º, do CPC/2015], '(...) em caso contrário, apresentá-las-á o autor dentro em 10 (dez) dias, sendo as contas julgadas segundo o prudente arbítrio do juiz, que poderá determinar, se necessário, a realização do exame pericial contábil'" (STJ, REsp 961.439/CE, Rel. Min. Luis Felipe Salomão, 4ª Turma, jul. 16.04.2009, *DJe* 27.04.2009).

13. Segunda fase.

Execução provisória. Trânsito em julgado. "A jurisprudência desta Corte é firme no sentido de ser necessário o trânsito em julgado da sentença que põe fim à primeira fase da ação de prestação de contas para possibilitar a sua execução provisória" (STJ, AgRg no AREsp 202.158/ES, Rel. Min. Sidnei Beneti, 3ª Turma, jul. 20.09.2012, *DJe* 09.10.2012).

Adiantamento dos honorários periciais. "A jurisprudência do STJ já proclamou que, na segunda fase da ação de prestação de contas, o adiantamento da despesa relativa aos honorários do perito incumbe à parte que houver requerido o exame contábil, ou ao autor, quando requerido por ambas as partes ou determinado de ofício pelo juiz. No caso dos autos, extrai-se do próprio acórdão recorrido que a prova pericial foi deferida de ofício do Juízo, devendo o acórdão recorrido se ajustar à jurisprudência desta eg. Corte Superior" (STJ, AgInt nos EDcl no REsp 1737093/RS, Rel. Min. Moura Ribeiro, 3ª Turma, jul. 24.08.2020, *DJe* 26.08.2020).

14. Recurso cabível contra a decisão da segunda fase. "Na hipótese, a decisão interlocutória que, na segunda fase da ação de prestação contas, defere a produção de prova pericial contábil, nomeia perito e defere prazo para apresentação de documentos, formulação de quesitos e nomeação de assistentes, não se submete ao regime recursal estabelecido para as fases de liquidação e cumprimento da sentença (art. 1.015, parágrafo único, do CPC/15), mas, sim, aplica-se o regime recursal aplicável à fase de conhecimento (art. 1.015, *caput* e incisos, CPC/15), que não admite a recorribilidade imediata da decisão interlocutória com o referido conteúdo, não se aplicando, ademais, a tese da taxatividade mitigada por se tratar de decisão interlocutória publicada anteriormente a publicação do acórdão que fixou a tese e modulou os seus efeitos" (STJ, REsp 1821793/RJ, Rel. Min. Nancy Andrighi, 3ª Turma, jul. 20.08.2019, *DJe* 22.08.2019).

15. Honorários advocatícios:

Primeira fase. "Cabível na primeira fase da ação de prestação a condenação em honorários advocatícios, vencido o réu que, ademais, se opôs insistentemente ao pedido inicial" (STJ,

AgRg nos EDcl no Ag 816.750/MG, Rel. Min. Sidnei Beneti, 3ª Turma, jul. 11.11.2008, *DJe* 19.12.2008).

Segunda fase. "Estabelecido o contraditório na segunda fase e vencido o réu após a instrução do feito, cabe-lhe arcar com os ônus sucumbenciais correspondentes" (STJ, REsp 240.925/RS, Rel. Min. Barros Monteiro, 4ª Turma, jul. 26.09.2000, *DJ* 06.11.2000, p. 208). **No mesmo sentido:** STJ, REsps 154.925/SP, 10.147/SP, 37.681/SP; STJ, REsp 174.814/RS, Rel. Min. Ruy Rosado de Aguiar, 4ª Turma, jul. 03.09.1998, *DJ* 26.10.1998.

"O vencedor das duas fases da ação de prestação de contas tem direito à majoração da verba honorária que lhe foi deferida na primeira sentença. O limite de 20% sobre o valor da causa, ou sobre o valor da condenação, o maior deles, pode ser um prudente critério para a fixação da verba. Matéria de fato não esclarecida no recurso" (STJ, REsp 154.925/SP, Rel. Min. Ruy Rosado de Aguiar, 4ª Turma, jul. 17.03.1998, *DJ* 12.04.1999).

Art. 551. As contas do réu serão apresentadas na forma adequada, especificando-se as receitas, a aplicação das despesas e os investimentos, se houver.

§ 1º Havendo impugnação específica e fundamentada pelo autor, o juiz estabelecerá prazo razoável para que o réu apresente os documentos justificativos dos lançamentos individualmente impugnados.

§ 2º As contas do autor, para os fins do art. 550, § 5º, serão apresentadas na forma adequada, já instruídas com os documentos justificativos, especificando-se as receitas, a aplicação das despesas e os investimentos, se houver, bem como o respectivo saldo.

CPC/1973

Art. 917.

BREVES COMENTÁRIOS

As contas, tanto prestadas pelo autor (art. 551, § 2º) como pelo réu (art. 551, *caput*), devem ser apresentadas na forma adequada, especificando-se as receitas, a aplicação das despesas e os investimentos, se houver. O CPC/2015 preferiu fazer referência à forma adequada, não mais utilizando o termo mercantil (art. 917 do CPC/1973). O detalhamento exigido pelo atual Código, contudo, não difere do modelo definido anteriormente, que consiste em organizar as diversas parcelas que as compõem em colunas distintas para débito e crédito, fazendo-se todo o lançamento por meio de histórico que indique, quantifique e esclareça a origem de todos os recebimentos e o destino de todos os pagamentos. Outro dado importante é a sequência cronológica dos dados lançados.

JURISPRUDÊNCIA SELECIONADA

1. Sentença de primeira fase proferida, transitada e executada na vigência do CPC/1973. Direito de exigir a prestação na forma da lei revogada. "Se proferida, transitada e executada a sentença que julgou a primeira fase da ação de prestação de contas na vigência do CPC/73, adquire o vencedor o direito de exigir que sejam elas prestadas e apuradas na forma da lei revogada, conquanto se reconheça que, na hipótese, a substituição da prestação de contas de forma mercantil para forma adequada é de pouca repercussão prática, mantendo-se incólume a essência de que as contas deverão ser prestadas de modo claro, inteligível e que atinja a finalidade do processo" (STJ, REsp 1823926/MG, Rel. Min. Nancy Andrighi, 3ª Turma, jul. 08.09.2020, *DJe* 16.09.2020).

2. Forma adequada. "A apresentação de contas em forma mercantil é uma necessidade do processo, uma vez que o exame, a discussão e o julgamento devem ser facilitados para os sujeitos processuais. As contas apresentadas de forma não mercantil podem ser consideradas diante da apresentação de justificativa pela parte e da possibilidade de realização de perícia contábil" (STJ, REsp 1.218.899/PR, Rel. Min. João Otávio de Noronha, 4ª Turma, jul. 04.08.2011, *DJe* 16.08.2011).

"É injustificável, em princípio, o pleito de prestação de contas, se o Acórdão recorrido afirma que as contas foram prestadas extrajudicialmente, de forma mercantil, e que não há saldo a apurar, pretendendo a autora, apenas, receber o valor do depósito judicial, levantado por seu procurador" (STJ, REsp 242.196/MS, Rel. Min. Carlos Alberto Menezes Direito, 3ª Turma, *DJU* 18.02.2002). **No mesmo sentido:** STJ, REsp 66.679/RJ, Rel. Min. Eduardo Ribeiro, 3ª Turma, jul. 09.06.1997, *DJ* 04.08.1997.

Prestação de contas por entidade de previdência privada. Forma diversa da mercantil. Possibilidade. "A prestação de contas por entidade de previdência privada deve ser apresentada de maneira clara e inteligível. Caso não seja disponibilizada na forma mercantil, não é permitido ao magistrado desconsiderá-las apenas por suposta violação ao artigo 917 do Código de Processo Civil, mas deve verificar, acima de tudo, se as contas apresentadas atingem as finalidades do processo e, caso positivo, afastar o rigor da norma" (STJ, AgRg no AREsp 150.390/SP, Rel. Min. Luis Felipe Salomão, 4ª Turma, jul. 09.04.2013, *DJe* 22.04.2013).

Reexame de provas. "É necessário reexaminar provas para definir se as contas do réu foram ou não apresentadas na forma mercantil, como exige o art. 917 do CPC" [art. 551 do CPC/2015] (STJ, AgRg no Ag 740.483/DF, Rel. Min. Humberto Gomes de Barros, 3ª Turma, jul. 14.12.2006, *DJ* 05.02.2007).

Art. 552. A sentença apurará o saldo e constituirá título executivo judicial.

CPC/1973

Art. 918.

REFERÊNCIA LEGISLATIVA

CPC/2015, arts. 778 a 805 (execução forçada), 824 a 869 (execução por quantia certa contra devedor solvente).

BREVES COMENTÁRIOS

Não pode a sentença, na ação de exigir contas, remeter a fixação do saldo para posterior liquidação. A sentença, obrigatoriamente, tem de ser líquida, isto é, sob pena de nulidade, terá de declarar o saldo das contas apuradas em juízo.

JURISPRUDÊNCIA SELECIONADA

1. Não declaração do saldo devedor. Ausência de nulidade da decisão. "Não se decreta nulidade da decisão que, embora sem consignar expressamente o saldo devedor, contém elementos que permitem a sua aferição por meio de interpretação integrativa e raciocínio dedutivo" (STJ, REsp 10.022/SP, Rel. Min. Sálvio de Figueiredo Teixeira, 4ª Turma, jul. 03.12.1991, *DJ* 03.02.1992). **Em sentido contrário:** "É nula a sentença que não declara, na ação de prestação de contas, o saldo credor, em favor do autor ou do réu" (TJES, Ap. 21.976, Rel. Des. Antônio José Miguel Feu Rosa, 2ª Câmara, jul. 23.03.1993).

2. Saldo indicado pelo autor. Limitação da sentença. "A sentença fica limitada ao saldo indicado pelo autor, não podendo ir além do consignado na inicial, se a ele favorável, nem ficar aquém, se desfavorável" (STJ, REsp 61.100/SP, Rel. Min. Eduardo Ribeiro, 3ª Turma, jul. 13.11.1995, *DJ* 05.02.1996). **Em sentido contrário:** "Na ação de prestação de contas, mera estimativa do valor devido pelo réu não delimita o pedido. Assim, não é *extra petita* a sentença que, em segunda fase do processo, condena o réu em valor maior que tal estimativa" (STJ, AgRg nos EDcl no Ag 676.841/PR, Rel. Min. Humberto Gomes de Barros, 3ª Turma, jul. 14.11.2007, *DJ* 26.11.2007).

3. Correção monetária. "A correção monetária deve incidir a partir da data em que devida a importância que se apurou na prestação de contas. Vencidos o Relator e o Min. Menezes Direito, nessa parte, que entendiam-na devida a partir do ajuizamento da ação" (STJ, REsp 95.141/MG, Rel. Min. Waldemar Zveiter, 3ª Turma, jul. 08.06.99, *DJU* 13.09.1999).

4. Honorários periciais. "Tendo o réu dado causa não só a ação, mas também a realização da perícia, e ele considerado vencido e, como tal, deve responder pelas despesas processuais havidas" (STJ, REsp 37.681/SP, Rel. Min. Barros Monteiro, 4ª Turma, jul. 11.10.1993, *DJ* 29.11.1993).

Art. 553. As contas do inventariante, do tutor, do curador, do depositário e de qualquer outro administrador serão prestadas em apenso aos autos do processo em que tiver sido nomeado.

Parágrafo único. Se qualquer dos referidos no *caput* for condenado a pagar o saldo e não o fizer no prazo legal, o juiz poderá destituí-lo, sequestrar os bens sob sua guarda, glosar o prêmio ou a gratificação a que teria direito e determinar as medidas executivas necessárias à recomposição do prejuízo.

CPC/1973

Art. 919.

REFERÊNCIA LEGISLATIVA

CPC/1973, arts. 822 a 825 (sequestro).

BREVES COMENTÁRIOS

A competência do juízo da causa originária para a prestação de contas é de natureza funcional, e por isso irrecusável e improrrogável. Para essas prestações, tanto se pode agir por via de ação como por meio de deliberação *ex officio* do próprio juiz. Quando, por exemplo, o juiz age, por força da hierarquia, para exigir as contas do tutor ou curador, não há que se cogitar de ação no sentido técnico, mas de procedimento administrativo. Quando, porém, é o herdeiro que demanda as contas do inventariante, a hipótese é tipicamente de ação e de procedimento judicial contencioso. A regra especial do art. 553 do CPC/2015 tem dupla função: primeiro, fixar a competência, para a tomada de contas dos órgãos auxiliares do juízo; e, segundo, definir sanções para os administradores judiciais que descumprem a sentença de julgamento de suas contas.

JURISPRUDÊNCIA SELECIONADA

1. Prestação de contas no inventário.

Inventariante. "Pelo fato de ser administrador de bens alheios, está o inventariante obrigado à prestação de contas, seja àquela determinada pelo magistrado, seja a que está obrigado ao final de sua gestão, seja àquela requerida por qualquer interessado" (STJ, REsp 60.575/SP, Rel. Min. Antônio de Pádua Ribeiro, 3ª Turma, jul. 04.11.2004, *DJ* 17.12.2004).

Morte do inventariante. Transmissão da ação. "A prestação de contas decorrente de relação jurídica de inventariança não deve observar o procedimento especial bifásico previsto para a ação autônoma de prestação de contas, na medida em que se dispensa a primeira fase – acertamento da legitimação processual consubstanciada na existência do direito de exigir ou prestar contas – porque, no inventário, o dever de prestar contas decorre de expressa previsão legal (art. 991, VII, do CPC/73; art. 618, VII, do CPC/15) e deve ser prestado em apenso ao inventário (art. 919, 1ª parte, do CPC/73; art. 553, caput, do CPC/15). Tendo sido realizada, na ação autônoma de prestação de contas, atividade cognitiva e instrutória suficiente para a verificação acerca da existência de crédito, débito ou saldo, revela-se irrelevante, para fins de transmissibilidade da ação, que tenha havido o posterior falecimento do inventariante, pois, a partir do referido momento, a ação de prestação de contas modifica a sua natureza personalíssima para um caráter marcadamente patrimonial passível de sucessão processual pelos herdeiros. Precedentes" (STJ, REsp 1776035/SP, Rel. Min. Nancy Andrighi, 3ª Turma, jul. 16.06.2020, *DJe* 19.06.2020).

Destituição do cargo. "Se o inventariante ao ser destituído do seu cargo, antecipa-se à determinação do juízo, ou ao requerimento do Ministério Público, e presta contas da sua gestão, está-se diante de típica ação de dar contas, também denominada pela doutrina de ação de prestação espontânea de contas, que segue o rito dos arts. 914 a 919, do CPC [arts. 550 a 553 do CPC/2015] . Mesmo quando a prestação de contas do inventariante é determinada pelo juízo ou a requerimento do Ministério Público, por força do art. 991, VII, do CPC [art. 618, VII, do CPC/2015], o inventariante pode ser condenado a pagar o saldo eventualmente apurado após a prestação das contas, por interpretação sistemática com o art. 919 do CPC" [art. 553 do CPC/2015] (STJ, REsp 547.175/DF, Rel. Min. Nancy Andrighi, 3ª Turma, jul. 08.11.2005, *DJ* 05.12.2005).

O encerramento do encargo não afasta a obrigação de prestar contas. "Como já decidiu a Corte, a 'circunstância de poder o juiz determinar, a qualquer tempo, preste contas o inventariante, em via administrativa, não exclui a possibilidade de a isso ser compelido jurisdicionalmente, a pedido de quem tenha seus bens por ele geridos'. O encerramento do encargo não afasta a obrigação de prestar contas, ainda mais quando não prestadas, conforme destacou o Acórdão recorrido" (STJ, REsp 182.377/SP, Rel. Min. Carlos Alberto Menezes Direito, 3ª Turma, jul. 21.10.1999, *DJ* 13.12.1999).

Herdeiro *x* inventariante. "A cada herdeiro, individualmente, não é lícito reclamar do inventariante prestação das contas do espólio. A regra do art. 991, VII, do CPC [art. 618, VII, do CPC/2015], visa a manter o inventariante sempre obrigado a prestar contas ao juízo, sem as dificuldades processuais do rito previsto nos arts. 914/917 do CPC [arts. 550/551 do CPC/2015]. O herdeiro, a qualquer tempo, poderá requerer, fundamentadamente, ao Juiz que determine ao inventariante a prestação de contas, cabendo agravo ao despacho que o denegar" (TJDF, Ap 34.121/DF, Rel. Des. Hilário de Vasconcelos, *RJ* 212/76).

Inventariante. Interesse de agir configurado. "Entre os deveres do inventariante está o de prestar contas de sua gestão ao deixar o cargo ou sempre que o juiz lhe determinar (CPC, art. 618, VII; CPC/73, art. 991, VII). Assim, há legitimidade do inventariante para ajuizar ação autônoma de prestação de contas. Na hipótese, houve o ajuizamento de incidente de remoção do inventariante proposta pela única herdeira do *de cujus*, revelando, assim, a existência de uma suspeição em relação ao seu encargo de inventariante; o processo sucessório findou-se sem que houvesse o acertamento das despesas; e o inventariante pode vir, futuramente, a ser civilmente responsabilizado pelos sonegados. Desse modo, sobressai o interesse de agir do inventariante na presente ação de prestação de contas pelo rito especial dos arts. 552 e 553 do CPC/2015 (e não do art. 550 do mesmo Código)" (STJ, REsp 1.707.014/MT, Rel. Min. Luis Felipe Salomão, 4ª Turma, jul. 02.03.2021, *DJe* 04.06.2021).

Competência. Juízo do inventário. "Compete ao juízo do inventário processar e julgar a ação de exigir contas do inventariante, ainda que findo o inventário" (TJMG, CC

1236682-81.2021.8.13.0000, Rel. Des. Luzia Divina de Paula Peixôto, 3ª Câmara Cível, jul. 16.12.2021, *DJ* 24.01.2022).

2. Tutor. "Em se tratando de tutor que sustentou e criou o tutelado desde a mais tenra idade, garantindo-lhe conforto e *status*, que evidentemente implicavam dispêndios muito superiores ao valor da modesta pensão recebida, não tem ele contas a prestar à mãe do tutelado falecido, que por ele jamais se interessara anteriormente" (TJRS, Ap 586.004.632, Rel. Des. Adroaldo Furtado Fabrício, 6ª Câmara, jul. 19.03.1986, *RJTJRS* 118/419).

3. Curador. "A ação de prestação de contas do curador deve ter curso perante o juízo da comarca domicílio das partes e em que foram praticados os atos inerentes da curatela" (STJ, CC 2.225/MG, Rel. Min. Fontes de Alencar, 2ª Seção, jul. 11.03.1992, *DJ* 03.11.1992).

4. Depositário judicial. "É depositário aquele que recebe um bem para guardar até que o depositante o reclame (depósito voluntário), ou é nomeado responsável para a guarda de bens que foram objeto de penhora (depósito judicial), devendo as contas serem prestadas na forma do art. 919 do CPC" [art. 553 do CPC/2015] (STJ, HC 87.140/RJ, Rel. Min. Denise Arruda, 1ª Turma, jul. 02.10.2007, *DJ* 05.11.2007).

AÇÃO DE PRESTAR CONTAS: INDICAÇÃO DOUTRINÁRIA

Adroaldo Furtado Fabrício, *Comentários ao CPC*, 6. ed., v. VIII, tomo III, n. 289, p. 325 – "... o título executivo tanto se pode formar a bem do autor como em favor do réu. A duplicidade intrínseca da ação é que faz desnecessária, para poder-se chegar a este último resultado, a reconvenção"; Antônio Carlos Marcato, Procedimentos especiais. 16. ed., São Paulo: Atlas, 2016; Cassio Scarpinella Bueno, *Manual de direito processual civil*, São Paulo: Saraiva, 2015; Daniel Amorim Assumpção Neves, *Manual de direito processo civil*, São Paulo: Método, 2015; Evaristo Aragão Santos, In: Teresa Arruda Alvim Wambier, Fredie Didier Jr., Eduardo Talamini, Bruno Dantas, *Breves comentários ao novo Código de Processo Civil*, São Paulo: Revista dos Tribunais, 2015; Fredie Didier Jr., *Curso de direito processual civil*, 17. ed., Salvador: JusPodivm, 2015, v. I; Guilherme Rizzo Amaral, *Comentários às alterações do novo CPC*, São Paulo: Revista dos Tribunais, 2015; Humberto Theodoro Júnior, *Curso de direito processual civil*, 54. ed., Rio de Janeiro: Forense, 2020, v. II; Humberto Theodoro Júnior, Fernanda Alvim Ribeiro de Oliveira, Ester Camila Gomes Norato Rezende (coord.), *Primeiras lições sobre o novo direito processual civil brasileiro*, Rio de Janeiro: Forense, 2015; J. E. Carreira Alvim, *Comentários ao novo Código de Processo Civil*, Curitiba: Juruá, 2015; José Miguel Garcia Medina, *Novo Código de Processo Civil comentado*, São Paulo: Revista dos Tribunais, 2015; Leonardo Greco, *Instituições de processo civil: introdução ao direito processual civil*, 5. ed., Rio de Janeiro: Forense, 2015; Luis Antônio Giampaulo Sarro, *Novo Código de Processo Civil*, São Paulo: Rideel, 2015; Luiz Guilherme Marinoni, Sérgio Cruz Arenhart, Daniel Mitidiero, *Curso de processo civil*, São Paulo: Revista dos Tribunais, 2015, v. I; Nelson Nery Junior, Rosa Maria de Andrade Nery, *Comentários ao Código de Processo Civil*, São Paulo: Revista dos Tribunais, 2015; Pontes de Miranda, *Comentários ao CPC* (1973), tomo XIII, p. 133 – não há a necessidade de juntar documentos relativos às pequenas despesas, como gorjetas e transportes em táxis, pela dificuldade do prestador em apresentar este tipo de despesa; Ravi Peixoto, Aspectos controvertidos da ação de exigir contas: uma visão a partir do novo Código de Processo Civil, *Revista Dialética de Direito Processual*, n. 151, p. 105-116, out. 2015; Ricardo Alexandre da Silva, Eduardo Lamy, In: Sérgio Cruz Arenhart e Daniel Mitidiero (coord.), *Comentários ao Código de Processo Civil*, 2. ed., São Paulo: RT, 2018, v. 9; Teresa Arruda Alvim Wambier, Fredie Didier Jr., Eduardo Talamini, Bruno Dantas (coord.), *Breves comentários ao novo Código de Processo Civil*, São Paulo: Revista dos Tribunais, 2015; Teresa Arruda Alvim Wambier, Maria Lúcia Lins Conceição, Leonardo Ferres da Silva Ribeiro, Rogério Licastro Torres de Melo, *Primeiros comentários ao novo Código de Processo Civil*, São Paulo: Revista dos Tribunais, 2015.

Capítulo III
DAS AÇÕES POSSESSÓRIAS

Seção I
Disposições Gerais

Art. 554. A propositura de uma ação possessória em vez de outra não obstará a que o juiz conheça do pedido e outorgue a proteção legal correspondente àquela cujos pressupostos estejam provados.

§ 1º No caso de ação possessória em que figure no polo passivo grande número de pessoas, serão feitas a citação pessoal dos ocupantes que forem encontrados no local e a citação por edital dos demais, determinando-se, ainda, a intimação do Ministério Público e, se envolver pessoas em situação de hipossuficiência econômica, da Defensoria Pública.

§ 2º Para fim da citação pessoal prevista no § 1º, o oficial de justiça procurará os ocupantes no local por uma vez, citando-se por edital os que não forem encontrados.

§ 3º O juiz deverá determinar que se dê ampla publicidade da existência da ação prevista no § 1º e dos respectivos prazos processuais, podendo, para tanto, valer-se de anúncios em jornal ou rádio locais, da publicação de cartazes na região do conflito e de outros meios.

CPC/1973

Art. 920.

REFERÊNCIA LEGISLATIVA

CPC/2015, art. 283 (impropriedade de ação).

CC, arts. 1.196 a 1.224 (posse).

SÚMULAS

Súmulas STJ:

Nº 228: "É inadmissível o interdito proibitório para a proteção do direito autoral".

Nº 637: "O ente público detém legitimidade e interesse para intervir, incidentalmente, na ação possessória entre particulares, podendo deduzir qualquer matéria defensiva, inclusive, se for o caso, o domínio".

BREVES COMENTÁRIOS

Nosso direito processual regula, como ações possessórias típicas, a de *manutenção de posse*, a de *reintegração de posse* e o *interdito proibitório* (CPC, arts. 554 a 568). A existência de três interditos distintos decorre da necessidade de adequar as providências judiciais de tutela possessória às diferentes hipóteses de violação da posse. Observa Adroaldo Furtado Fabrício que nem sempre é fácil, nos casos concretos, identificar com segurança a turbação ou o esbulho, já que existem situações fronteiriças entre as duas hipóteses. Isso, porém, não prejudica em nada as partes, uma vez que o Código adota o princípio da conversibilidade dos interditos, segundo o qual "a propositura de uma ação possessória em vez de outra não obstará a que o juiz conheça do pedido e outorgue a proteção legal correspondente àquela, cujos pressupostos estejam provados" (CPC, art. 554, *caput*) (Adroaldo Furtado Fabrício, *Comentários ao CPC*, 2ª ed., Rio de Janeiro, Forense, 1984, vol. VIII, t. III, n. 365, p. 428); Antônio Carlos Marcato, Procedimentos especiais. 16. ed., São Paulo: Atlas, 2016.

JURISPRUDÊNCIA SELECIONADA

1. Fungibilidade. "Na esteira de entendimento já consolidado na jurisprudência, e em atenção ao princípio da fungibilidade das ações possessórias contido no art. 920 do CPC [art. 554 do CPC/2015], o pedido deve ser convertido para reintegração de posse" (STJ, REsp 1.055.426/SC, Rel. Min. Luiz Fux, jul. 30.11.2009 *DJE* 16.12.2009).

"Para a ciência processual, o rótulo que se dá a causa é irrelevante, atendendo apenas as conveniências de ordem prática. Essa denominação da ação consiste em resquício da teoria civilista sobre a natureza jurídica da ação. Inviável em linha de princípio a conversão da ação de imissão na posse, de natureza petitória em ação possessória (...)" (STJ, REsp 32.143/PA, Rel. Min. Sálvio de Figueiredo Teixeira, 4ª Turma, jul. 27.06.1996, *DJ* 16.09.1996, p. 33.743).

Conversão de ação possessória em ação indenizatória. Possibilidade. "A ação possessória pode ser convertida em indenizatória em decorrência dos princípios da celeridade e economia processual (Precedentes: REsp 983.721/RN, Rel. Min. Teori Albino Zavascki, *DJ* 04.02.2009; REsp 439.062/GO, Rel. Min. José Delgado, *DJ* 03.02.2003). O sistema processual é informado pelo princípio da instrumentalidade das formas, de modo que somente a nulidade que sacrifica os fins de justiça do processo deve ser declarada (*pas des nullités sans grief*)" (STJ, REsp 1.075.856/CE, Rel. Min. Luiz Fux, 1ª Turma, jul. 09.06.2009, *DJe* 05.08.2009). **Sobre reintegração de posse. Demolição. Indenização. Inexistência de pedido do réu:** ver jurisprudência do art. 555 do CPC/2015.

Conversão de ação possessória em ação ordinária. Impossibilidade. "Não há como, em tal situação, pretender o autor que seja transformada a ação possessória em ação ordinária de rescisão de compra e venda, sob pena de se criar irreparável e insanável prejuízo à defesa, o que, evidentemente, não se enquadra nos lindes do parágrafo único do art. 250 do Código de Processo Civil" (STJ, REsp 402.086/PB, Rel. Min. Carlos Alberto Menezes Direito, 3ª Turma, jul. 06.12.2002, *DJ* 24.02.2003, p. 224).

2. Ação petitória.

Ação de imissão na posse. Natureza. "A ação de imissão na posse, ao contrário do que o *nomen iuris* pode indicar, tem natureza petitória. A presente ação (ação de imissão na posse) é instrumento processual colocado à disposição daquele que, com fundamento no direito de propriedade e sem nunca ter exercido a posse, almeja obtê-la judicialmente" (STJ, REsp 1.126.065/SP, Rel. Min. Massami Uyeda, 3ª Turma, jul. 17.09.2009, *DJe* 07.10.2009).

Fungibilidade. "A possibilidade da fungibilidade das ações autorizadas pelo art. 920 do CPC [art. 554 do CPC/2015] é apenas para ações possessórias, e não para as demais. A ação de imissão de posse, sabidamente, não é ação possessória destinada à proteção da posse, mas sim ação petitória a favor de quem vai em busca da posse" (1º TACível SP, Ap. 359.384, Rel. Juiz Raphael Salvador, 8ª Câmara, jul. 25.09.1986, *RT* 612/106).

3. Esbulho possessório praticado por particulares. Serviços de infraestrutura pelo Estado. Desapropriação indireta. Inocorrência. "Não se imputa ao Poder Público a responsabilidade integral por alegada desapropriação indireta quando, em gleba cuja ocupação por terceiros apresenta situação consolidada e irreversível, limita-se a realizar serviços públicos de infraestrutura, sem que tenha concorrido para o esbulho ocasionado exclusivamente por particulares. Assim, na medida em que o Poder Público não pratica o ato ilícito denominado 'apossamento administrativo' nem, portanto, toma a propriedade do bem para si, não deve responder pela perda da propriedade em desfavor do particular, ainda que realize obras e serviços públicos essenciais para a comunidade instalada no local" (STJ, REsp 1770001/AM, Rel. Min. Mauro Campbell Marques, 2ª Turma, jul. 05.11.2019, *DJe* 07.11.2019).

4. Ação de reintegração de posse.

Reintegração de posse. Apossamento administrativo e ocupação consolidada. Conversão em ação indenizatória de ofício. Possibilidade. "O Superior Tribunal de Justiça já se manifestou no sentido da possibilidade de conversão da ação possessória em indenizatória, em respeito aos princípios da celeridade e economia processuais, a fim de assegurar ao particular a obtenção de resultado prático correspondente à restituição do bem, quando situação fática consolidada no curso da ação exigir a devida proteção jurisdicional, com fulcro no art. 461, § 1º, do CPC/1973" [art. 499 do CPC/2015] (STJ, REsp 1.442.440/AC, Rel. Min. Gurgel de Faria, 1ª Turma, jul. 07.12.2017, *DJe* 15.02.2018).

Invasão coletiva de imóvel. Edital de citação obrigatório. Nulidade. "Nas ações possessórias voltadas contra número indeterminado de invasores de imóvel, faz-se obrigatória a citação por edital dos réus incertos. O CPC/2015, visando adequar a proteção possessória a tal realidade, tendo em conta os interesses público e social inerentes a esse tipo de conflito coletivo, sistematizou a forma de integralização da relação jurídica, com o fito de dar a mais ampla publicidade ao feito, permitindo que o magistrado se valha de qualquer meio para esse fim. O novo regramento autoriza a propositura de ação em face de diversas pessoas indistintamente, sem que se identifique especificamente cada um dos invasores (os demandados devem ser determináveis e não obrigatoriamente determinados), bastando a indicação do local da ocupação para permitir que o oficial de justiça efetue a citação daqueles que forem lá encontrados (citação pessoal), devendo os demais ser citados presumidamente (citação por edital). Na hipótese, deve ser reconhecida a nulidade de todos os atos do processo, em razão da falta de citação por edital dos ocupantes não identificados" (STJ, REsp 1.314.615/SP, Rel. Min. Luis Felipe Salomão, 4ª Turma, jul. 09.05.2017, *DJe* 12.06.2017).

Composse. Litisconsórcio passivo necessário. Ausência de citação. Nulidade. Vício transrescisório. Alegação em simples petição. Possibilidade. "Na hipótese de composse, a decisão judicial de reintegração de posse deverá atingir de modo uniforme todas as partes ocupantes do imóvel, configurando-se caso de litisconsórcio passivo necessário. A ausência da citação de litisconsorte passivo necessário enseja a nulidade da sentença. Na linha da jurisprudência desta Corte, o vício na citação caracteriza-se como vício transrescisório, que pode ser suscitado a qualquer tempo, inclusive após escoado o prazo para o ajuizamento da ação rescisória, mediante simples petição, por meio de ação declaratória de nulidade (*querela nullitatis*) ou impugnação ao cumprimento de sentença" (STJ, REsp 1.811.718/SP, Rel. Min. Ricardo Villas Bôas Cueva, 3ª Turma, jul. 02.08.2022, *DJe* 05.08.2022).

5. Bem imóvel público. Ação ajuizada entre dois particulares. "A ocupação de área pública, sem autorização expressa e legítima do titular do domínio, não pode ser confundida com a mera detenção. Aquele que invade terras e nela constrói sua moradia jamais exercerá a posse em nome alheio. Não há entre ele e o proprietário ou quem assim possa ser qualificado como o que ostenta *jus possidendi* uma relação de dependência ou subordinação. **Ainda que a posse não possa ser oposta ao ente público senhor da propriedade do bem, ela pode ser oposta contra outros particulares**, tornando admissíveis as ações possessórias entre invasores" (STJ, REsp 1.484.304/DF, Rel. Min. Moura Ribeiro, 3ª Turma, jul. 10.03.2016, *DJe* 15.03.2016).

"Diferentemente do que ocorre com a situação de fato existente sobre bens públicos dominicais – sobre os quais o exercício de determinados poderes ocorre a pretexto de mera detenção –, é possível a posse de particulares sobre bens públicos de uso comum, a qual, inclusive, é exercida coletivamente, como composse. Estando presentes a possibilidade de configuração de posse sobre bens públicos de uso comum e a possibilidade de as autoras serem titulares desse direito, deve ser reconhecido o preenchimento das condições da ação" (STJ, REsp 1.582.176/MG, Rel. Min. Nancy Andrighi, 3ª Turma, jul. 20.09.2016, *DJe* 30.09.2016).

Bem dominical. Interdito possessório. Possibilidade. "É possível o manejo de interditos possessórios em litígio entre particulares **sobre bem público dominical**, pois entre ambos a disputa será relativa à posse. (...). Nos bens do patrimônio disponível do Estado (dominicais), despojados de destinação pública, permite-se a proteção possessória pelos ocupantes da terra pública que venham a lhe dar função social. A ocupação por particular de um bem público abandonado/desafetado – isto é, sem destinação ao uso público em geral ou a uma atividade administrativa –, confere justamente a função social da qual o bem está carente em sua essência. A exegese que reconhece a posse nos bens dominicais deve ser conciliada com a regra que veda o reconhecimento da usucapião nos bens públicos (STF, Súm. 340; CF, arts. 183, § 3º; e 192; CC, art. 102); um dos efeitos jurídicos da posse – a usucapião – será limitado, devendo ser mantido, no entanto, a possibilidade de invocação dos interditos possessórios pelo particular" (STJ, REsp 1.296.964/DF, Rel. Min. Luis Felipe Salomão, 4ª Turma, jul. 18.10.2016, *DJe* 07.12.2016).

6. Locação. Retomada do imóvel. Ação possessória. Inadmissibilidade. "A via processual adequada para a retomada, pelo proprietário, da posse direta de imóvel locado é a ação de despejo, na forma do art. 5º da Lei n. 8.245/1991, não servindo para esse propósito o ajuizamento de ação possessória" (STJ, REsp 1.812.987/RJ, Rel. Min. Antonio Carlos Ferreira, 4ª Turma, jul. 27.04.2023, *DJe* 04.05.2023).

Imissão de posse. Descabimento. "O adquirente de imóvel locado tem direito de denunciar o contrato de locação na forma do art. 8º da Lei nº 8.245, mas só poderá reaver a posse direta do imóvel mediante o ajuizamento da ação de despejo, nos termos do art. 5º da mesma lei, sob pena de malferir o direito de terceiro que regularmente ocupa o bem. A ação adequada para reaver o imóvel em casos de aquisição de imóvel locado é a ação de despejo, não servindo para esse propósito a ação de imissão de posse" (STJ, REsp 1.864.878/AM, Rel. Min. Ricardo Villas Bôas Cueva, 3ª Turma, jul. 30.08.2022, *DJe* 05.09.2022).

7. Servidão de trânsito. Contínua e aparente. Proteção possessória. Possibilidade. "É passível de proteção possessória a servidão de trânsito tornada contínua e aparente por meio de obras visíveis e permanentes realizadas no prédio serviente para o exercício do direito de passagem. O direito real de servidão de trânsito, ao contrário do direito de vizinhança à passagem forçada, prescinde do encravamento do imóvel dominante, consistente na ausência de saída pela via pública, fonte ou porto" (STJ, REsp 223.590/SP, Rel. Min. Nancy Andrighi, 3ª Turma, jul. 20.08.2001, *DJ* 17.09.2001, p. 161). **No mesmo sentido:** STJ, AgRg no Ag 431.929/SP, Rel. Min. Barros Monteiro, 4ª Turma, jul. 13.04.2004, *DJ* 01.07.2004, p. 201.

8. Ausência de prova da posse alegada. Hipótese de improcedência. "Não tendo os autores da ação de reintegração se desincumbido do ônus de provar a posse alegada, o pedido deve ser julgado improcedente e o processo extinto com resolução de mérito" (STJ, REsp 930.336/MG, Rel. Min. Ricardo Villas Bôas Cueva, 3ª Turma, jul. 06.02.2014, *DJe* 20.02.2014).

9. Discussão sobre o domínio. "Não cabe, em sede possessória, a discussão sobre o domínio, salvo se ambos os litigantes disputam a posse alegando propriedade ou quando duvidosas ambas as posses alegadas" (STJ, REsp 5.462/MS, Rel. Min. Athos Carneiro, 4ª Turma, jul. 20.08.1991, *DJ* 07.10.1991, p. 13.971).

"A proteção possessória independe da alegação de domínio e pode ser exercitada até mesmo contra o proprietário que não tem posse efetiva, mas apenas civil, oriunda de título" (STJ, REsp 200.353/CE, Rel. Min. Sálvio de Figueiredo Teixeira, 4ª Turma, jul. 20.02.2003, *DJ* 17.03.2003, p. 232).

10. Bens imateriais. "A doutrina e a jurisprudência assentaram entendimento segundo o qual a proteção do direito de propriedades, decorrente de patente industrial, portanto, bem imaterial, no nosso direito, pode ser exercida através das ações possessórias" (STJ, REsp 7.196/RJ, Rel. Min. Waldemar Zveiter, 3ª Turma, jul. 10.06.1991, *DJ* 05.08.1991, p. 9.997). **No entanto:** "O descabimento, quanto aos direitos autorais, do interdito proibitório não afasta o direito à indenização postulado com base no mesmo fato, qual seja a utilização de obras musicais sem a devida contraprestação financeira. Assim, repelida a proteção possessória, pode a ação prosseguir no tocante ao pedido indenizatório, igualmente formulado" (STJ, AgRg no REsp 256.132/RS, Rel. Min. Carlos Alberto Menezes Direito, 3ª Turma, jul. 25.09.2000, *DJ* 20.11.2000, p. 292).

11. Comodato verbal motivado por união estável. "Não existe a alegada vinculação entre o pedido de declaração de união estável e o pedido possessório. O eventual reconhecimento do vínculo familiar não fará desaparecer o problema da posse, pois a ré se tornaria, apenas, coproprietária em metade ideal de um bem indivisível. A dificuldade a ser resolvida no âmbito possessório permaneceria presente em face do conflito insolúvel entre os supostos coproprietários quanto à pretensão de exercício exclusivo da posse do imóvel por apenas um deles" (STJ, REsp 1.097.837/SP, Rel. Min. Nancy Andrighi, 3ª Turma, *DJe* 01.06.2009).

12. Ação possessória relacionada com direito de greve. Competência da Justiça do Trabalho. "Penso que o verbete é bem explícito em dizer que a competência da Justiça do Trabalho sobre a ação possessória é relacionada com o exercício do direito de greve. Então, no momento em que se tem a ocupação de uma propriedade, em virtude de uma empresa, estabelecimento, em razão da greve, é evidente que, se é relacionada à greve, também será competente a Justiça do Trabalho e não só o interdito proibitório, que é impedir a proximidade com o local" (STF, PSV 25, Rel. Min. Gilmar Mendes, Tribunal Pleno, jul. 02.12.2009, *DJe* 18.02.2010).

13. Bem público. Imóvel abandonado. Sistema Financeiro de Habitação. Impossibilidade de usucapião. "Regra geral, doutrina e jurisprudência, seguindo o disposto no parágrafo 3º do art. 183 e no parágrafo único do art. 191 da Constituição Federal de 1988, bem como no art. 102 do Código Civil e no enunciado da Súmula nº 340 do Supremo Tribunal Federal, entendem pela absoluta impossibilidade de usucapião de bens públicos. O imóvel vinculado ao Sistema Financeiro de Habitação, porque afetado à prestação de serviço público, deve ser tratado como bem público, sendo, pois, imprescritível. Precedentes. (...) Mesmo o eventual abandono de imóvel público não possui o condão de alterar a natureza jurídica que o permeia, pois não é possível confundir a usucapião de bem público com a responsabilidade da Administração pelo abandono de bem público. Com efeito, regra geral, o bem público é indisponível. Na hipótese dos autos, é possível depreender que o imóvel foi adquirido com recursos públicos pertencentes ao Sistema Financeiro Habitacional, com capital 100% (cem por cento) público, destinado à resolução do problema habitacional no país, não sendo admitida, portanto, a prescrição aquisitiva. Eventual inércia dos gestores públicos, ao longo do tempo, não pode servir de justificativa para perpetuar a ocupação ilícita de área pública, sob pena de se chancelar ilegais situações de invasão de terras" (STJ, REsp 1.874.632/AL, Rel. Min. Nancy Andrighi, 3ª Turma, jul. 25.11.2021, *DJe* 29.11.2021).

Art. 555. É lícito ao autor cumular ao pedido possessório o de:

I – condenação em perdas e danos;

II – indenização dos frutos.

Parágrafo único. Pode o autor requerer, ainda, imposição de medida necessária e adequada para:

I – evitar nova turbação ou esbulho;

II – cumprir-se a tutela provisória ou final.

CPC/1973

Art. 921.

REFERÊNCIA LEGISLATIVA

CC, arts. 402 a 405 (perdas e danos); 1.214 a 1.216 (direito aos frutos pelo possuidor de boa-fé).

BREVES COMENTÁRIOS

O pedido genuinamente possessório é o do mandado de reintegração, de manutenção ou de proibição contra o que agride ou ameaça agredir a posse do autor. A petição inicial terá, portanto, no juízo possessório, de conter, necessariamente, o pedido de uma das medidas acima. Permite a lei, todavia, (CPC/2015, art. 555) que o autor faça, ao lado do pedido possessório, a cumulação de outros, que tenham por objeto o seguinte: (a) condenação em perdas e danos (inciso I); (b) indenização dos frutos (inciso II); (c) imposição de medidas necessárias e adequadas para evitar nova turbação ou esbulho e cumprir-se a tutela provisória ou final (parágrafo único). Essas cumulações devem restringir-se, porém, a pretensões diretamente ligadas ao evento possessório, ou seja, a indenização há de referir-se a danos que o réu causou ao bem esbulhado ou turbado, a pena há de referir-se à reiteração do esbulho ou turbação que foi a causa da ação. Em se tratando de ação dúplice, também o réu pode, na contestação, formular pedidos cumulados contra o autor, dentro dos limites do art. 555. Não há necessidade de reconvir.

JURISPRUDÊNCIA SELECIONADA

1. Reintegração de posse. Reconhecimento de ofício ao recebimento de indenização por benfeitorias úteis e necessárias. Impossibilidade. "Nas ações possessórias e considerando a natureza dúplice dessas, não é possível afastar a ocorrência de julgamento extra petita (fora do pedido) da indenização por benfeitorias, em benefício do réu revel, ante a não apresentação de contestação ou da ausência de formulação de pedido indenizatório em momento posterior" (STJ, REsp 1836846/PR, Rel. Min. Nancy Andrighi, 3ª Turma, jul. 22.09.2020, *DJe* 28.09.2020).

2. Perdas e danos. "Não há necessidade de o autor optar pelo rito ordinário para cumular os pedidos possessórios e de perdas e danos, como se exigia outrora. As perdas e danos devem ser provadas na fase de conhecimento, ficando para a execução apenas a apuração do seu *quantum*" (TA Cível RJ, Ap. 20.463, Rel. Juiz Antônio Lindberg Montenegro, 5ª Câmara, jul. 1.7.85, *Arqs. TARJ* 5/177).

3. Cominação de pena. "Face ao art. 921 do CPC [art. 555 do CPC/2015], é lícita a cominação de pena para o caso da prática de novos atos turbatórios" (TAMG, Ap. 0353117-3, Rel.ª Juíza Teresa Cristina da Cunha Peixoto, 3ª Câmara Cível, jul. 13.03.2002).

4. Indenização:

Reintegração de posse. Demolição. Inexistência de pedido do réu. "A inexistência de pedido expresso do réu não impede ao juiz de deferir indenização, em lugar da demolição do prédio. A invasão de área mínima de terreno, com a construção concluída de valioso prédio, resolve-se com a indenização e não com a demolição" (STJ, REsp 77.712/MG, Rel. p/ Acórdão Ministro Ruy Rosado de Aguiar, 4ª Turma, jul. 18.03.1997, *DJ* 19.12.1997, p. 67.505). **Sobre a conversão de ação possessória em indenizatória ver jurisprudência do art. 554 do CPC/2015.**

Prova dos prejuízos. "São reparáveis, mediante indenização, os prejuízos causados pelo esbulhador, impondo-se, contudo, a prova dos mesmos, que se não presumem" (STJ, REsp 9.151/SP, Rel. Min. Dias Trindade, 3ª Turma, jul. 13.05.1991, *DJ* 10.06.1991, p. 7.847).

Uso do imóvel durante a inadimplência. Cabimento. "A rescisão de contrato de promessa de compra e venda de imóvel, na hipótese em que o promitente-comprador deixa de pagar a prestação e continua usufruindo do imóvel, enseja ao promitente-vendedor o direito à indenização pelo uso do imóvel durante o período de inadimplência" (STJ, REsp 688.521/DF, Rel. Min. João Otávio de Noronha, 4ª Turma, jul. 08.04.2008, *DJe* 28.04.2008).

5. Fase de liquidação. Impossibilidade. "A existência dos danos (*an debeatur*) deve ser demonstrada no curso da instrução e não na liquidação, que se destina à aferição do valor dos danos (*quantum debeatur*). Embora possível a cumulação dos pedidos de reintegração na posse e de perdas e danos, a teor do art. 921-I, CPC [art. 555, I, do CPC/2015], a existência e o conteúdo destes devem ser apurados no processo de conhecimento, deixando para a liquidação apenas a fixação do valor da indenização. No caso, não só a apuração do *quantum* era inviável na 'execução' (*rectius*), liquidação, como também o requerimento de perdas e danos se limitou a mencionar o inciso I do art. 921, CPC e a postular multa cominatória, que tem sede no inciso II, sobre a qual nada disseram as instâncias ordinárias" (STJ, REsp 216.319/BA, Rel. Min. Sálvio de Figueiredo Teixeira, 4ª Turma, jul. 29.06.2000, *DJ* 25.09.2000, p. 106).

6. Contrato de *leasing*. "No chamado contrato de *leasing* cabe a tutela possessória. E é expressamente permitido cumular ao pedido possessório o da condenação em perdas e danos – CPC, art. 921, I [art. 555, I, do CPC/2015] –, as quais, evidentemente, resultem provadas no processo de conhecimento" (TACível RJ, Ap. 355.118, Rel. Juiz Sena Rebouças, 2ª Câmara, jul. 06.08.1986, *Adcoas*, n. 111.522, 1987).

"*Leasing*. Inadimplência do arrendatário. Reintegração de posse. Possibilidade de cumulação de pedido de indenização. Em ação possessória cabe pedido de indenização por perdas e danos, nos termos dos artigos 921 e 922 do CPC [arts. 554 e 555 do CPC/2015]. Formulado o pedido de indenização na inicial, não se configura hipótese de julgamento *ultra petita*" (TJDF, Ap. 19980110594023APC DF, Rel.ª Ana Maria Duarte Amarante, 5ª Turma, jul. 28.08.2000, *DJDF* 22.11.2000, p. 41).

"Ação de reintegração de posse. Arrendamento mercantil. Pedido contraposto. Devolução do valor residual garantido (VRG). Não cabimento. Não é cabível discussão a respeito de devolução de parcelas pagas a título de valor residual garantido em sede de ação de reintegração de posse decorrente de descumprimento de contrato de arrendamento mercantil, tendo em vista que o âmbito desta ação restringe-se à matéria possessória" (TJDF, Ap. 19990110260139APC DF, 3ª Turma, jul. 13.11.2000, *DJDF* 07.02.2001, p. 25).

7. *Astreintes* (art. 537 do CPC) x multa prevista no art. 555, II, do CPC. Ver jurisprudência do art. 537 do CPC/2015.

8. Distanciamento mínimo de movimento social destinado à reforma agrária do imóvel. "Consigna-se inexistir direito fundamental absoluto. A legítima pretensão à necessária reforma agrária, prevista constitucionalmente, não confere ao correlato movimento social, ainda que sob a égide do direito fundamental de locomoção, o uso arbitrário da força destinado a vilipendiar posse reputada legítima (assim albergada por decisão judicial), que, inerente ao direito de propriedade, igualmente recebe proteção constitucional" (STJ, HC 243.253/MS, Rel. Min. Massami Uyeda, 3ª Turma, jul. 13.11.2012, *DJe* 28.11.2012).

Art. 556. É lícito ao réu, na contestação, alegando que foi o ofendido em sua posse, demandar a proteção possessória e a indenização pelos prejuízos resultantes da turbação ou do esbulho cometido pelo autor.

CPC/1973

Art. 922.

BREVES COMENTÁRIOS

Com essa norma, o legislador atribui o caráter dúplice aos interditos possessórios, ou seja, trata essas ações como aquelas em que não se distingue a posição ativa da passiva entre os sujeitos da relação processual. A consequência prática que se deve extrair de sua especial qualidade jurídica é a de que o réu não precisa propor reconvenção para contra-atacar o autor. O demandado, portanto, que pretenda acusar o autor da possessória de violação de sua posse, e queira obter para si a tutela interdital, assim como o ressarcimento dos danos sofridos, pode formular seu pedido na contestação. A proteção à posse do réu, contudo, não é dispensada *ex officio* pelo juiz. Depende, sempre, de expresso requerimento na contestação, porque também aqui prevalece o princípio do *ne procedat iudex ex officio*, insculpido no art. 2º do CPC.

JURISPRUDÊNCIA SELECIONADA

1. Possessória. Ação dúplice.

Pedido correlato indenizatório. Possibilidade. "A jurisprudência desta Corte é no sentido de que, nas ações possessórias, pode o réu deduzir, na contestação, pedido indenizatório, desde que correlato à matéria, dado o caráter dúplice dessas demandas, o que não se verifica na presente hipótese" (STJ, AgInt no AREsp 1314158/SC, Rel. Min. Marco Aurélio Bellizze, 3ª Turma, jul. 20.04.2020, *DJe* 24.04.2020).

Inexistência de pedido contraposto do réu. Posse não convalidada. "A ação possessória julgada improcedente não tem o condão de convalidar a posse do réu se este assim não requereu expressamente em sede de contestação. Caráter dúplice da ação possessória" (STJ, RMS 20.626/PR, Rel. Min. Paulo Furtado, 3ª Turma, jul. 15.10.2009, *DJe* 29.10.2009).

"Nas ações possessórias, dada a sua natureza executiva, a posse é mantida ou restituída de plano ao vencedor da demanda, mediante simples expedição e cumprimento de mandado, sendo inaplicável, em casos tais, o disposto nos arts. 621 e 744, CPC [art. 806 do CPC/2015] " (STJ, REsp 14.138/MS, Rel. Min. Sálvio de Figueiredo Teixeira, 4ª Turma, jul. 20.10.1993, *DJ* 29.11.1993, p. 25.882).

2. Reconvenção. Cabimento. "A natureza dúplice da ação possessória, no rastro do art. 922 do Código de Processo Civil [art. 556 do CPC/2015], não tem o condão de afastar, em tese, a possibilidade de reconvenção" (STJ, REsp 119.775/SP, Rel. Min. Carlos Alberto Menezes Direito, 3ª Turma, jul. 12.05.1998, *DJ* 22.06.1998, p. 73).

3. Perdas e danos. "Quando os réus se valem do permissivo contido no art. 922 do CPC [art. 556 do CPC/2015] e, obtendo regular pronunciamento judicial, já precluso, sobre a questão de perdas e danos, relativo ao fato turbativo ou esbulhativo da posse, não podem vir em ação autônoma postular perdas e danos, mesmo ampliadas, em face da coisa julgada da sentença preclusa que expressamente se rejeitara. Tendo havido pronunciamento judicial precluso a pedido do réu, com base no art. 922 do CPC, este não pode, em ação própria, voltar a postular perdas e danos já rejeitadas de forma definitiva" (TARS, Ap. 188.094.312, Rel. Juiz Guido Waldemar Zveiter, 2ª Câmara jul. 16.3.89, *JTARS* 70/294).

"Interdito possessório. Pedido contraposto de reintegração de posse. Possibilidade. O caráter dúplice da ação possessória permite ao requerido pedir, em sua contestação, a proteção possessória e indenização por perdas e danos, se o caso. A indicação do endereço do imóvel e a descrição de seus limites e confrontações conforme indicado no memorial descritivo são suficientes para possibilitar a execução da sentença que concede a proteção possessória" (TJDF, Ap. 19990110178168APC DF, Rel. Min. Vasquez Cruxên, 3ª Turma, jul. 26.03.2001, *DJDF* 20.06.2001, p. 35).

4. Embargos de retenção por benfeitorias em ação possessória. Prazo para oposição. Preclusão. "O prazo para oposição dos embargos de retenção deve ser contado a partir da juntada aos autos do mandado devidamente cumprido. A ciência prévia pela parte não tem o condão de sobrepujar à segurança jurídica imposta pela regra processual, que deve prevalecer. Todavia, tendo em vista a natureza da ação possessória, o direito de retenção por benfeitorias deve ser pleiteado já na resposta ao pedido inicial, sob pena de preclusão" (STJ, REsp 424.300/MA, Rel. Min. Castro Filho, 3ª Turma, jul. 15.12.2005, *DJ* 04.12.2006, p. 294).

"A indenização relativa às benfeitorias, se não pleiteada nos autos da possessória, pode ser reclamada em via processual específica" (STJ, REsp 14.138/MS, Rel. Min. Sálvio de Figueiredo Teixeira, 4ª Turma, jul. 20.10.1993, *DJ* 29.11.1993, p. 25.882).

Art. 557. Na pendência de ação possessória é vedado, tanto ao autor quanto ao réu, propor ação de reconhecimento do domínio, exceto se a pretensão for deduzida em face de terceira pessoa.

Parágrafo único. Não obsta à manutenção ou à reintegração de posse a alegação de propriedade ou de outro direito sobre a coisa.

CPC/1973

Art. 923.

REFERÊNCIA LEGISLATIVA

CC, art. 1.210, § 2º.

SÚMULAS

Súmula do STF:

nº 487: "Será deferida a posse a quem, evidentemente, tiver o domínio, se com base neste for ela disputada".

Súmula do STJ:

nº 637: "O ente público detém legitimidade e interesse para intervir, incidentalmente, na ação possessória entre particulares, podendo deduzir qualquer matéria defensiva, inclusive, se for o caso, o domínio".

BREVES COMENTÁRIOS

Uma vez que tanto a ação possessória como a reivindicatória buscam a execução que haverá de manter ou conceder a posse sobre o bem litigioso, estabelece-se entre os dois juízos não uma litispendência mas um conflito potencial de provimentos. Não seria admissível que, concomitantemente, a sentença possessória atribuísse a posse a uma parte e o julgado petitório a outra parte. Por imposição de ordem prática, há uma necessidade de impedirem-se duas sentenças executivas contrárias entre si. Se isso fosse permitido, seria notória a possibilidade de a sentença dominial tornar vazia e inócua a sentença de procedência do interdito possessório. É apenas por isso que o art. 557 do CPC/2015 veda o recurso à petitória na pendência da possessória. Porque o possessório e o petitório se repelem, a lei veda, também, ao esbulhador a defesa fundada na propriedade ou em outro direito sobre a coisa (parágrafo único).

JURISPRUDÊNCIA SELECIONADA

1. Ação possessória. Oposição do Poder Público. "Hipótese em que, pendente demanda possessória em que particulares disputam a posse de imóvel, a União apresenta oposição pleiteando a posse do bem em seu favor, aos fundamentos de que a área pertence à União e de que a ocupação de terras públicas não constitui posse. (...). O art. 923 do CPC/73 [atual art. 557 do CPC/2015], ao proibir, na pendência de demanda possessória, a propositura de ação de reconhecimento do domínio, apenas pode ser compreendido como uma forma de se manter restrito o objeto da demanda possessória ao exame da posse, não permitindo que se amplie o objeto da possessória para o fim de se obter sentença declaratória a respeito de quem seja o titular do domínio. A vedação constante do art. 923 do CPC/73 [atual art. 557 do CPC/2015], contudo, **não alcança a hipótese em que o proprietário alega a titularidade do domínio apenas como fundamento para pleitear a tutela possessória.** Conclusão em sentido contrário importaria chancelar eventual fraude processual e negar tutela jurisdicional a direito fundamental. Titularizar o domínio, de qualquer sorte, não induz necessariamente êxito na demanda possessória. Art. 1.210, § 2º, do CC/2002. A tutela possessória deverá ser deferida a quem ostente melhor posse, que poderá ser não o proprietário, mas o cessionário, arrendatário, locatário, depositário, etc. A alegação de domínio, embora não garanta por si só a obtenção de tutela possessória, pode ser formulada incidentalmente com o fim de se obter tutela possessória" (STJ, EREsp 1134446/MT, Rel. Mi. Benedito Gonçalves, Corte Especial, jul. 21.03.2018, *DJe* 04.04.2018).

2. Ação demarcatória na pendência de ação possessória. Impossibilidade. "A ação demarcatória não objetiva somente a declaração de reconhecimento de domínio, uma vez que vem necessariamente atrelada à pretensão de demarcação da área controversa. Contudo, diante da natureza petitória da ação demarcatória, inviável o seu ajuizamento enquanto pendente de julgamento ação possessória, nos termos do que preceituado no art. 923 do CPC/73 [art. 557 do CPC/2015]. Conquanto se tenha concluído pela impossibilidade do ajuizamento da ação demarcatória enquanto pendente de julgamento ação possessória, verifica-se que, na hipótese, não se mostra mais útil a discussão acerca da aplicabilidade do art. 923 do CPC/73. Não estando mais pendente o julgamento de ação possessória, e tendo-se ainda em mente que o art. 923 do CPC/73 prevê apenas uma condição suspensiva para o ajuizamento da ação demarcatória, não há qualquer razão que, neste momento, justifique a sua extinção" (STJ, REsp 1.655.582/MT, Rel. Min. Nancy Andrighi, 3ª Turma, jul. 12.12.2017, *DJe* 18.12.2017).

3. Possessória fundada em alegação de domínio. "Infringe o art. 923 do CPC [art. 557 do CPC/2015] o acórdão que, quando ainda pendente apelação de sentença proferida em possessória fundada em alegação de domínio, confirma sentença que julga procedente a reivindicatória" (STF, RE 89.179-0/PA, Rel. Min. Cordeiro Guerra, 2ª Turma, jul. 03.08.1979, *DJ* 31.08.1979, p. 6.470; *RT* 548/254).

"A determinação contida no art. 82, III do CPC [art. 178, III, do CPC/2015] mostra-se inaplicável ao caso em exame, uma vez que a controvérsia diz com a interpretação a ser conferida ao art. 923 do CPC [art. 557 do CPC/2015]. Trata-se de questão unicamente de hermenêutica jurídica, isto é, concluir-se pelo cabimento, ou não, de Intervenção de Terceiro na modalidade Oposição, fundada no domínio do imóvel, em ação em que se discute tão somente a posse da terra, sem qualquer invasão do mérito da demanda original, sem qualquer repercussão sobre o poder de desapropriação do INCRA. (...) A pretensão deduzida pelo agravante, na Oposição manejada, esbarra no impedimento legal contido no art. 923 do CPC, que impede tanto o autor quanto o réu de intentar ação de reconhecimento do domínio, na pendência do processo possessório" (STJ, AgRg no REsp 1.296.991/DF, Rel. Min. Napoleão Nunes Maia Filho, 1ª Turma, jul. 05.06.2012, *DJe* 18.06.2012).

Discussão de posse. Possibilidade de exceção de domínio. "Embora na pendência de processo possessório não se deve intentar ação de reconhecimento do domínio (art. 923 do CPC) [art. 557 do CPC/2015], constatada a sobreposição de documentos registrais, sob perícia de que os autores têm menos área que prevê seu título de propriedade em confronto com o título apresentado pelos réus, é plenamente cabível a exceção de domínio, se, com base neste, ambos os litigantes discutem a posse" (STJ, AgRg no REsp 906.392/MT, Rel. Min. João Otávio de Noronha, 4ª Turma, jul. 18.03.2010, *DJe* 26.04.2010).

Ação de reintegração de posse. Pedido de usucapião formulado em contestação. Inadmissibilidade. "Esta Corte Superior já decidiu que, em sede de ação possessória é inviável a discussão a respeito da titularidade do imóvel sob pena de se confundir os institutos, ou seja, discutir a propriedade em ação possessória. Precedentes. Na pendência do processo possessório é vedado tanto ao autor como ao réu intentar a ação de reconhecimento de domínio, nesta compreendida a ação de usucapião (art. 923 do CPC)" (STJ, AgRg no REsp 1.389.622/SE, Rel. Min Luis Felipe Salomão, 4ª Turma, jul. 18.02.2014, *DJe* 24.02.2014).

4. *Exceptio proprietatis.* "A *exceptio proprietatis* era admitida quando os litigantes disputavam a posse como donos, isto é, invocavam a propriedade como fundamento da posse, mas enquanto vigorante a íntegra do art. 923 do digesto processual [art. 557 do CPC/2015] que, com a Lei nº 6.820/80, teve revogada sua parte final. Hoje não se admite a exceção de domínio como matéria de defesa nas ações possessórias, diante da norma estampada do aludido art. 923" (TAMG, Ap. 54.476-6, 6ª Câmara, Rel. Juiz Herculano Rodrigues, jul. 25.06.1990). **Contra a tese da revogação:** STF, RE 108024/SP, Rel. Min. Djaci Falcão, jul. 03.06.1986, *RTJ* 118/1.126.

5. Rótulo da ação. "*Reivindicatória. Possessória. Rótulo.* A lide há de ser julgada consoante a causa de pedir e o pedido, não relevante o rótulo dado pelo autor. Se esse pretende a posse com base no domínio, o pleito é petitório, ainda que indevidamente qualificado de possessório" (STJ, REsp 45.421-2/SP, Rel. Min. Eduardo Ribeiro, 3ª Turma, *DJU* 05.05.1997, p. 17.046; *RSTJ* 97/174).

6. Conversão de procedimento possessório em petitório. "Convertido o feito possessório em petitório, configura violação ao princípio do contraditório a negativa de concessão de oportunidade para manifestação pela ré acerca do novo procedimento. Possibilidade, inclusive, de alegações de aspectos dominiais, anteriormente restringidos em sede possessória (art. 923 do CPC)" [art. 557 do CPC/2015] (STJ, REsp 1.188.722/MS, Rel. Min. Paulo de Tarso Sanseverino, 3ª Turma, jul. 18.09.2012, *DJe* 21.09.2012).

Art. 558. Regem o procedimento de manutenção e de reintegração de posse as normas da Seção II deste Capítulo quando a ação for proposta dentro de ano e dia da turbação ou do esbulho afirmado na petição inicial.

Parágrafo único. Passado o prazo referido no *caput*, será comum o procedimento, não perdendo, contudo, o caráter possessório.

CPC/1973

Art. 924.

REFERÊNCIA LEGISLATIVA

CPC/2015, arts. 319 a 512 (procedimento comum).

BREVES COMENTÁRIOS

As ações de manutenção e de reintegração de posse variam de rito conforme sejam intentadas dentro de ano e dia da turbação ou esbulho, ou depois de ultrapassado dito termo. Na primeira hipótese, tem-se a chamada ação possessória de *força nova*. Na segunda, a de *força velha*. A ação de força nova é de procedimento especial e a de força velha observa o rito comum (CPC, art. 558). A diferença de procedimento, no entanto, é mínima e fica restrita à possibilidade ou não de obter-se a medida liminar de manutenção ou reintegração de posse em favor do autor, porque, a partir da contestação, também a ação de força nova segue o procedimento comum (art. 566). A circunstância, porém, de ser ação de força velha em nada modifica a natureza do interdito, já que a ação continuará com o caráter puramente possessório, como ressalva do parágrafo único do art. 558 do CPC. Ou seja: "sem interferência da questão dominial". A liminar, que é parte integrante do rito da ação de força nova, pode também ser obtida na ação de força velha. Só que, em tal caso dependerá da comprovação dos requisitos da tutela de urgência (art. 300). Se a hipótese for de ação de força nova, bastará a comprovação do esbulho ou turbação ocorrido a menos de ano e dia (art. 562).

JURISPRUDÊNCIA SELECIONADA

1. Tutela antecipada em ação possessória de força velha. "O Superior Tribunal de Justiça tem entendimento de que é possível a concessão de tutela antecipada em ação possessória de força velha, desde que preenchidos os requisitos do art. 273 do CPC/73 [art. 300 do CPC/2015], a serem aferidos pela instância de origem" (STJ, AgInt no AREsp 1089677/AM, Rel. Min. Lázaro Guimarães, 4ª Turma, jul. 08.02.2018, *DJe* 16.02.2018). **No mesmo sentido:** STJ, AgInt no REsp 1752612/CE, Rel. Min. Ricardo Villas Bôas Cueva, 3ª Turma, jul. 11.02.2019, *DJe* 13.02.2019.

2. Data da turbação ou esbulho. "A data a ser considerada como sendo a da turbação ou do esbulho, para autorizar a liminar de manutenção de posse, há de ser aquela em que se consuma e concretiza a ofensa à posse. A antiguidade da posse, para os efeitos do art. 924 do CPC [art. 558 do CPC/2015], deve ser considerada a partir da ofensa a posse. Assim, na 'ação de força nova', 'força' significa ofensa à posse e o prazo se conta a partir dessa turbação ou esbulho para que seja permitido a manutenção ou reintegração liminar" (TAPR, Ag. 761/88, Rel. Juiz Gilney Leal, 2ª Câmara, jul. 08.03.1989).

"A ação de ano e dia de manutenção de posse (arts. 926 e segs. do CPC) [arts. 560 e seguintes do CPC/2015] é medida cujo escopo específico é a obtenção, mediante um juízo de cognição sumária, de mandado judicial que faça cessar ato turbador" (STJ, REsp 768.102/SC, Rel. Min. Nancy Andrighi, 3ª Turma, jul. 17.04.2008, *DJe* 30.04.2008).

3. Pedido liminar:

Possibilidade somente em ação de força nova.

"O prazo de ano e dia para a caracterização da posse nova e a consequente viabilidade da liminar na ação possessória conta-se, em regra, desde a data do esbulho ou turbação até o ajuizamento da ação, nos termos do art. 924, CPC [art. 558 do CPC/2015]. Sem ter sido requerida a liminar na inicial, ainda que intentada a ação dentro de ano e dia do esbulho possessório, tornam-se descabidas a renovação do pleito e a concessão da medida quase quatro anos depois do ajuizamento, quando já contestado o feito, realizada a audiência de conciliação e instrução e encerrados os debates orais" (STJ, REsp 313.581/RJ, Rel. Min. Sálvio de Figueiredo Teixeira, 4ª Turma, jul. 21.06.2001, *DJU* 27.08.2001, p. 347).

"**A ação de reintegração é o meio próprio para defender a posse, inclusive a de força velha**; só a de força nova, todavia, está municiada pela medida liminar" (STJ, REsp 138.932/RS, Rel. Min. Ari Pargendler, 3ª Turma, jul. 11.11.2002, *DJ* 16.12.2002, p. 308).

Antecipação de tutela. Possibilidade em ação de força velha. "É possível a antecipação de tutela em ação de reintegração de posse em que o esbulho data de mais de ano e dia (posse velha), submetida ao rito comum, desde que presentes os requisitos que autorizam a sua concessão, previstos no art. 273 do CPC [art. 300 do CPC/2015], a serem aferidos pelas instâncias de origem" (STJ, AgRg no REsp 1.139.629/RJ, Rel. Min. Maria Isabel Gallotti, 4ª Turma, jul. 06.09.2012, *DJe* 17.09.2012). No mesmo sentido: TJMG, Ag. 1.0710.08.018775-4/001(1), Rel. Nilo Lacerda, jul. 06.05.2009, *DJe* 01.06.2009.

4. Bem Público. Liminar. "A jurisprudência, tanto do Superior Tribunal de Justiça quanto do Supremo Tribunal Federal, é firme em não ser possível a posse de bem público, constituindo a sua ocupação mera detenção de natureza precária. Portanto, no caso vertente, descabe invocação de 'posse velha' (artigo 924 do Código de Processo Civil) [art. 558 do CPC/2015], para impossibilitar a reintegração liminar em bem imóvel pertencente a órgão público" (STJ, REsp 932.971/SP, Rel. Min. Luis Felipe Salomão, 4ª Turma, jul. 10.05.2011, *DJe* 26.05.2011).

Art. 559. Se o réu provar, em qualquer tempo, que o autor provisoriamente mantido ou reintegrado na posse carece de idoneidade financeira para, no caso de sucumbência, responder por perdas e danos, o juiz designar-lhe-á o prazo de 5 (cinco) dias para requerer caução, real ou fidejussória, sob pena de ser depositada a coisa litigiosa, ressalvada a impossibilidade da parte economicamente hipossuficiente.

CPC/1973

Art. 925.

BREVES COMENTÁRIOS

Não há necessidade de uma ação cautelar de caução. O requerimento será processado incidentalmente, dentro dos próprios autos da possessória.

JURISPRUDÊNCIA SELECIONADA

1. Prova de carência de idoneidade financeira. "A caução prevista no art. 925 do CPC [art. 559 do CPC/2015] exige prova pré-constituída de carência de idoneidade financeira, daí porque ser a prova eminentemente documental, não exigindo dilação probatória, de modo que a sua não realização não implica em cerceamento de defesa, mostrando-se impertinente a sua juntada somente na fase recursal. E não apresentando a prova pré-constituída exigida pelo art. 925 do CPC, restaram inatendidos os pressupostos do *fumus boni iuris* e *periculum in mora*, obstando desse modo a concessão da cautelar pretendida" (TAPR, Ap. 142819100/Santa Isabel do Ivaí, Augusto Lopes Cortes, 5ª Câmara Cível, jul. 21.03.2001, *DJ* 06.04.2001). **Em sentido contrário:** "A exigência de caução prevista no art. 925, do Código de Processo Civil [art. 559 do CPC/2015], não se faz por falta de prova de idoneidade financeira, mas em virtude de demonstração feita pelo réu de que o autor carece de condições para responder por perdas e danos, se vencido na demanda" (TAPR, AI 159059600/Piraí do Sul, Rel. Juiz Lauro Augusto Fabrício de Melo, 1ª Câmara Cível, jul. 12.12.2000, *DJ* 02.02.2001).

Seção II
Da Manutenção e da Reintegração de Posse

Art. 560. O possuidor tem direito a ser mantido na posse em caso de turbação e reintegrado em caso de esbulho.

CPC/1973

Art. 926.

REFERÊNCIA LEGISLATIVA

CC, art. 1.210, *caput*.

CPC/2015, art. 554 (fungibilidade das ações possessórias)

SÚMULAS

Súmula do STF:

nº 415: "Servidão de trânsito não titulada, mas tornada permanente, sobretudo pela natureza das obras realizadas, considera-se aparente, conferindo direito à proteção possessória".

BREVES COMENTÁRIOS

A ação de *manutenção de posse* (que corresponde aos *interdicta retinendae possessionis* do direito romano) destina-se a proteger o possuidor contra atos de *turbação* de sua posse. Seu objetivo é fazer cessar o ato do turbador, que molesta o exercício da posse, sem, contudo, eliminar a própria posse. Já a ação de *reintegração de posse* (antigo interdito *recuperandae possessionis* dos romanos) tem como fito restituir o possuidor na posse, em caso de *esbulho*. Por esbulho deve-se entender a injusta e total privação da posse, sofrida por alguém que a vinha exercendo. Essa perda total da posse pode decorrer: *a)* de violência sobre a coisa, de modo a tirá-la do poder de quem a possuía até então; *b)* do constrangimento suportado pelo possuidor, diante do fundado temor de violência iminente; *c)* de ato clandestino ou de abuso de confiança (Clóvis Beviláqua, *Direito das coisas*, 4. ed. Rio de Janeiro, Forense, 1958, vol. I, § 22, p. 65-66). O equívoco na escolha do interdito possessório, entretanto, não invalida o processo, em face da fungibilidade prevista no art. 554.

JURISPRUDÊNCIA SELECIONADA

1. Competência. "Cuidando-se de ação possessória, apenas entre particulares, sem interferência no reconhecimento do domínio da União, e não figurando a União, entidade autárquica, fundação ou empresa pública federal como autora, ré, assistente ou opoente, competente para julgar a causa é a justiça comum do estado e, pois, em grau recursal, tribunal estadual" (STJ, CC 775/RJ, Rel. Min. Athos Carneiro, 2ª Seção, jul. 27.06.1990, *DJ* 20.08.1990, p. 7.954).

2. Desistência. "Nas ações possessórias, sendo cabível o provimento liminar e havendo necessidade de se realizar a audiência de justificação, não pode o autor desistir da ação, após sua realização, sem o consentimento do réu" (STJ, REsp 1.090.109/AL, Rel. Min. Massami Uyeda, 3ª Turma, jul. 03.09.2009, *DJe* 29.09.2009).

3. Detentor *x* possuidor. "Há substancial diferença entre o simples detentor e o possuidor direto. Todo possuidor direto é detentor, mas nem sempre o detentor é também possuidor direto. Serão possuidores diretos, por exemplo, o usufrutuário, o comodatário, o locatário, o arrendatário, o inventariante, o credor pignoratício, o depositário e todos os demais que exerçam um poder de guarda ou detenção fundado em título jurídico. Por sua vez, não serão possuidores diretos, mas simples detentores, aqueles que conservam a coisa em nome de outrem, a título precário, em cumprimento de ordem ou instruções dele recebidas, como é o caso do mandatário. Em decorrência da distinção jurídica entre as duas situações no art. 499 do CC [art. 1.210 do CC/2002], que o possuidor tem direito de ser mantido na posse, em caso de turbação, e restituído, no de esbulho. Logo, somente podem se valer dos interditos possessórios, para se manterem na posse ou neles serem restituídos, os legítimos possuidores. Os simples detentores não podem se valer dessas ações, porque juridicamente não são possuidores, isto é, não têm posse. Assim, na posse direta, o possuidor exerce um poder próprio, fundado em título jurídico, ao passo que ao detentor de coisa alheia nenhum poder próprio assiste, pois o fâmulo da posse é aquele que, em razão de sua situação de dependência em relação a uma outra pessoa – ao dono –, exerce sobre a coisa não um poder próprio, mas dependente. Está a serviço da posse de outro, é instrumento mecânico de posse, mas não possuidor" (TJSC, Ag 4.391, Rel. Des. Wilson Guarany, 3ª Câmara, *DJSC* 29.3.89; *Adcoas*, n. 123.720, 1989).

Relação de emprego. "O uso da coisa em decorrência de relação empregatícia não gera posse. Por isso mesmo, aquele que a tem por força de tal vínculo, em caráter de subordinação, não pode valer-se dos interditos possessórios, com o fito de conservá-la, contra o empregador" (TAMG, Ap 28.680, Rel. Juiz Haroldo Sodré, 2ª Câmara, jul. 18.10.1985).

4. Turbação. "Ação de manutenção de posse. Recebimento pelo juiz como interdito proibitório, em face da fungibilidade das ações possessórias e da ausência de efetivo esbulho. Possibilidade. Atos preparatórios não constituem turbação. Liminar não concedida. Exclusivo arbítrio do juiz, frente à prova produzida e inexistência de ilegalidade ou qualquer motivo ensejador da modificação da decisão. Agravo desprovido" (TAPR, AI 219293-8/Quedas do Iguaçu, Rel. Juiz Conv. Abraham Lincoln Calixto, 7ª Câmara Cível, jul. 12.02.2003, *DJ* 28.02.2003).

5. Esbulho possessório. Propriedade improdutiva. "O esbulho possessório. Mesmo tratando-se de propriedades alegadamente improdutivas. Constitui ato revestido de ilicitude jurídica. Revela-se contrária ao Direito, porque constitui atividade à margem da lei, sem qualquer vinculação ao sistema jurídico, a conduta daqueles que – particulares, movimentos ou organizações sociais – visam, pelo emprego arbitrário da força e pela ocupação ilícita de prédios públicos e de imóveis rurais, a constranger, de modo autoritário, o Poder Público a promover ações expropriatórias, para efeito de execução do programa de reforma agrária" (STF, ADI-MC 2.213/DF, Rel. Min. Celso de Mello, Tribunal Pleno, jul. 04.04.2002, *DJ* 23.04.2004, p. 7; *RTJ* 190/139).

6. Atos de permissão ou tolerância. "Se os atos de mera permissão ou tolerância não induzem posse e os servidores da posse não gozam da tutela possessória, isto desconstitui óbice a que o possuidor seja reintegrado em virtude de comprovado esbulho. Apelação provida" (TJBA, Ap 19.575-7, Rel. Des. Amadiz Barreto, 2ª Câmara Cível, jul. 26.05.1995).

7. Legitimidade.

a) Usufruto de imóvel.

Arrendamento rural. Morte da usufrutuária durante o contrato de arrendamento. Direitos fundados no contrato de arrendamento. Manutenção. "Sobrevindo a morte do usufrutuário (que é causa de extinção desse direito real), a posse, enquanto não devolvida ou reivindicada pelo proprietário, transmite-se aos sucessores daquele, mas com o caráter de injusta, dada a sua precariedade, excepcionando a regra do art. 1.206 do CC. Com isso, o possuidor não perde tal condição em decorrência da mácula que eventualmente recaia sobre sua posse. Contudo, tal vício objetivo da posse repercute apenas na esfera jurídica da vítima do ato agressivo da posse e do agressor, em razão da sua relatividade, o que significa dizer que a justiça ou injustiça da posse não possui alcance *erga omnes*, revelando-se sempre justa em relação a terceiros. O espólio, por se tratar de universalidade de direito, constitui-se pelo complexo de relações jurídicas titularizadas pelo autor da herança, nos moldes do art. 91 do CC, aí se incluindo, na espécie, a relação originária do arrendamento rural. Portanto, a morte da arrendadora/usufrutuária (causa de extinção do usufruto, nos termos do art. 1.410, I, do CC) durante a vigência do contrato de arrendamento rural, sem a respectiva restituição ou reivindicação possessória pelo proprietário, tornando precária e injusta a posse exercida pelos sucessores daquela, não constitui óbice ao exercício dos direitos provenientes do contrato de arrendamento rural, no interregno da efetiva posse, pelo espólio da usufrutuária perante o terceiro arrendatário, porquanto diversas e autônomas as relações jurídicas de direito material de usufruto e de arrendamento" (STJ, REsp 1.758.946/SP, Rel. Min. Marco Aurélio Bellizze, 3ª Turma, jul. 08.06.2021, *DJe* 11.06.2021).

"O usufrutuário, enquanto possuidor direto do bem, pode valer-se das ações possessórias contra o possuidor indireto (nu-proprietário) e, enquanto titular de um direito real limitado (usufruto), também tem legitimidade/interesse para o ajuizamento de ações de caráter petitório (tal como a reivindicatória) contra o nu-proprietário ou contra terceiros. Precedente: REsp 1.202.843/PR, Rel. Ministro Ricardo Villas Bôas Cueva, Terceira Turma, *DJe* 28/10/2014" (STJ, AgRg no REsp1.291.197/MG, Rel. Min. Humberto Martins, 2ª Turma, jul. 12.05.2015, *DJe* 19.05.2015).

b) Nu-proprietário e usufrutuário. "O nu-proprietário e o usufrutuário têm legitimidade para propor ação petitória ou possessória, fundamentadas em direito real ou em posse" (TJRS, Ap. Cív. 50000769420168210105, Rel. Des. Carlos Cini Marchionatti, 20ª Câmara Cível, jul. 31.03.2021).

8. Ação de manutenção de posse.

a) Ilegitimidade passiva *ad causam*. "Posse de garagem que foi objeto de transmissão contratual. Legitimidade passiva, exclusiva, de quem, à base disso, resiste ao pedido" (STJ, REsp 306.800/DF, Rel. Min. Nancy Andrighi, Rel. p/ Acórdão Min. Ari Pargendler, 3ª Turma, jul. 05.06.2001, *DJ* 02.12.2002, p. 306).

b) Decisão transitada em julgado devidamente cumprida. Revigoramento do mandado. Impossibilidade. "A prestação jurisdicional requerida nos idos de 1979 já foi entregue e cumprida como atesta o acórdão recorrido. Nesse contexto, não há como revigorar um mandado de manutenção de posse exaurido. As alterações sofridas na posse da área objeto do litígio em momento posterior devem ser reclamadas em procedimento próprio" (STJ, REsp 991.228/MT, Rel. Min. Massami Uyeda, Rel. p/ Acórdão Min. Fernando Gonçalves, 4ª Turma, jul. 24.06.2008, *DJe* 22.09.2008).

9. Ação de reintegração de posse.

a) Cabimento.

"A ação de reintegração de posse é a ação cabível para que o possuidor – dissolvido o vínculo locatício e restituído o imóvel locado – recupere a posse de que foi privado por ato de esbulho do ex-inquilino" (STJ, REsp 1.185.541/SP, Rel. Min. Nancy Andrighi, 3ª Turma, jul. 04.08.2011, *DJe* 12.08.2011).

b) Matéria discutida.

Fazenda ocupada por indígenas. Discussão acerca da tradicionalidade da ocupação indígena em ação possessória. Inadequação. "Como a presente demanda decorre de pedido de reintegração de posse apresentado pelo proprietário de fazenda ocupada por indígenas que agiram por contra própria, mostra-se inadequada a discussão acerca da tradicionalidade da ocupação indígena, sob pena de admitir a possibilidade de justiça de mão própria pelos interessados, conforme demonstrado acima" (STJ, REsp 1.650.730/MS, Rel. Min. Mauro Campbell Marques, 2ª Turma, jul. 20.08.2019, *DJe* 27.08.2019).

c) Área indígena.

Fazenda ocupada por indígenas. Produção de laudo antropológico. Descabimento. "Sem razão a FUNAI e o MPF no que importa à produção de laudo antropológico, pois a demanda de que decorrem seus recursos especiais é de natureza possessória e foi ajuizada pelo proprietário de fazenda ocupada por indivíduos do grupo indígena Guarani-Ñandeva, que agiram por sua própria conta – fato sobre o qual não há controvérsia nos autos. Admitida a produção de laudo antropológico, abrir-se-ia a possibilidade de reconhecimento da legalidade da invasão perpetrada em sede de ação possessória proposta por não índio, melhor dizendo, da possibilidade de aceitação da prática de justiça de mão própria pelos indígenas, o que afrontaria o ordenamento jurídico sob diversos ângulos" (STJ, REsp 1.650.730/MS, Rel. Min. Mauro Campbell Marques, 2ª Turma, jul. 20.08.2019, *DJe* 27.08.2019).

Área tradicionalmente ocupada por índios. Renitente esbulho perpetrado por não índios. Não configuração. "O Plenário do Supremo Tribunal Federal, no julgamento da Pet 3.388, Rel. Min. Carlos Britto, *DJe* de 1º/7/2010, estabeleceu como marco temporal de ocupação da terra pelos índios, para efeito de reconhecimento como terra indígena, a data da promulgação da Constituição, em 5 de outubro de 1988. Conforme entendimento consubstanciado na Súmula 650/STF, o conceito de 'terras tradicionalmente ocupadas pelos índios' não abrange aquelas que eram possuídas pelos nativos no passado remoto. Precedente: RMS 29.087, Rel. p/ acórdão Min. Gilmar Mendes, Segunda Turma, *DJe* de 14/10/2014. Renitente esbulho não pode ser confundido com ocupação passada ou com desocupação forçada, ocorrida no passado. **Há de haver, para configuração de esbulho, situação de efetivo conflito possessório** que, mesmo iniciado no passado, ainda persista até o marco demarcatório temporal atual (vale dizer, a data da promulgação da Constituição de 1988), conflito que se materializa por circunstâncias de fato ou, pelo menos, por uma controvérsia possessória judicializada" (STF, ARE 803.462 AgR, Rel. Min. Teori Zavascki, 2ª Turma, jul. 09.12.2014, *DJe* 12.02.2015).

d) Rescisão contratual.

Compromisso de compra e venda de imóvel rural com cláusula de resolução expressa. Inadimplemento do compromissário comprador. Prévio ajuizamento de demanda judicial para resolução contratual. Desnecessidade. "Inexiste óbice para a aplicação de cláusula resolutiva expressa em contratos de compromisso de compra e venda, porquanto, após notificado/interpelado o compromissário comprador inadimplente (devedor) e decorrido o prazo sem a purgação da mora, abre-se ao compromissário vendedor a faculdade de exercer o direito potestativo concedido pela cláusula resolutiva expressa para a resolução da relação jurídica extrajudicialmente. Impor à parte prejudicada o ajuizamento de demanda judicial para obter a resolução do contrato quando esse estabelece em seu favor a garantia de cláusula resolutória expressa, é impingir-lhe ônus demasiado e obrigação contrária ao texto expresso da lei, desprestigiando o princípio da autonomia da vontade, da não intervenção do Estado nas relações negociais, criando obrigação que refoge o texto da lei e a verdadeira intenção legislativa" (STJ, REsp 1.789.863/MS, Rel. Min. Marco Buzzi, 4ª Turma, jul. 10.08.2021, *DJe* 04.10.2021).

"O contrato com cláusula resolutiva expressa, para ser rescindido por inadimplemento, dispensa rescisão formal pelo Judiciário" (STJ, REsp 64.170/SP, Rel. Min. Eliana Calmon, 2ª Turma, jul. 15.08.2000, *DJ* 05.03.2001, p. 143).

e) Arrendamento mercantil. "A via apropriada para recuperação da posse do bem dado em arrendamento mercantil, em face do esbulho possessório caracterizado com inadimplemento do devedor, é a reintegratória de posse" (TAMG, Ag 7.807, Rel. Juiz Zulman Galdino, 1ª Câmara, jul. 19.10.1989).

f) Liminar. Improcedência da ação. "Não há direito, muito menos líquido e certo, a manutenção de liminar concedida em ação de reintegração de posse julgada improcedente, mesmo no caso de interposição de apelação recebida no efeito suspensivo, pois a hipótese obviamente não comporta execução provisória. A improcedência da ação acarreta *si et in quantum* a revogação da liminar" (STJ, RMS 19.169/SP, Rel. Min. Fernando Gonçalves, 4ª Turma, jul. 11.09.2007, *DJ* 24.09.2007, p. 309).

g) Mandado de reintegração na posse para depois do trânsito em julgado. "O atual Código de Processo Civil [1973] não deixa dúvidas quanto à possibilidade de proceder-se à execução provisória do julgado, na pendência de recurso especial. Tendo o Juiz, ao acolher a reintegração na posse, determinado a expedição do respectivo mandado após o trânsito em julgado, sem que houvesse impugnação dessa decisão, deve ser assegurado esse comando, independentemente do seu acerto ou desacerto" (STJ, REsp 247.686/MG, Rel. Min. Sálvio de Figueiredo Teixeira, 4ª Turma, jul. 26.04.2000, *DJ* 07.08.2000, p. 114).

10. Direito de retenção por benfeitorias

a) Impossibilidade.

(i) Detentor. Concessionária. "O direito de retenção, sob a justificativa de realização de benfeitoria no bem, não pode ser invocado por aquele que possui tão somente a detenção do bem" (STJ, REsp 1628385/ES, Rel. Min. Ricardo Villas Bôas Cueva, 3ª Turma, jul. 22.08.2017, *DJe* 29.08.2017).

(ii) Intempestividade. Embargos de retenção por benfeitorias. Direito não exercido em contestação. Preclusão. Ajuizamento de ação própria. Inviabilidade. "Embora o art. 744 do CPC/73 [sem correspondente], em sua versão original, previsse a oposição de embargos de retenção por benfeitorias em sede de execução de sentença judicial, a reforma implementada pela Lei 10.444/2002 suprimiu essa possibilidade. A partir de então, a retenção por benfeitorias pode ser pleiteada em embargos apenas nas execuções de títulos extrajudiciais para entrega de coisa certa. Desde a reforma da Lei 10.444/2002, cabe ao possuidor de boa-fé, quando demandado em ação que tenha por objeto a entrega da coisa (restituição), pleitear a retenção por benfeitorias na própria contestação, de modo a viabilizar que o direito seja declarado na sentença e possa, efetivamente, condicionar a expedição do mandado restituitório. Não arguida na contestação, opera-se a preclusão da prerrogativa de retenção da coisa por benfeitorias, sendo inadmissível o exercício da pretensão em embargos à execução ou impugnação e, tampouco, a propositura de ação autônoma visando ao mesmo fim. A preclusão do direito de retenção não impede que o possuidor de boa-fé pleiteie, em ação própria, a indenização pelo valor das benfeitorias implementadas na coisa da qual foi desapossado" (STJ, REsp 1.782.335/MT, Rel. Min. Nancy Andrighi, 3ª Turma, jul. 12.05.2020, *DJe* 18.05.2020).

11. Indenização por benfeitoria.

a) Impossibilidade.

Ocupação irregular de área pública. Indenização por benfeitorias. Impossibilidade. Mera detenção. "É firme a jurisprudência do Superior Tribunal de Justiça no sentido de que 'não é cabível o pagamento de indenização por acessões ou benfeitorias, nem o reconhecimento do direito de retenção, na hipótese em que o particular ocupa irregularmente área pública, pois admitir que o particular retenha imóvel público seria reconhecer, por via transversa, a posse privada do bem coletivo, o que não se harmoniza com os princípios da indisponibilidade do patrimônio público e da supremacia do interesse público'" (STJ, AgInt no AREsp 1.564.887/MT, Rel. Min. Assusete Magalhães, 2ª Turma, jul. 03.03.2020, *DJe* 10.03.2020).

12. Comodato.

Comodato por prazo indeterminado. Extinção. Decurso de prazo suficiente à utilização do bem. Reintegração. "Tratando-se de comodato por prazo indeterminado, o comandante, em regra, somente poderá invocar o direito de retomada após o transcurso de intervalo suficiente para o uso concedido. O referido prazo, contudo, não pode ser entendido de modo a excluir a temporariedade típica desta espécie de contrato. Na ausência de prazo ajustado entre as partes, cabe analisar se transcorreu prazo suficiente para a finalidade para a qual foi concedido o uso do bem ante as circunstâncias do caso concreto. Na hipótese, cuida-se de pedido de extinção de comodato por prazo indeterminado de imóvel cedido pelos autores à pessoa jurídica para aumento de seu parque industrial de exploração de jazida aquífera. Passados mais de vinte e cinco anos, decorreu prazo suficiente para o uso concedido, não sendo razoável impedir o retorno do bem ao comodante" (STJ, AgInt no REsp 1.641.241/SP, Rel. p/acórdão Min. Maria Isabel Gallotti, 4ª Turma, jul. 07.02.2023, *DJe* 03.07.2023).

"A recusa do comodatário em restituir a coisa após o término do prazo do comodato, mormente quando notificado extrajudicialmente para tanto, implica esbulho pacífico decorrente da precariedade da posse, podendo o comodante ser reintegrado na mesma através das ações possessórias" (STJ, REsp 302.137/RJ, Rel. Min. Honildo Amaral de Mello Castro, 4ª Turma, jul. 15.09.2009, *DJe* 05.10.2009). **No mesmo sentido:** TJMG, Ap 74.000/2, Rel. Des. Rubens Xavier, 2ª Câmara, jul. 20.08.1989, *Adcoas*, n. 127.219, 1990; *Jurisp. Min.* 108/84.

Fixação unilateral de aluguel. "Constituído em mora o comodatário para a restituição do imóvel emprestado, fica ele obrigado ao pagamento de aluguel arbitrado unilateralmente pelo comodante. O arbitramento, embora não deva respeito à média do mercado locativo, deve ser feito com razoabilidade, respeitando o princípio da boa-fé objetiva, para evitar a ocorrência de abuso de direito e do enriquecimento sem causa do comodante. Razoável o arbitramento do aluguel pelo comodante em valor inferior ao dobro da média do mercado locativo" (STJ, REsp 1.175.848/PR, Rel. Min. Paulo de Tarso Sanseverino, 3ª Turma, jul. 18.09.2012, *DJe* 26.09.2012). **No mesmo sentido:** STJ, AgRg no AREsp 281.064/DF, Rel. Min. Antonio Carlos Ferreira, 4ª Turma, jul. 16.05.2013, *DJe* 31.05.2013.

13. Parceria agrícola. Alienação do imóvel. "Caracteriza turbação à posse, autorizando a manutenção pleiteada, a exigência, pelo proprietário do imóvel dado em parceria agrícola, de desocupação do bem pelo agricultor em razão de sua alienação, quando ainda em vigor o referido ajuste" (TJMT, Ag 3.151, Rel. Des. Odiles Freitas Souza, 1ª Câmara, jul. 29.09.1986, *RT* 671/154).

14. Composse.

a) Concubinato. "Na hipótese de dissolução de sociedade concubinária, incabível a reintegração de posse sob pretexto da existência de uma relação comodatícia, uma vez que o comodato pressupõe convergência de vontades não identificável no *animus* daqueles que deliberam viver *more uxorio* sob o mesmo teto. Para que o compossuidor possa invocar a proteção possessória, necessário que tenha a posse delimitada na coisa comum, cabendo-lhe a comprovação dos pressupostos fáticos, sob pena de não comportar sua alegação de esbulho" (TAMG, Ap 42.870, Rel. Juiz Ney Paolinelli, 4ª Câmara, jul. 15.03.1989).

"Destarte, a meu sentir, sendo a recorrida detentora da posse direta do imóvel, esta deve ser mantida, mormente quando se trata de concubina do extinto. Como bem ressaltado no acórdão recorrido, 'o dilema deste processo envolve situação fática que, na via possessória, tem de ser solucionada com vistas ao 'jus possessionis' propriamente dito, visto que, sendo a relação física da pessoa com a coisa, privilegia quem está nessa situação. No caso, a companheira do *de cujus*'. Assim, legítima é a pretensão da ora recorrida no sentido de se ver mantida na posse direta do imóvel, que vinha sendo exercida de forma justa e pacífica, tendo em vista os fatos já narrados, valendo-se, para tanto, da tutela possessória em questão, cuja natureza é provisória (*v.g.* REsp 10.521/PR, Rel. Min. Barros Monteiro, *DJ* 04.04.1994"

(STJ, REsp 237.911/RS, Rel. Min. Jorge Scartezzini, 4ª Turma, jul. 02.12.2004, *DJ* 17.12.2004, p. 547; *RDCPC* 34/60).

b) Área comum *pro indiviso*. Turbação. "É cabível ação possessória intentada por compossuidores para combater turbação ou esbulho praticado por um deles, cercando fração da gleba comum" (STJ, REsp 136.922/TO, Rel. Min. Ruy Rosado de Aguiar, 4ª Turma, jul. 18.12.1997, *DJ* 16.03.1998, p. 145).

c) Condomínio. "Exercendo posse certa e individuada sobre determinada parte do imóvel comum, pode o condômino invocar a proteção possessória contra os demais consortes" (STF, RE 109.119-3/RJ, Rel. Min. Célio Borja, 2ª Turma, *DJ* 12.6.87; *Adcoas*, 1988, nº 116.715).

d) União estável. "Não existe a alegada vinculação entre o pedido de declaração de união estável e o pedido possessório. O eventual reconhecimento do vínculo familiar não fará desaparecer o problema da posse, pois a ré se tornaria, apenas, coproprietária em metade ideal de um bem indivisível. A dificuldade a ser resolvida no âmbito possessório permaneceria presente em face do conflito insolúvel entre os supostos coproprietários quanto à pretensão de exercício exclusivo da posse do imóvel por apenas um deles. A solução preconizada pelo STJ estabelece compensações para o coproprietário que se vê alijado da posse, quando evidente que só um deles poderá exercê-la na plenitude. Assim, a influência do resultado da ação de reconhecimento de união estável, se ocorrer, será apenas indireta" (STJ, REsp 1.097.837/SP, Rel. Min. Nancy Andrighi, 3ª Turma, jul. 05.05.2009, *DJe* 01.06.2009).

15. Servidão de passagem. "O proprietário de prédio dominante não contíguo a prédio serviente tem legitimidade ativa para os interditos possessórios nos casos de esbulho, ou turbação, da posse de servidão de passagem, praticado pelo dono de um dos servientes, quando a estrada é comum a vários e sucessivos prédios dominantes" (TJMS, Ap 1.164/89, Rel. Des. Rubens Bergonzi Bossay, 1ª Turma, jul. 06.06.1989).

"Medida cautelar inominada. Manutenção de posse de servidão de passagem. Turbação. Caracteriza-se turbação ao direito de servidão o fechamento de estrada localizada no interior do imóvel dominante e que serve de modo permanente ao terreno encravado, por longos anos e que não conta com outro caminho de acesso à via pública, como meio necessário ao trânsito de pessoas e veículos que transportem produtos" (TAPR, AI 214342-6/Palmital, Juiz Conv. Abraham Lincoln Calixto, 7ª Câmara Cível, jul. 12.02.2003, *DJ* 28.02.2003).

16. Transmissão da posse.

a) Por negócio jurídico.

Constituto possessório. "A posse por ser transmitida por via contratual... pelo constituto possessório... de modo a legitimar, de logo, para o uso dos interditos possessórios, o novo titular do domínio, até mesmo em face do alienante, que continua a deter o imóvel, mas em nome de quem o adquiriu" (STJ, REsp 21.125-0/MS, Rel. Min. Dias Trindade, 3ª Turma, jul. 10.05.1992, *Lex-JSTJ* 36/219).

"A transmissão negocial só produz efeitos quando o transmitente exerça efetivamente a posse" (TJSP, Ap 282.093, Rel. Des. Nélson Altemani, jul. 21.08.1979, *RT* 534/91).

"A aquisição da posse se dá também pela cláusula *constituti* inserida em escritura pública de compra e venda de imóvel, o que autoriza o manejo dos interditos possessórios pelo adquirente, mesmo que nunca tenha exercido atos de posse direta sobre o bem. O esbulho se caracteriza a partir do momento em que o ocupante do imóvel se nega a atender ao chamado da denúncia do contrato de comodato, permanecendo no imóvel após notificado" (STJ, REsp 143.707/RJ, Rel. Min. Sálvio de Figueiredo Teixeira, 4ª Turma, jul. 25.11.1997, *DJ* 02.03.1998). **No mesmo sentido:** STJ, AgRg no AREsp 10.216/PE, Rel. Min. Luis Felipe Salomão, 4ª Turma, jul. 05.03.2013, *DJe* 11.03.2013; STJ, REsp 1.158.992/MG, Rel. Min. Nancy Andrighi, 3ª Turma, jul. 07.04.2011, *DJe* 14.04.2011; STJ, REsp 173.183/TO, Rel. Min. Ruy Rosado de Aguiar, 4ª Turma, jul. 01.09.1998, *DJ* 19.10.1998.

Exceptio domini. "Nos termos do artigo 493, III, do Código Civil de 1916 [art. 1.204 do CC/2002], a compra e venda de imóvel só seria, em tese, suficiente para transmitir a posse deste se, no mesmo contrato, também se houvesse convencionado a transmissão da própria posse" (STJ, REsp 842.559/RJ, Rel. Min. Sidnei Beneti, 3ª Turma, jul. 22.06.2010, *DJe* 01.07.2010).

b) Por morte.

Transmissão da posse ao herdeiro. Forma *ex lege*. "A transmissão da posse ao herdeiro se dá *ex lege*. O exercício fático da posse não é requisito essencial, para que este tenha direito à proteção possessória contra eventuais atos de turbação ou esbulho, tendo em vista que a transmissão da posse (seja ela direta ou indireta) dos bens da herança se dá *ope legis*, independentemente da prática de qualquer outro ato" (STJ, REsp 537.363/RS, Rel. Min. Vasco Della Giustina (Des. Conv. do TJRS), 3ª Turma, jul. 20.04.2010, *DJe* 07.05.2010).

Herdeiro que ocupa o único imóvel a ser partilhado em detrimento dos demais. "Notificação para desocupação ou locação. **Ação possessória. Direito real de habitação.** "É entendimento pacífico no âmbito do STJ que a companheira supérstite tem direito real de habitação sobre o imóvel de propriedade do falecido onde residia o casal, mesmo na vigência do atual Código Civil. Precedentes. É possível a arguição do direito real de habitação para fins exclusivamente possessórios, **independentemente de seu reconhecimento anterior em ação própria declaratória de união estável.** No caso, a sentença apenas veio a declarar a união estável na motivação do decisório, de forma incidental, sem repercussão na parte dispositiva e, por conseguinte, sem alcançar a coisa julgada (CPC, art. 469) [art. 504 do CPC/2015], mantendo aberta eventual discussão no tocante ao reconhecimento da união estável e seus efeitos decorrentes. Ademais, levando-se em conta a posse, considerada por si mesma, enquanto mero exercício fático dos poderes inerentes ao domínio, há de ser mantida a recorrida no imóvel, até porque é ela quem vem conferindo à posse a sua função social" (STJ, REsp 1.203.144/RS, Rel. Min. Luis Felipe Salomão, 4ª Turma, jul. 27.05.2014, *DJe* 15.08.2014).

"Não atendimento. Esbulho configurado" (TJRS, Ap.Cív. 70027586122, Rel. Nara Leonor Castro Garcia, 18ª Câmara, jul. 04.12.2008, *RJTJRGS* 273/441).

17. Bem imóvel público. Ver jurisprudência do art. 554 do CPC/2015.

18. Hipoteca não gera efeitos sobre a posse. "Confrontando-se a constituição de hipoteca e a posse, fica patente que aquela não gera qualquer efeito sobre essa. Em outras palavras, a hipoteca, por si só, não limita de nenhuma forma o pleno exercício da posse" (STJ, REsp 768.102/SC, Rel. Min. Nancy Andrighi, 3ª Turma, jul. 17.04.2008, *DJe* 30.04.2008).

19. Direito real de habitação. "É entendimento pacífico no âmbito do STJ que a companheira supérstite tem direito real de habitação sobre o imóvel de propriedade do falecido onde residia o casal, mesmo na vigência do atual Código Civil. Precedentes. É possível a arguição do direito real de habitação para fins exclusivamente possessórios, **independentemente de seu reconhecimento anterior em ação própria declaratória de união estável.** No caso, a sentença apenas veio a declarar a união estável na motivação do decisório, de forma incidental, sem repercussão na parte dispositiva e, por conseguinte, sem alcançar a coisa julgada (CPC, art. 469) [art. 504 do CPC/2015], mantendo aberta eventual discussão no tocante ao reconhecimento da união estável e seus efeitos decorrentes. Ademais, levando-se em conta a posse, considerada por si mesma, enquanto mero exercício fático dos poderes inerentes ao domínio, há de ser mantida a recorrida no imóvel, até porque é ela quem vem conferindo à posse a sua função social" (STJ, REsp 1.203.144/

RS, Rel. Min. Luis Felipe Salomão, 4ª Turma, jul. 27.05.2014, *DJe* 15.08.2014).

20. Realidade fática do imóvel modificada. Imóvel que se transformou em bairro urbano populoso. Possibilidade de conversão da prestação originária em alternativa. "O art. 927 do CPC/1973, reproduzido no art. 561 do novo diploma, previa competir ao autor da ação possessória de reintegração a comprovação dos seguintes requisitos: a posse; a turbação ou esbulho pela parte ré; a data da turbação ou do esbulho e a perda da posse. Ainda que verificados os requisitos dispostos no item antecedente, o julgador, diante do caso concreto, não poderá se furtar da análise de todas as implicações a que estará sujeita a realidade, na subsunção insensível da norma. É que a evolução do direito não permite mais conceber a proteção do direito à propriedade e posse no interesse exclusivo do particular, uma vez que os princípios da dignidade humana e da função social esperam proteção mais efetiva. "No caso dos autos, o imóvel originalmente reivindicado, na verdade, não existe mais. O bairro hoje, no lugar do terreno antes objeto de comodato, tem vida própria, dotado de infraestrutura urbana, onde serviços são prestados, levando-se à conclusão de que o cumprimento da ordem judicial de reintegração na posse, com satisfação do interesse da empresa de empreendimentos imobiliários, será à custa de graves danos à esfera privada de muitas famílias que há anos construíram suas vidas naquela localidade, fazendo dela uma comunidade, irmanada por idêntica herança cultural e histórica, razão pela qual não é adequada a ordem de reintegração." (STJ, REsp 1302736/MG, Rel. Min. Luis Felipe Salomão, 4ª Turma, jul. 12.04.2016, *DJe* 23.05.2016).

Art. 561. Incumbe ao autor provar:

I – a sua posse;

II – a turbação ou o esbulho praticado pelo réu;

III – a data da turbação ou do esbulho;

IV – a continuação da posse, embora turbada, na ação de manutenção, ou a perda da posse, na ação de reintegração.

CPC/1973

Art. 927.

BREVES COMENTÁRIOS

A par das exigências do art. 319, a petição inicial da ação possessória deverá especificar os requisitos previstos no art. 561.

As datas são importantes para definir-se o tipo do interdito, *i.e.*, se se trata de ação de força velha ou de força nova.

Quanto à individuação da coisa possuída, trata-se de imposição categórica derivada da natureza da ação possessória. O interdito tutelar da posse, qualquer que seja ele, tem a característica de ser ação real, visto que, por meio dele, o autor demanda o exercício de fato dos poderes inerentes ao domínio. Sem a precisa identificação do objeto da disputa possessória, a decisão interdital se torna, na verdade, inexequível, mormente quando se trata de áreas imobiliárias.

JURISPRUDÊNCIA SELECIONADA

1. Prova da posse. "Não basta ao autor provar que tem direito à posse, como mero reflexo do seu título aquisitivo do domínio ou mesmo da posse, mas, imperiosa e necessariamente, que a exercia de fato sobre área certa e determinada da qual veio a ser despojado. Não tem direito subjetivo material à restituição da posse quem não a exercia, real e concretamente, mas, apenas ideal e devaneadoramente. O título ou documento de aquisição de posse, por si só, não prova que o adquirente a exerça efetivamente. Ter direito à posse não é o mesmo que possuir" (TJMT, Ap. 10.817, Rel. Des. Atahíde Monteiro da Silva, 2ª Câmara, jul. 12.06.1984).

"Requisitos do art. 927, CPC [art. 561 do CPC/215], não comprovados. Impossibilidade de deferimento de liminar. Agravo de instrumento provido. Para o deferimento de liminar em ação possessória é indispensável tenha o autor demonstrado a ocorrência dos requisitos essenciais determinados pelo artigo 927 do Código de Processo Civil. 'A testemunhal é a prova por excelência nas questões possessórias, para se comprovar a posse, o esbulho ou a turbação, como para se identificar o agente e a data em que se praticou o ato que lesa a posse reclamada'. Não tendo a única testemunha inquirida informado a data da turbação ou esbulho, e existindo indícios razoáveis de que a eventual turbação ou esbulho ocorreu depois de passados mais de ano e dia da data do ajuizamento da ação, incabível a concessão de liminar de manutenção de posse" (TAPR, AI 0215736-2/Curitiba, 1ª Câmara Cível, jul. 10.12.2002, *DJ* 07.02.2003).

Servidão de trânsito. Prova dos requisitos. "Em ação de manutenção ou reintegração de posse, é indispensável prova dos requisitos previstos no art. 561 do CPC. A servidão proporciona utilidade para o prédio dominante, e grava o prédio serviente, que pertence a diverso dono, e constitui-se mediante declaração expressa dos proprietários, ou por testamento, e subsequente registro no Cartório de Registro de Imóveis (CC, art. 1.378). Servidão de trânsito não titulada, mas tornada permanente, sobretudo pela natureza das obras realizadas, considera-se aparente, conferindo direito à proteção possessória (STJ, Súmula nº 415)" (TJMG, Apelação Cível 1.0432.12.001367-2/001, Rel. Des. Ramom Tácio, 16ª Câmara Cível, jul. 25.07.2018, *DJe* 03.08.2018).

2. Ausência de prova. Improcedência. "Não tendo os autores da ação de reintegração se desincumbido do ônus de provar a posse alegada, o pedido deve ser julgado improcedente e o processo extinto com resolução de mérito". (STJ, REsp 930336/MG, Rel. Min. Ricardo Villas Bôas Cueva, 3ª Turma, jul. 06.02.2014, *DJe* 20.02.2014)

Veículo furtado. "Veículo importado. Não comprovada a falsidade em comunicação de furto. Ausência de prova da posse e da turbação. Inobservância à regra do art. 927, do CPC [art. 561 do CPC/215]. Indeferimento da liminar" (TAPR, AI 0212062-5/Curitiba, Rel. Juiz Conv. Sérgio Luiz Patittuci, 6ª Câmara Cível, jul. 11.03.2003, *DJ* 21.03.2003).

3. Litisconsórcio.

Cônjuge. "Ação possessória. Necessidade de o cônjuge integrar o polo ativo. Art. 10, § 2º, CPC [art. 73, § 2º, do CPC/2015]. Manutenção de posse. Requisitos. Art. 927 do CPC [art. 561 do CPC/215]. Audiência de justificação prévia. Possibilidade de produção de provas apenas pelo autor. Não infração de princípios. Contradita. Forma e momento. Art. 414, § 1º [art. 457, § 1º, do CPC/2015]. Após a modificação do art. 10 do CPC pela Lei nº 8.952/94, principalmente com a inclusão do § 2º no referido dispositivo, a doutrina e a jurisprudência têm se inclinado a não classificar a posse como direito real. Assim, só haverá litisconsórcio ativo necessário se restar provada a composse do cônjuge, o que não se deu, no presente caso" (TAMG, Ap. 0346522-3, 5ª Câmara Cível, Rel. Juiz Mariné da Cunha, jul. 18.10.2001).

"A posse é um direito real, e, consequentemente, nas ações possessórias os litigantes só podem comparecer em Juízo, tanto para propô-las como para contestá-las, acompanhados de suas esposas, sob pena de nulidade" (TJBA, Ap. 117/89, Rel. Des. Cícero Britto, 1ª Câmara, jul. 07.03.1990, *Adcoas*, 1990, nº 128.726)."Sem embargo dos respeitabilíssimos argumentos em contrário, em princípio é prescindível a citação do cônjuge nas ações possessórias... Necessidade da citação de ambos os cônjuges, quando o fato da posse disser respeito ou derivar de atos por ambos praticados" (STJ, REsp 7.931/MG, Rel. Min. Sálvio de Figueiredo, 4ª Turma, jul. 29.10.1991, *Lex-JSTJ* 37/86).

4. Ação de reintegração de posse. Esbulho. "Prova dos autos que confirma a passagem contínua e permanente há anos, conforme depoimentos das testemunhas. A obstrução unilateral constitui esbulho, suscetível de proteção judicial, irrelevante a existência de outra via, quando esta implica prejuízos expressivos para a parte" (TJRS, Ap. Cível 70019999796, Rel. Des. Rubem Duarte, 20ª Câmara Cível, jul. 05.12.2007, *DJ* 19.12.2007; *RJTJRS* 268/359).

"Inocorrendo o esbulho, inviável a pretensão possessória" (STJ, AgRg no Ag 56.693/GO, Rel. Min. Sálvio de Figueiredo Teixeira, 4ª Turma, jul. 07.02.1995, *DJ* 20.03.1995, p. 6.127).

Esbulho que justifica ação possessória. "A recusa do comodatário em restituir a coisa após o término do prazo do comodato, mormente quando notificado extrajudicialmente para tanto, implica em esbulho pacífico decorrente da precariedade da posse, podendo o comodante ser reintegrado na mesma através das ações possessórias" (STJ, REsp 302.137/RJ, Rel. Min. Honildo Amaral de Mello Castro, 4ª Turma, jul. 15.09.2009, *DJe* 05.10.2009).

5. Ausência de posse anterior. Descabimento de ação possessória. "Não havendo posse anterior da agravante, consoante pode extrair-se dos autos, não tem cabimento a ação de reintegração de posse" (STJ, AgRg no Ag 455.165/MG, Rel. Min. Carlos Alberto Menezes Direito, 3ª Turma, jul. 11.11.2002, *DJ* 16.12.2002, p. 329).

6. Turbação da posse. "Independentemente de a turbação ser qualificada como de fato ou de direito, não se pode olvidar que, em qualquer hipótese, *a vis inquietativa* somente se caracteriza se a violação efetivamente puser em xeque o usufruto da posse" (STJ, REsp 768.102/SC, Rel. Min. Nancy Andrighi, 3ª Turma, jul. 17.04.2008, *DJe* 30.04.2008).

"De acordo com o art. 927 do CPC [art. 561 do CPC/2015], incumbe ao autor da ação de manutenção de posse provar sua posse, a turbação e sua data, e a continuação da posse. Feita a prova necessária, impõe-se o deferimento do pedido. Tem-se entendido que, na audiência de justificação prévia, cabe apenas ao autor produzir prova, não havendo, porém, qualquer prejuízo ao contraditório, desde que citado o réu, inclusive para que possa inquirir as testemunhas arroladas pelo autor" (TAMG, Ap. 0346522-3, Rel. Juiz Mariné da Cunha, 5ª Câmara Cível, jul. 18.10.2001).

7. Sistema *saisine*. "Não obstante a caracterização da posse como poder fático sobre a coisa, o ordenamento jurídico reconhece, também, a obtenção deste direito na forma do art. 1.572 do Código Civil de 1916 [art. 1.784 do CC/2002], em virtude do princípio da *saisine*, que confere a transmissão da posse, ainda que indireta, aos herdeiros, independentemente de qualquer outra circunstância" (STJ, REsp 537.363/RS, Rel. Min. Vasco Della Giustina, 3ª Turma, jul. 20.04.2010, *DJe* 07.05.2010).

8. Ação de reintegração. Notificação prévia dos ocupantes. Desnecessidade. "A partir da leitura dos artigos 924, 927 e 928 do CPC/73, equivalentes aos artigos 558, 561 e 562 do CPC/15, infere-se que a notificação prévia não é documento essencial à propositura da ação possessória" (STJ, REsp 1.263.164/DF, Rel. Min. Marco Buzzi, 4ª Turma, jul. 22.11.2016, *DJe* 29.11.2016).

Comodato verbal. Ausência de notificação prévia dos comodatários. Ciência inequívoca destes acerca do intuito de reaver o imóvel. "No caso concreto, todavia, a despeito de o comodato ter se dado por tempo indeterminado e de não ter havido a prévia notificação dos comodatários, não se pode conceber que os mesmos detinham a posse legítima do bem. Isso porque o próprio ajuizamento de ação cautelar inominada por parte do espólio – que se deu anteriormente à propositura da própria ação possessória – já demonstrava esse intuito, mostrando-se a notificação premonitória uma mera formalidade, inócua aos fins propriamente pretendidos. Verificada a ciência inequívoca dos recorridos para que providenciassem a devolução do imóvel cuja posse detinham em função de comodato verbal com a falecida proprietária, configurado está o esbulho possessório, hábil a justificar a procedência da lide" (STJ, REsp 1.947.697/SC, Rel. Min. Nancy Andrighi, 3ª Turma, jul. 28.09.2021, *DJe* 01.10.2021).

9. Ação possessória. Imóvel rural. Georreferenciamento. Desnecessidade. "Cinge-se a controvérsia a definir se a identificação dos limites da área rural objeto de demanda possessória deve ser feita mediante a apresentação de memorial descritivo georreferenciado. A identificação da área rural do imóvel por meio de georreferenciamento será exigida nas hipóteses de desmembramento, parcelamento, remembramento e transferência da titularidade do bem. É dispensável o georreferencimento do imóvel rural em ações possessórias nas quais a procedência dos pedidos formulados na inicial não enseja a modificação no registro do imóvel" (STJ, REsp 1646179/MT, Rel. Min. Ricardo Villas Bôas Cueva, 3ª Turma, jul. 04.12.2018, *DJe* 07.12.2018).

Art. 562. Estando a petição inicial devidamente instruída, o juiz deferirá, sem ouvir o réu, a expedição do mandado liminar de manutenção ou de reintegração, caso contrário, determinará que o autor justifique previamente o alegado, citando-se o réu para comparecer à audiência que for designada.

Parágrafo único. Contra as pessoas jurídicas de direito público não será deferida a manutenção ou a reintegração liminar sem prévia audiência dos respectivos representantes judiciais.

CPC/1973

Art. 928.

REFERÊNCIA LEGISLATIVA

CC, art. 1.211 (posse por mais de uma pessoa).

SÚMULAS

Súmula do STF:

nº 262: "Não cabe medida possessória liminar para liberação alfandegária de automóvel".

Súmula do TRF:

nº 14: "O processo e julgamento de ação possessória relativa a terreno do domínio da União, autarquias e empresas públicas federais, somente são da competência da Justiça Federal quando dela participar qualquer dessas entidades, como autora, ré, assistente ou opoente".

BREVES COMENTÁRIOS

Prevê o *caput* do art. 562 do CPC/2015 duas opções para o juiz, ou seja:

(a) a expedição do mandado liminar de reintegração ou manutenção de posse, sem prévia citação do réu, desde que com a inicial o autor tenha fornecido prova documental idônea para demonstração dos requisitos do art. 561; ou

(b) a exigência de justificação, *in limine litis*, por via de testemunhas, dos mesmos requisitos, caso em que o réu será citado para a audiência respectiva.

JURISPRUDÊNCIA SELECIONADA

1. Tutela antecipada em ação possessória de força velha. Ver jurisprudência do art. 558 do CPC/2015.

2. Audiência de justificação realizada após a contestação. Possibilidade. "Nos termos do art. 928 do CPC/1973 (correspondente ao art. 562 do CPC/2015), na ação de manutenção ou reintegração de posse, 'estando a petição inicial devidamente instruída, o juiz deferirá, sem ouvir o réu, a expedição do mandado liminar de manutenção ou de reintegração; no caso contrário, determinará que o autor justifique previamente o alegado, citando-se o réu para comparecer à audiência que for designada'. O Tribunal de origem, ao cassar a decisão que deferiu a liminar por entender necessária a realização da audiência de justificação, deu estrito cumprimento ao aludido dispositivo legal, valendo ressaltar que o fato de o réu já ter apresentado contestação não impossibilita a realização da referida audiência, sobretudo porque, além de a contestação ter sido oferecida de forma prematura, pois o prazo não havia sequer iniciado, o processo está suspenso na origem desde então, não havendo que se falar em retrocesso procedimental" (STJ, REsp 1668360/MG, Rel. Min. Marco Aurélio Bellizze, 3ª Turma, jul. 05.12.2017, *DJe* 15.12.2017).

Audiência de justificação. Prazo para contestação. "Realizada a audiência de justificação, concedida ou não a liminar, o autor promoverá a citação do réu para contestar, sendo que o prazo só terá início a partir da juntada aos autos do mandado de intimação da decisão que deferir ou não a liminar, nos termos do artigo 930, parágrafo único, do CPC [art. 564, parágrafo único, CPC/2015]" (STJ, REsp 890.598/RJ, Rel. Min. Luis Felipe Salomão, 4ª Turma, jul. 23.11.2010, *DJe* 26.11.2010). **Obs.:** Ver art. 564 do CPC/2015.

Justificação prévia. Dever ou faculdade do juiz. "O art. 928 do CPC [art. 562 do CPC/2015] não obriga o juiz, em qualquer circunstância, a mandar realizar a justificação, na hipótese de indeferimento da liminar de manutenção ou reintegração de posse" (STJ, REsp 9.485/SP, Rel. Min. Cláudio Santos, jul. 09.03.1992, *DJ* 13.04.1992, p. 4.994).

3. Liminar. Requisitos. "Para o deferimento de liminar em ação possessória, não se há de exigir de logo a comprovação plena e cabal do direito do autor. A natureza cautelar dessa providência reclama, apenas, a demonstração da plausibilidade, ou probabilidade, do direito, compatível com uma cognição sumária, sem qualquer foro de efetividade. Assim, salvo manifesta ilegalidade ou abuso de poder, nenhum agravo causa a direito da parte a concessão de liminar, reintegrando o demandante na posse do bem litigioso, sobretudo se ela segue a uma justificação prévia em que são colhidos elementos reveladores do *periculum in mora* e do *fumus boni juris*" (TJBA, Ag. 290, Rel. Des. Paulo Furtado, 4ª Câmara, jul. 20.12.1989, *Adcoas*, 1990, nº 128.989).

"Demonstrado o exercício da posse no imóvel em que o autor requer proteção possessória, bem como a turbação há menos de ano e dia, a liminar de manutenção é medida que se impõe, a rigor dos artigos 924 e 928 [arts. 558 e 562 do CPC/2015], ambos do Código de Processo Civil" (TAPR, AI 223.065-3, Rel. Juiz Miguel Pessoa, 7ª Câmara Cível, jul. 02.04.2003, *DJ* 17.04.2003).

4. Liminar. Pedido de reconsideração. "Inobstante se exija, para a revogação de liminar em ação possessória, que ela ocorra ou em juízo de retratação, mediante a interposição de agravo pela parte, ou na sentença que julga a causa, admite-se, em hipóteses excepcionais, tal ato, quando a parte, tendo formulado o pedido de reconsideração dentro do prazo recursal, aponta erro de direito, que vem a ser reconhecido pelo juízo, ainda antes de concretamente realizada a desocupação do imóvel, portanto sem que a liminar houvesse operado qualquer efeito prático" (STJ, REsp 443.386/MT, Rel. Min. Aldir Passarinho Junior, 4ª Turma, jul. 19.11.2002, *DJ* 14.04.2003, p. 228).

"Havendo pedido de reconsideração, o mesmo não suspende nem interrompe o prazo recursal. Não sendo o recurso interposto contra a decisão sobre a qual se queria agravar dentro do decêndio, é aquele intempestivo" (TJMG, 2.0000.00.469796-3/001, Rel. Roberto Borges de Oliveira, jul. 16.11.2004, *DJe* 24.12.2004). **No mesmo sentido:** TJRS, AI 70022714513, Rel. Vicente Barrôco de Vasconcellos, 15ª Câmara Cível, jul. 28.12.2007, *DJe* 10.01.2008.

5. Prazo para interposição do agravo. "De acordo com a jurisprudência do STJ, citada a ré pessoalmente, momento em que tomou ciência da liminar deferida, o prazo para agravar desta liminar conta-se da juntada do mandado devidamente cumprido nos autos. Aplicação do art. 241, inciso II, do Código de Processo Civil [art. 231, II, CPC/2015]" (TJRS, AI 70029391778, Rel. Luiz Renato Alves da Silva, 17ª Câmara Cível, jul. 08.04.2009, *DJe* 22.04.2009).

6. Agravo de instrumento. Efeito suspensivo. "Merece ser mantida a decisão que concedeu efeito suspensivo a agravo de instrumento interposto contra decisão liminar *inaudita altera pars*, de reintegração de posse, uma vez que, pelos documentos dos autos, restou demonstrado tratar-se de posse de mais de ano e dia, ou seja, de posse velha; o que implica, nos termos do art. 924 do CPC [art. 558 do CPC/2015], em se adotar o procedimento ordinário na ação possessória proposta e, em decorrência, ser incabível a concessão da liminar prevista no art. 928 do mesmo diploma legal [art. 562 do CPC/2015]" (TJDFT, AgRg no AI 20000020017443AGI/DF, Rel.ª Maria Beatriz Parrilha, 1ª Turma, jul. 05.06.2000, *DJDF* 02.08.2000).

7. Tutela antecipada. Resolução do contrato. "Por conseguinte, não há falar-se em antecipação de tutela reintegratória de posse antes de resolvido o contrato de compromisso de compra e venda, pois somente após a resolução é que poderá haver posse injusta e será avaliado o alegado esbulho possessório" (STJ, REsp 620.787/SP, Rel. Min. Luis Felipe Salomão, 4ª Turma, jul. 14.04.2009, *DJe* 27.04.2009; *REPDJe* 11.05.2009).

8. Contraditório. Produção de provas pelo réu. "Não haverá atentado contra o princípio da igualdade se, posteriormente, o juiz permitir ao réu que se defenda amplamente, inclusive arrolando o número de testemunhas que se fizer necessário, dentro do limite do art. 407, parágrafo único [art. 357, § 6º, do CPC/2015]. Se uma parte entende que as testemunhas trazidas pela outra não são confiáveis, ou são suspeitas, deve contraditá-las no momento e pela forma estabelecida no § 1º do art. 414 do CPC [457, § 1º, do CPC/2015]" (TAMG, Ap. 0346522-3, Rel. Juiz Mariné da Cunha, 5ª Câmara Cível, jul. 18.10.2001).

9. Valor da causa. "O valor da causa em ação possessória é aquele que, segundo a estimativa do autor, corresponder ao proveito econômico tirado pela posse do bem, eis que aquela não tem conteúdo econômico imediato. Não havendo disputa sobre o domínio, o valor da causa não pode ser igual ao do imóvel" (TJMS, Ag. 2.455/1989, Rel. Des. Castro Alvim, 2ª Turma, jul. 27.09.1989, *RT* 653/184).

10. Falta de citação do réu. Nulidade da audiência. "A falta de citação oportuna do réu para comparecimento à audiência de justificação prévia – conforme determina o art. 928 do CPC [art. 560 do CPC/2015] – torna-se sem nenhuma validade para alicerçar deferimento de liminar possessória" (TJSP, Ag. 118.436-1, Rel. Des. Ernâni de Paiva, 6ª Câmara, jul. 04.05.1989, *RT* 645/88).

"Nos termos do art. 928 do CPC [art. 560 do CPC/2015], é necessária a prévia citação dos réus para realização da audiência de justificação de posse. A ausência dessa diligência acarreta a nulidade da solenidade processual, por violação aos princípios do devido processo legal e do contraditório" (TJRS, AI 70023146020, Rel. Des. Pedro Celso Dal Pra, jul. 13.02.2008, *DJ* 20.02.2008; *RJ* 364/171).

11. Citação por edital. Nomeação de curador para audiência de justificação. "Em justificação de posse promovida em ação de usucapião, o STJ entendeu desnecessária a nomeação de curador a réu ausente à audiência quando citado por edital, porque ainda não se podia falar em revelia, sendo procedimento interno do processo, sem abertura de amplo contraditório" (STJ, REsp 25.824-1/RJ, Rel. Min. Cláudio Santos, 3ª Turma, jul. 21.09.1993, *DJ* 25.10.1993, p. 22.486).

12. Desistência da ação após audiência de justificação. Ver jurisprudência do art. 560 do CPC/2015.

13. Pessoa jurídica de direito público. "A restrição imposta pelo art. 928, parágrafo único, do CPC [art. 562, parágrafo único, do CPC/2015] não é de caráter absoluto, podendo ser relevada a regra da audiência prévia do Poder Público em circunstâncias especiais, como nos casos de justificada urgência, em prol da garantia da efetividade" (TJMG, AP. 1.0005.08.027271-8/001(1), Rel. Elias Camilo, jul. 06.08.2009, *DJe* 16.09.2009).

14. Área ocupada por famílias carentes. Identificação dos invasores. "Em caso de ocupação de terreno urbano por milhares de pessoas, é inviável exigir-se a qualificação e a citação de cada uma delas (AgRg na MC n. 610/SP)" (STJ, REsp 154.906/MG, Rel. Min. Barros Monteiro, 4ª Turma, jul. 04.05.2004, *DJ* 02.08.2004, p. 395). Obs.: O CPC/2015 regula o procedimento de ação possessória em desfavor de grande número de pessoas no art. 554, § 1º. Ver jurisprudência.

15. Prova sumária e incompleta. "Sendo duvidoso o comodato do qual deriva a posse, e, mais, havendo ação de usucapião em curso ajuizada por parte adversa, temerária seria qualquer decisão baseada em prova sumária e incompleta" (STJ, REsp 9.485/SP, Rel. Min. Claudio Santos, 3ª Turma, jul. 09.03.1992, *DJ* 13.04.1992, p. 4.994).

16. Arrendamento mercantil. "O juiz pode indeferir a reintegração liminar por considerar que a execução da medida implicará a falência da empresa devedora" (STJ, REsp 236.027/AM, Rel. Min. Ruy Rosado de Aguiar, 4ª Turma, jul. 02.12.1999, *DJ* 14.02.2000, p. 43).

"Como assentado em precedentes da Terceira Turma, contendo o contrato **cláusula resolutiva expressa**, realizada a condição, a posse do devedor torna-se injusta, desnecessária a notificação prévia" (STJ, REsp 441.964/SP, Rel. Min. Castro Filho, 3ª Turma, jul. 16.10.2003, *DJ* 03.11.2003, p. 316).

17. *Leasing*. "Constitui requisito para a propositura da ação reintegratória a notificação prévia do arrendatário, mencionando-se o montante do débito atualizado até a data do ajuizamento" (STJ, REsp 184.764/MG, Rel. Min. Barros Monteiro, 4ª Turma, jul. 16.10.2003, *DJ* 01.12.2003, p. 466).

Art. 563. Considerada suficiente a justificação, o juiz fará logo expedir mandado de manutenção ou de reintegração.

CPC/1973

Art. 929.

BREVES COMENTÁRIOS

Resolvido o problema da liminar, com ou sem seu deferimento, o processo possessório tem prosseguimento em suas fases lógicas normais.

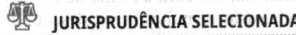

JURISPRUDÊNCIA SELECIONADA

1. Multa. *Astreintes*. "Interdito proibitório – Fixação *dies a quo* para a incidência da multa – Obrigação de fazer – *Astreintes* – Arts. 632 e 644, CPC [art. 815 do CPC/2015] – Dissídio jurisprudencial. Se a multa foi imposta na forma de pena pecuniária, não como punição, mas como meio para o cumprimento da decisão, atua ela como *astreinte*. Fixação do dies a quo para a incidência da multa a partir da citação do devedor para o cumprimento da obrigação de fazer" (STJ, REsp 110.344/RJ, Rel. Min. Carlos Alberto Menezes Direito, Rel. para o acórdão Min. Waldemar Zveiter, 3ª Turma, ac. 01.06.2000, *DJU* 14.08.2000, p. 164).

Art. 564. Concedido ou não o mandado liminar de manutenção ou de reintegração, o autor promoverá, nos 5 (cinco) dias subsequentes, a citação do réu para, querendo, contestar a ação no prazo de 15 (quinze) dias.

Parágrafo único. Quando for ordenada a justificação prévia, o prazo para contestar será contado da intimação da decisão que deferir ou não a medida liminar.

CPC/1973

Art. 930.

REFERÊNCIA LEGISLATIVA

CPC/2015, arts. 336 a 342 (contestação), 146 (exceções).

BREVES COMENTÁRIOS

No caso de justificação liminar, a citação do réu antecede a audiência e o prazo de contestação só começa a fluir a partir da intimação da decisão de deferimento ou indeferimento da liminar. Contudo, se o demandado não tem advogado nos autos, é preciso que a intimação contenha a advertência do prazo de contestação e dos efeitos da revelia.

A ação possessória, dada a sua natureza dúplice, dispensa *reconvenção*, quando o demandado invoca para si a tutela interdital contra o autor.

JURISPRUDÊNCIA SELECIONADA

1. Citação nula. "Se a citação para a justificação prévia, na possessória, não guardou as cautelas próprias e indispensáveis para assegurar as garantias processuais do réu, vale dizer, não atendeu a todos os requisitos legais, revestindo-se, ao contrário, da roupagem de mera intimação, cumpre renová-la na oportunidade em que se der ciência ao demandado do deferimento ou indeferimento da liminar – art. 930 do CPC [art. 564 do CPC/2015]. Não basta nova e singela intimação: é necessária a citação, nos moldes do art. 225 do CPC [art. 250 do CPC/2015], ou seus correspondentes, nas outras formas de convocação do réu" (TJBA, Ap. 1.030/85, Rel. Des. Paulo Furtado, 4ª Câmara, jul. 19.03.1986).

2. Julgamento antecipado da lide. "Possessória. Audiência de justificação. Sentença proferida desde logo. Inexistência de decisão acerca da liminar. Havendo necessidade de audiência de justificação, o prazo para contestar inicia-se com a intimação da decisão que deferir ou não a liminar (art. 930, parágrafo único, do CPC) [art. 564, parágrafo único, do CPC/2015], sendo inviável, antes do transcurso deste prazo, proferir sentença de mérito positiva. É nula a sentença positiva proferida antes do início do prazo da contestação, porque não possibilita ao réu a mínima defesa, afastando a formação do contraditório e do devido processo legal, violando as normas do art. 5º, incisos LIV e LV, da Constituição Federal. A necessidade de observância do princípio da celeridade processual e instrumentalidade da forma, como medida capaz de resguardar a efetividade da justiça e a segurança das partes, não pode ser capaz de invalidar os princípios do devido processo legal, do contraditório e da ampla defesa, sendo inadmissível, por isto, o provimento jurisdicional positivo antes mesmo de iniciada a contagem do prazo para contestação, mormente quando há a possibilidade de concessão de medida liminar" (TAMG, Ap. 352.406-1, Rel. Juiz Edilson Fernandes, 3ª Câmara Cível, jul. 28.11.2001).

3. Arrendamento mercantil. "VRG. Pagamento antecipado. Descaracterização do contrato. Extinção do feito com julgamento de mérito. Voto vencido. A cobrança do VRG, concomitante às prestações mensais, descaracteriza o contrato de arrendamento mercantil por tornar impossível a prática da opção de compra ao final, que é uma das características essenciais do contrato em questão. Considerando a natureza meritória da matéria discutida, necessário se faz a demonstração e a análise dos fatos e do direito, resguardando às partes a ampla defesa e o contraditório, pelo que a extinção do feito terá que se dar nos moldes do art. 269 do CPC [art. 487 do CPC/2015]. *V. v.*: Reintegração de posse. Arrendamento mercantil. VRG. Pagamento antecipado. Citação da ré. Ausência de contestação. Liminar concedida e cumprida. Mora contratual induvidosa. Manutenção do contrato. Ação procedente. Procede a ação possessória para reaver bem fruto de Contrato de Arrendamento Mercantil com pagamento antecipado do VRG, se, citada a ré, esta não apresentar contestação e, cumprida a liminar concedida, restar induvidosa a mora, mantendo-se, assim, o contrato em todos os seus termos (Juiz Armando Freire)" (TAMG, Apelação 376.951-3, Rel.ª Juíza Eulina do Carmo Almeida, 5ª Câmara Cível, jul. 14.11.2002).

"Contrato de arrendamento mercantil. Mora. Purgação. Notificação. Liminar. Tratando-se de contrato de arrendamento mercantil, *leasing*, deixando a arrendatária de pagar a contraprestação devida, torna-se inadimplente, e a sua mora, caracterizada por notificação, válida e eficaz, autoriza a reintegração liminar da arrendadora na posse do veículo. Inviável, se oferecida contestação, requerer purgação da mora, face a preclusão lógica. E, para se purgar a mora, há que se incluir no débito os demais encargos legais e contratuais. Agravo não provido" (TJDF, AI 19990020042101, Rel. Jair Soares, jul. 06.04.2000, *DJDF* 14.06.2000).

4. Prazo para contestação. "Julgamento antecipado da lide em razão da configuração da revelia. Inocorrência de vício no chamamento à defesa do réu. Existência de citação válida. Prazo para contestação a partir da intimação da decisão liminar. Art. 930, par. único, do CPC [art. 564, parágrafo único, do CPC/2015]. Plenitude de defesa assegurada. Honorários advocatícios arbitrados segundo os parâmetros do art. 20, §§ 3º, alíneas *a*, *b* e *c*, e 4º, do CPC [arts. 85, § 2º, e 19 do CPC/2015]. Recurso improvido. Restando evidenciado do exame dos autos que o ato de chamamento à defesa restou validamente realizado na causa e que, em razão de regra especial regente do procedimento possessório (art. 930, parágrafo único, do CPC), o prazo para contestação flui a partir da intimação da decisão que defere ou indefere a medida liminar, podendo esta ser considerada como feita na pessoa do advogado constituído pela parte, não procede a alegação de que a plenitude de defesa prevista constitucionalmente (art. 5º, inciso IV, da CF/88) não restou observada e que seria necessária nova citação, com reinício da instrução do feito" (TJDF, Ap. 19990110010037, Rel. Jeronymo de Souza, 3ª Turma Cível, jul. 17.09.2001, *DJDF* 10.10.2001).

"Processual civil. Possessória. Liminar concedida. Contestação. Prazo. Parágrafo único, art. 930, CPC. Processual civil [art. 564, parágrafo único, do CPC/2015]. Revelia. Efeitos. Art. 319 CPC [art. 334 do CPC/2015]. Concedida a liminar de que trata o par. único do art. 930 do CPC, e tendo o réu procurador nos autos, o prazo para contestar a ação inicia-se no primeiro dia útil seguinte ao que este foi intimado daquela decisão. A pontificação contida no art. 319 do Código de Processo Civil de que 'se o réu não contestar a ação, reputar-se-ão verdadeiros os fatos afirmados pelo autor' deve ser recebida com temperamento, por isso mesmo e que 'a presunção de veracidade dos fatos alegados pelo autor, em face da revelia do réu, é relativa, podendo ceder a outras circunstâncias constantes dos autos, de acordo com o princípio do livre convencimento do juiz" (REsp 2.846/RS, Rel. Min. Barros Monteiro). Recurso conhecido e parcialmente provido" (STJ, REsp 47.107/MT, 4ª Turma, Rel. Min. César Asfor Rocha, ac. 19.06.1997, *DJU* 08.09.1997, p. 42.504, *RSTJ* 100/183).

"A ciência que se dá ao réu acerca da audiência de justificação, prevista no artigo 928 [art. 562 do CPC/2015], não corresponde à citação para os fins do artigo 213 do CPC [art. 238 do CPC/2015], mas chamamento para acompanhar a assentada de justificação. Realizada a audiência de justificação, concedida ou não a liminar, o autor promoverá a citação do réu para contestar, sendo que o prazo só terá início **a partir da juntada aos autos do mandado de intimação da decisão** que deferir ou não a liminar, nos termos do artigo 930, parágrafo único do CPC [art. 564, parágrafo único, do CPC/2015]. Precedentes desta Corte" (STJ, REsp 890.598/RJ, Rel. Min. Luis Felipe Salomão, 4ª Turma, jul. 23.11.2010, *DJe* 26.11.2010).

Art. 565. No litígio coletivo pela posse de imóvel, quando o esbulho ou a turbação afirmado na petição inicial houver ocorrido há mais de ano e dia, o juiz, antes de apreciar o pedido de concessão da medida liminar, deverá designar audiência de mediação, a realizar-se em até 30 (trinta) dias, que observará o disposto nos §§ 2º e 4º.

§ 1º Concedida a liminar, se essa não for executada no prazo de 1 (um) ano, a contar da data de distribuição, caberá ao juiz designar audiência de mediação, nos termos dos §§ 2º a 4º deste artigo.

§ 2º O Ministério Público será intimado para comparecer à audiência, e a Defensoria Pública será intimada sempre que houver parte beneficiária de gratuidade da justiça.

§ 3º O juiz poderá comparecer à área objeto do litígio quando sua presença se fizer necessária à efetivação da tutela jurisdicional.

§ 4º Os órgãos responsáveis pela política agrária e pela política urbana da União, de Estado ou do Distrito Federal e de Município onde se situe a área objeto do litígio poderão ser intimados para a audiência, a fim de se manifestarem sobre seu interesse no processo e sobre a existência de possibilidade de solução para o conflito possessório.

§ 5º Aplica-se o disposto neste artigo ao litígio sobre propriedade de imóvel.

BREVES COMENTÁRIOS

O esbulho individual como o coletivo sujeitam-se, no campo civil, à pronta e enérgica repulsa através da reintegração liminar de posse, nos termos da lei material e processual (CC, art. 1.210; CPC/2015, art. 560), que poderá ser decretada até sem audiência do réu (art. 562). No entanto, o prolongamento da ocupação, sem reação imediata do proprietário, acaba por gerar um sério problema social que assume grandes proporções, principalmente quando a justiça tem de cumprir o dever de restituir o imóvel invadido a quem de direito. Para minimizar o drama social, o CPC/2015 introduz no procedimento possessório incidente especial, a ser observado no chamado "litígio coletivo".

A novidade procedimental começa com a forma de citação dos réus que, por serem numerosos e, muitas vezes, desconhecidos, dificultam a sua inclusão na lide. Assim, os §§ 1º e 2º do art. 554 do CPC/2015 determinam que a citação dos ocupantes seja pessoal, feita pelo oficial de justiça, que comparecerá ao local uma única vez, cientificando aqueles que forem encontrados.

Estabelece o CPC/2015 que, nos casos da espécie, *i.e.*, "quando o esbulho ou a turbação afirmado na petição inicial houver ocorrido há mais de ano e dia", o juiz não apreciará o pedido de liminar, senão depois de uma audiência de mediação realizada no prazo de trinta dias (art. 565).

Cumpre observar que a determinação não tem o condão de conferir à ação de força velha natureza de procedimento especial. Pelo contrário, justamente por seguir o procedimento comum, a audiência de conciliação ou de mediação prévia é medida que se impõe, nos termos do art. 334 do CPC/2015. Por outro lado, eventual concessão de liminar deverá observar os requisitos gerais da tutela provisória, ou seja, o *periculum in mora* e o *fumus boni iuris* (CPC/2015, art. 300), uma vez que não se trata da liminar possessória típica, como aquela que integra o procedimento especial dos interditos de força nova.

Art. 566. Aplica-se, quanto ao mais, o procedimento comum.

CPC/1973

Art. 931.

REFERÊNCIA LEGISLATIVA

CPC/2015, arts. 319 a 512 (procedimento ordinário).

BREVES COMENTÁRIOS

A especialização de rito nas possessórias diz respeito tão somente à medida liminar. Superada essa fase ou incabível a liminar, segue-se o rito comum (art. 566).

JURISPRUDÊNCIA SELECIONADA

1. Tutela antecipada em ação possessória de força velha. Ver jurisprudência do art. 558 do CPC/2015.

2. Julgamento antecipado da lide. "As questões possessórias envolvem matéria de fato, e a turbação ou esbulho dificilmente podem ser provados apenas por meio de documentos ou de perícia. Assim, em ação de manutenção de posse, nula é a sentença que, dispensando a audiência de instrução e julgamento, julga antecipadamente a lide após realizada a prova pericial, por constituir tal procedimento evidente cerceamento de defesa. Ultrapassada a fase do art. 330 do CPC [art. 355 do CPC/2015], pela necessidade de produção de provas no curso do processo, impõe-se o saneamento do processo, em atendimento ao art. 331 do referido Código, não podendo o juiz, alcançada a fase de audiência, deixar de acolher as provas indicadas pelas partes" (ac. unân. da 5ª Câmara do TJMG na Ap. 76.278/5, Rel. Des. Leonídio Doehler, *DJMG* 04.05.1989; *Adcoas*, 1989, nº 123.315).

3. Execução da Reintegração. "Constatada a ocorrência de erro na reintegração liminar anteriormente deferida, nada impede que o provimento definitivo de mérito seja concretizado pela via própria. Na hipótese, o largo decurso de tempo entre o trânsito em julgado da sentença e o pedido de reintegração definitiva decorre apenas de erro quanto à correta percepção da extensão da reintegração liminar, que se supunha completa, mas havia sido parcial" (STJ, REsp 696.744/SP, Rel.ª Min.ª Nancy Andrighi, 3ª Turma, jul. 03.04.2008, *DJ* 15.04.2008, p. 1).

4. Ausência de pedido do autor. Inaplicabilidade dos arts. 809 e 816, ambos do CPC. "As disposições dos arts. 627 e 633, ambos do CPC [arts. 809 e 816 do CPC/2015], são inaplicáveis ao procedimento especial da ação de reintegração de posse, pelo que, na hipótese de perda do bem por roubo, não pode o juiz, sem pedido expresso do autor, condenar o réu ao pagamento de perdas e danos, a título da conversão, prevista nos apontados dispositivos, da obrigação para entrega de coisa certa e da obrigação de fazer em obrigação por quantia certa. Caso em que a perda do bem enseja a extinção do processo sem julgamento do mérito" (STJ, REsp 290.848/RJ, Rel. Min. Nancy Andrighi, 3ª Turma, jul. 05.03.2002, *DJ* 08.04.2002, p. 210).

5. Alegação de cerceamento de defesa e inobservância do princípio do contraditório. "Nos termos do art. 931 do Código de Processo Civil [art. 566 do CPC/2015], nas ações de reintegração de posse e de interdito proibitório, após a audiência de justificação, e, citado o réu para contestar a ação, segue-se o rito ordinário, devendo, pois, as provas requeridas pelas partes, salvo disposição especial em contrário, ser produzidas em audiência especialmente designada para esse fim" (STJ, AgRg nos EDcl no Ag 731.488/SP, Rel. Min. Massami Uyeda, 4ª Turma, jul. 25.03.2008, *DJe* 22.04.2008).

Seção III
Do Interdito Proibitório

Art. 567. O possuidor direto ou indireto que tenha justo receio de ser molestado na posse poderá requerer ao juiz que o segure da turbação ou esbulho iminente, mediante mandado proibitório em que se comine ao réu determinada pena pecuniária caso transgrida o preceito.

CPC/1973

Art. 932.

REFERÊNCIA LEGISLATIVA

CC, art. 1.210.

CPC/2015, art. 250 (citação; requisitos do mandado).

SÚMULAS

Súmula do STJ:

nº 228: "É inadmissível o interdito proibitório para a proteção do direito autoral".

BREVES COMENTÁRIOS

A ameaça para autorizar o interdito proibitório deve ser injusta, de tal modo que não cabe a medida do art. 567 do CPC/2015 quando se trata de ameaça de medida judicial legítima, como o despejo, a nunciação de obra nova, o protesto, a execução forçada etc. Há de existir fundado receio de dano, e não apenas um receio subjetivo sem apoio em dados concretos aferíveis pelo juiz.

A estrutura do interdito é de uma ação cominatória, para exigir do demandado uma prestação de fazer negativa, consubstanciada na abstenção da moléstia à posse do autor, sob pena de incorrer em multa pecuniária. A força do interdito, porém, não se exaure na imposição de multa ao infrator, daí prever o art. 568 que toda a regulamentação dos interditos de reintegração e manutenção aplica-se ao interdito proibitório. Verificada a consumação da moléstia à posse durante o processo, o interdito transforma-se, ipso facto, em manutenção ou reintegração de posse, e como tal será afinal julgado.

A ação é sempre de força nova, porque a própria citação tem força de interditar a prática do ato que se tema seja adotado pelo réu em prejuízo do autor. Por isso, o despacho da petição inicial só pode ser dado quando o promovente apresente elementos de convicção adequados para a obtenção de medida liminar, segundo o art. 562.

JURISPRUDÊNCIA SELECIONADA

1. Detenção consentida não admite possessória. "Incontroverso que o imóvel em questão integra o patrimônio do municipal. O interdito proibitório pressupõe, por óbvio, genuína posse direta ou indireta. Descabe, pois, ajuizá-lo contra o Estado em casos de detenção consentida (tolerância ou permissão) ou de ocupação de fato de bem público, pouco importando seja curta ou longa, mansa e pacífica. Consolidada a jurisprudência do STJ sobre a matéria" (STJ, AgInt no AREsp 1605083/RS, Rel. Min. Herman Benjamin, 2ª Turma, jul. 06.05.2020, *DJe* 14.05.2020).

2. Requisitos. "(...) doutrinariamente, a ação de interdito proibitório, ou de preceito cominatório, ou, ainda, ação de força iminente, como também é conhecida, objetiva impedir que se concretize uma ameaça à posse, sendo uma ação eminentemente preventiva, estando prevista e regulada no art. 501 do CC [art. 1.210, *caput*, do CC/2002] e 932 do CPC [art. 567 do CPC/2015], tendo por requisitos: 1. posse atual do autor; 2. a ameaça de turbação ou esbulho; e 3. justo receio de se concretizar essa ameaça. A pena pecuniária estabelecida pelo juiz no despacho citatório proibitório, segundo a exegese do art. 932 do CPC, somente deve ser aplicada se houver concretização da ameaça à posse e por via de consequência desrespeito à ordem judicial" (TJAL, Ag. 5.555, Rel. Des. Jairon Maia Fernandes, 2ª Câmara, jul. 29.04.1987, *Jurisp. Alagoana* 1º/254).

"O art. 932 do CPC [art. 567 do CPC/2015] confere interdito proibitório ao possuidor que tenha justo receio de ser molestado na posse, autorizando-o a pedir ao juiz que o segure da turbação ou esbulho iminente. Na ausência de posse e, consequentemente, de turbação ou esbulho, o pedido improcede" (TJDF, Ap. 35.794/95, Rel. Des. Campos Amaral, 3ª Turma Cível, *DJ* 27.09.1995).

"Requisitos. Liminar. Se não restarem comprovados os requisitos ensejadores do deferimento da liminar, impõe-se a anulação daquela decisão, pois a ameaça deve ser certa e determinada, capaz de justificar o receio de turbação ou esbulho, consoante se extrai dos ditames do art. 932 do CPC [art. 567 do CPC/2015]" (TAMG, AI 365.587-6, Rel. Juiz Osmando Almeida, 1ª Câmara Cível, jul. 14.05.2002).

3. Suspensão de liminar. "A decisão que impõe o restabelecimento do *status quo ante* do imóvel objeto de ação de interdito proibitório até a solução da lide não se reveste de potencialidade lesiva à saúde, à ordem, à economia e à segurança públicas, tampouco impede o regular exercício do poder de polícia. Impossível o exame do mérito da controvérsia no âmbito da suspensão de liminar. Rejeita-se a reiteração de argumentos repelidos na decisão agravada. Agravo regimental desprovido" (STJ, AGP 1.332/DF, Rel. Min. Nilson Naves, Corte, jul. 15.05.2002, *DJU* 17.06.2002).

4. Herdeiro. "Embora possuidor, por força do direito hereditário, não tendo o autor provado o esbulho, que teria sido perpetrado pela madrasta, não há como acolher-se a pretensão interdital. Improcedência confirmada" (TA Cível RJ, Ap. 2.332/95, Rel. Juiz Odilon Bandeira, 6ª Câmara, jul. 05.06.1995).

5. Propriedade industrial. "A doutrina e a jurisprudência assentaram entendimento segundo o qual a proteção do direito de propriedade, decorrente de patente industrial, portanto, bem imaterial, no nosso direito, pode ser exercida através das ações possessórias" (STJ, REsp 7.196/RJ, Rel. Min. Waldemar Zveiter, 3ª Turma, jul. 10.06.1991, *DJU* 05.08.1991).

6. Direitos autorais. "O descabimento, quanto aos direitos autorais, do interdito proibitório não afasta o direito à indenização postulado com base no mesmo fato, qual seja a utilização de obras musicais sem a devida contraprestação financeira. Assim, repelida a proteção possessória, pode a ação prosseguir no tocante ao pedido indenizatório, igualmente formulado. Agravo regimental improvido" (STJ, AGREsp 256.132/RS, Rel. Min. Carlos Alberto Menezes Direito, 3ª Turma, jul. 25.09.2000, *DJU* 20.11.2000).

7. Cônjuge. Outorga de procuração antes da sentença. "Outorga de consentimento do cônjuge para a propositura da ação. CPC, art. 10, *caput* [art. 73 do CPC/2015]. Existência de mandato outorgado ainda antes da sentença monocrática. Nulidade inexistente. Perícia. Invalidade. Não se configura nulidade processual para a propositura de interdito proibitório se consta dos autos outorga de procuração pela cônjuge, apresentada, no caso, ainda antes do julgamento de 1ª instância. Recurso especial não conhecido" (STJ, REsp 184.724, Rel. Min. Aldir Passarinho Júnior, 4ª Turma, jul. 12.03.2002, *DJU* 03.06.2002).

8. Direito de greve. Proteção do acesso ao estabelecimento do empregador. "Às partes foi garantida a ampla defesa e o contraditório, com possibilidade de produção das provas necessárias ao deslinde da controvérsia, inexistindo qualquer cerceamento de defesa. Em momento algum pretendeu o Banco-Recorrido, através do interdito proibitório, *aniquilar* ou mesmo impedir o direito de greve. Visou, tão somente, à proteção ao pleno exercício da posse, diante de comprovada ameaça de grave lesão. No que tange à incidência, *in casu*, da lei de greve, improcede a pretensão da Embargante em discutir, na ocasião de Embargos Declaratórios perante esta Corte, questões sequer aduzidas nas razões de Especial" (STJ, EDREsp 186.768/SP, Rel. Min. Waldemar Zveiter, 3ª Turma, jul. 27.06.2000, *DJU* 18.09.2000).

"Compete à Justiça Comum o conhecimento e julgamento das ações que tenham por objeto a posse. A Justiça do Trabalho é competente apenas para o julgamento de controvérsias decorrentes da relação de trabalho, de modo que a ação relativa à ameaça de turbação de agência bancária em virtude de atos grevistas não deve tramitar perante aquela Justiça Especializada. Sabe-se que a liminar nas ações possessórias é uma medida provisória, independente de cognição completa, que não exige prova plena e irretorquível. Logo, em tal campo, convencendo-se o Juiz de que a realidade fática é no sentido da existência de posse do autor e ameaça de turbação praticado por parte do réu, impõe-se o deferimento da liminar, até final decisão" (TAMG, AGI 0354443-2, Rel. Juiz Mariné da Cunha, 5ª Câmara Cível, jul. 20.12.2001). **No mesmo sentido**: TJRS, Ap. Cível 70020909321, Rel. Des. Elaine Harzheim Macedo, 17ª Câmara Cível, jul. 06.09.2007, *DJ* 21.09.2007.

9. Divisão. Transação. Vício de consentimento. "Restando concluído entre as partes o negócio jurídico da transação, não podem os apelados, sob pena de violação à coisa julgada, propor ação de interdito proibitório sob o argumento de que foram ludibriados na divisão do terreno. Na forma preconizada no art. 1.030, do Código Civil [art. 849 do CC/2002], a transação produz entre as partes o efeito de coisa julgada, apenas sendo passível de rescisão por dolo, violência ou erro essencial quanto à pessoa ou à coisa controversa" (TAMG, Ap. 340.684, Rel. Juiz Paulo Cézar Dias, 4ª Câmara Cível, jul. 10.04.2000).

10. Bem público. "Interdito proibitório. Bem público. Ocupação por particular. Em se tratando de área pública, não há falar-se em posse, mas mera detenção. É carecedor do direito em ação possessória o mero detentor de bens públicos" (TJDF, Ap. 990110228728, Rel.ª Des.ª Carmelita Brasil, 2ª Turma Cível, jul. 07.11.2002, *DJDF* 12.02.2003).

Art. 568. Aplica-se ao interdito proibitório o disposto na Seção II deste Capítulo.

CPC/1973

Art. 933.

BREVES COMENTÁRIOS

A estrutura do interdito proibitório é de uma ação cominatória, para exigir do demandado uma prestação de fazer negativa, isto é, abster-se da moléstia à posse do autor, sob pena de incorrer em multa pecuniária. A força do interdito, porém, não se exaure na imposição de multa ao infrator, pois, se assim fosse, a ação destoaria da característica básica dos remédios possessórios, que é a de tutelar *materialmente* o fato da posse. Daí prever o art. 568 do CPC/2015 que toda a regulamentação dos interditos de reintegração e de manutenção aplica-se igualmente ao interdito proibitório. Isto quer dizer que não só o procedimento é igual, como também a força do mandado judicial. Dessa maneira, verificada a consumação do dano temido, a ação transforma-se *ipso iure* em interdito de reintegração ou de manutenção, e, como tal, será julgada e executada.

POSSESSÓRIAS: INDICAÇÃO DOUTRINÁRIA

Adalmo Oliveira dos Santos Junior. O litígio coletivo pela posse de imóvel no novo CPC e a posse socialmente qualificada. In: Thereza Arruda Alvim et. al. O Novo Código Processo Civil Brasileiro – Estudos dirigidos: sistematização e procedimentos. Rio de Janeiro: Forense, 2015, p. 275; Adroaldo Furtado Fabrício, In: Teresa Arruda Alvim Wambier, Fredie Didier Jr., Eduardo Talamini, Bruno Dantas, *Breves comentários ao novo Código de Processo Civil*, São Paulo: Revista dos Tribunais, 2015; Antonio Martelozzo. *O interdito proibitório do Direito Brasileiro de acordo com o novo CPC*. 2.ed. Curitiba: Editora Bonijuris; Cassio Scarpinella Bueno, *Manual de direito processual civil*, São Paulo: Saraiva, 2015; Daniel Amorim Assumpção Neves, *Manual de direito processo civil*, São Paulo: Método, 2015; Fredie Didier Jr., *Curso de direito processual civil*, 17. ed., Salvador: JusPodivm, 2015, v. I; Guilherme Rizzo Amaral, *Comentários às alterações do novo CPC*, São Paulo: Revista dos Tribunais, 2015; Humberto Theodoro Júnior, *Curso de direito processual civil*, 54 ed., Rio de Janeiro: Forense, 2020, v. II; Humberto Theodoro Júnior, Fernanda Alvim Ribeiro de Oliveira, Ester Camila Gomes Norato Rezende (coord.), *Primeiras lições sobre o novo direito processual civil brasileiro*, Rio de Janeiro: Forense, 2015; J. E. Carreira Alvim, *Comentários ao novo Código de Processo Civil*, Curitiba: Juruá, 2015; José Miguel Garcia Medina, *Novo Código de Processo Civil comentado*, São Paulo: Revista dos Tribunais, 2015; Leonardo Greco, *Instituições de processo civil:* introdução ao direito processual civil, 5. ed., Rio de Janeiro: Forense, 2015; Luis Antônio Giampaulo Sarro, *Novo Código de Processo Civil*, São Paulo: Rideel, 2015; Luiz Guilherme Marinoni, Sérgio Cruz Arenhart, Daniel Mitidiero, *Curso de processo civil*, São Paulo: Revista dos Tribunais, 2015, v. I; Marcelo de Oliveira Milagres, In: BRAGA NETO, Felipe Peixoto; SILVA, Michael César; THIBAU, Vinícius Lott (Coord.). *O Direito Privado e o novo Código de Processo Civil: repercussões, diálogos e tendências*, Belo Horizonte: Fórum, 2018; Nelson Nery Junior, Rosa Maria de Andrade Nery, *Comentários ao Código de Processo Civil*, São Paulo: Revista dos Tribunais, 2015; Paulo Roberto Hapner, *A ação de força nova espoliativa, RP* 26/55; Ricardo Alexandre da Silva, Eduardo Lamy, In: Sérgio Cruz Arenhart e Daniel Mitidiero (coord.), *Comentários ao Código de Processo Civil*, 2. ed., São Paulo: RT, 2018, v. 9; Rogério Montai de Lima. Das Ações Possessórias, Habilitação, e Restauração de Autos no Novo Código de Processo Civil – Lei 13.105/2015. *Revista Síntese*, ano XVII. n. 102. São Paulo: Síntese, jul.-ago. 2016. p. 99; Teresa Arruda Alvim Pinto, *Ações possessórias, RP* 43/186; Teresa Arruda Alvim Wambier, Fredie Didier Jr., Eduardo Talamini, Bruno Dantas (coord.), *Breves comentários ao novo Código de Processo Civil*, São Paulo: Revista dos Tribunais, 2015; Teresa Arruda Alvim Wambier, Maria Lúcia Lins Conceição, Leonardo Ferres da Silva Ribeiro, Rogério Licastro Torres de Melo, *Primeiros comentários ao novo Código de Processo Civil*, São Paulo: Revista dos Tribunais, 2015.

Capítulo IV
DA AÇÃO DE DIVISÃO E DA DEMARCAÇÃO DE TERRAS PARTICULARES

Seção I
Disposições Gerais

Art. 569. Cabe:

I – ao proprietário a ação de demarcação, para obrigar o seu confinante a estremar os respectivos prédios, fixando-se novos limites entre eles ou aviventando-se os já apagados;

II – ao condômino a ação de divisão, para obrigar os demais consortes a estremar os quinhões.

CPC/1973

Art. 946.

REFERÊNCIA LEGISLATIVA

CC, arts. 1.297 (direito de murar, valar e demarcar prédio); 1.320 (direito de divisão do condomínio).

CPC/2015, arts. 574 a 587 (ação de demarcação), 588 a 598 (ação de divisão).

Lei nº 6.383/1976 (dispõe sobre o processo discriminatório de terras devolutas da União e dá outras providências).

Lei nº 13.838/2019 (lei que dispensa a anuência dos confrontantes na averbação do georreferenciamento de imóvel rural).

BREVES COMENTÁRIOS

O fito da ação demarcatória é "simplesmente reavivar os rumos existentes, ou fixar os que deveriam existir", na lição de Pontes de Miranda (*Comentários ao CPC*, v. XIII, 1977, p. 413). Já o da ação divisória é a dissolução do condomínio, transformando a cota ideal de cada comunheiro sobre o prédio comum em "parte concreta e determinada" (Alcides Cruz, *Demarcação e divisão de terras, 1979*, n. 37, p. 72). Ambas formam, em seu conjunto, o que tradicionalmente se denomina "juízo divisório", que tem em comum não só vários atos procedimentais, como ainda a preocupação de individualizar, da maneira mais perfeita possível, a propriedade imobiliária.

JURISPRUDÊNCIA SELECIONADA

1. Ação demarcatória na pendência de ação possessória. Impossibilidade. V. jurisprudência do art. 557 do CPC/2015.

2. Fixação de limites. Divergência entre marcos e o constante no registro imobiliário. Retificação. Via adequada. "A ação demarcatória é a via adequada para dirimir a discrepância entre a realidade fática dos marcos divisórios e o constante no registro imobiliário. Precedentes" (STJ, REsp 1.984.013/MG, Rel. Min. Ricardo Villas Bôas Cueva, 3ª Turma, jul. 27.09.2022, *DJe* 30.09.2022).

3. Demarcatória e divisão. "A ação demarcatória carece de sustentação jurídica, se o imóvel tem certa e estabelecida a demarcação fronteiriça, no entanto, apesar do título dominial dos condôminos, não tem divisão de sua área interna, o procedimento apropriado seria a ação de divisão. Como ação real imobiliária, para que se processe a demarcação de área em condomínio, todos os condôminos devem ser citados, sob pena de incorrer em nulidade absoluta, não podendo prevalecer demarcação e divisão se nela não houve concordância e participação de todos eles" (TAMG, Ap. 359683-6, Rel. Juiz Dárcio Lopardi Mendes, jul. 29.08.2002).

Fungibilidade. Impossibilidade. "Não é possível a adoção do princípio da fungibilidade dos ritos entre ação demarcatória e ação divisória, já que o CPC de 1973 inaugurou, em relação a elas, procedimentos especiais, inteiramente diversos, apresentando, ademais, a ação divisória características próprias, nitidamente especificadas e inconfundíveis com os atos da demarcatória" (TJMG, Ag. 19.038, Rel. Des. Valle Fonseca, 1ª Câmara, jul. 27.5.1986, *Jurisp. Min.* 94/100). Obs.: V. art. 570 do CPC/2015, sobre cumulação de ação demarcatória com ação divisória.

4. Demarcatória.

Finalidade. "O escopo da demarcatória é, de acordo com a dicção do art. 946, I, do CPC [art. 569, I, do CPC/2015], fixar novos limites entre imóveis confinantes ou aviventar os já apagados. No âmbito da jurisprudência, predomina, em verdade, a orientação segundo a qual a ação demarcatória é competente para fixar, no solo, as linhas de separação, quando inexistentes ou apagadas pelo dano do tempo. Se, porém, as linhas existem, e são conhecidas dos confrontantes, há tempos, competente deixa de ser a ação aludida, para reprimir invasão de terras, que faça um dos confrontantes contra outro. Todavia, se se pretende aviventar rumos, ou renovar marcos destruídos, ou onde há confusão de limites, a ação a propor-se é a de demarcação" (TJSC, Ap. 24.985, Rel. Des. Napoleão Amarante, 1ª Câmara, jul. 23.09.1986).

Título dominial diferente da realidade. Cabimento. "É cabível ação de demarcação, por ser meio processual eficaz para individualização do bem e determinação dos limites da propriedade, para se dirimir controvérsia entre o título dominial e marcos divisórios" (STJ, REsp 662.775/RN, Rel. Min. Humberto Martins, 2ª Turma, jul. 04.06.2009, *DJe* 29.06.2009). **No mesmo sentido:** STJ, REsp 759.018/MT, Rel. Min. Luis Felipe Salomão, 4ª Turma, jul. 05.05.2009, *DJe* 18.05.2009.

Dúvidas sobre divisas previamente traçadas. Descabimento. "Se os apelantes já estão no local há mais de setenta anos, evidente que conhecem as suas divisas e os marcos antigos existentes entre as propriedades, não havendo, pois, o que demarcar. Não se presta a ação demarcatória para dirimir dúvidas sobre divisas previamente traçadas no terreno. A ação demarcatória tem força restituitória; desnecessária, portanto, a cumulação com a ação reivindicatória" (TAMG, Ap. 350.469-0, Rel. Juiz Belizário de Lacerda, ac. 12.09.2002).

Autor proprietário. Pressuposto essencial. "É pressuposto essencial para a propositura da ação demarcatória que seja o autor proprietário do imóvel demarcado" (STJ, REsp 20.529/AL, Rel. Min. Dias Trindade, 4ª Turma, jul. 30.08.1993, *DJ* 20.09.1993). **No mesmo sentido:** TAMG, Ap. 349.749-6, Rel.ª Juíza Tereza Cristina da Cunha Peixoto, 3ª Câmara Cível, jul. 05.12.2001.

5. Falta de individualização da coisa. Descabimento de reivindicatória. "Em face da imprecisão da linha divisória, não seria possível intentar a ação reivindicatória, pois, para tanto, é necessária a perfeita individuação da coisa reivindicada, o que não ocorre na espécie" (STJ, REsp 759.018/MT, Rel. Min. Luis Felipe Salomão, 4ª Turma, jul. 05.05.2009, *DJe* 18.05.2009). **No mesmo sentido:** STJ, REsp 3.193, Rel. Min. Eduardo Ribeiro, 3ª Turma, 10.9.1990, *RSTJ* 13/399.

6. Ação de demarcação de imóvel rural. Registro Torrens. Não cabimento. "Imóvel inscrito no registro Torrens. Não cabimento da ação" (STJ, REsp 29.240/GO, Rel. Min. Nilson Naves, 3ª Turma, jul. 11.05.1993, *DJ* 14.06.1993).

7. Condomínio por unidades autônomas. "Pretensão de que sejam extremadas as áreas comuns daquelas que integram uma dessas unidades, uma vez que incertos os limites. (...). Aplicação no caso, naquilo que for cabível, das normas que regulam a pretensão de demarcar" (STJ, REsp 165.223/RJ, Rel. Min. Eduardo Ribeiro, 3ª Turma, jul. 17.12.1998, *DJ* 08.03.1999).

8. Demarcação de terras públicas. Terreno de marinha. "Esta Corte Superior possui entendimento pacificado no sentido de que o registro imobiliário não é oponível em face da União para afastar o regime dos terrenos de marinha, servindo de mera presunção relativa de propriedade particular – a atrair, p. ex., o dever de notificação pessoal daqueles que constam deste título como proprietário para participarem do procedimento de demarcação da linha preamar e fixação do domínio público –, uma vez que a Constituição da República vigente (art. 20, inc. VII) atribui originariamente àquele ente federado a propriedade desses bens" (STJ, REsp 1.183.546/ES, Rel. Min. Mauro Campbell Marques, 1ª Seção, jul. 08.09.2010, *DJe* 29.09.2010).

9. Coisa julgada em ação possessória. "A decisão sobre a posse de imóvel em ação de manutenção movida anteriormente não implica em coisa julgada sobre os limites dos terrenos lindeiros, de sorte que é juridicamente possível aos autores, conquanto vencidos na lide anterior, promoverem ação demarcatória para obter a definição da exata linha divisória entre os lotes contíguos, ante a alegação exordial de que a cerca viva antes existente foi derrubada e em seu lugar construído, unilateralmente, pelo réu, muro que alterou o local anterior, invadindo área a eles pertencente, consoante o título de propriedade" (STJ, REsp 402.513/RJ, Rel. Min. Aldir Passarinho Junior, 4ª Turma, jul. 07.12.2006, *DJ* 19.03.2007).

Art. 570. É lícita a cumulação dessas ações, caso em que deverá processar-se primeiramente a demarcação total ou parcial da coisa comum, citando-se os confinantes e os condôminos.

CPC/1973

Art. 947.

REFERÊNCIA LEGISLATIVA

CPC/2015, art. 327 (requisitos da cumulação de pedidos).

BREVES COMENTÁRIOS

Admite o Código a cumulação da divisão e demarcação de um mesmo imóvel, num só processo. Trata-se, porém, de cumulação apenas sucessiva, porque primeiro se realiza a demarcação e depois a divisão, sendo até mesmo distintas as partes de um e outro procedimento cumulados (CPC, art. 570). Entre a divisão e a demarcação, na espécie, há conexão, porque o objeto (um dos imóveis) é comum nos dois feitos. Mas a cumulação é apenas de ordem prática, fundada na economia processual e na prejudicialidade, sem a força de criar competência para o juiz que nunca a teve. A conexão só amplia ou modifica, em regra, a competência relativa, não a absoluta. Por isso, entende Pontes de Miranda, com razão, que a competência do juiz da demarcação só se estenderá para a divisão se parte do imóvel dividendo também estiver sob sua jurisdição.

JURISPRUDÊNCIA SELECIONADA

1. Área definida em formal de partilha divergente da realidade. "A incerteza da divisão e a correta demarcação da área delimitada em Formal de Partilha que diverge da realidade fática **autoriza o cabimento de ação de divisão cumulada com demarcatória**, não ensejando a carência de ação por falta de interesse. Precedentes" (STJ, REsp 790.206, Rel. Min. Honildo Amaral de Mello Castro, 4ª Turma, jul. 04.02.2010, *DJe* 12.04.2010).

2. Fim de condomínio. "A ação demarcatória cumulada com a divisória é necessária para delimitar área e para pôr fim a condomínio. Mas o condômino que provar ter exercido ou que exerce posse sobre a gleba localizada e delimitada pode lançar mão de ação possessória para a defesa de sua posse contra os outros condôminos e, especialmente, contra terceiros" (TJMS, Ap. 162/87, Rel. Des. Alécio Antônio Tamiozzo, 1ª Turma, jul. 23.08.1988, *RJTJMS* 48/79).

Art. 571. A demarcação e a divisão poderão ser realizadas por escritura pública, desde que maiores, capazes e concordes todos os interessados, observando-se, no que couber, os dispositivos deste Capítulo.

REFERÊNCIA LEGISLATIVA

CC, arts. 215 a 218 (escritura pública).

BREVES COMENTÁRIOS

A partir de dispositivos do Código Civil, tanto de 1916 (art. 1.773 c/c art. 641) como de 2002 (art. 2.015 c/c art. 1.321), já se chegava à conclusão de que "se todas as partes interessadas estão de acordo, a demarcação ou a divisão pode-se realizar amigavelmente, isto é, extrajudicialmente, e a convenção que então se celebrar tem força contratual".

Todavia, para que a divisão e a demarcação sejam validamente promovidas por meio de escritura pública, sem necessidade de homologação judicial, sempre se entendeu que os interessados (condôminos e confrontantes) deveriam ser maiores e capazes. Já se o caso se resolver por meio de acordo por documento particular, o que se torna viável em face dos arts. 842 e 2.015 do Código Civil, bem como do art. 57 da Lei nº 9.099/1995, o negócio jurídico deverá submeter-se à homologação judicial para que possa ser levado ao Registro de Imóveis.

Art. 572. Fixados os marcos da linha de demarcação, os confinantes considerar-se-ão terceiros quanto ao processo divisório, ficando-lhes, porém, ressalvado o direito de vindicar os terrenos de que se julguem despojados por invasão das linhas limítrofes constitutivas do perímetro ou de reclamar indenização correspondente ao seu valor.

§ 1º No caso do *caput*, serão citados para a ação todos os condôminos, se a sentença homologatória da divisão ainda não houver transitado em julgado, e todos os quinhoeiros dos terrenos vindicados, se a ação for proposta posteriormente.

§ 2º Neste último caso, a sentença que julga procedente a ação, condenando a restituir os terrenos ou a pagar a indenização, valerá como título executivo em favor dos quinhoeiros para haverem dos outros condôminos que forem parte na divisão ou de seus sucessores a título universal, na proporção que lhes tocar, a composição pecuniária do desfalque sofrido.

CPC/1973

Arts. 948 e 949.

BREVES COMENTÁRIOS

A possibilidade de ajuizamento cumulativo das pretensões de demarcar e dividir o mesmo imóvel é reconhecida pelo art. 570 do CPC/2015. Na verdade, não há uma perfeita cumulação de ações, no sentido tradicional, mas uma sucessão de ações, dentro de um só processo, já que primeiro se procede à demarcação com os confinantes, e, uma vez completada esta, passa-se à divisão da área demarcada entre os comunheiros. Não há identidade de objeto, nem de partes, mas duas ações sucessivas (art. 572, *caput* e § 1º).

Cumuladas as duas ações, os confinantes são excluídos do processo logo após ultimada a demarcação, prosseguindo-se a divisão apenas entre os comunheiros. Ocorrendo, todavia, invasão da linha limítrofe da área dividenda, os confrontantes terão direito de vindicar "os terrenos de que se julguem despojados" (art. 572, *caput*), caso em que a ação proposta contra os condôminos ou os quinhoeiros observará os mesmos procedimentos traçados para a ação divisória simples (o art. 572, § 2º, repete, para as ações cumuladas, a mesma norma editada para a divisão simples pelo art. 594 e parágrafos).

JURISPRUDÊNCIA SELECIONADA

1. Embargos de terceiro: "O artigo 948 do Código de Processo Civil [art. 572 do CPC/2015] refere como terceiros os confinantes que não foram partes na ação. Todavia, mesmo tendo tido curso *inter alios* a ação, terceiro e também aquele que teve os limites e rumos de suas terras definidos na sentença transitada em julgado, e as teve invadidas nos trabalhos de campo. Trata-se, na hipótese de situação jurídica resultante da sentença, que confere ao confinante a qualidade de terceiro, podendo opor embargos de terceiros para defender direito próprio" (STF, RE 108.044, Rel. Min. Carlos Madeira, 2ª Turma, jul. 20.05.1986, *DJ* 20.06.1986).

2. Citação da mulher. "Para a ação demarcatória deve, também, ser citada a mulher do promovido. Não tendo sido citada, não foi ela parte naquela ação. Em consequência, em defesa de sua meação, pode postular ação incidental de embargos de terceiro, tanto na pendência do processo de conhecimento, como no de execução, não constituindo, neste caso, a *res judicata* óbice à manifestação do recurso" (TJMG, Ap. 65.944, Rel. Des. Paulo Gonçalves, 4ª Câmara, jul. 13.12.1984, *RTJE* 36/200).

3. Ação demarcatória. Falta de citação dos condôminos. Ausência de pressuposto de desenvolvimento válido e regular do processo. "A ação demarcatória pode ser proposta por qualquer condômino, devendo ser citados todos os demais coproprietários como litisconsortes ativos necessários, sob pena de ausência de pressuposto de desenvolvimento válido e regular do processo" (TJMG, AC 2.0000.00.390493-8/0-1 Rel.ª Des.ª Teresa Cristina da Cunha Peixoto, jul. 26.05.2004 *DJe* 07.08.2004).

4. Confinantes da linha demarcanda. "Em sede de ação demarcatória parcial, faz-se necessária apenas a citação dos confinantes da linha demarcanda e não de todos os confinantes do imóvel, não havendo que se decretar a nulidade do feito apenas pelo fato de não ter havido citação dos demais vizinhos do imóvel, quando estes sequer têm interesse na resolução do litígio" (TJMG, AC 10689020002317001, Rel. Des. Renato Martins Jacob, jul. 09.08.2007, *DJe* 27.08.2007).

Art. 573. Tratando-se de imóvel georreferenciado, com averbação no registro de imóveis, pode o juiz dispensar a realização de prova pericial.

BREVES COMENTÁRIOS

A partir da Lei nº 10.267/2001, que alterou a Lei dos Registros Públicos (Lei nº 6.015/1973), o georreferenciamento tornou-se obrigatório para efetivação de registro de desmembramentos, parcelamentos, remembramentos e transferências de imóveis rurais (art. 176, §§ 3º e 4º). A Lei nº 13.838/2019, entretanto, alterou a redação do art. 176 da Lei dos Registros Públicos, acrescentando o § 13 para dispensar a anuência dos confrontantes na averbação do georreferenciamento de imóvel rural, que era um grande complicador na sistemática primitiva da ação.

É por causa da existência de documento público com elementos suficientes para a exata e técnica identificação dos limites da propriedade rural que se torna dispensável a realização de perícia judicial, nas causas em que estes sejam discutidos. Acontece, porém, que a exigência legal é recente e existem inúmeros registros que, antes dela, se aperfeiçoaram sem o georreferenciamento. Além disso, mesmo existindo ele, pode o conflito surgir por divergência de títulos dos confinantes, tornando, muitas vezes, insuficiente o georreferenciamento para o deslinde da disputa. Portanto, em situações da espécie, somente a prova técnica judicial será o caminho útil para a composição do litígio. É de se pensar também no caso em que os marcos referidos no georreferenciamento tenham desaparecido, o que reclamaria trabalho técnico para aviventá-los ou reconstituí-los. Assim, nem sempre o fato de se tratar de imóvel georreferenciado afastará a necessidade de perícia judicial em ação demarcatória.

AÇÃO DE DIVISÃO E DEMARCAÇÃO DISPOSIÇÕES GERAIS: INDICAÇÃO DOUTRINÁRIA

Antônio Carlos Marcato, *Procedimentos especiais*. 16. ed., São Paulo: Atlas, 2016; Cássio Scarpinella Bueno, *Manual de direito processual civil*, São Paulo: Saraiva, 2015; Daniel Amorim Assumpção Neves, *Manual de direito processo civil*, São Paulo: Método, 2015; Fredie Didier Jr., *Curso de direito processual civil*, 17. ed., Salvador: JusPodivm, 2015, v. I; Guilherme Rizzo Amaral, *Comentários às alterações do novo CPC*, São Paulo: Revista dos Tribunais, 2015; Humberto Theodoro Jr., In: Teresa Arruda Alvim Wambier, Fredie Didier Jr., Eduardo Talamini, Bruno Dantas, *Breves comentários ao novo Código de Processo Civil*, São Paulo: Revista dos Tribunais, 2015; Humberto Theodoro Júnior, *Curso de direito processual civil*, 54. ed, Rio de Janeiro: Forense, 2020, v. II; Humberto Theodoro Júnior, Fernanda Alvim Ribeiro de Oliveira, Ester Camila Gomes Norato Rezende (coord.), *Primeiras lições sobre o novo direito processual civil brasileiro*, Rio de Janeiro: Forense, 2015; Humberto Theodoro Júnior, *Terras particulares: demarcação, divisão, tapumes*. 6. ed., São Paulo: Saraiva, 2018; J. E. Carreira Alvim, *Comentários ao novo Código de Processo Civil*, Curitiba: Juruá, 2015; João Paulo Hecker da Silva, Efeitos secundários da sentença demarcatória, In: Ana Cândida Menezes Marcato et al. (orgs.), *Reflexões sobre o Código de Processo Civil de 2015*: uma contribuição dos membros do Centro de Estudos Avançados de Processo – Ceapro, São Paulo: Verbatim, 2018, p. 411 e ss.; José Miguel Garcia Medina, *Novo Código de Processo Civil comentado*, São Paulo: Revista dos Tribunais, 2015; Leonardo Greco, *Instituições de processo civil*: introdução ao direito processual civil, 5. ed., Rio de Janeiro: Forense, 2015; Luis Antônio Giampaulo Sarro, *Novo Código de Processo Civil*, São Paulo: Rideel, 2015; Luiz Guilherme Marinoni, Sérgio Cruz Arenhart, Daniel Mitidiero, *Curso de processo civil*, São Paulo: Revista dos Tribunais, 2015, v. I; Nelson Nery Junior, Rosa Maria de Andrade Nery, *Comentários ao Código de Processo Civil*, São Paulo: Revista dos Tribunais, 2015; Ricardo Alexandre da Silva, Eduardo Lamy, In: Sérgio Cruz Arenhart e Daniel Mitidiero (coord.), *Comentários ao Código de Processo Civil*, 2. ed., São Paulo: RT, 2018, v. 9; Teresa Arruda Alvim Wambier, Fredie Didier Jr., Eduardo Talamini, Bruno Dantas (coord.), *Breves comentários ao novo Código de Processo Civil*, São Paulo: Revista dos Tribunais, 2015; Teresa Arruda Alvim Wambier, Maria Lúcia Lins Conceição, Leonardo Ferres da Silva Ribeiro, Rogério Licastro Torres de Melo, *Primeiros comentários ao novo Código de Processo Civil*, São Paulo: Revista dos Tribunais, 2015.

Seção II
Da Demarcação

Art. 574. Na petição inicial, instruída com os títulos da propriedade, designar-se-á o imóvel pela situação e pela denominação, descrever-se-ão os limites por constituir, aviventar ou renovar e nomear-se-ão todos os confinantes da linha demarcanda.

CPC/1973

Art. 950.

REFERÊNCIA LEGISLATIVA

CC, arts. 1.297 e 1.298; CPC/2015, arts. 89 (honorários de advogado), 292, IV (valor da causa), 319 a 320 (requisitos da inicial), e 569, I (cabimento da demarcatória).

BREVES COMENTÁRIOS

São requisitos essenciais da petição inicial da demarcatória, em primeiro lugar, o título de domínio do autor, e, em segundo lugar, a descrição da linha de limite que ele pretende fazer prevalecer contra o confinante.

Sem identificar a linha pleiteada não é possível o contraditório com o réu, nem o juiz teria condições de identificar o objeto do processo, para efeito do julgamento da causa. Não se exige, porém, uma descrição minuciosa, tal como a que é feita por agrimensor. Basta que seja identificada por aproximação.

JURISPRUDÊNCIA SELECIONADA

1. Petição inicial. Requisitos. "Deve a petição inicial ser instruída com os títulos de propriedade – CPC, art. 950 [art. 574 do CPC/2015] –, sendo lícito ao magistrado, se entender incomprovado o domínio, extinguir o processo em julgamento antecipado. Todavia, quando já assegurado plenamente o contraditório na fase postulacional, não será caso de conhecer aos autores mais um novo ensejo para a comprovação de sua legitimidade para a causa" (STJ, REsp 2.637/PR, Rel. Min. Athos Carneiro, 4ª Turma, jul. 14.08.1990, *DJ* 10.09.1990).

2. Individuação prévia. "Falta de individuação da área reivindicanda, a qual restou imprecisa, malgrado realizada prova pericial. Imprescindibilidade de prévia demarcação do objeto para exercício da pretensão petitória" (STJ, REsp 22.793-1/MS, Rel. Min. Bueno de Souza, 4ª Turma, jul. 25.09.1995). **Todavia**, "Não há cogitar de inépcia da inicial por ausência de descrição da linha demarcada, quando dos elementos trazidos aos autos infere-se exatamente o local da confusão entre os limites das propriedades confrontantes, restando clara a localização da linha que pretende o autor ver fixada" (TAMG, Ap. 377.527-1, Rel. Juiz Dídimo Inocêncio de Paula, 6ª Câmara Cível, jul. 13.03.2003).

3. Legitimidade. Ver jurisprudência do art. 569 do CPC/2015.

4. Redução da área demarcada. "Havendo a expressa menção da área a ser dividida e demarcada, a posterior pretensão de redução pelo autor **não configura modificação do pedido**, apenas uma adequação, que não torna imprescindível a anuência do réu. Os requisitos exigidos pelo artigo 950 do Código de Processo Civil [art. 574 do CPC/2015] não podem constituir-se em obstáculos que impeçam a manifestação do seu direito subjetivo, posto que tal requisito pode ser de extrema dificuldade para ser alcançado, não sendo o caso de se extinguir o processo sem julgamento do mérito pela falta de descrição dos exatos limites do imóvel" (TAMG, Ap. 376617-6, Rel. Min. William Silvestrini, 7ª Câmara Cível, jul. 27.03.2003).

5. Terras indígenas. "Conforme o previsto no art. 231 da Constituição Federal, compete à União a demarcação das terras tradicionalmente ocupadas pelos índios, em caráter originário e permanente" (STJ, MS 4.816/DF, Rel.ª Min.ª Laurita Vaz, 1ª Seção, jul. 10.10.2001, *DJU* 29.10.2001).

6. Ausência de propriedade. Sesmaria. "Na ação demarcatória, é absoluta a necessidade de prova documental do Registro de Imóveis de propriedade da área pelos promoventes. Alegação de direito que remonta à Carta de Sesmaria insuficiente à configuração de propriedade por parte dos antecessores dos promoventes, que receberam hereditariamente direitos da mesma natureza, isto é, sem a qualificação de propriedade. O afastamento de carência da ação, pelo C. Supremo Tribunal Federal na anterior competência, por aquisição decorrente de direito hereditário, não significa reconhecimento de direito de propriedade, visto que os direitos transmitidos *causa mortis* conservam a mesma natureza dos direitos anteriores, ligados à Carta de Sesmaria, sem a conotação de direito de propriedade. Não caracterização de direito de propriedade no Acórdão recorrido, devido à análise da prova, que afasta a possibilidade de conhecimento da questão fática (Súmula 7/STJ)" (STJ, REsp 926.755/MG, Rel. Min. Sidnei Beneti, 3ª Turma, jul. 12.05.2009, *DJe* 04.08.2009).

7. Demarcação de terrenos de marinha. Intimação pessoal. "Ofende as garantias do contraditório e da ampla defesa o convite aos interessados, por meio de edital, para subsidiar a Administração na demarcação da posição das linhas do preamar médio do ano de 1831, uma vez que o cumprimento do devido processo legal pressupõe a intimação pessoal" (STF, ADI 4.264 MC, Rel. Min. Ricardo Lewandowski, Tribunal Pleno, jul. 16.03.2011, *DJe* 30.05.2011).

Art. 575. Qualquer condômino é parte legítima para promover a demarcação do imóvel comum, requerendo a intimação dos demais para, querendo, intervir no processo.

CPC/1973

Art. 952.

REFERÊNCIA LEGISLATIVA

CPC/2015, arts. 113 a 118 (litisconsórcio).

BREVES COMENTÁRIOS

Se o imóvel a demarcar pertence a um condomínio, não é necessário que a ação seja proposta por todos os comunheiros em litisconsórcio ativo. Cada condômino tem legitimidade para promovê-la isoladamente. Mas terá, após o ajuizamento da causa, de citar todos os demais comunheiros para integrar a relação processual.

JURISPRUDÊNCIA SELECIONADA

1. Demarcatória parcial. Litisconsórcio apenas com os vizinhos lindeiros. "Nas demarcatórias parciais, há o litisconsórcio passivo necessário entre o demandante e os vizinhos lindeiros da área específica cuja demarcação é pretendida. Todavia, tratamento diverso se dá aos demais confinantes do imóvel de propriedade do autor da demarcatória cuja área não era objeto de demarcação, pois, quanto a estes, não há litisconsórcio passivo necessário, apenas facultativo. Não se configura a hipótese de nulidade decorrente da não citação de litisconsorte necessário se o confinante que foi regularmente citado não tem legitimidade para arguir a nulidade por ausência de participação dos proprietários das áreas contíguas àquela objeto da demarcatória, em virtude da ausência de prejuízo que lhe teria sido causado e da não demonstração de qual benefício teria com o reconhecimento do alegado vício" (STJ, REsp 1599403/MT, Rel. Min. João Otávio de Noronha, 3ª Turma, jul. 23.06.2016, *DJe* 01.07.2016).

"Em se tratando de ação demarcatória parcial, somente existe litisconsórcio passivo necessário em relação aos proprietários dos imóveis confrontantes da linha demarcanda, tendo em vista que somente estes possuem interesse no resultado da demanda" (STJ, AgInt no AREsp 1014928/RJ, Rel. Min. Raul Araújo, 4ª Turma, jul. 17.08.2017, *DJe* 11.09.2017).

2. Citação:

Litisconsórcio necessário. "Ação demarcatória. Citação. Litisconsórcio. Ausência de citação dos litisconsortes necessários. Sentença nula" (TAMG, 2ª Câmara Cível, Ap. 365.378-7, Rel. Juiz Ediwal José de Morais, ac. 12.11.2002).

Inclusão de todos os condôminos. Concessão de prazo para emenda da inicial. "Ao teor do art. 952, do Código de Processo Civil [art. 575 do CPC/2015], 'qualquer condômino é parte legítima para promover a demarcação do imóvel comum, citando-se os demais como litisconsortes'. Assim, se o imóvel objeto do pedido de demarcação se consubstanciar em um condomínio, todos os condôminos deverão ser citados, como litisconsortes ativos necessários, nos termos do art. 47, do Código de Processo Civil [art. 114 do CPC/2015], sob pena de invalidade do desenvolvimento regular do processo" (TJMG, Ap. Civ. 1.0710.02.002221-0/001, Rel. Des. Cláudia Maia, 13ª Câm. Cív. jul. 30.09.2010, *DJe* 12.11.2010).

"Ação demarcatória Assistente litisconsorcial. Citação. Proprietário de imóvel confinante. Na ação demarcatória, é indispensável **a citação do proprietário de imóvel confinante ao do autor**, sob pena de ineficácia da sentença. Havendo mudança na situação jurídica, o adquirente não poderá ingressar em juízo para ocupar a posição de parte que toca ao transmitente, a não ser que o outro litigante consinta; no entanto, terá sempre assegurado o direito de intervir no processo, para assistir o transmitente, nos moldes do art. 50 do CPC [art. 119 do CPC/2015]" (TAMG, 3ª Câmara Cível, AI 359.514-6, Rel. Juiz Edilson Fernandes, ac. 29.02.2002).

3. Requisitos da petição inicial. Ver jurisprudência do art. 574 do CPC/2015.

Art. 576. A citação dos réus será feita por correio, observado o disposto no art. 247.

Parágrafo único. Será publicado edital, nos termos do inciso III do art. 259.

CPC/1973

Art. 953.

REFERÊNCIA LEGISLATIVA

CPC/2015, arts. 256 a 258 (citação por edital).

BREVES COMENTÁRIOS

Na ação demarcatória, segundo o regime do Código de 1973, os réus que não residissem na comarca de situação do imóvel seriam citados por edital, e os que lá tivessem residência, receberiam citação pessoal (art. 953). O sistema era criticado, por adotar uma forma ficta de integração do sujeito passivo da relação processual, em caso de parte certa e de domicílio conhecido. Justificava-se com a celeridade e economia processuais, quando, não raro, o emprego da carta precatória representava providência mais pronta e econômica do que a citação editalícia, além de ser aquela mais consentânea com a garantia efetiva do contraditório e ampla defesa.

O atual Código, atentando para essa censura, adotou outro meio citatório, determinando que a *in jus vocatio*, sempre que possível, será pessoal, observada, porém, a forma postal, sejam os réus domiciliados na comarca ou não (art. 576).

Naturalmente, o edital será inevitável quando o proprietário do prédio confinante for desconhecido ou ignorado for o seu paradeiro (art. 576, parágrafo único).

JURISPRUDÊNCIA SELECIONADA

1. Citação por edital. "Segundo o acórdão local, 'na ação de divisão, estando o **réu em lugar não sabido, ou de difícil acesso**, cabe a citação editalícia, a teor do art. 953 do CPC [art. 574 do CPC/2015]'" (STJ, AgRg no Ag 72.487/MS, Rel. Min. Nilson Naves, 3ª Turma, jul. 06.08.1996, *DJ* 16.09.1996).

2. Citação da mulher. "Para a ação demarcatória deve, também, ser citada a mulher do promovido. Não tendo sido citada, não foi ela parte naquela ação. Em consequência, em defesa de sua meação, pode postular ação incidental de embargos de terceiro, tanto na pendência do processo de conhecimento, como no de execução, não constituindo, neste caso, a *res judicata* óbice à manifestação de recurso" (TJMG, Ap. 65.944, Rel. Des. Paulo Gonçalves, 4ª Câmara, jul. 1312.1984, *RF* 292/278).

Art. 577. Feitas as citações, terão os réus o prazo comum de 15 (quinze) dias para contestar.

CPC/1973

Art. 954.

REFERÊNCIA LEGISLATIVA

CPC/2015, arts. 335 a 342 (resposta do réu).

BREVES COMENTÁRIOS

Ainda que ocorra litisconsórcio passivo, o prazo de contestação será de quinze dias e fluirá em comum (art. 577). Reduziu-se, portanto, o prazo de defesa, que no Código de 1973 era de vinte dias. Em se tratando de prazo comum, definido em procedimento especial, não haverá duplicação, mesmo quando os litisconsortes estiverem representados por advogados diferentes, começando a contagem a partir do aperfeiçoamento da última citação (art. 231, § 1º).

Art. 578. Após o prazo de resposta do réu, observar-se-á o procedimento comum.

CPC/1973

Art. 955.

REFERÊNCIA LEGISLATIVA

CPC/2015, arts. 319 a 512 (procedimento comum).

BREVES COMENTÁRIOS

O art. 578 do CPC/2015 prevê que, após o prazo de resposta, "observar-se-á o procedimento comum". O Código de 1973 mandava seguir o "procedimento ordinário", excluindo, assim, a aplicabilidade do "procedimento sumário" ao juízo divisório. Essa distinção tornou-se irrelevante, uma vez que, para o Código atual, só há um procedimento geral (não especial), que é o comum, abolido que foi o sumário.

Art. 579. Antes de proferir a sentença, o juiz nomeará um ou mais peritos para levantar o traçado da linha demarcanda.

CPC/1973

Art. 956.

REFERÊNCIA LEGISLATIVA

CPC/2015, art. 581 (sentença).

BREVES COMENTÁRIOS

A perícia é sempre obrigatória, ainda que não tenha sido contestada a ação demarcatória. A perícia, nas ações de demarcação, não é perícia comum, mas sim um trabalho técnico subordinado a requisitos especiais tanto da parte dos louvados como do conteúdo do laudo. Não se pode definir a linha demarcanda a não ser com base em perícia que observe as exigências dos arts. 579 e 580 do CPC.

O Código anterior previa a participação de três peritos na instrução da ação de demarcação: dois arbitradores e um agrimensor. O atual não determina a formação de um trio pericial obrigatório, já que dispõe que "o juiz nomeará um ou mais peritos". As circunstâncias do caso concreto é que determinarão a conveniência ou a necessidade de se contar com mais de um perito, com aptidões técnicas diferenciadas, para se chegar ao levantamento do traçado da linha demarcanda. Embora a lei tenha autorizado a perícia de um só técnico, ao tratar da segunda fase do procedimento, há a previsão de funções distintas a serem desempenhadas por agrimensor e por arbitradores. Destarte, embora a perícia tríplice tenha sido abolida, em regra, deverão funcionar um agrimensor e um arbitrador, sendo excepcional a hipótese de um só técnico cumular as duas funções.

JURISPRUDÊNCIA SELECIONADA

1. Prova pericial. Imposição legal. "No âmbito da Ação Demarcatória, cumpre ao juiz, havendo ou não contestação, antes de proferir a decisão de mérito, determinar a produção da prova pericial destinada a promover o levantamento da linha demarcatória, tornando conhecidos os limites do imóvel disputado, sendo nulo o julgamento realizado com omissão de tal formalidade" (TJMG, Apelação Cível 1.0713.06.062513-2/001, Rel. Des. Sebastião Pereira de Souza, 16ª Câmara Cível, jul. 20.08.2008, *DJ* 05.09.2008).

"O Magistrado não está adstrito à prova pericial, conforme exegese do art. 436 do CPC [art. 479 do CPC/2015]. Entretanto, tratando-se de ação demarcatória, em que a nomeação de um agrimensor é imposição legal (art. 956 do CPC) [art. 579 do CPC/2015], a perícia produzida pelo *expert* possui relevante importância ao deslinde da causa" (STJ, REsp 790.206/ES, Rel. Min. Honildo Amaral de Mello Castro, 4ª Turma, jul. 04.02.2010, *DJe* 12.04.2010).

Art. 580. Concluídos os estudos, os peritos apresentarão minucioso laudo sobre o traçado da linha demarcanda, considerando os títulos, os marcos, os rumos, a fama da vizinhança, as informações de antigos moradores do lugar e outros elementos que coligirem.

CPC/1973

Art. 957.

BREVES COMENTÁRIOS

As características do laudo pericial, definidas pelo art. 580 do CPC/2015, são as mesmas previstas no Código anterior: o laudo deverá ser minucioso "sobre o traçado da linha demarcanda, considerando os títulos, os marcos, os rumos, a fama da vizinhança, as informações de antigos moradores do lugar e outros elementos que [os peritos] coligirem". A perícia especial, in casu, não cumpre sua finalidade específica se não produzir um levantamento adequado da linha demarcanda, dentro das técnicas de agrimensura.

JURISPRUDÊNCIA SELECIONADA

1. Nulidade. "Se as providências que alguns dos litigantes requereram, à oportunidade que lhes enseja o art. 957 do CPC [art. 580 do CPC/2015], não foram examinadas, anula-se o processo desde então, para que o sejam" (TJSC, Ap. 25.596, Rel. Des. May Filho, 3ª Câmara, jul. 28.10.1986).

Art. 581. A sentença que julgar procedente o pedido determinará o traçado da linha demarcanda.

Parágrafo único. A sentença proferida na ação demarcatória determinará a restituição da área invadida, se houver, declarando o domínio ou a posse do prejudicado, ou ambos.

CPC/1973

Art. 958.

BREVES COMENTÁRIOS

A sentença que julgar procedente o pedido terá de definir a linha de acordo com os dados técnicos fornecidos pela perícia. Não é, pois, o agrimensor, nem são os arbitradores que definem a linha demarcanda. Os peritos são elementos auxiliares, fontes informativas do juízo. Fornecem eles os dados técnicos de que o juiz necessita para dirimir a questão a respeito da linha de divisa dos imóveis dos litigantes. É função do juiz proferir sentença definindo a linha divisória. Contudo, cabe à perícia fornecer os dados técnicos necessários à definição adequada da linha demarcada, segundo deliberação do juiz. Daí a imprescindibilidade da perícia de agrimensura no juízo de demarcação, com os dados exigidos pelo art. 580, sob pena de não dispor o juiz dos elementos necessários para cumprir o mandamento do art. 581.

Esta sentença deve solucionar, ainda, todas as dúvidas sobre o traçado da linha demarcanda, de modo que, após seu trânsito em julgado, impossível é voltar a discutir a seu respeito. O que sobra para a fase executiva é apenas o problema da assinalação material da linha sobre o terreno, ou seja, a colocação dos marcos no solo. A ação demarcatória traz em si força reivindicatória, não havendo necessidade de cumulação de pedido especial para que essa eficácia seja alcançada, tanto que o parágrafo único do art. 581 dispõe que a sentença "determinará a restituição da área invadida, se houver". Tendo havido invasão, portanto, por meio de execução forçada para entrega de coisa certa, aquele que foi beneficiado com a solução da demarcatória obterá restituição da área injustamente detida pelo confrontante. O cumprimento da sentença observará o rito próprio da obrigação de entrega de coisa certa, na forma de imissão na posse (CPC/2015, art. 538).

JURISPRUDÊNCIA SELECIONADA

1. Livre convencimento do juiz. "Tanto no sistema do CPC de 1939 - (art. 428, parágrafo único, letra b) - quanto no regime do Código atual - art. 958 [art. 581 do CPC/2015] - a determinação do ponto de partida ou o traçado da linha demarcanda é da competência do juiz, que, à evidência, se orientará pelos trabalhos do agrimensor e demais elementos de prova, mas, diante do livre convencimento que a lei lhe assegura, não está obrigado a aceitar as conclusões a que chegar este profissional (...) estabelecido, na sentença a que se refere o art. 958, do CPC atual, ou no instante do art. 428, parágrafo único do CPC revogado, o traçado da linha demarcanda, ou o ponto de partida certo, está que não caberá, de novo, discutir esse aspecto da controvérsia, enquanto subsistente a decisão trânsita em julgado" (STF, RE 100.242/MS, Rel. Min. Néri da Silveira, 1ª Turma, jul. 06.11.1987, RTJ 125/221).

2. Perda da propriedade. Inocorrência. "A procedência do pedido formulado em ação demarcatória não implica perda da propriedade, o que inviabiliza a caracterização da evicção. – O escopo do processo demarcatório é definir as bases físicas do domínio, não tendo, a princípio, efeito declaratório de propriedade" (STJ, 3ª Turma, REsp 628.130/MG, Rel.ª Min.ª Nancy Andrighi, ac. de 24.05.2005, DJ 01.08.2005).

3. Ação rescisória de ação demarcatória. "A pretendida rescisão da segunda fase da ação demarcatória, a partir da perícia, a fim de que nova linha demarcanda fosse fixada, implicaria, automaticamente, a rescisão do acórdão da primeira fase da ação demarcatória, uma vez que a linha divisória foi estabelecida nessa ocasião" (STJ, REsp 306.588/PR, Rel. Min. Luis Felipe Salomão, 4ª Turma, jul. 10.03.2009, DJe 23.03.2009).

Art. 582. Transitada em julgado a sentença, o perito efetuará a demarcação e colocará os marcos necessários.

Parágrafo único. Todas as operações serão consignadas em planta e memorial descritivo com as referências convenientes para a identificação, em qualquer tempo, dos pontos assinalados, observada a legislação especial que dispõe sobre a identificação do imóvel rural.

CPC/1973

Art. 959.

REFERÊNCIA LEGISLATIVA

CPC/2015, art. 502 (coisa julgada).

BREVES COMENTÁRIOS

Mantém o atual Código a sistemática de seccionar o procedimento da ação demarcatória em dois estágios. No primeiro deles, vários trabalhos técnicos foram realizados, mas apenas a título de informação, para que o juiz pudesse definir em sentença o traçado da linha demarcanda. No segundo estágio, cumpre ao perito fixar, também em forma definitiva e imutável, os sinais da divisa no solo. Desta forma, a missão iniciada antes da sentença é concluída após ela, sob a forma de execução de uma tarefa complementar.

O texto atual reproduz, praticamente, o art. 959 do Código anterior com duas pequenas inovações: (i) atribui ao perito (em vez do agrimensor) a tarefa de colocar os marcos da linha demarcanda; e (ii) manda que, as operações retratadas na planta e no memorial descritivo, observem "a legislação especial sobre a identificação do imóvel rural". Tratando-se de operações técnicas próprias da agrimensura, o perito a que alude o atual Código será, necessariamente, um agrimensor, ou outro profissional a este equiparado.

JURISPRUDÊNCIA SELECIONADA

1. Sentença homologatória. Trânsito em julgado. "Transitada em julgado a sentença homologatória de laudo de demarcação, nada resta a fazer senão executar a decisão, sendo incabível a realização de nova perícia tendente a revisar a correção do mencionado laudo" (STJ, REsp 1292000/GO, Rel. Min. Nancy Andrighi, 3ª Turma, jul. 18.09.2012, *DJe* 05.12.2012).

Art. 583. As plantas serão acompanhadas das cadernetas de operações de campo e do memorial descritivo, que conterá:

I – o ponto de partida, os rumos seguidos e a aviventação dos antigos com os respectivos cálculos;

II – os acidentes encontrados, as cercas, os valos, os marcos antigos, os córregos, os rios, as lagoas e outros;

III – a indicação minuciosa dos novos marcos cravados, dos antigos aproveitados, das culturas existentes e da sua produção anual;

IV – a composição geológica dos terrenos, bem como a qualidade e a extensão dos campos, das matas e das capoeiras;

V – as vias de comunicação;

VI – as distâncias a pontos de referência, tais como rodovias federais e estaduais, ferrovias, portos, aglomerações urbanas e polos comerciais;

VII – a indicação de tudo o mais que for útil para o levantamento da linha ou para a identificação da linha já levantada.

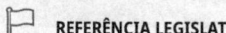

CPC/1973

Art. 962.

REFERÊNCIA LEGISLATIVA

CPC/2015, art. 582 (cadernetas de operações de campo e memorial descritivo).

BREVES COMENTÁRIOS

Os arts. 583 a 585 cuidam dos dados e cuidados técnicos que haverão de ser, obrigatoriamente, observados na demarcatória, para que a ação especial cumpra sua função específica. Sobre as plantas e o memorial descritivo, as disposições dos arts. 583 a 585 não contêm senão inovações de pouco ou nenhum significado em face do regime do estatuto processual anterior.

Art. 584. É obrigatória a colocação de marcos tanto na estação inicial, dita marco primordial, quanto nos vértices dos ângulos, salvo se algum desses últimos pontos for assinalado por acidentes naturais de difícil remoção ou destruição.

CPC/1973

Art. 963.

REFERÊNCIA LEGISLATIVA

CPC/2015, arts. 582 (marcos necessários) e 596 (audiência; partilha; demarcação dos quinhões).

Art. 585. A linha será percorrida pelos peritos, que examinarão os marcos e os rumos, consignando em relatório escrito a exatidão do memorial e da planta apresentados pelo agrimensor ou as divergências porventura encontradas.

CPC/1973

Art. 964.

Art. 586. Juntado aos autos o relatório dos peritos, o juiz determinará que as partes se manifestem sobre ele no prazo comum de 15 (quinze) dias.

Parágrafo único. Executadas as correções e as retificações que o juiz determinar, lavrar-se-á, em seguida, o auto de demarcação em que os limites demarcandos serão minuciosamente descritos de acordo com o memorial e a planta.

CPC/1973

Art. 965.

BREVES COMENTÁRIOS

Concluídos os trabalhos de campo, apresentarão os peritos o competente relatório, sobre o qual as partes terão o prazo comum de quinze dias para se manifestar (art. 586). As alegações não podem, é lógico, reabrir discussão em torno de matéria relacionada com a posse ou domínio das partes, pois tudo isso já se acha resolvido ou precluso em face da sentença que encerrou a primeira fase do procedimento demarcatório. Afirma o art. 586 do CPC/2015 que as alegações serão sobre o relatório, o que não impede que, impugnando o relatório, se chegue a criticar também a planta ou o memorial do agrimensor. Isto porque a função do relatório é justamente atestar a exatidão das peças do agrimensor.

Findas todas as diligências e solucionadas as reclamações, será lavrado o auto de demarcação, que é um termo no bojo dos autos em que serão descritos, minuciosamente, os limites demarcandos, de acordo com o memorial e a planta elaborados pelos peritos.

JURISPRUDÊNCIA SELECIONADA

1. Auto de demarcação. "Não pode o juiz determinar a lavratura do auto de demarcação, sem antes, decidir as impugnações apresentadas contra o relatório dos arbitradores" (TJMT, Ap. 10.785, Rel. Des. José Vidal, 2ª Câmara, 26.06.1984, Anais For. 67/74).

2. Memoriais. "Quando nada se acrescentar ao processo que exija a realização dos debates finais antes da sentença e tendo sido respeitado amplamente o contraditório no decorrer do feito, não há que se falar em cerceamento de defesa pela ausência de apresentação de memorial, ante a falta de demonstração de qualquer prejuízo às partes interessadas que pudesse conduzir à nulidade da sentença. Não restando demonstrada força maior impeditiva da exibição de documentos quando da instrução dos autos, devem ser desentranhados. Se o promovente alega inexistência de marcos e invasão por parte do confinante, a ação demarcatória é apropriada, em virtude de seu duplo caráter. A prova técnica, mesmo não sendo absoluta, só deve ser desconsiderada se ilidida por elementos irrefutáveis" (TAMG, Ap. 352.139-5, Rel. Juiz Alvimar de Ávila, 4ª Câmara Cível, jul. 08.05.2002).

Art. 587. Assinado o auto pelo juiz e pelos peritos, será proferida a sentença homologatória da demarcação.

CPC/1973

Art. 966.

REFERÊNCIA LEGISLATIVA

CPC/2015, art. 1.012, § 1º, I (apelação sem efeito suspensivo).

BREVES COMENTÁRIOS

O auto será redigido pelo escrivão e será encerrado pelas assinaturas do juiz e dos peritos. O auto de demarcação assim como a planta e o memorial descritivo são peças fundamentais do processo de demarcação. A ausência de qualquer delas é motivo de nulidade, por inobservância de formalidade essencial do procedimento. Mas, em se tratando de nulidade não cominada e apenas relacionada com a forma, deve ser alegada na primeira oportunidade em que a parte prejudicada se manifestar nos autos, sob pena de preclusão. Assim, se a parte não recorrer e a sentença homologatória transitar em julgado, sanada estará sua nulidade. É indispensável, entretanto, a existência nos autos de peça que possa suprir a falta de tais elementos técnicos, sem os quais não haverá lugar para a homologação de que cuida o art. 587 do CPC/2015.

A sentença que encerra essa fase tem a força de declarar, judicialmente, que a linha assentada no terreno é a que, efetivamente, corresponde aos limites dos imóveis contíguos. Destarte, não tem força preponderante nem de condenação, nem de constituição, embora se possa entrever nela alguma presença secundária de elementos constitutivos e condenatórios. Sua natureza marcante é, sem dúvida, a de declarar, a de dar certeza jurídica àquilo que já se procedeu anteriormente em presença das partes e sob a fiscalização da justiça.

É, sob outro aspecto, uma sentença homologatória, porque o seu conteúdo principal não é ditado pelo juiz no ato de decidir, mas é tomado de empréstimo ao trabalho dos peritos reproduzido e sintetizado no auto de demarcação. O conteúdo do decisório é, de tal arte, a aprovação do resultado do trabalho técnico do agrimensor. É, ainda, sentença de mérito, porque é o instrumento utilizado pelo órgão judicante para encerrar, em caráter definitivo, o conflito de interesses surgido a propósito da confusão de limites entre prédios. Faz, portanto, coisa julgada material a respeito das linhas assinaladas e homologadas, e, por isso, desafia, para desconstituição, a ação rescisória (CPC/2015, art. 966, §§ 1º a 3º), e não a simples ação anulatória (art. 966, § 4º).

JURISPRUDÊNCIA SELECIONADA

1. Sentença. "O juiz não homologa, simplesmente, o auto de demarcação. O que o juiz faz é decidir, é julgar o direito dos confinantes, em tema de extensão de extremas de propriedades, em respeito ao cumprimento do julgado que se executa. É a sentença, portanto, de mérito, de conteúdo decisório, a segunda das duas sentenças previstas no procedimento demarcatório, pondo fim à confusão de limites, razão por que tem força de coisa julgada material ou substancial. A execução, se tiver de ser forçada, far-se-á pelo processo próprio de execução de sentença, com o procedimento de entrega de coisa certa, não obstante tenha a jurisprudência tolerado o uso da imissão na posse. A execução se faz nos próprios autos, com expedição de mandado, citando o ocupante da área para desocupá-la ou apresentar embargos, tudo em 10 dias" (TJSP, no Ag. 125.931-1, Rel. Des. Flávio Pinheiro, 3ª Câmara, jul. 06.02.1990, *Adcoas*, 1990, nº 128.415).

2. Apelação sem efeito suspensivo. Ver jurisprudência do art. 1.012 do CPC/2015.

3. *Querela nullitatis*. Sentença homologatória do auto de demarcação. "Não cabe a ação do art. 486 do Código de Processo Civil [art. 966, § 4º, do CPC/2015] para anular a sentença homologatória do auto de demarcação prevista no art. 966 do Código de Processo Civil" (STJ, REsp 776.242/SC, Rel. Min. Carlos Alberto Menezes Direito, 3ª Turma, jul. 07.12.2006, *DJ* 26.02.2007).

DEMARCAÇÃO: INDICAÇÃO DOUTRINÁRIA

Afrânio de Carvalho, *Demarcação, matrícula e planta*, *RT* 665/7; Antônio Carlos Marcato, *Procedimentos especiais*. 16. ed., São Paulo: Atlas, 2016; Eulâmpio Rodrigues Filho, *Demarcatória – prazo para contestação*, *RCJ* 3/195; Hamilton de Moraes e Barros, *Comentários ao CPC*, 4ª ed., Forense, 1993, v. IX, p. 60; Humberto Theodoro Jr., *Curso de direito processual civil*, 54. ed., Rio de Janeiro: Forense, 2020, v. II, §11; Humberto Theodoro Jr., In: Teresa Arruda Alvim Wambier, Fredie Didier Jr., Eduardo Talamini, Bruno Dantas, *Breves comentários ao novo Código de Processo Civil*, São Paulo: Revista dos Tribunais, 2015; Humberto Theodoro Júnior, *Terras particulares*: demarcação, divisão, tapumes. 6. ed., São Paulo: Saraiva, 2018; Orlando Soares, *Comentários ao CPC*, Rio de Janeiro: Forense, 1992, v. III, p. 168; Ricardo Alexandre da Silva, Eduardo Lamy, In: Sérgio Cruz Arenhart e Daniel Mitidiero (coord.), *Comentários ao Código de Processo Civil*, 2. ed., São Paulo: RT, 2018, v. 9.

Seção III
Da Divisão

Art. 588. A petição inicial será instruída com os títulos de domínio do promovente e conterá:

I – a indicação da origem da comunhão e a denominação, a situação, os limites e as características do imóvel;

II – o nome, o estado civil, a profissão e a residência de todos os condôminos, especificando-se os estabelecidos no imóvel com benfeitorias e culturas;

III – as benfeitorias comuns.

CPC/1973

Art. 967.

REFERÊNCIA LEGISLATIVA

CC, arts. 1.320 a 1.322.

CPC/2015, arts. 89 (honorários de advogado), 292, IV (valor da causa), 319 e 320 (requisitos da inicial), e 569, II (cabimento).

Lei nº 5.868/1972 (institui o Sistema Nacional de Cadastro Rural), art. 8º (vedação à divisão em áreas inferiores à do módulo calculado para o imóvel).

BREVES COMENTÁRIOS

A ação de divisão é forma de extinguir-se, em juízo, o condomínio de terras de domínio privado. O art. 588 do CPC/2015 nada inovou quanto aos requisitos da petição inicial da ação de divisão, que continuam sendo os mesmos arrolados pelo Código de 1973. Pela própria índole da divisão, que é a partilha da coisa comum em porções determinadas e certas para cada um dos consortes, impõe-se esteja o imóvel comum perfeitamente discriminado antes da operação divisória.

JURISPRUDÊNCIA SELECIONADA

1. Requisitos. "De acordo com a decisão recorrida, 'Para o acolhimento da pretensão divisória, urge que faça o autor a indicação da origem da comunhão e a denominação, situação, limites e características do imóvel, consoante inteligência da norma alforriada no artigo 967, inciso I, do Código de Processo Civil [art. 588, I, do CPC/2015]'" (STJ, AgRg no Ag 208.555/GO, Rel. Min. Nilson Naves, 3ª Turma, jul. 23.08.1999, *DJ* 03.11.1999).

2. Condomínio. Separação da área pública da área privada. "Se todos os condôminos possuem apenas uma parte ideal no direito sobre a coisa comum, sem divisão excludente, conforme diretriz do art. 623 do Código Civil [sem correspondente], não há como se decotar, no imóvel de propriedade coletiva, a parte de área pública da parte de área privada. Tal desiderato, nos termos do ordenamento jurídico em vigor, apenas **pode ser alcançado através da ação de divisão** capitulada nos arts. 967 e seguintes do CPC [art. 588 do CPC/2015], não se prestando a tanto o procedimento especial da ação de usucapião. Conclusivamente, se a propriedade da área que se pretende usucapir é, em razão de condomínio *pro indiviso*, pública, não há, antes de se delimitar o quinhão devido a cada um dos condôminos, como se viabilizar o pleito de usucapião. Incidência, na espécie, do obstáculo do art. 191 da CF e da orientação da Súmula nº 340/STF" (TJDF, Ap. 19980110532358/DF, Rel. Wellington Medeiros, 3ª Turma Cível, jul. 21.06.2001, *DJDF* 21.06.2001). **Nota: o CC citado no ac. é o de 1916.**

3. Ausência de citação de condôminos. Nulidade. "O processo divisório, para o qual não são convocados todos os condôminos, padece de nulidade *pleno iure*" (STJ, REsp 13.366/MS, Rel. Min. Sálvio de Figueiredo Teixeira, 4ª Turma, jul. 30.03.1993, *DJ* 03.05.1993).

4. Promitente comprador. Ilegitimidade. "Aquele que comprometeu a adquirir porção de terra de condômino não é parte legítima na ação de divisão, restando à natureza pessoal e condicional da promessa por ele celebrada" (TAMG, Ap. 348.901-2, Rel. Juiz Edilson Fernandes, 3ª Câmara, jul. 08.05.2002, *RJTAMG* 87/117).

5. Divisão de imóvel. Desapropriação para reforma agrária. Impossibilidade. "A divisão de imóvel rural, em frações que configurem médias propriedades rurais, decorridos mais de seis meses da data da comunicação para levantamento de dados e informações, mas antes da edição do Decreto Presidencial, impede a desapropriação para fins de reforma agrária. Não incidência, na espécie, do que dispõe o parágrafo 4º do artigo 2º da Lei 8.629/93" (STF, MS 24.890, Rel.ª Min.ª Ellen Gracie, Pleno, jul. 27.11.2008, *DJe* 13.02.2009).

6. Lotes contíguos adquiridos em comunhão por pessoas diversas. "Imóveis anteriormente identificados, mas tornados em comunhão em consequência de compra por mais de um adquirente, fazem jus à ação de divisão" (STF, RE 92.557/SP, Rel. Min. Cunha Peixoto, 1ª Turma, jul. 27.05.1980).

7. Partilha. "Quem na partilha em inventário recebeu parte ideal em dois imóveis, não pode, no processo divisório, ser compelido a receber a totalidade de seu quinhão em um só imóvel, com 'transposição' da parte ideal de um imóvel para o outro. Artigos 530, IV, e 1801 do Código Civil" (STJ, REsp 3.225/MG, Rel. Min. Fontes de Alencar, 4ª Turma, jul. 07.05.1991, *DJ* 27.05.1991). **Obs.:** Havendo consenso, todavia, não há empecilho a que os condôminos deliberem a partilha na forma censurada pelo acórdão. O que não se pode tolerar é que isso se dê de forma compulsória, contra a vontade do condômino interessado.

Formal de partilha. "O formal de partilha que adjudicou os bens da herança, em condomínio 'pro indiviso' a todos os herdeiros, em partes iguais, embora não registrado é título hábil a instruir a ação de divisão ajuizada apenas entre esses herdeiros, posto constituir ele prova suficiente do domínio e da origem da comunhão (art. 946, II, CPC) [art. 569 do CPC/2015]" (STJ, REsp 48.199/MG, Rel. Min. Sálvio de Figueiredo Teixeira, 4ª Turma, jul. 30.05.1994, *DJ* 27.06.1994).

Registro de imóveis. "A propositura da ação de partilha dos bens comuns permite ao juiz determinar o registro da citação no registro de imóveis, mas não o autoriza a proibir a alienação desses bens" (STJ, REsp 75.047/PA, Rel. Min. Ruy Rosado de Aguiar, 4ª Turma, jul. 21.11.1995, *DJ* 18.03.1996).

Oposição fundada em nulidade da partilha. Impossibilidade. "A oposição à ação de divisão supõe título em nome do opoente, que exclua os títulos do autor e do réu na ação principal, não servindo para anular partilha, levada a efeito em inventário, que ignorou cessão de direitos hereditários em favor do opoente" (STJ, REsp 91.153/GO, Rel. Min. Ari Pargendler, 3ª Turma, jul. 20.06.2000, *DJ* 01.08.2000).

8. Ação de usucapião extraordinária. Fração ideal de imóveis de copropriedade dos cônjuges. Dissolução do matrimônio, sem a realização de partilha. Bens que se regem pelo instituto do condomínio. Ausência de oposição do seu ex-cônjuge e de reivindicação de qualquer dos frutos que lhe eram devidos. Lapso temporal transcorrido suficiente à aquisição da propriedade. Procedência da usucapião extraordinária. "A jurisprudência deste Tribunal Superior assenta-se no sentido de que, dissolvida a sociedade conjugal, o bem imóvel comum do casal rege-se pelas regras relativas ao condomínio, ainda que não realizada a partilha de bens, cessando o estado de mancomunhão anterior. Precedente. Nesse contexto, possui legitimidade para usucapir em nome próprio o condômino que exerça a posse por si mesmo, sem nenhuma oposição dos demais coproprietários, tendo sido preenchidos os demais requisitos legais. Precedentes. Ademais, a posse de um condômino sobre bem imóvel exercida por si mesma, com ânimo de dono, ainda que na qualidade de possuidor indireto, sem nenhuma oposição dos demais coproprietários, nem reivindicação dos frutos e direitos que lhes são inerentes, confere à posse o caráter de *ad usucapionem*, a legitimar a procedência da usucapião em face dos demais condôminos que resignaram do seu direito sobre o bem, desde que preenchidos os demais requisitos legais" (STJ, REsp 1.840.561/SP, Rel. Min Marco Aurélio Bellizze, 3ª Turma, jul. 03.05.2022, *DJe* 17.05.2022).

Art. 589. Feitas as citações como preceitua o art. 576, prosseguir-se-á na forma dos arts. 577 e 578.

CPC/1973

Art. 968.

BREVES COMENTÁRIOS

Tal como em relação à ação demarcatória, o atual Código inovou, em seu art. 576, o regime citatório, não mais admitindo (como ocorria no sistema do CPC de 1973) que os réus domiciliados fora da comarca sejam citados por edital. Igual procedimento deve ser aplicado também à ação de divisão (art. 589). Assim, todos os condôminos demandados serão citados pelo correio, sejam residentes ou não na comarca de situação do imóvel. Somente os desconhecidos ou de paradeiro ignorado é que se sujeitarão à citação editalícia. Por se tratar de ação real imobiliária, a citação deve, no caso de condôminos casados, abranger ambos os cônjuges, salvo se o regime matrimonial for o da separação absoluta de bens (CPC, art. 73, §1º, I).

Quanto ao prazo de contestação, assinalado na citação da ação divisória, prevê o CPC/2015 (art. 589) que se deverá observar o disposto, acerca da demarcatória, no art. 577, ou seja, o prazo de resposta é de quinze dias, e não mais de vinte dias, como acontecia sob a regência do CPC de 1973, sem dobra no caso de litisconsórcio (v. comentários ao art. 577 do CPC/2015).

JURISPRUDÊNCIA SELECIONADA

1. Réu em local incerto. Citação por edital. "Na ação divisória, encontrando-se o réu em local incerto, consoante assentado pelas instâncias ordinárias, com base nos elementos de prova carreados aos autos, não padece de invalidade a implementada citação por edital" (STJ, AgRg no Ag 63.460/MS, Rel. Min. Sálvio de Figueiredo Teixeira, 4ª Turma, jul. 20.06.1995, *DJ* 21.08.1995).

2. Aplicação. "O art. 968 [art. 589 do CPC/2015] diz ser aplicável às divisões os arts. 954 e 955 [arts. 577 e 578 do CPC/2015] e não o art. 956 [art. 579 do CPC/2015], que apenas incide nas divisórias na medida em que for pertinente a estas. Aliás até, na demarcatória, a aplicação do art. 956 comporta mitigação, quando, por exemplo, ocorrer uma das hipóteses da extinção do processo do art. 267" [art. 485 do CPC/2015] (TJSP, MS 51.114-1, Rel. Des. Oliveira Lima, 8ª Câmara, jul. 07.11.1984, *RJTJSP* 92/347).

3. Extinção do condomínio. Usucapião. "É de excluir da ação de divisão a área ocupada pelo condômino e por seu antecessor, mansa e pacificamente, com ânimo de dono, há mais de vinte anos, pois essa posse adquire a força de usucapião, extinguindo o condomínio, bastando que se alegue e se prove a nova posse" (TJMG, Ap. 75.131/1, Rel. Des. Bady Curi, 1ª Câmara, jul. 08.03.1988; *Jurisp. Min.* 101/201).

4. Fases da ação de divisão. "Na ação de divisão há duas decisões de mérito, a primeira, examinando a viabilidade da divisória, a segunda, homologando a divisão propriamente dita" (STJ, REsp 165.782/PR, Rel. Min. Waldemar Zveiter, 3ª Turma, jul. 24.05.1999, *DJ* 27.11.2000).

Sentença proferida na primeira fase. Trânsito em julgado. "Transitando em julgado a sentença de procedência, proferida ao término da primeira fase da ação divisória – quando examinada e afastada a questão relativa à validade dos títulos dos autores –, descabe reapreciar, no julgamento da apelação interposta da sentença homologatória proferida já na segunda fase do processo, o tema da nulidade dos atos de transmissão 'inter vivos' e 'causa mortis' para, com base nisso, decretar o extinção do processo, por impossibilidade jurídica do pedido" (STJ, REsp 78.788/MG, Rel. Min. Ruy Rosado de Aguiar, 4ª Turma, jul. 13.02.1996, *DJ* 08.04.1996). **Obs.:** Na ação de divisão, ao contrário da partilha hereditária, não há remessa das questões de alta indagação para as vias ordinárias. Todas as questões pertinentes aos direitos substanciais disputados pelos condôminos devem ser resolvidas no curso da ação divisória, por mais complexas que sejam (RTJ 90/1.094).

5. Julgamento antecipado da lide. "Nela cabe o julgamento antecipado, nos termos do art. 330 do CPC [art. 355 do CPC/2015]. Os quinhões dos condôminos devem ser localizados de preferência nas glebas em que eles tenham as suas residências e benfeitorias, assinaladas em laudo pericial. Preliminar de nulidade rejeitada" (TJRS, AP 36.988, Rel. Niro Teixeira de Souza, 4ª Câmara Cível, jul. 01.04.1981).

Art. 590. O juiz nomeará um ou mais peritos para promover a medição do imóvel e as operações de divisão, observada a legislação especial que dispõe sobre a identificação do imóvel rural.

Parágrafo único. O perito deverá indicar as vias de comunicação existentes, as construções e as benfeitorias, com a indicação dos seus valores e dos respectivos proprietários e ocupantes, as águas principais que banham o imóvel e quaisquer outras informações que possam concorrer para facilitar a partilha.

CPC/1973

Art. 969.

BREVES COMENTÁRIOS

O juízo divisório é um procedimento eminentemente técnico. As formalidades que a lei traça para as perícias e os trabalhos finais de fixação de linhas e quinhões devem ser rigorosamente cumpridas, porque integram a essência do procedimento e representam o penhor de que seu objetivo será fielmente atingido.

O atual Código manteve o regime de duas fases da ação de divisão – a contenciosa e a executiva. Na fase executiva, realizam-se operações técnicas e operações jurídicas: as primeiras ficam a cargo dos peritos (agrimensor e arbitradores) e as últimas a cargo do juiz.

O Código revogado estipulava a necessidade de a perícia ser realizada por três peritos, mas, atualmente, o juiz nomeará "um ou mais peritos", de acordo com a conveniência do caso concreto. O parágrafo único do art. 590 aponta os dados a serem levantados na medição, identificação e divisão do imóvel comum, evitando o excessivo detalhamento constante da legislação de 1973.

JURISPRUDÊNCIA SELECIONADA

1. Trabalhos de divisão. "Os trabalhos de divisão, propriamente dita, deverão começar depois de encerrada a primeira fase do procedimento, contenciosa, em que o juiz, verificando a existência da comunhão e os direitos dos condôminos, decide sobre o domínio, se contestado, ordenando se proceda à retalhadura do imóvel" (TJSP, MS 51.114-1, Rel. Des. Oliveira Lima, 8ª Câmara, jul. 07.11.1984, *RT* 593/84).

2. Despesas. "Sendo a segunda fase da ação divisória a execução de atos materiais para situar o quinhão de cada condômino na terra e mudar a realidade fática do bem, todos os condôminos são interessados na realização desses atos devendo, a teor do art. 25 do CPC [art. 89 do CPC/2015], contribuírem ou anteciparem as despesas decorrentes na proporção do respectivo quinhão" (TAMG, AI 341.083-5, Rel. Juiz Antônio Carlos Cruvinel, 7ª Câmara, jul. 28.06.2001, *DJMG* 10.11.2001).

3. Ação de extinção do condomínio. Continência. "Evidente a continência da ação de extinção de condomínio de parcela da área comum na ação de divisão da totalidade da área. Se individuado o imóvel dividendo, inexistindo conflitos com os confrontantes, desnecessária a prévia demarcação formal das terras, que poderá ser procedida na segunda fase, na forma do art. 969 do Código de Processo Civil" (TAMG, Ap. 348.901-2, Rel. Juiz Edilson Fernandes, 3ª Câmara, jul. 08.05.2002, *RJTAMG* 87/117).

4. Vedação do parcelamento de solo urbano. "A vedação do parcelamento de solo urbano contida no art. 3º, inciso I, da Lei nº 6.766/79, é condicional, e **não impede a divisão do condomínio**. A desvalorização de parte das terras, por conterem área *non aedificandi* não impede a divisão, devendo o fato ser levado em conta apenas no momento da elaboração do plano de divisão" (TAMG, Ap. 348.901-2, Rel. Juiz Edilson Fernandes, 3ª Câmara, jul. 08.05.2002, *RJTAMG* 87/117).

5. Indicação de assistentes-técnicos. Segunda fase. "Nos moldes do art. 421, par. 1º, inciso I, do CPC [art. 465, § 1º, II, do CPC/2015], é permitido às partes indicar assistentes-técnicos ao agrimensor e aos arbitradores" (STJ, REsp 38.026/SP, Rel. Min. Barros Monteiro, 4ª Turma, jul. 25.10.1993, *DJ* 06.12.1993).

Art. 591. Todos os condôminos serão intimados a apresentar, dentro de 10 (dez) dias, os seus títulos, se ainda não o tiverem feito, e a formular os seus pedidos sobre a constituição dos quinhões.

CPC/1973

Art. 970.

BREVES COMENTÁRIOS

A regra do art. 591 do CPC/2015 aplica-se depois da sentença da primeira fase do procedimento divisório, isto é, depois que o pedido de divisão é julgado procedente, com trânsito em julgado. Os condôminos, então, são chamados a apresentar seus títulos dominiais, se ainda não o fizeram, bem como a formular seus pedidos sobre a "constituição dos quinhões".

O prazo de dez dias é comum a todos os condôminos. A falta de manifestação do consorte no prazo do art. 591 não é preclusiva quanto à apresentação posterior do título, nem impede que os peritos levem em consideração sua preferência legal na formação dos quinhões. A falta é suprível enquanto não elaborado o plano de partilha.

Art. 592. O juiz ouvirá as partes no prazo comum de 15 (quinze) dias.

§ 1º Não havendo impugnação, o juiz determinará a divisão geodésica do imóvel.

§ 2º Havendo impugnação, o juiz proferirá, no prazo de 10 (dez) dias, decisão sobre os pedidos e os títulos que devam ser atendidos na formação dos quinhões.

CPC/1973

Art. 971.

BREVES COMENTÁRIOS

Havendo pedido de qualquer condômino, qualquer que seja o seu teor, o juiz ordenará a abertura de novo prazo, agora de quinze dias, para que sobre ele se manifestem os demais consortes. Esse prazo também é comum a todos os litigantes. Se ninguém se manifestar, o juiz ordenará, por despacho, o início da divisão geodésica, cabendo aos peritos levar em consideração os títulos existentes e os pedidos de quinhão formulados.

Havendo impugnação a algum título ou algum pedido de quinhão, o juiz terá de proferir decisão em dez dias. Essa solução dos problemas surgidos nessa fase do procedimento preparatório da divisão corresponde ao início da atividade apelidada de deliberação da partilha, que se concluirá após a discussão do laudo pericial de que se cogita o art. 595.

JURISPRUDÊNCIA SELECIONADA

1. Manifestação das partes. "Diante do que dispõe o art. 971 do CPC [art. 592 do CPC/2015], deve o juiz ouvir as partes sobre as manifestações previstas no art. 970 do mesmo Código [art. 591 do CPC/2015], antes de determinar a divisão geodésica ou decidir sobre os pedidos e os títulos que devam ser atendidos na formação dos quinhões" (TJRS, Ap. 583.052.543, Rel. Des. Elias Elmyr Manssour, 1ª Câmara, 07.10.1986, *RJTJRS* 121/352).

2. Encerramento da primeira fase. Discussão de matéria relativa a domínio. Impossibilidade. "Encerrada, por sentença irrecorrida, a primeira fase da divisória (contenciosa), não mais se mostra admissível, já na segunda (executiva), reabrir-se a discussão de matéria relativa à existência e extensão de domínio sobre o imóvel comum. Havendo superposição aparente de domínio, **aos terceiros, que se julgarem legítimos detentores de propriedade de parte do terreno dividendo, cabe defendê-la na via própria**, mormente quando determinada, por decisão irrecorrida, a exclusão e desentranhamento de seus títulos dos autos da ação de divisão" (STJ, REsp 13.420/GO, Rel. Min. Sálvio de Figueiredo Teixeira, 4ª Turma, jul. 27.10.1992, *DJ* 30.11.1992).

3. Decisão de deliberação de partilha. Matéria de alta indagação. "Impossibilidade de se aplicar a juízo divisório preceito que só e expressamente se reporta ao juízo do inventário" (STF, RE 90.677, Rel. Min. Rafael Mayer, 1ª Turma, jul. 12.06.1979, *DJ* 10.10.1980).

Art. 593. Se qualquer linha do perímetro atingir benfeitorias permanentes dos confinantes feitas há mais de 1 (um) ano, serão elas respeitadas, bem como os terrenos onde estiverem, os quais não se computarão na área dividenda.

CPC/1973

Art. 973.

BREVES COMENTÁRIOS

Se há controvérsia sobre limites das terras dividendas ou sobre obras e benfeitorias de estranhos dentro do imóvel do condomínio, não cabe ao juízo divisório dirimir esse tipo de conflito. Antes de iniciar os atos de extinção do condomínio, dever-se-á proceder à demarcação da linha de confrontação com o prédio confinante objeto de conflito.

Quando as divisas são certas, mas em determinado sítio da área condominial existem benfeitorias permanentes de algum confinante há mais de ano, permanecerão em condomínio, enquanto não se solucionar a questão possessória com os vizinhos. Essa situação, todavia, não impedirá que a divisão se realize sobre a área comum remanescente, livre de qualquer embaraço. Ou seja: o desenho do terreno a partilhar será levantado, de modo a excluir não só as referidas benfeitorias, mas também "os terrenos onde estiverem". Essa situação evita que a divisão venha a ser procrastinada e tumultuada por embargos de terceiro.

O agrimensor, ao se deparar com posse de confrontante que invada a linha de divisa do imóvel comum, deixará de fora a benfeitoria e o respectivo terreno, prosseguindo a medição apenas daquilo que realmente esteja na posse da comunhão. Isto não quer dizer que os condôminos perderão a propriedade sobre a área possuída pelo confrontante, mas apenas que o procedimento divisório não é remédio adequado para reivindicar o bem comum, ou parte dele, que esteja na posse de estranho. Dita área, na espécie, poderá, depois da divisão, ou durante sua tramitação, ser objeto de reivindicação pelos condôminos, em procedimento à parte. O agrimensor, para efeito da operação divisória, indicará a linha que respeita a benfeitoria do confrontante, mas fará consignar, também, na planta e memorial, qual a divisa verdadeira, para, no futuro, habilitar os condôminos à recuperação da porção indevidamente ocupada pelo estranho (Affonso Fraga, *Theoria e prática na divisão e demarcação das terras particulares*, 4. ed., 1936, p. 245).

Art. 594. Os confinantes do imóvel dividendo podem demandar a restituição dos terrenos que lhes tenham sido usurpados.

§ 1º Serão citados para a ação todos os condôminos, se a sentença homologatória da divisão ainda não houver transitado em julgado, e todos os quinhoeiros dos terrenos vindicados, se a ação for proposta posteriormente.

§ 2º Nesse último caso terão os quinhoeiros o direito, pela mesma sentença que os obrigar à restituição, a haver dos outros condôminos do processo divisório ou de seus sucessores a título universal a composição pecuniária proporcional ao desfalque sofrido.

CPC/1973

Art. 974.

REFERÊNCIA LEGISLATIVA

CPC/2015, art. 572 (legitimação passiva; título executivo).

BREVES COMENTÁRIOS

Não só a posse atestada por benfeitorias permanentes é ressalvada do alcance da divisão. Não sendo os confrontantes partes na divisão, não podem ser prejudicados em seus direitos dominiais, pelos trabalhos divisórios. Contra eles não se ergue a eficácia do juízo de extinção do condomínio. Por isso, os confinantes prejudicados pela divisão reagirão por ação própria, fora do juízo divisório. O sujeito passivo dessa demanda será o condômino a que, no final da divisão, coube o quinhão que invadiu a propriedade do vizinho. Se a ação divisória ainda não se encerrou, a citação recairá sobre todos os comunheiros.

O condômino que sucumbir na reivindicação do confrontante terá direito de, pela mesma sentença que o obrigar à restituição, haver dos outros consortes do processo divisório, ou de seus herdeiros universais, a composição pecuniária proporcional ao desfalque sofrido.

JURISPRUDÊNCIA SELECIONADA

1. Superposição aparente de domínio. Defesa em via própria. "Havendo superposição aparente de domínio, aos terceiros, que se julgarem legítimos detentores de propriedade de parte do terreno dividendo, cabe defendê-la na via própria, mormente quando determinada, por decisão irrecorrida, a exclusão e desentranhamento de seus títulos dos autos da ação de divisão" (STJ, REsp 13.420/GO, Rel. Min. Sálvio de Figueiredo Teixeira, 4ª Turma, jul. 27.10.1992, *DJ* 30.11.1992).

Art. 595. Os peritos proporão, em laudo fundamentado, a forma da divisão, devendo consultar, quanto possível, a comodidade das partes, respeitar, para adjudicação a cada condômino, a preferência dos terrenos contíguos às suas residências e benfeitorias e evitar o retalhamento dos quinhões em glebas separadas.

CPC/1973

Art. 978.

BREVES COMENTÁRIOS

Após a elaboração da planta e memorial descritivo pelo perito, ele elaborará *laudo fundamentado*, em que apresentará seu *plano de divisão* (CPC/2015, art. 595). O laudo, inicialmente, conterá o *histórico* da comunhão, a partir do título originário daquele que possuía o imóvel, a título exclusivo, seguindo-se o desdobramento da propriedade entre os diversos condôminos, sucessivamente até a posição atual. Para cada condômino, portanto, haverá de se descrever a filiação dominial até atingir o antigo proprietário exclusivo. Em seguida, incluirá o cálculo das cotas dos diversos consortes, atualizando-se os valores primitivos.

JURISPRUDÊNCIA SELECIONADA

1. Partilha de bens. Igualdade. "Na partilha, consoante a regra do art. 1.775 do Código Civil de 1916, reproduzida no art. 2.017 do vigente Código Civil, observar-se-á a maior igualdade possível na distribuição dos quinhões, não apenas quanto ao valor dos bens do acervo, mas também quanto à sua natureza e qualidade" (STJ, REsp 605.217/MG, Rel. Min. Paulo de Tarso Sanseverino, 3ª Turma, jul. 18.11.2010, *DJe* 07.12.2010).

Art. 596. Ouvidas as partes, no prazo comum de 15 (quinze) dias, sobre o cálculo e o plano da divisão, o juiz deliberará a partilha.

Parágrafo único. Em cumprimento dessa decisão, o perito procederá à demarcação dos quinhões, observando, além do disposto nos arts. 584 e 585, as seguintes regras:

I – as benfeitorias comuns que não comportarem divisão cômoda serão adjudicadas a um dos condôminos mediante compensação;

II – instituir-se-ão as servidões que forem indispensáveis em favor de uns quinhões sobre os outros, incluindo o respectivo valor no orçamento para que, não se tratando de servidões naturais, seja compensado o condômino aquinhoado com o prédio serviente;

III – as benfeitorias particulares dos condôminos que excederem à área a que têm direito serão adjudicadas ao quinhoeiro vizinho mediante reposição;

IV – se outra coisa não acordarem as partes, as compensações e as reposições serão feitas em dinheiro.

CPC/1973

Art. 979.

REFERÊNCIA LEGISLATIVA

CC, arts. 1.378 a 1.389 (servidões).

BREVES COMENTÁRIOS

A primeira fase da prova pericial encerra-se com a apresentação do laudo que contém o plano da divisão. Em seguida, o juiz ouve as partes, e profere a decisão que recebe o nome de deliberação da partilha.

O procedimento para se chegar a essa deliberação e os respectivos efeitos sobre o prosseguimento da prova pericial, constam do art. 596 do Código atual, que reproduz, sem maiores inovações, o art. 979 do Código de 1973. A novidade é apenas a ampliação do prazo de ouvida das partes, de dez para quinze dias.

Questão polêmica no passado foi a de admitir ou não a recorribilidade da deliberação da partilha: enquanto uns a tratavam como despacho ordinatório, e por isso irrecorrível, outros lhe atribuíam a natureza de decisão interlocutória sujeitando-se ao agravo de instrumento. O STJ tomou posição na controvérsia, acolhendo a última tese, ou seja: "a deliberação da partilha em ação divisória, nos termos em que posta pelo art. 979, CPC, constitui decisão interlocutória, agravável no sistema do Código de Processo Civil vigente" (STJ, 4ª T., REsp 40.691/MG, Rel. Min. Sálvio de Figueiredo Teixeira, ac. 29.03.1994, por maioria, *DJU* 13.11.1994, p. 15.111). Tratando-se de decisão ocorrida na fase executória da divisão, o cabimento de agravo de instrumento encontra respaldo no parágrafo único do art. 1.015 do CPC/2015.

JURISPRUDÊNCIA SELECIONADA

1. Irrecorribilidade. "O ato do juiz que delibera a partilha, por se tratar de mero despacho ordinário, que prepara o ato decisório posterior – homologação da divisão – é irrecorrível" (TJMG, Ap. 76.035/1, Rel. Des. Lúcio Urbano, 1ª Câmara, jul. 09.08.1988, *Jurisp. Min.* 104/167).

2. Recorribilidade. "A deliberação da partilha em ação divisória, nos termos em que posta pelo art. 979, CPC [art. 596 do CPC/2015], constitui decisão interlocutória, agravável no sistema do código de processo civil vigente" (STJ, REsp 40.691/MG, Rel. Min. Sálvio de Figueiredo Teixeira, 4ª Turma, jul. 29.03.1994, *DJ* 13.06.1994).

3. Partilha. "Quem na partilha em inventário recebeu parte ideal em dois imóveis, não pode, no processo divisório, ser compelido a receber a totalidade de seu quinhão em um só imóvel, com 'transposição' da parte ideal de um imóvel para o outro" (STJ, REsp 3.225, Rel. Min. Fontes de Alencar, jul. 07.05.1991, *DJU* 27.05.1991).

Art. 597. Terminados os trabalhos e desenhados na planta os quinhões e as servidões aparentes, o perito organizará o memorial descritivo.

§ 1º Cumprido o disposto no art. 586, o escrivão, em seguida, lavrará o auto de divisão, acompanhado de uma folha de pagamento para cada condômino.

§ 2º Assinado o auto pelo juiz e pelo perito, será proferida sentença homologatória da divisão.

§ 3º O auto conterá:

I – a confinação e a extensão superficial do imóvel;

II – a classificação das terras com o cálculo das áreas de cada consorte e com a respectiva avaliação ou, quando a homogeneidade das terras não determinar diversidade de valores, a avaliação do imóvel na sua integridade;

III – o valor e a quantidade geométrica que couber a cada condômino, declarando-se as reduções e as compensações resultantes da diversidade de valores das glebas componentes de cada quinhão.

§ 4º Cada folha de pagamento conterá:

I – a descrição das linhas divisórias do quinhão, mencionadas as confinantes;

II – a relação das benfeitorias e das culturas do próprio quinhoeiro e das que lhe foram adjudicadas por serem comuns ou mediante compensação;

III – a declaração das servidões instituídas, especificados os lugares, a extensão e o modo de exercício.

CPC/1973

Art. 980.

REFERÊNCIA LEGISLATIVA

CPC/2015, art. 89 (honorários de advogado).

BREVES COMENTÁRIOS

Encerrada a fase de reclamações contra os trabalhos técnicos, competirá ao escrivão lavrar, no processo, o auto de divisão e redigir uma folha de pagamento para cada condômino. Essas peças serão assinadas pelo juiz e pelo perito. Acompanha o auto de divisão (ou de orçamento) "uma folha de pagamento para cada condômino" (CPC/2015, art. 597). Excepcionalmente, poderá figurar mais de um condômino numa só folha quando houver pagamento conjunto (ou indiviso) a diversos consortes (caso de extinção parcial do condomínio). As folhas de pagamento, como o auto, são termos processuais lavrados pelo escrivão, e que devem ser assinados pelo juiz, agrimensor e arbitradores. Os dados que integram as folhas são esboçados pelo perito, em seu memorial descritivo das operações de execução do despacho deliberativo da partilha. Ao escrivão compete reduzi-los à forma de termo processual. No memorial, cumpre ao perito individuar cada quinhão, assinalando-lhe os limites com menção das medidas, marcos e rumos, dados esses que serão aproveitados pelo escrivão para elaborar as folhas de pagamento a serem anexadas ao auto de divisão.

Tanto o auto de divisão como as folhas de pagamento são formalidades essenciais do juízo divisório, de forma que sua falta, ou deficiência, contamina todo o procedimento e acarreta a nulidade do respectivo julgamento. Assinado o auto, sem nova audiência das partes, o juiz profere de plano a sentença homologatória da divisão. Ocorrida a homologação pelo juiz, ter-se-á a comunhão como juridicamente extinta. A sentença, embora formalmente homologatória, em substância resume o que o ato de autoridade do juiz construiu ao longo do procedimento, por meio de uma série de decisões proferidas. O juiz homologa o auto de divisão porque nele se resume tudo o que ele decidiu para determinar como a partilha deveria ser feita. Trata-se, portanto, de sentença de mérito, apta a fazer coisa julgada material, para todos os fins de direito.

JURISPRUDÊNCIA SELECIONADA

1. Ação rescisória. "Transitada em julgado a sentença que homologou a divisão, somente poderá ser anulada por meio de ação rescisória" (STF, RE 85.538, Rel. Min. Moreira Alves, 2ª Turma, jul. 26.10.1976, *RTJ* 80/674).

2. Realização dos atos. Encerramento da primeira fase. "Os atos previstos nos artigos 979 e 980 do CPC [arts. 596 e 597 do CPC/2015]somente deverão ser realizados após encerrada a primeira fase, dita contenciosa" (STJ, REsp 165.782/PR, Rel. Min Waldemar Zveiter, 3ª Turma, jul. 24.05.1999, *DJ* 27.11.2000).

3. Honorários de advogado. Fase contenciosa/fase técnica. "Não fere o art. 20 do Cód. de Pr. Civil [art. 85 do CPC/2015] a sentença que (confirmada pelo acórdão), julgando procedente a ação, deixa a fixação dos honorários para a segunda fase ('os encargos sucumbenciais serão apurados e determinados ao final da segunda fase')" (STJ, REsp 96.427/PR, Rel. Min. Nilson Naves, 3ª Turma, jul. 24.11.1997, *DJ* 16.03.1998).

4. Coisa julgada. "É de se admitir a coisa julgada, na ação divisória, em relação a antecessor dos recorridos, refletindo-se nestes os respectivos efeitos, se foi ele citado para a demanda" (STF, RE 103.517, Rel. Min. Aldir Passarinho, 2ª Turma, jul. 10.12.1985).

Art. 598. Aplica-se às divisões o disposto nos arts. 575 a 578.

CPC/1973

Art. 981.

REFERÊNCIA LEGISLATIVA

CPC/2015, arts. 574 a 578 e 583 a 586.

DIVISÃO: INDICAÇÃO DOUTRINÁRIA

Hamilton de Moraes e Barros, *Comentários ao CPC*, 4. ed., Rio de Janeiro: Forense, 1993, v. IX, p. 86; Humberto Theodoro Jr., *Curso de direito processual civil*, 54. ed. Rio de Janeiro: Forense, 2020, v. II; Humberto Theodoro Jr., In: Teresa Arruda Alvim Wambier, Fredie Didier Jr., Eduardo Talamini, Bruno Dantas, *Breves comentários ao novo Código de Processo Civil*, São Paulo: Revista dos Tribunais, 2015; Humberto Theodoro Júnior, *Terras particulares*: demarcação, divisão, tapumes. 6. ed., São Paulo: Saraiva, 2018; Orlando Soares, *Comentários ao CPC*, Rio de Janeiro: Forense, 1992, v. III, p. 177; Ricardo Alexandre da Silva, Eduardo Lamy, In: Sérgio Cruz Arenhart e Daniel Mitidiero (coord.), *Comentários ao Código de Processo Civil*, 2. ed., São Paulo: RT, 2018, v. 9.

Capítulo V
DA AÇÃO DE DISSOLUÇÃO PARCIAL DE SOCIEDADE

Art. 599. A ação de dissolução parcial de sociedade pode ter por objeto:

I – a resolução da sociedade empresária contratual ou simples em relação ao sócio falecido, excluído ou que exerceu o direito de retirada ou recesso; e

II – a apuração dos haveres do sócio falecido, excluído ou que exerceu o direito de retirada ou recesso; ou

III – somente a resolução ou a apuração de haveres.

§ 1º A petição inicial será necessariamente instruída com o contrato social consolidado.

§ 2º A ação de dissolução parcial de sociedade pode ter também por objeto a sociedade anônima de capital fechado quando demonstrado, por acionista ou acionistas que representem cinco por cento ou mais do capital social, que não pode preencher o seu fim.

REFERÊNCIA LEGISLATIVA

CC, arts. 1.028 (morte de sócio), 1.030 (sócio excluído).

Lei nº 13.792/2019 (lei que modifica o quórum de deliberação no âmbito das sociedades limitadas).

BREVES COMENTÁRIOS

Relativamente à dissolução parcial, foi instituído rito específico nos arts. 599 a 609, do CPC/2015. Esse procedimento, lembramos, regula litígios em que a saída de um ou mais sócios não acarreta a dissolução (ou encerramento) da sociedade. De se destacar que a opção do legislador quanto à resolução da sociedade difere das antigas diretrizes jurisprudenciais do STJ, no sentido de que as ações envolvendo a dissolução parcial deveriam seguir o rito comum.

A ação versada no art. 599 e seguintes do CPC/2015 tem como foco as sociedades empresárias contratuais e as sociedades simples. Conforme os incisos I e II daquele artigo, a sociedade pode ser dissolvida parcialmente (i) quando ocorrer o falecimento de sócio (CC, art. 1.028), (ii) mediante iniciativa de sócios, para excluir aquele que, v. g., comete falta grave no cumprimento de suas obrigações (art. 1.030) e (iii) por iniciativa própria do sócio que se retira.

Ainda de acordo com o citado art. 599, *caput*, do CPC/2015, são duas as finalidades da ação de dissolução parcial da sociedade:

(a) resolução da sociedade empresária contratual ou simples;

(b) apuração dos haveres do sócio excluído.

A pretensão judicial pode perseguir os dois objetivos, cumulativamente (incisos I e II), ou apenas um deles, isoladamente (inciso III). Isso possibilita, *v.g.*, o ajuizamento de ação destinada apenas ao apuramento dos haveres, sendo desnecessária a via judicial para a dissolução parcial da sociedade.

É também objeto da dissolução parcial em juízo a sociedade anônima de capital fechado, conforme o § 2º do art. 599 do Código Processual.

JURISPRUDÊNCIA SELECIONADA

1. Dissolução parcial da sociedade. Propósito. Direitos e interesses societários. "A ação de dissolução (parcial) de sociedade tem por propósito dirimir o conflito de interesses existente entre os sucessores do sócio falecido que não desejam ingressar na sociedade ou do sócio remanescente, em sociedade de pessoas, que, por alguma razão, objetiva obstar o ingresso dos sucessores do sócio falecido na sociedade. Diz respeito aos interesses dos sócios remanescentes; dos sucessores do falecido, que podem ou não ingressar na sociedade na condição de sócio; e, principalmente da sociedade. Os direitos e interesses, nessa seara, discutidos, ainda que adquiridos por sucessão, são exclusivamente societários e, como tal, disponíveis por natureza. Não constitui, portanto, objeto da ação em comento o direito à sucessão da participação societária, de titularidade dos herdeiros, que se dá, naturalmente, no bojo de ação de inventário e partilha. A indisponibilidade do direito atrela-se a aspectos inerentes à personalidade de seu titular (no caso, do sócio falecido), do que, no caso, a toda evidência, não se cogita." (STJ, REsp 1727979/MG, Rel. Min. Marco Aurélio Bellizze, 3ª Turma, jul. 12.06.2018, *DJe* 19.06.2018)

2. Dissolução parcial da sociedade. Cláusula compromissória arbitral no contrato social. Sujeição da sociedade e de todos os sócios, atuais e futuros. "Os direitos e interesses discutidos na ação de dissolução parcial de sociedade são exclusivamente societários e, como tal, **sujeitos à arbitralidade**, de modo a não atrair a incidência do art. 1º, caput, da Lei nº 9.307/1996. (...) A cláusula compromissória arbitral, inserta no contrato social por ocasião da constituição da sociedade, como *in casu*, ou posteriormente, respeitado o quórum legal para tanto, sujeita a sociedade e a todos os sócios, atuais e futuros, tenham estes concordado ou não com tal disposição, na medida em que a vinculação dos sócios ao conjunto de normas societárias (em especial, do contrato social) dá-se de modo unitário e preponderante sobre a vontade individual eventualmente dissonante. Se ao sócio não é dado afastar-se das regras e disposições societárias, em especial, do contrato social, aos sucessores de sua participação societária, pela mesma razão, não é permitido delas se apartar, sob pena de se comprometer os fins sociais assentados no contrato e a vontade coletiva dos sócios, representada pelas deliberações da sociedade. A condição de titular da participação societária do sócio falecido, ainda que não lhe confira, de imediato, a condição de sócio (já que poderá, inclusive, intentar a exclusão, em definitivo, desta, por meio da dissolução parcial da sociedade), não lhe confere margem de escolha para não seguir, como um todo, o conjunto de regras societárias (em especial, do contrato social), notadamente no tocante ao destino da participação societária sucedida, que, como visto, em tudo se relaciona com o pacto social." (STJ, REsp 1727979/MG, Rel. Min. Marco Aurélio Bellizze, 3ª Turma, jul. 12.06.2018, *DJe* 19.06.2018)

3. Apuração de haveres.

Sócio que detém parte das quotas sociais empenhadas. Deferimento apenas àquelas livres de ônus reais. "A boa-fé atua como limite ao exercício de direitos, não sendo cabível cogitar-se em pleito vindicando a dissolução parcial da sociedade empresária, no tocante aos haveres referentes às quotas sociais que estão em penhor, em garantia de débito com terceiros. A solução conferida, no tocante às quotas empenhadas – consoante decidido pelo Tribunal de origem, permanecerão 'em tesouraria', em nada afetando a boa gestão social –, é equânime e se atenta às peculiaridades do caso, contemplando os interesses das partes e dos credores do autor, e tem esteio no princípio da conservação da empresa (evitando-se dissolução nem mesmo requerida para pagamento de haveres referentes às quotas empenhadas)" (STJ, REsp 1.332.766/SP, Rel. Min. Luis Felipe Salomão, 4ª Turma, jul. 01.06.2017, *DJe* 01.08.2017).

Juros de mora. "Decorrido o prazo legal nonagesimal (art. 1.031, § 2º, do CC/02) para pagamento de quota social, contado de sua efetiva liquidação, são devidos juros de mora". (STJ, AgRg no REsp 1474873/PR, Rel. Min. Marco Aurélio Bellizze, 3ª Turma, jul. 16.02.2016, *DJe* 19.02.2016)

4. Exclusão de sócio.

Discordância acerca da administração da sociedade. Ausência de justo motivo. "A justa causa para a exclusão de sócio se traduz em conduta grave, prejudicial à própria continuidade da atividade social, situação em que é possível até mesmo a dispensa da formação da maioria. Precedente. A discordância acerca da forma como a sociedade é administrada e a prática de atos de fiscalização, como ocorre na hipótese, faz parte do direito dos sócios, não configurando justa causa para exclusão de sócio." (STJ, REsp 1280051/MG, Rel. Min. Raul Araújo, 4ª Turma, jul. 01.03.2016, *DJe* 05.04.2016).

Retirada de valores do caixa da sociedade. Violação do contrato social e da lei. Falta grave. Cabimento. "A noção de falta grave, embora consista em conceito jurídico indeterminado, está configurada na conduta de sócio que viola a integridade patrimonial da sociedade, concretizando descumprimento dos deveres de sócio, em evidente violação do contrato social e da lei. A retirada de valores do caixa da sociedade, em contrariedade ao deliberado em reunião de sócios, configura falta grave, apta a justificar a exclusão de sócio" (STJ, REsp 2.142.834/SP, Rel. Min. Ricardo Villas Bôas Cueva, 3ª Turma, jul. 11.06.2024, *DJe* 18.06.2024).

Decisão que homologa transação. Natureza jurídica de sentença. Apelação. "O pronunciamento judicial que homologa transação (art. 487, III, 'b' do CPC/15), pondo fim à fase cognitiva do processo com resolução de mérito, possui natureza jurídica de sentença, conforme disposto expressamente no art. 203, § 1º, da lei adjetiva, desafiando, portanto, recurso de apelação. A interposição de agravo de instrumento contra sentença que homologa transação e extingue o processo com julgamento de mérito consiste em erro grosseiro, não admitindo a aplicação do princípio da fungibilidade" (STJ, REsp 1.954.643/SC, Rel. Min. Nancy Andrighi, 3ª Turma, jul. 15.02.2022, *DJe* 18.02.2022).

5. Ônus do adiantamento dos honorários periciais. "Disposição do art. 603, § 1º do Novo Código de Processo Civil, de que, havendo concordância dos sócios quanto à dissolução parcial da sociedade, não são devidos honorários sucumbenciais e devem ser rateadas entre eles as custas processuais. No caso, como houve concordância entre os sócios quanto à dissolução parcial, devem também ser rateados, na proporção da participação de cada um no capital social, os honorários periciais, de acordo com a intenção do legislador". (TJSP, AI 2148181-50.2016.8.26.0000, Rel. Teixeira Leite, 1ª Câmara Reservada de Direito Empresarial, jul. 21.11.2016, data de registro 21.11.2016)

6. Parte incontroversa. Levantamento. "Balanço especial levantado pela devedora, com o qual não concordou a credora, que pretende ter valor a receber muitas vezes superior ao apurado pela parte. Parte incontroversa, consistente nesse *quantum* apurado por quem deve pagar. Possibilidade de levantamento pela sócia retirante. CPC/2015, §§ do art. 604; § 6º do art. 273 do Código Buzaid." (TJSP, AI 2134370-23.2016.8.26.0000, Rel. Cesar Ciampolini, 1ª Câmara Reservada de Direito Empresarial, jul. 07.12.2016, data de registro 11.01.2017)

7. Dissolução parcial de sociedade anônima fechada (§ 2º):

Quebra da *affectio societatis*. "A jurisprudência do STJ reconheceu a possibilidade jurídica da dissolução parcial de sociedade anônima fechada, em que prepondere o liame subjetivo entre os sócios, ao fundamento de quebra da *affectio societatis*" (STJ, REsp 1400264/RS, Rel.ª Min.ª Nancy Andrighi, 3ª Turma, jul. 24.10.2017, *DJe* 30.10.2017). **No mesmo sentido:** STJ, AgInt no AREsp 1.539.920/RS, Rel. Min. Raul Araújo, 4ª Turma, jul. 18.5.2020, *DJe* de 01.06.2020.

Inexistência de lucros e não distribuição de dividendos há vários anos. "Caso em que configurada a possibilidade de dissolução parcial diante da viabilidade da continuação dos negócios da companhia, em contrapartida ao direito dos sócios de se retirarem dela sob o fundamento que eles não podem ser penalizados com a imobilização de seu capital por longo período sem obter nenhum retorno financeiro. Aplicação do princípio da preservação da empresa, previsto implicitamente na Lei nº 6.404/76 ao adotar em seus arts. 116 e 117 a ideia da prevalência da função social e comunitária da companhia, caracterizando como abuso de poder do controlador a liquidação de companhia próspera" (STJ, REsp 1321263/PR, Rel. Min. Moura Ribeiro, 3ª Turma, jul. 06.12.2016, *DJe* 15.12.2016)

8. Sociedade limitada. Aplicação supletiva das normas das sociedades anônimas. Retirada voluntária imotivada de sócio. Possibilidade. "Entendimento firmado por este Superior Tribunal no sentido de ser a regra do art. 1.029 do CC aplicável às sociedades limitadas, possibilitando a retirada imotivada do sócio e mostrando-se despiciendo, para tanto, o ajuizamento de ação de dissolução parcial. Direito de retirada imotivada que, por decorrer da liberdade constitucional de não permanecer associado, garantida pelo inciso XX do art. 5º da CF, deve ser observado ainda que a sociedade limitada tenha regência supletiva da Lei n. 6.404/76 (Lei das Sociedades Anônimas). A ausência de previsão na Lei n. 6.404/76 acerca da retirada imotivada não implica sua proibição nas sociedades limitadas regidas supletivamente pelas normas relativas às sociedades anônimas, especialmente quando o art. 1.089 do CC determina a aplicação supletiva do próprio Código Civil nas hipóteses de omissão daquele diploma. Caso concreto em que, ainda que o contrato social tenha optado pela regência supletiva da Lei n. 6.404/76, há direito potestativo de retirada imotivada do sócio na sociedade limitada em questão. Tendo sido devidamente exercido tal direito, conforme reconhecido na origem, não mais se mostra possível a convocação de reunião com a finalidade de deliberar sobre exclusão do sócio que já se retirou" (STJ, REsp 1.839.078/SP, Rel. Min. Paulo de Tarso Sanseverino, 3ª Turma, jul. 09.03.2021, *DJe* 26.03.2021).

9. Sociedade de fato. Prova escrita. Requisito indispensável. Ver jurisprudência do art. 408, CPC/2015.

10. União estável. Dissolução. Partilha de bens. Pretensão de partilhar quotas sociais da sociedade de advogados. "As sociedades de advogados, que naturalmente possuem por objeto a exploração da atividade profissional de advocacia exercida por seus sócios, são concebidas como sociedade simples por expressa determinação legal, independente da forma de organização. A natureza da sociedade, se empresarial ou simples, é irrelevante para se aferir a possibilidade de partilha de quotas sociais, notadamente porque são elas dotadas de expressão econômica, não se confundem com o objeto social, tampouco podem ser equiparadas a proventos, salários ou honorários. Precedentes" (STJ, AgInt no REsp 1807787/DF, Rel. Min. Marco Aurélio Bellizze, 3ª Turma, jul. 20.04.2020, *DJe* 24.04.2020).

Art. 600. A ação pode ser proposta:

I – pelo espólio do sócio falecido, quando a totalidade dos sucessores não ingressar na sociedade;

II – pelos sucessores, após concluída a partilha do sócio falecido;

III – pela sociedade, se os sócios sobreviventes não admitirem o ingresso do espólio ou dos sucessores do falecido na sociedade, quando esse direito decorrer do contrato social;

IV – pelo sócio que exerceu o direito de retirada ou recesso, se não tiver sido providenciada, pelos demais sócios, a alteração contratual consensual formalizando o desligamento, depois de transcorridos 10 (dez) dias do exercício do direito;

V – pela sociedade, nos casos em que a lei não autoriza a exclusão extrajudicial; ou

VI – pelo sócio excluído.

Parágrafo único. O cônjuge ou companheiro do sócio cujo casamento, união estável ou convivência terminou poderá requerer a apuração de seus haveres na sociedade, que serão pagos à conta da quota social titulada por este sócio.

BREVES COMENTÁRIOS

Os legitimados para propor a ação de dissolução parcial da sociedade encontram-se arrolados no art. 600 do CPC/2015.

Se a dissolução decorrer da morte de um sócio, podem ajuizar a ação: (a) o espólio do sócio falecido, quando a totalidade dos sucessores não ingressar na sociedade (inc. I); (b)

os sucessores, após concluída a partilha do sócio falecido (inc. II); (c) a sociedade, se os sócios sobreviventes não admitirem o ingresso do espólio ou dos sucessores do falecido na sociedade, quando esse direito decorrer do contrato social (inc. III).

A sociedade também possui legitimidade ativa nos casos em que a lei não autoriza a exclusão extrajudicial (inc. V). É o caso, *v.g.*, da retirada de um sócio devido à incapacidade superveniente à formação da sociedade (CC, art. 1.030). O ajuizamento da ação pode ser proposto pelo sócio que foi excluído (inc. VI). Nessa hipótese, já tendo sido promovida a alteração contratual, a ação destina-se a apurar os haveres do retirante.

Pode ainda pedir a resolução da sociedade em seu favor aquele que exerceu o direito de retirada ou recesso, se não tiver sido providenciada, pelos demais sócios, a alteração contratual consensual formalizando o desligamento, depois de transcorrido dez dias do exercício do direito (CPC/2015, art. 600, IV).

JURISPRUDÊNCIA SELECIONADA

1. Coerdeiros.

Antes da partilha. Legitimidade. "Enquanto não realizada a partilha, o coerdeiro possui legitimidade ativa para a propositura de ação que visa à defesa do patrimônio comum deixado pelo *de cujus*. Direito indivisível regulado pelas normas relativas ao condomínio, nos termos do art. 1.791 do Código Civil, c/c o art. 1.314 do mesmo diploma legal" (STJ, REsp 1505428/RS, Rel. Min. Ricardo Villas Bôas Cueva, 3ª Turma, jul. 21.06.2016, *DJe* 27.06.2016)

Defesa de interesse próprio e individual. Ilegitimidade ativa. "A legitimidade ativa, em decorrência do direito de saisine e do estado de indivisibilidade da herança, pode ser estendida aos coerdeiros, antes de efetivada a partilha. Essa ampliação excepcional da legitimidade, contudo, é ressalvada tão somente para a proteção do interesse do espólio. No caso dos autos, a ação foi proposta com intuito declarado de pretender para si, exclusivamente, as quotas pertencentes ao autor da herança, independentemente da propositura da correspondente ação de inventário ou de sua partilha. Desse modo, não detém o coerdeiro necessário a legitimidade ativa para propor a presente ação" (STJ, REsp 1645672/SP, Rel. Min. Marco Aurélio Bellizze, 3ª Turma, jul. 22.08.2017, *DJe* 29.08.2017)

2. Exclusão de sócio majoritário. Iniciativa dos sócios minoritários. Dispensa da maioria de capital social. "Na apuração da maioria absoluta do capital social para fins de exclusão judicial de sócio de sociedade limitada, consideram-se apenas as quotas dos demais sócios, excluídas aquelas pertencentes ao sócio que se pretende excluir, não incidindo a condicionante prevista no art. 1.085 do Código Civil de 2002, somente aplicável na hipótese de exclusão extrajudicial de sócio por deliberação da maioria representativa de mais da metade do capital social, mediante alteração do contrato social" (STJ, REsp 1653421/MG, Rel. Min. Ricardo Villas Bôas Cueva, 3ª Turma, jul. 10.10.2017, *DJe* 13.11.2017)

3. Ação de dissolução parcial de sociedade. Legitimidade passiva. "A legitimidade passiva *ad causam* em ação de dissolução parcial de sociedade anônima fechada é da própria companhia, não havendo litisconsórcio necessário com todos os acionistas. Não há julgamento extra petita quando o julgador interpreta o pedido formulado na petição inicial de forma lógico-sistemática, a partir da análise de todo o seu conteúdo" (STJ, REsp 1400264/RS, Rel.ª Min.ª Nancy Andrighi, 3ª Turma, jul. 24.10.2017, *DJe* 30.10.2017)

Art. 601. Os sócios e a sociedade serão citados para, no prazo de 15 (quinze) dias, concordar com o pedido ou apresentar contestação.

Parágrafo único. A sociedade não será citada se todos os seus sócios o forem, mas ficará sujeita aos efeitos da decisão e à coisa julgada.

BREVES COMENTÁRIOS

São legitimados passivos, para a ação de dissolução parcial, a sociedade, os sócios, ou os dois, em litisconsórcio. Consoante posicionamento do STJ, "a retirada de sócio de sociedade por quotas de responsabilidade limitada dá-se pela ação de dissolução parcial, com apuração de haveres, para qual têm de ser citados não só os demais sócios, mas também a sociedade" (STJ, 3ª T., REsp 1.371.843/SP, Rel. Min. Paulo de Tarso Sanseverino, ac. 20.03.2014, *DJe* 26.03.2014). O CPC/2015 avalizou esse entendimento, ao determinar a citação dos sócios remanescentes e da sociedade, sendo agora imposição legal a formação do litisconsórcio, para que ambos figurem como réus na ação de dissolução parcial de sociedade e apuração de haveres (art. 601). Se, porém, todos os sócios já se acharem integrados à relação processual, não haverá necessidade de citação específica da sociedade. A sentença, *in casu*, atingirá, naturalmente, aos sócios e a pessoa jurídica.

JURISPRUDÊNCIA SELECIONADA

1. Citação da sociedade. Desnecessidade. "Nos termos do art. 601, parágrafo único, do NCPC, na ação de dissolução parcial de sociedade limitada, é desnecessária a citação da sociedade empresária se todos os que participam do quadro social integram a lide. Por isso, não há motivo para reconhecer o litisconsórcio passivo na hipótese de simples cobrança de valores quando todos os sócios foram citados, como ocorre no caso" (STJ, REsp 1.731.464/SP, Rel. Min. Moura Ribeiro, 3ª Turma, jul. 25.09.2018, *DJe* 01.10.2018).

2. Dissolução parcial de sociedade. Fase executiva. Sociedade empresária. Ausência de citação. Legitimidade passiva. Participação de todos que integram quadro social na fase de conhecimento. Ausência de prejuízos. "Sob a égide do CPC/73, 'A jurisprudência desta Corte firmou-se no sentido de que, em regra, na ação para apuração de haveres de sócio, a legitimidade processual passiva é da sociedade e dos sócios remanescentes, em litisconsórcio passivo necessário. Precedentes. É possível mitigar-se esse entendimento diante de especificidades do caso concreto, em que não se constate prejuízos às partes demandadas, às quais foi assegurada a ampla defesa e o contraditório. Precedentes.' (REsp n. 1.015.547/AM, relator Ministro Raul Araújo, Quarta Turma, julgado em 1/12/2016, *DJe* de 14/12/2016). Aplicando-se o referido entendimento na hipótese dos autos, foram partes na ação de dissolução parcial da sociedade todos os sócios, o interesse da única sócia remanescente se confunde com o da própria sociedade e houve ampla defesa e contraditório, devendo ser aplicado o princípio *pas de nullité sans grief* diante do tempo transcorrido e da ausência de demonstração de prejuízos às partes envolvidas" (STJ, AgInt no AgInt no REsp 1.922.029/DF, Rel. Min. Marco Buzzi, 4ª Turma, jul. 18.04.2023, *DJe* 24.04.2023).

3. Dissolução de sociedade. Determinação de inclusão da pessoa jurídica no polo passivo da ação. "Expediente que pode ser dispensado havendo a citação de todos os sócios para comporem a demanda, nos termos do art. 601 do CPC. Assim, a determinação de inclusão imediata da pessoa jurídica no polo passivo da ação deve ser afastada. Pedido de concessão de tutela de urgência. Ausência dos requisitos previstos no artigo 300 do CPC. Decisão parcialmente reformada. Recurso parcialmente provido" (TJSP, AI 2140555-77.2016.8.26.0000, Rel. Des. Teixeira Leite, 1ª Câm. Reservada de Direito Empresarial, jul. 08.02.2017, data da publicação 08.02.2017).

4. Dissolução parcial promovida por espólio de um dos sócios. "Ação de dissolução parcial de sociedade ajuizada pelo espólio em face da outra sócia remanescente. Desnecessidade de citação da sociedade, conforme art. 601, parágrafo único, do CPC" (TJSP, Ap.Cív. 1011683-47.2016.8.26.007, Rel. Des. Araldo Telles, 2ª Câmara Reservada de Dir. Empresarial, jul. 10.06.2019, data de publicação 10.06.2019).

5. Cumprimento da sentença sobre bens da sociedade. "Sociedade também se sujeita aos efeitos da decisão exarada na dissolução parcial – Art. 601, parágrafo único, CPC/15 – Recurso improvido" (TJSP, AI 2159038-58.2016.8.26.0000, Rel. Des. Luiz Antonio Costa, 7ª Câmara de Direito Privado, jul. 19.12.2016, data da publicação 09.12.2016).

Art. 602. A sociedade poderá formular pedido de indenização compensável com o valor dos haveres a apurar.

REFERÊNCIA LEGISLATIVA

CC, arts. 1.010, § 3º (responsabilidade civil do sócio); 1.013, § 2º (responsabilidade civil do administrador).

BREVES COMENTÁRIOS

Pode ocorrer a situação de a sociedade requerer, na contestação, através de pedido contraposto, que o excluído seja condenado ao pagamento de indenização, compensável com o valor dos haveres a apurar (art. 602). A responsabilidade por perdas e danos ocorre quando o sócio causa prejuízos à sociedade e solicita desvincular-se da sociedade. No Código Civil, identificam-se duas situações passíveis de indenização: (a) quando o voto do sócio é decisivo na aprovação de negócios contrários ao interesse da sociedade (art. 1.010, § 3º); (b) quando, como administrador, ele realiza operações em desacordo com a maioria (art. 1.013, § 2º).

Observa-se que o CPC/2015 não prevê a possibilidade de o sócio retirante, como réu, pretender indenização por meio da contestação. Não quer isto dizer que fique ele privado de formular tal pretensão na ação de dissolução parcial da sociedade. Em se tratando de ação que, após a contestação, segue o procedimento comum, perfeitamente cabível será o manejo da reconvenção para lograr a referida compensação.

JURISPRUDÊNCIA SELECIONADA

1. Dissolução total da empresa. Incidência dos preceitos da parcial dissolução à hipótese de total resolução. Cabimento. "A outrora criação pretoriana de incidência das disposições legais relativas à dissolução total das empresas naquelas hipóteses de dissolução parcial (REsp n. 613.629/RJ, relatora Ministra Nancy Andrighi, Terceira Turma, *DJ* de 16/10/2006, p. 364) legitima que, com o advento do CPC de 2015, os preceitos agora positivados da resolução parcial (arts. 599 a 609) sejam aplicados analogicamente à dissolvência total como forma de complementar a lacuna legal processual deixada com a entrada em vigor da Lei Adjetiva, autorizando a incidência da pretensão de apuração indenizatória prevista no art. 602 do CPC à hipótese dos autos. Doutrina. Entendimento doutrinário também consigna que a pretensão de apuração de valores indenizatórios pode se efetivar nos próprios autos da dissolução (art. 602 do CPC)" (STJ, REsp 1.983.478/SP, Rel. Min. Humberto Martins, 3ª Turma, jul. 10.09.2024, *DJe* 13.09.2024).

Art. 603. Havendo manifestação expressa e unânime pela concordância da dissolução, o juiz a decretará, passando-se imediatamente à fase de liquidação.

§ 1º Na hipótese prevista no *caput*, não haverá condenação em honorários advocatícios de nenhuma das partes, e as custas serão rateadas segundo a participação das partes no capital social.

§ 2º Havendo contestação, observar-se-á o procedimento comum, mas a liquidação da sentença seguirá o disposto neste Capítulo.

BREVES COMENTÁRIOS

Caso os sócios remanescentes e a sociedade concordem, expressamente, com a retirada do sócio, o juiz declarará dissolvida parcialmente a sociedade. Imediatamente, passar-se-á à fase de liquidação, com a apuração dos haveres (art. 603, *caput*), sem a condenação em honorários advocatícios e as custas serão rateadas. O rateio das custas não nos parece uma boa opção do legislador. Seria mais razoável que esse pagamento fosse de responsabilidade da sociedade, uma vez que ela continuará sobrevivendo e terá sua personalidade jurídica preservada.

Se os réus apresentarem contestação, o julgamento será feito em duas fases. Na primeira, o processo seguirá o procedimento comum, até ser declarada dissolvida a sociedade, se julgado procedente o pedido. Na fase seguinte, que se destina à apuração dos haveres, seguirá a forma estabelecida no procedimento especial (art. 603, § 2º). Na contestação, os réus podem alegar toda matéria de defesa, inclusive preliminares de mérito (arts. 336 e 337), ou de forma, como, por exemplo, a incorreção do valor da causa (art. 337, III), ou a incompetência relativa do juízo (art. 337, II) que no CPC/1973 eram objeto de incidentes apartados.

JURISPRUDÊNCIA SELECIONADA

1. Litigiosidade instaurada. Fixação de honorários advocatícios. "É cediço que o art. 603, § 1° do CPC preleciona que havendo manifestação expressa e unânime pela concordância da dissolução, o juiz a decretará, passando-se imediatamente à fase de liquidação, ao passo que nessa hipótese, não haverá condenação em honorários advocatícios de nenhuma das partes, e as custas serão rateadas segundo a participação das partes no capital social. Todavia, no caso dos autos, foi apresentada contestação, apelação, embargos, recurso especial e agravo em recurso especial, todos discutindo a propriedade dos bens que estavam sendo utilizados pela sociedade, além de dano material e moral, ao passo que a litigiosidade está configurada, afastando a incidência do art. 603, § 1º do CPC e atraindo a aplicação da regra geral prevista no art. 85 do CPC" (STJ, AgInt no AREsp 1268423/DF, Rel. Min. Luis Felipe Salomão, 4ª Turma, jul. 18.02.2020, *DJe* 03.03.2020).

2. Honorários periciais. Antecipação. Ônus de quem requereu a prova. "A moldura fática da hipótese desautoriza a aplicação da regra do art. 603, § 1º, do CPC/15, pois essa norma exige, para que possa haver o rateio das despesas processuais entre as partes, 'manifestação expressa e unânime pela concordância da dissolução', circunstância ausente no particular. A pretensão de rateio dos honorários fundada na alegação de que a perícia contábil seria realizada independentemente de requerimento de quaisquer das partes também não se coaduna com as circunstâncias fáticas da espécie. Ademais, o STJ já se manifestou – muito embora em demanda derivada de fatos distintos da presente – no sentido de que, após o trânsito em julgado da sentença, os encargos relacionados à fase de liquidação devem ser imputados à parte que foi derrotada (no particular, o recorrente), a fim de se garantir a observância da regra geral que impõe ao vencido o pagamento das despesas processuais" (STJ, REsp 1821048/GO, Rel. Min. Nancy Andrighi, 3ª Turma, jul. 27.08.2019, *DJe* 29.08.2019).

Art. 604. Para apuração dos haveres, o juiz:

I – fixará a data da resolução da sociedade;

II – definirá o critério de apuração dos haveres à vista do disposto no contrato social; e

III – nomeará o perito.

§ 1º O juiz determinará à sociedade ou aos sócios que nela permanecerem que depositem em juízo a parte incontroversa dos haveres devidos.

§ 2º O depósito poderá ser, desde logo, levantando pelo ex-sócio, pelo espólio ou pelos sucessores.

§ 3º Se o contrato social estabelecer o pagamento dos haveres, será observado o que nele se dispôs no depósito judicial da parte incontroversa.

BREVES COMENTÁRIOS

Na apuração dos haveres, há elementos e dados indispensáveis, cuja obtenção cabe ao juiz diligenciar, quais sejam:

(a) fixação da data de resolução da sociedade;

(b) definição do critério de apuração dos haveres à vista do disposto no contrato;

(c) nomeação de perito, que deverá ser especialista em avaliação de sociedade, preferencialmente (art. 606, parágrafo único);

(d) determinação de depósito em juízo, pela sociedade ou sócios que nela permaneceram, da parte incontroversa dos haveres devidos (art. 604, § 1º).

Se contrato social estabelecer pagamento de haveres, serão observadas as disposições deles constantes para a realização do depósito judicial (art. 604, § 3º). A quantia depositada em juízo poderá ser levantada, desde logo, pelo ex-sócio, pelo espólio ou pelos sucessores (§ 2º). Ocorrendo essa situação, o litígio continuará somente para apurar eventuais diferenças devidas à parte autora. A norma permite celeridade processual e imediato alcance de seu propósito, ao evitar expedientes protelatórios e impedir sejam abertas discussões sobre temas incontroversos.

JURISPRUDÊNCIA SELECIONADA

1. Dissolução parcial de sociedade. Impossibilidade de nomeação de liquidante. "A nomeação de liquidante somente se faz necessária nos casos de dissolução total da sociedade, porquanto suas atribuições estão relacionadas com a gestão do patrimônio social de modo a regularizar a sociedade que se pretende dissolver. Na dissolução parcial, em que se pretende apurar exclusivamente os haveres do sócio falecido ou retirante, com a preservação da atividade da sociedade, é adequada simplesmente a nomeação de perito técnico habilitado a realizar perícia contábil a fim de determinar o valor da quota-parte devida ao ex-sócio ou aos seus herdeiros." (STJ, REsp 1557989/MG, Rel. Min. Ricardo Villas Bôas Cueva, 3ª Turma, jul. 17.03.2016, *DJe* 31.03.2016)

2. Cooperativa. FATES. Cooperado excluído ou que se retira do quadro social. Partilha da verba do FATES. Impossibilidade. "Cinge-se a controvérsia a definir se a verba devida pelas cooperativas denominada Fundo de Assistência Técnica, Educacional e Social (FATES) pode ser partilhada com cooperado excluído ou que se retira do quadro social da cooperativa. Nos termos da lei específica das cooperativas – Lei nº 5.764/1971 –, o Fundo de Assistência Técnica, Educacional e Social (FATES) é indivisível, impondo-se a aplicação do princípio da especialidade" (STJ, REsp 1562184/RS, Rel. Min. Ricardo Villas Bôas Cueva, 3ª Turma, jul. 12.11.2019, *DJe* 22.11.2019).

3. Apuração de haveres. Projeção de lucros futuros. Não cabimento. "A apuração de haveres – levantamento dos valores referentes à participação do sócio que se retira ou que é excluído da sociedade – se processa da forma prevista no contrato social, uma vez que, nessa seara, prevalece o princípio da força obrigatória dos contratos, cujo fundamento é a autonomia da vontade. Inteligência do art. 1.031 do Código Civil. Precedentes. Omisso o contrato social, observa-se a regra geral segundo a qual o sócio não pode, na dissolução parcial da sociedade, receber valor diverso do que receberia, como partilha, na dissolução total, verificada tão somente naquele momento. O fluxo de caixa descontado – método para avaliar a riqueza econômica de uma empresa dimensionada pelos lucros a serem agregados no futuro – não é adequado para o contexto da apuração de haveres" (STJ, REsp 1.904.252/RS, Rel. Min. Maria Isabel Gallotti, 4ª Turma, jul. 22.08.2023, *DJe* 01.09.2023).

4. Apuração de haveres. Juros de mora a contar da citação inicial. Código Civil de 1916. "De acordo com a regra de transição prevista no art. 2.034 do CC/02: A dissolução e a liquidação das pessoas jurídicas referidas no artigo antecedente, quando iniciadas antes da vigência deste Código, obedecerão ao disposto nas leis anteriores. Isso significa que, nas ações de dissolução de sociedade com apuração de haveres relativas a fatos anteriores à vigência do Código Civil vigente, os juros de mora contam-se desde a citação inicial, mesmo que não tenha ainda sido quantificada a dívida (REsp 1.413.237/SP, Rel. Ministro João Otávio de Noronha, Terceira Turma, *DJe* 9/5/2016). 4. Impossível, todavia, fazer retroagir o termo inicial dos juros à data da citação, sob pena de *reformatio in pejus*" (STJ, EDcl no REsp 1.499.772/DF, Rel. Min. Moura Ribeiro, 3ª Turma, jul. 10.03.2020, *DJe* 12.03.2020).

5. Apuração de haveres. Juros de mora. Código Civil de 2002. "A jurisprudência desta Corte, após a entrada em vigor do art. 1.031, § 2º, do CC/02, passou a entender que, ausente disposição contratual em contrário, os juros de mora devem incidir a partir do nonagésimo dia seguinte ao trânsito em julgado da liquidação na apuração de haveres, porque antes disso, não haveria mora" (STJ, AgInt no AREsp 2.227.578/RS, Rel. Min. Nancy Andrighi, 3ª Turma, jul. 12.06.2023, *DJe* 14.06.2023). **No mesmo sentido:** "Todavia, também é certo que a jurisprudência desta Corte é no sentido de que, nas ações de dissolução de sociedade com apuração de haveres, a partir do Código de 2002, nos termos do art. 1.031, § 2º, os juros de mora terão por termo inicial o vencimento do prazo legal nonagesimal, contado da liquidação dos haveres. Hipótese dos autos, porquanto ajuizada a ação já na vigência do Código Civil de 2002" (STJ, AgInt nos EDcl no AgInt nos EDcl no REsp. 1.942.597/PR, Rel. Min. Humberto Martins, 3ª Turma, jul. 26.02.2024, *DJe* 29.02.2024).

Art. 605. A data da resolução da sociedade será:

I – no caso de falecimento do sócio, a do óbito;

II – na retirada imotivada, o sexagésimo dia seguinte ao do recebimento, pela sociedade, da notificação do sócio retirante;

III – no recesso, o dia do recebimento, pela sociedade, da notificação do sócio dissidente;

IV – na retirada por justa causa de sociedade por prazo determinado e na exclusão judicial de sócio, a do trânsito em julgado da decisão que dissolver a sociedade; e

V – na exclusão extrajudicial, a data da assembleia ou da reunião de sócios que a tiver deliberado.

BREVES COMENTÁRIOS

O momento em que se considera desfeito o vínculo entre o sócio e a sociedade é importante para a fixação dos valores a que faz jus o sócio retirante e está indicado no art. 605.

JURISPRUDÊNCIA SELECIONADA

1. Sociedade por tempo indeterminado. Direito de recesso. Momento da apuração dos haveres. "O direito de retirada de sociedade constituída por tempo indeterminado, a partir do Código Civil de 2002, é direito potestativo que pode ser exercido mediante a simples notificação com antecedência mínima de sessenta dias (art. 1.209), dispensando a propositura de ação de dissolução parcial para tal finalidade. Após o decurso do prazo, o contrato societário fica resolvido, de pleno direito, em relação ao sócio retirante, devendo serem apurados haveres e pagos os valores devidos na forma do art. 1.031 do CC, considerando-se, pois, termo final daquele prazo como a data-base para apuração dos haveres" (STJ, REsp 1602240/MG, Rel. Min. Marco Aurélio Bellizze, 3ª Turma, jul. 06.12.2016, *DJe* 15.12.2016). No mesmo sentido: STJ, REsp 1735360/MG, Rel. Min. Nancy Andrighi, 3ª Turma, jul. 12.03.2019, *DJe* 15.03.2019).

2. Retirada do sócio. Direito potestativo. Autonomia da vontade. Apuração de haveres. Data-base. "O direito de retirada imotivada de sócio de sociedade limitada por tempo indeterminado constitui direito potestativo à luz dos princípios da autonomia da vontade e da liberdade de associação. Quando o direito de retirada é exteriorizado por meio de notificação extrajudicial, a apuração de haveres tem como data-base o recebimento do ato pela empresa. O direito de recesso deve respeitar o lapso temporal mínimo de 60 (sessenta) dias, conforme o teor do art. 1.029 do CC/2002. [...] A decisão que decretar a dissolução parcial da sociedade deverá indicar a data de desligamento do sócio e o critério de apuração de haveres (Enunciado nº 13 da I Jornada de Direito Comercial – CJF). O Código de Processo Civil de 2015 prevê expressamente que, na retirada imotivada do sócio, a data da resolução da sociedade é o sexagésimo dia após o recebimento pela sociedade da notificação do sócio retirante (art. 605, inciso II)" (STJ, REsp 1403947/MG, Rel. Min. Ricardo Villas Bôas Cueva, 3ª Turma, jul. 24.04.2018, *DJe* 30.04.2018).

Art. 606. Em caso de omissão do contrato social, o juiz definirá, como critério de apuração de haveres, o valor patrimonial apurado em balanço de determinação, tomando-se por referência a data da resolução e avaliando-se bens e direitos do ativo, tangíveis e intangíveis, a preço de saída, além do passivo também a ser apurado de igual forma.

Parágrafo único. Em todos os casos em que seja necessária a realização de perícia, a nomeação do perito recairá preferencialmente sobre especialista em avaliação de sociedades.

SÚMULAS

Súmula do STF:

Nº 265: "Na apuração de haveres, não prevalece o balanço não aprovado pelo sócio falecido, excluído ou que se retirou".

CJF

Enunciado 62 – "Com a exclusão do sócio remisso, a forma de reembolso das suas quotas, em regra, deve-se dar com base em balanço especial, realizado na data da exclusão".

BREVES COMENTÁRIOS

De acordo com o CPC/2015, "em caso de omissão do contrato social" será utilizado o balanço patrimonial, para cálculo dos haveres (art. 606, primeira parte). Privilegia-se, dessa forma, o critério que os próprios sócios escolheram e registraram no contrato social. A observância desse parâmetro reflete o "respeito aos deveres integrados ao vínculo obrigacional por força da cláusula geral de boa-fé, vínculo esse que ontologicamente deve expressar relação de razão e proporção, no todo ou em suas cláusulas particulares" (LEONARDI, Felipe Raminelli. Comentário ao REsp 1.335.619/SP. Parâmetro interpretativo para cláusula eletiva de critério para apuração de haveres em contrato de sociedade limitada. *Revista dos Tribunais*, vol. 956, ano 104, jun. 2015, p. 347).

A opção do legislador alinha-se ao entendimento jurisprudencial e ao que prescreve o direito material (CC, arts. 1.031 e 1.188). Esse balanço especial, em geral, é elaborado com base na situação patrimonial real da sociedade na data da sua dissolução parcial. Tem como finalidade quantificar o valor patrimonial efetivo da sociedade, a fim de se apurar o valor a ser levantado pelo sócio dissidente. Esse balanço será realizado pelo perito (CPC/2015, art. 606, parágrafo único).

JURISPRUDÊNCIA SELECIONADA

1. Dissolução parcial de sociedade por quotas de responsabilidade limitada. Sócio dissidente. Critérios para apuração de haveres. Balanço de determinação. "O entendimento firmado pelo Colegiado local está em harmonia com a jurisprudência desta Corte, no sentido de que, na dissolução parcial de sociedade por quotas de responsabilidade limitada, o critério previsto no contrato social para a apuração dos haveres do sócio retirante somente prevalecerá se houver consenso entre as partes quanto ao resultado alcançado, sendo que, em caso de discordância, deverá ser adotado o balanço de determinação, por melhor refletir o valor patrimonial da empresa. Incide, portanto, o teor da Súmula n. 83/STJ" (STJ, AgInt no AREsp 1663721/MS, Rel. Min. Marco Aurélio Bellizze, 3ª Turma, jul. 28.09.2020, *DJe* 07.10.2020). **No mesmo sentido:** STJ, REsp 1335619/SP, Rel. p/ Acórdão Min. João Otávio de Noronha, 3ª Turma, jul. 03.03.2015, *DJe* 27.03.2015.

Apuração de haveres. Omissão do contrato social. Metodologia. Balanço especial. "O artigo 606 do Código de Processo Civil de 2015 veio reforçar o que já estava previsto no Código Civil de 2002 (artigo 1.031), tornando ainda mais nítida a opção legislativa segundo a qual, na omissão do contrato social quanto ao critério de apuração de haveres no caso de dissolução parcial de sociedade, o valor da quota do sócio retirante deve ser avaliado pelo critério patrimonial mediante balanço de determinação. O legislador, ao eleger o balanço de determinação como forma adequada para a apuração de haveres, excluiu a possibilidade de aplicação conjunta da metodologia do fluxo de caixa descontado. Os precedentes do Superior Tribunal de Justiça acerca do tema demonstram a preocupação desta Corte com a efetiva correspondência entre o valor da quota do sócio retirante e o real valor dos ativos da sociedade, de modo a refletir o seu verdadeiro valor patrimonial. A metodologia do fluxo de caixa descontado, associada à aferição do valor econômico da sociedade, utilizada comumente como ferramenta de gestão para a tomada de decisões acerca de novos investimentos e negociações, por comportar relevante grau de incerteza e prognose, sem total fidelidade aos valores reais dos ativos, não é aconselhável na apuração de haveres do sócio dissidente. A doutrina especializada, produzida já sob a égide do Código de Processo Civil de 2015, entende que o critério legal (patrimonial) é o mais acertado e está mais afinado com o princípio da preservação da empresa, ao passo que o econômico (do qual deflui a metodologia do fluxo de caixa descontado), além de inadequado para o contexto da apuração de haveres, pode ensejar consequências perniciosas, tais como (i) desestímulo ao cumprimento dos deveres dos sócios minoritários; (ii) incentivo ao exercício do direito de retirada, em prejuízo da estabilidade das empresas, e (iii) enriquecimento indevido do sócio desligado em detrimento daqueles que permanecem na sociedade" (STJ, REsp 1.877.331/SP, Rel. p/acórdão Min. Ricardo Villas Bôas Cueva, 3ª Turma, jul. 13.04.2021, *DJe* 14.05.2021).

2. Dissolução parcial. Nomeação de liquidante. Desnecessidade. Perícia. "A nomeação de liquidante somente se faz necessária nos casos de dissolução total da sociedade, porquanto suas atribuições estão relacionadas com a gestão do patrimônio social de modo a regularizar a sociedade que se pretende dissolver. Na dissolução parcial, em que se pretende apurar exclusivamente os haveres do sócio falecido ou retirante, com a preservação da atividade da sociedade, é adequada simplesmente a nomeação de perito técnico habilitado a realizar perícia contábil a fim de determinar o valor da quota-parte devida ao ex-sócio ou aos seus herdeiros" (STJ, REsp 1557989/MG, Rel. Min. Ricardo Villas Bôas Cueva, 3ª Turma, jul. 17.03.2016, *DJe* 31.03.2016).

Art. 607. A data da resolução e o critério de apuração de haveres podem ser revistos pelo juiz, a pedido da parte, a qualquer tempo antes do início da perícia.

BREVES COMENTÁRIOS

A pedido da parte, o juiz poderá rever, a qualquer tempo antes do início da perícia, a data da resolução e o critério de apuração de haveres (art. 607). Os parâmetros para fixação da data de resolução constam do art. 605 e os critérios para apuração dos haveres estão definidos nos arts. 606 e seguintes do CPC/2015. Tais normas vinculam o juiz em sua sentença. Assim, admite-se correção caso se identifique descompasso da sentença com os preceitos que antecedem o art. 607 do CPC/2015.

Art. 608. Até a data da resolução, integram o valor devido ao ex-sócio, ao espólio ou aos sucessores a participação nos lucros ou os juros sobre o capital próprio declarados pela sociedade e, se for o caso, a remuneração como administrador.

Parágrafo único. Após a data da resolução, o ex-sócio, o espólio ou os sucessores terão direito apenas à correção monetária dos valores apurados e aos juros contratuais ou legais.

BREVES COMENTÁRIOS

Até a data da resolução da sociedade, o sócio faz parte da sociedade. Com efeito, integram o montante devido ao ex-sócio, ao espólio ou aos sucessores os valores decorrentes: (i) da participação nos lucros; (ii) dos juros sobre o capital próprio declarados pela sociedade; (iii) da atuação do ex-sócio como administrador, se for o caso (CPC/2015, art. 608, *caput*). Resolvida a sociedade, os valores apurados serão corrigidos e sobre eles incidirão juros legais ou contratuais (art. 608, parágrafo único).

JURISPRUDÊNCIA SELECIONADA

1. Ação de dissolução parcial. Liquidação de sentença. "A apuração de haveres – levantamento dos valores referentes à participação do sócio que se retira ou que é excluído da sociedade – se processa da forma prevista no contrato social, uma vez que, nessa seara, prevalece o princípio da força obrigatória dos contratos, cujo fundamento é a autonomia da vontade, desde que observados os limites legais e os princípios gerais do direito' (REsp n. 1.239.754/RS). Nas ações de dissolução de sociedade com apuração de haveres relativas a fatos anteriores à vigência do Código Civil vigente, os juros de mora contam-se desde a citação inicial, mesmo que não tenha ainda sido quantificada a dívida" (STJ, REsp 1413237/SP, Rel. Min. João Otávio de Noronha, 3ª Turma, jul. 03.05.2016, *DJe* 09.05.2016).

2. Dissolução parcial de sociedade limitada. Juros de mora. "Controvérsia que se cinge em examinar a adequação dos critérios fixados pelo Tribunal de origem para quantificação dos haveres devidos ao sócio retirante em razão da dissolução parcial de sociedade de responsabilidade limitada, bem como o marco inicial da fluência dos juros de mora e a distribuição dos honorários de sucumbência. De acordo com o entendimento do STJ, a taxa dos juros moratórios a que se refere o art. 406 do CC/02 é a taxa referencial do Sistema Especial de Liquidação e Custódia – SELIC –, que se revela insuscetível de cumulação com quaisquer índices de correção monetária, sob pena de bis in idem" (STJ, REsp 1537922/DF, Rel. Min. Nancy Andrighi, 3ª Turma, jul. 28.03.2017, *DJe* 30.03.2017).

Art. 609. Uma vez apurados, os haveres do sócio retirante serão pagos conforme disciplinar o contrato social e, no silêncio deste, nos termos do § 2º do art. 1.031 da Lei nº 10.406, de 10 de janeiro de 2002 (Código Civil).

BREVES COMENTÁRIOS

Liquidados os haveres do sócio retirante, mediante decisão judicial que declarará o respectivo *quantum*, caberá à sociedade pagá-los, na forma prevista no contrato social (CPC/2015, art. 609) ou, na sua falta, na forma determinada no art. 1.031, § 2º, do Código Civil, ou seja, o pagamento será feito em dinheiro, no prazo de 90 dias após a respectiva liquidação. Inocorrendo o pagamento voluntário, caberá o procedimento de cumprimento das sentenças relativas às obrigações de quantia certa (CPC/2015, arts. 523 e ss.).

JURISPRUDÊNCIA SELECIONADA

1. Juros de mora. "'Os juros de mora eventualmente devidos em razão do pagamento dos haveres devidos em decorrência da retirada do sócio, no novo contexto legal do art. 1.031, § 2º, do CC/02, terão por termo inicial o vencimento do prazo legal nonagesimal, contado desde a liquidação dos haveres' (REsp 1286708/PR, Rel. Ministra Nancy Andrighi, Terceira Turma, julgado em 27/05/2014, *DJe* 05/06/2014)" (STJ, AgInt nos EDcl no REsp 1459156/SP, Rel. Min. Luis Felipe Salomão, 4ª Turma, jul. 03.09.2019, *DJe* 10.09.2019). No mesmo sentido, a jurisprudência à luz do CPC/1973, ainda aplicável: STJ, REsp 1286708/PR, Rel. Min. Nancy Andrighi, 3ª Turma, jul. 27.05.2014, *DJe* 05.06.2014.

2. Prazo de pagamento dos haveres do sócio. "Prazo contratual previsto para o pagamento dos haveres do sócio que se retira da sociedade supõe quantum incontroverso; se houver divergência a respeito, e só for dirimida em ação judicial, cuja tramitação tenha esgotado o aludido prazo, o pagamento dos haveres é exigível de imediato" (STJ, REsp 1371843/SP, Rel. Min. Paulo de Tarso Sanseverino, 3ª Turma, jul. 20.03.2014, *DJe* 26.03.2014).

AÇÃO DE DISSOLUÇÃO PARCIAL DE SOCIEDADE: INDICAÇÃO DOUTRINÁRIA

André Lipp Pinto Basto Lupi. A dissolução parcial de sociedade na vigência do novo CPC: apontamentos a partir da jurisprudência recente (2016-2018). *Revista de Processo*. vol.

293, ano 44. p. 277-294. São Paulo: Ed. RT, julho/2019; Antônio Carlos Marcato, *Procedimentos especiais*. 16. ed., São Paulo: Atlas, 2016; Cássio Scarpinella Bueno, *Manual de direito processual civil*, São Paulo: Saraiva, 2015; Daniel Amorim Assumpção Neves, *Manual de direito processo civil*, São Paulo: Método, 2015; Felipe Raminelli Leonardi, Comentário ao REsp 1.335.619/SP. Parâmetro interpretativo para cláusula eletiva de critério para apuração de haveres em contrato de sociedade limitada, *Revista dos Tribunais*, v. 956, ano 104, jun. 2015, p. 347; Fernando Sacco Neto, In: Teresa Arruda Alvim Wambier, Fredie Didier Jr., Eduardo Talamini, Bruno Dantas, *Breves comentários ao novo Código de Processo Civil*, São Paulo: Revista dos Tribunais, 2015; Fredie Didier Jr., *Curso de direito processual civil*, 17. ed., Salvador: JusPodivm, 2015, v. I; Geraldo Fonseca de Barros Neto. Dissolução parcial de sociedade. In: Thereza Arruda Alvim et. al. *O novo Código de Processo Civil brasileiro – Estudos dirigidos: Sistematização e procedimento*. Rio de Janeiro: Forense, 2015, p. 497; Geraldo Fonseca de Barros Neto. Dissolução parcial de sociedade. *In:* Paulo Henrique dos Santos Lucon e Pedro Miranda de Oliveira. Panorama atual do novo CPC. Florianópolis: Empório do Direito, 2016, p. 187; Guilherme Rizzo Amaral, *Comentários às alterações do novo CPC*, São Paulo: Revista dos Tribunais, 2015; Humberto Theodoro Júnior, *Curso de direito processual civil*, 54. ed., Rio de Janeiro: Forense, 2020, v. II; Humberto Theodoro Júnior, Fernanda Alvim Ribeiro de Oliveira, Ester Camila Gomes Norato Rezende (coord.), *Primeiras lições sobre o novo direito processual civil brasileiro*, Rio de Janeiro: Forense, 2015; J. E. Carreira Alvim, *Comentários ao novo Código de Processo Civil*, Curitiba: Juruá, 2015; José Eduardo Carreira Alvim. Ação de dissolução parcial de sociedade. In: Thereza Arruda Alvim *et. al. O novo Código de Processo Civil brasileiro – Estudos dirigidos: Sistematização e procedimento*. Rio de Janeiro: Forense, 2015, p. 509; José Miguel Garcia Medina, *Novo Código de Processo Civil comentado*, São Paulo: Revista dos Tribunais, 2015; Leonardo Greco, *Instituições de processo civil: introdução ao direito processual civil*, 5ª ed., Rio de Janeiro: Forense, 2015; Luis Antônio Giampaulo Sarro, *Novo Código de Processo Civil*, São Paulo: Rideel, 2015; Luiz Cláudio Barreto Silva. Sociedade Comercial: É cabível a exclusão judicial do sócio majoritário pelos minoritários por falta grave? *Revista Jurídica Lex*. vol. 78. São Paulo: Lex Editora, nov./dez. 2015, p. 52; Luiz Guilherme Marinoni, Sérgio Cruz Arenhart, Daniel Mitidiero, *Curso de processo civil*, São Paulo: Revista dos Tribunais, 2015, v. I; Marcelo Vieira Adamek. *Abuso de minoria em direito societário*. São Paulo: Malheiros, 2014, especialmente: cap. 5 – ações de dissolução de sociedade, p. 253 e ss.; cap. 8 – Exclusão judicial de sócio, dissolução total da sociedade, p. 432 e ss; Nelson Nery Junior, Rosa Maria de Andrade Nery, *Comentários ao Código de Processo Civil*, São Paulo: Revista dos Tribunais, 2015; Pedro D'Angelo Ribeiro, Roberto Henrique Pôrto Nogueira. In: BRAGA NETO, Felipe Peixoto; SILVA, Michael César; THIBAU, Vinícius Lott (Coord.). *O Direito Privado e o novo Código de Processo Civil: repercussões, diálogos e tendências*, Belo Horizonte: Fórum, 2018; Renato Vilela. *Avaliação para fins de apuração de haveres nas sociedades limitadas*: apreciação de ativos intangíveis. São Paulo: Dialética, 2023; Ricardo Alexandre da Silva, Eduardo Lamy, In: Sérgio Cruz Arenhart e Daniel Mitidiero (coord.), *Comentários ao Código de Processo Civil*, 2. ed., São Paulo: RT, 2018, v. 9; Rui Celso Reali Fragoso, Dissolução parcial de sociedades limitadas, In: Arruda Alvim et al. *Uma vida dedicada ao Direito*: estudos em homenagem a Roberto Rosas, Rio de Janeiro: Ed. GZ, 2020, p. 795-802; Teresa Arruda Alvim Wambier, Fredie Didier Jr., Eduardo Talamini, Bruno Dantas (coord.), *Breves comentários ao novo Código de Processo Civil*, São Paulo: Revista dos Tribunais, 2015; Teresa Arruda Alvim Wambier, Maria Lúcia Lins Conceição, Leonardo Ferres da Silva Ribeiro, Rogério Licastro Torres de Melo, *Primeiros comentários ao novo Código de Processo Civil*, São Paulo: Revista dos Tribunais, 2015.

Capítulo VI
DO INVENTÁRIO E DA PARTILHA

Seção I
Disposições Gerais

Art. 610. Havendo testamento ou interessado incapaz, proceder-se-á ao inventário judicial.

§ 1º Se todos forem capazes e concordes, o inventário e a partilha poderão ser feitos por escritura pública, a qual constituirá documento hábil para qualquer ato de registro, bem como para levantamento de importância depositada em instituições financeiras.

§ 2º O tabelião somente lavrará a escritura pública se todas as partes interessadas estiverem assistidas por advogado ou por defensor público, cuja qualificação e assinatura constarão do ato notarial.

CPC/1973

Art. 982.

REFERÊNCIA LEGISLATIVA

CC, arts. 1.991 a 2.027;

Lei nº 8.213, de 24.07.1991, art. 112;

Lei nº 6.858, de 24.11.1980, regulamentada pelo Decreto nº 85.845, de 26.03.1981;

Resolução nº 35, de 24.04.2007, do Conselho Nacional de Justiça, alterada pela Resolução nº 326, de 26.06.2020 (disciplina a lavratura dos atos notariais relacionados a inventário, partilha, separação consensual, divórcio consensual e extinção consensual de união estável por via administrativa) (obtida no *site*: www.cnj.gov.br).

CJF – I JORNADA DE DIREITO PROCESSUAL CIVIL

Enunciado 51 – Havendo registro judicial ou autorização expressa do juízo sucessório competente, nos autos do procedimento de abertura, registro e cumprimento de testamento, sendo todos os interessados capazes e concordes, poderão ser feitos o inventário e a partilha por escritura pública.

BREVES COMENTÁRIOS

O inventário, na tradição de nosso direito processual civil, era sempre judicial, enquanto a partilha, a critério dos herdeiros, tanto podia ser processada em juízo como extrajudicialmente. Com a edição da Lei nº 11.441, de 04.01.2007, alterando o art. 982 do Código de 1973, passou a ser possível a opção pela extrajudicialidade, no tocante ao inventário, norma que se repete no CPC/2015. De qualquer modo, para realizar o inventário e a partilha sem a intervenção do juiz, é preciso que todos os interessados sejam maiores e capazes e que haja acordo geral entre eles (CC, art. 2.015 e CPC/2015, art. 610, § 2º). Trata-se, ainda, de um negócio jurídico solene, cujo aperfeiçoamento exige a forma de escritura pública lavrada por tabelião, com a assistência de advogado ou defensor público.

Em lugar de promover o inventário e partilha em juízo, podem os interessados adotar a via administrativa, recorrendo ao chamado foro extrajudicial, em que atuam os tabeliães ou notários.

Sem qualquer participação do juiz, o inventário e a partilha serão efetuados por escritura pública, a qual constituirá título hábil para qualquer ato de registro, bem como para levantamento de importância depositada em instituições financeiras, independentemente de homologação judicial (CPC/2015, art. 610, § 1º). Trata-se de sistema antigo no direito europeu e que, a partir da Lei nº 11.441/2007, passou a vigorar também entre nós, gerando só benefícios para as partes e para os serviços judiciários.

A utilização da via administrativa, todavia, não é uma imposição legal, e sim uma faculdade aberta aos sucessores que, se preferirem, poderão continuar a utilizar o procedimento judicial para obter a homologação da partilha. A divisão amigável poderá constar de petição ou termo nos autos e não dependerá das exigências formais dos arts. 610 e seguintes do CPC/2015.

JURISPRUDÊNCIA SELECIONADA

1. Testamento. Inventário extrajudicial. Possibilidade. "Segundo o art. 610 do CPC/2015 (art. 982 do CPC/73), em havendo testamento ou interessado incapaz, proceder-se-á ao inventário judicial. Em exceção ao caput, o § 1º estabelece, sem restrição, que, se todos os interessados forem capazes e concordes, o inventário e a partilha poderão ser feitos por escritura pública, a qual constituirá documento hábil para qualquer ato de registro, bem como para levantamento de importância depositada em instituições financeiras. O Código Civil, por sua vez, autoriza expressamente, independentemente da existência de testamento, que, 'se os herdeiros forem capazes, poderão fazer partilha amigável, por escritura pública, termo nos autos do inventário, ou escrito particular, homologado pelo juiz' (art. 2.015). Por outro lado, determina que 'será sempre judicial a partilha, se os herdeiros divergirem, assim como se algum deles for incapaz' (art. 2.016) – bastará, nesses casos, a homologação judicial posterior do acordado, nos termos do art. 659 do CPC. Assim, de uma leitura sistemática do *caput* e do § 1º do art. 610 do CPC/2015, c/c os arts. 2.015 e 2.016 do CC/2002, mostra-se possível o inventário extrajudicial, ainda que exista testamento, se os interessados forem capazes e concordes e estiverem assistidos por advogado, desde que o testamento tenha sido previamente registrado judicialmente ou haja a expressa autorização do juízo competente. A mens legis que autorizou o inventário extrajudicial foi justamente a de desafogar o Judiciário, afastando a via judicial de processos nos quais não se necessita da chancela judicial, assegurando solução mais célere e efetiva em relação ao interesse das partes. Deveras, o processo deve ser um meio, e não um entrave, para a realização do direito. Se a via judicial é prescindível, não há razoabilidade em proibir, na ausência de conflito de interesses, que herdeiros, maiores e capazes, socorram-se da via administrativa para dar efetividade a um testamento já tido como válido pela Justiça. Na hipótese, quanto à parte disponível da herança, verifica-se que todos os herdeiros são maiores, com interesses harmoniosos e concordes, devidamente representados por advogado. Ademais, não há maiores complexidades decorrentes do testamento. Tanto a Fazenda estadual como o Ministério Público atuante junto ao Tribunal local concordaram com a medida. Somado a isso, o testamento público, outorgado em 2/3/2010 e lavrado no 18º Ofício de Notas da Comarca da Capital, foi devidamente aberto, processado e concluído perante a 2ª Vara de Órfãos e Sucessões" (STJ, REsp 1808767/RJ, Rel. Min. Luis Felipe Salomão, 4ª Turma, jul. 15.10.2019, *DJe* 03.12.2019).

Inventário e partilha extrajudiciais. Faculdade. "A realização do inventário e da partilha através de procedimento extrajudicial é uma faculdade conferida à parte pela nova redação dada ao art. 982 do CPC pela Lei 11.441/2007 [art. 610 do CPC/2015], em razão do que a opção pela via judicial, nos casos em que é possível a sua realização na forma prevista na segunda parte do aludido dispositivo, não configura ausência de interesse processual. Não há que se falar em ausência de interesse processual, quando se encontra presente o binômio necessidade-utilidade do provimento jurisdicional" (TJMG, Ap. Cív. 1.0549.07.007675-3/001, Rel. Des. Dídimo Inocêncio de Paula, 3ª Câmara Cível, jul. 13.09.2007, *DJ* 21.09.2007).

No mesmo sentido: TJMG, Ap. Cív. 1.0151.08.026745-4/001, Rel. Des. Edivaldo George dos Santos, 7ª Câmara Cível, jul. 17.02.2009, *DJ* 17.03.2009.

2. Inventário judicial. Valor da causa. "No processo de inventário, o valor da causa corresponde ao do *monte-mor*" (STJ, REsp 459.852/SP, Rel.ª Min.ª Nancy Andrighi, 3ª Turma, jul. 26.08.2003, *DJ* 29.09.2003). **Todavia,** "A Taxa Judiciária, no processo de inventário, não deve ser calculada sobre o monte-mor, neste incluído o montante relativo à meação do cônjuge supérstite, a qual, não constituindo patrimônio do *de cujus*, não se enquadra no conceito legal de herança não é objeto do serviço público prestado, e, consequentemente, da base de cálculo da citada Taxa" (STJ, REsp 437.525/SP, Rel. Min. Luiz Fux, 1ª Turma, jul. 20.11.2003, *DJ* 09.12.2003).

3. Inventário negativo. Possibilidade. "O inventário é a administração da herança, e esta, sendo patrimônio pessoal deixado por morte, consiste na unidade abstrata de todos os bens, direitos, obrigações e ações, ativas ou passivas, existentes na abertura da sucessão. Assim, mesmo negativa, subsiste como unidade patrimonial, a cuja autonomia só a partilha porá fim. Dessa forma, **requerimento de inventário nunca poderá ser indeferido, mesmo que o patrimônio deixado pareça ser nada ou constando da certidão de óbito nota de inexistência de bens a inventariar,** pois o inventário é para pôr ordem e liquidar situação econômica residual de quem faleceu" (TJSP, Ag. 107.825-1, Rel. Des. Walter Moraes, 2ª Câmara, jul. 26.08.1988, *RT* 639/79).

4. Foro do inventário. Lugar da situação dos bens. "O inventário e a partilha devem ser processados no lugar da situação dos bens deixados pelo falecido, não podendo o juízo brasileiro determinar a liberação de quantia depositada em instituição financeira estrangeira" (STJ, REsp 510.084/SP, Rel. Min. Nancy Andrighi, 3ª Turma, jul. 04.08.2005, *DJ* 05.09.2005, p. 398).

***Vis attractiva*. Inexistência.** "O foro do inventário não exerce *vis attractiva* sobre o processo em que se pleiteia reparação de danos decorrentes de ato ilícito do *de cujus*" (1º TACível SP, AI 318.391, Rel. Juiz Roque Komatsu, 2ª Câmara, jul. 23.11.1983, *RT* 580/158).

5. Independe de inventário ou arrolamento. "Os montantes das contas individuais do fundo de garantia do tempo de serviço e do fundo de participação PIS-Pasep, não recebidos em vida pelos respectivos titulares, devem ser liberados aos dependentes habilitados, independentemente de inventário ou arrolamento; o levantamento só depende de autorização judicial se não houver dependentes habilitados, hipótese em que serão recebidos pelos sucessores previstos na lei civil, mediante alvará a ser requerido ao juízo competente para o inventário ou arrolamento. Conflito de competência conhecido para declarar a competência do mm. Juízo de Direito de Tubarão – SC." (STJ, CC 15.367/SC, Rel. Min. Ari Pargendler, 1ª Seção, jul. 14.11.1995, *DJ* 04.12.1995). **Obs.:** V. Lei nº 6.858/1980 e Regulamento constante do Decreto nº 85.845/1981, e, ainda, o Decreto-lei nº 2.292/1986, que exclui do regime da Lei nº 6.858/1980 restituições de valores relativos ao Imposto de Renda e outros tributos de natureza federal.

Art. 611. O processo de inventário e de partilha deve ser instaurado dentro de 2 (dois) meses, a contar da abertura da sucessão, ultimando-se nos 12 (doze) meses subsequentes, podendo o juiz prorrogar esses prazos, de ofício ou a requerimento de parte.

CPC/1973

Art. 983.

REFERÊNCIA LEGISLATIVA

CPC/2015, art. 615 (legitimação prioritária para requerer o inventário).

CC, art. 1.796.

Resolução nº 35/2007 do CNJ.

SÚMULAS

Súmula do STF:

nº 542: "Não é inconstitucional a multa instituída pelo Estado-membro, como sanção pelo retardamento do início ou da ultimação do inventário".

BREVES COMENTÁRIOS

O inventário deve ser instaurado no prazo de dois meses da abertura da sucessão (i.e., da morte do inventariado), fixado pelo art. 611, podendo ser prorrogado pelo juízo, de ofício ou a requerimento da parte. Trata-se de um procedimento necessário, pois há um interesse de ordem pública no acertamento da sucessão causa mortis. Por isso, devem os interessados abrir o processo sucessório em juízo ou mediante a escritura pública de inventário e partilha, dentro do bimestre legal.

O Código anterior previa, em seu art. 989, que o juiz ordenasse, de ofício, a abertura do inventário, se nenhuma das pessoas mencionadas nos arts. 615 e 616 o requeresse no prazo do art. 611, quebrando assim o princípio do *ne procedat iudex ex officio* (art. 2º). Essa exceção ao princípio da inércia não mais subsiste no CPC/2015.

JURISPRUDÊNCIA SELECIONADA

1. Decorrência do prazo:

Qualquer interessado. "Decorrido *in albis* o prazo para a abertura do inventário de que trata o art. 983 do CPC [art. 611 do CPC/2015], tem legitimidade concorrente qualquer interessado, inclusive o credor do herdeiro. Inteligência do art. 988, inc. VI, CPC [art. 616, VI, do CPC/2015]. No entanto, essa legitimidade para abrir o inventário não afeta a legitimação para o exercício da inventariança, devendo ser nomeado para tal múnus o herdeiro necessário que estiver na posse dos bens e administração do espólio, já que não há cônjuge supérstite" (TJRS, AGI 70010615953, Rel. Sérgio Fernando de Vasconcellos Chaves, 7ª Câmara Cível, jul. 23.02.2005).

Art. 612. O juiz decidirá todas as questões de direito desde que os fatos relevantes estejam provados por documento, só remetendo para as vias ordinárias as questões que dependerem de outras provas.

CPC/1973

Art. 984.

REFERÊNCIA LEGISLATIVA

CPC/2015, arts. 627 (citações; procedimento das impugnações), 628 (procedimento do preterido no inventário), 641, § 2º (colações; negativa do herdeiro), 643 (discordância quanto ao pagamento das dívidas).

BREVES COMENTÁRIOS

A finalidade do procedimento sucessório contencioso é definir os componentes do acervo hereditário e determinar quem são os herdeiros que recolherão a herança (inventário), bem como definir a parte dos bens que tocará a cada um deles (partilha). Para alcançar esse objetivo, caberá ao juiz solucionar todas as questões suscitadas, seja em torno de bens e obrigações do *de cujus*, seja em torno da qualidade sucessória dos pretendentes à herança.

Qualquer das impugnações deve se basear em questão de direito ou em fato demonstrável por prova documental, visto que no procedimento do inventário não há dilação para prova oral ou pericial. Se a matéria envolver questão que dependa desse tipo de prova, a controvérsia e a conveniente coleta do material probatório serão remetidas para as vias ordinárias, para que as partes possam debatê-las adequadamente, por meio de ação própria.

JURISPRUDÊNCIA SELECIONADA

1. Questões de direito. Juízo do inventário:

a) Foro universal. "As questões de fato e de direito atinentes à herança devem ser resolvidas pelo juízo do inventário, salvo as exceções previstas em lei, como as matérias de 'alta indagação' referidas no art. **984, CPC [art. 612 do CPC/2015], e as ações reais imobiliárias ou as em que o espólio for autor. Com essas ressalvas, o foro sucessório assume caráter universal**, tal como o juízo falimentar, devendo nele ser solucionadas as pendências entre os herdeiros" (STJ, REsp 190.436/SP, Rel. Min. Sálvio de Figueiredo Teixeira, 4ª Turma, jul. 21.06.2001, *DJ* 10.09.2001). **No mesmo sentido:** TJRJ, AI 2003.002.18606, Rel. Des. Binato de Castro, 12ª Câmara Cível, jul. 10.08.2004; TJRJ, AI 2007.002.17329, Rel. Des. Celia Meliga Pessoa, 18ª Câmara Cível, jul. 18.12.2007; STJ, AgRg no Ag 855.543/RS, Rel. Min. Humberto Gomes de Barros, 3ª Turma, jul. 21.06.2007, *DJ* 01.08.2007; STJ, REsp 114.524/RJ, Rel. Min. Sálvio de Figueiredo Teixeira, 4ª Turma, jul. 27.05.2003, *DJ* 23.06.2003, p. 371.

b) Não configura questão de alta indagação.

Reconhecimento incidental de união estável. Comprovação documental. Possibilidade. "O reconhecimento de união estável em sede de inventário é possível quando esta puder ser comprovada por documentos incontestes juntados aos autos do processo" (STJ, REsp 1685935/AM, Rel. Min. Nancy Andrighi, 3ª Turma, jul. 17.08.2017, *DJe* 21.08.2017).

"Não se configura questão de indagação, a ser deslindada nas vias ordinárias, **aquela que independe de prova e consiste em nulidade**, exposta a declaração de ofício" (STJ, REsp 32.525/BA, Rel. Min. Eduardo Ribeiro, 3ª Turma, jul. 15.12.1993, *DJ* 18.04.1994, p. 8.491).

Colheita dos frutos após o término do contrato. "Quando do julgamento do agravo interno, esta Quarta Turma entendeu que a questão (referente à colheita dos frutos após o término do contrato) poderia ser dirimida no Juízo do inventário, não sendo necessária a instauração de ação própria, afastando a apontada violação ao art. 984 do CPC [art. 612 do CPC/2015]" (STJ, EDcl no AgRg na MC 5.970/SP, Rel. Min. Jorge Scartezzini, 4ª Turma, jul. 29.06.2004, *DJ* 27.09.2004, p. 359).

Discussão sobre avaliação de bens do espólio. "Descabe determinar a remessa às vias ordinárias a discussão sobre a avaliação conjunta dos bens do espólio, bem como para que seja estimado o valor gasto pelo herdeiro na realização de benfeitorias em imóvel pertencente ao espólio" (TJRS, AGI 70025416421, Rel. Sérgio Fernando de Vasconcellos Chaves, 7ª Câmara Cível, jul. 28.01.2009, *DJ* 10.02.2009).

Cobrança de aluguéis de um herdeiro contra o outro. "O ajuizamento de ação de rito ordinário, por um herdeiro contra o outro, cobrando o aluguel pelo tempo de ocupação de um dos bens deixados em testamento pelo falecido, contraria o princípio da universalidade do juízo do inventário, afirmada no art. 984 do Código de Processo Civil [art. 612 do CPC/2015], uma vez não se tratar de questão a demandar 'alta indagação' ou a depender de 'outras provas', mas de matéria típica do inventário, que, como cediço, é o procedimento apropriado para proceder-se à relação, descrição e avaliação dos bens deixados pelo falecido" (STJ, REsp 190.436/SP, Rel. Min. Sálvio de Figueiredo Teixeira, 4ª Turma, jul. 21.06.2001, *DJ* 10.09.2001, p. 392).

Poder cautelar do juiz. Alteração de registro na junta comercial. "O juiz do inventário pode, estabelecido o litígio entre as partes, presentes os requisitos de dano de difícil reparação e *fumus boni juris*, determinar a junta comercial o cancelamento do registro de alteração de cessão de quotas sociais, ato que teria sido praticado com ofensa ao art. 1.132" [do CC de 1916] (STJ, REsp 86.539/SP, Rel. Min. Ruy Rosado de Aguiar, 4ª Turma, jul. 25.06.1996, *DJ* 26.08.1996, p. 29.693).

"Eventual prejuízo da legítima em face de doação feita pelo pai aos filhos, ainda em vida (art. 1.776, CC/1916), sem haver fatos a provar, prescinde dos 'meios ordinários', podendo ser discutido no próprio inventário" (STJ, REsp 114.524/RJ, Rel. Min. Sálvio de Figueiredo Teixeira, 4ª Turma, jul. 27.05.2003, *DJ* 23.06.2003, p. 371).

c) Questões de alta indagação ou que dependerem de outras provas. Remessa dos autos para as vias ordinárias.

(i) Conceito.

"Cabe ao juízo do inventário decidir, nos termos do art. 984 do CPC [art. 612 do CPC/2015], 'todas as questões de direito e também as questões de fato, quando este se achar provado por documento, só remetendo para os meios ordinários as que demandarem alta indagação ou dependerem de outras provas', entendidas como de 'alta indagação' **aquelas questões que não puderem ser provadas nos autos do inventário**" (STJ, REsp 450.951/DF, Rel. Min. Luis Felipe Salomão, 4ª Turma, jul. 23.03.2010, *DJe* 12.04.2010).

"**Cabe ao juiz do inventário indicar as questões de alta indagação** que não podem ser resolvidas naquele processo" (STJ, REsp 960.885/RS, Rel. Min. Nancy Andrighi, 3ª Turma, jul. 17.03.2009, *DJe* 08.06.2009).

"Questão de alta indagação não é a difícil interpretação do direito" (TJSP, Ag 58.463-1, Rel. Des. Jorge Tannus, 5ª Câmara, jul. 26.09.1985, *RTJSP* 100/309).

Julgamento pela vara cível. "Válido o julgamento da matéria obrigacional, antecedente do direito à colação, de alta indagação e dependente de provas, por Juízo de Vara Cível, para o qual declinada, sem recurso, a competência, pelo Juízo do Inventário" (STJ, REsp 1.343.263/CE, Rel. Min. Sidnei Beneti, 3ª Turma, jul. 04.04.2013, *DJe* 11.04.2013).

(ii) Hipóteses.

Habilitação como herdeira. Duas certidões de nascimento. Questão de alta indagação. "Nos moldes do artigo 612 do CPC somente podem ser decididas pelo juízo sucessório as questões de direito que não dependerem de outras provas. Se existem questões de fato e de direito que precisam ser aclaradas, seja através de prova pericial, documental ou testemunhal é necessária a dilação probatória, com oportunidade de ampla defesa e produção de provas. **Nos autos de inventário não pode ser solucionada questão de alta indagação quanto à legitimidade de herdeiro que possui dupla filiação, constando os avós maternos como pais em um registro de nascimento e como avós maternos em outro feito pelo pai biológico.** A habilitação nos autos do inventário com duas certidões de nascimento enseja a suspensão do seu andamento processual para solução nas vias ordinárias, pois essa questão prejudicial de dupla filiação deve ser esclarecida para se proceder à partilha do acervo hereditário entre os herdeiros legítimos" (TJMG, Agravo de Instrumento-Cv 1.0000.19.007293-4/001, Rel. Des. Ângela de Lourdes Rodrigues, 8ª Câmara Cível, jul. 27.06.2019, *DJeMG* 03.07.2019).

Pretensão de anulação de negócio jurídico anterior ao óbito. Questão de alta indagação. "Questões de alta indagação são as que demandam a produção de provas que não estão nos autos do inventário, e, por exigirem ampla cognição para serem apuradas e solucionadas, devem ser decididas em ação própria, nas vias ordinárias (CPC/1973, art. 984 e CPC/2015, art. 612). Precedentes. Os sucessores e o meeiro não são terceiros interessados em relação aos negócios jurídicos celebrados pelo inventariado; recebem eles o patrimônio (ativo e passivo) nas condições existentes na data do óbito. (...) A verificação de existência de eventuais vícios no contrato de compra e venda das cotas societárias, sob o argumento de que teria a finalidade de beneficiar o filho do *de cujus*, deverá ser precedida de ampla instrução probatória, configurando, pois, questão de alta indagação a ser decidida pelas vias ordinárias, no caso, em ação que já se encontra em tramitação" (STJ, AgInt no REsp 1.359.060/RJ, Rel. p/ Acórdão Min. Maria Isabel Gallotti, 4ª Turma, jul. 19.06.2018, *DJe* 01.08.2018).

Apuração de haveres da sociedade. "**Inexiste óbice, porém, a que o julgador remeta a apuração de haveres às vias ordinárias**, na forma dos arts. 655 a 674 do CPC de 1939, a teor do que dispõe o art. 1.218, VII [sem correspondente no CPC/2015], do vigente diploma processual, quando questões relativas à dissolução da sociedade se apresentem como objeto de controvérsia entre sócios remanescentes e espólio ou herdeiros, máxime se estas se revelam de alta indagação (CPC, art. 984) [art. 612 do CPC/2015]. Na hipótese, entendendo o julgador que a apuração de haveres, nos moldes em que pretendida pelo ora recorrente, revela controvérsia existente entre ele (sócio remanescente) e os demais herdeiros acerca da dissolução da sociedade, configurando, ainda, questão de alta indagação, não há falar, *in casu*, em ofensa ao art. 993, parágrafo único, inciso II, do CPC [art. 620, § 1º, II, do CPC/2015]" (STJ, REsp 289.151/SP, Rel. Min. Vasco Della Giustina, 3ª Turma, jul. 07.10.2010, *DJe* 25.10.2010).

Reintegração de posse. "Em se tratando o pedido de reintegração de posse pela inventariante, de imóvel utilizado pelo herdeiro em detrimento da viúva, a matéria evidencia alta indagação, dependendo de contraditório e dilação probatória, a ser proposta em ação própria e não nos autos do inventário (art. 984 do CPC) [art. 612 do CPC/2015]" (TJRS, AGI 70029165867, Rel. André Luiz Planella Villarinho, 7ª Câmara Cível, jul. 10.06.2009, *DJ* 19.06.2009).

Habilitação de crédito. "Buscada em processo de inventário a habilitação de crédito e a consequente adjudicação de imóvel registrado em nome do inventariado, questionada pela inventariante a alienação do aludido bem, revela-se razoável a decisão interlocutória que remete as partes à via ordinária, a teor do art. 984 do CPC [art. 612 do CPC/2015]" (TJMG, Ag 1.0702.01.020041-9/001, Rel. Des. Brandão Teixeira, 2ª Câmara Cível, jul. 29.11.2005, *DJ* 13.01.2006).

Bem vendido a descendente, sem o consentimento dos demais. "Não contraria o artigo 984 do Código de Processo Civil [art. 612 do CPC/2015] o acórdão que entendeu devesse a questão ser dirimida em ação direta, pelos meios ordinários" (STJ, REsp 8.803/SP, Rel. Min. Eduardo Ribeiro, 3ª Turma, jul. 10.12.1991, *DJ* 17.02.1992).

Nulidade de testamento. "Não se justifica a reunião das ações, porquanto a pretensão de nulidade de testamento é questão de alta indagação, configurando exceção ao juízo universal do inventário, na forma do art. 984 do CPC [art. 612 do CPC/2015]" (TJMG, AI 1.0000.00.340224-5/000, Rel. Des. Jarbas Ladeira, 6ª Câmara Cível, jul. 11.11.2003, *DJ* 28.11.2003).

Ação para invalidar documentos públicos. "Sede do processo de inventário não tem lugar ação de invalidar documentos públicos, tais como certidões de nascimentos destinadas a habilitação de herdeiros no inventário. Adequação das vias ordinárias para tal entendimento, onde a amplitude das discussões permite contestar-se a validade dos documentos" (STJ, REsp 26.385/AM, Rel. Min. Claudio Santos, 3ª Turma, jul. 13.09.1993, *DJ* 11.10.1993).

2. Ação ordinária. Necessidade de dilação probatória. "O fato de o art. 984 do CPC/73 [art. 612 do CPC/2015] determinar ao juiz que remeta as partes às vias ordinárias se verificar a existência de questão de alta indagação não significa dizer que a parte está proibida de ajuizar ação autônoma perante o juízo cível se constatar, desde logo, a necessidade de dilação probatória incompatível com o rito especial do inventário" (STJ,

REsp 1.480.810/ES, Rel. Min. Nancy Andrighi, 3ª Turma, jul. 20.03.2018, *DJe* 26.03.2018).

3. Declaração de inconstitucionalidade pelo STF. Preclusão. Não configuração. Ver jurisprudência do art. 507 do CPC/2015.

4. Herdeiro. Posse exclusiva de imóvel objeto da herança. Usucapião extraordinária. Legitimidade e interesse. Ver jurisprudência do art. 17 do CPC/2015.

Art. 613. Até que o inventariante preste o compromisso, continuará o espólio na posse do administrador provisório.

CPC/1973

Art. 985.

BREVES COMENTÁRIOS

O administrador provisório é aquele que dá continuidade prática à posse do autor da herança, enquanto não ocorre a investidura do inventariante em seu múnus processual regular (art. 613 do CPC/2015). Sua função é a de não deixar sem administração a massa hereditária no espaço de tempo entre a morte do *de cujus* e a abertura do inventário. Cessa, portanto, tão logo ocorra a nomeação do inventariante. Nos termos da lei, trata-se de uma gestão provisória, que se apoia diretamente no fato de deter a posse dos bens a inventariar e que não depende de prévia nomeação ou investidura judicial.

JURISPRUDÊNCIA SELECIONADA

1. Espólio. "O espólio, que também pode ser conceituado como a universalidade de bens deixada pelo *de cujus*, assume, por expressa determinação legal, o viés jurídico-formal, que lhe confere legitimidade *ad causam* para demandar e ser demandado em todas aquelas ações em que o *de cujus* integraria o polo ativo ou passivo da demanda, se vivo fosse" (STJ, REsp 1.12.5510/RS, Rel. Min. Massami Uyeda, 3ª Turma, jul. 06.10.2011, *DJe* 19.10.2011).

2. Pendência do compromisso pelo inventariante. Administrador provisório. "Apesar de a herança ser transmitida ao tempo da morte do *de cujus* (princípio da *saisine*), os herdeiros ficarão apenas com a posse indireta dos bens, pois a administração da massa hereditária restará, inicialmente, a cargo do administrador provisório, que representará o espólio judicial e extrajudicialmente, até ser aberto o inventário, com a nomeação do inventariante, a quem incumbirá representar definitivamente o espólio (art. 12, V, do CPC) [art. 75, VII, do CPC/2015]. De acordo com os arts. 985 e 986 do CPC [arts. 613 e 614 do CPC/2015], enquanto não nomeado inventariante e prestado compromisso, a representação ativa e passiva do espólio caberá ao administrador provisório, o qual, comumente, é o **cônjuge sobrevivente**, visto que detém a posse direta e a administração dos bens hereditários (art. 1.579 do CC/1916, derrogado pelo art. 990, I a IV, do CPC [art. 617, I a V, do CPC/2015]; art. 1.797 do CC/2002)" (STJ, REsp 777.566/RS, Rel. Min. Vasco Della Giustina, 3ª Turma, jul. 27.04.2010, *DJe* 13.05.2010). **No mesmo sentido:** STJ, REsp 1.386.220/PB, Rel.ª Min.ª Nancy Andrighi, 3ª Turma, jul. 03.09.2013, *DJe* 12.09.2013.

Ausência de nulidade. "Não há falar em nulidade processual ou em suspensão do feito por morte de uma das partes se a substituição processual do falecido se fez devidamente pelo respectivo espólio (art. 43 do CPC) [art. 110 do CPC/2015], o qual foi representado pela viúva meeira na condição de administradora provisória, sendo ela intimada pessoalmente das praças do imóvel" (STJ, REsp 777.566/RS, Rel. Min. Vasco Della Giustina, 3ª Turma, jul. 27.04.2010, *DJe* 13.05.2010).

"Na ação possessória intentada **contra o espólio, na pessoa da viúva meeira**, o fato de não ter sido instaurado o inventário não é motivo para extinguir o processo por ilegitimidade passiva, uma vez que a viúva exerce a função de administradora provisória, e mesmo porque depois, no transcurso do feito, foi efetivada a citação dos herdeiros, que contestaram a ação" (STJ, REsp 474.982/PR, Rel. Min. Ruy Rosado de Aguiar, 4ª Turma, jul. 20.02.2003, *DJ* 31.03.2003).

Herdeiro que ocupa o imóvel integrante do condomínio. Equiparação. "Aberta a sucessão, o herdeiro que ocupa o imóvel integrante de condomínio, conquanto não instaurado o inventário, é equiparado a administrador provisório e parte legítima para figurar no polo passivo de ação monitória movida para a cobrança das despesas de condomínio, não sendo nula a citação realizada nessas condições. A multa pelo atraso no pagamento e devida nos termos do que foi deliberado pelo próprio condomínio no interesse de todos os seus condôminos" (TJPR, 6ª Câmara Cível, Ap., Rel. Des. Antônio Lopes de Noronha, ac. nº 5.035, *DJPR* 12.06.2000).

3. Legitimação dos herdeiros por direito transmissível, até a nomeação do inventariante. "Os herdeiros são partes legítimas para pleitearem direitos transmissíveis, pelo *de cujus*, até que, inaugurado o inventário, um deles assuma a inventariança. Ressoa injusto que o direito fique relegado à deriva, por força de mera formalidade, havendo titulares aos quais correspondem, meios judiciais de tutela dos direitos transmissíveis *mortis causa*. O inventário não formalizado implica a nomeação, pelo julgador, de um administrador provisório, nos termos do art. 985, do CPC [art. 613 do CPC/2015], máxime porque inaugurado o processo há substituição pelo inventariante, permitindo-se aos herdeiros assistirem ao representante do espólio, na forma do art. 54, do CPC [art. 124 do CPC/2015]" (STJ, RMS 15.377/RN, Rel. Min. Luiz Fux, 1ª Turma, jul. 02.12.2003, *DJ* 16.02.2004, p. 203).

Posse indireta. "Apesar de a herança ser transmitida ao tempo da morte do *de cujus* (princípio da *saisine*), os herdeiros ficarão apenas com a posse indireta dos bens, pois a administração da massa hereditária restará, inicialmente, a cargo do administrador provisório, que representará o espólio judicial e extrajudicialmente, até ser aberto o inventário, com a nomeação do inventariante, a quem incumbirá representar definitivamente o espólio (art. 12, V, do CPC) [art. 75, VII, do CPC/2015]" (STJ, REsp 777.566/RS, Rel. Min. Vasco Della Giustina, 3ª Turma, jul. 27.04.2010, *DJe* 13.05.2010).

"Pode-se concluir que o fato de inexistir, até o momento da prolação do acórdão recorrido, inventário aberto (e, portanto, inventariante nomeado), **não faz dos herdeiros, individualmente considerados, partes legítimas para responder pela obrigação**, objeto da ação de cobrança, pois, como assinalado, enquanto não há partilha, é a herança que responde por eventual obrigação deixada pelo *de cujus* e é o espólio, como parte formal, que detém legitimidade passiva *ad causam* para integrar a lide. Na espécie, por tudo o que se expôs, revela-se absolutamente correta a promoção da ação de cobrança em face do espólio, representado pela cônjuge supérstite, que, nessa qualidade, detém, preferencialmente, a administração, de fato, dos bens do *de cujus*, conforme dispõe o artigo 1.797 do Código Civil" (STJ, REsp 1.125.510/RS, Rel. Min. Massami Uyeda, 3ª Turma, jul. 06.10.2011, *DJe* 19.10.2011).

4. Herança jacente. Inaplicabilidade. "Tratando-se de herança jacente, não tem aplicação a norma do artigo 985 do Código de Processo Civil [art. 613 do CPC/2015], que trata da figura do administrador provisório no inventário, mas sim a do artigo 1.143 do mesmo diploma legal [art. 739 do CPC/2015]" (STJ, AgRg no Ag 475.911/SP, Rel. Min. Ari Pargendler, 3ª Turma, jul. 16.10.2003, *DJ* 19.12.2003).

5. Dissolução irregular da pessoa jurídica. Redirecionamento do processo executivo. "Por tais razões, é imperioso concluir que: 1) antes de se efetuar a partilha, é viável o pedido de redirecionamento do processo executivo fiscal para o espólio, que será representado pelo administrador provisório, caso não iniciado o inventário, ou pelo inventariante, caso contrário; 2) efetuada a partilha, por força do disposto no art. 4º, VI, da Lei 6.830/80 ('a execução fiscal poderá ser promovida contra sucessores a qualquer título'), é possível redirecionar a execução para o herdeiro, que responde nos limites da herança (art. 1.792 do CC/2002), 'cada qual em proporção da parte que na herança lhe coube' (art. 1.997 do CC/2002)" (STJ, REsp 877.359/PR, Rel. Min. Denise Arruda, 1ª Turma, jul. 18.03.2008, *DJe* 12.05.2008).

6. Legitimação do herdeiro após extinção do inventário. Assistência litisconsorcial. Ver jurisprudência do art. 75 do CPC/2015.

Art. 614. O administrador provisório representa ativa e passivamente o espólio, é obrigado a trazer ao acervo os frutos que desde a abertura da sucessão percebeu, tem direito ao reembolso das despesas necessárias e úteis que fez e responde pelo dano a que, por dolo ou culpa, der causa.

CPC/1973

Art. 986.

BREVES COMENTÁRIOS

Por se tratar de gestor de bens alheios, o administrador provisório não conta com poderes de disposição dos bens do espólio e fica obrigado a trazer ao acervo os frutos percebidos desde a abertura da sucessão, respondendo pelo dano a que, por dolo ou culpa, der causa. Assiste-lhe, por outro lado, o direito ao reembolso de todas as despesas necessárias e úteis que fizer em relação ao espólio (art. 614 do CPC/2015).

JURISPRUDÊNCIA SELECIONADA

1. Administrador provisório. Ver jurisprudência do art. 613 do CPC/2015.

2. Herdeiro administrador. Não há direito à remuneração. "O herdeiro que está na posse indireta de bem imóvel do espólio, já que o administra, não tem direito a qualquer remuneração pelo serviço, por estar sendo prestado em seu próprio benefício" (TJMG, AP 20000004310525/0001, Rel. Teresa Cristina da Cunha Peixoto, jul. 25.08.2004, *DJe* 14.09.2004).

Seção II
Da Legitimidade para Requerer o Inventário

Art. 615. O requerimento de inventário e de partilha incumbe a quem estiver na posse e na administração do espólio, no prazo estabelecido no art. 611.

Parágrafo único. O requerimento será instruído com a certidão de óbito do autor da herança.

CPC/1973

Art. 987.

BREVES COMENTÁRIOS

O requerimento de abertura do inventário judicial cabe, em primeiro lugar, ao administrador provisório, ou seja, àquele que se achar na posse e administração do espólio (art. 615 do CPC/2015). Não se trata, porém, de legitimidade exclusiva, posto que igual iniciativa pode, também, ser tomada pelas pessoas indicadas no art. 616 do CPC/2015.

JURISPRUDÊNCIA SELECIONADA

1. Requerimento. Legitimidade.

a) Dois inventários. Litispendência. "'No tocante ao processo de inventário, o Código de Processo Civil dispõe que deve pedir a abertura quem estiver na posse e administração do espólio (art. 987) [art. 615 do CPC/2015], acrescentando que possuem legitimidade concorrente as pessoas indicadas no art. 988 do CPC [art. 616 do CPC/2015], podendo, ainda, o juízo determiná-lo de ofício caso nenhum dos legitimados o faça (art. 989) [sem correspondente]'. A Lei n. 13.105/2015 – novo Código de Processo Civil –, com relação ao tema, trouxe apenas alterações redacionais e adequações terminológicas, uma vez que incluiu o companheiro entre aqueles que têm legitimidade para requerer a abertura do inventário, também alterando síndico para administrador judicial, de forma que o entendimento sobre a questão não sofreu alteração. Em face da universalidade do direito de herança, não é possível o ajuizamento de mais de um inventário relativo ao mesmo acervo. Desse modo, constatando-se a existência de dois processos idênticos em que figuram iguais herdeiros e bens do mesmo de cujus, verificada está a ocorrência de litispendência" (STJ, REsp 1591224/MA, Rel. Min. João Otávio de Noronha, 3ª Turma, jul. 26.04.2016, *DJe* 29.04.2016).

b) Concubina. "A concubina pode requerer a abertura do inventário, mormente estando ela na posse e administração do espólio e sendo o *de cujus* viúvo, sem filhos legítimos e com filhos havidos com essa concubina e reconhecidos por testamento. Mas não pode ser nomeada para o cargo de inventariante" (TJSP, Ap. 70.671-1, Rel. Des. Roque Komatsu, 6ª Câmara, jul. 10.4.86, *RJTJSP* 104/172). **Obs.:** V. os arts. 616, I, e 617, I, do CPC/2015, sobre a legitimidade da companheira para requerer o inventário e para exercer a inventariança.

c) Sobrinha. Única Herdeira. "Inventário. Falecimento da irmã do requerente. Administração de fato do espólio. Pretendida tutela da sobrinha. Única herdeira. Produção de provas testemunhais. Indeferimento da inicial. Ilegitimidade ativa. Necessária se mostra a colheita de depoimentos para comprovar a administração provisória do espólio pelo irmão da falecida, e, como consequência, sua legitimidade para requerer a abertura do inventário, conforme disposto no artigo 987 do CPC [art. 615 do CPC/2015]" (TJDF, Ap. 20000710142075, Rel. Des. Lecir Manoel da Luz, 4ª Turma Cível, jul. 23.08.2001, *DJDF* 10.10.2001).

d) Aquele que está na posse do único bem. "Sucessões. Pedido de inventário. Legitimidade. Na ausência de notícia da existência de herdeiro, é parte legítima para propor o inventário aquele que está na posse do único bem do *de cujus*, nos termos do art. 987 do CPC [art. 615 do CPC/2015]" (TJRS, Ap. 70002391498, Rel. Des. Luiz Felipe Brasil Santos, 7ª Câmara Cível, jul. 01.05.2002).

Art. 616. Têm, contudo, legitimidade concorrente:

I – o cônjuge ou companheiro supérstite;

II – o herdeiro;

III – o legatário;

IV – o testamenteiro;

V – o cessionário do herdeiro ou do legatário;

VI – o credor do herdeiro, do legatário ou do autor da herança;

VII – o Ministério Público, havendo herdeiros incapazes;

VIII – a Fazenda Pública, quando tiver interesse;

IX – o administrador judicial da falência do herdeiro, do legatário, do autor da herança ou do cônjuge ou companheiro supérstite.

CPC/1973

Art. 988.

BREVES COMENTÁRIOS

A legitimação do art. 616 do CPC/2015 é concorrente, pelo que não estão as pessoas nele arroladas sujeitas a aguardar o transcurso do prazo legal (art. 611 do CPC/2015) para comprovar a inércia do administrador provisório. Desde o óbito, qualquer um dos legitimados está autorizado a requerer o inventário.

Note-se, todavia, que a legitimação para promover o inventário não se confunde com a de exercer a inventariança. O fato, pois, de um herdeiro provocar a abertura do processo não importa preferência para o aludido múnus processual. As regras para essa investidura são outras e constam do art. 617 do CPC/2015.

O atual Código traz uma novidade quanto aos legitimados a dar início ao inventário. A inovação refere-se ao companheiro supérstite, na esteira da regra já consolidada na jurisprudência.

JURISPRUDÊNCIA SELECIONADA

1. Companheira. Herdeira concorrente (inciso II). "Pedido de abertura de inventário por companheira do *de cujus* – Sentença de extinção do processo sem julgamento do mérito por ilegitimidade *ad causam*, com remessa da parte às vias ordinárias. Reforma da sentença – pedido recursal acolhido – legitimidade indiscutível da companheira como herdeira concorrente (CPC, art. 988, II) [art. 616, II, do CPC/2015], ante a inércia dos demais herdeiros – provas documentais suficientemente aptas a informar o convencimento judicial desta condição. Uma vez ultrapassado o prazo de 60 (sessenta) dias contados da abertura da sucessão (CPC, art. 983) [art. 611 do CPC/2015], qualquer das pessoas enumeradas no artigo 988 do Código de Processo Civil detém legitimidade para pedir a abertura de inventário. Se isto não ocorrer, cabe ao Juiz determinar tal providência de ofício (CPC, art. 989) [sem correspondente]. Na inércia dos herdeiros legítimos (CC, art. 1.829), a companheira do *de cujus* está legitimada a tanto, como herdeira concorrente (CPC, art. 988, II e CC, art. 1.790). (STJ, REsp nº 114.524/RJ, 4ª T., Rel. Min. Sálvio de Figueiredo Teixeira, *DJU* de 23.06.03, p. 371). Quer pela legitimidade da apelante como companheira do *de cujus* para propositura do inventário, quer pela possibilidade da regularização do processo pelo juízo *a quo*, razão não há para se cogitar de extinção do processo sem julgamento de mérito" (TJPR, AC 377330-8, Rel. Ivan Bortoleto, 12ª Câmara Cível, jul. 03.10.2007). **Obs.: O CPC/2015 aboliu a possibilidade de abertura do inventário pelo juiz, de ofício.**

2. Legatário (inciso III). "A citação de espólio faz-se na pessoa de seu inventariante; o legatário tem legitimidade para requerer abertura de inventário, mas não legitimidade concorrente com o inventariante para representar o espólio" (2º TACível SP, 12ª Câmara Cível, AGI 777.923-00/2, Rel. Juiz Arantes Theodoro, *DJSP* 31.01.2003).

3. Cessionário (inciso V). "Sucessão. Arrolamento de bens. Cessionária de direitos hereditários. Pedido de adjudicação de bens denegado por ser pessoa estranha à relação processual. Descabimento, em face da legitimidade concorrente para requerer no inventário a adjudicação, por força do disposto no artigo 988 do CPC [art. 616 do CPC/2015]" (TJSP, AgI 208.393-4/3, Rel. Des. Testa Marchi, 6ª Câmara Dir. Privado, jul. 09.08.2001).

4. Credor (inciso VI). "O credor do falecido (autor da herança) tem legitimidade concorrente para requerer a abertura do inventário, conforme expressamente dispõe o art. 616, , do CPC" (STJ, AgInt no REsp 1.761.773/PR, Rel. Min. Marco Buzzi, 4ª Turma, jul. 04.03.2024, *DJe* 07.03.2024).

"Sucessões. Inventário. Legitimidade concorrente do credor para abertura do inventário. Falecimento do vendedor. Considerado credor aquele que adquiriu bem do autor da herança. Comprovação do pagamento do preço. Inteligência do art. 988, VI, do Código de Processo Civil [art. 616, VI, do CPC/2015]. Apelo provido" (TJRS, Ap. 536.047, Rel. Des. Ney Wiedemann Neto, 2ª Câmara Cível, jul. 16.10.2002).

"Ante a dificuldade de requerimento do inventário por único herdeiro menor, nos termos do art. 988, VI, do Código de Processo Civil [art. 616, VI, do CPC/2015], o credor do autor da herança tem legitimidade para fazê-lo. Não há despesas de monta e maiores formalidades, bastando juntar o atestado de óbito. Nomeado o inventariante (art. 990 CPC) [art. 617 do CPC/2015], nele se fará a citação do espólio" (TJDF, AGI 20000020009416, Rel. Des. Campos Amaral, 3ª Câmara Cível, jul. 12.06.2000, *DJDF* 09.08.2000).

"Se não há abertura do inventário, com nomeação judicial de inventariante, é nula citação do espólio na pessoa da viúva do *de cujus*. Se o inventário não foi aberto por aqueles que estão na administração dos bens do falecido, o credor do *de cujus* tem legitimidade concorrente, nesse sentido, para abrir o inventário, nos termos do art. 988 do CPC [art. 616 do CPC/2015]" (TAMG, Ap. 332.776-2, Rel. Juiz Armando Freire, 5ª Câmara Cível, jul. 24.05.2001).

"Confere o CPC, em seu art. 988, VI, legitimidade concorrente ao credor do autor da herança para requerer abertura do respectivo inventário. O credor deve, então, promover a ação contra o espólio, de modo a responsabilizá-lo pelo pagamento das dívidas contraídas pelo autor da herança, sendo carecedor de ação contra os herdeiros do devedor, ante a possibilidade que lhe assegura a lei de requerer a abertura do inventário. Ausente a condição da ação consubstanciada na legitimidade da parte passiva, haja vista ter sido a ação proposta em desfavor de herdeiro, o feito deve ser extinto sem julgamento do mérito, *ex vi* do art. 267, VI, do CPC [art. 485, VI, do CPC/2015]" (TJDF, Ap. 19990110325466, Rel. Des. Wellington Medeiros, 3ª Turma Cível, jul. 13.12.2001, *DJDF* 13.03.2002).

Credor. Caixa Econômica. Competência da Justiça Estadual. "Compete à justiça estadual processar inventário, ainda que figure como requerente, na qualidade de credor do autor da herança, a Caixa Econômica Federal" (STJ, CC 34.641/RS, Rel. Min. Nancy Andrighi, 2ª Seção, jul. 26.06.2002, *DJ* 16.09.2002).

5. Fazenda Pública (inciso VIII). "Com a morte do devedor, deve a Fazenda Nacional corrigir a sujeição passiva da obrigação e verificar a existência de bens onde possa recair a execução. Para tal, é necessário realizar diligências no sentido de se apurar a existência de inventário ou partilha e, caso inexistentes, a sua propositura por parte da Fazenda Nacional na forma do art. 988, VI e IX, do CPC [art. 616, VI e VIII, do CPC/2015]" (STJ, REsp 718.023/RS, Rel. Min. Mauro Campbell Marques, 2ª Turma, jul. 19.08.2008, *DJe* 16.09.2008).

6. Procurador *ad negotia* do *de cujus*. "O procurador '*ad negotia*' do '*de cujus*' – Legitimidade – Inteligência do art. 988 do Código de Processo Civil [art. 616 do CPC/2015]– Apelação provida" (TJSP, Apelação 255.891, Rel. Des. Alves Braga, 1ª Câmara Civil, jul. 12.11.1976).

7. Qualquer interessado. "A abertura do inventário não depende de existência de cônjuge sobrevivente ou de sucessores, tendo, qualquer interessado, legitimidade para requerê-la ou provocá-la" (2º TACível SP de 05.03.1986, AR 5.135-0, Rel. Juiz Walter Moraes, 2ª Câmara, *JTACiv.SP* 102/339).

Seção III
Do Inventariante e das Primeiras Declarações

Art. 617. O juiz nomeará inventariante na seguinte ordem:

I – o cônjuge ou companheiro sobrevivente, desde que estivesse convivendo com o outro ao tempo da morte deste;

II – o herdeiro que se achar na posse e na administração do espólio, se não houver cônjuge ou companheiro sobrevivente ou se estes não puderem ser nomeados;

III – qualquer herdeiro, quando nenhum deles estiver na posse e na administração do espólio;

IV – o herdeiro menor, por seu representante legal;

V – o testamenteiro, se lhe tiver sido confiada a administração do espólio ou se toda a herança estiver distribuída em legados;

VI – o cessionário do herdeiro ou do legatário;

VII – o inventariante judicial, se houver;

VIII – pessoa estranha idônea, quando não houver inventariante judicial.

Parágrafo único. O inventariante, intimado da nomeação, prestará, dentro de 5 (cinco) dias, o compromisso de bem e fielmente desempenhar a função.

CPC/1973

Art. 990.

BREVES COMENTÁRIOS

O juiz, na escolha do inventariante, não age discricionariamente, deve, em princípio, observar a ordem legal de preferência traçada pelo art. 617. Não se trata, todavia, de gradação absoluta e inflexível. Circunstâncias particulares do caso concreto podem justificar nomeação de interessado fora da escala de preferência legal, e, às vezes, até de estranho à sucessão hereditária. A opção, obviamente, haverá de ser fundamentada, de maneira adequada.

JURISPRUDÊNCIA SELECIONADA

1. Legitimados. Ordem não absoluta. "A ordem de nomeação dos legitimados como inventariante prevista no art. 990 do CPC/1973 [art. 617 do CPC/2015] admite excepcional alteração por não apresentar caráter absoluto' (REsp n. 1.537.292/RJ, Min. Rel. Ricardo Villas Bôas Cueva, Terceira Turma, julgamento em 17/10/2017, *DJe* 24/10/2017)" (STJ, AgInt no AREsp 1.235.431/RS, Rel. Min. Antonio Carlos Ferreira, 4ª Turma, jul. 15.05.2018, *DJe* 21.05.2018).

Ordem de preferência. "A ordem de nomeação de inventariante, prevista no art. 990 do CPC [art. 617 do CPC/2015], não apresenta caráter absoluto, podendo ser alterada em **situação de fato excepcional**, quando tiver o Juiz fundadas razões para tanto, forte na existência de patente litigiosidade entre as partes. Evita-se, dessa forma, tumultos processuais desnecessários" (STJ, REsp 1.055.633/SP, Rel.ª Min.ª Nancy Andrighi, 3ª Turma, jul. 21.10.2008, *DJe* 16.06.2009). **No mesmo sentido:** STJ, REsp 402.891/RJ, Rel. Min. Barros Monteiro, 4ª Turma, jul. 01.03.2005, *DJ* 02.05.2005.

2. Cônjuge supérstite (inciso I).

"Cônjuge supérstite casada sob o regime de comunhão parcial de bens, que convivia com o falecido até o momento de sua morte, e tem a posse e a administração do espólio, tem primazia na função da inventariança. Litigiosidade desta com herdeiro, filho do primeiro casamento do falecido, sem comprovação" (TJSP, AGI 264.477-4/7, Rel. Des. Oswaldo Breviglieri, 7ª Câmara Dir. Priv., jul. 13.11.2002). **No mesmo sentido:** STJ, REsp 31.152/SP, Rel. Min. Barros Monteiro, 4ª Turma, jul. 09.11.1993, *DJ* 13.12.1993.

Cônjuge separado de fato. "A regra do art. 990, I, do CPC [art. 617, I, do CPC/2015], que atribui à viúva meeira a inventariança dos bens deixados pelo *de cujus*, tendo como pressuposto a convivência ao tempo do óbito, pode ser temperada se o Tribunal estadual, no exame da prova, conclui que a sua indicação atende aos interesses da grande maioria dos herdeiros e sucessores, porquanto, à exceção de uma única filha, todos os demais e até a ex-companheira do extinto concordam que seja àquela atribuído o encargo" (STJ, REsp 357.577/RJ, Rel. Min. Aldir Passarinho Junior, 4ª Turma, jul. 03.08.2004, *DJ* 08.11.2004; *RT* 832/182).

"O CPC, no art. 990, I, [art. 617, I, do CPC/2015] exclui da precedência para a inventariança o cônjuge que não convivia com o falecido. Assim, não tem sustento na lei a pretensão de viúva separada de fato de afastar da inventariança o herdeiro sob alegação de que participava da administração dos bens. As disposições relativas ao inventário instituem-se no interesse da ordem sucessória como tal e não para satisfazer interesses individuais. Por ser necessário atribuir a alguém a administração da herança, a lei ordena e assim indica os responsáveis mediante uma ordem de precedência" (TJSP, Ag. 118.333-1, Rel. Des. Walter Morais, 2ª Câmara, jul. 11.08.1990, *RT* 646/75).

3. União estável. Ver jurisprudência do art. 620 do CPC/2015.

4. União entre pessoas do mesmo sexo. Possibilidade reconhecida pelo STJ e STF.

STJ. "(...). Os princípios da igualdade e da dignidade humana, que têm como função principal a promoção da autodeterminação e impõem tratamento igualitário entre as diferentes estruturas de convívio sob o âmbito do direito de família, justificam o reconhecimento das parcerias afetivas entre homossexuais como mais uma das várias modalidades de entidade familiar. O art. 4º da LICC permite a equidade na busca da Justiça. O manejo da analogia frente à lacuna da lei é perfeitamente aceitável para alavancar, como entidades familiares, as uniões de afeto entre pessoas do mesmo sexo. Para ensejar o reconhecimento, como entidades familiares, de referidas uniões patenteadas pela vida social entre parceiros homossexuais, é de rigor a demonstração inequívoca da presença dos elementos essenciais à caracterização de entidade familiar diversa e que serve, na hipótese, como parâmetro diante do vazio legal – a de união estável – com a evidente exceção da diversidade de sexos. Demonstrada a convivência, entre duas pessoas do mesmo sexo, pública, contínua e duradoura, estabelecida com o objetivo de constituição de família, sem a ocorrência dos impedimentos do art. 1.521 do CC/02, com a exceção do inc. VI quanto à pessoa casada separada de fato ou judicialmente, haverá, por consequência, o reconhecimento dessa parceria como entidade familiar, com a respectiva atribuição de efeitos jurídicos dela advindos" (STJ, REsp 930.460/PR, Rel.ª Min.ª Nancy Andrighi, 3ª Turma, jul. 19.05.2011, *DJe* 03.10.2011).

STF. "(...). A extensão, às uniões homoafetivas, do mesmo regime jurídico aplicável à união estável entre pessoas de gênero distinto justifica-se e legitima-se pela direta incidência, dentre outros, dos princípios constitucionais da igualdade, da liberdade, da dignidade, da segurança jurídica e do postulado constitucional implícito que consagra o direito à busca da felicidade, os quais configuram, numa estrita dimensão que privilegia o sentido de inclusão decorrente da própria Constituição da República (art. 1º, III, e art. 3º, IV), fundamentos autônomos e suficientes aptos a conferir suporte legitimador à qualificação das conjugalidades entre pessoas do mesmo sexo como espécie do gênero entidade familiar" (STF, RE 477.554 AgR, Rel. Min. Celso de Mello, 2ª Turma, jul. 16.08.2011, *DJE* 26.08.2011).

5. Herdeiro. Posse e administração do espólio (inciso II). "Não é a existência ou subsistência ou não de uma procuração que determina a atribuição da inventariança prevista no inc. II do art. 990 do CPC [art. 617, II, do CPC/2015], senão a posse e administração; designadamente, a posse. O que deve prevalecer na distribuição do *munus* civil, e não o direito à inventariança (que direito subjetivo à inventariança não há), nem a vontade da maioria, senão o interesse da própria herança e suas vinculações, o qual constitui o *intuitus legis*. Visto que inventariança é em essência administração da herança, a razão legal da vocação para o encargo é prática e cuida da continuidade funcional da administração e posse dos bens. Por isso o entrega primeiro às pessoas com posse natural dos bens, passando depois a outros" (TJSP, Ag. 116.988-1, Rel. Des. Walter Moraes, 2ª Câmara, jul. 17.10.1989, *RJTJSP* 123/269).

"A ordem legal para a nomeação do inventariante somente pode ser desobedecida quando o herdeiro não esteja em condições de desempenhar o encargo. Assim, tem preferência o herdeiro-filho que se ache na posse e administração dos bens, já que antes fora curador do falecido" (TJRS, AGI 00507284, Rel. Des. José Carlos Teixeira Giorgis, 7ª Câmara Cível, jul. 03.04.2002).

Filho adotivo. "Tem preferência para a inventariança o herdeiro necessário que estiver na posse e administração dos bens, art. 990, II, CPC [art. 617, II, do CPC/2015]. Pode ser nomeada inventariante a filha adotiva, sendo irrelevante se a adoção ocorreu antes de 1988, pois a capacidade para suceder é a do tempo da abertura da sucessão e se rege pela lei então vigente" (TJRS, AGI 457.378, Rel. Des. Sérgio Fernando de Vasconcellos Chaves, 7ª Câmara Cível, jul. 21.02.2001).

6. Herdeiros maiores e capazes (inciso III). "Os herdeiros testamentários, maiores e capazes, preferem ao testamenteiro na ordem para nomeação de inventariante. Existindo herdeiros maiores e capazes, viola o inciso III, do art. 990, do CPC [art. 617, III, do CPC/2015], a nomeação de testamenteiro como inventariante" (STJ, REsp 658.831/RS, Rel.ª Min.ª Nancy Andrighi, 3ª Turma, jul. 15.12.2005, *DJ* 01.02.2006, p. 537).

Herdeiro menor ou incapaz. Impossibilidade. "Herdeiro menor ou incapaz não pode ser nomeado inventariante, pois é impossibilitado de praticar ou receber diretamente atos processuais; sendo que para os quais não é possível o suprimento da incapacidade, uma vez que a função de inventariante é personalíssima" (STJ, REsp 658.831/RS, Rel.ª Min.ª Nancy Andrighi, 3ª Turma, jul. 15.12.2005, *DJ* 01.02.2006).

Nomeação da avó. Guardiã do herdeiro neto. "Ao progenitor do menor não assiste direito subjetivo a inventariança, embora titular do pátrio poder, hoje melhor conceituado como pátrio dever" (STJ, REsp 4.128/ES, Rel. Min. Athos Carneiro, 4ª Turma, jul. 30.10.1990, *DJ* 10.12.1990, p. 14.810).

"Nomeação de herdeiro para o cargo de inventariante. Irresignação da companheira, que detém a posse e administração dos bens. Inércia desta em promover a abertura do inventário no prazo legal. Substituição. Desnecessidade. Origem dos bens. Discussão que deve ser remetida às vias ordinárias" (TJPR, AgI 17.190, Rel. Des. Nerio Spessato Ferreira, 2ª Vara Cível, *DJPR* 29.05.2000).

"Para efeitos de nomeação de inventariante, **os herdeiros testamentários são equiparados aos herdeiros necessários e legítimos**" (STJ, REsp 658.831/RS, Rel.ª Min.ª Nancy Andrighi, 3ª Turma, jul. 15.12.2005, *DJ* 01.02.2006).

"Não há direito líquido e certo a permanência no cargo de inventariante, se em caso de controvérsia decorrente do surgimento de outro herdeiro, o julgador nomeia um terceiro" (STJ, RMS. 708/SP, Rel. Min. Claudio Santos, 3ª Turma, jul. 13.09.1993, *DJ* 25.10.1993).

7. Testamenteiro (inciso V). "Inventário. Nomeação do testamenteiro para inventariante. Falta de herdeiros necessários. Cabimento. Não ofende a razoabilidade, na falta de herdeiros necessários, a indicação do testamenteiro como inventariante, que era pessoa de confiança do falecido" (TJRS, AGI 550.971, Rel. Des. José Carlos Teixeira Giorgis, 7ª Câmara Cível, jul. 18.12.2002).

8. Inventariante judicial (inciso VII). "Inventário. Inventariante judicial. Nomeação. Quando se justifica. Morte do inventariante. Falta de comunicação. Desinteresse no processo" (TJRS, AGI 564.756, Rel.ª Des.ª Jucelana Lurdes Pereira dos Santos, 8ª Câmara Cível, jul. 10.10.2002).

9. Pessoa estranha e idônea. Concubina. Possibilidade (inciso VIII). "Separado judicialmente o extinto e colaborando a concubina na administração dos bens, nada impede aquela de ser considerada a pessoa estranha e idônea a que alude o item VI do art. 990 do regramento processual civil [art. 617, VIII, do CPC/2015], máxime quando não há inventariante judicial na comarca e os filhos menores, portanto, incapazes, se encontram impossibilitados de exercer o importante *munus*, que não permite sejam representados ou assistidos para esse encargo" (TJSC, Ag. 4.739, Rel. Des. Francisco Oliveira Filho, 1ª Câmara, jul. 11.04.1989, *RT* 652/134).

Credor. "A análise do artigo 990 do Código de Processo Civil [art. 617 do CPC/2015], revela-se desinfluente, no caso concreto, para determinar a manutenção do credor, ora Recorrente, no cargo de inventariante. É que, ainda quando se admita que a expressão 'pessoa estranha idônea' constante do inciso VI [inciso VIII do CPC/2015] daquele artigo possa alcançar terceiro interessado na causa, tal como o credor, ele não exclui a possibilidade de a autoridade judiciária, apreciando as circunstâncias do caso concreto, nomear aquele com melhores condições para o exercício de tal mister" (STJ, AgRg nos EDcl no REsp 804.559/MT, Rel. Min. Sidnei Beneti, 3ª Turma, jul. 16.03.2010, *DJe* 14.04.2010).

10. Sucessão. Renúncia à herança. Ato formal e solene. Escritura pública. Requerimento de anulação de negócio jurídico pelos renunciantes. Impossibilidade. "Ao contrário da informalidade do ato de aceitação da herança, a renúncia exige forma expressa, cuja solenidade deve constar de instrumento público ou por termos nos autos (art. 1807), ocorrendo a sucessão como se o renunciante nunca tivesse existido, acrescendo-se sua porção hereditária à dos outros herdeiros da mesma classe. (...) Nessa linha, perfeita a renúncia, considera-se como se nunca tivessem existido os renunciantes, não remanescendo nenhum direito sobre o bem objeto do negócio acusado de nulo, nem sobre bem algum do patrimônio" (STJ, REsp 1.433.650/GO, Rel. Min. Luis Felipe Salomão, 4ª Turma, jul. 19.11.2019, *DJe* 04.02.2020).

Art. 618. Incumbe ao inventariante:

I – representar o espólio ativa e passivamente, em juízo ou fora dele, observando-se, quanto ao dativo, o disposto no art. 75, § 1º;

II – administrar o espólio, velando-lhe os bens com a mesma diligência que teria se seus fossem;

III – prestar as primeiras e as últimas declarações pessoalmente ou por procurador com poderes especiais;

IV – exibir em cartório, a qualquer tempo, para exame das partes, os documentos relativos ao espólio;

V – juntar aos autos certidão do testamento, se houver;

VI – trazer à colação os bens recebidos pelo herdeiro ausente, renunciante ou excluído;

VII – prestar contas de sua gestão ao deixar o cargo ou sempre que o juiz lhe determinar;

VIII – requerer a declaração de insolvência.

CPC/1973

Art. 991.

REFERÊNCIA LEGISLATIVA

CPC/2015, arts. 75, VII e § 1º (representação em juízo: espólio; inventariante dativo), 622, I (remoção do inventariante), 636 (últimas declarações), 639 a 641 (colações).

BREVES COMENTÁRIOS

Todos esses poderes o inventariante os exerce como simples gestor de coisas alheias, pelo que, mesmo representando legalmente o espólio, e ainda que não se trate de inventariante dativo, "sua atuação no processo se limita aos atos compatíveis apenas com os de simples administração, sendo-lhe vedado confessar, transigir ou renunciar, sem poderes expressos" (TJMG, Ap. 47.668, Rel. Des. Lamartine Campos, jul. 05.12.1978, *JM* 73/73; TAMG, Ap. 7.624, Rel. Walter Machado, jul. 08.10.1976, *JM* 71/185).

Atos que ultrapassem a simples administração e impliquem disposição de bens do espólio também podem, eventualmente, ser praticados pelo inventariante, mas, então, todos os interessados na herança serão ouvidos e o ato somente será concretizado depois de autorização do juiz. Essas exigências constam do art. 619 do CPC/2015 para os seguintes atos a cargo do inventariante: I – alienação de bens de qualquer espécie; II – transação em juízo ou fora dele; III – pagamento de dívidas do espólio; IV – despesas de conservação e melhoramento dos bens do espólio.

JURISPRUDÊNCIA SELECIONADA

1. Funções do inventariante. "Execução por título judicial. Espólio. Julgamento da partilha. As funções do inventariante vão até o trânsito em julgado da sentença de partilha porque, com esta, já não mais existirá o espólio, que perde sua capacidade processual. Por conseguinte, deve o processo prosseguir na pessoa de seus sucessores e substitutos, tal como definidos na decisão de habilitação (art. 1.062 do CPC) [art. 692 do CPC/2015]" (TAMG, Ap 320.002-6, Rel. Juiz Brandão Teixeira, 5ª Câmara Cível, jul. 22.02.2001).

2. Limite dos poderes do inventariante. "O inventariante do espólio do sócio não tem, evidentemente, poderes maiores do que o *de cujus* tinha à época em que administrava a sociedade; se este, na condição de sócio, não podia alterar o contrato social, aquele evidentemente também não pode" (STJ, AgRg nos EDcl no Ag 673.248/MG, Rel. Min. Ari Pargendler, 3ª Turma, jul. 05.09.2006, *DJ* 19.03.2007).

Inventário. Participação acionária. Sociedade anônima. Inventariante. Alteração do poder de controle. "Cinge-se a controvérsia a verificar se é possível suspender o poder de o inventariante, representando o espólio, votar em assembleia de sociedade anônima da qual o falecido era sócio, com a pretensão de alterar o controle da companhia, e vender bens do acervo patrimonial. Os poderes de administração do inventariante são aqueles relativos à conservação dos bens inventariados para a futura partilha, dentre os quais se pode citar o pagamento de tributos e aluguéis, a realização de reparos e a aplicação de recursos, atendendo o interesse dos herdeiros. A atuação do inventariante, alienando bens sociais e buscando modificar a natureza das ações e a própria estrutura de poder da sociedade anônima, está fora dos limites dos poderes de administração e conservação do patrimônio" (STJ, REsp 1.627.286/GO, Rel. Min. Ricardo Villas Bôas Cueva, 3ª Turma, jul. 20.06.2017, *DJe* 03.10.2017).

3. Representação do espólio (inciso I):

Herdeiros e legatários. Litisconsórcio facultativo (inciso I). "(...) 'ao inventariante, cabe representar o espólio ativamente em juízo ou fora dele, inc. I do art. 991 do Cód. de Proc. Civil [art. 618, I, do CPC/2015]: herdeiros e legatários são litisconsortes facultativos e não necessários'" (STJ, AgRg no Ag 269.513/RJ, Rel. Min. Nilson Naves, 3ª Turma, jul. 21.02.2000, *DJ* 01.08.2000).

Viúva. Não inventariante. "Não comprovada a condição de inventariante, não pode a viúva, legitimamente, promover quaisquer ações em nome do espólio, uma vez que, nos termos do art. 991, I, do CPC [art. 618, I, do CPC/2015], incumbe ao inventariante representar o espólio, ativa e passivamente, em juízo ou fora dele, não suprindo a falha de representação a alegação de não ter sido instaurado o processo de inventário" (2º TA Cível SP, Ap. 214.177-2, Rel. Juiz Pércio Mancebo, 2ª Câmara, jul. 02.03.1988, *RT* 630/156).

4. Comparecimento pessoal do inventariante. Procuração. Desnecessidade (Inciso III). "Comparecendo pessoalmente o inventariante para requerer a abertura do inventário, desnecessário é a apresentação de procuração com poderes especiais, conforme determina o art. 991, III, do CPC [art. 618, III, do CPC/2015]" (TJPR, Ag. 487/85, Rel. Des. Sílvio Romero, 1ª Câmara, jul. 04.03.1986, *RT* 607/199).

5. Prestação de contas (inciso VII):

Obrigatoriedade. "Pelo fato de ser administrador de bens alheios, está o inventariante obrigado à prestação de contas, seja àquela determinada pelo magistrado, seja a que está obrigado ao final de sua gestão, seja àquela requerida por qualquer interessado" (STJ, REsp 60.575/SP, Rel. Min. Antônio de Pádua Ribeiro, 3ª Turma, jul. 04.11.2004, *DJ* 17.12.2004).

Iniciativa de parte. "O fato de ser mandatório ao juiz determinar a prestação de contas pelo inventariante no momento de sua remoção, sendo-lhe vedado exigi-las em momento posterior, não impede a propositura de ação de exigir contas por qualquer dos legitimados em desfavor do inventariante removido, observado o prazo prescricional decenal previsto no art. 205 do CC/2002" (STJ, REsp 1.941.686/MG, Rel. Min, Nancy Andrghi, 3ª Turma, jul. 17.05.2022, *DJe* 19.05.2022).

Mera desconfiança da parte. Investigação probatória. "Em função da anotação pela instância ordinária, no entanto, da regularidade da tramitação do processo de inventário, estando o inventariante a exercitar o múnus com diligência, não se vislumbrando falta de transparência em sua ação e decorrendo o pedido de prestação de contas, em verdade, 'de mera desconfiança da parte', para se concluir sobre eventual maltrato ao art. 991, VII, do Código de Processo Civil [art. 618, VII, do CPC/2015], haverá necessidade de investigação probatória" (STJ, REsp 595.425/RS, Rel. Min. Fernando Gonçalves, 4ª Turma, jul. 26.10.2004, *DJ* 22.11.2004).

Prestação de contas em processo findo de inventário. "Pode o juiz determinar a prestação de contas sempre que verificar a necessidade de examinar os atos de administração praticados pelo inventariante ou no momento de sua remoção, não sendo admissível, contudo, exigir a prestação de contas incidentalmente no inventário em momento posterior à remoção" (STJ, REsp 1.941.686/MG, Rel. Min, Nancy Andrighi, 3ª Turma, jul. 17.05.2022, *DJe* 19.05.2022).

Ação de dar contas. "Se o inventariante ao ser destituído do seu cargo, antecipa-se à determinação do juízo, ou ao requerimento do Ministério Público, e presta contas da sua gestão, está-se diante de típica ação de dar contas, também denominada pela doutrina de ação de prestação espontânea de contas, que segue o rito dos arts. 914 a 919, do CPC [arts. 550 a 553 do CPC/2015]. Mesmo quando a prestação de contas do inventariante é determinada pelo juízo ou a requerimento do Ministério Público, por força do art. 991, VII, do CPC [art. 618, VII, do CPC/2015], o inventariante pode ser condenado a pagar o saldo eventualmente apurado após a prestação das contas, por interpretação sistemática com o art. 919 do CPC [art. 553 do CPC/2015]" (STJ, REsp 547.175/DF, Rel.ª Min.ª Nancy Andrighi, 3ª Turma, jul. 08.11.2005, *DJ* 05.12.2005).

6. Companheira. Mesmas obrigações do inventariante. "A administração pelo inventariante do acervo hereditário, tornado indivisível pelas regras do Direito das Sucessões, não esbarra no direito de meação, este oriundo do Direito de Família, e que é conferido ao companheiro quando da dissolução da união estável ou pela morte de um dos consortes. O art. 1.725 do CC/2002 estabelece o regime da comunhão parcial de bens para reger as relações patrimoniais entre os companheiros, excetuando estipulação escrita em contrário. Assim, com a morte de um dos companheiros, do patrimônio do autor da herança retira-se a meação do companheiro sobrevivente, que não se transmite aos herdeiros do falecido por ser decorrência patrimonial do término da união estável, conforme os postulados do Direito de Família. Ou seja, entrega-se a meação ao companheiro sobrevivo, e, somente então, defere-se a herança aos herdeiros do falecido, conforme as normas que regem o Direito Sucessório. Frisa-se, contudo, que, sobre a **provável ex-companheira, incidirão as mesmas obrigações que oneram o inventariante**, devendo ela requerer autorização judicial para promover qualquer alienação, bem como prestar contas dos bens sob sua administração" (STJ, REsp 975.964/BA, Rel.ª Min.ª Nancy Andrighi, 3ª Turma, jul. 15.02.2011, *DJe* 16.05.2011).

7. Ação de inventário. Contratação, pela inventariante e genitora, de advogado para a representação do herdeiro menor sem prévia autorização judicial. Possibilidade. Ato de simples administração. "Por se tratar de ato de simples administração, independe de prévia autorização judicial a contratação de advogado para patrocinar a ação de inventário de bens do falecido, realizada pela inventariante que também é a genitora do menor que herdará com exclusividade o patrimônio deixado pelo falecido. Precedente" (STJ, REsp 1.694.350/ES, Rel. Min. Nancy Andrighi, 3ª Turma, jul. 16.10.2018, *DJe* 18.10.2018). **No mesmo sentido:** STJ, REsp 1.566.852/SP, Rel. p/ Acórdão Min. Raul Araújo, 4ª Turma, jul. 17.08.2021, *DJe* 04.10.2021.

8. União estável. Dissolução. Partilha de bens. Pretensão de partilhar quotas sociais da sociedade de advogados. Ver jurisprudência do art. 599 do CPC/2015.

Art. 619. Incumbe ainda ao inventariante, ouvidos os interessados e com autorização do juiz:

I – alienar bens de qualquer espécie;

II – transigir em juízo ou fora dele;

III – pagar dívidas do espólio;

IV – fazer as despesas necessárias para a conservação e o melhoramento dos bens do espólio.

CPC/1973

Art. 992.

REFERÊNCIA LEGISLATIVA

CC, arts. 840 a 850;

CPC/2015, arts. 642 a 646 (pagamento das dívidas);

CTN, art. 134, IV.

BREVES COMENTÁRIOS

O inventariante pratica atos de gestão – representando o espólio ativa e passivamente, administrando o espólio etc. –, atos de disposição – como a alienação de bens, pagamento de dívidas – e atos de prestação de contas, ao final de sua atividade.

Os atos de disposição, o inventariante somente pode praticá-los mediante prévia autorização judicial.

Não exige a lei a existência de consentimento unânime de todos os herdeiros, mas o juiz não pode autorizar os atos de disposição sem antes ouvir as razões de todos os interessados. Depois de ponderá-las, competirá ao magistrado deliberar sobre o ato proposto pelo inventariante, expedindo-se o competente alvará se a decisão judicial for de deferimento da pretensão.

A função do inventariante dura enquanto não se dá a partilha dos bens do espólio. Todavia, se, encerrada a divisão dos bens arrolados, ainda subsistem outros litigiosos para sobrepartilhar, não desaparece juridicamente a figura do espólio e, por consequência, os poderes de representação do inventariante permanecem mesmo depois de julgada a partilha.

JURISPRUDÊNCIA SELECIONADA

1. Alienação de bem da herança (inciso I):

Eficácia. "Embora não autorizado pelo juiz, tem-se por eficaz a alienação de bens da herança, a título oneroso e de sorte a não sujeitar o adquirente de boa-fé a restituí-lo, ficando ressalvado o ressarcimento de eventual prejuízo ao monte hereditário, por aquele que lhe deu causa" (STJ, REsp 6.406/SP, Rel. Min. Dias Trindade, 3ª Turma, jul. 05.03.1991, *DJ* 25.03.1991, p. 3.223).

Autorização dos herdeiros. "O inventariante tem seus poderes plenamente delimitados pelos arts. 991 e 992 do Código de Processo Civil [arts. 618 e 619 do CPC/2015], sendo imperativa a autorização dos herdeiros para a venda de bens, coberta a nulidade do ato nos termos do art. 145, IV, do Código Civil" (STJ, REsp 140.369/RS, Rel. Min. Carlos Alberto Menezes Direito, 3ª Turma, jul. 22.09.1998, *DJ* 16.11.1998).

Objeção injustificada dos herdeiros. Alienação autorizada. "Os herdeiros devem ser ouvidos acerca de alienação de bem do espólio, mas a venda deve ser autorizada caso oposta objeção injustificada e não apontada outra fonte para a quitação das dívidas" (STJ, REsp 972.283/SP, Rel. Min. João Otávio de Noronha, 4ª Turma, jul. 07.04.2011, *DJe* 15.04.2011).

Alienação judicial de bens em nome do inventariante. Impossibilidade. "Sendo o inventariante mero administrador, que recebe os poderes de gestão para agir no interesse da herança, devendo mover as ações que julgar necessárias ou contestar as que forem propostas contra o espólio, independentemente de autorização do juiz do inventário, não pode ele, portanto, em nome próprio requerer a alienação judicial dos bens antes de ultimada a partilha, acionando os demais herdeiros. **Agindo desta forma, foge ele ao cargo.** Pouco importa que sua parte quanto aos direitos à herança seja maior que a dos demais herdeiros. Até ser liquidada e partilhada a herança permanece ela como um conjunto de bens indivisos, que precisam ser administrados" (TJSP, Ag. 148.223-2, Rel. Des. Bourroul Ribeiro, 15ª Câmara, jul. 06.12.1989, *RT* 650/92).

2. Honorários de advogado (inciso III). "Não havendo interesses em conflito entre os interessados, os honorários do advogado contratado pela inventariante **constituem encargo da herança**" (STJ, REsp 210.036/RJ, Rel. Min. Waldemar Zveiter, 3ª Turma, jul. 19.02.2001, *DJ* 09.04.2001). **No mesmo sentido:** STJ, REsp 34.672/SP, Rel. Min. Dias Trindade, 3ª Turma, jul. 31.05.1993, *DJ* 02.08.1993, p. 14.245.

"As despesas de custas e impostos necessários para a concretização de inventário '*causa mortis*' devem ser superados pelo espólio" (STJ, REsp 115.154/GO, Rel. Min. José Delgado, 1ª Turma, jul. 20.11.1997, *DJ* 15.12.1997).

Multiplicidade de procuradores. Interesses antagônicos. "Concluído pelo Tribunal estadual que os interesses dos herdeiros eram antagônicos em relação à inventariante, os honorários dos advogados por esta contratados, inclusive substituídos por duas vezes sem prévia consulta ou anuência dos demais, **não constituem ônus do espólio**, cada qual respondendo pelo pagamento do trabalho dos respectivos procuradores (...)" (STJ, REsp 324.085/RS, Rel. Min. Aldir Passarinho Junior, 4ª Turma, jul. 26.02.2002, *DJ* 15.04.2002).

3. Despesas de custas e impostos (inciso IV). "As despesas de custas e impostos necessários para a concretização de inventario '*causa mortis*' devem ser superados pelo espólio. As quantias decorrentes de FGTS depositadas a favor de herdeiros menores, em razão do falecimento do titular da conta, sofrem, no tocante ao uso e gozo das limitações impostas pelo art. 1º, par. 1º, da Lei 6.858/1980. O juiz não tem poderes para liberar quantias acima identificadas para outros fins que não os determinados pela lei: para a aquisição de imóvel para moradia própria do menor ou para atender, de modo comprovado, necessidade subsistencial" (STJ, REsp 115.154/GO, Rel. Min. José Delgado, 1ª Turma, jul. 20.11.1997, *DJ* 15.12.1997).

4. Ação declaratória de nulidade de negócio jurídico. Legitimidade. "Os herdeiros têm legitimidade ativa para propor ação declaratória de nulidade de ato processual praticado pela inventariante e viúva meeira, em detrimento dos seus direitos no espólio de seu pai, consubstanciado pela venda, a terceiros, de ações ao portador de sociedade comercial a todos pertencente, ante o princípio da universalidade que rege os bens deixados pelo *de cujus*, até a sua partilha. Ilegitimidade passiva, de outro lado, da sociedade anônima cujas ações foram negociadas, por não haver praticado qualquer ato atinente à controvérsia jurídica *sub judice*" (STJ, REsp 54.519/SP, Rel. Min. Aldir Passarinho Junior, 4ª Turma, jul. 14.06.2005, *DJ* 22.08.2005). **No mesmo sentido:** STJ, REsp 54.519/SP, Rel. Min. Aldir Passarinho Junior, 4ª Turma, jul. 14.06.2005, *DJ* 22.08.2005; STJ, REsp 1.101.708/SP, Rel. Min. Massami Uyeda, 3ª Turma, jul. 28.06.2011, *DJe* 02.08.2011.

5. Retenção de valores pela inventariante meeira em virtude da locação dos imóveis pertencentes ao espólio. Prática pela inventariante de atos de disposição, transação ou aplicação de valores. Imprescindibilidade, em regra, de oitiva dos interessados e prévia autorização judicial. Flexibilização das exigências legais. "Em regra, a prática pelo inventariante dos atos elencados no art. 992 do CPC/73, correspondente ao art. 619 do CPC/15, depende de prévia oitiva dos interessados e de autorização judicial, a fim de evitar a disposição definitiva de bens ou transação sobre direitos que seriam objeto de futura partilha, bem como para evitar a aplicação de valores do espólio em gastos eventualmente desnecessários. É possível, contudo, flexibilizar a exigência de oitiva prévia e de autorização judicial, em caráter absolutamente excepcional, quando se verificar que o ato praticado pelo inventariante objetivou a proteção do patrimônio comum e, assim, atingiu plenamente a finalidade prevista em lei, salvaguardando os bens pertencentes ao espólio de sua integral e irreversível deterioração. Hipótese em que os reparos no imóvel, reconhecidos como emergenciais pelo acórdão recorrido, impediram o desmoronamento das demais casas existentes no local, evitando-se, com isso, a ruína das demais casas que poderia vitimar as famílias e pessoas que residiam no local, tipificando-se a conduta da inventariante como cumprimento do dever legal de velar pelos bens do espólio com a mesma diligência dos seus próprios (art. 991, II, do CPC/73) [art. 618, II, do CPC/2015]" (STJ, REsp 1.655.720/RJ, Rel. Min. Nancy Andrighi, 3ª Turma, jul. 09.10.2018, *DJe* 15.10.2018).

6. Direito real de habitação. Companheira supérstite. Cobrança de aluguéis. Descabimento. Extinção de condomínio e alienação de imóvel comum. Inviabilidade. "O direito real de habitação é *ex lege* (art. 1.831 do CC/2015 e art. 7º da Lei 9.272), vitalício e personalíssimo, o que significa que o cônjuge ou companheiro sobrevivente pode permanecer no imóvel até o momento do falecimento. Sua finalidade é assegurar que o viúvo ou viúva permaneça no local em que antes residia com sua família, garantindo-lhe uma moradia digna. O advento do Código Civil de 2002 deu ensejo à discussão acerca da subsistência do direito real de habitação ao companheiro sobrevivente. Essa questão chegou a este Tribunal Superior, que firmou orientação no sentido da não revogação da Lei 9.278/96 pelo CC/02 e, consequentemente, pela manutenção do direito real de habitação ao companheiro supérstite. Aos herdeiros não é autorizado exigir a extinção do condomínio e a alienação do bem imóvel comum enquanto perdurar o direito real de habitação (REsp 107.273/PR; REsp 234.276/RJ). A intromissão do Estado-legislador na livre capacidade das pessoas disporem dos respectivos patrimônios só se justifica pela igualmente relevante proteção constitucional outorgada à família (art. 203, I, CF/88), que permite, em exercício de ponderação de valores, a mitigação de um deles – *in casu* – dos direitos inerentes à propriedade, para assegurar a máxima efetividade do interesse prevalente, que na espécie é a proteção ao grupo familiar. O direito real de habitação tem caráter gratuito, razão pela qual os herdeiros não podem exigir remuneração do companheiro sobrevivente pelo uso do imóvel. Seria um contrassenso atribuir-lhe a prerrogativa de permanecer no imóvel em que residia antes do falecimento do seu companheiro, e, ao mesmo tempo, exigir dele uma contrapartida pelo uso exclusivo" (STJ, REsp 1.846.167/SP, Rel. Min. Nancy Andrighi, 3ª Turma, jul. 09.02.2021, *DJe* 11.02.2021).

7. Inventário. Conflito de interesses entre os herdeiros. Ver jurisprudência do art. 85 do CPC/2015, sobre honorários do advogado do inventariante.

Art. 620. Dentro de 20 (vinte) dias contados da data em que prestou o compromisso, o inventariante fará as primeiras declarações, das quais se lavrará termo circunstanciado, assinado pelo juiz, pelo escrivão e pelo inventariante, no qual serão exarados:

I – o nome, o estado, a idade e o domicílio do autor da herança, o dia e o lugar em que faleceu e se deixou testamento;

II – o nome, o estado, a idade, o endereço eletrônico e a residência dos herdeiros e, havendo cônjuge ou companheiro supérstite, além dos respectivos dados pessoais, o regime de bens do casamento ou da união estável;

III – a qualidade dos herdeiros e o grau de parentesco com o inventariado;

IV – a relação completa e individualizada de todos os bens do espólio, inclusive aqueles que devem ser conferidos à colação, e dos bens alheios que nele forem encontrados, descrevendo-se:

a) os imóveis, com as suas especificações, nomeadamente local em que se encontram, extensão da área, limites, confrontações, benfeitorias, origem dos títulos, números das matrículas e ônus que os gravam;

b) os móveis, com os sinais característicos;

c) os semoventes, seu número, suas espécies, suas marcas e seus sinais distintivos;

d) o dinheiro, as joias, os objetos de ouro e prata e as pedras preciosas, declarando-se-lhes especificadamente a qualidade, o peso e a importância;

e) os títulos da dívida pública, bem como as ações, as quotas e os títulos de sociedade, mencionando-se-lhes o número, o valor e a data;

CÓDIGO DE PROCESSO CIVIL ANOTADO

f) as dívidas ativas e passivas, indicando-se-lhes as datas, os títulos, a origem da obrigação e os nomes dos credores e dos devedores;

g) direitos e ações;

h) o valor corrente de cada um dos bens do espólio.

§ 1º O juiz determinará que se proceda:

I – ao balanço do estabelecimento, se o autor da herança era empresário individual;

II – à apuração de haveres, se o autor da herança era sócio de sociedade que não anônima.

§ 2º As declarações podem ser prestadas mediante petição, firmada por procurador com poderes especiais, à qual o termo se reportará.

CPC/1973

Art. 993.

REFERÊNCIA LEGISLATIVA

CPC/2015, arts. 626, §§ 2º e 4º (formas de citação), 627 (citações: vista; prazo; impugnações; procedimentos), 630, parágrafo único (apuração de haveres; nomeação de contador), 633 (dispensa total de avaliação), 634 (dispensa parcial da avaliação), 674 (embargos de terceiro).

Decreto nº 9.580, de 22.11.2018, art. 10 (regulamenta a tributação, a fiscalização, a arrecadação e a administração do Imposto sobre a Renda e Proventos de Qualquer Natureza).

SÚMULAS

Súmula do STF:

Nº 265: "Na apuração de haveres, não prevalece o balanço não aprovado pelo sócio falecido, excluído ou que se retirou".

Nº 377: "No regime de separação legal de bens, comunicam-se os adquiridos na constância do casamento".

BREVES COMENTÁRIOS

Essas declarações podem ser feitas pessoalmente ou por intermédio de advogado. Entretanto, por sua relevância, não se incluem entre as compreendidas pela cláusula *ad judicia*, de maneira que o procurador, para fazê-las em nome do inventariante, deve exibir procuração com poderes especiais para semelhante fim (art. 618, III, do CPC/2015).

O conteúdo das primeiras declarações do inventariante se acha previsto no art. 620. Quando se tratar de empresário individual, ou de sócio de sociedade que não a anônima, as declarações deverão ser seguidas de um exame avaliatório ordenado pelo juiz para que se faça o balanço do estabelecimento comercial, no primeiro caso, ou uma apuração de haveres, no segundo. Essa apuração incluirá não apenas um exame de valores contábeis, mas também um levantamento do valor real e exato da participação do de cujus sobre o acervo societário.

JURISPRUDÊNCIA SELECIONADA

1. Declarações do inventariante. "Ao inventariante cabe prestar declarações pessoalmente ou por procurador com poderes especiais, sendo desnecessário o mandado judicial com poderes especiais, se comparecer ao ato" (TJPR, Ag. 487/75, Rel. Des. Sílvio Romero, 1ª Câmara, jul. 04.03.1986).

2. Decurso de prazo. "Decurso do prazo concedido sem que fossem prestadas as primeiras declarações. Extinção do feito, com fulcro nos artigos 267, I e IV, 284, parágrafo único, e 295, I, do CPC [arts. 485, I e IV, 321, parágrafo único, e 330, I, do CPC/2015]" (TJSP, Ap. 209.891/4, Rel.ª Des.ª Zélia Maria Antunes Alves, 8ª Câmara, jul. 11.03.2002).

3. Cônjuge sobrevivente e filha do falecido. Concorrência. Comunhão parcial de bens (inciso II). "No regime da comunhão parcial de bens, o cônjuge sobrevivente não concorre com os descendentes em relação aos bens integrantes da meação do falecido. Interpretação do art. 1.829, inc. I, do Código Civil. Tendo em vista as circunstâncias da causa, restaura-se a decisão que determinou a partilha, entre o cônjuge sobrevivente e a descendente, apenas dos bens particulares do falecido" (STJ, REsp 974.241/DF, Rel. p/ Acórdão Min.ª Maria Isabel Gallotti, 4ª Turma, jul. 07.06.2011, *DJe* 05.10.2011).

4. Cônjuge supérstite. Separação de fato (inciso II). "O cônjuge que se encontra separado de fato não faz jus ao recebimento de quaisquer bens havidos pelo outro por herança transmitida após decisão liminar de separação de corpos. Na data em que se concede a separação de corpos, desfazem-se os deveres conjugais, bem como o regime matrimonial de bens; e a essa data retroagem os efeitos da sentença de separação judicial ou divórcio" (STJ, REsp 1.065.209/SP, Rel. Min. João Otávio de Noronha, 4ª Turma, jul. 08.06.2010, *DJe* 16.06.2010).

"A preservação do condomínio patrimonial entre cônjuges após a separação de fato é incompatível com a orientação do novo Código Civil, que reconhece a união estável estabelecida nesse período, regulada pelo regime da comunhão parcial de bens (CC, art. 1.725). Assim, em regime de comunhão universal, a comunicação de bens e dívidas deve cessar com a ruptura da vida comum, respeitado o direito de meação do patrimônio adquirido na constância da vida conjugal" (STJ, REsp 555.771/SP, Rel. Min. Luis Felipe Salomão, 4ª Turma, jul. 05.05.2009, *DJe* 18.05.2009).

5. União estável:

a) Reconhecimento superveniente. "O art. 462 do CPC [art. 493 do CPC/2015] permite, tanto ao Juízo singular como ao Tribunal, a análise de circunstâncias outras que, devido a sua implementação tardia, não eram passíveis de resenha inicial. Tal diretriz deve ser observada no âmbito do Superior Tribunal de Justiça, porquanto o art. 462 não possui aplicação restrita às instâncias ordinárias, conforme precedentes da Casa. Havendo reconhecimento de união estável e inexistência de ascendentes ou descendentes do falecido, à sucessão aberta em 28.02.2000, antes do Código Civil de 2002, aplica-se o disposto no art. 2º, inciso III, da Lei nº 8.971/94, circunstância que garante **ao companheiro a totalidade da herança e afasta a participação de colaterais do *de cujus* no inventário**" (STJ, REsp 704.637/RJ, Rel. Min. Luis Felipe Salomão, 4ª Turma, jul. 17.03.2011, *DJe* 22.03.2011).

b) Uniões estáveis simultâneas. Impossibilidade. "Para a existência jurídica da união estável, extrai-se, da exegese do § 1º do art. 1.723 do Código Civil de 2002, *fine*, o requisito da exclusividade de relacionamento sólido. Isso porque, nem mesmo a existência de casamento válido se apresenta como impedimento suficiente ao reconhecimento da união estável, desde que haja separação de fato, circunstância que erige a existência de outra relação afetiva factual ao degrau de óbice proeminente à nova união estável. Com efeito, a pedra de toque para o aperfeiçoamento da união estável não está na inexistência de vínculo matrimonial, mas, a toda evidência, na inexistência de relacionamento de fato duradouro, concorrentemente àquele que se pretende proteção jurídica, daí por que se mostra inviável o reconhecimento de uniões estáveis simultâneas. Havendo sentença transitada em julgado a reconhecer a união estável entre o falecido e sua companheira em determinado período, descabe o reconhecimento de outra união estável, simultânea àquela, com pessoa diversa" (STJ, REsp 912.926/RS, Rel. Min. Luis Felipe Salomão, 4ª Turma, jul. 22.02.2011, *DJe* 07.06.2011. **No mesmo sentido:** STJ, REsp 1.219.093/PR, Rel. Min. Ricardo Villas Bôas Cueva, 3ª Turma, jul. 27.03.2012, *DJe* 10.04.2012.

c) Companheira. Concorrência com os descendentes. "Existência de filiação exclusiva do *de cujus* [1 filha] e de filiação em comum com a companheira [1 filho]. Companheira sobrevivente que além de meeira também concorrer com os descendentes com relação aos bens obtidos na constância da união estável – Precedente jurisprudencial [REsp 1.117.563] plenamente aplicável ao caso" (TJSP, AgIn 0470590-88.2010.9.26.0000, Rel. Des. Enio Zuliani, 4ª Câm. de Direito Privado, jul. 22.09.2011, *DJE* 03.10.2011).

d) Dissolução. Partilha de bens. Pretensão de partilhar quotas sociais da sociedade de advogados. Ver jurisprudência do art. 599 do CPC/2015.

e) Direito real de habitação. Inexistência de outros bens. Irrelevância. "Cinge-se a controvérsia a definir se o reconhecimento do direito real de habitação, a que se refere o artigo 1.831 do Código Civil, pressupõe a inexistência de outros bens no patrimônio do cônjuge/companheiro sobrevivente. Os dispositivos legais relacionados com a matéria não impõem como requisito para o reconhecimento do direito real de habitação a inexistência de outros bens, seja de que natureza for, no patrimônio próprio do cônjuge/companheiro sobrevivente. O objetivo da lei é permitir que o cônjuge/companheiro sobrevivente permaneça no mesmo imóvel familiar que residia ao tempo da abertura da sucessão como forma não apenas de concretizar o direito constitucional à moradia, mas também por razões de ordem humanitária e social, já que não se pode negar a existência de vínculo afetivo e psicológico estabelecido pelos cônjuges/companheiros com o imóvel em que, no transcurso de sua convivência, constituíram não somente residência, mas um lar" (STJ, REsp 1.582.178/RJ, Rel. Min. Ricardo Villas Bôas Cueva, 3ª Turma, jul. 11.09.2018, *DJe* 14.09.2018).

f) Companheiro sexagenário. Separação obrigatória de bens. "Por força do art. 258, § único, inciso II, do Código Civil de 1916 (equivalente, em parte, ao art. 1.641, inciso II, do Código Civil de 2002), ao casamento de sexagenário, se homem, ou cinquentenária, se mulher, é imposto o regime de separação obrigatória de bens. Por esse motivo, às uniões estáveis é aplicável a mesma regra, impondo-se seja observado o regime de separação obrigatória, sendo o homem maior de sessenta anos ou mulher maior de cinquenta. Nesse passo, apenas os bens adquiridos na constância da união estável, e desde que comprovado o esforço comum, devem ser amealhados pela companheira, nos termos da Súmula nº 377 do STF" (STJ, REsp 646.259/RS, Rel. Min. Luis Felipe Salomão, 4ª Turma, jul. 22.06.2010, *DJe* 24.08.2010).

Matrimônio contraído por pessoa com mais de 60 anos. Casamento precedido de longa união estável. "O artigo 258, parágrafo único, II, do Código Civil de 1916, vigente à época dos fatos, previa como sendo obrigatório o regime de separação total de bens entre os cônjuges quando o casamento envolver noivo maior de 60 anos ou noiva com mais de 50 anos. **Afasta-se a obrigatoriedade do regime de separação de bens** quando o matrimônio é precedido de longo relacionamento em união estável, iniciado quando os cônjuges não tinham restrição legal à escolha do regime de bens, visto que não há que se falar na necessidade de proteção do idoso em relação a relacionamentos fugazes por interesse exclusivamente econômico" (STJ, REsp 1.318.281/PE, Rel. Min. Maria Isabel Gallotti, 4ª Turma, jul. 01.12.2016, *DJe* 07.12.2016).

g) Relação concubinária. "Esta Corte Superior consagrou o entendimento de que a relação concubinária, paralela a casamento válido, não pode ser reconhecida como união estável, **salvo se configurada separação de fato ou judicial entre os cônjuges**" (STJ, AgRg no Ag 683.975/RS, Rel. Min. Vasco Della Giustina, 3ª Turma, jul. 18.08.2009, *DJe* 02.09.2009). **No mesmo sentido:** STJ, EDcl no Ag 830.525/RS, Rel. Min. Carlos Fernando Mathias, 4ª Turma, jul. 18.09.2008, *DJe* 06.10.2008; STJ, AgRg no REsp 1.142.584/SC, Rel. Min. Haroldo Rodrigues, 6ª Turma, jul. 01.12.2009, *DJe* 05.04.2010.

h) Insanidade. "Se o 'enfermo mental sem o necessário discernimento para os atos da vida civil' (artigo 1.548, inciso I, do Código Civil) não pode contrair núpcias, sob pena de nulidade, pela mesma razão não poderá conviver em união estável, a qual, neste caso, jamais será convertida em casamento. A adoção de entendimento diverso, *data venia*, contrariaria o próprio espírito da Constituição Federal, a qual foi expressa ao determinar a facilitação da transmutação da união estável em casamento. Não só pela impossibilidade de constatar-se o intuito de constituir família, mas também sob a perspectiva das obrigações que naturalmente emergem da convivência em união estável, tem-se que o incapaz, sem o necessário discernimento para os atos da vida civil, não pode conviver sob tal vínculo" (STJ, REsp 1.201.462/MG, Rel. Min. Massami Uyeda, 3ª Turma, jul.14.04.02011, *DJe* 27.04.2011).

i) União homoafetiva. "Ante a possibilidade de interpretação em sentido preconceituoso ou discriminatório do art. 1.723 do Código Civil, não resolúvel à luz dele próprio, faz-se necessária a utilização da técnica de 'interpretação conforme à Constituição'. Isso para excluir do dispositivo em causa qualquer significado que impeça o reconhecimento da união contínua, pública e duradoura entre pessoas do mesmo sexo como família. Reconhecimento que é de ser feito segundo as mesmas regras e com as mesmas consequências da união estável heteroafetiva" (STF, ADPF 132, Rel. Min. Ayres Britto, Tribunal Pleno, jul. 05.05.2011, *DJe* 14.10.2011). **No mesmo sentido:** STF, RE 477.554 AgR, Rel. Min. Celso de Mello, 2ª Turma, jul. 16.08.2011, *DJe* 26.08.2011.

j) Partilha de bens. "Os bens adquiridos a título oneroso na constância da união estável, individualmente ou em nome do casal, a partir da vigência da Lei nº 9.278/96, pertencem a ambos, dispensada a prova de que a sua aquisição decorreu do esforço comum dos companheiros, excepcionado o direito de disporem de modo diverso em contrato escrito, ou se a aquisição ocorrer com o produto de bens adquiridos em período anterior ao início da união (§ 1º)" (STJ, REsp 1.021.166/PE, Rel. Min. Ricardo Villas Bôas Cueva, 3ª Turma, jul. 02.10.2012, *DJe* 08.10.2012).

Vocação hereditária. Partilha. Companheiro. Exclusividade. "Na falta de descendentes e ascendentes, será deferida a sucessão por inteiro ao cônjuge ou companheiro sobrevivente, ressalvada disposição de última vontade" (STJ, REsp 1357117/MG, Rel. Min. Ricardo Villas Bôas Cueva, 3ª Turma, jul. 13.03.2018, *DJe* 26.03.2018).

6. Relação de todos os bens (inciso IV). "As cotas de sociedade limitada, enquanto representando direito patrimonial de participar dos lucros e da partilha do acerto líquido, em caso de dissolução, integram, em princípio, a comunhão, nada importando que figurem em nome de um dos cônjuges. O que não se comunica é o *status* de sócio. Falecendo o marido, devem ser trazidas a inventário as cotas que estejam em nome da mulher, só se procedendo à exclusão caso demonstrado que presente alguma das causas que a justifica" (STJ, REsp 248.269/RS, Rel. Min. Eduardo Ribeiro, 3ª Turma, jul. 02.05.2000, *DJ* 19.06.2000).

7. Saldo em conta conjunta (inc. IV, "d"). "O saldo mantido em conta conjunta é propriedade condominial dos titulares. Sendo um deles o *de cujus*, somente a sua parte, no caso, a metade do numerário, deve integrar o monte" (TJRJ, 2008.002.39521, Rel. Des. Cleber Ghelfenstein, jul. 13.05.2009, *DJe* 15.05.2009, *RT* 886/285).

"Devem ser relacionados no inventário, valores vultosos de caderneta de poupança conjunta, mantida por herdeiros com o *de cujus*, ante a retirada deste da titularidade da conta, permanecendo o valor, não trazido ao inventário, em poder dos herdeiros" (STJ, REsp 1.343.263/CE, Rel. Min. Sidnei Beneti, 3ª Turma, jul. 04.04.2013, *DJe* 11.04.2013).

"Na conta-corrente bancária coletiva e solidária, cada cotitular possui o direito de movimentar a integralidade dos fundos disponíveis, sendo que a solidariedade se estabelece apenas entre os correntistas e a instituição financeira mantenedora da conta, mas não em relação a terceiros. Precedentes. O cotitular de conta-corrente conjunta não pode sofrer constrição em virtude de negócio jurídico celebrado pelo outro cotitular e por ele inadimplido, podendo, nessa hipótese, comprovar os valores que compõem o patrimônio de cada um e, na ausência ou na impossibilidade de prova nesse sentido, far-se-á a divisão do saldo de modo igualitário. Precedentes. Esse mesmo entendimento deve se aplicar na hipótese de superveniente falecimento de um dos cotitulares da conta-corrente conjunta, na medida em que a atribuição de propriedade exclusiva sobre a totalidade do saldo ao cotitular remanescente representaria grave ofensa aos direitos sucessórios dos herdeiros necessários, de modo que a importância titularizada pelo falecido deverá, obrigatoriamente, constar do inventário e da partilha. Não sendo possível esclarecer a autoria, a propriedade e a origem dos aportes realizados na conta-corrente conjunta, deverá incidir a presunção de que o saldo existente na conta-corrente ao tempo do falecimento pertencia a ambas as partes em igualdade de condições, razão pela qual o valor deve ser dividido em quotas-parte idênticas" (STJ, REsp 1836130/RS, Rel. Min. Nancy Andrighi, 3ª Turma, jul. 10.03.2020, *DJe* 12.03.2020).

8. Aplicação financeira mantida por ex-consorte do *de cujus* na vigência da sociedade conjugal. Meação (inc. IV, "d"). "Procedimento de inventário – primeiras declarações – aplicação financeira mantida por esposa do *de cujus* na vigência da sociedade conjugal. (...). Os proventos de aposentadoria, percebidos por cônjuge casado em regime de comunhão universal e durante a vigência da sociedade conjugal, constituem patrimônio particular do consorte ao máximo enquanto mantenham caráter alimentar. Perdida essa natureza, como na hipótese de acúmulo do capital mediante depósito das verbas em aplicação financeira, o valor originado dos proventos de um dos consortes passa a integrar o patrimônio comum do casal, devendo ser partilhado quando da extinção da sociedade conjugal. Interpretação sistemática dos comandos contidos nos arts. 1.659, VI, e 1.668, V, 1565, 1566, III, e 1568, todos do Código Civil" (STJ, REsp 1.053.473/RS, Rel. Min. Marco Buzzi, 4ª Turma, jul. 02.10.2012, *DJe* 10.10.2012).

9. Seguro obrigatório. DPVAT (inc. IV, "g"). "Na vigência da Lei 6.194/1974 (artigos 3º e 4º), aplicável à época do sinistro, a companheira da vítima fatal de acidente automobilístico, sendo incontroversa a união estável, tem direito integral a indenização do seguro DPVAT, independentemente da existência de outros herdeiros, porquanto é a única beneficiária do seguro" (STJ, REsp 773.072/SP, Rel. Min. Luis Felipe Salomão, 4ª Turma, jul. 16.09.2010, *DJe* 28.09.2010).

10. Cessão gratuita de meação. "O ato de disposição patrimonial representado pela cessão gratuita da meação em favor dos herdeiros configura uma verdadeira doação, a qual, nos termos do art. 541 do Código Civil, **far-se-á por Escritura Pública ou instrumento particular**, sendo que, na hipótese, deve ser adotado o instrumento público, por conta do disposto no art. 108 do Código Civil" (STJ, REsp 1.196.992/MS, Rel.ª Min.ª Nancy Andrighi, 3ª Turma, jul. 06.08.2013, *DJe* 22.08.2013).

11. Apuração de haveres (§ 1º, II). "O parágrafo único do art. 993 do CPC [art. 620 do CPC/2015] dispõe sobre as medidas postas ao alcance do julgador, que devem suceder às primeiras declarações do inventariante, em processo de inventário no qual era, o autor da herança, comerciante em nome individual ou sócio de sociedade que não anônima. Autoriza, assim, o inciso II do parágrafo único do referido dispositivo que, **dentro do próprio processo de inventário,** se proceda a apuração de haveres do falecido por sua participação, por exemplo, em sociedades civis e comerciais por cotas de responsabilidade limitada. Nesses casos, **cumpre ao juiz da causa nomear contador (perito) para que realize referida apuração** (CPC, art. 1.003, parágrafo único)" (STJ, REsp 289.151/SP, Rel. Min. Vasco Della Giustina, 3ª Turma, jul. 07.10.2010, *DJe* 25.10.2010). **No mesmo sentido:** STJ, REsp 815.693/MG, Rel. Min. Carlos Alberto Menezes Direito, 3ª Turma, jul. 22.08.2006, *DJ* 23.10.2006.

"Havendo possibilidade de existirem ainda bens a partilhar e considerando a necessidade de proteger os bens da herança, ainda mais levando-se em conta a natureza peculiar da **sociedade de advogados** e a data em que deferida a alteração contratual pela OAB-DF e a data do falecimento, não há violação do art. 993, parágrafo único, II, do Código de Processo Civil [art. 620, § 1º, II, do CPC/2015] na decisão que determina sejam apurados os haveres do autor da herança" (STJ, REsp 725.765/DF, Rel. Min. Carlos Alberto Menezes Direito, 3ª Turma, jul. 25.04.2006, *DJ* 14.08.2006).

"Enquanto a apuração dos haveres disciplinada pelo inciso II do parágrafo único do art. 993 do CPC [art. 620, § 1º, II, do CPC/2015], aplicável às sociedades não anônimas, visa a liquidar a quota-parte do sócio falecido para a dissolução parcial da sociedade, a apuração de haveres determinada pelo acórdão rescindindo pretendeu apenas avaliar o valor real de ações de sociedade anônima familiar fechada, permitindo, na partilha, dando concreção ao princípio da igualdade positivado no art. 1.775 do CC/16 (atual art. 2.017 do CC/02)" (STJ, AR 810/RS, Rel. Min. Paulo de Tarso Sanseverino, 2ª Seção, jul. 08.06.2011, *DJe* 16.06.2011).

Sócio premorto. "Não cabe ao juízo do inventário controlar os atos de disponibilidade dos bens sociais, enquanto perdurar a apuração de haveres dos herdeiros do sócio premorto" (STJ, RMS 150/DF, Rel. Min. Gueiros Leite, 3ª Turma, jul. 03.04.1990, *DJ* 07.05.1990).

"Na apuração de haveres de sócio premorto, têm os seus herdeiros direito à verificação do valor exato do estabelecimento, sem exclusão dos elementos incorpóreos ou imateriais que constituem o fundo de comércio. Os lucros obtidos posteriormente à morte do sócio não constituem haveres deixados pelo inventariado" (TJSP, Ap. 260.684, Rel. Des. Gentil Leite, 3ª Câmara Cível, jul. 15.09.1977, *RT* 509/104).

Verificação do valor do patrimônio da sociedade empresária. "Na apuração de haveres, há de se verificar o valor exato do patrimônio da empresa" (TJPR, Ap. 1.064/87, Rel. Des. Negi Calixto, Câmaras Reunidas, jul. 25.08.1988).

Terceiros. "Fazendo-se a apuração de haveres nos próprios autos do inventário, sem a participação dos sócios remanescentes, apenas interessa a herdeiros e meeira. Terceiros não podem dela valer-se como se constituísse título líquido e certo" (STJ, REsp 5.780/SP, Rel. p/ Acórdão Min. Eduardo Ribeiro, 3ª Turma, jul. 05.03.1991, *DJ* 15.04.1991).

Despesas. "... Se houve nomeação de contador para apuração dos haveres do *de cujus* em sociedade de que era ele sócio (arts. 993, parágrafo único, inc. II, e 1.003, parágrafo único, do CPC) [arts. 620, § 1º, II, e 630, parágrafo único, do CPC/2015] as despesas com a diligência devem ser suportadas por todos os sucessores" (TJSP, Ag. 64.301-1, Rel. Des. Nélson Hanada, 7ª Câmara, jul. 25.09.1985, *RJTJSP* 100/308).

Apuração de haveres. Remissão aos meios ordinários. Ver jurisprudência do art. 612 do CPC/2015.

12. Inventário e partilha. Plano de previdência complementar privada.

a) Necessidade de colação. "Os planos de previdência privada aberta, operados por seguradoras autorizadas pela SUSEP, podem ser objeto de contratação por qualquer pessoa física e jurídica, tratando-se de regime de capitalização no qual cabe ao investidor, com amplíssima liberdade e flexibilidade, deliberar sobre os valores de contribuição, depósitos adicionais, resgates antecipados ou parceladamente até o fim da vida, razão pela qual a sua natureza jurídica ora se assemelha a um seguro previdenciário adicional, ora se assemelha a um investimento ou aplicação financeira. Considerando que os planos de previdência privada aberta, de que são exemplos o VGBL e o PGBL, não apresentam os mesmos entraves de natureza financeira e atuarial que são verificados nos planos de previdência fechada, a eles não se aplicam os óbices à partilha por ocasião da dissolução do vínculo conjugal ou da sucessão, apontados em precedente da 3ª Turma desta Corte (REsp 1.477.937/MG). (...) Todavia, no período que antecede a percepção dos valores, ou seja, durante as contribuições e formação do patrimônio, com múltiplas possibilidades de depósitos, de aportes diferenciados e de retiradas, inclusive antecipadas, a natureza preponderante do contrato de previdência complementar aberta é de investimento, razão pela qual o valor existente em plano de previdência complementar aberta, antes de sua conversão em renda e pensionamento ao titular, possui natureza de aplicação e investimento, devendo ser objeto de partilha por ocasião da dissolução do vínculo conjugal ou da sucessão por não estar abrangido pela regra do art. 1.659, VII, do CC/2002" (STJ, REsp 1.726.577/SP, Rel. Min. Nancy Andrighi, 3ª Turma, jul. 14.09.2021, *DJe* 01.10.2021). **No mesmo sentido:** "Na hipótese excepcional em que ficar evidenciada a condição de investimento, os bens integram o patrimônio do *de cujus* e devem ser trazidos à colação no inventário, como herança, devendo ainda ser objeto da partilha, desde que antes da conversão em renda e pensionamento do titular. Circunstâncias como idade e condição de saúde do titular de VGBL e uso de valores decorrentes de venda do único imóvel do casal evidenciam a excepcionalidade da situação e indicam a condição de investimento" (STJ, REsp 2.004.210/SP, Rel. Min. João Otávio de Noronha, 4ª Turma, jul. 07.03.2023, *DJe* 02.05.2023).

b) Não integra acervo hereditário.

"Valores relativos a plano de previdência privada (VGBL) que não estão sujeitos à partilha, pois assumem natureza securitária e não são considerados herança, devendo ser distribuídos aos beneficiários indicados. Inexistindo, por ato entre vivos ou de última vontade, pedido de substituição de beneficiário indicado a destinatário de numerário de VGBL e que seja pré-morto ao proponente do VGBL, caberá ao beneficiário indicado remanescente, ainda vivo, receber a sua quota mais absorver a quota do beneficiário indicado pré-morto ao proponente. Óbito do beneficiário indicado anterior ao proponente que torna ineficaz a cláusula de sua indicação. Pedido de aplicação da chamada de vocação hereditária de beneficiário premorto, para receber o produto da indenização securitária, que não procede. Aplicação dos artigos 789, 791, 792 e 794 do Código Civil de 2002" (TJSP, Ag 2082439-05.2021.8.26.0000, Rel. Des. Piva Rodrigues, 9ª Câmara de Direito Privado, jul. 02.06.2021, *DJe* 02.06.2021).

Plano de previdência privada VGBL não configura herança e não pode ser inventariado. "Plano de previdência privada VGBL tem natureza jurídica de contrato de seguro de vida, o qual, nos termos do art. 794 do Código Civil, não é considerado herança ('No seguro de vida ou de acidentes pessoais para o caso de morte, o capital estipulado não está sujeito às dívidas do segurado, nem se considera herança para todos os efeitos de direito.'). Por isto, não há que se falar em inclusão dos valores da previdência privada VGBL no inventário, assim como não se vislumbra utilidade em expedição de ofício a BrasilPrev, empresa com a qual firmada referida previdência" (TJDFT, Ag 0707720-39.2022.8.07.0000, 5ª Turma Cível, Rel. Des. Maria Ivatônia, jul. 29.06.2022, *DJe* 12.07.2022). **No mesmo sentido:** TJRS, Ag 5017097-49.2022.8.21.7000, Rel. Des. Roberto Arriada Lorea, 7ª Câmara Cível, jul. 06.07.2022, *DJ* 06.07.2022).

13. Partilha. Regime da comunhão universal de bens. Plano de previdência administrado por entidade aberta de previdência complementar. Contribuições vertidas na constância do casamento. "As contribuições feitas para plano de previdência fechado, em percentual do salário do empregado, aportadas pelo beneficiário e pelo patrocinador, conforme definido pelo estatuto da entidade, não integram o patrimônio sujeito à comunhão de bens a ser partilhado quando da extinção do vínculo conjugal. Hipótese em que, após o início do recebimento do benefício complementar, houve a retirada do patrocínio pelo ex-empregador, ensejando a opção pelo resgate da reserva de poupança pelo assistido. O resgate dos valores originalmente destinados a custear, ao longo dos anos, o benefício extinto não lhes retira a natureza previdenciária e personalíssima, motivo pelo qual não se trata de bem integrante da comunhão sujeito à partilha decorrente do fim do casamento ou união estável (art. 1.659, inc. VII, c/c o art. 1.668, inc. V, do CC/2002 e art. 263, inc. I, do CC/2016). Precedentes" (STJ, REsp 1.545.217/PR, Rel. p/ acórdão Min. Maria Isabel Gallotti, 4ª Turma, jul. 07.12.2021, *DJe* 09.02.2022).

14. Ação de inventário. Suspensão. Regularização dos bem imóveis. Averbação de edificação em terreno do espólio. "A regra contida na Lei de Registros Públicos que determina a obrigatoriedade de averbar as edificações efetivadas em bens imóveis autoriza a suspensão da ação de inventário até que haja a regularização dos referidos bens no respectivo registro, inclusive porque se trata de medida indispensável a adequada formação do conteúdo do monte partível e posterior destinação do quinhão hereditário" (STJ, REsp 1.637.359/RS, Rel. Min. Nancy Andrighi, 3ª Turma, jul. 08.05.2018, *DJe* 11.05.2018).

Art. 621. Só se pode arguir sonegação ao inventariante depois de encerrada a descrição dos bens, com a declaração, por ele feita, de não existirem outros por inventariar.

CPC/1973

Art. 994.

REFERÊNCIA LEGISLATIVA

CC, arts. 1.993 a 1.996.

BREVES COMENTÁRIOS

Ocorre a sonegação quando bens do espólio são dolosamente ocultados para não se submeterem ao inventário ou à colação (Itabaiana de Oliveira, *Tratado de direito das sucessões*, cit., vol. III, nº 844, p. 838). "Trata-se de um ato ilícito cometido por um herdeiro contra os demais, de maneira intencional ou maliciosa". "A sonegação de bem pelo inventariante não se concretiza pela simples omissão no declarar sua existência. A sonegação é a ocultação maliciosa" (TJSP, Ap. 285.094, Rel. Des. Aniceto Aliende, jul. 21.08.1979, *RT* 533/79. No mesmo sentido: STJ, REsp 163.195/SP, Rel. Min. Ruy Rosado de Aguiar, jul. 12.05.1998, *DJU* 29.06.1998, p. 217). "Não havendo malícia, não há sonegação" (Silvio Rodrigues, Parecer in *Rev. Forense* 263/105).

A lei pune a sonegação de duas maneiras: a) se o sonegador é apenas herdeiro, perderá o direito sucessório sobre o objeto sonegado; se já não mais o tiver em seu poder, terá de pagar ao espólio o respectivo valor mais perdas e danos (CC/1916, arts. 1.780 e 1.783; CC/2002, arts. 1.992 e 1.995); b) se o herdeiro for também inventariante, além da perda do direito mencionado, sofrerá remoção do cargo (CC/1916, art. 1.781; CC/2002, art. 1.993; CPC, art. 995, VI).

A punição legal da perda de direito aos bens incide apenas sobre quem tenha a qualidade de herdeiro. O cônjuge meeiro perde tão somente a inventariança, não a sua meação, já que esta não integra o direito hereditário. A pena será imposta por sentença em ação ordinária, de sorte que não é matéria para ser decidida em mero incidente do inventário. A legitimidade para propor a ação cabe a qualquer herdeiro ou aos credores da herança (CC, art. 1.994).

JURISPRUDÊNCIA SELECIONADA

1. Ação de sonegados.

"É admissível ação declaratória para reaver sonegados, pois pressupõe pretensão a segurança e não à execução (CPC, art. 4º [art. 19 do CPC/2015]; CC, art. 1.782). Tanto o CPC – art. 994 [art. 621 do CPC/2015] – como o CC – art. 1.784 – marcam o momento processual a partir do qual está caracterizado a sonegação em que o ilícito se consuma, ou seja, nas últimas declarações. O cônjuge meeiro ou comparte em algum bem comum, com o *de cujus*, e depois com os herdeiros, responde passivamente a ação dos sonegados" (STJ, REsp 52/CE, Rel. Min. Gueiros Leite, 3ª Turma, jul. 15.08.1989, *RSTJ* 3º/1.067). **Nota:** o CC citado no ac. é o de 1916.

a) Momento processual. "A ação de sonegados deve ser intentada após as últimas declarações prestadas no inventário, no sentido de não haver mais bens a inventariar" (STJ, REsp 265.859/SP, Rel. Min. Sálvio de Figueiredo Teixeira, 4ª Turma, jul. 20.03.2003, *DJ* 07.04.2003).

b) Legitimidade.

(i) Ativa. Herdeiro. "A ação de sonegados pode ser ajuizada pelo herdeiro em benefício próprio e dos demais" (STJ, REsp 36.450/SP, Rel. Min. Claudio Santos, 3ª Turma, jul. 18.04.1995, *DJ* 15.05.1995, p. 13.395).

(ii) Passiva. "O cônjuge meeiro ou comparte em algum bem comum, **com o *de cujus* e depois com os herdeiros,** responde passivamente a ação de sonegados" (STJ, REsp 52/CE, Rel. Min. Gueiros Leite, 3ª Turma, jul. 15.08.1989, *DJ* 18.09.1989).

c) Dolo.

Sonegados. Sobrepartilha. Interpelação do herdeiro. Prova do dolo. "A ação de sonegados não tem como pressuposto a prévia interpelação do herdeiro, nos autos do inventário. Se houver a arguição, a omissão ou a negativa do herdeiro caracterizará o dolo, admitida prova em contrário. Inexistindo arguição nos autos do inventário, a prova do dolo deverá ser apurada durante a instrução. Admitido o desvio de bens, mas negado o dolo, não é aplicável a pena de sonegados, mas os bens devem ser sobrepartilhados" (STJ, REsp 163.195/SP, Rel. Min. Ruy Rosado de Aguiar, 4ª Turma, jul. 12.05.1998, *DJ* 29.06.1998).

"Após a interpelação do herdeiro, o inventariante voltou a afirmar, nas últimas declarações, não existirem bens a serem inventariados. Dessa forma, caracterizado restou sua conduta dolosa. Comprovada a sonegação, o bem deve ser restituído ao montante a ser partilhando, perdendo o apelado o direito a este, bem como ao cargo de inventariante" (TJES, Ap 038019000082, Rel. Des. Manoel Alves Rabelo, 4ª Câmara Cível, jul. 19.11.2001).

d) Prescrição.

Actio nata. "Na hipótese de ocultação de bem imóvel ocorrida mediante artifício que não permitiu que os demais herdeiros sequer identificassem a existência do bem durante a tramitação do inventário do *de cujus*, o termo inicial da prescrição da pretensão de sonegados não deve ser contado da data das primeiras declarações ou da data do encerramento do inventário, devendo ser aplicada a teoria da *actio nata* em sua vertente subjetiva. A mera citação dos demais herdeiros em anterior ação de bens reservados ajuizada pelos supostos sonegadores, fundada em dúvida suscitada pelo registrador do bem imóvel por ocasião de sua venda a terceiro, conquanto dê à parte ciência da existência do bem imóvel, é insuficiente, em regra, para a configuração da ciência inequívoca da lesão indispensável para que se inicie o prazo prescricional da pretensão de sonegados, tendo em vista o cenário de incerteza e controvérsia acerca da existência e extensão da lesão e do dano. A descoberta, em audiência de instrução e julgamento realizada em ação de bens reservados, de que a proprietária do imóvel alegadamente sonegado não exercia atividade remunerada que justificaria a aquisição exclusiva do imóvel apenas configura prova indiciária da sonegação, mas não resulta, por si só, em ciência inequívoca da lesão e do dano que justifica o início do prazo prescricional da pretensão de sonegados. Se o fato determinante para a configuração da ciência inequívoca da lesão e do dano deve ser examinado a partir de outro processo em que essa questão também está em debate, o único marco razoavelmente seguro e objetivo para que se inicie o cômputo do prazo prescricional da pretensão de sonegados será, em regra, o trânsito em julgado da sentença que, promovendo ao acerto definitivo da relação jurídica de direito material, declarar que o bem sonegado não é de propriedade exclusiva de quem o registrou, ressalvadas as hipóteses de confissão ou de incontrovérsia fática" (STJ, REsp 1698732/MG, Rel. Min. Nancy Andrighi, 3ª Turma, jul. 12.05.2020, *DJe* 18.05.2020).

Encerramento do inventário. "A prescrição da ação de sonegados, conta-se a partir do encerramento do inventário, o que não ocorreu no presente caso" (STJ, AgInt nos EDcl no REsp 1723801/DF, Rel. Min. Moura Ribeiro, 3ª Turma, jul. 18.02.2019, *DJe* 20.02.2019). No mesmo sentido, a jurisprudência à luz do CPC/1973, ainda aplicável: "A prescrição da ação de sonegados, de dez anos, conta-se a partir do encerramento do inventário, pois, até essa data, podem ocorrer novas declarações, trazendo-se bens a inventariar" (STJ, REsp 1196946/RS, Rel. p/ Acórdão Min. João Otávio de Noronha, 3ª Turma, jul. 19.08.2014, *DJe* 05.09.2014).

2. Aplicação da pena. Prova de má-fé. "A aplicação da pena de sonegados exige prova de má-fé ou dolo na ocultação de bens que deveriam ser trazidos à colação, o que, via de regra, ocorre somente após a interpelação do herdeiro sobre a existência de bens sonegados. No caso em análise, a interpelação promovida pela parte autora foi dirigida somente à viúva inventariante, não havendo sequer menção aos nomes dos herdeiros do segundo casamento, um deles menor à época. A colação possui como finalidade equalizar as legítimas dos herdeiros necessários, de modo que a pena de sonegados é inaplicável à meação pertencente à viúva não herdeira" (STJ, REsp 1567276/CE, Rel. p/ Acórdão Min. Maria Isabel Gallotti, 4ª Turma, jul. 11.06.2019, *DJe* 01.07.2019).

3. Pena de sonegados. Ausência de interpelação pessoal dos herdeiros. Conhecimento acercada ocultação de bens da herança. Má-fé. Comprovação. Aplicação. Possibilidade. "Reconhecida a sonegação de bens pelo coerdeiro, incide a penalidade civil de perdimento dos bens sonegados ao coerdeiro favorecido pela liberalidade e que se manteve silente até o encerramento do inventário" (STJ, EDcl no REsp 1.567.276/CE, Rel. Min. Raul Araújo, 4ª Turma, jul. 22.11.2022, *DJe* 02.02.2023).

4. Efeito secundário da sentença que reconhece a sonegação. Destituição do inventariante. "Inventário. Ação de sonegados julgada procedente. Remoção do inventariante sonegador. Admissibilidade. Efeito secundário da sentença que reconheceu a sonegação. Imissão consequente da nova inventariante na posse dos imóveis sonegados, até a partilha ou sobrepartilha. Provimento parcial do recurso para esse fim. Aplicação dos artigos 1.781 e 1.782, parágrafo único, do Código Civil. A remoção do inventariante sonegador é efeito secundário, ou automático, da sentença que reconhece a sonegação dos bens, cuja posse deve ser transferida ao novo inventariante, até a partilha ou sobrepartilha" (TJSP, AI 22156240, Rel. Des. Cezar Peluso, 2ª Câmara de Direito Privado, jul. 05.02.2002).

"Inventário. Destituição de inventariante. Direito à meação derivada de união estável. Divergência quanto ao início da conveniência e sobre a inclusão de determinados bens em nome da meeira. Motivos que não justificam a remoção. Recurso provido. A agravante foi nomeada para a inventariança com a concordância de todos os interessados. (...) Assim, dispondo a lei competir à agravante a administração do patrimônio comum adquirido durante o tempo de vida em comum, o que representa parte do patrimônio do autor da herança, segue-se não haver motivo jurídico para afastá-la da inventariança, e enquanto não ultrapassada a fase das declarações finais, não se há falar de sonegação de bens, que, de qualquer modo, desafia ação própria que ainda que interposta não interfere com o andamento do processo de inventário, e nem inabilita a inventariante para o cargo" (TJSP, AI 1419184, Rel. Des. Ruiter Oliva, 9ª Câmara Dir. Privado, jul. 29.02.2000).

Art. 622. O inventariante será removido de ofício ou a requerimento:

I – se não prestar, no prazo legal, as primeiras ou as últimas declarações;

II – se não der ao inventário andamento regular, se suscitar dúvidas infundadas ou se praticar atos meramente protelatórios;

III – se, por culpa sua, bens do espólio se deteriorarem, forem dilapidados ou sofrerem dano;

IV – se não defender o espólio nas ações em que for citado, se deixar de cobrar dívidas ativas ou se não promover as medidas necessárias para evitar o perecimento de direitos;

V – se não prestar contas ou se as que prestar não forem julgadas boas;

VI – se sonegar, ocultar ou desviar bens do espólio.

CPC/1973

Art. 995.

REFERÊNCIA LEGISLATIVA

CPC/2015, arts. 553 (ação de prestação de contas), 618, I, II e VII (atribuições do inventariante), 628 (últimas declarações); CC arts. 1.993 a 1.996.

BREVES COMENTÁRIOS

O inventariante que foi nomeado pelo juiz pode ser removido de seu cargo por ato da mesma autoridade. Não se trata, todavia, de demissão *ad nutum*, pois a lei enumera as hipóteses em que a remoção se faz possível. A remoção, no sistema legal, tem o feitio de ato punitivo, pressupondo infração dos deveres do cargo. Não pode, por isso mesmo, ser determinada de plano e sem oportunidade de defesa para o inventariante.

O rol do art. 622 não é exaustivo, razão pela qual pode o juiz determinar a remoção caso verifique situações que justifiquem a medida.

JURISPRUDÊNCIA SELECIONADA

1. Remoção do inventariante *ex officio*. "Reveste-se de indiscutível razoabilidade e, portanto, sob o pálio da Súmula 400 do STF, a interpretação fixada em acórdão que considera admissível a remoção do inventariante, pelo juiz, de ofício, independentemente de requerimento dos herdeiros, à luz do disposto nos arts. 995 e 996 do CPC [arts. 622 e 623 do CPC/2015]. Ao juiz compete sempre a direção do processo, e não é de exigir-se fique ele inerte, se entende que o inventariante vem procedendo incorretamente, prejudicando o processo de inventário" (STF, RE 99.567-6/GO, Rel. desig. Min. Aldir Passarinho, *DJ* 06.04.1984, *Adcoas*, 1985, nº 100.147).

"Como diretor do processo (art. 125/CPC) [art. 139 do CPC/2015], detém o magistrado a prerrogativa legal de promover a remoção do inventariante caso verifique a existência de vícios aptos, a seu juízo, a justificar a medida, que não aqueles expressamente catalogados no art. 995 do CPC [art. 622 do CPC/2015]" (STJ, REsp 1.114.096/SP, Rel. Min. João Otávio de Noronha, 4ª Turma, jul. 18.06.2009, *DJe* 29.06.2009). **No mesmo sentido:** STJ, REsp 163.741/BA, Rel. Min. Waldemar Zveiter, 3ª Turma, jul. 29.06.1999, *DJ* 10.04.2000.

2. Remoção. Hipóteses. Enumeração exemplificativa. "Remoção de inventariante. Agravo conhecido e não provido. Além das circunstâncias enumeradas no art. 995 do CPC [art. 622 do CPC/2015], outras, como não observância da gradação do art. 990 [art. 617 do CPC/2015], demora no cumprimento de obrigações ou discordância dos herdeiros, podem determinar a remoção do inventariante" (TJPR, AI 17.344, Rel. Des. Octávio Valeixo, 4ª Câmara Cível, *DJPR* 28.08.2000). **No mesmo sentido:** TJSP, AI 16.963-4, 3ª CDP, jul. 17.09.1996, Rel. Des. Alfredo Migliore, *Lex* 192/205; TJDF, AI 20020020045757, Rel. Des. Waldir Leôncio Júnior, 2ª Turma Cível, jul. 02.12.2002, *DJDF* 30.04.2003.

Desídia do inventariante. "Definida como causa da remoção da inventariança a desídia do inventariante em dar andamento ao processo sucessório, não cabe, em recurso especial o reexame dessa questão de fato" (STJ, AgRg no Ag 42.157/MG, Rel. Min. Dias Trindade, 4ª Turma, jul. 18.10.1993, *DJ* 29.11.1993).

Falta de prestação de contas. "Inventário. Remoção do inventariante. Falta de prestação de contas. Deve ser removido o inventariante, se deixa de prestar contas dos rendimentos auferidos da exploração de bens do espólio" (TJSP, AI 131.807-4, Rel. Des. Ernani de Paiva, 6ª Câmara Dir. Privado, jul.17.02.2000). **No mesmo sentido:** TJRJ, Ag. 9.006, Rel. Des. Sérgio Mariano, 8ª Câmara do *Adcoas*, 1986, nº 105.463).

Bens doados em vida. Omissão do inventariante. "Os bens doados em vida pelo autor da herança sujeitam-se a colação, o que justifica a remoção do inventariante que omite tal informação" (STJ, AgRg no REsp 1.150.354/SP, Rel. Min. Sidnei Beneti, 3ª Turma, jul. 27.09.2011, *DJe* 05.10.2011).

Deterioração ou danos nos bens. Responsabilidade. "O inventariante é o responsável pela conservação dos bens, do espólio, sendo passível de remoção, se, por sua culpa, se deteriorarem, forem dilapidados ou sofrerem dano – art. 995, inc. III, do CPC [art. 622, III, do CPC/2015] –, arcando com a responsabilidade de prestar contas por seus atos. Bem por isso, é parte legítima para solicitar autorização judicial para alienação do bem do espólio, nada justificando a intromissão do herdeiro, com essa finalidade, sob pena de se tumultuar o andamento do feito, salvo se fosse limitada à simples provocação, para dinamizar a atuação do inventariante" (TJSP, Ag. 63.504-1, Rel. Des. Márcio Martins Bonilha, 5ª Câmara, *RJTJSP* 100/307).

Simples demora na terminação do inventário. Impossibilidade. "A simples demora na terminação do inventário não justifica a remoção pretendida – Cargo de confiança do Juízo, exercido por herdeiro necessário" (TJSP, AG 5606404000/SP, Rel. Des. Salles Rossi, 8ª Câmara de Direito Privado, jul. 21.08.2008, *DJ* 04.09.2008).

3. Pedido de remoção. Ação de sonegados. Ver jurisprudência do art. 623 do CPC/2015.

Art. 623. Requerida a remoção com fundamento em qualquer dos incisos do art. 622, será intimado o inventariante para, no prazo de 15 (quinze) dias, defender-se e produzir provas.

Parágrafo único. O incidente da remoção correrá em apenso aos autos do inventário.

CPC/1973

Art. 996.

BREVES COMENTÁRIOS

Ordinariamente, a remoção é provocada por requerimento de interessado que se julga prejudicado pela atuação irregular do inventariante. Não impede a lei, contudo, a iniciativa do próprio juiz. Como decidiu o STF, "ao juiz compete sempre a direção do processo, e não é de exigir-se fique ele inerte se entende que o inventariante vem procedendo inconvenientemente, prejudicando o processo de inventário" (STF, RE 99.567, Rel. Min. Aldir Passarinho, jul. 14.06.1983, *RTJ* 109/751; TJSP, Ap. 227.213-1, Rel. Des. Rebouças de Carvalho, jul. 31.05.1995, *JTJSP* 176/86; TJPR, Ag. 27.983-8, Rel. Des. Sydney Zappa, jul. 15.09.1993, in *Paraná Judiciário* 43/31). Mas, a requerimento ou não, o que não deve ocorrer é a remoção de plano, ou seja, sem oportunidade de defesa para o inventariante (TJMG, AI, 14.255, Rel. Des. Ferreira de Oliveira, jul. 10.08.1976, *RF* 260/259; TJPR, Ag. 30.456-1, Rel. Des. Silva Wolff, jul. 19.04.1994, *Paraná Judiciário* 45/30).

Como a remoção tem feitio de ato punitivo, pressupondo infração dos deveres do cargo, é imprescindível que se oportunize ao inventariante o direito de defesa. Trata-se de simples incidente, que será processado em apenso aos autos do inventário, não se cogitando de sentença e de condenação em verba advocatícia no julgamento da remoção.

JURISPRUDÊNCIA SELECIONADA

1. Prazo para defesa (*caput*). "Constatadas irregularidades no exercício da função de inventariante, pode o Juízo do inventário, de ofício, ou a pedido dos demais herdeiros, removê-lo, desde que fundamente sua decisão, fazendo indicação precisa das circunstâncias que o levaram a tanto, indicando, inclusive, quais dos incisos do art. 995 do CPC [art. 622 do CPC/2015] foram aplicados ao caso. Contudo, deve também obedecer ao quanto disposto no art. 996 do mesmo diploma [art. 623 do CPC/2015], **ordenando a intimação do inventariante removido para, no prazo da lei, oferecer defesa** a indicar quais as provas que pretende produzir" (STJ, REsp 163.741/BA, Rel. Min. Waldemar Zveiter, 3ª Turma, jul. 29.06.1999, *DJ* 10.04.2000, p. 83). **No mesmo sentido:** STJ, AgRg no REsp 1461526/RS, Rel. Min. Mauro Campbell Marques, 2ª Turma, jul. 16.10.2014, *DJe* 28.10.2014.

2. Pedido de remoção. Ação de sonegados. Apensamento (parágrafo único). "4. Nos termos do que preconiza o art. 623, caput e parágrafo único, do Código de Processo Civil de 2015, é necessária, em regra, a instauração de incidente de remoção do inventariante, em autos apartados, a fim de garantir o contraditório e a ampla defesa. 4.1. Todavia, a ausência de instauração do incidente processual de remoção do inventariante nomeado não implica, por si só, nulidade da decisão proferida, devendo-se analisar as peculiaridades do caso concreto, sobretudo se foi assegurado o contraditório e a ampla defesa" (STJ, REsp 2.059.870/MG, Rel. Min. Nancy Andrighi, 3ª Turma, jul. 21.11.2023, *DJe* 01.12.2023).

"Reclamação contra a nomeação da inventariante que, ao entendimento majoritário da Turma, devia processar-se em apartado ante a complexidade das arguições suscitadas. Não demonstração, porém, pelo interessado, de prejuízo decorrente do procedimento adotado, certo ainda que sobre a reclamação lhe foi aberto o pórtico para a apresentação de sua defesa. '*Pas de nulitté sans grief*'" (STJ, REsp 148.409/PE, Rel. Min. Barros Monteiro, 4ª Turma, jul. 17.09.1998, *DJ* 08.03.1999).

3. Decisão. Recurso cabível. Ver jurisprudência do art. 624 do CPC/2015.

Art. 624. Decorrido o prazo, com a defesa do inventariante ou sem ela, o juiz decidirá.

Parágrafo único. Se remover o inventariante, o juiz nomeará outro, observada a ordem estabelecida no art. 617.

CPC/1973

Art. 997.

BREVES COMENTÁRIOS

Em se tratando de incidente, e não de procedimento autônomo, a melhor exegese é a que considera agravável a decisão que aprecia a remoção de inventariante. O art. 1.015, parágrafo único, do CPC/2015, deixa claro que o agravo de instrumento cabe contra as decisões interlocutórias proferidas no processo de inventário. Dentre essas, obviamente, incluem-se as pronunciadas sobre a nomeação e a remoção do inventariante.

JURISPRUDÊNCIA SELECIONADA

1. Recurso cabível:

Agravo de Instrumento. "A decisão judicial que resolve incidente de remoção de inventariante, porque proferida em mero incidente do processo, ainda que autuado em apartado, **desafia recurso de agravo,** em face de sua natureza interlocutória" (STJ, REsp 37.740/RS, Rel. Min. Sálvio De Figueiredo Teixeira, 4ª Turma, jul. 10.05.1994, *DJ* 30.05.1994). **No mesmo sentido:** STJ, REsp 76.573/PR, Rel. Min. Costa Leite, 3ª Turma, jul. 12.12.1995, *RSTJ* 83/193; STJ, REsp 74.602/PR, Rel. Min. Barros Monteiro, 4ª Turma, jul. 26.02.1996, *DJ* 15.04.1996.

Fungibilidade recursal. Possibilidade. "Decisão Interlocutória – Agravo – Interposição de Recurso de Apelação – Princípio da Fungibilidade Recursal – Dissídio Jurisprudencial – Comprovação. A teor da jurisprudência pacífica desta Corte, não configura erro grosseiro a interposição de apelação, em vez de agravo de instrumento, contra decisão que remove inventariante, devendo ser aplicado o princípio da fungibilidade recursal, desde que observado o prazo para a interposição do agravo" (STJ, REsp 714.035/RS, Rel. Min. Jorge Scartezzini, 4ª Turma, jul. 16.06.2005, *DJ* 01.07.2005). **No mesmo sentido:** STJ, REsp 76.573/PR, Rel. Min. Costa Leite, 3ª Turma, jul. 12.12.95, *RSTJ* 83/193.

Remoção. Recurso Especial. Impossibilidade. "Não cabe, em recurso especial, a reapreciação dos fatos que motivaram a remoção de titular da inventariação" (STJ, REsp 10.299/SP, Rel. Min. Athos Carneiro, 4ª Turma, jul. 26.08.1992, *DJ* 21.09.1992).

2. Nomeação de inventariante dativo. "A remoção do inventariante, substituindo-o por outro, dativo, pode ocorrer quando constatada a inviabilização do inventário pela animosidade manifestada pelas partes" (STJ, REsp 988.527/RS, Rel. Min. Aldir Passarinho Junior, 4ª Turma, jul. 24.03.2009, *DJe* 11.05.2009).

Falecimento. Nomeação de novo inventariante. "Inventariante dativo. Falecimento. Nomeação de novo inventariante, recaindo a escolha na pessoa do cônjuge daquele que administrava o acervo. Demanda emergente entre os herdeiros do acervo administrado e o espólio do anterior inventariante. Não pode exercer o múnus público de inventariante aquele que, em tese, há de defender os atos praticados pelo anterior inventariante premorto, máxime quando os interessados já prometem o ajuizamento de ação contra o espólio daquele, para satisfação de pretensão resistida atinente à administração que o falecido exercitara" (TJDF, AI 20010020004950AGI DF, Rel. Romão C. Oliveira, 2ª Turma Cível, jul. 03.09.2001, *DJDF* 17.10.2001).

3. Honorários. "Inventariante dativo. Encargo da herança, a ser suportado por todos quantos tenham interesse no processamento do inventário, não importando tenha sido o anterior inventariante removido, por não ter desempenhado a contento suas funções. Pretensão de herdeiro à responsabilização apenas do inventariante removido por essa verba. Inadmissibilidade" (TJSP, AGI 123.187-4, Rel. Des. Erbetta Filho, 1ª Câmara Dir. Privado, 15.02.2000).

Art. 625. O inventariante removido entregará imediatamente ao substituto os bens do espólio e, caso deixe de fazê-lo, será compelido mediante mandado de busca e apreensão ou de imissão na posse, conforme se tratar de bem móvel ou imóvel, sem prejuízo da multa a ser fixada pelo juiz em montante não superior a três por cento do valor dos bens inventariados.

CPC/1973

Art. 998.

BREVES COMENTÁRIOS

Não há necessidade de instauração de um processo especial. A expedição do mandado de busca e apreensão ou de imissão de posse é consequência imediata da remoção do inventariante e se faz de plano como consequência do pronunciamento judicial que a decretou. Não há, tecnicamente, uma *actio iudicati*.

JURISPRUDÊNCIA SELECIONADA

1. Remoção do Inventariante. Entrega dos bens ao substituto. "Consoante o estabelecido no artigo 998, do Código de Processo Civil [art. 625 do CPC/2015], removido o inventariante, este deverá entregar, imediatamente, ao substituto os bens do espólio, para administração (art. 991, II, do CPC) [art. 618, II, do CPC/2015], sendo que, deixando de fazê-lo, 'será compelido mediante mandado de busca e apreensão, ou de imissão de posse, conforme se tratar de bem móvel ou imóvel'. Verificando dos autos que, ao deferir o pedido de entrega dos bens realizado pela nova inventariante, o magistrado singular acabou por determinar à inventariante removida a entrega de bens não comprovadamente pertencentes ao espólio, deve ser parcialmente reformada a decisão" (TJMG, AI Cv. 1.0701.06.165313-8/001, Rel.ª Des.ª Teresa Cristina da Cunha Peixoto, 8ª Câmara Cível, jul. 26.05.2011, *DJ* 03.08.2011).

2. Busca e apreensão. Medida cautelar ou satisfativa. "... a busca e apreensão pode ser medida cautelar ou satisfativa. É *cautelar* quando serve à atuação de outras medidas cautelares ou quando por si só desempenha a função de assegurar o estado de fato necessário à útil e eficiente atuação do processo principal, diante do perigo da mora. É medida *satisfativa*, quando serve não à hipotética eficiência do processo, mas à concreta realização de um direito, como, por exemplo, no caso de execução para entrega de coisa certa (artigo 625) [art. 806, § 2º, do CPC/2015] ou no da sentença de mérito que determine a guarda definitiva do incapaz a uma das partes ou a terceiro. Outro exemplo de medida satisfativa é o do artigo 998 [art. 625 do CPC/2015], em que se autoriza a busca e apreensão para compelir o inventariante removido a entregar os bens móveis do espólio ao novo inventariante" (TJSP, Ap. 130.164-2, Rel. Des. Isidoro Carmona, 13ª Câmara, jul. 23.08.1988, *RJTJSP* 118/214).

Seção IV
Das Citações e das Impugnações

Art. 626. Feitas as primeiras declarações, o juiz mandará citar, para os termos do inventário e da partilha, o cônjuge, o companheiro, os herdeiros e os legatários e intimar a Fazenda Pública, o Ministério Público, se houver herdeiro incapaz ou ausente, e o testamenteiro, se houver testamento.

§ 1º O cônjuge ou o companheiro, os herdeiros e os legatários serão citados pelo correio, observado o disposto no art. 247, sendo, ainda, publicado edital, nos termos do inciso III do art. 259.

§ 2º Das primeiras declarações extrair-se-ão tantas cópias quantas forem as partes.

§ 3º A citação será acompanhada de cópia das primeiras declarações.

§ 4º Incumbe ao escrivão remeter cópias à Fazenda Pública, ao Ministério Público, ao testamenteiro, se houver, e ao advogado, se a parte já estiver representada nos autos.

CPC/1973

Art. 999.

REFERÊNCIA LEGISLATIVA

CPC/2015, arts. 256 a 258 (citação por edital).

BREVES COMENTÁRIOS

Manda o art. 626 do CPC/2015 que a citação compreenda o cônjuge, o companheiro, os herdeiros e os legatários. Devem ser intimados a Fazenda Pública, o Ministério Público, se houver herdeiro incapaz ou ausente, e o testamenteiro, se o finado deixou testamento. Torna-se dispensável a diligência citatória quando os interessados espontaneamente comparecem aos autos representados por advogado e, em tempo útil, se declaram cientes das primeiras declarações (art. 239, § 1º).

A citação pelo correio, que é uma inovação, alcança a todos os interessados, independentemente do local de residência. Já a citação por edital é apenas para aqueles incertos ou desconhecidos, diferentemente do previsto no CPC/1973, que admitia essa modalidade para todos os que residissem fora da comarca. Claro, porém, que se for impraticável a citação postal, ou se esta se frustrar, o caso será de recorrer à citação por precatória.

A jurisprudência é pacífica no sentido de ser necessária a citação do cônjuge do herdeiro para os termos do inventário, salvo se, pelo regime matrimonial, os bens hereditários forem incomunicáveis (CC, arts. 1.647, II, 1.659, I, e 1.166, II) (STJ, RMS 26.475/AC, Rel. Min. Nancy Andrighi, 3ª Turma, jul. 14.10.2008, *DJe* 03.11.2008).

JURISPRUDÊNCIA SELECIONADA

1. Citação. Herdeiros. "Destituído o inventariante e nomeado inventariante dativo, os herdeiros devem ser citados para intervir no feito, como intimados do dia, hora e local da alienação judicial" (STJ, REsp 36.380/RJ, Rel. Min. Hélio Mosimann, 2ª Turma, jul. 20.11.1997, *DJ* 15.12.1997, p. 66.351).

Ausência. Vício insanável. Nulidade. "Após as primeiras declarações, o juiz determinará a citação, para os termos do inventário e da partilha, de todos os herdeiros, nos termos do art. 999 do CPC [art. 626 do CPC/2015]. Em havendo a falta de intimação dos filhos do falecido, para se manifestarem sobre as primeiras declarações prestadas pela Inventariante, o processo deverá ser anulado, por se tratar de vício insanável e insuscetível de convalidação" (TJMG, Apelação Cível 1.0051.10.001531-5/001, Rel. Des. Washington Ferreira, 7ª Câmara Cível, jul. 05.03.2013, *DJ* 08.03.2013).

Representação processual de todos os herdeiros. Desnecessidade. "O Código de Processo Civil prevê a citação dos herdeiros na forma do art. 999 [art. 626 do CPC/2015] e, portanto, dispensa-se a exigência de que a inventariante, em suas primeiras declarações, apresente representação processual e civil dos mesmos" (TJMG, AI Cv. 1.0024.11.085339-7/001, Rel. Des.(a) Albergaria Costa, 3ª Câmara Cível, jul. 08.09.2011, *DJ* 30.09.2011).

Débito tributário de espólio. Desnecessidade de citação de todos os herdeiros. "Em se tratando de dívida de espólio, não há necessidade de serem citados todos os herdeiros para a constituição do crédito tributário. O inventariante o representa." (STJ, REsp 995.155/RS, Rel. Min. José Delgado, 1ª Turma, jul. 08.04.2008, *DJe* 24.04.2008).

Venda de imóvel. Desconhecimento do herdeiro. Expedição de alvará. Nulidade. "Processado o pedido não perante o juiz do inventário, sem que do pedido o herdeiro tivesse conhecimento, nulo é o ato de expedição do alvará, por lhe faltar regular processo" (STJ, RMS 6.493/PA, Rel. Min. Nilson Naves, 3ª Turma, jul. 05.03.1996, *DJ* 20.05.1996, p. 16.701).

"Agravo de Instrumento – Inventário – Arrolamento de bens – Cessão de direitos hereditários – Feição exclusivamente patrimonial, não altera a qualidade dos herdeiros art. 999, *caput* e § 1º [art. 626, *caput* e § 1º, do CPC/2015], impreterível a citação pessoal de todos os herdeiros decisão mantida Recurso não provido" (TJSP, AI 587143620128260000, Rel. Moreira Viegas, jul. 14.11.2012, 5ª Câmara de Direito Privado, *DJ* 15.11.2012).

2. Cônjuge. Regime de comunhão parcial de bens. Dispensa de citação. "A recorrente é casada em regime de comunhão parcial de bens e, por esse motivo, não se torna meeira dos bens herdados por seu marido (art. 1.659, I, CC/2002). Não se alega, tampouco, que a herança tenha sido concedida em favor de ambos os cônjuges, o que afasta a aplicação do art. 1.660, III, CC/2002. Assim, não há que se falar em citação necessária da recorrente para participar do inventário de seu sogro" (STJ, RMS 26.475/AC, Rel.ª Min.ª Nancy Andrighi, 3ª Turma, jul. 14.10.2008, *DJe* 03.11.2008).

3. Ex-esposa do falecido. Litisconsórcio necessário. "Processual civil. **Inventário.** Falta de citação da ex-esposa do falecido. Litisconsórcio necessário (CPC, art. 999) [art. 626 do CPC/2015]. Nulidade configurada. Apelos providos para cassar a sentença. 'O art. 999, CPC, impõe a formação de um litisconsórcio necessário. (...). A ausência de citação de litisconsorte necessário gera invalidade da decisão judicial (art. 47, CPC) [art. 114 do CPC/2015]' (Luiz Guilherme Marinoni e Daniel Mitidiero)" (TJSC, Ap. Cível 2011.023241-2, Rel. Des. Luiz Carlos Freyesleben, jul. 16.06.2011, *DJ* 14.07.2011).

4. Testamenteiro. Falta de citação. Conhecimento do trâmite do inventário. Nulidade sanada. "Tendo o falecido deixado testamento, é necessária a citação do testamenteiro no processo de inventário para que fiscalize o efetivo cumprimento das disposições testamentárias. Entretanto, tendo o testamenteiro tomado ciência da tramitação do inventário, prescindível sua citação, não havendo nulidade, pois a finalidade da norma já teria sido atingida. A falta de impugnação às primeiras declarações pelo testamenteiro implica em sua concordância tácita" (STJ, REsp 277.932/RJ, Rel. Min. Nancy Andrighi, 3ª Turma, jul. 07.12.2004, *DJ* 17.12.2004).

5. Ministério Público. Interesse de particulares. Desnecessidade. "Tratando-se de mero incidente ocorrido no inventário, envolvendo interesse de particulares, desnecessária a audiência do representante do Ministério Público no feito. Ainda que de procedimento de jurisdição voluntária se tratasse, a intervenção do Ministério Público era prescindível, pois, segundo a jurisprudência do STJ, a sua presença somente seria de rigor nas causas em que a lei explicitamente a reclama" (STJ, REsp 21.585/PR, Rel. Min. Barros Monteiro, 4ª Turma, jul. 05.11.1996, *DJ* 10.03.1997).

6. Citação pessoal dos herdeiros (§ 1º). "(...) tendo sido declinados na petição inicial todos os dados pessoais indispensáveis à correta identificação dos herdeiros, inclusive os seus respectivos endereços, devem ser eles citados pessoalmente, por carta com aviso de recebimento, vedada apenas a citação por oficial de justiça, que comprometeria a garantia a razoável duração do processo" (STJ, REsp 1.584.088/MG, Rel. Min. Nancy Andrighi, 3ª Turma, jul. 15.05.2018, *DJe* 18.05.2018).

7. Citação por edital (§ 1º). "A determinação de que a citação dos interessados seja feita por edital tem o objetivo concreto de acelerar a prestação jurisdicional nessa matéria específica de inventário, alcançando pessoas interessadas moradoras em comarca diversa daquela em que corre o processo. É que a citação por edital é uma modalidade absolutamente adequada que não malfere o devido processo legal. Se a lei comanda esse tipo de citação para o processo de inventário, não se pode dizer que exista negativa de dar curso aos princípios da isonomia, do contraditório e da ampla defesa, violentando, assim, o devido processo legal" (STF, RE 552.598/RN, Rel. Min. Menezes Direito, Tribunal Pleno, jul. 08.10.2008, *DJe* 21.11.2008).

"A citação por edital prevista no art. 999, § 1º, do Código de Processo Civil [art. 626, § 1º, do CPC/2015], não agride nenhum dispositivo da Constituição Federal" (STF, RE 552.598, Rel. Min. Menezes Direito, Tribunal Pleno, jul. 08.10.2008, *DJe* 21.11.2008). Todavia, "A determinação de que as legatárias residentes no exterior sejam citadas por carta rogatória dá cumprimento ao princípio constitucional do contraditório" (STJ, EDcl no REsp 730.129/SP, Rel. Min. Paulo de Tarso Sanseverino, 3ª Turma, jul. 21.10.2010, *DJe* 03.11.2010).

Legatárias situadas no exterior. Nulidade absoluta. "Indevida citação editalícia de legatárias sediadas no exterior que se deve anular. Retorno dos autos para a correta prática do ato" (STJ, REsp 730.129/SP, Rel. Min. Paulo Furtado, 3ª Turma, jul. 02.03.2010, *DJe* 10.03.2010).

"Não se podem ter como desconhecidos os endereços de herdeiros que constam dos autos de inventario relativo a espólio que figura como corréu no processo e em curso na mesma comarca em que tramita o presente processo" (STJ, REsp 155.085/SP, Rel. Min. Eduardo Ribeiro, 3ª Turma, jul. 12.05.1998, *DJ* 29.06.1998, p. 168).

8. Herança. Aceitação tácita. Impossibilidade de renúncia posterior ao ajuizamento de ação de inventário e arrolamento de bens. "Não há falar em renúncia à herança pelos herdeiros quando o falecido, titular do direito, a aceita em vida, especialmente quando se tratar de ato praticado depois da morte do autor da herança. O pedido de abertura de inventário e o arrolamento de bens, com a regularização processual por meio de nomeação de advogado, implicam a aceitação tácita da herança" (STJ, REsp 1.622.331/SP, Rel. Min. Ricardo Villas Bôas Cueva, 3ª Turma, jul. 08.11.2016, *DJe* 14.11.2016)

Art. 627. Concluídas as citações, abrir-se-á vista às partes, em cartório e pelo prazo comum de 15 (quinze) dias, para que se manifestem sobre as primeiras declarações, incumbindo às partes:

I – arguir erros, omissões e sonegação de bens;

II – reclamar contra a nomeação de inventariante;

III – contestar a qualidade de quem foi incluído no título de herdeiro.

§ 1º Julgando procedente a impugnação referida no inciso I, o juiz mandará retificar as primeiras declarações.

§ 2º Se acolher o pedido de que trata o inciso II, o juiz nomeará outro inventariante, observada a preferência legal.

§ 3º Verificando que a disputa sobre a qualidade de herdeiro a que alude o inciso III demanda produção de provas que não a documental, o juiz remeterá a parte às vias ordinárias e sobrestará, até o julgamento da ação, a entrega do quinhão que na partilha couber ao herdeiro admitido.

CPC/1973

Art. 1.000.

REFERÊNCIA LEGISLATIVA

CPC/2015, arts. 612 (remessa às vias ordinárias), 617 (nomeação de inventariante), 628, 643 e 668, I (reserva de bens).

SÚMULAS

Súmula do STF:

Nº 149: "É imprescritível a ação de investigação de paternidade, mas não o é a de petição de herança".

BREVES COMENTÁRIOS

Após consumada a última citação, correrá o prazo de quinze dias, comum para todos os interessados, dentro do qual poderão manifestar-se sobre as declarações do inventariante. Caberá então impugnação, cujo conteúdo pode ser de tríplice natureza, conforme os incisos do art. 627 do CPC/2015.

Para assegurar o princípio do contraditório, o juiz antes de solucionar a impugnação ouvirá o inventariante e o outro herdeiro interessado, se for o caso.

A impugnação à escolha do inventariante (art. 627, II) não se confunde com a remoção (art. 622). Esta pressupõe inventariante regularmente investido no encargo processual, que, no desempenho da função, praticou ato irregular, merecendo, por isso, uma sanção. Já a impugnação é ato inicial que visa a demonstrar irregularidade na escolha feita pelo juiz, sem qualquer conotação necessária de falha ou culpa do gestor da herança.

JURISPRUDÊNCIA SELECIONADA

1. Prazo. "Concluídas as citações, abrir-se-á vista às partes, em cartório e pelo prazo comum de 10 (dez) dias, para dizerem sobre as primeiras declarações, cabendo à parte arguir erros e omissões" (TJMG, AI 1.0024.02.732959-8/001, Rel. Des. Célio César Paduani, 4ª Câmara Cível, jul. 24.02.2005, *DJ* 31.03.2005). **Obs.: O prazo, pelo CPC/2015, é de 15 dias.**

Preclusão. Inocorrência. "A inobservância do prazo do art. 1.000 do CPC [art. 627 do CPC/2015] não faz precluir em definitivo o direito de impugnar a condição de herdeiro, eis que é sempre possível a abertura do debate a respeito. Em linha de princípio, porém, deve prevalecer a admissão até que, pelos meios ordinários, seja decidida definitivamente a questão" (TJSP, Ap. 40.257-1, Rel. Des. Kazuo Watanabe, 7ª Câmara, jul. 08.05.1985, *RJTJSP* 97/180).

2. Reclamação contra nomeação da inventariante (inciso II). "Reclamação contra a nomeação da inventariante que, ao entendimento majoritário da Turma, devia processar-se **em apartado ante a complexidade das arguições suscitadas**. Não demonstração, porém, pelo interessado, de prejuízo decorrente do procedimento adotado, certo ainda que sobre a reclamação lhe foi aberto o pórtico para a apresentação de sua defesa. *Pas de nulitté sans grief*" (STJ, REsp 148.409/PE, Rel. Min. Barros Monteiro, 4ª Turma, jul. 17.09.1998, *DJ* 08.03.1999).

Recurso cabível. Decisão que nomeia inventariante. "Interposição de agravo de instrumento antes da reclamação prevista no artigo 1.000, inciso II [art. 627, II, do CPC/2015]. Possibilidade. Nomeação de inventariante. CPC, art. 990, inc. II [art. 617, II, do CPC/2015]. Companheira. Lei 8.971/94. Reconhecimento da condição de herdeira. Impossibilidade, no caso. Estabelecida, assim que iniciado o processo de inventário, disputa pela inventariança, a decisão que nomeia o inventariante desafia, desde logo, agravo de instrumento. No regime do Código Civil anterior, a existência de descendentes retirava da companheira, mesmo que amparada na Lei 8.971/94, a condição de herdeira, para o efeito do inciso II do artigo 990, do CPC" (STJ, REsp 141.548/RJ, Rel. Min. Antônio de Pádua Ribeiro, 3ª Turma, jul. 19.05.2005, *DJ* 13.06.2005). **Obs.: Ver art. 1.015, parágrafo único, do CPC/2015.**

Recurso contra decisão que julga pedido de remoção do inventariante. Ver jurisprudência do art. 624 do CPC/2015.

3. Ação que contesta a qualidade de quem foi incluído no título de herdeiro (inciso III). "Pendente de solução ação em que se contesta a condição de herdeiros, o curso normal do inventário não deve interromper-se. Deve o feito desenvolver-se para que, qualquer que seja a solução da lide, já se tenha chegado à parte final do inventário. Só a entrega dos quinhões é que não se aperfeiçoa" (TJSP, Ag. 117.462-1, Rel. Des. Renan Lotufo, 1ª Câmara, jul. 18.04.1989, *RJTJSP* 120/347).

Decisão que julga impugnação oposta à habilitação de herdeiro. Recurso cabível. "Inventário. Habilitação. Impugnação. Precedentes. Contra a decisão que julga impugnação oposta à habilitação de herdeiro, cabível o agravo de instrumento" (STJ, REsp 63.247/RJ, Rel. Min. Eduardo Ribeiro, 3ª Turma, jul. 08.06.2000, *DJ* 28.08.2000).

4. Meios ordinários. "Julgados procedentes os pedidos formulados em sede de ação de investigação de paternidade cumulada com petição de herança, disso resulta lógica e automática a nulidade da partilha realizada sem a presença e participação do autor vitorioso, **afigurando-se dispensável a propositura de ação específica** que tenha por objeto apenas vê-la reconhecida expressamente. A execução da decisão de procedência proferida em autos de petição de herança faz-se, como regra, por meio de simples pedido de retificação de partilha, uma vez que a sentença homologatória de partilha não faz coisa julgada em relação ao herdeiro não convocado ao processo de inventário (art. 472, CPC) [art. 506 do CPC/2015]" (STJ, REsp 16.137/SP, Rel. Min. Sálvio de Figueiredo Teixeira, 4ª Turma, jul. 21.02.1995, *DJ* 27.03.1995).

Ação rescisória. Impossibilidade "Homologação de partilha. Trânsito em julgado. Herdeiro que não integrou a relação processual. Preterição. Ação rescisória. Descabimento. A ação rescisória não é o remédio processual adequado a ser manejado pelos herdeiros que não participaram do processo de inventário, buscando atacar a partilha homologada em procedimento sem contencioso" (STJ, REsp 940.455/ES, Rel. Min. Paulo de Tarso Sanseverino, 3ª Turma, jul. 17.05.2011, *DJe* 23.05.2011). Obs.: V. CPC, art. 966, § 4º. O caso é de nulidade da partilha, cujo reconhecimento independe de ação rescisória (STF, EDcl no RE 79685/BA, Rel. / Acórdão Min. Cunha Peixoto, Pleno, jul. 29.10.1976, RTJ 81/797).

5. Exame de questões de alta indagação. Ação autônoma. Possibilidade. "O fato de o art. 984 do CPC/73 [art. 612 do CPC/2015] determinar ao juiz que remeta as partes às vias ordinárias se verificar a existência de questão de alta indagação não significa dizer que a parte está proibida de ajuizar ação autônoma perante o juízo cível se constatar, desde logo, a necessidade de dilação probatória incompatível com o rito especial do inventário" (STJ, REsp 1.480.810/ES, Rel. Min. Nancy Andrighi, 3ª Turma, jul. 20.03.2018, *DJe* 26.03.2018).

6. Ação de indignidade.

Ação declaratória de reconhecimento de indignidade com pedido de exclusão de herdeiro. Possibilidade jurídica do pedido. Vedado o julgamento de improcedência liminar. "Na hipótese, a questão relativa à possibilidade de exclusão do herdeiro que atenta contra a vida dos pais é objeto de severas controvérsias doutrinárias, seja sob a perspectiva da taxatividade, ou não, do rol do art. 1.814 do CC/2002, seja sob o enfoque dos métodos admissíveis e apropriados para a interpretação das hipóteses listadas no rol, razão pela qual as múltiplas possibilidades hermenêuticas do referido dispositivo induzem à inviabilidade do julgamento de improcedência liminar do pedido" (STJ, REsp 1.938.984/PR, Rel. Min. Nancy Andrighi, 3ª Turma, jul. 15.02.2022, *DJe* 18.02.2022).

Ato infracional análogo a homicídio contra ascendentes. Ato doloso, consumado ou tentado. Reconhecimento de indignidade. Exclusão de herdeiro. Cabimento. "O fato de o rol do art. 1.814 do CC/2002 ser taxativo não induz à necessidade de interpretação literal de seu conteúdo e alcance, uma vez que a taxatividade do rol é compatível com as interpretações lógica, histórico-evolutiva, sistemática, teleológica e sociológica das hipóteses taxativamente listadas. (...) Se o enunciado normativo do art. 1.814, I, do CC/2002, na perspectiva teleológico-finalística, é de que não terá direito à herança quem atentar, propositalmente, contra a vida de seus pais, ainda que a conduta não se consume, independentemente do motivo, a diferença técnico-jurídica entre o homicídio doloso e o ato análogo ao homicídio doloso, conquanto relevante para o âmbito penal diante das substanciais diferenças nas consequências e nas repercussões jurídicas do ato ilícito, não se reveste da mesma relevância no âmbito civil, sob pena de ofensa aos valores e às finalidades que nortearam a criação da norma e de completo esvaziamento de seu conteúdo. Hipótese em que é incontroverso o fato de que o recorrente, que à época dos fatos possuía 17 anos e 06 meses, ceifou propositalmente a vida de seu pai e de sua mãe, motivo pelo qual é correta a interpretação segundo a qual a regra do art. 1.814, I, do CC/2002, contempla também o ato análogo ao homicídio, devendo ser mantida a exclusão do recorrente da sucessão de seus pais" (STJ, REsp 1.943.848/PR, Rel. Min. Nancy Andrighi, 3ª Turma, jul. 15.02.2022, *DJe* 18.02.20222).

Ação de deserdação por indignidade. Ação própria. "Aquele que atenta contra os princípios basilares de justiça e da moral, nas hipóteses taxativamente previstas em lei, fica impedido de receber determinado acervo patrimonial por herança. A indignidade deve ser objeto de ação autônoma e seus efeitos se restringem aos aspectos pessoais, não atingindo os descendentes do herdeiro excluído (arts. 1.814 e 1.816 do Código Civil de 2002)" (STJ, REsp 1.704.972/CE, Rel. Min. Ricardo Villas Bôas Cueva, 3ª Turma, jul. 09.10.2018, *DJe* 15.10.2018).

Art. 628. Aquele que se julgar preterido poderá demandar sua admissão no inventário, requerendo-a antes da partilha.

§ 1º Ouvidas as partes no prazo de 15 (quinze) dias, o juiz decidirá.

§ 2º Se para solução da questão for necessária a produção de provas que não a documental, o juiz remeterá o requerente às vias ordinárias, mandando reservar, em poder do inventariante, o quinhão do herdeiro excluído até que se decida o litígio.

CPC/1973

Art. 1.001.

BREVES COMENTÁRIOS

Quem se considere herdeiro e não tenha figurado, como tal, nas declarações do inventariante, não precisa mover, necessariamente, ação ordinária para obter o reconhecimento de seu direito de participar no juízo sucessório. Poderá demandar sua admissão diretamente ao juiz do inventário, desde que a partilha não tenha ainda sido feita. Se a questão não puder ser decidida de imediato, demandando dilação probatória, deverá o juiz remeter as partes à vias ordinárias, bem como proceder à reserva de bens do espólio em poder do inventariante, em volume suficiente para garantir o quinhão do herdeiro preterido, caso sua qualidade seja reconhecida na ação própria.

A decisão não encerra o inventário e, portanto, resolve apenas questão incidente, não é sentença, mas decisão interlocutória.

O recurso cabível, na espécie, é o agravo de instrumento (CPC/2015, art. 1.015, parágrafo único).

JURISPRUDÊNCIA SELECIONADA

1. Exame de questões de alta indagação. Ação autônoma. Possibilidade. Ver jurisprudência do art. 627 do CPC/2015.

2. Petição de herança. "Petição de herança. Reconhecimento da paternidade do '*de cujus*'. Partilha ineficaz. (...) Reconhecida a paternidade do '*de cujus*' em relação ao autor, que detém a titularidade do domínio da herança desde a abertura da sucessão, impõe-se a procedência do pedido deduzido em sede de petição de herança, permitindo-se a inclusão do herdeiro nos autos do inventário, onde se procederá a devida retificação da partilha" (TJDF, Ap. 200001500168114, Rel.ª Des.ª Adelith de Carvalho Lopes, 2ª Turma Cível, jul. 01.10.2001, *DJDF* 20.02.2002).

"Inventário. Inclusão de herdeiros, filhos adulterinos reconhecidos pelo pai no registro de nascimento. Possibilidade, **independentemente de prévia ação de investigação de paternidade**. Precedentes do STF, acolhidos no STJ" (STJ, REsp 4.621/RJ, Rel. Min. Nilson Naves, 3ª Turma, jul. 16.10.1990, *DJ* 03.12.1990).

Prescrição. "O prazo prescricional para propor ação de petição de herança conta-se da abertura da sucessão, cuja fluência não é impedida, suspensa ou interrompida pelo ajuizamento de ação de reconhecimento de filiação, independentemente do seu trânsito em julgado" (STJ, REsp 2.029.809/MG, Rel. Min. Marco Aurélio Bellizze, 2ª Seção, jul. 22.05.2024, *DJe* 28.05.2024). **Obs.:** Decisão submetida a julgamento de recursos repetitivos.

3. Recurso cabível. Decisão que remete o interessado às vias ordinárias. "Contra a decisão que, em inventário, remete o interessado às vias ordinárias, cabe **agravo de instrumento**" (TJSP, Corr. 97.369-1, Rel. Des. J. L. Oliveira, 6ª Câmara, jul. 11.02.1988, *RTJE* 57/132). **No mesmo sentido**: TA Cível RJ, Ap. 34.397, Rel. Juiz Sampaio Peres, 2ª Câmara, jul. 19.03.1985.

4. Reserva de quinhão. "A reserva de quinhão é medida cautelar e, portanto, sujeita aos requisitos do *fumus boni iuris* e do *periculum in mora*. O *fumus boni iuris* se verifica presente na propositura da ação de nulidade parcial de assento de nascimento cumulada com investigação de paternidade. O *periculum in mora* está caracterizado no pedido de reserva de bens, porquanto a posterior procedência do pedido de investigação de paternidade gerará o desfazimento da partilha com risco de não ser possível repor o monte partível no estado anterior" (STJ, REsp 628.724/SP, Rel.ª Min.ª Nancy Andrighi, 3ª Turma, jul. 03.05.2005, *DJ* 30.05.2005). **No mesmo sentido:** STJ, REsp 34.323/MG, Rel. Min. Barros Monteiro, 4ª Turma, jul. 09.10.1995, *DJ* 11.12.1995.

"Inventário. Reserva de bens. Ação de investigação de paternidade. A decisão de reservar bens para assegurar quinhão de eventual herdeiro, cuja filiação está sendo questionada em ação própria, não viola o art. 1.001, do CPC [art. 628 do CPC/2015]" (STJ, REsp 57.156-1/MS, Rel. Min. Cláudio Santos, 3ª Turma, jul. 12.06.1995, *DJU* 11.09.1995).

"O simples trâmite de ação de reconhecimento de sociedade de fato não gera o direito de reserva de bens em poder do inventariante, porque sempre se fará necessária a conjugação dos requisitos da relevância do direito e do perigo na demora, apesar de remetida a parte à via ordinária" (STJ, REsp 423.192/SP, Rel.ª Min.ª Nancy Andrighi, 3ª Turma, jul. 30.08.2002, *DJ* 28.10.2002).

"O simples ajuizamento da ação declaratória de união estável não basta para autorizar a reserva de bens em favor da companheira. Tratando-se de providência cautelar, necessário que estejam presentes a fumaça do bom direito e o perigo da demora. E para tanto necessário é o exame das circunstâncias concretas do caso, na soberana avaliação dos elementos de prova apresentados nos autos" (STJ, REsp 660.897/SP, Rel. Min. Carlos Alberto Menezes Direito, 3ª Turma, jul. 02.08.2007, *DJ* 05.11.2007).

Herança jacente. Suspensão. "Tratando-se de herança jacente, o inventário dos bens do *de cujus* deve aguardar o julgamento final da ação de dissolução de sociedade de fato proposta pela companheira" (STJ, REsp 94.449/RJ, Rel. Min. Ari Pargendler, 3ª Turma, jul. 11.04.2000, *DJ* 08.05.2000).

Concubina. "É possível a reserva de bens em favor de suposta companheira de homem casado no processo de inventário deste, na proporção de sua participação para a formação do patrimônio. Interpretação do art.1001 do CPC [art. 628 do CPC/2015]. Precedente (REsp nº 423.192/SP)" (STJ, REsp 310.904/SP, Rel. Min. Jorge Scartezzini, 4ª Turma, jul. 22.02.2005, *DJ* 28.03.2005). **No mesmo sentido:** STJ, REsp 423.192/SP, Rel.ª Min.ª Nancy Andrighi, 3ª Turma, jul. 30.08.2002, *DJ* 28.10.2002.

Concubina. "Não há por que excluir das disposições do art. 1.001 do CPC [art. 628 do CPC/2015] a concubina que pleiteia parte da herança. Embora não sendo herdeira, reconhece a Súmula nº 380 do STF a partilha do patrimônio havido com o esforço comum. Se tal disposição não há de ser aplicada compulsoriamente, nada obsta a que, por analogia e sob a invocação do poder de cautela do juiz, consubstanciado no art. 798 do CPC [art. 297 do CPC/2015], determine este a providência" (TJSP, Ap. 119.871-1, Rel. Des. Sousa Lima, 7ª Câmara, jul. 10.04.1990, *RT* 655/79).

5. Ação de nulidade. "Direito civil. Inventário. Herdeiro excluído. Ação de nulidade da partilha dos bens. Para anular a partilha, o herdeiro dela excluído, que não participou do inventário, deve utilizar-se da ação de nulidade da decisão que se manifesta como *res inter alios acta*, ou petição de herança, ambas vintenárias, e não da rescisória" (TJDF, Ap. 5.199.899/DF, Rel. Alfredo Smaniotto, 2ª Turma Cível, jul. 17.02.2000, *DJDF* 02.08.2000).

Art. 629. A Fazenda Pública, no prazo de 15 (quinze) dias, após a vista de que trata o art. 627, informará ao juízo, de acordo com os dados que constam de seu cadastro imobiliário, o valor dos bens de raiz descritos nas primeiras declarações.

CPC/1973

Art. 1.002.

JURISPRUDÊNCIA SELECIONADA

1. Omissão. Preclusão. "O prazo do art. 1.002 do CPC [art. 629 do CPC/2015] não é preclusivo, de forma que, se a Fazenda se omitiu em fornecer o valor dos bens de raiz, não está impedida de discordar do valor atribuído, nas primeiras declarações, aos bens do espólio, sendo capazes todas as partes, pois o art. 1.007 [art. 633 do CPC/2015] diz respeito a negócio jurídico processual, que só se realiza com a concordância expressa da Fazenda Pública, ao contrário do que ocorre com o negócio jurídico processual a que alude o art. 1.008 [art. 634 do CPC/2015], em que a concordância será dos herdeiros com relação ao valor declarado pela Fazenda Pública. Como se vê, não admite o Código de Processo Civil que a omissão da Fazenda implique concordância tácita" (STF, RE 100.547-5, do voto do Rel. Min. Moreira Alves, 2ª Turma jul. 20.09.1983, *DJ* 02.03.1984, *RTJ* 109/425).

Seção V
Da Avaliação e do Cálculo do Imposto

Art. 630. Findo o prazo previsto no art. 627 sem impugnação ou decidida a impugnação que houver sido oposta, o juiz nomeará, se for o caso, perito para avaliar os bens do espólio, se não houver na comarca avaliador judicial.

Parágrafo único. Na hipótese prevista no art. 620, § 1º, o juiz nomeará perito para avaliação das quotas sociais ou apuração dos haveres.

CPC/1973

Art. 1.003.

BREVES COMENTÁRIOS

Superada a fase das impugnações, procede-se à avaliação judicial dos bens inventariados, cuja finalidade é dupla, ou seja: a) definir o valor dos bens para efeito de preparar a partilha; e b) propiciar base para cálculo do imposto de transmissão causa mortis.

Segundo dispõe o art. 630 do CPC/2015, a estimativa será feita pelo avaliador judicial e, onde não houver esse serventuário permanente da justiça, o juiz nomeará perito para cada processo. A avaliação, outrossim, nem sempre se mostra obrigatória, como se vê do art. 633.

JURISPRUDÊNCIA SELECIONADA

1. Valor dos bens. "Não obstante o fato gerador do imposto de transmissão *causa mortis* seja a transmissão decorrente do falecimento, o tributo deve ser pago sobre o valor dos bens à data da avaliação. A matéria relativa à avaliação de bens para efeito do cálculo do imposto de transmissão *causa mortis* se acha disciplinada no CPC – arts. 1.003 e seguintes [arts. 630 e seguintes do CPC/2015] –, que considera o valor dos bens à época da avaliação e não à época da abertura da sucessão. Apenas, para fins de *colação*, dispõe o parágrafo único do art. 1.014 do CPC [art. 639, parágrafo único, do CPC/2015] que os bens que devem ser conferidos na partilha, assim como as acessões e benfeitorias que o donatário fez, calcular-se-ão pelo valor que tiverem ao tempo de abertura da sucessão" (TJRJ, Ap. 32.668, Rel. Des. Francisco Faria, 4ª Câmara, *Adcoas*, 1987, nº 113.204).

2. Despesas com a avaliação. "O pedido de partilha judicial efetuado por herdeira que não deseja que os bens permaneçam em condomínio com as demais irmãs, não configura, em si, pretensão contenciosa, de sorte que a avaliação dos bens para a apuração do seu valor real, interesse de todos e acobertada pelo princípio da igualdade inscrito no art. 1.725 do Código Civil, deve ser custeada pelo Espólio e não pela herdeira requerente, afastada, na espécie, a incidência da regra prevista no art. 33 do CPC [art. 95 do CPC/2015]. Inobstante a procedência da tese recursal, resta prejudicada a irresignação em face da ulterior partilha dos bens e da conclusão, tomada em processo conexo (REsp 20.782/SP), de que a mesma não padecia de nulidade ao determinar a incidência do quinhão hereditário sobre o todo do patrimônio inventariado, em condomínio" (STJ, 4ª Turma, REsp 11.570/SP, Rel. Min. Aldir Passarinho Júnior, jul. 26.11.2002, *DJU* 10.03.2003).

Art. 631. Ao avaliar os bens do espólio, o perito observará, no que for aplicável, o disposto nos arts. 872 e 873.

CPC/1973

Art. 1.004.

BREVES COMENTÁRIOS

A forma de avaliar os bens inventariados é a mesma adotada em relação aos bens penhorados, seja quanto ao conteúdo do laudo, seja quanto à maneira de estimar o valor, seja quanto aos casos de renovação de avaliação (CPC/2015, arts. 872 e 873).

JURISPRUDÊNCIA SELECIONADA

1. Época da avaliação. "A avaliação dos bens do inventário, para o pagamento do imposto de transmissão *causa mortis*, deve ser contemporânea à época da liquidação prevista na lei processual" (STF, de 26.08.1974, no RE 77.138/PR, Rel. Min. Bilac Pinto, 2ª Turma, jul. 26.08.1974).

Art. 632. Não se expedirá carta precatória para a avaliação de bens situados fora da comarca onde corre o inventário se eles forem de pequeno valor ou perfeitamente conhecidos do perito nomeado.

CPC/1973

Art. 1.006.

Art. 633. Sendo capazes todas as partes, não se procederá à avaliação se a Fazenda Pública, intimada pessoalmente, concordar de forma expressa com o valor atribuído, nas primeiras declarações, aos bens do espólio.

CPC/1973

Art. 1.007.

BREVES COMENTÁRIOS

A avaliação nem sempre se mostra obrigatória. Se há incapazes entre os sucessores, não há como fugir da perícia judicial. Mas se todos são maiores e capazes, a dispensa da avaliação ocorrerá quando: a) a Fazenda Pública concordar expressamente com o valor atribuído aos bens do espólio nas primeiras declarações (art. 633 do CPC/2015); b) os sucessores concordarem com o valor dos bens declarados pela Fazenda Pública.

No caso de a discordância ser parcial, a avaliação só incidirá sobre os bens que tiverem sido objeto da divergência (art. 634 do CPC/2015).

JURISPRUDÊNCIA SELECIONADA

1. Avaliação. Dispensa:

Finalidade. "O preceito do art. 1.007 do CPC [art. 633 do CPC/2015], segundo o qual, sendo capazes as partes, dispensa-se a avaliação, há que ser entendido tendo em vista a finalidade da providência, que é a de atingir a plena igualdade dos quinhões" (TJSP, Ap. 102.264-1, Rel. Des. José Osório, 8ª Câmara do de 02.02.1989, *RT* 643/68).

Necessidade de concordância expressa da Fazenda Pública. "A dispensa da avaliação exige expressa concordância da Fazenda Pública. Não basta a concordância das partes, se capazes. O entendimento que condiciona o direito de a Fazenda Pública discordar das declarações do inventariante, quanto ao valor dos bens, à apresentação, por ela, de informações cadastrais sobre os bens de raiz, importa em negativa de vigência do art. 1.007 do Código de Processo Civil [art. 633 do CPC/2015], na parte em que exige, para que não se proceda a avaliação, a concordância expressa do Fisco com o valor atribuído, nas primeiras declarações, aos bens do espólio" (STF, RE 84.723, Rel. Min. Soares Muñoz, 1ª Turma, jul. 10.04.1987, *DJ* 04.05.1979).

Decisão nos próprios autos de inventário. "Inventário. Direito à meação postulado pela suposta companheira do *de cujus*. Reconhecimento que prescinde das vias ordinárias, devendo ser resolvida a questão nos próprios autos do inventário, após o que o magistrado poderá reexaminar a sua decisão quanto à necessidade ou não da alvitrada avaliação dos bens que integram o respectivo espólio para fins de partilha" (TJSP, 6ª Câmara Dir. Priv., AI 1.243.774, Rel. Des. Mohamed Amaro, 06.04.2000).

"Avaliação desnecessária no caso, pois aquinhoados meeira e herdeiros em partes ideais de todos os bens que compõem a herança" (STJ, REsp 37.890/SP, Rel. Min. Barros Monteiro, 4ª Turma, jul. 23.09.1997, *DJ* 17.11.1997).

2. Avaliação. Herdeiros incapazes. Necessidade. "Havendo herdeiros incapazes é necessária avaliação judicial dos bens do espólio, conforme disposto no artigo 1.007 do Código de Processo Civil [art. 633 do CPC/2015]" (TJMG, Agravo Regimental-Cv 1.0024.08.218134-8/002, Rel. Des. Antônio Sérvulo, 6ª Câmara Cível, jul. 15.06.2010, *DJ* 16.07.2010).

Despesas com a avaliação. "Avaliação não realizada por imputação das despesas respectivas exclusivamente para a herdeira requerente. Entendimento do STJ em processo conexo (REsp n. 11.570/SP) pela atribuição da despesa ao espólio. Espaço de tempo em que a partilha judicial foi realizada sem avaliação e, por tal motivo, constituído condomínio sobre todos os bens às herdeiras. (...). Consoante entendimento turmário no REsp n. 11.570/SP, conexo ao presente, **as despesas com a avaliação, para fins de partilha judicial, competiam ao Espólio, e não à herdeira que a requereu.** Destarte, em consequência da descabida imposição judicial das aludidas despesas, a parte recorrente ficou prejudicada em sua pretensão de haver para si, individualmente, seu quinhão hereditário, em bens isolados, tendo-lhe sido imposta partilha sob a forma de fração ideal de ¼ sobre todo o patrimônio" (STJ, REsp 20.782/SP, Rel. Min. Aldir Passarinho Junior, 4ª Turma, jul. 26.11.2002, *DJ* 27.06.2005).

3. Arrolamento sumário. "No arrolamento sumário, simples modalidade de inventário e partilha, onde os herdeiros são maiores, capazes e não há dissenso quanto à partilha, houve por bem o legislador simplificar o procedimento, suprimindo uma série de fases ou etapas incompatíveis com o rito, embaraçando a sua vocação de processo sumário, aí incluída a relativa à avaliação dos bens, não devendo, o juiz imiscuir-se no valor atribuído aos bens pelos herdeiros. O art. 100 do provimento geral da Douta Corregedoria de Justiça não se aplica nos casos de arrolamento sumário" (TJDF, AI 20020020067443, Rel. Des. Egmont Leôncio Lopes, jul. 23.09.2002, *DJDF* 04.12.2002). Obs.: V. art. 659, § 2º, do CPC/2015.

4. Concordância com valores. "A autoridade fazendária, para o lançamento do imposto de transmissão, não é adstrita aos valores atribuídos aos bens pelos herdeiros. As questões relativas ao lançamento de tributos incidentes sobre os bens do espólio são analisadas pela Secretaria de Finanças, em procedimento administrativo próprio, após o trânsito em julgado da sentença" (TJDF, Ap. 19980110285762, Rel. Des. Lécio Resende, 3ª Turma Cível, jul. 13.12.2001, *DJDF* 13.03.2002).

Art. 634. Se os herdeiros concordarem com o valor dos bens declarados pela Fazenda Pública, a avaliação cingir-se-á aos demais.

CPC/1973

Art. 1.008.

BREVES COMENTÁRIOS

O art. 629 do CPC/2015 prevê que a Fazenda Pública informará, após a ciência das primeiras declarações do inventariante, o valor dos bens imóveis do espólio constante de seus cadastros. Havendo acordo dos herdeiros com relação a tal valor, não será necessária a avaliação judicial, que ficará limitada apenas aos bens não cadastrados ou que tiverem sido objeto de divergência.

JURISPRUDÊNCIA SELECIONADA

1. **Discordância. Avaliação judicial.** "Inventário. Avaliação. Impugnação. O espólio tem direito a avaliação judicial dos imóveis, caso não concorde com os valores atribuídos pela fazenda" (TJRS, AI 00503846, Rel. Des. Rui Portanova, 8ª Câmara Cível, jul. 25.04.2002).

Art. 635. Entregue o laudo de avaliação, o juiz mandará que as partes se manifestem no prazo de 15 (quinze) dias, que correrá em cartório.

§ 1º Versando a impugnação sobre o valor dado pelo perito, o juiz a decidirá de plano, à vista do que constar dos autos.

§ 2º Julgando procedente a impugnação, o juiz determinará que o perito retifique a avaliação, observando os fundamentos da decisão.

CPC/1973

Art. 1.009.

BREVES COMENTÁRIOS

Após a juntada do laudo, as partes terão o prazo de 15 dias para se manifestar. Se a discordância for apenas quanto ao valor atribuído, o julgamento será imediato, com base em dados disponíveis no processo. Se a impugnação for julgada procedente, o juiz ordenará que o experto retifique a sua avaliação, adequando-a aos termos da decisão.

O Código anterior previa, em seu art. 1.010, duas hipóteses em que a perícia seria renovada: (i) nos casos em que restasse demonstrado erro ou dolo do perito e (ii) naqueles em que houvesse redução do valor dos bens por defeito apresentado posteriormente à perícia. O novo Estatuto processual não mais se refere à eventualidade de nova perícia, o que, entretanto, não equivale a proibi-la.

JURISPRUDÊNCIA SELECIONADA

1. **Preclusão.** "Esgotamento do prazo de impugnação de laudo de avaliação. Preclusão. Não tendo a agravante exercitado a faculdade de impugnar o laudo de avaliação no momento adequado, vindo a fazer após fluído o prazo legal que tinha para tanto, a sua pretensão restou alcançada pela preclusão" (TJDF, AI 20020020036829, Rel.ª Des.ª Adelith de Carvalho Lopes, 2ª Turma Cível, jul. 28.11.2002, *DJDF* 30.04.2003).

2. **Intimação. Nome do advogado.** "Inventário. Irregularidade na publicação de despacho judicial. Indispensável, sob pena de nulidade da intimação, que da publicação conste o nome do advogado, a quem é dirigida a comunicação do ato judicial para que a parte se manifeste sobre o laudo de avaliação do imóvel objeto de inventário e sobre a qualidade de terceiro na lide" (TJDF, 5ª Turma Cível, Ap. 20000450044816, Rel. Des. Dácio Vieira, jul. 27.08.2001, *DJDF* 05.02.2003).

3. **Perito qualificado (§ 1º).** "Ação anulatória de inventário. Avaliação. Impugnação. Descabimento. Indemonstrado equívoco na avaliação do imóvel, impõe-se o acolhimento do laudo pericial, tendo o perito, com formação superior em arquitetura, qualificação técnica suficiente para avaliar o bem imóvel, ainda que situado em área rural. Recurso desprovido" (TJRS, AI 550.881, Rel. Des. Sérgio Fernando de Vasconcellos Chaves, 7ª Câmara Cível, jul. 18.12.2002).

Laudos contrapostos. "Inventário. Avaliação fazendária. Laudos contrapostos. Impugnação rejeitada. Descabimento. Havendo a inventariança providenciado laudos de avaliação firmados por empresa e profissionais respeitáveis, que contradizem a estimativa fazendária, impõe-se a apreciação judicial sobre a impugnação posta. Agravo provido, para que sejam examinados os argumentos da impugnação e julgada dita oposição" (TJRS, AI 575.798, Rel. Des. José Carlos Teixeira Giorgis, 7ª Câmara Cível, jul. 12.03.2003).

4. **Decisão que homologa o laudo. Irrecorribilidade.** "É irrecorrível o despacho que homologa o laudo de avaliação e determina que as partes apresentem plano de partilha, pois trata-se de mero ato preparatório a homologação da partilha, esta sim passível de impugnação" (TJRS, AI 543.997, Rel. Des. Ícaro Carvalho de Bem Osório, 2ª Câmara Cível, jul. 16.10.2002).

Art. 636. Aceito o laudo ou resolvidas as impugnações suscitadas a seu respeito, lavrar-se-á em seguida o termo de últimas declarações, no qual o inventariante poderá emendar, aditar ou completar as primeiras.

CPC/1973

Art. 1.011.

REFERÊNCIA LEGISLATIVA

CPC/2015, arts. 621 (sonegação de bens) e 622, I (remoção de inventariante).

BREVES COMENTÁRIOS

Com essas declarações finais, retrata-se a situação definitiva da herança a ser partilhada e adjudicada aos sucessores do *de cujus*. Sobre elas, as partes serão ouvidas em 15 (quinze) dias (art. 637 do CPC/2015), cabendo ao juiz decidir a respeito das eventuais impugnações, de plano. Ao inventariante só se pode imputar a sonegação "depois de encerrada a descrição dos bens, com a declaração por ele feita, de não existirem outros por inventariar" (art. 621 do CPC/2015). É que, até as últimas declarações, permite a lei que o inventariante faça emendas ou adições às primeiras (art. 636).

Art. 637. Ouvidas as partes sobre as últimas declarações no prazo comum de 15 (quinze) dias, proceder-se-á ao cálculo do tributo.

CPC/1973

Art. 1.012.

SÚMULAS

Súmulas do STF:

nº 112: "O imposto de transmissão *causa mortis* é devido pela alíquota vigente ao tempo de abertura da sucessão".

nº 113: "O imposto de transmissão *causa mortis* é calculado sobre o valor dos bens na data da avaliação".

nº 114: "O imposto de transmissão *causa mortis* não é exigível antes da homologação de cálculo".

nº 115: "Sobre os honorários do advogado contratado pelo inventariante, com a homologação do juiz, não incide o imposto de transmissão *causa mortis*".

nº 116: "Em desquite ou inventário, é legítima a cobrança do chamado imposto de reposição, quando houver desigualdade nos valores partilhados".

nº 331: "É legítima a incidência do imposto de transmissão '*causa mortis*' no inventário por morte presumida".

nº 435: "O imposto de transmissão *causa mortis* pela transferência de ações é devido ao Estado em que tem sede a companhia".

nº 590: "Calcula-se o imposto de transmissão *causa mortis* sobre o saldo credor da promessa de compra e venda de imóvel, no momento da abertura da sucessão do promitente vendedor".

BREVES COMENTÁRIOS

Encerrada a avaliação, caberá ao inventariante prestar suas últimas declarações, que deverão representar o termo final do inventário propriamente dito. A Constituição de 1988 permite que o imposto de transmissão causa mortis incida sobre "quaisquer bens ou direitos" (art. 155, I, *a*). Logo, doravante os Estados poderão ampliar a área de incidência do tributo, fazendo com que, por meio de lei local, não apenas os imóveis da herança sejam tributados, mas todo e qualquer bem que integre o acervo deixado pelo *de cujus*. O imposto será, outrossim, apurado sobre o líquido da herança, de sorte que do valor dos bens inventariados deverão ser deduzidas, antes do cálculo, as dívidas passivas, as despesas do funeral, as custas do processo, a taxa judiciária etc. (Hamilton de Moraes e Barros, *Comentários ao Código de Processo Civil*, 2. ed., Rio de Janeiro: Forense, 1980, vol. IX, nº 151, p. 280).

JURISPRUDÊNCIA SELECIONADA

1. Cálculo do imposto:

Juiz do inventário. "(...). No caso, tratando-se de inventário, compete ao juiz, depois de ouvida a Fazenda Pública, proceder ao cálculo do imposto de transmissão *causa mortis*, conforme dispõem os arts. 1.012 e 1.013 do CPC [arts. 637 e 638 do CPC/2015]. Consequentemente, enquanto não homologado o cálculo do inventário, não há como efetuar a constituição definitiva do tributo, porque incertos os valores inventariados sobre o qual incidirá o percentual da exação, haja vista as possíveis modificações que os cálculos sofrerão ante questões a serem dirimidas pelo magistrado, nos termos dos arts. 1.003 a 1.011 do CPC [arts. 630 a 636 do CPC/2015]. No caso em apreço, homologado o cálculo em 27.6.2008, o prazo decadencial só ocorrerá após 31.12.2013" (STJ, AgRg no REsp 1.257.451/SP, Rel. Min. Humberto Martins, 2ª Turma, jul. 06.09.2011, *DJe* 13.09.2011).

Fato gerador. "O fato gerador do imposto causa mortis se dá com a transmissão da propriedade, que, no direito pátrio, coincide com a morte, por força do direito de sucessão (art. 1.572 do CC/1916). Precedentes" (STJ, REsp 752.808/RJ, Rel. Min. Teori Albino Zavascki, 1ª Turma, jul. 17.05.2007, *DJ* 04.06.2007).

"Embora a Súmula n. 113 do STF estabeleça que o referido imposto é calculado sobre o valor dos bens na data da avaliação, a jurisprudência posterior daquela Corte assentou ser possível a fixação de tal momento na data da transmissão dos bens. Precedentes desta Corte e do STF" (STJ, REsp 15.071/RJ, Rel. *Min.* José de Jesus Filho, 2ª Turma, jul. 05.09.1994, *DJ* 10.10.1994). **No mesmo sentido:** STJ, REsp 2.263/RJ, Rel. Min. Armando Rolemberg, 1ª Turma, jul. 07.05.1990, *DJ* 18.06.1990. Em sentido contrário: "O imposto de transmissão 'causa mortis' incide sobre o valor da primeira avaliação, até o dia de seu efetivo pagamento" (STJ, REsp 36.429/MG, Rel. Min. Francisco Peçanha Martins, 2ª Turma, jul. 02.09.1999, *DJ* 18.10.1999).

Base de cálculo. Seguro de vida VGBL. "Assim, não apenas a jurisprudência reconhece a natureza de seguro do plano VGBL, mas também a própria agência reguladora do setor econômico classifica-o como espécie de seguro de vida. Resta evidente, pois, que os valores a serem recebidos pelo beneficiário, em decorrência da morte do segurado contratante de plano VGBL, não se consideram herança, para todos os efeitos de direito, como prevê o art. 794 do CC/2002. Nesse sentido: STJ, AgInt nos EDcl no REsp 1.618.680/MG, Rel. Ministra Maria Isabel Gallotti, Quarta Turma, *DJe* de 11/09/2018; AgInt nos EDcl no AREsp 947.006/SP, Rel. Ministro Lázaro Guimarães (Desembargador Federal convocado do TRF/5ª Região), Quarta Turma, *DJe* de 21/05/2018. (...) Não integrando a herança, isto é, não se tratando de transmissão *causa mortis*, está o VGBL excluído da base de cálculo do ITCMD. Nessa linha, a Resposta à Consulta Tributária 5.678/2015, em que o Fisco paulista conclui pela não incidência do ITCMD, na espécie" (STJ, REsp 1.961.488/RS, Rel. Min. Assusete Magalhães, 2ª Turma, jul. 16.11.2021, *DJe* 17.11.2021).

2. Avaliação. Correção monetária do ITCD. "O imposto de transmissão 'causa mortis', calculado sobre o valor encontrado na avaliação, deve ser corrigido monetariamente" (STJ, REsp 17.132/PR, Rel. Min. Américo Luz, 2ª Turma, jul. 22.02.1995, *DJ* 20.03.1995).

3. Renúncia da herança. "Se todos os filhos do autor da herança renunciam a seus respectivos quinhões, beneficiando a viúva, que era a herdeira subsequente, é incorreto dizer que a renúncia foi antecedida por aceitação tácita da herança. Não incidência do imposto de transmissão" (STJ, REsp 20.183/RJ, Rel. Min. Humberto Gomes de Barros, 1ª Turma, jul. 01.12.1993, *DJ* 07.02.1994).

4. Taxa judiciária. Base de cálculo. Exclusão da meação do cônjuge supérstite. "Em processo de inventário, a toda evidência, a meação do cônjuge supérstite não é abarcada pelo serviço público prestado, destinado essencialmente a partilhar a herança deixada pelo *de cujus*. Tampouco pode ser considerada proveito econômico, porquanto pertencente, por direito próprio e não sucessório, ao cônjuge viúvo. Precedentes. Assim, deve ser afastada da base de cálculo da taxa judiciária a meação do cônjuge supérstite" (STJ, REsp 898.294/RS, Rel. Min. Luis Felipe Salomão, 4ª Turma, jul. 02.06.2011, *DJe* 20.06.2011). **No mesmo sentido:** STJ, REsp 343.718/SP, Rel. Min. Eliana Calmon, 2ª Turma, jul. 19.05.2005, *DJ* 20.06.2005.

Art. 638. Feito o cálculo, sobre ele serão ouvidas todas as partes no prazo comum de 5 (cinco) dias, que correrá em cartório, e, em seguida, a Fazenda Pública.

§ 1º Se acolher eventual impugnação, o juiz ordenará nova remessa dos autos ao contabilista, determinando as alterações que devam ser feitas no cálculo.

§ 2º Cumprido o despacho, o juiz julgará o cálculo do tributo.

CPC/1973

Art. 1.013.

BREVES COMENTÁRIOS

Houve, de início, alguma controvérsia quanto ao recurso manejável contra o julgamento do cálculo. Hoje, porém, o entendimento que prevalece é o de tratar-se de decisão interlocutória, que, por isso mesmo, desafia agravo de instrumento. Incide a regra do art. 1.015, parágrafo único, do CPC/2015, ficando superada a velha corrente jurisprudencial que atribuía a natureza de sentença à decisão que julga o cálculo do imposto devido na sucessão hereditária.

JURISPRUDÊNCIA SELECIONADA

1. Isenção. "O artigo 1.013, do CPC [art. 638 do CPC/2015], rege o procedimento para avaliação e cálculo do imposto de transmissão no âmbito do inventário propriamente dito (...). Consequentemente, em sede de inventário propriamente dito (procedimento mais complexo que o destinado ao arrolamento), **compete ao Juiz apreciar o pedido de isenção do Imposto sobre Transmissão *causa mortis*, a despeito da competência administrativa atribuída à autoridade fiscal pelo art. 179 do CTN** (Precedentes do STJ: REsp 138.843/RJ, Rel. Ministro Castro Meira, Segunda Turma, julgado em 08.03.2005, *DJ* 13.06.2005; REsp 173.505/RJ, Rel. Ministro Franciulli Netto, Segunda Turma, julgado em 19.03.2002, *DJ* 23.09.2002; REsp 143.542/RJ, Rel. Ministro Milton Luiz Pereira, Primeira Turma, julgado em 15.02.2001, *DJ* 28.05.2001; REsp 238.161/SP, Rel. Ministra Eliana Calmon, Segunda Turma, julgado em 12.09.2000, *DJ* 09.10.2000; e REsp 114.461/RJ, Rel. Ministro Ruy Rosado de Aguiar, Quarta Turma, julgado em 09.06.1997, *DJ* 18.08.1997). É que a prévia oitiva da Fazenda Pública, no inventário propriamente dito, torna despiciendo o procedimento administrativo, máxime tendo em vista o teor do artigo 984, do CPC [art. 612 do CPC/2015] (...)" (STJ, REsp 1.150.356/SP, Rel. Min. Luiz Fux, 1ª Seção, jul. 09.08.2010, *DJe* 25.08.2010). **No mesmo sentido:** STJ, REsp 173.505/RJ, Rel. Min. Franciulli Neto, 2ª Turma Cível, jul. 19.03.2002, *DJU* 23.09.2002; STJ, REsp 114.461/RJ, Rel. Min. Ruy Rosado de Aguiar, 4ª Turma, jul. 09.06.1997, *DJ* 18.08.1997.

2. Custas. "Inventário. Recolhimento das custas. Base de cálculo. Incidência sobre o valor total dos bens (montemor). Critério de cálculo que não se confunde com o imposto *causa mortis*" (TJSP, AI 1.504.504, Rel. Des. Salles de Toledo, 7ª Câmara Dir. Priv., jul. 17.05.2000).

3. Decisão que julga o cálculo do imposto. Natureza Jurídica (§ 2º). "Inventário. Decisão homologatória dos cálculos de liquidação do imposto de transmissão *mortis causa*. Recurso. **Cabe agravo de instrumento**, e não apelação, da decisão que, em autos de inventário e partilha, homologa os cálculos de liquidação do imposto de transmissão *mortis causa*" (STJ, de 21.03.1996, no REsp 34.895-3/PE, Rel. Min. Antônio de Pádua Ribeiro, 2ª Turma, *DJU* 08.04.1996, p. 10.463).

Seção VI
Das Colações

Art. 639. No prazo estabelecido no art. 627, o herdeiro obrigado à colação conferirá por termo nos autos ou por petição à qual o termo se reportará os bens que recebeu ou, se já não os possuir, trar-lhes-á o valor.

Parágrafo único. Os bens a serem conferidos na partilha, assim como as acessões e as benfeitorias que o donatário fez, calcular-se-ão pelo valor que tiverem ao tempo da abertura da sucessão.

CPC/1973

Art. 1.014.

REFERÊNCIA LEGISLATIVA

CC, arts. 544 (doação); 1.992 (sonegação); 2.002 a 2.012 (colação).

BREVES COMENTÁRIOS

A colação deve partir da iniciativa do donatário. Constará de declaração, tomada por termo nos autos, ou de petição à qual o termo se reportará. Nela serão descritos os bens recebidos por antecipação da legítima, para cômputo na partilha. Se o beneficiário da liberalidade já não mais os possuir, será trazido à colação o respectivo valor. Cabe ao donatário proceder à declaração do art. 639 do CPC/2015, no prazo de quinze dias a contar da citação prevista no art. 627 do Código de 2015 (art. 639).

O valor básico para a colação, segundo o art. 2.004 do Código Civil, seria aquele pelo qual o bem figurou no ato de liberalidade. O atual CPC, entretanto, restabeleceu antiga regra do Código de 1973, determinando que os bens doados, assim como suas acessões e benfeitorias, sejam colacionados "pelo valor que tiverem ao tempo da abertura da sucessão" (CPC/2015, art. 639, parágrafo único), ou seja, a avaliação deverá reportar-se ao momento da morte do autor da herança. Com essa regra processual superveniente restou revogado o dispositivo do Código Civil que preconizava a colação pelo valor do tempo da doação.

A dispensa de colação decorre ordinariamente de declaração do doador no ato da doação, que a imputa à parte disponível de seu patrimônio. Mas, havendo partilha em vida, com distribuição equânime dos bens doados a todos os herdeiros necessários, sem prejuízo algum das respectivas legítimas (CC, art. 2.018), não se justifica a colação, ainda que tenha faltado a dispensa expressa, pelo doador, no ato da liberalidade (RT 662/83).

JURISPRUDÊNCIA SELECIONADA

1. Doação. Colação. Inventário.

a) Condição dos demais herdeiros. Irrelevância. "Todo ato de liberalidade, inclusive doação, feito a descendente e/ou herdeiro necessário nada mais é que adiantamento de legítima, impondo, portanto, o dever de trazer à colação, sendo irrelevante a condição dos demais herdeiros: se supervenientes ao ato de liberalidade, se irmãos germanos ou unilaterais. É necessária a expressa aceitação de todos os herdeiros e a consideração de quinhão de herdeira necessária, de modo que a inexistência da formalidade que o negócio jurídico exige não o caracteriza como partilha em vida" (STJ, REsp 730.483/MG, Rel. Min. Nancy Andrighi, 3ª Turma, jul. 03.05.2005, *DJ* 20.06.2005, p. 287).

Herdeiro necessário nascido depois. "Para efeito de cumprimento do dever de colação, é irrelevante o fato de o herdeiro ter nascido antes ou após a doação, de todos os bens imóveis, feita pelo autor da herança e sua esposa aos filhos e respectivos cônjuges. O que deve prevalecer é a ideia de que a doação feita de ascendente para descendente, por si só, não é considerada inválida ou ineficaz pelo ordenamento jurídico, mas impõe ao donatário obrigação protraída no tempo de, à época do óbito do doador, trazer o patrimônio recebido à colação, a fim de igualar as legítimas, caso não seja aquele o único herdeiro necessário (arts. 2.002, parágrafo único, e 2.003 do CC/2002). No caso, todavia, a colação deve ser admitida apenas sobre 25% dos referidos bens, por ter sido esse o percentual doado aos herdeiros necessários, já que a outra metade foi destinada, expressamente, aos seus respectivos cônjuges. Tampouco, há de se cogitar da possível existência de fraude, uma vez que na data da celebração do contrato de doação, o herdeiro preterido, ora recorrido, nem sequer havia sido concebido" (STJ, REsp 1.298.864/SP, Rel. Min. Marco Aurélio Bellizze, 3ª Turma, jul. 19.05.2015, *DJe* 29.05.2015).

b) Valor dos bens. "Os bens trazidos à colação, para efeito de acertamento das legítimas, devem ser avaliados com base no valor que possuírem à época da abertura da sucessão, conforme o disposto no art. 1.014, parágrafo único, do CPC [art. 639, parágrafo único, do CPC/2015], dispositivo esse que corresponde à norma vigente à época da abertura das sucessões examinadas nos presentes autos" (STJ, REsp 595.742/SC, Rel. Min. Nancy Andrighi, 3ª Turma, jul. 06.11.2003, *DJ* 01.12.2003).

"(...). O valor de colação dos bens deverá ser aquele atribuído ao tempo da liberalidade, corrigido monetariamente até a data da abertura da sucessão. Existindo divergência quanto ao valor atribuído aos bens no ato de liberalidade, poderá o julgador determinar a avaliação por perícia técnica para aferir o valor que efetivamente possuíam à época da doação" (STJ, REsp 1.166.568/SP, Rel. Min. Lázaro Guimarães, 4ª Turma, jul. 12.12.2017, *DJe* 15.12.2017).

"É indiscutível a existência de antinomia entre as disposições do Código Civil (arts. 1.792, *caput*, do CC/1916 e 2.004, *caput*, do CC/2002), que determinam que a colação se dê pelo valor do bem ao tempo da liberalidade, e as disposições do Código de Processo Civil (arts. 1.014, parágrafo único, do CPC/73 e 639, parágrafo único, do CPC/15), que determinam que a colação se dê pelo valor do bem ao tempo da abertura da sucessão, de modo que, em se tratando de questão que se relaciona, com igual intensidade, com o direito material e com o direito processual, essa contradição normativa somente é resolúvel pelo critério da temporalidade e não pelo critério de especialidade. Precedentes. Na hipótese, tendo o autor da herança falecido antes da entrada em vigor do CC/2002, aplica-se a regra do art. 1.014, parágrafo único, do CPC/73, devendo a colação se dar pelo valor do bem ao tempo da abertura da sucessão" (STJ, REsp 1698638/RS, Rel. Min. Nancy Andrighi, 3ª Turma, jul. 14.05.2019, *DJe* 16.05.2019).

Avaliação contemporânea de todos os bens. "O princípio da igualdade da partilha conduz a avaliação contemporânea de todos os bens, especialmente em face da inflação existente no país. Preclusão inocorrente, em vista da natureza continuativa do inventário" (STF, RE 100.332, Rel. Min. Rafael Mayer, 1ª Turma, jul. 01.06.1984, *DJ* 06.09.1984).

Correção monetária. "O instituto da colação tem por objetivo igualar a legítima, trazendo à partilha os bens ausentes ao acervo. Curial dizer-se que, em ciclo inflacionário, na conferência, se o bem doado já fora vendido antes da abertura da sucessão, seu valor há de ser atualizado na data desta, eis que a correção monetária tem por objeto precípuo elevar o valor nominal da moeda ao seu nível real" (STJ, REsp 10.428/SP, Rel. Min. Waldemar Zveiter, 3ª Turma, jul. 09.12.1991, *DJ* 17.02.1992).

c) Dispensa de colação. "A dispensa do dever de colação só se opera por expressa e formal manifestação do doador, determinando que a doação ou ato de liberalidade recaia sobre a parcela disponível de seu patrimônio" (STJ, REsp 730.483/MG, Rel. Min. Nancy Andrighi, 3ª Turma, jul. 03.05.2005, *DJ* 20.06.2005, p. 287). **No mesmo sentido:** TJMG, Ag 1.0024.02.836081-6/001, Rel. Des. Albergaria Costa, 3ª Câmara Cível, jul. 25.10.2007, *DJ* 08.11.2007.

Ocupação e uso a título gratuito de imóvel residencial. Herdeiro. Desnecessidade de colação. "Segundo o art. 2.002 do CC, a colação é o ato pelo qual o descendente, que concorre com outros descendentes à sucessão de ascendente comum ou com o cônjuge do falecido, confere o valor das doações que do autor da herança recebeu em vida. No caso concreto, o acórdão recorrido esclareceu que a pretensão dos recorrentes está voltada a trazer à colação 'a ocupação e o uso de um imóvel e a respectiva garagem' utilizados por uma das herdeiras necessárias a título gratuito. Distinção entre o contrato de comodato, empréstimo gratuito de coisas não fungíveis, com a doação, mediante a qual uma pessoa, por liberalidade, transfere do seu patrimônio bens ou vantagens para o de outra. **Somente na doação há transferência da propriedade, tendo o condão de provocar desequilíbrio entre as quotas-partes dos herdeiros necessários, importando, por isso, em regra, no adiantamento da legítima.** A ocupação e o uso do imóvel também não pode ser considerado 'gasto não ordinário', nos termos do art. 2.010 do CC, pois a autora da herança nada despendeu em favor de uma das herdeiras a fim de justificar a necessidade de colação" (STJ, REsp 1.722.691/SP, Rel. Min. Paulo de Tarso Sanseverino, 3ª Turma, jul. 12.03.2019, *DJe* 15.03.2019).

Benfeitorias. "Excluem-se da colação as benfeitorias agregadas aos imóveis realizadas pelos herdeiros que os detinham (art. 1.792, parágrafo 2º)" (STJ, REsp 259.406/PR, Rel. Min. Aldir Passarinho Junior, 4ª Turma, jul. 17.02.2005, *DJ* 04.04.2005).

d) Necessidade de colação.

Caderneta de poupança conjunta do *de cujus* com herdeiros. Ação de colação. "Devem ser relacionados no inventário valores vultosos de caderneta de poupança conjunta, mantida por herdeiros com o 'de cujus', ante a retirada deste da titularidade da conta, permanecendo o valor, não trazido ao inventário, em poder dos herdeiros. (...) Ação de colação adequada, não se exigindo a propositura, em seu lugar, de ação de sobrepartilha, consequência do direito de colação de sonegados cujo reconhecimento é antecedente necessário da sobrepartilha. O direito à colação de bens do 'de cujus' em proveito de herdeiros necessários subsiste diante da partilha amigável no processo de inventário, em que omitida a declaração dos bens doados inoficiosamente e que, por isso, devem ser colacionados" (STJ, REsp 1.343.263/CE, Rel. Min. Sidnei Beneti, 3ª Turma, jul. 04.04.2013, *DJe* 11.04.2013).

2. Partilha em vida. Inventário. Partilha em vida/doação. Pretensão de colação. "Assentado tratar-se, no caso, de partilha em vida (partilhados todos os bens dos ascendentes, em um mesmo dia, no mesmo cartório e mesmo livro, com o expresso consentimento dos descendentes), não ofendeu os arts. 1.171, 1.785, 1.786 e 1776, do Cód. Civil [arts. 544, 2.002, 2.003 e 2.018 do CC/2002], acórdão que confirmou sentença indeferitória da pretensão de colação. Não se cuidando, portanto, de doação, não se tem como aplicar princípio que lhe é próprio. Inocorrente ofensa a lei federal ou dissidio, a Turma não conheceu do recurso especial" (STJ, REsp 6.528/RJ, Rel. Min. Nilson Naves, 3ª Turma, jul. 11.06.1991, *DJ* 12.08.1991). **Nota: o CC citado no ac. é o de 1916.**

3. Cessão de cotas. "A ação fundada na anulabilidade da cessão de quotas sociais feita por ascendente a descendente, sem o consentimento de herdeira, para a qual o autor, como genro, não teria legitimidade (art. 1132 do CC) [art. 496 do CC/2002], não pode ser recebida como ação de nulidade por doação inoficiosa e consequente pedido de colação, fundado no art. 1586 do CC [art. 1.813 do CC/2002]" (STJ, REsp 263.366/MG, Rel. Des. Ruy Rosado de Aguiar, 4ª Turma, jul. 24.10.2000, *DJ* 18.12.2000, p. 206). **Nota: o CC citado no ac. é o de 1916.**

4. Sonegação de bens. "A ação de sonegados visa restituir ao monte, os bens ocultados, dolosamente, por herdeiro ou inventariante, garantindo a integridade dos direitos sucessórios dos herdeiros. As doações feitas a herdeiro necessário, via de regra, são objeto de colação por serem consideradas adiantamento de legítima. Somente a comprovação efetiva do dolo de ocultação dos bens doados em adiantamento de legítima caracteriza a sonegação" (TJMG, Ap. 1.0145.04.185902-9/004, Rel. Des. Caetano Levi Lopes, 2ª Câmara Cível, jul. 30.01.2007, *DJ* 16.02.2007).

Herdeiro Testamentário. Ilegitimidade ativa. "O instituto da colação diz respeito, tão somente, à sucessão legítima; assim, os bens eventualmente conferidos não aumentam a metade disponível do autor da herança, de sorte que benefício algum traz ao herdeiro testamentário a reivindicação de bem não colacionado no inventário. Destarte, o herdeiro testamentário não tem legitimidade ativa para exigir à colação bem sonegado por herdeiro necessário (descendente sucessivo) em processo de inventário e partilha" (STJ, REsp 400.948/SE, Rel. Min. Vasco Della Giustina, 3ª Turma, jul. 23.03.2010, *DJe* 09.04.2010).

5. Nulidade da partilha não afeta ação de sonegados. "A fundamentação do tribunal, na apelação que resultou na decretação da nulidade de partilha, sobre a ausência de declarações finais, não faz coisa julgada ou atrai preclusão sobre ação de sonegados, por se cuidar de demanda distinta" (STJ, REsp 586.807/RJ, Rel. Min. Aldir Passarinho Junior, 4ª Turma, jul. 07.12.2004, *DJ* 25.04.2005).

Art. 640. O herdeiro que renunciou à herança ou o que dela foi excluído não se exime, pelo fato da renúncia ou da exclusão, de conferir, para o efeito de repor a parte inoficiosa, as liberalidades que obteve do doador.

§ 1º É lícito ao donatário escolher, dentre os bens doados, tantos quantos bastem para perfazer a legítima e a metade disponível, entrando na partilha o excedente para ser dividido entre os demais herdeiros.

§ 2º Se a parte inoficiosa da doação recair sobre bem imóvel que não comporte divisão cômoda, o juiz determinará que sobre ela se proceda a licitação entre os herdeiros.

§ 3º O donatário poderá concorrer na licitação referida no § 2º e, em igualdade de condições, terá preferência sobre os herdeiros.

CPC/1973

Art. 1.015.

BREVES COMENTÁRIOS

O dever de colacionar as doações não desaparece com a posterior renúncia à herança nem com a exclusão do herdeiro da sucessão, desde que haja excesso a repor ao monte (parte inoficiosa da doação).

JURISPRUDÊNCIA SELECIONADA

1. Doação inferior à metade disponível. "Em se tratando de imóvel doado a herdeiro, através de escritura pública, na qual o doador declara que aquele não excede a metade disponível, estando dispensado da colação cogitada no art. 1.788 do CC [art. 2.005 do CC/2002], por não importar em adiantamento da legítima, não há como incluir, posteriormente, na partilha, o mencionado bem objeto da liberalidade. Se se apurar, em avaliação, que a liberalidade excedeu à metade disponível, somente a parte excedente deverá integrar o monte partilhável" (TJMG, Ag. 18.792, Rel. Des. Paulo Gonçalves, 4ª Câmara, jul. 28.11.1985, *Jurisp. Min.* 92/165). **Nota: o CC citado no ac. é o de 1916.**

2. Renúncia à herança:

Requisitos formais. "O ato de renúncia à herança deve constar expressamente de instrumento público ou de termo nos autos, sob pena de invalidade. Daí se segue que a constituição de mandatário para a renúncia à herança deve obedecer à mesma forma, não tendo a validade a outorga por instrumento particular" (STJ, REsp 1.236.671/SP, Rel. p/ Acórdão Min. Sidnei Beneti, 3ª Turma, jul. 09.10.2012, *DJe* 04.03.2013).

"A constituição de procurador com poder especial para renunciar à herança de valor superior a trinta vezes o maior salário mínimo deve ser feita por instrumento público ou termo judicial para ter validade" (STJ, REsp 1.236.671, Rel. **Min.** Massami Uyeda, 3ª Turma, jul. 09.10.2012).

Renúncia de todos os herdeiros da mesma classe. Sucessão dos filhos por cabeça. "A renúncia de todos os herdeiros da mesma classe, em favor do monte, não impede seus filhos de sucederem por direito próprio ou por cabeça. Homologada a renúncia, a herança não passa à viúva, e sim aos herdeiros remanescentes. Esta renúncia não configura doação ou alienação à viúva, não caracterizando o fato gerador do ITBI, que é a transmissão da propriedade ou do domínio útil de bens imóveis" (STJ, REsp 36.076/MG, Rel. Min. Garcia Vieira, 1ª Turma, jul. 03.12.1998, *DJ* 29.03.1999).

Renúncia "*in favorem*". "Para haver a renúncia '*in favorem*', é mister que haja aceitação tácita da herança pelos herdeiros que, em ato subsequente, transferem os direitos hereditários a beneficiário certo, configurando verdadeira doação" (STJ, REsp 33.698/MG, Rel. Min. Cláudio Santos, 3ª Turma, jul. 29.03.1994, *DJ* 16.05.1994).

3. Acervo com cláusula de indisponibilidade. Nulidade de renúncia e cessão de herança. "Nula é a cessão e renúncia de herança, quanto a acervo recebido em testamento clausulado de indisponibilidade vitalícia, se disfarçado de cessão e renúncia, na verdade, dissimula verdadeira doação, ilegítima porque o doador estava impedido de fazê-la" (STJ, REsp 57.217/SP, Rel. Min. Waldemar Zveiter, 3ª Turma, jul. 06.08.1998, *DJ* 03.05.1999).

Art. 641. Se o herdeiro negar o recebimento dos bens ou a obrigação de os conferir, o juiz, ouvidas as partes no prazo comum de 15 (quinze) dias, decidirá à vista das alegações e das provas produzidas.

§ 1º Declarada improcedente a oposição, se o herdeiro, no prazo improrrogável de 15 (quinze) dias, não proceder à conferência, o juiz mandará sequestrar-lhe, para serem inventariados e partilhados, os bens sujeitos à colação ou imputar ao seu quinhão hereditário o valor deles, se já não os possuir.

§ 2º Se a matéria exigir dilação probatória diversa da documental, o juiz remeterá as partes às vias ordinárias, não podendo o herdeiro receber o seu quinhão hereditário, enquanto pender a demanda, sem prestar caução correspondente ao valor dos bens sobre os quais versar a conferência.

CPC/1973

Art. 1.016.

REFERÊNCIA LEGISLATIVA

CPC/2015, art. 612 (remessa às vias ordinárias).

BREVES COMENTÁRIOS

Comporta *agravo de instrumento* a decisão que determina ou não a colação de bens; assim como a que remete às partes às vias ordinárias (CPC/2015, art. 1.015, parágrafo único).

A ação comum pode ter o cunho condenatório, se for de iniciativa do espólio, ou a natureza declaratória negativa, se partir do herdeiro.

JURISPRUDÊNCIA SELECIONADA

1. Inércia dos donatários. Sequestro de bens. "Deve ser mantida a decisão singular que ante a inércia dos donatários em apresentar os bens recebidos em doação aos autos do inventário do doador, determina o sequestro... e imputação do valor correspondente ao bem alienado no quinhão do herdeiro respectivo, nos moldes dos artigos 1.014 e 1.016 do CPC [arts. 639 e 641 do CPC/2015]" (TJMG, AI Cv. 1.0620.03.002804-2/001, Rel. Des. Afrânio Vilela, 2ª Câmara Cível, jul. 15.01.2013, *DJ* 25.01.2013).

Arresto. Impossibilidade. "A medida cautelar de arresto não é o mecanismo hábil para garantir a eficácia da colação dos bens adiantados da legítima, já que inexiste, nesta espécie, pretensão de futura execução. O CPC prevê o procedimento específico de proteção à herança por colação, através do sequestro dos bens adiantados, tudo nos próprios autos do inventário (art. 1.016) [art. 641 do CPC/2015]" (TJMG, Apelação Cível 1.0024.08.249592-0/001, Rel.ª Des.(a) Vanessa Verdolim Hudson Andrade, 1ª Câmara Cível, jul. 04.08.2009, *DJ* 28.08.2009).

2. Recurso cabível. "O prazo para interposição de recurso da decisão judicial que rejeita a oposição de herdeiro à colação de bens em inventário conta-se a partir da citação da referida decisão, e não do despacho que determina a colação, o que importaria supressão do prazo a que alude o art. 1.016 do CPC [art. 641 do CPC/2015]" (TJSP, Ag. 85.785-1, Rel. Des. Moretzsohn de Castro, 4ª Câmara, jul. 05.03.1987, *RT* 619/95; *RJTJSP* 108/357).

3. Legitimidade. "O direito de exigir colação é privativo dos herdeiros necessários, a teor do art. 1.785 do CCB [art. 2.003 do CC/2002]. Ilegitimidade de o testamenteiro exigir a colação, a fim de possibilitar imputação legitimária" (STJ, REsp 170.037/SP, Rel. Min. Waldemar Zveiter, 3ª Turma, jul. 13.04.1999, *DJ* 24.05.1999, p. 164). **Nota: o CC citado no ac é o de 1916.**

Seção VII
Do Pagamento das Dívidas

Art. 642. Antes da partilha, poderão os credores do espólio requerer ao juízo do inventário o pagamento das dívidas vencidas e exigíveis.

§ 1º A petição, acompanhada de prova literal da dívida, será distribuída por dependência e autuada em apenso aos autos do processo de inventário.

§ 2º Concordando as partes com o pedido, o juiz, ao declarar habilitado o credor, mandará que se faça a separação de dinheiro ou, em sua falta, de bens suficientes para o pagamento.

§ 3º Separados os bens, tantos quantos forem necessários para o pagamento dos credores habilitados, o juiz mandará aliená-los, observando-se as disposições deste Código relativas à expropriação.

§ 4º Se o credor requerer que, em vez de dinheiro, lhe sejam adjudicados, para o seu pagamento, os bens já reservados, o juiz deferir-lhe-á o pedido, concordando todas as partes.

§ 5º Os donatários serão chamados a pronunciar-se sobre a aprovação das dívidas, sempre que haja possibilidade de resultar delas a redução das liberalidades.

CPC/1973

Art. 1.017.

REFERÊNCIA LEGISLATIVA

CC, arts. 1.997 a 2.001;

CTN, arts. 187 e 189;

CPC/2015, arts. 643 (necessidade de acordo geral), 668, I (medidas cautelares; cessação da eficácia), 879 a 903 (alienação), 904 a 909 (satisfação do crédito).

BREVES COMENTÁRIOS

As obrigações do autor da herança não desaparecem com a morte. Não sendo personalíssimas, acompanham o patrimônio deixado pelo devedor e transferem-se para os seus herdeiros, dentro das forças da herança que lhe couber. Há, pois, interesse dos credores em receber o débito integral do espólio, antes da partilha. Para esse fim, prevê o atual Código de Processo Civil um procedimento administrativo, paralelo ao inventário, cuja disciplina se encontra nos arts. 642 a 646. Os credores interessados deverão formular petição instruída com os documentos comprobatórios da dívida ("prova literal"), que será distribuída por dependência e autuada em apenso aos autos do inventário (art. 642, § 1º). Dar-se-á vista a todos os interessados e, havendo acordo, o juiz declarará habilitado o credor, ordenando a separação de dinheiro ou de bens suficientes para o pagamento (art. 642, § 2º). Nos termos do art. 645, também os legatários terão de ser ouvidos. O pagamento, na espécie, só é admissível se houver acordo de todos os interessados (art. 643).

JURISPRUDÊNCIA SELECIONADA

1. Credor. União. "A simples qualidade de credora do de cujus, embora autorize a União a habilitar seu crédito contra o espólio, não tem o condão de transferir a competência para o processamento do inventário para a Justiça Federal, não se aplicando, ao caso, o art. 109, I, da Constituição Federal" (STJ, CC 62.082/MS, Rel. Min. Sidnei Beneti, 2ª Seção, jul. 23.06.2010, *DJe* 02.08.2010).

2. Habilitação de crédito.

a) Medida facultativa. "A habilitação de crédito no inventário, a ser realizada antes da partilha, é medida de natureza facultativa, disponibilizada ao credor para facilitar a satisfação da dívida, o que não impede, contudo, o ajuizamento de ações autônomas para a mesma finalidade, especialmente nas hipóteses em que a dívida não está vencida ou não é exigível. Precedentes. Ajuizada ação autônoma de cobrança e deferido o arresto cautelar de valores vinculados à conta judicial da ação de inventário, é irrelevante o fato de já ter sido homologada judicialmente a sentença de partilha, na medida em que o arresto, nessas circunstâncias, assemelha-se à penhora no rosto do inventário dos direitos sucessórios dos herdeiros, e também porque, após o trânsito em julgado, haverá a prática de atos típicos de cumprimento e de execução inerentes à atividade judicante, não havendo que se falar em esgotamento da jurisdição do juízo do inventário que o impeça de implementar a ordem judicial emanada do juízo em que tramita a ação de cobrança" (STJ, RMS 58.653/SP, Rel. Min. Nancy Andrighi, 3ª Turma, jul. 02.04.2019, *DJe* 04.04.2019).

b) Legitimidade. "Tem legitimidade para postular habilitação de crédito quem é credor do espólio e não de um dos herdeiros, já que tal via se presta para saldar as dívidas do espólio e não de herdeiro, nos termos do art. 1.017 do CPC [art. 642 do CPC/2015]" (TJRS, Ap. 70002560274, Rel. Des. Sérgio Fernando de Vasconcellos Chaves, 7ª Câmara Cível, jul. 06.06.2001).

"Uma vez eleita a via judicial pelo credor, em que se deu a efetiva habilitação do crédito no bojo do inventário, não é dado a esse credor a possibilidade de se valer de nova via judicial para obter o mesmo crédito, seja em relação ao próprio espólio, seja em relação ao codevedor, pois, em ambos os casos, a habilitação de crédito anteriormente intentada e judicialmente homologada já atingiu tal finalidade, tornando a adoção de outra medida judicial (seja, executória, ou de cobrança), por conseguinte, absolutamente inócua, e, mesmo, desnecessária" (STJ, REsp 1.167.031/RS, Rel. Min. Massami Uyeda, 3ª Turma, jul. 06.10.2011, *DJe* 17.10.2011).

c) Impossibilidade de cumulação da ação de execução com o pedido de habilitação. "Tendo o credor já ajuizado ação de execução contra a devedora principal e os demais coobrigados, sobrevindo a morte do avalista do título cobrado, a hipótese é de suspensão do processo para habilitação dos sucessores do de cujus, na forma do art. 265, I, e 1.055 e seguintes do CPC [arts. 313, I, e 687 e seguintes do CPC/2015]. Cuidado para evitar a reprodução de pretensões idênticas mediante procedimentos judiciais diversos" (STJ, REsp 615.077/SC, Rel. Min. Paulo de Tarso Sanseverino, 3ª Turma, jul. 16.12.2010, *DJe* 07.02.2011).

d) Execução trabalhista. "(...). Os herdeiros só receberão a herança depois de solucionadas as pendências com os credores. Assim, é perfeitamente possível que a execução tenha prosseguimento, inclusive com reserva de bens suficientes, se o débito não puder ser solucionado no inventário. Não há, de fato, que se falar em habilitação do crédito trabalhista no inventário. É possível, pois, ao credor, em especial aquele oriundo de crédito trabalhista, o prosseguimento da execução. Não se justifica a suspensão da execução trabalhista, tendo em vista que esta busca a satisfação de créditos de natureza alimentícia" (STJ, CC 96.042/AC, Rel. Min. Massami Uyeda, 2ª Seção, jul. 13.10.2010, *DJe* 21.10.2010).

e) Despacho de admissão. Juros Vincendos. "Habilitação de crédito em inventário. O despacho de admissão, incluindo o principal e mais juros vencidos até sua data, não opera preclusão ou coisa julgada quanto aos juros vincendos. Arts. 58 e 60 do Código Civil [art. 92 do CC/2002] e Súmula 254" (STF, RE 89.395, Rel. Min. Djaci Falcão, 2ª Turma, jul. 09.05.1980, *DJ* 30.05.1980). **Nota: o CC do RE é o de 1916.**

f) Ausência de intervenção do Ministério Público. Nulidade. "É nulo o procedimento de habilitação de crédito ou inventário, em que não intervém o Ministério Público, havendo interesse de incapaz e em que não se fez, sequer, a intimação regular do espólio" (TJRJ, Ap. 3.5198/84, Rel. Des. Cláudio Vianna de Lima 5ª Câmara, jul. 06.08.1985).

3. Pagamento das dívidas:

Concordância de todos os interessados. "Viável aos credores o procedimento previsto nos artigos 1017 e 1021 do CPC [arts. 642 e 646 do CPC/2015], no que pertine ao pagamento das dívidas do espólio. Somente é possível ao juiz determinar o pagamento das dívidas do espólio com a concordância unânime de todos os interessados" (TJRGS, Ag. 70002063949, Rel. Des. Luiz Roberto Imperatore de Assis Brasil, 2ª Câmara Cível, jul. 22.03.2001).

Irregularidades. "Detectadas diversas irregularidades havidas no curso do inventário, notadamente no que tange ao pagamento das dívidas do espólio e ao resgate dos títulos de crédito integrantes do acervo, bem assim ante a possível violação dos interesses do erário, anula-se a sentença de piso, que extinguiu o processo sem julgamento do mérito" (TJES, Ap. 032029000265, 1ª Câmara Cível, Rel. Min. Arnaldo dos Santos Souza, jul. 18.12.2002).

4. Praça pública (§ 3º). "Inventário. Credores concorrentes. Viabilidade de adjudicação de bens àquele cujo crédito foi aceito. Aplicação do art. 1.017 do CPC [art. 642 do CPC/2015]. Somente quanto aos credores habilitados e aceitos no inventário será possível a separação de bens para alienação em praça pública" (TJSP, AI 219.283-4/7, São Paulo, 6ª Câmara Dir. Priv., Rel. Des. Ernani de Paiva, jul. 13.12.2001).

5. Partilha. Responsabilidade de cada sucessor. "Após a partilha do imóvel cada um dos sucessores é individualmente responsável pelas dívidas devidas pelo '*de cujus*' até a data da partilha, limitada essa responsabilidade ao montante do seu quinhão, do legado ou da meação" (TRF-4ª Região, Ap. 2003.71.01.004132-6/RS, Rel. Márcio Antônio Rocha, 4ª Turma, jul. 27.09.2006, *DJ* 14.11.2006).

6. Inventário. Crédito constituído em face de um dos herdeiros. Homologação da partilha. Penhora no rosto dos autos. Possibilidade. Ver jurisprudência do art. 860 do CPC/2015.

Art. 643. Não havendo concordância de todas as partes sobre o pedido de pagamento feito pelo credor, será o pedido remetido às vias ordinárias.

Parágrafo único. O juiz mandará, porém, reservar, em poder do inventariante, bens suficientes para pagar o credor quando a dívida constar de documento que comprove suficientemente a obrigação e a impugnação não se fundar em quitação.

CPC/1973

Art. 1.018.

BREVES COMENTÁRIOS

É indispensável o acordo unânime, porque a habilitação, *in casu*, é não contenciosa. Por isso, não havendo concordância de todas as partes sobre o pagamento, será o credor remetido para os meios ordinários (art. 643 do CPC/2015), ou seja, terá ele de propor a ação contenciosa contra o espólio, que for compatível ao título de seu crédito (execução ou ordinária de cobrança, conforme o caso). Há, porém, uma medida cautelar que o juiz toma, *ex officio*, em defesa do interesse do credor que não obtém sucesso na habilitação: se o crédito estiver suficientemente comprovado por documento e a impugnação não se fundar em quitação, o magistrado mandará reservar, em poder do inventariante, bens suficientes para pagar o credor, enquanto se aguarda a solução da cobrança contenciosa (medida cautelar *ex officio*).

JURISPRUDÊNCIA SELECIONADA

1. Discordância. Via ordinária. "Não havendo concordância de todas as partes sobre o pedido de pagamento feito pelo credor na habilitação, deve ele ser remetido para os meios ordinários (art. 1.018, CPC) [art. 643 do CPC/2015]. Não obstante, o juiz pode determinar que sejam reservados bens em poder do inventariante para pagar o credor, desde que a dívida esteja consubstanciada em documento que comprove suficientemente a obrigação e a impugnação não se fundar em quitação" (STJ, REsp 703.884/SC, Rel. Min. Nancy Andrighi, 3ª Turma, jul. 23.10.2007, *DJ* 08.11.2007, p. 225).

2. Habilitação de crédito em inventário. Remessa do pedido aos meios ordinários. Pretensão resistida. Honorários advocatícios.

a) Não cabimento. "A sentença que denega a habilitação de crédito na sucessão, por mera discordância de qualquer interessado, não enseja a condenação em honorários advocatícios, pois não torna litigiosa a demanda, não havendo falar em condenação, nem de se cogitar em qualquer proveito econômico, já que o direito ao crédito e à sua cobrança são remetidos às vias ordinárias. Deveras, 'nessa situação não haverá o processamento incidental deste pedido, mas a necessidade de propositura de uma ação própria na qual será discutida a dívida em pauta e a obrigação do espólio arcar, ou não, com ela, daí a remissão às vias ordinárias' (WAMBIER, Teresa Arruda Alvim. Primeiros comentários ao novo Código de Processo Civil: artigo por artigo. São Paulo: RT, 2016, p. 1.095)" (STJ, AgInt no REsp 1792709/SP, Rel. Min. Luis Felipe Salomão, 4ª Turma, jul. 06.08.2019, *DJe* 13.08.2019).

b) Cabimento. "Esta Corte Superior já proclamou que em procedimento de jurisdição voluntária, a existência de litigiosidade excepciona a regra de não cabimento de condenação em honorários advocatícios. Precedentes. Havendo resistência dos herdeiros, a rejeição do pedido de habilitação de crédito em inventário enseja a condenação do habilitante em honorários" (STJ, REsp 1431036/SP, Rel. Min. Moura Ribeiro, 3ª Turma, jul. 17.04.2018, *DJe* 24.04.2018).

"O pedido de habilitação de crédito em inventário enseja a condenação em honorários desde que haja resistência do promovido" (STJ, REsp 578.943/SC, Rel. Min. Cesar Asfor Rocha, 4ª Turma, jul. 18.05.2004, *DJ* 04.10.2004).

3. Habilitação de crédito no inventário. Decisão que indefere o pedido. Recurso cabível. Agravo. Ver jurisprudência do art. 1.015 do CPC/2015.

4. Habilitação de crédito em inventário. Impugnação pelas partes interessadas. Conversão em ação de cobrança pelo juiz. Impossibilidade. "A existência de impugnação de interessado à habilitação de crédito em inventário, impõe ao juízo do inventário a remessa das partes às vias ordinárias, ainda que sobre o mesmo juízo recaia a competência para o inventário e para as ações ordinárias (tal como ocorre nos juízos de vara única), pois, nos termos do art. 1.018 do CPC/1973 (art. 643 do CPC/2015), constitui ônus do credor não admitido no inventário o ajuizamento da respectiva ação de conhecimento, não competindo ao juiz a conversão do pedido de habilitação na demanda a ser proposta, em substituição às partes" (STJ, REsp 2.045.640/GO, Rel. Min. Marco Aurélio Bellizze, 3ª Turma, jul. 25.04.2023, *DJe* 28.04.2023).

5. Reserva de bens (parágrafo único). "Habilitação de crédito em inventário. Reserva de bens. Considerou o Tribunal de origem, mediante análise dos documentos apresentados, que estão presentes os requisitos que impõem a reserva de bens, prevista no artigo 1.018, parágrafo único, do Código de Processo Civil [art. 643, parágrafo único, do CPC/2015]. (...). Ademais, a redação do citado dispositivo não prevê a exigência de que o documento do credor seja um título líquido e certo para que se determine a reserva de bens" (STJ, AGA 30.329/SP, Rel. Min. Carlos Alberto Menezes Direito, 3ª Turma, jul. 29.08.2000, *DJU* 16.12.2000, p. 311).

Desnecessidade de a dívida ser líquida e certa. "Inexigível, para a reserva de que trata o art. 1.018, parágrafo único, do CPC [art. 643, parágrafo único, do CPC/2015], que a dívida cobrada do espólio seja líquida e certa, bastando-a suficiente comprovação documental da sua existência" (STJ, REsp 98.486/ES, Rel. Min. Aldir Passarinho Junior, 4ª Turma, jul. 16.08.2005, *DJ* 05.09.2005).

Feição de arresto. "A reserva de bens na habilitação tem feição de arresto. Reservam-se os bens do espólio para que possa haver patrimônio suficiente a garantir a satisfação coercitiva do crédito" (STJ, REsp 703.884/SC, Rel. Min. Nancy Andrighi, 3ª Turma, jul. 23.10.2007, *DJ* 08.11.2007).

Dívida em nome de terceiro. Impossibilidade. "Se a dívida está em nome de terceira pessoa, e não do espólio, não é de se admitir a reserva de bens prevista no art. 1.018, parágrafo único, do CPC [art. 643, parágrafo único, do CPC/2015]" (STJ, AgRg no REsp 209.653/SP, Rel. Min. Nancy Andrighi, 3ª Turma, jul. 29.05.2001, *DJ* 25.06.2001).

Reserva de bens para pagamento de dívidas do espólio. Inexistência de ofensa a coisa julgada. "O primeiro acórdão, determinando que os bens imóveis, face às controvérsias entre meeira e herdeiros, recebessem partilha em condomínio entre todos os interessados, tal acórdão não fez coisa julgada impeditiva a que, posteriormente, um dos imóveis fosse excluído da partilha e reservado como garantia a débitos do espólio para com a inventariante, cuja cobrança foi remetida às vias ordinárias" (STJ, REsp 4.065/PR, Rel. Min. Athos Carneiro, 4ª Turma, jul. 14.05.1991, *DJ* 03.06.1991, p. 7.430).

6. Terceiro prejudicado. "As decisões proferidas em inventário – como em qualquer processo, de jurisdição voluntária ou contenciosa – só vinculam as pessoas que dele participam. Não ficam a elas submetidas os terceiros eventualmente prejudicados (CPC, art. 472 e 584, parágrafo único)" (STJ, RMS 18.172/SP, Rel. Min. Teori Albino Zavascki, 1ª Turma, jul. 21.09.2004, *DJ* 04.10.2004).

Art. 644. O credor de dívida líquida e certa, ainda não vencida, pode requerer habilitação no inventário.

Parágrafo único. Concordando as partes com o pedido referido no *caput*, o juiz, ao julgar habilitado o crédito, mandará que se faça separação de bens para o futuro pagamento.

CPC/1973

Art. 1.019.

BREVES COMENTÁRIOS

No caso de dívida vencida, para que haja a separação provisional de bens, o art. 643, parágrafo único, não exige o requisito de liquidez, basta que se trate de dívida certa provada documentalmente. Quando, porém, se trata de dívida vincenda, a medida é condicionada à liquidez e à certeza da obrigação (art. 644).

Sendo deferida a habilitação, caberá ao inventariante efetuar o pagamento, se o espólio dispuser de dinheiro. Caso contrário, os bens separados serão alienados judicialmente, conforme as regras de expropriação do processo de execução por quantia certa (art. 642, § 3º). É bom notar, por outro lado, que, embora a lei institua um procedimento não contencioso para a habilitação dos credores no inventário, o uso desse expediente é apenas uma faculdade e não uma condição para o recebimento das obrigações do espólio. Nada impede, por isso, que o credor, ciente das resistências dos herdeiros, opte, desde logo, pelo ajuizamento do processo contencioso (TJMG, Ap. 51.460, Rel. Des. Edésio Fernandes, jul. 21.08.1979, *DJMG* 04.10.1979).

A circunstância de não se achar vencida a dívida não impede que o credor se habilite no inventário. Ocorrendo a concordância geral, o juiz deferirá a habilitação e mandará separar os bens para o pagamento a ser feito à época do vencimento. Uma vez deferida a habilitação de crédito, inadmissível será a partilha sem antes proceder-se à separação de bens para pagamento do credor.

JURISPRUDÊNCIA SELECIONADA

1. Pedido de habilitação em inventário. Ausência de impugnação do espólio. Dívida líquida e certa. "Deixando o espólio do 'de cujus' de impugnar o pedido de habilitação, e havendo dívida líquida e certa, impõe-se ao juízo julgar habilitado o crédito pretendido, mandando que se faça a separação de bens para o futuro pagamento, como determina o artigo 1.019 do Código de Processo Civil [art. 644 do CPC/2015]" (TJMG, AP 1.0471.05.040462-6/001(1), Rel. Teresa Cristina da Cunha Peixoto, jul. 18.05.2006, *DJe* 18.08.2006).

Art. 645. O legatário é parte legítima para manifestar-se sobre as dívidas do espólio:

I – quando toda a herança for dividida em legados;

II – quando o reconhecimento das dívidas importar redução dos legados.

CPC/1973

Art. 1.020.

BREVES COMENTÁRIOS

Legado é porção certa e determinada da herança deixada pelo testador a alguém por título singular (Orlando de Souza). Segundo a sistemática do Código, os legatários também devem ser ouvidos sobre as dívidas do espólio.

Art. 646. Sem prejuízo do disposto no art. 860, é lícito aos herdeiros, ao separarem bens para o pagamento de dívidas, autorizar que o inventariante os indique à penhora no processo em que o espólio for executado.

CPC/1973

Art. 1.021.

BREVES COMENTÁRIOS

Há que se fazer uma distinção entre separação e reserva de bens no procedimento sucessório. A separação (art. 642, § 2º) destina-se à satisfação do crédito habilitado. Equivale a uma atual penhora, colocando desde já os bens à disposição do inventariante para com eles realizar o pagamento, bens esses que serão excluídos do acervo a partilhar entre os sucessores. A reserva (art. 643, parágrafo único), por sua vez, tem natureza cautelar apenas. Funciona como uma espécie de arresto, vinculando os bens reservados a uma futura e eventual penhora, a exemplo do que se passa nas circunstâncias do art. 830. Da mesma maneira que os bens separados, também os reservados não devem figurar na partilha, enquanto não resolvida a execução. Se, indevidamente, incidir sobre eles a partilha, nem por isso sofrerá prejuízo o credor. É que o ato será inoponível ao exequente, devido à força do gravame cautelar ou da própria penhora se aquele já houver se convertido nesta, tal como acontece, por exemplo, no caso do art. 830, § 3º. Nem mesmo haverá de se exigir uma anulação da partilha, visto que as mutações dominiais posteriores à penhora são simplesmente ineficazes perante a execução e os atos que a preparam (STJ, REsp 703.884/SC, Rel. Min. Nancy Andrighi, 3ª Turma, jul. 23.10.2007, *DJU* 08.11.2007) (art. 792, § 1º).

JURISPRUDÊNCIA SELECIONADA

1. Penhora. "A partilha de bens em inventário feita com abstração de crédito do exequente em ação movida contra o espólio apresenta-se ineficaz, em relação à execução, e não impede a efetivação de penhora em imóvel integrante do acervo hereditário" (TJRJ, na Ap. 41.008, Rel. Des. Narcizo Pinto; 5ª Câmara, *Adcoas*, 1986, nº 109.282, jul. 14.04.1986).

2. Dívida contraída pelo de cujus. Penhora no rosto dos autos. Impossibilidade. "Cabível seria a penhora no rosto dos autos do inventário, tomando-se em conta a espécie que ora se descortina, se ao menos um dos herdeiros estivesse na posição de executado, pois, nesse caso, eventual direito seu, reconhecido na futura partilha de bens, poderia ser atingido pela constrição; contudo, não é essa a circunstância da presente demanda, visto que a dívida é originária de obrigação do próprio de cujus" (STJ, REsp 293.609/RS, Rel. Min. Hélio Quaglia Barbosa, 4ª Turma, jul. 06.11.2007, *DJ* 26.11.2007). **Obs.:** Nesse caso, a penhora incide diretamente sobre bem do espólio devedor, como aconteceria antes da abertura da sucessão. Daí não se tratar de penhora no rosto dos autos do inventário, própria para garantir execução de dívida particular de herdeiro, enquanto ainda não se individuou seu quinhão pela partilha da herança.

Seção VIII
Da Partilha

Art. 647. Cumprido o disposto no art. 642, § 3º, o juiz facultará às partes que, no prazo comum de 15 (quinze) dias, formulem o pedido de quinhão e, em seguida, proferirá a decisão de deliberação da partilha, resolvendo os pedidos das partes e designando os bens que devam constituir quinhão de cada herdeiro e legatário.

Parágrafo único. O juiz poderá, em decisão fundamentada, deferir antecipadamente a qualquer dos herdeiros o exercício dos direitos de usar e de fruir de determinado bem, com a condição de que, ao término do inventário, tal bem integre a cota desse herdeiro, cabendo a este, desde o deferimento, todos os ônus e bônus decorrentes do exercício daqueles direitos.

CPC/1973

Art. 1.022.

REFERÊNCIA LEGISLATIVA

CPC/2015, arts. 23, 48, 49 (competência) e 659, § 1º (adjudicação em caso de herdeiro único).

CC, arts. 2.013 a 2.022 (partilha).

SÚMULAS

Súmula do TJRJ:

nº 26: "É recorrível o despacho de deliberação da partilha no inventário".

BREVES COMENTÁRIOS

Encerrado o inventário com a homologação e pagamento do imposto causa mortis, e uma vez feita a separação de bens para pagar dívidas do espólio, se houver (CPC/2015, art. 642, § 3º), abrir-se-á a segunda fase do procedimento judicial da sucessão hereditária, cujo primeiro ato será a assinatura, pelo juiz, do prazo de quinze dias, comum a todos os interessados, dentro do qual deverão ser formulados os pedidos de quinhão (art. 647).

Prepara-se, assim, a partilha judicial, colhendo-se inicialmente as pretensões dos sucessores a respeito da forma de dividir os bens comuns. De posse desses dados, ou mesmo na falta deles, caberá ao juiz proferir a decisão de deliberação da partilha, no qual resolverá os pedidos das partes e designará os bens que constituirão os quinhões de cada herdeiro e legatário (art. 647).

Esse ato judicial é, em regra, de mero impulso processual, já que apenas prepara a partilha e poderá ser modificado a qualquer momento, enquanto não atingida a meta final, que é a homologação do ato de divisão dos bens comuns. Por isso, costuma-se não admitir recurso algum contra a deliberação da partilha. Contudo, haverá decisão agravável na hipótese em que, na fase de deliberação da partilha, o juiz solucionar questão de direito disputada entre os sucessores (v. nosso *Curso de direito processual civil*, 54. ed., Rio de Janeiro: Forense, 2020, v. II, nº 175).

Ordinariamente, o inconformismo da parte terá de ser manifestado contra a sentença de partilha e não contra o simples despacho que a prepara (TJMG, AI 14.455, Rel. Des. Ribeiro do Valle, ac. 15.03.1977, *Jur. Mineira* 68/82; TJSP, AI 252.809, Rel. Des. Almeida Bicudo, ac. 29.06.1986, *RT* 506/123; TJSP, AI 49.065-1, Rel. Des. Jorge Tannus, ac. 25.10.1984, *RJTJSP* 92/277; TJMG, 6ª Câm. Cív., AI 380.029-5, Rel. Des. Belizário de Lacerda, ac. 10.10.2002, *DJMG* 22.10.2002). Ressalva-se, no entanto, o caso em que o decisório vai além da simples preparação da partilha, enfrentando e decidindo "questões de direito". Cabível, então, será o agravo de instrumento (STJ, 4ª T., REsp 40.691/MG, Rel. Min. Sálvio de Figueiredo, ac. 29.03.1994, *DJU* 13.06.1994, p. 15.111; TJMG, 5ª Câm. Cív., Ap. 1.0000.00.319191-3/000, Rel. Des. Dorival Pereira, ac. 22.05.2003, *DJMG* 24.06.2003).

Sendo o caso de um só herdeiro, não há partilha; o juiz simplesmente profere sentença de adjudicação dos bens inventariados ao sucessor, nos termos do art. 659, § 1º (cf. nosso Curso de direito processual civil, 54. ed., Rio de Janeiro: Forense, 2020, v. II, nº 174).

JURISPRUDÊNCIA SELECIONADA

1. Inventário. Viúva meeira. Usufruto vidual de imóvel. Não cabimento. Ausência de necessidade econômico-patrimonial. "O usufruto vidual do consorte sobrevivente tem como escopo a salvaguarda do mínimo necessário ao cônjuge ou companheiro que não possui, obrigatoriamente, quinhão na herança do falecido, em sucessões abertas na vigência do Código Civil de 1916, não reputado herdeiro necessário o supérstite. Na interpretação teleológica do instituto, não faz jus ao usufruto legal a que alude o art. 1.611, § 1º, do Código Civil revogado, a viúva meeira em razão de já ter sido contemplada com parcela significativa do patrimônio, afastando a necessidade econômica autorizativa da benesse" (STJ, REsp 1280102/SP, Rel. Min. Marco Buzzi, 4ª Turma, jul. 13.10.2020, *DJe* 16.10.2020).

2. Ação de inventário. Celebração de negócio jurídico processual atípico. Negócio jurídico entre herdeiros que pactuaram sobre retirada mensal para custeio de despesas, a ser antecipada com os frutos e rendimentos dos bens. Tutela provisória. "Na hipótese, convencionaram os herdeiros que todos eles fariam jus a uma retirada mensal para custear as suas despesas ordinárias, a ser antecipada com os frutos e os rendimentos dos bens pertencentes ao espólio, até que fosse ultimada a partilha, não tendo havido consenso, contudo, quanto ao exato valor da retirada mensal de um dos herdeiros, de modo que coube ao magistrado arbitrá-lo. A superveniente pretensão do herdeiro, que busca a majoração do valor que havia sido arbitrado judicialmente em momento anterior, fundada na possibilidade de aumento sem prejuízo ao espólio e na necessidade de fixação de um novo valor em razão de modificação de suas condições, evidentemente não está abrangida pela convenção anteriormente firmada. (...) O fato de o art. 647, parágrafo único, do novo CPC, prever uma hipótese específica de tutela provisória da evidência evidentemente não exclui da apreciação do Poder Judiciário a pretensão antecipatória, inclusive formulada em ação de inventário, que se funde em urgência, ante a sua matriz essencialmente constitucional. A antecipação da fruição e do uso de bens que compõem a herança é admissível: (i) por tutela provisória da evidência, se não houver controvérsia ou oposição dos demais herdeiros quanto ao uso, fruição e provável destino do referido bem a quem pleiteia a antecipação; (ii) por tutela provisória de urgência, independentemente de eventual controvérsia ou oposição dos demais herdeiros, se presentes os pressupostos legais" (STJ, REsp 1738656/RJ, Rel. Min. Nancy Andrighi, 3ª Turma, jul. 03.12.2019, *DJe* 05.12.2019).

3. Sentença. "O juiz não homologa o esboço, e sim julga por sentença a partilha. Portanto, a revogação da sentença homologatória do plano de partilha não acarreta qualquer gravame às partes" (TJSP, Ag. 64.421, Rel. Des. Flávio Pinheiro, 3ª Câmara, jul. 29.10.1985, *RT* 606/107).

"A homologação do esboço, em realidade, não se trata de sentença de partilha. Nos termos do art. 1.026 da Lei Processual [art. 654 do CPC/2015], **a sentença de partilha ocorre em momento posterior, somente depois de pago o imposto de transmissão a título de morte e juntada certidão negativa de dívida para com a Fazenda Pública**. À luz do que consta dos autos, a alienação dos bens ocorreu quando o inventariante dativo estava em pleno exercício do *munus* a ele atribuído. Além disso, a alienação do imóvel ocorreu com a devida autorização judicial, malgrado tenha sido contra a vontade dos herdeiros, que não se insurgiram no âmbito do inventário. No caso, a hipótese é de, no máximo, ausência de consentimento dos herdeiros no negócio jurídico, o que, definitivamente, não o torna nulo, mas anulável, sujeito, portanto, à prescrição de que trata o art. 178, § 9º, v, 'b', do Código Civil revogado [art. 1.815, parágrafo único, do CC/2002]" (STJ, REsp 982.584/PE, Rel. Min. Luis Felipe Salomão, 4ª Turma, jul. 25.11.2008, *DJe* 23.03.2009).

4. Deliberação da partilha. Recurso. A deliberação da partilha em ação divisória, nos termos em que posta pelo art. 979, CPC [art. 596 do CPC/2015], constitui decisão interlocutória, agravável no sistema do Código de Processo Civil vigente (STJ, REsp 40.691/MG, Rel. Min. Sálvio de Figueiredo Teixeira, 4ª Turma, jul. 29.03.1994, *DJU* 13.06.1994, p. 15.111).

"Inventário e partilha – Despacho – Deliberação de partilha – Recurso cabível – A despeito da controvérsia existente, tanto na doutrina, como na jurisprudência, mostra-se adequado o Agravo de Instrumento para enfrentar questões alcançadas em despacho de deliberação de partilha. (...) deixei assentado meu entendimento no **sentido de ser recorrível a decisão que delibera a partilha, sobretudo quando é de se levar em conta que a questão ainda não se encontra pacificada**, tanto neste Tribunal, como em outros do País (...) Vê-se, pois, a dificuldade em se distinguir quando o despacho é meramente de expediente ou contém conteúdo decisório, chegando a se afirmar a ocorrência de uma verdadeira zona cinzenta entre eles (Arruda Alvim), a aconselhar, pois, que se admita a decisão hostilizada como passível da interposição de recurso" (TJMG, Ap. 1.0000.00.319191-3/000, Rel. Des. Dorival Guimarães Pereira, 5ª Câmara Cível, jul. 22.05.2003, *DJ* 24.06.2003).

Homologação. Recurso. "Inventário e partilha. Despacho com conteúdo decisório. – O despacho com conteúdo decisório e potencial de causar prejuízo é passível de recurso. – A nulidade deve ser reconhecida somente quando demonstrado efetivo prejuízo" (STJ, REsp 510.084/SP, Rel.ª Min.ª Nancy Andrighi, 3ª Turma, jul. 04.08.2005, *DJ* 05.09.2005).

Decisão que determina que os bens permaneçam em condomínio. "Partilha de patrimônio valioso. Esboço objeto de impugnação – Decisão que determina que os bens permaneçam em condomínio **Agravo de instrumento**. Cumpre ao juiz proferir o despacho de deliberação da partilha, resolvendo os pedidos das partes e designando os bens que devam constituir quinhão de cada herdeiro, decidindo, em outro estágio do processo, as impugnações que tenham sido feitas ao esboço. Os bens somente devem ficar em condomínio se não comportarem divisão cômoda ou se os herdeiros assim decidirem" (TJRJ, AI 2001.002.15875, Rel. Des. Carlos Ferrari, 5ª Câmara Cível, jul. 26.02.2002).

5. Único bem imóvel. Divisão não cômoda. "Consoante dispõe o artigo 1117, do CPC [art. 730 do CPC/2015], é passível de alienação judicial o bem imóvel que, na partilha, não couber no quinhão de um só herdeiro ou não admitir divisão cômoda" (TJMG, Ap. 1.0384.04.029303-5/001, Rel. Des. Unias Silva, 15ª Câmara Cível, jul. 30.03.2006, *DJ* 11.05.2006).

"Sendo todos os herdeiros maiores e capazes e sendo pagos todos os tributos pelas eventuais transmissões, não há impedimento legal para a expedição de alvará autorizando a venda de bem indivisível e a partilha do seu preço" (TJMG, Ag. 1.0433.98.008257-5/001, Rel. Des. Wander Marotta, 7ª Câmara Cível, jul. 04.05.204, *DJ* 19.08.2004).

"Inobstante as possíveis dificuldades decorrentes da manutenção de um condomínio com outras três irmãs, em relação às quais ela tece críticas pela posse dos bens, sem que a ela tenha sido possível qualquer fruição a respeito durante o longo tempo de duração do inventário, tal circunstância não chega a acarretar a nulidade da partilha, eis que não foi concretamente provada a existência de prejuízo e não há impedimento legal à atribuição de fração ideal, desde que esta corresponda, rigorosamente, como aqui aconteceu, ao direito hereditário da recorrente" (STJ, REsp 20.782/SP, Rel. Min. Aldir Passarinho Junior, 4ª Turma, jul. 26.11.2002, *DJ* 27.06.2005, p. 392).

"Se o único imóvel que constitui o espólio não admite divisão cômoda, deve ser alienado **para assegurar o exercício do usufruto legal do cônjuge sobrevivente**" (TJRJ, Ag. 8.466, Rel. Des. Geraldo Arruda Guerreiro, 1ª Câmara, 20.12.1984).

6. Despesas com avaliação. Espólio. "O pedido de partilha judicial efetuado por herdeira que não deseja que os bens permaneçam em condomínio com as demais irmãs, não configura, em si, pretensão contenciosa, de sorte que a avaliação dos bens para a apuração do seu valor real, interesse de todos e acobertada pelo princípio da igualdade inscrito no art. 1.725 do Código Civil [art. 1.850 do CC/2002], deve ser custeada pelo espólio e não pela herdeira requerente, afastada, na espécie, a incidência da regra prevista no art. 33 do CPC [art. 95 do CPC/2015]" (STJ, REsp 11.570/SP, Rel. Min. Aldir Passarinho Júnior, 4ª Turma, jul. 26.11.2002, *DJ* 10.03.2003, p. 216).

7. Quinhão. "Prematuro demarcar-se quinhão antes da partilha do acervo hereditário" (TJDFT, 20020020065008 – AGI, Rel. Valter Xavier, 1ª Turma Cível, jul. 04.11.2002, *DJ* 26.02.2003).

"A herdeira legatária tem direito ao seu quinhão sobre o patrimônio líquido, depois de pagas as dívidas. A partilha acordada pelos herdeiros só produz efeitos após homologação judicial" (TJDFT, AI 20000020034056, Rel.ª Des.ª Vera Andrighi, 4ª Turma Cível, jul. 20.11.2000, *DJ* 14.03.2001, p. 39).

8. Herdeiro único. "Há adjudicação, em vez de formal de partilha no caso de herdeiro único" (TJRJ, Ap. 2007.001.14635, Rel. Des. Ademir Pimentel, 13ª Câmara Cível, jul. 13.06.2007).

"A figura do herdeiro único e do espólio se confundem, pois os direitos e deveres deste último são de exclusivo interesse do primeiro (...) Extinto o processo de inventário e registrado o formal de partilha, o efeito prático seria o mesmo, pois tudo que fosse apurado seria invariavelmente atribuído ao filho único. É de grande importância a regra da instrumentalidade das formas, concebida para conduzir a essa interpretação e consistente na afirmação de que, realizado por algum modo o objetivo de determinado ato processual e não ocorrendo prejuízo a qualquer dos litigantes ou ao correto exercício da jurisdição, nada há a anular ainda quando omitido o próprio ato ou realizado com transgressão a exigências formais" (TAMG, Ap. 356.388-4, Proc. 2.0000.00.356388-4/000, Rel. Des. Domingos Coelho, 6ª Câmara Cível, jul. 08.08.2002, *DJ* 24.08.2002).

9. Usufruto legal. "Em face da regra do parág. 1º do art. 1.611 do Código Civil [art. 1.838, CC/2002], a viúva não se atribui a qualidade de herdeira ou legatária, mas nos próprios autos do inventário se há de reconhecer e consignar o benefício legal a seu favor. Consoante a doutrina de melhor tradição, questões de direito, mesmo intrincadas, e questões de fato documentadas resolvem-se no juízo do inventário, com desprezo da via ordinária" (STJ, REsp 4.625/SP, Rel. Min. Sálvio de Figueiredo Teixeira, 4ª Turma, jul. 16.04.1991, *DJ* 20.05.1991, p. 6.532).

10. Licitação. Herdeiro que oferece maior lance. "Direito de preferência. Herdeiros. Se presentes os dois únicos herdeiros à licitação e um deles ofereceu maior lance que o outro, não cabe promover-se nova licitação entre os dois, o que só se justificaria se tivesse lance de terceiro, maior" (STF, RE 113.366, Rel. Min. Celio Borja, 2ª Turma, jul. 13.03.1990, *DJ* 28.09.1990).

11. Valores depositados em conta vinculada ao FGTS antes da constância da sociedade conjugal. Inexistência de meação. Ver jurisprudência do art. 731 do CPC/2015.

Art. 648. Na partilha, serão observadas as seguintes regras:

I – a máxima igualdade possível quanto ao valor, à natureza e à qualidade dos bens;

II – a prevenção de litígios futuros;

III – a máxima comodidade dos coerdeiros, do cônjuge ou do companheiro, se for o caso.

REFERÊNCIA LEGISLATIVA

CC, art. 2.017 (partilha igualitária).

BREVES COMENTÁRIOS

O critério que preside a boa partilha inspira-se em três regras tradicionais, ora incorporados ao atual Código como normas a serem observadas.

De acordo com a primeira, os quinhões devem, em qualidade e quantidade, propiciar bens iguais para os diversos herdeiros, seja no bom, seja no ruim, no certo e no duvidoso. Todavia, mormente quando o monte-mor seja constituído de vários e extensos imóveis, o princípio da igualdade não exige a participação de todos os sucessores em todos os bens do espólio. A igualdade realmente obrigatória é a econômica, que se traduz na formação de quinhões iguais, segundo a avaliação do acervo.

Pelo princípio da comodidade, deve-se atentar na partilha às condições pessoais de cada sucessor, de modo a atender a interesses profissionais, de vizinhança, de capacidade administrativa etc. Dessa forma, um comerciante urbano teria preferência para receber mercadorias ligadas ao seu ramo, ou imóvel útil à expansão de seu negócio; um agricultor, para receber terrenos rurais e máquinas agrícolas; o confinante, para receber áreas contíguas de sua atual propriedade etc.

Por força da regra prevista no inciso II, prevenção de litígios, recomenda-se evitar, quanto possível, a comunhão entre os aquinhoados na partilha, o excessivo retalhamento de glebas isoladas para um só herdeiro, a instituição desnecessária de servidões etc.

JURISPRUDÊNCIA SELECIONADA

1. Sucessão *Causa Mortis*. Bem particular. Frutos civis. Comunicabilidade exclusivamente durante a constância da união estável. Data da celebração do contrato de locação e período de sua vigência. Irrelevância. "Comunicam-se os frutos dos bens particulares de cada cônjuge ou companheiro percebidos durante a constância da união ou pendentes ao tempo de cessar a comunhão (inteligência do art. 1.660, V, do CC). A comunicabilidade ou não dos frutos deve levar em conta a data da ocorrência do fato que dá ensejo à sua percepção, isto é, o momento em que o titular adquire o direito a seu recebimento. Precedente da Segunda Seção. A data da celebração do contrato de locação ou o termo final de sua vigência em nada influenciam no desate da questão, pois os aluguéis somente podem ser considerados pendentes se deveriam ter sido recebidos na constância da união e não o foram. A partir da data do falecimento do locador – momento em que houve a transmissão dos direitos e deveres decorrentes do contrato aos herdeiros, por força do art. 10 da Lei 8.245/91 –, todo e qualquer vínculo apto a autorizar a recorrente a partilhar dos aluguéis foi rompido" (STJ, REsp 1.795.215/PR, Rel. Min. Nancy Andrighi, 3ª Turma, jul. 23.03.2021, *DJe* 26.03.2021).

2. Seguro de vida. Morte do segurado. Ausência de indicação de beneficiário. Direito dos herdeiros. "Precedente jurisprudencial específico desta Terceira Turma do Superior Tribunal de Justiça no sentido de que, no seguro de vida, na falta de indicação da pessoa ou beneficiário, o capital segurado deverá ser pago metade aos herdeiros do segurado, segundo a ordem legal de vocação hereditária, e a outra metade ao cônjuge não separado judicialmente e/ou ao companheiro, desde que comprovada, nessa última hipótese, a união estável" (STJ, REsp 1.767.972/RJ, Rel. Min. Paulo de Tarso Sanseverino, 3ª Turma, jul. 24.11.2020, *DJe* 27.11.2020).

3. Reconhecida a condição de herdeiro do cônjuge sobrevivente a despeito da ocorrência de separação de fato há menos de dois anos. "Com efeito, conforme já decidido por esta Corte Superior, 'o cônjuge herdeiro necessário é aquele que, quando da morte do autor da herança, mantinha o vínculo de casamento, não estava separado judicialmente ou não estava separado de fato há mais de 2 (dois) anos' (REsp 1.294.404/RS, *DJe* de 29/10/2015). (...) O constituinte derivado reformador não revogou, expressa ou tacitamente, a legislação ordinária que cuida da separação judicial, apenas facultou às partes dissolver a sociedade conjugal direta e definitivamente através do divórcio" (STJ, AgInt no REsp 1.882.664/MG, Rel. Min. Marco Aurélio Bellizze, 3ª Turma, jul. 23.11.2020, *DJe* 30.11.2020).

Art. 649. Os bens insuscetíveis de divisão cômoda que não couberem na parte do cônjuge ou companheiro supérstite ou no quinhão de um só herdeiro serão licitados entre os interessados ou vendidos judicialmente, partilhando-se o valor apurado, salvo se houver acordo para que sejam adjudicados a todos.

REFERÊNCIA LEGISLATIVA

CC, art. 2.019 (bens não partilháveis).

BREVES COMENTÁRIOS

Cabe ao juiz, ainda na fase de deliberação da partilha, decidir sobre a necessidade ou conveniência da venda de bens para pagamento de dívidas do espolio ou para partilha do preço, quando se tratar de coisas insuscetíveis de divisão cômoda e não comportáveis no quinhão de um só dos herdeiros ou na meação do cônjuge superveniente.

A venda judicial, quando for o caso, reger-se-á pelos arts. 730 e 879 a 903 do CPC/2015.

Art. 650. Se um dos interessados for nascituro, o quinhão que lhe caberá será reservado em poder do inventariante até o seu nascimento.

REFERÊNCIA LEGISLATIVA

CC, art. 2º (preservação dos direitos do nascituro) e art. 1.798 (legitimação sucessória do nascituro).

BREVES COMENTÁRIOS

O direito do nascituro à herança funda-se no art. 2º do Código Civil, mas só se consolidará caso ocorra o nascimento com vida. Daí mandar o art. 650 que o inventariante reserve o respectivo quinhão, até que tal evento condicionante se dê.

Art. 651. O partidor organizará o esboço da partilha de acordo com a decisão judicial, observando nos pagamentos a seguinte ordem:

I – dívidas atendidas;

II – meação do cônjuge;

III – meação disponível;

IV – quinhões hereditários, a começar pelo coerdeiro mais velho.

CPC/1973

Art. 1.023.

CJF – I JORNADA DE DIREITO PROCESSUAL CIVIL

Enunciado 52 – Na organização do esboço da partilha tratada pelo art. 651 do CPC, deve-se incluir a meação do companheiro.

BREVES COMENTÁRIOS

Cabe ao partidor do juízo dar cumprimento ao despacho de deliberação da partilha. Antes de dar forma definitiva à divisão dos bens inventariados, aquele serventuário da Justiça elaborará um projeto, que a lei chama de esboço da partilha, para submeter ao crivo das partes e do juiz. Esse esboço delineará a formação dos quinhões, segundo os bens e valores atribuídos ao cônjuge meeiro, se houver, e a cada um dos herdeiros, além de balancear a quota disponível do de cujus e as dívidas atendidas.

JURISPRUDÊNCIA SELECIONADA

1. Meação do cônjuge (inciso II):

Aquestos. "Recurso especial que determina a incorporação ao inventário do cônjuge varão apenas aqueles adquiridos pelo esforço comum. Apuração mediante ação própria e autônoma. Iniciativa da agravante originária, ora embargante. Ônus seu de promover a ação e a da prova respectiva" (STJ, EDcl no REsp 123.633/SP, Rel. Min. Aldir Passarinho Junior, 4ª Turma, jul. 19.05.2009, *DJe* 08.06.2009).

Casamento no exterior. "Apesar de o casamento haver sido contraído pelo regime da separação de bens no exterior, os bens adquiridos na constância da vida comum, quase à totalidade transcorrida no Brasil, devem se comunicar, desde que resultantes do esforço comum. Exclusão, portanto, do patrimônio existente em nome da viúva, obtido pelo labor individual, doação ou herança, incorporando-se os demais ao espólio do cônjuge varão, para partilha e meação, a serem apurados em ação própria" (STJ, REsp 123.633/SP, Rel. Min. Aldir Passarinho Junior, 4ª Turma, jul. 17.03.2009, *DJe* 30.03.2009).

Comunhão universal. "Não faz jus à meação dos bens havidos pelo marido na qualidade de herdeiro do irmão o cônjuge que encontrava-se separado de fato quando transmitida a herança. Tal fato ocasionaria enriquecimento sem causa, porquanto o patrimônio foi adquirido individualmente, sem qualquer colaboração do cônjuge. A preservação do condomínio patrimonial entre cônjuges após a separação de fato é incompatível com orientação do novo Código Civil, que reconhece a união estável estabelecida nesse período, regulada pelo regime da comunhão parcial de bens (CC, art. 1.725). Assim, em regime de comunhão universal, a comunicação de bens e dívidas deve cessar com a ruptura da vida comum, respeitado o direito de meação do patrimônio adquirido na constância da vida conjugal" (STJ, REsp 555.771/SP, Rel. Min. Luis Felipe Salomão, 4ª Turma, jul. 05.05.2009, *DJe* 18.05.2009).

Comunhão parcial de bens. Cônjuge sobrevivente e filha do falecido. Concorrência. Ver jurisprudência do art. 620 do CPC/2015.

Comunicabilidade dos saldos bancários advindos de verba trabalhista e aposentadoria. "No regime de comunhão parcial ou universal de bens, o direito ao recebimento dos proventos não se comunica ao fim do casamento, mas, ao serem tais verbas percebidas por um dos cônjuges na constância do matrimônio, transmudam-se em bem comum, mesmo que não tenham sido utilizadas na aquisição de qualquer bem móvel ou imóvel (arts. 1.658 e 1.659, VI, do Código Civil). O mesmo raciocínio é aplicado à situação em que o fato gerador dos proventos e a sua reclamação judicial ocorrem durante a vigência do vínculo conjugal, independentemente do momento em que efetivamente percebidos, tornando-se, assim, suscetíveis de partilha. Tal entendimento decorre da ideia de frutos percipiendos, vale dizer, aqueles que deveriam ter sido colhidos, mas não o foram. Precedentes. Na hipótese, os saldos bancários originam-se de economias advindas de salários e aposentadoria do falecido, sendo imprescindível que o montante apurado seja partilhado com a companheira no tocante ao período de vigência do vínculo conjugal". (STJ, AgRg no REsp 1143642/SP, Rel. Min. Luis Felipe Salomão, 4ª Turma, jul. 26.05.2015, *DJe* 03.06.2015)

2. Companheira. Concorrência com os descendentes. Ver jurisprudência do art. 620 do CPC/2015.

3. Meação. Filha. Mãe premorta. "Tem direito a filha de haver a meação, que tocava à sua falecida genitora, em imóvel adquirido por seu pai na constância de casamento contraído sob o regime de separação de bens, em face do princípio de comunicação dos aquestos" (TJRJ, Ap. 31.336, Rel.ª Des.ª Áurea Pimentel, 4ª Câmara, *Adcoas*, 1985, nº 103.870).

4. Bem reservado. "Para que um bem adquirido pela mulher constitua bem reservado, faz-se mister a declaração no ato da aquisição de que tenha essa natureza. Inexistindo tal declaração, não pode a mulher separada judicialmente excluir da partilha bens pertencentes por sucessão a descendentes" (TJRS, Ap. 584.042.436, Rel. Des. Mário Rocha Lopes, 2ª Câmara, jul. 16.10.1985, *RT* 606/190).

5. Quinhões hereditários (inciso IV):

Filhos adotivos. "A Carta Constitucional corrigiu a clamorosa injustiça praticada contra os filhos adotivos, ao estabelecer os mesmos direitos e qualificações em relação aos outros, além de proibir quaisquer designações discriminatórias relativas à filiação e concernentes aos direitos sucessórios. Pretende-se, outrossim, diante da CF/88, que até mesmo os descendentes do filho adotivo concorram à sucessão do adotante" (TJSC, Ag. 4.642, Rel. desig. Des. Xavier Vieira, 2ª Câmara, *DJSC* 22.11.1989; *Adcoas*, 1990, nº 127.120; *RT* 647/173).

Ausência de ascendentes e descendentes. Cônjuge. Irrelevância do regime do casamento. "À falta de descendentes ou ascendentes, a sucessão será deferida ao cônjuge sobrevivente, sendo irrelevante o regime de bens do casamento" (TJSP, Ap. 41.678-1, Rel. Des. Geraldo Roberto, 7ª Câmara, jul. 26.09.1984, *RT* 591/67).

Sucessão colateral. Sobrinha-neta. Direito de representação. "No direito das sucessões brasileiro, vigora a regra segundo a qual o herdeiro mais próximo exclui o mais remoto. Admitem-se, contudo, duas exceções relativas aos parentes colaterais: a) o direito de representação dos filhos do irmão pré-morto do *de cujus*; e b) na ausência de colaterais de segundo grau, os sobrinhos preferem aos tios, mas ambos herdam por cabeça. O direito de representação, na sucessão colateral, por expressa disposição legal, está limitado aos filhos dos irmãos" (STJ, REsp 1.064.363/SP, Rel. Min. Nancy Andrighi, 3ª Turma, jul. 11.10.2011, *DJe* 20.10.2011).

6. Honorários de advogado. "Os honorários do advogado contratado pelo inventariante e provados pelo juiz podem ser pagos pelo monte da herança caso não haja interesses antagônicos ou litígio entre os herdeiros ou entre esses e o meeiro sobrevivente; se houver antagonismo ou litígio entre os referidos, cada qual pagará os honorários do advogado que contratou" (STF, RE 87.201/SP, Rel. Min. Antônio Neder, 1ª Turma, jul. 03.12.1977, *RTJ* 85/302).

Art. 652. Feito o esboço, as partes manifestar-se-ão sobre esse no prazo comum de 15 (quinze) dias, e, resolvidas as reclamações, a partilha será lançada nos autos.

CPC/1973

Art. 1.024.

BREVES COMENTÁRIOS

O partidor elaborará o esboço da partilha, indicando o quinhão de cada um, discriminando bens e valores que o comporão. Juntado aos autos, o esboço será submetido à apreciação das partes, da Fazenda Pública e do Ministério Público, quando funcionar no processo. Será dispensável o lançamento da partilha, havendo esboço nos autos, e não ocorrendo impugnação a seu respeito.

JURISPRUDÊNCIA SELECIONADA

1. Partilha. Ausência do esboço. Ofensa ao devido processo legal. "A partilha realizada no juízo de origem, sem prévia formulação de esboço do montante inventariado pelo partidor, inviabilizando a manifestação prévia dos herdeiros e meeira conforme previsto no artigo 1.024 do CPC [art. 652 do CPC/2015], evidencia clara ofensa ao devido processo legal, inviabilizada a manutenção da sentença" (TJMG, Apelação Cível 1.0439.05.039674-6/001, Rel. Des. Edilson Fernandes, 6ª Câm. Cível, jul. 27.04.2010, *DJe* 23.07.2010).

Art. 653. A partilha constará:

I – de auto de orçamento, que mencionará:

a) os nomes do autor da herança, do inventariante, do cônjuge ou companheiro supérstite, dos herdeiros, dos legatários e dos credores admitidos;

b) o ativo, o passivo e o líquido partível, com as necessárias especificações;

c) o valor de cada quinhão;

II – de folha de pagamento para cada parte, declarando a quota a pagar-lhe, a razão do pagamento e a relação dos bens que lhe compõem o quinhão, as características que os individualizam e os ônus que os gravam.

Parágrafo único. O auto e cada uma das folhas serão assinados pelo juiz e pelo escrivão.

CPC/1973

Art. 1.025.

BREVES COMENTÁRIOS

Solucionadas as eventuais reclamações, será lançada a partilha nos autos, ou seja, caberá ao escrivão lavrar um termo no processo em que se descreverão todos os termos essenciais da partilha esboçada e aprovada judicialmente. Essas peças processuais descritas no art. 653 do CPC/2015 são imprescindíveis ao procedimento da partilha judicial. Sobre elas incidirá a sentença do segundo estágio do processo sucessório *causa mortis* e será com base nelas que se extrairá o formal de partilha para transcrição no Registro de Imóveis, depois da homologação judicial.

JURISPRUDÊNCIA SELECIONADA

1. Partilha homologada. Inalterabilidade. "Sentença homologatória transitada em julgado. Pedido de retificação por cessionário hereditário não incluído entre os herdeiros. Reconsideração por despacho. Inadmissibilidade. Ação de petição de herança como via adequada para a reforma. Recurso provido para fazer prevalecer a sentença homologatória, enquanto não desconstituída na via própria. Decisão ou despacho não pode tornar sem efeito partilha formalmente homologada. Cuida-se de sentença rescindível ou anulável, cujos efeitos só poderão ser obtidos na via adequada, pena de subversão processual" (TJSP, AI 201.827-1, Rel. Des. Alves Braga, 4ª Câmara Cível, ac. 01.07.1993, *JTJ* 146/232). Obs.: V. arts. 656, 657 e 658 do CPC/2015, sobre emenda, anulação e rescisão de partilha.

Art. 654. Pago o imposto de transmissão a título de morte e juntada aos autos certidão ou informação negativa de dívida para com a Fazenda Pública, o juiz julgará por sentença a partilha.

Parágrafo único. A existência de dívida para com a Fazenda Pública não impedirá o julgamento da partilha, desde que o seu pagamento esteja devidamente garantido.

CPC/1973

Art. 1.026.

REFERÊNCIA LEGISLATIVA

CPC/2015, art. 659 (imposto de transmissão no caso de arrolamento).

CTN, art. 192.

Lei nº 4.947/1966 (fixa normas de direito agrário), art. 22, § 2º (necessidade de apresentação do Certificado de Cadastro para homologação de partilha).

BREVES COMENTÁRIOS

Comprovado o pagamento do imposto de transmissão *causa mortis*, assim como a regularidade da situação do espólio em face dos compromissos tributários em geral, a partilha deverá ser julgada por sentença (art. 654 do CPC/2015). O julgamento, na espécie, é homologatório da partilha lançada nos autos, na forma do art. 653. Não se trata, porém, de sentença meramente homologatória, como aquela em que o juiz homologa a partilha amigável entre maiores e capazes. Aqui o procedimento é contencioso e o ato homologado (isto é, a partilha lançada nos autos pelo partidor do juízo) foi precedido de amplo contraditório e resultou de deliberação judicial, onde se solucionaram todas as pendências ou divergências acaso manifestadas entre as partes. A sentença é, pois, de mérito e faz coisa julgada material, só podendo ser atacada depois de esgotada a via recursal, por ação rescisória. Quanto à sua natureza, a sentença é constitutiva, porque extingue a comunhão hereditária e define a nova situação jurídica dos herdeiros sobre os bens do espólio. Quando inexiste pluralidade de sucessores, partilha não haverá, obviamente (art. 659, § 1º). Todo o procedimento dos arts. 647 a 654 será substituído por um único ato decisório: a sentença de adjudicação, que atribuirá todo o patrimônio do autor da herança a seu único sucessor. Em qualquer caso, a sentença, seja de partilha, seja de adjudicação, desafiará o recurso de apelação.

JURISPRUDÊNCIA SELECIONADA

1. Quitação de tributos. "Para julgamento ou homologação da partilha e posterior expedição e entrega do respectivo formal, é obrigatória a comprovação do pagamento de todos os tributos relativos aos bens do espólio e às suas rendas" (STJ, AgRg no REsp 667.516/SP, Rel. Min. João Otávio de Noronha, 4ª Turma, jul. 01.09.2009, *DJe* 14.09.2009).

"Acertada e homologada judicialmente a partilha dos bens inventariados, sem a precedente quitação das dívidas fiscais do espólio (art. 1.026, CPC) [art. 654 do CPC/2015], com as loas da instrumentalidade do processo, a solução apropriada é favorecer a execução, não mais contra o espólio e sim responsabilizando os sucessores contemplados na divisão dos bens (art. 1.796, Código Civil) [art. 1.997 do CC/2002]. Precedentes. Porém, no caso, essa solução não pode ser adotada por ter se constituído, com provimento judicial antecedente, a coisa julgada, a respeito da aplicação do art. 1026, CPC" (STJ, REsp 27.831/RJ, Rel. Min. Milton Luiz Pereira, 1ª Turma, jul. 31.08.1994, *DJ* 19.09.1994).

2. Certidão negativa de dívida. "Conforme a norma inserta no artigo 1026 do Código de Processo Civil [art. 654 do CPC/2015], após o pagamento do imposto de transmissão e antes do julgamento da partilha, devem ser juntadas aos autos certidões negativas de débito para com as Fazendas Públicas. Considerando que o comando legal não foi observado pela agravante, na condição de inventariante, não há razões para a reforma da decisão agravada, mormente considerando que a certidão acostada, extraída da internet, sequer se encontra autenticada, não possuindo, assim, qualquer valor probante" (TJMG, AI Cv 1.0024.05.631650-8/001, Rel. Des. Bitencourt Marcondes, 8ª Câmara Cível, jul. 09.05.2013, *DJ* 20.05.2013).

3. Sentença:

Efeitos. "Passado em julgado a sentença homologatória da partilha, já não se pode falar em espólio e, por isso mesmo, não pode este, porque inexistente, contestar ação ou recorrer" (TJDF, 4ª Turma Cível, AI 20010020037738, Rel. Des. Estevam Maia, ac. 24.10.2001, p. 55).

Direito de terceiros. "Homologação da partilha. Viúva de segundas núpcias do *de cujus* que pretende a reforma da decisão com a realização de diligências para apurar a existência de imóvel descrito no plano de partilha. Sentença homologatória da partilha que não pode prejudicar direitos de terceiros, cabendo sua defesa pelos meios adequados – Inteligência do artigo 984 do CPC [art. 612 do CPC/2015]" (TJSP, Ap. 91.540-4, Mogi das Cruzes, Rel. Des. Thyrso Silva, 9ª Câmara Dir. Priv., jul. 15.02.2000).

Caráter meramente declaratório. "Pelo princípio da saisine, a lei considera que no momento da morte o autor da herança transmite seu patrimônio, de forma íntegra, a seus herdeiros. Esse princípio confere à sentença de partilha no inventário caráter meramente declaratório, haja vista que a transmissão dos bens aos herdeiros e legatários ocorre no momento do óbito do autor da herança. Forçoso concluir que as regras a serem observadas no cálculo do ITCD serão aquelas em vigor ao tempo do óbito do de cujus" (STJ, REsp 1.142.872/RS, Rel. Min. Humberto Martins, 2ª Turma, jul. 20.10.2009, *DJe* 29.10.2009).

Nulidade. "Nulidade da sentença homologatória da partilha. Desnecessidade de propositura de ação própria. Declaração de nulidade nos próprios autos do arrolamento. Forma adequada para renovação do procedimento sucessório" (TJSP, AI 149.940-4, São Paulo, 4ª Câmara Dir. Priv., Rel. Des. Cunha Cintra, ac. 06.04.2000). Obs.: V. arts. 656, 657 e 658 do CPC/2015, sobre casos de emenda, anulação e rescisão da partilha.

Publicação. Impossibilidade de remoção do inventariante. "Inventário. Publicação da sentença de partilha. Exaustão do ofício jurisdicional do magistrado de primeira instância. Impossibilidade de remoção de inventariante por esse juiz" (STF, RE 111.717, Rel. Min. Francisco Rezek, 2ª Turma, jul. 19.05.1987, *DJ* 19.06.1987).

4. Competência. "É do Tribunal de Justiça a competência para processar e julgar rescisória que tem por objeto sentença homologatória de partilha, cuja matéria está afeta à competência recursal do Egrégio TJMG, a teor do artigo 106, III, *c*, da Constituição Mineira" (TAMG, 1º Grupo Câms. Cíveis, AR 327.189-6, Rel. Juiz Silas Vieira, ac. 12.12.2000).

Isenção do ITCD. "'Cabe ao **juiz do inventário** à vista da situação dos herdeiros, miseráveis na forma da lei, por isto ao apanágio da Justiça Gratuita, declará-los isentos do pagamento do imposto de transmissão causa mortis' (REsp n. 238.161/SP, Rel. Min. Eliana Calmon). Outros precedentes" (STJ, REsp 138.843/RJ, Rel. Min. Castro Meira, 2ª Turma, jul. 08.03.2005, *DJ* 13.06.2005, p. 217).

Art. 655. Transitada em julgado a sentença mencionada no art. 654, receberá o herdeiro os bens que lhe tocarem e um formal de partilha, do qual constarão as seguintes peças:

I – termo de inventariante e título de herdeiros;

II – avaliação dos bens que constituíram o quinhão do herdeiro;

III – pagamento do quinhão hereditário;

IV – quitação dos impostos;

V – sentença.

Parágrafo único. O formal de partilha poderá ser substituído por certidão de pagamento do quinhão hereditário quando esse não exceder a 5 (cinco) vezes o salário mínimo, caso em que se transcreverá nela a sentença de partilha transitada em julgado.

CPC/1973

Art. 1.027.

REFERÊNCIA LEGISLATIVA

CPC/2015, art. 515, IV (força executiva do formal de partilha).

BREVES COMENTÁRIOS

Ultimada a partilha, os interessados fazem jus não só à posse dos bens com que foram aquinhoados, como a um título, para documentação e conservação de seus direitos. Por isso, o art. 655 do CPC/2015 prevê que, após o trânsito em julgado da sentença do art. 654, dois fatos deverão ocorrer, ou seja: a) a entrega a cada herdeiro dos bens que lhe tocaram; e b) o fornecimento a cada um deles de um formal de partilha. Consiste este formal numa carta de sentença extraída dos autos do procedimento sucessório firmada pelo escrivão e pelo juiz, da qual deverão constar traslados das peças especificadas nos incisos do artigo. Esse documento será título hábil para transcrição no Registro Imobiliário quando o quinhão se formar à base de bens imóveis (Lei nº 6.015/1973, art. 167, I, 24 e 25). Vale, também, o formal de partilha como título executivo judicial para fundamentar execução forçada do quinhoeiro contra o inventariante ou contra coerdeiro e sucessores, visando à entrega dos bens partilhados (art. 515, IV, do CPC/2015).

JURISPRUDÊNCIA SELECIONADA

1. Habilitação de herdeiros em razão de falecimento do beneficiário. Pedido de expedição de alvará para levantamento dos valores requisitados. Ausência de documento que relacione o crédito que se pretende levantar. Indeferimento. "A admissão da habilitação de herdeiros não é reconhecimento ao direito de levantamento dos valores nos autos, sendo para tanto imprescindível a apresentação da certidão de inventariança ou do formal e da certidão de partilha, nos termos do art. 655 do CPC, ou da escritura pública de inventário e partilha, prevista na Lei nº 11.441/2007 c/c com o art. 610, § 1º, do CPC. Em qualquer caso, o documento deve relacionar o crédito que se pretende levantar" (STJ, AgInt na ExeMS 6.864/DF, Rel. Min. Nefi Cordeiro, 3ª Seção, jul. 13.05.2020, *DJe* 25.05.2020).

2. Execução contra inventariante. "Para cobrar importância incluída em seu quinhão, o herdeiro, munido de formal ou de certidão de partilha, deverá promover a execução contra o inventariante" (TJSC, Ap. 23.710, Rel. Des. Napoleão Amarante, 1ª Câmara, jul. 13.03.1986, *Adcoas*, 1986, nº 108.185).

3. Transferência de domínio. "A mera escritura de cessão de direitos não constitui modo de adquirir propriedade, uma vez que os herdeiros só podem transferir o domínio da herança após o registro do formal de partilha, porquanto a universalidade de bens que adquiriram é indeterminada, só se determinando após a partilha" (TAMG, Ap. 317.709-5, Rel. Juiz Dorival Guimarães Pereira, 3ª Câmara Cível, jul. 27.09.2000).

4. Determinação de recolhimento de custas complementares. "Possível a determinação de recolhimento de custas complementares como condição à expedição de formal de partilha e cartas de sentença de separação judicial e divórcio, se verificado que o valor atribuído à causa e a taxa então paga eram incompatíveis com o montante do patrimônio apurado no curso dos processos" (STJ, RMS 15.087/SP, Rel. Min. Aldir Passarinho Junior, 4ª Turma, jul. 11.03.2008, *DJe* 22.04.2008).

5. Inventário extinto. Ilegitimidade do espólio. Ver jurisprudência do art. 75 do CPC/2015.

Art. 656. A partilha, mesmo depois de transitada em julgado a sentença, pode ser emendada nos mesmos autos do inventário, convindo todas as partes, quando tenha havido erro de fato na descrição dos bens, podendo o juiz, de ofício ou a requerimento da parte, a qualquer tempo, corrigir-lhe as inexatidões materiais.

CPC/1973

Art. 1.028.

BREVES COMENTÁRIOS

Quando tenha havido erro na descrição dos bens inventariados, permite o art. 656 do CPC/2015 a sua correção nos mesmos autos do inventário, desde que haja acordo unânime entre os interessados. Nessa hipótese, o trânsito em julgado da sentença da partilha não será óbice à reabertura do processo para tomar-se por termo a retificação dos bens partilhados, que será submetida à nova sentença homologatória. Os primitivos formais (se já expedidos) serão recolhidos e substituídos por outros, que se adaptem à emenda ou retificação. Havendo discordância de um ou alguns herdeiros, impossível será a medida do art. 656. Somente por via de ação ordinária ou rescisória será cabível a declaração e o saneamento do erro cometido no inventário e partilha.

Da decisão que determina a retificação de partilha em inventário cabe *agravo de instrumento*, se ainda não encerrado o inventário. Se o inventário é reaberto e o juiz afinal homologar a retificação haverá sentença atacável por apelação. A retificação sumária pressupõe consenso. Sem prévio acordo entre todos os interessados, a retificação somente poderá ser feita por meio de ação ordinária ou rescisória, conforme o caso.

JURISPRUDÊNCIA SELECIONADA

1. Correção da partilha. "O art. 1.028 do CPC [art. 656 do CPC/2015] faculta a correção de partilha mesmo após transitada em julgado, e em se tratando de simples decisão homologatória, nada impedirá o juiz de, em face de novos elementos, proceder à sua modificação, para excluir ou incluir herdeiros, aditar ou retirar outros bens, mormente não ocorrendo o trânsito em julgado. Decidir-se de outra forma implicaria em aguardar-se o trânsito em julgado, para o ajuizamento de nova ação, que levaria às mesmas consequências" (TJSP, Ap. 49.365-1, Rel. Des. Toledo César, 3ª Câmara, jul. 04.09.1984, *RJTJSP* 92/140; *RT* 592/65).

Retificação nos próprios autos. "Pode ser processado nos próprios autos do inventário o pedido de retificação da partilha, para nela constar o nome do atual confrontante, sucessor daquele que figurava na matrícula do imóvel partilhado, conforme prova fornecida pelo registro de imóveis" (STJ, REsp 35.873/SP, Rel. Min. Ruy Rosado de Aguiar, 4ª Turma, jul. 28.03.1995, *DJ* 29.05.1995).

2. Erro de fato. "(...) Na situação prevista no art. 1.028[art. 656 do CPC/2015], se evidenciado erro de fato na descrição de bens da partilha, poderá o juiz, de ofício ou a requerimento das partes, a qualquer tempo, corrigir as inexatidões materiais" (STJ, AgRg no AREsp 290.919/RJ, Rel. Min. Herman Benjamin, 2ª Turma, jul. 21.03.2013, *DJe* 09.05.2013).

"Colação de bem doado a determinados herdeiros pelo *de cujus*. Assertiva de contrariedade ao art. 1.028 do CPC [art. 656 do CPC/2015]. Impertinência da invocação feita ao art. 1.028 do CPC, no caso, visto não se cuidar de erro de fato na descrição do bem ou de inexatidão material. Inexistência, ademais, de concordância de todos os interessados" (STJ, REsp 109.188/SP, Rel. Min. Barros Monteiro, 4ª Turma, jul. 21.03.2002, *DJU* 26.08.2002).

Art. 657. A partilha amigável, lavrada em instrumento público, reduzida a termo nos autos do inventário ou constante de escrito particular homologado pelo juiz, pode ser anulada por dolo, coação, erro essencial ou intervenção de incapaz, observado o disposto no § 4º do art. 966.

Parágrafo único. O direito à anulação de partilha amigável extingue-se em 1 (um) ano, contado esse prazo:

I – no caso de coação, do dia em que ela cessou;

II – no caso de erro ou dolo, do dia em que se realizou o ato;

III – quanto ao incapaz, do dia em que cessar a incapacidade.

CPC/1973

Art. 1.029.

REFERÊNCIA LEGISLATIVA

CC, arts. 5º e 2.027, parágrafo único.

BREVES COMENTÁRIOS

Procurando eliminar velha divergência a respeito da ação cabível para rescindir a partilha homologada em juízo, o atual Código de Processo Civil fez uma distinção entre as hipóteses de anulação e as de rescisão de partilha, segundo os termos dos arts. 657 e 658. Dessa maneira, ficou claro que a ação de anulação, prescritível em um ano, é cabível apenas diante da partilha amigável (art. 657). O que, fundamentalmente, distingue a partilha amigável da judicial é a natureza da intervenção do juiz: a amigável é apenas homologada por sentença; a partilha é fruto da autonomia da vontade exercitada num autêntico "negócio jurídico resultante do acordo de vontades dos interessados", como anota Orlando Gomes (Orlando Gomes, *Sucessões*, Rio de Janeiro, Forense, 1970, nº 256, p. 332). Daí que a rescisão não se volta contra a sentença, mas contra o negócio ultimado entre os coerdeiros, e o fundamento da ação ordinária será um daqueles que dizem respeito à nulidade ou à anulabilidade dos negócios jurídicos em geral.

No que tange à partilha judicial, ver comentários ao art. 658.

JURISPRUDÊNCIA SELECIONADA

1. Inventário. Partilha amigável. Inclusão de terceiro. Violação à ordem vocacional. Nulidade absoluta. Prescrição vintenária. "A questão controvertida na presente via recursal consiste em esclarecer qual o prazo prescricional para se propor ação de nulidade de partilha amigável homologada em juízo e registrada em cartório em que se inclui terceiro estranho incapaz de suceder, de acordo com a ordem de vocação hereditária prevista em lei imperativa. A inclusão no inventário de pessoa que não é herdeira torna a partilha nula de pleno direito, porquanto contrária à ordem hereditária prevista na norma jurídica, a cujo respeito as partes não podem transigir ou renunciar. A preterição de herdeiro ou a inclusão de terceiro estranho à sucessão merecem tratamento equânime, porquanto situações antagonicamente idênticas, submetendo-se à mesma regra prescricional prevista no art. 177 do Código Civil de 1916, qual seja, o prazo vintenário, vigente à época da abertura da sucessão para hipóteses de nulidade absoluta, que não convalescem" (STJ, EAREsp 226.991/SP, Rel. Min. Ricardo Villas Bôas Cueva, 2ª Seção, jul. 10.06.2020, *DJe* 01.07.2020).

2. Partilha. Ação anulatória.

"A divisão operada mediante arbítrio exclusivo do varão, sem descrever previamente o acervo comum e sem o requisito aritmético dos valores equivalentes ou compensáveis, subtraiu da meeira a possibilidade de emitir consentimento válido, o que, pelo resultado nocivo diante da desigualdade econômica dos quinhões, configura excesso manifesto ao exercício do direito de realizar partilha amigável. A nulidade da cláusula implica nulidade da partilha, devendo ser realizada outra que cumpra o fim social do direito (partilha justa)" (TJSP, Apelação Cível 1002984-67.2019.8.26.0003, Rel. Des. Enio Zuliani, 4ª Câmara de Direito Privado, jul. 02.07.2020, *DJeSP* 03.08.2020).

Meação da viúva. "A invalidação da partilha não opera necessariamente apenas sobre a metade atribuída aos herdeiros, mas pode atingir a própria meação da viúva, dês que questionada a justeza e igualdade na divisão entre o cônjuge supérstite e os herdeiros" (STJ, REsp 12.824/MS, Rel. Min. Athos Carneiro, 4ª Turma, jul. 07.04.1992, *DJ* 04.05.1992).

Desproporção severa. "Verificada severa desproporcionalidade da partilha, a sua anulação pode ser decretada sempre que, pela dimensão do prejuízo causado a um dos consortes, verifique-se a ofensa à sua dignidade. O critério de considerar violado o princípio da dignidade da pessoa humana apenas nas hipóteses em que a partilha conduzir um dos cônjuges a situação de miserabilidade não pode ser tomado de forma absoluta. Há situações em que, mesmo destinando-se a um dos consortes patrimônio suficiente para a sua sobrevivência, a intensidade do prejuízo por ele sofrido, somado a indicações de que houve dolo por parte do outro cônjuge, possibilitam a anulação do ato" (STJ, REsp 1.200.708/DF, Rel. Min. Nancy Andrighi, 3ª Turma, jul. 04.11.2010, *DJe* 17.11.2010).

Sentença que homologa a partilha. Apelação. Impossibilidade. "A sentença que se limita a homologar a partilha amigável não pode ser desconstituída por meio de recurso de apelação, pois não possui cunho decisório e há necessidade de produção de prova acerca do vício alegado, **sendo necessário o ajuizamento da ação anulatória** prevista no art. 1.029 do CPC [art. 657 do CPC/2015]" (STJ, REsp 695.140/MG, Rel. Min. João Otávio de Noronha, 4ª Turma, jul. 01.09.2009, *DJe* 14.09.2009).

Herdeiro casado em comunhão universal de bens. Citação necessária. "No caso de a anulação de partilha acarretar a perda de imóvel já registrado em nome de herdeiro casado sob o regime de comunhão universal de bens, a citação do cônjuge é indispensável, tratando-se de hipótese de litisconsórcio necessário" (STJ, REsp 1.706.999/SP, Rel. Min. Ricardo Villas Bôas Cueva, 3ª Turma, jul. 23.02.2021, *DJe* 01.03.2021).

3. Ação de anulação de partilha por coação. Dissolução de união estável. Prazo decadencial de quatro anos. Impossibilidade de aplicação da regra à sucessão. "É de quatro anos o prazo de decadência para anular partilha de bens em dissolução de união estável, por vício de consentimento (coação), nos termos do art. 178 do Código Civil. (...) É inadequada a exegese extensiva de uma exceção à regra geral – arts. 2.027 do CC e 1.029 do CPC/73 [art. 657 do CPC/2015], ambos inseridos, respectivamente, no Livro 'Do Direito das Sucessões' e no capítulo intitulado 'Do Inventário e da Partilha' – por meio da analogia, quando o próprio ordenamento jurídico prevê normativo que se amolda à tipicidade do caso (CC, art. 178). Pela interpretação sistemática, verifica-se que a própria topografia dos dispositivos remonta ao entendimento de que o prazo decadencial ânuo deve se limitar à seara do sistema do direito das sucessões, submetida aos requisitos de validade e princípios específicos que o norteiam, tratando-se de opção do legislador a definição de escorreito prazo de caducidade para as relações de herança" (STJ, REsp 1621610/SP, Rel. Min. Luis Felipe Salomão, 4ª Turma, jul. 07.02.2017, *DJe* 20.03.2017).

4. Erro ou dolo. Início do prazo. Divergência (inciso II): Da homologação da partilha. "O prazo anual, previsto no parágrafo único do artigo 1.029 do CPC [art. 657 do CPC/2015], na hipótese de escrito particular homologado pelo juiz, viciado por erro ou dolo, conta-se da homologação, não da data em que a petição, com a proposta de partilha, foi apresentada em juízo"

(STJ, REsp 83.642/SP, Rel. Min. Ruy Rosado de Aguiar, 4ª Turma, jul. 12.03.1996, *DJU* 29.04.1996). **No mesmo sentido:** STJ, REsp 168.399/RS, Rel. Min. Aldir Passarinho Júnior, 4ª Turma, jul. 03.05.2001, *DJU* 13.08.2001.

Do trânsito em julgado da sentença que homologa a partilha: "A ação para anular homologação de partilha amigável prescreve em um ano a contar do trânsito em julgado da sentença homologatória" (STJ, REsp 279.177/SP, Rel. Min. Humberto Gomes de Barros, 3ª Turma, jul. 04.04.2006, *DJ* 14.08.2006). **No mesmo sentido:** STJ, REsp 209.707/CE, Rel. Min. Antonio de Pádua Ribeiro, 3ª Turma, jul. 09.11.2000, *RSTJ* 141/367.

5. Anulação. Decadência (parágrafo único). "Partilha amigável. Anulação. Decadência. Início do prazo. O direito de promover a anulação de partilha amigável é da espécie dos direitos formativos extintivos e sofre o efeito do tempo pela decadência" (STJ, REsp 83.642/SP, Rel. Min. Ruy Rosado de Aguiar, 4ª Turma, jul. 12.03.1996, *DJU* 29.04.1996).

6. Partilha judicial. Herdeiro menor. Ação rescisória. Ver jurisprudência do art. 658 do CPC/2015.

Art. 658. É rescindível a partilha julgada por sentença:

I – nos casos mencionados no art. 657;

II – se feita com preterição de formalidades legais;

III – se preteriu herdeiro ou incluiu quem não o seja.

CPC/1973

Art. 1.030.

REFERÊNCIA LEGISLATIVA

CPC/2015, arts. 966 a 975 (ação rescisória).

BREVES COMENTÁRIOS

A partilha judicial, sob a autoridade da *res iudicata*, somente pode ser desconstituída por meio da ação rescisória (art. 658). A base da partilha judicial (isto é, da partilha deliberada e julgada pelo juiz) não é a vontade das partes – como ocorre na partilha amigável –, e sim do juiz. Dentro de um processo contencioso, o juiz pode e deve ouvir as partes; pode mesmo acolher a vontade de uma delas e até obter delas um pronunciamento uniforme sobre a matéria a deliberar. A solução final, todavia, será o fruto de sua autoridade judicante. Aqui, então, não caberá cogitar de nulidade ou anulabilidade da partilha, porque "a sentença que a delibera não é ato jurídico, no sentido de comportamento autorregulador de interesses, sendo absurdo admitir-se sua anulação pelos vícios que invalidam os negócios jurídicos" (Orlando Gomes, *Sucessões*, Rio de Janeiro, Forense, 1970, nº 256, p. 333). Assim, será necessária a rescisória, por defeito que lhe diga respeito ou ao processo. O caso é, pois, de sentença somente atacável por meio de ação rescisória.

JURISPRUDÊNCIA SELECIONADA

1. Partilha amigável. Nulidade absoluta. Prescrição vintenária. Ver jurisprudência do art. 657 do CPC/2015.

2. Prolação de sentença homologatória de partilha irrecorrida. Ausência de expedição do formal de partilha. Observação de vício grave, consistente na ausência de citação de litisconsorte necessário. Declaração no bojo do próprio inventário. Possibilidade. Sentença juridicamente inexistente. Inexistência de trânsito em julgado e de coisa julgada material. Querela *nullitatis insanabilis*. V. jurisprudência do art. 966 do CPC/2015.

3. Sentença homologatória de partilha irrecorrida. Ausência de citação de litisconsorte necessário. Declaração no bojo do próprio inventário. Possibilidade. Sentença juridicamente inexistente. *Querela nullitatis insanabilis*. Ineficácia em relação a terceiros, como o litisconsorte necessário não citado. "O juízo do inventário, após a prolação de sentença homologatória de acordo de partilha irrecorrida e antes da expedição do respectivo formal, reconhecer a existência de vício grave consistente na ausência de citação de litisconsorte necessário e, assim, a inexistência jurídica da sentença por ele proferida, que não transita em julgado e tampouco forma coisa julgada material. A inexistência jurídica da sentença pode ser declarada em ação autônoma (*querela nullitatis insanabilis*) e também no próprio processo em que proferida, na fase de cumprimento de sentença ou até antes dela, se possível, especialmente na hipótese em que a matéria foi previamente submetida ao crivo do contraditório e não havia a necessidade de dilação probatória" (STJ, REsp 1.857.852/SP, Rel. Min. Nancy Andrighi, 3ª Turma, jul. 16.03.2021, *DJe* 22.03.2021).

4. Partilha judicial. Herdeiro menor. Ação rescisória. "É **cabível rescisória para desconstituir** sentença homologatória da partilha de bens, quando presente a figura de incapaz, ainda que à época representado por sua mãe no inventário" (STJ, REsp 917.606/RS, Rel. Min. Aldir Passarinho Junior, 4ª Turma, jul. 03.03.2011, *DJe* 17.03.2011). **No mesmo sentido:** STJ, REsp 586.312/SC, Rel. Min. Castro Filho, 3ª Turma, jul. 18.05.2004, *DJ* 16.08.2004; STJ, REsp 32.306/RS, Rel. Min. Paulo Costa Leite, 3ª Turma, jul. 29.03.1994, *DJ* 07.11.1994.

5. Sentença homologatória de partilha não amigável. Ação rescisória. "Em conformidade com o art. 1.030 do CPC [art. 658 do CPC/2015], a sentença que homologa partilha não amigável, feita por inventariante, depois de transitada em julgado, pode ser atacada por ação rescisória, e não por ação anulatória. Este entendimento é válido também para a partilha de bens dos conviventes em união estável" (TAMG, Ap. 344.158-5, Rel.ª Juíza Maria Elza, 4ª Câmara Cível, jul. 19.09.2001).

6. Herdeiro preterido (inciso III). "A sentença de partilha é rescindível, mas para esse efeito o interessado deve propor a ação prevista no art. 1.030, III, do Código de Processo Civil [art. 658, III, do CPC/2015]" (STJ, REsp 853.133/SC, Rel. p/ Acórdão Min. Ari Pargendler, 3ª Turma, jul. 06.05.2008, *DJe* 20.11.2008).

7. Herdeiro que não integrou a relação processual. Ação rescisória. Descabimento. "A ação rescisória não é o remédio processual adequado a ser manejado pelos herdeiros que não participaram do processo de inventário, buscando atacar a partilha homologada em procedimento sem contencioso" (STJ, REsp 940.455/ES, Rel. Min. Paulo de Tarso Sanseverino, 3ª Turma, jul. 17.05.2011, *DJe* 23.05.2011).

"Segundo o acórdão estadual, (I) 'O herdeiro que não participou do inventário dispõe de ações vintenárias de nulidade de partilha e de petição de herança. É inaplicável o prazo de decadência de um ano previsto no artigo 178, parágrafo 6º, V, do CC' e (II) 'O herdeiro preterido, que não participou do inventário, não está sujeito à eficácia de coisa julgada da sentença de partilha judicial, podendo promover a ação vintenária de nulidade de partilha (CPC, artigos 472 e 1.030, III) [arts. 506 e 658, III, do CPC/2015]'. Na jurisprudência do Superior Tribunal ver os REsp's 68.644 (*DJ* de 22.04.97) e 140.369 (*DJ* de 16.11.98). Súmula 343/STF" (STJ, AgRg no Ag 242.909/RJ, Rel. Min. Nilson Naves, 3ª Turma, jul. 10.12.1999, *DJ* 17.04.2000).

Petição de Herança. "Julgados procedentes os pedidos formulados em sede de ação de investigação de paternidade cumulada com petição de herança, disso resulta lógica e automática a nulidade da partilha realizada sem a presença e participação do autor vitorioso, afigurando-se dispensável a propositura de ação específica que tenha por objeto apenas vê-la reconhecida expressamente. A execução da decisão de procedência proferida em autos de petição de herança faz-se, como regra, **por meio de simples pedido de retificação de partilha**, uma vez que a sentença homologatória de partilha não faz coisa julgada em relação ao herdeiro não convocado ao processo de inventario (art. 472, CPC) [art. 506 do CPC/2015]" (STJ, REsp 16.137/SP, Rel. Min. Sálvio de Figueiredo Teixeira, 4ª Turma, jul. 21.02.1995, *DJ* 27.03.1995, p. 7.162).

"Ação de investigação de paternidade cumulada com petição de herança. Julgada procedente a ação, quando já transitou em julgado a decisão da partilha, esta é nula, mas sua rescisão somente cabe ser pleiteada, mediante ação própria, com a citação de todos os interessados" (STF, RE 104.773, Rel. Min. Néri da Silveira, 1ª Turma, jul. 10.04.1987, *DJ* 08.02.1991).

Seção IX
Do Arrolamento

Art. 659. A partilha amigável, celebrada entre partes capazes, nos termos da lei, será homologada de plano pelo juiz, com observância dos arts. 660 a 663.

§ 1º O disposto neste artigo aplica-se, também, ao pedido de adjudicação, quando houver herdeiro único.

§ 2º Transitada em julgado a sentença de homologação de partilha ou de adjudicação, será lavrado o formal de partilha ou elaborada a carta de adjudicação e, em seguida, serão expedidos os alvarás referentes aos bens e às rendas por ele abrangidos, intimando-se o fisco para lançamento administrativo do imposto de transmissão e de outros tributos porventura incidentes, conforme dispuser a legislação tributária, nos termos do § 2º do art. 662.

CPC/1973

Art. 1.031.

REFERÊNCIA LEGISLATIVA

CC, art. 2.015 (formas de partilha amigável).

CTN, art. 192 (obrigatoriedade da quitação tributária em Juízo).

BREVES COMENTÁRIOS

A execução do inventário e da partilha fora do procedimento judicial já era autorizada no regime do CPC/1973 e foi mantida pelo Código de 2015. Mas a utilização da via notarial não é uma imposição da lei, e sim uma faculdade aberta aos sucessores, que, se preferirem, poderão continuar a utilizar o procedimento judicial para obter a homologação do acordo de partilha, observando o rito dos arts. 659 a 663. Se tal acontecer, a partilha consensual não dependerá das exigências formais traçadas pelos arts. 610 e seguintes para o inventário e a partilha administrativos, cujo procedimento, denominado arrolamento, é bastante sumário. A divisão amigável poderá constar de petição, termo nos autos ou mesmo de escritura pública, a qual, quando destinada a posterior homologação judicial, não estará obviamente condicionada à participação de advogado. As partes serão assistidas em juízo por advogado ou defensor público, ao postularem a homologação prevista no art. 659 e não necessariamente no ato notarial, já que este não terá sido praticado com o fim de excluir o processo judicial. A existência de testamento a cumprir e a presença de interessado incapaz na sucessão impedem o inventário por escritura pública. A validade do ato notarial dependerá, ainda, de estarem todas as partes assistidas por advogados ou defensor público, cuja qualificação e assinatura constarão obrigatoriamente de escritura (art. 610, § 2º). Também o arrolamento processado em juízo, com o fito de obter a simples homologação de partilha amigável, só é permitido quando se trata de acordo celebrado entre partes capazes. A participação de advogado, nessa modalidade de arrolamento, só é obrigatória em juízo e não no documento adrede preparado pelos sucessores.

O lançamento e o recolhimento do ITCMD são atos administrativos posteriores à homologação judicial da partilha amigável. As quitações fiscais relacionadas aos bens do espólio, entretanto, devem anteceder à partilha (CTN, art. 192).

JURISPRUDÊNCIA SELECIONADA

1. Arrolamento sumário. Partilha amigável:

Herdeiros maiores e capazes. "A existência de herdeiros menores ou incapazes representa óbice intransponível para a realização de partilha amigável e, principalmente, sua homologação em juízo. Esta modalidade de partilha tem previsão no art. 1.031 do CPC [art. 659 do CPC/2015], apenas quando celebrada entre partes capazes, nos termos dos arts. 2.015 e 2.016 do Código Civil" (TJMG, Ap. Cível 1.0056.02.023895-4/001, Rel. Des. Audebert Delage, 4ª Câmara Cível, jul. 21.02.2008).

Consenso de todos os herdeiros. "Para que seja admitida esta forma de inventário, imprescindível é que todos os herdeiros sejam capazes e acordes. Herdeiro não figurante da inicial, só citado depois de encerrado o arrolamento e após o esboço de partilha que se lhe seguiu. Ainda que admitido se tenha processado como inventário, e não como arrolamento, a citação do herdeiro era de rigor (art. 999 do CPC) [art. 626 do CPC/2015]. Nulidade do processo" (TJRJ, Ap. 36.995/85, Rel. Des. Cláudio Lima, jul. 15.10.1985, *RT* 607/167).

Rito simplificado. "O arrolamento sumário, previsto no art. 1.031 do CPC [art. 659 do CPC/2015], tem rito mais simplificado que o inventário e o arrolamento comum, este previsto no artigo 1.038, do mesmo diploma legal [art. 667 do CPC/2015]" (STJ, REsp 910.413/PR, Rel. Min. Luis Felipe Salomão, 4ª Turma, jul. 06.12.2011, *DJe* 15.03.2012).

Principiologia. "Descabe a extinção do processo sem resolução de mérito, porque a Lei 11.0411/07 permitiu que inventário e a partilha fossem feitos, nesse caso, inclusive, por via extrajudicial, não dependendo assim de maiores formalidades, considerando que o processo não é fim em si mesmo, mas meio de se alcançar o suposto direito material (pacificação social), não devendo o intérprete pautar-se em formalismo exacerbado, pena de inviabilizar a justa e célere prestação jurisdicional, que é o seu escopo magno. A principiologia (economia, instrumentalidade e razoabilidade) que dá ênfase à linha evolutiva do direito processual ora em curso (fase instrumentalista) exige uma releitura com relação ao processo, ensejando nova mentalidade dos seus operadores, pois ele não é apenas um instrumento técnico-jurídico, mas 'um poderoso instrumento ético destinado a servir à sociedade e ao Estado'" (TJMG, Ap. 1.0172.05.003584-6/001, Rel. Nepomuceno Silva, 5ª Câmara Cível, jul. 04.10.2007, *DJ* 19.10.2007).

2. Acordo realizado entre herdeiros capazes sobre o acervo hereditário. Tese 809/STF. "Para as hipóteses de solução autocompositiva, contudo, o momento da cessação definitiva do litígio entre os herdeiros, da finalização e da conclusão do inventário e da relação jurídica havida entre eles pode não ser o trânsito em julgado da sentença homologatória do acordo de partilha, especialmente quando as partes, capazes e concordes, transacionam sobre o direito disponível. (...) A tese firmada no julgamento do tema 809/STF declarou a inconstitucionalidade do art. 1.790 do CC/2002 para conceder aos conviventes os mesmos direitos sucessórios que o art. 1.829 do CC/2002 concedia aos cônjuges, mas não proibiu que os herdeiros capazes e concordes livremente disponham sobre o acervo hereditário da forma que melhor lhes convier, inclusive de modo a retratar fielmente a regra declarada inconstitucional" (STJ, REsp 2.050.923/

MG, Rel. Min. Nancy Andrighi, 3ª Turma, jul. 23.05.2023, *DJe* 25.05.2023).

3. Recolhimento dos tributos (§ 2º).

Comprovação de quitação de tributos como condição para sentença de homologação. Prévio pagamento do imposto de transmissão. Desnecessidade. "O novo Código de Processo Civil, em seu art. 659, § 2º, traz uma significativa mudança normativa no tocante ao procedimento de arrolamento sumário, ao deixar de condicionar a entrega dos formais de partilha ou da carta de adjudicação à prévia quitação dos tributos concernentes à transmissão patrimonial aos sucessores. Essa inovação normativa, todavia, em nada altera a condição estabelecida no art. 192 do CTN, de modo que, no arrolamento sumário, o magistrado deve exigir a comprovação de **quitação dos tributos relativos aos bens do espólio e às suas rendas** para homologar a partilha e, na sequência, com o trânsito em julgado, expedir os títulos de transferência de domínio e encerrar o processo, **independentemente do pagamento do imposto de transmissão**" (STJ, REsp 1.704.359/DF, Rel. Min. Gurgel de Faria, 1ª Turma, jul. 28.08.2018, *DJe* 02.10.2018).

Tese fixada em recurso especial repetitivo. "No arrolamento sumário, a homologação da partilha ou da adjudicação, bem como a expedição do formal de partilha e da carta de adjudicação, não se condicionam ao prévio recolhimento do imposto de transmissão *causa mortis*, devendo ser comprovado, todavia, o pagamento dos tributos relativos aos bens do espólio e às suas rendas, a teor dos arts. 659, § 2º, do CPC/2015 e 192 do CTN" (STJ, REsp 1.896.526/DF, Rel. Min. Regina Helena Costa, 1ª Seção, jul. 26.10.2022, *DJe* 28.10.2022).

Expedição de formal independentemente da comprovação de pagamento do ITCD. "(...). A inovação trazida pelo Novo Código de Processo Civil de 2015, em seu art. 659, § 2º, permite que a partilha amigável seja homologada anteriormente ao recolhimento do **imposto de transmissão *causa mortis***, e somente após a expedição do formal de partilha ou da carta de adjudicação é que a Fazenda Pública será intimada para providenciar o lançamento administrativo do imposto, supostamente devido. (...) Tal regra excepcionou o art. 192 do Código Tributário Nacional ('nenhuma sentença de julgamento de partilha ou adjudicação será proferida sem prova da quitação de todos os tributos relativos aos bens do espólio, ou às suas rendas'), haja vista que, tendo por base o rol elencado no artigo 146 da Constituição Federal de 1988, o conteúdo do supracitado artigo não é de natureza tributária, e sim processual, sendo o mesmo entendimento aplicado ao art. 31 da Lei de Execução Fiscal. Portanto, descabida a alegação de inconstitucionalidade da interpretação apresentada no § 2º do art. 659 do CPC/2015 ao presente caso. Desse modo, não sendo os dispositivos de reserva de Lei Complementar, entende-se que o mencionado artigo do CTN poderá ser derrogado por Lei Ordinária mais recente. Como se infere, a Corte local, ao aplicar a regra do art. 659, § 2º, do CPC de 2015, afirmou que o aparente conflito com o art. 192 do CTN e com o art. 31 da LEF se resolve segundo o critério cronológico (lei posterior revoga a anterior), particularmente com base na premissa de que a norma do Código Tributário Nacional versa sobre Direito Processual, não reservado ao campo da Lei Complementar (art. 146, III, da CF/1988), razão pela qual não há inconstitucionalidade no tratamento conferido pelo atual CPC" (STJ, REsp 1.759.143/DF, Rel. Min. Herman Benjamin, 2ª Turma, jul. 25.09.2018, *DJe* 04.02.2019). **No mesmo sentido:** STJ, REsp 1.751.332/DF, Rel. Min. Mauro Campbell Marques, 2ª Turma, jul. 25.09.2018, *DJe* 03.10.2018. **Obs.:** O art. 192 do CTN, no entanto, continua incidindo no tocante aos tributos relativos aos bens inventariados que não o imposto de transmissão causa mortis, como esclarecido no REsp 1.704.359, julgado pela 1ª Turma do STJ.

"Embora não seja possível a discussão no arrolamento a respeito dos pagamentos dos impostos, após o trânsito em julgado da sentença de homologação de partilha, a expedição do formal, bem como os alvarás referentes aos bens por ele abrangidos, só serão expedidos e entregues às partes depois da comprovação verificada pela Fazenda Pública do pagamento de todos os tributos (não apenas dos impostos incidentes sobre os bens do espólio)." (STJ, EDcl no AgRg no REsp 823.025/SP, Rel. Min. Mauro Campbell Marques, 2ª Turma, jul. 01.06.2010, *DJe* 23.06.2010). **No mesmo sentido:** STJ, REsp 650.325/PR, Rel. Min. Francisco Falcão, 1ª Turma, jul. 05.10.2004, *DJ* 16.11.2004; STJ, EDcl no REsp 1.252.995/SP, Rel. Min. Herman Benjamin, 2ª Turma, jul. 04.10.2011, *DJe* 17.10.2011; STJ, AgRg no Ag. 746.703/MS, Rel. Min. José Delgado, 1ª Turma, jul. 16.05.2006, *DJ* 08.06.2006; STJ, REsp 910.413/PR, Rel. Min. Luis Felipe Salomão, 4ª Turma, jul. 06.12.2011, *DJe* 15.03.2012.

Obs.: Pela sistemática do atual CPC, a homologação da partilha amigável não mais depende do pagamento prévio do imposto de transmissão *causa mortis* pelos herdeiros (art. 659, § 2º). Entretanto, a homologação da partilha amigável, assim como a expedição do formal de partilha ou da carta de adjudicação dependerão das quitações fiscais do espólio nos termos da legislação tributária (art. 192 do CTN). Dessa forma, apenas o imposto *causa mortis* é que será postergado para lançamento e recolhimento pelas vias administrativas, posteriores à homologação da partilha.

Art. 660. Na petição de inventário, que se processará na forma de arrolamento sumário, independentemente da lavratura de termos de qualquer espécie, os herdeiros:

I – requererão ao juiz a nomeação do inventariante que designarem;

II – declararão os títulos dos herdeiros e os bens do espólio, observado o disposto no art. 630;

III – atribuirão valor aos bens do espólio, para fins de partilha.

CPC/1973

Art. 1.032.

REFERÊNCIA LEGISLATIVA

CPC/2015, art. 618 (atribuições do inventariante).

BREVES COMENTÁRIOS

O atual Código de Processo Civil, em seus arts. 659 a 667, cuida de procedimentos simplificados para certos tipos de inventário, criando uma espécie de procedimentos compactos, em que grande parte das solenidades e termos do rito comum dos artigos antecedentes é eliminada, tornando o feito mais célere e econômico. O modelo adotado pelo atual Código é o mesmo constante do CPC/73, que teve essa parte profundamente modificada, mediante a Lei nº 7.019, de 31.08.1982, que deu para dar nova redação a toda seção do arrolamento, descrita nos arts. 1.031 a 1.038.

Antes, a legislação codificada já havia sofrido um certo impacto por meio da Lei nº 6.858, de 24.11.1980, que dispensara o inventário ou arrolamento para percepção, pelos dependentes, de vantagens econômicas deixadas pelo de cujus no Fundo de Garantia do Tempo de Serviço (FGTS) e no Fundo de Participação do PIS-PASEP, bem como para levantar ou receber, em iguais circunstâncias, restituições de imposto de renda e outros tributos, saldos bancários, cadernetas de poupança e fundos de investimentos de valor igual ou inferior a 500 ORTN. Com o advento da Lei nº 7.019, a dispensa de inventário ou arrolamento para as hipóteses da Lei nº 6.858 passou a figurar expressamente no texto do art. 1.037 do Código, disposição que foi mantida no art. 666 do CPC/2015. Hoje, a par dos casos de dispensa do inventário (Lei nº 6.858), o rito simplificado do arrolamento é observado em duas hipóteses distintas, a saber:

(a) quando os herdeiros optam pela partilha amigável, qualquer que seja o valor do espólio (art. 659); e

(b) quando o valor do acervo a partilhar não ultrapassa 1.000 (mil) salários mínimos (art. 664).

Na primeira hipótese, tem-se a maior simplificação possível do arrolamento: as partes já entram em juízo com a partilha feita consensualmente e apenas postulam sua homologação pelo juiz. É o arrolamento dito sumário, que se desenvolve segundo os arts. 659 a 663.

O procedimento simplificado do arrolamento terá cabimento também no caso de herdeiro único (art. 659, § 1º).

Na hipótese da letra "b", o procedimento é mais desenvolvido, mas, em função do pequeno valor do espólio, o rito é bem mais singelo do que o traçado para o inventário comum. Sendo, porém, incabível o arrolamento sumário, não será o caso de extingui-lo, e sim de convertê-lo em inventário ou arrolamento comum. A segunda figura do arrolamento corresponde ao arrolamento comum, que se processa de acordo com os arts. 664 e 665, e cujo cabimento se define pelo valor dos bens do espólio, mesmo que não haja acordo entre os sucessores (art. 664, §§ 1º e 2º) e que, entre eles, haja interessado incapaz (art. 665).

JURISPRUDÊNCIA SELECIONADA

1. Morte de cotitular. Saldo de conta conjunta solidária. Inventário e partilha. Ver jurisprudência do art. 620 do CPC/2015.

Art. 661. Ressalvada a hipótese prevista no parágrafo único do art. 663, não se procederá à avaliação dos bens do espólio para nenhuma finalidade.

CPC/1973

Art. 1.033.

BREVES COMENTÁRIOS

O procedimento a observar no caso do arrolamento sumário pode ser assim resumido: (a) a petição inicial será formulada em nome de todos os interessados, e será acompanhada da certidão de óbito do inventariado; conterá a descrição de valor dos bens do espólio bem como a declaração dos títulos dos herdeiros; nela se fará, ainda, a designação do inventariante, e formular-se-á o pedido de sua nomeação; (b) estando em ordem a petição, o juiz nomeará o inventariante; (c) será, então, apresentada a partilha amigável, por escritura pública, por termo ou por documento particular (a partilha pode ser anexada à petição inicial ou pode, até mesmo, estar contida nos próprios termos da inicial) (art. 659). Se se tratar de herdeiro único, simplesmente será requerida a adjudicação dos bens descritos na inicial (art. 659, § 1º). Se se utilizar a escritura pública, sua lavratura não dependerá de todas as exigências do art. 610, tornando-se dispensável, por exemplo, a presença de advogado no ato notarial, já que a partilha só se aperfeiçoará, dentro dos autos, com a homologação judicial; esta sim dependerá de estarem todas as partes representadas por advogado no processo; (d) em seguida homologará o juiz a partilha, ou deferirá a adjudicação, independentemente de vista à Fazenda Pública e de recolhimento do imposto de transmissão (arts. 659 e 662, § 2º).

Não há, no arrolamento sumário, avaliação judicial dos bens arrolados e partilhados, nem mesmo para fins tributários (art. 662). Apenas quando ocorrer separação de bens para pagamento de dívida do espólio é que se cogita de avaliação judicial, limitada, porém, aos bens separados.

JURISPRUDÊNCIA SELECIONADA

1. Arrolamento. Avaliação dos bens. Penhora de direito hereditário. "Havendo penhora no rosto dos autos, por débito de herdeiro, a determinação judicial de avaliação dos bens, necessária a definição da cota da herança relativa ao direito penhorado, não implica negativa de vigência aos arts. 1.034 e 1.035, do CPC [arts. 662 e 663 do CPC/2015]" (STJ, REsp 36.856/SP, Rel. Min. Paulo Costa Leite, 3ª Turma, jul. 14.09.1993, *DJ* 25.10.1993, p. 22.491).

Art. 662. No arrolamento, não serão conhecidas ou apreciadas questões relativas ao lançamento, ao pagamento ou à quitação de taxas judiciárias e de tributos incidentes sobre a transmissão da propriedade dos bens do espólio.

§ 1º A taxa judiciária, se devida, será calculada com base no valor atribuído pelos herdeiros, cabendo ao fisco, se apurar em processo administrativo valor diverso do estimado, exigir a eventual diferença pelos meios adequados ao lançamento de créditos tributários em geral.

§ 2º O imposto de transmissão será objeto de lançamento administrativo, conforme dispuser a legislação tributária, não ficando as autoridades fazendárias adstritas aos valores dos bens do espólio atribuídos pelos herdeiros.

CPC/1973

Art. 1.034.

REFERÊNCIA LEGISLATIVA

CPC/2015, art. 659, § 2º (expedição do formal após pagamento dos tributos).

BREVES COMENTÁRIOS

Para a homologação da partilha, exige-se a prova de quitação dos tributos incidentes sobre os bens que integram o espólio e seus rendimentos, em regra anteriores à sucessão, mas que eventualmente podem ter incidido posteriormente. Observe-se o art. 659, *caput*. O imposto de transmissão *causa mortis* não é exigência a ser observada para a homologação da partilha amigável, mas para a subsequente expedição do formal de partilha, conforme se deduz do § 2º do art. 659 combinado com o § 2º do art. 662.

A sistemática atual subtraiu do Judiciário o dever de controlar o recolhimento do imposto de transmissão causa mortis. Exige apenas a intimação do fisco para lançamento administrativo do imposto de transmissão e de outros tributos porventura incidentes, fato que ocorrerá depois de homologada a partilha ou deferida a adjudicação. A apuração, o lançamento e a cobrança do tributo sucessório serão realizados inteiramente pelas vias administrativas. Com isso, tornaram-se estranhas ao arrolamento todas as questões relativas ao tributo incidente sobre a transmissão hereditária de bens.

JURISPRUDÊNCIA SELECIONADA

1. Arrolamento sumário. Prévia comprovação de quitação do tributo, antes da homologação da partilha ou da adjudicação e da expedição do respectivo formal ou da carta de adjudicação. Desnecessidade. "De acordo com a orientação jurisprudencial firmada nesta Corte, 'diante da inovação normativa contida no art. 659, § 2º, do CPC/2015, no procedimento de arrolamento sumário, a homologação da partilha e a expedição dos respectivos formais não dependem do prévio recolhimento do imposto de transmissão. Precedentes' (STJ, AgInt no AREsp 1.497.714/DF, Rel. Ministro Gurgel de Faria, Primeira Turma, *DJe* de 04/12/2019). Em igual sentido: 'A homologação da partilha no procedimento do arrolamento sumário não pressupõe o atendimento das obrigações tributárias principais e tampouco acessórias relativas ao imposto sobre transmissão causa mortis. Consoante o novo Código de Processo Civil, os artigos 659, § 2º, cumulado com o 662, § 2º, com foco na celeridade processual, permitem que a partilha amigável seja homologada anteriormente ao recolhimento do imposto de transmissão causa mortis, e somente após a expedição do formal de partilha ou da carta de adjudicação é que a Fazenda Pública será intimada para providenciar o lançamento administrativo do imposto, supostamente devido' (STJ, REsp 1.751.332/DF, Rel. Ministro Mauro Campbell Marques, Segunda Turma, *DJe* de 03/10/2018). Com a mesma orientação: STJ, AgInt no AREsp 1.374.548/DF, Rel. Ministro Mauro Campbell Marques, Segunda Turma, *DJe* de 19/02/2019; REsp 1.771.623/DF, Rel. Ministro Herman Benjamin, Segunda Turma, *DJe* de 04/02/2019" (STJ, AgInt no AREsp 1298980/DF, Rel. Min. Assusete Magalhães, 2ª Turma, jul. 06.05.2020, *DJe* 12.05.2020).

"Acórdão submetido ao rito do art. 1.036 e seguintes do CPC/2015, fixando-se, nos termos no art. 256-Q, do RISTJ, a seguinte tese repetitiva: No arrolamento sumário, a homologação da partilha ou da adjudicação, bem como a expedição do formal de partilha e da carta de adjudicação, não se condicionam ao prévio recolhimento do imposto de transmissão *causa mortis*, devendo ser comprovado, todavia, o pagamento dos tributos relativos aos bens do espólio e às suas rendas, a teor dos arts. 659, § 2º, do CPC/2015 e 192 do CTN" (STJ, REsp 1.896.526/DF, Rel. Min. Regina Helena Costa, 1ª Seção, jul. 26.10.2022, *DJe* 28.10.2022). **Obs.: decisão submetida a julgamento de recursos repetitivos.**

2. Intervenção da Fazenda Pública. Desnecessidade. "O arrolamento sumário, previsto no art. 659 do CPC, tem rito processual simplificado e célere, inexistindo a intervenção da Fazenda Pública durante tal procedimento, a qual, será intimada para providenciar o lançamento administrativo do imposto de transmissão eventualmente devido, e de outros tributos porventura incidentes, somente após a expedição do formal de partilha ou da carta de adjudicação, à luz do disposto no artigo 659 e seus parágrafos, e no § 2º do artigo 662 do CPC" (STJ, AgInt no REsp 1746592/DF, Rel. Min. Luis Felipe Salomão, 4ª Turma, jul. 29.04.2019, *DJe* 02.05.2019).

3. Tributo. "A possibilidade de as instâncias ordinárias de jurisdição conhecerem da matéria de ordem pública de ofício, a qualquer tempo, não as autoriza a examinar pretensão tributária no âmbito de arrolamento sumário, haja vista a incompatibilidade da medida com o procedimento de jurisdição voluntária e máxime ante a expressa vedação legal" (STJ, REsp 1.223.265/PR, Rel.ª Min.ª Eliana Calmon, 2ª Turma, jul. 18.04.2013, *DJe* 25.04.2013). **No mesmo sentido:** STJ, REsp 36.909/SP, Rel. Min. Sálvio de Figueiredo Teixeira, 4ª Turma, jul. 12.11.1996, *DJ* 16.12.1996; STJ, REsp 37.990/RS, Rel. Min. Milton Luiz Pereira, 1ª Turma, jul. 29.03.1995, *DJ* 08.05.1995.

ITCD. "Arrolamento. Imposto *causa mortis*. Desnecessidade do recolhimento para homologação de partilha de bens. Quitação a ser feita administrativamente. Necessidade de ciência à Fazenda. Inaplicabilidade da Lei nº 9.280, de 1996, posterior ao óbito. Recurso improvido" (TJSP, Ap. 242.943, Rel. Des. Roberto Stucchi, ac. unân. 26.11.1996, *Lex* 193/23).

Taxa judiciária. "Nos processos de inventário sob forma de arrolamento, não cabe apreciação e decisão sobre taxa judiciária, que deve ser calculada com base no valor atribuído pelos herdeiros. Precedentes: AgRg no Ag 746.703/MS, Rel. Min. José Delgado, Primeira Turma, *DJ* 08.06.2006, p. 134; REsp 682.257/RJ, Rel. Min. Teori Albino Zavascki, Primeira Turma, *DJ* 21.03.2005, p. 289; e REsp 252.850/SP, Rel. Min. Francisco Peçanha Martins, Segunda Turma, *DJ* 02.02.2004" (STJ, REsp 1.174.551/SP, Rel. Min. Mauro Campbell Marques, 2ª Turma, jul. 02.06.2011, *DJe* 09.06.2011).

"A Taxa Judiciária tem por fato gerador a prestação de serviços públicos, de natureza forense, por isso que sua cobrança visa à remuneração de serviços processuais e a sua base de cálculo é o conteúdo econômico objeto da causa. A Taxa Judiciária, no processo de inventário, não deve ser calculada sobre o monte-mor, neste incluído o montante relativo à meação do cônjuge supérstite, a qual, não constituindo patrimônio do *de cujus*, não se enquadra no conceito legal de herança não é objeto do serviço público prestado, e, consequentemente, da base de cálculo da citada Taxa" (STJ, REsp 437.525/SP, Rel. Min. Luiz Fux, 1ª Turma, jul. 20.11.2003, *DJ* 09.12.2003).

Ver também jurisprudência do art. 659 do CPC/2015.

4. Isenção ITCMD. Incompetência do juízo para apreciar questões relativas a tributos. "Consectariamente, nos inventários processados sob a modalidade de arrolamento sumário (nos quais não cabe o conhecimento ou a apreciação de questões relativas ao lançamento, pagamento ou quitação do tributo de transmissão *causa mortis*, bem como tendo em vista a ausência de intervenção da Fazenda até a prolação da sentença de homologação da partilha ou da adjudicação), revela-se incompetente o Juízo do inventário para reconhecer a isenção do ITCMD, por força do disposto no artigo 179, do CTN, que confere, à autoridade administrativa, a atribuição para aferir o direito do contribuinte à isenção não concedida em caráter geral. Ademais, prevalece o comando inserto no artigo 192, do CTN, segundo o qual 'nenhuma sentença de julgamento de partilha ou adjudicação será proferida sem prova da quitação de todos os tributos relativos aos bens do espólio, ou às suas rendas', impondo-se o sobrestamento do feito de arrolamento sumário até a prolação do despacho administrativo reconhecendo a isenção do ITCMD" (STJ, REsp 1.150.356/SP, Rel. Min. Luiz Fux, 1ª Seção, jul. 09.08.2010, *DJe* 25.08.2010).

Art. 663. A existência de credores do espólio não impedirá a homologação da partilha ou da adjudicação, se forem reservados bens suficientes para o pagamento da dívida.

Parágrafo único. A reserva de bens será realizada pelo valor estimado pelas partes, salvo se o credor, regularmente notificado, impugnar a estimativa, caso em que se promoverá a avaliação dos bens a serem reservados.

CPC/1973

Art. 1.035.

REFERÊNCIA LEGISLATIVA

CPC/2015, arts. 630 a 636 (avaliação), 642, §§ 2º a 4º (pagamento das dívidas exigíveis), 644 (dívidas não vencidas).

BREVES COMENTÁRIOS

A homologação da partilha será realizada, ainda, independentemente da existência de credores do espólio, desde que sejam reservados bens suficientes para o pagamento da dívida. Da sentença homologatória da adjudicação cabe *apelação*.

A avaliação judicial prevista no parágrafo único do art. 663 não se refere ao acervo hereditário, mas apenas aos bens que os sucessores separaram na partilha amigável para pagamento de dívida do espólio. Naturalmente, se a avaliação revelar insuficiência dos bens reservados, o credor terá direito a exigir alteração da partilha, para que seu crédito fique adequadamente assegurado.

JURISPRUDÊNCIA SELECIONADA

1. Penhora de direito hereditário. "Havendo penhora no rosto dos autos, por débito de herdeiro, a determinação judicial de avaliação dos bens, necessária a definição da cota da herança relativa ao direito penhorado, não implica negativa de vigência aos arts. 1.034 e 1.035, do CPC [arts. 662 e 663 do CPC/2015]" (STJ, REsp 36.856/SP, Rel. Min. Paulo Costa Leite, 3ª Turma, jul. 14.09.1993, *DJ* 25.10.1993).

Art. 664. Quando o valor dos bens do espólio for igual ou inferior a 1.000 (mil) salários-mínimos, o inventário processar-se-á na forma de arrolamento, cabendo ao inventariante nomeado, independentemente de assinatura de termo de compromisso, apresentar, com suas declarações, a atribuição de valor aos bens do espólio e o plano da partilha.

§ 1º Se qualquer das partes ou o Ministério Público impugnar a estimativa, o juiz nomeará avaliador, que oferecerá laudo em 10 (dez) dias.

§ 2º Apresentado o laudo, o juiz, em audiência que designar, deliberará sobre a partilha, decidindo de plano todas as reclamações e mandando pagar as dívidas não impugnadas.

§ 3º Lavrar-se-á de tudo um só termo, assinado pelo juiz, pelo inventariante e pelas partes presentes ou por seus advogados.

§ 4º Aplicam-se a essa espécie de arrolamento, no que couber, as disposições do art. 672, relativamente ao lançamento, ao pagamento e à quitação da taxa judiciária e do imposto sobre a transmissão da propriedade dos bens do espólio.

§ 5º Provada a quitação dos tributos relativos aos bens do espólio e às suas rendas, o juiz julgará a partilha.

CPC/1973

Art. 1.036.

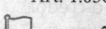

REFERÊNCIA LEGISLATIVA

CPC/2015, arts. 358 a 368 (audiência).

CJF – JORNADAS DE DIREITO PROCESSUAL CIVIL

II JORNADA

Enunciado 131 – A remissão ao art. 672, feita no art. 664, § 4º, do CPC, consiste em erro material decorrente da renumeração de artigos durante a tramitação legislativa. A referência deve ser compreendida como sendo ao art. 662, norma que possui conteúdo integrativo adequado ao comando expresso e finalístico do art. 664, § 4º.

BREVES COMENTÁRIOS

Em função do pequeno valor dos bens, o rito do inventário pode ser simplificado, independentemente de acordo geral dos herdeiros (CPC/2015, art. 664). Mas aqui, ao contrário do que se passa no arrolamento sumário do art. 659, não está excluída a hipótese de divergências e de um contencioso entre as partes. A simplificação do rito, por isso, é menor e bem menos significativa. A escolha do inventariante, por exemplo, observará a ordem de preferência legal, mas o compromisso fica dispensado (art. 664). Nas próprias declarações, o inventariante nomeado descreverá e avaliará os bens, e apresentará o plano de partilha (art. 664). Os herdeiros terão de ser citados, na forma do art. 626, para se manifestarem sobre as declarações (art. 627) e se todos se manifestarem de acordo o julgamento da partilha pode ser desde logo proferido, desde, porém, que seja comprovada a quitação dos tributos relativos aos bens do espólio e às suas rendas (art. 664, § 4º). No arrolamento comum também o lançamento e recolhimento do imposto de transmissão serão processados administrativamente (§ 4º). O julgamento da partilha ou da adjudicação, porém, será feito após a comprovação de quitação, não do imposto de transmissão, mas dos tributos incidentes ordinariamente sobre os bens que integram o espólio e respectivas rendas, como se deduz do § 5º do art. 664.

JURISPRUDÊNCIA SELECIONADA

1. Valor superior ao legal. Arrolamento. Impossibilidade. "Nos termos do art. 1.036 do CPC [art. 664 do CPC/2015], quando o valor dos bens do espólio for igual ou inferior a 2.000 (duas mil) Obrigações Reajustáveis do Tesouro Nacional – ORTN, o inventário processar-se-á na forma de arrolamento, fazendo-se a partilha de plano. Sendo superior o valor, indevido é o arrolamento, procedendo-se ao inventário. De qualquer jeito, consoante o art. 2.016 do Código Civil, será sempre judicial a partilha, se os herdeiros divergirem, descabendo, nesse caso, o arrolamento. A partilha por arrolamento deve ser amigável, pois nesse procedimento o Juiz atua somente na homologação da divisão consensual do acervo. Em havendo litígio e disputa na divisão dos bens, haverá de ser respeitado o procedimento comum do inventário" (TJMG, Apelação Cível 1.0024.05.658608-4/001, Rel. Des.ª Vanessa Verdolim Hudson Andrade, 1ª Câmara Cível, jul. 11.09.2007, *DJ* 02.10.2007).

Obs.: No regime do art. 664 do CPC/2015, o arrolamento comum (não o sumário) pode ser contencioso, desde que o valor do acervo hereditário não ultrapasse a mil salários mínimos.

2. Discordância. Avaliação. "Havendo discordância entre os herdeiros quanto ao valor dos bens inventariados, a avaliação torna-se necessária. É a única forma de se atingir o escopo principal da partilha, que é a igualdade dos quinhões. Assim, a avaliação beneficia a todos os herdeiros e atende à vontade da lei, não se confundindo com mera prova judicial no interesse da parte que a requer. O mesmo princípio está presente nas divisões, nas demarcações, no direito de tapagem etc., em que as despesas são repartidas entre os interessados. Em tais circunstâncias, os honorários e as despesas correlatas do avaliador devem ser suportados pelo espólio, como sempre se entendeu. De responsabilidade do herdeiro seriam apenas os honorários de seu assistente técnico" (TJSP, Ag. 115.782-1, Rel. Des. José Osório, 8ª Câmara, jul. 08.03.1989, *RJTJSP* 119/358; *RT* 642/121).

Art. 665. O inventário processar-se-á também na forma do art. 664, ainda que haja interessado incapaz, desde que concordem todas as partes e o Ministério Público.

BREVES COMENTÁRIOS

A presença de incapazes entre os herdeiros não afasta o procedimento do art. 664. Impõe, porém, a citação do Ministério Público para funcionar na causa. Além disso, é necessário que todas as partes e o Ministério Público concordem com a ação do arrolamento (art. 665). À falta dessa concordância geral, o arrolamento deverá ser convertido em inventário judicial.

Art. 666. Independerá de inventário ou de arrolamento o pagamento dos valores previstos na Lei nº 6.858, de 24 de novembro de 1980.

CPC/1973

Art. 1.037.

REFERÊNCIA LEGISLATIVA

Lei nº 6.858/1980, arts. 1º e 2º.

Decreto nº 85.845/1981 (reg. da Lei nº 6.858/1980), arts. 1º, II, e 5º.

Lei nº 8.213/1991, art. 112.

BREVES COMENTÁRIOS

Os valores mencionados no art. 666, se houver dúvida ou resistência de quem os detenha, serão objeto de autorização judicial (alvará, ofício etc.) pleiteada em simples requerimento avulso, sem depender, portanto, de abertura de inventário e arrolamento. Os interessados comprovarão apenas a qualidade de herdeiros ou dependentes do falecido.

Os valores em questão são os seguintes: saldos do FGTS e PIS-PASEP, restituições de imposto de renda e outros tributos recolhidos por pessoa física, saldos bancários e de cadernetas de poupança, e fundos de investimentos de valor até 500 ORTNs.

Também independe de inventário ou arrolamento o pagamento de benefício previdenciário não recebido em vida pelo segurado, o qual será feito aos seus dependentes habilitados à pensão por morte ou, na falta deles, aos seus sucessores previstos na lei civil (Lei nº 8.213/1991, art. 112).

JURISPRUDÊNCIA SELECIONADA

1. Habilitação dos herdeiros para o recebimento dos valores não pagos em vida ao segurado. "O valor não recebido em vida pelo segurado só será pago aos seus sucessores na forma da lei civil, na falta de dependentes habilitados à pensão por morte. Inteligência do artigo 112 da Lei nº 8.213/1991". (STJ, REsp 1596774/RS, Rel. Min. Mauro Campbell Marques, 2ª Turma, jul. 21.03.2017, *DJe* 27.03.2017)

2. Montante em conta individual de FGTS. Pagamento aos sucessores independentemente de inventário ou arrolamento. "A Lei nº 6.858/80, em seu art. 1º, ao tratar especificamente em relação aos montantes disponíveis em contas individuais do FGTS, não recebidos em vida pelos respectivos titulares, dispõe que tais valores serão pagos aos sucessores, independentemente de inventário ou arrolamento. Comprovada a possibilidade de autorização judicial para o levantamento dos valores mencionados. A despeito da existência ou não de procedimento de arrolamento ou inventário, bem como constatada a existência de saldo em conta de FGTS de titularidade do *de cujus*, a reforma da decisão de primeiro grau, que indeferiu o pedido de expedição de alvará, é medida que se impõe" (TJMG, AGIN 1.0459.15.003391-6/001, Rel. Des. Corrêa Junior, 6ª Câmara, *DJeMG* 09.02.2018).

"Em se tratando de pedido de expedição de alvará judicial requerido nos termos da Lei 6.858/80, ou seja, em decorrência do falecimento do titular da conta, inexiste lide a ser solucionada. Cuida-se, na verdade, de medida de jurisdição voluntária com vistas à mera autorização judicial para o levantamento, pelos sucessores do *de cujus*, de valores incontestes depositados em conta de titularidade de pessoa falecida 'independente de inventário ou arrolamento'" (STJ, CC 102.854/SP, Rel. Min. Benedito Gonçalves, 1ª Seção, jul. 11.03.2009, *DJe* 23.03.2009).

3. Alvará judicial. "A existência de bens a inventariar somente impede o levantamento de valores, por meio de alvará judicial, de saldos bancários e de contas de caderneta de poupança e fundos de investimento de valor de até quinhentas obrigações do Tesouro Nacional. As verbas rescisórias decorrentes do falecimento de empregado podem ser levantadas por meio de alvará judicial, ainda que existam bens a inventariar, ex vi do disposto no Decreto nº 85.845/81, responsável por regulamentar a Lei nº 6.858/80. Demonstrado nos autos que os autores são os legítimos sucessores para fins de percepção de eventuais valores não recebidos em vida pelo, denota-se necessário determinar a expedição do alvará judicial para levantamento da quantia referente a verbas rescisórias, nos termos do art. 666 do CPC/15 e dos arts. 1º, II, e 5º, ambos do Decreto nº 85.845/81. Recurso provido" (TJMG, Ap. Cível 1.0267.17.002607-9/001, Rel. Des. Ângela de Lourdes Rodrigues, 8ª Câm. Cível, jul. 16.05.2019, *DJeMG* 27.05.2019).

4. Alvará judicial. Verbas a título de PIS/Pasep. "Independentemente da existência de outros bens passíveis de inventariança, prevê a Lei 6.858/80, expressamente, que os valores devidos a título de PIS/PASEP e não recebidos em vida por seus respectivos titulares sejam levantados por meio de alvará judicial, não havendo de se falar, por conseguinte, em inadequação da via eleita. Constando da certidão de óbito que o 'de cujus' era divorciado, são os filhos seus herdeiros necessários, sendo inequívoca a legitimidade deles para requerer o levantamento dos valores deixados pelo genitor, se inexistem dependentes habilitados junto à Previdência Social" (TJMG, Apelação Cível 1.0261.18.011733-3/001, Rel. Des. Carlos Levenhagen, 5ª Câmara Cível, jul. 30.04.2020, *DJe* 24.07.2020).

5. Restituição dos valores exigidos a título de contribuição previdenciária. Sucessão processual. Menor sob guarda. "O art. 666 do CPC/2015 também estabeleceu que o pagamento dos valores previstos na Lei n.º 6.858/1980 independe de inventário ou arrolamento. Há precedentes do Superior Tribunal de Justiça entendendo que para recebimento de eventuais valores não levantados em vida pelo falecido, é suficiente a comprovação da condição de dependente habilitado junto à Previdência Social. No caso, a apelante comprovou a qualidade de dependente da ex-servidora falecida no curso da ação, ao demonstrar que vivia sob a guarda desta, que está habilitada ao recebimento da pensão por morte deixada pela servidora falecida, e que não há outros dependentes ou herdeiros. A apelante faz jus à sucessão processual, para dar continuidade à execução da sentença proferida nos autos do processo 98.0007391-4, no qual foi declarado o direito à devolução das contribuições previdenciárias pagas" (TRF-2ª Região, AC 0007612.09.2012.4.02.5001, Rel. Des. Firly Nascimento Filho, 4ª T. Esp., *DJe* 04.11.2020).

6. Previdenciário. Ação revisional de aposentadoria de segurado falecido e de pensão por morte. Ausência de iniciativa do segurado em vida. Legitimidade ativa de pensionistas e sucessores. "Acórdão submetido ao rito do art. 1.036 e seguintes do CPC/2015, fixando-se, nos termos no art. 256-Q, do RISTJ, as seguintes teses repetitivas: (i) O disposto no art. 112 da Lei n. 8.213/1991, segundo o qual 'o valor não recebido em vida pelo segurado só será pago aos seus dependentes habilitados à pensão por morte ou, na falta deles, aos seus sucessores na forma da lei civil, independentemente de inventário ou arrolamento', é aplicável aos âmbitos judicial e administrativo" (STJ, REsp 1.856.967/ES, Rel. Min. Regina Helena Costa, 1ª Seção, jul. 23.06.2021, *DJe* 28.06.2021). **Decisão submetida a julgamento de recursos repetitivos.**

7. Conflito de competência. PIS. Valor não recebido em vida. Liberação aos sucessores. "Lei n. 6.858, de 1980. Os montantes das contas individuais do fundo de garantia do tempo de serviço e do fundo de participação PIS-PASEP, não recebidos em vida pelos respectivos titulares, devem ser liberados aos dependentes habilitados, independentemente de inventário ou arrolamento; o levantamento só depende de autorização judicial se não houver dependentes habilitados, hipótese em que serão recebidos pelos sucessores previstos na lei civil, mediante alvará a ser requerido ao juízo competente para o inventário ou arrolamento. Conflito de competência conhecido para declarar a competência do mm. Juízo de direito de tubarão – SC" (STJ, CC 15.367/SC, Rel. Min. Ari Pargendler, 1ª Seção, jul.14.11.1995, *DJ* 04.12.1995).

8. Sobrepartilha nos autos de inventário. Desnecessidade. "Se, nos termos do art. 1º da Lei n. 6.858/80, os valores devidos pelos empregadores aos empregados, não recebidos em vida pelos respectivos titulares, devem ser pagos aos sucessores previstos na lei civil por meio alvará judicial, independentemente de inventário ou arrolamento, por razão de coerência também não se pode condicionar o pagamento de tais verbas à submissão dos herdeiros a processo de sobrepartilha de bens, que, em última análise, não passa de um desdobramento da ação de inventário" (TJMG, Apelação Cível 1.0056.09.207937-7/001, Rel. Des. Eduardo Andrade, 1ª Câmara Cível, jul. 16.04.2013, *DJE* 25.04.2013). **No mesmo sentido:** TJMG, Apelação Cível 1.0024.11.201567-2/001, Rel. Des. Edilson Fernandes, 6ª Câmara Cível, jul. 28.02.2012, *DJ* 09.03.2012.

Art. 667. Aplicam-se subsidiariamente a esta Seção as disposições das Seções VII e VIII deste Capítulo.

CPC/1973

Art. 1.038.

Seção X
Disposições Comuns a Todas as Seções

Art. 668. Cessa a eficácia da tutela provisória prevista nas Seções deste Capítulo:

I – se a ação não for proposta em 30 (trinta) dias contados da data em que da decisão foi intimado o impugnante, o herdeiro excluído ou o credor não admitido;

II – se o juiz extinguir o processo de inventário com ou sem resolução de mérito.

CPC/1973

Art. 1.039.

REFERÊNCIA LEGISLATIVA

CPC/2015, arts. 309 (medidas cautelares; cessação da eficácia), 628 (procedimento do preterido no inventário), 643, parágrafo único (separação de bens).

BREVES COMENTÁRIOS

Trata-se, em primeiro lugar, de aplicação ao juízo sucessório da regra geral do art. 309, I, que, de maneira ampla, prevê a cessação de eficácia de toda medida cautelar preparatória, quando a parte não intenta a ação principal no prazo de trinta dias, fixado pelo art. 308.

É que as medidas preventivas são tomadas sumariamente, sem uma certeza a respeito do direito da parte. Criam um constrangimento para o adversário que não pode perdurar indefinidamente. Urge, por isso, em prazo curto, instalar o processo de mérito para alcançar-se a solução definitiva do conflito. As medidas cautelares só se justificam pela contribuição que podem prestar à eficácia do processo principal. Daí a assinação de um prazo decadencial para que a questão de mérito seja deduzida em juízo. A inobservância desse prazo induz desinteresse da parte pela excepcional tutela preventiva com que foi beneficiada. A cessação da medida preparatória, então, ocorrerá de pleno direito.

Art. 669. São sujeitos à sobrepartilha os bens:

I – sonegados;

II – da herança descobertos após a partilha;

III – litigiosos, assim como os de liquidação difícil ou morosa;

IV – situados em lugar remoto da sede do juízo onde se processa o inventário.

Parágrafo único. Os bens mencionados nos incisos III e IV serão reservados à sobrepartilha sob a guarda e a administração do mesmo ou de diverso inventariante, a consentimento da maioria dos herdeiros.

CPC/1973

Art. 1.040.

REFERÊNCIA LEGISLATIVA

CC, arts. 1.992 a 1.996 (sonegação de bens);
CPC/2015, art. 240 (efeitos da citação válida).

BREVES COMENTÁRIOS

Sobrepartilha é uma nova partilha, referente ao mesmo espólio, de bens que, por qualquer motivo, ficaram fora da descrição no inventário, ou fora da partilha geral já realizada (Itabaiana de Oliveira, *Tratado do Direito das Sucessões*, nº 958, p. 909). Segundo o disposto no art. 669 do CPC/2015, ficam sujeitos à sobrepartilha:

(a) os bens sonegados, isto é, os que foram ocultados ou desviados dolosamente do processo sucessório (inc. I);

(b) os bens desconhecidos ao tempo da partilha e que só vieram a ser descobertos depois de sua homologação (inc. II);

(c) os bens litigiosos e os de liquidação difícil ou morosa (inc. III);

(d) os bens situados em lugar remoto da sede do juízo onde se processa o inventário (inc. IV).

Por bens litigiosos entendem-se aqueles cuja posse ou domínio do espólio se acha envolvido em disputa judicial. Para que o inventário não fique longamente paralisado, os bens não litigiosos podem ser desde logo partilhados, reservando-se os controvertidos para uma partilha complementar, depois de resolvida a pendência judicial que os envolve. Bens de liquidação difícil ou morosa são aqueles que se encontram em zonas remotas, longe da sede do inventário, e que, por isso, dependem de diligências e precatória de cumprimento demorado. São, ainda, aqueles que, por sua própria natureza, reclamam operações complexas, como, por exemplo, a liquidação de sociedade ou a apuração de haveres do morto em pessoa jurídica de que era sócio.

JURISPRUDÊNCIA SELECIONADA

1. Bens sonegados. Sobrepartilha (inciso I). "Os bens sonegados na separação judicial sujeitam-se à sobrepartilha; se a finalidade visada é a de integrar no patrimônio comum bens que nela deixaram de ser arrolados, não há necessidade de anular a partilha" (STJ, REsp 770.709/SC, Rel. Min. Ari Pargendler, 3ª Turma, jul. 20.05.2008, *DJe* 20.06.2008).

2. Bens descobertos posteriormente (inciso II):

Ação rescisória. Descabimento. "Separação – partilha – Bens não arrolados. Hipótese que não justifica a rescisória, devendo-se proceder a sobrepartilha" (STJ, REsp 95.452/BA, Rel. Min. Eduardo Ribeiro, 3ª Turma, jul. 26.06.1996, *DJ* 26.08.1996).

Sonegação. Inocorrência. "Se o inventariante não descreveu determinados bens porque desconhecia a sua existência, ainda que esse desconhecimento tivesse resultado de ocultação dolosa por parte de quem os possuía ou administrava, não ocorre sonegação, podendo a sobrepartilha fazer-se desde logo, porque a hipótese é a do art. 1.040, II, do CPC [art. 669, II, do CPC/2015]" (TJSC, na Ap. 21.894, Rel. Des. Norberto Ungaretti, 3ª Câmara, jul. 02.04.1985).

3. Bens litigiosos ou situados em lugar remoto da sede do juízo. Extinção do espólio (incisos III e IV). "Na hipótese de existirem bens sujeitos à sobrepartilha por serem litigiosos ou por estarem situados em lugar remoto da sede do juízo onde se processa o inventário, o espólio permanece existindo, ainda que transitada em julgado a sentença que homologou a partilha dos demais bens do espólio" (STJ, REsp 284.669/SP, Rel.ª Min.ª Nancy Andrighi, 3ª Turma, jul. 10.04.2001, *DJU* 13.08.2001).

"Encerrado o inventário, mas ainda havendo bens a partilhar, não se pode concluir pela extinção da figura do espólio. Precedente" (STJ, REsp 977.365/BA, Rel. Min. Fernando Gonçalves, 4ª Turma, jul. 26.02.2008, *DJe* 10.03.2008).

4. Produção antecipada de prova. Nem sempre configura litigiosidade (inciso III). "Todavia, a ação de produção antecipada de prova, que, na hipótese, diz respeito somente à exibição de documentos contábeis relacionados ao empreendimento e à participação da autora da herança, poderá elucidar fatos que não gerarão, necessariamente, uma ação de conhecimento futura, bem como poderá elucidar que os direitos creditórios poderão ser incluídos na própria ação de inventário se, porventura, não envolverem o exame de questão de alta indagação" (STJ, REsp 2.071.899/SP, Rel. Min. Nancy Andrighi, 3ª Turma, jul. 19.03.2024, *DJe* 22.03.2024).

5. Separação. Acordo celebrado pelo casal. Descabimento de sobrepartilha. "Não cabe sobrepartilhar bens que foram declarados na petição de acordo celebrado pelo casal, com indicação de que pertenceriam ao marido. A desconsideração de seu valor para a definição da meação pode ensejar outras medidas que não a fundada no art. 1.040 do C.Civil, quando poderão ser consideradas as circunstâncias da causa, entre elas a de que tais bens foram adquiridos pelo varão depois da separação" (STJ, REsp 265.431/RJ, Rel. Min. Ruy Rosado de Aguiar, 4ª Turma, jul. 14.11.2000, *DJ* 12.02.2001).

Art. 670. Na sobrepartilha dos bens, observar-se-á o processo de inventário e de partilha.

Parágrafo único. A sobrepartilha correrá nos autos do inventário do autor da herança.

CPC/1973

Art. 1.041.

BREVES COMENTÁRIOS

Após a criação do inventário e partilha por via administrativa, que no CPC/2015 encontra-se regulamentado no art. 610, §§ 1º e 2º, a sobrepartilha é remédio que se pode utilizar tanto em relação aos processos sucessórios judiciais como aos casos de atos notariais. Naturalmente, se não concorreram as condições para a partilha extrajudicial, a sobrepartilha também será processada em juízo. Se, porém, a partilha primitiva se der administrativamente, nada impedirá que a sobrepartilha também se ultime por meio da escritura pública prevista no art. 610, § 1º. Até mesmo quando a primeira partilha tenha sido feita contenciosamente, pode acontecer que na fase de sobrepartilha sobrevenha consenso geral entre os interessados. Poderão, perfeitamente, realizá-la por via notarial, se nenhum incapaz figurar entre eles.

JURISPRUDÊNCIA SELECIONADA

1. Competência. Juízo do inventário. "Conforme o disposto no parágrafo único do art. 1.041 do Código de Processo Civil [art. 670 do CPC/2015], a sobrepartilha deve correr nos autos do inventário do autor da herança, assim, compete ao juízo que processou e julgou inventário processar e julgar ação de sobrepartilha" (STJ, CC 54.801/DF, Rel. Min. Sidnei Beneti, 2ª Seção, jul. 27.05.2009, *DJe* 05.06.2009).

Habilitação incidente por herdeiros e sucessores. "A habilitação incidente formulada por herdeiros e sucessores de impetrantes que possuíam bens, cujo processo de inventário já finalizou com a partilha de bens, deve ser requerida junto ao juízo em que correu o processo de inventário, nos termos dos arts. 1040, II, e 1041 do CPC [arts. 669, II, e 670, CPC/2015]" (STJ, AgRg na ExeMS 115/DF, Rel. Min. Luiz Fux, 1ª Seção, jul. 24.06.2009, *DJe* 14.08.2009).

Art. 671. O juiz nomeará curador especial:

I – ao ausente, se não o tiver;

II – ao incapaz, se concorrer na partilha com o seu representante, desde que exista colisão de interesses.

CPC/1973

Art. 1.042.

REFERÊNCIA LEGISLATIVA

CPC/2015, art. 72, I (curador especial do incapaz).

BREVES COMENTÁRIOS

Para integrar a relação processual do juízo sucessório exige-se, naturalmente, a capacidade dos interessados, ou o seu suprimento através da assistência ou da representação. Pode acontecer, porém, que o incapaz não disponha, ainda, de uma pessoa legalmente investida no múnus da representação. Para essa emergência, autoriza o art. 72, I, que o juiz nomeie um curador especial (curador à lide), apenas para os atos do processo. Igual curador deverá nomear o juiz do inventário ou do arrolamento, quando o herdeiro incapaz e seu representante estiverem concorrendo, com direitos próprios, na partilha da herança (art. 671, II). Dar-se-á, também, curador especial ao ausente e ao citado por edital que permaneça revel, enquanto não for constituído advogado (arts. 72, II, e 671, I).

JURISPRUDÊNCIA SELECIONADA

1. Menores (inciso II). "Em inventário, somente se nomeia curador para defesa de menores, quando houver colisão de interesses, não se fazendo necessário quando os infantes, representados pela genitora inventariante, esta exerce o pátrio poder. Tratando-se de *munus* público, não há pagamento de honorários" (STJ, REsp 139.237/MG, Rel. Min. Waldemar Zveiter, 3ª Turma, jul. 15.02.2001, *DJ* 02.04.2001).

Art. 672. É lícita a cumulação de inventários para a partilha de heranças de pessoas diversas quando houver:

I – identidade de pessoas entre as quais devam ser repartidos os bens;

II – heranças deixadas pelos dois cônjuges ou companheiros;

III – dependência de uma das partilhas em relação à outra.

Parágrafo único. No caso previsto no inciso III, se a dependência for parcial, por haver outros bens, o juiz pode ordenar a tramitação separada, se melhor convier ao interesse das partes ou à celeridade processual.

CPC/1973

Art. 1.043.

BREVES COMENTÁRIOS

Prevê o atual Código três casos de cumulação de inventários destinados a partilha de heranças de pessoas diversas (art. 672), quando houver: (a) identidade de pessoas entre as quais devam ser repartidos os bens (inciso I); (b) heranças deixadas pelos dois cônjuges ou companheiros (inciso II); (c) dependência de uma das partilhas em relação à outra (inciso III).

O primeiro caso refere-se à hipótese de partilha de bens de diferentes heranças a pessoas comuns, ou seja, aos mesmos herdeiros, sucessores e demais interessados. É o que se passa, por exemplo, com a morte de mais de uma pessoa, tendo todas efetuado disposições testamentárias em favor dos mesmos sucessores (inciso I).

Poderá haver ainda cumulação se for necessário inventariar bens deixados pelos dois cônjuges ou companheiros (inciso II). Nesse caso, não importa que haja bens novos a inventariar em razão da morte do segundo cônjuge. Se, porém, houver herdeiros diferentes nas duas heranças, não será possível a cumulação. Admitida a cumulação, o inventariante será um só para os dois inventários e não haverá necessidade de renovar as declarações do inventariante, pois as primeiras prevalecem, assim como o laudo de avaliação. Se houver, porém, alteração dos valores que comprometa a partilha, mormente quando, no caso de cônjuges, ocorra inclusão de bens novos, necessária se tornará a avaliação de todos os bens das duas heranças (art. 673). A reunião dos inventários, todavia, somente cabe se o primeiro deles ainda não se encerrou, tanto na hipótese do inciso I como na do inciso II.

De acordo com o inciso III do art. 672, é lícita também a cumulação de inventários se a realização de uma partilha depender de outra. Ocorre, por exemplo, quando falece um dos herdeiros antes do término do inventário. Nesse caso, nem sempre se observará a cumulação dos inventários, pois prevê o CPC/2015 que se a dependência for parcial, por haver outros bens, poderá o juiz ordenar a tramitação separada do segundo inventário, se melhor convier ao interesse das partes ou à celeridade processual (parágrafo único).

JURISPRUDÊNCIA SELECIONADA

1. Cumulação de inventários de cônjuges. "Nos termos do art. 672 do CPC/2015, é lícita a cumulação de inventários para a partilha de heranças de pessoas diversas quando houver: (i) identidade de pessoas entre as quais devam ser repartidos os bens; (ii) heranças deixadas pelos dois cônjuges ou companheiros; (iii) dependência de uma das partilhas em relação à outra. A cumulação de inventários não é providência de caráter cogente, cabendo ao magistrado sopesar sua conveniência e adequação, bem como indeferi-la quando houver risco de tumulto processual e de morosidade na conclusão de uma das ações, sob pena, inclusive, de violação da própria finalidade do art. 672 do CPC/2015. Considerando que a controvérsia a respeito da validade do testamento de um dos genitores tornará o seu inventário litigioso e poderá causar, no caso de cumulação de processos, morosidade na resolução da partilha dos bens da genitora, torna salutar a tramitação separada dos feitos, em observância da celeridade e, nos termos do artigo 4º do CPC/20015, do direito à razoável duração do processo." (TJMG, AI 1.0534.13.002368-0/001, Rel. Des. José Eustáquio Lucas Pereira, 5ª Câm. Cível, jul. 23.05.2019, *DJeMG* 27.05.2019).

2. Economia processual. "Falecendo o cônjuge meeiro supérstite antes da partilha de bens do premorto e também falecido os filhos do casal, retardados os requerimentos de inventário em virtude da pendência de usufruto em favor dos pais, só é possível a extinção com a morte da esposa, admissível, nas circunstâncias, a cumulação das duas heranças, ainda que não sejam os mesmos os herdeiros. Atua, em primeiro, o princípio da economia processual. Em segundo, pondera que os bens são os mesmos, e os herdeiros, embora não o sejam, há uma identidade, dentro da linha de herança, provinda da mesma cessação do usufruto, aplicando-se o art. 1.043 do CPC [art. 672 do CPC/2015]" (TJSP, Ag. 119.869, Rel. Des. Benini Cabral, jul. 14.06.1989, *RT* 644/79).

3. Reunião de inventários. Requisito. "O art. 1.043 do Código de Processo Civil [art. 672 do CPC/2015] prescreve que 'as duas heranças serão cumulativamente inventariadas e partilhadas, se os herdeiros de ambos forem os mesmos', sendo este, portanto, o único requisito legal para a reunião dos inventários, não repercutindo para esse efeito a existência de bens diversos" (STJ, REsp 311.506/AL, Rel. Min. Carlos Alberto Menezes Direito, 3ª Turma, jul. 18.06.2002, *DJ* 09.09.2002, p. 224).

Art. 673. No caso previsto no art. 672, inciso II, prevalecerão as primeiras declarações, assim como o laudo de avaliação, salvo se alterado o valor dos bens.

CPC/1973

Art. 1.045.

INVENTÁRIO E PARTILHA: INDICAÇÃO DOUTRINÁRIA

Antônio Carlos Marcato, *Procedimentos especiais*. 16. ed., São Paulo: Atlas, 2016; Cassio Scarpinella Bueno, *Manual de direito processual civil*, São Paulo: Saraiva, 2015; Clóvis Beviláqua, *Direito das sucessões*, cap. VII; Daniel Amorim Assumpção Neves, *Manual de direito processo civil*, São Paulo: Método, 2015; Ernane Fidélis dos Santos, *Comentários ao CPC*, Forense, v. VI, p. 327; Francisco José Cahali *et al.*, *Escrituras públicas: separação, divórcio, inventário e partilha consensuais: análise civil, processual civil, tributária e notarial*, Revista dos Tribunais; Fredie Didier Jr., *Curso de direito processual civil*, 17. ed., Salvador: JusPodivm, 2015, v. I; Guilherme Rizzo Amaral, *Comentários às alterações do novo CPC*, São Paulo: Revista dos Tribunais, 2015; Hamilton de Moraes e Barros, *Comentários ao CPC*, 4. ed., Rio de Janeiro: Forense, v. IX, p. 156; Humberto Theodoro Jr., Aspectos processuais da ação de petição de herança, *Ajuris* 30/113; Humberto Theodoro Jr., Partilha: nulidade, anulabilidade e rescindibilidade, *RP* 45/218; Humberto Theodoro Júnior, *Curso de direito processual civil*, 54. ed., Rio de Janeiro: Forense, 2020, v. II; Humberto Theodoro Júnior, Fernanda Alvim Ribeiro de Oliveira, Ester Camila Gomes Norato Rezende (coord.), *Primeiras lições sobre o novo direito processual civil brasileiro*, Rio de Janeiro: Forense, 2015; J. E. Carreira Alvim, *Comentários ao novo Código de Processo Civil*, Curitiba: Juruá, 2015; José Miguel Garcia Medina, *Novo Código de Processo Civil comentado*, São Paulo: Revista dos Tribunais, 2015; José Vidal, Homologação de cálculo em inventário (art. 1.013, § 2º, do CPC) – sentença ou decisão interlocutória? – recurso cabível, *RT* 544/283;Leonardo Greco, *Instituições de processo civil: introdução ao direito processual civil*, 5. ed., Rio de Janeiro: Forense, 2015; Luis Antônio

Giampaulo Sarro, *Novo Código de Processo Civil*, São Paulo: Rideel, 2015; Luiz Guilherme Marinoni, Sérgio Cruz Arenhart, Daniel Mitidiero, *Curso de processo civil*, São Paulo: Revista dos Tribunais, 2015, v. I; Magno Federici Gomes; Marina de Sá Souza Oliveira. A partilha na união estável: a decisão do Supremo Tribunal Federal brasileiro e a sustentabilidade pela dignidade da pessoa humana. *Juris Plenum*, ano XV, n. 88, julho/2019, p. 137-150; Nelson Nery Junior, Rosa Maria de Andrade Nery, *Comentários ao Código de Processo Civil*, São Paulo: Revista dos Tribunais, 2015; Ney de Mello Almada, Petição de herança, *RJTJSP* 127/9; Orlando de Souza, *Partilhas amigáveis: comentários à Lei nº 7.019, 31 de agosto de 1982, que alterou o Código de Processo Civil, para simplificar o processo de homologação judicial da partilha amigável e da partilha de bens de pequeno valor*, São Paulo: Saraiva; Orlando Gomes, *Sucessões*, Forense; Orlando Soares, *Comentários ao CPC*, Rio de Janeiro: Forense, 1992, v. III, p. 249; Paulo Cezar Pinheiro. Inventário e partilha: judicial e extrajudicial. Rio de Janeiro: Forense, 2019; Pontes de Miranda, *Comentários ao CPC*, Rio de Janeiro: Forense, 1977, tomo XIV, p. 27; Rafael Knorr Lippmann, In: Teresa Arruda Alvim Wambier, Fredie Didier Jr., Eduardo Talamini, Bruno Dantas, *Breves comentários ao novo Código de Processo Civil*, São Paulo: Revista dos Tribunais, 2015; Ricardo Alexandre da Silva, Eduardo Lamy, In: Sérgio Cruz Arenhart e Daniel Mitidiero (coord.), *Comentários ao Código de Processo Civil*, 2. ed., São Paulo: RT, 2018, v. 9; Rodrigo Ramina de Lucca, In: Teresa Arruda Alvim Wambier, Fredie Didier Jr., Eduardo Talamini, Bruno Dantas, *Breves comentários ao novo Código de Processo Civil*, São Paulo: Revista dos Tribunais, 2015; Rodrigo Santos Neves, Meios processuais de impugnação da partilha da herança, *RDPr* 35/272; Rubens Limongi França, Colação de bens doados, *RT* 516/25; Sebastião Luiz Amorim e Euclides Benedito de Oliveira, *Inventários e partilhas: direito das sucessões: teoria e prática*, São Paulo: Leud; Teresa Arruda Alvim Wambier, Fredie Didier Jr., Eduardo Talamini, Bruno Dantas (coord.), *Breves comentários ao novo Código de Processo Civil*, São Paulo: Revista dos Tribunais, 2015; Teresa Arruda Alvim Wambier, Maria Lúcia Lins Conceição, Leonardo Ferres da Silva Ribeiro, Rogério Licastro Torres de Melo, *Primeiros comentários ao novo Código de Processo Civil*, São Paulo: Revista dos Tribunais, 2015; Wagner Barreira, A ação de petição de herança, *RT* 659/24.

Capítulo VII
DOS EMBARGOS DE TERCEIRO

Art. 674. Quem, não sendo parte no processo, sofrer constrição ou ameaça de constrição sobre bens que possua ou sobre os quais tenha direito incompatível com o ato constritivo, poderá requerer seu desfazimento ou sua inibição por meio de embargos de terceiro.

§ 1º Os embargos podem ser de terceiro proprietário, inclusive fiduciário, ou possuidor.

§ 2º Considera-se terceiro, para ajuizamento dos embargos:

I – o cônjuge ou companheiro, quando defende a posse de bens próprios ou de sua meação, ressalvado o disposto no art. 843;

II – o adquirente de bens cuja constrição decorreu de decisão que declara a ineficácia da alienação realizada em fraude à execução;

III – quem sofre constrição judicial de seus bens por força de desconsideração da personalidade jurídica, de cujo incidente não fez parte;

IV – o credor com garantia real para obstar expropriação judicial do objeto de direito real de garantia, caso não tenha sido intimado, nos termos legais dos atos expropriatórios respectivos.

CPC/1973

Arts. 1.046 e 1.047.

REFERÊNCIA LEGISLATIVA

CPC/2015, arts. 682 a 686 (oposição), 792 (fraude de execução), 808 (alienação da coisa litigiosa).

CC, art. 1.642 (regime de bens).

SÚMULAS

Súmula do STF:

nº 621: "Não enseja embargos de terceiro à penhora a promessa de compra e venda não inscrita no registro de imóveis". **Observação: o STJ, supervenientemente, adotou entendimento oposto, com a edição da Súmula nº 84.**

Súmulas do STJ:

nº 84: "É admissível a oposição de embargos de terceiro fundados em alegação de posse advinda do compromisso de compra e venda de imóvel, ainda que desprovido do registro".

nº 134: "Embora intimado da penhora em imóvel do casal, o cônjuge do executado pode opor embargos de terceiro para defesa de sua meação".

nº 195: "Em embargos de terceiro não se anula ato jurídico, por fraude contra credores".

nº 303: "Em embargos de terceiro, quem deu causa à constrição indevida deve arcar com os honorários advocatícios".

nº 308: "A hipoteca firmada entre a construtora e o agente financeiro, anterior ou posterior à celebração da promessa de compra e venda, não tem eficácia perante os adquirentes do imóvel".

Súmulas do TFR:

nº 33: "O Juízo deprecado, na execução por carta, é o competente para julgar os embargos de terceiro, salvo se o bem apreendido foi indicado pelo Juízo deprecante".

nº 112: "Em execução fiscal, a responsabilidade pessoal do sócio-gerente de sociedade por cotas, decorrente de violação da lei ou excesso de mandato, não atinge a meação de sua mulher".

nº 184: "Em execução movida contra sociedade por cotas, o sócio-gerente, citado em nome próprio, não tem legitimidade para opor embargos de terceiro, visando livrar da constrição judicial seus bens particulares".

BREVES COMENTÁRIOS

Ultrapassando o limite da responsabilidade executiva do devedor (art. 789), e sendo atingidos bens de quem não é sujeito do processo, comete o poder jurisdicional esbulho judicial, que, evidentemente, não haverá de prevalecer em detrimento de quem se viu, ilegitimamente, prejudicado pela execução forçada movida contra outrem. Daí a existência dos embargos de terceiro, remédio processual que a lei põe à disposição de quem, não sendo parte no processo, sofrer constrição ou ameaça de constrição sobre bens que possua ou sobre os quais tenha direito incompatível com o ato constritivo (art. 674). Enquanto, na intervenção assistencial, o terceiro se intromete em processo alheio para tutelar direito de outrem, na esperança de, indiretamente, obter uma sentença que seja útil a seu interesse dependente do sucesso da parte assistida, nos embargos, o que o terceiro divisa é uma ofensa direta ao seu direito ou à sua posse, ilegitimamente atingidos num processo entre estranhos. Na intervenção, portanto, o assistente apresenta-se como titular de um direito dependente, que, sem estar em jogo no processo, pode ser indiretamente prejudicado pela derrota da parte assistida. Nos embargos, a defesa é de um direito autônomo do terceiro, estranho à relação jurídica litigiosa das partes do processo primitivo e que, a nenhum título, poderia ser atingido ou prejudicado pela atividade jurisdicional.

Não é só a penhora que se discute nos embargos de terceiro, nem se prestam estes apenas à defesa da posse. Qualquer ato judicial que, em processo de conhecimento, ou de execução, afete a posse ou direito de quem não é parte do processo legitima o prejudicado a se defender por meio da ação de embargos de terceiro.

JURISPRUDÊNCIA SELECIONADA

1. Pressuposto. "Os embargos de terceiro constituem uma ação de procedimento especial incidente e autônoma, de natureza possessória, admissível sempre que o terceiro sofrer turbação ou esbulho na posse de seus bens 'por ato de constrição judicial', pressuposto indispensável para o seu aforamento" (STJ, REsp 107.295/SC, Rel. Min. Cesar Asfor Rocha, 4ª Turma, jul. 29.04.1998, *DJ* 22.06.1998).

"Os embargos de terceiro têm por pressuposto a restituição de coisa certa e devidamente individualizada, sendo incabíveis se tal não ocorre, ante a existência de divergências que colocam em dúvida as identificações das mercadorias (modelos não coincidentes)" (TAPR, Ap 173883400, Rel. Des. Sérgio Rodrigues, 4ª Câmara Cível, jul. 29.08.2001).

2. Finalidade. "Os embargos de terceiro voltam-se contra a moléstia judicial à posse, que se configura com a turbação, o esbulho e a simples ameaça de turbação ou esbulho. A tutela inibitória é passível de ser engendrada nas hipóteses em que o terceiro opôs os embargos após ter os bens de sua propriedade relacionados à penhora pelo Sr. oficial de justiça em ação de execução fiscal" (STJ, REsp 1.019.314/RS, Rel. Min. Luiz Fux, 1ª Turma, jul. 02.03.2010, *DJe* 16.03.2010).

Mandados de reintegração de posse ou de despejo. "Doutrina e jurisprudência dominante admitem os embargos de terceiro, entre outros casos, para impedir o cumprimento de mandados possessórios e de despejo sempre que se demonstrar que estranhos ao processo estão ameaçados pelo ato executivo" (cf. STJ, REsp 38.881/RJ, Rel. Min. Waldemar Zveiter, 3ª Turma, jul. 16.11.1993, *DJU* 07.02.194, p. 1.179; STJ 58/399; STJ, REsp 4.004/MT, Rel. Min. Fontes de Alencar, 4ª Turma, jul. 03.09.1996, *DJU* 29.10.1996, p. 41.649; STJ, REsp 298.815/GO, Rel. Min. Nancy Andrighi, 3ª Turma, jul. 18.12.2001, *DJU* 01.03.2002, p. 253, *RT* 801/160. Doutrina: cf. THEODORO JÚNIOR, Humberto. *Curso de direito processual civil*. 54. ed. Rio de Janeiro: Forense, 2020, v. II, nº 203, p. 233-234).

Embargos de terceiro preventivo. "A ameaça de lesão encerra o interesse de agir no ajuizamento preventivo dos embargos de terceiro, máxime à luz da cláusula pétrea da inafastabilidade, no sentido de que nenhuma lesão ou ameaça de lesão escapará à apreciação do judiciário (art. 5º, inciso XXXV, da CF)" (STJ, REsp 1.019.314/RS, Rel. Min. Luiz Fux, 1ª Turma, jul. 02.03.2010, *DJe* 16.03.2010). **No mesmo sentido:** STJ, REsp 751.513/RJ, Rel. Min. Carlos Alberto Menezes Direito, 3ª Turma, jul. 20.06.2006, *DJ* 21.08.2006.

3. Cabimento. "A oportunidade processual para a oposição dos embargos de terceiro está adstrita ao processo de conhecimento e ao processo de execução, tendo o legislador excluído o processo cautelar, em função da provisoriedade que o alicerça" (STJ, AgRg na Pet 1.059/CE, Rel. Min. Waldemar Zveiter, 3ª Turma, jul. 08.02.2000, *DJ* 10.04.2000).

4. Valor da causa. "A jurisprudência é unânime em apregoar que, em ação de embargos de terceiro, o valor da causa deve ser o do bem levado a constrição, não podendo exceder o valor da dívida" (STJ, REsp 957.760/MS, Rel. Min. Luis Felipe Salomão, 4ª Turma, jul. 12.04.2012, *DJe* 02.05.2012).

5. Legitimidade.

a) Cônjuge.

"É cediço nesta Corte que: a intimação do cônjuge enseja-lhe a via dos embargos à execução, nos quais poderá discutir a própria *causa debendi* e defender o patrimônio como um todo, na qualidade de litisconsorte passivo do(a) executado(a) e a via dos embargos de terceiro, com vista à defesa da meação a que entende fazer jus (REsp 252.854/RJ, Ministro Sálvio de Figueiredo Teixeira, *DJ* 11.09.2000)" (STJ, REsp 740.331/RS, Rel. Min. Luiz Fux, 1ª Turma, jul. 14.11.2006, *DJ* 18.12.2006). **No mesmo sentido:** STJ, REsp 1.123.448/MS, Rel. Min. Honildo Amaral de Mello Castro, 4ª Turma, jul. 20.04.2010, *DJe* 04.05.2010. **Obs.: Ver Súmula 134/STJ, segundo a qual, "embora intimado da penhora em imóvel do casal, o cônjuge executado pode opor embargos de terceiro para defesa de sua meação".**

Bens necessários ao sustento da família. "O acórdão está devidamente fundamentado, no sentido de que o cônjuge está legitimado a ajuizar os embargos de terceiro na defesa dos bens necessários ao sustento da sua família" (STJ, AgRg no AI 219.332/RS, Rel. Min. Carlos Alberto Menezes Direito, 3ª Turma, jul. 13.05.1999, *DJ* 07.06.1999).

Viúva. Representante do espólio. "No caso, a viúva, que atuou como representante do Espólio, não foi parte no processo de execução, e, portanto, possui legitimidade, em nome próprio, para propor ação de embargos de terceiro" (STJ, REsp 803.736/GO, Rel. Min. Luis Felipe Salomão, 4ª Turma, jul. 16.09.2010, *DJe* 28.09.2010). **No mesmo sentido:** STJ, REsp 740.331/RS, Rel. Min. Luiz Fux, 1ª Turma, jul. 14.11.2006, *DJ* 18.12.2006.

Bem de família. "Inobstante afastada pela instância ordinária, com decisão preclusa, a aplicação da Lei n. 8.009/90 à penhora havida nos autos da execução movida ao cônjuge varão, tem-se que a questão pode ser reavivada em embargos de terceiro opostos pela esposa do devedor, que não integrava aquele processo. Proteção que atinge a inteireza do bem, ainda que derivada apenas da meação da esposa, a fim de evitar a frustração do escopo da Lei nº 8.009/90, que é a de evitar o desaparecimento material do lar que abriga a família do devedor" (STJ, AgRg no REsp 480.506/RJ, Rel. Min. Aldir Passarinho Junior, 4ª Turma, jul. 21.11.2006, *DJ* 26.02.2007).

Meação. Preservação. "Os bens indivisíveis, de propriedade comum decorrente do regime de comunhão no casamento, podem ser levados à hasta pública por inteiro, reservando-se ao cônjuge a metade do preço alcançado. Precedentes (REsp 200.251/SP, Rel. Min. Sálvio de Figueiredo Teixeira, Corte Especial, *DJU* 29.04.2002; REsp 508.267/PR, Rel. Min. João Otávio de Noronha, *DJ* 06.03.2007; REsp 259.055/RS, Rel. Ministro Garcia Vieira, *DJ* 30.10.2000)" (STJ, REsp 814.542/RS, Rel. Min. Luiz Fux, 1ª Turma, jul. 26.06.2007, *DJ* 23.08.2007).

Meação. "A exclusão da penhora, em razão da meação, tem como fundamento o fato de não responder o cônjuge por débitos pelos quais não se obrigou. Contudo, tal condição é de caráter pessoal, isto é, só pode ser alegada pelo próprio cônjuge, não pelo herdeiro" (STJ, REsp 802.030/RS, Rel. Min. Castro Filho, 3ª Turma, jul. 23.08.2007, *DJ* 10.09.2007).

Ato ilícito. "Tratando-se, porém, de dívida oriunda de ato ilícito praticado por apenas um dos cônjuges, ou seja, apresentando a obrigação que motivou o título executivo, natureza pessoal, demarcada pelas particularidades ínsitas à relação jurídica subjacente, a meação do outro só responde mediante a prova, cujo ônus é do credor, de que se beneficiou com o produto oriundo da infração, o que é notoriamente descartado na hipótese de ilícito decorrente de acidente de trânsito, do qual não se cogita em aproveitamento econômico àquele que o causou" (STJ, REsp 874.273/RS, Rel. Min. Nancy Andrighi, 3ª Turma, jul. 03.12.2009, *DJe* 18.12.2009). **No mesmo sentido:** STJ, REsp

701.170/RN, Rel. Min. Luiz Fux, 1ª Turma, jul. 03.08.2006, *DJ* 18.09.2006.

Dívidas contraídas em benefício da família. Responsabilização. "As dívidas contraídas por pessoa casada, sem destinação específica, até prova em contrário, são entendidas como assumidas em benefício do casal" (STJ, REsp 833.340/RS, Rel. Min. Castro Filho, 3ª Turma, jul. 07.12.2006, *DJ* 26.02.2007).

"Presume-se em benefício da família a dívida contraída mediante aval concedido pelo marido, sócio de sociedade comercial de responsabilidade limitada" (STJ, REsp 299.211/MG, Rel. Min. Ruy Rosado de Aguiar, 4ª Turma, jul. 17.05.2001, *DJ* 13.08.2001). **Todavia,** "Cabe à mulher casada, em sede de embargos de terceiros em que se objetiva livrar meação sobre imóvel penhorado, o ônus da prova de não repercussão econômica para a família de aval do marido em título de crédito, formalizado em favor de empresa de que este é sócio. Precedentes" (STJ, AgRg no REsp 46.153/SP, Rel. Min. Aldir Passarinho Junior, 4ª Turma, jul. 27.06.2000, *DJ* 18.09.2000). **No mesmo sentido:** STJ, REsp 216.659/RJ, Rel. Min. Ari Pargendler, 3ª Turma, jul. 29.03.2001, *DJ* 23.04.2001.

Acordo de divórcio não registrado. "Têm embargos de terceiro a mulher e os filhos que residem no imóvel penhorado na execução de sentença proferida em ação de cobrança de quotas condominiais promovida apenas contra o ex-marido, que há muitos anos não reside no local e deixou a ação correr a revelia" (STJ, REsp 303.127/DF, Rel. Min. Ruy Rosado de Aguiar, 4ª Turma, jul. 06.12.2001, *DJ* 08.04.2002).

b) Companheiro(a).

Companheira. Defesa de sua meação. "A companheira que possui patrimônio comum com o devedor dispõe de embargos de terceiro para opor-se à constrição causada sobre a sua meação por execução movida ao segundo" (STJ, REsp 264.893/SE, Rel. Min. Aldir Passarinho Junior, 4ª Turma, jul. 04.10.2001, *DJ* 04.03.2002).

c) Descendentes.

Bem de família. "Os filhos da executada e de seu cônjuge têm legitimidade para a apresentação de embargos de terceiro, a fim de desconstituir penhora incidente sobre o imóvel no qual residem, pertencente a seus genitores, porquanto integrantes da entidade familiar a que visa proteger a Lei nº 8.009/90, existindo interesse em assegurar a habitação da família diante da omissão dos titulares do bem de família. Precedentes (REsp nos 345.933/RJ e 151.238/SP)" (STJ, REsp 511.023/PA, Rel. Min. Jorge Scartezzini, 4ª Turma, jul. 18.08.2005, *DJ* 12.09.2005). **No mesmo sentido:** STJ, AgRg no REsp 480.506/RJ, Rel. Min. Aldir Passarinho Junior, 4ª Turma, jul. 21.11.2006, *DJ* 26.02.2007.

d) Credor com garantia real.

Condição. Demonstração da existência de outros bens. "O credor com garantia real tem o direito de impedir, por meio de embargos de terceiro, a alienação judicial do objeto da hipoteca; entretanto, para o acolhimento dos embargos, é necessária a demonstração pelo credor da existência de outros bens sobre os quais poderá recair a penhora" (STJ, REsp 578.960/SC, Rel. Min. Nancy Andrighi, 3ª Turma, jul. 07.10.2004, *DJ* 08.11.2004). **No mesmo sentido:** STJ, REsp 667.237/RS, Rel. Min. Carlos Alberto Menezes Direito, 3ª Turma, jul. 17.10.2006, *DJ* 12.03.2007.

Credor hipotecário. "Os embargos de terceiro, quando fundados na falta de intimação da arrematação ao credor hipotecário, têm o efeito apenas de obstar a praça designada. Efetivada, entretanto, a intimação, o credor hipotecário não poderá impedir que se faça a arrematação, salvo se tiver alegado nos embargos e comprovado que o devedor possui outros bens sobre os quais poderá incidir a penhora" (STF, RE 102.257, Rel. Min. Soares Muñoz, 1ª Turma, jul. 15.05.1984, *DJ* 15.06.1984).

Bem imóvel objeto de promessa de compra e venda. "Adquirido o bem hipotecado de quem efetivamente era proprietário, com o regular pagamento do preço, poderá o comprador opor embargos de terceiro" (STJ, REsp 462.469/PR, Rel. Min. Nancy Andrighi, 3ª Turma, jul. 01.04.2004, *DJ* 26.04.2004, p. 166; *EJSTJ* 39/180).

e) Adquirente de bem.

Promitente-comprador. "'É admissível a oposição de embargos de terceiro fundados em alegação de posse advinda do compromisso de compra e venda de imóvel, ainda que desprovido do registro' – Súmula nº 84 do STJ" (STJ, REsp 658.551/PE, Rel. Min. Aldir Passarinho Junior, 4ª Turma, jul. 16.03.2006, *DJ* 22.05.2006). **No mesmo sentido:** TJMG, Ap. 1.0145.04.182490-8/001, Rel. Des. Pedro Bernardes, 9ª Câmara Cível, jul. 25.07.2006, *DJ* 02.09.2006.

Proprietário de terreno prometido em permuta. "O proprietário de terreno prometido em permuta por um apartamento no prédio em que está sendo construído em regime de condomínio tem legitimidade, pelas peculiaridades da espécie, para embargar de terceiro contra a penhora efetivada na construção, por dívida contraída pelo condomínio, pois são diversas as suas qualidades jurídicas (de condômino e de proprietário do terreno) com que comparece nos distintos feitos" (STJ, REsp 17.631/PR, Rel. Min. Cesar Asfor Rocha, 4ª Turma, jul. 10.06.1996, *DJ* 19.08.1996).

Adquirente de boa-fé. "(...) não revelada a litispendência ou litigiosidade da coisa constritada, via inscrição da penhora no registro imobiliário, legítimo é o reclamo de terceiro, um dos adquirentes sucessivos do bem litigioso, de livrá-lo da constrição, quando de boa-fé o comprou" (STJ, REsp 68.212/SP, Rel. Min. Waldemar Zveiter, 3ª Turma, jul. 13.02.1996, *DJ* 15.04.1996).

f) Possuidor.

Possuidor direto. "Pode manifestar embargos de terceiro o possuidor, qualquer que seja o direito em virtude do qual tenha a posse do bem penhorado, seja direito real, seja direito obrigacional" (STJ, REsp 8.999/RS, Rel. Min. Barros Monteiro, 4ª Turma, jul. 25.05.1992, *DJ* 17.08.1992).

Possuidor indireto. "Inúmeros precedentes afirmam ser possível o oferecimento de embargos de terceiro com base em posse indireta. O artigo 1.046 do Código de Processo Civil [art. 674 do CPC/2015] não exclui a possibilidade do credor de bem dado em garantia, com posse indireta, pela tradição ficta, como convencionado no termo próprio, ajuizar embargos de terceiro" (STJ, REsp 908.137/RS, Rel. Min. Nancy Andrighi, 3ª Turma, jul. 20.10.2009, *DJe* 17.11.2009).

Possuidor de bem alienado fiduciariamente. "Nos termos da jurisprudência do STJ, é possível ao credor a oposição de embargos de terceiro para resguardar o bem alienado fiduciariamente, que foi objeto de restrição judicial (sequestro). Precedentes" (STJ, REsp 622.898/SC, Rel. Min. Aldir Passarinho Junior, 4ª Turma, jul. 04.05.2010, *DJe* 24.05.2010). **No mesmo sentido:** STJ, AgRg no Ag 1.249.564/SP, Rel. Min. Eliana Calmon, 2ª Turma, jul. 27.04.2010, *DJe* 11.05.2010.

g) Outros legitimados.

Filho que habita o imóvel. "O filho que habita imóvel constrito juntamente com seus pais, estes devedores na ação de execução, possui legitimidade ativa para arguir impenhorabilidade de bem de família" (TJSP, Ap 1003818-48.2016.8.26.0400, Rel. Des. Jonize Sacchi de Oliveira, 24ª Câmara de Direito Privado, jul. 24.01.2017, data de registro 24.01.2017)

Locatário. "Quem exerce o comércio em prédio que lhe foi locado pela falida tem legitimidade para opor embargos de terceiro contra o ato de arrecadação do imóvel, impedindo o prosseguimento da atividade empresarial" (STJ, REsp 579.490/MA, Rel. Min. Ari Pargendler, 3ª Turma, jul. 20.09.2005, *DJ* 17.10.2005).

Terceiro interessado. "Incidindo a penhora sobre bens alheios, cabe aos terceiros interessados a propositura de embargos de terceiro, a fim de afastar a ilegalidade subjetiva da penhora" (STJ, REsp 261.798/MG, Rel. Min. Jorge Scartezzini, 4ª Turma, jul. 12.09.2006, *DJ* 16.10.2006).

Condômino. "Pode opor embargos de terceiros o condômino que vê a totalidade do condomínio posta à venda em edital de praça relativo à execução contra outro condômino" (STJ, REsp 706.380/PR, Rel. Min. Humberto Gomes de Barros, 3ª Turma, jul. 18.10.2005, *DJ* 07.11.2005).

"Inexiste óbice à incidência da penhora em parte ideal de imóvel em condomínio, falecendo ao condômino não executado legitimidade para opor embargos de terceiro se a sua parte ideal não foi atingida pelo ato judicial, posto que inocorre na hipótese esbulho ou turbação" (TJPR, Ap 141373600, Rel. Juiz Augusto Lopes Cortes, 5ª Câmara Cível, jul. 14.03.2001, *DJPR* 30.03.2001). **No mesmo sentido:** TAMG, Ap. 314.558-6, 1ª Câmara Cível, jul. 22.08.2000.

"Condômino, que não é parte na ação possessória, tem legitimidade ativa para ingressar com embargos de terceiro. Descabe lhe impor o ingresso como assistente litisconsorcial" (STJ, REsp 834.487/MT, Rel. Min. Antonio Carlos Ferreira, 4ª Turma, jul. 13.11.2012, *DJe* 02.04.2013).

Doador de imóvel gravado com cláusula de inalienabilidade. "Nesse contexto, se afigura razoável admitir que o doador faça uso dos embargos de terceiro na defesa do direito de ver declarada a nulidade da penhora incidente sobre bem por ele gravado com cláusula de inalienabilidade. Mesmo que idêntica tutela possa ser obtida via ação declaratória autônoma (...)" (STJ, REsp 856.699/MS, Rel. Min. Nancy Andrighi, 3ª Turma, jul. 15.09.2009, *DJe* 30.11.2009).

Sociedades. "Já assentou a jurisprudência das duas Turmas que compõem a Seção de Direito Privado desta Corte, que a sociedade tem legitimidade ativa para opor embargos de terceiros com o objetivo de afastar a penhora incidente sobre as quotas de sócio" (STJ, REsp 285.735, Alberto Menezes Direito, 3ª Turma, jul. 20.08.2001, *DJ* 01.10.2001).

Depositário. "É parte legítima para integrar o polo passivo dos embargos de terceiro o executado que aceita o encargo de depositário judicial de um bem que sabe não ser de sua propriedade, omitindo esta situação, nos autos, por longo lapso de tempo, mesmo tendo nele intervindo, posteriormente, para se manifestar acerca daquela penhora" (TAMG, Ap 359.106-4, Rel. Juiz Pereira da Silva, 2ª Câmara Cível, jul. 28.05.2002).

Incorporadora. "A empresa possuidora de bem imóvel, através de incorporação, com base em averbação não transcrita no registro de imóveis, está legitimada, na qualidade de possuidor, a opor embargos de terceiro para pleitear a exclusão de bem objeto de penhora em processo de execução" (STJ, REsp 73.597/MG, Rel. Min. Waldemar Zveiter, 3ª Turma, jul. 17.06.1997, *DJ* 22.09.1997).

6. Ilegitimidade.

Herdeiro antes da partilha. "Enquanto não realizada a partilha, a herança permanece em um todo unitário e será representada pelo inventariante, nos termos do art. 12, V, do CPC/73 [art. 75, VII, do CPC/2015]. Será o espólio o legitimado para impugnar todos os atos processuais praticados na execução a partir do momento que ingressa nos autos. Enquanto estiver em tramitação o inventário e os bens permanecerem na forma indivisa, o herdeiro não detém legitimidade para defender, de forma individual, os bens que compõem o acervo hereditário, sendo essa legitimidade exclusiva do espólio devidamente representado" (STJ, REsp 1.622.544/PE, Rel. Min. Nancy Andrighi, 3ª Turma, jul. 22.09.2016, *DJe* 04.10.2016).

Herdeiros habilitados na execução. "O herdeiro é parte passiva legítima na execução, no tocante aos bens que recebeu por herança, não podendo ingressar com embargos de terceiro. Precedentes" (STJ, REsp 1.039.182/RJ, Rel. Min. Nancy Andrighi, 3ª Turma, jul. 16.09.2008, *DJe* 26.09.2008).

Cônjuge que figurou no polo passivo da execução. "O cônjuge que figurou, na qualidade de litisconsorte, no polo passivo de execução em que foi determinada penhora sobre bem de propriedade do casal não detém legitimidade para apresentar embargos de terceiro, na defesa de sua meação, contra tal ato de constrição" (STJ, AgRg no Ag 727.564/MG, Rel. Min. Maria Thereza de Assis Moura, 6ª Turma, jul. 24.05.2007, *DJ* 11.06.2007).

Executado. "Não reconhecimento de legitimidade para oposição de embargos de terceiro à parte que figura como executada por ser também devedora indicada no título executivo. Precedentes" (REsp 473.984/MG, Rel. Min. Paulo de Tarso Sanseverino, 3ª Turma, jul. 26.10.2010, *DJe* 08.11.2010). **No mesmo sentido**: STJ, REsp 76.393/SP, Rel. Min. Franciulli Netto, 2ª Turma, jul. 06.04.2000, *DJU* 08.05.2000.

Devedor que não participou do processo de execução. "O fato de o recorrente, devedor principal, não haver figurado no polo passivo do processo de execução, movido tão somente contra o avalista, não lhe atribui a condição de terceiro, uma vez que este, para efeitos do artigo 1.046 do Código de Processo Civil [art. 674 do CPC/2015], deve ser entendido como alguém que não está juridicamente obrigado a suportar as consequências da relação material litigiosa" (STJ, REsp 802.030/RS, Rel. Min. Castro Filho, 3ª Turma, jul. 23.08.2007, *DJ* 10.09.2007).

Sucessor da parte litigante. "Não possui legitimidade ativa para embargos de terceiro quem sucedeu à parte litigante, ainda que ignore o vício litigioso, pois é indiferente que a aquisição tenha sido antes ou depois da sentença condenatória (...)" (STJ, REsp 1.102.151/MG, Rel. Min. Honildo Amaral de Mello Castro, 4ª Turma, jul. 13.10.2009, *DJe* 26.10.2009).

Adquirente de coisa litigiosa. "Consoante precedentes desta Colenda Corte de Justiça, 'Quem adquire coisa litigiosa não é terceiro legitimado a opor embargos e ainda que não haja sido registrada a ação, no registro imobiliário, não é terceiro quem sucede na posse após a citação a respeito da coisa *sub judice*' – REsp 9.365/SP, Rel. Min. Waldemar Zveiter, entre outros" (STJ, REsp 1.102.151/MG, Rel. Min. Honildo Amaral de Mello Castro, 4ª Turma, jul. 13.10.2009, *DJe* 26.10.2009). **No mesmo sentido:** STJ, AgRg no Ag. 495.327/DF, Rel. Min. Carlos Alberto Menezes Direito, 3ª Turma, jul. 26.06.2003, *DJ* 01.09.2003; STF, RE 97.895, Rel. Min. Rafael Mayer, 1ª Turma, jul. 08.02.1983, *DJ* 18.03.1983.

Locatário que não mais detém a posse direta do imóvel. "Não mais tendo a locatária a posse direta sobre o imóvel, não mais se justifica a proteção possessória" (STJ, REsp 14.845/RJ, Rel. p/ Acórdão Min. Fontes de Alencar, 4ª Turma, jul. 13.09.1993, *DJ* 23.05.1994).

Promitente-comprador não possuidor. "São inadmissíveis embargos de terceiro opostos por promitente-cessionário que não se qualifica como possuidor" (STJ, REsp 64.746-0/RJ, Rel. Min. Costa Leite, 3ª Turma, jul. 17.10.1999, 95, *DJ* 27.11.1995).

"É parte ilegítima para a ação de embargos de terceiro **aquele que pretende defender bem que não mais possui**, por já lhe ter alienado" (STJ, AgRg no AREsp 43.159/RS, Rel. Min. Sidnei Beneti, 3ª Turma, jul. 19.04.2012, *DJe* 09.05.2012).

Banco. Citação contra a companhia de *leasing*. "O banco que recebe, através do seu diretor, a citação de ação promovida contra a companhia de *leasing*, pertencente ao mesmo grupo e que atua na agência bancária, não pode vir suscitar, na ação de embargos, sua condição de terceiro em relação a execução que se processa" (STJ, REsp 95.860/RO, Rel. Min. Ruy Rosado de Aguiar, 4ª Turma, jul. 15.10.1996, *DJ* 11.11.1996).

Credor hipotecário. Alienação realizada. Descabimento de embargos de terceiro. "(...) os embargos de terceiro, na qualidade de credor com garantia real, se destinam a 'obstar a alienação judicial do objeto da hipoteca, penhor ou anticrese', e se essa alienação está perfeita e acabada com a assinatura do auto de arrematação, o credor com garantia real não pode mais se insurgir contra a imissão de posse do arrematante, porque tem o direito de sequela, permanecendo a coisa gravada com hipoteca. A arrematação que extingue a hipoteca é aquela promovida pelo credor hipotecário; bem como na hipótese de sua anuência, ou pela inércia no exercício de prelação, quando intimado da realização da praça ou leilão" (STJ, REsp 303.325/SP, Rel. Min. Nancy Andrighi, 3ª Turma, jul. 26.10.2004, *DJ* 06.12.2004).

7. Litisconsórcio. Passivo necessário unitário. "Se o provimento dos embargos de terceiro pode afetar tanto o exequente como o executado, considerada a natureza da relação jurídica que os envolve, é de se reconhecer a existência, entre eles, de litisconsórcio passivo necessário unitário" (STJ, REsp 298.358/SP, Rel. Min. Antônio de Pádua Ribeiro, 3ª Turma, jul. 21.06.2001, *DJ* 27.08.2001).

8. Credor com garantia real.

"Ajuizamento para livrar da constrição judicial imóvel onerado com hipoteca em favor de terceiro. Descabimento. Ônus real que não torna o bem impenhorável, possibilitando apenas o direito de excussão pelo credor hipotecário. Artigo 759 do Código de Processo Civil" (TACivSP, Ap. 08901053, Rel. Juiz Massami Uyeda, 6ª Câmara Cível, jul. 17.04.2001).

"'A hipoteca firmada entre a construtora e o agente financeiro, anterior ou posterior à celebração da promessa de compra e venda, não tem eficácia perante os adquirentes do imóvel' (Súmula 308/STJ)" (STJ, REsp 593.474/RJ, Rel. Min. Paulo de Tarso Sanseverino, 3ª Turma, jul. 16.11.2010, *DJe* 01.12.2010). **No mesmo sentido:** STJ, REsp 625.091/RJ, Rel. Min. Aldir Passarinho Junior, 4ª Turma, jul. 09.02.2010, *DJe* 08.03.2010.

"Existência de compromisso de compra e venda celebrado com a construtora-executada. Incidência da hipoteca e da constrição sobre a unidade do compromissário-comprador. Inadmissibilidade. Prevalência dos interesses dos terceiros de boa-fé sobre aqueles do credor hipotecário. Circunstância, ademais, em que a exequente não comunicou aos compromissários-compradores sobre o inadimplemento da executada. Negligência do credor hipotecário evidenciada. Embargos de terceiro julgados procedentes. Determinação do levantamento da constrição e do cancelamento da hipoteca, vencido o relator sorteado que não a cancelava. Recurso provido, por maioria, para esse fim" (TACivSP, Ap 08457589, Rel. Juiz Luis Carlos de Barros, 9ª Câmara Cível, jul. 21.03.2000).

"Embargos de terceiro. Compromisso de compra e venda celebrado sem qualquer anuência do credor hipotecário. Hipótese, ademais, em que a construtora deixou de pagar as prestações devidas, o que justificou o ajuizamento da execução, pretendendo os autores livrar da penhora as suas unidades condominiais. Inexistência, contudo, da prova da posse, além de haver saldo devedor em aberto. Carência da ação decretada" (TASP, Ap 08495465, Rel. Juiz Alberto Tedesco, 2ª Câmara Cível, jul. 09.02.2000, *JTALEX* 182/157).

Ver também Súmula nº 308 do STJ.

"**Construção de edifício residencial. Credor hipotecário que tinha conhecimento e autorizava a alienação de unidades deste prédio.** Boa-fé dos terceiros adquirentes demonstrada, pois sabiam que o valor pago seria repassado à instituição financeira que não recebeu tal montante por sua própria negligência. Exclusão da garantia hipotecária incidente sobre os bens determinada, cujo título aquisitivo deverá ser providenciado pelos meios extrajudiciais ou judiciais. Embargos de terceiro procedentes. Recurso provido" (TACivSP, Ap 08235927, Rel. Juiz Nelson Ferreira, 2ª Câmara Cível, jul. 16.02.2000, *DJSP* 19.06.2000).

9. Execução hipotecária ajuizada pelo titular da segunda hipoteca. "(...) a procedência dos embargos de terceiro, ajuizados pelo primeiro credor hipotecário à execução instaurada pelo segundo, pressupõe que a primeira dívida não esteja vencida ou que o respectivo credor não tenha sido notificado da execução" (STF, RE 97.312, Rel. Min. Soares Muñoz, 1ª Turma, jul. 10.08.1982, *DJ* 27.08.1982).

10. Cabimento dos embargos de terceiro.

Cessão de direitos hereditários. Bem determinado. Ausência de nulidade. Negócio jurídico válido. Eficácia condicionada que não impede a transmissão da posse. "A cessão de direitos hereditários sobre bem singular, desde que celebrada por escritura pública e não envolva o direito de incapazes, não é negócio jurídico nulo, tampouco inválido, ficando apenas a sua eficácia condicionada a evento futuro e incerto, consubstanciado na efetiva atribuição do bem ao herdeiro cedente por ocasião da partilha. Se o negócio não é nulo, mas tem apenas a sua eficácia suspensa, a cessão de direitos hereditários sobre bem singular viabiliza a transmissão da posse, que pode ser objeto de tutela específica na via dos embargos de terceiro. Admite-se a oposição de embargos de terceiro fundados em alegação de posse advinda do compromisso de compra e venda de imóvel, mesmo que desprovido do registro, entendimento que também deve ser aplicado na hipótese em que a posse é defendida com base em instrumento público de cessão de direitos hereditários. Súmula nº 84/STJ" (STJ, REsp 1.809.548/SP, Rel. Min. Ricardo Villas Bôas Cueva, 3ª Turma, jul. 19.05.2020, *DJe* 27.05.2020).

Averbação da existência de uma demanda executiva no registro do veículo. Justo receio de indevida turbação da posse. "Os embargos de terceiro constituem ação de natureza contenciosa que tem por finalidade a defesa de um bem objeto de ameaça ou efetiva constrição judicial em processo alheio. Em que pese a redação do art. 1.046, *caput*, do CPC/73 [art. 674 do CPC/2015], admite-se a oposição dos embargos de terceiro preventivamente, isto é, quando o ato judicial, apesar de não caracterizar efetiva apreensão do bem, configurar ameaça ao pleno exercício da posse ou do direito de propriedade pelo terceiro. (...) A averbação da existência de uma demanda executiva, na forma do art. 615-A do CPC/73 [art. 828 do CPC/2015], implica ao terceiro inegável e justo receio de apreensão judicial do bem, pois não é realizada gratuitamente pelo credor; pelo contrário, visa assegurar que o bem possa responder à execução, mediante a futura penhora e expropriação, ainda que seja alienado ou onerado pelo devedor, hipótese em que se presume a fraude à execução. Assim, havendo ameaça de lesão ao direito de propriedade do terceiro pela averbação da execução, se reconhece o interesse de agir na oposição dos embargos" (STJ, REsp 1.726.186/RS, Rel. Min. Nancy Andrighi, 3ª Turma, jul. 08.05.2018, *DJe* 11.05.2018).

Negócio jurídico simulado. Reconhecimento. Possibilidade. "O art. 167 do CC/02 alçou a simulação como motivo de nulidade do negócio jurídico. Em sendo assim, o negócio jurídico simulado é nulo e consequentemente ineficaz, ressalvado o que nele se dissimulou (art. 167, 2ª parte, do CC/02). É desnecessário o ajuizamento de ação específica para se declarar a nulidade de negócio jurídico simulado. Dessa forma, não há como se restringir o seu reconhecimento em embargos de terceiro. Simulação que se configura em hipótese de nulidade absoluta insanável. Observância dos arts. 167 e 168, ambos do CC/02" (STJ, REsp 1.927.496/SP, Rel. Min. Moura Ribeiro, 3ª Turma, jul. 27.04.2021, *DJe* 05.05.2021).

Multipropriedade imobiliária. Penhora de imóvel objeto de compartilhamento. Embargos de terceiro. "A multipropriedade imobiliária, mesmo não efetivamente codificada, possui natureza jurídica de direito real, harmonizando-se, portanto, com os institutos constantes do rol previsto no art. 1.225 do Código Civil; e o multiproprietário, no caso de penhora do imóvel objeto de compartilhamento espaçotemporal (*time-sharing*), tem, nos embargos de terceiro, o instrumento judicial protetivo de sua fração ideal do bem objeto de constrição. É insubsistente a penhora sobre a integralidade do imóvel submetido ao regime de multipropriedade na hipótese em que a parte embargante é titular de fração ideal por conta de cessão de direitos em que figurou como cessionária" (STJ, REsp 1.546.165/SP, Rel. p/ acórdão Min. João Otávio de Noronha, 3ª Turma, jul. 26.04.2016, *DJe* 06.09.2016).

Imóvel adquirido por doação não levada a registro. "Os embargos de terceiro, destinados a proteção da posse, constituem via hábil para debater-se pretensão de excluir da penhora bem adquirido por doação não levada a registro" (STJ, REsp 11.173/SP, Rel. Min. Sálvio de Figueiredo Teixeira, 4ª Turma, jul. 03.11.1992, *DJ* 07.12.1992).

Desconstituição da penhora. "O juiz, **de ofício ou mediante petição incidental**, nos autos da execução por título extrajudicial, pode desconstituir a penhora que incide sobre bem de terceiro pois a legalidade ou não da penhora é matéria de ordem pública, quando patente não ser necessária a dilação probatória" (STJ, REsp 1.165.193/DF, Rel. Min. Humberto Martins, 2ª Turma, jul. 16.12.2010, *DJe* 14.02.2011). **No mesmo sentido:** TRF-4ª Região, Ap. 2002.71.01.008326-2/RS, Rel. Des. Federal Antonio Albino Ramos de Oliveira, 2ª Turma, jul. 17.08.2004, *DJ* 01.12.2004.

Ordem judicial do Detran. "Nos termos de precedentes da corte, a ordem judicial ao Detran, que impõe vedação para a transferência de veículo, dá ensanchas aos embargos de terceiro na forma do art. 1.046 do CPC" [art. 674 do CPC/2015] (STJ, REsp 73.066/MG, Rel. Min. Carlos Alberto Menezes Direito, 3ª Turma, jul. 25.03.1997, *DJ* 19.05.1997).

Nulidade da execução. "O terceiro embargante pode arguir em defesa de seu direito a nulidade da execução" (STJ, REsp 650.790/AM, Rel. Min. Carlos Alberto Menezes Direito, 3ª Turma, jul. 08.03.2007, *DJ* 28.05.2007).

11. Não cabimento dos embargos de terceiro.

Fraude contra credores. Ação específica. "Não é possível a apuração e o reconhecimento de fraude contra credores no âmbito dos embargos de terceiro à execução, notadamente porquanto existente ação própria para tanto" (STJ, REsp 841.361/PA, Rel. Min. Nancy Andrighi, 3ª Turma, jul. 03.04.2007, *DJ* 23.04.2007). **No mesmo sentido:** STJ, AgRg no Ag 780.527/GO, Rel. Min. Aldir Passarinho Junior, 4ª Turma, jul. 05.10.2006, *DJ* 13.11.2006.

Ação de desoneração de alimentos. Oposição de embargos de terceiro. Impropriedade da via eleita. "Os embargos de terceiro, na sistemática do Código de Processo Civil de 1973, não são cabíveis para, em sede de ação de exoneração de alimentos, o fim de declarar a natureza familiar da prestação alimentícia, de forma a alterar a relação jurídica posta e discutida na demanda principal. Impossibilidade da conversão em recurso de terceiro interessado em razão da ausência de elementos aptos a justificarem a fungibilidade" (STJ, REsp 1.560.093/SP, Rel. Min. Marco Buzzi, 4ª Turma, jul. 18.09.2018, *DJe* 26.09.2018).

Decisão judicial que permite a averbação de protesto na matrícula de um imóvel. Mera publicidade de manifestação de vontade do promovente. Ausência de efeitos sobre as relações jurídicas e direitos. Recurso incabível. "Cuida-se de embargos de terceiro por meio dos quais se requer o cancelamento do protesto contra a alienação de bens que foi averbado na matrícula do imóvel e que foi apontado como impedimento para o registro da compra e venda. (...) A averbação do protesto contra a alienação de bens na matrícula do imóvel consiste em manifestação do princípio da publicidade, tendo por escopo apenas dar conhecimento a terceiros interessados sobre o direito que o promovente alega possuir sobre o imóvel. É pressuposto dos embargos de terceiro a existência de um ato de constrição judicial sobre o bem que o terceiro alega ser possuidor ou proprietário. Na hipótese dos autos, a recusa do registro do imóvel no nome da recorrente é efeito da atuação do oficial cartorário e não do deferimento do pedido de averbação do protesto na matrícula do imóvel, que é mero ato de publicidade do protesto e que não afeta a posse ou a propriedade de terceiro alheio ao procedimento, e que não configura apreensão judicial que possa, sequer em tese, ser reformada por meio de eventual julgamento de procedência dos embargos de terceiro. Inexistência de interesse processual por ausência do binômio utilidade-adequação" (STJ, REsp 1.758.858/SP, Rel. Min. Nancy Andrighi, 3ª Turma, jul. 19.05.2020, *DJe* 25.05.2020).

Oposição perante o STJ. Impossibilidade. "Ausência de previsão legal para oposição de embargos de terceiro diretamente no STJ com o intuito de desconstituir acórdão proferido em recurso especial. Ademais, a decisão vergastada não determinou a apreensão judicial de nenhum bem. Não configuradas, portanto, as hipóteses previstas no art. 1.046 do CPC [art. 674 do CPC/2015]. Os embargos de terceiro devem ser opostos na instância ordinária quando o juízo determinar a prática do ato que cause turbação ou esbulho. Ainda que esse ato decorra do julgamento do recurso especial, o terceiro não está impedido de defender sua posse, pois o acórdão do apelo nobre não faz coisa julgada em relação a quem não participou do processo" (STJ, AgRg na Pet 5.970/PR, Rel. Min. Herman Benjamin, 2ª Turma, jul. 23.09.2008, *DJe* 27.03.2009).

Mandado de despejo. "Recente jurisprudência deste Superior Tribunal de Justiça firmou entendimento no sentido de que é incabível a oposição de embargos de terceiro contra ordem judicial de despejo, cuja natureza jurídica não se enquadra nas hipóteses dos artigos 1.046 e 1.047 do CPC" [art. 674 do CPC/2015] (STJ, AgRg no REsp 886.382/MT, Rel. Min. Maria Thereza de Assis Moura, 6ª Turma, jul. 24.08.2010, *DJe* 13.09.2010). **No mesmo sentido:** STJ, REsp 932.284/PA, Rel. Min. Arnaldo Esteves Lima, 5ª Turma, jul. 24.11.2008, *DJe* 19.12.2008.

Ação de desapropriação. Descabimento de embargos de terceiro. "Em sede de ação desapropriatória, é descabida a utilização da via dos embargos de terceiro pelo possuidor do bem imóvel, seja em razão da absoluta incompatibilidade da medida com o procedimento expropriatório, cuja essência pressupõe naturalmente a perda da posse do imóvel expropriado, seja em face da impertinência da argumentação que, *in casu*, ampara o pleito da parte, voltada para o não enquadramento da ação nas hipóteses que configuram o interesse social" (STJ, REsp 353.382/PB, Rel. Min. João Otávio de Noronha, 2ª Turma, jul. 14.03.2006, *DJ* 26.05.2006).

12. Prova da posse. "O CPC exige apenas prova sumária da posse. Os embargantes não precisam comprovar cabalmente serem possuidores, bastando a mera plausibilidade da existência do direito" (TJSP, Ap.1002086-54.2016.8.26.0619, Rel. Antonio Celso Faria, 8ª Câmara de Direito Público, jul. 28.09.2016, data de registro 28.09.2016).

Liminar. Comprovação da plausibilidade da posse. "Para o deferimento liminar dos embargos basta a mera plausibilidade da posse. Contudo, se esta não restar comprovada durante a instrução, impõe-se a improcedência da ação" (2º TACívSP, Ap 644717002, Rel. Juiz Egídio Giacoia, 11ª Câmara Cível, jul. 16.02.2002). **No mesmo sentido:** TJMG, AI 447.818-0, Rel. Des. Otávio Portes, 8ª Câmara Cível, jul. 23.04.2004, *DJ* 06.05.2004; TAMG, AI 345.079-3, Des. Jurema Miranda, 3ª Câmara Cível, jul. 22.08.2001, *DJ* 01.09.2001; TJMG, Ag 1.0481.07.074398-6/001, Rel. Des. Domingos Coelho, 12ª Câmara Cível, jul. 28.11.2007, *DJ* 07.12.2007.

13. Compromisso de compra e venda.

Contrato particular de compra e venda não registrado no cartório imobiliário. Carta de arrematação registrada pelos arrematantes. "O propósito recursal é, a par da análise acerca da ocorrência de negativa de prestação jurisdicional, definir qual direito deve prevalecer: o direito pessoal dos recorridos, fundado em promessa de compra e venda celebrada por instrumento particular com os anteriores promitentes compradores do imóvel, sem anotação no registro imobiliário; ou o direito de propriedade dos recorrentes, arrematantes do imóvel em hasta pública judicial, e que promoveram o registro da carta de arrematação no Cartório Imobiliário. (...) Antes do registro imobiliário do título, há apenas direito pessoal ou obrigacional entre as partes que firmaram o negócio jurídico, de modo que, consequentemente, com a efetivação do registro, cria-se um direito oponível perante terceiros (efeito *erga omnes*) com relação à transferência do domínio do imóvel. Sob esse enfoque, ausente a formalidade considerada essencial pela lei ao negócio realizado, não se pode admitir que o título seja oponível ao terceiro de boa-fé que arremata judicialmente o imóvel e promove, nos estritos termos da lei, o registro da carta de arrematação" (STJ, REsp 1.724.716/MS, Rel. Min. Nancy Andrighi, 3ª Turma, jul. 25.09.2018, *DJe* 01.10.2018).

Compromisso de compra e venda desprovido de registro. Posse não concretizada. Imóvel em construção. Súmula 84/STJ. "É admissível a oposição de embargos de terceiro fundados em alegação de posse advinda do compromisso de compra e venda, ainda que desprovido de registro. Aplicação da Súmula 84/STJ. Na petição inicial dos embargos de terceiro, o embargante deverá fazer prova sumária de sua posse ou de seu domínio e da qualidade de terceiro, oferecendo documentos e rol de testemunhas. Na hipótese, o imóvel adquirido só não estava na posse da recorrida em razão de ainda estar em fase de construção, razão pela qual o instrumento particular de compra e venda colacionado aos autos – ainda que desprovido de registro – deve ser considerado para fins de comprovação de sua posse, admitindo-se, via de consequência, a oposição dos embargos de terceiro. Ademais, o instrumento de compra e venda foi firmado em data anterior ao próprio ajuizamento da ação de execução em que foi determinada a penhora do bem, não havendo que se falar em fraude à execução ou má-fé da parte adquirente" (STJ, REsp 1.861.025/DF, Rel. Min. Nancy Andrighi, 3ª Turma, jul. 12.05.2020, *DJe* 18.05.2020).

Possibilidade de acionar as vias ordinárias. "A circunstância dos promitentes compradores não terem manejado os respectivos embargos de terceiros para questionar a penhora e a arrematação efetivadas sobre o imóvel em litígio, em processo de execução do qual não fizeram parte, não obsta que tal providência seja pleiteada nas vias ordinárias, mediante a propositura da ação ordinária própria. Precedente" (STJ, REsp 564.944/AL, Rel. Min. Fernando Gonçalves, 4ª Turma, jul. 02.12.2008, *DJe* 20.04.2009). **No mesmo sentido:** STJ, AgRg no Ag 88.561/AC, Rel. Min. Waldemar Zveiter, 3ª Turma, jul. 26.03.1996, *DJ* 17.06.1996.

14. Penhora de bem imóvel indivisível em regime de copropriedade.

Embargos de terceiro pelo cônjuge ou coproprietário. Desnecessidade. "Nesse novo regramento, a oposição de embargos de terceiro pelo cônjuge ou coproprietário que não seja devedor nem responsável pelo adimplemento da obrigação se tornou despicienda, na medida em que a lei os confere proteção automática. Basta, de fato, que sejam oportunamente intimados da penhora e da alienação judicial, na forma dos arts. 799, 842 e 889 do CPC/15, a fim de que lhes seja oportunizada a manifestação no processo, em respeito aos postulados do devido processo legal e do contraditório" (STJ, REsp 1.818.926/DF, Rel. Min. Nancy Andrighi, 3ª Turma, jul. 13.04.2021, *DJe* 15.04.2021).

Comunhão universal de bens. Possibilidade da constrição. Presunção de comunicabilidade. "No regime da comunhão universal de bens, forma-se um único patrimônio entre os consortes, o qual engloba todos os créditos e débitos de cada um individualmente, com exceção das hipóteses previstas no art. 1.668 do Código Civil. Por essa razão, revela-se perfeitamente possível a constrição judicial de bens do cônjuge do devedor, casados sob o regime da comunhão universal de bens, ainda que não tenha sido parte no processo, resguardada, obviamente, a sua meação. Com efeito, não há que se falar em responsabilização de terceiro (cônjuge) pela dívida do executado, pois a penhora recairá sobre bens de propriedade do próprio devedor, decorrentes de sua meação que lhe cabe nos bens em nome de sua esposa, em virtude do regime adotado. Caso, porém, a medida constritiva recaia sobre bem de propriedade exclusiva do cônjuge do devedor – bem próprio, nos termos do art. 1.668 do Código Civil, ou decorrente de sua meação –, o meio processual para impugnar essa constrição, a fim de se afastar a presunção de comunicabilidade, será pela via dos embargos de terceiro, a teor do que dispõe o art. 674, § 2º, inciso I, do Código de Processo Civil de 2015" (STJ, REsp 1.830.735/RS, Rel. Min. Marco Aurélio Bellizze, 3ª Turma, jul. 20.06.2023, *DJe* 26.06.2023).

15. Aquisição de bem imóvel. Alienação fiduciária celebrada pela construtora e o agente financeiro. Ineficácia em relação ao adquirente. "O propósito recursal é definir se a alienação fiduciária firmada entre a construtora e o agente financeiro tem eficácia perante a adquirente do imóvel, de forma a se admitir a aplicação analógica da Súmula 308/STJ. De acordo com a Súmula 308/STJ, a hipoteca firmada entre a construtora e o agente financeiro, anterior ou posterior à celebração da promessa de compra e venda, não tem eficácia perante os adquirentes do imóvel. A Súmula 308/STJ, apesar de aludir, em termos gerais, à ineficácia da hipoteca perante o promitente comprador, o que se verifica, por meio da análise contextualizada do enunciado, é que ele traduz hipótese de aplicação circunstanciada da boa-fé objetiva ao direito real de hipoteca. Dessume-se, destarte, que a intenção da Súmula 308/STJ é a de proteger, propriamente, o adquirente de boa-fé que cumpriu o contrato de compra e venda do imóvel e quitou o preço ajustado, até mesmo porque este possui legítima expectativa de que a construtora cumprirá com as suas obrigações perante o financiador, quitando as parcelas do financiamento e, desse modo, tornando livre de ônus o bem negociado. (...) tem-se que as diferenças estabelecidas entre a figura da hipoteca e a da alienação fiduciária não são suficientes a afastar a sua aplicação nessa última hipótese, admitindo-se, via de consequência, a sua aplicação por analogia" (REsp 1.576.164/DF, Rel. Min. Nancy Andrighi, 3ª Turma, jul. 14.05.2019, *DJe* 23.05.2019).

16. Falta de registro do ato.

Irrelevância. "A eventual falta do registro imobiliário não exclui o oferecimento dos embargos de terceiro" (STJ, REsp 416.340/SP, Rel. Min. Fernando Gonçalves, 4ª Turma, jul. 04.03.2004, *DJ* 22.03.2004).

"Imóveis partilhados pelo casal e parcialmente doados a seus filhos, em acordo homologado antes do ajuizamento da execução, podem ser excluídos da constrição por efeito de embargos de terceiro, opostos por possuidores de boa-fé, ainda que a aludida partilha não tenha sido levada a registro" (STJ, REsp 617.861/RS, Rel. Min. Nancy Andrighi, 3ª Turma, jul. 13.05.2008, *DJe* 28.05.2008).

Cessão de direitos hereditários. Ausência de registro. Inoponibilidade a terceiros. "Os arts. 129, nº 9, e 130 da Lei de Registros Públicos exige o registro de qualquer ato de cessão de direitos em Cartório de Títulos e Documentos da residência de todas as partes envolvidas no negócio jurídico, para sua validade perante terceiros. A mera lavratura de escritura de cessão de direitos hereditários, em comarca diversa da do domicílio das partes ou do processamento do inventário, não supre o requisito de publicidade do ato" (STJ, REsp 1.102.437/MS, Rel. Min. Nancy Andrighi, 3ª Turma, jul. 07.10.2010, *DJe* 15.02.2011).

17. Embargos do devedor. Fungibilidade. "'Os embargos a serem manejados pelo sócio-gerente, contra quem se redirecionou ação executiva, regularmente citado e, portanto, integrante do polo passivo da demanda, são os de devedor, e não por embargos de terceiros, adequados para aqueles que não fazem parte da relação processual. Todavia, em homenagem ao princípio da fungibilidade das formas, da instrumentalidade do processo e da ampla defesa, a jurisprudência admite o processamento de embargos de terceiro como embargos do devedor'

(EREsp 98.484/ES, 1ª Seção, Rel. Min. Teori Albino Zavascki, *DJ* 17.12.2004" (STJ, AgRg no Ag 847.616/MG, Rel. Min. Denise Arruda, 1ª Turma, jul. 04.09.2007, *DJ* 11.10.2007). **No mesmo sentido:** STJ, AgRg no Ag 146.352/RJ, Rel. Min. Ari Pargendler, 2ª Turma, jul. 26.06.1997, *DJ* 18.08.1997.

"No caso concreto, no entanto, em face da instrumentalidade do processo, admite-se o manejo dos embargos de terceiro, na medida em que poderiam os recorrentes, inclusive, oferecer a exceção de pré-executividade" (STJ, REsp 98.655/RS, Rel. p/ Acórdão Min. Sálvio de Figueiredo Teixeira, 4ª Turma, jul. 12.09.2000, *DJ* 17.03.2003).

18. Ação anulatória da adjudicação. "Considerada a ausência de oposição de embargos de terceiro para a defesa de meação, no prazo de 5 dias da adjudicação, conforme estabelece o art. 1.048 do CPC [art. 675 do CPC/2015], e após a assinatura da respectiva carta, é cabível a ação anulatória prevista no art. 486 do CPC [art. 966, § 4º, do CPC/2015], para a desconstituição de ato judicial que não depende de sentença, como ocorre com o auto de adjudicação" (STJ, REsp 874.273/RS, Rel. Min. Nancy Andrighi, 3ª Turma, jul. 03.12.2009, *DJe* 18.12.2009).

19. Denunciação à lide. Possibilidade. "Os embargos de terceiro, por constituírem ação autônoma que visa eliminar a eficácia de ato jurídico emanado de outra ação, comportam denunciação à lide para resguardo de possível risco de evicção" (STJ, REsp 161.759/MG, Rel. Min. Antônio de Pádua Ribeiro, 3ª Turma, jul. 03.05.2005, *DJ* 13.06.2005).

20. Mandado de segurança. Descabimento. "(...) acerca dessa matéria o Superior Tribunal de Justiça já se pronunciou no sentido de que 'o mandado de segurança não tem cabimento para desconstituir decisão judicial não teratológica contra a qual o Código de Processo Civil oferece os embargos de terceiro como remédio adequado, nos quais é permitida a discussão ampla das matérias de fato e de prova e com possibilidade de proteção liminar' (RMS nº 10.096-BA, Rel. Min. Carlos Alberto Menezes Direito, *DJ* 04.10.1999); nessa ordem de ideias, é de fácil inferência não haver espaço para aplicação da aventada Súmula 202 do Superior Tribunal de Justiça" (STJ, RMS 23.095/RJ, Rel. Min. Hélio Quaglia Barbosa, 4ª Turma, jul. 15.03.2007, *DJ* 16.04.2007). **No mesmo sentido:** STJ, RMS 24.487/GO, Rel. Min. Luiz Fux, 1ª Turma, jul. 16.11.2010, *DJe* 01.12.2010. **Em sentido contrário:** "É lícito ao terceiro prejudicado requerer mandado de segurança contra ato judicial, em lugar de interpor, contra ele, embargos de terceiro" (STJ, RMS 24.293/RJ, Rel. Min. Humberto Gomes de Barros, 3ª Turma, jul. 23.10.2007, *DJ* 05.11.2007).

21. Intimação. Regras da execução Fiscal. "Assim, considerando que os referidos embargos têm sua origem estritamente relacionada com um processo principal, que, no caso, é uma execução fiscal, devem-lhe ser aplicadas as mesmas regras, inclusive a respeito da intimação pessoal dos representantes da Fazenda Pública. A propósito: REsp 822.638/MG, 2ª Turma, Rel. Min. Castro Meira, *DJ* 13.3.2007" (STJ, REsp 703.726/MG, Rel. Min. Denise Arruda, 1ª Turma, jul. 21.08.2007, *DJ* 17.09.2007).

22. Alegação de nulidade. "Nos embargos, podem alegar a nulidade da execução que prosseguiu sem a citação do espólio ou de seus sucessores" (STJ, REsp 103.639/CE, Rel. Min. Ruy Rosado de Aguiar, 4ª Turma, jul. 27.11.1996, *DJ* 03.02.1997). **Nota: o CC citado no ac. é o de 1916.**

23. Julgamento dos embargos. Extinção do processo de execução. Impossibilidade. "Não é dado, no processo de embargos de terceiro, proferir julgamento de extinção do processo de execução. Vulneração dos artigos 128 e 460 do Código de Processo Civil" [arts. 141 e 492 do CPC/2015] (STJ, REsp 54.725/RS, Rel. Min. Eduardo Ribeiro, 3ª Turma, jul. 13.12.1995, *DJ* 25.03.1996).

24. Ação de reintegração de posse. Embargos de terceiro. Tempestividade. Coisa julgada. "Já decidiu a Corte que o trânsito em julgado de sentença adotada em ação de reintegração de posse não impede o ajuizamento dos embargos de terceiro, cabíveis, assim, contra o mandado reintegratório, presente o fato de não estar cumprida a liminar antes deferida" (STJ, REsp 260.002/ES, Rel. Min. Carlos Alberto Menezes Direito, 3ª Turma, jul. 20.03.2001, *DJ* 04.06.2001).

25. Prescrição. "Não existindo relação de pertinência entre o terceiro e a obrigação executada, falece a este legitimidade para deduzir exceção de prescrição" (STJ, REsp 60.284/SP, Rel. Min. João Otávio de Noronha, 2ª Turma, jul. 03.04.2003, *DJ* 12.05.2003).

26. Mandado de segurança. Descabimento. "(...) acerca dessa matéria o Superior Tribunal de Justiça já se pronunciou no sentido de que 'o mandado de segurança não tem cabimento para desconstituir decisão judicial não teratológica contra a qual o Código de Processo Civil oferece os embargos de terceiro como remédio adequado, nos quais é permitida a discussão ampla das matérias de fato e de prova e com possibilidade de proteção liminar' (RMS nº 10.096-BA, Rel. Min. Carlos Alberto Menezes Direito, *DJ* 04.10.1999); nessa ordem de ideias, é de fácil inferência não haver espaço para aplicação da aventada Súmula 202 do Superior Tribunal de Justiça" (STJ, RMS 23.095/RJ, Rel. Min. Hélio Quaglia Barbosa, 4ª Turma, jul. 15.03.2007, *DJ* 16.04.2007). **No mesmo sentido:** STJ, RMS 24.487/GO, Rel. Min. Luiz Fux, 1ª Turma, jul. 16.11.2010, *DJe* 01.12.2010. **Em sentido contrário:** "É lícito ao terceiro prejudicado requerer mandado de segurança contra ato judicial, em lugar de interpor, contra ele, embargos de terceiro" (STJ, RMS 24.293/RJ, Rel. Min. Humberto Gomes de Barros, 3ª Turma, jul. 23.10.2007, *DJ* 05.11.2007).

27. Sucumbência.

Princípio da causalidade. "Conforme expressamente concluiu a Corte Especial do STJ, por ocasião do julgamento dos Embargos de Divergência no REsp 490.605/SC: 'Não pode ser responsabilizado pelos honorários advocatícios o credor que indica à penhora imóvel transferido a terceiro mediante compromisso de compra e venda não registrado no Cartório de Imóveis. Com a inércia do comprador em proceder ao registro não havia como o exequente tomar conhecimento de uma possível transmissão de domínio'. **Para os fins do art. 1.040 do CPC/2015 (antigo art. 543-C, § 7º, do CPC/1973)**, consolida-se a seguinte tese: 'Nos Embargos de Terceiro cujo pedido foi acolhido para desconstituir a constrição judicial, os honorários advocatícios serão arbitrados com base no princípio da causalidade, responsabilizando-se o atual proprietário (embargante), se este não atualizou os dados cadastrais. Os encargos de sucumbência serão suportados pela parte embargada, porém, na hipótese em que esta, depois de tomar ciência da transmissão do bem, apresentar ou insistir na impugnação ou recurso para manter a penhora sobre o bem cujo domínio foi transferido para terceiro'. Precedentes: AgRg no REsp 1.282.370/PE, Rel. Ministro Benedito Gonçalves, Primeira Turma, *DJe* 06/03/2012; EDcl nos EDcl no REsp 375.026/PR, Rel. Ministro Carlos Fernando Mathias, Segunda Turma, *DJe* 15/04/2008; REsp 724.341/MG, Rel Ministra Denise Arruda, Primeira Turma, *DJ* 12/11/2007, p. 158; AgRg no REsp 462.647/SC, Rel. Ministro Castro Meira, Segunda Turma, *DJ* 30/08/2004, p. 244. Acórdão submetido ao julgamento no rito do art. 1036 do CPC/2015 (antigo art. 543-C do CPC/1973)" (STJ, REsp 1.452.840/SP, Rel. Min. Herman Benjamin, 1ª Seção, jul. 14.09.2016, *DJe* 05.10.2016). **No mesmo sentido:** STJ, REsp 514.174/PR, Rel. Min. Barros Monteiro, 4ª Turma, jul. 14.06.2005, *DJ* 19.09.2005, p. 329; STJ, REsp 1.769.206/DF, Rel. Min. Maria Isabel Gallotti, 4ª Turma, jul. 25.06.2019, *DJe* 02.10.2019; STJ, REsp 303.597/SP, Rel. Min. Nancy Andrighi, 3ª Turma, jul. 17.04.2001, *DJ* 11.06.2001, p. 209).

"'Em embargos de terceiro, quem deu causa à constrição indevida deve arcar com os honorários advocatícios' (Súmula 303/STJ)" (STJ, REsp 913.618/RS, Rel. Min. Castro Meira, 2ª

Turma, jul. 08.05.2007, *DJ* 18.05.2007). **No mesmo sentido:** STJ, AgRg no Ag 1.174.795/RS, Rel. Min. João Otávio de Noronha, 4ª Turma, jul. 21.06.2011, *DJe* 01.07.2011.

Condenação do embargante. Execução extinta por prescrição intercorrente. Ver jurisprudência do art. 85 do CPC/2015.

"Em regra, o sucumbente é considerado responsável pela instauração do processo e, portanto, deverá arcar com as despesas processuais, sendo este o conteúdo do princípio da causalidade. Para ilidir essa presunção, é preciso provar que o ingresso da parte vencedora no processo ocorreu por ato exclusivamente seu; ou seja, é necessária a demonstração de sua culpa exclusiva" (STJ, REsp 1.203.008/RJ, Rel. Min. Napoleão Nunes Maia Filho, 1ª Turma, jul.13.09.2011, *DJe* 10.10.2011).

Cancelamento da penhora por iniciativa do exequente antes da citação do embargado. "Como já decidido pela Corte, o 'cancelamento da penhora por iniciativa do exequente, depois do ajuizamento da ação, mas antes da citação do embargado, exclui a sua condenação no ônus da sucumbência da ação de embargos' (REsp 145.620/SP, Relator o Ministro Ruy Rosado de Aguiar, *DJ* 29.6.98)" (STJ, REsp 551.011/SP, Rel. Min. Carlos Alberto Menezes Direito, 3ª Turma, jul. 16.03.2004, *DJ* 03.05.2004).

Honorários. Inviabilidade. "Não tendo o embargado concorrido para que a penhora recaísse sobre bem de família – o que aconteceu, na realidade, por ato praticado pelo Oficial de Justiça –, tampouco resistido à pretensão de desconstituição da constrição judicial, inviável a condenação em honorários de advogado. Aplicação do princípio da causalidade. Precedentes" (STJ, REsp 828.519/MG, Rel. Min. Mauro Campbell Marques, 2ª Turma, jul. 07.08.2008, *DJe* 22.08.2008).

28. Recurso. Apelação. Duplo efeito. "Apelação interposta contra sentença proferida em embargos de terceiro deve ser recebida em seu duplo efeito" (STJ, AgRg no REsp 1.177.145/RJ, Rel. Min. Aldir Passarinho Junior, 4ª Turma, jul. 17.02.2011, *DJe* 01.03.2011).

29. Recuperação judicial. Contrato inadimplido. Valores pertencentes a terceiros em posse da recuperanda. Não submissão. Pedido de restituição. "Os valores pertencentes a terceiros que estão na posse da recuperanda por força de contrato inadimplido, não se submetem aos efeitos da recuperação judicial" (STJ, REsp 1.736.887/SP, Rel. Min. Ricardo Villas Bôas Cueva, 3ª Turma, jul. 13.04.2021, *DJe* 16.04.2021).

30. Embargos de terceiro. Meação. Ônus da prova. "Cabe ao cônjuge/companheiro o ônus da prova de que a dívida contraída por pessoa jurídica a qual não integra não foi revertida para o benefício da entidade familiar. Precedentes" (STJ, AgInt no REsp 1.820.723/SP, Rel. Min. Ricardo Villas Bôas Cueva, 3ª Turma, jul. 23.03.2020, *DJe* 26.03.2020).

Art. 675. Os embargos podem ser opostos a qualquer tempo no processo de conhecimento enquanto não transitada em julgado a sentença e, no cumprimento de sentença ou no processo de execução, até 5 (cinco) dias depois da adjudicação, da alienação por iniciativa particular ou da arrematação, mas sempre antes da assinatura da respectiva carta.

Parágrafo único. Caso identifique a existência de terceiro titular de interesse em embargar o ato, o juiz mandará intimá-lo pessoalmente.

CPC/1973

Art. 1.048.

REFERÊNCIA LEGISLATIVA

CPC/2015, arts. 502 (coisa julgada); 826 (remição); 876 e 877 (adjudicação); 879 a 903 (da alienação).

CJF – JORNADAS DE DIREITO PROCESSUAL CIVIL

I JORNADA

Enunciado 102 – A falta de oposição de embargos de terceiro preventivos no prazo do art. 792, § 4º, do CPC não impede a propositura dos embargos de terceiro repressivo no prazo do art. 675 do mesmo Código

II JORNADA

Enunciado 132 – O prazo para apresentação de embargos de terceiro tem natureza processual e deve ser contado em dias úteis.

BREVES COMENTÁRIOS

O art. 675, ao cuidar do cabimento temporal dos embargos, menciona expressamente a possibilidade de seu manejo ainda no curso do processo de conhecimento. A própria sentença, com que se encerra o processo de conhecimento, pode ela mesma ser um ato executivo, como nas ações constitutivas e nas executivas *lato sensu* (*v.g.*, ações possessórias e de despejo). Se o terceiro se sente ameaçado, em seus bens, pela sentença proferida contra outrem, não precisa aguardar o ato concreto de execução do julgado. A ameaça, em si, já leva o terceiro a se avizinhar, diante da sentença, da sua natural eficácia constritiva. No caso de sentença constitutiva, ela mesma produz de imediato o prejuízo ao direito do terceiro, representado pela invasão, indevida, de sua esfera jurídica.

Pela natureza dos embargos – remédio apenas de defesa do terceiro – é bom lembrar que por seu intermédio não se invalida ou se desconstitui a sentença dada em processo alheio. Apenas se impede que sua eficácia atinja o patrimônio de quem não foi parte na relação processual. Nesse sentido é irrelevante a circunstância de haver ou não passado em julgado a sentença. A *res iudicata* é fenômeno que só diz respeito aos sujeitos do processo, pelo que não representa empecilho algum à defesa do terceiro contra os efeitos da sentença.

JURISPRUDÊNCIA SELECIONADA

1. Facultatividade dos embargos. "A utilização dos embargos de terceiro é facultativa; decorrido o respectivo prazo, o terceiro cuja posse foi turbada por ordem judicial, alegadamente mal executada, pode defendê-la por meio da ação de reintegração" (STJ, REsp 150.893/SC, Rel. Min. Ari Pargendler, 3ª Turma, jul. 11.12.2001, *DJ* 25.03.2002). **No mesmo sentido:** STJ, REsp 564.944/AL, Rel. Min. Fernando Gonçalves, 4ª Turma, jul. 02.12.2008, *DJe* 20.04.2009.

2. Embargos de terceiro. Prazo. Termo *ad quem*. Data da turbação/imissão na posse. "Controvérsia acerca da tempestividade dos embargos de terceiro opostos após o prazo de 5 (cinco) dias da assinatura da carta de adjudicação (cf. art. 1.048 do CPC/1973) [art. 675 do CPC/2015], bem como em torno da ciência do terceiro a respeito da constrição judicial que pendia sobre o imóvel. (...) **Fluência do prazo de 5 (cinco) dias somente após a turbação ou esbulho,** na hipótese em que o terceiro não tinha ciência da constrição judicial. Jurisprudência pacífica desta Corte Superior. Caso concreto em que o processo principal correu em segredo de justiça, fato que conduz à presunção de que o terceiro não teve ciência da constrição que pendia sobre o imóvel, que não foi ilidida por prova em contrário. Tempestividade dos embargos de terceiro no caso concreto, determinando-se o retorno dos autos ao juízo de origem para que seja retomado o processamento dos embargos de terceiro" (STJ, REsp 1608950/MT, Rel. Min. Paulo de Tarso Sanseverino, 3ª Turma, jul. 25.09.2018, *DJe* 13.11.2018). **No mesmo sentido:**

STJ, AgInt no AREsp 1569845/SC, Rel. Min. Marco Buzzi, 4ª Turma, jul. 29.06.2020, *DJe* 03.08.2020; STJ, REsp 974.249/SP, Rel. Min. João Otávio de Noronha, 4ª Turma, jul. 12.02.2008, *DJe* 19.05.2008; STJ, REsp 298.815/GO, Rel. Min. Nancy Andrighi, 3ª Turma, jul. 18.12.2001, *DJ* 11.03.2002; STJ, AgRg no REsp 1.206.181/PA, Rel. Min. Castro Meira, 2ª Turma, jul. 23.11.2010, *DJe* 01.12.2010.

"O prazo para oposição dos embargos de terceiro é de **até cinco dias depois da arrematação, adjudicação ou remição, mas sempre antes da assinatura da respectiva carta**" (STJ, AgRg no Ag 676.606/RS, Rel. Min. Sidnei Beneti, 3ª Turma, jul. 26.08.2008, *DJe* 11.09.2008). **No mesmo sentido**: TASP, Ap 644404000, Rel. Juiz Neves Amorim, 4ª Câmara Cível, jul. 29.10.2002; STJ, REsp 303.325/SP, Rel. Min. Nancy Andrighi, 3ª Turma, jul. 26.10.2004, *DJ* 06.12.2004.

"O prazo para oferecimento dos embargos de terceiro, não detendo o terceiro prejudicado conhecimento acerca da adjudicação, deve se iniciar a partir de sua intimação para desocupação do imóvel. Precedentes de ambas as Turmas que compõem a 2ª Seção do STJ" (STJ, REsp 861.831/RS, Rel. Min. Jorge Scartezzini, 4ª Turma, jul. 21.09.2006, *DJ* 09.10.2006).

3. Trânsito em julgado. Reintegração de posse. "O trânsito em julgado de decisão proferida em ação de reintegração de posse não obsta a oposição de embargos de terceiro" (STJ, REsp 341.394/SP, Rel. Min. Nancy Andrighi, 3ª Turma, jul. 12.11.2001, *DJ* 18.02.2002). **No mesmo sentido**: STJ, REsp 4.004/MT, Rel. Min. Fontes de Alencar, 4ª Turma, jul. 03.09.1996, *DJ* 29.10.1996; TACivSP, Ap 08787953, Rel. Juiz Roberto Bedaque, 12ª Câmara, jul. 08.05.2001, *DJ* 07.02.2002.

4. Ação de depósito. "Não viola os arts. 472 e 1.048 do CPC [arts. 506 e 675 do CPC/2015] a decisão que admite o ajuizamento dos embargos de terceiro após o trânsito em julgado da sentença de ação de depósito" (STJ, REsp 169.441/RS, Rel. Min. Carlos Alberto Menezes Direito, 3ª Turma, jul. 14.10.1999, *DJ* 13.12.1999).

5. Possuidor com justo título. "Na linha da jurisprudência desta Corte, o possuidor com justo título tem direito de ajuizar embargos de terceiro para defesa de sua posse, tendo início o prazo com o efetivo ato de turbação. Tendo o terceiro possuidor tomado conhecimento da constrição quando do mandado de imissão na posse, desse dia conta o quinquídio previsto no art. 1.048, CPC [art. 675 do CPC/2015]" (STJ, REsp 345.997/RO, Rel. Min. Sálvio de Figueiredo Teixeira, 4ª Turma, jul. 26.02.2002, *DJ* 15.04.2002).

6. Pedido de levantamento da penhora. "O simples indeferimento do pedido incidental de levantamento da penhora, formulado incidentalmente nos autos da execução, não constitui obstáculo ao ajuizamento dos embargos de terceiro" (STJ, REsp 633.418/MG, Rel. Min. Castro Filho, 3ª Turma, jul. 09.08.2005, *DJ* 12.09.2005).

"A penhora efetivada sobre bem imóvel de terceiro pode ser desconstituída por meio de simples petição nos autos da execução, mas não está o terceiro obrigado a utilizar essa via, podendo optar pelos embargos (AC 2003.38.00.024367-0/MG, 5ª Turma, Rel. Des. Fed. João Batista Moreira, *DJ* 25.11.2004, p. 44)" (TRF-1ª Região, AC 2002.38.01.004045-7/MG, Rel. Juiz Federal Mark Yshida Brandão (conv.), 8ª Turma, *DJ* 15.12.2006).

7. Embargos de terceiro. Recebimento da apelação apenas no efeito devolutivo. Decisão não impugnada. Preclusão temporal. Bem arrematado. Ação anulatória. "A oposição de embargos de terceiros, desde que não tenham sido rejeitados liminarmente, impõe que o julgador suspenda o curso do processo no qual foi determinada a constrição contra a qual se insurge a parte embargante, tratando-se de medida cogente que independe de requerimento da parte interessada. Se não foi impugnada por meio de agravo de instrumento a decisão que recebeu, apenas no efeito devolutivo, a apelação interposta contra a sentença de improcedência dos embargos de terceiro, não há como reconhecer a violação do disposto no art. 1.052 do CPC [art. 678 do CPC/2015] por força da preclusão temporal. Após expedida a carta de arrematação do bem penhorado, nos termos dos arts. 694 e 486 do CPC [arts. 903 e 966, § 4º, do CPC/2015], somente pode haver a desconstituição por meio da ação anulatória (AgRg no REsp n. 1.328.153/SP e REsp n. 1.219.329/RJ), não sendo os embargos de terceiro o instrumento processual cabível" (STJ, REsp 1287458/SP, Rel. Min. João Otávio de Noronha, 3ª Turma, jul. 10.05.2016, *DJe* 19.05.2016).

Art. 676. Os embargos serão distribuídos por dependência ao juízo que ordenou a constrição e autuados em apartado.

Parágrafo único. Nos casos de ato de constrição realizado por carta, os embargos serão oferecidos no juízo deprecado, salvo se indicado pelo juízo deprecante o bem constrito ou se já devolvida a carta.

CPC/1973

Art. 1.049.

REFERÊNCIA LEGISLATIVA

CPC/2015, art. 61 (ação acessória).

SÚMULAS

Súmula do TFR:

nº 33: "O juízo deprecado, na execução por carta, é o competente para julgar os embargos de terceiro, salvo se o bem apreendido foi indicado pelo juízo deprecante". **Nesse sentido:** *RSTJ* 2/249, 5/98; *RT* 653/213; *RTJ* 103/1.059.

BREVES COMENTÁRIOS

Constituem os embargos de terceiro uma nova ação e uma nova relação processual. Não se trata de simples interferência do terceiro prejudicado no processo pendente. Há, porém, um vínculo de acessoriedade entre os embargos e o feito onde ocorreu o esbulho judicial sobre bens do estranho ao processo. Por isso, dispõe o art. 676 que os embargos de terceiro são distribuídos por dependência ao mesmo juiz que ordenou a constrição e autuado em apartado. Em se tratando de causa derivada de outra, quer a lei que o ato judicial impugnado seja revisto pelo próprio juiz que o determinou.

Surge uma certa dificuldade de aplicação prática do art. 676 quando a apreensão judicial se dá através do cumprimento de carta precatória. Quem seria o juiz competente para os embargos de terceiro: o deprecante ou o deprecado? O problema tem de ser solucionado à luz do caso concreto, pois a apreensão de determinado bem tanto pode ser atribuída à ordem do deprecante como do deprecado. Se a ordem deprecada através da carta foi genérica, como a de citação do devedor para pagar em vinte e quatro horas sob pena de penhora, a escolha e apreensão de certos e determinados bens do devedor é, sem dúvida, ato ordenado e presidido pelo juiz que dá cumprimento à deprecação. Logo, se houver violação à posse ou domínio de terceiro, os embargos deverão ser dirimidos pelo juiz deprecado, pois o ato de apreensão partiu dele. Quando, porém, a carta precatória já é expedida pelo deprecante com a especificação do bem a ser apreendido, como, *v.g.*, nas execuções hipotecárias e nas buscas e apreensões, o deprecado age, na verdade, como simples executor material de deliberação do deprecante. Então, os embargos de terceiro terão de ser aforados e dirimidos perante o juízo de origem (STJ, 2ª S., AgRg nos EDcl no CC 51.389/RJ, Rel. Min. Menezes Direito, ac. 14.12.2005, *DJU* 15.03.2006, p. 210). Em qualquer caso, se os autos da precatória retornaram ao juízo deprecante com a diligência cumprida, sem que o terceiro tivesse manifestado seus embargos, a competência, então, se firma no juízo da causa, visto que o juízo deprecado já exauriu sua função no processo (STF, AI 11.754, Rel. Min. Castro Nunes, *Revista Forense*, 104/282; PONTES DE MIRANDA, Francisco Cavalcanti. *Tratado das ações* cit., p. 275).

JURISPRUDÊNCIA SELECIONADA

1. Competência absoluta. "A competência para julgamento dos embargos de terceiro é do juiz que determinou a constrição na ação principal, nos termos do art. 1.049 do CPC/1973 (art. 676 do CPC/2015), de modo que, por se tratar de hipótese de competência funcional, é também absoluta e improrrogável" (STJ, CC 142.849/SP, Rel. Min. Luis Felipe Salomão, 2ª Seção, jul. 22.03.2017, *DJe* 11.04.2017). **No mesmo sentido:** STJ, AgInt no AREsp 884.128/RJ, Rel. Min. Antonio Carlos Ferreira, 4ª Turma, jul. 06.08.2019, *DJe* 20.08.2019.

Juízo deprecado. "A competência é fixada no momento do ajuizamento da ação, no caso, os embargos de terceiro foram opostos perante o Juízo deprecado, que indicou o bem a ser penhorado, vindo a alegação de fraude à execução com a apresentação da impugnação aos embargos. A competência já determinada em concordância com a jurisprudência da Corte acima mencionada não pode ser modificada em virtude das alegações da parte feitas em sua contestação" (STJ, AgRg nos EDcl no CC 51.389/RJ, Rel. Min. Carlos Alberto Menezes Direito, 2ª Seção, jul. 14.12.2005, *DJ* 15.03.2006).

Juízo deprecante. "Tendo o bem objeto da penhora sido indicado pelo juízo deprecante, a ele compete o julgamento dos embargos de terceiro (artigo 1.049 do Código de Processo Civil) [art. 676 do CPC/2015]. Competência do Juízo de Direito suscitante" (STJ, CC 14.670/SP, Rel. Min. Cesar Asfor Rocha, 2ª Seção, jul. 25.09.1996, *DJU* 18.11.1996). **No mesmo sentido:** STJ, REsp 1.033.333/RS, Rel. Min. Massami Uyeda, 3ª Turma, jul. 19.08.2008, *DJe* 05.09.2008.

Relator. Ação originária. "Nas ações penais originárias o relator, uma vez decidindo sobre o sequestro de bens, é competente para julgar os embargos do terceiro possuidor (art. 129 do CPP), consoante inteligência do art. 1.049 do Código de Processo Civil [art. 676 do CPC/2015]" (STJ, REsp 281.406/RJ, Rel.ª Min.ª Maria Thereza de Assis Moura, 6ª Turma, jul. 28.06.2007, *DJ* 06.08.2007).

2. Embargos de terceiro opostos por pessoa jurídica sujeita à competência da Justiça Federal:

Competência da Justiça Federal. "Tendo os embargos de terceiro natureza de ação, a sua propositura por parte da União, entidade autárquica ou empresa pública federal determina a competência *ratione personae*, que detém caráter absoluto e inderrogável, da Justiça Federal, nos termos do art. 109, I, da Constituição (Precedentes do STJ: CC 2363/GO, 2ª Seção, Min. Sálvio de Figueiredo Teixeira, *DJ* de 08.06.92; CC 6609, 2ª Seção, Min. Waldemar Zveiter, *DJ* de 21.03.94; CC 751, 2ª Seção, Min. Eduardo Ribeiro, *DJ* de 04.12.89; precedentes do STF: RE 88.688, 2ª Turma, Min. Moreira Alves, *RTJ* 98/217; RE 104.472, 2ª Turma, Min. Djaci Falcão, *RTJ* 113/1.380, Conflito de Jurisdição 6.390, Min. Néri da Silveira, *RTJ* 106/946; precedentes do TFR: AC 94.795, 6ª Turma, Min. Américo Luz, *RTFR* 119/225)" (STJ, CC 54.437/SC, Rel. Min. Teori Albino Zavascki, 1ª Seção, jul. 14.12.2005, *DJ* 06.02.2006, *REPDJ* 06.03.2006).

Deslocamento da ação principal. "(...) **apenas os embargos de terceiro se deslocam para a justiça federal**, devendo o processo executório em curso na justiça comum estadual lá permanecer. Isso porque a competência da justiça federal é absoluta e, por isso, não se prorroga por conexão. Impõe-se, de outra parte, o sobrestamento da execução em curso na justiça comum estadual até o julgamento final dos embargos de terceiro pela justiça federal, a fim de se evitar a prolação de decisões conflitantes ou irreversíveis" (STJ, CC 83.326/SP, Rel. Min. Maria Thereza de Assis Moura, 3ª Seção, jul. 27.02.2008, *DJe* 14.03.2008). **No mesmo sentido:** STJ, CC 31.696/MG, Rel. Min. Aldir Passarinho Junior, 2ª Seção, jul. 09.05.2001, *DJ* 24.09.2001. **Em sentido contrário:** "(...) quebraria toda a lógica do sistema processual distribuir a juízos diferentes a competência para a ação e a competência para a oposição. Por isso é que, por imposição do sistema, é de se entender que o juiz de direito ao qual for delegada a competência para a ação de execução, será também competente para as ações decorrentes e anexas a ela (CC 34.513/MG, 1ª S., Min. Teori Zavascki, *DJ* de 01.12.2003)" (STJ, CC 62.264/MG, Rel. Min. Teori Albino Zavascki, 1ª Seção, jul. 11.10.2006, *DJ* 06.11.2006).

Art. 677. Na petição inicial, o embargante fará a prova sumária de sua posse ou de seu domínio e da qualidade de terceiro, oferecendo documentos e rol de testemunhas.

§ 1º É facultada a prova da posse em audiência preliminar designada pelo juiz.

§ 2º O possuidor direto pode alegar, além da sua posse, o domínio alheio.

§ 3º A citação será pessoal, se o embargado não tiver procurador constituído nos autos da ação principal.

§ 4º Será legitimado passivo o sujeito a quem o ato de constrição aproveita, assim como o será seu adversário no processo principal quando for sua a indicação do bem para a constrição judicial.

CPC/1973

Art. 1.050.

REFERÊNCIA LEGISLATIVA

CC, art. 1.197.

BREVES COMENTÁRIOS

A petição inicial dos embargos, como acontece com as ações em geral, deve satisfazer as exigências do art. 319. Para obtenção de medida liminar, a inicial será instruída com documentos que comprovem sumariamente a posse ou domínio do autor, sua qualidade de terceiro e o rol de testemunhas, se necessário (CPC/2015, art. 677). O CPC/2015 corrigiu uma omissão do Código anterior, que não dizia expressamente que a concessão da liminar dependeria de pedido do autor, ao dispor, que a suspensão das medidas constritivas ocorrerá "se o embargante a houver requerido" (art. 678, *caput*). O valor da causa é o dos bens cuja posse ou domínio disputa o embargante e não o valor dado à causa onde foram eles objeto de apreensão judicial. Não poderá, entretanto, superar o valor do débito exequendo, já que, em caso de eventual alienação judicial, o que ultrapassar esse valor será destinado ao embargante e não ao exequente embargado. Se a penhora impugnada já se acha consumada, o valor dos embargos levará em conta a avaliação constante do processo executivo. Se isto ainda não ocorreu, o embargante estimará o valor do bem, podendo, conforme o caso, basear-se na avaliação oficial para lançamento do imposto que sobre ele recaia. Trata-se de ação acessória, mas de conteúdo próprio, pelo que correrão os embargos em autos apartados da ação originária (art. 676).

JURISPRUDÊNCIA SELECIONADA

1. Petição inicial. "Na petição inicial dos embargos de terceiro, o embargante deverá fazer prova sumária de sua posse ou de seu domínio e da qualidade de terceiro, oferecendo documentos e rol de testemunhas" (STJ, REsp 1861025/DF, Rel. Min. Nancy Andrighi, 3ª Turma, jul. 12.05.2020, *DJe* 18.05.2020).

2. Valor da causa. "Nos embargos de terceiro, o valor da causa não é necessariamente nem o da execução nem também o de todos os bens penhorados, senão que deve corresponder exatamente ao daquele bem objeto da constrição indevida, que se quer liberar, pois a pretensão deduzida nessa ação deve ser a de excluir o bem de terceiro que foi irregularmente penhorado. Se a penhora procedeu-se em terreno onde, muito tempo depois, foi construído um edifício, e o próprio credor afirma que o seu direito decorrente da penhora se adstringe exclusivamente ao valor do terreno, como na hipótese, o valor da causa deve ser apenas o do terreno, e não o deste acrescido das construções" (STJ, REsp 175.571/ES, Rel. Min. Cesar Asfor Rocha, 4ª Turma, jul. 01.10.1998, *DJ* 09.11.1998).

3. Prova testemunhal. "O art. 1.050 do CPC [art. 677 do CPC/2015], quando se refere ao rol de testemunhas, está cuidando do ato de justificação prévia da posse e não da audiência de instrução e julgamento ulterior" (1º TACívSP, Ag 371.932-5, 3ª Câmara, jul. 23.03.1987).

Rol de testemunhas. "De acordo com o art. 1.050 do Código de Processo Civil [art. 677 do CPC/2015], na ação de embargos de terceiro, o rol de testemunhas deve ser entregue juntamente com a petição inicial, sob pena de preclusão" (STJ, REsp 362.504/RS, Rel. Min. João Otávio de Noronha, 2ª Turma, jul. 04.04.2006, *DJ* 23.05.2006).

"Não pode ser tomado o depoimento de testemunhas cujo rol não tenha sido apresentado com a petição inicial, na forma do art. 1.050 do Código de Processo Civil [art. 677 do CPC/2015]" (STJ, REsp 599.491/MT, Rel. Min. Carlos Alberto Menezes Direito, 3ª Turma, jul. 05.04.2005, *DJ* 13.06.2005).

4. Embargante parte no processo de execução. Intimação na pessoa do advogado. "Considerando-se tratar-se de causa incidental e adjeta, o embargado que já está em Juízo, na qualidade de exequente, **não necessita de ser citado pessoalmente**, bastando a intimação de seu advogado, inclusive mediante publicação na imprensa oficial, tal como se faz relativamente à reconvenção" (STF, RE 81.620, Rel. Min. Pedro Soares Muñoz, 1ª Turma, jul. 03.04.1979, *RTJ* 94/633).

5. Citação ou intimação do Ministério Público. "O acórdão a quo destoa do atual entendimento do STJ de que a falta de citação ou intimação do Ministério Público no momento processual adequado gera nulidade, razão pela qual merece prosperar a irresignação. O art. 1.050, § 3º, do CPC/1973 (atual art. 677, § 3º, do CPC/2015), vigente à época, previa a citação pessoal do embargado, salvo em uma única hipótese, inaplicável em tudo e por tudo ao Parquet, pois constituído este, não por 'procuração' conferida pela parte, mas sim por autorização legal, em representação da sociedade e do interesse público. Ademais, as exceções legais devem ser interpretadas restritivamente. Ausente a necessária citação ou intimação, incide presunção de prejuízo, invertendo-se, em consequência, o ônus da prova do caráter inofensivo ou anódino da omissão" (STJ, REsp 1793015/SP, Rel. Min. Herman Benjamin, 2ª Turma, jul. 28.03.2019, *DJe* 30.05.2019).

6. Ônus da prova. Exequente. "Cabe à exequente, e não à mulher casada, em sede de embargos de terceiros em que se objetiva livrar meação sobre imóvel penhorado, o ônus da prova de repercussão econômica de ato ilícito do marido, cometido na gestão da empresa exequente. Precedentes" (STJ, REsp 35.748/SP, Rel. Min. Aldir Passarinho Junior, 4ª Turma, jul. 16.05.2000, *DJ* 21.08.2000).

"O ônus da prova de que o patrimônio arrestado é fruto de ato danoso praticado pelo cônjuge varão e não anterior ao mesmo ou resultante exclusivamente dos ganhos do virago é do autor da medida constritiva e não da embargante" (STJ, REsp 294.146/SP, Rel. Min. Carlos Fernando Mathias, 4ª Turma, jul. 25.11.2008, *DJe* 16.03.2009).

7. Embargos de terceiro. Cognição limitada. Natureza constitutivo-negativa. Cumulação de pedidos. Inadmissibilidade. "Os embargos de terceiro, a despeito de se tratar de ação de conhecimento, tem como única finalidade a de evitar ou afastar a constrição judicial sobre bens de titularidade daquele que não faz parte do processo correlato. Dessa forma, considerando a cognição limitada dos embargos de terceiro, revela-se inadmissível a cumulação de pedidos estranhos à sua natureza constitutivo-negativa, como, por exemplo, o pleito de condenação a indenização por danos morais" (STJ, REsp 1.703.707/RS, Rel. Min. Marco Aurélio Bellizze, 3ª Turma, jul. 25.05.2021, *DJe* 28.05.2021). **Obs.:** Os embargos não seguem mais rito sumário. Seguem o procedimento comum (art. 679, do CPC/2015).

Art. 678. A decisão que reconhecer suficientemente provado o domínio ou a posse determinará a suspensão das medidas constritivas sobre os bens litigiosos objeto dos embargos, bem como a manutenção ou a reintegração provisória da posse, se o embargante a houver requerido.

Parágrafo único. O juiz poderá condicionar a ordem de manutenção ou de reintegração provisória de posse à prestação de caução pelo requerente, ressalvada a impossibilidade da parte economicamente hipossuficiente.

CPC/1973

Art. 1.051.

BREVES COMENTÁRIOS

Como ocorre com os interditos possessórios, a ação de embargos de terceiro admite medida liminar de manutenção ou reintegração provisória de posse em favor do embargante, que, no entanto, poderá ser condicionada à prestação de caução, ressalvada a impossibilidade da parte economicamente hipossuficiente (art. 678, parágrafo único). Essa medida visa assegurar a devolução dos bens com os respectivos rendimentos, na hipótese de final improcedência do pedido do terceiro. Os bens permanecerão sob a medida judicial constritiva até a sentença, mas não se realizarão atos de alienação ou de execução que importem transferência definitiva de domínio ou de outro direito real sobre eles.

Se os embargos atingem todos os bens ligados ao processo principal, o curso deste ficará suspenso enquanto não se julgar o pedido do terceiro. Sendo apenas parciais, o processo originário poderá prosseguir, mas limitado aos bens não alcançados pelos embargos de terceiro. Entretanto, para que a suspensão se dê *initio litis*, é preciso que o embargante a requeria e que o juiz reconheça, por decisão fundamentada, que o domínio ou a posse estão suficientemente provados. Note-se que a medida liminar é uma faculdade e não uma condição de procedibilidade na ação de embargos. O terceiro pode dispensá-la ou pode prosseguir no feito, para tentar melhor prova de sua posse ou direito, mesmo quando improcedente a justificação inicial. A caução para recebimento inicial dos bens, por parte do embargante, pode ser sumariamente efetuada dentro dos próprios autos dos embargos. Sobre sua pretensão será ouvido o embargado e, não havendo objeção séria, lavrar-se-á o competente termo.

JURISPRUDÊNCIA SELECIONADA

1. Indeferimento da liminar. Processamento da ação. "Admite-se que o magistrado, ante a ausência de provas da posse, suficientes para sustentar a liminar prevista no art. 1.051 do CPC [art. 678 do CPC/2015], indefira essa proteção cautelar e, simultaneamente, permita o processamento dos embargos de terceiro. Por outro lado, o processamento destes não confere ao embargante direito líquido e certo a obtenção da liminar" (STJ, REsp 121.077/MS, Rel. Min. Carlos Alberto Menezes Direito, 3ª Turma, jul. 05.02.1998, *DJ* 16.03.1998).

Fraude à execução. "Inadmissível o indeferimento liminar de embargos de terceiro ao argumento de ocorrência de fraude à execução, porquanto constitui matéria de mérito, a exigir regular processamento do feito, ensejando ao embargante a produção de provas. A alienação de bem do executado, por si só, não configura fraude à execução, ainda que posterior à citação, se afastada a possibilidade de insolvência do devedor pela existência de bens que integrem seu patrimônio, suficientes à garantia da dívida" (TAMG, Ap. 184.427-3, Rel. Juiz Baía Borges, 6ª Câmara Cível, jul. 12.05.1995).

2. Decisão concessiva da liminar. Recurso cabível. "A decisão não concessiva de liminar em embargos de terceiro desafia agravo de instrumento, eis que, ainda da doutrina, não se admite mandado de segurança como substitutivo de recurso próprio" (STJ, RMS 515/SP, Rel. Min. Waldemar Zveiter, 3ª Turma, jul. 09.10.1990, *DJ* 05.11.1990).

3. Caução fidejussória. "A caução de que trata o art. 1.051 do CPC [art. 678 do CPC/2015] visa garantir a devolução dos bens com seus rendimentos, caso os embargados sejam a final declarados improcedentes. Assim sendo, optando o embargante pela caução fidejussória, que é prestada por uma terceira pessoa, o acolhimento do pedido caucionário exige a prova da capacidade jurídico-econômica do fiador para cumprir os encargos que lhe são atribuídos" (TAPR, na Ap. 1.157/84, Rel. Juiz Tadeu Costa, 1ª Câmara, jul. 04.03.1986, *Rev. Ass. Mags. – PR* 42/256).

4. Caução não exigida ou não prestada. Bem recebido em depósito judicial. "Se a caução prevista no art. 1.051 do CPC [art. 678 do CPC/2015] não é exigida ou não puder ser prestada pelo embargante, o objeto dos embargos de terceiro fica sequestrado e quem o recebe assume o cargo de depositário judicial do bem, nos termos do art. 148 do CPC [art. 159 do CPC/2015]. Se aquele que recebe liminarmente o bem, o objeto dos embargos de terceiro, sem prestar caução, nega a sua qualidade de depositário judicial, para esquivar-se da devolução do bem ou mesmo da sua prisão civil, quebra o dever de lealdade processual exigido pelo art. 14 do CPC [art. 77 do CPC/2015], incorre em litigância de má-fé e, por isso, pode ser condenado de acordo com o disposto nos arts. 17 e 18, ambos do CPC" (STJ, REsp 754.895/MG, Rel. Min. Nancy Andrighi, 3ª Turma, jul. 25.09.2006, *DJ* 09.10.2006). **Obs.: Atualmente não é mais admitida a prisão civil do depositário infiel.**

Art. 679. Os embargos poderão ser contestados no prazo de 15 (quinze) dias, findo o qual se seguirá o procedimento comum.

CPC/1973

Art. 1.053.

REFERÊNCIA LEGISLATIVA

CPC/2015, art. 307 (medidas cautelares; audiência; presunção de veracidade dos fatos).

SÚMULAS

Súmulas do STJ:

nº 195: "Em embargos de terceiro não se anula ato jurídico, por fraude contra credores".

nº 303: "Em embargos de terceiro, quem deu causa à constrição indevida deve arcar com os honorários advocatícios".

CJF – JORNADAS DE DIREITO PROCESSUAL CIVIL

II JORNADA

Enunciado 133 – É admissível a formulação de reconvenção em resposta aos embargos de terceiro, inclusive para o propósito de veicular pedido típico de ação pauliana, nas hipóteses de fraude contra credores.

BREVES COMENTÁRIOS

O prazo para contestação é de quinze dias e o procedimento que se segue após a *litis contestatio* é o comum, (art. 679), diferentemente do CPC/1973, que determinava fosse seguido o rito das ações cautelares. Observa-se que o procedimento é especial, ou seja, distinto das demais ações, apenas até a fase da contestação.

JURISPRUDÊNCIA SELECIONADA

1. Prazo. Designação de audiência de justificação prévia. "(...) jurisprudência assente desta Corte sobre a matéria, no sentido de que, apesar de o artigo 1.053 do Código de Processo Civil [art. 679 do CPC/2015] estipular o prazo de 10 (dez) dias para o embargado contestar a ação, havendo designação de audiência de justificação prévia, deve ser observado o disposto no artigo 930 [art. 564 do CPC/2015] do mesmo diploma legal, iniciando-se o prazo da contestação na data da intimação do exame do pedido de liminar. Precedentes" (STJ, AgRg no Ag 826.509/MT, Rel. Min. Sidnei Beneti, 3ª Turma, jul. 26.08.2008, *DJe* 11.09.2008). **Obs.: Para o CPC/2015, o prazo para o embargado contestar a ação é de 15 dias.**

2. Legitimação passiva. "Em regra, a pessoa legitimada para compor o polo passivo dos embargos de terceiro, é aquela que deu ensejo à constrição judicial sobre o bem objeto dos embargos, contudo, em determinadas situações, esse pensamento deve ser ampliado para abranger outras pessoas que poderão ser atingidas pela decisão judicial" (STJ, REsp 530.605/RS, Rel. Min. José Delgado, 1ª Turma, jul. 06.11.2003, *DJ* 09.02.2004).

Litisconsórcio passivo necessário unitário. "Se o provimento dos embargos de terceiro pode afetar tanto o exequente como o executado, considerada a natureza da relação jurídica que os envolve, é de se reconhecer a existência, entre eles, de litisconsórcio passivo necessário unitário" (STJ, REsp 298.358/SP, Rel. Min. Antônio de Pádua Ribeiro, 3ª Turma, jul. 21.06.2001, *DJ* 27.08.2001). **Em sentido contrário:** "Nas hipóteses em que o imóvel de terceiro foi constrito em decorrência de sua indicação à penhora por parte do credor, somente este detém legitimidade para figurar no polo passivo dos Embargos de Terceiro, inexistindo, como regra, litisconsórcio passivo necessário com o devedor" (STJ, REsp 282.674/SP, Rel. Min. Nancy Andrighi, 3ª Turma, jul. 03.04.2001, *DJ* 07.05.2001).

3. Cancelamento da penhora:

Prejudicialidade do recurso especial. "O objeto dos embargos de terceiro está limitado à desconstituição do ato de constrição judicial. Canceladas as penhoras incidentes sobre o imóvel, é inegável a prejudicialidade do recurso especial, ficando o exercício de eventual direito de reintegração na posse reservado às vias ordinárias" (STJ, REsp 912.227/RJ, Rel.ª Min.ª Eliana Calmon, 2ª Turma, jul. 20.04.2010, *DJe* 03.05.2010).

4. Julgamento *extra petita*. Anulação da execução. "Decide *extra petita* o acórdão que, em embargos de terceiro opostos com vistas a desconstituição da penhora, de ofício anula a execução por deficiência formal do título executivo" (STJ, REsp 8.748/MG, Rel. Min. Barros Monteiro, 4ª Turma, jul. 17.12.1991, *DJ* 23.03.1992).

5. Honorários advocatícios. Ver jurisprudência do art. 85 do CPC/2015.

6. Recurso. Apelação. Duplo efeito. Ver jurisprudência do art. 674 do CPC/2015.

7. Fraude contra credores. "O meio processual adequado para se obter a anulação de ato jurídico por fraude a credores não é a resposta a embargos de terceiro, mas a ação pauliana" (STJ, REsp 24.311-0/RJ, Rel. Min. Cláudio Santos, 3ª Turma, jul. 08.02.1993; *DJU* 22.03.1993). **Em sentido contrário:** "Revestindo-se de seriedade as alegações de '*consilium fraudis*' e do '*eventus damni*' afirmadas pelo credor embargado, a questão pode ser apreciada na via dos embargos de terceiro, sem necessidade de o credor ajuizar ação pauliana" (STJ, REsp 5.307/RS, Rel. Min. Athos Carneiro, 4ª Turma, jul. 16.06.1992, *DJ* 08.03.1993).

"Embargos de terceiro. Fraude contra credores. Inviável o reconhecimento de fraude contra credores em sede de embargos de terceiro. Precedentes (Cf. Súmula nº 195/STJ)" (STJ, REsp 58.343/RS, Rel. Min. Costa Leite, 3ª Turma, jul. 13.03.1995, *RSTJ* 101/375). **No mesmo sentido:** STJ, EREsp 46192-2/SP, Rel. Min. Nilson Naves, Corte Especial, jul. 09.03.1995, *RSTJ* 101/351.

8. Fraude à execução. "Nos embargos de terceiro contra o reconhecimento de fraude à execução, cumpre ao embargante demonstrar a ausência de qualquer dos requisitos indispensáveis à caracterização da fraude, de modo a contrapor a prova feita pelo credor no âmbito da execução para derrubar a presunção relativa que até então favorecia o terceiro adquirente" (STJ, REsp 1260490/SP, Rel. Min. Nancy Andrighi, 3ª Turma, jul. 07.02.2012, *DJe* 02.08.2012).

Art. 680. Contra os embargos do credor com garantia real, o embargado somente poderá alegar que:

I – o devedor comum é insolvente;

II – o título é nulo ou não obriga a terceiro;

III – outra é a coisa dada em garantia.

CPC/1973

Art. 1.054.

BREVES COMENTÁRIOS

Contra os embargos do credor com garantia real, o embargado somente poderá alegar como matéria de defesa: (i) que o devedor comum é insolvente; (ii) que o título é nulo ou não obriga terceiros; e (iii) que é outra a coisa dada em garantia. Isto quer dizer que o credor hipotecário ou pignoratício, em princípio, pode impedir a execução alheia sobre sua garantia real. Mas não pode fazê-lo se o devedor estiver em dificuldades financeiras, de molde a evidenciar a inexistência de outros bens livres para responder pela obrigação quirografária. Provando-se a insolvência do devedor executado, rejeitados serão os embargos do credor com garantia real. Sendo, contudo, normal a situação do patrimônio do devedor, e podendo o credor quirografário contar com outros bens para realizar a execução forçada, serão preservados aqueles vinculados à garantia real.

JURISPRUDÊNCIA SELECIONADA

1. Credor hipotecário. "Embargos de terceiro. Credor hipotecário. Inexistência de provas de que o devedor seria solvente e, assim, teria outros bens penhoráveis que garantissem a execução (CPC, art. 1.054, I) [art. 680, I, do CPC/2015]. Hipótese, ademais, em que a prova da propriedade imobiliária apenas se admite através da certidão expedida pelo cartório no qual a aquisição se encontra registrada (CPC, art. 366) [art. 406 do CPC/2015]. Embargos de terceiro improcedente" (1º TACivSP, Ap. 08844222, Rel. Juiz Urbano Ruiz, 11ª Câmara Cível, jul. 26.04.2001, *DJSP* 15.08.2001).

Art. 681. Acolhido o pedido inicial, o ato de constrição judicial indevida será cancelado, com o reconhecimento do domínio, da manutenção da posse ou da reintegração definitiva do bem ou do direito ao embargante.

SÚMULAS

Súmula do STJ:

nº 303: "Em embargos de terceiro, quem causa a constituição indevida deve arcar com os honorários advocatícios".

CJF – I JORNADA DE DIREITO PROCESSUAL CIVIL

Enunciado 53 – Para o reconhecimento definitivo do domínio ou da posse do terceiro embargante (art. 681 do CPC), é necessária a presença, no polo passivo dos embargos, do réu ou do executado a quem se impute a titularidade desse domínio ou dessa posse no processo principal.

BREVES COMENTÁRIOS

Os embargos de terceiro configuram ação autônoma, com aptidão para acertamento definitivo e exauriente da lide neles debatida, bem como com força capaz de gerar coisa julgada material em torno do direito dominial ou da posse reconhecida ou negada ao embargante (art. 681).

A sentença que acolhe os embargos é de eficácia executiva imediata. Se houver medida liminar, transformar-se-á em definitiva, liberando-se a caução em favor do autor. Se não houver, expedir-se-á a ordem para imediata cassação da medida constritiva e liberação dos bens indevidamente apreendidos.

O recurso cabível é a apelação, que não tem efeito suspensivo quando os embargos opostos pelo terceiro à execução são julgados improcedentes (CPC/2015, art. 1.012, III).

JURISPRUDÊNCIA SELECIONADA

1. Embargos de terceiro. Sucumbência. Princípio da causalidade. Ver jurisprudência do art. 674 do CPC/2015.

EMBARGOS DE TERCEIRO: INDICAÇÃO DOUTRINÁRIA

Antônio Carlos Marcato, *Procedimentos especiais*. 16. ed., São Paulo: Atlas, 2016; Cássio Scarpinella Bueno, *Manual de direito processual civil*, São Paulo: Saraiva, 2015; Daniel Amorim Assumpção Neves, *Manual de direito processo civil*, São Paulo: Método, 2015; Eduardo de Avelar Lamy, Embargos de terceiro no novo ordenamento processual, In: Sérgio Cruz Arenhart e Daniel Mitidiero (coords.), *O processo civil entre a técnica processual e a tutela dos direitos*: estudos em homenagem a Luiz Guilherme Marinoni, São Paulo: RT, 2017, p. 637 e ss.; Eduardo de Avelar Lamy, In: Teresa Arruda Alvim Wambier, Fredie Didier Jr., Eduardo Talamini, Bruno Dantas, *Breves comentários ao novo Código de Processo Civil*, São Paulo: Revista dos Tribunais, 2015; Ernani Vieira de Souza, *No processo civil: temas divergentes*, Livlex; Fredie Didier Jr., *Curso de direito processual civil*, 17. ed., Salvador: JusPodivm, 2015, v. I; Guilherme Rizzo Amaral, *Comentários às alterações do novo CPC*, São Paulo: Revista dos Tribunais, 2015; Heitor Vitor Mendonça Sica, In: Sérgio Cruz Arenhart e Daniel Mitidiero (coord.), *Comentários ao Código de Processo Civil*, 2. ed., São Paulo: RT, 2018, v. 10; Humberto Theodoro Júnior, *Curso de direito processual civil. 54. ed.*, Rio de Janeiro: Forense, 2020, v. II; Humberto Theodoro Júnior, Fernanda Alvim Ribeiro de Oliveira, Ester Camila Gomes Norato Rezende (coord.), *Primeiras lições sobre o novo direito processual civil brasileiro*, Rio de Janeiro: Forense, 2015; J. E. Carreira Alvim, *Comentários ao novo Código de Processo Civil*, Curitiba: Juruá, 2015; José Antonio Alem, *Embargos de terceiro: doutrina, jurisprudência*, Conan; José Miguel Garcia Medina, *Novo Código de Processo Civil comentado*, São Paulo: Revista dos Tribunais, 2015; Leonardo Greco, *Instituições de processo civil: introdução ao direito processual civil*, 5. ed., Rio de Janeiro: Forense, 2015; Luis Antônio Giampaulo Sarro, *Novo Código de Processo Civil*, São Paulo: Rideel, 2015; Luiz Guilherme Marinoni, Sérgio Cruz Arenhart, Daniel Mitidiero, *Curso de processo civil*, São Paulo: Revista dos Tribunais, 2015, v. I; Marcelo Pacheco Machado, In: José Roberto F. Gouvêa; Luis Guilherme A. Bondioli e João Francisco N. da Fonseca (coord.), *Comentários ao Código de Processo Civil*, São Paulo: Saraiva, 2017, v. 13; Nelson Nery Junior, Rosa Maria de Andrade Nery, *Comentários ao Código de Processo Civil*, São Paulo: Revista dos Tribunais, 2015; Pontes de Miranda, *Comentários ao CPC*, Forense, 1977, tomo XV, p. 106; Ravi Peixoto, Tamyres Tavares de Lucena, Problemáticas da tempestividade nos embargos de terceiro, Revista de Processo, v. 306, p. 297-323, ago. 2020; Roberto Latif Kfouri, Defesa do embargado nos embargos do credor com garantia real, *RT* 491/231; Teresa Arruda Alvim Wambier, Fredie Didier Jr., Eduardo Talamini, Bruno Dantas (coord.), *Breves comentários ao novo Código de Processo Civil*, São Paulo: Revista dos Tribunais, 2015; Teresa Arruda Alvim Wambier, Maria Lúcia Lins Conceição, Leonardo Ferres da Silva Ribeiro, Rogério Licastro Torres de Melo, *Primeiros comentários ao novo Código de Processo Civil*, São Paulo: Revista dos Tribunais, 2015; Thaís Maia Silva, A Súmula 195 do STJ e a ampliação cognitiva dos embargos de terceiro no Código de Processo Civil de 2015, *Revista de Processo*, São Paulo, ano 45, v. 305, p. 355-373, jul. 2020.

Capítulo VIII
DA OPOSIÇÃO

Art. 682. Quem pretender, no todo ou em parte, a coisa ou o direito sobre que controvertem autor e réu poderá, até ser proferida a sentença, oferecer oposição contra ambos.

CPC/1973

Art. 56.

REFERÊNCIA LEGISLATIVA

CPC/2015, arts. 229 (prazo para atuação dos litisconsortes), 970 (ação rescisória).

Decreto-Lei nº 3.365, de 21.06.1941, art. 19 (desapropriação);

Lei nº 9.099, de 26.09.1995, art. 10 (juizados especiais).

SÚMULAS

Súmula do STJ:

nº 150: "Compete à Justiça Federal decidir sobre a existência de interesse jurídico que justifique a presença, no processo, da União, suas autarquias ou empresas públicas".

BREVES COMENTÁRIOS

Consiste a oposição, na ação "pela qual o terceiro ingressa em processo alheio para obter para si, no todo ou em parte, a coisa ou o direito sobre que controvertem autor e réu, excluindo o direito destes" (TJMG, 1ª Câm. Civ., AC 1.0024.12.205842-3/001, Rel. Des. Geraldo Augusto, ac. 02.06.2014, *DJe* 05.06.2014). Observa-se que, com esse procedimento, o terceiro visa a defender o que é seu e está sendo disputado em juízo por outrem. É medida de livre iniciativa do terceiro, simples faculdade sua, visto que nenhum prejuízo jurídico pode lhe causar a sentença a ser proferida num processo em que não figura como parte. Permanecendo alheio ao processo, jamais se sujeitará à coisa julgada nele formada. Mas, sem dúvida, pode o processo alheio acarretar-lhe dano de fato, que exigirá, mais tarde, uma outra ação para obter a respectiva reparação. Desde logo, portanto, pode o opoente, para abreviar a solução da pendência entre ele e as duas partes do processo, pedir o reconhecimento judicial de seu direito, que exclui o dos litigantes.

Essa nova ação deveria observar os limites fixados na ação principal – quando vista como intervenção de terceiro –, ou seja, a oposição não poderia, no sistema do CPC/1973, introduzir discussão de direito não controvertido na lide desenvolvida entre os opostos. Passando à categoria de ação autônoma, como se fez no CPC/2015, parece-nos que não há mais razão para semelhante restrição. O que se exige é a relação de prejudicialidade, de sorte que, qualquer que seja o fundamento da oposição, haverá de veicular um direito subjetivo do opoente capaz de atrair para si, o direito ou a coisa sobre que controvertem as partes do processo anterior (art. 682). À luz das conclusões feitas, pode-se sintetizar o conceito da oposição, dentro da sistemática do CPC/2015, como o procedimento especial pelo qual alguém, pretendendo coisa ou direito alheio que está sub judice, demandar ambos os litigantes, em litisconsórcio necessário, para exercer sua pretensão (art. 682) (BUENO, Cassio Scarpinella. *Manual de direito processual civil.* São Paulo: Saraiva, 2015, p. 437).

JURISPRUDÊNCIA SELECIONADA

1. Interesse processual. Legitimidade da oposta. Descabimento. "A modalidade de intervenção de terceiro denominada oposição é cabível quando alguém pretender, no todo ou em parte, a coisa ou o direito sobre que controvertem autor e réu e deve ser dirigida contra ambas as partes daquela demanda. A opoente-recorrente pretende tão só questionar a legitimidade da oposta-recorrida para perquirir direitos em face do réu da ação principal". (TJSP, 0037991-13.2010.8.26.0114, Rel. Álvaro Torres Júnior, 20ª Câmara de Direito Privado, jul. 12.09.2016, data de registro 20.09.2016)

2. Usucapião. Oposição. Não cabimento. "A oposição é instituto de intervenção de terceiros que tem natureza jurídica de ação judicial de conhecimento, de modo que o opoente deve preencher as condições da ação e os pressupostos processuais para o seu processamento. Não cabe intervenção de terceiros na modalidade de oposição na ação de usucapião. O opoente carece de interesse processual para o oferecimento de oposição na ação de usucapião porque, estando tal ação incluída nos chamados juízos universais (em que são convocados a integrar o polo passivo por meio de edital toda a universalidade de eventuais interessados), sua pretensão poderia ser deduzida por meio de contestação. A previsão da convocação, por meio edital, de toda universalidade de sujeitos indeterminados para que integrem o polo passivo da demanda se assim desejarem elimina a figura do terceiro no procedimento da ação de usucapião." (REsp 1726292/CE, Rel. Min. Ricardo Villas Bôas Cueva, 3ª Turma, jul. 12.02.2019, *DJe* 15.02.2019). **No mesmo sentido:** STJ, REsp 1.693.732/MG, Rel. Min. Ricardo Villas Bôas Cueva, 3ª Turma, jul. 12.02.2019, *DJe* 15.02.2019.

3. Dever de ser em face de autor e réu ao mesmo tempo. "Correta a extinção da oposição, sem julgamento de mérito, ajuizada em face de ação cautelar. A oposição deve ser proposta contra autor e réu ao mesmo tempo, e não contra apenas um deles. Ademais, o autor de cautelar não pode ser opoente. A oposição pressupõe a existência de um terceiro, estranho à lide, que reclama o direito sobre a coisa controversa na ação formada entre o autor e réu" (TRF-1ª Região, Ap. 01228363/PA, Rel. Juiz. Ricardo Machado Rabelo, 1ª Turma, *DJU* 23.08.1999, p. 196).

4. Ação possessória. "Existente ação cujo pedido de reintegração de posse se funda exclusivamente na posse, não há previsão legal para a propositura de oposição para que seja discutida a propriedade ou o domínio do bem" (STJ, REsp

685.159/DF, Rel. Min. João Otávio de Noronha, 4ª Turma, jul. 06.10.2009, *DJe* 19.10.2009). **No mesmo sentido**: STJ, REsp 493.927/DF, Rel. Min. Humberto Gomes de Barros, 3ª Turma, jul. 07.12.2006, *DJ* 18.12.2006, p. 361.

5. Anulação de confissão de dívida. Cessionário e cedente. "Proposta a ação de anulação da confissão de dívida contra o primitivo credor, o cessionário deste, que vem a juízo sustentar a validade do título, é um assistente do cedente, não um opoente" (STJ, REsp 47.142/MG, Rel. Min. Ruy Rosado de Aguiar, 4ª Turma, *DJU* 13.02.1995).

6. Embargos de terceiro *x* Oposição. "Se o autor da ação de oposição sustenta que o imóvel penhorado e levado à arrematação é de sua propriedade, a via adequada para infirmar o ato constritivo corresponde aos embargos de terceiro" (TARS, Ap 195.060.611, Rel. Juiz Arminio José Abreu Lima da Rosa, 6ª Câmara, jul. 08.08.1995).

7. Oposição x Pedido subsidiário. "Não há como confundir oposição com pedido subsidiário, já que aquela significa intervenção de terceiro prejudicado em processo já iniciado, em defesa de seu direito e, para excluir, simultaneamente autor e réu da demanda; ao passo que o último não passa de mera súplica do próprio autor, formulada na mesma peça inaugural, como complemento ao pedido principal" (TJMG, AGI 13.726, Rel. Helvécio Rosenburg, jul. 16.12.1974, *RT* 474/200).

8. Mandado de segurança. "Os embargantes que assumiram serventias em disputa posteriormente à impetração, de forma espontânea, cientes de que estavam na condição *sub judice*, não ostentam a condição de terceiro prejudicado. Pretendem o ingresso na lide para defender direito próprio, o que se harmoniza com a figura processual da oposição. No entanto, em mandado de segurança, não cabe assistência ou qualquer modalidade de intervenção de terceiros, conforme já decidiu o Supremo Tribunal Federal (MS 24.414/DF)" (STJ, EDcl no RMS 17.885/RJ, Rel. Min. Arnaldo Esteves Lima, 5ª Turma, jul. 16.02.2006, *DJ* 24.04.2006, p. 414).

9. Ganho da causa pelo opoente. Custas processuais. "A oposição é ação intentada por aquele que se julga total ou parcialmente senhor da coisa disputada entre as partes em demanda pendente. E sua pretensão é própria, excluindo total ou parcialmente as pretensões dos demais litigantes. Ela é dirigida, portanto, contra autor e réu da ação principal. Assim, se o opoente obtém ganho de causa frente a ambos os opostos, a um porque seu pedido foi julgado procedente, a outro porque reconheceu a procedência do pedido formulado, cada um deles deve arcar com metade das custas processuais" (TASP, Ap. 310.990, Rel. Juiz Luiz de Azevedo, 7ª Câmara Cível, jul. 06.12.1983, *RT* 583/123).

Art. 683. O opoente deduzirá o pedido em observação aos requisitos exigidos para propositura da ação.

Parágrafo único. Distribuída a oposição por dependência, serão os opostos citados, na pessoa de seus respectivos advogados, para contestar o pedido no prazo comum de 15 (quinze) dias.

CPC/1973

Art. 57.

REFERÊNCIA LEGISLATIVA

CPC/2015, arts. 239 a 258 (citação).

Regimento de Custas da Justiça Federal (pagamento de custas).

BREVES COMENTÁRIOS

O conhecimento da ação de oposição compete ao juiz da causa principal, já que ela é distribuída por dependência. Registrada e autuada a oposição, proceder-se-á à citação dos opostos (autor e réu da ação anterior), para que contestem no prazo comum de 15 dias. O rito especial da oposição exclui o regime geral de contagem do prazo de contestação em dobro para os litisconsortes representados por advogados diferentes (CPC/2015, art. 229), de modo que os demandados terão prazo comum para responder à demanda.

Na oposição, a citação pessoal da parte só ocorre quando o réu da ação principal for revel. Possuindo advogado nos autos, em sua pessoa é que se dará a citação de ambas as partes do feito primitivo, as quais se tornam réus da oposição em litisconsórcio.

JURISPRUDÊNCIA SELECIONADA

1. Prazo para contestação. "O prazo para contestar, na ação de oposição, mesmo preexistindo litisconsórcio passivo e embora tenham as partes advogados diferentes, é de quinze dias, não se aplicando a regra do art. 191 do CPC [art. 229 do CPC/2015], face à regra do art. 57 do mesmo Código [art. 683 do CPC/2015]" (TJMS, Ag. 1.329/27, Rel. Des. Alécio Antônio Tamiozzo, 1ª Câmara, jul. 23.02.1988, *RJTJMS* 46/31).

2. Ação civil pública. Ministério Público. "Como o instituto da oposição restringe-se ao âmbito exclusivo dos processos subjetivos (em cujo âmbito discutem-se situações individuais e interesses concretos), não há como se aceitar seu cabimento nas ações civis públicas, onde o Ministério Público apenas cumpre a sua função institucional, defendendo o interesse público, indisponível e irrenunciável" (TJMG, ApCív 000.206.725-4/00, Rel. Des. Bady Curi, 4ª Câmara, 14.12.2001, *DJ* 04.02.2002).

3. Citação. Ação reivindicatória. "Ao opoente cabe diligenciar a citação dos advogados dos réus em ação reivindicatória" (TJSP, AGI 14.604-1, Rel. Ferreira Prado, 6ª Câmara, jul. 06.08.1981, *RT* 554/105).

Art. 684. Se um dos opostos reconhecer a procedência do pedido, contra o outro prosseguirá o opoente.

CPC/1973

Art. 58.

BREVES COMENTÁRIOS

O reconhecimento da procedência do pedido, por ambas as partes da ação principal, conduz a julgamento antecipado da oposição, em favor do opoente (art. 487, III, *a*). Mas, se apenas uma das partes reconhecer a procedência do pedido, a ação de oposição continuará seu curso normal contra o outro litigante (art. 684).

JURISPRUDÊNCIA SELECIONADA

1. Prosseguimento da ação. "A oposição é ação autônoma, independente da ação primitiva, pois com ela o opoente quer fazer valer direito próprio, incompatível com o das partes. Dessa forma, a extinção de uma não obsta ao prosseguimento da outra" (TJSP, Ap. 59.351-1, Rel. Des. Luís de Macedo, 1ª Câmara, jul. 07.05.1985, *RT* 599/63).

Art. 685. Admitido o processamento, a oposição será apensada aos autos e tramitará simultaneamente à ação originária, sendo ambas julgadas pela mesma sentença.

Parágrafo único. Se a oposição for proposta após o início da audiência de instrução, o juiz suspenderá o curso do processo ao fim da produção das provas, salvo se concluir que a unidade da instrução atende melhor ao princípio da duração razoável do processo.

CPC/1973

Arts. 59 e 60.

BREVES COMENTÁRIOS

O limite temporal de admissibilidade da ação especial de oposição é, segundo o art. 682, a sentença da causa em que se disputa, entre outras partes, a coisa ou o direito que o opoente pretende para si. Sendo objetivo da ação especial, expressamente previsto no art. 685, o julgamento das duas ações – a primitiva e a oposição – numa só sentença, não há como admitir possa esta última ser ajuizada depois que a primeira já se encontra sentenciada.

A sentença que decidir a oposição, separadamente ou em conjunto com a causa principal, com ou sem solução de mérito, imporá à parte sucumbente as sanções pertinentes às despesas processuais e honorários advocatícios, observados os art. 85, I, e 87. O recurso interponível, em todos os casos, será o de apelação (art. 1.009).

JURISPRUDÊNCIA SELECIONADA

1. Independência das ações

"Oposição antes da audiência, art. 59 e 60 do CPC [art. 685 do CPC/2015]. Oposição não incorporada aos autos até a data de sua conclusão ao Juiz para a sentença não obstaculizada o julgamento da ação" (STJ, REsp 1.162/GO, Rel. Min. Fontes de Alencar, 4ª Turma, jul. 30.10.1989, *RSTJ* 10/382).

2. Inércia dos opostos. "Na espécie, diante da manifesta inércia das partes em dar prosseguimento ao processo principal, aplicada literalmente a regra do art. 59, CPC [art. 685 do CPC/2015] a oposição jamais teria seu julgamento concluído. A solução, no caso, encontra abrigo na natureza jurídica e na finalidade do instituto da oposição. Ademais, nenhum prejuízo trará o processamento dessa, dado que, 'cabendo ao juiz decidir simultaneamente a ação e a oposição, desta conhecerá em primeiro lugar' (art. 61, CPC)" (STJ, REsp 208.311/RJ, Rel. Min. Sálvio de Figueiredo Teixeira, 4ª Turma, *DJ* 07.08.2000, p. 112).

Art. 686. Cabendo ao juiz decidir simultaneamente a ação originária e a oposição, desta conhecerá em primeiro lugar.

CPC/1973

Art. 61.

BREVES COMENTÁRIOS

A ação originária e a oposição serão julgadas pela mesma sentença (art. 485), situação que contribui para que as duas situações sejam harmônicas, evitando-se contradições. Sob o aspecto formal, a sentença será uma, mas serão julgadas duas lides. Existem situações nas quais não será possível proferir uma sentença única. Como, por exemplo, se dá diante de casos de extinção de uma das causas conexas – a primitiva ou a oposição –, sem resolução do mérito. Contudo, se o juiz decidir simultaneamente a ação originária e a oposição, deverá conhecer desta em primeiro lugar (art. 686).

A determinação de que primeiro seja julgada a oposição prende-se ao seu caráter prejudicial, derivado da circunstância de que o opoente pretende fazer prevalecer seu direito sobre a pretensão tanto do autor como o do réu. Logo, se for acolhido o pedido do opoente, prejudicadas ficam todas as pretensões deduzidas na ação principal.

JURISPRUDÊNCIA SELECIONADA

1. Oposição. Extinção do feito principal em razão de acordo sem apreciação da oposição. Possibilidade de seu prosseguimento como feito autônomo. "1. Não são aplicáveis ao caso as disposições do NCPC, ante os termos do Enunciado Administrativo n. 2 aprovado pelo Plenário do STJ na sessão de 9/3/2016. (...) Muito embora a oposição tenha sido apresentada antes da audiência, não foi observado o procedimento próprio, isto é, não houve julgamento simultâneo, sobrevindo sentença de extinção apenas do feito principal, em razão de acordo entabulado entre as partes naquele feito. Oposição extinta sem julgamento de mérito, sob o entendimento de que não haveria mais oportunidade processual para examinar o direito dos opoentes, tendo em vista a extinção do processo principal propiciado por acordo. A existência de lide pendente entre autor e réu só é requisito processual para a admissão da oposição no momento de sua propositura. Uma vez protocolada a petição de oposição, ela pode ser apreciada independentemente da superveniência de sentença na ação principal ou mesmo da sua existência. Se a mesma pretensão pode ser veiculada tanto antes (oposição interventiva) quanto depois da audiência (oposição autônoma), não há motivo razoável para sustentar que, no primeiro caso, ela deva ser fulminada pelo advento da sentença na ação principal e, no segundo caso, deva ela prosseguir para julgamento independente" (STJ, REsp 1367718/MT, Rel. Min. Moura Ribeiro, 3ª Turma, jul. 06.11.2018, *DJe* 09.11.2018).

2. Oposição. Julgamento anterior ao da ação principal. "No julgamento simultâneo da ação e da oposição, esta deve ser apreciada antes daquela, de vez que, se procedente a oposição, as consequências da sentença se refletirão no deslinde da ação" (TJSC, Ap. 24.571, Rel. Des. Napoleão Amarante, 1ª Câmara, jul. 13.08.1986, *Jurisp. Cat.* 54/172).

"Não obstante tenha sido a causa principal decidida antes da oposição, em afronta a letra do art. 61 do CPC [art. 686 do CPC/2015], a sentença deu a cada parte o que lhe era de direito. Apesar de não obedecida a forma, criada, aliás, por uma questão de lógica, o fim visado pelo dispositivo foi atingido. **Aplicação do princípio da instrumentalidade das formas**" (STJ, REsp 420.216/SP, Rel. Min. Fernando Gonçalves, 6ª Turma, jul. 01.10.2002, *DJ* 21.10.2002, p. 428).

Julgamento da oposição após ação principal. Ausência de prejuízo no caso concreto. "Conforme a estrita técnica processual, quando um terceiro apresenta oposição, pretendendo a coisa ou o direito sobre o que controvertem autor e réu, antes da audiência, ela correrá simultaneamente à ação principal, devendo ser julgada pela mesma sentença, que primeiramente deverá conhecer da oposição, dado o seu caráter prejudicial. Contudo, na hipótese, não se vislumbra a existência de qualquer prejuízo ao devido processo legal ou ao recorrente em razão do julgamento da oposição ter se dado, embora na mesma data, após o julgamento da anulatória" (STJ, REsp 1.221.369/RS, Rel.ª Min.ª Nancy Andrighi, 3ª Turma, jul. 20.08.2013, *DJe* 30.08.2013).

3. Sentença nula e omissa. "Mostrando-se a pretensão da ação autônoma de oposição, na forma em que deduzida, inteiramente excludente e incompatível com o igual direito postulado pela autora e pelos réus, nos autos da ação principal (ação reivindicatória), urge seja aquela, em sentença conjunta, proferida para solucionar ambos os feitos conexos, dirimida em primeiro lugar, até porque repercutirá, total e diretamente, na solução da causa principal. Nula é a sentença, por violação ao art. 61 do CPC [art. 686 do CPC/2015], que, a um só tempo, omite-se em solucionar a pretensão deduzida em sede de oposição, alargando, indevidamente, o polo ativo da ação principal para transformar a Novacap em também autora da ação reivindicatória, julgando procedente a pretensão manejada pela opoente Novacap e pela oposta Terracap, quando os direitos de cada qual são incompatíveis e mutuamente excludentes" (TJDFT, Ap. 4881398, Rel. Des. Wellington Medeiros, 3ª Turma, *DJU* 18.04.2000, p. 37).

4. Recurso. "Sendo a oposição verdadeira ação, da decisão que a indefere liminarmente, extinguindo o processo, o recurso cabível será sempre a apelação, e não o agravo de instrumento" (TASP, AI 169.556, Rel. Juiz Martins Costa, 8ª Câmara, jul. 02.05.1984, *RT* 586/144).

"Para recorrer da sentença que atribui à opoente a titularidade do crédito objeto da ação consignatória não têm interesse o réu que nesta, corretamente, negou sua legitimidade passiva *ad causam*, nem os consignantes, que se exoneraram da obrigação" (TJRJ, Ap. 27.585, Rel. Des. Barbosa Moreira, 5ª Câmara, jul. 21.08.1984, *RT* 589/183).

5. Ação possessória. Reintegração de posse. "Oposição intentada quando da justificação prévia. Ordem para o prosseguimento, com apreciação da objeção após a definição da liminar. Arguição de ofensa do contraditório. Necessidade de **suspensão da possessória para o prosseguimento e julgamento, em primeiro lugar, da oposição** (art. 61 do CPC) [art. 686 do CPC/2015]. Inocorrência e impossibilidade, em face do sistema processual vigente. Autonomia e independência das ações. Decisão mantida. Recurso improvido" (TJSP, AGI 7063070900, Rel. Mario de Oliveira, 21ª Câmara, jul. 20.09.2006, *DJ* 29.09.2006).

6. Extinção do processo ensejador da oposição. "Ainda que extinto o processo ensejador da oposição, esta prossegue, dada à autonomia da ação do oponente e daquele conteúdo do processo principal, em que a pretensão se aloja" (1º TACivSP, Ap. 350.681, Rel. Juiz Wanderley Racy, 2ª Câmara, jul. 01.04.1987, *JTA Civ. SP* 109/193).

DA OPOSIÇÃO: INDICAÇÃO DOUTRINÁRIA

Antônio Carlos Marcato, *Procedimentos especiais*. 16. ed., São Paulo: Atlas, 2016; Celso Agrícola Barbi, *Comentários ao CPC*, Rio de Janeiro: Forense, v. I, n. 360/366; Heitor Vitor Mendonça Sica, In: Sérgio Cruz Arenhart e Daniel Mitidiero (coord.), *Comentários ao Código de Processo Civil*, 2. ed., São Paulo: RT, 2018, v. 10; Humberto Theodoro Júnior, *Curso de direito processual civil. 54. ed.*, Rio de Janeiro: Forense, 2020, v. II; Marcelo Pacheco Machado, In: José Roberto F. Gouvêa; Luis Guilherme A. Bondioli e João Francisco N. da Fonseca (coord.), *Comentários ao Código de Processo Civil*, São Paulo: Saraiva, 2017, v. 13; Pedro Palmeiras, *Da intervenção de terceiros*, Recife, 1954; Ricardo de Carvalho Aprigliano, In: Teresa Arruda Alvim Wambier, Fredie Didier Jr., Eduardo Talamini, Bruno Dantas, *Breves comentários ao novo Código de Processo Civil*, São Paulo: Revista dos Tribunais, 2015; Ricardo de Carvalho Aprigliano, In: Teresa Arruda Alvim Wambier, Fredie Didier Jr., Eduardo Talamini, Bruno Dantas, *Breves comentários ao novo Código de Processo Civil*, São Paulo: Revista dos Tribunais, 2015; Thiago Rodovalho, A oposição no novo Código de Processo Civil: de modalidade de intervenção de terceiros à condição de ação verdadeiramente autônoma, In: Ana Cândida Menezes Marcato et al. (orgs.), *Reflexões sobre o Código de Processo Civil de 2015*: uma contribuição dos membros do Centro de Estudos Avançados de Processo – Ceapro, São Paulo: Verbatim, 2018, p. 771 e ss.

Capítulo IX
DA HABILITAÇÃO

Art. 687. A habilitação ocorre quando, por falecimento de qualquer das partes, os interessados houverem de suceder-lhe no processo.

CPC/1973

Art. 1.055.

REFERÊNCIA LEGISLATIVA

CPC/2015, arts. 108 a 110 (substituição das partes).

CJF – I JORNADA DE DIREITO PROCESSUAL CIVIL

Enunciado 54 – Estando o processo em grau de recurso, o requerimento de habilitação far-se-á de acordo com o Regimento Interno do respectivo tribunal (art. 687 do CPC).

Enunciado 55 – É cabível apelação contra sentença proferida no procedimento especial de habilitação (arts. 687 a 692 do CPC).

BREVES COMENTÁRIOS

Consiste a habilitação disciplinada pelos arts. 687 a 692 do CPC/2015 no procedimento por meio do qual os sucessores das partes ingressam em juízo para recompor a relação processual afetada pela morte de um dos sujeitos que a integraram em sua formação inicial. A respeito do tema, há que se distinguir entre as ações personalíssimas e as não personalíssimas. As primeiras são aquelas que envolvem direitos intransmissíveis aos herdeiros da parte. As últimas referem-se à grande maioria dos direitos subjetivos, principalmente no campo do direito das obrigações, onde a regra geral é a transmissibilidade *causa mortis* dos débitos e créditos (CC, arts. 1.784 e 1.792). Quando a ação é personalíssima, como, por exemplo, a de separação judicial ou a de alimentos, não tem cabimento a habilitação, porquanto a morte da parte conduz à imediata extinção do processo sem resolução de mérito (art. 485, IX).

JURISPRUDÊNCIA SELECIONADA

1. Substituição processual. "O falecimento da parte tem como decorrência a suspensão do processo na forma do inciso I, § 1º, do art. 265 do CPC [art. 313, I e § 1º, do CPC/2015], procedendo-se à habilitação conforme os arts. 1.055 e 1.062 do mesmo diploma [arts. 687 e 692 do CPC/2015], culminando com a substituição processual, citando-se o espólio do *de cujus* na pessoa de seu representante, como preceitua o art. 43 [art. 110 do CPC/2015], e, se for inventariante dativo, na forma do § 1º do art. 12 [§ 1º do art. 75 do CPC/2015], onde partes serão os herdeiros ou sucessores" (2º TACivSP, Ap 175.401-7, Rel. Juiz Moraes Salles, 2ª Câmara, jul. 15.04.1985; *JTACiv.SP* 98/308).

2. Suspensão do processo. "O falecimento de uma das partes tem o efeito de suspender o processo, e ele só retoma o curso após a habilitação dos sucessores ou a prova de que, intimados a fazê-lo, silenciaram, desinteressando-se, assim, da sorte da causa; quando os sucessores não acodem espontaneamente ao processo, cabe à contraparte indicar-lhes o nome e o endereço para a devida intimação" (STJ, AGREsp 248.625/SP, Rel. Min. Ari Pargendler, 3ª Turma, jul. 19.11.2001, *DJU* 18.02.2002).

"Não há omissão quanto à suspensão do processo em virtude do falecimento da autora se a matéria é levantada no recurso ordinário sem oposição ou objeção da parte contrária, quanto à possível ausência de habilitação, aliás, afirmada textualmente naquela peça" (STJ, EDROMS 10.936/MG, Rel. Min. Fernando Gonçalves, 6ª Turma, jul. 16.05.2002, *DJU* 10.06.2002).

3. **Sociedade limitada. Extinção da sociedade. Equiparação à morte da pessoa natural. Sucessão dos sócios. Procedimento de habilitação.** "Debate-se a sucessão material e processual de parte, viabilizada por meio da desconsideração da pessoa jurídica, para responsabilizar os sócios e seu patrimônio pessoal por débito remanescente de titularidade de sociedade extinta pelo distrato. A extinção da pessoa jurídica se equipara à morte da pessoa natural, prevista no art. 43 do CPC/1973 (art. 110 do CPC/2015), atraindo a sucessão material e processual com os temperamentos próprios do tipo societário e da gradação da responsabilidade pessoal dos sócios. Em sociedades de responsabilidade limitada, após integralizado o capital social, os sócios não respondem com seu patrimônio pessoal pelas dívidas titularizadas pela sociedade, de modo que o deferimento da sucessão dependerá intrinsecamente da demonstração de existência de patrimônio líquido positivo e de sua efetiva distribuição entre seus sócios. A demonstração da existência de fundamento jurídico para a sucessão da empresa extinta pelos seus sócios poderá ser objeto de controvérsia a ser apurada no procedimento de habilitação (art. 1.055 do CPC/1973 e 687 do CPC/2015), aplicável por analogia à extinção de empresas no curso de processo judicial. A desconsideração da personalidade jurídica não é, portanto, via cabível para promover a inclusão dos sócios em demanda judicial, da qual a sociedade era parte legítima, sendo medida excepcional para os casos em que verificada a utilização abusiva da pessoa jurídica." (STJ, REsp 1784032/SP, Rel. Min. Marco Aurélio Bellizze, 3ª Turma, jul. 02.04.2019, *DJe* 04.04.2019). **No mesmo sentido:** STJ, REsp 2.082.254/GO, Rel. Min. Nancy Andrighi, 3ª Turma, jul. 12.09.2023, *DJe* 15.09.2023.

4. **Preferência da habilitação do espólio à dos sucessores.** "A jurisprudência desta Corte Superior de Justiça é no sentido de que, nos termos do art. 110 do Código de Processo Civil, ocorrendo a morte de qualquer das partes, dar-se-á a substituição dela pelo seu espólio ou sucessores. Precedentes: EDcl nos EDcl no AgRg no REsp 1.179.851/RS, Rel. Ministro Antônio Carlos Ferreira, Quarta Turma, *DJe* 29/04/2013; AgRg no AREsp 15.297/SE, Rel. Ministro Benedito Gonçalves, Primeira Turma, *DJe* 14/05/2012; AgRg no Ag 1.331.358/SP, Rel. Ministra Laurita Vaz, Quinta Turma, *DJe* 12/09/2011. Apesar de o dispositivo referir que a substituição pode ocorrer alternativamente 'pelo espólio ou pelos seus sucessores', entende-se que será dada preferência à substituição pelo espólio, havendo a habilitação dos herdeiros em caso de inexistência de patrimônio sujeito à abertura de inventário" (STJ, REsp 1803787/PR, Rel. Min. Herman Benjamin, 2ª Turma, jul. 16.05.2019, *DJe* 01.07.2019).

5. **Demanda trabalhista.** "Habilitação. Alvará judicial. Levantamento de verbas. O juízo do trabalho perante o qual corre processo de ação trabalhista é o competente para realizar habilitação a fim de reconhecer o direito dos sucessores a prosseguirem no feito, com a morte do autor, e para isso é desnecessário o alvará judicial de levantamento de verbas devidas ao empregado" (STJ, CC 31.064/PR, Rel. Min. Nancy Andrighi, 2ª Seção, jul. 12.09.2001, *DJU* 01.10.2001).

6. **Prisão civil.** "Alienação fiduciária. Prisão civil. Prejudicialidade. Morte do devedor. Reconhecimento. Com o falecimento do devedor, conforme comprovante juntado aos autos, fica prejudicada a questão da prisão civil, cabendo à parte diligenciar os meios de habilitação nos autos do inventário" (2º TACivSP, Ap. c/ Rev. 637.556-00/8, Rel. Juiz Aclibes Burgarelli, 3ª Câmara Cível, jul. 26.11.2002).

Art. 688. A habilitação pode ser requerida:

I – pela parte, em relação aos sucessores do falecido;

II – pelos sucessores do falecido, em relação à parte.

CPC/1973

Art. 1.056.

BREVES COMENTÁRIOS

A substituição da parte falecida, nas causas sobre direitos transmissíveis, pode ser feita pelos sucessores pessoalmente ou pelo espólio, quando representado por inventariante não dativo (art. 75, V e § 1º). Enquanto não se defere a habilitação, e desde o momento em que o óbito da parte seja noticiado no feito primitivo, o processo ficará suspenso, por força do disposto no art. 313, §1º, sendo vedada a prática de novos atos, salvo aqueles previstos no art. 314, ou seja, os atos urgentes destinados a "evitar dano irreparável".

Tanto o demandante sobrevivente como os sucessores do morto têm legítimo interesse na regularização do processo paralisado. Entretanto, o juiz, tomando conhecimento da morte do réu, deve ordenar a intimação do autor para que promova a citação do respectivo espólio, fixando prazo que varia de dois a seis meses. Em caso do falecimento do autor, cabe ao juiz determinar a intimação do espólio ou de quem for o sucessor, pelos meios que julgar mais adequados, para que promova a habilitação, sob pena de extinção do processo, sem julgamento de mérito (CPC/2015, art. 313, § 2º, I e II).

Art. 689. Proceder-se-á à habilitação nos autos do processo principal, na instância em que estiver, suspendendo-se, a partir de então, o processo.

CPC/1973

Art. 1.060.

BREVES COMENTÁRIOS

A ação de habilitação pertence à categoria das ações acessórias, por corresponder a uma forma de complementar ou regularizar causa já pendente. Assim, a competência para processá-la e julgá-la é do juiz da ação principal (CPC/2015, art. 61), mesmo porque, sua instauração ocorrerá nos próprios autos do processo primitivo (art. 689). Pode acontecer que o processo principal esteja tramitando perante tribunal, seja em grau de recurso, seja como causa de sua competência originária. O art. 689 do CPC/2015 determina, a propósito, que a habilitação ocorrerá na instância em que o processo estiver. Nessa conjuntura, o processamento da habilitação se fará perante o relator e o julgamento observará o dispositivo do respectivo regimento interno.

JURISPRUDÊNCIA SELECIONADA

1. **Viúva e herdeiros necessários (inciso I).** "(...) No regime do Código anterior, bastava o comparecimento da viúva para se ter como atendido o princípio da substituição das partes no processo, porém, o atual estatuto processual inovou a matéria, exigindo a presença, quando o extinto fosse casado e tivesse herdeiros, não apenas da viúva, mas, igualmente, de todos os herdeiros necessários" (TAMG, Ap. 32.408, Rel. Des. Juiz Ney Paolinelli, 3ª Câmara, jul. 02.12.1986, *RJTAMG* 29/187).

Herdeiro colateral. "É possível a habilitação de herdeira colateral, nos termos do art. 1.060, inciso I, do Código de Processo Civil [art. 689 do CPC/2015], de modo a possibilitar o prosseguimento da execução quando comprovada a inexistência de herdeiros necessários, não havendo que se falar em prejuízo a eventuais herdeiros que não constem do processo na medida em que o precatório só pode ser expedido com a apresentação da certidão de inventariança ou do formal e da certidão de partilha" (STJ, AgRg nos EmbExeMS 11.849/DF, Rel.ª Min.ª

Maria Thereza de Assis Moura, 3ª Seção, jul. 13.03.2013, *DJe* 20.03.2013).

2. Espólio x herdeiros. "Ocorrendo a morte de qualquer uma das partes, dar-se-á a substituição pelo seu espólio, salvo se o motivo devidamente justificado determine a habilitação dos herdeiros – CPC, art. 43 [art. 110 do CPC/2015]" (STJ, AI 8.545-0/SP, Rel. Min. Torreão Braz, 4ª Turma, jul. 18.10.1993, *DJU* 29.11.1993).

Habilitação do Espólio. "Sendo o espólio representado pelo inventariante, nos termos do artigo 12 do CPC [art. 75 do CPC/2015], não há necessidade de processo especial à habilitação daquele, pois esta se deu na pessoa do seu inventariante, regularizando-se a relação processual, nos termos do artigo 1.060 do Código Processual Civil [art. 689 do CPC/2015], que a possibilita nos próprios autos da ação principal, sem necessidade de ação autônoma para essa finalidade" (STJ, REsp 784.634/GO, Rel. Min. Luis Felipe Salomão, 4ª Turma, jul. 19.08.2010, *DJe* 19.11.2010).

3. Cônjuge. Separação de fato. "Não faz jus à sucessão pelo falecimento do pai do cônjuge-varão, a esposa que, à época do óbito, já se achava há vários anos separada de fato, inclusive com ação de divórcio em andamento" (STJ, REsp 226.288/PA, Rel. Min. Aldir Passarinho Júnior, 4ª Turma, jul. 13.09.2000, *DJU* 30.10.2000).

4. Ação personalíssima. "O falecimento do autor no curso do processo em que se pleiteia reparação de danos, havendo herdeiros, dá ensejo à sucessão processual, nos termos do artigo 43 do CPC [art. 110 do CPC/2015]. Desde que demonstrados o óbito e a qualidade dos sucessores, ou a abertura de inventário, com a nomeação de inventariante, não há que se falar em extinção do processo sem julgamento de mérito, a não ser nos casos de ação personalíssima. Tratando-se de pedido de condenação referente a pensionamento, dada sua natureza alimentar, e em caso de eventual procedência do pleito indenizatório, deve-se limitar a prestação às verbas vencidas até a data do óbito do autor" (TAMG, Ap. 337.400-3, Rel.ª Juíza Maria Elza, 4ª Câmara Cível, jul. 23.05.2001).

5. Competência. "Competência do Relator. Habilitação incidente em precatório judicial. Cessão de crédito: impossibilidade. A competência do relator do Mandado de Segurança cessa ou com a interposição de recursos constitucionais ou com o trânsito em julgado da decisão. Com o encerramento da atividade jurisdicional, o relator não pode se arvorar em tutor permanente do processo. A habilitação em precatório é ato administrativo de competência do presidente do tribunal. A parte não pode utilizar o termo técnico regimental, emprestando uma denotação mais ampla do que nela se contém. A habilitação incidental de que trata o art. 223 do Regimento diz respeito à previsibilidade do art. 1.060 do CPC [art. 689 do CPC/2015], conforme inteligência do art. 224 do mesmo Regimento. Nos termos do art. 1.065 do CPC [art. 714 do CPC/2015], a habilitação tem lugar quando, por falecimento de qualquer das partes, os interessados houverem de suceder-lhe no processo" (TJDF, HBI 123.633/DF, Rel. Juiz P. A. Rosa de Farias, Conselho Especial, jul. 26.10.1999, *Diário de Justiça do DF* 27.03.2000).

Art. 690. Recebida a petição, o juiz ordenará a citação dos requeridos para se pronunciarem no prazo de 5 (cinco) dias.

Parágrafo único. A citação será pessoal, se a parte não tiver procurador constituído nos autos.

CPC/1973

Art. 1.057.

BREVES COMENTÁRIOS

O procedimento da habilitação pode ser provocado por requerimento da parte contrária ao litigante falecido, caso em que a citação será feita aos herdeiros ou ao espólio do extinto. Pode, também, partir de iniciativa do inventariante ou dos sucessores, que, comparecendo espontaneamente aos autos, requerem sejam admitidos a ocupar a posição processual do falecido. Nesse último caso, a citação será feita à parte sobrevivente. Em qualquer das duas hipóteses, o citado ou os citados terão o prazo de cinco dias para responder ao pedido de habilitação (art. 690, caput).

Não há necessidade, em regra, de atuação apartada para o procedimento da habilitação. Recebida a petição de habilitação, o juiz, ainda nos autos do processo originário, ordenará a citação dos requeridos para se manifestarem no prazo de cinco dias (art. 690, *caput*). Caso a parte remanescente não tenha procurador constituído nos autos (como, *v.g.*, o réu revel), sua citação será pessoal (art. 690, parágrafo único).

A habilitação, entretanto, é um dos procedimentos em que, por sua natureza incidental, a lei reconhece a legitimidade do advogado da parte contrária para receber a citação, independentemente de mandato com poderes especiais. É o mesmo que se passa, por exemplo, com a reconvenção (art. 343, § 1º), com o cumprimento da sentença (art. 513, § 2º, I) e com os embargos de terceiro (art. 677, § 3º). Por isso, somente se recorre à citação pessoal se a parte interessada não tiver procurador constituído nos autos (art. 690, parágrafo único).

Após a citação, dois são os tipos de procedimento para realizar a habilitação, a saber:

I – Habilitação sumária: Essa habilitação é processada e decidida nos autos do processo principal (art. 691, primeira parte), e ocorre em duas situações:

(a) quando o pedido de habilitação não é impugnado, caso em que, (i) estando adequadamente instruído, será deferido de imediato; ou, (ii) faltando algum documento, o juiz fixará prazo para sua apresentação, sob pena de denegar a habilitação, decidindo em seguida à diligência;

(b) quando o pedido é impugnado, mas sua apreciação só depende de prova documental, caso em que (i) o juiz decidirá logo, com base nos elementos disponíveis nos autos; ou (ii) fixará prazo para que a documentação seja completada, decidindo após a diligência ter sido, ou não, cumprida, tudo dentro dos autos do processo principal.

II – Habilitação ordinária, em autos apartados:

Ocorre essa modalidade de habilitação quando o pedido é impugnado e sua apreciação requer dilação probatória diversa da documental (prova testemunhal ou pericial, por exemplo). Reconhecida essa necessidade, o juiz determinará que o pedido seja extraído do processo principal e autuado em apartado. Disporá, na mesma decisão, sobre as provas a produzir (691, segunda parte), decidindo o pleito após encerrada a instrução.

Art. 691. O juiz decidirá o pedido de habilitação imediatamente, salvo se este for impugnado e houver necessidade de dilação probatória diversa da documental, caso em que determinará que o pedido seja autuado em apartado e disporá sobre a instrução.

BREVES COMENTÁRIOS

O pedido de habilitação, devidamente instruído, é decidido de imediato, se não sofrer impugnação (art. 691). A discussão que ainda se registra na doutrina em torno da recorribilidade, em matéria de decisão do pedido de habilitação, é, a nosso ver, predominantemente acadêmica, por corresponder a efeitos práticos quase nenhuns. Com efeito, das duas uma: (i) ou a habilitação não sofre impugnação perdendo sua potencial contenciosidade, e, por isso, é imediatamente admitida (art. 691, primeira parte), e muito pouco provável será que a outra parte ostente interesse para recorrer da admissão a que oportunamente não se opôs; ou (ii) a habilitação, ao contrário, foi objeto de impugnação da parte adversa, fortalecendo sua natural contenciosidade, com isso exigindo resolução por meio de sentença (art. 692), e a recorribilidade por meio de apelação não suscitará dúvida alguma (art. 1.009).

Art. 692. Transitada em julgado a sentença de habilitação, o processo principal retomará o seu curso, e cópia da sentença será juntada aos autos respectivos.

CPC/1973

Art. 1.062.

BREVES COMENTÁRIOS

O efeito imediato da habilitação é fazer cessar a suspensão do processo originário, provocada pela morte da parte. Logo, "transitada em julgado a sentença de habilitação, o processo principal retomará o seu curso, e cópia da sentença será juntada aos autos respectivos" (art. 692 do CPC/2015). Com efeito, deve ser registrado que o STJ, a propósito da habilitação, já decidiu ser desnecessário o trânsito em julgado para o prosseguimento do processo principal, se o recurso interposto não tiver efeito suspensivo (STJ, AgRg no REsp 521.106/SP, Rel. Min. Humberto Gomes de Barros, 3ª Turma, ac. 18.05.2004, *DJU* 07.06.2004, p. 220).

A função do procedimento em análise, como se vê, "é possibilitar a continuação do processo interrompido pela morte da parte, no estado em que se encontra o feito. Com a habilitação, o terceiro assume a causa no estado em que se encontra, aproveitando os atos já praticados e se sujeitando às facetas do procedimento então em curso" (1º TACiv.SP, ac. *in* PAULA, Alexandre de. *Código de Processo Civil anotado*. 3. ed. São Paulo: Ed. RT, 1986, vol. IV, p. 495). Limitando-se a permitir a sucessão de parte do processo principal, não se presta o procedimento da habilitação a dirimir questões entre os sucessores relacionadas com o objeto da ação originária (STJ, 1ª Seção, AgRg no ExeMS 115/DF, Rel. Min. Humberto Martins, ac. 08.04.2015, *DJe* 15.04.2015).

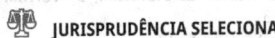

JURISPRUDÊNCIA SELECIONADA

1. Recurso cabível. "O procedimento de habilitação previsto na lei processual (arts. 1.055-1.062) [arts. 687 a 692 do CPC/2015] inicia-se por um ato postulatório e se encerra por sentença. A parte que requerer seu ingresso em feito em andamento, se indeferido o requerimento, pode interpor agravo; mas se o requereu em processo incidental autônomo, ainda que se conclua ser este desnecessário, a sua inutilidade é declarada por sentença terminativa, desafiando apelação" (STJ, REsp 1.154.767/PR, Rel. Min. Luiz Fux, 1ª Turma, jul. 03.02.2011, *DJe* 22.02.2011).

DA HABILITAÇÃO: INDICAÇÃO DOUTRINÁRIA

Antônio Carlos Marcato, *Procedimentos especiais*. 16. ed., São Paulo: Atlas, 2016; Cássio Scarpinella Bueno, *Manual de direito processual civil*, São Paulo: Saraiva, 2015; Claudia Elisabete Schwerz Cahali, In: Teresa Arruda Alvim Wambier, Fredie Didier Jr., Eduardo Talamini, Bruno Dantas, *Breves comentários ao novo Código de Processo Civil*, São Paulo: Revista dos Tribunais, 2015; Daniel Amorim Assumpção Neves, *Manual de direito processo civil*, São Paulo: Método, 2015; Fredie Didier Jr., *Curso de direito processual civil*, 17. ed., Salvador: JusPodivm, 2015, v. I; Guilherme Rizzo Amaral, *Comentários às alterações do novo CPC*, São Paulo: Revista dos Tribunais, 2015; Heitor Vitor Mendonça Sica, In: Sérgio Cruz Arenhart e Daniel Mitidiero (coord.), *Comentários ao Código de Processo Civil*, 2. ed., São Paulo: RT, 2018, v. 10; Humberto Theodoro Júnior, *Curso de direito processual civil. 54. ed.*, Rio de Janeiro: Forense, 2020, v. II; Humberto Theodoro Júnior, Fernanda Alvim Ribeiro de Oliveira, Ester Camila Gomes Norato Rezende (coord.), *Primeiras lições sobre o novo direito processual civil brasileiro*, Rio de Janeiro: Forense, 2015; J. E. Carreira Alvim, *Comentários ao novo Código de Processo Civil*, Curitiba: Juruá, 2015; José Miguel Garcia Medina, *Novo Código de Processo Civil comentado*, São Paulo: Revista dos Tribunais, 2015; Leonardo Greco, *Instituições de processo civil: introdução ao direito processual civil*, 5. ed., Rio de Janeiro: Forense, 2015; Luis Antônio Giampaulo Sarro, *Novo Código de Processo Civil*, São Paulo: Rideel, 2015; Luiz Guilherme Marinoni, Sérgio Cruz Arenhart, Daniel Mitidiero, *Curso de processo civil*, São Paulo: Revista dos Tribunais, 2015, v. I; Marcelo Pacheco Machado, In: José Roberto F. Gouvêa; Luis Guilherme A. Bondioli e João Francisco N. da Fonseca (coord.), *Comentários ao Código de Processo Civil*, São Paulo: Saraiva, 2017, v. 13; Nelson Nery Junior, Rosa Maria de Andrade Nery, *Comentários ao Código de Processo Civil*, São Paulo: Revista dos Tribunais, 2015; Pontes de Miranda, *Comentários ao CPC*, Rio de Janeiro: Forense, 1977, tomo XV, p. 125; Rogério Montai de Lima. Das Ações Possessórias, Habilitação, e Restauração de Autos no Novo Código de Processo Civil – Lei 13.105/2015. *Revista Síntese*, ano XVII. n. 102. São Paulo: Síntese, jul.-ago. 2016, p. 99; Teresa Arruda Alvim Wambier, Fredie Didier Jr., Eduardo Talamini, Bruno Dantas (coord.), *Breves comentários ao novo Código de Processo Civil*, São Paulo: Revista dos Tribunais, 2015; Teresa Arruda Alvim Wambier, Maria Lúcia Lins Conceição, Leonardo Ferres da Silva Ribeiro, Rogério Licastro Torres de Melo, *Primeiros comentários ao novo Código de Processo Civil*, São Paulo: Revista dos Tribunais, 2015.

Capítulo X
DAS AÇÕES DE FAMÍLIA

Art. 693. As normas deste Capítulo aplicam-se aos processos contenciosos de divórcio, separação, reconhecimento e extinção de união estável, guarda, visitação e filiação.

Parágrafo único. A ação de alimentos e a que versar sobre interesse de criança ou de adolescente observarão o procedimento previsto em legislação específica, aplicando-se, no que couber, as disposições deste Capítulo.

REFERÊNCIA LEGISLATIVA

Lei nº 12.318/2010 (dispõe sobre alienação parental).

Lei nº 13.715/2018 (altera o Decreto-Lei nº 2.848, de 7 de dezembro de 1940 (Código Penal), a Lei nº 8.069, de 13 de julho de 1990 (Estatuto da Criança e do Adolescente), e a Lei nº 10.406, de 10 de janeiro de 2002 (Código Civil), para dispor sobre hipóteses de perda do poder familiar pelo autor de determinados crimes contra outrem igualmente titular do mesmo poder familiar ou contra filho, filha ou outro descendente).

Provimento nº 83, de 14 de agosto de 2019, do Conselho Nacional de Justiça, que altera a Seção II, que trata da Paternidade Socioafetiva, do Provimento n.º 63 de 2017.

Lei nº 13.894/2019 (Previu a competência dos Juizados de Violência Doméstica e Familiar contra a Mulher para a ação de divórcio, separação, anulação de casamento ou dissolução de união estável nos casos de violência e para prever a competência do foro do domicílio da vítima para a ação de divórcio, separação judicial, anulação de casamento e reconhecimento da união estável a ser dissolvida).

Lei nº 8.069/1990 (Estatuto da Criança e do Adolescente), art. 157, §§ 3º e 4º (particularidades da concessão de liminar que envolva criança ou adolescente).

Lei nº 10.741/2003 (Estatuto da Pessoa Idosa), arts. 11 a 14 (regula a concessão de alimentos à pessoa idosa).

SÚMULAS

Súmulas STJ:

Nº 655: "Aplica-se à união estável contraída por septuagenário o regime da separação obrigatória de bens, comunicando-se os adquiridos na constância, quando comprovado o esforço comum".

BREVES COMENTÁRIOS

O Código de 1973 previa, em seus arts. 1.120 a 1.124, o rito da ação de separação consensual, como procedimento de jurisdição voluntária. Posteriormente, com a edição da Lei nº 6.515, de 26.12.1977, esse procedimento passou a ser aplicável também aos casos de divórcio consensual (art. 40, § 2º). Em 2007, a Lei nº 11.441, de 04.01.2007, acrescentou ao CPC/1973 o art. 1.124-A, destinado a viabilizar a dissolução consensual da sociedade conjugal, mediante escritura pública. As demais ações de família, bem como a separação litigiosa seguiam o rito ordinário (Lei nº 6.515/1977, art. 34, *caput*).

O atual Código de Processo Civil inovou quanto a essa questão: estabeleceu um procedimento especial contencioso para as ações de família, fixado nos arts. 693 a 699. Essa novidade acolhe pretensão daqueles que militam no Direito de Família, os quais entendem que nele se discutem questões relevantes, que merecem maior atenção, não apenas porque envolvem a vida das pessoas que estão diretamente vinculadas ao litígio, bem como a de seus familiares. Nesse rito especial, o CPC/2015 prioriza soluções pacificadoras, como a mediação e conciliação, sejam elas judiciais ou extrajudiciais. Sinaliza o Código, ao dar prioridade a esse sistema, que a decisão do juiz, com base na lei, ficará adstrita aos casos em que não for possível obter o consenso.

JURISPRUDÊNCIA SELECIONADA

1. Dissolução de sociedade conjugal. Ações de separação e divórcio.

a) Divórcio.

Divórcio direto. EC 66/2010. Separação judicial. Subsistência. "A Emenda Constitucional nº 66/2010 não revogou os artigos do Código Civil que tratam da separação judicial" (STJ, REsp 1247098/MS, Rel. Min. Maria Isabel Gallotti, 4ª Turma, jul. 14.03.2017, *DJe* 16.05.2017).

Divórcio direto. "A Emenda à Constituição nº 66/2010 apenas excluiu os requisitos temporais para facilitar o divórcio. O constituinte derivado reformador não revogou, expressa ou tacitamente, a legislação ordinária que cuida da separação judicial, que remanesce incólume no ordenamento pátrio, conforme previsto pelo Código de Processo Civil de 2015 (arts. 693, 731, 732 e 733 da Lei nº 13.105/2015). A opção pela separação faculta às partes uma futura reconciliação e permite discussões subjacentes e laterais ao rompimento da relação. A possibilidade de eventual arrependimento durante o período de separação preserva, indubitavelmente, a autonomia da vontade das partes, princípio basilar do direito privado. O atual sistema brasileiro se amolda ao sistema dualista opcional que não condiciona o divórcio à prévia separação judicial ou de fato" (STJ, REsp 1.431.370/SP, Rel. Min. Ricardo Villas Bôas Cueva, 3ª Turma, jul. 15.08.2017, *DJe* 22.08.2017).

Divórcio *post mortem*. Manifestação de vontade do titular. Óbito do cônjuge durante a tramitação do processo. Dissolução do casamento. Direito potestativo. "A caracterização do divórcio como um direito potestativo ou formativo, compreendido como o direito a uma modificação jurídica, implica reconhecer que o seu exercício ocorre de maneira unilateral pela manifestação de vontade de um dos cônjuges, gerando um estado de sujeição do outro cônjuge. Hipótese em que, após o ajuizamento da ação de divórcio o cônjuge requerido manifestou-se indubitavelmente no sentido de aquiescer ao pedido que fora formulado em seu desfavor e formulou pedido reconvencional, requerendo o julgamento antecipado e parcial do mérito quanto ao divórcio. É possível o reconhecimento e validação da vontade do titular do direito mesmo após sua morte, conferindo especial atenção ao desejo de ver dissolvido o casamento, uma vez que houve manifestação de vontade indubitável no sentido do divórcio proclamada em vida e no bojo da ação de divórcio. Não se está a reconhecer a transmissibilidade do direito potestativo ao divórcio; o direito já foi exercido e cuida-se de preservar os efeitos que lhe foram atribuídos pela lei e pela declaração de vontade do cônjuge falecido. Legitimidade dos herdeiros do cônjuge falecido para prosseguirem no processo e buscarem a decretação do divórcio *post mortem*" (STJ, REsp 2.022.649/MA, Rel. Min. Antonio Carlos Ferreira, 4ª Turma, jul. 16.05.2024, *DJe* 21.05.2024).

b) Aluguel pela utilização do imóvel.

Indenização pelo uso exclusivo de imóvel de propriedade comum dos ex-cônjuges ainda não partilhado formalmente. Possibilidade. Termo inicial. "Na separação e no divórcio, sob pena de gerar enriquecimento sem causa, o fato de certo bem comum ainda pertencer indistintamente aos ex-cônjuges, por não ter sido formalizada a partilha, não representa automático empecilho ao pagamento de indenização pelo uso exclusivo do bem por um deles, desde que a parte que toca a cada um tenha sido definida por qualquer meio inequívoco. (...) O termo inicial para o ressarcimento deve ser a data da ciência do pedido da parte contrária, que, no caso, deu-se com a intimação" (STJ, REsp 1250362/RS, Rel. Min. Raul Araújo, 2ª Seção, jul. 08.02.2017, *DJe* 20.02.2017). **No mesmo sentido:** TJRS, Agravo de Instrumento 70081989329, 8ª Câmara Cível, Rel. Des. Ricardo Moreira Lins Pastl, jul. 12.09.2019, DJRS 16.09.2019; STJ, AgInt no REsp 1849360/SP, Rel. Min. Nancy Andrighi, 3ª Turma, jul. 20.06.2020, *DJe* 01.07.2020; STJ, EDcl no Ag 1.424.011/BA, Rel. Min. João Otávio de Noronha, 3ª Turma, jul. 10.09.2013, *DJe* 16.09.2013.

"É admissível a fixação de aluguéis devidos contra o cônjuge que, após a separação de fato ou divórcio, permanece na posse exclusiva de bem comum de propriedade do casal, inclusive antes mesmo da partilha do bem, desde que não haja dúvida acerca da quota-parte de cada cônjuge e de que haja oposição à posse exclusiva, o que não é o caso dos autos. Precedentes" (STJ, AgInt no REsp 1.847.015/RS, Rel. Min. Nancy Andrighi, 3ª Turma, jul. 19.10.2020, *DJe* 21.10.2020).

Ação de arbitramento de aluguel. Ex-cônjuge que reside no imóvel comum com a filha do ex-casal, provendo o seu sustento. Uso exclusivo e enriquecimento sem causa. Não caracterização. "O uso exclusivo do imóvel comum por um dos ex-cônjuges – após a separação ou o divórcio e ainda que não tenha sido formalizada a partilha – autoriza que aquele privado da fruição do bem reivindique, a título de indenização, a parcela proporcional a sua quota-parte sobre a renda de um aluguel presumido, nos termos do disposto nos artigos 1.319 e 1.326 do Código Civil. (...). Na hipótese dos autos, desde o divórcio das partes, o ex-marido reside no imóvel comum em companhia da filha (cujo sustento provê quase que integralmente), sem efetuar nenhum pagamento a ex-esposa (coproprietária) a título de aluguel. (...) A prestação alimentícia, por sua vez, pode ter caráter pecuniário – pagamento de certa soma em dinheiro – e/ou corresponder a uma obrigação *in natura*, hipótese em que o devedor fornece os próprios bens necessários à sobrevivência do alimentando, como moradia, saúde e educação. A despeito da alternatividade característica da obrigação de prestar alimentos, o artigo 1.707 do Código Civil enuncia o princípio da incompensabilidade, que, nos termos da jurisprudência desta Corte, admite mitigação para impedir o enriquecimento indevido de uma das partes, mediante o abatimento de despesas pagas *in natura* (para satisfação de necessidades essenciais do alimentando) do débito oriundo de pensão alimentícia. Nesse contexto normativo, há dois fundamentos que afastam a pretensão indenizatória da autora da ação de arbitramento de aluguel. Um principal e prejudicial, pois a utilização do bem pela descendente dos coproprietários – titulares do dever de sustento em razão do poder familiar (filho menor) ou da relação de parentesco (filho maior) – beneficia a ambos, motivo pelo qual não se encontra configurado o fato gerador da obrigação reparatória, ou seja, o uso do imóvel comum em benefício exclusivo de ex-cônjuge. Como fundamento secundário, o fato de o imóvel comum também servir de moradia para a filha do ex-casal tem a possibilidade de converter a "indenização proporcional devida pelo uso exclusivo do bem' em 'parcela *in natura* da prestação de alimentos' (sob a forma de habitação), que deverá ser somada aos alimentos *in pecunia* a serem pagos pelo ex-cônjuge que não usufrui do bem – o que poderá ser apurado em ação própria –, sendo certo que tal exegese tem o condão de afastar o enriquecimento sem causa de qualquer uma das partes (...). Hipótese em que o provimento jurisdicional – pela improcedência da pretensão autoral – submete-se à regra *rebus sic stantibus*, notadamente por se tratar de controvérsia que guarda relação com institutos de direito de família" (STJ, REsp 1.699.013/DF, Rel. Min. Luis Felipe Salomão, 4ª Turma, jul. 04.05.2021, *DJe* 04.06.2021).

c) Partilha de bens.

Ação de partilha posterior ao divórcio. Conexão substancial entre as ações. Competência funcional de natureza absoluta. "Há entre as duas demandas (ação de divórcio e ação de partilha posterior) uma relação de conexão substancial, a qual, inevitavelmente, gera a prevenção do Juízo que julgou a ação de divórcio. A prevenção decorrente da conexão substancial se reveste de natureza absoluta por constituir uma competência funcional. A competência prevista no art. 50 do CPC/15 constitui regra especial de competência territorial, a qual protege o incapaz, por considerá-lo parte mais frágil na relação jurídica, e possui natureza relativa. A ulterior incapacidade de uma das partes (regra especial de competência relativa) não altera o Juízo prevento, sobretudo quando o próprio incapaz opta por não utilizar a prerrogativa do art. 50 do CPC/15" (STJ, CC 160.329/MG, Rel.ª Min.ª Nancy Andrighi, 2ª Seção, jul. 27.02.2019, *DJe* 06.03.2019).

Partilha de bens. "Ainda que o princípio da soberania impeça qualquer ingerência do Poder Judiciário Brasileiro na efetivação de direitos relativos a bens localizados no exterior, nada impede que, em processo de dissolução de casamento em curso no País, se disponha sobre direitos patrimoniais decorrentes do regime de bens da sociedade conjugal aqui estabelecida, ainda que a decisão tenha reflexos sobre bens situados no exterior para efeitos da referida partilha." (STJ, REsp 1552913/RJ, Rel.ª Min.ª Maria Isabel Gallotti, 4ª Turma, jul. 08.11.2016, *DJe* 02.02.2017)

Separação convencional de bens. Partilha. Sociedade de fato. Inexistência de prova. "O regime jurídico da separação convencional de bens voluntariamente estabelecido pelo ex-casal é imutável, ressalvada manifestação expressa de ambos os cônjuges em sentido contrário ao pacto antenupcial. A prova escrita constitui requisito indispensável para a configuração da sociedade de fato perante os sócios entre si. Inexistência de affectio societatis entre as partes e da prática de atos de gestão ou de assunção dos riscos do negócio pela recorrida" (STJ, REsp 1706812/DF, Rel. Min. Ricardo Villas Bôas Cueva, 3ª Turma, jul. 03.09.2019, *DJe* 06.09.2019).

Acordo sobre partilha dos bens. Homologação por sentença. Posterior ajuste consensual acerca da destinação dos bens. "(...). A coisa julgada material formada em virtude de acordo celebrado por partes maiores e capazes, versando sobre a partilha de bens imóveis privados e disponíveis e que fora homologado judicialmente por ocasião de divórcio consensual, não impede que haja um novo ajuste consensual sobre o destino dos referidos bens, assentado no princípio da autonomia da vontade e na possibilidade de dissolução do casamento até mesmo na esfera extrajudicial, especialmente diante da demonstrada dificuldade do cumprimento do acordo na forma inicialmente pactuada. É desnecessária a remessa das partes à uma ação anulatória quando o requerimento de alteração do acordo não decorre de vício, de erro de consentimento ou quando não há litígio entre elas sobre o objeto da avença, sob pena de injustificável violação aos princípios da economia processual, da celeridade e da razoável duração do processo." (STJ, REsp 1623475/PR, Rel.ª Min.ª Nancy Andrighi, 3ª Turma, jul. 17.04.2018, *DJe* 20.04.2018).

Regime de comunhão universal de bens. Divórcio. Imóvel doado com cláusula temporária de inalienabilidade. Bem incomunicável. Separação de fato. Termo do regime de bens. "No regime da comunhão universal de bens são considerados bens particulares aqueles doados ou herdados com a cláusula de incomunicabilidade e os sub-rogados em seu lugar (art. 1.668, I, do CC). Assim, nos termos do enunciado n. 49 da Súmula do Supremo Tribunal Federal, 'a cláusula de inalienabilidade inclui a incomunicabilidade dos bens.' Enquanto não transcorrido o lapso temporal estabelecido na cláusula de inalienabilidade temporária, o bem não integra o patrimônio partilhável. Deve-se aplicar analogicamente a regra do art. 1.576 do CC à separação de fato, a fim de fazer cessar o regime de bens, o dever de fidelidade recíproca e o dever de coabitação. Em virtude disso, o raciocínio a ser empregado nas hipóteses em que encerrada a convivência *more uxorio*, mas ainda não decretado o divórcio, é o de que os bens adquiridos durante a separação de fato não são partilháveis com a decretação do divórcio" (STJ, REsp 1.760.281/TO, Rel. Min. Marco Aurélio Bellizze, 3ª Turma, jul. 24.05.2022, *DJe* 31.05.2022).

Divórcio. Partilha. Condomínio. Arbitramento de aluguel pelo uso exclusivo do bem comum. Ver jurisprudência do art. 731 do CPC/2015.

Extinção de condomínio. Alienação judicial de bem comum. Pagamento de aluguéis. Ver jurisprudência do art. 730 do CPC/2015.

d) Alimentos.

Verba alimentar entre ex-cônjuges. Direito disponível. Natureza contratual. Atualização monetária. Necessidade de previsão. "Debate-se a possibilidade de imposição, de ofício, de atualização monetária da própria obrigação alimentar, fixada por meio de acordo entre ex-cônjuges, no qual não foi prevista a correção monetária do débito. (...) Os alimentos acordados voluntariamente entre ex-cônjuges, por se encontrarem na esfera de sua estrita disponibilidade, devem ser considerados como verdadeiro contrato, cuja validade e eficácia dependem exclusivamente da higidez da manifestação de vontade das partes apostas no acordo. Precedente. Embora legalmente determinada a atualização monetária da obrigação alimentar por 'índice oficial regularmente estabelecido', a ausência de contratação expressa afasta a possibilidade de atualização automática do débito, impondo-se uma interpretação sistemática e harmônica entre a regra do Código Civil (art. 1.710) e a disposição específica acerca da correção monetária (art. 1º da Lei nº 10.192/2001)"

(STJ, REsp 1.705.669/SP, Rel. Min. Marco Aurélio Bellizze, 3ª Turma, jul. 12.02.2019, *DJe* 15.02.2019).

Desoneração dos alimentos fixados entre ex-cônjuges. Binômio necessidade-possibilidade. Consideração de outras circunstâncias. "Conforme entendimento da doutrina e da jurisprudência deste Superior Tribunal de Justiça, o dever de prestar alimentos entre ex-cônjuges é transitório, devendo ser assegurado ao beneficiário dos alimentos por tempo hábil para que consiga prover a sua manutenção pelos próprios meios. A concessão do pensionamento não está limitada somente à prova da alteração do binômio necessidade-possibilidade, devendo ser consideradas outras circunstâncias, tais como a capacidade potencial para o trabalho e o tempo decorrido entre o seu início e a data do pedido de desoneração" (STJ, REsp 1.829.295/SC, Rel. Min. Paulo de Tarso Sanseverino, 3ª Turma, jul. 10.03.2020, *DJe* 13.03.2020).

e) Manutenção do nome.

Divórcio. Manutenção do uso do nome de casada. Direito indisponível. Direito ao nome, enquanto atributo do direito da personalidade, que merece proteção, inclusive em razão do longo tempo de uso contínuo. "A pretensão de alteração do nome civil para exclusão do patronímico adotado pelo cônjuge virago, em razão do casamento, por envolver modificação substancial em um direito da personalidade, é inadmissível quando ausentes quaisquer circunstâncias que justifiquem a alteração, especialmente quando o sobrenome se encontra incorporado e consolidado em virtude de seu uso contínuo, como no presente caso, isto é, por quase 20 anos" (STJ, AgInt no AREsp 1.550.337/SP, Rel. Min. Raul Araújo, 4ª Turma, jul. 04.03.2024, *DJe* 11.03.2024).

2. União estável.

a) Dissolução.

Animal de estimação. Aquisição na constância do relacionamento. Direito de visitas. Possibilidade. "(...) A ordem jurídica não pode, simplesmente, desprezar o relevo da relação do homem com seu animal de estimação, sobretudo nos tempos atuais. Deve-se ter como norte o fato, cultural e da pós-modernidade, de que há uma disputa dentro da entidade familiar em que prepondera o afeto de ambos os cônjuges pelo animal. Portanto, a solução deve perpassar pela preservação e garantia dos direitos à pessoa humana, mais precisamente, o âmago de sua dignidade. Os animais de companhia são seres que, inevitavelmente, possuem natureza especial e, como ser senciente – dotados de sensibilidade, sentindo as mesmas dores e necessidades biopsicológicas dos animais racionais –, também devem ter o seu bem-estar considerado. Assim, na dissolução da entidade familiar em que haja algum conflito em relação ao animal de estimação, independentemente da qualificação jurídica a ser adotada, a resolução deverá buscar atender, sempre a depender do caso em concreto, aos fins sociais, atentando para a própria evolução da sociedade, com a proteção do ser humano e do seu vínculo afetivo com o animal. Na hipótese, o Tribunal de origem reconheceu que a cadela fora adquirida na constância da união estável e que estaria demonstrada a relação de afeto entre o recorrente e o animal de estimação, reconhecendo o seu direito de visitas ao animal, o que deve ser mantido" (STJ, REsp 1.713.167/SP, Rel. Min. Luis Felipe Salomão, 4ª Turma, jul. 19.06.2018, *DJe* 09.10.2018).

Partilha de bens. Pretensão de partilhar quotas sociais da sociedade de advogados. Ver jurisprudência do art. 599 do CPC/2015.

b) Reconhecimento.

Reconhecimento de união estável *post mortem*. Tempo insuficiente. "Em relação à exigência de estabilidade para configuração da união estável, apesar de não haver previsão de um prazo mínimo, exige a norma que a convivência seja duradoura, em período suficiente a demonstrar a intenção de constituir família, permitindo que se dividam alegrias e tristezas, que se compartilhem dificuldades e projetos de vida, sendo necessário um tempo razoável de relacionamento. Na hipótese, o relacionamento do casal teve um tempo muito exíguo de duração – apenas dois meses de namoro, sendo duas semanas em coabitação –, que não permite a configuração da estabilidade necessária para o reconhecimento da união estável. Esta nasce de um ato-fato jurídico: a convivência duradoura com intuito de constituir família. Portanto, não há falar em comunhão de vidas entre duas pessoas, no sentido material e imaterial, numa relação de apenas duas semanas" (STJ, REsp 1.761.887/MS, Rel. Min. Luis Felipe Salomão, 4ª Turma, jul. 06.08.2019, *DJe* 24.09.2019).

Reconhecimento e dissolução de união estável *post mortem*. Necessidade de inclusão de herdeiros colaterais no polo passivo. Litisconsórcio necessário. "O Supremo Tribunal Federal, ao julgar os Recursos Extraordinários nº 646721/RS e 878694/MG, ambos com repercussão geral reconhecida, fixou a tese de que 'é inconstitucional a distinção de regimes sucessórios entre cônjuges e companheiros prevista no art. 1.790 do CC/2002, devendo ser aplicado, tanto nas hipóteses de casamento quanto nas de união estável, o regime do art. 1.829 do CC/2002'. Entendimento jurisprudencial, no âmbito do Superior Tribunal de Justiça, no sentido de que, após o reconhecimento da inconstitucionalidade da distinção de regimes sucessórios entre cônjuges e companheiros, os parentes colaterais, tais como irmãos, tios e sobrinhos, são herdeiros de quarta e última classe na ordem de vocação hereditária, herdando apenas na ausência de descendentes, ascendentes e cônjuge ou companheiro, em virtude da ordem legal de vocação hereditária. Apesar do interesse dos colaterais no resultado da ação de reconhecimento e dissolução de união estável, não é suficiente para a sua qualificação como litisconsortes passivos necessários, pois, nessa demanda, não há nenhum pedido contra eles formulado. Desnecessidade de inclusão, no polo passivo da demanda de reconhecimento e dissolução de união estável, dos parentes colaterais da falecida, pois não possuem relação jurídica de direito material com o convivente sobrevivente e somente serão reflexamente atingidos pela decisão proferida nessa demanda" (STJ, REsp 1.759.652/SP, Rel. Min. Paulo de Tarso Sanseverino, 3ª Turma, jul. 22.09.2020, *DJe* 25.09.2020).

Reconhecimento e dissolução de união estável *post mortem*. Ação proposta por herdeiros. Possível lesão a direitos hereditários. Legitimidade. "Os herdeiros têm legitimidade ativa para figurar no polo ativo de ação de reconhecimento de união estável *post mortem* entre seu pai e a suposta companheira, com vistas à declaração de nulidade de doação por ela feita a seus filhos exclusivos, a fim de preservarem seus próprios direitos hereditários" (STJ, REsp 1.791.674/MG, Rel. Min. João Otávio de Noronha, 4ª Turma, jul. 20.02.2024, *DJe* 22.02.2024).

3. Namoro. Aquisição patrimonial. Bem particular. Incomunicabilidade. "Nos termos dos artigos 1.661 e 1.659 do Código Civil de 2002, não se comunicam, na partilha decorrente de divórcio, os bens obtidos com valores aferidos exclusivamente a partir de patrimônio pertencente a um dos ex-cônjuges durante o namoro. Na hipótese, ausente a *affectio maritalis*, o objeto da partilha é incomunicável, sob pena de enriquecimento sem causa de outrem" (STJ, REsp 1.841.128/MG, Rel. Min. Ricardo Villas Bôas Cueva, 3ª Turma, jul. 23.11.2021, *DJe* 09.12.2021).

4. Filiação.

a) Reconhecimento.

Ação de reconhecimento de maternidade socioafetiva de filho maior *post mortem*. "O propósito recursal é definir se é possível reconhecer a existência de maternidade socioafetiva entre a parte e filho maior, com genitora biológica conhecida, após a morte de ambos, especialmente para o fim de que a parte possa receber a pensão decorrente da morte do pretenso filho. A pretensão de reconhecimento da maternidade socioafetiva *post mortem* de filho maior é, em tese, admissível, motivo pelo qual é inadequado extinguir o feito em que se pretenda discutir a interpretação e o alcance da regra contida no art. 1.614 do CC/2002 por ausência de interesse recursal ou impossibilidade jurídica do pedido. **A imprescindibilidade do consentimento do filho maior para o reconhecimento de filiação *post mortem*** decorre da impossibilidade de se alterar, unilateralmente, a verdade biológica ou afetiva de alguém sem que lhe seja dada a oportunidade de se manifestar, devendo ser respeitadas a memória e a imagem póstumas de modo a preservar a história do filho e também de sua genitora biológica" (STJ, REsp 1.688.470/RJ, Rel. Min Nancy Andrighi, 3ª Turma, jul. 10.04.2018, *DJe* 13.04.2018).

Reconhecimento de paternidade *post mortem*. "Decisão que deferiu a realização de exame de DNA mediante coleta de material genético dos restos mortais do falecido. Inconformismo dos filhos do *de cujus*. Exame de DNA realizado com coleta de material dos filhos do *de cujus* e da autora, que restou inconclusivo. Ausência de outros parentes do *de cujus* para a realização de novo exame de DNA. Exumação necessária por ser o único meio de prova restante para a verificação da paternidade. Precedentes desta Corte. Recurso não provido" (TJSP, Agravo de Instrumento 2264793-95.2021.8.26.0000, Rel. Des. Fernanda Gomes Camacho, 5ª Câmara de Direito Privado, jul. 04.02.2022, *DJ* 04.02.2022).

Ação de reconhecimento de paternidade *post mortem*. Exumação de restos mortais. Possibilidade. "Controvérsia acerca da legalidade da ordem judicial de exumação dos restos mortais do investigado, pai do recorrente, a fim de subsidiar exame de DNA para averiguação do alegado vínculo de paternidade com o recorrido. Cumpre determinar se este meio de prova deve ser admitido especialmente diante da recusa dos descendentes do suposto genitor em fornecer material genético para a realização da perícia indireta e da insuficiência do regime de presunções legais para resolver a controvérsia. (...) 'A preservação da memória dos mortos não pode se sobrepor à tutela dos direitos dos vivos que, ao se depararem com inusitado vácuo no tronco ancestral paterno, vêm, perante o Poder Judiciário, deduzir pleito para que a linha ascendente lacunosa seja devidamente preenchida' (REsp n. 807.849/RJ, relatora Ministra Nancy Andrighi, Segunda Seção, julgado em 24/3/2010, *DJe* de 6/8/2010). Contexto processual do caso, primazia da busca da verdade biológica, tentativas frustradas de realizar-se exame de DNA em parentes vivos do investigado, ante a recusa destes, bem como a completa impossibilidade de esclarecimento e de elucidação dos fatos submetidos a julgamento por intermédio de outros meios de prova, que justificam a perícia exumatória determinada, prevalecendo o direito autônomo do investigando à sua produção" (STJ, RMS 67.436/DF, Rel. Min. Paulo de Tarso Sanseverino, 3ª Turma, jul. 04.10.2022, *DJe* 27.10.2022).

Transação judicial que reconhece a relação de paternidade e concede indenização ao filho, mas impõe renúncia a futuros direitos hereditários. Nulidade. "Nos termos do artigo 1.089 do CC/1916 (vigente à época dos fatos): 'Não pode ser objeto de contrato a herança de pessoa viva'. Referida disposição, repetida no artigo 426 do CC, proíbe o chamado Pacto de Corvina, contaminando de nulidade absoluta o negócio jurídico. Viola frontalmente a aludida proibição legal os termos de transação, mesmo judicialmente homologada, que, após dispor sobre o reconhecimento da relação de paternidade, concede indenização ao filho, mas exclui do herdeiro o direito de participar de futura sucessão, mediante renúncia antecipada ao quinhão hereditário. Não é dado ao testador excluir o herdeiro necessário de sua sucessão (arts. 1.789 e 1.846 do CC/2002), sendo-lhe lícito, contudo, diminuir o quinhão hereditário de determinado sucessor, desde que respeitada a respectiva legítima" (STJ, REsp 2.112.700/SP, Rel. Min. Marco Buzzi, 4ª Turma, jul. 23.04.2024, *DJe* 09.05.2024).

b) Ação de investigação de paternidade.

Ação investigatória de paternidade ajuizada pela filha. "A tese segundo a qual a paternidade socioafetiva sempre prevalece sobre a biológica deve ser analisada com bastante ponderação, a depender sempre do exame do caso concreto. É que, em diversos precedentes desta Corte, a prevalência da paternidade socioafetiva sobre a biológica foi proclamada em contexto de ação negatória de paternidade ajuizada pelo pai registral (ou por terceiros), situação bem diversa da que ocorre quando o filho registral é quem busca a paternidade biológica, sobretudo no cenário da chamada 'adoção à brasileira'. De fato, é de prevalecer a paternidade socioafetiva sobre a biológica para garantir direitos aos filhos, na esteira do princípio do melhor interesse da prole, sem que, necessariamente, a assertiva seja verdadeira quando é o filho que busca a paternidade biológica em detrimento da socioafetiva. No caso de ser o filho – o maior interessado na manutenção do vínculo civil resultante do liame socioafetivo – quem vindica estado contrário ao que consta no registro civil, socorre-lhe a existência de 'erro ou falsidade' (art. 1.604 do CC/02) para os quais não contribuiu. Afastar a possibilidade de o filho pleitear o reconhecimento da paternidade biológica, no caso de 'adoção à brasileira', significa impor-lhe que se conforme com essa situação criada à sua revelia e à margem da lei. A paternidade biológica gera, necessariamente, responsabilidade não evanescente e que não se desfaz com a prática ilícita da chamada 'adoção à brasileira', independentemente da nobreza dos desígnios que a motivaram. E, do mesmo modo, a filiação socioafetiva desenvolvida com os pais registrais não afasta os direitos da filha resultantes da filiação biológica" (STJ, AgInt nos EDcl no REsp 1.784.726/SP, Rel. Min. Luis Felipe Salomão, 4ª Turma, jul. 07.05.2019, *DJe* 15.05.2019).

Ação de investigação de paternidade c/c negatória de paternidade. Anulação de registro. "Esta Corte consolidou orientação no sentido de que, para ser possível a anulação do registro de nascimento, é imprescindível a presença de dois requisitos, a saber: (i) prova robusta no sentido de que o pai foi de fato induzido a erro, ou ainda, que tenha sido coagido a tanto e (ii) inexistência de relação socioafetiva entre pai e filho. Assim, a divergência entre a paternidade biológica e a declarada no registro de nascimento não é apta, por si só, para anular o registro. Precedentes" (STJ, REsp 1.829.093/PR, Rel. Min. Nancy Andrighi, 3ª Turma, jul. 01.06.2021, *DJe* 10.06.2021).

Investigação de paternidade. Anulatória de registro civil. Independência. Possibilidade jurídica do pedido. "Independentemente do desfecho da ação anulatória de registro civil, não há que se falar em impossibilidade jurídica do pedido investigatório, quando o STJ já proclamou que a existência de vínculo com o pai registral não é obstáculo ao exercício do direito de busca da origem genética ou de reconhecimento de paternidade biológica. Os direitos à ancestralidade, à origem genética e ao afeto são, portanto, compatíveis (REsp nº 1.618.230/RS, Rel. Ministro Ricardo Villas Bôas Cueva, Terceira Turma, *DJe* de 10/5/2017)" (STJ, REsp 1.817.729/DF, Rel. Min. Moura Ribeiro, 3ª Turma, jul. 21.06.2022, *DJe* 23.06.2022).

c) Ação negatória de filiação.

Sentença de procedência transitada em julgado. Averbação. Direito subjetivo e personalíssimo. Não caracterização. "A averbação de sentença transitada em julgado, a qual declara ou reconhece determinado estado de filiação – como se dá nas ações negatórias de maternidade/paternidade, em caso de procedência –, constitui consequência legal obrigatória, destinada a conferir publicidade e segurança jurídica ao desfecho que restou declarado e reconhecido judicialmente, o que se dá, ordinariamente, de ofício. Não existe nenhuma faculdade conferida às partes envolvidas a respeito de proceder ou não à referida averbação, como se tal providência constituísse, em si, um direito personalíssimo destas. Não há, pois, como confundir o exercício do direito subjetivo de ação de caráter personalíssimo, como o é a pretensão de desconstituir estado de filiação, cuja prerrogativa é exclusiva das pessoas insertas nesse vínculo jurídico (pai/mãe e filho), com o ato acessório da averbação da sentença de procedência transitada em julgado, que se afigura como mera consequência legal obrigatória. Na eventualidade de tal proceder não ser observado – o que, na hipótese dos autos, deu-se em virtude de declarada falha do serviço judiciário (houve expedição, mas não houve o encaminhamento do mandado de averbação ao Ofício do Registro Civil das Pessoas Naturais) – não se impõe à parte interessada o manejo de específica ação para esse propósito. A providência de averbação da sentença, por essa razão, não se submete a qualquer prazo, seja ele decadencial ou prescricional. Mostra-se descabido discutir a legitimidade dos herdeiros para promover a averbação da sentença, pois, além dessa providência não se confundir com o direito personalíssimo discutido na ação negatória de maternidade, revela-se inquestionável o interesse jurídico do espólio, representado pela inventariante, acerca da higidez do processo de inventário, sobretudo na qualificação daqueles que ingressam com pedido de habilitação, cujo registro de assentamento civil deve, necessariamente, corresponder com a realidade atual dos fatos, em atenção ao princípio da veracidade, que rege o registro público" (STJ, RMS 56.941/DF, Rel. Min. Marco Aurélio Bellizze, 3ª Turma, jul. 19.05.2020, *DJe* 27.05.2020).

Ação anulatória de registro de nascimento. Falsidade ideológica. Cônjuge supérstite. Legitimidade. "A ação negatória de paternidade, prevista no art. 1.601 do CC, tem como objeto a impugnação da paternidade do filho, possuindo natureza personalíssima, isto é, a legitimidade é exclusiva do pai registral. Precedentes. De outro lado, o art. 1.604 do CC prevê a possibilidade de se vindicar estado contrário ao que resulta do registro civil, por meio de ação anulatória, quando demonstrada a falsidade ou o erro, não havendo falar em caráter personalíssimo da demanda anulatória, pois pode ser promovida por qualquer interessado, seja moralmente seja materialmente. No caso dos autos, a viúva do pai registral tem legitimidade *ad causam* para figurar no polo ativo da ação anulatória de registro civil, alegando a existência de falsidade ideológica em razão de ter o bisavô registrado seu bisneto como filho" (STJ, REsp 1.952.565/DF, Rel. Min. Marco Aurélio Bellizze, 3ª Turma, jul. 12.03.2024, *DJe* 18.03.2024).

d) Multiparentalidade.

Reconhecimento concomitante. Possibilidade quando atender ao melhor interesse da criança. "Apreciando o tema e reconhecendo a repercussão geral, o Plenário do STF, no julgamento do RE n. 898.060/SC, Relator Ministro Luiz Fux, publicado no *DJe* de 24/8/2017, fixou a seguinte tese: 'a paternidade socioafetiva, declarada ou não em registro público, não impede o reconhecimento do vínculo de filiação concomitante baseado na origem biológica, com todas as suas consequências patrimoniais e extrapatrimoniais.' O reconhecimento de vínculos concomitantes de parentalidade é uma casuística, e não uma regra, pois, como bem salientado pelo STF naquele julgado, deve-se observar o princípio da paternidade responsável e primar pela busca do melhor interesse da criança, principalmente em um processo em que se discute, de um lado, o direito ao estabelecimento da verdade biológica e, de outro, o direito à manutenção dos vínculos que se estabeleceram, cotidianamente, a partir de uma relação de cuidado e afeto, representada pela posse do estado de filho. As instâncias ordinárias afastaram a possibilidade de reconhecimento da multiparentalidade na hipótese em questão, pois, de acordo com as provas carreadas aos autos, notadamente o estudo social, o pai biológico não demonstra nenhum interesse em formar vínculo afetivo com a menor e, em contrapartida, o pai socioafetivo assiste (e pretende continuar assistindo) à filha afetiva e materialmente. Ficou comprovado, ainda, que a ação foi ajuizada exclusivamente no interesse da genitora, que se vale da criança para conseguir atingir suas pretensões. **Ressalva-se, contudo, o direito personalíssimo, indisponível e imprescritível, da menor pleitear a inclusão do nome do pai biológico em seu registro civil ao atingir a maioridade**, momento em que poderá avaliar, de forma independente e autônoma, a conveniência do ato" (STJ, REsp 1.674.849/RS, Rel. Min. Marco Aurélio Bellizze, 3ª Turma, jul. 17.04.2018, *DJe* 23.04.2018).

Pais biológicos e socioafetivos. Efeitos patrimoniais e sucessórios. Tratamento jurídico diferenciado. Impossibilidade. "A possibilidade de cumulação da paternidade socioafetiva com a biológica contempla especialmente o princípio constitucional da igualdade dos filhos (art. 227, § 6º, da CF). Isso porque conferir 'status' diferenciado entre o genitor biológico e o socioafetivo é, por consequência, conceber um tratamento desigual entre os filhos. (...) Recurso especial provido para reconhecer a equivalência de tratamento e dos efeitos jurídicos entre as paternidades biológica e socioafetiva na hipótese de multiparentalidade" (STJ, REsp 1.487.596/MG, Rel. Min. Antonio Carlos Ferreira, 4ª Turma, jul. 28.09.2021, *DJe* 01.10.2021). **No mesmo sentido:** "A compreensão jurídica cosmopolita das famílias exige a ampliação da tutela normativa a todas as formas pelas quais a parentalidade pode se manifestar, a saber: (i) pela presunção decorrente do casamento ou outras hipóteses legais, (ii) pela descendência biológica ou (iii) pela afetividade. (...) A paternidade responsável, enunciada expressamente no art. 226, § 7º, da Constituição, na perspectiva da dignidade humana e da busca pela felicidade, impõe o acolhimento, no espectro legal, tanto dos vínculos de filiação construídos pela relação afetiva entre os envolvidos, quanto daqueles originados da ascendência biológica, sem que seja necessário decidir entre um ou outro vínculo quando o melhor interesse do descendente for o reconhecimento jurídico de ambos. A pluriparentalidade, no Direito Comparado, pode ser exemplificada pelo conceito de 'dupla paternidade' (*dual paternity*), construído pela Suprema Corte do Estado da Louisiana, EUA, desde a década de 1980 para atender, ao mesmo tempo, ao melhor interesse da criança e ao direito do genitor à declaração da paternidade. Doutrina. Os arranjos familiares alheios à regulação estatal, por omissão, não podem restar ao desabrigo da proteção a situações de pluriparentalidade, por isso que merecem tutela jurídica concomitante, para todos os fins de direito, os vínculos parentais de origem afetiva e biológica, a fim de prover a mais completa e adequada tutela aos sujeitos envolvidos, ante os princípios constitucionais da dignidade da pessoa humana (art. 1º, III) e da paternidade responsável (art. 226, § 7º)" (STF, RE 898.060, Rel. Min. Luiz Fux, Tribunal Pleno, jul. 21.09.2016, *DJe* 24.08.2017).

e) Dupla paternidade.

União estável de pessoas do mesmo sexo. Dupla paternidade ou adoção unilateral. Admissibilidade. "Pretensão de inclusão de dupla paternidade em assento de nascimento de criança concebida mediante as técnicas de reprodução assistida sem a destituição de poder familiar reconhecido em favor do pai biológico. (...) A reprodução assistida e a paternidade socioafetiva constituem nova base fática para incidência do preceito 'ou outra origem' do art. 1.593 do Código Civil. Os conceitos legais de parentesco e filiação exigem uma nova interpretação, atualizada à nova dinâmica social, para atendimento do princípio fundamental de preservação do melhor interesse da criança. O Supremo Tribunal Federal, no julgamento RE 898.060/SC, enfrentou, em sede de repercussão geral, os efeitos da paternidade socioafetiva, declarada ou não em registro, permitindo implicitamente o reconhecimento do vínculo de filiação concomitante baseada na origem biológica" (STJ, REsp 1608005/SC, Rel. Min. Paulo de Tarso Sanseverino, 3ª Turma, jul. 14.05.2019, *DJe* 21.05.2019).

f) Acordo extrajudicial de retificação de registro civil. Inadmissibilidade. "O formalismo ínsito às questões e ações de estado não é um fim em si mesmo, mas, ao revés, justifica-se pela fragilidade e relevância dos direitos da personalidade e da dignidade da pessoa humana, que devem ser integralmente tutelados pelo Estado. É inadmissível a homologação de acordo extrajudicial de retificação de registro civil em juízo, ainda que fundada no princípio da instrumentalidade das formas, devendo ser respeitados os requisitos e o procedimento legalmente instituídos para essa finalidade, que compreendem, dentre outros, a investigação acerca de erro ou falsidade do registro anterior, a concreta participação do Ministério Público, a realização de prova pericial consistente em exame de DNA em juízo e sob o crivo do mais amplo contraditório e a realização de estudos psicossociais que efetivamente apurem a existência de vínculos socioafetivos com o pai registral e com a sua família extensa" (STJ, REsp 1.698.717/MS, Rel. Min. Nancy Andrighi, 3ª Turma, jul. 05.06.2018, *DJe* 07.06.2018).

g) Direito de visitação. Fixação de astreintes no acordo. "A aplicação das *astreintes* em hipótese de descumprimento do regime de visitas por parte do genitor, detentor da guarda da criança, mostra-se um instrumento eficiente, e, também, menos drástico para o bom desenvolvimento da personalidade da criança, que merece proteção integral e sem limitações. Prevalência do direito de toda criança à convivência familiar." (STJ, REsp 1481531/SP, Rel. Min. Moura Ribeiro, 3ª Turma, jul. 16.02.2017, *DJe* 07.03.2017)

h) Alimentos.

Nascimento de filho não é condição que, por si só, autorize a redução da prestação de alimentos. "Nos termos da orientação jurisprudencial desta Corte Superior, 'a circunstância de o alimentante constituir nova família, com nascimento de filhos, por si só, não importa na redução da pensão alimentícia paga a filha havida de união anterior, sobretudo se não resta verificada a mudança para pior na situação econômica daquele' (REsp 703.318/PR, Rel. Ministro Jorge Scartezzini, Quarta Turma, julgado em 21/6/2005, *DJ* de 1º/8/2005, p. 470)" (STJ, AgInt no AREsp 1.618.149/SP, Rel. Min. Raul Araújo, 4ª Turma, jul. 24.08.2020, *DJe* 15.09.2020).

Ação de exigir contas. Pensão alimentícia. Informações sobre a destinação. Possibilidade. Ver jurisprudência do art. 550 do CPC/2015.

i) Guarda.

Legitimidade da ação biológica para recorrer da sentença que julgou procedente o pedido de guarda do casal que exercia a guarda provisória. "A mãe biológica, mesmo já destituída do poder familiar, em outra ação, por sentença transitada em julgado, tem ainda legitimidade para recorrer da sentença que julgou procedente, contra si, o pedido de guarda formulado por casal que exercia a guarda provisória da criança, confiada pelo Conselho Tutelar da Comarca de origem. (...) A qualidade de ré na ação de guarda, bem como a subsistência do laço sanguíneo, conferem à mãe biológica legitimidade e interesse bastante para, em prol da proteção e do melhor interesse do menor, discutir o destino da criança, seus cuidados e criação, na busca de assegurar o direito da infante à manutenção no seio da família extensa materna" (STJ, REsp 1.845.146/ES, Rel. Min. Raul Araújo, 4ª Turma, jul. 19.11.2019, *DJe* 29.11.2019). **Sobre Legitimidade nas ações de família.** Ver jurisprudência do art. 17 do CPC/2015.

Medidas para refrear a renitência de quem deve fornecer o material para exame de DNA. Admissibilidade. Ver jurisprudência do art. 139.

Ação de divórcio com guarda de menor, visitas e partilha de bens. Princípio do juízo imediato. Melhor interesse da criança. "Deslocamento da competência diante da alteração do domicílio da criança. Possibilidade. Princípio do juízo imediato. Melhor interesse da criança" (TJSP, CC 0039081-29.2018.8.26.0000, Rel. Des. Campos Mello, Câmara Especial, jul. 25.02.2019). **No mesmo sentido:** "Em se tratando de hipótese de competência relativa, o art. 87 do CPC institui, com a finalidade de proteger a parte, a regra da estabilização da competência (*perpetuatio jurisdictionis*), evitando-se, assim, a alteração do lugar do processo, toda a vez que houver modificações supervenientes do estado de fato ou de direito. Nos processos que envolvem menores, as medidas devem ser tomadas no interesse desses, o qual deve prevalecer diante de quaisquer outras questões. Não havendo, na espécie, nada que indique objetivos escusos por qualquer uma das partes, mas apenas alterações de domicílios dos responsáveis pelo menor, deve a regra da *perpetuatio jurisdictionis* ceder lugar à solução que se afigure mais condizente com os interesses do infante e facilite o seu pleno acesso à Justiça" (STJ, CC 114.782/RS, Rel. Min. Nancy Andrighi, 2ª Seção, jul. 12.12.2012, *DJe* 19.12.2012).

Guarda compartilhada. Genitores domiciliados em cidades distintas. Possibilidade. "É admissível a fixação da guarda compartilhada na hipótese em que os genitores residem em cidades, estados, ou, até mesmo, países diferentes, máxime tendo em vista que, com o avanço tecnológico, é plenamente possível que, a distância, os pais compartilhem a responsabilidade sobre a prole, participando ativamente das decisões acerca da vida dos filhos" (STJ, REsp 1.878.041/SP, Rel. Min. Nancy Andrighi, 3ª Turma, jul. 25.05.2021, *DJe* 31.05.2021).

Guarda compartilhada. Modificação do lar de referência para país distinto daquele em que reside o outro genitor. "A guarda compartilhada não demanda custódia física conjunta, tampouco implica, necessariamente, em tempo de convívio igualitário, pois, diante de sua flexibilidade, essa modalidade de guarda comporta as fórmulas mais diversas para sua implementação, notadamente para o regime de convivência ou de visitas, a serem fixadas pelo juiz ou por acordo entre as partes em atenção às circunstâncias fáticas de cada família individualmente considerada. É admissível a fixação da guarda compartilhada na hipótese em que os genitores residem em cidades, estados ou, até mesmo, em países diferentes, especialmente porque, com o avanço tecnológico, é plenamente possível que, a distância, os pais compartilhem a responsabilidade sobre a prole, participando ativamente das decisões acerca da vida dos filhos. Precedente" (STJ, REsp 2.038.760/RJ, Rel. Min. Nancy Andrighi, 3ª Turma, jul. 06.12.2022, *DJe* 09.12.2022).

j) Ação de destituição de poder familiar cumulada com anulação de registro de nascimento. Suspeita de adoção *intuitu personae*. Entrega da criança pela mãe ao pai registral desde o nascimento. Paternidade biológica afastada. Medida protetiva excepcional. Acolhimento institucional. Ofensa ao melhor interesse do menor. "Esta Corte Superior tem entendimento assente de que, salvo evidente risco à integridade física ou psíquica do menor, não é de seu melhor interesse o acolhimento institucional em detrimento do familiar. Nessa senda, o afastamento da medida protetiva de busca e apreensão atende ao princípio do melhor interesse da criança, porquanto, neste momento, o maior benefício à menor é mantê-la com a sua família extensa, até ulterior julgamento definitivo da ação principal" (STJ, HC 593.613/RS, Rel. Min. Raul Araújo, 4ª Turma, jul. 15.12.2020, *DJe* 02.02.2021).

k) Abandono afetivo.

Reparação de danos morais. Pedido juridicamente possível. "É juridicamente possível a reparação de danos pleiteada pelo filho em face dos pais que tenha como fundamento o abandono afetivo, tendo em vista que não há restrição legal para que se apliquem as regras da responsabilidade civil no âmbito das relações familiares e que os arts. 186 e 927, ambos do CC/2002, tratam da matéria de forma ampla e irrestrita. Precedentes específicos da 3ª Turma. (...) O dever jurídico de exercer a parentalidade de modo responsável compreende a obrigação de conferir ao filho uma firme referência parental, de modo a propiciar o seu adequado desenvolvimento mental, psíquico e de personalidade, sempre com vistas a não apenas observar, mas efetivamente concretizar os princípios do melhor interesse da criança e do adolescente e da dignidade da pessoa humana, de modo que, se de sua inobservância, resultarem traumas, lesões ou prejuízos perceptíveis na criança ou adolescente, não haverá óbice para que os pais sejam condenados a reparar os danos experimentados pelo filho" (STJ, REsp 1.887.697/RJ, Rel. Min. Nancy Andrighi, 3ª Turma, jul. 21.09.2021, *DJe* 23.09.2021).

l) Competência para as ações

Competência. Teoria da derrotabilidade das normas. Superação das regras. Excepcionalidade. Princípio da competência adequada. "O art. 43 do CPC estabelece que o registro ou a distribuição da petição inicial são os elementos que definem a competência do juízo, pretendendo-se, com isso, colocar em salvaguarda o princípio constitucional do juiz natural. A regra da *perpetuatio jurisdictionis* também contempla duas exceções explícitas: a supressão do órgão judiciário em que tramitava o processo e a alteração superveniente de competência absoluta daquele órgão judiciário. Modernamente, o princípio do juiz natural tem sido objeto de releitura doutrinária, passando da fixação da regra de competência sob a ótica formal para a necessidade de observância da competência sob a perspectiva material, com destaque especial para o princípio da competência adequada, do qual deriva a ideia de existir, ainda que excepcionalmente, *um forum non conveniens*. A partir desses desenvolvimentos teóricos e estabelecida a premissa de que existam dois ou mais juízos abstratamente competentes, é lícito fixar, excepcionalmente, a competência em concreto naquele juízo que reúna as melhores condições e seja mais adequado e conveniente para processar e julgar a causa. Na hipótese em exame, a fixação da competência do Juízo de Parnamirim/RN para as ações que envolvem a criança cuja guarda se disputa, embora ausentes as circunstâncias explicitamente referidas no art. 43 do CPC, é medida que se impõe com fundamento na exceção implícita contida nessa regra, apta a viabilizar a incidência do princípio da competência adequada e a teoria do *forum non conveniens*" (STJ, CC 199.079/RN, Rel. p/acórdão Ministra Nancy Andrighi, 2ª Seção, jul. 13.12.2023, *DJe* 18.12.2023).

5. Adoção. Adoção cumulada com pedido de destituição do poder familiar. Existência de vínculo familiar desnecessária. "A controvérsia reside em saber se, nos termos do art. 155 do Estatuto da Criança e do Adolescente, constitui requisito para o pedido de adoção cumulada com pedido de destituição do poder familiar que o interessado ostente algum laço familiar com o adotando. (...) A existência de vínculo familiar ou de parentesco não constitui requisito para a legitimidade ativa do interessado na requisição da medida de perda ou suspensão do poder familiar, devendo a aferição do legítimo interesse ocorrer na análise do caso concreto, a fim de se perquirir acerca do vínculo pessoal do sujeito ativo com o menor em estado de vulnerabilidade" (STJ, REsp 1.203.968/MG, Rel. Min. Marco Buzzi, 4ª Turma, jul. 10.10.2019, *DJe* 23.10.2019).

6. Irmãos unilaterais. Interesse e legitimidade ativa para propor ação declaratória de reconhecimento de parentesco natural com irmã pré-morta. Ver jurisprudência do art. 17 do CPC/2015.

7. Ação de usucapião extraordinária. Fração ideal de imóveis de copropriedade dos cônjuges. Dissolução do matrimônio, sem a realização de partilha. Bens que se regem pelo instituto do condomínio. Ausência de oposição do seu ex-cônjuge e de reivindicação de qualquer dos frutos que lhe eram devidos. Lapso temporal transcorrido suficiente à aquisição da propriedade. Procedência da usucapião extraordinária. Ver jurisprudência do art. 588 do CPC/2015.

8. Relação avoenga. Ação declaratória. Falecimento da autora. Cônjuge supérstite. Sucessão processual. Ilegitimidade. Direito personalíssimo. "O pedido de reconhecimento de relação avoenga possui natureza declaratória e personalíssima, ao passo que o pedido de petição de herança possui natureza real, universal e condenatória. (...) Conquanto seja admissível a transmissibilidade aos herdeiros da ação de prova de filiação, nas hipóteses em que o filho morrer menor ou incapaz ou nas quais já houver sido iniciada a ação (art. 1.606, *caput* e parágrafo único, do CC/2002), a transmissibilidade das ações de estado, por veicularem pretensão personalíssima, orientam-se por regra distinta, mais restritiva e excepcional, de modo que é inadmissível a interpretação da referida regra, a fim de que também as ações iniciadas pelos netos ou para outros descendentes em linha reta sejam igualmente transmissíveis aos herdeiros. Falecida a suposta neta no curso do processo, o pedido de declaração da existência de relação avoenga por ela formulado perde seu objeto por superveniente ilegitimidade *ad causam* que decorre da intransmissibilidade legal da referida pretensão ao cônjuge sobrevivente da autora, incidindo, na hipótese, o art. 485, IX, do CPC/15" (STJ, REsp 1.868.188/GO, Rel. p/ acórdão Min. Nancy Andrighi, 3ª Turma, jul. 28.09.2021, *DJe* 23.11.2021).

9. Ação de retificação de nome. Pretendida conciliação entre assinatura artística e nome registral. Prejuízo a apelido de família. Improcedência mantida. "Hipótese: trata-se de pedido de alteração de patronímico de família, com a duplicação de uma consoante, a fim de adequar o nome registral àquele utilizado como assinatura artística. (...) O nome do autor de obra de arte, lançado por ele nos trabalhos que executa (telas, painéis etc.), pode ser neles grafado nos moldes que bem desejar, sem que tal prática importe em consequência alguma ao autor ou a terceiros, pois se trata de uma opção de cunho absolutamente subjetivo, sem impedimento de qualquer ordem. Todavia, a utilização de nome de família, de modo geral, que extrapole o objeto criado pelo artista, com acréscimo de letras que não constam do registro original, não para sanar equívoco, mas para atender a desejo pessoal, não está elencado pela lei a render ensejo à modificação do assento de nascimento" (STJ, REsp 1.729.402/SP, Rel. Min. Marco Buzzi, 4ª Turma, jul. 14.12.2021, *DJe* 01.02.2022).

10. Ações de indignidade.

Ação declaratória de reconhecimento de indignidade com pedido de exclusão de herdeiro. Possibilidade jurídica do pedido. Vedado o julgamento de improcedência liminar. Ver jurisprudência do art. 627 do CPC/2015.

Ato infracional análogo a homicídio contra ascendentes. Ato doloso, consumado ou tentado. Reconhecimento de indignidade. Exclusão de herdeiro. Cabimento. Ver jurisprudência do art. 627 do CPC/2015.

Ação de deserdação por indignidade. Ação própria. Ver jurisprudência do art. 627 do CPC/2015.

11. Reconhecimento de parentesco colateral em segundo grau socioafetivo (fraternidade socioafetiva) *post mortem*. Possibilidade jurídica do pedido. "Ação declaratória *post mortem* ajuizada por alegados irmãos socioafetivos, com o escopo de ver reconhecida a existência de vínculo de parentesco colateral, em segundo grau, com a *de cujus*. (...) A atual concepção de família implica um conceito amplo, no qual a afetividade é reconhecidamente fonte de parentesco e sua configuração, a considerar o caráter essencialmente fático, não se restringe ao parentesco em linha reta. É possível, assim, compreender-se que a socioafetividade constitui-se tanto na relação de parentalidade/filiação quanto no âmbito das relações mantidas entre irmãos, associada a outros critérios de determinação de parentesco (de cunho biológico ou presuntivo) ou mesmo de forma individual/autônoma. Inexiste qualquer vedação legal ao reconhecimento da fraternidade/irmandade socioafetiva, ainda que *post mortem*, pois o pedido veiculado na inicial, declaração da existência de relação de parentesco de segundo grau na linha colateral, é admissível no ordenamento jurídico pátrio, merecendo a apreciação do Poder Judiciário" (STJ, REsp 1.674.372/SP, Rel. Min. Marco Buzzi, 4ª Turma, jul. 04.10.2022, *DJe* 24.11.2022).

12. Separação obrigatória de bens nos casamentos e uniões estáveis com pessoa maior de 70 anos. Interpretação conforme a Constituição do art. 1.641, II, do Código Civil. "(...) II. A questão jurídica em discussão 4. O presente recurso discute duas questões: (i) a constitucionalidade do dispositivo que impõe o regime da separação de bens aos casamentos com pessoa maior de setenta anos; e (ii) a aplicação dessa regra às uniões estáveis. III. A solução do problema 5. O dispositivo aqui questionado, se interpretado de maneira absoluta, como norma cogente, viola o princípio da dignidade da pessoa humana e o da igualdade. 6. O princípio da dignidade humana é violado em duas de suas vertentes: (i) da autonomia individual, porque impede que pessoas capazes para praticar atos da vida civil façam suas escolhas existenciais livremente; e (ii) do valor intrínseco de toda pessoa, por tratar idosos como instrumentos para a satisfação do interesse patrimonial dos herdeiros. 7. O princípio da igualdade, por sua vez, é violado por utilizar a idade como elemento de desequiparação entre as pessoas, o que é vedado pelo art. 3º, IV, da Constituição, salvo se demonstrado que se trata de fundamento razoável para realização de um fim legítimo. Não é isso o que ocorre na hipótese, pois as pessoas idosas, enquanto conservarem sua capacidade mental, têm o direito de fazer escolhas acerca da sua vida e da disposição de seus bens. 8. É possível, todavia, dar interpretação conforme a Constituição ao art. 1.641, II, do Código Civil, atribuindo-lhe o sentido de norma dispositiva, que deve prevalecer à falta de convenção das partes em sentido diverso, mas que pode ser afastada por vontade dos nubentes, dos cônjuges ou dos companheiros. Ou seja: trata-se de regime legal facultativo e não cogente. 9. A possibilidade de escolha do regime de bens deve ser estendida às uniões estáveis. Isso porque o Supremo Tribunal Federal entende que '[n]ão é legítimo desequiparar, para fins sucessórios, os cônjuges e os companheiros, isto é, a família formada pelo casamento e a formada por união estável' (RE 878.694, sob minha relatoria, j. em 10.05.2017). 10. A presente decisão tem efeitos prospectivos, não afetando as situações jurídicas já definitivamente constituídas. É possível, todavia, a mudança consensual de regime, nos casos em que validamente admitida (*e.g.*, art. 1.639, § 2º, do Código Civil). 11. No caso concreto, como não houve manifestação do falecido, que vivia em união estável, no sentido de derrogação do art. 1.641, II, do Código Civil, a norma é aplicável. IV. Dispositivo e tese 12. Recurso extraordinário a que se nega provimento. Tese de julgamento: 'Nos casamentos e uniões estáveis envolvendo pessoa maior de 70 anos, o regime de separação de bens previsto no art. 1.641, II, do Código Civil pode ser afastado por expressa manifestação de vontade das partes, mediante escritura pública'" (STF, ARE 1.309.642/SP, Rel. Min. Luís Roberto Barroso, Pleno, jul. 01.02.2024, *DJe* 02.04.2024).

Art. 694. Nas ações de família, todos os esforços serão empreendidos para a solução consensual da controvérsia, devendo o juiz dispor do auxílio de profissionais de outras áreas de conhecimento para a mediação e conciliação.

Parágrafo único. A requerimento das partes, o juiz pode determinar a suspensão do processo enquanto os litigantes se submetem a mediação extrajudicial ou a atendimento multidisciplinar.

BREVES COMENTÁRIOS

De acordo com o CPC/2015, os tribunais devem criar centros judiciários de solução consensual de conflitos, responsáveis pela realização de sessões e audiências de conciliação e mediação e pelo desenvolvimento de programas destinados a auxiliar, orientar e estimular a autocomposição (art. 165). São esses os instrumentos de pacificação a serem utilizados nas ações de família. Consoante o atual Código, ao Judiciário cabe empreender todos os esforços para a solução consensual da controvérsia. Nessa tarefa, o juiz será auxiliado por profissionais de outras áreas de conhecimento (art. 694).

Art. 695. Recebida a petição inicial e, se for o caso, tomadas as providências referentes à tutela provisória, o juiz ordenará a citação do réu para comparecer à audiência de mediação e conciliação, observado o disposto no art. 694.

§ 1º O mandado de citação conterá apenas os dados necessários à audiência e deverá estar desacompanhado de cópia da petição inicial, assegurado ao réu o direito de examinar seu conteúdo a qualquer tempo.

§ 2º A citação ocorrerá com antecedência mínima de 15 (quinze) dias da data designada para a audiência.

§ 3º A citação será feita na pessoa do réu.

§ 4º Na audiência, as partes deverão estar acompanhadas de seus advogados ou de defensores públicos.

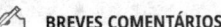

BREVES COMENTÁRIOS

Não requerida a mediação extrajudicial, ou não obtida a solução do conflito, inicia-se ou retoma-se a tramitação processual. O juiz ordenará a citação do réu, não para contestar a ação, mas para comparecer à audiência de mediação e conciliação (CPC/2015, art. 695, *caput*). Diferentemente do que prevê o art. 334, § 4º, I, do CPC/2015, que consagra o princípio da autonomia da vontade, quanto à realização, ou não, da audiência de mediação ou conciliação, nas ações de família essa audiência é obrigatória. Os litigantes não podem deixar de comparecer, pois tal conduta pode ser considerada como ato atentatório à dignidade da justiça (art. 77, § 1º).

Art. 696. A audiência de mediação e conciliação poderá dividir-se em tantas sessões quantas sejam necessárias para viabilizar a solução consensual, sem prejuízo de providências jurisdicionais para evitar o perecimento do direito.

BREVES COMENTÁRIOS

A audiência de mediação e conciliação poderá dividir-se em tantas sessões quantas sejam necessárias para viabilizar a solução consensual. Evidente, destarte, a intenção do CPC/2015 em, sempre que possível, solucionar os litígios de família de forma pacífica, atendendo melhor ao interesse das partes.

Entendem alguns doutrinadores que o juiz não deve presidir essas audiências de mediação e conciliação, para evitar a sua suspeição no futuro, porque "não poderá usar as informações eventualmente obtidas neste processo para decidir". Porém, as partes podem requerer ao juízo, a qualquer momento, providências necessárias para evitar perecimento do direito (art. 696).

Art. 697. Não realizado o acordo, passarão a incidir, a partir de então, as normas do procedimento comum, observado o art. 335.

BREVES COMENTÁRIOS

Se a tentativa de conciliação for frustrada, o processo seguirá tramitando segundo as normas do procedimento comum, com a intimação do réu, em audiência, para apresentar contestação em quinze dias (CPC/2015, art. 697). "A contestação, como se sabe, é peça de defesa, vale dizer, quase sempre um ato de beligerância, que pode ter como efeito fomentar ainda mais o dissenso familiar" (COMEL, Denise. Citada por ZARIF, Cláudio Cintra. Das ações de família. In: WAMBIER, Teresa Arruda Alvim *et al. Breves comentários ao novo Código de Processo Civil.* São Paulo: Ed. RT, 2015, p. 1.604). Por isso, somente nessa ocasião é que será encaminhada cópia da petição inicial à parte demandada.

Art. 698. Nas ações de família, o Ministério Público somente intervirá quando houver interesse de incapaz e deverá ser ouvido previamente à homologação de acordo.

Parágrafo único. O Ministério Público intervirá, quando não for parte, nas ações de família em que figure como parte vítima de violência doméstica e familiar, nos termos da Lei nº 11.340, de 7 de agosto de 2006 (Lei Maria da Penha). (Incluído pela Lei nº 13.894, de 2019)

BREVES COMENTÁRIOS

A intervenção ministerial nas ações de família não cabe em todo procedimento, mas apenas nas situações em que houver interesse de incapaz e, também, nas ações em que figure como parte vítima de violência doméstica e familiar, caso em que a atuação do Ministério Público se dará como fiscal da ordem jurídica (CPC/2015, art. 178, II), e se apresentará como requisito indispensável à homologação do acordo a oitiva prévia do representante do *Parquet* (art. 698).

JURISPRUDÊNCIA SELECIONADA

1. Ação de alimentos. Menores. Incapazes. Ministério Público. Audiência. Intimação. Ausência injustificada. Homologação. Acordo judicial. Possibilidade. "Compete ao Ministério Público intervir em causas nas quais há interesses de incapazes. A inércia do Ministério Público em atuar em audiência de conciliação quando devidamente intimado não impõe a nulidade de acordo celebrado entre as partes e homologado em juízo, especialmente na ausência de demonstração de prejuízo" (STJ, REsp 1831660/MA, Rel. Min. Ricardo Villas Bôas Cueva, 3ª Turma, jul. 10.12.2019, *DJe* 13.12.2019).

2. Ação negatória de paternidade combinada com anulatória de registro de nascimento. Interesse público. Ministério Público. Intervenção. Obrigatoriedade. "O Ministério Público, ao atuar como fiscal da ordem jurídica, possui legitimidade para requerer provas e recorrer em processos nos quais oficia, tais como os que discutem direitos de incapazes em ação de investigação de paternidade com manifesto interesse público primário e indisponível (art. 2º, §§ 4º e 6º, da Lei nº 8.560/1992). (...) A posição processual do Parquet é dinâmica e deve ser compreendida como um poder-dever em função do plexo de competências determinadas pela legislação de regência e pela Carta Constitucional. A averiguação da presença de socioafetividade entre as partes é imprescindível, pois o laudo de exame genético não é apto, de forma isolada, a afastar a paternidade. A anulação de registro depende não apenas da ausência de vínculo biológico, mas também da ausência de vínculo familiar, cuja análise resta pendente no caso concreto, sendo ônus do autor atestar a inexistência dos laços de filiação ou eventual mácula no registro público" (STJ, REsp 1664554/SP, Rel. Min. Ricardo Villas Bôas Cueva, 3ª Turma, jul. 05.02.2019, *DJe* 15.02.2019).

Art. 699. Quando o processo envolver discussão sobre fato relacionado a abuso ou a alienação parental, o juiz, ao tomar o depoimento do incapaz, deverá estar acompanhado por especialista.

Art. 699-A. Nas ações de guarda, antes de iniciada a audiência de mediação e conciliação de que trata o art. 695 deste Código, o juiz indagará às partes e ao Ministério Público se há risco de violência doméstica ou familiar, fixando o prazo de 5 (cinco) dias para a apresentação de prova ou de indícios pertinentes. (Incluído pela Lei nº 14.713, de 2023)

REFERÊNCIA LEGISLATIVA

Lei 13.431/2017, arts. 7º a 12 (estabelece o sistema de garantia de direitos da criança e do adolescente vítima ou testemunha de violência).

BREVES COMENTÁRIOS

Um detalhe a ser observado decorre de ação que envolva fato relacionado a abuso, que pode ser sexual ou de outra natureza, ou a alienação parental. Diante dessa conjuntura, é provável que a criança se sinta fragilizada. Assim, torna-se necessária a intervenção de profissional com aptidão para neutralizar os efeitos desse estresse. Por isso, determina o CPC/2015 que, na ocasião em que o incapaz prestar depoimento, o juiz deverá estar acompanhado por especialista (art. 699).

A Lei nº 14.713, de 2023, acrescentou o art. 699-A para dispor que nas ações de guarda, antes de iniciada a audiência de mediação e conciliação de que trata o art. 695 deste Código, o juiz indagará às partes e ao Ministério Público se há risco de violência doméstica ou familiar, fixando o prazo de 5 (cinco) dias para a apresentação de prova ou de indícios pertinentes.

AÇÕES DE FAMÍLIA: INDICAÇÃO DOUTRINÁRIA

Andressa Tonetto Fontana, Tutela provisória em direito de família, *Revista de Processo*, São Paulo, n. 308, p. 133 e ss., out. 2020; Antônio Carlos Marcato, *Procedimentos especiais*. 16. ed., São Paulo: Atlas, 2016; Antonio Cezar Lima da Fonseca. O Ministério Público nas Ações de Família. *Revista de Processo*, vol. 260, ano 41, p. 259-274. São Paulo: RT, out./2016; Cassio Scarpinella Bueno, *Manual de direito processual civil*, São Paulo: Saraiva, 2015; Claudio Cintra Zarif, In: Teresa Arruda Alvim Wambier, Fredie Didier Jr., Eduardo Talamini, Bruno Dantas, *Breves comentários ao novo Código de Processo Civil*, São Paulo: Revista dos Tribunais, 2015; Daniel Amorim Assumpção Neves, *Manual de direito processo civil*, São Paulo: Método, 2015; Fernanda Sell de Souto Goulart Fernandes. Mediação familiar no rompimento conjugal no novo CPC: análise a partir do princípio da alteridade. In: Paulo Henrique dos Santos Lucon; Pedro Miranda de Oliveira. *Panorama atual do novo CPC*. Florianópolis: Empório do Direito, 2016, p. 151; Fredie Didier Jr., *Curso de direito processual civil*, 17. ed., Salvador: JusPodivm, 2015, v. I; Guilherme Rizzo Amaral, *Comentários às alterações do novo CPC*, São Paulo: Revista dos Tribunais, 2015; Heitor Vitor Mendonça Sica, In: Sérgio Cruz Arenhart e Daniel Mitidiero (coord.), *Comentários ao Código de Processo Civil*, 2. ed., São Paulo: RT, 2018, v. 10; Humberto Theodoro Júnior, *Curso de direito processual civil*, 54. ed., Rio de Janeiro: Forense, 2020, v. II; Humberto Theodoro Júnior, Fernanda Alvim Ribeiro de Oliveira, Ester Camila Gomes Norato Rezende (coord.), *Primeiras lições sobre o novo direito processual civil brasileiro*, Rio de Janeiro: Forense, 2015; J. E. Carreira Alvim, *Comentários ao novo Código de Processo Civil*, Curitiba: Juruá, 2015; José Miguel Garcia Medina, *Novo Código de Processo Civil comentado*, São Paulo: Revista dos Tribunais, 2015; Leonardo Greco, *Instituições de processo civil: introdução ao direito processual civil*, 5. ed., Rio de Janeiro: Forense, 2015; Luis Antônio Giampaulo Sarro, *Novo Código de Processo Civil*, São Paulo: Rideel, 2015; Luiz Guilherme Marinoni, Sérgio Cruz Arenhart, Daniel Mitidiero, *Curso de processo civil*, São Paulo: Revista dos Tribunais, 2015, v. I; Marcelo Pacheco Machado, In: José Roberto F. Gouvêa; Luis Guilherme A. Bondioli e João Francisco N. da Fonseca (coord.), *Comentários ao Código de Processo Civil*, São Paulo: Saraiva, 2017, v. 13; Nelson Nery Junior, Rosa Maria de Andrade Nery, *Comentários ao Código de Processo Civil*, São Paulo: Revista dos Tribunais, 2015; Newton Teixeira Carvalho. Os impactos do Código de Processo Civil nas ações de família. In: Fernando Gonzaga Jayme et. al. *Inovações e Modificações do Código de Processo Civil*, Belo Horizonte: Del Rey, 2017, p. 349; Teresa Arruda Alvim Wambier, Fredie Didier Jr., Eduardo Talamini, Bruno Dantas (coord.), *Breves comentários ao novo Código de Processo Civil*, São Paulo: Revista dos Tribunais, 2015; Teresa Arruda Alvim Wambier, Maria Lúcia Lins Conceição, Leonardo Ferres da Silva Ribeiro, Rogério Licastro Torres de Melo, *Primeiros comentários ao novo Código de Processo Civil*, São Paulo: Revista dos Tribunais, 2015.

Capítulo XI
DA AÇÃO MONITÓRIA

Art. 700. A ação monitória pode ser proposta por aquele que afirmar, com base em prova escrita sem eficácia de título executivo, ter direito de exigir do devedor capaz:

I – o pagamento de quantia em dinheiro;

II – a entrega de coisa fungível ou infungível ou de bem móvel ou imóvel;

III – o adimplemento de obrigação de fazer ou de não fazer.

§ 1º A prova escrita pode consistir em prova oral documentada, produzida antecipadamente nos termos do art. 381.

§ 2º Na petição inicial, incumbe ao autor explicitar, conforme o caso:

I – a importância devida, instruindo-a com memória de cálculo;

II – o valor atual da coisa reclamada;

III – o conteúdo patrimonial em discussão ou o proveito econômico perseguido.

§ 3º O valor da causa deverá corresponder à importância prevista no § 2º, incisos I a III.

§ 4º Além das hipóteses do art. 330, a petição inicial será indeferida quando não atendido o disposto no § 2º deste artigo.

§ 5º Havendo dúvida quanto à idoneidade de prova documental apresentada pelo autor, o juiz intimá-lo-á para, querendo, emendar a petição inicial, adaptando-a ao procedimento comum.

§ 6º É admissível ação monitória em face da Fazenda Pública.

§ 7º Na ação monitória, admite-se citação por qualquer dos meios permitidos para o procedimento comum.

CPC/1973

Art. 1.102-A.

REFERÊNCIA LEGISLATIVA

CPC/2015, arts. 515 (títulos executivos judiciais); 784 (títulos executivos extrajudiciais).

SÚMULAS

Súmulas do STJ:

nº 247: "O contrato de abertura de crédito em conta-corrente, acompanhado do demonstrativo de débito, constitui documento hábil para o ajuizamento da ação monitória".

nº 282: "Cabe citação por edital em ação monitória".

nº 299: "É admissível a ação monitória fundada em cheque prescrito".

nº 339: "É cabível ação monitória contra a Fazenda Pública".

nº 503: "O prazo para ajuizamento de ação monitória em face do emitente de cheque sem força executiva é quinquenal, a contar do dia seguinte à data de emissão estampada na cártula".

nº 504: "O prazo para ajuizamento de ação monitória em face do emitente de nota promissória sem força executiva é quinquenal, a contar do dia seguinte ao vencimento do título".

nº 531: "Em ação monitória fundada em cheque prescrito, ajuizada contra o emitente, é dispensável a menção ao negócio jurídico subjacente à emissão da cártula".

CJF – I JORNADA DE DIREITO PROCESSUAL CIVIL

Enunciado 101 – É admissível ação monitória, ainda que o autor detenha título executivo extrajudicial.

FÓRUM PERMANENTE DE PROCESSUALISTAS CIVIS

Enunciado 446 – Cabe ação monitória mesmo quando o autor for portador de título executivo extrajudicial.

BREVES COMENTÁRIOS

Pode manejar a ação monitória todo aquele que se apresentar como credor de obrigação de soma de dinheiro, de coisa fungível ou infungível, de coisa certa móvel ou imóvel bem como de obrigação de fazer e não fazer, sempre com base em prova escrita (art. 700, caput). O rol foi ampliado pela legislação atual. Não se distingue, para esse efeito, entre o credor originário e o cessionário ou sub-rogado.

No Direito italiano, admite-se que até o portador de título executivo extrajudicial possa preferir o procedimento monitório, a fim de obter a hipoteca judiciária, que não existe no processo de execução, mas é admitida no injuntivo. No Direito brasileiro, pode parecer que essa opção não é admissível, visto que o art. 700 condiciona a legitimidade em questão àquele que se apresente como credor "com base em prova escrita sem eficácia de título executivo". É de ponderar, no entanto, que, o art. 785 do CPC/2015 permite que o titular de título executivo extrajudicial opte pelo processo de conhecimento, a fim de obter título executivo judicial. Assim, não há razão para se proibir a utilização do procedimento monitório em igual situação. Além disso, não se pode retirar do credor de título executivo seu direito de demandar o respectivo pagamento pela forma injuntiva, se o crédito achar-se envolvido em contrato ou negócio subjacente que dê ensejo a controvérsias e incertezas. Para evitar o risco de carência da execução por iliquidez ou incerteza da obrigação, justificado será o uso do procedimento monitório, que o devedor não poderá recusar, por não lhe causar prejuízo algum e, ao contrário, somente vantagens poderá lhe proporcionar. Com efeito, a jurisprudência do STJ, à época do Código anterior, já vinha se orientando no sentido de ser possível ao credor de título executivo extrajudicial optar pela sua cobrança por meio do procedimento monitório (STJ, Rel. Min. Luis Felipe Salomão, 4ª Turma, ac. 12.04.2012, *DJe* 02.05.2012).

Podem usar, ativamente, o procedimento monitório tanto as pessoas físicas como as jurídicas, de Direito privado ou público.

A petição inicial, além de atender aos requisitos do art. 319 do CPC/2015, deverá ser acompanhada de prova escrita do direito do autor, podendo essa prova ser produzida antecipadamente, nos termos do art. 381. Além disso, o autor deverá explicitar a importância devida – com a respectiva memória de cálculo –, o valor atual da coisa reclamada e o proveito econômico perseguido ou o conteúdo patrimonial em discussão. Esses requisitos são essenciais, sob pena de indeferimento da inicial.

A ação monitória pode ser ajuizada em face da Fazenda Pública. O STJ, por meio de sua Primeira Seção, em decisão não unânime, fixou o entendimento de que "o procedimento monitório não colide com o rito executivo específico da execução contra a Fazenda Pública".

A propósito dos títulos cambiários prescritos, a jurisprudência é tranquila quanto à sua idoneidade para fundamentar a ação monitória. E, nesse caso, há tese fixada em recurso especial repetitivo, e incluída na Súmula nº 504/STJ, no sentido de que "o prazo para ajuizamento de ação monitória em face do emitente de nota promissória sem força executiva é quinquenal, a contar do dia seguinte ao vencimento do título" (STJ, 2ª Seção, REsp 1.262.056/SP, Rel. Min. Luis Felipe Salomão, ac. 11.12.2013, *DJe* 03.02.2014). O mesmo se passa com o cheque prescrito, devendo a prescrição quinquenal da monitória ser contada "do dia seguinte à data da emissão estampada na cártula" (Súmula nº 503/STJ).

JURISPRUDÊNCIA SELECIONADA

1. Contrato de arrendamento.

Rural. "O contrato de arrendamento rural que estabelece pagamento em quantidade de produtos pode ser usado como prova escrita para aparelhar ação monitória com a finalidade de determinar a entrega de coisa fungível, porquanto é indício da relação jurídica material subjacente. A interpretação especial que deve ser conferida às cláusulas de contratos agrários não pode servir de guarida para a prática de condutas repudiadas pelo ordenamento jurídico, de modo a impedir, por exemplo, que o credor exija o que lhe é devido por inquestionável descumprimento do contrato." (STJ, REsp 1266975/MG, Rel. Min. Ricardo Villas Bôas Cueva, 3ª Turma, jul. 10.03.2016, *DJe* 28.03.2016).

Mercantil. "O principal documento que instrui o processo monitório é o contrato de arrendamento mercantil, que foi produzido bilateralmente. O termo de circulação, que meramente constata a venda do automóvel arrendado e o respectivo preço, dá corpo, mas não existência à obrigação do devedor. A situação é equivalente à dos contratos de abertura de crédito em conta-corrente, que nascem a partir de um instrumento bilateral, que é o contrato, mas ganham corpo mediante documentos unilateralmente produzidos, que são os extratos. Nessas hipóteses, todavia, a jurisprudência do STJ já se pacificou no sentido do cabimento da ação monitória para promover a respectiva cobrança (Súmula 284/STJ)" (STJ, REsp 631.192/MG, Rel. Min. Nancy Andrighi, 3ª Turma, jul. 16.05.2006, *DJ* 30.06.2006, p. 215). **No mesmo sentido:** STJ, REsp 343.589/DF, Rel. Min. Carlos Alberto Menezes Direito, 3ª Turma, jul. 27.06.2002, *DJU* 09.09.2002, p. 224.

2. Ação monitória. Cédula rural pignoratícia e hipotecária. Embargos. Securitização da dívida. Matéria de defesa. "O preenchimento dos requisitos legais para a securitização da dívida originada de crédito rural constitui matéria de defesa do devedor, passível de ser alegada em embargos à monitória ou contestação, independentemente de reconvenção." (STJ, REsp 1531676/MG, Rel.ª Min.ª Nancy Andrighi, 3ª Turma, ju. 18.05.2017, *DJe* 26.05.2017)

3. Correspondência eletrônica. Documento hábil a comprovar a relação contratual e existência de dívida. "O correio eletrônico (*e-mail*) pode fundamentar a pretensão monitória, desde que o juízo se convença da verossimilhança das alegações e da idoneidade das declarações, possibilitando ao réu impugnar-lhe pela via processual adequada". (STJ, REsp 1381603/MS, Rel. Min. Luis Felipe Salomão, 4ª Turma, jul. 06.10.2016, *DJe* 11.11.2016)

4. Construcard. Título executivo extrajudicial inexistente. Cabimento de ação monitória. Ver jurisprudência do art. 784 do CPC/2015.

5. Dívida de jogo. Cassino norte-americano. Cobrança. Possibilidade. "Na hipótese, não há vedação para a cobrança de dívida de jogo, pois existe equivalência entre a lei estrangeira e o direito brasileiro, já que ambos permitem determinados jogos de azar, supervisionados pelo Estado, sendo quanto a esses, admitida a cobrança. [...] Aquele que visita país estrangeiro, usufrui de sua hospitalidade e contrai livremente obrigações lícitas, não pode retornar a seu país de origem buscando a impunidade civil. A lesão à boa-fé de terceiro é patente, bem como o enriquecimento sem causa, motivos esses capazes de contrariar a ordem pública e os bons costumes". (STJ, REsp 1628974/SP, Rel. Min. Ricardo Villas Bôas Cueva, 3ª Turma, jul. 13.06.2017, *DJe* 25.08.2017)

6. Duplicata.

Protestada sem aceite. "Duplicatas protestadas, sem aceite e sem comprovante da prestação de serviço, mas acompanhadas da nota fiscal. Documentos hábeis à instauração da monitória. A jurisprudência desta Corte é no sentido da prescindibilidade do comprovante da prestação do serviço na ação monitória fundada em duplicata protestada sem aceite" (STJ, AgInt no AREsp 1.336.763/PA, Rel. Min. Marco Aurélio Bellizze, 3ª Turma, jul. 19.11.2018, *DJe* 22.11.2018).

Quitada. "A nota fiscal-fatura e as duplicatas quitadas, representativas do preço, não são títulos executivos aptos a estribar execução para entrega de coisa certa, tratando-se de documentos a instruir a ação monitória instituída pela Lei nº 9.079/95" (TAMG, Ap202.777-8, Rel. Juiz Jarbas Ladeira, 4ª Câmara Cível, jul. 27.09.1995).

Compra e venda mercantil com pagamento a prazo. "Mesmo que o crédito seja originário de compra e venda mercantil com pagamento a prazo, e possa haver emissão das respectivas duplicatas, pode o credor optar por receber seu crédito via ação monitória, nos termos do art. 1.102, a, do CPC, pois a simples emissão dos títulos não caracteriza a liquidez e certeza da dívida" (1º TACívSP, Ap. 707.670-4, Rel. Juiz Ribeiro de Souza, jul. 15.04.1997, *RT* 744/252). **No mesmo sentido:** STJ, AGA 475.201/RJ, Rel. Min. Menezes Direito, 3ª Turma, jul. 15.05.2003, *DJ* 23.06.2003, p. 363.

7. Cheque prescrito.

Oposição de exceção pessoal ao portador. Possibilidade. "Na hipótese dos autos, contudo, verifica-se que os cheques, que embasaram o ajuizamento da ação monitória, já estavam prescritos, não havendo mais que se falar em manutenção das suas características cambiárias, tais quais a autonomia, a independência e a abstração. Perdendo o cheque prescrito os seus atributos cambiários, dessume-se que a ação monitória neste documento fundada admitirá a discussão do próprio fato gerador da obrigação, sendo possível a oposição de exceções pessoais a portadores precedentes ou mesmo ao próprio emitente do título" (STJ, REsp 1.669.968/RO, Rel. Min. Nancy Andrighi, 3ª Turma, jul. 08.10.2019, *DJe* 11.10.2019).

Menção à origem da dívida. Dispensa. "No julgamento do Recurso Representativo da Controvérsia REsp nº 1.094.571/SP de relatoria do Ministro Luis Felipe Salomão foi consolidado o entendimento de que 'o autor da ação monitória não precisa, na exordial, mencionar ou comprovar a relação causal que deu origem à emissão do cheque prescrito, todavia nada impede o requerido, em embargos à monitória, discuta a causa *debendi*, cabendo-lhe a iniciativa do contraditório e o ônus da prova – mediante apresentação de fatos impeditivos, modificativos ou extintivos do direito do autor'" (STJ, AgInt no AREsp 860.470/SP, Rel. Min. Moura Ribeiro, 3ª Turma, jul. 23.05.2017, *DJe* 05.06.2017).

Mera irregularidade. "Mera discrepância, inclusive diminuta, entre o nome da empresa credora mencionado no cheque e a sua denominação social verdadeira, não constitui motivo para afastar a sua legitimidade ativa para a cobrança, via monitória, do valor devido" (STJ, REsp 336.632/ES, Rel. Min. Aldir Passarinho Júnior, 4ª Turma, jul. 06.02.2003, *DJU* 31.03.2003, p. 227).

8. Prescrição. "Segundo a orientação jurisprudencial desta Corte, a ação monitória fundada em título de crédito prescrito está subordinada ao prazo prescricional de 5 (cinco) anos de que trata o artigo 206, § 5º, I, do Código Civil" (STJ, AgRg no AREsp 679.160/SP, Rel. Min. Marco Buzzi, 4ª Turma, jul. 28.03.2017, *DJe* 04.04.2017). No mesmo sentido: STJ, AgRg nos EDcl no REsp 1312124/MG, Rel. Min. Paulo de Tarso Sanseverino, 3ª Turma, jul. 01.12.2015, *DJe* 11.12.2015).

Título prescrito. "A jurisprudência do STJ é assente em admitir como prova hábil à comprovação do crédito vindicado em ação monitória cheque emitido pelo réu, cuja prescrição tornou-se impeditiva da sua cobrança pela via executiva" (STJ, REsp 555.308/MG, Rel. Min. Aldir Passarinho Junior, 4ª Turma, jul. 18.09.2007, *DJ* 19.11.2007, p. 230). **No mesmo sentido:** STJ, AgRg no REsp 875.116/SC, Rel. Min. Aldir Passarinho Junior, 4ª Turma, jul. 05.06.2007, *DJ* 20.08.2007, p. 292.

Cédula de crédito bancário. "A cédula de crédito bancário representa promessa de pagamento em dinheiro, decorrente de operação de crédito, de qualquer modalidade, tratando-se de dívida certa, líquida e exigível, seja pela soma nela indicada, seja pelo saldo devedor demonstrado em planilha de cálculo, ou nos extratos da conta-corrente. Trata-se de dívida líquida constante de instrumento particular, motivo pelo qual a pretensão de sua cobrança prescreve em 5 (cinco) anos, nos termos do artigo 206, § 5º, I, do Código Civil" (STJ, REsp 1.940.996/SP, Rel. Min. Ricardo Villas Bôas Cueva, 3ª Turma, jul. 21.09.2021, *DJe* 27.09.2021).

Cédula de crédito rural. "A obrigação constante em Nota de Crédito Rural possui liquidez, certeza e exigibilidade, conforme estabelecido de modo expresso pelo art. 10 do Decreto-Lei n. 167/1967. O prazo prescricional para exercício da pretensão de cobrança de débito constituído por cédula de crédito – deduzida mediante ação de conhecimento ou monitória – é de cinco anos (art. 206, § 5º, I, do CC/2002), começando a fluir do vencimento da obrigação inadimplida" (STJ, REsp 1.403.289/PE, Rel. Min. Nancy Andrighi, 3ª Turma, jul. 05.11.2013, *DJe* 14.11.2013).

Cheque. "Os cheques foram protestados sem que tenha sido suplantado o período de 5 anos a contar da data de emissão das cártulas, isto é, quando, conforme juízo sufragado em recurso repetitivo, seria ainda possível o ajuizamento de ação monitória, pois 'o prazo para ajuizamento de ação monitória em face do emitente de cheque sem força executiva é quinquenal, a contar do dia seguinte à data de emissão estampada na cártula' (REsp n. 1.101.412/SP, relator Ministro Luis Felipe Salomão, Segunda Seção, julgado em 11/12/2013, *DJe* 3/2/2014)" (STJ, REsp 1.536.035/PR, Rel. Min. Luis Felipe Salomão, 4ª Turma, jul. 26.10.2021, *DJe* 17.12.2021).

Cheque prescrito. "A jurisprudência do STJ é assente em admitir como prova hábil à comprovação do crédito vindicado em ação monitória cheque emitido pelo réu, cuja prescrição tornou-se impeditiva da sua cobrança pela via executiva" (STJ, REsp 555.308/MG, Rel. Min. Aldir Passarinho Junior, 4ª Turma, jul. 18.09.2007, *DJ* 19.11.2007, p. 230). **No mesmo sentido:** STJ, AgRg no REsp 875.116/SC, Rel. Min. Aldir Passarinho Junior, 4ª Turma, jul. 05.06.2007, *DJ* 20.08.2007, p. 292.

Causa da emissão do cheque. "A teor da jurisprudência desta Corte, na ação monitória fundada em cheque prescrito, é desnecessária a demonstração da causa de sua emissão, cabendo ao réu o ônus da prova da inexistência do débito" (STJ, REsp 801.715/MS, Rel. Min. Jorge Scartezzini, 4ª Turma, jul. 24.10.2006, *DJ* 20.11.2006, p. 337). **No mesmo sentido:** STJ, REsp 612.539/ES, Rel. Min. Humberto Gomes de Barros, 3ª Turma, jul. 03.04.2007, *DJ* 07.05.2007, p. 313; STJ, AgRg no REsp 875.116/SC, Rel. Min. Aldir Passarinho Junior, 4ª Turma, jul. 05.06.2007, *DJ* 20.08.2007, p. 292; STJ, REsp 412.053/MG, Rel. Min. Ruy Rosado de Aguiar, 4ª Turma, jul. 27.06.2002, *DJ* 16.09.2002, p. 195; STJ, REsp 1.094.571/SP, Rel. Min. Luis Felipe Salomão, 2ª Seção, jul. 04.02.2013, *DJe* 14.02.2013.

Cheque. Correção monetária. "Na ação monitória para cobrança de cheque prescrito, a correção monetária corre a partir da data em que foi emitida a ordem de pagamento à vista. É que, malgrado carecer de força executiva, o cheque não pago é título líquido e certo (Lei 6.899/81, art. 1º, § 1º)" (STJ, REsp 365.061/MG, Rel. Min. Humberto Gomes de Barros, 3ª Turma, jul. 21.02.2006, *DJ* 20.03.2006, p. 263).

9. Ação monitória. Contrato de *factoring*. Cessão de crédito. Exceções pessoais. "Na linha da jurisprudência do STJ, no contrato de *factoring*, a transferência dos créditos não se opera por simples endosso, mas por cessão de crédito, subordinando-se, por consequência, à disciplina do art. 294 do Código Civil, contexto que autoriza ao devedor a oponibilidade das exceções pessoais em face da faturizadora. Precedentes. Incidência das Súmulas nºs 83 e 356 do STJ" (STJ, AgInt no REsp 1717382/SC, Rel. Min. Moura Ribeiro, 3ª Turma, jul. 20.04.2020, *DJe* 23.04.2020).

Contrato de 'factoring'. Transferência do título de crédito. Endosso cambial. Exceções pessoais. "A jurisprudência consolidou-se no sentido de admitir a transferência do título de crédito – no presente caso um cheque – por endosso cambial nos contratos de 'factoring' com todos os efeitos dele decorrentes. Precedentes: EREsp 1439749/RS, Rel. Ministra MARIA ISABEL GALLOTTI, SEGUNDA SEÇÃO, julgado em 28/11/2018, *DJe* 06/12/2018, e EDcl nos EREsp 1482089/PA, Rel. Ministro MARCO BUZZI, SEGUNDA SEÇÃO, julgado em 27/11/2019, *DJe* 02/12/2019. Em tal contexto, inviável opor exceções pessoais à empresa de factoring, terceira de boa-fé, e discutir a causa debendi" (STJ, AgInt no AREsp 525.204/RS, Rel. Min. Antonio Carlos Ferreira, 4ª Turma, jul. 20.04.2020, *DJe* 24.04.2020).

10. Prova documental.

Prova escrita. "A teor do art. 700 do CPC, importa frisar que a ação monitória é o instrumento processual colocado à disposição do credor com crédito comprovado por documento escrito sem eficácia de título executivo com finalidade de alcançar a formação de título executivo judicial de modo mais rápido do que a ação condenatória convencional. Assim, o documento que aparelhar a monitória deve ser escrito, sendo entendido como tal o que seja merecedor de fé quanto à autenticidade e eficácia probatória, e ainda gozar de liquidez e certeza, dada a inexistência de ampla cognição ou procedimento prévio de liquidação. Precedente. TRF 5ª R., 4ª T, PJE 0800286-07.2019.4.05.8502, Rel. Des. Fed. Edilson Pereira Nobre Júnior, data de assinatura: 16.06.2020" (TRF 5ª R., Apelação 0804288-83.2015.4.05.8300, Rel. Des. Federal Paulo Cordeiro, 2ª Turma, *Revista Síntese de Direito Civil e Processual Civil*, v. 21, n. 129, p. 177, jan./fev. 2021).

"A prova escrita prevista pelo artigo 1.102-A do Estatuto Processual dever ser compreendida como aquela que possibilite ao magistrado dar eficácia executiva ao documento, ou seja, que lhe permita inferir a existência do direito alegado. (...) Desde que seja idôneo para demonstrar a aparência do direito apto a autorizar a expedição do mandado injuntivo, 'qualquer documento escrito que não se revista das características de título executivo é hábil para ensejar a ação monitória" (STJ, REsp 874.149/PR, Rel. Min. Humberto Martins, 2ª Turma, jul. 27.02.2007, *DJ* 09.03.2007, p. 302). **No mesmo sentido:** STJ, REsp 324.135/RJ, Rel. Min. Jorge Scartezzini, 4ª Turma, jul. 27.09.2005, *DJ* 07.11.2005; STJ, REsp 735.351/RS, Rel. Min. Luiz Fux, 1ª Turma, jul. 12.06.2007, *DJ* 23.08.2007, p. 210; STJ, REsp 437.638/RS, Rel. Min. Barros Monteiro, 4ª Turma, jul. 27.08.2002, *DJU* 28.10.2002, p. 327. **No sentido de que o documento não precisa, necessariamente, ter sido emitido pelo devedor ou nele constar sua assinatura ou de um representante:** STJ, REsp 925.584/SE, Rel. Min. Luis Felipe Salomão, 4ª Turma, jul. 09.10.2012, *DJe* 07.11.2012.

"A lei, ao não distinguir e exigir apenas a prova escrita, **autoriza a utilização de qualquer documento**, passível de impulsionar a ação monitória, cuja validade, no entanto, estaria presa a sua eficácia" (STJ, REsp 763.307/MG, Rel. Min. José Delgado, 1ª Turma, jul. 21.11.2006, *DJ* 11.12.2006, p. 323).

Oportunidade. "'A fase monitória (ou injuntiva) do procedimento existe até o limite do prazo para a resposta do réu, de sorte que o exame sobre a capacidade da prova documental para embasar a ação monitória só deve ocorrer até o momento em que proferida a ordem para a expedição do mandado inicial, no primeiro estágio do procedimento. (...) Com a oposição dos embargos, adotado o procedimento ordinário, não se mostra razoável a ulterior extinção da demanda a pretexto da inaptidão da prova para aparelhar o pedido monitório' (AgInt no REsp 1.331.111/SP, Rel. Ministro Antonio Carlos Ferreira, Quarta Turma, julgado em 20/03/2018, *DJe* de 27/03/2018)" (STJ, AgInt no AREsp 1635758/SP, Rel. Min. Raul Araújo, 4ª Turma, jul. 01.06.2020, *DJe* 15.06.2020). **No mesmo sentido:** STJ, AgInt no REsp 1.343.258/SP, Rel. p/acórdão Min. Antonio Carlos Ferreira, 4ª Turma, jul. 21.08.2017, *DJe* 19.10.2017.

Extrato de penhora *on-line*. "A prova hábil a instruir a ação monitória, isto é, apta a ensejar a determinação da expedição do mandado monitório – a que alude os arts. 1.102-A do CPC/73 e 700 do CPC/2015 –, precisa demonstrar a existência da obrigação, devendo o documento ser escrito e suficiente para, efetivamente, influir na convicção do magistrado acerca do direito alegado, não sendo necessário prova robusta, estreme de dúvida, mas sim documento idôneo que permita juízo de probabilidade do direito afirmado pelo autor. Na específica hipótese dos autos, contudo, não é possível concluir que o extrato de penhora on-line, ocorrida em contas bancárias de titularidade da recorrida e utilizado para embasar a presente monitória, confira certo juízo de probabilidade a respeito da relação jurídica obrigacional que comprove débito de responsabilidade da suposta possuidora e proprietária do imóvel, ora recorrente" (STJ, REsp 1713774/SP, Rel. Min. Nancy Andrighi, 3ª Turma, jul. 10.10.2019, *DJe* 15.10.2019).

Laudo pericial elaborado em ação cautelar. "No caso, a autora intentou a ação monitória com base em laudo pericial obtido em ação cautelar de produção antecipada de prova destinada à apuração dos danos ocorridos no imóvel de sua propriedade e que, segundo afirma, teriam sido causados durante a ocupação pela ré, já falecida. O laudo pericial, por si só, não se mostra suficiente à demonstração do vínculo obrigacional, visto que apenas estabelece o *quantum debeatur*, ou seja, a extensão do dano, não o alegado direito à indenização (*an debeatur*), que, na hipótese, exige a produção de prova complementar" (STJ, REsp 1633391/MG, Rel. Min. Lázaro Guimarães, 4ª Turma, jul. 28.11.2017, *DJe* 04.12.2017).

11. Monitória ajuizada pela Fazenda Pública. Admissibilidade. "A Fazenda Pública pode valer-se da execução fiscal para os créditos fiscais (tributários ou não tributários) decorrentes de atividade essencialmente pública. Os referidos créditos devem ser inscritos em dívida ativa, a fim de possibilitar o ajuizamento da Execução Fiscal. Contudo, não há impedimento para que a Fazenda Pública, em vez de inscrever o crédito em dívida ativa, proponha Ação Monitória, desde que possua prova escrita do crédito, no intuito de obter título judicial e promover, em seguida, o cumprimento de sentença. Isso porque quem dispõe de título executivo extrajudicial pode, mesmo assim, propor ação monitória" (STJ, REsp 1748849/SP, Rel. Min. Herman Benjamin, 2ª Turma, jul. 04.12.2018, *DJe* 17.12.2018).

12. Monitória contra a Fazenda Pública. "Consoante jurisprudência consolidada desta Corte, é cabível ação monitória contra a Fazenda Pública (Súmula 339/STJ). Precedentes" (STJ, AgRg no Ag 437.397/MG, Rel. Min. Maria Thereza de Assis Moura, 6ª Turma, jul. 06.12.2007, *DJ* 19.12.2007, p. 1.240). **No mesmo sentido:** STJ, REsp 503.880/MG, Rel. Min. Denise Arruda, 1ª Turma, jul. 24.10.2006, *DJ* 16.11.2006, p. 217; STJ, REsp 823.897/PB, Rel. Min. Eliana Calmon, 2ª Turma, jul. 24.06.2008, *DJe* 18.08.2008.

13. Petição inicial. Requisitos. "A petição inicial deve vir acompanhada de documentos suficientemente esclarecedores sobre a constituição da dívida cobrada. Nesse caso, o autor deve ser intimado para apresentar a documentação faltante, reabrindo-se o prazo para a defesa" (STJ, REsp 439.710/RS, Rel. Min. Ruy Rosado de Aguiar, 4ª Turma, jul. 26.05.2003, *DJ* 04.08.2003, p. 310).

14. Formalismo moderado. Característica. "'Uma das características marcantes da ação monitória é o baixo formalismo predominante na aceitação dos mais pitorescos meios documentais, inclusive daqueles que seriam naturalmente descartados em outros procedimentos. O que interessa, na monitória, é a possibilidade de formação da convicção do julgador a respeito de um crédito, e não a adequação formal da prova apresentada a um modelo predefinido, modelo este muitas vezes adotado mais pela tradição judiciária do que por exigência legal' (REsp 1.025.377/RJ, Rel. Min. Nancy Andrighi, *DJe* 04.08.2009)" (STJ, AgRg no Ag 732.004/DF, Rel. Min. Vasco Della Giustina, 3ª Turma, jul. 13.10.2009, *DJe* 23.10.2009).

15. Desnecessidade de dívida líquida e certa. "Na verdade, não é possível afastar o cabimento da monitória porque ausente a liquidez e a certeza do título (REsp 188.375/MG, Terceira Turma, de minha relatoria, *DJ* 18.10.99; REsp 401.928/MG, Terceira Turma, de minha relatoria, *DJ* 24.2.03)" (STJ, REsp 647.184/DF, Rel. Min. Menezes Direito, 3ª Turma, jul. 21.02.2006, *DJ* 12.06.2006, p. 474). **No mesmo sentido:** STJ, REsp 631.192/MG, Rel. Min. Nancy Andrighi, 3ª Turma, jul. 16.05.2006, *DJ* 30.06.2006, p. 215. Em sentido contrário: "'O aresto hostilizado está em harmonia com o entendimento firmado neste Superior Tribunal de Justiça no sentido de que a inicial da ação monitória deve vir acompanhada com o demonstrativo do débito, de modo que se possa conferir ao devedor conhecimento de sua dívida' (AgRg no REsp 689.759/RN, Rel. Min. Antônio de Pádua Ribeiro, *DJ* 20.6.2005)" (STJ, REsp 803.388/RN, Rel. Min. Jorge Scartezzini, 4ª Turma, jul. 21.09.2006, *DJ* 16.10.2006, p. 383).

16. Notificação. Documento impróprio. "A notificação dirigida a possível devedor não caracteriza documento hábil a processar ação monitória, em decorrência de sua emissão unilateral sem possibilidade de se estabelecer o contraditório, não possuindo tal instrumento o mínimo de credibilidade em que possa se basear o órgão julgador" (TAMG, Ap. 220.758-1, Rel.ª Juíza Jurema Brasil Martins, 3ª Câmara Cível, jul. 21.08.1996). No mesmo sentido: TAMG, Ap. 210.926-6, Rel. Herondes de Andrade, 1ª Câmara Cível, jul. 16.04.1996.

17. Conversão da execução em monitória. "A jurisprudência da Segunda Seção é no sentido de não ser possível a conversão da execução em ação monitória" (STJ, AgRg no REsp 826.208/RS, Rel. Min. Humberto Gomes de Barros, 3ª Turma, jul. 25.09.2007, *DJ* 15.10.2007, p. 259). **Em sentido contrário:** "Não tendo ainda havido a constrição de bens e rejeitados *in limine* os embargos à execução, possível é a conversão da execução em ação monitória, à falta de qualquer prejuízo" (STJ,

REsp 603.896/DF, Rel. Min. Barros Monteiro, 4ª Turma, jul. 07.02.2006, *DJ* 10.04.2006, p. 197).

18. Dívida de condomínio. "A dívida condominial pode ser cobrada via procedimento monitório, se preenchidos os requisitos legais correspondentes" (TAMG, Ap. 214.163-5, Rel. Juiz Lauro Bracarense, jul. 18.04.1996, *DJ* 07.12.1996). **No mesmo sentido:** TARS, AI 196.125.207, Rel. Juiz José Carlos Teixeira Giorgis, 6ª Câmara Cível, jul. 05.09.1996; STJ, REsp 405.011/RS, Rel. Min. Aldir Passarinho Júnior, 4ª Turma, jul. 19.12.2002, *DJ* 02.06.2003, p. 300; STJ, REsp 613.112/PR, Rel. Min. Carlos Alberto Menezes Direito, 3ª Turma, jul. 20.10.2005, *DJ* 20.02.2006, p. 332; TJDF, APC 2005.01.1.024389-3, Ac. 363.624, Rel. Des. Jair Soares, 6ª Turma, *DJe* 02.07.2009, p. 99.

19. Amplitude de a matéria de defesa dos embargos à monitória. "O procedimento dos embargos ao mandado monitório segue o rito ordinário (art. 1.102-C, § 2º, do CPC), o que aponta inequivocamente para a vontade do legislador de conferir-lhe contraditório pleno e cognição exauriente, de modo que, diversamente do processo executivo, não apresenta restrições quanto à matéria de defesa, sendo admissível a formulação de alegação de natureza adjetiva ou substantiva, desde que se destine a comprovar a improcedência do pedido veiculado na inicial. No caso, em **embargos à monitória onde havia cobrança de taxas condominiais ordinárias e extraordinárias em atraso, pode o condômino arguir a invalidade das cotas extras**, sustentando nulidade da assembleia que as fixou. Precedentes" (STJ, REsp 1.172.448/RJ, Rel. Min. Luis Felipe Salomão, 4ª Turma, jul. 18.06.2013, *DJe* 01.07.2013).

20. Cambial prescrita. "É pacífica a jurisprudência do sentido de admitir a cobrança de crédito decorrente de nota promissória prescrita pela via da ação monitória" (STJ, REsp 682.559/RS, Rel.ª Min.ª Nancy Andrighi, 3ª Turma, jul. 15.12.2005, *DJ* 01.02.2006, p. 540). **No mesmo sentido:** STJ, REsp 437.136/MS, Rel. Min. Aldir Passarinho Junior, 4ª Turma, jul. 13.05.2008, *DJ* 09.06.2008, p. 1; TJRS, ApCív 70024144966, Rel. Guinther Spode, 19ª Câmara, jul. 19.08.2008, *RJTJRGS* 273/445. **Obs.:** A prescrição da ação monitória, que é quinquenal, conta-se do vencimento da cambial prescrita, pois desde então o débito pessoal tornou-se exigível.

21. Conta conjunta. Ilegitimidade passiva do correntista não emitente da cártula. "Ilegitimidade passiva, contudo, do esposo da emitente da cártula, posto que na qualidade de cotitular de conta-corrente conjunta, inobstante possua legitimidade para movimentar os fundos de que também é proprietário, não o torna corresponsável pelas dívidas assumidas por sua esposa individualmente, em face da emissão de cheques destituídos de cobertura financeira, pelos quais somente ela responde. Precedentes do STJ" (STJ, REsp 336.632/ES, Rel. Min. Aldir Passarinho Junior, 4ª Turma, jul. 06.02.2003, *DJ* 31.03.2003, p. 227). Precedentes citados: STJ, REsp 13.680/SP, Rel. Min. Athos Carneiro, 4ª Turma, jul. 15.09.1992, *DJ* 16.11.1992; STJ, REsp 3.507, Rel. Min. Waldemar Zveiter, 3ª Turma, jul. 14.08.1990, *DJ* 10.09.1990.

22. Contrato de abertura de conta-corrente. "É suficiente para o ajuizamento da ação monitória a apresentação do contrato de abertura de crédito em conta-corrente, acompanhado de extrato que indique o valor do débito. Incide a Súmula 247" (STJ, AgRg no Ag. 649.257/MG, Rel. Min. Humberto Gomes de Barros, 3ª Turma, jul. 26.10.2006, *DJ* 18.12.2006, p. 366). **No mesmo sentido:** STJ, AgRg no Ag. 668.314/RJ, Rel. Min. Jorge Scartezzini, 4ª Turma, jul. 06.06.2006, *DJ* 26.06.2006, p. 152; STJ, AgRg no REsp 1.402.170/RS, Rel. Min. Raul Araújo, 4ª Turma, jul. 11.02.2014, *DJe* 14.03.2014.

23. Contrato de cartão de crédito. "O contrato de cartão de crédito constitui documento hábil ao ajuizamento da ação monitória, desde que o autor colacione ao contrato firmado tanto os extratos que comprovem a realização de débitos pelo titular do cartão, como os demonstrativos dos encargos e critérios utilizados para o cálculo da evolução do débito. Recurso especial a que não se conhece" (STJ, REsp 469.005/MG, Rel.ª Min.ª Nancy Andrighi, 3ª Turma, jul. 06.06.2003, *DJU* 30.06.2003, p. 242). **No mesmo sentido:** STJ, REsp 319.044/SP, Rel. Min. Ruy Rosado de Aguiar, 4ª Turma, jul. 09.10.2001, *DJ* 18.02.2002, p. 454; TAMG, Ap. 379.006-5, Rel. Pereira da Silva, 2ª Câmara Cível, jul. 25.03.2003, *DJ* 24.05.2003.

24. Notas fiscais e comprovantes de entrega. "A nota fiscal, acompanhada do respectivo comprovante de entrega e recebimento da mercadoria ou do serviço, devidamente assinado pelo adquirente, pode servir de prova escrita para aparelhar a ação monitória. – O processo monitório possibilita a cognição plena, desde que sejam oferecidos embargos" (STJ, REsp 778.852/RS, Rel.ª Min.ª Nancy Andrighi, 3ª Turma, jul. 15.08.2006, *DJ* 04.09.2006, p. 269).

25. Fatura de Energia elétrica. Documento hábil. "'É perfeitamente viável instruir ação monitória ajuizada por concessionária de energia elétrica com cópia de faturas para cobrança por serviços prestados, sendo desnecessária, na hipótese, a assinatura do devedor' (REsp 831.760/RS, Rel. Ministra Eliana Calmon, Segunda Turma, julgado em 17.4.2008, *DJe* 6.5.2008)" (STJ, AgRg no REsp 1.284.763/SP, Rel. Min. Humberto Martins, 2ª Turma, jul. 13.12.2011, *DJe* 19.12.2011).

26. Contas de telefone. "As contas por prestação de serviço por concessionária de telefonia constituem prova escrita válida para a propositura de ação monitória" (STJ, AgRg no REsp 888.265/SP, Rel. Min. Ricardo Villas Bôas Cueva, 3ª Turma, jul. 21.02.2013, *DJe* 27.02.2013).

27. Entrega de bem dado em depósito. "É válida a ação monitória que contém pedido para a entrega dos bens depositados junto à ré ou o pagamento de seu equivalente em dinheiro" (STJ, REsp 227.219, Rel. Min. Castro Filho, 3ª Turma, jul. 01.09.2005, *DJ* 10.10.2005).

28. Honorários:

Proposta. "Constitui prova escrita hábil à propositura da ação monitória a proposta de honorários assinada e reconhecida pelos devedores" (TAMG, Ap. 221.201-1, Rel. Juiz Maciel Pereira, 6ª Câmara Cível, jul. 12.09.1996).

Contrato. "O contrato de honorários, contendo o percentual e a forma de incidência, é hábil para instruir a ação monitória" (STJ, REsp 450.877/RS, Rel. Min. Carlos Alberto Menezes Direito, 3ª Turma, jul. 12.11.2002, *DJ* 16.12.2002, p. 327; LEXSTJ 161/201; RJTJRS 220/31).

"Instrumento de procuração que concede ao advogado o direito de reter percentual dos levantamentos judiciais por ele efetuados. (...) Reconhecida a existência de prova documental da dívida, não se exige que os documentos que instruem a ação monitória demonstrem a liquidez do débito objeto da cobrança" (STJ, REsp 967.319, Rel.ª Min.ª Nancy Andrighi, 3ª Turma, jul. 05.02.2009, *DJe* 12.02.2009).

"A autorização de associado para ser representado pela Associação e para desconto de percentual, a título de honorários advocatícios, em favor de patrono constituído pelo órgão de classe, constitui documento hábil a embasar ação monitória" (TJDFT, Ap. 20030110376760, Rel. Sérgio Rocha, 2ª Turma Cível, jul. 16.05.2007, *DJ* 26.07.2007, p. 96).

29. Contribuição sindical rural. "A guia da contribuição sindical rural é documento hábil para a instrução de ação monitória (Precedentes: REsp 466.366/MT, Rel. Min. Humberto Martins, DJU 14.02.2007; e REsp 763.307/MG, Rel. Min. José Delgado, DJU 11.12.2006)" (STJ, REsp 735.351/RS, Rel. Min. Luiz Fux, 1ª Turma, jul. 12.06.2007, *DJ* 23.08.2007, p. 210). No mesmo sentido: STJ, REsp 755.741/SP, Rel. Min. Luiz Fux, 1ª Turma, jul. 12.06.2007, *DJ* 01.10.2007, p. 218. STJ, REsp 285.309/SP, Rel. Min. Castro Meira, 2ª Turma, jul. 14.08.2007, *DJ* 27.08.2007, p. 207. STJ, REsp 864.530/RS, Rel. Min. Castro Meira, 2ª Turma, jul. 12.09.2006, *DJ* 25.09.2006, p. 264. STJ, REsp

733.860/SP, Rel. Min. Castro Meira, 2ª Turma, jul. 19.10.2006, *DJ* 08.11.2006, p. 175.

30. Contrato de locação. "Embora o contrato de locação constitua título executivo extrajudicial, consoante o art. 585, IV, do CPC [art. 784, VII, do CPC/2015], pode servir de base para a ação monitória visando ao recebimento de aluguel atrasado se, além deste, pretender o locador o recebimento também de encargos e acessórios da locação, como o IPTU e a tarifa de energia elétrica, e multa por infração contratual" (TAMG, Ap. 468.677-9, Rel.ª Selma Marques, 3ª Câmara Cível, jul. 16.02.2005, *DJ* 26.02.2005).

31. Multa compensatória. Rescisão unilateral e antecipada do contrato de locação. "A ação monitória veio para facilitar e não dificultar a vida do credor, dela podendo se utilizar justamente naquelas hipóteses em que pende dúvida sobre a liquidez e certeza do título exequendo, como se dá com a cobrança da multa compensatória devida pelo inquilino por rescisão unilateral e antecipada do contrato de locação" (2º TACívSP, Ap. s/ Rev. 589.342-00/9, Rel. Juiz S. Oscar Feltrin, 5ª Câmara, jul. 23.08.2000).

32. Ata de assembleia de sociedade limitada. "A ata que estabelece a remuneração dos gerentes de sociedade comercial de responsabilidade limitada, condicionada à existência de numerário de fluxo de caixa, não serve como documento para os fins do art. 1.102, a, do Código de Processo Civil" (STJ, REsp 335.779/MG, Rel. Min. Menezes Direito, 3ª Turma, jul. 18.06.2002, *DJ* 26.08.2002, p. 213).

33. Contrato de prestação de serviços. "Constitui pressuposto específico de admissibilidade da ação monitória a existência de prova escrita. Para que o documento injuncional sirva ao processamento da ação monitória, é preciso que dele se extraia a identificação do crédito alegado pelo autor, mas não que se revista da executoriedade, típica do título executivo. O contrato bilateral de prestação de serviços, acompanhado da prova do cumprimento da contraprestação do autor, perfaz esta exigência. É, pois, título hábil a viabilizar o ajuizamento da ação monitória" (STJ, REsp 213.077/MG, Rel.ª Min.ª Nancy Andrighi, 3ª Turma, jul. 17.05.2001, *DJ* 25.06.2001, p. 170). No mesmo sentido: STJ, REsp 957.706/SP, Rel. Min. José Delgado, 1ª Turma, jul. 25.09.2007, *DJ* 18.10.2007, p. 323; STJ, REsp 250.013/RJ, Rel. Min. Castro Filho, 3ª Turma, jul. 17.02.2004, *DJ* 08.03.2004, p. 247; RSTJ 185/357.

34. Contrato de consórcio. "Sendo suficiente ao embasamento da monitória a apresentação do contrato de consórcio celebrado entre as partes, acompanhado de minucioso extrato de conta-corrente, apontando a movimentação financeira e a evolução da dívida do consorciado, a simples redução, pelo acórdão estadual no julgamento dos embargos, de parte das verbas cobradas a título de juros, taxa de administração e multa moratória, não acarreta a carência da ação, que deve prosseguir pela cobrança do valor restante reconhecido. Precedentes do STJ" (STJ, REsp 646829/RS, Rel. Min. Aldir Passarinho Junior, 4ª Turma, jul. 16.02.2006, *DJ* 03.04.2006, p. 352).

35. Promessa de compra e venda. "Impróprio o uso de ação monitória para a restituição de prestações pagas na aquisição de imóvel, se, para tanto, há, necessariamente, de ser investigada e declarada a rescisão do contrato de promessa de compra e venda por alegada inadimplência da construtora na entrega da obra, o que refoge ao âmbito previsto no art. 1.102-A, do CPC" [art. 700 do CPC/2015] (STJ, REsp 274269/DF, Rel. Min. Aldir Passarinho Junior, 4ª Turma, jul. 20.03.2007, *DJ* 16.04.2007, p. 201).

Em sentido contrário: "O contrato particular de promessa de compra e venda de imóvel carente de eficácia executiva, porquanto não assinado pelas testemunhas, configura prova escrita sem eficácia de título executivo hábil para instruir ação monitória" (TJMG, Ap. 509.104-9, Rel. Des. Saldanha da Fonseca, 12ª Câmara Cível, *DJ* 25.06.2005).

36. Confissão de dívida sem testemunhas. "O contrato particular de confissão de dívida, mesmo desprovido de testemunhas, configura início de prova escrita, hábil a ensejar a propositura da ação monitória" (TAMG, Ap. 326.822-2, Rel.ª Maria Elza, 4ª Câmara Cível, *DJ* 17.03.2001).

37. Título executivo. "'O credor que tem em mãos título executivo pode dispensar o processo de execução e escolher a ação monitória' (REsp 435.319-PR)" (STJ, REsp 394.695/RS, Rel. Min. Barros Monteiro, 4ª Turma, jul. 22.02.2005, *DJ* 04.04.2005, p. 314). No mesmo sentido: STJ, REsp 210030/RJ, Rel. Min. Nilson Naves, 3ª Turma, jul. 09.12.1999, *DJ* 04.09.2000, p. 149; TJRJ, Ap. 2006.001.47011, Rel.ª Des.ª Maria Inês Gaspar, 17ª Câmara Cível, jul. 20.09.2006; STJ, REsp 981440/SP, Rel. Min. Luis Felipe Salomão, 4ª Turma, jul. 12.04.2012, *DJe* 02.05.2012. **Entendendo só haver interesse quando existir razoável dúvida a respeito da prescrição do título:** STJ, REsp 839.454/MT, Rel. Min. Sidnei Beneti, 3ª Turma, jul. 22.06.2010, *DJe* 01.07.2010.

38. Juros moratórios:

Monitória. Notas promissórias prescritas. Juros Moratórios. "A perda da eficácia executiva das notas promissórias não obstaculiza a exigência dos juros de mora, nos moldes do prescrito no artigo 960 do Código Civil anterior" (STJ, AgRg no REsp 740.362/MS, Rel. Min. Luis Felipe Salomão, 4ª Turma, jul. 08.02.2011, *DJe* 14.02.2011).

Juros. Termo inicial. "O acórdão recorrido adotou entendimento consolidado nesta Corte segundo o qual os juros de mora, em ação monitória, incidem a partir do vencimento da obrigação" (STJ, AgInt no REsp 1.810.413/AM, Rel. Min. Regina Helena Costa, 1ª Turma, jul. 23.03.2020, *DJe* 26.03.2020). No mesmo sentido: "O fato de a dívida líquida e com vencimento certo haver sido cobrada por meio de ação monitória não interfere na data de início da fluência dos juros de mora, a qual recai no dia do vencimento, conforme estabelecido pela relação de direito material. Embargos de divergência providos para início dos juros moratórios na data do vencimento da dívida" (STJ, EREsp 1250382/RS, Rel. Min. Sidnei Beneti, Corte Especial, jul. 02.04.2014, *DJe* 08.04.2014). No mesmo sentido: STJ, AgInt no AREsp 1.137.304/SP, Rel. Min. Raul Araújo, 4ª Turma, jul. 26.10.2020, *DJe* 24.11.2020.

39. Correção monetária. Termo inicial. "O Superior Tribunal de Justiça firmou o entendimento no sentido de que, 'nas hipóteses de cobrança de dívida líquida com termo certo, a **correção monetária** incide a partir do vencimento da obrigação'(AgInt no AgInt no AREsp 2.005.562/RS, relator Ministro Antonio Carlos Ferreira, Quarta Turma, *DJE* de 30/5/2022)" (STJ, AgInt no AREsp 2.095.187/MG, Rel. Min. Marco Buzzi, 4ª Turma, j. 27.03.2023, *DJe* 31.03.2023).

40. Massa falida. "Em se tratando de ação monitória proposta pela massa falida, não há falar-se em aplicação do princípio da universalidade, pois a demanda não é prevista na lei falimentar, tampouco existirá prejuízo a afetar os interesses da massa" (STJ, REsp 715.289/MG, Rel. Min. Luis Felipe Salomão, 4ª Turma, jul. 25.08.2009, *DJe* 08.09.2009).

Art. 701. Sendo evidente o direito do autor, o juiz deferirá a expedição de mandado de pagamento, de entrega de coisa ou para execução de obrigação de fazer ou de não fazer, concedendo ao réu prazo de 15 (quinze) dias para o cumprimento e o pagamento de honorários advocatícios de cinco por cento do valor atribuído à causa.

§ 1º O réu será isento do pagamento de custas processuais se cumprir o mandado no prazo.

§ 2º Constituir-se-á de pleno direito o título executivo judicial, independentemente de qualquer formalidade, se não realizado o pagamento e não apresentados os embargos previstos no art. 702, observando-se, no que couber, o Título II do Livro I da Parte Especial.

§ 3º É cabível ação rescisória da decisão prevista no *caput* quando ocorrer a hipótese do § 2º.

§ 4º Sendo a ré Fazenda Pública, não apresentados os embargos previstos no art. 702, aplicar-se-á o disposto no art. 496, observando-se, a seguir, no que couber, o Título II do Livro I da Parte Especial.

§ 5º Aplica-se à ação monitória, no que couber, o art. 916.

CPC/1973

Art. 1.102-B.

SÚMULAS

Súmula do STJ:

nº 282: "Cabe a citação por edital em ação monitória".

BREVES COMENTÁRIOS

Sujeito *passivo* da ação monitória haverá de ser aquele que, na relação obrigacional de que é titular o promovente da ação, figure como obrigado ou devedor por soma de dinheiro, por coisa fungível ou infungível, por coisa certa móvel ou imóvel ou por obrigação de fazer ou não fazer. O mesmo se diz de seu sucessor universal ou singular. O CPC/2015 inovou ao fazer constar que possui legitimidade passiva apenas o "devedor capaz" (art. 701, *caput*).

A cognição praticada na ação monitória é, de início, sumária ou superficial, porque se limita a verificar se a pretensão do autor se apoia na prova escrita de que cogita o art. 700, do CPC/2015 e se a obrigação nela documentada é daquelas a que o mesmo dispositivo legal confere a ação monitória. Convencido o juiz de que há suporte fático-jurídico para o processamento da ação monitória, determinará, ao deferir a petição inicial, a expedição do mandado monitório ou de injunção, *i.e*, mandado que não é de citação para contestar a ação, nem de citação para pagar a dívida sob pena de penhora, mas simplesmente "mandado de pagamento" ou "de entrega de coisa fungível". A citação da ação monitória transmite, pois, uma injunção e nada mais.

O ato judicial parte de um convencimento liminar e provisório de que o credor, pela prova exibida, é realmente titular do direito subjetivo que lhe assegura a prestação reclamada ao réu. Daí ser possível, desde logo, ordenar-lhe que proceda ao pagamento, tal como se faz no despacho da petição inicial da ação de execução por título extrajudicial. Como, todavia, não há, ainda, título executivo, não é possível cominar ao réu a sanção da penhora ou apreensão de bens. O ato judicial, portanto, fica a meio caminho, entre a citação do processo de conhecimento e a citação do processo executivo. É mais do que aquela, mas é menos do que esta.

Não ocorrido o cumprimento do mandado e na ausência de oposição de embargos no prazo da citação, ocorrerá a revelia, transformando-se automaticamente o mandado de pagamento em título executivo judicial. Não há sentença para operar dita transformação, que, segundo a lei, "constituir-se-á de pleno direito". Convertido o mandado inicial em título executivo, terão início os atos expropriatórios segundo o rito de cumprimento de sentença, aplicando-se, no que couber, os dispositivos referentes a essa fase, contidos nos arts. 513 a 538 do CPC/2015. Não há que se pensar em recurso contra a conversão da ordem inicial de pagamento em título executivo judicial, porque essa mutação se dá ex lege e não em virtude de decisão judicial (art. 701, § 2º). É efeito automático da revelia do demandado.

O cumprimento imediato do título executivo, no caso da revelia, não se aplica à Fazenda Pública, como ré. Caso ela não apresente os embargos, fica o procedimento sujeito ao duplo grau de jurisdição, com aplicação do disposto no art. 496 do CPC/2015.

JURISPRUDÊNCIA SELECIONADA

1. Ação monitória anteriormente ajuizada. Ausência de embargos. Decisão que defere o mandado inicial de pagamento convertido em título executivo. Posterior ação de conhecimento. Impossibilidade. Ver jurisprudência do art. 508 do CPC/2015.

2. Ação monitória. Embargos monitórios não apresentados. Conversão em mandado executivo. Ausência de conteúdo decisório. Interposição do recurso de apelação. Inviabilidade. "Os contornos atuais do procedimento monitório aproximam-no muito mais da atividade judicial homologatória do que propriamente da atividade jurisdicional. Desse modo, apresentada prova da obrigação sem força executiva, o juiz deverá fazer um mero juízo de delibação, tal qual o que se realiza na homologação judicial de acordos, porém em momento processual prévio à manifestação do devedor. Mantendo-se inerte o devedor, tem-se, mais do que a mera ausência de defesa, sua anuência com a formação do título executivo, restringindo a atividade jurisdicional àquele juízo de delibação. Mesmo as questões cognoscíveis de ofício, tal como a prescrição, só poderiam ser apreciadas se aberto o conhecimento pela oposição dos embargos monitórios. A conversão do mandado monitório em executivo opera-se ope legis, na hipótese de ausência de embargos monitórios. Assim, na ausência do requisito essencial de conteúdo decisório, aquele julgado que converteu os embargos monitórios em executivo, proferido pelo Juízo de primeiro grau, tem natureza evidente de mero despacho irrecorrível, portanto, impassível de impugnação pela via do recurso de apelação. Na hipótese em apreço, em que não houve a oposição oportuna dos embargos monitórios, a atividade jurisdicional encontrava-se concluída desde a decisão que determinou a expedição do mandado monitório, limitando-se daí em diante à prestação da tutela executiva, lastreada em título executivo judicial e, portanto, seguindo a disciplina legal conferida ao cumprimento de sentença" (STJ, AgInt no REsp 1837740/BA, Rel. Min. Marco Aurélio Bellizze, 3ª Turma, jul. 23.03.2020, *DJe* 30.03.2020). **Obs.:** Pode parecer estranho negar a qualidade decisória do ato judicial que reconhece a conversão do mandado de pagamento em mandado executivo (art. 701, § 2º). O que o § 3º do mesmo artigo, no entanto, qualifica como decisão de mérito passível de rescisória é a decisão pronunciada para definir, de início, o mandado de pagamento autorizado pelo *caput* do art. 701. A falta de pagamento e a omissão de embargos do demandado representam apenas o momento processual em que a ordem de pagamento adquire a força de título executivo judicial (art. 701, § 2º). A conversão em si não decorre de decisão do juiz, pois resulta da própria lei, automaticamente. Daí que não há decisão de que recorrer naquele momento. O ataque à ordem de pagamento (decisão inicial do procedimento) impugna-se por embargos e não por recurso. Recurso cabe contra o julgamento dos embargos. Operada a conversão em título executivo judicial, por não ter o devedor embargado oportunamente a monitória, o último remédio impugnativo de que pode se valer o demandado é a ação rescisória (art. 701, § 3º).

3. Citação por edital.

"Ante a ausência de qualquer vedação da legislação processual à citação por edital no procedimento monitório, a jurisprudência pátria vem firmando o entendimento de que não há óbice à sua realização, desde que o réu esteja em local incerto e seja-lhe nomeado um curador especial. Para que seja determinada a citação por edital, é insuficiente a mera alegação do autor da ação de que o réu se encontra em lugar incerto ou não sabido, se outros elementos dos autos não corroboram a afirmativa, devendo tal condição restar efetivamente demonstrada, após exauridos os meios processuais para sua localização" (TJMG, Ag. 1.0105.06.177330-2/001, Rel. Des. Elias Camilo, 14ª Câmara Cível, jul. 08.02.2007, *DJ* 12.03.2007). **No mesmo sentido:** STJ, REsp 412.053/MG, Rel. Min. Ruy Rosado de Aguiar, 4ª Turma, jul. 27.06.2002, *DJ* 16.09.2002, p. 195; STJ, REsp 297.421/MG, Rel. Min. Sálvio de Figueiredo Teixeira, 2ª Seção, jul. 09.05.2001, *DJ* 12.11.2001, p. 125.

4. Citação por hora certa. "É possível a citação com hora certa na ação monitória, uma vez que não existe norma legal obstando tal conduta. Quando o procedimento especial não trata de determinado ato processual de forma excepcional, utiliza-se subsidiariamente o procedimento ordinário" (TAMG, Ap. 460.542-9, Rel. Nilo Lacerda, jul. 15.09.2004, *DJ* 25.09.2004). **No mesmo sentido:** TJRJ, Ap. 2003.001.10510, Rel. Des. Humberto de Mendonça Manes, 5ª Câmara Cível, jul. 03.06.2003; STJ, REsp 211.146/SP, Rel. Min. Waldemar Zveiter, 3ª Turma, jul. 08.06.2000, *DJ* 01.08.2000, p. 265.

5. Despacho ordinatório. "O despacho que simplesmente ordenou a citação do réu da ação monitória não reclama fundamentação, tendo caráter meramente ordinatório" (STJ, REsp 525.712/RS, Rel. Min. Menezes Direito, 3ª Turma, jul. 16.12.2003, *DJ* 29.03.2004, p. 235).

Art. 702. Independentemente de prévia segurança do juízo, o réu poderá opor, nos próprios autos, no prazo previsto no art. 701, embargos à ação monitória.

§ 1º Os embargos podem se fundar em matéria passível de alegação como defesa no procedimento comum.

§ 2º Quando o réu alegar que o autor pleiteia quantia superior à devida, cumprir-lhe-á declarar de imediato o valor que entende correto, apresentando demonstrativo discriminado e atualizado da dívida.

§ 3º Não apontado o valor correto ou não apresentado o demonstrativo, os embargos serão liminarmente rejeitados, se esse for o seu único fundamento, e, se houver outro fundamento, os embargos serão processados, mas o juiz deixará de examinar a alegação de excesso.

§ 4º A oposição dos embargos suspende a eficácia da decisão referida no *caput* do art. 701 até o julgamento em primeiro grau.

§ 5º O autor será intimado para responder aos embargos no prazo de 15 (quinze) dias.

§ 6º Na ação monitória admite-se a reconvenção, sendo vedado o oferecimento de reconvenção à reconvenção.

§ 7º A critério do juiz, os embargos serão autuados em apartado, se parciais, constituindo-se de pleno direito o título executivo judicial em relação à parcela incontroversa.

§ 8º Rejeitados os embargos, constituir-se-á de pleno direito o título executivo judicial, prosseguindo-se o processo em observância ao disposto no Título II do Livro I da Parte Especial, no que for cabível.

§ 9º Cabe apelação contra a sentença que acolhe ou rejeita os embargos.

§ 10. O juiz condenará o autor de ação monitória proposta indevidamente e de má-fé ao pagamento, em favor do réu, de multa de até dez por cento sobre o valor da causa.

§ 11. O juiz condenará o réu que de má-fé opuser embargos à ação monitória ao pagamento de multa de até dez por cento sobre o valor atribuído à causa, em favor do autor.

CPC/1973

Art. 1.102-C.

REFERÊNCIA LEGISLATIVA

CPC/2015, arts. 513 a 519 (do cumprimento de sentença).

SÚMULAS

Súmula do STJ:

nº 292: "A reconvenção é cabível na ação monitória, após a conversão do procedimento em ordinário".

CJF – JORNADAS DE DIREITO PROCESSUAL CIVIL

II JORNADA

Enunciado 134 – A apelação contra a sentença que julga improcedentes os embargos ao mandado monitório não é dotada de efeito suspensivo automático (art. 702, § 4º, e 1.012, § 1º, V, CPC).

BREVES COMENTÁRIOS

A defesa do demandado na ação monitória é feita por meio de embargos. Não se fala em contestação porque o mandado de citação não o convida a defender-se. Sua convocação é feita, de forma injuntiva, visando a compeli-lo a realizar, desde logo, o pagamento da dívida em prazo que lhe é liminarmente assinado. A instauração do contraditório é, pois, eventual, e parte do devedor citado para satisfazer o crédito do autor. Daí a denominação de embargos aplicada à resposta do demandado, na espécie. Como o credor não dispõe ainda de título executivo, o réu não precisa de segurar o juízo, para embargar a ação monitória (art. 702, *caput*, § 2º). Manifestados os embargos dentro dos 15 quinze dias previstos no art. 701, *caput*, o mandado de pagamento fica suspenso (art. 702, § 4º, do CPC/2015), e a matéria de defesa arguível pelo devedor é a mais ampla possível (art. 702, § 1º). Toda exceção, material ou processual, que tivesse pertinência com uma ação ordinária comum de cobrança, poderá ser aventada na resposta à ação monitória. A matéria arguível em embargos à ação monitória é ampla, dando espaço para uma cognição exauriente, convertendo o procedimento especial em comum. Daí por que se admite a apresentação de reconvenção pelo devedor, em face do autor embargado.

Sendo ré a Fazenda Pública, o prazo para apresentação de embargos será em dobro, a teor do que contém o art. 183 do CPC/2015.

JURISPRUDÊNCIA SELECIONADA

1. Fases do procedimento. "No procedimento monitório distinguem-se três espécies de atividades, distribuídas em fases distintas: uma, a expedição de mandado para pagamento (ou, se for o caso, para entrega da coisa) no prazo de quinze dias (art. 1.102b) [art. 701 do CPC/2015]. (...) A segunda fase, ou atividade, é a cognitiva, que se instala caso o demandado ofereça embargos, como prevê o art. 1.102c do CPC [art. 702 do CPC/2015]. Se isso ocorrer, estar-se-á praticando atividade própria de qualquer processo de conhecimento, que redundará numa sentença, acolhendo ou rejeitando os embargos, confirmando ou não a existência da relação creditícia. E a terceira fase é a executiva propriamente dita, que segue o procedimento padrão do Código" (STJ, EREsp 345.752/MG, Rel. Min. Teori Albino Zavascki, 1ª Seção, jul. 09.11.2005, *DJ* 05.12.2005, p. 207).

2. Ausência de embargos. "Proposta ação monitória fundada em contrato de abertura de crédito em conta-corrente, se o devedor deixa de oferecer embargos monitórios, o mandado de pagamento é convertido em mandado executório, constituindo-se o título executivo judicial. Após a conversão do mandado de pagamento em mandado executório, inviável o devedor alegar, em embargos à execução, que a cobrança de encargos ilegais caracteriza excesso de execução. Configura-se excesso de execução a cobrança de dívida em valor superior ao constante no título executivo judicial. Se o credor instruiu a ação monitória com planilha de cálculo e, posteriormente, o mandado de pagamento é convertido em mandado executório, sem que o devedor tenha oposto embargos monitórios, não há excesso de execução se a dívida executada coincide com o débito descrito na referida planilha de cálculo" (STJ, REsp 712.575/DF, Rel. Min. Nancy Andrighi, 3ª Turma, jul. 06.04.2006, *DJ* 02.05.2006, p. 310).

"Não opostos oportunamente os embargos ao mandado monitório, os que eventualmente sejam ofertados à execução que em sequência se desenvolve tem os limites do art. 741 do CPC [art. 535 do CPC/2015]. Por aí, vencida a etapa de oposição plenária, descabe cogitar da alegação daquilo que, podendo ser alegado ao devido tempo, não o foi" (TJRS, Ap598.297.653, Rel. Des. Demétrio Neto, 17ª Câmara Cível, jul. 06.04.1999, *RJTJRS* 195/336).

3. Cautelar de arresto. "É admissível cautelar inominada, de indisponibilidade de bens, para garantir a eficácia de ação monitória lastreada em cheque prescrito" (STJ, REsp 714.675/MS, Rel. Min. Humberto Gomes de Barros, 3ª Turma, jul. 25.09.2006, *DJ* 09.10.2006, p. 288).

4. Matéria de defesa.

Cédula rural pignoratícia e hipotecária. Securitização da dívida. "O preenchimento dos requisitos legais para a securitização da dívida originada de crédito rural constitui matéria de defesa do devedor, passível de ser alegada em embargos à monitória ou contestação, independentemente de reconvenção" (STJ, REsp 1531676/MG, Rel.ª Min.ª Nancy Andrighi, 3ª Turma, jul. 18.05.2017, *DJe* 26.05.2017).

Pedido de repetição em dobro. Possibilidade. "O propósito recursal é definir se é cabível o pedido de repetição de indébito em dobro – previsto no art. 940 do CC/02 – em sede de embargos monitórios. A condenação ao pagamento em dobro do valor indevidamente cobrado pode ser formulada em qualquer via processual, inclusive, em sede de embargos à execução, embargos monitórios e ou reconvenção, até mesmo reconvenção, prescindindo de ação própria para tanto" (STJ, REsp 1877292/SP, Rel. Min. Nancy Andrighi, 3ª Turma, jul. 20.10.2020, *DJe* 26.10.2020).

Duplicata de serviço. Discussão sobre liquidez e valores. "Para a propositura da ação monitória, não é preciso que o autor disponha de prova literal do valor. A 'prova escrita' é todo e qualquer documento que autorize o Juiz a entender que há direito à cobrança de determinada dívida. Irrelevante, no caso, a ausência da intimação para o protesto da duplicata de serviços, quando comprovada, por outros documentos, a dívida da recorrente. Em relação à liquidez do débito e à oportunidade de o devedor discutir os valores cobrados, a lei assegura-lhe a via dos embargos, previstos no art. 1.102-C do CPC [art. 702 do CPC/2015], que instauram amplo contraditório a respeito, devendo, por isso, a questão ser dirimida pelo Juiz. O fato de ser necessário o acertamento de parcelas correspondentes ao débito principal e, ainda, aos acessórios não inibe o emprego do processo monitório" (STJ, REsp 240.043/ES, Rel. Min. Luis Felipe Salomão, 4ª Turma, jul. 02.10.2008, *DJe* 13.10.2008; *RDDP* 69/206).

5. Impugnação por negação geral. "A embargante, em ação monitória faz a vez da contestação no procedimento ordinário, e, por isto, não se admite a chamada 'negação geral', inoperante, tanto quanto inconfiguradora de elementos que permitam uma investigação valiosa dos direitos e obrigações dos contratantes, devendo ser mantida a documentação trazida pela parte adversa, até porque não impugnada e, assim, convalidada" (TAMG, Ap. 430.691-8, Proc. 2.0000.00.430691-8/000, Rel. Francisco Kupidlowski, 5ª Câmara Cível, jul. 27.05.2004, *DJ* 19.06.2004). **No mesmo sentido:** TJRJ, Ap 2003.001.10510, Rel. Des. Humberto de Mendonça Manes, 5ª Câmara Cível, jul. 03.06.2003.

"Ao Defensor nomeado para atuar como Curador Especial ao revel citado por edital se permite a contestação por negativa geral, o que abrange os embargos opostos em ação monitória (parágrafo único do art. 302 do Código de Processo Civil)" (TAMG, Ap 377.598-0, Proc. 2.0000.00.377598-0/000, Rel. Vanessa Verdolim Hudson Andrade, 1ª Câmara Cível, jul. 21.10.2003, *DJ* 22.11.2003).

6. Embargos monitórios. Prova escrita. Aptidão para aparelhar o pedido monitório. Exame após a conversão do rito. Descabimento. "'A fase monitória (ou injuntiva) do procedimento existe até o limite do prazo para a resposta do réu, de sorte que o exame sobre a capacidade da prova documental para embasar a ação monitória só deve ocorrer até o momento em que proferida a ordem para a expedição do mandado inicial, no primeiro estágio do procedimento. (...) Com a oposição dos embargos, adotado o procedimento ordinário, não se mostra razoável a ulterior extinção da demanda a pretexto da inaptidão da prova para aparelhar o pedido monitório' (AgInt no REsp 1.331.111/SP, Rel. Ministro Antonio Carlos Ferreira, Quarta Turma, julgado em 20/03/2018, *DJe* de 27/03/2018)" (STJ, AgInt no AREsp 1.635.758/SP, Rel. Min. Raul Araújo, 4ª Turma, jul. 01.06.2020, *DJe* 15.06.2020).

7. Ação monitória. Ônus da prova. "O processo monitório divide-se em duas fases distintas – monitória e executiva – apartadas por um segundo processo, os embargos, de natureza incidental e posto à disposição do réu para, querendo, impugnar as alegações do autor. (...). Opostos os embargos pelo réu, inaugura-se um novo processo que, nos termos do art. 1.102-C, § 2º, do CPC [art. 702 do CPC/2015], tramitará pelo rito ordinário, dotado de cognição plena e exauriente, com ampla dilação probatória. (...). O processo monitório não encerra mudança na regra geral de distribuição do ônus da prova contida no art. 333 do CPC [art. 373 do CPC/2015]. O fato de, na ação monitória, a defesa ser oferecida em processo autônomo, não induz a inversão do ônus da prova, visto que essa inversão se dá apenas em relação à iniciativa do contraditório. O documento que serve de base para a propositura da ação monitória gera apenas a presunção de existência do débito, a partir de um juízo perfunctório próprio da primeira fase do processo monitório. Trazendo o réu-embargante elementos suficientes para contrapor a plausibilidade das alegações que levaram à expedição do mandado de pagamento, demonstrando a existência de fato impeditivo, modificativo ou extintivo do direito invocado na inicial, caberá ao autor-embargado superar os óbices criados, inclusive com a apresentação de documentação complementar, se for o caso" (STJ, REsp 1.084.371/RJ, Rel. Min. Nancy Andrighi, 3ª Turma, jul. 01.12.2011, *DJe* 12.12.2011).

"Nos embargos ajuizados em ação monitória, o ônus para desconstituir a prova apresentada pelo autor do pedido é do embargante, cabendo-lhe, portanto, antecipar os honorários do perito, prova técnica necessária a comprovar as alegações que apresenta" (STJ, REsp 585.482/SP, Rel. Min. Carlos Alberto Menezes Direito, 3ª Turma, jul. 05.10.2004, *DJ* 17.12.2004, p. 530). **No mesmo sentido:** STJ, REsp 337.522/MG, Rel. Min. Castro Filho, 3ª Turma, jul. 02.12.2003, *DJ* 19.12.2003; STJ, REsp 440.653/PR, Rel. Min. Barros Monteiro, 4ª Turma, jul. 17.09.2002, *DJ* 17.03.2003; TAMG, Ap. 430.981-7, Rel. Teresa Cristina da Cunha Peixoto, jul. 04.08.2004, *DJ* 28.08.2004.

8. Juntada de documentos. "Ação monitória. Embargos oferecidos pelo devedor. Juntada posterior de documentos essenciais pelo autor. (...) Documentos juntados em cópias xérox inautênticas. Validade. Não é absoluta a exigência de juntar documentos na inicial ou na contestação. O art. 397 do CPC [art. 435 do CPC/2015] permite juntada de docs. novos em qualquer fase do processo (STJ – 1ª Turma, REsp 4.163/RJ). Cabe ao magistrado examinar os aspectos intrínsecos e extrínsecos dos documentos xerocopiados e, no silêncio da parte adversa àquela que operou a juntada, validá-las ou não. Ausência de nulidades" (TJRJ, Ap 2002.001.21300, Rel. Des. Gerson Arraes, 16ª Câmara Cível, jul. 28.01.2003).

Cópia de documentos. "A juntada de documento por cópia, na inicial, por si só, não enseja a sua inépcia, mormente se o original é anexado posteriormente" (TJRJ, Ap 2005.001.50614, Rel. Des. Paulo Mauricio Pereira, 4ª Câmara Cível, jul. 21.03.2006).

9. Rito Comum. "Uma vez opostos embargos ao mandado monitório, instaura-se a via ampla do contraditório, com a instrução do feito, através do procedimento ordinário, nos termos do § 2º do art. 1.102-C do CPC [art. 702, § 4º, do CPC/2015]. Precedentes: REsp 434.779/MG, REsp 687.173/PB, REsp 400.213/RS, REsp 220.887/MG" (STJ, REsp 324.135/RJ, Rel. Min. Jorge Scartezzini, 4ª Turma, jul. 27.09.2005, *DJ* 07.11.2005, p. 287).

Intimação da parte para converter a ação monitória em procedimento comum. Desnecessidade. "O propósito recursal consiste em definir se é necessária a intimação da parte para converter a ação monitória em procedimento comum. A emenda à exordial e a oposição de embargos monitórios têm por consequência a conversão de procedimento monitório em procedimento ordinário. O rito comum será dotado de cognição plena e exauriente, com ampla dilação probatória. Assim, a cognição da ação monitória, que em princípio é sumária, será dilatada mediante iniciativa do réu em opor embargos, permitindo que se forme um juízo completo e definitivo sobre a existência ou não do direito do autor". Informações complementares à ementa: "A conversão do procedimento monitório em comum decorre automaticamente quando ocorrer emenda à inicial e/ou oposição de embargos monitórios, pois há previsão legal para isso. É irrelevante, portanto, a vontade da parte de converter ou não o rito processual" (STJ, REsp 1.955.835/PR, Rel. Min. Nancy Andrighi, 3ª T., jul. 14.06.2022, *DJe* 21.06.2022).

10. Intervenção de terceiro. Denunciação da lide. Feito sentenciado. Impossibilidade. "Em que pese a possibilidade de, em sede de ação monitória ordinarizada, pretender-se a denunciação de terceiro à lide, na espécie, já tendo sido sentenciado o feito, decisão esta mantida em grau recursal, o reconhecimento da denunciação afrontaria a sua própria razão de ser, ou seja, a economia e a celeridade processuais, trazendo retrocesso à demanda principal. Pretensão regressiva a ser formulada em ação autônoma" (STJ, AgInt no REsp 1539925/SC, Rel. Min. Paulo de Tarso Sanseverino, 3ª Turma, jul. 12.12.2017, *DJe* 02.02.2018)

Denunciação da lide. "É possível a lide secundária na ação monitória, porque após o oferecimento de embargos, o procedimento converte-se em ordinário" (TJMG, Ap 1.0024.04.387509-5/001, Rel. Des. Bitencourt Marcondes, 15ª Câmara Cível, jul. 29.06.2007, *DJ* 16.07.2007).

Chamamento ao processo. "Não cabe o chamamento ao processo na ação monitória, a requerimento do réu que não embargou. Recurso não conhecido" (STJ, REsp 337.683/ES, Rel. Min. Ruy Rosado de Aguiar, 4ª Turma, jul. 02.05.2002, *DJ* 10.03.2003, p. 226).

11. Reconvenção. "Ação monitória. Reconvenção. Não há incompatibilidade entre ação monitória e reconvenção, que pode ser oposta na sua configuração usual. Recurso especial conhecido em parte e, nessa parte, provido" (STJ, REsp 363.951/PR, Rel. Min. Ari Pargendler, 3ª Turma, jul. 11.04.2003, *DJ* 29.03.2004, p. 230; *EJSTJ* 39/173). **No mesmo sentido:** STJ, REsp 222.937/SP, Rel. Min. Nancy Andrighi, 2ª Seção, jul. 09.05.2001, *DJ* 02.02.2004, p. 265.

12. Embargos à monitória. Decisão de exclusão parcial de litisconsortes passivos. Agravo de instrumento. Ver jurisprudência do art. 1.015 do CPC/2015.

Decisão que rejeita liminarmente os embargos. Recurso cabível. "Deve ser interposta apelação contra a decisão que rejeita liminarmente os embargos à monitória ou os julga improcedentes, pois, nesta hipótese, há extinção do processo de conhecimento com resolução de mérito em razão do acolhimento do pedido do autor, sendo inaugurada a fase executória" (STJ, REsp 803.418/GO, Rel. Min. Nancy Andrighi, 3ª Turma, jul. 25.09.2006, *DJ* 09.10.2006, p. 300).

13. Efeitos da apelação. "As hipóteses excepcionais de recebimento da apelação no efeito meramente devolutivo, porque restritivas de direitos, limitam-se aos casos previstos em lei. Os embargos à monitória não são equiparáveis aos embargos do devedor para fins de aplicação analógica da regra que a estes determina seja a apelação recebida só no seu efeito devolutivo. Rejeitados liminarmente os embargos à monitória ou julgados improcedentes deve a apelação ser recebida em ambos os efeitos, impedindo o curso da ação monitória até que venha a ser apreciado o objeto dos embargos em segundo grau de jurisdição" (STJ, REsp 207.728/SP, Rel. Min. Nancy Andrighi, 3ª Turma, jul. 17.05.2001, *DJ* 25.06.2001, p. 169).

14. Sucumbência. "Ainda que não embargada a ação monitória, dando o réu causa à demanda pelo simples fato de, citado, permanecer inadimplente, obrigando o credor a executá-la, é de se lhe impor os ônus sucumbenciais, na forma do art. 20 da lei adjetiva civil. Recurso especial conhecido e provido" (STJ, REsp 418.172/SP, Rel. Min. Aldir Passarinho Júnior, 4ª Turma, jul. 21.05.2002, *DJ* 26.08.2002, p. 242). **Nota:** O art. 701, *caput*, do CPC/2015 prevê a cominação dos honorários na própria ordem judicial de pagamento.

"No que tange à verba honorária, correto o seu arbitramento nos termos do § 3º do artigo 20 do CPC [art. 85, § 2º, do CPC/2015], uma vez que a sentença de improcedência nos embargos monitórios será sempre dotada de eficácia condenatória, quer secundária, quer principal, de acordo com a orientação que se adote acerca da natureza dos embargos, se contestação ou ação incidental, respectivamente" (STJ, REsp 913.579/RS, Rel. p/ ac. Min. Hélio Quaglia Barbosa, 4ª Turma, jul. 19.06.2007, *DJ* 19.11.2007, p. 239).

"No caso de procedência dos embargos monitórios, os honorários advocatícios devem ser calculados sobre o proveito econômico obtido, ou seja, a diferença entre o valor cobrado e aquele que se verificou ser efetivamente devido. O reconhecimento do excesso pelo credor, no ponto, equivale ao reconhecimento da procedência do pedido, nos termos do artigo 269, inciso II, do Código de Processo Civil" (STJ, REsp 730.861/DF, Rel. Min. Castro Filho, 3ª Turma, jul. 10.10.2006, *DJ* 13.11.2006, p. 252).

"No caso concreto, a Fazenda Estadual apenas reconheceu a existência do crédito da parte adversa e deixou de oferecer embargos, acarretando a formação do título executivo sem a isenção de honorários e custas, o que somente seria cabível caso ocorresse o imediato adimplemento da dívida em questão. Não se pode admitir que a sabida inadimplência contumaz do Estado não somente force terceiros a ingressarem no Poder Judiciário para receberem o que lhes é devido, como também exclua o pagamento de honorários advocatícios sem que haja o pronto cumprimento da obrigação, circunstância que, sublinhe-se, representa exatamente o intento do legislador ao elaborar a norma contida no art. 1.102-C, § 1º, do CPC [art. 701, § 1º, do CPC/2015], beneficiando ambas as partes" (STJ, REsp 1.170.037/RJ, Rel. Min. Castro Meira, 2ª Turma, jul. 04.02.2010, *DJe* 24.02.2010).

15. Matéria de alta indagação. "A existência de matéria de alta indagação não inibe o cabimento da ação monitória, havendo, na espécie, elementos que caracterizam a prova escrita, sem eficácia de título executivo. Ademais, a lei assegura ao devedor a via dos embargos, por meio dos quais se permite ampla discussão sobre a dívida, instaurada a ampla via do contraditório, em procedimento ordinário" (STJ, REsp 913.579/RS, Rel. p/ ac. Min. Hélio Quaglia Barbosa, 4ª Turma, jul. 19.06.2007, *DJ* 19.11.2007, p. 239).

16. Lei nº 11.232/2005. "De acordo com a Lei nº 11.232/05, a execução, em casos de ação monitória, se dará como fase continuativa do processo e não como processo autônomo, sendo aplicáveis os termos do art. 475-J do CPC [art. 523 do CPC/2015]. Configurando-se a inércia do devedor, a indicação, pela parte credora de bens passíveis de penhora e o reconhecimento judicial do bem a ser penhorado, é legítimo que o mandado de penhora e avaliação contenha a identificação do objeto da constrição. O direito processual contemporâneo adota o princípio da instrumentalidade das formas, donde o ato processual não é fim em si mesmo, motivo pelo qual deve ser invalidado quando não atinge seu objetivo" (TJMG, Ap 1.0479.05.087036-5/001, Rel. Des. José Antônio Braga, 9ª Câmara Cível, jul. 07.08.2007, *DJ* 18.08.2007).

17. Prazo para impugnar os embargos. "Inexiste revelia para o autor da monitória que deixa de impugnar os embargos apresentados pelo réu, assim como acontece em sede de execução, onde é irrelevante a não impugnação dos embargos apresentados pelo devedor. Não havendo expressa previsão legal acerca do prazo para se impugnar os embargos opostos à ação monitória, o entendimento que melhor se coaduna ao princípio da igualdade no tratamento das partes litigantes é aquele no sentido de que o prazo seria o de 15 (quinze) dias, o mesmo conferido ao réu para a oposição dos embargos monitórios" (TJMG, Ap 1.0707.04.087922-3/001, Rel. Des. Wagner Wilson, 15ª Câmara Cível, jul. 10.10.2006, *DJ* 07.11.2006).

☆ AÇÃO MONITÓRIA: INDICAÇÃO DOUTRINÁRIA

Antônio Carlos Marcato, *Procedimentos especiais*. 16. ed., São Paulo: Atlas, 2016; Cassio Scarpinella Bueno, *Manual de direito processual civil*, São Paulo: Saraiva, 2015; Daniel Amorim Assumpção Neves, *Manual de direito processo civil*, São Paulo: Método, 2015; Flávia Maria Palavéri Machado, Efeitos em que deve ser recebida a apelação na ação monitória, quando os embargos não são recebidos ou são julgados improcedentes, *RP* 112/315; Fredie Didier Jr., *Curso de direito processual civil*, 17. ed., Salvador: JusPodivm, 2015, v. I; Guilherme Rizzo Amaral, *Comentários às alterações do novo CPC*, São Paulo: Revista dos Tribunais, 2015; Heitor Vitor Mendonça Sica, In: Sérgio Cruz Arenhart e Daniel Mitidiero (coord.), *Comentários ao Código de Processo Civil*, 2. ed., São Paulo: RT, 2018, v. 10; Humberto Theodoro Júnior, *Curso de direito processual civil*, 54. ed., Rio de Janeiro: Forense, 2020, v. II; Humberto Theodoro Júnior, Fernanda Alvim Ribeiro de Oliveira, Ester Camila Gomes Norato Rezende (coord.), *Primeiras lições sobre o novo direito processual civil brasileiro*, Rio de Janeiro: Forense, 2015; J. E. Carreira Alvim, *Comentários ao novo Código de Processo Civil*, Curitiba: Juruá, 2015; José Miguel Garcia Medina, *Novo Código de Processo Civil comentado*, São Paulo: Revista dos Tribunais, 2015; Leonardo Greco, *Instituições de processo civil: introdução ao direito processual civil*, 5. ed., Rio de Janeiro: Forense, 2015; Luis Antônio Giampaulo Sarro, *Novo Código de Processo Civil*, São Paulo: Rideel, 2015; Luiz Guilherme Marinoni, Sérgio Cruz Arenhart, Daniel Mitidiero, *Curso de processo civil*, São Paulo: Revista dos Tribunais, 2015, v. I; Marcelo Pacheco Machado, In: José Roberto F. Gouvêa; Luis Guilherme A. Bondioli e João Francisco N. da Fonseca (coord.), *Comentários ao Código de Processo Civil*, São Paulo: Saraiva, 2017, v. 13; Márcio Manoel Maidame, Sentença de rejeição dos embargos à ação monitória e apelação: inviabilidade de concessão de efeito suspensivo, *RDDP* 16/109; Nelson Nery Junior, Rosa Maria de Andrade Nery, *Comentários ao Código de Processo Civil*, São Paulo: Revista dos Tribunais, 2015; Ricardo Collucci. Primeiras impressões sobre o tratamento dado à "ação monitória" no Novo Código de Processo Civil. In: Thereza Arruda Alvim et al. O Novo Código de Processo Civil Brasileiro – Estudos dirigidos: Sistematização e procedimentos. Rio de Janeiro: Forense, 2015, p. 659; Ronaldo Vasconcelos, In: Teresa Arruda Alvim Wambier, Fredie Didier Jr., Eduardo Talamini, Bruno Dantas, *Breves comentários ao novo Código de Processo Civil*, São Paulo: Revista dos Tribunais, 2015; Teresa Arruda Alvim Wambier, Fredie Didier Jr., Eduardo Talamini, Bruno Dantas (coord.), *Breves comentários ao novo Código de Processo Civil*, São Paulo: Revista dos Tribunais, 2015; Teresa Arruda Alvim Wambier, Maria Lúcia Lins Conceição, Leonardo Ferres da Silva Ribeiro, Rogério Licastro Torres de Melo, *Primeiros comentários ao novo Código de Processo Civil*, São Paulo: Revista dos Tribunais, 2015; Vicente de Paula Marques Filho, *Procedimento monitório: natureza jurídica do mandado monitório e dos embargos ao mandado*, Curitiba: Juruá; Vittorio Ebner, Camillo Filadoro. *Manuale del procedimento d'ingiunzione*. Milano: Pirola Editore, 1985, p. 21.

Capítulo XII
DA HOMOLOGAÇÃO DO PENHOR LEGAL

Art. 703. Tomado o penhor legal nos casos previstos em lei, requererá o credor, ato contínuo, a homologação.

§ 1º Na petição inicial, instruída com o contrato de locação ou a conta pormenorizada das despesas, a tabela dos preços e a relação dos objetos retidos, o credor pedirá a citação do devedor para pagar ou contestar na audiência preliminar que for designada.

§ 2º A homologação do penhor legal poderá ser promovida pela via extrajudicial mediante requerimento, que conterá os requisitos previstos no § 1º deste artigo, do credor a notário de sua livre escolha.

§ 3º Recebido o requerimento, o notário promoverá a notificação extrajudicial do devedor para, no prazo de 5 (cinco) dias, pagar o débito ou impugnar sua cobrança, alegando por escrito uma das causas previstas no art. 704, hipótese em que o procedimento será encaminhado ao juízo competente para decisão.

§ 4º Transcorrido o prazo sem manifestação do devedor, o notário formalizará a homologação do penhor legal por escritura pública.

CPC/1973

Art. 874.

REFERÊNCIA LEGISLATIVA

CC, art. 1.467 (homologação do penhor legal).

BREVES COMENTÁRIOS

O penhor legal é imposto pela lei, de maneira que não resulta de convenção entre as partes. Basta a situação jurídica das hipóteses previstas em lei para que o direito do credor à garantia surja. A homologação dessa garantia, assim, visa apenas a reconhecer uma situação preestabelecida atestando-lhe regularidade. É medida de urgência que se impõe diante do risco sofrido pelo crédito da parte. Entre as peças que devem instruir a petição inicial, a lei inclui a tabela dos preços cobrados pelo requerente e a conta das despesas efetuadas pelo requerido.

Quando se tratar de senhorio ou locador, naturalmente não haverá conta nem tabela, mas exibição do respectivo contrato, ou de outros documentos que o supram. Cabe a ele ainda apresentar a relação dos objetos retidos. O pedido de citação do devedor há de ser para, em vinte e quatro horas, "pagar ou contestar na audiência preliminar que for designada" (art. 703, § 1º, do CPC/2015). O caráter satisfativo da ação está, pois, claramente evidenciado.

O CPC/1973 previa que estando em ordem a documentação e não havendo qualquer suspeita quanto à legitimidade da pretensão, "o juiz poderá homologar de plano o penhor legal" (art. 874, parágrafo único). Isto se dava antes da própria citação, pois segundo a tradição de nosso direito a regra era ser a homologação do penhor legal medida *inaudita altera parte*. Quando tal ocorresse, a citação do devedor seria apenas para pagar, pois não mais se tinha como possível ao juiz reapreciar a homologação. Homologado, de plano, o penhor, a sentença era definitiva na lição de Pontes Miranda.

Havia, contudo, quem entendesse que essa homologação não poderia ser *inaudita altera parte*, mas, tão somente, como julgamento antecipado da lide, após apresentada defesa pelo réu. O CPC/2015, entretanto, não repetiu o dispositivo. Desta forma, não será possível ao juiz homologar de plano o penhor, sem a oitiva do réu, mas, poderá julgar antecipadamente o mérito da ação (art. 355, I, do CPC/2015), que, na verdade, é uma ação de cobrança, e não apenas uma ação constitutiva de garantia real. No Código anterior, a homologação do penhor legar era uma medida cautelar. Agora, o CPC/2015 submete a ação ao procedimento comum, ou seja, após a homologação, a tramitação da causa é a de um processo contencioso, cuja citação se faz para pagar ou contestar. Logo, homologado o penhor por sentença, o credor conta com título judicial, para executar o devedor na forma própria de cumprimento de sentença (NERY JR., Nelson; NERY, Rosa Maria de Andrade. *Comentários ao Código de Processo Civil.* 2ª tiragem. São Paulo: RT, 2015, p. 1.534, nota 2).

O CPC/2015 prevê a possibilidade de que a homologação seja promovida pela via extrajudicial. A situação é semelhante às escrituras de partilha em inventário, divórcio e separação, divisão e demarcação extrajudiciais (art. 703, §§ 2º a 4º). A medida pode ser adotada em situações mais simples, evitando-se o ajuizamento de ações.

JURISPRUDÊNCIA SELECIONADA

1. Momento adequado. "A medida cautelar de homologação do penhor legal deve ser intentada 'ato contínuo' à tomada do penhor – não tendo cabimento após prescrito o direito à ação de cobrança – CC, art. 178, § 5º, nº V" (TJSC, Ap. 22.392, Rel. Des. Protásio Leal, 1ª Câmara, jul. 07.11.1985).

2. Hotelaria. "Contrato. Prestação de serviços. Serviços de hotelaria. Despesas de hospedagem e consumo. Bens dados em garantia para pagamento de tais verbas. Homologação de penhor legal deferida. Artigo 874, parágrafo único, do CPC. Ausência de demonstração de que referidos bens são de propriedade da agravante. Irrelevância, devendo eventual prejuízo ser pleiteado em ação própria" (1º TACível SP, AI 0914859-0, Rel. Juiz Carlos Alberto Lopes, 8ª Câmara Cível, jul. 23.02.2000, *JTALEX* 182/35).

3. Contrato de locação. "Homologação do penhor legal. Dívida decorrente de contrato de locação. Atribuindo a lei civil (artigo 776 do CC) faculdade ao locador, credor de dívida locatícia, de reter bens que guarnecem o interior do imóvel objeto da locação, como garantia ao pagamento do débito, não há que tachar de ilícita qualquer conduta da parte, nesse sentido, nem, tampouco, há que obrigar o credor a aceitar o parcelamento da dívida, na forma pretendida pelo devedor. Impõe-se a homologação do penhor legal que satisfaz os requisitos legais, previstos no art. 776 do CC e arts. 874 e seguintes do CPC [art. 703 do CPC/2015]" (TAMG, Ap. 299.317-7, Rel. Juiz Silas Vieira, 1ª Câmara Cível, jul. 14.03.2000).

"Penhor legal. Locador. Retenção dos móveis do locatário. Aluguéis devidos. Desobediência à forma prevista no art. 780 do CC. Abuso. Arbitrariedade. Não agindo o locador nos termos do art. 780 do Código Civil, que permite a ele o penhor legal dos bens móveis do locatário pelo valor dos aluguéis devidos, a retenção dos bens móveis do locatário não é legal, demonstrando-se abusivo e arbitrário, não podendo o locatário responder pelo aluguel, pela ocupação do imóvel naquele período, em face da retenção dos bens móveis que lhe deveriam ter sido devolvidos" (TAMG, Ap. 0305333-0, Rel.ª Juíza Vanessa Verdolim Andrade, 1ª Câmara Cível, jul. 16.05.2000).

"Medida cautelar. Penhor legal. Homologação. Contrato. O penhor por alugueres ou rendas, tomado sobre máquinas que guarnecem o prédio rural, para ser homologado como acessório, tem como seu principal, obrigatoriamente, um contrato de locação ou de arrendamento, escrito, ou por alguma outra forma, suficientemente provado" (TAMG, Ap. 0232056-3, Rel. Juiz Herondes de Andrade, 1ª Câmara Cível, jul. 18.03.1997).

Art. 704. A defesa só pode consistir em:

I – nulidade do processo;

II – extinção da obrigação;

III – não estar a dívida compreendida entre as previstas em lei ou não estarem os bens sujeitos a penhor legal;

IV – alegação de haver sido ofertada caução idônea, rejeitada pelo credor.

CPC/1973

Art. 875.

BREVES COMENTÁRIOS

Na defesa, o devedor somente poderá alegar as matérias previstas no art. 704, ou seja: nulidade do processo, extinção da obrigação, não estar a dívida compreendida entre as previstas em lei ou não estarem os bens sujeitos a penhor legal, haver ofertado caução idônea, rejeitada pelo credor. Nesse caso, se a homologação tiver sido requerida pela via administrativa, recebida a defesa, o notário deverá encaminhar o procedimento ao juízo competente, para decidir a controvérsia (art. 703, § 3º).

JURISPRUDÊNCIA SELECIONADA

1. Multa. "Penhor legal. Homologação. Contrato de hospedagem. Rescisão contratual. Multa, art. 875, III, do CPC [art. 704, III, do CPC/2015]. Não se defere homologação de penhor legal como medida cautelar de cobrança de dívida resultante de multa, por rescisão de contrato de hospedagem, já que tal verba não se conceitua como despesa ou consumo em hotéis, previstos art. 776 do CC" (TAMG, Ap. 0217910-6, Rel. Juiz Wander Marotta, 3ª Câmara Cível, jul. 05.06.1996).

Art. 705. A partir da audiência preliminar, observar-se-á o procedimento comum.

BREVES COMENTÁRIOS

No regime do CPC/2015, que não trata do caso como simples medida preparatória de ação contenciosa futura, não há mais homologação liminar do penhor. O réu será citado para pagar ou defender-se em audiência preliminar. O prazo para pagamento, segundo o Código de 1973, era muito exíguo (24 horas). O CPC/2015 silenciou-se quanto a esse termo. Isso não significa que tal prazo seja indeterminado. A dívida há de ser paga no intervalo compreendido entre a data da citação e a da audiência preliminar.

A audiência tem caráter peculiar, pois nela o citado vai apresentar sua contestação. Mas, destina-se também à conciliação, como preconizado no art. 334 do CPC/2015. Porém, essa audiência não é regida pelo princípio da autonomia da vontade, preconizado no inciso I do § 4º desse artigo, uma vez que ela será obrigatória. A partir dessa audiência preliminar, o art. 705 determina que se observe o procedimento comum contencioso, portanto, haja ou não contestação do demandado (art. 705).

Art. 706. Homologado judicialmente o penhor legal, consolidar-se-á a posse do autor sobre o objeto.

§ 1º Negada a homologação, o objeto será entregue ao réu, ressalvado ao autor o direito de cobrar a dívida pelo procedimento comum, salvo se acolhida a alegação de extinção da obrigação.

§ 2º Contra a sentença caberá apelação, e, na pendência de recurso, poderá o relator ordenar que a coisa permaneça depositada ou em poder do autor.

CPC/1973

Art. 876.

REFERÊNCIA LEGISLATIVA

CC, art. 1.428 (proibição do pacto comissório)

BREVES COMENTÁRIOS

Colhidas as provas produzidas, o juiz proferirá sentença na qual poderá: (a) homologar o penhor, ficando consolidada a posse do autor sobre o objeto (art. 706, *caput*); (b) indeferir o pedido de homologação, caso em que determinará a restituição dos bens ao promovido e ressalvará ao autor o direito de cobrar a conta por ação própria, salvo se acolhida a alegação de que a obrigação foi extinta (§ 1º).

O processo é contencioso e dessa sentença cabe apelação, com efeito suspensivo (art. 1.012, *caput*). Entretanto, na pendência do recurso, poderá o relator determinar que a coisa permaneça depositada ou em poder do autor (art. 706, § 2º). O credor fica legitimado a promover o cumprimento para satisfazer seu crédito garantido. No entanto, o penhor legal não autoriza, em nenhuma hipótese, o assenhoramento definitivo dos bens pelo credor, para satisfação da dívida.

No regime do CPC/1973, a homologação do penhor legal era um procedimento cautelar que preparava uma futura ação de cobrança ou de execução de título extrajudicial. Tanto assim que, após a homologação, os autos eram entregues ao requerente em 48 horas, independentemente de traslado (CPC/1973, art. 876). Na lei atual, isso não ocorre mais. Desde a audiência preliminar, para a qual o réu citado sob o comando de pagar ou contestar (CPC/2015, art. 703, §1º), o processo assume procedimento contencioso comum (art. 705). Portanto, ao final, o juiz não só homologa o penhor (se a demanda não foi contestada, ou se a contestação foi rejeitada), como condena o demandado ao pagamento da dívida garantida pignoraticiamente. Como ensina Nelson Nery Jr., o processo contencioso na espécie termina pela formação de título executivo judicial (NERY JR., Nelson; NERY, Rosa Maria de Andrade. *Comentários ao Código de Processo Civil.* 2ª tiragem. São Paulo: RT, 2015, p. 1.534, nota 2).

HOMOLOGAÇÃO DO PENHOR LEGAL: INDICAÇÃO DOUTRINÁRIA

Antônio Carlos Marcato. *Procedimentos especiais.* 16 ed., São Paulo: Atlas, 2016; Cassio Scarpinella Bueno, *Manual de direito processual civil,* São Paulo: Saraiva, 2015; Daniel Amorim Assumpção Neves, *Manual de direito processual civil,* São Paulo: Método, 2015; Fredie Didier Jr., *Curso de direito processual civil,* 17. ed., Salvador: JusPodivm, 2015, v. I; Guilherme Rizzo Amaral, *Comentários às alterações do novo CPC,* São Paulo: Revista dos Tribunais, 2015; Heitor Vitor Mendonça Sica. *In* Sérgio Cruz Arenhart e Daniel Mitidiero (coord.). *Comentários ao Código de Processo Civil.* 2. ed., São Paulo: Editora Revista dos Tribunais, 2018, v. 10; Humberto Theodoro Júnior, *Curso de direito processual civil. 54. ed.*, Rio de Janeiro: Forense, 2020, v. II; Humberto Theodoro Júnior, Fernanda Alvim Ribeiro de Oliveira, Ester Camila Gomes Norato Rezende (coord.), *Primeiras lições sobre o novo direito processual civil brasileiro,* Rio de Janeiro: Forense, 2015; J. E. Carreira Alvim, *Comentários ao novo Código de Processo Civil,* Curitiba: Juruá, 2015; José Miguel Garcia Medina, *Novo Código de Processo Civil comentado,* São Paulo: Revista dos Tribunais, 2015; Leonardo Greco, *Instituições de processo civil: introdução ao direito processual civil,* 5. ed., Rio de Janeiro: Forense, 2015; Luis Antônio Giampaulo Sarro, *Novo Código de Processo Civil,* São Paulo: Rideel, 2015; Luiz Guilherme Marinoni, Sérgio Cruz Arenhart, Daniel Mitidiero, *Curso de processo civil,* São Paulo: Revista dos Tribunais, 2015, v. I; Marcelo Pacheco Machado. *In* José Roberto F. Gouvêa; Luis Guilherme A. Bondioli e João Francisco N da Fonseca (coord.). Comentários ao Código de Processo Civil. São Paulo: Saraiva, 2017, v. 13; Nelson Nery Junior, Rosa Maria de Andrade Nery, *Comentários ao Código de Processo Civil,* São Paulo: Revista dos Tribunais, 2015; Roberto P. Campos Gouveia Filho, In: Teresa Arruda Alvim Wambier, Fredie Didier Jr., Eduardo Talamini, Bruno Dantas, *Breves comentários ao novo Código de Processo Civil,* São Paulo: Revista dos Tribunais, 2015; Teresa Arruda Alvim Wambier, Fredie Didier Jr., Eduardo Talamini, Bruno Dantas (coord.), *Breves comentários ao novo Código de Processo Civil,* São Paulo: Revista dos Tribunais, 2015; Teresa Arruda Alvim Wambier, Maria Lúcia Lins Conceição, Leonardo Ferres da Silva Ribeiro, Rogério Licastro Torres de Melo, *Primeiros comentários ao novo Código de Processo Civil,* São Paulo: Revista dos Tribunais, 2015.

Capítulo XIII
DA REGULAÇÃO DE AVARIA GROSSA

Art. 707. Quando inexistir consenso acerca da nomeação de um regulador de avarias, o juiz de direito da comarca do primeiro porto onde o navio houver chegado, provocado por qualquer parte interessada, nomeará um de notório conhecimento.

REFERÊNCIA LEGISLATIVA

CPC/2015, arts. 156 a 158 (perito).

Código Comercial, arts. 772 a 796 (da liquidação, repartição e contribuição da avaria grossa).

BREVES COMENTÁRIOS

As avarias grossas, objeto do procedimento contencioso de regulação (CPC/2015, art. 707), são, em geral, "os danos causados deliberadamente em caso de perigo ou desastre imprevisto, e sofridos como consequência imediata desses eventos, bem como as despesas feitas em iguais circunstâncias, depois de deliberações motivadas (art. 509) [Código Comercial], em bem e salvamento comum do navio e mercadorias, desde a sua carga e partida até seu retorno e descarga" (Código Comercial, art. 764). "Há o elemento de unidade do risco (ou dos riscos), o da comunidade de interesses, na salvação do navio e da carga, ou da carga, e o da deliberação do capitão e da tripulação quanto ao sacrifício" (PONTES DE MIRANDA. *Tratado de direito privado: direito das obrigações, contrato de transporte, contrato de seguro*. Atual. Bruno Miragem. São Paulo: RT, 2012, t. XLV, p. 587).

Assim que o juiz recebe a petição inicial, deverá nomear um regulador de notório conhecimento, ou seja, um profissional com experiência no assunto, para atuar como auxiliar do juízo, tal como um perito.

JURISPRUDÊNCIA SELECIONADA

1. Carga avariada. Responsabilidade das depositárias. Ação do segurador sub-rogado para ressarcimento dos valores pagos. "Nos termos do art. 8º do Decreto-Lei 116/1967, é de um ano o prazo para a prescrição da pretensão indenizatória, no caso das ações por extravio, falta de conteúdo, diminuição, perdas e avarias ou danos à carga a ser transportada por via d'água nos portos brasileiros. A Súmula 151 do STF orienta que prescreve em um ano a ação do segurador sub-rogado para haver indenização por extravio ou perda de carga transportada por navio. A seguradora sub-roga-se nos direitos e ações do segurado, após o pagamento da indenização securitária, inclusive" (STJ, REsp 1278722/PR, Rel. Min. Luis Felipe Salomão, 4ª Turma, jul. 24.05.2016, *DJe* 29.06.2016).

2. Ação de reparação de danos materiais. Transporte marítimo. Prazo prescricional ânuo. "Prescrevem ao fim de um ano, contado da data do término da descarga do navio transportador, as ações por extravio de carga, bem como as ações por falta de conteúdo, diminuição, perdas e avarias ou danos à carga. Inteligência do art. 8º do Decreto-lei 116/67, aplicável à espécie por ser lei especial que rege a matéria" (STJ, REsp 1.893.754/MA, Rel. Min. Nancy Andrighi, 3ª Turma, jul. 09.03.2021, *DJe* 11.03.2021).

Art. 708. O regulador declarará justificadamente se os danos são passíveis de rateio na forma de avaria grossa e exigirá das partes envolvidas a apresentação de garantias idôneas para que possam ser liberadas as cargas aos consignatários.

§ 1º A parte que não concordar com o regulador quanto à declaração de abertura da avaria grossa deverá justificar suas razões ao juiz, que decidirá no prazo de 10 (dez) dias.

§ 2º Se o consignatário não apresentar garantia idônea a critério do regulador, este fixará o valor da contribuição provisória com base nos fatos narrados e nos documentos que instruírem a petição inicial, que deverá ser caucionado sob a forma de depósito judicial ou de garantia bancária.

§ 3º Recusando-se o consignatário a prestar caução, o regulador requererá ao juiz a alienação judicial de sua carga na forma dos arts. 879 a 903.

§ 4º É permitido o levantamento, por alvará, das quantias necessárias ao pagamento das despesas da alienação a serem arcadas pelo consignatário, mantendo-se o saldo remanescente em depósito judicial até o encerramento da regulação.

BREVES COMENTÁRIOS

O primeiro encargo do regulador será analisar se os danos são passíveis de rateio na forma de avaria grossa e declará-los, justificadamente. Após prestar a declaração de abertura da avaria grossa, cabe ao regulador liberar as cargas aos consignatários. Para tanto, exigirá deles a apresentação de garantias idôneas, para preservar eventual ressarcimento dos valores sacrificados (art. 708, *caput*). Essas garantias podem ser reais ou fidejussórias e seu valor deve ser fixado segundo o prudente arbítrio do regulador, segundo o que acredita ser suficiente perante a provável taxa de contribuição, nessa fase inicial. Em caso de não apresentação dessa garantia, os consignatários não poderão retirar as cargas do navio. O regulador, destarte, fixará o valor da contribuição provisória, baseada nos fatos narrados e nos documentos que instruírem a petição inicial. Esse valor deverá ser caucionado sob a forma de depósito judicial ou garantia bancária (art. 708, § 2º). Vale dizer, não apresentando garantia idônea, os consignatários perderão a prerrogativa de oferecer outros bens ou direitos como caução, sendo obrigatório o depósito em dinheiro ou a fiança bancária.

Se, porém, o consignatário se recusar a prestar caução, o regulador requererá ao juiz a alienação judicial da carga, na forma dos arts. 897 a 903 do CPC/2015, que tratam da alienação por leilão judicial.

Art. 709. As partes deverão apresentar nos autos os documentos necessários à regulação da avaria grossa em prazo razoável a ser fixado pelo regulador.

BREVES COMENTÁRIOS

Após a declaração da avaria grossa, o juiz intimará as partes para, querendo, apresentarem impugnação e para juntarem aos autos os documentos necessários para a regulação da avaria grossa (art. 709). O prazo de impugnação e apresentação de documentos não precisa ser comum. O prazo para juntada de documentos, segundo o CPC/2015, deve ser razoável e fixado pelo regulador. Diverge, portanto, do disposto no CPC/1939 (art. 766), que estipulava esse prazo entre sessenta e noventa dias. Outra distinção é quanto ao termo "embarcadores", usado pelo Código de 1939: o CPC/2015 substituiu esse vocábulo por "partes", que possui sentido mais amplo.

Art. 710. O regulador apresentará o regulamento da avaria grossa no prazo de até 12 (doze) meses, contado da data da entrega dos documentos nos autos pelas partes, podendo o prazo ser estendido a critério do juiz.

§ 1º Oferecido o regulamento da avaria grossa, dele terão vista as partes pelo prazo comum de 15 (quinze) dias, e, não havendo impugnação, o regulamento será homologado por sentença.

§ 2º Havendo impugnação ao regulamento, o juiz decidirá no prazo de 10 (dez) dias, após a oitiva do regulador.

BREVES COMENTÁRIOS

A contar da data em que o regulador receber toda a documentação, tem ele o prazo de doze meses para apresentar o regulamento da avaria grossa, (art. 710, *caput*). Esse prazo é o mesmo fixado pelo CPC/1939, que impunha a aplicação, *ex officio* pelo juiz, de multa em caso de atraso na apresentação do regulamento. O CPC/2015 não apenas silencia quanto à sanção por atraso, como também permite seja o prazo ampliado, a critério do juiz (art. 707, *caput*). O regulamento, que tem forma e conteúdo de laudo pericial, deverá conter, minuciosamente, a descrição de todos os elementos que embasaram a apuração da massa passiva, da massa ativa e do valor de contribuição, bem como a prestação de contas pelo regulador de todos os seus atos.

Oferecido o regulamento, as partes podem impugná-lo em 15 dias. Embora o Código não regule, se necessário, o juiz pode requerer a produção de outras provas necessárias. Apresentadas as razões de todos os envolvidos, inclusive as do regulador, o juiz decidirá em dez dias. Não se vincula ao regulamento final apresentado. A decisão é atacável por meio de apelação (CPC/2015, art. 1.012).

Art. 711. Aplicam-se ao regulador de avarias os arts. 156 a 158, no que couber.

BREVES COMENTÁRIOS

Uma vez que o regulador nomeado pelo juiz deverá ser um profissional qualificado, com experiência no assunto, que atuará como auxiliar do juízo, a ele se aplicam os arts. 156 a 158, do CPC/2015, no que couber (art. 711). Esses artigos tratam de um dos auxiliares da justiça: o perito, ou seja, aquele que detém conhecimento técnico ou científico a respeito da matéria a ser apreciada pelo juízo. Do mesmo modo que o perito, o regulador de avarias assiste o juiz nas questões que envolvem conhecimento na área. No exercício dessa função, devem ser observadas as regras processuais de impedimento ou suspeição. Nesse caso, a escusa deve ser apresentada no prazo de quinze dias, contados da intimação, da suspeição ou do impedimento superveniente (art. 157, § 1º).

Tem ainda o regulador, igualmente ao que ocorre com o perito, o dever de cumprir seu ofício, no prazo fixado pelo magistrado, empregando toda sua diligência (art. 157, *caput*). Na hipótese de, por dolo ou culpa, forem prestadas informações inverídicas, o regulador responderá pelos prejuízos causados às partes (art. 158). Quanto aos honorários do regulador, devem ser adiantados pela parte autora, juntamente com as custas processuais. Porém, serão incluídos nas despesas a serem rateadas (Cód. Com., art. 764, nº 20). A principal função do regulador é fazer minuciosa apuração dos danos provocados à carga e à embarcação, bem como dos bens salvos com a avaria grossa.

REGULAÇÃO DE AVARIA GROSSA: INDICAÇÃO DOUTRINÁRIA

Antônio Carlos Marcato. *Procedimentos especiais*. 16 ed., São Paulo: Atlas, 2016; Bárbara Bassani de Souza, *Novo Código de Processo Civil: principais alterações do sistema processual civil*, São Paulo: Rideel, 2014; Bárbara Bassani de Souza. Da regulação de avaria grossa no novo CPC. In: SARRO, Luís Antônio Giampaulo. *Novo Código de Processo Civil – Principais Alterações do sistema Processual Civil*. 2. ed. São Paulo: Rideel, 2016, p. 355; Heitor Vitor Mendonça Sica. *In* Sérgio Cruz Arenhart e Daniel Mitidiero (coord.). *Comentários ao Código de Processo Civil*. 2. ed., São Paulo: Editora Revista dos Tribunais, 2018, v. 10; Marcelo Pacheco Machado. *In* José Roberto F. Gouvêa; Luis Guilherme A. Bondioli e João Francisco N da Fonseca (coord.). Comentários ao Código de Processo Civil. São Paulo: Saraiva, 2017, v. 13; Pontes de Miranda, *Tratado de direito privado: direito das obrigações, contrato de transporte, contrato de seguro*, Atual. Bruno Miragem, São Paulo: Revista dos Tribunais, 2012; Rodrigo Mazzei e Werner Braun Rizk, In: Teresa Arruda Alvim Wambier, Fredie Didier Jr., Eduardo Talamini, Bruno Dantas, *Breves comentários ao novo Código de Processo Civil*, São Paulo: Revista dos Tribunais, 2015.

Capítulo XIV
DA RESTAURAÇÃO DE AUTOS

Art. 712. Verificado o desaparecimento dos autos, eletrônicos ou não, pode o juiz, de ofício, qualquer das partes ou o Ministério Público, se for o caso, promover-lhes a restauração.

Parágrafo único. Havendo autos suplementares, nesses prosseguirá o processo.

CPC/1973

Art. 1.063.

BREVES COMENTÁRIOS

Sem os autos, nenhum efeito do processo pode ser obtido pela parte, pois são eles a prova e o instrumento da relação processual. Daí a necessidade de proteger os autos e de recompô-los quando se extraviam ou são destruídos. Na verdade, o seu desaparecimento acarreta uma interrupção do processo, diante da impossibilidade material de prosseguir na causa. Como motivo de força maior, o extravio, enquanto não superado, acarretará a suspensão do processo, nos termos do art. 313, V. Esse impasse a lei tenta evitar ou solucionar, de duas maneiras: instituindo os autos suplementares (art. 712, parágrafo único) e prevendo uma ação especial para restauração de autos (art. 712, *caput*). Os autos suplementares constituem numa duplicata dos autos originais, que o escrivão está obrigado a fazer, justamente para substituição destes na eventualidade de destruição ou extravio (art. 712, parágrafo único).

Inexistindo os suplementares, ou tendo também eles se perdido como os originais, o remédio legal posto à disposição das partes é a restauração de autos, que vem a ser um procedimento especial contencioso tendente a recompor os atos e termos do processo e a propiciar a retomada do curso do feito paralisado em razão do desaparecimento dos respectivos autos. Dessa maneira, o sistema do Código é o de autorizar a restauração somente quando inexistirem autos suplementares, visto que é nestes que deve prosseguir o processo, na falta dos autos originais (art. 712, parágrafo único).

O Código anterior previa que qualquer das partes (autor ou réu) do processo principal tinha legitimidade ativa para promover a ação de restauração de autos (art. 1.063). O CPC/2015, em seu art. 712, ampliou esse rol, conferindo legitimidade também ao juiz, de ofício, e ao Ministério Público. A possibilidade de o juiz promover a restauração decorre de sua responsabilidade de ser gestor do processo, e, como tal, deve tomar as providências necessárias, de forma a entregar ao cidadão o processo resolvido. Esse entendimento vem sendo adotado sistematicamente pela jurisprudência.

JURISPRUDÊNCIA SELECIONADA

1. Competência. "O Juízo competente para julgar a ação de restauração de autos (art. 1.063 do CPC) [art. 712 do CPC/2015] é o Juízo em que os autos originais foram extraviados" (STJ, CC 64.296/GO, Rel. Min. Nancy Andrighi, 2ª Seção, jul. 11.10.2006, *DJ* 26.10.2006). **No mesmo sentido:** STJ, CC 90.856/MG, Rel. Min. Eliana Calmon, 1ª Seção, jul. 11.06.2008, *DJe* 12.08.2008.

2. Ação de restauração de autos. Prazo. Impossibilidade. "O CPC/73, assim como o CPC/15, não prevê prazo para a propositura da ação de restauração de autos, daí porque a Corregedoria local fixou termo final para o seu ajuizamento, sob pena de a parte perder o direito à restauração dos autos e ser obrigada a propor novamente a ação principal. Embora com o nobre intuito de evitar que os processos desaparecidos ficassem indefinidamente suspensos, o Tribunal de origem criou verdadeiro prazo decadencial para o exercício do direito de requerer a restauração dos respectivos autos. A criação de prazo decadencial é norma que impõe limite ao exercício do direito pela parte, consequentemente, à prestação da atividade jurisdicional pelo Estado, razão pela qual não pode ser considerada mera regra de procedimento. Normas puramente procedimentais não podem adentrar aspectos típicos do processo, como competência, prazos, recursos ou provas; são normas que versam apenas sobre questões internas do órgão jurisdicional (*interna corporis*), de simples organização judiciária, a exemplo da autuação, distribuição e protocolo, custas processuais, lavratura de certidões, informações estatísticas, etc. Tal previsão, ademais, viola a garantia do devido processo legal, na sua vertente substancial, **porquanto não é razoável que o silêncio do legislador possa ser interpretado pelo Órgão jurisdicional em prejuízo da parte que não deu causa ao desaparecimento dos autos, sequer em favor daquela que se beneficia da suspensão do processo**" (STJ, REsp 1722633/MA, Rel.ª Min.ª Nancy Andrighi, 3ª Turma, jul. 07.08.2018, *DJe* 10.08.2018).

Decisão de homologação do pedido de restauração. Agravo de instrumento. Dúvida fundada. Fungibilidade. "A restauração de autos é mero incidente em relação ao processo principal, de modo que o acolhimento do pedido não é um julgamento em sentido próprio. A decisão que homologa o pedido de restauração de autos, por um lado, extingue o feito de restauração e, por outro, dá seguimento ao processo original (CPC/2015, art. 716). Identificado o dissenso doutrinário em torno da aplicação da natureza da decisão que julga a restauração de autos (sentença ou decisão interlocutória) e, consequentemente, acerca do recurso cabível (apelação ou agravo de instrumento), há de se aplicar o princípio da fungibilidade recursal, porquanto existe dúvida fundada e objetiva acerca do recurso adequado, não constituindo erro grosseiro a interposição de agravo de instrumento" (STJ, AgInt no AREsp 1418883/GO, Rel. Min. Raul Araújo, 4ª Turma, jul. 24.09.2019, *DJe* 21.10.2019).

3. Desaparecimento dos autos. Comunicação do fato à OAB. Desnecessidade. "A comunicação do advogado, supostamente responsável pelo desaparecimento dos autos, à OAB local não se mostra imprescindível para o deferimento de sua restauração, nos termos do disposto nos arts. 1.063 a 1.069 do CPC/1973, com correspondência nos arts. 712 a 718 do CPC/2015, que regem a matéria" (STJ, REsp 1.411.713/SE, Rel. Min. Og Fernandes, 2ª Turma, jul. 21.03.2017, *DJe* 28.03.2017).

4. Restauração de autos. Cooperação de todos os interessados. "No procedimento de restauração de autos, todos os interessados devem cooperar exibindo as cópias dos documentos que estiverem em seu poder e quaisquer outros documentos que possam facilitar a sua reconstituição, visando recolocar o processo no estado em que se encontrava antes de os autos terem sido extraviados. Precedentes" (STJ, REsp 1.411.713/SE, Rel. Min. Og Fernandes, 2ª Turma, jul. 21.03.2017, *DJe* 28.03.2017).

5. Nova ação. "Tratando-se de difícil ou impossível restauração de autos extraviados, pode ser intentada nova ação, vez que as partes e o objeto são os mesmos, podendo o novo feito tramitar em Juízo diferente ao que presidiu o processo desaparecido" (TJPA, Ap. 9.472, Rel. Des. Calistrato Alves de Mattos, 3ª Câmara, jul. 29.06.1984; *RTJPA* 34/119; *RDC* 35/269).

Art. 713. Na petição inicial, declarará a parte o estado do processo ao tempo do desaparecimento dos autos, oferecendo:

I – certidões dos atos constantes do protocolo de audiências do cartório por onde haja corrido o processo;

II – cópia das peças que tenha em seu poder;

III – qualquer outro documento que facilite a restauração.

CPC/1973

Art. 1.064.

BREVES COMENTÁRIOS

Sendo do juiz a iniciativa para a restauração dos autos, o processo terá início no cartório, mediante a determinação judicial em portaria que atenda aos requisitos do art. 713. Se uma das partes ou o Ministério Público requerer a recomposição, a petição inicial, elaborada conforme as exigências do art. 319, conterá, ainda, a declaração do "estado do processo ao tempo do desaparecimento dos autos" e será instruída com os documentos descritos nos incisos I a III do art. 713. A ação é de natureza dúplice. Uma das partes tomando a iniciativa, a outra ficará como sujeito passivo do procedimento e será citada para contestar o pedido e exibir as cópias e documentos em seu poder, úteis à restauração (art. 714).

JURISPRUDÊNCIA SELECIONADA

1. Valor da causa. "Normalmente o valor do procedimento da restauração de autos (arts. 1.063/1.069 do CPC) [arts. 712/718 do CPC/2015], é o valor da causa a ser restaurada, da demanda perdida ou destruída. A circunstância de não constar o valor da causa em processo de restauração de autos, não torna a petição inicial inepta, porque afora os casos em que o valor da causa sirva de base à fixação da competência, da forma do processo e do cabimento do recurso extraordinário, a omissão deste item não torna a inicial inepta" (TAPR, Ap. 327/88, Rel. Juiz Ulysses Lopes, 4ª Câmara, jul. 01.06.1988; *Par. Judic.* 27/160).

Art. 714. A parte contrária será citada para contestar o pedido no prazo de 5 (cinco) dias, cabendo-lhe exibir as cópias, as contrafés e as reproduções dos atos e dos documentos que estiverem em seu poder.

§ 1º Se a parte concordar com a restauração, lavrar-se-á o auto que, assinado pelas partes e homologado pelo juiz, suprirá o processo desaparecido.

§ 2º Se a parte não contestar ou se a concordância for parcial, observar-se-á o procedimento comum.

CPC/1973

Art. 1.065.

BREVES COMENTÁRIOS

A ação de restauração é uma causa derivada da principal (*i.e.*, daquela cujos autos desapareceram), de sorte que entre as duas estabelece-se um vínculo de acessoriedade. Em razão disso, a competência para a nova causa continua sendo a do juiz do processo principal, segundo a regra do art. 61.

A citação da parte contrária (ou de ambas, se a iniciativa for do juiz ou do Ministério Público) será feita com o prazo de cinco dias para contestar o pedido (art. 714). Ao sujeito passivo a lei impõe o dever de exibir as cópias, contrafés e mais reproduções dos atos e documentos que estiverem em seu poder (art. 714, *caput*). Se, em lugar de contestar, o réu manifesta-se de acordo com a restauração, tal como proposta pelo autor, caberá ao escrivão lavrar um ato que descreverá o acordo ocorrido entre os litigantes e será assinado por eles. Em seguida, o juiz homologará por sentença o auto e suprido estará o processo desaparecido (art. 714, § 1º). Quando o réu permanecer revel, manda o art. 714, § 2º, observar o rito comum. Isto quer dizer que serão presumidos verdadeiros os fatos alegados pelo autor (art. 344), e ao juiz caberá o julgamento antecipado da lide, caso a restauração contenha elementos documentais suficientes (art. 355, II). Havendo necessidade de complementação, principalmente em face das previsões do art. 715, mesmo diante da revelia, o juiz ordenará as diligências cabíveis, antes de julgar a restauração.

JURISPRUDÊNCIA SELECIONADA

1. Citação. Ausência de contestação. "Desaparecimento dos autos devido a roubo de malote da ECT (Empresa de Correios e Telégrafos), enquanto em processamento Recurso Especial. Restauração requerida ao Presidente do Tribunal e remetida ao Relator do Agravo (Regimento Interno, art. 705). Competência da Câmara para o julgamento da restauração (Regimento Interno do TJSP, art. 8º, § 5º). Citação da parte requerida e ausência de contestação. Juntada de cópias de peças por ambas as partes, inexistentes outras peças a serem juntas *ex officio*. Ação de restauração parcial julgada procedente. Dispensa de condenação em custas, despesas e honorários, ante a inexistência de responsabilidade da parte. Prosseguimento do agravo no 2º volume, não extraviado" (TJSP, AI 177.345-5/0, Rel. Des. Sidnei Beneti, 9ª Câmara, jul. 22.08.2001).

2. Suspensão do processo. "Suspensão do processo. Execução por título extrajudicial. Impossibilidade de prosseguimento tanto dos embargos como do processo principal, senão depois de resolvido o incidente de restauração de autos e transitada em julgado a sentença. Art. 1065 do CPC [art. 714 do CPC/2015]. Necessidade de se observar o procedimento especial previsto em lei. Recurso provido para esse fim" (1º TACivSP, AI 1046789-3, Rel. Juiz Paulo Roberto de Santana, 4ª Câmara Cível, jul. 05.12.2001).

3. Discussão sobre a causa principal. Descabimento. "Citada a parte contrária, pode concordar com a reconstituição, ou contestar, limitando-se a demonstração da inidoneidade das peças e elementos apresentados, ou a inexequibilidade da restauração, por falta de peça essencial do processo. Não cabe discussão sobre qualquer ponto de direito, ou de fato, da causa principal. Reconstituição julgada procedente" (STF, RMS 9.325, Rel. Min. Carlos Madeira, Tribunal Pleno, jul. 26.02.1986, *DJ* 14.03.1986).

Art. 715. Se a perda dos autos tiver ocorrido depois da produção das provas em audiência, o juiz, se necessário, mandará repeti-las.

§ 1º Serão reinquiridas as mesmas testemunhas, que, em caso de impossibilidade, poderão ser substituídas de ofício ou a requerimento.

§ 2º Não havendo certidão ou cópia do laudo, far-se-á nova perícia, sempre que possível pelo mesmo perito.

§ 3º Não havendo certidão de documentos, esses serão reconstituídos mediante cópias ou, na falta dessas, pelos meios ordinários de prova.

§ 4º Os serventuários e os auxiliares da justiça não podem eximir-se de depor como testemunhas a respeito de atos que tenham praticado ou assistido.

§ 5º Se o juiz houver proferido sentença da qual ele próprio ou o escrivão possua cópia, esta será juntada aos autos e terá a mesma autoridade da original.

CPC/1973

Art. 1.066.

BREVES COMENTÁRIOS

Quando o desaparecimento dos autos tiver ocorrido depois da produção das provas em audiência do processo principal, o juiz mandará repeti-las no bojo da restauração (art. 715, *caput*). Essa repetição, contudo, ocorrerá apenas se for necessária, pois se, por exemplo, já existe sentença, não há que se repetir provas. Também quando a parte apresentar cópia da documentação pertinente, como, *v.g.*, cópia do laudo pericial ou dos depoimentos testemunhais, será dispensável a repetição de tais provas.

As testemunhas serão as mesmas, mas se elas estiverem impossibilitadas de depor, poderão ser substituídas de ofício ou a requerimento (art. 715, § 1º). A prova pericial, em princípio, deve ser substituída por certidão ou cópia do laudo primitivo. Se tal não for possível, far-se-á nova perícia, sempre que possível pelo mesmo perito (art. 715, § 2º). A restauração de documentos é de se fazer por certidões ou cópias e, na falta, pelos meios ordinários de prova (art. 715, § 3º). Aos serventuários e auxiliares da justiça (escrivães, chefes de secretaria, oficiais de justiça, contadores etc.) a lei impõe o dever de depor, para facilitar a recomposição dos autos, sobre todos os atos de que tenham participado (art. 715, § 4º). Se o juiz ou o escrivão dispuser de cópia da sentença proferida no processo principal, será ela juntada e terá a mesma autoridade da original (art. 715, § 5º).

JURISPRUDÊNCIA SELECIONADA

1. Ausência de cópia do laudo pericial. Transcrição dos elementos essenciais. Suprimento. "Reproduzida a essencialidade da prova técnica na sentença que julgou procedente a ação de prestação de contas, é de ser abrandado o rigor do art. 1.066, § 2º, do CPC [art. 715, § 2º, do CPC/2015], por se revelar desnecessária, pela peculiaridade da espécie, a juntada de cópia do laudo pericial, consoante a conclusão do Tribunal estadual, soberano na apreciação da matéria de fato" (STJ, REsp 302.527/RJ, Rel. Min. Aldir Passarinho Junior, 4ª Turma, jul. 12.12.2006, *DJ* 12.02.2007).

Art. 716. Julgada a restauração, seguirá o processo os seus termos.

Parágrafo único. Aparecendo os autos originais, neles se prosseguirá, sendo-lhes apensados os autos da restauração.

CPC/1973

Art. 1.067.

BREVES COMENTÁRIOS

Com a sentença que julga restaurados os autos extraviados ou desaparecidos, o processo principal retomará seu curso, agora dentro dos autos da restauração (art. 716). Se, eventualmente, forem reencontrados os autos originais, neles é que devem ser praticados os atos subsequentes. Os autos da restauração, porém, serão apensados (art. 716, parágrafo único), dispensada, nesse caso, a repetição dos atos que tenham sido ultimados nos autos da restauração. Se, eventualmente, foram utilizados autos suplementares para a restauração, e ocorrer o aparecimento dos originais, o curso volta a dar-se nestes, retornando aqueles ao arquivo do cartório, após trasladarem-se, por certidões, todos os atos e termos necessários à complementação do processo primitivo.

JURISPRUDÊNCIA SELECIONADA

1. Revelia. "Concluída a restauração de autos, acordada pelas partes e homologada por sentença, não pode a sentença de mérito concluir pela procedência do pedido com base em inexistência de contestação, ao inadmitir a 'presunção' de sua existência e incorrer em contrária 'presunção' a falta da contestação, dada a inoportunidade da decretação da revelia não mais discutida e preclusa" (1º TACivRJ, Ap. 2.704/84, Rel. Juiz Pestana de Aguiar, 2ª Câmara, jul. 10.05.1984).

2. Falta de interesse de agir. "Desapropriação. Restauração de autos. Lavratura do auto de restauração e posterior arquivamento do processo. Formulação de pedido de desapropriação em outra comarca, com aproveitamento das peças processuais da restauração de autos. Descabimento. Indeferimento da inicial. Ausência de interesse em agir. Havendo o desaparecimento dos autos e sendo estes restaurados, não pode a parte, em outra comarca, postular pedido de prosseguimento da ação de desapropriação, com aproveitamento das peças processuais da restauração de autos, estando ausente o interesse em agir a autorizar o indeferimento da inicial. Aplicação do art. 1.067 do CPC" [art. 716 do CPC/2015] (TJRS, Ap. 535.638, Rel. Des. Carlos Eduardo Zietlow Duro, 1ª Câmara Cível, jul. 25.09.2002).

3. Apelação. Duplo efeito. "A apelação na ação de restauração de autos deve ser recebida no duplo efeito" (STJ, REsp 774.797/SP, Rel. Min. Carlos Alberto Menezes Direito, 3ª Turma, jul. 13.09.2005, *DJ* 28.11.2005).

Art. 717. Se o desaparecimento dos autos tiver ocorrido no tribunal, o processo de restauração será distribuído, sempre que possível, ao relator do processo.

§ 1º A restauração far-se-á no juízo de origem quanto aos atos nele realizados.

§ 2º Remetidos os autos ao tribunal, nele completar-se-á a restauração e proceder-se-á ao julgamento.

CPC/1973

Art. 1.068.

REFERÊNCIA LEGISLATIVA

Regimento Interno do STF, arts. 298 a 303.

BREVES COMENTÁRIOS

Compete ao tribunal restaurar os autos que perante ele estejam em curso, seja em grau de recurso, seja em razão de competência originária. De preferência, funcionará como relator da restauração o juiz que já funcionava como tal no processo desaparecido (CPC/2015, art. 717). Havendo o processo original tramitado em duas instâncias, o relator remeterá o novo processo ao juízo de origem, pois compete a este a restauração dos atos praticados sob sua jurisdição (art. 717, § 1º). Concluída sua tarefa, os autos voltarão ao tribunal, onde se complementará a restauração e se procederá ao julgamento (§ 2º). A função do juízo de origem é, na espécie, apenas de instrução parcial da causa.

Art. 718. Quem houver dado causa ao desaparecimento dos autos responderá pelas custas da restauração e pelos honorários de advogado, sem prejuízo da responsabilidade civil ou penal em que incorrer.

CPC/1973

Art. 1.069.

REFERÊNCIA LEGISLATIVA

Estatuto da Advocacia, art. 34, XXII.

BREVES COMENTÁRIOS

Segundo dispõe o art. 718, o causador do desaparecimento dos autos deve responder pelas custas da restauração e pelos honorários advocatícios despendidos pela parte contrária. O procedimento da restauração corresponde a uma nova ação e a um novo processo, onde, portanto, haverá sucumbência distinta da do processo principal. Provada a culpa pelo extravio, os encargos a que alude o art. 718 serão sempre da parte culpada, mesmo que seja ela a que tome a iniciativa de requerer a restauração, em face da natureza dúplice da ação. Além desse efeito processual, ocorrerá ainda, no caso de conduta dolosa ou maliciosa, a responsabilização civil e penal, nos termos da legislação própria, que rege o ato ilícito (CC, arts. 186 e 927) e os delitos (CP, art. 356).

JURISPRUDÊNCIA SELECIONADA

1. Despesas e honorários. "Configurado o litígio e vencido o réu, sucumbiu este perante o autor e deve arcar com as despesas do processo e os honorários advocatícios, sem prejuízo do seu direito de responsabilizar o autor, ou terceiro, pelo desaparecimento dos autos objeto da restauração, valendo-se da via processual ordinária" (TRF/4ª Região, Ap. 420.354, Rel. Gilson Longaro Dipp, jul. 06.10.1992).

2. Ausência de contestação. Condenação em honorários. "A ausência de contestação da parte requerida não inibe a fixação de honorários advocatícios, que, nos termos do artigo 1.069 do CPC [art. 718 do CPC/2015], devem ser imputados à parte que deu causa ao desaparecimento dos autos" (STJ, Pet 3.753/SC, Rel. Min. Luiz Fux, 1ª Turma, jul. 25.08.2009, *DJe* 17.09.2009).

PROCEDIMENTOS ESPECIAIS CONTENCIOSOS : INDICAÇÃO DOUTRINÁRIA

Antônio Carlos Marcato. *Procedimentos especiais.* 16 ed., São Paulo: Atlas, 2016; Cassio Scarpinella Bueno, *Manual de direito processual civil*, São Paulo: Saraiva, 2015; Daniel Amorim Assumpção Neves, *Manual de direito processo civil*, São Paulo: Método, 2015; Eduardo Sodré, In: Teresa Arruda Alvim Wambier, Fredie Didier Jr., Eduardo Talamini, Bruno Dantas, *Breves comentários ao novo Código de Processo Civil*, São Paulo: Revista dos Tribunais, 2015; Fredie Didier Jr., *Curso de direito processual civil*, 17. ed., Salvador: JusPodivm, 2015, v. I; Guilherme Rizzo Amaral, *Comentários às alterações do novo CPC*, São Paulo: Revista dos Tribunais, 2015; Heitor Vitor Mendonça Sica. *In* Sérgio Cruz Arenhart e Daniel Mitidiero (coord.). *Comentários ao Código de Processo Civil.* 2. ed., São Paulo: Editora Revista dos Tribunais, 2018, v. 10; Humberto Theodoro Júnior, *Curso de direito processual civil. 54. ed*, Rio de Janeiro: Forense, 2020, v. II; Humberto Theodoro Júnior, Fernanda Alvim Ribeiro de Oliveira, Ester Camila Gomes Norato Rezende (coord.), *Primeiras lições sobre o novo direito processual civil brasileiro*, Rio de Janeiro: Forense, 2015; J. E. Carreira Alvim, *Comentários ao novo Código de Processo Civil*, Curitiba: Juruá, 2015; José Miguel Garcia Medina, *Novo Código de Processo Civil comentado*, São Paulo: Revista dos Tribunais, 2015; Leonardo Greco, *Instituições de processo civil: introdução ao direito processual civil*, 5. ed., Rio de Janeiro: Forense, 2015; Luis Antônio Giampaulo Sarro, *Novo Código de Processo Civil*, São Paulo: Rideel, 2015; Luiz Guilherme Marinoni, Sérgio Cruz Arenhart, Daniel Mitidiero, *Curso de processo civil*, São Paulo: Revista dos Tribunais, 2015, v. I; Marcelo Pacheco Machado. *In* José Roberto F. Gouvêa; Luis Guilherme A. Bondioli e João Francisco N da Fonseca (coord.). Comentários ao Código de Processo Civil. São Paulo: Saraiva, 2017, v. 13; Nelson Nery Junior, Rosa Maria de Andrade Nery, *Comentários ao Código de Processo Civil*, São Paulo: Revista dos Tribunais, 2015; Rogério Montai de Lima. Das Ações Possessórias, Habilitação, e Restauração de Autos no Novo Código de Processo Civil – Lei 13.105/2015. *Revista Síntese*, ano XVII, n. 102. São Paulo: Síntese, jul.-ago. 2016, p. 99; Teresa Arruda

Alvim Wambier, Fredie Didier Jr., Eduardo Talamini, Bruno Dantas (coord.), *Breves comentários ao novo Código de Processo Civil*, São Paulo: Revista dos Tribunais, 2015; Teresa Arruda Alvim Wambier, Maria Lúcia Lins Conceição, Leonardo Ferres da Silva Ribeiro, Rogério Licastro Torres de Melo, *Primeiros comentários ao novo Código de Processo Civil*, São Paulo: Revista dos Tribunais, 2015.

Capítulo XV
DOS PROCEDIMENTOS DE JURISDIÇÃO VOLUNTÁRIA

Seção I
Disposições Gerais

Art. 719. Quando este Código não estabelecer procedimento especial, regem os procedimentos de jurisdição voluntária as disposições constantes desta Seção.

CPC/1973

Art. 1.103.

BREVES COMENTÁRIOS

O CPC/2015, na esteira do CPC/1973, manteve a clássica orientação de nosso direito processual, dividindo os procedimentos especiais em dois grupos: um de *jurisdição contenciosa* e outro de *jurisdição voluntária*. A designação "jurisdição voluntária" tem sido criticada porque seria contraditória, uma vez que a jurisdição compreende justamente a função pública de compor litígios, o que, na verdade, só ocorre nos procedimentos contenciosos. Na chamada "jurisdição voluntária", o Estado apenas exerce, através de órgãos do Judiciário, atos de pura administração, pelo que não seria correto o emprego da palavra jurisdição para qualificar tal atividade.

Aplicam-se-lhes, de forma subsidiária, os dispositivos do procedimento ordinário, inclusive no tocante aos honorários de advogado.

JURISPRUDÊNCIA SELECIONADA

1. Distinção. "Na doutrina há muitas discussões a respeito de quais sejam os elementos distintivos entre as duas formas de jurisdição. Considero que o melhor critério é aquele que repousa na existência, ou não, da relação angular: autor, juiz e réu com o contraditório ou com a possibilidade de que se estabeleça. De outro lado, a existência de contraditório, por si só, não afasta a jurisdição voluntária, haja vista o contraditório que se estabelece, por vezes, na nomeação ou destituição de tutor, procedimento este tipicamente de jurisdição voluntária. Para mim, a distinção entre as duas jurisdições, máxime, para os efeitos da interposição de recurso, está no disposto no art. 1.111 do CPC, consoante o qual a sentença poderá ser modificada, sem prejuízo dos efeitos já produzidos, se ocorrerem circunstâncias supervenientes" (STF, RE 86.494/MG, Rel. Min. Pedro Soares Muñoz, 1ª Turma, jul. 05.12.1978; *RTJ* 91/574).

Art. 720. O procedimento terá início por provocação do interessado, do Ministério Público ou da Defensoria Pública, cabendo-lhes formular o pedido devidamente instruído com os documentos necessários e com a indicação da providência judicial.

CPC/1973

Art. 1.104.

CJF – I JORNADA DE DIREITO PROCESSUAL CIVIL

Enunciado 56 – A legitimidade conferida à Defensoria Pública pelo art. 720 do CPC compreende as hipóteses de jurisdição voluntária previstas na legislação extravagante, notadamente no Estatuto da Criança e do Adolescente.

BREVES COMENTÁRIOS

Em princípio, os procedimentos de jurisdição voluntária também se sujeitam à regra do *ne procedat iudex ex officio* (CPC/2015, art. 2º). Pela natureza administrativa da atividade do juiz nesse setor do processo, admite a lei, no entanto, que em várias situações possa o magistrado agir de ofício, ou seja, sem requerimento de interessado. Assim, por exemplo, podem ser determinadas, *ex officio*, a alienação de bens depositados judicialmente (art. 730), a arrecadação de bens da herança jacente (art. 738) e várias outras medidas típicas da jurisdição voluntária. Por não haver litígio, os sujeitos do procedimento recebem aqui a denominação interessados, em lugar de partes (autor e réu), como ocorre nos procedimentos contenciosos. O CPC/2015 inovou ao incluir a Defensoria Pública enter aqueles que podem dar início ao procedimento de jurisdição voluntária.

JURISPRUDÊNCIA SELECIONADA

1. Venda de quinhão em coisa comum. "**O procedimento previsto nos arts. 1.104** [art. 720 do CPC/2015] **e seguintes do CPC não é obrigatório** ao interessado que deseja alienar o seu quinhão. A comunicação ao condômino pode ser feita através de notificação extrajudicial. Não exige o art. 1.139 do Código Civil que tal comunicação contenha proposta determinada com a designação desde logo do comprador. Dissídio pretoriano não configurado" (STJ, REsp 7.833/RS, Rel. Min. Barros Monteiro, 4ª Turma, jul. 25.02.1992, *DJ* 06.04.1992).

Art. 721. Serão citados todos os interessados, bem como intimado o Ministério Público, nos casos do art. 178, para que se manifestem, querendo, no prazo de 15 (quinze) dias.

CPC/1973

Arts. 1.105 e 1.106.

REFERÊNCIA LEGISLATIVA

CPC/2015, arts. 279, § 1º (nulidade por não intimação do MP); 231 (intimação; fluência do prazo); 335 a 342 (resposta do réu).

Decreto-Lei nº 227/1967 (Código de Mineração), art. 27.

BREVES COMENTÁRIOS

Embora inexista conflito, a jurisdição voluntária sempre leva à constituição de situações jurídicas novas, que naturalmente produzem efeitos junto a outras pessoas além do promovente. Daí a obrigatoriedade da citação, sob pena de nulidade, de todo aquele que tiver interesse suscetível de ser atingido pelo ato processado em juízo (art. 721). Não haverá propriamente contestação, mas apenas resposta.

Entretanto, não é excluída a eventualidade de se tornar necessária uma intervenção incidental do órgão jurisdicional de feitio verdadeiramente jurisdicional, se os interessados vêm a suscitar questões que reclamem soluções próprias do processo contencioso. Desta forma, a composição dessas controvérsias não terá mais a natureza de provimento administrativo, mas de sentença de mérito, capaz de produzir coisa julgada material.

Também o órgão do Ministério Público participa de alguns procedimentos de jurisdição voluntária, como fiscal da ordem jurídica, nas hipóteses previstas em lei e nos processos que envolvam (i) interesse público ou social, e (ii) interesse de incapaz (CPC/2015, arts. 721 e 178). A intervenção do MP não é necessária em todos os procedimentos de jurisdição voluntária, mas apenas naqueles em que haja previsão legal expressa e nas hipóteses do art. 178 do CPC/2015, como proclama a jurisprudência do STJ (STJ, 4ª T., REsp 364/SP, Rel. Min. Sálvio de Figueiredo, ac. 05.09.1989, *RSTJ* 8/283; STJ, 4ª T., REsp 6.718/MG, Rel. Min. Fontes de Alencar, ac. 02.06.1992, *DJU* 29.06.1992, p. 10.324, *RSTJ* 43/244). Por exemplo: nulo o suprimento de idade para casamento processado sem a intervenção do MP (STJ, 3ª T., REsp 16.915/TO, Rel. Min. Eduardo Ribeiro, ac. 23.06.1992, *DJU* 03.08.1992, p. 11.310, *RT* 693/266); os arts. 57 e 109 da Lei nº 6.015/1973, expressamente, dispõem sobre a necessidade de intervenção do MP nas ações que visem, respectivamente, a alteração do nome e a retificação de registro civil. "Essa previsão certamente decorre do evidente interesse público envolvido" (STJ, 3ª T., REsp 1.323.677, Rel. Min. Nancy Andrighi, ac. 05.02.2013, *DJe* 15.02.2013); obrigatória também a participação do MP na abertura e registro de testamento (CPC/2015, art. 735, § 2º), na arrecadação, na curatela dos interditos (art. 752, § 1º), na nomeação e remoção de tutor ou curador (art. 761) etc. Não há, porém, necessidade de intervir o MP em processo de interesse da União, dos Estados, do Distrito Federal e dos Municípios pelo simples fato de esses entes públicos ocuparem polo ativo ou passivo da ação (CNMP, Recomendação nº 16/2010, art. 5º, XV).

JURISPRUDÊNCIA SELECIONADA

1. Procedimento de jurisdição voluntária. Reconvenção. Pretensão resistida. Jurisdição contenciosa. "A presente ação, não obstante ajuizada com lastro em dispositivos legais que dispõem acerca de procedimento especial de jurisdição voluntária, converteu-se em processo de jurisdição contenciosa, constatada com o oferecimento de contestação e reconvenção, realização de audiência de conciliação, bem como de provas periciais para a avaliação do imóvel. Inegável a transmutação do procedimento especial de jurisdição voluntária em verdadeiro processo de jurisdição contenciosa, motivo pelo qual a ele devem ser aplicados os seus princípios, admitindo-se a reconvenção apresentada" (STJ, REsp 1.453.193/DF, Rel. Min. Nancy Andrighi, 3ª Turma, jul. 15.08.2017, *DJe* 22.08.2017).

2. Reconvenção. Não cabimento. "Não cabe reconvenção no procedimento de jurisdição voluntária. Hipótese em que, ademais, há necessidade de empregar-se ritos distintos" (STJ, REsp 33.457/SP, Rel. Min. Barros Monteiro, 4ª Turma, jul. 29.11.1993, *DJ* 28.02.1994). **No mesmo sentido:** TJRGS, Ap 70002798197, Rel. Des. Fernando Braf Henning Júnior, 17ª Câmara Cível, jul. 28.08.2001).

3. Interessados. "A validade do processo pressupõe citação regular (art. 214 do CPC) [art. 239 do CPC/2015]. No caso de procedimento de jurisdição voluntária, o art. 1.105 do CPC [art. 721 do CPC/2015] expressamente determina sejam citados os interessados. É nulo o processo relativo a pedido de alvará judicial para recebimento de seguro obrigatório se a seguradora deixou de ser citada" (TAMG, AI 356.419-4, Rel. Juiz Caetano Levi Lopes, 3ª Câmara Cível, jul. 06.03.2002). **No mesmo sentido**: TJPR, Ap. 13.428, Rel. Juiz Munir Karam, 1ª Câmara Cível, jul. 07.04.1997.

Condômino do imóvel indiviso. Citação. "O condômino do imóvel indivisível que se quer alienar judicialmente deve ser citado. Art. 1.105 do CPC" (STJ, REsp 367.665/SP, Rel. Min. Ruy Rosado de Aguiar, 4ª Turma, jul. 15.05.2003, *DJ* 15.12.2003).

4. Estipulação em favor de terceiro. Desnecessidade de citação. "Havendo entre os estipulantes e o terceiro-beneficiário um vínculo de caráter meramente obrigacional, o interesse deste último no procedimento de alienação de coisa comum é tão só econômico e não jurídico. Desnecessidade de sua citação" (STJ, REsp 36.770/SP, Rel. Min. Barros Monteiro, 4ª Turma, jul. 30.11.1993, *DJ* 28.02.1994, p. 7.505).

5. Intervenção do MP:

Não obrigatoriedade. "Interpretação lógico-sistemática recomenda que se dê ao art. 1.105, CPC [art. 721 do CPC/2015], inteligência que o compatibilize com as normas que regem a atuação do MP, especialmente as contempladas no art. 82 do diploma codificado. A presença da Instituição nos procedimentos de jurisdição voluntária somente se dá nas hipóteses explicitadas no respectivo título e no mencionado art. 82" (STJ, REsp 46.770/RJ, Rel. Min. Sálvio de Figueiredo, 4ª Turma, jul. 18.02.1997; *DJ* 17.03.1997). **No mesmo sentido**: STJ, AgRg no Ag 41.605/SP, Rel. Min. Nilson Naves, 3ª Turma, jul. 08.11.1993, *DJ* 06.12.1993, p. 26.665; TJDF, Ap. 4457997, Rel. Des. Costa Carvalho, 3ª Turma Cível, jul. 08.11.1999, *DJDF* 18.04.2000.

Obrigatoriedade. "Em procedimento de jurisdição voluntária para **alienação de bens de incapazes** é obrigatória a avaliação judicial, bem como intervenção do Ministério Público em todos os atos processuais, sob pena de nulidade" (TAMG, Ap. 340.534-9, Rel. Juiz Alvim Soares, 1ª Câmara Cível, jul. 28.08.2001).

6. Efeitos da revelia. Aplicabilidade. "Aplicam-se aos procedimentos de jurisdição voluntária os efeitos da revelia. A faculdade de o Juiz investigar livremente os fatos não o autoriza a receber e processar resposta intempestiva" (TJSP, AI 247.008-2/6, Rel. Des. Marrey Neto, 13ª Câmara, jul. 06.09.1994).

Art. 722. A Fazenda Pública será sempre ouvida nos casos em que tiver interesse.

CPC/1973

Art. 1.108.

BREVES COMENTÁRIOS

A Fazenda Pública deve ser convocada a intervir em todo processo no qual se evidencie o seu interesse, não em todos os procedimentos jurisdição voluntária.

JURISPRUDÊNCIA SELECIONADA

1. Interesse. "Não se confunde o interesse previsto no art. 1.108 do CPC [art. 722 do CPC/2015] com interesse de agir, uma das condições de ação. Assim, não obstante poder a Fazenda Pública se pronunciar em procedimento especial de separação por mútuo consentimento, não assume a mesma o papel de parte nos autos, donde não ter, destarte, legítimo interesse para recorrer da sentença homologatória do pedido" (TJMG, Ap. 67.681, Rel. Des. Walter Veado, 2ª Câmara, jul. 23.09.1986; *Jurisp. Min.* 95 e 96/145).

Art. 723. O juiz decidirá o pedido no prazo de 10 (dez) dias.

Parágrafo único. O juiz não é obrigado a observar critério de legalidade estrita, podendo adotar em cada caso a solução que considerar mais conveniente ou oportuna.

CPC/1973

Art. 1.109.

BREVES COMENTÁRIOS

Incumbe aos interessados o ônus de provar os fatos constitutivos de seus direitos e pretensões, sem dúvida. Mas a natureza administrativa do procedimento de jurisdição voluntária leva ao reconhecimento de possuir o juiz poderes mais amplos na investigação dos fatos. Pela mesma razão, ao decidir o pedido, não ficará adstrito a observar critério de legalidade estrita, podendo adotar em cada caso a solução que reputar mais conveniente ou oportuna (CPC/2015, art. 723). Equivale dizer que o juiz pode decidir por equidade, não podendo, contudo, decidir contra a lei, mormente contra a lei substancial não dispositiva. Admite-se liberdade quanto ao procedimento, desde que se resguardem o contraditório e o direito de defesa. Por outro lado, agindo fora do contexto da litigiosidade, o juiz não provoca, com sua decisão, a coisa julgada material. Donde sua sentença não impede a revisão do ato constituído pelos interessados, sem prejuízo de terceiros. Aquilo que se decidir em sede de jurisdição voluntária admite modificação, sem prejuízo dos efeitos produzidos, sempre que ocorrerem circunstâncias supervenientes (*v.g.*, suspensão da interdição, restabelecimento da sociedade conjugal depois de homologada a separação etc.).

JURISPRUDÊNCIA SELECIONADA

1. Processo de interdição. Remarcação do interrogatório após a perícia. Legalidade. Perícia médica por equipe multidisciplinar. Faculdade do magistrado. "O processo de interdição é de jurisdição voluntária, o que autoriza o juízo, a teor do disposto no parágrafo único do artigo 723 do Código de Processo Civil, a não observar critério de legalidade estrita, podendo adotar em cada caso a solução que reputar mais conveniente ou oportuna. A postergação do interrogatório para após a perícia médica, bem como a negativa de designação de equipe multidisciplinar para a perícia, não caracteriza, por si só, ilegalidade que macule o procedimento e autorize a impetração de mandado de segurança, ainda mais quando os direitos do interditando estão preservados segundo o convencimento do Ministério Público e do juízo processante" (STJ, AgInt no RMS 57.544/DF, Rel. Min. Maria Isabel Gallotti, 4ª Turma, jul. 19.11.2019, *DJe* 06.12.2019).

2. Legalidade estrita. "O art. 1.109 do CPC [art. 723 do CPC/2015] abre a possibilidade de não se obrigar o juiz, nos procedimentos de jurisdição voluntária, à observância do critério de legalidade estrita, abertura essa, contudo, limitada ao ato de decidir, por exemplo, com base na equidade e na adoção da solução mais conveniente e oportuna à situação concreta. Isso não quer dizer que a liberdade ofertada pela lei processual se aplique à prática de atos procedimentais, máxime quando se tratar daquele que representa o direito de defesa do interditando" (STJ, REsp 623.047/RJ, Rel.ª Min.ª Nancy Andrighi, 3ª Turma, jul. 14.12.2004, *DJ* 07.03.2005).

Expedição imediata de alvará. "Em se tratando de procedimento de jurisdição voluntária, em que não há necessidade de se observar a legalidade estrita, podendo o juiz decidir por equidade (art. 1.109 do CPC) [art. 723 do CPC/2015], a expedição imediata de alvará, antes do término do prazo para a interposição de recurso, não configura ofensa à lei processual" (STJ, 5ª Turma, REsp 215.693/GO, Rel. Min. Félix Fischer, ac. 19.02.2002, *DJU* 18.03.2002).

Decisão contra lei. Impossibilidade. "A autorização para que o juiz decida sem observar o critério da legalidade estrita nos processos de jurisdição voluntária não configura autorização para que decida contra a lei" (TJMS, MS 245/85, Rel. Des. Leão Neto do Carmo, Turma Cível, jul. 19.08.1985; *RJTJMS* 30/89). **No mesmo sentido**: TAMG, AI 298.191-9, Rel. Juiz Kildare Carvalho, 3ª Câmara Cível, jul. 07.06.2000.

"**Condomínio. Extinção. Decisão que determinou expedição de edital para realização de praça única. Possibilidade.** Procedimento de jurisdição voluntária. Juiz que não está adstrito ao critério da legalidade estrita. Artigo 1.109, do CPC [art. 723 do CPC/2015]" (TJSP, AI 198.531-4, Catanduva, Rel. Des. Rodrigues de Carvalho, 5ª Câmara Dir. Priv, jul. 17.05.2001).

Art. 724. Da sentença caberá apelação.

CPC/1973

Art. 1.110.

BREVES COMENTÁRIOS

Da sentença caberá apelação, embora não seja passível de rescisão: "É exato que pedido tramitado pelo procedimento de jurisdição voluntária não está sujeito à ação rescisória. Não se trata de sentença de mérito. Deve ser anulada, conforme a lei civil" (TJMG, AR 762, Rel. Des. Monteiro de Barros). No mesmo sentido: TJRJ, 2º Grupo Câm., Rel. Des. Perlingeiro Lovisi, in *ADV* de 16.01.1994, nº 64.170. Todavia, há possibilidade de contestação, o que torna eventualmente contencioso o processo iniciado como simples objeto de jurisdição voluntária. Isto é comum, por exemplo, em pedido de venda de imóvel indivisível. Se tal ocorrer, haverá sentença de mérito, passível de formar coisa julgada material e de se submeter a ação rescisória.

JURISPRUDÊNCIA SELECIONADA

1. Princípio da fungibilidade. Alvará judicial em processo falimentar. "Não se pode qualificar como erro grosseiro opção feita pela parte de ingressar com agravo de instrumento contra decisão que em processo falimentar decidiu pedido de alvará, ainda que se adote o entendimento do acórdão de que, por força do art. 1.110 do Código de Processo Civil [art. 724 do CPC/2015], cabível a apelação. Em tal cenário, pertinente a aplicação do princípio da fungibilidade recursal" (STJ, REsp 603.930/RS, Rel. Min. Carlos Alberto Menezes Direito, 3ª Turma, jul. 07.06.2005, *DJ* 29.08.2005). **No mesmo sentido**: STJ, REsp 596.866/RS, Rel. Min. Fernando Gonçalves, 4ª Turma, jul. 18.03.2010, *DJe* 12.04.2010.

2. Ação rescisória. "Se no feito de jurisdição voluntária é oferecida contestação, o feito assume feição nitidamente contenciosa, com sentença de mérito, tornando-se possível, em princípio, ser atacada por ação rescisória" (TJSP, AR 127.046-2, Rel. Des. Lair Loureiro, 4º Gr. de Câms., jul. 23.02.1989; *RJTJSP* 120/442).

Art. 725. Processar-se-á na forma estabelecida nesta Seção o pedido de:

I – emancipação;

II – sub-rogação;

III – alienação, arrendamento ou oneração de bens de crianças ou adolescentes, de órfãos e de interditos;

IV – alienação, locação e administração da coisa comum;

V – alienação de quinhão em coisa comum;

VI – extinção de usufruto, quando não decorrer da morte do usufrutuário, do termo da sua duração ou da consolidação, e de fideicomisso, quando decorrer de renúncia ou quando ocorrer antes do evento que caracterizar a condição resolutória;

VII – expedição de alvará judicial;

VIII – homologação de autocomposição extrajudicial, de qualquer natureza ou valor.

Parágrafo único. As normas desta Seção aplicam-se, no que couber, aos procedimentos regulados nas seções seguintes.

CPC/1973

Art. 1.112.

REFERÊNCIA LEGISLATIVA

CC, arts. 5º, parágrafo único (emancipação); 346 a 351 (pagamento com sub-rogação); 1.410 e 1.411 (extinção do usufruto).

LRP, arts. 29, IV, 89 a 91, 104 e 107, § 1º.

DL nº 6.777, de 08.08.1944 (sub-rogação de cláusula de inalienabilidade).

BREVES COMENTÁRIOS

O art. 725 prevê os pedidos que serão processados pelo rito comum, ou seja, (i) abertura do procedimento por petição do interessado; (ii) citação de todos os interessados, inclusive o Ministério Público quando deva intervir, para manifestação; (iii) audiência da Fazenda Pública quando tiver interesse; (iv) sentença; (v) apelação. O rol não deve ser considerado taxativo. Sempre que ocorrer uma situação que reclama a interferência judicial para administrar interesses privados não contenciosos, para a qual a lei não tenha previsto um rito próprio ou especial, deverá seguir-se o rito dos arts. 719 a 725.

Localizam-se em outras partes do CPC/2015 alguns procedimentos não contenciosos, para os quais também são aplicáveis as regras do procedimento comum de jurisdição voluntária: justificação (art. 381, § 5º) e arrolamento em partilha amigável (arts. 659 a 663).

Independe de homologação judicial (CPC/2015, art. 725, I) a emancipação decorrente de outorga dos pais (CC/2002, art. 5º, parágrafo único, I).

A homologação da autocomposição extrajudicial (CPC/2015, art. 725, VIII) justifica-se quando o interessado deseja conferir ao negócio jurídico força de título executivo judicial (CPC/2015, art. 515, II).

JURISPRUDÊNCIA SELECIONADA

1. Sub-rogação (inciso II). "É possível, juridicamente, a sub-rogação em ações de bens imóveis vinculadas por cláusula testamentária, desde que comprovada a necessidade do interessado e a utilidade da operação, respeitado em seu objetivo o que consignar a respectiva cláusula testamentária" (TJRJ, Ap. 34.768, Rel. Des. Jorge Loretti, 5ª Câmara, jul. 12.03.1985).

Competência. "Competente é o juízo do lugar onde o imóvel com cláusula de inalienabilidade e impenhorabilidade se localiza, para sub-rogação de vínculo pedida por quem é proprietário e assim se tornou em virtude de inventário já encerrado" (STJ, CC 34.167/RS, Rel. Min. Antônio de Pádua Ribeiro, 2ª Seção, jul. 11.09.2002, *DJ* 11.11.2002).

2. Alienação de bens (inciso III):

De interditos. "Não se pode equiparar decisão proferida em pedido de alvará de venda de bem de interdito, cujo procedimento se inclui entre os especiais de jurisdição voluntária, art. 1.112, III, do CPC [art. 725, III, do CPC/2015], com sentença de mérito transitada em julgado a que alude o art. 485 do digesto citado. Naquela, de induvidosa natureza homologatória, por inexistir efeito de coisa julgada, o ato é passível de censura por via de ação anulatória, não encontrando eco no *juízo rescisório*" (TJSC, AR 526, Rel. Des. Xavier Vieira, 2ª Câmara, jul. 06.05.1986, *Jurisp. Cat.* 53/339).

De incapazes. "Em procedimento de jurisdição voluntária para alienação de bens de incapazes é obrigatória a avaliação judicial, bem como intervenção do Ministério Público em todos os atos processuais, sob pena de nulidade" (TAMG, 1ª Câmara Cível, Ap. 340.534-9, Rel. Juiz Alvim Soares, ac. 28.08.2001).

3. Alienação de coisa comum (inciso IV). "Não mais sendo possível a continuação da coisa comum qualquer dos consortes poderá requerer a extinção do condomínio, o que se dará através da adjudicação do todo a uma das partes, com indenização das demais, ou pela venda da coisa, que pode ser feita amigavelmente ou, caso contrário, através de alienação judicial, nos exatos termos do art. 632 do Código Civil" (TAMG, Ap. 314.768-2, Rel. Juiz Gouvêa Rios, 1ª Câmara Cível, jul. 17.10.2000). **Nota:** o CC citado no ac. é o de 1916.

Embargos à arrematação. Impossibilidade. "Na alienação judicial de coisa comum (CPC, arts. 1.112 a 1.119) [arts. 725 a 730 do CPC/2015], inadmissível é a oposição de embargos à arrematação. Nos termos do art. 272, parágrafo único, CPC [art. 38, parágrafo único, do CPC/2015], apenas as 'normas gerais do procedimento ordinário' têm incidência subsidiária ao procedimento especial, nelas não se enquadrando as disposições relacionadas ao processo de execução" (STJ, REsp 184.465/MG, Rel. Min. Sálvio de Figueiredo, 4ª Turma, jul. 10.10.2000, *DJ* 18.12.2000).

"A ação que tem por objeto a venda de coisa comum indivisível rege-se pelo procedimento especial de jurisdição voluntária, que trata de atividade judiciária de natureza administrativa, onde o juiz exerce a administração pública de interesses privados. A **mera controvérsia entre os interessados sobre a necessidade de nova avaliação dos bens não retira a natureza de jurisdição voluntária**, pois não caracteriza litígio. Deve-se admitir o pedido de nova avaliação, fundado na valorização do imóvel, mormente se já decorrido extenso intervalo de tempo e se constarem avaliações com divergências de grande valor acerca do mesmo bem" (TJDF, Ag. 20000020057806, Rel. Des. Ana Maria Duarte Amarante, 3ª Turma Cível, jul. 19.03.2001, *DJDF* 20.06.2001).

Condomínio. "(...) para a utilização do processo como jurisdição voluntária é indispensável ou que o negócio não possa ser feito porque um dos condôminos é incapaz ou é indispensável que todos estejam de acordo com o negócio e recorram ao Judiciário para a formalização, regularidade e igualdade do ato para todos. **Se houver discordância inicial, o processo deve ser de jurisdição contenciosa**, pelo menos na primeira fase de compelir o condômino recalcitrante a vendê-la, dar-lhe administração ou locá-la. Neste caso a ação é de jurisdição contenciosa, de natureza condenatória, para no caso de a alienação promover a extinção do condomínio. A venda, depois, como execução imprópria da sentença que decreta a extinção, adotará o procedimento dos arts. 1.113 e seguintes do CPC [art. 730 do CPC/2015]" (TJSP, Ap. 118.104-2, Rel. desig. Des. Camargo Viana, 9ª Câmara, jul. 06.08.1987; *Adcoas*, 1987, nº 115.956).

4. Alienação de quinhão em coisa comum (inciso V). "O art. 1.112, nº V, do CPC [art. 725, V, do CPC/2015], em harmonia com o art. 1.139 do CC, regula a ação do condômino que quer vender sua parte em coisa indivisível, facultando o exercício, antes da venda, do direito de preferência; não observado o procedimento, não se segue a nulidade da venda, senão a sua ineficácia relativa, assegurado o direito de preferência nos termos do art. 1.139 do CC" (STF, RE 104.383/SP, Rel. Min. Luiz Rafael Mayer, 1ª Turma, jul. 12.03.1985; *RTJ* 113/927). **Nota:** o CC citado é o de 1916.

Facultatividade. "O procedimento previsto nos arts. 1.104 e seguintes do CPC [art. 720 do CPC/2015] não é obrigatório ao interessado que deseja alienar o seu quinhão. A comunicação ao condômino pode ser feita através de notificação extrajudicial"

(STJ, REsp 7.833/RS, Rel. Min. Barros Monteiro, 4ª Turma, jul. 25.02.1992, *DJ* 06.04.1992).

5. Cláusulas vitalícias. Abrandamento. "Se a alienação do imóvel gravado permite uma melhor adequação do patrimônio à sua função social e possibilita ao herdeiro sua sobrevivência e bem-estar, a comercialização do bem vai ao encontro do propósito do testador, que era, em princípio, o de amparar adequadamente o beneficiário das cláusulas de inalienabilidade, impenhorabilidade e incomunicabilidade. A vedação contida no art. 1.676 do CC/16 poderá ser amenizada sempre que for verificada a presença de situação excepcional de necessidade financeira, apta a recomendar a liberação das restrições instituídas pelo testador" (STJ, REsp 1.158.679/MG, Rel.ª Min.ª Nancy Andrighi, 3ª Turma, jul. 07.04.2011, *DJe* 15.04.2011).

Seção II
Da Notificação e da Interpelação

Art. 726. Quem tiver interesse em manifestar formalmente sua vontade a outrem sobre assunto juridicamente relevante poderá notificar pessoas participantes da mesma relação jurídica para dar-lhes ciência de seu propósito.

§ 1º Se a pretensão for a de dar conhecimento geral ao público, mediante edital, o juiz só a deferirá se a tiver por fundada e necessária ao resguardo de direito.

§ 2º Aplica-se o disposto nesta Seção, no que couber, ao protesto judicial.

CPC/1973

Art. 867.

REFERÊNCIA LEGISLATIVA

CF, art. 125, § 4º (competência para a ratificação de protestos formados a bordo de navio ou aeronave).

Lei nº 9.492/1997 (Lei de Protesto de Títulos e outros Documentos de Dívida).

BREVES COMENTÁRIOS

Malgrado ter o Código de 1973 regulado o seu procedimento no Livro III, o certo é que o protesto, a notificação e a interpelação são procedimentos não contenciosos, meramente conservativos de direitos, que não poderiam ser incluídos, tecnicamente, entre as medidas cautelares. Não atuam para preservar o processo do *periculum in mora*, nem servem especificamente para assegurar eficácia e utilidade a outro processo.

Essa classificação equivocada da lei velha foi corrigida no CPC/2015, que não mais regula como cautelar o procedimento em questão. A notificação, a interpelação e o protesto judicial passam a figurar entre os procedimentos de jurisdição voluntária. E, para seu processamento, a lei nova estabelece um rito especial, nos arts. 726 a 729.

O art. 726 cuidou de definir a notificação, que terá lugar sempre que se quiser "manifestar formalmente sua vontade a outrem sobre assunto juridicamente relevante". Não houve, contudo, conceituação em relação ao protesto, assim considerado o ato formal de documentação residual de qualquer pretensão que não verse sobre cumprimento de obrigações entre os sujeitos de determinada relação jurídica (notificação), nem sobre exigência de prestações devidas ao promovente (interpelação). O interessado, nesse caso, documenta certa declaração de vontade, cientificando solenemente o destinatário do propósito do promovente de ressalvar ou conservar direitos e prevenir responsabilidades. Na verdade, para o Código atual, o protesto e a interpelação constituem apenas modalidades de notificação.

JURISPRUDÊNCIA SELECIONADA

1. Notificação:

Finalidade. "A notificação de que cuida o artigo 867 do diploma procedimental civil [art. 726 do CPC/2015] tem por fim prevenir responsabilidade, prover conservação e ressalva de direitos ou manifestação de intenção de modo formal, para tais desideratos, não sendo instrumento hábil para se vindicar informações sobre o andamento ou o estágio de requerimento administrativo de concessão de benefício previdenciário..." (TRF 1ª Região, Ap. 01.000.283.447/MG, Rel. Juiz Carlos Moreira Alves, 2ª Turma, jul. 05.02.2003, *DJ* 06.03.2003, p. 109).

"A notificação judicial é instrumento hábil tão só para tornar pública a manifestação de vontade da parte interessada" (TRF 4ª Região, AC 272.412/SE, Rel. Juiz Luiz Alberto Gurgel Faria, 4ª Turma, jul. 10.12.2002, *DJ* 25.03.2003 p. 867).

Internet. "É legítima a intimação do contribuinte de sua exclusão do Programa Refis por meio da Internet e mediante publicação no Diário Oficial, nos termos do art. 2º da Lei n. 9.964/00 c/c o art. 5º da Resolução 20/2001" (STJ, AgRg no REsp 900.130/DF, Rel. Min. Humberto Martins, 2ª Turma, jul. 22.04.2008, *DJe* 08.05.2008).

2. Interpelação:

Conceito e finalidade. "A interpelação, a exemplo do protesto e da notificação, é procedimento meramente conservativo de direito, via da qual o interpelante busca prover a conservação ou ressalva de direitos, não se prestando a constranger autoridade a dar explicações sobre seus atos. A medida cautelar de interpelação não admite defesa (CPC, art. 871) e o estatuto adjetivo civil não prevê qualquer recurso contra decisão que a indefere por desbordar de seus limites" (TRF 1ª Região, AC 01.294.311/DF, Rel. Juiz José Henrique Guaracy Rebêlo, 1ª Turma Suplementar, jul. 30.10.2001, *DJ* 21.01.2002, p. 527).

Medida preparatória. "A interpelação judicial constitui medida cautelar preparatória prevista no art. 867 do CPC [art. 726 do CPC/2015] e que somente pode ser ajuizada perante esta Corte quando demonstrado que o STJ tem competência originária para conhecer da ação principal de natureza cível. Precedente" (STJ, AgRg na IJ 117/RJ, Rel. Min. Castro Meira, Corte Especial, jul. 15.12.2010, *DJe* 31.03.2011).

Título judicial. "Não é título judicial idôneo para fundamentar procedimento de execução a interpelação judicial" (TRF 1ª Região, AC 01.170.088/BA, Rel. Juiz Evandro Reimão dos Reis, 3ª Turma Suplementar, jul. 27.06.2001, *DJ* 05.11.2001, p. 786).

3. Protesto. "A Ação Cautelar de Protesto, segundo dispõe o art. 867 do CPC [art. 726 do CPC/2015], visa apenas promover a conservação e ressalva de direitos, no caso específico, objetiva o autor interromper a prescrição de direito de ação. Destaque-se que nela não há lugar para se discutir o direito material em si, matéria esta pertinente à ação principal, a ser posteriormente aforada. Assim, a questão de existência ou não de direito a crédito relativo a contrato não será discutida na presente cautelar de protesto, mas somente na ação principal, pelo que não há como se aplicar, *in casu*, o ditame do art. 259 do CPC que expressamente correlaciona o valor da causa ao valor do contrato firmado" (STJ, REsp 1.065.027/MT, Rel. Min. Francisco Falcão, 1ª Turma, jul. 18.09.2008, *DJe* 06.10.2008).

Possibilidade de protesto da CDA. "O protesto das Certidões de Dívida Ativa constitui mecanismo constitucional e legítimo, por não restringir de forma desproporcional quaisquer direitos fundamentais garantidos aos contribuintes e, assim, não constituir sanção política" (STF, ADI 5.135/DF, Rel. Min. Roberto Barroso, Tribunal Pleno, jul. 9.11.2016, *DJe* 7.2.2018).

"A Fazenda Pública possui interesse e pode efetivar o protesto da CDA, documento de dívida, na forma do art. 1º, parágrafo único, da Lei 9.492/1997, com a redação dada pela Lei 12.767/2012" (STJ, REsp 1686659/SP, Rel. Min. Herman Benjamin, 1ª Seção, jul. 28.11.2018, *DJe* 11.03.2019). Obs.: **Decisão submetida a julgamento de recursos repetitivos.**

Protesto de CDA. Adoção pela Fazenda Municipal. Possibilidade. "'A Fazenda Pública possui interesse e pode efetivar o protesto da CDA, documento de dívida, na forma do art. 1º, parágrafo único, da Lei 9.492/1997, com a redação dada pela Lei 12.767/2012' (Tese firmada no Tema n. 777 do STJ). (...) Hipótese em que basta à Fazenda Pública credora atender ao procedimento previsto na própria Lei n. 9.492/1997 para obter o protesto de seu título de crédito (CDA), não havendo necessidade de lei específica do ente tributante que preveja a adoção dessa medida, visto que a citada lei federal (nacional) já é dotada de plena eficácia" (STJ, REsp 1.895.557/SP, Rel. Min. Gurgel de Faria, 1ª Turma, jul. 22.06.2021, *DJe* 10.08.2021).

4. Protesto contra alienação de bens:

Averbação em cartório. "'A averbação, no Cartório de Registro de Imóveis, de protesto contra alienação de bem, está dentro do poder geral de cautela do juiz (art. 798, CPC) [art. 297 do CPC/2015] e se justifica pela necessidade de dar conhecimento do protesto a terceiros, prevenindo litígios e prejuízos para eventuais adquirentes' (REsp n. 146.942-SP)" (STJ, EREsp 440.837/RS, Rel. Min. Eliana Calmon, Rel. p/ ac. Min. Barros Monteiro, Corte Especial, jul. 16.08.2006, *DJ* 28.05.2007, p. 260).

"No caso, pretende o recorrente a condenação do oficial de registro de imóveis e do Banco do Brasil, sendo que o primeiro cumpriu determinação judicial acerca da averbação de protesto contra a alienação de imóvel, requerido pela instituição financeira, circunstância que afasta qualquer dever de indenizar. Ademais, esta Corte pacificou o entendimento quanto à legalidade do protesto contra alienação de imóvel, no julgamento do EREsp nº 440.837/RS, relator p/ acórdão o Ministro Barros Monteiro, *DJ* de 28.05.2007, que uniformizou a jurisprudência no sentido de se permitir a averbação dentro dos limites do poder geral de cautela do juiz" (STJ, REsp 687.300/RS, Rel. Min. Luis Felipe Salomão, 4ª Turma, jul. 05.08.2010, *DJe* 23.08.2010).

"A medida cautelar de protesto, prevista nos arts. 867 e seguintes do CPC [art. 726 do CPC/2015], se caracteriza por não acrescentar e nem diminuir direitos. Apenas conserva ou preserva direitos porventura preexistentes. Por isso incabível o pedido de averbação do protesto junto ao registro de imóveis, pois, com isso, estar-se-ia restringindo o direito do requerido de dispor livremente sobre a sua propriedade, a medida que a averbação poderia prejudicar eventuais negócios lícitos. O protesto contra a alienação de bens tem a finalidade de levar ao conhecimento de alguém determinada intenção do promovente de medida, não podendo, ante seu limitado âmbito, alterar relações jurídicas e nem interferir na livre disposição dos bens. Quando cumulado o pedido de protesto com pretensão obstativa a atos de disposição (fulcrada no poder geral de cautela – art. 798, CPC) [art. 297 do CPC/2015] não pode ao feito ser imprimido o procedimento próprio do protesto, que não admite defesa (art. 871, CPC), sob pena de violação ao devido processo legal. Ademais, na hipótese, o imóvel sob o qual incidiu o protesto, serve de residência dos impetrantes, de sorte que é impenhorável, de acordo com a Lei 8.009/90. E se é impenhorável, não há razão para se pretender impedir eventual alienação, porquanto nunca servirá como garantia de eventual execução" (TJRS, MS 70013991542, Rel. Marilene Bonzanini Bernardi, 9ª Câmara, jul. 15.03.2006).

Mandado de segurança. "Não há recurso contra decisão que defere protesto contra a alienação de bens. Se assim ocorre, o STJ admite mandado de segurança contra esse ato judicial" (STJ, RMS 16.406/SP, Rel. Min. Humberto Gomes de Barros, 1ª Turma, jul. 12.08.2003, *DJ* 01.09.2003, p. 217). **No mesmo sentido:** STJ, RO em MS 11.088/RJ, Rel. Min. Ruy Rosado de Aguiar, 4ª Turma, jul. 23.11.1999, *DJ* 14.02.2000, p. 31.

Inexistência de restrição negocial em relação ao bem imóvel. "O protesto contra a alienação de bens visa resguardar direitos e prevenir responsabilidade, mas não impede a realização de negócios jurídicos" (STJ, RMS 28.290/RN, Rel. Min. João Otávio de Noronha, 4ª Turma, jul. 05.05.2009, *DJe* 18.05.2009). **No mesmo sentido:** STJ, RMS 24.066/BA, Rel. Min. João Otávio de Noronha, 4ª Turma, jul. 12.02.2008, *DJ* 25.02.2008, p. 1.

Não impede a realização de negócios jurídicos. "O protesto contra alienação de bens não tem o condão de obstar o respectivo negócio tampouco de anulá-lo; apenas tornará inequívocas as ressalvas do protestante em relação ao negócio, bem como a alegação desse – simplesmente alegação – em ter direitos sobre o bem e/ou motivos para anular a alienação" (STJ, REsp 1.229.449/MG, Rel. Min. Nancy Andrighi, 3ª Turma, jul. 07.06.2011, *DJe* 15.09.2011).

5. Direito cambiário. Protesto de cheque prescrito. Impossibilidade. "É indevido o protesto de título prescrito. Isto porque 'a perda das características cambiárias do título de crédito, como autonomia, abstração e executividade, quando ocorre a prescrição, compromete a pronta exigibilidade do crédito nele representado, o que desnatura a função exercida pelo ato cambiário do protesto de um título prescrito' (AgRg no AREsp 593.208/SP, Rel. Ministro Raul Araújo, Quarta Turma, julgado em 25/11/2014, *DJe* 19/12/2014)" (STJ, AgInt no REsp 1.751.755/RS, Rel. Min. Luis Felipe Salomão, 4ª Turma, jul. 15.12.2020, *DJe* 02.02.2021).

6. Falência. Protesto especial. Duplicata. Comprovação de remessa dos títulos para aceite e da recusa injustificada do devedor. Desnecessidade. "A exigibilidade do protesto da duplicata mercantil para a instrução do processo de falência (i) não exige a realização do protesto especial para fins falimentares, bastando qualquer das modalidades de protesto previstas na legislação de regência; (ii) torna-se suficiente a triplicata protestada ou o protesto por indicações, desde que acompanhada da prova da entrega da mercadoria, por cuidar-se de título causal; (iii) é possível realizar diretamente o protesto por falta de pagamento ou o protesto especial para fins falimentares. Arts. 13, § 2º, da Lei n. 5.474/1968 e 21, § 2º, e 23 da Lei n. 9.492/1997" (STJ, REsp 2.028.234/SC, Rel. Min. Antonio Carlos Ferreira, 4ª Turma, jul. 07.03.2023, *DJe* 13.03.2023).

7. Medidas cautelares contra Ministro de Estado. Competência. "As medidas cautelares a que se refere o art. 867 do Código de Processo Civil (protesto, notificação ou interpelação), quando promovidas contra Ministro de Estado, **não se incluem na esfera de competência originária do Supremo Tribunal Federal**, precisamente porque destituídas de caráter penal. Precedentes. (...) A competência originária do Supremo Tribunal Federal, por qualificar-se como um complexo de atribuições jurisdicionais de extração essencialmente constitucional – e ante o regime de direito estrito a que se acha submetida – não comporta a possibilidade de ser estendida a situações que extravasem os limites fixados, em *numerus clausus*, pelo rol exaustivo inscrito no art. 102, I, da Constituição da República. Precedentes" (STF, Pet 4.089 AgR, Rel. Min. Celso de Mello, Tribunal Pleno, jul. 24.10.2007, *DJe* 31.01.2013). **No mesmo sentido:** STJ, AGRIJ 43/DF, Rel. Min. Humberto Gomes de Barros, Corte Especial, jul. 01.02.2002, *DJU* 18.03.2002, p. 161.

8. Decisão judicial que permite a averbação de protesto na matrícula de um imóvel. Mera publicidade da manifestação de vontade do promovente. Ausência de efeitos sobre as relações jurídicas e direitos. Embargos de terceiro. Recurso incabível. Ver jurisprudência do art. 674.

Art. 727. Também poderá o interessado interpelar o requerido, no caso do art. 726, para que faça ou deixe de fazer o que o requerente entenda ser de seu direito.

BREVES COMENTÁRIOS

A interpelação, nos termos da própria lei, é apenas uma espécie de notificação, identificada pela referência a uma prestação que o promovente reclama do interpelado. Aqui, o que se pretende é que o requerido, especificamente, seja conclamado a fazer ou deixar de fazer alguma coisa, que o interpelante considera como sendo prestação que o interpelado lhe deve.

Vê-se, pois, que não há diferença significativa entre o objetivo dos dois institutos. De acordo com Americano, a interpelação tem o fim específico de servir ao credor para fazer conhecer ao devedor a exigência de cumprimento da obrigação, sob pena de ficar constituído em mora (Jorge Americano. *Comentários ao Código de Processo Civil do Brasil*. 2. ed., São Paulo: Saraiva, 1959, v. III, p. 110). Já a notificação revela intenção do promovente de adotar certa conduta frente a outro ou outros participantes de uma mesma relação jurídica (art. 726).

Enfim, a natureza jurídica e o procedimento são os mesmos, quer se cuide de protesto, notificação ou interpelação.

JURISPRUDÊNCIA SELECIONADA

1. Protesto contra a alienação de bens. Averbação no registro imobiliário. Poder geral de cautela. "O acórdão recorrido está em harmonia com a orientação desta Corte no sentido de que a averbação do protesto contra a alienação de bens está inserida no poder geral de cautela do juiz, insculpido no art. 798 do Código de Processo Civil de 1973, que dá liberdade ao magistrado para determinar quaisquer medidas que julgar adequadas a fim de evitar lesão às partes envolvidas." (STJ, Agint-RMS 46.961, Rel. Min. Ricardo Vilas Boas, 3ª Turma, *DJE* 01.09.2017). **No mesmo sentido:** STJ, AgRg no RMS 48.140/GO, Rel. Min. Luis Felipe Salomão, 4ª Turma, jul. 03.12.2015, *DJe* 11.12.2015; STJ, AgRg no RMS 33.772/MS, Rel. Min. Ricardo Villas Bôas Cueva, 3ª Turma, jul. 20.05.2014, *DJe* 30.05.2014.

Art. 728. O requerido será previamente ouvido antes do deferimento da notificação ou do respectivo edital:

I – se houver suspeita de que o requerente, por meio da notificação ou do edital, pretende alcançar fim ilícito;

II – se tiver sido requerida a averbação da notificação em registro público.

BREVES COMENTÁRIOS

O efeito da notificação, por vezes, depende de a notícia da manifestação de vontade ir além do requerido, para preservar o interesse do notificante também perante terceiros incertos. Por isso, o CPC/2015 permite que as notificações e protestos sejam averbados em registro público. Mas, antes de autorizar a medida, o juiz ouvirá o promovido, e apreciará suas objeções, se houver (art. 728, II). Essa oitiva, naturalmente, pressupõe que, após a intimação inicial, o promovido tenha se feito representar nos autos por advogado. O requerido, ao ser intimado, toma ciência do pedido do promovente constante da inicial, inclusive no que toca à publicação de editais e à averbação em registro público. Se deseja opor-se a tais diligências terá de se fazer representar por advogado no processo. Se não agir assim, se colocará na posição de revel, e, pois, o juiz não terá de intimá-lo a se manifestar antes de deliberar sobre os editais e o registro público.

Nas situações delineadas no art. 728, o juiz não pode deferir as medidas nele dispostas, no deferimento da inicial. A notificação será cientificada ao requerido, o qual tomará ciência oficial, em toda extensão, da vontade do requerente. É postergada, na espécie, a apreciação dos efeitos que o promovente quer atribuir à notificação, ou seja, a decisão sobre a publicação do edital para conhecimento de terceiros e a averbação em cartório de registro serão objeto de deliberação judicial posterior à intimação do promovido. À vista das alegações e, eventualmente, de documentos do promovido, o juiz decidirá sobre a conveniência da expedição do edital ou da averbação pleiteadas pelo requerente. Da determinação do juiz de ouvir o requerido, não cabe recurso, por se tratar de despacho previsto em lei, e não de decisão interlocutória (art. 1.001).

JURISPRUDÊNCIA SELECIONADA

1. Decisão judicial que permite a averbação de protesto na matrícula de um imóvel. Mera publicidade da manifestação de vontade do promovente. Ausência de efeitos sobre as relações jurídicas e direitos. Embargos de terceiro. Recurso incabível. Ver jurisprudência do art. 674.

Art. 729. Deferida e realizada a notificação ou interpelação, os autos serão entregues ao requerente.

CPC/1973

Art. 872.

BREVES COMENTÁRIOS

Feitas as intimações, os autos serão entregues ao requerente. O processado é documento de livre disposição da parte. Não há, nos protestos, notificações e interpelações qualquer espécie de sentença, nem mesmo homologatória.

Na realidade, a atividade do juiz é meramente administrativa, nada tendo de jurisdicional. É em tudo igual à do oficial do Registro de Protestos, nos casos de protestos de títulos cambiários. "Toda função julgadora se exaure com o deferimento ou indeferimento" da medida (PONTES DE MIRANDA, Francisco Cavalcanti. *Comentários ao Código de Processo Civil*. Rio de Janeiro: Forense, 1959, v. IX, p. 176). Por isso, do protesto, da interpelação ou da notificação não resulta prevenção de competência para o futuro e eventual processo, como se dá nas verdadeiras medidas cautelares preparatórias.

JURISPRUDÊNCIA SELECIONADA

1. Homologação de acordo. "Feitas as intimações, ordenará o juiz que pagas as custas e decorridas 48 horas, sejam os autos entregues à parte independentemente de traslado. Assim, não havendo ainda a lide, que só acontecerá no processo principal, não se pode nos autos de protesto homologar acordo apresentado pelo protestante e protestado, sob pena de se dar efeito litigioso à medida cautelar" (TJSC, Ap. 21.665, Rel. Des. Protásio Leal Filho, 1ª Câmara, jul. 25.10.1984, *JC* 46/182).

Seção III
Da Alienação Judicial

Art. 730. Nos casos expressos em lei, não havendo acordo entre os interessados sobre o modo como se deve realizar a alienação do bem, o juiz, de ofício ou a requerimento dos interessados ou do depositário, mandará aliená-lo em leilão, observando-se o disposto na Seção I deste Capítulo e, no que couber, o disposto nos arts. 879 a 903.

CPC/1973

Art. 1.113.

REFERÊNCIA LEGISLATIVA

CC, arts. 497 (bens que não podem ser adquiridos em hasta pública), 1.237 (alienação de bem descoberto para arcar com as despesas e a recompensa do descobridor), 1.501 (arrematação ou adjudicação de bem hipotecado), 1.748, IV, 1.750 (venda de bem pelo tutor), 1.774, 1.781 (curatela), 2.019 (alienação de bem insuscetível de divisão cômoda).

C. Com., arts. 477 e 478 (responsabilidade das embarcações).

CPC/2015, arts. 742 (alienação de bens da herança jacente), 852 (alienação antecipada dos bens penhorados) e 881, § 2º, a 883 (leilão público).

Decreto-lei n.º 167/1967, art. 41, § 1º (venda antecipada de bem gravado em cédula de crédito rural).

BREVES COMENTÁRIOS

A forma normal das alienações judiciais é o leilão, determinado pelo juiz de ofício ou a requerimento dos interessados (CPC/2015, art. 730). Todavia, é possível que elas sejam consumadas por iniciativa da própria parte, ou por intermédio de corretor, nos moldes do art. 880, desde que estejam de acordo todos os interessados. Com relação a bem de incapaz, alienado nos termos do art. 725, do CPC/2015, a venda, por leilão ou outro meio, só poderá ser feita mediante autorização especial do juiz e prévia avaliação judicial (CC, art. 1.750).

JURISPRUDÊNCIA SELECIONADA

1. Bem em perfeito estado de conservação. "Possibilidade de alienação antecipada de bens penhorados em garantia de processos de execução desde que sujeitos a deterioração ou depreciação, devendo ser precedido de avaliação judicial, como na hipótese dos autos. Não tem fundamento a aplicação do art. 620 do CPC [art. 805 do CPC/2015], se não existem outros meios para se satisfazer o crédito executado. Exclui-se da alienação antecipada, veículo que se encontre em perfeito estado de conservação" (TJES, AI 069009000097, Rel. Des. José Eduardo Grandi Ribeiro, 3ª Câmara Cível, jul. 03.04.2001, *DJES* 08.05.2001).

2. Alienação judicial. Embargos à arrematação. Impossibilidade. "Na alienação judicial de coisa comum (CPC, arts. 1.112 a 1.119) [arts. 725 a 730 do CPC/2015], inadmissível é a oposição de embargos à arrematação" (STJ, REsp 184.465/MG, Rel. Min. Sálvio de Figueiredo Teixeira, 4ª Turma, jul. 10.10.2000, *DJU* 18.12.2000).

3. Alienação de coisa comum indivisível. Honorários advocatícios e custas. "Alienação judicial de coisa comum indivisível. Honorários advocatícios e custas. Responsabilidade pelo pagamento. Conquanto se trate de procedimento especial de jurisdição voluntária, responde o vencido pelas despesas, em se tratando, como aqui se trata, de pretensão resistida. Precedente da 3ª Turma do STJ: REsp 8.596" (STJ, REsp 77.057/SP, Rel. Min. Nilson Naves, 3ª Turma, jul. 12.02.1996, *DJ* 25.03.1996).

4. Direito de preferência. Interpretação restritiva. Inaplicabilidade quando se trata de negócio jurídico realizado entre condôminos. "O direito legal de preferência atribuído aos condôminos de bem indivisível (ou não dividido), nos termos do artigo 504 do Código Civil, tem por escopo precípuo o de impedir o ingresso de terceiros estranhos à comunhão, ante o potencial conflituoso inerente a essa forma anômala de propriedade. A alienação/cessão de frações ideais entre condôminos refoge à finalidade intrínseca ao direito de preferência, uma vez que não se trata de hipótese de ingresso de terceiro/estranho à comunhão, mas de manutenção dos consortes (à exceção daquele que alienou integralmente a sua parcela), apenas com alterações no percentual da parte ideal daquele que adquiriu a parte de outrem" (STJ, REsp 1137176/PR, Rel. Min. Marco Buzzi, 4ª Turma, jul. 16.02.2016, *DJe* 24.02.2016).

5. Venda de imóveis. Interesse de menores. Prevalência do foro da situação do imóvel. "Conflito de competência. Processo civil. Prevalência do foro da situação do imóvel sobre o do inventário. Mesmo havendo interesse de menores, em se tratando de venda de imóvel, o foro da situação deste (CPC, art. 95) [art. 47 do CPC/2015] deve prevalecer sobre o foro do inventário (CPC, art. 96) [art. 48 do CPC/2015], regendo-se aquele por critério de competência absoluta" (STJ, CC 799/DF, Rel. Min. Sálvio de Figueiredo Teixeira, 2ª Seção, jul. 13.12.1989, *DJ* 12.03.1990).

6. Manifestação da parte contrária. Ver jurisprudência do art. 852 do CPC/2015.

7. Desídia do depositário. "Desídia do depositário do bem perecível em não oferecê-lo para alienação antecipada ou substituí-lo pelo seu valor" (STJ, RHC 12.572/GO, Rel. Min. Eliana Calmon, 2ª Turma, jul. 06.06.2002, *DJU* 05.08.2002, p. 219).

8. Extinção de condomínio. Alienação judicial de bem comum. Pagamento de aluguéis. "Possibilidade de alienação judicial do imóvel: Improcedência do argumento de que a venda acarretará prejuízo à ex-companheira, considerando que ela detém a titularidade de apenas 50% dos direitos aquisitivos do imóvel. Ex-companheira na posse do imóvel há mais de quatro anos, período em que se manteve anunciado para venda. Correto o deferimento do pedido de alienação judicial do imóvel, pois a utilização exclusiva do bem por parte da requerida impossibilita o autor de dispor do bem. Constitui, finalmente, direito potestativo do condômino de bem imóvel indivisível promover a extinção do condomínio mediante alienação judicial da coisa" (STJ, REsp 1.852.807/PR, Rel. Min. Paulo de Tarso Sanseverino, 3ª Turma, jul. 10.05.2022, *DJe* 13.05.2022).

Seção IV
Do Divórcio e da Separação Consensuais, da Extinção Consensual de União Estável e da Alteração do Regime de Bens do Matrimônio

Art. 731. A homologação do divórcio ou da separação consensuais, observados os requisitos legais, poderá ser requerida em petição assinada por ambos os cônjuges, da qual constarão:

I – as disposições relativas à descrição e à partilha dos bens comuns;

II – as disposições relativas à pensão alimentícia entre os cônjuges;

III – o acordo relativo à guarda dos filhos incapazes e ao regime de visitas; e

IV – o valor da contribuição para criar e educar os filhos.

Parágrafo único. Se os cônjuges não acordarem sobre a partilha dos bens, far-se-á esta depois de homologado o divórcio, na forma estabelecida nos arts. 647 a 658.

CPC/1973

Art. 1.120.

REFERÊNCIA LEGISLATIVA

LDI (Lei do divórcio, n.º 6.515/1977), arts. 3º, 4º, 7º, 8º, 9º, 13, 15, 16, 21 a 23, 34, 39, 40, § 2º, 41, 42 e 46.

CF, art. 226, § 6º (de acordo com a Emenda Constitucional nº 66, de 13.07.2010).

SÚMULAS

Súmula do STF

N.º 116: "Em desquite ou inventário, é legítima a cobrança do chamado imposto de reposição, quando houver desigualdade nos valores partilhados".

Súmula do STJ

N.º 336: "A mulher que renunciou aos alimentos na separação judicial tem direito à pensão previdenciária por morte do ex-marido, comprovada a necessidade econômica superveniente".

BREVES COMENTÁRIOS

A Emenda Constitucional nº 66/2010 alterou significativamente o § 6º do art. 226 da Constituição Federal, ao tornar possível o divórcio direto, sem mais condicioná-lo à prévia separação judicial ou a qualquer outro interstício anterior de separação de fato. Com tal modificação, passa a ter vez no Direito de Família a figura da intervenção mínima do Estado, simplificando a ruptura do vínculo matrimonial. Importante ressaltar, outrossim, que o Código Civil de 2002 reconheceu como entidade familiar a união estável entre o homem e a mulher, configurada na convivência pública, contínua e duradoura, estabelecida com o objetivo de constituição de família (art. 1.723). Facilitou, ainda, sua conversão em casamento, mediante simples pedido dos companheiros ao juiz e assento no Registro Civil (art. 1.726).

Posteriormente, a união estável e o casamento entre pessoas do mesmo sexo foram reconhecidos pelo STJ e STF (STF, Pleno, ADI 4.277/DF, Rel. Min. Ayres Britto, ac. 05.05.2011, *DJe* 14.10.2011; STJ, 4ª T., REsp 1.183.378/RS, Rel. Min. Luis Felipe Salomão, ac. 25.10.2011, *DJe* 01.02.2012). O STF, ao interpretar o art. 1.723 do Código Civil, afirmou dever ser excluído "qualquer significado que impeça o reconhecimento da união contínua, pública e duradoura entre pessoas do mesmo sexo como família. Reconhecimento que é de ser feito segundo as mesmas regras e com as mesmas consequências da união estável heteroafetiva" (STF, Tribunal Pleno, ADPF 132/RJ, Rel. Min. Ayres Britto, ac. 05.05.2011, *DJe* 13.10.2011). Esta ação foi julgada com eficácia *erga omnes* e efeito vinculante, ficando os Ministros autorizados a decidirem monocraticamente sobre a mesma questão.

Destarte, é de se reconhecer, também, a possibilidade de extinção consensual, ou litigiosa, da união estável, o que, à míngua de regulação específica processual, era admitida pela doutrina e jurisprudência pátrias seguindo as regras do divórcio e da separação judicial.

O divórcio, a separação e a extinção da união estável de forma consensual integram a jurisdição voluntária, uma vez que são processados em juízo sem a existência de litígio entre os interessados e a intervenção do magistrado ocorre apenas com o fito de fiscalizar a regularidade do ajuste de vontades operado entre os consortes. A intervenção do juiz, portanto, é apenas administrativa e tende tão somente a cooperar para a constituição de um estado jurídico novo. A petição inicial do procedimento, além de observar os requisitos legais, deve conter os dados elencados no art. 731.

JURISPRUDÊNCIA SELECIONADA

1. Divórcio

Divórcio consensual. Guarda compartilhada. Não decretação. "A guarda compartilhada somente deixará de ser aplicada, quando houver inaptidão de um dos ascendentes para o exercício do poder familiar, fato que deverá ser declarado prévia ou incidentalmente à ação de guarda, por meio de decisão judicial, no sentido da suspensão ou da perda do Poder Familiar" (STJ, REsp 1629994/RJ, Rel. Min. Nancy Andrighi, 3ª Turma, jul. 06.12.2016, *DJe* 15.12.2016).

Partilha. Cotas sociais de empresa. Separação de fato. Administração exclusiva de um dos cônjuges. Atividades encerradas. Juros e correção monetária. Cabimento. "Na forma do artigo 389 do Código Civil de 2002, incidem juros e correção monetária sobre a avaliação do conteúdo econômico de cotas sociais de empresa objeto de partilha em divórcio que, após a separação do então casal, sob a administração exclusiva de um dos ex-cônjuges, encerrou suas atividades comerciais" (STJ, REsp 1.689.220/RS, Rel. Min. Ricardo Villas Bôas Cueva, 3ª Turma, jul. 19.05.2020, *DJe* 27.05.2020).

Ação de divórcio consensual c/c partilha de bens. Retratação unilateral. Impossibilidade apenas em relação aos direitos disponíveis. "Especificamente em relação ao pronunciamento dos cônjuges quanto à intenção de se divorciarem, às disposições relacionadas à divisão dos bens e dívidas em comum e, no caso, à renúncia de alimentos entre si, por se encontrarem na esfera de sua estrita disponibilidade, seus termos hão de ser considerados como verdadeira transação, cuja validade e eficácia dependem exclusivamente da higidez da manifestação de vontade das partes apostas no acordo. A perfectibilização do acordo, nessa parte, demanda, simplesmente, a livre manifestação de vontade das partes, não cabendo ao Juízo, nesse caso, outra providência que não a homologação. Saliente-se, a esse propósito, afigurar-se absolutamente dispensável a designação de audiência destinada à ratificação dos termos já acordados. A rescisão de seus termos somente se afigura possível, se a correlata pretensão for veiculada em ação própria e embasada em algum vício de consentimento (tais como erro, dolo, coação, estado de perigo, lesão ou fraude contra credores), ou de defeito insanável (devidamente especificado no art. 166 do Código Civil), do que, na espécie, em princípio, não se cogita. Já o acordo estabelecido e subscrito pelos cônjuges no tocante ao regime de guarda, de visita e de alimentos em relação ao filho menor do casal assume o viés de mera proposição submetida ao Poder Judiciário, que haverá de sopesar outros interesses, em especial, o preponderante direito da criança, podendo, ao final, homologar ou não os seus termos. Em se tratando, pois, de mera proposição ao Poder Judiciário, qualquer das partes, caso anteveja alguma razão para se afastar das disposições inicialmente postas, pode, unilateralmente, se retratar. Ressalte-se, aliás, que, até mesmo após a homologação judicial acerca do regime de guarda, de visita e de alimentos relativos ao filho menor, se uma circunstância superveniente alterar os fatos submetidos ao Juízo, absolutamente possível que seus termos sejam judicialmente alterados por provocação das partes" (STJ, REsp 1.756.100/DF, Rel. Min. Marco Aurélio Bellizze, 3ª Turma, jul. 02.10.2018, *DJe* 11.10.2018).

Partilha. Condomínio. Arbitramento de aluguel pelo uso exclusivo do bem comum. "Conforme entendimento desta Corte Superior, na hipótese em que apenas um dos cônjuges detém com exclusividade a posse do imóvel comum do casal, haverá pagamento, a título de aluguel, ao outro cônjuge que não está na posse do bem. Precedentes" (STJ, AgInt no AREsp 1.545.526/SP, Rel. Min. Raul Araújo, 4ª Turma, jul. 10.08.2020, *DJe* 26.08.2020).

Partilha. Ajuizamento posterior ao divórcio. Comunhão universal. Direito potestativo. Prescrição extintiva. Decadência. Não cabimento. "Hipótese: ação promovida pelo ex-cônjuge, a fim de concretizar a partilha do patrimônio amealhado na constância da sociedade conjugal – regida pela comunhão universal –, que não fora realizada por ocasião da ação de divórcio. Discussão acerca da configuração da prescrição extintiva da pretensão veiculada na exordial. (...) Nesse contexto, abstraída a controvertida determinação de sua natureza jurídica ou seu *nomen iuris*, mormente no caso em tela, em que se cuida de um único imóvel, tendo sido o casamento regido pela comunhão universal, forçoso reconhecer a possibilidade de o ex-cônjuge, a qualquer tempo, requerer a sua cessação/extinção por meio da efetivação da partilha. A partilha consubstancia direito potestativo dos ex-cônjuges relativamente à dissolução de uma universalidade de bens, independentemente da conduta ou vontade do outro sujeito integrante desta relação (sujeito passivo). Ausente a configuração de prestação imputável a outra parte – dar, fazer, não fazer –, característica dos direitos subjetivos, não há falar em sujeição a prazos de prescrição. O direito à partilha é, portanto, expressão do poder de modificar ou extinguir relações jurídicas por meio de uma declaração judicial, obtida a partir de uma ação de natureza constitutiva negativa (desconstitutiva), à qual a legislação pátria não comina prazo decadencial. Na hipótese, inexistentes limites temporais (prescrição ou decadência), afigura-se correto o afastamento da prejudicial de mérito, com a determinação do regular prosseguimento do feito no primeiro grau de jurisdição, âmbito no qual serão analisadas as demais teses defensivas" (STJ, REsp 1.817.812/SP, Rel. Min. Marco Buzzi, 4ª Turma, jul. 03.09.2024, *DJe* 20.09.2024).

2. União estável.

Anulação de partilha de bens. Prazo decadencial. "É de **quatro anos** o prazo de decadência para anular partilha de bens em dissolução de união estável, por vício de consentimento (coação), nos termos do art. 178 do Código Civil" (STJ, REsp 1.621.610/SP, Rel. Min. Luis Felipe Salomão, 4ª Turma, jul. 07.02.2017, *DJe* 20.03.2017).

Comunhão parcial. Previdência privada fechada. Partilha. "A previdência privada possibilita a constituição de reservas para contingências futuras e incertas da vida por meio de entidades organizadas de forma autônoma em relação ao regime geral de previdência social. (...) O artigo 1.659, inciso VII, do CC/2002 expressamente exclui da comunhão de bens as pensões, meios-soldos, montepios e outras rendas semelhantes, como, por analogia, é o caso da previdência complementar fechada. O equilíbrio financeiro e atuarial é princípio nuclear da previdência complementar fechada, motivo pelo qual permitir o resgate antecipado de renda capitalizada, o que em tese não é possível à luz das normas previdenciárias e estatutárias, em razão do regime de casamento, representaria um novo parâmetro para a realização de cálculo já extremamente complexo e desequilibraria todo o sistema, lesionando participantes e beneficiários, terceiros de boa-fé, que assinaram previamente o contrato de um fundo sem tal previsão" (STJ, REsp 1.477.937/MG, Rel. Min. Ricardo Villas Bôas Cueva, 3ª Turma, jul. 27.04.2017, *DJe* 20.06.2017).

Dissolução. Partilha de bens. Pretensão de partilhar quotas sociais da sociedade de advogados. Ver jurisprudência do art. 599 do CPC/2015.

3. Valores depositados em conta vinculada ao FGTS antes da constância da sociedade conjugal. Inexistência de meação. "O entendimento atual do Superior Tribunal de Justiça é o de que os proventos do trabalho recebidos, por um ou outro cônjuge, na vigência do casamento, compõem o patrimônio comum do casal, a ser partilhado na separação, tendo em vista a formação de sociedade de fato, configurada pelo esforço comum dos cônjuges, independentemente de ser financeira a contribuição de um dos consortes e do outro não. Assim, **deve ser reconhecido o direito à meação dos valores do FGTS auferidos durante a constância do casamento**, ainda que o saque daqueles valores não seja realizado imediatamente à separação do casal" (STJ, REsp 1399199/RS, Rel. p/ Acórdão Min. Luis Felipe Salomão, 2ª Seção, jul. 09.03.2016, *DJe* 22.04.2016)

4. Emenda Constitucional nº 66/2010. Separação judicial ou extrajudicial. Preservação. "A Emenda à Constituição nº 66/2010 apenas excluiu os requisitos temporais para facilitar o divórcio. O constituinte derivado reformador não revogou, expressa ou tacitamente, a legislação ordinária que cuida da separação judicial, que remanesce incólume no ordenamento pátrio, conforme previsto pelo Código de Processo Civil de 2015 (arts. 693, 731, 732 e 733 da Lei nº 13.105/2015)" (STJ, REsp 1431370/SP, Rel. Min. Ricardo Villas Bôas Cueva, 3ª Turma, jul. 15.08.2017, *DJe* 22.08.2017).

A separação judicial não é requisito para o divórcio: "Após a promulgação da EC nº 66/2010, a separação judicial não é mais requisito para o divórcio nem subsiste como figura autônoma no ordenamento jurídico. Sem prejuízo, preserva-se o estado civil das pessoas que já estão separadas, por decisão judicial ou escritura pública, por se tratar de ato jurídico perfeito (art. 5º, XXXVI, da CF)" (STF, RE 1167478/RJ (Tema 1.053 de repercussão geral), Rel. Min. Luiz Fux, Pleno, jul. 08.11.2023, acórdão ainda pendente de publicação).

Separação judicial. Legitimidade ativa. "Somente os cônjuges têm legitimidade *ad causam* ativa para o procedimento judicial de separação. No caso de incapacidade, serão representados por curador, ascendente ou irmão, conforme dispõe expressamente o § 1º do art. 3º da Lei nº 6.515/77" (TJMG, Ap 68.982, Rel. Des. Sálvio de Figueiredo Teixeira, 3ª Câmara, jul. 22.05.1986; *RT* 616/169).

5. Uso exclusivo de imóvel por uma das partes. Estipulação de aluguel. Admissibilidade. Ver jurisprudência do art. 693 do CPC/2015.

6. Partilha de bens. Direitos possessórios sobre bem edificado em loteamento irregular. Possibilidade. "Dada a autonomia existente entre o direito de propriedade e o direito possessório, a existência de expressão econômica do direito possessório como objeto de partilha e a existência de parcela significativa de bens que se encontram em situação de irregularidade por motivo distinto da má-fé dos possuidores, é possível a partilha de direitos possessórios sobre bem edificado em loteamento irregular, quando ausente a má-fé, resolvendo, em caráter particular, a questão que decorre da dissolução do vínculo conjugal, e relegando a segundo momento a discussão acerca da regularidade e formalização da propriedade sobre o bem imóvel" (STJ, REsp 1739042/SP, Rel. Min. Nancy Andrighi, 3ª Turma, jul. 08.09.2020, *DJe* 16.09.2020).

7. Extinção de condomínio. Alienação judicial de bem comum. Pagamento de aluguéis. Ver jurisprudência do art. 730 do CPC/2015.

8. Retificação. Sobrenome. Registro de nascimento dos filhos. Direito subjetivo. "É direito subjetivo da pessoa retificar seu patronímico no registro de nascimento de seus filhos após divórcio. A averbação do patronímico no registro de nascimento do filho em decorrência do casamento atrai, à luz do princípio da simetria, a aplicação da mesma norma à hipótese inversa, qual seja, em decorrência do divórcio, um dos genitores deixa de utilizar o nome de casado (art. 3º, parágrafo único, da Lei nº 8.560/1992). Em razão do princípio da segurança jurídica e da necessidade de preservação dos atos jurídicos até então praticados, o nome de casada não deve ser suprimido dos assentamentos, procedendo-se, tão somente, a averbação da alteração requerida após o divórcio" (STJ, REsp 1.279.952/MG, Rel. Min. Ricardo Villas Bôas Cueva, 3ª Turma, jul. 03.02.2015, *DJe* 12.02.2015).

Art. 732. As disposições relativas ao processo de homologação judicial de divórcio ou de separação consensuais aplicam-se, no que couber, ao processo de homologação da extinção consensual de união estável.

BREVES COMENTÁRIOS

O atual Estatuto processual manteve o procedimento de jurisdição voluntária que estabelece o rito de homologação da separação consensual, incorporando nos dispositivos pertinentes a referência ao divórcio por acordo (art. 731). Além disso, acrescentou norma para submeter ao mesmo trâmite o processo de homologação da extinção consensual de união estável (art. 732), além de dedicar um artigo à alteração de regime de bens (art. 734). Esse rol, todavia, não é taxativo, pois outras ações, como reconhecimento de união estável, guarda, visitação e filiação, podem ser consensuais e se submetem ao rito especial da jurisdição voluntária ora em análise.

JURISPRUDÊNCIA SELECIONADA

1. **Direito de Família. Sociedade de Fato. Aquisição patrimonial. Esforço comum. Prova. Lei nº 9.278/1996. Irretroatividade.** "Cinge-se a controvérsia a avaliar se os bens amealhados em período anterior à vigência da Lei nº 9.278/1996 devem ser divididos proporcionalmente, sem a demonstração da efetiva participação, direta ou indireta, de cada companheiro para a construção do patrimônio. A presunção legal de esforço comum na aquisição patrimonial na união estável foi introduzida pela Lei nº 9.278/1996. Na hipótese, incide o regime concernente às sociedades de fato em virtude do ordenamento jurídico em vigor no momento da respectiva aquisição (Súmula nº 380/STF)" (STJ, REsp 1752883/GO, Rel. Min. Ricardo Villas Bôas Cueva, 3ª Turma, jul. 25.09.2018, *DJe* 01.10.2018).

2. **Dissolução de união estável. Prêmio de loteria. Necessidade de meação.** "O prêmio da lotomania, recebido pelo ex-companheiro, sexagenário, deve ser objeto de partilha, haja vista que: i) se trata de bem comum que ingressa no patrimônio do casal, independentemente da aferição do esforço de cada um; ii) foi o próprio legislador quem estabeleceu a referida comunicabilidade; iii) como se trata de regime obrigatório imposto pela norma, permitir a comunhão dos aquestos acaba sendo a melhor forma de se realizar maior justiça social e tratamento igualitário, tendo em vista que o referido regime não adveio da vontade livre e expressa das partes; iv) a partilha dos referidos ganhos com a loteria não ofenderia o desiderato da lei, já que o prêmio foi ganho durante a relação, não havendo falar em matrimônio realizado por interesse ou em união meramente especulativa" (STJ, REsp 1.689.152/SC, Rel. Min. Luis Felipe Salomão, 4ª Turma, jul. 24.10.2017, *DJe* 22.11.2017).

3. **Ação de reconhecimento e dissolução de união estável. Partilha de direitos sobre concessão de uso de bem público. Possibilidade.** "Na dissolução de união estável, é possível a partilha dos direitos de concessão de uso para moradia de imóvel público. Os entes governamentais têm se valido da concessão de uso como meio de concretização da política habitacional e de regularização fundiária, conferindo a posse de imóveis públicos para a moradia da população carente. A concessão de uso de bens para fins de moradia, apesar de, por ela, não se alterar a titularidade do imóvel e ser concedida, em regra, de forma graciosa, possui, de fato, expressão econômica, notadamente por conferir ao particular o direito ao desfrute do valor de uso em situação desigual em relação aos demais particulares. Somado a isso, verifica-se, nos normativos que regulam as referidas concessões, a possibilidade de sua transferência, tanto por ato *inter vivos* como *causa mortis*, o que também agrega a possibilidade de ganho patrimonial ao mencionado direito. Na hipótese, concedeu-se ao casal o direito de uso do imóvel. Consequentemente, ficaram isentos dos ônus da compra da casa própria e dos encargos de aluguéis, o que, indubitavelmente, acarretou ganho patrimonial extremamente relevante" (STJ, REsp 1.494.302/DF, Rel. Min. Luis Felipe Salomão, 4ª Turma, jul. 13.06.2017, *DJe* 15.08.2017).

Art. 733. O divórcio consensual, a separação consensual e a extinção consensual de união estável, não havendo nascituro ou filhos incapazes e observados os requisitos legais, poderão ser realizados por escritura pública, da qual constarão as disposições de que trata o art. 731.

§ 1º A escritura não depende de homologação judicial e constitui título hábil para qualquer ato de registro, bem como para levantamento de importância depositada em instituições financeiras.

§ 2º O tabelião somente lavrará a escritura se os interessados estiverem assistidos por advogado ou por defensor público, cuja qualificação e assinatura constarão do ato notarial.

CPC/1973

Art. 1.124-A.

REFERÊNCIA LEGISLATIVA

Resolução nº 35, de 24.04.2007, do Conselho Nacional de Justiça (www.cnj.gov.br).

Provimento 53/2016 do CNJ (dispõe sobre a averbação direta por Oficial de Registro Civil das Pessoas Naturais da sentença estrangeira de divórcio consensual simples ou puro, no assento de casamento, independentemente de homologação judicial).

BREVES COMENTÁRIOS

Em todos os casos de separação consensual, de divórcio consensual (direto ou por conversão) ou dissolução da união estável consensual, há circunstâncias em que a lei dispensa o procedimento judicial de jurisdição voluntária e permite às partes o acesso à via administrativa para obter tanto a separação, o divórcio, como a dissolução da união estável extrajudicialmente (por via administrativa), sem depender sequer da posterior homologação em juízo.

Prevê o art. 733 do CPC/2015 essa possibilidade, desde que não haja nascituro ou filhos incapazes. Para tanto, os cônjuges (ou ex-cônjuges) ou companheiros deverão recorrer a um Tabelionato de Notas de sua escolha, para reduzir à escritura pública o acordo a que chegaram. Eventualmente, esses atos podem ser praticados pelo oficial de Registro Civil das Pessoas Naturais que possui a atribuição notarial, como ocorre, por exemplo, em municípios pequenos, que não são sede de comarca. Os consortes deverão ser assistidos por advogado – comum ou não – que acompanhará o ato notarial e firmará a escritura com o tabelião e as partes.

JURISPRUDÊNCIA SELECIONADA

1. **Facultatividade.** "O divórcio consensual mediante escritura pública previsto no art. 1124-A do CPC [art. 733 do CPC/2015], com a modificação trazida pela Lei nº 11.441/07, é mera faculdade atribuída ao casal, sendo-lhes possível, caso prefiram, recorrer ao judiciário" (TJMG, Apelação Cível 1.0686.06.182311-4/001, Rel. Des. Dídimo Inocêncio de Paula, 3ª Câmara Cível, jul. 19.07.2007, *DJ* 02.08.2007).

Art. 734. A alteração do regime de bens do casamento, observados os requisitos legais, poderá ser requerida, motivadamente, em petição assinada por ambos os cônjuges, na qual serão expostas as razões que justificam a alteração, ressalvados os direitos de terceiros.

§ 1º Ao receber a petição inicial, o juiz determinará a intimação do Ministério Público e a publicação de edital que divulgue a pretendida alteração de bens, somente podendo decidir depois de decorrido o prazo de 30 (trinta) dias da publicação do edital.

§ 2º Os cônjuges, na petição inicial ou em petição avulsa, podem propor ao juiz meio alternativo de divulgação da alteração do regime de bens, a fim de resguardar direitos de terceiros.

§ 3º Após o trânsito em julgado da sentença, serão expedidos mandados de averbação aos cartórios de registro civil e de imóveis e, caso qualquer dos cônjuges seja empresário, ao Registro Público de Empresas Mercantis e Atividades Afins.

BREVES COMENTÁRIOS

Inserida no CPC/2015, em seu art. 734, a alteração de regime de bens do casamento passa a integrar os procedimentos de jurisdição voluntária, na seção IV, conforme já mencionado. Observados os requisitos legais, essa alteração deve ser requerida mediante petição fundamentada (art. 734, *caput*), que conterá:

(a) a assinatura de ambos os cônjuges;

(b) as razões que justifiquem a alteração solicitada;

(c) facultativamente, meios alternativos de divulgação do requerimento, com o objetivo de resguardar direitos de terceiros (art. 734, § 2º).

O juiz determinará a intimação do Ministério Público, cuja participação é obrigatória, e a publicação de edital para divulgação da alteração pretendida (§ 3º). Superou-se, portanto, a jurisprudência do STJ que dispensava a observância dos editais na espécie. O juiz somente poderá decidir após transcorrido o prazo de trinta dias da publicação do edital, mediante sentença. A decisão deverá ressalvar eventuais direitos de terceiros, que não poderão ser prejudicados pela alteração de regime do casamento. Contra a decisão judicial, é possível interpor apelação. Transitada em julgado a sentença que modifica o regime de bens matrimonial, serão expedidos os mandados de averbação aos cartórios de registro civil e de imóveis. Se um dos cônjuges for empresário, ocorrerá averbação também no Registro Público de Empresas Mercantis e Atividades Afins (§ 3º).

Consoante jurisprudência do STJ, a eficácia da alteração do regime de bens é *ex nunc*, tendo por termo inicial a data do trânsito em julgado da decisão judicial que o modificou (STJ, 3ª T., REsp 1.300.036/MT, Rel. Min. Paulo de Tarso Sanseverino, ac. 13.05.2014, *DJe* 20.05.2014).

Seção V
Dos Testamentos e dos Codicilos

Art. 735. Recebendo testamento cerrado, o juiz, se não achar vício externo que o torne suspeito de nulidade ou falsidade, o abrirá e mandará que o escrivão o leia em presença do apresentante.

§ 1º Do termo de abertura constarão o nome do apresentante e como ele obteve o testamento, a data e o lugar do falecimento do testador, com as respectivas provas, e qualquer circunstância digna de nota.

§ 2º Depois de ouvido o Ministério Público, não havendo dúvidas a serem esclarecidas, o juiz mandará registrar, arquivar e cumprir o testamento.

§ 3º Feito o registro, será intimado o testamenteiro para assinar o termo da testamentária.

§ 4º Se não houver testamenteiro nomeado ou se ele estiver ausente ou não aceitar o encargo, o juiz nomeará testamenteiro dativo, observando-se a preferência legal.

§ 5º O testamenteiro deverá cumprir as disposições testamentárias e prestar contas em juízo do que recebeu e despendeu, observando-se o disposto em lei.

CPC/1973

Arts. 1.125, 1.126 e 1.127.

REFERÊNCIA LEGISLATIVA

CC, arts. 1.857 a 1.885 (testamento); 1.868 a 1.875 (testamento cerrado).

BREVES COMENTÁRIOS

O CPC/1973 dedicava ao procedimento de apresentação do testamento ao juízo os arts. 1.125 a 1.141, incluindo disposições destinadas à execução dos testamentos. O CPC/2015 simplificou essas regras e regulou a matéria em apenas três artigos (arts. 735 a 737). O art. 735 estabelece os preceitos destinados a serem observados na abertura e no registro do testamento cerrado. O art. 736 contém as normas referentes ao testamento público. E o art. 737 disciplina o processamento do testamento particular. Os parágrafos do art. 735, que instituem o processo de registro do testamento cerrado, são aplicáveis, no que couber, às outras duas modalidades testamentárias. Foram suprimidos desse regulamento os preceitos relacionados com a atribuição do testamenteiro, os quais se encontram positivados no Código Civil.

JURISPRUDÊNCIA SELECIONADA

1. Testamento. Formalidades legais não observadas. Ausência de nulidade. "Evidenciada, tanto a capacidade cognitiva do testador quanto o fato de que testamento, lido pelo tabelião, correspondia, exatamente à manifestação de vontade do *de cujus*, não cabe então, reputar como nulo o testamento, por ter sido preterida solenidades fixadas em lei, porquanto o fim dessas – assegurar a higidez da manifestação do de cujus –, foi completamente satisfeita com os procedimentos adotados". (STJ, REsp 1677931/MG, Rel.ª Min.ª Nancy Andrighi, 3ª Turma, jul. 15.08.2017, *DJe* 22.08.2017)

2. Ação de confirmação de testamento particular. Flexibilidade. "A iterativa jurisprudência deste Tribunal é no sentido de que, para preservar a vontade do testador, são admissíveis determinadas flexibilizações nas formalidades legais exigidas para a validade do testamento particular, a depender da gravidade do vício de que padece o ato de disposição. Precedentes" (STJ, AgInt no AREsp. 1.416.981/SP, Rel. Min. Raul Araújo, 4ª Turma, jul. 23.04.2019, *DJe* 23.05.2019).

3. Cláusula de inalienabilidade, incomunicabilidade e impenhorabilidade. Vigência da restrição. "Conforme a doutrina e a jurisprudência do STJ, a cláusula de inalienabilidade vitalícia tem duração limitada à vida do beneficiário – herdeiro, legatário ou donatário –, não se admitindo o gravame perpétuo, transmitido sucessivamente por direito hereditário. Assim, as cláusulas de inalienabilidade, incomunicabilidade e impenhorabilidade não tornam nulo o testamento que dispõe sobre transmissão causa mortis de bem gravado, haja vista que o ato de disposição somente produz efeitos após a morte do testador, quando então ocorrerá a transmissão da propriedade" (STJ, REsp 1641549/RJ, Rel. Min. Antonio Carlos Ferreira, 4ª Turma, jul. 13.08.2019, *DJe* 20.08.2019).

4. Testamento versando sobre a totalidade do patrimônio do testador. "Embora a interpretação, isolada e literal, do art. 1.857, § 1º, do CC/2002, sugira que a legítima dos herdeiros necessários não pode ser passível de disposição no testamento, esse dispositivo deve ser considerado em conjunto com os demais que regulam a matéria e que demonstram não ser essa a melhor interpretação da regra. Não há óbice para que a parte indisponível destinada aos herdeiros necessários conste e seja referida na escritura pública de testamento pelo autor da herança, desde que isso, evidentemente, não implique em privação ou em redução dessa parcela que a própria lei destina a essa classe de herdeiros. A legítima dos herdeiros necessários poderá ser referida no testamento porque é lícito ao autor da herança, em vida e desde logo, organizar e estruturar a sucessão, desde que seja mencionada justamente para destinar a metade indisponível, ou mais, aos referidos herdeiros, sem que haja privação ou redução da parcela a que fazem jus por força de lei" (STJ, REsp 2.039.541/SP, Rel. Min. Nancy Andrighi, 3ª Turma, jul. 20.06.2023, *DJe* 23.06.2023).

5. Inventário. Cumprimento de disposições testamentárias. Cláusula de nomeação de curadora especial para administração do patrimônio deixado à herdeira incapaz. Herdeira legítima e testamentária. Exercício do poder familiar pelo genitor. Soberania da vontade da testadora. "1. Nos termos do parágrafo 2º do artigo 1.733 do Código Civil, 'quem institui um menor herdeiro, ou legatário seu, poderá nomear-lhe curador especial para os bens deixados, ainda que o beneficiário se encontre sob o poder familiar, ou tutela'. 2. O testamento consubstancia expressão da autonomia privada, inclusive em termos de planejamento sucessório – ainda que limitada pelas regras afetas à sucessão legítima –, e tem por escopo justamente a preservação da vontade daquele que, em vida, concebeu o modo de disposição de seu patrimônio para momento posterior à sua morte, o que inclui a própria administração/gestão dos bens deixados. A preservação da autonomia da vontade é o norte hermenêutico a ser observado na interpretação do artigo referido no item '1', o qual, portanto, confere a faculdade ao testador de nomear curador especial para administração dos bens deixados a herdeiro incapaz, ainda que se encontre sob o poder familiar ou tutela, conforme expressamente indicado no texto legal. Ademais, a instituição desse curador de patrimônio não exclui ou obsta o exercício do poder familiar pelo genitor sobrevivente ou a tutela, porquanto compete àquele tão-somente gerir os bens deixados sob a referida condição, em estrita observância à vontade do autor da herança, sem descurar dos interesses da criança ou adolescente beneficiário. Na hipótese, em atenção à soberania da vontade da testadora, a considerar a existência de expressa previsão normativa a facultar a nomeação de curador especial de patrimônio testado à criança ou adolescente, independentemente do exercício do poder familiar pelo genitor, impõe-se o provimento do apelo extremo para declarar a validade da disposição testamentária" (STJ, REsp 2.069.181/SP, Rel. Min. Marco Buzzi, 4ª Turma, jul. 10.10.2023, *DJe* 26.10.2023).

6. Prova. "O juiz após ouvir o Ministério Público, mandará registrar, arquivar e cumprir o testamento, se não achar vício externo que o torne suspeito de nulidade ou falsidade, devendo eventuais defeitos quanto à formação e manifestação de vontade do testador serem apreciados ou no inventário ou em ação de anulação. Assim, a ampla produção de provas pretendida pelo apelante para desvendar a vontade da testadora ou sua capacidade de testar, não será possível no juízo das sucessões, posto que o procedimento delineado a partir do art. 1.125 do CPC [art. 735 do CPC/2015] não é de cognição ampla" (TJDF, Ap. 20010710135659, Rel. Des. Jerônymo de Souza, 3ª Turma Cível, jul. 31.03.2003, *DJDF* 30.04.2003).

7. Sucessão testamentária. Primazia da vontade do testador. "Nos termos do artigo 1.750 do Código Civil de 1916 (a que corresponde o art. 1.793 do Cód. Civil de 2002) 'Sobrevindo descendente sucessível ao testador, que o não tinha, ou não o conhecia, quando testou, rompe-se o testamento em todas as suas disposições, se esse descendente sobreviver ao testador'. O novo herdeiro, que sobreveio, por adoção *post mortem*, já era conhecido do testador que expressamente o contemplou no testamento e ali consignou, também, a sua intenção de adotá-lo. A pretendida incidência absoluta do art. 1.750 do Cód. Civil de 1916 em vez de preservar a vontade esclarecida do testador, implicaria a sua frustração" (STJ, REsp 985.093/RJ, Rel. Min. Humberto Gomes de Barros, rel. p/ acórdão Min. Sidnei Beneti, 3ª Turma, jul. 05.08.2010, *DJe* 24.09.2010).

8. Deserdação. Injúria Grave. Denunciação caluniosa. "Para fins de fixação de tese jurídica, deve-se compreender que o mero exercício do direito de ação mediante o ajuizamento de ação de interdição do testador, bem como a instauração do incidente tendente a removê-lo (testador sucedido) do cargo de inventariante, não é, por si, fato hábil a induzir a pena deserdação do herdeiro nos moldes do artigo 1.744, II, do Código Civil e 1916 ('injúria grave'), o que poderia, ocorrer, ao menos em tese, se restasse devidamente caracterizado o abuso de tal direito, circunstância não verificada na espécie. Realçando-se o viés punitivo da deserdação, entende-se que a melhor interpretação jurídica acerca da questão consiste em compreender que o artigo 1.595, II, do Código Civil 1916 não se contenta com a acusação caluniosa em juízo qualquer, senão em juízo criminal" (STJ, REsp 1.185.122/RJ, Rel. Min. Massami Uyeda, 3ª Turma, jul. 17.02.2011, *DJe* 02.03.2011).

9. Disposição a favor da concubina (§ 2º). "O simples fato de existir disposição a favor da concubina do testador não autoriza o juiz, na decisão a que se refere o art. 1.126, *caput*, do CPC, a negar '*cumpra-se*' ao testamento" (TJRJ, Ap. 3.353/82, Rel. Des. Barbosa Moreira, 3ª Câmara, jul. 06.12.1988).

10. Formalidades. "O testamento é um ato solene que deve submeter-se a numerosas formalidades que não podem ser descuradas ou postergadas, sob pena de nulidade. Mas todas essas formalidades não podem ser consagradas de modo exacerbado, pois a sua exigibilidade deve ser acentuada ou minorada em razão da preservação dos dois valores a que elas se destinam – razão mesma de ser do testamento – na seguinte ordem de importância: o primeiro, para assegurar a vontade do testador, que já não poderá mais, após o seu falecimento, por óbvio, confirmar a sua vontade ou corrigir distorções, nem explicitar o seu querer que possa ter sido expresso de forma obscura ou confusa; o segundo, para proteger o direito dos herdeiros do testador, sobretudo dos seus filhos" (STJ, REsp 302.767/PR, Rel. Min. César Asfor Rocha, 4ª Turma, jul. 05.06.2001, *RSTJ* 148/467).

Art. 736. Qualquer interessado, exibindo o traslado ou a certidão de testamento público, poderá requerer ao juiz que ordene o seu cumprimento, observando-se, no que couber, o disposto nos parágrafos do art. 735.

CPC/1973

Art. 1.128.

REFERÊNCIA LEGISLATIVA

CC, arts. 1.864 a 1.867 (testamento público).

JURISPRUDÊNCIA SELECIONADA

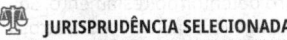

1. Testamento público. Ausência de assinatura do tabelião ou do substituto legal. Higidez e segurança da cédula testamentária comprometidos. Causa de nulidade do instrumento

público. "O testamento público submetido a procedimento de abertura, registro e cumprimento, no qual foi constatada a presença de vício externo grave, consubstanciado na ausência de assinatura e identificação do tabelião que teria presenciado ou lavrado o instrumento, compromete a sua higidez e não permite aferir, com segurança, a real vontade da testadora, não pode juridicamente eficaz" (STJ, REsp 1.703.376/PB, Rel. Min. Moura Ribeiro, 3ª Turma, jul. 06.10.2020, *DJe* 14.10.2020).

2. Anulação de testamento. Invalidade. Falta de capacidade. Não demonstrada. Capacidade atestada por tabelião em escritura pública. Presunção de legitimidade e de veracidade. Presunção *juris tantum* não afastada. "A escritura pública de testamento é negócio jurídico unilateral, perfeito e acabado, com presunção relativa de veracidade, somente podendo ser afastada por prova inequívoca em sentido contrário. (...) A declaração de nulidade do testamento requer a prova inequívoca da capacidade. A declaração de plena capacidade, feita por tabelião que esteve na presença física do testador, goza de presunção de legitimidade e de veracidade, não podendo ser afastada por alegações meramente genéricas, sobre possíveis efeitos colaterais da medicação então utilizada pelo *de cujus*" (TJDFT, Ap. 0725211-61.2019.8.07.0001, Rel. Des. Eustáquio de Castro, 8ª Turma Cível, jul. 21.06.2022, *DJe* 04.07.2022).

3. Vício. "O rito de apresentação do testamento é aquele prescrito nos artigos 1.128, 1.125 e 1.126 do CPC [arts. 736, 735, *caput*, e 735, § 2º, do CPC/2015], onde não há contenciosidade no feito. Não padecendo de vício externo, reputar-se-á o ato válido, que somente poderá ser atacado em sede própria" (TJRS, Ap. 0047572, Rel. Des. José Ataídes Siqueira Trindade, 8ª Câmara Cível, jul. 04.10.2001).

4. Sucessões. Ação ordinária de nulidade de testamento. Incapacidade da testadora comprovada. "Demonstrada a incapacidade da testadora ao tempo das disposições de última vontade, vez que acometida de moléstia que a levava à confusão mental, bem como à alteração de comportamento, impõe-se a declaração de nulidade do testamento, a teor do disposto no art. 1.860, do CC" (TJRS, Ac. 70056271570/RS, Rel. Des. Sandra Brisolara Medeiros, 7ª Câmara Cível, jul. 29.01.2014, *DJ* 03.02.2014).

5. Testamento público. Testador cego. Solenidade preterida. Preservação da vontade do testador. "Atendido os pressupostos básicos da sucessão testamentária – (i) capacidade do testador; (ii) atendimento aos limites do que pode dispor e; (iii) lídima declaração de vontade – a ausência de umas das formalidades exigidas por lei, pode e deve ser colmatada para a preservação da vontade do testador, pois as regulações atinentes ao testamento têm por escopo único, a preservação da vontade do testador. Evidenciada, tanto a capacidade cognitiva do testador quanto o fato de que testamento, lido pelo tabelião, correspondia, exatamente à manifestação de vontade do *de cujus*, não cabe então, reputar como nulo o testamento, por ter sido preterida solenidades fixadas em lei, porquanto o fim dessas – assegurar a higidez da manifestação do *de cujus* –, foi completamente satisfeita com os procedimentos adotados" (STJ, REsp 1.677.931/MG, Rel. Min. Nancy Andrighi, 3ª Turma, ac. 15.08.2017, *DJe* 22.08.2017).

Art. 737. A publicação do testamento particular poderá ser requerida, depois da morte do testador, pelo herdeiro, pelo legatário ou pelo testamenteiro, bem como pelo terceiro detentor do testamento, se impossibilitado de entregá-lo a algum dos outros legitimados para requerê-la.

§ 1º Serão intimados os herdeiros que não tiverem requerido a publicação do testamento.

§ 2º Verificando a presença dos requisitos da lei, ouvido o Ministério Público, o juiz confirmará o testamento.

§ 3º Aplica-se o disposto neste artigo ao codicilo e aos testamentos marítimo, aeronáutico, militar e nuncupativo.

§ 4º Observar-se-á, no cumprimento do testamento, o disposto nos parágrafos do art. 735.

CPC/1973

Arts. 1.130, 1.131, 1.133 e 1.134.

REFERÊNCIA LEGISLATIVA

CC, arts. 1.876 a 1.880 (testamento particular).

BREVES COMENTÁRIOS

O testamento particular submete-se a um procedimento mais complexo do que o dos testamentos cerrado e público. O testamento hológrafo deve ser publicado e confirmado em juízo (CPC/2015, art. 737). Por testamento particular ou hológrafo entende-se aquele que é escrito e assinado pelo testador, que o lê em presença de três testemunhas que também o assinam (CC, art. 1.876). Para dar-lhe cumprimento, exige a lei a confirmação pelas testemunhas, em juízo, após a morte do testador, de que o ato de última vontade foi praticado livre e espontaneamente e com as formalidades do art. 1.876 do Código Civil. Impede a lei, outrossim, que funcionem como testemunhas o herdeiro ou o legatário.

O CPC/1973 estabelecia o rito da publicação do testamento particular em três artigos. O CPC/2015 simplificou a descrição do procedimento aplicável ao caso, que passa a seguir o disposto nos §§ 2º e 3º do art. 737. Inicia-se o procedimento com petição de herdeiro, legatário ou testamenteiro, bem como de terceiro detentor do testamento, se impossibilitado de entregá-lo a algum dos outros legitimados, instruída com o testamento. Havendo necessidade de petição, torna-se necessária a participação de advogado.

Autuada a petição, e após intimação dos herdeiros legítimos e testamentários, do testamenteiro e do órgão do Ministério Público, realizar-se-á a audiência de inquirição das testemunhas que firmaram o testamento.

JURISPRUDÊNCIA SELECIONADA

1. Testamento particular.

Flexibilização das formalidades exigidas em testamento particular. Possibilidade. Leitura do testamento na presença de testemunhas em número inferior ao mínimo legal. "(...) São suscetíveis de superação os vícios de menor gravidade, que podem ser denominados de puramente formais e que se relacionam essencialmente com aspectos externos do testamento particular, ao passo que vícios de maior gravidade, que podem ser chamados de formais-materiais porque transcendem a forma do ato e contaminam o seu próprio conteúdo, acarretam a invalidade do testamento lavrado sem a observância das formalidades que servem para conferir exatidão à vontade do testador. Na hipótese, o vício que impediu a confirmação do testamento consiste apenas no fato de que a declaração de vontade da testadora não foi realizada na presença de três, mas, sim, de somente duas testemunhas, espécie de vício puramente formal incapaz de, por si só, invalidar o testamento, especialmente quando inexistentes dúvidas ou questionamentos relacionados à capacidade civil do testador, nem tampouco sobre a sua real vontade de dispor dos seus bens na forma constante no documento. (...) (STJ, REsp 1583314/MG, Rel.ª Min.ª Nancy Andrighi, 3ª Turma, jul. 21.08.2018, *DJe* 23.08.2018).

Flexibilização das formalidades essenciais. Vícios formais-materiais suscetíveis de contaminar o conteúdo e a vontade do testador. Impossibilidade. "Testamento particular. Flexibilização de requisitos. Possibilidade. Necessidade, contudo, de equilíbrio entre o respeito às formalidades essenciais do testamento e o respeito à vontade do testador. Possibilidade de afastamento dos vícios puramente formais, que se relacionam apenas com aspectos externos do testamento. Impossibilidade de superação dos vícios formais-materiais, suscetíveis de contaminar o conteúdo e colocar em dúvida a real vontade do testador. Testamento particular escrito de próprio punho sem a presença e leitura perante nenhuma testemunha. Ausência, ademais, de circunstâncias excepcionais que justificassem a ausência das testemunhas. Ausência de prova técnica sobre a veracidade da assinatura atribuída à autora da herança. Testamento nulo" (STJ, REsp 2.005.877/MG, Rel. Min. Nancy Andrighi, 3ª Turma, jul. 30.08.2022, *DJe* 01.09.2022).

Dúvida quanto à higidez da vontade do testador. "A jurisprudência desta Corte tem flexibilizado as formalidades prescritas em lei no tocante às testemunhas do testamento particular quando o documento tiver sido escrito e assinado pelo testador e as demais circunstâncias dos autos indicarem que o ato reflete a vontade do testador. No caso dos autos, além de o testamento não ter sido assinado pelo próprio testador, há fundada dúvida acerca da higidez da manifestação de vontade ali expressa" (STJ, REsp 1.618.754/MG, Rel. p/ acórdão Min. Ricardo Villas Bôas Cueva, 3ª Turma, jul. 26.09.2017, *DJe* 13.10.2017).

2. Testamento particular escrito por meio mecânico. Aposição de sua impressão digital. Validade. Observância da real vontade do testador. "A regra segundo a qual a assinatura de próprio punho é requisito de validade do testamento particular, pois, traz consigo a presunção de que aquela é a real vontade do testador, tratando-se, todavia, de uma presunção juris tantum, admitindo-se, ainda que excepcionalmente, a prova de que, se porventura ausente a assinatura nos moldes exigidos pela lei, ainda assim era aquela a real vontade do testador. Hipótese em que, a despeito da ausência de assinatura de próprio punho do testador e do testamento ter sido lavrado a rogo e apenas com a aposição de sua impressão digital, não havia dúvida acerca da manifestação de última vontade da testadora que, embora sofrendo com limitações físicas, não possuía nenhuma restrição cognitiva" (STJ, REsp 1633254/MG, Rel. Min. Nancy Andrighi, 2ª Seção, jul. 11.03.2020, *DJe* 18.03.2020).

3. Testamento particular. Autenticidade das disposições de última vontade. Intenção do testador. "Em respeito ao princípio da persuasão racional ou do convencimento motivado, cumpre ao magistrado valorar a prova, consoante as circunstâncias do caso concreto. Se o acervo probatório reunido nos autos não infirma a autenticidade do testamento particular, impõe-se a improcedência do pedido de declaração de nulidade, prestigiando-se a vontade do testador de contemplar a sobrinha com o seu patrimônio" (TJMG, Ap. 1.0035.16.015345-4/001, Rel. Des. Edilson Olímpio Fernandes, 6ª Câmara Cível, jul. 02.04.2019, *DJe* 12.04.2019).

4. Confirmação. Presença dos requisitos legais (§ 2º). "Presentes os requisitos legais necessários à sua validade e reconhecimento da sua autenticidade pelo modo previsto no art. 1.133 do CPC [art. 737, § 2º, do CPC/2015], não pode o juiz, sem indiscutíveis razões, deixar de confirmar o testamento particular. A solenidade prevista para a validade do testamento não significa que as disposições legais a respeito estejam a merecer estrita interpretação literal, máxime quando permitem interpretação mais consentânea com os objetivos da lei" (TJRJ, Ap. 3.723/86, Rel. Des. Antônio Assumpção, 4ª Câmara, jul. 19.04.1988, *RDTJRJ* 4º/240; *RT* 636/159).

Seção VI
Da Herança Jacente

Art. 738. Nos casos em que a lei considere jacente a herança, o juiz em cuja comarca tiver domicílio o falecido procederá imediatamente à arrecadação dos respectivos bens.

CPC/1973

Art. 1.142.

REFERÊNCIA LEGISLATIVA

CC, arts. 1.819 a 1.823 (herança jacente).

BREVES COMENTÁRIOS

A arrecadação dos bens que formam a herança jacente incumbe ao juiz da comarca em que era domiciliado o falecido (art. 738). Trata-se de competência exclusiva da Justiça Estadual, que prevalece ainda quando haja interesse de entidades federais. Havendo bens em diversas comarcas, o juiz do domicílio deprecará ao juiz de cada local a arrecadação dos bens sob sua jurisdição. E, se o defunto tinha vários domicílios ou não tinha nenhum, a competência será firmada por prevenção, em favor do juiz que der início à arrecadação.

JURISPRUDÊNCIA SELECIONADA

1. Herança jacente. Legitimidade ativa do juiz. Poderes de instauração e instrução do procedimento. Poder-dever do juiz. "Tal procedimento não se sujeita ao princípio da demanda (inércia da jurisdição), tendo em vista que o CPC/2015 confere legitimidade ao juiz para atuar ativamente, independente de provocação, seja para a instauração do processo, seja para a sua instrução. Por essa razão, ainda que a parte autora/requerente não junte todas as provas necessárias à comprovação dos fatos que legitimem o regular processamento da demanda, deve o juiz, antes de extinguir o feito, diligenciar minimamente, adotando as providências necessárias e cabíveis, visto que a atuação inaugural e instrutória da herança jacente, por iniciativa do magistrado, constitui um poder-dever" (STJ, REsp 1.812.459/ES, Rel. Min. Marco Aurélio Bellizze, 3ª Turma, jul. 09.03.2021, *DJe* 11.03.2021).

2. Herdeiros necessários. Inexistência. "Tratando-se de herança de casal sem herdeiros necessários, com o falecimento de um deles o outro automaticamente adquire o domínio e a posse dos bens, independentemente da abertura de inventário. Não podem os colaterais do pré-morto insurgir-se contra a convolação em herança jacente, se com a morte do cônjuge sobrevivo o acervo do casal ficou sem herdeiros necessários e colaterais" (TJSP, Ag. 65.015-1, Rel. Des. Rebouças de Carvalho, 7ª Câmara, 27.11.1985, *RT* 605/64).

3. Conversão de inventário em herança jacente. "Iniciado o inventário e, no seu curso, verificada a inexistência de herdeiro testamentário, é de considerar-se jacente a herança, nos termos do art. 1.592, II, CC, caso em que 'o juiz, em cuja comarca tiver domicílio o falecido, procederá sem perda de tempo à arrecadação de todos os seus bens' (art. 1.142, CPC) [art. 738 do CPC/2015]. A conversão do procedimento e a nomeação do curador dá cumprimento a essa norma e atende ao princípio da economia processual, nele expressamente assentado" (STJ, REsp 147.959/SP, Rel. Min. Sálvio de Figueiredo Teixeira, 4ª Turma, jul. 14.12.2000, *LEXSTJ* 143/112). **Nota: o CC citado no ac. é o de 1916.**

4. Competência. "A Justiça Estadual é competente para a arrecadação de herança jacente, mesmo que haja interesse de entidades federais" (TRF, Ag. 45.625, Rel. Min. Helio Pinheiro, 3ª Turma, jul. 24.09.1985, *DJU* 21.11.1985).

Art. 739. A herança jacente ficará sob a guarda, a conservação e a administração de um curador até a respectiva entrega ao sucessor legalmente habilitado ou até a declaração de vacância.

§ 1º Incumbe ao curador:

I – representar a herança em juízo ou fora dele, com intervenção do Ministério Público;

II – ter em boa guarda e conservação os bens arrecadados e promover a arrecadação de outros porventura existentes;

III – executar as medidas conservatórias dos direitos da herança;

IV – apresentar mensalmente ao juiz balancete da receita e da despesa;

V – prestar contas ao final de sua gestão.

§ 2º Aplica-se ao curador o disposto nos arts. 159 a 161.

CPC/1973

Arts. 1.143 e 1.144.

REFERÊNCIA LEGISLATIVA

CC, art. 1.822.

BREVES COMENTÁRIOS

Enquanto os bens arrecadados não são entregues a algum sucessor legitimamente habilitado, ou, pela declaração de vacância, não passam à posse do Poder Público, ficarão eles submetidos a uma administração judicial. Para tanto, o juiz nomeia um curador, a quem a lei atribui os encargos previstos no art. 739. O regime dessa curatela, nos termos do art. 739, § 2º, do CPC/2015, compreende a mesma disciplina prevista para o depositário e administrador de bens penhorados, nos termos dos arts. 159 a 161. Trata-se, assim, de função remunerada e sujeita a responsabilidade por reparação civil de atos danosos praticados culposa ou dolosamente.

JURISPRUDÊNCIA SELECIONADA

1. Herança jacente. Norma sobre administrador provisório no inventário. Não aplicabilidade. "Tratando-se de herança jacente, não tem aplicação a norma do artigo 985 do Código de Processo Civil [art. 613 do CPC/2015], que trata da figura do administrador provisório no inventário, mas sim a do artigo 1.143 [art. 739 do CPC/2015] do mesmo diploma legal. Agravo regimental não provido" (STJ, AgRg no Ag 475.911/SP, Rel. Min. Ari Pargendler, 3ª Turma, jul. 16.10.2003, *DJ* 19.12.2003).

2. Usucapião. Possibilidade. "O bem integrante de herança jacente só é devolvido ao Estado com a sentença de declaração da vacância, podendo, até ali, ser possuído *ad usucapionem*. Precedentes" (STJ, REsp 253.719/RJ, Rel. Min. Ruy Rosado de Aguiar, 4ª Turma, jul. 26.09.2000, *DJ* 27.11.2000). **No mesmo sentido**: STJ, REsp 36.959/SP, Rel. Min. Ari Pargendler, 3ª Turma, jul. 24.04.2001, *DJU* 11.06.2001.

3. Transferência de bens para municipalidade. "Herança jacente. Municipalidade que pede a transferência de bens para o seu domínio. Inadmissibilidade. Abertura da sucessão pela lei em vigor à época da morte do autor da herança. Art. 1.577 do Código Civil. Não se aplica a Lei nº 8.049, de 1990, quando o autor da herança tenha falecido antes da sua vigência" (TJSP, AI 201.098-1, Rel. Des. Alexandre Germano, 1ª Câmara Cível, jul. 30.11.1994, *RJ*, 212/79). **Nota: o CC citado no ac. é o de 1916.**

4. Revisional de aluguel. Legitimidade. "Em se tratando de ação revisional de aluguel de imóvel que compõe herança jacente, a legitimação para o seu ajuizamento cabe ao curador, como administrador da herança, e não à pessoa jurídica de direito público, no caso a Municipalidade de São Paulo, a quem possivelmente serão atribuídos os bens, depois de a herança se converter em vacante" (2º TASP, AI 723357006, Rel. Juiz Luís de Carvalho, 5ª Câmara Cível, jul. 04.12.2002).

5. Honorários. "Eventuais honorários pelo trabalho desenvolvido pela embargante na defesa dos interesses do espólio, como curadora da herança jacente e inventariante dativa, hão de ser estabelecidos no processo de inventário, em tramitamento" (TJRS, EMD 005659006, Rel. Des. Antônio Carlos Stangler Pereira, 8ª Câmara Cível, jul. 20.12.2001).

Art. 740. O juiz ordenará que o oficial de justiça, acompanhado do escrivão ou do chefe de secretaria e do curador, arrole os bens e descreva-os em auto circunstanciado.

§ 1º Não podendo comparecer ao local, o juiz requisitará à autoridade policial que proceda à arrecadação e ao arrolamento dos bens, com 2 (duas) testemunhas, que assistirão às diligências.

§ 2º Não estando ainda nomeado o curador, o juiz designará depositário e lhe entregará os bens, mediante simples termo nos autos, depois de compromissado.

§ 3º Durante a arrecadação, o juiz ou a autoridade policial inquirirá os moradores da casa e da vizinhança sobre a qualificação do falecido, o paradeiro de seus sucessores e a existência de outros bens, lavrando-se de tudo auto de inquirição e informação.

§ 4º O juiz examinará reservadamente os papéis, as cartas missivas e os livros domésticos e, verificando que não apresentam interesse, mandará empacotá-los e lacrá-los para serem assim entregues aos sucessores do falecido ou queimados quando os bens forem declarados vacantes.

§ 5º Se constar ao juiz a existência de bens em outra comarca, mandará expedir carta precatória a fim de serem arrecadados.

§ 6º Não se fará a arrecadação, ou essa será suspensa, quando, iniciada, apresentarem-se para reclamar os bens o cônjuge ou companheiro, o herdeiro ou o testamenteiro notoriamente reconhecido e não houver oposição motivada do curador, de qualquer interessado, do Ministério Público ou do representante da Fazenda Pública.

CPC/1973

Arts. 1.145. 1.147, 1.148, 1.149, 1.150 e 1.151.

BREVES COMENTÁRIOS

Para instaurar o procedimento, o juiz baixará portaria nomeando curador para a herança jacente e designando data e horário para a diligência da arrecadação. Acompanhado do escrivão ou do chefe de secretaria e do curador, o juiz comparecerá à residência do falecido e ordenará que o oficial de justiça faça o levantamento de todos os bens ali encontrados, lavrando-se auto circunstanciado (art. 740, *caput*). Se o curador não tiver sido nomeado antes da arrecadação, ou se o nomeado não puder participar da diligência, os bens arrolados serão entregues a um depositário provisório, mediante termo nos autos (art. 740, § 2º).

JURISPRUDÊNCIA SELECIONADA

1. Proteção dos bens jacentes. "Cuidando-se de herança jacente, cujos bens estão sob a proteção do poder judiciário, o juiz, de ofício, pode determinar a medida judicial que reputar adequada para zelar por esses bens jacentes até a declaração da vacância" (TJDF, AI 20010020077094, Rel.ª Des.ª Vera Andrighi, 4ª Turma Cível, jul. 20.05.2002, *DJDF* 28.08.2002).

2. Desocupação de imóvel. "Apartamento pertencente ao INPS prometido em venda a pessoa falecida sem herdeiros e testamento. Instauração de processo de arrecadação de herança jacente. Agravante que passa a ocupar o apartamento sem apresentar qualquer título. Cessão de direitos, doação, comodato etc. Determinação de desocupação pelo juiz do processo de arrecadação" (TJDF, AR 20010020077094, Rel. Des. Campos Amaral, Conselho da Magistratura, jul. 23.01.2002, *DJDF* 22.02.2002).

Art. 741. Ultimada a arrecadação, o juiz mandará expedir edital, que será publicado na rede mundial de computadores, no sítio do tribunal a que estiver vinculado o juízo e na plataforma de editais do Conselho Nacional de Justiça, onde permanecerá por 3 (três) meses, ou, não havendo sítio, no órgão oficial e na imprensa da comarca, por 3 (três) vezes com intervalos de 1 (um) mês, para que os sucessores do falecido venham a habilitar-se no prazo de 6 (seis) meses contado da primeira publicação.

§ 1º Verificada a existência de sucessor ou de testamenteiro em lugar certo, far-se-á a sua citação, sem prejuízo do edital.

§ 2º Quando o falecido for estrangeiro, será também comunicado o fato à autoridade consular.

§ 3º Julgada a habilitação do herdeiro, reconhecida a qualidade do testamenteiro ou provada a identidade do cônjuge ou companheiro, a arrecadação converter-se-á em inventário.

§ 4º Os credores da herança poderão habilitar-se como nos inventários ou propor a ação de cobrança.

CPC/1973

Arts. 1.152 a 1.154.

BREVES COMENTÁRIOS

Ultimada a arrecadação, expedir-se-á edital, que será publicado três vezes, com intervalo de um mês cada, convocando os sucessores para habilitarem-se no prazo de seis meses, contados da primeira publicação. O edital deve ser publicado na rede mundial de computadores, no sítio do tribunal a que estiver vinculado o juiz e na plataforma de editais do Conselho Nacional de Justiça. Essa ampla divulgação do edital no sítio da internet é uma das principais inovações do CPC/2015, no tocante ao procedimento de arrecadação de bens dos ausentes, das coisas vagas e na herança jacente.

JURISPRUDÊNCIA SELECIONADA

1. Decurso de prazo. "O decurso de prazo, por si só, não enseja direitos. Só o trânsito em julgado da decisão declaratória de vacância é impeditivo. Estando a herdeira habilitada, com comprovação plena dessa qualidade, seria excesso de rigor, formalismo inútil, e nada mais que isto, proliferação indevida de requisição de prestação jurisdicional à remessa daquela à via direta" (TJSP, Ap. 42.462-1, Rel. Des. Villa da Costa, 8ª Câmara Cível, jul. 28.03.1984, *RJTJSP* 90/209-210).

2. Citação. "Em havendo herdeiros com endereço certo estes deverão ser citados, conforme o § 1º artigo 1.152 do Código de Processo Civil [art. 741, § 1º, do CPC/2015]" (TJSP, AI 20019845, Rel. Des. Guimarães e Souza, 1ª Câmara Dir. Priv., jul. 04.09.2001).

Art. 742. O juiz poderá autorizar a alienação:

I – de bens móveis, se forem de conservação difícil ou dispendiosa;

II – de semoventes, quando não empregados na exploração de alguma indústria;

III – de títulos e papéis de crédito, havendo fundado receio de depreciação;

IV – de ações de sociedade quando, reclamada a integralização, não dispuser a herança de dinheiro para o pagamento;

V – de bens imóveis:

a) se ameaçarem ruína, não convindo a reparação;

b) se estiverem hipotecados e vencer-se a dívida, não havendo dinheiro para o pagamento.

§ 1º Não se procederá, entretanto, à venda se a Fazenda Pública ou o habilitando adiantar a importância para as despesas.

§ 2º Os bens com valor de afeição, como retratos, objetos de uso pessoal, livros e obras de arte, só serão alienados depois de declarada a vacância da herança.

CPC/1973

Arts. 1.155. e 1.156.

REFERÊNCIA LEGISLATIVA

CPC/2015, arts. 610 a 673 (inventário), 730 (alienação judicial).

BREVES COMENTÁRIOS

O curador é mero guardião dos bens arrecadados. Não lhe cabe o poder de dispor. Só pode aliená-los mediante prévia autorização judicial. As hipóteses de cabimento da venda judicial dos bens da herança jacente estão enumeradas no art. 742. Em todas as hipóteses de falta de recurso da herança, a venda não será efetivada se a Fazenda Pública ou algum habilitado adiantar a importância para as despesas. Os bens com valor de afeição somente poderão ser alienados depois de declarada a vacância.

A autorização para a alienação, como se deduz do art. 742, é exceção, cabendo ao curador justificá-la, dentro dos permissivos legais. Em regra, deve-se privilegiar a preservação da herança, evitando-se, por mandamento legal, a alienação destinada, por exemplo, a cobrir gastos adiáveis ou que possam ser custeados provisoriamente por algum interessado.

Art. 743. Passado 1 (um) ano da primeira publicação do edital e não havendo herdeiro habilitado nem habilitação pendente, será a herança declarada vacante.

§ 1º Pendendo habilitação, a vacância será declarada pela mesma sentença que a julgar improcedente, aguardando-se, no caso de serem diversas as habilitações, o julgamento da última.

§ 2º Transitada em julgado a sentença que declarou a vacância, o cônjuge, o companheiro, os herdeiros e os credores só poderão reclamar o seu direito por ação direta.

CPC/1973

Arts. 1.157 e 1.158.

REFERÊNCIA LEGISLATIVA

CC, arts. 1.820 e 1.822 (herança vacante).

BREVES COMENTÁRIOS

O procedimento da arrecadação da herança jacente é uma preparação da incorporação, pelo Poder Público, dos bens do morto sem herdeiro. Por isso, aguarda-se o prazo de um ano após a primeira publicação do edital previsto no art. 741, na expectativa de que apareça algum sucessor para habilitar-se. Passado esse prazo e não havendo herdeiro habilitado nem habilitação pendente, o juiz declarará, por sentença, a vacância da herança, ordenando a entrega dos bens à Fazenda Pública. Entretanto, a transferência do domínio não ocorre de imediato. Há um prazo legal de cinco anos a esperar que algum interessado retardatário ainda apareça para reclamar a herança ou direitos contra ela (Código Civil, art. 1.822).

Depois do trânsito em julgado da sentença que proclamou vagos os bens, só por ação direta – ação de petição de herança – poderão os interessados reclamar o seu direito. A ação será ajuizada contra o Estado.

JURISPRUDÊNCIA SELECIONADA

1. Vacância. "Antes da declaração da vacância, o bem arrecadado não passa ao domínio do ente público" (STJ, REsp 3.998/SP, Rel. Min. Fontes de Alencar, 4ª Turma, jul. 08.10.1996, *DJ* 24.02.1997).

2. Transferência dos bens ao patrimônio público. "Ao ente público não se aplica o princípio da '*saisine*'. Segundo entendimento firmado pela *c*. Segunda Seção, a declaração de vacância é o momento em que o domínio dos bens jacentes se transfere ao patrimônio público" (STJ, REsp 100.290/SP, Rel. Min. Barros Monteiro, 4ª Turma, jul. 14.05.2002, *DJU* 26.08.2002). **No mesmo sentido:** STJ, AgRg no Ag 851.228/RJ, Rel. Min. Sidnei Beneti, 3ª Turma, jul. 23.09.2008, *DJe* 13.10.2008).

Pretensão do município com base em lei nova. "Segundo orientação da Corte, a jurisprudência acolheu o entendimento no sentido de que o Município tem legitimidade para a sucessão de bem jacente, cuja declaração de vacância se deu na vigência da lei que alterou dispositivo que, retirando o Estado-Membro, o substituiu na ordem hereditária. Válido e regular o testamento, segundo decidiram as instâncias ordinárias, com trânsito em julgado, carece o Município de interesse e legitimidade em sua pretensão deduzida em juízo" (STJ, REsp 253.787/ES, Rel. Min. Sálvio de Figueiredo Teixeira, 4ª Turma, jul. 15.08.2000, *DJU* 25.09.2000).

3. Ação reintegratória. "O ente público tem legitimidade para ajuizar ação reintegratória atinente a bem que adjudicou em processo de herança vacante" (STJ, REsp 111.560/SP, Rel. Min. César Asfor Rocha, 4ª Turma, jul. 15.08.2000, *DJU* 01.10.2000).

Seção VII
Dos Bens dos Ausentes

Art. 744. Declarada a ausência nos casos previstos em lei, o juiz mandará arrecadar os bens do ausente e nomear-lhes-á curador na forma estabelecida na Seção VI, observando-se o disposto em lei.

CPC/1973

Art. 1.159.

REFERÊNCIA LEGISLATIVA

CC, arts. 22 a 39 (ausência).

BREVES COMENTÁRIOS

Considera-se juridicamente *ausente* quem desaparece de seu domicílio sem deixar representante a quem caiba administrar-lhe os bens. Para admitir-se a medida processual da declaração de ausência, devem concorrer os seguintes pressupostos (art. 22 do CC c/c art. 744 do CPC/2015):

(a) o desaparecimento da pessoa de seu domicílio;

(b) a existência de bens do desaparecido;

(c) a ausência de administrador para gerir esses bens.

Declarada a ausência, o juiz nomeará curador, cuja escolha observará as regras de preferência constantes do art. 25 do Código Civil.

JURISPRUDÊNCIA SELECIONADA

1. Competência. "A ausência deve ser declarada pela Justiça Estadual, salvo se o pedido tiver como único objetivo a percepção de benefício previdenciário mantido pela União ou autarquia sua" (STJ, CC 30.633/RJ, Rel. Min. Ari Pargendler, 2ª Seção, jul. 14.02.2001, *DJ* 12.03.2001).

2. Comprovação da propriedade. "(...) a comprovação da propriedade não é condição *sine qua non* para a declaração de ausência nos moldes dos arts. 22 do CC/02 e 1.159 do CPC [art. 744 do CPC/2015]" (STJ, REsp 1.016.023/DF, Rel.ª Min.ª Nancy Andrighi, 3ª Turma, jul. 27.05.2008, *DJe* 20.06.2008).

Art. 745. Feita a arrecadação, o juiz mandará publicar editais na rede mundial de computadores, no sítio do tribunal a que estiver vinculado e na plataforma de editais do Conselho Nacional de Justiça, onde permanecerá por 1 (um) ano, ou, não havendo sítio, no órgão oficial e na imprensa da comarca, durante 1 (um) ano, reproduzida de 2 (dois) em 2 (dois) meses, anunciando a arrecadação e chamando o ausente a entrar na posse de seus bens.

§ 1º Findo o prazo previsto no edital, poderão os interessados requerer a abertura da sucessão provisória, observando-se o disposto em lei.

§ 2º O interessado, ao requerer a abertura da sucessão provisória, pedirá a citação pessoal dos herdeiros presentes e do curador e, por editais, a dos ausentes para requererem habilitação, na forma dos arts. 689 a 692.

§ 3º Presentes os requisitos legais, poderá ser requerida a conversão da sucessão provisória em definitiva.

§ 4º Regressando o ausente ou algum de seus descendentes ou ascendentes para requerer ao juiz a entrega de bens, serão citados para contestar o pedido os sucessores provisórios ou definitivos, o Ministério Público e o representante da Fazenda Pública, seguindo-se o procedimento comum.

CPC/1973

Arts. 1.161, 1.163, 1.164, 1.167 e 1.168.

REFERÊNCIA LEGISLATIVA

CC, arts. 37 a 39 (sucessão definitiva).

BREVES COMENTÁRIOS

Compreende o procedimento de declaração de ausência três estágios distintos:

(a) o primeiro consiste na nomeação de curador ao ausente e arrecadação dos bens por ele abandonados, bem como na convocação edital do ausente para retomar a posse de seus bens (arts. 744 e 745, *caput*);

(b) no segundo estágio, que pressupõe o não comparecimento do ausente, procede-se à abertura da sucessão provisória entre os seus herdeiros (art. 745, §§ 1º e 2º). Esta sucessão segue as regras da sucessão *mortis causa* definitiva, mas tem por peculiaridade o caráter precário, já que a qualquer momento pode ser extinta com o retorno do ausente;

(c) o último estágio, que pressupõe ainda o não comparecimento do ausente e a não comprovação de sua morte efetiva, destina-se à conversão da sucessão provisória em definitiva, à base de presunção de morte do ausente (art. 745, § 3º). Pode eventualmente reaparecer o ausente depois que a sucessão legalmente se tornou definitiva. O mesmo pode se dar com algum dos seus descendentes ou ascendentes, que pleiteie a entrega dos bens inventariados e partilhados. Nessas hipóteses, dever-se-á observar o contraditório, com a citação dos sucessores definitivos, do órgão do Ministério Público e do representante da Fazenda Pública para contestar o pedido. Havendo contestação, seguir-se-á o procedimento comum. Com isso, o procedimento, iniciado como de jurisdição voluntária, dará ensejo ao surgimento de um incidente contencioso.

JURISPRUDÊNCIA SELECIONADA

1. Sucessão definitiva de idoso com 80 anos e ausente há cinco. Sucessão provisória. Desnecessidade. "O propósito recursal é definir se, presentes os requisitos do art. 38 do CC/2002, é indispensável a prévia abertura da sucessão provisória ou se, ao revés, é admissível a abertura da sucessão definitiva direta e independentemente da provisória. (...) A possibilidade de abertura da sucessão definitiva se presentes os requisitos do art. 38 do CC/2002 decorre do fato de ser absolutamente presumível a morte do autor da herança diante da presença, cumulativa, das circunstâncias legalmente instituídas – que teria o autor da herança 80 anos ao tempo do requerimento e que tenha ele desaparecido há pelo menos 05 anos. Conquanto a abertura da sucessão definitiva transmita a propriedade dos bens aos herdeiros, a regra do art. 39 do CC/2002 ainda preserva, por mais 10 anos, os virtuais interesses daquele cuja morte se presume, pois, havendo um improvável regresso, extinguir-se-á a propriedade pela condição resolutória consubstanciada no retorno do ausente. Hipótese em que o autor da herança possuiria, hoje, 81 anos de idade e está desaparecido há 21 anos, razão pela qual não há óbice à abertura da sucessão definitiva, nos moldes previstos no art. 38 do CC/2002" (STJ, REsp 1.924.451/SP, Rel. Min. Nancy Andrighi, 3ª Turma, jul. 19.10.2021, *DJe* 22.10.2021).

Seção VIII
Das Coisas Vagas

Art. 746. Recebendo do descobridor coisa alheia perdida, o juiz mandará lavrar o respectivo auto, do qual constará a descrição do bem e as declarações do descobridor.

§ 1º Recebida a coisa por autoridade policial, esta a remeterá em seguida ao juízo competente.

§ 2º Depositada a coisa, o juiz mandará publicar edital na rede mundial de computadores, no sítio do tribunal a que estiver vinculado e na plataforma de editais do Conselho Nacional de Justiça ou, não havendo sítio, no órgão oficial e na imprensa da comarca, para que o dono ou o legítimo possuidor a reclame, salvo se se tratar de coisa de pequeno valor e não for possível a publicação no sítio do tribunal, caso em que o edital será apenas afixado no átrio do edifício do fórum.

§ 3º Observar-se-á, quanto ao mais, o disposto em lei.

CPC/1973

Art. 1.170.

REFERÊNCIA LEGISLATIVA

CC, arts. 1.233 a 1.237 (da descoberta).

CP, art. 169, parágrafo único, II.

BREVES COMENTÁRIOS

Coisa vaga, segundo nosso direito, é a coisa perdida pelo dono e achada por outrem (CC, arts. 1.233 a 1.237 e 1.264 a 1.266). O importante no regime da coisa vaga é que ela, embora perdida, não deixa de pertencer a seu dono, "não se extinguindo a propriedade pelo fato da perda" (SANTOS, Carvalho. *Código Civil brasileiro interpretado*. 8. ed. Rio de Janeiro: F. Bastos, 1958, vol. VIII, p. 237). Daí que "quem quer que ache coisa alheia perdida há de restituí-la ao dono ou legítimo possuidor" (CC, art. 1.233). E se não o localizar "entregará o objeto achado à autoridade competente do lugar" (CC, art. 1.233, parágrafo único).

O procedimento desta entrega é disciplinado pelo art. 746 do CPC/2015, dentro dos procedimentos especiais de jurisdição voluntária. Uma vez que o procedimento foi bastante reduzido pelo CPC/2015, quando não houver disposição processual deve-se observar o disposto na lei material (CPC/2015, art. 746, § 3º).

Seção IX
Da Interdição

Art. 747. A interdição pode ser promovida:

I – pelo cônjuge ou companheiro;

II – pelos parentes ou tutores;

III – pelo representante da entidade em que se encontra abrigado o interditando;

IV – pelo Ministério Público.

Parágrafo único. A legitimidade deverá ser comprovada por documentação que acompanhe a petição inicial.

CPC/1973

Art. 1.177.

REFERÊNCIA LEGISLATIVA

CC, arts. 1.767 a 1.783 (interdição).

Lei nº 13.146/2015 (Estatuto da Pessoa com Deficiência).

BREVES COMENTÁRIOS

A interdição de uma pessoa natural, medida extraordinária a ser adotada pelo menor tempo possível, é realmente um procedimento de jurisdição voluntária. O pronunciamento do juiz não se destina a formar coisa julgada entre as partes, mas a gerar uma eficácia *erga omnes*.

O tutor só pode requerer a interdição do órfão de mais de dezesseis anos ou do tutelado que atinja a idade de dezoito anos.

Para o cônjuge, não importa o regime de bens, nem a condição de separado, a não ser para o exercício da curatela. Se houver separação judicial ou divórcio, desaparece o interesse. Em caso de extinção da união estável, o companheiro também perde o interesse de agir.

O inciso III do art. 747 do CPC/2015 prevê a legitimidade do representante da entidade em que se encontra abrigado o interditando. Entretanto, como essa legitimidade especial não foi repetida pelo Estatuto da Pessoa com Deficiência ao repristinar o art. 1.768 do Código Civil, como lei posterior ao CPC/2015, é de se ter por revogado implicitamente referido inciso. Nesse caso, a solução seria recorrer a instituição ao Ministério Público para provocar a medida.

JURISPRUDÊNCIA SELECIONADA

1. Competência. "É da justiça comum estadual a competência para o processo no qual se pretende a nomeação de curador de incapaz para os fins de direito, ainda que dentro desses esteja o de pleitear aposentadoria junto ao INSS" (STJ, CC 30.715/MA, Rel. Min. César Asfor Rocha, 2ª Seção, jul. 22.02.2001, *DJU* 09.04.2001). **Todavia,** "Pedido de nomeação de curador, de caráter estrito, para o fim exclusivo de deduzir pretensão perante órgão da administração pública federal. Aplicação do princípio em que assentada a edição da Súmula n. 32/STJ. Competência da Justiça Federal" (STJ, CC 15.535, Rel. Min. Costa Leite, 2ª Seção, jul. 14.02.1996, *DJU* 22.04.1996).

2. Foro competente. "O foro do domicílio do interditando é em regra o competente para o julgamento da interdição (art. 94 do CPC). Precedentes. A definição da competência em ação de interdição deve levar em conta, prioritariamente, a necessidade de facilitação da defesa do próprio interditando e a proteção de seus interesses" (STJ, AgRg no CC 100.739/BA, Rel. Min. Sidnei Beneti, 2ª Seção, jul. 26.08.2009, *DJe* 05.10.2009).

Interditando internado. "Encontrando-se o interditando internado, em casa de repouso, por tempo indeterminado, competente será o juízo da comarca em que esta se acha situada" (STJ, CC 259/SP, Rel. Min. Eduardo Ribeiro, 2ª Seção, jul. 13.09.1989, *DJ* 02.10.1989).

3. Legitimidade. "Dispõe o Código Civil que estão sujeitos à curatela os loucos de todo o gênero, e que a interdição deve ser promovida pelo pai, mãe ou tutor; pelo cônjuge ou algum parente próximo. Decretada a interdição, fica o interdito sujeito à curatela, à qual são aplicados os artigos 406 e 445, com a restrição do artigo 451, todos do Código Civil" (2º TASP, Ap. 566963000, Rel. Juiz Irineu Pedrotti, 10ª Câmara Cível, jul. 23.02.2000). **Nota: o CC citado no ac. é o de 1916.**

Cônjuge separado judicialmente. Ilegitimidade "Sendo o cônjuge separado judicialmente parte ilegítima para promover a interdição do outro consorte, certamente assim o será, também, para prosseguir na ação iniciada anteriormente à dissolução da sociedade conjugal, impondo-se a extinção do processo" (TJMG, Ap. 74.424/2, Rel. Des. Léllis Santiago, 2ª Câmara, jul. 07.03.1989, *Jurisp. Min.* 106/88; *DJMG* 13.06.89; *Adcoas*, 1990, nº 124.964).

4. Ex-cônjuge. Visita. "O cônjuge separado de fato há longo tempo não tem legitimidade para reclamar o direito de visitas em relação ao outro, que se tornou incapaz e veio a ser interditado" (TJDF, AI 00447818, Rel. Des. Luiz Felipe Brasil Santos, 7ª Câmara Cível, jul. 21.02.2001).

5. Ação de interdição cumulada com pedido de internação compulsória. "A interdição provisória também depende da recomendação médica em tais circunstâncias" (TJRS, AI 70025415860, Rel. André Luiz Planella Villarinho, 7ª Câmara, jul. 08.10.2008, *RJTJRGS* 273/95).

6. Estatuto da pessoa com deficiência. Restrição dos limites da curatela. "Diante das alterações feitas no Código Civil, pelo Estatuto da Pessoa com Deficiência – Lei nº 13.146/2015, o indivíduo não mais é considerado absolutamente incapaz, para os atos da vida civil, exceto em raríssimas hipóteses. A patologia neurológica degenerativa configura hipótese de incapacidade relativa, não sendo caso de curatela ilimitada (art. 4º, inciso III, e art. 1.767, inciso I, do CC, com redação dada pelo Estatuto da Pessoa com Deficiência)" (TJMG, Ap. 1.0702.16.012924-4/001, 7ª Câm., Rel. Des. Alice Birchal, *DJEMG* 09.02.2018).

Art. 748. O Ministério Público só promoverá interdição em caso de doença mental grave:

I – se as pessoas designadas nos incisos I, II e III do art. 747 não existirem ou não promoverem a interdição;

II – se, existindo, forem incapazes as pessoas mencionadas nos incisos I e II do art. 747.

CPC/1973

Art. 1.178.

REFERÊNCIA LEGISLATIVA

Lei nº 13.146/2015 (Estatuto da Pessoa com Deficiência), arts. 84 a 87 (curatela).

BREVES COMENTÁRIOS

Antes da redação dada ao art. 1.767 do Código Civil pelo Estatuto da Pessoa com Deficiência, o Ministério Público somente teria legitimidade para requerer a interdição em caso de doença mental grave. Essa legitimação foi ampliada para abarcar também as situações de deficiência intelectual e qualquer deficiência mental. Não há, aparentemente, contradição entre essa redação e o disposto no art. 748 do CPC/2015. Trata-se, parece-nos, apenas de técnica legislativa, optando a Lei por manter o dispositivo da Lei Civil e o CPC/2015 por descrever tal comando apenas no estatuto processual.

Por outro lado, o representante do *Parquet* poderá requerer a curatela sempre que os demais legitimados forem menores incapazes, não limitando sua atuação às hipóteses em que não exista nenhum dos outros com legitimidade para a interdição, como acontecia na redação do art. 748 do CPC/2015.

JURISPRUDÊNCIA SELECIONADA

1. Hipóteses:

Anomalia psíquica (inciso I). "Sendo o requerimento de interdição fundamentado em anomalia psíquica, detém o Ministério Público legitimidade para atuar como parte ativa da causa, como recomenda a boa doutrina, inocorrendo divergência nessa modalidade" (STJ, REsp 39.497/SP, Rel. Min. Salvio de Figueiredo Teixeira, 4ª Turma, jul. 24.03.1997, *DJ*

05.05.1997). **No mesmo sentido:** TJDF, Ap. 20020211016 1679, Rel. Des. Wellington Medeiros, 3ª Turma, jul. 16.09.2002, *DJDF* 30.10.2002; TJSP, AI 20947346, Rel. Des. Elliot Akel, 1ª Câmara Dir. Priv., jul. 11.09.2001.

Inércia dos parentes (inciso II). "Tem o órgão do Ministério Público legitimidade para requerer a interdição, nos casos em que ostente o interditando anomalia psíquica e seus parentes próximos permaneçam inertes" (TJSP, Ap. 1649064, Rel. Des. Ernani de Paiva, 6ª Câmara Dir. Priv., jul. 28.09.2000).

Interdição de toxicômano. "O Ministério Público tem legitimidade para pedir a internação de uma pessoa dependente de substância entorpecente quando evidenciada a imperiosa necessidade do seu tratamento e até para resguardo da ordem pública, diante da moléstia grave de que padece também. Inteligência do art. 30, § 3º, do Decreto-Lei nº 891/38" (TJRS, Ap. 484.258, Rel. Des. Sérgio Fernando Vasconcellos Chaves, 7ª Câmara Cível, jul. 20.12.2000).

2. Menor impúbere. "O direito disciplina a curatela, como encargo cometido a alguém, para dirigir a pessoa e administrar os bens de maiores incapazes. Mostra-se **juridicamente impossível a interdição de menores absolutamente incapazes**" (TJRS, Ap. 00364763, Rel. Des. Luiz Felipe Brasil Santos, 7ª Câmara Cível, jul. 03.05.2000).

3. Comunicações quanto à interdição. "As comunicações quanto à interdição somente se revestem de validade quando feitas após a prolação da sentença" (TJRS, MS 500417092, Rel. Des. Marco Aurélio Costa Moreira de Oliveira, 3ª Câmara Cível, jul. 07.10.1982, *RJTJRS* 98/239).

Art. 749. Incumbe ao autor, na petição inicial, especificar os fatos que demonstram a incapacidade do interditando para administrar seus bens e, se for o caso, para praticar atos da vida civil, bem como o momento em que a incapacidade se revelou.

Parágrafo único. Justificada a urgência, o juiz pode nomear curador provisório ao interditando para a prática de determinados atos.

CPC/1973

Art. 1.180.

REFERÊNCIA LEGISLATIVA

Lei n.º 13.146/2015 (Estatuto da Pessoa com Deficiência), art. 87 (nomeação de curador provisório).

BREVES COMENTÁRIOS

Nos fundamentos da petição inicial serão indicados *(i)* os fatos que demonstram a incapacidade do interditando e recomendam a sua incapacitação para gerir seus bens e praticar atos negociais; *(ii)* os limites que o requerente entenda devam ser dados à curatela pelo juiz; e *(iii)* o momento em que a incapacidade se revelou. Não sendo possível informar a data precisa, deverá o autor prestar esse esclarecimento na inicial, por se tratar de requisito indispensável.

Se for caso de urgência, o requerente deverá justificá-la e requerer ao juiz a nomeação de um curador provisório para a prática de determinados atos.

Art. 750. O requerente deverá juntar laudo médico para fazer prova de suas alegações ou informar a impossibilidade de fazê-lo.

REFERÊNCIA LEGISLATIVA

Lei nº 13.146/2015 (Estatuto da Pessoa com Deficiência).

BREVES COMENTÁRIOS

A exigência do art. 750 destina-se a impedir abertura de procedimentos de interdição abusivos ou despidos de mínima viabilidade.

JURISPRUDÊNCIA SELECIONADA

1. Ação de interdição. Laudo médico. Documento necessário à propositura da ação. Flexibilidade admitida. Princípio do acesso à justiça. "Dado que o laudo médico a ser apresentado com a petição inicial da ação de interdição não substitui a prova pericial a ser produzida em juízo, mas, ao revés, tem a finalidade de fornecer elementos indiciários, de modo a tornar juridicamente plausível a tese de que estariam presentes os requisitos necessários para a interdição e, assim, viabilizar o prosseguimento da respectiva ação, não deve o julgador ser demasiadamente rigoroso diante da alegação de impossibilidade de apresentá-lo, de modo a frustrar o acesso à justiça. A alegação de que a petição inicial veio desacompanhada de laudo médico em virtude da recusa do interditando em se submeter ao exame a partir do qual seria possível a sua confecção revela-se plausível no contexto em que, em princípio, a interditanda reuniria plenas condições de resistir ao exame médico. Hipótese em que, ademais, as requerentes da interdição, diante da inexistência do laudo médico, pleitearam na petição inicial a designação de audiência de justificação, nos termos do art. 300, § 2º, do CPC/15, o que lhes foi negado, a despeito de se tratar de providência suficiente para impedir a extinção do processo sem resolução do mérito" (STJ, REsp 1.933.597/RO, Rel. Min. Nancy Andrighi, 3ª Turma, jul. 26.10.2021, *DJe* 03.11.2021).

2. Servidor público aposentado devido à doença mental incapacitante. Lei complementar do Distrito Federal que determina o pagamento da aposentadoria ao curador. Afronta ao princípio da dignidade da pessoa humana. "Fixação da tese de Repercussão Geral: 'A enfermidade ou doença mental, ainda que tenha sido estabelecida a curatela, não configura, por si, elemento suficiente para determinar que a pessoa com deficiência não tenha discernimento para os atos da vida civil'" (STF, RE 918315, Rel. Min. Ricardo Lewandowski, Tribunal Pleno, jul. 17.12.2022, *DJe* 17.03.2023).

Art. 751. O interditando será citado para, em dia designado, comparecer perante o juiz, que o entrevistará minuciosamente acerca de sua vida, negócios, bens, vontades, preferências e laços familiares e afetivos e sobre o que mais lhe parecer necessário para convencimento quanto à sua capacidade para praticar atos da vida civil, devendo ser reduzidas a termo as perguntas e respostas.

§ 1º Não podendo o interditando deslocar-se, o juiz o ouvirá no local onde estiver.

§ 2º A entrevista poderá ser acompanhada por especialista.

§ 3º Durante a entrevista, é assegurado o emprego de recursos tecnológicos capazes de permitir ou de auxiliar o interditando a expressar suas vontades e preferências e a responder às perguntas formuladas.

§ 4º A critério do juiz, poderá ser requisitada a oitiva de parentes e de pessoas próximas.

CPC/1973

Art. 1.181.

REFERÊNCIA LEGISLATIVA

Lei nº 13.146/2015 (Estatuto da Pessoa com Deficiência).

BREVES COMENTÁRIOS

O procedimento começará com o comparecimento do promovido perante o juiz, que o entrevistará (art. 751). Ressalte-se que o CPC/2015 fala em "entrevista", não mais em "interrogatório". Haverá, então, um diálogo entre o juiz e o interditando, a fim de que se estabeleça um juízo real da necessidade e dos limites da curatela. Não se trata de uma faculdade, mas de um ato processual imposto pela lei como momento necessário do procedimento de interdição, principalmente levando em conta a sistemática do atual Estatuto da Pessoa com Deficiência (Lei nº 13.146/2015), na qual se prevê gradação da curatela e adoção de medidas até mais brandas do que a interdição, proporcionais "às necessidades e às circunstâncias de cada caso" (art. 84, § 3º). O juiz não vai agir como um especialista, mas precisa ter um contato pessoal com o interditando para conhecer, pelo menos, sua aparência e suas reações exteriores, bem como suas vontades, preferências e laços familiares e afetivos (art. 751, *caput*). Durante a realização da entrevista, poderão ser utilizados recursos tecnológicos capazes de permitir ou de auxiliar o interditando a expressar suas vontades e preferências e a responder às perguntas formuladas (§ 3º).

Especialista – ou equipe multidisciplinar, se for o caso – acompanhará a entrevista, quando for necessária essa assistência. É o que se conclui da leitura dos arts. 751, § 2º, e 753, *caput*, do CPC/2015, na redação dada pela Lei n.º 13.146/2015.

JURISPRUDÊNCIA SELECIONADA

1. Ausência de interrogatório. Ausência de nomeação de curador à lide. Nulidade. "A participação do Ministério Público como *custos legis* em ação de interdição não supre a ausência de nomeação de curador à lide, devido à antinomia existente entre as funções de fiscal da lei e representante dos interesses do interditando. O interrogatório do interditando é medida que garante o contraditório e a ampla defesa de pessoa que se encontra em presumido estado de vulnerabilidade. São intangíveis as regras processuais que cuidam do direito de defesa do interditando, especialmente quando se trata de reconhecer a incapacidade e restringir direitos" (STJ, REsp 1686161/SP, Rel.ª Min.ª Nancy Andrighi, 3ª Turma, jul. 12.09.2017, *DJe* 15.09.2017).

Inexistência. "A falta da audiência de interrogatório do interditando e de instrução e julgamento não constitui nulidade do feito, mesmo diante do requerimento para a sua designação, eis que, entendendo suficiente o conjunto probatório contido nos autos, cabe ao magistrado ponderar a respeito dos elementos necessários ao seu convencimento, sentenciando em seguida. Comprovada a incapacidade de o indivíduo dirigir a sua pessoa e cuidar dos próprios bens, deve decretar-se a interdição" (TJDF, Ap. 20000210023525, Rel. Des. Valter Xavier, 1ª Turma, jul. 07.10.2002, *DJDF* 26.02.2003).

Atestado médico. Dispensa. "Dispensa, pelo Juízo, do interrogatório do interditando, com base em atestado médico. Impossibilidade, diante dos expressos termos do artigo 1.181 do Código de Processo Civil" (TJSP, AI 2113904, Rel.ª Des.ª Zélia Maria Antunes Alves, 8ª Câmara Dir. Priv., jul. 11.03.2002).

2. Citação. "Embora precipuamente direcionada ao interrogatório, a citação do interditando deve ser realizada em sua própria pessoa, se for o caso, com as cautelas do artigo 218 e §§, do Código de Processo Civil [art. 245 do CPC/2015]. Vício radical configurado. Nulidade do processo declarada" (TJSP, Ap. 21809940, Rel. Des. J. Roberto Bedran, 2ª Câmara Dir. Priv., jul. 04.12.2001).

3. Conjunto probatório. "Interdição. Demonstrada a incapacidade para gerir e administrar os próprios bens. Conjunto probatório que inclui interrogatório judicial, prova técnica psicológica, psiquiátrica e testemunhal, suficientemente analisado. Laudo divergente que não foi apresentado no prazo previsto no parágrafo único do artigo 433 do Código de Processo Civil [art. 477 do CPC/2015]. Preclusão. Inexistência de cerceamento de defesa" (TJSP, Ap. 20471640, Rel. Des. Carlos Stroppa, 3ª Câmara Dir. Priv., jul. 06.11.2001).

4. Revogação de liminar. "Em nada deve ser modificada a decisão do juízo de primeiro grau que, após o interrogatório do interditando, revogou a medida liminar antes concedida, em razão de não apresentar qualquer desordem das faculdades mentais, tampouco estar gastando desordenadamente seus bens. Prova segura, nesse sentido, para manter a decisão atacada pelos seus motivos e fundamentos" (TJRS, AI 00508652, Rel. Des. Alfredo Guilherme Englert, 8ª Câmara Cível, jul. 10.08.2000).

5. Nulidade. "Não prosperam as nulidades alegadas pelos agravantes, uma vez que o interrogatório realizado atendeu ao disposto pelo art. 1.181 do CPC [art. 751 do CPC/2015], bem como intimado o MP, deixou de comparecer ao ato, o que não caracteriza nulidade. A mencionada falta de intimação da filha da interditada não se justifica, por não ser parte no processo. Tem a interdição o objetivo de salvaguardar os interesses da interditanda, ainda mais quando devidamente comprovada a impossibilidade de gerir seus negócios, o que restou verificado tanto pelo atestado médico quanto pela julgadora de primeiro grau" (TJRS, AI 70005002407, Rel. Des. Antônio Carlos Stangler Pereira, 8ª Câmara Cível, jul. 24.10.2002).

Art. 752. Dentro do prazo de 15 (quinze) dias contado da entrevista, o interditando poderá impugnar o pedido.

§ 1º O Ministério Público intervirá como fiscal da ordem jurídica.

§ 2º O interditando poderá constituir advogado, e, caso não o faça, deverá ser nomeado curador especial.

§ 3º Caso o interditando não constitua advogado, o seu cônjuge, companheiro ou qualquer parente sucessível poderá intervir como assistente.

CPC/1973

Art. 1.182.

REFERÊNCIA LEGISLATIVA

CPC/2015, art. 178 (competência do MP).

Lei n.º 13.146/2015 (Estatuto da Pessoa com Deficiência), arts. 84 a 87 (curatela).

BREVES COMENTÁRIOS

O prazo para impugnar o pedido é de quinze dias, a contar da entrevista. Se o interditando não constituir advogado ou defensor público para representá-lo, o juiz nomeará um curador especial (art. 752, § 2º), função que é exercida pela Defensoria Pública (art. 72, parágrafo único), para que possa apresentar a impugnação. Essa curadoria não está relacionada à capacidade processual do promovido e não há conexão com o fato de ele ser ou não incapacitado para atos da vida civil. Trata-se de curador especial nomeado única e exclusivamente pelo fato de não ter sido apresentada defesa pelo interditando.

Se o promovido não constituir advogado, poderá o cônjuge, companheiro ou qualquer parente sucessível intervir no processo como assistente.

JURISPRUDÊNCIA SELECIONADA

1. Ação de interdição. Ajuizamento pela irmã da curatelanda. Nomeação de curador especial. Defensoria pública. Função institucional atípica e exclusiva. "A ação de interdição se funda na dignidade da pessoa humana e tem cunho protecionista, razão pela qual só se justifica para atender os interesses e as necessidades próprias do curatelando. Considerando que a atuação do Ministério Público, enquanto fiscal da ordem jurídica na ação de interdição da qual não é o autor, impede que ele atue, simultaneamente, como defensor do curatelando; que a legislação prevê a nomeação de curador especial ao incapaz, para garantir a tutela dos seus próprios interesses e necessidades; e que a curadoria especial é função atípica e exclusiva da Defensoria Pública; forçoso reconhecer a falta de atribuição do *Parquet* para funcionar nos autos como defensor da curatelanda" (STJ, REsp 1.824.208/BA, Rel. Min. Nancy Andrighi, 3ª Turma, jul. 10.12.2019, *DJe* 13.12.2019).

2. Representação judicial pelo Ministério Público. Admissibilidade. "Os arts. 1.182, § 1º, do CPC [art. 752, § 1º, do CPC/2015] e 1.770 do CC (de 2002) estabelecem que compete ao representante do Ministério Público defender o interdito quando ele não for requerente da interdição ou quando o interditando não constituir defensor para fazer sua defesa, dispositivos que não podem ser considerados incompatíveis com as normas constitucionais, uma vez que o próprio art. 129, IX, da CF, determina que os membros do *Parquet* devem exercer as funções conferidas por lei compatíveis com suas finalidades, entre elas a defesa de interesses individuais indispensáveis" (TJSP, AgIn 353.575-4/8, Rel. Des. Mauricio Vidigal, 10ª Câmara, jul. 01.03.2005). **Em sentido contrário**: "Interdição. Nomeação de curador especial à interditanda. Impossibilidade de atuação do Ministério Público como defensor. Artigo 9º, § ún., e art. 1.182, § 1º, do CPC, não foram recepcionados pela CF/88. Necessidade de nomeação de advogado para exercer a função de curador especial" (*JTJ* 341/25: AP 581.645-4/6-00).

3. Efeitos da interdição sobre procurações outorgadas. "Interdição do mandante que acarreta automaticamente a extinção do mandato, inclusive o judicial, nos termos do art. 682, II, do CC. Inaplicabilidade do referido dispositivo legal ao mandato outorgado pelo interditando para atuação de seus advogados na ação de interdição, sob pena de cerceamento de seu direito de defesa no processo de interdição" (STJ, REsp 1.251.728/PE, Rel. Min. Paulo de Tarso Sanseverino, 3ª Turma, jul. 14.05.2013, *DJe* 23.05.2013).

Art. 753. Decorrido o prazo previsto no art. 752, o juiz determinará a produção de prova pericial para avaliação da capacidade do interditando para praticar atos da vida civil.

§ 1º A perícia pode ser realizada por equipe composta por expertos com formação multidisciplinar.

§ 2º O laudo pericial indicará especificadamente, se for o caso, os atos para os quais haverá necessidade de curatela.

CPC/1973

Art. 1.183.

REFERÊNCIA LEGISLATIVA

CPC/2015, arts. 358 a 368 (Da audiência de instrução e julgamento).

Lei n.º 13.146/2015 (Estatuto da Pessoa com Deficiência), arts. 84 a 87 (curatela).

BREVES COMENTÁRIOS

Após a impugnação ou o decurso do prazo para impugnação, realizar-se-á perícia médica na pessoa do interditando. A perícia segue o procedimento comum da prova pericial (arts. 464 a 480). Será realizada mesmo que ninguém a requeira expressamente (*ex officio*). Se a perícia for complexa, poderá ser feita por equipe composta de especialistas com formação multidisciplinar. O laudo deverá especificar, se for o caso, os atos para os quais haverá necessidade de curatela. Esses atos, vale lembrar, são relacionados apenas aos direitos de natureza patrimonial e negocial.

JURISPRUDÊNCIA SELECIONADA

1. Audiência:

Dispensa. "Não é nulo o processo de interdição se, já tendo havido tentativa de interrogatório do interditando, presente o laudo nos autos, inexistente prova oral a ser produzida, foi dispensada a audiência do art. 1.183 do CPC [art. 753 do CPC/2015]. Tal audiência, sem objetivo, poderia ser suprimida, sem que com isso importasse nulidade do processo, *máxime*, se incorreu prejuízo a quem quer que fosse. Não é nula a decisão que se produziu sem as formalidades dos arts. 458/459 do CPC, porque, sendo decisão, gênero da forma de atividade de julgar do juiz, não estava sujeita à forma especial da sentença que julga a lide, escolhe ou rejeita pretensão, em processo contencioso. A decisão, no procedimento de jurisdição voluntária, decide, soluciona, apenas, pedido de providência judicial, que pode até ser modificada, se ocorrerem circunstâncias supervenientes" (TJRS, Ap. 586.062.168, Rel. Des. Manoel Celeste dos Santos, 2ª Câmara, jul. 01.07.1987, *RJTJRS* 125/336).

Oitiva de testemunhas. "A interditanda tem direito a provar que pode gerir a sua vida e administrar os seus bens, com a oitiva de testemunhas, com o que, em tal caso, não pode o Magistrado dispensar a realização da audiência do art. 1.183 do Código de Processo Civil [art. 753 do CPC/2015]" (STJ, REsp 172.284/DF, Rel. Min. Carlos Alberto Menezes Direito, 3ª Turma, jul. 05.10.2000, *DJ* 20.11.2000).

2. Prova pericial:

Laudo de avaliação da capacidade. Realização sem a forma e o conteúdo exigidos. Divergência sobre a existência de incapacidade do interditando, bem como sobre a sua extensão. "O laudo pericial não pode ser substituído por mero relatório médico, especialmente quando há divergência entre o conteúdo do relatório em confronto com os demais elementos de prova produzidos no processo. Nas hipóteses de interdição, é imprescindível que o exame médico resulte em laudo pericial fundamentado, no qual deverão ser examinadas todas as circunstâncias relacionadas à existência da patologia do interditando, bem como a sua extensão e limites. Inteligência do art. 1.183, *caput*, do CPC/73" [art. 753 do CPC/2015] (STJ, REsp 1.685.826/BA, Rel. Min. Nancy Andrighi, 3ª Turma, jul. 19.09.2017, *DJe* 26.09.2017).

Obrigatoriedade. "Apelação cível – Pedido de interdição e curatela – Incapacidade mental – Art. 1.183 do CPC [art. 753 do CPC/2015] – Necessidade de realização do exame pericial do interditando – Imprescindível a realização do exame para decretação da interdição" (TJMG, Ap. Cível 1.0024.07.525885-5/001, Rel. Des. Roney Oliveira, 2ª Câmara Cível, jul. 10.03.2009, *DJe* 01.04.2009).

Dispensa. "Constatado pelas instâncias ordinárias que o interditando, por absoluta incapacidade, não tem condições de gerir sua vida civil, com amparo em laudo pericial (extrajudicial) e demais elementos de prova, inclusive o interrogatório de que trata o art. 1.181 do Código de Processo Civil [art. 751 do CPC/2015], a falta de nova perícia em juízo não causa nulidade, porquanto, nesse caso, é formalidade dispensável (art. 244 do CPC)" (STJ, REsp 253.733/MG, Rel. Min. Fernando Gonçalves, 4ª Turma, jul. 16.03.2004, *DJ* 05.04.2004). **Em sentido contrário**: "Conforme dispõe o art. 1.183 do CPC [art. 753 do CPC/2015], no procedimento judicial de interdição, é necessária a nomeação de perito para proceder ao exame do interditando, não podendo o Juiz dispensá-lo, baseando-se em laudo de exame extrajudicial, expedido pelo INSS, não conclusivo sobre a higidez mental do interditando" (TJPR, AgIn 51.681-4, Rel. des. Octávio Valeixo, 4ª Câmara, jul. 05.03.1997).

Finalidade. "A prova pericial tem especial relevo para desvelar a situação psíquica da interditanda e, concluindo pela plena capacidade dela, impõe-se a rejeição do pedido, mais ainda quando a pessoa responde o interrogatório de forma lúcida" (TJRS, Ap. 004338340, Rel. Des. José Carlos Teixeira Giorgis, 7ª Câmara Cível, jul. 20.06.2001).

3. Assistente técnico. "No art. 1.183 do CPC [art. 753 do CPC/2015], quis o legislador que funcionasse apenas um perito no processo de interdição. Entretanto, o Código não veda a admissão de assistente técnico, sendo, pois, aplicável a regra do art. 421, § 1º [art. 465, § 1º, do CPC/2015], do mesmo diploma legal. Todavia, depois de nomeado perito e oferecido o laudo, não pode o promovente da medida, vendo que o laudo deu como plenamente capaz de fato a interditanda, indicar tardiamente assistente técnico" (TJRJ, Ap. 27.571, Rel. Des. Pedro Américo, 1ª Câmara, jul. 10.04.1984, *Adcoas*, 1984).

4. Impressão pessoal do juiz. "Interdição. Laudo médico. Impressão pessoal do juiz. Higidez da requerida. Empalidece a pretensão se o julgador constatou pessoalmente a higidez mental da interditanda durante o interrogatório e o laudo médico não apontou qualquer incapacidade para o exercício dos atos da vida civil" (TJRS, Ap. 00438061, Rel. Des. José Carlos Teixeira Giorgis, 7ª Câmara Cível, jul. 09.05.2001).

Art. 754. Apresentado o laudo, produzidas as demais provas e ouvidos os interessados, o juiz proferirá sentença.

CPC/1973

Art. 1.183.

REFERÊNCIA LEGISLATIVA

Lei n.º 13.146/2015 (Estatuto da Pessoa com Deficiência), arts. 84 a 87 (curatela).

BREVES COMENTÁRIOS

Essa instrução complementar "deve restringir-se à segunda perícia, caso o juiz não aceite a primeira, ou a colheita de prova oral que sirva para esclarecer os limites da curatela e a gradação da interdição ou para auxiliar o perito na elaboração do seu laudo" (DIDIER JR, Fredie. *In*: WAMBIER, Teresa Arruda Alvim; DIDIER JR., Fredie; TALAMINI, Eduardo; DANTAS, Bruno. *Breves comentários ao novo Código de Processo Civil*. São Paulo: Revista dos Tribunais, 2015, p. 1.742).

Art. 755. Na sentença que decretar a interdição, o juiz:

I – nomeará curador, que poderá ser o requerente da interdição, e fixará os limites da curatela, segundo o estado e o desenvolvimento mental do interdito;

II – considerará as características pessoais do interdito, observando suas potencialidades, habilidades, vontades e preferências.

§ 1º A curatela deve ser atribuída a quem melhor possa atender aos interesses do curatelado.

§ 2º Havendo, ao tempo da interdição, pessoa incapaz sob a guarda e a responsabilidade do interdito, o juiz atribuirá a curatela a quem melhor puder atender aos interesses do interdito e do incapaz.

§ 3º A sentença de interdição será inscrita no registro de pessoas naturais e imediatamente publicada na rede mundial de computadores, no sítio do tribunal a que estiver vinculado o juízo e na plataforma de editais do Conselho Nacional de Justiça, onde permanecerá por 6 (seis) meses, na imprensa local, 1 (uma) vez, e no órgão oficial, por 3 (três) vezes, com intervalo de 10 (dez) dias, constando do edital os nomes do interdito e do curador, a causa da interdição, os limites da curatela e, não sendo total a interdição, os atos que o interdito poderá praticar autonomamente.

CPC/1973

Arts. 1.183, parágrafo único, e 1.184.

REFERÊNCIA LEGISLATIVA

CPC/2015, arts. 257, parágrafo único (prazo da publicação na citação por edital); 1.012, § 1º (apelação sem efeito suspensivo); e 520 (execução definitiva e provisória).

LRP, arts. 29, V, 92, 93 e 107, § 1º.

Lei nº 13.146/2015 (Estatuto da pessoa com deficiência), arts. 84 a 87 (curatela).

BREVES COMENTÁRIOS

O juiz elaborará um projeto individual de curatela, atendendo às necessidades do interdito, para abranger apenas e tão somente os atos para os quais efetivamente está impossibilitado de praticar sozinho, respeitando a sua dignidade. O curador será pessoa que melhor atenda aos interesses do curatelado, podendo o juiz estabelecer curatela compartilhada a mais de uma pessoa (CC, art. 1.775-A, acrescentado pela Lei nº 13.146/2015).

JURISPRUDÊNCIA SELECIONADA

1. Curatela. Idoso. Incapacidade total e permanente para exercer pessoalmente os atos da vida civil. Perícia judicial conclusiva. Decretada a incapacidade absoluta. Impossibilidade. "A Lei n. 13.146/2015, que instituiu o Estatuto da Pessoa com Deficiência, tem por objetivo assegurar e promover a inclusão social das pessoas com deficiência física ou psíquica e garantir o exercício de sua capacidade em igualdade de condições com as demais pessoas. A partir da entrada em vigor da referida lei, a incapacidade absoluta para exercer pessoalmente os atos da vida civil se restringe aos menores de 16 (dezesseis) anos, ou seja, o critério passou a ser apenas etário, tendo sido eliminadas as hipóteses de deficiência mental ou intelectual anteriormente previstas no Código Civil. Sob essa perspectiva, o art. 84, § 3º, da Lei n. 13.146/2015 estabelece que o instituto da curatela pode ser excepcionalmente aplicado às pessoas portadoras de deficiência, ainda que agora sejam consideradas relativamente capazes, devendo, contudo, ser proporcional às necessidades e às circunstâncias de cada caso concreto" (STJ, REsp 1.927.423/SP, Rel. Min. Marco Aurélio Bellizze, 3ª Turma, jul. 27.04.2021, *DJe* 04.05.2021).

2. Recurso especial. Curatela. Cônjuge. Regime da comunhão absoluta de bens. Ausência do dever de prestar contas, salvo em havendo indícios de malversação ou em se tratando de bens incomunicáveis. "Escolhido o curador ('a curatela deve ser atribuída a quem melhor possa atender aos interesses do curatelado' – CPC/15, art. 755, § 1º), assim como na tutela, deverá haver a prestação de contas de sua administração, haja vista estar ele na posse de bens do incapaz (CC, arts. 1.755, 1.774 e 1.781). No entanto, o próprio Código Civil previu uma exceção ao estabelecer que o curador não será obrigado à prestação de contas quando for o cônjuge e o regime de bens do casamento for de comunhão universal, salvo se houver determinação judicial (art. 1.783). O magistrado poderá (deverá) decretar a prestação de contas pelo cônjuge curador, resguardando o interesse prevalente do curatelado e a proteção especial do interdito quando: a) houver qualquer indício ou dúvida de malversação dos bens do incapaz, com a periclitação de prejuízo ou desvio de seu patrimônio, no caso de bens comuns; e b) se tratar de bens incomunicáveis, excluídos da comunhão, ressalvadas situações excepcionais" (STJ, REsp 1.515.701/RS, Rel. Min. Luis Felipe Salomão, 4ª Turma, jul. 02.10.2018, *DJe* 31.10.2018).

3. Doença mental posterior à interdição. "Decretada a interdição, é indiscutível que a partir desse pronunciamento surge a suspeita de que a doença mental existia anteriormente, e este pormenor pode ser provado por qualquer meio, inclusive pela perícia feita no processo da interdição. O laudo em que se fundar a sentença de interdição pode esclarecer o ponto, isto é, afirmar que a incapacidade mental do interdito já existia em período anterior, e o juiz do mérito da questão pode basear-se nisso para o fim de anular o ato jurídico praticado nesse período pelo interdito. Trata-se de interpretação de um laudo, peça de prova, a respeito de cuja valorização o juiz forma livre convencimento" (STF, RE 81.198/MG, Rel. Min. Antônio Neder, 1ª Turma, jul. 30.08.1977, no, *RTJ* 83/425).

4. Fixação do termo inicial da alienação mental. "A sentença que decreta a interdição por alienação mental não tem de fixar a época a partir da qual se configurou a incapacidade do interdito. Nenhuma regra jurídica em vigor cria semelhante dever. Em vão se procurará comando desse teor, quer na lei civil, quer no estatuto processual. O único dispositivo do CPC que alude ao conteúdo da sentença em foco é o art. 1.183, parágrafo único [art. 755 do CPC/2015], *verbis*. Decretando a interdição, o Juiz nomeará curador ao interdito. Não se acrescenta: e fixará a época a partir da qual se configurou a incapacidade. Ademais, o art. 1.184 [art. 755, § 3º, do CPC/2015] dispõe que a sentença produz efeito desde logo – *ad futurum*, claro –, sem cogitar de qualquer eficácia retroativa" (TJRJ, Ap. 37.994, Rel. Des. Barbosa Moreira, 5ª Câmara, *Adcoas*, 1986, nº 108.182).

5. Ato praticado anteriormente à sentença de interdição. Nulidade:

Contemporaneidade do ato com a doença mental. "São nulos os atos praticados pelo alienado anteriormente à interdição, desde que demonstrada a contemporaneidade do ato com a doença mental geradora da incapacidade" (STF, RE 82.311, Rel. Min. Cordeiro Guerra, jul. 01.04.1977, *RTJ*, 82/213).

Prova inequívoca da incapacidade. "Para resguardo da boa-fé de terceiros e segurança do comércio jurídico, o reconhecimento da nulidade dos atos praticados anteriormente à sentença de interdição reclama prova inequívoca, robusta e convincente da incapacidade do contratante" (STJ, REsp 9.077/RS, Rel. Min. Sálvio de Figueiredo, 4ª Turma, 25.02.1992, *DJU* 30.03.1992).

6. Registro. Finalidade. "Para que a sentença de interdição produza **efeitos *erga omnes***, necessária se faz sua inscrição no cartório de registro de pessoas naturais (art. 1.184 do CPC [art. 755, § 3º, do CPC/2015] e art. 192 da Lei 6.015/73), assim como a publicação do respectivo edital. Do contrário, os efeitos da interdição ficam restritos às partes, não atingindo a terceiros" (TJDF, Ap. 19990110788770, Rel. Des. Sérgio Bittencourt, 4ª Turma Cível, jul. 14.05.2001, *DJDF* 13.06.2001).

7. Nomeação de curador. "Havendo litígio entre o interditando e aquele que a lei estabelece como possível curador, não pode ser obedecida a ordem legal, por exigência natural das coisas" (STJ, REsp 138.599/SP, Rel. Min. Ruy Rosado de Aguiar, 4ª Turma, jul. 08.10.1997, *DJ* 10.11.1997). **No mesmo sentido**: TJSP, AI 5613894000, Rel. Des. Teixeira Leite, 4ª Câmara Dir. Priv., jul. 24.07.2008, *RT* 877/190.

8. Benefício INSS. "Acordam os desembargadores integrantes da 5ª Câmara Cível, do TJPR, por unanimidade de votos, em dar provimento ao recurso para reformar a decisão objurgada e deferir a curatela para os fins de receber, o curador, pelo curatelado, o benefício especial do INSS, ficando arbitrado os honorários periciais em R$ 200,00 (duzentos reais). Sem custas e honorários advocatícios ante o benefício da justiça gratuita. Interdição. Incapacidade para os atos da vida civil demonstrada por laudo médico. Interdição objetivando receber benefício do INSS" (TJPR, Ap. 086523600, Rel. Des. Antônio Gomes da Silva, 5ª Câmara Cível, jul. 13.06.2000, *DJPR* 07.08.2000).

Art. 756. Levantar-se-á a curatela quando cessar a causa que a determinou.

§ 1º O pedido de levantamento da curatela poderá ser feito pelo interdito, pelo curador ou pelo Ministério Público e será apensado aos autos da interdição.

§ 2º O juiz nomeará perito ou equipe multidisciplinar para proceder ao exame do interdito e designará audiência de instrução e julgamento após a apresentação do laudo.

§ 3º Acolhido o pedido, o juiz decretará o levantamento da interdição e determinará a publicação da sentença, após o trânsito em julgado, na forma do art. 755, § 3º, ou, não sendo possível, na imprensa local e no órgão oficial, por 3 (três) vezes, com intervalo de 10 (dez) dias, seguindo-se a averbação no registro de pessoas naturais.

§ 4º A interdição poderá ser levantada parcialmente quando demonstrada a capacidade do interdito para praticar alguns atos da vida civil.

CPC/1973

Art. 1.186.

REFERÊNCIA LEGISLATIVA

CPC/2015, arts. 358 a 368 (Da audiência de instrução e julgamento).

LRP, art. 104.

Lei nº 13.146/2015 (Estatuto da pessoa com deficiência).

BREVES COMENTÁRIOS

Cessada a causa da interdição, o próprio interdito poderá requerer seu levantamento. A sentença que acolhe o pedido de levantamento de interdição é constitutiva, porque desconstitui o efeito da sentença anterior. Os efeitos, todavia, não são imediatos: dependem de trânsito em julgado (art. 756, § 3º).

Só após a coisa julgada, haverá a publicação de editais e somente após o prazo dos editais é que será a sentença averbada no Registro Civil. Para essa publicidade, será utilizada a mesma forma em que se deu a publicação da sentença que define a curatela (§ 3º). A interdição poderá ser levantada parcialmente quando demonstrada a capacidade do interdito para a prática de alguns atos da vida civil.

JURISPRUDÊNCIA SELECIONADA

1. Levantamento da curatela. Propositura por terceiros juridicamente interessados. Possibilidade (§1º). "O propósito recursal é definir se o rol de legitimados para o ajuizamento da ação de levantamento da curatela é taxativo ou se é admissível a propositura da referida ação por outras pessoas não elencadas no art. 756, § 1º, do CPC/15. (...) O art. 756, § 1º, do CPC/15, ampliou o rol de legitimados para o ajuizamento da ação de levantamento da curatela previsto no art.1.186, § 1º, do CPC/73, a fim de expressamente permitir que, além do próprio interdito, também o curador e o Ministério Público sejam legitimados para o ajuizamento dessa ação, acompanhando a tendência doutrinária que se estabeleceu ao tempo do código revogado. Além daqueles expressamente legitimados em lei, é admissível a propositura da ação por pessoas qualificáveis como terceiros juridicamente interessados em levantar ou modificar a curatela, especialmente àqueles que possuam relação jurídica com o interdito, devendo o art. 756, § 1º, do CPC/15, ser interpretado como uma indicação do legislador, de natureza não exaustiva, acerca dos possíveis legitimados." (STJ, REsp 1735668/MT, Rel.ª Min.ª Nancy Andrighi, 3ª Turma, jul. 11.12.2018, *DJe* 14.12.2018).

2. Levantamento da interdição. "Tem o interdito legitimidade para, através de procurador constituído, requerer o levantamento da interdição. Mas a nomeação de curador especial é imposição de lei – CPC, art. 9º, nº I [art. 72, I, do CPC/2015] – sobretudo se, em conflito de interesse, a curadora se opõe ao pedido" (TJRJ, Ag. 8.773, Rel. Des. Pedro Américo, 1ª Câmara, jul. 06.08.1985).

3. Epilepsia. "Filho portador de epilepsia em evolução desde a infância. Homem com 27 anos sem aptidão para o trabalho e juridicamente incapaz de gerir sua pessoa e seus bens. Laudo pericial não confirma a incapacidade mental. Procuradoria-geral da Justiça, que recomendou o improvimento. Pessoa a ser interditada não é louca. Afirmativa confirmada pela perícia. Epilepsia não provoca o retardo mental. Epiléticos podem exercer as mais variadas profissões mesmo as que exigem grande capacidade intelectual. Epilético sob controle médico não é incapaz, merecendo o direito de autogestão pessoal" (TJSP, Ap. 2199744, Rel. Des. Ênio Santarelli Zuliani, 3ª Câmara Dir. Priv., jul. 12.03.2002).

Art. 757. A autoridade do curador estende-se à pessoa e aos bens do incapaz que se encontrar sob a guarda e a responsabilidade do curatelado ao tempo da interdição, salvo se o juiz considerar outra solução como mais conveniente aos interesses do incapaz.

REFERÊNCIA LEGISLATIVA

Lei nº 13.146/2015 (Estatuto da pessoa com deficiência), arts. 84 a 87 (curatela).

BREVES COMENTÁRIOS

Se existir pessoa incapaz sob a guarda e responsabilidade do interdito, a nomeação do curador deverá observar também os interesses desse incapaz (CPC/2015, art. 755, § 2º). Nomeado o curador, sua autoridade se estende à pessoa e aos bens do incapaz, salvo se outra solução for julgada mais conveniente pelo juiz (art. 757).

Essa regra deve ser interpretada segundo a Lei nº 13.146/2015, que é expressa em determinar que "a curatela afetará tão somente os atos relacionados aos direitos de natureza patrimonial e negocial" (art. 85). Além disso, dispõe que "a deficiência não afeta a plena capacidade civil da pessoa", inclusive para "exercer o direito à guarda, à tutela, à curatela e à adoção, como adotante ou adotando, em igualdade de oportunidades com as demais pessoas" (art. 6º, VI).

Desta forma, parece-nos que, em regra, a curatela não se estenderá aos incapazes sob a guarda e responsabilidade do curatelado. Essa ampliação das funções do curador somente ocorrerá se expressamente determinada pela sentença e houver, de fato, necessidade da medida. Nesse sentido, o art. 757, do CPC/2015, é expresso em afirmar que a extensão da autoridade do curador à pessoa e aos bens do incapaz que se encontrar sob a guarda e a responsabilidade do curatelado ocorrerá apenas se o juiz não considerar outra solução como mais conveniente aos interesses do incapaz.

Art. 758. O curador deverá buscar tratamento e apoio apropriados à conquista da autonomia pelo interdito.

REFERÊNCIA LEGISLATIVA

Lei nº 13.146/2015 (Estatuto da pessoa com deficiência).

BREVES COMENTÁRIOS

Além da gestão dos bens, o CPC/2015 impõe ao curador a obrigação de buscar tratamento e apoio apropriados à conquista da autonomia pelo interdito (art. 758). Assim, a curatela tende a ser um procedimento protetivo extraordinário, que deverá durar apenas o período necessário para a recuperação do interdito, se possível.

Seção X
Disposições Comuns à Tutela e à Curatela

Art. 759. O tutor ou o curador será intimado a prestar compromisso no prazo de 5 (cinco) dias contado da:

I – nomeação feita em conformidade com a lei;

II – intimação do despacho que mandar cumprir o testamento ou o instrumento público que o houver instituído.

§ 1º O tutor ou o curador prestará o compromisso por termo em livro rubricado pelo juiz.

§ 2º Prestado o compromisso, o tutor ou o curador assume a administração dos bens do tutelado ou do interditado.

CPC/1973

Art. 1.187.

REFERÊNCIA LEGISLATIVA

ECA, arts. 36 a 38 e 164.

CC, arts. 1.729, 1.731, 1.732 e 1.775 (tutor e curador).

CPC/2015, arts. 735 (testamento; procedimento); 736 (testamento público); 737 (confirmação do testamento particular).

Lei nº 13.146/2015 (Estatuto da pessoa com deficiência), arts. 84 a 87 (curatela).

BREVES COMENTÁRIOS

A administração dos bens do interdito, pelo curador, depende de certas cautelas impostas pela lei. Em primeiro lugar, deve prestar o compromisso de bem e fielmente exercer o múnus. Em seguida, assume a administração dos bens do interditado. Para assumir o encargo, tutor e curador devem prestar compromisso perante a autoridade judicial, no prazo de cinco dias, contados da nomeação por sentença ou da intimação do despacho que manda cumprir o testamento ou o instrumento público relativo à escolha convencional do tutor. Deverão eles prestar o compromisso por termo em livro rubricado pelo juiz. Prestado o compromisso, incumbe ao tutor ou curador assumir a administração dos bens do tutelado ou do interditado.

O CPC/1973 previa, em seu art. 1.188, a apresentação pelo curador de imóveis sobre os quais recairia hipoteca legal destinada a assegurar sua gestão. Essa disciplina processual, contudo, restou prejudicada com o advento do Código Civil de 2002, que não mais inclui os tutores e curadores entre os obrigados a prestar aquele tipo de garantia. Em conformidade com a lei material e o entendimento doutrinário vigentes, o CPC/2015 dispensou a cautela exigida no citado art. 1.188 do CPC/1973.

JURISPRUDÊNCIA SELECIONADA

1. Compromisso. Ato personalíssimo. "O art. 38 do CPC [art. 105 do CPC/2015] faculta a prática de atos pelo advogado da parte, mas entre estes não se inserem não apenas os que dependem de poderes especiais, como também os personalíssimos, que não se transmitem pelo mandato. Entre estes, evidentemente, o de prestar compromisso de curador, onde ressalta a responsabilidade pessoal do nomeado, perante o juiz, no exercício do seu encargo" (TJSP, Ag. 62.818-1, Rel. Des. Toledo César, 3ª Câmara, jul. 10.09.1985, *RJTJSP* 99/278).

2. Colisão de interesses. Curador x curatelado. "Se a curadora é a esposa do curatelado, ainda que não seja exímia administradora, não há que se falar em colisão de interesses. A atividade da curadora não pode ser monitorada, até porque prestou compromisso de desempenhar o múnus público com lisura e tem a obrigação de prestar contas do seu mister" (TJDF, Ap. Cível 20000210005393, Rel. Des. Romão C. Oliveira, 2ª Turma Cível, jul. 30.09.2002, *DJDF* 05.02.2003).

Art. 760. O tutor ou o curador poderá eximir-se do encargo apresentando escusa ao juiz no prazo de 5 (cinco) dias contado:

I – antes de aceitar o encargo, da intimação para prestar compromisso;

II – depois de entrar em exercício, do dia em que sobrevier o motivo da escusa.

§ 1º Não sendo requerida a escusa no prazo estabelecido neste artigo, considerar-se-á renunciado o direito de alegá-la.

§ 2º O juiz decidirá de plano o pedido de escusa, e, não o admitindo, exercerá o nomeado a tutela ou a curatela enquanto não for dispensado por sentença transitada em julgado.

CPC/1973

Arts. 1.192 e 1.193.

REFERÊNCIA LEGISLATIVA

CC, arts. 1.736 a 1.739 (escusa de testemunha).

Lei nº 13.146/2015 (Estatuto da pessoa com deficiência), arts. 84 a 87 (curatela).

BREVES COMENTÁRIOS

Em regra, não se admite que o tutor ou curador, dentro da escala de preferência legal, se recuse a aceitar o encargo. No entanto, a lei civil, nos arts. 1.736 e 1.737), várias hipóteses em que a escusa é possível. Mas o interessado deverá requerer sua dispensa no prazo de cinco dias, contados da intimação do compromisso (CPC/2015, art. 760, I). O julgamento do pedido é feito de plano pelo juiz (art. 760, § 2º).

Art. 761. Incumbe ao Ministério Público ou a quem tenha legítimo interesse requerer, nos casos previstos em lei, a remoção do tutor ou do curador.

Parágrafo único. O tutor ou o curador será citado para contestar a arguição no prazo de 5 (cinco) dias, findo o qual observar-se-á o procedimento comum.

CPC/1973

Arts. 1.194, 1.195 e 1.196.

CJF – I JORNADA DE DIREITO PROCESSUAL CIVIL

Enunciado 57 – Todos os legitimados a promover a curatela, cujo rol deve incluir o próprio sujeito a ser curatelado, também o são para realizar o pedido do seu levantamento.

REFERÊNCIA LEGISLATIVA

ECA, art. 164 (destituição de tutor).

LRP, art. 104 (averbação da sentença de substituição de curador).

Lei nº 13.146/2015 (Estatuto da pessoa com deficiência), arts. 84 a 87 (curatela).

CPC/2015, art. 307 (presunção de veracidade dos fatos).

BREVES COMENTÁRIOS

A remoção do tutor ou curador é ato de afastamento forçado ou compulsório. O pedido pode ser promovido em procedimento, com contraditório, tendo o curador ou tutor o prazo de cinco dias para contestar a arguição, o qual, após findar-se, seguirá o rito das ações comuns (art. 761, parágrafo único). Essa ação pode ser movida pelo Ministério Público ou por quem tenha legítimo interesse (art. 761, *caput*). Após a contestação e a instrução, o juiz deliberará. Se a sentença decretar a remoção, deverá nomear o substituto para exercer a curatela.

JURISPRUDÊNCIA SELECIONADA

1. Ação de remoção de curador. Autonomia. "A remoção de curador é postulada em ação autônoma (CPC, arts. 1195 a 1197) [arts. 761 a 762 do CPC/2015], que não guarda relação de acessoriedade com a ação de interdição já finda. A circunstância de o curador nomeado ter domicílio em São Paulo, foro onde se processou a ação de interdição, não afasta a competência territorial do Juízo do Distrito Federal, onde têm domicílio a interdita e sua mãe, titular do direito de guarda, para a ação de remoção do curador. Princípio do melhor interesse do incapaz" (STJ, CC 101.401/SP, Rel.ª Min.ª Maria Isabel Gallotti, 2ª Seção, jul. 10.11.2010, *DJe* 23.11.2010).

2. Hipótese de remoção: "Se há incompatibilidade entre curatelado e curadora, que são cônjuges, demanda de um contra o outro, queixas de agressões, com lesões corporais de um e outro, apesar do disposto no art. 454 do CC, impõe-se a destituição da última" (TJRJ, Ap. n36.479, Rel. Des. Wellington Pimentel, 3ª Câmara, jul. 18.06.1985). **Nota: o CC citado no ac. é o de 1916.**

"As omissões do curador e a dilapidação de bens do ausente em proveito próprio configuram hipótese de extrema gravidade, que impõe a remoção do tutor ou curador" (TJSP, Ag. Reg. no MS 66.690-1, Rel. Des. César de Moraes, 1ª Câmara, jul. 24.09.1985).

3. Intervenção de terceiro. "Não assiste direito ao pai da curatelada, ingressar no processo findo de interdição, para fiscalizar a situação econômica de sua filha e o destino da pensão alimentícia, de que é credora. Se houver prejuízo à interdita sob a curatela da mãe, cabe ao agravante requerer medidas judiciais com intuito de remover a curadora de sua filha" (TJRS, AI 50.864, Rel. Des. Antônio Carlos Stangler Pereira, 8ª Câmara Cível, jul. 17.08.2000).

4. Citação. Exercício da defesa (parágrafo único). "No processo de interdição, para a efetivação da remoção do curador, investido nas funções por ordem judicial, porque apresentava perfil de candidato adequado para o encargo, é necessário que haja citação do curador, nos termos do art. 1.195 do CPC [art. 761, parágrafo único, do CPC/2015], de molde a lhe assegurar os meios legais para o exercício da defesa" (TJSP, AgIn 161.890-4/0, Rel. Des. Ênio Santarelli Zuliani, 3ª Câmara, jul. 19.09.2000).

Art. 762. Em caso de extrema gravidade, o juiz poderá suspender o tutor ou o curador do exercício de suas funções, nomeando substituto interino.

CPC/1973

Art. 1.197.

BREVES COMENTÁRIOS

O titular do múnus continuará a exercê-lo enquanto não julgado definitivamente o pedido de remoção. Mas, em caso de extrema gravidade, permite-se ao juiz suspendê-lo das funções no curso do processo, fazendo-se nomeação de um substituto interno.

JURISPRUDÊNCIA SELECIONADA

1. Suspensão do exercício da função de curador. "A suspensão da curatela, prevista no art. 1.197 do CPC [art. 762 do CPC/2015], pode ser determinada no bojo de outra ação, desde que esteja configurado caso de extrema gravidade que atinja a pessoa ou os bens do curatelado. Admitida a existência de fatos sérios passíveis de causar dano ao patrimônio da curatelada, deve ser mantida a decisão que determinou a suspensão do exercício da função de curador regularmente nomeado nos autos de interdição, para, somente após a apuração dos fatos, mediante o devido processo legal e ampla defesa, decidir-se pela remoção definitiva ou retorno do curador à sua função" (STJ, REsp 1.137.787/MG, Rel.ª Min.ª Nancy Andrighi, 3ª Turma, jul. 09.11.2010, *DJe* 24.11.2010).

Art. 763. Cessando as funções do tutor ou do curador pelo decurso do prazo em que era obrigado a servir, ser-lhe-á lícito requerer a exoneração do encargo.

§ 1º Caso o tutor ou o curador não requeira a exoneração do encargo dentro dos 10 (dez) dias seguintes à expiração do termo, entender-se-á reconduzido, salvo se o juiz o dispensar.

§ 2º Cessada a tutela ou a curatela, é indispensável a prestação de contas pelo tutor ou pelo curador, na forma da lei civil.

CPC/1973

Art. 1.198.

BREVES COMENTÁRIOS

Cessando as funções do curador ou do tutor, por decurso de prazo, poderá ser requerida a exoneração do encargo. Não sendo requerida essa dispensa no prazo de dez dias da data de expiração do termo, entender-se-á reconduzido (art. 763, *caput* e § 1º). A recondução somente não ocorrerá se o juiz a dispensar. O juiz levará em conta a conveniência do incapaz e, em caso positivo, a prorrogação do *múnus* será por mais dois anos (CC, art. 1.765, *caput*). A prestação de contas não se dá na ação do art. 550, mas nos próprios autos da tutela ou curatela, em apenso (CPC, art. 553, *caput*).

Seção XI
Da Organização e da Fiscalização das Fundações

Art. 764. O juiz decidirá sobre a aprovação do estatuto das fundações e de suas alterações sempre que o requeira o interessado, quando:

I – ela for negada previamente pelo Ministério Público ou por este forem exigidas modificações com as quais o interessado não concorde;

II – o interessado discordar do estatuto elaborado pelo Ministério Público.

§ 1º O estatuto das fundações deve observar o disposto na Lei nº 10.406, de 10 de janeiro de 2002 (Código Civil).

§ 2º Antes de suprir a aprovação, o juiz poderá mandar fazer no estatuto modificações a fim de adaptá-lo ao objetivo do instituidor.

CPC/1973

Art. 1.201, §§ 1º e 2º.

REFERÊNCIA LEGISLATIVA

Lei nº 13.151/2015.

CC, arts. 65, 67 e 68 (estatuto das fundações)

BREVES COMENTÁRIOS

O CPC/1973 continha três artigos destinados a orientar o procedimento de elaboração do estatuto das fundações. Tais normas foram suprimidas, tendo o CPC/2015 determinado no § 1º do art. 764 que "o estatuto das fundações deve observar o disposto na Lei nº 10.406, de 10 de janeiro de 2002 (Código Civil)". O estatuto, nos termos do Código Civil, pode ser elaborado pelo próprio instituidor ou por outrem, a quem ele atribua esse encargo (art. 65) e submetido ao exame do Ministério Público.

Uma vez confeccionado, caberá ao interessado, por meio de petição, submeter o estatuto à apreciação do Ministério Público estadual da sede da instituição. Como curador legal, examinará a regularidade do ato constitutivo e a viabilidade econômica da fundação. Se houver a aprovação do curador, os estatutos serão levados ao Registro Civil das Pessoas Jurídicas, para que se dê a aquisição da personalidade jurídica pela instituição (Lei nº 6.015/1973, arts. 114 a 121).

Se os estatutos não forem considerados em ordem, o Ministério Público recomendará as modificações a serem feitas pelo instituidor; ou, se as irregularidades forem insanáveis, denegará a aprovação. Não se conformando com a deliberação do curador, caberá ao interessado recorrer ao juiz para obter o suprimento da aprovação recusada pelo Ministério Público (art. 764, *caput*, I e II). Como se vê, a estrutura legal não é de *recurso* contra a decisão do Ministério Público, mas de *ação de suprimento*, à semelhança do que se passa com a ação de suprimento de consentimento. O julgamento dessa ação de suprimento da autorização do Ministério Público é sentença, que desafia recurso de apelação.

Art. 765. Qualquer interessado ou o Ministério Público promoverá em juízo a extinção da fundação quando:

I – se tornar ilícito o seu objeto;

II – for impossível a sua manutenção;

III – vencer o prazo de sua existência.

CPC/1973

Art. 1.204.

REFERÊNCIA LEGISLATIVA

CC, art. 69 (extinção da fundação)

BREVES COMENTÁRIOS

Em face do interesse público que sempre envolve o destino da fundação, a lei só prevê sua extinção quando configurada alguma das hipóteses taxativamente enumeradas (CPC/2015, art. 765), as quais deverão ser verificadas judicialmente (CC, art. 69). Somente através de sentença, portanto, pode-se alcançar a extinção de uma fundação regularmente instituída. O procedimento a observar na extinção será o comum das medidas de jurisdição voluntária, *i.e.*, o previsto nos arts. 719 a 725 do CPC/2015.

Seção XII
Da Ratificação dos Protestos Marítimos e dos Processos Testemunháveis Formados a Bordo

Art. 766. Todos os protestos e os processos testemunháveis formados a bordo e lançados no livro Diário da Navegação deverão ser apresentados pelo comandante ao juiz de direito do primeiro porto, nas primeiras 24 (vinte e quatro) horas de chegada da embarcação, para sua ratificação judicial.

BREVES COMENTÁRIOS

O capitão do navio deve apresentar os protestos e os processos formados a bordos, e lançados no livro Diário da Navegação, ao juiz de direito do primeiro porto, no prazo máximo de vinte e quatro horas da chegada da embarcação. Tem, portanto legitimidade para propor a ação o comandante do navio, por determinação expressa do CPC/2015 (art. 766). A justiça competente, no caso, é a estadual, não sendo aplicável o art. 109, III, da CR/1988, por não se tratar de matéria de interesse da União.

Art. 767. A petição inicial conterá a transcrição dos termos lançados no livro Diário da Navegação e deverá ser instruída com cópias das páginas que contenham os termos que serão ratificados, dos documentos de identificação do comandante e das testemunhas arroladas, do rol de tripulantes, do documento de registro da embarcação e, quando for o caso, do manifesto das cargas sinistradas e a qualificação de seus consignatários, traduzidos, quando for o caso, de forma livre para o português.

BREVES COMENTÁRIOS

A petição inicial deve preencher os requisitos do art. 319 do CPC/2015 e ser instruída com cópia dos documentos arrolados no art. 767. Se escritos em outro idioma, esses documentos devem ser traduzidos para o português de forma livre. Tem-se aqui uma exceção ao parágrafo único do art. 192, que exige a juntada aos autos de tradução feita por tradutor juramentado, em razão da exiguidade do prazo para início do procedimento. "De toda sorte, afigura-se que para a segurança do procedimento a tradução livre deverá ser substituída por documentos juramentados antes de prolatada a sentença, admitindo-se se o julgador assim o entender e de forma motivada" (MAZZEI Rodrigo; RISK, Werner Braun. In: WAMBIER, Teresa Arruda Alvim *et al.* (coord.). *Breves comentários ao novo Código de Processo Civil.* São Paulo: Revista dos Tribunais, 2015, p. 1.765).

Art. 768. A petição inicial deverá ser distribuída com urgência e encaminhada ao juiz, que ouvirá, sob compromisso a ser prestado no mesmo dia, o comandante e as testemunhas em número mínimo de 2 (duas) e máximo de 4 (quatro), que deverão comparecer ao ato independentemente de intimação.

§ 1º Tratando-se de estrangeiros que não dominem a língua portuguesa, o autor deverá fazer-se acompanhar por tradutor, que prestará compromisso em audiência.

§ 2º Caso o autor não se faça acompanhar por tradutor, o juiz deverá nomear outro que preste compromisso em audiência.

BREVES COMENTÁRIOS

A petição, devidamente instruída, será distribuída com urgência e encaminhada imediatamente ao juiz, que marcará audiência para esse mesmo dia. Nessa audiência serão ouvidos, independentemente de intimação, o comandante e as testemunhas. Sinaliza a lei processual que o processo terá prioridade de audiência, sendo de responsabilidade do autor conduzir até o juízo as testemunhas e um tradutor, se for necessário.

Art. 769. Aberta a audiência, o juiz mandará apregoar os consignatários das cargas indicados na petição inicial e outros eventuais interessados, nomeando para os ausentes curador para o ato.

BREVES COMENTÁRIOS

Serão ouvidos ainda os consignatários das cargas indicados na inicial e outros eventuais interessados. Em caso de ausência, o juiz nomeará curador para representá-lo na audiência (art. 769). Nesse caso, podem eles examinar documentos e elaborar perguntas às testemunhas. Embora não se trate de defesa de mérito, podem ser arguidas matérias de ordem pública, como decadência e ausência de documentos indispensáveis à propositura, garantindo-se, dessa forma, participação plena no processo.

Art. 770. Inquiridos o comandante e as testemunhas, o juiz, convencido da veracidade dos termos lançados no Diário da Navegação, em audiência, ratificará por sentença o protesto ou o processo testemunhável lavrado a bordo, dispensado o relatório.

Parágrafo único. Independentemente do trânsito em julgado, o juiz determinará a entrega dos autos ao autor ou ao seu advogado, mediante a apresentação de traslado.

BREVES COMENTÁRIOS

Se ficar convencido da veracidade dos fatos, o juiz ratificará o protesto ou o processo testemunhável a bordo, mediante sentença, que não necessita de relatório (art. 770). Essa sentença não consiste em um juízo de reconhecimento da veracidade das provas; o juiz apenas faz uma análise perfunctória dos fatos e verifica o atendimento às exigências legais. A sentença, destarte, tem natureza meramente homologatória, declarando "que está lançado no Diário de Navegação um protesto e que as testemunhas e o capitão compareceram em Juízo e ratificam o que foi lançado no livro, tornando público esse lançamento". Em decisão motivada (art. 489, § 1º), o juiz poderá se recusar a ratificar os documentos, quando verificar que a petição não preenche os requisitos legais ou constatar que os fatos narrados são inverossímeis.

JURISDIÇÃO VOLUNTÁRIA: INDICAÇÃO DOUTRINÁRIA

Alexandre Freire Pimentel, In: Teresa Arruda Alvim Wambier, Fredie Didier Jr., Eduardo Talamini, Bruno Dantas, *Breves comentários ao novo Código de Processo Civil*, São Paulo: Revista dos Tribunais, 2015; Antônio Carlos Marcato, *Procedimentos especiais*, 16. ed., São Paulo: Revista dos Tribunais, 2016; Bruno Oliveira de Paula Batista, Marcos Ehrhardt Jr., In: BRAGA NETO, Felipe Peixoto; SILVA, Michael César; THIBAU, Vinícius Lott (Coord.). *O Direito Privado e o novo Código de Processo Civil: repercussões, diálogos e tendências*, Belo Horizonte: Fórum, 2018; Cândido Rangel Dinamarco, MP e jurisdição voluntária, *RT* Inf., 254/33; Cassio Scarpinella Bueno, *Manual de direito processual civil*, São Paulo: Saraiva, 2015; Celso Antônio Rossi, *Do curador provisório em processo de interdição*, *RT*, 503/252; Cristiano Chaves, Melissa Ourives Veiga, In: BRAGA NETO, Felipe Peixoto; SILVA, Michael César; THIBAU, Vinícius Lott (Coord.). *O Direito Privado e o novo Código de Processo Civil: repercussões, diálogos e tendências*, Belo Horizonte: Fórum, 2018; Daniel Amorim Assumpção Neves, *Manual de direito processo civil*, São Paulo: Método, 2015; Édis Milaré, O MP e a jurisdição voluntária, *Justitia*, 124/125; Ernane Fidélis dos Santos: "A liberdade do juiz na jurisdição voluntária não lhe dá a faculdade de alterar o direito material. O comum, todavia, é a possibilidade de alteração de normas procedimentais" – *Manual de direito processual civil*, 3. ed., Saraiva, 1994, v. III, p. 303; Fredie Didier Jr., *Curso de direito processual civil*, 17. ed., Salvador: JusPodivm, 2015, v. I; Fredie Didier Jr., In: Teresa Arruda Alvim Wambier, Fredie Didier Jr., Eduardo Talamini, Bruno Dantas, *Breves comentários ao novo Código de Processo Civil*, São Paulo: Revista dos Tribunais, 2015; Gabriela Expósito, O duplo regime cautelar inaugurado pelo Estatuto da Pessoa com Deficiência: apresentação de aspectos civis e processuais, *Revista dos Tribunais*, São Paulo, ano 108, v. 1.009, nov. 2019, p. 71 e ss., Guilherme Rizzo Amaral, *Comentários às alterações do novo CPC*, São Paulo: Revista dos Tribunais, 2015; Helena Lanna Figueiredo. Anotações sobre a jurisdição voluntária. *Revista Jurídica Lex*, v. 78. São Paulo: Lex Editora, nov./dez. 2015, p. 140; Hugo Nigro Mazzilli, O MP e a jurisdição voluntária, *RP*, 48/217; Humberto Dalla, In: Teresa Arruda Alvim Wambier, Fredie Didier Jr., Eduardo Talamini, Bruno Dantas, *Breves comentários ao novo Código de Processo Civil*, São Paulo: Revista dos Tribunais, 2015; Humberto Theodoro Júnior, *Curso de direito processual civil. 54. ed.*, Rio de Janeiro: Forense, 2020, v. II; Humberto Theodoro Júnior, Fernanda Alvim Ribeiro de Oliveira, Ester Camila Gomes Norato Rezende (coord.), *Primeiras lições sobre o novo direito processual civil brasileiro*, Rio de Janeiro: Forense, 2015; J. E. Carreira Alvim, *Comentários ao novo Código de Processo Civil*, Curitiba: Juruá, 2015; Jefferson Carús Guedes. *In* Sérgio Cruz Arenhart e Daniel Mitidiero (coord.). *Comentários ao Código de Processo Civil*. 2. ed., São Paulo: Editora Revista dos Tribunais, 2018, v. 11; José Miguel Garcia Medina, *Novo Código de Processo Civil comentado*, São Paulo: Revista dos Tribunais, 2015; José Olympio de Castro Filho, *Comentários ao CPC*, 4. ed., 1995, vol. X, nº 160; José Roberto dos Santos Bedaque, idem, *Justitia*, 147/49; Kelly Cardoso, Jussara Suzi Assis Borges Nasser Ferreira, A extensão dos efeitos da curatela e do apoiador aos direitos existenciais, *Revista Magister de Direito Civil e Processual Civil*, Porto Alegre, n. 98, p. 98 e ss., set./out. 2020; Leonardo Greco, In: Teresa Arruda Alvim Wambier, Fredie Didier Jr., Eduardo Talamini, Bruno Dantas, *Breves comentários ao novo Código de Processo Civil*, São Paulo: Revista dos Tribunais, 2015; Leonardo Greco, *Instituições de processo civil: introdução ao direito processual civil*, 5. ed., Rio de Janeiro: Forense, 2015; Luís Antônio de Andrade, *Interdição por prodigalidade*, *RP*, 38/161; Luis Antônio Giampaulo Sarro, *Novo Código de Processo Civil*, São Paulo: Rideel, 2015; Luís Otávio Sequeira de Cerqueira, In: Teresa Arruda Alvim Wambier, Fredie Didier Jr., Eduardo Talamini, Bruno Dantas, *Breves comentários ao novo Código de Processo Civil*, São Paulo: Revista dos Tribunais, 2015; Luiz Guilherme Marinoni, Sérgio Cruz Arenhart, Daniel Mitidiero, *Curso de processo civil*, São Paulo: Revista dos Tribunais, 2015, v. I; M. Seabra Fagundes, *Tutor – remoção – representação do MP e portaria do Juiz*, *RF*, 243/54; Miriam Fecchio Chueiri; Kelly Cardoso; Kleber José de Almeida. O procedimento da tomada de decisão apoiada para pessoa com deficiência: legitimidade das partes e (In) fungibilidade. *Revista Magister de Direito Civil e Processual Civil*, v. 90, maio/jun. 2019, p. 91-114; Najla Pinterich Sahyoun; Nacoul Badoui Sahyoun. A responsabilidade civil do apoiador na tomada de decisão apoiada. *Revista dos Tribunais*. v. 997. Ano 107. p. 381-393. São Paulo: Ed. RT, nov./2018, p. 381-393; Nelson Nery Jr., Intervenção do MP nos procedimentos especiais de jurisdição voluntária, *RP*, 46/7; Nelson Nery Jr. e Rosa Maria de Andrade Nery. *Comentários ao Código de Processo Civil*, São Paulo: Ed. RT, 2015; Nelson Rosenvald, In: BRAGA NETO, Felipe Peixoto; SILVA, Michael César; THIBAU, Vinícius Lott (Coord.). *O Direito Privado e o novo Código de Processo Civil: repercussões, diálogos e tendências*, Belo Horizonte: Fórum, 2018; Orlando Soares, *Comentários ao CPC*, Rio de Janeiro: Forense, 1992, v. III, p. 512; Pedro Roberto Decomain, Incapacidade relativa, interdição e tomada de decisão assistida: estatuto da pessoa com deficiência e o novo CPC, *Revista Dialética de Direito Processual*, n. 151, p. 94-104, out. 2015; Pontes de Miranda, *Comentários ao CPC*, Rio de Janeiro: Forense, 1977, tomo XVI, p. 39; Pontes de Miranda, *Comentários ao CPC*, Rio de Janeiro: Forense, 1977, tomo XVII, p. 372; Pontes de Miranda, *Legitimação ativa de ascendente para a sua nomeação, em substituição*, *RT* 467/41; Roberto P. Campos Gouveia Filho, In: Teresa Arruda Alvim Wambier, Fredie Didier Jr., Eduardo Talamini, Bruno Dantas, *Breves comentários ao novo Código de Processo Civil*, São Paulo: Revista dos Tribunais, 2015; Humberto Theodoro Jr., *Curso de direito processual civil*, Rio de Janeiro: Forense, v. II; Robson Renaut Godinho. *In* José Roberto F. Gouvêa; Luis Guilherme A. Bondioli e João Francisco N da Fonseca (coord.). Comentários ao Código de Processo Civil. São Paulo: Saraiva, 2018, v. 14; Rodrigo Mazzei e Werner Braun Rizk, In: Teresa Arruda Alvim Wambier, Fredie Didier Jr., Eduardo Talamini, Bruno Dantas, *Breves comentários ao novo Código de Processo Civil*, São Paulo: Revista dos Tribunais, 2015; Sebastião Luiz Amorim, *Considerações práticas sobre o processo com relação aos bens de ausente*, *RT*, 535/241; Teresa Arruda Alvim Wambier, Fredie Didier Jr., Eduardo Talamini, Bruno Dantas (coord.), *Breves comentários ao novo Código de Processo Civil*, São Paulo: Revista dos Tribunais, 2015; Teresa Arruda Alvim Wambier, Maria Lúcia Lins Conceição, Leonardo Ferres da Silva Ribeiro, Rogério Licastro Torres de Melo, *Primeiros comentários ao novo Código de Processo Civil*, São Paulo: Revista dos Tribunais, 2015; Wesley Corrêa Carvalho, A real importância do interrogatório nas ações de interdição e curatela, *Revista Dialética de Direito Processual* n. 151, p. 129-136, out. 2015.

LIVRO II
DO PROCESSO DE EXECUÇÃO

TÍTULO I
DA EXECUÇÃO EM GERAL

Capítulo I
DISPOSIÇÕES GERAIS

Art. 771. Este Livro regula o procedimento da execução fundada em título extrajudicial, e suas disposições aplicam-se, também, no que couber, aos procedimentos especiais de execução, aos atos executivos realizados no procedimento de cumprimento de sentença, bem como aos efeitos de atos ou fatos processuais a que a lei atribuir força executiva.

Parágrafo único. Aplicam-se subsidiariamente à execução as disposições do Livro I da Parte Especial.

CPC/1973

Art. 598.

REFERÊNCIA LEGISLATIVA

CPC/2015, art. 513.

BREVES COMENTÁRIOS

A execução forçada, quando fundada em título extrajudicial, desenvolve-se em relação processual autônoma. Terá sempre de ser iniciada por provocação do credor em petição inicial, seguindo-se a citação do devedor. Atualmente, no direito processual brasileiro, cumprimento de sentença e procedimento de execução são realidades distintas e inconfundíveis.

A par da distinção de procedimento, a execução e o cumprimento de sentença apresentam pontos em comum, que autorizam a aplicação subsidiária das normas da execução fundada em título extrajudicial ao cumprimento de sentença. Exemplo desse intercâmbio é o que se passa com as disposições relativas à penhora e à expropriação de bens (arts. 831 e ss.), situadas no Livro do Processo de Execução, que haverão de prevalecer no incidente de cumprimento da sentença de obrigação por quantia certa.

O juiz para satisfazê-la, após a condenação, terá de obter a transformação de bens do executado em dinheiro, para em seguida utilizá-lo no pagamento forçado da prestação inadimplida. Não se trata, obviamente, de conservar a ação de execução de sentença, mas apenas de utilizar os meios processuais executivos necessários para consumar o fim visado pelo cumprimento da sentença, em face do objeto específico da dívida. Há, pois, cumprimento de sentença que reconhece o dever de pagar quantia certa, mas não ação de execução por quantia certa, sempre que o título executivo for sentença.

Por fim, processo de conhecimento e processo de execução não são figuras antagônicas e inconciliáveis. Ao contrário, são instrumentos que se completam no exercício da função pública de jurisdição. Subordinam-se a princípios comuns e se destinam a um mesmo fim: manutenção efetiva da ordem jurídica. Por isso, o parágrafo único do art. 771 determina que se deva aplicar subsidiariamente à execução as disposições que regem o processo de conhecimento.

JURISPRUDÊNCIA SELECIONADA

1. Execução contra devedor insolvente. Ver jurisprudência do art. 1.052 do CPC/2015.

2. Cotas condominiais. Prestações sucessivas incluídas no pedido. Ver jurisprudência do art. 323 do CPC/2015.

3. Extinção da execução por abandono da causa pelo autor. Requerimento do réu. Desnecessidade no caso. "A extinção prevista no artigo 485, inciso III, do CPC, ante o abandono da causa, tem aplicação subsidiária ao processo de execução (art. 771, parágrafo único, do CPC)' (AgInt no AREsp 1.427.832/SP, Rel. Ministro Marco Buzzi, Quarta Turma, julgado em 24/06/2019, DJe de 1º/07/2019)" (STJ, AgInt no AREsp 1.534.585/RJ, Rel. Min. Raul Araújo, 4ª Turma, jul. 10.03.2020, *DJe* 01.04.2020).

Art. 772. O juiz pode, em qualquer momento do processo:

I – ordenar o comparecimento das partes;

II – advertir o executado de que seu procedimento constitui ato atentatório à dignidade da justiça;

III – determinar que sujeitos indicados pelo exequente forneçam informações em geral relacionadas ao objeto da execução, tais como documentos e dados que tenham em seu poder, assinando-lhes prazo razoável.

CPC/1973

Art. 599.

REFERÊNCIA LEGISLATIVA

CPC/2015, arts. 5º (lealdade e boa-fé) e 6º (cooperação).

BREVES COMENTÁRIOS

O atual Código, na esteira do anterior, armou o Juiz da execução de poderes indispensáveis à realização da atividade executiva, poderes estes de forte conteúdo conciliador, ético e efetivo. Nessa esteira, é dado ao juiz, "em qualquer momento do processo" (CPC/2015, art. 772):

(a) ordenar o comparecimento das partes (inciso I). O objetivo é facilitar: (i) a autocomposição, ou o (ii) negócio jurídico processual, para estimular o cumprimento voluntário da obrigação. Com efeito, a ordem de comparecimento se dirige não apenas ao exequente e ao executado, mas, também, a qualquer participante do processo, como, por exemplo, o adquirente do bem alcançável pelo processo de execução, o credor hipotecário, etc.

(b) advertir sobre ato atentatório à dignidade da justiça (inciso II). É dever das partes comportarem-se com lealdade e boa-fé, durante toda a relação processual (art. 5º). Assim, sempre que o executado agir de forma atentatória à finalidade da execução, seja sua conduta comissiva ou omissiva, é dever do juiz adverti-lo, para que altere sua postura em face do processo. Ainda sob a égide do Código de 1973, essa advertência era vista pela doutrina como pressuposto para a aplicação da multa prevista no art. 601. O STJ, entretanto, já decidiu ser desnecessária a prévia advertência para a aplicação da multa, que fica "a critério do Juiz, podendo ser adotada quando este considerar que será de fato proveitosa". Entendemos que a multa não é consectário da inobservância da advertência, mas decorre imediatamente do próprio ato atentatório, como já decidiu o STJ.

(c) determinar o fornecimento de informações (inciso III). Trata-se do dever fundamental de cooperação (art. 6º), que recai sobre as partes e "todos os sujeitos do processo", bem como aos terceiros, que possam, de fato, auxiliar na composição da controvérsia. Por isso é dado ao juiz requerer a um estranho na relação processual que forneça informações relacionadas ao objeto da execução, tais como documentos ou dados que estejam em seu poder.

JURISPRUDÊNCIA SELECIONADA

1. Penalidade. "'A multa do art. 601 do CPC [art. 774, parágrafo único, doCPC/2015] pode ser aplicada de imediato, prescindindo da prévia advertência do devedor de que a sua conduta constitui ato atentatório à dignidade da justiça. A regra do art. 599, II, do CPC [art. 772, II, do CPC/2015] fica a critério do Juiz, podendo ser adotada quando este considerar que será de fato proveitosa' (REsp 1.101.500/RJ, Relatora a Ministra Nancy Andrighi, Terceira Turma, *DJe* de 27/5/2011)" (STJ, AgRg no REsp 1.192.155/MG, Rel. Min. Raul Araújo, 4ª Turma, jul. 12.08.2014, *DJe* 01.09.2014).

Art. 773. O juiz poderá, de ofício ou a requerimento, determinar as medidas necessárias ao cumprimento da ordem de entrega de documentos e dados.

Parágrafo único. Quando, em decorrência do disposto neste artigo, o juízo receber dados sigilosos para os fins da execução, o juiz adotará as medidas necessárias para assegurar a confidencialidade.

BREVES COMENTÁRIOS

O juiz poderá, de ofício ou a requerimento das partes, determinar as medidas necessárias ao cumprimento da ordem de entrega de documentos e dados (art. 773, *caput*), obrigação esta que pode recair tanto sobre as partes, quanto sobre terceiros. Essas "medidas necessárias" podem ser coercitivas ou executivas, tais como a fixação de multa diária pela não entrega e a busca e apreensão do próprio documento.

Se, entre os documentos ou dados apresentados ao juízo, constar informação sigilosa, o magistrado deverá adotar as medidas necessárias para assegurar a confidencialidade (art. 773, parágrafo único). Isto, entretanto, não transforma a execução em *processo sujeito a segredo de justiça*. Apenas o *documento sigiloso* é que será resguardado de publicidade. Assim, o juiz pode determinar que o documento seja arquivado em pasta reservada ou, se se tratar de processo eletrônico, que seja bloqueado o acesso ao referido documento.

Art. 774. Considera-se atentatória à dignidade da justiça a conduta comissiva ou omissiva do executado que:

I – frauda a execução;

II – se opõe maliciosamente à execução, empregando ardis e meios artificiosos;

III – dificulta ou embaraça a realização da penhora;

IV – resiste injustificadamente às ordens judiciais;

V – intimado, não indica ao juiz quais são e onde estão os bens sujeitos à penhora e os respectivos valores, nem exibe prova de sua propriedade e, se for o caso, certidão negativa de ônus.

Parágrafo único. Nos casos previstos neste artigo, o juiz fixará multa em montante não superior a vinte por cento do valor atualizado do débito em execução, a qual será revertida em proveito do exequente, exigível nos próprios autos do processo, sem prejuízo de outras sanções de natureza processual ou material.

CPC/1973

Art. 600.

REFERÊNCIA LEGISLATIVA

CPC/2015, arts. 774, parágrafo único (proibição de falar nos autos), 792 (fraude de execução), 808 (alienação da coisa litigiosa), 856, § 3º (penhora de crédito; apreensão do título; fraude de execução).

BREVES COMENTÁRIOS

As condutas repelidas pela lei podem ser comissivas ou omissivas e estão descritas no art. 774 do CPC/2015. Considera-se, ainda, conduta atentatória à dignidade da justiça o oferecimento de embargos manifestamente protelatórios (art. 918, parágrafo único). Devem-se analisar os fundamentos dos embargos e verificar se têm a finalidade de apenas protelar o fim da execução.

Além da pena do art. 774, parágrafo único, sujeita-se também o executado que se opõe maliciosamente à execução forçada à pena do art. 81, que impõe ao litigante de má-fé o dever de indenizar à parte contrária os prejuízos que esta tenha sofrido em decorrência da injustificada resistência ao andamento do processo (art. 80, IV), de procedimento temerário (art. 80, V) ou de provocação de incidente manifestamente infundado (art. 80, VI).

Nas execuções por quantia certa estes prejuízos são facilmente apuráveis, no regime inflacionário em que vive o País, através da verificação da desvalorização da moeda enquanto tenha durado o obstáculo maliciosamente oposto pelo executado.

Assim, já à época do Código anterior, os tribunais nos julgamentos de recursos oriundos de embargos à execução, reveladores da qualidade de litigante de má-fé, vinham impondo ao devedor a pena de pagar correção monetária ao credor, a partir do momento em que a execução fora suspensa pelos embargos manifestamente infundados. E, para tanto, agia-se até mesmo *ex officio*, visto que a pena do art. 81 corresponde a um atentado cometido, não só contra o direito do credor, mas principalmente contra a dignidade da Justiça, já que a resistência é oposta diretamente a um ato de soberania estatal, qual seja, a realização executiva dos créditos a que a lei assegura a força de realização coativa pelo processo da execução forçada.

JURISPRUDÊNCIA SELECIONADA

1. Ordem judicial. Descumprimento. Multa cominatória. Valor. Redução. Impossibilidade. Razoabilidade e proporcionalidade. Princípios respeitados. Teto. Fixação. Excepcionalidade. "O descumprimento de uma ordem judicial que determina a transferência de numerário bloqueado via Bacen-Jud para uma conta do juízo, além de configurar crime tipificado no art. 330 do Código Penal, constitui ato atentatório à dignidade da Justiça, a teor do disposto nos arts. 600 do CPC/1973 e 774 do CPC/2015. (...) Admitir que a multa fixada em decorrência do descumprimento de uma ordem de transferência de numerário seja, em toda e qualquer hipótese, limitada ao valor da obrigação é conferir à instituição financeira livre arbítrio para decidir o que melhor atende aos seus interesses. O destinatário da ordem judicial deve ter em mente a certeza de que eventual desobediência lhe trará consequências mais gravosas que o próprio cumprimento da ordem, e não a expectativa de redução ou de limitação da multa a ele imposta, sob pena de tornar inócuo o instituto processual e de violar o direito fundamental à efetividade da tutela jurisdicional" (STJ, REsp 1.840.693/SC, Rel. Min. Ricardo Villas Bôas Cueva, 3ª Turma, jul. 26.05.2020, *DJe* 29.05.2020).

2. Execução de título extrajudicial. Inércia diante de ordem judicial. Ato atentatório à dignidade da justiça. Não configuração. "Para aplicação da multa por ato atentatório à dignidade da Justiça, há necessidade de verificação do elemento subjetivo, consistente no dolo ou culpa grave do devedor, que deve ter sido reconhecido pelas instâncias ordinárias. É insuficiente, para tanto, a mera inércia ou silêncio da parte executada no descumprimento de uma primeira intimação judicial relativa à indicação de endereços de terceiros, coproprietários de imóvel penhorado. Essa conduta omissiva não caracteriza a resistência injustificada, de que trata a norma aplicada (CPC/2015, art. 774, IV)" (STJ, AgInt no AREsp 1.353.853/PR, Rel. Min. Raul Araújo, 4ª Turma, jul. 26.02.2019, *DJe* 16.04.2019).

3. Precatórios. Ato atentatório à dignidade da justiça. Incompatibilidade. "O regime constitucional de pagamento de precatórios é incompatível, em regra, com a prática de atos atentatórios à dignidade da justiça, pois a satisfação do débito judicial não depende apenas da vontade da fazenda pública. Ademais, a própria Constituição Federal tratou de dispor acerca dos mecanismos coercitivos a serem adotados pelo Poder Judiciário em caso de atraso injustificado no pagamento dos precatórios. Diante disso, deve ser afastada a multa aplicada com base nos arts. 14 e 600 do CPC [arts. 77 e 774 do CPC/2015] à hipótese em comento" (STJ, REsp 1.103.417/RS, Rel. Min.ª Eliana Calmon, 2ª Turma, jul. 23.06.2009, *DJe* 04.08.2009).

4. Recurso legalmente previsto. Afastamento da multa. "Multa por litigância de má-fé e ato atentatório à dignidade da justiça, nos termos do art. 600, II [art. 774, II, do CPC/2015], do CPC, que se afasta porque a empresa pública utilizou-se de recurso legalmente previsto" (STJ, REsp 1.010.188/SP, Rel. Min. Eliana Calmon, 2ª Turma, jul. 04.03.2008, *DJe* 14.03.2008).

Art. 775. O exequente tem o direito de desistir de toda a execução ou de apenas alguma medida executiva.

Parágrafo único. Na desistência da execução, observar-se-á o seguinte:

I – serão extintos a impugnação e os embargos que versarem apenas sobre questões processuais, pagando o exequente as custas processuais e os honorários advocatícios;

II – nos demais casos, a extinção dependerá da concordância do impugnante ou do embargante.

CPC/1973

Art. 569.

BREVES COMENTÁRIOS

Sendo os embargos uma ação de conhecimento em que o autor é o executado, se lhe convier poderá o devedor prosseguir no feito, mesmo que o credor desista da execução, em casos como aquele em que se pretenda a anulação do título executivo ou a declaração de extinção do débito nele documentado. Vale dizer: o exequente pode desistir da execução sem consentimento do executado. Os embargos de mérito, todavia, não se extinguem, se com isso não aquiescer o embargante. Poderá, pois, à falta de consenso, prosseguir nos embargos, mesmo depois de extinta a execução por desistência.

JURISPRUDÊNCIA SELECIONADA

1. Desistência da execução por ausência de bens do devedor. Inexistência de condenação em honorários advocatícios. "Em relação à desistência, que se opera no plano exclusivamente processual, podendo dar azo, inclusive, à repropositura da execução, o novo CPC previu que 'o exequente tem o direito de desistir de toda ou de apenas alguma medida executiva' (art. 775). A desistência da execução pelo credor motivada pela ausência de bens do devedor passíveis de penhora, em razão dos ditames da causalidade, não rende ensejo à condenação do exequente em honorários advocatícios. Nesse caso, a desistência é motivada por causa superveniente que não pode ser imputada ao credor. Deveras, a pretensão executória acabou se tornando frustrada após a confirmação da inexistência de bens passíveis de penhora do devedor, deixando de haver interesse no prosseguimento da lide pela evidente inutilidade do processo" (REsp 1675741/PR, Rel. Min. Luis Felipe Salomão, 4ª Turma, jul. 11.06.2019, *DJe* 05.08.2019).

2. Pedido de desistência da execução após o manejo de embargos pelo devedor. Condicionamento da homologação à concordância do executado. Descabimento. Prevalência do princípio da disponibilidade da execução. "O art. 3º da Lei 9.469/1997, ao fazer remissão às autoridades elencadas no *caput* do art. 1º do mesmo diploma legal, a saber, o Advogado-Geral da União (diretamente ou por delegação) e os dirigentes máximos das empresas públicas federais (em conjunto com o dirigente estatutário da área afeta ao assunto), cuida especificamente da possibilidade de tais entidades concordarem com pedidos de desistência da ação de conhecimento, não se aplicando tal regra aos processos de execução, os quais, como já acima afirmado, vinculam-se ao princípio da livre disposição. E ainda que assim não se entendesse, certo é que o referido art. 1º da Lei n. 9.469/1997, cuja versão original contemplava também as autarquias (caso da UFPE), sofreu alteração por meio da Lei n. 13.140/2015, texto esse que não manteve as autarquias em seu rol, daí porque estas, em princípio, não podem mais se valer do comando previsto no multicitado art. 3º da Lei n. 9.469/1997, ao pontuar que 'As autoridades indicadas no art. 1º poderão concordar com pedido de desistência da ação, nas causas de quaisquer valores desde que o autor renuncie expressamente ao direito sobre que se funda a ação (art. 269, inciso V, do Código de Processo Civil)'" (STJ, REsp 1.769.643/PE, Rel. Min. Sérgio Kukina, 1ª Turma, jul. 07.06.2022, *DJe* 14.06.2022).

3. Penalidade. Aplicabilidade independentemente de advertência. Ver jurisprudência do art. 772 do CPC/2015.

Art. 776. O exequente ressarcirá ao executado os danos que este sofreu, quando a sentença, transitada em julgado, declarar inexistente, no todo ou em parte, a obrigação que ensejou a execução.

CPC/1973

Art. 574.

REFERÊNCIA LEGISLATIVA

CPC/2015, art. 520, II (execução provisória sem efeito).

BREVES COMENTÁRIOS

Quando a execução for julgada por sentença declarando inexistente, no todo ou em parte, a obrigação que a ensejou, como nas hipóteses de dívida já resgatada ou de falsidade, o exequente, além dos ônus processuais das custas e honorários advocatícios, terá de ressarcir ao executado "os danos que este sofreu" em decorrência do processo (CPC/2015, art. 776). O reconhecimento judicial da inexistência da obrigação poderá ocorrer, também, em ação comum, fora da execução, no seu curso ou depois de seu encerramento. Trata-se da execução ilegal e não da apenas injusta. A sanção caberá tanto nos casos de títulos judiciais como extrajudiciais, mas a declaração de inexistência da obrigação exequente só gerará a eficácia do art. 776 depois de passada em julgado. Não cabe, na espécie, a execução provisória.

JURISPRUDÊNCIA SELECIONADA

1. Embargos do devedor julgados improcedentes. Pendência de julgamento de recurso sem efeito suspensivo. Prosseguimento da execução. Risco do exequente. Prescrição intercorrente. Inocorrência. "Pendente recurso destituído de efeito suspensivo de sentença que julgou os embargos do devedor improcedentes, o exequente poderá optar entre promover a execução, sujeitando-se à responsabilização por perdas e danos caso provido o apelo do executado, ou aguardar o resultado do julgamento. Trata-se de faculdade do credor, de modo que não se pode impor à parte, sob pena de prescrição intercorrente, que arque com os riscos e promova a execução sem aguardar o pronunciamento definitivo do Tribunal" (STJ, REsp 1.549.811/BA, Rel. Min. Maria Isabel Gallotti, 4ª Turma, jul. 15.12.2020, *DJe* 01.02.2021).

2. Responsabilidade civil objetiva do credor. "A responsabilidade civil objetiva de reparar os eventuais prejuízos causados ao devedor, restituindo-se as partes ao estado anterior, é imposta ao credor (CPC, arts. 520, I, e 776), uma vez que a ele se imputa o risco da execução. Precedentes" (STJ, REsp 1.931.620/SP, Rel. Min. Raul Araújo, 4ª Turma, jul. 05.12.2023, *DJe* 23.01.2024).

3. Má-fé. "Cotejando os precedentes do STJ, verifica-se que não é a mera extinção do processo de execução que rende ensejo, por si só, a eventual responsabilização do exequente; ao revés, só haverá falar em responsabilidade do credor quando a execução for tida por ilegal, temerária, tendo o executado sido vítima de perseguição sem fundamento. Se não fosse assim, toda execução não acolhida – qualquer que fosse o motivo – permitiria uma ação indenizatória em reverso" (STJ, REsp 1.229.528/PR, Rel. Min. Luis Felipe Salomão, 4ª Turma, jul. 02.02.2016, *DJe* 08.03.2016).

4. Entidade sindical. "Ressalte-se, ainda, que, não tendo sido a entidade sindical beneficiária do valor levantado nos autos, mas simples substituto processual dos empregados, não se lhe pode invocar sequer o preceito contido no artigo do 574 do CPC [art. 776 do CPC/2015], que se aplica exclusivamente ao credor, como exsurge da própria literalidade do mencionado dispositivo legal. Importante sublinhar que a legitimação extraordinária do sindicato, simples modalidade técnica de se autorizar outrem a defender direito de terceiro, em juízo, em nome próprio, não pode ser desvirtuada a ponto de tornar esse terceiro devedor de valor recebido e repassado na mais absoluta boa-fé" (TRT, 3ª Região, AR 87/02 – SDI 2, Rel. Juiz José Eduardo de Resende Chaves Júnior, *DJMG* 04.10.2002, p. 4).

5. Excesso de Execução. "Reconhecendo-se um crédito menor do que efetivamente apontado pelo credor, seja em razão da liquidação de sentença, seja em razão do provimento (parcial) à impugnação (ou dos embargos à execução, como *in casu*), eventual levantamento do valor depositado em juízo que transborde aquele efetivamente devido impõe ao credor, nos mesmos autos, a imediata restituição do excedente. Admitir que o executado obtenha a restituição nos mesmos autos de cumprimento de sentença, sem permitir-lhe a correspondente utilização dos meios coercitivos previstos em lei para tal cobrança em ação autônoma, consubstanciaria medida inócua. Reconhecida, por decisão transitada em julgado (decisão que julgou os embargos do devedor), o dever do exequente restituir determinado valor indevidamente levantado, em se tratando de título executivo judicial, seu cumprimento deve-se dar nos mesmos autos (ou, como *in casu*, no cumprimento de sentença), procedendo-se à intimação da parte na pessoa do seu advogado para que pague o valor devido, em quinze dias, sob pena de multa de 10% sobre tal valor, em observância ao disposto nos artigos 475-B e 475-J [arts. 524 e 523 do CPC/2015]" (STJ, REsp 1.104.711/PR, Rel. Min. Massami Uyeda, 3ª Turma, jul. 02.09.2010, *DJe* 17.09.2010).

6. Abuso de direito de ação executiva. Responsabilidade civil. "Regra legal a observar é a do princípio da autonomia da pessoa coletiva, distinta da pessoa de seus sócios ou componentes, distinção que só se afasta provisoriamente e tão só em hipóteses pontuais e concretas. A *disregard doctrine* existe como meio de estender aos sócios da empresa a responsabilidade patrimonial por dívidas da sociedade. Todavia, sua aplicação depende da verificação de que a personalidade jurídica esteja servindo como cobertura para abuso de direito ou fraude nos negócios e atos jurídicos (art. 50 do Código Civil). Essa teoria não pode servir como justificativa para que o credor de título executivo judicial ajuíze, a seu alvedrio, ação executiva contra os sócios de empresa sem que eles sejam devedores. Credor de título executivo judicial que **propõe ação executiva contra quem sabidamente não é devedor, buscando facilidades para recebimento dos créditos, age no exercício irregular de direito**, atraindo a incidência das disposições do art. 574 do CPC" (STJ, REsp 1.245.712/MT, Rel. Min. João Otávio de Noronha, 3ª Turma, jul. 11.03.2014, *DJe* 17.03.2014).

Art. 777. A cobrança de multas ou de indenizações decorrentes de litigância de má-fé ou de prática de ato atentatório à dignidade da justiça será promovida nos próprios autos do processo.

CPC/1973

Art. 739-B.

REFERÊNCIA LEGISLATIVA

CPC/2015, arts. 80, 81 (litigância de má-fé); 774, parágrafo único (atentado a dignidade da justiça na execução); 776 (perdas e danos pela execução de obrigação inexistente); 918, III (embargos manifestamente protelatórios).

BREVES COMENTÁRIOS

Apurado o valor da obrigação do infrator, a parte credora poderá promover sua execução nos autos do processo executivo em curso, segundo as normas da execução dos títulos judiciais para cumprimento de obrigação de quantia certa. Se a sanção for aplicada ao exequente, será abatida do valor do crédito exequendo, por compensação, sempre que isto se mostre viável. Sendo o executado o responsável pela litigância de má-fé, poderá o montante da multa e (ou) da indenização ser acrescido ao quantum do crédito principal, tal como se dá, normalmente, com os juros e custas devidos na execução. Enfim, a imposição das referidas sanções processuais deve ser efetuada independentemente de uma nova e especial ação de execução. Tudo se passará como simples incidente do processo dentro do qual a condenação do litigante de má-fé se deu, tal como, modernamente, se procede em relação ao cumprimento dos títulos executivos judiciais.

JURISPRUDÊNCIA SELECIONADA

1. Execução de dívida já paga. "A condenação a pagamento do valor em dobro de importância indevidamente cobrada (CC/1916, art. 1.531) não necessita de reconvenção ou propositura de nova ação, mas pressupõe existência de pedido inicial, o que, no caso de execução, deve ser formulado na petição de Embargos do Devedor" (STJ, AgRg no Ag. 689.254/RS, Rel. Min. Sidnei Beneti, 3ª Turma, jul. 11.11.2008, *DJe* 16.12.2008). **Em sentido contrário, reclamando ação própria**: STJ, REsp 297.428/MG, Rel. Min. Carlos Alberto Menezes Direito, 3ª Turma, jul. 27.09.2005, *DJ* 19.12.2005.

Capítulo II
DAS PARTES

Art. 778. Pode promover a execução forçada o credor a quem a lei confere título executivo.

§ 1º Podem promover a execução forçada ou nela prosseguir, em sucessão ao exequente originário:

I – o Ministério Público, nos casos previstos em lei;

II – o espólio, os herdeiros ou os sucessores do credor, sempre que, por morte deste, lhes for transmitido o direito resultante do título executivo;

III – o cessionário, quando o direito resultante do título executivo lhe for transferido por ato entre vivos;

IV – o sub-rogado, nos casos de sub-rogação legal ou convencional.

§ 2º A sucessão prevista no § 1º independe de consentimento do executado.

CPC/1973

Art. 566.

REFERÊNCIA LEGISLATIVA

CPC/2015, arts. 177 (legitimação do MP), 328 (obrigação indivisível), 515, 520, 771 a 777 (disposições gerais),783 a 785 (título executivo), 797 a 805 (diversas espécies de execução; disposições gerais); Lei nº 11.101, de 09.02.2005 (nova lei de falências).

Decreto-lei nº 70, de 21 de novembro de 1966 (Autoriza o funcionamento de associações de poupança e empréstimo, institui a cédula hipotecária e dá outras providências).

Lei nº 5.741, de 01 de dezembro de 1971 (Dispõe sobre a proteção do financiamento de bens imóveis vinculados ao Sistema Financeiro da Habitação).

Lei nº 8.929, de 22 de agosto de 1994 (Institui a Cédula de Produto Rural, e dá outras providências).

Lei nº 12.514/2011 (trata das contribuições devidas aos conselhos profissionais em geral).

Lei nº 13.986/2020 (institui o Fundo Garantidor Solidário (FGS), dispõe sobre o patrimônio rural em afetação, a Cédula Imobiliária Rural (CIR), a escrituração de títulos de crédito e a concessão de subvenção econômica para empresas cerealistas).

Código Civil, arts. 286 e seguintes (cessão de crédito), 834 (promoção do andamento da execução pelo fiador).

BREVES COMENTÁRIOS

Atua o Estado, na execução, como substituto, promovendo uma atividade que competia ao devedor exercer: a satisfação da prestação a que tem direito o credor. Somente quando o obrigado não cumpre voluntariamente a obrigação é que tem lugar a intervenção do órgão judicial executivo. Daí a denominação de "execução forçada", adotada pelo atual Código de Processo Civil, no art. 778, à qual se contrapõe a ideia de "execução voluntária" ou "cumprimento" da prestação, que vem a ser o adimplemento, praticado pelo devedor, ou por outrem em seu lugar.

O atual Código cuida da legitimação para propor a execução forçada no art. 778, prevendo a *legitimação ordinária* (*caput*) e a *legitimação superveniente* (§ 1º). Por originária entende-se a que decorre do conteúdo do próprio título executivo e compreende *(i)* o credor, como tal indicado no título; e *(ii)* o Ministério Público, nos casos prescritos em lei. Legitimação *derivada* ou *superveniente* corresponde às situações jurídicas formadas posteriormente à criação do título e que se verificam nas hipóteses de *sucessão* tanto *mortis causa* quanto *inter vivos*.

JURISPRUDÊNCIA SELECIONADA

1. OAB. Execução. Anuidade inferior a quatro vezes o valor cobrado anualmente. Falta de interesse. Ver jurisprudência selecionada do art. 45 da Lei 8.906/94.

2. Execução de título extrajudicial. Cessão de crédito. Sucessão processual. "Possibilidade de substituição do credor originário pela cessionária no polo ativo da execução, independentemente da anuência do devedor, nos termos do que preceitua o art. 778, §1º, III, do CPC. Precedentes do STJ" (TJSP, AI 210281-21.2018.8.26.0000, Ac. 11754661, 24ª Cam. Direito Priv., Rel. Des. Walter Barone, *DJe* 06.09.2018, p. 719). **No mesmo sentido:** TJRS, AgIn 70085321867, Rel. Des. Ana Paula Dalbosco, 23ª Câmara Cível, *DJ* 20.01.2022.

Cessão de crédito. Acordo judicial. Cobrança de encargos moratórios. Legitimidade do cessionário. "A cessão de crédito, desde logo noticiada em transação firmada entre credor e devedor, assim homologada judicialmente, afasta a legitimidade do cedente para executar diferenças decorrentes da mora no cumprimento do pacto celebrado" (STJ, AgInt no REsp 1.267.649/RJ, Rel. Min. Sérgio Kukina, 1ª Turma, jul. 27.02.2024, *DJe* 25.04.2024).

3. Execução de título judicial. Cessão. Crédito-prêmio de IPI. Sucessão processual. Impossibilidade. "Pacífico o entendimento jurisprudencial deste Tribunal Superior pela possibilidade de sucessão processual, na fase de execução, no caso de cessão de créditos de precatórios (art. 567 do CPC/1973) [art. 778, § 1º, do CPC/2015], conclusão não extensível à cessão de direitos creditórios derivados do crédito-prêmio de IPI, cuja certificação declaratória de existência está contida no título judicial, sem a estipulação do *quantum debeatur* e, principalmente, porque esse crédito tem natureza de incentivo fiscal e objetivo único de favorecer a exportação de mercadorias por seu titular originário (exportador). Hipótese em que não se pode permitir a sucessão processual na execução sob pena de burla à legislação tributária, tanto referente ao estímulo fiscal, quanto à compensação tributária prevista no art.74 da Lei n. 9.430/1996" (STJ, EREsp 1390228/RS, Rel. Min. Gurgel de Faria, 1ª Seção, jul. 26.09.2018, *DJe* 25.10.2018).

4. Atividade de securitização de créditos condominiais. Cessão de créditos. Sub-rogação. "Na atividade de securitização de créditos condominiais, os Fundos de Investimento em Direitos Creditórios (FIDCs) valem-se do instituto da cessão de créditos, regulado pelos arts. 286 e seguintes do Código Civil, e, ao efetuarem o pagamento das cotas condominiais inadimplidas, sub-rogam-se na mesma posição do condomínio cedente, com todas as prerrogativas legais a ele conferidas" (STJ, REsp 1.570.452/RJ, Rel. Min. Ricardo Villas Bôas Cueva, 3ª Turma, jul. 22.09.2020, *DJe* 28.09.2020).

5. Cumprimento de sentença. Viúva. Legitimidade ativa. "O espólio, os herdeiros e sucessores do credor, consoante disposto no art. 778, § 1º, inciso II, do Código de Processo Civil, podem promover ou prosseguir na execução forçada em sucessão do exequente originário" (STJ, REsp 1.769.644/DF, Rel. Min. Paulo de Tarso Sanseverino, 3ª Turma, jul. 23.06.2020, *DJe* 29.10.2020).

6. Execução de título oriundo de decisão do Tribunal de Contas de Estado:

Irregularidades na prestação de contas. Legitimidade da pessoa jurídica de direito público. "É pacífico nesta Corte Superior o entendimento segundo o qual quem detém legitimidade para executar título executivo do Tribunal de Contas que condena Prefeito ao pagamento de multa em razão de irregularidades de prestação de contas é o Município" (STJ, AgRg no AI 1.168.980, Rel. Min. Mauro Campbell Marques, 2ª Turma, jul. 23.02.2010).

Ministério Público. Ilegitimidade ativa para execução de decisão de Tribunal de Contas. "O Ministério Público não possui legitimidade extraordinária para promover ação de execução de título formado por decisão do Tribunal de Contas do Estado, com vista a ressarcir o Erário (REsp 1.464.226/MA, Rel. Ministro Mauro Campbell Marques, Segunda Turma, *DJe* 26.11.2014, AgRg no AREsp. 612.106/MA, Rel. Ministra Assusete Magalhães, Segunda Turma, *DJe* 30.3.2016 e AgRg no REsp 1.518.430/MA, Rel. Ministro Humberto Martins, Segunda Turma, *DJe* 2.6.2015). Nada impede, por óbvio, que o *Parquet* possa instaurar inquérito civil para acompanhar o cumprimento do dever de execução pela Administração" (STJ, REsp 1.694.634/MA, Rel. Min. Herman Benjamin, 2ª Turma, jul. 28.11.2017, *DJe* 19.12.2017).

7. Cessão de crédito. Necessidade de notificação do devedor. Ajuizamento de ação de cobrança pelo credor-cessionário. Citação. Art. 290 do Código Civil. Requisito cumprido. "A ausência de notificação do devedor sobre a cessão do crédito não torna a dívida inexigível, ressalvada a hipótese em que tenha havido a quitação ao credor originário. Precedentes desta Corte Superior. Se a falta de comunicação da cessão do crédito não afasta a exigibilidade da dívida, basta a citação do devedor na ação de cobrança ajuizada pelo credor-cessionário para atender ao comando do art. 290 do Código Civil, que é a de 'dar ciência' ao devedor do negócio, por meio de 'escrito público ou particular'. A partir da citação, o devedor toma ciência inequívoca da cessão de crédito e, por conseguinte, a quem deve pagar. Assim, a citação revela-se suficiente para cumprir a exigência de cientificar o devedor da transferência do crédito" (STJ, EAREsp 1.125.139/PR, Rel. Min. Laurita Vaz, Corte Especial, jul. 06.10.2021, *DJe* 17.12.2021).

8. Recuperação judicial. Habilitação de crédito. Não obrigatoriedade. Recebimento fora da recuperação. Excepcionalidade. "O credor não indicado na relação inicial de que trata o art. 51, III e IX, da Lei nº 11.101/2005 não está obrigado a se habilitar, pois o direito de crédito é disponível, mas a ele se aplicam os efeitos da novação resultantes do deferimento do pedido de recuperação judicial. O reconhecimento judicial da concursalidade do crédito, seja antes ou depois do encerramento do procedimento recuperacional, torna obrigatória a sua submissão aos efeitos da recuperação judicial, nos termos do art. 49, *caput*, da Lei nº 11.101/2005. Na hipótese, a recuperação judicial ainda não foi extinta por sentença transitada em julgado, podendo o credor habilitar seu crédito, se for de seu interesse, ou apresentar novo pedido de cumprimento de sentença após o encerramento da recuperação judicial, observadas as diretrizes estabelecidas no plano de recuperação aprovado, diante da novação ope legis (art. 59 da LREF)" (STJ, REsp 1.655.705/SP, Rel. Min. Ricardo Villas Bôas Cueva, 2ª Seção, jul. 27.04.2022, *DJe* 25.05.2022).

9. Cessão de crédito trabalhista reconhecido em sentença transitada em julgado. Cumprimento de sentença. Competência da Justiça do Trabalho. "Merece ponderação, em conjunto com a matéria posta, a compreensão adotada pelo Supremo Tribunal Federal, que, ao cuidar do Tema 361/STF (transmudação da natureza de precatório alimentar em normal em virtude de cessão do direito nele estampado), definiu que a cessão de crédito não implica a alteração da sua natureza (alimentar). Sem olvidar que a matéria ali discutida referiu-se à subsistência, em favor do cessionário, do privilégio inerente ao precatório alimentar – nada se referindo à competência – tem-se, em atenção ao princípio hermenêutico *ubi eadem ratio ibi eadem jus* (onde há a mesma razão aplica-se o mesmo direito), que seus fundamentos afiguram-se *in totum* aplicáveis à discussão aqui travada. Isso porque o fundamento precípuo que costuma embasar o deslocamento da competência da Justiça trabalhista para a Justiça comum seria a insubsistência de sua natureza trabalhista, provocada pela cessão a terceira pessoa. Em atenção ao princípio da *perpetuatio jurisdictionis*, adotado no art. 43 do Código de Processo Civil, a efetivação da cessão de crédito trabalhista, reconhecido em sentença transitado em julgado, promove apenas a substituição processual da parte exequente, sem nenhuma repercussão na competência material da Justiça laboral, definida quando da distribuição do feito, haja vista que o conteúdo trabalhista do crédito remanesce incólume. A hipótese é expressamente regulada pelo Código de Processo Civil – aplicável subsidiária e supletivamente ao processo trabalhista – no inciso III do art. 778, ao estabelecer ser dado ao cessionário, quando o direito resultante do título executivo lhe for transferido por ato entre vivos, promover a execução forçada ou nela prosseguir, em sucessão processual ao exequente originário, inexistindo qualquer repercussão nas regras de competência. O dispositivo legal em comento, inclusive, dispensa a concordância da parte executada" (STJ, CC. 162.902/SP, Rel. Min. Marco Aurélio Bellizze, 2ª Seção, jul. 02.03.2023, *DJe* 08.03.2023).

10. Indicação equivocada de nome. Irregularidade corrigível. "Com a devida correção do nome do exequente, o processo deve seguir seu trâmite normalmente, aproveitando-se, por lógica, todos os atos já produzidos. A irregularidade é plenamente corrigível, dando-se preferência ao princípio da celeridade e da efetiva prestação jurisdicional, do que ao formalismo processual indevido" (STJ, REsp 870.283/RJ, Rel. Min. Massami Uyeda, 3ª Turma, jul. 20.05.2010, *DJe* 07.06.2010).

11. Execução *ex officio*. "É vedado ao juízo alavancar, de ofício, o início da execução, ou dos atos de liquidação que lhe são inerentes, ficando, via de regra, a cargo do credor tal iniciativa" (TRF, 2ª Região, AI 98.02.36413-4/RJ, 2ª Turma, Rel. Juiz Sérgio Feltrin Corrêa, *DJU* 16.11.2000). **No mesmo sentido:** TJSP, AI 110.870-2, Rel. Des. Albano Nogueira, 15ª Câmara Cível, *RJTJSP* 105/289. *Obs.: Jurisprudência anterior à Lei nº 11.382/06 que alterou o inciso I do art. 614 do CPC.* **Entretanto,** "Na linha da jurisprudência desta Corte, cuidando-se de obrigação de fazer (emissão de TDAs pelo Incra), o início da execução de sentença dispensa a iniciativa do credor, podendo o Juiz *a quo*, de ofício, impulsioná-la" (AgRg no REsp 1.207.486/PR, Rel. Min. Cesar Asfor Rocha, 2ª Turma, jul. 09.08.2011, *DJe* 06.09.2011).

12. Execução coletiva. "Sendo eficaz o título executivo judicial extraído de ação coletiva, nada impede que a associação, que até então figurava na qualidade de substituta processual, passe a atuar, na liquidação e execução, como representante de seus associados, na defesa dos direitos individuais homogêneos a eles assegurados. Viabiliza-se, assim, a satisfação de créditos individuais que, por questões econômicas, simplesmente não ensejam a instauração de custosos processos individuais" (STJ, REsp 880.385, Rel.ª Min.ª Nancy Andrighi, 3ª Turma, jul. 02.09.2008, *DJe* 16.09.2008).

13. Execução de título extrajudicial. Ajuizamento de ação monitória. Ver jurisprudência do art. 700 do CPC/2015.

14. Execução forçada e ação de cobrança. "O § 2º do artigo 4º-A da Lei nº 8.929/94 autoriza o uso da via executiva para cobrança da CPR, porém **não veda a utilização de outras medidas legais postas à disposição do credor, como a ação de cobrança**" (STJ, REsp 1.087.170/GO, Rel.ª Min.ª Nancy Andrighi, 3ª Turma, jul. 11.10.2011, *DJe* 25.10.2011). **Obs.:** Ver jurisprudência do art. 785 do CPC/2015.

15. Honorários advocatícios. "Os advogados-recorrentes têm legitimidade para postularem, em nome próprio, nos presentes autos, as medidas preparatórias à execução de seus honorários de sucumbência. Com efeito, não há que se falar na necessidade de ação própria para garantir a cobrança da verba honorária pertencente aos causídicos, porquanto a execução, bem como as medidas preparatórias, podem ser promovidas nos mesmos autos da ação em que tenham atuado, se assim lhes convier, conforme dispõem os arts. 23 e 24, § 1º, da Lei nº 8.906/94" (STJ, REsp 294.690/RS, Rel. Min. Jorge Scartezzini, 4ª Turma, jul. 24.08.2004, *DJ* 04.10.2004, p. 303). **No mesmo sentido:** STJ, REsp 294.738/AM, Rel. Min. João Otávio de Noronha, 2ª Turma, jul. 06.12.2005, *DJ* 06.03.2006, p. 275.

Execução feita pela parte. "Dúvida não há sobre o direito autônomo do advogado a executar na parte relativa aos honorários profissionais, a teor do art. 23 da Lei nº 8.906/94. Todavia, esse direito não fica maculado quando a execução é feita pela parte com a representação do mesmo advogado que recebeu a procuração para ajuizar a ação e, depois, ingressa com a execução, tendo, até mesmo, assinado as contrarrazões do especial. Tal cenário revela acordo do advogado com a parte, não competindo ao juiz obstar tal procedimento" (STJ, REsp 144.335/RS, 3ª Turma, Rel. Min. Carlos Alberto Menezes Direito, jul. 08.08.1998, *DJU* 26.10.1998, p. 115).

16. TDAs. Transferência dos títulos a terceiros. Ilegitimidade ativa do primitivo credor. "Considerada a natureza de títulos de créditos que ostentam os Títulos da Dívida Agrária – TDAs, a sua transferência a terceiros retira do primitivo credor a legitimidade para promover a execução forçada, já que não mais subsiste, no seu patrimônio jurídico, qualquer direito – autônomo, independente e separado dos títulos –, que possa ser exercido em face do emitente. Legitimado ativo, em casos tais, é o novo credor, nos termos do art. 566, I do CPC [art. 778 do CPC/2015]" (STJ, AgRg no MS 1.865/DF, Rel. Min. Teori Albino Zavascki, 1ª Seção, jul. 23.06.2010, *DJe* 02.08.2010).

Art. 779. A execução pode ser promovida contra:

I – o devedor, reconhecido como tal no título executivo;

II – o espólio, os herdeiros ou os sucessores do devedor;

III – o novo devedor que assumiu, com o consentimento do credor, a obrigação resultante do título executivo;

IV – o fiador do débito constante em título extrajudicial;

V – o responsável titular do bem vinculado por garantia real ao pagamento do débito;

VI – o responsável tributário, assim definido em lei.

CPC/1973

Art. 568.

REFERÊNCIA LEGISLATIVA

CPC/2015, arts. 109, § 1º (substituição das partes e dos procuradores; alienação), 515, IV (título executivo extrajudicial; inventariante, herdeiros e sucessores), 789 a 796 (alienação de coisa litigiosa).

CTN, arts. 128 a 138.

SÚMULAS

Súmulas do STJ:

nº 268: "O fiador que não integrou a relação processual na ação de despejo não responde pela execução do julgado".

CJF – I JORNADA DE DIREITO PROCESSUAL CIVIL

Enunciado 97 – A execução pode ser promovida apenas contra o titular do bem oferecido em garantia real, cabendo, nesse caso, somente a intimação de eventual coproprietário que não tenha outorgado a garantia.

BREVES COMENTÁRIOS

Dentro da sistemática do Código, a legitimação passiva pode ser dividida em: (a) devedores originários, segundo a relação obrigacional de direito substancial: "devedores" definidos pelo próprio título; (b) sucessores do devedor originário: espólio, herdeiros ou sucessores, bem como o "novo devedor"; (c) apenas responsáveis (e não obrigados pela dívida): o "fiador do débito", o "responsável titular do bem vinculado por garantia real ao pagamento do débito" e o "responsável tributário". Os sucessores, a título universal, praticamente ocupam o mesmo lugar do devedor primitivo e com ele se confundem na qualidade jurídica. Quanto à admissibilidade de execução contra quem não seja devedor, isto se deve à moderna distinção que, no plano jurídico, se faz entre dívida e responsabilidade. Para início da execução forçada, sempre que o responsável não for o primitivo obrigado, terá o credor que provar a responsabilidade do executado *initio litis*, já que o processo de execução não apresenta, em seu curso, uma fase probatória, e só pode ser aberto mediante demonstração prévia de direito líquido, certo e exigível do promovente contra o executado.

À época do Código anterior, em face de mencionar o art. 568, IV [hoje, art. 779, IV], apenas o fiador judicial entre os legitimados passivos da execução forçada, chegou-se a afirmar que o Código teria rompido com as tradições do Regulamento 737 e das Ordenações do Reino, e ainda dos Códigos estaduais, de modo a excluir do elenco dos títulos executivos extrajudiciais o contrato de fiança civil ou comercial. Não obstante, a doutrina entendia que, se o Código, ao enumerar os títulos executivos extrajudiciais, arrolou os "contratos de caução"; e sendo caução sinônimo de garantia, que em direito privado pode ser "evidentemente real ou fidejussória", forçoso seria concluir que o contrato de fiança (garantia fidejussória) também teria sido alcançado pelo art. 585, III. O CPC/2015 acabou com a discussão, uma vez que o art. 779, IV, fala em "fiador do débito", aí incluído tanto o judicial, quanto o extrajudicial.

JURISPRUDÊNCIA SELECIONADA

1. Rol taxativo. "Constitui erro de ofício e importa em inversão da ordem legal de processo, suscetível, portanto, de correção por via de reclamação, o despacho que determina a execução, com penhora de bens, contra quem não se enquadra em qualquer das hipóteses do art. 568 do CPC [art. 779 do CPC/2015]" (TJRJ, Ap 906/85, Rel. Des. Narcizo Pinto, 4ª Câmara, jul. 23.04.1985).

2. Devedor (inciso I).

Devedor solidário. Bens de terceiro. Impossibilidade. Ver jurisprudência do art. 790 do CPC/2015.

3. Sucessão (inciso II).

a) Sujeitos passivos. "O art. 568, inc. II, do CPC [art. 779, II, do CPC/2015] elenca entre os sujeitos passivos da execução os sucessores do devedor, qualidade que ostentam os recorridos, devendo ser reconhecida a sua legitimidade passiva, porque adquirentes da coisa litigiosa, sobre os quais se estendem os efeitos da sentença do processo divisório (art. 42, § 3º, do CPC) [art. 109, § 3º, do CPC/2015]" (STJ, REsp 720.061/GO, Rel. Min. Nancy Andrighi, 3ª Turma, jul. 14.11.2006, *DJ* 18.12.2006, p. 371).

b) Espólio. Ação cobrança. Legitimidade. "De todo modo, enquanto não há individualização da quota pertencente a cada herdeiro, o que se efetivará somente com a consecução da partilha, é a herança, nos termos do artigo supracitado, que responde por eventual obrigação deixada pelo *de cujus*. Nessa perspectiva, o espólio, que também pode ser conceituado como a universalidade de bens deixada pelo *de cujus*, assume, por expressa determinação legal, o viés jurídico-formal, que lhe confere legitimidade *ad causam* para demandar e ser demandado em todas aquelas ações em que o *de cujus* integraria o polo ativo ou passivo da demanda, se vivo fosse" (STJ, REsp 1.125.510/RS, Rel. Min. Massami Uyeda, 3ª Turma, jul. 06.10.2011, *DJe* 19.10.2011).

"Após a homologação da partilha e havendo mais de um herdeiro, **revela-se incabível a constrição de bem herdado por um deles para a garantia de toda a dívida deixada pela *de cujus*, pois a responsabilidade do sucessor é proporcional ao seu quinhão**" (STJ, REsp 1.290.042/SP, Rel. Min. Maria Thereza de Assis Moura, 6ª Turma, jul. 01.12.2011, *DJe* 29.02.2012).

Dívidas do morto. "Os bens deixados em herança, ainda que gravados com cláusula de inalienabilidade ou de impenhorabilidade, respondem pelas dívidas do morto. Por força do art. 1.676 do Código Civil de 1916, as dívidas dos herdeiros não serão pagas com os bens que lhes foram transmitidos em herança, quando gravados com cláusulas de inalienabilidade e impenhorabilidade, por disposição de última vontade. Tais bens respondem, entretanto, pelas dívidas contraídas pelo autor da herança. A cláusula testamentária de inalienabilidade não impede a penhora em execução contra o espólio" (STJ, REsp 998.031/SP, Rel. Min. Humberto Gomes de Barros, 3ª Turma, jul. 11.12.2007, *DJ* 19.12.2007, p. 1.230; *RDDP* 60/237).

c) Sucessão empresarial.

Sucessão. Provas indiretas ou indiciárias. Admissibilidade. "(...) Embora a produção de prova pericial pudesse, em tese, qualificar o acervo probatório produzido, a sua não realização não acarreta modificação no julgado que reconheceu a existência de sucessão empresarial com base em verossimilhança preponderante, lastreado em suficientes provas indiciárias ou indiretas, examinadas à luz das máximas de experiência e que demonstram que a formação da convicção dos julgadores ocorreu mediante um incensurável juízo de probabilidade lógica" (STJ, REsp 1.698.696/SP, Rel. Min. Nancy Andrighi, 3ª Turma, jul. 02.08.2018, *DJe* 17.08.2018).

Sociedade limitada. Extinção da sociedade. Equiparação à morte da pessoa natural. Sucessão dos sócios. Procedimento de habilitação. Ver jurisprudência do art. 687 do CPC/2015.

Sucessão empresarial mediante incorporação. Ausência de comunicação aos órgãos e entidades competentes. Ilegitimidade da sociedade incorporada. "Na origem, o Estado de São Paulo (Fazenda Pública do Estado de São Paulo) moveu uma execução fiscal em desfavor da pessoa jurídica incorporada pela ora agravante, com o intuito de promover a cobrança de débito tributário oriundo do inadimplemento do Imposto sobre a Propriedade de Veículos Automotores (IPVA). A Primeira Seção do Superior Tribunal de Justiça pacificou o entendimento de acordo com o qual, quando a sucessão societária efetuada por meio de incorporação precede a notificação do lançamento tributário, entretanto, deixa de ser oportunamente comunicada aos órgãos e entidades cadastrais competentes, a eventual indicação da sociedade sucedida (incorporada), na CDA executada, não se equipara à hipótese de identificação equivocada do sujeito passivo da execução fiscal tratada no enunciado da Súmula n. 392 do STJ, *in verbis*: 'A Fazenda Pública pode substituir a certidão de dívida ativa (CDA) até a prolação da sentença de embargos, quando se tratar de correção de erro material ou formal, vedada a modificação do sujeito passivo da execução'. Isso porque, na sucessão empresarial ocorrida mediante incorporação, a sociedade sucessora (incorporadora) assume todo o passivo, inclusive o tributário, antes atribuído à sociedade sucedida (incorporada). Cuida-se, a teor do disposto no art. 132 do CTN, de imposição automática de responsabilidade pela quitação dos débitos fiscais contraídos pela sociedade sucedida (incorporada), que permite o acionamento judicial da sociedade sucessora (incorporadora), independentemente de qualquer outra diligência por parte do credor (exequente), como a renovação do ato de lançamento objetivando a emissão de CDA substitutiva; sobretudo porquanto fica vedado à sociedade sucessora (incorporadora) obter proveito de sua própria displicência em relação à comunicação da operação societária de incorporação efetuada e à atualização dos dados cadastrais pertinentes. Precedentes: EREsp n. 1.695.790/SP, Rel. Ministro Gurgel de Faria, Primeira Seção, julgado em 13/3/2019, *DJe* 26/3/2019; AgInt no REsp n. 1.789.988/SP, Rel. Ministro Francisco Falcão, Segunda Turma, julgado em 27/8/2019, *DJe* 30/8/2019; e REsp n. 1.706.746/SP, Rel. Ministro Herman Benjamin, Primeira Seção, julgado em 9/10/2019, *DJe* 16/10/2019. Afasta-se, portanto, a incidência da vedação insculpida no enunciado da Súmula n. 392 do STJ sobre a peculiar hipótese em tela, uma vez que: 'A questão referente à possibilidade de substituição da CDA para alteração do sujeito passivo da execução, quando ocorre a incorporação da empresa executada, confere ao caso elemento diferenciador relevante (*distinguishing*) dos paradigmas que originaram a edição da Súmula 392/STJ, na medida em que as hipóteses tratadas nesses julgados não apreciaram o tema ora em exame, em que uma sociedade é absorvida pela outra, que lhe sucede em todos os direitos e obrigações, nos termos do art. 227 da Lei 6.404/1976 e art. 1.116 do Código Civil/2002, e o patrimônio da empresa incorporada, que deixa de existir, confundindo-se com o próprio patrimônio da empresa incorporadora' (AgInt no REsp n. 1.775.466/SP, Rel. Ministro Napoleão Nunes Maia Filho, Primeira Turma, julgado em 18/3/2019, *DJe* 26/3/2019)" (STJ, AgInt no REsp 1.690.485/SP, Rel. Min. Francisco Falcão, 2ª Turma, jul. 01.12.2020, *DJe* 09.12.2020). **No mesmo sentido:** STJ, AgInt no REsp 1.679.466/SP, Rel. Ministro Gurgel de Faria, 1ª Turma, jul. 21.06.2018, *DJe* 07.08.2018.

Instituição financeira. Compra e venda de ativos e passivos – Proer. Sucessão universal. Não ocorrência. Redirecionamento da execução. Impossibilidade. Ver jurisprudência do art. 108 do CPC/2015.

Execução. "O vínculo jurídico estabelecido entre as instituições financeiras, consubstanciado no Contrato de Compra e Venda de Ativos e Assunção de Obrigações, não implica, necessariamente, a assunção de toda a universalidade de direitos e obrigações do Banco Nacional pelo Unibanco, cabendo, portanto, às instâncias ordinárias assentar se o débito em discussão, que, como visto, não se trata de responsabilidade decorrente da continuidade das atividades bancárias, foi, ou não, objeto de transferência" (STJ, REsp 1.096.916/PA, Rel. Min. Massami Uyeda, jul. 18.06.2009, *DJ* 04.08.2009).

"Reconhecida a sucessão da instituição financeira executada nas obrigações da instituição financeira contratante, possui ela, nos termos do art. 568, II, do CPC [art. 779, II, do CPC/2015], legitimidade para responder à execução" (STJ, AgRg no REsp 860.416/MT, Rel. Min. Paulo de Tarso Sanseverino, 3ª Turma, jul. 14.06.2011, *DJe* 22.06.2011).

Cisão parcial da empresa. Na cisão parcial, a companhia que adquire o patrimônio da cindida sucede-a, por disposição de lei, nos direitos e obrigações. Essa sucessão se dá quanto aos direitos e obrigações mencionados no ato da cisão, em caso de cisão parcial, ou na proporção dos patrimônios transferidos mesmo sobre atos não relacionados, na hipótese de cisão com extinção. (...). O STJ vem se posicionando no sentido de considerar **insubsistente a cláusula de exclusão de solidariedade aposta no instrumento de cisão,** nos termos do art. 233, § 1º, da Lei das S.A., quanto a credores cujo título não tiver sido constituído até o ato de cisão, independentemente de se referir a obrigações anteriores. A sucessão disposta na Lei das Sociedades Anônimas quanto às obrigações relacionadas ao patrimônio transferido comporta-se, quanto ao processo, da mesma forma que a alienação do objeto litigioso, de modo que não se pode opor à inclusão da sucessora no polo passivo o princípio da estabilidade da demanda" (STJ, REsp 1.294.960/RJ, Rel. Min. Nancy Andrighi, 3ª Turma, jul. 17.04.2012, *DJe* 26.04.2012).

4. Novo devedor que assumiu a dívida (inciso III).

Assunção de dívida firmada com terceiro. Exoneração do devedor primitivo do vínculo obrigacional. Ilegitimidade ativa para discutir as cláusulas do contrato, do qual não faz parte. "Se a responsabilidade pelo pagamento da dívida foi integralmente transferida a terceiros, ainda que, para tanto, a devedora primitiva tenha entregado imóveis de sua propriedade por valores supostamente abaixo do valor de mercado, não se revela possível o ajuizamento de ação buscando a revisão do contrato com pedido de indenização e repetição de indébito, considerando que a recorrente não compõe mais o polo passivo da relação obrigacional. A recorrente deveria previamente tentar anular a assunção de dívida feita com os terceiros assuntores, pela qual transferiu parte de seus imóveis em troca da sua liberação do vínculo obrigacional, a fim de retornar à condição de devedora da obrigação junto à instituição financeira, e, a partir daí, discutir eventuais nulidades das cláusulas contratuais, o que não ocorreu na hipótese, razão pela qual deve o acórdão recorrido, que reconheceu a ilegitimidade ativa *ad causam* da recorrente, ser mantido na íntegra" (STJ, REsp 1.423.315/PR, Rel. Min. Marco Aurélio Bellizze, 3ª Turma, jul. 21.09.2021, *DJe* 24.09.2021).

5. Fiador (inciso IV).

"Para usufruírem do direito previsto no art. 1.500 do Código Civil de 1916 [art. 835 do CC/2002], deveriam os recorrentes ter comunicado ao locador sua intenção de se exonerarem, por meio da competente notificação extrajudicial; ou, se necessário, por meio da apropriada ação judicial, o que não ocorreu" (STJ, REsp 834.474/SP, Rel. Min. Arnaldo Esteves Lima, 5ª Turma, jul. 07.10.2008, *DJe* 10.11.2008). **Nota: Tese aplicável ao regime do CC de 2002, que permite a exoneração do fiador por meio de simples notificação ao credor (art. 835 do CC).**

Consentimento do cônjuge. "Não é necessário o consentimento do cônjuge para prestar fiança quando o casamento se sujeita ao **regime de separação absoluta de bens,** consoante reza o art. 1.647 do Código Civil/2002. A regra é aplicável mesmo quanto ao pacto celebrado antes da vigência do novo diploma, de acordo com a regra de transição prevista no art. 2.035" (STJ, REsp 1.088.994/PR, Rel. Min. Napoleão Nunes Maia Filho, 5ª Turma, jul. 04.12.2008, *DJe* 02.02.2009).

Outorga marital. Nulidade. "É pacífica a jurisprudência do Superior Tribunal de Justiça no sentido de que é nula a fiança prestada sem a necessária outorga uxória, não havendo considerá-la parcialmente eficaz para constranger a meação do cônjuge varão. Nos termos do art. 239 do Código Civil de 1916 (atual art. 1.650 do Código Civil), a nulidade da fiança só pode ser demandada pelo cônjuge que não a subscreveu, ou por seus respectivos herdeiros. Afasta-se a legitimidade do cônjuge autor da fiança para alegar sua nulidade, pois a ela deu causa. Tal posicionamento busca preservar o princípio consagrado na lei substantiva civil segundo a qual não pode invocar a nulidade do ato aquele que o praticou, valendo-se da própria ilicitude para desfazer o negócio" (STJ, REsp 832.576/SP, Rel. Min. Arnaldo Esteves Lima, 5ª Turma, *DJ* 22.10.2007; *Revista de Direito Civil e Processo Civil* 51/172). **No mesmo sentido:** STJ, AgRg nos EDcl no Ag 1.165.674/RS, Rel. Min. Aldir Passarinho Junior, 4ª Turma, jul. 05.04.2011, *DJe* 08.04.2011.

Fiança prestada pelo cônjuge sem outorga uxória. Esposa encontrava-se em local incerto. Validade. "Deve ser considerada válida a fiança prestada pelo cônjuge sem outorga uxória na hipótese em que a esposa encontrava-se em local incerto e não sabido há mais de 13 (treze) anos e a declaração de ausência somente foi requerida em juízo quando transcorridos mais de 4 (quatro) da concessão da garantia e quase 3 (três) anos da arrematação do imóvel pertencente ao casal, por terceiro de boa-fé, realizada nos autos da execução do contrato de locação inadimplido" (STJ, REsp 900.255/PR, Rel. Min. Arnaldo Esteves Lima, 5ª Turma, jul. 17.06.2010, *DJe* 02.08.2010).

Impossibilidade de declarar a nulidade total da fiança. "Tendo o fiador faltado com a verdade acerca do seu estado civil, não há como declarar a nulidade total da fiança, sob pena de beneficiá-lo com sua própria torpeza. Assegurada a meação da companheira do fiador, não há que se falar em ofensa à legislação apontada. Particularidade fática do caso que, por si só, afasta a aplicação do entendimento fixado pela Súmula nº 332/STJ" (STJ, AgRg no REsp 1.095.441/RS, Rel. Min. Og Fernandes, 6ª Turma, jul. 17.05.2011, *DJe* 01.06.2011).

Fiança recíproca. "'A fiança é um contrato acessório que pressupõe, para sua existência, três pessoas: o credor, o devedor-afiançado e o fiador' (AgRg no Ag 1.158.649/RJ, 5ª Turma, Rel. Min. Arnaldo Esteves Lima, *DJe* 29.03.2010). 'Havendo mais de um locatário, é válida a fiança prestada por um deles em relação aos demais' (idem). Nesse caso, tem-se uma fiança recíproca, o que afasta a invalidade do contrato" (STJ, REsp 911.993/DF, Rel. Min. Laurita Vaz, 5ª Turma, jul. 02.09.2010, *DJe* 13.12.2010).

Fiador que não figurou no título executivo. Impossibilidade. "A execução não pode ser proposta contra quem não figurou no título executivo como devedor – inteligência do artigo 568, I, do Código de Processo Civil [art. 774, I, do CPC/2015]. Assim, o fiador que se obrigou por intermédio de instrumento autônomo não ostenta legitimidade processual passiva diretamente decorrente da triplicata em que se funda a execução contra a devedora executada" (STJ, REsp 746.895/MG, Rel. Min. Sidnei Beneti, 3ª Turma, jul. 10.11.2009, *DJe* 01.12.2009). **Obs.:** Ver jurisprudência do art. 513, § 5º, do CPC/2015.

Locação. "A recente jurisprudência deste e. STJ, firmada pela 3ª Seção por ocasião do julgamento do EREsp nº 566.633/CE, é no sentido que os fiadores continuam responsáveis pelos débitos locatícios posteriores à prorrogação legal do contrato, se anuíram expressamente a essa possibilidade, e dela não se desobrigaram nas formas dos artigos 1.500 do CC/16 ou 835 do CC/02, a depender da época que firmado o pacto" (STJ, AgRg no REsp 966.053/SP, Rel. Min. Felix Fischer, 5ª Turma, jul. 20.11.2008, *DJe* 02.02.2009). **No mesmo sentido:** STJ, AgRg nos EAg 711.699/SP, Rel. Min. Arnaldo Esteves Lima, 3ª Seção, jul. 25.03.2009, *DJe* 06.04.2009.

6. Aval. "Resultando inequívoca a intenção das partes contratantes no sentido de que os rotulados 'avalistas' respondem solidariamente como devedor principal pelos encargos assumidos no instrumento contratual, não se mostra admissível o excessivo apego ao formalismo para, sob o simples argumento de não haver aval em contrato, excluir a responsabilidade daqueles que, de certa forma iniludível e autonomamente, se obrigaram pelo pagamento de integralidade da dívida" (STJ, REsp 93.036/RS, Rel. Min. Sálvio de Figueiredo Teixeira, 4ª Turma, jul. 12.05.1998, *DJ* 01.03.1999, p. 318).

Execução. Aval. Outorga uxória. Citação do cônjuge como litisconsorte necessário. Impossibilidade. "O cônjuge que apenas autorizou seu consorte a prestar aval, nos termos do art. 1.647 do Código Civil (outorga uxória), não é avalista. Dessa forma, não havendo sido prestada garantia real, não é necessária sua citação como litisconsorte, bastando a mera intimação, como de fato postulado pelo exequente (art. 10, § 1º, incisos I e II, do CPC de 1973)" (STJ, REsp 1.475.257/MG, Rel. Min. Maria Isabel Gallotti, 4ª Turma, jul. 10.12.2019, *DJe* 13.12.2019).

7. Hipoteca (inciso V).

Hipoteca. "Não nega a vigência do art. 568, I, do CPC [art. 774, I, do CPC/2015], a decisão que, em execução hipotecária, indefere liminarmente os embargos opostos pelos adquirentes das unidades imobiliárias gravadas, por não possuírem qualidade de devedores reconhecidos como tais no título executivo" (STF, AgRg no Ag 103.318, Rel. Min. Octávio Gallotti, 1ª Turma, jul. 02.08.1985, em *RTJ* 115/860; *RT* 600/239).

"O terceiro que constitui hipoteca sobre bens próprios em garantia da dívida de outrem não se torna devedor solidário, mas assume uma responsabilidade própria de resgatar o débito, não o do bem hipotecado. A obrigação hipotecária consubstancia título executivo, cuja execução se pode fazer diretamente contra o terceiro-garante, independentemente de litisconsórcio com o devedor principal. Assim como a fiança pessoal pode ser executada apenas contra o fiador, também a hipoteca de terceiro, que é espécie de fiança real, permite a execução isolada contra o prestador da garantia" (TAMG, Ap 16.986, Humberto Theodoro Júnior, *Títulos de crédito e outros títulos executivos*, São Paulo, Saraiva, 1986, p. 234-235). **Obs.: Sobre a legitimidade do terceiro garantidor de dívida alheia por meio de hipoteca ver a jurisprudência do art. 784 do CPC/2015.**

"É indispensável que o garantidor hipotecário figure como executado, na execução movida pelo credor, para que a penhora recaia sobre o bem dado em garantia, porquanto não é possível que a execução seja endereçada a uma pessoa, o devedor principal, e a constrição judicial atinja bens de terceiro, o garantidor hipotecário" (STJ, REsp 472.769/SP, Rel. Min. Luis Felipe Salomão, 4ª Turma, jul. 11.05.2010, *DJe* 24.05.2010). **No mesmo sentido:** STJ, AgRg nos EDcl no REsp 341.410/SP, Rel. Min. Humberto Gomes de Barros, 3ª Turma, jul. 09.05.2006, *DJ* 29.05.2006, p. 227.

8. Terceiro garante (inciso V). "A lei considera o contrato de garantia real como título executivo. Logo, o terceiro prestador da garantia pode ser executado, individualmente. Todavia, se a execução é dirigida apenas contra o devedor principal, é inadmissível a penhora de bens pertencentes ao terceiro garante, se este não integra a relação processual executiva" (STJ, 3ª Turma, REsp 302.780/SP, Rel. p/ o ac. Min. Castro Filho, jul. 18.10.2001, *RSTJ* 154/333).

9. Responsável tributário (inciso VI). "Não inviabiliza a execução fiscal contra os sócios gerentes, com apoio no art. 135, III, do CTN, a circunstância de não figurar no título senão o nome da sociedade de responsabilidade limitada. O molde do art. 202 do aludido Código consigna a necessidade da nomeação dos corresponsáveis, mas quando possível, e ainda assim daqueles que se solidarizam pelo vínculo com o fato gerador do tributo e não daqueles que se tornem substitutos por um evento superveniente. A responsabilidade tributária, no caso, e a sujeição passiva à execução independem de novação no título executivo, conceito a que adere o art. 568, V, do CPC [art. 774, V, do CPC/2015]. Aí o responsável tributário não é precisamente a pessoa mencionada na certidão da dívida ativa, mas a pessoa definida como responsável na legislação fiscal" (STF, RE 95.393-1/RJ, Rel. Min. Luiz Rafael Mayer, 1ª Turma, jul. 02.03.1982, *DJ* 02.04.1982).

"O pedido de redirecionamento da execução fiscal, quando fundado na dissolução irregular da sociedade executada, pressupõe a permanência do sócio na administração da empresa no momento da ocorrência dessa dissolução, que é, afinal, o fato que desencadeia a responsabilidade pessoal do administrador (EREsp 100.739/SP, 1ª Seção, Rel. Min. José Delgado, *DJ* de 28.2.2000, p. 32). 'Iniciada a execução contra a pessoa jurídica e, posteriormente, redirecionada contra o sócio-gerente, que não constava da CDA, cabe ao Fisco demonstrar a presença de um dos requisitos do art. 135 do CTN. Se a Fazenda Pública, ao propor a ação, não visualizava qualquer fato capaz de estender a responsabilidade ao sócio-gerente e, posteriormente, pretende voltar-se também contra o seu patrimônio, deverá demonstrar infração à lei, ao contrato social ou aos estatutos ou, ainda, dissolução irregular da sociedade' (EREsp 702.232/RS, 1ª Seção, Rel. Min. Castro Meira, *DJ* de 26.9.2005, p. 169)" (STJ, AgRg no AgRg no REsp 934.252/RJ, Rel. Min. Denise Arruda, 1ª Turma, jul. 23.06.2009, *DJe* 05.08.2009).

10. Ausência de bens em nome da mãe para a satisfação do débito. Inclusão do pai na relação jurídica. Possibilidade. "Controvérsia em torno da possibilidade de, no curso de execução extrajudicial baseada em contrato de prestação de serviços educacionais firmados entre a escola e os filhos do recorrido, representados nos instrumentos contratuais apenas por sua mãe, diante da ausência de bens penhoráveis, ser redirecionada a pretensão de pagamento para o pai. [...] Nos arts. 1.643 e 1.644 do Código Civil, o legislador reconheceu que, pelas obrigações contraídas para a manutenção da economia doméstica, e, assim, notadamente, em proveito da entidade familiar, o casal responderá solidariamente, podendo-se postular a excussão dos bens do legitimado ordinário e do coobrigado, extraordinariamente legitimado. Estão abrangidas na locução "economia doméstica" as obrigações assumidas para a administração do lar e, pois, à satisfação das necessidades da família, no que se inserem as despesas educacionais [...] Possibilidade, assim, de acolhimento do pedido de inclusão do genitor na relação jurídica processual, procedendo-se à prévia citação do pai para pagamento do débito, desenvolvendo-se, então, regularmente a ação executiva contra o coobrigado" (STJ, REsp 1.472.316/SP, Rel. Min. Paulo de Tarso Sanseverino, 3ª Turma, jul. 05.12.2017, *DJe* 18.12.2017).

11. Réu falecido antes do ajuizamento da ação. Emenda à inicial para correção do polo passivo. Possibilidade. "O correto enquadramento jurídico da situação em que uma ação judicial é ajuizada em face de réu falecido previamente à propositura da demanda é a de ilegitimidade passiva do *de cujus*, devendo ser facultado ao autor, diante da ausência de ato citatório válido, emendar a petição inicial para regularizar o polo passivo, dirigindo a sua pretensão ao espólio" (STJ, REsp 1.559.791/PB, Rel. Min. Nancy Andrighi, 3ª Turma, jul. 28.08.2018, *DJe* 31.08.2018).

12. Imóvel gerador dos débitos condominiais. Ação de cobrança na qual a proprietária do bem não figurou como parte. Possibilidade. Obrigação *propter rem*. Ver jurisprudência do art. 790 do CPC/2015.

13. Execução de crédito decorrente de multa aplicada por Tribunal de Contas. Município. Legitimidade. "O STF julgou o Tema 642 (RE 1.003.433/RJ) no qual se fixou a seguinte tese: 'o Município prejudicado é o legitimado para a execução de crédito decorrente de multa aplicada por Tribunal de Contas estadual a agente público municipal, em razão de danos causados ao erário municipal'. Na hipótese, impõe-se a adequação do julgado, para se ajustar ao novo entendimento de caráter obrigatório e entender que, no caso em questão, o Município prejudicado, e não o Estado, é o legitimado para a execução de crédito decorrente de multa aplicada por Tribunal de Contas estadual a agente público municipal, em razão de danos causados ao erário municipal" (STJ, AgInt no AREsp 926.189/MG, Rel. Min. Herman Benjamin, 2ª Turma, jul. 15.02.2022, *DJe* 15.03.2022).

14. Adjudicação. "Se a Caixa Econômica Federal somente veio a se tornar proprietária do bem (via adjudicação) quando já havia trânsito em julgado na ação de cobrança ajuizada contra o primitivo dono do apartamento, não pode ela figurar na execução de sentença. (...) Nada impede o ajuizamento de nova ação de cobrança, dessa vez contra a nova proprietária, a Caixa Econômica Federal" (STJ, CC 94.857/PR, Rel. Min. Fernando Gonçalves, 2ª Seção, jul. 25.06.2008, *DJe* 01.07.2008).

15. Denunciação da lide. "A impossibilidade de ser executada sentença de procedência da ação de indenização contra o devedor, porque extinta a empresa, permite a execução diretamente contra a seguradora, que figura no feito como denunciada à lide, onde assumira a posição de litisconsorte" (STJ, 4ª Turma, REsp 97.590/RS, Rel. Min. Ruy Rosado de Aguiar, ac. 15.10.1996, *RSTJ* 93/320).

Resseguradora. "A seguradora é, perante o segurado, a única responsável pelo pagamento da indenização. Não há qualquer dispositivo legal ou contratual que determine a solidariedade passiva da resseguradora com relação aos débitos da seguradora. A responsabilidade da resseguradora limita-se ao repasse, para a seguradora, da importância prevista no contrato de resseguro. É dever da própria seguradora o pagamento total da condenação imposta por decisão judicial proferida em desfavor do segurado, nos limites da apólice" (STJ, REsp 1.178.680/RS, Rel. Min. Nancy Andrighi, 3ª Turma, jul. 14.12.2010, *DJe* 02.02.2011).

16. Meação da mulher. "Em caso de execução por dívida contraída pelo marido, é de se resguardar a meação da esposa, a quem não corresponde fração ideal do bem indivisível, mas, sim, metade do valor obtido na alienação judicial do mesmo, ainda que inferior ao valor da avaliação judicial, desde que não caracterizada a venda a preço vil, hipótese esta inocorrente no caso dos autos" (STJ, 4ª Turma, REsp 331.368/MG, Rel. Min. Aldir Passarinho Júnior, ac. 08.04.03, *DJU* 12.08.03, p. 228). **No mesmo sentido:** STJ, CE, REsp 200.251/SP, Rel. Min. Sálvio de Figueiredo Teixeira, ac. 06.08.2001, *DJU* 27.04.2002, p. 152.

17. Desconsideração da personalidade jurídica. "Esta Corte Superior tem decidido pela possibilidade da aplicação da teoria da desconsideração da personalidade jurídica nos próprios autos da ação de execução, sendo desnecessária a propositura de ação autônoma (RMS nº 16.274/SP, Rel. Ministra Nancy Andrighi, *DJ* 2.8.2004; AgRg no REsp 798.095/SP, Rel. Ministro Felix Fischer, *DJ* 1.8.2006; REsp 767.021/RJ, Rel. Ministro José Delgado, *DJ* 12.9.2005)" (STJ, REsp 331.478/RJ, Rel. Min. Jorge Scartezzini, 4ª Turma, jul. 24.10.2006, *DJ* 20.11.2006, p. 310). **Obs.:** Ver arts. 133 a 137 do CPC/2015, sobre o procedimento necessário ao reconhecimento da desconsideração, seja no processo de conhecimento, seja na execução forçada.

18. Penhora *on-line*. Conta-corrente conjunta. Ver jurisprudência do art. 835 do CPC/2015.

Art. 780. O exequente pode cumular várias execuções, ainda que fundadas em títulos diferentes, quando o executado for o mesmo e desde que para todas elas seja competente o mesmo juízo e idêntico o procedimento.

CPC/1973

Art. 573.

REFERÊNCIA LEGISLATIVA

CPC/2015, arts. 327 (requisitos da cumulação), 781 (título extrajudicial; competência), 783 (requisitos do título executivo).

SÚMULAS

Súmula do STJ:

nº 27: "Pode a execução fundar-se em mais de um título extrajudicial relativos ao mesmo negócio".

BREVES COMENTÁRIOS

Numa evidente medida de economia processual, admite o art. 780 do CPC/2015 que o credor cumule num só processo várias execuções contra o mesmo devedor, "ainda que fundadas em títulos diferentes", e desde que a sanção a realizar seja de igual natureza, para todos eles. Verifica-se, portanto, pluralidade de lides ou de pretensões insatisfeitas solucionadas dentro de um mesmo processo. Não obstam à cumulação nem a desigualdade de valores, nem a diversidade da natureza dos títulos. Podem ser cumulados, por exemplo, títulos cambiários com títulos comuns de confissão de dívida; títulos quirografários com títulos acobertados por garantia real etc. Trata-se, outrossim, de mera faculdade do credor, que assim não está compelido sempre a unificar suas execuções contra o devedor. Mas, uma vez utilizada a cumulação, é evidente a economia tanto do juízo como do próprio devedor, que terá de arcar com as despesas e ônus de apenas um processo. Em resumo, "os traços característicos da cumulação são: unidade de exequente, unidade de executado, unidade de processo e pluralidade de execuções". A cumulação indevida pode ser repelida pelo devedor através de embargos, conforme dispõe o art. 917. Na hipótese geral de cumprimento da sentença, sem *actio iudicati*, e sem embargos, a discussão em torno do cúmulo indevido de execuções será provocada nos próprios autos, em impugnação (art. 525, V).

JURISPRUDÊNCIA SELECIONADA

1. Cumulação de execução.

a) Possibilidade. "É válida a cumulação de execuções em um só processo que aglutina pretensões por um ponto em comum, de fato ou de direito, considerando especialmente a economia processual daí advinda, sem prejuízo ao exercício do direito de defesa. Na hipótese concreta, as pretensões executivas foram movidas em conjunto, considerando sua origem comum no Programa de Emissão de Cédulas de Crédito Bancário para a construção da Pequena Central Hidrelétrica de Apertadinho/RO. Configurada a identidade do devedor e a competência do mesmo juiz para todas as execuções das cédulas de crédito bancário" (STJ, REsp 1.688.154/SP, Rel. Min. Nancy Andrighi, 3ª Turma, jul. 12.03.2019, *DJe* 15.03.2019).

"Execução simultânea do devedor principal e seus avalistas, em processos distintos, por títulos diversos, mas oriundos da mesma dívida. Possibilidade" (STJ, REsp 32.627-1/RS, Rel. Min. Barros Monteiro, 4ª Turma, jul. 20.10.1993, *DJU* 06.12.1993. **No mesmo sentido:** *RSTJ* 56/274). **No mesmo sentido, em relação a execuções fiscais:** STJ, AgRg no REsp 984.222/SP, Rel. Min. Humberto Martins, 2ª Turma, jul. 25.11.2008, *DJe* 16.12.2008.

b) Requisitos. "Nos termos do art. 573 do Estatuto Processual Civil [art. 780 do CPC/2015], pode o credor cumular várias execuções em face do mesmo devedor, **ainda que fundadas em títulos distintos**, desde que seja competente o **mesmo juízo e idêntica seja a forma do processo**. Não há como se admitir a cumulação das execuções relativas à obrigação de fazer e a de pagar quantia certa, uma vez que os procedimentos previstos na legislação processual para que essas sejam levadas a termo não são compatíveis entre si, restando, portanto, descumprido um dos requisitos legais que permitem tal proceder" (STJ, REsp 825.709/ RS, Rel. Min. Laurita Vaz, 5ª Turma, jul. 16.12.2010, *DJe* 07.02.2011). **Em sentido contrário:** "Nos termos do art. 573 do Código de Processo Civil [art. 780 do CPC/2015], é cabível a cumulação das execuções das obrigações de fazer – implantação do reajuste – e de pagar quantia certa – pagamento dos valores vencidos –, calcadas em título executivo oriundo de ação ajuizada contra a Fazenda Pública visando a percepção de reajuste de vencimentos, em homenagem aos **princípios da efetividade e da celeridade da prestação jurisdicional**. Precedentes do STJ" (STJ, REsp 952.126/RS, Rel. Min. Laurita Vaz, 5ª Turma, jul. 18.08.2011, *DJe* 01.09.2011).

c) Faculdade do juiz. "A reunião de processos contra o mesmo devedor, por conveniência da unidade da garantia da execução, nos termos do art. 28 da Lei 6.830/80, é uma faculdade outorgada ao juiz, e não um dever. (...) A cumulação de demandas executivas é medida de economia processual, objetivando a prática de atos únicos que aproveitem a mais de um processo executivo, desde que preenchidos os requisitos previstos no art. 573 do CPC [art. 780 do CPC/2015] c/c art. 28, da Lei 6.830/80, quais sejam: (i) identidade das partes nos feitos a serem reunidos; (ii) requerimento de pelo menos uma das partes (Precedente: REsp 217948/SP, Rel. Min. Franciulli Netto, *DJ* 02.05.2000); (iii) estarem os feitos em fases processuais análogas; (iv) competência do juízo. (...) Não obstante a possibilidade de reunião de processos, há que se distinguir duas situações, porquanto geradoras de efeitos diversos: (i) a cumulação inicial de pedidos (títulos executivos) em uma única execução fiscal, por aplicação subsidiária das regras dos arts. 292 e 576 do CPC [arts. 327 e 781 do CPC/2015], em que a petição inicial do executivo fiscal deve ser acompanhada das diversas certidões de dívida ativa; (ii) a cumulação superveniente, advinda da cumulação de várias ações executivas (reunião de processos), que vinham, até então, tramitando isoladamente, consoante previsão do art. 28, da Lei 6.830/80" (STJ, REsp 1.158.766/RJ, Rel. Min. Luiz Fux, 1ª Seção, jul. 08.09.2010, *DJe* 22.09.2010).

Execução de título judicial e extrajudicial. "A lei não veda a cumulação de execução por títulos judiciais e extrajudiciais. Todavia, não cabe ao juiz, ao acolher os embargos à execução por títulos extrajudiciais somente, determinar o prosseguimento da execução por título judicial não exigida pelo exequente nem concedê-la de ofício" (TASP, Ap 197.828-0, Rel. Juiz Garreta Prats, 8ª Câmara do 2º TACível SP, 21.10.1986, *JTACiv. SP* 105/412).

2. Relações fundamentais distintas.

Execução por título extrajudicial em face de avalistas de títulos de crédito. Apenas um devedor comum. Cumulação subjetiva. Inviabilidade. Emenda à inicial. "Os títulos de crédito que embasam a execução referem-se a relações fundamentais distintas e apenas um dos coexecutados é devedor (avalista) de ambos os títulos de crédito. 'A execução conjunta de obrigações autônomas contra devedores distintos é hipótese fática que não compreende a cumulação subjetiva autorizada pelo art. 573 do Código de Processo Civil de 1973 [780 do CPC/2015], mas, configura, na verdade, a vedada coligação de devedores' (REsp 1.635.613/PR, Rel. Ministro Ricardo Villas Bôas Cueva, Terceira Turma, julgado em 13.12.2016, *DJe* 19.12.2016) (...). Como um coexecutado figura como avalista nos títulos de crédito que embasam a execução [em que as obrigações não têm relação fundamental comum], cabe a oportunidade de emenda à inicial, para restringir o polo passivo ao avalista comum a ambas as cártulas ou mesmo limitar a execução a um só título de crédito e respectivos devedores" (STJ, REsp 1.366.603/CE, Rel. Min. Luis Felipe Salomão, 4ª Turma, jul. 22.05.2018, *DJe* 26.06.2018).

Processos distintos. Impossibilidade de *bis in idem*. "Inexistindo no caso a possibilidade de ocorrer o *bis in idem*, ao credor era permitido, de um lado, promover a execução contra a devedora principal (com base no contrato de câmbio) e, de outro, concomitantemente, requerer a execução contra os avalistas (com apoio nas notas promissórias emitidas em garantia)" (STJ, REsp 32.627/RS, Rel. Min. Barros Monteiro, 4ª Turma, jul. 20.10.1993, *DJ* 06.12.1993). **No mesmo sentido:** STJ, REsp 16.240/GO, Rel. Min. Dias Trindade, 3ª Turma, jul. 18.02.1992, *DJ* 23.03.1992, p. 3.484.

3. Condomínio. Ação de execução de título extrajudicial, contribuições ordinárias ou extraordinárias de condomínio edilício. Inclusão de prestações vincendas no débito exequendo. Possibilidade. Inclusão automática na execução apenas para as prestações homogêneas, contínuas e da mesma natureza. "Com a comprovação dos requisitos do título executivo extrajudicial, mostra-se possível a inclusão, na execução, das parcelas vincendas no débito exequendo, até o cumprimento integral da obrigação do curso do processo. No entanto, apenas as prestações homogêneas, contínuas e da mesma natureza comportam essa inclusão automática na execução. Assim, em havendo modificação da natureza da prestação ou da sua homogeneidade, bem como de eventual ampliação do ato constritivo dela decorrente, deverá ser oportunizado ao devedor o direito de se defender, por meio de embargos, em relação a esse acréscimo e limitado ao referido conteúdo" (STJ, REsp 1.835.998/RS, Rel. Min. Luis Felipe Salomão, 4ª Turma, jul. 26.10.2021, *DJe* 17.12.2021).

4. Cumprimento de sentença. Medidas executivas. Coerção pessoal (prisão) e patrimonial (penhora). Possibilidade de cumulação. Ver jurisprudência do art. 528 do CPC/2015.

5. Imprestabilidade de um dos títulos. "Instrumentalizada a execução com mais de um título, a eventual imprestabilidade de um não induz, necessariamente, a invalidade dos demais" (STJ, REsp 34.719-5/MG, Rel. Min. Sálvio de Figueiredo, 4ª Turma, jul. 08.06.1993, *DJU* 02.08.1993).

6. Instrução da inicial. "Execução. Contrato e nota promissória. Referindo-se a mesma dívida, os dois títulos devem instruir a inicial, inexistindo impedimento a que, no contrato, sejam pactuados acessórios" (STJ, REsp 5.199/MG, Rel. Min. Eduardo Ribeiro, 3ª Turma, jul. 19.12.1990, *DJ* 25.02.1991, p. 1.468).

7. Execução. Dívida única. Processos diversos. Inadmissibilidade. "Pode a execução, uma única execução, fundar-se em mais de um título extrajudicial (Súmula 27/STJ). Não pode, porém, o credor promover duas execuções, cobrando a mesma dívida ao mesmo tempo e separadamente" (STJ, REsp 34.195-8/RS, Rel. Min. Nilson Naves, 3ª Turma, jul. 22.02.1994, *DJU* 06.06.1994). **Nesse sentido:** STJ, REsp 1.167.031/RS, Rel. Min. Massami Uyeda, 3ª Turma, jul. 06.10.2011, *DJe* 17.10.2011; STJ, REsp 97.854/PR, 4ª Turma, Rel. Min. Cesar Asfor Rocha, jul. 15.10.1998, *DJU* 30.11.1998.

Capítulo III
DA COMPETÊNCIA

Art. 781. A execução fundada em título extrajudicial será processada perante o juízo competente, observando-se o seguinte:

I – a execução poderá ser proposta no foro de domicílio do executado, de eleição constante do título ou, ainda, de situação dos bens a ela sujeitos;

II – tendo mais de um domicílio, o executado poderá ser demandado no foro de qualquer deles;

III – sendo incerto ou desconhecido o domicílio do executado, a execução poderá ser proposta no lugar onde for encontrado ou no foro de domicílio do exequente;

IV – havendo mais de um devedor, com diferentes domicílios, a execução será proposta no foro de qualquer deles, à escolha do exequente;

V – a execução poderá ser proposta no foro do lugar em que se praticou o ato ou em que ocorreu o fato que deu origem ao título, mesmo que nele não mais resida o executado.

CPC/1973

Art. 576.

REFERÊNCIA LEGISLATIVA

CPC/2015, arts. 62 e 63 (foro de eleição).

BREVES COMENTÁRIOS

O atual Código, ao contrário do anterior, optou por enfrentar hipóteses concretas e variadas de competência de acordo com o título extrajudicial que está sendo executado, ao invés de prever, apenas, que a competência será regida pelas regras comuns do processo de conhecimento.

JURISPRUDÊNCIA SELECIONADA

1. Ação de execução de título extrajudicial. Competência. "A competência determina-se no momento da propositura da ação (art. 87 do CPC) [art. 43 do CPC/2015] e, por força do art. 576 do CPC [art. 781 do CPC/2015], as regras gerais de competência – previstas no Livro I, Título IV, Capítulos II e III – aplicam-se à ação de execução de título extrajudicial. Em conformidade com o art. 100, IV, "d", do CPC [art. 53, III, *d*, do CPC/2015], o juízo competente para processar e julgar ação de execução de título extrajudicial **é o do lugar do pagamento do título**. O exequente pode, todavia, optar pelo foro de eleição ou pelo foro de domicílio do réu, como ocorreu na hipótese em exame. Precedentes" (STJ, CC 107.769/AL, Rel.ª Min.ª Nancy Andrighi, 2ª Seção, jul. 25.08.2010, *DJe* 10.09.2010). **No mesmo sentido:** STJ, CC 4.404-1/PR, 2ª Seção, Rel. Min. Sálvio de Figueiredo, jul. 25.08.1993, *DJU* 20.09.1993.

Cheque. "O lugar do pagamento do cheque, quando outro não é designado, é o de sua emissão, determinando-se a competência para o processo de execução, em caso de insuficiência de fundos, segundo o art. 100, IV, *d*, do CPC [art. 53, III, *d*, do CPC/2015]" (STJ, 4ª Turma, REsp 28.894/RS, Rel. Min. Dias Trindade, ac. 28.03.94, *DJU* 02.05.1994).

"No caso de **eleição de foro**, tal circunstância não impede seja a ação intentada no domicílio do réu, e com razão maior quando este, ao excepcionar o foro, não demonstrou a existência de prejuízo" (STJ, REsp 10.998/DF, 3ª Turma, Rel. Min. Nilson Naves, jul. 04.02.1992, *DJU* 09.03.1992).

Ações inversas. "O foro do lugar do pagamento é também competente para as ações inversas a pretensão executiva do título (v.g., Consignatória e anulatória)" (STJ, CC 4.404/PR, Rel. Min. Sálvio de Figueiredo Teixeira, 2ª Seção, jul. 25.08.1993, *DJ* 20.09.1993).

2. Recuperação judicial e execução fiscal. Conflito de competência. "A jurisprudência desta Corte tem perfilhado entendimento segundo o qual, embora as execuções fiscais não se suspendam com o deferimento da falência, os atos de execução dos créditos individuais e fiscais promovidos contra empresas falidas ou em recuperação judicial, tanto sob a égide do Decreto-lei n. 7.661/45 quanto da Lei n. 11.101/2005, devem ser realizados pelo Juízo Universal, de acordo com o art. 76 da Lei n. 11.101/2005. Precedentes" (STJ, AgInt no CC 174.761/SP, Rel. Min. Nancy Andrighi, 2ª Seção, jul. 30.03.2021, *DJe* 07.04.2021).

Art. 782. Não dispondo a lei de modo diverso, o juiz determinará os atos executivos, e o oficial de justiça os cumprirá.

§ 1º O oficial de justiça poderá cumprir os atos executivos determinados pelo juiz também nas comarcas contíguas, de fácil comunicação, e nas que se situem na mesma região metropolitana.

§ 2º Sempre que, para efetivar a execução, for necessário o emprego de força policial, o juiz a requisitará.

§ 3º A requerimento da parte, o juiz pode determinar a inclusão do nome do executado em cadastros de inadimplentes.

§ 4º A inscrição será cancelada imediatamente se for efetuado o pagamento, se for garantida a execução ou se a execução for extinta por qualquer outro motivo.

§ 5º O disposto nos §§ 3º e 4º aplica-se à execução definitiva de título judicial.

CPC/1973

Arts. 577 e 579.

REFERÊNCIA LEGISLATIVA

CPC/2015, arts. 139 (juiz; direção do processo), 140 (lacuna ou obscuridade da lei), 154 (atribuições do oficial de justiça).

CP, arts. 329 (resistência) e 330 (desobediência).

CJF – I JORNADA DE DIREITO PROCESSO CIVIL

Enunciado 98 – O art. 782, § 3º, do CPC não veda a possibilidade de o credor, ou mesmo o órgão de proteção ao crédito, fazer inclusão extrajudicial do nome do executado em cadastro de inadimplentes.

Enunciado 99 – A inclusão do nome do executado em cadastro de inadimplentes poderá se dar na execução definitiva de título judicial ou extrajudicial.

BREVES COMENTÁRIOS

A execução se efetiva através de uma série de atos ou operações, jurídicos e práticos, tendentes à realização da prestação a que tem direito o credor. A competência para decidir sobre o cabimento, ou não, dos atos executivos e determinar sua realização é sempre do juiz. O cumprimento deles, no entanto, caberá ao oficial de justiça, via de regra. Assim se passa, por exemplo, com a penhora e a apreensão e entrega da coisa ao depositário. Quem pode determinar tais atos é exclusivamente o juiz. O oficial de justiça, a quem compete realizá-los, não tem autonomia para agir, nem a pedido direto da parte nem por inciativa própria.

O CPC/2015 repetiu a regra constante nas intimações e citações do oficial de justiça no processo de conhecimento, permitindo que ele cumpra os atos executivos determinados pelo juiz também nas comarcas contíguas, de fácil comunicação, e nas que se situem na mesma região metropolitana, evitando, assim, a expedição de Carta Precatória que, certamente, retarda o andamento processual (art. 782, § 1º).

A legislação atual inovou ao possibilitar que, a pedido do exequente, o juiz determine a inclusão do nome do executado em cadastros de inadimplentes (art. 782, § 3º). Trata-se de mais um meio coercitivo para compelir o executado a cumprir a obrigação, conferindo maior efetividade à execução (WAMBIER, Teresa Arruda Alvim *et al. Primeiros comentários ao Código de Processo Civil* cit., p. 1.125). Entretanto, se for efetuado o pagamento da dívida, se for garantida a execução, ou se ela for extinta por qualquer outro motivo, a inscrição deverá ser cancelada imediatamente (§ 4º).

JURISPRUDÊNCIA SELECIONADA

1. Citação. "Não cabe ao juiz promover, de ofício, ato preparatório da execução, tal como determinar a citação do vencido" (*RJTJSP* 105/289).

2. Execução *ex officio*. Ver jurisprudência do art. 778 do CPC/2015.

3. Execução de alimentos. Protesto e inscrição do nome do devedor de alimentos em cadastro de inadimplentes. Ver jurisprudência do art. 528 do CPC/2015.

4. Inclusão do nome do devedor no cadastro de inadimplentes. "Ademais, depreende-se da redação do referido dispositivo legal que, havendo o requerimento, não há a obrigação legal de o Juiz determinar a negativação do nome do devedor, tratando-se de mera discricionariedade. A medida, então, deverá ser analisada casuisticamente, de acordo com as particularidades do caso concreto. Não cabe, contudo, ao julgador criar restrições que a própria lei não criou, limitando o seu alcance, por exemplo, à comprovação da hipossuficiência da parte. Tal atitude vai de encontro ao próprio espírito da efetividade da tutela jurisdicional, norteador de todo o sistema processual. Na espécie, o indeferimento do pleito pelo Tribunal de origem deu-se unicamente com base no fundamento de que as recorrentes possuem meios técnicos e expertise necessária para, por si mesmas, promover a inscrição do nome do devedor nos cadastros de dados de devedores inadimplentes, não tendo sido tecidas quaisquer considerações acerca da necessidade e da potencialidade do deferimento da medida ser útil ao fim pretendido, isto é, à satisfação da obrigação – o que justificaria a discricionariedade na aplicação do art. 782, § 3º, do CPC/2015. Assim, impõe-se o retorno dos autos à origem para que seja analisada, na hipótese concreta dos autos, a necessidade de se deferir a inclusão do nome da devedora nos cadastros dos órgãos de proteção ao crédito, independentemente das condições econômicas das exequentes para, por si próprias, promoverem tal inscrição. É possível ao julgador, contudo, ao determinar a inclusão do nome do devedor nos cadastros dos órgãos de proteção ao crédito, nos termos do art. 782, § 3º, do CPC/2015, que atribua ao mesmo – desde que observada a condição econômica daquele que o requer – a responsabilidade pelo pagamento das custas relativas à referida inscrição" (STJ, REsp 1.887.712/DF, Rel. Min. Nancy Andrighi, 3ª Turma, jul. 27.10.2020, *DJe* 12.11.2020).

Central Nacional da Indisponibilidade de Bens – CNIB e SERAJUD. Ver jurisprudência do art. 139 CPC/2015.

Garantia parcial do débito. "A requerimento da parte, o juiz pode determinar a inclusão do nome do executado em cadastros de inadimplentes (art. 782, § 3º, do CPC/2015). Tal medida aplica-se tanto à execução de título extrajudicial quanto ao cumprimento definitivo de sentença (art. 782, § 5º, do CPC/2015) e só pode ser determinada mediante prévio pedido do exequente. Trata-se de instrumento de coerção indireta que visa a imprimir efetividade à execução. A inscrição deve ser cancelada se, entre outras hipóteses, for garantida a execução (art. 782, § 4º, do CPC/2015). Considerando que, na interpretação das normas que regem a execução, deve-se extrair a maior efetividade possível ao procedimento executório, bem como o fato de que a menor onerosidade ao executado não se sobrepõe à efetividade da execução, se o débito for garantido apenas parcialmente, não há óbice à determinação judicial de inclusão do nome do executado em cadastros de inadimplentes, mediante prévio requerimento do exequente" (STJ, REsp 1.953.667/SP, Rel. Min. Nancy Andrighi, 3ª Turma, jul. 07.12.2021, *DJe* 13.12.2021).

5. Inscrição do devedor em cadastros restritivos de crédito. Faculdade do juiz. "Esta Corte Superior já se manifestou no sentido de que 'o uso da expressão verbal 'pode' no art. 782, § 3º, do CPC/2015, torna claro que se trata de faculdade atribuída ao juiz, a ser por ele exercida ou não, a depender das circunstâncias do caso concreto (REsp 1.762.462/RJ, Rel. Ministro Herman Benjamin, Segunda Turma, julgado em 13/8/2019, *DJe* 5.9.2019)'" (STJ, AgInt no AREsp 1.680.359/AL, Rel. Min. Og Fernandes, 2ª Turma, jul. 16.11.2020, *DJe* 18.12.2020).

6. Inclusão do nome da parte devedora em cadastro de proteção ao crédito. Efetividade processual e o cumprimento do princípio da satisfação do credor. Obediência aos direitos fundamentais do credor à tutela executiva e aos direitos de personalidade do devedor. "Entende-se que na hipótese dos autos, a saber, execução de título executivo extrajudicial, a inclusão do nome da parte devedora em cadastro de proteção ao crédito teria por finalidade buscar a efetividade processual e o cumprimento do princípio da satisfação do credor. Assim, observando o magistrado que, com a adoção da medida, alcançar-se-ia o objetivo pretendido, qual seja, a satisfação do crédito, seria, então, razoável a utilização do SERASAJUD. Todavia, a inclusão do nome do executado no cadastro de inadimplentes deve ser feita com cautela em obediência os direitos fundamentais do credor à tutela executiva e os direitos de personalidade do devedor, que são afetados pela negativação de seu nome" (STJ, AgInt no AREsp 1.397.398/RJ, Rel. Min. Napoleão Nunes Maia Filho, 1ª Turma, jul. 26.10.2020, *DJe* 29.10.2020).

7. Execução fiscal. Inclusão do nome do devedor em cadastro de inadimplentes. Possibilidade. "Tese jurídica firmada: 'O art. 782, § 3º, do CPC é aplicável às execuções fiscais, devendo o magistrado deferir o requerimento de inclusão do nome do executado em cadastros de inadimplentes, preferencialmente pelo sistema SERASAJUD, independentemente do esgotamento prévio de outras medidas executivas, salvo se vislumbrar alguma dúvida razoável à existência do direito ao crédito previsto na Certidão de Dívida Ativa – CDA'" (STJ, REsp 1.807.180/PR, Rel. Min. Og Fernandes, 1ª Seção, jul. 24.02.2021, *DJe* 11.03.2021). **Decisão submetida a julgamento de recursos repetitivos. No mesmo sentido:** STJ, REsp 1.817.321/SC, Rel. Min. Og Fernandes, 2ª Turma, jul. 06.08.2019, *DJe* 08.08.2019; STJ, AgInt no REsp 1.814.906/PE, Rel. Min. Napoleão Nunes Maia Filho, 1ª Turma, jul. 21.09.2020, *DJe* 24.09.2020; STJ, REsp. 1.826.084/SC, Rel. Min. Og Fernandes, 2ª Turma, jul. 20.08.2019, *DJe* 23.8.2019; STJ, REsp. 1.799.572/SC, Rel. Min. Francisco Falcão, 2ª Turma, jul. 09.05.2019, *DJe* 14.5.2019.

8. Cumprimento de sentença. Pedido de inclusão do nome do executado em cadastro de inadimplentes. Exigência de prévia recusa administrativa dos órgãos de proteção ao crédito. Desnecessidade. "Em relação às medidas executivas típicas, uma das novidades trazidas pelo novo diploma processual civil é a possibilidade de inclusão do nome do devedor nos cadastros de inadimplentes, a qual encontra previsão expressa no art. 782, § 3º, do CPC de 2015. Tal norma deve ser interpretada de forma a garantir maior amplitude possível à concretização da tutela executiva, em conformidade com o princípio da efetividade do processo, não se mostrando razoável que o Poder Judiciário imponha restrição ao implemento dessa medida, condicionando-a à prévia recusa administrativa das entidades mantenedoras do respectivo cadastro, em manifesto descompasso com o propósito defendido pelo CPC/2015, especialmente em casos como o presente, em que as tentativas de satisfação do crédito foram todas frustradas" (STJ, REsp 1.835.778/PR, Rel. Min. Marco Aurélio Bellizze, 3ª Turma, jul. 04.02.2020, *DJe* 06.02.2020).

Capítulo IV
DOS REQUISITOS NECESSÁRIOS PARA REALIZAR QUALQUER EXECUÇÃO

Seção I
Do Título Executivo

Art. 783. A execução para cobrança de crédito fundar-se-á sempre em título de obrigação certa, líquida e exigível.

CPC/1973

Art. 586.

REFERÊNCIA LEGISLATIVA

CPC/2015, arts. 509 a 512 (liquidação da sentença).

BREVES COMENTÁRIOS

O processo de execução não tem conteúdo cognitivo e, por isso, todo acertamento do direito do credor deve preceder à execução forçada. Mas, para que o título tenha essa força, não basta a sua denominação legal. É indispensável que, por seu conteúdo, se revele uma obrigação certa, líquida e exigível, como dispõe textualmente o art. 783 do CPC/2015. Só assim terá o órgão judicial elementos prévios que lhe assegurem a abertura da atividade executiva, em situação de completa definição da existência e dos limites objetivos e subjetivos do direito a realizar.

Não há liquidez da obrigação, quando fundada em cumprimento ou violação do contrato, de onde emerge segundo fatos ainda pendentes de prova (REsp 59.315/PE, *DJU* 18.09.1995). Por outro lado, a necessidade de simples operações aritméticas para se definir o *quantum debeatur* não elimina a liquidez da obrigação.

Também o fato de o vencimento da dívida somente ter ocorrido no curso do processo não priva o título extrajudicial de sua exequibilidade (RE 100.397/SP, *DJU* 17.03.1986).

JURISPRUDÊNCIA SELECIONADA

1. Definição. "A liquidez quando a importância da prestação é determinada; a exigibilidade, quando o seu pagamento não depende de termo ou condição; e a certeza quando não há controvérsia quanto a sua existência" (TJMG, Ap 437.992-8, Rel. Des. José Amâncio, 16ª Câmara, jul. 29.10.2004).

"A certeza, a liquidez e a exigibilidade são requisitos indispensáveis para o ajuizamento da ação executiva e referem-se, respectivamente, à **ausência de dúvidas quanto à existência do título** que consubstancia a obrigação, à quantidade de bens que é objeto da obrigação e ao momento do adimplemento dessa obrigação. Faltando qualquer dos três elementos, nula é a execução" (STJ, REsp 932.910/PE, Rel. Min. João Otávio de Noronha, 4ª Turma, jul. 05.04.2011, *DJe* 12.04.2011).

2. Requisitos.

a) Comprovação no próprio título. "Os requisitos da **certeza, liquidez e exigibilidade** devem estar ínsitos no título. A apuração de fatos, a atribuição de responsabilidades, a exegese de cláusulas contratuais torna necessário o processo de conhecimento, e descaracterizam o documento como título executivo" (STJ, REsp 1.080/RJ, Rel. Min. Athos Carneiro, 4ª Turma, jul. 31.10.1989, *DJU* 27.11.1989). **No mesmo sentido:** 1º TACiv-SP, Ap 340.656, Rel. Juiz Paulo Bonito, jul. 14.08.1985, *RT* 601/122; STJ, REsp 32.875/SP, Rel. Min. Eduardo Ribeiro, 3ª Turma, jul. 04.05.1993, *DJ* 17.05.1993, p. 9337.

b) Cálculos aritméticos. "Não perde a liquidez a dívida cuja definição depende apenas de cálculos aritméticos, para excluir parcelas já pagas ou incluir verbas acessórias, previstas na lei ou no contrato" (STJ, REsp 29.661/MG, Rel. Min. Ruy Rosado de Aguiar, 4ª Turma, jul. 30.05.1994, *DJ* 27.06.1994, p. 16984). **No mesmo sentido:** REsp 167.707/RS, Rel. Min. Barros Monteiro, 4ª Turma, jul. 07.10.2003, *DJ* 19.12.2003, p. 466; STJ, REsp 28.225/RO, Rel. Min. Sálvio de Figueiredo Teixeira, 4ª Turma, jul. 25.11.1992, *DJ* 17.12.1992, p. 24.252; 1º TACiv-SP, Ap 392.134/2, Rel. Juiz Amauri Ielo, jul. 02.11.1988, *COAD* 1989, nº 43.145.

"**Não retira exequibilidade do título** a circunstância de algum acessório dever ser fixado com base em elemento a ele estranho, como a taxa de juros" (STJ, REsp 33.743/SP, Rel. Min. Eduardo Ribeiro, 3ª Turma, jul. 23.11.1993, *DJ* 07.02.1994, p. 1.174). **No mesmo sentido:** STJ, REsp 48.505-7/MG, Rel. Min. Eduardo Ribeiro, 3ª Turma, jul. 12.12.1995.

c) Erro material. "**O erro material consubstanciado no cálculo do *quantum* inserto na cártula pode ser retificado** a partir dos elementos existentes e tal operação não desvirtua a natureza de liquidez e certeza do documento embasador da execução" (STJ, REsp 10.555/PR, Rel. Min. Waldemar Zveiter, 3ª Turma, jul. 28.06.1991, *DJ* 26.08.1991, p. 11.400).

d) Ação consignatória. "O ajuizamento da ação consignatória não retira a liquidez do título executivo extrajudicial nem obsta a execução nele fundada, em atenção ao disposto no § 1º do artigo 585 do CPC [art. 784, § 1º, do CPC/2015]. O acertamento judicial do título, por meio de embargos à execução, não lhe retira a liquidez, visto que continua possível a determinabilidade do *quantum debeatur*" (STJ, REsp 1.097.930/RS, Rel. Min. João Otávio de Noronha, 4ª Turma, jul. 22.09.2009, *DJe* 12.04.2010).

e) Ação de cobrança. "Não afeta a liquidez do título a cobrança pelo saldo devedor" (STJ, REsp 11.238/SP, Rel. Min. Cláudio Santos, 3ª Turma, jul. 10.09.1991, *DJ* 23.09.1991, p. 13.083).

f) Revisão. "Esta Corte Superior tem decidido que o **julgamento de ação revisional não retira a liquidez do título** executado (contrato), não impedindo, portanto, a sua execução. Com efeito, 'o fato de ter sido determinada a revisão do contrato objeto da ação executiva não retira sua liquidez, não acarretando a extinção do feito. Necessário apenas a adequação da execução às modificações impostas pela ação revisional' (REsp nº 569.937/RS, Rel. Ministro César Asfor Rocha, *DJ* de 25.9.2006). Nesta esteira: REsp nº 668.544/PR, Rel. Ministro Carlos Alberto Menezes Direito, *DJ* de 30.6.2006; REsp nº 593.220/RS, Rel. Ministra Nancy Andrighi, *DJ* de 21.2.2005; AgRg no Ag nº 680.368/RS, Rel. Ministro Fernando Gonçalves, *DJ* de 5.9.2005" (STJ, REsp 824.255/MG, Rel. Min. Jorge Scartezzini, 4ª Turma, jul. 26.09.2006, *DJ* 30.10.2006, p. 326).

Ação revisional não transitada em julgado. Suspensão da execução. Inocorrência. Liquidez do título. "O entendimento desta Corte Superior é de que a procedência da ação revisional não transitada em julgado não retira a liquidez do título exequendo nem impõe a suspensão da execução" (STJ, AgInt no AREsp 1.145.040/SE, Rel. Min. Marco Aurélio Bellizze, 3ª Turma, jul. 12.12.2017, *DJe* 02.02.2018).

g) Cessão de crédito. Ausência de notificação do devedor. Obrigação exigível. "A falta de notificação do devedor sobre a cessão do crédito não torna a dívida inexigível (art. 290 do CC/02), circunstância que não proíbe o novo credor de praticar os atos imprescindíveis à preservação dos direitos cedidos. Súmula 568/STJ" (STJ, REsp 1.882.117/MS, Rel. Min. Nancy Andrighi, 3ª Turma, jul. 27.10.2020, *DJe* 12.11.2020).

Cessão de créditos trabalhistas. Ausência de exigibilidade. Nulidade da execução. "Na hipótese dos autos, ressoam nítidas a certeza e a liquidez da obrigação contida no 'Contrato de Cessão de Crédito e Outras Avenças'. Contudo, dessume-se ausente o indispensável requisito da exigibilidade. O contrato de cessão de créditos trabalhistas ilustra apenas uma possibilidade – e, portanto, evento futuro e incerto – de a recorrida arrematar determinados imóveis na hipótese de os mesmos serem levados à hasta pública nos autos da execução oriunda da reclamação trabalhista. Falta, então, ao instrumento particular firmado entre as partes, a exigibilidade requerida para a formação do título executivo extrajudicial e, via de consequência, para embasar a ação de execução ajuizada pela recorrida" (STJ, REsp 1.795.115/SC, Rel. Min. Nancy Andrighi, 3ª Turma, jul. 12.03.2019, *DJe* 15.03.2019).

3. Ausência de um dos requisitos. "É nula a execução quando não fundada em título certo e exigível – CPC, art. 618, I [art. 803, I, do CPC/2015]. Assim, o aceite da letra de câmbio é pressuposto pré-processual especial do processo executivo por título extrajudicial. Significa isto que, mesmo fora da ação de embargos do executado, e ainda de ofício, esse pressuposto pré-processual – pressuposto da tutela jurídica executiva – deve ser conhecido.

Com isso, nos próprios autos da execução tem de decretar-se a extinção da execução, sem julgamento de mérito – CPC, arts. 267, IV, § 3º, e 598 [arts. 485, IV, § 3º, e 771, parágrafo único, do CPC/2015]. Não há necessidade da ação mandamental de embargos do executado, impondo-se, portanto, a decretação de nulidade do processo de execução e a sua consequente extinção" (1º TACivSP, Ag 334.076, Rel. Juiz Costa de Oliveira, 8ª Câmara, jul. 04.12.1984, *Adcoas*, n. 104.717, 1985).

"Não constitui título executivo o documento em que se consigna obrigação, cuja existência está condicionada a fatos dependentes de prova" (STJ, REsp 26.171-9/PR, Rel. Min. Nilson Naves, 3ª Turma, jul.14.12.1992, *DJU* 08.03.1993).

Borderô de desconto bancário. "'O borderô de desconto bancário de títulos não é catalogado, pela lei processual civil, como título dotado, por si só, de exequibilidade. Os pressupostos essenciais a tanto decorrem, em sendo assim, de um perfeito enquadramento do documento nas diretrizes do art. 585, II, do CPC [art. 784, II, do CPC/2015]. Ausente do borderô de desconto bancário a assinatura de duas testemunhas, **não detém ele os pressupostos de liquidez, certeza e exigibilidade**, desautorizando, por força do disposto nos arts. 586, *caput*, e 618, I, da Codificação Procedimental [arts. 783 e 803, I, do CPC/2015], a utilização dos meios executivos para a cobrança do saldo devedor a ele vinculado. Essa inexecutoriedade transporta-se, outrossim, à nota promissória emitida como garantia subsidiária do contrato, que, ante o desvirtuamento da sua natureza de promessa de pagamento, tem ceifadas as suas características de autonomia e literalidade' (Ap. 2001.005966-5, Rel. Des. Trindade dos Santos, *DJ* de 06.03.2003)" (TJSC, Ap 2006.004023-9, Rel. Des. Ricardo Fontes, jul. 29.03.2007, *RMDECC* 15/147).

4. Matéria de ordem pública. "A liquidez e a certeza dos títulos que embasam a execução podem ser examinadas em qualquer grau de jurisdição por serem pressupostos da execução, ou seja, matéria de ordem pública" (STJ, REsp 302.761/MG, Rel. Min. Antônio de Pádua Ribeiro, 3ª Turma, jul. 19.06.2001, *DJ* 13.08.2001). **No mesmo sentido:** STJ, REsp 40.124/MG, Rel. Min. Cláudio Santos, 3ª Turma, *Lex* 82, TST e TRF.

5. Liquidação de sentença. "A liquidação de sentença pode ensejar a denominada 'liquidação zero' quando não há o que pagar a título de *quantum debeatur* em decisão de eficácia puramente normativa. O título executivo que encarta crédito inexistente equipara-se àquele que consubstancia obrigação inexigível, matéria alegável *ex officio*, em qualquer tempo e grau de jurisdição, porquanto pressuposto do processo satisfativo" (STJ, REsp 802.011/DF, Rel. Min. Luiz Fux, 1ª Turma, jul. 09.12.2008, *DJe* 19.02.2009).

6. Execução de título extrajudicial. Inclusão de cotas vincendas. Possibilidade. "É possível a inclusão, no curso da ação, das parcelas vincendas, até a data do efetivo pagamento, uma vez que a obrigação em questão é de trato sucessivo, conforme autoriza expressamente o art. 323 do novo Código de Processo Civil, de aplicação subsidiária ao processo de execução, por força do disposto no parágrafo único do artigo 771 do mesmo diploma processual civil. Medida que confere utilidade à nova regra processual e prestigia os princípios da celeridade, da economia e da efetividade do processo" (TJSP, AI 2150228-94.2016.8.26.0000, Rel. Des. Marcondes D'Angelo, 25ª Câmara de Direito Privado, *DJ* 23.11.2016)

7. Título extrajudicial. Termo de confissão de dívida. Exigibilidade da dívida. Exceção de contrato não cumprido. Previsão no título executivo. Exequibilidade do título. "A certeza da obrigação constante do título executivo não se confunde com a inquestionabilidade da existência do direito material nele referido, correspondendo à previsão da natureza da prestação, seu objeto e seus sujeitos. A interdependência das prestações obriga que o exequente prove, com a inicial, que satisfez a prestação que lhe cabia antes de exigir a contraprestação do executado, sob pena de extinção do processo, nos termos do art. 787 do CPC/15. A incidência desta regra demanda, no entanto, que a interdependência das prestações esteja prevista no próprio título executivo, pois, caso contrário, devem ser consideradas totalmente independentes as prestações, devendo a matéria relativa à extensão do direito material ser dirimida em eventuais embargos à execução. Na hipótese concreta, o termo de confissão de dívida que ampara a pretensão executiva não continha qualquer previsão de interdependência entre alguma prestação devida pelo recorrente e aquelas devidas pelos recorridos, estando, assim, presente sua exigibilidade e sua exequibilidade" (STJ, REsp 1.758.383/MT, Rel. Min. Nancy Andrighi, 3ª Turma, jul. 04.08.2020, *DJe* 07.08.2020).

8. Execução sem título. Nulidade. "É cediço que a execução desamparada em título judicial ou extrajudicial é nula" (STJ, REsp 1.789.667/RJ, Rel. p/ Acórdão Min. Ricardo Villas Bôas Cueva, 3ª Turma, jul. 13.08.2019, *DJe* 22.08.2019).

9. Execução de título extrajudicial. Securitização. Perda da exigibilidade. "O alongamento da dívida rural, nos termos da Lei 9.138/1995, impõe a carência da ação executiva correspondente. Precedentes" (STJ, AgInt no AREsp 1.413.948/MT, Rel. Min. Maria Isabel Gallotti, 4ª Turma, jul. 28.09.2020, *DJe* 01.10.2020).

Art. 784. São títulos executivos extrajudiciais:

I – a letra de câmbio, a nota promissória, a duplicata, a debênture e o cheque;

II – a escritura pública ou outro documento público assinado pelo devedor;

III – o documento particular assinado pelo devedor e por 2 (duas) testemunhas;

IV – o instrumento de transação referendado pelo Ministério Público, pela Defensoria Pública, pela Advocacia Pública, pelos advogados dos transatores ou por conciliador ou mediador credenciado por tribunal;

V – o contrato garantido por hipoteca, penhor, anticrese ou outro direito real de garantia e aquele garantido por caução;

VI – o contrato de seguro de vida em caso de morte;

VII – o crédito decorrente de foro e laudêmio;

VIII – o crédito, documentalmente comprovado, decorrente de aluguel de imóvel, bem como de encargos acessórios, tais como taxas e despesas de condomínio;

IX – a certidão de dívida ativa da Fazenda Pública da União, dos Estados, do Distrito Federal e dos Municípios, correspondente aos créditos inscritos na forma da lei;

X – o crédito referente às contribuições ordinárias ou extraordinárias de condomínio edilício, previstas na respectiva convenção ou aprovadas em assembleia geral, desde que documentalmente comprovadas;

XI – a certidão expedida por serventia notarial ou de registro relativa a valores de emolumentos e demais despesas devidas pelos atos por ela praticados, fixados nas tabelas estabelecidas em lei;

XI-A – o contrato de contragarantia ou qualquer outro instrumento que materialize o direito de ressarcimento da seguradora contra tomadores de seguro-garantia e seus garantidores (Acrescentado pela Lei nº 14.711/2023)

XII – todos os demais títulos aos quais, por disposição expressa, a lei atribuir força executiva.

§ 1º A propositura de qualquer ação relativa a débito constante de título executivo não inibe o credor de promover-lhe a execução.

§ 2º Os títulos executivos extrajudiciais oriundos de país estrangeiro não dependem de homologação para serem executados.

§ 3º O título estrangeiro só terá eficácia executiva quando satisfeitos os requisitos de formação exigidos pela lei do lugar de sua celebração e quando o Brasil for indicado como o lugar de cumprimento da obrigação.

§ 4º Nos títulos executivos constituídos ou atestados por meio eletrônico, é admitida qualquer modalidade de assinatura eletrônica prevista em lei, dispensada a assinatura de testemunhas quando sua integridade for conferida por provedor de assinatura. (Incluído pela Lei nº 14.620/2023)

CPC/1973

Art. 585.

REFERÊNCIA LEGISLATIVA

DL nº 167, de 14.02.1967, arts. 44 (nota promissória rural), 52 (duplicata rural), 41 (cédula de crédito rural); Decreto nº 2.044, de 31.12.1908, arts. 49 a 51 (letra de câmbio e nota promissória); Lei nº 5.474, de 18.07.1968, arts. 14 e 15 (duplicata); Decreto nº 57.595, de 04.01.1966 (Lei Uniforme sobre Cheque); Lei nº 7.357, de 02.09.1985 (Lei de Cheques); CC, art. 85 (bens fungíveis); Lei Complementar nº 207/2024 (Seguro Obrigatório para Proteção de Vítimas de Acidentes de Trânsito – SPVAT); CF, art. 109, § 3º; LINDB, art. 13; LEF, arts. 2º e 3º (inscrição da dívida ativa); CTN, arts. 201 a 204 (*idem*); ECA, art. 211; Lei de Falências, art. 142, § 6º, III; Lei nº 4.728, art. 75 e § 2º (mercado de capitais); DL nº 73, de 21.11.1966, art. 27 (cobrança do prêmio de contrato de seguro); Lei nº 8.929, de 22.08.1994, art. 4º (Institui a Cédula de Produto Rural, e dá outras providências).

Lei nº 13.775/2018 (dispõe sobre a emissão de duplicata sob a forma escritural).

Lei nº 13.986/2020 (institui o Fundo Garantidor Solidário (FGS), dispõe sobre o patrimônio rural em afetação de propriedades rurais, a Cédula Imobiliária Rural (CIR), a escrituração de títulos de crédito e a concessão de subvenção econômica para empresas cerealistas).

SÚMULAS

Súmula do STF:

nº 387: "A cambial emitida ou aceita com omissões, ou em branco, pode ser completada pelo credor de boa-fé antes da cobrança ou do protesto".

nº 600: "Cabe ação executiva contra o emitente e seus avalistas, ainda que não apresentado o cheque ao sacado no prazo legal, desde que não prescrita a ação cambiária".

Súmulas do STJ:

nº 60: "É nula a obrigação cambial assumida por procurador do mutuário vinculado ao mutuante, no exclusivo interesse deste".

nº 93: "A legislação sobre cédulas de crédito rural, comercial e industrial admite o pacto de capitalização de juros".

nº 214: "O fiador na locação não responde por obrigações resultantes de aditamento ao qual não anuiu". (ver STJ, EResp 566.633).

nº 233: "O contrato de abertura de crédito, ainda que acompanhado de extrato da conta corrente, não é título executivo".

nº 247: "O contrato de abertura de crédito em conta corrente, acompanhado do demonstrativo de débito, constitui documento hábil para o ajuizamento da ação monitória".

nº 248: "Comprovada a prestação dos serviços, a duplicata não aceita, mas protestada, é título hábil para instruir pedido de falência".

nº 258: "A nota promissória vinculada a contrato de abertura de crédito não goza de autonomia em razão da iliquidez do título que a originou".

nº 268: "O fiador que não integrou a relação processual na ação de despejo não responde pela execução do julgado".

nº 286: "Renegociação de contrato bancário ou a confissão da dívida não impede a possibilidade de discussão sobre eventuais ilegalidades dos contratos anteriores".

nº 300: "O instrumento de confissão de dívida, ainda que originário de contrato de abertura de crédito, constitui título executivo extrajudicial".

nº 317: "É definitiva a execução de título extrajudicial, ainda que pendente apelação contra sentença que julgue improcedentes os embargos".

nº 478: "Na execução de crédito relativo a cotas condominiais, este tem preferência sobre o hipotecário".

nº 581: "A recuperação judicial do devedor principal não impede o prosseguimento das ações e execuções ajuizadas contra terceiros devedores solidários ou coobrigados em geral, por garantia cambial, real ou fidejussória".

nº 656: "É válida a cláusula de prorrogação automática de fiança na renovação do contrato principal. A exoneração do fiador depende da notificação prevista no art. 835 do Código Civil".

CJF – I JORNADA DE DIREITO PROCESSO CIVIL

Enunciado 85 – Na execução de título extrajudicial ou judicial (art. 515, § 1º, do CPC) é cabível a citação postal.

Enunciado 86 – As prestações vincendas até o efetivo cumprimento da obrigação incluem-se na execução de título executivo extrajudicial (arts. 323 e 318, parágrafo único, do CPC).

Enunciado 100 – Interpreta-se a expressão condomínio edilício do art. 784, X, do CPC de forma a compreender tanto os condomínios verticais, quanto os horizontais de lotes, nos termos do art. 1.358-A do Código Civil.

BREVES COMENTÁRIOS

Se o exequente dispõe de título executivo extrajudicial, não necessita de utilizar o processo de conhecimento. Ingressa em juízo, diante do inadimplemento, diretamente no processo de execução, por meio do exercício da ação executiva autônoma.

Só a lei pode dar executoriedade a um determinado título de crédito, mas não apenas o Código de Processo tem essa atribuição. Assim, vários títulos executivos já existiam por definição legal anterior ao Código e outros poderão surgir no futuro, observada sempre a necessidade de definição expressa da lei.

Dentre esses casos especiais de títulos executivos, podem ser citados, como exemplo, o contrato de honorários de advogado (Lei 8.906/1994, art. 24), os créditos da Previdência Social (Lei 8.212/1991, art. 39), as cédulas de crédito rural (Dec.-Lei 167/1967, art. 41), as cédulas de crédito industrial (Dec.-Lei 413/1969), os contratos de alienação fiduciária em garantia (Dec.-Lei 911/1969, art. 5º), a Cédula de Crédito Imobiliário (CCI) e a Cédula de Crédito Bancário (Lei 10.931, de 02.08.2004, arts. 20 e 28); o Certificado de Depósito Agropecuário (CDA), o Warrant Agropecuário (WA), o Certificado de Direitos Creditórios do Agronegócio (CDCA), a Letra de Crédito do Agronegócio (LCA), o Certificado de Recebíveis do Agronegócio (CRA) (Lei 11.076, de 30.12.2004), o compromisso de ajustamento de conduta (TAC) (Lei 7.347/1985, art. 5º, § 6º) etc.

A Lei nº 14.620/2023 incluiu o § 4º ao artigo 784 do CPC, dispondo que nos títulos executivos constituídos ou atestados por meio eletrônico é admitida qualquer modalidade de assinatura eletrônica prevista em lei, sendo dispensada a assinatura de testemunhas quando sua integridade for conferida por provedor de assinatura. Trata-se, com efeito, da positivação do entendimento do STJ de que, diante da nova realidade comercial, em que se verifica elevado grau de relações virtuais, reconhece "a força executiva de contratos assinados eletronicamente, porquanto a assinatura eletrônica atesta a autenticidade do documento, certificando que o contrato foi efetivamente assinado pelo usuário daquela assinatura" (REsp 1.495.920/DF, Rel. Min. Paulo de Tarso Sanseverino, 3a Turma, jul. 15.05.2018, *DJe* 07.06.2018).

A Lei nº 14.711/2023 acrescentou o inciso XI-A ao *caput* do art. 784 do CPC para incluir como título executivo extrajudicial o contrato de contragarantia ou qualquer outro instrumento que materialize o direito de ressarcimento da seguradora contra tomadores de seguro-garantia e seus garantidores.

JURISPRUDÊNCIA SELECIONADA

1. Título executivo extrajudicial. "Somente constituem títulos executivos extrajudiciais aqueles definidos em lei, por força do princípio da tipicidade legal (*nullus titulus sine legis*)" (STJ, REsp 879.046/DF, Rel. Min. Denise Arruda, 1ª Turma, jul. 19.05.2009, *DJe* 18.06.2009).

Título executivo extrajudicial. Possibilidade de ajuizamento de ação monitória. Ver jurisprudência do art. 700 do CPC/2015.

2. Cheque (inciso I):

a) Termo inicial de correção monetária e juros de mora. "A tese a ser firmada, para efeito do art. 1.036 do CPC/2015 (art.543-C do CPC/1973), é a seguinte: 'Em qualquer ação utilizada pelo portador para cobrança de cheque, a correção monetária incide a partir da data de emissão estampada na cártula, e os juros de mora a contar da primeira apresentação à instituição financeira sacada ou câmara de compensação'". (STJ, REsp 1556834/SP, Rel. Min. Luis Felipe Salomão, 2ªSeção, jul. 22.06.2016, *DJe* 10.08.2016). **No mesmo sentido:** "Em consonância ao entendimento firmado no Recurso Repetitivo nº 1.556.834/SP, no novo pronunciamento da Corte Especial no que concerne à mora do devedor e seus consectários (EA-REsp 502.132/RS), com base no regramento especial da Lei nº 7.357/85, a melhor interpretação a ser dada quando o cheque não for apresentado à instituição financeira sacada para a respectiva compensação, é aquela que reconhece o termo inicial dos juros de mora a partir do primeiro ato do credor no sentido de satisfazer o seu crédito, o que pode se dar pela apresentação, protesto, notificação extrajudicial, ou, como no caso concreto, pela citação (art. 219 do CPC/73 correspondente ao art. 240 do CPC/15)" (STJ, REsp 1.768.022/MG, Rel. Min. Marco Buzzi, 4ª Turma, jul. 17.08.2021, *DJe* 25.08.2021).

b) Cheque devolvido sem provisão de fundos. Defeito na prestação do serviço. Não ocorrência. "Ao receber um cheque para saque, é dever do banco conferir se está presente algum dos motivos para devolução do cheque, conforme previsto no artigo 6º da Resolução do BACEN 1.682/90. Caso o valor do título seja superior ao saldo ou ao eventual limite de crédito rotativo, deve o banco devolver o cheque por falta de fundos (motivo 11 ou 12). Não havendo mácula nessa conferência, não há defeito na prestação do serviço e, portanto, não cabe, com base no Código de Defesa do Consumidor, imputar ao banco conduta ilícita ou risco social inerente à atividade econômica que implique responsabilização por fato do serviço. Na forma do disposto no art. 4º da Lei 7.387/85 'a existência de fundos disponíveis é verificada no momento da apresentação do cheque para pagamento'. A responsabilidade por verificar a capacidade de pagamento é de quem contrata. Ademais, o credor pode se negar a receber cheques, caso não queira correr o risco da devolução por falta de fundos". (STJ, REsp 1538064/SC, Rel.ª Min.ª Maria Isabel Gallotti, 4ª Turma, jul. 18.02.2016, *DJe* 02.03.2016)

c) Desnecessidade de comprovação do negócio jurídico subjacente. "Tratando-se de ação de natureza cambiária, baseada exclusivamente no fato do não pagamento do cheque, que configura o locupletamento injusto do devedor, desnecessária a comprovação do negócio jurídico subjacente, porquanto ajuizada a demanda antes de transcorrido o prazo de dois anos, a que alude o art. 61 da Lei nº 7.357/85" (TJRS, RCiv 0020778-05.2017.8.21.9000, Rel.ª Juíza Elaine Maria Canto da Fonseca, 2ª Turma Recursal Cível, *DJe* 19.12.2017)

d) Prescrição.

Ação de execução de cheque. Termo inicial do prazo prescricional. "O termo inicial de contagem do prazo prescricional da ação de execução do cheque pelo beneficiário é de 6 (seis) meses, prevalecendo, para fins de contagem do prazo prescricional de cheque pós-datado, a data nele regularmente consignada, ou seja, aquela oposta no espaço reservado para a data da emissão" (STJ, REsp 1419779/PR, Rel.ª Min.ª Nancy Andrighi, *DJe* 23.11.2017)

Ação de locupletamento. Prescrição. "Ação de enriquecimento ilícito, sob o rito monitório, fundada em cheques prescritos – art. 61 da Lei nº 7.357/85. Prazo prescricional próprio, 2 (dois) anos, contados da prescrição da ação cambial. Na ação de locupletamento, o próprio cheque basta como prova do fato constitutivo do direito do autor, incumbindo ao réu provar a falta de causa do título" (STJ, AgRg no Ag 854.860/SP, Rel. Min. Vasco Della Giustina, 3ª Turma, jul. 17.08.2010, *DJe* 26.08.2010).

Título prescrito para execução. Ação de cobrança por insuficiência de fundos. "A ação ordinária de cobrança é via hábil para exigir-se dívida, representada por cheque, não recebida pelo credor, por insuficiente provisão de fundos, quando o título encontra-se prescrito para o aforamento da ação executiva" (STJ, REsp 49.716/SC, Rel. Min. Waldemar Zveiter, 3ª Turma, jul. 12.09.1994, *DJ* 31.10.1994).

"O cheque é ordem de pagamento à vista, sendo de 6 (seis) meses o lapso prescricional para a execução após o prazo de apresentação, que é de 30 (trinta) dias a contar da emissão, se da mesma praça, ou de 60 (sessenta) dias, também a contar da emissão, se consta no título como sacado em praça diversa, isto é, em município distinto daquele em que se situa a agência pagadora. Prescrito o prazo para execução do cheque, o artigo 61 da Lei do Cheque prevê, no prazo de 2 (dois) anos a contar da prescrição, a possibilidade de ajuizamento de ação de locupletamento ilícito que, por ostentar natureza cambial, prescinde da descrição do negócio jurídico subjacente. Expirado o prazo para ajuizamento da ação por enriquecimento sem causa, o artigo 62 do mesmo Diploma legal ressalva ainda a possibilidade de ajuizamento de ação fundada na relação causal, a exigir, portanto, menção ao negócio jurídico que ensejou a emissão do cheque. A jurisprudência desta Corte admite também o ajuizamento de ação monitória (Súmula 299/STJ) com base em cheque prescrito, sem necessidade de descrição da *causa debendi*, reconhecendo que a cártula satisfaz a exigência da 'prova escrita sem eficácia de título executivo', a que alude o artigo 1.102-A do CPC" (STJ, REsp 1.190.037/SP, Rel. Min. Luis Felipe Salomão, 4ª Turma, jul. 06.09.2011, *DJe* 27.09.2011). **No mesmo sentido, em relação a cheque pós-datado, tendo com início do prazo prescricional a data da emissão do título:** STJ, REsp 1.068.513/DF, Rel. Min. Nancy Andrighi, 2ª Seção, jul. 14.09.2011, *DJe* 17.05.2012.

Cheque pós-datado. Prescrição. Termo inicial. Data consignada na cártula. "'O termo inicial de contagem do prazo prescricional da ação de execução do cheque pelo beneficiário é de 6 (seis) meses, prevalecendo, para fins de contagem do prazo prescricional de cheque pós-datado, a data nele regularmente consignada, ou seja, aquela oposta no espaço reservado para a data de emissão' (REsp 1.068.513/DF, Rel. Ministra Nancy Andrighi, Segunda Seção, julgado em 14.09.2011, *DJe* de 17.05.2012)" (STJ, AgInt no REsp 1.634.605/SP, Rel. Min. Lázaro Guimarães, 4ª Turma, jul. 23.08.2018, *DJe* 29.08.2018). **No mesmo sentido:** "As teses a serem firmadas, para efeito do art. 1.036 do CPC/2015 (art. 543-C do CPC/1973), são as seguintes: a) a pactuação da pós-datação de cheque, para que seja hábil a ampliar o prazo de apresentação à instituição financeira sacada, deve espelhar a data de emissão estampada no campo específico da cártula; b) sempre será possível, no prazo para a execução cambial, o protesto cambiário de cheque, com a indicação do emitente como devedor" (STJ, REsp 1.423.464/SC, Rel. Min. Luis Felipe Salomão, 2ª Seção, jul. 27.04.2016, *DJe* 27.05.2016). **Obs.:** Decisão submetida a julgamento de recursos repetitivos. **No mesmo sentido, jurisprudência do CPC/1973, ainda aplicáveis:** STJ, REsp 875.161/SC, Rel. Min. Luis Felipe Salomão, 4ª Turma, jul. 09.08.2011, *DJe* 22.08.2011; STJ, AgRg no Ag 1.159.272/DF, Rel. Min. Vasco Della Giustina, 3ª Turma, jul. 13.04.2010, *DJe* 27.04.2010.

e) **Cheques emprestados a terceiro. Responsabilidade do emitente.** "Na trilha da literalidade indireta, fundada na boa-fé objetiva, é possível admitir a inclusão de terceiro no polo passivo da ação monitória para exigir-lhe o pagamento do cheque, quando ele, inequivocamente, assumiu, perante o beneficiário, a obrigação a que corresponde o título. Do ponto de vista do princípio da abstração, igualmente, a boa-fé objetiva funciona como baliza, de modo a permitir que o beneficiário, com base no negócio jurídico subjacente, do qual participou, exija o pagamento, por meio da ação monitória, do terceiro que, embora não tenha firmado na cártula – seja como emitente, endossante, ou avalista – a obrigação de pagar, a ela está vinculado pela causa que deu origem ao título. A flexibilização das normas de regência, à luz do princípio da boa-fé objetiva, não tem o condão de excluir o dever de garantia do emitente do cheque, previsto no art. 15 da Lei nº 7.357/85, sob pena de se comprometer a segurança na tutela do crédito, pilar fundamental das relações jurídicas desse jaez. Hipótese em que, a despeito da nobre intenção do recorrido, deve ser condenado ao pagamento da quantia inscrita nos cheques por ele emitidos, sem prejuízo de posterior ação de regresso contra o interessado para reaver o valor que eventualmente venha a despender" (STJ, REsp 1787274/MS, Rel.ª Min.ª Nancy Andrighi, 3ª Turma, jul. 23.04.2019, *DJe* 26.04.2019).

f) Disparidade de datas de vencimento, Defeito suprível. Lei Uniforme de Genebra. Prevalência da data posterior. "A omissão quanto à data de vencimento da dívida é um requisito não essencial, pois, em virtude da ausência desse dado, considera-se que a dívida é exigível à vista, por se presumir ser essa a vontade do emitente da nota promissória. As demais formas de vencimento demandam manifestação de vontade expressa do emitente e serão válidas desde que sejam escolhidas entre as enumeradas no art. 33 da LUG e de que não representem pagamentos em prestações. A interpretação sistemática da LUG permite inferir que para a solução de questões relacionadas a defeitos supríveis ou requisitos não essenciais o critério deve ser pautado pela busca da vontade presumida do emitente. A nota promissória é um título de crédito próprio, e, assim, deve representar os elementos essenciais de uma operação de crédito, que são a confiança e o intervalo de tempo entre a prestação e a contraprestação. Nesse cenário, se, entre duas datas de vencimento, uma coincide com a data de emissão do título – não existindo, assim, como se entrever, nessa hipótese, uma operação de crédito –, deve prevalecer a data mais posterior, ainda que eventualmente expressa numericamente, já que, por ser futura, admite ser presumida como a efetiva manifestação de vontade do emitente" (STJ, REsp 1.730.682/SP, Rel. Min. Nancy Andrighi, 3ª Turma, jul. 05.05.2020, *DJe* 11.05.2020).

g) Protesto de cheque nominal à ordem. Terceiro de boa-fé. "Em se tratando de título de crédito, o terceiro de boa-fé exercita um direito próprio, em vista que a firma do emissor expressa sua vontade unilateral de obrigar-se a essa manifestação, não sendo admissível que venha a defraudar as esperanças que desperta em sua circulação. Ademais, a inoponibilidade das exceções fundadas em direito pessoal do devedor contra o credor constitui a mais importante afirmação do direito moderno em favor da segurança da circulação e negociabilidade dos títulos de crédito. O protesto do cheque é facultativo e, como o título tem por característica intrínseca a inafastável relação entre o emitente e a instituição financeira sacada, é indispensável a prévia apresentação da cártula, não só para que se possa proceder à execução do título, mas também para cogitar do protesto (art. 47 da Lei do Cheque). Evidentemente, é também vedado o apontamento de cheques quando tiverem sido devolvidos pelo banco sacado por motivo de furto, roubo ou extravio das folhas ou talonários – contanto que não tenham circulado por meio de endosso, nem estejam garantidos por aval, pois nessas hipóteses far-se-á o protesto sem fazer constar os dados do emitente da cártula" (STJ, REsp 1.124.709/TO, Rel. Min. Luis Felipe Salomão, 4ª Turma, jul. 18.06.2013, *DJe* 01.07.2013).

h) Portador de boa-fé. Oposição de exceções pessoais. Impossibilidade. "[...] consagrando o princípio da inoponibilidade das exceções pessoais a terceiros de boa-fé, o art. 25 da Lei do Cheque dispõe que quem for demandado por obrigação resultante de cheque não pode opor ao portador exceções fundadas em relações pessoais com o emitente, ou com os portadores anteriores, salvo se o portador o adquiriu conscientemente em detrimento do devedor" (STJ, REsp 1.231.856/PR, Rel. Min. Luis Felipe Salomão, 4ª Turma, jul. 04.02.2016, *DJe* 08.03.2016). **No mesmo sentido:** TJMG, APCV 3988752-11.2008.8.13.0079, Rel. Alvimar de Ávila, 12ª Câmara Cível, jul. 23.03.2001, *DJe* 04.04.2011.

i) Conta conjunta. Ilegitimidade do cotitular. "Ilegitimidade passiva, contudo, do esposo da emitente da cártula, posto que, na qualidade de cotitular de conta corrente conjunta, inobstante possua legitimidade para movimentar os fundos de que também é proprietário, não o torna corresponsável pelas dívidas assumidas por sua esposa individualmente, em face da emissão de cheques destituídos de cobertura financeira, pelos quais somente ela responde. Precedentes do STJ" (STJ, REsp 336.632/ES, Rel. Min. Aldir Passarinho Junior, 4ª Turma, jul. 06.02.2003, *DJ* 31.03.2003). **No mesmo sentido:** TJDFT, 20030110015240APC, Rel. Cruz Macedo, 4ª Turma Cível, jul. 27.06.2007, *DJ* 10.07.2007, p. 119.

3. Nota promissória (inciso I).

a) Oposição de exceções pessoais. "As características ou princípios dos títulos de crédito – literalidade, autonomia e abstração – são passíveis de oposição quando a cártula é posta em circulação. Contudo, quando se trata de relação entre o credor original e seu devedor, é possível a arguição de exceções que digam respeito ao negócio jurídico que gerou o direito de crédito representado no título, porquanto a relação jurídica existente entre o devedor de nota promissória e seu credor contratual direto é regida pelo direito comum" (STJ, REsp 1367403/PR, Rel. Min. João Otávio de Noronha, 3ª Turma, jul. 14.06.2016, *DJe* 16.06.2016)

b) Prática de agiotagem. "Havendo prática de agiotagem, devem ser declaradas nulas apenas as estipulações usurárias, conservando-se o negócio jurídico de empréstimo pessoal entre pessoas físicas mediante redução dos juros aos limites legais. Na hipótese de cobrança judicial de dívida representada por título de crédito, os juros onzenários devem ser reduzidos, sem a necessidade de declaração de sua nulidade, exceto se essa redução for de execução impossível" (STJ, REsp 1560576/ES, Rel. Min. João Otávio de Noronha, 3ª Turma, jul. 02.08.2016, *DJe* 23.08.2016)

Alegação de empréstimo com agiotagem comprovada. "Inversão do ônus da prova constante do artigo 3º, da MP 2.172-31/01, relativa à alegação de agiotagem que diante da verossimilhança dessa prática ilícita impunha ao apelante comprovar a regularidade da dívida e sua origem. Ilícito que elide a responsabilidade do aval" (TJSP, APL 9206525-17.2007.8.26.0000, 20ª C.D.Priv., Rel. Des. Cunha Garcia, jul. 30.01.2012, *DJESP* 05.03.2012).

c) Divergência entre datas de vencimento apostas na cártula. Nulidade. Não ocorrência. "A data de vencimento da dívida constitui requisito não essencial da nota promissória, pois, em virtude da ausência desse elemento, considera-se que o valor é exigível à vista, por se presumir ser essa a vontade do emitente do título. A interpretação sistemática da LUG permite inferir que, para a solução de questões relacionadas a defeitos supríveis ou requisitos não essenciais, o critério a ser adotado deve ser pautado pela busca da vontade presumida do emitente. Dentre os elementos essenciais de uma operação de crédito inclui-se a concessão de um prazo para pagamento da obrigação, de modo que, por envolver operação dessa natureza, a emissão de uma nota promissória autoriza a presunção de que a efetiva vontade do emitente é a de que o vencimento ocorresse em data futura, após sua emissão. Nesse cenário, se, entre duas datas de vencimento, uma coincide com a data de emissão do título não existindo, assim, como se entrever, nessa hipótese, uma operação de crédito, deve prevalecer a data posterior" (STJ, REsp 1.920.311/MG, Rel. Min. Nancy Andrighi, 3ª Turma, jul. 18.05.2021, *DJe* 20.05.2021). **No mesmo sentido:** STJ, REsp 1.964.321/GO, Rel. Min. Nancy Andrighi, 3ª Turma, jul. 15.02.2022, *DJe* 18.02.2022.

d) Vinculada a outro contrato. Executividade. "A nota promissória **é título executivo extrajudicial**, mesmo que vinculada a renegociação de dívida oriunda de contrato de abertura de crédito em conta-corrente. Precedentes da Corte" (STJ, AgRg no REsp 786.523/SC, Rel. Min. Maria Isabel Gallotti, 4ª Turma, jul. 02.12.2010, *DJe* 01.02.2011). **No mesmo sentido, admitindo a vinculação a contrato de mútuo bancário:** STJ, AgRg no REsp 777.912/RS, Rel. Min. Nancy Andrighi, 3ª Turma, jul. 10.11.2005, *DJ* 28.11.2005; STJ, AgRg nos EDcl no REsp 1.367.833/SP, Rel. Min. Marco Aurélio Bellizze, 3ª Turma, jul. 16.02.2016, *DJe* 19.02.2016.

e) Literalidade do título cambiário. "Em execução baseada unicamente no título cambiário, nota promissória, não se poderá exigir do devedor senão o adimplemento das obrigações cambiariamente assumidas. São inexigíveis, na execução, obrigações outras assumidas no contrato subjacente a emissão da cártula, contrato que aliás não se constitui em título executivo, pois subscrito por apenas uma testemunha – CPC, art. 585, II [art. 784, II, III e IV, do CPC/2015]" (STJ, REsp 2.598/MG, Rel. p/ Acórdão Min. Athos Carneiro, 4ª Turma, jul. 29.06.1990, *DJ* 10.09.1990).

f) Ausência de requisitos essenciais. "A ausência de requisitos essenciais (no caso, nome do sacador, local do pagamento e data de emissão) descaracteriza a nota promissória como título executivo. Estando o acórdão recorrido em harmonia com a jurisprudência desta Corte, incide o óbice contido na Súmula STJ/83, aplicável também no caso da alínea 'a' (AgRg no Ag 135.461/RS, Rel. Min. Antonio de Pádua Ribeiro, *DJU* 18.08.1997)" (STJ, AgRg no Ag 1.281.346/ES, Rel. Min. Sidnei Beneti, 3ª Turma, jul. 22.03.2011, *DJe* 31.03.2011). **No entanto,** "Descabe extinguir execução pelo só fato de inexistir data de emissão da nota promissória, quando **possível tal aferição no contrato a ela vinculado**, mesmo porque 'a cambial emitida ou aceita com omissões, ou em branco, pode ser completada pelo credor de boa-fé antes da cobrança ou do protesto' (Súmula 387/STF)" (STJ, REsp 968.320/MG, Rel. Min. Luis Felipe Salomão, 4ª Turma, jul. 19.08.2010, *DJe* 03.09.2010).

g) Nota promissória em branco. Preenchimento. Má-fé do credor. "É lícito emitir nota promissória em branco, para que o valor seja posteriormente preenchido pelo credor. O preenchimento, entretanto, pode acarretar a nulidade do título se o credor agir de má-fé, impondo ao devedor obrigação cambial sabidamente superior à prometida" (STJ, REsp 598.891/GO, Rel. p/ Acórdão Min. Humberto Gomes de Barros, 3ª Turma, jul. 18.04.2006, *DJ* 12.06.2006).

Nota em branco. Execução extinta. Impossibilidade de nova execução. "Se o Tribunal, mediante decisão com trânsito em julgado, extinguiu a execução por defeito formal na nota promissória, ressalvando a via ordinária, deve esta ser trilhada sem que se admita o suprimento daquele defeito para fins de ajuizamento de outra execução" (STJ, REsp 573.650/PR, Rel. p/ Acórdão Min. Antônio de Pádua Ribeiro, 3ª Turma, jul. 02.12.2004, *DJ* 25.04.2005).

Contrato de abertura de crédito. Nota promissória em branco. Impossibilidade. "A instituição financeira não pode exigir do correntista a emissão de nota promissória em branco para garantia de contrato de abertura de crédito" (STJ, REsp 511.450/RS, Rel. Min. Ari Pargendler, 3ª Turma, jul. 15.05.2003, *DJ* 29.03.2004).

"A execução anteriormente proposta com base em promissória contendo omissões nos campos relativos à data da emissão, nome da emitente e do beneficiário, além da cidade onde foi sacada, foi extinta por desistência. **Descabe agora ao credor, após o preenchimento dos claros, ajuizar novo processo executório**, remanescendo-lhe apenas a via ordinária" (STJ, REsp 870.704/SC, Rel. Min. Luis Felipe Salomão, 4ª Turma, jul. 14.06.2011, *DJe* 01.08.2011). **Em sentido contrário:** "Declarada a falta de requisito do título de crédito com a ausência do nome do beneficiário, **não ofende a coisa julgada** a nova execução do título suprida a omissão" (STJ, 3ª Turma, REsp 38.471/MG, Rel. Min. Cláudio Santos, ac. 07.03.1995, *RSTJ* 79/188).

h) Ausência de indicação expressa do local para pagamento. Requisito incidental. "A falta de indicação expressa do local para o pagamento da nota promissória pode ser suprida pelo lugar de emissão do título ou do domicílio do emitente. Constitui-se, portanto, em um requisito incidental da cambial" (STJ, REsp 596.077/MG, Rel. Min. Castro Filho, 3ª Turma, jul. 06.04.2004, *DJ* 26.04.2004). **No mesmo sentido:** STJ, AgRg no Ag 1.286.221/MG, Rel. Min. Massami Uyeda, 3ª Turma, jul. 23.11.2010, *DJe* 07.12.2010.

i) Assinatura do título no verso do documento. Possibilidade. "É nota promissória a declaração que contém todos os requisitos da lei, embora a assinatura do emitente tenha sido lançada no verso do documento, desde que disso não surja dúvida alguma sobre a natureza da obrigação assumida pelo subscritor" (STJ, REsp 474.304/MG, Rel. Min. Ruy Rosado de Aguiar, 4ª Turma, jul. 26.05.2003, *DJ* 04.08.2003). **No mesmo sentido, admitindo a assinatura na lateral da cártula:** STJ, REsp 250.544/SP, Rel. Min. Humberto Gomes de Barros, 3ª Turma, jul. 15.02.2005, *DJ* 14.03.2005.

j) Endosso em branco. "Tratando-se de endosso em branco, prescindível é que o endossatário, portador do título, aponha o seu nome no verso da cártula antes de ajuizar a execução" (STJ, REsp 36.293/CE, Rel. Min. Barros Monteiro, 4ª Turma, jul. 08.02.1994, *DJ* 28.03.1994, p. 6.328).

"No contrato de mútuo garantido por nota promissória, executam-se no mesmo título (art. 573 do CPC) [art. 780 do CPC/2015] os coobrigados (devedor e avalista) porque, derivado de uma só relação obrigacional, inviável é fazê-lo excutindo-os, o devedor pelo contrato e os avalistas pelo que se contém na cártula (arts. 585, I e II) [art. 784, I e II, do CPC/2015], por isso que tal procedimento caracteriza um *bis in idem* que torna a prestação jurisdicional ilegítima" (STJ, REsp 2.883/MG, Rel. Min. Waldemar Zveiter, 3ª Turma, jul. 28.08.1990, *DJ* 24.09.1990).

k) Nota promissória vinculada a contrato de *factoring*. "Em regra, a empresa de *factoring* não tem direito de regresso contra a faturizada – com base no inadimplemento dos títulos transferidos –, haja vista que esse risco é da essência do contrato de *factoring*. Essa impossibilidade de regresso decorre do fato de que a faturizada não garante a solvência do título, o qual, muito pelo contrário, é garantido exatamente pela empresa de *factoring*. Essa característica, todavia, não afasta a responsabilidade da cedente em relação à existência do crédito, pois tal garantia é própria da cessão de crédito comum – *pro soluto*. É por isso que a doutrina, de forma uníssona, afirma que no contrato de *factoring* e na cessão de crédito ordinária a faturizada/cedente não garante a solvência do crédito, mas a sua existência sim. Nesse passo, o direito de regresso da *factoring* contra a faturizada deve ser reconhecido quando estiver em questão não um mero inadimplemento, mas a própria existência do crédito. No caso, da moldura fática incontroversa nos autos, fica claro que as duplicatas que ensejaram o processo executivo são desprovidas de causa – 'frias' –, e tal circunstância consubstancia vício de existência dos créditos cedidos – e não mero inadimplemento –, o que gera a responsabilidade regressiva da cedente perante a cessionária" (STJ, REsp 1.289.995/PE, Rel. Min. Luis Felipe Salomão, 4ª Turma, jul. 20.02.2014, *DJe* 10.06.2014).

Notas promissórias emitidas em garantia de eventual responsabilidade da faturizada pela existência do crédito. Causa não passível de ser alegada pelo avalista. "Sendo o embargado avalista das notas promissórias executadas, é-lhe vedado sustentar a inexistência da causa que pautou a emissão das notas promissórias executadas, dada a autonomia que emana do aval e a natureza de exceção pessoal dessa defesa" (STJ, REsp 1.305.637/PR, Rel. Min. Nancy Andrighi, 3ª Turma, jul. 24.09.2013, *DJe* 02.10.2013).

Nota vinculada a contrato de cessão de estabelecimento comercial. Ausência de autonomia. "A nota promissória vinculada a contrato de cessão de estabelecimento comercial não goza de autonomia, tendo em vista a própria iliquidez do título que o originou" (STJ, Ag no AI 221.302/SP, 4ª Turma, Rel. Min. Sálvio de Figueiredo Teixeira, jul. 18.11.1999, *DJU* 14.02.2000).

Contrato. Ausência de assinatura de duas testemunhas. Nota promissória. Validade. "O contrato escrito, com assinatura de duas testemunhas, não é requisito de validade de um contrato, salvo hipóteses expressas previstas em lei. A assinatura de duas testemunhas no instrumento, por sua vez, presta-se apenas a atribuir-lhe a eficácia de título executivo, em nada modificando sua validade como ajuste de vontades. Se é válida a contratação, igualmente **válida é a nota promissória emitida em garantia do ajuste**. A ausência de duas testemunhas no contrato, portanto, não retira da cambial sua eficácia executiva" (STJ, REsp 999.577/MG, Rel. Min. Nancy Andrighi, 3ª Turma, jul. 04.03.2010, *DJe* 06.04.2010).

l) Avalista que assina como principal pagador. "Execução por contrato de financiamento bancário, e nota promissória dele decorrente. O avalista da cambial, e que assina como principal pagador o contrato, não deve ser excluído da relação jurídica processual" (STJ, REsp 2.945/MG, Rel. Min. Athos Carneiro, 4ª Turma, jul. 28.08.1990, *DJ* 24.09.1990).

m) Procuração outorgada pelo devedor. Ausência de validade. "Carece de validade a nota promissória emitida mediante procuração outorgada pelo devedor, ao contrair o empréstimo, a integrante do mesmo grupo econômico a que pertence o credor" (STJ, REsp 20.582/MG, Rel. Min. Eduardo Ribeiro, 3ª Turma, jul. 27.04.1992, *DJ* 18.05.1992).

4. Outorga uxória ou marital (inciso I).

Aval. "O Código Civil de 2002 estatuiu, em seu art. 1.647, inciso III, como requisito de validade da fiança e do aval, institutos bastante diversos, em que pese ontologicamente constituam garantias pessoais, o consentimento por parte do cônjuge do garantidor. Essa norma exige uma interpretação razoável sob pena de descaracterização do aval como típico instituto cambiário. A interpretação mais adequada com o referido instituto cambiário, voltado a fomentar a garantia do pagamento dos títulos de crédito, à segurança do comércio jurídico e, assim, ao fomento da circulação de riquezas, é no sentido de **limitar a incidência da regra do art. 1647, inciso III, do CCB aos avais prestados aos títulos inominados** regrados pelo Código Civil, **excluindo-se os títulos nominados** regidos por leis especiais" (STJ, REsp 1526560/MG, Rel. Min. Paulo de Tarso Sanseverino, 3ª Turma, jul. 16.03.2017, *DJe* 16.05.2017).

Outorga uxória. Inobservância. Nulidade da garantia. "A prestação do aval em cédula de crédito bancário sem autorização do cônjuge, casado sob o regime de comunhão parcial de bens, inquina o ato de nulidade, tornando-o ineficaz, não havendo de se cogitar de anulação parcial para resguardar a meação do consorte prejudicado, nos termos da Súmula nº 332 do STJ" (TJMG, Ap. 1.0514.13.005091-7/001, Rel.ª Des.ª Mariângela Meyer, 10ª Câmara Cível, *DJEMG* 07.05.2018).

Cônjuge que autorizou o outro a prestar aval não é avalista e não precisa ser citado em execução. Ver jurisprudência do art. 779 do CPC/2015.

Fiança. Fiador empresário ou comerciante. Irrelevância. Segurança econômica familiar. Nulidade do contrato de fiança. "A melhor exegese é aquela que mantém a exigência geral de outorga conjugal para prestar fiança, sendo indiferente o fato de o fiador prestá-la na condição de comerciante ou empresário, considerando a necessidade de proteção da segurança econômica familiar. A fiança prestada sem outorga conjugal conduz à nulidade do contrato. Incidência da Súmula n. 332 do STJ" (STJ, REsp 1.525.638/SP, Rel. Min. Antonio Carlos Ferreira, 4ª Turma, jul. 14.06.2022, *DJe* 21.06.2022).

Fiança. Dívida em favor de cooperativa. Outorga conjugal. Necessidade. "Em se tratando de dívida de sociedade cooperativa – a qual nem à luz do Código Comercial ou do Código Civil de 2002 ostenta a condição de comerciante ou de sociedade empresária –, não há falar em fiança mercantil, caindo por terra o fundamento exarado pelas instâncias ordinárias para afastar a exigência da outorga conjugal encartada nos artigos 235, inciso III, do Código Civil de 1916 e 1.647, inciso III, do Código Civil de 2002. Nesse quadro, inexistindo o consentimento da esposa para a prestação da fiança (civil) pelo marido (para garantia do pagamento de dívida contraída pela cooperativa), sobressai a ineficácia do contrato acessório, por força da incidência das supracitadas normas jurídicas. Inteligência da Súmula 332/STJ" (STJ, REsp 1.351.058/SP, Rel. Min. Luis Felipe Salomão, 4ª Turma, jul. 26.11.2019, *DJe* 04.02.2020).

Garantia prestada pela esposa sem a devida outorga conjugal. Anulação pleiteada pelo herdeiro do cônjuge prejudicado. Prazo decadencial de dois anos. "A codificação civil expressamente prevê que o ajuizamento da ação de anulabilidade da fiança prestada sem a outorga conjugal será deflagrado apenas, e tão somente, pelo outro cônjuge, ou, com o seu falecimento, pelos herdeiros – como legitimado sucessivo. Entende-se, portanto, que o prazo decadencial de dois anos, estipulado inicialmente para o consorte prejudicado, reflete-se também nos herdeiros que, no lugar daquele, buscará a anulabilidade de um ato negocial defectível" (STJ, REsp 1.273.639/SP, Rel. Min. Luis Felipe Salomão, 4ª Turma, jul. 10.03.2016, *DJe* 18.04.2016).

5. Duplicata (inciso I).

a) É título executivo extrajudicial:

Aceite. "Para valer como título hábil à instauração do processo executivo, a duplicata deve conter, em primeiro lugar, o aceite do devedor. À sua falta, ainda assim poderia ser tida como título executivo extrajudicial, desde que, protestada, venha acompanhada de documento que comprove a efetiva prestação de serviços e o vínculo contratual que o autorizou" (STJ, REsp 190.735/RO, Rel. Min. Luís Felipe Salomão, 4ª Turma, jul. 14.10.2008, *DJe* 03.11.2008). **No mesmo sentido, admitindo duplicata sem aceite, mas com protesto e prova da prestação de serviço:** STJ, REsp 599.597/PR, Rel. Min. Carlos Alberto Menezes Direito, 3ª Turma, jul.18.11.2004, *DJ* 21.03.2005.

Transcrição do documento comprobatório da entrega da mercadoria. Desnecessidade. "Suficiente, para ensejar execução, seja o título protestado e que se instrua a inicial com documento comprobatório da existência do vínculo. A lei pretendeu aplicar as duplicatas oriundas de prestação de serviço o mesmo tratamento conferido às sacadas em virtude de compra e venda. Abolida a necessidade de transcrição do documento comprobatório da entrega da mercadoria, no instrumento de protesto, há que se entender que a formalidade é dispensável também quando se cuide de duplicata decorrente de prestação de serviço" (STJ, RMS 2.340/PE, Rel. Min. Eduardo Ribeiro, 3ª Turma, jul. 28.02.1994, *DJ* 14.03.1994).

"**As duplicatas virtuais** – emitidas e recebidas por meio magnético ou de gravação eletrônica – podem ser protestadas **por mera indicação**, de modo que a exibição do título não é imprescindível para o ajuizamento da execução judicial. Lei 9.492/97. Os boletos de cobrança bancária vinculados ao título virtual, devidamente acompanhados dos instrumentos de protesto por indicação e dos comprovantes de entrega da mercadoria ou da prestação dos serviços, suprem a ausência física do título cambiário eletrônico e constituem, em princípio, títulos executivos extrajudiciais" (STJ, REsp 1.024.691/ PR, Rel. Min. Nancy Andrighi, 3ª Turma, jul. 22.03.2011, *DJe* 12.04.2011). **No mesmo sentido:** STJ, AgRg no REsp 1.559.824/MG, Rel. Min. Ricardo Villas Bôas Cueva, 3ª Turma, jul. 03.12.2015, *DJe* 11.12.2015.

Desfazimento do negócio. Endosso. Impossibilidade de sustação do protesto. "O desfazimento do negócio, por acordo com o vendedor, não livra o comprador de honrar a letra, em mãos de terceiro endossatário. Tampouco retira do título protestado a força executiva que lhe outorga o art. 15 da Lei 5.474/68. Para livrar-se da ação executiva, o sacado deve invocar um dos fundamentos relacionados pelo art. 8º dessa Lei. O protesto do título endossado é necessário, porque 'o portador que não tira, em tempo útil e de forma regular, o instrumento do protesto da letra, perde o direito de regresso contra o sacador, endossadores e avalistas' (art. 32 do Dec. 2.044/08). Não é lícita a sustação do protesto necessário. Mesmo após desfeita a venda, a compradora continua responsável, perante o endossatário da respectiva duplicata. Terá, contudo, direito de regresso contra o vendedor emitente do título" (STJ, REsp 245.460/MG, Rel. Min. Humberto Gomes de Barros, 3ª Turma, jul. 15.02.2005, *DJ* 09.05.2005).

Duplicata faturizada. "A faturizadora, a quem as duplicatas aceitas foram endossadas por força do contrato de cessão de crédito, não ocupa a posição de terceiro de boa-fé imune às exceções pessoais dos devedores das cártulas" (STJ, REsp 1.439.749/RS, Rel. Min. João Otávio de Noronha, 3ª Turma, jul. 02.06.2015, *DJe* 15.06.2015).

b) Não é título executivo extrajudicial:

Notas fiscais. Impossibilidade. "Não pode ser cobrada executivamente duplicata sem aceite que vem acompanhada apenas de notas fiscais, pelas quais não se comprova que o título corresponde ao contrato de venda das mercadorias efetivamente entregues e recebidas" (STJ, REsp 450.628/MG, Rel. Min. Ruy Rosado de Aguiar, 4ª Turma, jul. 12.11.2002, *DJU* 12.05.2003). **No mesmo sentido:** STJ, REsp 115.767/MT, Rel. Min. Nilson Naves, 3ª Turma, jul. 04.02.1999, *DJ* 19.04.1999.

"A duplicata não aceita e desprovida do comprovante de entrega das mercadorias ou da prestação dos serviços não pode ser oposta ao sacado, mesmo pelo endossatário de boa-fé, a quem se resguarda o direito de regresso contra o endossante. Ausente o aceite das duplicatas, **cabe ao endossatário exigir do endossante a apresentação do comprovante de entrega das mercadorias ou da prestação dos serviços, no momento em que realizado o endosso**" (STJ, REsp 770.403/RS, Rel. Min. Castro Filho, 3ª Turma, jul. 25.04.2006, *DJ* 15.05.2006, p. 212).

"O contrato de desconto bancário (borderô) não constitui, por si só, título executivo extrajudicial, dependendo a ação executiva de vinculação a um título de crédito concedido em garantia ou à assinatura pelo devedor e por duas testemunhas. Precedentes" (STJ, REsp 986.972/MS, Rel. Min. Luis Felipe Salomão, 4ª Turma, jul. 04.10.2012, *DJe* 23.10.2012). **No mesmo sentido:** STJ, no REsp 58.075-7/SP, jul. 19.05.1998, Rel. Min. Barros Monteiro, 4ª Turma, *DJ* 14.09.1998; TJSC, Ap. Cível 2006.004023-9, Rel. Des. Ricardo Fontes, jul. 29.03.2007; *RM-DECC*, v. 15, jun./jul. 2007.

Vinculação da duplicata a mais de uma fatura. "A vinculação da duplicata a mais de uma fatura retira-lhe requisito essencial sendo inerente à condição da respectiva execução, daí que pode ser examinada diretamente pelo Tribunal, não violando o art. 300 do Código de Processo Civil" (STJ, REsp 577.785/SC, Rel. Min. Carlos Alberto Menezes Direito, 3ª Turma, jul. 28.09.2004, *DJ* 17.12.2004, p. 527).

c) Endosso:

Endosso translativo. Execução pelo banco endossatário. "A ausência de aceite pela sacada e de comprovante de entrega de mercadorias não obstam a execução promovida pelo banco endossatário contra a empresa sacadora da duplicata protestada e seu avalista" (STJ, REsp 598.215/PR, Rel. Min. Aldir Passarinho Junior, 4ª Turma, jul. 23.11.2010, *DJe* 06.12.2010).

"O endossatário que recebe, por endosso translativo, título de crédito contendo vício formal, sendo inexistente a causa para conferir lastro à emissão de duplicata, **responde pelos danos causados diante de protesto indevido**, ressalvado seu direito de regresso contra os endossantes e avalistas" (STJ, REsp 1.213.256/RS, Rel. Min. Luis Felipe Salomão, 2ª Seção, jul.28.09.2011, *DJe* 14.11.2011).

Endosso-mandato. Protesto. Responsabilidade. "Só responde por danos materiais e morais o endossatário que recebe título de crédito por endosso-mandato e o leva a protesto se extrapola os poderes de mandatário ou em razão de ato culposo próprio, como no caso de apontamento depois da ciência acerca do pagamento anterior ou da falta de higidez da cártula" (STJ, REsp 1.063.474/RS, Rel. Min. Luis Felipe Salomão, 2ª Seção, jul. 28.09.2011, *DJe* 17.11.2011).

"Impossibilidade de desvinculação dos títulos de crédito causais da relação jurídica subjacente, ante a mitigação da teoria da abstração. Reconhecimento da responsabilização civil da endossatária, que apresenta a protesto duplicatas mercantis desprovidas de aceite e de *causa debendi*. A duplicata é título de crédito causal, vinculado a operações de compra e venda de mercadorias ou de prestação de serviços, não possuindo a circulação da cártula, via endosso translativo, o condão de desvinculá-la da relação jurídica subjacente. Tribunal *a quo* que expressamente consignou a inexistência de *causa debendi* a corroborar a emissão dos títulos de crédito" (STJ, REsp 1.105.012/RS, Rel. Min. Marco Buzzi, 4ª Turma, jul. 22.10.2013, *DJe* 06.12.2013).

Endosso-caução. Quitação ao endossante. Não cabimento. Resgate da cártula. Indispensabilidade. "A normatização de regência busca proteger o terceiro adquirente de boa-fé para facilitar a circulação do título crédito, pois o interesse social visa proporcionar a sua ampla circulação, constituindo a inoponibilidade das exceções fundadas em direito pessoal do devedor a mais importante afirmação do direito moderno em favor de sua negociabilidade. (...) Havendo aceite, o aceitante se vincula à duplicata, afastada a possibilidade de investigação do negócio causal. Conquanto a duplicata seja causal apenas na sua origem/emissão, sua circulação – após o aceite do sacado ou, na sua falta, pela comprovação do negócio mercantil subjacente e do protesto – rege-se pelo princípio da abstração, desprendendo-se de sua causa original, sendo por isso inoponíveis exceções pessoais a terceiros de boa-fé, como ausência de entrega da mercadoria ou de prestação de serviços, ou mesmo quitação ao credor originário. Precedentes. No tocante à operação de endosso-caução, também denominado endosso-pignoratício, o art. 19 da LUG estabelece que, quando o endosso contém a menção 'valor em garantia', 'valor em penhor' ou qualquer outra menção que implique uma caução, o portador pode exercer todos os direitos emergentes da letra, mas um endosso feito por ele só vale como endosso a título de procuração. Os coobrigados não podem invocar contra o portador as exceções fundadas sobre as relações pessoais deles com o endossante, a menos que o portador, ao receber a letra, tenha procedido conscientemente em detrimento do devedor. O endosso-caução tem por finalidade garantir, mediante o penhor do título, obrigação assumida pelo endossante perante o endossatário, que desse modo assume a condição de credor pignoratício do endossante. Verificado o cumprimento da obrigação por parte do endossante, o título deve ser-lhe restituído pelo endossatário, não havendo, por isso, ordinariamente, a própria transferência da titularidade do crédito. No entanto, apesar de permanecer proprietário, o endossante transmite os direitos emergentes do título, como ocorre no endosso comum, aplicando-se o princípio da inoponibilidade das exceções pessoais ao endossatário (STJ, REsp n. 1.236.701/MG, Rel. Min. Luis Felipe Salomão, Quarta Turma, julgado em 5.11.2015, *DJe* 23.11.2015)" (STJ, AgInt no AREsp 1.635.968/PR, Rel. Min. Luis Felipe Salomão, 4ª Turma, jul. 06.04.2021, *DJe* 04.06.2021).

d) Vícios no título:

Vício formal intrínseco. Terceiro de boa-fé. "O ordenamento jurídico veda, em regra, a oposição de exceções pessoais a terceiro portador do título de boa-fé. Contudo, por ser a duplicata um título denominado 'causal', exigindo, para sua emissão, lastro em compra e venda mercantil ou prestação de serviços, e que depende da aceitação do sacado ou do protesto – com demonstração do negócio preexistente –, não se pode vedar a quem figura indevidamente em duplicata como sacado, a arguição de apontado vício formal intrínseco, conducente à inexigibilidade da duplicata" (STJ, REsp 830.657/RS, Rel. Min. Luis Felipe Salomão, 4ª Turma, jul. 19.05.2011, *DJe* 26.05.2011).

Data de emissão. Erro material. Ausência de nulidade. "A indicação equivocada da data de emissão da duplicata não torna o título nulo, tanto mais quando o erro material está comprovado" (STJ, REsp 985.083/RS, Rel. Min. Humberto Gomes de Barros, 3ª Turma, jul. 04.12.2007, *DJ* 19.12.2007).

Duplicata mercantil posteriormente declarada sem causa. Protesto por indicação. Tabelionato. Procedimento no limite das atribuições. "O tabelionato que, no limite de sua atribuições, promove protesto por indicação de duplicata mercantil formalmente perfeita, mas posteriormente declarada sem causa, não comete dano moral passível de indenização. Ilegitimidade para a causa reconhecida. Precedentes." (STJ, AgRg no AgRg no REsp 1098020/RJ, Rel.ª Min.ª Maria Isabel Gallotti, 4ª Turma, jul. 09.10.2018, *DJe* 24.10.2018)

Duplicata. Número incorreto. "Em observância ao princípio da literalidade, a aposição de número incorreto da fatura na duplicata invalida o título de crédito, retirando-lhe a exigibilidade executiva extrajudicial" (STJ, REsp 1.601.551/PE, Rel. Min. Ricardo Villas Bôas Cueva, 3ª Turma, jul. 05.11.2019, *DJe* 08.11.2019).

Validade e eficácia. Requisitos essenciais e meras irregularidades. "Com efeito, o entendimento sufragado pelo acórdão recorrido, assentando não ter validade e eficácia de duplicata, por não observar, com precisão, 'os limites do documento, com altura mínima de 148 mm e máxima de 152 mm e largura mínima de 203 mm e máxima de 210 mm', conforme modelo estabelecido na Resolução CMN n. 102/1968, testilha com o mencionado dispositivo legal e com os usos e costumes comerciais, sendo incomum que o sacado e os endossatários se valham de régua, por ocasião, respectivamente, do aceite e da operação de endosso, para aferição do preenchimento preciso das dimensões de largura e altura da cártula. É inviável o entendimento de que, como a cártula apresenta também a descrição da mercadoria objeto da compra e venda, uma fatura da mercadoria objeto da negociação, isso desnatura e descaracteriza por completo o título como duplicata. A descrição da mercadoria, a par de caracterizar uma duplicata da fatura na própria acepção do termo, embora represente redobrada cautela, não pode inviabilizar a cártula, pois o art. 2º, § 2º, da Lei n. 5.474./1968 dispõe que uma duplicata tem de corresponder a uma única fatura, e o art. 24 expressamente faculta que conste na cártula outras indicações, contanto que não alterem sua feição característica" (STJ, REsp 1.518.203/PR, Rel. Min. Luis Felipe Salomão, 4ª Turma, jul. 27.04.2021, *DJe* 02.08.2021).

e) Aceite

Duplicata com aceite. *Factoring*. Oposição de exceções pessoais (inciso I). "A duplicata mercantil, apesar de causal no momento da emissão, **com o aceite** e a circulação adquire abstração e autonomia, desvinculando-se do negócio jurídico subjacente, **impedindo a oposição de exceções pessoais** a terceiros endossatários de boa-fé, como a ausência ou a interrupção da prestação de serviços ou a entrega das mercadorias. Hipótese em que a transmissão das duplicatas à empresa de *factoring* operou-se por endosso, sem questionamento a respeito da boa-fé da endossatária, portadora do título de crédito, ou a respeito do aceite aposto pelo devedor. Aplicação das normas próprias do direito cambiário, relativas ao endosso, ao aceite e à circulação dos títulos, que são estranhas à disciplina da cessão civil de crédito" (STJ, EREsp 1.439.749/RS, Rel. Min. Maria Isabel Gallotti, 2ª Seção, jul. 28.11.2018, *DJe* 06.12.2018). **No mesmo sentido:** STJ, EREsp 1.482.089/PA, Rel. Min. Marco Buzzi, 2ª Seção, ac. 14.08.2019, *DJe* 19.08.2019.

Em sentido contrário: "(...). A jurisprudência do Superior Tribunal de Justiça firmou o entendimento de que: 'No contrato de *factoring*, a transferência dos créditos não se opera por simples endosso, mas por cessão de crédito, subordinando-se, por consequência, à disciplina do art. 294 do Código Civil, contexto que **autoriza ao devedor a oponibilidade das exceções pessoais** em face da faturizadora' (AgInt no REsp 1.015.617/SP, Rel. Ministro Raul Araújo, Quarta Turma, julgado em 13/12/2016, *DJe* de 1º/02/2017). No caso vertente, o eg. Tribunal de origem, analisando as provas constantes nos autos, consignou que ficou suficientemente provado que o endosso das duplicatas em litígio deve ser considerado nulo, por ter sido feito ao arrepio do contrato de prestação de serviço firmado entre a devedora e a faturizada" (STJ, AgInt no REsp 1.291.885/RJ, Rel. Min. Lázaro Guimarães, 4ª Turma, jul. 11.09.2018, *DJe* 17.09.2018).

Aceite a terceiro. Circulação e abstração. Desnecessidade de prova do negócio subjacente. "Havendo aceite, este se vincula à duplicata, afastada a possibilidade de investigação do negócio causal. Conquanto o título seja causal apenas na sua origem/emissão, sua circulação – após o aceite do sacado ou, na sua falta, pela comprovação do negócio mercantil subjacente e do protesto – rege-se pelo princípio da abstração, desprendendo-se de sua causa original, sendo por isso inoponíveis exceções pessoais a terceiros de boa-fé, como ausência de entrega da mercadoria ou de prestação de serviços, ou mesmo quitação ao credor originário. Precedentes" (STJ, REsp 1.518.203/PR, Rel. Min. Luis Felipe Salomão, 4ª Turma, jul. 27.04.2021, *DJe* 02.08.2021).

f) Contrato de *factoring*. Duplicatas previamente aceitas. Endosso à faturizadora. Circulação e abstração do título de crédito após o aceite. Oposição de exceções pessoais. Não cabimento. Ver jurisprudência do art. 700 do CPC/2015.

Cláusula que estabelece a responsabilização da faturizada não apenas pela existência, mas também pela solvência dos créditos cedidos à faturizadora, inclusive com a emissão de notas promissórias destinadas a garantir tal operação, a pretexto de atendimento ao princípio da autonomia da

vontade e aplicação do art. 290 do Código Civil. Impossibilidade. "Ratificação do posicionamento prevalecente no âmbito desta Corte de Justiça, segundo o qual, no bojo do contrato de *factoring*, a faturizada/cedente não responde, em absoluto, pela insolvência dos créditos cedidos, afigurando-se nulos a disposição contratual nesse sentido e eventuais títulos de créditos emitidos com o fim de garantir a solvência dos créditos cedidos no bojo de operação de *factoring*, cujo risco é integral e exclusivo da faturizadora. Remanesce, contudo, a responsabilidade da faturizadora pela existência do crédito, ao tempo em que lhe cedeu (*pro soluto*). Divergência jurisprudencial afastada" (STJ, REsp 1.711.412/MG, Rel. Min. Marco Aurélio Bellizze, 3ª Turma, jul. 04.05.2021, *DJe* 10.05.2021).

6. Debênture (inciso I). "Constando da escritura de emissão a obrigação de pagar, com as especificações necessárias, e sendo completada com os recibos e boletins de subscrição, permitindo a identificação dos credores, não se pode negar a natureza de título executivo" (STJ, AgRg no Ag 107.738/SP, Rel. Min. Eduardo Ribeiro, 3ª Turma, jul. 14.10.1997, *DJ* 09.12.1997, p. 64.686).

7. Escritura pública ou outro documento público (inciso II).

Escritura pública. Contrato. "A execução de contrato firmado em escritura pública pode ser aparelhada mediante cópia autenticada do instrumento. Caso que não se equipara à execução de cambial, cujo original deve ser exigido, em face do princípio da circulação da letra" (STJ, REsp 57.265-3/MG, Rel. Min. Cláudio Santos, 3ª Turma, *DJU* 11.09.1995).

Documento público. "A melhor interpretação para a expressão documento público é no sentido de que tal documento é aquele produzido por autoridade, ou em sua presença, com a respectiva chancela, desde que tenha competência para tanto. Destarte, o contrato de prestação de serviço firmado com a administração pública é documento público, hábil a embasar a competente ação de execução. Se o contrato juntado aos autos da ação executiva revela o valor e a forma de pagamento do serviço, corroborado por notas fiscais demonstrando sua realização, perde subsistência o argumento de incerteza e iliquidez do título. Consoante precedentes jurisprudenciais desta Corte, a simples necessidade de realização de cálculos matemáticos para se chegar ao montante real da dívida não possui o condão de retirar a liquidez do título" (STJ, REsp 487.913/MG, Rel. Min. José Delgado, 1ª Turma, jul. 08.04.2003, *DJ* 09.06.2003).

Nota de empenho. Título executivo extrajudicial. "A nota de empenho emitida por agente público é título executivo extrajudicial por ser dotada dos requisitos da liquidez, certeza e exigibilidade" (STJ, REsp 894.726/RJ, Rel. Min. Castro Meira, 2ª Turma, jul. 20.10.2009, *DJe* 29.10.2009).

8. Documento particular (inciso III).

a) Instrumento particular de confissão de dívida.

Parcelamento. "O Instrumento Particular de Confissão de Dívida, parcelado em prestações mensais e com taxa de juros prefixada, assinado pelos contratantes e por duas testemunhas, é título executivo e autoriza o ajuizamento de ação de execução, à luz do art. 784, inc. II, do CPC" (TJSP, Agravo de Instrumento 2163171-41.2019.8.26.0000, Rel. Des. Nelson Jorge Júnior, 13ª Câmara de Direito Privado, jul. 19.09.2019, *DJeSP* 19.09.2019). **No mesmo sentido:** STJ, REsp 235.973/SP, Rel. Min. Luis Felipe Salomão, 4ª Turma, jul. 16.06.2009, *DJe* 30.06.2009.

Indicação da origem do débito. Desnecessidade. "A confissão de dívida em documento particular (art. 784, III, do CPC/2015, correspondente ao art. 585, inc. II – segunda parte –, do CPC/1973), assinado pelo devedor e por duas testemunhas, é título executivo extrajudicial, independentemente da *causa debendi*. Aplicação da Súmula n. 83 do STJ" (STJ, AgInt no AREsp 1.763.837/PR, Rel. Min. Antonio Carlos Ferreira, 4ª Turma, jul. 09.02.2021, *DJe* 12.02.2021).

Juntada de avenças anteriores e subjacentes à confissão. Desnecessidade. "O instrumento de confissão de dívida constitui título executivo extrajudicial, sendo que a possibilidade de discussão dos contratos que lhe antecedem não retira a sua força executiva, conforme se pode inferir das Súmulas 286 e 300 do Superior Tribunal de Justiça" (STJ, REsp 1.805.898/MS, Rel. Min. Marco Aurélio Bellizze, 3ª Turma, jul. 26.04.2022, *DJe* 04.05.2022).

Contrato de fomento mercantil. *Factoring*. Confissão de dívida. Invalidade. "O propósito recursal consiste em decidir se é válido o instrumento de confissão de dívida decorrente de contrato de fomento mercantil (*factoring*). (...) Nessa operação, a faturizada apenas responde pela existência do crédito no momento da cessão, enquanto a faturizadora assume o risco – intrínseco à atividade desenvolvida – da solvabilidade dos títulos cedidos. A jurisprudência desta Corte é firme no sentido de que a faturizadora não tem direito de regresso contra a faturizada em razão de inadimplemento dos títulos transferidos, visto que tal risco é da essência do contrato de *factoring*. Nos contratos de fomento mercantil, devem ser consideradas nulas (I) eventuais cláusulas de recompra dos créditos vencidos e de responsabilização da faturizada pela solvência dos valores transferidos; (II) eventuais títulos de créditos emitidos com o fim de garantir a solvência dos créditos cedidos no bojo de operação de *factoring*; e (III) eventual fiança ou aval aposto na cártula garantidora. Na hipótese sob julgamento, o instrumento de confissão de dívida tem como fundamento a prévia operação de fomento mercantil estabelecida entre as partes. Trata-se de título executivo inválido, uma vez que a origem do débito corresponde à dívida não sujeita a direito de regresso. Deve ser mantido o acórdão estadual que declarou a invalidade do título executivo e extinguiu o processo de execução" (STJ, REsp 2.106.765/CE, Rel. Min. Nancy Andrighi, 3ª Turma, jul. 12.03.2024, *DJe* 15.03.2024).

b) Requisitos.

Falta de assinatura de duas testemunhas nos contratos de crédito bancário. Excepcionalidade do caso concreto. Exequibilidade. "'A assinatura das testemunhas é um requisito extrínseco à substância do ato, cujo escopo é o de aferir a existência e a validade do negócio jurídico; sendo certo que, em caráter absolutamente excepcional, os pressupostos de existência e os de validade do contrato podem ser revelados por outros meios idôneos e pelo próprio contexto dos autos, hipótese em que tal condição de eficácia executiva poderá ser suprida. Precedentes' (REsp 1.438.399/PR, Relator Ministro Luis Felipe Salomão, Quarta Turma, julgado em 10.03.2015, *DJe* 05.05.2015)" (STJ, AgInt no AREsp 1.328.488/PA, Rel. Min. Luis Felipe Salomão, 4ª Turma, jul. 13.12.2018, *DJe* 18.12.2018).

Subscrição por duas testemunhas. Necessidade. "É pacífico o entendimento desta Corte no sentido de que a ausência de assinatura de duas testemunhas no contrato lhe retira a força executiva" (STJ, AgRg nos EDcl no REsp 860.188/SC, Rel. Min. Antonio Carlos Ferreira, 4ª Turma, jul. 25.09.2012, *DJe* 28.09.2012). **No mesmo sentido, mas exigindo representar quantia líquida, certa e exigível:** STJ, REsp 252.013/RS, Rel. Min. Sálvio de Figueiredo Teixeira, 4ª Turma, jul. 29.06.2000, *DJ* 04.09.2000. **Todavia,** "Excepcionalmente, a certeza quanto à existência do ajuste celebrado pode ser obtida por outro meio idôneo, ou no próprio contexto dos autos, caso em que a exigência da assinatura de duas testemunhas no documento particular – *in casu*, contrato de confissão de dívida – pode ser mitigada. Precedente" (STJ, AgRg nos EDcl no REsp 1.183.496/DF, Rel. Min. Sidnei Beneti, 3ª Turma, jul. 13.08.2013, *DJe* 05.09.2013).

Falta de identificação de testemunhas. Possibilidade. "A falta de identificação das testemunhas que subscrevem o título executivo não o torna nulo, somente sendo relevante essa circunstância se o executado aponta falsidade do documento ou da declaração nele contida" (STJ, EDcl nos EDcl no AgRg no

Ag 267.444/SP, Rel. Min. Castro Filho, 3ª Turma, jul. 28.05.02, *DJU* 24.06.2002, p. 295).

Ausências das testemunhas. Assinatura em momento posterior. Possibilidade. "O fato das testemunhas do documento particular não estarem presentes **ao ato de sua formação** não retira a sua executoriedade, uma vez que as assinaturas podem ser feitas em momento posterior ao ato de criação do título executivo extrajudicial, sendo as testemunhas meramente instrumentárias (cf. REsp ns. 1.127/SP e 8.849/DF)" (STJ, REsp 541.267/RJ, Rel. Min. Jorge Scartezzini, 4ª Turma, jul. 20.09.2005, *DJ* 17.10.2005, p. 298).

Testemunha instrumentária. "Excepcionalmente, quando a certeza acerca da existência do ajuste celebrado pode ser obtida por outro meio idôneo, ou no próprio contexto dos autos, a exigência da assinatura de duas testemunhas no documento particular pode ser mitigada. Precedentes" (STJ, AgInt no REsp 1.863.244/SP, Rel. Min. Maria Isabel Gallotti, 4ª Turma, jul. 31.08.2020, *DJe* 04.09.2020).

Testemunha. Advogado do exequente. Interesse no feito. Não macula a higidez do título. "O Superior Tribunal de Justiça, em razão das disposições da lei civil a respeito da admissibilidade de testemunhas, tem desqualificado o título executivo quando tipificado em alguma das regras limitativas do ordenamento jurídico, notadamente em razão do interesse existente. A coerência de tal entendimento está no fato de que nada impede que a testemunha participante de um determinado contrato (testemunha instrumentária) venha a ser, posteriormente, convocada a depor sobre o que sabe a respeito do ato negocial em juízo (testemunha judicial). Em princípio, como os advogados não possuem o desinteresse próprio da autêntica testemunha, sua assinatura não pode ser tida como apta a conferir a executividade do título extrajudicial. No entanto, a referida assinatura só irá macular a executividade do título, caso o executado aponte a falsidade do documento ou da declaração nele contida" (STJ, REsp 1.453.949/SP, Rel. Min. Luis Felipe Salomão, 4ª Turma, jul. 13.06.2017, *DJe* 15.08.2017).

c) Obrigação cuja existência dependa de provas. Impossibilidade. "Não constitui título executivo o documento em que se consigna obrigação, cuja existência está condicionada a fatos dependentes de prova. É o que ocorre quando consista em contrato em que o surgimento da obrigação de uma das partes vincula-se a determinada prestação da outra. Necessidade, para instaurar-se o processo de execução, que o exequente apresente título do qual, por si só, deflua a obrigação de pagar. Impossibilidade de a matéria ser remetida para apuração em eventuais embargos, que estes se destinam a desconstituir o título anteriormente apresentado e não a propiciar sua formação" (STJ, REsp 26.171/PR, Rel. Min. Nilson Naves, Rel. p/ acórdão Min. Eduardo Ribeiro, 3ª Turma, jul. 14.12.1992, *DJ* 08.03.1993, p. 3115; *RSTJ* 47/287). **No mesmo sentido:** TJDFT, 20020110125034APC, Rel. Valter Xavier, 1ª Turma Cível, jul. 09.09.2002, *DJ* 27.11.2002, p. 113.

d) Contrato de financiamento. Notas promissórias prescritas. Possibilidade de execução. "A prescrição das notas promissórias vinculadas a contrato de financiamento não retira, por si só, a eficácia deste como título executivo extrajudicial. Apresentando o contrato as formalidades exigidas para qualificá-lo como título executivo (art. 585, II, CPC) [art. 784, II, do CPC/2015], é lícita a execução, independentemente da juntada das promissórias a ela vinculadas, cuja prescrição foi reconhecida tanto pelo credor quanto pelos devedores" (STJ, REsp 202.815/RJ, 4ª Turma, Rel. Min. Sálvio de Figueiredo Teixeira, jul. 13.04.1999, *DJU* 24.05.1999).

e) Contrato bilateral. "O contrato bilateral pode servir de título executivo quando o credor desde logo comprova o **integral cumprimento da sua prestação**. Arts. 585, II, e 615, do CPC" [arts. 784, II e 799, IV, do CPC/2015] (STJ, REsp 170.446/SP, Rel. Min. Ruy Rosado de Aguiar, 4ª Turma, jul. 06.08.1998, *DJ* 14.09.1998). **No mesmo sentido:** STJ, REsp 81.399/MG, Rel. Min. Ruy Rosado de Aguiar, 4ª Turma, jul. 05.03.1996, *DJ* 13.05.1996, p. 15.561; *RSTJ* 85/278.

"Dependendo a apuração do valor da execução que sejam verificados fatos posteriores à emissão do contrato, como o tempo da internação, o material utilizado ou a natureza e a complexidade dos serviços médicos e de enfermagem, carece o documento do requisito da certeza, tornando adequada a via da monitória" (STJ, REsp 252.013/RS, Rel. Min. Sálvio de Figueiredo Teixeira, 4ª Turma, jul. 29.06.2000, *DJ* 04.09.2000).

"A Corte já assentou que o contrato de prestação de serviços educacionais, devidamente formalizado, é título executivo extrajudicial. Configurada a demonstração de que prestado o serviço, a apuração do valor depende de simples operação aritmética" (STJ, REsp 705.837/SP, Rel. Min. Carlos Alberto Menezes Direito, 3ª Turma, jul. 01.03.2007, *DJ* 28.05.2007). **No mesmo sentido:** STJ, REsp 196.967/DF, Rel. Min. Sálvio de Figueiredo Teixeira, 4ª Turma, jul. 02.12.1999, *DJ* 08.03.2000; STJ, REsp 250.107/DF, Rel. Min. Carlos Alberto Menezes Direito, 3ª Turma, jul. 09.11.2000, *DJ* 12.02.2001.

f) Contrato de honorários advocatícios: "O contrato de honorários advocatícios, tanto na vigência da Lei nº 4.215/1963, art. 100, parágrafo único, como agora, pela Lei nº 8.906/1994, art. 24, constitui título executivo, bastando para a sua formalização a assinatura das partes, não afastando a via processual respectiva a ausência da firma de duas testemunhas, posto que tal exigência do art. 585, II [art. 784, II, do CPC/2015], é norma geral que não se sobrepuja às especiais, como, inclusive, harmonicamente, prevê o inciso VII da referenciada norma adjetiva" (STJ, REsp 400.687/AC, Rel. Min. Aldir Passarinho Junior, 4ª Turma, jul. 14.11.2006, *DJ* 05.02.2007, p. 239).

Contrato de honorários. Ver jurisprudência do art. 24 da Lei nº 8.906/1994.

g) Contrato de abertura de crédito: "O contrato de abertura de crédito fixo, assinado pelo devedor e testemunhas, em que o principal da dívida é definido e os **acréscimos apurados mediante simples cálculos aritméticos**, constitui título executivo extrajudicial" (STJ, 3ª Turma, REsp 434.513/MG, Rel. Min. Antônio de Pádua Ribeiro, ac. 06.05.2003, *DJU* 09.06.2003, p. 267). **No mesmo sentido:** STJ, AgRg no Ag 810.764/RJ, Rel. Min. Aldir Passarinho Junior, 4ª Turma, jul. 26.06.2007, *DJ* 27.08.2007, p. 267; STJ, AgRg no REsp 623.809/MT, Rel. Min. Humberto Gomes de Barros, 3ª Turma, jul. 01.03.2007, *DJ* 19.03.2007.

Ausência de liquidez. "O contrato de abertura de crédito, ainda que acompanhado do demonstrativo do débito, não constitui título executivo extrajudicial, porquanto carece da liquidez característica dos títulos de crédito (Súmula nº 233 do STJ). Precedentes" (STJ, AgRg no REsp 868.483/MS, Rel. Min. Nancy Andrighi, 3ª Turma, jul. 24.04.2007, *DJ* 14.05.2007). **No mesmo sentido:** STJ, REsp 422.403/SP, Rel. Min. Hélio Quaglia Barbosa, 4ª Turma, jul. 13.03.2007, *DJ* 09.04.2007.

Confissão de dívida. "Incidência da Súmula 300 do STJ: 'O instrumento de confissão de dívida, **ainda que originário de contrato de abertura de crédito**, constitui título executivo extrajudicial'" (STJ, AgRg no REsp 717.676/SC, Rel. Min. Fernando Gonçalves, 4ª Turma, jul. 16.12.2008, *DJe* 02.02.2009).

Termo de renegociação de dívida. "O termo de renegociação de dívida constituída em razão de contrato de abertura de crédito não está imune ao exame dos critérios adotados para a formação do débito nele expresso, mas tem as características de título executivo, ensejando processo de execução, cabendo ao devedor defender-se através de embargos" (STJ, REsp 216.042/RS, Rel. Min. Ruy Rosado de Aguiar, 4ª Turma, jul. 04.11.1999, *DJ* 14.02.2000).

h) Contrato bancário.

Contrato de mútuo. "O contrato de mútuo bancário, ainda que os valores sejam depositados em conta-corrente, **é título**

executivo extrajudicial. Precedentes" (STJ, REsp 757.760/GO, Rel. Min. Fernando Gonçalves, 4ª Turma, jul. 12.05.2009, *DJe* 04.08.2009).

Mútuo habitacional. SFH. Inaplicabilidade da Lei 5.741/71. "As regras previstas na Lei 5.741/71 somente são aplicáveis aos contratos de mútuo habitacional vinculados ao SFH. Não se verifica, nos financiamentos imobiliários regidos pelo Sistema Hipotecário, obstáculo à execução, pela credora, do saldo remanescente existente após a arrematação do imóvel" (STJ, REsp 1.801.460/SP, Rel. Min. Nancy Andrighi, 3ª Turma, jul. 02.02.2021, *DJe* 05.02.2021).

i) Contrato administrativo. Administração indireta. "O referido contrato poderia ser considerado documento particular, suscetível de embasar título executivo extrajudicial, mormente porque está devidamente assinado pelo devedor e por duas testemunhas, cumprindo, assim, o requisito formal previsto no inciso II do art. 585 do CPC [art. 784, II, III e IV, do CPC/2015], necessário à formação do título" (STJ, REsp 879.046/DF, Rel. Min. Denise Arruda, 1ª Turma, jul. 19.05.2009, *DJe* 18.06.2009).

"A execução, à semelhança da ação cognitiva, obedece, quanto às suas condições, a lei vigente à data da propositura. Consoante assentado no aresto a *quo* (fl. 208): Anteriormente à edição da Lei 8.953/94, que alterou o artigo 585, II, do CPC [art. 784, II, do CPC/2015], e possibilitou a execução de obrigação expressa em documento público, e não apenas em instrumento público, somente se fazia possível executar a Fazenda Pública com base em documento emitido por seus agentes, se referido documento viesse acompanhado da firma de duas testemunhas. Destarte, a execução foi proposta em 14 de abril 1993, por isso que, embora o título em questão consubstancie a certeza e a liquidez, o mesmo é inexigível porquanto ausente da assinatura de duas testemunhas (precedente: REsp 332.926/RO, Relator Ministro Carlos Alberto Menezes Direito, Terceira Turma, *DJ* de 26 de agosto 2002)" (STJ, REsp 700.114/MT, Rel. Min. Luiz Fux, 1ª Turma, jul. 27.03.2007, *DJ* 14.05.2007).

j) Títulos que se apresentam por cópia. Admissibilidade. "A execução pode excepcionalmente ser instruída por cópia reprográfica do título extrajudicial em que fundamentada, prescindindo da apresentação do documento original. Tal conclusão ainda mais se apresenta quando não há dúvida quanto à existência do título e do débito e quando comprovado que não circulou" (STJ, REsp 820.121/ES, Rel. Min. Humberto Gomes de Barros, 3ª Turma, *DJ* 21.08.2010).

k) Contrato eletrônico de mútuo assinado digitalmente. "A assinatura digital de contrato eletrônico tem a vocação de certificar, através de terceiro desinteressado (autoridade certificadora), que determinado usuário de certa assinatura a utilizara e, assim, está efetivamente a firmar o documento eletrônico e a garantir serem os mesmos os dados do documento assinado que estão a ser sigilosamente enviados. Em face destes novos instrumentos de verificação de autenticidade e presencialidade do contratante, possível o reconhecimento da executividade dos contratos eletrônicos" (STJ, REsp 1.495.920/DF, Rel. Min. Paulo de Tarso Sanseverino, 3ª Turma, jul. 15.05.2018, *DJe* 07.06.2018). **No mesmo sentido:** TJSP, Ap 1065937-38.2018.8.26.0100, Rel. Des. Lígia Araújo Bosogni, 14ª Câmara de Direito Privado, *DJ* 28.08.2018; TJSP, Ap. 1000439-04.2019.8.26.0624, Rel. Des. Elói Estêvão Troly, 15ª Câmara de Direito Privado, *DJ* 22.01.2020.

Contrato eletrônico assinado digitalmente. Executividade. "Havendo pactuação por meio de assinatura digital em contrato eletrônico, certificado por terceiro desinteressado (autoridade certificadora), é possível reconhecer a executividade do contrato" (STJ, AgInt no REsp 1.978.859/DF, Rel. Min. Marco Aurélio Bellizze, 3ª Turma, jul. 23.05.2022, *DJe* 25.05.2022). **No mesmo sentido:** STJ, AgInt no AREsp 2.001.080/SP, Rel. Min. Moura Ribeiro, 3ª Turma, jul. 03.10.2022, *DJe* 05.10.2022.

9. Instrumento de transação (inciso IV).

"A ausência de homologação judicial do instrumento de transação, por si só, não retira do documento o caráter de título executivo, embora lhe subtraia a possibilidade de execução como título judicial" (STJ, REsp 1.061.233/SP, Rel. Min. Nancy Andrighi, 3ª Turma, jul. 01.09.2011, *DJe* 14.09.2011).

TAC. Título executivo extrajudicial. "Segundo o art. 5º, § 6º, da Lei 7.347/1985, c/c o art. 784, XII, do CPC/2015, o TAC ou documento assemelhado possui eficácia de título executivo extrajudicial. Suas cláusulas devem, por conseguinte, ser adimplidas fiel, completa e lealmente no tempo, modo e condições fixados, incumbindo ao compromissário provar a satisfação plena das obrigações assumidas. A inadimplência, total ou parcial, dá ensejo à execução do avençado e das sanções cabíveis. Uma vez celebrado livre e conscientemente, e preenchidas as formalidades legais, constitui ato jurídico perfeito, imunizado contra alterações legislativas posteriores que enfraqueçam obrigações estatuídas em favor da sociedade. Exatamente por reclamar cabal e fiel implementação, impedido se acha o juiz de, a pretexto de existir lei nova, negar execução ao TAC, pois tal constituiria grave afronta à garantia da irretroatividade encapsulada na LINDB e um dos pilares do Estado de Direito. Nessas circunstâncias, despropositado falar em perda de objeto quer do título, quer da demanda. Do título, não, pois preservado perante a lei superveniente; da demanda, tampouco, porque íntegro o interesse processual em executá-lo (CPC/2015, art. 485, VI)" (STJ, AgInt no REsp 1.688.885/SP, Rel. Min. Herman Benjamin, 2ª Turma, jul. 01.09.2020, *DJe* 20.10.2020).

Termo de ajustamento de conduta. Execução. Competência. "No caso, tratando-se de demanda movida por órgãos do Ministério Público contra Município, visando ao cumprimento de obrigações inerentes a relações do trabalho, a competência é da Justiça do Trabalho, nos termos do art. 114, incisos I, VII e IX, da CF/88, com a redação dada pela EC nº 45/2004. Precedente da 1ª Seção: CC 88.883, *DJ* de 10.12.2007" (STJ, CC 120.175/RJ, Rel. Min. Teori Albino Zavascki, 1ª Seção, jul. 28.03.2012, *DJe* 27.04.2012).

10. Contrato garantido por hipoteca, penhor, anticrese ou outro direito real (inciso V).

a) Hipoteca.

Hipoteca (inciso V): Ver jurisprudência do art. 779 do CPC/2015.

Hipoteca. Firmada exclusivamente por um cônjuge casado sob o regime da separação total de bens. "O propósito recursal consiste em definir se a hipoteca firmada na vigência do CC/2002, exclusivamente por cônjuge casado sob o regime da separação total de bens na vigência do CC/1916, é nula pela ausência da respectiva obtenção da autorização conjugal. Assim, em se tratando de casamento celebrado na vigência do CC/1916 sob o regime da separação convencional de bens, somente aos negócios jurídicos celebrados na vigência da legislação revogada é que se poderá aplicar a regra do art. 235, I, do CC/1916, que previa a necessidade de autorização conjugal como condição de eficácia da hipoteca, independentemente do regime de bens. Contudo, aos negócios jurídicos celebrados após a entrada em vigor do CC/2002, deverá ser aplicada a regra do art. 1.647, I, do CC/2002, que prevê a dispensa de autorização conjugal como condição de eficácia da hipoteca quando o regime de bens for o da separação absoluta, ainda que se trate de casamento celebrado na vigência da legislação civil revogada" (STJ, REsp 1.797.027/PB, Rel. Min. Nancy Andrighi, 3ª Turma, jul. 15.09.2020, *DJe* 18.09.2020).

Cédula rural hipotecária e seguro obrigatório. Ausência de contratação do seguro por morte. Quitação do saldo devedor por morte do mutuário. Impossibilidade. "O seguro legalmente exigido para a emissão das cédulas de crédito rural, na forma do que preveem o art. 76 do DL 167/1967 e art. 20, 'i' do DL 73/66, destina-se a 'ressarcir os danos causados por acidentes, fenômenos da natureza, pragas ou doenças, a rebanhos, plantações e outros bens ligados à atividade ruralista' – não se confundindo com o seguro por morte, de caráter facultativo. Tal entendimento é reforçado pelo art. 16 do Decreto n. 61.867/1967, que dispõe: 'O seguro rural obrigatório destina-se a ressarcir os danos causados por acidentes, fenômenos da natureza, pragas ou doenças, a rebanhos, plantações e outros bens ligados à atividade ruralista'. (...) Adotada a premissa da inexistência de contratação do seguro por morte, não se evidencia fundamento legal ou contratual que conduza à quitação do saldo devedor na espécie" (STJ, AgInt nos EDcl no AgInt no AREsp 954.650/BA, Rel. p/ acórdão Min. Luis Felipe Salomão, 4ª Turma, jul. 10.05.2022, *DJe* 29.06.2022).

Terceiro garante. "Rigorosamente, o que garante dívida alheia será considerado responsável, mas não devedor. Para fins de execução, entretanto, equiparam-se, e, constituindo o contrato de hipoteca título capaz de ensejar a execução, quem deu a garantia será necessariamente executado quando se pretenda tornar aquela efetiva, não se impondo também o seja o devedor" (STJ, REsp 36.581-3/CE, Rel. Min. Eduardo Ribeiro, 3ª Turma, jul. 22.08.1995, *DJU* 25.09.1995).

Contrato de "vendor". Vinculação com as dívidas executadas. "Ademais, a operação bancária denominada 'vendor' materializa-se em contratos das mais variadas formas, sendo incorreto afirmar, *a priori* e indistintamente, que não ostentam estes a condição de títulos executivos. No caso, os contratos apresentam valores fixos e determinados e foram assinados pela própria devedora, não havendo dúvida quanto à executoriedade daqueles documentos. **O direito brasileiro admite a constituição de hipoteca para garantia de dívida futura ou condicional**, própria ou de terceiros, bastando que seja determinado o valor máximo do crédito a ser garantido" (STJ, REsp 1.190.361/MT, Rel. p/ Acórdão Min. João Otávio de Noronha, 4ª Turma, jul. 07.04.2011, *DJe* 25.08.2011).

Execução hipotecária. Avaliação do bem hipotecado. Necessidade. "A avaliação do bem imóvel objeto da penhora é indispensável nas execuções regidas pelo Código de Processo Civil, independentemente do valor anteriormente acordado pelos interessados. Precedentes" (STJ, AgRg no REsp 1.163.585/RS, Rel. Min. Ricardo Villas Bôas Cueva, 3ª Turma, jul. 17.10.2013, *DJe* 28.10.2013).

b) Penhor mercantil. "Em se tratando de penhor mercantil, admissível é a entrega simbólica dos objetos, estando em vigor a norma do art. 274 do Código Comercial. Sendo os bens empenhados fungíveis e consumíveis (impressoras), aplicam-se ao depósito adjacente ao penhor as regras do mútuo (art. 1.280, CC)" (STJ, REsp 159.795/SP, Rel. Min. Sálvio de Figueiredo Teixeira, 4ª Turma, jul. 25.10.1999, *DJ* 17.12.1999).

c) Aquisição de bem imóvel. Alienação fiduciária. Celebrada pela construtora e o agente financeiro. Ineficácia em relação ao adquirente. Ver jurisprudência do art. 674 do CPC/2015.

Cédula de Crédito Bancário. Alienação fiduciária de imóvel. Pacto adjeto. Execução judicial. Possibilidade. "Hipótese em que a execução está lastreada em Cédula de Crédito Bancário. A Cédula de Crédito Bancário, desde que satisfeitas as exigências do art. 28, § 2º, I e II, da Lei nº 10.931/2004, de modo a lhe conferir liquidez e exequibilidade, e desde que preenchidos os requisitos do art. 29 do mesmo diploma legal, é título executivo extrajudicial. A constituição de garantia fiduciária como pacto adjeto ao financiamento instrumentalizado por meio de Cédula de Crédito Bancário em nada modifica o direito do credor de optar por executar o seu crédito de maneira diversa daquela estatuída na Lei nº 9.514/1997 (execução extrajudicial). Ao credor fiduciário é dada a faculdade de executar a integralidade de seu crédito judicialmente, desde que o título que dá lastro à execução esteja dotado de todos os atributos necessários – liquidez, certeza e exigibilidade" (STJ, REsp 1.965.973/SP, Rel. Min. Ricardo Villas Bôas Cueva, 3ª Turma, jul. 15.02.2022, *DJe* 22.02.2022).

d) Caução. Fiança.

Prorrogação automática da fiança. "A jurisprudência desta Corte firmou entendimento no sentido de ser válida a cláusula que estabelece a prorrogação automática da fiança juntamente com a do contrato principal, cabendo ao fiador, ao almejar a sua exoneração, realizar, no período de prorrogação contratual, a notificação prevista no art. 835 do Código Civil. A cláusula contratual de renúncia do direito de exoneração não tem eficácia após a prorrogação do contrato de fiança, sendo inadmissível a pretensão de vinculação dos fiadores por prazo indeterminado. A desobrigação nascida do pedido de exoneração, todavia, não decorre da mera indeterminação do contrato de fiança, como sugerido pelo autor, mas tem eficácia a partir do término do prazo de sessenta (60) dias contado da notificação ou da citação do réu na ação de exoneração" (STJ, REsp 1.673.383/SP, Rel. Min. Paulo de Tarso Sanseverino, 3ª Turma, jul. 11.06.2019, *DJe* 19.06.2019). **No mesmo sentido:** STJ, AgInt nos EDcl no REsp 1.373.997/RS, Rel. Min. Maria Isabel Gallotti, 4ª Turma, jul. 15.08.2017, *DJe* 21.08.2017; STJ, REsp 1.374.836/MG, Rel. Min. Luis Felipe Salomão, 4ª Turma, jul. 03.10.2013, *Dje* 28.02.2014.

Locação de imóvel. Fiança limitada. Necessidade de interpretação restrita. "A prorrogação do contrato principal, a par de ser circunstância prevista em cláusula contratual – previsível no panorama contratual –, comporta ser solucionada adotando-se a mesma diretriz conferida para fiança em contrato de locação – antes mesmo da nova redação do art. 39 da Lei do Inquilinato pela Lei n. 12.112/2009 –, pois é a mesma matéria disciplinada pelo Código Civil. A interpretação extensiva da fiança constitui em utilizar analogia para ampliar as obrigações do fiador ou a duração do contrato acessório, não o sendo a observância àquilo que foi expressamente pactuado, sendo certo que as causas específicas legais de extinção da fiança são taxativas. Com efeito, não há falar em nulidade da disposição contratual que prevê prorrogação da fiança, pois não admitir interpretação extensiva significa tão somente que o fiador responde, precisamente, por aquilo que declarou no instrumento da fiança. Porém, independentemente das disposições contratuais, é reconhecida a faculdade do fiador de, no período de prorrogação contratual, promover notificação resilitória, nos moldes do disposto no art. 835 do Código Civil" (STJ, REsp 1.253.411/CE, Rel. Min. Luis Felipe Salomão, 2ª Seção, jul. 24.06.2015, *DJe* 04.08.2015).

"A caução é uma garantia que tanto pode ser real como pessoal. A caução pessoal é também conhecida como fiança. **A fiança, prestada no próprio contrato, está aperfeiçoada, configurando título executivo extrajudicial, nos termos do art. 585, III, do CPC** [art. 784, V e VI, do CPC/2015], **dispensada, desse modo, a exigência da assinatura das duas testemunhas, a que se refere o inciso II do mesmo artigo"** (STJ, REsp 135.475/SP, Rel. Min. Carlos Alberto Menezes Direito, 3ª Turma, ac. 16.06.1998, *DJU* 24.08.1998). **No mesmo sentido:** STJ, REsp 192.319/MG, Rel. Min. Carlos Alberto Menezes Direito, 3ª Turma, jul. 06.12.1999, *DJ* 28.02.2000.

"Podem os fiadores ser executados também pelos ônus da sucumbência decorrentes da ação de despejo se dessa foram judicialmente cientificados" (STJ, REsp 8.005/SP, Rel. Min. Sálvio de Figueiredo Teixeira, 4ª Turma, ac. 29.10.1991, *DJU* 02.12.1991, p. 17.541).

Carta de fiança. Não constitui título executivo. "A carta de fiança não constitui título executivo; o credor só tem ação de execução contra o fiador, se dispuser de título executivo contra o devedor da obrigação principal" (STJ, EREsp 113.881/MG, Rel. Min. Ari Pargendler, 2ª Seção, jul. 28.09.2005, *DJ* 14.11.2005). **No mesmo sentido:** STJ, REsp 701.226/PR, Rel. Min. Cesar Asfor Rocha, 4ª Turma, jul. 24.10.2006, *DJ* 11.12.2006.

Carta de fiança em garantia de contrato desconto bancário (borderô). "O 'borderô de desconto bancário' que não contenha a assinatura de duas testemunhas não preenche os requisitos do art. 585, II, do CPC [art. 784, II, do CPC/2015], não autorizando, pois, a utilização da via executiva para a cobrança de saldo devedor a ele vinculado. Precedentes. Estabelecido no acórdão que a execução aparelhada refere-se à fiança prestada como garantia de contrato de desconto bancário, e não contendo este os requisitos legais a ensejar o processo executivo, faz-se mister o acolhimento dos embargos, pois a carta de fiança é garantia acessória e segue a sorte da dívida principal" (STJ, REsp 850.083/SC, Rel. Min. Luis Felipe Salomão, 4ª Turma, jul. 07.06.2011, *DJe* 30.06.2011).

União estável. Outorga uxória. Dispensa. "A exigência de outorga uxória a determinados negócios jurídicos transita exatamente por este aspecto em que o tratamento diferenciado entre casamento e união estável é justificável. É por intermédio do ato jurídico cartorário e solene do casamento que se presume a publicidade do estado civil dos contratantes, de modo que, em sendo eles conviventes em união estável, hão de ser dispensadas as vênias conjugais para a concessão de fiança" (STJ, REsp 1.299.866/DF, Rel. Min. Luis Felipe Salomão, 4ª Turma, jul. 25.02.2014, *DJe* 21.03.2014).

Exoneração. Notificação. "A jurisprudência desta Corte orienta que a retirada dos sócios da empresa afiançada pode ensejar a exoneração do fiador, mediante o distrato – que no caso se consubstancia em comunicação ao credor – ou ação de exoneração, nos termos do artigo 1.500 do Código Civil de 1916. No caso em exame, restou caracterizada a exoneração, pois os fiadores procederam de boa-fé e com transparência, no fiel cumprimento da avença, isto é, após a cessão integral das cotas sociais que detinham, conforme previsto em cláusula contratual, notificaram a Recorrente do ocorrido solicitando a substituição da garantia, que, por sua vez, anuiu com a alteração social e a substituição da garantia oferecida pelos novos sócios, seguindo regularmente o relacionamento comercial" (STJ, REsp 1.112.852/SP, Rel. Min. Sidnei Beneti, 3ª Turma, jul. 05.04.2011, *DJe* 27.04.2011).

Recuperação judicial. Impugnação de crédito. Fiador sub-rogado. Fato gerador. Crédito originário. "Nos termos da iterativa jurisprudência desta Corte, a data de existência do crédito para o fim de submissão aos efeitos da recuperação judicial é a data de seu fato gerador, isto é, a data em que foi realizada a atividade negocial e não a data em que os valores se tornaram exigíveis. A relação jurídica de garantia nasce com a assinatura das cartas de fiança, momento em que se estabelece o vínculo jurídico e, portanto, a atividade negocial que liga o devedor originário ao fiador, sendo irrelevante, o momento em que realizado o pagamento para o fim de submissão do crédito do fiador aos efeitos da recuperação judicial. Com a sub-rogação, o direito de crédito é repassado ao sub-rogado com todos os seus defeitos e qualidades. Se o credor originário tinha um crédito submetido aos efeitos da recuperação judicial, é isso o que ele tem a transferir ao fiador que pagou a dívida" (STJ, REsp 2.123.959/GO, Rel. Min. Ricardo Villas Bôas Cueva, 3ª Turma, jul. 13.08.2024, *DJe* 28.08.2024).

11. Seguro de vida (inciso VI).

Suicídio. "Durante os dois primeiros anos de vigência do contrato de seguro de vida, o suicídio é risco não coberto. Deve ser observado, porém, o direito do beneficiário ao ressarcimento do montante da reserva técnica já formada (Código Civil de 2002, art. 798 c/c art. 797, parágrafo único). O art. 798 adotou critério objetivo temporal para determinar a cobertura relativa ao suicídio do segurado, afastando o critério subjetivo da premeditação. Após o período de carência de dois anos, portanto, a seguradora será obrigada a indenizar, mesmo diante da prova mais cabal de premeditação" (STJ, REsp 1.334.005/GO, Rel. p/ Acórdão Min. Maria Isabel Gallotti, 2ª Seção, jul. 08.04.2015, *DJe* 23.06.2015). **No mesmo sentido:** STJ, AgRg no REsp 1562753/SP, Rel. Min. Marco Aurélio Bellizze, 3ª Turma, jul. 16.02.2016, *DJe* 19.02.2016.

12. Crédito decorrente de aluguel e encargos (inciso VIII).

a) Locação.

Prorrogação por prazo indeterminado. "É pacífico o pensamento construído no âmbito desta Corte no sentido de que, ainda que vencido o prazo locatício e prorrogado por tempo indeterminado, presume-se subsistente o contrato escrito nos termos anteriormente ajustados, constituindo título executivo extrajudicial adequado a embasar a cobrança dos valores locatícios" (STJ, REsp 215.148/SP, Rel. Min. Vicente Leal, 6ª Turma, *DJU* 29.05.2000, p. 194). **No mesmo sentido:** STJ, REsp 176.422/MG, Rel. Min. Felix Fischer, 5ª Turma, jul. 16.05.2002, *DJ* 03.06.2002.

"Nos termos do art. 585, IV, do CPC [art. 784, VIII, do CPC/2015], constitui título executivo judicial o contrato de locação escrito, devidamente assinado pelos contratantes. **As obrigações acessórias ao contrato de locação, tais como despesa com água, luz, multa e tributos, expressamente previstas no contrato, também estão compreendidas no art. 585, IV, do CPC** [art. 784, VIII, do CPC/2015], legitimando a execução juntamente com o débito principal relativo aos aluguéis propriamente ditos. Precedentes. Recurso não conhecido" (STJ, REsp 440.171/SP, Rel. Min. Felix Fischer, 5ª Turma, jul. 18.02.2003, *DJ* 31.03.2003). **No mesmo sentido:** STJ, AgRg no Ag 778.592/DF, Rel. Min. Felix Fischer, 5ª Turma, jul. 06.02.2007, *DJ* 09.04.2007; STJ, REsp 578.355/BA, Rel. Min. José Arnaldo da Fonseca, 5ª Turma, jul. 28.09.2004, *DJ* 25.10.2004.

Multa. "A multa que se pode admitir como inserta no artigo 585 do Código de Processo Civil [art. 784 do CPC/2015] será apenas a referente ao aluguel do imóvel, assim mesmo, se devida e certa, à luz do contrato" (STJ, REsp 302.486/RJ, Rel. Min. Hamilton Carvalhido, 6ª Turma, jul. 18.12.2002, *DJ* 04.08.2003).

Bem de família. "Em execução fundada em crédito decorrente de contrato locatício (art. 585, IV, do CPC) [art. 784, VIII, do CPC/2015], não é possível afastar a impenhorabilidade de bem de família com base na exceção do art. 3º, V, da Lei 8.009/90, que cuida exclusivamente da hipótese de '**execução de hipoteca** sobre o imóvel oferecido como garantia real'" (STJ, AgRg no Ag 1.153.724/SP, Rel. Min. Arnaldo Esteves Lima, 5ª Turma, jul. 02.03.2010, *DJe* 29.03.2010).

Fiança. Responsabilidade do fiador. Ver jurisprudência do art. 794 do CPC/2015.

Garante solidário. Ver jurisprudência do art. 794 do CPC/2015.

b) Contribuições de condomínio. Taxa. Título executivo extrajudicial. Inclusão das prestações vincendas. Possibilidade. "Com o advento do CPC/2015, o crédito referente às contribuições ordinárias ou extraordinárias de condomínio edilício – previstas na respectiva convenção ou aprovadas em assembleia geral, desde que documentalmente comprovadas – passou a ser expressamente considerado como título executivo extrajudicial, nos termos do art. 784, inciso X. Com a comprovação dos requisitos do título executivo extrajudicial, mostra-se possível a inclusão, na execução, das parcelas vincendas no débito exequendo, até o cumprimento integral da obrigação do curso do processo" (STJ, REsp 1.835.998/RS, Rel. Min. Luis Felipe Salomão, 4ª Turma, jul. 26.10.2021, *DJe* 17.12.2021).

Crédito condominial. Preferência sobre o crédito hipotecário. "O crédito condominial tem preferência sobre o crédito hipotecário por constituir obrigação *propter rem*, em função da utilização do próprio imóvel ou para evitar-lhe o perecimento. Precedentes da STJ. Os honorários advocatícios de sucumbência, por guardarem natureza alimentar, preferem ao crédito hipotecário" (STJ, REsp 511.003/SP, Rel. Min. Aldir Passarinho Junior, 4ª Turma, jul. 18.05.2010, *DJe* 28.05.2010).

13. Crédito referente às contribuições de condomínio edilício (inciso X).

Compromisso de compra e venda não levado a registro. Legitimidade. "A Segunda Seção desta Corte, em recurso especial julgado sob o rito dos recursos repetitivos decidiu que: 'a) O que define a responsabilidade pelo pagamento das obrigações condominiais não é o registro do compromisso de compra e venda, mas a relação jurídica material com o imóvel, representada pela imissão na posse pelo promissário comprador e pela ciência inequívoca do condomínio acerca da transação. b) Havendo compromisso de compra e venda não levado a registro, a responsabilidade pelas despesas de condomínio pode recair tanto sobre o promitente vendedor quanto sobre o promissário comprador, dependendo das circunstâncias de cada caso concreto. c) Se ficar comprovado: (i) que o promissário comprador se imitira na posse; e (ii) o condomínio teve ciência inequívoca da transação, afasta-se a legitimidade passiva do promitente vendedor para responder por despesas condominiais relativas a período em que a posse foi exercida pelo promissário comprador' (STJ, REsp n. 1.345.331/RS, 2ª Seção, Rel. Min. Luis Felipe Salomão, *DJe* 20.4.2015)" (STJ, AgInt no AREsp 379.630/DF, Rel. Min. Antonio Carlos Ferreira, 4ª Turma, jul. 17.11.2016, *DJe* 28.11.2016).

"Em se tratando a dívida de condomínio de obrigação 'propter rem', constando do edital de praça a existência de ônus incidente sobre o imóvel, o arrematante é responsável pelo pagamento das despesas condominiais vencidas, ainda que estas sejam anteriores à arrematação, admitindo-se, inclusive, a sucessão processual do antigo executado pelo arrematante" (STJ, REsp 1.672.508/SP, Rel. Min. Paulo de Tarso Sanseverino, 3ª Turma, jul. 25.06.2019, *DJe* 01.08.2019).

Penhora de unidade condominial alugada. Sentença contra o locatário. "Em se tratando a dívida de condomínio de obrigação *propter rem* e partindo-se da premissa de que o próprio imóvel gerador das despesas constitui garantia ao pagamento da dívida, o proprietário do imóvel pode ter seu bem penhorado no bojo de ação de cobrança, já em fase de cumprimento de sentença, da qual não figurou no polo passivo" (STJ, REsp 1.829.663/SP, Rel. Min. Nancy Andrighi, 3ª Turma, jul. 05.11.2019, *DJe* 07.11.2019).

Despesas condominiais de imóvel alienado fiduciariamente. "As normas dos arts. 27, § 8º, da Lei nº 9.514/1997 e 1.368-B, parágrafo único, do CC/2002, reguladoras do contrato de alienação fiduciária de coisa imóvel, apenas disciplinam as relações jurídicas ente os contratantes, sem alcançar relações jurídicas diversas daquelas, nem se sobrepor a direitos de terceiros não contratantes, como é o caso da relação jurídica entre condomínio edilício e condôminos e do direito do condomínio credor de dívida condominial, a qual mantém sua natureza jurídica *propter rem*. A natureza *propter rem* se vincula diretamente ao direito de propriedade sobre a coisa. Por isso, se sobreleva ao direito de qualquer proprietário, inclusive do credor fiduciário, pois este, na condição de proprietário sujeito a uma condição resolutiva, não pode ser detentor de maiores direitos que o proprietário pleno. Em execução por dívida condominial movida pelo condomínio edilício é possível a penhora do próprio imóvel que dá origem ao débito, ainda que esteja alienado fiduciariamente, tendo em vista a natureza da dívida condominial, nos termos do art. 1.345 do Código Civil de 2002. Para tanto, o condomínio exequente deve promover também a citação do credor fiduciário, além do devedor fiduciante, a fim de vir aquele integrar a execução para que se possa encontrar a adequada solução para o resgate dos créditos, a qual depende do reconhecimento do dever do proprietário, perante o condomínio, de quitar o débito, sob pena de ter o imóvel penhorado e levado à praceamento. Ao optar pela quitação da dívida, o credor fiduciário se sub-roga nos direitos do exequente e tem regresso contra o condômino executado, o devedor fiduciante" (STJ, REsp 2.059.278/SC, Rel. p/acórdão Min. Raul Araújo, 4ª Turma, jul. 23.05.2023, *DJe* 12.09.2023). **No mesmo sentido:** STJ, REsp 2.036.289/RS, Rel. Min. Nancy Andrighi, 3ª Turma, jul. 18.04.2023, *DJe* 20.04.2023.

Obs.: Particularmente, no caso das taxas de condomínio, o direito material só reconhece a responsabilidade do proprietário fiduciário pelas despesas condominiais a partir de sua imissão na posse do imóvel, nos termos do art. 27, § 8º, da Lei 9.514/1997 e do art. 1.368-B, do Código Civil; pelo que o STJ não lhe confere, antes disso, legitimidade para ser demandado solidariamente por tais encargos, enquanto o imóvel permaneça na posse do devedor fiduciante (STJ, REsp 1731735/SP, Rel. Min. Nancy Andrighi, 3ª Turma, jul. 13.11.2018, *DJe* 22.11.2018). Isto, porém, não impede que o imóvel alienado fiduciariamente, como garantia legal dos encargos condominiais (obrigação *propter rem*), venha a ser penhorado em execução de tais encargos, mesmo não figurando o proprietário como parte do processo, visto que foi o próprio imóvel o gerador das despesas exequendas: "afinal, se o débito condominial possui caráter ambulatório, não faz sentido impedir que, no âmbito processual, o proprietário possa figurar no polo passivo do cumprimento de sentença", mesmo que não tenha anteriormente figurado como parte do processo (cf. STJ, REsp 1.829.663/SP, Rel. Min. Nancy Andrighi, 3ª Turma, jul. 05.11.2019, *DJe* 07.11.2019). Naturalmente, o credor fiduciário terá sua responsabilidade patrimonial limitada ao imóvel garantidor das taxas em execução, visto que, de direito, não é devedor delas. Tem-se, na espécie, uma garantia real por dívida de outrem, cujo limite é o próprio bem constitutivo da garantia.

Valor apresentado no boleto de pagamento de taxa condominial possui presunção de veracidade. "Taxa condominial comum submetida a critério simples de rateio, em consonância com a convenção de condomínio. Contribuições ordinárias demonstradas pelos boletos de pagamento acostados aos autos. (...) Em ações como a presente, é pacífico o entendimento no sentido de que se presume a veracidade dos valores apresentados no boleto de pagamento, considerando que as despesas comuns são rateadas mensalmente em conformidade com a convenção do condomínio. Preenchidos os requisitos de certeza, liquidez e exigibilidade do título, deve ser mantida a r. decisão de 1º grau, nos termos em que proferida" (TJPR, AI 0056890-74.2019.8.16.0000, Rel. Des. Hélio Henrique Lopes Fernandes Lima, 8ª Câmara, *DJe* 12.05.2020).

Taxas condominiais. Prazo prescricional. "A tese a ser firmada, **para efeito do art. 1.036 do CPC/2015** (art. 543-C do CPC/1973), é a seguinte: Na vigência do Código Civil de 2002, é quinquenal o prazo prescricional para que o Condomínio geral ou edilício (vertical ou horizontal) exercite a pretensão de cobrança de taxa condominial ordinária ou extraordinária, constante em instrumento público ou particular, a contar do dia seguinte ao vencimento da prestação" (STJ, REsp 1.483.930/DF, Rel. Min. Luis Felipe Salomão, 2ª Seção, jul. 23.11.2016, *DJe* 01.02.2017).

Ação de cobrança de cotas condominiais. Condenação. Alienação do imóvel a terceiro. Pagamento das cotas condominiais, multas e juros moratórios. Obrigação *propter rem*. Não enquadramento. "O propósito recursal é dizer se as verbas de sucumbência, decorrentes de condenação em ação de cobrança de cotas condominiais, possuem natureza ambulatória (*propter rem*), bem como se está configurado, na espécie, o excesso de penhora. O art. 1.345 do CC/02 estabelece que o adquirente de unidade responde pelos débitos do alienante, em relação ao condomínio, inclusive multas e juros moratórios. A obrigação de pagar as verbas de sucumbência, ainda que sejam elas decorrentes de sentença proferida em ação de cobrança de cotas condominiais, não pode ser qualificada como ambulatória (*propter rem*), seja porque tal prestação não se enquadra dentre as hipóteses previstas no art. 1.345 do CC/02 para o pagamento de despesas indispensáveis e inadiáveis do condomínio, seja porque os honorários constituem direito autônomo do advogado, não configurando débito do alienante em relação ao condomínio, senão débito daquele em relação ao advogado deste. Hipótese em que não se justifica a alienação judicial do imóvel do recorrente-adquirente para o pagamento das verbas de sucumbência devidas pelo recorrido-alienante" (STJ, REsp 1.730.651/SP, Rel. Min. Nancy Andrighi, 3ª Turma, jul. 09.04.2019, *DJe* 12.04.2019).

Loteamento urbano. Taxas de manutenção. Associação de moradores. Aquisição de imóvel. Contrato-padrão registrado. Responsabilidade dos adquirentes. Débitos anteriores. Inocorrência. "No julgamento do REsp nº 1.422.859/SP, ficou decidido que por força do disposto na lei de loteamento, as restrições e obrigações constantes no contrato-padrão, depositado em cartório como condição para o registro do projeto de loteamento, incorporam-se ao registro e vinculam os posteriores adquirentes, porquanto dotadas de publicidade inerente aos registros públicos. O fato de a cobrança de taxa de manutenção estar prevista no contrato-padrão registrado no Cartório de Imóveis vincula os adquirentes somente à obrigação de pagar as taxas a partir da aquisição, não abrangendo os débitos do anterior proprietário, diante da ausência de previsão expressa na lei de regência" (STJ, REsp 1.941.005/SP, Rel. Min. Ricardo Villas Bôas Cueva, 3ª Turma, jul. 22.06.2021, *DJe* 30.06.2021).

14. Demais títulos (inciso XII).

a) Cédula de crédito rural.

Ação de repetição de indébito. Prescrição. "Para fins do art. 543-C do Código de Processo Civil de 1973 [art. 1.036 do CPC/2015] : 1.1. 'A pretensão de repetição de indébito de contrato de cédula de crédito rural prescreve no prazo de vinte anos, sob a égide do art. 177 do Código Civil de 1916, e de três anos, sob o amparo do art. 206, § 3º, IV, do Código Civil de 2002, observada a norma de transição do art. 2.028 desse último Diploma Legal'; 1.2. 'O termo inicial da prescrição da pretensão de repetição de indébito de contrato de cédula de crédito rural é a data da efetiva lesão, ou seja, do pagamento'" (STJ, REsp 1.361.730/RS, Rel. Min. Raul Araújo, 2ª Seção, jul. 10.08.2016, *DJe* 28.10.2016).

Ausência de indicação de índice de preços do resgate e instituição responsável pela apuração. "Não é nula a cédula de produtor rural financeira que não contém a indicação do índice de preços a ser utilizado no resgate do título e da instituição responsável por sua apuração ou divulgação, se a cártula prevê sua futura liquidação, na data de vencimento pactuada, por valor certo, obtido a partir da multiplicação da quantidade de produto nela previsto e do preço unitário do produto nela indicado, conforme o padrão e a safra a que se refere, pois o título contém os referenciais necessários à clara identificação do preço, conforme exige a primeira parte do inciso I do art. 4º-A da Lei n. 8.929/1994" (STJ, REsp 1.450.667/PR, Rel. Min. Antonio Carlos Ferreira, 4ª Turma, jul. 19.10.2021, *DJe* 26.10.2021).

Título líquido, certo e exigível. Existência de seguro agrícola. "A cédula de crédito rural é título executivo extrajudicial com os atributos de certeza, liquidez e exigibilidade. A existência de cláusula/contrato de seguro relacionado à cédula de crédito rural não retira os atributos próprios do título" (STJ, AgInt no AREsp 2.144.537/GO, Rel. Min. Marco Buzzi, 4ª Turma, jul. 17.04.2023, *DJe* 20.04.2023).

Cédula de crédito rural. "Achando-se a execução aparelhada com título executivo hábil – cédula de crédito rural –, a falta de adequada demonstração da evolução da dívida detectada não acarreta a extinção automática do processo, devendo o órgão julgador, antes, permitir ao credor que seja sanada a falta, nos termos do art. 616 c/c art. 614, II, do CPC" [art. 801, c/c art. 798, I, *b*, do CPC/2015] (STJ, AgRg no Ag 734.078/PR, Rel. Min. Humberto Gomes de Barros, 3ª Turma, jul. 25.09.2007, *DJ* 15.10.2007).

Aval. "Consoante o teor do art. 60, do Decreto-lei nº 167/67, a cédula de crédito rural sujeita-se ao regramento do direito cambial, aplicando-se-lhe, inclusive, o instituto do aval. Precedentes" (STJ, REsp 747.805/RS, Rel. Min. Paulo Furtado Desembargador Convocado do TJBA, 3ª Turma, jul. 02.03.2010, *DJe* 11.03.2010).

"**É nulo o aval prestado por terceiro, pessoa física, em Cédula de Crédito Rural emitida também por pessoa física**, nos termos do disposto no art. 60, § 3º, do Decreto-lei n. 167/67. Precedente da Terceira Turma" (STJ, REsp 1.353.244/MS, Rel. Min. Sidnei Beneti, 3ª Turma, jul. 28.05.2013, *DJe* 10.06.2013).

"Nos casos de cédula de crédito rural, comercial e industrial, esta Corte não admite a cobrança de comissão de permanência em caso de inadimplência" (STJ, AgRg AI 1.212.088, Rel. Min. Sidnei Beneti, 3ª Turma, *DJ* 04.05.2010).

Capitalização de juros. "A legislação sobre cédulas de crédito rural, comercial e industrial admite o pacto de capitalização de juros (Súmula nº 93/STJ)" (STJ, AgRg no Ag 397.724/GO, 3ª Turma, Rel. Min. Castro Filho, *DJU* 22.04.2002).

Juros remuneratórios. "As notas de crédito rural, comercial e industrial acham-se submetidas a regramento próprio (Lei nº 6.840/80 e Decreto-lei nº 413/69) que conferem ao Conselho Monetário Nacional o dever de fixar os juros a serem praticados. Diante da omissão desse órgão governamental, incide a limitação de 12% ao ano, prevista no Decreto nº 22.626/33 (Lei da Usura)" (STJ, AgRg no REsp 1.155.656, Rel. Min. Sidnei Beneti, 3ª Turma, *DJ* 01.06.2010).

Venda de imóvel hipotecado por meio de cédula de crédito rural. Anuência do credor hipotecário. "Cédula de crédito rural. Necessidade de prévia anuência do credor. DL 167/67, art. 59. Lei especial. Prevalência. É necessária a prévia anuência do credor hipotecário, por escrito, para a venda de bens gravados por hipoteca cedular, nos termos do art. 59 do DL 167/67" (STJ, REsp 908.752/MG, Rel. Min. Raul Araújo, 4ª Turma, jul. 16.10.2012, *DJe* 26.10.2012).

b) Cédula de produto rural. "'A Cédula de Produto Rural é um título de crédito e, como tal, é regulada por princípios como o da cartularidade e da literalidade, consubstanciando um título representativo de mercadoria. Para que ela possa desempenhar seu papel de fomento agrícola, é importante que se confira segurança ao negócio, garantindo que, no vencimento da cártula, os produtos por ela representados sejam efetivamente entregues.' Inexiste abusividade na assinatura de promessa de compra e venda envolvendo safra agrícola, com fixação futura de preço. A determinação do preço em data futura não representa condição potestativa na hipótese em que é dado ao agricultor optar pela data na qual a operação será fechada. Referida modalidade de contratação representa importante instrumento à disposição do produtor rural, para planejamento de sua safra, disponibilizando-lhe mecanismos para se precaver contra oscilações excessivas de preço" (STJ, REsp 910.537/GO, Rel. Min. Nancy Andrighi, 3ª Turma, jul. 25.05.2010, *DJe* 07.06.2010).

"A Lei 8.929/94 não impõe, como requisito essencial para a emissão de uma Cédula de Produto Rural, o prévio pagamento pela aquisição dos produtos nela representados. **A emissão da CPR pode se dar para financiamento da safra**, com o pagamento antecipado do preço, mas também pode ocorrer **numa operação de *hedge***, na qual o agricultor, independentemente do recebimento antecipado do pagamento, pretende apenas se proteger contra os riscos de flutuação de preços no mercado futuro" (STJ, REsp 866.414/GO, Rel. Min. Nancy Andrighi, 3ª Turma, jul. 20.06.2013, *DJe* 02.08.2013).

"Na CPR **os endossantes não respondem pela entrega do produto rural descrito na cártula**, mas apenas pela existência da obrigação. O endossatário da CPR não pode exigir do endossante a prestação da entrega do produto rural, visto que o endossante deve apenas assegurar a existência da obrigação"

(STJ, REsp 1.177.968/MG, Rel. Min. Nancy Andrighi, 3ª Turma, jul. 12.04.2011, *DJe* 25.04.2011).

c) Cédula de crédito comercial. "Segundo decidido pela Quarta Turma, a cédula de crédito comercial **é título executivo pelo valor nela estampado**" (STJ, REsp 400.780/RS, Rel. Min. Fernando Gonçalves, 4ª Turma, jul. 04.11.2004, *DJ* 22.11.2004, p. 347).

"A cédula de crédito comercial, **emitida para fins de renegociação, consolidação e confissão de dívidas**, é título executivo, nos termos do art. 5º da Lei 6.840/1980 c/c o art. 10 do Decreto-lei 413/1969, independentemente da demonstração da origem. Incide, por analogia, o Enunciado 300, da Súmula do STJ" (STJ, EDcl no Ag 1.269.496/SC, Rel. Min. Maria Isabel Gallotti, 4ª Turma, jul. 21.03.2013, *DJe* 04.04.2013). **No mesmo sentido:** STJ, AgRg no REsp 976.253/SP, Rel. Min. Aldir Passarinho Junior, 4ª Turma, jul. 04.10.2007, *DJ* 03.12.2007.

Variação cambial. "Vedada a inserção de cláusula de reajuste cambial em Cédula de Crédito Comercial contratada após a Lei nº 8.880, de 27.05.1994, por não se inserir nas exceções previstas no art. 6º do referenciado diploma legal" (STJ, REsp 694.764/PR, Rel. Min. Aldir Passarinho Junior, 4ª Turma, jul. 21.08.2008, *DJe* 29.09.2008).

d) Cédula de crédito industrial. "A cobrança de dívida oriunda de cédula de crédito industrial se faz pelo valor originário constante do título, acrescido dos encargos contratuais admitidos em lei, montante esse que se tem como satisfatoriamente comprovado pelo demonstrativo de evolução da dívida. Destarte, incabível despacho inicial exarado na ação de execução que determina ao credor a redução da cobrança ao montante inicial da dívida, sem considerar os acréscimos decorrentes do tempo e do contrato" (STJ, REsp 65.904/MA, Rel. Min. Aldir Passarinho Junior, 4ª Turma, jul. 21.06.2005, *DJ* 05.09.2005, p. 409).

e) Cédula de crédito bancário. "Para fins do art. 543-C do CPC [art. 1.036 do CPC/2015]: A Cédula de Crédito Bancário é título executivo extrajudicial, representativo de operações de crédito de qualquer natureza, circunstância que autoriza sua emissão para documentar a abertura de crédito em conta-corrente, nas modalidades de crédito rotativo ou cheque especial. O título de crédito deve vir acompanhado de claro demonstrativo acerca dos valores utilizados pelo cliente, trazendo o diploma legal, de maneira taxativa, a relação de exigências que o credor deverá cumprir, de modo a conferir liquidez e exequibilidade à Cédula (art. 28, § 2º, incisos I e II, da Lei n. 10.931/2004)" (STJ, REsp 1.291.575/PR, Rel. Min. Luis Felipe Salomão, 2ª Seção, jul. 14.08.2013, *DJe* 02.09.2013).

f) Contrato de câmbio.

"Não há dúvida de que os contratos de câmbio celebrados entre as recorrentes e a Cooperativa Agrícola de Cotia – CAC são títulos executivos extrajudiciais, a teor do disposto no art. 75, § 3º, da Lei nº 4.728/65; assim como as cédulas de crédito executadas pelo Banco do Brasil S.A." (STJ, REsp 675.947/SP, Rel. Min. Hélio Quaglia Barbosa, 4ª Turma, jul. 12.12.2006, *DJ* 05.02.2007). **No mesmo sentido, dispensando a presença de duas testemunhas:** TAMG, Ap 188.233-7, Rel. Juiz Tenisson Fernandes, 3ª Câmara Cível, jul. 24.11.1995.

Protesto. Necessidade. "O protesto do contrato de câmbio é condição indispensável à propositura da execução (art. 75 da Lei nº 4.728, de 14.7.1965). Sustação do protesto somente admissível em circunstâncias excepcionais, não presentes na espécie em exame" (STJ, REsp 536.128/RS, Rel. Min. Barros Monteiro, 4ª Turma, jul. 13.12.2005, *DJ* 03.04.2006).

g) Certidão passada pela diretoria do Conselho competente da OAB. Ver jurisprudência do art. 4º da Lei nº 8.906/1994.

h) Arbitragem. Cláusula compromissória. "Deve-se admitir que a cláusula compromissória possa conviver com a natureza executiva do título. Não se exige que todas as controvérsias oriundas de um contrato sejam submetidas à solução arbitral. Ademais, não é razoável exigir que o credor seja obrigado a iniciar uma arbitragem para obter juízo de certeza sobre uma confissão de dívida que, no seu entender, já consta do título executivo. Além disso, é certo que o árbitro não tem poder coercitivo direto, não podendo impor, contra a vontade do devedor, restrições a seu patrimônio, como a penhora, e nem excussão forçada de seus bens" (STJ, REsp 944.917/SP, Rel. Min. Nancy Andrighi, 3ª Turma, jul. 18.09.2008, *DJe* 03.10.2008).

Embargos do devedor. Mérito. Competência do juízo arbitral. Questões formais, atinentes a atos executivos ou de direitos patrimoniais indisponíveis. Competência do juízo estatal. Ver jurisprudência do art. 4º da Lei 9.307/1996.

i) Decisão condenatória do TCU.

Ação de improbidade administrativa. "Condenação de ressarcimento do prejuízo pelo TCU e na esfera judicial. **Formação de duplo título executivo. Possibilidade**" (STJ, REsp 1.413.674/SE, Rel. p/ ac. Min. Benedito Gonçalves, 1ª Turma, jul. 17.05.2016, *DJe* 31.05.2016).

Decisão condenatória proferida pelo TCU. "Consoante a orientação jurisprudencial predominante nesta Corte, não se aplica a Lei n. 6.830/80 à execução de decisão condenatória do Tribunal de Contas da União quando não houver inscrição em dívida ativa. Tais decisões já são títulos executivos extrajudiciais, de modo que prescindem da emissão de Certidão de Dívida Ativa – CDA, o que determina a adoção do rito do CPC quando o administrador discricionariamente opta pela não inscrição. Recurso especial provido para determinar que a execução prossiga nos moldes do Código de Processo Civil" (STJ, REsp 1.390.993/RJ, Rel. Min. Mauro Campbell Marques, 2ª Turma, jul. 10.09.2013, *DJe* 17.09.2013).

Legitimidade para execução da condenação do Tribunal de Contas. "A jurisprudência desta Corte é no sentido de que a ação de execução de penalidade imposta por Tribunal de Contas **somente pode ser ajuizada pelo ente público beneficiário da condenação.** Precedentes" (STF, RE 606.306 AgR, Rel. Min. Ricardo Lewandowski, 1ª Turma, jul. 18.06.2013, *DJe* 27.11.2013). **No mesmo sentido, não admitindo legitimidade ao TCE:** STF, AI 826.676 AgR, Rel. Min. Gilmar Mendes, 2ª Turma, jul. 08.02.2011, *DJe* 24.02.2011.

Tomada de contas especial. Condenação administrativa. "No âmbito da tomada de contas especial, é possível a condenação administrativa de Chefes dos Poderes Executivos municipais, estaduais e distrital pelos Tribunais de Contas, quando identificada a responsabilidade pessoal em face de irregularidades no cumprimento de convênios interfederativos de repasse de verbas, sem necessidade de posterior julgamento ou aprovação do ato pelo respectivo Poder Legislativo" (STF, ARE 1.436.197/RO, Rel. Min. Luiz Fux, Pleno, jul. 18.12.2023, *DJe* 01.03.2024).

15. Não são títulos executivos extrajudiciais.

Convenção entre produtores e revendedores. Inexistência de título executivo. "Convenção entre produtores e revendedores de veículos automotores. A circunstância de o artigo 17 da Lei n. 6.729/79 prever fossem elaboradas convenções, com força de lei, não significa que a particulares tenha sido deferida função legislativa. Tais convenções não são aptas a criar títulos executivos, o que só a lei pode fazer" (STJ, REsp 5.689/SP, Rel. Min. Eduardo Ribeiro, 3ª Turma, jul. 27.11.1990, *DJ* 18.02.1991, p. 1.036).

Construcard. Título executivo extrajudicial inexistente. Cabimento de ação monitória. "O contrato particular de abertura de crédito à pessoa física visando financiamento para aquisição de material de construção – *Construcard*, ainda que acompanhado de demonstrativo de débito e nota promissória, não é título executivo extrajudicial. A ausência de executividade desta modalidade de crédito decorre do fato de que, quando da assinatura do instrumento pelo consumidor – ocasião em que a obrigação nasce para a instituição financeira, de disponibilizar determinada quantia ao seu cliente –, não há dívida líquida e certa, sendo que os valores eventualmente utilizados são documentados unilateralmente pela própria instituição, sem qualquer participação, muito menos consentimento, do cliente" (STJ, REsp 1.323.951/PR, Rel. Min. Luis Felipe Salomão, 4ª Turma, jul. 16.05.2017, *DJe* 14.06.2017).

Contrato de adesão de consórcio. Não é título executivo. "O contrato de adesão a grupo de consórcio de bem imóvel não se configura como título executivo extrajudicial, em face da ausência do requisito da certeza do montante da dívida. Precedentes" (STJ, AgRg no AREsp 423.753/SP, Rel. Min. Maria Isabel Gallotti, 4ª Turma, jul. 01.06.2020, *DJe* 05.06.2020). **No mesmo sentido, em relação a consórcio de veículos:** STJ, REsp 282.709/GO, Rel. Min. Aldir Passarinho Junior, 4ª Turma, jul. 25.09.2001, *DJ* 04.02.2002; STJ, REsp 66.193/PR, Rel. Min. Nilson Naves, 3ª Turma, jul. 22.08.1995, *DJU* 02.10.1995.

16. Execução de título extrajudicial entre União e Estado. Competência da Justiça Federal. Ver jurisprudência do art. 42 do CPC/2015.

17. Execução de título extrajudicial. Desconsideração da personalidade jurídica. Necessidade de comprovação dos requisitos. Cerceamento de defesa. Configuração. Ver jurisprudência do art. 133 do CPC/2015.

18. Fundo de investimento em direitos creditórios (FIDC). Cessão de crédito *pro solvendo*. Solvência do devedor. Responsabilidade do cedente. Validade. "A aquisição de direitos creditórios pelos FIDCs pode se dar de duas formas: por meio (i) de cessão civil de crédito, em conformidade às normas consagradas no Código Civil; ou (ii) de endosso, ato típico do regime cambial. O art. 2º, XV, da IN CVM 356/2001 prevê expressamente o conceito de coobrigação. É certo que tal previsão foi incluída na normativa com a finalidade de referendar a higidez da cláusula constante de contrato de cessão de crédito convencionado com um FIDC, por meio da qual o cedente garante a solvência do devedor. Não só, não há, no ordenamento jurídico brasileiro, previsão legal que vede os FIDCs de estipular a responsabilidade do cedente pelo pagamento do débito em caso de inadimplemento do devedor e, segundo dispõe o art. 296 do CC/02, o cedente ficará incumbido do pagamento da dívida se houver previsão contratual nesse sentido. É válida, assim, a cláusula contratual por meio da qual o cedente garante a solvência do devedor originário" (STJ, REsp 1.909.459/SC, Rel. Min. Nancy Andrighi, 3ª Turma, jul. 18.05.2021, *DJe* 20.05.2021).

19. Crédito de seguradora por prêmios inadimplidos. "O crédito da seguradora oriundo de prêmios inadimplidos em contrato de seguro pode ser cobrado diretamente pela via executiva (arts. 784, XII, do CPC/2015, 5º do Decreto nº 61.589/1967 e 27 do Decreto-lei nº 73/1966)" (STJ, REsp 1.947.702/SP, Rel. Min. Ricardo Villas Bôas Cueva, 3ª Turma, jul. 07.12.2021, *DJe* 13.12.2021).

20. Recuperação judicial. Coobrigados e avalistas. "A cláusula que estende aos coobrigados a novação, oriunda da aprovação do plano de recuperação judicial da devedora principal, não é eficaz em relação aos credores ausentes da assembleia geral, aos que abstiveram-se de votar ou se posicionaram contra tal disposição, restando intactas, para esses, as garantias de seu crédito e seu direito de execução fora do âmbito da recuperação judicial" (STJ, AgInt nos EDcl no CC 172.379/PE, Rel. Min. Ricardo Villas Bôas Cueva, 2ª Seção, jul. 05.03.2024, *DJe* 07.03.2024).

21. Propositura de outra ação referente ao débito constante do título (§ 1º). "Na forma do artigo 585, § 1º, do Código de Processo Civil [art. 784, § 1º, do CPC/2015], **a ação declaratória** não inibe a de execução; nem se compreenderia que a ação de menor abrangência impedisse aquela de maior eficácia" (STJ, REsp 193.095/SP, Rel. Min. Ari Pargendler, 3ª Turma, *DJ* 02.12.2002). **No mesmo sentido:** STJ, REsp 135.355/SP, Rel. Min. Eduardo Ribeiro, 3ª Turma, jul. 04.04.2000, *DJ* 19.06.2000.

"Se é certo que a propositura de qualquer ação relativa ao débito constante do título não inibe o direito do credor de promover-lhe a execução (CPC, art. 585, § 1º) [art. 784, § 1º, do CPC/2015], o inverso também é verdadeiro: **o ajuizamento da ação executiva não impede que o devedor exerça o direito constitucional de ação para ver declarada a nulidade do título ou a inexistência da obrigação**, seja por meio de embargos (CPC, art. 736) [art. 914 do CPC/2015], seja por outra ação declaratória ou desconstitutiva. Nada impede, outrossim, que o devedor se antecipe à execução e promova, em caráter preventivo, pedido de nulidade do título ou a declaração de inexistência da relação obrigacional. Ações dessa espécie têm natureza idêntica à dos embargos do devedor, e quando os antecedem, podem até substituir tais embargos, já que repetir seus fundamentos e causa de pedir importaria litispendência" (STJ, REsp 741.507/RS, Rel. Min. Teori Albino Zavascki, 1ª Turma, jul. 02.10.2008, *DJe* 17.12.2008). **No mesmo sentido:** STJ, REsp 817.829/MT, Rel. Min. Nancy Andrighi, 3ª Turma, jul. 25.11.2008, *DJe* 16.12.2008; STJ, AgRg no REsp 1.054.833/RJ, Rel. Min. Teori Albino Zavascki, 1ª Turma, jul. 28.06.2011, *DJe* 02.08.2011; STJ, REsp 135.355/SP, Rel. Min. Eduardo Ribeiro, 3ª Turma, jul. 04.04.2000, *DJ* 19.06.2000.

Ação de desconstituição e embargos à execução. Incompatibilidade. "Os embargos à execução, não se discute, têm a natureza de processo de conhecimento. Se já ajuizada ação, tendente a desconstituir o título em que, posteriormente, veio a fundar-se a execução, não se compreende fosse exigível que se apresentassem embargos com o mesmo objetivo (entendo mesmo que isso não seria possível, pois haveria litispendência). A solução será, uma vez feita a penhora, proceder-se ao apensamento do processo já em curso que seria tratado como embargo, com as consequências daí decorrentes, inclusive suspensão da execução. Se apresentados também embargos, versando outros temas, terão eles curso, podendo aí ser reconhecida a conexão para julgamento simultâneo" (STJ, REsp 33.000/MG, Rel. Min. Eduardo Ribeiro, 3ª Turma, jul. 06.09.1994, *DJ* 26.09.1994, p. 25.646). **No mesmo sentido:** STJ, REsp 435.443/SE, Rel. Min. Barros Monteiro, 4ª Turma, jul. 06.08.2002, *DJ* 28.10.2002, p. 327.

Posterior ao fim da execução. "Se assim entendo, tratando-se de execução exaurida, com maior razão tenho como admissível a propositura da ação quando aquela se acha em curso. Dir-se-á que isto significa não haver mais prazo para os embargos, já que o pleito, tendente a desconstituir o título, é admissível a qualquer tempo. Não é bem assim. Os embargos têm o efeito específico de suspender a execução, o que não se verifica com a ação de que se cogita. Os dois processos correrão paralelamente. Acaso vencedor o executado, no processo de conhecimento, será extinta a execução, se ainda em curso. Já encerrada, haverá de propor outra ação para obter condenação de que resulte reaver, na medida do possível, o que perdeu" (STJ, REsp 135.355/SP, Rel. Min. Eduardo Ribeiro, 3ª Turma, jul. 04.04.2000, *DJ* 19.06.2000).

"A execução não embargada, e assim também aquela em que os embargos não foram recebidos ou apreciados pelo mérito, é simples sucedâneo do adimplemento, de molde a resguardar ao executado o direito de acionar o exequente sob alegação de enriquecimento sem causa e repetição do indébito. A respeito, por todos, Humberto Theodoro Júnior, *in Processo de Execução*, 7ª ed., 1983, cap. XXVIII, ns. 6 e 7, p. 453 e ss." (STJ, AgRg no Ag 8.089/SP, Rel. Min. Athos Carneiro, 4ª Turma, jul. 23.04.1991, *DJ* 20.05.1991).

22. Títulos executivos estrangeiros (§§ 2º e 3º):

Título executivo extrajudicial em moeda estrangeira. Cumprimento da obrigação no Brasil. "A confissão de dívida em moeda estrangeira não se mostra ilegal quando o negócio jurídico diz respeito à importação e o credor reside no exterior. Aplicam-se à hipótese as exceções do art. 2º, I e IV, do Decreto nº 23.501/1933. A melhor interpretação do art. 585, § 2º [art. 784, § 2º, do CPC/2015], CPC, indica que o Brasil é 'o lugar de cumprimento da obrigação' quando o pagamento é feito por complexas transferências eletrônicas de fundos, a pedido do devedor, domiciliado no Brasil, a credor, residente no exterior. Aceita-se, portanto, a eficácia executiva do título com tais características" (STJ, REsp 1.080.046/SP, Rel. Min. Nancy Andrighi, 3ª Turma, jul. 23.09.2008, *DJe* 10.12.2008).

Desnecessidade de homologação. "Os títulos de crédito constituídos em país estrangeiro, para serem executados no Brasil (CPC, art. 585, § 2º) [art. 784, § 2º, do CPC/2015], não dependem de homologação pelo Supremo Tribunal Federal. A eficácia executiva que lhes é inerente não se subordina ao juízo de delibação a que se refere o art. 102, I, 'h', da Constituição, que incide, unicamente, sobre 'sentenças estrangeiras', cuja noção conceitual não compreende, não abrange e não se estende aos títulos de crédito, ainda que sacados ou constituídos no exterior. Doutrina. Precedente" (STF, Recl.-AgRg 1.908/SP, Rel. Min. Celso de Mello, Tribunal Pleno, jul. 24.10.2001, *DJ* 03.12.2004).

Indicação do lugar de cumprimento da obrigação. Necessidade. "Os títulos executivos extrajudiciais, como a nota promissória, oriundos de país estrangeiro, somente terão eficácia executiva, no Brasil, nos termos da lei processual brasileira se o indicarem com lugar do cumprimento da obrigação. Recurso extraordinário não conhecido" (STF, RE 101.120/RJ, Rel. Min. Rafael Mayer, 1ª Turma, jul. 04.09.1984, *DJ* 05.10.1984; *RTJ* 111/782). **No mesmo sentido:** STF, RE 104.428/RJ, Rel. Min. Francisco Rezek, 2ª Turma, jul. 26.03.1985, *DJ* 03.05.1985.

Tradução para a língua nacional. Necessidade. "O Código de Processo Civil reconhece a total validade do título executivo extrajudicial, oriundo de país estrangeiro, ao qual empresta força executiva. Todavia, há de ser o título traduzido para a língua nacional, convertendo-se o valor da moeda estrangeira em cruzeiros, no ato da propositura da ação, posto que é nulo de pleno direito o título que estipule o pagamento em moeda que não a nacional" (STJ, REsp 4.819/RJ, Registro 900008530-6, Rel. Min. Waldemar Zveiter, 3ª Turma, jul. 30.10.1990, *DJ* 10.12.1990; *RSTJ* 27/313).

23. Ação cautelar que tem a dívida como objeto. "Conquanto reconheça a firme jurisprudência do STJ a impossibilidade de ser impedido o ajuizamento de execução apenas por ser a dívida objeto de debate em ações cautelar e ordinária de revisão do contrato, torna-se inviável dar-se curso a tal processo se, antes de o mesmo ser ajuizado, já houver sido proferida sentença, na cautelar, impedindo a cobrança, restando, nesse caso, ao credor, buscar antes a reforma, via de apelação, do julgado que deu respaldo ao devedor. Correta, na excepcional circunstância, a extinção da execução" (STJ, REsp 318.944/RJ, 4ª Turma, Rel. Min. Aldir Passarinho Junior, *DJU* 16.12.2002).

Art. 785. A existência de título executivo extrajudicial não impede a parte de optar pelo processo de conhecimento, a fim de obter título executivo judicial.

BREVES COMENTÁRIOS

O CPC/2015, na esteira da jurisprudência do STJ, dispôs, expressamente, em seu art. 785, que "a existência de título executivo extrajudicial não impede a parte de optar pelo processo de conhecimento, a fim de obter título executivo judicial". Em verdade, a utilização pelo credor do processo de conhecimento, mesmo dispondo de título executivo extrajudicial, "gera situação menos gravosa para o devedor, com maior amplitude de defesa" (STJ, 2ª T., AgRg no AREsp. 260.516/MG, Rel. Min. Assusete Magalhães, ac. 25.03.2014, *DJe* 03.04.2014). Por outro lado, o risco de a obrigação ser impugnada como incerta ou ilíquida, cujo reconhecimento redundaria na nulidade da execução (art. 803, I), aconselha o credor prudente a preferir a ação de cobrança à ação executiva. Daí o acerto da opção garantida pelo art. 785 do CPC/2015.

JURISPRUDÊNCIA SELECIONADA

1. Cobrança de crédito fiscal não tributário por ação monitória. Possibilidade. "O STJ entende que não se verifica prejuízo para o direito de defesa com a escolha do rito da ação monitória, que é mais demorado que o rito da ação de execução de título extrajudicial. Precedentes: REsp 1.281.036/RJ, Rel. Ministro Herman Benjamin, Segunda Turma, *DJe* 24.05.2016; AgRg no AREsp 148.484/SP, Rel. Ministro Sidnei Beneti, Terceira Turma, *DJe* 28.05.2012; AgRg no REsp 1.209.717/SC, Rel. Ministro Paulo de Tarso Sanseverino, Terceira Turma, *DJe* 17.09.2012" (STJ, REsp 1.748.849/SP, Rel. Min. Herman Benjamin, 2ª Turma, jul. 04.12.2018, *DJe* 17.12.2018).

2. Título executivo extrajudicial. Ação monitória. Cabimento. "O entendimento do STJ é o de que o credor, mesmo munido de título de crédito com força executiva, não está impedido de cobrar a dívida representada nesse título por meio de ação monitória". (STJ, AgRg no AREsp 456.841/SP, Rel. Min. João Otávio de Noronha, 3ª Turma, jul. 01.12.2015, *DJe* 14.12.2015)

"Nos termos da jurisprudência desta Corte, faculta-se ao credor ajuizar ação de conhecimento para cobrança de taxas condominiais em atraso, ainda que disponha de título executivo extrajudicial, desde que a escolha por um ou outro meio judicial não implique prejuízo ao direito de defesa do devedor. Precedentes. Incidência da Súmula 83/STJ." (STJ, AgRg no AREsp 335.954/SC, Rel. Min. Marco Buzzi, 4ª Turma, jul. 07.05.2015, *DJe* 19.05.2015)

Seção II
Da Exigibilidade da Obrigação

Art. 786. A execução pode ser instaurada caso o devedor não satisfaça a obrigação certa, líquida e exigível consubstanciada em título executivo.

Parágrafo único. A necessidade de simples operações aritméticas para apurar o crédito exequendo não retira a liquidez da obrigação constante do título.

CPC/1973

Art. 580.

REFERÊNCIA LEGISLATIVA

CPC/2015, art. 803, I (execução nula).

BREVES COMENTÁRIOS

A obrigação insatisfeita tem de ser *certa*, de modo que não se tenha dúvida quanto à sua *existência jurídica*; tem de ser *líquida*, isto é, o título tem de revelar com suficiente precisão o *objeto* da obrigação (o *quê* e *quanto* se deve); tem finalmente a obrigação de ser *atual*, ou seja, para se mostrar *exigível* é preciso que a obrigação esteja vencida. No entanto, para promover a execução forçada não basta ao credor demonstrar a *insatisfação* de uma obrigação líquida, certa e exigível. Além desses atributos substanciais, a obrigação inadimplida deve estar retratada em título a que a lei (segundo a forma e a substância) atribui a qualidade de *título executivo*.

Quanto à liquidez, dispõe o CPC/2015 que a necessidade de simples operações aritméticas para apurar o crédito não retira a liquidez da obrigação do título. Tanto é assim, que o art. 509, § 2º, no tocante ao título executivo judicial, dispensa o procedimento de liquidação quando a apuração do valor fixado pela sentença depender apenas de cálculo aritmético, podendo o credor iniciar, imediatamente, o cumprimento de sentença.

JURISPRUDÊNCIA SELECIONADA

1. Execução de título extrajudicial. Inclusão de cotas vincendas. Possibilidade. Ver jurisprudência do art. 783 do CPC/2015.

2. Vencimento antecipado da dívida. Termo inicial para contagem do prazo prescricional. "É possível aos contratantes, com amparo no princípio da autonomia da vontade, estipular o vencimento antecipado, como sói ocorrer nos mútuos feneratícios, em que o inadimplemento de determinado número de parcelas acarretará o vencimento extraordinário de todas as subsequentes, ou seja, a integralidade da dívida poderá ser exigida antes de seu termo' (Resp 1489784/DF, Rel. Ministro Ricardo Villas Bôas Cueva, Terceira Turma, julgado em 15/12/2015, *DJe* 03/02/2016). O vencimento antecipado da dívida livremente pactuado entre as partes, consubstancia uma faculdade ao credor (como tal renunciável), e não uma imposição, **mantendo-se, para efeito de prescrição, o termo ordinariamente indicado no contrato, que é o dia do vencimento da última parcela** (arts. 192 e 199, II, do CC), compreensão que se aplica à seara cambial." (STJ, AgInt no REsp 1576189/DF, Rel. Min. Marco Aurélio Bellizze, 3ª Turma, jul. 14.08.2018, *DJe* 05.09.2018).

3. Título líquido. "A necessidade de liquidação de obrigação é incompatível com a norma do art. 580 do CPC [art. 786 do CPC/2015], porquanto se **exige que o título judicial seja certo, líquido e exigível**, impondo-se a extinção do feito executivo" (TJMG, Ap. Cível 1.0024.03.105690-6/001, Rel. Des. Barros Levenhagen, 13ª Turma, jul. 21.08.2008, *DJe* 08.09.2008).

"Sentença que apresenta parte ilíquida e outra líquida – Execução direta da parcela exigível da condenação – Possibilidade. Sendo certo que, nos termos do art. 580, do CPC [art. 786 do CPC/2015], apenas poderão ser objeto de qualquer espécie de execução forçada as obrigações certas, líquidas e exigíveis, é de se reconhecer que o cumprimento de sentença instaurado pelo agravante cinge-se à parte certa e determinável da condenação, não abrangendo, dessa forma, a quantia referente às perdas e danos, objeto da liquidação por arbitramento. É bem de ver-se que, nos termos do art. 475-I, § 2º, do Diploma Adjetivo Civil [art. 509, § 1º, do CPC/2015], 'quando na sentença houver uma parte líquida e outra ilíquida, ao credor é lícito promover simultaneamente a execução daquela e, em autos apartados, a liquidação desta'" (TJMG, AI 1.0027.04.004048-0/001, Rel. Des. Eduardo Mariné da Cunha, 17ª Câmara Cível, jul. 20.11.2008, *DJe* 10.12.2008).

4. Pressupostos processuais e materiais. Execução fiscal. "Não se pode confundir a relação processual com a relação de direito material objeto da ação executiva. Os requisitos para instalar a relação processual executiva são os previstos na lei processual, a saber, o inadimplemento e o título executivo (CPC, artigos 580 e 583) [art. 786 do CPC/2015]. Os pressupostos para configuração da responsabilidade tributária são os estabelecidos pelo direito material, nomeadamente pelo art. 135 do CTN" (STJ, REsp 900.371/SP, Rel. Min. Teori Albino Zavascki, 1ª Turma, jul. 20.05.2008, *DJe* 02.06.2008).

Art. 787. Se o devedor não for obrigado a satisfazer sua prestação senão mediante a contraprestação do credor, este deverá provar que a adimpliu ao requerer a execução, sob pena de extinção do processo.

Parágrafo único. O executado poderá eximir-se da obrigação, depositando em juízo a prestação ou a coisa, caso em que o juiz não permitirá que o credor a receba sem cumprir a contraprestação que lhe tocar.

CPC/1973

Art. 582.

REFERÊNCIA LEGISLATIVA

CPC/2015, arts. 495 (execução da obrigação de fazer; contraprestação do credor), 798, I, *d* (execução; providência do credor), 917, § 2º, IV (excesso de execução).

CC, arts. 476 e 477 (contratos bilaterais).

BREVES COMENTÁRIOS

Trata-se de aplicação ao processo de execução da *exceptio non adimpleti contractus*, que é de natureza substancial e que terá lugar sempre que o credor pretender executar o devedor, sem a prévia ou a concomitante realização da contraprestação a seu cargo. Por força dessa exceção, a execução se frustrará, dada a ausência de um dos seus pressupostos indeclináveis – o inadimplemento –, já que a recusa do devedor ao pagamento será justa e, por isso, o credor, enquanto não cumprida sua contraprestação, apresentar-se-á como carente da ação de execução. É que não se poderá falar em exigibilidade da obrigação na espécie a não ser depois que o exequente houver cumprido a prestação a seu cargo. Daí exigir o art. 787, *caput*, que a petição inicial da execução seja acompanhada da prova de já ter o exequente satisfeito a prestação a seu cargo. O executado, porém, em lugar de requerer a extinção do processo, pode depositar o bem devido, ficando o levantamento pelo exequente condicionado à respectiva contraprestação.

JURISPRUDÊNCIA SELECIONADA

1. Título extrajudicial. Termo de confissão de dívida. Exigibilidade da dívida. Exceção de contrato não cumprido. Previsão no título executivo. Exequibilidade do título. Ver jurisprudência do art. 783 do CPC/2015.

2. Contrato bilateral. "O contrato bilateral pode servir de título executivo de obrigação de pagar quantia certa, desde que definidas a liquidez e certeza da prestação do devedor, comprovando o credor o cumprimento integral de sua obrigação" (STJ, REsp 81.399/MG, Rel. Min. Ruy Rosado de Aguiar, 4ª Turma, jul. 05.03.1996, *RSTJ* 85/278).

3. Exceção de contrato não cumprido. "Nenhum dos sujeitos da relação jurídica, antes de cumprida sua obrigação, pode exigir o adimplemento da obrigação contraposta, eis a transposição para o processo da máxima civilista *do exceptio non adimplenti contractus*. A alegada ausência de contraprestação do exequente – consistente no pagamento de indenização determinada no processo de conhecimento – possui a virtualidade de atingir a própria exigibilidade do título, matéria absolutamente passível de ser alegada em sede de embargos à execução (art. 741, inciso II) [art. 535, II, do CPC/2015] ou de impugnação ao cumprimento de sentença (art. 475-L, inciso II) [art. 525, III, do CPC/2015], no momento da execução de sentença constitutiva de obrigação bilateral" (STJ, REsp 826.781/RS, Rel. Min. Luis Felipe Salomão, 4ª Turma, jul. 22.02.2011, *DJe* 25.02.2011).

"A exceção de contrato não cumprido somente pode ser oposta quando a lei ou o próprio contrato não determinar a quem cabe primeiro cumprir a obrigação. Estabelecida a sucessividade do adimplemento, o contraente que deve satisfazer a prestação antes do outro não pode recusar-se a cumpri-la sob a conjectura de que este não satisfará a que lhe corre. Já aquele que detém o direito de realizar por último a prestação pode postergá-la enquanto o outro contratante não satisfizer sua própria obrigação. A recusa da parte em cumprir sua obrigação deve guardar proporcionalidade com a inadimplência do outro, não havendo de se cogitar da arguição da exceção de contrato não cumprido quando o descumprimento é parcial e mínimo" (STJ, REsp 981.750/MG, Rel.ª Min.ª Nancy Andrighi, 3ª Turma, jul. 13.04.2010, *DJe* 23.04.2010).

Art. 788. O credor não poderá iniciar a execução ou nela prosseguir se o devedor cumprir a obrigação, mas poderá recusar o recebimento da prestação se ela não corresponder ao direito ou à obrigação estabelecidos no título executivo, caso em que poderá requerer a execução forçada, ressalvado ao devedor o direito de embargá-la.

CPC/1973

Art. 581.

REFERÊNCIA LEGISLATIVA

CC, art. 313 (objeto do pagamento).

CPC, arts. 914 a 920 (embargos devedora execução); 924, II (extinção da execução pela satisfação da obrigação).

BREVES COMENTÁRIOS

O inadimplemento da obrigação é um dos requisitos necessários a toda e qualquer modalidade de execução (CPC/2015, art. 786). Por isso, a qualquer tempo que ocorra o pagamento da dívida, inibidos estarão a propositura ou o prosseguimento da execução. Se o fato ocorreu antes da propositura do feito, a petição inicial poderá ser indeferida. Se foi no curso da execução que se realizou o pagamento ou se demonstrou sua anterior ocorrência, o processo será imediatamente extinto. Faltar-lhe-á um requisito de procedibilidade (art. 924, II).

JURISPRUDÊNCIA SELECIONADA

1. Acordo. Prosseguimento da execução. Possibilidade. "No mérito, a existência de acordo no início do processo de execução não obsta ao exequente requerer o prosseguimento da execução **caso o pagamento não corresponda à obrigação**. Inteligência do art. 581 do CPC [art. 788 do CPC/2015]. Mesmo tendo sido homologado por sentença, o acordo celebrado nos autos de ação executiva não tem o condão de extinguir o feito, mas apenas de suspendê-lo até o cumprimento total da obrigação, principalmente quando é este o objetivo que se extrai de seu conteúdo. Precedentes do STJ" (TJES, AI 24940122161, 2ª Câmara Cível, Rel. Des. Álvaro Manoel Rosindo Bourguignon, jul. 26.02.2002). **Obs.:** ver art. 922 do CPC/2015.

Pagamento a menor. "O pagamento a menor (parcial) não configura cumprimento da obrigação, nos termos do disposto no art. 581 do CPC [art. 788 do CPC/2015]" (STJ, AgRg no Ag 782.134/SC, Rel. Min. Hélio Quaglia Barbosa, 4ª Turma, jul. 13.03.2007, *DJ* 09.04.2007). **Obs.:** Ver art. 313 do CC/2002.

Capítulo V
DA RESPONSABILIDADE PATRIMONIAL

Art. 789. O devedor responde com todos os seus bens presentes e futuros para o cumprimento de suas obrigações, salvo as restrições estabelecidas em lei.

CPC/1973

Art. 591.

REFERÊNCIA LEGISLATIVA

CC, art. 391 (responsabilidade do devedor).

BREVES COMENTÁRIOS

Na realidade, a responsabilidade não se prende à situação patrimonial do devedor no momento da constituição da obrigação, mas da sua execução. O que se leva em conta, nesse instante, são sempre os *bens presentes*, pouco importando existissem, ou não, ao tempo da assunção do débito. Nesse sentido, não se pode entender literalmente a fórmula legal do art. 789 do CPC/2015, quando cogita da responsabilidade executiva dos *bens futuros*. Jamais se poderá pensar em penhorar bens que ainda não foram adquiridos pelo devedor. Tampouco se há de pensar que os bens presentes ao tempo da constituição da obrigação permaneçam indissoluvelmente vinculados à garantia de sua realização. Salvo a excepcionalidade da alienação em fraude contra credores, os bens dispostos pelo devedor deixam de constituir garantia para os credores.

JURISPRUDÊNCIA SELECIONADA

1. Garantia especial não derroga a geral do credor. "A constituição de garantia especial não derroga a garantia geral, na qual estão compreendidos todos os bens do devedor, presentes e futuros (art. 789 do CPC/2015). Em verdade, trata-se de um reforço estabelecido em benefício do credor" (STJ, REsp 1.851.436/PR, Rel. Min. Nancy Andrighi, 3ª Turma, jul. 09.02.2021, *DJe* 11.02.2021).

2. Desconsideração da personalidade jurídica. Ver jurisprudência do art. 790 do CPC/2015.

Penhora de cotas. Sociedade Limitada. Possibilidade. "A jurisprudência do Superior Tribunal de Justiça firmou-se no sentido de que é possível a penhora de cotas de sociedade limitada, seja porque tal constrição não implica, necessariamente, a inclusão de novo sócio; seja porque o devedor deve responder pelas obrigações assumidas com todos os seus bens presentes e futuros, nos termos do art. 591 do Código de Processo Civil" (STJ, AgRg no Ag 1.164.746/SP, Rel.ª Min.ª Laurita Vaz, 5ª Turma, jul. 29.09.2009, *DJe* 26.10.2009). **No mesmo sentido:** STJ, REsp 221.625/SP, Rel. Min. Nancy Andrighi, 3ª Turma, jul. 07.12.2000, *DJ* 07.05.2001; STJ, REsp 147.546/RS, Rel. Min. Sálvio de Figueiredo Teixeira, 4ª Turma, jul. 06.04.2000, *DJ* 07.08.2000. **Obs.:** O art. 861, do CPC/2015 regula a penhora de cotas e ações das sociedades personificadas.

"O art. 591 do Código de Processo Civil é claro ao estabelecer que os devedores respondem com todos os bens presentes e futuros no cumprimento de suas obrigações, de modo que, admitir que a execução esteja limitada às quotas sociais levaria em temerária e indevida desestabilização do instituto da desconsideração da personalidade jurídica que vem há tempos conquistando espaço e sendo moldado às características de nosso ordenamento jurídico" (STJ, REsp 1.169.175/DF, Rel. Min. Massami Uyeda, 3ª Turma, jul. 17.02.2011, *DJe* 04.04.2011).

"No processo de execução, em face da incidência do princípio da responsabilidade patrimonial agasalhado pelo art. 591 do Código de Processo Civil, cabe ao juiz a tarefa indeclinável de adequar o débito à responsabilidade do executado, visto ser a execução nos dias atuais parcial, vale dizer, limita-se ao necessário e suficiente para satisfazer a obrigação. Razão por que o valor do bem penhorado deve ser sempre corretamente aferido" (STJ, REsp 71.960/SP, Rel. Min. João Otávio de Noronha, 2ª Turma, jul. 25.03.2003, *DJ* 14.04.2003).

3. Dívidas tributárias da matriz. Penhora de valores em nome das filiais. Possibilidade. Ver jurisprudência do art. 10 da Lei nº 6.830/1980.

4. Penhora de bens da esposa de devedor, casados sob regime de comunhão universal de bens. "No regime da comunhão universal de bens, forma-se um único patrimônio entre os consortes, o qual engloba todos os créditos e débitos de cada um individualmente, com exceção das hipóteses previstas no art. 1.668 do Código Civil. Por essa razão, revela-se perfeitamente possível a constrição judicial de bens do cônjuge do devedor, casados sob o regime da comunhão universal de bens, ainda que não tenha sido parte no processo, resguardada, obviamente, a sua meação. (...) Caso, porém, a medida constritiva recaia sobre bem de propriedade exclusiva do cônjuge do devedor – bem próprio, nos termos do art. 1.668 do Código Civil, ou decorrente de sua meação –, o meio processual para impugnar essa constrição, a fim de se afastar a presunção de comunicabilidade, será pela via dos embargos de terceiro, a teor do que dispõe o art. 674, § 2º, inciso I, do Código de Processo Civil de 2015" (STJ, REsp 1.830.735/RS, Rel. Min. Marco Aurélio Bellizze, 3ª Turma, jul. 20.06.2023, *DJe* 26.06.2023).

"Em outras palavras, o que se cuida na hipótese é da possibilidade de penhora de bens de propriedade do executado, como resultado da meação a que possui direito pelo regime da comunhão universal de bens, mas que estão em nome de sua esposa. Assim, não há falar em responsabilização de patrimônio de terceiro pela dívida do executado, uma vez que deverá ser obrigatoriamente respeitada a meação pertencente à cônjuge do devedor, inclusive na alienação de coisa indivisível. Deste modo, restringindo-se a pesquisa de bens, e a consequente indisponibilidade e penhora em caso positivo, a bens de propriedade do devedor – sua meação que lhe cabe nos bens em nome de sua cônjuge –, não é necessário perquirir se a dívida foi contraída ou trouxe proveito à família" (STJ, AgInt no AREsp 1.945.541/PR, Rel. Min. Mauro Campbell Marques, 2ª Turma, jul. 28.03.2022, *DJe* 01.04.2022).

Art. 790. São sujeitos à execução os bens:

I – do sucessor a título singular, tratando-se de execução fundada em direito real ou obrigação reipersecutória;

II – do sócio, nos termos da lei;

III – do devedor, ainda que em poder de terceiros;

IV – do cônjuge ou companheiro, nos casos em que seus bens próprios ou de sua meação respondem pela dívida;

V – alienados ou gravados com ônus real em fraude à execução;

VI – cuja alienação ou gravação com ônus real tenha sido anulada em razão do reconhecimento, em ação autônoma, de fraude contra credores;

VII – do responsável, nos casos de desconsideração da personalidade jurídica.

CPC/1973

Art. 592.

REFERÊNCIA LEGISLATIVA

CPC/2015, arts. 779 (sujeito passivo da execução) e 792 (fraude de execução).

SÚMULAS

Súmula do STJ:

nº 251: "A meação só responde pelo ato ilícito quando o credor, na execução fiscal, provar que o enriquecimento dele resultante aproveitou ao casal".

BREVES COMENTÁRIOS

Há casos em que a conduta de terceiros, sem levá-los a assumir a posição de devedores ou de partes na execução, torna-os sujeitos aos efeitos desse processo. Isto é, seus bens particulares passam a responder pela execução, muito embora inexista assunção da dívida constante do título executivo. Quando tal ocorre, são executados "bens que não são do devedor, mas de terceiro, que não se obrigou e, mesmo assim, respondem pelo cumprimento das obrigações daquele" (Alcides de Mendonça Lima, *Comentários ao CPC*, 7. ed., v. VI, nº 1.063, p. 424). Trata-se, como se vê, de obrigação puramente processual.

Liebman qualifica a posição desses terceiros como de "responsabilidade executória secundária" (Enrico Tullio Liebman, *Processo de execução*, n. 41, p. 78). O art. 790 do CPC/2015 enumera as hipóteses em que ocorre essa modalidade secundária de responsabilidade.

No caso de sociedade com vários estabelecimentos, não se distinguem a responsabilidade executiva da matriz e a da filial, para efeito de penhora. Pouco importa se a obrigação foi contraída por meio da sede ou da filial. A discriminação do patrimônio da empresa, mediante a criação de filiais, não afasta a unidade patrimonial da pessoa jurídica, que, na condição de devedora, deve responder com todo o ativo do patrimônio social por suas dívidas, à luz de regra de direito processual prevista no art. 591 do Código de Processo Civil/1973 e do art. 789 do CPC atual – conforme decidiu o STJ, 1ª Seção, no REsp 1.355.812 (*DJe* 31.05.2013). Pode-se indistintamente, penhorar bem da matriz por dívida contraída pela filial e vice-versa, portanto.

JURISPRUDÊNCIA SELECIONADA

1. Responsabilidade dos sucessores (inciso I): ver jurisprudência do art. 779 do CPC/2015.

2. Sócios. Responsabilidade. Inaplicabilidade às associações civis (inciso II). "Associações civis são caracterizadas pela união de pessoas que se organizam para a execução de atividades sem fins lucrativos. Sociedades simples são formas de execução de atividade empresária, com finalidade lucrativa. Art. 1.023 do CC/02 aplicável somente às sociedades simples" (STJ, REsp 1398438/SC, Rel.ª Min.ª Nancy Andrighi, 3ª Turma, jul. 04.04.2017, *DJe* 11.04.2017).

"De acordo com a jurisprudência do Superior Tribunal de Justiça, na hipótese de cessão de quotas sociais, a responsabilidade do cedente pelo prazo de até 2 (dois) anos após a averbação da respectiva modificação contratual restringe-se às obrigações sociais contraídas no período em que ele ainda ostentava a qualidade de sócio, ou seja, antes da sua retirada da sociedade" (STJ, AgInt nos EDcl no REsp 1.759.517/SP, Rel. Min. Ricardo Villas Bôas Cueva, 3ª Turma, jul. 05.09.2022, *DJe* 12.09.2022).

Bens dos sócios. Norma em branco (inciso II). "Os arts. 592, II, e 596 do CPC [arts. 790, II, e 795 do CPC/2015], esta Turma já decidiu que tais dispositivos contêm norma em branco, vinculada a outro texto legal, de maneira que não podem – e não devem – ser aplicados de forma solitária. Por isso é que em ambos existe a expressão 'nos termos da lei'" (STJ, REsp 876.974/SP, Rel. Min. Nancy Andrighi, 3ª Turma, jul. 09.08.2007, *DJ* 27.08.2007).

Bens dos sócios. Repercussão da homologação de plano de recuperação judicial. "(...). Portanto, muito embora o plano de recuperação judicial opere novação das dívidas a ele submetidas, as garantias reais ou fidejussórias, de regra, são preservadas, circunstância que possibilita ao credor exercer seus direitos contra terceiros garantidores e impõe a manutenção das ações e execuções aforadas em face de fiadores, avalistas ou coobrigados em geral. Deveras, não haveria lógica no sistema se a conservação dos direitos e privilégios dos credores contra coobrigados, fiadores e obrigados de regresso (art. 49, § 1º, da Lei n. 11.101/2005) dissesse respeito apenas ao interregno temporal que medeia o deferimento da recuperação e a aprovação do plano, cessando tais direitos após a concessão definitiva com a homologação judicial" (STJ, REsp 1.326.888/RS, Rel. Min. Luis Felipe Salomão, 4ª Turma, jul. 08.04.2014, *DJe* 05.05.2014).

Dissolução irregular da sociedade. Responsabilidade do sócio (inciso II). "A jurisprudência tem identificado como ato contrário à lei, caracterizador da responsabilidade pessoal do sócio-gerente, a dissolução irregular da sociedade, porque a presunção aí é a de que os bens foram distraídos em benefício dos sócios ou de terceiros, num e noutro caso em detrimento dos credores; não se cogita, todavia, dessa responsabilidade se a sociedade foi dissolvida regularmente, por efeito de insolvência civil processada nos termos da lei" (STJ, REsp 45.366/SP, Rel. Min. Ari Pargendler, 3ª Turma, jul. 25.05.1999, *DJ* 28.06.1999). **No mesmo sentido:** STJ, REsp 140.564/SP, Rel. Min. Barros Monteiro, 4ª Turma, jul. 21.10.2004, *DJ* 17.12.2004.

Execução fiscal. Não localização da empresa no endereço fornecido como domicílio fiscal. Redirecionamento. Ver jurisprudência do art. 4º da Lei nº 6.830/1980.

3. Alienações sucessivas (Inciso VI). "(...) Assim, ainda que revogada a primeira venda em razão da existência de fraude, este efeito apenas alcança as partes que agiram em conluio contra os credores da massa falida. Dessa forma, para que a segunda venda seja desconstituída é necessária a prova da má-fé, pois devem ser resguardados os interesses dos terceiros de boa-fé" (STJ, REsp 1567492/RJ, Rel. Min. Moura Ribeiro, 3ª Turma, jul. 25.10.2016, *DJe* 07.11.2016).

4. Despesas condominiais.

Responsabilidade dos condôminos. "As despesas condominiais, inclusive as decorrentes de decisões judiciais, são obrigações *propter rem* e, por isso, será responsável pelo seu pagamento, na proporção de sua fração ideal, aquele que detém a qualidade de proprietário da unidade imobiliária ou seja titular de um dos aspectos da propriedade (posse, gozo, fruição), desde que tenha estabelecido relação jurídica direta com o condomínio, ainda que a dívida seja anterior à aquisição do imóvel. Portanto, **uma vez ajuizada a execução em face do condomínio, se inexistente patrimônio próprio para satisfação do crédito, podem os condôminos ser chamados a responder pela dívida, na proporção de sua fração ideal.** O bem residencial da família é penhorável para atender às despesas comuns de condomínio, que gozam de prevalência sobre interesses individuais de um condômino, nos termos da ressalva inserta na Lei n. 8.009/1990 (art. 3º, IV)" (STJ, REsp 1473484/RS, Rel. Min. Luis Felipe Salomão, 4ª Turma, jul. 21.06.2018, *DJe* 23.08.2018).

Promessa de compra e venda. Despesas posteriores à imissão na posse do comprador. "Caráter 'propter rem' da obrigação de pagar cotas condominiais. Distinção entre débito e responsabilidade à luz da teoria da dualidade do vínculo obrigacional. Responsabilidade do proprietário (promitente vendedor) pelo pagamento das despesas condominiais, ainda que posteriores à imissão do promitente comprador na posse do imóvel. Imputação ao promitente comprador dos débitos gerados após a sua imissão na posse. Legitimidade passiva concorrente do promitente vendedor e do promitente comprador para a ação de cobrança de débitos condominiais posteriores à imissão na posse. Preservação da garantia do condomínio. Interpretação das teses firmadas no REsp 1.345.331/RS, julgado pelo rito do art. 543-C do CPC" (STJ, REsp 1.442.840/PR, Rel. Min. Paulo de Tarso Sanseverino, 3ª Turma, jul. 06.08.2015, *DJe* 21.08.2015).

5. Imóvel gerador dos débitos condominiais. Ação de cobrança na qual a proprietária do bem não figurou como parte. Possibilidade. Obrigação *propter rem*. "O propósito recursal é definir se a proprietária do imóvel gerador dos débitos condominiais pode ter o seu bem penhorado no bojo de ação de cobrança, já em fase de cumprimento de sentença, da qual não figurou no polo passivo, uma vez que ajuizada, em verdade, em face da então locatária do imóvel. Em se tratando a dívida de condomínio de obrigação *propter rem* e partindo-se da premissa de que o próprio imóvel gerador das despesas constitui garantia ao pagamento da dívida, o proprietário do imóvel pode ter seu bem penhorado no bojo de ação de cobrança, já em fase de cumprimento de sentença, da qual não figurou no polo passivo. A solução da controvérsia perpassa pelo princípio da instrumentalidade das formas, aliado ao princípio da efetividade do processo, no sentido de se utilizar a técnica processual não como um entrave, mas como um instrumento para a realização do direito material. Afinal, se o débito condominial possui caráter ambulatório, não faz sentido impedir que, no âmbito processual, o proprietário possa figurar no polo passivo do cumprimento de sentença" (STJ, REsp 1.829.663/SP, Rel. Min. Nancy Andrighi, 3ª Turma, jul. 05.11.2019, *DJe* 07.11.2019).

6. Cabimento do redirecionamento da execução contra os condôminos. "Consoante o STJ, é possível o 'redirecionamento da execução em relação aos condôminos após esgotadas as tentativas de constrição de bens do condomínio, em respeito ao princípio da menor onerosidade para o devedor' (REsp 1.486.478/pr, Rel. Ministro Paulo de Tarso Sanseverino, 3ª Turma, julgado em 05.04.2016, *DJe* 28.04.2016)" (STJ, Agint nos EDCl no AREsp 1.331.329/SP, Rel. Min. Marco Aurélio Bellizze, 3ª Turma, jul. 25.02.2019, *DJe* 13.03.2019).

7. Ausência de bens em nome da mãe para a satisfação do débito. Inclusão do pai na relação jurídica. Possibilidade. Ver jurisprudência do art. 779 do CPC/2015.

8. Responsabilidade. Devedores não incluídos no título judicial. "A responsabilidade pelo pagamento do débito pode recair sobre devedores não incluídos no título judicial exequendo e não participantes da relação processual de conhecimento, considerados os critérios previstos no art. 592, CPC [art. 790 do CPC/2015], sem que haja, com isso, ofensa à coisa julgada" (STJ, REsp 225.051/DF, Rel. Min. Sálvio de Figueiredo Teixeira, 4ª Turma, jul. 07.11.2000, *DJ* 18.12.2000). **No mesmo sentido:** STJ, AgRg no Ag. 965.210/SP, Rel. Min. Massami Uyeda, 3ª Turma, jul.13.05.2008, *DJe* 03.06.2008.

"Ao determinar o estatuto processual civil que 'o devedor responde, para o cumprimento de suas obrigações, com todos os seus bens presentes e futuros', está, por óbvio, a impedir que eventual medida constritiva venha a recair sobre bens de terceiros, alheios à relação jurídica de direito material, que deu origem ao feito executivo (com exceção, é claro, daqueles bens incluídos no rol do artigo 592 [art. 790 do CPC/2015]); daí ser imprescindível a comprovação da propriedade do bem indicado à penhora, o que não ocorreu na espécie" (STJ, REsp 286.582/SP, Rel. Min. Hélio Quaglia Barbosa, 4ª Turma, jul. 27.11.2007, *DJ* 10.12.2007).

Devedor solidário. Bens de terceiro. Impossibilidade. "A responsabilidade solidária precisa ser declarada em processo de conhecimento, sob pena de tornar-se impossível a execução do devedor solidário, ressalvados os casos previstos no art. 592 [art. 790 do CPC/2015] do mesmo diploma processual. Desse modo, o arresto cautelar que atinge bem de terceiro é passível de impugnação mediante a propositura dos embargos de terceiro (art. 1.046 do CPC) [art. 674 do CPC/2015]. No caso, não tendo a recorrente figurado no polo passivo da ação de cobrança nem estando incluída no rol do referido art. 592 do CPC [art. 790 do CPC/2015], não podem os seus bens ser atingidos pelo arresto determinado em medida cautelar incidente à ação de cobrança, tampouco por futura execução" (STJ, REsp 1.423.083/SP, Rel. Min. Luis Felipe Salomão, 4ª Turma, jul. 06.05.2014, *DJe* 13.05.2014).

9. Meação do cônjuge (inciso IV). Ver jurisprudência do art. 779 do CPC/2015.

Obrigações contraídas em benefício da família. "Convém registrar que a meação do cônjuge responde pelas obrigações do outro somente quando contraídas em benefício da família, conforme disposto no art. 592, inc. IV, do CPC [art. 790, IV, do

CPC/2015], em interpretação conjugada com os arts. 1.643 e 1.644, do CC/02, configurada, nessas circunstâncias, a solidariedade passiva entre os cônjuges. Em tais situações, há presunção de comunicabilidade das dívidas assumidas por apenas um dos cônjuges, que deve ser elidida por aquele que pretende ver resguardada sua meação" (STJ, REsp 874.273/RS, Rel. Min. Nancy Andrighi, 3ª Turma, jul. 03.12.2009, *DJe* 18.12.2009).

10. Terceiro prestador de garantia. Ver jurisprudência do art. 779 do CPC/2015.

11. Penhora. Fraude à execução (inciso V). Ver jurisprudência do art. 792 do CPC/2015.

12. Débitos ao FGTS. "Não ostentando natureza tributária os débitos ao Fundo de Garantia por Tempo de Serviço – FGTS, aos mesmos aplicam-se as regras gerais de responsabilidade patrimonial insculpidas nos artigos 592 e seguintes do CPC [art. 790 do CPC/2015]" (STJ, REsp 491.326/RS, Rel. Min. Luiz Fux, 1ª Turma, jul. 18.03.2004, *DJ* 03.05.2004).

Art. 791. Se a execução tiver por objeto obrigação de que seja sujeito passivo o proprietário de terreno submetido ao regime do direito de superfície, ou o superficiário, responderá pela dívida, exclusivamente, o direito real do qual é titular o executado, recaindo a penhora ou outros atos de constrição exclusivamente sobre o terreno, no primeiro caso, ou sobre a construção ou a plantação, no segundo caso.

§ 1º Os atos de constrição a que se refere o *caput* serão averbados separadamente na matrícula do imóvel, com a identificação do executado, do valor do crédito e do objeto sobre o qual recai o gravame, devendo o oficial destacar o bem que responde pela dívida, se o terreno, a construção ou a plantação, de modo a assegurar a publicidade da responsabilidade patrimonial de cada um deles pelas dívidas e pelas obrigações que a eles estão vinculadas.

§ 2º Aplica-se, no que couber, o disposto neste artigo à enfiteuse, à concessão de uso especial para fins de moradia e à concessão de direito real de uso.

REFERÊNCIA LEGISLATIVA

CC, arts. 1.225 (direitos reais), 1.369 a 1.377 (direito real de superfície).

CJF – JORNADAS DE DIREITO PROCESSUAL CIVIL

II JORNADA

Enunciado 150 – Aplicam-se ao direito de laje os arts. 791, 804 e 889, III, do CPC.

BREVES COMENTÁRIOS

Uma vez que sobre o imóvel objeto do direito de superfície convivem dois direitos reais distintos – a propriedade plena, de titularidade do fundeiro, e o direito real de propriedade superficiária –, cada um deles responderá, isoladamente, pelas dívidas do respectivo titular. Daí porque o CPC/2015, em seu art. 791, *caput*, dispõe que a penhora ou outro ato de constrição recairá exclusivamente sobre o terreno ou sobre a construção ou a plantação, dependendo de quem seja o devedor.

Os atos de constrição, destarte, serão averbados separadamente na matrícula do imóvel, com a identificação exata do executado, do valor do crédito e do objeto sobre o qual recai o gravame. Por isso, o oficial deverá destacar o bem que responde pela dívida, se o terreno, a construção ou a plantação, para garantir a publicidade da responsabilidade patrimonial de cada um deles pelas dívidas e pelas obrigações que a eles estão vinculadas (art. 791, § 1º). A ideia é individualizar a responsabilidade patrimonial do proprietário e do superficiário.

A separação de responsabilidades ocorrerá, também, em outros institutos de direito civil que também formam duas realidades patrimoniais distintas, quais sejam, a enfiteuse, a concessão de uso especial para fins de moradia e a concessão de direito real de uso (art. 791, § 2º).

Art. 792. A alienação ou a oneração de bem é considerada fraude à execução:

I – quando sobre o bem pender ação fundada em direito real ou com pretensão reipersecutória, desde que a pendência do processo tenha sido averbada no respectivo registro público, se houver;

II – quando tiver sido averbada, no registro do bem, a pendência do processo de execução, na forma do art. 828;

III – quando tiver sido averbado, no registro do bem, hipoteca judiciária ou outro ato de constrição judicial originário do processo onde foi arguida a fraude;

IV – quando, ao tempo da alienação ou da oneração, tramitava contra o devedor ação capaz de reduzi-lo à insolvência;

V – nos demais casos expressos em lei.

§ 1º A alienação em fraude à execução é ineficaz em relação ao exequente.

§ 2º No caso de aquisição de bem não sujeito a registro, o terceiro adquirente tem o ônus de provar que adotou as cautelas necessárias para a aquisição, mediante a exibição das certidões pertinentes, obtidas no domicílio do vendedor e no local onde se encontra o bem.

§ 3º Nos casos de desconsideração da personalidade jurídica, a fraude à execução verifica-se a partir da citação da parte cuja personalidade se pretende desconsiderar.

§ 4º Antes de declarar a fraude à execução, o juiz deverá intimar o terceiro adquirente, que, se quiser, poderá opor embargos de terceiro, no prazo de 15 (quinze) dias.

CPC/1973

Art. 593.

REFERÊNCIA LEGISLATIVA

CPC/2015, arts. 109, § 3º (substituição das partes e dos procuradores; sentença), 774, I e parágrafo único (procedimento atentatório à dignidade da justiça), 808 (alienação de coisa litigiosa na pendência de ação petitória), 856, § 3º (penhora de crédito).

CTN, art. 185.

Lei de Registros Públicos, art. 240.

Leis nº 13.097, de 19.01.2015, alterada pela Lei nº 14.825 de 20.03.2024 (trata da fraude à execução, em relação à publicidade registral imobiliária)

SÚMULAS

Súmula do STJ:

nº 375: "O reconhecimento da fraude à execução depende do registro da penhora do bem alienado ou da prova de má-fé do terceiro adquirente".

CJF – JORNADAS DE DIREITO PROCESSUAL CIVIL

I JORNADA

Enunciado 102 – A falta de oposição de embargos de terceiro preventivos no prazo do art. 792, § 4º, do CPC não impede a propositura dos embargos de terceiro repressivo no prazo do art. 675 do mesmo código.

II JORNADA

Enunciado 149 – A falta de averbação da pendência de processo ou da existência de hipoteca judiciária ou de constrição judicial sobre bem no registro de imóveis não impede que o exequente comprove a má-fé do terceiro que tenha adquirido a propriedade ou qualquer outro direito real sobre o bem.

BREVES COMENTÁRIOS

Cumpre não confundir a fraude contra credores com a fraude de execução. Na primeira, são atingidos apenas interesses privados dos credores (arts. 158 e 159 do atual Código Civil). Na última, o ato do devedor executado viola a própria atividade jurisdicional do Estado (art. 792 do atual Código de Processo Civil). Um dos atributos do direito de propriedade é o poder de disposição assegurado ao titular do domínio. Mas o patrimônio do devedor é a garantia geral dos seus credores; e, por isso, a disponibilidade só pode ser exercitada livremente até onde não lese a segurança dos credores.

É muito mais grave a fraude quando cometida no curso do processo de condenação ou de execução. Além de ser mais evidente o intuito de lesar o credor, a fraude frustra a atuação da Justiça e, por isso, é repelida mais energicamente. Não há necessidade de nenhuma ação para anular ou desconstituir o ato de disposição fraudulenta. A lei o considera simplesmente ineficaz perante o exequente.

Não se cuida, como se vê, de ato nulo ou anulável. Diversamente do que se passa com o que frauda credores – cuja declaração depende de ação cognitiva, ação pauliana –, o negócio jurídico que frauda a execução gera pleno efeito entre alienante e adquirente. Apenas não pode ser oposto ao exequente. Nesse sentido, o § 1º do art. 792 do CPC/2015 é expresso em asseverar que "a alienação em fraude à execução é ineficaz em relação ao exequente".

Todas as hipóteses dos incisos do art. 792 pressupõem litispendência do processo que suporta os efeitos prejudiciais do ato de disposição praticado pelo devedor. Como o demandado ou o executado só se sujeita aos efeitos da litispendência após a citação (art. 240), a fraude à execução só se configura, em regra, depois de o alienante achar-se integrado à relação processual por meio do ato citatório. Por isso mesmo, nos casos de desconsideração da personalidade jurídica, essa fraude somente se configurará a partir da citação da parte (*i.e.*, da citação do sócio, na desconsideração direta, ou da sociedade, na desconsideração indireta). Nesse sentido é que se deve interpretar o § 3º do art. 792. Mesmo porque aquele que sofre o redirecionamento da execução não era, até então, parte de processo pendente, e como tal não poderia fraudá-lo, segundo a sistemática geral do referido artigo.

JURISPRUDÊNCIA SELECIONADA

1. Fraude à execução. "A fraude à execução é instituto de direito processual. A sua ocorrência implica violação da função processual executiva, e, portanto, os interesses molestados são ditos como de **ordem pública**. Trata-se de atentado contra o eficaz desenvolvimento da função jurisdicional em curso. O instituto que reprime a fraude à execução defende não apenas o credor, mas o próprio processo" (STJ, REsp 1.063.768/SP, Rel. Min. Nancy Andrighi, 3ª Turma, jul. 10.03.2009, *DJe* 04.08.2009).

Fraude civil *x* Fraude fiscal. "A diferença de tratamento entre a fraude civil e a fraude fiscal justifica-se pelo fato de que, na primeira hipótese, afronta-se interesse privado, ao passo que, na segunda, interesse público, porquanto o recolhimento dos tributos serve à satisfação das necessidades coletivas. A natureza jurídica tributária do crédito conduz a que a simples alienação ou oneração de bens ou rendas, ou seu começo, pelo sujeito passivo por quantia inscrita em dívida ativa, sem a reserva de meios para quitação do débito, gere presunção absoluta (*jure et de jure*) de fraude à execução (lei especial que se sobrepõe ao regime do direito processual civil); **se o ato translativo foi praticado a partir de 09.06.2005, data de início da vigência da Lei Complementar 118/2005, basta a efetivação da inscrição em dívida ativa para a configuração da figura da fraude;** (iii) a fraude de execução prevista no artigo 185, do CTN, encerra presunção *jure et de jure*, conquanto componente do elenco das 'garantias do crédito tributário'" (STJ, AgRg no REsp 1.065.799/RS, Rel. Min. Luiz Fux, 1ª Turma, jul. 15.02.2011, *DJe* 28.02.2011).

2. Necessidade de citação válida na ação defraudada (*caput*). "'Este Superior Tribunal de Justiça consolidou entendimento no sentido de que a alienação ou oneração do bem, para que seja considerada em fraude de execução, deverá ocorrer após a citação válida do devedor, seja no curso da ação de execução, seja durante o processo de conhecimento' (REsp 127.159/MG, Rel. Ministro Antônio de Pádua Ribeiro, 3ª Turma, *DJ* 13.6.2005)." (STJ, AgInt no AREsp 518.944/MG, Rel.ª Min.ª Maria Isabel Gallotti, 4ª Turma, jul. 09.03.2017, *DJe* 14.03.2017)

Citação válida. "Para fins do art. 543-C do CPC [art. 1.036 do CPC/2015] , firma-se a seguinte orientação: '1.1. É indispensável citação válida para configuração da fraude de execução, ressalvada a hipótese prevista no § 3º do art. 615-A do CPC [art. 828, § 4º, do CPC/2015]. 1.2. O reconhecimento da fraude de execução depende do registro da penhora do bem alienado ou da prova de má-fé do terceiro adquirente (Súmula n. 375/STJ). 1.3. A presunção de boa-fé é princípio geral de direito universalmente aceito, sendo milenar a parêmia: a boa-fé se presume; a má-fé se prova. 1.4. Inexistindo registro da penhora na matrícula do imóvel, é do credor o ônus da prova de que o terceiro adquirente tinha conhecimento de demanda capaz de levar o alienante à insolvência, sob pena de tornar-se letra morta o disposto no art. 659, § 4º, do CPC. 1.5. Conforme previsto no § 3º do art. 615-A do CPC [art. 828, § 4º, do CPC/2015], presume-se em fraude de execução a alienação ou oneração de bens realizada após a averbação referida no dispositivo'" (STJ, REsp 956.943/PR, Rel. p/ Acórdão Min. João Otávio de Noronha, Corte Especial, jul. 20.08.2014, *DJe* 01.12.2014). **Obs.:** Decisão submetida a julgamento de recursos repetitivos.

Citação efetivada em ação de conhecimento. "A citação válida do devedor, exigida para o fim de caracterização de alienação em fraude à execução, pode ser aquela efetivada em ação de conhecimento, cujo julgamento possa reduzi-lo à insolvência. Para que exista fraude à execução é preciso que a alienação do bem tenha ocorrido após registrada a citação válida do devedor ou, então, que o credor prove o conhecimento do adquirente sobre a existência de demanda pendente contra o alienante, ao tempo da aquisição" (STJ, REsp 234.473/SP, Rel. Min. Nancy Andrighi, 3ª Turma, jul. 22.10.2001, *DJ* 18.02.2002). **No mesmo sentido:** STJ, REsp 440.665/SP, Rel. Min. Carlos Alberto Menezes Direito, 3ª Turma, jul. 25.02.2003, *DJ* 31.03.2003; STJ, REsp 74.222/RS, Rel. Min. Eduardo Ribeiro, 3ª Turma, jul. 14.05.1996, *DJ* 10.06.1996.

Comparecimento do citando. "O comparecimento do citando supre a falta de citação. Desse modo, havendo o executado oferecido embargos, há de entender-se que, atendido o disposto no artigo 593, II [art. 792, IV, do CPC/2015], ao exigir que, ao tempo da venda, havia ação em curso" (STJ, REsp 65.536/SP, Rel. Min. Eduardo Ribeiro, 3ª Turma, jul. 14.08.1995, *DJ* 25.09.1995).

Devedor que se esquiva da citação. "*In casu*, há que se ater à peculiaridade levada em conta pela decisão recorrida, qual seja, quando da alienação do bem, portanto, no momento caracterizador da fraude, o devedor-executado tinha pleno conhecimento do ajuizamento da execução e, como forma de subtrair-se à responsabilidade executiva decorrente da atividade jurisdicional, esquivou-se da citação de modo a impedir a caracterização da litispendência e nesse período adquiriu um bem imóvel em nome dos filhos. Inegável, portanto, que no caso em questão o ato fraudulento do executado maltratou não apenas o interesse privado do credor, mas sim a eficácia e o próprio prestígio da atividade jurisdicional, razão por que o ato de alienação de bens praticado pelo executado, **ainda que anteriormente à citação, ontologicamente analisado no acórdão recorrido, está mesmo a caracterizar fraude de execução**, impondo, como consequência a declaração de sua ineficácia perante o credor-exequente" (STJ, REsp 799.440/DF, Rel. Min. João Otávio de Noronha, 4ª Turma, jul. 15.12.2009, *DJe* 02.02.2010).

"Para caracterização de fraude à execução, a teor do inciso II do art. 593 do CPC [art. 792, IV, do CPC/2015], é indispensável que o ato de oneração ou alienação do bem seja realizado após a demanda, cognitiva ou executiva, que possa reduzir o devedor à insolvência. **Não basta a cientificação dos fiadores da ação de despejo por falta de pagamento** movida contra os inquilinos, é necessário que tenham sido citados para a demanda" (STJ, REsp 299.330/SP, Rel. Min. Vicente Leal, 6ª Turma, *DJ* 22.10.2001).

"A circunstância de ser a alienação do bem penhorado posterior à citação do executado no processo executivo **não gera, por si só, a presunção de que o terceiro adquirente teria conhecimento da demanda** e, em consequência, de sua má-fé. Precedentes" (STJ, AgRg no Ag 922.898/RS, Rel. Min. Raul Araújo, 4ª Turma, jul. 10.08.2010, *DJe* 25.08.2010).

Citação da sociedade. "Para a caracterização da fraude à execução, em se tratando de redirecionamento para o sócio-gerente, não se exige a sua citação, sendo suficiente que a alienação tenha ocorrido após a citação da sociedade. Precedentes da 1ª T." (STJ, REsp 225.891/SP, Rel. Min. Milton Luiz Pereira, 1ª Turma, jul. 06.12.2001, *DJ* 11.03.2002). **No mesmo sentido:** STJ, REsp 289.640/SP, Rel. Min. Eliana Calmon, 2ª Turma, jul. 06.06.2002, *DJ* 19.08.2002. **Entretanto**, "Alienação de bem – Inadmissível a configuração de fraude à execução com alienação pela sócia, de bem particular seu, estando em andamento demanda contra a pessoa jurídica – Termo de oferecimento de bem à penhora lavrado após a alienação do bem – Correto o indeferimento de reconhecimento da fraude à execução" (1º TACivSP, AgIn 1.032.502-7, Rel. Juiz. Paulo Hatanaka, 10ª Câm., jul. 28.08.2001).

Conhecimento da ação. "De acordo com a jurisprudência desta Corte, a simples existência de ação em curso no momento da alienação do bem não é suficiente para instaurar a presunção de fraude à execução, sendo necessário, quando não haja penhora anterior, devidamente registrada, prova de que o adquirente do bem tinha **conhecimento da referida ação judicial**, sem o que não se poderá ter por caracterizado o *consilium fraudis*" (STJ, REsp 1.073.042/RS, Rel. Min. Sidnei Beneti, 3ª Turma, jul. 19.03.2009, *DJe* 27.03.2009).

3. Fraude à execução. Elementos necessários. "Para que se tenha por fraude à execução a alienação de bens, de que trata o inciso II do art. 593 do Código de Processo Civil [art. 792, IV, do CPC/2015], é necessária a presença concomitante dos seguintes elementos: **a) que a ação já tenha sido aforada; b) que o adquirente saiba da existência da ação**, ou por já constar no cartório imobiliário algum registro dando conta de sua existência (presunção *juris et de jure* contra o adquirente), ou porque o exequente, por outros meios, provou que do aforamento da ação o adquirente tinha ciência; c) que a **alienação ou a oneração dos bens seja capaz de reduzir o devedor à insolvência**, militando em favor do exequente a presunção *juris tantum*. Inocorrente, na hipótese, pelo menos o segundo elemento supraindicado, não se configurou a fraude à execução. Entendimento contrário geraria intranquilidade nos atos negociais, conspiraria contra o comércio jurídico e atingiria a confiabilidade nos registros públicos" (STJ, REsp 235.201/SP, Rel. Min. César Asfor Rocha, jul. 25.06.2002, *DJ* 11.11.2002). **No mesmo sentido:** STJ, REsp 115.878/SP, Rel. Min. Cesar Asfor Rocha, 4ª Turma, jul. 18.05.1999, *DJ* 21.06.1999; STJ, REsp 555.044/DF, Rel. Min. Cesar Asfor Rocha, 4ª Turma, jul. 04.11.2003, *DJ* 16.02.2004; STJ, REsp 330.254/CE, Rel. Min. Sálvio de Figueiredo Teixeira, 4ª Turma, *DJ* 18.02.2002, p. 458; STJ, EREsp 259.890/SP, Rel. Min. José Delgado, Corte Especial, jul. 02.06.2004, *DJ* 13.09.2004, p. 162; *RSTJ* 188/119.

"Considera-se como relevante a **data de alienação do bem** e não o seu registro no Cartório de Imóveis para se aferir a existência de fraude à execução" (STJ, AgRg no Ag 198.099/SP, Rel. Min. Carlos Alberto Menezes Direito, 3ª Turma, jul. 17.11.1998, *DJ* 22.02.1999). **Em sentido contrário:** "A propriedade imobiliária só se transmite após a transcrição do título no registro de imóveis (...). Pode sofrer constrição judicial o imóvel alienado por escritura pública firmada em data anterior a execução fiscal, mas levado a transcrição no registro imobiliário somente depois de seu ajuizamento" (STJ, REsp 2.250/SP, Rel. Min. Cesar Asfor Rocha, 1ª Turma, jul. 04.10.1993, *DJ* 08.11.1993).

4. Registro da penhora (inciso III).

Registro da penhora ou prova da má-fé. "Recurso especial interposto contra acórdão publicado na vigência do Código de Processo Civil de 1973. Enunciados Administrativos ns. 2 e 3/STJ. O reconhecimento de fraude à execução, consoante o disposto na Súmula 375/STJ, depende do registro da penhora do bem alienado ou da prova de má-fé do terceiro adquirente. O protesto contra alienação de bens não tem o condão de obstar o respectivo negócio, tampouco anulá-lo" (STJ, AgInt no REsp 1.777.412/SP, Rel. Min. Ricardo Villas Bôas Cueva, 3ª Turma, jul. 22.06.2020, *DJe* 26.06.2020).

"A jurisprudência do Superior Tribunal de Justiça, a fim de resguardar o direito de terceiro de boa-fé, consolidou o entendimento de que a constatação de fraude em execução decorrente de alienação de imóvel exige, além do ajuizamento da ação executiva e a citação do devedor, o registro da penhora no ofício de imóveis (para que a indisponibilidade do bem gere efeitos de eficácia *erga omnes*), salvo se evidenciada a má-fé dos particulares (*consilium fraudis*), o que, conforme consignado pela Corte de origem, não ficou demonstrado neste feito" (STJ, AgRg no Ag 1.019.882/PR, Rel. Min. Benedito Gonçalves, 1ª Turma, jul. 18.08.2009, *DJe* 31.08.2009).

"Apesar de a Súmula 375/STJ preconizar que 'O reconhecimento da fraude à execução depende do registro da penhora do bem alienado ou da prova de má-fé do terceiro adquirente', tal interpretação do artigo 185 do CTN foi editada com o fim de proteger o direito de terceiros de boa-fé, o que não é o caso dos autos, já que, na espécie, não houve a alienação dos imóveis para terceiros, mas sua **incorporação a uma empresa criada pelos próprios executados que, já citados, tinham plena ciência da existência da execução fiscal ajuizada contra si**" (STJ, AgRg no REsp 1.180.750/RS, Rel. Min. Benedito Gonçalves, 1ª Turma, jul. 21.09.2010, *DJe* 28.09.2010).

Ausência de registro da penhora. Comprovação da má-fé do terceiro adquirente. "Não havendo penhora registrada, reconhece-se a fraude à execução quando comprovado que o adquirente do imóvel estava de má-fé. Agindo o adquirente de imóvel de boa-fé, não há como configurar a fraude à execução, independentemente de a conduta do executado/alienante estar eivada de má-fé" (STJ, EDcl no AgRg no AI 1.175.546/PR, Rel. Min. João Otávio de Noronha, 4ª Turma, jul. 14.04.2011, *DJe* 03.05.2011). **No mesmo sentido:** STJ, REsp 167.134/ES, Rel. Min. Carlos Alberto Menezes Direito, 3ª Turma, jul. 06.04.1999, *DJ* 07.06.1999.

Publicação de editais decorrentes de protesto judicial. Presunção de conhecimento da demanda. "É lícito se presuma, de parte do adquirente, o conhecimento de que corria a demanda, 'pela publicação de editais, decorrentes de protesto judicial' (contra a alienação dos bens, com publicação também em jornal de circulação local, onde residia o adquirente)" (STJ, REsp 116.827/RS, Rel. Min. Nilson Naves, 3ª Turma, jul. 20.05.1999, *DJ* 15.05.2000).

Presunção absoluta de fraude. "Para proteger a boa-fé dos adquirentes de bens do devedor, considera-se absoluta a presunção de fraude na alienação de bem **com penhora registrada**. Embora a penhora não tenha sido registrada, a alienação operou-se após o conhecimento da execução pela pessoa jurídica devedora, cujo sócio é parente da embargante, consoante premissa fática fixada nas instâncias ordinárias, o que faz presumir o conluio entre alienante e adquirente, tornando ineficaz a transmissão da propriedade" (STJ, REsp 1.085.933/SP, Rel. Min. Eliana Calmon, 2ª Turma, jul. 03.02.2009, *DJe* 26.02.2009).

Demonstração da má-fé. Desnecessidade. "Não se exige a demonstração do intuito de fraudar – circunstância de que não se cogita em se tratando de fraude de execução, mas apenas em fraude contra credores, que reclama ação própria (revocatória/pauliana). Na fraude de execução, dispensável é a prova da má-fé" (STJ, REsp 333.161/MS, Rel. Min. Sálvio de Figueiredo Teixeira, 4ª Turma, jul. 07.02.2002, *DJ* 15.04.2002).

a) Execução fiscal. Fraude à execução fiscal. Alienação após a inscrição do débito tributário em dívida ativa. "Ao julgar o REsp 1.141.990/PR, Relator Ministro Luiz Fux, *DJe* 19.11.2010, representativo da controvérsia, esta Corte assentou o entendimento de que não se aplica à Execução Fiscal o Enunciado 375 da Súmula de sua jurisprudência, segundo o qual o reconhecimento da fraude à execução depende do registro da penhora do bem alienado ou da prova de má-fé do terceiro adquirente. Sendo assim, há presunção absoluta da fraude à execução quando a alienação é efetivada após a inscrição do débito tributário em Dívida Ativa, ou, em sendo a alienação feita em data anterior à entrada em vigor da LC 118/2005, presume-se fraudulenta quando feita após a citação do devedor, sendo desnecessária, portanto, a discussão acerca da má-fé ou não do adquirente". **No mesmo sentido:** STJ, AgInt no REsp 1.861.400/PR, Rel. Min. Napoleão Nunes Maia Filho, 1ª Turma, jul. 05.10.2020, *DJe* 08.10.2020; STJ, AgRg no REsp 1.341.624/SC, Rel. Min. Arnaldo Esteves Lima, 1ª Turma, jul. 06.11.2012, *DJe* 14.11.2012; STJ, AgRg no REsp 1.324.851/MS, Rel. Min. Eliana Calmon, 2ª Turma, jul. 17.12.2013, *DJe* 07.02.2014.

5. Ação capaz de reduzir o devedor à insolvência (inciso IV).

"Para que fique configurada a fraude à execução, nos termos do art. 593, II [art. 792, IV, do CPC/2015], da lei instrumental, imperioso, além dos demais requisitos, estar demonstrado que a alienação ou oneração do bem, ainda não constrito, conduz o devedor ao estado de insolvência. A comprovada existência de bens outros de valor maior do que o devido descaracteriza a fraude, mesmo que presente a alienação ou a oneração" (2º TACívelSP, AI 617.016-00/8, Rel. Juiz Vieira de Moraes, 1ª Câmara, jul. 19.02.2000).

"A caracterização da fraude de execução prevista no inciso segundo (II) do art. 593, CPC [art. 792, IV, do CPC/2015], ressalvadas as hipóteses de constrição legal, reclama a ocorrência de dois pressupostos, a saber, uma ação em curso (seja executiva, seja condenatória), com citação válida, e o estado de insolvência a que, em virtude da alienação ou oneração, conduzindo o devedor. (...). **A demonstração do pressuposto da insolvência é dispensável para a caracterização de outras hipóteses de fraude de execução**, a saber, a contemplada no inciso um (I) do mesmo dispositivo e as de oneração ou alienação do bem sob constrição judicial" (STJ, REsp 20.778/SP, Rel. Min. Sálvio de Figueiredo Teixeira, 4ª Turma, jul. 26.09.1994, *DJ* 31.10.1994).

Alienação de outros bens não penhorados. "Havendo penhora no processo de execução que corria contra o vendedor, não se pode reconhecer fraude de execução na alienação de outro bem, se inexistem elementos para caracterizar a insolvência e o conhecimento que dela deveria ter o comprador" (STJ, REsp 215.914/MG, Rel. Min. Ruy Rosado de Aguiar, 4ª Turma, jul. 04.11.1999, *DJ* 14.02.2000).

Fiadores reduzidos à insolvência. Desnecessidade. "Para caracterização da fraude a execução, não se exige que também os fiadores fiquem reduzidos à insolvência, ou que se demonstre não terem os mesmos bens para garantir a dívida. Inteligência do art. 593, II, do CPC [art. 792, IV, do CPC/2015], que, sem dúvida, refere-se ao devedor principal" (STJ, REsp 47.106/RS, Rel. Min. Costa Leite, 3ª Turma, jul. 02.08.1994, *DJ* 20.02.1995).

a) Ônus da prova. "'O inciso II, do art. 593, do CPC [art. 792, IV, do CPC/2015], estabelece uma presunção relativa da fraude, que beneficia o autor ou exequente, razão pela qual é da parte contrária o ônus da prova da inocorrência dos pressupostos da fraude de execução' (REsp n. 655000/SP)" (STJ, AR 3.307/SP, Rel. Min. João Otávio de Noronha, 2ª Seção, jul. 24.02.2010, *DJe* 29.03.2010).

b) Doação de imóvel em detrimento dos credores. Fraude. "Reconhece-se objetivamente a fraude à execução, porquanto a má-fé do doador, que se desfez de forma graciosa de imóvel, em detrimento de credores, é o bastante para configurar o ardil previsto no art. 593, II, do CPC" [art. 792, IV, do CPC/2015] (STJ, REsp 1.163.114/MG, Rel. Min. Luis Felipe Salomão, 4ª Turma, jul.16.06.2011, *DJe* 01.08.2011).

c) Alienação de todos os bens existentes no Brasil. "A existência de patrimônio da sociedade estrangeira em seu país de origem é tema que não compete à autoridade judiciária brasileira investigar. Se há patrimônio na Suíça, é por medida judicial a ser adotada pelo credor naquele país que tais bens serão vinculados ao pagamento da dívida. A execução que corre no Brasil visa à vinculação, ao pagamento, do patrimônio nacional da empresa estrangeira. Se esse patrimônio que foi transferido, após a propositura da ação, retirando da autoridade brasileira a possibilidade de dar efetividade ao seu próprio julgado, há insolvência e há fraude à execução" (STJ, REsp 1.063.768/SP, Rel. Min. Nancy Andrighi, 3ª Turma, jul. 10.03.2009, *DJe* 04.08.2009).

d) Boa-fé do adquirente. "Destaca-se que a presunção de fraude à execução quando a alienação do bem do devedor ocorre após a citação é relativa, ou seja, admite prova em contrário, sendo invertida pelo adquirente que comprova que agiu com boa-fé na aquisição do bem, mediante a apresentação de certidões pertinentes ao local onde se situa o imóvel, além de demonstrar desconhecer a existência da Execução Fiscal ou da inscrição em dívida ativa em desfavor do alienante." (STJ, EDcl nos EDcl no AgRg no Ag 1225829/PR, Rel. Min. Napoleão Nunes Maia Filho, 1ª Turma, jul. 14.02.2017, *DJe* 22.02.2017)

e) Compromisso de compra e venda. Registro após a citação. "A celebração de compromisso de compra e venda de imóvel anterior à citação, ainda que desprovido de registro, impede a caracterização de fraude à execução nos moldes do art. 593, II, do Código de Processo Civil/1973 [art. 792, IV, do CPC/2015]. Hipótese em que a celebração dos contratos de promessa de compra e venda (realizada entre 1999 e 2003), conquanto não levados a registro, ocorreu antes do ajuizamento da ação (2004), a afastar a presença de fraude à execução, ressalvada a prova da má-fé, inexistente na espécie." (STJ, REsp 1636689/GO, Rel. Min. Ricardo Villas Bôas Cueva, 3ª Turma, jul. 13.12.2016, *DJe* 19.12.2016)

f) Fraude à execução. Processo sucessório. "A ação de habilitação de sucessores, embora vocacionada essencialmente para o acertamento da legitimação de partes, admite o reconhecimento incidental de fraude à execução, seja porque a fraude é questão de ordem pública e, assim, declarável de ofício, seja quando a referida questão estiver incluída na causa de pedir da pretensão deduzida, não havendo, nessas circunstâncias, julgamento além do pedido. Precedentes. **A pretensão de reconhecimento da fraude à execução deduzida no bojo da própria execução e indeferida por insuficiência de provas não impede que a questão seja novamente examinada,** em caráter principal ou incidental, em ação de conhecimento desprovida de limitação probatória e em regular contraditório. Não há preclusão *pro judicato* quanto às questões de ordem pública, gênero do qual a fraude à execução é espécie. Precedentes." (STJ, REsp 1654062/SC, Rel.ª Min.ª Nancy Andrighi, 3ª Turma, jul. 24.04.2018, *DJe* 30.04.2018).

Renúncia de herança. Fraude à execução. "(...). Assim, mesmo em se tratando de renúncia translativa da herança, e não propriamente abdicação, se extrai do conteúdo do art. 1.813, do Código Civil/02, combinado com o art. 593, III, do CPC [art. 792, V, do CPC/2015] que, se o herdeiro prejudicar seus credores, renunciando à herança, o ato será ineficaz perante aqueles que com quem litiga. Dessarte, muito embora não se possa presumir a má-fé do beneficiado pela renúncia, não há como permitir o enriquecimento daquele que recebeu gratuitamente os bens do quinhão hereditário do executado, em detrimento do lídimo interesse do credor e da atividade jurisdicional da execução. 'É o próprio sistema de direito civil que revela sua intolerância com o enriquecimento de terceiros, beneficiados por atos gratuitos do devedor, em detrimento de credores, e isso independentemente de suposições acerca da má-fé dos donatários (*v.g.*, arts. 1.997, 1.813, 158 e 552 do Código Civil de 2002) (REsp 1163114/MG, Rel. Ministro Luis Felipe Salomão, 4ª Turma, jul. 16.06.2011, *DJe* 01.08.2011)'" (STJ, REsp 1252353/SP, Rel. Min. Luis Felipe Salomão, 4ª Turma, jul. 21.05.2013, *DJe* 21.06.2013).

6. Sucessivas alienações. Fraude à execução reconhecida no primeiro ato de transferência. Proteção do adquirente de boa-fé. Levantamento da penhora. "A ausência de ônus ou constrição judicial anotada no registro imobiliário do bem, adquirido de vendedora solvente, sobre a qual não recaíam, ao tempo da venda, execuções capazes de lhe reduzir à insolvência, além do atendimento às exigências do banco para a alienação fiduciária aos embargantes, gera presunção juris tantum de boa-fé, cabendo ao credor, portanto, o ônus de desfazê-la. A Súmula nº 375/STJ consolidou o entendimento jurisprudencial desta Corte no sentido de que 'o reconhecimento da fraude à execução depende do registro da penhora do bem alienado ou da prova de má-fé do terceiro adquirente'. **No caso dos autos, a despeito de ter sido reconhecida a fraude à execução no primeiro ato de transferência do bem, nos demais atos não houve prova do registro da penhora, nem da má-fé dos terceiros adquirentes**" (STJ, REsp 1.590.616, Rel. Min. Paulo de Tarso Sanseverino, Rel. Min. Paulo de Tarso Sanseverino, jul. 28.03.2019, *DJe* 13.12.2018, p. 6.486).

Alienações sucessivas. Extensão automática da ineficácia da primeira alienação às transações subsequentes. Impossibilidade. Súmula 375. "Em caso de alienações sucessivas, inicialmente, é notório que, na circunstância narrada, não se exige a pendência de processo em face do alienante do qual o atual proprietário adquiriu o imóvel. Tal exigência, em atenção aos ditames legais (art. 593 do CPC/73 e art. 792 do CPC/2015), deve ser observada exclusivamente em relação ao devedor que figura no polo passivo da ação de conhecimento ou de execução. É dizer, a litispendência é pressuposto a ser analisado exclusivamente com relação àquele que tem relação jurídica com o credor. No que concerne ao requisito do registro da penhora ou da pendência de ação ou, então, da má-fé do adquirente, de acordo com os diversos precedentes já analisados por esta Corte e que, inclusive, embasaram a edição da Súmula 375/STJ, e com a doutrina especializada, o reconhecimento da ineficácia da alienação originária, porque realizada em fraude à execução, não contamina, automaticamente, as alienações posteriores. Nessas situações, existindo registro da ação ou da penhora à margem da matrícula do bem imóvel alienado a terceiro, haverá presunção absoluta do conhecimento do adquirente sucessivo e, portanto, da ocorrência de fraude. Diversamente, se inexistente o registro do ato constritivo ou da ação, incumbe ao exequente/embargado a prova da má-fé do adquirente sucessivo" (STJ, REsp 1.863.952/SP, Rel. Min. Nancy Andrighi, 3ª Turma, jul. 26.10.2021, *DJe* 29.11.2021).

Alienações sucessivas. "A fraude à execução que autoriza a aplicação do artigo 593, II, do CPC [art. 792, IV, do CPC/2015], bem assim do artigo 185 do CTN, é aquela praticada pelo devedor ou por quem dela tinha conhecimento; quem adquire o bem de sucessivas transmissões, sem ter meios de saber de sua origem irregular, pode se valer dos embargos de terceiro para afastar a turbação resultante de ato judicial. O reconhecimento de fraude contra credores, com a participação do adquirente do bem, só pode se dar na ação própria" (STJ, REsp 45.453/SP, Rel. Min. Ari Pargendler, 2ª Turma, jul. 24.02.1997, *DJ* 17.03.1997). **No mesmo sentido:** STJ, REsp 185.813/MG, Rel. Min. Ruy Rosado de Aguiar, 4ª Turma, jul. 05.11.1998, *DJ* 01.02.1999. **Em sentido contrário:** "A sentença mantida por esta Corte, no sentido de que houve fraude à execução na alienação do imóvel em questão, contamina **as posteriores alienações**. Precedente" (STJ, REsp 217.824/SP, Rel. Min. Antônio de Pádua Ribeiro, 3ª Turma, jul. 13.04.2004, *DJ* 17.05.2004). **Obs.:** Ver entendimento da 3ª Turma no REsp **1.567.492/RJ no tópico Jurisprudência Selecionada** ***supra*.**

7. Cessão de crédito. Fraude à execução. "Celebração de contratos de cessões de créditos logo depois de efetivada a citação nos autos da execução de título extrajudicial movida pela Swiss Re, sem deixar bens suficientes ao adimplemento da dívida, constitui evidente fraude à execução. Reconhecimento de ineficácia das transações em face da agravante" (TJSP, AI 2262065-52.2019.8.26.0000, Rel. Des. Azuma Nishi, 1ª Câmara Reservada de Direito Empresarial, jul. 10.07.2020, *DjeSP* 22.07.2020, p. 2.319).

8. Dação de veículo em pagamento a título de honorários advocatícios contratuais. "Nos termos do art. 472, IV, do CPC, a pendência de ação capaz de reduzir o devedor à insolvência caracteriza como fraude à execução a alienação de bem, embora assegurado o direito do terceiro adquirente de boa-fé. No caso concreto, não resta dúvidas de que a terceira embargante tinha plena ciência dos feitos executivos em andamento e da insolvência do devedor, uma vez que recebeu o veículo como parte do pagamento dos honorários advocatícios contratuais. Reconhecida a fraude à execução, ante a presunção da má-fé da adquirente" (Apelação Cível, Nº 70074635301, 20ª Câmara Cível, Tribunal de Justiça do RS, Rel. Des. Glênio José Wasserstein Hekman, jul.13.03.2019, *DJe* 18.03.2019)

9. Aquisição do bem por adjudicação.

Inexistência de fraude à execução. "O Tribunal bandeirante consignou: 'Em primeiro lugar porque não houve ato do executado de alienação ou oneração de bem, como menciona o art. 593 (CPC de 1973) e 792 (atual CPC), mas sim adjudicação do bem por outro credor em outra execução.' Depreende-se da análise do acórdão recorrido que a Corte estadual interpretou corretamente o art. 792 do CPC, porquanto a fraude à execução só poderá ser reconhecida se houver ato de alienação ou oneração do bem, o que não ocorreu na hipótese *sub judice*" (STJ, REsp 1.728.292/SP, Rel. Min. Herman Benjamin, 2ª Turma, jul. 17.04.2018, *DJe* 24.05.2018).

Alienação judicial. "Tendo a expropriação sido efetivada sob a tutela jurisdicional, no curso de processo judicial, presume-se a higidez da titulação do arrematante" (STJ, REsp 1.219.093/PR, Rel. Min. Ricardo Villas Bôas Cueva, 3ª Turma, jul. 27.03.2012, *DJe* 10.04.2012).

10. Ajuizamento de ação revocatória. Desnecessidade (inciso IV). "*In casu*, a alienação dos imóveis ocorreu após a existência de sentença falimentar, circunstância que torna nulo o ato de disposição patrimonial. O ajuizamento de ação revocatória, para atacar a aludida alienação, mostra-se desnecessário, tendo em vista que este remédio processual visa à desconstituição de negócio jurídico realizado dentro do termo legal, ou seja, antes da decretação da falência" (STJ, REsp 809.501/RS, Rel. Min. Vasco Della Giustina, 3ª Turma, jul. 14.04.2011, *DJe* 26.04.2011).

11. Não configura fraude à execução:

Compra e venda com terceiro de boa-fé antes da execução. "Não caracterizada fraude de execução, o negócio de compra e venda realizado com terceiros de boa-fé, muito antes da execução, através de procuração por instrumento público, tendo sido formalizada a venda e registrado o título antes da penhora, sem que a ação tivesse sido levada a registro e inexistindo prova da insolvência" (STJ, REsp 203.677/RJ, Rel. Min. Ruy Rosado de Aguiar, 4ª Turma, jul. 27.04.1999, *DJ* 21.06.1999). **No mesmo sentido:** STJ, REsp 694.728/RS, Rel. Min. Jorge Scartezzini, 4ª Turma, jul. 07.11.2006, *DJ* 11.12.2006.

Venda de veículo automotor. Ausência de restrição. "Não se configura fraude à execução se não é provado o *consilium fraudis*, com a participação do adquirente de veículo automotor **sobre o qual não pesava qualquer penhora ou arresto quando da compra.** Ademais, no caso dos autos, trata-se de venda de automóvel usado, em que não existe qualquer praxe pelos compradores de pesquisar junto a cartórios de distribuição e protesto para verificar se contra o alienante pesa alguma execução" (STJ, REsp 389.569/MG, Rel. Min. Aldir Passarinho Júnior, jul. 27.08.2002, *DJ* 11.11.2002). **No mesmo sentido:** STJ, REsp 835.089/RS, Rel. Min. Luiz Fux, 1ª Turma, jul. 22.05.2007, *DJU* 21.06.2007, p. 287.

Alienação de bem impenhorável. "Não há fraude à execução na alienação de bem impenhorável nos termos da Lei nº 8.009/90, tendo em vista que **o bem de família jamais será expropriado para satisfazer a execução,** não tendo o exequente nenhum interesse jurídico em ter a venda considerada ineficaz. 'O reconhecimento da fraude à execução depende do registro da penhora do bem alienado ou da prova de má-fé do terceiro adquirente'. Súmula nº 375/ STJ" (STJ, REsp 976.566/RS, Rel. Min. Luis Felipe Salomão, 4ª Turma, jul. 20.04.2010, *DJe* 04.05.2010).

Alienação de bem impenhorável. "O fato de o recorrido já não residir no imóvel não afasta sua impenhorabilidade absoluta, já que foi transferido, no caso, para seus filhos com usufruto de sua ex-esposa. Como a lei objetiva tutelar a entidade familiar e não a pessoa do devedor, **não importa que no imóvel já não mais resida o executado.** Se o imóvel é absolutamente impenhorável e jamais poderia ser constrito pela execução fiscal, conclui-se que a doação do bem aos filhos do executado com usufruto pela ex-esposa não pode ser considerado fraude à execução, pois não há a possibilidade dessa vir a ser frustrada em face da aludida alienação" (STJ, REsp 1.059.805/RS, Rel. Min. Castro Meira, 2ª Turma, jul. 26.08.2008, *DJe* 02.10.2008).

Sobre impenhorabilidade do único bem de família, ver jurisprudência do art. 1º da Lei nº 8.009/1990.

Renúncia ao usufruto. "A renúncia ao usufruto não importa em fraude à execução, porquanto, a despeito de os frutos serem penhoráveis, o usufruto é direito impenhorável e inalienável, salvo para o nu proprietário" (STJ, REsp 1.098.620/SP, Rel. Min. Luiz Fux, 1ª Turma, jul. 19.11.2009, *DJe* 03.12.2009).

Afastamento da incidência da norma de fraude à execução. "A incidência da norma de fraude à execução pode ser afastada pelo devedor ou pelo adquirente se demonstrado que foram reservados pelo devedor bens **ou rendas suficientes ao total pagamento da dívida, ou que a citação não foi válida (para alienações ocorridas até 8.6.2005), ou que a alienação se deu antes da citação (para alienações ocorridas até 8.6.2005),** ou que a alienação se deu antes da inscrição em dívida ativa (para alienações posteriores a 9.6.2005). Hipótese em que a alienação se deu após a citação válida, contudo, antes do registro da penhora, não tendo sido comprovada a má-fé do terceiro adquirente, o que afasta a ocorrência de fraude à execução nos moldes do enunciado n. 375 da Súmula do STJ" (STJ, REsp 726.323/SP, Rel. Min. Mauro Campbell Marques, 2ª Turma, jul. 04.08.2009, *DJe* 17.08.2009).

A deliberação constante de assembleia geral de companhia. "A deliberação, constante de assembleia-geral de companhia, para que seja pago determinado montante a título de remuneração global aos sócios administradores, não pode ser caracterizada fraude à execução, porquanto não representa uma hipótese de alienação de bens, como determinado pelo art. 593 do CPC [art. 792 do CPC/2015]. Se a deliberação não observa os ditames do art. 152 da Lei das S.A., ou se há intento de fraudar credores na decisão tomada, trata-se de matéria que deve ser abordada em ação própria, com abertura de amplo contraditório e possibilidade de dilação probatória. Nos autos da execução, há outros mecanismos à disposição dos credores para atingir patrimônio eventualmente desviado pela empresa executada" (STJ, Ag 1.380.194/SC, Rel. Min. Nancy Andrighi, 3ª Turma, jul. 06.12.2011, *DJe* 16.12.2011).

12. Fraude à execução. Declaração de ineficácia do ato. Ação anulatória. Desnecessidade. "Nos termos do art. 966, § 4º, do CPC/2015, o cabimento da ação anulatória está restrito ao reconhecimento de vícios de ato das partes ou de outros participantes do processo, isto é, não se busca a desconstituição de um ato propriamente estatal, pois a sentença é apenas um ato homologatório. O acordo firmado pelas partes e homologado judicialmente é um ato processualizado, o que, por conseguinte, impõe sua análise sob o espectro do direito material que o respalda. Assim, o ajuizamento da ação anulatória seria necessário para a declaração da invalidade do negócio jurídico. Cuidando-se apenas da pretensão de declaração da ineficácia do negócio jurídico em relação ao exequente ante a inequívoca caracterização da fraude à execução, com o reconhecimento da nítida má-fé das partes que firmaram o acordo posteriormente homologado judicialmente, é prescindível a propositura de ação anulatória autônoma" (STJ, REsp 1.845.558/SP, Rel. Min. Marco Aurélio Bellizze, 3ª Turma, jul. 01.06.2021, *DJe* 10.06.2021).

13. Fraude à execução. Consequências. "Na fraude de execução o ato não é nulo, inválido, mas sim **ineficaz em relação ao credor**. Ocorrendo, porém, remição da execução (CPC, art. 651) [art. 826 do CPC/2015], não mais se pode cogitar da ineficácia do ato de alienação" (STJ, REsp 3.771/GO, Rel. Min. Sálvio de Figueiredo Teixeira, 4ª Turma, jul. 16.10.1990, *DJU* 05.11.1990, p. 12432).

"A decisão que declara a fraude à execução sujeita à penhora o imóvel alienado, sem atingir a transmissão da propriedade, cujo negócio jurídico é, tão só, **ineficaz em relação ao credor**; o meio de impedir que o imóvel volte a ser alienado, enquanto a execução não for aparelhada, é o registro da penhora, e não o cancelamento do registro da propriedade no Ofício Imobiliário. Recurso especial conhecido e provido" (STJ, REsp 38.369/SP, Rel. Min. Ari Pargendler, 3ª Turma, jul. 24.05.1999, *DJ* 28.06.1999).

"São penhoráveis os direitos hereditários de cunho patrimonial. Não há necessidade de ajuizamento de ação própria para desconstituir a sentença homologatória de partilha, pois o reconhecimento da ocorrência de fraude nos autos da execução não implica sua desconstituição, mas, tão somente, **a ineficácia das cessões efetuadas pelos herdeiros em relação ao credor/exequente**" (STJ, REsp 1.105.951/RJ, Rel. Min. Sidnei Beneti, 3ª Turma, jul. 04.10.2011, *DJe* 14.10.2011).

"Se o bem alienado em fraude à execução veio a ser desapropriado, o valor da respectiva indenização deve ser levado ao juízo onde se processa a execução, nada importando a circunstância de o adquirente expropriado encontrar-se falido. **O produto do**

bem alienado em fraude à execução só integra a massa falida na medida em que ultrapassa o valor suficiente à satisfação do exequente fraudado (CPC, arts. 592/593)" [arts. 790/792 do CPC/2015] (STJ, REsp 201.385/SP, Rel. Min. Humberto Gomes de Barros, 1ª Turma, jul. 14.11.2000, *DJ* 02.04.2001).

Decisão transitada em julgado. Vinculação das partes. "A decisão transitada em julgado, reconhecendo a fraude à execução, vincula tão somente às partes do processo em que foi prolatada, não estendendo seus efeitos a terceiros" (STJ, REsp 633.418/MG, Rel. Min. Castro Filho, 3ª Turma, jul. 09.08.2005, *DJ* 12.09.2005).

Penhora que independe de prévia citação/ciência. "Configurada fraude de execução, a determinação da penhora sobre imóvel de terceiro-adquirente não depende de prévia intimação/ciência" (STJ, RMS 24.293/RJ, Rel. Min. Humberto Gomes de Barros, 3ª Turma, jul. 23.10.2007, *DJ* 05.11.2007).

Desconsideração da pessoa jurídica. Possibilidade. "Comprovada a existência de fraude de execução, mostra-se possível a aplicação da teoria da desconsideração da personalidade jurídica para assegurar a eficácia do processo de execução" (STJ, REsp 476.713/DF, Rel. Min. Sálvio de Figueiredo Teixeira, 4ª Turma, jul. 20.03.2003, *DJ* 01.03.2004).

14. Terceiro de boa-fé. "A ineficácia, proclamada pelo art. 593, II, do Código de Processo Civil, da alienação de imóvel com fraude à execução não pode ser oposta ao terceiro de boa-fé" (STJ, EREsp 144.190/SP, Rel. Min. Ari Pargendler, 2ª Seção, jul. 14.09.2005, *DJ* 01.02.2006).

"Execução movida contra o espólio quando já havia sentença homologatória de partilha, o que impossibilitou o antecessor dos embargantes saber da existência de demanda capaz de reduzir a alienante à insolvência. Hipótese em que deve se resguardar o interesse do adquirente de boa-fé" (STJ, REsp 191.505/SP, Rel. Min. Waldemar Zveiter, 3ª Turma, jul. 30.09.1999, *DJ* 17.12.1999).

"A orientação pacífica deste Tribunal é de que, em relação a terceiros, é necessário o registro da penhora para a comprovação do *consilium fraudis*, não bastando, para tanto, a constatação de que o negócio de compra e venda tenha sido realizado após a citação do executado (REsp 417.075/SP, Rel. Min. Laurita Vaz, *DJe* 09.02.2009). A matéria está sumulada nos termos do enunciado 375 do STJ, segundo o qual o reconhecimento da fraude à execução depende do registro da penhora do bem alienado ou da prova de má-fé do terceiro adquirente. Se a embargada/exequente, por quase 10 anos, quedou-se inerte sem providenciar a averbação da penhora na matrícula do imóvel, é de se **afastar a presunção relativa da ocorrência de fraude à execução, competindo ao credor o ônus da prova da alegada má-fé em relação ao terceiro/adquirente**. Precedentes: REsp 1.143.015/MG, Rel. Min. Eliana Calmon, *DJe* 30.08.2010; AgRg no Ag 922.898/RS, Rel. Min. Raul Araújo, *DJe* 25.08.2010; AgRg no REsp 801.488/RS, Rel. Min. Sidnei Beneti, *DJe* 18.12.2009; e AgRg no REsp 1.177.830/MG, Rel. Min. Hamilton Carvalhido, *DJe* 22.04.2010" (STJ, AgRg no REsp 963.297/RS, Rel. Min. Napoleão Nunes Maia Filho, 5ª Turma, jul. 05.10.2010, *DJe* 03.11.2010). **No mesmo sentido:** STJ, AgRg no AgRg no REsp 1.177.933/RS, Rel. Min. Massami Uyeda, 3ª Turma, jul. 15.12.2011, *DJe* 02.02.2012.

Ônus da prova. "Tem o terceiro adquirente o ônus de provar que, com a alienação do imóvel, não ficou o devedor reduzido à insolvência, ou demonstrar qualquer outra causa passível de ilidir a presunção de fraude disposta no art. 593, II [art. 792, IV, do CPC/2015], do CPC, inclusive a impossibilidade de ter conhecimento da existência da demanda, apesar de constar da escritura de transferência de propriedade do imóvel a indicação da apresentação dos documentos comprobatórios dos feitos ajuizados em nome do proprietário do imóvel" (STJ, REsp 655.000/SP, Rel. Min. Nancy Andrighi, 3ª Turma, jul. 23.08.2007, *DJ* 27.02.2008). **No mesmo sentido:** STJ, REsp 618.625, Rel. Min. Nancy Andrighi, 3ª Turma, jul. 19.02.2008, *DJ* 11.04.2008; STJ, REsp 13.988/ES, Rel. Min. Claudio Santos, 3ª Turma, jul. 04.05.1993, *DJ* 28.06.1993.

"Está demonstrada a boa-fé do terceiro adquirente quando este junta aos autos certidões de distribuição cível e de protestos obtidas no domicílio da alienante e no local do imóvel. Não se pode exigir que o adquirente tenha conhecimento de ações ajuizadas em outras comarcas. A pendência de processo de interdição ajuizado contra o alienante é fato que, por si só, não induz à existência de fraude de execução, pois não se busca, com tal medida judicial, a satisfação de crédito, mas, sim, a alteração da capacidade do interditando" (STJ, REsp 1.015.459/SP, Rel. Min. Nancy Andrighi, 3ª Turma, jul. 19.05.2009, *DJe* 29.05.2009).

"A sentença faz coisa julgada às partes entre as quais é dada, não beneficiando nem prejudicando terceiros (art. 472 do CPC) [art. 506 do CPC/2015]. (...). Se o terceiro adquirente teve a boa-fé reconhecida judicialmente, e o banco (exequente), em face de sua inércia, não providenciou a regularização da averbação da penhora na matrícula do imóvel, conclui-se que **o ônus da prova deve recair sobre aquele que alega o contrário, no caso, o exequente**, descaracterizando-se, assim, a presunção relativa da ocorrência de fraude à execução" (STJ, REsp 804.044/GO, Rel. Min. Nancy Andrighi, Rel. p/ ac. Min. Massami Uyeda, 3ª Turma, jul. 19.05.2009, *DJe* 04.08.2009).

15. Legitimidade para recorrer. "Fraude de execução. Devedor executado. Legitimidade para recorrer. Tem-na o devedor, ao pleitear se desconsidere a alegada fraude e se tenha por eficaz e válida a alienação. Precedente da 3ª Turma do STJ: REsp 3.338, *DJ* de 10.9.1990" (STJ, REsp 145.523/MG, Rel. Min. Nilson Naves, 3ª Turma, jul. 06.12.1999, *DJ* 02.05.2000).

16. Ação pauliana. "A fraude contra credores não gera a anulabilidade do negócio – já que o retorno, puro e simples, ao *status quo ante* poderia inclusive beneficiar credores supervenientes à alienação, que não foram vítimas de fraude alguma, e que não poderiam alimentar expectativa legítima de se satisfazerem à custa do bem alienado ou onerado. Portanto, a ação pauliana, que, segundo o próprio Código Civil, só pode ser intentada pelos credores que já o eram ao tempo em que se deu a fraude (art. 158, § 2º; CC/16, art. 106, par. único), não conduz a uma sentença anulatória do negócio, mas sim à de retirada parcial de sua eficácia, em relação a determinados credores, permitindo-lhes excutir os bens que foram maliciosamente alienados, restabelecendo sobre eles não a propriedade do alienante, mas a responsabilidade por suas dívidas" (STJ, REsp 506.312/MS, Rel. Min. Teori Albino Zavascki, 1ª Turma, jul. 15.08.2006, *DJ* 31.08.2006).

"A fraude contra credores, proclamada em ação pauliana, não acarreta a anulação do ato de alienação, mas, sim, a invalidade com relação ao credor vencedor da ação pauliana, e nos limites do débito de devedor para com este" (STJ, REsp 971.884/PR, Rel. Min. Sidnei Beneti, 3ª Turma, jul. 22.03.2011, *DJe* 16.02.2012).

Art. 793. O exequente que estiver, por direito de retenção, na posse de coisa pertencente ao devedor não poderá promover a execução sobre outros bens senão depois de excutida a coisa que se achar em seu poder.

CPC/1973

Art. 594.

REFERÊNCIA LEGISLATIVA

CC, arts. 242 (direito pelos melhoramentos e acrescidos feitos na coisa), 319 (retenção do pagamento até receber a quitação), 476, 477 (exceção do contrato não cumprido), 491,

495 (sobrestamento da entrega da coisa vendida), 578 (direito de retenção do locatário), 644 (retenção do depósito pelo depositário), 664, 681 (retenção do objeto da operação pelo mandatário), 1.219, 1.220 (retenção por benfeitorias), 1.423 (retenção do bem pelo credor anticrético), 1.433, II, 1.434 (retenção do bem pelo credor pignoratício), 1.507, 1.509, § 1º (credor anticrético).

Lei de Falência, art. 116, I (retenção dos bens sujeito à arrecadação).

CLT, art. 455, parágrafo único (retenção pelo subempreiteiro).

BREVES COMENTÁRIOS

Nessas circunstâncias, o devedor, que já está privado da posse de determinados bens, goza da "*exceptio excussionis realis positiva*, de modo que se tem de executar, primeiro, a coisa que o credor retém ou possui" (Pontes de Miranda, *Comentários ao Código de Processo Civil*, 1961, v. XIII, p. 135). Só depois de excutidos os bens retidos e havendo saldo remanescente do débito, é que será lícito ao credor penhorar outros bens do devedor. Quer isso dizer que não é lícito ao exequente somar duas garantias: a da retenção e a da penhora de outros bens do devedor. Se já exerce o direito de retenção, é sobre os bens retidos que deverá incidir a penhora, sob pena de praticar-se excesso de execução. Esse direito do executado é invocável por meio de embargos à penhora (art. 917, III). Se se tratar de cumprimento de sentença, o tema se discute em simples impugnação (art. 525, § 1 º, V).

JURISPRUDÊNCIA SELECIONADA

1. Devolução de duplicatas caucionadas. Inaplicabilidade. "Títulos caucionados. Devolvidos. Não afeta a liquidez do título a cobrança pelo saldo devedor. Inaplicável o art. 594 do CPC [art. 793 do CPC/2015], face a devolução das duplicatas caucionadas" (STJ, REsp 11.238/SP, Rel. Min. Cláudio Santos, 3ª Turma, jul. 10.09.1991, *DJ* 23.09.1991).

Art. 794. O fiador, quando executado, tem o direito de exigir que primeiro sejam executados os bens do devedor situados na mesma comarca, livres e desembargados, indicando-os pormenorizadamente à penhora.

§ 1º Os bens do fiador ficarão sujeitos à execução se os do devedor, situados na mesma comarca que os seus, forem insuficientes à satisfação do direito do credor.

§ 2º O fiador que pagar a dívida poderá executar o afiançado nos autos do mesmo processo.

§ 3º O disposto no *caput* não se aplica se o fiador houver renunciado ao benefício de ordem.

CPC/1973

Art. 595.

REFERÊNCIA LEGISLATIVA

CPC/2015, arts. 779, IV (fiador judicial), 793 (execução de bens), 835 e 842 (nomeação de bens à penhora).

LEF, art. 4º, § 3º.

CC, arts. 827, 828 (benefício de ordem do fiador), 831 (sub-rogação do fiador nos direitos do credor).

BREVES COMENTÁRIOS

O dispositivo cuida do denominado benefício de ordem, cuja invocação corresponde a uma defesa dilatória, já que, afinal, não sendo profícua a excussão dos bens do afiançado, a expropriação executiva voltará a atuar sobre o patrimônio do fiador. Esse benefício, outrossim, somente tem cabimento na fiança pura e simples, não naqueles casos em que o fiador o renuncia e assume responsabilidade de devedor solidário ou principal pagador (CC, art. 828).

JURISPRUDÊNCIA SELECIONADA

1. Execução. Fiança. "A fiança nem sempre pode ser tida por título executivo. Quando o credor não dispõe de pretensão executória contra o devedor afiançado (triplicatas não aceitas e não protestadas e cheque prescrito), o fiador, à evidência, não pode ser executado" (STJ, REsp 2.375/SP, Rel. Min. Claudio Santos, 3ª Turma, jul. 14.05.1990, *DJ* 04.06.1990).

"Como já assentado pela Corte, a 'carta de fiança, por si, não constitui título executivo. Indispensável que a obrigação principal esteja consubstanciada em título com aquela qualidade'" (STJ, REsp 192.319/MG, Rel. Min. Carlos Alberto Menezes Direito, 3ª Turma, jul. 06.12.1999, *DJ* 28.02.2000).

Fiador que não figurou no título executivo. Impossibilidade. Ver jurisprudência do art. 779 do CPC/2015.

Legitimidade. Fiadores. "O devedor-afiançado não possui legitimidade para recorrer de decisão que determinou a penhora de bens dos fiadores, uma vez não ser o titular do direito ameaçado pela nova constrição. Também não possui interesse recursal na impugnação, na medida em que não se busca situação jurídica mais vantajosa do que aquela nascida do redirecionamento da execução para os fiadores. Precedente da Corte" (STJ, REsp 916.112/RO, Rel. Min. Luis Felipe Salomão, 4ª Turma, jul. 05.06.2012, *DJe* 28.06.2012).

2. Benefício de ordem (*caput*): "O benefício de ordem não aproveita ao **fiador que se obriga como devedor solidário**. Precedentes" (STJ, AgRg no REsp 795.731/RS, Rel. Min. Paulo Gallotti, 6ª Turma, jul. 14.10.2008, *DJe* 17.11.2008). **No mesmo sentido:** STJ, 3ª Turma, REsp 4.850/SP, Rel. Min. Nilson Naves, ac. 16.10.1990, *DJU* 03.12.1990; STJ, REsp 536.544/SP, Rel. Min. Cesar Asfor Rocha, 4ª Turma, jul. 16.09.2003, *DJ* 03.11.2003.

Cláusula de renúncia ao benefício de ordem. Validade. "É válida a cláusula contratual em que o fiador renuncia ao benefício de origem. Inteligência do art. 1.492, I, do Código Civil de 1916 [art. 828 do CC/2002]" (STJ, REsp 851.507/RS, Rel. Min. Arnaldo Esteves Lima, 5ª Turma, jul. 08.11.2007, *DJ* 07.02.2008).

Falência do devedor principal. Não cabimento. "A falência do devedor principal não extingue a execução contra seu fiador, nem desloca o processo para juízo da falência. Ao fiador não aproveita o benefício de ordem, se o afiançado for insolvente ou falido (arts. 1.491 e 1.492, do CC/1916) [arts. 827 e 828 do CC/2002]" (STJ, REsp 794.055/SP, Rel. Min. Humberto Gomes de Barros, 3ª Turma, jul. 14.12.2006, *DJ* 05.02.2007).

Coisa julgada. "Ao julgador não se faculta regular a situação de terceiros não intervenientes, fixando sua eventual responsabilidade pelo cumprimento do *decisum*. Não integrando a relação processual, os garantes não podem ser alcançados pelos efeitos diretos da coisa julgada" (STJ, REsp 13.492/SP, Rel. Min. Sálvio de Figueiredo Teixeira, 4ª Turma, jul. 07.04.1992, *DJ* 11.05.1992).

Embargos à execução. Legitimidade do fiador. "Tem legitimidade e interesse para opor embargos à execução, com vistas a eximirem-se da fiança os fiadores que garantiram o Juízo indicando bem à penhora dos principais devedores (art. 595, do CPC) [art. 794 do CPC/2015], inocorrendo a preclusão para o Juiz em examiná-los" (STJ, REsp 351.757/SP, Rel. Min. Gilson Dipp, 5ª Turma, jul. 13.11.2001, *DJ* 04.02.2002).

3. Contrato de locação. Responsabilidade do fiador. "Conforme jurisprudência firmada pela Egrégia Terceira Seção, no julgamento do EREsp 566.633/CE, havendo cláusula expressa no contrato de locação, no sentido de que a responsabilidade dos fiadores perdura até a efetiva entrega das chaves, não há que se falar em exoneração da garantia, ainda que haja prorrogação por prazo indeterminado. Incidência da Súmula 83/STJ. Recurso especial improvido" (STJ, REsp 961.660/RS, Rel.ª Min.ª Jane Silva, 5ª Turma, jul. 18.10.2007, *DJ* 05.11.2007, p. 369; *Revista de Direito Civil e Processo Civil* 51/173).

"Não responde o fiador pelas obrigações futuras advindas de aditamento ou prorrogação contratual a que não anuiu, assinado entre o locador e o inquilino, à vista do seu caráter benéfico desinteressado, não podendo, contra sua vontade, permanecer indefinidamente obrigado" (EREsp 67.601/SP, Rel. Min. José Arnaldo da Fonseca, 3ª Seção, jul. 27.05.1998, *DJ* 29.06.1998).

"A Terceira Seção desta Corte consolidou o entendimento de que os fiadores continuam responsáveis pelos **débitos locatícios posteriores à prorrogação legal do contrato**, se anuíram expressamente a essa possibilidade e não se exoneraram nas formas dos artigos 1.500 do Código Civil de 1916 ou 835 do Diploma Civil atual, a depender da época que firmaram a avença, q.v., *verbi gratia*, EREsp 566.633/CE. Recurso especial a que se nega provimento" (STJ, REsp 702.979/RJ, Rel. Min. Carlos Fernando Mathias – Juiz convocado do TRF 1ª Região, 6ª Turma, jul. 18.09.2007, *DJ* 08.10.2007, p. 378).

4. Responsabilidade do cônjuge. Ver jurisprudência do art. 779 do CPC/2015.

5. Exoneração do fiador. "A jurisprudência desta Corte orienta que a retirada dos sócios da empresa afiançada pode ensejar a exoneração do fiador, mediante o distrato – que no caso se consubstancia em comunicação ao credor – ou ação de exoneração, nos termos do artigo 1.500 do Código Civil de 1916 [art. 835 do CC/2002]. No caso em exame, restou caracterizada a exoneração, pois os fiadores procederam de boa-fé e com transparência, no fiel cumprimento da avença, isto é, após a cessão integral das cotas sociais que detinham, conforme previsto em cláusula contratual, notificaram a Recorrente do ocorrido solicitando a substituição da garantia, que, por sua vez, anuiu com a alteração social e a substituição da garantia oferecida pelos novos sócios, seguindo regularmente o relacionamento comercial" (STJ, REsp 1.112.852/SP, Rel. Min. Sidnei Beneti, 3ª Turma, jul. 05.04.2011, *DJe* 27.04.2011).

Fiança locatícia. Exoneração do fiador. Ver notas ao art. 779 do CPC/2015.

6. Contrato de seguro de fiança locatícia. "Consoante a regra inscrita no art. 585, III, do Código de Processo Civil [art. 784, V, do CPC/2015], o contrato de seguro de fiança locatícia, previsto no art. 37, III, da Lei nº 8.245/91, é instituto jurídico albergado no gênero caução, legitimando, portanto, a utilização de ação executiva, contra a empresa seguradora, para o adimplemento dos créditos locativos. É cabível a execução de créditos de aluguel – com fundamento no inciso IV, art. 585, do CPC [art. 784, VIII, do CPC/2015] –, mediante a apresentação de apólice de seguro de fiança locatícia e do contrato de locação a que se vincula, por tratar-se tal seguro de uma das três modalidades de garantia previstas no art. 37, III, da lei inquilinária, sendo figura jurídica que existe, tão somente, em razão do pacto locativo, sendo a este, visceralmente, integrado de modo acessório. A aplicação da exegese sistemática-teleológica recomenda a adoção da regra geral inscrita no art. 585, IV, do CPC, que autoriza a cobrança executiva dos créditos decorrentes de aluguéis, desimportando, na espécie, se os valores exigidos estejam representados em instrumento jurídico acessório ao contrato de locação. IV – Recurso especial desprovido" (STJ, REsp 264.558/SP, Rel. Min. Gilson Dipp, 5ª Turma, jul. 15.03.2001, *DJ* 02.04.2001, p. 323).

7. Avalista. Inaplicabilidade do benefício de ordem. "O avalista é um obrigado autônomo (art. 47 da Lei Uniforme) e não se equipara ao fiador, razão pela qual não pode exercer o benefício de ordem previsto no art. 595 do CPC [art. 794 do CPC/2015]" (STJ, 4ª Turma, REsp 153.687/GO, Rel. Min. Ruy Rosado de Aguiar, ac. 10.02.1998, *DJU* 30.03.1998). **No mesmo sentido:** STJ, AgRg no Ag 747.148/SP, Rel. Min. Humberto Gomes de Barros, 3ª Turma, jul. 28.06.2006, *DJ* 01.08.2006.

"'O avalista do título de crédito vinculado a contrato de mútuo também responde pelas obrigações pactuadas, quando no contrato figurar como devedor solidário' (**Súmula 26 do STJ**)" (STJ, REsp 4.362/MG, Rel. Min. Bueno de Souza, 4ª Turma, jul. 01.09.1992, *DJ* 21.09.1992).

8. Garante solidário. "A figura do 'garante solidário', que não se confunde com o avalista e com o fiador, sujeitar-se-á à execução se o título em que se obrigar se enquadrar no elenco do art. 585 do Código de Processo Civil [art. 784 do CPC/2015]" (STJ, REsp 6.268/MG, Rel. Min. Sálvio de Figueiredo Teixeira, 4ª Turma, jul. 15.04.1991, *DJ* 20.05.1991).

9. Execução nos próprios autos (§ 2º). "Residindo o avalista que paga a dívida e o devedor principal na mesma Comarca, a regra do parágrafo único do art. 595 do Código de Processo Civil [art. 794 do CPC/2015] não obriga aquele a executar o seu crédito em Comarca de outro Estado da Federação, onde tramitou a primeira execução, bastando que se extraia do processo anterior o título a instruir a nova execução no Juízo competente" (CC 20.516/MG, Rel. Min. Carlos Alberto Menezes Direito, 2ª Seção, jul. 22.09.1999, *DJ* 29.11.1999).

Execução contra avalista do afiançado. "Não viola o art. 1499 do Código Civil [sem correspondente no CC/2002]a decisão que admite a execução movida pelo fiador contra avalista do afiançado" (STJ, AgRg no Ag 6.000/SP, Rel. Min. Fontes de Alencar, 4ª Turma, jul. 27.11.1990, *DJ* 04.02.1991). **Nota: o CC do ac. é o de 1916.**

"Execução promovida por fiadora sub-rogada contra avalistas do título de crédito. Fiança e aval. Solidariedade. Cód. Civil, art. 1.495 (inaplicação) [art. 831 do CC/2002]. A disposição segundo a qual o fiador 'só poderá demandar a cada um dos outros fiadores pela respectiva cota' não se aplica quando se trata de demandar o avalista. A demanda pela respectiva cota diz respeito apenas ao fiador. A obrigação do avalista é direta, autônoma e solidária" (STJ, REsp 76.705/MG, Rel. Min. Nilson Naves, 3ª Turma, jul. 15.12.1997, *DJ* 23.03.1998).

Aval. "É necessária a vênia conjugal para a prestação de aval por pessoa casada sob o regime da separação obrigatória de bens, à luz do artigo 1.647, III, do Código Civil. A exigência de outorga uxória ou marital para os negócios jurídicos de (presumidamente) maior expressão econômica previstos no artigo 1.647 do Código Civil (como a prestação de aval ou a alienação de imóveis) decorre da necessidade de garantir a ambos os cônjuges meio de controle da gestão patrimonial, tendo em vista que, em eventual dissolução do vínculo matrimonial, os consortes terão interesse na partilha dos bens adquiridos onerosamente na constância do casamento. Nas hipóteses de casamento sob o regime da separação legal, os consortes, por força da Súmula n. 377/STF, possuem o interesse pelos bens adquiridos onerosamente ao longo do casamento, razão por que é de rigor garantir-lhes o mecanismo de controle de outorga uxória/marital para os negócios jurídicos previstos no artigo 1.647 da lei civil" (STJ, REsp 1.163.074/ PB, Rel. Min. Massami Uyeda, 3ª Turma, jul. 15.12.2009, *DJe* 04.02.2010).

Art. 795. Os bens particulares dos sócios não respondem pelas dívidas da sociedade, senão nos casos previstos em lei.

§ 1º O sócio réu, quando responsável pelo pagamento da dívida da sociedade, tem o direito de exigir que primeiro sejam excutidos os bens da sociedade.

§ 2º Incumbe ao sócio que alegar o benefício do § 1º nomear quantos bens da sociedade situados na mesma comarca, livres e desembargados, bastem para pagar o débito.

§ 3º O sócio que pagar a dívida poderá executar a sociedade nos autos do mesmo processo.

§ 4º Para a desconsideração da personalidade jurídica é obrigatória a observância do incidente previsto neste Código.

CPC/1973

Art. 596.

REFERÊNCIA LEGISLATIVA

CC, arts. 50 (desconsideração da personalidade jurídica), 1.024 (bens particulares do sócio não respondem por dívidas da sociedade).

LEF, art. 4º.

CPC/2015, arts. 133 a 137 (procedimento do incidente de desconsideração da personalidade jurídica).

BREVES COMENTÁRIOS

Há que se distinguir entre a solidariedade que decorre puramente da lei por força da natureza da sociedade, e a que decorre por força da lei, mas da prática de certos atos anormais do sócio ou administrador. No caso de sócios naturalmente solidários é que se dá a responsabilidade executiva secundária, na forma do art. 790, II, cuja atuação é direta e ocorre sem necessidade de condenação do terceiro responsável em sentença própria. A responsabilidade extraordinária, como a proveniente de abuso de gestão, violação do contrato, dolo etc., depende de prévio procedimento de cognição e só pode dar lugar à execução quando apoiada em sentença condenatória contra o sócio faltoso. A responsabilidade da sociedade é sempre principal; e a dos sócios, quando existente, é sempre subsidiária. Ainda que se trate do chamado sócio solidário, "em primeiro lugar deve ser executado quem contratou: a sociedade" (Amílcar de Castro, *Comentários ao Código de Processo Civil*, 2. ed., Rio de Janeiro: Forense, 1963, nº 104, p. 114). Só se a execução ficar frustrada é que caberá a excussão dos bens particulares dos sócios.

Sobre o incidente da personalidade jurídica, v. os comentários aos arts. 133 a 137.

JURISPRUDÊNCIA SELECIONADA

1. Dissolução irregular da empresa. Desconsideração da personalidade jurídica. Impossibilidade. "A jurisprudência do STJ firmou a compreensão de que a dissolução irregular não é suficiente, por si só, para o implemento da desconsideração da personalidade jurídica, com base no art. 50 do CC. Consoante o entendimento consolidado no Superior Tribunal de Justiça, 'a dissolução irregular de sociedade empresária, presumida ou, de fato, ocorrida, por si só, não está incluída nos conceitos de desvio de finalidade ou confusão patrimonial a que se refere o art. 50 do CC/2002, de modo que, sem prova da intenção do sócio de cometer fraudes ou praticar abusos por meio da pessoa jurídica ou, ainda, sem a comprovação de que houvesse confusão entre os patrimônios social e pessoal do sócio, à luz da teoria maior da *disregard doctrine*, a dissolução irregular caracteriza, no máximo e tão somente, mero indício da possibilidade de eventual abuso da personalidade, o qual, porém, deverá ser devidamente demonstrado pelo credor para oportunizar o exercício de sua pretensão executória contra o patrimônio pessoal do sócio' (REsp 1.315.166/SP, Rel. Min. Gurgel de Faria, *DJe* 26.4.2017)" (STJ, REsp 1.768.459/SP, Rel. Min. Herman Benjamin, 2ª Turma, jul. 28.03.2019, *DJe* 21.05.2019).

2. Norma em branco. Ver jurisprudência do art. 790 do CPC/2015.

3. Desconsideração da pessoa jurídica. Ver jurisprudência do art. 792 do CPC/2015.

4. Bens particulares do sócio. Dívida da sociedade. Subsidiariedade. "Os bens particulares dos sócios, uma vez integralizado o capital, não respondem por dívida fiscal da sociedade, **salvo se o sócio praticou ato com excesso de poderes ou infração da lei, contrato social ou estatutos**" (STF, RE 95.012-5/RJ, Rel. Min. Oscar Corrêa, 1ª Turma, jul. 21.09.1982, *DJ* 22.10.1982; *RT* 571/271).

"A penhora de bens particulares dos sócios pressupõe a verificação de que a pessoa jurídica não dispõe de bens suficientes para garantir a execução. Assim, o acórdão recorrido, ao determinar a penhora dos bens dos sócios, ressaltando que os bens da pessoa jurídica revelam-se de alienação improvável, contrariou o artigo 596 do CPC [art. 795 do CPC/2015]" (STJ, AgRg no REsp 659.499/SP, Rel. Min. Francisco Falcão, 1ª Turma, jul. 02.12.2004, *DJ* 28.02.2005).

"Apenas em casos previstos em lei deve ser aplicada a **responsabilização secundária, ou subsidiária,** estabelecida nos arts. 592, II, e 596 do CPC [arts. 790, II, e 795 do CPC/2015]" (STJ, REsp 401.081/TO, Rel. Min. Humberto Gomes de Barros, 3ª Turma, jul. 06.04.2006, *DJ* 15.05.2006).

5. Liquidação irregular. Débitos fiscais. "Ocorrendo o desaparecimento da sociedade sem liquidação regular, conforme determina a lei, respondem as pessoas nomeadas no art. 135, III, CTN, pelos débitos fiscais, em face da inexistência de patrimônio da sociedade" (STF, RE 110.597, Rel. Min. Célio Borja, jul. 07.10.86, *RTJ* 119/910).

6. Sociedade de quotas de responsabilidade limitada. "Sócio de sociedade por cotas de responsabilidade limitada responde com seus bens particulares por dívida da sociedade quando dissolvida esta de modo irregular. Incidência no caso dos arts. 592, II, 596 [arts. 790, II, e 795 do CPC/2015] e 10 do Decreto nº 3.708, de 10.1.1919" (STJ, REsp 140.564/SP, Rel. Min. Barros Monteiro, 4ª Turma, jul. 21.10.2004, *DJ* 17.12.2004).

7. Débitos junto à Seguridade Social. Solidariedade. Inconstitucionalidade. "O STF, em julgado admitido com repercussão geral (art. 543-B do CPC) [art. 1.036 do CPC/2015], pacificou o entendimento de que é **inconstitucional o art. 13 da Lei n. 8.620/93**, na parte em que estabeleceu que os sócios das empresas por cotas de responsabilidade limitada respondem solidariamente, com seus bens pessoais, pelos débitos junto à Seguridade Social (RE 562276/PR – Relatora Ministra Ellen Gracie, Tribunal Pleno, julgado em 3.11.2010, *DJe* de 9.2.2011)" (STJ, AgRg no REsp 1.241.432/SC, Rel. Min. Humberto Martins, 2ª Turma, jul. 10.05.2011, *DJe* 16.05.2011).

Art. 796. O espólio responde pelas dívidas do falecido, mas, feita a partilha, cada herdeiro responde por elas dentro das forças da herança e na proporção da parte que lhe coube.

CPC/1973

Art. 597.

REFERÊNCIA LEGISLATIVA

CC, art. 1.997 (pagamento das dívidas da herança).

BREVES COMENTÁRIOS

A morte é o fim natural e obrigatório da pessoa humana e com ela extinguem-se a personalidade e a capacidade jurídica, transmitindo-se direitos e obrigações do defunto aos sucessores legais. Enquanto não se ultima a partilha e não se fixa a parcela dos bens que tocará a cada herdeiro ou sucessor, o patrimônio do *de cujus* apresenta-se como uma universalidade que, embora não possua personalidade jurídica, é tida como uma unidade suscetível de estar em juízo, ativa e passivamente. Ultimada a partilha, desaparece a figura da herança ou espólio, como massa indivisa, e cada herdeiro só responderá pelas dívidas do finado, "na proporção da parte que na herança lhe coube". Se a execução já estiver em curso quando ocorrer o óbito do devedor, sua substituição pelo espólio ou pelos sucessores dar-se-á por meio da habilitação incidente, com observância dos arts. 110 e 687 a 692 do CPC/2015, suspendendo-se o processo pelo prazo necessário à citação dos interessados (CPC/2015, art. 313, I, § 1º). Ocorrendo a morte antes do início da execução, esta será ajuizada diretamente contra o espólio, representado pelo inventariante, se não houver partilha e se a inventariança não for dativa; ou contra os herdeiros, se o inventariante for dativo ou se já existe partilha.

JURISPRUDÊNCIA SELECIONADA

1. Ação de cobrança. Cotas condominiais. Fase de cumprimento de sentença. Morte da parte executada no curso do processo. Substituição processual. Ausência de partilha. Ilegitimidade passiva dos herdeiros. "Enquanto não aberto o inventário e realizada a partilha de bens, o espólio responde pelas dívidas do falecido, nos termos dos arts. 1.997, *caput*, do CC/2002 e 597 do CPC/1973 (art. 796 do CPC/2015). Nesse contexto, os herdeiros não têm legitimidade para figurar no polo passivo da ação de cobrança de cotas condominiais relativas a imóvel pertencente à falecida. Precedentes" (STJ, AgInt no AREsp 1.699.005/SP, Rel. Min. Raul Araújo, 4ª Turma, jul. 07.12.2020, *DJe* 01.02.2021).

2. Enriquecimento ilícito das herdeiras. Ilegitimidade do espólio. "A restituição de quantia recebida indevidamente é um dever de quem se enriqueceu sem causa (art. 884 do CC/2002). De acordo com as alegações do ente público, a vantagem econômica foi auferida pelas herdeiras da ex-servidora. Pessoas naturais possuem personalidade jurídica entre seu nascimento com vida e o momento de sua morte (arts. 2º c/c 6º, ambos do CC/2002). A ex-servidora pública não tinha mais personalidade jurídica quando o Distrito Federal depositou a quantia ora pleiteada. (...) O espólio responde pelas dívidas do falecido (art. 796 do CPC/2015 e 1.997 do CC/2002). Por isso, o espólio não deve responder pelo enriquecimento sem causa das herdeiras que não é atribuível à falecida" (STJ, REsp 1.805.473/DF, Rel. Min. Mauro Campbell Marques, 2ª Turma, jul. 03.03.2020, *DJe* 09.03.2020).

3. Homologação da partilha. Responsabilidade do sucessor. Quinhão hereditário. "Após a homologação da partilha e havendo mais de um herdeiro, revela-se incabível a constrição de bem herdado por um deles para a garantia de toda a dívida deixada pela *de cujus*, pois a responsabilidade do sucessor é proporcional ao seu quinhão. Em razão do princípio da *saisine*, o herdeiro não necessita proceder ao registro do formal de partilha para que os bens herdados lhe sejam transmitidos" (STJ, REsp 1.290.042/SP, Rel.ª Min.ª Maria Thereza de Assis Moura, 6ª Turma, jul. 01.12.2011, *DJe* 29.02.2012).

"A teor do art. 1.997, *caput*, do CC c/c o art. 597 do CPC [correspondente ao art. 796 do novo CPC], feita a partilha, cada herdeiro responde pelas dívidas do falecido dentro das forças da herança e na proporção da parte que lhe coube, e não necessariamente no limite de seu quinhão hereditário. Dessarte, após a partilha, não há cogitar em solidariedade entre os herdeiros de dívidas divisíveis, por isso caberá ao credor executar os herdeiros pro rata, observando a proporção da parte que coube (quinhão), no tocante ao acervo partilhado" (STJ, REsp 1.367.942/SP, Rel. Min. Luis Felipe Salomão, 4ª Turma, jul. 21.05.2015, *DJe* 11.06.2015).

Honorários advocatícios devidos pelo autor da herança. "O sucessor hereditário responde por honorários advocatícios devidos pelo autor da herança. O limite de tal responsabilidade é o valor do quinhão por ele adquirido" (STJ, REsp 437.272/RJ, Rel. Min. Humberto Gomes de Barros, 3ª Turma, jul. 28.03.2006, *DJ* 08.05.2006).

"A ultimação da partilha implica a legitimidade do herdeiro/cessionário – que, até então, não era parte no processo –, para discutir a apuração do valor devido, respeitados os limites estabelecidos na sentença exequenda" (STJ, REsp 1.170.169/RJ, Rel. p/ Acórdão Min. Luis Felipe Salomão, 4ª Turma, jul. 15.09.2011, *DJe* 13.12.2011).

Substituição processual. Prazo para herdeiros habilitarem no processo. "Encerrado o inventário, com a homologação da partilha, esgota-se a legitimidade do espólio, momento em que finda a representação conferida ao inventariante pelo artigo 12, V, do Código de Processo Civil [art. 75, VII, do CPC/2015]. Dessa forma, é necessário que o Juiz possibilite, aos herdeiros, sua habilitação, em prazo razoável, para fins de regularização da substituição processual, por força dos princípios da celeridade e da economia processual" (STJ, REsp 1.162.398/SP, Rel. Min. Massami Uyeda, 3ª Turma, jul. 20.09.2011, *DJe* 29.09.2011).

PROCESSO DE EXECUÇÃO EM GERAL: INDICAÇÃO DOUTRINÁRIA

Agostinho Alvim, *Da inexecução das obrigações e suas consequências*, 4. ed., São Paulo: Saraiva, 1972; Amílcar de Castro, *Comentários ao Código de Processo Civil*, São Paulo: Série RT, 1974, v. VIII, n. 26; Araken de Assis, Da legitimidade do fiador no processo de execução, *RP* 38/230; Alcides de Mendonça Lima, *Comentários ao Código de Processo Civil*, Rio de Janeiro: Série Forense, 1974, v. VI; Araken de Assis. *Manual da execução*. 18. ed. São Paulo: Revista dos Tribunais, 2016; Arnoldo Wald, *Do quantum* a ser penhorado na execução, *RT* 506/50; Arruda Alvim. *Novo contencioso cível no CPC/2015*. São Paulo: Revista dos Tribunais, 2016; Arruda Alvim. Parecer: ilegitimidade ativa na ação de execução extrajudicial: necessidade de demonstração da regularidade da transferência do título e impossibilidade do prosseguimento da execução. *Revista de Processo*, n. 316, p. 123, jun. 2021; Cassio Scarpinella Bueno, *Manual de direito processual civil*, São Paulo: Saraiva, 2015; Daniel Amorim Assumpção Neves, *Manual de direito processo civil*, São Paulo: Método, 2015; Fabiano Carvalho, In: Teresa Arruda Alvim Wambier, Fredie Didier Jr., Eduardo Talamini, Bruno Dantas, *Breves comentários ao novo Código de Processo Civil*, São Paulo: Revista dos Tribunais, 2015; Fredie Didier Jr., *Curso de direito processual civil*, 17. ed., Salvador: JusPodivm, 2015, v. I; Gelson Amaro de Souza, Fraude à execução e o procedimento no CPC/2015, *Revista Dialética de Direito Processual*, n. 149, ago. 2015, p. 30-48; Gelson Amaro de Souza, Responsabilidade patrimonial no CPC/2015, *RDDP* n. 148, p. 29, jul. 2015; Gilberto Carlos Maistro Junior, Reflexos das questões registrais na fraude à execução: questões afetas à boa-fé do terceiro adquirente e polêmica trazida pelo CPC/2015 e pela Lei nº 13.097/2015, In: Ana Cândida Menezes Marcato et al. (orgs.), *Reflexões sobre o Código de Processo Civil de 2015*: uma contribuição dos membros do Centro de Estudos Avançados de Processo – Ceapro, São Paulo: Verbatim, 2018, p. 323 e ss.; Guilherme Rizzo Amaral, *Comentários às alterações do novo CPC*, São Paulo: Revista dos Tribunais, 2015; Hilário de Oliveira e Andréa Luísa de Oliveira, Letra de crédito imobiliário e cédula de crédito imobiliário, *RDB* 57/201; Humberto Theodoro Júnior, Ação ordinária e suspensão da execução de título executivo extrajudicial: viabilidade, requisitos e impactos processuais, *RDDP* 57/59; Humberto Theodoro Júnior, *Curso de direito processual civil, Rio de Janeiro: Forense, 2015*, v. III; Humberto Theodoro Júnior, *Curso de direito processual civil*, 54. ed., 2020, v. II e III; Humberto Theodoro Júnior, Fernanda Alvim Ribeiro de Oliveira, Ester Camila Gomes Norato Rezende (coord.), *Primeiras lições sobre o novo direito processual civil brasileiro*, Rio de Janeiro: Forense, 2015; Humberto Theodoro Júnior, *Lei de Execução Fiscal*, 13. ed., São Paulo: Saraiva, 2016, item 34; Humberto Theodoro Júnior. *In:* José Roberto F. Gouvêa; Luis Guilherme A. Bondioli e João Francisco N. da Fonseca (coord.). Comentários ao Código de Processo Civil. São Paulo: Saraiva,

2017, v. 15; Humberto Theodoro Júnior. *Processo de execução e cumprimento de sentença*, 30. ed., Rio de Janeiro: Forense, 2020; José Alberto dos Reis, *Processo de execução*, Coimbra: Coimbra Ed., 1943, v. I, n. 71; J. E. Carreira Alvim, *Comentários ao novo Código de Processo Civil*, Curitiba: Juruá, 2015; J. J. Calmon de Passos, Da responsabilidade por custas e honorários de advogado na execução de títulos extrajudiciais, *RP* 3/22; José Frederico Marques, *Manual de direito processual civil*, v. IV, n. 821; José Henrique Mouta Araújo, In: Teresa Arruda Alvim Wambier, Fredie Didier Jr., Eduardo Talamini, Bruno Dantas, *Breves comentários ao novo Código de Processo Civil*, São Paulo: Revista dos Tribunais, 2015. José Maria Câmara Junior, In: Teresa Arruda Alvim Wambier, Fredie Didier Jr., Eduardo Talamini, Bruno Dantas, *Breves comentários ao novo Código de Processo Civil*, São Paulo: Revista dos Tribunais, 2015; José Miguel Garcia Medina, *Novo Código de Processo Civil comentado*, São Paulo: Revista dos Tribunais, 2015; Lenio Streck et al. *Comentários ao Código de Processo Civil*. São Paulo: Saraiva, 2016; Leonardo Ferres da Silva Ribeiro. *Execução de título extrajudicial*. In: Luiz Rodrigues Wambier; Teresa Arruda Alvim Wambier. *Temas essenciais do Novo CPC*. São Paulo: RT, 2016, p. 432; Leonardo Greco, *Instituições de processo civil: introdução ao direito processual civil*, 5ª ed., Rio de Janeiro: Forense, 2015; Lincoln Antonio Andrade de Moura, A busca pela segurança nas relações jurídicas imobiliárias e a fraude à execução. A importância da publicidade conferida pelo registro de imóveis, *Revista de Processo*, São Paulo, ano 45, v. 307, p. 123 e ss., set. 2020; Luis Antônio Giampaulo Sarro, *Novo Código de Processo Civil*, São Paulo: Rideel, 2015; Luiz Guilherme Marinoni, Sérgio Cruz Arenhart, Daniel Mitidiero, *Curso de processo civil*, São Paulo: Revista dos Tribunais, 2015, v. I; Marcelo Abelha Rodrigues, O novo CPC e a tutela jurisdicional executiva, *Revista de Processo* n. 244, p. 87, jun. 2015; Marcelo Barbi e Juliana Melazzi Andrade. A Criação de Título Executivo Extrajudicial Eletrônico por Negócio Jurídico Processual. *Revista Brasileira de Direito Comercial*. Ano IV. nº 23. Porto Alegre: LexMagister, jun.-jul./2018, p. 21; Marcelo Franchi Winter, Cédula de produto rural e teoria da imprevisão, *RDB* 57/170; Mateus Aimoré Carreteiro, Competência concorrente para execução fundada em título extrajudicial no CPC/2015, In: Ana Cândida Menezes Marcato et al. (orgs.), *Reflexões sobre o Código de Processo Civil de 2015*: uma contribuição dos membros do Centro de Estudos Avançados de Processo – Ceapro, São Paulo: Verbatim, 2018, p. 561 e ss; Nelson Altemani, Fraude de execução; José Maria Câmara Júnior, In: Teresa Arruda Alvim Wambier, Fredie Didier Jr., Eduardo Talamini, Bruno Dantas, *Breves comentários ao novo Código de Processo Civil*, São Paulo: Revista dos Tribunais, 2015; Nelson Nery Júnior e Rosa Maria de Andrade Nery. *Código de Processo Civil Comentado*. 19. ed., São Paulo: Ed. RT, 2020, p. 794; Nelson Nery Junior, Rosa Maria de Andrade Nery, *Comentários ao Código de Processo Civil*, São Paulo: Revista dos Tribunais, 2015; Pontes de Miranda, *Comentários ao CPC (1973)*, tomo IX, nº I, p. 141 – haverá pluralidade de devedores quando o devedor originário falece deixando vários herdeiros, permitindo, assim, a execução de todos eles; Pontes de Miranda, *Comentários ao Código de Processo Civil*, Rio de Janeiro: Forense, 1976, v. IX; Rogério Licastro Torres de Mello, *Responsabilidade executiva secundária*. 2. ed. São Paulo: RT, 2015; Ronaldo Vasconcelos. *Execução no novo CPC: principais inovações*. In: Paulo Henrique dos Santos Lucon e Pedro Miranda de Oliveira. *Panorama atual do novo CPC*. Florianópolis: Empório do Direito, 2016, p. 371; Sálvio de Figueiredo Teixeira, Fraude de execução, *RF* 293/3; Teori Zavascki. In Sérgio Cruz Arenhart e Daniel Mitidiero (coord.). *Comentários ao Código de Processo Civil*. 2. ed., São Paulo: Editora Revista dos Tribunais, 2018, v. 12; Teori Zavascki. In Sérgio Cruz Arenhart e Daniel Mitidiero (coord.). *Comentários ao Código de Processo Civil*. 2. ed., São Paulo: Editora Revista dos Tribunais, 2018, v. 12; Teresa Arruda Alvim Wambier *et al.*, *Primeiros comentários ao Código de Processo Civil*, São Paulo: Revista dos Tribunais, 2015; Teresa Arruda Alvim Wambier, Fredie Didier Jr., Eduardo Talamini, Bruno Dantas (coord.), *Breves comentários ao novo Código de Processo Civil*, São Paulo: Revista dos Tribunais, 2015; Teresa Arruda Alvim Wambier, Maria Lúcia Lins Conceição, Leonardo Ferres da Silva Ribeiro, Rogério Licastro Torres de Melo, *Primeiros comentários ao novo Código de Processo Civil*, São Paulo: Revista dos Tribunais, 2015; Willard de Castro Villar, *Processo de execução*, São Paulo: RT, 1975, p. 53.

TÍTULO II
DAS DIVERSAS ESPÉCIES DE EXECUÇÃO

Capítulo I
DISPOSIÇÕES GERAIS

Art. 797. Ressalvado o caso de insolvência do devedor, em que tem lugar o concurso universal, realiza-se a execução no interesse do exequente que adquire, pela penhora, o direito de preferência sobre os bens penhorados.

Parágrafo único. Recaindo mais de uma penhora sobre o mesmo bem, cada exequente conservará o seu título de preferência.

CPC/1973

Arts. 612 e 613.

REFERÊNCIA LEGISLATIVA

CPC/2015, arts. 905, I (execução; pagamento ao credor; entrega do dinheiro), 908 e 909 (concurso de credores).

BREVES COMENTÁRIOS

Em nosso atual processo, a penhora confere ao exequente uma preferência, colocando-o na situação de um credor pignoratício. Adquire ele com a penhora "a mesma posição jurídica que adquiria com um direito pignoratício contratual" (James Goldschmidt, *Derecho procesal civil,* p. 631). Essa posição do credor penhorante tem efeitos tanto perante o devedor como diante de outros credores, permitindo a extração de duas importantes ilações: *a)* a alienação pelo devedor, dos bens penhorados é ineficaz em relação ao exequente; *b)* as sucessivas penhoras sobre o mesmo objeto não afetam o direito de preferência dos que anteriormente constringiram os bens do devedor comum. Ressalte-se, porém, que a preferência da penhora é plena apenas entre os credores quirografários e enquanto dure o estado de solvência do devedor. Não afeta nem prejudica em nada os direitos reais e preferenciais de direito material constituídos anteriormente à execução e desaparece quando os bens penhorados são arrecadados no processo de insolvência.

JURISPRUDÊNCIA SELECIONADA

1. Declaração de insolvência deve ser feita em ação autônoma. "O propósito recursal, além de analisar se houve negativa de prestação jurisdicional, é definir se a declaração de insolvência civil dos executados pode dar-se no bojo da própria ação executiva, uma vez constatada a ausência de bens penhoráveis. (...) O processo de insolvência é autônomo, de cunho declaratório-constitutivo, e busca um estado jurídico para o devedor, com as consequências de direito processual e material, não podendo ser confundido com o processo de execução, em que a existência de bens é pressuposto de desenvolvimento do processo" (STJ, REsp 1.823.944/MS, Rel. Min. Nancy Andrighi, 3ª Turma, jul. 19.11.2019, *DJe* 22.11.2019).

2. Prevalência do interesse do credor sobre a menor onerosidade da execução para o devedor. "Controvérsia acerca da pretensão de se substituir a penhora de um imóvel residencial pela penhora de um lote em sede de execução de dívida condominial. (...) Possibilidade de o credor recusar a substituição da penhora de imóvel residencial localizado na capital por um lote situado em outro município, embora da mesma comarca por não se tratar de bem de maior liquidez ou com precedência na ordem legal das penhoras (art. 655 do CPC/1973). Prevalência do interesse do credor na efetividade da execução, ante o princípio da menor onerosidade ao devedor. Julgados desta Corte Superior" (STJ, AgInt no REsp 1.456.204/PR, Rel. Min. Paulo de Tarso Sanseverino, 3ª Turma, jul. 24.10.2017, *DJe* 06.11.2017).

3. Penhora. Interesse do credor. "'A execução se opera em prol do exequente e visa a recolocar o credor no estágio de satisfatividade que se encontrava antes do inadimplemento. Em consequência, realiza-se a execução em prol dos interesses do credor (arts. 612 e 646, do CPC) [arts. 797 e 824 do CPC/2015]. Por conseguinte, o princípio da economicidade não pode superar o da maior utilidade da execução para o credor, propiciando que a execução se realize por meios ineficientes à solução do crédito exequendo' (REsp 1.000.261/RS, Rel. Min. Luiz Fux, Primeira Turma, *DJe* 03.04.2008)" (STJ, AgRg no Ag 1.364.949/SP, Rel. Min. Arnaldo Esteves Lima, 1ª Turma, jul. 01.12.2011, *DJe* 12.12.2011). **No mesmo sentido:** STJ, AgRg no Ag 1.394.760/RS, Rel. Min. Luis Felipe Salomão, 4ª Turma, jul. 21.06.2011, *DJe* 28.06.2011.

Ordem de preferência. "A jurisprudência orienta que a Fazenda Pública não é obrigada a aceitar bens nomeados à penhora fora da ordem legal inserta no art. 11 da Lei de Execução Fiscal, uma vez que, não obstante o princípio da menor onerosidade ao devedor, **a execução é feita no interesse do credor**, como dispõe o art. 612 do Código de Processo Civil [art. 797 do CPC/2015]" (STJ, AgRg no REsp 1.230.468/PR, Rel. Min. Cesar Asfor Rocha, 2ª Turma, jul. 02.02.2012, *DJe* 10.02.2012).

"Segundo o sistema estabelecido pelo atual Código de Processo Civil, é a penhora que determina o direito de preferência entres os credores quirografários. A penhora é o ato processual por meio do qual se individualizam os bens que irão satisfazer o crédito executado, sujeitando-os diretamente à expropriação. A decisão que declara a fraude não afeta, por si só, o bem à execução, ela apenas declara a ineficácia do negócio jurídico em relação ao exequente, possibilitando que esse bem seja posteriormente penhorado. Contudo, a responsabilidade patrimonial do executado continua a ser genérica. A averbação da declaração de ineficácia da venda é um ato de natureza diversa da penhora" (STJ, REsp 1.254.320/SP, Rel. Min. Nancy Andrighi, 3ª Turma, jul. 06.12.2011, *DJe* 15.12.2011).

Arresto. "Princípio da anterioridade da penhora. Abrangência das figuras de arresto. Em face do princípio *prior tempore potiur jure*, que teve vigência no direito luso-brasileiro até meados do século XVIII, e que retornou no CPC de 1973, regendo a execução por quantia certa contra devedor solvente, a prioridade na fase do pagamento, inexistindo título legal de preferência, é de quem primeiro penhorou e não daquele que primeiro promoveu a execução. Em interpretação sistemática, é de ter-se por abrangida na expressão 'penhora' do art. 612, CPC [art. 797 do CPC/2015], as figuras de arresto contempladas nos arts.

653-654 [art. 830 do CPC/2015] e 813-821 do mesmo diploma legal [sem correspondentes]" (STJ, REsp 2.435-0/MG, Rel. Min. Sálvio de Figueiredo Teixeira, 4ª Turma, jul. 01.12.1994).

4. Penhoras sobre o mesmo bem. "Havendo pluralidade de credores com penhora sobre o mesmo imóvel, o direito de preferência se estabelece pela anterioridade da penhora, conforme os arts. 612, 613, 711 e 712 do CPC [arts. 797, 908 e 909 do CPC/2015], que expressamente referem à penhora como o 'título de preferência' do credor" (STJ, REsp 1.209.807/MS, Rel. Min. Raul Araújo, 4ª Turma, jul. 15.12.2011, *DJe* 15.02.2012). **No mesmo sentido, entendendo ainda que a dupla penhora inibe a caracterização da falência:** STJ, REsp 408.750/SC, Rel. Min. Humberto Gomes de Barros, 1ª Turma, jul. 18.11.2003, *DJ* 15.12.2003.

"Nada impede que os mesmos bens sejam penhorados em várias execuções – CPC, art. 613 [art. 797 do CPC/2015]. Se for insuficiente a garantia, poderá haver oportuno reforço da penhora a pedido do credor – arts. 667 e 685 do CPC [arts. 851 e 874 do CPC/2015]" (1º TACív SP, Ap. 355.788, Rel. Juiz Ernâni de Paiva, 6ª Câm., jul. 13.05.1986, *RT* 609/123).

Concurso universal de credores. Inocorrência. "A incidência de múltiplas penhoras sobre um mesmo bem não induz o concurso universal de credores, cuja instauração pressupõe a insolvência do devedor. A coexistência de duas ou mais penhoras sobre o mesmo bem implica concurso especial ou particular, previsto no art. 613 do CPC [art. 797 do CPC/2015], que não reúne todos os credores do executado, tampouco todos os seus bens, consequências próprias do concurso universal. No concurso particular concorrem apenas os exequentes cujo crédito frente ao executado é garantido por um mesmo bem, sucessivamente penhorado" (STJ, REsp 976.522/SP, Rel.ª Min.ª Nancy Andrighi, 3ª Turma, jul. 02.02.2010, *DJe* 25.02.2010).

Competência. Penhora no rosto dos autos. "Em princípio, havendo, em juízos diferentes, mais de uma penhora contra o mesmo devedor, o concurso efetuar-se-á naquele em que se houver feito a primeira. Essa regra, porém, comporta exceções. Sua aplicabilidade se restringe às hipóteses de competência relativa, que se modificam pela conexão. Tramitando as diversas execuções em Justiças diversas, haverá manifesta incompatibilidade funcional entre os respectivos juízos, inerente à competência absoluta, inviabilizando a reunião dos processos. Em se tratando de penhora no rosto dos autos, a competência será do próprio juízo onde efetuada tal penhora, pois é nele que se concentram todos os pedidos de constrição. Ademais, a relação jurídica processual estabelecida na ação em que houve as referidas penhoras somente estará definitivamente encerrada após a satisfação do autor daquele processo. Outro ponto que favorece a competência do juízo onde realizada a penhora no rosto dos autos é sua imparcialidade, na medida em que nele não tramita nenhuma das execuções, de modo que ficará assegurada a total isenção no processamento do concurso especial" (STJ, REsp 976.522/SP, Rel.ª Min.ª Nancy Andrighi, 3ª Turma, jul. 02.02.2010, *DJe* 25.02.2010).

Art. 798. Ao propor a execução, incumbe ao exequente:

I – instruir a petição inicial com:

a) o título executivo extrajudicial;

b) o demonstrativo do débito atualizado até a data de propositura da ação, quando se tratar de execução por quantia certa;

c) a prova de que se verificou a condição ou ocorreu o termo, se for o caso;

d) a prova, se for o caso, de que adimpliu a contraprestação que lhe corresponde ou que lhe assegura o cumprimento, se o executado não for obrigado a satisfazer a sua prestação senão mediante a contraprestação do exequente;

II – indicar:

a) a espécie de execução de sua preferência, quando por mais de um modo puder ser realizada;

b) os nomes completos do exequente e do executado e seus números de inscrição no Cadastro de Pessoas Físicas ou no Cadastro Nacional da Pessoa Jurídica;

c) os bens suscetíveis de penhora, sempre que possível.

Parágrafo único. O demonstrativo do débito deverá conter:

I – o índice de correção monetária adotado;

II – a taxa de juros aplicada;

III – os termos inicial e final de incidência do índice de correção monetária e da taxa de juros utilizados;

IV – a periodicidade da capitalização dos juros, se for o caso;

V – a especificação de desconto obrigatório realizado.

CPC/1973

Arts. 614 e 615.

REFERÊNCIA LEGISLATIVA

CPC/2015, arts. 514 (execução; condição ou termo), 525, § 1º, III, (impugnação ao cumprimento de sentença), 535, II (embargos à execução contra a Fazenda Pública), 779 (sujeito passivo da execução), 803, III (nulidade da execução), , 917, § 2º, V (excesso de execução).

Lei nº 8.929, de 22 de agosto de 1994, art. 4º-A, §§ 1º e 2º (Institui a Cédula de Produto Rural, e dá outras providências).

BREVES COMENTÁRIOS

Como não há execução sem título, o ingresso do credor em juízo para realizar obrigação constante de título não judicial só é possível quando a petição inicial estiver acompanhada do competente título executivo extrajudicial (CPC/2015, art. 798, I, *a*). É lícito ao exequente requerer que o original do título de crédito fique depositado em Cartório, juntando-se aos autos apenas uma cópia acompanhada de certidão do escrivão.

Na hipótese do art. 514 – sentença de condenação condicional ou a termo – ou de qualquer título executivo extrajudicial sob condição ou a termo, o exequente, além de exibir o título, deverá instruir seu pedido executivo com a prova da verificação da condição ou do vencimento da dívida, prova essa que somente poderá ser a documental.

No caso de contrato não é essencial a exibição do original, podendo a inicial da execução ser instruída com cópia autenticada do título. Quando a prestação a que tem direito o credor fica, pela própria lei, pelo contrato ou pela sentença subordinada a uma contraprestação em favor do devedor, o título executivo tem sua eficácia condicionada à comprovação, pelo exequente, do cumprimento da prestação que lhe cabe. Nessas situações, a prova há de ser apresentada com a inicial, como condição de procedibilidade. Sua falta, não suprida em quinze dias, leva ao indeferimento da petição do credor, por inépcia (art. 801).

Em se tratando de execução por quantia certa, o credor deverá instruir sua pretensão com demonstrativo do débito atualizado até a data da propositura da ação (art. 798, I, *b*). Esse demonstrativo tanto pode ser incluído no texto da própria inicial como em documento a ela apensado. Dita providência, outrossim, será observada em execução de título seja extrajudicial, seja judicial, posto que se aboliu a liquidação por cálculo do contador para a última espécie (Lei nº 8.898, de 29.06.1994, à época do CPC/1973).

JURISPRUDÊNCIA SELECIONADA

1. Petição inicial.

a) Título executivo extrajudicial. Título original (inciso I, *a*).

Execução de cédula de produto rural financeira. Natureza cambial. Circularidade. Apresentação do original do título executivo. Necessidade. "A execução pode, excepcionalmente, ser instruída por cópia reprográfica do título extrajudicial em que fundamentada, prescindindo da apresentação do documento original, principalmente quando não há dúvida quanto à existência do título e do débito e quando comprovado que o mesmo não circulou. Por ser a cédula de produto rural título dotado de natureza cambial, tendo como um dos seus atributos a circularidade, mediante endosso, conforme previsão do art. 10, I, da Lei 8.929/94, a apresentação do documento original faz-se necessário ao aparelhamento da execução, se não comprovado pelas instâncias ordinários que o título não circulou. Ressalva-se, após sugestão do Min. Ricardo Villas Bôas Cueva em sua declaração de voto, que o referido entendimento é aplicável às hipóteses de emissão das CPRs em data anterior à vigência da Lei 13.986/20, tendo em vista que a referida legislação modificou substancialmente a forma de emissão destas cédulas, passando a admitir que a mesma se dê de forma cartular ou escritural (eletrônica). A partir de sua vigência, a apresentação da CPR original faz-se necessária ao aparelhamento da execução somente se o título exequendo for apresentado no formato cartular" (STJ, REsp 1.915.736/MG, Rel. Min. Nancy Andrighi, 3ª Turma, jul. 22.06.2021, *DJe* 01.07.2021).

"Não se admite execução de cambial sem que o título seja apresentado em original, dado que o mesmo, restando em poder do credor, pode ensejar circulação" (TJES, Ap 45009000261, Rel. Des. Amim Abiguenem, 4ª Câmara Cível, jul. 18.03.2002).

Títulos que se apresentam por cópia. Excepcionalidade. "A execução pode excepcionalmente ser instruída por cópia reprográfica do título extrajudicial em que fundamentada, prescindindo da apresentação do documento original. Tal conclusão ainda mais se apresenta quando não há dúvida quanto à existência do título e do débito e quando comprovado que não circulou" (STJ, REsp 820.121/ES, Rel. p/ Acórdão Min. Sidnei Beneti, 3ª Turma, jul. 10.08.2010, *DJe* 05.10.2010). **No mesmo sentido, em que o título original se encontrava em outro processo:** STJ, REsp 16.153/PB, Rel. Min. Nilson Naves, 3ª Turma, jul. 31.03.1992, *DJ* 04.05.1992; STJ, REsp 106.035/RS, Rel. Min. Ruy Rosado de Aguiar, 4ª Turma, jul. 15.06.1999, *RSTJ* 128/327. **Original guardado em estabelecimento bancário:** STJ, REsp 22.988/SP, Rel. Min. Eduardo Ribeiro, 3ª Turma, jul. 13.04.1993, *DJ* 03.05.1993. **Admitindo a juntada de cópia autenticada:** STJ, REsp 595.768/PB, Rel. Min. Fernando Gonçalves, 4ª Turma, jul. 09.08.2005, *DJ* 10.10.2005.

Novação. "Tendo havido repactuação de dívida, presente se encontra o instituto jurídico da novação e desnecessidade de apresentação do título original, dado à validade do contrato particular como título executivo extrajudicial" (TAMG, Ap 343.859-3, 7ª Câmara Cível, Rel. Juiz Antônio Carlos Cruvinel, jul. 20.09.2001).

Juntada posterior do título original. "A juntada do título executivo original é essencial para a validade do processo de execução. Entretanto, não há nulidade se, aparelhada em cópia do título extrajudicial, for juntada a via original, **ainda que posterior à oferta dos embargos do devedor**, e se não houver impugnação à autenticidade da cópia apresentada" (STJ, AgRg no REsp 821.508/SC, Rel. Min. Humberto Gomes de Barros, 3ª Turma, jul. 25.09.2007, *DJ* 15.10.2007). **No mesmo sentido:** STJ, REsp 107.245/GO, Rel. Min. Barros Monteiro, 4ª Turma, *DJ* 16.09.2002.

"Os artigos 283 e 614, I, do Código de Processo Civil [arts. 330 e 798, I, do CPC/2015] devem ser interpretados de forma sistemática, sem que haja descuido quanto à observância das demais regras e princípios processuais, de modo que o magistrado, antes de extinguir o processo de execução, deve possibilitar, nos moldes do disposto no artigo 616 do Código de Processo Civil [art. 801 do CPC/2015], que a parte apresente o original do título executivo. Não havendo má-fé do exequente, conforme apurado pelo Tribunal de origem, a alegação, sem demonstração de prejuízo, de não haver oportunidade para manifestação sobre o original do título exequendo, por ocasião da oposição dos embargos à execução, não tem o condão de impedir a sua posterior juntada" (STJ, REsp 924.989/RJ, Rel. Min. Luis Felipe Salomão, 4ª Turma, jul. 05.05.2011, *DJe* 17.05.2011). **No mesmo sentido:** STJ, EEDAGA 267.444/SP, Rel. Min. Castro Filho, 3ª Turma, jul. 28.05.2002, *DJ* 24.06.2002; STJ, REsp 47.964/MG, Rel. Min. Waldemar Zveiter, 3ª Turma, jul. 08.11.1994, *DJ* 05.12.1994.

"Apresentação do título com a assinatura das duas testemunhas após a exceção de pré-executividade. Precedentes da Corte. Não havendo impugnação quanto ao contrato em si, mas, apenas, a indicação de que a cópia apresentada não continha a assinatura das duas testemunhas, possível a apresentação da via correta" (STJ, REsp 693.229/MT, Rel. Min. Carlos Alberto Menezes Direito, 3ª Turma, jul. 08.08.2006, *DJ* 25.09.2006).

2. Execução de contrato.

"Fundando-se a execução no contrato, deve ser também apresentada a nota promissória, já que se refere à mesma dívida e, sendo suscetível de circular, não pode reter o credor" (STJ, REsp 2.944/MG, Rel. Min. Nilson Naves, 3ª Turma, jul. 26.06.1990, *DJ* 24.09.1990).

Cópia autenticada. Possibilidade. "A exigência da apresentação do original do título cambial em processo de execução se explica pela possibilidade de sua circulação. Afastada a probabilidade dessa ocorrência, uma vez que a execução é **também do contrato de mútuo** – e a experiência demonstra a raridade da circulação de títulos dessa natureza, a que se alia a facilidade de ser afastado eventual segundo processo de cobrança –, não há razão para se presumir a má-fé do credor, pressupondo-se que ele esteja a cobrar título do qual já se desfez. Inexistindo impugnação ou dúvida sobre a existência dos títulos e sua autenticidade, tem-se por suficiente a apresentação de cópia autenticada para a execução do débito" (STJ, REsp 256.449/SP, Rel. Min. Ruy Rosado de Aguiar, 4ª Turma, *DJ* 09.10.2000). **No mesmo sentido, admitindo cópia autenticada do contrato firmado em escritura pública:** STJ, REsp 296.796/ES, 4ª Turma, Rel. Min. Barros Monteiro, *DJU* 03.09.2001. **Admitindo cópia simples:** 2º TACSP, Ap. c/ Rev. 618.618-00/4, 8ª Câmara, Rel. Juiz Renzo Leonardi, *DOESP* 19.04.2002.

3. Demonstrativo do débito atualizado (inciso I, *b*). "A ausência de demonstrativo do débito, ou a sua insuficiência, pois não comprovado de forma pormenorizada a evolução do valor, com os índices e critérios atualizados, afronta o art. 614, II, do CPC [art. 798, II, do CPC/2015], pois impede a adequada defesa da executada" (STJ, REsp 1.262.401/BA, Rel. Min. Nancy Andrighi, 3ª Turma, jul. 18.10.2011, *DJe* 15.12.2011).

"A falta de apresentação do demonstrativo do débito atualizado (art. 614, inc. II, do CPC) [art. 798, II, do CPC/2015], em processo de execução onde **não se põe em dúvida o valor expresso na nota promissória, não é causa de nulidade** do processo de execução, que pode prosseguir pelo débito expresso no título" (STJ, REsp 158.146/MG, 4ª Turma, Rel. Min. Ruy Rosado de Aguiar, ac. 19.02.1998, *DJU* 20.04.1998).

Apresentação do demonstrativo do débito em momento posterior à interposição da execução. Possibilidade. Precedentes. "A insuficiência ou incompletude do demonstrativo do débito não implica, de imediato, a extinção do processo, uma vez que deve ser possibilitada ao credor a emenda da inicial a fim de corrigir o vício. Precedentes" (STJ, AgInt no AREsp 1.703.302/MG, Rel. Min. Moura Ribeiro, 3ª Turma, jul. 11.11.2020, *DJe* 16.11.2020).

4. Execução fiscal. "A execução fiscal rege-se por lei específica (Lei nº 6.830/80), aplicando-se subsidiariamente o regramento processual ordinário apenas em caso de lacuna legislativa. Em execução fiscal **é desnecessária a apresentação de demonstrativo de débito**, nos termos do art. 614 do CPC [art. 798 do CPC/2015], sendo suficiente para instrução do processo executivo a juntada da Certidão de Dívida Ativa – CDA, que goza de presunção de certeza e liquidez" (STJ, REsp 10.656.22/SC, Rel. Min. Eliana Calmon, 2ª Turma, jul. 24.03.2009, *DJe* 23.04.2009). **No mesmo sentido:** STJ, AgRg nos EDcl no REsp 1.167.745/SC, Rel. Min. Benedito Gonçalves, 1ª Turma, jul. 17.05.2011, *DJe* 24.05.2011.

"A ação de execução fiscal proposta pelo Município de Supiranga foi extinta por ausência de condição da ação, uma vez que não foi instruída com a Certidão da Dívida Ativa (CDA), tão somente com a procuração. A Certidão da Dívida Ativa (CDA) instrumentaliza a execução fiscal e como tal é requisito essencial para a propositura da ação, nos termos do artigo 6º, § 1º, da Lei nº 6.830/80. (...) Especificamente com relação ao artigo 284 do CPC [art. 321 do CPC/2015], os precedentes colacionados pelo recorrente dizem respeito à possibilidade de se emendar a inicial, no caso de nulidade da CDA, nada se refere quanto a aplicação deste dispositivo legal quando a petição inicial vem desacompanhada do título executivo. Quanto ao disposto no artigo 614, a jurisprudência desta Corte é assente no sentido de que não se aplica subsidiariamente o referido dispositivo. Precedentes" (STJ, REsp 1.017.343/RS, Rel. Min. Humberto Martins, 2ª Turma, jul. 21.02.2008, *DJe* 03.03.2008).

5. Falta de algum documento. Oportunidade de emenda da inicial. Recurso cabível. Ver jurisprudência do art. 801 do CPC/2015.

6. Comprovação da ocorrência da condição (inciso I, *c*). "No caso, a propositura da ação executiva com base em nota promissória vinculada ao contrato de desconto bancário foi condicionada à prova do inadimplemento pelos sacados, ou seja, a exigibilidade do título só seria caracterizada no caso do não pagamento das duplicatas pelos devedores originários. A não comprovação do inadimplemento das duplicatas impede o ajuizamento da execução, nos moldes em que ora proposta, sendo certo que tal prova deve acompanhar a exordial, porquanto inerente à própria exigibilidade da obrigação" (STJ, REsp 986.972/MS, Rel. Min. Luis Felipe Salomão, 4ª Turma, jul. 04.10.2012, *DJe* 23.10.2012).

7. Comprovação pelo exequente do cumprimento da prestação que lhe incumbia (inciso I, *d*). "Ao propor a execução de título que prevê obrigações recíprocas e simultâneas, deverá o exequente demonstrar ter cumprido com a prestação que lhe incumbia ou assegurar o seu cumprimento, consoante dispõe o inciso IV do artigo 615 do CPC [art. 798, I, *d*, CPC/2015]" (TJMG, Ag 1.0707.05.107397-1/002, Rel. Des. Cabral da Silva, jul. 09.12.2008, *DJe* 09.01.2009). **No mesmo sentido:** TJMG, Ap 1.0672.06.212167-4/001, Rel. Des. Teresa Cristina da Cunha Peixoto, jul. 19.02.2009, *DJe* 07.04.2009.

Contrato de prestação de serviços educacionais. "A cobrança, pela via executiva, de parcelas inadimplidas por aluno de estabelecimento de ensino particular, exige, para que configurada a certeza da dívida, além da apresentação do contrato devidamente formalizado e do demonstrativo do débito, também a prova da efetiva prestação do serviço no período em questão, requisito este desatendido no caso dos autos" (STJ, REsp 323.704/MG, Rel. Min. Aldir Passarinho Junior, 4ª Turma, jul. 12.03.2002, *DJ* 20.05.2002).

Obs.: Sobre a exceção do contrato não cumprido, ver ainda a jurisprudência selecionada do art. 787 do CPC/2015.

8. Execução. Consulta ao sistema RENAJUD. "A consulta ao sistema Rena Jud, com o fito de localizar bens do devedor passíveis de penhora, prescinde de esgotamento da via extrajudicial, posto que visa a imprimir celeridade e efetividade à execução. Precedentes do STJ e desta Corte" (TJRS, AI 99974-39.2019.8.21.7000, Rel. Des. Dilso Domingos Pereira, 20ª Câmara Cível, ac. 02.05.2019, *DJeRS* 22.05.2019).

Art. 799. Incumbe ainda ao exequente:

I – requerer a intimação do credor pignoratício, hipotecário, anticrético ou fiduciário, quando a penhora recair sobre bens gravados por penhor, hipoteca, anticrese ou alienação fiduciária;

II – requerer a intimação do titular de usufruto, uso ou habitação, quando a penhora recair sobre bem gravado por usufruto, uso ou habitação;

III – requerer a intimação do promitente comprador, quando a penhora recair sobre bem em relação ao qual haja promessa de compra e venda registrada;

IV – requerer a intimação do promitente vendedor, quando a penhora recair sobre direito aquisitivo derivado de promessa de compra e venda registrada;

V – requerer a intimação do superficiário, enfiteuta ou concessionário, em caso de direito de superfície, enfiteuse, concessão de uso especial para fins de moradia ou concessão de direito real de uso, quando a penhora recair sobre imóvel submetido ao regime do direito de superfície, enfiteuse ou concessão;

VI – requerer a intimação do proprietário de terreno com regime de direito de superfície, enfiteuse, concessão de uso especial para fins de moradia ou concessão de direito real de uso, quando a penhora recair sobre direitos do superficiário, do enfiteuta ou do concessionário;

VII – requerer a intimação da sociedade, no caso de penhora de quota social ou de ação de sociedade anônima fechada, para o fim previsto no art. 876, § 7º;

VIII – pleitear, se for o caso, medidas urgentes;

IX – proceder à averbação em registro público do ato de propositura da execução e dos atos de constrição realizados, para conhecimento de terceiros;

X – requerer a intimação do titular da construção-base, bem como, se for o caso, do titular de lajes anteriores, quando a penhora recair sobre o direito real de laje; (Incluído pela Lei nº 13.465, de 11.07.2017)

XI – requerer a intimação do titular das lajes, quando a penhora recair sobre a construção-base. (Incluído pela Lei nº 13.465, de 11.07.2017)

CPC/1973

Art. 615.

REFERÊNCIA LEGISLATIVA

CPC/2015, arts. 495 (execução; hipoteca judiciária), 787 (execução; reciprocidade de prestações), 804 (execução; alienação ineficaz), 805 (execução pelo modo menos gravoso), 828 (averbação da execução em registro público), 889, V (execução; intimação do credor hipotecário, anticrético, fiduciário ou com penhora anteriormente averbada), 917, § 2º, IV (excesso de execução).

Lei n.º 13.097/2015, art. 54, IV (averbação da existência de ação cujos resultados ou responsabilidade possam reduzir o proprietário à insolvência).

CJF – I JORNADA DE DIREITO PROCESSUAL CIVIL

Enunciado 104 – O fornecimento de certidão para fins de averbação premonitória (art. 799, IX, do CPC) independe de prévio despacho ou autorização do juiz.

BREVES COMENTÁRIOS

O bem enfitêutico ou gravado por penhor, hipoteca, anticrese, alienação fiduciária, usufruto, uso, habitação, direito real de uso, direito real de uso especial para fins de moradia, direito de superfície, direito de aquisição do imóvel, direito real de laje, não se torna inalienável só pela existência do gravame. Por isso, poderá ser penhorado em execução promovida por terceiro que não o titular do direito real.

Recaindo a penhora sobre imóvel sujeito a esses regimes, o exequente deverá promover a intimação do terceiro, titular dos referidos direitos reais. Da mesma forma, quando a penhora recair sobre o direito do superficiário, do enfiteuta ou do concessionário, do titular das lajes anteriores, o proprietário do terreno ou da construção-base deverá ser notificado.

Intimado o credor hipotecário, a arrematação liberará o imóvel do gravame, devendo o credor exercer seus privilégios sobre o preço apurado na hasta pública.

A omissão da cautela de intimação, todavia, não redunda em nulidade da alienação, nem prejudica o direito real existente. A disposição apenas será ineficaz perante o credor hipotecário ou o titular do direito real. O bem passará à propriedade do arrematante, conservando o vínculo real em favor do terceiro não intimado. Na hipótese de usufruto, enfiteuse, uso, habitação, concessão de direito real de uso e concessão de direito especial para fins de moradia, ainda que o titular do direito real tenha sido intimado da hasta pública, não há desaparecimento do gravame. A intimação visa apenas evitar futuros percalços para o arrematante em face do direito de preferência que assiste principalmente ao senhorio direto.

O inciso VIII concede ao exequente a faculdade de "pleitear, se for o caso, medidas urgentes". Trata-se de uma simples reafirmação do poder geral de cautela adotado amplamente no art. 297, *caput*, do CPC/2015 (tutela provisória).

Entre as medidas preventivas cabíveis há uma que o exequente pode tomar, sem prévia ordem judicial: a averbação da execução, logo após o deferimento da inicial, junto ao registro de imóveis, de veículos ou de outros bens sujeitos a penhora, arresto ou indisponibilidade (CPC, art. 828).

JURISPRUDÊNCIA SELECIONADA

1. Obrigatoriedade da intimação (inciso I). "A existência da hipoteca não constitui obstáculo à realização da penhora; apenas obriga o credor exequente a requerer a intimação a que alude o art. 615, II, do CPC [art. 799, I, do CPC/2015]; não cumprida esta providência, poderá o credor hipotecário impedir a alienação judicial, sem, porém, excluir o bem da constrição" (TAMG, Ap. 30.238, Rel. Juiz Correia de Marins, 1ª Câm., jul. 11.04.1986, *RF* 298/208; *Adcoas*, 1987, nº 113.527).

"No processo de execução, **é indispensável a intimação do credor hipotecário** (art. 615, nº II, do CPC) [art. 799, I, do CPC/2015], sob pena de não produzir efeitos, em relação à pessoa que devia ter sido intimada, a eventual alienação do bem no curso do processo executivo" (STJ, AgRg no REsp 345.902/SP, Rel. Min. Hélio Quaglia Barbosa, 4ª Turma, jul. 13.03.2007, *DJ* 02.04.2007, p. 274). **No mesmo sentido:** STJ, REsp 704.006/ES, Rel. Min. Hélio Quaglia Barbosa, 4ª Turma, jul. 13.02.2007, *DJ* 12.03.2007.

"Necessidade de notificação judicial dos demais credores hipotecários, nos termos do art. 826 do Código Civil, que nenhuma distinção faz entre a primeira e as sucessivas hipotecas. Nulidade da adjudicação que não atendeu ao preceito supramencionado" (STF, RE 96.819, Rel. Min. Djaci Falcão, 2ª Turma, jul. 08.06.1982, *DJ* 13.08.1982; *RTJ* 105/377).

"O avalista que paga a dívida assume a posição do primitivo credor, legitimando-se ao exercício dos direitos e ações deste. Não compete ao devedor hipotecário a defesa do credor munido de garantia de hipoteca em Ação de Execução que terceiro lhe move, na hipótese de constrição dos respectivos bens. Em tal situação, por aplicação analógica do art. 615, II, do CPC [art. 799, I, do CPC/2015], **cabe ao devedor requerer a intimação do credor hipotecário, para as providências de estilo, e não agir em seu nome, objetivando desconstituir o ato de constrição,** porquanto lhe falta, para tanto, legitimidade 'ad causam'" (TJMG, Ap. 1.0694.04.018986-2/001, Rel. Des. Antônio de Pádua, 14ª Câm. Cív., jul. 18.09.2008, *DJe* 17.10.2008).

Ausência de prejuízo. "A alienação de bem gravado com hipoteca sem intimação do titular do direito real importa, em princípio, a possibilidade a este de requerer o desfazimento da arrematação, ou, caso não a requeira, a subsistência do ônus em face do credor hipotecário. Trata-se de mecanismo de preservação da preferência legal de que desfruta o credor titular de direito real de garantia frente ao credor quirografário. O caso concreto, porém, apresenta relevante particularidade: a arrematação que o credor hipotecário pretende desfazer foi realizada em sede de execução fiscal. O credor com penhora, nessa hipótese, além de não ser quirografário, possui crédito que 'prefere a qualquer outro, seja qual for a natureza ou o tempo da constituição deste, ressalvados os créditos decorrentes da legislação do trabalho' (CTN, art. 186). Diante da preferência do crédito tributário sobre o crédito hipotecário, e uma vez certificada a inexistência de outros bens penhoráveis, e mesmo a insuficiência do valor do bem constrito para satisfazer o débito fiscal, conclui-se não haver qualquer sentido prático na decretação da nulidade da alienação. Trata-se de medida que nenhum proveito traria ao credor hipotecário, obrigado a realizar novo leilão, cujo produto, de qualquer sorte, teria de ser destinado à satisfação do débito tributário" (STJ, REsp 440.811/RS, Rel. Min. Teori Albino Zavascki, 1ª Turma, jul. 03.02.2005, *DJ* 28.02.2005). **No mesmo sentido:** STJ, REsp 10.044/SP, Rel. Min. Bueno de Souza, 4ª Turma, jul. 17.03.1998, *DJ* 14.06.1999.

Obs.: Sobre os efeitos da falta de intimação dos credores privilegiados e do usufrutuário, ver jurisprudência selecionada do art. 804 do CPC/2015

2. Arrematação. Extinção da hipoteca (inciso I). "Na linha de precedentes da Corte, pela arrematação extingue-se a hipoteca, nos termos do art. 849, VII, do Código Civil, não havendo nenhuma impugnação quanto à realização da mesma, com o que se admite tenha sido o credor hipotecário intimado da realização da praça" (STJ, REsp 139.101/RS, Rel. Min. Carlos Alberto Menezes Direito, 3ª Turma, jul. 24.11.1998, *DJ* 22.02.1999). **No mesmo sentido:** STJ, REsp 36.757-3/SP, Rel. Min. Barros Monteiro, 4ª Turma, jul. 24.05.1994, *DJU* 05.04.1994, p. 23.108.

3. Medida acautelatória urgente (inciso VIII). "O pedido de penhora não pode ser encarado como 'medida acautelatória urgente', cuja frustração não implica a conclusão de que haverá lesão de grave ou difícil reparação ao credor 'antes do julgamento da lide', razão pela qual inaplicáveis, ao caso concreto, os arts. 615, III, e 798 do CPC [arts. 799, VIII, e 297 do CPC/2015]" (TJMG, Ag 1.0512.03.007508-3/001, Rel. Des. Dídimo Inocêncio de Paula, jul. 24.01.2008, *DJe* 12.02.2008).

"Existindo título executivo judicial, não pairam mais dúvidas de que o Réu passa a ser devedor, e a execução é 'processo de credor'. Os registros do distribuidor dos Foros têm que primar pela veracidade das informações, dado o caráter público dos atos processuais. Ao juiz incumbe, por ofício próprio, fiscalizar essa veracidade" (STJ, REsp 547.317/RJ, Rel. Min. Humberto Martins, 2ª Turma, jul. 26.09.2006, *DJ* 18.10.2006, p. 228).

"A efetividade do processo e da própria jurisdição deve ser lembrada pelo STJ e, ainda que em grau mínimo, a inclusão da informação nos registros cartorários sobre existência da execução é dotada de efetividade e respeita o princípio da publicidade dos atos processuais, dando conta a terceiros interessados da situação da empresa recorrida, podendo ser requerida com base no art. 615, III, do CPC [art. 799, VIII, do CPC/2015]" (STJ, REsp 547.317/RJ, Rel. Min. Humberto Martins, 2ª Turma, jul. 26.09.2006, *DJ* 18.10.2006).

Pesquisa de bens via CNIB. Ver jurisprudência do art. 139 do CPC/2015.

4. Arresto (inciso VIII). "Presentes os requisitos autorizadores da cautela, e considerados a natureza instrumental do processo e o disposto no inc. III do art. 615 do CPC [art. 799, VIII, do CPC/2015], nada obsta cumule o credor, no ajuizamento da pretensão executória, pedido cautelar de arresto. Este, após as citações e fluído o prazo do art. 653 [art. 830 do CPC/2015], resolver-se-á em penhora" (TARS, Ag. 186.042.974, Rel. Juiz Élvio Schuch Pinto, 3ª Câmara, jul. 10.09.1986, *JTARS* 61/198).

5. Comprovação pelo exequente do cumprimento da prestação que lhe incumbia. Ver jurisprudência do art. 798 do CPC/2015.

Art. 800. Nas obrigações alternativas, quando a escolha couber ao devedor, esse será citado para exercer a opção e realizar a prestação dentro de 10 (dez) dias, se outro prazo não lhe foi determinado em lei ou em contrato.

§ 1º Devolver-se-á ao credor a opção, se o devedor não a exercer no prazo determinado.

§ 2º A escolha será indicada na petição inicial da execução quando couber ao credor exercê-la.

CPC/1973

Art. 571.

REFERÊNCIA LEGISLATIVA

CPC/2015, art. 325, parágrafo único (pedido alternativo).

CC, arts. 252 a 256 (obrigações alternativas).

BREVES COMENTÁRIOS

Nas obrigações alternativas, quando a escolha for do devedor, a execução será iniciada com a citação dele para: (i) exercer a opção; e (ii) realizar a prestação. Para as duas providências, terá o devedor o prazo comum de dez dias, "se outro prazo não lhe foi determinado em lei ou em contrato" (art. 800, *caput*).

Não realizando o devedor a opção no prazo devido, será a faculdade transferida para o credor (art. 800, § 1º), que, feita a escolha por manifestação nos autos, dará prosseguimento à execução, observando o rito adequado à natureza da prestação escolhida (quantia certa, entrega de coisa, obrigação de fazer etc.).

JURISPRUDÊNCIA SELECIONADA

1. Procedimento. "Nas obrigações alternativas, o devedor deverá ser citado para, *uno actu*, dentro do prazo de dez dias, se o direito for seu, por lei ou por contrato, optar e prestar. Omitindo-se a esse chamamento, cumpre ao credor formalizar a opção e prosseguir na execução" (TJSC, Ap. 23.679, Rel. Des. Napoleão Amarante, 1ª Câmara, *Jurisp. Cat.* 51/106).

Art. 801. Verificando que a petição inicial está incompleta ou que não está acompanhada dos documentos indispensáveis à propositura da execução, o juiz determinará que o exequente a corrija, no prazo de 15 (quinze) dias, sob pena de indeferimento.

CPC/1973

Art. 616.

REFERÊNCIA LEGISLATIVA

CPC/2015, arts. 321 (inicial da ação no processo de conhecimento) e 798 (requisitos da petição inicial de execução).

BREVES COMENTÁRIOS

No sistema do CPC/2015, a preocupação maior é com a resolução do mérito da causa, de sorte que a extinção do processo por preliminar só deverá acontecer quando o defeito formal for insanável, ou quando a parte não corrigir no prazo que lhe for concedido.

Deixando o exequente de apresentar alguma peça essencial à execução, o magistrado não deverá indeferir o pedido, mas sim, determinar diligência a cargo da parte para suprir a omissão, no prazo de quinze dias.

Da decisão que indefere liminarmente – ainda que apresentados embargos – o pedido de execução por título extrajudicial cabe apelação; do despacho que determina a correção de inicial na execução descabe recurso (há acórdão do STJ, porém, que considerava esse ato judicial como decisão interlocutória agravável) (v. jurisprudência referente ao CPC/1973).

JURISPRUDÊNCIA SELECIONADA

1. Embargos à execução. Aditamento. Possibilidade. "Os Embargos à Execução comportam o aditamento, vez que apresentam indiscutível natureza de ação de conhecimento autônoma. (...) A jurisprudência já se manifestou em sentido favorável. Com efeito: 'considerando o juiz incompletos ou insuficientes os documentos ou cálculos apresentados pelo credor, tem lugar a emenda da inicial da ação executiva e não a extinção do processo, ainda que já opostos embargos do devedor, caso em quem regularizado o vício, deve ser oportunizado ao embargante o aditamento dos embargos' (STJ, 4ª Turma, REsp 440.719, rel. Min. Cesar Rocha, j, 07.11.2002, v.u., DJU 09.12.2002, p. 352). **No mesmo sentido, autorizando a emenda da petição inicial da execução mesmo quando o processo já está na fase recursal:** STJ, T3, REsp 648.108, rel. Min. Nancy Andrighi, DJU 26.09.2005, p. 364)." (TRF 4ª região, Ap. Civ. 5076495-32.2016.4.04.7100/RS, jul. 03.10.2018). **No mesmo sentido:** STJ, AgInt nos EDcl no AREsp 1186170/RS, Rel. Min. Luis Felipe Salomão, 4ª Turma, jul. 22.03.2018, *DJe* 02.04.2018.

2. Documentos indispensáveis. Emenda à inicial. "Nos termos do artigo 614 do Código de Processo Civil [art. 798 do CPC/2015], deve o credor juntar à petição inicial elementos que comprovem a certeza, liquidez e a exigibilidade do seu crédito, ou seja, o título executivo, o valor em que se encontra a dívida, o vencimento e o inadimplemento da obrigação. Na falta de alguns desses documentos, deve o julgador **intimar o exequente para emendar a inicial**" (STJ, REsp 971.804/SC, Rel.ª Min.ª Nancy Andrighi, Rel. p/ Acórdão Min. Massami Uyeda, 3ª Turma, jul. 16.12.2010, *DJe* 11.04.2011). **No mesmo sentido:** STJ, AgRg no AREsp 8.006/SC, Rel. Min. Herman Benjamin, 2ª Turma, jul. 28.06.2011, *DJe* 01.09.2011.

"A orientação firmada nesta Corte é no sentido da oportunização da emenda da inicial, porquanto a **'ausência do demonstrativo a que se refere o art. 614, II, do Código de Processo Civil** [art. 798, I, *b*, do CPC/2015], no caso, não interfere na liquidez e certeza do título, considerando que o valor da execução foi aquele estabelecido no contrato, expurgando-se o excesso com o reconhecimento de nulidade de cláusula contratual, com apoio no Código de Defesa do Consumidor' (REsp 214.861/SC)" (STJ, AgRg no REsp 717.676/SC, Rel. Min. Fernando Gonçalves, 4ª Turma, jul. 16.12.2008, *DJe* 02.02.2009). **No mesmo sentido:** STJ, REsp 264.065/AM, Rel. Min. Arnaldo Esteves Lima, 5ª Turma, jul. 07.03.2006, *DJ* 01.08.2006; STJ, REsp 311.358/PR, Rel. Min. Aldir Passarinho Júnior, 3ª Turma, jul. 19.11.2001, *DJ* 18.02.2002; STJ, AgRg no Ag. 734.078/PR, Rel. Min. Humberto Gomes de Barros, 3ª Turma, jul. 25.09.2007, *DJ* 15.10.2007.

"Conquanto admissível ao Tribunal de 2ª instância conhecer sobre as condições da ação, quando provocado ou de ofício, impedindo continuidade de execução incompletamente aparelhada, eis que sem planilha de evolução da dívida suficientemente esclarecedora, deve a Corte, nesse caso, oportunizar à parte a complementação da instrução, nos termos do art. 616 do CPC [art. 801 do CPC/2015], pela emenda à inicial, sem extinguir o feito" (STJ, REsp 453.096/SC, Rel. Min. Aldir Passarinho Júnior, 4ª Turma, jul. 17.10.2003, *DJU* 17.02.2009).

3. Momento para a determinação da emenda. "Esta Corte, atenta à função instrumental do processo e em homenagem aos princípios da efetividade e da economia processual, tem buscado evitar a anulação de todo o processo, possibilitando o suprimento de eventual irregularidade (art. 616 do CPC) [art. 801 do CPC/2015] **mesmo em momentos posteriores ao primeiro contato que o juiz tiver com a petição inicial**" (STJ, REsp 1.262.401/BA, Rel.ª Min.ª Nancy Andrighi, 3ª Turma, jul. 18.10.2011, *DJe* 15.12.2011). **No mesmo sentido, em relação à execução embargada:** STJ, REsp 440.719/SC, Rel. Min. Cesar Asfor Rocha, 4ª Turma, jul. 07.11.2002, *DJ* 09.12.2002.

"Verificado pelo exequente erro de cálculo em sua petição inicial, pode o mesmo solicitar a emenda da exordial, **mesmo após a citação da executada, sendo irrelevante sua concordância com o pedido**. Tal correção pode ser determinada até mesmo de ofício, sem que isso implique prejuízo à parte adversa, uma vez que a parte vencedora de qualquer ação não deve receber nem mais nem menos do que o valor efetivamente devido, de molde a evitar o locupletamento indevido de quem quer que seja" (1º TA Cível SP, AgIn 979.665-6, Rel. Juiz Luiz Antônio de Godoy, 3ª Câmara, jul. 28.11.2000, *RT* 789/274).

Execução. Cheque. Juntada do original do título após o oferecimento dos embargos pelo devedor. Admissibilidade. "Inocorrentes a má-fé ou malícia por parte do exequente, é permitido ao juiz de direito ordenar a juntada do original do título de crédito objeto da execução, ainda que já tenham sido opostos os embargos pelo devedor denunciando a falta" (STJ, REsp 329.069/MG, Rel. Min. Barros Monteiro, 4ª Turma, jul. 06.09.2001, *DJ* 04.03.2002).

"Portanto, se a jurisprudência do eg. Superior Tribunal de Justiça delineia a necessidade de intimação da parte embargante para emendar a petição de embargos à execução, apresentando memória de cálculo – afastando, por conseguinte, a possibilidade de indeferimento liminar dos mencionados embargos com base neste fundamento, sem que antes seja providenciada a diligência acima –, torna-se ainda mais plausível o direito da ora recorrente, tendo em vista que ela providenciou a referida emenda, antes mesmo da intimação do exequente ou da análise pelo magistrado do recebimento, ou não, dos embargos. Assim, não parece razoável que sequer seja admitida a emenda" (STJ, REsp 1.224.215/PR, Rel. Min. Raul Araújo, 4ª Turma, jul. 01.09.2011, *DJe* 22.09.2011).

Emenda da petição inicial em grau de recurso. "A emenda da petição inicial da execução, pela juntada de demonstrativo de débito atualizado, pode ser determinada mesmo tramitando o processo **em grau de recurso perante o Tribunal *a quo***. – O art. 616 do CPC [art. 801 do CPC/2015], que tem redação análoga ao art. 284 do mesmo diploma legal [art. 321 do CPC/2015], aplicável este ao processo de conhecimento, encerra disposição que visa a assegurar a função instrumental do processo. – A determinação de juntada de demonstrativo de débito atualizado à petição inicial da execução, mesmo em grau de recurso de apelação, além de salutar, se coaduna com os princípios preponderantes na moderna ciência processual, tais como o da instrumentalidade das formas, da celeridade, da economia e da efetividade processuais" (STJ, REsp 648.108/SC, Rel.ª Min.ª Nancy Andrighi, 3ª Turma, jul. 06.09.2005, *DJ* 26.09.2005).

4. Decisão que determina a emenda à inicial. Recurso cabível. "Ao disposto no artigo 614 [art. 798 do CPC/2015], nota-se que a discussão decorre da decisão que determinou à exequente, ora recorrente, que emendasse a inicial para explicar a considerável diferença entre os valores constantes nas CDAs e o valor constante na exordial. A orientação desta Corte é no sentido de que a decisão que determina a emenda da inicial, mediante a apresentação do demonstrativo de débito pela autora, possui caráter interlocutório que **desafia agravo de instrumento**" (STJ, AgRg no REsp 1.053.201/RJ, Rel. Min. Humberto Martins, 2ª Turma, jul. 02.09.2008, *DJe* 19.09.2008). **No mesmo sentido:** STJ, REsp 302.266/SC, Rel.ª Min.ª Nancy Andrighi, 3ª Turma, jul. 19.11.2001, *DJ* 18.02.2002. **Obs.:** Ver art. 1.015, parágrafo único, do CPC/2015.

5. Indeferimento da inicial. Recurso cabível. "É apelável a decisão que indefere a inicial de execução" (STJ, REsp 16.099/SP, Rel. Min. Cláudio Santos, 3ª Turma, jul. 13.12.1994, *DJ* 20.03.1995).

Art. 802. Na execução, o despacho que ordena a citação, desde que realizada em observância ao disposto no § 2º do art. 240, interrompe a prescrição, ainda que proferido por juízo incompetente.

Parágrafo único. A interrupção da prescrição retroagirá à data de propositura da ação.

CPC/1973

Art. 617.

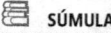

REFERÊNCIA LEGISLATIVA

CPC/2015, arts. 240 (efeitos da citação) e 786 (execução; inadimplemento da execução).

CC, arts. 202 a 204 (causas que interrompem a prescrição).

SÚMULAS

Súmula do STF:

nº 150: "Prescreve a execução no mesmo prazo de prescrição da ação".

BREVES COMENTÁRIOS

Um dos efeitos da propositura da execução é a interrupção da prescrição. Para tanto, porém, não basta a distribuição da inicial. Mister se faz que seja deferida pelo juiz e que a citação se realize em observância ao § 2º do art. 240. Se isto ocorrer, entender-se-á que a interrupção ocorreu no dia do despacho do pedido do credor. Na verdade, pode-se afirmar que é a citação válida que tem o poder de interromper a prescrição (art. 240, § 1º); seus efeitos é que retroagem à data da propositura da ação, desde que o chamamento do devedor a juízo se dê no prazo legal (art. 802, parágrafo único).

Ultrapassados, todavia, os limites temporais do art. 240, sem que o executado seja citado, não ocorrerá a interrupção da prescrição pela propositura da execução (art. 240, § 2º), *i.e.*, não haverá retroação dos efeitos da citação.

A prescrição intercorrente, derivada da paralisação do processo por inércia da parte, é expressamente admitida pelo STF (Súmula nº 264). Também o STJ a admite de maneira tranquila, desde que haja culpa do credor pela paralisação do processo (*RSTJ* 28/633, 36/478, 37/481). O CPC/2015 disciplinou, de forma expressa, os requisitos para que ocorra a extinção da execução por prescrição intercorrente (art. 921, §§ 1º a 5º).

JURISPRUDÊNCIA SELECIONADA

1. Ação de execução. Interrupção da prescrição. Reinício da Contagem. "O prazo prescricional para a execução de duplicata se interrompe com o ajuizamento da ação executiva e somente tem novo começo com o último ato do processo. Se o devedor do título é a pessoa jurídica e a execução foi contra ela ajuizada, é desse marco que se conta a interrupção da prescrição, e não do ingresso dos seus diretores na demanda, ocorrido posteriormente em virtude da desconsideração da personalidade jurídica" (STJ, REsp 885.440/PR, Rel. Min. João Otávio de Noronha, 4ª Turma, jul. 18.02.2010, *DJe* 01.03.2010).

2. Citação. Execução. Despacho de mero expediente. "É incabível a interposição de Agravo de Instrumento contra o despacho que ordena a citação nos autos do processo de Execução, em razão da ausência de conteúdo decisório. Precedentes do STJ" (STJ, AgRg no REsp 781.952/MG, Rel. Min. Herman Benjamin, 2ª Turma, jul. 18.12.2008, *REPDJe* 19.06.2009, *DJe* 13.03.2009). **No mesmo sentido:** STJ, REsp 242.185/RJ, Rel. Min. Fernando Gonçalves, 4ª Turma, jul. 16.09.2004, *DJ* 11.10.2004; STJ, REsp 537.379/RN, Rel. Min. Luiz Fux, 1ª Turma, jul. 02.12.2003, *DJ* 19.12.2003.

3. Advogado sem poderes para receber a citação. Ver jurisprudência do art. 239 do CPC/2015.

4. Citação por edital. "A citação do devedor, quando este não houver sido encontrado e não existirem bens arrestáveis, far-se-á por edital, com o que será interrompida a prescrição" (TFR, Ag. 47.687/GO, Rel. Min. Armando Rollemberg, 4ª Turma, jul. 18.09.1985, *RTFR* 128/67).

5. Demora imputável ao Judiciário. "Proposta a ação no prazo fixado para o seu exercício, a demora na citação, por motivos alheios à vontade do autor, não justifica o acolhimento da arguição de prescrição ou decadência. (Súmula 106)" (STJ, REsp 827.948/SP, Rel. Min. Humberto Gomes de Barros, 3ª Turma, jul. 21.11.2006, *DJ* 04.12.2006). **No mesmo sentido:** STJ, REsp 12.229/SP, Rel. Min. Carlos Alberto Menezes Direito, 3ª Turma, jul. 12.08.1996, *DJU* 17.03.1997.

Art. 803. É nula a execução se:

I – o título executivo extrajudicial não corresponder a obrigação certa, líquida e exigível;

II – o executado não for regularmente citado;

III – for instaurada antes de se verificar a condição ou de ocorrer o termo.

Parágrafo único. A nulidade de que cuida este artigo será pronunciada pelo juiz, de ofício ou a requerimento da parte, independentemente de embargos à execução.

CPC/1973

Art. 618.

REFERÊNCIA LEGISLATIVA

CPC/2015, arts. 239 (citação), 783 (requisitos do título executivo).

BREVES COMENTÁRIOS

Há que se distinguir entre as nulidades do negócio jurídico subjacente ao título executivo e as do processo executivo bem como dos atos nele praticados. As primeiras, em regra, dependem de acertamento por sentença e haverão de ser tratadas em ação à parte ou em ação de embargos à execução.

As nulidades processuais, ligadas às condições de procedibilidade e aos pressupostos processuais, são de ordem pública e podem ser apreciadas pelo juiz, de ofício, em qualquer fase do processo. Sua declaração, no curso da execução, não exige forma ou procedimento especial. A todo momento o juiz poderá declarar a nulidade do feito tanto a requerimento da parte como *ex officio*, independentemente de embargos à execução. Fala-se, na hipótese, em exceção de pré-executividade ou mais precisamente em objeção de não executividade, já que a matéria envolvida é daquelas que o juiz pode conhecer independentemente de provocação da parte.

JURISPRUDÊNCIA SELECIONADA

1. Impenhorabilidade. Reconhecimento *ex officio*. "Nos termos da jurisprudência firmada no âmbito desta Corte de Justiça, a impenhorabilidade constitui matéria de ordem pública, cognoscível de ofício pelo juiz, não havendo falar em nulidade da decisão que, de plano, determina o desbloqueio da quantia ilegalmente penhorada" (STJ, AgInt no AREsp 2.151.910/RS, Rel. Min. Sérgio Kukina, 1ª Turma, jul. 19.09.2022, *DJe* 22.09.2022).

Penhora *on-line*. Saldo inferior a 40 salários mínimos. "Nos termos do art. 833, X, do Código de Processo Civil, bem como da jurisprudência do Superior Tribunal de Justiça, são impenhoráveis valores inferiores a 40 (quarenta) salários mínimos depositados em aplicações financeiras, de modo que, constatado que a parte executada não possui saldo suficiente, cabe ao juiz, independentemente da manifestação da interessada, indeferir o bloqueio de ativos financeiros ou determinar a liberação dos valores constritos. Isso porque, além de as matérias de ordem pública serem cognoscíveis de ofício, a impenhorabilidade em questão é presumida, cabendo ao credor a demonstração de eventual abuso, má-fé ou fraude do devedor. Precedentes" (STJ, AgInt no AREsp 2.220.880/RS, Rel. Min. Paulo Sérgio Domingues, 1ª Turma, jul. 26.02.2024, *DJe* 29.02.2024).

2. Liquidação em desacordo com o título exequendo. Correção. "Segundo a pacífica jurisprudência desta Corte, é possível a correção da conta de liquidação na hipótese em que a memória de cálculo apresentada pela parte exequente está em desacordo com o comando expresso no título judicial exequendo, sem que isso implique violação da coisa julgada. Precedentes. Hipótese em que o cálculo de liquidação não estava perfeitamente adequado à metodologia definida na sentença, que determinou o reajuste dos valores do benefício, desde a primeira renda mensal, com aplicação, no primeiro reajuste, do índice integral da política salarial. Possibilidade de retificação dos cálculos, ainda que acobertados pela coisa julgada, para ajustá-los ao comando expresso na sentença" (STJ, AgRg na AR 3.913/RN, Rel. Min. Rogerio Schietti Cruz, 3ª Seção, jul. 25.02.2016, *DJe* 02.03.2016).

3. Execução de título extrajudicial embasada em contrato de cessão de crédito oriundo de cédula de crédito bancário. Inexigibilidade do título até que seja reconhecida a mora. "O título executivo extrajudicial é apto a embasar processo executivo quando se mostrar exigível. Assim, enquanto o devedor não se torna inadimplente com sua obrigação nele representada, não se mostra válida a propositura de execução diante da falta de uma das condições da ação, qual seja, a exigibilidade. Incidência dos art. 580, 586 e 618, todos do CPC/73. Verificada a inexigibilidade do título executado, procedente se mostra a exceção de pré-executividade oposta com a finalidade de extinguir a execução. Observância do art. 267, VI, c.c. 618 do CPC/73"

(STJ, AgInt nos EDcl no REsp 1.538.579/PE, Rel. Min. Moura Ribeiro, 3ª Turma, jul. 16.05.2017, *DJe* 29.05.2017).

4. Hipóteses de nulidade da execução.

a) Nulidade. Ausência de certeza, liquidez e exigibilidade (inciso I). "A certeza, a liquidez e a exigibilidade são requisitos indispensáveis para o ajuizamento da ação executiva e referem-se, respectivamente, à ausência de dúvidas quanto à existência do título que consubstancia a obrigação, à quantidade de bens que é objeto da obrigação e ao momento do adimplemento dessa obrigação. **Faltando qualquer dos três elementos, nula é a execução**" (STJ, REsp 932.910/PE, Rel. Min. João Otávio de Noronha, 4ª Turma, jul. 05.04.2011, *DJe* 12.04.2011).

"Os artigos 586 e 618, I, do Código de Processo Civil [art. 803, I, do CPC/2015] estabelecem normas de caráter geral em relação às ações executivas, inibindo o ajuizamento nas hipóteses em que o título seja destituído de obrigação líquida, certa ou que não seja exigível. Esses dispositivos não encerram normas sobre títulos de crédito e muito menos sobre a cédula de crédito bancário" (STJ, AgRg no REsp 599.609/SP, Rel. p/ Acórdão Min. João Otávio de Noronha, 4ª Turma, jul. 15.12.2009, *DJe* 08.03.2010).

"No processo de execução, a certeza da obrigação deve ser observada pelo julgador, e estará representada no título executivo; no entanto, a verificação de alguma irregularidade na *causa debendi* refoge ao pressuposto processual do processo de execução e deve ser objeto de manifestação do executado, em sede de embargos do devedor, sob pena de se violar o princípio da demanda e da inércia da jurisdição" (STJ, REsp 971.804/SC, Rel. p/ Acórdão Min. Massami Uyeda, 3ª Turma, jul. 16.12.2010, *DJe* 11.04.2011).

Execução fundada em título executivo extrajudicial. Inaplicabilidade. "O art. 618, I, do CPC [art. 803, I, do CPC/2015] não se aplica às execuções movidas com base em título executivo extrajudicial" (STJ, AgRg no Ag 1.060.899/SP, Rel. Min. Arnaldo Esteves Lima, 5ª Turma, jul. 19.02.2009, *DJe* 16.03.2009).

Cumprimento de sentença. Iliquidez da condenação. Discussão acerca dos limites da sentença. Ver jurisprudência do art. 509 do CPC/2015.

b) Citação irregular. Citação de um dos sócios (inciso II). "É certo que 'é nula a execução (...) se o devedor não for regularmente citado' (art. 618, II, do CPC) [art. 803, II, do CPC/2015]. No entanto, na hipótese, é incontroverso que houve efetiva citação de um dos sócios que figuram no polo passivo da execução, razão pela qual a não efetivação da citação em relação aos demais executados não impede a alienação judicial do bem nomeado à penhora pelo sócio que foi citado. Ao contrário do que foi consignado no acórdão recorrido, o disposto no art. 618, II, do CPC, não impede tal providência. Ressalte-se que esse entendimento decorre da própria natureza da obrigação, ou seja, em virtude da solidariedade existente entre os sujeitos passivos do processo executivo fiscal. 'Em se tratando de solidariedade passiva, os devedores respondem, cada qual pela dívida toda, tendo o credor o direito de exigir de cada credor a dívida toda ou escolher aquele sobre o qual recairá a execução' (REsp 165.219/RS, 1ª Turma, Rel. Min. Demócrito Reinaldo, *DJ* de 28.6.1999)" (STJ, REsp 724.218/RS, Rel.ª Min.ª Denise Arruda, 1ª Turma, jul. 22.04.2008, *DJe* 19.05.2008).

"A nulidade da execução por falta de citação da empresa sucessora da devedora não alcança os atos anteriores à sua inclusão no polo passivo da relação processual. Na execução, a arguição de nulidade *pleno iure*, como a falta de citação, prescinde da oposição de embargos, podendo dar-se por simples petição" (STJ, REsp 422.762/RJ, Rel. Min. Sálvio de Figueiredo Teixeira, 4ª Turma, jul. 06.08.2002, *DJ* 25.11.2002).

5. Nulidade. Meio de arguição. "A arguição de nulidade da execução, com base no art. 618 do estatuto processual civil [art. 803 do CPC/2015], **não requer a propositura da ação de embargos à execução**, sendo resolvida incidentalmente" (STJ, REsp 3.079/MG, 3ª Turma, Rel. Min. Cláudio Santos, *DJ* 10.09.1990). **No mesmo sentido:** STJ, REsp 13.960/SP, Rel. Min. Waldemar Zveiter, 3ª T., jul. 26.11. 1991, *RSTJ* 40/447; STJ, REsp 3.264/PR, Rel. Min. Eduardo Ribeiro, 3ª T., jul. 28.06.1990, *RSTJ* 40/447; *RT* 671/187; TAPR, AI 195/89, Rel. Juiz Maranhão de Loyola, jul. 09.05.1989; *RF* 306/208, STJ, REsp 124.364/PE, Rel. Min. Waldemar Zveiter, 3ª Turma, jul. 05.12.1997, *DJ* 26.10.1998.

"**A falta de título executivo** constitui matéria cujo conhecimento não se condiciona a provocação da parte, podendo ser examinada independentemente mesmo do oferecimento de embargos" (STJ, REsp 60.900-3/BA, Rel. Min. Eduardo Ribeiro, *DJ* 08.04.1996, p. 10.470).

"A nulidade do título em que se embasa a execução pode ser arguida **por simples petição** – uma vez que suscetível de exame, *ex officio*, pelo juiz. O inadimplemento do contrato, a que se vincula o título, entretanto, constitui matéria que, para ser conhecida, requer seja alegada pela via dos embargos" (STJ, REsp 3.264/PR, Rel. Min. Nilson Naves, 3ª Turma, jul. 28.06.1990, *DJ* 18.02.1991).

"Em se tratando de **nulidade absoluta**, a exemplo do que se dá com os bens absolutamente impenhoráveis (CPC, art. 649) [art. 833 do CPC/2015], prevalece o interesse de ordem pública, **podendo ser ela arguida em qualquer fase ou momento**, devendo inclusive ser apreciada de ofício' (REsp 192133/MS, Rel. Min. Sálvio de Figueiredo Teixeira, Quarta Turma, julgado em 04/05/1999, *DJ* 21/06/1999, p. 165). Esta Corte tem pronunciado no sentido de que as matérias de ordem pública (*e.g.* prescrição, decadência, condições da ação, pressupostos processuais, consectários legais, incompetência absoluta, impenhorabilidade, etc.) não se sujeitam à preclusão, podendo ser apreciadas a qualquer momento nas instâncias ordinárias" (STJ, AgRg no AREsp 223.196/RS, Rel. Min. Humberto Martins, 2ª Turma, jul. 16.10.2012, *DJe* 24.10.2012). **No mesmo sentido:** STJ, REsp 39.268/SP, Rel. Min. Barros Monteiro, 4ª Turma, jul. 13.11.1995, *DJ* 29.04.1996.

6. Exceção de pré-executividade.

a) Finalidade. "A exceção de pré-executividade é defesa interinal do executado no bojo de execução e que tem por finalidade obstar o início dos atos executivos em desconformidade com as prescrições legais, e que por isso não encerram certeza sobre a relação jurídica material discutida" (STJ, REsp 435.372/SP, Rel. Min. Luiz Fux, 1ª Turma, *DJ* 09.12.2002).

b) Cabimento. "A orientação assente da jurisprudência do Superior Tribunal de Justiça caminha no sentido de que a exceção de pré-executividade é cabível em qualquer tempo e grau de jurisdição, quando a matéria nela invocada seja suscetível de conhecimento de ofício pelo juiz e a decisão possa ser tomada sem necessidade de dilação probatória" (STJ, EREsp 905.416/PR, Rel. Min. Marco Buzzi, 2ª Seção, jul. 09.10.2013, *DJe* 20.11.2013). **No mesmo sentido:** STJ, AgRg no Ag 197.577/GO, Rel. Min. Sálvio de Figueiredo Teixeira, 4ª Turma, jul. 28.03.2000, *DJ* 05.06.2000.

c) Momento para manifestação. "A exceção de pré-executividade pode ser deduzida em qualquer momento e grau de jurisdição, inclusive depois do julgamento dos embargos à execução, podendo versar, inclusive, sobre questão não suscitada anteriormente, haja vista que, em se tratando de matéria de ordem pública, não se opera a preclusão" (STJ, AgRg no Ag 1.128.845/RJ, Rel.ª Min.ª Denise Arruda, 1ª Turma, jul. 04.06.2009, *DJe* 01.07.2009). **No mesmo sentido, admitindo inclusive após o prazo de embargos:** STJ, REsp 888.676/SP, Rel. Min. Luiz Fux, 1ª Turma, jul. 12.02.2008, *DJe* 18.06.2008.

Todavia, entendendo ser incabível a exceção de pré-executividade após a realização da penhora: "A 'exceção de pré-executividade' há de ser requerida antes do momento próprio para apresentação da defesa, evitando um prosseguimento inútil e o constrangimento da penhora em bens do devedor. **Não há que se falar em 'exceção de pré-executividade' após a realização da penhora** e após, como *in casu*, a rejeição dos embargos opostos pela devedora" (STJ, EDcl no AgRg no Ag 470.702/SP, Rel. Min. José Delgado, 1ª Turma, jul. 25.03.2003, *DJ* 12.05.2003).

d) Hipóteses:

Prescrição. "É possível em exceção de pré-executividade a arguição de prescrição do título executivo, desde que desnecessária dilação probatória. Precedentes" (STJ, REsp 570.238/SP, Rel. Min. Aldir Passarinho Junior, 4ª Turma, jul. 20.04.2010, *DJe* 17.05.2010).

Ilegitimidade passiva de um dos executados. "Se o *thema decidendum* diz respeito à ilegitimidade passiva de um dos executados, (que se inclui entre as condições da ação), e pode ser decidido à vista do título, a exceção de pré-executividade deve ser processada" (STJ, REsp 254.315/RJ, Rel. Min. Ari Pargendler, 3ª Turma, jul. 08.04.2002, *DJ* 27.05.2002).

Ausência de individualização dos créditos na execução de sentença proferida em ação coletiva. "Tratando-se de execução decorrente de ação coletiva, a falta de individualização dos créditos importa em nulidade da execução, para evitar duplicidade no pagamento da indenização, haja vista que as empresas filiadas não encontram vedação para ajuizar ações individuais sobre o mesmo crédito, sendo curial que várias das empresas já ajuizaram ações em relação aos mesmos valores aqui questionados" (STJ, REsp 766.134/DF, Rel. Min. Francisco Falcão, 1ª Turma, jul. 15.05.2008, *DJe* 27.08.2008).

Oposição de embargos do devedor. Não cabimento. "Se a executada opôs embargos do devedor, não pode depois propor a exceção de pré-executividade" (STJ, REsp 624.813/PR, Rel. p/ Acórdão Min. Ari Pargendler, 3ª Turma, jul. 19.04.2007, *DJe* 26.11.2008).

Inexistência de título. "Assim, é cabível a exceção de pré-executividade para alegar a nulidade de execução, considerada a inexistência do título executivo, como na espécie. Precedentes" (STJ, REsp 1.119.820/PI, Rel. Min. Luis Felipe Salomão, 4ª Turma, jul. 05.08.2010, *DJe* 01.03.2011).

Execução contra instituição financeira em liquidação extrajudicial. "O art. 18, *a*, da Lei nº 6.024, de 1974, proíbe o ajuizamento de ações ou execuções contra instituição financeira em liquidação extrajudicial; proposta, a despeito da norma legal, a execução pode ser inibida por meio de exceção de pré-executividade. Recurso especial conhecido e provido" (STJ, REsp 468.942/PA, Rel. Min. Ari Pargendler, 3ª Turma, jul. 13.09.2005, *DJ* 03.10.2005).

Excesso de execução. "É cabível a chamada exceção de pré-executividade para discutir excesso de execução, desde que esse seja perceptível de imediato, sem dilação probatória e, para tanto, baste examinar a origem do título que embasa a execução; na esteira dos precedentes das Turmas da 2.ª Seção" (STJ, REsp 733.533/SP, Rel.ª Min.ª Nancy Andrighi, 3ª Turma, jul. 04.04.2006, *DJ* 22.05.2006). **No mesmo sentido:** STJ, REsp 841.967/DF, Rel. Min. Luiz Fux, 1ª Turma, jul. 12.02.2008, *DJe* 02.04.2008.

Compensação. "A compensação pode ser arguida como defesa do executado tanto em embargos do devedor quanto nos próprios autos da execução, desde que, nesta última hipótese, seja possível a sua constatação *prima facie*" (STJ, REsp 716.841/SP, Rel.ª Min.ª Nancy Andrighi, 3ª Turma, jul. 02.10.2007, *DJ* 15.10.2007).

e) Hipóteses de não cabimento:

Ausência de aceite em duplicatas. "Não é a exceção de pré-executividade a via própria para discutir a higidez de aceite constante de duplicatas que embasam a cobrança da dívida, mas, sim, os embargos do devedor, após garantido o juízo. Em face do caráter contencioso da exceção de pré-executividade, e da aplicação dos princípios da causalidade e da sucumbência, responde a parte vencida pelo pagamento de verba honorária" (STJ, REsp 407.057/MG, Rel. Min. Aldir Passarinho Junior, 4ª Turma, jul. 25.02.2003, *DJ* 05.05.2003). **Obs.:** Pela sistemática do CPC/2015, não é mais necessária a garantia do juízo para oposição de embargos do devedor (art. 914).

"**A responsabilidade subsidiária dos sócios**, em regra, não pode ser discutida em exceção de pré-executividade, por demandar dilação probatória, conforme decidido no Recurso Especial 'repetitivo' 1.104.900/ES, Rel. Ministra Denise Arruda, Primeira Seção, julgado em 25.3.2009, *DJe* 1º.4.2009, nos termos do art. 543-C, do CPC [art. 1.036, CPC/2015]" (STJ, AgRg no REsp 1.196.377/SP, Rel. Min. Humberto Martins, 2ª Turma, jul. 19.10.2010, *DJe* 27.10.2010).

"A orientação consagrada no STJ é a de que: 'O instrumento de confissão de dívida, ainda que originário de contrato de abertura de crédito, constitui título executivo extrajudicial' (Súmula nº 300-STJ) e '**A renegociação de contrato bancário ou a confissão da dívida** não impede a possibilidade de discussão sobre eventuais ilegalidades dos contratos anteriores' (Súmula nº 286-STJ). Todavia, conquanto possam ser investigados **os contratos anteriores que deram margem ao de confissão, tal não é possível pela via da exceção de pré-executividade**, de limitado uso, facultados os meios próprios, após a garantia do juízo em que se processa a cobrança executiva. (...) exceção de pré-executividade, instrumento que (...) é muito restrito, a vícios flagrantes, como no caso das condições da ação, o que não se estende ao exame de cláusulas contratuais para se aferir se os juros cobrados são ou não excessivos ou se houve ou não anatocismo vedado em lei. Aliás, nem se identifica, na espécie, de logo, uma ilegalidade, porquanto, como consabido, de um lado as instituições financeiras não se acham limitadas pela Lei de Usura, e, de outro, a capitalização é admitida em certas situações e periodicidade, tudo a se levar o debate para as vias próprias após garantido o juízo onde se processa a cobrança, seja por meio de embargos à execução, seja por ação revisional, mas, de forma alguma, em exceção de pré-executividade, dado o limitado alcance deste instituto processual, criado pela jurisprudência" (STJ, REsp 475.632/SC, Rel. Min. Aldir Passarinho Júnior, 4ª Turma, jul. 06.05.2008, *DJ* 26.05.2008).

Honorários advocatícios. Ver jurisprudência do art. 85 do CPC/2015.

Recurso cabível. "A decisão que acolhe exceção de pré-executividade põe fim ao processo executório e, como ato extintivo, desafia recurso de **apelação**" (STJ, REsp 613.702/PA, Rel. Min. Fernando Gonçalves, 4ª Turma, jul. 08.06.2004, *DJ* 28.06.2004). **No mesmo sentido:** STJ, REsp 889.082/RS, Rel.ª Min.ª Eliana Calmon, 2ª Turma, jul. 03.06.2008, *DJe* 06.08.2008.

Decisão que rejeita a exceção de pré-executividade. "A decisão que rejeita exceção de pré-executividade tem natureza interlocutória, porquanto não extingue o processo de execução, mas, tão somente, resolve um incidente ali havido, sendo cabível recurso de **agravo de instrumento**" (STJ, AgRg no REsp 704.644/SP, Rel. Min. Humberto Martins, 2ª Turma, jul. 07.08.2007, *DJ* 20.08.2007).

"Exclusão de alguns dos executados da relação processual, sem extinção do processo. Recurso cabível. Agravo. Princípio da fungibilidade. Inaplicabilidade" (STJ, REsp 526.804/PR, Rel. Min. Teori Albino Zavascki, 1ª Turma, jul. 24.11.2004, *DJ* 21.02.2005).

Art. 804. A alienação de bem gravado por penhor, hipoteca ou anticrese será ineficaz em relação ao credor pignoratício, hipotecário ou anticrético não intimado.

§ 1º A alienação de bem objeto de promessa de compra e venda ou de cessão registrada será ineficaz em relação ao promitente comprador ou ao cessionário não intimado.

§ 2º A alienação de bem sobre o qual tenha sido instituído direito de superfície, seja do solo, da plantação ou da construção, será ineficaz em relação ao concedente ou ao concessionário não intimado.

§ 3º A alienação de direito aquisitivo de bem objeto de promessa de venda, de promessa de cessão ou de alienação fiduciária será ineficaz em relação ao promitente vendedor, ao promitente cedente ou ao proprietário fiduciário não intimado.

§ 4º A alienação de imóvel sobre o qual tenha sido instituída enfiteuse, concessão de uso especial para fins de moradia ou concessão de direito real de uso será ineficaz em relação ao enfiteuta ou ao concessionário não intimado.

§ 5º A alienação de direitos do enfiteuta, do concessionário de direito real de uso ou do concessionário de uso especial para fins de moradia será ineficaz em relação ao proprietário do respectivo imóvel não intimado.

§ 6º A alienação de bem sobre o qual tenha sido instituído usufruto, uso ou habitação será ineficaz em relação ao titular desses direitos reais não intimado.

CPC/1973

Art. 619.

REFERÊNCIA LEGISLATIVA

CPC/2015, arts. 799, I (requerimento de intimação do credor hipotecário, pignoratício, anticrético e do fiduciário), e 889, V (execução; intimação do senhorio direto ou do credor com garantia real ou penhora anteriormente averbada).

CC, art. 1.501 (credor hipotecário).

CJF – JORNADAS DE DIREITO PROCESSUAL CIVIL

II JORNADA

Enunciado 150 – Aplicam-se ao direito de laje os arts. 791, 804 e 889, III, do CPC.

BREVES COMENTÁRIOS

A alienação de bem sobre o qual recaia direito real, sem a intimação do seu titular, é ineficaz. Se os simples titulares de direitos reais limitados, como o usufrutuário, o anticrético, o credor hipotecário ou pignoratício etc., têm de ser intimados da penhora sob pena de nulidade da arrematação (arts. 799, I e II, e 804), com muito maior razão igual providência se impõe em face de quem ostenta a qualidade de titular atual do domínio pleno do objeto a excutir. Nula, portanto, será a hasta pública de bem adquirido em fraude de execução se o terceiro-proprietário não for tempestivamente intimado da penhora.

O art. 792, § 4º, do CPC/2015 determina, expressamente, seja intimado o terceiro adquirente a se defender, antes de ser declarada a fraude à execução.

JURISPRUDÊNCIA SELECIONADA

1. Bem hipotecado. "Pela regra do art. 619 do CPC [art. 804 do CPC/2015], admissível é a penhora de imóvel hipotecado, apenas ocorrendo a ineficácia da alienação judicial em relação ao credor hipotecário que não tiver sido intimado" (2º TACível/SP, no Ag. 166.773, Rel. Juiz Octávio Cordeiro, 7ª Câm., jul. 06.06.1984, *RT* 596/168).

2. Obrigatoriedade da intimação. Ver jurisprudência do art. 799 do CPC/2015.

"A arrematação levada a efeito sem intimação do credor hipotecário é inoperante relativamente a este, não obstante eficaz entre executado e arrematante. Dado que o devedor não fora encontrado – apesar das diligências efetuadas –, correta a sua intimação por edital, para ciência do leilão" (STJ, REsp 704.006/ES, Rel. Min. Hélio Quaglia Barbosa, 4ª Turma, jul. 13.02.2007, *DJ* 12.03.2007).

Ausência de prejuízo. Ver jurisprudência do art. 799 do CPC/2015.

Determinação da intimação antes da realização da Praça. "O Tribunal de origem expressamente determinou a intimação da credora hipotecária antes da realização de Praça, o que, inclusive, resguarda o seu direito de preferência, na medida em que eventual hipoteca sobre o bem penhorado não constitui óbice à sua arrematação, que será eficaz entre executado e arrematante. Havendo a determinação de intimação da credora hipotecária antes da realização da arrematação, não há obstáculos à realização da hasta pública, devendo ser afastadas as alegadas ofensas aos arts. 615, inciso II, 616, 619 e 698 do Código de Processo Civil [arts. 799, I, 801, 804 e 889, V, do CPC/2015]" (STJ, REsp 739.197/DF, Rel.ª Min.ª Laurita Vaz, 5ª Turma, jul. 04.12.2009, *DJe* 08.02.2010).

3. Nulidade do ato. Ver jurisprudência do art. 889 do CPC/2015.

Art. 805. Quando por vários meios o exequente puder promover a execução, o juiz mandará que se faça pelo modo menos gravoso para o executado.

Parágrafo único. Ao executado que alegar ser a medida executiva mais gravosa incumbe indicar outros meios mais eficazes e menos onerosos, sob pena de manutenção dos atos executivos já determinados.

CPC/1973

Art. 620.

REFERÊNCIA LEGISLATIVA

CPC/2015, art. 867 (usufruto judicial).

SÚMULAS

Súmula do STJ:

nº 417: "Na execução civil, a penhora de dinheiro na ordem de nomeação de bens não tem caráter absoluto".

BREVES COMENTÁRIOS

O que permite o art. 805 é a escolha de meios executivos mais favoráveis ao devedor, quando por mais de uma forma se pode chegar à satisfação do direito do exequente. Não se inclui, porém, a alteração substancial da própria pretensão do credor. Exemplos mais comuns de aplicação do art. 805 encontram-se na escolha do bem a penhorar para a instrução da execução por quantia certa, assim como na concorrência desnecessária de várias execuções em torno de uma única dívida.

O CPC/2015 inovou ao determinar, no parágrafo único do art. 805, incumbir ao executado que alegar ser a medida executiva mais gravosa, indicar outros meios mais eficazes e menos onerosos. Se não o fizer, serão mantidos os atos executivos já determinados. Ou seja, se é certo que a execução deve ser efetivada do modo menos gravoso ao executado, não se pode olvidar que sua finalidade é a satisfação integral do credor que, de modo algum, pode ficar prejudicado. Dessa sorte, se o executado não lograr indicar outro meio igualmente eficaz para adimplir sua obrigação, não se aplicará o princípio da menor onerosidade.

JURISPRUDÊNCIA SELECIONADA

1. Princípio da menor onerosidade.

"A execução fiscal se processa no interesse do credor, a fim de satisfazer o débito cobrado. Outrossim, o processo executivo deve dar-se da forma menos gravosa para o executado, em nome do princípio da preservação da empresa (art. 620 do CPC) [art. 805 do CPC/2015]" (STJ, REsp 504.152/SC, Rel. Min. João Otávio de Noronha, 2ª Turma, jul. 19.09.2006, *DJ* 25.10.2006, p. 184). **No mesmo sentido:** STJ, REsp 752.488/RS, Rel. Min. Franciulli Netto, 2ª Turma, jul. 18.08.2005, *DJ* 13.03.2006, p. 281; STJ, AgRg no Ag. 1.022.464/SP, Rel. Min. Aldir Passarinho Junior, 4ª Turma, jul. 02.06.2009.

"A tese de violação do Princípio da Menor Onerosidade não pode ser defendida de modo genérico ou simplesmente retórico, cabendo à parte executada a comprovação, inequívoca, dos prejuízos a serem efetivamente suportados, bem como da possibilidade, sem comprometimento dos objetivos do processo de execução, de satisfação da pretensão creditória por outros meios" (STJ, AgRg no REsp 1.103.760/CE, Rel. Min. Herman Benjamin, 2ª Turma, jul. 23.04.2009, *DJe* 19.05.2009).

"O artigo 620 do CPC [art. 805 do CPC/2015] não justifica a paralisação dos atos executivos, apenas permite, em casos de vários meios, a escolha do menos gravoso, o que não é o caso dos autos, em que o imóvel dado em garantia nem sequer possui matrícula" (STJ, REsp 1.263.045/PR, Rel. Min. Castro Meira, 2ª Turma, jul. 16.02.2012, *DJe* 05.03.2012).

Penhora de faturamento de empresa. Princípio da menor onerosidade. Teses para fins do art. 1.036. "Na aplicação do princípio da menor onerosidade (art. 805 e parágrafo único do CPC/2015; art. 620 do CPC/1973): a) autoridade judicial deverá estabelecer percentual que não inviabilize o prosseguimento das atividades empresariais; e b) a decisão deve se reportar aos elementos probatórios concretos trazidos pelo devedor, não sendo lícito à autoridade judicial empregar o referido princípio em abstrato ou com base em simples alegações genéricas do executado" (STJ, REsp 1.835.864/SP, Rel. Min. Herman Benjamin, 1ª Seção, jul. 18.04.2024, *DJe* 09.05.2024). Decisão submetida a julgamento de recursos repetitivos.

2. Execução. Penhora de dinheiro. Substituição por penhora de bem imóvel. Onerosidade excessiva não reconhecida pelas instâncias ordinárias. "O princípio da menor onerosidade da execução não é absoluto, devendo ser observado em consonância com o princípio da efetividade da execução, preservando-se o interesse do credor. Incidência da Súmula 83/STJ" (STJ, AgInt no AREsp 1.563.740/RJ, Rel. Min. Raul Araújo, 4ª Turma, jul. 11.05.2020, *DJe* 25.05.2020).

3. Ponderação do princípio da menor onerosidade e interesse do credor. "A gradação legal estabelecida no art. 835 do CPC/2015, estruturada de acordo com o grau de aptidão satisfativa do bem penhorável, embora seja a regra, não tem caráter absoluto, podendo ser flexibilizada, em atenção às particularidades do caso concreto, sopesando-se, necessariamente, a potencialidade de satisfação do crédito, na medida em que a execução se processa segundo os interesses do credor (art. 797 do CPC/2015), bem como a forma menos gravosa ao devedor (art. 805 do CPC/2015)" (STJ, AgInt no AREsp 1.532.932/DF, Rel. Min. Marco Aurélio Bellizze, 3ª Turma, jul. 23.03.2020, *DJe* 30.03.2020).

4. Execução fiscal. Nomeação de bens à penhora. Imóvel. Direito de recusa da fazenda pública. "A Primeira Seção do STJ firmou o entendimento de que a não observância da ordem legal de preferência na nomeação de bens à penhora, na forma do art. 11 da Lei n. 6.830/1980, demanda a comprovação, pelo executado, da existência de elementos concretos que justifiquem a incidência do princípio da menor onerosidade, sendo insuficiente a mera invocação genérica do art. 620 do CPC/1973 (REsp 1.337.790/PR, rel. Min. Herman Benjamin, *DJe* 7.10.2013, julgado sob a sistemática do art. 543-C do CPC/1973)" (STJ, AgInt no AREsp 1.666.369/PR, Rel. Min. Og Fernandes, 2ª Turma, jul. 23.03.2021, *DJe* 09.04.2021).

5. Penhora de aluguéis. Ordem de preferência. Onerosidade excessiva. "A ordem de preferência estabelecida no art. 835 do CPC/2015 não tem caráter absoluto, podendo ser flexibilizada em atenção às particularidades do caso concreto. De igual modo, o princípio da menor onerosidade da execução também não é absoluto, devendo ser observado em consonância com o princípio da efetividade da execução, preservando-se o interesse do credor. Precedentes. Nos termos do art. 805, parágrafo único, do CPC/2015, 'Ao executado que alegar ser a medida executiva mais gravosa incumbe indicar outros meios mais eficazes e menos onerosos, sob pena de manutenção dos atos executivos já determinados'. Hipótese na qual, não tendo a parte executada indicado os meios que considera mais eficazes e menos onerosos, os atos executivos determinados pelas instâncias ordinárias devem ser mantidos" (STJ, AgInt no AREsp 1.786.373/DF, Rel. Min. Raul Araújo, 4ª Turma, jul. 21.06.2021, *DJe* 01.07.2021).

6. Parcelamento da obrigação. Direito subjetivo do executado. Inexistência. Princípio da menor onerosidade. Não incidência. Ver jurisprudência do art. 916 do CPC/2015.

7. Executado deve agir segundo a boa-fé. "Se, de um lado, os princípios da menor onerosidade e da dignidade da pessoa humana visam a impedir a execução abusiva, por outro lado também cabe à parte executada agir de acordo com os princípios da boa-fé processual, da cooperação e da efetividade do processo" (STJ, AgInt no REsp 2.021.507/SP, Rel. Min. Paulo de Tarso Sanseverino, 3ª Turma, jul. 27.03.2023, *DJe* 29.03.2023).

8. Execuções distintas. Dívida única. "Não pode o credor, de forma concomitante, ajuizar duas execuções distintas (uma contra a devedora principal, aparelhada com o instrumento de contrato, e outra, com base em promissória dada em garantia, contra os avalistas), buscando haver um mesmo crédito. Conduta que afronta o art. 620, CPC [art. 805 do CPC/2015], e o princípio que veda a utilização simultânea de duas vias processuais que visem a tutelas idênticas ou equivalentes em seus efeitos (*electa una via non datur regressus ad alteram*). Admissível, em casos tais, a propositura de uma única execução contra avalizada e avalistas, instrumentalizada com ambos os títulos – instrumento contratual e promissória – (Enunciado nº 27 da Súmula/STJ), o que se viabiliza mesmo quando não figurem os referidos avalistas como garantes solidários no contrato ou quando o valor exigido com base neste seja superior ao reclamado com base na cambial" (STJ, REsp 24.242-7/RS, Rel. Min. Sálvio de Figueiredo, jul. 08.08.1995, 4ª Turma; *Revista do STJ* 79/229).

9. Recusa de oferta de bens em garantia de difícil comercialização. Possibilidade. "Embora esteja previsto no CPC que a execução far-se-á da forma menos gravosa para o executado (art. 620 CPC) [art. 805 do CPC/2015], isso não impede que o credor recuse a oferta de bens em garantia, se forem eles de difícil comercialização. Na hipótese de recusa, não está mais o executado obrigado a oferecer novos bens à penhora, sendo-lhe tão somente facultada a opção como um ônus processual, cujo não exercício pode acarretar em adoção de medidas mais drásticas pela exequente (Fazenda Pública), como o pedido de quebra de sigilo fiscal e a hipótese de penhora sobre o faturamento da empresa, admitida de forma excepcional pela jurisprudência desta Corte Superior" (STJ, REsp 787.339/SP, Rel.ª Min.ª Eliana Calmon, 2ª Turma, jul. 19.06.2007, *DJ* 29.06.2007).

10. Ordem legal de penhora. "Conforme precedentes da corte, a ordem legal estabelecida para a nomeação de bens à penhora não tem caráter absoluto, podendo o magistrado recusar a nomeação de títulos da dívida pública de difícil e duvidosa liquidação, para que esta recaia em dinheiro ou outros bens de melhor liquidez" (STJ, REsp 299.439/MT, Rel. Min. Luis Felipe Salomão, 4ª Turma, jul. 07.08.2008, *DJe* 18.08.2008).

"Incabível, com supedâneo no art. 620 do CPC [art. 805 do CPC/2015], pretender alterar, em benefício do devedor, a ordem legal de penhora. Trata-se de ordem estabelecida no interesse do credor e da maior eficácia da atividade executiva, cuja **inversão somente é admitida em hipóteses excepcionais**, inexistentes no particular. Ainda que o art. 668 do CPC [art. 847 do CPC/2015] preveja que o executado pode requerer a substituição do bem penhorado, subordina tal direito, entre outros requisitos, à inexistência de prejuízos ao exequente, circunstância que não foi atestada pelas instâncias ordinárias e cuja verificação exigiria o revolvimento do substrato fático-probatório dos autos, vedado pela Súmula nº 07 do STJ. Recurso especial não conhecido" (STJ, REsp 776.364/SP, Rel.ª Min.ª Nancy Andrighi, 3ª Turma, jul. 04.09.2008).

"A orientação da Primeira Seção/STJ firmou-se no sentido de que a penhora (ou eventual substituição de bens penhorados) deve ser efetuada conforme a ordem legal, prevista no art. 655 do CPC [art. 835 do CPC/2015] e no art. 11 da Lei n. 6.830/80. Assim, não obstante o precatório seja um bem penhorável, a Fazenda Pública pode recusar a nomeação de tal bem, quando fundada na inobservância da ordem legal, sem que isso implique ofensa ao art. 620 do CPC [art. 805 do CPC/2015]" (STJ, AgRg na RCDESP nos EAg 1.371.543/SP, Rel. Min. Mauro Campbell Marques, 1ª Seção, jul. 14.12.2011, *DJe* 01.02.2012).

11. Inexistência de ofensa ao princípio da menor onerosidade:

Valores depositados em conta-corrente. "Não se configura ofensa ao princípio da menor onerosidade da execução para o devedor o fato de a constrição patrimonial recair sobre valores depositados em sua conta-corrente" (STJ, REsp 332.584/SP, Rel.ª Min.ª Nancy Andrighi, 3ª Turma, *DJ* 18.02.2002).

Sobre valores depositados em conta corrente, *vide* arts. 833, 835 e 854 do CPC/2015.

Penhora de crédito. "A penhora sobre crédito recai sobre direitos certos ou determináveis do devedor, efetivando-se mediante a simples intimação do terceiro, que fica obrigado a depositar em juízo as prestações ou juros por si devidos à medida que forem vencendo. Com esta simples medida, evita-se que o próprio executado receba a importância penhorada, frustrando a satisfação do crédito exequendo. Dispensa-se, nesta circunstância, a nomeação de administrador, figura necessária e indispensável para a penhora sobre o faturamento, que exige rigoroso controle sobre a boca do caixa, o que não é, evidentemente, a hipótese. Ainda que se admitisse que se está diante de penhora do faturamento, é certo que esta Corte admite esta modalidade de constrição patrimonial, **sem que isso, por si só, represente ofensa ao princípio da menor onerosidade ao devedor, preconizado no art. 620, CPC**" (STJ, REsp 1.035.510/RJ, Rel.ª Min.ª Nancy Andrighi, 3ª Turma, jul. 02.09.2008, *DJe* 16.09.2008).

Penhora de ativos financeiros. "A penhora de ativos financeiros não caracteriza, por si só, ofensa ao princípio da menor onerosidade, uma vez que a execução se processa no interesse do credor" (STJ, AgRg no AREsp 40.817/PR, Rel. Min. Cesar Asfor Rocha, 2ª Turma, jul. 28.02.2012, *DJe* 07.03.2012).

Penhora *on-line*. Possibilidade. "Com a vigência da Lei 11.382/2006, firmou-se o entendimento de ser possível a penhora de dinheiro em espécie ou em depósito e aplicação financeira mantida em instituição bancária sem que isso implique violação do princípio da menor onerosidade para o executado (art. 620 do CPC) [art. 805 do CPC/2015]. Precedentes" (STJ, AgRg no REsp 1.182.507/RJ, Rel.ª Min.ª Maria Isabel Gallotti, 4ª Turma, jul. 13.03.2012, *DJe* 23.03.2012). **No mesmo sentido:** STJ, REsp 1.133.262/ES, Rel. Min. Sidnei Beneti, 3ª Turma, jul. 15.12.2011, *DJe* 07.02.2012.

"O desnível entre os valores do bem penhorado e da execução, por si só, não onera injustificadamente o devedor, tendo em conta, inclusive, que, no caso de alienação do bem, a importância remanescente se reintegra ao patrimônio do devedor" (STJ, REsp 254.314/RJ, Rel. Min. Sálvio de Figueiredo Teixeira, 4ª Turma, jul. 21.03.2002, *DJ* 29.04.2002).

☆ **DIVERSAS ESPÉCIES: INDICAÇÃO DOUTRINÁRIA**

Alcides de Mendonça Lima, *Comentários ao CPC*, 7. ed., v. VI, p. 602 – enumeração de possibilidades menos gravosas na execução do devedor; Araken de Assis, *Comentários ao Código de Processo Civil*: artigos 797 ao 823, 2. ed., São Paulo: RT, 2018. (Coleção *Comentários ao Código de Processo Civil*, v. XIII, Diretor: Luiz Guilherme Marinoni, Coordenadores: Sérgio Cruz Arenhart e Daniel Mitidiero); Cassio Scarpinella Bueno, *Manual de direito processual civil*, São Paulo: Saraiva, 2015; Daniel Amorim Assumpção Neves, *Manual de direito processo civil*, São Paulo: Método, 2015; Ernane Fidélis dos Santos, Nulidade do processo executório. Repetição do indébito, *RBDP* 50/69; Ernesto Antunes de Carvalho, *Novo Código de Processo Civil: principais alterações do sistema processual civil*, São Paulo: Rideel, 2014; Fredie Didier Jr., *Curso de direito processual civil*, 17. ed., Salvador: JusPodivm, 2015, v. I; Guilherme Rizzo Amaral, *Comentários às alterações do novo CPC*, São Paulo: Revista dos Tribunais, 2015; Henrique Araújo Costa, Cabimento recursal em exceção de pré-executividade, *Revista de Processo*, nº 132, p. 167 e ss., fev. 2006; Humberto Theodoro Júnior, *A reforma da execução do título extrajudicial*, Rio de Janeiro: Forense, 2007; Humberto Theodoro Júnior, *Curso de direito processual civil. 54. ed.*, Rio de Janeiro: Forense, 2021, v. III; Humberto Theodoro Júnior, Fernanda Alvim Ribeiro de Oliveira, Ester Camila Gomes Norato Rezende (coord.), *Primeiras lições sobre o novo direito processual civil brasileiro*, Rio de Janeiro: Forense, 2015; Humberto Theodoro Júnior, O imóvel hipotecado e a execução de terceiro, *RP* 44/7; Humberto Theodoro Júnior. *In* José Roberto F. Gouvêa; Luis Guilherme A. Bondioli e João Francisco N. da Fonseca (coord.). Comentários ao Código de Processo Civil. São Paulo: Saraiva, 2017, v. 15; Humberto Theodoro Júnior. *Processo de execução e cumprimento de sentença*, 30. ed., Rio de Janeiro: Forense, 2020; J. E. Carreira Alvim, *Comentários ao novo Código de Processo Civil*, Curitiba: Juruá, 2015; José Miguel Garcia Medina, *Novo Código de Processo Civil comentado*, São Paulo: Revista dos Tribunais, 2015; Leonardo Greco, *Instituições de processo civil: introdução ao direito processual civil*, 5. ed., Rio de Janeiro: Forense, 2015; Llelyn Medina, Execução de obrigação alternativa quando a escolha pertence ao credor, *RBDP* 10/101; Luis Antônio Giampaulo Sarro, *Novo Código de Processo Civil*, São Paulo: Rideel, 2015; Luiz Guilherme Marinoni, Sérgio Cruz Arenhart, Daniel Mitidiero, *Curso de processo civil*, São Paulo: Revista dos Tribunais, 2015, v. I; Nelson Nery Junior, Rosa Maria de Andrade Nery, *Comentários ao Código de Processo Civil*, São Paulo: Revista dos Tribunais, 2015; Orozimbo Nonato, *Direitos das obrigações*, p. 327 – vale observar que as obrigações alternativas tanto podem ser de dar como de fazer ou de não fazer: podem compreender, como dilucida Giorgio Giorgi, prestações positivas e negativas, serviços reais e pessoais; Osvaldo Moreira Antunes, O credor hipotecário e o concurso singular de credores, *RT* 599/265; Pontes de Miranda, *Comentários ao CPC (1973)*, tomo IX, p. 122/3, nº 4 – na obrigação alternativa, no ato citatório, a escolha da obrigação não deve ser verbal, deverá ser feita mediante petição escrita ou termo; Sérgio Mattos, In: Teresa Arruda Alvim Wambier, Fredie Didier Jr., Eduardo Talamini, Bruno Dantas, *Breves comentários ao novo Código de Processo Civil*, São Paulo: Revista dos Tribunais, 2015; Teori Zavascki. In Sérgio Cruz Arenhart e Daniel Mitidiero (coord.). *Comentários ao Código de Processo Civil*. 2. ed., São Paulo: Editora Revista dos Tribunais, 2018, v. 12; Teresa Arruda Alvim Wambier, Fredie Didier Jr., Eduardo Talamini, Bruno Dantas (coord.), *Breves comentários ao novo Código de Processo Civil*, São Paulo: Revista dos Tribunais, 2015; Teresa Arruda Alvim Wambier, Maria Lúcia Lins Conceição, Leonardo Ferres da Silva Ribeiro, Rogério Licastro Torres de Melo, *Primeiros comentários ao novo Código de Processo Civil*, São Paulo: Revista dos Tribunais, 2015.

Capítulo II
DA EXECUÇÃO PARA A ENTREGA DE COISA

Seção I
Da Entrega de Coisa Certa

Art. 806. O devedor de obrigação de entrega de coisa certa, constante de título executivo extrajudicial, será citado para, em 15 (quinze) dias, satisfazer a obrigação.

§ 1º Ao despachar a inicial, o juiz poderá fixar multa por dia de atraso no cumprimento da obrigação, ficando o respectivo valor sujeito a alteração, caso se revele insuficiente ou excessivo.

§ 2º Do mandado de citação constará ordem para imissão na posse ou busca e apreensão, conforme se tratar de bem imóvel ou móvel, cujo cumprimento se dará de imediato, se o executado não satisfizer a obrigação no prazo que lhe foi designado.

CPC/1973

Art. 621.

REFERÊNCIA LEGISLATIVA

CC, arts. 233 a 242 (obrigação de dar coisa certa e de restituir), 313 (credor não é obrigado a receber prestação diversa).

CPC/2015, arts. 498 (tutela específica; entrega de coisa) e 784, II, III, IV (título executivo extrajudicial).

BREVES COMENTÁRIOS

A ação executiva autônoma (apoiada em título extrajudicial) inicia-se sempre por provocação do interessado, mediante petição inicial. Deferida a petição, o devedor será citado para, em quinze dias, satisfazer a obrigação, entregando a coisa prevista no título executivo (art. 806). Enquanto o Código anterior previa a expedição de dois mandados – um para a citação do devedor a entregar a coisa, e outro de apreensão caso a entrega voluntária não ocorresse –, o Código atual simplifica o procedimento, determinando que um só mandado compreenda as duas diligências. De posse dele, o oficial procederá à citação e aguardará o transcurso dos quinze dias previstos no art. 806, caput. Se a entrega ou depósito se efetivou, completa estará a diligência a seu cargo; caso contrário, prosseguirá na busca do objeto da execução, sem depender de novo mandado. É assim que se deve interpretar o "cumprimento imediato" do mandado executivo, de que fala o § 2º do art. 806.

Como o mandado de citação não retorna aos autos senão depois de ultrapassado o prazo de cumprimento pessoal da obrigação pelo executado, a contagem dos prazos de cumprimento da prestação devida e o de embargos à execução, se dará de forma diversa: (i) o de entrega voluntária (ato pessoal do executado) terá como ponto de partida o próprio ato de citação praticado pelo oficial de justiça; (ii) já o prazo para oferecimento de embargos pelo executado, por ser ato que depende da intermediação de representante judicial, começará a fluir, segundo a regra geral do Código, da data da juntada aos autos no mandado de citação (art. 915, c/c 231) e será de quinze dias úteis (art. 219), independentemente da segurança do juízo (art. 914).

JURISPRUDÊNCIA SELECIONADA

1. Citação por correio. Execução. Possibilidade. Ver jurisprudência do art. 247 do CPC/2015.

Art. 807. Se o executado entregar a coisa, será lavrado o termo respectivo e considerada satisfeita a obrigação, prosseguindo-se a execução para o pagamento de frutos ou o ressarcimento de prejuízos, se houver.

CPC/1973

Art. 624.

BREVES COMENTÁRIOS

O devedor, acatando o pedido do credor, entrega-lhe a coisa devida. Lavrar-se-á, então, o competente termo nos autos, considerando-se satisfeita a obrigação (art. 807). Se houver sujeição, também, ao pagamento de frutos e ressarcimento de perdas e danos, o processo prosseguirá sob a forma de execução por quantia certa. Naturalmente, se o quantum for ilíquido, ter-se-á que proceder à prévia liquidação (arts. 509 a 512), medida que, entretanto, só seria viável, em regra, quando se tratasse de execução de título judicial. Havendo iliquidez em título extrajudicial, a questão não se resolve, de ordinário, em incidente da execução. Tem de ser submetida à solução em processo de conhecimento, pelas vias ordinárias.

Art. 808. Alienada a coisa quando já litigiosa, será expedido mandado contra o terceiro adquirente, que somente será ouvido após depositá-la.

CPC/1973

Art. 626.

REFERÊNCIA LEGISLATIVA

CPC/2015, arts. 240 (efeitos da citação), 674 (embargos de terceiro), 779, II (legitimação passiva na execução), 790 (responsabilidade patrimonial), 792 (fraude de execução), 810 (execução; benfeitorias indenizáveis).

BREVES COMENTÁRIOS

Mesmo quando houver alienação da coisa devida a terceiro, se o ato de disposição ocorreu após a propositura da execução, continuará ela alcançável pela constrição judicial (art. 808). O caso é de fraude de execução, de maneira que a transferência do bem (embora válida) apresenta-se ineficaz perante o credor (arts. 790, I, e 792, III). Nessa hipótese, se aprouver ao credor, o mandado executivo será expedido contra o adquirente (art. 808). Este, se quiser defender sua posse ou domínio, só poderá fazê-lo após depósito da coisa litigiosa (art. 808, in fine). Não sendo devedor, o adquirente terá de defender-se por meio de "embargos de terceiro", como deixa certo o art. 792, § 4º.

A responsabilidade executiva do adquirente é, todavia, limitada exclusivamente à entrega da coisa. Se o bem, por qualquer razão, não mais estiver em seu poder, não terá o adquirente a obrigação de indenizar o credor pelo equivalente. A obrigação pelo equivalente é tão somente do devedor.

Sobre as consequências da alienação da coisa litigiosa, ver os comentários ao art. 109 do CPC/2015.

Art. 809. O exequente tem direito a receber, além de perdas e danos, o valor da coisa, quando essa se deteriorar, não lhe for entregue, não for encontrada ou não for reclamada do poder de terceiro adquirente.

§ 1º Não constando do título o valor da coisa e sendo impossível sua avaliação, o exequente apresentará estimativa, sujeitando-a ao arbitramento judicial.

§ 2º Serão apurados em liquidação o valor da coisa e os prejuízos.

CPC/1973

Art. 627.

REFERÊNCIA LEGISLATIVA

CC, arts. 402 a 405 (perdas e danos).

CPC/2015, arts. 509 a 512 (liquidação da sentença).

BREVES COMENTÁRIOS

O credor não está obrigado a buscar a coisa devida em poder de terceiros. Pode preferir executar o devedor pelo valor da coisa, mais perdas e danos decorrentes da alienação, de maneira que, tanto na destruição como na alienação, fica-lhe aberta a oportunidade de optar pela execução da "obrigação subsidiária" ou "substitutiva", por meio da qual poderá reclamar quantia equivalente ao valor da coisa, além das perdas e danos (art. 809). Transforma-se, por essa opção, a execução para entrega de coisa certa em execução por quantia certa.

JURISPRUDÊNCIA SELECIONADA

1. Título judicial. Cumprimento de sentença. Entrega de coisa incerta convertida em quantia certa. Juros moratórios. Termo inicial. "Os juros moratórios, após convertida a obrigação de entrega de coisa incerta em dinheiro, tornando líquida a dívida pecuniária, devem ser contados a partir da citação, como disciplinam os artigos 405 e 407, do Código Civil vigente (Código de 1916, arts. 1.064 e 1.536, § 2º)" (STJ, REsp 1.122.500/PR, Rel.ª Min.ª Maria Isabel Gallotti, 4ª Turma, jul. 18.10.2016, *DJe* 07.11.2016).

2. Retardamento na entrega. Perdas e danos cabíveis. "As *perdas e danos*, referidas no art. 627 do CPC [art. 809 do CPC/2015] para a hipótese da não entrega da coisa, abrangem os casos de injustificado retardamento na entrega, mas tal retardamento somente pode ser contado após o decurso do decêndio do art. 621 do mesmo Código [art. 806 do CPC/2015]" (TJRS, Ag. 586.029.704, Rel. Des. Athos Gusmão Carneiro, 1ª Câm., jul. 19.08.86, *RJTJRS* 119/292). **Obs.:** Pelo CPC/2015, o prazo é de quinze dias.

3. Conversão da execução. Perdas e danos. "É certo que a execução deve obediência ao princípio da fidelidade ao julgado exequendo, não podendo fugir aos limites da condenação. Todavia, essa regra não tem caráter absoluto, especialmente quando, em se tratando de obrigação pessoal (fazer ou não fazer) ou de entrega de coisa (como é o caso, em última análise, da ação de reintegração de posse), a execução específica se mostra inviável ou impossível na prática, por fato superveniente. Em casos tais, a lei processual admite expressamente a conversão da tutela específica em tutela alternativa de indenização em dinheiro" (STJ, REsp 1.007.110/SC, Rel. Min. Teori Albino Zavascki, 1ª Turma, jul. 18.12.2008, *DJe* 02.03.2009).

4. Multa e perdas e danos. "O fato de ter deixado o devedor na posse do imóvel por quase 7 (sete) anos, sem que este cumprisse com o seu dever contratual (pagamento das prestações relativas ao contrato de compra e venda), evidencia a ausência de zelo com o patrimônio do credor, com o consequente agravamento significativo das perdas, uma vez que a realização mais célere dos atos de defesa possessória diminuiria a extensão do dano. Violação ao princípio da boa-fé objetiva. Caracterização de inadimplemento contratual a justificar a penalidade imposta pela Corte originária (exclusão de um ano de ressarcimento)" (STJ, REsp 758.518/PR, Rel. Min. Vasco Della Giustina, 3ª Turma, jul. 17.06.2010, *DJe* 28.06.2010).

5. Discussão e apuração de perdas e danos. Incidente de liquidação. "Nos termos do art. 627, § 2º, do CPC (com redação alterada pela Lei 10.444/2002) [art. 809, § 2º, do CPC/2015], não há falar em abertura de nova demanda cognitiva unicamente para o fim de discutir e apurar eventuais perdas e danos advindos da execução de entregar coisa certa, o que deve se dar mediante incidente de liquidação no próprio procedimento executório" (REsp 695.770/PR, Rel. Min. Paulo Furtado, 3ª Turma, jul.11.05.2010, *DJe* 27.05.2010).

Art. 810. Havendo benfeitorias indenizáveis feitas na coisa pelo executado ou por terceiros de cujo poder ela houver sido tirada, a liquidação prévia é obrigatória.

Parágrafo único. Havendo saldo:

I – em favor do executado ou de terceiros, o exequente o depositará ao requerer a entrega da coisa;

II – em favor do exequente, esse poderá cobrá-lo nos autos do mesmo processo.

CPC/1973

Art. 628.

REFERÊNCIA LEGISLATIVA

CC, arts. 1.219 a 1.222 (benfeitorias), 1.253 a 1.258 (construções e plantações).

CPC/2015, arts. 509 a 512 (liquidação da sentença).

BREVES COMENTÁRIOS

Se o título executivo refere-se a entrega de coisa benfeitorizada pelo executado, ou por terceiro, antes da execução, é obrigatória a liquidação do valor das obras ou melhoramentos a serem indenizados pelo credor (art. 810), o que se fará de acordo com o disposto nos arts. 509 a 512. A execução só terá início depois do depósito do valor das benfeitorias (art. 810, parágrafo único). O terceiro que pode exercer o direito de retenção é aquele que, sem ser devedor, responde patrimonialmente pela execução, como o que adquire o bem litigioso ou comete outras fraudes à execução.

Poderá haver direitos do credor contra o possuidor, como os provenientes de frutos, do uso da coisa, das perdas e danos etc. Se isto ocorrer, será lícita a compensação entre eles e o crédito das benfeitorias, tendo o exequente que depositar apenas a diferença que se apurar em favor do executado (art. 810, parágrafo único, I).

Se na compensação o saldo favorecer o credor, ficará prejudicado o direito de retenção e será lícito ao exequente cobrar o seu crédito, como execução por quantia certa, nos mesmos autos (art. 810, parágrafo único, II).

JURISPRUDÊNCIA SELECIONADA

1. Reconhecimento no título executivo. "A liquidação prévia a que faz referência o art. 628 do CPC [art. 810 do CPC/2015] pressupõe o reconhecimento, no título executivo, das benfeitorias a serem indenizadas" (STJ, AgRg no Ag 405.987/SP, Rel. Min. Barros Monteiro, 4ª Turma, jul. 18.03.2003, *DJ* 02.06.2003, p. 300).

Seção II
Da Entrega de Coisa Incerta

Art. 811. Quando a execução recair sobre coisa determinada pelo gênero e pela quantidade, o executado será citado para entregá-la individualizada, se lhe couber a escolha.

Parágrafo único. Se a escolha couber ao exequente, esse deverá indicá-la na petição inicial.

CPC/1973

Art. 629.

REFERÊNCIA LEGISLATIVA

CC, arts. 85 (coisas fungíveis) e 243 a 246 (obrigações de dar coisa incerta; coisas fungíveis).

Lei nº 8.929, de 22.08.1994 (institui a Cédula de Produto Rural, cuja cobrança se faz por meio de execução para entrega de coisa incerta), art. 15.

BREVES COMENTÁRIOS

Nas obrigações de coisa incerta, a escolha, segundo o título, pode ser do exequente ou do executado. Se é do exequente, deverá ele individualizar as coisas devidas na petição inicial da execução (art. 811, parágrafo único). Se for do executado, será este citado para entregá-las individualizadas a seu critério (art. 811, *caput*). Não se abre um incidente especial para definir, previamente, a individualização da coisa. A citação é única, e a resposta do executado já deve se dar pela entrega ou depósito da coisa escolhida, no prazo de quinze dias do art. 806.

JURISPRUDÊNCIA SELECIONADA

1. Conversão de execução para entrega de coisa incerta em execução por quantia certa. Possibilidade. "Possibilidade de conversão do procedimento de execução para entrega de coisa incerta para execução por quantia certa na hipótese de ter sido entregue o produto perseguido com atraso, gerando danos ao credor da obrigação. Inteligência dos arts. 624, segunda parte, do CPC/73 c/c 389 do Código Civil. A certeza da obrigação deriva da própria lei processual ao garantir, em favor do credor do título extrajudicial, os frutos e o ressarcimento dos prejuízos decorrentes da mora do devedor. A liquidação pode ser por estimativa do credor ou por simples cálculo (art. 627, §§ 1º e 2º, do CPC/73 ou art. 809, §§ 1º e 2º, do CPC/15)." (STJ, REsp 1507339/MT, Rel. Min. Paulo de Tarso Sanseverino, 3ª Turma, jul. 24.10.2017, *Dje* 30.10.2017)

2. Escolha do devedor. "Contudo, a leitura do art. 629 do CPC [art. 811 do CPC/2015] deixa claro que, se a escolha da coisa incerta couber ao devedor, este deverá ser citado para entregá-la individualizada, não havendo, portanto, que se falar em momento prévio de escolha para posterior entrega, como considerou o Tribunal de origem" (STJ, REsp 701.150/SC, Rel.ª Min.ª Nancy Andrighi, 3ª Turma, jul. 15.12.2005, *DJ* 01.02.2006, p. 545).

Art. 812. Qualquer das partes poderá, no prazo de 15 (quinze) dias, impugnar a escolha feita pela outra, e o juiz decidirá de plano ou, se necessário, ouvindo perito de sua nomeação.

CPC/1973

Art. 630.

REFERÊNCIA LEGISLATIVA

CC, art. 244 (não poderá o devedor dar a coisa pior, nem será obrigado a prestar a melhor).

BREVES COMENTÁRIOS

Tanto a escolha do exequente como a do executado podem ser impugnadas pela parte contrária no prazo de quinze dias (art. 812). O prazo para a escolha do executado é o da citação para a entrega (quinze dias). Tudo se passa dentro do procedimento executivo, sem maiores formalidades.

Os critérios para a escolha são os do art. 244 do Código Civil, isto é, o devedor "não poderá dar a coisa pior, nem será obrigado a prestar a melhor".

A apreciação da impugnação deve ser sumária, decidindo-a o juiz de plano. Se julgar necessário, porém, poderá louvar-se em perito, observando-se o procedimento normal dos exames periciais (art. 812). Trata-se de decisão interlocutória desafiadora do recurso de agravo de instrumento (art. 1.015, parágrafo único).

Art. 813. Aplicar-se-ão à execução para entrega de coisa incerta, no que couber, as disposições da Seção I deste Capítulo.

CPC/1973

Art. 631.

BREVES COMENTÁRIOS

Resolvidas as impugnações, a execução para entrega de coisa incerta terá o mesmo processamento do procedimento para entrega de coisa certa, dispensada nova citação do devedor, bastando tão só a intimação da decisão proferida.

Sendo a coisa entregue, deverá ser depositada, se o devedor pretender oferecer embargos à execução, com efeito suspensivo (CPC/2015, art. 919, § 1º). Se o embargante não pretender tal eficácia, os embargos independerão do depósito (art. 914), mas não impedirão o cumprimento da busca e apreensão ou da imissão na posse, em favor do exequente (art. 806, § 2º).

ENTREGA DE COISA: INDICAÇÃO DOUTRINÁRIA

Araken de Assis, *Comentários ao Código de Processo Civil*: artigos 797 ao 823, 2. ed., São Paulo: RT, 2018. (Coleção *Comentários ao Código de Processo Civil*, v. XIII, Diretor: Luiz Guilherme Marinoni, Coordenadores: Sérgio Cruz Arenhart e Daniel Mitidiero); Araken de Assis. *In* Sérgio Cruz Arenhart e Daniel Mitidiero (coord.). *Comentários ao Código de Processo Civil*. 2. ed., São Paulo: Editora Revista dos Tribunais, 2018, v. 13; Cassio Scarpinella Bueno, *Manual de direito processual civil*, São Paulo: Saraiva, 2015; Daniel Amorim Assumpção Neves, *Manual de direito processo civil*, São Paulo: Método, 2015; Erik Navarro Wolkart, In: Teresa Arruda Alvim Wambier, Fredie Didier Jr., Eduardo Talamini, Bruno Dantas, *Breves comentários ao novo Código de Processo Civil*, São Paulo: Revista dos Tribunais, 2015; Fredie Didier Jr., *Curso de direito processual civil*, 17. ed., Salvador: JusPodivm, 2015, v. I; Guilherme Rizzo Amaral, *Comentários às alterações do novo CPC*, São Paulo: Revista dos Tribunais, 2015; Humberto Theodoro Júnior, *Curso de direito processual civil. 54. ed.*, Rio de Janeiro: Forense, 2021, v. III; Humberto Theodoro Júnior, Fernanda Alvim Ribeiro de Oliveira, Ester Camila Gomes Norato Rezende (coord.), *Primeiras lições sobre o novo direito processual civil brasileiro*, Rio de Janeiro: Forense, 2015; Humberto Theodoro Júnior. *Processo de execução e cumprimento de sentença*, 30. ed., Rio de Janeiro: Forense, 2020; J. E. Carreira Alvim, *Comentários ao novo Código de Processo Civil*, Curitiba: Juruá, 2015; José Miguel Garcia

Medina, *Novo Código de Processo Civil comentado*, São Paulo: Revista dos Tribunais, 2015; Leonardo Greco, *Instituições de processo civil: introdução ao direito processual civil*, 5. ed., Rio de Janeiro: Forense, 2015; Luis Antônio Giampaulo Sarro, *Novo Código de Processo Civil*, São Paulo: Rideel, 2015; Luiz Guilherme Marinoni, Sérgio Cruz Arenhart, Daniel Mitidiero, *Curso de processo civil*, São Paulo: Revista dos Tribunais, 2015, v. I; Luiz Guilherme Marinoni, Tutela ressarcitória na forma específica, *Revista de Processo*, ano 45, n. 300, p. 223-249, fev. 2020; Nelson Nery Junior, Rosa Maria de Andrade Nery, *Comentários ao Código de Processo Civil*, São Paulo: Revista dos Tribunais, 2015; Pontes de Miranda, *Comentário ao CPC (1973)*, tomo X, p. 715 – o valor da coisa e as perdas e danos serão apurados em liquidação por artigos, onde caberá o arbitramento como *meio de prova*; Teresa Arruda Alvim Wambier, Fredie Didier Jr., Eduardo Talamini, Bruno Dantas (coord.), *Breves comentários ao novo Código de Processo Civil*, São Paulo: Revista dos Tribunais, 2015; Teresa Arruda Alvim Wambier, Maria Lúcia Lins Conceição, Leonardo Ferres da Silva Ribeiro, Rogério Licastro Torres de Melo, *Primeiros comentários ao novo Código de Processo Civil*, São Paulo: Revista dos Tribunais, 2015.

Capítulo III
DA EXECUÇÃO DAS OBRIGAÇÕES DE FAZER OU DE NÃO FAZER

Seção I
Disposições Comuns

Art. 814. Na execução de obrigação de fazer ou de não fazer fundada em título extrajudicial, ao despachar a inicial, o juiz fixará multa por período de atraso no cumprimento da obrigação e a data a partir da qual será devida.

Parágrafo único. Se o valor da multa estiver previsto no título e for excessivo, o juiz poderá reduzi-lo.

CPC/1973

Art. 645.

REFERÊNCIA LEGISLATIVA

CC, art. 413 (redução da multa).

SÚMULAS

Súmula do STJ:

Nº 410: "A prévia intimação pessoal do devedor constitui condição necessária para a cobrança de multa pelo descumprimento de obrigação de fazer ou não fazer".

BREVES COMENTÁRIOS

Tratando-se de execução de obrigação de fazer ou não fazer, fundada em título extrajudicial, e uma vez omisso o título, a fixação da multa por atraso no adimplemento e a data de sua incidência serão determinadas pelo juiz no despacho deferitório da petição inicial. Embora o usual seja o cálculo diário da multa, não está impedido o juiz de fixar ou alterar a periodicidade, com base em outros padrões temporários.

JURISPRUDÊNCIA SELECIONADA

1. Multa:

Natureza. "A multa a que se refere o art. 645 do CPC [art. 814 do CPC/2015] resulta de ameaça, lançada pelo juiz, para o caso de ser desobedecido o preceito judicial. Nada tem com a obrigação de indenizar. **A desobediência é pressuposto de incidência de tal penalidade**" (STJ, REsp 351.474/SP, Rel. Min. Humberto Gomes de Barros, 3ª Turma, jul. 23.03.2004, *DJ* 19.04.2004, p. 188; *Revista do STJ* 184/245).

Coação para forçar o cumprimento da obrigação. "Execução por título extrajudicial. Contrato. Obrigação de fazer. Fixação de multa por dia de atraso no cumprimento da obrigação, por ocasião do despacho inicial. Admissibilidade. Hipótese de *astreintes*, e não tutela antecipada. Coação do caráter econômico, para forçar o cumprimento da obrigação. Aplicabilidade do artigo 645 do CPC. Recurso não provido" (Extinto 1º Tribunal de Alçada Civil de SP, Ag. 116.196-0, Rel. Juiz Rubens Cury, 8ª Câmara Cível, jul. 19.02.2003).

Cabimento. "A multa por ato atentatório à dignidade da Justiça, prevista no art. 601 do CPC [art. 774, parágrafo único, do CPC/2015], cuja natureza é tipicamente sancionatória, é passível de ser aplicada em todas as modalidades de execuções, desde que haja a prática de ato previsto no art. 600 do CPC [art. 774 do CPC/2015] e reste configurado o elemento subjetivo no agir do executado. As *astreintes* do art. 644 do CPC [art. 814 do CPC/2015], multa de caráter eminentemente coercitivo, e não sancionatório, visa compelir o devedor a cumprir sua obrigação de fazer ou não fazer, determinada em sentença, que se sujeita às regras do art. 461 do CPC [art. 497 do CPC/2015]. Não havendo impedimento legal, as multas previstas nos arts. 601 e 644 do Código de Processo Civil, por possuírem naturezas distintas, podem ser aplicadas cumulativamente, nas execuções de obrigações de fazer ou não fazer. No caso concreto, a maneira como foi aplicada a multa pelo Tribunal de origem tanto atinge o objetivo do art. 601, de punição pela prática de ato atentatório à dignidade da Justiça, como o do art. 644, de compelir a Autarquia Estadual à imediata implementação da integralidade da pensão. A pretensão da Recorrente de aplicação de nova multa, com base no art. 644 do Código de Processo Civil, não merece ser acolhida, sob pena de multa em *bis in idem*" (STJ, REsp 647.175/RS, Rel.ª Min.ª Laurita Vaz, 5ª Turma, jul. 26.10.2004, *DJ* 29.11.2004, p. 393).

Ausência de previsão de aumento. "O Tribunal *a quo* entendeu que, havendo previsão de multa diária no título extrajudicial, termo de ajustamento de conduta firmado com o *Parquet* estadual, conforme o art. 645 do CPC [art. 814 do CPC/2015], somente se faculta ao juiz reduzir a multa por descumprimento da obrigação de fazer, e não aumentá-la. Isso posto, a Turma, por maioria, negou provimento ao recurso especial por entender que, na hipótese, efetivamente, o valor da multa diária estabelecido no termo de ajustamento de conduta firmado entre a empresa recorrida e o MP estadual não foi suficiente para assegurar o cumprimento da obrigação de fazer. Entretanto, a majoração pretendida pelo *Parquet* não poderia, de fato, ser deferida pelo juiz da causa conforme asseverou o Tribunal de origem, por força da limitação contida no parágrafo único do art. 645 do CPC" (STJ, REsp 859.857/PR, Rel.ª Min.ª Eliana Calmon, 2ª Turma, jul. 10.06.2008, *DJe* 19.05.2020).

Valor da obrigação. "'O valor da multa cominatória pode ultrapassar o valor da obrigação a ser prestada, porque a sua natureza não é compensatória, porquanto visa persuadir o devedor a realizar a prestação devida' (REsp 770753/RS, Rel. Min. Luiz Fux, 1ª Turma, *DJ* 15.3.2007)" (STJ, AgRg no REsp 1.084.302/AL, Rel.ª Min.ª Maria Thereza de Assis Moura, 6ª Turma, jul. 05.02.2009, *DJe* 02.03.2009).

Valor exorbitante. "Esta Corte Superior já se pronunciou quanto à possibilidade de ser reduzido o valor de multa diária em razão de descumprimento de decisão judicial quando aquela se mostrar exorbitante" (STJ, AgRg no REsp 1.096.184/RJ, Rel. Min. Mauro Campbell Marques, 2ª Turma, jul. 10.02.2009, *DJe* 11.03.2009). **Precedentes citados:** STJ, REsp 836.349/MG, Rel. Min. José Delgado, 1ª Turma, *DJ* 09.11.2006; STJ, REsp 422.966/SP, Rel. Min. Sálvio de Figueiredo Teixeira, 4ª Turma,

DJ 01.03.2004; STJ, REsp 775.233/RS, Rel. Min. Luiz Fux, 1ª Turma, *DJ* 01.08.2006; STJ, REsp 793.491/RN, Rel. Min. Cesar Rocha, 4ª Turma, *DJ* 06.11.2006.

Fazenda Pública. "É permitido ao juiz, de ofício ou a requerimento da parte, fixar multa diária cominatória (*astreintes*) contra a Fazenda Pública, em caso de descumprimento de obrigação de fazer" (STJ, AgRg no Ag. 1.040.411/RS, Rel. Min. Herman Benjamin, 2ª Turma, jul. 02.10.2008, *DJe* 19.12.2008). **No mesmo sentido:** STJ, REsp 1.063.902/SC, Rel. Min. Francisco Falcão, 1ª Turma, jul. 19.08.2008, *DJe* 01.09.2008).

Obrigação de fazer convertida em perdas e danos. "Inexiste verossimilhança em pedido de tutela antecipada com imposição de elevada multa, quando se verifica, já à primeira vista, a razoabilidade da tese oposta quanto à impossibilidade de cumprimento da obrigação de fazer perseguida na ação, dado depender da vontade de terceiros" (STJ, REsp 1.057.369/RS, Rel. p/ acórdão Min. Aldir Passarinho Junior, 4ª Turma, jul. 23.06.2009, *DJe* 29.03.2010).

2. Execução de *astreintes*. Interposição de apelação. Não conhecimento. Impossibilidade de redução de ofício do valor. "A decisão que fixa a multa cominatória, consoante reiterados pronunciamentos desta Corte, não faz coisa julgada, podendo ser modificada a qualquer tempo, até mesmo na fase executiva, até de ofício. Cumpre esclarecer, todavia, que o órgão julgador somente estará autorizado a conhecer de ofício o tema em questão e emitir pronunciamento de mérito a seu respeito, quando aberta a sua jurisdição. [...] No caso dos autos o Tribunal de origem não poderia ter reduzido de ofício o valor das *astreintes*, porque a questão foi suscitada em recurso de apelação não conhecido" (STJ, REsp 1.508.929/RN, Rel. Min. Moura Ribeiro, 3ª Turma, jul. 07.03.2017, *DJe* 21.03.2017).

3. Execução de *astreintes*. Necessidade de intimação pessoal do devedor. "A jurisprudência desta Corte Superior se firmou no sentido de ser imprescindível a intimação pessoal para a execução da multa cominatória por obrigação de fazer ou não fazer, providência não realizada no caso concreto. O entendimento consubstanciado no enunciado n. 410 da Súmula do STJ se aplica tanto aos procedimentos instaurados na vigência do CPC/1973 – inclusive os posteriores à entrada em vigor da Lei n. 11.232/2005 –, quanto àqueles iniciados na vigência do CPC/2015" (STJ, AgInt no REsp 1.728.194/MG, Rel. Min. Marco Aurélio Bellizze, 3ª Turma, jul. 14.10.2019, *DJe* 22.10.2019).

DA EXECUÇÃO DAS OBRIGAÇÕES DE FAZER OU DE NÃO FAZER: INDICAÇÃO DOUTRINÁRIA

Araken de Assis. *In* Sérgio Cruz Arenhart e Daniel Mitidiero (coord.). *Comentários ao Código de Processo Civil*. 2. ed., São Paulo: Editora Revista dos Tribunais, 2018, v. 13; Cassio Scarpinella Bueno, *Manual de direito processual civil*, São Paulo: Saraiva, 2015; Daniel Amorim Assumpção Neves, *Manual de direito processo civil*, São Paulo: Método, 2015; Daniel Roberto Hertel. As astreintes e o novo Código de Processo Civil. *Juris Plenum*. Ano XIV. n. 84. Caxias do Sul: Ed. Plenum, nov./dez. 2018; Fredie Didier Jr., *Curso de direito processual civil*, 17. ed., Salvador: JusPodivm, 2015, v. I; Gilliani Costa Romano. O instituto da multa coercitiva (astreintes) no novo Código de Processo Civil. Revista dos Tribunais, vol. 967, ano 105, p. 305-315. São Paulo: RT, maio 2016; Guilherme Rizzo Amaral, *Comentários às alterações do novo CPC*, São Paulo: Revista dos Tribunais, 2015; Humberto Theodoro Júnior, *Curso de direito processual civil. 54. ed.*, Rio de Janeiro: Forense, 2021, v. III; Humberto Theodoro Júnior, Fernanda Alvim Ribeiro de Oliveira, Ester Camila Gomes Norato Rezende (coord.), *Primeiras lições sobre o novo direito processual civil brasileiro*, Rio de Janeiro: Forense, 2015; Humberto Theodoro Júnior. *Processo de execução e cumprimento de sentença*, 30. ed., Rio de Janeiro: Forense, 2020; J. E. Carreira Alvim, *Comentários ao novo Código de Processo Civil*, Curitiba: Juruá, 2015; José Miguel Garcia Medina, *Novo Código de Processo Civil comentado*, São Paulo: Revista dos Tribunais, 2015; Leonardo Greco, *Instituições de processo civil: introdução ao direito processual civil*, 5. ed., Rio de Janeiro: Forense, 2015; Luis Antônio Giampaulo Sarro, *Novo Código de Processo Civil*, São Paulo: Rideel, 2015; Luiz Guilherme Marinoni, Sérgio Cruz Arenhart, Daniel Mitidiero, *Curso de processo civil*, São Paulo: Revista dos Tribunais, 2015, v. I; Nelson Nery Junior, Rosa Maria de Andrade Nery, *Comentários ao Código de Processo Civil*, São Paulo: Revista dos Tribunais, 2015; Teresa Arruda Alvim Wambier, Fredie Didier Jr., Eduardo Talamini, Bruno Dantas (coord.), *Breves comentários ao novo Código de Processo Civil*, São Paulo: Revista dos Tribunais, 2015; Teresa Arruda Alvim Wambier, Maria Lúcia Lins Conceição, Leonardo Ferres da Silva Ribeiro, Rogério Licastro Torres de Melo, *Primeiros comentários ao novo Código de Processo Civil*, São Paulo: Revista dos Tribunais, 2015.

Seção II
Da Obrigação de Fazer

Art. 815. Quando o objeto da execução for obrigação de fazer, o executado será citado para satisfazê-la no prazo que o juiz lhe designar, se outro não estiver determinado no título executivo.

CPC/1973

Art. 632.

REFERÊNCIA LEGISLATIVA

CC, arts. 247 a 249 (obrigações de fazer); CPC/2015, art. 497.

BREVES COMENTÁRIOS

O início da execução do título extrajudicial se dá com a citação do devedor, provocada por pedido de credor (petição inicial), convocando o inadimplente a cumprir a prestação em prazo determinado (art. 815).

Esse prazo é variável, podendo constar no contrato das partes, na sentença ou na lei, conforme as particularidades de cada caso concreto.

Se, ao iniciar a execução, ainda não estiver estipulado o prazo por uma das formas acima, cumprirá ao juiz assiná-lo ao devedor no ato que ordenar a citação. Para tanto, o credor requererá ao juiz que arbitre o prazo, podendo fazer sugestões de acordo com a natureza da obra a ser realizada pelo devedor.

JURISPRUDÊNCIA SELECIONADA

1. Citação por correio. Execução. Possibilidade. Ver jurisprudência do art. 247 do CPC/2015.

2. Cumprimento de sentença. Obrigações de fazer. Natureza do prazo. Aplicação do art. 219 do CPC. Ver jurisprudência do art. 536 do CPC/2015.

3. Garantia do juízo. Desnecessidade. "O devedor pode oferecer embargos à execução por obrigação de fazer, sem estar seguro o juízo pela penhora, que penhora não há" (Ac. da 8ª Câmara Cível do TJRS de 25.04.1991, na Ap. 591.009.766, Rel. Des. Clarindo Favretto, *RJTJRGS* 152/545). **Obs.:** pela sistemática do CPC/2015, não é mais preciso garantir o juízo para opor embargos à execução.

4. *Astreinte*. Pessoa jurídica de direito público. Possibilidade. "As *astreintes* podem ser fixadas pelo juiz de ofício, mesmo sendo contra pessoa jurídica de direito público, que ficará obrigada a suportá-las caso não cumpra a obrigação de fazer no prazo estipulado" (STJ, 6ª Turma, REsp 201.378/SP, Rel. Min. Fernando Gonçalves, ac. 01.06.1999, *DJU* 21.06.1999, p. 212).

5. Citação. Ausência de carga decisória. Irrecorribilidade. "O provimento judicial que simplesmente ordena a citação do devedor em execução de obrigação de fazer não contém carga decisória sendo, portanto, irrecorrível via do agravo de instrumento" (STJ, REsp 141.592/GO, Rel. Min. Cesar Asfor Rocha, 4ª Turma, jul. 04.10.2001, *DJ* 04.02.2002, p. 366).

6. Prazo fixado pelo juiz. "Nas obrigações, o devedor é citado para satisfazê-las 'no prazo em que o juiz lhe assinalar, se outro não estiver determinado no título executivo'. Não é possível presumir que, no caso de omissão do título executivo ou do juiz em fixar o referido prazo, possa ser ele de vinte e quatro horas" (STJ, REsp 131.868/RJ, Rel. Min. Antônio de Pádua Ribeiro, 3ª Turma, jul. 08.06.2000, *DJ* 01.08.2000, p. 257).

7. Conversão da obrigação de fazer em perdas e danos. Possibilidade. Ver jurisprudência do art. 499 do CPC/2015.

Art. 816. Se o executado não satisfizer a obrigação no prazo designado, é lícito ao exequente, nos próprios autos do processo, requerer a satisfação da obrigação à custa do executado ou perdas e danos, hipótese em que se converterá em indenização.

Parágrafo único. O valor das perdas e danos será apurado em liquidação, seguindo-se a execução para cobrança de quantia certa.

CPC/1973

Art. 633.

REFERÊNCIA LEGISLATIVA

CC, arts. 402 a 404, este último alterado pela Lei nº 14.905/2024 (perdas e danos); CPC/2015, arts. 509 a 512 (liquidação da sentença).

CJF – I JORNADA DE DIREITO PROCESSUAL CIVIL

Enunciado 103 – Pode o exequente – em execução de obrigação de fazer fungível, decorrente do inadimplemento relativo, voluntário e inescusável do executado – requerer a satisfação da obrigação por terceiro, cumuladamente ou não com perdas e danos, considerando que o *caput* do art. 816 do CPC não derrogou o *caput* do art. 249 do Código Civil.

BREVES COMENTÁRIOS

Impõe-se distinguir obrigações fungíveis e infungíveis. A execução forçada de que cogita o art. 816 é a das obrigações fungíveis (aquelas cuja prestação pode ser realizada por terceiro). Em relação às infungíveis (aquelas que somente podem ser realizadas pelo próprio devedor), não há execução específica. A prestação inadimplida transforma-se em seu equivalente econômico (perdas e danos) e sua execução forçada se processa segundo o procedimento próprio das obrigações de quantia certa.

JURISPRUDÊNCIA SELECIONADA

1. Perdas e danos. "O direito de o vencedor da ação de execução de obrigação de fazer compelir o vencedor a satisfazer-lhe as perdas e danos somente nasce após sua citação e o descumprimento do preceito" (TJSP, Emb. Infr. 227.729-2/1-01, Rel. Des. Marrey Neto, ac. 07.02.1995, *RT* 716/165).

2. Conversão em indenização. Liquidação. Ampla defesa e contraditório. "Se o executado para cumprir obrigação de fazer não promover a sua satisfação, poderá o credor requerer a conversão em indenização, que será apurada em liquidação, seguindo-se a execução para cobrança de quantia certa. Caso a indenização seja arbitrada sem o procedimento de liquidação e sem a garantia da ampla defesa e do contraditório, torna-se inaplicável o princípio da instrumentalidade das formas, que não tem vez se a nulidade sacrifica os fins de justiça do processo" (STJ, REsp 885.988/ES, Rel. Min. João Otávio de Noronha, 4ª Turma, jul. 09.03.2010, *DJe* 22.03.2010).

3. Inadimplemento de obrigação personalíssima. Indenização e multa. Possibilidade. "É admissível a aplicação de multa no caso de inadimplemento de obrigação personalíssima, como a de prestação de serviços artísticos, não sendo suficiente a indenização pelo descumprimento do contrato, a qual visa a reparar as despesas que o contratante teve que efetuar com a contratação de um outro profissional. Caso contrário, o que se teria seria a transformação de obrigações personalíssimas em obrigações sem coerção à execução, mediante a pura e simples transformação em perdas e danos que transformaria em fungível a prestação específica contratada. Isso viria a inserir caráter opcional para o devedor, entre cumprir ou não cumprir, ao baixo ônus de apenas prestar indenização" (STJ, REsp 482.094/RJ, Rel. p/ Acórdão Min. Sidnei Beneti, 3ª Turma, jul. 20.05.2008, *DJe* 24.04.2009).

Art. 817. Se a obrigação puder ser satisfeita por terceiro, é lícito ao juiz autorizar, a requerimento do exequente, que aquele a satisfaça à custa do executado.

Parágrafo único. O exequente adiantará as quantias previstas na proposta que, ouvidas as partes, o juiz houver aprovado.

CPC/1973

Art. 634.

BREVES COMENTÁRIOS

Se a prestação devida é suscetível de ser realizada por terceiro, pode o juiz, a requerimento do exequente, decidir que um estranho realize o fato à custa do executado. Para tanto, o exequente apresentará, com a inicial, uma ou algumas propostas, subscritas por interessados na realização da obra, sobre as quais o juiz ouvirá o executado. Aprovada a proposta pelo juiz, lavrar-se-á termo nos autos, para formalização do contrato respectivo.

Art. 818. Realizada a prestação, o juiz ouvirá as partes no prazo de 10 (dez) dias e, não havendo impugnação, considerará satisfeita a obrigação.

Parágrafo único. Caso haja impugnação, o juiz a decidirá.

CPC/1973

Art. 635.

BREVES COMENTÁRIOS

Da decisão que decidir a impugnação (*rectius* = julgar a impugnação, porque se trata de sentença), caberá apelação.

JURISPRUDÊNCIA SELECIONADA

1. Controvérsia quanto à execução. "Se o executado alega que prestou o fato, a que se achava obrigado, e o exequente discorda da afirmação, oferecendo impugnação formal a respeito, cabe ao juiz proferir decisão, dirimindo a controvérsia, na conformidade com o que reza o art. 635 do CPC [art. 818 do CPC/2015]. Inexigibilidade, em consequência, da multa diária cominada" (STJ, 4ª Turma, REsp 39.268/SP, Rel. Min. Barros Monteiro, ac. 13.11.1995, *RT* 733/175).

Art. 819. Se o terceiro contratado não realizar a prestação no prazo ou se o fizer de modo incompleto ou defeituoso, poderá o exequente requerer ao juiz, no prazo de 15 (quinze) dias, que o autorize a concluí-la ou a repará-la à custa do contratante.

Parágrafo único. Ouvido o contratante no prazo de 15 (quinze) dias, o juiz mandará avaliar o custo das despesas necessárias e o condenará a pagá-lo.

CPC/1973

Art. 636.

BREVES COMENTÁRIOS

O dispositivo cuida de um incidente, dentro do processo executivo, no qual se estabelece em contraditório entre o exequente e aquele que contratou em juízo a realização específica da obrigação de fazer. Se for apurada a má execução da obra, o juiz condenará o contratante a indenizar o prejuízo do exequente, tudo conforme restar definido em vistoria judicial.

JURISPRUDÊNCIA SELECIONADA

1. Descumprimento de obrigação. Faculdade do art. 819 do CPC/2015. "Aferido pericialmente o descumprimento da obrigação imposta em decisão cominatória, não se há de imputar irregular o procedimento judicial que atende ao inconformismo do autor prejudicado, com arrimo no art. 581, CPC. A norma do art. 636, CPC, contém mera faculdade, que ao credor e lícito desprezar" (STJ, REsp 9.584/SP, Rel. Min. Sálvio de Figueiredo Teixeira, 4ª Turma, jul. 11.02.1992, *DJ* 09.03.1992, p. 2.584).

Art. 820. Se o exequente quiser executar ou mandar executar, sob sua direção e vigilância, as obras e os trabalhos necessários à realização da prestação, terá preferência, em igualdade de condições de oferta, em relação ao terceiro.

Parágrafo único. O direito de preferência deverá ser exercido no prazo de 5 (cinco) dias, após aprovada a proposta do terceiro.

CPC/1973

Art. 637.

BREVES COMENTÁRIOS

O credor não está jungido a ver a obra sempre executada por terceiro autorizado judicialmente. O direito material lhe assegura a opção por realizar pessoalmente ou por prepostos os trabalhos respectivos (CC, art. 249), podendo desempenhá-los até sem autorização prévia do juiz, nos casos de urgência (parágrafo único do mesmo artigo).

Daí a previsão de que, apresentada a proposta de terceiro, caberá ao credor a preferência para pessoalmente se encarregar dos trabalhos, dentro dos termos estabelecidos na referida proposta (art. 820 do CPC/2015). Sua manifestação deverá ocorrer nos cinco dias que se seguem ao depósito da proposta em juízo.

Art. 821. Na obrigação de fazer, quando se convencionar que o executado a satisfaça pessoalmente, o exequente poderá requerer ao juiz que lhe assine prazo para cumpri-la.

Parágrafo único. Havendo recusa ou mora do executado, sua obrigação pessoal será convertida em perdas e danos, caso em que se observará o procedimento de execução por quantia certa.

CPC/1973

Art. 638.

REFERÊNCIA LEGISLATIVA

CC, arts. 402 a 404, este último alterado pela Lei nº 14.905/2024 (perdas e danos).

BREVES COMENTÁRIOS

O início da execução do título extrajudicial será por meio da citação do executado, provocada por pedido de exequente (petição inicial), convocando o inadimplente a cumprir a prestação em prazo determinado (art. 815 do CPC/2015). Se o devedor se conservar inadimplente, sendo infungível a prestação, outra alternativa não terá o credor senão a de promover a execução da obrigação subsidiária, ou seja, reclamar perdas e danos, sob o rito de execução por quantia certa.

JURISPRUDÊNCIA SELECIONADA

1. Inadimplemento de obrigação personalíssima. Indenização e multa. Possibilidade. Ver jurisprudência do art. 816 do CPC/2015.

OBRIGAÇÃO DE FAZER: INDICAÇÃO DOUTRINÁRIA

Araken de Assis, *Comentários ao Código de Processo Civil*: artigos 797 ao 823, 2. ed., São Paulo: RT, 2018. (Coleção *Comentários ao Código de Processo Civil*, v. XIII, Diretor: Luiz Guilherme Marinoni, Coordenadores: Sérgio Cruz Arenhart e Daniel Mitidiero); Daniel Amorim Assumpção Neves, In: Teresa Arruda Alvim Wambier, Fredie Didier Jr., Eduardo Talamini, Bruno Dantas, *Breves comentários ao novo Código de Processo Civil*, São Paulo: Revista dos Tribunais, 2015; Daniel Amorim Assumpção Neves, In: Teresa Arruda Alvim Wambier, Fredie Didier Jr., Eduardo Talamini, Bruno Dantas, *Breves comentários ao novo Código de Processo Civil*, São Paulo: Revista dos Tribunais, 2015; Humberto Theodoro Júnior, *A reforma da execução do título extrajudicial*, Rio de Janeiro: Forense, 2007; Humberto Theodoro Júnior, *Curso de direito processual civil. 54. ed.*, Rio de Janeiro: Forense, 2021, v. III; Humberto Theodoro Júnior. *Processo de execução e cumprimento de sentença*, 30. ed., Rio de Janeiro: Forense, 2020; José Carlos Barbosa Moreira, Prestação do fato por terceiro e preferência do exequente no sistema da Lei nº 11.382/2006, *RMDCPC* 20/5; Nelson Nery Jr., *CPC Comentado*, RT-Legislação, 1994: "No caso de descumprimento (*non adimpleti*) ou cumprimento incompleto ou defeituoso (*non rite adimpleti*), deverá o juiz autorizar, a pedido do credor, que este complete a obra ou serviço, ou a repare às custas do contratante. Caso o credor não requeira essa providência dentro do prazo assinalado na lei (dez dias), ocorre preclusão".

Seção III
Da Obrigação de Não Fazer

Art. 822. Se o executado praticou ato a cuja abstenção estava obrigado por lei ou por contrato, o exequente requererá ao juiz que assine prazo ao executado para desfazê-lo.

CPC/1973

Art. 642.

REFERÊNCIA LEGISLATIVA

CC, arts. 250 e 251 (obrigações de não fazer).

CPC, art. 461.

BREVES COMENTÁRIOS

Não há mora nas obrigações negativas. Se o dever do obrigado é de abstenção, a prática do ato interdito por si só importa inexecução total da obrigação. Surge para o exequente o direito a desfazer o fato ou de ser indenizado quando os seus efeitos forem irremediáveis. Não há, propriamente, uma execução da obrigação de não fazer. Com a transgressão do dever de abstenção, o obrigado criou para si uma obrigação positiva, qual seja, a de desfazer o fato indébito.

Art. 823. Havendo recusa ou mora do executado, o exequente requererá ao juiz que mande desfazer o ato à custa daquele, que responderá por perdas e danos.

Parágrafo único. Não sendo possível desfazer-se o ato, a obrigação resolve-se em perdas e danos, caso em que, após a liquidação, se observará o procedimento de execução por quantia certa.

CPC/1973

Art. 643.

REFERÊNCIA LEGISLATIVA

CC, arts. 402 a 404, este último alterado pela Lei nº 14.905/2024 (perdas e danos).

BREVES COMENTÁRIOS

O desfazimento da obra indevida, uma vez autorizado pelo juiz, poderá ser executado pelo exequente ou por terceiro, segundo as regras de cumprimento de obrigação de fazer. Não sendo possível desfazer o ato, o credor será indenizado pelas perdas e danos. A execução seguirá, portanto, o rito para a quantia certa.

JURISPRUDÊNCIA SELECIONADA

1. Pedidos sucessivos. "É lícito formular mais de um pedido em forma sucessiva a fim de que o juiz conheça do posterior em não podendo acolher o anterior – art. 289 do CPC [art. 326 do CPC/2015]. Decaindo o autor do direito da cominatória, nada impede que se julgue o pedido de perdas e danos – art. 643 do CPC [art. 823 do CPC/2015]" (TJSC, Ap. 27.655, Rel. Des. Protásio Leal, 1ª Câmara, jul. 01.12.1987; *Jurisp. Cat.* 58/179).

OBRIGAÇÃO DE NÃO FAZER: INDICAÇÃO DOUTRINÁRIA

Araken de Assis, *Comentários ao Código de Processo Civil*: artigos 797 ao 823, 2. ed., São Paulo: RT, 2018. (Coleção *Comentários ao Código de Processo Civil*, v. XIII, Diretor: Luiz Guilherme Marinoni, Coordenadores: Sérgio Cruz Arenhart e Daniel Mitidiero); Daniel Amorim Assumpção Neves, In: Teresa Arruda Alvim Wambier, Fredie Didier Jr., Eduardo Talamini, Bruno Dantas, *Breves comentários ao novo Código de Processo Civil*, São Paulo: Revista dos Tribunais, 2015; Humberto Theodoro Júnior. *Processo de execução e cumprimento de sentença*, 30. ed., Rio de Janeiro: Forense, 2020; José Carlos Barbosa Moreira, *A tutela específica do credor nas obrigações negativas*, *RBDP* 20/61.

Capítulo IV
DA EXECUÇÃO POR QUANTIA CERTA
Seção I
Disposições Gerais

Art. 824. A execução por quantia certa realiza-se pela expropriação de bens do executado, ressalvadas as execuções especiais.

CPC/1973

Art. 646.

REFERÊNCIA LEGISLATIVA

CPC/2015, art. 797 (execução; interesse do credor).

CJF – I JORNADA DE DIREITO PROCESSUAL CIVIL

Enunciado 106 – Na expropriação, a apropriação de frutos e rendimentos poderá ser priorizada em relação à adjudicação, se não prejudicar o exequente e for mais favorável ao executado.

BREVES COMENTÁRIOS

O *modus faciendi* da expropriação executiva não é, em essência, diverso do da desapropriação por utilidade ou necessidade pública. A exemplo do que se passa na atividade da Administração Pública que vai se utilizar compulsoriamente de bens particulares, o procedimento complexo de expropriação da execução por quantia certa compreende providências de três espécies, quais sejam: *a)* de *afetação* de bens; *b)* de *transferência forçada* de domínio; e *c)* de *satisfação* de direitos. Isto, em outras palavras, faz da execução por quantia certa uma sucessão de atos que importam: *a)* a escolha dos bens do devedor que se submeterão à sanção; *b)* a transformação desses bens em dinheiro, ou na sua expressão econômica; *c)* o emprego do numerário ou valor apurado no pagamento a que tem direito o credor.

JURISPRUDÊNCIA SELECIONADA

1. Satisfação integral do crédito. "A execução por quantia certa tem por objeto a expropriação de bem do devedor para a satisfação do direito do credor, como estatui o art. 646 do CPC [art. 824 do CPC/2015], e enquanto não é satisfeito integralmente o seu crédito pode o credor prosseguir na execução até a extinção do processo" (Ac. unân. da 1ª Câmara do TACível/RJ de 08.09.1985, no Ag. 27.689, Rel. Juiz Marden Gomes, *Adcoas*, 1986, nº 106.059).

Interesse do credor. Ver jurisprudência do art. 797 do CPC/2015.

Art. 825. A expropriação consiste em:

I – adjudicação;

II – alienação;

III – apropriação de frutos e rendimentos de empresa ou de estabelecimentos e de outros bens.

CPC/1973

Art. 647.

REFERÊNCIA LEGISLATIVA

CPC/2015, arts. 876 e 878 (adjudicação), 867 a 869 (usufruto de móvel ou imóvel), 881 a 903 (alienação em hasta pública).

CJF – I JORNADA DE DIREITO PROCESSUAL CIVIL

Enunciado 106 – Na expropriação, a apropriação de frutos e rendimentos poderá ser priorizada em relação à adjudicação, se não prejudicar o exequente e for mais favorável ao executado.

BREVES COMENTÁRIOS

Partindo da regra de que "o devedor responde com todos os seus bens presentes e futuros para o cumprimento de suas obrigações" (CPC/2015, art. 789), a execução por quantia certa tem por objetivo expropriar aqueles bens do devedor inadimplente que sejam necessários à satisfação do direito do credor, como dispõe o art. 824 do mesmo Código.

Essa expropriação executiva para obter o numerário a ser aplicado na realização do crédito exequendo se opera, ordinariamente, por meio da alienação forçada do bem afetado ao processo, seja em favor de terceiros (art. 825, II), seja em favor do próprio credor (art. 825, I). Mas pode, excepcionalmente, limitar-se à apropriação de frutos e rendimentos de empresa ou de estabelecimentos e de outros bens para, assim, conseguir numerário que possa cobrir o crédito insatisfeito (art. 825, III).

Com o atual Código, restou mantida basicamente a estrutura do CPC/1973. Foram conservadas a adjudicação e a alienação por iniciativa particular ou leilão judicial. Introduziu-se, outrossim, a apropriação de frutos e rendimentos de empresa, ou de estabelecimentos e de outros bens do executado, como uma terceira modalidade expropriatória que veio a substituir, com vantagem, o antigo usufruto do bem penhorado.

JURISPRUDÊNCIA SELECIONADA

1. Adjudicação de bem imóvel. Ordem preferencial. Opção pela hasta pública. Possibilidade. "As formas de expropriação previstas no art. 647 do CPC/73 [art. 825 do CPC/2015] se apresentam em ordem de preferência, o que não inviabiliza o credor de escolher forma de expropriação fora da ordem listada no referido artigo, de acordo com a particularidades relacionadas ao bem ou ao próprio credor. Essa conclusão vai ao encontro da dicção dos artigos 685-C e 686, ambos do CPC/73 [arts. 880 e 886 do CPC/2015]" (STJ, REsp 1.410.859/RN, Rel. Min. Francisco Falcão, 2ª Turma, jul. 06.06.2017, *DJe* 13.06.2017).

2. Modos de expropriação. Ordem a ser seguida. "Com a nova redação dada ao art. 647 do CPC pela Lei nº 11.382/2006 [art. 825 do CPC/2015], a entrega do bem ao exequente passou a ser a primeira opção de expropriação do bem do executado, pois, realmente, é a maneira mais rápida, econômica e eficaz de satisfazer o crédito exequendo. A alienação por iniciativa particular é a segunda opção de expropriação dada ao exequente, caso não prefira a adjudicação direta do bem constrito. A alienação por iniciativa particular poderá ser feita diretamente pelo exequente, bem como por um corretor credenciado perante a autoridade judiciária (art. 685-C) [art. 880 do CPC/2015]" (TJMG, Ag. 1.0433.01.023678-7/003, Rel. Des. Irmar Ferreira, 17ª Câm. Cív., jul. 04.10.2007).

"Com as alterações advindas ao processo de execução pela Lei nº 11.382/2006, apenas quando não requerida a adjudicação e não realizada a alienação particular do bem penhorado será possível a alienação em hasta pública" (TJMG, Ag. 1.0251.06.017549-3/001, Rel. Des. Edilson Fernandes, 6ª Câmara Cível, jul. 08.05.2007, *DJe* 25.05.2007). **No mesmo sentido:** TJMG, Ag. 1.0073.03.012795-2/001, Rel. Des. José Antônio Braga, 9ª Câm. Cív., jul. 01.07.2008, *DJe* 12.07.2008.

"Pela nova sistemática do procedimento da execução introduzida no CPC pela Lei nº 11.382/2006, é possível que o credor adjudique os bens penhorados antes mesmo da realização de hasta pública, desde que deposite, no mínimo, o valor apurado na avaliação" (TJMG, Ag. 1.0105.05.151336-1/001, Rel. Des. Fernando Caldeira Brant, 11ª Câm. Cív., jul. 24.10.2007, *DJe* 02.11.2007).

3. Multiplicidade de bens penhorados. Diferentes modos de expropriação. "A legislação processual brasileira não obsta a possibilidade de, em havendo dois bens penhorados independentes entre si, que cada um deles seja expropriado por forma de expropriação distinta, um por meio da adjudicação e o outro através da hasta pública" (TJMG, Ag. 1.0140.06.000294-0/003, Rel. Des. Alvimar de Ávila, 12ª Câm. Cív., jul. 24.09.2008, *DJe* 03.10.2008).

4. Bem imóvel impenhorável. "A Lei nº 8.009/90 incide sobre os feitos em curso e alcança até mesmo as penhoras já efetuadas antes da sua vigência, desde que ainda não aperfeiçoada a expropriação (CPC, art. 647) [art. 825 do CPC/2015]" (STJ, REsp 54.205/SP, Rel. Min. Antonio Torreão Braz, 4ª Turma, jul. 08.11.1994, *DJ* 05.12.1994).

"A impenhorabilidade da fração de imóvel indivisível contamina a totalidade do bem, impedindo sua alienação em hasta pública. – A Lei nº 8.009/90 estabeleceu a impenhorabilidade do bem de família com o objetivo de assegurar o direito de moradia e garantir que o imóvel não seja retirado do domínio do beneficiário" (STJ, REsp 507.618/SP, Rel.ª Min.ª Nancy Andrighi, 3ª Turma, jul. 07.12.2004, *DJ* 22.05.2006).

Obs.: Ver Jurisprudência da Lei nº 8.009/1990.

Art. 826. Antes de adjudicados ou alienados os bens, o executado pode, a todo tempo, remir a execução, pagando ou consignando a importância atualizada da dívida, acrescida de juros, custas e honorários advocatícios.

CPC/1973

Art. 651.

REFERÊNCIA LEGISLATIVA

LEF, art. 19, I e II (remição pelo terceiro responsável fiscal).

CPC/2015, arts. 881 a 903 (arrematação).

CJF – JORNADAS DE DIREITO PROCESSUAL CIVIL

II JORNADA

Enunciado 148 – A reiteração pelo exequente ou executado de matérias já preclusas pode ensejar a aplicação de multa por conduta contrária à boa-fé.

Enunciado 151 – O legitimado pode remir a execução até a lavratura do auto de adjudicação ou de alienação (CPC, art. 826).

BREVES COMENTÁRIOS

Sendo certo que é pelo respectivo auto de adjudicação ou a alienação judicial que a adjudicação se consuma (art. 877, § 1º), prevalecerá, para o executado, o direito de remir a execução (*i.e.*, resgatar o débito exequendo) enquanto não lavrado e assinado o auto de adjudicação ou de alienação. Em outros termos, enquanto não consumada a alienação do bem constrito, por meio do respectivo auto (art. 877, § 1º), o executado, a todo tempo, pode pagar ou consignar a importância atualizada da dívida, acrescida de juros, custas e honorários advocatícios, como expressamente autoriza o art. 826. Nisto consiste o direito de remir a execução que o devedor pode, mesmo após o deferimento da adjudicação e da arrematação, desde que ainda não se tenha assinado o competente auto.

JURISPRUDÊNCIA SELECIONADA

1. Arrematação. Invalidade. Remição em data anterior ao leilão. "Se o devedor comprova a quitação integral do crédito exequendo em data anterior ao leilão, exercendo, assim, a prerrogativa prevista no art. 826 do CPC, há que se considerar inválida a arrematação, desde que, como no caso destes autos, apresente seu inconformismo para com o ato expropriatório dentro do prazo estabelecido no §2º, do art. 903, do mesmo Diploma Legal" (TRT 23ª Região, Ag. 000122-28.2015.5.23.0066, Rel. Des. Maria Beatriz Theodoro Gomes, julg. 7.08.2019, *DJ* 14.08.2019).

2. Remição.

a) Termo final. Assinatura do auto de arrematação. "A remição da execução, consagrada no art. 826 do CPC/2015, consiste na satisfação integral do débito executado no curso da ação e impede a alienação do bem penhorado. A jurisprudência desta Corte orienta-se pela possibilidade de o direito de remição da execução ser exercido até a assinatura do auto de arrematação (RMS 31.914/RS; AgRg no REsp 958.769/RS)" (STJ, REsp 1.862.676/SP, Rel. Min. Nancy Andrighi, 3ª Turma, jul. 23.02.2021, *DJe* 01.03.2021).

Assinatura do auto de arrematação. "O artigo 651 do Código de Processo Civil [art. 826 do CPC/2015] limita o direito de remição da execução à arrematação do bem constrito, formalidade esta que somente se opera, entretanto, à luz do artigo 694 do mesmo diploma processual [art. 903 do CPC/2015], por ocasião da assinatura do auto de arrematação pelo juiz, pelo arrematante e pelo serventuário da justiça ou leiloeiro, ato que torna a arrematação perfeita, acabada e irretratável. Portanto, conclui-se que o direito de remição da execução pode ser exercido até a assinatura do auto de arrematação" (STJ, RMS 31.914/RS, Rel. Min. Massami Uyeda, 3ª Turma, jul. 21.10.2010, *DJe* 10.11.2010).

Depósito efetuado após assinatura do auto. Remição. Impossibilidade. "O pagamento da dívida após a assinatura do auto de arrematação não tem o condão de remir a execução, consoante dispõe o art. 651 do Código de Processo Civil [art. 826 do CPC/2015]" (STJ, AgRg no Ag 1.116.932/RJ, Rel. Min. Vasco Della Giustina, 3ª Turma, jul. 08.02.2011, *DJe* 14.02.2011).

Intimação dos ascendentes, descendentes e cônjuge para remir o bem levado à hasta. Desnecessidade. "O art. 651 do CPC [art. 826 do CPC/2015] indica as pessoas que podem remir a arrematação, mas não determina sejam elas intimadas" (STJ, REsp 965.741/SP, Rel. Min. Eliana Calmon, 2ª Turma, jul. 17.04.2008, *DJe* 06.05.2008).

b) Depósito da integralidade da dívida executada e seus acessórios. "Para a remição da execução, o executado deve pagar ou consignar o montante correspondente à totalidade da dívida executada, acrescida de juros, custas e honorários de advogado, não sendo possível exigir-lhe o pagamento de débitos executados em outras demandas" (STJ, REsp 1.862.676/SP, Rel. Min. Nancy Andrighi, 3ª Turma, jul. 23.02.2021, *DJe* 01.03.2021).

3. Correção monetária pelo IGP-M – Índices de deflação. Aplicabilidade. Preservação do valor nominal da obrigação. "A correção monetária nada mais é do que um mecanismo de manutenção do poder aquisitivo da moeda, não devendo representar, consequentemente, por si só, nem um *plus* nem um *minus* em sua substância. Corrigir o valor nominal da obrigação representa, portanto, manter, no tempo, o seu poder de compra original, alterado pelas oscilações inflacionárias positivas e negativas ocorridas no período. Atualizar a obrigação levando em conta apenas oscilações positivas importaria distorcer a realidade econômica produzindo um resultado que não representa a simples manutenção do primitivo poder aquisitivo, mas um indevido acréscimo no valor real. Nessa linha, estabelece o Manual de Orientação de Procedimento de Cálculos aprovado pelo Conselho da Justiça Federal que, não havendo decisão judicial em contrário, 'os índices negativos de correção monetária (deflação) serão considerados no cálculo de atualização', com a ressalva de que, se, no cálculo final, 'a atualização implicar redução do principal, deve prevalecer o valor nominal'" (STJ, REsp 1.265.580/RS, Rel. Min. Teori Albino Zavascki, Corte Especial, jul. 21.03.2012, *DJe* 18.04.2012).

Seção II
Da Citação do Devedor e do Arresto

Art. 827. Ao despachar a inicial, o juiz fixará, de plano, os honorários advocatícios de dez por cento, a serem pagos pelo executado.

§ 1º No caso de integral pagamento no prazo de 3 (três) dias, o valor dos honorários advocatícios será reduzido pela metade.

§ 2º O valor dos honorários poderá ser elevado até vinte por cento, quando rejeitados os embargos à execução, podendo a majoração, caso não opostos os embargos, ocorrer ao final do procedimento executivo, levando-se em conta o trabalho realizado pelo advogado do exequente.

CPC/1973

Art. 652-A.

SÚMULAS

Súmula TRF4:

Nº 134: "A ausência de impugnação pela Fazenda Pública ao cumprimento de sentença não enseja a redução pela metade dos honorários advocatícios por ela devidos, não sendo aplicável à hipótese a regra do art. 90, § 4º, combinado com o art. 827, § 1º, ambos do CPC 2015".

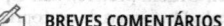

BREVES COMENTÁRIOS

Ao despachar a inicial, especialmente nos casos de execução por quantia certa, o juiz deverá ter em vista que o pagamento a que se acha obrigado o executado tem de compreender o principal da dívida, atualizado monetariamente, mais os acessórios decorrentes da mora e gastos do ajuizamento do feito (custas e honorários advocatícios). Deverá, pois, arbitrar os honorários que se incluirão no valor do débito, caso o devedor se disponha a realizar o pagamento no prazo constante do mandado (art. 827, *caput*). Esse arbitramento é provisório e valerá apenas para a hipótese de adimplemento imediato. Se ocorrerem embargos, nova oportunidade terá o juiz para fixar, já então definitivamente, os honorários da sucumbência.

O arbitramento inicial torna-se definitivo também quando a execução prossegue sem oposição de embargos pelo executado. Entretanto, mesmo sem os embargos, o juiz poderá, ao final do processo executivo, majorar os honorários, levando-se em conta o trabalho realizado pelo advogado do exequente (art. 827, § 2º, *in fine*). Por outro lado, se o pagamento do débito exequendo ocorre de imediato (*i.e.*, nos três dias posteriores à citação), os honorários provisoriamente arbitrados (10%) serão reduzidos pela metade (5%).

JURISPRUDÊNCIA SELECIONADA

1. Honorários no cumprimento de sentença. "Consoante entendimento pacificado pela Corte Especial deste Superior Tribunal de Justiça, é cabível o arbitramento de honorários advocatícios na fase de cumprimento da sentença com base no art. 20, § 4º, do Código de Processo Civil [art. 85, § 8º, do CPC/2015]" (STJ, AgRg no Ag 1.078.114/RS, Rel. Min. Fernando Gonçalves, 4ª Turma, jul. 12.05.2009, *DJe* 25.05.2009). **No mesmo sentido:** STJ, AgRg no Ag 1.080.418/RS, Rel. Min. Vasco Della Giustina, 3ª Turma, jul. 19.05.2009, *DJe* 08.06.2009.

2. Pronto pagamento. "Cuidando-se de processo de execução, os honorários fixados, em caso de pronto pagamento, devem observar o disposto nos artigos 20, parágrafo 4º, e 652-A do Código de Processo Civil [arts. 85, § 8º, e 827 do CPC/2015].

Verba honorária que, todavia, merece ser minorada, porquanto fixada em valor excessivo" (TJRS, AgIn 70027191394, Rel. Umberto Guaspari Sudbrack, 12ª Câmara Cível, jul. 03.11.2008, *DJe* 10.11.2008). **No mesmo sentido:** TJRS, AgIn 70027576842, Rel. Luiz Roberto Imperatore de Assis Brasil, 11ª Câmara Cível, jul. 25.03.2009, *DJe* 02.04.2009.

3. Honorários em execução.

Execução de título extrajudicial. Despacho inicial. Fixação no percentual mínimo de 10%. Obrigatoriedade. "No tocante à execução por quantia certa, estabelece o art. 827 do Código de Processo Civil que, 'ao despachar a inicial, o juiz fixará, de plano, os honorários advocatícios de dez por cento, a serem pagos pelo executado' (...) A opção do legislador foi a de justamente evitar lides paralelas em torno da rubrica 'honorários de sucumbência', além de tentar imprimir celeridade ao julgamento do processo, estabelecendo uma espécie de sanção premial ao instigar o devedor a quitar, o quanto antes, o débito exequendo (§ 1º do art. 827)" (STJ, REsp 1.745.773/DF, Rel. Min. Luis Felipe Salomão, 4ª Turma, jul. 04.12.2018, *DJe* 08.03.2019).

Honorários em execução. Preclusão. "A jurisprudência do STJ é firme no sentido de que inexiste preclusão no pedido de arbitramento de verba honorária, no curso da execução, mesmo que a referida verba não tenha sido pleiteada no início do processo executivo e já haja ocorrido o pagamento da Requisição de Pequeno Valor – RPV. Precedentes: AgRg no REsp 1.292.635/RS, Rel. Min. Humberto Martins, Segunda Turma, *DJe* 07.03.2012; REsp 1.252.477/MG, Rel. Min. Mauro Campbell Marques, Segunda Turma, *DJe* 14.06.2011; e AgRg no AREsp 983/RS, Rel. Ministro Castro Meira, Segunda Turma, *DJe* 27.4.2011" (STJ, AgRg no AREsp 41.773/RS, Rel. Min. Herman Benjamin, 2ª Turma, jul. 06.11.2012, *DJe* 09.11.2012).

Sentença omissa. Súmula 453/STJ. Esta Súmula que impedia cobrar em ação autônoma os honorários sucumbenciais não incluídos na sentença exequenda foi superada pelo disposto no § 18 do art. 85 do CPC/2015.

4. Execução fiscal. Honorários. Fixação inicial. Percentual tarifado. Observância. "O Código de Processo Civil de 2015 dispõe de regra própria para o estabelecimento da verba honorária inicial em execução de título executivo extrajudicial, gênero que também contempla a espécie Certidão de Dívida Ativa (CDA), o que afasta a disciplina geral preconizada no art. 85 do aludido Codex. O art. 827 do referido diploma processual dispõe que, ao despachar a inicial de execuções de título extrajudicial, o juiz fixará, de plano, os honorários advocatícios de dez por cento, a serem pagos pelo executado. O referido dispositivo prevê percentual tarifado de honorários de sucumbência a ser fixado, de plano, pelo juiz em favor do exequente, bem como a sua redução ou majoração a depender da sorte da execução (pagamento imediato do débito ou impugnação por embargos). Contrariamente ao afirmado no acórdão recorrido, a aplicação do regramento do art. 827 do CPC/2015 às execuções fiscais não cuida de estabelecer uma vantagem pecuniária desarrazoável para a Fazenda Pública, mas de reconhecer o maior interesse do credor, a máxima efetividade da execução e de manter a isonomia entre os exequentes independentemente de quem sejam eles" (STJ, AREsp 1720769/GO, Rel. Min. Gurgel de Faria, 1ª Turma, jul. 23.03.2021, *DJe* 19.04.2021).

5. Honorários de sucumbência pagos depois de ajuizada ação executiva. "Considerando que o réu, perdedor em ação ordinária, realizou o pagamento do montante condenatório somente depois de ajuizada a ação executiva, são devidos, além dos honorários fixados na sentença, aqueles definidos para o pronto pagamento, segundo estabelece o art. 652-A do CPC [art. 827, CPC/2015]" (TJRS, Ap. 70019197185, Rel. Artur Arnildo Ludwig, 6ª Câmara Cível, jul. 28.08.2008, *DJe* 17.09.2008).

6. Embargos à execução.

a) Cumulação de honorários advocatícios. Limite de 20%. Ver jurisprudência do art. 85 do CPC/2015.

b) Embargos à execução fiscal. Excesso de execução. Honorários advocatícios. Base de cálculo. "A base de cálculo dos honorários devidos em sede de Embargos à Execução, cujo pedido foi julgado procedente, é o valor afastado, incidindo sobre o excesso apurado. Precedentes: AgInt no REsp. 1.574.037/SP, Rel. Min. Humberto Martins, *DJe* 9.5.2016; REsp. 1.585.661/RS, Rel. Min. Mauro Campbell Marques, *DJe* 17.6.2016; REsp 678.319/PR, Rel. Min. Denise Arruda, *DJ* 10.9.2007" (STJ, AgInt nos EDcl nos EAREsp 218.245/PR, Rel. Min. Napoleão Nunes Maia Filho, 1ª Seção, jul. 22.03.2017, *DJe* 19.04.2017).

c) Embargos à execução fiscal. Improcedência. Honorários. Majoração. Apreciação equitativa. "O novo Código de Processo Civil dispõe de regra própria para o estabelecimento da verba honorária em casos de improcedência de embargos à execução de título executivo extrajudicial, o que afasta a disciplina geral contida no art. 85 do CPC. Prevê o art. 827, § 2º, do CPC que, quando rejeitados os embargos, caberá ao magistrado majorar a verba honorária já legalmente estabelecida no início do feito executivo em 10% (dez por cento), observado o limite de 20% (vinte por cento) do crédito exequendo. O legislador não determinou parâmetros quantitativos objetivos a serem observados pelo magistrado para essa elevação, assentando, apenas, que deve ser considerado o serviço adicional prestado pelo advogado do exequente, sendo certo que essa avaliação é inerente ao juízo de equidade" (STJ, REsp 1.806.370/PR, Rel. Min. Gurgel de Faria, 1ª Turma, jul. 17.11.2020, *DJe* 07.12.2020).

d) Embargos à execução fiscal. Verba honorária já superior a 20% Sobre o valor do débito. Sobreposição de honorários recursais em apelação. Impossibilidade. "A Corte estadual de origem, acertadamente, recusou a pretendida majoração, na correta perspectiva de que, alcançado o referido teto de 20% sobre o valor do débito, não há falar em ultrapassagem desse percentual" (STJ, REsp 1.831.407/RJ, Rel. Min. Sérgio Kukina, 1ª Turma, jul. 17.09.2019, *DJe* 19.09.2019).

e) Embargos à execução. Honorários fixados nos embargos para ambos os incidentes. "A Corte Especial firmou o entendimento de que é possível a cumulação da verba honorária arbitrada na ação de execução com a dos embargos do devedor, podendo a sucumbência final ser determinada definitivamente pela sentença da última ação, desde que estipulado expressamente que o valor fixado atenda a ambas. Conquanto se trate de ações autônomas – a execução de título extrajudicial e os embargos à execução –, não são absolutamente independentes. Em verdade, as demandas se interpenetram, porque os embargos, apesar de assumirem a forma de ação de conhecimento, têm natureza de defesa do devedor-executado em face do credor-exequente" (STJ, EDcl no REsp 1.627.602/SP, Rel. p/ Acórdão Min. Nancy Andrighi, 3ª Turma, jul. 14.03.2017, *DJe* 11.04.2017). No mesmo sentido: STJ, AgInt no REsp 1.657.008/SP, Rel. Min. Nancy Andrighi, 3ª Turma, jul. 19.06.2018, *DJe* 27.06.2018.

7. Litisconsórcio facultativo. Início do prazo. citação de todos os litisconsortes. Desnecessidade. "É assente o entendimento desta Corte Superior no sentido de que, 'havendo litisconsórcio facultativo, desnecessária a citação de todos os devedores para que se inicie o prazo previsto no artigo 652, do CPC, sendo perfeitamente válida a penhora realizada em bem de apenas um dos devedores, que responderá somente por sua quota-parte' (REsp 182.234/SP, Rel. Ministro Milton Luiz Pereira, Primeira Turma, julgado em 12/03/2002, *DJ* 29/04/2002, p. 164)" (STJ, AgInt no REsp 1387711/AL, Rel. Min. Marco Aurélio Bellizze, 3ª Turma, jul. 18.03.2019, *DJe* 22.03.2019).

8. Revogação de mandato dos patronos. Posterior sentença homologatória de transação. Verba honorária. Fixação no despacho inicial. Título executivo. Execução nos próprios autos. "Ademais, a transação extrajudicial ocorrida na hipótese se deu para reconhecimento do débito e parcelamento do débito, de maneira que houve sucumbência por parte da devedora, que reconheceu sua dívida e se comprometeu a adimpli-la nos termos do acordo firmado. O pedido de homologação da transação extrajudicial foi protocolado exatamente no dia posterior à revogação do mandato outorgado ao escritório recorrente, e não existiu nenhuma disposição acerca dos honorários no acordo entabulado. Portanto, a decisão inicial que arbitrou os honorários advocatícios pode ser considerada como um título executivo, até mesmo em homenagem ao princípio da instrumentalidade das formas, pois as partes não seriam prejudicadas e o processo atingiria sua finalidade sem o indesejável e excessivo apego ao formalismo" (STJ, REsp 1.819.956/SP, Rel. p/ Acórdão Min. Marco Aurélio Bellizze, 3ª Turma, jul. 10.12.2019, *DJe* 19.12.2019).

Art. 828. O exequente poderá obter certidão de que a execução foi admitida pelo juiz, com identificação das partes e do valor da causa, para fins de averbação no registro de imóveis, de veículos ou de outros bens sujeitos a penhora, arresto ou indisponibilidade.

§ 1º No prazo de 10 (dez) dias de sua concretização, o exequente deverá comunicar ao juízo as averbações efetivadas.

§ 2º Formalizada penhora sobre bens suficientes para cobrir o valor da dívida, o exequente providenciará, no prazo de 10 (dez) dias, o cancelamento das averbações relativas àqueles não penhorados.

§ 3º O juiz determinará o cancelamento das averbações, de ofício ou a requerimento, caso o exequente não o faça no prazo.

§ 4º Presume-se em fraude à execução a alienação ou a oneração de bens efetuada após a averbação.

§ 5º O exequente que promover averbação manifestamente indevida ou não cancelar as averbações nos termos do § 2º indenizará a parte contrária, processando-se o incidente em autos apartados.

CPC/1973

Art. 615-A.

REFERÊNCIA LEGISLATIVA

Lei n.º 13.097/5015, arts. 54 a 58 (dos registros na matrícula de imóveis)

BREVES COMENTÁRIOS

Ajuizada a execução, autoriza o art. 828 do CPC/2015 ao exequente obter certidão de que o processo foi admitido pelo juiz para averbação no registro de imóveis, de veículos ou de outros bens sujeitos a penhora, arresto ou indisponibilidade. Na pendência da execução, feita a averbação no registro adequado, considera-se em fraude a ela a alienação ou oneração do bem que tenha sido constrito (art. 792, II).

A averbação da execução pendente autorizada pelo art. 828 é muito importante para a configuração da fraude principalmente na hipótese de redução do executado à insolvência, porquanto quando efetuada à margem do registro de determinado bem, sua alienação será havida como fraudulenta sem necessidade de se demonstrar a efetiva ciência do adquirente sobre a existência da ação executiva. Desde que não haja outros bens do devedor suficientes para a garantia do juízo, a fraude à execução estará objetivamente configurada. Havendo averbação manifestamente indevida ou não cancelada, caberá ao exequente indenizar o executado, cujo incidente para apuração do *quantum* será processado em autos apartados.

A medida cautelar do art. 828 está endereçada ao processo de execução, mas pode ser aplicada também ao processo de conhecimento, com base no poder geral de cautela previsto no art. 301.

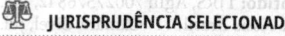

JURISPRUDÊNCIA SELECIONADA

1. Concurso de credores. Penhora. Preferência. Averbação premonitória anterior. Irrelevância. "O termo 'alienação' previsto no art. 615-A, § 3º, do CPC/1973 [art. 828, § 4º, do CPC/2015] refere-se ao ato voluntário de disposição patrimonial do proprietário do bem (devedor). A hipótese de fraude à execução não se compatibiliza com a adjudicação forçada, levada a efeito em outro processo executivo, no qual se logrou efetivar primeiro a penhora do mesmo bem, embora depois da averbação. O alcance do art. 615-A e seus parágrafos dá-se em relação às alienações voluntárias, mas não obsta a expropriação judicial, cuja preferência deve observar a ordem de penhoras, conforme orientam os arts. 612, 613 e 711 do CPC/1973 [arts. 797 e 908 do CPC/2015]" (STJ, REsp 1.334.635/RS, Rel. Min. Antonio Carlos Ferreira, 4ª Turma, jul. 19.09.2019, *DJe* 24.09.2019).

2. Fraude à execução. Disponibilidade de bem pelo sócio, que já tinha ciência do pedido de desconsideração da personalidade jurídica. Conduta frustrando a atuação/dignidade da justiça, com ciência da adquirente. "Por um lado, como são os bens presentes e futuros – à exceção daqueles impenhoráveis – que respondem pelo inadimplemento da obrigação, caracteriza fraude à execução a disponibilidade de bens pelo demandado que frustre a atuação/dignidade da Justiça. Por outro lado, o caso tem peculiaridades relevantes, pois: I) a alienação ocorreu quando o sócio – na pessoa de quem a ré foi citada – já tinha tomado conhecimento da ação de cobrança, com causa de pedir e pedido requerendo a desconsideração da personalidade jurídica e o arresto imediato do bem alienado; II) segundo apurado, o sócio também teve ciência da ação de protesto aludindo a desconsideração da personalidade jurídica e necessidade de protesto a envolver o bem imóvel alienado para satisfação do crédito perseguido na ação de cobrança; III) estão presentes pressupostos objetivos necessários à caracterização desse tipo de fraude, que é correr contra o devedor demanda e o ato praticado frustrar a atuação da justiça" (STJ, REsp 1.763.376/TO, Rel. Min. Luis Felipe Salomão, 4ª Turma, jul. 18.08.2020, *DJe* 16.11.2020).

3. Fraude à execução. Inexistência de registro imobiliário da penhora ou da existência da ação. Má-fé do terceiro adquirente não comprovada. "De acordo com a jurisprudência do Superior Tribunal de Justiça, cristalizada na Súmula 375, 'O reconhecimento da fraude à execução depende do registro da penhora do bem alienado ou da prova de má-fé do terceiro adquirente'. E mais, nos termos da tese firmada pela Corte Especial do STJ, em sede de julgamento de recurso especial repetitivo, 'inexistindo registro da penhora na matrícula do imóvel, é do credor o ônus da prova de que o terceiro adquirente tinha conhecimento de demanda capaz de levar o alienante à insolvência' (REsp 956.943/PR, Rel. p/ acórdão Ministro João Otávio de Noronha, Corte Especial, julgado em 20.08.2014, *DJe* de 1º.12.2014)" (STJ, AgInt no Resp 1.738.170/SP, Rel. Min. Raul Araújo, 4ª Turma, jul. 17.12.2019, *DJe* 03.02.2020).

4. Averbação premonitória. Processo de conhecimento. Poder geral de cautela. "Malgrado a previsão da averbação premonitória seja reservada à execução, pode o magistrado, com base no poder geral de cautela e observados os requisitos previstos no art. 300 do CPC/2015, deferir tutela provisória de urgência de natureza cautelar no processo de conhecimento, com idêntico conteúdo à medida prevista para a demanda executiva. O poder geral de cautela assegura ao magistrado o deferimento de todas as medidas que se revelarem adequadas ao asseguramento da utilidade da tutela jurisdicional, ainda que sejam coincidentes com aquelas previstas especialmente para a execução. Portanto, sobressai o caráter instrumental da providência de natureza cautelar, que visa à garantia do próprio instrumento, no sentido de assegurar a efetividade do processo judicial. A base legal para o deferimento da medida, em verdade, não é o citado art. 828, senão os arts. 300 e 301 do CPC/2015, embora similar àquela prevista para a execução, vale dizer, a possível extensão da disciplina específica da averbação premonitória aos processos de conhecimento encontra seu assento no poder geral de cautela" (STJ, REsp 1.847.105/SP, Rel. Min. Antonio Carlos Ferreira, 4ª Turma, jul. 12.09.2023, *DJe* 19.09.2023).

5. Litigância de má-fé. "Execução. Aval. Art. 1.531 do antigo Código Civil. Litigância de má-fé. Afirmando a instituição financeira que as embargantes foram incluídas na execução por lamentável equívoco, porque excluídas do aval, não é pertinente reformar a sentença que decidiu nesse sentido. A indenização do art. 1.531 do antigo Código Civil é inaplicável nas circunstâncias dos autos. Se a instituição financeira reconhece que incluiu indevidamente o nome das embargantes na execução, impõe-se a aplicação da pena por litigância de má-fé" (STJ, REsp 678.364/AM, Rel. Min. Carlos Alberto Menezes Direito, 3ª Turma, jul. 05.06.2007, *DJ* 20.08.2007).

6. Fraude à execução (parágrafo 4º). Ver jurisprudência do art. 792 do CPC/2015.

Art. 829. O executado será citado para pagar a dívida no prazo de 3 (três) dias, contado da citação.

§ 1º Do mandado de citação constarão, também, a ordem de penhora e a avaliação a serem cumpridas pelo oficial de justiça tão logo verificado o não pagamento no prazo assinalado, de tudo lavrando-se auto, com intimação do executado.

§ 2º A penhora recairá sobre os bens indicados pelo exequente, salvo se outros forem indicados pelo executado e aceitos pelo juiz, mediante demonstração de que a constrição proposta lhe será menos onerosa e não trará prejuízo ao exequente.

CPC/1973

Art. 652.

REFERÊNCIA LEGISLATIVA

CPC/2015, arts. 154, V (atribuições do oficial de justiça; avaliação), 774, V (ato atentatório à dignidade da justiça), 805 (execução; forma menos gravosa), 835 (penhora; gradação legal).

BREVES COMENTÁRIOS

Acolhida a inicial da execução, o órgão judicial providencia a expedição do mandado executivo, que consiste na ordem de citação do devedor, intimando-o a, em três dias, cumprir a obrigação, sob pena de penhora. Constarão do mandado de citação os bens a serem penhorados, nomeados pelo credor na inicial, caso o devedor não pague a dívida no prazo fixado. Cabendo a nomeação ao exequente, não há mais a antiga alternativa de citação do devedor para pagar ou nomear bens à penhora. Essa indicação passou a ser do credor, desde a Lei n.º 11.383/2006, que alterou a redação do art. 652, do CPC/1973.

Entretanto, não é absoluto o poder de iniciativa conferido ao credor quanto à indicação dos bens a serem penhorados (§ 2º). Ao executado cabe o direito de impugnar a nomeação se não obedecer à gradação legal (art. 835 do CPC/2015) ou se não respeitar a forma menos gravosa (art. 805 do CPC/2015).

JURISPRUDÊNCIA SELECIONADA

1. Citação.

a) Citação por correio. Execução. Possibilidade. Ver jurisprudência do art. 247 do CPC/2015.

b) Citação do executado apenas para o pagamento. "Pela nova sistemática da execução dos títulos extrajudiciais, não há mais direito do devedor de escolher, no prazo da citação, os bens a serem penhorados. É ao credor que se passa a reconhecer a faculdade de indicar bens do executado passíveis de penhora. O exequente não dispõe de um poder absoluto para definir o objeto da penhora. Tem a iniciativa, mas ao devedor cabe o direito de impugnar a nomeação se não obedecer à gradação legal (art. 655) [art. 835, CPC/2015] ou se não respeitar a forma menos gravosa para o executado (art. 620) [art. 805, CPC/2015]. O Magistrado deve adotar todas as cautelas para que a medida utilizada não se traduza em violação aos direitos dos devedores, pelo que a indisponibilidade do numerário em conta deve se dar nos estritos termos do pedido, de acordo com a quantia executada, não se admitindo o bloqueio indiscriminado de contas e valores superiores aos informados na execução" (TJMG, Ag. 1.0319.07.027892-8/001, Rel. Des. Alvimar de Ávila, jul. 04.06.2008, *DJe* 14.06.2008).

Processo iniciado antes da reforma do CPC. "Embora o processo seja reconhecido como um instrumento complexo, no qual os atos que se sucedem se inter-relacionam, tal conceito não exclui a aplicação da teoria do isolamento dos atos processuais, pela qual a lei nova, encontrando um processo em desenvolvimento, respeita a eficácia dos atos processuais já realizados e disciplina, a partir da sua vigência, os atos pendentes do processo. Esse sistema, inclusive, está expressamente previsto no art. 1.211 do CPC [art. 1.046 do CPC/2015]. Se pendente a intimação do devedor sobre a penhora que recaiu sobre os seus bens, esse ato deve se dar sob a forma do art. 475-J, § 1º, CPC [art. 523 do CPC/2015], possibilitando a intimação do devedor na pessoa de seu advogado" (STJ, REsp 1.076.080/PR, Rel.ª Min.ª Nancy Andrighi, 3ª Turma, jul. 17.02.2009, *DJe* 06.03.2009).

c) Despacho de citação. Agravo de Instrumento. Impossibilidade. "Não cabe agravo de instrumento contra o despacho que determina a citação em processo de execução. O sistema proporciona duas formas de defesa ao executado: embargos ou exceção de pré-executividade. O que não se pode admitir – sob pena de tumultuar ainda mais o já moribundo processo de execução – é o cabimento de agravo de instrumento contra despacho que ordena a citação" (STJ, AgRg no Ag. 474.437/MG, Rel. Min. Humberto Gomes de Barros, 3ª Turma, jul. 04.10.2005, *DJ* 24.10.2005, p. 306). **No mesmo sentido:** STJ, AgRg no REsp 781.952/MG, Rel. Min. Herman Benjamin, 2ª Turma, jul. 18.12.2008, *DJe* 13.03.2009.

d) Ausência de citação. "A ausência de citação implica a nulidade da execução, sendo tal matéria de ordem pública, o que permite o conhecimento de tal matéria *ex officio* pela instância recursal, em virtude do efeito translativo do recurso" (TJMG, Ag. 1.0205.06.002227-9/001, Rel. Des. Osmando Almeida, 9ª Câmara Cível, jul. 27.05.2008, *DJe* 05.07.2008).

"Frustrada a tentativa de citação pessoal do executado nos endereços fornecidos ao oficial de justiça, é cabível o arresto de bens, medida necessária para assegurar o interesse do credor, garantindo a efetividade da execução, dada a impossibilidade de antecipação da penhora à citação" (TJMG, Ap. 1.0024.06.019721-7/002, Rel. Des. Elias Camilo, *DJ* 15.03.2008).

2. Embargos à execução. Prazo. Juntada aos autos do mandado de citação. "O art. 652 do digesto processual [art. 829 do CPC/2015] indica que o mandado que determina a citação e a penhora seja expedido em duas vias. A primeira será utilizada para o ato citatório, e a segunda, para a penhora de bens, caso necessário. Conclui-se, facilmente, que as informações constantes do espelho do andamento processual da execução, atinentes à juntada do mandado 1 (de citação e penhora), nos dias 26.3.2007 e 9.4.2007, indicam as datas da juntada da via do mandado relativo à citação e da via relativa à tentativa de penhora de bens, respectivamente. Dessa forma, o oferecimento dos embargos, sem sombra de dúvida, deveria ter sido realizado no prazo de

15 dias, contados da juntada aos autos do mandado da citação, ocorrida no dia 26.3.2007. Assim, é de se manter a sentença, que reconheceu a intempestividade dos embargos à execução" (TJMG, Ap. 1.0518.07.117492-5/002, Rel. Des. Eduardo Marine da Cunha, 17ª Câm. Cív., jul. 05.03.2009, *DJe* 24.03.2009).

3. Pluralidade de executados. "Sendo vários os devedores na execução por quantia certa, o prazo para pagamento ou nomeação de bens à penhora, descrito no art. 652 do CPC [art. 829 do CPC/2015], é contado individualmente, a partir da respectiva citação de cada um dos devedores" (TJMG, Ap. 2.0000.00.481073-9/000, Rel. Des. Viçoso Rodrigues, jul. 15.09.2005, *DJe* 09.11.2005). **Obs.: Jurisprudência anterior à Lei nº 11.382/2006, mas que ainda se aplica em relação ao prazo para pagamento. No mesmo sentido:** STJ, REsp 46.415/GO, Rel. Min. Fontes de Alencar, 4ª Turma, jul. 27.06.1994, *DJ* 19.09.1994, p. 24698.

4. Litisconsórcio facultativo. Início do prazo. Citação de todos os litisconsortes. Desnecessidade. Ver jurisprudência do art. 827 do CPC/2015.

"Estabelecido litisconsórcio passivo facultativo entre dois coobrigados solidários, a falta de citação de um deles não obsta o prosseguimento da execução em relação ao outro, que, citado, deve pagar ou nomear bens à penhora. O prazo do art. 652 do CPC [art. 829 do CPC/2015] é individual, sendo inaplicável à execução o disposto no art. 241, II, do mesmo estatuto [art. 231, II, do CPC/2015]. II. Individual também é o prazo de que dispõe cada executado para oferecer seus embargos" (STJ, REsp 28.098-2/SP, Rel. Min. Sálvio de Figueiredo Teixeira, 4ª Turma, jul. 28.06.1993, *RT* 701/199). **Obs.: Jurisprudência anterior à Lei nº 11.382/2006, mas que ainda se aplica à nova redação. No mesmo sentido:** STJ, REsp 44.756/RJ, Rel. Min. Eduardo Ribeiro, 3ª Turma, jul. 28.03.1994, *DJ* 20.06.1994, p. 16.102; STJ, REsp 182.234/SP, Rel. Min. Milton Luiz Pereira, 1ª Turma, jul. 12.03.2002, *DJ* 29.04.2002, p. 164.

5. Penhora (§ 1º):

Válida citação do executado. "A realização da penhora só pode ocorrer após a válida citação do executado e a manutenção do inadimplemento" (TJMG, Ag. 1.0024.08.982675-4/001, Rel. Des. Osmando Almeida, jul. 14.04.2009, *DJe* 18.05.2009).

Prévia citação do executado e inércia deste. "A penhora no processo de execução por título extrajudicial pressupõe a prévia citação do executado e a inércia deste em realizar o pagamento no prazo legal. Não restando demonstrado que os executados não sejam encontráveis, ou que exista algum fato concreto que possa obstaculizar a efetivação do processo de execução, a autorização de penhora *on-line* de valores, através do sistema BACEN-JUD, configura medida precipitada e injustificável, haja vista que sequer foi oportunizada ao executado a quitação do débito" (TJMG, Ag. 1.0188.08.078145-6/001, Rel. Des. Luciano Pinto, 17ª Câm. Cív., jul. 26.03.2009, *DJe* 17.04.2009). **Obs.:** v. art. 854, *caput*, do CPC/2015, que viabiliza, não a penhora liminar, mas o bloqueio de valores em depósito bancário, antes da citação do executado.

Nulidade. "É nula a penhora realizada imediatamente após diligência desenvolvida pelo meirinho, visando à citação do devedor, frustrada pelo fato de o mesmo não residir no endereço mencionado no mandado" (TJMG, AI 2.0000.00.336370-6/000, Rel. Des. Beatriz Pinheiro Caires, *DJ* 13.06.2001).

"Sempre que o **executado nomear à penhora bem que não lhe pertença**, ainda que haja concordância do verdadeiro proprietário, será lícito ao exequente recusar a nomeação, simplesmente porque recai sobre bem de terceiro" (STJ, REsp 1.007.107/MG, Rel. Min. Humberto Gomes de Barros, 3ª Turma, jul. 17.03.2008, *DJe* 13.05.2008).

6. Conta inativa do FGTS. Procedimento de execução. "Quando do julgamento do REsp 591.044/BA, de relatoria da Ministra Denise Arruda, *DJ* de 14.11.2005, a Primeira Turma, por unanimidade, expressou entendimento de que, em se tratando de conta fundiária inativa, o procedimento de execução a ser adotado deve observar os arts. 652 e seguintes do CPC [arts. 829 e seguintes do CPC/2015], que tratam da modalidade de execução por quantia certa contra devedor solvente" (STJ, REsp 1.011.635/RJ, Rel. Min. José Delgado, 1ª Turma, jul. 25.03.2008, *DJe* 23.04.2008).

Art. 830. Se o oficial de justiça não encontrar o executado, arrestar-lhe-á tantos bens quantos bastem para garantir a execução.

§ 1º Nos 10 (dez) dias seguintes à efetivação do arresto, o oficial de justiça procurará o executado 2 (duas) vezes em dias distintos e, havendo suspeita de ocultação, realizará a citação com hora certa, certificando pormenorizadamente o ocorrido.

§ 2º Incumbe ao exequente requerer a citação por edital, uma vez frustradas a pessoal e a com hora certa.

§ 3º Aperfeiçoada a citação e transcorrido o prazo de pagamento, o arresto converter-se-á em penhora, independentemente de termo.

CPC/1973

Arts. 653 e 654.

REFERÊNCIA LEGISLATIVA

LEF, arts. 7º, 8º, III, 11 e 14.

BREVES COMENTÁRIOS

O art. 830, *caput*, do CPC/2015 autoriza uma medida cautelar específica para o caso em que o oficial de justiça não encontra o executado, que consiste em arrestar imediatamente tantos bens quantos bastem para garantir a execução. Constitui ela dever imposto ao oficial de justiça encarregado do cumprimento do mandado executivo, cabendo-lhe executá-lo de ofício.

A medida cautelar preparatória da penhora poderá incidir em qualquer bem do executado, desde que penhorável. Admite a jurisprudência do STJ que o arresto possa, inclusive, ser efetuado sobre saldo bancário, sob a modalidade *on-line*, caso em que o bloqueio deveria observar o procedimento do art. 854 e §§.

Após a realização da medida cautelar o oficial de justiça conservará o mandado em seu poder para realizar a citação do executado, podendo, inclusive, utilizar a citação com hora certa, havendo suspeita de ocultação. Frustrada a citação pessoal e com hora certa, a diligência será realizada por edital. Transcorrido o prazo para pagamento da dívida, o arresto será convertido em penhora, independentemente de termo. Observe-se que o prazo para embargar a execução flui a partir da citação e não da intimação da penhora (art. 915, § 2º).

JURISPRUDÊNCIA SELECIONADA

1. Arresto *on-line*. "O arresto executivo, também designado arresto prévio ou pré-penhora, de que cuida o artigo 830 do Novo Código de Processo, objetiva assegurar a efetivação de futura penhora na execução por título extrajudicial, na hipótese de o executado não ser encontrado para citação. É possível, contudo, acolher-se pedido de arresto acautelatório com fundamento no artigo 301 do vigente Código de Processo Civil". (TJSP, AI 2187255-14.2016.8.26.0000, Rel. Des. Itamar Gaino, 21ª Câmara de Direito Privado, jul. 04.11.2016, data de registro 04.11.2016).

Sistema Bacenjud. "O sistema Bacenjud pode ser utilizado para efetivar não apenas a penhora *on-line*, como também o arresto *on-line*. Preenchidos os requisitos legais, o juiz pode utilizar-se do Bacenjud para realizar o arresto provisório previsto no art. 653 do Código de Processo Civil [art. 830 do CPC/2015], bloqueando contas do devedor não encontrado. Em outras palavras, é admissível a medida cautelar para bloqueio de dinheiro via Bacenjud nos próprios autos da execução" (STJ, REsp 1.240.270/RS, Rel. Min. Mauro Campbell Marques, 2ª Turma, jul. 07.04.2011, *DJe* 15.04.2011). **No mesmo sentido:** STJ, REsp 1.338.032/SP, Rel. Min. Sidnei Beneti, 3ª Turma, jul. 05.11.2013, *DJe* 29.11.2013; STJ, REsp 1.370.687/MG, Rel. Min. Antonio Carlos Ferreira, 4ª Turma, jul. 04.04.2013, *DJe* 15.08.2013. **Obs.:** O sistema Bacenjud foi aprimorado e substituído pelo sistema Sisbajud, a partir de 08.09.2020.

2. Arresto executivo eletrônico. Exaurimento das tentativas de localização do executado frustrada. Prescindibilidade. "O arresto executivo, previsto no art. 830 do CPC/15, busca evitar que os bens do devedor não localizado se percam, a fim de assegurar a efetivação de futura penhora na ação de execução. Com efeito, concretizada a citação, o arresto se converterá em penhora. Frustrada a tentativa de localização do devedor, é possível o arresto de seus bens na modalidade on-line, com base na aplicação analógica do art. 854 do CPC/15. Manutenção dos precedentes desta Corte, firmados na vigência do CPC/73. Hipótese dos autos em que o deferimento da medida foi condicionado ao exaurimento das tentativas de localização da devedora não encontrada para citação, o que, entretanto, é prescindível" (STJ, REsp 1.822.034/SC, Rel. Min. Nancy Andrighi, 3ª Turma, jul. 15.06.2021, *DJe* 21.06.2021).

3. Arresto. Alienação fiduciária. "Constituindo o arresto executório. Art. 653 do CPC [art. 830 do CPC/2015]. Uma dessas medidas afins de cunho acautelatório, indiscutível é a sua pertinência para apreender bens visando assegurar pagamento de dívida líquida e certa. Pode o ato constritivo incidir sobre direitos de bem gravado em alienação fiduciária" (TJSC, Ag. 4.784, Rel. Des. Francisco Oliveira Filho, 1ª Câm., jul. 28.03.1989, no *Jurisp. Cat.* 63/192).

4. Citação por edital (§ 2º).

Requisitos. Processo de conhecimento. "À citação por edital prevista no art. 654 do Código de Processo Civil [art. 830, § 2º, do CPC/2015] não se aplicam os requisitos daquela ocorrida no processo de conhecimento" (STJ, REsp 435.841/SP, Rel. Min. Cesar Asfor Rocha, 4ª Turma, jul. 23.03.2004, *DJ* 13.09.2004, p. 243).

Comparecimento do executado. "Na ação de execução, ainda que determinada a citação do devedor por edital, o seu comparecimento espontâneo ao processo dentro dos 30 dias assinalados na publicação supre a falta de citação e torna insubsistente a citação editalícia. Nesse caso, ainda que tenha ocorrido a conversão automática do arresto em penhora, faz-se necessária a intimação pessoal do devedor sobre tal ato processual, fluindo o prazo para oposição de embargos do devedor à execução da data da juntada aos autos da prova desse ato, nos termos do art. 738, I, do CPC [art. 915 do CPC/2015]" (STJ, REsp 434.729/SP, Rel. Min. Nancy Andrighi, 3ª Turma, jul. 17.10.2002, *DJ* 25.11.2002, p. 232). **Obs.:** ver, no entanto, o novo regime dos embargos instituído pelo art. 915 do CPC/2015.

QUANTIA CERTA: INDICAÇÃO DOUTRINÁRIA

Araken de Assis. *Manual da execução*, 18 ed., São Paulo: Ed. RT, 2016; Armênio Clovis Jouvin Neto. Efetividade da fase executiva (quantia certa) – propostas de instrumentos de coerção. In: Thereza Arruda et al. *O Novo Código de Processo Civil Brasileiro – Estudos dirigidos: Sistematização e procedimentos*. Rio de Janeiro: Forense, 2015, p. 315; Carlos Augusto de Assis, In: Teresa Arruda Alvim Wambier, Fredie Didier Jr., Eduardo Talamini, Bruno Dantas, *Breves comentários ao novo Código de Processo Civil*, São Paulo: Revista dos Tribunais, 2015; Cassio Scarpinella Bueno, *Manual de direito processual civil*, São Paulo: Saraiva, 2015; Daniel Amorim Assumpção Neves, *Manual de direito processo civil*, São Paulo: Método, 2015; Daniel Amorim Assumpção Neves. *In* José Roberto F. Gouvêa; Luis Guilherme A. Bondioli e João Francisco N da Fonseca (coord.). Comentários ao Código de Processo Civil. São Paulo: Saraiva, 2018 v. 17; Elton Venture, In: Teresa Arruda Alvim Wambier, Fredie Didier Jr., Eduardo Talamini, Bruno Dantas, *Breves comentários ao novo Código de Processo Civil*, São Paulo: Revista dos Tribunais, 2015; Fredie Didier Jr., *Curso de direito processual civil*, 17. ed., Salvador: JusPodivm, 2015, v. I; Guilherme Rizzo Amaral, *Comentários às alterações do novo CPC*, São Paulo: Revista dos Tribunais, 2015; Hermes Zaneti Júnior. *In* Sérgio Cruz Arenhart e Daniel Mitidiero (coord.). *Comentários ao Código de Processo Civil*. 2. ed., São Paulo: Editora Revista dos Tribunais, 2018, v. 14; Humberto Theodoro Júnior, *Curso de direito processual civil*, Rio de Janeiro: Forense, 2015, v. III; Humberto Theodoro Júnior, *Curso de direito processual civil. 54. ed.*, Rio de Janeiro: Forense, 2021, v. III; Humberto Theodoro Júnior, Fernanda Alvim Ribeiro de Oliveira, Ester Camila Gomes Norato Rezende (coord.), *Primeiras lições sobre o novo direito processual civil brasileiro*, Rio de Janeiro: Forense, 2015; Humberto Theodoro Júnior. *Processo de execução e cumprimento de sentença*, 30. ed., Rio de Janeiro: Forense, 2020; J. E. Carreira Alvim, *Comentários ao novo Código de Processo Civil*, Curitiba: Juruá, 2015; José Miguel Garcia Medina, *Novo Código de Processo Civil comentado*, São Paulo: Revista dos Tribunais, 2015; Leonardo Greco, *Instituições de processo civil: introdução ao direito processual civil*, 5. ed., Rio de Janeiro: Forense, 2015; Luis Antônio Giampaulo Sarro, *Novo Código de Processo Civil*, São Paulo: Rideel, 2015; Luiz Guilherme Marinoni, Sérgio Cruz Arenhart, Daniel Mitidiero, *Curso de processo civil*, São Paulo: Revista dos Tribunais, 2015, v. I; Nelson Nery Junior, Rosa Maria de Andrade Nery, *Comentários ao Código de Processo Civil*, São Paulo: Revista dos Tribunais, 2015; Teresa Arruda Alvim Wambier, Fredie Didier Jr., Eduardo Talamini, Bruno Dantas (coord.), *Breves comentários ao novo Código de Processo Civil*, São Paulo: Revista dos Tribunais, 2015; Teresa Arruda Alvim Wambier, Maria Lúcia Lins Conceição, Leonardo Ferres da Silva Ribeiro, Rogério Licastro Torres de Melo, *Primeiros comentários ao novo Código de Processo Civil*, São Paulo: Revista dos Tribunais, 2015.

Seção III
Da Penhora, do Depósito e da Avaliação

Subseção I
Do Objeto da Penhora

Art. 831. A penhora deverá recair sobre tantos bens quantos bastem para o pagamento do principal atualizado, dos juros, das custas e dos honorários advocatícios.

CPC/1973

Art. 659.

REFERÊNCIA LEGISLATIVA

CPC/2015, arts. 797 (preferência pela penhora e penhora sobre penhora), 908 (concurso de credores), 909 (disputa entre credores).

SÚMULAS

Súmula do STJ:

nº 375: "O reconhecimento da fraude à execução depende do registro da penhora do bem alienado ou da prova de má-fé do terceiro adquirente".

BREVES COMENTÁRIOS

A penhora deve incidir sobre bens legalmente penhoráveis (art. 832: "não estão sujeitos à execução os bens que a lei considera impenhoráveis ou inalienáveis") e há de respeitar o montante da dívida exequenda (art. 831: "tantos bens quantos bastem para o pagamento do principal atualizado, dos juros, das custas e dos honorários advocatícios"). Legítima, portanto, será a impugnação do devedor em face da constrição de bens que não podem ou não devem figurar na execução.

Num só mandado, o oficial receberá a incumbência de citar o executado e realizar a penhora e avaliação. Citado o devedor, com as cautelas próprias do ato, começará a correr o prazo para pagamento voluntário. Passado esse prazo de três dias, o oficial de justiça verificará em juízo se o pagamento ocorreu ou não. Permanecendo o inadimplemento, procederá à penhora, lavrando-se o respectivo auto, com imediata intimação do executado.

JURISPRUDÊNCIA SELECIONADA

1. Indisponibilidade de bens. Integralidade do patrimônio. Execução. Expropriação. "A indisponibilidade cautelar, diferentemente do arresto, da inalienabilidade e da impenhorabilidade, legal ou voluntárias, atinge todo o patrimônio do devedor, e não um bem específico, não vinculando, portanto, qualquer bem particular à satisfação de um determinado crédito" (STJ, REsp 1493067/RJ, Rel.ª Min.ª Nancy Andrighi, 3ª Turma, jul. 21.03.2017, *DJe* 24.03.2017).

2. Imóvel gerador dos débitos condominiais. Ação de cobrança na qual a proprietária do bem não figurou como parte. Possibilidade. Obrigação *propter rem*. Ver jurisprudência do art. 790 do CPC/2015.

3. Termo inicial dos juros de mora do cheque não apresentado para compensação. Ver jurisprudência do art. 784, I, do CPC/2015.

4. Vaga de garagem com matrícula própria no registro de imóveis. Penhora. Possibilidade. Unidade habitacional reconhecida como bem de família. Vedação à alienação ou aluguel da vaga de garagem a pessoas estranhas ao condomínio, salvo se expressamente autorizada. Necessidade de preservação da segurança do condomínio. Hasta pública que deve ficar restrita aos respectivos condôminos. Ver jurisprudência do art. 832, do CPC/2015.

5. Requisição de informações. "Somente em casos excepcionais, quando comprovadamente infrutíferos os esforços diretos do exequente, admite-se a requisição, pelo Juiz, de informações à Delegacia da Receita Federal, acerca da existência e localização de bens do devedor (Segunda Seção, EREsp 28.067 – MG). II. Decisão que se harmoniza com a orientação da Corte" (STJ, REsp 156.742/DF, Rel. Min. Waldemar Zveiter, 3ª Turma, jul. 21.05.1998, *DJ* 17.08.1998, p. 70).

6. Extensão da penhora. Meação: "Sendo o bem penhorado indivisível, a solução para que se reserve o direito de meação sobre o mesmo é sua alienação com a repartição do preço" (STJ, REsp 259.055/RS, Rel. Min. Garcia Vieira, 1ª Turma, jul. 25.09.2000, *DJ* 30.10.2000, p. 128).

"Vigente o regime de separação total de bens, por força de pacto antenupcial, a regra e de que os bens adquiridos não se comunicam, podendo a penhora ser realizada sem resguardo de meação" (STJ, REsp 26.382/MG, Rel. Min. Dias Trindade, 4ª Turma, jul. 24.05.1994, *DJ* 27.06.1994, p. 16983).

7. Atualização do crédito. Manifestação do devedor. "A manifestação do devedor acerca do pedido de ampliação da penhora se mostra indispensável não apenas em respeito aos princípios constitucionais do contraditório, da ampla defesa e do devido processo legal, mas também para assegurar que a execução se perfaça da forma menos gravosa ao executado, nos termos do art. 620 do CPC [art. 805 do CPC/2015]. (...) Em respeito aos princípios do devido processo legal, da ampla defesa e do contraditório, há de se conceder ao devedor a oportunidade de se manifestar sobre a atualização do crédito executado, mormente quando realizada unilateralmente pela parte contrária, de sorte que, havendo discordância quanto aos cálculos, sejam eles conferidos pelo contador judicial. Não se trata de rediscutir os critérios de atualização do débito, matéria afeita à fase de formação do título executivo; porém, sempre haverá espaço para a parte se insurgir contra erros materiais de cálculo, desde que se manifeste oportunamente" (STJ, MC 13.994/RJ, Rel.ª Min.ª Nancy Andrighi, 3ª Turma, jul. 01.04.2008, *DJe* 15.04.2008).

8. Penhora independente de nomeação. "Não viola os arts. 620, 659, par-2. e 685, I, CPC [arts. 805, 836 e 874, I, do CPC/2015], acórdão que determina a incidência da penhora sobre a totalidade dos bens dados em garantia pignoratícia e hipotecária cedularmente constituída, independentemente de nomeação" (STJ, AgRg no Ag 50.119/GO, Rel. Min. Sálvio de Figueiredo Teixeira, 4ª Turma, jul. 31.08.1994, *DJ* 26.09.1994, p. 25.656).

9. Penhora dos frutos civis.

Omissão quanto à abrangência da constrição. Impossibilidade. "Omisso o auto de penhora quanto à abrangência da constrição, não se pode entender alcançados os frutos obtidos com os alugueres. Apesar de restringir o poder de disposição sobre o bem constrito, a penhora não paralisa o direito de propriedade do executado, permanecendo intactos os demais poderes inerentes ao domínio, não havendo, *in casu*, gravame algum no ato de locar o imóvel. A penhora deve constranger patrimonialmente o devedor na medida necessária da satisfação do crédito, razão pela qual, se o valor do bem já é suficiente, a sua eventual locação não transgride os condicionamentos legais impostos pelo gravame" (STF, HC 84.382, Rel. Min. Carlos Ayres Britto, 1ª Turma, jul. 16.11.2004, *RP* 126/166).

"Se a penhora recai sobre **frutos civis da pessoa jurídica** (alugueres), efetivamente a devedora na execução, não tem legitimidade para opor embargos de terceiro um dos herdeiros de um dos sócios da empresa (*de cujus*), pois não se configura nenhuma das hipóteses legais" (STJ, REsp 811.627/PB, Rel. Min. Fernando Gonçalves, 4ª Turma, jul. 08.04.2008, *DJe* 22.04.2008).

10. Penhora sobre faturamento. Ver jurisprudência do art. 835 do CPC/2015.

11. Penhora posterior à adjudicação dos bens do espólio em favor da viúva meeira. "Nos termos do artigo 1.046, § 3º do CPC [art. 674, § 2º, do CPC/2015], o cônjuge tem interesse em propor ação de embargos de terceiro sempre que, não sendo parte no processo, sofrer turbação ou esbulho na posse de seus bens, por ato de apreensão judicial. No caso, a viúva, que atuou como representante do Espólio, não foi parte no processo de execução, e, portanto, possui legitimidade, em nome próprio, para propor ação de embargos de terceiro. Encerrado o inventário e proferida sentença homologando a adjudicação em prol da viúva, os bens passaram a ser de sua exclusiva propriedade, afigurando-se nula a penhora efetivada posteriormente à adjudicação" (STJ, REsp 803.736/GO, Rel. Min. Luis Felipe Salomão. 4ª Turma, jul. 16.09.2010, *DJ* 28.09.2010).

12. Penhora anterior à decretação da falência do devedor. "A controvérsia dos autos resume-se à possibilidade de o bem imóvel, objeto de penhora em execução fiscal, ser arrecadado pela massa falida após penhora, ou mesmo após o leilão daquele bem perante o juízo da execução fiscal. A Súmula 44 do extinto Tribunal Federal de Recursos assim dispõe: 'ajuizada a execução fiscal anteriormente à falência, com penhora realizada antes desta, não ficam os bens penhorados sujeitos à arrecadação no juízo falimentar; proposta a execução fiscal contra massa falida, a penhora far-se-á no rosto dos autos do processo da quebra, citando-se o síndico'. Entretanto, em vista da preferência dos créditos trabalhistas em face dos créditos tributários, o produto da arrematação realizada na execução fiscal deve ser colocado à disposição do juízo falimentar para garantir a quitação dos créditos trabalhistas. Trata-se de interpretação sistemática dos arts. 29 da Lei n. 6.830/80 e 186 e 187, estes do Código Tributário Nacional – CTN" (STJ, AgRg no REsp 783.318/SP, Rel. Min. Humberto Martins, 2ª Turma, jul. 19.03.2009, *DJe* 14.04.2009).

13. Alienação de imóvel mediante autorização do juízo da concordata. "A alienação de imóvel, precedida de autorização judicial extraída de processo de concordata, deferida mediante observância dos requisitos legais, inclusive do art. 191, do CTN, não pode ser anulada em virtude de anterior penhora da fazenda nacional, não inscrita no registro imobiliário e nem comunicada ao juízo próprio. Neste caso, a presunção de fraude entra em confronto com a presunção de legitimidade experimentada pelos documentos públicos, constantes dos feitos judiciais e elaborados sob a vigilância dos interessados e a observância de todas as formalidades legais, dentre elas a Publicação do edital noticiando o deferimento da moratória forçada" (TRF-1ª Região, AC 91.01.13846-4/BA, Rel. Juiz Fernando Gonçalves, 3ª Turma, jul. 25.11.1991, *DJ* 12.12.1991, p. 31.971).

Art. 832. Não estão sujeitos à execução os bens que a lei considera impenhoráveis ou inalienáveis.

CPC/1973

Art. 648.

REFERÊNCIA LEGISLATIVA

CC, arts. 79 a 81 (bens imóveis), 100 e 101 (bens públicos), 1.712 e 1.717 (bem de família) 1.848 (herdeiros necessários), 1.911 (cláusula de inalienabilidade).

Lei nº 8.009, de 29.03.1990 (Bem de família – ver Legislação especial).

SÚMULAS

Súmula STJ

Nº 449: "A vaga de garagem que possui matrícula própria no registro de imóveis não constitui bem de família para efeito de penhora".

BREVES COMENTÁRIOS

A regra básica é que a penhora deve atingir os bens negociáveis, ou seja, os que se podem normalmente alienar e converter no respectivo valor econômico. Não obstante essa regra, o certo é que, por razões de outra ordem que não apenas a econômica, há, na lei que regula a execução por quantia certa, a enumeração de bens que, mesmo sendo disponíveis por sua natureza, não se consideram, entretanto, passíveis de penhora, muito embora, ordinariamente, o devedor tenha o poder de aliená-los livremente e de, por iniciativa própria, convertê-los em numerário, quando bem lhe aprouver. São os chamados bens impenhoráveis, que formam um conjunto de bens considerados pelo direito positivo como núcleo patrimonial essencial do indivíduo, inacessível à expropriação (Marcelo Andrade Féres, Aimpliação da impenhorabilidade da pequena propriedade rural: leitura a partir do novo art. 649, VIII, do CPC. *Revista Dialética de Direito Processual*, n. 47, p. 80).

A penhorabilidade é a regra e a impenhorabilidade, exceção. A penhora de bens impenhoráveis é ato plenamente nulo, mas a nulidade é apenas do ato e não de todo o processo. No caso de penhora de bens relativamente impenhoráveis (cuja constrição é admitida apenas quando inexistirem outros bens no patrimônio do devedor capazes de garantir a execução), o silêncio do devedor convalida o ato.

JURISPRUDÊNCIA SELECIONADA

1. Impenhorabilidade. "A penhora deve recair sobre o conjunto de bens do devedor suficientes para o pagamento do principal atualizado, juros, custas e honorários advocatícios (CPC/2015, art. 831). No entanto, por razões de cunho humanitário e de solidariedade social, voltadas à proteção do executado e de sua família, estabeleceu o legislador a vedação de atos expropriatórios em relação a certos bens destinados a conferir um mínimo necessário à sobrevivência digna do devedor (CPC/15, art. 832)" (STJ, REsp 1.691.882/SP, Rel. Min. Luis Felipe Salomão, 4ª Turma, jul. 09.02.2021, *DJe* 11.03.2021).

2. Impenhorabilidade. Matéria de ordem pública. "Nos termos da jurisprudência firmada no âmbito desta Corte Superior de Justiça, a impenhorabilidade constitui matéria de ordem pública, cognoscível de ofício pelo juiz, não havendo falar em nulidade da decisão que, de plano, determina o desbloqueio da quantia ilegalmente penhorada" (STJ, AgInt no AREsp 2.222.902/RS, Rel. Min. Sérgio Kukina, 1ª Turma, jul. 05.12.2022, *DJe* 07.12.2022).

3. Impenhorabilidade dos bens vinculados à Cédula de Produto Rural é absoluta. "A Cédula de Produto Rural (Lei n. 8.929/1994) é instrumento-base do financiamento do agronegócio, facilitadora da captação de recursos. É título de crédito, líquido e certo, de emissão exclusiva dos produtores rurais, suas associações e cooperativas, traduzindo-se na operação de entrega de numerário ou de mercadorias, com baixo custo operacional para as partes. Tendo em vista sua função social e visando garantir eficiência e eficácia à CPR, o art. 18 da Lei n. 8.929/1994 prevê que os bens vinculados à CPR não serão penhorados ou sequestrados por outras dívidas do emitente ou do terceiro prestador da garantia real, cabendo a estes comunicar tal vinculação a quem de direito. A impenhorabilidade criada por lei é absoluta em oposição à impenhorabilidade por simples vontade individual. A impenhorabilidade absoluta é aquela que se constitui por interesse público, e não por interesse particular, sendo possível o afastamento apenas desta última hipótese. O direito de prelação em favor do credor cedular se concretiza no pagamento prioritário com o produto da venda judicial do bem objeto da garantia excutida, não significando, entretanto, tratamento legal discriminatório e anti-isonômico, já que é justificado pela existência da garantia real que reveste o crédito privilegiado. Os bens vinculados à cédula rural são impenhoráveis em virtude de lei, mais propriamente do interesse público de estimular o crédito agrícola, devendo prevalecer mesmo diante de penhora realizada para garantia de créditos trabalhistas" (STJ, REsp 1327643/RS, Rel. Min. Luis Felipe Salomão, 4ª Turma, jul. 21.05.2019, *DJe* 06.08.2019).

4. Penhora. Bem de família. Dívida contraída em favor de sociedade empresária da qual é sócio o titular do imóvel gravado. Impenhorabilidade reconhecida. "'Segundo entendimento adotado por este Superior Tribunal de Justiça, somente será admissível a penhora do bem de família quando a garantia real for prestada em benefício da própria entidade familiar, e não para assegurar empréstimo obtido por terceiro ou pessoa jurídica, sendo vedada a presunção de que a garantia fora dada em benefício da família, de sorte a afastar a impenhorabilidade do bem, com base no art. 3º, V, da Lei 8.009/90'" (AgInt no REsp 1.732.108/MT, Rel. Ministro Marco Buzzi, Quarta Turma, julgado em 27/05/2019, *DJe* de 03/06/2019)" (STJ, AgInt no AREsp 1537663/PR, Rel. Min. Raul Araújo, 4ª Turma, jul. 21.09.2020, *DJe* 08.10.2020).

Construção de imóvel. Débito originário de contrato de empreitada global. Penhora. Possibilidade. Ver jurisprudência do art. 833 do CPC/2015.

5. Vaga de garagem com matrícula própria no registro de imóveis. Penhora. Possibilidade. Unidade habitacional reconhecida como bem de família. Vedação à alienação ou aluguel da vaga de garagem a pessoas estranhas ao condomínio, salvo se expressamente autorizada Necessidade de preservação da

segurança do condomínio. Hasta pública que deve ficar restrita aos respectivos condôminos. "Na hipótese, as vagas de garagem penhoradas no bojo do cumprimento de sentença subjacente possuem matrículas próprias no registro de imóveis, razão pela qual são autônomas em relação à unidade imobiliária habitacional correlata, sendo, portanto, de uso exclusivo do titular. Nessa situação, a jurisprudência do Superior Tribunal de Justiça é pacífica no sentido de ser perfeitamente possível a penhora da vaga de garagem, independentemente da unidade habitacional ser considerada bem de família, a teor do que dispõe a Súmula n. 449 do STJ ("A vaga de garagem que possui matrícula própria no registro de imóveis não constitui bem de família para efeito de penhora"). No entanto, o art. 1.331, § 1º, do Código Civil, com a redação dada pela Lei n. 12.607/2012, trouxe uma limitação à possibilidade de alienação do bem, visto que as vagas de garagem não poderão ser alienadas ou alugadas a pessoas estranhas ao condomínio, salvo se expressamente autorizado. O objetivo da alteração legislativa é o de oferecer mais segurança ao condomínio, reduzindo, assim, a circulação de pessoas estranhas nos prédios residenciais e comerciais. Dessa forma, a fim de compatibilizar a norma legal (CC, art. 1.331, § 1º), que veda a alienação das vagas de garagem a pessoas estranhas ao condomínio sem autorização expressa, com o teor da Súmula 449/STJ, que permite a penhora da vaga de garagem com matrícula própria no registro de imóveis, independentemente de o imóvel ser reconhecido como bem de família, deve ser limitada a participação na hasta pública apenas aos condôminos do respectivo condomínio" (STJ, REsp 2.042.697/SC, Rel. Min. Marco Aurélio Bellizze, 3ª Turma, jul. 07.02.2023, *DJe* 10.02.2023). **No mesmo sentido:** STJ, REsp 2.008.627/RS, Rel. Min. Assusete Magalhães, 2ª Turma, jul. 13.09.2022, *DJe* 20.09.2022; STJ, REsp 2.095.402/SC, Rel. Min. Antonio Carlos Ferreira, 4ª Turma, jul. 06.08.2024, *DJe* 08.08.2024.

6. Desfazimento do gravame. "Havendo penhora sobre bens impenhoráveis, incumbe ao executado denunciá-la nos próprios autos, por simples petição, sendo impróprios os embargos do devedor para desfazer o gravame, com os quais pretende, à evidência, gerar ônus de sucumbência ao exequente" (TJMS da Turma Cível do na Ap. 1.033/86, Rel. Des. Gilberto da Silva Castro; *Adcoas*, 1987, nº 115.852). **Obs.: Jurisprudência anterior à Lei nº 11.382/2006.**

7. Usufruto. "Da inalienabilidade resulta a impenhorabilidade do usufruto. O direito não pode, portanto, ser penhorado em ação executiva movida contra o usufrutuário; apenas o seu exercício pode ser objeto de constrição, mas desde que os frutos advindos dessa cessão tenham expressão econômica imediata. **Se o imóvel se encontra ocupado pela própria devedora, que nele reside, não produz frutos que possam ser penhorados.** Por conseguinte, incabível se afigura a pretendida penhora do exercício do direito de usufruto do imóvel ocupado pela recorrente, por ausência de amparo legal" (STJ, REsp 883.085/SP, Rel. Min. Sidnei Beneti, 3ª Turma, jul. 19.08.2010, *DJe* 16.09.2010). **No mesmo sentido:** STJ, Agrg no Ag 1.013.834/SP, Rel. Min. Massami Uyeda, 3ª Turma, jul. 07.12.2010, *DJe* 03.02.2011.

Art. 833. São impenhoráveis:

I – os bens inalienáveis e os declarados, por ato voluntário, não sujeitos à execução;

II – os móveis, os pertences e as utilidades domésticas que guarnecem a residência do executado, salvo os de elevado valor ou os que ultrapassem as necessidades comuns correspondentes a um médio padrão de vida;

III – os vestuários, bem como os pertences de uso pessoal do executado, salvo se de elevado valor;

IV – os vencimentos, os subsídios, os soldos, os salários, as remunerações, os proventos de aposentadoria, as pensões, os pecúlios e os montepios, bem como as quantias recebidas por liberalidade de terceiro e destinadas ao sustento do devedor e de sua família, os ganhos de trabalhador autônomo e os honorários de profissional liberal, ressalvado o § 2º;

V – os livros, as máquinas, as ferramentas, os utensílios, os instrumentos ou outros bens móveis necessários ou úteis ao exercício da profissão do executado;

VI – o seguro de vida;

VII – os materiais necessários para obras em andamento, salvo se essas forem penhoradas;

VIII – a pequena propriedade rural, assim definida em lei, desde que trabalhada pela família;

IX – os recursos públicos recebidos por instituições privadas para aplicação compulsória em educação, saúde ou assistência social;

X – a quantia depositada em caderneta de poupança, até o limite de 40 (quarenta) salários mínimos;

XI – os recursos públicos do fundo partidário recebidos por partido político, nos termos da lei;

XII – os créditos oriundos de alienação de unidades imobiliárias, sob regime de incorporação imobiliária, vinculados à execução da obra.

§ 1º A impenhorabilidade não é oponível à execução de dívida relativa ao próprio bem, inclusive àquela contraída para sua aquisição.

§ 2º O disposto nos incisos IV e X do *caput* não se aplica à hipótese de penhora para pagamento de prestação alimentícia, independentemente de sua origem, bem como às importâncias excedentes a 50 (cinquenta) salários mínimos mensais, devendo a constrição observar o disposto no art. 528, § 8º, e no art. 529, § 3º.

§ 3º Incluem-se na impenhorabilidade prevista no inciso V do *caput* os equipamentos, os implementos e as máquinas agrícolas pertencentes a pessoa física ou a empresa individual produtora rural, exceto quando tais bens tenham sido objeto de financiamento e estejam vinculados em garantia a negócio jurídico ou quando respondam por dívida de natureza alimentar, trabalhista ou previdenciária.

CPC/1973

Art. 649.

REFERÊNCIA LEGISLATIVA

CF, art. 5º, XXVI (pequena propriedade rural).

CPC/2015, arts. 533, § 1º (capital destinado a garantir obrigação alimentar); 835 (penhora; ordem de preferência); 854 (penhora *on-line*).

Lei nº 8.009, de 29.03.1990 (Bem de Família – ver Legislação Especial), arts. 1º e 2º.

Lei n.º 8.036/1990 (dispõe sobre o FGTS), art. 2º, § 2º (as contas vinculadas em nome dos trabalhadores são absolutamente impenhoráveis).

Lei nº 8.929, de 22.08.1994 (bens vinculados a cédula de produto rural).

Lei n.º 9.069/1995 (dispõe sobre o Plano Real), art. 69 (os depósitos das instituições financeiras bancárias mantidos no Banco Central do Brasil e contabilizados na conta Reservas Bancárias são impenhoráveis).

Lei nº 9.610, de 19.02.1998, art. 76 (direitos autorais).

Lei nº 13.986/2020 (institui o Fundo Garantidor Solidário (FGS), dispõe sobre o patrimônio rural em afetação de propriedades rurais, a Cédula Imobiliária Rural (CRI), a escrituração de títulos de crédito e a concessão de subvenção econômica para empresas cerealistas).

Decreto-lei nº 167/1967 (Cédula de Crédito Rural), art. 69.

Decreto-lei nº 73/1966 (dispõe sobre o Sistema Nacional de Seguros privados), art. 85 (bens garantidores das reservas técnicas, fundos e previsões).

SÚMULAS

Súmulas do STJ:

nº 205: "A Lei 8.009/90 aplica-se à penhora realizada antes de sua vigência".

nº 328: "Na execução contra instituição financeira, é penhorável o numerário disponível, excluídas as reservas bancárias mantidas no Banco Central".

nº 364: "O conceito de impenhorabilidade de bem de família abrange também o imóvel pertencente a pessoas solteiras, separadas e viúvas".

nº 417: "Na execução civil, a penhora de dinheiro na ordem de nomeação de bens não tem caráter absoluto".

nº 449: "A vaga de garagem que possui matrícula própria no registro de imóveis não constitui bem de família para efeito de penhora".

nº 451: "É legítima a penhora da sede do estabelecimento comercial".

nº 486: "É impenhorável o único imóvel residencial que esteja locado a terceiro, desde que a renda obtida com a locação seja revertida para subsistência ou moradia da família".

nº 549: "É válida a penhora de bem de família pertencente a fiador de contrato de locação".

CJF – JORNADAS DE DIREITO PROCESSUAL CIVIL

I JORNADA

Enunciado 105 – As hipóteses de penhora do art. 833, § 2º, do CPC aplicam-se ao cumprimento de sentença ou à execução de título extrajudicial relativo a honorários advocatícios, em razão de sua natureza alimentar.

II JORNADA

Enunciado 152 – O pacto de impenhorabilidade (arts. 190, 200 e 833, I) produz efeitos entre as partes, não alcançando terceiros.

Enunciado 153 – A penhorabilidade dos bens, observados os critérios do art. 190 do CPC, pode ser objeto de convenção processual das partes.

BREVES COMENTÁRIOS

Não pode a execução ser utilizada como instrumento para causar a ruína, a fome e o desabrigo do devedor e sua família, gerando situações incompatíveis com a dignidade da pessoa humana. Nesse sentido, o art. 833 do atual Código de Processo Civil enumera vários casos de bens patrimoniais disponíveis que são impenhoráveis, como os vestuários e pertences de uso pessoal, os vencimentos e salários, os livros, máquinas, utensílios e ferramentas necessários ao exercício da profissão, as pensões e montepios, o seguro de vida etc.

Fora do rol do art. 833, a jurisprudência considera também impenhoráveis, entre outros:

a) elevador de edifício em condomínio;

b) bens e direitos incessíveis;

c) bens imóveis vendidos ou financiados por instituição previdenciária;

d) direitos de ocupação de imóvel de propriedade da União;

e) bens de autarquia;

f) direitos do executado oriundos de reclamação trabalhista.

JURISPRUDÊNCIA SELECIONADA

1. Pacto de impenhorabilidade. Limitação às partes (inciso I). "O pacto de impenhorabilidade previsto no art. 649, I, do CPC/1973 está limitado às partes que o convencionaram, não podendo envolver terceiros que não anuíram, salvo exceções previstas em lei. Na hipótese, o pacto de impenhorabilidade de título patrimonial, contido explicitamente em estatuto social do clube desportivo (art. 4º, § 1º), não pode ser oposto contra o exequente/credor não sócio". (STJ, REsp 1475745/RJ, Rel. Min. Ricardo Villas Bôas Cueva, 3ª Turma, jul. 24.04.2018, *DJe* 30.04.2018)

2. Doação. Herdeiros necessários. Antecipação de legítima. Cláusula de inalienabilidade e usufruto. Morte dos doadores (Inciso I). "Controvérsia acerca da possibilidade de cancelamento de cláusula de inalienabilidade instituída pelos pais em relação ao imóvel doado aos filhos. A doação do genitor para os filhos e a instituição de cláusula de inalienabilidade, por representar adiantamento de legítima, deve ser interpretada na linha do que prescreve o art. 1.848 do CCB, exigindo-se justa causa notadamente para a instituição da restrição ao direito de propriedade. Possibilidade de cancelamento da cláusula de inalienabilidade após a morte dos doadores, passadas quase duas décadas do ato de liberalidade, em face da ausência de justa causa para a sua manutenção. Interpretação do art. 1.848 do Código Civil à luz do princípio da função social da propriedade." (STJ, REsp 1631278/PR, Rel. Min. Paulo de Tarso Sanseverino, 3ª Turma, jul. 19.03.2019, *DJe* 29.03.2019)

3. Imóvel gravado com cláusulas de usufruto vitalício, inalienabilidade e incomunicabilidade. "O propósito recursal é dizer sobre a possibilidade de penhora de imóvel gravado com cláusulas de usufruto vitalício, inalienabilidade e incomunicabilidade. A nua-propriedade pode ser objeto de penhora e alienação em hasta pública, ficando ressalvado o direito real de usufruto, inclusive após a arrematação ou a adjudicação, até que haja sua extinção. **A cláusula de inalienabilidade vitalícia implica a impenhorabilidade e a incomunicabilidade do bem (art. 1.911 do CC/02) e tem vigência enquanto viver o beneficiário**" (STJ, REsp 1712097/RS, Rel. Min. Nancy Andrighi, 3ª Turma, jul. 22.03.2018, *DJe* 13.04.2018).

Cláusula de impenhorabilidade e inalienabilidade (inciso I). "Os bens deixados em herança, ainda que gravados com cláusula de inalienabilidade ou de impenhorabilidade, respondem pelas dívidas do morto. Por força do art. 1.676 do Código Civil de 1916, as dívidas dos herdeiros não serão pagas com os bens que lhes foram transmitidos em herança, quando gravados com cláusulas de inalienabilidade e impenhorabilidade, por disposição de última vontade. Tais bens respondem, entretanto, pelas dívidas contraídas pelo autor da herança. A cláusula testamentária de inalienabilidade não impede a penhora em execução contra o espólio" (STJ, REsp 998.031/SP, Rel. Min. Humberto Gomes de Barros, 3ª Turma, jul. 11.12.2007, *DJ* 19.12.2007).

"A cláusula de inalienabilidade vitalícia tem vigência enquanto viver o beneficiário, passando livres e desembaraçados aos seus herdeiros os bens objeto da restrição" (STJ, REsp 1.101.702/RS, Rel. Min. Nancy Andrighi, 3ª Turma, jul. 22.09.2009, *DJe* 09.10.2009).

Despesas condominiais. "O imóvel, **ainda que gravado com a cláusula de inalienabilidade**, está sujeito à penhora na execução de crédito resultante da falta de pagamento de quotas condominiais. Recurso especial não conhecido" (STJ, REsp

209.046/RJ, Rel. Min. Ari Pargendler, 3ª Turma, jul. 08.11.2002, *DJ* 16.12.2002).

"O gravame da impenhorabilidade pode ser instituído **independentemente da cláusula de inalienabilidade.** O donatário não estará impedido de alienar, mas o bem ficará a salvo de penhoras" (STJ, REsp 226.142/MG, Rel. Min. Barros Monteiro, 4ª Turma, jul. 02.03.2000, *DJ* 29.05.2000).

Usufruto. Ver jurisprudência do art. 834 do CPC/2015.

Renúncia ao benefício da impenhorabilidade absoluta. Impossibilidade. "Inobstante a indicação do bem pelo próprio devedor, não há que se falar em renúncia ao benefício de impenhorabilidade absoluta, constante do artigo 649 do CPC [art. 833 do CPC/2015]. A *ratio essendi* do artigo 649 do CPC decorre da necessidade de proteção a certos valores universais considerados de maior importância, quais sejam o direito à vida, ao trabalho, à sobrevivência, à proteção à família. Trata-se de defesa de direito fundamental da pessoa humana, insculpida em norma infraconstitucional. Há que ser reconhecida nulidade absoluta da penhora quando esta recai sobre bens absolutamente impenhoráveis" (STJ, REsp 864.962/RS, Rel. Min. Mauro Campbell Marques, 2ª Turma, jul. 04.02.2010, *DJe* 18.02.2010). **No mesmo sentido:** STJ, REsp 262.654/RS, Rel. Min. Sálvio de Figueiredo Teixeira, 4ª Turma, jul. 05.10.2000, *DJ* 20.11.2000.

Indicação de bens impenhoráveis pelo devedor. Perda do benefício. "Os bens inalienáveis são absolutamente impenhoráveis e não podem ser nomeados à penhora pelo devedor, pelo fato de se encontrarem fora do comércio e, portanto, serem indisponíveis. Nas demais hipóteses do artigo 649 do Código de Processo Civil [art. 833 do CPC/2015], o devedor perde o benefício se nomeou o bem à penhora ou deixou de alegar a impenhorabilidade na primeira oportunidade que teve para falar nos autos, ou nos embargos à execução, em razão do poder de dispor de seu patrimônio. A exegese, todavia, não se aplica ao caso de penhora de bem de família (artigos 70 do Código Civil anterior e 1.715 do atual, e Lei nº 8.009/90), pois, na hipótese, a proteção legal não tem por alvo o devedor, mas a entidade familiar, que goza de amparo especial da Carta Magna" (STJ, REsp 351.932/SP, Rel. Min. Nancy Andrighi, Rel. p/ ac. Min. Castro Filho, 3ª Turma., jul. 14.10.2003, *DJ* 09.12.2003, p. 278). **No mesmo sentido:** STJ, REsp 249.009/SP, Rel. Min. Antônio de Pádua Ribeiro, 3ª Turma, jul. 16.08.2001, *DJ* 17.03.2003.

Fraude contra credores. "De acordo com a orientação jurisprudencial que se firmou na 4ª T., se o bem penhorado retorna ao patrimônio do devedor em virtude da procedência de ação pauliana, não tem aplicação a impenhorabilidade preconizada pela Lei n. 8.009/90, sob pena de prestigiar-se a má-fé do devedor. Precedentes: REsps 123.495-MG (*DJ* de 18.12.1998) e 119.208-SP (*DJ* 2.2.1998), ambos da relatoria do eminente Ministro Sálvio de Figueiredo Teixeira. Recurso especial não conhecido (REsp 170.140/SP, 4ª Turma, Rel. Min. Cesar Asfor Rocha, *DJ* de 7.4.1999)" (STJ, REsp 337.222/SP, Rel. Min. Hélio Quaglia Barbosa, 4ª Turma, jul. 18.09.2007, *DJ* 08.10.2007, p. 284; *RDCPC* 51/161). **No mesmo sentido, em relação à fraude à execução:** STJ, AgRg no REsp 1.085.381/SP, Rel. Min. Paulo Gallotti, 6ª Turma, jul. 10.03.2009, *DJe* 30.03.2009.

4. Imóvel oferecido em caução de contrato de locação. "O propósito recursal é definir se imóvel –alegadamente bem de família – oferecido como caução imobiliária em contrato de locação pode ser objeto de penhora. Em se tratando de caução, em contratos de locação, não há que se falar na possibilidade de penhora do imóvel residencial familiar" (STJ, REsp 1873203/SP, Rel. Min. Nancy Andrighi, 3ª Turma, jul. 24.11.2020, *DJe* 01.12.2020).

5. Penhora de arma de fogo. Possibilidade. Bem alienável. Aquisição regulamentada pela Lei n. 10.826/2003. Alienação em hasta pública. Observância das mesmas restrições impostas para a comercialização. "Entre as excepcionais hipóteses de impenhorabilidade descritas no art. 833 do CPC/2015 não se inclui a arma de fogo. O inciso I da norma estabelece de forma geral que são impenhoráveis os bens inalienáveis, mas esse não é o caso das armas e munições, cuja comercialização e aquisição são regulamentadas, com diversas restrições, pela Lei 10.826/2003. A alienação judicial de armas de fogo em procedimentos executivos é prevista pela Portaria 036-DMB, de 9.12.1999, do Ministério da Defesa, que, em seu art. 48, parágrafo único, estabelece: 'A participação em leilões de armas e munições só será permitida às pessoas físicas ou jurídicas, que preencherem os requisitos legais vigentes para arrematarem tais produtos controlados.' Não se incluindo nas excepcionais hipóteses legais de impenhorabilidade, a arma de fogo pode ser penhorada e expropriada, desde que assegurada pelo Juízo da execução a observância das mesmas restrições impostas pela legislação de regência para a sua comercialização e aquisição" (STJ, REsp 1.866.148/RS, Rel. Min. Herman Benjamin, 2ª Turma, jul. 26.05.2020, *DJe* 20.08.2020).

6. Bem pertencente à sociedade empresária. Residência do sócio. "Constrição de imóvel de propriedade de sociedade comercial utilizado como residência dos sócios. Bem de família. Impenhorabilidade reconhecida. [...] A jurisprudência desta egrégia Corte orienta-se no sentido de considerar que é 'impenhorável a residência do casal, ainda que de propriedade de sociedade comercial' (REsp 356.077/MG, Rel. Min. Nancy Andrighi, 3ª Turma, jul. 30.08.2002, *DJ* 14.10.2002, p. 226)." (STJ, EDcl no AREsp 511.486/SC, Rel. Min. Raul Araújo, 4ª Turma, jul. 03.03.2016, *DJe* 10.03.2016). **No mesmo sentido:** STJ, REsp 891.703/RS, Rel. Min. Nancy Andrighi, 3ª Turma, jul. 09.08.2007, *DJ* 27.08.2007, p. 246; STJ, REsp 621.399/RS, Rel. Min. Luiz Fux, 1ª Turma, jul. 19.04.2005, *DJ* 20.02.2006; STJ, REsp 356.077/MG, Rel. Min. Nancy Andrighi, 3ª Turma, jul. 30.08.2002, *DJ* 14.10.2002.

7. Bem de família. Lei n.º 8.009/90. Ver jurisprudência da Lei 8.009/90. "A Lei 8.009/1990 ostenta natureza excepcional, de modo que as exceções à regra geral da impenhorabilidade do bem de família são previstas de forma taxativa, sendo insuscetíveis de interpretação extensiva. Precedentes" (STJ, REsp 1.074.838/SP, Rel. Min. Luis Felipe Salomão, 4ª Turma, jul. 23.10.2012, *DJe* 30.10.2012).

Escopo da norma (*caput*). "O art. 1º da Lei nº 8.009/90 estabelece a impenhorabilidade do 'imóvel residencial do casal, ou da entidade familiar', o que demonstra, claramente, que na expressão 'entidade familiar' o legislador visou proteger a entidade familiar em que não há casal (marido e mulher), mas sim, por exemplo, o pai e os filhos (ou filho), a mãe e os filhos (ou filho); e, logicamente, os irmãos, uma vez que é um absurdo pretender que os irmãos não constituem uma entidade familiar. De feito, os irmãos também formam uma família. Precedentes desta Corte e do STJ" (TRF-1ª Região, AC 1997.01.00.039906-5/BA, Rel. Juiz Conv. Leão Aparecido Alves, 3ª Turma, DJ 05.09.2002). No mesmo sentido: STJ, REsp 859.937/SP, Rel. Min. Luiz Fux, 1ª Turma, jul. 04.12.2007, DJ 28.02.2008.

Matéria de ordem pública. "A impenhorabilidade do bem de família é matéria de ordem pública que não pode, nem mesmo, ser objeto de renúncia por parte do devedor executado, já que o interesse tutelado pelo ordenamento jurídico não é do devedor, mas da entidade familiar, que detém, com a Carta Política de 1988, estatura constitucional. Precedentes. Ausência de contrariedade ao art. 512 do CPC" (STJ, REsp 1.059.805/RS, Rel. Min. Castro Meira, 2ª Turma, jul. 26.08.2008, *DJe* 02.10.2008). **No mesmo sentido:** REsp 1.115.265/RS, Rel. Min. Sidnei Beneti, 3ª Turma, jul. 24.04.2012, *DJe* 10.05.2012; STJ, AgRg no AREsp 252.286/PR, Rel. Min. Luis Felipe Salomão, 4ª Turma, jul. 07.02.2013, *DJe* 20.02.2013. **Em sentido contrário: Alienação fiduciária.**

Transmissão condicional da propriedade. Bem de família dado em garantia. Validade da garantia. Vedação ao comportamento contraditório. "Sendo a alienante pessoa dotada de capacidade civil, que livremente optou por dar seu único imóvel, residencial, em garantia a um contrato de mútuo favorecedor de pessoa diversa, empresa jurídica da qual é única sócia, não se admite a proteção irrestrita do bem de família se esse amparo significar o alijamento da garantia após o inadimplemento do débito, contrariando a ética e a boa-fé, indispensáveis em todas as relações negociais" (STJ, REsp 1.559.348/DF, Rel. Min. Luis Felipe Salomão, 4ª Turma, jul. 18.06.2019, *DJe* 05.08.2019). **No mesmo sentido:** STJ, AgInt no REsp 1.823.055/MG, Rel. Min. Maria Isabel Gallotti, 4ª Turma, jul. 11.02.2020, *DJe* 18.02.2020; AgInt no EDcl no AREsp 1.507.594/MR, Rel. Min. Marco Buzzi, 4ª Turma, jul. 30.03.2020, *DJe* 01.04.2020; STJ, EREsp. 1.559.348/DF, Rel. Min. Moura Ribeiro, 2ª Seção, jul. 24.05.2023, *DJe* 06.06.2023.

Matéria de ordem pública. Não ocorre preclusão consumativa. "A impenhorabilidade do bem de família constitui matéria e questão de ordem pública mandatória, cognoscível a qualquer tempo e graus de jurisdição, de ofício ou mediante provocação. Não ocorre a preclusão consumativa sobre decisão ou ato judicial de que resulte violação a preceito normativo mandamental cogente, indisponível à vontade nas esferas pública e privada" (TJRS, Agravo 70084931013, Rel. Des. Aymoré Roque Pottes de Mello, 11ª Câmara Cível, jul. 19.02.2021, *DJe* 03.03.2021).

"'Quando não há alegação, tampouco decisão anterior, a impenhorabilidade do bem de família é matéria de ordem pública, dela podendo conhecer o juízo a qualquer momento, antes da arrematação do imóvel' (REsp 981.532/RJ, Relator Ministro Luis Felipe Salomão, Quarta Turma, julgado em 07/08/2012, *DJe* 29/08/2012)" (STJ, AgInt no AREsp 377.850/SP, Rel. Min. Antonio Carlos Ferreira, 4ª Turma, jul. 30.08.2018, *DJe* 05.09.2018).

Mas "o filho tem legitimidade para suscitar em embargos de terceiro a impenhorabilidade do bem de família em que reside. Contudo, tal ação não pode ser usada para, por via transversa, modificar decisão judicial que já rechaçou a impenhorabilidade do referido bem, proferida em demanda que envolve os próprios proprietários" (STJ, AgInt no REsp 2.104.283/SP, Rel. Min. Humberto Martins, 3ª Turma, jul. 04.03.2024, *DJe* 06.03.2024).

Direito de crédito e o direito de moradia. "'A natureza jurídica do instituto bem de família é de afetação de um bem que seja meio idôneo a atender as necessidades de moradia de uma determinada família. Ao longo do tempo, tem existido incerteza relacionada à amplitude objetiva desta afetação, sendo que, hodiernamente, a afetação do bem de família quebrou grilhões para abranger, além dos bens imóveis, os valores mobiliários.' (Couto Filho. *in Dívidas Condominiais e Bem de Família no Sistema Jurídico Brasileiro*, Rio de Janeiro: Lumen Juris, 2005). Desta forma, deve ser dada maior amplitude possível à proteção consignada na Lei n. 8.009/90, que decorre do direito constitucional à moradia estabelecido no *caput* do art. 6º da Constituição Federal de 1988. **Não se há falar em exclusão do direito de crédito, mas apenas, e tão somente, compatibilização entre aquele direito e o direito à moradia**" (STJ, REsp 1.134.427/SP, Rel. Min. Humberto Martins, 2ª Turma, jul. 22.06.2010, *DJe* 01.07.2010).

Execução fiscal. Único bem de família. Impenhorabilidade absoluta. "Em se tratando de único bem de família, o imóvel familiar é revestido de impenhorabilidade absoluta, consoante a Lei 8.009/1990, tendo em vista a proteção à moradia conferida pela CF; segundo a jurisprudência desta Corte, não há fraude à execução na alienação de bem impenhorável, tendo em vista que o bem de família jamais será expropriado para satisfazer a execução, não tendo o exequente qualquer interesse jurídico em ter a venda considerada ineficaz" (STJ, AgRg no AREsp 255.799/RS, Rel. Min. Napoleão Nunes Maia Filho, 1ª Turma, jul. 17.09.2013, *DJe* 27.09.2013).

Execução fiscal. Imóvel de propriedade de pessoa jurídica. Núcleo familiar. Conceito de bem de família. Fins sociais da lei. Genitora que detém a posse do imóvel por lá residir. Flexibilização. "Dessume-se que os embargos de terceiro visam resguardar, de futura penhora, o bem cuja titularidade fora transferido para a propriedade da P.R.J. Participações Empreendimentos Ltda. no ano de 2007 e tenha se tornado indisponível por força de 'liminar deferida nos autos da AC 0190382-82.2017.4.02.5101 com base em extensa prova documental e fortes indícios de formação de grupo econômico de fato para realização de fraudes tributárias', considerando que a Terceira Interessada afirma não possuir qualquer outro imóvel, mas apenas deter a posse do imóvel por lá residir. (...) Enfim, a Lei 8.009/1990, estabelecida tendo em vista proteção à dignidade da pessoa humana, é norma cogente, que contém princípio de ordem pública, não se admitindo, assim, interpretações extensivas às exceções à garantia legal da impenhorabilidade. Assim, entendo que a simples comprovação de que o imóvel constitui moradia é suficiente para lhe conferir a proteção legal. A confusão entre a moradia da entidade familiar com o local de funcionamento da empresa não constitui requisito para o reconhecimento da proteção do imóvel" (STJ, AgInt no AREsp 2.360.631/RJ, Rel. Min. Herman Benjamin, 2ª Turma, jul. 08.04.2024, *DJe* 02.05.2024).

Exceção à impenhorabilidade. Débito de natureza tributária deve ser proveniente do próprio imóvel que se pretende penhorar. "Não obstante, para a aplicação da exceção à impenhorabilidade do bem de família prevista no aludido dispositivo legal é preciso que o débito de natureza tributária seja proveniente do próprio imóvel que se pretende penhorar. Em outras palavras, era preciso que os débitos de IPTU, no caso em julgamento, fossem do próprio imóvel penhorado, agora pertencente ao recorrente. Na hipótese, contudo, o imóvel penhorado foi aquele repassado pelos recorridos ao recorrente, o qual não tinha qualquer débito tributário. Ademais, o débito referente ao IPTU do imóvel repassado pelo recorrente foi integralmente quitado pelos recorridos (autores), razão pela qual não se está cobrando 'impostos, predial ou territorial, taxas e contribuições devidas', mas, sim, o reembolso dos valores pagos pelos autores em função do não cumprimento de cláusula contratual pelo recorrente, a qual estabelecia que a permuta dos imóveis deveria ser efetivada sem qualquer pendência fiscal. Dessa forma, constata-se que a exceção à impenhorabilidade do bem de família disposta no art. 3º, inciso IV, da Lei n. 8.009/1990 não se amolda ao caso em julgamento, razão pela qual o acórdão recorrido deve ser reformado para afastar a respectiva penhora do imóvel" (STJ, REsp 1.332.071/SP, Rel. Min. Marco Aurélio Bellizze, 3ª Turma, jul. 18.02.2020, *DJe* 20.02.2020).

Dívida decorrente de contrato de prestação de serviços de reforma residencial. Penhora. Possibilidade. "As regras que estabelecem hipóteses de impenhorabilidade não são absolutas. O próprio art. 3º da Lei nº 8.009/90 prevê uma série de exceções à impenhorabilidade, entre as quais está a hipótese em que a ação é movida para cobrança de crédito decorrente de financiamento destinado à construção ou à aquisição do imóvel, no limite dos créditos e acréscimos constituídos em função do respectivo contrato (inciso II). Da exegese do comando do art. 3º, II, da Lei nº 8.009/90, fica evidente que a finalidade da norma foi coibir que o devedor se escude na impenhorabilidade do bem de família para obstar a cobrança de dívida contraída para aquisição, construção ou reforma do próprio imóvel, ou seja, de débito derivado de negócio jurídico envolvendo o próprio bem. Portanto, a dívida relativa a serviços de reforma residencial se enquadra na referida exceção. É nítida a preocupação do legislador no sentido de impedir a deturpação do benefício legal, vindo a ser utilizado como artifício para viabilizar a aquisição, melhoramento, uso, gozo e/ou disposição do bem de família sem nenhuma contrapartida, à custa de terceiros" (STJ, REsp 2.082.860/RS, Rel. Min. Nancy Andrighi, 3ª Turma, jul. 06.02.2024, *DJe* 27.02.2024).

Imóvel comercial. "O STJ pacificou a orientação de que não descaracteriza automaticamente o instituto do bem de família, previsto na Lei 8.009/1990, a constatação de que o grupo familiar não reside no único imóvel de sua propriedade. Precedentes: AgRg no REsp 404.742/RS, Rel. Ministro Herman Benjamin, Segunda Turma, *DJe* 19/12/2008 e AgRg no REsp 1.018.814/SP, Rel. Ministro Castro Meira, Segunda Turma, *DJe* 28/11/2008. A Segunda Turma também possui entendimento de que o aluguel do único imóvel do casal não o desconfigura como bem de família. Precedente: REsp 855.543/DF, Rel. Ministra Eliana Calmon, Segunda Turma, *DJ* 03/10/2006. Em outra oportunidade, manifestei o meu entendimento da impossibilidade de penhora de dinheiro aplicado em poupança, por se verificar sua vinculação ao financiamento para aquisição de imóvel residencial. Adaptado o julgamento à questão presente, verifico que o Tribunal de origem concluiu estar o imóvel comercial diretamente vinculado ao pagamento da locação do imóvel residencial, tornando-o impenhorável" (STJ, REsp 1.616.475/PE, Rel. Min. Herman Benjamin, 2ª Turma, jul. 15.09.2016, *DJe* 11.10.2016).

Imóvel desocupado. "A jurisprudência do STJ firmou-se no sentido de que o fato de a entidade familiar não utilizar o único imóvel como residência não o descaracteriza automaticamente, sendo suficiente à proteção legal que seja utilizado em proveito da família, como a locação para garantir a subsistência da entidade familiar. Neste processo, todavia, o único imóvel do devedor encontra-se desocupado e, portanto, não há como conceder a esse a proteção legal da impenhorabilidade do bem de família, nos termos do art. 1º da Lei 8.009/90, pois não se destina a garantir a moradia familiar ou a subsistência da família" (STJ, REsp 1.005.546/SP, Rel. Min. Sidnei Beneti, Rel. p/ Acórdão Min. Nancy Andrighi, 3ª Turma, jul. 26.10.2010, *DJe* 03.02.2011).

Cônjuge separado judicialmente. "Devedor separado judicialmente que mora sozinho. Com a separação judicial, cada ex-cônjuge constitui uma nova entidade familiar, passando a ser sujeito da proteção jurídica prevista na Lei nº 8.009, de 29.03.90" (STJ, REsp 218.377/ES, Rel. Min. Barros Monteiro, 4ª Turma, jul. 20.06.2000, *DJ* 11.09.2000). No mesmo sentido: STJ, REsp 205.170/SP, Rel. Min. Gilson Dipp, 5ª Turma, jul. 07.12.1999, *DJ* 07.02.2000.

Dívida contraída entre os ex-conviventes pela fruição exclusiva do imóvel que servia de moradia ao casal após a dissolução do vínculo convivencial. Dívida de natureza locatícia. Obrigação *propter rem*. Impenhorabilidade do bem de família afastada. "É admissível a penhora de imóvel, em regime de copropriedade, quando é utilizado com exclusividade, como moradia pela família de um dos coproprietários, o qual foi condenado a pagar alugueres devidos em favor do coproprietário que não usufrui do imóvel, eis que o aluguel por uso exclusivo do bem configura-se como obrigação *propter rem* e, assim, enquadra-se nas exceções previstas no art. 3º, IV, da Lei 8.009/90 para afastar a impenhorabilidade do bem de família. Precedente. Conquanto existam nuances fáticas específicas, em especial o fato de que, na hipótese, discute-se a possibilidade de penhora ou de adjudicação do bem em decorrência de dívida contraída entre ex-conviventes pelo uso exclusivo do imóvel que habitavam ao tempo da união estável, há similitude suficiente para impor a mesma solução jurídica, aplicando-se o princípio segundo o qual onde há a mesma razão de ser, deve prevalecer a mesma razão de decidir. Não é razoável, mantendo a extinção do condomínio que foi pleiteada pela própria recorrente, determinar a alienação do imóvel que até então era protegido como bem de família, mas preservar o produto de sua alienação sob o manto da impenhorabilidade que recaía, especificamente, sobre o imóvel, eis que essa hipótese não está contemplada pela Lei nº 8.009/90. Também não é adequado condicionar a adjudicação do imóvel pelo recorrido ao prévio pagamento de indenização à recorrente, nos moldes do art. 1.322 do CC/2002, quando aquele possui crédito, oriundo da fruição exclusiva do mesmo imóvel, que pode ser satisfeito, total ou parcialmente, com a adjudicação, pois isso equivaleria a onerar excessivamente o credor, subvertendo integralmente a lógica do processo executivo" (STJ, REsp 1.990.495/DF, Rel. Min. Nancy Andrighi, 3ª Turma, jul. 15.08.2023, *DJe* 22.08.2023).

Imóvel em construção. "Se o primitivo bem de família pode ser penhorado para a satisfação de dívida relativa ao próprio bem, o novo bem de família, adquirido com os recursos da alienação do primeiro, também estará sujeito à exceção prevista no inciso II do art. 3º da Lei n. 8.009/90. Muito embora seja certo que a exceção à impenhorabilidade do bem de família prevista no inciso II do art. 3º da Lei n. 8.009/90 transmite-se ao novo bem de família adquirido, é imprescindível que se comprove que este, de fato, foi adquirido com os recursos da venda daquele" (STJ, REsp 1.935.842/PR, Rel. Min. Nancy Andrighi, 3ª Turma, jul. 22.06.2021, *DJe* 25.06.2021).

Construção de imóvel. Débito originário de contrato de empreitada global. Penhora. Possibilidade. "Da exegese comando do art. 3º, II, da Lei nº 8.009/90, fica evidente que a finalidade da norma foi coibir que o devedor se escude na impenhorabilidade do bem de família para obstar a cobrança de dívida contraída para aquisição, construção ou reforma do próprio imóvel, ou seja, de débito derivado de negócio jurídico envolvendo o próprio bem. Portanto, a dívida relativa a contrato de empreitada global, porque viabiliza a construção do imóvel, está abrangida pela exceção prevista no art. 3º, II, da Lei nº 8.009/90" (STJ, REsp 1.976.743/SC, Rel. Min. Nancy Andrighi, 3ª Turma, jul. 08.03.2022, *DJe* 11.03.2022).

Bem de família. Alienação fiduciária de imóvel em garantia. Direitos do devedor fiduciante afetados à aquisição do bem de família. Impenhorabilidade. "A intenção do devedor fiduciante, ao afetar o imóvel ao contrato de alienação fiduciária, não é, ao fim, transferir para o credor fiduciário a propriedade plena do bem, como sucede na compra e venda, senão apenas garantir o adimplemento do contrato de financiamento a que se vincula, visando, desde logo, o retorno das partes ao status quo ante, com a restituição da propriedade plena do bem ao seu patrimônio. Os direitos que o devedor fiduciante possui sobre o contrato de alienação fiduciária de imóvel em garantia estão afetados à aquisição da propriedade plena do bem. E, se este bem for o único imóvel utilizado pelo devedor fiduciante ou por sua família, para moradia permanente, tais direitos estarão igualmente afetados à aquisição de bem de família, razão pela qual, enquanto vigente essa condição, sobre eles deve incidir a garantia da impenhorabilidade à que alude o art. 1º da Lei 8.009/90, ressalvada a hipótese do inciso II do art. 3º da mesma lei. Salvo comprovada má-fé e ressalvado o direito do titular do respectivo crédito, a proteção conferida por lei ao 'imóvel residencial próprio' abrange os direitos do devedor pertinentes a contrato celebrado para a aquisição do bem de família, ficando assim efetivamente resguardado o direito à moradia que o legislador buscou proteger" (STJ, REsp 1629861/DF, Relª. Minª. Nancy Andrighi, 3ª Turma, jul. 06.08.2019, *DJe* 08.08.2019).

Alienação fiduciária de bem imóvel reconhecido como bem de família. Possibilidade. Conduta que fere a ética e a boa-fé. "À luz da jurisprudência dominante das Turmas de Direito Privado: (a) a proteção conferida ao bem de família pela Lei n. 8.009/90 não importa em sua inalienabilidade, revelando-se possível a disposição do imóvel pelo proprietário, inclusive no âmbito de alienação fiduciária; e (b) a utilização abusiva de tal direito, com evidente violação do princípio da boa-fé objetiva, não deve ser tolerada, afastando-se o benefício conferido ao titular que exerce o direito em desconformidade com o ordenamento jurídico. Precedentes" (STJ, AgInt nos EDv nos EREsp 1.560.562/SC, Rel. Min. Luis Felipe Salomão, 2ª Seção, jul. 02.06.2020, *DJe* 09.06.2020). No mesmo sentido: STJ, AgInt no AREsp. 1.909.470/PR, Rel. Min. Maria Isabel Gallotti, 4ª Turma, jul. 12.12.2022, *DJe* 16.12.2022; STJ, REsp 1.560.562/SC, Rel. Min. Nancy Andrighi, 3ª Turma, jul. 02.04.2019, *DJe* 04.04.2019; STJ, REsp 1.677.015/SP, Rel. p/ acórdão Nancy Andrighi, 3ª Turma, jul. 28.08.2018, *DJe* 06.09.2018.

Penhora. Bem de família. Dívida contraída em favor de sociedade empresária da qual é sócio o titular do imóvel gravado. Impenhorabilidade reconhecida. Ver jurisprudência do 832 do CPC/2015.

Penhora de fração ideal de bem de família. Bem divisível. Possibilidade. "A jurisprudência do Superior Tribunal de Justiça assenta a possibilidade de penhora de fração ideal de bem de família nas hipóteses legais, desde que o imóvel possa ser desmembrado sem ser descaracterizado" (STJ, AgInt no AREsp 1.655.356/SP, Rel. Min. Ricardo Villas Bôas Cueva, 3ª Turma, jul. 19.04.2021, *DJe* 26.04.2021). No mesmo sentido: STJ, AgInt no REsp 1.663.895/PR, Rel. Min. Marco Buzzi, 4ª Turma, jul. 30.09.2019, *DJe* 07.10.2019; STJ, AgInt no AREsp 1.704.667/SP, Rel. Min. Raul Araújo, 4ª Turma, jul. 22.03.2021, *DJe* 13.04.2021.

Imóveis residenciais de alto padrão ou luxo. Proteção. "Os imóveis residenciais de alto padrão ou de luxo não estão excluídos, em razão do seu valor econômico, da proteção conferida aos bens de família consoante os ditames da Lei nº 8.009/90. A fração de imóvel indivisível pertencente ao executado, protegida pela impenhorabilidade do bem de família, não pode ser penhorada sob pena de desvirtuamento da proteção erigida pela Lei nº 8.009/90. Admite-se, excepcionalmente, a penhora de parte do imóvel quando for possível o seu desmembramento em unidades autônomas, sem descaracterizá-lo, levando em consideração, com razoabilidade, as circunstâncias e peculiaridades do caso. Situação não demonstrada no caso dos autos" (STJ, AgInt no AREsp 1.146.607/SP, Rel. Min. Moura Ribeiro, 3ª Turma, jul. 04.05.2020, *DJe* 07.05.2020). **No mesmo sentido:** STJ, AgInt no AREsp 2.179.277/SP, Rel. Min. Raul Araújo, 4ª Turma, jul. 28.11.2022, *DJe* 07.12.2022.

Bens móveis que guarnecem o bem de família. "É pacífica a jurisprudência deste Tribunal no sentido de que a regra de impenhorabilidade da Lei 8.009/90 alcança não apenas o imóvel residencial da família, mas lança a regra protetiva também sobre os bens móveis que o guarnecem, excetuados aqueles de natureza supérflua ou suntuosos. São impenhoráveis, portanto, a lavadora e a secadora de roupas, bem como os aparelhos de ar-condicionado que guarnecem a residência" (STJ, REsp 658.841/RS, Min. Rel. Nancy Andrighi, jul. 13.11.2007, *DJ* 27.11.2007). No mesmo sentido: STJ, REsp 299.392/RS, Rel. Min. Gilson Dipp, 5ª Turma, jul. 20.03.2001, *DJ* 09.04.2001; STJ, REsp 141.160/SP, Rel. Min. Demócrito Reinaldo, 1ª Turma, *DJ* 20.10.1997; STJ, REsp 260.502/RS, Rel. Min. Peçanha Martins, 2ª Turma, *DJ* 18.11.2002. STJ, REsp 1.700.639/SP, Rel.ª Min.ª Nancy Andrighi, decisão monocrática, *DJe* 05.12.2017.

Bem de família dado em garantia de contrato diverso do que ensejou a execução. Impenhorabilidade afastada. Impossibilidade. "A impenhorabilidade do bem de família decorre dos direitos fundamentais à dignidade da pessoa humana e à moradia, de forma que as exceções previstas na legislação não comportam interpretação extensiva. Tratando-se de execução proposta por credor diverso daquele em favor do qual fora outorgada a hipoteca, é inadmissível a penhora do bem imóvel destinado à residência do devedor e de sua família, não incidindo a regra de exceção do artigo 3º, inciso V, da Lei nº 8.009/90" (STJ, REsp 1.604.422/MG, Rel. Min. Paulo de Tarso Sanseverino, 3ª Turma, jul. 24.08.2021, *DJe* 27.08.2021).

Contrato de mútuo com cláusula de alienação fiduciária. Imóvel indicado como garantia. Proteção do bem de família. Descabimento. "Nada obstante, à luz da jurisprudência dominante das Turmas de Direito Privado: (a) a proteção conferida ao bem de família pela Lei n. 8.009/90 não importa em sua inalienabilidade, revelando-se possível a disposição do imóvel pelo proprietário, inclusive no âmbito de alienação fiduciária; e (b) a utilização abusiva de tal direito, com evidente violação do princípio da boa-fé objetiva, não deve ser tolerada, afastando-se o benefício conferido ao titular que exerce o direito em desconformidade com o ordenamento jurídico" (STJ, REsp 1.595.832/SC, Rel. Min. Luis Felipe Salomão, 4ª Turma, jul. 29.10.2019, *DJe* 04.02.2020).

Impenhorabilidade. Interpretação restritiva. "Conforme entendimento desta Corte, o escopo da Lei nº 8.009/90 não é proteger o devedor contra suas dívidas, mas sim a entidade familiar no seu conceito mais amplo, razão pela qual as hipóteses permissivas da penhora do bem de família, em virtude do seu caráter excepcional, devem receber interpretação restritiva, não havendo que se falar em possibilidade de incidência da exceção à impenhorabilidade de bem de família do fiador ao devedor solidário" (STJ, AgInt no AREsp. 2.118.730/PR, Rel. Min. Marco Buzzi, 4ª Turma, jul. 14.11.2022, *DJe* 21.11.2022).

Desconsideração da personalidade jurídica. "A desconsideração da personalidade jurídica, por si só, não afasta a impenhorabilidade do bem de família, salvo se os atos que ensejaram a *disregard* também se ajustarem às exceções legais. Essas devem ser interpretadas restritivamente, não se podendo, por analogia ou esforço hermenêutico, apanhar situações não previstas em lei, de modo a superar a proteção conferida à entidade familiar" (STJ, REsp 1.433.636/SP, Rel. Min. Luis Felipe Salomão, 4ª Turma, jul. 02.10.2014, *DJe* 15.10.2014).

Desconsideração positiva da personalidade jurídica para proteção de bem de família. "A autonomia patrimonial da sociedade, princípio basilar do direito societário, configura via de mão dupla, de modo a proteger, nos termos da legislação de regência, o patrimônio dos sócios e da própria pessoa jurídica (e seus eventuais credores). (...) A desconsideração parcial da personalidade da empresa proprietária para a subtração do imóvel de moradia do sócio do patrimônio social apto a responder pelas obrigações sociais deve ocorrer em situações particulares, quando evidenciada confusão entre o patrimônio da empresa familiar e o patrimônio pessoal dos sócios. Impõe-se também a demonstração da boa-fé do sócio morador, que se infere de circunstâncias a serem aferidas caso a caso, como ser o imóvel de residência habitual da família, desde antes do vencimento da dívida. Havendo desconsideração da personalidade em proveito de sócio morador de imóvel de titularidade da sociedade, haverá, na prática, desfalque do patrimônio social garantidor do cumprimento das obrigações da pessoa jurídica e, portanto, sendo a desconsideração via de mão dupla, poderão ser executados bens pessoais dos sócios até o limite do valor de mercado do bem subtraído à execução, independentemente do preenchimento de requisitos como má-fé e desvio de finalidade previstos no *caput* do art. 50 do Código Civil. A confusão patrimonial entre a sociedade familiar e o sócio morador, base para o benefício, será igualmente o fundamento para a eventual excussão de bens particulares dos sócios" (STJ, REsp 1.514.567/SP, Rel. Min. Maria Isabel Gallotti, 4ª Turma, jul. 14.03.2023, *DJe* 24.04.2023).

Fiança. "O Supremo Tribunal Federal, no julgamento do RE 407.688, assentou que 'a penhorabilidade do bem de família do fiador do contrato de locação, objeto do art. 3º, inc. VII, da Lei nº 8.009, de 23 de março de 1990, com a redação da Lei nº 8.245, de 15 de outubro de 1991, não ofende o art. 6º da Constituição da República'" (STJ, AgRg no Ag 705.169/RJ, Rel. Min. Maria Thereza de Assis Moura, 6ª Turma, jul. 01.09.2009, *DJe* 21.09.2009).

Fiança. Dívida decorrente de contrato de locação de imóvel comercial. "Dívida decorrente de contrato de locação de imóvel comercial. Penhora de bem de família do fiador.

incompatibilidade com o direito à moradia e com o princípio da isonomia. Premissas fáticas distintivas impedem a submissão do caso concreto, que envolve contrato de locação comercial, às mesmas balizas que orientaram a decisão proferida, por esta Suprema Corte, ao exame do tema nº 295 da repercussão geral, restrita aquela à análise da constitucionalidade da penhora do bem de família do fiador em contrato de locação residencial" (RE 605.709, Rel. p/ Acórdão Min. Rosa Weber, 1ª Turma, jul. 12.06.2018, *DJe* 18.02.2019).

Fiança. "O STF entende que o art. 3º, VII, da Lei nº 8.099/1990, ao tratar da garantia qualificada, não fez nenhuma diferenciação quanto à natureza do contrato de locação, dessa forma independe se a garantia é residencial ou comercial (RE 612.360-RG, Rel. Min. Ellen Gracie). Ademais, a Primeira Turma do STF, no julgamento do RE 1.223.843-ED, Rel. Min. Alexandre de Moraes, decidiu que o julgado proferido no RE 605.709/SP, em que foi afastada a penhorabilidade do bem de família de fiador em contrato de locação comercial, trata-se de posição isolada desta Corte, motivo pelo qual não se sobrepõe ao precedente formado pelo Tribunal Pleno sob a sistemática da repercussão geral" (STF, RE 1.260.497 AgR-ED, Rel. Min. Roberto Barroso, 1ª Turma, jul. 22.06.2020, *DJe* 06.07.2020).

Imóvel adquirido no curso da execução. Obrigações preexistentes à aquisição do bem. Impenhorabilidade. "Para o bem de família instituído nos moldes da Lei n. 8.009/1990, a proteção conferida pelo instituto alcançará todas as obrigações do devedor indistintamente, ainda que o imóvel tenha sido adquirido no curso de uma demanda executiva. Por sua vez, a impenhorabilidade convencional é relativa, uma vez que o imóvel apenas estará protegido da execução por dívidas subsequentes à sua constituição, não servindo às obrigações existentes no momento de seu gravame" (STJ, REsp 1.792.265/SP, Rel. Min. Luis Felipe Salomão, 4ª Turma, jul. 14.12.2021, *DJe* 14.03.2022).

"Nos termos da jurisprudência desta Corte: 'A aquisição de imóvel para moradia permanente da família, independentemente da pendência de ação executiva, sem que tenha havido alienação ou oneração de outros bens, não implica fraude à execução. O benefício da impenhorabilidade aos bens de família pode ser concedido ainda que o imóvel tenha sido adquirido no curso da demanda executiva, salvo na hipótese do art. 4º da Lei n. 8.009/90' (REsp 573.018/PR, Relator Ministro Cesar Asfor Rocha, Quarta Turma, julgado em 9/12/2003, *DJ* de 14/6/2004, p. 235). No caso, o Eg. Tribunal Justiça, em sintonia com a jurisprudência do STJ, reconheceu a impenhorabilidade do bem de família da parte ora agravada, rechaçando a alegação do credor de incidência da exceção prevista no art. 4º, *caput*, da Lei 8.009/90, pelo fato de o bem ter sido adquirido pela devedora no curso da demanda executiva" (STJ, AgInt nos EDcl no AREsp. 2.182.745/BA, Rel. Min. Raul Araújo, 4ª Turma, jul. 18.04.2023, *DJe* 25.04.2023).

Cédula rural hipotecária. Penhorabilidade. "A possibilidade de penhora do bem de família hipotecado só é admissível quando a garantia foi prestada em benefício da própria entidade familiar, e não para assegurar empréstimo obtido por terceiro. Precedentes' (AgRg nos EDcl nos EDcl no AREsp 429.435/RS, Rel. Ministro Raul Araújo, Quarta Turma, julgado em 12/08/2014, *DJe* de 1º/09/2014). No caso, a hipoteca foi prestada para garantir cédula rural hipotecária cujo pagamento não foi adimplido pelos agravantes, ficando, portanto, configurada a hipótese excepcional de penhorabilidade do imóvel hipotecado. Incidência da Súmula 83/STJ" (STJ, AgInt no AREsp 1.551.138/SP, Rel. Min. Raul Araújo, 4ª Turma, jul. 18.02.2020, *DJe* 13.03.2020).

Despesas condominiais. "O bem residencial da família é penhorável para atender às despesas comuns de condomínio, que gozam de prevalência sobre interesses individuais de um condômino, nos termos da ressalva inserta na Lei n. 8.009/1990 (art. 3º, IV)". (STJ, REsp 1.473.484/RS, Rel. Min. Luis Felipe Salomão, 4ª Turma, jul. 21.06.2018, *DJe* 23.08.2018).

Propriedade de mais de um imóvel. "A jurisprudência deste Tribunal é firme no sentido de que a Lei nº 8.009/1990 não retira o benefício do bem de família daqueles que possuem mais de um imóvel. O parágrafo único do artigo 5º da Lei nº 8.009/1990 dispõe expressamente que a **impenhorabilidade recairá sobre o bem de menor valor na hipótese em que a parte possuir vários imóveis utilizados como residência**, o que não ficou demonstrado nos autos" (STJ, REsp 1.608.415/SP, Rel. Min. Ricardo Villas Bôas Cueva, 3ª Turma, jul. 02.08.2016, *DJe* 09.08.2016).

Alienação após a constituição do crédito tributário. Impenhorabilidade. Manutenção. Fraude. Inexistência. "Ambas as Turmas da Primeira Seção desta Corte Superior adotam a orientação segundo a qual a alienação de imóvel que sirva de residência do executado e de sua família após a constituição do crédito tributário não afasta a cláusula de impenhorabilidade do bem, razão pela qual resta descaracterizada a fraude à execução fiscal. Precedentes" (STJ, AgInt no AREsp. 2.174.427/RJ, Rel. Min. Gurgel de Faria, 1ª Turma, jul. 18.09.2023, *DJe* 20.09. 2023).

Penhora. Imóvel residencial. Acervo hereditário. Único bem. Impenhorabilidade. "A proteção instituída pela Lei nº 8.009/1990 impede a penhora sobre direitos hereditários no rosto do inventário do único bem de família que compõe o acervo sucessório. A garantia constitucional de moradia realiza o princípio da dignidade da pessoa humana (arts. 1º, III, e 6º da Constituição Federal). A morte do devedor não faz cessar automaticamente a impenhorabilidade do imóvel caracterizado como bem de família nem o torna apto a ser penhorado para garantir pagamento futuro de seus credores" (STJ, REsp 1.271.277/MG, Rel. Min. Ricardo Villas Bôas Cueva, 3ª Turma, jul. 15.03.2016, *DJe* 28.03.2016).

Imóvel locado a terceiros. "Nos termos do entendimento adotado por esta Corte, a impenhorabilidade do bem de família, prevista no art. 1º da Lei 8.009/90, estende-se ao único imóvel do devedor, ainda que este se encontre locado a terceiros, por gerar frutos que possibilitam à família constituir moradia em outro bem alugado ou mesmo para garantir a sua subsistência. Incidência das Súmulas 7 e 83/STJ" (STJ, AgInt no AREsp 1.607.647/MG, Rel. Min. Marco Buzzi, 4ª Turma, jul. 20.04.2020, *DJe* 27.04.2020).

Vaga de garagem autônoma. "A jurisprudência desta Corte se firmou no sentido de ser perfeitamente possível a penhora de vaga de garagem autônoma, mesmo que relacionada à bem de família, quando possui registro e matrícula próprios. Precedentes. Incidência da Súmula 83/STJ" (STJ, AgRg no AREsp 830.046/SC, Rel. Min. Marco Buzzi, 4ª Turma, jul. 19.09.2017, *DJe* 28.09.2017).

Bem imóvel reconhecido como bem de família dado em garantia do cumprimento de acordo homologado judicialmente. Possibilidade. "O propósito recursal é dizer se é válido o oferecimento de bem de família como garantia ao cumprimento de acordo pactuado e homologado judicialmente nos autos de ação de execução por quantia certa. A questão da proteção indiscriminada do bem de família ganha novas luzes quando confrontada com condutas que vão de encontro à própria ética e à boa-fé, que devem permear todas as relações negociais. Não pode o devedor ofertar bem em garantia que é sabidamente residência familiar para, posteriormente, vir a informar que tal garantia não encontra respaldo legal, pugnando pela sua exclusão (vedação ao comportamento contraditório). Tem-se, assim, a ponderação da proteção irrestrita ao bem de família, tendo em vista a necessidade de se vedar, também, as atitudes que atentem contra a boa-fé e a eticidade, ínsitas às relações negociais" (STJ, REsp 1.782.227/PR, Rel. Min. Nancy Andrighi, 3ª Turma, jul. 27.08.2019, *DJe* 29.08.2019).

8. Penhora de percentual dos proventos de aposentadoria. Relativização da regra da impenhorabilidade (inciso IV). "Cinge-se a controvérsia a decidir sobre a possibilidade de se determinar o bloqueio em folha de pagamento de 5% (cinco por cento) dos proventos de aposentadoria da recorrida, para o pagamento de honorários advocatícios de sucumbência devidos ao recorrente. Se, de um lado, a garantia da impenhorabilidade constitui-se em uma limitação aos meios executivos, em prol da preservação do mínimo patrimonial indispensável à vida digna do devedor (art. 649, IV, do CPC/73); de outro, o legislador não se olvidou de proteger a dignidade do credor, ao privilegiar a efetividade da tutela jurisdicional quando se tratar de obrigação que envolva o próprio sustento deste (art. 649, § 2º, do CPC/73). O STJ, reconhecendo que os honorários advocatícios, contratuais ou sucumbenciais, têm natureza alimentícia, **admite a possibilidade de penhora de verbas remuneratórias para a satisfação do crédito correspondente.** É possível determinar o desconto em folha de pagamento do devedor para conferir efetividade ao direito do credor de receber a verba alimentar" (STJ, REsp 1.440.495/DF, Rel. Min. Nancy Andrighi, 3ª Turma, jul. 02.02.2017, *DJe* 06.02.2017).

Impenhorabilidade de vencimentos. Dívida não alimentar. Exceção implícita à regra de impenhorabilidade. Penhorabilidade de percentual dos vencimentos. Boa-fé. Mínimo existencial. Dignidade do devedor e de sua família. "Caso em que o executado aufere renda mensal no valor de R$ 33.153,04, havendo sido deferida a penhora de 30% da quantia. A interpretação dos preceitos legais deve ser feita a partir da Constituição da República, que veda a supressão injustificada de qualquer direito fundamental. A impenhorabilidade de salários, vencimentos, proventos etc. tem por fundamento a proteção à dignidade do devedor, com a manutenção do mínimo existencial e de um padrão de vida digno em favor de si e de seus dependentes. Por outro lado, o credor tem direito ao recebimento de tutela jurisdicional capaz de dar efetividade, na medida do possível e do proporcional, a seus direitos materiais. O processo civil em geral, nele incluída a execução civil, é orientado pela boa-fé que deve reger o comportamento dos sujeitos processuais. Embora o executado tenha o direito de não sofrer atos executivos que importem violação à sua dignidade e à de sua família, não lhe é dado abusar dessa diretriz com o fim de impedir injustificadamente a efetivação do direito material do exequente. Só se revela necessária, adequada, proporcional e justificada a impenhorabilidade daquela parte do patrimônio do devedor que seja efetivamente necessária à manutenção de sua dignidade e da de seus dependentes. A regra geral da impenhorabilidade de salários, vencimentos, proventos etc. (art. 649, IV, do CPC/73; art. 833, IV, do CPC/2015), pode ser excepcionada quando for preservado percentual de tais verbas capaz de dar guarida à dignidade do devedor e de sua família" (STJ, EREsp 1.582.475/MG, Rel. Min. Benedito Gonçalves, Corte Especial, jul. 03.10.2018, *DJe* 16.10.2018).

Em sentido contrário: "Consoante entendimento desta Corte, em regra, é incabível a penhora incidente sobre valores recebidos a título de subsídios, soldos, salários, remunerações, proventos de aposentadoria e pensões, entre outras. Precedentes" (STJ, AgInt no REsp 1449354/SP, Rel. Min. Antonio Carlos Ferreira, Quarta Turma, jul. 03.12.2018, *DJe* 13.12.2018). **No mesmo sentido, jurisprudência do CPC/1973, ainda aplicável:** STJ, AgRg no Ag. 1.331.945/MG, Rel. Min. Maria Isabel Gallotti, 4ª Turma, jul. 18.08.2011, *DJe* 25.08.2011.

Pecúlio. Descaracterização. Impenhorabilidade afastada. "A regra prevista no art. 833, IV, do Código de Processo Civil de 2015, na parte que torna impenhoráveis os pecúlios, visa garantir a dignidade e o sustento mínimo daquele que foi previamente designado como beneficiário pelo participante do plano de previdência, não se podendo estender o benefício da impenhorabilidade a pessoa distinta, a quem os valores foram repassados a título diverso. O art. 833, IV, do Código de Processo Civil de 2015 põe a salvo da constrição judicial as quantias recebidas por mera liberalidade de terceiros, desde que destinadas ao sustento mínimo do devedor e de sua família, mas a impenhorabilidade desses valores está limitada ao montante de 40 (quarenta) salários mínimos" (STJ, REsp 1.919.998/PR, Rel. Min. Ricardo Villas Bôas Cueva, 3ª Turma, jul. 25.05.2021, *DJe* 02.06.2021).

Benefício de prestação continuada de assistência social ao idoso (BPC). Limitação dos descontos. "Segundo o entendimento firmado pela 2ª Seção no REsp 1.555.722/SP (*DJe* de 25/09/2018), os descontos de parcelas de empréstimos em conta corrente, ainda que usada para recebimento de salário, são lícitos – desde que autorizados pelo correntista – e não comportam limitação por analogia à hipótese de consignação em folha de pagamento de que trata a Lei 10.820/2003. Hipótese dos autos que, todavia, não trata do recebimento de verbas salariais, mas do Benefício de Prestação Continuada de Assistência Social ao Idoso, que tem por objetivo suprir as necessidades básicas de sobrevivência do beneficiário, dando-lhe condições de enfrentamento à miséria, mediante a concessão de renda mensal equivalente a 1 (um) salário mínimo. Necessário *distinguishing* do caso concreto para acolher o pedido de limitação dos descontos na conta bancária onde recebido o BPC, de modo a não privar o idoso de grande parcela do benefício que, já de início, era integralmente destinado à satisfação do mínimo existencial. Ponderação entre o princípio da autonomia da vontade privada e o princípio da dignidade da pessoa humana" (STJ, REsp 1.834.231/MG, Rel. Min. Nancy Andrighi, 3ª Turma, jul. 15.12.2020, *DJe* 18.12.2020).

9. Empréstimo bancário. Desconto de parcelas em conta-corrente em que depositado o salário. Possibilidade. "A discussão travada no presente é delimitada como sendo exclusiva do contrato de mútuo feneratício com cláusula revogável de autorização de desconto de prestações em conta-corrente, de sorte que abrange outras situações distintas, como as que autorizam, de forma irrevogável, o desconto em folha de pagamento das 'prestações empréstimos, financiamentos, cartões de crédito e operações de arrendamento mercantil concedidos por instituições financeiras e sociedades de arrendamento mercantil' (art. 1º da Lei 10.820/2003). (...) É lícito o desconto em conta-corrente bancária comum, ainda que usada para recebimento de salário, das prestações de contrato de empréstimo bancário livremente pactuado, sem que o correntista, posteriormente, tenha revogado a ordem. Precedentes" (STJ, REsp 1.555.722/SP, Rel. Min. Lázaro Guimarães 2ª Seção, jul. 22.08.2018, *DJe* 25.09.2018).

10. Fundo de previdência privada. "A Segunda Seção do Superior Tribunal de Justiça, no julgamento do EREsp 1.121.719/SP, de relatoria da Ministra Nancy Andrighi, assentou o entendimento de que a impenhorabilidade dos valores depositados em fundo de previdência privada complementar deve ser aferida pelo magistrado caso a caso, de modo que, se as provas dos autos revelarem a necessidade de utilização do saldo para a subsistência do participante e de sua família, caracterizada estará a sua natureza alimentar, na forma do art. 649, IV, do CPC. (EREsp 1.121.719/SP, Rel. Ministra NANCY ANDRIGHI, SEGUNDA SEÇÃO, *DJe* 04/04/2014)" (STJ, AgInt no AREsp 1.543.330/SP, Rel. Min. Luis Felipe Salomão, jul. 22.06.2020, *DJe* 30.06.2020).

11. Valores decorrentes de empréstimo consignado. "Os valores decorrentes de empréstimo consignado em folha de pagamento não compreendem verbas de natureza remuneratória. Porém, cuida-se de modalidade de empréstimo com potencial para comprometer a subsistência da pessoa e de sua família. Embora os valores decorrentes de empréstimo consignado, em regra, não sejam impenhoráveis, se o executado (mutuário) comprovar, nos autos, que os recursos oriundos da referida modalidade de empréstimo são destinados e necessários à manutenção do sustento próprio e de sua família, receberão excepcionalmente a proteção da impenhorabilidade. Precedente: REsp n. 1.820.477/DF, Relator Ministro Ricardo Villas Bôas Cueva, Terceira Turma, julgado em 19/5/2020, *DJe* 27/5/2020" (STJ, REsp 1.860.120/SP, Rel. Min. Francisco Falcão, 2ª Turma, jul. 08.09.2020, *DJe* 14.09.2020).

12. Crédito constituído em favor de instituição financeira. Auxílio emergencial. Covid-19. Impenhorabilidade. "O auxílio emergencial concedido pelo Governo Federal (Lei n. 13.982/2020) para garantir a subsistência do beneficiário no período da pandemia pela covid-19 é verba impenhorável, tipificando-se no rol do art. 833, IV, do CPC (...) Na hipótese, trata-se de execução de dívida não alimentar (cédula de crédito) proposta por instituição financeira cuja penhora, via Bacen Jud, recaiu sobre verba salarial e verba oriunda do auxílio emergencial concedido pelo Governo Federal em razão da covid-19, tendo o Juízo determinado a restituição dos valores em razão de sua impenhorabilidade. Assim, tendo-se em conta que se trata de auxílio assistencial, que a dívida não é alimentar e que os valores são de pequena monta, com fundamento seja no art. 833, IV e X, do CPC, seja no disposto no art. 2º, § 3º, da Lei n. 13.982/2020, a penhora realmente deve ser obstada. A verba emergencial da covid-19 foi pensada e destinada a salvaguardar pessoas que, em razão da pandemia, presume-se estejam com restrições em sua subsistência, cerceadas de itens de primeira necessidade; por conseguinte, é intuitivo que a constrição judicial sobre qualquer percentual do benefício, salvo para pagamento de prestação alimentícia, acabará por vulnerar o mínimo existencial e a dignidade humana dos devedores" (STJ, REsp 1935102/DF, Rel. Min. Luis Felipe Salomão 4a Turma, jul. 29.06.2021, *DJe* 25.08.2021).

13. Pequenas empresas. Bens úteis e necessários. Impenhorabilidade (inciso V). "A Corte Especial do Superior Tribunal de Justiça, por ocasião do julgamento do REsp 1.114.767/SP, representativo da controvérsia, apreciando hipóteses de empresário individual, considerou ser aplicável a impenhorabilidade do art. 649, inciso V, do Código de Processo Civil de 1973 a pessoas jurídicas, notadamente às pequenas empresas, empresas de pequeno porte ou firma individual quanto aos bens necessários ao desenvolvimento da atividade objeto do contrato social. A impenhorabilidade do art. 649, inciso V, do CPC/73, correspondente ao art. 833 do CPC/2015, protege os empresários individuais, as pequenas e as microempresas, onde os sócios exerçam sua profissão pessoalmente, alcançando apenas os bens necessários às suas atividades." (STJ, REsp 1224774/MG, Rel.ª Min.ª Maria Isabel Gallotti, 4ª Turma, jul. 10.11.2016, *DJe* 17.11.2016)

Execução de Título Extrajudicial. Bloqueio de veículos. "Inconformismo contra decisão que rejeitou a impugnação à penhora. Bens móveis úteis e necessários para o exercício da atividade da empresa. Impenhorabilidade que deve ser reconhecida. Previsão do art. 833, V, do Código de Processo Civil. Decisão reformada. Recurso provido." (TJSP, AI 2205139-85.2018.8.26.0000, Rel. Silveira Paulilo, 21ª Câmara de Direito Privado, julg. 31.07.2014, *DJeSP* 19.03.2019).

Entretanto, admitindo penhora de imóvel onde funciona hospital: "A jurisprudência desta Corte orienta que os bens das pessoas jurídicas são penhoráveis, tendo o artigo 649, inciso V, do CPC aplicação excepcional somente nos casos em que os bens penhorados se revelem indispensáveis à continuidade das atividades de microempresa ou de pequeno porte" (STJ, AgRg no AREsp 601.929/RS, Rel. Min. Maria Isabel Gallotti, 4ª Turma, jul. 13.03.2018, *DJe* 23.03.2018).

Penhora de bem automóvel do prestador de serviço de lavagem de carro: "De acordo com o entendimento desta Corte, a menos que o automóvel seja a própria ferramenta de trabalho (taxista, transporte escolar ou instrutor de autoescola), ele não poderá ser considerado, de per si, como útil ou necessário ao desempenho profissional, devendo o executado fazer prova dessa 'necessidade' ou 'utilidade'" (STJ, AgInt no AREsp 1.182.616/RS, Rel. Min. Luis Felipe Salomão, 4ª Turma, jul. 27.02.2018, *DJe* 05.03.2018).

Bens necessários ao exercício da profissão. Finalidade (inciso V). "A interpretação teleológica do artigo 649, V, do CPC [art. 833, V, do CPC/2015], em observância aos princípios fundamentais constitucionais da dignidade da pessoa humana e dos valores sociais do trabalho e da livre-iniciativa (artigo 1º, incisos III e IV, da CRFB/88) e do direito fundamental de propriedade limitado à sua função social (artigo 5º, incisos XXII e XXIII, da CRFB/88), legitima a inferência de que o imóvel profissional constitui instrumento necessário ou útil ao desenvolvimento da atividade objeto do contrato social, máxime quando se tratar de pequenas empresas, empresas de pequeno porte ou firma individual" (STJ, REsp 1.114.767/RS, Rel. Min. Luiz Fux, Corte Especial, jul. 02.12.2009, *DJe* 04.02.2010).

"Para reconhecimento da impenhorabilidade de bens móveis necessário ao exercício profissional (art. 649, VI, do CPC) [art. 833, VI, do CPC/2015], há de se comprovar a relação entre o bem e a atividade desenvolvida, bem como sua indisponibilidade para ofício" (STJ, AgRg no REsp 1.159.107, Rel. Min. Luiz Fux, 1ª Turma, jul. 23.03.2010). **No mesmo sentido, em relação a automóvel:** STJ, REsp 1.090.192/SC, Rel. Min. Nancy Andrighi, 3ª Turma, jul. 11.10.2011, *DJe* 20.10.2011.

"Para que um bem seja considerado impenhorável, nos termos do art. 649, VI, do CPC [art. 833, VI, do CPC/2015], não é necessário que ele seja imprescindível ao exercício da profissão do representante comercial, sendo suficiente a demonstração da sua utilidade. **Contudo, para se constatar a utilidade do bem e, consequentemente, sua impenhorabilidade, devem ser analisadas as circunstâncias específicas do caso concreto, evitando-se, com isso, excessos.** O veículo cuja penhora pretende-se desconstituir, conforme consta do acórdão recorrido, é um Ford/Scort 1.6i, ano 1995, cujo valor de mercado atualmente não supera os R$7.500,00 (sete mil e quinhentos reais), de acordo com a Tabela FIPE, sendo que, na hipótese de alienação judicial, o valor alcançado talvez nem seja suficiente para o pagamento integral da dívida atualizada, permanecendo o recorrente como executado, e pior: com muito mais dificuldades para exercer sua profissão e, consequentemente, conseguir auferir renda para pagar a dívida. Assim, mesmo admitindo-se que o recorrente possa realizar sua atividade profissional através de outros meios, vislumbra-se claramente que, na hipótese analisada, o automóvel penhorado lhe é de extrema utilidade" (STJ, REsp 1.090.192/SC, Rel. Min. Nancy Andrighi, 3ª Turma, jul. 11.10.2011, *DJe* 20.10.2011). **No mesmo sentido:** STJ, REsp 780.870/PR, Rel. Min. Mauro Campbell Marques, 2ª Turma, jul. 06.11.2008, *DJe* 01.12.2008; STJ, AgRg no REsp 1.136.947/PR, Rel. Min. Humberto Martins, 2ª Turma, jul. 13.10.2009, *DJe* 21.10.2009.

Veículos. Fonte de renda. "Veículo táxi é passível de penhora quando não constitui única fonte de renda do devedor, necessário à sua sobrevivência e de sua família" (STJ, REsp 200.565/RS, Rel. Min. Garcia Vieira, 1ª Turma, jul. 01.06.1999, *DJ* 28.06.1999, p. 62). **No mesmo sentido para ônibus escolar:** STJ, REsp 84.756/RS, Rel. Min. Ruy Rosado de Aguiar, 4ª Turma, ac. 25.03.1996, *LEXSTJ* 86/219; **para veículo de representante comercial:** STJ, REsp 442.128/RS, Rel. Min. Eliana Calmon, 2ª Turma, jul. 18.03.2004, *DJ* 27.09.2004.

Máquinas e implementos agrícolas. "Não se tratando de pequeno trabalhador rural que exerça a sua profissão para prover à própria subsistência, inaplicável é a norma do art. 649, VI, do Código de Processo Civil [art. 833, VI, do CPC/2015]" (STJ, REsp 493.353/MT, Rel. Min. Barros Monteiro, 4ª Turma, jul. 19.05.2005, *DJ* 27.06.2005 p. 398).

Madeira. Matéria-prima para o profissional escultor. "Para o profissional de artes plásticas, especializado em escultura em madeira, a matéria-prima é essencial ao desempenho da sua atividade profissional" (STJ, REsp 747.425/MG, Rel. Min. Ricardo Villas Bôas Cueva, 3ª Turma, jul. 16.05.2013, *DJe* 17.06.2013).

Aparelhos de ginástica. "Restando caracterizado, em diligência do Oficial de Justiça, que os ultrapassados aparelhos de ginástica penhorados no curso de execução serviam à complementação da própria atividade profissional do autor, professor de artes marciais, portanto sem que tivessem expressão comercial autônoma, é de se aplicar a regra protetiva do art. 649, VI [art. 833, VI, do CPC/2015], da lei adjetiva civil, impeditiva da constrição sobre os mesmos" (*STJ*, REsp 435.459/SP, Rel. Min. Aldir Passarinho Junior, 4ª Turma, jul. 24.06.2003, *DJ* 08.09.2003).

Elevadores. "É inadmissível a penhora de elevadores de imóvel em que **funciona um hotel**, porquanto, além de estarem incorporados à estrutura do prédio, são bens essenciais para a realização da atividade e o seu desligamento importará em inviabilidade da própria utilização do bem, como um todo" (STJ, REsp 786.292/RJ, Rel. Min. Aldir Passarinho Junior, 4ª Turma, jul. 20.04.2010, *DJe* 17.05.2010). **No mesmo sentido em relação ao elevador de edifício:** STJ, REsp 89.721/RJ, Rel. Min. Ruy Rosado de Aguiar, 4ª Turma, jul. 21.05.1996, *DJ* 24.06.1996.

"O devedor responde, para a satisfação de suas dívidas, com todos os seus bens, salvo as restrições da lei. Os bens móveis e imóveis de uma empresa são penhoráveis. A **penhora de máquinas industriais** não priva a empresa de continuar suas atividades. O benefício ao profissional não serve para florescer o império dos maus pegadores" (STJ, REsp 60.039/SP, Rel. Min. Garcia Vieira, 1ª Turma, jul. 29.03.1995, *DJ* 08.05.1995).

Imóvel que funciona escritório de advocacia. Penhora. Possibilidade. "Imóvel onde funciona escritório de advocacia não se inclui na dicção do artigo 649, VI, CPC [art. 833, VI, do CPC/2015], nem na sua literalidade nem no conceito de necessidade, utilidade ou mesmo indispensabilidade que norteia sua interpretação" (STJ, REsp 98.025/RS, Rel. Min. Waldemar Zveiter, 3ª Turma, jul. 10.02.1998, *DJ* 30.03.1998). **No mesmo sentido, imóvel onde funciona escola de dança:** REsp 370.035/GO, Rel. Min. Felix Fischer, 5ª Turma, jul. 19.03.2002, *DJ* 15.04.2002 p. 253) **(Jurisprudência anterior à Lei nº 11.382/2006)**; STJ, REsp 98.025/RS, Rel. Min. Waldemar Zveiter, 3ª Turma, jul. 10.02.1998, *DJ* 30.03.1998, p. 41; STJ, AgRg nos EDcl no Ag 746.461/RS, Rel. Min. Paulo Furtado, 3ª Turma, jul. 19.05.2009, *DJe* 04.06.2009; STJ, REsp 1.114.767/RS, Rel. Min. Luiz Fux, Corte Especial, jul. 02.12.2009, *DJe* 04.02.2010; **qualquer estabelecimento no qual trabalha o devedor:** STJ, REsp 857.327/PR, Rel. Min. Nancy Andrighi, 3ª Turma, jul. 21.08.2008, *DJe* 05.09.2008.

Pessoa jurídica. "A exceção à penhora de bens de pessoa jurídica deve ser aplicada com cautela, a fim de se evitar que as empresas fiquem imunes à constrição de seus bens e, consequentemente, não tenham como ser coagidas ao pagamentos de seus débitos" (STJ, REsp 512.555/SC, Rel. Min. Francisco Falcão, 1ª Turma, jul. 14.10.2003, *DJ* 24.05.2004).

Pequenas e microempresas. "A regra geral é no sentido de restringir-se a aplicação da impenhorabilidade dos bens indicados no inciso VI do art. 649 do CPC [art. 833, VI, do CPC/2015] às pessoas físicas. Jurisprudência divergente no STJ, com tendência no sentido de estender-se a regra às pequenas e às microempresas, **quando forem elas administradas pessoalmente pelos sócios** (precedentes)" (STJ, REsp 898.219/RS, Rel. Min. Eliana Calmon, 2ª Turma, jul. 17.04.2008, *DJe* 06.05.2008). **No mesmo sentido:** STJ, REsp 536.544/SP, Rel. Min. Cesar Asfor Rocha, 4ª Turma, jul. 16.09.2003, *DJ* 03.11.2003, p. 324; STJ, REsp 156.181/RO, Rel. Min. Waldemar Zveiter, 3ª Turma, jul. 17.12.1998, *DJ* 15.03.1999, p. 217; REsp 864.962/RS, Rel. Min. Mauro Campbell Marques, 2ª Turma, jul. 04.02.2010, *DJe* 18.02.2010; STJ, REsp 512.564/SC, Rel. Min. Francisco Falcão, 1ª Turma, jul. 28.10.2003, *DJ* 15.12.2003, p. 211; *RSTJ*, ano 16, v. 183, p. 75-146, nov. 2004.

Estabelecimento comercial. "A penhora de imóvel no qual se localiza o estabelecimento da empresa é, excepcionalmente, permitida, quando inexistentes outros bens passíveis de penhora e desde que não seja servil à residência da família. (...) A Lei 6.830/80, em seu artigo 11, § 1º, determina que, excepcionalmente, a penhora poderá recair sobre o estabelecimento comercial, industrial ou agrícola, regra especial aplicável à execução fiscal, cuja presunção de constitucionalidade, até o momento, não restou ilidida. Destarte, revela-se admissível a penhora de imóvel que constitui parcela do estabelecimento industrial, desde que inexistentes outros bens passíveis de serem penhorados" (STJ, REsp 1.114.767/RS, Rel. Min. Luiz Fux, Corte Especial, jul. 02.12.2009, *DJe* 04.02.2010).

Empresa individual. "Consequentemente, revela-se legítima a penhora, em sede de execução fiscal, do bem de propriedade do executado onde funciona a sede da empresa individual, o qual não se encontra albergado pela regra de impenhorabilidade absoluta, ante o princípio da especialidade (*lex specialis derrogat lex generalis*)" (STJ, REsp 1.114.767/RS, Rel. Min. Luiz Fux, Corte Especial, jul. 02.12.2009, *DJe* 04.02.2010).

14. Indenização de seguro de vida. Natureza alimentar. Impenhorabilidade (inciso VI). "A impossibilidade de penhora dos valores recebidos pelo beneficiário do seguro de vida **limita-se ao montante de 40 (quarenta) salários mínimos,** por aplicação analógica do art. 649, X, do CPC/1973, cabendo a constrição judicial da quantia que a exceder". (STJ, REsp 1361354/RS, Rel. Min. Ricardo Villas Bôas Cueva, 3ª Turma, jul. 22.05.2018, *DJe* 25.06.2018)

15. Pequena propriedade rural (inciso VIII):

Requisitos e ônus da prova. "O bem de família agrário é direito fundamental da família rurícola, sendo núcleo intangível – cláusula pétrea –, que restringe, justamente em razão da sua finalidade de preservação da identidade constitucional, uma garantia mínima de proteção à pequena propriedade rural, de um patrimônio mínimo necessário à manutenção e à sobrevivência da família. (...). É ônus do pequeno proprietário, executado, a comprovação de que o seu imóvel se enquadra nas dimensões da pequena propriedade rural. No entanto, no tocante à exigência da prova de que a referida propriedade é trabalhada pela família, há uma presunção de que esta, enquadrando-se como diminuta, nos termos da lei, será explorada pelo ente familiar, sendo decorrência natural do que normalmente se espera que aconteça no mundo real, inclusive, das regras de experiência (CPC/2015, art. 375). (...). Em razão da presunção *juris tantum* em favor do pequeno proprietário rural, transfere-se ao exequente o encargo de demonstrar que não há exploração familiar da terra, para afastar a hiperproteção da pequena propriedade rural." (STJ, REsp 1408152/PR, Rel. Min. Luis Felipe Salomão, 4ª Turma, jul. 01.12.2016, *DJe* 02.02.2017)

Família que é proprietária de outros imóveis rurais. Tese fixada pelo STF em repercussão geral: "É impenhorável a pequena propriedade rural familiar constituída de mais de 01 (um) terreno, desde que contínuos e com área total inferior a 04 (quatro) módulos fiscais do município de localização" (STF, ARE 1.038.507/RG, Rel. Min. Edson Fachin, jul. 21.10.2020, *DJe* 15.03.2021).

Executado que não reside no imóvel e débito que não se relaciona à atividade produtiva. Irrelevância. Necessidade de se aferir, tão somente, se o bem indicado à constrição judicial constitui pequena propriedade rural, "(...) não se afigura exigível, segundo o regramento pertinente, que o débito exequendo seja oriundo da atividade produtiva, tampouco que o imóvel sirva de moradia ao executado e de sua família. Considerada a relevância da pequena propriedade rural trabalhada pela entidade familiar, a propiciar a sua subsistência, bem como promover o almejado atendimento à função socioeconômica, afigurou-se indispensável conferir-lhe ampla proteção. O art. 649, VIII, do CPC/1973 (com redação similar, o art. 833, CPC/2015), ao simplesmente reconhecer a impenhorabilidade da pequena propriedade rural, sem especificar a natureza da dívida, acabou por explicitar a exata extensão do comando constitucional em comento, interpretado segundo o princípio hermenêutico da máxima efetividade. Se o dispositivo constitucional não admite que se efetive a penhora da pequena propriedade rural para assegurar o pagamento de dívida oriunda da atividade agrícola, **ainda que dada em garantia hipotecária** (*ut* REsp 1.368.404/SP, Rel. Min. Maria Isabel Gallotti, 4ª Turma, jul. 13.10.2015, *DJe* 23.11.2015), com mais razão há que reconhecer **a impossibilidade de débitos de outra natureza viabilizar a constrição judicial de bem do qual é extraída a subsistência do agricultor** e de sua família" (STJ, REsp 1591298/RJ, Rel. Min. Marco Aurélio Bellizze, 3ª Turma, jul. 14.11.2017, *DJe* 21.11.2017).

Pequena propriedade rural oferecida em garantia hipotecária. Impenhorabilidade. "A pequena propriedade rural trabalhada pela entidade familiar é impenhorável, mesmo quando oferecida em garantia hipotecária pelos respectivos proprietários. Precedentes." STJ, (AgInt no AREsp 1361358/PR, Rel. Min. Raul Araújo, 4ª Turma, jul. 12.03.2019, *DJe* 20.03.2019).

Propriedade rural não utilizada em regime de subsistência pode ser penhorada. "Embargos de terceiro – penhora – impenhorabilidade da pequena propriedade rural – art. 5º, XXVI da Constituição Federal – requisitos não preenchidos – ausência de prova de que o imóvel é trabalhado em regime de subsistência familiar – Precedentes do STJ – embargos julgados improcedentes – sentença mantida – recurso improvido. (TJSP, Apelação Cível 1003256-80.2017.8.26.0666, Rel. Des. Coutinho de Arruda, 16ª Câmara de Direito Privado, julg. 16.06.2019, *DJe* 16.06.2019).

Ônus da prova do executado de que o bem constrito é trabalhado pela família. Desnecessidade de o imóvel penhorado ser o único imóvel rural de propriedade do executado. "Conquanto em alguns momentos da história a impenhorabilidade da pequena propriedade rural também tenha tutelado direitos outros que não a preservação do trabalho, este sempre foi seu objetivo primordial. Para reconhecer a impenhorabilidade, nos termos do art. 833, VIII, do CPC/2015, é imperiosa a satisfação de dois requisitos, a saber: (i) que o imóvel se qualifique como pequena propriedade rural, nos termos da lei, e (ii) que seja explorado pela família. Até o momento, não há uma lei definindo o que seja pequena propriedade rural para fins de impenhorabilidade. Diante da lacuna legislativa, a jurisprudência tem tomado emprestado o conceito estabelecido na Lei 8.629/1993, a qual regulamenta as normas constitucionais relativas à reforma agrária. Em seu artigo 4º, II, alínea 'a', atualizado pela Lei 13.465/2017, consta que se enquadra como pequena propriedade rural o imóvel rural 'de área até quatro módulos fiscais, respeitada a fração mínima de parcelamento'. Na vigência do CPC/73, esta Terceira Turma já se orientava no sentido de que, para o reconhecimento da impenhorabilidade, o devedor tinha o ônus de comprovar que além de pequena, a propriedade destinava-se à exploração familiar (REsp 492.934/PR; REsp 177.641/RS). Ademais, como regra geral, a parte que alega tem o ônus de demonstrar a veracidade desse fato (art. 373 do CPC/2015) e, sob a ótica da aptidão para produzir essa prova, ao menos abstratamente, é certo que é mais fácil para o devedor demonstrar a veracidade do fato alegado. Demais disso, art. 833, VIII, do CPC/2015 é expresso ao condicionar o reconhecimento da impenhorabilidade da pequena propriedade rural à sua exploração familiar. Isentar o devedor de comprovar a efetiva satisfação desse requisito legal e transferir a prova negativa ao credor importaria em desconsiderar o propósito que orientou a criação dessa norma, o qual, repise-se, consiste em assegurar os meios para a manutenção da subsistência do executado e de sua família. Ser proprietário de um único imóvel rural não é pressuposto para o reconhecimento da impenhorabilidade com base na previsão do art. 833, VIII, do CPC/2015. A imposição dessa condição, enquanto não prevista em lei, é incompatível com o viés protetivo que norteia o art. 5º, XXVI, da CF/88 e art. 833, VIII, do CPC/2015. Há que se atentar, então, para duas situações possíveis: (i) se os terrenos forem contínuos e a soma de suas áreas não ultrapassar quatro módulos fiscais, a pequena propriedade rural será impenhorável. Caso o somatório resulte em numerário superior, a proteção se limitará a quatro módulos fiscais (REsp 819.322/RS); (ii) se o devedor for titular de mais de um imóvel rural, não contínuos, todos explorados pela família e de até quatro módulos fiscais, como forma de viabilizar a continuidade do trabalho pelo pequeno produtor rural e, simultaneamente, não embaraçar a efetividade da tutela jurisdicional, a solução mais adequada é proteger uma das propriedades e autorizar que as demais sirvam à satisfação do crédito exequendo" (STJ, REsp 1843846/MG, Rel. Min. Nancy Andrighi, 3ª Turma, jul. 02.02.2021, *DJe* 05.02.2021). **No mesmo sentido, entendendo que a proteção prevalece ainda que o imóvel tenha sido dado em garantia hipotecária:** STJ, REsp 1.913.236/MT, Rel. Min. Nancy Andrighi, 3ª Turma, jul. 16.03.2021, *DJe* 22.03.2021.

Pequena propriedade rural (inciso VIII). "Não há, até o momento, no ordenamento jurídico nacional, lei que defina, para efeitos de impenhorabilidade, o que seja 'pequena propriedade rural'. A despeito da lacuna legislativa, é certo que referido direito fundamental, conforme preceitua o § 1º, do artigo 5º, da Constituição Federal, tem aplicação imediata. Deve-se, por consequência, extrair das leis postas de cunho agrário exegese que permita conferir proteção à propriedade rural (tida por pequeno conceito, como visto, indefinido) e trabalhada pela família" (STJ, REsp 1.007.070/RS, Rel. Min. Massami Uyeda, 3ª Turma, jul. 18.08.2010, *DJ* 01.10.2010).

"**O módulo fiscal**, por contemplar o conceito de 'propriedade familiar' estabelecido pelo Estatuto da Terra como aquele suficiente à absorção de toda a força de trabalho do agricultor e de sua família, garantindo-lhes a subsistência e o progresso social e econômico, atende também ao preceito da impenhorabilidade da pequena propriedade rural, previsto no artigo 649, VIII, do Código de Processo Civil [art. 833, VIII, do CPC/2015]. Precedentes do STJ. Recurso especial parcialmente provido, apenas para resguardar da penhora a sede de moradia da família" (STJ, REsp 1.018.635/ES, Rel. Min. Luis Felipe Salomão, 4ª Turma, jul. 22.11.2011, *DJe* 01.02.2012). **No mesmo sentido:** STJ, REsp 66.672-4/RS, Rel. Min. Ruy Rosado de Aguiar, 4ª Turma, jul. 15.08.1995, *DJ* 30.10.1995.

16. Créditos vinculados ao FIES. Impenhorabilidade (inciso IX). "A inserção do inciso IX no art. 649 do CPC/73 [art. 833, IX, do CPC/2015], pela Lei 11.382/2006, visa a garantir a efetiva aplicação dos recursos públicos recebidos pelas entidades privadas às áreas da educação, saúde e assistência social, afastando a possibilidade de sua destinação para a satisfação de execuções individuais promovidas por particulares. O recebimento, pelas instituições de ensino superior, dos Certificados Financeiros do Tesouro – Série E (CFT-E) – e mesmo do valor financeiro equivalente, no caso da sua recompra – está condicionado à efetiva prestação de serviços educacionais aos alunos beneficiados pelo financiamento estudantil, sendo, inclusive, vedada a sua negociação com outras pessoas jurídicas de direito privado (art. 10, § 1º, da Lei 10.260/01). (...). Considerando que, na hipótese, (i) a penhora incide diretamente na fonte dos recursos, ou seja, é clara a sua origem pública e (ii) os valores recebidos pela recorrente vinculam-se à contraprestação pelos serviços educacionais prestados, conclui-se pela impenhorabilidade dos créditos." (STJ, REsp 1588226/DF, Rel.ª Min.ª Nancy Andrighi, 3ª Turma, jul. 17.10.2017, *DJe* 20.10.2017).

Entretanto, é possível a penhora de recursos oriundos da recompra pelo FIES dos valores dos títulos Certificados

Financeiros do Tesouro – Série E (CFT-E). "Contudo, deve-se fazer uma distinção entre os valores impenhoráveis e aqueles penhoráveis. Os certificados emitidos pelo Tesouro Nacional (CFT-E), de fato, não são penhoráveis, haja vista a vinculação legal da sua aplicação. De outro lado, ao receber os valores decorrentes da recompra de CFT-E, as instituições de ensino incorporam essa verba definitivamente ao seu patrimônio, podendo aplicá-la da forma que melhor atenda aos seus interesses, não havendo nenhuma ingerência do poder público. Assim, havendo disponibilidade plena sobre tais valores, é possível a constrição de tais verbas para pagamento de obrigações decorrentes das relações privadas da instituição de ensino" (STJ, REsp 1.761.543/DF, Rel. Min. Marco Aurélio Bellizze, 3ª Turma, jul. 23.03.2021, *DJe* 26.03.2021). **No mesmo sentido:** STJ, REsp 2.039.092/SP, Rel. Min. Regina Helena Costa, 1ª Turma, jul. 22.08.2023, *DJe* 25.08.2023.

Repasses de recursos públicos destinados ao fomento de atividades desportivas. Impenhorabilidade. "O inciso IX do artigo 833 do Codex Processual determina a impenhorabilidade dos 'recursos públicos recebidos por instituições privadas para aplicação compulsória em educação, saúde ou assistência social'. Cuida-se de hipótese de mitigação da tutela executiva, apontando o intuito do legislador – em juízo *ex ante* de ponderação e numa perspectiva de sociabilidade – de prestigiar os recursos públicos com desígnios sociais e, por conseguinte, salvaguardar o direito coletivo de sujeitos indeterminados favorecidos pelos investimentos nas áreas de educação, saúde ou assistência social (REsp 1.691.882/SP, Rel. Ministro Luis Felipe Salomão, Quarta Turma, julgado em 9.2.2021, *DJe* 11.3.2021). Para além do princípio da supremacia do interesse público, é certo que o dinheiro repassado pelos entes estatais – para aplicação exclusiva e compulsória em finalidade de interesse social – não chega sequer a ingressar na 'esfera de disponibilidade' da instituição privada, o que constitui fundamento apto a justificar a sua impenhorabilidade não apenas por força do disposto no inciso IX do artigo 833 do CPC (que remete, expressamente, às áreas de educação, saúde e assistência social), mas também em virtude do princípio da responsabilidade patrimonial enunciado nos artigos 789 e 790 do mesmo diploma. Na hipótese, revela-se incontroverso que o dinheiro – cuja penhora se requer – origina-se de recursos públicos federais repassados (em contas bancárias específicas) à Confederação Brasileira de Tênis de Mesa (CBTM) em razão de convênios e aditivos celebrados com a União (Ministério do Esporte), o Comitê Olímpico Brasileiro (COB) e o Comitê Paralímpico Brasileiro (CPB), para uso exclusivo e integral na implantação e na execução de projetos desportivos e paradesportivos no âmbito nacional. A natureza eminentemente pública das verbas em comento – dada a sua afetação a uma finalidade social específica estampada nos planos de trabalho a serem obrigatoriamente seguidos pela CBTM e a previsão dos deveres de prestação de contas e de restituição do saldo remanescente – torna evidente o fato de que a instituição privada não detém a disponibilidade das referidas quantias, as quais, por conseguinte, não se incorporam ao seu patrimônio jurídico para fins de subordinação ao processo executivo" (STJ, REsp 1.878.051/SP, Rel. Min. Luis Felipe Salomão, 4ª Turma, jul. 14.09.2021, *DJe* 30.09.2021).

17. Escola de Samba. Carnaval. Verba oriunda de parceria público-privada. Penhora. Possibilidade. Interpretação restritiva das impenhorabilidades. "O propósito recursal consiste em definir se são penhoráveis as verbas recebidas por escola de samba a título de parceria com a administração pública. O art. 35, § 5º, da Lei 13.019/14 dispõe que os 'equipamentos e materiais permanentes' adquiridos com recursos provenientes da celebração da parceria serão gravados com cláusula de inalienabilidade. Não são os recursos o objeto da restrição legal, mas o produto do seu investimento necessário à consecução do projeto de parceria. É inquestionável o valor social, cultural, histórico e turístico do carnaval brasileiro, uma das maiores expressões artísticas nacionais com alcance mundial, inclusive com bens reconhecidos pela UNESCO como patrimônio cultural imaterial da humanidade. A Lei 13.019/14 considera que a parceria entre a administração pública e as organizações da sociedade civil é feita 'para a consecução de finalidades de interesse público e recíproco' (art. 2º, III) jamais restringindo seu âmbito 'para aplicação compulsória em educação, saúde ou assistência social' (art. 833, IX, do CPC). No particular, o acórdão recorrido fez a interpretação do Edital de Seleção de Projetos Culturais do Município de Florianópolis para concluir que o objetivo do repasse das verbas públicas é o estímulo a cultura e história local, não havendo qualquer menção de que tais valores seriam aplicados em educação, saúde ou assistência social" (STJ, REsp 1.816.095/SC, Rel. Min. Nancy Andrighi, 3ª Turma, jul. 05.11.2019, *DJe* 07.11.2019).

18. Depósito em poupança. Outras aplicações financeiras. Impenhorabilidade (inciso X). "Reveste-se de impenhorabilidade a quantia poupada pelo devedor **até o limite de 40 salários mínimos**, seja ela mantida em conta-corrente, papel moeda ou aplicada em caderneta de poupança ou outros fundos de investimento. Precedentes" (STJ, REsp 1.624.431/SP, Rel.ª Min.ª Nancy Andrighi, 3ª Turma, jul. 01.12.2016, *DJe* 15.12.2016). **No mesmo sentido:** STJ, AgInt no AREsp 1.310.475/SP, Rel. Min. Benedito Gonçalves, 1ª Turma, jul. 09.04.2019, *DJe* 11.04.2019; STJ, AREsp 1734328/SC, Rel. Min. Herman Benjamin, 2ª Turma, jul. 16.03.2021, *DJe* 09.04.2021; TJRS, Ag. 70085524478, Rel. Des. Miguel Ângelo da Silva, 22ª Câmara Cível, *DJ* 04.02.2022; STJ, AgInt no REsp 1.958.516/SP, Rel. Min. Raul Araújo, 4ª Turma, jul. 14.06.2022, *DJe* 01.07.2022; STJ, AgInt no AREsp 2.222.902/RS, Rel. Min. Sérgio Kukina, 1ª Turma, jul. 05.12.2022, *DJe* 07.12.2022; STJ, AgInt no REsp 2.018.134/PR, Rel. Min. Humberto Martins, 3ª Turma, jul. 27.11.2023, *DJe* 30.11.2023.

"A penhora, em execução, de saldo em conta de investimento sujeita-se ao regramento do art. 833, X, do Código de Processo Civil (impenhorabilidade até o montante de 40 salários mínimos) – que incide, inclusive, nas execuções de natureza não alimentar –, ainda que o montante tenha sido transferido (seja oriundo) de conta vinculada do FGTS, afastando-se, assim, a alegada impenhorabilidade absoluta de que trataria o art. 2º, § 2º, da Lei 8.036/90. Precedentes" (STJ, AgRg no REsp 2.021.651/PR, Rel. Min. João Batista Moreira, 5ª Turma, jul. 19.09.2023, *DJe* 25.09.2023).

Entretanto, essa impenhorabilidade não se aplica às pessoas jurídicas. "A impenhorabilidade inserida no art. 833, X, do CPC/2015, reprodução da norma contida no art. 649, X, do CPC/1973, não alcança, em regra, as pessoas jurídicas, visto que direcionada a garantir um mínimo existencial ao devedor (pessoa física). Nesse sentido: '[...] a intenção do legislador foi proteger a poupança familiar e não a pessoa jurídica, mesmo que mantenha poupança como única conta bancária' (AREsp 873.585/SC, Rel. Ministro Raul Araújo, *DJe* 8.3.2017)" (STJ, AgInt no REsp 1878944/RS, Rel. Min. Herman Benjamin, 2ª Turma, jul. 24.02.2021, *DJe* 01.03.2021).

"A impenhorabilidade da quantia depositada em conta bancária, até o limite de 40 (quarenta) salários mínimos, é uma proteção destinada às pessoas naturais, não podendo ser estendida indistintamente às pessoas jurídicas, ainda que estas mantenham poupança como única conta bancária. Precedentes" (STJ, REsp 2.062.497/SP, Rel. Min. Marco Aurélio Bellizze, 3ª Turma, jul. 03.10.2023, *DJe* 10.10.2023).

Depósito em poupança (inciso X). "A poupança alimentada exclusivamente por parcela da remuneração prevista no art. 649, IV, do CPC [art. 833, IV, do CPC/2015] é impenhorável mesmo antes do advento da Lei 11.382/2006, por representar aplicação de recursos destinados ao sustento próprio e familiar" (STJ, REsp 515.770/RS, Rel. Min. Herman Benjamin, 2ª Turma, jul. 25.11.2008, *DJe* 27.03.2009).

Extensão da impenhorabilidade aos depósitos em conta-corrente e aplicações financeiras. BacenJud/Sisbajud. "A garantia da impenhorabilidade é aplicável automaticamente, no patamar de até 40 (quarenta), ao valor depositado exclusivamente em caderneta de poupança. Se a medida de bloqueio/penhora judicial, por meio físico ou eletrônico (Bacenjud), atingir dinheiro mantido em conta-corrente ou quaisquer outras aplicações financeiras, poderá eventualmente a garantia da impenhorabilidade ser estendida a tal investimento – respeitado o teto de quarenta salários mínimos –, desde que comprovado, pela parte processual atingida pelo ato constritivo, que o referido montante constitui reserva de patrimônio destinada a assegurar o mínimo existencial" (STJ, REsp 1.677.144/RS, Rel. Min. Herman Benjamin, Corte Especial, ac. 21.02.2024, *DJe* 23.05.2024).

Limites da extensão do benefício da impenhorabilidade. "Embora o dinheiro aplicado em poupança não seja considerado bem absolutamente impenhorável – ressalvada a hipótese do art. 649, X, do CPC [art. 833, X, do CPC/2015] –, a circunstância apurada no caso concreto recomenda a extensão do benefício da impenhorabilidade, uma vez que a constrição do recurso financeiro implicará quebra do contrato, autorizando, na forma do Decreto-lei 70/1966, a retomada da única moradia familiar" (STJ, REsp 707.623/RS, Rel. Min. Herman Benjamin, 2ª Turma, jul. 16.04.2009, *DJe* 24.09.2009).

Extensão ampla da impenhorabilidade do art. 833, X, do CPC/2015, a outros saldos bancários. Admissibilidade. Ver jurisprudência do art. 854.

Impenhorabilidade do saldo bancário inferior a 40 salários mínimos (art. 833, X). Descabimento de reconhecimento *ex officio*. "Fixa-se a seguinte tese, para os fins dos arts. 1.036 a 1.041 do CPC: 'A impenhorabilidade de quantia inferior a 40 salários mínimos (art. 833, X, do CPC) não é matéria de ordem pública e não pode ser reconhecida de ofício pelo juiz, devendo ser arguida pelo executado no primeiro momento em que lhe couber falar nos autos ou em sede de embargos à execução ou impugnação ao cumprimento de sentença, sob pena de preclusão'" (STJ, REsp 2.061.973/PR – Recurso Repetitivo, Rel. Min. Nancy Andrighi, Corte Especial, jul. 02.10.2024, *DJe* 07.10.2024).

Conta poupança inteligente. Penhora. Possibilidade. "Penhora – Bloqueio *on-line* – Incidência sobre saldo existente em conta bancária de titularidade do devedor – Alegação de se tratar de conta poupança, protegida pela impenhorabilidade – Extrato de conta poupança demonstrando tratar-se de conta inteligente, caracterizada como conta vinculada, com ocorrência de movimentação financeira recente – Descaracterização como conta poupança típica – Afirmação do requerido de que depende dos valores bloqueados para pagamento de suas despesas diárias – Ausência de comprovação inequívoca de que os valores bloqueados estavam depositados em conta poupança típica" (TJSP, Agravo de Instrumento 7.398.872-8, Rel. Des. José Reynaldo, 12ª Câmara de Direito Privado, jul. 10.02.2010, *DJE* 23.03.2010).

19. Impenhorabilidade de salário em depósito bancário.

Proventos de aposentadoria depositado em conta-corrente. "São impenhoráveis os valores depositados em conta destinada ao recebimento de proventos de aposentadoria do devedor. Precedentes" (STJ, AgRg no Ag 1.331.945/MG, Rel. Min. Maria Isabel Gallotti, 4ª Turma, ac. 18.08.2011, *DJe* 25.08.2011).

Prestação alimentícia. Exceção (§ 2º). "Não merece reparo o acórdão recorrido, porquanto reflete o entendimento firmado no STJ acerca da matéria, segundo o qual o salário, soldo ou remuneração são impenhoráveis, nos termos do art. 649, IV, do CPC/1973, sendo essa regra excetuada unicamente quando se tratar de penhora para pagamento de prestação alimentícia" (STJ, REsp 1608738/MS, Rel. Min. Herman Benjamin, 2ª Turma, jul. 16.02.2017, *DJe* 07.03.2017).

Honorários periciais. Caráter alimentar. Penhora de salário. Possibilidade. "O termo prestação alimentícia, previsto no art. 833, § 2º, do CPC/2015, não se restringe aos alimentos em sentido estrito, decorrente de vínculo familiar ou conjugal. Precedentes. Os honorários periciais têm natureza alimentar, admitindo-se a penhora sobre percentual do salário para a satisfação do direito do credor" (STJ, REsp 1722673/SP, Rel. Min. Ricardo Villas Bôas Cueva, 3ª Turma, jul. 13.03.2018, *DJe* 05.04.2018).

Honorários advocatícios. Natureza alimentar. Penhorabilidade da remuneração do devedor. Possibilidade. "A legislação processual civil (CPC/2015, art. 833, IV, e § 2º) contempla, de forma ampla, a prestação alimentícia, como apta a superar a impenhorabilidade de salários, soldos, pensões e remunerações. A referência ao gênero prestação alimentícia alcança os honorários advocatícios, assim como os honorários de outros profissionais liberais e, também, a pensão alimentícia, que são espécies daquele gênero. É de se permitir, portanto, **que pelo menos uma parte do salário possa ser atingida pela penhora para pagamento de prestação alimentícia, incluindo-se os créditos de honorários advocatícios, contratuais ou sucumbenciais**, os quais têm inequívoca natureza alimentar (CPC/2015, art. 85, § 14)" (STJ, AgInt no REsp 1.732.927/DF, Rel. Min. Raul Araújo, 4ª Turma, jul. 12.02.2019, *DJe* 22.03.2019). **No mesmo sentido:** STJ, AgInt no AREsp 1107619/PR, Rel. Min. Luis Felipe Salomão, 4ª Turma, jul. 16.11.2017, *DJe* 22.11.2017; STJ, AgInt no AREsp 1093557/SP, Rel. Min. Ricardo Villas Bôas Cueva, 3ª Turma, jul. 05.12.2017, *DJe* 19.12.2017).

Admitindo a penhora de honorários advocatícios em montante excedente a 50 salários mínimos: "O propósito recursal no STJ consiste em definir o alcance do art. 833, § 2º, do CPC/15, sobretudo, se a penhora pode ser reduzida para 30% dos honorários advocatícios a serem recebidos em outro processo, em vez do parâmetro legal de 50 salários mínimos. Utilizando o mesmo raciocínio em que se baseou esta Corte ao interpretar o processo de execução no código revogado, deve ser preservada a subsistência digna do devedor e de sua família. A percepção de qual é efetiva e concretamente este mínimo patrimonial a ser resguardado já foi adotada em critério fornecido pelo legislador: 50 salários mínimos mensais. Será reservado em favor do devedor pelo menos esta quantia, ainda que os valores auferidos a título salarial entrem para a sua esfera patrimonial de uma única vez e não mensalmente e, por este motivo, excedam eventualmente muito mais do que este critério prático e objetivo" (STJ, REsp 1.747.645/DF, Rel. Min. Nancy Andrighi, 3ª Turma, jul. 07.08.2018, *DJe* 10.08.2018).

Penhora de honorários advocatícios para pagar dívida oriunda de apropriação indevida pelo advogado de valores de titularidade do cliente. Valores de natureza alimentícia. Possibilidade. "Se os valores apropriados indevidamente pelo advogado – e que deverão ser restituídos – possuírem natureza de prestação alimentícia, é possível, nos termos do § 2º do art. 833 do CPC/15 e da jurisprudência pacífica desta Corte Superior, a penhora de honorários advocatícios para a satisfação da dívida. (...) É possível a penhora dos honorários, independentemente da natureza dos valores retidos pelo advogado, desde que se preserve percentual capaz de garantir a subsistência e a dignidade do devedor e de sua família, o que deve ser examinado de acordo com as peculiaridades de cada hipótese concreta" (STJ, REsp 1.991.123/SP, Rel. Min. Nancy Andrighi, 3ª Turma, jul. 07.06.2022, *DJe* 13.06.2022).

"Penhora de percentual mensal relativo a salário. Possibilidade. Inteligência do art. 833, § 2º, do Código de Processo Civil. Percentual que deve ser fixado em dez por cento (10%) dos rendimentos líquidos do devedor. Montante que não prejudica a sua subsistência e garante a satisfação da obrigação" (TJSP, Agravo de Instrumento 2223710-70.2019.8.26.0000, Rel. Des. Dimas Rubens Fonseca, 28ª Câmara de Direito Privado, jul. 14.11.2019, DJeSP 14.11.2019).

Penhora sobre verba remuneratória. Exceção à impenhorabilidade. Ganhos elevados do executado. "A jurisprudência do STJ vem entendendo que 'a regra geral da impenhorabilidade dos vencimentos, dos subsídios, dos soldos, dos salários, das remunerações, dos proventos de aposentadoria, das pensões, dos pecúlios e dos montepios, bem como das quantias recebidas por liberalidade de terceiro e destinadas ao sustento do devedor e de sua família, dos ganhos de trabalhador autônomo e dos honorários de profissional liberal poderá ser excepcionada, nos termos do art. 833, IV, c/c o § 2° do CPC/2015, quando se voltar: I) para o pagamento de prestação alimentícia, de qualquer origem, independentemente do valor da verba remuneratória recebida; e II) para o pagamento de qualquer outra dívida não alimentar, quando os valores recebidos pelo executado forem superiores a 50 salários mínimos mensais, ressalvadas eventuais particularidades do caso concreto. Em qualquer circunstância, deverá ser preservado percentual capaz de dar guarida à dignidade do devedor e de sua família'" (Resp 1.407.062/MG. Rel. Ministro Luis Felipe Salomão, Quarta Turma, julgado em 26/02/2019)" (STJ, AgInt no REsp 1790619/SP, Rel. Min. Luis Felipe Salomão, 4ª Turma, julgado em 15.08.2019, *DJe* 20.08.2019).

Serviços educacionais. Penhora do salário. Possibilidade. "Considerando o substrato fático descrito pelo eg. Tribunal *a quo*, evidencia-se a excepcionalidade apta a mitigar a impenhorabilidade, tendo em vista as infrutíferas tentativas de outras formas de garantir o adimplemento da dívida, bem como considerando que a dívida é referente a serviços educacionais, salientando que, como assentou o v. acórdão estadual, a educação também é uma das finalidades do salário" (STJ, AgInt no AREsp 949.104/SP, Rel. Min. Lázaro Guimarães, 4ª Turma, jul. 24.10.2017, *DJe* 30.10.2017).

Verba honorária sucumbencial. Impenhorabilidade. Exceção não configurada. "Tese para os fins do art. 1.040 do CPC/2015: a verba honorária sucumbencial, a despeito da sua natureza alimentar, não se enquadra na exceção prevista no § 2° do art. 833 do CPC/2015 (penhora para pagamento de prestação alimentícia)" (STJ, REsp 1.954.382/SP, Rel. Min. Ricardo Villas Bôas Cueva, Corte Especial, jul. 05.06.2024, *DJe* 17.09.2024). **Obs.:** Decisão submetida a julgamento de recursos repetitivos.

Impenhorabilidade. Regra mitigada. Possibilidade. "A impenhorabilidade do salário pode ser mitigada, não só nas hipóteses expressamente previstas no art. 833, § 2°, CPC, mas em qualquer caso no qual se verifique a ausência de prejuízo à manutenção do mínimo existencial e à subsistência do devedor e de sua família" (STJ, AgInt no REsp 2.021.507/SP, Rel. Min. Paulo de Tarso Sanseverino, 3ª Turma, jul. 27.03.2023, *DJe* 29.03.2023).

Verbas de natureza alimentar. "É vedada a penhora das verbas de natureza alimentar apontadas no art. 649, IV, do CPC, tais como os vencimentos, subsídios, soldos, salários, remunerações, proventos de aposentadoria e pensões, entre outras" (STJ, REsp 904.774/DF, Rel. Min. Luis Felipe Salomão, 4ª Turma, jul. 18.10.2011, *DJe* 16.11.2011). **Entretanto:** "Ao entrar na esfera de **disponibilidade do recorrente sem que tenha sido consumido integralmente para o suprimento de necessidades básicas**, a verba relativa ao recebimento de salário, vencimentos ou aposentadoria perde seu caráter alimentar, tornando-se penhorável. Em observância ao princípio da efetividade, não se mostra razoável, em situações em que não haja comprometimento da manutenção digna do executado, que o credor não possa obter a satisfação de seu crédito, sob o argumento de que os rendimentos previstos no art. 649, IV, do CPC [art. 833, IV, do CPC/2015] gozariam de impenhorabilidade absoluta" (STJ, REsp 1.059.781/DF, Rel. Min. Nancy Andrighi, 3ª Turma, jul. 01.10.2009, *DJe* 14.10.2009). **No mesmo sentido:** STJ, REsp 1.114.767/RS, Rel. Min. Luiz Fux, Corte Especial, jul. 02.12.2009, *DJe* 04.02.2010.

Comissão de leiloeiro. "Na expressão 'salários', empregada pelo art. 649, IV, do CPC [art. 833, IV, do CPC/2015], há de compreender-se a comissão, percebida por leiloeiros, não se justificando exegese restritiva que não se compadece com a razão de ser da norma. Impenhorável aquela remuneração, não se admite seja colocada à disposição do juízo, com a finalidade de garantir a execução" (STJ, REsp 204.066/RJ, Rel. Min. Eduardo Ribeiro, 3ª Turma, jul. 27.04.1999, *DJ* 31.05.1999).

Restituição do imposto de renda. "Apenas em hipóteses em que se comprove que a origem do valor relativo à restituição de imposto de renda se referira a receitas compreendidas no art. 649, IV, do CPC [art. 833, IV, do CPC/2015] é possível discutir sobre a possibilidade ou não de penhora dos valores restituídos. A devolução ao contribuinte do imposto de renda retido, referente a restituição de parcela do salário ou vencimento, não desmerece o caráter alimentar dos valores a serem devolvidos" (STJ, REsp 1.059.781/DF, Rel. Min. Nancy Andrighi, 3.ª Turma, jul. 01.10.2009, *DJe* 14.10.2009). **Todavia**, "A verba relativa à restituição do imposto de renda **perde seu caráter alimentar, tornando-se penhorável, quando entra na esfera de disponibilidade do devedor.** Em observância ao princípio da efetividade, mostra-se desrazoável, em situações em que não haja comprometimento da manutenção digna do executado, que o credor seja impossibilitado de obter a satisfação de seu crédito, sob o argumento de que os rendimentos previstos no art. 649, IV, do CPC [art. 833, IV, do CPC/2015], gozam de impenhorabilidade absoluta" (STJ, REsp 1.150.738/MG, Rel. Min. Nancy Andrighi, 3ª Turma, jul. 20.05.2010, *DJe* 14.06.2010). **No mesmo sentido:** STJ, REsp 1.163.151/AC, Rel. Min. Adilson Vieira Macabu, 5ª Turma, jul. 21.06.2011, *DJe* 03.08.2011.

Conta bancária. Poupança alimentada exclusivamente por parcela do soldo. "O art. 649, IV, do Código de Processo Civil [art. 833, IV, do CPC/2015] dispõe serem absolutamente impenhoráveis os soldos. (...); A poupança alimentada exclusivamente por parcela da remuneração prevista no art. 649, IV, do CPC é impenhorável – mesmo antes do advento da Lei 11.382/2006 –, por representar aplicação de recursos destinados ao sustento próprio e familiar" (STJ, REsp 515.770/RS, Rel. Min. Herman Benjamin, 2ª Turma, jul. 25.11.2008, *DJe* 27.03.2009).

"**Os depósitos bancários provenientes exclusivamente da pensão paga pelo INSS e da respectiva complementação pela entidade de previdência privada** são a própria pensão, por isso mesmo que absolutamente impenhoráveis quando destinados ao sustento do devedor ou da sua família" (STJ, REsp 536.760/SP, Rel. Min. Cesar Asfor Rocha, 4ª Turma, jul. 07.10.2003, *DJ* 15.12.2003). **No mesmo sentido em relação a valores recebidos a título de remuneração:** STJ, AgRg no Ag 1.388.490/SP, Rel. Min. Raul Araújo, 4ª Turma, jul. 16.06.2011, *DJe* 05.08.2011.

"Não é lícito ao banco valer-se do **salário do correntista, que lhe é confiado em depósito**, pelo empregador, para cobrir saldo devedor de conta-corrente. Cabe-lhe obter o pagamento da dívida em ação judicial. Se nem mesmo ao Judiciário é lícito penhorar salários, não será instituição privada autorizada a fazê-lo" (STJ, REsp 831.774/RS, Rel. Min. Humberto Gomes de Barros, 3ª Turma, jul. 09.08.2007, *DJ* 29.10.2007). **No mesmo sentido:** STJ, REsp 492.777/RS, Rel. Min. Ruy Rosado de Aguiar, 4ª Turma, jul. 05.06.2003, *DJ* 01.09.2003).

Valores recebidos a título de verba rescisória. "É inadmissível a penhora dos valores recebidos a título de verba rescisória de contrato de trabalho e depositados em conta-corrente destinada ao recebimento de remuneração salarial (conta-salário), ainda que tais verbas estejam aplicadas em fundos de investimentos, no próprio banco, para melhor aproveitamento do depósito" (STJ, REsp 978.689/SP, Rel. Min. Luis Felipe Salomão, 4ª Turma, jul. 06.08.2009, *DJe* 24.08.2009).

Penhora de dinheiro em depósito ou aplicação financeira (Bacenjud/Sisbajud). "Em interpretação sistemática do ordenamento jurídico, na busca de uma maior eficácia material do provimento jurisdicional, deve-se conjugar o art. 185-A, do CTN, com o art. 11 da Lei n. 6.830/80 e artigos 655 e 655-A, do CPC [arts. 835 e 854 do CPC/2015], para possibilitar a penhora de dinheiro em depósito ou aplicação financeira, independentemente do esgotamento de diligências para encontrar outros bens penhoráveis. Em suma, para as decisões proferidas a partir de 20.1.2007 (data da entrada em vigor da Lei n. 11.038/2006), em execução fiscal por crédito tributário ou não, aplica-se o disposto no art. 655-A do Código de Processo Civil, posto que compatível com o art. 185-A do CTN. A aplicação da regra não deve descuidar do disposto na nova redação do art. 649, IV, do CPC [art. 833, IV, do CPC/2015], que estabelece a impenhorabilidade dos valores referentes aos vencimentos, subsídios, soldos, salários, remunerações, proventos de aposentadoria, pensões, pecúlios e montepios; às quantias recebidas por liberalidade de terceiro e destinadas ao sustento do devedor e sua família, aos ganhos de trabalhador autônomo e aos honorários de profissional liberal. Também há que se ressaltar a necessária prudência no uso da nova ferramenta, devendo ser sempre observado o princípio da proporcionalidade na execução (art. 620 do CPC) [art. 805 do CPC/2015] sem descurar de sua finalidade (art. 612 do CPC) [art. 797 do CPC/2015], de modo a não inviabilizar o exercício da atividade empresarial" (STJ, REsp 1.074.228/MG, Rel. Min. Mauro Campbell Marques, 2ª Turma, jul. 07.10.2008, *DJe* 05.11.2008). **No mesmo sentido:** STJ, AgRg no Ag 1.093.053/SC, Rel. Min. Herman Benjamin, 2ª Turma, jul. 28.04.2009, *DJe* 25.05.2009.

Honorários advocatícios. "Os honorários advocatícios, tanto os contratuais quanto os sucumbenciais, **têm natureza alimentar**. Precedentes do STJ e de ambas as turmas do STF. Por isso mesmo, são bens insuscetíveis de medidas constritivas (penhora ou indisponibilidade) de sujeição patrimonial por dívidas do seu titular. A dúvida a respeito acabou dirimida com a nova redação art. 649, IV, do CPC [art. 833, IV, do CPC/2015] (dada pela Lei nº 11.382/2006), que considera impenhoráveis, entre outros bens, 'os ganhos de trabalhador autônomo e os honorários de profissional liberal'" (STJ, EREsp 724.158/PR, Rel. Min. Teori Albino Zavascki, Corte Especial, jul. 20.02.2008, *DJe* 08.05.2008). **No mesmo sentido:** STJ, AgRg no REsp 758.736/PR, Rel. Min. Luiz Fux, 1ª Turma, jul. 02.12.2008, *DJe* 17.12.2008; STJ, REsp 1.358.331/RS, Rel. Min. Mauro Campbell Marques, 2ª Turma, jul. 19.02.2013, *DJe* 26.02.2013; STJ, REsp 724.158/PR, Rel. Min. Nancy Andrighi, 3ª Turma, jul. 26.09.2006, *DJ* 16.10.2006; STJ, EREsp 706.331/PR, Rel. Min. Humberto Gomes de Barros, Corte Especial, jul. 20.02.2008, *DJ* 31.03.2008. **Em sentido contrário:** "Não há razão para se perfilhar a tese de que existem dívidas alimentares que podem excepcionar o regime da impenhorabilidade de vencimentos e outras, de mesma natureza, que não gozam de tal privilégio. É de se admitir, portanto, a penhora *on-line*, para pagamento de honorários advocatícios" (STJ AgRg no REsp 1.206.800/MG, Rel. Min. Sidnei Beneti, 3ª Turma, jul. 22.02.2011, *DJe* 28.02.2011).

Honorários advocatícios. Penhora no rosto dos autos. Possibilidade. "A hipótese dos autos possui peculiaridades que reclamam uma solução que valorize a interpretação teleológica em detrimento da interpretação literal do art. 649, IV, do CPC [art. 833, IV, do CPC/2015], para que a aplicação da regra não se dissocie da finalidade e dos princípios que lhe dão suporte. A regra do art. 649, IV, do CPC constitui uma imunidade desarrazoada na espécie. Isso porque: (i) a penhora visa a satisfação de crédito originado da ausência de repasse dos valores que os recorrentes receberam na condição de advogados do recorrido; (ii) a penhora de parcela dos honorários não compromete a subsistência do executado e (iii) a penhora de dinheiro é o melhor meio para garantir a celeridade e a efetividade da tutela jurisdicional, ainda mais quando o exequente já possui mais de 80 anos. A decisão recorrida conferiu a máxima efetividade às normas em conflito, pois a penhora de 20% não compromete a subsistência digna do executado – mantendo resguardados os princípios que fundamentam axiologicamente a regra do art. 649, IV do CPC – e preserva a dignidade do credor e o seu direito à tutela executiva" (STJ, REsp 1.326.394/SP, Rel. Min. Nancy Andrighi, 3ª Turma, jul. 12.03.2013, *DJe* 18.03.2013). **No mesmo sentido, em relação à verba alimentar de elevada soma:** STJ, REsp 1.356.404/DF, Rel. Min. Raul Araújo, 4ª Turma, jul. 04.06.2013, *DJe* 23.08.2013.

Honorários advocatícios. Sociedade de advogados. "Esta Corte, no julgamento do AgRg no REsp 1.228.428/RS (Rel. Min. Benedito Gonçalves, *DJe* de 29.6.2011), firmou o entendimento de que os honorários advocatícios pertencentes à sociedade de advogados possuem natureza alimentar, sendo, portanto, impenhoráveis" (STJ, REsp 1.336.036/RS, Rel. Min. Eliana Calmon, 2ª Turma, jul. 15.08.2013, *DJe* 22.08.2013).

Custas e emolumentos de serviços notariais. "Tendo as custas e emolumentos de serviços notariais natureza jurídica tributária, na qualidade de taxas destinadas a promover a manutenção do serviço público prestado, e não simplesmente à remuneração do serventuário, não há que se falar na incidência da impenhorabilidade legal prevista no art. 649, IV, do CPC [art. 833, IV, do CPC/2015]. Não há ilegalidade, portanto, na decisão do juiz inicial que, nos autos de uma ação cautelar determinou a indisponibilidade de parte dos recursos da recorrente, obtidos na serventia em que era titular, com o garantir o ressarcimento dos danos causados ao erário, em ação de improbidade administrativa" (STJ, REsp 1.181.417/SC, Rel. Min. Humberto Martins, 2ª Turma, jul. 19.08.2010, *DJe* 03.09.2010).

Ausência de penhora. "Inexistindo penhora nos autos, não se aplica a regra protetiva do art. 649, IV, do Estatuto Processual Civil [art. 833, IV, do CPC/2015], em face da ausência de pertinência com o quadro fático dos autos. A instituição financeira pode apropriar-se dos valores em depósito, desde que previamente autorizada, porquanto não se vislumbra qualquer regra jurídica que impeça tal avença" (STJ, AgRg no REsp 466.387/PR, Rel. Min. Vasco Della Giustina, 3ª Turma, jul. 13.04.2010, *DJe* 27.04.2010).

Desconto em folha. "Penhora, constrição judicial decorrente de processo executivo. Instituto que não se ajusta a hipótese dos autos, porquanto os descontos foram efetuados para pagamento de contratos de mútuo, realizados perante a instituição financeira, situação que encontra amparo na jurisprudência desta Corte Superior. A instituição financeira pode apropriar-se dos valores em depósito, desde que previamente autorizada, porquanto não se vislumbra qualquer regra jurídica que impeça tal avença" (STJ, AgRg no REsp 466.387/PR, Rel. Min. Vasco Della Giustina, 3ª Turma, jul. 13.04.2010, *DJe* 27.04.2010).

Conta conjunta. Penhora. Possibilidade. Ver jurisprudência do art. 835 do CPC/2015.

Penhora de saldo do FGTS. "Este Tribunal preconiza a possibilidade de penhora de conta vinculada do FGTS e PIS em se tratando de ação de execução de alimentos, por envolver a própria subsistência do alimentado e a dignidade da pessoa humana" (STJ, AgRg no REsp 1.427.836/SP, Rel. Min. Luis Felipe Salomão, 4ª Turma, jul. 24.04.2014, *DJe* 29.04.2014). **No mesmo sentido:** STJ, REsp 1.083.061/RS, Rel. Min. Massami Uyeda, 3ª Turma, jul. 02.03.2010, *DJe* 07.04.2010. **Em sentido contrário:** "As contas vinculadas ao FGTS e ao PIS são absolutamente impenhoráveis, a teor do preceituado no art. 2º, § 2º, da Lei 8.036/90 e no art. 4º da Lei Complementar nº 26/75" (STJ, RMS 24.422/SP, Rel. Min. Castro Meira, 2ª Turma, jul. 03.11.2009, *DJe* 11.11.2009). **No mesmo sentido:** STJ, REsp 1.913.811/SP, Rel. Min. Antonio Carlos Ferreira, 4ª Turma, jul. 10.09.2024, *DJe* 16.09.2024.

Anistia política. Remuneração econômica. Possibilidade. "A reparação econômica prevista na Lei 10.559/02 possui caráter indenizatório (art. 1º, inciso II). Logo, a sua natureza não salarial possibilita a penhora para garantia do crédito tributário, nos termos do art. 184 do CTN c/c art. 649 do CPC" (STJ, REsp 1.362.089/RJ, Rel. Min. Humberto Martins, 2ª Turma, jul. 20.06.2013, *DJe* 28.06.2013).

20. Penhora de percentual de salário. Relativização da regra de impenhorabilidade. Crédito não alimentar. Possibilidade (§ 2º). "Em situações excepcionais, admite-se a relativização da regra de impenhorabilidade das verbas salariais prevista no art. 649, IV, do CPC/73, a fim de alcançar parte da remuneração do devedor para a satisfação do crédito não alimentar, preservando-se o suficiente para garantir a sua subsistência digna e a de sua família. Precedentes. Na espécie, em tendo a Corte local expressamente reconhecido que **a constrição de percentual de salário do recorrente não comprometeria a sua subsistência** digna, inviável mostra-se a alteração do julgado, uma vez que, para tal mister, seria necessário o revolvimento do conjunto fático-probatório dos autos, inviável a esta Corte em virtude do óbice da Súmula 7/STJ" (STJ, REsp 1658069/GO, Rel.ª Min.ª Nancy Andrighi, 3ª Turma, jul. 14.11.2017, *DJe* 20.11.2017).

"O Novo Código de Processo Civil, em seu art. 833, deu à matéria da impenhorabilidade tratamento um tanto diferente em relação ao Código anterior, no art. 649. O que antes era tido como 'absolutamente impenhorável', no novo regramento passa a ser 'impenhorável', permitindo, assim, essa nova disciplina maior espaço para o aplicador da norma promover mitigações em relação aos casos que examina, respeitada sempre a essência da norma protetiva. Precedentes. Descabe manter imune à penhora para satisfação de créditos provenientes de aluguel com moradia, sob o pálio da regra da impenhorabilidade da remuneração (CPC, art. 833, IV, e § 2º), a pessoa física devedora que reside ou residiu em imóvel locado, pois a satisfação de créditos de tal natureza compõe o orçamento familiar normal de qualquer cidadão e não é justo sejam suportadas tais despesas pelo credor dos aluguéis. Note-se que a preservação da impenhorabilidade na situação acima traria grave abalo para as relações sociais, quanto às locações residenciais, pois os locadores não mais dariam crédito aos comuns locatários, pessoas que vivem de seus sempre limitados salários" (STJ, AgInt no REsp 1.838.131/PR, Rel. Min. Raul Araújo, 4ª Turma, jul. 18.02.2020, *DJe* 25.03.2020).

"Admite-se a relativização da regra da impenhorabilidade das verbas de natureza salarial, independentemente da natureza da dívida a ser paga e do valor recebido pelo devedor, condicionada, apenas, a que a medida constritiva não comprometa a subsistência digna do devedor e de sua família. Essa relativização reveste-se de caráter excepcional e só deve ser feita quando restarem inviabilizados outros meios executórios que possam garantir a efetividade da execução e desde que avaliado concretamente o impacto da constrição na subsistência digna do devedor e de seus familiares. Ao permitir, como regra geral, a mitigação da impenhorabilidade quando o devedor receber valores que excedam a 50 salários mínimos, o § 2º do art. 833 do CPC não proíbe que haja ponderação da regra nas hipóteses de não excederem (EDcl nos EREsp n. 1.518.169/DF, relatora Ministra Nancy Andrighi, Corte Especial, *DJe* de 24.5.2019)" (STJ, EREsp 1.874.222/DF, Rel. Min. João Otávio de Noronha, Corte Especial, jul. 19.04.2023, *DJe* 24.05.2023).

21. Execução. Honorários sucumbenciais. Penhora. Saldo do fundo de garantia por tempo de serviço (FGTS). Impossibilidade (§ 2º). "Cinge-se a controvérsia a verificar a possibilidade de penhora do saldo do Fundo de Garantia por Tempo de Serviço – FGTS para o pagamento de honorários de sucumbência. O Superior Tribunal de Justiça, em linhas gerais, tem dado interpretação extensiva à expressão 'prestação alimentícia' constante do § 2º do art. 649 do Código de Processo Civil de 1973, afastando a impenhorabilidade de salários e vencimentos nos casos de pagamento de prestações alimentícias lato senso, englobando prestação de alimentos *stricto sensu* e outras verbas de natureza alimentar, como os honorários advocatícios contratuais e sucumbenciais. A hipótese dos autos não é propriamente de penhora de salários e vencimentos, mas, sim, de saldo do fundo de garantia por tempo de serviço – FGTS, verba que tem regramento próprio. Esta Corte tem admitido, **excepcionalmente, o levantamento do saldo do FGTS em circunstâncias não previstas na lei de regência, mais especificamente nos casos de comprometimento de direito fundamental do titular do fundo ou de seus dependentes, o que não ocorre na situação retratada nos autos**" (STJ, REsp 1.619.868/SP, Rel. Min. Ricardo Villas Bôas Cueva, 3ª Turma, jul. 24.10.2017, *DJe* 30.10.2017).

22. Penhora dos direitos dos devedores fiduciantes. Possibilidade. "Imóveis gravados com cláusula de alienação fiduciária em favor de instituição financeira, credora fiduciária dos imóveis. Exequente que poderá ser considerada titular do domínio somente após a quitação do financiamento. Possibilidade de penhora dos direitos dos devedores fiduciantes. Art. 835, XII e XIII do Código de Processo Civil " (TJSP, AI 2195963-19.2017.8.26.0000, Rel. Des. Hélio Nogueira, 22ª Câmara de Direito Privado, *DJESP* 07.12.2017, p. 2.133).

Bem objeto de contrato de *leasing*. "Não é possível penhorar-se bem objeto de contrato de *leasing*, pois, como se constitui forma de arrendamento com opção final de compra, enquanto esta não se efetivar a propriedade do objeto arrendado pertence ao locador" (TRF-4ª Região, Ap. 2000.04.01.142829-6/RS, Rel. Juiz Alcides Vettorazzi, 2ª Turma, *DJ* 16.01.2002).

Bens objeto de contrato de alienação fiduciária: "Não é viável a penhora sobre bens garantidos por alienação fiduciária, já que não pertencem ao devedor-executado, que é apenas possuidor, com responsabilidade de depositário, mas à instituição financeira que realizou a operação de financiamento. É possível, entretanto, que a constrição executiva recaia sobre os direitos que o executado detém no contrato de alienação fiduciária. Precedentes da 5ª Turma. O devedor fiduciante possui expectativa do direito à futura reversão do bem alienado, em caso de pagamento da totalidade da dívida, ou à parte do valor já quitado, em caso de mora e excussão por parte do credor, que é passível de penhora, nos termos do art. 11, VIII, da Lei das Execuções Fiscais (Lei nº 6.830/80), que permite a constrição de 'direitos e ações'" (STJ, REsp 795.635/PB, Rel. Min. Castro Meira, jul. 27.06.2006, *DJ* 07.08.2006). **No mesmo sentido:** STJ, REsp 910.207/MG, Rel. Min. Castro Meira, jul. 09.10.2007, *DJ* 25.10.2007; STJ, REsp 260.880/RS, Rel. Min. Felix Fisher, jul. 13.12.2000, *DJ* 12.02.2001, p. 130; STJ, REsp 834.582/RS, Rel. Min. Teori Albino Zavascki, 1ª Turma, jul. 17.02.2009, *DJe* 30.03.2009; REsp 1.171.341/DF, Rel. Min. Maria Isabel Gallotti, 4ª Turma, jul. 06.12.2011, *DJe* 14.12.2011; STJ, REsp 1.171.341/DF, Rel. Min. Maria Isabel Gallotti, 4ª Turma, jul. 06.12.2011, *DJe* 14.12.2011; STJ, AgRg no Ag 460.285/SP, Rel. Min. Francisco Falcão, 1ª Turma, jul. 11.03.2003, *DJ* 05.05.2003; REsp 679.821/DF, Rel. Min. Felix Fisher, 5ª Turma, unânime, *DJ* 17.12.2004 p. 594; STJ, REsp 1.171.341/DF, Rel. Min. Maria Isabel Gallotti, 4ª Turma, jul. 06.12.2011, *DJe* 14.12.2011.

"Se o credor optar pelo processo de execução, os bens objeto do contrato de alienação fiduciária em garantia podem ser indicados pelo devedor para a penhora, só se justificando a constrição sobre outros bens se os indicados forem insuficientes" (STJ, REsp 1.448.489/RJ, Rel. Min. Ruy Rosado de Aguiar, 4ª Turma, jul. 25.11.2002, *DJ* 19.12.2002).

23. Indisponibilidade de bens. Integralidade do patrimônio. "A indisponibilidade cautelar, diferentemente do arresto, da inalienabilidade e da impenhorabilidade, legal ou voluntárias, atinge todo o patrimônio do devedor, e não um bem específico, não vinculando, portanto, qualquer bem particular à satisfação de um determinado crédito. Além disso, apesar de a adjudicação possuir características similares à dação em pagamento, dela distingue-se por nada ter de contratual, consistindo, em verdade, em ato executivo de transferência forçada de bens, razão pela qual não fica impedida pela indisponibilidade cautelar, que se refere à disposição voluntária pelo devedor" (STJ,

REsp 1.493.067/RJ, Rel.ª Min.ª Nancy Andrighi, 3ª Turma, jul. 21.03.2017, *DJe* 24.03.2017).

24. Empréstimo consignado. Impenhorabilidade. Exceção. Manutenção própria e da família. Necessidade de comprovação. "A quantia decorrente de empréstimo consignado, embora seja descontada diretamente da folha de pagamento do mutuário, não tem caráter salarial, sendo, em regra, passível de penhora. A proteção da impenhorabilidade ocorre somente se o mutuário (devedor) comprovar que os recursos oriundos do empréstimo consignado são necessários à sua manutenção e à da sua família" (STJ, REsp 1.820.477/DF, Rel. Min. Ricardo Villas Bôas Cueva, 3ª Turma, jul. 19.05.2020, *DJe* 27.05.2020).

25. Fundação Habitacional do Exército – FHE. Equiparação à entidade autárquica federal. Impenhorabilidade de bens. "O art. 31 da Lei n. 6.855/1980 dispõe que 'o patrimônio, a renda e os serviços vinculados às finalidades essenciais da Fundação Habitacional do Exército – FHE, ou delas decorrentes, pela sua origem e natureza, gozam dos privilégios próprios da Fazenda Pública, quanto à imunidade tributária, prazos prescricionais, impenhorabilidade, foro, prazos e custas processuais'. Diante disso, a impenhorabilidade analisada nos presentes autos, decorrente da própria lei, não pode ser afastada por decisão judicial" (STJ, REsp 1.802.320/SP, Rel. Min. Benedito Gonçalves, 1ª Turma, jul. 12.11.2019, *DJe* 16.12.2019).

26. Cédula de crédito rural vencida. "Nos termos da jurisprudência deste Superior Tribunal de Justiça, a impenhorabilidade conferida pelo art. 69 do Decreto-lei 167/67 ao bem dado em garantia na cédula de crédito rural não é absoluta, podendo ser relativizada na hipótese em que houver risco de esvaziamento da garantia, tendo em vista o valor do bem ou a preferência do crédito cedular" (STJ, AgInt no AREsp 652.380/GO, Rel. Min. Antônio Carlos Ferreira, jul. 22.06.2020, *DJe* 26.06.2020). No mesmo sentido: STJ, AgInt no REsp 1.470.352/SP, Rel. Min. Marco Buzzi, 4ª Turma, jul. 25.09.2018, *DJe* 01.10.2018.

Cédula de crédito rural. Hipoteca. Impenhorabilidade. "A jurisprudência do STJ é no sentido de que, em regra, é inadmissível a penhora de bem já hipotecado por força de cédula de crédito rural. A regra da impenhorabilidade, todavia, não é absoluta. Admite, conforme precedentes desta Corte, relativização: a) em face de execução fiscal; b) após a vigência do contrato de financiamento; c) quando houver anuência do credor; ou d) quando ausente risco de esvaziamento da garantia, tendo em vista o valor do bem ou a preferência do crédito cedular" (STJ, AgInt no REsp 1.609.931/SC, Rel. Min. Maria Isabel Gallotti, 4ª Turma, jul. 13.02.2023, *DJe* 17.02.2023).

Cédula de crédito rural. "A impenhorabilidade de que trata o art. 649, inc. VI, do Código de Processo Civil [art. 833, VI, do CPC/2015] não alcança os bens dados pelo executado em garantia real da obrigação consignada em cédula de crédito rural pignoratício, podendo o credor, se vencida e não paga a dívida, promover a penhora dos bens gravados para satisfação de seu crédito" (STJ, REsp 34.383/SP, Rel. Min. Claudio Santos, 3ª Turma, jul. 22.06.1993, *DJ* 23.08.1993).

"A regra de vedação contida no art. 69 do Decreto-lei n. 167/1967 não afasta a preferência de que frui o crédito decorrente de dívida de natureza alimentar, caso da cobrança de honorários advocatícios contratuais, de sorte que o credor hipotecário de cédula rural não tem como se opor à penhora do bem garantido. Precedentes do STJ" (STJ, REsp 509.490/MS, Rel. Min. Aldir Passarinho Junior, 4ª Turma, jul. 02.12.2008, *DJe* 02.02.2009). **Precedentes citados:** STJ, REsp 401.496/GO, *DJ* 30.09.2002; REsp 170.582/GO, *DJ* 20.11.2000; STJ, REsp 120.007/MG, *DJ* 17.11.1997; STJ, REsp 116.743/MG, *DJ* 01.12.1997; STJ, REsp 798.241/RJ, *DJ* 26.03.2003; STJ, REsp 915.325/PR, *DJ* 19.04.2007; STJ, REsp 1.032.747/SC, *DJ* 17.04.2008; e STJ, REsp 536.091/PR, *DJ* 03.10.2005.

Cédula de crédito industrial. "Os bens gravados com hipoteca oriunda de cédula de crédito industrial podem ser penhorados para satisfazer débito fiscal, seja por não ser absoluta a impenhorabilidade ditada pelo art. 57 do Dec.-lei nº 413/69, seja pela preferência outorgada aos créditos tributários" (STJ, REsp 88.777/SP, Rel. Min. Sálvio de Figueiredo Teixeira, 4ª Turma, jul. 23.11.1998, *DJ* 15.03.1999, p. 226).

27. Execução. Penhora. Cláusula de inalienabilidade vitalícia. Vigência. "Conforme estabelece o art. 1.676 do Código Civil de 1916 (1.911 do Código Civil de 2002), a cláusula de inalienabilidade vitalícia tem vigência enquanto viver o beneficiário, cuja morte tem o efeito de transferir os bens objeto da restrição livres e desembaraçados aos seus herdeiros, podendo sobre eles, então, recair penhora" (STJ, AgInt no AREsp 1.364.591/SP, Rel. Min. Maria Isabel Gallotti, 4ª Turma, jul. 28.09.2020, *DJe* 01.10.2020).

28. Multipropriedade imobiliária (time-sharing). Penhora. Insubsistência. "É insubsistente a penhora sobre a integralidade do imóvel submetido ao regime de multipropriedade na hipótese em que a parte embargante é titular de fração ideal por conta de cessão de direitos em que figurou como cessionária" (STJ, REsp 1.546.165/SP, Rel. p/ Acórdão Min. João Otávio de Noronha, 3ª Turma, jul. 26.04.2016, *DJe* 06.09.2016).

29. Penhora de percentual de verba de financiamento do BNDES recebida pela executada e decorrente do programa de capitalização de cooperativas agropecuárias (PROCAP-AGRO). Recurso público com destinação social. Impenhorabilidade. "O Diploma processual civil estabeleceu como absolutamente impenhoráveis os recursos públicos recebidos por instituições privadas para aplicação compulsória em educação, saúde ou assistência social (art. 649, IX, do CPC/73; art. 833, X, do CPC/2015). O legislador, em juízo ex ante de ponderação e numa perspectiva de sociabilidade, optou por prestigiar os recursos públicos com desígnios sociais em detrimento do pagamento de crédito ao exequente, salvaguardando o direito coletivo de sujeitos indeterminados favorecidos pelos financiamentos nas áreas de educação, saúde ou assistência social. No caso concreto, os recursos recebidos pela Cooperativa Agropecuária se enquadram na tipicidade do Código de Processo Civil, seja por se tratar de financiamento público, seja pelo evidente caráter assistencial da verba – Programa de Capitalização das Cooperativas Agropecuárias (PROCAP-AGRO) para fomento de atividade com interesse coletivo e para a recuperação das cooperativas –, devendo ser tidos por absolutamente impenhoráveis" (STJ, REsp 1.691.882/SP, Rel. Min. Luis Felipe Salomão, 4ª Turma, jul. 09.02.2021, *DJe* 11.03.2021).

30. Fundo partidário. Serviços de propaganda eleitoral. Penhora. Impossibilidade. Natureza pública dos recursos. Relevância dos partidos políticos na democracia representativa. "Os partidos políticos são entidades privadas constitucionalmente incumbidos de assegurar, no interesse do regime democrático, a autenticidade do sistema representativo e organizados nos termos da lei, de estatutos e programas, com o objetivo de conquista do poder político e de defesa dos direitos fundamentais. As agremiações partidárias são a expressão maior de uma das configurações da República, consistente na eletividade dos representantes populares, estruturados para mediar entre o pluralismo ideológico da sociedade e o interesse estatal de produzir uma unidade de decisão e ação governamental. O financiamento dos partidos políticos é instituto que proporciona a consecução de suas atividades, e especificamente o financiamento público, formalizado pelos repasses dirigidos ao Fundo Partidário, promove o estabelecimento do sistema de concorrência partidária e igualdade formal. Após a incorporação dos repasses ao Fundo Partidário, os valores transferidos, públicos ou privados, incorporam a natureza jurídica pública e, nos termos da Lei dos Partidos Políticos, passam a ter destinação vinculada e específica à subsistência do Partido. Nos termos do inciso XI, do art. 833 do CPC/2015, são impenhoráveis os recursos públicos do fundo partidário, vedação que se fundamenta na natureza pública e na finalidade vinculada daqueles recursos e que serve de garantia de que as atividades dos partidos não serão comprometidas por insuficiência financeira" (STJ, REsp 1.891.644/DF, Rel. Min. Luis Felipe Salomão, 4ª Turma, jul. 06.10.2020, *DJe* 05.02.2021). **No mesmo sentido:** excluindo, entretanto, os valores oriundos de contribuições de seus filiados e doações de pessoas físicas ou jurídicas: STJ, REsp 1.474.605/MS, Rel. Min. Ricardo Villas Bôas Cueva, 3ª Turma, jul. 07.04.2015, *DJe* 26.05.2015.

Fundo especial de financiamento de campanha – FEFC. Penhora. Impossibilidade. "O art. 833, XI, do CPC/2015 impõe a impenhorabilidade absoluta das verbas públicas integrantes de fundos partidários destinadas ao financiamento eleitoral. Uma vez reconhecida a natureza pública dos recursos destinados ao Fundo Especial de Financiamento de Campanha, criado pela Lei nº 13.488/2017, esse patrimônio passa a ser protegido de qualquer constrição judicial. Os partidos políticos dispõem de orçamento próprio, oriundo de contribuições de seus filiados ou de doações de pessoas físicas, que são passíveis de penhora" (STJ, REsp 1.800.265/MS, Rel. Min. Ricardo Villas Bôas Cueva, 3ª Turma, jul. 21.09.2021, *DJe* 23.09.2021).

31. Indenização por morte. DPVAT. Impenhorabilidade. "Os valores pagos a título de indenização pelo 'Seguro DPVAT' aos familiares da vítima fatal de acidente de trânsito gozam da proteção legal de impenhorabilidade ditada pelo art. 649, VI, do CPC/1973 (art. 833, VI, do CPC/2015), enquadrando-se na expressão 'seguro de vida'" (STJ, REsp 1.412.247/MG, Rel. Min. Antonio Carlos Ferreira, 4ª Turma, jul. 23.03.2021, *DJe* 29.03.2021).

32. Penhora de ativos financeiros da conta bancária pessoal de terceiro. Cônjuge. "Não se admite a penhora de ativos financeiros da conta bancária pessoal de terceiro, não integrante da relação processual em que se formou o título executivo, pelo simples fato de ser cônjuge da parte executada com quem é casado sob o regime da comunhão parcial de bens. Revela-se medida extremamente gravosa impor a terceiro, que nem sequer participou do processo de conhecimento, o ônus de, ao ser surpreendido pela constrição de ativos financeiros bloqueados em sua conta corrente pessoal, atravessar verdadeira saga processual por meio de embargos de terceiro na busca de realizar prova negativa de que o cônjuge devedor não utiliza sua conta-corrente para realizar movimentações financeiras ou ocultar patrimônio" (STJ, REsp 1.869.720/DF, Rel. p/ Acórdão Min. Ricardo Villas Bôas Cueva, 3ª Turma, jul. 27.04.2021, *DJe* 14.05.2021).

33. Penhora de milhas aéreas. Impossibilidade. "Malgrado a existência de expressão econômica nos pontos e milhas obtidos junto às empresas aéreas, a falta de legislação específica regulatória da venda de milhas e as cláusulas de inalienabilidade previstas nos regulamentos dos programas de milhagem das companhias aéreas, excluem a possibilidade de conversão de milhas em dinheiro. O sistema judiciário brasileiro não dispõe de mecanismos para conversão de pontos e milhas em pecúnia, demonstrando a ausência de efetividade da tutela jurisdicional no deferimento da medida. Afastada a efetividade da penhora de pontos/milhas, mostra-se inviável a expedição de ofício para as companhias aéreas informarem sobre a existência de cadastro em seus programas de fidelidade em nome da parte executada" (TRF 4ª Região, Ag. 5049656-17.2022.4.04.0000/PR, Rel. Des. Federal Pedro Gebran Neto, 12ª Turma, jul. 31.05.2023, *DJe* 02.06.2023).

34. Bens impenhoráveis. Nulidade absoluta. "Há que ser reconhecida nulidade absoluta da penhora quando esta recai sobre bens absolutamente impenhoráveis. Cuida-se de matéria de ordem pública, cabendo ao magistrado, de ofício, resguardar o comando insculpido no artigo 649 do CPC [art. 833 do CPC/2015]. Tratando-se de norma cogente que contém princípio de ordem pública, sua inobservância gera nulidade absoluta consoante a jurisprudência assente neste STJ' (REsp 864.962/RS, Rel. Min. Mauro Campbell Marques, *DJe* 18.2.2010)" (STJ, AgRg no AREsp 55.742/RS, Rel. Min. Sidnei Beneti, 3ª Turma, jul. 13.12.2011, *DJe* 01.02.2012). **No mesmo sentido:** STJ, REsp 262.654/RS, Rel. Min. Sálvio de Figueiredo Teixeira, 4ª Turma, jul. 05.10.2000, *DJ* 20.11.2000; STJ, AgRg no AREsp 223.196/RS, Rel. Min. Humberto Martins, 2ª Turma, jul. 16.10.2012, *DJe* 24.10.2012; STJ, REsp 679.842/DF, Rel. Min. Carlos Alberto Menezes Direito, 3ª Turma, jul. 04.09.2007, *DJ* 19.11.2007.

35. Pessoas jurídicas de direito público.

Fundações públicas. "A fundação de direito público integra o complexo político administrativo das pessoas jurídicas do direito público interno. Substancialmente, e capital público com destinação específica. Os bens públicos são impenhoráveis. A jurisprudência firmou-se no sentido de integrá-la no gênero – autarquia" (STJ, MC 633/SP, Rel. Min. Luiz Vicente Cernicchiaro, 6ª Turma, jul. 16.12.1996, *DJ* 31.03.1997).

Empresa Brasileira de Correios e Telégrafos. "À empresa Brasileira de Correios e Telégrafos, pessoa jurídica equiparada à Fazenda Pública, é aplicável o privilégio da impenhorabilidade de seus bens, rendas e serviços. Recepção do artigo 12 do Decreto-lei nº 509/69 e não incidência da restrição contida no artigo 173, § 1º, da Constituição Federal, que submete a empresa pública, a sociedade de economia mista e outras entidades que explorem atividade econômica ao regime próprio das empresas privadas, inclusive quanto às obrigações trabalhistas e tributárias. Empresa pública que não exerce atividade econômica e presta serviço público da competência da União Federal e por ela mantido. Execução. Observância ao regime de precatório, sob pena de vulneração do disposto no artigo 100 da Constituição Federal. Recurso extraordinário conhecido e provido" (STF, RE 229.696, Rel. Min. Ilmar Galvão, Rel. p/ Acórdão: Min. Maurício Corrêa, 1ª Turma, jul. 16.11.2000, *DJ* 19.12.2002). **No mesmo sentido:** STJ, REsp 397.853/CE, Rel. Min. Franciulli Netto, 2ª Turma, jul. 18.09.2003, *DJ* 24.11.2003; STJ, REsp 463.324/PE, Rel. Min. Ruy Rosado de Aguiar, 4ª Turma, jul. 19.11.2002, *DJ* 16.12.2002.

Bens de sociedade de economia mista. "A sociedade de economia mista, posto consubstanciar personalidade jurídica de direito privado, sujeita-se, na cobrança de seus débitos ao regime comum das sociedades em geral, nada importando o fato de prestarem serviço público, desde que a execução da função não reste comprometida pela constrição. Precedentes" (STJ, REsp 521.047/SP, Rel. Min. Luiz Fux, 1ª Turma, jul. 20.11.2003, *DJ* 16.02.2004).

"(...) esta Corte Superior vem admitindo a penhora de bens de empresas públicas (em sentido lato) prestadoras de serviço público apenas se estes não estiverem afetados à consecução da atividade-fim (serviço público) ou se, ainda que afetados, a penhora não comprometer o desempenho da atividade. **Essa lógica se aplica às empresas privadas que sejam concessionárias ou permissionárias de serviços públicos** (como ocorre no caso)" (STJ, AgRg no REsp 1.070.735/RS, Rel. Min. Mauro Campbell Marques, 2ª Turma, jul. 18.11.2008, *DJe* 15.12.2008).

36. Bem objeto de promessa de compra e venda. "Não há nulidade na penhora de bem prometido à venda. A questão é de palavras: a penhora não incide sobre a propriedade, mas os direitos relativos à promessa. A circunstância de a exequente ser proprietária do bem prometido à venda é irrelevante. A execução resolve-se com a sub-rogação, por efeito de confusão entre os promitentes" (STJ, REsp 860.763/PB, Rel. Min. Humberto Gomes de Barros, 3ª Turma, jul. 06.03.2008, *DJ* 01.04.2008).

37. Fração ideal de coproprietário. "A jurisprudência desta Corte consolidou o entendimento de ser possível a penhora de fração ideal de imóvel caracterizado como bem de família. A fração ideal de bem indivisível pertencente a terceiro não pode ser levada à hasta pública, devendo a constrição judicial incidir apenas sobre as frações ideais de propriedade dos executados" (STJ, REsp 1.457.491/SP, Rel. Min. Ricardo Villas Bôas Cueva, 3ª Turma, jul. 08.09.2015, *DJe* 11.09.2015).

38. Prestação alimentícia. Desconto em folha de pagamento (§ 2º). "Nos termos do art. 649, IV, § 2º, do CPC [art. 833, IV, § 2º, do CPC/2015], e dos precedentes desta Corte Superior, a impenhorabilidade dos salários não se aplica às hipóteses em que **o débito decorre de prestação alimentícia**. Precedentes" (STJ, REsp 1.087.137/DF, Rel. Min. Aldir Passarinho Junior, 4ª Turma, jul. 19.08.2010, *DJe* 10.09.2010).

"**Os proventos líquidos de aposentadoria** podem ser penhorados para pagamento de execução de pensão alimentícia, não obstante o inc. VII, do art. 649, do CPC [art. 833, VII, do CPC/2015] silencie a esse respeito. Para pagamento de prestação alimentícia, não pode ser penhorada a integralidade dos proventos líquidos de aposentadoria, mas apenas um percentual que permita o indispensável à subsistência do executado-alimentante; que, na espécie, **é fixado em 66% dos proventos líquidos da aposentadoria mensal do recorrente**" (STJ, REsp 770.797/RS, Rel. Min. Nancy Andrighi, 3ª Turma, jul. 29.11.2006, *DJ* 18.12.2006).

39. Incorporação imobiliária. Patrimônio de afetação. Responsabilidade restrita. Extinção. "3.1. O patrimônio de afetação é uma universalidade de direito criada para um propósito específico, sujeitando-se ao regime de incomunicabilidade e vinculação de receitas, com responsabilidade limitada às suas próprias obrigações. Após o cumprimento de sua finalidade e a quitação das obrigações associadas, o conjunto de direitos e deveres que o compõem é desafetado. O que restar é reincorporado ao patrimônio geral do instituidor, livre das restrições que o vinculavam ao propósito inicial. 3.2. Nos termos do art. 31-E, I, da Lei n. 4.591/1964, incluído pela Lei n. 10.931/2004, a extinção do patrimônio de afetação pressupõe, entre outras condições cumulativas, a comprovação da quitação integral do débito relacionado ao financiamento da obra perante a instituição financeira. Assim, para a desconstituição do patrimônio de afetação, que visa assegurar a conclusão do empreendimento e proteger os adquirentes, é indispensável que todos os débitos financeiros assumidos para a execução da obra estejam plenamente liquidados" (STJ, REsp 1.862.274/PR, Rel. Min. Antonio Carlos Ferreira, 4ª Turma, jul. 24.09.2024, *DJe* 07.10.2024).

Art. 834. Podem ser penhorados, à falta de outros bens, os frutos e os rendimentos dos bens inalienáveis.

CPC/1973

Art. 650.

BREVES COMENTÁRIOS

Além dos bens impenhoráveis, isto é, dos bens que em nenhuma hipótese serão penhorados (CPC, art. 833), prevê a lei outros casos em que a impenhorabilidade se manifesta apenas em caráter relativo. São bens que, por razões especiais, o Código procura preservar em poder do devedor, só autorizando sua excussão à falta de outros valores econômicos disponíveis no patrimônio do executado. O art. 834 do atual Código de Processo Civil aponta, nessa categoria, os frutos e rendimentos dos bens inalienáveis.

JURISPRUDÊNCIA SELECIONADA

1. Usufruto. "Para o reconhecimento da impenhorabilidade dos frutos e rendimentos do usufruto, a teor do artigo 650, I, do Código de Processo Civil [art. 834 do CPC/2015], fazia-se necessária a comprovação da insuficiência de recursos para a subsistência da agravante, premissa inafastável à aferição do seu direito à impenhorabilidade prevista no invocado dispositivo legal, tanto mais que a exegese do dispositivo pressupõe constrição de quantia que se equipare aos alimentos '*necessarium vitae*'. 'Temos para nós, portanto, que os alimentos a serem garantidos são aqueles ligados tão somente ao mínimo necessário à sobrevivência digna do devedor, e não a manutenção de eventual padrão de vida, já que como consequência natural do pagamento de dívidas está a piora na situação social e econômica do devedor'" (TJMG, AI 1.0329.06.500013-8/001, Rel. Des. Osmando Almeida, 9ª Câmara Cível, *DJ* 23.06.2007).

"Usufruto. Penhora. Possibilidade de incidência sobre o seu exercício ou sobre os seus frutos" (STJ, AgRg no AREsp 86.620/RS, Rel. Min. Paulo de Tarso Sanseverino, 3ª Turma, jul. 10.12.2013, *DJe* 17.12.2013).

2. Honorários advocatícios. "A impenhorabilidade relativa aos honorários advocatícios foi resolvida pela Corte de origem, exclusivamente, à luz do art. 650 do CPC [art. 834 do CPC/2015]" (STJ, AgRg no REsp 1.217.069/SC, Rel. Min. Humberto Martins, 2ª Turma, jul. 01.03.2011, *DJe* 15.03.2011).

Art. 835. A penhora observará, preferencialmente, a seguinte ordem:

I – dinheiro, em espécie ou em depósito ou aplicação em instituição financeira;

II – títulos da dívida pública da União, dos Estados e do Distrito Federal com cotação em mercado;

III – títulos e valores mobiliários com cotação em mercado;

IV – veículos de via terrestre;

V – bens imóveis;

VI – bens móveis em geral;

VII – semoventes;

VIII – navios e aeronaves;

IX – ações e quotas de sociedades simples e empresárias;

X – percentual do faturamento de empresa devedora;

XI – pedras e metais preciosos;

XII – direitos aquisitivos derivados de promessa de compra e venda e de alienação fiduciária em garantia;

XIII – outros direitos.

§ 1º É prioritária a penhora em dinheiro, podendo o juiz, nas demais hipóteses, alterar a ordem prevista no *caput* de acordo com as circunstâncias do caso concreto.

§ 2º Para fins de substituição da penhora, equiparam-se a dinheiro a fiança bancária e o seguro garantia judicial, desde que em valor não inferior ao do débito constante da inicial, acrescido de trinta por cento.

§ 3º Na execução de crédito com garantia real, a penhora recairá sobre a coisa dada em garantia, e, se a coisa pertencer a terceiro garantidor, este também será intimado da penhora.

CPC/1973

Art. 655.

REFERÊNCIA LEGISLATIVA

CPC/2015, arts. 774, parágrafo único (proibição de falar nos autos), 793 (credor com direito de retenção), 794 (execução do fiador), 795 (sócio devedor), 805 (execução; forma menos gravosa), 848, III (ineficácia eventual da nomeação de bens), 855 e 856 (penhora em crédito), 857 (penhora em direito e ação),

860 (penhora no rosto dos autos), 864 (penhora de navio ou aeronave), 646 (nomeação de bens de espólio).

CC, art. 1.647, II (participação do cônjuge).

SÚMULAS

Súmula do STJ:

nº 328: "Na execução contra instituição financeira, é penhorável o numerário disponível, excluídas as reservas bancárias mantidas no Banco Central".

nº 406: "A Fazenda Pública pode recusar a substituição do bem penhorado por precatório".

nº 417: "Na execução civil, a penhora de dinheiro na ordem de nomeação de bens não tem caráter absoluto".

nº 449: "A vaga de garagem que possui matrícula própria no registro de imóveis não constitui bem de família para efeito de penhora".

nº 451: "É legítima a penhora da sede do estabelecimento comercial".

BREVES COMENTÁRIOS

O credor não dispõe de um poder absoluto para definir o objeto da penhora. Tem a iniciativa, mas ao devedor cabe o direito de impugnar a nomeação se não obedecer à gradação legal (CPC/2015, art. 835) ou se não respeitar a forma menos gravosa para o executado (art. 805).

Não sendo uma obrigação a escolha de bens na petição inicial, quando o credor não exercer tal faculdade, autorizado estará o executado a indicar ao oficial de justiça o bem que entenda deva ser penhorado dentro da escala de preferência legal (art. 835) e segundo o critério da menor onerosidade da execução (art. 805).

JURISPRUDÊNCIA SELECIONADA

1. Gradação legal:

Flexibilização. "A gradação legal estabelecida no art. 835 do CPC/2015, estruturado de acordo com o grau de aptidão satisfativa do bem penhorável, embora seja a regra, não tem caráter absoluto, podendo ser flexibilizada, em atenção às particularidades do caso concreto, sopesando-se, necessariamente, a potencialidade de satisfação do crédito, na medida em que a execução se processa segundo os interesses do credor (art. 797), bem como a forma menos gravosa ao devedor (art. 805). Precedentes" (STJ, AgInt no AREsp 1.729.775/MG, Rel. Min. Nancy Andrighi, 3ª Turma, jul. 08.03.2021, *DJe* 10.03.2021). **No mesmo sentido:** STJ, REsp 445.684/SP, Rel. Min. Felix Fisher, 5ª Turma, jul. 05.12.2002, *DJ* 24.02.2003, p. 284; STJ, AgRg no Ag. 516.669/SP, Rel. Min. João Otávio de Noronha, 2ª Turma, jul. 05.02.2004, *DJ* 08.03.2004.

Caráter relativo. "Embora não tenha força para, por si só, comprometer a ordem legal da nomeação e substituição dos bens à penhora estabelecida no artigo 655 do Código de Processo Civil [art. 835 do CPC/2015], o princípio da menor onerosidade (art. 620 do CPC) [art. 805 do CPC/2015] pode, em determinadas situações específicas, ser invocado para relativizar seu rigorismo, amoldando-o às peculiaridades do caso concreto" (STJ, REsp 741.507/RS, Rel. Min. Teori Albino Zavascki, 1ª Turma, jul. 02.10.2008, *DJe* 17.12.2008).

Preferência pela penhora em dinheiro. "Tendo a empresa nomeado à penhora bens, não observando a ordem estabelecida no art. 655 do Código de Processo Civil [art. 835 do CPC/2015], é admissível a recusa do credor com a consequente indicação à penhora de numerário em conta-corrente, face a disponibilidade da quantia" (STJ, AgRg nos EDcl no Ag 702.610/MG, Rel. Min. Sidnei Beneti, 3ª Turma, jul. 27.05.2008, *DJe* 20.06.2008).

2. Recusa da nomeação. "A credora pode recusar a nomeação de bens à penhora quando estes se revelam de difícil alienação, dependente de grande subjetivismo e mercado especialíssimo" (STJ, REsp 246.772/SP, Rel. Min. Garcia Vieira, 1ª Turma, jul. 06.04.2000, *DJ* 08.05.2000).

3. Nomeação de bem impenhorável. "A nomeação à penhora pelo devedor de bem absolutamente impenhorável por força do art. 649 do CPC importa **renúncia do direito à impenhorabilidade**. Precedente da Terceira Turma (REsp 351.932)" (REsp 470.935/RS, Rel. Min. Nancy Andrighi, 2ª Seção, jul. 10.12.2003, *DJ* 01.03.2004, p. 120. **Em sentido contrário:** "Inobstante a indicação do bem pelo próprio devedor, **não há que se falar em renúncia ao benefício de impenhorabilidade absoluta**, constante do artigo 649 do CPC. A *ratio essendi* do artigo 649 do CPC decorre da necessidade de proteção a certos valores universais considerados de maior importância, quais sejam o Direito à vida, ao trabalho, à sobrevivência, à proteção à família. Trata-se de defesa de direito fundamental da pessoa humana, insculpida em norma infraconstitucional. Há que ser reconhecida nulidade absoluta da penhora quando esta recai sobre bens absolutamente impenhoráveis. Cuida-se de matéria de ordem pública, cabendo ao magistrado, de ofício, resguardar o comando insculpido no artigo 649 do CPC. Tratando-se de norma cogente que contém princípio de ordem pública, sua inobservância gera nulidade absoluta consoante a jurisprudência assente neste STJ" (STJ, REsp 864.962/RS, Rel. Min. Mauro Campbell Marques, 2ª Turma, jul. 04.02.2010, *DJe* 18.02.2010). **No mesmo sentido:** STJ, AgInt no REsp 1.754.525/RS, Rel. Min. Mauro Campbell Marques, 2ª Turma, jul. 21.11.2019, *DJe* 27.11.2019).

4. Dinheiro (inciso I):

Maior Liquidez. Interesse do credor. "O dinheiro, por conferir maior liquidez ao processo executivo, ocupa o primeiro lugar na ordem de preferência estabelecida no art. 11 da Lei 6.830/80 (Lei de Execução Fiscal) e no art. 655 do Código de Processo Civil [art. 835, do CPC/2015]. A Fazenda Pública não é obrigada a aceitar bens nomeados à penhora fora da ordem legal prevista no art. 11 da Lei de Execução Fiscal, uma vez que, não obstante o princípio da menor onerosidade ao devedor, a execução é feita no interesse do credor, como dispõe o art. 612 do Código de Processo Civil [art. 797, do CPC/2015]. A Corte Especial, ao apreciar o REsp 1.112.943/MA, Rel. Min. Nancy Andrighi, julgado em 15.9.2010, *DJ* 23.11.2010 pela sistemática prevista no art. 543-C do CPC e na Resolução 8/2008 do STJ, confirmou a orientação no sentido de que, no regime da Lei n. 11.382/2006, não há mais necessidade do prévio esgotamento das diligências para localização de bens do devedor para que seja efetivada a penhora *on-line*" (STJ, AgRg no REsp 1.287.437/MG, Rel. Min. Humberto Martins, 2ª Turma, jul. 02.02.2012, *DJe* 09.02.2012).

Obs.: Ver também Jurisprudência Selecionada do art. 854 do CPC/2015.

"O dinheiro, mesmo o decorrente de recebimento de aluguéres, precede e prefere ao patrimônio imobiliário do devedor: CPC, art. 655, I" [art. 835, I, do CPC/2015] (TJDFT, AI 20020020042984, Rel. Des. Waldir Leôncio Junior, 1ª Turma Cível, *DJ* 13.11.2002).

Mandado de penhora em boca de caixa. Conduta abusiva. "Na hipótese em exame, a determinação de constrição de numerário, com a expedição de mandado de penhora em boca de caixa, embora não se revista de ilegalidade, afigura-se abusiva por não atender ao princípio da economicidade da execução, previsto no art. 620 do CPC [art. 805 do CPC/2015]. Com efeito, garantida a execução mediante conta de poupança aberta em nome da própria exequente à disposição do juízo, não se mostra razoável a ordem de constrição de numerário do Banco para posterior depósito junto à Caixa Econômica Federal, tendo em vista que o executado observou a gradação do art. 655 do CPC [art. 835 do CPC/2015], sendo aplicável por analogia a Orientação Jurisprudencial nº 59 da SBDI-2, que versa sobre a prioridade da penhora de fiança bancária em relação à penhora em dinheiro" (TST, ROMS 31.745, SBDI-2, Rel. Min. Antônio José de Barros Levenhagen, *DJ* 25.10.2002).

"Classificando-se o depósito de dinheiro em banco como contrato de depósito irregular, que ao mútuo se equipara, por ele o banco recebendo a propriedade do bem, não há ilegalidade na penhora de dinheiro em caixa, desde que não recaia sobre as reservas técnicas existentes junto ao Banco Central" (STJ, REsp 200.236/SP, Rel. Min. Sálvio de Figueiredo Teixeira, 4ª Turma, jul. 06.05.1999, *DJ* 21.06.1999). **No mesmo sentido:** TRT-15ª Região, processo 35.316/00 (6.783/01), Rel. Juiz Antônio Miguel Pereira, 1ª Turma, *DOESP* 05.03.2001.

Depósitos e aplicações financeiras. "'Os depósitos e as aplicações em instituições financeiras são considerados bens preferenciais na ordem da penhora, equiparando-se a dinheiro em espécie nos termos do art. 655, I, do CPC' [art. 835, I, do CPC/2015] (STJ, AgRg no REsp 1202794/PR, Rel. Ministro Arnaldo Esteves Lima, Primeira Turma, julgado em 19.05.2011, *DJe* 27.05.2011)" (STJ, AgRg no AREsp 41.979/PR, Rel. Min. Benedito Gonçalves, 1ª Turma, jul. 07.02.2012, *DJe* 10.02.2012).

Cotas de fundo de investimento. Equiparação a dinheiro. Impossibilidade. "A expressão 'dinheiro em aplicação financeira' não equivale ao valor financeiro correspondente às cotas de fundos de investimento. Ao se proceder à penhora dinheiro em depósito ou em aplicação financeira, a constrição processual atinge numerário certo e líquido, que fica bloqueado ou depositado, à disposição do juízo da execução fiscal. Por sua vez, o valor financeiro referente a cotas de fundo de investimento não é certo e pode não ser líquido, a depender de fatos futuros que não podem ser previstos pela parte exequente, ou pela executada ou pelo juízo da execução" (STJ, REsp 1.346.362/RS, Rel. Min. Benedito Gonçalves, 1ª Turma, jul. 04.12.2012, *DJe* 07.12.2012).

Ordem de nomeação à penhora de cota de fundo de investimento. "A cota de fundo de investimento não se subsume à ordem de preferência legal disposta no inciso I do art. 655 do CPC/73 (ou no inciso I do art. 835 do CPC/2015)" (STJ, REsp 1388642/SP, Rel. Min. Marco Aurélio Bellizze, Corte Especial, jul. 03.08.2016, *DJe* 06.09.2016). **Obs.: Decisão submetida a julgamento de recursos repetitivos.**

Recusa de nomeação à penhora de cotas de fundo de investimento. "A recusa da nomeação à penhora de cotas de fundo de investimento, reputada legítima a partir das particularidades de cada caso concreto, não encerra, em si, excessiva onerosidade ao devedor, violação do recolhimento dos depósitos compulsórios e voluntários do Banco Central do Brasil ou afronta à impenhorabilidade das reservas obrigatórias". (STJ, REsp 1388642/SP, Rel. Min. Marco Aurélio Bellizze, Corte Especial, jul. 03.08.2016, *DJe* 06.09.2016). **Obs.: Decisão submetida a julgamento de recursos repetitivos.**

Numerário representativo de Reserva Técnica. "A impenhorabilidade de numerário representativo de Reserva Técnica disponibilizada ao Banco Central depende de prova, cujo ônus compete à instituição bancária executada" (STJ, AgRg no Ag 326.356/MS, Rel. Min. Aldir Passarinho Junior, 4ª Turma, jul. 06.02.2001, *DJ* 12.03.2001, p. 151).

Conta-corrente. "Esta Corte Superior tem fixado o entendimento que preconiza a possibilidade de a penhora recair sobre saldo existente em conta-corrente sem que ocorra ofensa ao princípio da menor onerosidade para o devedor' (3ª Turma, AgRg no REsp n. 528.227/RJ, Rel. Min. Nancy Andrighi, unânime, *DJU* de 15.12.2003; 3ª Turma, AgRg no Ag n. 535.011/RS, Rel. Min. Antônio de Pádua Ribeiro, unânime, *DJU* de 20.09.2004; 3ª Turma, AgRg no Ag n. 406.229/SP, Rel. Min. Humberto Gomes de Barros, unânime, *DJU* de 08.08.2005; e 4ª Turma, REsp n. 256.900/RS, Rel. Min. Barros Monteiro, unânime, *DJU* de 27.09.2004)" (STJ, AgRg no Ag 790.672/RS, Rel. Min. Aldir Passarinho Junior, 4ª Turma, jul. 17.10.2006, *DJ* 20.11.2006, p. 334).

Conta-corrente conjunta.

Penhora. "No caso de conta conjunta, **cada um dos correntistas é credor de todo o saldo depositado, de forma solidária.** O valor depositado pode ser penhorado em garantia da execução, ainda que somente um dos correntistas seja responsável pelo pagamento do tributo. Se o valor supostamente pertence somente a um dos correntistas – estranho à execução fiscal – não deveria estar nesse tipo de conta, pois nela a importância perde o caráter de exclusividade. O terceiro que mantém dinheiro em conta-corrente conjunta admite tacitamente que tal importância responda pela execução fiscal. A solidariedade, nesse caso, se estabelece pela própria vontade das partes no instante em que optam por essa modalidade de depósito bancário" (STJ, REsp 1.229.329/SP, Rel. Min. Humberto Martins, 2ª Turma, jul. 17.03.2011, *DJe* 29.03.2011).

Comprovação da titularidade integral do patrimônio. Inocorrência. "Aos titulares da conta-corrente conjunta é permitida a comprovação dos valores que integram o patrimônio de cada um, sendo certo que, na ausência de provas nesse sentido, **presume-se a divisão do saldo em partes iguais.** Precedentes do STJ. Na hipótese dos autos, segundo o Tribunal de origem, não houve provas que demonstrassem a titularidade exclusiva da recorrente dos valores depositados em conta-corrente conjunta. Mesmo diante da ausência de comprovação da propriedade, a constrição não pode atingir a integralidade dos valores contidos em conta-corrente conjunta, mas apenas a cota-parte de cada titular" (STJ, REsp 1.510.310/RS, Rel. Min. Nancy Andrighi, 3ª Turma, jul. 03.10.2017, *DJe* 13.10.2017).

"Tese jurídica firmada para efeito do artigo 947 do CPC: 'a) É presumido, em regra, o rateio em partes iguais do numerário mantido em conta-corrente conjunta solidária quando inexistente previsão legal ou contratual de responsabilidade solidária dos correntistas pelo pagamento de dívida imputada a um deles. b) Não será possível a penhora da integralidade do saldo existente em conta conjunta solidária no âmbito de execução movida por pessoa (física ou jurídica) distinta da instituição financeira mantenedora, sendo franqueada aos cotitulares e ao exequente a oportunidade de demonstrar os valores que integram o patrimônio de cada um, a fim de afastar a presunção relativa de rateio'" (STJ, REsp 1.610.844/BA, Rel. Min. Luis Felipe Salomão, Corte Especial, jul. 15.06.2022, *DJe* 09.08.2022). **No mesmo sentido:** STJ, EREsp 1.734.930/MG, Rel. Min. Laurita Vaz, Corte Especial, jul. 21.09.2022, *DJe* 29.09.2022.

Penhora de mão própria. "Embora a lei não trate expressamente da penhora de mão própria, consistente na possibilidade da constrição recair sobre crédito que o executado possui frente ao próprio exequente, tal modalidade de penhora encontra viabilidade na dicção do art. 671, II, do CPC [art. 855, II, do CPC/2015], apenas com a peculiaridade de que o terceiro devedor, nesta hipótese, é o próprio exequente. A penhora de mão própria só é possível se ambos os créditos forem certos, líquidos e exigíveis, hipótese em que, mais do que a garantia do juízo, haverá a compensação 'ope legis', até o limite do crédito do executado frente ao exequente. Considerando que o crédito objeto de penhora de mão própria terá como resultado final sua compensação automática com o débito em execução, não há como deixar de incluí-lo em primeiro lugar, juntamente com o depósito em dinheiro, na ordem de gradação do art. 655 do CPC [art. 835 do CPC/2015], visto que esta segue o critério da liquidez, isto é, da maior facilidade do bem ser utilizado para quitação da dívida. Se a compensação opera-se automaticamente, dispensando até mesmo a necessidade de conversão em moeda, conclui-se que essa forma de garantia do juízo é a mais eficaz e célere, indo ao encontro dos princípios constitucionais da economia processual e da razoável duração do processo, bem como de realização da execução pelo modo menos gravoso para o devedor" (STJ, REsp 829.583/RJ, Rel. Min. Nancy Andrighi, 3ª Turma, jul. 03.09.2009, *DJe* 30.09.2009).

Penhora *on-line*. "Na hipótese dos autos, o pedido de constrição de ativos financeiros foi formulado após o advento da Lei 11.382/2006, o que impõe a observância do regime no qual a penhora *on-line* pode ser deferida de plano, afastando-se a exigência de esgotamento das diligências para localização de bens do devedor, conforme sólida jurisprudência desta Corte" (STJ, AgRg no Ag 1.138.725/SP, Rel. Min. Eliana Calmon, 2ª Turma, jul. 18.08.2009, *DJe* 08.09.2009).

5. Títulos da dívida pública (inciso II):

Títulos emitidos no início do século. Impossibilidade de penhora. "Pode o juiz indeferir penhora sobre títulos da dívida pública emitidos no início do século, de validade controvertida e de difícil liquidez, inconsistentes, portanto, à satisfação do direito do credor. Ofensa ao art. 655 do CPC [art. 835 do CPC/2015] não caracterizada" (STJ, AGA 410.583/RJ, Rel. Min. Antônio de Pádua Ribeiro, 3ª Turma, *DJ* 18.02.2002, p. 443).

Título da dívida interna estadual. "No processo de execução, inadmite-se que o devedor nomeie à penhora apólices da dívida interna estadual, títulos sem data de vencimento e sem cotação em Bolsa de Valores, pois imprestáveis para assegurar o juízo" (1º TACívSP, AI 922.690-6, Rel. Juiz Luiz Sabbato, 2ª Câmara Cível, jul. 29.03.2000; *RT* 780/279).

6. Títulos e valores mobiliários (inciso III).

Título sem cotação em bolsa. Possibilidade de recusa. "O Superior Tribunal de Justiça já reconheceu a legitimidade da recusa à penhora de título da dívida pública sem cotação na bolsa, dada a sua manifesta iliquidez" (STJ, AgRg no Ag 491.525/RJ, Rel. Min. João Otávio de Noronha, 2ª Turma, jul. 02.09.2003, *DJ* 06.10.2003). **No mesmo sentido:** STJ, REsp 401.373/MT, Rel. Min. Barros Monteiro, 4ª Turma, jul. 21.03.2002, *DJ* 26.08.2002; STJ, AgRg no Ag. 727.021/SP, Rel. Min. Denise Arruda, 1ª Turma, jul. 24.10.2006, *DJ* 18.12.2006.

Títulos da dívida agrária. "Os títulos da dívida agrária (TDA) têm seus valores fixados pelo governo, em ato oficial. O devedor que os indica não está obrigado a demonstrar-lhes a cotação em bolsa" (STJ, REsp 113.770/SP, Rel. Min. Humberto Gomes de Barros, 1ª Turma, jul. 18.08.1997; *RSTJ* 103/75).

Títulos da dívida agrária. Legítima a recusa. "O entendimento firmado em ambas as Turmas de Direito Público desta Corte é no sentido de que os Títulos da Dívida Agrária, por não terem cotação em bolsa, não se enquadram na norma inserta no art. 11, II, da Lei 6.830/1980, razão pela qual é legítima a recusa à penhora desses títulos" (STJ, AgRg no Ag 847.062/RS, Rel. Min. Denise Arruda, 1ª Turma, jul. 13.11.2007, *DJ* 10.12.2007, p. 301). **No mesmo sentido:** STJ, AgRg no Ag 734.198/RS, Rel. Min. João Otávio de Noronha, 2ª Turma, jul. 21.08.2007, *DJ* 18.09.2007, p. 282.

Debêntures. "Dada a sua natureza de título de crédito, as debêntures são bens penhoráveis. Tendo cotação em bolsa, a penhora se dá na gradação do art. 655, IV [art. 835, V, do CPC/2015] ('títulos de crédito, que tenham cotação em bolsa'), que corresponde à do art. 11, II, da Lei nº 6.830/80; do contrário, são penhoráveis como créditos, na gradação do inciso X de mesmo artigo ('direitos e ações'), que corresponde à do inciso VIII do art. 11 da referida Lei, promovendo-se o ato executivo nos termos do art. 672 do CPC" [art. 856 do CPC/2015] (STJ, REsp 796.116/RS, Rel. Min. Teori Albino Zavascki, 1ª Turma, jul. 20.04.2006, *DJ* 08.05.2006, p. 176).

"As debêntures podem ser penhoradas, desde que se tenha tentado penhorar o dinheiro (Bacenjud – art. 655, I, CPC) [art. 835, I, do CPC/2015] e os demais bens que precedem os títulos e valores mobiliários com cotação em mercado (art. 655, X, CPC) [art. 835, III, do CPC/2015] e não se tenha conseguido. Com efeito, após a entrada em vigor da Lei n. 11.382/2006, a norma aplicável às execuções fiscais não é mais o art. 11 da Lei n. 6.830/80, e sim o art. 655 do CPC [art. 835 do CPC/2015], com a redação dada pela nova lei, em atenção ao que a doutrina chama de 'diálogo das fontes'. Consoante decidiu esta Turma, ao julgar o REsp 1.024.128/PR (Rel. Min. Herman Benjamin, *DJe* 19.12.2008), a novel legislação é mais uma etapa da denominada 'reforma do CPC', conjunto de medidas que vêm modernizando o ordenamento jurídico para tornar mais célere e eficaz o processo como técnica de composição de lides. Trata-se de nova concepção aplicada à teoria geral do processo de execução, que, por essa *ratio*, reflete-se na legislação processual esparsa que disciplina microssistemas de execução, desde que as normas do CPC possam ser subsidiariamente utilizadas para o preenchimento de lacunas" (STJ, REsp 1.241.063/RJ, Rel. Min. Mauro Campbell Marques, 2ª Turma, jul. 06.12.2011, *DJe* 13.12.2011).

7. Bens imóveis (inciso V).

Usucapião extraordinária. Aquisição originária da propriedade. Efeito liberatório. Penhora. "Em virtude dos efeitos *ex tunc* do reconhecimento judicial ou extrajudicial da usucapião, a titularidade do bem é concebida ao possuidor desde o momento em que satisfeitos todos os requisitos para a aquisição originária da propriedade. A usucapião insere-se no rol dos modos originários de aquisição de propriedade, pois não há conexão entre o direito de propriedade que dela surge e o direito de propriedade antecedente. Em razão do efeito liberatório, se a propriedade anterior se extingue pela usucapião, tudo o que gravava o bem – e lhe era acessório – também se extinguirá. Precedentes. Não subsiste eventual penhora incidente sobre o bem objeto de usucapião, pois, extinguindo-se o direito de propriedade ao qual o gravame estava atrelado, não há como prevalecer os ônus que pendiam sobre o bem, ainda que destinados a garantir débito de natureza *propter rem*" (STJ, REsp 2.051.106/SP, Rel. Min. Nancy Andrighi, 3ª Turma, jul. 24.10.2023, *DJe* 23.11.2023).

Vagas de garagem.

Limitação da alienação. "Nos termos do art. 1.331, § 1º, do Código Civil, na redação dada pela Lei 12.607/2012, 'as partes suscetíveis de utilização independente, tais como apartamentos, escritórios, salas, lojas e sobrelojas, com as respectivas frações ideais no solo e nas outras partes comuns, sujeitam-se a propriedade exclusiva, podendo ser alienadas e gravadas livremente por seus proprietários, exceto os abrigos para veículos, que não poderão ser alienados ou alugados a pessoas estranhas ao condomínio, salvo autorização expressa na convenção de condomínio'" (STJ, REsp 2.008.627/RS, Rel. Min. Assusete Magalhães, 2ª Turma, ac. 13.09.2022, *DJe* 20.09.2022).

"As vagas de garagem de apartamento residencial, individualizadas como unidades autônomas, com registros individuais e matrículas próprias, podem ser penhoradas, não se enquadrando na hipótese prevista no art. 1º da Lei nº 8.009/90" (STJ, AGA 377.010/SP, Rel. Min. Antônio de Pádua Ribeiro, 3ª Turma, *DJ* 08.10.2001, p. 215).

Bem indivisível de terceiro. Hasta pública. "O Superior Tribunal de Justiça entende que, em execução, a fração ideal de bem indivisível pertencente a terceiro não pode ser levada a hasta pública, de modo que se submetem à constrição judicial apenas as frações ideais de propriedade dos respectivos executados" (STJ, REsp 1.196.284/RS, Rel. Min. Herman Benjamin, 2ª Turma, jul. 26.08.2010, *DJe* 16.09.2010).

Bem situado em outra comarca. Possibilidade de recusa. "Constata-se que a indicação à penhora de bem imóvel situado em outra comarca pode ser recusada pelo credor, uma vez que a execução se faz em seu interesse e tendo esse justificado tal atitude" (STJ, REsp 463.129/CE, Rel. Min. Franciulli Netto, 2ª Turma, jul. 07.12.2004, *DJ* 02.05.2005, p. 266).

Penhora de unidade condominial alugada. Sentença contra o locatário. Ver jurisprudência do art. 784, X, do CPC/2015.

8. Cotas sociais (inciso IX)

Cotas de sociedade limitada.

"É possível a penhora de cotas de sociedade limitada, porquanto prevalece o princípio de ordem pública, segundo o qual o devedor responde por suas dívidas com todos os seus bens presentes e futuros, não sendo, por isso mesmo, de se acolher a oponibilidade da *affectio societatis*. É que, ainda que o estatuto social proíba ou restrinja a entrada de sócios estranhos ao ajuste originário, é de se facultar à sociedade (pessoa jurídica) remir a execução ou o bem, ou, ainda, assegurar a ela e aos demais sócios o direito de preferência na aquisição a tanto por tanto" (STJ, REsp 201.181/SP, Rel. Min. Fernando Gonçalves, 6ª Turma, jul. 29.03.2000, *DJ* 02.05.2000). **No mesmo sentido:** STJ, AgRg no Ag 347.829/SP, Rel. Min Ari Pargendler, 3ª Turma, jul. 27.08.2001, *DJ* 01.10.2001, p. 214.

Execução. Dívida particular de sócio. Penhora. Quotas sociais. Sociedade em recuperação judicial. Possibilidade (inciso IX). "É possível, uma vez verificada a inexistência de outros bens passíveis de constrição, a penhora de quotas sociais de sócio por dívida particular por ele contraída sem que isso implique abalo na *affectio societatis*. Precedentes. Não há vedação para a penhora de quotas sociais de sociedade empresária em recuperação judicial, já que não enseja, necessariamente, a liquidação da quota" (STJ, REsp 1.803.250/SP, Rel. Min. Ricardo Villas Bôas Cueva, 3ª Turma, jul. 23.06.2020, *DJe* 01.07.2020).

9. Faturamento de empresa (inciso X):

Requisitos. "As Turmas que compõem a Segunda Seção deste Tribunal têm admitido a penhora sobre o faturamento da empresa desde que, cumuladamente: a) o devedor não possua bens ou, se os possuir, sejam esses de difícil execução ou insuficientes a saldar o crédito demandado, b) haja indicação de administrador e esquema de pagamento (CPC, art. 677) [art. 862 do CPC/2015] e c) o percentual fixado sobre o faturamento não torne inviável o exercício da atividade empresarial. Recurso especial parcialmente provido" (STJ, REsp 866.382/RJ, Rel. Min. Nancy Andrighi, 3ª Turma, jul. 11.11.2008, *DJe* 26.11.2008). **No mesmo sentido:** TRF2, AI 0016322-49.2013.4.02.0000, 3ª Turma, Rel. Des. Lana Regueira, jul. 27.10.2015, *DJ* 06.11.2015; STJ, AgRg no Ag 1.293.419/RJ, Rel. Min. Luis Felipe Salomão, 4ª Turma, jul. 07.02.2012, *DJe* 13.02.2012.

Valor diminuto da constrição. "Conquanto mereça tempero, em certos casos, a aplicação da norma do art. 655 do CPC [art. 835 do CPC/2015], posto que a penhora em dinheiro pode impedir ou dificultar a própria atividade empresarial da executada, onerando-a em demasia, e, assim, contrariando o preceituado no art. 620 do mesmo Código adjetivo [art. 805 do CPC/2015], tal não ocorre quando o valor objeto da constrição é diminuto e, de outro lado, cuida-se de empresa de grande porte" (STJ, REsp 623.601/RS, Rel. Min. Aldir Passarinho Junior, 4ª Turma, jul. 08.11.2005, *DJ* 12.12.2005, p. 391).

Renda líquida de jogo do clube. "Penhora de 30% da receita da **renda líquida** de jogo do clube. Não recomendação da medida. Caução descabida" (TJRJ, AI 2.545/97, Rel. Des. Perlingeiro Lovisi, 8ª Câmara Cível, jul. 09.09.1997).

Cota de televisionamento. "Penhora da totalidade da **cota de televisionamento** de jogo do recorrente. Não recomendação da medida" (TJRJ, AI 2.811/97, Rel. Des. Perlingeiro Lovisi, 8ª Câmara Cível, jul. 09.09.1997).

Faturamento de sociedade cooperativa. Possibilidade. "A executada, apesar de citada, não pagou o débito; muito menos logrou êxito em apresentar outros bens passíveis de penhora, o que possibilitou a adoção de medida extrema, em percentual módico, que não afeta o livre desempenho das atividades econômicas da empresa" (STJ, REsp 783.227/SP, Rel. Min. Humberto Martins, 2ª Turma, jul. 24.04.2007, *DJe* 27.11.2008).

Existência de mais de uma penhora sobre faturamento. "A existência de mais de uma ordem de penhora sobre faturamento, proveniente de juízos diferentes, não inviabiliza a medida. Na sua execução, o administrador deverá observar a ordem de preferência para os pagamentos" (STJ, Ag 1.380.194/SC, Rel. Min. Nancy Andrighi, 3ª Turma, jul. 06.12.2011, *DJe* 16.12.2011).

Concessionária de serviço essencial. "A penhora sobre o faturamento é medida excepcional, somente sendo admitida quando esgotados os esforços para localização de bens aptos a garantir a execução. Precedentes. Em se tratando de concessionária, a penhora não pode comprometer o desenvolvimento de serviço público essencial. Hipótese em que foram recusados, sem fundamentação, bens imóveis nomeados à penhora e determinado o bloqueio irrestrito e imediato levantamento em prol da exequente de valores em todas as contas da concessionária, vinculadas ao desenvolvimento do serviço público" (STJ, REsp 1.057.076/MA, Rel. Min. Maria Isabel Gallotti, 4ª Turma, jul. 07.12.2017, *DJe* 15.12.2017).

Modificações introduzidas pelo CPC/2015. Impossibilidade de equiparação à penhora de dinheiro. Critérios para aplicação do princípio da menor onerosidade. Ver jurisprudência do art. 866 do CPC/2015.

10. Pedras preciosas (inciso XI).

"Objetivando a penhora a expropriação de bens para garantir a execução, de ser indeferida a nomeação de pedras brutas de esmeralda, de aplicação em atividade específica, sem a comprovação de liquidez e potencial de mercado que possibilitem a conversão em moeda corrente que satisfaça o direito do credor. Ineficaz a nomeação, será livre a penhora que recairá em bens passíveis de garantir a execução; se não encontrados pelo Oficial de Justiça, assiste ao credor o direito de requerer a penhora de parte do faturamento do devedor" (2º TACívSP, AI 717.563-00/5, Rel. Juiz Norival Oliva, 2ª Câmara Cível, *DOESP* 19.04.2002). **No mesmo sentido:** 1º TACívSP, AI 1072684-6 (42528)/SP, Rel. Juiz Luiz Burza Neto, 8ª Câmara Cível, jul. 06.03.2002.

Difícil comercialização. Rejeição lícita. "É lícita a rejeição de lote de joias avaliadas unilateralmente e de difícil comercialização na comarca em que tramita a execução, razão pela qual a incidência da penhora sobre crédito que o executado tem com terceiro é válida" (TAMG, AI 359.733-1, Rel. Juiz Alberto Vilas Boas, 2ª Câmara Cível, jul. 09.04.2002).

11. Penhora dos direitos dos devedores fiduciantes. Possibilidade (Inciso XII). Ver jurisprudência do art. 833 do CPC/2015.

12. Outros direitos (inciso XIII).

Penhora do exercício do usufruto. Possibilidade. "O entendimento desta Corte é no sentido de possibilidade de penhora do exercício do direito de usufruto, bem como pela aplicação da regra do art. 3º, VII, da Lei 8.009/90 que exclui o bem de família de fiador de contrato de locação da garantia de impenhorabilidade" (STJ, AgInt no REsp 1.662.963/SP, Rel. Min. Luis Felipe Salomão, 4ª Turma, jul. 17.08.2017, *DJe* 28.08.2017).

Direitos hereditários.

"Se a lei admite a penhora de direitos hereditários (art. 655, X, CPC) [art. 835, III, do CPC/2015], não pode vedar a sua alienação judicial, de forma que cabe ao credor escolher em realizar a alienação dos direitos hereditários, antes da partilha, ou aguardar a realização desta, a fim de que o praceamento se refira especificamente ao bem que tocar ao devedor no inventário. O que não se admite é o praceamento dos bens do espólio que não figuram no polo passivo da execução" (TJMS, AI 2002.000909-2, Rel. Des. Joenildo de Sousa Chaves, 2ª Turma Cível, jul. 15.04.2002).

Arrematação sobre o direito a uma cota da herança. "Penhora de direito hereditário no rosto dos autos de inventário possibilidade de a execução prosseguir, embora não feita a partilha, com a alienação do direito do herdeiro. A arrematação recairá não sobre determinado bem do acervo, mas sobre o direito a uma cota da herança" (STJ, REsp 2.709/SP, Rel. Min. Gueiros Leite, Rel. p/ Acórdão Min. Eduardo Ribeiro, 3ª Turma, jul. 02.10.1990, *DJ* 19.11.1990, p. 13.258).

Direitos de cunho patrimonial. Possibilidade de penhora. "São penhoráveis os direitos hereditários de cunho patrimonial. Não há necessidade de ajuizamento de ação própria para desconstituir a sentença homologatória de partilha, pois o reconhecimento da ocorrência de fraude nos autos da execução não implica sua desconstituição, mas, tão somente, a ineficácia das cessões efetuadas pelos herdeiros em relação ao credor/exequente" (STJ, REsp 1.105.951/RJ, Rel. Min. Sidnei Beneti, 3ª Turma, jul. 04.10.2011, *DJe* 14.10.2011).

Crédito de precatório.

"Deveras, a execução deve ser promovida pelo meio menos gravoso ao devedor. Inteligência do art. 620 do CPC [art. 805 do CPC/2015]. Consequentemente, **admite-se a nomeação, para fins de garantia do juízo, de crédito da própria Fazenda Estadual** consubstanciado em precatório, máxime por suas características de certeza e liquidez, que se exacerbam quando o próprio exequente pode aferir-lhe a inteireza" (STJ, REsp 480.351/SP, Rel. Min. Luiz Fux, 1ª Turma, jul. 03.06.2003, *DJ* 23.06.2003, p. 260). **No mesmo sentido:** STJ, AGREsp 399.557/PR, Rel. Min. José Delgado, 1ª Turma, jul. 18.04.2002, *DJ* 13.05.2002, p. 170.

"O **crédito representado por precatório é bem penhorável**, mesmo que a entidade dele devedora não seja a própria exequente. Assim, a recusa, por parte do exequente, da nomeação feita pelo executado pode ser justificada por qualquer das causas previstas no CPC (art. 656) [art. 848 do CPC/2015], mas não pela impenhorabilidade do bem oferecido. O regime aplicável à penhora de precatório é o da penhora de crédito, ou seja: 'o credor será satisfeito (a) pela sub-rogação no direito penhorado ou (b) pelo dinheiro resultante da alienação desse dinheiro a terceiro. (...) Essa sub-rogação não é outra coisa senão a adjudicação do crédito do executado, em razão da qual ele se tornará credor do terceiro e poderá (a) receber do terceiro o bem, (b) mover ao terceiro as demandas adequadas para exigir o cumprimento ou (c) prosseguir como parte no processo instaurado pelo executado em face do terceiro' (Dinamarco, Cândido Rangel. *Instituições de Direito Processual Civil*, v. IV, 2ª ed., SP, Malheiros)" (STJ, AgRg no REsp 826.260/RS, Rel. Min. José Delgado, Rel. p/ ac. Min. Teori Albino Zavascki, 1ª Turma, jul. 20.06.2006, *DJ* 07.08.2006, p. 205). **No mesmo sentido:** STJ, AgRg no AI 1.122.366, Rel. Min. Denise Arruda, 1ª Turma, jul. 03.11.2009; AgRg no REsp 1.254.126/SP, Rel. Min. Castro Meira, 2ª Turma, jul. 14.02.2012, *DJe* 05.03.2012.

"Não se equiparando o precatório a dinheiro ou fiança bancária, mas a direito de crédito, **pode a Fazenda Pública recusar a substituição por quaisquer das causas previstas no art. 656 do CPC** [art. 848 do CPC/2015] **ou nos arts. 11 e 15 da LEF**" (STJ, REsp 1.090.898/SP, Rel. Min. Castro Meira, 1ª Seção, jul. 12.08.2009, *DJe* 31.08.2009). **No mesmo sentido:** STJ, AgRg no REsp 1.221.939/RS, Rel. Min. Benedito Gonçalves, 1ª Turma, jul. 27.09.2011, *DJe* 30.09.2011.

Bem objeto de contrato de *leasing*. Impenhorabilidade. Ver jurisprudência do art. 833 do CPC/2015.

Bem objeto de contrato de alienação fiduciária. Impenhorabilidade. Ver jurisprudência do art. 833 do CPC/2015.

Promessa de compra e venda. Ver jurisprudência do art. 833 do CPC/2015.

"É juridicamente possível o pedido de alienação judicial de bem imóvel objeto de compromisso de compra e venda, especialmente diante da possibilidade, em tese, de aquiescência da promitente vendedora quanto aos termos da pretendida alienação" (STJ, REsp 1.501.549/RS, Rel. Min. Nancy Andrighi, 3ª Turma, jul. 08.05.2018, *DJe* 11.05.2018).

Direitos aquisitivos decorrentes de promessa de compra e venda. Exequente é o proprietário/promitente vendedor. Possibilidade. "O CPC/15 autoriza a penhora dos direitos aquisitivos derivados de promessa de compra e venda e de alienação fiduciária em garantia (art. 835, inciso XII). Constrição que não recai sobre o bem objeto do contrato, mas sobre os direitos – com expressão econômica – que derivam da relação obrigacional firmada pelo executado. Precedentes desta Corte. A penhora de direitos aquisitivos decorrentes de contrato de promessa de compra e venda independe do registro do negócio jurídico. O exequente, após os devidos atos expropriatórios, adquirirá os direitos aquisitivos penhorados no estado em que se encontrarem, sejam de caráter pessoal, sejam real – a depender da existência ou não do registro da avença. No que tange às consequências da penhora sobre direitos aquisitivos, estabelece o art. 857 do CPC/15 que, 'feita a penhora em direito e ação do executado, e não tendo ele oferecido embargos ou sendo estes rejeitados, o exequente ficará sub-rogado nos direitos do executado até a concorrência de seu crédito'. Nos termos do § 1º, pode o exequente preferir, ao invés da sub-rogação, a alienação judicial do direito penhorado. Na situação de o executado ser o titular de direitos de aquisição de imóvel e o exequente ser o proprietário desse mesmo bem, podem ser de duas ordens as consequências da penhora sobre direitos aquisitivos: (I) ao escolher a sub-rogação, eventualmente, poderá ocorrer a confusão, na mesma pessoa, da figura de promitente comprador e vendedor, conforme art. 381 do CC/02; ou (II) ao optar pela alienação judicial do título, seguir-se-ão os trâmites pertinentes e o exequente perceberá o valor equivalente (art. 879 e seguintes do CPC/15). Nesta hipótese, o terceiro arrematante se sub-rogará nos direitos e obrigações decorrentes do contrato, tornando-se titular do crédito, e se apropriará do produto da cobrança do crédito e, uma vez satisfeito o crédito que arrematou, será obrigado a dar quitação ao devedor. Não há, em tese, restrição legal para o deferimento da penhora dos direitos aquisitivos decorrentes de contrato de promessa de compra e venda, ainda que o exequente seja o promitente vendedor/proprietário do imóvel e que a referida avença tampouco esteja registrada. Recorda-se, no ponto, a natureza instrumental da penhora, a constituir tão somente pressuposto para os ulteriores atos executivos. Trata-se de conclusão que privilegia os interesses do credor, sem onerar sobremaneira o devedor (art. 805 do CPC/15). No ponto, obstar o exequente de penhorar os direitos aquisitivos coloca-o em desvantagem frente a eventuais credores, uma vez que é a partir do ato de constrição propriamente dito que exsurge a preferência na execução de tais direitos (art. 797, *caput*, CPC/15). Hipótese em que o acórdão recorrido decidiu que não há como penhorar direitos aquisitivos de contrato de compra e venda quando o exequente figura como proprietário/promitente vendedor do imóvel objeto da avença. Necessidade de reforma do *decisum*" (STJ, REsp 2.015.453/MG, Rel. Min. Nancy Andrighi, 3ª Turma, jul. 28.02.2023, *DJe* 02.03.2023).

Direitos aquisitivos derivados da aquisição do imóvel alienado fiduciariamente. "Os direitos aquisitivos derivados da aquisição do imóvel alienado fiduciariamente (art. 835, XII, do CPC), desaparecem com a consolidação da propriedade em favor do credor fiduciário, ante o inadimplemento do devedor fiduciante" (STJ, REsp 1.835.431/SP, Rel. Min. Moura Ribeiro, 3ª Turma, jul. 19.03.2024, *DJe* 21.03.2024).

Cheques prescritos. "Não convindo ao credor a nomeação de bens feita pela devedora, poderá impugná-la, como no caso em concreto, em que a devedora nomeou à penhora crédito representado por cheques prescritos. O direito à nomeação é relativo e condicionado a gradação estabelecida nos incisos do art. 655 do CPC [art. 835 do CPC/2015] e demais restrições legais, como a do art. 656 [art. 848 do CPC/2015], tornando ineficaz a nomeação feita em detrimento do ordenamento jurídico" (TJRS, AI 70003578887, Rel. Des. Genaceia da Silva Alberton, 16ª Câmara Cível, jul. 20.02.2002).

Direito possessório. "Tratando-se de imóvel situado em condomínio irregular, a penhora não recairá sobre a propriedade do imóvel, mas sobre os direitos possessórios que o devedor tenha. O artigo 655, XI [art. 835, XIII, do CPC/2015], do Código de Processo Civil prevê a penhora de direitos, o que autoriza a constrição do direito possessório, em especial nas situações em que o direito possui expressão econômica e integra o patrimônio do devedor" (STJ, REsp 901.906/DF, Rel. Min. João Otávio de Noronha, 4ª Turma, jul. 04.02.2010, *DJe* 11.02.2010).

13. Substituição de penhora (§ 2º).

Recusa pelo credor. Possibilidade. "É lícito ao credor recusar a substituição de penhora incidente sobre bem imóvel por debêntures da Companhia Vale do Rio do Doce. A alteração da ordem legal de preferência quanto aos bens penhoráveis, em benefício exclusivo do devedor com supedâneo no art. 620 do CPC [art. 805 do CPC/2015], contraria o sistema legal de execução, estruturado de acordo com o grau de aptidão satisfativa do bem penhorável. As debêntures, enquanto valores mobiliários comercializados em bolsa de valores, apesar da solidez da companhia emitente, tem liquidez questionável, porquanto sujeita às oscilações constantes do mercado mobiliário" (STJ, REsp 1.186.327/SP, Rel. Min. Nancy Andrighi, 3ª Turma, jul. 10.09.2013, *DJe* 19.09.2013).

Fiança bancária ou seguro-garantia judicial são equiparados ao dinheiro. Suspensão da exigibilidade do crédito não tributário. "Inexistindo previsão legal de suspensão de exigibilidade de crédito não tributário no arcabouço jurídico brasileiro, deve a situação se resolver, no caso concreto, mediante as técnicas de integração normativa de correção do sistema previstas no art. 4º. da LINDB. O dinheiro, a fiança bancária e o seguro-garantia são equiparados para os fins de substituição da penhora ou mesmo para garantia do valor da dívida ativa, seja ela tributária ou não tributária, sob a ótica alinhada do § 2º do art. 835 do Código Fux c/c o inciso II do art. 9º da Lei 6.830/1980, alterado pela Lei nº 13.043/2014. É cabível a suspensão da exigibilidade do crédito não tributário a partir da apresentação da fiança bancária e do seguro-garantia judicial, desde que em valor não inferior ao do débito constante da inicial, acrescido de trinta por cento, nos moldes previstos no art. 151, inciso II, do CTN c/c o art. 835, § 2º, do Código Fux e o art. 9º, § 3º, da Lei 6.830/1980, uma vez que não há dúvida quanto à liquidez de tais modalidades de garantia, permitindo, desse modo, a produção dos mesmos efeitos jurídicos do dinheiro. Não há razão jurídica para inviabilizar a aceitação do seguro garantia judicial, porque, em virtude da natureza precária do decreto de suspensão da exigibilidade do crédito não tributário (multa administrativa), o postulante poderá solicitar a revogação do decreto suspensivo caso em algum momento não viger ou se tornar insuficiente a garantia apresentada" (STJ, REsp 1.381.254/PR, Rel. Min. Napoleão Nunes Maia Filho, 1ª Turma, jul. 25.06.2019, *DJe* 28.06.2019).

Fiança bancária.

Desnecessidade de anuência do credor/exequente. Não podem ser rejeitados, salvo por insuficiência, defeito formal ou inidoneidade. "Dentro do sistema de execução, a fiança bancária e o seguro-garantia judicial produzem os mesmos efeitos jurídicos que o dinheiro para fins de garantir o juízo, não podendo o exequente rejeitar a indicação, salvo por insuficiência, defeito formal ou inidoneidade da salvaguarda oferecida" (STJ, REsp 1.691.748/PR, Rel. Min. Ricardo Villas Bôas Cueva, 3ª Turma, jul. 07.11.2017, *DJe* 17.11.2017).

"Precedente desta Terceira Turma a afirmar que: 'dentro do sistema de execução, a fiança bancária e o seguro-garantia judicial produzem os mesmos efeitos jurídicos que o dinheiro para fins de garantir o juízo, não podendo o exequente rejeitar a indicação, salvo por insuficiência, defeito formal ou inidoneidade da salvaguarda oferecida' (REsp 1.691.748/PR, *DJe* 17/11/2017). Hipótese em que o acórdão recorrido manteve a decisão do Juízo de primeiro grau que deferiu a substituição da penhora de ativos financeiros dos recorridos por seguro-garantia judicial, sob o fundamento de que, na sistemática do CPC/15, ao executado é facultada a referida substituição, desde que com acréscimo de 30% no valor do débito, sendo prescindível a aceitação pelo exequente/recorrente. Necessidade de manutenção do *decisum*" (STJ, REsp 2.034.482/SP, Rel. Min. Nancy Andrighi, 3ª Turma, jul. 21.03.2023, *DJe* 23.03.2023).

Substituição do bem dado em garantia real pela fiança bancária. Possibilidade. "Ao interpretar as normas que regem a execução, deve-se extrair a maior efetividade possível ao procedimento executório. Tratando-se de pretensão de substituição de penhora, também é preciso avaliar se estão preenchidos os requisitos estabelecidos no art. 847, *caput*, do CPC/2015, a saber: (i) a substituição não deve prejudicar o exequente e (ii) deve ser menos onerosa ao executado. (...) A transmutação do bem dado em garantia em dinheiro exige a realização de uma série de atos, além de reivindicar tempo e gastos. Não só, o resultado obtido com a venda do bem pode não ser suficiente para saldar a dívida, pois é possível que desde a constituição da garantia até a sua excussão o bem tenha sofrido desvalorização. Assim, a fiança bancária, em contraposição à garantia real, é mais favorável ao exequente, bem como prestigia o interesse público na razoável duração do processo (art. 5º, LXXVIII, da CF). O segundo pressuposto, consistente na menor onerosidade ao executado, deve ser avaliado caso a caso, sendo seu o ônus de comprová-lo. Na hipótese em julgamento, os bens penhorados guardam relação com a atuação da empresa recorrente. Essa circunstância revela que a fiança bancária será menos onerosa à parte executada do que a penhora dos bens dados em garantia real" (STJ, REsp 1.851.436/PR, Rel. Min. Nancy Andrighi, 3ª Turma, jul. 09.02.2021, *DJe* 11.02.2021).

Substituição da penhora em dinheiro por fiança bancária. "Nos termos da jurisprudência do Superior Tribunal de Justiça, a substituição da penhora em dinheiro por fiança bancária ou seguro-garantia judicial deve ser admitida apenas em hipóteses excepcionais, a fim de evitar dano grave ao devedor" (STJ, AgInt no AREsp 1.281.694/SC, Rel. Min. Raul Araújo, 4ª Turma, jul. 05.09.2019, *DJe* 25.09.2019).

Substituição por fiança bancária. "A penhora, seja convencional ou *on-line*, como ato preparatório do processo de execução, pode ser substituída por fiança bancária. A fiança bancária equivale a depósito bancário (art. 15, I, Lei 6.830/80). Legalidade da substituição permitida pelo legislador (art. 15 LEF)" (STJ, AgRg no REsp 1.058.533/RJ, Rel. Min. Herman Benjamin, Rel. p/ Acórdão Min. Eliana Calmon, 2ª Turma, jul. 18.12.2008, *DJe* 27.04.2009).

Anuência da Fazenda Pública. Necessidade. "Por outro lado, encontra-se assentado o entendimento de que fiança bancária não possui o mesmo *status* que dinheiro, de modo que a Fazenda Pública não é obrigada a sujeitar-se à substituição do depósito (AgRg nos EAREsp 415.120/PR, Rel. Ministro Napoleão Nunes Maia Filho, Primeira Seção, *DJe* 27/5/2015; AgRg no REsp 1.543.108/SP, Rel. Ministro Humberto Martins, Segunda Turma, *DJe* 23/9/2015; REsp 1.401.132/PE, Rel. Ministro Mauro Campbell Marques, Segunda Turma, *DJe* 12/11/2013). A mesma *ratio decidendi* deve ser aplicada à hipótese do seguro-garantia, a ela equiparado no art. 9º, II, da LEF. A propósito, em precedente específico, não se admitiu a substituição de depósito em dinheiro por seguro-garantia, sem concordância da Fazenda Pública (AgRg no AREsp 213.678/SE, Rel. Ministro Mauro Campbell Marques, Segunda Turma, *DJe* 24/10/2012)" (STJ, REsp 1.592.339/PR, Rel. Min. Herman Benjamin, 2ª Turma, jul. 17.05.2016, *DJe* 01.06.2016).

Fazenda Pública. Substituição de imóveis por seguro-garantia. Desnecessidade de anuência. "Entretanto, na hipótese dos autos, a substituição por seguro-garantia não ocorre em cima de penhora de dinheiro, mas de imóveis de propriedade da executada, sendo aplicável o contido no art. 15 da Lei n. 6.830/1980, com redação da Lei n. 13.043, de 2014. Ao analisar a natureza das garantias sob exame, verifica-se que a capacidade da fiança bancária e do seguro-garantia de serem convertidos em dinheiro, ao término do procedimento executivo, coloca-os como opções mais eficientes para a garantia da execução se comparados aos imóveis, o que afasta a necessidade de o executado utilizar do princípio da menor onerosidade para pleitear a substituição, bem assim que a Fazenda Pública seja consultada sobre tal procedimento. Precedentes: AgInt no REsp n. 1.915.046/RJ, relator Ministro Gurgel de Faria, Primeira Turma, julgado em 28/6/2021, *REPDJe* de 27/8/2021, *DJe* de 1º/7/2021 e REsp n. 2.034.482/SP, relatora Ministra Nancy Andrighi, Terceira Turma, julgado em 21/3/2023, *DJe* de 23/3/2023" (STJ, REsp 2.058.838/SP, Rel. Min. Francisco Falcão, 2ª Turma, jul. 19.09.2023, *DJe* 21.09.2023).

Multa. Art. 1.021, §§ 4º e 5º, do CPC. Depósito prévio. Substituição por carta fiança. Possibilidade. Fiador e afiançado na mesma pessoa. Inadmissão. "O STJ admite a possibilidade de substituição do depósito em dinheiro por medidas alternativas de caução, em hipóteses excepcionais, sob o fundamento de que a fiança bancária se justifica por representar mecanismo de menor onerosidade ao devedor, especialmente no curso de demandas judiciais em que a matéria litigiosa não está definitivamente resolvida. A admissão de carta de fiança não deturpa esse objetivo, pois com ela tem-se a garantia da obrigação sem perder o caráter preventivo e o repressivo. Por esta razão, é possível a substituição do depósito prévio em dinheiro por carta fiança para fins de pagamento da multa estipulada no art. 1.021, do CPC. A constituição da fiança bancária, nesse sentido, pressupõe três pessoas distintas: o credor; o devedor-afiançado, ou executado; e o banco-fiador, ou garante. Não sendo aceita, nos termos da jurisprudência desta Corte Superior, a prestação de fiança quando o fiador e o afiançado são a mesma pessoa. Na hipótese dos autos o recorrente apresentou carta fiança na qual figura como fiador e afiançado. Por esta razão, embora reconheça-se que a apresentação de carta fiança serve como substituta do pagamento em dinheiro para fins de cumprimento do art. 1.021, § 5º, do CPC, a carta fiança apresentada não serve como garantia fidejussória" (STJ, REsp 1.997.043/MT, Rel. Min. Nancy Andrighi, 3ª Turma, jul. 25.10.2022, *DJe* 27.10.2022).

Seguro-garantia judicial.

Indicação. Possibilidade. Idoneidade. "O seguro-garantia judicial, espécie de seguro de danos, garante o pagamento de valor correspondente aos depósitos judiciais que o tomador (potencial devedor) necessite realizar no trâmite de processos judiciais, incluídas multas e indenizações. A cobertura terá efeito depois de transitada em julgado a decisão ou o acordo judicial favorável ao segurado (potencial credor de obrigação pecuniária *sub judice*) e sua vigência deverá vigorar até a extinção das obrigações do tomador (Circular Susep nº 477/2013). No cumprimento de sentença, a fiança bancária e o seguro-garantia judicial são as opções mais eficientes sob o prisma da análise econômica do direito, visto que reduzem os efeitos prejudiciais da penhora ao desonerar os ativos de sociedades empresárias submetidas ao processo de execução, além de assegurar, com eficiência equiparada ao dinheiro, que o exequente receberá a soma pretendida quando obter êxito ao final da demanda. Por serem automaticamente conversíveis em dinheiro ao final do feito executivo, a fiança bancária e o seguro-garantia judicial acarretam a harmonização entre o princípio da máxima eficácia da execução para o credor e o princípio da menor onerosidade para o executado, a aprimorar consideravelmente as bases do sistema de penhora judicial e a ordem de gradação legal de bens penhoráveis, conferindo maior proporcionalidade aos meios de satisfação do crédito ao exequente. A idoneidade da apólice de seguro-garantia judicial deve ser aferida mediante verificação da conformidade de suas cláusulas às normas editadas pela autoridade competente, no caso, pela Superintendência de Seguros Privados – Susep, sob pena de desvirtuamento da verdadeira intenção do legislador ordinário. A renovação da apólice, a princípio automática, somente não ocorrerá se não houver mais risco a ser coberto ou se apresentada nova garantia. Se não renovada a cobertura ou se o for extemporaneamente, caraterizado estará o sinistro, nos termos do Ofício nº 23/2019/SUSEP/D1CON/CGCOM/COSET, abrindo-se para o segurado a possibilidade de execução da apólice em face da seguradora" (STJ, REsp 1.838.837/SP, Rel. p/ acórdão Min. Ricardo Villas Bôas Cueva, 3ª Turma, jul. 12.05.2020, *DJe* 21.05.2020).

Equiparação a dinheiro. Princípio da menor onerosidade para o devedor e da máxima eficácia da execução para o credor. Compatibilização. "O § 2º do art. 835 do CPC/2015, para fins de substituição da penhora, equiparou a dinheiro a fiança bancária e o seguro-garantia judicial, desde que em valor não inferior ao do débito constante da inicial, acrescido de 30% (trinta por cento). (...) A simples fixação de prazo de validade determinado na apólice e a inserção de cláusula condicionando os efeitos da cobertura ao trânsito em julgado da decisão não implicam, por si sós, inidoneidade da garantia oferecida. A renovação da apólice, a princípio automática, somente não ocorrerá se não houver mais risco a ser coberto ou se apresentada nova garantia. Se não renovada a cobertura ou se o for extemporaneamente, caraterizado estará o sinistro, de acordo com a regulamentação estabelecida pela Susep, abrindo-se para o segurado a possibilidade de execução da apólice em face da seguradora" (STJ, REsp 2.025.363/GO, Rel. Min. Ricardo Villas Bôas Cueva, 3ª Turma, jul. 04.10.2022, *DJe* 10.10.2022).

Pagamento da indenização antes do trânsito em julgado. Ilegalidade. "A exegese do art. 32, § 2º, da LEF revela carecer de finalidade o ato judicial que intima a seguradora a realizar o pagamento da indenização do seguro garantia judicial antes da ocorrência do trânsito em julgado da sentença desfavorável ao devedor" (STJ, AgInt no AREsp 2.310.912/MG, Rel. p/acórdão Min. Gurgel de Faria, 1ª Turma, jul. 20.02.2024, *DJe* 12.04.2024).

14. Bem dado em garantia. Preferência (§ 3º). "Na execução de crédito hipotecário, a penhora recairá sobre o bem dado em garantia, independentemente de nomeação. Art. 655, § 2º, do CPC" [art. 842 do CPC/2015] (STJ, AGA 300.295/GO, Rel. Min. Barros Monteiro, 4ª Turma, jul. 16.10.2001, *DJ* 25.03.2002).

"A regra contida no § 2º do art. 655 do CPC [art. 842 do CPC/2015] tem que ser interpretada com temperamento, por isso mesmo que, em caráter excepcional, **pode o exequente, credor hipotecário em terceiro grau, recusar a nomeação do imóvel hipotecado e indicar outros do devedor**, sobretudo quando, como no caso, o bem é insuficiente para garantia do juízo. A finalidade da regra contida naquele dispositivo é a de evitar que sobre outros bens do devedor recaia a constrição, se há um que já fora prévia e bastantemente dado para responder pelo débito, o que não se dá na espécie. Inteligência do § 2º do art. 655 do CPC" (STJ, REsp 105.617/MG, Rel. Min. Cesar Asfor Rocha, 4ª Turma, jul. 28.04.1998; *RSTJ* 109/210).

Crédito garantido por penhor. Relatividade. "'Na execução de crédito com garantia hipotecária, pignoratícia ou anticrética, a penhora recairá, preferencialmente, sobre a coisa dada em garantia; se a coisa pertencer a terceiro garantidor, será também esse intimado da penhora' (art. 655, § 1º, do CPC) [art. 835, § 3º, do CPC/2015]. Relatividade da preferência indicada no art. 655, § 1º, do CPC" (STJ, REsp 1.485.790/SP, Rel. Min. Paulo de Tarso Sanseverino, 3ª Turma, jul. 11.11.2014, *DJe* 17.11.2014).

Art. 836. Não se levará a efeito a penhora quando ficar evidente que o produto da execução dos bens encontrados será totalmente absorvido pelo pagamento das custas da execução.

§ 1º Quando não encontrar bens penhoráveis, independentemente de determinação judicial expressa, o oficial de justiça descreverá na certidão os bens que guarnecem a residência ou o estabelecimento do executado, quando este for pessoa jurídica.

§ 2º Elaborada a lista, o executado ou seu representante legal será nomeado depositário provisório de tais bens até ulterior determinação do juiz.

CPC/1973

Art. 659, §§ 2º e 3º.

REFERÊNCIA LEGISLATIVA

CPC/2015, arts. 797 (preferência pela penhora e penhora sobre penhora), 908 (concurso de credores), 909 (disputa entre credores).

BREVES COMENTÁRIOS

Como a execução não visa à ruína do devedor, mas à satisfação do direito do credor, o oficial não realizará a penhora "quando ficar evidente que o produto da execução dos bens encontrados será totalmente absorvido pelo pagamento das custas da execução" (CPC/2015, art. 836, *caput*). Cuida-se de evitar a chamada execução inútil.

Ocorrendo essa hipótese, e também quando não se encontrar quaisquer bens penhoráveis, "o oficial descreverá na certidão os bens que guarnecem a residência ou o estabelecimento do executado, quando este for pessoa jurídica" (art. 836, § 1º). A medida visa dar ao juiz e ao credor condições de apreciar e controlar a deliberação do oficial de não realizar a penhora.

Elaborada essa lista dos bens que o oficial encontrou, ele nomeará o executado ou seu representante legal depositário provisório deles, até ulterior determinação do juiz (§ 2º). O juiz, destarte, analisando os fatos, irá determinar a penhora total ou parcial dos bens ou sua liberação, conforme o caso. Trata-se, como se vê, de uma medida de segurança, com o intuito de evitar eventual fraude por parte do executado.

JURISPRUDÊNCIA SELECIONADA

1. Penhora. Bacenjud/Sisbajud. Valor irrisório. Desbloqueio. Não cabimento. "Pois bem, o Superior Tribunal de Justiça já se manifestou no sentido de que não se pode obstar a penhora *on-line* de numerário ao pretexto de que os valores são irrisórios, por não caracterizar uma das hipóteses de impenhorabilidade ('tal parâmetro não foi eleito pelo legislador como justificativa para a liberação do bem constrito', cf. REsp 1242852/RS, Segunda Turma, *DJe* 10.05.2011; ainda, REsp 1241768/RS, Segunda Turma, *DJe* 13.04.2011; REsp 1187161/MG, Primeira Turma, *DJe* 19.08.2010; AgRg no REsp 1383159/RS, Primeira Turma, *DJe* 13.09.2013). Além disso, ao contrário do que entende a parte agravante, a disposição prevista no art. 836 do CPC não se aplica ao caso dos autos, seja porque a União é isenta de custas processuais, seja porque o bloqueio de valores via sistema Bacenjud nada despende, de modo que todo o montante encontrado nas contas bancárias do executado serve ao abatimento do débito tributário" (STJ, AgInt no REsp 1.878.944/RS, Rel. Min. Herman Benjamin, 2ª Turma, jul. 24.02.2021, *DJe* 01.03.2021).

2. Bem de valor irrisório. "Ao teor de disposição expressa pela dicção do parágrafo segundo do artigo 659 do Código de Processo Civil [art. 836 do CPC/2015], não poderá ser levada a efeito a penhora, quando evidenciado que o produto da execução dos bens encontrados será insuficiente até para o pagamento das custas da execução" (TJGO, Proc. 200601235546, Rel.ª Des.ª Sandra Regina Teodoro Reis, 3ª Câmara Cível, jul. 15.08.2006, *DJ* 01.09.2006).

3. Impenhorabilidade do bem de família (§ 1º). "As disposições da Lei nº 8.009 não impedem o cumprimento do disposto no § 3º do art. 659 do CPC [art. 836 do CPC/2015]. Tal norma objetiva evitar a constrição patrimonial ilegítima possibilitando, ainda, o controle da deliberação do oficial de não realizar a penhora" (STJ, REsp 163.603/PA, Rel. Min. Waldemar Zveiter, 3ª Turma, jul. 12.05.1998, *RSTJ* 110/253).

Subseção II
Da Documentação da Penhora, de seu Registro e do Depósito

Art. 837. Obedecidas as normas de segurança instituídas sob critérios uniformes pelo Conselho Nacional de Justiça, a penhora de dinheiro e as averbações de penhoras de bens imóveis e móveis podem ser realizadas por meio eletrônico.

CPC/1973

Art. 659, § 6º.

REFERÊNCIA LEGISLATIVA

CPC/2015, arts. 797 (preferência pela penhora e penhora sobre penhora), 908 (concurso de credores), 909 (disputa entre credores).

SÚMULAS

Súmula do STJ:

nº 375: "O reconhecimento da fraude à execução depende do registro da penhora do bem alienado ou da prova de má-fé do terceiro adquirente".

BREVES COMENTÁRIOS

Uma importante medida procedimental, constante do art. 837 do CPC/2015, é a franquia para a utilização da comunicação eletrônica para as averbações de penhora sobre bens que constem de assentos em registros públicos, como imóveis, veículos, ações e cotas sociais, valores mobiliários etc. Entretanto, a utilização da via eletrônica não será imediata e livre. Dependerá de adoção pelo Conselho Nacional de Justiça de providências administrativas para estabelecer convênios e normas operacionais que possam conferir segurança e uniformidade aos procedimentos. Essas normas já existem, por exemplo, para as relações entre o poder judiciário e o Banco Central, visando a facilitar a penhora sobre dinheiro em depósito bancário ou em aplicação financeira (CPC/2015, art. 854).

Art. 838. A penhora será realizada mediante auto ou termo, que conterá:

I – a indicação do dia, do mês, do ano e do lugar em que foi feita;

II – os nomes do exequente e do executado;

III – a descrição dos bens penhorados, com as suas características;

IV – a nomeação do depositário dos bens.

CPC/1973

Art. 665.

REFERÊNCIA LEGISLATIVA

CPC/2015, arts. 159 a 161 (depositário e administrador).

BREVES COMENTÁRIOS

O mandado executivo, nas obrigações de quantia certa, compreende não só a citação e penhora, mas também a avaliação, conforme prevê o art. 829 do CPC/2015. O auto de penhora, portanto, deverá conter, além da discrição, a avaliação dos bens penhorados (arts. 829, § 1º, e 872).

JURISPRUDÊNCIA SELECIONADA

1. Assinatura do depositário. "Pelo artigo 665 do CPC [art. 838 do CPC/2015] a assinatura do depositário não é indispensável. A nomeação do depositário é ato executório e cria unilateralmente a relação jurídica de depósito. É verdade que a eficácia do ato de nomeação exige a aceitação do depositário. Mas se o devedor, nomeado no ato do depósito, não recusa o encargo e permanece com os bens em seu poder, a sua atitude é de ser considerada como aceitação" (TA Cível RJ, Ag. 27.921, Rel. Juiz Martinho Campos, 6ª Câmara, jul. 11.03.1986, no *Arqs.* TARJ 6/50). **No mesmo sentido:** STJ, no REsp 15.713/MG, Rel. Min. Sálvio de Figueiredo, 4ª Turma, jul. 04.12.91 *DJU* 24.02.92, p. 1.876. **Em sentido contrário:** STF-Pleno, *RTJ* 110/1.049.

2. Novos embargos do devedor. Possibilidade. "É admissível o ajuizamento de novos embargos de devedor, ainda que nas hipóteses de reforço ou substituição da penhora, quando a discussão adstringir-se aos aspectos formais do novo ato constritivo (...)" (STJ, REsp 1.116.287/SP, Rel. Min. Luiz Fux, Corte Especial, jul. 02.12.2009, *DJe* 04.02.2010).

3. Competência do juiz deprecado. "Não interfere na competência do juiz deprecado o deprecante que, após a concretização da penhora feita por carta, substitui o depositário então nomeado por outrem. Juízo deprecado que, ademais, não se considera molestado pela decisão do juiz da execução, por lhe estarem afetas doravante tão somente a avaliação e o praceamento dos bens penhorados" (STJ, CC 2.705/SP, Rel. Min. Barros Monteiro, 2ª Seção, jul. 14.10.1992, *DJ* 15.03.1993, p. 3.776).

4. Ausência nomeação depositário. "A ausência de nomeação do depositário no auto de penhora constitui irregularidade formal sanável, revestindo-se a nulidade do ato, declarada de ofício, na hipótese, em virtude desta omissão, de excessivo rigor, o que não se coaduna com o princípio da instrumentalidade das formas, norteador da processualística moderna" (STJ, REsp 990.502/MS, Rel. Min. Fernando Gonçalves, 4ª Turma, jul. 06.05.2008, *DJe* 19.05.2008).

5. Advogado sem poderes especiais. "É nulo o termo de penhora assinado por advogado que não possui poderes especiais para assinar o respectivo termo e aceitar o encargo de depositário" (STJ, RHC 17.289/MT, Rel. Min. Barros Monteiro, 4ª Turma, jul. 17.03.2005, *DJ* 09.05.2005, p. 406).

Art. 839. Considerar-se-á feita a penhora mediante a apreensão e o depósito dos bens, lavrando-se um só auto se as diligências forem concluídas no mesmo dia.

Parágrafo único. Havendo mais de uma penhora, serão lavrados autos individuais.

CPC/1973

Art. 664.

BREVES COMENTÁRIOS

A penhora implica retirada dos bens da posse direta e livre disposição do devedor. Por isso, será feita "mediante a apreensão e depósito dos bens", seguindo-se a lavratura de um só auto, redigido e assinado pelo oficial de justiça. Naturalmente, também o depositário terá de assiná-lo.

JURISPRUDÊNCIA SELECIONADA

1. Modalidades de documentação da penhora. "Duas são as modalidades de documentação da penhora no Código de Processo Civil: termo de penhora lavrado pelo escrivão (art. 657, primeira parte) [art. 849 do CPC/2015] e auto de penhora, confeccionado pelo oficial de justiça (art. 664, segunda parte) [art. 839 do CPC/2015]" (STJ, REsp 259.272/GO, Rel. Min. Fernando Gonçalves, 4ª Turma, jul. 11.10.2005, *DJ* 07.11.2005, p. 287).

2. Constituição da penhora. "Nos termos do art. 664 do CPC [art. 839 do CPC/2015], 'considerar-se-á feita a penhora mediante a apreensão e o depósito dos bens, lavrando-se um só auto se as diligências forem concluídas no mesmo dia'. Assim, o registro ou a averbação não são atos constitutivos da penhora, que se formaliza mediante a lavratura do respectivo auto ou termo no processo. Não há exigência de averbação imobiliária ou referência legal a tal registro da penhora como condição para definição do direito de preferência, o qual dispensa essas formalidades" (STJ, REsp 1.209.807/MS, Rel. Min. Raul Araújo, 4ª Turma, jul. 15.12.2011, *DJe* 15.02.2012).

3. Falta de declaração do depósito. Ausência de nulidade. "A penhora deve ser real, com a efetiva apreensão do bem. Daí que se completa com o depósito. A falta de declaração de que esse se realizou, entretanto, não haverá de conduzir a nulidade de todo o processo de execução, que se exauriu com realização de hasta pública e pagamento ao credor. Tanto mais que os executados oferecem embargos a execução, não tendo havido o menor prejuízo" (STJ, REsp 85.471/AL, Rel. Min. Eduardo Ribeiro, 3ª Turma, jul. 06.05.1997, *DJ* 09.06.1997, p. 25.534).

Art. 840. Serão preferencialmente depositados:

I – as quantias em dinheiro, os papéis de crédito e as pedras e os metais preciosos, no Banco do Brasil, na Caixa Econômica Federal ou em banco do qual o Estado ou o Distrito Federal possua mais da metade do capital social integralizado, ou, na falta desses estabelecimentos, em qualquer instituição de crédito designada pelo juiz;

II – os móveis, os semoventes, os imóveis urbanos e os direitos aquisitivos sobre imóveis urbanos, em poder do depositário judicial;

III – os imóveis rurais, os direitos aquisitivos sobre imóveis rurais, as máquinas, os utensílios e os instrumentos necessários ou úteis à atividade agrícola, mediante caução idônea, em poder do executado.

§ 1º No caso do inciso II do *caput*, se não houver depositário judicial, os bens ficarão em poder do exequente.

§ 2º Os bens poderão ser depositados em poder do executado nos casos de difícil remoção ou quando anuir o exequente.

§ 3º As joias, as pedras e os objetos preciosos deverão ser depositados com registro do valor estimado de resgate.

CPC/1973

Art. 666.

REFERÊNCIA LEGISLATIVA

CPC/2015, arts. 847 a 864 (penhora, depósito e administração de empresa), 1.058 (depósitos em dinheiro).

Lei n.º 14.973/2024, art. 41 (dispõe sobre depósitos judiciais e extrajudiciais de interesse da União que deverão ser transferidos para a Conta Única do Tesouro Nacional.

SÚMULAS

Súmula Vinculante:

nº 25: "É ilícita a prisão civil de depositário infiel, qualquer que seja a modalidade de depósito".

Súmulas do STJ:

nº 179: "O estabelecimento de crédito que recebe dinheiro, em depósito judicial, responde pelo pagamento da correção monetária relativa aos valores recolhidos".

nº 185: "Nos depósitos judiciais, não incide o imposto sobre operações financeiras".

nº 271: "A correção monetária dos depósitos judiciais independe de ação específica contra o banco depositário".

nº 319: "O encargo de depositário de bens penhorados pode ser expressamente recusado".

BREVES COMENTÁRIOS

A escolha do depositário, no direito antigo, recaía normalmente sobre a pessoa do executado, e somente em caso de discordância do exequente é que se confiavam os bens penhorados a outro depositário, conforme dispunha o *caput* do art. 666 do CPC/1973, em seu texto primitivo.

Atualmente, não há mais a preferência genérica em favor do executado (*i.e.*, do dono dos bens penhorados). O encargo de depositário somente por exceção ser-lhe-á atribuído. A regra geral é o deslocamento do bem penhorado para a guarda de outrem.

Em três situações excepcionais o executado assumirá o encargo, segundo a previsão do art. 840 do CPC/2015:

(a) quando for penhorado imóvel rural, direitos aquisitivos sobre imóvel rural, máquinas, utensílios e instrumentos necessários ou úteis à atividade agrícola. Mas deverá ser prestada caução idônea (inciso III);

(b) quando houver expressa anuência do exequente, qualquer que seja o bem penhorado; de modo que não é mais a impugnação de exequente que afasta o executado da função de depositário, mas é a liberdade do credor que permite, eventualmente, assunção do encargo processual pelo devedor (art. 840, § 2º);

(c) quando os bens penhorados forem de difícil remoção (*v.g.*, maquinário industrial instalado e em funcionamento na fábrica ou estabelecimento do devedor) (art. 840, § 2º).

JURISPRUDÊNCIA SELECIONADA

1. Depositário.

a) Encargo. "Se o credor não concordar, não poderá o devedor assumir o encargo de fiel depositário. Conforme o disposto no art. 666 do CPC [art. 840 CPC/2015], os bens penhorados, sem exceção, podem continuar com o devedor, se nisso convier o credor, e, se este julgar conveniente que sejam tirados do poder do devedor, irão para a guarda do depositário público, ou de depositário particular se não houver depósito público no Juízo da execução" (TJSP, Ag 53.433-1, Rel. Des. Márcio Martins Bonilha, 5ª Câmara, ac. 21.02.1985, *Adcoas*, n. 104.853, 1985).

b) Exoneração do encargo pelo depositário não prescinde de justificativa. "A Súmula 319 do STJ dispõe que: 'O encargo de depositário de bens penhorados pode ser expressamente recusado', por isso que o mesmo tratamento deve ser conferido ao depositário que assume o encargo e, posteriormente, de forma justificada, pleiteia exonerar-se do *munus* posto não poder mais suportar referido ônus" (STJ, REsp 1.120.403/SP, Rel. Min. Luiz Fux, 1ª Turma, jul. 03.12.2009, *DJe* 02.02.2010).

2. Nomeação de depositário.

a) Recusa. "A recusa do depositário nomeado compulsoriamente é possível, com respaldo no art. 5º, II, da CF/88, que consagra 'ninguém será obrigado a fazer ou deixar de fazer alguma coisa senão em virtude de lei' (vide REsp 276.886, Rel. Min. José Delgado, *DJ* de 05.02.01), máxime porque há auxiliares do Juízo capazes de exercer as tarefas equivalentes ao depositário. Súmula 319 do STJ: 'O encargo de depositário de bens penhorados pode ser expressamente recusado'" (STJ, REsp 728.093/SP, Rel. Min. Luiz Fux, 1ª Turma, jul. 14.11.2006, *DJ* 14.12.2006, p. 258). **No mesmo sentido:** STJ, REsp 263.910/SP, Rel. Min. Castro Meira, 2ª Turma, jul. 05.10.2004, *DJ* 16.11.2004, p. 221.

"Sócio de empresa não pode ser obrigado, contra a sua vontade, a aceitar o encargo de depositário judicial. Somente pode ser considerado depositário infiel aquele que aceita o *munus* público, assinando declaração nesse sentido" (STJ, HC 34.229/SP, Rel. Min. Humberto Gomes de Barros, 3ª Turma, jul. 19.08.2004, *DJ* 06.09.2004, p. 256). **No mesmo sentido:** STJ, HC 71.222/SP, Rel. Min. Hélio Quaglia Barbosa, 4ª Turma, jul. 13.02.2007, *DJ* 12.03.2007, p. 234.

b) Recusa. Motivação. "Não é absoluta e discricionária a recusa. Haverá de estar calçada em motivos plausíveis para ser acolhida" (*RT* 593/235, 613/122). **No mesmo sentido:** 1º TACívelSP, Ag 262.465, Rel. Juiz Geraldo Roberto, 3ª Câmara, ac. 01.08.1979, *JTACívSP* 61/133; 2º TACívelSP, MS 268.485-8, Rel. Juiz Costa e Trigueiros, 3ª Câmara, ac. 31.10.1989, *JTACívSP* 120/371; TJRO, Ag 4.564/94, Rel. Des. Renato Martins Mimessi, ac. 14.02.1995, *RT* 726/402.

3. Encargo. Transferência por ato de disposição da parte. Impossibilidade. "A transferência das cotas sociais da empresa não desobriga o depositário, uma vez que o encargo não é transferível por ato de disposição da parte" (STJ, HC 31.505/MG, Rel. Min. Antônio de Pádua Ribeiro, 3ª Turma, jul. 06.05.2004, *DJ* 07.06.2004, p. 214).

4. Substituição de depositário. "Não se justifica que o interesse estritamente privado de um terceiro, estranho ao processo de execução, possa interferir na escolha feita por uma das partes, sem oposição da outra e com a chancela do juiz, a respeito da melhor pessoa para exercer o *munus* público de depositário judicial" (STJ, REsp 876.498/SP, Rel. Min. Sidnei Beneti, 3ª Turma, jul. 18.05.2010, *DJe* 01.06.2010).

5. Possibilidade de o depositário judicial exercer direito de retenção. "Se não foi prestada caução nem foram adiantadas as despesas para cobrir despesas com armazenagem e conservação do produto agrícola depositado, o respectivo armazém, ainda que no múnus público de depositário, pode exercer o direito de retenção de parte do produto até que sejam ressarcidos esses custos e pagos seus honorários" (STJ, REsp 1.300.584/MT, Rel. Min. João Otávio de Noronha, 3ª Turma, jul. 03.03.2016, *DJe* 09.03.2016).

6. Penhora de dinheiro (inciso I). Instituição financeira. "Penhora em dinheiro de instituição financeira, devedora em processo de execução. Desnecessidade de que o valor penhorado seja depositado em outra instituição financeira oficial. Isonomia no tratamento das partes. O depósito judicial feito por instituição financeira oficial, em uma de suas agências bancárias, para segurança do juízo e oposição de embargos do devedor, não viola o tratamento igualitário das partes, e é menos oneroso ao devedor, ainda que ele próprio seja o depositário da quantia. Embora, não haja uma operação física, com exteriorização do ato de depósito, mas operação escritural, inexiste vantagem processual que desequilibre a paridade de partes, devendo a impugnação do credor ser fundada, e não genérica. Da lógica possibilidade da penhora de dinheiro depositado no banco devedor, decorre o cabimento da própria instituição financeira, com lealdade processual, nomear dinheiro de sua propriedade à penhora, requerendo que permaneça como depositário da quantia certa" (STJ, REsp 317.629/SP, Rel. Min. Nancy Andrighi, 3ª Turma, jul. 07.06.2001, *DJ* 25.06.2001, p. 176).

Instituição financeira depositária. Remuneração do capital. Correção monetária e juros remuneratórios. Ver jurisprudência do art. 1.058 do CPC/2015.

Possibilidade de lei estadual autorizar executivo a usar depósitos judiciais. Inconstitucionalidade. "O legislador pernambucano, ao determinar que os depósitos judiciais e extrajudiciais, em dinheiro, à disposição do Poder Judiciário Estadual ou da Secretaria da Fazenda, serão efetuados em Conta Central de Depósitos Procedimentais, usurpa a competência da União para legislar sobre: (i) o Sistema Financeiro Nacional (art. 21, VIII, CF); (ii) a política de crédito e transferência de valores (arts 22, VII, e 192, CF); (iii) direito civil e processual (art. 22, I); e (iv) normas gerais de direito financeiro (art. 24, I, CF) – atuação além dos limites de sua competência suplementar, ao prever hipóteses e finalidades não estabelecidas na norma geral editada pela União. O tratamento legal revela desarmonia do sistema de pesos e contrapesos (art. 2º, CF). Ingerência do Executivo nos numerários depositados por terceiros em razão de processos nos quais o ente federativo não faz parte. Comprometimento da autonomia financeira. Configuração de expropriação de valores pertencentes aos jurisdicionados, em afronta ao direito de propriedade (art. 5º, XXII, CF). Quantias não tributárias e transitórias, depositadas por terceiros em processos nos quais o Estado não figura como parte, usadas para custear despesas estatais sem o consentimento dos depositantes. Caracterização de empréstimo compulsório não previsto no artigo 148 da Constituição da República. Criação, pela lei estadual impugnada, de um endividamento inconstitucional afastado das hipóteses de dívida pública albergadas pela Carta Magna – violação do artigo 167, III. O ato normativo declarado inconstitucional, não obstante viciado na sua origem, possibilitou o manejo dos recursos depositados judicialmente. Modulação dos efeitos da decisão para assentar a validade da lei até a data da publicação da ata do presente julgamento" (ATF, ADI 6.660, Rel. Min. Rosa Weber, Tribunal Pleno, jul. 21.06.2022, *DJe* 29.06.2022).

7. Depósitos judiciais. "A Constituição de 1988 não determina a obrigatoriedade do depósito em banco público dos valores referidos nos arts. 840, inciso I, e 535, § 3º, inciso II, do CPC/2015, os quais não correspondem a 'disponibilidades de caixa' (art. 164, § 3º, da CF/88). Os depósitos judiciais não são recursos públicos, não estão à disposição do Estado, sendo recursos pertencentes aos jurisdicionados. Precedentes: ADI nº 6.660, Rel. Min. Rosa Weber, *DJe* de 29/6/22; ADI nº 5409, Rel. Min. Edson Fachin, Tribunal Pleno, *DJe* de 12/2/20. A obrigatoriedade de depósitos judiciais e de pagamento de obrigações de pequeno valor em bancos públicos cerceia a autonomia dos entes federados e configura ofensa aos princípios da eficiência administrativa, da livre concorrência e da livre-iniciativa. Proposta de interpretação conforme à Constituição de 1988 com base nos parâmetros fixados pelo Conselho Nacional de Justiça no enfrentamento da matéria. (...) Pedido julgado parcialmente procedente para: (...) declarar a inconstitucionalidade da expressão 'na falta desses estabelecimentos' do art. 840, inciso I, da CPC/2015 e conferir interpretação conforme ao preceito para que se entenda que poderá a administração do tribunal efetuar os depósitos judiciais (a) no Banco do Brasil, na Caixa Econômica Federal ou em banco do qual o estado ou o Distrito Federal possua mais da metade do capital social integralizado, ou, (b) não aceitando o critério preferencial proposto pelo legislador e observada a realidade do caso concreto, os regramentos legais e os princípios constitucionais aplicáveis, realizar procedimento licitatório visando à escolha da proposta mais adequada para a administração dos recursos dos particulares" (STF, ADIs 5.737 e 5.492, Rel. p/ acórdão Min. Roberto Barroso, Pleno, jul. 25.04.2023, *DJe* 27.06.2023).

8. Disponibilidade do dinheiro. "Pagamento. Depósito judicial. Não se pode ter como efetuado o depósito, com força liberatória, enquanto a importância em dinheiro não se tornar disponível. O depósito em cheque não opera desde logo essa consequência" (STJ, REsp 5.448/RJ, Rel. Min. Eduardo Ribeiro, 3ª Turma, jul. 18.06.1991, *DJ* 05.08.1991, p. 9.996).

9. Juros e correção monetária. "Os depósitos judiciais são feitos com vencimento de juros e monetariamente corrigidos, ainda que a respectiva guia não mencione tais acréscimos, sem o que ocorreria injustificável enriquecimento ilícito" (TJMG, Ap. 78.972-1, Rel. Des. Paulo Tinoco, 1ª Câmara, jul. 21.08.1990, *Jurisp. Mineira* 111/118).

"O entendimento desta Corte é no sentido de que, após realizado o depósito judicial, a responsabilidade pela correção monetária e juros é da instituição financeira onde o numerário foi depositado. Efetuado o depósito judicial no valor da execução, cessa a responsabilidade do devedor sobre os encargos da quantia depositada, eis que tal responsabilidade passa a ser do banco depositário" (STJ, AgRg no REsp 1.244.700/RS, Rel. Min. Sidnei Beneti, 3ª Turma, jul. 17.05.2011, *DJe* 27.05.2011).

10. Bens móveis penhorados (inciso II). Posse do depositário judicial ou exequente. "Agravo de instrumento. Cumprimento de sentença. Insurgência em face de decisão que indeferiu pedido de remoção do bem móvel (veículo) que pretende ver penhorado. Procedência do inconformismo. De acordo com o art. 840, II, § 1º, do CPC, vigora a regra de que os bens móveis penhorados ficarão em poder do depositário judicial e, na falta deste, ficarão em poder do exequente. Apenas excepcionalmente, nos casos de difícil remoção ou quando consentir o exequente, é que o bem móvel penhorado poderá ficar em poder do executado (§ 2º), que não é o caso dos autos" (TJSP, Agravo de Instrumento 2231738-61.2018.8.26.0000, Rel. Des. Jacob Valente, 12ª Câmara de Direito Privado, jul. 08.02.2019, *DJe* 08.02.2019).

11. Desaparecimento de bens penhorados. "Bens do estoque da empresa oferecidos em penhora, devidamente formalizada, com o compromisso do executado de figurar como depositário. Obrigação do depositário de responder pelo desaparecimento da penhora" (STJ, RHC 19.146/MG, Rel. Min. Eliana Calmon, 2ª Turma, jul. 07.11.2006, *DJ* 23.11.2006, p. 238).

12. Utensílios necessários para o desenvolvimento da atividade empresarial. "Injustificada a remoção dos bens penhorados, pois nada mais que utensílios necessários para o desenvolvimento da atividade empresarial. Autorizar a remoção dos referidos bens importaria em impedir o funcionamento da empresa. Não obstante o que determina o artigo 666, parágrafo 1º, do CPC, deve-se ter que a referida norma não pode ser interpretada isoladamente, sendo necessário harmonizá-la aos princípios da menor onerosidade e da preservação da empresa" (TJRJ, AI 0062746-50.2010.8.19.0000, Rel. Des. Adolpho Andrade Mello, 11ª Câmara Cível, *DORJ* 06.04.2011).

Art. 841. Formalizada a penhora por qualquer dos meios legais, dela será imediatamente intimado o executado.

§ 1º A intimação da penhora será feita ao advogado do executado ou à sociedade de advogados a que aquele pertença.

§ 2º Se não houver constituído advogado nos autos, o executado será intimado pessoalmente, de preferência por via postal.

§ 3º O disposto no § 1º não se aplica aos casos de penhora realizada na presença do executado, que se reputa intimado.

§ 4º Considera-se realizada a intimação a que se refere o § 2º quando o executado houver mudado de endereço sem prévia comunicação ao juízo, observado o disposto no parágrafo único do art. 274.

CJF – JORNADAS DE DIREITO PROCESSUAL CIVIL

II JORNADA

Enunciado 154 – O exequente deve providenciar a intimação do coproprietário no caso da penhora de bem indivisível ou de direito real sobre bem indivisível.

BREVES COMENTÁRIOS

Consumada a penhora, a intimação do executado será feita imediatamente e, em regra, na pessoa de seu advogado ou da sociedade de advogados a que ele pertença (art. 841, *caput* e § 1º). Não havendo advogado constituído nos autos, o executado será intimado pessoalmente, de preferência por via postal (art. 841, § 2º). Em relação à essa diligência, o CPC/2015 previu que, mesmo não sendo encontrado o destinatário no endereço constante dos autos, a intimação será havida como realizada "quando o executado houver mudado de endereço sem prévia comunicação ao juízo" (art. 841, § 4º), desrespeitando a exigência do parágrafo único do art. 274.

Por outro lado, a intimação do advogado tornar-se-á desnecessária sempre que a constrição se realize na presença do executado. Nessa circunstância, ele se reputará intimado naquele momento (art. 841, § 3º).

JURISPRUDÊNCIA SELECIONADA

1. Procuração geral para o foro. Penhora. Intimação pessoal. Desnecessidade. Intimação do procurador constituído válida. "Os atos para os quais são exigidos poderes específicos na procuração encontram-se expressamente previstos na parte final do art. 105 do CPC/15 (art. 38 do CPC/73) e entre eles não está inserido o de receber intimação da penhora, razão pela qual se faz desnecessária a existência de procuração com poderes específicos para esse fim. (...) Além disso, conforme estabelecido na norma veiculada pelo art. 841, §§ 1º e 2º, do CPC/15 (art. 659, §§ 4º e 5º, c/c art. 652, § 4º, do CPC/73), a intimação da penhora deve ser feita ao advogado da parte devedora, reservando-se a intimação pessoal apenas para a hipótese de não haver procurador constituído nos autos. Na hipótese concreta, considera-se válida, portanto, a intimação da penhora feita ao advogado da devedora habilitado nos autos, não havendo, assim, nulidade a ser reconhecida" (STJ, REsp 1904872/PR, Rel. Min. Nancy Andrighi, 3ª Turma, jul. 21.09.2021, *DJe* 28.09.2021).

2. Penhora de imóvel por termo nos autos. Necessidade de intimação pessoal do devedor assistido pela Defensoria Pública. "É necessária, portanto, a intimação pessoal do devedor assistido pela Defensoria Pública para que seja constituído como depositário fiel do bem imóvel penhorado por termo nos autos, como pressuposto lógico do comando contido na Súmula nº 319/STJ, seja em virtude de o ato possuir conteúdo de direito material e demandar comportamento positivo da parte, b) seja em razão de o Defensor, na condição de defensor nomeado e não constituído pela parte, exercer múnus público que impede o seu enquadramento no conceito de 'advogado' para os fins previstos no artigo 659, § 5º, do CPC/73, possuindo apenas, via de regra, poderes gerais para o foro" (STJ, REsp 1.331.719/SP, Rel. p/ acórdão Min. Maria Isabel Gallotti, 4ª Turma, jul. 03.08.2021, *DJe* 04.10.2021).

Art. 842. Recaindo a penhora sobre bem imóvel ou direito real sobre imóvel, será intimado também o cônjuge do executado, salvo se forem casados em regime de separação absoluta de bens.

CPC/1973

Art. 655, § 2º.

REFERÊNCIA LEGISLATIVA

CPC/2015, arts. 646 (nomeação de bens de espólio), 774, parágrafo único (proibição de falar nos autos),793 (credor com direito de retenção), 794 (execução do fiador), 795 (sócio devedor) 805 (execução; forma menos gravosa), 848, III (ineficácia eventual da nomeação de bens), 855 e 856 (penhora em crédito), 857 (penhora em direito e ação), 860 (penhora no rosto dos autos), 864 (penhora de navio ou aeronave).

CC, art. 1.647, II (participação do cônjuge).

BREVES COMENTÁRIOS

No lado passivo da execução, são frequentes os casos de litisconsórcio necessário, como o de marido e mulher, quando a penhora atinge bem imóvel (CPC/2015, art. 842). Em tais circunstâncias a ausência de participação de um dos cônjuges, na formação da relação processual executiva, é causa de nulidade visceral de todo o processo. Somente não haverá necessidade de citação do cônjuge se forem casados em regime de separação absoluta de bens.

JURISPRUDÊNCIA SELECIONADA

1. Penhora sobre imóvel.

a) Intimação do ex-cônjuge. Desnecessidade. "É dispensável a intimação do ex-cônjuge casado sob o regime de separação convencional de bens da penhora sobre bem imóvel de propriedade particular, sobre o qual não tem direito de meação. Na hipótese, não subsiste interesse jurídico do ex-cônjuge em defender o patrimônio a que não faz jus, devendo ser afastado eventual litisconsórcio passivo". (STJ, REsp 1367343/DF, Rel. Min. Ricardo Villas Bôas Cueva, 3ª Turma, jul. 13.12.2016, *DJe* 19.12.2016).

b) Intimação do cônjuge. "É imprescindível a intimação do cônjuge da penhora incidente sobre imóvel do casal. Art. 12, § 1º, da LEF. É desnecessária a autorização ou a participação do cônjuge nos embargos à execução, bastando à validade do processo sua intimação da penhora" (STJ, REsp 1.026.276/PB, Rel. Min. Eliana Calmon, 2ª Turma, jul. 07.10.2008, *DJe* 04.11.2008).

"A decisão atacada foi proferida em sintonia com o entendimento desta Corte no sentido de que, 'se a penhora incide sobre bens imóveis, a **falta de intimação do cônjuge da executada não faz nula a penhora** que, apenas, deve ser aperfeiçoada com a intimação do marido' (REsp nº 629.320/DF, Rel. Min. Humberto Gomes de Barros, *DJU* de 4/6/2007)" (STJ, AgRg nos EDcl no Ag 861.828/SP, Rel. Min. Haroldo Rodrigues (Des. convocado do TJCE), 6ª Turma, jul. 06.08.2009, *DJe* 21.09.2009).

Prazo para embargos. "Na penhora de bem imóvel pertencente a devedor casado, o prazo para embargos inicia-se com a intimação do cônjuge" (STJ, REsp 623.770/SC, Rel. Min. Humberto Gomes de Barros, 3ª Turma, jul. 07.02.2008, *DJe* 13.03.2008).

"Nos termos do art. 669, parágrafo único, do Código de Processo Civil [sem correspondente, CPC/2015], recaindo a penhora em bens imóveis, é **imprescindível a intimação do cônjuge do garante solidário**, equiparado ao devedor" (STJ, REsp 285.895/PR, Rel. Min. Carlos Alberto Menezes Direito, 3ª Turma, jul. 16.08.2001, *DJ* 01.10.2001, p. 210).

2. Penhora ocorrida durante a suspensão do processo decorrente do falecimento do devedor. Ato processual. Nulidade por ausência de intimação da cônjuge do herdeiro do executado. Desnecessidade. "A regra do art. 655, §2º, do CPC/73, visa proteger os interesses da cônjuge do executado que é proprietário do bem imóvel penhorado, não se aplicando, todavia, a cônjuge do herdeiro do executado após o seu falecimento, sobretudo porque, antes da partilha, os bens, direitos e obrigações do falecido compõem o monte-mor partilhável, de modo que os herdeiros apenas são titulares de frações ideais daquele acervo e não de bens específicos ou individualizáveis" (STJ, REsp 1643012/RS, Rel. Min. Nancy Andrighi, 3ª Turma, jul. 22.03.2018, *DJe* 26.03.2018).

Art. 843. Tratando-se de penhora de bem indivisível, o equivalente à quota-parte do coproprietário ou do cônjuge alheio à execução recairá sobre o produto da alienação do bem.

§ 1º É reservada ao coproprietário ou ao cônjuge não executado a preferência na arrematação do bem em igualdade de condições.

§ 2º Não será levada a efeito expropriação por preço inferior ao da avaliação na qual o valor auferido seja incapaz de garantir, ao coproprietário ou ao cônjuge alheio à execução, o correspondente à sua quota-parte calculado sobre o valor da avaliação.

CPC/1973

Art. 655-B.

REFERÊNCIA LEGISLATIVA

CPC/2015, art. 674, § 2º (embargos de terceiro; cônjuge).

CC, art. 1.644 (bens do casal respondem por dívidas contraídas por um, relativas aos encargos da família).

BREVES COMENTÁRIOS

Os bens da comunhão não respondem, além da meação, pelas dívidas contraídas individualmente por um dos cônjuges, a não ser quando reverterem na cobertura dos encargos da família, das despesas de administração dos próprios bens comuns, ou as decorrentes de imposição legal (CC, art. 1.664). A penhora, na execução de apenas um dos cônjuges, em regra, alcançará apenas a sua meação; o bem indivisível, porém, será excutido por inteiro, preservando-se a meação do condômino não executado sobre o produto apurado na alienação judicial. É necessário, porém, que a arrematação atinja um preço que seja capaz de assegurar ao condômino ou ao cônjuge não devedor o valor total da respectiva cota sobre o bem comum expropriado (art. 843, § 2º).

A regra do art. 843 aplica-se não só à comunhão matrimonial, mas a qualquer condomínio sobre bem indivisível. O atual CPC positivou e ampliou a tese que prevalecia na jurisprudência dominante anterior à sua entrada em vigor.

JURISPRUDÊNCIA SELECIONADA

1. Exegese. "O art. 655-B do CPC [art. 843 do CPC/2015], acrescentado pela Lei nº 11.382/206, é taxativo ao dispor que, 'Tratando-se de penhora em bem indivisível, a meação do cônjuge alheio à execução recairá sobre o produto da alienação do bem'. Isto quer dizer, em outras palavras, que todo o imóvel indivisível e não somente parte dele deve ser penhorado e vendido em leilão público, entregando-se ao cônjuge metade do produto apurado na alienação" (TJSP, AGI 1184081001, Rel. Des. S. Oscar Feltrin, 29ª Câmara Dir. Priv., jul. 03.09.2008). **No mesmo sentido:** TJRS, AgIn 70022419667, Rel. Bayard Ney de Freitas Barcellos, 11ª Câmara Cível, jul. 19.03.2008, *DJe* 01.04.2008.

2. Bem indivisível. Fração ideal de propriedade do executado. "Nos termos da jurisprudência desta Corte, a alienação de bem indivisível não recairá sobre sua totalidade, mas apenas sobre a fração ideal de propriedade do executado, o que não se confunde com a alienação de bem de propriedade indivisível dos cônjuges, caso em que a meação do cônjuge alheio à execução, nos termos do art. 655-B, do CPC [art. 843 do CPC/2015], recairá sobre o produto da alienação do bem" (STJ, REsp 1.232.074/RS, Rel. Min. Mauro Campbell Marques, 2ª Turma, jul. 22.02.2011, *DJe* 04.03.2011). **Obs.:** O art. 846 do CPC/2015 não mais distingue a situação do cônjuge da do condômino do bem penhorado indivisível.

3. Execução. Penhora de bem indivisível.

a) Defesa da quota-parte. Reserva da metade do valor de avaliação. "Debate-se a extensão da proteção da meação reservada a ex-cônjuge na hipótese de execução de título extrajudicial. O novo diploma processual, além de estender a proteção da fração ideal para os demais coproprietários de bem indivisível, os quais não sejam devedores nem responsáveis legais pelo adimplemento de obrigação contraída por outro coproprietário, ainda delimitou monetariamente a alienação judicial desses bens. A partir do novo regramento, o bem indivisível somente poderá ser alienado se o valor de alienação for suficiente para assegurar ao coproprietário não responsável 50% (cinquenta por cento) do valor de avaliação do bem (art. 843, § 2º, do CPC/2015). Essa nova disposição legal, de um lado, referenda o entendimento de que o bem indivisível será alienado por inteiro, ampliando a efetividade dos processos executivos; de outro, amplia a proteção de coproprietários inalcançáveis pelo procedimento executivo, assegurando-lhes a manutenção integral de seu patrimônio, ainda que monetizado" (STJ, REsp 1728086/MS, Rel. Min. Marco Aurélio Bellizze, 3ª Turma, jul. 27.08.2019, *DJe* 03.09.2019).

b) Regime de copropriedade. Alienação judicial do bem por inteiro. Possibilidade. "Sob o novo quadro normativo, é autorizada a alienação judicial do bem indivisível, em sua integralidade, em qualquer hipótese de copropriedade. Ademais, resguarda-se ao coproprietário alheio à execução o direito de preferência na arrematação do bem ou, caso não o queira, a compensação financeira pela sua quota-parte, agora apurada segundo o valor da avaliação, não mais sobre o preço obtido na alienação judicial (art. 843 do CPC/15)" (STJ, REsp 1818926/DF, Rel. Min. Nancy Andrighi, 3ª Turma, jul. 13.04.2021, *DJe* 15.04.2021).

"Os bens indivisíveis, de propriedade comum decorrente do regime de comunhão no casamento, podem ser levados à hasta pública por inteiro, reservando-se ao cônjuge a metade do preço alcançado. Precedentes: REsp 200.251/SP, Rel. Min. Sálvio de Figueiredo Teixeira, Corte Especial, *DJU* de 29.04.2002; REsp 508.267/PR, Rel. Min. João Otávio de Noronha, *DJ* de 06.03.2007; REsp 259.055/RS, Rel. Min. Garcia Vieira, *DJ* de 30.10.2000. Deveras, a novel reforma do Processo Civil Brasileiro, na esteira da jurisprudência desta Corte, consagrou na execução extrajudicial que, 'Tratando-se de penhora em bem indivisível, a meação do cônjuge alheio à execução recairá sobre o produto da alienação do bem' (CPC, art. 655-B) [art. 843 do CPC/2015]" (STJ, REsp 814.542/RS, Rel. Min. Luiz Fux, 1ª Turma, jul. 26.06.2007, *DJ* 23.08.2007).

c) União estável. Extensão da norma ao companheiro. "De acordo com o artigo 655-B do CPC [art. 843 do CPC/2015], tratando-se de penhora em bem indivisível, a meação do cônjuge alheio à execução recairá sobre o produto da alienação do bem. Embora tal dispositivo legal se refira ao cônjuge, a regra é extensiva ao companheiro, haja vista a união estável constituir uma entidade familiar" (TJRS, Ap 70020260410, Rel. Maria Berenice Dias, 7ª Câmara Cível, jul. 12.09.2007, *DJe* 19.09.2007).

4. Responsabilidade patrimonial. Possibilidade de penhora da fração ideal (quota-parte) dos bens objeto da sucessão pertencente ao executado. Precedentes. "Nos termos da jurisprudência desta Corte Superior, a fração ideal referente ao executado pode ser objeto de penhora, sendo impenhoráveis apenas os quinhões daqueles sucessores ou condôminos que não sejam parte na execução" (STJ, AgInt no REsp 1813158/SP, Rel. Min. Marco Aurélio Bellizze, 3ª Turma, jul. 17.02.2020, *DJe* 19.02.2020).

5. Multipropriedade imobiliária. Penhora de imóvel objeto de compartilhamento. Embargos de terceiro. Ver jurisprudência do art. 674 do CPC/2015.

6. Honorários sucumbenciais. Cônjuge meeiro. Reserva de meação. Dívida que não foi contraída em benefício do casal. Dever de comprovação. Desnecessidade. "Tratando-se de dívida proveniente da condenação ao pagamento de honorários sucumbenciais em demanda da qual o cônjuge meeiro não participou, é inegável o direito deste à reserva de sua meação. Os honorários advocatícios consagram direito do advogado contra a parte que deu causa ao processo, não se podendo exigir do cônjuge meeiro, que não integrou a relação processual da lide originária, a comprovação de que a dívida executada não foi contraída em benefício do casal ou da família" (STJ, REsp 1.670.338/RJ, Rel. Min. Ricardo Villas Bôas Cueva, 3ª Turma, jul. 04.02.2020, *DJe* 07.02.2020).

7. Embargos de terceiros. "Com a nova regra estabelecida no art. 655-B do CPC [art. 843 do CPC/2015], não será mais necessário o ajuizamento dos embargos de terceiro para livrar meação da penhora de imóvel indivisível, tornando-se, desta forma, mais célere e eficaz a execução. Havendo presunção de que a dívida foi contraída em benefício do casal, e mormente tendo a prova produzida informado que o débito é oriundo de um cheque vinculado a uma conta conjunta do casal, não há como se excluir a meação da mulher da penhora" (TJMG, AGI 1.0145.02.006699-2/001(1), Rel. Des. Domingos Coelho, 12ª Câmara Cível, jul. 06.08.2008).

8. Alegação do direito da meeira em proveito do executado. "Descabe ao executado, ora agravante, alegar direito de terceiro, *in casu* da meeira, a fim de obter proveito próprio. Inteligência do art. 6º do CPC [art. 18 do CPC/2015]. **Obs.:** No regime do art. 843, § 2º, do CPC/2015, a meação do cônjuge ou do condômino não devedor é apurada sobre o valor da avaliação e não sobre o preço da arrematação.

Art. 844. Para presunção absoluta de conhecimento por terceiros, cabe ao exequente providenciar a averbação do arresto ou da penhora no registro competente, mediante apresentação de cópia do auto ou do termo, independentemente de mandado judicial.

CPC/1973

Art. 659, § 4º.

REFERÊNCIA LEGISLATIVA

CPC/2015, arts. 797 (preferência pela penhora e penhora sobre penhora), 908 (concurso de credores), 909 (disputa entre credores).

SÚMULAS

Súmula do STJ:

nº 375: "O reconhecimento da fraude à execução depende do registro da penhora do bem alienado ou da prova de má-fé do terceiro adquirente".

BREVES COMENTÁRIOS

A utilidade do registro, no aspecto de segurança dos atos executivos, corre o risco de perder-se, se o juiz não exigir do exequente que dê cumprimento à divulgação da penhora pelo registro, como já se previa no CPC/1973.

O CPC/2015 repetiu a regra, em seu art. 844, determinando a obrigatoriedade da averbação não apenas no registro de imóveis, mas em qualquer outro registro público, no qual a propriedade do bem penhorado esteja assentada. Ou seja, para produzir eficácia perante terceiros, presumindo o seu conhecimento, é obrigatória a averbação da penhora ou do arresto no "registro competente" (Detran, registro de imóveis, junta comercial etc.). Observa-se que a averbação não é da essência da penhora. Mas é fundamental para a configuração da fraude à execução, caso o executado venha a alienar o bem constrito, na pendência do processo.

JURISPRUDÊNCIA SELECIONADA

1. Registro da penhora:

Pressuposto de eficácia. "Acresce que, pelo § 4º, do art. 659, do CPC [art. 844 do CPC/2015], o registro da penhora não é pressuposto da sua validade, mas, sim, de eficácia *erga omnes*" (STJ, REsp 293.686/SP, Rel. Min. José Arnaldo da Fonseca, 5ª Turma, jul. 03.05.2001, *DJ* 25.06.2001, p. 224).

"Em se tratando de bem imóvel, é lícito que se presuma a **boa-fé do terceiro que o adquire,** se nenhuma constrição judicial estiver anotada no registro imobiliário, presunção que se estende aos posteriores adquirentes, se houver alienações sucessivas. O registro faz **publicidade *erga omnes*** da constrição judicial e a partir dele é que serão ineficazes perante a execução todas as alienações posteriores do imóvel" (STJ, REsp 1.143.015/MG, Rel. Min.ª Eliana Calmon, 2ª Turma, jul. 19.08.2010, *DJe* 30.08.2010).

Ausência de registro. Ver jurisprudência do art. 593.

Fraude. Registro da penhora. "Se a embargada/exequente, por quase 10 anos, quedou-se inerte sem providenciar a averbação da penhora na matrícula do imóvel é de se afastar a presunção relativa da ocorrência de fraude à execução, competindo ao credor o ônus da prova da alegada má-fé em relação ao terceiro/adquirente. Precedentes: REsp. 1.143.015/MG, Rel. Min. Eliana Calmon, *DJe* 30.08.2010; AgRg no Ag. 922.898/RS, Rel. Min. Raul Araújo, *DJe* 25.08.2010; AgRg no REsp. 801.488/RS, Rel. Min. Sidnei Beneti, *DJe* 18.12.2009; e AgRg no REsp. 1.177.830/MG, Rel. Min. Hamilton Carvalhido, *DJe* 22.04.2010" (STJ, AgRg no REsp 963.297/RS, Rel. Min. Napoleão Nunes Maia Filho, 5ª Turma, jul. 05.10.2010, *DJe* 03.11.2010).

Despesas processuais. "As despesas realizadas pelo credor para efetivar a inscrição da penhora, na forma do art. 659, § 4º, do Código de Processo Civil [art. 844 do CPC/2015], devem ser consideradas despesas processuais e, portanto, reembolsadas pelo devedor" (STJ, REsp 300.044/SP, Rel. Min. Carlos Alberto Menezes Direito, 3ª Turma, jul. 26.11.2001, *DJ* 25.02.2002, p. 377).

Recusa de registro. "A penhora ordenada e formalizada pelo juiz da causa, não pode ter recusado o seu registro por juiz corregedor" (STJ, CC 32.641/PR, Rel. Min. Eliana Calmon, 1ª Seção, jul. 12.12.2001, *DJ* 04.03.2002, p. 170).

Mais de uma penhora sobre o mesmo bem. Preferência. Data da expedição do respectivo termo de penhora. "No processo de execução, recaindo mais de uma penhora sobre o mesmo bem, terá preferência no recebimento do numerário apurado com a sua arrematação, o credor que em primeiro lugar houver realizado a penhora, salvo se incidente outro título legal de preferência. Aplicação do brocardo *prior tempore, potior iure.* Quando incidente sobre bens imóveis, deve-se proceder à averbação da penhora no Registro de Imóveis a fim de dar publicidade à constrição realizada e gerar presunção absoluta de seu conhecimento em relação a terceiros. Tal providência não constitui requisito integrativo do ato de penhora e, portanto, não interfere na questão relativa à preferência temporal das penhoras realizadas que, para esse efeito, contam-se a partir da data da expedição do respectivo termo de penhora" (STJ, REsp 829.980/SP, Rel. Min. Sidnei Beneti, 3ª Turma, jul. 01.06.2010, *DJe* 18.06.2010). **No mesmo sentido:** STJ, REsp 1.209.807/MS, Rel. Min. Raul Araújo, 4ª Turma, jul. 15.12.2011, *DJe* 15.02.2012; STJ, REsp 351.490/SP, Rel.ª Min.ª Nancy Andrighi, 3ª Turma, *DJ* 01.07.2002.

Subseção III
Do Lugar de Realização da Penhora

Art. 845. Efetuar-se-á a penhora onde se encontrem os bens, ainda que sob a posse, a detenção ou a guarda de terceiros.

§ 1º A penhora de imóveis, independentemente de onde se localizem, quando apresentada certidão da respectiva matrícula, e a penhora de veículos automotores, quando apresentada certidão que ateste a sua existência, serão realizadas por termo nos autos.

§ 2º Se o executado não tiver bens no foro do processo, não sendo possível a realização da penhora nos termos do § 1º, a execução será feita por carta, penhorando-se, avaliando-se e alienando-se os bens no foro da situação.

CPC/1973

Arts. 659, §§ 1º e 5º, 658.

REFERÊNCIA LEGISLATIVA

CPC/2015, arts. 255 (penhora em comarcas contíguas e nas situadas em região metropolitana), 797 (preferência pela penhora e penhora sobre penhora), 908 (concurso de credores), 909 (disputa entre credores).

BREVES COMENTÁRIOS

Efetua-se a penhora "onde se encontrem os bens, ainda que sob a posse, detenção ou guarda de terceiros" (art. 845). Não existe mais a requisição do juiz, do chefe da repartição pública, quando os bens a penhorar estejam ali situados. Convém, contudo, fazer uma distinção: a penhora é livre se o bem constrito estiver dentro da repartição pública, mas sob a posse e disponibilidade do executado (por exemplo: dinheiro, joias, rádio, *lap top* e outros valores pessoais). Se o bem estiver em custódia ou sob controle da repartição pública (uma caução ou uma locação do particular em favor da Administração), não é possível removê-lo para o depositário judicial, de imediato. A penhora deverá recair sobre o direito do executado sobre o bem, e não sobre este imediatamente. O chefe da repartição, em tal circunstância, será notificado do gravame judicial, após o aperfeiçoamento da penhora por auto ou termo no processo.

Em se tratando de bens sujeitos a registro público não há necessidade de carta precatória, ainda que se situem fora da comarca da execução. A penhora será feita nos próprios autos, desde que se apresente certidão de matrícula do imóvel ou da existência do veículo automotor, passada pelo órgão responsável pelo respectivo registro.

Em regra, a penhora de bem situado fora da comarca da execução será processada por meio de carta precatória. Abre-se exceção, porém, para o caso de comarcas contíguas ou integrantes de região metropolitana, quando o art. 255 permite ao oficial de justiça de uma comarca cumprir mandados em território de outra.

JURISPRUDÊNCIA SELECIONADA

1. Penhora. Bem imóvel situado em outra comarca. Competência do juízo da execução. "De acordo com o art. 845, § 1º, do CPC/2015, independentemente do local em que estiverem situados os bens, a penhora será realizada por termo nos autos quando (I) se tratar de bens imóveis ou veículos automotores; e (II) for apresentada a certidão da respectiva matrícula do imóvel ou a certidão que ateste a existência do veículo. Nessa hipótese, a competência para decidir sobre a penhora, avaliação e alienação dos imóveis ou veículos será do próprio Juízo da execução, sendo desnecessária a expedição de carta precatória na forma do art. 845, § 2º, do CPC/2015, que se aplica apenas quando não for possível a realização da penhora nos termos do § 1º do mesmo dispositivo. Hipótese em que se trata de penhora de imóveis situados fora da comarca da execução e houve a apresentação das certidões atualizadas das matrículas. Competência do Juízo da execução" (STJ, REsp 1.997.723/SP, Rel. Min. Nancy Andrighi, 3ª Turma, jul. 14.06.2022, *DJe* 21.06.2022).

2. Depositário (§ 1º). "A ausência de nomeação de depositário para o bem imóvel é irregularidade sanável, como consagrado na jurisprudência, e, agora, por expressa disposição legal da recente Lei nº 10.444, de 07.05.2002, decorrerá de plano, pelo simples ato de intimação ao devedor da realização da penhora, na forma do § 5º acrescido ao art. 659 do CPC [art. 845, § 1º, CPC/2015]" (STJ, REsp 351.490/SP, Rel. Min. Nancy Andrighi, 3ª Turma, *DJ* 01.07.2002).

3. Cumprimento de sentença. Penhora, avaliação e alienação. Bem imóvel. Competência do foro da situação da coisa. Art. 845, § 2º, do CPC/15. "O art. 845, § 2º, do CPC/15, dispõe que, se o executado não tiver bens no foro do processo, a execução deve ser feita por carta, penhorando-se, avaliando-se e alienando-se os bens no foro da situação" (STJ, CC 165.347/GO, Rel. Min. Nancy Andrighi, 2ª Seção, jul. 12.06.2019, *DJe* 17.06.2019).

Art. 846. Se o executado fechar as portas da casa a fim de obstar a penhora dos bens, o oficial de justiça comunicará o fato ao juiz, solicitando-lhe ordem de arrombamento.

§ 1º Deferido o pedido, 2 (dois) oficiais de justiça cumprirão o mandado, arrombando cômodos e móveis em que se presuma estarem os bens, e lavrarão de tudo auto circunstanciado, que será assinado por 2 (duas) testemunhas presentes à diligência.

§ 2º Sempre que necessário, o juiz requisitará força policial, a fim de auxiliar os oficiais de justiça na penhora dos bens.

§ 3º Os oficiais de justiça lavrarão em duplicata o auto da ocorrência, entregando uma via ao escrivão ou ao chefe de secretaria, para ser juntada aos autos, e a outra à autoridade policial a quem couber a apuração criminal dos eventuais delitos de desobediência ou de resistência.

§ 4º Do auto da ocorrência constará o rol de testemunhas, com a respectiva qualificação.

CPC/1973

Arts. 660, 661, 662 e 663.

REFERÊNCIA LEGISLATIVA

CPC/2015, art. 782 (força policial).

CP, art. 330 (desobediência).

BREVES COMENTÁRIOS

No regime do Código de 1939, a penhora era feita por dois oficiais, o da citação e um companheiro (art. 928). Para o Código de 1973, assim como para o atual, basta, ordinariamente, um só oficial, conforme se depreende dos termos do art. 836, § 1º. Somente quando houver resistência (art. 846) ou necessidade de arrombamento (art. 846, § 1º) é que a penhora será realizada por dois oficiais.

Quando o devedor mantiver fechada a casa, a fim de obstar a penhora dos bens, o oficial não poderá usar violência por iniciativa própria. Deverá comunicar a ocorrência ao juiz, solicitando-lhe ordem de arrombamento, pois a penetração em casa alheia, sem a observância das formalidades legais, mesmo para realização de diligência judicial, configura crime de violação de domicílio (Código Penal, art. 150, § 2º).

A resistência à ordem judicial de arrombamento caracteriza o crime de desobediência (CP, art. 330). Se além de desobediência, o infrator ofender o oficial, configura-se o delito de desacato (CP, art. 331).

JURISPRUDÊNCIA SELECIONADA

1. Perícia. "Perícia. Deferimento de pedido para que o perito avaliador se fizesse acompanhar por oficial de justiça, com mandado para arrombamento, se necessário, e requisição de força policial. Admissibilidade. Aplicação do artigo 662 do Código de Processo Civil [art. 864 do CPC/2015]. Cabimento da utilização de força policial, mesmo em se tratando de estabelecimento de ensino" (1º TA Cível SP, AI 0882018-0 - (32.718) - São Paulo, 4ª C., Rel. Juiz José Marcos Marrone, jul. 15.09.1999).

2. Dolo. "Sendo o elemento subjetivo da resistência não só o dolo genérico - vontade livremente dirigida ao emprego da violência ou ameaça contra quem se sabe ser funcionário público - como também o dolo específico - fim de se opor à execução de ato legal - ausente este último, não há que se falar no crime previsto no art. 329 do CP" (TJMG, Ap. 22.129-1, Rel. Des. Guimarães Mendonça, 1ª Câmara Crim.; *DJMG* 26.05.1990; *Adcoas*, 1990, nº 128.363).

Subseção IV
Das Modificações da Penhora

Art. 847. O executado pode, no prazo de 10 (dez) dias contado da intimação da penhora, requerer a substituição do bem penhorado, desde que comprove que lhe será menos onerosa e não trará prejuízo ao exequente.

§ 1º O juiz só autorizará a substituição se o executado:

I - comprovar as respectivas matrículas e os registros por certidão do correspondente ofício, quanto aos bens imóveis;

II - descrever os bens móveis, com todas as suas propriedades e características, bem como o estado deles e o lugar onde se encontram;

III - descrever os semoventes, com indicação de espécie, de número, de marca ou sinal e do local onde se encontram;

IV - identificar os créditos, indicando quem seja o devedor, qual a origem da dívida, o título que a representa e a data do vencimento; e

V - atribuir, em qualquer caso, valor aos bens indicados à penhora, além de especificar os ônus e os encargos a que estejam sujeitos.

§ 2º Requerida a substituição do bem penhorado, o executado deve indicar onde se encontram os bens sujeitos à execução, exibir a prova de sua propriedade e a certidão negativa ou positiva de ônus, bem como abster-se de qualquer atitude que dificulte ou embarace a realização da penhora.

§ 3º O executado somente poderá oferecer bem imóvel em substituição caso o requeira com a expressa anuência do cônjuge, salvo se o regime for o de separação absoluta de bens.

§ 4º O juiz intimará o exequente para manifestar-se sobre o requerimento de substituição do bem penhorado.

CPC/1973

Art. 668.

REFERÊNCIA LEGISLATIVA

CPC/2015, arts. 848 (substituição da penhora), 876 e 877 (adjudicação), 881 a 903 (alienação em hasta pública).

BREVES COMENTÁRIOS

O art. 847 cuida da substituição do bem penhorado, a requerimento do executado. Há hipóteses, porém, em que a medida pode ser provocada também pelo exequente (art. 848).

O pleito da substituição, em qualquer caso, será formulado por meio de petição simples, no bojo dos autos da execução. Não haverá dilação probatória, devendo o requerente fundar-se em matéria de direito, e se, de fato, deverá demonstrá-los por prova pré-constituída.

Só se admitirá o exercício da faculdade assegurada ao executado pelo art. 847, se a nova escolha da penhora não entrar em colisão com os ditames do art. 848.

JURISPRUDÊNCIA SELECIONADA

1. Atualização do débito.

"A doutrina assentou entendimento de que a substituição do bem penhorado somente é permitida antes da arrematação, ou da adjudicação. E para tal efeito, se cálculo atualizado não há, no processo, deverá ser ele feito, para determinação da quantia a ser depositada, em montante suficiente para que possam ser atendidos o pagamento dos encargos e demais consectários" (STJ, RMS 197/SP, Rel. Min. Waldemar Zveiter, 3ª Turma, jul. 07.08.1990, *DJ* 10.09.1990, p. 9.122).

2. Substituição dos bens. "Indemonstrada a desobediência à gradação prevista na Lei, descabida a pretensão de substituição dos bens penhorados, sem a concordância da credora, por bens elencados pela Lei em categoria inferior de prioridade" (STJ, REsp 309.545/SP, Rel. Min. Sálvio de Figueiredo Teixeira, 4ª Turma, jul. 23.04.2002, *DJ* 09.09.2002, p. 230).

Ordem legal de penhora. Ver jurisprudência do art. 805, do CPC/2015.

Anuência do credor. Ver jurisprudência do art. 15 da Lei nº 6.830/1980.

3. Embargos de terceiro. "Requerida a substituição de bem penhorado por dinheiro, antes da arrematação, que se entende como antes de assinado o auto de arrematação, impõe-se a execução sobre a quantia depositada. O aparecimento da ação em embargos de terceiro não impede o embargante de, na execução, requerer a substituição prevista no art. 668 do CPC [art. 847 do CPC/2015]. Se ao interessado ou terceiro não interessado é dado o direito de pagar a dívida pelo devedor, exonerando-o da obrigação - art. 930 e parágrafo único do CC - mesmo que o credor se oponha, com muito mais razão pode o responsável a eles equiparado requerer a substituição do bem penhorado por dinheiro, ainda mais quando não há oposição do credor" (TA Cível RJ, MS 466/89, Rel. Juiz Clarindo de Brito Nicolau, 6ª Câmara, *Adcoas*, 1990, nº 128.300). **Obs.:** o artigo do Código Civil citado é da legislação de 1916.

4. Dever do executado (§ 2º). "A devedora tem o dever de nomear bens à penhora, livres e desembaraçados, suficientes para garantia da execução, como dispõem os arts. 600 e 655 do CPC [arts. 774 e 835 do CPC/2015] e 9º da Lei nº 6.830/80, mas a credora pode recusar a substituição dos bens indicados e pedir que outros sejam penhorados, caso se verifique sejam eles de alienação difícil" (STJ, AgRg no Ag. 648.051/SP, Rel. Min. José Delgado, 1ª Turma, jul. 21.06.2005, *DJ* 08.08.2005, p. 190). **Obs.:** No regime do CPC/2015, a iniciativa da nomeação de bens à penhora é, em regra, do exequente e não do executado (art. 798, II, *c*).

5. Recuperação judicial. Execução fiscal. Bens de capital. Substituição. Ver jurisprudência do art. 42 do CPC/2015.

Art. 848. As partes poderão requerer a substituição da penhora se:

I – ela não obedecer à ordem legal;

II – ela não incidir sobre os bens designados em lei, contrato ou ato judicial para o pagamento;

III – havendo bens no foro da execução, outros tiverem sido penhorados;

IV – havendo bens livres, ela tiver recaído sobre bens já penhorados ou objeto de gravame;

V – ela incidir sobre bens de baixa liquidez;

VI – fracassar a tentativa de alienação judicial do bem; ou

VII – o executado não indicar o valor dos bens ou omitir qualquer das indicações previstas em lei.

Parágrafo único. A penhora pode ser substituída por fiança bancária ou por seguro garantia judicial, em valor não inferior ao do débito constante da inicial, acrescido de trinta por cento.

CPC/1973

Art. 656.

SÚMULAS

Súmula do STJ:

nº 406: "A Fazenda Pública pode recusar a substituição do bem penhorado por precatório".

nº 417: "Na execução civil, a penhora de dinheiro na ordem de nomeação de bens não tem caráter absoluto".

BREVES COMENTÁRIOS

A substituição do art. 848 não é exclusiva do executado, pois permite a qualquer das partes o requerimento de substituição da penhora já consumada, desde que presente um dos motivos arrolados em um dos seus sete incisos. Ao contrário do que ocorre com o art. 847, qualquer um dos permissivos é, isoladamente, capaz de autorizar a troca do objeto da penhora. É bom destacar, ainda, que o art. 848 não marca prazo para as substituições de que cogita, o que autoriza a conclusão de sua possibilidade enquanto não ocorrer a expropriação judicial.

Outra diferença entre os dois dispositivos situa-se no prazo de requerimento da substituição que é fixado taxativamente pelo art. 847 (dez dias) e não figura na regra do art. 848, autorizando concluir que o primeiro está sujeito à preclusão temporal e o segundo não.

JURISPRUDÊNCIA SELECIONADA

1. Substituição de penhora. "A orientação desta Corte Superior é firme no sentido de que o art. 656, § 2º, do CPC/1973 (equivalente ao art. 848, parágrafo único, do CPC/2015), trata da hipótese de 'substituição da penhora', razão pela qual não pode ser ampliado para as hipóteses de nomeação (inicial) efetuada pelo executado" (STJ, AgInt no REsp 1.760.556/GO, Rel. Min. Mauro Campbell Marques, 2ª Turma, jul. 14.05.2019, *DJe* 21.05.2019). **No mesmo sentido:** STJ, AgInt no REsp 1.316.037/MA, Rel. Min. Regina Helena Costa, 1ª Turma, jul. 13.09.2016, *DJe* 22.09.2016; STJ, REsp 1.841.110/SP, Rel. Min. Herman Benjamin, 2ª Turma, jul. 26.11.2019, *DJe* 19.12.2019.

2. Substituição. Modo menos gravoso para o devedor. "A ordem legal estabelecida para a nomeação de bens à penhora não tem caráter rígido, absoluto, devendo atender às circunstâncias do caso concreto, à satisfação do crédito e à forma menos onerosa para o devedor, 'a fim de tornar mais fácil e rápida a execução e de conciliar quanto possível os interesses das partes'. A gradação legal há de ter em conta, de um lado, o objetivo de satisfação do crédito e, de outro, a forma menos onerosa para o devedor. A conciliação desses dois princípios é que deve nortear a interpretação da lei processual, especificamente os arts. 655, 656 e 620 do Código de Processo Civil [arts. 835, 848 e 805 do CPC/2015]" (STJ, REsp 262.158/RJ, Rel. Min. Sálvio de Figueiredo Teixeira, 4ª Turma, jul. 22.08.2000, *DJ* 09.10.2000, p. 157). **No mesmo sentido:** TJMG, Ag 1.0024.05.755826-4/001, Rel. Des. Cláudio Costa, 5ª Câmara Cível, jul. 15.12.2005.

Obs.: Sobre a escolha de meios executivos mais favoráveis ao devedor, vide Jurisprudência Selecionada do art. 805 do CPC/2015.

3. Inobservância da ordem legal (inciso I):

Gradação visa favorecer credor. "A exegese do art. 656 do CPC [art. 848 do CPC/2015] torna indiscutível a circunstância de que a gradação de bens visa favorecer o credor/exequente, porquanto a nomeação pelo executado somente é válida e eficaz se obedecer a ordem legal e houver concordância daquele" (STJ, REsp 996.380/RS, Rel. Min. Luiz Fux, 1ª Turma, jul. 24.03.2009, *DJe* 30.04.2009).

Indicação de bem imóvel. Possibilidade de substituição pela penhora em dinheiro. "Indicado bem imóvel pelo devedor, mas detectada a existência de numerário em conta-corrente, preferencial na ordem legal de gradação, é possível ao juízo, nas peculiaridades da espécie, penhorar a importância em dinheiro, nos termos dos arts. 656, I, e 657 do CPC [arts. 848, I, e 849 do CPC/2015]" (STJ, AgRg no Ag 690.367/RS, Rel. Min. Sidnei Beneti, 3ª Turma, jul. 18.09.2008, *DJe* 08.10.2008). **No mesmo sentido:** STJ, REsp 537.667/SP, Rel. Min. Cesar Asfor Rocha, 4ª Turma, jul. 20.11.2003, *DJ* 09.02.2004).

Desobediência à ordem legal. Possibilidade de recusa do credor. "É garantido ao credor o direito de recusar a nomeação de bens à penhora, na hipótese em que não for obedecida a ordem legal ou o bem ofertado não for de fácil liquidez. A recusa da nomeação de bem à penhora feita pelo devedor implica a devolução ao credor do direito de indicar o bem a ser penhorado (inteligência do art. 657, parte final, do CPC) [art. 849 do CPC/2015]" (TJMG, AC 1.0322.06.500008-3/001(1), Rel. Des. Antônio de Pádua, 9ª Câmara Cível, jul. 13.02.2007, *DJe* 03.03.2007). **Obs.:** O art. 798, II, *c*, do CPC/2015 confere ao credor, e não mais ao devedor, a nomeação de bens a penhorar.

"Este Tribunal Superior firmou entendimento no sentido de que **a ordem estabelecida nos arts. 11 da Lei nº 6.830/80 e 656 do CPC não tem caráter absoluto** [art. 848 do CPC/2015], devendo-se levar em consideração as circunstâncias e o interesse das partes em cada caso concreto. Dessa forma, observando-se o disposto no art. 620 do CPC [art. 805 do CPC/2015], a jurisprudência desta Corte tem admitido a nomeação à penhora de crédito oriundo de precatório, para fins de garantia do juízo" (STJ, REsp 992.524/ES, Rel. Min. Denise Arruda, 1ª Turma, jul. 03.04.2008, *DJe* 24.04.2008).

"A ordem de nomeação, constante do art. 655, I, CPC [art. 835, I, do CPC/2015], embora seja taxativa, dispensa por parte do intérprete maior **flexibilidade para se adaptar às circunstâncias fáticas**" (STJ, REsp 602.382/MG, Rel. Min. Eliana Calmon, 2ª Turma, jul. 22.03.2005, *DJ* 09.05.2005).

4. Bens gravados para a garantia do débito (inciso II). "Havendo **bens vinculados a garantia de cumprimento da obrigação**, deve a penhora prioritariamente recair sobre eles, sendo aceitável a substituição se admitida pelo credor" (STJ, AgRg no Ag 35.855/GO, Rel. Min. Sálvio de Figueiredo Teixeira, 4ª Turma, jul. 24.06.1993, *DJ* 02.08.1993).

"Desnecessário que a penhora recaia sobre a totalidade dos bens dados em garantia, desde que aqueles constritos sejam suficientes a assegurar a efetividade da execução. Aplicação do princípio inscrito no art. 620 do CPC. Precedentes [art. 805 do CPC/2015]" (STJ, REsp 260.895/MG, Rel. Min. Barros Monteiro, 4ª Turma, jul. 01.06.2004, *DJ* 27.09.2004).

"Penhora. Haverá de incidir sobre os bens dados em garantia, **podendo outros vir a ser objeto de constrição, se insuficientes para o pagamento do débito**" (STJ, REsp 60.248/MT, Rel. Min. Eduardo Ribeiro, 3ª Turma, jul. 23.04.1996, *DJ* 03.06.1996).

Obs.: Ver também a jurisprudência selecionada do art. 835 do CPC/2015.

5. Bens localizados em comarca diversa (inciso III):

Possibilidade de o exequente recusar bem localizado em outra comarca. "É assente na jurisprudência desta Corte que a Fazenda Pública não é obrigada a aceitar bens nomeados à penhora, uma vez que não obstante o princípio da menos onerosidade ao devedor, a execução é feita no interesse do credor, como dispõe o art. 612 do Código de Processo Civil [art. 797 do CPC/2015]. É majoritária a jurisprudência do STJ quanto à possibilidade de o exequente recusar bem localizado em outra comarca" (STJ, AgRg no AI 1.278.118, Rel. Min. Humberto Martins, 2ª Turma, *DJ* 23.04.2010). **No mesmo sentido:** STJ, AgRg nos EDcl no Ag 678.800/RJ, Rel. Min. Francisco Peçanha Martins, 2ª Turma, jul. 06.12.2005, *DJ* 13.02.2006, p. 749.

6. Bens livres (inciso IV):

Conceito. "A expressão 'livre e desembargado', prevista no art. 656-IV, CPC [art. 848, IV, do CPC/2015], pressupõe a **inexistência de gravame ou pendência sobre o bem indicado à penhora**. Em outras palavras, 'livre e desembargado' é o bem sobre o qual não pesa gravame de nenhuma espécie (*v.g.*, penhora, arresto, direito real de garantia), nem disputa em juízo'" (STJ, REsp 247.233/SP, Rel. Min. Sálvio de Figueiredo Teixeira, 4ª Turma, jul. 06.03.2001, *DJ* 28.05.2001, p. 162). **No mesmo sentido:** TJMG, Ag 1.0145.07.392566-4/001, Rel. Des. Cláudia Maia, jul. 05.06.2008, *DJe* 28.06.2008.

7. Bem de difícil alienação (inciso V):

Possibilidade de recusa. "A 1ª Turma deste Colendo STJ pacificou entendimento no sentido de que é justificável a recusa de bens nomeados à penhora que se revelem de difícil alienação, quando haja outros de mais fácil comercialização. Não fosse assim, os devedores abusariam da norma legal para eternizar a execução, nomeando bens de difícil valoração e mercado, com o único propósito de resistir à satisfação de um direito a merecer pronta realização, o que esbarra no princípio da efetividade norteador do direito processual moderno. A exegese do art. 656 do CPC (aplicável subsidiariamente à execução fiscal) [art. 848 do CPC/2015] torna indiscutível a circunstância de que a gradação de bens estabelecida no artigo 655 visa favorecer apenas o credor/exequente, porquanto a nomeação pelo executado só é válida e eficaz se houver concordância daquele" (STJ, EDcl no AgRg no Ag 938.634/RS, Rel. Min. Luiz Fux, 1ª Turma, jul. 02.04.2009, *DJe* 07.05.2009). **No mesmo sentido:** STJ, AgRg no Ag 1.133.045/RS, Rel. Min. Francisco Falcão, 1ª Turma, jul. 04.06.2009, *DJe* 18.06.2009; STJ, AgRg no Ag 1.104.354/SP, Rel. Min. Denise Arruda, 1ª Turma, jul. 16.04.2009, *DJe* 06.05.2009.

8. Penhora. Leilões frustrados. Substituição dos bens (inciso VI). "Se os bens anteriormente penhorados não encontrarem licitantes, em hasta pública, poderá a exequente pedir a sua substituição, e o juiz deferi-la independentemente de prévia intimação da devedora" (STJ, AgRg no Ag 315.397/SP, Rel. Min. Garcia Vieira, 1ª Turma, jul. 25.09.2000, *DJ* 30.10.2000, p. 135).

9. Valor do bem (inciso VII). "Consignou o magistrado singular, também, que a ausência de indicação do valor do bem nomeado à penhora, a par de evidente o descumprimento do comando legal (art. 656, inc. VII, do CPC) [art. 848, VII, do CPC/2015], **não permitiu aferir suficiência para garantir a execução.** Teria o recorrente resolvido o incidente se, ao invés de percorrer todos os meandros recursais, como até o momento vem fazendo, houvesse demonstrado a propriedade do veículo, pela simples apresentação da documentação pertinente, indicando-lhe, outrossim, o valor de mercado, o que faria mediante simples consulta a qualquer jornal de circulação diária ou revista especializada" (STJ, REsp 286.582/SP, Rel. Min. Hélio Quaglia Barbosa, 4ª Turma, jul. 27.11.2007, *DJ* 10.12.2007, p. 366).

10. Prova de propriedade (inciso VII):

"Os bens indicados para penhora, pelo devedor, devem ter a sua propriedade comprovada e indicado o lugar onde se encontram" (TARJ, AI 85.103, Rel. Juiz José Corrêa da Silva, 6ª Câmara, jul. 13.12.1988, *RT* 679/185).

"**Não demonstrando o devedor a titularidade sobre o crédito oferecido à penhora, ter-se-á por ineficaz**, devolvendo-se ao credor o direito de nomear bens para garantia da execução (art. 657 do CPC) [art. 849 do CPC/2015]" (TJRS, AgIn 70018613653, Rel. Marco Aurélio Heinz, 21ª Câmara Cível, jul. 09.05.2007, *DJe* 22.05.2007).

11. Fiança bancária.

Possibilidade de oferecimento de fiança bancária como garantia para o afastamento da decretação de nulidade da alienação. Medida cautelar procedente. "A possibilidade de substituição do depósito em dinheiro por medidas alternativas de caução, como é o caso da fiança bancária ou do seguro-garantia, tem sido uma tendência observada na legislação brasileira e revelada por dispositivos do novo Código de Processo Civil (Lei n. 10.135/15), como os arts. 533, § 2º; 835, § 2º e 848, parágrafo único. A opção do legislador em prestigiar a fiança bancária como medida alternativa ao depósito em dinheiro se justifica por representar, por um lado, mecanismo de menor onerosidade ao devedor, especialmente no curso de demandas judiciais em que a matéria litigiosa não está definitivamente resolvida. Todavia, não há prejuízo quanto à eficácia da garantia e à tutela do crédito, uma vez que se trata de mecanismo que atende aos parâmetros do que se denomina garantia ideal" (STJ, MC 17.015/SP, Rel. Min. Herman Benjamin, 2ª Turma, jul. 20.10.2016, *DJe* 28.10.2016).

Carta de fiança bancária. Substituição por seguro garantia. Acréscimo de 30% sobre o valor do débito. Desnecessidade. "Na origem, o contribuinte ofereceu em garantia carta de fiança bancária emitida pelo Banco ABC Brasil S.A. Em seguida, o próprio contribuinte requereu a substituição da mencionada carta de fiança por seguro garantia, sem o acréscimo de 30% previsto no art. 656, § 2º, do CPC/1973 [art. 848, parágrafo único, do CPC/2015]. Mediante o simples confronto analítico entre o art. 656, § 2º, do CPC/1973 e a situação fática dos autos, atestada pelo Tribunal de origem, percebe-se que o comando normativo contido no mencionado dispositivo legal não é suficiente para alterar o entendimento firmado pelo Juízo *a quo*, tendo em vista que disciplina a substituição da penhora em dinheiro por carta de fiança ou seguro-garantia, questão jurídica diversa da tratada no presente recurso especial, referente à possibilidade de substituição da carta de fiança bancária originalmente apresentada por seguro garantia judicial. Ademais, a própria Lei de Execuções Fiscais (Lei n. 6.830/1980), em seu art. 9º, II, equiparou o oferecimento da fiança bancária à apresentação inicial de seguro garantia e, no § 3º do mesmo dispositivo, prescreveu que a garantia do feito executivo pode ser uniformemente alcançada por meio do depósito em dinheiro, da fiança bancária, do seguro garantia e da penhora. Por fim, a Portaria n. 440/2016, editada pela Advocacia-Geral da União para regulamentar as condições de aceitação da fiança bancária e do seguro-garantia pela Procuradoria-Geral Federal, em seu art. 2º, § 3º, expressamente prescreveu que é indevida a exigência de acréscimo percentual ao valor do débito para o oferecimento de ambas as garantias, ao passo em que o art. 3º, § 1º, da mencionada norma infralegal possibilitou a substituição recíproca entre o seguro-garantia e a carta de fiança bancária" (STJ, REsp 1.887.012/RJ, Rel. Min. Francisco Falcão, 2ª Turma, jul. 15.08.2023, *DJe* 18.08.2023).

Substituição a qualquer tempo. "A teor do artigo 656, § 2º, do CPC [art. 848, parágrafo único, do CPC/2015], pode-se substituir a penhora sob o faturamento por fiança bancária em sede de execução sem que isso importe em violação ao instituto do respeito à coisa julgada. Considerando que a penhora sob faturamento se aproxima da penhora em dinheiro, é prejudicial ao credor a substituição da primeira pela fiança bancária" (STJ, AgRg no REsp 1.084.244/RJ, Rel. Min. João Otávio de Noronha, 4ª Turma, jul. 03.08.2010, *DJe* 16.08.2010).

12. Seguro-garantia judicial.

a) **Renovação automática.** "O seguro garantia judicial, espécie de seguro de danos, garante o pagamento de valor correspondente aos depósitos judiciais que o tomador (potencial devedor) necessite realizar no trâmite de processos judiciais, incluídas multas e indenizações. A cobertura terá efeito depois de transitada em julgado a decisão ou o acordo judicial favorável ao segurado (potencial credor de obrigação pecuniária *sub judice*) e sua vigência deverá vigorar até a extinção das obrigações do tomador (Circular Susep nº 477/2013). A renovação da apólice, a princípio automática, somente não ocorrerá se não houver mais risco a ser coberto ou se apresentada nova garantia" (STJ, REsp 1.691.748/PR, Rel. Min. Ricardo Villas Bôas Cueva, 3ª Turma, jul. 07.11.2017, *DJe* 17.11.2017).

b) Pagamento da indenização antes do trânsito em julgado. Ilegalidade. Ver jurisprudência do art. 835 do CPC/2015.

c) **Recuperação judicial. Seguro-garantia judicial. Sinistro ocorrido em momento anterior ao pedido de recuperação. Depósito da indenização. Possibilidade.** "Nos termos da jurisprudência desta Corte, o depósito da indenização (seguro-garantia judicial), pela seguradora, no curso de execução trabalhista, somente pode ser exigido na hipótese de o sinistro ter ocorrido em momento anterior ao deferimento do pedido de recuperação judicial da empresa executada, como no caso" (STJ, AgInt no CC 193.218/DF, Rel. Min. Nancy Andrighi, 2ª Seção, jul. 30.05.2023, *DJe* 01.06.2023).

13. Precatório:

Penhora de precatório judicial. "A Primeira Seção do Superior Tribunal de Justiça firmou o entendimento de que a ordem estabelecida no art. 11 da Lei de Execuções Fiscais e no art. 656 do Código de Processo Civil [art. 848 do CPC/2015] é relativa, adequando-se, portanto, a cada caso concreto, o que possibilita a penhora de precatório judicial" (STJ, AgRg no REsp 964.052/SP, Rel. Min. Herman Benjamin, 2ª Turma, jul. 24.03.2009, *DJe* 20.04.2009).

Recusa da Fazenda Pública à substituição de precatório. "Não se equiparando o precatório a dinheiro ou fiança bancária, mas a direito de crédito, pode a Fazenda Pública recusar a substituição por quaisquer das causas previstas no art. 656 do CPC [art. 848 do CPC/2015] ou nos arts. 11 e 15 da LEF" (STJ, REsp 1.090.898/SP, Rel. Min. Castro Meira, 1ª Seção, jul. 12.08.2009, *DJe* 31.08.2009). **Julgamento submetido ao procedimento dos recursos repetitivos. No mesmo sentido:** STJ, EREsp 1.012.310/ES, Rel. Min. Herman Benjamin, 1ª Seção, jul. 11.02.2009, *DJe* 05.03.2009; STJ, AgRg no REsp 918.047/RS, Rel. Min. Eliana Calmon, 2ª Turma, jul. 09.09.2008, *DJe* 07.10.2008; STJ, AgRg no REsp 1.292.440/RS, Rel. Min. Humberto Martins, 2ª Turma, jul. 01.03.2012, *DJe* 07.03.2012.

14. Substituição. Anuência do credor. Ver jurisprudência do art. 15 da Lei nº 6.830/1980.

Art. 849. Sempre que ocorrer a substituição dos bens inicialmente penhorados, será lavrado novo termo.

CPC/1973

Art. 657.

REFERÊNCIA LEGISLATIVA

CPC/2015, arts. 218, § 3º (prazo genérico), 829 (citação; prazo), 840 (designação do depositário).

BREVES COMENTÁRIOS

A penhora pode ser substituída, ampliada ou reduzida depois da avaliação, sempre por meio de simples petição ou requerimento, dispensando-se os embargos. Quando ocorrer a substituição dos bens penhorados, será necessário lavrar novo termo de penhora nos autos.

JURISPRUDÊNCIA SELECIONADA

1. Depósito do valor integral da dívida. "Com o depósito judicial do valor integral da dívida, a **constituição da penhora é automática**, independe da lavratura do respectivo termo" (STJ, REsp 590.560, Rel.ª Min.ª Nancy Andrighi, 3ª Turma, jul. 14.12.04, *DJ* 01.02.2005, p. 546).

Art. 850. Será admitida a redução ou a ampliação da penhora, bem como sua transferência para outros bens, se, no curso do processo, o valor de mercado dos bens penhorados sofrer alteração significativa.

REFERÊNCIA LEGISLATIVA

CPC/2015, art. 849.

BREVES COMENTÁRIOS

O CPC/2015 prevê, em seu art. 850, ser admitida a redução ou a ampliação da penhora, bem como sua substituição, se, no curso do processo, o valor de mercado dos bens penhorados sofrer alteração significativa. O Código não define o que configuraria essa modificação significativa, de sorte que caberá ao juiz, de forma proporcional e de acordo com o caso concreto, verificar sua ocorrência ou não. Levar-se-á em conta tanto a valorização como a depreciação do bem constrito, de modo que a substituição ocorrerá seja para evitar o excesso, seja para suprir a insuficiência da penhora.

Art. 851. Não se procede à segunda penhora, salvo se:

I – a primeira for anulada;

II – executados os bens, o produto da alienação não bastar para o pagamento do exequente;

III – o exequente desistir da primeira penhora, por serem litigiosos os bens ou por estarem submetidos a constrição judicial.

CPC/1973

Art. 667.

REFERÊNCIA LEGISLATIVA

CPC/2015, arts. 240 (efeitos da citação) e 850 (redução, transferência ou ampliação de penhora).

BREVES COMENTÁRIOS

Apreendido o bem e entregue ao depositário, lavrado o auto ou termo e intimado o devedor, tem-se por perfeita a penhora, que, via de regra, é irretratável. A renovação da penhora é medida de feição extraordinária, que consiste em realizar nova penhora na mesma execução, fato que é possível nas hipóteses previstas no art. 851.

A ocorrência de segunda penhora não reabre o prazo de embargos (*RTJ* 88/987), a não ser para discussão de aspectos formais do novo gravame (*RSTJ* 27/322).

JURISPRUDÊNCIA SELECIONADA

1. Realização de segunda penhora, a despeito da existência de anterior constrição judicial sobre bens, cujo valor, segundo avaliação judicial, mostra-se suficiente para fazer frente ao débito exequendo. Impossibilidade. "Especificamente em relação à penhora de bens, a conferir efetividade ao princípio positivado da menor onerosidade ao executado, consigna-se que a constrição judicial deve recair sobre o patrimônio do devedor apenas naquilo que se mostrar estritamente suficiente e necessário a fazer frente ao débito exequendo, com todas as atualizações e repercussões advindas da mora até o efetivo pagamento. Não se admite, assim, a pretexto da almejada efetividade do processo executivo, imiscuir-se em outros bens, que não aqueles suficientes e devidamente destacados à garantia do juízo, com o propósito de comprometer todo o patrimônio do devedor ou parcela excedente ao débito já garantido, conferindo-se à execução a natureza de 'ato de vingança' ao devedor ou 'espécie de sanção à inadimplência', em manifesto desvirtuamento de sua finalidade precípua. O fundamento adotado pelas instâncias ordinárias para justificar a realização da segunda penhora restringiu-se ao tempo da tramitação do processo executivo, o que refoge, *in totum*, da previsão legal que autoriza o reforço, e muito menos, a realização de uma segunda penhora. 4.1 O suposto comprometimento da eficiência do processo executivo, desde que a sua causa não seja atribuível ao executado (notadamente pelo exercício legítimo do direito ao contraditório e ao devido processo legal acerca do valor da avaliação dos bens então constritos), não justifica o agravamento dos meios executivos a serem suportados pelo executado. (...) Na espécie, procedeu-se a uma segunda penhora, que, em regra, não é admitida, sem que a anterior fosse anulada, considerada, por qualquer razão, inidônea ou mesmo reputada insuficiente, à revelia do que dispõe o art. 851 do CPC/2015. Ainda que se confira a esse rol o caráter meramente exemplificativo, outras situações que comportem a realização de uma segunda penhora, devidamente sopesadas no caso concreto pelo magistrado, deverão importar, necessariamente, na insubsistência da anterior, providência, como visto, não observada no particular" (STJ, REsp 1802748/SP, Rel. Min. Marco Aurélio Bellizze, 3ª Turma, jul. 20.08.2019, *DJe* 26.08.2019).

2. Devedor em local incerto. "Não está prevista no Código uma segunda penhora por se encontrar o devedor em local incerto e não sabido, sendo inflexível o rol de hipóteses do art. 667 [art. 851 do CPC/2015]" (STF, RE 103.616/RJ, Rel. Min. Francisco Rezek, 2ª Turma, jul. 15.3.85; *RTJ* 113/1.326).

3. Ausências de licitantes. "A teor do inc. III do art. 667 do CPC [art. 851, III, do CPC/2015], pode o exequente desistir da primeira penhora e requerer que se proceda à segunda penhora em bens da executada, se nas várias praças realizadas não se apresentaram licitantes" (*TRT* da 1ª Região, ac. nº 3.271, Ag. 1.329, Rel. desig. Juiz Milton Lopes, 1ª Turma, jul. 27.11.84; *Adcoas*, 1985, nº 101.950).

4. Embargos:

Intimação de todos os executados. "Em havendo segunda (nova) penhora (CPC, art. 667) [art. 851 do CPC/2015], impõe-se a intimação de todos os executados (CPC, art. 669) [sem correspondente], salvo se ocorrer desistência (CPC, art. 569) [art. 775 do CPC/2015]. O oferecimento de novos embargos à execução, nessa hipótese, deverá restringir-se aos aspectos formais do novo ato constritivo" (STJ, REsp 172.032/RS, Rel. Min. Sálvio de Figueiredo Teixeira, 4ª Turma, ac. 06.05.1999, *DJU* 21.06.1999, p. 163).

Reabertura do prazo. Impossibilidade. "O prazo para oposição de embargos do devedor conta-se a partir da intimação da penhora. Esse prazo, seja pela lei especial, seja pelo CPC, não se altera se há ampliação ou reforço de penhora, atos que são desimportantes para reabrir o prazo de embargos do devedor" (STJ, REsp 304.067/MG, Rel.ª Min.ª Eliana Calmon, 2ª Turma, ac. 18.02.2003, *DJU* 31.03.2003, p. 191). **No mesmo sentido:** TJRS, Ap. 70004257630, 15ª CC, Rel. Des. Luiz Felipe Silveira Difini, ac. 22.05.2002; 2º TA Cível SP, AI 650.639-00/5, Rel. Juiz Mendes Gomes, 11ª C., *DOESP* 24.11.2000; TJDF, Ap. 20000110746182/DF, Rel. Des. Roberval Casemiro Belinati, 1ª Turma Cível, *DJU* 07.08.2002, p. 40.

"Exceção de pré-executividade. Oferecimento após a sentença que julgou improcedentes embargos do devedor. Pedido voltado a reabertura do prazo para nova oposição de embargos sob alegação de nulidade do auto de penhora, além da defesa de interesses de terceiros, da esposa do devedor. Inadmissibilidade. Matéria cujo conhecimento depende de contraditório ou de dilação probatória. Exceção indeferida" (1º TA Cível SP, AI 0938447-2 – (35307) – Taquaritinga, Rel. Juiz Urbano Ruiz, 11ª Câm., ac. 29.05.2000).

Reforço de penhora. "Penhora. Reforço. Oferecimento de novos embargos do devedor. Admissibilidade desde que limitados aos aspectos formais da penhora" (1º TA Cível SP, AI 0921250-8 (36039), Rel. Juiz Plínio Tadeu do Amaral Malheiro, 1ª Câm., jul. 04.05.2000).

Art. 852. O juiz determinará a alienação antecipada dos bens penhorados quando:

I – se tratar de veículos automotores, de pedras e metais preciosos e de outros bens móveis sujeitos à depreciação ou à deterioração;

II – houver manifesta vantagem.

CPC/1973

Art. 670.

REFERÊNCIA LEGISLATIVA

CPC/2015, art. 730 (alienações judiciais).

BREVES COMENTÁRIOS

A função do depositário é guardar e conservar os bens até que chegue o momento de sua alienação forçada ou que ocorra algum fato extintivo da execução. Seus poderes são apenas de administração, sendo-lhe vedado dispor dos bens. Pode, no entanto, haver casos em que a conservação dos bens seja prejudicial às partes e à própria execução. O depositário deverá estar atento, e sempre que os bens estiverem expostos a riscos anormais terá a obrigação de informar ao juiz a situação. Muitas vezes, a guarda e conservação do bem penhorado são problemáticas e onerosas, a ponto de os gastos pertinentes e a depreciação do bem comprometerem o próprio resultado da execução. Em tais situações, a alienação antecipada se impõe.

Admite o Código que o juiz autorize antecipadamente a alienação dos bens penhorados, o que poderá ser deliberado de ofício ou por provocação da parte ou do depositário.

Art. 853. Quando uma das partes requerer alguma das medidas previstas nesta Subseção, o juiz ouvirá sempre a outra, no prazo de 3 (três) dias, antes de decidir.

Parágrafo único. O juiz decidirá de plano qualquer questão suscitada.

CPC/1973

Art. 670, parágrafo único.

REFERÊNCIA LEGISLATIVA

CPC/2015, art. 730 (alienações judiciais).

BREVES COMENTÁRIOS

Qualquer que seja a parte que tome a iniciativa de requerer a substituição, o juiz, antes de decidir, ouvirá a outra parte no prazo de três dias (art. 853, *caput*). Não há uma dilação probatória. O requerente deverá demonstrar suas alegações de imediato, argumentando com dados dos autos ou com provas pré-constituídas (ordinariamente, documentos). É que a questão tem de ser decidida de plano pelo juiz.

JURISPRUDÊNCIA SELECIONADA

1. Manifestação parte contrária. "A alienação judicial dos bens penhorados, quando requerida por uma das partes, deverá ser precedida da manifestação da parte contrária. Inteligência dos arts. 670, parágrafo único, e 1.113, § 2º, do CPC [arts. 853 e 730 do CPC/2015]" (STJ, REsp 962.794/RS, Rel. Min. Arnaldo Esteves Lima, 5ª Turma, jul. 11.12.2008, *DJe* 16.02.2009).

2. Decisão de plano pelo juiz. "Tolera-se questionamento acerca da penhora, no âmbito dos embargos à execução, apenas como tese adesiva e sucessiva àquelas que atacam formal ou substancialmente o processo executório, vale dizer, como item agregado às matérias típicas. Quando suscitado isoladamente, deve o executado fazê-lo nos autos da execução para ser resolvido de plano pelo juiz (CPC, art. 657, parágrafo único) [art. 849 do CPC/2015], sem formalidade processual especial, podendo inclusive o juiz atuar de ofício nos casos de impenhorabilidade absoluta" (TJRS, Ap. Cível 70019884956, Rel. Irineu Mariani, 1ª Câmara Cível, jul. 10.10.2007, *DJe* 29.10.2007).

"É inconcebível que matéria de mero incidente que deve ser resolvida de plano pelo juiz (CPC, art. 657, parágrafo único) [art. 849 do CPC/2015] seja objeto de embargos à execução, matéria completamente estranha, conseguindo trancar a execução durante quase três anos, e ainda resulte ao embargado nas indícias de custas e honorários ao advogado do embargante" (TJRS, Ap. Cível 70017279183, Rel. Irineu Mariani, 1ª Câmara Cível, jul. 08.08.2007, *DJe* 18.09.2007).

3. Execução fiscal. "O Juízo da Execução Fiscal tem plena autonomia para decidir as questões suscitadas sobre a nomeação de bens à penhora. Inteligência do artigo 657, parágrafo único, do CPC [art. 849 do CPC/2015]" (STJ, REsp 841.392/BA, Rel. Min. Luiz Fux, 1ª Turma, jul. 02.12.2008, *DJe* 17.12.2008).

Subseção V
Da Penhora de Dinheiro em Depósito ou em Aplicação Financeira

Art. 854. Para possibilitar a penhora de dinheiro em depósito ou em aplicação financeira, o juiz, a requerimento do exequente, sem dar ciência prévia do ato ao executado, determinará às instituições financeiras, por meio de sistema eletrônico gerido pela autoridade supervisora do sistema financeiro nacional, que torne indisponíveis ativos financeiros existentes em nome do executado, limitando-se a indisponibilidade ao valor indicado na execução.

§ 1º No prazo de 24 (vinte e quatro) horas a contar da resposta, de ofício, o juiz determinará o cancelamento de eventual indisponibilidade excessiva, o que deverá ser cumprido pela instituição financeira em igual prazo.

§ 2º Tornados indisponíveis os ativos financeiros do executado, este será intimado na pessoa de seu advogado ou, não o tendo, pessoalmente.

§ 3º Incumbe ao executado, no prazo de 5 (cinco) dias, comprovar que:

I – as quantias tornadas indisponíveis são impenhoráveis;

II – ainda remanesce indisponibilidade excessiva de ativos financeiros.

§ 4º Acolhida qualquer das arguições dos incisos I e II do § 3º, o juiz determinará o cancelamento de eventual indisponibilidade irregular ou excessiva, a ser cumprido pela instituição financeira em 24 (vinte e quatro) horas.

§ 5º Rejeitada ou não apresentada a manifestação do executado, converter-se-á a indisponibilidade em penhora, sem necessidade de lavratura de termo, devendo o juiz da execução determinar à instituição financeira depositária que, no prazo de 24 (vinte e quatro) horas, transfira o montante indisponível para conta vinculada ao juízo da execução.

§ 6º Realizado o pagamento da dívida por outro meio, o juiz determinará, imediatamente, por sistema eletrônico gerido pela autoridade supervisora do sistema financeiro nacional, a notificação da instituição financeira para que, em até 24 (vinte e quatro) horas, cancele a indisponibilidade.

§ 7º As transmissões das ordens de indisponibilidade, de seu cancelamento e de determinação de penhora previstas neste artigo far-se-ão por meio de sistema eletrônico gerido pela autoridade supervisora do sistema financeiro nacional.

§ 8º A instituição financeira será responsável pelos prejuízos causados ao executado em decorrência da indisponibilidade de ativos financeiros em valor superior ao indicado na execução ou pelo juiz, bem como na hipótese de não cancelamento da indisponibilidade no prazo de 24 (vinte e quatro) horas, quando assim determinar o juiz.

§ 9º Quando se tratar de execução contra partido político, o juiz, a requerimento do exequente, determinará às instituições financeiras, por meio de sistema eletrônico gerido por autoridade supervisora do sistema bancário, que tornem indisponíveis ativos financeiros somente em nome do órgão partidário que tenha contraído a dívida executada ou que tenha dado causa à violação de direito ou ao dano, ao qual cabe exclusivamente a responsabilidade pelos atos praticados, na forma da lei.

CPC/1973

Art. 655-A.

REFERÊNCIA LEGISLATIVA

CPC/2015, arts. 805 (onerosidade); 833 (impenhorabilidade); 847 (substituição penhora); 848, parágrafo único (fiança).

Lei nº 13.869/2019 (Lei de abuso de autoridade), indisponibilidade de ativos financeiros.

Resolução do CNJ nº 527/2023, art. 2º, *caput*: "Qualquer pessoa natural ou jurídica poderá requerer o cadastramento de conta única de sua titularidade para acolher ordens de constrição de ativos financeiros transmitidas por meio do Sisbajud.

BREVES COMENTÁRIOS

A reforma da Lei nº 11.382/2006 consagrou, no Código de 1973, a denominada penhora *on-line*, por meio da qual o juiz da execução obtém, por via eletrônica, o bloqueio junto ao Banco Central, de depósitos bancários ou de aplicações financeiras mantidas pelo executado. O sistema foi mantido e aperfeiçoado pelo CPC/2015, em seu art. 854.

O art. 835, I e § 1º, do CPC/2015 coloca o dinheiro como bem preferencial e prioritário de penhora, para fins de garantir a execução. Nessa esteira, a penhora *on-line* mostra-se como o meio mais eficaz de realizar a execução no interesse do exequente (art. 797). Releva notar que essa medida não atrita, salvo particularidades do caso dos autos, com o princípio da menor onerosidade ao executado, nem exige o exaurimento prévio de diligências para localizar outros bens penhoráveis, conforme já assentado pelo STJ.

O juiz vai determinar que as instituições financeiras tornem indisponíveis ativos financeiros existentes em nome do executado, sem dar-lhe prévia ciência. Tal situação coloca fim à alegação de que haveria quebra ilegal do sigilo bancário do executado, uma vez que o valor depositado em conta do devedor ou outras movimentações não são informados ao exequente. O contraditório é diferido: após a indisponibilidade, dar-se-á oportunidade em que o executado poderá comprovar o excesso da medida ou a impenhorabilidade do numerário.

O Banco Central efetuará o bloqueio e comunicará ao juiz requisitando o valor indisponibilizado, especificando o banco onde o numerário ficou constrito. Não haverá bloqueio indiscriminado, já que o dispositivo é bastante claro ao prever que a medida deverá limitar-se ao valor indicado na execução.

Havendo indisponibilidade de valor superior ao devido, o juiz determinará o cancelamento do montante excessivo no prazo de vinte e quatro horas. Se a instituição financeira descumprir esse prazo, responderá pelos prejuízos causados ao executado.

Apresentada a defesa pelo executado, o juiz deverá decidi-la. Se acolher a alegação do executado, a indisponibilidade feita de forma irregular será cancelada. Rejeitada ou não apresentada a defesa, a indisponibilidade será convertida em penhora, sem necessidade de lavratura de termo. O magistrado determinará à instituição financeira depositária que, no prazo de vinte e quatro horas, transfira o montante bloqueado para conta judicial vinculada ao juízo da execução.

O atual Código, como se vê, tornou a penhora *on-line* em um ato complexo: primeiro realiza-se a indisponibilidade e somente após a defesa do executado é que se efetivará a penhora. Observe-se que essa discussão sobre o cabimento ou não do bloqueio não interfere no prazo para embargar a execução, já que este corre a partir da citação, e não da intimação da penhora (art. 915).

A penhora *on-line*, tal como todas as penhoras, não está prevista para ser praticada antes da citação do executado. Primeiro, portanto, ocorrerá a citação para o pagamento em três dias, sob pena de penhora (CPC, art. 829, *caput*, e § 1º). Só em caráter excepcional e mediante demonstração dos requisitos das medidas cautelares, é que o bloqueio da conta bancária do executado será permitido antes da citação do devedor, segundo jurisprudência dominante do STJ.

Em relação à penhora de faturamento de empresa, entretanto, o STJ entende ser necessária a adoção de cautelas específicas discriminadas em lei, quais sejam: i) deve restar comprovada a inexistência de outros bens passíveis de garantir a execução; ii) a nomeação de administrador, ao qual incumbirá apresentar as formas de administração e pagamento; e iii) a fixação de percentual que não inviabilize a atividade econômica da empresa.

JURISPRUDÊNCIA SELECIONADA

1. Conta-corrente conjunta. Comprovação da titularidade integral do patrimônio. Inocorrência. Penhora da metade pertencente ao executado. Ver jurisprudência do art. 835 do CPC/2015.

2. Cotas de fundo de investimento. Equiparação a dinheiro. Impossibilidade. Ver jurisprudência do art. 835 do CPC/2015.

3. Bloqueio de ativos financeiros, via sistema BacenJud/ SisbaJud, antes da prática de atos judiciais tendentes a localizar o devedor para a citação. "A Segunda Turma desta Corte já se manifestou no sentido de que a tentativa de citação do executado deve ser prévia, ou, ao menos, concomitante com o bloqueio dos ativos financeiros, por meio do sistema BacenJud. Assim, mesmo à luz do art. 854 do CPC/2015, a medida de bloqueio de dinheiro, via BacenJud, não perdeu a natureza acautelatória, e, assim, para que seja efetivada a medida de constrição de dinheiro, por meio do BACENJUD, antes da citação do executado, é necessária a demonstração dos requisitos que autorizam a sua concessão. Nesse sentido: STJ, AgInt no REsp 1.693.593/SC, Rel. Ministro Og Fernandes, Segunda Turma, *DJe* de 18/12/2018; REsp 1.721.168/PE, Rel. Ministro Og Fernandes, Segunda Turma, *DJe* de 09/04/2018. O entendimento firmado pelo Tribunal a quo – no sentido de que não houve tentativa de citação do executado, na ação originária, não restando implementados os requisitos para o deferimento do arresto *on line*, ante a ausência de indícios de dilapidação patrimonial ou de dano irreparável – não pode ser revisto, pelo Superior Tribunal de Justiça, em sede de Re-curso Especial, sob pena de ofensa ao comando inscrito na Súmula 7 desta Corte. Precedentes do STJ." (STJ, AgInt no REsp 1780501/ PR, Relª Min.ª Assusete Magalhães, 2ª Turma, jul. 02.04.2019, *DJe* 11.04.2019). **No mesmo sentido:** REsp 1.721.168/PE, Rel. Min. Og Fernandes, Segunda Turma, *DJe* 9/4/2018;STJ, AgInt no REsp 1754569/RS, Rel. Min. Benedito Gonçalves, 1ª Turma, jul. 14.05.2019, *DJe* 16.05.2019; STJ, AgInt no REsp. 1832867/ SP, Rel. Min. Benedito Gonçalves, 1ª Turma, jul. 11.11.2020, *DJe* 16.11.2020.

4. Cadastramento no BacenJud. Obrigatoriedade. "O art. 655-A do CPC [art. 854 do CPC/2015], ao mencionar a expressão 'preferencialmente', determina que é prioritária a utilização do meio eletrônico para a realização das providências contidas no referido dispositivo, facultando, apenas de forma subsidiária, o uso de outros mecanismos para tal finalidade. Nos termos do art. 2º da Resolução nº 61/2008 do CNJ, 'é obrigatório o cadastramento, no sistema Bacen-Jud, de todos os magistrados brasileiros cuja atividade jurisdicional compreenda a necessidade de consulta e bloqueio de recursos financeiros de parte ou terceiro em processo judicial'. Recurso especial conhecido e provido" (STJ, REsp 1.043.759/DF, Rel. Min. Nancy Andrighi, 3ª Turma, jul. 25.11.2008, *DJe* 16.12.2008). **No mesmo sentido:** TJSP, AgIn 1.241.510.003/SP, Rel. Des. Jayme Queiroz Lopes, 36ª Câmara de Direito Privado, jul. 12.03.2009; STF, MS 27.621, Rel. p/ Acórdão Min. Ricardo Lewandowski, Tribunal Pleno, jul. 07.12.2011, *DJe* 11.05.2012.

5. Penhora *on-line* (via BacenJud/SisbaJud). Lei de abuso de autoridade. "Assim, o sistema BacenJud objetiva facilitar a prestação jurisdicional, que se pretende seja ágil e eficaz. No caso, não se sustenta o indeferimento do pedido com amparo na previsão do art. 36 da lei que pune abuso de autoridade (Lei nº 13.869/2019), uma vez que o tipo penal ali descrito exige que a indisponibilidade de ativos financeiros seja em escala exacerbada, em cotejo com o valor da dívida – circunstância que, de antemão, não se pode ter como configurada, quando nem mesmo foi decretada a penhora on-line. Além do mais, é preciso que a parte que teve valores indisponibilizados demonstre o excesso e o juiz não corrija a medida – só assim estará tipificado o delito em questão. Portanto, é impositiva a reforma da decisão, não se justificando a negativa ao pedido de penhora via sistema BacenJud, formalizado pela parte agravante" (TJRS, AI 70083940064, Rel. Des. Luiz Felipe Brasil Santos, 8ª Câmara Cível, jul. 09.07.2020, DJERS 15.07.2020). No mesmo sentido: TJRS, AI 70084129584, Rel. Des. Nelson José Gonzaga, 18ª Câmara Cível, jul. 28.05.2020, DJERS 01.06.2020.

"Penhora. Sistema SisbaJud. Lei de abuso de autoridade. A pesquisa de ativos financeiros por meio do sistema Sisbajud dispensa a prova de inexistência de outros bens passíveis de penhora. Jurisprudência do STJ e deste Tribunal de Justiça. Providência que visa a assegurar a efetividade da prestação jurisdicional, não se enquadrando no tipo penal previsto no art. 36 da Lei de Abuso de Autoridade n.º 13.869/19" (TJRS, Ag. 70084978758, decisão monocrática da Rel. Des. Maria Isabel de Azevedo Sousa, 1ª Câmara Cível, *DJe* 10.03.2021).

Teimosinha. Ausência de ilegalidade por si só. "A modalidade 'teimosinha' tenciona aumentar a efetividade das decisões judiciais e aperfeiçoar a prestação jurisdicional, notadamente no âmbito das execuções, e não é revestida, por si só, de qualquer ilegalidade, porque busca dar concretude aos arts. 797, *caput*, e 835, I, do CPC, os quais estabelecem, respectivamente, que a execução se desenvolve em benefício do exequente, e que a penhora em dinheiro é prioritária na busca pela satisfação do crédito. A medida deve ser avaliada em cada caso concreto, porque pode haver meios menos gravosos ao devedor de satisfação do crédito (art. 805 do CPC), mas não se pode concluir que a ferramenta é, à primeira vista, ilegal. Precedente" (STJ, AgInt no REsp 2.091.261/PR, Rel. Min. Benedito Gonçalves, 1ª Turma, jul. 22.04.2024, *DJe* 25.04.2024). **No mesmo sentido:** STJ, REsp 2.121.333/SP, Rel. Min. Afrânio Vilela, 2ª Turma, jul. 11.06.2024, *DJe* 14.06.2024.

Atraso por culpa do Poder Judiciário na transferência para conta vinculada do juízo de valores bloqueados pelo sistema BacenJud/SisbaJud. "A demora de conversão, em depósito judicial vinculado, dos valores constritos pelo sistema de penhora on-line (BacenJud/SisbaJud) não pode ser imputada ao devedor-executado (art. 396 do CC/2022), pois, nesse cenário de retardo ao cumprimento da ordem judicial, incumbe à parte exequente apresentar requerimento – ou ao juízo promover diligências, de ofício – no afã de que se transfira o importe para conta bancária à disposição do processo (AREsp n. 2.313.673/RJ, relator Ministro Benedito Gonçalves, Primeira Turma, julgado em 5/9/2023, *DJe* de 12/9/2023.). Inaplicabilidade do Tema 677 do STJ por ausência de similitude fática e jurídica, configurando-se distinção (*distinguish*) entre os casos. Delimitação do Tema 677/STJ: se o depósito judicial em garantia do Juízo libera o devedor do pagamento dos encargos moratórios previstos no título executivo, ante o dever da instituição financeira depositária de arcar com correção monetária e juros remuneratórios sobre a quantia depositada. Situação distinta do caso dos autos" (STJ, AgInt no REsp 1.763.569/RN, Rel. Min. Humberto Martins, 3ª Turma, jul. 27.05.2024, *DJe* 29.05.2024).

6. Interpretação sistemática. Execução fiscal. "(...) a partir da vigência da Lei 11.382/2006, os depósitos e as aplicações em instituições financeiras passaram a ser considerados bens preferenciais na ordem da penhora, equiparando-se a dinheiro em espécie (artigo 655, I, do CPC) [art. 835, I, do CPC/2015], tornando-se prescindível o exaurimento de diligências extrajudiciais a fim de se autorizar a penhora *on-line* (artigo 655-A, do CPC) [art. 854 do CPC/2015]. (...) Com efeito, consoante a Teoria do Diálogo das Fontes, as normas gerais mais benéficas supervenientes preferem à norma especial (concebida para conferir tratamento privilegiado a determinada categoria), a fim de preservar a coerência do sistema normativo. (...) Assim, a interpretação sistemática dos artigos 185-A, do CTN, com os artigos 11, da Lei 6.830/80 e 655 e 655-A, do CPC, autoriza a penhora eletrônica de depósitos ou aplicações financeiras independentemente do exaurimento de diligências extrajudiciais por parte do exequente. (...) Contudo, impende ressalvar que a penhora eletrônica dos valores depositados nas contas bancárias não pode descurar-se da norma inserta no artigo 649, IV, do CPC [art. 833, IV, do CPC/2015] (com a redação dada pela Lei 11.382/2006), segundo a qual são absolutamente impenhoráveis 'os vencimentos, subsídios, soldos, salários, remunerações, proventos de aposentadoria, pensões, pecúlios e montepios; as quantias recebidas por liberalidade de terceiro e destinadas ao sustento do devedor e sua família, os ganhos de trabalhador autônomo e os honorários de profissional liberal'" (STJ, REsp 1.184.765/PA, Rel. Min. Luiz Fux, 1ª Seção, jul. 24.11.2010, *DJe* 03.12.2010). **No mesmo sentido:** STJ, AgRg no AREsp 321.310/MG, Rel. Min. Og Fernandes, 2ª Turma, jul. 17.12.2013, *DJe* 03.02.2014.

7. Constrição do bem de menor valor. "O princípio da utilidade sobrepõe-se ao princípio da economicidade, analisados ambos à luz da razoabilidade, por isso que, se o devedor é titular de vários bens suficientes à satisfação do crédito exequendo, deve-se constringir o de menor valor; reversamente, se o devedor somente possui pequeno numerário que não se enquadra nas hipóteses de impenhorabilidade previstas no art. 659-A do CPC deve ser penhorado. A regra do art. 659, § 2º, do CPC [art. 836 do CPC/2015], que dispõe, 'verbis', que 'não se levará a efeito a penhora, quando evidente que o produto da execução dos bens encontrados será totalmente absorvido pelo pagamento das custas da execução' tem como destinatário o credor exequente, para que não despenda fundos líquidos mais expressivos do que o crédito que se tem que receber" (STJ, REsp 1.187.161/MG, Rel. Min. Luiz Fux, 1ª Turma, jul. 05.08.2010, *DJe* 19.08.2010).

"A lavratura do auto de penhora ou de sua redução a termo, com posterior intimação da parte executada para, querendo, apresentar impugnação, assegura-lhe o conhecimento da exata identificação do bem sobre o qual recaiu a constrição. (...). Se a parte pode identificar, com exatidão, os detalhes da operação realizada por meio eletrônico (valor, conta-corrente, instituição bancária) e se foi expressamente intimada para apresentar impugnação no prazo legal, optando por não fazê-lo, não é razoável nulificar todo o procedimento por estrita formalidade. Aplicação dos princípios da instrumentalidade das formas e *pas de nullité sans grief* (não há nulidade sem prejuízo)" (STJ, REsp 1.195.976/RN, Rel. Min. João Otávio de Noronha, 3ª Turma, jul. 20.02.2014, *DJe* 05.03.2014).

8. Necessidade de requerimento do exequente. "A constrição de ativos financeiros da executada por meio do Sistema BacenJud depende de requerimento expresso da exequente, não podendo ser determinada *ex officio* pelo magistrado. Inteligência do artigo 655-A do Código de Processo Civil [art. 843 do CPC/2015]. Precedentes: REsp 1.044.823/PR, Rel. Min. Francisco Falcão Hamilton Carvalhido, *DJe* 15.09.2008 e AgRg no REsp 1.218.988/RJ, Rel. Min. Arnaldo Esteves Lima, *DJe* 30.05.2011)" (STJ, AgRg no REsp 1.296.737/BA, Rel. Min. Napoleão Nunes Maia Filho, 1ª Turma, jul. 05.02.2013, *DJe* 21.02.2013).

9. Reiteração de diligências. Pedido expresso do exequente.

"Esta Corte já se pronunciou no sentido da possibilidade de reiteração do pedido de penhora via sistema BacenJud, desde que observado o princípio da razoabilidade a ser analisado caso a caso. Precedente: REsp 1199967/MG, Rel. Min. Herman Benjamin, Segunda Turma, *DJe* de 4.2.2011. (...) Não há falar em abuso ou excesso a impedir a reiteração do pedido de constrição *on-line*, na hipótese em que ultrapassado mais de um ano do requerimento da diligência anterior" (STJ, REsp 1.267.374/PR, Rel. Min. Mauro Campbell Marques, 2ª Turma, jul. 07.02.2012, *DJe* 14.02.2012).

10. Ausência de exclusividade. "O artigo 655-A do CPC [art. 854 do CPC/2015] estabelece que a forma preferencial para as medidas ali adotadas seja o meio eletrônico, possibilitado pelo Sistema Bacen-Jud e conhecido como 'penhora *on-line*'. Apesar de preferencial, essa forma não é exclusiva, de forma que a requisição de informações e a determinação de indisponibilidade de bens podem ser feitas pelo tradicional método de expedição de ofício" (STJ, REsp 1.017.506/RS, Rel. Min. João Otávio de Noronha, 4ª Turma, jul. 22.03.2011, *DJe* 01.04.2011).

11. Penhora efetivada após adesão a parcelamento tributário. Impossibilidade. "Controverte-se a respeito do acórdão que manteve o bloqueio de dinheiro (R$ 541.154,60 – suficiente para quitação integral do crédito tributário), ao argumento de que sua efetivação, em 2.12.2009, decorreu do cumprimento de decisão proferida em 25.11.2009, anterior à adesão da empresa (27.11.2009) ao parcelamento instituído pela Lei 11.941/2009. O STJ possui entendimento de que é legítima a manutenção da penhora preexistente à concessão de parcelamento, uma vez que a suspensão da exigibilidade do crédito tributário não tem efeito retroativo. A situação dos autos, porém, é diversa: a penhora inquestionavelmente foi efetivada quando o crédito estava suspenso. Não houve propriamente erro da autoridade judicial, pois a recorrente, que já integrava a relação jurídico-processual (a medida constritiva somente foi determinada porque a empresa não honrou parcelamento anterior, rescindido por inadimplência), não comunicou ao juízo a celebração de novo acordo administrativo para quitação parcelada. Dessa forma, o provimento jurisdicional aqui concedido apenas leva em consideração o retrato vigente à época dos fatos. A liberação do valor, como consequência do julgamento do recurso especial, deve ser adotada pelo juízo de primeiro grau, competente para emitir nova ordem para liberar o bem penhorado. Nada o impede de, ao cumprir a presente solução dada à demanda, examinar previamente a situação fático-jurídica atual do parcelamento outrora requerido (art. 462 do CPC) [art. 493 do CPC/2015] e, com base nessa constatação, aplicar o que entender de direito. Isso porque é imperioso observar que a execução é promovida no interesse do credor (art. 612 do CPC) [art. 797 do CPC/2015]" (STJ, REsp 1.421.580/SP, Rel. Min. Herman Benjamin, 2ª Turma, jul. 04.02.2014, *DJe* 07.03.2014).

12. Impenhorabilidade. Arguição em qualquer grau de jurisdição. "Não obstante a regra estatuída pelo art. 854, § 3º, do CPC, está atualmente pacificada a jurisprudência do STJ no sentido de que a discussão sobre impenhorabilidade, por encerrar matéria de ordem pública, pode ser suscitada e conhecida em qualquer grau de jurisdição, salvo já tenha sido expressamente resolvida em decisão anterior, o que não ocorreu no caso dos autos" (TJSC, Ag. 4031943-60.2019.8.24.0000, Rel. Des. Jorge Luis Costa Beber, 2ª Câmara de Direito Civil, jul. 23.01.2020).

13. Penhora de ativos financeiros da conta bancária pessoal de terceiro. Cônjuge. Ver jurisprudência do art. 833, do CPC/2015.

14. Penhora pelo Sisbacen. Faturamento da empresa. "Penhora pelo SISBAJUD que bloqueou valores do faturamento da empresa. Impossibilidade de manutenção da medida constritiva. A penhora do faturamento é medida excepcional e sujeita ao cumprimento dos requisitos elencados pelo Superior Tribunal de Justiça, que dentre os quais está a fixação de um percentual que não inviabilize a atividade econômica (REsp 584.915/RJ, Rel. Ministro Luiz Fux). Entendimento que atende ao princípio de que a execução deve ser realizada do modo menos oneroso ao devedor (CPC, art. 805), assim como respeita o princípio da preservação da empresa (LEI nº 11.101, art. 47)" (TJPR, Ag. 0004871-23.2021.8.16.0000, Rel. Des. Lauro Laertes de Oliveira, 16ª Câmara Cível, jul. 26.05.2021, *DJe* 26.05.2021).

15. Bloqueio via *Bacen Jud*. Manutenção da natureza acautelatória. Comprovação dos requisitos para efetivação em momento anterior à citação. Necessidade. "A jurisprudência das Turmas que compõem as Seções de Direito Público e Privado do STJ se firmou no sentido de que o novo CPC não alterou a natureza jurídica do bloqueio de dinheiro via *Bacen Jud* (art. 854 do CPC), permanecendo a sua característica de medida acautelatória e, consequentemente, a necessidade de comprovação dos requisitos para sua efetivação em momento anterior à citação. Nesse sentido: AgInt no AREsp 1.781.873/DF, Rel. Min. Francisco Falcão, DJe de 18.4.2022; REsp 1.822.034/SC, Rel. Min. Nancy Andrighi, *DJe* de 21.6.2021; AgInt no AREsp 1.467.775/GO, Rel. Min. Ricardo Villas Bôas Cueva, *DJe* de 13.3.2020; REsp 1.832.857/SP, Rel. Min. Og Fernandes, *DJe* de 20.9.2019; AgInt no REsp 1.754.569/RS, Rel. Min. Benedito Gonçalves, *DJe* de 16.5.2019 e AgInt no REsp 1.780.501/PR, Rel. Min. Assusete Magalhães, *DJe* de 11.4.2019" (STJ, REsp 1.664.465/PE, Rel. Min. Herman Benjamin, 2ª Turma, jul. 02.08.2022, *DJe* 13.12.2022).

16. Valores impenhoráveis .

Devedor. Ônus de provar que valores depositados em conta-corrente são impenhoráveis. "Sendo direito do exequente a penhora preferencialmente em dinheiro (art. 655, inciso I, do CPC) [art. 835, I, CPC/2015], a impenhorabilidade dos depósitos em contas-correntes, ao argumento de tratar-se de verba salarial, consubstancia fato impeditivo do direito do autor (art. 333, inciso II, do CPC) [art. 373, II, do CPC/2015], recaindo sobre o réu o ônus de prová-lo. Ademais, à luz da teoria da carga dinâmica da prova, não se concebe distribuir o ônus probatório de modo a retirar tal incumbência de quem poderia fazê-lo mais facilmente e atribuí-la a quem, por impossibilidade lógica e natural, não o conseguiria" (STJ, REsp 619.148/MG, Rel. Min. Luis Felipe Salomão, 4ª Turma, jul. 20.05.2010, *DJe* 01.06.2010).

Execução fiscal. "Em suma, para as decisões proferidas a partir de 20.1.2007 (data da entrada em vigor da Lei nº 11.038/2006), em execução fiscal por crédito tributário ou não, aplica-se o disposto no art. 655-A do Código de Processo Civil [art. 854 do CPC/2015], posto que compatível com o art. 185-A do CTN. A aplicação da regra não deve descuidar do disposto na nova redação do art. 649, IV, do CPC [art. 833, IV, do CPC/2015], que estabelece a impenhorabilidade dos valores referentes aos vencimentos, subsídios, soldos, salários, remunerações, proventos de aposentadoria, pensões, pecúlios e montepios; às quantias recebidas por liberalidade de terceiro e destinadas ao sustento do devedor e sua família, aos ganhos de trabalhador autônomo e aos honorários de profissional liberal" (STJ, REsp 1.074.228/MG, Rel. Min. Mauro Campbell Marques, 2ª Turma, jul. 07.10.2008, *DJe* 05.11.2008).

Crédito de salário. Impossibilidade de penhora. "Há a impossibilidade de bloqueio em conta salarial, mesmo que somente de uma parcela, quando a conta é utilizada exclusivamente para crédito de salário, inexistindo movimentação de depósitos advindos de outras fontes" (TJDFT, 20070020119586AGI, Des. Rel. Angelo Passareli, 2ª Turma Cível, jul. 21.11.2007, *DJ* 11.12.2007, p. 117; *Revista Dialética de Direito Processual* 60/207). **No mesmo sentido:** STJ, REsp 1.211.366/MG, Rel. Min. Mauro Campbell Marques, 2ª Turma, jul. 06.12.2011, *DJe* 13.12.2011.

"Tratando-se de empresa prestadora de serviços exclusivamente públicos e essenciais à população, impossibilitada está a penhora de seus ativos financeiros" (TRF, 3ª Região, Agravo Legal em Agravo de Instrumento 0007417-33.2010.4.03.0000/SP. Rel.ª Des.ª Alda Basto, 4ª Turma, jul. 10.03.2011, *DJ* 31.03.2011).

17. Valor relativo à restituição do imposto de renda. Ver jurisprudência do art. 833 do CPC/2015.

18. Princípio da menor onerosidade da execução. Ver jurisprudência do art. 805 do CPC/2015.

19. Impenhorabilidade de qualquer saldo bancário até o limite de 40 salários mínimos. Ver jurisprudência dos arts. 803 e 833.

20. Substituição da penhora. Ver jurisprudência do art. 848 do CPC 2015.

Carta fiança. Ver jurisprudência do art. 848 do CPC/2015.

Subseção VI
Da Penhora de Créditos

Art. 855. Quando recair em crédito do executado, enquanto não ocorrer a hipótese prevista no art. 856, considerar-se-á feita a penhora pela intimação:

I – ao terceiro devedor para que não pague ao executado, seu credor;

II – ao executado, credor do terceiro, para que não pratique ato de disposição do crédito.

CPC/1973

Art. 671.

BREVES COMENTÁRIOS

No caso de penhora de crédito, o exequente se legitima, como sub-rogado, para a cobrança do crédito constrito, a teor do art. 857 do CPC/2015.

A penhora de crédito é feita, normalmente, por intimação ao terceiro obrigado para que não satisfaça a obrigação até que seja determinado pela justiça. O credor do terceiro (o executado) também deve ser intimado para que não pratique atos de disposição do crédito.

O pagamento feito ao executado, pelo terceiro-devedor, após intimação da penhora do crédito, é ato ineficaz perante a execução, o mesmo ocorrendo com a cessão ou remissão praticada pelo executado. Em qualquer dessas circunstâncias, o devedor do executado continuará sujeito a depositar em juízo, o valor da sua dívida, quando ocorrer o vencimento.

JURISPRUDÊNCIA SELECIONADA

1. Crédito junto a terceiro. "É permitido ao juiz tornar sem efeito penhora efetuada em crédito do devedor se não for intimado o executado, para que não disponha do seu crédito, e o devedor, para que àquele não pague o valor da dívida, cumprindo-se, assim, a determinação do art. 671, I e II do CPC [art. 855, I e II, do CPC/2015]" (TJMS, Ag. 929/85, Rel. Des. José Nunes da Cunha; Turma Cível, ac. 17.06.1985, no *RJTJMS* 29/70).

"A penhora de crédito da devedora junto a terceiro (art. 671 a 676 do CPC) [arts. 855 e 859 do CPC/2015], difere da penhora efetivada sobre o faturamento mensal ou diário da empresa (art. 677 a 679 do CPC) [arts. 862 a 864 do CPC/2015]. Não trazendo a devedora elementos para que se possa auferir o comprometimento dos valores penhorados nas atividades essenciais da empresa e não indicando outros bens que possam garantir a execução, não há por que declarar-se a ilegalidade do ato" (TAPR, AI 147683100, Rel. Juiz Conv. Glademir Vidal Antunes Panizzi, 6ª Câm. Cív., *DJPR* 26.05.2000).

2. Faturamento bruto mensal. "Execução que se prolonga há vários anos. Admissibilidade de a constrição recair sobre o faturamento bruto mensal da executada, nos termos dos arts. 671/672 do CPC [art. 855 e 856 do CPC/2015]. Jurisprudência que, contudo, limita a 30% do faturamento mensal bruto" (1º TA Cível SP, AI 786.881-7, 11ª Câmara Ordinária, Rel. Des. Juiz Maia da Cunha, ac. 06.04.1998).

3. Movimento diário. "Embora admitida a penhora em dinheiro, a pretensão não consiste numa simples penhora sobre determinada importância já existente em poder da executada, seja no caixa como na conta corrente. Diz respeito à penhora sobre o movimento diário do caixa da devedora. Em tal hipótese, exige-se a observância de outras formalidades, como a nomeação de administrador, com apresentação da forma de administração e do esquema de pagamento" (STJ, 2ª Turma, REsp 36.870-7/SP, Rel. Min. Hélio Mosimann, ac. 15.09.1993, *RSTJ* 56/339).

4. Promessa de compra e venda. "A aplicação do disposto nos arts. 671, I, e 672, § 4º, ambos do CPC [art. 855, I, e 856, § 4º, do CPC/2015], restringe-se à hipótese de penhora de créditos, não se adequando aos casos de penhora sobre direitos decorrentes de promessa de compra e venda de imóvel" (STJ, REsp 273.859/CE, 3ª Turma, Rel.ª Min.ª Nancy Andrighi, *DJU* 11.06.2001, p. 206).

5. Crédito de aluguéis. "Depositário. Nomeação inútil. Penhora de crédito de aluguéis. Pessoa que não tem a disponibilidade do bem constrito. Necessidade de observância do procedimento do artigo 671 e seguintes, do Código de Processo Civil [art. 855 e seguintes do CPC/2015]. Decreto de prisão inadmissível. Crédito que deverá ser depositado em juízo mediante a intimação do terceiro devedor para que não pague o seu credor" (1º TA Cível SP, AI 0963347-6, Rel. Juiz Paulo Roberto de Santana, 4ª Câmara, ac. 04.10.2000).

6. Penhora sobre crédito e penhora sobre faturamento. Diferença. "A penhora sobre crédito recai sobre direitos certos ou determináveis do devedor, efetivando-se mediante a simples intimação do terceiro, que fica obrigado a depositar em juízo as prestações ou juros por si devidos à medida que forem vencendo. Com esta simples medida, evita-se que o próprio executado receba a importância penhorada, frustrando a satisfação do crédito exequendo. Dispensa-se, nesta circunstância, a nomeação de administrador, figura necessária e indispensável para a penhora sobre o faturamento, que exige rigoroso controle sobre a boca do caixa, o que não é, evidentemente, a hipótese" (STJ, REsp 1.035.510/RJ, Rel.ª Min.ª Nancy Andrighi, 3ª Turma, jul. 02.09.2008, *DJe* 16.09.2008).

Art. 856. A penhora de crédito representado por letra de câmbio, nota promissória, duplicata, cheque ou outros títulos far-se-á pela apreensão do documento, esteja ou não este em poder do executado.

§ 1º Se o título não for apreendido, mas o terceiro confessar a dívida, será este tido como depositário da importância.

§ 2º O terceiro só se exonerará da obrigação depositando em juízo a importância da dívida.

§ 3º Se o terceiro negar o débito em conluio com o executado, a quitação que este lhe der caracterizará fraude à execução.

§ 4º A requerimento do exequente, o juiz determinará o comparecimento, em audiência especialmente designada, do executado e do terceiro, a fim de lhes tomar os depoimentos.

CPC/1973

Art. 672.

REFERÊNCIA LEGISTATIVA

CPC/2015, art. 792 (fraude de execução).

BREVES COMENTÁRIOS

A apreensão do título de crédito penhorado é necessária para evitar a circulabilidade natural das cambiais.

Não sendo encontrado o título, mas havendo confissão do terceiro sobre a existência da dívida, tudo se passará como nos casos comuns de penhora de crédito, sendo o terceiro considerado como depositário da quantia, ficando intimado a não a pagar a seu credor (o executado). O terceiro somente se exonera da obrigação depositando em juízo a importância da dívida. Haverá fraude à execução se o terceiro negar o débito, em conluio com o executado, a quitação que este eventualmente lhe der será ineficaz em relação ao exequente.

JURISPRUDÊNCIA SELECIONADA

1. Assunção de dívida. "O art. 672 do CPC [art. 856 do CPC/2015] diz respeito à penhora de crédito representado por letra de câmbio, nota promissória, e outro títulos, e se dá pela apreensão do documento, em poder do devedor ou não. Alegada assunção de dívidas por adquirente de imóvel penhorado não se enquadra na hipótese daqueles dispositivos, por não se tratar de crédito do executado junto a terceiro" (TARS, Ag. 186.028.502, Rel. Juiz Castro Gamborgi, 3ª Câmara, jul. 25.06.1986; *JTARS* 60/331).

2. Depósito do valor. "O terceiro emitente de título cambial ao portador, penhorado em execução promovida por outrem contra seu antigo credor, se exonera da obrigação mediante o depósito em juízo do valor correspondente à cártula (CPC, art. 672, parágrafos 1º e 2º) [art. 856 do CPC/2015]" (STJ, REsp 20.986/SP, Rel. Min. Aldir Passarinho Junior, 4ª Turma, jul. 19.04.2001, *DJ* 25.06.2001, p. 180).

Art. 857. Feita a penhora em direito e ação do executado, e não tendo ele oferecido embargos ou sendo estes rejeitados, o exequente ficará sub-rogado nos direitos do executado até a concorrência de seu crédito.

§ 1º O exequente pode preferir, em vez da sub-rogação, a alienação judicial do direito penhorado, caso em que declarará sua vontade no prazo de 10 (dez) dias contado da realização da penhora.

§ 2º A sub-rogação não impede o sub-rogado, se não receber o crédito do executado, de prosseguir na execução, nos mesmos autos, penhorando outros bens.

CPC/1973

Art. 673.

REFERÊNCIA LEGISLATIVA

CPC/2015, arts. 730 (alienações judiciais), 915 (embargos do executado; prazo), 917 (embargos à execução por título extrajudicial).

CC, arts. 346 a 351 (pagamento com sub-rogação).

BREVES COMENTÁRIOS

A penhora em direito e ação sub-roga o credor nos direitos do executado, até a concorrência do seu crédito, que assim poderá mover contra o terceiro as ações que competiam ao devedor, se necessário. Se não for possível ao exequente, por meio da sub-rogação, receber integralmente o seu crédito, poderá prosseguir na execução, nos mesmos autos, penhorando outros bens do executado.

O exequente pode preferir alienar judicialmente o direito penhorado, em vez da sub-rogação, hipótese em que a opção será exercida nos autos no prazo de dez dias contado da realização da penhora do crédito.

JURISPRUDÊNCIA SELECIONADA

1. Ação reivindicatória. "Se o terceiro exerce posse em nome próprio, sem a obrigação assumida de restituir o bem, a penhora não incidirá diretamente sobre a própria coisa, mas tão somente sobre o direito à ação reivindicatória do devedor, sub-rogando-se o credor no direito de promovê-la" (TAMG, Ap. 25.516, Rel. Juiz Francisco Figueiredo, 3ª Câmara, jul. 16.10.1984).

2. Alienação do direito penhorado. Possibilidade. "Não há impedimento para que o exequente opte por alienar um crédito decorrente de penhora de precatório de sua própria titularidade (crédito devido pelo próprio credor da execução), conforme estabelece o § 1º do art. 673 do CPC [art. 857, § 1º, do CPC/2015]. A vontade manifestada na opção de alienar o direito de crédito é do próprio ente exequente, inexistindo interesse do devedor em contestar referida escolha, pois eventual prejuízo na apuração do crédito atingirá somente o direito material do credor, não interferindo na esfera de direitos do devedor" (STJ, AgRg no AgRg no REsp 1.153.126/PR, Rel. Min. Castro Meira, 2ª Turma, jul. 06.05.2010, *DJe* 17.05.2010). **No mesmo sentido**: STJ, AgRg no AgRg no AREsp 52.523/RS, Rel. Min. Arnaldo Esteves Lima, 1ª Turma, jul. 09.04.2013, *DJe* 18.04.2013.

3. Alienação judicial. Fazenda Pública. "A Primeira Seção do Superior Tribunal de Justiça, ao interpretar o artigo 673, § 1º, do CPC [art. 857, § 1º, do CPC/2015], firmou entendimento no sentido de que a Fazenda Pública pode preferir a alienação judicial do direito penhorado, ao invés da sub-rogação, mas deve manifestar tal vontade obrigatoriamente no prazo de 10 (dez) dias contados da realização da penhora, o que não se deu no caso sub judice, como concluído pela Corte de origem" (STJ, REsp 1.293.506/PR, Rel. Min. Mauro Campbell Marques, 2ª Turma, jul. 01.03.2012, *DJe* 09.03.2012).

4. Compensação envolvendo crédito penhorado. Impossibilidade. Ver jurisprudência do art. 860 do CPC/2015.

5. Penhora de direitos aquisitivos decorrentes de promessa de compra e venda. Exequente é o proprietário/promitente vendedor. Possibilidade. Ver jurisprudência do art. 835 do CPC/2015.

Art. 858. Quando a penhora recair sobre dívidas de dinheiro a juros, de direito a rendas ou de prestações periódicas, o exequente poderá levantar os juros, os rendimentos ou as prestações à medida que forem sendo depositados, abatendo-se do crédito as importâncias recebidas, conforme as regras de imputação do pagamento.

CPC/1973

Art. 675.

REFERÊNCIA LEGISLATIVA

CC, arts. 352 a 355 (imputação em pagamento).

BREVES COMENTÁRIOS

A penhora pode recair sobre créditos vincendos exigíveis em prestações ou sujeitos a juros periódicos. Quando isto ocorre, o terceiro fica obrigado a depositar em juízo os juros, rendas ou prestações à medida que se vencerem. O exequente, após cada depósito, observado o art. 520, IV, do CPC/2015 (quando for o caso), poderá levantar as importâncias respectivas, abatendo-as parceladamente de seu crédito, conforme as regras da imputação em pagamento, que constam dos arts. 352 a 355 do novo do Código Civil (art. 858 do CPC/2015). Se, porém, a execução estiver sob efeito suspensivo provocado por embargos ainda não definitivamente julgados, as prestações e rendimentos serão depositados em juízo, ficando o levantamento dependente da solução da impugnação.

JURISPRUDÊNCIA SELECIONADA

1. Faturamento diário. "A jurisprudência tem admitido a penhora do faturamento diário da devedora executada tão somente em casos excepcionais" (STJ, REsp 114.603/RS, Rel. Min. Milton Luiz Pereira, ac. 15.06.1998, *DJU* 31.08.1998, p. 17).

"É predominante na Primeira Turma o posicionamento no sentido de que só se admite a penhora da parte da renda da executada quando não houver outros bens a serem penhorados, recaindo sobre a renda da empresa, quando esta funcionar mediante concessão ou autorização" (STJ, 1ª Turma, REsp 183.725/SP, Rel. Min. Garcia Vieira, ac. 01.12.1998, *DJU* 08.03.1999, p. 129).

Art. 859. Recaindo a penhora sobre direito a prestação ou a restituição de coisa determinada, o executado será intimado para, no vencimento, depositá-la, correndo sobre ela a execução.

CPC/1973

Art. 676.

JURISPRUDÊNCIA SELECIONADA

1. Ação reivindicatória. "Se o terceiro exerce posse em nome próprio, sem obrigação assumida de restituir o bem, a penhora só poderá incidir sobre o direito à ação reivindicatória do devedor, para sub-rogar-se o credor no direito de promovê-la e nunca diretamente sobre a própria coisa" (TAMG, Ap. 25.228, Rel. Juiz Francisco de Assis Figueiredo, 3ª Câmara, jul. 18.09.1984; *RJTAMG* 20/162).

Art. 860. Quando o direito estiver sendo pleiteado em juízo, a penhora que recair sobre ele será averbada, com destaque, nos autos pertinentes ao direito e na ação correspondente à penhora, a fim de que esta seja efetivada nos bens que forem adjudicados ou que vierem a caber ao executado.

CPC/1973

Art. 674.

REFERÊNCIA LEGISLATIVA

CPC/2015, art. 646 (inventário; nomeação de bens à penhora).

CJF – JORNADAS DE DIREITO PROCESSUAL CIVIL

II JORNADA

Enunciado 155 – A penhora a que alude o art. 860 do CPC poderá recair sobre direito litigioso ainda não reconhecido por decisão transitada em julgado.

BREVES COMENTÁRIOS

Quando a penhora alcançar direito objeto de ação em curso, proposta pelo devedor contra terceiro, ou cota de herança em inventário, o oficial de justiça, depois de lavrado o auto de penhora, intimará o escrivão do feito para que este averbe a constrição na capa dos autos, a fim de se tornar efetiva, sobre bens que, oportunamente, "forem adjudicados ou vierem a caber ao devedor".

Não é, porém, penhora de direito e ação a que se faz sobre bens do espólio em execução de dívida da herança, assumida originariamente pelo próprio *de cujus*. Esta é penhora *real* e filhada, isto é, "feita com efetiva apreensão e consequentemente depósito dos bens do espólio" (Amílcar de Castro, *Comentários ao Código de Processo Civil*, série RT, v. VIII, nº 216, p. 206). Não é cabível, nesse caso, falar em penhora no rosto dos autos, ocorrência que só se dá quando a execução versar sobre dívida de herdeiro e a penhora incidir sobre seu direito à herança ainda não partilhada.

JURISPRUDÊNCIA SELECIONADA

1. Penhora de direito litigioso no rosto dos autos. Ato de averbação. Procedimento de arbitragem. Possibilidade. "(...). A recente alteração trazida pela Lei nº 13.129/15 à Lei nº 9.307/96, a despeito de evidenciar o fortalecimento da arbitragem, não investiu o árbitro do poder coercitivo direto, de modo que, diferentemente do juiz, não pode impor, contra a vontade do devedor, restrições ao seu patrimônio. O deferimento da penhora do direito litigioso no rosto dos autos não implica propriamente a individualização, tampouco a apreensão efetiva e o depósito de bens à ordem judicial, mas a mera afetação à futura expropriação, além de criar sobre eles a preferência para o respectivo exequente. Respeitadas as peculiaridades de cada jurisdição, é possível aplicar a regra do art. 674 do CPC/73 (art. 860 do CPC/15), **ao procedimento de arbitragem**, a fim de permitir que o juiz oficie o árbitro para que este faça constar em sua decisão final, acaso favorável ao executado, a existência da ordem judicial de expropriação, ordem essa, por sua vez, que só será efetivada ao tempo e modo do cumprimento da sentença arbitral, no âmbito do qual deverá ser também resolvido eventual concurso especial de credores, nos termos do art. 613 do CPC/73 (parágrafo único do art. 797 do CPC/15). Dentre as mencionadas peculiaridades, está a preservação da confidencialidade estipulada na arbitragem, à que alude a recorrente e da qual não descurou a Lei nº 9.307/96, ao prever, no parágrafo único do art. 22-C, que o juízo estatal observará, nessas circunstâncias, o segredo de justiça. A ordem preferencial da penhora, prevista no art. 655 do CPC/73, somente poderá ser imposta ao credor em circunstâncias excepcionalíssimas, em que sua observância acarrete ofensa à dignidade da pessoa humana ou ao paradigma da boa-fé objetiva (STJ, REsp 1678224/SP, Rel.ª Min.ª Nancy Andrighi, 3ª Turma, jul. 07.05.2019, *DJe* 09.05.2019).

2. Penhora no rosto dos autos. Intimação das partes. "É imprescindível a intimação das partes do processo em que averbada a penhora no rosto dos autos para a ciência de todos os interessados, não se podendo presumir a ciência do devedor, acerca da penhora, sem a devida intimação formal. Na hipótese, na data da publicação da homologação do acordo, os demandados já haviam efetuado o pagamento nos termos da transação, diretamente na conta-corrente da demandante e, ausente prévia intimação dando ciência da penhora no rosto dos autos, não há como impor à recorrente a obrigação de satisfazer crédito de terceiro, sob a justificativa de que teria conhecimento informal da penhora" (STJ, RMS 60.351/RS, Rel. Min. Raul Araújo, 4ª Turma, jul. 17.12.2019, *DJe* 04.02.2020).

3. Inventário. Crédito constituído em face de um dos herdeiros. Homologação da partilha. Penhora no rosto dos autos. Possibilidade. "O art. 860 do CPC/15 prevê expressamente que a penhora é passível de ser levada a efeito em processo distinto daquele em que o crédito deveria, originariamente, ser satisfeito, podendo recair sobre os bens que forem adjudicados ou que vierem a caber ao executado. Tratando-se de ação de inventário, este Tribunal Superior já se manifestou no sentido do cabimento da penhora no rosto dos autos quando se tratar de constrição que objetive atingir direito a ser atribuído a um dos herdeiros que figure na posição de executado. A norma do art. 642, *caput*, do CPC/15, que, segundo o acórdão recorrido, apenas facultaria a constrição postulada pelo recorrente até o momento da partilha, trata exclusivamente da habilitação de credores do espólio, circunstância fática diversa da verificada na espécie. (...) Assim, ao contrário do que entendeu o acórdão impugnado, a homologação da partilha, por si só, não constitui circunstância apta a impedir que o juízo do inventário promova a constrição determinada por outro juízo" (STJ, REsp 1877738/DF, Rel. Min. Nancy Andrighi, 3ª Turma, jul. 09.03.2021, *DJe* 11.03.2021). **Obs.:** Embora partilhada a herança, pode ocorrer que o formal ainda não tenha sido expedido, ou que ainda haja perspectiva de sobrepartilha. Essas são algumas hipóteses em que o credor tem interesse na averbação da penhora no rosto dos autos do inventário.

"Se o executado figura como herdeiro em ação de inventário, os alimentados podem efetivar a penhora no rosto dos autos, a fim de que eventual produto favorável ao executado seja revertido em prol da execução" (TJMG, Ag 1.0000.21.183003-9/001, Rel. Des. Renato Dresch, 4ª Câmara Cível, jul. 16.12.2021, *DJ* 17.12.2021).

Direitos hereditários. "Penhora de direito hereditário no rosto dos autos de inventário. Possibilidade de a execução prosseguir, embora não feita a partilha, com a alienação do direito do herdeiro. A arrematação recairá, não sobre determinado bem do acervo, mas sobre o direito a uma cota da herança" (STJ, REsp 2.709/SP, Rel. Min. Eduardo Ribeiro, 3ª Turma, jul. 02.10.1990; *Revista dos Tribunais* 667/180).

"Execução fiscal. Possibilidade de penhora de bens de ex-sócios gerentes. Direitos hereditários. Decisão confirmada" (TJMG, AI 210.967-6/00, Rel. Des. Aluízio Quintão, 5ª Câmara, ac. 07.06.2001).

4. Cumprimento do mandado. "Ao juízo em que tramita o processo, no rosto de cujos autos foi ordenada a penhora por juízo de mesmo grau e hierarquia jurisdicional, não compete impedir o cumprimento do mandado – que lhe foi apresentado mediante ofício do Juízo da execução –, a pretexto de eventual impenhorabilidade do crédito respectivo" (Extinto Tribunal de Alçada do RS, MS 186.013.215, Rel. Juiz Élvio Schuch Pinto, 3ª Câmara Cível, jul. 21.05.1986; *Jurisprudência do TARS* 59/261). **No mesmo sentido:** *TRT* 4ª Região, MS 02872-2005-000-04-00-3, Rel. Des. Ricardo Tavares Gehling, jul. 20.01.2006.

5. Imóvel de condomínio irregular. "Em princípio, são penhoráveis todos os bens integrantes do patrimônio do devedor, presentes e futuros, ficando as exceções expressamente disciplinadas na lei. Os direitos hereditários e possessórios sobre imóvel de condomínio irregular, embora insuscetíveis de transferência imediata do domínio ou da propriedade, constituem-se em bens integrantes do patrimônio de seu titular, mesmo sendo incorpóreos, haja vista que ostentam valor econômico. Inteligência do art. 57 do Código Civil em vigor. Não há qualquer recomendação de ordem legal para que o ato de penhora recaia, restritivamente, apenas sobre bens corpóreos, materiais. Na ausência de outros bens, os de natureza incorpórea e integrantes do patrimônio do devedor podem ser constritos, quando ausente impedimento de ordem legal nesse sentido, já que, possuindo expressão econômica, também se mostram úteis enquanto fator de conversão em pecúnia para efeito de satisfação da dívida objeto da execução. Precedente jurisprudencial da 3ª Turma Cível do TJDF" (TJDF, AI 20020020016440/DF, Rel. Des. Wellington Medeiros, 3ª Turma Cível, *DJ* 18.09.2002, p. 34).

6. Intimação. Interessados. "Hipótese em que devem ser intimados o credor hipotecário, o senhorio direto e todos os condôminos do bem constrito" (Extinto 1º Tribunal de Alçada Civil de SP, AI 994.823-4, Rel. Juiz José Luiz Gavião de Almeida, 9ª Câmara Civ, jul. 24.04.2001).

7. Penhora. Utilização de defesas processuais disponíveis. "A penhora no rosto dos autos, prevista no art. 674 do CPC [art. 860 do CPC/2015], é causa de ameaça de turbação da propriedade, acarretando à parte os mesmos ônus de uma efetiva penhora direta sobre seu patrimônio e legitimando a utilização das defesas processuais disponíveis" (STJ, REsp 1.092.798/DF, Rel. Min. Nancy Andrighi, 3ª Turma, jul. 28.09.2010, *DJe* 08.10.2010).

8. Compensação envolvendo o crédito penhorado. Impossibilidade. "A penhora de crédito pleiteado em juízo, anotada no rosto dos autos e da qual foram as partes intimadas, impede a realização de compensação entre credor e devedor, a fim de evitar lesão a direito do terceiro diretamente interessado na constrição. A impossibilidade de compensação, nessas circunstâncias, decorre também do princípio da boa-fé objetiva, valor comportamental que impõe às partes o dever de cooperação e leal participação no seio da relação jurídica processual" (STJ, REsp 1.208.858/SP, Rel.ª Min.ª Nancy Andrighi, 3ª Turma, jul. 03.09.2013, *DJe* 12.09.2013).

Subseção VII
Da Penhora das Quotas ou das Ações de Sociedades Personificadas

Art. 861. Penhoradas as quotas ou as ações de sócio em sociedade simples ou empresária, o juiz assinará prazo razoável, não superior a 3 (três) meses, para que a sociedade:

I – apresente balanço especial, na forma da lei;

II – ofereça as quotas ou as ações aos demais sócios, observado o direito de preferência legal ou contratual;

III – não havendo interesse dos sócios na aquisição das ações, proceda à liquidação das quotas ou das ações, depositando em juízo o valor apurado, em dinheiro.

§ 1º Para evitar a liquidação das quotas ou das ações, a sociedade poderá adquiri-las sem redução do capital social e com utilização de reservas, para manutenção em tesouraria.

§ 2º O disposto no *caput* e no § 1º não se aplica à sociedade anônima de capital aberto, cujas ações serão adjudicadas ao exequente ou alienadas em bolsa de valores, conforme o caso.

§ 3º Para os fins da liquidação de que trata o inciso III do *caput*, o juiz poderá, a requerimento do exequente ou da sociedade, nomear administrador, que deverá submeter à aprovação judicial a forma de liquidação.

§ 4º O prazo previsto no *caput* poderá ser ampliado pelo juiz, se o pagamento das quotas ou das ações liquidadas:

I – superar o valor do saldo de lucros ou reservas, exceto a legal, e sem diminuição do capital social, ou por doação; ou

II – colocar em risco a estabilidade financeira da sociedade simples ou empresária.

§ 5º Caso não haja interesse dos demais sócios no exercício de direito de preferência, não ocorra a aquisição das quotas ou das ações pela sociedade e a liquidação do inciso III do *caput* seja excessivamente onerosa para a sociedade, o juiz poderá determinar o leilão judicial das quotas ou das ações.

REFERÊNCIA LEGISLATIVA

CPC/2015, art. 835 (ordem de penhora).

BREVES COMENTÁRIOS

As ações de sociedades anônimas sempre foram havidas como bens patrimoniais comerciáveis e, como tal, passíveis de penhora. Discutiu-se, no passado, sobre a penhorabilidade, ou não, das quotas de outras sociedades empresárias. A polêmica restou totalmente superada depois que a Lei nº 11.382, de 06.12.2006, deu nova redação ao inciso VI do art. 655 do CPC/1973 (inciso IX do art. 835 do CPC/2015), para prever, expressamente, a penhora sobre "ações e quotas de sociedades empresárias", sem qualquer ressalva ou limitação.

O CPC/2015 manteve-se na mesma linha do Código anterior e trouxe como novidade o estabelecimento de procedimento específico para a realização dessa penhora, descrito no art. 861. Dois aspectos da penhora sobre quotas sociais merecem destaque:

(a) em regra, a arrematação da quota resulta, para o terceiro arrematante, não a qualidade de sócio, mas o direito à respectiva liquidação: apuração de sua expressão econômica, com redução do capital social; mas,

(b) os sócios têm preferência à aquisição da quota penhorada, e a própria sociedade poderá adquiri-la, com utilização de reserva, mantendo-a em tesouraria, o que é factível sem redução do capital social, nas duas situações.

JURISPRUDÊNCIA SELECIONADA

1. Dívida particular de sócio. Penhora. Quotas sociais. Sociedade em recuperação judicial. Possibilidade. "É possível, uma vez verificada a inexistência de outros bens passíveis de constrição, a penhora de quotas sociais de sócio por dívida particular por ele contraída sem que isso implique abalo na *affectio societatis*. Precedentes. Não há vedação para a penhora de quotas sociais de sociedade empresária em recuperação judicial, já que não enseja, necessariamente, a liquidação da quota" (STJ, REsp 1.803.250/SP, Rel. p/ Acórdão Min. Ricardo Villas Bôas Cueva, 3ª Turma, jul. 23.06.2020, *DJe* 01.07.2020).

2. Exercício do direito de preferência por sócio. Necessidade de intimação das partes e da sociedade. "Todavia, se algum sócio manifestar seu interesse em adquirir as quotas ou ações penhoradas antes da intimação da sociedade, o juiz deverá intimar as partes do processo – exequente e executado – a respeito da proposta apresentada e deverá dar ciência à sociedade, para evitar burla a eventual direito de preferência convencionado no contrato social. Não se ignora que o art. 861, inc. I, do CPC exige a apresentação de balanço especial pela sociedade para a definição do valor correspondente às quotas ou ações objeto de penhora. Todavia, se credor e devedor anuírem com o montante indicado pelo sócio e não houver oposição, será viável o exercício imediato do direito de preferência pelo sócio interessado, procedendo-se à transferência das quotas ou ações à sua titularidade mediante termo nos autos (art. 880, § 2º, do CPC). Aplica-se, por analogia, o disposto no art. 871, inc. I, do CPC. Se o montante ofertado pelo sócio for impugnado, será necessário aguardar o transcurso do prazo definido pelo juiz para apresentação do balanço especial pela sociedade (art. 861, inc. I, do CPC). Mas, havendo requerimento de qualquer dos interessados, o juiz poderá dispensar o balanço especial e determinar a realização de avaliação judicial (art. 870 do CPC) se entender que tal medida se revela mais adequada. A avaliação judicial também será cabível se a sociedade se omitir ou se recusar a elaborar o balanço especial. Nessa situação, as quotas ou ações deverão ser avaliadas para, na sequência, serem adjudicadas ou alienadas em leilão eletrônico ou presencial. Em atenção à previsão contida no art. 876, § 7º, do CPC, a sociedade deverá ser novamente intimada, a fim de que seja oportunizado aos sócios o exercício do direito de preferência mediante a adjudicação das quotas ou ações penhoradas. É certo que o art. 861, § 5º, do CPC apenas autoriza o leilão judicial das quotas ou ações se nenhuma das medidas preconizadas em seus incisos tiver êxito. Todavia, esse dispositivo deve ser interpretado ampliativamente, em homenagem ao disposto no art. 797 do CPC e aos princípios da efetividade (art. 4º do CPC), da celeridade e da economia processual (art. 5º, LXXVIII e art. 6º do CPC). Na hipótese dos autos, foram penhoradas ações ordinárias nominativas de sociedade, as quais são titularizadas por uma das executadas (recorrida). Foi determinada a intimação da sociedade para apresentação do balanço especial, mas antes da sua perfectibilização, o recorrente (sócio) manifestou-se nos autos e postulou a transferência das quotas para si, o que foi indeferido pelo juiz. Entretanto, é descabido o indeferimento, de plano, do requerimento, devendo as partes e os demais sócios serem intimados para se manifestarem quanto à intenção da compra" (STJ, REsp 2.101.226/SP, Rel. Min. Nancy Andrighi, 3ª Turma, jul. 12.03.2024, *DJe* 14.03.2024).

Subseção VIII
Da Penhora de Empresa, de Outros Estabelecimentos e de Semoventes

Art. 862. Quando a penhora recair em estabelecimento comercial, industrial ou agrícola, bem como em semoventes, plantações ou edifícios em construção, o juiz nomeará administrador-depositário, determinando-lhe que apresente em 10 (dez) dias o plano de administração.

§ 1º Ouvidas as partes, o juiz decidirá.

§ 2º É lícito às partes ajustar a forma de administração e escolher o depositário, hipótese em que o juiz homologará por despacho a indicação.

§ 3º Em relação aos edifícios em construção sob regime de incorporação imobiliária, a penhora somente poderá recair sobre as unidades imobiliárias ainda não comercializadas pelo incorporador.

§ 4º Sendo necessário afastar o incorporador da administração da incorporação, será ela exercida pela comissão de representantes dos adquirentes ou, se se tratar de construção financiada, por empresa ou profissional indicado pela instituição fornecedora dos recursos para a obra, devendo ser ouvida, neste último caso, a comissão de representantes dos adquirentes.

CPC/1973

Art. 677.

REFERÊNCIA LEGISLATIVA

CPC, arts. 833 (bens impenhoráveis), 835 (ordem de preferência da penhora) e 854 (penhora em dinheiro).

LEF, art. 11, § 1º.

SÚMULAS

Súmula do STJ:

Nº 84: "É admissível a oposição de embargos de terceiro fundados em alegação de posse advinda do compromisso de compra e venda de imóvel, ainda que desprovido do registro".

Nº 308: "A hipoteca firmada entre a construtora e o agente financeiro, anterior ou posterior à celebração da promessa de compra e venda, não tem eficácia perante os adquirentes do imóvel".

Nº 451: "É legítima a penhora da sede do estabelecimento comercial".

BREVES COMENTÁRIOS

Quando a penhora recair em estabelecimento comercial, industrial ou agrícola, bem como em semoventes, plantações ou edifício em construção, o depositário será um administrador nomeado pelo juiz. O sistema depositário-administrador visa a impedir a ruína total e a paralisação da empresa, evitando prejuízos desnecessários e resguardando o interesse coletivo de preservar quanto possível as fontes de produção e comércio e de manter a regularidade do abastecimento. O Código vigente foi omisso a respeito dos emolumentos do administrador, mas é curial que haja uma remuneração para sua quase sempre pesada e onerosa função, a qual, à falta de regulamentação no regimento de custas, deverá ser arbitrada pelo juiz.

A atual legislação estabeleceu um modo específico de penhora de edifícios em construção, protegendo os adquirentes de unidades imobiliárias, uma vez que a constrição somente poderá recair sobre "as unidades imobiliárias ainda não comercializadas pelo incorporador". Esta norma está em consonância com a jurisprudência do STJ, que reconhece a prevalência dos interesses dos compromissários compradores, nas Súmulas 84 e 308. O Código prevê, ainda, a possibilidade de afastamento do incorporador da administração da incorporação, hipóteses em que será exercita pela comissão de representantes dos adquirentes. Se se tratar de construção financiada, a administração será feita por empresa ou profissional indicado pela instituição fornecedora dos recursos para a obra.

JURISPRUDÊNCIA SELECIONADA

1. Penhora do estabelecimento comercial, industrial ou agrícola. Ver jurisprudência do art. 833, do CPC/2015.

2. Remuneração do depositário. "A remuneração do depositário de semoventes deve ser fixada na forma do art. 677 da lei instrumental civil [art. 862 do CPC/2015], não podendo ser arbitrada unilateralmente pelo próprio auxiliar da Justiça" (TJMS, Ag. 772/84, Rel. Des. Rui Garcia Dias, Turma Cível, jul. 06.08.1984; *RT* 593/220).

3. Usufruto judicial. "Efetivando-se a penhora em bens de sociedade cooperativa, e não em suas quotas sociais, tal fato enseja usufruto judicial, e não usufruto de empresa. Constituindo-se *pro solvendo* o usufruto, não há falar em suspensão da execução. Via de consequência, não se pode dar ao agravo efeito suspensivo, com a consequente suspensão da execução" (TJMS, Ag. 1.610/87, Rel. Des. Castro Alvim, 2ª Turma, jul. 10.02.1988; *RJTJMS* 45/55).

4. Bens necessários ao exercício da profissão. Finalidade. Ver jurisprudência do art. 833 do CPC/2015.

5. Penhora de cota de empresa. "As cotas sociais podem ser penhoradas, pouco importando a restrição contratual, considerando que não há vedação legal para tanto e que o contrato não pode impor vedação que a lei não criou. A penhora não acarreta a inclusão de novo sócio, devendo ser 'facultado à sociedade, na qualidade de terceira interessada, remir a execução, remir o bem ou conceder-se a ela e aos demais sócios a preferência na aquisição das cotas, a tanto por tanto (CPC, arts. 1.117, 1.118 e 1.119)', como já acolhido em precedente da Corte" (STJ, 3ª Turma, REsp 234.391/MG, Rel. Min. Carlos Alberto Menezes Direito, ac. 14.11.2000, *DJU* 12.02.2001, p. 113).

6. Penhora de imóvel no qual se localiza o estabelecimento da empresa. "A penhora de imóvel no qual se localiza o estabelecimento da empresa é, excepcionalmente, permitida, quando inexistentes outros bens passíveis de penhora e desde que não seja servil à residência da família" (STJ, REsp 1.114.767/RS, Rel. Min. Luiz Fux, Corte Especial, jul. 02.12.2009, *DJe* 04.02.2010).

7. Penhora sobre o movimento diário do caixa. Nomeação de administrador. "Diz respeito à penhora sobre o movimento diário do caixa da devedora. Em tal hipótese, exige-se a observância de outras formalidades, como a nomeação de administrador, com apresentação da forma de administração e do esquema de pagamento. Recurso provido" (STJ, REsp 36.870-7/SP, Rel. Min. Hélio Mosimann, 2ª Turma do STJ, jul. 15.9.93; *RSTJ* 56/338).

Nomeação de administrador não sócio diretor. Possibilidade. "O art. 678 do CPC [art. 863 do CPC/2015] dispõe que a administração será concedida preferencialmente a um dos diretores, o que revela a intenção do legislador em resguardar uma faculdade ao magistrado que, diante do fato concreto, avaliará a conveniência dessa determinação. *In casu*, a partir das circunstâncias do caso concreto, entendeu a Corte *a quo* por designar terceiro, que não o sócio majoritário" (STJ, RMS 21.111/RJ, Rel. Min. Honildo Amaral de Mello Castro (Des. convocado do TJ/AP), 4ª Turma, jul. 16.03.2010, *DJe* 29.03.2010).

Art. 863. A penhora de empresa que funcione mediante concessão ou autorização far-se-á, conforme o valor do crédito, sobre a renda, sobre determinados bens ou sobre todo o patrimônio, e o juiz nomeará como depositário, de preferência, um de seus diretores.

§ 1º Quando a penhora recair sobre a renda ou sobre determinados bens, o administrador-depositário apresentará a forma de administração e o esquema de pagamento, observando-se, quanto ao mais, o disposto em relação ao regime de penhora de frutos e rendimentos de coisa móvel e imóvel.

§ 2º Recaindo a penhora sobre todo o patrimônio, prosseguirá a execução em seus ulteriores termos, ouvindo-se, antes da arrematação ou da adjudicação, o ente público que houver outorgado a concessão.

CPC/1973

Art. 678.

BREVES COMENTÁRIOS

A penhora não deve prejudicar o serviço público delegado. O depositário apresentará, portanto, a forma de administração e o esquema de pagamento do credor, nos casos de penhora sobre renda ou determinados bens. Se versar sobre toda a empresa, a execução prosseguirá até final arrematação ou adjudicação, sendo, porém, obrigatória a ouvida do poder público concedente, antes da expropriação.

Art. 864. A penhora de navio ou de aeronave não obsta que continuem navegando ou operando até a alienação, mas o juiz, ao conceder a autorização para tanto, não permitirá que saiam do porto ou do aeroporto antes que o executado faça o seguro usual contra riscos.

CPC/1973

Art. 679.

REFERÊNCIA LEGISLATIVA

CPC/2015, arts. 924 e 925 (extinção da execução).

BREVES COMENTÁRIOS

O executado, quando a penhora atingir aeronave ou navio, não ficará impedido de continuar utilizando tais veículos nos seus serviços normais de navegação, enquanto não ultimada a alienação judicial. O depositário, na espécie, será de preferência um dos diretores da empresa devedora. O juiz, porém, ao conceder a autorização para navegar ou operar, condicionará a utilização da regalia à comprovação, pelo executado, da contratação dos seguros usuais, de modo que o navio ou o avião só poderá sair do porto ou do aeroporto depois de atendida essa cautela. Infringida essa regra, poderá o executado perder a guarda do veículo penhorado, passando-a para terceiro depositário, enquanto não regularizado o seguro.

Art. 865. A penhora de que trata esta Subseção somente será determinada se não houver outro meio eficaz para a efetivação do crédito.

BREVES COMENTÁRIOS

A penhora de empresas, outros estabelecimentos, semoventes, plantações, edifícios em construção, navios, aeronaves e empresas concessionárias de serviços públicos somente será determinada se não houver outro meio eficaz para a efetivação do crédito. Assim, essa penhora tem caráter subsidiário, devendo ser evitada, sempre que o executado dispuser de outros bens suficientes para garantir a execução.

Subseção IX
Da Penhora de Percentual de Faturamento de Empresa

Art. 866. Se o executado não tiver outros bens penhoráveis ou se, tendo-os, esses forem de difícil alienação ou insuficientes para saldar o crédito executado, o juiz poderá ordenar a penhora de percentual de faturamento de empresa.

§ 1º O juiz fixará percentual que propicie a satisfação do crédito exequendo em tempo razoável, mas que não torne inviável o exercício da atividade empresarial.

§ 2º O juiz nomeará administrador-depositário, o qual submeterá à aprovação judicial a forma de sua atuação e prestará contas mensalmente, entregando em juízo as quantias recebidas, com os respectivos balancetes mensais, a fim de serem imputadas no pagamento da dívida.

§ 3º Na penhora de percentual de faturamento de empresa, observar-se-á, no que couber, o disposto quanto ao regime de penhora de frutos e rendimentos de coisa móvel e imóvel.

REFERÊNCIA LEGISLATIVA

CPC/2015, arts. 805 (execução pelo modo menos gravoso) e 848 (ordem de penhora).

BREVES COMENTÁRIOS

A jurisprudência, há algum tempo, vinha admitindo, com várias ressalvas, a possibilidade de a penhora incidir sobre parte do faturamento da empresa executada. A reforma do CPC de 1973, realizada pela Lei nº 11.382/2006, criou o art. 655-A, normatizando em seu § 3º a orientação que predominava no Superior Tribunal. A regra foi repetida no CPC/2015, que disciplinou essa penhora de forma um pouco mais detalhada em seu art. 866.

Assim a penhora sobre parte do faturamento da empresa devedora é permitida, desde que, cumulativamente, se cumpram os seguintes requisitos:

(a) inexistência de outros bens penhoráveis, ou, se existirem, sejam eles de difícil execução ou insuficientes a saldar o crédito exequendo;

(b) nomeação de administrador-depositário com função de estabelecer um esquema de pagamento;

(c) o percentual fixado sobre o faturamento não pode inviabilizar o exercício da atividade empresarial.

A penhora de faturamento cria sérios problemas para a gestão da empresa executada, afetando ou comprometendo quase sempre o capital de giro, motivo pelo qual a lei só a admite em último caso, ou seja, quando não existam outros bens para adequadamente realizar a segurança da execução.

JURISPRUDÊNCIA SELECIONADA

1. Penhora de faturamento. Condições legais. "'A jurisprudência desta Corte Superior é assente quanto à possibilidade de a penhora recair, em caráter excepcional, sobre o faturamento da empresa, desde que observadas, cumulativamente, as condições previstas na legislação processual e que o percentual fixado não torne inviável o exercício da atividade empresarial' (AgInt no REsp 1811869/SC, Rel. Ministro Og Fernandes, Segunda Turma, julgado em 19.11.2019, *DJe* 26.11.2019)" (STJ, AgInt no AREsp 1.552.288/SC, Rel. Min. Luis Felipe Salomão, 4ª Turma, jul. 08.06.2020, *DJe* 12.06.2020).

"Nos termos da jurisprudência desta Corte, é cabível a penhora sobre o faturamento da empresa, quando ofertados bens de difícil liquidez ou não encontrados bens do devedor para satisfazer o crédito exequendo. Precedentes" (STJ, AgInt no AREsp 1.664.898/SP, Rel. Min. Raul Araújo, 4ª Turma, jul. 23.11.2020, *DJe* 17.12.2020).

2. Penhora de faturamento. Critérios de aplicação. Impossibilidade de equiparação à penhora de dinheiro. Critérios para aplicação do princípio da menor onerosidade. "Para os fins do art. 1.036 e seguintes do CPC, propõe-se o estabelecimento das seguintes teses: I – A necessidade de esgotamento das diligências como requisito para a penhora de faturamento foi afastada após a reforma do CPC/1973 pela Lei 11.382/2006; II – No regime do CPC/2015, a penhora de faturamento, listada em décimo lugar na ordem preferencial de bens passíveis de constrição judicial, poderá ser deferida após a demonstração da inexistência dos bens classificados em posição superior, ou, alternativamente, se houver constatação, pelo juiz, de que tais bens são de difícil alienação; finalmente, a constrição judicial sobre o faturamento empresarial poderá ocorrer sem a observância da ordem de classificação estabelecida em lei, se a autoridade judicial, conforme as circunstâncias do caso concreto, assim o entender (art. 835, § 1º, do CPC/2015), justificando-a por decisão devidamente fundamentada; III – A penhora de faturamento não pode ser equiparada à constrição sobre dinheiro; IV – Na aplicação do princípio da menor onerosidade (art. 805 e parágrafo único do CPC/2015; art. 620 do CPC/1973): a) autoridade judicial deverá estabelecer percentual que não inviabilize o prosseguimento das atividades empresariais; e b) a decisão deve se reportar aos elementos probatórios concretos trazidos pelo devedor, não sendo lícito à autoridade judicial empregar o referido princípio em abstrato ou com base em simples alegações genéricas do executado" (STJ, REsp 1.835.864/SP, Rel. Min. Herman Benjamin, 1ª Seção, jul. 18.04.2024, *DJe* 09.05.2024). **Obs.: Decisão submetida a julgamento de recursos repetitivos.**

Limitação do percentual. "Necessidade de limitação do percentual a ser penhorado para não inviabilizar a atividade empresarial. Artigo 866, §§ 2º e 3º, do novo Código de Processo Civil. Administrador nomeado que deve sugerir o percentual a ser penhorado, a evitar eventual comprometimento das atividades da executada" (TJSP, Agravo de Instrumento 2195886-39.2019.8.26.0000, Rel. Des. Heraldo de Oliveira, 13ª Câmara de Direito Privado, jul. 13.11.2019, *DJeSP* 14.11.2019).

3. Preservação do capital de giro. Inobservância. Nulidade. "Uma vez bloqueados valores das contas da empresa pelo SisbaJud, é necessário analisar a origem dos valores depositados. Caso se trate de faturamento da empresa, ou seja, do capital giro, fluxo de créditos e débitos da atividade empresarial, a constrição deve ser imediatamente levantada, porquanto não obedecidas as exigências legais do artigo 866 do CPC. Vício processual de nulidade absoluta por violação ao devido processo legal. Possibilidade de reconhecimento de ofício pelo julgador, respeitado o princípio da não surpresa (CPC, art. 10). (...) '2. O faturamento de uma empresa representa, para o empresário, a disponibilidade completa de sua expressão financeira, porquanto – e isso nem sempre é lembrado – são variados e inúmeros os dispêndios para produzir os bens e/ou os serviços que compõem o faturamento: salários, fornecedores, tributos, aluguéis, encargos financeiros, matérias-primas, secundárias e de embalagem; comissões, provisões para devedores duvidosos, FGTS, INSS, IRPJ, CSSL e muitos outros encargos; portanto, reter 10% do faturamento de qualquer empresa é o mesmo que decretar a sua pré-falência'" (TJPR, Ag 0004871-23.2021.8.16.0000, Rel. Des. Lauro Laertes de Oliveira, 16ª Câmara Cível, jul. 26.05.2021, *DJe* 26.05.2021).

4. Depositário. Operacionalização da constrição. "'A figura do administrador da penhora sobre o faturamento da empresa pode ser feita por depositário – por força do art. 655-A, § 3º, do Código de Processo Civil [art. 866, § 2º, do CPC/2015] –, que assumirá a função de responsável pela operacionalização da constrição, com a prestação de contas mensal e segregação das quantias constritas, sendo dispensável, prima facie, a figura do administrador judicial para gerenciar a intervenção na empresa prevista' (AgRg no AREsp 302.529/RJ, Rel. Min. Humberto Martins, 2ª Turma, jul. 20.06.2013, *DJe* 28.06.2013)" (STJ, AgInt-REsp 1622586, Rel. Min. Mauro Campbell Marques, 2ª Turma, *DJe* 02.10.2017). **No mesmo sentido:** STJ, REsp 1.116.371/SP, Rel. Min. Humberto Martins, 2ª Turma, jul. 15.02.2011, *DJe* 22.02.2011.

"O sócio-administrador, nomeado depositário judicial, que deixa de depositar em juízo parte do faturamento da sociedade empresária não comete o crime de apropriação indébita, porquanto ausente a elementar do tipo 'coisa alheia', o que, em consequência, torna atípica a conduta" (STF, HC 215.102/PR, Rel. Min. Dias Toffoli, 2ª Turma, jul. 17.10.2023, *DJe* 19.12.2023).

5. Princípio da preservação da empresa. "O Superior Tribunal de Justiça rechaça o pedido de falência como substitutivo de ação de cobrança de quantia ínfima, devendo-se prestigiar a continuidade das atividades comerciais, uma vez não caracterizada situação de insolvência, diante do princípio da preservação da empresa" (STJ, REsp 920.140/MT, Rel. Min. Aldir Passarinho Junior, 4ª Turma, jul. 08.02.2011, *DJe* 22.02.2011).

Subseção X
Da Penhora de Frutos e Rendimentos de Coisa Móvel ou Imóvel

Art. 867. O juiz pode ordenar a penhora de frutos e rendimentos de coisa móvel ou imóvel quando a considerar mais eficiente para o recebimento do crédito e menos gravosa ao executado.

CPC/1973

Art. 716.

REFERÊNCIA LEGISLATIVA

CPC/2015, arts. 798, II, *a* (providência do credor), e 805 (execução pelo modo menos gravoso).

BREVES COMENTÁRIOS

O atual Código prevê a possibilidade de o juiz, ao invés de ordenar a penhora sobre bem móvel ou imóvel, determinar que a constrição recaia sobre os frutos ou rendimentos desses bens (CPC/2015, art. 867). É uma forma de conciliar a efetividade da execução com o princípio da menor onerosidade ao devedor. Daí porque a medida somente pode ser instituída quando o juiz "a considerar mais eficiente para o recebimento do crédito e menos gravosa ao executado".

O Código anterior tinha uma figura semelhante, denominada de "usufruto de móvel ou imóvel" (art. 716 do CPC/1973). A legislação estabelecia, assim, um direito real temporário sobre o bem penhorado em favor do exequente. A nova modalidade de penhora instituída pelo CPC/2015 é mais ampla, haja vista que estabelece um direito pessoal ao credor, que pode recair sobre qualquer bem que produza frutos e rendimentos. Trata-se de medida prática, porque dispensa a constituição de um direito real (usufruto) para que o credor logre apropriar-se das rendas necessárias à satisfação de seu crédito.

JURISPRUDÊNCIA SELECIONADA

1. Requisitos. "A concessão do usufruto de bem imóvel somente pode ser feita pelo julgador ao exequente, nos termos do art. 716 do Código de Processo Civil [art. 867 do CPC/2015], quando houver a presença concomitante dos requisitos da menor onerosidade ao executado e da eficiência para o recebimento do crédito. É possível a penhora sobre os depósitos de aluguéis de bens imóveis devidos ao executado, quando mais eficiente à satisfação do crédito exequendo" (TJMG, AGI 1.0145.03.120775-9/007, Rel. Des. Alvimar de Ávila, 12ª Câmara Cível, jul. 01.04.2009).

2. Usufruto. "O usufruto de imóvel ou empresa consiste num ato forçado de expropriação executiva, em que se constitui direito real temporário sobre o bem penhorado em favor do credor, a fim de que este possa receber seu crédito através de vendas que vier a auferir, sendo a finalidade do instituto de realizar a execução segundo o princípio da menor onerosidade para o devedor, ao teor do art. 620 do CPC [art. 805 do CPC/2015], preservando-lhe, quanto possível, a propriedade ou o domínio sobre a empresa" (TJMG, Ap. Cível 1.0637.05.030867-4/002, Rel. Des. Antônio de Pádua, 9ª Câmara Cível, jul. 25.07.2006, *DJe* 07.09.2006).

Imóvel. "O art. 716 do CPC [art. 867 do CPC/2015] é claro ao dispor que o usufruto somente pode abranger o fruto da coisa, permitindo a sua concessão **quando o imóvel produz renda ao devedor**. – Não se admite a concessão de usufruto de imóvel em favor do condomínio exequente, se nele reside o devedor, a implicar desocupação forçosa e por tempo indeterminado" (TJSP, AGI 1219314006, Rel. Des. Manoel Justino Bezerra Filho, 35ª Câmara Dir. Priv., jul. 10.11.2008).

3. Bens de sociedade cooperativa. Usufruto judicial. "Efetivando-se a penhora em bens de sociedade cooperativa, e não em suas quotas sociais, tal fato enseja usufruto judicial, e não usufruto de empresa. Constituindo-se *pro solvendo* o usufruto, não há falar em suspensão da execução. Via de consequência, não se pode dar ao agravo efeito suspensivo, com a consequente suspensão da execução" (TJMS, Ag. 1.610, Rel. Des. Carlos Alvim, 2ª Turma, jul. 10.02.1988, *RJTJMS* 45/55).

4. Doação de bem com reserva de usufruto. "Possível a penhora sobre direitos decorrentes da doação de bem com reserva de usufruto, desde que com este o devedor aufira vantagem econômica significativa e atenda aos requisitos estabelecidos no art. 716 do CPC [art. 867 do CPC/2015]" (TJRS, Ap. Cível 70014402648, 14ª Câmara Cível, Rel.ª Judith dos Santos Mottecy, jul. 25.05.2006, *DJ* 02.06.2006).

5. Arrecadação mensal do condomínio. "É incabível a penhora de parte da arrecadação mensal do condomínio, uma vez que, comprometendo o atendimento dos compromissos condominiais, embaraça a administração da coisa comum, onerando-se sobremaneira o devedor" (TJMG, AGI 2.0000.00.421837-5/000(1), Rel. Juiz Antônio Sérvulo, 4ª Câmara Cível, jul. 22.10.2003, *DJe* 08.11.2003). **Em sentido contrário:** "Diante disso, conclui-se pela possibilidade de penhora sobre a arrecadação mensal do condomínio. A medida, porém, além de ter de respeitar a gradação legal do art. 655 do CPC [art. 835 do CPC/2015], deve obedecer a outro requisito, que já era jurisprudencialmente exigido por este STJ e que agora se encontra no art. 655-A, § 3º, do CPC [art. 866, § 2º, do CPC/2015], qual seja, a nomeação de 'depositário, com a atribuição de submeter à aprovação judicial a forma de efetivação da constrição, bem como de prestar contas mensalmente, entregando ao exequente as quantias recebidas, a fim de serem imputadas no pagamento da dívida'" (STJ, REsp 829.583/RJ, Rel. Min. Nancy Andrighi, 3ª Turma, jul. 03.09.2009, *DJe* 30.09.2009).

Art. 868. Ordenada a penhora de frutos e rendimentos, o juiz nomeará administrador-depositário, que será investido de todos os poderes que concernem à administração do bem e à fruição de seus frutos e utilidades, perdendo o executado o direito de gozo do bem, até que o exequente seja pago do principal, dos juros, das custas e dos honorários advocatícios.

§ 1º A medida terá eficácia em relação a terceiros a partir da publicação da decisão que a conceda ou de sua averbação no ofício imobiliário, em caso de imóveis.

§ 2º O exequente providenciará a averbação no ofício imobiliário mediante a apresentação de certidão de inteiro teor do ato, independentemente de mandado judicial.

CPC/1973

Arts. 717 e 718.

BREVES COMENTÁRIOS

A penhora de frutos e rendimentos durará até que os rendimentos auferidos sejam suficientes para resgatar o principal, os juros, as custas e os honorários advocatícios (art. 868, *caput, in fine*).

Consiste, portanto, essa penhora num ato de expropriação executiva em que se institui direito pessoal temporário sobre o bem penhorado em favor do exequente, a fim de que este possa receber seu crédito através das rendas que vier a auferir.

Essa forma de expropriação independe de pedido do exequente, estando prevista no art. 867 como integrada à iniciativa do juiz no comando da execução. Naturalmente, poderá o exequente, no exercício da faculdade de nomear o bem a penhorar, requerer que a constrição se faça sobre frutos e rendimentos de determinado bem do executado. Será, também, possível cogitar desse tipo de penhora, nos momentos em que se permite a substituição do bem penhorado, a pedido de qualquer das partes.

JURISPRUDÊNCIA SELECIONADA

1. Penhorabilidade do direito de usufruto. "Nos termos dos arts. 649, I, e 717 do Código de Processo Civil [arts. 833, I, e 868, do CPC/2015], o usufruto é inalienável e, portanto, impenhorável. Poderá, assim, sofrer constrição judicial o exercício do direito de usufruto, ou seja, os seus frutos, mas não o próprio usufruto. Conforme segura lição do Prof. Ernane Fidélis dos Santos, 'o direito de usufruto não é penhorável, já que há restrição à sua alienação (CC, art. 717). O seu exercício, isto é, a percepção de frutos, pode ser cedido; em consequência, poderá haver penhora sobre referidos frutos, inclusive dos ainda não percebidos ou colhidos' (*In Manual de Direito Processual Civil*, Saraiva, vol. 2, 3ª ed., pág. 126)" (TJMG, Ap. Cível 2.0000.00.452694-3/000, Rel. Des. Osmando Almeida, 9ª Câmara Cível, jul. 06.09.2005, *DJe* 24.09.2005).

Art. 869. O juiz poderá nomear administrador-depositário o exequente ou o executado, ouvida a parte contrária, e, não havendo acordo, nomeará profissional qualificado para o desempenho da função.

§ 1º O administrador submeterá à aprovação judicial a forma de administração e a de prestar contas periodicamente.

§ 2º Havendo discordância entre as partes ou entre essas e o administrador, o juiz decidirá a melhor forma de administração do bem.

§ 3º Se o imóvel estiver arrendado, o inquilino pagará o aluguel diretamente ao exequente, salvo se houver administrador.

§ 4º O exequente ou o administrador poderá celebrar locação do móvel ou do imóvel, ouvido o executado.

§ 5º As quantias recebidas pelo administrador serão entregues ao exequente, a fim de serem imputadas ao pagamento da dívida.

§ 6º O exequente dará ao executado, por termo nos autos, quitação das quantias recebidas.

CPC/1973

Arts. 719, 723 e 724.

REFERÊNCIA LEGISLATIVA

CC, art. 1.394.

BREVES COMENTÁRIOS

Na decisão de instituição da penhora de frutos e rendimentos, o juiz deverá nomear um administrador, que será investido nos poderes que concernem à administração do bem e à fruição de seus frutos e utilidades (art. 868, *caput*). Poderá a nomeação recair no exequente e até no próprio executado, desde que haja acordo dos interessados (art. 869, *caput*), ou em profissional qualificado para o desempenho da função, não havendo acordo entre as partes.

Essa nomeação, entretanto, não é obrigatória em casos de imóveis arrendados, como se depreende do § 3º do art. 869, que permite ao próprio exequente receber os aluguéis. Bastará a intimação judicial ao inquilino, determinando que passe a pagar os aluguéis diretamente ao exequente.

JURISPRUDÊNCIA SELECIONADA

1. Impossibilidade de indicação compulsória. "A indicação compulsória de administrador, nos termos do art. 719 do Código de Processo Civil [art. 869 do CPC/2015], não é possível. Deve ser indicada pessoa que aceite tal incumbência" (STJ, REsp 505.942/RS, Rel. Min.ª Denise Arruda, 1ª Turma, jul. 03.05.2005, *DJ* 06.06.2005).

Subseção XI
Da Avaliação

Art. 870. A avaliação será feita pelo oficial de justiça.

Parágrafo único. Se forem necessários conhecimentos especializados e o valor da execução o comportar, o juiz nomeará avaliador, fixando-lhe prazo não superior a 10 (dez) dias para entrega do laudo.

CPC/1973

Art. 680.

REFERÊNCIA LEGISLATIVA

CPC/2015, arts. 154, V (atribuições do oficial de justiça; avaliação), 535 (embargos à execução contra a Fazenda Pública por título judicial; efeito suspensivo), 917 (embargos à execução por título extrajudicial).

BREVES COMENTÁRIOS

Quando o bem é indicado à penhora pelo executado, incumbe-lhe a atribuição de valor, além da especificação dos ônus e dos encargos a que estão sujeitos (art. 847, § 1º, V), sob pena de rejeitar-se a nomeação (art. 848, VII). Nos casos em que a penhora se dá sobre bens escolhidos pelo oficial de justiça, a avaliação lhe compete, em regra (art. 870).

A avaliação tem a finalidade de tornar conhecido a todos os interessados o valor aproximado dos bens a serem utilizados como fonte dos meios com que o juízo promoverá a satisfação do crédito do exequente (Leo Rosenberg. *Tratado de derecho procesal civil.* Buenos Aires: EJEA, 1955, v. III, p. 227). É a avaliação que, basicamente, determinará o preço pelo qual os interessados poderão adjudicar os bens penhorados e o preço a partir do qual, na venda por iniciativa particular e na hasta pública, os interessados poderão formular suas propostas ou lances.

JURISPRUDÊNCIA SELECIONADA

1. Avaliação não concluída. Repetição da diligência. "É manifesta a necessidade de nova avaliação do imóvel penhorado quando o primeiro ato não foi sequer concluído, eis que expressamente certificado o fato de ter sido avaliado somente o terreno, desconsiderada a edificação existente (no caso, um prédio comercial)" (STJ, AgInt no AgInt no REsp 1.675.947/MG, Rel. Min. Marco Buzzi, 4ª Turma, jul. 30.09.2019, *DJe* 07.10.2019).

2. Penhora de imóvel. Avaliação. Controvérsia acerca do valor. Aplicação das regras ou máximas de experiência. Impossibilidade. Ver jurisprudência do art. 375 do CPC.

3. Avaliação feita por auxiliar da justiça. "Pela nova redação dada ao art. 680 do CPC [art. 870 do CPC/2015] pela Lei 11.382/06, a avaliação dos bens a serem levados à hasta pública deve ser feita por auxiliar da justiça, exigindo-se a nomeação de perito apenas quando forem necessários conhecimentos específicos. Não obstante o art. 680 do CPC mencione apenas o oficial de justiça, o dispositivo legal deve ser interpretado pragmática e extensivamente, privilegiando-se a efetividade da prestação jurisdicional, de sorte a alcançar também os serventuários que se mostrem aptos a realizar a avaliação de bens. A redação do art. 680 do CPC deve-se ao fato de que o dispositivo está inserido no Título relativo à execução, de modo que o oficial de justiça – responsável pela penhora de bens – é o mais indicado para efetivar a respectiva avaliação, o que não impede que outros auxiliares da justiça o façam. A determinação do valor de um imóvel depende principalmente do conhecimento do mercado imobiliário local e das características do bem, matéria que não se restringe às áreas de conhecimento de engenheiro, arquiteto ou agrônomo, podendo, via de regra, ser aferida por outros profissionais" (STJ, MC 15.976/PR, Rel. Min. Nancy Andrighi, 3ª Turma, jul. 03.09.2009, *DJe* 09.10.2009).

4. Assistente técnico. "Na esteira de culta doutrina (Frederico Marques e Humberto Teodoro Júnior), é desnecessária intervenção de assistentes técnicos nesta fase processual de execução, porquanto não há qualquer norma específica indicando, quer de forma impositiva, quer de forma permissiva, a participação dos mesmos. Precedentes (RMS ns. 13.038/RS e 5.197/SP e Ag.Reg. AG nº 51.699/SP)" (STJ, RMS 10.994/PE, Rel. Min. Jorge Scartezzini, 4ª Turma, jul. 21.10.2004, *DJ* 06.12.2004, p. 311). **No mesmo sentido:** STJ, RMS 13.038/RS, Rel. Min. Castro Meira, 2ª Turma, jul. 25.05.2004, *DJ* 09.08.2004, p. 195.

5. Modificação do valor da avaliação pelo juiz. "O juiz pode não alterar o valor da avaliação elaborada pelo oficial de justiça, em razão de avaliação, feita por profissional contratado por uma das partes, que estabelece valor diferente, tendo em vista o disposto no art. 680 do CPC [art. 870 do CPC/2015]" (TJRS, AGI 70028787281, Rel. Luiz Renato Alves da Silva, 17ª Câmara, jul. 03.03.2009).

6. Execução Fiscal. Avaliação. "A avaliação dos bens constritos em execução fiscal, realizada por funcionário da Procuradoria-Geral do Estado, não guarda a devida isenção, devendo o juízo *a quo* nomear avaliador com conhecimentos específicos, nos moldes do art. 680 do Código de Processo Civil [art. 870 do CPC/2015]" (TJRS, AGI 70024749277, Rel. Rejane Maria Dias de Castro Bins, 22ª Câmara, jul. 13.06.2008).

7. Execução hipotecária. Avaliação. "Tanto quanto na execução judicial prevista na Lei n. 5.741, de 1º.12.71, na execução hipotecária extrajudicial instituída pelo Decreto-lei n. 70, de 21.11.66, a prévia avaliação do imóvel a ser alienado constitui uma exigência para garantia do mutuário e de terceiros eventualmente interessados" (STJ, REsp 480.475/RS, Rel. Min. Barros Monteiro, 4ª Turma, jul. 03.05.2005, *DJ* 05.06.2006, p. 289).

8. Oficial de justiça sem condições técnicas. "É remansosa a jurisprudência do Superior Tribunal de Justiça no sentido de que a avaliação de bens penhorados por oficial de justiça sem condições técnicas para tanto, realizada sem mínimos fundamentos, contraria a legislação processual, ainda mais quando desacompanhada do obrigatório Laudo de Avaliação. *In casu*, compete ao juiz da execução nomear perito habilitado técnica e legalmente para proceder à avaliação" (STJ, REsp 351.931/SP, Rel. Min. José Delgado, 1ª Turma, jul. 11.12.2001, *DJ* 04.03.2002, p. 207).

9. Modificação da penhora. Momento ideal. "O momento processual adequado para proceder às modificações da penhora é após a avaliação oficial, oportunidade em que restará demonstrado, à evidência, se o bem penhorado é suficiente para atender o débito" (TJMG, Ag. 1.0702.97.033765-6/001, Rel. Des. Alvimar de Ávila, 12ª Câmara, jul. 17.10.2007).

"Em havendo impugnação do credor aos bens oferecidos à penhora pelo devedor, indispensável a avaliação judicial dos referidos bens antes do termo da penhora, de modo que, somente após obtida a certeza sobre a insuficiência da garantia da execução, é possível admitir-se o reforço da penhora" (TACivSP,

AI 555.727-00/2, Rel. Juiz Amorin Cantuária, 1ª Câmara, jul. 14.12.1998, *RT* 311/762).

10. Determinação do valor do imóvel. Qualificação de perito. "A determinação do valor de um imóvel depende principalmente do conhecimento do mercado imobiliário local e das características do bem, matéria que não se restringe às áreas de conhecimento de engenheiro, arquiteto ou agrônomo, podendo ser aferida por outros profissionais" (STJ, REsp 130.790/RS, Rel. Min. Sálvio de Figueiredo Teixeira, 4ª Turma, jul. 05.08.1999, *DJ* 13.09.1999, p. 67).

Art. 871. Não se procederá à avaliação quando:

I – uma das partes aceitar a estimativa feita pela outra;

II – se tratar de títulos ou de mercadorias que tenham cotação em bolsa, comprovada por certidão ou publicação no órgão oficial;

III – se tratar de títulos da dívida pública, de ações de sociedades e de títulos de crédito negociáveis em bolsa, cujo valor será o da cotação oficial do dia, comprovada por certidão ou publicação no órgão oficial;

IV – se tratar de veículos automotores ou de outros bens cujo preço médio de mercado possa ser conhecido por meio de pesquisas realizadas por órgãos oficiais ou de anúncios de venda divulgados em meios de comunicação, caso em que caberá a quem fizer a nomeação o encargo de comprovar a cotação de mercado.

Parágrafo único. Ocorrendo a hipótese do inciso I deste artigo, a avaliação poderá ser realizada quando houver fundada dúvida do juiz quanto ao real valor do bem.

CPC/1973

Arts. 682 e 684.

REFERÊNCIA LEGISLATIVA

CC, art. 1.484.

BREVES COMENTÁRIOS

A expropriação reclama sempre a prévia avaliação, uma vez que o preço é elemento essencial e indispensável à alienação judicial dos bens penhorados. O que o art. 871 dispensa é apenas a avaliação por oficial ou perito. Outras formas de estimativa, entretanto, deverão estar presentes nos autos (estimativa da parte ou cotação da Bolsa). Realmente, só não haverá necessidade de avaliação alguma, por razão lógica, quando a penhora recair sobre dinheiro. É que já estando seguro o juízo por uma soma de dinheiro, não ocorrerá a necessidade de converter o bem penhorado em moeda para satisfação do crédito exequendo.

JURISPRUDÊNCIA SELECIONADA

1. Indispensabilidade da avaliação. "A avaliação do bem objeto da penhora é indispensável, nas execuções regidas pelo CPC, salvante as hipóteses do CPC, art. 684 [art. 871 do CPC/2015]" (STJ, REsp 5.623/SP, Rel. Min. Athos Carneiro, 4ª Turma, jul. 11.6.91, *DJU* 5.891, p. 10.005).

2. Avaliação:

Repetição. "Não estando configurada nenhuma das situações previstas no art. 684 do CPC [art. 871 do CPC/2015], descabe a repetição de avaliação feita no imóvel penhorado, mormente porque a do perito do juízo consta de laudo exaustivamente fundamentado" (TJRS, AGI 70005948617, Rel. Voltaire de Lima Moraes, 11ª Câmara Cível, jul. 14.05.2003).

Realizada pelo devedor. "No caso de avaliação feita pelo próprio devedor, quando da nomeação de bem à penhora, será ouvido o credor a respeito, e somente se admitirá a avaliação judicial se houver fundada dúvida sobre o valor atribuído, nos termos do artigo 655, § 1º, V, c/c os artigos 683, III, e 684, I, do CPC [arts. 835, § 3º, c/c 873, III, e 871, I, do CPC/2015]. – Recurso não provido" (TJMG, AGI 469.633-1, Rel. Juiz Roberto Borges de Oliveira, 2ª Câmara Cível, jul. 16.11.2004).

3. Concordância tácita. Preclusão (inciso I). "Tendo a exequente concordado tacitamente com os valores atribuídos pelo executado aos bens penhorados, já que não os impugnou oportunamente, precluiu o seu direito de fazê-lo, inclusive, de pleitear reforço de penhora" (STJ, REsp 645.423/BA, Rel. Min. Francisco Peçanha Martins, 2ª Turma, jul. 07.03.2006, *DJ* 15.05.2006, p. 189).

4. Ações com cotação em bolsa de valores (inciso II). "Não se procede a avaliação de ações penhoradas que são negociadas em bolsa de valores, bastando a multiplicação do total pelo valor unitário da cotação do dia, nos termos do inciso II do artigo 684 c/c artigo 682, todos do CPC [art. 871 do CPC/2015]. Deixando de ser negociadas em bolsa de valores, deve ser nomeado Perito especializado para apontar o valor unitário das ações de uma empresa perante o mercado, acaso desconhecida do público esta informação" (TJMG, AGI 1.0024.95.060803-4/001, Rel. Des. Pedro Bernardes, 9ª Câmara Cível, jul. 10.03.2009).

Art. 872. A avaliação realizada pelo oficial de justiça constará de vistoria e de laudo anexados ao auto de penhora ou, em caso de perícia realizada por avaliador, de laudo apresentado no prazo fixado pelo juiz, devendo-se, em qualquer hipótese, especificar:

I – os bens, com as suas características, e o estado em que se encontram;

II – o valor dos bens.

§ 1º Quando o imóvel for suscetível de cômoda divisão, a avaliação, tendo em conta o crédito reclamado, será realizada em partes, sugerindo-se, com a apresentação de memorial descritivo, os possíveis desmembramentos para alienação.

§ 2º Realizada a avaliação e, sendo o caso, apresentada a proposta de desmembramento, as partes serão ouvidas no prazo de 5 (cinco) dias.

CPC/1973

Art. 681.

BREVES COMENTÁRIOS

Após a reforma efetuada ao CPC/1973 por meio da Lei nº 11.382/2006, a avaliação dos bens penhorados passou a acontecer, ordinariamente, no momento da realização da própria penhora, por ato do oficial de justiça. As hipóteses de estimativa por perito (avaliador) nomeado pelo juiz correspondem a exceções frente às atribuições normais do oficial de justiça previstas nos arts. 154, V, 829, § 1º, e 870 do CPC/2015.

De qualquer modo, seja realizada pelo oficial de justiça ou pelo avaliador nomeado pelo juiz, a avaliação sempre constará de laudo em que os bens penhorados serão descritos com observância dos requisitos previstos pelo art. 872.

JURISPRUDÊNCIA SELECIONADA

1. Intimação das partes. "Apesar de não haver norma expressa a respeito, em razão das consequências jurídicas que decorrem da avaliação e consequente fixação do preço dos bens penhorados, impõe-se sejam as partes intimadas do laudo de avaliação. 'Não se trata de procedimento que importa comprometimento da celeridade do processo de execução. Pelo contrário, visa a fixar lapso de tempo dentro no qual deverão as partes se manifestar sobre as conclusões do avaliador; escoado *in albis*, terá incidência a preclusão, não podendo mais a questão ser objeto de discussão em outro momento processual. Evita-se, dessa forma, que a alegação de erro na avaliação surja, como no caso dos autos, após a arrematação, causando, sem dúvida, maior instabilidade e tumulto' (REsp 17.805/GO, Rel. Min. Sálvio de Figueiredo Teixeira, *DJ* de 03.08.92)" (STJ, AGREsp 370.870/RS, Rel. Min. Francisco Falcão, 1ª Turma, jul. 17.09.2002, *DJ* 21.10.2002, p. 281). **No mesmo sentido:** STJ, REsp 17.805/GO, Rel. Min. Sálvio de Figueiredo Teixeira, 4ª Turma, jul. 09.06.1992, *DJ* 03.08.1992, p. 11.327.

2. Laudo irregular ou errôneo. "Se o avaliador, na feitura do laudo, não obedece ao disposto no art. 681 e seus incisos [art. 872 do CPC/2015], e ainda os bens penhorados são tidos pelo credor como em estado regular, mas o perito lhes dá valor inferior ao meio-termo reconhecido pela parte contrária e possível também de ser admitida, em face do documento válido, como parâmetro, há erro na estimação, devendo ela, por isso, ser repetida" (TJMS, Ag. 1.006/85, Rel. Des. Sérgio Martins Sobrinho, jul. 20.08.1985, *RJTJMS* 30/107).

"O art. 681 do CPC [art. 872 do CPC/2015] determina que o laudo de avaliação apresente os subsídios adotados para a conclusão do experto, bem como a descrição e avaliação pormenorizada da área de terra nua e de cada uma das benfeitorias porventura existentes no imóvel. Inadequada, assim, a mera descrição superficial do imóvel avaliado, inviabilizando que as partes possam contestar as conclusões do laudo. Renovação do ato que se impõe, notadamente em razão de o executado ter apresentado laudo próprio, com valor de avaliação substancialmente superior ao arbitrado pelo laudo impugnado" (TJRS, AGI 70024298069, Rel. Pedro Celso Dal Pra, 18ª Câmara Cível, jul. 19.06.2008).

3. Avaliação.

Indireta. "A avaliação realizada sem os fundamentos exigidos pelo art. 681 do CPC [art. 872 do CPC/2015] contraria a legislação processual. A avaliação indireta somente é possível quando não depender de conhecimento de diversos fatores para sua realização, em razão de sua própria simplicidade, o que 'in casu' não é possível" (TJMG, AGI 1.0707.98.007548-5/001, Rel. Des. Valdez Leite Machado, 14ª Câmara Cível, jul. 22.01.2009).

Por método de comparação. "Avaliação que supre a exigência do disposto no art. 681 do CPC [art. 872 do CPC/2015]: a descrição dos bens, com os seus característicos, e a indicação do estado em que se encontram e o valor dos bens. Desnecessidade de indicar quais os bens imóveis utilizados como comparativos" (TJRS, AgIn 70025124769, Rel. Cláudio Augusto Rosa Lopes Nunes, 18ª Câmara Cível, jul. 25.07.2008, *DJe* 05.08.2008).

Supervisão. "Não incumbe ao depositário controlar os trabalhos do perito avaliador do juízo com vistas a assegurar que estejam sendo observados os ditames do art. 681, I e II, do CPC [art. 872 do CPC/2015]" (STJ, RHC 17.398/SP, Rel. Min. João Otávio de Noronha, 2ª Turma, jul. 08.11.2005, *DJ* 19.12.2005, p. 293).

Impugnação ao valor. Preclusão. "Os embargos à arrematação não permitem a impugnação do valor da avaliação do bem se o ora embargante foi anteriormente intimado dessa avaliação e deixou de se manifestar, precluindo a matéria" (STJ, REsp 991.474/SC, Rel. Min. Mauro Campbell Marques, 2ª Turma, jul. 05.03.2009, *DJe* 07.04.2009).

Art. 873. É admitida nova avaliação quando:

I – qualquer das partes arguir, fundamentadamente, a ocorrência de erro na avaliação ou dolo do avaliador;

II – se verificar, posteriormente à avaliação, que houve majoração ou diminuição no valor do bem;

III – o juiz tiver fundada dúvida sobre o valor atribuído ao bem na primeira avaliação.

Parágrafo único. Aplica-se o art. 480 à nova avaliação prevista no inciso III do *caput* deste artigo.

CPC/1973

Art. 683.

CJF – JORNADAS DE DIREITO PROCESSUAL CIVIL

II JORNADA

Enunciado 156 – O decurso de tempo entre a avaliação do bem penhorado e a sua alienação não importa, por si só, nova avaliação, a qual deve ser realizada se houver, nos autos, indícios de que houve majoração ou diminuição no valor.

BREVES COMENTÁRIOS

Em regra, não se repete a avaliação, seja aquela feita pelo oficial de justiça, seja a do perito, ou mesmo a do executado, se não impugnada tempestivamente pelo exequente. O art. 873 do CPC/2015 arrola três situações em que se admite nova avaliação dos bens penhorados. Não é nova avaliação a correção monetária do valor apurado no laudo avaliatório.

JURISPRUDÊNCIA SELECIONADA

1. Possibilidade de nova avaliação não se confunde com critério de avaliação. "Consoante dispõe o art. 873 do CPC/2015, admite-se nova avaliação quando: i) qualquer das partes arguir, fundamentadamente, a ocorrência de erro na avaliação ou dolo do avaliador; ii) se verificar, posteriormente à avaliação, que houve majoração ou diminuição no valor do bem; e iii) o juiz tiver fundada dúvida sobre o valor atribuído ao bem na primeira avaliação. Todavia, a possibilidade de nova avaliação, ato a ser realizado em regra por oficial de justiça ou por perito avaliador, não se confunde com o critério a ser utilizado, o qual, no presente caso, conforme anotou o acórdão recorrido, decorreu de prévia estipulação entre as partes, devidamente assistidas por seus advogados, e homologada por decisão judicial, estando a questão, por esse motivo, sujeita aos efeitos da preclusão" (STJ, AgInt no AREsp 1625439/DF, Rel. Min. Marco Aurélio Bellizze, 3ª Turma, jul. 24.08.2020, *DJe* 01.09.2020).

2. Prazo para requerer nova avaliação. Antes da adjudicação ou alienação. "Nos termos da orientação jurisprudencial desta Corte Superior, 'em qualquer das hipóteses previstas nos incisos do artigo 683 do Diploma Adjetivo Civil, o pedido de reavaliação do bem penhorado deverá se dar antes da sua adjudicação ou alienação. Tendo, in casu, o pleito sido requerido quando já ultimado o ato expropriatório (após a arrematação) não há como afastar a sua preclusão' (REsp 1.014.705/MS, Rel. Ministro Massami Uyeda, Terceira Turma, julgado em 24.8.2010, DJe de 14.9.2010)" (STJ, AgInt no AREsp 1106135/RS, Rel. Min. Paulo de Tarso Sanseverino, 3ª Turma, jul. 24.09.2018, *DJe* 02.10.2018).

3. Decurso de tempo considerável entre a avaliação e a realização da praça. Ausência de atualização do valor do imóvel ou realização de nova avaliação. Preço vil. Ver jurisprudência do art. 891 do CPC/2015.

4. Atualização do valor da avaliação. Correção monetária. "Avaliação e correção monetária são atividades inconfundíveis. O art. 13 da LEF e o art. 683 do CPC [art. 873 do CPC/2015] disciplinam a avaliação. Eles não proíbem se reajuste monetariamente o valor estimado do bem a ser leiloado. É recomendável que, antes do leilão, se corrija monetariamente o valor de avaliação do bem a ser alienado" (STJ, REsp 117.163/SP, Rel.

Min. Humberto Gomes de Barros, 1ª Turma, jul. 16.06.1998, *DJ* 17.08.1998, p. 24).

"Atualização monetária. Legalidade de sua determinação de ofício, em nada equivalente a uma nova avaliação. Embargos de divergência rejeitados" (STJ, EREsp 82.068/SP, Rel. Min. José Dantas, Corte Especial, jul. 18.02.1998, *DJ* 09.03.1998, p. 3).

"A atualização do valor da avaliação deve observar as oscilações de mercado no preço do bem penhorado, sendo inaplicáveis para tanto os índices contratuais ou legais utilizados especificamente na atualização do crédito exequendo" (STJ, REsp 864.873/SC, Rel. Min. Humberto Gomes de Barros, 3ª Turma, jul. 06.03.2008, *DJe* 01.04.2008).

5. Nova avaliação. Menor onerosidade ao devedor. "Para tornar a execução menos onerosa ao devedor (CPC; Art. 620), o Juiz pode, de ofício, determinar nova avaliação do bem. Nada no Art. 683 do CPC [art. 873 do CPC/2015] veda tal possibilidade" (STJ, REsp 299.120/MS, Rel. Min. Humberto Gomes de Barros, 3ª Turma, jul. 12.04.2005, *DJ* 09.05.2005, p. 388).

6. Inciso I. "Ainda que a hasta pública se realize em favor da satisfação do crédito do exequente, deve-se sempre assegurar que o bem seja oferecido pelo seu valor de mercado, a fim de se evitar eventual enriquecimento sem causa do arrematante ou do credor que adjudicar o imóvel, em detrimento do executado. **Nesse sentido, sempre que apresentadas evidências concretas de dessemelhança significativa entre avaliações sobre o mesmo bem, mostra-se prudente a confirmação do seu valor real**" (STJ, MC 13.994/RJ, Rel.ª Min.ª Nancy Andrighi, 3ª Turma, jul. 01.04.2008, *DJe* 15.04.2008).

7. Inciso II. "Arrematação. Elaboração de nova avaliação depois de sete anos. Alteração do estado das coisas afirmada no acórdão recorrido. A jurisprudência desta Corte já assentou entendimento de que o inciso II do art. 683 do CPC [art. 873, II, do CPC/2015] deve ser interpretado como se aludisse a alteração capaz de alcançar tanto a redução quanto o aumento no valor dos bens, ao fundamento de evitar-se o enriquecimento ilícito tanto do exequente quanto do arrematante, em detrimento do executado, em homenagem aos princípios da igualdade e da menor gravosidade para o réu" (STJ, REsp 39.060/SP, Rel. Min. Sálvio de Figueiredo, 4ª Turma, jul. 28.04.1997, *DJ* 26.05.1997, p. 22.541).

8. Decurso do tempo. "O simples decurso de tempo não é suficiente para se concluir pela defasagem da avaliação dos bens penhorados, feita pelo avaliador oficial. Nos termos do art. 683 do CPC [art. 873 do CPC/2015], para que se torne necessária nova avaliação, mister que se prove o erro ou dolo do avaliador, fundada dúvida sobre o valor atribuído ao bem e se verificar, depois da avaliação, que ocorreu diminuição ou majoração de seu valor. Sem tais provas, a nova impugnação da avaliação é improcedente" (TJMG, Ag. 1.0024.93.039418-4/001, Rel. Des. Edivaldo George dos Santos, 7ª Câmara Cível, jul. 27.02.2007, *DJ* 04.05.2007). **Em sentido contrário:** "O juiz deve determinar de ofício a atualização do laudo de avaliação, quando entre sua realização e a data da alienação judicial decorrer tempo significativo. É lícito ao devedor apresentar embargos à arrematação com fundamento em preço vil decorrente da falta de atualização, independentemente do questionamento da matéria antes da praça" (STJ, REsp 1.006.387/SC, Rel. Min. Nancy Andrighi, 3ª Turma, jul. 02.09.2010, *DJe* 15.09.2010). **No mesmo sentido:** STJ, REsp 1.269.474/SP, Rel. Min. Nancy Andrighi, 3ª Turma, jul. 06.12.2011, *DJe* 13.12.2011.

9. Inciso III. "O art. 683, III, do Código de Processo Civil [art. 873, III, do CPC/2015] dispõe sobre a possibilidade de nova avaliação dos bens judicialmente constritos se houver dúvida sobre o valor atribuído, situação que não se confunde com a preclusão para impugnar o laudo de avaliação do bem penhorado (art. 13, § 1º, da Lei 6.830/1980)" (STJ, REsp 462.187/PB, Rel. Min. Herman Benjamin, 2ª Turma, jul. 18.12.2008, *DJe* 24.03.2009).

Art. 874. Após a avaliação, o juiz poderá, a requerimento do interessado e ouvida a parte contrária, mandar:

I – reduzir a penhora aos bens suficientes ou transferi-la para outros, se o valor dos bens penhorados for consideravelmente superior ao crédito do exequente e dos acessórios;

II – ampliar a penhora ou transferi-la para outros bens mais valiosos, se o valor dos bens penhorados for inferior ao crédito do exequente.

CPC/1973

Art. 685.

REFERÊNCIA LEGISLATIVA

CPC/2015, arts. 847 (substituição do bem penhorado) e 887 (arrematação; publicidade do edital).

LEF, art. 15, II.

BREVES COMENTÁRIOS

Sem a avaliação ou algum sucedâneo como a estimativa do executado e a cotação da bolsa, não se pode dar início aos atos de expropriação. Exerce ela, outrossim, relevante influência sobre as condições da alienação forçada em todas as suas modalidades.

É da eventual acolhida da impugnação à avaliação ou à estimativa do executado (art. 873) que podem advir as modificações da penhora previstas no art. 874, ou seja, a redução, ampliação ou renovação da penhora. Resolvidas as eventuais impugnações à avaliação, bem como realizadas as modificações da penhora, se for o caso, estará a execução em condições de passar à expropriação executiva, em que se vai promover a adjudicação ou outra das modalidades de alienação forçada previstas no art. 825 para os bens penhorados. Providenciará o juiz, então, o andamento dos atos executivos pleiteados pelo exequente (art. 875).

JURISPRUDÊNCIA SELECIONADA

1. Realização de segunda penhora, a despeito da existência de anterior constrição judicial sobre bens, cujo valor, segundo avaliação judicial, mostra-se suficiente para fazer frente ao débito exequendo. Impossibilidade. Ver jurisprudência do art. 851, do CPC/2015.

2. Execução. Penhora. Reforço. Intimação do devedor. Necessidade. "É imprescindível a manifestação do devedor acerca do pedido de reforço de penhora em cumprimento aos princípios do contraditório e da ampla defesa, nos termos do art. 685, II, do CPC/73" (STJ, AgInt no REsp 1214015/SP, Rel. Min. Lázaro Guimarães, 4ª Turma, jul. 05.06.2018, *DJe* 12.06.2018).

3. Requerimento de modificação da penhora. Momento oportuno. "Consoante a regra inscrita no art. 685, I e II, do Código de Processo Civil [art. 874, I e II, do CPC/2015], a alegação de excesso ou o pedido de redução da penhora deve ser formulado na execução, após realizada a avaliação, não sendo os embargos à execução o momento adequado" (TJMG, Ap. Cível 1.0024.03.146987-7/001, Rel. Des. Bitencourt Marcondes, 16ª Câmara Cível, jul. 17.12.2008, *DJe* 23.01.2009).

4. Anulação da penhora. "Para que se anule a penhora efetivada em decorrência de execução, deve haver motivo preponderante, que não a simples alegação de que os bens expropriados não garantem sequer as custas da execução, pois, para isso, há remédio legal – art. 685, II, CPC [art. 874, II, do CPC/2015]. Todavia, se efetivada nova penhora, que vem de substituir a primeira anulada, e daquela nenhum prejuízo adveio a qualquer das partes, deve permanecer, até a conclusão do processo" (TJPA, Ag. 14.929, Rel.ª Des.ª Climenie Pontes, 2ª Câmara, jul. 13.10.1988, *RTJPA* 46/214).

"Escorreita a decretação de nulidade de penhora do bem imóvel substituído, ante a inobservância ao princípio do contraditório previsto no art. 685 do CPC [art. 874 do CPC/2015], aplicável subsidiariamente à Lei nº 6.830/80" (STJ, REsp 1.038.132/RJ, Rel. Min. Castro Meira, 2ª Turma, jul. 20.05.2008, *DJe* 04.06.2008).

5. Inciso I.

Redução ou substituição penhora. "A redução da penhora ou a sua substituição podem ser requeridas pelo executado, por simples petição no processo de execução, até a assinatura do auto de arrematação, nos termos dos arts. 685, I, e 668 do CPC [arts. 874 e 847 do CPC/2015]. Conhecimento da matéria – excesso de penhora – com base nas provas juntadas nos autos, eis que a questão já foi apreciada pelo Douto Magistrado *a quo*, e em homenagem aos princípios da celeridade, da instrumentalidade e da economia processual, ressalvado o direito do embargante de requerer a redução da penhora ou a sua substituição até a assinatura do auto de arrematação. Ainda que flagrante a diferença entre o valor executado e valor do bem penhorado, incabe nesta instância desconstituí-la, pois se embargante entende que a constrição é excessiva, poderia a qualquer momento (inclusive após a oposição dos presentes embargos) ter oferecido outro bem em substituição àquele. Não o fazendo, presume-se que o bem penhorado seja o único na sua esfera de propriedade, o que descaracterizaria o alegado excesso de penhora" (TRF-4ª Região, Ap. 2000.72.08.002955-9/SC, Rel. Juiz Alcides Vettorazzi, 2ª Turma, *DJ* 23.05.2002, p. 462).

"O artigo de lei é claro ao estabelecer que, após a avaliação judicial, é facultado ao Magistrado reduzir a penhora proporcionalmente ao valor da execução, sempre ouvidas as partes envolvidas no processo. Dessa forma, o inconformismo da Agravante, fundado em mera estimativa unilateral, mostra-se prematuro, posto que sequer existe nos autos avaliação oficial do imóvel penhorado, o que torna inviável, portanto, a redução da penhora" (TJSP, AGI 7313037-5, Rel. Des. Eduardo Siqueira, 37ª Câmara Dir. Priv., jul. 18.03.2009, *DJe* 13.04.2009).

Excesso de penhora. "Conforme o disposto no art. 685, inciso I, do CPC [art. 874, I, do CPC/2015], não evidenciado o excesso de penhora nas instâncias ordinárias, a referida alegação deve ser formulada após realizada a avaliação, para reduzir a penhora aos bens suficientes ou transferi-la para outros que bastem à execução. Precedentes" (STJ, AgRg no Ag. 565.079/RS, Rel.ª Min.ª Laurita Vaz, 5ª Turma, jul. 12.04.2005, *DJ* 09.05.2005, p. 456).

"O excesso de penhora não pode ser verificado antes da avaliação do bem, não se podendo, em sede de recurso especial, examinar a questão sobre o referido excesso, face à incidência da Súmula 7/STJUL. A iliquidez do imóvel ou a dificuldade em se apurar a dívida com o mesmo bem e satisfazer o crédito constitui motivo hábil a ensejar a recusa do bem" (STJ, AgRg no Ag 709.164/RJ, Rel. Min. Sidnei Beneti, 3ª Turma, jul. 16.09.2008, *DJe* 30.09.2008).

6. Ampliação da penhora (inciso II).

Ampliação da penhora. "A determinação judicial para ampliação ou reforço da penhora deve ser precedida da avaliação do bem antes levado a constrição, pois somente após tal providência é que poderá o juiz, com maior convicção, aferir a necessidade da medida" (STJ, REsp 843.246/PR, Rel. Min. Luis Felipe Salomão, 4ª Turma, jul. 02.06.2011, *DJe* 27.06.2011). **No mesmo sentido:** STJ, REsp 600.001/SP, Rel. Min. Felix Fischer, 5ª Turma, jul. 13.04.2004, *DJ* 07.06.2004; TJMG, AGI 1.0701.99.016835-6/006, Rel. Des. Pedro Bernardes, jul. 17.02.2009, *DJe* 16.03.2009.

"Deve o juiz, diante do pedido do exequente de ampliação de penhora, verificar, ainda que sumariamente, a exatidão dos cálculos apresentados e do valor dos bens a serem penhorados, para só então deferir a medida" (STJ, REsp 173.851/SP, Rel. Min. Eduardo Ribeiro, 3ª Turma, jul. 25.08.1998, *DJ* 22.02.1999).

Oposição de novos embargos. "É cabível a oposição de novos embargos do devedor quando determinada a ampliação da penhora, desde que fundamentados em vícios formais supervenientes a tal ato" (STJ, REsp 234.160/SC, Rel.ª p/ ac. Min.ª Nancy Andrighi, 3ª Turma, jul. 17.10.2002, *DJ* 31.03.2003).

Insuficiência de penhora. Extinção dos embargos do devedor. Impossibilidade. "Consoante a dicção dos artigos 15, II, da LEF e 685 do CPC [art. 874 do CPC/2015], não é facultada ao Juízo a determinação de substituição ou reforço da penhora, ao fundamento de insuficiência do bem constrito. É que o princípio do dispositivo, que vigora no Processo Civil, pressupõe que as atividades que o juiz pode engendrar *ex officio* não inibem a iniciativa da parte de requerê-las, não sendo verdadeira a recíproca. Em consequência, por influxo desse princípio, nas atividades que exigem a iniciativa da parte, o juiz não pode agir sem provocação. A insuficiência de penhora não é causa bastante para determinar a extinção dos embargos do devedor, cumprindo ao magistrado, antes da decisão terminativa, conceder ao executado prazo para proceder ao reforço, à luz da sua capacidade econômica e da garantia pétrea do acesso à justiça. (Precedentes: REsp 973.810/RS, Rel. Min. Eliana Calmon, 2ª Turma, jul. 28.10.2008, *DJe* 17.11.2008; REsp 739.137/CE, Rel. Min. Denise Arruda, 1ª Turma, jul. 23.10.2007, *DJ* 22.11.2007; AgRg no Ag 635829/PR, Rel. Min. Castro Meira, *DJ* 18.04.2005; REsp 758266/MG, Rel. Min. Teori Albino Zavascki, *DJ* 22.08.2005)" (STJ, REsp 1.127.815/SP, Rel. Min. Luiz Fux, 1ª Seção, jul. 24.11.2010, *DJe* 14.12.2010). **No mesmo sentido:** STJ, AgRg no REsp 498.915/RS, Rel. Min. Luiz Fux, 1ª Turma, jul. 17.06.2003, *DJ* 04.08.2003; STJ, REsp 550.836/PR, Rel. Min. Castro Meira, 2ª Turma, jul. 18.05.2004, *DJ* 16.08.2004.

Anuência da exequente. Sanatória de vícios. "A nulidade processual não deve ser declarada por eventuais falhas que não geram sacrifício aos fins da Justiça, informado que é o sistema processual brasileiro pela regra da instrumentalidade das formas (*pas des nullités sans grief*). Por isso que a anuência da exequente no tocante à ampliação da penhora, ao apresentar a contraminuta ao agravo de instrumento, tem o condão de sanar eventual vício de iniciativa, máxime quando o reforço da constrição é medida que se impõe *in casu*" (STJ, REsp 958.383/PR, Rel. Min. Luiz Fux, 1ª Turma, jul. 18.11.2008, *DJe* 17.12.2008).

Execução hipotecária. Possibilidade de complementação. "A execução instruída por hipoteca não se aparta do princípio geral de que o bem penhorado deve ser bastante para o pagamento do débito; demonstrada a respectiva a insuficiência, a penhora deve ser complementada, recaindo sobre outros bens do devedor" (STJ, AgRg no Ag 703.601/SP, Rel. Min. Ari Pargendler, 3ª Turma, jul. 28.06.2007, *DJe* 24.11.2008).

Valores atribuídos pelo devedor. Concordância tácita da exequente. Impossibilidade de reforço. "Tendo a exequente concordado tacitamente com os valores atribuídos pelo executado aos bens penhorados, já que não os impugnou oportunamente, precluiu o seu direito de fazê-lo, inclusive, de pleitear reforço de penhora" (STJ, REsp 645.423/BA, Rel. Min. Francisco Peçanha Martins, 2ª Turma, jul. 07.03.2006, *DJ* 15.05.2006).

Adoção de medida cautelar pelo magistrado. "É facultado ao Juiz deferir a ampliação da penhora, desde que de plano se mostrem insuficientes à garantia do Juízo os bens já penhorados, independentemente da avaliação oficial. Admite-se ao Magistrado a adoção de medidas cautelares urgentes no sentido de assegurar o cumprimento da decisão exequenda" (STJ, REsp 439.016/DF, Rel. Min. Barros Monteiro, 4ª Turma, jul. 06.04.2004, *DJ* 14.06.2004).

Art. 875. Realizadas a penhora e a avaliação, o juiz dará início aos atos de expropriação do bem.

CPC/1973

Art. 685, parágrafo único.

REFERÊNCIA LEGISLATIVA

CPC/2015, arts. 847 (substituição do bem penhorado); 876 (requerimento de adjudicação); 879 (formas de alienação) e 887 (arrematação; publicidade do edital).

LEF, art. 15, II.

JURISPRUDÊNCIA SELECIONADA

1. Atos de expropriação. "Nos termos do art. 685, parágrafo único, do CPC [art. 875 do CPC/2015], cumpridas as providências previstas no *caput* daquele dispositivo legal (redução, ampliação ou transferência da penhora), o Juiz dará início aos atos de expropriação. A partir de então, é cabível o ajuizamento do pleito de adjudicação. No entanto, embora a lei civil adjetiva não contenha o momento limítrofe para tal pretensão, deve ser deduzida antes da realização da hasta pública" (TJRS, AGI 70030000947, Rel. Marco Aurélio dos Santos Caminha, 16ª Câmara Cível, jul. 11.05.2009, *DJe* 18.05.2009).

PENHORA: INDICAÇÃO DOUTRINÁRIA

Bruno Garcia Redondo, In: Teresa Arruda Alvim Wambier, Fredie Didier Jr., Eduardo Talamini, Bruno Dantas, *Breves comentários ao novo Código de Processo Civil*, São Paulo: Revista dos Tribunais, 2015; Cassio Scarpinella Bueno, *Manual de direito processual civil*, São Paulo: Saraiva, 2015; Daniel Amorim Assumpção Neves, *Manual de direito processo civil*, São Paulo: Método, 2015; Daniel Amorim Assumpção Neves. *In* José Roberto F. Gouvêa; Luis Guilherme A. Bondioli e João Francisco N. da Fonseca (coord.). Comentários ao Código de Processo Civil. São Paulo: Saraiva, 2018 v. 17; Eduardo Talamini, Bruno Dantas, *Breves comentários ao novo Código de Processo Civil*, São Paulo: Revista dos Tribunais, 2015; Fátima Nancy Andrighi, O nasceiro do prosônimo penhora *on-line*, *RJ* 361/11; Fredie Didier Jr., *Curso de direito processual civil*, 17. ed., Salvador: JusPodivm, 2015, v. I; Guilherme Peres de Oliveira, In: Teresa Arruda Alvim Wambier, Fredie Didier Jr., Eduardo Talamini, Bruno Dantas, *Breves comentários ao novo Código de Processo Civil*, São Paulo: Revista dos Tribunais, 2015; Guilherme Rizzo Amaral, *Comentários às alterações do novo CPC*, São Paulo: Revista dos Tribunais, 2015; Henrique Coutinho de Souza, O direito subjetivo do executado à substituição da penhora pelo seguro garantia à luz das alterações promovidas pela Lei n. 13.043/2014, *Revista Dialética de Direito Processual*, n. 149, ago. 2015, p. 48-62; Hermes Zaneti Júnior. *In* Sérgio Cruz Arenhart e Daniel Mitidiero (coord.). *Comentários ao Código de Processo Civil*. 2. ed., São Paulo: Editora Revista dos Tribunais, 2018, v. 14; Humberto Theodoro Júnior, *Curso de direito processual civil. 54. ed.*, Rio de Janeiro: Forense, 2021, v. III; Humberto Theodoro Júnior, Fernanda Alvim Ribeiro de Oliveira, Ester Camila Gomes Norato Rezende (coord.), *Primeiras lições sobre o novo direito processual civil brasileiro*, Rio de Janeiro: Forense, 2015; Humberto Theodoro Júnior, Penhora e avaliação na execução por quantia certa, *RBDP* 26/25; Humberto Theodoro Júnior. *Processo de execução e cumprimento de sentença*, 30. ed., Rio de Janeiro: Forense, 2020; J. E. Carreira Alvim, *Comentários ao novo Código de Processo Civil*, Curitiba: Juruá, 2015; José Carlos Barbosa Moreira, Aspectos do usufruto de imóvel ou de empresa no processo de execução, *RP* 26/9; José Miguel Garcia Medina e Iliane Rosa Pagliarini, Crise no cumprimento do contrato e a penhora *on-line*, *RP* 173/9; José Miguel Garcia Medina, *Novo Código de Processo Civil comentado*, São Paulo: Revista dos Tribunais, 2015; Leonardo de Faria Beraldo, In: Teresa Arruda Alvim Wambier, Fredie Didier Jr., Eduardo Talamini, Bruno Dantas, *Breves comentários ao novo Código de Processo Civil*, São Paulo: Revista dos Tribunais, 2015; Leonardo Greco, *Instituições de processo civil: introdução ao direito processual civil*, 5. ed., Rio de Janeiro: Forense, 2015; Leonardo Sartori Sigollo, A função do oficial de justiça e a avaliação dos bens penhorados, in: Luis Fernando de Lima Carvalho (org.), *A nova execução de títulos extrajudiciais*, Elsevier; Lucimere Stefanny Carminati Pani, Vinícius Silva Lemos, A relatividade da impenhorabilidade do salário nos processos de execução cível: análise da jurisprudência do STJ à luz dos princípios da efetividade e da dignidade da pessoa humana, *Revista Síntese Direito Civil e Processual Civil*, São Paulo, n. 125, p. 89-114, maio/jun. 2020; Luis Antônio Giampaulo Sarro, *Novo Código de Processo Civil*, São Paulo: Rideel, 2015; Luiz Fernando Casagrande Pereira, Comentários ao art. 854, In: Teresa Arruda Alvim Wambier, Maria Lúcia Lins Conceição, Leonardo Ferres da Silva Ribeiro, Rogério Licastro Torres de Melo, *Primeiros comentários ao novo Código de Processo Civil*, São Paulo: Revista dos Tribunais, 2015; Luiz Guilherme Marinoni, Sérgio Cruz Arenhart, Daniel Mitidiero, *Curso de processo civil*, São Paulo: Revista dos Tribunais, 2015, v. I; Nelson Nery Junior, Rosa Maria de Andrade Nery, *Comentários ao Código de Processo Civil*, São Paulo: Revista dos Tribunais, 2015; Paulo Henrique dos Santos Lucon, In: Teresa Arruda Alvim Wambier, Fredie Didier Jr., Eduardo Talamini, Bruno Dantas, *Breves comentários ao novo Código de Processo Civil*, São Paulo: Revista dos Tribunais, 2015; Rodolfo da Costa Manso Real Amadeo, In: Teresa Arruda Alvim Wambier, Fredie Didier Jr., Eduardo Talamini, Bruno Dantas, *Breves comentários ao novo Código de Processo Civil*, São Paulo: Revista dos Tribunais, 2015; Sérgio Shimura, Julia Nolasco Garcia, A impenhorabilidade na visão do Superior Tribunal de Justiça, Revista de Processo, São Paulo, ano 45, v. 305, p. 174-194, jul. 2020; Teresa Arruda Alvim Wambier, Fredie Didier Jr., Eduardo Talamini, Bruno Dantas (coord.), *Breves comentários ao novo Código de Processo Civil*, São Paulo: Revista dos Tribunais, 2015; Teresa Arruda Alvim Wambier, Maria Lúcia Lins Conceição, Leonardo Ferres da Silva Ribeiro, Rogério Licastro Torres de Melo, *Primeiros comentários ao novo Código de Processo Civil*, São Paulo: Revista dos Tribunais, 2015.

Seção IV
Da Expropriação de Bens

Subseção I
Da Adjudicação

Art. 876. É lícito ao exequente, oferecendo preço não inferior ao da avaliação, requerer que lhe sejam adjudicados os bens penhorados.

§ 1º Requerida a adjudicação, o executado será intimado do pedido:

I – pelo Diário da Justiça, na pessoa de seu advogado constituído nos autos;

II – por carta com aviso de recebimento, quando representado pela Defensoria Pública ou quando não tiver procurador constituído nos autos;

III – por meio eletrônico, quando, sendo o caso do § 1º do art. 246, não tiver procurador constituído nos autos.

§ 2º Considera-se realizada a intimação quando o executado houver mudado de endereço sem prévia comunicação ao juízo, observado o disposto no art. 274, parágrafo único.

§ 3º Se o executado, citado por edital, não tiver procurador constituído nos autos, é dispensável a intimação prevista no § 1º.

§ 4º Se o valor do crédito for:

I – inferior ao dos bens, o requerente da adjudicação depositará de imediato a diferença, que ficará à disposição do executado;

II – superior ao dos bens, a execução prosseguirá pelo saldo remanescente.

§ 5º Idêntico direito pode ser exercido por aqueles indicados no art. 889, incisos II a VIII, pelos credores concorrentes que hajam penhorado o mesmo bem, pelo cônjuge, pelo companheiro, pelos descendentes ou pelos ascendentes do executado.

§ 6º Se houver mais de um pretendente, proceder-se-á a licitação entre eles, tendo preferência, em caso de igualdade de oferta, o cônjuge, o companheiro, o descendente ou o ascendente, nessa ordem.

§ 7º No caso de penhora de quota social ou de ação de sociedade anônima fechada realizada em favor de exequente alheio à sociedade, esta será intimada, ficando responsável por informar aos sócios a ocorrência da penhora, assegurando-se a estes a preferência.

CPC/1973

Art. 685-A.

BREVES COMENTÁRIOS

A adjudicação dos bens penhorados transformou-se, a partir da reforma da Lei nº 11.382/2006, na forma preferencial de satisfação do direito do credor na execução de obrigação por quantia certa, regime conservado pelo CPC/2015 (arts. 825, I, e 881, *caput*), sejam móveis ou imóveis os bens constritos. As tradicionais modalidades de apuração de numerário por meio de alienação judicial tornaram-se secundárias. A execução tende, em primeiro lugar, a propiciar ao exequente a apropriação direta dos bens constritos em pagamento de seu crédito. Ao mesmo tempo, a nova sistemática legal ampliou a legitimação dos que podem concorrer à adjudicação, nela incluindo aqueles que, antigamente, podiam exercer a remição (cônjuges, companheiros, ascendentes e descendentes do executado), além de outros interessados (art. 876, § 5º). Desapareceu, pois, a remição como modalidade especial de expropriação executiva. O direito dos antigos remidores, porém, não desapareceu; transformou-se em direito à adjudicação.

O conceito de adjudicação, portanto, ampliou-se, tanto na maior dimensão de seu papel na execução por quantia certa como na sua abrangência subjetiva.

Pode-se, diante do novo quadro legal, definir a adjudicação como o ato executivo expropriatório, por meio do qual o juiz, em nome do Estado, transfere o bem penhorado para o exequente ou para outras pessoas a quem a lei confere preferência na aquisição. Não se confunde com a arrematação, porque a função precípua da adjudicação, quando a exerce o próprio credor, não é a de transformar o bem em dinheiro, mas o de usá-lo diretamente como meio de pagamento. Contudo, "tanto como na arrematação, há neste ato expropriatório atuação processual executiva do Judiciário, no exercício da tutela jurisdicional". Em regra, não há desembolso de dinheiro por parte do adjudicatário, porque o valor do bem se destina ao resgate do crédito do próprio adquirente. Há, todavia, casos em que o preço da adjudicação, no todo ou em parte, tem de ser depositado em juízo, como nas hipóteses dos §§ 4º e 5º do art. 876.

O momento processual em que o exequente pode pleitear a adjudicação do bem penhorado é aquele em que se verifica a ultrapassagem do prazo para embargos, sem que estes tenham sido opostos. Se tiverem sido ajuizados, com ou sem efeito suspensivo, a adjudicação somente poderá ser requerida após o trânsito em julgado da sentença que rejeitar os embargos (STF, Pleno, ADI 5.165/DF, Rel. Min. Cármen Lúcia, jul. 21.02.2022, *DJe* 24.02.2022).

JURISPRUDÊNCIA SELECIONADA

1. Forma preferencial de pagamento ao credor. "Nos termos do art. 647, I, do CPC de 1973 [art. 825, I, do CPC/2015], incluído pela Lei 11.382/06, a adjudicação é forma preferencial de pagamento ao credor, devendo ser assegurada ao legitimado que oferecer preço não inferior ao da avaliação" (STJ, REsp 1505399/RS, Rel.ª Min.ª Maria Isabel Gallotti, 4ª Turma, jul. 12.04.2016, *DJe* 12.05.2016).

2. Adjudicação direta do imóvel ao credor hipotecário. "O propósito recursal é definir se pode ocorrer a adjudicação direta do imóvel ao credor hipotecário que oferece o preço da avaliação judicial do bem, independentemente da realização de hasta pública. (...) Ressoa nítido que a lei especial prevê a realização de hasta pública (art. 6º), admitindo a adjudicação direta ao credor hipotecário apenas na hipótese de não haver qualquer licitante na praça (art. 7º), situação que, quando verificada, e após a adjudicação do bem, exonerará o devedor da obrigação de pagar o restante da dívida. De outra banda, o CPC/73 (art. 685-A) [art. 876 do CPC/2015] prevê a possibilidade de a adjudicação ao credor dar-se pela simples oferta de preço não inferior ao da avaliação, independentemente da prévia realização de hasta pública. (...) Analisando-se a específica situação versada nos presentes autos, não há como se vedar o pleito do recorrente de adjudicação direta do imóvel pelo valor da avaliação judicial do bem, quando o mesmo expressamente curva-se à previsão da legislação especial de exoneração dos devedores ao pagamento do valor remanescente da dívida. A realização de hasta pública, na espécie, apenas comprometeria a celeridade da própria execução, ou seja, tardando a própria satisfação da dívida" (STJ, REsp 1721731/SP, Rel.ª Min.ª Nancy Andrighi, 3ª Turma, jul. 27.11.2018, *DJe* 06.12.2018).

3. Adjudicação pelo credor do executado. "Adjudicação do bem imóvel penhorado, pertencente ao executado, a seus credores e respectivos patronos. Possibilidade de adjudicação do bem penhorado, tanto pelo exequente como por terceiro que não é parte do processo, reconhecida. Aplicação do art. 685-A, *caput*, e do seu § 2º, do CPC [art. 876 do CPC/2015]" (TJSP, AGI 7281265000, Rel. Des. Zélia Maria Antunes Alves, 13ª Câmara de Direito Privado, jul. 10.12.2008, *DJe* 15.01.2009).

4. Desinteresse da parte exequente na adjudicação do bem e na alienação por iniciativa particular. Faculdade do credor. Possibilidade de opção pela hasta pública. "Manifestado o desinteresse da parte exequente na adjudicação e na alienação particular do imóvel penhorado (arts. 647, I e II e 685-C do CPC/73) [arts. 825, I, e 880 do CPC/2015], poderá ela, desde logo, requerer sua alienação em hasta pública. Extrai-se do art. 685-C do CPC/73 que a norma confere uma faculdade ao credor de se valer da alienação por iniciativa particular (art. 647, II), sem impedir a opção pela hasta pública. Precedente: REsp 1.410.859/RN, Rel. Min. Francisco Falcão, 2ª Turma, *DJe* 13.06.2017" (STJ, REsp 1312509/RN, Rel. Min. Sérgio Kukina, 1ª Turma, jul. 07.12.2017, *DJe* 14.12.2017).

5. Adjudicação de bem imóvel. Requerimento. Primeira hasta pública. Cabimento. "É cabível a adjudicação requerida após a primeira hasta pública, na qual não acudiram interessados, e antes da segunda praça, não podendo o requerente ser penalizado pela demora na apreciação do pedido que ocasionou a arrematação do imóvel" (STJ, AgInt no AREsp 779.662/SP, Rel. Min. Ricardo Villas Bôas Cueva, 3ª Turma, jul. 09.03.2017, *DJe* 27.03.2017).

6. Adjudicação. Licitação entre os pretendentes. Regras relativas ao concurso de credores. Necessidade de requerimento

do credor ou de terceiro. "O propósito recursal consiste em definir se, na hipótese de múltiplos credores com créditos de valores distintos, é possível que se apliquem à adjudicação de bem penhorado as regras relativas ao concurso de credores. (...) Não é possível autorizar que o credor que não requereu a adjudicação se aproveite do procedimento adjudicatório com fundamento no concurso de credores e na possibilidade de rateio dos valores, sob pena de antecipação do concurso de credores, o qual se restringe à distribuição do produto da adjudicação" (STJ, REsp 2.098.109/PR, Rel. Min. Nancy Andrighi, 3ª Turma, jul. 05.03.2024, *DJe* 07.03.2024).

7. Adjudicação parcial. "Adjudicação de parte ideal de bem penhorado. Indeferimento. Decisão mantida. Possibilidade, somente se o adjudicante depositar a diferença do valor da avaliação. Inteligência do art. 685-A, § 1º, do CPC [art. 876 do CPC/2015]" (TJSP, AGI 5593644700, Rel. Des. Octavio Helene, 10ª Câmara Dir. Priv., jul. 14.04.2009, *DJe* 15.05.2009).

"A Lei nº 11.032/2006, embora tenha revogado os artigos 714 e 715 do CPC, não extinguiu o instituto da adjudicação em favor do exequente, mas apenas o mudou de lugar dentro da lei processual civil, estando tal atualmente previsto no art.685-A da Lei Regencial [art. 876 do CPC/2015]. O simples fato da gleba adjudicada possuir valor superior ao do débito exequendo não inibe a possibilidade de adjudicação, e muito menos autoriza sua realização de forma 'parcial'. Inteligência do art. 685-A, § 1º, CPC" (TJMG, AGI 1.0111.05.003720-4/002, Rel. Des. Sebastião Pereira de Souza, 16ª Câmara Cível, jul. 15.10.2008, *DJe* 28.11.2008).

8. Adjudicação de imóvel ocupado por inquilino. "'Afirmando o acórdão recorrido que o bem adjudicado está ocupado por inquilino, o desmancho do contrato de locação dar-se-á por ação de despejo, incabível a imissão de posse' (STJ, Min. Menezes Direito, 3ª Turma, REsp 265254/SP). A Lei nº 8.245/91 é a norma aplicável ao caso em tela, por ser específica e constar normas de ordem pública, assim, de acordo com o que prevê o art. 5º dessa lei, 'seja qual for o fundamento do término da locação, a ação do locador para reaver o imóvel é a de despejo'" (TJPB, AC-RA 200.2008.020.028-6/001, Rel. Des. Marcos Cavalcanti de Albuquerque, *DJe* 19.06.2009, p. 6).

Art. 877. Transcorrido o prazo de 5 (cinco) dias, contado da última intimação, e decididas eventuais questões, o juiz ordenará a lavratura do auto de adjudicação.

§ 1º Considera-se perfeita e acabada a adjudicação com a lavratura e a assinatura do auto pelo juiz, pelo adjudicatário, pelo escrivão ou chefe de secretaria, e, se estiver presente, pelo executado, expedindo-se:

I – a carta de adjudicação e o mandado de imissão na posse, quando se tratar de bem imóvel;

II – a ordem de entrega ao adjudicatário, quando se tratar de bem móvel.

§ 2º A carta de adjudicação conterá a descrição do imóvel, com remissão à sua matrícula e aos seus registros, a cópia do auto de adjudicação e a prova de quitação do imposto de transmissão.

§ 3º No caso de penhora de bem hipotecado, o executado poderá remi-lo até a assinatura do auto de adjudicação, oferecendo preço igual ao da avaliação, se não tiver havido licitantes, ou ao do maior lance oferecido.

§ 4º Na hipótese de falência ou de insolvência do devedor hipotecário, o direito de remição previsto no § 3º será deferido à massa ou aos credores em concurso, não podendo o exequente recusar o preço da avaliação do imóvel.

CPC/1973

Arts. 685-A, § 5º, e 685-B.

REFERÊNCIA LEGISLATIVA

CC, art. 1.499, V (remição do bem hipotecado).

BREVES COMENTÁRIOS

O deferimento do pedido de adjudicação se dá por meio de decisão interlocutória, impugnável, portanto, por agravo de instrumento. Em face do requerimento do candidato à adjudicação podem surgir questões, as quais deverão ser dirimidas pelo juiz, antes ou no ato de deferir a pretensão. Uma vez superados os eventuais embaraços, ordenará o juiz a lavratura, pelo escrivão ou chefe de secretaria, do auto de adjudicação (art. 877, *caput*). Não há sentença de adjudicação. O que, em qualquer caso, formaliza e aperfeiçoa a adjudicação é o competente auto (art. 877, § 1º, I).

Uma vez que o auto de adjudicação é título material da alienação realizada em juízo, é imprescindível que nele se identifique, adequadamente, o objeto e o preço da operação. Os elementos utilizáveis, para tanto, serão basicamente o auto da penhora, o laudo da avaliação, o requerimento do adjudicante, a eventual licitação e a decisão de deferimento da adjudicação. Alguma falta ocorrida no auto poderá ser suprida quando da expedição da carta de adjudicação (art. 877, § 2º).

Se a penhora versar sobre bem hipotecado, o devedor poderá remi-lo, impedindo a consumação da adjudicação, ofertando valor igual ao da avaliação.

Se o devedor hipotecário falir ou cair em insolvência, o direito de remição previsto no § 3º do dispositivo será deferido à massa ou aos credores em concurso.

JURISPRUDÊNCIA SELECIONADA

1. Prazo para adjudicação. "À falta de previsão legal quanto ao limite temporal para o exercício do direito à adjudicação, esta pode ser requerida após resolvidas as questões relativas à avaliação do bem **e antes de realizada a hasta pública**. Ainda que expedidos os editais de hasta pública, nada impede a adjudicação por qualquer um dos legitimados, situação em que o adjudicante arcará com as despesas dos atos que se tornarem desnecessários em razão de sua opção tardia". (STJ, REsp 1505399/RS, Rel.ª Min.ª Maria Isabel Gallotti, 4ª Turma, jul. 12.04.2016, *DJe* 12.05.2016). **No mesmo sentido, a jurisprudência à luz do CPC/173, ainda aplicável:** TJMG, Ap. Cível 1.0024.08.243309-5/001, Rel.ª Des.ª Márcia de Paoli Balbino, 17ª Câmara Cível, jul. 12.03.2009, *DJe* 31.03.2009.

2. Adjudicação. Privilégio de crédito tributário. Intervenção anômala. União (Fazenda Nacional). Impossibilidade. Recurso manejado após transferência da propriedade com o registro imobiliário da adjudicação. Desconstituição. Necessidade de ação própria. "Esta Corte Superior tem reputado inviável a intervenção anômala da União na fase de execução ou no processo executivo, salvo na ação cognitiva incidental de embargos, visto que a execução não objetiva a obtenção de sentença, mas a concretização do título executivo. Precedentes. No presente caso, a União (Fazenda Nacional) requereu o deferimento de sua intervenção anômala quando o feito já se encontrava em fase de execução, com carta de adjudicação já expedida, o que, segundo o entendimento doutrinário e jurisprudencial desta Corte Superior, não se revela possível" (STJ, AgInt no REsp 1.838.866/DF, Rel. Min. Luis Felipe Salomão, 4ª Turma, jul. 23.08.2022, *DJe* 31.08.2022).

3. Recurso cabível. "O agravo de instrumento é o recurso cabível contra decisão que defere pedido de adjudicação, tendo como objetivo impugnar os requisitos da pretensão de adjudicar, constantes do artigo 714 do CPC" (STJ, REsp 281.249/MG, Rel. Min. Eduardo Ribeiro, 3ª Turma jul. 24.11.1998, *DJU* 29.03.1999, p. 172). **No mesmo sentido:** TJSP, Ag. 109.867-2, Rel. Des. Mariz de Oliveira, 16ª Câmara, jul. 03.09.1986, no *RT* 615/78. **Ver art. 1.015, parágrafo único, do CPC/2015, a respeito do cabimento do agravo de instrumento na espécie. O usufruto previsto no antigo art. 714 do CPC (revogado pela Lei 11.382/2006) se transformou na penhora de frutos e rendimentos da coisa móvel ou imóvel (CPC/2015, arts. 867/869).**

4. Ação anulatória. "A decisão que julga adjudicação, por não se tratar de sentença de mérito, é anulável por ação ordinária, e não por rescisória" (1º TA Cível SP, Ap. 381.956, Rel. Juiz Toledo Silva, 8ª Câmara, jul. 25.11.87; *RT* 626/114). **No mesmo sentido:** STF, RE 70.999, Rel. Min. Bilac Pinto, 2ª Turma, jul. 20.09.1971, *RTJ* 59/529.

5. Entrega. "A entrega de bem obtido em adjudicação pelo próprio exequente pode ser obtida nos mesmos autos, mediante simples petição, e por ordem judicial" (TJSP, Ap. 264.752, Rel. Des. Sydney Sanches, jul. 11.10.1987, *RT* 537/106).

6. Alteração do valor de adjudicação. "É inadmissível a alteração do valor de adjudicação do bem após a assinatura do respectivo auto, ainda que a pretexto de atualização monetária, uma vez que o CPC a considera como ato de aperfeiçoamento da medida expropriatória. Transcorrido *in albis* o prazo para manifestação acerca do valor da avaliação, resta precluso o direito de impugná-lo" (STJ, REsp 735.380/RS, Rel. Min. Teori Albino Zavascki, 1ª Turma, jul. 26.05.2009, *DJe* 03.06.2009).

Art. 878. Frustradas as tentativas de alienação do bem, será reaberta oportunidade para requerimento de adjudicação, caso em que também se poderá pleitear a realização de nova avaliação.

BREVES COMENTÁRIOS

Frustrada a hasta pública ou a alienação particular por falta de licitantes ou proponentes, reabre-se a oportunidade para os credores pleitearem, se lhes convier, a adjudicação. Não há necessidade de aguardar a segunda hasta pública. Basta a frustração da primeira.

Subseção II
Da Alienação

Art. 879. A alienação far-se-á:

I – por iniciativa particular;

II – em leilão judicial eletrônico ou presencial.

BREVES COMENTÁRIOS

Na escala de preferência legal, a primeira forma de expropriação dos bens penhorados é a adjudicação (art. 876). A segunda é a alienação por iniciativa particular (arts. 879, I, e 880). A última é a alienação em leilão judicial eletrônico ou presencial (arts. 879, II, e 881). Ao exequente, porém, é lícito, desde logo, abrir mão de suas preferências legais e requerer a imediata colocação dos bens penhorados em hasta pública.

Art. 880. Não efetivada a adjudicação, o exequente poderá requerer a alienação por sua própria iniciativa ou por intermédio de corretor ou leiloeiro público credenciado perante o órgão judiciário.

§ 1º O juiz fixará o prazo em que a alienação deve ser efetivada, a forma de publicidade, o preço mínimo, as condições de pagamento, as garantias e, se for o caso, a comissão de corretagem.

§ 2º A alienação será formalizada por termo nos autos, com a assinatura do juiz, do exequente, do adquirente e, se estiver presente, do executado, expedindo-se:

I – a carta de alienação e o mandado de imissão na posse, quando se tratar de bem imóvel;

II – a ordem de entrega ao adquirente, quando se tratar de bem móvel.

§ 3º Os tribunais poderão editar disposições complementares sobre o procedimento da alienação prevista neste artigo, admitindo, quando for o caso, o concurso de meios eletrônicos, e dispor sobre o credenciamento dos corretores e leiloeiros públicos, os quais deverão estar em exercício profissional por não menos que 3 (três) anos.

§ 4º Nas localidades em que não houver corretor ou leiloeiro público credenciado nos termos do § 3º, a indicação será de livre escolha do exequente.

CPC/1973

Art. 685-C.

BREVES COMENTÁRIOS

Ao deferir a alienação por iniciativa particular, o magistrado definirá: (i) o prazo dentro do qual a alienação deverá ser efetivada; (ii) a forma de publicidade a ser cumprida; (iii) o preço mínimo, que, em regra, não será inferior ao da avaliação (art. 870); (iv) as condições de pagamento; (v) as garantias; e, ainda, (vi) a comissão de corretagem, se for o caso de interveniência de corretor na alienação.

Adotada a alienação por corretor credenciado, sua comissão, aprovada pelo juiz, incluir-se-á nos custos processuais da execução a serem suportados pelo executado. Não haverá tal custo, se o exequente se encarregar pessoalmente da alienação particular.

O conteúdo da carta de alienação será equivalente àquele previsto no art. 877, § 2º.

JURISPRUDÊNCIA SELECIONADA

1. Imóvel financiado. Leilão pelo credor hipotecário. Posse de má-fé. "Não há nenhuma anormalidade na transmutação da natureza jurídica da posse, porque é instituto que não é estanque, sendo certo que, modificado o contexto de fato e de direito relacionado àquele que tem a coisa em seu poder, é natural que se altere também a qualidade da posse. (...) No caso, quando comprou o bem, ainda que mediante contrato de financiamento, não havia tecnicamente nenhum impedimento para que o demandante adquirisse a propriedade do imóvel, pelo que de boa-fé a posse; ao revés, no momento em que, em razão do inadimplemento das parcelas daquele contrato, a credora hipotecária promove o leilão do bem, ao permanecer o particular de maneira irregular no imóvel, a posse passa a se caracterizar como de má-fé" (STJ, AREsp 1.013.333/MG, Rel. Min. Gurgel de Faria, 1ª Turma, jul. 03.05.2022, *DJe* 10.05.2022).

2. Alienação por iniciativa particular. "Não havendo interesse por nenhum dos legitimados em adjudicar os bens, pode-se requerer seja a expropriação realizada por meio de Alienação por Iniciativa Particular. Essa modalidade tem preferência em relação à Alienação em Hasta Pública, constituindo, então, a segunda classe de técnicas expropriatórias. (...) No caso em tela, verifica-se que houve a realização de dois leilões, ocorrendo a arrematação dos bens no segundo deles. Considerando que os bens receberam lance inferior a 50% (cinquenta por cento), o M.M. juiz entendeu tratar-se de preço vil e tornou sem efeito a arrematação realizada. Após a anulação da arrematação houve, ainda, a realização de mais dois leilões, nos quais não houve lance igual ou superior à avaliação constante dos autos. Portanto, observa-se que houve várias tentativas de alienação do bem em hasta pública. Ainda que não tivessem sido realizados vários leilões, a alienação por iniciativa particular é perfeitamente cabível *in casu*. (...). Verifica-se, portanto, que na nova sistemática do art. 685-C [art. 880 do CPC/2015] se desvinculou a medida da alienação em hasta pública. Outrossim, instituiu-se a alienação por conta de corretor ou pelo próprio exequente" (TJMG, Ag. 1.0024.01.085232-5/001, Rel. Des. Osmando Almeida, 9ª Câmara Cível, jul. 09.10.2007, *DJ* 26.10.2007).

"A alienação por iniciativa particular mostra-se prioritária em relação à alienação em hasta pública, com fulcro nos art. 647, 685-C e 686 do CPC [arts. 825, 880 e 886 do CPC/2015], dispositivos esses aplicáveis à execução fiscal, por força do art. 1º da Lei nº 6.830/1980, em que inexiste qualquer vedação a procedimentos expropriatórios diversos da adjudicação e da alienação em hasta pública. Ademais, no caso de alienação por iniciativa particular, não se vislumbra qualquer prejuízo ao executado, tendo em vista que o preço mínimo não poderá ser inferior ao da avaliação" (TRF, 4ª Região, AI 2009.04.00.041296-2, Rel.ª Vânia Hack de Almeida, 2ª Turma, jul. 09.02.2010).

Preço mínimo. Avaliação. "Interpretando-se os artigos 685-C e 680 do Código de Processo Civil [arts. 880 e 870 do CPC/2015], observa-se que o preço mínimo em alienação por iniciativa particular, regra geral, deve corresponder ao valor da avaliação, a não ser que haja aceitação de outro valor pelo executado, o que não se verifica na hipótese em debate, impondo-se a confirmação da decisão que indeferiu a pretensão do exequente" (TJMG, AI Cv 1.0460.05.017058-4/002, Rel.ª Des.ª Teresa Cristina da Cunha Peixoto, 8ª Câmara Cível, jul. 30.06.2011, *DJe* 14.09.2011).

Art. 881. A alienação far-se-á em leilão judicial se não efetivada a adjudicação ou a alienação por iniciativa particular.

§ 1º O leilão do bem penhorado será realizado por leiloeiro público.

§ 2º Ressalvados os casos de alienação a cargo de corretores de bolsa de valores, todos os demais bens serão alienados em leilão público.

CPC/1973

Art. 704.

BREVES COMENTÁRIOS

Depois que se aboliu a distinção entre praça e leilão, a transferência forçada dos bens penhorados, quando realizada por meio de hasta pública, admite duas variações, na sistemática do Código: (a) o leilão judicial: regra geral aplicada à alienação de todos os bens penhorados e que pode assumir as formas eletrônica ou presencial (CPC/2015, art. 881, *caput*); (b) o pregão da Bolsa de Valores: quando se tratar de bens cuja alienação fique a cargo de corretores de bolsa de valores (art. 881, § 2º). *Ad instar* do que se passa com o leiloeiro (art. 706), permite-se ao exequente a indicação do corretor da Bolsa de Valores, que irá se encarregar da alienação, e cuja profissão se rege pelas resoluções do Banco Central. Qualquer que seja a forma de leilão judicial, o juiz da execução só adotará essa modalidade expropriatória depois que o exequente tiver se desinteressado da adjudicação e da alienação por iniciativa particular. O art. 154 do CPC/2015, que enumera as atribuições do oficial de justiça, não inclui entre elas as de leiloeiro, razão pela qual caberá, em regra, a leiloeiro público credenciado perante o órgão judiciário o leilão dos bens penhorados, sejam eles móveis ou imóveis (art. 880 do CPC/2015).

JURISPRUDÊNCIA SELECIONADA

1. Leiloeiro público x leiloeiro judicial. "Inexiste qualquer invasão na área de atribuições dos leiloeiros públicos pelos leiloeiros judiciais, por isso que aos últimos estará destinada a realização das praças, cabendo aos primeiros, como sempre, a efetivação dos leilões, tal como estabelecem, às expressas, os arts. 697 e 704 do CPC vigente. A arrematação far-se-á em praça, quando se tratar de imóveis, e em leilão, quando se tratar de móveis" (TJRJ, MS 2.271, Rel. Des. Rafael Cirigliano Filho, OE, jul. 29.04.1985). **Obs.:** O CPC/2015 não mais distingue entre leilão e praça: o leilão judicial compreende tanto os bens móveis como os imóveis, e será sempre realizado por leiloeiro público. Só haverá nomeação judicial fora dos quadros de leiloeiros judiciais, quando inexistir profissional da espécie disponível no foro da execução

Art. 882. Não sendo possível a sua realização por meio eletrônico, o leilão será presencial.

§ 1º A alienação judicial por meio eletrônico será realizada, observando-se as garantias processuais das partes, de acordo com regulamentação específica do Conselho Nacional de Justiça.

§ 2º A alienação judicial por meio eletrônico deverá atender aos requisitos de ampla publicidade, autenticidade e segurança, com observância das regras estabelecidas na legislação sobre certificação digital.

§ 3º O leilão presencial será realizado no local designado pelo juiz.

REFERÊNCIA LEGISLATIVA

Resolução 236/2016 do CNJ (Regulamenta, no âmbito do Poder Judiciário, procedimentos relativos à alienação judicial por meio eletrônico, na forma preconizada pelo art. 882, § 1º, do novo Código de Processo Civil (Lei 13.105/2015)).

BREVES COMENTÁRIOS

Segundo a sistemática do CPC/2015, o leilão judicial realizar-se-á preferencialmente por meio eletrônico. Apenas quando não for possível o leilão eletrônico é que se utilizará o leilão presencial (art. 882).

JURISPRUDÊNCIA SELECIONADA

1. Leilão eletrônico. Competência do juízo da execução. "Os procedimentos relativos à alienação judicial por meio eletrônico, na forma preconizada pelo art. 882, § 1º do Código Fux (CPC/2015), têm por finalidade facilitar a participação dos licitantes, reduzir custos e agilizar processos de execução, primando pelo atendimento dos princípios da publicidade, da celeridade e da segurança. Tal modelo de leilão revela maior eficácia diante da inexistência de fronteiras no ambiente virtual, permitindo que o leilão judicial alcance um número incontável de participantes em qualquer lugar do País, além de propiciar maior divulgação, baratear o processo licitatório e ser infinitamente mais célere em relação ao leilão presencial, rompendo trâmites burocráticos e agilizando o processo de venda do bem objeto de execução. Logo, cabe ao Magistrado atentar para essa relevante alteração trazida pelo Novel Estatuto Processual, utilizando-se desse poderoso instrumento de alienação judicial do bem penhorado em processo executivo, que tornou inútil e obsoleto deprecar os atos de alienação dos bens para satisfação do crédito, já que a alienação pela rede mundial dispensa o comparecimento dos interessados no local da hasta pública. Portanto, considerando que a alienação eletrônica permite ao interessado participar do procedimento mediante um acesso simples à internet, sem necessidade de sua presença ao local da hasta, tem-se por justificada a recusa do cumprimento da Carta Precatória pelo Juízo deprecado, ora suscitante, visto que não há motivos para que a realização do ato de alienação judicial eletrônica seja praticada em Comarca diversa do Juízo da Execução" (STJ, CC 147.746/SP, Rel. Min. Napoleão Nunes Maia Filho, 1ª Seção, jul. 27.05.2020, *DJe* 04.06.2020).

Art. 883. Caberá ao juiz a designação do leiloeiro público, que poderá ser indicado pelo exequente.

CPC/1973

Art. 706.

BREVES COMENTÁRIOS

O art. 883, em regra aplicável também ao corretor de bolsa, dispõe que a designação do leiloeiro público caberá ao juiz, podendo a parte indicá-lo. Segundo jurisprudência firmada no regime do Código anterior, mas que deverá prevalecer para a nova lei, a competência para a nomeação do leiloeiro é realmente do juiz. A parte apenas faz uma indicação, inexistindo para o juiz a obrigação de homologá-la (STJ, 2ª T., REsp 1.354.974/MG, ac. 05.03.2013, Rel. Min. Humberto Martins, *DJe* 14.03.2013).

JURISPRUDÊNCIA SELECIONADA

1. Indicação pelo credor. "É cabível a indicação de leiloeiro público somente quando se tratar de hasta pública de bem móvel" (STJ, RMS 15.725/PR, Rel.ª Min.ª Nancy Andrighi, 3ª Turma, jul. 28.06.2005, *DJ* 05.09.2005). **Obs.:** O CPC/2015 aboliu a distinção entre praça e leilão. Toda alienação judicial será feita em leilão, a cargo de leiloeiro público (art. 881, §1º).

"A indicação do leiloeiro para realização das praças do bem imóvel é direito que pertence ao credor, nos termos do art. 706 do CPC [art. 883 do CPC/2015]. Ademais, inexistem motivos suficientes a ensejar a recusa da sugestão do exequente pelo magistrado *a quo*" (TJRS, AgIn 70027544568, 18ª Câmara Cível, Rel. Cláudio Augusto Rosa Lopes Nunes, jul. 12.12.2008, *DJe* 07.01.2009).

"Será escolhido livremente pelo credor o leiloeiro público, conforme dispõe o art. 706 do CPC [art. 883 do CPC/2015]. **A regra é afastada quando existir motivos de interesse público ou de justiça**. Embora o bem penhorado se trate de imóvel, sujeito à alienação por meio de praça, não há qualquer impedimento de que o ato seja realizado por leiloeiro, indicado pelo credor. Precedentes jurisprudenciais" (TJRS, AGI 70028844215, Rel. Nelson José Gonzaga, 18ª Câmara Cível, jul. 09.03.2009).

Execução fiscal. "Inexistindo disposições expressas sobre a nomeação de leiloeiro na LEF, aplica-se o art. 706 do CPC [art. 883 do CPC/2015], que permite ao exequente a possibilidade de fazê-lo" (TJMG, Ag. 1.0261.04.030503-7/001, Rel. Des. Alberto Vilas Boas, 1ª Câmara Cível, jul. 28.08.2007).

Vinculação do juiz à indicação de leiloeiro. Inexistência. "Infere-se do art. 706 do CPC [art. 883 do CPC/2015] (o leiloeiro público será indicado pelo exequente) ser juridicamente possível a indicação de leiloeiro público pelo exequente, o que significa dizer que o credor tem o direito de indicar, mas não de ver nomeado o leiloeiro indicado, porquanto inexiste obrigação de homologação pelo juiz. 'Dentre os poderes que o Código de Processo (artigos 125, I; 130, ambos c/c art. 598) [arts. 139, I, 370 e 772 do CPC/2015] confere ao juiz na direção do processo de execução, subsome-se o de determinar atos instrutórios necessários para que a execução se processe de forma calibrada, justa, de modo a não impor desnecessários sacrifícios ao devedor.' (REsp 71.960/SP, Rel. Min. João Otávio de Noronha, Quarta Turma, julgado em 25.03.2003, *DJ* 14.04.2003, p. 206)" (STJ, REsp 1.354.974/MG, Rel. Min. Humberto Martins, 2ª Turma, jul. 05.03.2013, *DJe* 14.03.2013).

2. Leiloeiro preterido pelo juiz. Mandado de Segurança. Ilegitimidade. "O leiloeiro público indicado pelo credor – art. 706 do CPC [art. 883 do CPC/2015] –, preterido pelo juiz, não tem legitimidade para impetrar mandado de segurança, porque não integrante da relação processual. O ato judicial não o alcança" (TACív RJ, MS 3.132, Rel. Juiz Geraldo Batista, 5ª Câmara Cível, jul. 28.05.1986, *Arqs.TARJ* 6/49).

Art. 884. Incumbe ao leiloeiro público:

I – publicar o edital, anunciando a alienação;

II – realizar o leilão onde se encontrem os bens ou no lugar designado pelo juiz;

III – expor aos pretendentes os bens ou as amostras das mercadorias;

IV – receber e depositar, dentro de 1 (um) dia, à ordem do juiz, o produto da alienação;

V – prestar contas nos 2 (dois) dias subsequentes ao depósito.

Parágrafo único. O leiloeiro tem o direito de receber do arrematante a comissão estabelecida em lei ou arbitrada pelo juiz.

CPC/1973

Art. 705.

REFERÊNCIA LEGISLATIVA

LEF, art. 23, § 2º.

BREVES COMENTÁRIOS

O art. 884 elenca as condutas a serem adotadas pelo leiloeiro para a realização do leilão. A primeira delas é o anúncio da alienação. Todo leiloeiro faz jus ao recebimento de uma comissão estabelecida em lei ou arbitrada pelo juiz, que deverá ser paga pelo arrematante (art. 884, parágrafo único). O Decreto-Lei nº 21.981/1932 regulamenta a profissão do leiloeiro e prevê que "a taxa da comissão dos leiloeiros será regulada por convenção escrita que estabelecerem com os comitentes, sobre todos ou alguns dos efeitos a vender. Não havendo estipulação prévia, regulará a taxa de cinco por cento sobre móveis, semoventes, mercadorias, joias e outros efeitos e a de três por cento sobre bens imóveis de qualquer natureza" (art. 24). E complementa, em seu parágrafo único, que "os compradores pagarão obrigatoriamente cinco por cento sobre quaisquer bens arrematados".

O STJ já decidiu que a expressão "obrigatoriamente" revela a estipulação de um valor mínimo, não havendo um valor máximo que pode ser pago ao leiloeiro a título de comissão (STJ, 5ª T., REsp 680.140/RS, Rel. Min. Gilson Dipp, ac. 02.02.2006, *DJU* 06.03.2006, p. 429). Em contrapartida, já decidiu aquela Corte que o direito à comissão surge apenas quando efetivamente realizado o leilão, com a consequente arrematação do bem. Assim, "ante a não efetivação do leilão e a inexistência de previsão expressa no edital acerca de eventual comissão devida se acaso suspensa ou anulada a hasta pública, não é devido nenhum pagamento ao pregoeiro a título de prestação de serviços". Ele faz jus apenas ao recebimento das "'quantias que tiver desembolsado com anúncios, guarda e conservação do que lhe for entregue para vender, instruindo a ação com os documentos comprobatórios dos pagamentos que houver efetuado, por conta dos comitentes e podendo reter em seu poder algum objeto, que pertença ao devedor, até o seu efetivo embolso' (art. 40 do Decreto n. 21.981/1932)" (STJ, 4ª T., REsp 1.179.087/RJ, Rel. Min. Luis Felipe Salomão, ac. 22.10.2013, *DJe* 04.11.2013).

JURISPRUDÊNCIA SELECIONADA

1. Atividade de leiloeiro. "Na apreciação da comissão, deve ser afastada toda e qualquer invocação ao Decreto nº 21.981/32, com as modificações posteriores, que regula a sua atividade profissional, e o art. 705 do CPC [art. 884 do CPC/2015] diz o que cumpre fazer. Sendo assim, é um auxiliar do juiz. Mesmo assim, não perde o caráter de risco de sua atividade, que lhe é essencial, pois ao aceitar um bem a ser leiloado por uma particular, que a lei denomina comitente, não se obriga a obter um arrematante no leilão, ou mesmo quando age como comerciante, aceitando o bem em consignação. Não promete um resultado, e ainda é de sua atividade uma condição: a venda do bem, em oferta pública, se houver comprador, quando então receberá a sua comissão" (TACív RJ, AI 1.001/94, Rel. Juiz Gualberto de Miranda, 7ª Câm., jul. 09.05.1995).

"Leiloeiro. Auxiliar da justiça. Desempenho de *munus* público. Realização de atos expropriatórios como *longa manus* do juízo. Atos revestidos de legitimidade e veracidade" (STJ, REsp 1.100.101/RJ, Rel. Min. Vasco Della Giustina, 3ª Turma, jul. 12.08.2010, *DJe* 20.08.2010).

2. Comissão do leiloeiro:

Competência para fixar a comissão. "(...). Compete ao juiz fixar a comissão do leiloeiro (art. 705, IV, do CPC)" (TACív RJ, AI 1.001/94, Rel. Juiz Gualberto de Miranda, 7ª Câm., jul. 09.05.1995). **Obs.:** v. art. 884, parágrafo único, do CPC/2015.

Cabimento:

Arrematação. "(...) A comissão será devida somente quando houver arrematante e é o arrematante quem deve efetuar o seu pagamento, de acordo com o que for estabelecido em lei ou arbitrado pelo juiz, nos termos do art. 705, inciso IV, do Código de Processo Civil [art. 884, parágrafo único, do CPC/2015]. O entendimento de que a comissão de leiloeiro somente é devida quando há arrematação do bem, é o que mais se harmoniza com o espírito do contido no art. 705 do Código de Processo Civil e artigos 24 e 40 do Decreto n. 21.981, de 1932, e com o art. 188 do Código Comercial" (STJ, REsp 764.636/RS, Rel. Min. Massami Uyeda, 2ª Seção, jul. 09.06.2010, *DJe* 21.06.2010). **No mesmo sentido:** STJ, REsp 646.509/RJ, Rel. Min. Humberto Gomes de Barros, 3ª Turma, jul. 20.09.2007, *DJ* 15.10.2007. **Obs.:** v. art. 884, parágrafo único, do CPC/2015.

Adjudicação. "Embora se vislumbre manifesta distinção entre os institutos da arrematação e da adjudicação, não há olvidar que seus objetivos se assemelham, na medida em que ambos buscam conduzir à satisfação do crédito perseguido pelo exequente. A exigência do pagamento da comissão, em havendo adjudicação, constou do edital, tendo o recorrente ciência de todos os seus termos, oportunidade em que poderia tê-los impugnado, o que não ocorreu *in casu*" (STJ, REsp 588.293/RJ, Rel. Min. Hélio Quaglia Barbosa, 4ª Turma, jul. 28.08.2007, *DJ* 17.09.2007).

Leiloeiro. Segunda praça não realizada por motivo que não lhe é imputável. Comissão fixada pela metade. "Ainda que não concluída a hasta pública, faz jus o leiloeiro ao recebimento da comissão, no caso, fixada pela metade, uma vez que o seu trabalho, de qualquer forma, foi executado. Inteligência e aplicação dos arts. 24 e 40 do Decreto nº 21.981, de 19.10.1997, e 188 do Código Comercial" (STJ, REsp 310.798/RJ, Rel. Min. Barros Monteiro, 4ª Turma, jul. 22.10.2002, *DJ* 17.03.2003). **Obs.:** se o direito do leiloeiro é receber do arrematante a comissão devida (CPC/2015, art. 884, parágrafo único), melhor é o entendimento assentado pela 2ª Seção do STJ: "A comissão será devida quando houver arrematante" (REsp. 764.636/RS).

Remição da execução. "O direito do leiloeiro à remuneração subsiste ainda que a arrematação fique prejudicada pela remição; os honorários, em tal hipótese, já não serão devidos pelo arrematante, mas por quem requereu a remição" (STJ, REsp 185.656/DF, 3ª Turma, Rel. Min. Ari Pargendler, *DJU* 22.10.2001). **Em sentido contrário:** "A controvérsia cinge-se em saber se o leiloeiro faz jus à comissão prevista no art. 705, IV do Código de Processo Civil [art. 884, parágrafo único, do CPC/2015], no caso de ocorrência da remição da execução antes da realização do leilão. **Nestes casos, não se há que falar em remuneração do leiloeiro, porquanto inexistente o serviço prestado.** O direito subjetivo à comissão exsurge quando efetivamente realizada a hasta ou leilão. (...). Precedentes: REsp 646.509/RJ, Rel. Min. Humberto Gomes de Barros, Terceira Turma, julgado em 20.9.2007, *DJ* 15.10.2007; RMS 13.130/SP, Rel. Min. Eliana Calmon, Segunda Turma, julgado em 24.9.2002, *DJ* 21.10.2002" (STJ, REsp 1.050.355/RS, Rel. Min. Humberto Martins, 2ª Turma, jul. 04.11.2008, *DJe* 21.11.2008). **Obs.:** Este último foi o entendimento afinal pacificado pela 2ª Seção do STJ (REsp. 764.636/RS, jul. 09.06.2010, *DJe* 21.06.2010).

Desfazimento da alienação por fato da Justiça. "O desfazimento da alienação por fato da Justiça, sem culpa do arrematante, não gera para o leiloeiro direito à comissão (precedentes desta Turma)" (STJ, RMS 13.130/SP, Rel.ª Min.ª Eliana Calmon, 2ª Turma, jul. 24.09.2002, *DJ* 21.10.2002).

Arrematação desfeita a requerimento do arrematante. Devolução da comissão. "'Desfeita a arrematação, a requerimento do arrematante, por força da oposição de embargos, nos termos do art. 694, § 1º, IV, do CPC [art. 903, § 1º, do CPC/2015], é devida a devolução da comissão do leiloeiro, corrigida monetariamente' (RMS 33.004/SC, Rel. Ministro Castro Meira, Segunda Turma, *DJe* 6.12.2012). Nos termos do art. 694, § 1º, IV, do CPC, a arrematação poderá ser tornada sem efeito por requerimento do arrematante, na hipótese de Embargos à Arrematação (art. 746, §§ 1º e 2º). Se o arrematante exerce essa faculdade, não há como reconhecer a existência de arrematação perfeita, acabada e irretratável. Uma vez frustrada a arrematação, a jurisprudência do STJ entende que o leiloeiro não faz jus à comissão" (STJ, AgRg no RMS 47.869/RS, Rel. Min. Herman Benjamin, 2ª Turma, julgado em 22.09.2015, *DJe* 03.02.2016).

Leilão realizado pelo oficial de justiça. Descabimento. "Se os leilões forem realizados pelo Sr. Oficial de justiça de plantão, não será devida a comissão do leiloeiro, porque ele não tem a atribuição deste, prevista no art. 705, do C. P. Civil [art. 884 do CPC/2015]" (TJSP, AI 0016900-98.1999.8.26.0000, Rel. Des. João Alberto Tedesco, 2ª Câm. TACiv, jul. 09.06.1999, *DJ* 11.06.1999).

3. Recebimento do produto da alienação (inciso IV). "Segundo dispõe o artigo 705 do CPC [art. 884 do CPC/2015], é da responsabilidade do leiloeiro 'receber e depositar, dentro de vinte e quatro horas, à ordem do juízo, o produto da alienação', de modo que, se este não cumpre com seu mister, não pode tal fato ser computado em prejuízo do arrematante, comprometendo a validade da arrematação" (STJ, REsp 1.308.878/RJ, Rel. Min. Sidnei Beneti, 3ª Turma, jul. 04.12.2012, *DJe* 19.12.2012).

"Competência do leiloeiro. Recebimento do preço. Art. 705, V, do Código de Processo Civil [art. 884, IV, do CPC/2015]. Inexistência de qualquer caráter teratológico no procedimento realizado, bem como eventual imprudência do arrematante. Pagamento efetuado mediante recibo e cheque nominal, devidamente compensado. Boa-fé do adquirente. Inadequação da anulação do ato de arrematação, em razão da ausência de repasse do preço pelo leiloeiro ao juízo competente. Recurso especial provido, para reconhecer válida e eficaz a arrematação, em razão do pagamento do preço, e, por conseguinte, afastar a incidência do art. 649, § 1º, II, do Código de Processo Civil" (STJ, REsp 1.100.101/RJ, Rel. Min. Vasco Della Giustina, 3ª Turma, jul. 12.08.2010, *DJe* 20.08.2010).

Art. 885. O juiz da execução estabelecerá o preço mínimo, as condições de pagamento e as garantias que poderão ser prestadas pelo arrematante.

BREVES COMENTÁRIOS

A ausência do preço mínimo no edital não tem maiores repercussões. Não há cominação de nulidade na espécie. O juiz estabelecerá o preço mínimo (art. 885), e não será aceito lance que ofereça preço vil (art. 891), ou seja, preço inferior ao mínimo estipulado pelo juiz. Mas, não tendo sido fixado preço mínimo, considera-se vil o preço inferior a 50% do valor da avaliação.

Art. 886. O leilão será precedido de publicação de edital, que conterá:

I – a descrição do bem penhorado, com suas características, e, tratando-se de imóvel, sua situação e suas divisas, com remissão à matrícula e aos registros;

II – o valor pelo qual o bem foi avaliado, o preço mínimo pelo qual poderá ser alienado, as condições de pagamento e, se for o caso, a comissão do leiloeiro designado;

III – o lugar onde estiverem os móveis, os veículos e os semoventes e, tratando-se de créditos ou direitos, a identificação dos autos do processo em que foram penhorados;

IV – o sítio, na rede mundial de computadores, e o período em que se realizará o leilão, salvo se este se der de modo presencial, hipótese em que serão indicados o local, o dia e a hora de sua realização;

V – a indicação de local, dia e hora de segundo leilão presencial, para a hipótese de não haver interessado no primeiro;

VI – menção da existência de ônus, recurso ou processo pendente sobre os bens a serem leiloados.

Parágrafo único. No caso de títulos da dívida pública e de títulos negociados em bolsa, constará do edital o valor da última cotação.

CPC/1973

Art. 686.

REFERÊNCIA LEGISLATIVA

LEF, arts. 22 e 23.

Lei de Registros Públicos, art. 168.

CPC/2015, arts. 876 e 877 (adjudicação), 891 (preço vil).

SÚMULAS

Súmula do STJ:

nº 128: "Na execução fiscal haverá segundo leilão, se no primeiro não houver lanço superior a avaliação".

CJF – JORNADAS DE DIREITO PROCESSUAL CIVIL

II JORNADA

Enunciado 148 – No leilão eletrônico, a proposta de pagamento parcelado (art. 895 do CPC), observado o valor mínimo fixado pelo juiz, deverá ser apresentada até o início do leilão, nos termos do art. 886, IV, do CPC.

BREVES COMENTÁRIOS

O leilão deverá, obrigatoriamente, ser precedido de publicação do edital, cujo conteúdo encontra-se descrito no art. 886, do CPC/2015. Não há na regulamentação legal traçada pelo CPC/2015 dispositivo expresso impondo que a alienação se dê com observância do preço mínimo da avaliação. Em lição ministrada ao tempo do CPC/1973, Araken de Assis, contudo, é de opinião que não se admitirá alienação abaixo do preço de avaliação, para não causar prejuízo injusto ao devedor. Na verdade, porém, a técnica atual da alienação dos bens penhorados, não mais se vincula ao valor de avaliação. Este, mesmo no leilão judicial, não impede que a arrematação se dê por lance menor. O valor de avaliação figura apenas como uma referência a observar para que a alienação não se dê por preço vil. É por isso que no edital de leilão figuram os dois dados, o da avaliação e o preço mínimo fixado pelo juiz (art. 886, II). Com isso, permite-se lance abaixo da avaliação, mas nunca abaixo do preço mínimo.

JURISPRUDÊNCIA SELECIONADA

1. Arrematação. "O sistema processual considera que a arrematação é um ato de alienação que se processa sob a garantia do Judiciário. O arrematante não necessita, em consequência, para imitir-se na posse do bem, de intentar qualquer ação. Esse ato opera-se por força da alienação realizada. A exceção é quando o edital de arrematação esclarece que o imóvel está ocupado e que pese sobre ele ônus locatício ou de outra qualidade. Não é o caso dos autos. O edital silenciou a respeito. O arrematante aceitou essa condição e concorreu sob a garantia do Poder Judiciário. Inexiste motivo, portanto, para se anular a arrematação. A responsabilidade pelos débitos fiscais não é do arrematante. Este recebe o bem sem ônus. O adquirente do bem não necessita, para imitir-se na sua posse, intentar ação, ou execução, contra o executado que a estiver exercendo. Imite-se de logo na posse, mediante simples mandado, uma vez que expedida a carta de arrematação. Disposições do art. 703 do CPC" (STJ, REsp 469.678/RS, Rel. Min. José Delgado, 1ª Turma, jul. 03.12.2002, *DJ* 24.02.2003).

Participação do credor. "É possível ao credor participar do leilão de bem imóvel independentemente da concorrência de outros licitantes. Precedentes" (STJ, REsp 1.006.387/SC, Rel. Min. Nancy Andrighi, 3ª Turma, jul. 02.09.2010, *DJe* 15.09.2010).

2. Período em que se realizará o leilão (inciso IV). "Quando o art. 686 do CPC [art. 886 do CPC/2015] fixou as exigências para a validade do edital, estatuiu, entre outros, que nele conste o dia, o lugar e a hora da praça ou leilão; se tivesse a intenção de perpetuá-la até o final do expediente, como condição absoluta de sua validade, certamente teria consignado que ela teria de começar no instante fixado pelo juiz e terminar somente no encerramento dos trabalhos do foro" (TJMS, Ag 1.136/86, Rel. Des. Sérgio Martins Sobrinho, ac. 25.03.1986).

"Leilão – Justiça material – Operado o trânsito em julgado, o credor forra-se de legalidade para postular a alienação compulsória do bem. Cumpre ponderar, no entanto, ação em curso em que se debate critério de reajuste das prestações do contrato. Defere-se, excepcionalmente, adiar o leilão, considerando particularidades do feito. O direito preocupa-se com a justiça material. O judiciário não pode contentar-se com o aspecto formal das normas jurídicas" (STJ, RMS 703/RJ, Rel. Min. Luiz Vicente Cernicchiaro, 2ª Turma, jul. 06.02.1991, *DJ* 18.03.1991).

"**É nulo o leilão**, se o devedor não foi intimado do local, dia e hora de sua realização (CPC, art. 687) [art. 887 do CPC/2015]" (STJ, REsp 786.845/RJ, Rel. Min. Humberto Gomes de Barros, 3ª Turma, jul. 02.10.2007, *DJ* 08.11.2007).

3. Existência de ônus, recurso ou causa pendente (inciso VI). "O art. 686 do CPC [art. 886 do CPC/2015] aplica-se à execução fiscal em tudo o que não venha a macular a norma especial em suas peculiaridades finalísticas. A exigência de juntada de certidão de ônus real constitui-se em zelo em favor da eficácia das alienações judiciais, evitando-se surpresas para o arrematante e para o credor com garantia real, em favor do qual milita o direito de preferência na arrematação" (STJ, REsp 1.198.127/RJ, Rel. Min. Eliana Calmon, 2ª Turma, jul. 02.09.2010, *DJe* 22.09.2010).

Finalidade. "A menção a recurso pendente de julgamento (art. 686, V, CPC) [art. 886, VI, do CPC/2015] tem a principal finalidade de cientificar os licitantes da existência de ônus e/ou impedimentos sobre o bem que intencionam arrematar. A anulação da praça por omissão do edital em relação à menção referida no art. 686, V, CPC, depende da demonstração de prejuízo, já que se trata de nulidade não cominada, nos moldes dos arts. 244 e 250, CPC" (STJ, REsp 156.404/SP, Rel. Min. Sálvio de Figueiredo Teixeira, 4ª Turma, ac. 25.10.1999, *RSTJ* 130/356). **Entendendo que a legitimidade para pleitear a anulação da arrematação é do potencial arrematante, provado o prejuízo:** STJ, REsp 981.669/TO, Rel. Min. Nancy Andrighi, 3ª Turma, jul. 12.08.2010, *DJe* 23.08.2010. **Entendendo que o devedor não tem legitimidade:** STJ, AgRg no Ag 597.874/DF, Rel. Min. Fernando Gonçalves, 4ª Turma, jul. 20.10.2005, *DJ* 14.11.2005; STJ, REsp 520.039/RS, Rel. Min. Eliana Calmon, 2ª Turma, jul. 21.09.2004, *DJ* 29.11.2004.

"O Juízo da execução pode exigir do exequente a apresentação de certidão de ônus reais do imóvel penhorado. A norma do art. 22 da Lei de Execuções Fiscais deve ser interpretada em conjunto com o art. 686, inc. V, do CPC [art. 886, VI, do CPC/2015], a fim de assegurar ao arrematante o pleno conhecimento da situação do bem que está sendo adquirido" (STJ, REsp 511.816/MG, Rel. Min. Francisco Falcão, 1ª Turma, jul. 18.03.2004, *DJ* 17.05.2004).

Responsabilidade do arrematante. "Superior Tribunal de Justiça possui entendimento no sentido de que o arrematante recebe o imóvel livre de quaisquer ônus, porquanto, havendo alienação em hasta pública, transfere-se ao credor o saldo após dedução dos impostos, no limite da arrematação. No caso de expressa menção da existência de ônus sobre o bem levado à venda pública, em estrita observância ao disposto no artigo 686, inciso V, da Lei Adjetiva Civil [art. 886, VI, do CPC/2015], **caberá ao arrematante a responsabilidade pela quitação dos impostos devidos.** Precedentes" (STJ, REsp 799.666/RJ, Rel. Min. Jorge Mussi, 5ª Turma, jul. 18.08.2009, *DJe* 14.09.2009).

4. Despesas condominiais. Arrematante. Responsabilidade. "Controvérsia em torno da possibilidade de inclusão do arrematante no polo passivo da ação de cobrança de cotas condominiais na fase cumprimento de sentença. Em se tratando a dívida de condomínio de obrigação 'propter rem', constando do edital de praça a existência de ônus incidente sobre o imóvel, o arrematante é responsável pelo pagamento das despesas condominiais vencidas, ainda que estas sejam anteriores à arrematação, admitindo-se, inclusive, a sucessão processual do antigo executado pelo arrematante" (STJ, REsp 1.672.508/SP, Rel. Min. Paulo de Tarso Sanseverino, 3ª Turma, jul. 25.06.2019, *DJe* 01.08.2019).

"Na hipótese, houve previsão expressa no edital de hasta pública quanto à responsabilidade do arrematante pelo pagamento das parcelas vencidas e vincendas até a realização da alienação. Na execução de cotas condominiais, é possível a inclusão no débito exequendo das parcelas vincendas, tendo em vista que as verbas condominiais decorrem de relações jurídicas continuativas e, por isso, devem ser incluídas na condenação as obrigações devidas no curso do processo até o pagamento integral. Precedentes" (STJ, AgInt nos Edcl no AREsp 1.565.029/SP, Rel. Min. Raul Araújo, 4ª Turma, jul. 11.02.2020, *DJe* 04.03.2020).

"Correta a decisão que condicionou a expedição da carta de arrematação ao pagamento da importância devida a título de despesas condominiais. Em se tratando de cotas condominiais, a dívida acompanha o bem, por se tratar de obrigação de natureza *propter rem*, determinando o art. 4º, parágrafo único, da Lei nº 4.591/64, que a alienação ou transferência de direitos de que trata este artigo dependerá de quitação das obrigações do alienante para com o respectivo condomínio. Assim, na arrematação realizada por terceiro, **credor hipotecário, cabe-lhe o ônus do pagamento da dívida**, em se tratando de cotas condominiais, espécie peculiar de ônus real, obrigação que acompanha o imóvel" (TARS, AI 195.152.160, Rel. Juiz Leonello Paludo, 7ª Câmara Cível, ac. 01.11.1995).

"Se o credor hipotecário oferta lanço na execução promovida pelo condomínio tendo por objeto encargos condominiais, e o valor do lanço oferecido somado ao valor das prestações condominiais supera 50% do valor da avaliação, não se há de falar em preço vil, sendo de aceitar-se o lanço ofertado e, sendo ele o único lançador, cumpre lavrar-se o auto de arrematação" (2º TACívelSP, AI 719.096-00/5, Rel. Juiz Pereira Calças, 5ª Câmara, *DOESP* 05.04.2002).

5. Arrematação. Encargos do imóvel anteriores à arrematação. "Ademais, a responsabilização do arrematante por eventuais encargos expressamente afastados no edital de praça é incompatível com os princípios da segurança jurídica e da proteção da confiança" (STJ, REsp 1.197.824/RJ, Rel. Min. Marco Buzzi, 4ª Turma, jul. 18.10.2016, *DJe* 28.10.2016).

6. Edital de arrematação. Imóvel suficientemente individualizado no edital. Ausência da indicação de benfeitorias. Nulidade apenas relativa. "Segundo jurisprudência consolidada desta Corte, o art. 686 do CPC/73, replicado no art. 886 do CPC/2015, possui natureza procedimental, por isso que eventual inobservância dos elementos ali indicados configura nulidade apenas relativa, a qual demanda a comprovação de prejuízo por parte do devedor. Precedentes: AgRg nos Edcl no REsp 1.144.332/DF, Rel. Ministro Raul Araújo, Quarta Turma, julgado em 15.10.2013, *DJe* 03.12.2013; e REsp 520.039/RS, Rel. Ministra Eliana Calmon, Segunda Turma, julgado em 21.09.2004, *DJ* 29.11.2004, p. 281. No caso, o edital de arrematação, embora sem especificar a existência de benfeitorias e acessões, individualizou suficientemente a propriedade, sendo certo que o executado houvera concordado com o valor indicado na avaliação" (STJ, REsp 1.750.685/PB, Rel. p/ Acórdão Min. Sérgio Kukina, 1ª Turma, jul. 09.06.2020, *DJe* 01.07.2020).

7. Execução fiscal. Cabimento. "O art. 686 do CPC [art. 886 do CPC/2015] aplica-se à execução fiscal em tudo que não venha a macular a norma especial em suas peculiaridades finalísticas" (STJ, REsp 1.198.127/RJ, Rel. Min. Eliana Calmon, 2ª Turma, jul. 02.09.2010, *DJe* 22.09.2010).

"Para a Fazenda Pública valem as seguintes diretrizes: (a) poderá adjudicar o bem penhorado, pelo valor de avaliação, antes de realizado o leilão (art. 24, I, da LEF); (b) caso não adjudique o bem nessa oportunidade, poderá participar do certame. No primeiro leilão, o bem não será arrematado por lance inferior ao preço de avaliação. No segundo, poderá arrematar o bem por valor inferior ao de avaliação, desde que ofereça a melhor proposta, devendo-se observar somente se o preço ofertado não foi vil (art. 686, VI, c/c 692 do CPC) [arts. 886, V, c/c 891 do CPC/2015]; (c) realizado o leilão, a Fazenda Pública ainda poderá adjudicar o bem: pelo valor da avaliação, se não houve licitante (leilão negativo); ou pelo valor da melhor proposta, se houve licitante (leilão positivo) – (art. 24, II e III, da LEF)" (STJ, REsp 1.070.369/SP, Rel. Min. Eliana Calmon, Rel. p/ Acórdão Min. Castro Meira, 2ª Turma, jul. 14.10.2008, *DJe* 18.11.2008).

8. Comissão do leiloeiro. "A expressão 'obrigatoriamente', inserta no § único do art. 24 do Decreto-lei nº 21.981/32, revela que a intenção da norma foi estabelecer um valor mínimo, ou seja, pelo menos cinco por cento sobre o bem arrematado. Não há limitação quanto ao percentual máximo a ser pago ao leiloeiro a título de comissão. Não há que se falar na exigência de negociação prévia acerca da remuneração do leiloeiro, pois com a publicação do edital, o arrematante teve ciência de todos os seus termos, oportunidade em que poderia ter impugnado o valor referente à comissão. No caso dos autos, o arrematante não só não impugnou, como também pagou o valor, pois o despacho originário do presente agravo de instrumento determina a devolução do valor considerado pago a maior. Dessa forma, resta claro que sobre montante consentiu e anuiu. Não se vislumbra óbice à cobrança da taxa de comissão do leiloeiro no percentual de 10% sobre o valor do bem arrematado" (STJ, REsp 680.140/RS, Rel. Min. Gilson Dipp, 5ª Turma, jul. 02.02.2006, *DJ* 06.03.2006).

Art. 887. O leiloeiro público designado adotará providências para a ampla divulgação da alienação.

§ 1º A publicação do edital deverá ocorrer pelo menos 5 (cinco) dias antes da data marcada para o leilão.

§ 2º O edital será publicado na rede mundial de computadores, em sítio designado pelo juízo da execução, e conterá descrição detalhada e, sempre que possível, ilustrada dos bens, informando expressamente se o leilão se realizará de forma eletrônica ou presencial.

§ 3º Não sendo possível a publicação na rede mundial de computadores ou considerando o juiz, em atenção às condições da sede do juízo, que esse modo de divulgação é insuficiente ou inadequado, o edital será afixado em local de costume e publicado, em resumo, pelo menos uma vez em jornal de ampla circulação local.

§ 4º Atendendo ao valor dos bens e às condições da sede do juízo, o juiz poderá alterar a forma e a frequência da publicidade na imprensa, mandar publicar o edital em local de ampla circulação de pessoas e divulgar avisos em emissora de rádio ou televisão local, bem como em sítios distintos do indicado no § 2º.

§ 5º Os editais de leilão de imóveis e de veículos automotores serão publicados pela imprensa ou por outros meios de divulgação, preferencialmente na seção ou no local reservados à publicidade dos respectivos negócios.

§ 6º O juiz poderá determinar a reunião de publicações em listas referentes a mais de uma execução.

CPC/1973

Art. 687.

SÚMULAS

Súmula do STJ:

nº 121: "Na execução fiscal o devedor deverá ser intimado, pessoalmente, do dia e hora da realização do leilão".

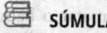

BREVES COMENTÁRIOS

O art. 887 dispõe sobre a divulgação e publicidade do edital. Inicialmente, o leiloeiro público deverá adotar providências para a ampla divulgação da alienação (art. 887, *caput*). O anúncio da alienação é mesmo o primeiro dos deveres do leiloeiro, previsto no inc. I do art. 884.

O edital necessário deve ser publicado com antecedência mínima de cinco dias da data marcada para o leilão (art. 887, § 1º). Trata-se de prazo processual, que deverá ser contado em dias úteis. O edital será publicado, em regra, "na rede mundial de computadores, em sítio designado pelo juízo da execução, e conterá descrição detalhada e, sempre que possível, ilustrada dos bens, informando expressamente se o leilão se realizará de forma eletrônica ou presencial" (art. 887, § 2º). Vê-se, assim, que mesmo que se trate de leilão presencial, a publicação, em regra, deverá se dar por meio eletrônico.

As publicações, por deliberação do juiz, poderão ser reunidas em listas referentes a mais de uma execução, como forma de economia processual (art. 887, § 6º).

JURISPRUDÊNCIA SELECIONADA

1. Publicação do edital. Jornal de ampla circulação (§ 3º). "Arrematação. Edital. Diário do Judiciário. O diário não é o jornal de ampla circulação local a que se refere o *caput* do artigo 687 do CPC [art. 887, § 3º, do CPC/2015]. Caracterizado o prejuízo, com a venda do bem por preço abaixo da avaliação, a arrematação deve ser renovada" (STJ, REsp 57.094/MG, Rel. Min. Ruy Rosado de Aguiar, 4ª Turma, jul. 09.05.1995, *DJ* 18.03.1996).

Art. 888. Não se realizando o leilão por qualquer motivo, o juiz mandará publicar a transferência, observando-se o disposto no art. 887.

Parágrafo único. O escrivão, o chefe de secretaria ou o leiloeiro que culposamente der causa à transferência responde pelas despesas da nova publicação, podendo o juiz aplicar-lhe a pena de suspensão por 5 (cinco) dias a 3 (três) meses, em procedimento administrativo regular.

CPC/1973

Art. 688.

BREVES COMENTÁRIOS

Ocorrendo qualquer motivo que impeça a realização do leilão na data marcada, como suspensão extraordinária do serviço forense, doença súbita do leiloeiro etc., não será necessária a designação em edital de nova praça ou leilão; bastará que o juiz publique aviso com as mesmas cautelas previstas no art. 887 informando sobre a transferência (art. 888). Se o adiamento tiver motivo em culpa do escrivão, do chefe de secretaria, ou do leiloeiro, o culpado ficará responsável pelas despesas da nova publicação, podendo o juiz, ainda, aplicar-lhe a pena de suspensão por cinco dias a três meses, em procedimento administrativo regular (art. 888, parágrafo único).

JURISPRUDÊNCIA SELECIONADA

1. Aplicação do dispositivo. "(...) Inexistindo lanços nas 1ª e 2ª praças, ou no leilão, ou sendo aqueles considerados irrisórios e por isso inaceitos, há que se proceder como não se tendo realizado a hasta pública, cumprindo ao juiz de ofício, nos moldes do art. 688 do CPC [art. 888 do CPC/2015], determinar as providências que se fizerem necessárias com vistas ao prosseguimento da execução" (TARS, Ag. 185.044.245, Rel. Juiz Élvio Schuch Pinto, 3ª Câmara, jul. 28.08.1985; *JTARS* 56/111).

Art. 889. Serão cientificados da alienação judicial, com pelo menos 5 (cinco) dias de antecedência:

I – o executado, por meio de seu advogado ou, se não tiver procurador constituído nos autos, por carta registrada, mandado, edital ou outro meio idôneo;

II – o coproprietário de bem indivisível do qual tenha sido penhorada fração ideal;

III – o titular de usufruto, uso, habitação, enfiteuse, direito de superfície, concessão de uso especial para fins de moradia ou concessão de direito real de uso, quando a penhora recair sobre bem gravado com tais direitos reais;

IV – o proprietário do terreno submetido ao regime de direito de superfície, enfiteuse, concessão de uso especial para fins de moradia ou concessão de direito real de uso, quando a penhora recair sobre tais direitos reais;

V – o credor pignoratício, hipotecário, anticrético, fiduciário ou com penhora anteriormente averbada, quando a penhora recair sobre bens com tais gravames, caso não seja o credor, de qualquer modo, parte na execução;

VI – o promitente comprador, quando a penhora recair sobre bem em relação ao qual haja promessa de compra e venda registrada;

VII – o promitente vendedor, quando a penhora recair sobre direito aquisitivo derivado de promessa de compra e venda registrada;

VIII – a União, o Estado e o Município, no caso de alienação de bem tombado.

Parágrafo único. Se o executado for revel e não tiver advogado constituído, não constando dos autos seu endereço atual ou, ainda, não sendo ele encontrado no endereço constante do processo, a intimação considerar-se-á feita por meio do próprio edital de leilão.

CPC/1973

Arts. 687, § 5º, e 698.

CJF – JORNADAS DE DIREITO PROCESSUAL CIVIL

II JORNADA

Enunciado 150 – Aplicam-se ao direito de laje os arts. 791, 804 e 889, III, do CPC.

BREVES COMENTÁRIOS

Não há obrigatoriedade da intimação pessoal da hasta pública ao executado. Somente quando não tiver procurador nos autos, é que dita intimação se dará pessoalmente (inciso I).

Naquelas situações em que o terceiro tenha direito de preferência na aquisição do bem submetido à alienação judicial, como no caso do condômino de bem indivisível, sua intimação prévia é obrigatória (CPC/2015, art. 889, II). Faltando esta, não será o caso de anulação do ato expropriatório. Sua preferência, contudo, perdurará em face do arrematante, se depositar o preço, no prazo de cento e oitenta dias, nos termos do art. 504 do Código Civil.

Também serão intimados os titulares de direito real sobre o bem a leiloar, para cumprir a garantia do devido processo legal – que não admite seja o titular privado de seus direitos sem participar de contraditório e sem oportunidade de defesa.

JURISPRUDÊNCIA SELECIONADA

1. Alienação judicial do bem. Intimação pessoal do devedor. Desnecessidade. Ver jurisprudência do art. 186 do CPC/2015.

2. Intimação do executado (inciso I):

Aplicação imediata. "O art. 687, § 5º, do CPC [art. 889, I, do CPC/2015], com redação dada pela Lei 11.382/2006 tem aplicação imediata a partir de sua vigência. O ato que gerou a nulidade lhe é anterior e, portanto, o novo enunciado é inaplicável à hipótese" (STJ, REsp 1.077.634/SC, Rel.ª Min.ª Eliana Calmon, 2ª Turma, jul.09.12.2008, *DJe* 27.02.2009).

Prazo para intimação. "A intimação para o comparecimento da parte interessada ao leilão está subordinada ao prazo do art. 192 do Código de Processo Civil [art. 218, § 2º, do CPC/2015], afastando-se a incidência do art. 185 do mesmo Código [art. 218, § 3º, do CPC/2015], que cuida de prazo para a prática de ato processual" (STJ, REsp 51.604/PR, Rel. Min. Ari Pargendler, Rel. p/ Acórdão Min. Carlos Alberto Menezes Direito, 3ª Turma, jul. 08.06.1999, *DJ* 29.11.1999).

Intimação pessoal. "A publicação do edital de leilão (CPC, art. 687, *caput*) [art. 887, § 3º, CPC/2015] e a intimação de empregados sem poderes de representação não suprem a intimação pessoal, pois não garantem a efetiva ciência da executada do dia, hora e local da alienação judicial" (STJ, REsp 944.455/SP, Rel. Min. Humberto Gomes de Barros, 3ª Turma, jul. 17.03.2008, *DJe* 13.05.2008).

Intimação do devedor no mesmo edital de hasta pública. "Comparecimento ao ato. É admissível que, por economia e celeridade processuais, a intimação do executado se faça no mesmo edital de hasta pública. Ausência de prejuízo ao devedor que, de resto, compareceu à segunda praça, em que ocorreu a alienação judicial" (STJ, REsp 280.838/MG, Rel. Min. Barros Monteiro, 4ª Turma, jul. 02.12.2003, *DJ* 29.03.2004).

Cônjuge do executado. Desnecessidade de intimação pessoal. "A intimação pessoal da realização da hasta pública é necessária apenas em relação ao devedor-executado, sendo desnecessária em relação ao seu cônjuge. Inteligência do § 5º do art. 687 do CPC [art. 889, I, do CPC/2015]. Precedente do STJ" (STJ, REsp 900.580/GO, Rel. Min. Arnaldo Esteves Lima, 5ª Turma, jul. 10.02.2009, *DJe* 30.03.2009). **No mesmo sentido:** STJ, REsp 981.669/TO, Rel.ª Min.ª Nancy Andrighi, 3ª Turma, jul. 12.08.2010, *DJe* 23.08.2010.

"Conquanto devedores marido e mulher, admite-se, se ambos foram regularmente citados (Cód. De Pr. Civil, art. 652) [art. 829 do CPC/2015], que o edital, que precede a arrematação (Cód. De Pr. Civil, arts. 686 e 687) [arts. 886 e 887 do CPC/2015], supra a falta de intimação da mulher. Caso em que, procurada, por diversas vezes, pelo oficial de justiça para receber a intimação, a mulher não foi encontrada. É lícito entender-se que o edital supriu a falta" (STJ, REsp 155.157/SC, Rel. Min. Carlos Alberto Menezes Direito, Rel. p/ ac. Min. Nilson Naves, 3ª Turma, jul. 06.12.1999, *DJ* 18.09.2000).

Intimação dos coexecutados. "Penhorados bens da empresa devedora, e levados a leilão, deveria ser necessariamente intimada, conforme o art. 687, § 3º, do CPC [art. 887, § 5º, do CPC/2015], apenas a proprietária dos bens. A intimação dos coexecutados, avalistas da cédula de crédito industrial, não se fazia imprescindível. Validade da arrematação realizada pelo exequente, por comprovado que a executada proprietária tomou inequívoca ciência da data designada para o leilão" (STJ, REsp 10.938/PE, Rel. Min. Athos Carneiro, 4ª Turma, jul. 19.05.1992, *RF* 323/208).

"Não encontrados os devedores, após efetivas diligências, prescindível é a sua intimação **via mandado** para ciência da realização da hasta pública (art. 687, CPC) [art. 887 do CPC/2015]" (STJ, REsp 156.404/SP, Rel. Min. Sálvio de Figueiredo Teixeira, 4ª Turma, jul. 25.10.1999, *RSTJ* 130/356).

"SFH. Mútuo com garantia hipotecária sujeito às normas do Decreto-lei nº 70/66. Intimação prévia da realização da praça. Intempestiva intimação da primeira praça. Arrematação do bem imóvel apenas na segunda praça da qual o mutuário devedor foi cientificado. Ausência de nulidade. Apurada a inadimplência do mutuário, que deixa de purgar a mora antes da realização da segunda praça do imóvel da qual foi regularmente notificado, não se decreta a nulidade da arrematação, embora intempestiva a intimação quanto à data de designação da primeira praça que não se realizou" (STJ, REsp 388.180/RS, Rel.ª Min.ª Nancy Andrighi, 3ª Turma, jul. 06.05.2002, *DJ* 24.06.2002).

"A alegada ilegalidade por ausência de intimação dos devedores da arrematação foi afastada no acórdão ora embargado ao entendimento de que devidamente 'intimados da realização da praça, não há dispositivo legal que exija a intimação dos executados da ocorrência de arrematação, estando a matéria regulada pelos artigos 693 e 694 do Código de Processo Civil' [arts. 901 e 903 do CPC/2015] e que o 'direito de remição dos bens poderia ter sido exercido pelos devedores, nos termos do artigo 788 do Código de Processo Civil, o que não fizeram, optando agora por impetrar o *mandamus*, arguindo ilegalidades não ocorridas'" (STJ, EdcI no RMS 12.991/PB, Rel. Min. Carlos Alberto Menezes Direito, 3ª Turma, jul. 08.05.2003, *DJ* 23.06.2003).

Intimação por hora certa. Possibilidade. "Conforme a redação que a Lei 8.953/94 deu ao art. 686, § 5º, do CPC [art. 889, I, do CPC/2015], admite-se que o executado seja intimado sobre a realização de hasta pública por hora certa quando atendidas as exigências do art.227 do CPC [art. 252 do CPC/2015]" (STJ, REsp 1.024.001/RJ, Rel.ª Min.ª Nancy Andrighi, 3ª Turma, jul. 18.08.2009, *DJe* 01.09.2009).

Intimação por edital. Possibilidade. "Não viola o disposto no art. 687, § 5º, CPC [art. 889, I, do CPC/2015], a intimação por edital do devedor, para a ciência do dia e hora da praça ou leilão de seus bens penhorados na execução, se não é ele encontrado no endereço em que fora pessoalmente intimado da penhora, tendo o oficial de justiça colhido nesse local a informação de que ele ali não mais residia, não tendo havido comunicação ao juízo da execução do seu novo endereço. A concretização da intimação editalícia antes do retorno da precatória negativa não impõe a nulidade da arrematação, posto que o devedor não foi efetivamente encontrado, não tendo, ademais, invocado qualquer irregularidade formal no edital intimatório ou qualquer prejuízo processual concreto que lhe teria advindo da duplicidade das vias intimatórias" (STJ, REsp 84.788/SC, Rel. Min. Sálvio de Figueiredo Teixeira, 4ª Turma, jul. 18.06.1998, *DJ* 21.09.1998). **No mesmo sentido, determinando uma antecedência de 24 horas:** STJ, REsp 234.389/GO, Rel. Min. Ari Pargendler, 3ª Turma, *DJ* 09.10.2000.

Intimação da pessoa jurídica. "Tratando-se de devedora pessoa jurídica, a intimação da designação do leilão deve ser feita na pessoa do seu representante legal, não sendo válida aquela realizada em quem não detém aquela qualidade" (STJ, REsp 14.875/SP, Rel. Min. Antônio de Pádua Ribeiro, 2ª Turma, jul. 20.09.1993, *DJ* 04.10.1993). **No mesmo sentido:** TAMG, AI 411.481-0, Rel. Juiz Guilherme Luciano Baeta Nunes, 7ª Câmara Cível, jul. 04.09.2003.

Oficial de justiça. Arrolamento de testemunhas. "Dadas as peculiaridades do processo executivo, e disponível que o oficial de justiça, ao lavrar a certidão de intimação do devedor, arrole os nomes das testemunhas que presenciaram o ato em caso de recusa do executado em apor a nota de ciente. Precedentes do STJ" (STJ, REsp 58.541/SC, Rel. Min. Barros Monteiro, 4ª Turma, jul. 30.05.1995, *DJ* 16.10.1995).

Ausência de intimação. Efeitos. "**É nulo** o leilão, se o devedor não foi intimado do local, dia e hora de sua realização (CPC, Art. 687) [art. 889 do CPC/2015]" (STJ, REsp 786.845/RJ, Rel. Min. Humberto Gomes de Barros, 3ª Turma, jul. 02.10.2007, *DJ* 08.11.2007). **Entretanto:** "A nulidade ou inexistência das intimações não implicava necessariamente a nulidade do leilão, uma vez que a ele compareceram os agravantes, com o que foi suprido o vício da intimação. Inexistência de dissídio de jurisprudência" (STF, AI 69.670 AgR, Rel. Min. Moreira Alves, 2ª Turma, jul. 04.03.1977, *DJ* 01.04.1977).

"Se o devedor, através de petição nos autos, noticia ter conhecimento da futura realização da praça, não lhe assiste direito de, posteriormente, via mandado de segurança, com base no art. 687, parágrafo 5, impugnar a alienação judicial, sob o argumento de não ter sido intimado pessoalmente" (STJ, RMS 7.324/SP, Rel. Min. Fernando Gonçalves, 6ª Turma, jul. 02.12.1996, *DJ* 03.02.1997).

3. Condomínio. Imóvel em estado de indivisão. Direito de preferência dos demais condôminos na venda de coisa indivisível. Imóvel em estado de indivisão, mas passível de divisão. Manutenção do entendimento exarado pela Segunda Seção tomado à luz do art. 1.139 do Código Civil de 1916. "O condômino que desejar alhear a fração ideal de bem em estado de indivisão, seja ele divisível ou indivisível, deverá dar preferência ao comunheiro da sua aquisição. (...) Não se pode olvidar que, muitas vezes, na prática, mostra-se extremamente difícil a prova da indivisibilidade. Precedente: REsp 9.934/SP, Rel. Ministro Sálvio de Figueiredo Teixeira, Quarta Turma. Na hipótese, como o próprio acórdão reconhece que o imóvel *sub judice* se encontra em estado de indivisão, apesar de ser ele divisível, há de se reconhecer o direito de preferência do condômino que pretenda adquirir o quinhão do comunheiro, uma vez preenchidos os demais requisitos legais" (STJ, REsp 1.207.129/MG, Rel. Min. Luis Felipe Salomão, 4ª Turma, jul. 16.06.2015, *DJe* 26.06.2015).

4. Credor pignoratício, hipotecário, anticrético, fiduciário ou com penhora anteriormente averbada (inciso V):

Embargos de terceiro. "O credor com penhora anterior não intimado, nos termos do artigo 698 do CPC [art. 889, V, do CPC/2015], possui interesse de agir para requerer o que for de seu interesse pela via dos embargos de terceiros, já que não é possível a apreciação de seu pedido por meio de mera petição atravessada nos autos da execução de que não faz parte. Havendo penhora anterior, feita em execução movida por outro credor, também este deve ser intimado do dia, local e hora da alienação judicial, sob pena de nulidade da futura arrematação ou adjudicação" (TJMG, Ap. Cível 1.0342.06.078330-1/001, 12ª Câmara Cível, jul. 11.02.2009, *DJe* 09.03.2009).

"A arrematação levada a efeito sem intimação do credor hipotecário é inoperante relativamente a esse, não obstante que seja eficaz entre executado e arrematante" (STJ, AgRg na MC 16.022/SP, Rel.ª Min.ª Nancy Andrighi, 3ª Turma, jul. 27.04.2010, *DJe* 14.05.2010). **No mesmo sentido:** STJ, REsp 704.006/ES, Rel. Min. Hélio Quaglia Barbosa, 4ª Turma, jul. 13.02.2007, *DJ* 12.03.2007.

5. Credor hipotecário. "Na linha da jurisprudência desta Corte, a preferência do credor hipotecário independe de sua iniciativa na execução ou na penhora. A arrematação de imóvel gravado de hipoteca garante ao credor hipotecário a preferência no recebimento de seu crédito em relação ao exequente" (STJ, REsp 162.464/SP, Rel. Min. Sálvio de Figueiredo Teixeira, 4ª Turma, *DJ* 11.06.2001). **No mesmo sentido:** STJ, REsp 313.771/MG, Rel. Min. Cesar Asfor Rocha, 4ª Turma, jul. 01.04.2003, *DJ* 30.06.2003.

"Na linha de precedentes da Corte, pela arrematação extingue-se a hipoteca, nos termos do art. 849, VII, do Código Civil, não havendo nenhuma impugnação quanto à realização da mesma, com o que se admite tenha sido o credor hipotecário intimado da realização da praça" (STJ, REsp 139.101/RS, Rel. Min. Carlos Alberto Menezes Direito, 3ª Turma, jul. 24.11.1998, *DJ* 22.02.1999).

"Sendo válida e eficaz a arrematação, **com a intimação prévia do credor hipotecário**, que, contra esse ato não se insurgiu oportunamente, é de considerar-se extinta a hipoteca nos termos do disposto no art. 849, VII, do Código Civil" (STJ, REsp 110.093/MG, Rel. Min. Barros Monteiro, 4ª Turma, jul. 04.02.2003, *DJ* 07.04.2003).

Nulidade. "É nulo o ato expropriatório que não atende à determinação contida no enunciado do art. 698, do CPC [art. 889, V, do CPC/2015], por suprimir do credor hipotecário o direito ao concurso do certame. Aplicação direta da regra disposta no art. 694, § 1º, VI, do CPC [art. 903, § 1º, do CPC/2015]" (TJRS, Ag. 70022920680, Rel. Cláudio Augusto Rosa Lopes Nunes, 18ª Câmara Cível, jul. 13.03.2008, *DJe* 19.03.2008).

"Recai ao credor hipotecário a legitimidade para alegar a nulidade do feito, por eventual preterimento ao disposto no art. 698 do Código de Processo Civil [art. 889, V, do CPC/2015], não, todavia, à parte devedora/embargante" (TJRS, Ap. Cível 70021640461, Rel. Pedro Celso Dal Pra, 18ª Câmara Cível, jul. 18.10.2007, *DJe* 25.10.2007).

6. Execução fiscal. "A alienação de bem gravado com hipoteca sem intimação do titular do direito real importa, em princípio, a possibilidade a este de requerer o desfazimento da arrematação, ou, caso não a requeira, a subsistência do ônus em face do credor hipotecário. Trata-se de mecanismo de preservação da preferência legal de que desfruta o credor titular de direito real de garantia frente ao credor quirografário. O caso concreto, porém, apresenta relevante particularidade: a arrematação que o credor hipotecário pretende desfazer foi realizada em sede de execução fiscal. O credor com penhora, nessa hipótese, além de não ser quirografário, possui crédito que 'prefere a qualquer outro, seja qual for a natureza ou o tempo da constituição deste, ressalvados os créditos decorrentes da legislação do trabalho' (CTN, art. 186). Diante da preferência do crédito tributário sobre o crédito hipotecário, e uma vez certificada a inexistência de outros bens penhoráveis, e mesmo a insuficiência do valor do bem constrito para satisfazer o débito fiscal, conclui-se não haver qualquer sentido prático na decretação da nulidade da alienação. Trata-se de medida que nenhum proveito traria ao credor hipotecário, obrigado a realizar novo leilão, cujo produto, de qualquer sorte, teria de ser destinado à satisfação do débito tributário" (STJ, REsp 440.811/RS, Rel. Min. Teori Albino Zavascki, 1ª Turma, jul. 03.02.2005, *DJ* 28.02.2005).

Art. 890. Pode oferecer lance quem estiver na livre administração de seus bens, com exceção:

I – dos tutores, dos curadores, dos testamenteiros, dos administradores ou dos liquidantes, quanto aos bens confiados à sua guarda e à sua responsabilidade;

II – dos mandatários, quanto aos bens de cuja administração ou alienação estejam encarregados;

III – do juiz, do membro do Ministério Público e da Defensoria Pública, do escrivão, do chefe de secretaria e dos demais servidores e auxiliares da justiça, em relação aos bens e direitos objeto de alienação na localidade onde servirem ou a que se estender a sua autoridade;

IV – dos servidores públicos em geral, quanto aos bens ou aos direitos da pessoa jurídica a que servirem ou que estejam sob sua administração direta ou indireta;

V – dos leiloeiros e seus prepostos, quanto aos bens de cuja venda estejam encarregados;

VI – dos advogados de qualquer das partes.

CPC/1973

Art. 690-A.

REFERÊNCIA LEGISLATIVA

CC, arts. 497 e 1.749 (restrição da venda de bens sob administração).

BREVES COMENTÁRIOS

Podem lançar na hasta pública todos que estiverem na livre administração de seus bens. Trata-se de negócio jurídico que, obviamente, exige do agente a necessária capacidade de exercício. Não podem, assim, licitar, os incapazes, nem aqueles que juridicamente estejam privados da livre administração de seus bens como o falido, o insolvente e o interdito.

Além desses casos, também não é permitido participar da licitação as seguintes pessoas (art. 890): (a) tutores, curadores, testamenteiros, administradores ou liquidantes, quanto aos bens confiados à sua guarda e à sua responsabilidade (inc. I); (b) mandatários, quanto aos bens de cuja administração ou alienação estejam encarregados (inc. II); (c) juiz, membro do Ministério Público e da Defensoria Pública, escrivão, chefe de secretaria e demais servidores e auxiliares da justiça, em relação aos bens e direitos objeto de alienação na localidade onde servirem ou a que se estender a sua autoridade (inc. III); (d) servidores públicos em geral, quanto aos bens ou aos direitos da pessoa jurídica a que servirem ou que estejam sob sua administração direta ou indireta (inc. IV); (e) leiloeiros e seus prepostos, quanto aos bens de cuja venda estejam encarregados (inc. V); (f) advogados de qualquer das partes (inc. VI).

São ainda impedidos de lançar no novo leilão o arrematante e o fiador remissos (art. 897), fato que ocorre quando o preço da arrematação a prazo não é pago no devido tempo e o exequente não prefere executá-lo. Os lances de pessoas impedidas não podem ser recebidos pelo pregoeiro. Se porventura ocorrer a sua indevida admissão e o arrematante vier a ser uma dessas pessoas, caberá ao juiz, quando conhecer o vício, deixar de expedir a carta de arrematação.

JURISPRUDÊNCIA SELECIONADA

1. Legitimidade para arrematar bens (inciso I). "**Ao administrador da massa do devedor insolvente** é permitido arrematar os bens levados à praça pública. Todavia, deve proceder à exibição do preço da arrematação, que entrará para o ativo da massa, para pagamento de todos os credores, respeitando-se a ordem de preferência" (STJ, REsp 610.461/MS, Rel. Min. Cesar Asfor Rocha, 4ª Turma, jul.0 05.06.2007, *DJ* 06.08.2007).

Integrante de conselho fiscal. "Somente os administradores que estejam encarregados de administração dos bens penhorados é que estão proibidos de adquiri-los no leilão em execução trabalhista. O componente do Conselho Fiscal da sociedade anônima não é administrador e, sim, integrante de órgão de fiscalização dos atos administrativos, pelo que não lhe atinge a proibição do art. 690, I, do CPC [art. 890, I, do CPC/2015]" (*TRT* da 4ª Região, MS 1.392, Rel. Juiz Plácido Lopes da Fonte, 1º Gr. de Ts., jul. 26.04.1984, *Adcoas*, 1984, nº 99.617).

Credor. "É lícito ao credor participar da hasta pública como qualquer outra pessoa que não esteja arrolada entre as exceções previstas no art. 690, § 1º, do CPC [art. 890 do CPC/2015], podendo arrematar por valor inferior ao da avaliação, desde que este não se qualifique como vil, sendo irrelevante, de todo modo, que não haja outros licitantes. Precedentes do STJ" (STJ, REsp 243.880/SC, Rel. Min. Barros Monteiro, 4ª Turma, jul. 10.10.2000, *DJ* 27.11.2000).

"O credor hipotecário pode arrematar bem penhorado em execução de terceiro, aproveitando o crédito de que é titular, ou parte dele" (STJ, REsp 417.027/SP, Rel. Min. Ari Pargendler, 3ª Turma, jul. 11.04.2003, *DJ* 08.09.2003).

"Na arrematação de imóvel gravado com hipoteca, o **credor hipotecário tem preferência sobre o crédito de natureza**

pessoal, como o do exequente no caso. E, para que possa exercê-la, deve o arrematante, mesmo sendo credor e exequente, depositar o valor do lanço" (STJ, REsp 313.771/MG, Rel. Min. Cesar Asfor Rocha, 4ª Turma, jul. 01.04.2003, *DJ* 30.06.2003, *RSTJ* 172/419).

"Credor hipotecário que executa o devedor em outro processo tem condições de **arrematar o imóvel penhorado sem necessidade de depositar o valor do bem**, uma vez que não excedente ao seu crédito e desde que não concorra com credores munidos de iguais privilégios" (TACSP, Ap. s/ Rev. 469.985-0/8, Rel. Juiz Euclides de Oliveira, 10ª Câmara, jul. 11.12.1996, *RT* 741/301).

2. Arrematação pelos mandatários (inciso II):

Procurador do executado. Impossibilidade. "É nula a arrematação de bem do executado pelo próprio advogado, a quem foi confiada a defesa dos interesses do cliente (CPC, art. 690, § 1º, II) [art. 890, II, do CPC/2015]" (STJ, REsp 823.148/RJ, Rel. Min. Ari Pargendler, 3ª Turma, jul. 07.12.2006, *DJ* 23.04.2007).

Procurador do exequente. Possibilidade. "O fato de o procurador do exequente ter arrematado o bem do executado não se enquadra na proibição prevista no art. 690-A, inciso II, do CPC [art. 890, II, do CPC/2015]" (TJMG, Ag. 1.0572.03.001673-5/001, Rel. Des. Marcelo Rodrigues, 11ª Câmara Cível, jul. 10.10.2007, *DJe* 26.10.2007).

3. (Inciso III). "O art. 497 do Código Civil de 2002, confirmou o entendimento sufragado na doutrina e jurisprudência acerca da interpretação do art. 490 [*rectius* art. 690] do CPC [art. 890, IV, do CPC/2015], pois consignou, expressamente, que a vedação à aquisição de bens ou direitos em hasta pública açambarca **todos os funcionários que se encontrarem lotados na circunscrição em que se realizará a alienação**" (STJ, REsp 774.161/SC, Rel. Min. Castro Meira, 2ª Turma, jul. 06.12.2005, *DJ* 19.12.2005).

Art. 891. Não será aceito lance que ofereça preço vil.

Parágrafo único. Considera-se vil o preço inferior ao mínimo estipulado pelo juiz e constante do edital, e, não tendo sido fixado preço mínimo, considera-se vil o preço inferior a cinquenta por cento do valor da avaliação.

CPC/1973

Art. 692.

BREVES COMENTÁRIOS

É certo que o CPC não permite que os bens penhorados sejam alienados por preço vil (CPC, art. 891). Contudo, não se pode considerar vil todo preço inferior ao de avaliação. Para que isso ocorra, é necessária uma grande discrepância entre o apurado na avaliação e aquele pelo qual se realizou a venda judicial. Superando omissão da legislação anterior, o atual Código define que, em regra, é vil a alienação feita abaixo do preço mínimo fixado pelo juiz. Se não houver tal fixação, vil será a arrematação feita por preço inferior a cinquenta por cento do valor da avaliação (art. 891, parágrafo único).

Assim, na alienação por iniciativa particular, tal como na arrematação em leilão, poderá o juiz estipular um limite de oscilação de preço que, em determinadas condições, seja razoável dentro das cotações do mercado, sem, obviamente, ensejar permissão de preço vil (art. 880, § 1º). De maneira geral, deve-se reconhecer que o atual CPC procurou evitar a imprecisão que se registrava na jurisprudência acerca da conceituação do preço vil, estabelecendo critérios mais objetivos para a respectiva aferição. Contudo, ao atribuir ao juiz o poder de fixar um preço mínimo para arrematação, menor do que o da avaliação, não se pode negar que tal faculdade, quando usada abusivamente, acaba por ensejar alienação judicial por preço vil. Pense-se no caso de avaliação muito antiga, cuja atualização foi negada e que, mesmo defasada, tenha sido utilizada como base para a estimação do preço mínimo, pelo qual, enfim, se consumou a arrematação. Situações como essa não merecem prevalecer sob o simples argumento de observância dos condicionamentos, ditos objetivos, recomendados pelo parágrafo único do art. 891.

JURISPRUDÊNCIA SELECIONADA

1. Exegese. "Em que pese a primazia da efetividade, o processo não é propriedade do credor e não se propõe a lhe satisfazer todos os caprichos. Nesse contexto se insere o art. 692 do CPC [art. 891 do CPC/2015]. Ao impedir o preço vil, esse dispositivo de lei impõe a arrematação por preço justo. Tem-se dito que esta é verdadeira proibição à lesão processual. O princípio da igualdade dos cidadãos faz com que, na esfera civil ou processual, não se dê amparo à espoliação do patrimônio alheio. O inadimplemento não dá ao credor o direito de enriquecer-se às custas do devedor, adquirindo por preço de bagatela bem valioso" (STJ, REsp 1.024.001/RJ, Rel. Min. Nancy Andrighi, 3ª Turma, jul. 18.08.2009, *DJe* 01.09.2009).

2. Preço vil:

Arrematação. Preço vil. "A caracterização do preço vil se dá quando o bem penhorado for arrematado por valor inferior a 50% (cinquenta por cento) do valor originariamente atribuído pelo laudo de avaliação" (AgInt no REsp n. 1.461.951/PR, Relator Ministro Ricardo Villas Bôas Cueva, Terceira Turma, julgado em 21/2/2017, *DJe* 24/2/2017). Precedentes" (STJ, AgInt nos EDcl nos EDcl no AREsp 928.640/MG, Rel. Min. Antonio Carlos Ferreira, 4ª Turma, jul. 12.12.2017, *DJe* 15.12.2017). **No mesmo sentido:** STJ, AgInt no AREsp 1552557/GO, Rel. Min. Marco Buzzi, 4ª Turma, jul. 09.03.2020, *DJe* 16.03.2020.

"**Orienta-se a jurisprudência do Superior Tribunal de Justiça no sentido de que o preço vil caracteriza-se pela arrematação do bem em valor inferior a menos da metade da avaliação. Nesse sentido:** STJ, AgInt no REsp 1.461.951/PR, Rel. Ministro Ricardo Villas Bôas Cueva, Terceira Turma, *DJe* de 24/02/2017; AgRg no AREsp 386.761/RS, Rel. Ministro Humberto Martins, Segunda Turma, *DJe* de 09/10/2013; RCDESP no AREsp 100.820/SP, Rel. Ministro Herman Benjamin, Segunda Turma, *DJe* de 12/04/2012" (STJ, AgInt no AREsp 871.115/PR, Rel.ª Min.ª Assusete Magalhães, 2ª Turma, jul. 05.06.2018, *DJe* 08.06.2018).

"O art. 891 do CPC/15 dispôs que 'considera-se vil o preço inferior ao mínimo estipulado pelo juiz e constante do edital, e, não tendo sido fixado preço mínimo, considera-se vil o preço inferior a cinquenta por cento do valor da avaliação'. Trata-se de regra aplicável às diversas modalidades de transmissão coativa dos bens penhorados, seja na adjudicação, seja na alienação (art. 825 do CPC/15). Logo, também incide na alienação por iniciativa particular e por leilão judicial eletrônico ou presencial (art. 879 do CPC/15). A jurisprudência desta Corte flexibiliza o conceito legal de preço vil em hipóteses específicas e reconhece a possibilidade de, diante das peculiaridades da situação em concreto, admitir a arrematação em valor menor ao equivalente a cinquenta por cento da avaliação do bem, sem caracterizar preço vil. Precedentes. Hipótese em que o imóvel foi alienado por 53,86% do valor originário da avaliação e por 41,45% do valor atualizado desde a última tentativa de alienação por hasta pública. Ainda, importa considerar que foram realizadas diversas tentativas frustradas de alienação judicial (12 ao total), e que, no particular, a recorrente foi imitida na posse do imóvel em novembro de 2018 e já realizou, inclusive, diversas benfeitorias no local. Acórdão recorrido que anulou a alienação direta e determinou a realização de nova perícia de avaliação. Necessidade de reforma do *decisum*. Na espécie, não há de ser considerado vil o preço na arrematação por iniciativa particular, mesmo que inferior a 50% do valor atualizado da avaliação do imóvel. Trata-se de interpretação que melhor atende ao princípio da razoável duração do processo, bem como ao princípio da proteção da confiança legítima" (STJ, REsp 2.039.253/SP, Rel. Min. Nancy Andrighi, 3ª Turma, jul. 21.03.2023, *DJe* 23.03.2023).

"Para caracterização do preço vil deve-se ter com referência o valor do bem e não o da dívida. Destarte, a alienação do bem penhorado não garante o pagamento total do débito" (STJ, AGA 281.353/SP, Rel. Min. Waldemar Zveiter, 3ª Turma, jul. 15.05.2000, *DJ* 01.08.2000).

"A pedra de toque para investigar-se a ocorrência de venda a preço vil por conta da falta de atualização do laudo é a soma das variações de mercado com o lapso de tempo transcorrido entre a avaliação e a hasta pública, pois, caso o período seja considerável, mesmo um lance que se avizinhe da estimativa primitiva pode, na verdade, situar-se abaixo da metade do preço de mercado no momento do leilão, tornando aviltante esse valor" (STJ, REsp 1.104.563/PR, Rel. Min. Castro Meira, 2ª Turma, jul. 18.05.2010, *DJe* 02.06.2010).

Valor. "Correspondendo o valor da arrematação a 3% (três por cento) do valor do bem e cobrindo apenas uma parte, ainda que razoável, dos créditos fiscais em cobrança, é indiscutível a vileza do preço da arrematação" (STJ, REsp 117.368/PE, Rel. Min. Peçanha Martins, 2ª Turma, jul. 15.09.1997, *RSTJ* 104/222).

3. Decurso de tempo considerável entre a avaliação e a realização da praça. Ausência de atualização do valor do imóvel. Preço vil. "A realização de leilão mais de dois anos após a data em que feita a avaliação do imóvel é capaz de impor prejuízo ao executado, pois tal lapso temporal é suficiente para alterar substancialmente o valor do bem. Ademais, é de se considerar que a variação do valor de imóveis perante o mercado imobiliário não ocorre pelos mesmos índices aplicáveis à dívida executada, de modo que se torna essencial que o leilão ocorra com base no valor atualizado do bem, para evitar descompasso entre o valor pago pelo arrematante e o verdadeiro valor do bem" (STJ, AgInt no REsp 1130982/PB, Rel. Min. Raul Araújo, 4ª Turma, jul. 15.08.2017, *DJe* 29.08.2017).

Base de cálculo do preço. Valor atualizado. "A despeito de entender esta Corte que a arrematação pelo valor equivalente a no mínimo 50% da avaliação não configura preço vil, vale ressaltar que tal base de cálculo considera o valor atualizado, devendo, por isso, haver **proximidade temporal entre a avaliação e a arrematação**, o que não se verifica na hipótese concreta destes autos" (STJ, REsp 267.934/MS, Rel. Min. Honildo Amaral de Mello Castro, 4ª Turma, jul. 15.10.2009, *DJe* 26.10.2009).

Inércia na impugnação do laudo. Preclusão. "O Tribunal de origem julgou imprópera a alegação de que preço dado aos bens era vil, porquanto seria responsabilidade da recorrente que a impugnação da avaliação tivesse sido realizada em tempo oportuno. O entendimento do STJ é firme no sentido de que é extemporânea a alegação de preço vil quando não impugnada a avaliação no tempo determinado. Aplica-se o óbice da Súmula 83 do STJ" (STJ, AgRg no REsp 1570077/PE, Rel. Min. Herman Benjamin, 2ª Turma, jul. 08.03.2016, *DJe* 27.05.2016).

4. Meios para tornar a arrematação sem efeito. Ver jurisprudência do art. 903 do CPC/2015.

5. Recurso especial. Impossibilidade de revisão das premissas fáticas.

"'Não compete ao Superior Tribunal de Justiça, em sede de recurso especial, revisar as premissas fáticas que nortearam o convencimento das instâncias ordinárias quanto à inexistência de valorização de bem penhorado, para efeito da caracterização de preço vil' (REsp 921.603/SC, Rel. Ministro João Otávio de Noronha, Quarta Turma, *DJe* 26.10.2009)" (STJ, AgRg no REsp 1.147.635/SC, Rel. Min. Benedito Gonçalves, 1ª Turma, jul. 05.04.2011, *DJe* 08.04.2011).

Art. 892. Salvo pronunciamento judicial em sentido diverso, o pagamento deverá ser realizado de imediato pelo arrematante, por depósito judicial ou por meio eletrônico.

§ 1º Se o exequente arrematar os bens e for o único credor, não estará obrigado a exibir o preço, mas, se o valor dos bens exceder ao seu crédito, depositará, dentro de 3 (três) dias, a diferença, sob pena de tornar-se sem efeito a arrematação, e, nesse caso, realizar-se-á novo leilão, à custa do exequente.

§ 2º Se houver mais de um pretendente, proceder-se-á entre eles à licitação, e, no caso de igualdade de oferta, terá preferência o cônjuge, o companheiro, o descendente ou o ascendente do executado, nessa ordem.

§ 3º No caso de leilão de bem tombado, a União, os Estados e os Municípios terão, nessa ordem, o direito de preferência na arrematação, em igualdade de oferta.

CPC/1973

Art. 690-A, parágrafo único.

BREVES COMENTÁRIOS

A arrematação é, normalmente, feita com dinheiro à vista. Em regra, e salvo pronunciamento judicial diverso, o pagamento deverá ser realizado de imediato pelo arrematante, por depósito judicial ou por meio eletrônico (art. 892, *caput*). O deferimento de prazo para o pagamento do preço da arrematação é excepcional, e importa exigência de prestação de caução, que pode ser real ou fidejussória.

A dispensa da exibição do preço, prevista no § 1º para o exequente que resolve licitar no leilão, pressupõe que a execução seja feita apenas no seu interesse e que não haja excesso de valor do bem sobre o crédito, nem privilégios de terceiros. Terá, assim, de depositar o preço, ou a diferença, quando: (a) o valor da arrematação superar seu crédito (art. 892, § 1º); (b) houver prelação de estranhos sobre os bens arrematados (art. 905, II); (c) a execução for contra devedor insolvente (arts. 748 e ss.).

A falta de depósito do lance do credor (ou da diferença) nos casos enumerados dá lugar ao desfazimento da arrematação, voltando os bens ao leilão à custa do exequente (art. 892, § 1º).

Esboçou-se na jurisprudência o entendimento de que – à luz do antigo texto do art. 690-A, parágrafo único do CPC/1973 (CPC/2015, art. 892, § 1º), que fala em valor dos bens e não em preço da arrematação –, o credor estaria sempre obrigado, mesmo na segunda licitação, a arrematar pelo valor mínimo da avaliação. Mas o Supremo Tribunal Federal superou a divergência e fixou o entendimento de que não há discriminação legal contra o exequente, que, também, pode perfeitamente, em pé de igualdade com os demais pretendentes, licitar abaixo do preço de avaliação, no segundo leilão ou segunda praça. Portanto, "o depósito que o credor arrematante está obrigado a fazer é o correspondente à diferença entre o crédito e o valor do lance vencedor. Em se tratando de segunda praça, não há falar em valor de avaliação, pois a venda se faz a quem mais der" (STF, RE 91.187, 1ª Turma, ac. 26.06.1979, Rel. Min. Soares Muñoz, *Juriscível do STF* 81/107; 1º TACivSP, AI 449.726-5, Rel. Juiz Castilho Barbosa, ac. 17.10.1990, *RT* 669/117). Naturalmente, nas arrematações abaixo do valor de avaliação, nunca se haverá aceitar que ela se dê por preço vil. Por isso, o CPC/2015, para superar incertezas acerca da vedação de arrematação por preço vil, que ocorriam no regime do Código anterior, cuidou de estabelecer, no art. 891, parágrafo único, parâmetros objetivos para sua determinação, nos casos concretos.

JURISPRUDÊNCIA SELECIONADA

1. Desistência da vencedora do certame. Comissão do leiloeiro. Responsabilidade do arrematante. "O arrematante do bem é o responsável pelo pagamento da comissão do leiloeiro, não podendo essa obrigação ser imputada àquele que ofertou a segunda melhor proposta, porque o vencedor desistiu da arrematação" (STJ, REsp 1826273/SP, Rel. Min. Moura Ribeiro, 3ª Turma, jul. 10.09.2019, *DJe* 12.09.2019).

2. Arrematação. Valor dos bens (§ 1º). "Este dispositivo diz respeito à forma de pagamento do preço da arrematação e não à fixação de valor mínimo por que essa arrematação poderá ser feita. Por isso, a expressão **'valor dos bens' está empregada no sentido de 'valor pelo qual os bens foram arrematados'**, e não no de 'valor da avaliação', ainda quando aquele, por se tratar de segunda praça, seja inferior a este. – Precedente do STF. RE 91.187" (STF, RE 92.853/SP, Rel. Min. Moreira Alves, 2ª Turma, jul. 17.02.1981, *RTJ* 100/1269). **No mesmo sentido:** STJ, REsp 10.294/PR, Rel. Min. Claudio Santos, 3ª Turma, jul. 28.06.1991, *DJ* 02.09.1991.

"Não se concilia com o justo, quando a dívida remanescente, resultante da capitalização crescente de sacrificantes juros e maior que o valor da avaliação do imóvel hipotecado, objeto de arrematação pelo credor hipotecário, iniciar-se nova execução para a cobrança do saldo devedor. A arrematação pelo próprio credor, além do mais, libera o objeto para outra venda, por preço atualizado, permitindo-lhe novas vantagens patrimoniais, e, inclusive, superando a diferença remanescente da dívida originária que deu causa à execução. Não é desajustada, pois, à razão e ao direito, a afirmação do reptado acórdão concluindo que a arrematação pelo credor do imóvel dado em garantia exonera o devedor da obrigação pela dívida remanescente" (STJ, REsp 30.197/RJ, Rel. Min. Milton Luiz Pereira, 1ª Turma, jul. 31.08.1994, *DJ* 19.09.1994). **No mesmo sentido:** STJ, AgRg no REsp 750.345/SC, Rel. Min. Humberto Gomes de Barros, 3ª Turma, jul. 03.12.2007, *DJ* 14.12.2007, p. 399.

"É lícito ao credor participar da hasta pública, em igualdade de condições com outros licitantes, **podendo arrematar o bem por valor inferior ao da avaliação** (art. 690, § 2º, do CPC – atual art. 690-A, parágrafo único, do CPC, inserido pela Lei nº 11.382/06) [art. 892, § 2º, do CPC/2015], hipótese que não se confunde com a adjudicação pelo valor da avaliação, prevista no art. 714, do CPC (atual art. 685-A, parágrafo único, do CPC, inserido pela Lei nº 11.382/06) [art. 876 do CPC/2015], prosseguindo-se a execução pelo remanescente da dívida. V.V. Tendo o credor arrematado os bens penhorados por valores inferiores ao da avaliação, é correta a decisão judicial que entende quitada a dívida" (TJMG, Ap. Cível 1.0702.97.038015-1/001, Rel.ª Des.ª Hilda Teixeira da Costa, jul. 09.08.2007).

"Estando configurado no Acórdão recorrido que o valor da arrematação não foi vil, é possível ao credor participar do leilão, ainda que sem concorrência, e arrematar o bem por preço inferior ao da avaliação, nos termos do art. 690, § 2º, do Código de Processo Civil [art. 892, § 1º, do CPC/2015]" (STJ, AgRg no REsp 869.679/SC, Rel. Min. Sidnei Beneti, jul. 20.11.2008, *DJe* 12.12.2008). **No mesmo sentido:** TJSP, AGI 1244417002, Rel. Des. Marcos Ramos, 30ª Câmara Dir. Priv., jul. 25.03.2009.

"Arrematação – Lance do credor, na segunda hasta pública – Rejeição – Razoabilidade – Valor inferior ao da avaliação do imóvel lançado após o encerramento da hasta pública – Necessidade de adjudicação do bem, pelo valor avaliado, nos termos do art. 685- A, do CPC [art. 876 do CPC/2015]" (TJSP, AGI 7272212000, Rel. Des. William Marinho, 18ª Câmara Dir. Priv., jul. 03.03.2009, *DJe* 13.04.2009).

3. Preço vil. Ver jurisprudência do art. 891 do CPC/2015.

4. Designação de terceira praça. "Possibilidade, em que pese a omissão legislativa, de que seja designada uma terceira praça para a alienação de imóvel penhorado nos autos de execução extrajudicial. Doutrina. Precedente específico do Supremo Tribunal Federal proferido antes da CF/88" (STJ, REsp 946.660/MS, Rel. Min. Paulo de Tarso Sanseverino, 3ª Turma, jul. 01.09.2011, *DJe* 14.09.2011).

5. Exibição do preço (§ 1º). "A regra do art. 690, § 2º, do CPC [art. 892, § 1º, do CPC/2015], segundo a qual o credor que arrematar não está obrigado a exibir o preço, não possui aplicação se houver concorrência de penhoras sobre o mesmo bem, com preferência de outro credor no produto da arrematação" (STJ, REsp 669.406/SP, Rel. Min. Luis Felipe Salomão, 4ª Turma, jul. 26.10.2010, *DJe* 05.11.2010). **No mesmo sentido:** STJ, REsp 24.411/SP, Rel. Min. Dias Trindade, 4ª Turma, jul. 14.12.1993, *DJ* 28.03.1994; STJ, REsp 4.959/SP, Rel. Min. Fontes de Alencar, 4ª Turma, jul. 13.09.1993, *LEXSTJ* 63/71; TAPR, Ag. 68/84, Rel. Juiz Franco de Carvalho, jul. 03.04.1984, *RT* 587/211; *Rev. Bras. Dir. Proc.* 43/203; TACSP, AI 366.285-2, Rel. Juiz Osvaldo Caron, 7ª Câmara, jul. 16.12.1986, *RT* 616/112; TACSP, AGI 263.789/SP, Rel. Correa Dias, 1ª Câmara, 1º TAC, jul. 13.11.1979, *RT* 544/135.

"Havendo pluralidade de penhoras sobre o mesmo bem e primazia do crédito tributário ao credor hipotecário que quiser arrematar o bem constrito judicialmente se impõe o ônus de depositar em dinheiro o preço lançado e não oferecer como pagamento parte dos seus créditos, sob pena de por via oblíqua frustrar a preferência de que goza o crédito tributário" (STJ, REsp 172.195/SP, Rel.ª Min.ª Nancy Andrighi, 2ª Turma, jul. 15.08.2000, *DJ* 11.09.2000).

Ausência de outras penhoras. "Demonstrada na instância ordinária a ausência de outras penhoras sobre os bens arrematados, descabido se apresenta obrigar o único credor e arrematante dos bens constritos a exibir o preço, depositando vultosa quantia em juízo, à guisa de pedidos de preferências do INSS e da Fazenda Pública sobre o crédito, em momento posterior à adjudicação, sob pena de violação aos arts. 690, § 2º [art. 892, § 1º, do CPC/2015] (com redação dada pela Lei nº 10.444/2002) e 709, I, do Código de Processo Civil [art. 905, I, do CPC/2015]" (STJ, REsp 866.452/SP, Rel. Min. Fernando Gonçalves, 4ª Turma, jul. 09.12.2008, *DJe* 09.02.2009).

Arrematação no exclusivo interesse do credor. "O depósito do preço é dispensado quando feita arrematação no exclusivo interesse do credor, sendo o valor menor do que o crédito. Sem que se configure o preço vil, é possível arrematar por preço inferior à avaliação" (STJ, REsp 536.475/RO, Rel. Min. Carlos Alberto Menezes Direito, 3ª Turma, jul. 02.12.2003, *DJ* 01.03.2004). **No mesmo sentido:** STJ, REsp 864.873/SC, Rel. Min. Humberto Gomes de Barros, 3ª Turma, jul. 06.03.2008, *DJe* 01.04.2008; STJ, REsp 21.341/PE, Rel. Min. Humberto Gomes de Barros, 1ª Turma, jul. 24.06.1992, *DJ* 24.08.1992; STJ, REsp 536.475/RO, Rel. Min. Carlos Alberto Menezes Direito, 3ª Turma, jul. 02.12.2003, *DJ* 01.03.2004.

"Não se deve entender, pelo art. 690, § 2º, do CPC [art. 892, § 1º, do CPC/2015], que a única hipótese de dispensa de depósito do preço por parte do exequente arrematante seja a de o valor dos bens exceder seu crédito. A norma deve ser entendida em combinação com os arts. 709, II, e 711 do estatuto adjetivo civil [arts. 905, II, e 908 do CPC/2015]" (TACSP, AGI 310.280/SP, Rel. Juiz Luís Macedo, 7ª Câmara, 1º TAC, jul. 03.05.1983, *RT* 575/155).

Depósito da diferença. "Não há como se anular parcialmente a penhora e o leilão, que já se encontra perfectibilizado, de ofício, por ausência de previsão legal para tanto, sob pena de ofensa ao princípio da estabilidade da demanda. Outrossim, **eventual valor pago a maior no leilão deve ser apurado, e, se existente, restituído ao executado**, na forma do parágrafo único do art. 690 do CPC [art. 892, § 1º, do CPC/2015]. Assim, o feito deve prosseguir com a entrega do bem constrito, sob as penas do descumprimento de ordem judicial e de depositário infiel"

(TJRS, Ap. Cível 70028367910, Rel.ª Elaine Harzheim Macedo, 17ª Câmara Cível, jul. 26.03.2009, *DJe* 15.04.2009).

"O credor arrematante só está obrigado a depositar o valor se seu lance, na medida em que este exceder o crédito. Não se pode considerar vil arrematação em valor correspondente a mais de oitenta por cento da avaliação" (STJ, REsp 21.341/PE, Rel. Min. Humberto Gomes de Barros, 1ª Turma, jul. 24.06.1992, *DJ* 24.08.1992).

Arrematação em segunda praça. Desnecessidade de depósito da diferença. "Na alienação judicial, tratando-se de arrematação em segunda praça, o credor-arrematante não está obrigado a depositar a diferença entre o seu crédito e o valor da avaliação do bem leiloado, pois, em tais hipóteses, a venda se faz a quem mais der" (TACSP, AGI 827.125-2, Rel. Juiz Jurandir de Sousa Oliveira, 12ª Câmara, jul. 10.11.1998, *RT* 765/240).

"Execução por quantia certa. Título executivo extrajudicial (crédito de alugueres e encargos de locação predial). Etapa expropriatória. Seis praças, ao longo de sete anos, todas negativas. Circunstância que desaconselha insistir nessa modalidade de venda judicial. Alternativas de adjudicação ou arrematação pelo credor, sujeitas ao depósito de diferença, sendo o valor do crédito inferior ao do bem penhorado. Inteligência dos arts. 685-A, § 1º, e 690-A, parágrafo único, do Código de Processo Civil [arts. 876, § 4º, e 890 do CPC/2015]. Recurso da credora. Desprovimento" (TJSP, AGI 1213663003, Rel. Des. Carlos Russo, 30ª Câmara Dir. Priv., jul. 08.04.2009).

6. Aproveitamento de créditos incontroversos em outras execuções. "Se o imóvel penhorado é o mesmo, e incontroversa a existência de créditos contra o devedor em outras execuções, o credor pode aproveitá-los no lance oferecido para a arrematação" (STJ, REsp 834.644/MT, Rel. p/ ac. Min. Ari Pargendler, 3ª Turma, jul. 12.06.2007, *DJ* 13.08.2007).

"O credor que possui bem penhorado para garantir a execução trabalhista, pode arrematar este mesmo bem, em execução movida por terceiros contra o mesmo executado, por gozar de crédito privilegiado, incidindo, assim, o art. 690, § 2º [art. 892, § 1º, do CPC/2015]" (STJ, RMS 20.386/PR, Rel. Min. Paulo Furtado, 3ª Turma, jul. 19.05.2009, *DJe* 03.06.2009).

"O credor hipotecário pode arrematar bem penhorado em execução de terceiro, aproveitando o crédito de que é titular, ou parte dele" (STJ, REsp 417.027/SP, Rel. Min. Ari Pargendler, 3ª Turma, jul. 11.04.2003, *DJ* 08.09.2003).

Art. 893. Se o leilão for de diversos bens e houver mais de um lançador, terá preferência aquele que se propuser a arrematá-los todos, em conjunto, oferecendo, para os bens que não tiverem lance, preço igual ao da avaliação e, para os demais, preço igual ao do maior lance que, na tentativa de arrematação individualizada, tenha sido oferecido para eles.

CPC/1973

Art. 691.

REFERÊNCIA LEGISLATIVA

LEF, art. 23, § 1º.

BREVES COMENTÁRIOS

Quando o leilão for realizado para a venda de vários bens e houver mais de um interessado, a preferência será daquele que se propuser a arrematar todos e conjunto. Nesse caso, pagará, em relação àqueles que não tiverem lance, valor igual ao da avaliação e, para os demais, o preço do maior lance.

JURISPRUDÊNCIA SELECIONADA

1. Preferência. "A lei faculta ao credor concorrer à licitação. Se o leilão for de diversos bens e houver mais de um lançador, será preferido aquele que se propuser a arrematá-los englobadamente, oferecendo ainda preço mais vantajoso" (TJSC, Ag. 2.813, Rel. Des. Hélio de Melo Mosimann, 2ª Câmara, jul. 23.10.1984, *JC* 47/307).

Art. 894. Quando o imóvel admitir cômoda divisão, o juiz, a requerimento do executado, ordenará a alienação judicial de parte dele, desde que suficiente para o pagamento do exequente e para a satisfação das despesas da execução.

§ 1º Não havendo lançador, far-se-á a alienação do imóvel em sua integridade.

§ 2º A alienação por partes deverá ser requerida a tempo de permitir a avaliação das glebas destacadas e sua inclusão no edital, e, nesse caso, caberá ao executado instruir o requerimento com planta e memorial descritivo subscritos por profissional habilitado.

CPC/1973

Art. 702.

BREVES COMENTÁRIOS

Quando o imóvel penhorado admitir cômoda divisão, o juiz, a requerimento do executado, ordenará a alienação judicial de parte dele, desde que suficiente para pagar o exequente e para satisfação das despesas da execução. Se, contudo, não houver lançador para a parte desmembrada, a alienação será feita sobre o imóvel em sua integridade. Essa modalidade de arrematação de imóvel por partes depende, outrossim, de avaliação prévia, também, por partes, sugerindo-se, com a apresentação do memorial descritivo, os possíveis desmembramentos para alienação (art. 872, § 1º).

JURISPRUDÊNCIA SELECIONADA

1. Penhora de parte ideal. "Não se admite a penhora de parte ideal de imóvel pertencente a um só dono. Os arts. 681, parágrafo único, e 702 do CPC [arts. 872 e 702 do CPC/2015] preveem o praceamento de parte certa – *pro diviso* –, e não de fração ideal de bem imóvel" (TAPR, Ag. 378/8, Rel. Juiz Ivan Righi, 51ª Câmara, jul. 19.11.1985, *RT* 605/191).

2. Penhora da totalidade do bem. "Ressalvada a posição do Relator, a Corte Especial assentou possível que os bens indivisíveis, de propriedade comum, sejam levados à hasta pública por inteiro, reservando à mulher a metade do preço alcançado" (STJ, REsp 439.542/RJ, Rel. Min. Carlos Alberto Menezes Direito, 3ª Turma, jul. 05.08.2003, *DJ* 01.09.2003).

Art. 895. O interessado em adquirir o bem penhorado em prestações poderá apresentar, por escrito:

I – até o início do primeiro leilão, proposta de aquisição do bem por valor não inferior ao da avaliação;

II – até o início do segundo leilão, proposta de aquisição do bem por valor que não seja considerado vil.

§ 1º A proposta conterá, em qualquer hipótese, oferta de pagamento de pelo menos vinte e cinco por cento do valor do lance à vista e o restante parcelado em até 30 (trinta) meses, garantido por caução idônea, quando se tratar de móveis, e por hipoteca do próprio bem, quando se tratar de imóveis.

§ 2º As propostas para aquisição em prestações indicarão o prazo, a modalidade, o indexador de correção monetária e as condições de pagamento do saldo.

§ 3º (VETADO).

§ 4º No caso de atraso no pagamento de qualquer das prestações, incidirá multa de dez por cento sobre a soma da parcela inadimplida com as parcelas vincendas.

§ 5º O inadimplemento autoriza o exequente a pedir a resolução da arrematação ou promover, em face do arrematante, a execução do valor devido, devendo ambos os pedidos ser formulados nos autos da execução em que se deu a arrematação.

§ 6º A apresentação da proposta prevista neste artigo não suspende o leilão.

§ 7º A proposta de pagamento do lance à vista sempre prevalecerá sobre as propostas de pagamento parcelado.

§ 8º Havendo mais de uma proposta de pagamento parcelado:

I – em diferentes condições, o juiz decidirá pela mais vantajosa, assim compreendida, sempre, a de maior valor;

II – em iguais condições, o juiz decidirá pela formulada em primeiro lugar.

§ 9º No caso de arrematação a prazo, os pagamentos feitos pelo arrematante pertencerão ao exequente até o limite de seu crédito, e os subsequentes, ao executado.

CPC/1973

Art. 690.

REFERÊNCIA LEGISLATIVA

CPC/2015, arts. 804 (execução; alienação ineficaz), 876 e 877 (adjudicação), 889, V (intimação do credor pignoratício, hipotecário, anticrético, fiduciário ou com penhora anteriormente averbada).

CTN, art. 130 (crédito tributário).

CJF – JORNADAS DE DIREITO PROCESSUAL CIVIL

II JORNADA

Enunciado 148 – No leilão eletrônico, a proposta de pagamento parcelado (art. 895 do CPC), observado o valor mínimo fixado pelo juiz, deverá ser apresentada até o início do leilão, nos termos do art. 886, IV, do CPC.

BREVES COMENTÁRIOS

A existência de proposta de aquisição em prestações não dispensa a hasta pública, sob pena de nulidade. É que, mesmo havendo proposta previamente apresentada em juízo, cabe tentar encontrar ofertas melhores no leilão. Embora seja admissível o parcelamento, sempre prevalecerá a proposta do pagamento do lance à vista sobre as propostas de pagamento parcelado.

Ocorrendo o parcelamento, nos respectivos vencimentos o adquirente recolherá em juízo o valor de cada prestação. Até o limite do crédito exequendo, os valores depositados pertencem ao exequente, que os levantará durante o curso do cumprimento dos termos previstos na arrematação. Havendo saldo restante, os depósitos serão destinados ao executado, a menos que existam outras penhoras sobre o bem, oportunidade em que o saldo sobejante da primeira sub-rogar-se-á às demais penhoras.

Sobre o atraso no pagamento das prestações, ver as notas do art. 897.

JURISPRUDÊNCIA SELECIONADA

1. Caução. "Não afronta as normas do art. 690 do CPC [art. 895 do CPC/2015] a aceitação de lanço independente de caução, eis que efetivado o pagamento no segundo dia útil subsequente. A irregularidade terá sido sanada com o pagamento, do qual a caução constituiria mera garantia" (TARS, Ap. 185.073.012, Rel. Juiz Élvio Schuch Pinto, 3ª Câmara, jul. 19.02.1986, *JTARS* 58/231).

"É possível o depósito do produto da arrematação em 24 horas, sem prestação de caução, por interpretação do art. 690, *caput*, do CPC [art. 895 do CPC/2015]" (TJMG, Ap. Cível 1.0024.06.251700-8/001, Rel.ª Des.ª Evangelina Castilho Duarte, jul. 26.02.2008).

2. Parcelamento. "Em que pese não desconhecer entendimentos diversos, entende-se que a arrematação levada a efeito, de forma parcelada, por valor inferior ao da avaliação, sem previsão no edital de tal forma e sem proposta por escrito como determina a lei, não deve ser mantida" (TJRS, AGI 70024109076, Rel. Francisco José Moesch, 21ª Câmara Cível, jul. 13.08.2008, *DJe* 16.09.2008).

Acordo entre credor e arrematante para parcelamento do preço pago. "Os devedores embargantes não demonstraram qualquer prejuízo pelo fato de terem sido acordadas entre credor e arrematante condições de pagamento parcelado do preço obtido na arrematação, superior ao valor da avaliação judicial, e imposta a dedução imediata, correndo por conta do credor os riscos pelo não pagamento. Como já decidiu esta Terceira Turma, não se tratando de 'nulidade *pleno iure* e nem havendo cominação de nulidade, devem ser considerados válidos e eficazes os atos que, mesmo realizados à margem das prescrições legais, tenham alcançado sua finalidade e não tenham redundado em efetiva lesão' (REsp 140.570/SP, Relator o Ministro Waldemar Zveiter, *DJ* de 5.4.99)" (STJ, REsp 557.467/SC, Rel. Min. Carlos Alberto Menezes Direito, 3ª Turma, jul. 01.06.2004, *DJ* 21.02.2005).

3. Depósito do lance. Recurso cabível. "A decisão que determina seja feito o depósito do lance, de imediato, preterindo um dos lances, é agravável" (STJ, REsp 240.054/SC, Rel. Min. Carlos Alberto Menezes Direito, 3ª Turma, *DJ* 09.10.2000).

4. Restituição do valor pago em excesso. Ver jurisprudência do art. 892, do CPC/2015.

5. Pagamento de tributos referentes ao bem arrematado. "Os créditos tributários relativos a impostos, cujo fato gerador seja a propriedade, sub-rogam-se na pessoa dos respectivos adquirentes (CTN, artigo 130, *caput*), mas, em se tratando de arrematação em hasta publica, a sub-rogação ocorre sobre o respectivo preço" (STJ, REsp 70.756/SP, Rel. Min. Garcia Vieira, 1ª Turma, jul. 19.02.1998, *DJ* 27.04.1998).

"O preço apurado na arrematação serve ao pagamento do IPTU incidente sobre o imóvel. Art. 130 do CTN. Precedentes" (STJ, REsp 447.308/SP, Rel. Min. Ruy Rosado de Aguiar, 4ª Turma, jul. 25.11.2002, *DJ* 19.12.2002). **No mesmo sentido, em relação ao IPVA:** STJ, REsp 1.128.903/RS, Rel. Min. Castro Meira, 2ª Turma, jul. 08.02.2011, *DJe* 18.02.2011.

6. Despesas condominiais. Responsabilidade pelo pagamento. "As dívidas condominiais anteriores à alienação judicial – não havendo ressalvas no edital de praça – serão quitadas com o valor obtido com a alienação judicial do imóvel, podendo o arrematante pedir a reserva de parte desse valor para o pagamento das referidas dívidas" (STJ, REsp 1.092.605/SP, Rel. Min. Nancy Andrighi, 3ª Turma, jul. 28.06.2011, *DJe* 01.08.2011).

"O arrematante de imóvel em condomínio responde pelas cotas condominiais em atraso, ainda que anteriores à aquisição" (STJ, AgRg no REsp 682.664/RS, Rel.ª Min.ª Nancy Andrighi, 3ª Turma, jul. 18.08.2005, *DJ* 05.09.2005). **No mesmo sentido:** STJ, REsp 829.312/RS, Rel. Min. Jorge Scartezzini, 4ª Turma, jul. 30.05.2006, *DJ* 26.06.2006; STJ, AgRg no AREsp 52.681/RS, Rel. Min. Sidnei Beneti, 3ª Turma, jul. 16.02.2012, *DJe* 12.03.2012 . **Todavia,** "Se a dívida constou do edital de praça, o arrematante é responsável pelos débitos condominiais anteriores à arrematação, **caso contrário, poderá ser feita a reserva de parte do produto da arrematação para a quitação da mesma**. Precedentes" (STJ, EDcl no REsp 1.044.890/RS, Rel. Min. Sidnei Beneti, 3ª Turma, jul. 02.12.2010, *DJe* 17.02.2011).

7. Nulidade. Prejuízo. "No que tange à nulidade da arrematação por desatendimento ao procedimento expresso no artigo 690 do Código de Processo Civil, tem-se que no direito processual civil vige como princípio vetor, quando se trata de invalidades, o aforismo segundo o qual elas não podem ser declaradas sem que tenham originado algum prejuízo (*pas de nullités sans grief*)" (STJ, AgRg no Ag 1.349.889/MG, Rel. Min. Sidnei Beneti, 3ª Turma, jul. 12.04.2011, *DJe* 26.04.2011).

Art. 896. Quando o imóvel de incapaz não alcançar em leilão pelo menos oitenta por cento do valor da avaliação, o juiz o confiará à guarda e à administração de depositário idôneo, adiando a alienação por prazo não superior a 1 (um) ano.

§ 1º Se, durante o adiamento, algum pretendente assegurar, mediante caução idônea, o preço da avaliação, o juiz ordenará a alienação em leilão.

§ 2º Se o pretendente à arrematação se arrepender, o juiz impor-lhe-á multa de vinte por cento sobre o valor da avaliação, em benefício do incapaz, valendo a decisão como título executivo.

§ 3º Sem prejuízo do disposto nos §§ 1º e 2º, o juiz poderá autorizar a locação do imóvel no prazo do adiamento.

§ 4º Findo o prazo do adiamento, o imóvel será submetido a novo leilão.

CPC/1973

Art. 701.

REFERÊNCIA LEGISLATIVA

CPC/2015, art. 784, XII (outros títulos extrajudiciais).

BREVES COMENTÁRIOS

No leilão de imóvel de incapaz, não se deferirá a arrematação se não houver lance de pelo menos 80% da avaliação. Não havendo quem se interesse pela arrematação, em tal base, a alienação forçada será adiada por prazo de até um ano, ficando o imóvel sob guarda e administração de depositário idôneo escolhido pelo juiz. Não há, no CPC/2015, a exigência de duas licitações que, no direito antigo, ocorria quando na primeira hasta pública não se obtinha lance superior ao previsto na avaliação (CPC/1973, art. 686, VI). Agora, mesmo no primeiro leilão já se pode apresentar lance abaixo da avaliação, mas não pode ser inferior ao preço mínimo estipulado pelo juiz ou pela lei (art. 891, parágrafo único). No caso de leiloamento de imóvel de incapaz, esse preço mínimo nunca será inferior a 80% do valor da avaliação (art. 896).

Não havendo interessados, o juiz poderá autorizar a locação do imóvel no prazo do adiamento. Da mesma forma, qualquer pretendente pode oferecer comprar o bem durante o adiamento, pagando multa de vinte por cento sobre o valor da avaliação, casos desista da arrematação.

JURISPRUDÊNCIA SELECIONADA

1. Procedimento. "Resultando negativos os leilões anteriores, é possível adotar critério que a própria lei estabelece para caso semelhante: o do art. 701 do CPC [art. 896 do CPC/2015]. Ficará a praça adiada por prazo não superior a um ano. Nesse período, se houver quem se proponha a lanço igual ao preço de avaliação, será imediatamente determinado que se realize, por forma regular, nova praça do imóvel. Se tal não ocorrer, nova praça se realizará da mesma forma, ao fim do prazo de suspensão" (ac. unân. da 12ª Câmara do TJSP, de 13.03.1984, no Ag. 71.688-2, Rel. Des. Prado Rossi, *RT* 587/93).

Art. 897. Se o arrematante ou seu fiador não pagar o preço no prazo estabelecido, o juiz impor-lhe-á, em favor do exequente, a perda da caução, voltando os bens a novo leilão, do qual não serão admitidos a participar o arrematante e o fiador remissos.

CPC/1973

Art. 695.

BREVES COMENTÁRIOS

São impedidos de lançar no novo leilão o arrematante e o fiador remissos, fato que ocorre quando o preço da arrematação a prazo não é pago no devido tempo.

Nas arrematações em prestações, diante do inadimplemento do arrematante, ao exequente cabem duas opções: (i) pedir a resolução da arrematação ou (ii) promover a execução do valor devido. Qualquer das duas medidas será promovida nos próprios autos do processo em que o leilão se realizou (art. 895, § 5º). Se preferir a primeira opção, o arrematante ou fiador perderão a caução em favor do exequente. Preferindo a segunda opção, a execução processar-se-á como cumprimento de decisão judicial, observado o rito e os acréscimos cabíveis, nos termos dos arts. 523 e 527. Havia no texto primitivo do art. 695 do CPC/1973 a previsão de uma multa de 20% para o caso de não pagamento do valor da arrematação, sanção que foi excluída do texto legal, ainda na vigência do Código anterior, pela Lei nº 11.382/2006, regime que o CPC/2015 manteve. A velha regra, portanto, só tem aplicação em direito intertemporal, ou seja, nas arrematações ocorridas antes da Lei 11.382 (TJRS, Ap. Cível 70025077066, *DJe* 11.11.2008). Ressalva-se, porém, a arrematação de imóvel de incapaz, em relação à qual o Código atual continua punindo a desistência do arrematante com a multa de 20% do valor da avaliação, conforme o disposto no seu art. 896, § 2º. Há, ainda, uma distinção a ser feita entre a arrematação apenas a prazo (art. 897) e a arrematação em prestações (art. 895): *(i)* embora a arrematação tenha de ser, normalmente, com pagamento à vista, há permissão ao juiz de conceder algum prazo ao arrematante (art. 892), hipótese em que o inadimplemento provoca resolução da alienação (art. 903, § 1º, III), voltando os bens a novo leilão, com perda da caução, mas sem aplicação de multa (art. 897); *(ii)* a arrematação em prestações é modalidade prevista no art. 895, na qual o atraso no pagamento de qualquer das prestações, se o exequente não preferir a resolução da arrematação, provocará a aplicação de multa de 10% sobre a soma das parcelas inadimplidas com as parcelas vincendas (art. 895, § 4º), acarretando a execução do valor devido nos mesmos autos do processo em que a arrematação se deu (art. 895, § 5º).

JURISPRUDÊNCIA SELECIONADA

1. Dilação de prazo para pagamento. "Não havendo previsão legal para dilação do prazo de pagamento da arrematação, esta não deve ser perfectibilizada/homologada, incidindo o disposto no art. 695, do CPC [art. 897 do CPC/2015]. Caso em que o pedido de adjudicação e alienação do bem praceado mostra-se intempestivo, consoante o art. 686 do CPC [art. 886 do CPC/2015]" (TJRS, AgIn 70024075202, Rel.ª Elaine Harzheim Macedo, 17ª Câmara Cível, jul. 12.06.2008, *DJe* 26.06.2008).

2. Direito intertemporal. Multa. Arrematação anterior à Lei 11.382/2006. "A desistência da arrematante em razão de expectativa frustrada de venda de outro imóvel é matéria estranha à lide, passível de aplicação da multa prevista no art. 695 do CPC [art. 897 do CPC/2015], notadamente quando não comprovados os fatos alegados" (TJRS, Ap. Cível 70025077066, Rel. Angelo Maraninchi Giannakos, 15ª Câmara Cível, jul. 05.11.2008 *DJe* 11.11.2008).

Art. 898. O fiador do arrematante que pagar o valor do lance e a multa poderá requerer que a arrematação lhe seja transferida.

CPC/1973

Art. 696.

BREVES COMENTÁRIOS

Se o inadimplemento for apenas do arrematante, o fiador que houver pagado o valor do lanço poderá requerer ao juiz da execução que a arrematação lhe seja transferida. Caso isto ocorra, o juiz autorizará a lavratura de termo nos autos para documentar a transferência da arrematação ao fiador, em favor do qual se expedirá a competente carta ou mandado de entrega do bem arrematado.

JURISPRUDÊNCIA SELECIONADA

1. Transferência da arrematação para o fiador. "(...). O art. 696 [art. 898 do CPC/2015], por seu turno, preceitua que o fiador do arrematante, que pagar o valor do lanço e a multa, poderá requerer que a arrematação lhe seja transferida. Assim, a transferência da arrematação é feita ao fiador do arrematante, inexistente no caso dos autos, e não ao credor, que não pagou o valor do lanço e a multa. É verdade que Pontes de Miranda se refere a aquisição pelo fiador, ou por outro terceiro. Todavia, o credor é parte no processo de execução, não podendo ser equiparado a terceiro. Por outro lado, ao contrário do que foi sustentado pelo credor, este não tem preferência sobre os bens penhorados, mas, sim, sobre o produto da alienação desses mesmos bens" (1º TA Cível SP, Ag. 358.870, Rel. Juiz Renato Takiguthi, 7ª Câmara Cível, jul. 02.12.1986; *JTACiv.SP* 103/92).

Art. 899. Será suspensa a arrematação logo que o produto da alienação dos bens for suficiente para o pagamento do credor e para a satisfação das despesas da execução.

CPC/1973

Art. 692, parágrafo único.

BREVES COMENTÁRIOS

A aplicação da norma contida do art. 899 pressupõe que a penhora tenha incidido sobre vários bens, e que o valor do crédito seja satisfeito com o produto da arrematação de apenas um ou alguns deles. Não teria sentido prosseguir no leilão de outros bens constritos, porque a expropriação só se justifica como meio de realizar o crédito exequendo. Atingido esse objetivo, os bens remanescentes terão de ser liberados em favor do executado.

Art. 900. O leilão prosseguirá no dia útil imediato, à mesma hora em que teve início, independentemente de novo edital, se for ultrapassado o horário de expediente forense.

CPC/1973

Art. 689.

BREVES COMENTÁRIOS

O horário de expediente forense, dentro do qual deve realizar-se o leilão, é aquele determinado pela lei de organização judiciária.

Art. 901. A arrematação constará de auto que será lavrado de imediato e poderá abranger bens penhorados em mais de uma execução, nele mencionadas as condições nas quais foi alienado o bem.

§ 1º A ordem de entrega do bem móvel ou a carta de arrematação do bem imóvel, com o respectivo mandado de imissão na posse, será expedida depois de efetuado o depósito ou prestadas as garantias pelo arrematante, bem como realizado o pagamento da comissão do leiloeiro e das demais despesas da execução.

§ 2º A carta de arrematação conterá a descrição do imóvel, com remissão à sua matrícula ou individuação e aos seus registros, a cópia do auto de arrematação e a prova de pagamento do imposto de transmissão, além da indicação da existência de eventual ônus real ou gravame.

CPC/1973

Arts. 693 e 703.

REFERÊNCIA LEGISLATIVA

CPC/2015, arts. 515, I (títulos judiciais; sentença proferida no processo civil), e 826 (remição requerida pelo executado); 877, § 3º e 902 (remição do imóvel hipotecado pelo executado).

BREVES COMENTÁRIOS

Tão logo seja concluída a alienação, será imediatamente lavrado auto de arrematação, que poderá abranger bens penhorados em mais de uma execução, nele mencionadas as condições nas quais foi alienado o bem (art. 901). A ordem de entrega do bem móvel ou a carta de arrematação do bem imóvel, com o respectivo mandado de imissão na posse, será expedida depois de cumpridas as seguintes providências: *(i)* depósito do preço da arrematação, ou prestadas as garantias pelo arrematante; e *(ii)* pagamento da comissão do leiloeiro e das demais despesas da execução (art. 901, § 1º). Se o preço não for pago no prazo estabelecido ou se não for oferecida caução idônea, em caso de pagamento parcelado (art. 895, § 1º), a arrematação poderá ser resolvida (art. 903, § 1º, III).

O § 2º do art. 901 explicita que na carta de arrematação figurará o auto de arrematação por cópia, e não em original, bem como conterá "a prova de quitação do imposto de transmissão".

Em correta aplicação da legislação tributária (CTN, art. 130, parágrafo único), a jurisprudência, mesmo antes da Lei nº 11.382/2006, já vinha interpretando a exigência do art. 703 do CPC/1973 como se referindo apenas aos impostos incidentes sobre a própria arrematação, isto é, "os impostos sobre a transmissão do bem". As demais obrigações tributárias acaso existentes deverão sub-rogar-se no preço apurado na arrematação, de sorte a permitir que o bem passe ao arrematante livre de qualquer outro encargo tributário, que não seja o imposto de transmissão. O mesmo raciocínio deve ser aplicado ao certificado de quitação da previdência social. Sua exigência só é lícita quando o ato é praticado pela empresa contribuinte ou vinculada ao sistema previdenciário. Sendo a arrematação uma alienação forçada, em que o transmitente é o Estado e não o executado, não há como condicionar a expedição da carta à exibição de certificado de quitação para com o INSS.

JURISPRUDÊNCIA SELECIONADA

1. Arrematação.

Débitos anteriores. "Sentença que concedeu ordem para afastar da arrematante qualquer responsabilidade tributária anterior à arrematação do bem, determinando a expedição de certidão negativa de débito anterior à arrematação – Imóvel adquirido em hasta pública –Inteligência do art. 130, $ único do Código Tributário Nacional – Ausência de responsabilidade tributária do arrematante por eventuais débitos anteriores à arrematação." (TJSP, Ap 1059260-36.2017.8.26.0053, Rel. Des. Fortes Muniz, 15ª Câmara de Direito Público, julg. 14.03.2019, *DJeSP* 18.03.2019). No mesmo sentido: REsp 1.197.824/RJ, Rel. Min. Marco Buzzi, 4ª Turma, jul. 18.10.2016, *DJe* 28.10.2016.

Responsabilidade tributária. Previsão expressa em edital. "O Superior Tribunal de Justiça possui o entendimento de que, havendo previsão expressa no edital de hasta pública, o arrematante fica responsável pelos débitos tributários pretéritos do bem arrematado. Precedentes: AgInt nos EDcl no AREsp 1.615.909/SP, Rel. Ministro Mauro Campbell Marques, Segunda Turma, DJe 24/11/2020; AgInt no REsp 1.845.861/SP, Rel. Ministro Og Fernandes, Segunda Turma, *DJe* 20.5.2020; AgInt no AREsp 132.866/RJ, Rel. Ministro Napoleão Nunes Maia Filho, Primeira Turma, *DJe* 30.5.2019; AgRg no AREsp 248.454/SP, Rel. Ministro Arnaldo Esteves Lima, Primeira Turma, *DJe* 12.9.2013" (STJ, AgInt nos EDcl no REsp 1827090/SP, Rel. Min. Sérgio Kukina, 1ª Turma, jul. 29.03.2021, *DJe* 08.04.2021).

"A teor do art. 130 e seu parágrafo único do CTN, operando-se a transmissão do imóvel por venda em hasta pública, os créditos tributários referentes a impostos, taxas e contribuição de melhoria sub-rogam-se sobre o preço depositado pelo adquirente" (STJ, REsp 39.122/SP, Rel. Min. Peçanha Martins, 2ª Turma, jul. 19.08.1996, *DJ* 21.10.1996). **No mesmo sentido:** STF, RE 87.550/RS, Rel. Min. Cordeiro Guerra, 2ª Turma, jul. 15.12.1978, *RTJ* 89/272.

Laudêmio. Pagamento. Repetição de indébito. Legitimidade. "No caso em questão, a obrigação de pagar o laudêmio do imóvel arrematado em hasta pública foi da arrematante, uma vez que prevista em edital e na Carta de Arrematação, conforme consta no acórdão de origem (fls. 130-131, e-STJ). Dessa forma, nos casos de arrematação de imóvel em hasta pública, a obrigação pelo recolhimento do laudêmio é de responsabilidade do arrematante, quando previsto no edital do leilão e na carta de arrematação. Nessa hipótese, o arrematante possui, também, legitimidade ativa para pleitear repetição do indébito" (STJ, EDcl no REsp. 1.781.946/SE, Rel. Min. Herman Benjamin, 2ª Turma, jul. 27.02.2024, *DJe* 27.05.2024).

Base de cálculo do ITBI. "O STJ tem jurisprudência pacífica no sentido de que, em se tratando de alienação judicial, o valor venal, para os fins da incidência de ITBI, é aquele obtido na arrematação em hasta pública. Precedentes: AgRg no AREsp n. 348.597/MG, relator Ministro Og Fernandes, Segunda Turma, julgado em 10/3/2015, *DJe* de 16/3/2015 e REsp n. 2.525/PR, relator Ministro Armando Rolemberg, Primeira Turma, julgado em 21/5/1990, *DJ* de 25/6/1990, p. 6027" (STJ, REsp. 1.996.625/PR, Rel. Min. Francisco Falcão, 2ª Turma, jul. 13.06.2023, *DJe* 16.06.2023).

2. Auto de arrematação é o termo inicial de recebimento de aluguéis oriundos do bem arrematado. "O arrematante de imóvel tem o direito de receber os valores relativos ao aluguel a partir da lavratura do auto de arrematação, não sendo preciso esperar o registro no cartório do registro de imóveis, e o pagamento de aluguéis não envolve discussão acerca da licitude ou ilicitude da conduta do ocupante. O ressarcimento é devido por força da determinação legal segundo a qual a ninguém é dado enriquecer sem causa à custa de outrem, usufruindo de bem alheio sem contraprestação. Incidência da Súmula 83/STJ. No caso, a agravante usufruiu do imóvel, após sua arrematação pelo agravado, ensejando, dessa maneira, sua condenação a indenizá-lo pela ocupação do bem, no período compreendido entre a lavratura do auto de arrematação e a entrega das chaves ao novo proprietário" (STJ, AgInt no REsp 1.671.381/DF, Rel. Min. Marco Buzzi, 4ª Turma, jul. 30.03.2020, *DJe* 01.04.2020).

3. Arrematação. Débitos tributários constituídos após a titularidade do bem. "Consistindo a arrematação em aquisição originária, e tendo os créditos tributários cobrados sido constituídos após a titularidade do bem passar ao arrematante, afigura-se inegável a ilegitimidade passiva da anterior proprietária para responder pela dívida, ainda que formalmente continue figurando como tal na matrícula do imóvel" (TJRS, Ap. 5000528-77.2020.8.21.0101/RS, Rel. Des. Armínio José Abreu Lima da Rosa, 21ª Câm. Cível, *DJ* 06.10.2021).

"Constou expressamente do acórdão recorrido que: 'Assim, se depois de formalizada a arrematação ela é considerada perfeita, ainda que haja morosidade dos mecanismos judiciais na expedição da carta de arrematação, para a devida averbação no RGI, o entendimento é no sentido de que os débitos fiscais deverão ser suportados pelo arrematante'. Esse entendimento não merece reparo. Isso porque a regra contida no art. 130, parágrafo único, do CTN não afasta a responsabilidade do arrematante no que concerne aos débitos de IPTU posteriores à arrematação, ainda que postergada a respectiva imissão na posse" (STJ, AgInt no REsp 1.921.489/RJ, Rel. Min. Mauro Campbell Marques, 2ª Turma, jul. 28.02.2023, *DJe* 07.03.2023).

4. Recebimento do preço pelo exequente. "Enquanto a arrematação não for completada com a entrega dos bens ao arrematante, o credor exequente não tem direito ao recebimento do preço" (TA Cível SP, AI 349.273, Rel. Juiz Maurício Vidigal, jul. 04.12.1985, *RT* 605/100).

5. Imissão na posse de imóvel. Ação própria. Desnecessidade. "Ao adquirente do imóvel arrematado em execução não se exige a propositura de nova ação para imitir-se na posse do bem, podendo fazê-lo nos autos do processo executivo por meio de mandado judicial. Precedentes" (STJ, REsp 742.303/MG, Rel. Min. Aldir Passarinho Junior, 4ª Turma, jul. 30.05.2006, *DJ* 26.06.2006). **No mesmo sentido:** STJ, EDcl no REsp 469.678/RS, Rel. Min. José Delgado, 1ª Turma, jul. 18.03.2003, *DJ* 14.04.2003; STJ, REsp 742.303/MG, Rel. Min. Aldir Passarinho Junior, 4ª Turma, jul. 30.05.2006, *DJ* 26.06.2006; STJ, AgRg no REsp 328.441/PB, Rel. Min. Vasco Della Giustina, 3ª Turma, jul. 11.05.2010, *DJe* 25.05.2010.

Arrematação. Imóvel locado. "A tese sedimentada nas instâncias ordinárias e no STJ foi no sentido de que, em se tratando de uma aquisição originária (arrematação em hasta pública), a existência de um contrato de locação, sem registro, não obriga o adquirente que pode ser imitido na posse. Dispensa da ação de despejo própria para atender às aquisições obrigacionais (contrato), quando a locação, pelo registro, pode se impor ao terceiro adquirente" (STJ, EDcl nos EDcl no AgRg no REsp 1.075.591/RS, Rel. Min. Eliana Calmon, 2ª Turma, jul. 10.11.2009, *DJe* 19.11.2009).

Mandado de segurança. "Acórdão que defere imissão de posse em favor do arrematante de imóvel, imissão executada por mandado, com o imediato desalojamento da companheira do executado. Impossibilidade do uso, pela companheira, da ação de mandado de segurança à guisa de embargos de terceiro possuidor, ou como sucedâneo de ação possessória" (STJ, RMS 431/RJ, Rel. Min. Athos Carneiro, 4ª Turma, jul. 14.08.1990, *DJ* 10.09.1990).

Imissão na posse de imóvel. Posse *pro indiviso* ou *pro diviso*. Irrelevância. "Arrematação. Imissão na posse. O arrematante pode obter do juízo mandado de imissão na posse do imóvel arrematado, independentemente de outras providências. A circunstância de estar sendo a posse exercida *pro diviso* ou *pro indiviso*, assim como não impediu a penhora e o depósito, não é causa suficiente para obstar a ordem judicial para que o depositário transfira aos arrematantes a posse que exerce" (STJ, REsp 116.798/GO, Rel. Min. Ruy Rosado de Aguiar, 4ª Turma, jul. 15.04.1997, *DJ* 12.05.1997).

6. Despesas condominiais anteriores. Responsabilidade pelo pagamento. "A jurisprudência desta Corte é firme no sentido de que o arrematante de imóvel em condomínio é responsável pelo pagamento das despesas condominiais vencidas, ainda que estas sejam anteriores à arrematação" (STJ, EDcl no REsp 1.280.332/SP, Rel. Min. Sidnei Beneti, 3ª Turma, jul. 13.08.2013, *DJe* 05.09.2013.).

Ver jurisprudência dos arts. 784, X, e 903 do CPC/2015

7. Carta de arrematação (§ 1º). "A expedição da carta de arrematação depende da quitação integral do bem arrematado, nos termos do art. 693, parágrafo único, do Código de Processo Civil [art. 901, § 1º, do CPC/2015]" (TJRS, AGI 70023894629, Rel. Umberto Guaspari Sudbrack, 5ª Câmara Cível, jul. 16.07.2008, *DJe* 22.07.2008).

"Pagamento do valor da arrematação efetuado. Pretensão à expedição da carta de arrematação. Admissibilidade Art. 693, parágrafo único, do CPC [art. 901, § 1º, do CPC/2015] . Prazo para remição, previsto no art. 788 do CPC, revogado pela Lei nº 11 382/06. Expedição da carta de arrematação determinada, com a consequente expedição de mandado de imissão na posse em favor dos agravantes. Agravo provido" (TJSP, AgIn 7279944500, Rel. Des. Salles Vieira, 24ª Câmara Dir. Priv., jul. 16.10.2008, *DJe* 19.11.2008).

8. Alienação. Preservação do direito do arrematante. Confiabilidade e segurança das hastas públicas. "Hipótese em que houve a arrematação judicial de cabeças de gado mas, devido à inexistência de cerca divisória, parte do rebanho foi manejado para fazenda vizinha, de propriedade de empresa em recuperação judicial. (...). Deve-se assegurar o direito do arrematante e, mais do que isso, preservar a confiabilidade e segurança das hastas públicas, chanceladas pelo Poder Judiciário" (STJ, Rcl 5.959/SP, Rel.ª Min.ª Nancy Andrighi, 2ª Seção, jul. 14.12.2011, *DJe* 19.12.2011).

9. Expedição da carta de arrematação. Impossibilidade de desconstituição da alienação nos próprios autos "Após a expedição da carta de arrematação, não pode a desconstituição da alienação ser feita nos próprios autos de execução, mas sim por meio de ação própria" (STJ, REsp 1.219.093/PR, Rel. Min. Ricardo Villas Bôas Cueva, 3ª Turma, jul. 27.03.2012, *DJe* 10.04.2012).

10. Arrematação sem efeito. Obrigação propter rem. Edital de praça. Omissão. Ver jurisprudência do art. 903 do CPC/2015.

Art. 902. No caso de leilão de bem hipotecado, o executado poderá remi-lo até a assinatura do auto de arrematação, oferecendo preço igual ao do maior lance oferecido.

Parágrafo único. No caso de falência ou insolvência do devedor hipotecário, o direito de remição previsto no *caput* defere-se à massa ou aos credores em concurso, não podendo o exequente recusar o preço da avaliação do imóvel.

BREVES COMENTÁRIOS

Tal como ocorre na adjudicação (art. 877, § 3º), o CPC/2015 abriu a possibilidade de o executado, também na arrematação, remir o bem, no caso de leilão de bem hipotecado, até a assinatura do auto de arrematação (art. 902). Para tanto, ele deverá oferecer preço igual ao do maior lance oferecido. No caso de falência ou insolvência do devedor hipotecário, o direito de remição do bem hipotecado defere-se à massa ou aos credores em concurso, não podendo o exequente recusar o preço da avaliação do imóvel (art. 902, parágrafo único).

Havia, também, a previsão no direito material da remição do bem hipotecado alienado a terceiro, hipótese em que o Código Civil regulava, prevendo direito do executado de resgatá-lo, inclusive no caso arrematação na execução hipotecária (art. 1.482). O dispositivo da lei material foi revogado pela atual lei processual. Isto, porém, não eliminou a remição do bem hipotecado da ordem jurídica nacional, porque a figura jurídica passou a ser regulada pelos arts. 877, § 3º, e 902 do CPC/2015, que cuidam, respectivamente, da remição nos casos de adjudicação e de arrematação.

Art. 903. Qualquer que seja a modalidade de leilão, assinado o auto pelo juiz, pelo arrematante e pelo leiloeiro, a arrematação será considerada perfeita, acabada e irretratável, ainda que venham a ser julgados procedentes os embargos do executado ou a ação autônoma de que trata o § 4º deste artigo, assegurada a possibilidade de reparação pelos prejuízos sofridos.

§ 1º Ressalvadas outras situações previstas neste Código, a arrematação poderá, no entanto, ser:

I – invalidada, quando realizada por preço vil ou com outro vício;

II – considerada ineficaz, se não observado o disposto no art. 804;

III – resolvida, se não for pago o preço ou se não for prestada a caução.

§ 2º O juiz decidirá acerca das situações referidas no § 1º, se for provocado em até 10 (dez) dias após o aperfeiçoamento da arrematação.

§ 3º Passado o prazo previsto no § 2º sem que tenha havido alegação de qualquer das situações previstas no § 1º, será expedida a carta de arrematação e, conforme o caso, a ordem de entrega ou mandado de imissão na posse.

§ 4º Após a expedição da carta de arrematação ou da ordem de entrega, a invalidação da arrematação poderá ser pleiteada por ação autônoma, em cujo processo o arrematante figurará como litisconsorte necessário.

§ 5º O arrematante poderá desistir da arrematação, sendo-lhe imediatamente devolvido o depósito que tiver feito:

I – se provar, nos 10 (dez) dias seguintes, a existência de ônus real ou gravame não mencionado no edital;

II – se, antes de expedida a carta de arrematação ou a ordem de entrega, o executado alegar alguma das situações previstas no § 1º;

III – uma vez citado para responder a ação autônoma de que trata o § 4º deste artigo, desde que apresente a desistência no prazo de que dispõe para responder a essa ação.

§ 6º Considera-se ato atentatório à dignidade da justiça a suscitação infundada de vício com o objetivo de ensejar a desistência do arrematante, devendo o suscitante ser condenado, sem prejuízo da responsabilidade por perdas e danos, ao pagamento de multa, a ser fixada pelo juiz e devida ao exequente, em montante não superior a vinte por cento do valor atualizado do bem.

CPC/1973

Art. 694.

BREVES COMENTÁRIOS

Uma importante inovação do CPC/1973, mantida pelo CPC/2015, foi a explicitação de que os embargos do executado, ainda pendentes, não impedem que a arrematação, com o auto, se aperfeiçoe, tornando-se irretratável. Nem mesmo a sentença de procedência dos embargos, proferida ulteriormente à arrematação, comprometerá, por si só, a eficácia da alienação judicial (art. 903). Da mesma forma, a ação autônoma em que se pleiteia a invalidação da arrematação não impede seu aperfeiçoamento (novidade trazida pelo CPC/2015). O efeito operará apenas entre executado e exequente. Em ambos os casos, fica assegurada ao executado a possibilidade de reparação pelos prejuízos sofridos em face do exequente (art. 903, *caput* e § 4º). Excepcionalmente, no entanto, prevê o CPC/2015 casos de desconstituição da arrematação (art. 903, § 1º).

O CPC/2015 extinguiu os embargos de arrematação, alienação e adjudicação, previstos no art. 746 do CPC/1973, e, em seu lugar, previu a possibilidade: (i) de impugnação em dez dias nos próprios autos (art. 903, § 2º); e (ii) de ação autônoma de invalidação, após a expedição da carta de arrematação (art. 903, § 4º). Estes expedientes não estão, outrossim, restritos à arrematação, mas podem dizer respeito também à alienação por iniciativa particular e à adjudicação.

Neles não se comporta uma discussão ampla como a que se faz por meio dos embargos à execução. Apenas os atos executivos da alienação judicial (arrematação e adjudicação) se sujeitam a questionamento nessa altura da execução por quantia certa. Pode, é verdade, arguir-se vício de ordem pública que afete a validade e regularidade do procedimento, mas desde que reflita sobre a validade ou eficácia da expropriação, a exemplo do previsto no art. 518. Por outro lado, ao falar o § 1º do art. 903 em invalidação, ineficácia e resolução do ato de arrematação, em regra que se estende também à adjudicação, evidenciado fica que todo tipo de vício, anterior ou posterior ao ato alienatório, bem como seus efeitos podem ser atacados pela impugnação autorizada pelo *caput* do mesmo artigo.

JURISPRUDÊNCIA SELECIONADA

1. Arrematação perfeita e acabada. "Com o intuito de conferir estabilidade à arrematação, o artigo 694, *caput*, do CPC/1973 [art. 903 do CPC/2015] estabelece que, assinado o auto pelo juiz, arrematante e serventuário da Justiça ou leiloeiro, a arrematação considerar-se-á perfeita, acabada e irretratável. No mesmo diapasão, na vigência do CPC/2015, o art. 903 do CPC estabelece que qualquer que seja a modalidade de leilão, assinado o auto pelo juiz, pelo arrematante e pelo leiloeiro, a arrematação será considerada perfeita, acabada e irretratável, ainda que venham a ser julgados procedentes os embargos do executado ou a ação autônoma (anulatória) de que trata o § 4º deste artigo, assegurada a possibilidade de reparação pelos prejuízos sofridos" (STJ, REsp 1.763.376/TO, Rel. Min. Luis Felipe Salomão, 4ª Turma, jul. 18.08.2020, *DJe* 16.11.2020).

Agravo de instrumento. "Quando assina o auto de arrematação, o juiz materializa decisão interlocutória que pode ser desafiada por agravo de instrumento manejado pelo credor exequente" (STJ, REsp 130.398/SP, Rel. Min. Humberto Gomes de Barros, 1ª Turma, jul. 01.09.1998, *DJ* 09.11.1998).

2. Arrematação. Intimação do executado. Desnecessidade. "Precedentes há, do STJ, pela desnecessidade de intimação dos devedores, quanto à arrematação do bem, uma vez inexistente dispositivo legal que assim o exija. Com efeito, 'devidamente intimados da realização da praça, não há dispositivo legal que exija a intimação dos executados da ocorrência de arrematação, estando a matéria regulada pelos artigos 693 e 694 do Código de Processo Civil [arts. 901 e 903 do CPC/2015]' (RMS 12.991/PB, Rel. Ministro Carlos Alberto Menezes Direito, Terceira Turma, *DJe* 10.3.2003)" (STJ, REsp 1.656.436/SE, Rel. Min. Herman Benjamin, 2ª Turma, jul. 18.04.2017, *DJe* 02.05.2017).

3. Credores com garantia real ou com penhoras anteriores. Necessidade de cientificação. Interesse do executado. Ausência. "O executado não possui interesse em requerer a nulidade da arrematação com fundamento na ausência de intimação de credores com garantia real ou penhora anteriormente averbada, pois a consequência jurídica derivada dessa omissão do Juízo é a decretação de ineficácia do ato expropriatório em relação ao credor preterido, não gerando repercussão negativa na esfera econômica do devedor" (STJ, REsp 1.677.418/MS, Rel. Min. Nancy Andrighi, 3ª Turma, jul. 08.08.2017, *DJe* 14.08.2017).

4. Duas arrematações sobre um único imóvel. Registro. "A carta de arrematação é o título de domínio, mas este só se transfere com o registro daquela no Cartório de Registro de Imóveis. Havendo duas arrematações sobre o mesmo bem imóvel, a carta de arrematação que primeiro for registrada definirá qual será o Juízo competente para decidir eventuais demandas possessórias" (STJ, CC 105.386/RN, Rel. Min. Sidnei Beneti, 2ª Seção, jul. 08.09.2010, *DJe* 15.09.2010). **Entretanto,** "Assinado o auto de arrematação de bem imóvel, não pode ele ser objeto de posterior penhora em execução fiscal movida contra o proprietário anterior, **mesmo que ainda não efetivado o registro da respectiva carta no registro imobiliário**. Precedentes do STJ" (STJ, REsp 866.191/SC, Rel. Min. Teori Albino Zavascki, 1ª Turma, jul. 22.02.2011, *DJe* 28.02.2011).

"Inviável realizar praça do imóvel penhorado quando este já tenha sido alvo de anterior e regular arrematação. A circunstância de a carta, concernente à segunda arrematação, ter sido transcrita no registro imobiliário não tem virtude de tornar válido o ato, por isso que o registro é contaminado pela nulidade absoluta do título" (STJ, REsp 12.439/MG, Rel. Min. Costa Leite, 3ª Turma, jul. 08.02.1994, *DJ* 23.05.1994).

Pretensão de automático cancelamento, pelo juízo da arrematação, de registros imobiliários e de constrições judiciais ordenadas por juízos diversos no interesse de terceiros. Inviabilidade. "O juízo da execução, na qual ocorreu a arrematação, autoridade impetrada, não detém competência para o desfazimento ou cancelamento automático de constrições e registros imobiliários determinados por outros juízos de mesma hierarquia. Os titulares dos direitos decorrentes das decisões judiciais proferidas em outros processos, as quais geraram as constrições e registros imobiliários que os impetrantes-arrematantes pretendem cancelar, têm direito (este sim, líquido e certo) ao devido processo legal, com seus consectários, inclusive contraditório e ampla defesa" (STJ, RMS 48.609/MT, Rel. Min. Raul Araújo, 4ª Turma, jul. 19.05.2016, *DJe* 08.06.2016).

5. Remição. Prazo. "O prazo de 24 horas após a realização do leilão não é fatal para o requerimento de remição, que poderá ser feito antes da elaboração do auto de arrematação. O termo de praça não substituiu o auto de arrematação, imprescindível para a perfectibilização do ato (CPC, art. 694) [art. 903 do CPC/2015]. Não é extemporâneo o depósito feito pelo remitente 24 horas após a ciência da atualização do cálculo" (TAPR, AI 79.234-3, Rel. Juiz Clayton Camargo, 5ª Câmara Cível, jul. 16.08.1995). **Jurisprudência anterior à vigência da Lei nº 11.382/2006.**

Ver jurisprudência do art. 826 do CPC/2015.

6. Arrematação invalidade.

a) Anulação da arrematação *ex officio* (§ 1º, inciso I). "A nulidade da arrematação pode ser declarada de ofício pelo Juízo ou a requerimento do interessado, por simples petição, nos próprios autos da execução, **dispensada a oposição dos embargos à arrematação**. Conquanto não seja caso de ajuizamento dos embargos de segunda fase, não deixará o Juízo de conhecer da nulidade decorrente da arrematação por preço vil e declará-la porque suscitada por esse meio" (STJ, REsp 100.706/RO, Rel. Min. Sálvio de Figueiredo Teixeira, 4ª Turma, jul. 29.10.1998, *DJ* 01.03.1999). **No mesmo sentido:** STJ, REsp 79.149/DF, Rel. Min. Francisco Peçanha Martins, 2ª Turma, jul. 19.03.2002, *DJ* 24.06.2002; TJSC, AI 9.630, Rel. Des. Nilton Machado, 1ª Câmara Cível, ac. 30.05.1995; STJ, REsp 130911/SP, Rel. Min. João Otávio de Noronha, 2ª Turma, jul. 02.12.2004, *DJ* 28.02.2005.

Erro de grafia. Mera irregularidade. "O erro de grafia da parte executada é mera irregularidade e não vicia o edital de arrematação" (STJ, REsp 1.080.969/RS, Rel. Min. Eliana Calmon, 2ª Turma, jul. 16.06.2009, *DJe* 29.06.2009).

"**A indevida inserção de outro crédito, às vésperas da praça, e de ser tida como irregular. Não é causa, entretanto, de nulidade da arrematação.** Poderiam os devedores se insurgir contra a entrega, ao credor, da importância que ultrapassasse o valor objeto da execução, com acessórios, mas não desconstituir aquele ato" (REsp 85.471/AL, Rel. Min. Eduardo Ribeiro, 3ª Turma, jul. 06.05.1997, *DJ* 09.06.1997).

b) Ação anulatória. Ação autônoma. "É firme a jurisprudência desta Corte no sentido de que a arrematação pode ser impugnada nos próprios autos da execução, mediante petição do interessado, ou invalidada, de ofício, caso haja nulidade, sendo certo que, após expedida a respectiva carta, a sua desconstituição deve ser pleiteada na via própria, isto é, por meio de ação anulatória. Se a ação anulatória só tem cabimento após expedida a carta de arrematação, o termo inicial para a contagem do prazo decadencial para a propositura desse tipo de demanda deve ser a data de expedição da carta" (STJ, EREsp 1.655.729/PR, Rel. Min. Maria Thereza de Assis Moura, Corte Especial, jul. 21.02.2018, *DJe* 28.02.2018).

"Pedido de anulação do ato após a expedição da carta de arrematação. Impossibilidade. A pretensão da agravante somente poderá ser discutida, e decidida, por meio de ação adequada, nos termos do art. 903, § 4º, do novo Código de Processo Civil" (TJSP, Agravo de Instrumento 2070378-83.2019.8.26.0000, Rel. Des. Maria de Lourdes Lopez Gil, 7ª Câmara de Direito Privado, jul. 30.10.2019, *DJe* 30.10.2019). **No mesmo sentido:** TJRS, Agravo de Instrumento 70082058165, Rel. Des. Ergio Roque Menine, 16ª Sexta Câmara Cível, jul. 03.09.2019, *DJe* 04.04.2019; TJRS, Agravo de Instrumento 70081526527, Rel. Des. Jerson Moacir Gubert, 15ª Câmara Cível, jul. 31.07.2019, *DJe* 06.08.2019.

Adjudicação. Privilégio de crédito tributário. Intervenção anômala. União (Fazenda Nacional). Impossibilidade. Recurso manejado após transferência da propriedade com o registro imobiliário da adjudicação. Desconstituição. Necessidade de ação própria. Ver jurisprudência do art. 877 do CPC/2015.

"O desfazimento da arrematação por vício de nulidade, segundo a jurisprudência consagrada no Superior Tribunal de Justiça, pode ser declarado de **ofício pelo juiz ou a requerimento da parte interessada nos próprios autos da execução**. Esse posicionamento comporta exceção. Quando já houver sido **expedida a carta de arrematação** e transferida a propriedade do bem com o registro no Cartório de Imóveis, não é possível desconstituir a alienação nos próprios autos da execução, **devendo ser realizada por meio de ação própria, anulatória, nos termos do art. 486 do CPC**" [art. 966, § 4º, do CPC/2015] (STJ, REsp 1.006.875/RS, Rel. Min. Castro Meira, 2ª Turma, jul. 19.06.2008, *DJe* 04.08.2008. **No mesmo sentido:** STJ, REsp 859.614/RS, Rel. Min. Luiz Fux, 1ª Turma, jul. 04.12.2008, *DJe* 17.12.2008). **Precedentes citados:** STJ, REsp 577.363/SC, Rel. Min. Denise Arruda, 1ª Turma, jul. 07.03.2006, *DJ* 27.03.2006; STJ, RMS 22.286/PR, Rel. Min. Humberto Gomes de Barros, 3ª Turma, jul. 22.05.2007, *DJ* 04.06.2007. **No mesmo sentido:** STJ, REsp 1.182.084, Rel. Min. Eliana Calmon, 2ª Turma, jul. 23.03.2010, *DJ* 08.04.2010; STJ, REsp 1.219.093/PR, Rel. Min. Ricardo Villas Bôas Cueva, 3ª Turma, jul. 27.03.2012, *DJe* 10.04.2012; STJ, REsp 784.634/GO, Rel. Min. Luis Felipe Salomão, 4ª Turma, jul. 19.08.2010, *DJe* 19.11.2010; STJ, AgRg no CC 116.338/SE, Rel. Min. Cesar Asfor Rocha, 1ª Seção, jul. 08.02.2012, *DJe* 15.02.2012.

c) Arrematação resolvida. Não pagamento do preço (§ 1º, inciso III). "Pode ser desfeita a arrematação se, após considerável lapso temporal, não apresentou o arrematante o preço. Mesmo quando assinado o auto, o desfazimento da arrematação, se ainda não expedida a carta, independe de processo especial, podendo ser promovida nos próprios autos da execução" (STJ, REsp 36.397/CE, Rel. Min. Sálvio de Figueiredo Teixeira, 4ª Turma, jul. 08.11.1993, *DJ* 29.11.1993).

7. Obrigação *propter rem*. Edital de praça. Omissão (§ 5º, inciso I). "A obrigação dos condôminos de contribuir com as despesas relacionadas à manutenção da coisa comum – assim como a obrigação de pagar os tributos incidentes sobre o imóvel – qualifica-se como obrigação *propter rem*, sendo, portanto, garantida pelo próprio imóvel que deu origem a dívida. A responsabilização do arrematante por eventuais encargos omitidos no edital de praça é incompatível com os princípios da segurança jurídica e da proteção da confiança. Considerando a ausência de menção no edital da praça acerca dos ônus incidentes sobre o imóvel, conclui-se pela impossibilidade de substituição do polo passivo da ação de cobrança de cotas condominiais, mesmo diante da natureza *propter rem* da obrigação" (STJ, REsp 1.297.672/SP, Rel. Min. Nancy Andrighi, 3ª Turma, jul. 24.09.2013, *DJe* 01.10.2013).

Omissão no edital. Demonstração do prejuízo. "Assim, a anulação da praça por omissão no edital depende da demonstração de prejuízo, já que se trata de nulidade não cominada, nos moldes dos arts. 244 e 250, CPC [arts. 277 e 283 do CPC/2015]" (STJ, REsp 200.705/SP, Rel. Min. Sálvio de Figueiredo Teixeira, 4ª Turma, jul. 26.02.2002, *DJ* 15.04.2002).

Jurisdição voluntária. Alienação judicial. Arrematação. Nulidades. "Constatadas nulidades na arrematação, o julgador, no procedimento de alienação judicial em jurisdição voluntária, pode utilizar-se da legislação aplicável ao processo executivo" (STJ, REsp 1.273.104/PR, Rel. Min. João Otávio de Noronha, 3ª Turma, jul. 24.03.2015, *DJe* 31.03.2015).

8. Desistência da arrematação (§ 5º). "A par da previsão legal a respeito do efeito suspensivo do recurso (art. 1.012, CPC), entende-se que cabe ao arrematante a decisão pela desistência da arrematação em caso de receio justificado à consolidação da sua posse e propriedade sobre o objeto da arrematação, desde que não tenha dado causa ao obstáculo" (TJSP, Agravo de Instrumento 2207206-86.2019.8.26.0000, Rel. Des. Kioitsi Chicuta, 32ª Câmara de Direito Privado, jul. 06.11.2019, *DJe* 06.11.2019).

9. Arrematação. Justiça do Trabalho. Ver jurisprudência do art. 42 do CPC/2015.

☆ EXPROPRIAÇÃO: INDICAÇÃO DOUTRINÁRIA

Carlos Henrique Abrão, A interface do leilão extrajudicial com o processo judicial, *Revista de Direito Bancário e do Mercado de Capitais*, n. 66, 2014; Castro Filho, Arrematação pelo próprio credor, *Ajuris* 16/34; Eduardo Talamini, Direito de desistência da aquisição de bem em execução, *RP* 155/27; Felipe

Scalabrin, Arrematação por preço vil da execução civil, *RBDPro* ano 22, n. 88, p. 29-49, out.-dez. 2014; Glauco Gumerato Ramos, Auto de arrematação, *in:* Daniel Amorim Assumpção Neves *et al.*, *Reforma do CPC 2: Leis 11.382/2006 e 11.341/2006*, Revista dos Tribunais; Glézio Rocha e Italo Zacaro, Aquisição judicial do bem constrito, pelo próprio credor exequente, *RF* 254/185; Hermes Zaneti Júnior. *In* Sérgio Cruz Arenhart e Daniel Mitidiero (coord.). *Comentários ao Código de Processo Civil*. 2. ed., São Paulo: Editora Revista dos Tribunais, 2018, v. 14; Humberto Theodoro Júnior, *A reforma da execução do título extrajudicial*, Forense; Humberto Theodoro Júnior. *Processo de execução e cumprimento de sentença*, 30. ed., Rio de Janeiro: Forense, 2020; Leonardo Greco, Justiça civil, acesso à justiça e garantias, In: Donaldo Armelin (coord.), *Tutelas de urgência e cautelares*, São Paulo: Saraiva, 2010; Leonardo José Carneiro da Cunha, A alienação por iniciativa particular, *RP* 174/51; Luigi Paolo Comoglio, Corrado Ferri, Michele Taruffo, *Lezioni sul processo civile. I – Il processo ordinário di cognizione*, 4. ed., Bologna: Il Mulino, 2006; Marcelo Abelha Rodrigues, *Manual de execução civil*, 5ª ed., Rio de Janeiro: Forense, 2015; Marcus Vinícius Motter Borges, A prevalência do interesse da execução: hipóteses controvertidas de cabimento da comissão do leiloeiro a partir de julgados do STJ, *RePro* 169/268; Maurício Giannico. *In* José Roberto F. Gouvêa; Luis Guilherme A. Bondioli e João Francisco N. da Fonseca (coord.). Comentários ao Código de Processo Civil. São Paulo: Saraiva, 2018, v. 18; Paulo Henrique dos Santos Lucon, In: Teresa Arruda Alvim Wambier, Fredie Didier Jr., Eduardo Talamini, Bruno Dantas, *Breves comentários ao novo Código de Processo Civil*, São Paulo: Revista dos Tribunais, 2015.

Seção V
Da Satisfação do Crédito

Art. 904. A satisfação do crédito exequendo far-se-á:

I – pela entrega do dinheiro;

II – pela adjudicação dos bens penhorados.

CPC/1973

Art. 708.

REFERÊNCIA LEGISLATIVA

CPC/2015, arts. 867 a 869 (usufruto de móvel ou imóvel).

BREVES COMENTÁRIOS

O pagamento do exequente, pela entrega do dinheiro, que é a forma mais autêntica de concluir a execução por quantia certa, pressupõe, naturalmente, a prévia expropriação dos bens penhorados, através de arrematação ou remição, da qual tenha resultado o depósito do preço à ordem judicial. Pode também ocorrer essa forma de pagamento, quando a penhora inicialmente tenha recaído sobre dinheiro, ou quando o devedor tenha efetuado, no curso do processo, o depósito da quantia correspondente à dívida exequenda. O outro meio de satisfação, que é a adjudicação (art. 904), só tem cabimento quando por ele optar o exequente (CPC/2015, art. 876).

A última fase do processo de execução, portanto, é o pagamento em dinheiro ou a adjudicação dos bens, devendo notar que o cabimento da adjudicação não é restrito a uma ou outra espécie de bens, mas se refere a todos os bens penhorados, como se deduz do art. 876.

JURISPRUDÊNCIA SELECIONADA

1. Levantamento de valores a maior. Restituição imediata nos próprios autos. Ver jurisprudência do art. 914.

2. Adjudicação de bem móvel. "(...) não obstante os arts. 714 e 715 do CPC tenham se referido somente a *imóveis*, não eliminou, com isso, a possibilidade de adjudicação de bens *móveis*, que, como podem ser penhorados – art. 655 do CPC [art. 835 do CPC/2015] –, também podem ser adjudicados, não dependendo de normas específicas e afirmando-se aos dispositivos das disposições gerais – art. 708, II, do CPC [art. 904, II, do CPC/2015] – que não distinguem a natureza dos bens, isto é, se *móveis* ou *imóveis*. Note-se, a propósito, que a lei processual admite, em outros artigos, a adjudicação em favor do credor sem igualmente especificar a natureza dos bens – arts. 647, II; 651 do CPC [arts. 825, II, e 826 do CPC/2015] –, sendo que a ausência de proibição expressa enseja sempre a aplicação da analogia – art. 126 do CPC" (1º TA Cível SP, Ag. 381.769, Rel. Juiz Ferraz Nogueira, 3ª Câmara, jul. 09.11.1987; *JTACiv.SP* 106/257). **Obs.:** v. art. 876 do CPC/2015, que autoriza a adjudicação sem qualquer distinção de natureza dos bens penhorados.

"Adjudicação. Possibilidade em se tratando de bens móveis. Pedido formulado três meses após o término do leilão negativo. Possível é a adjudicação de coisa móvel. O art. 708, II, do CPC [art. 904 do CPC/2015], não faz nenhuma distinção entre bens móveis e imóveis. Precedentes. Observado o princípio de que a execução se deve fazer pelo modo menos gravoso para o devedor e evidenciada a inexistência de qualquer prejuízo para o mesmo, admissível o pedido de adjudicação, ainda que não tenha sido formulado imediatamente após o término do leilão sem licitantes" (STJ, REsp 57.587/SP, 4ª Turma, Rel. Min. Barros Monteiro, jul. 02.06.1998, *RT* 760/199). **Obs.:** O art. 876 do CPC/2015 admite a adjudicação genérica dos bens penhorados, sem distinção entre móveis ou imóveis.

Art. 905. O juiz autorizará que o exequente levante, até a satisfação integral de seu crédito, o dinheiro depositado para segurar o juízo ou o produto dos bens alienados, bem como do faturamento de empresa ou de outros frutos e rendimentos de coisas ou empresas penhoradas, quando:

I – a execução for movida só a benefício do exequente singular, a quem, por força da penhora, cabe o direito de preferência sobre os bens penhorados e alienados;

II – não houver sobre os bens alienados outros privilégios ou preferências instituídos anteriormente à penhora.

Parágrafo único. Durante o plantão judiciário, veda-se a concessão de pedidos de levantamento de importância em dinheiro ou valores ou de liberação de bens apreendidos.

CPC/1973

Art. 709.

REFERÊNCIA LEGISLATIVA

CPC/2015, arts. 797 (preferência pela penhora), 908 (concurso de credores), 909 (pretensões dos exequentes).

Resolução nº 71/2009 do CNJ (Dispõe sobre regime de plantão judiciário em primeiro e segundo graus de jurisdição).

BREVES COMENTÁRIOS

Quanto à entrega do dinheiro, releva destacar a restrição do CPC/2015 que veda, durante o plantão judiciário, a concessão de pedidos de levantamento de importância em dinheiro ou valores ou de liberação de bens apreendidos (art. 905, parágrafo único). Já no regime do CPC/1973, o STJ se orientava nesse sentido, sob o argumento de que: (i) "o plantão judiciário objetiva garantir a entrega de prestação jurisdicional nas medidas de caráter urgente destinadas à conservação de direitos, quando possam ser prejudicados pelo adiamento do ato reclamado" (g.n.); e (ii) decisão de mérito "não se inclui dentre as providências de urgência". Na mesma linha do art. 905 do CPC/2015, a Resolução nº 71/2009 do CNJ também veda o exame de pedido de levantamento de importância de dinheiro constante de depósito judicial, por juiz de plantão. Em conclusão, tanto o CPC/2015 como a jurisprudência estão acordes em que não se tratando de medida de caráter urgente, não cabe ao juiz, durante o plantão, autorizar o levantamento de importâncias em dinheiro ou valores, assim como a liberação de bens apreendidos.

Já muito se discutiu se os credores privilegiados poderiam exercer sua preferência legal no concurso do art. 908 sem prévia penhora sobre os bens expropriados. Todavia, a evolução da jurisprudência do STJ, ao que parece, tende a um meio-termo, principalmente quando se trata de credor com garantia real. Assim, a habilitação do credor hipotecário ao concurso de preferências instaurado em execução alheira decorre de privilégio de direito material, razão pela qual não se pode condicioná-la à preexistência de penhora. Em decorrência, porém, das garantias processuais do contraditório e ampla defesa, após a ultimação do concurso o valor do crédito hipotecário habilitado permanecerá retido em juízo, e o respectivo levantamento só será autorizado após ajuizamento da execução da garantia real e da abertura de oportunidade de defesa ao executado, já que esta não pode ser exercida no concurso de preferências em virtude da restrição feita pelo art. 909 (cf. STJ, REsp 1580750/SP, Rel. Min. Nancy Andrighi, 3ª Turma, jul. 19.06.2018, *DJe* 22.06.2018).

O mesmo se passa com os credores superprivilegiados, como os de obrigações tributárias, alimentícias ou trabalhistas, que podem habilitar seus créditos no concurso de preferências do art. 908, mas só terão direito de levantar as importâncias respectivas depois de obter penhora e acertamento, em contraditório adequado, em execução própria (cf. STJ, REsp 1219219/SP, Rel. Min, Nancy Andrighi, 3ª Turma, jul. 17.11.2011, *DJe* 25.11.2011; STJ, REsp 1288150/MG, Rel. Min. Mauro Campbell Marques, 2ª Turma, jul. 15.12.2011, *DJe* 02.02.2012).

JURISPRUDÊNCIA SELECIONADA

1. Necessidade de penhora para exercer a preferência. V. REsp 1580/750/SP, na jurisprudência selecionada do art. 908 do CPC/2015.

2. Preferência de credores. "Se intervierem na execução credores com privilégio ou preferência, eles devem ser pagos ainda antes do credor que promoveu a execução – CPC, arts. 709, II, e 711 [arts. 905, II, e 908 do CPC/2015]. Tal ocorre, por exemplo, intervindo a Fazenda Pública estadual ou municipal, ou credor trabalhista, em execução promovida por credor quirografário. Certo que o credor que realiza a primeira penhora tem preferência, de acordo com a ordem de penhoras. Mas há de se entender que a regra só vale entre credores quirografários. Credor trabalhista, por não ser credor quirografário, não pode requerer a declaração judicial de insolvência – CPC, art. 753 [artigo mantido pelo CPC/2015 até edição de lei sobre insolvência]. Por isso mesmo, não pode outro credor igualmente preferencial opor-lhe a anterioridade de sua penhora" (TJSC, Ag. 3.643, Rel. Des. Norberto Ungaretti, 3ª Câmara, jul. 24.03.1987; *Adcoas*, 1987, nº 115.549).

3. Levantamento de honorários. "Segundo o art. 709 do CPC [art. 905 do CPC/2015], a entrega do dinheiro deve ser feita ao 'credor'. Esta regra deve ser também aplicada, sem dúvida, à execução envolvendo honorários advocatícios, o que significa dizer que, também nesse caso, o levantamento do dinheiro deve ser deferido ao respectivo 'credor'" (STJ, REsp 1.013.458/SC, Rel. Min. Luiz Fux, 1ª Turma, jul. 09.12.2008, *DJe* 18.02.2009).

Art. 906. Ao receber o mandado de levantamento, o exequente dará ao executado, por termo nos autos, quitação da quantia paga.

Parágrafo único. A expedição de mandado de levantamento poderá ser substituída pela transferência eletrônica do valor depositado em conta vinculada ao juízo para outra indicada pelo exequente.

CPC/1973

Art. 709, parágrafo único.

BREVES COMENTÁRIOS

O levantamento da quantia apurada se faz em cumprimento de ordem ou mandado do juiz e ao exequente compete firmar termo de quitação nos autos. O atual Código, para agilizar a satisfação do direito do exequente, permite que o mandado de levantamento do valor depositado em juízo possa ser substituído pela transferência eletrônica do valor depositado em conta bancária vinculada ao juízo para outra indicada pelo exequente.

O direito do credor, de levantar o dinheiro depositado, não compreende toda a soma existente, mas apenas o correspondente ao principal atualizado da dívida, juros, custas e honorários advocatícios (art. 826).

Art. 907. Pago ao exequente o principal, os juros, as custas e os honorários, a importância que sobrar será restituída ao executado.

CPC/1973

Art. 710.

BREVES COMENTÁRIOS

É sobre o *quantum* atualizado da dívida que se calcularão os juros e os honorários. As custas e despesas desembolsadas pelo exequente no curso da execução também sofrerão atualização monetária. Efetuado o pagamento completo, se houver remanescente, será restituído ao executado.

JURISPRUDÊNCIA SELECIONADA

1. Restituição. "Pago o credor do principal, juros e despesas, o saldo deve ser restituído ao devedor, se não houve protesto por concurso de credores, independentemente de caução" (STF, RE 85.215/SP, Rel. Min. Cunha Peixoto, 1ª Turma, jul. 11.05.1976, *RTJ* 80/658).

"A Lei n. 11.232/2005 teve por substrato tornar mais célere a satisfação da obrigação representada no título judicial, o que se dará, sem solução de continuidade, por meio de processo uno, sincrético (reunindo-se no mesmo processo a ação cognitiva e executiva). Por satisfação da obrigação representada no título judicial, deve-se compreender a definitiva composição entre as partes (exequente e executado) acerca do direito reconhecido na sentença; Reconhecendo-se um crédito menor do que efetivamente apontado pelo credor, seja em razão da liquidação de sentença, seja em razão do provimento (parcial) à impugnação (ou dos embargos à execução, como *in casu*), eventual levantamento do valor depositado em juízo que transborde aquele efetivamente devido impõe ao credor, nos mesmos autos, a imediata restituição do excedente; Admitir que o executado obtenha a restituição nos mesmos autos de cumprimento de sentença, sem permitir-lhe a correspondente utilização dos meios coercitivos previstos em lei para tal cobrança em ação autônoma, consubstanciaria medida inócua; Reconhecida, por decisão transitada em julgado (decisão que julgou os embargos do devedor), o dever do exequente restituir determinado valor indevidamente levantado, em se tratando de título executivo judicial, seu cumprimento deve-se dar nos mesmo autos (ou, como *in casu*, no cumprimento de sentença), procedendo-se à intimação da parte na pessoa do seu advogado para que pague o valor devido, em quinze dias, sob pena de multa de 10% sobre tal valor, em observância ao disposto nos artigos 475-B e 475-J [arts. 524 e 523 do CPC/2015]" (STJ, REsp 1.104.711/PR, Rel. Min. Massami Uyeda, 3ª Turma, jul. 02.09.2010, *DJe* 17.09.2010).

Art. 908. Havendo pluralidade de credores ou exequentes, o dinheiro lhes será distribuído e entregue consoante a ordem das respectivas preferências.

§ 1º No caso de adjudicação ou alienação, os créditos que recaem sobre o bem, inclusive os de natureza *propter rem*, sub-rogam-se sobre o respectivo preço, observada a ordem de preferência.

§ 2º Não havendo título legal à preferência, o dinheiro será distribuído entre os concorrentes, observando-se a anterioridade de cada penhora.

CPC/1973

Art. 711.

REFERÊNCIA LEGISLATIVA

CPC/2015, arts. 804 (alienação ineficaz) e 889, V (ciência do credor pignoratício, hipotecário, anticrético, fiduciário ou com penhora anteriormente averbada).

SÚMULAS

Súmula do STJ:

nº 270: "O protesto pela preferência de crédito, apresentado por ente federal em execução que tramita na Justiça Estadual, não desloca a competência para a Justiça Federal".

nº 478: "Na execução de crédito relativo a cotas condominiais, este tem preferência sobre o hipotecário".

BREVES COMENTÁRIOS

O juiz só autoriza o exequente a levantar, imediatamente, o produto da expropriação executiva se a execução houver corrido a seu exclusivo benefício e não houver privilégio ou preferência de terceiros sobre os bens penhorados, anterior à penhora (CPC/2015, art. 905). Assim, não poderá dar-se o imediato levantamento: (a) quando ocorrer a decretação de insolvência do devedor, porque, em tal situação, o produto da execução singular é arrecadado em prol da comunidade dos credores, para posterior rateio no concurso universal do insolvente (art. 762, § 2º, do CPC/1973, mantido pelo art. 1.052 do CPC/2015); e (b) quando existir qualquer outro privilégio ou preferência instituída sobre os bens alienados judicialmente, como hipoteca, penhor, outra penhora etc., desde que constituídos anteriormente à penhora do exequente (art. 905, II).

Na última hipótese, instaura-se uma espécie de "concurso particular de preferência", cujo objeto é tão somente o produto da arrematação e cujos participantes são apenas o exequente e o credor ou credores que se apresentem como detentores de preferência ou privilégio, por causa jurídica anterior à penhora. Um dos motivos desse concurso é a intercorrência de penhoras de credores diversos sobre os mesmos bens, caso em que as diversas execuções singulares são reunidas por apensamento, a fim de unificarem-se os atos executivos e promover-se o concurso de preferências nos autos em que se der a arrematação. Não sendo possível o apensamento, o interessado deverá trazer para os autos onde se processa o concurso, certidão comprobatória da penhora que o habilita a participar do produto da expropriação. Esse concurso é sumariamente processado como incidente da fase de pagamento, dentro dos próprios autos da execução.

Sobre a necessidade ou não de penhora de credor preferencial para habilitar-se ao concurso do art. 908, ver os comentários ao art. 905, *retro*.

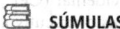

JURISPRUDÊNCIA SELECIONADA

1. Remição. Crédito trabalhista. Direito de preferência. Inexistência de concurso singular de credores. "O pedido de remição feito com base no art. 788 do Código de Processo Civil, já estando aperfeiçoado com decisão concessiva transitada em julgado e registro no cartório competente, não deve ser revogado por ter-se apurado posterior crédito privilegiado. A remição já aperfeiçoada indica que houve o depósito em dinheiro em favor do credor e nesse ato é que o exercício do direito de preferência deveria ter sido exercido". (STJ, REsp 1278545/MG, Rel. Min. João Otávio de Noronha, 3ª Turma, jul. 02.08.2016, *DJe* 16.11.2016)

2. Preferência do crédito trabalhista ao crédito condominial. "O propósito recursal é definir se há – sobre o produto da arrematação de bem imóvel – preferência de crédito trabalhista ao crédito condominial. Esta Corte entende não ser possível sobrepor uma preferência de direito processual a uma de direito material, preferindo o credor trabalhista aos demais, sobre o crédito obtido na alienação do bem penhorado." (STJ, REsp 1539255/SP, Rel.ª Min.ª Nancy Andrighi, 3ª Turma, jul. 27.11.2018, *DJe* 06.12.2018). **No mesmo sentido:** TJPR, Ag. 0015379-28.2021.8.16.0000, Rel. Des. Rafael Vieira de Vasconcellos Pedroso, 9ª Câm. Civ., *DJ* 30.08.2021.

3. Penhora de bem imóvel. Concurso especial de credores. Preferências materiais. "Para o exercício da preferência material decorrente da hipoteca, no concurso especial de credores, não se exige a penhora sobre o bem, mas o levantamento do produto da alienação judicial não prescinde do aparelhamento da respectiva execução. A jurisprudência do STJ orienta que o crédito resultante de despesas condominiais tem preferência sobre o crédito hipotecário. No concurso singular de credores, o crédito tributário prefere a qualquer outro, inclusive ao crédito condominial, ressalvados apenas aqueles decorrentes da legislação do trabalho ou do acidente de trabalho" (STJ, REsp 1580750/SP, Rel.ª Min.ª Nancy Andrighi, 3ª Turma, jul. 19.06.2018, *DJe* 22.06.2018).

4. Coexistência de execuções civil e fiscal. Arrematação de bem penhorado. Indevido levantamento dos valores. Insurgência da Fazenda. Crédito preferencial. Restituição devida. "O entendimento desta Corte aponta no sentido de que, coexistindo execução fiscal e execução civil, contra o mesmo devedor, com pluralidade de penhoras recaindo sobre o mesmo bem, o produto da venda judicial, por força de lei, deve satisfazer o crédito fiscal em primeiro lugar. Precedente. (...) A decisão que deferiu o pedido de levantamento do produto da arrematação em benefício do credor particular não foi antecedida da necessária intimação da Fazenda Nacional – titular de crédito preferencial perseguido em execução fiscal garantida por penhora sobre o bem arrematado" (STJ, REsp 1.661.481/SP, Rel. Min. Nancy Andrighi, 3ª Turma, jul. 10.03.2020, *DJe* 12.03.2020).

5. Despesas condominiais. Arrematação. Teoria do isolamento dos atos processuais. Irretroatividade do CPC/2015 (direito intertemporal). "A aplicação imediata da lei processual demanda, todavia, respeito à irretroatividade, com a manutenção dos efeitos dos atos processuais já praticados e das situações jurídicas consolidadas sob a vigência da lei processual revogada. Na hipótese concreta, a arrematação ocorreu sob a vigência do CPC/73, razão pela qual a pretensão de aplicação da previsão do art. 908, § 1º, do CPC/15 a seus efeitos acarretaria indevida retroatividade da lei processual nova. Na vigência do CPC/73, o concurso singular de credores sobre o produto da alienação forçada de bens deveria ser instaurado na hipótese de coexistência de privilégios sobre o bem, os quais deveriam ter sido adquiridos antes da penhora da qual resultou a expropriação forçada e relacionados a dívida inscrita em título executivo. Constando do edital de praça ou havendo ciência inequívoca da existência de ônus incidente sobre o imóvel, o arrematante é responsável pelo pagamento das despesas condominiais vencidas, ainda que sejam anteriores à arrematação. Precedentes" (STJ, REsp 1.769.443/PR, Rel. Min. Nancy Andrighi, 3ª Turma, jul. 01.09.2020, *DJe* 09.09.2020).

6. Diversas execuções contra ex-cooperado. Rateio de sobras. Penhoras múltiplas. Pagamento com prioridade sobre créditos privilegiados, preferenciais e quirografários. "De acordo com o art. 908 do CPC/2015, havendo mais de uma penhora sobre o mesmo bem, os credores do devedor comum guardam, entre si, ordem de prioridade no pagamento formada à luz de dois critérios: em primeiro lugar a prioridade estabelecida em razão da natureza do crédito e, em segundo lugar, a preferência decorrente da anterioridade da penhora. O crédito trabalhista goza de prelação" (STJ, CC 171.782/SP, Rel. Min. Moura Ribeiro, 2ª Seção, jul. 25.11.2020, *DJe* 10.12.2020).

7. Concurso de credores. Desnecessidade, para sua incidência, de prévia declaração de insolvência do devedor. Múltiplas penhoras. Idêntico privilégio. Forma de rateio. Proporcionalidade em relação ao valor dos respectivos créditos. "A solvência dos créditos privilegiados detidos por credores concorrentes (concurso particular) independe de se perquirir acerca da anterioridade da penhora, devendo o rateio do montante constrito ser procedido de forma proporcional ao valor dos créditos (art. 962 do CC). Precedente específico da Terceira Turma do STJ" (STJ, REsp 1.987.941/SP, Rel. Min. Nancy Andrighi, 3ª Turma, jul. 03.05.2022, *DJe* 05.05.2022).

8. Concurso singular de credores. Fazenda pública. Habilitação no produto de arrematação de bem. Ausência de penhora anterior realizada pela autarquia fazendária sobre o mesmo bem. Preferência. Levantamento. Não existência de execução fiscal. Reserva da totalidade (ou de parte) do produto da penhora. "O privilégio do crédito tributário – assim como dos créditos oriundos da legislação trabalhista – encontra-se prevista no artigo 186 do CTN. À luz dessa norma, revela-se evidente que, também no concurso individual contra devedor solvente, é imperiosa a satisfação do crédito tributário líquido, certo e exigível – observada a preferência dos créditos decorrentes da legislação do trabalho e de acidente de trabalho e dos créditos com direito real de garantia no limite do bem gravado – independentemente de prévia execução e de penhora sobre o bem cujo produto da alienação se pretende arrecadar. Nada obstante, para garantir o levantamento de valores derivados da expropriação do bem objeto de penhora nos autos de execução ajuizada por terceiro, o titular do crédito tributário terá que demonstrar o atendimento aos requisitos da certeza, da liquidez e da exigibilidade da obrigação, o que reclamará a instauração de processo executivo próprio a fim de propiciar a quitação efetiva da dívida. Por outro lado, a exigência de pluralidade de penhoras para o exercício do direito de preferência reduz, significativamente, a finalidade do instituto – que é garantir a solvência de créditos cuja relevância social sobeja aos demais –, equiparando-se o credor com privilégio legal aos outros desprovidos de tal atributo. Assim, prevalece a exegese de que, independentemente da existência de ordem de penhora na execução fiscal, a Fazenda Pública poderá habilitar seu crédito privilegiado em autos de execução por título extrajudicial. Caso ainda não tenha sido ajuizado o executivo fiscal, garantir-se-á o exercício do direito da credora privilegiada mediante a reserva da totalidade (ou de parte) do produto da penhora levada a efeito em execução de terceiros" (STJ, EREsp 1.603.324/SC, Rel. Min. Luis Felipe Salomão, Corte Especial, jul. 21.09.2022, *DJe* 13.10.2022).

Concurso singular de credores. Limitação. Inaplicabilidade. "O limite de 150 (cento e cinquenta) salários mínimos, previsto no art. 83, I, da Lei n. 11.101/2005 para pagamento preferencial de crédito trabalhista em concurso universal de credores, não se aplica por analogia ao concurso singular, em razão da diversidade dos propósitos de cada um dos procedimentos e de suas particularidades" (STJ, REsp 1.839.608/SP, Rel. Min. Antonio Carlos Ferreira, 4ª Turma, jul. 2002.02.2024, *DJe* 27.02.2024).

9. Competência. "A competência para solucionar o concurso de credores define-se pelo juízo em que se consumou a alienação do bem. A ele acorrerão os demais credores que promovem sua execução em juízo diverso, apresentando seus títulos de preferência. Tal habilitação não altera nem compromete a competência estabelecida para as diversas ações executivas. O que há, simplesmente, é inauguração de um procedimento concursal com o único desiderato de dar destinação ao valor arrecadado com a alienação do bem penhorado" (STJ, CC 40.866/PR, Rel. Min. Teori Albino Zavascki, 1ª Seção, jul. 13.12.2004, *DJ* 14.02.2005, p. 143).

"A eventual desatenção a direito de preferência, resultante de ter-se penhorado em primeiro lugar, de nenhum modo afeta a regularidade da arrematação. Diz apenas com a distribuição do produto da alienação judicial" (STJ, REsp 42.878/MG, Rel. Min. Eduardo Ribeiro, 3ª Turma, jul. 25.10.1994, *DJ* 28.11.1994, p. 32.615).

10. Litisconsórcio. "Os credores que participam do concurso de preferências em execução são litisconsortes e fazem jus ao prazo em dobro quando representados por diferentes procuradores" (STJ, REsp 418.495/SP, Rel.ª Min.ª Nancy Andrighi, 3ª Turma, jul. 24.06.2002, *DJ* 09.09.2002, p. 227).

11. Arresto. Natureza de penhora. "Independentemente da natureza assumida, seja o arresto cautelar ou incidental (CPC, art. 813 e ss.) [art. 301 do CPC/2015], seja o arresto executivo, igualmente denominado 'pré-penhora' (CPC, art. 653) [art. 830 do CPC/2015], aplicam-se, sem distinção, as disposições relativas à penhora, a teor do que prevê o art. 821 do CPC . Tal qual a penhora, o arresto tem por efeito tornar inalienável o bem constrito, não suscitando dúvida sobre o interesse do credor diligente que, pelo fruto da alienação judicial do imóvel, pretende ver seu crédito assegurado. Inexistindo título legal à preferência, a anterioridade do arresto há de conferir ao credor previdente, que primeiramente levou a efeito o ato de constrição do bem, primazia sobre a penhora posteriormente efetuada. Precedentes do STJ" (STJ, AgRg no REsp 902.536/RS, Rel. Min.ª Maria Isabel Gallotti, 4ª Turma, jul. 27.03.2012, *DJe* 11.04.2012). **No mesmo sentido:** STJ, REsp 759.700/SP, Rel. p/ Acórdão Min. Jorge Scartezzini, 4ª Turma, jul. 18.08.2005, *DJ* 24.04.2006, p. 407.

12. Crédito alimentar. "Penhora realizada em execução de prestação alimentícia, incidente sobre bem dado em garantia hipotecária. Prevalecimento do crédito alimentar. No concurso com outros créditos, o alimentar tem prevalência, uma vez que vital à sobrevivência do alimentando. Precedente: REsp n. 451.199-SP" (STJ, REsp 410.254/RO, Rel. Min. Barros Monteiro, 4ª Turma, jul. 15.03.2005, *DJ* 09.05.2005, p. 309).

13. Natureza indenizatória de alimentos. Impossibilidade de equiparação a alimentos. "Natureza indenizatória dos alimentos a que se refere o art. 948, II do CC. Impossibilidade de equipará-los, aos alimentos com origem no direito de família, que gozam de privilégio geral. Crédito indenizatório de natureza quirografária. Penhora incidente sobre imóvel gravado por hipoteca cedular. Impossibilidade do credor quirografário adjudicar para si o imóvel, em detrimento do credor munido de direito real de garantia. Inviabilidade de reconhecimento de suposta prescrição da pretensão do crédito privilegiado ser apreciado nesta sede" (TJSP, AI 0092684-95.2010.8.26.0000, Rel. Des. Francisco Loureiro, 4ª Câmara de Direito Privado, jul. 27.05.2010).

14. Crédito trabalhista.

"A preferência do credor que intervém na execução contra devedor comum, não pressupõe declaração de insolvência. O Art. 711 do CPC não exige que o credor preferencial efetue penhora sobre o bem objeto da execução. O crédito trabalhista prefere o hipotecário" (STJ, REsp 293.788/SP, Rel. Min. Humberto Gomes de Barros, 3ª Turma, jul. 22.02.2005, *DJ* 14.03.2005, p. 318).

"A jurisprudência do STJ há muito se firmou no sentido da impossibilidade de se sobrepor uma preferência processual a outra de direito material – na hipótese, crédito trabalhista –, bem como de que para o exercício desta preferência não se exige a penhora sobre o bem, mas o levantamento do produto da alienação judicial não prescinde do aparelhamento da execução pelo credor trabalhista. Assim como na adjudicação, o direito do exequente de arrematar o bem com seu crédito está condicionado à inexistência de outros credores com preferência de grau mais elevado, caso em que poderá o Juiz optar por outra proposta mais conveniente, como prevê o § 3º do art. 690 do CPC." (STJ, REsp 1411969/SP, Rel. Min. Nancy Andrighi, 3ª Turma, jul. 10.12.2013, *DJe* 19.12.2013).

15. Preferência de crédito trabalhista sobre o tributário. Execução contra devedor solvente. "'A preferência dos créditos trabalhistas sobre os créditos tributários, prevista no art. 186 do CTN, não se limita ao concurso universal de credores, em razão de insolvência civil ou falência, aplicando-se, da mesma forma, aos casos de execução contra devedor solvente.' (...) 'Raciocínio inverso conspiraria contra a *ratio essendi* do art. 186, do CTN, o qual visa resguardar a satisfação do crédito trabalhista, tendo em vista a natureza alimentar de referidas verbas, sendo irrelevante para a incidência do preceito, a natureza jurídica da relação que originou a execução fiscal, sobre se contra devedor solvente ou insolvente.' (REsp 871.190/SP, Rel. Min. Luiz Fux, Primeira Turma, julgado em 07.10.2008, *DJe* 03.11.2008)" (STJ, AgRg no AREsp 215.749/SP, Rel. Min. Humberto Martins, 2ª Turma, jul. 16.10.2012, *DJe* 24.10.2012).

16. Crédito Fiscal. "O crédito trabalhista prefere a todos os demais, inclusive aos que estão garantidos com penhora antecedente (precedentes do STJ). No concurso de credores estabelecem-se duas ordens de preferência: os créditos trabalhistas, os da Fazenda Federal, Estadual e Municipal e os com garantia real, nesta ordem; em um segundo momento, a preferência se estabelece em favor dos credores com penhora antecedente ao concurso, observando-se entre eles a ordem cronológica da constrição. Na dicção do art. 711 do CPC [art. 908 do CPC/2015], a Fazenda, independentemente de penhora, prefere aos demais credores com penhora antecedente" (STJ, REsp 594.491/RS, Rel. Min. Eliana Calmon, 2ª Turma, jul. 02.06.2005, ***DJ*** 08.08.2005, p. 258). **Em sentido contrário:** "'Consoante dispõe o art. 711 do Código de Processo Civil, para que seja instaurado o concurso de preferência, é necessária a existência de penhora prévia sobre o bem ou produto da arrematação' (REsp nº 636.290/SP, Relator Min. José Delgado, *DJ* de 08.11.2004, p. 180)" (STJ, AgRg no REsp 685.632/RS, Rel. Min. Francisco Falcão, 1ª Turma, jul. 18.08.2005, *DJ* 07.11.2005, p. 108).

"No concurso singular de credores, o crédito tributário prefere a qualquer outro, ressalvados aqueles decorrentes da legislação do trabalho ou do acidente de trabalho. O credor com título de preferência legal pode participar do concurso previsto no art. 711 do CPC [art. 908 do CPC/2015] para resguardar o seu direito de preferência, mesmo que não tenha promovido a execução do seu crédito. Nessa hipótese, reconhecida a preferência do crédito, o levantamento do valor fica condicionado à posterior ajuizamento de execução" (STJ, REsp 1.219.219/SP, Rel. Min. Nancy Andrighi, 3ª Turma, jul. 17.11.2011, *DJe* 25.11.2011).

"'[a] Fazenda Pública não participa de concurso, tendo prelação no recebimento do produto da venda judicial do bem penhorado, ainda que esta alienação seja levada a efeito em autos de execução diversa' (REsp 538.656/SP, Rel. Ministro Luiz Fux, Primeira Turma, *DJ* 03.11.2003). No mesmo sentido: REsp 1.194.742/MG, Rel. Ministro Mauro Campbell Marques, Segunda Turma, *DJe* 31.03.2011; REsp 681.402/RS, Rel. Ministra Denise Arruda, Primeira Turma, *DJ* 17.09.2007; REsp 617.820/RS, Rel. Ministro Castro Meira, Segunda Turma, *DJ* 12.09.2005" (STJ, AgRg no REsp 1.204.972/MT, Rel. Min. Benedito Gonçalves, 1ª Turma, jul. 01.03.2012, *DJe* 06.03.2012).

17. Honorários advocatícios. Preferência do crédito fiscal. "Embora esta Corte Superior já tenha reconhecido a natureza alimentar dos créditos decorrentes dos honorários advocatícios, estes não se equiparam aos créditos trabalhistas, razão por que não há como prevalecerem, em sede de concurso de credores, sobre o crédito fiscal da Fazenda Pública" (STJ, REsp 939.577/RS, Rel. Min. Massami Uyeda, 3ª Turma, jul. 03.05.2011, *DJe* 19.05.2011). **No mesmo sentido:** STJ, REsp 1.245.515/MG, Rel. Min. Mauro Campbell Marques, 2ª Turma, jul. 02.06.2011, *DJe* 09.06.2011.

18. Crédito de quotas condominiais. "Tratando-se da execução de quotas de condomínio, não há falar em preferência do credor hipotecário, considerando precedente da Terceira Turma assinalando que em tal caso se trata de conservação do imóvel, 'sendo indispensáveis à integridade do próprio crédito hipotecário, inevitavelmente depreciado se a garantia perder parte do seu valor' (REsp nº 208.896/RS, Relator o Ministro Ari Pargendler, *DJ* de 19.12.02)" (STJ, REsp 577.547/RS, Rel. Min. Carlos Alberto Menezes Direito, 3ª Turma, jul. 29.06.2004, *DJ* 25.10.2004, p. 342).

19. Credor hipotecário. "O credor hipotecário tem direito de preferência ao levantamento do preço depositado, ainda que não haja proposto a execução e penhorado o imóvel hipotecado" (STJ, REsp 1.499/PR, Rel. Min. Waldemar Zveiter, 3ª Turma, jul. 26.09.1990, *DJU* 30.09.1990, p. 8.842). **No mesmo sentido:** STJ, 3ª Turma, REsp 7.632/PR, ac. 09.04.1991, *DJU* 20.05.1991, p. 6.530, *RF* 295/279, 302/145. **Contra:** 1º TaCivSP, Ag. 232.321, Rel. Andrade Vilhena, jul. 29.06.1977, *RT* 505/145; STJ, Resp. 655233/PR, Rel. Min. Denise Arruda, 1ª Turma, jul. 21.08.2007, *DJU* 17.09.2007, p. 210.

20. Crédito privilegiado. "Os artigos 711 a 713 do CPC [arts. 908 e 909 do CPC/2015], sobre privilégio ou preferência do pagamento de débito, com dinheiro apurado em leilão, pressupõem penhora anterior sobre o bem leiloado, falecendo ao requerente que não demonstra tal pressuposto, aptidão processual para disputar a satisfação do crédito que alega possuir, contra o executado. Com efeito, a existência de privilégio deve ser apurada no concurso de preferência, momento processual no qual se analisa a ordem em que os credores receberão os seus créditos (REsp 554.669/MG, 1ª Turma, Rel. Min. Denise Arruda, *DJ* de 21.11.2005, p. 126). Na hipótese da existência de privilégio em virtude da natureza do crédito, deve o credor privilegiado, a fim de exercer a preferência legalmente prevista, demonstrar que promoveu a execução, e que penhorou o mesmo bem objeto de outra constrição judicial, conforme prevê o art. 711 do CPC (REsp 655.233PR, 1ª Turma, Rel. Min. Denise Arruda, *DJ* de 17.9.2007, p. 210)" (STJ, REsp 1.288.150/MG, Rel. Min. Mauro Campbell Marques, 2ª Turma, jul. 15.12.2011, *DJe* 02.02.2012).

21. Preferência:

Pluralidade de credores. "Havendo pluralidade de credores com penhora sobre o mesmo imóvel, o direito de preferência se estabelece pela anterioridade da penhora, conforme os arts. 612, 613, 711 e 712 do CPC [arts. 797, parágrafo único, 908 e 909 do CPC/2015], que expressamente referem à penhora como o 'título de preferência' do credor. A precedência da data da averbação da penhora no registro imobiliário, nos termos da regra do art. 659, § 4º, do CPC [art. 844 do CPC/2015], tem relevância para efeito de dar publicidade ao ato de constrição, gerando presunção absoluta de conhecimento por terceiros, prevenindo fraudes, mas não constitui marco temporal definidor do direito de prelação entre credores" (STJ, REsp 1.209.807/MS, Rel. Min. Raul Araújo, 4ª Turma, jul. 15.12.2011, *DJe* 15.02.2012).

Título legal. "A referência do art. 711 [art. 908 do CPC/2015], com a expressão 'não havendo título legal à preferência' significa que, na negativa, não se afastará o critério comum de disputa entre os quirografários, para aquinhoar-se aquele que efetuou a primeira penhora. Se positivamente, houver título legal à preferência, a ela se observará, sobrepujando-se os quirografários, mas não se isentará da prova da penhora, condição essencial para habilitação no concurso de credores, quaisquer que sejam eles. A hipótese é, sempre, de execução contra o devedor solvente em concurso de ações executórias, decorrente de pluralidade de penhora sobre os mesmos bens" (TJSP, Ap. 106.461-2, Rel. Des. Benini Cabral, 18ª Câmara, jul. 20.10.1986, *RJTJSP* 103/222).

Extensão. "A extensão da preferência que ostenta o detentor do crédito com garantia real está limitada à extensão da própria garantia outorgada. Se o bem constrito não for suficiente para o pagamento integral do débito, o credor poderá executar o devedor pelo restante da dívida, mas como quirografário. O arresto é uma 'pré-penhora' e seus efeitos, para fins de prelação, vigoram desde a sua implementação" (STJ, REsp 293.287/SP, Rel. Min. Fernando Gonçalves, 4ª Turma, jul. 04.02.2010, *DJe* 08.03.2010).

Primeira penhora. "Assim é que, em havendo duas ou mais penhoras sucessivas sobre o mesmo imóvel, não tem o credor que penhorou em segundo lugar direito em relação ao credor que realizou a primeira constrição. Na hipótese, tem aplicação o disposto nos arts. 711 e 712 do CPC [arts. 908 e 909 do CPC/2015], pelos quais o produto da arrematação será distribuído entre os credores, em ordem de preferência, desde que haja crédito que satisfaça a todos eles. E no caso de não satisfazer a todos os credores, então terá preferência, ante o depósito, o credor que primeiro penhorou, cabendo aos demais credores o direito sobre as importâncias restantes, sempre observada a anterioridade de cada penhora. Nulidade da arrematação declarada" (TJRGS, 10ª C. Cível, Ap. Cível 70009452467, Rel. Des. Paulo Antônio Kretzmann, ac. 09.09.2004, *RJTJRGS* 245/210).

Concurso singular de credores. Caução locatícia. Bens imóveis. Natureza de direito real. "A caução locatícia devidamente averbada na matrícula do imóvel confere ao credor o direito de preferência nos créditos em situação de concurso singular de credores, em virtude de sua natureza de garantia real que se equipara à hipoteca" (STJ, REsp 2.123.225/SP, Rel. Min. Nancy Andrighi, 3ª Turma, jul. 21.05.2024, *DJe* 24.05.2024).

Concurso especial de credores. Crédito hipotecário. Penhora sobre o bem. Desnecessidade. "Para o exercício da preferência material decorrente da hipoteca, no concurso especial de credores, não se exige a penhora sobre o bem, mas o levantamento do produto da alienação judicial não prescinde do aparelhamento da respectiva execução" (STJ, REsp 1.580.750/SP, Rel. Min. Nancy Andrighi, 3ª Turma, jul. 19.06.2018, *DJe* 22.06.2018).

22. Penhoras múltiplas. Concurso Especial. "A incidência de múltiplas penhoras sobre um mesmo bem não induz o concurso universal de credores, cuja instauração pressupõe a insolvência do devedor. A coexistência de duas ou mais penhoras sobre o mesmo bem implica concurso especial ou particular, previsto no art. 613 do CPC [art. 797, parágrafo único, do CPC/2015], que não reúne todos os credores do executado, tampouco todos os seus bens, consequências próprias do concurso universal. No concurso particular concorrem apenas os exequentes cujo crédito frente ao executado é garantido por um mesmo bem, sucessivamente penhorado. Em princípio, havendo, em juízos diferentes, mais de uma penhora contra o mesmo devedor, o concurso efetuar-se-á naquele em que se houver feito a primeira. (...) O concurso especial deverá ser processado em incidente apartado, apenso aos autos principais, com a intimação de todos aqueles que efetivaram penhora no rosto dos autos, a fim que seja instalado o contraditório e respeitado o devido processo legal, na forma dos arts. 711 a 713 do CPC [arts. 908 e 909 do CPC/2015]. O incidente estabelece verdadeiro processo de conhecimento, sujeito a sentença, em que será definida a ordem de pagamento dos credores habilitados, havendo margem inclusive para a produção de provas tendentes à demonstração do direito de preferência e da anterioridade da penhora" (STJ, REsp 976.522/SP, Rel. Min. Nancy Andrighi, 3ª Turma, jul. 02.02.2010, *DJe* 25.02.2010).

23. Autarquia federal. "Não é lícito à autarquia federal simplesmente intervir em processo de execução a que é estranha para, sem mais, receber o que pretende ser-lhe devido. Haverá, em tal caso, de ajuizar execução e, recaindo a penhora sobre bem já penhorado, exercer oportunamente seu direito de preferência" (STJ, REsp 11.657-0/SP, 2ª Turma, jul. 19.08.1992, *RSTJ* 43/316). **No mesmo sentido:** STJ, REsp 32.110-8/SP, Rel. Min. Antônio de Pádua Ribeiro, 2ª Turma, jul. 29.03.1995, *RSTJ* 82/116. **Obs.:** Segundo a Súmula 497/STJ, "os créditos das autarquias federais preferem aos créditos da Fazenda Estadual desde que coexistam penhoras sobre o mesmo bem". Essa Súmula, entretanto, foi cancelada pela 1ª Seção do STJ em 14.09.2022.

24. Adjudicação. Licitação entre os pretendentes. Regras relativas ao concurso de credores. Necessidade de requerimento do credor ou de terceiro. Ver jurisprudência do art. 876 do CPC/2015.

Art. 909. Os exequentes formularão as suas pretensões, que versarão unicamente sobre o direito de preferência e a anterioridade da penhora, e, apresentadas as razões, o juiz decidirá.

CPC/1973

Arts. 712 e 713.

BREVES COMENTÁRIOS

Os credores interessados devem formular suas pretensões de preferência em petição, nos autos em que ocorreu a alienação forçada, apresentando suas razões. A disputa entre os credores concorrentes só poderá versar sobre o direito de preferência ou sobre a anterioridade da penhora. Quando surgir questão de alta indagação entre devedores e credores, ou entre os vários credores – como a discussão em torno da validade do próprio título do credor concorrente, vícios do contrato, extinção do crédito etc. –, o juiz poderá sustar o pagamento e remeter os interessados para as vias ordinárias. Havendo acordo entre os interessados, inclusive o devedor, o juiz simplesmente determinará que o contador prepare o plano de pagamento, segundo a ordem de preferências, autorizando, a seguir, os respectivos levantamentos.

Apresentadas as razões e ouvidas as partes, para garantir o contraditório, o juiz decidirá as pretensões, apreciando exclusivamente os privilégios disputados e as preferências decorrentes da anterioridade de cada penhora. A decisão interlocutória acerca da disputa entre credores sobre o produto da arrematação é passível de impugnação por meio de agravo de instrumento (art. 1.015, parágrafo único).

O atual Código não manteve a regra do art. 712 do CPC/1973 que previa a possibilidade de audiência para produção de provas quando necessárias à solução do concurso. Com isso, tudo indica que se entendeu que a disputa entre os concorrentes há de ser feita apenas com base em prova documental. Observa, com procedência, Lucon, que enquanto o Código de 1973 falava em pretensões e requerimento de provas formulados pelos credores concorrentes (art. 712), o CPC/2015 apenas menciona que os exequentes formularão suas pretensões e que a disputa versará unicamente sobre o direito de preferência e a anterioridade da penhora, seguindo-se a decisão do juiz (art. 909). Essas matérias, de fato, se definem apenas à luz de documentos. Daí sua conclusão de que "não há espaço para audiência" (LUCON, Paulo Henrique dos Santos. Comentários ao art. 909. In: WAMBIER, Teresa Arruda Alvim *et al. Breves comentários ao novo Código de Processo Civil*. São Paulo: Ed. Revista dos Tribunais, 2015. p. 2.018).

JURISPRUDÊNCIA SELECIONADA

1. Honorários advocatícios. "A decisão que dispõe sobre as preferências não comporta condenação em honorários de advogado, mas apenas nas despesas do incidente" (STJ, REsp 42.346/SP, Rel. Min. Eduardo Ribeiro, 3ª Turma, jul. 28.02.1994, *DJ* 14.03.1994, p. 4.525).

SATISFAÇÃO DO CRÉDITO: INDICAÇÃO DOUTRINÁRIA

Antônio Janyr Dall'Agnol Jr., Concurso particular de preferência, *RT* 491/22; Hermes Zaneti Júnior. *In* Sérgio Cruz Arenhart e Daniel Mitidiero (coord.). *Comentários ao Código de Processo Civil*. 2. ed., São Paulo: Editora Revista dos Tribunais, 2018, v. 14; Humberto Theodoro Júnior, *A reforma da execução do título extrajudicial*, Forense; Humberto Theodoro Júnior. *Processo de execução e cumprimento de sentença*, 30. ed Rio de Janeiro: Forense, 2020; Maurício Giannico. *In* José Roberto F. Gouvêa; Luis Guilherme A. Bondioli e João Francisco N da Fonseca (coord.). Comentários ao Código de Processo Civil. São Paulo: Saraiva, 2018, v. 18; Oswaldo Moreira Antunes, O credor hipotecário e o concurso singular de credores, *RT* 599/26; Paulo Henrique dos Santos Lucon, In: Teresa Arruda Alvim Wambier, Fredie Didier Jr., Eduardo Talamini, Bruno Dantas, *Breves comentários ao novo Código de Processo Civil*, São Paulo: Revista dos Tribunais, 2015; Teresa Arruda Alvim Wambier *et al.*, *Primeiros comentários ao novo Código de Processo Civil*, São Paulo: Revista dos Tribunais, 2015.

Capítulo V
DA EXECUÇÃO CONTRA A FAZENDA PÚBLICA

Art. 910. Na execução fundada em título extrajudicial, a Fazenda Pública será citada para opor embargos em 30 (trinta) dias.

§ 1º Não opostos embargos ou transitada em julgado a decisão que os rejeitar, expedir-se-á precatório ou requisição de pequeno valor em favor do exequente, observando-se o disposto no art. 100 da Constituição Federal.

§ 2º Nos embargos, a Fazenda Pública poderá alegar qualquer matéria que lhe seria lícito deduzir como defesa no processo de conhecimento.

§ 3º Aplica-se a este Capítulo, no que couber, o disposto nos artigos 534 e 535.

CPC/1973

Art. 730.

REFERÊNCIA LEGISLATIVA

CF, art. 100.

ADCT, art. 33.

Lei nº 5.010, de 30.05.1966 (Justiça Federal – ver Legislação Especial), arts. 58 e 59.

Lei nº 8.213, de 24.07.1991 (Dispõe sobre os Planos de Benefícios da Previdência Social e dá outras providências), art. 128.

Lei nº 9.469, de 10.07.1997 (Advocacia-Geral da União – ver Legislação Especial), art. 6º.

Lei nº 10.259/2001 (Dispõe sobre a instituição dos Juizados Especiais Cíveis e Criminais no âmbito da Justiça Federal), art. 17, § 1º (limitação da obrigação definida como de pequeno valor para pagamento independentemente de precatório à mesma quantia estabelecida para a competência do Juizado Especial Federal Cível).

Lei nº 11.033, de 21.12.2004, art. 19 (altera a tributação do mercado financeiro e de capitais; institui o Regime Tributário para Incentivo à Modernização e à Ampliação da Estrutura Portuária – REPORTO e dá outras providências).

Medida Provisória nº 2.180-35, de 24.08.2001 (isenção de honorários para Fazenda Pública, nas execuções não embargadas).

Lei nº 9.494, de 10.09.1997 (Tutela Antecipada contra Fazenda Pública – ver Legislação Especial), arts. 1º-D (isenção de honorários advocatícios em execução não embargada) e 1º-E (correção de erros e excessos pelo Presidente do Tribunal, durante o processamento do precatório).

Lei nº 13.986/2020 (institui o Fundo Garantidor Solidário (FGS), dispõe sobre o patrimônio rural em afetação de propriedades rurais, a Cédula Imobiliária Rural (CIR), a escrituração de títulos de crédito e a concessão de subvenção econômica para empresas cerealistas).

Resolução n.º 303/2019 do CNJ (dispõe sobre a gestão dos precatórios e respectivos procedimentos judiciais).

SÚMULAS VINCULANTES

nº 17: "Durante o período previsto no parágrafo 1º do artigo 100 da Constituição, não incidem juros de mora sobre os precatórios que nele sejam pagos".

nº 47: "Os honorários advocatícios incluídos na condenação ou destacados do montante principal devido ao credor consubstanciam verba de natureza alimentar cuja satisfação ocorrerá com a expedição de precatório ou requisição de pequeno valor, observada ordem especial restrita aos créditos dessa natureza".

SÚMULAS

Súmulas do STF:

nº 655: "A exceção prevista no art. 100, *caput*, da Constituição, em favor dos créditos de natureza alimentícia, não dispensa a expedição de precatório, limitando-se a isentá-los da observância da ordem cronológica dos precatórios decorrentes de condenações de outra natureza".

nº 733: "Não cabe recurso extraordinário contra decisão proferida no processamento de precatórios".

Súmulas do STJ:

nº 144: "Os créditos de natureza alimentícia gozam de preferência, desvinculados os precatórios da ordem cronológica dos créditos de natureza diversa".

nº 279: "É cabível execução por título extrajudicial contra a Fazenda Pública".

nº 311: "Os atos do presidente do tribunal que disponham sobre processamento e pagamento de precatório não têm caráter jurisdicional".

nº 345: "São devidos honorários advocatícios pela Fazenda Pública nas execuções individuais de sentença proferida em ações coletivas, ainda que não embargadas".

nº 461: "O contribuinte pode optar por receber, por meio de precatório ou por compensação, o indébito tributário certificado por sentença declaratória transitada em julgado".

Súmulas do TRF 4ª Região:

nº 58: "A execução fiscal contra a Fazenda Pública rege-se pelo procedimento previsto no art. 730 do Código de Processo Civil".

CJF – JORNADAS DE DIREITO PROCESSUAL CIVIL

II JORNADA

Enunciado 158 – A sentença de rejeição dos embargos à execução opostos pela Fazenda Pública não está sujeita à remessa necessária.

BREVES COMENTÁRIOS

O juiz de primeiro grau não requisita diretamente o pagamento, mas dirige-se, a requerimento do credor, ao Tribunal que detém a competência recursal ordinária (Tribunal de Justiça, Tribunal Regional Federal etc.), cabendo ao respectivo presidente formular a requisição à Fazenda Pública executada (art. 910, § 1º).

É obrigatória a inclusão, no orçamento, da verba necessária ao pagamento dos débitos constantes dos precatórios, apresentados até 1º de julho do ano anterior (Constituição Federal, 100, § 5º) com os valores devidamente corrigidos. As importâncias orçamentárias destinadas ao cumprimento dos precatórios ficarão consignadas diretamente ao Poder Judiciário, recolhidas nas repartições competentes (Constituição Federal, art. 100, § 6º).

O pagamento, por determinação do Presidente do Tribunal, será feito ao credor na ordem de apresentação do precatório e à conta do respectivo crédito (CPC/2015, art. 910, § 1º), salvo os créditos de natureza alimentícia (CF, art. 100, § 1º). Se o credor da Fazenda Pública dispuser de um título executivo extrajudicial, deverá observar o procedimento do art. 910, cuja diferença do procedimento de cumprimento de sentença consiste basicamente: (i) na necessidade de citação do ente público (e não apenas a intimação); (ii) na defesa por meio de embargos à execução (e não por impugnação); e na (iii) ampliação da matéria de defesa a ser eventualmente oposta em sede de embargos à execução (art. 910, § 2º). De resto, aplica-se o procedimento previsto nos arts. 534 e 535, por disposição expressa do Código (art. 910, § 3º).

O pagamento efetuado diretamente pela Fazenda Pública a algum credor, fora da ordem cronológica dos precatórios, autoriza o presidente do tribunal, a requerimento do credor prejudicado, a promover sequestro de verba pública para satisfação do exequente violado em sua preferência constitucional (CF, art. 100, § 6º).

No caso de execução de título extrajudicial, entendia a jurisprudência na vigência do Código anterior que o juiz teria, mesmo na ausência dos embargos da Fazenda Pública, de proferir uma sentença para autorizar a expedição do precatório. Argumentava-se que pela sistemática dos precatórios, a execução teria de fundar-se sempre em "sentença judiciária", à luz do art. 100 da CF. A orientação seguida pelo atual Código é bem diferente e muito mais singela: "não opostos embargos (...), expedir-se-á precatório ou requisição de pequeno valor em favor do exequente" (art. 910, § 1º). Só exige o dispositivo legal decisão transitada em julgado antes da expedição do precatório, quando os embargos opostos pela executada tiverem sido rejeitados. Logo, inexistindo embargos a julgar, o juiz simplesmente verificará a exequibilidade do título extrajudicial e, por meio de decisão interlocutória determinará a expedição do precatório. Não haverá, portanto, sentença de mérito quanto ao crédito acobertado por título extrajudicial, segundo o regime implantado pela nova legislação processual civil.

O CNJ, após julgamento pelo STF das ADIs 4.357 e 4.425, e depois do advento das ECs 94/2016 e 99/2017, e tendo em vista a complexidade do regime especial de pagamentos de precatórios estabelecido pelo atual art. 101 do ADCT, baixou a Resolução nº 303/2019, que dispôs minuciosamente sobre a gestão dos precatórios e respectivos procedimentos operacionais no âmbito do Poder Judiciário.

A Resolução referida compõe-se atualmente de 89 artigos e entrou em vigor em 1º de janeiro de 2020, tendo sofrido sucessivas alterações por meio das Resoluções nº 327/2020, nº 365/2021, nº 390/2021, nº 431/2021, nº 438/2021, nº 448/2022, nº 482/2022, todas do CNJ. Essas Resoluções do CNJ, especialmente a última, cumprem um importante papel na missão institucional de aprimorar o espinhoso procedimento da execução contra a Fazenda Pública, facilitando, na medida do possível, o acesso dos particulares a uma tutela jurisdicional que há muito tempo reclama maior eficiência.

Sobre o cabimento ou descabimento de honorários advocatícios em cumprimento de sentença contra a Fazenda Pública, veja os Breves Comentários ao art. 85 do CPC/2015.

JURISPRUDÊNCIA SELECIONADA

1. Obrigação de fazer em face da Fazenda Pública. Precatórios. Inaplicabilidade. "Fixação da seguinte tese ao Tema 45 da sistemática da repercussão geral: 'A execução provisória de obrigação de fazer em face da Fazenda Pública não atrai o regime constitucional dos precatórios.' A jurisprudência do STF firmou-se no sentido da inaplicabilidade ao Poder Público do regime jurídico da execução provisória de prestação de pagar quantia certa, após o advento da Emenda Constitucional 30/2000. Precedentes" (STF, RE 573.872, Rel. Min. Edson Fachin, Tribunal Pleno, jul. 24.05.2017, *DJe* 11.09.2017).

2. Regime de precatórios. Administração indireta.

Sociedade de economia mista prestadora de serviço público próprio do Estado. "É aplicável o regime dos precatórios às sociedades de economia mista prestadoras de serviço público próprio do Estado e de natureza não concorrencial. Precedentes. Ofensa aos princípios constitucionais do sistema financeiro e orçamentário, em especial ao da legalidade orçamentária (art. 167, VI, da CF), aos princípios da independência e da harmonia entre os Poderes (art. 2º da CF) e ao regime constitucional dos precatórios (art. 100 da CF)" (STF, ADPF 387, Rel. Min. Gilmar Mendes, Tribunal Pleno, jul. 23.03.2017, *DJe* 25.10.2017).

3. Aplicação:

Autarquias. "A execução de sentença contra entidade autárquica submete-se ao ritual prescrito no art. 730 do CPC [art. 910 do CPC/2015]" (STJ, REsp 64.130-6/RS, Rel. Min. Barros Monteiro, 4ª Turma, jul. 07.11.1995, *DJ* 15.04.1996). **No mesmo sentido:** STF, RE 356.711, Rel. Min. Gilmar Mendes, 2ª Turma, jul. 06.12.2005, *DJ* 07.04.2006; STJ, REsp 173.189/RS, Rel. Min. Aldir Passarinho Junior, 4ª Turma, jul. 15.08.2000, *DJ* 25.09.2000; STF, RE 161.557-5/SP, Rel. Min. Celso de Mello, 1ª Turma, *DJ* 22.09.1995.

"O Pleno, no julgamento do Recurso Extraordinário nº 225.011/MG, acórdão redigido pelo Ministro Maurício Corrêa, concluiu ter a empresa pública direito à execução dos débitos via precatório quando envolvido serviço público. Com muito mais razão, o entendimento deve ser observado no tocante às autarquias" (STF, RE 334.225 AgR, Rel. Min. Marco Aurélio, 1ª Turma, jul. 18.03.2014, *DJe* 07.04.2014).

Banco. Ente que, a despeito de formalmente ser considerado uma autarquia, possui natureza de empresa pública. Inaplicabilidade. "O rito previsto pelos artigos 730 e seguintes do Código de Processo Civil [art. 910 do CPC/2015] , aplicável à execução de quantia certa contra a Fazenda Pública, não é aplicável ao ente que, a despeito de formalmente ser considerado uma autarquia, na realidade, em razão de explorar atividade econômica, mediante fomento de setores da economia, se reveste de natureza de empresa pública, como sucede *in casu*" (STJ, REsp 579.819/RS, Rel. Min. Massami Uyeda, 3ª Turma, jul. 04.08.2009, *DJe* 15.09.2009).

Pessoa jurídica de direito privado. Inaplicabilidade. "Os privilégios da Fazenda Pública são inextensíveis às sociedades de economia mista que executam atividades em regime de concorrência ou que tenham como objetivo distribuir lucros aos seus acionistas. Portanto, a empresa Centrais Elétricas do Norte do Brasil S.A. – Eletronorte não pode se beneficiar do sistema de pagamento por precatório de dívidas decorrentes de decisões judiciais (art. 100 da Constituição)" (STF, RE 599.628, Rel. Min. Ayres Britto, Rel. p/ Acórdão Min. Joaquim Barbosa, Tribunal Plano, jul. 25.05.2011, *DJe* 17.10.2011). **No mesmo sentido:** STJ, AgRg no Ag 1.340.768/PR, Rel. Min. Cesar Asfor Rocha, 2ª Turma, jul. 15.02.2011, *DJe* 16.03.2011.

Entretanto, empresa pública prestadora de serviço público de competência da União Federal está sujeita ao regime de precatórios. "**Correios e Telégrafos** (...). Empresa pública que não exerce atividade econômica e presta serviço público da competência da União Federal e por ela mantido. Execução. Observância ao regime de precatório, sob pena de vulneração do disposto no artigo 100 da Constituição Federal" (STF, RE 220.906-9/DF, Tribunal Pleno, Rel. Min. Maurício Corrêa, jul. 16.11.2000, *DJ* 14.11.2002). **No mesmo sentido:** STF, AC-REF-MC 2.318-1/AL, Rel. Min. Joaquim Barbosa, 2ª Turma, *DJe* 01.07.2009 (Empresa de abastecimento de água e saneamento básico); STF, RE 344.975-AgRg, Rel. Min. Gilmar Mendes, 2ª Turma, jul. 29.11.2005, *DJ* 16.12.2005, p. 106; STF, AI 243.250-AgRg, Rel. Min. Sepúlveda Pertence, 1ª Turma, jul. 10.02.2004, *DJ* 23.04.2004.

Entidades paraestatais. Inaplicabilidade. "O Supremo Tribunal Federal fixou entendimento no sentido de que as **entidades paraestatais** que possuem personalidade de pessoa jurídica de direito privado não fazem jus aos privilégios processuais concedidos à Fazenda Pública. Precedentes" (STF, AI 783.136 AgR, Rel. Min. Eros Grau, 2ª Turma, jul. 20.04.2010, *DJe* 14.05.2010).

4. Precatórios. Juros de mora. Período entre a data da elaboração da conta e a expedição do precatório. Incidência. "Incidem juros da mora entre a data da realização dos cálculos e a da requisição ou do precatório" (STF, RE 579.431, Rel. Min. Marco Aurélio, Tribunal Pleno, jul. 19.04.2017, Repercussão Geral, *DJe* 30.06.2017).

"Esta Corte Especial, por ocasião do julgamento do REsp 1.143. 677/RS (*DJe* 4.2.2010), sob a Relatoria do ilustre Ministro LUIZ FUX, fixou a tese (Tema Repetitivo 291/STJ) no sentido de que não incidem juros moratórios entre a elaboração dos cálculos e o efetivo pagamento da Requisição de Pequeno Valor-RPV. (...) Considerando os princípios da segurança jurídica, da proteção da confiança e da isonomia, nos termos do art. 927, § 4º do Código Fux, é patente e evidente a necessidade de **revisão do entendimento consolidado no enunciado de Tema Repetitivo 291/STJ**, a fim de adequá-lo à nova orientação fixada pelo egrégio Supremo Tribunal Federal quando do julgamento do RE 579.431/RS (Repercussão Geral – Tema 96/STF). Nova redação que se dá ao enunciado de Tema Repetitivo 291/STJ: incidem os juros da mora no período compreendido entre a data da realização dos cálculos e a da requisição ou do precatório. Questão de ordem acolhida a fim de dar nova redação ao Tema 291/STJ, em conformidade com Parecer favorável do MPF e em estrita observância da redação conferida ao tema pelo STF" (STJ, QO no REsp 1.665.599/RS, Rel. Min. Napoleão Nunes Maia Filho, Corte Especial, jul. 20.03.2019, *DJe* 02.04.2019).

5. Regime de precatórios. Pagamento preferencial. "Dessa forma, o credor poderá receber o limite estabelecido por lei em cada precatório uma única vez, por idade, doença grave ou deficiência, não havendo acumulação. A antecipação de débitos tem limite de até três vezes o valor da RPV (requisição de pequeno valor). Assim, caso o credor preferencial tenha vários precatórios contra o mesmo ente público, ele terá direito a preferência em todos, respeitado em cada precatório isoladamente o limite fixado no artigo 100 da Constituição Federal. Atingido esse valor, o 'restante será pago na ordem cronológica de apresentação', conforme teor do parágrafo segundo do art.100 da CF/1988. Não é possível que o mesmo credor possa ser beneficiado, mais de uma vez, em um mesmo precatório, com a antecipação de crédito dotado de 'super preferência', por motivos distintos – em razão da idade e de ser portador de doença grave –, com fundamento no art. 100, § 2º, da Constituição Federal, porquanto tal interpretação contraria o dispositivo constitucional" (STJ, RMS 59.661/RO, Rel. Min Herman Benjamin, 2ª Turma, jul. 19.02.2019, *DJe* 11.03.2019).

Precatório. Indenização por dano moral. Natureza não alimentar. Pagamento preferencial. Inexistência. "A indenização por danos morais apresenta cunho extrapatrimonial, não podendo ser caracterizada como crédito de natureza alimentar elegível à superpreferência" (STJ, AgInt no RMS 63.790/RS, Rel. Min. Regina Helena Costa, 1ª Turma, jul. 12.04.2021, *DJe* 20.04.2021).

6. RPV.

Precatório expedido antes da Emenda Constitucional 37/2002. Conversão em requisição de pequeno valor (RPV). Automaticidade. "Fixação da seguinte tese de julgamento ao presente Tema da sistemática da repercussão geral: 'É harmônica com a normatividade constitucional a previsão no artigo 86 do ADCT na dicção da EC 32/2002 de um regime de transição para tratar dos precatórios reputados de pequeno valor, já expedidos antes de sua promulgação'" (STF, RE 587.982, Rel. Min. Edson Fachin, Tribunal Pleno, jul. 27.03.2019, *DJe* 12.04.2019).

Obrigação de pequeno valor. Requisição de pagamento (§ 1º). "A EC nº 20/98, ao acrescentar o § 3º ao artigo 100 da Constituição Federal, previu a possibilidade de pagamento de dívidas judiciais da Fazenda Pública, independentemente de precatório, mas remeteu à legislação ordinária a definição do que seria considerado como 'obrigação de pequeno valor'. Lei nº 10.099/00, superveniente à interposição do extraordinário. Norma de natureza processual, que definiu as obrigações de pequeno valor para os efeitos do disposto no artigo 100, § 3º, da Constituição Federal. Aplicação nos processos em curso, por constituir-se fato novo capaz de influir no julgamento da causa" (STF, RE 293.231-1/RS, Rel. Min. Maurício Corrêa, *DJ* 01.06.2001).

"Consideram-se de pequeno valor, para esse efeito, as execuções de (a) até sessenta (60) salários mínimos, quando devedora for a União Federal (Lei 10.259/2001, art. 17, § 1º); (b) até quarenta (40) salários mínimos ou o estabelecido pela legislação local, quando devedor for Estado-membro ou o Distrito Federal (ADCT art. 87); e (c) **até trinta (30) salários mínimos ou o estabelecido pela legislação local, quando devedor for Município** (ADCT, art. 87). Sendo a execução promovida em regime de litisconsórcio ativo facultativo, a aferição do valor, para os fins do art. 100, § 3º, da Constituição, deve levar em conta o crédito individual de cada exequente (art. 4º da Resolução 373, de 25.05.2004, do Conselho da Justiça Federal)" (STJ, REsp 823.293/SC, Rel. Min. Teori Albino Zavascki, 1ª Turma, jul. 25.04.2006, *DJ* 08.05.2006).

Juiz singular. Inaplicabilidade do art. 17, *caput* e § 2º, da Lei nº 10.259/2001 aos demais órgãos do Judiciário. "Embora tenha a Lei 10.259/2001, dos Juizados Especiais Federais, conferido, em seu artigo 17, *caput* e § 2º, poderes ao juiz singular para que, em substituição ao Presidente do Tribunal, determine o pagamento de requisição de pequeno valor, tal procedimento não pode ser aplicado nas execuções dos demais órgãos do Poder Judiciário, por ausência de expressa previsão legal" (STJ, RMS 27.889/PB, Rel. Min. Benedito Gonçalves, 1ª Turma, jul. 17.03.2009, *DJe* 30.03.2009).

Ver jurisprudência do art. 534 do CPC.

7. Execução por quantia certa contra a Fazenda Pública:

"Toda e qualquer execução contra a Fazenda Pública, com base em título judicial ou extrajudicial, se faz com apoio no art. 730 do CPC. Quando ela se basear em título extrajudicial, os embargos equivalerão à contestação" (STJ, REsp 152.149/PE, Rel. Min. Garcia Vieira, 1ª Turma, jul. 03.03.1998, *DJ* 27.04.1998). **No mesmo sentido:** STJ, REsp 997.855/MG, Rel. Min. Teori Albino Zavascki, 1ª Turma, jul. 16.12.2008, *DJe* 04.02.2009; STJ, REsp 28.883/SP, Rel. Min. Hélio Mosimann, 2ª Turma, jul. 18.11.1992, *DJ* 01.02.1993.

"Execução. Promissória. Fazenda pública. Inexigível empenho prévio para a execução de nota promissória, formalmente perfeita, contra a fazenda pública" (STJ, REsp 34.265/PA, Rel. p/ Acórdão min. Cláudio Santos, 3ª Turma, jul. 25.04.1994, *DJ* 23.05.1994).

"Nas execuções contra a Fazenda Pública, fundadas em título executivo judicial ou extrajudicial, prevalecem as disposições especiais previstas na Seção III do CPC, mesmo após a edição da Lei nº 11.232/2005. Uma vez citada, se a devedora não concordar com o valor executado, o montante devido será apurado no bojo dos embargos à execução opostos, nos termos do art. 730 do CPC [art. 910 do CPC/2015], e, havendo necessidade, o juiz requisitará o auxílio da Contadoria Judicial para elaboração da conta" (TRF – 1ª Região, ApCív. 34.00.026567-4, Rel. Des. Fed. Carlos Olavo, 1ª Turma, jul. 01.06.2009, *RDC* 65/186).

Execução de sentença. "As execuções de sentença propostas contra a Fazenda Pública, inclusive em se tratando de desapropriação, estão sujeitas ao rito previsto no artigo 730 do Código de Processo Civil [art. 910 do CPC/2015]; o juiz não pode, antes de observar esse procedimento, determinar o pagamento da condenação judicial mediante simples ofício ou intimação" (STJ, EREsp 160.573/SP, Rel. Min. Ari Pargendler, 1ª Seção, jul. 07.08.2000, *DJ* 25.06.2001).

Execução provisória. Impossibilidade. "A Emenda Constitucional 30/2000, ao inserir no § 1º do art. 100 da CF/88 a obrigação de somente ser incluído no orçamento o pagamento de débitos oriundos de sentenças transitadas em julgado, extinguiu a possibilidade de execução provisória. Releitura dos arts. 730 e 731 do CPC [arts. 910 do CPC/2015 e 100, § 6º, da Constituição Federal], para não se admitir, contra a Fazenda Pública, execução provisória" (STJ, REsp 464.332/SP, Rel.ª Min.ª Eliana Calmon, 2ª Turma, jul. 14.09.2004, *DJ* 06.12.2004). **No mesmo sentido**: STJ, REsp 687.175/RJ, Rel. Min. Luiz Fux, 1ª Turma, jul. 06.04.2006, *DJ* 28.04.2006.

Pensão por morte. "Nos casos de instituição de pensão por morte de servidor público, este Superior Tribunal de Justiça tem admitido a **possibilidade de execução provisória contra a Fazenda Pública**, porque a situação não está inserida nas vedações do art. 2º-B da Lei n. 9.494/97, cuja interpretação deve ser restritiva" (STJ, AgRg no AREsp 230.482/RS, Rel. Min. Sérgio Kukina, 1ª Turma, jul. 07.03.2013, *DJe* 12.03.2013).

"Já decidiu este Superior Tribunal de Justiça que resulta da própria lei que **não cabe execução provisória contra a Fazenda Pública de decisão que tenha por objeto liberação de recurso, inclusão em folha de pagamento, concessão de aumento ou extensão de vantagens a servidores públicos**, sendo certo que a hipótese dos autos se adéqua exatamente ao previsto na Lei em questão. Precedentes" (STJ, AgRg no REsp 827.417/RS, Rel. Min. Gilson Dipp, 5ª Turma, jul. 12.09.2006, *DJ* 09.10.2006). **No mesmo sentido:** STJ, REsp 379.662/RS, Rel. Min. Hamilton Carvalhido, 6ª Turma, jul. 06.05.2004, *DJ* 28.06.2004.

Multa do art. 523, § 1º, do CPC/2015. Inaplicabilidade. "Não há que se falar em incidência da multa de 10% prevista no art. 475-J do CPC [art. 523 do CPC/2015] em sede de execução contra a Fazenda Pública, visto que não é possível exigir que Fisco pague o débito nos 15 dias de que trata o dispositivo supra, eis que o pagamento do débito alimentar será realizado na ordem preferencial de precatórios dessa natureza" (STJ, REsp 1.201.255/RJ, Rel. Min. Mauro Campbell Marques, 2ª Turma, jul. 02.09.2010, *DJe* 04.10.2010).

Prazo prescricional. "Este Superior Tribunal de Justiça tem entendimento firmado no sentido de que é de cinco anos, contados a partir do trânsito em julgado da sentença condenatória, o prazo prescricional para a propositura da ação executiva contra a Fazenda Pública, em conformidade com o entendimento sufragado na Súmula nº 150 do Supremo Tribunal Federal. Precedentes. E, nas execuções contra a Fazenda Pública, o lapso prescricional somente poderá ser interrompido uma única vez, recomeçando a correr pela metade, nos termos do art. 9º do Decreto nº 20.910/32; resguardado o prazo mínimo de cinco anos, a teor da Súmula nº 383/STF" (STJ, AgRg no REsp 1.143.254/PR, Rel.ª Min.ª Laurita Vaz, 5ª Turma, jul. 02.02.2012, *DJe* 13.02.2012). **No mesmo sentido**: STJ, AgRg no AREsp 41.588/MG, Rel. Min. Humberto Martins, 2ª Turma, jul. 25.10.2011, *DJe* 04.11.2011.

"'O **pedido administrativo de compensação de indébito não interrompe a prescrição** para executar a Fazenda Pública.' (REsp 1.035.441/SC, Rel. Min. Mauro Campbell Marques, Segunda Turma, julgado em 03.08.2010, *DJe* 24.08.2010)" (STJ, AgRg no AREsp 186.954/RS, Rel. Min. Humberto Martins, 2ª Turma, jul. 21.08.2012, *DJe* 28.08.2012).

8. Citação da Fazenda. "A teor do que preceitua o art. 730 do CPC [art. 910 do CPC/2015], é imprescindível citar a Fazenda Pública para opor embargos à execução por quantia certa contra ela movida. A execução não pode se iniciar sem provocação da parte, por isso que, no direito processual pátrio, vige o princípio dispositivo, resumido no aforismo *ne procedat iudex ex officio*. Assim, é inválida a expedição de ofício requisitório sem prévio requerimento de citação da Fazenda Pública para opor embargos" (STJ, REsp 16.720-0/SP, Rel. Min. Demócrito Reinaldo, 1ª Turma, jul. 05.04.1995, *DJ* 08.05.1995). **No mesmo sentido, entendendo não ser suficiente a mera intimação:** STJ, REsp 719.734/RN, Rel. Min. Felix Fischer, 5ª Turma, jul. 02.08.2005, *DJ* 26.09.2005.

"É necessária a prévia citação da Fazenda Pública para opor embargos no início do feito executivo, não se aplicando a mesma orientação na hipótese de simples atualização de cálculo relativo a depósito não efetuado na sua totalidade" (STJ, AgRg no AgRg no REsp 921.562/SP, Rel.ª Min.ª Denise Arruda, 1ª Turma, jul. 03.06.2008, *DJ* 18.06.2008).

"Se a parte por manifesto equívoco requer a expedição de ofício requisitório ao invés de pedido de citação para início da execução acompanhado o mandado de todos os elementos aptos para defesa, e não havendo qualquer prejuízo para agravante, nula não é a execução" (STJ, AgRg no Ag 11.268/SP, Rel. Min. José de Jesus filho, 2ª Turma, jul. 13.11.1991, *DJ* 09.12.1991).

Precatório complementar. Citação da Fazenda Pública. "Havendo necessidade de expedição de precatório complementar, é inaplicável o art. 730 do CPC [art. 910 do CPC/2015], que determina a citação da Fazenda Pública para, querendo, opor embargos. O acórdão recorrido não está em harmonia com a jurisprudência desta Corte no sentido de que a expedição de precatório complementar **prescinde de nova citação da Fazenda Pública**" (STJ, REsp 1.189.792, Rel. Min. Mauro Campbell Marques, 2ª Turma, jul. 26.10.2010, *DJe* 10.11.2010). **No mesmo sentido:** STJ, REsp 725.134/SP, Rel. Min. Castro Meira, 2ª Turma, jul. 05.08.2008, *DJe* 19.08.2008; STJ, AGA 429.745/SP, Rel. Min. Luiz Fux, 1ª Turma, *DJ* 17.06.2002. **Em sentido parcialmente contrário:** "(...) esta Corte, ao concluir o julgamento da ADI 2.924 (Informativo nº 411), firmou entendimento segundo o qual somente deixa de ser necessária nova citação da Fazenda Pública quando a expedição de precatórios complementares tratar de pagamentos referentes a erro material, a inexatidões aritméticas contidas nos precatórios originais ou à substituição de índice já extinto. Os pagamentos de débitos da Fazenda Pública que não se enquadrem nessas hipóteses devem ser objeto de novo precatório, com a devida citação da Fazenda. Nesse sentido: AI-ED 495.180, 2ª Turma, Rel. Carlos Velloso, *DJ* 14.10.2005, AI-AgRg nº 495.193, 2ª Turma, Rel. Joaquim Barbosa, *DJ* 22.09.2006, e o RE-ED 402.636, 1ª Turma, Rel. Carlos Britto, *DJ* 30.5.2006" (STF, AI-AgRg 534.539/SP, Rel. Min. Gilmar Mendes, 2ª Turma, jul. 14.08.2007, *DJ* 14.09.2007, p. 71 – voto do relator).

9. Embargos. Prazo. Termo inicial. "O prazo para a oposição de embargos do devedor, em se tratando de Fazenda Pública, deve ser contado a partir da juntada aos autos do mandado citatório devidamente cumprido" (STJ, REsp 336.622/DF, Rel. Min. Hamilton Carvalhido, 6ª Turma, jul. 04.06.2002, *DJ* 19.12.2002).

10. Embargos à execução. Efeito suspensivo:

Inexistência de efeito suspensivo automático. "As disposições gerais sobre excesso de execução são aplicáveis ao procedimento dos Embargos à Execução contra a Fazenda Pública (cf. AgRg nos EmbExeMS 6.864/DF, Rel. Min. LAURITA VAZ, *DJe* 5.11.2010). O excesso, que se constitui em fundamento de Embargos à Execução de quantia certa opostos pela Fazenda Federal, não autoriza a atribuição do efeito suspensivo de que cuida o artigo 739-A do CPC [art. 919 do CPC/2015], por depender a expedição de precatório do trânsito em julgado da decisão da impugnação (artigo 100 da Constituição Federal) (cf.AgRg nos EmbExeMS 6.864/DF, Rel. Min. Hamilton Carvalhido, *DJe* 24.6.2008)" (STJ, AgRg no AREsp 23.908/PR, Rel. Min. Napoleão Nunes Maia Filho, 1ª Turma, jul. 20.08.2015, *DJe* 31.08.2015).

"Quando os embargos forem parciais, a execução, nos termos do art. 739-A, § 3º, do CPC [art. 919, §3º, do CPC/2015], prosseguirá quanto à parte não embargada – regra que se aplica também à Fazenda Pública. Todavia, se no objeto do embargo houver questionamento que possa afetar o título executivo como um todo, e a alegação de prescrição da pretensão executória tem essa finalidade, a execução deve ficar suspensa até o julgamento dos embargos. Isso porque, nas Execuções propostas contra a Fazenda Pública, a oposição de embargos gera efeito suspensivo, pois a expedição de precatório ou de requisição de pequeno valor depende do prévio trânsito em julgado, de sorte que somente pode ser determinado o pagamento se não houver mais qualquer discussão quanto ao valor executado" (STJ, AgRg no REsp 1264564/PR, Rel. Ministro Humberto Martins, 2ª Turma, jul. 01.09.2011, *DJe* 09.09.2011).

11. Prestações vincendas. Simples ofício. "Na execução contra a Fazenda Pública, apenas as prestações vencidas sujeitam-se a expedição de precatórios, sendo as vincendas transmitidas por meio de simples ofício" (STJ, REsp 541.174/RS, Rel. Min. Paulo Medina, 6ª Turma, jul. 09.02.2006, *DJ* 27.03.2006).

12. Precatório (§ 1º):

Art. 100, § 1º, da CF. Rol exemplificativo. "O art. 100, § 1º, da Constituição Federal não encerra um rol taxativo das verbas consideradas de natureza alimentar, mas, ao invés, tão somente exemplificativo, de sorte que a definição da natureza jurídica de determinada verba deverá ser buscada a partir da possibilidade de sua subsunção a uma das categorias elencadas no referido dispositivo constitucional. Nesse sentido: RE n. 470.407, Relator Ministro Marco Aurélio, Primeira Turma, *DJe* de 13/10/2006. 'Uma verba tem natureza alimentar quando destinada à subsistência do credor e de sua família' (REsp n. 1.815.055/SP, Relatora Ministra Nancy Andrighi, Corte Especial, *DJe* de 26/8/2020)" (STJ, RMS 72.481/BA, Rel. Min. Sérgio Kukina, 1ª Turma, jul. 05.12.2023, *DJe* 15.12.2023).

Finalidade da norma. "O regime constitucional de execução por quantia certa contra o Poder Público – qualquer que seja a natureza do crédito exequendo (RTJ 150/337) – impõe a necessária extração de precatório, cujo pagamento deve observar, em obsequio aos princípios ético-jurídicos da moralidade, da impessoalidade e da igualdade, a regra fundamental que outorga preferência apenas a quem dispuser de precedência cronológica (*prior in tempore, potior in jure*). A exigência constitucional pertinente a expedição de precatório – com a consequente obrigação imposta ao Estado de estrita observância da ordem cronológica de apresentação desse instrumento de requisição judicial de pagamento – tem por finalidade (a) assegurar a igualdade entre os credores e proclamar a inafastabilidade do dever estatal de solver os débitos judicialmente reconhecidos (RTJ 108/463), (b) impedir favorecimentos pessoais indevidos e (c) frustrar tratamentos discriminatórios, evitando injustas perseguições ditadas por razoes de caráter político-administrativo" (STF, RE 132.031, Rel. Min. Celso de Mello, 1ª Turma, jul. 15.09.1995, *DJ* 19.04.1996).

Execução direta. Determinação judicial de bloqueio de verbas públicas. Medida excepcional. "Em se tratando da Fazenda Pública, qualquer obrigação de pagar quantia, ainda que decorrente da conversão de obrigação de fazer ou de entregar coisa, está sujeita a rito próprio (CPC, art. 730 do CPC [art. 910 do CPC/2015], e CF, art. 100 da CF), que não prevê, salvo excepcionalmente (*v.g.*, desrespeito à ordem de pagamento dos precatórios judiciários), a possibilidade de execução direta por expropriação mediante sequestro de dinheiro ou de qualquer outro bem público, que são impenhoráveis. Todavia, em situações de inconciliável **conflito entre o direito fundamental à saúde e o regime de impenhorabilidade dos bens públicos**, prevalece o primeiro sobre o segundo. Sendo urgente e impostergável a aquisição do medicamento, sob pena de grave comprometimento da saúde da demandante, não se pode ter por ilegítima, ante a omissão do agente estatal responsável, a determinação judicial do bloqueio de verbas públicas como meio de efetivação do direito prevalente" (STJ, REsp 852.593/RS, Rel. Min. Teori Albino Zavascki, 1ª Turma, jul. 22.08.2006, *DJ* 04.09.2006).

Transação judicial homologada. "(...). A transação judicial homologada pelo juiz é título executivo judicial (art. 475-N do CPC, correspondente ao revogado art. 584 do CPC) [art. 515 do CPC/2015]. Não cumprida a obrigação, sua **execução judicial deve observar o procedimento comum da execução contra a Fazenda Pública**" (STJ, REsp 890.215/RS, Rel. Min. Teori Albino Zavascki, 1ª Turma, jul. 15.02.2007, *DJ* 22.03.2007).

"No ordenamento brasileiro, a ordem cronológica dos precatórios é valor formal absoluto, incompatível com qualquer ato ou procedimento que, aberta ou veladamente, ponha em risco os princípios e garantias da impessoalidade, da equidade, da transparência e da boa-fé objetiva, que a informam. É ilegal e, portanto, insuscetível de homologação judicial, a transação entre a Administração e o particular que viola a sequência dos precatórios, mesmo se o credor renuncia à parte (*in casu*, parte ínfima) do crédito, vedação essa que incide tanto se já há precatório, como em momento anterior à sua expedição. Descabe à Fazenda Pública realizar composição que envolva quantia certa em processo judicial de execução de sentença, nos moldes do art. 730 do Código de Processo Civil [art. 910 do CPC/2015], cujo rito culmina com a expedição de precatório. Admitir esse tipo de transação seria, por via transversa, violar a ordem cronológica de pagamento de precatórios" (STJ, AgRg no REsp 1.090.695/MS, Rel. Min. Herman Benjamin, 2ª Turma, jul. 08.09.2009, *DJe* 04.11.2009).

Verba de natureza alimentar. Necessidade de precatório. "A despeito de a condenação referir-se à verba de natureza alimentar (proventos/pensões), a execução contra a Fazenda Pública deve seguir o rito do art. 730 do CPC [art. 910 do CPC/2015], por tratar de execução de quantia certa. É que o art. 100 da Constituição Federal não excepcionou a verba alimentícia do regime dos precatórios, antes, apenas lhe atribuiu preferência sobre os demais débitos, exceto sobre aqueles referidos no § 2º do referido dispositivo legal (Redação dada pela Emenda Constitucional nº 62, de 2009)" (STJ, REsp 1.201.255/RJ, Rel.

Min. Mauro Campbell Marques, 2ª Turma, jul. 02.09.2010, *DJe* 04.10.2010). **No mesmo sentido:** STF, RE 597.835 AgR, Rel. Min. Ricardo Lewandowski, 1ª Turma, jul. 09.11.2010, *DJe* 25.11.2010; STJ, REsp 73.097/SP, Rel. Min. Costa Lima, 5ª Turma, *DJ* 16.10.1995; STF, RE 161.557-5/SP, Rel. Min. Celso de Mello, 1ª Turma, *DJ* 22.09.1995; STF, RE 195.042-1, Rel. Min. Celso de Mello, 1ª Turma, jul. 22.09.1995, *DJ* 24.11.1995; STJ, RMS 24.510/SP, Rel. Min. Denise Arruda, Rel. p/ Ac. Min. Teori Albino Zavascki, 1ª Turma, jul. 21.05.2009, *DJe* 22.06.2009. ***Vide*** Súmula do STF nº 655.

Correção monetária. "(...). A decisão '*a quo*', ao determinar a satisfação do débito com atualização monetária, mediante precatório, não desrespeitou o princípio da previsão orçamentária e se pautou de acordo com a jurisprudência desta Corte no sentido de que, **sobre as verbas alimentares satisfeitas com atraso, incide correção monetária até o seu efetivo pagamento. Precedente**" (STF, AI 171.924 AgR, Rel. Min. Maurício Corrêa, 2ª Turma, jul. 27.10.1995, *DJ* 02.02.1996).

Honorários advocatícios.

"Conforme o disposto nos artigos 22 e 23 da Lei nº 8.906/94, os honorários advocatícios incluídos na condenação pertencem ao advogado, consubstanciando prestação alimentícia cuja **satisfação pela Fazenda ocorre via precatório**, observada ordem especial restrita aos créditos de natureza alimentícia, ficando afastado o parcelamento previsto no artigo 78 do Ato das Disposições Constitucionais Transitórias, presente a Emenda Constitucional nº 30, de 2000. Precedentes: Recurso Extraordinário nº 146.318-0/SP, Segunda Turma, relator ministro Carlos Velloso, com acórdão publicado no Diário da Justiça de 4 de abril de 1997, e Recurso Extraordinário nº 170.220-6/SP, Segunda Turma, por mim relatado, com acórdão publicado no Diário da Justiça de 7 de agosto de 1998" (STF, RE 470.407, Rel. Min. Marco Aurélio, 1ª Turma, jul. 09.05.2006, *DJ* 13.10.2006).

Direito de preferência de idosos. Extensão aos sucessores. Impossibilidade. "O postulado direito de preferência no pagamento de precatórios não pode ser estendido, uma vez que possui caráter personalíssimo, tal como se infere aos dispositivos da Constituição Federal nos quais está previsto; tal interpretação encontra amparo, ainda, no art. 10, § 2º da Resolução n. 115/2010 do CNJ – Conselho Nacional de Justiça" (STJ, RMS 44.836/MG, Rel. Min. Humberto Martins, 2ª Turma, jul. 20.02.2014, *DJe* 27.02.2014). **Obs.:** v. texto atual do § 2º do art. 100 da CF e do art. 9º, *caput*, da Resolução n.º 303/2019 do CNJ, que reconheceu privilégios de credores alimentícios, sejam os originários ou os sucessores hereditários, nos casos de idosos, portadores de doença grave ou pessoa com deficiência. Registre-se, outrossim, que a Resolução n.º 115/2010 do CNJ foi revogada e substituída pela Resolução n.º 303/2019 daquele mesmo Conselho.

Apresentação de novos cálculos. Impossibilidade. "No caso em apreço, o credor/exequente apresentou planilha de cálculo referente aos honorários advocatícios, a qual fora ratificada pelo devedor (a União) e homologada pelo juízo competente, com emissão dos precatórios. Em momento posterior, apresentou novos cálculos, para inclusão de juros de mora, pretensão que deve ser desacolhida, devido a ocorrência de preclusão. 'Uma vez apurado o *quantum debeatur*, descabe a elaboração de novos cálculos e consequente homologação, face a juntada de documentos novos, porquanto a questão encontrava-se preclusa' (REsp 299.176/PE, Rel. Min. Jorge Scartezzini, Quinta Turma, julgado em 8.6.2004, *DJ* 2.8.2004, p. 472). **Outros precedentes:** AgRg no Ag 1.041.629/BA, Rel. Min. Napoleão Nunes Maia Filho, Primeira Turma, julgado em 26.10.2010, *DJe* 29.11.2010; REsp 901.734/RJ, Rel. Ministra Eliana Calmon, Segunda Turma, julgado em 18.03.2008, *DJe* 25.04.2008; REsp 702.849/RJ, Rel. Min. Herman Benjamin, Segunda Turma, julgado em 26.06.2007, *DJe* 30.09.2008; EREsp 208.109/RS, Rel. Min. Barros Monteiro, Corte Especial, julgado em 04.10.2006, *DJ* 11.12.2006, p. 293; REsp 235.921/DF, Rel. Min. Aldir Passarinho Júnior, Quarta Turma, julgado em 08.10.2002, *DJ* 17.03.2003, p. 233" (STJ, AgRg no AREsp 44.230/AM, Rel. Min. Humberto Martins, 2ª Turma, jul. 18.10.2012, *DJe* 25.10.2012).

Honorários de perito judicial. Inaplicabilidade. "O pagamento dos honorários periciais não está sujeito ao regime de precatório. Precedentes do STJ" (STJ, REsp 135.927/SP, Rel. Min. Aldir Passarinho Junior, 2ª Turma, jul. 23.03.1999, *DJ* 03.05.1999).

Parcelamento. "O art. 78 do Ato das Disposições Constitucionais Transitórias, acrescentado pelo art. 2º da Emenda Constitucional nº 30/2000, ao admitir a liquidação 'em prestações anuais, iguais e sucessivas, no prazo máximo de dez anos' dos 'precatórios pendentes na data de promulgação' da emenda, violou o direito adquirido do beneficiário do precatório, o ato jurídico perfeito e a coisa julgada. Quanto aos precatórios 'que decorram de ações iniciais ajuizadas até 31 de dezembro de 1999', sua liquidação parcelada não se compatibiliza com o *caput* do art. 5º da Constituição Federal. Não respeita o princípio da igualdade a admissão de que um certo número de precatórios, oriundos de ações ajuizadas até 31.12.1999, fique sujeito ao regime especial do art. 78 do ADCT, com o pagamento a ser efetuado em prestações anuais, iguais e sucessivas, no prazo máximo de dez anos, enquanto os demais créditos sejam beneficiados com o tratamento mais favorável do § 1º do art. 100 da Constituição" (STF, ADI 2.356 MC, Rel. Min. Néri da Silveira, Rel. p/ Acórdão Min. Ayres Britto, Tribunal Pleno, julgado em 25.11.2010, *DJe* 19.05.2011).

Inconstitucionalidade do parcelamento (art. 78 do ADCT). "O regime especial de pagamento de precatórios para Estados e Municípios criado pela EC 62/09, ao veicular moratória na quitação dos débitos judiciais da Fazenda Pública e ao impor o contingenciamento de recursos para esse fim, viola a cláusula constitucional do Estado de Direito (CF, art. 1º, *caput*), o princípio da Separação de Poderes (CF, art. 2º), o postulado da isonomia (CF, art. 5º), a garantia do acesso à justiça e a efetividade da tutela jurisdicional (CF, art. 5º, XXXV), o direito adquirido e a coisa julgada (CF, art. 5º, XXXVI)" (STF, ADI 4.425, Rel. Min. Luiz Fux, Pleno, jul. 14.03.2013, *RT* 944/251).

13. Fracionamento do valor do precatório:

Pagamento das custas. Impossibilidade. "Alegação de ofensa ao art. 87 do ADCT e ao § 4º do art. 100 da Constituição Federal. Ocorrência. Fracionamento do valor de precatório em execução de sentença, com o objetivo de efetuar o pagamento das custas processuais por meio de requisição de pequeno valor (RPV). Impossibilidade" (STF, RE 592.619, Rel. Min. Gilmar Mendes, Tribunal Pleno, jul. 08.09.2010).

"Este Tribunal firmou entendimento no sentido de que é possível o fracionamento de execução de sentença para expedição de requisição de pequeno valor, apenas quando tratar-se de litisconsórcio facultativo ativo e não de ação coletiva intentada por legitimado extraordinário ou substituto processual. Precedentes (STF, RE 452.261 AgR, Rel. Min. Eros Grau, 2ª Turma, jul. 08.05.2007, *DJe* 25.05.2007).

Precatórios alimentares. Parcelamento constitucional. Impossibilidade. "Os precatórios alimentares não se sujeitam ao parcelamento constitucional, de modo que a norma do art. 78, § 2º, do ADCT, que trata do poder liberatório do pagamento de tributos, é inaplicável" (STJ, AgRg no RMS 30.340/PR, Rel. Min. Herman Benjamin, 2ª Turma, jul. 18.03.2010, *DJe* 30.03.2010).

Fracionamento para cobrança de honorários pelo rito da RPV. "O art. 100, § 8º, da CF não proíbe, nem mesmo implicitamente, que a execução dos honorários se faça sob regime diferente daquele utilizado para o crédito dito 'principal'. O dispositivo tem por propósito evitar que o exequente se utilize de maneira simultânea – mediante fracionamento ou repartição do valor executado – de dois sistemas de satisfação do crédito (requisição de pequeno valor e precatório). O fracionamento vedado pela norma constitucional toma por base a titularidade do crédito. Assim, um mesmo credor não pode ter seu crédito satisfeito por RPV e precatório, simultaneamente. Nada impede, todavia, que dois ou mais credores, incluídos no polo ativo da mesma execução, possam receber seus créditos por sistemas distintos (RPV ou precatório), de acordo com o valor que couber a cada qual. (...) Optando o advogado por executar os honorários nos próprios autos, haverá regime de litisconsórcio ativo facultativo (já que poderiam ser executados autonomamente) com o titular do crédito dito 'principal'. Assim, havendo litisconsórcio ativo voluntário entre o advogado e seu cliente, a aferição do valor, para fins de submissão ao rito da RPV, deve levar em conta o crédito individual de cada exequente, nos termos da jurisprudência pacífica do STJ" (STJ, REsp 1.347.736/RS, Rel. p/ Acórdão Min. Herman Benjamin, 1ª Seção, jul. 09.10.2013, *DJe* 15.04.2014).

Renúncia de parte do crédito para viabilizar recebimento do remanescente por RPV. Honorários. Descabimento. "A controvérsia consiste em verificar o cabimento da fixação de honorários advocatícios em Execução promovida sob o rito do art. 730 do CPC [art. 910 do CPC/2015], não embargada contra a Fazenda Pública, na hipótese em que a parte renuncia posteriormente ao excedente previsto no art. 87 do ADCT, para fins de expedição de Requisição de Pequeno Valor (RPV). (...). A renúncia ao valor excedente ao previsto no art. 87 do ADCT, manifestada após a propositura da demanda executiva, não autoriza o arbitramento dos honorários, porquanto, à luz do princípio da causalidade, a Fazenda Pública não provocou a instauração da Execução, uma vez que se revelava inicialmente impositiva a observância do art. 730 CPC, segundo a sistemática do pagamento de precatórios. Como não foram opostos Embargos à Execução, tem, portanto, plena aplicação o art. 1º-D da Lei 9.494/1997. No mesmo sentido: REsp 1.386.888/RS, Rel. Ministra Eliana Calmon, *DJe* 18.9.2013; REsp 1.406.732/RS, Rel. Ministra Eliana Calmon, Segunda Turma, *DJe* 7.2.2014; AgRg no REsp 1.411.180/RS, Rel. Ministro Mauro Campbell Marques, Segunda Turma, *DJe* 11.12.2013. **Acórdão submetido ao regime do art. 543-C do CPC** e da Resolução 8/2008 do STJ" (STJ, REsp 1.406.296/RS, Rel. Min. Herman Benjamin, 1ª Seção, jul. 26.02.2014, *DJe* 19.03.2014).

Poder liberatório do pagamento de tributos. "'O poder liberatório do pagamento de tributos da Entidade devedora pode ser invocado somente em relação aos precatórios pendentes na data da promulgação da EC 30/00 e os que decorram de ações iniciais ajuizadas até 31 de dezembro de 1999, cujas parcelas não forem liquidadas até o final exercício a que se referem, afastados, portanto, os de pequeno valor, os de natureza alimentícia e os remanescentes de oitavos' (AgRg no RMS 30.491/PR, 1ª Turma, Rel. Min. Luiz Fux, *DJe* de 27.8.2010)" (STJ, RMS 26.606/MG, Rel. Min. Mauro Campbell Marques, 2ª Turma, jul. 16.11.2010, *DJe* 25.11.2010).

Expedição de precatório no tocante à parte incontroversa. Possibilidade. "A Corte Especial do Superior Tribunal de Justiça firmou compreensão segundo a qual é possível a expedição de precatório relativamente à parte incontroversa da dívida quando se tratar de embargos parciais à execução opostos pela Fazenda Pública. Precedentes: EREsp nº 759.405/PR, Corte Especial, Rel. Min. Eliana Calmon, *DJe* de 21.08.2008, AgRg nos EREsp nº 692.044/RS, Corte Especial, Rel. Min. Arnaldo Esteves Lima, *DJe* de 21.08.2008, EREsp nº 658.542/SC, Corte Especial, Rel. Min. Francisco Peçanha Martins, *DJ* de 26.02.2007, EREsp nº 668.909/RS, Corte Especial, Rel. Min. Hamilton Carvalhido, *DJ* de 21.08.2006" (STJ, EREsp 638.597/RS, Rel. Min. Francisco Falcão, Corte Especial, jul. 01.08.2011, *DJe* 29.08.2011). **No mesmo sentido:** STJ, AgRg no REsp 980.560/PE, Rel. Min. José Delgado, 1ª Turma, jul. 11.12.2007, *DJ* 07.02.2008; *RJ* 364/163; STF, RE 458.110/MG, Rel. Min. Marco Aurélio, 1ª Turma, jul. 13.06.2006, *DJ* 29.09.2006.

"Reforma parcial da decisão agravada para estabelecer uma fórmula judicial provisória apta a proteger o Erário e a limitar o pagamento dos precatórios, em montante que assegure aos agravantes os efeitos da coisa julgada nos limites explicitados nos autos do processo originário. Autorização do levantamento parcial, via precatório, dos valores devidos aos agravantes, a título de parte incontroversa, a qual deverá ser fixada pelo juízo de primeiro grau, devendo o montante liberado (1) não ser superior ao percentual de 50% (cinquenta por cento) do valor total do precatório antes suspenso (nos termos em que decidiu o TRF da 4ª Região) e (2) ser calculado com a inclusão dos valores já pagos. Determinação ao juízo de primeiro grau de imediata realização de perícia judicial, caso seja necessária ao cumprimento da autorização condicionada estabelecida nesta decisão" (STF, SL 172 AgR, Rel. Min. Gilmar Mendes (Presidente), Tribunal Pleno, jul. 18.12.2009).

Exigência de certidões negativas. Impossibilidade. "A exigência de certidões negativas de tributos, para o levantamento de valores decorrentes de precatório judicial, restou, definitivamente, afastada pelo Supremo Tribunal Federal, no julgamento da ADI nº 3453. Rel.ª Min.ª Carmen Lúcia. julg. em 30.11.2006, com efeito vinculante e eficácia *erga omnes*, na inteligência de que o art. 19 da Lei nº 11.033/2004, ao estatuir condição restritiva à satisfação de direitos do jurisdicionado, não se harmoniza com a norma fundamental da República, agredindo, assim, o direito à efetividade da jurisdição e o respeito à coisa julgada" (TRF-1ª Região, MS 2006.01.00.027408-0/DF, Rel. p/ ac. Des. Fed. Souza Prudente, Corte Especial, jul. 07.12.2006, *DJ* 02.02.2007).

Correção de cálculos. "O entendimento do Supremo Tribunal Federal fixado na ADI nº 1.662/SP é o de que, em sede de precatório, o administrador público somente está autorizado a alterar os cálculos com a finalidade de corrigir erros materiais ou aritméticos, não tendo competência para modificar critérios que foram adotados pelo Juiz originário da causa" (STF, Recl. 2.267, Rel. Min. Nelson Jobim, Pleno, jul. 04.03.2009, *DJe* 26.06.2009).

Depósito judicial. Juros moratórios e correção. "A responsabilidade pela correção monetária e pelos juros de mora, após feito o depósito judicial, é da instituição financeira onde o numerário foi depositado, mas tal fato não exime o devedor da responsabilidade pelo pagamento de eventual diferença dos encargos calculados de acordo com o título, que incidem até o efetivo pagamento" (STJ, AgInt no REsp 1.965.048/SP, Rel. Min. Maria Isabel Gallotti, 4ª Turma, j. 12.06.2023, *DJe* 15.06.2023).

Depósito judicial. Juros compensatórios. "6.4 Em se tratando, portanto, de depósito judicial, tem-se por descabida a pretensão de fazer incidir, sobre o valor depositado, juros remuneratórios, os quais se destinam a remunerar capital emprestado, do que não se cogita na hipótese, e pressupõe, como visto, convenção das partes a respeito, circunstância igualmente ausente no depósito judicial em comento. 6.5 Nos termos do art. 629 do Código Civil (e art. 1.266 do CC/1916), o depositário é obrigado a restituir a coisa depositada 'com todos os frutos e acrescidos'. Nessa medida, cabe ao banco depositário restituir a quantia depositada judicialmente, sobre a qual deve incidir correção monetária (ut Súmulas n. 179 e 271/STJ) e juros de mora à taxa legal, com fundamento na demora na restituição do capital ao seu titular" (STJ, REsp 1.809.207/PA, Rel. Min. Marco Aurélio Bellizze, 3ª Turma, j. 18.10.2022, *DJe* 03.11.2022).

Execução de sentença. Cessão de créditos constantes de precatórios. Substituição de parte. "Admite-se o prosseguimento da Execução pelo cessionário do direito resultante do precatório. Precedentes do STJ. A habilitação do cessionário implica seu ingresso no polo ativo da demanda executiva, na condição de substituto processual (art. 567, II, do CPC) [art. 778, III, do CPC/2015]" (STJ, REsp 1.227.334/RS, Rel. Min. Herman Benjamin, 2ª Turma, jul. 17.05.2011, *DJe* 20.05.2011).

Despacho que determina a formação de precatório. Recurso cabível. "O despacho que determina a formação de precatório é decisão interlocutória, passível de ser atacada por agravo" (STJ, REsp 238.625/TO, Rel. Min. Garcia Vieira, 1ª Turma, jul. 15.02.2000, *DJ* 20.03.2000).

Parcelas compreendidas entra a data da impetração e a concessão da ordem no mandado de segurança. Inaplicabilidade. "A jurisprudência deste Tribunal Superior assentou a orientação de que, em sede de Mandado de Segurança, o pagamento das parcelas compreendidas entre a data da impetração e a concessão da ordem independe do rito do precatório previsto no art. 730 do CPC [art. 910 do CPC/2015]" (STJ, AgRg no REsp 1.204.693/MG, Rel. Min. Napoleão Nunes Maia Filho, 1ª Turma, jul. 15.12.2011, *DJe* 08.02.2012).

Compensação com precatório vencido e não pago. Legislação do ente federado. "A EC 62/2009, que alterou a sistemática constitucional de pagamento dos precatórios em atraso, conjugada com a nova legislação estadual que incorporou a atual metodologia, prejudica o objeto do *mandamus* baseado na sistemática anterior (art. 78, § 2º, do ADCT). Precedentes do STJ" (STJ, RMS 36.173/PR, Rel. Min. Herman Benjamin, 2ª Turma, jul. 18.10.2012, *DJe* 05.11.2012).

14. Processo de desapropriação. "Também em execução em ação de desapropriação a execução se faz na forma especial prevista nos arts. 730 do CPC [art. 910 do CPC/2015] e 100 da CF" (STJ, REsp 210.706/SP, Rel. Min. Garcia Vieira, 1ª Turma, jul. 22.06.1999, *DJ* 16.08.1999, p. 57). **No mesmo sentido:** STJ, REsp 127.702/SP, Rel. Min. Ari Pargendler, 2ª Turma, jul. 15.06.1998, *DJ* 09.08.1999.

"O cumprimento de decisão judicial na qual vencida entidade pública faz-se mediante precatório. Essa forma está compreendida nas exceções versadas na cláusula final do inciso XXIV do artigo 5º da Constituição Federal" (STF, RE 427.761/CE, Rel. Min. Marco Aurélio, 1ª Turma, jul. 25.03.2008, *DJe* 30.05.2008).

15. Precatório complementar:

Atualização de débito exequendo. "É lícita a atualização complementar do cálculo da condenação, com expedição de novo precatório, quando **há demora no pagamento devido**" (STJ, AgRg no Ag 2.567/SP, Rel. Min. Carlos Velloso, 2ª Turma, jul. 09.05.1990, *DJ* 04.06.1990).

Inclusão de novos índices de correção monetária. Impossibilidade. "Consoante entendimento consagrado pela Corte Especial, transitada em julgado a sentença homologatória dos cálculos de liquidação, é inadmissível a inclusão de novos índices de correção monetária, em precatório complementar, por resultar em ofensa à coisa julgada" (STJ, EREsp 98.584/DF, Rel. p/ Acórdão Min. Francisco Peçanha Martins, Corte Especial, jul. 02.06.1999, *DJ* 04.12.2000).

Prazo prescricional. Ver jurisprudência do Decreto nº 20.910/1932.

16. Precatório. Compensação. "Na hipótese de obtenção de decisão judicial favorável transita em julgado, proferida em ação condenatória, abre-se ao contribuinte a possibilidade de executar o título judicial, pretendendo o recebimento do crédito por via do precatório, ou proceder à compensação tributária. É facultado ao contribuinte manifestar a opção de receber o respectivo crédito por meio de precatório regular ou compensação, haja vista que constituem, ambas as modalidades, formas de execução do julgado colocadas à disposição da parte quando procedente a ação. Precedentes do STJ, AgREsp 447.807, Rel. Min. José Delgado, *DJ* de 09.12.2002; REsp 551.184, Rel. Min. Castro Meira, *DJ* de 21.10.2003)" (STJ, REsp 608.253/PR, Rel. Min. Luiz Fux, 1ª Turma, jul. 11.05.2004, *DJ* 31.05.2004).

"Reconhecida a repercussão geral dos temas relativos à aplicabilidade imediata do art. 78, § 2º, do Ato das Disposições Constitucionais Transitórias – ADCT e à possibilidade de se compensar precatórios de natureza alimentar com débitos tributários" (STF, RE 566.349 RG, Rel.ª Min.ª Cármen Lúcia, jul. 02.10.2008, *DJe* 31.10.2008).

Compensação com precatórios devidos por ente jurídico de natureza distinta. "A compensação de precatório de autarquia com créditos tributários estaduais somente é possível quando existe lei estadual que autoriza essa operação, mostrando-se, assim, desinfluente o fato da Emenda Constitucional n. 62/2009 ter convalidado as cessões de precatórios, independentemente da concordância da entidade devedora. Precedentes: AgRg no Ag 1.276.727/RS, Rel. Ministro Teori Albino Zavascki, Primeira Turma, *DJe* 11.10.2010; AgRg no Ag 1.297.386/RS, Rel. Ministro Hamilton Carvalhido, Primeira Turma, *DJe* 3.8.2010; AgRg no Ag 1.089.465/RS, Rel. Ministra Eliana Calmon, Segunda Turma, *DJe* 19.6.2009; AgRg no REsp 1.089.665/RS, Rel. Ministro Herman Benjamin, Segunda Turma, *DJe* 20.4.2009" (STJ, AgRg no Ag 1.351.139/RS, Rel. Min. Benedito Gonçalves, 1ª Turma, jul. 08.02.2011, *DJe* 11.02.2011).

"A orientação de ambas as Turmas integrantes da Primeira Seção desta Corte é firme no sentido da inviabilidade de se compensar débitos de ICMS (devidos ao Estado-membro) com precatório oponível em face de pessoa jurídica distinta (autarquia estadual), ausente lei estadual autorizadora. Precedentes: RMS 33.992/PR, Rel. Min. Herman Benjamin, Segunda Turma, *DJe* 30.5.2011; AgRg no Ag 1361603/PR, Rel. Min. Mauro Campbell Marques, Segunda Turma, *DJe* 27.4.2011; AgRg no AREsp 11.279/RS, Rel. Min. Benedito Gonçalves, Primeira Turma, *DJe* 16.8.2011; AgRg no RMS 33.433/PR, Rel. Min. Castro Meira, Segunda Turma, *DJe* 14.4.2011; AgRg no Ag 1334320/PR, Rel. Min. Cesar Asfor Rocha, Segunda Turma, *DJe* 24.2.2011; e AgRg no Ag 1299434/PR, Rel.Min. Hamilton Carvalhido, Primeira Turma, *DJe* 3.8.2010" (STJ, AgRg no AREsp 82.343/RS, Rel. Min. Mauro Campbell Marques, 2ª Turma, jul. 28.02.2012, *DJe* 08.03.2012).

17. Pagamento por meio de folha suplementar. Diferenças remuneratórias vencidas após o trânsito em julgado do acórdão que embasa a execução. "Descumprido o comando judicial existente no título judicial exequendo, que determinou que o devedor implantasse as diferenças remuneratórias devidas ao credor em folha de pagamento, o adimplemento dessas parcelas se dá por meio de folha de pagamento suplementar, e não por precatório. Precedentes: REsp 862.482/RJ, Rel. Min. Laurita Vaz, Quinta Turma, *DJe* 13/4/09; REsp 1.001.345/RJ, de minha relatoria, Quinta Turma, *DJe* 14/12/09)" (STJ, AgRg no Ag 1.412.030/RJ, Rel. Min. Arnaldo Esteves Lima, 1ª Turma, jul. 03.09.2013, *DJe* 10.09.2013).

18. Competência:

Juiz da execução: "A competência para decidir sobre a forma de reajustamento, o índice a ser aplicado, a complementação do depósito e a extinção da execução e do juiz de primeiro grau. Precedentes" (STJ, REsp 9.296/SP, Rel. Min. José de Jesus filho, 2ª Turma, jul. 05.04.1993, *DJ* 03.05.1993). **No mesmo sentido:** STJ, REsp 15.032/SP, Rel. Min. Garcia Vieira, 1ª Turma, jul. 05.02.1992, *DJ* 06.04.1992; STJ, REsp 108.246/SP, rel. Min. Demócrito Reinaldo, 1ª Turma, jul. 08.05.1997, *DJ* 30.06.1997; STJ, REsp 40.260/SP, Rel. Min. Milton Luiz Pereira, 1ª Turma, jul. 26.04.1995, *DJ* 22.05.1995.

Incidentes na execução. "Compete ao juiz que decidiu a causa no primeiro grau de jurisdição solucionar os incidentes na execução, mesmo que já tenha expedido o ofício requisitório ao presidente do tribunal. Inteligência dos arts. 575, II, e 730 do CPC [arts. 516, II, e 910 do CPC/2015]. Inaplicabilidade do Assento Regimental nº 195/91 do TJSP. Precedentes do STJ: REsp 47.336/SP, REsp 45.947/SP e IF 32/PR" (STJ, REsp 50.959/SP, Rel. Min. Adhemar Maciel, 2ª Turma, jul. 14.11.1996, *DJ* 09.12.1996).

Competência do Presidente do Tribunal. "A Egrégia Corte Especial deste STJ pacificou a jurisprudência no sentido de que, em sede de precatório, o presidente do tribunal tem

competência meramente administrativa" (STJ, REsp 108.246/SP, Rel. Min. Demócrito Reinaldo, 1ª Turma, jul. 08.05.1997, *DJ* 30.06.1997). **No mesmo sentido:** STJ, RMS 11.524/RS, Rel. Min. Garcia Vieira, 1ª Turma, jul. 07.05.2002, *DJ* 03.06.2002).

"**Natureza administrativa das decisões da presidência dos Tribunais no cumprimento dos precatórios judiciais,** caráter que se estende também às decisões colegiadas dos recursos internos contra elas interpostos. Não há que se falar em trânsito em julgado, pois esse pressupõe decisão proferida por órgão do Poder Judiciário no exercício de sua função jurisdicional" (STF, Rcl 2.425, Rel. Min. Dias Toffoli, Tribunal Pleno, jul. 06.03.2013, *DJe* 08.04.2013).

Expedição de ofício requisitório. "**A requisição de pagamento das obrigações devidas pela Fazenda Pública é de competência exclusiva do Presidente do Tribunal** a que está vinculado o juízo da execução, cabendo a este o cumprimento do disposto no artigo 730 do CPC [art. 910 do CPC/2015], tanto nos pagamentos realizados por meio de precatórios como por requisições de pequeno valor. Interpretação sistemática dos arts. 100, § 3º, da Carta Magna e 730, I e II, do CPC [art. 910, § 1º, do CPC/2015]" (STJ, REsp 1.082.310/MS, Rel. Min. Eliana Calmon, 2ª Turma, jul. 12.05.2009, *DJe* 25.05.2009). **No mesmo sentido:** STJ, RMS 27.889/PB, Rel. Min. Benedito Gonçalves, 1ª Turma, jul. 17.03.2009, *DJe* 30.03.2009.

Erro material ou inexatidão dos cálculos. "Constatado erro material ou inexatidão nos cálculos, compete ao Presidente do Tribunal determinar as correções, fazendo-o a partir dos parâmetros do título executivo judicial, ou seja, da sentença exequenda" (STF, ADI 1.098, Rel. Min. Marco Aurélio, Tribunal Pleno, jul. 11.09.1996, *DJ* 25.10.1996). **No mesmo sentido:** STJ, REsp 86.617/SP, Rel. Min. José Delgado, 1ª Turma, jul. 13.05.1996, *DJ* 17.06.1996.

"Hipótese em que não se pode falar em alteração de critério jurídico, mas em simples correção de erro existente em cálculo apresentado pela Contadoria do Tribunal de origem que, ao invés de efetuar simples atualização monetária para fins de apuração do valor da próxima parcela a ser paga mediante sequestro – que já incorpora os juros cuja incidência fora determinada no título exequendo –, fez incidir novo percentual de juros moratórios e compensatórios no período que intermedeia a data do pagamento da última parcela paga e a da confecção dos novos cálculos. Esse erro, que não guarda nenhum vínculo com os critérios jurídicos definidos no título exequendo, é corrigível a qualquer tempo, inclusive por decisão administrativa do Presidente do Tribunal, valendo-se da prerrogativa definida no art. 1º-E da Lei nº 9.494/97" (STJ, RMS 26.073/SP, Rel.ª Min.ª Denise Arruda, 1ª Turma, jul. 02.10.2008, *DJe* 29.10.2008).

"Constitui dever legal e constitucional do magistrado verificar se a execução está sendo realizada em conformidade com o estabelecido na sentença e, portanto, cabe-lhe, também apontar e não concordar com irregularidades constatadas na execução ainda quando a parte interessada não a tenha embargado ou percebido os erros cometidos. (...) O erro material reconhecido pelo decisório foi comprovado pelos cálculos elaborados pela seção de Apoio de Cálculo Judiciário" (STJ, RMS 20.755/RJ, Rel.ª Min.ª Denise Arruda, Rel. p/ ac. Min. José Delgado, 1ª Turma, jul. 13.11.2007).

"(...) Precatório. Parcelamento. Art. 78 do ADCT. Pedido de sequestro. Apuração do valor da parcela pela presidência do tribunal competente para processar o precatório. **Juízo sobre juros moratórios e compensatórios. Cabimento.** Precedentes. Recurso ordinário a que se nega provimento" (STJ, RMS 27.469/SP, Rel. Min. Teori Albino Zavascki, 1ª Turma, jul. 28.04.2009, *DJe* 13.05.2009).

"O Presidente do Tribunal de Justiça poderá, ***ex officio*****, requisitar a complementação de depósitos considerados insuficientes diante da existência de erros materiais ou aritméticos ou de inexatidões nos cálculos de precatórios**" (STJ, RMS 11.687/RJ, Rel. Min. Franciulli Netto, 2ª Turma, jul. 09.04.2002, *DJ* 05.08.2002).

Alteração de índices inflacionários. Impossibilidade. "É impossível a desconstituição da coisa julgada na esfera da Presidência do Tribunal, ao examinar precatório requisitório para alterar os valores fixados sob o argumento de que o critério adotado para os cálculos diverge da jurisprudência acertada sobre o tema. A coisa julgada impõe segurança jurídica ao que foi decidido por sentença, com o favorecimento especial que, no caso em exame, o Estado concordou com índices aplicados, submetendo-se, portanto, aos efeitos da preclusão. Alterar índices inflacionários adotados em liquidação de sentença, após decisão que os acolheu, em sede de precatório expedido, não pode ser considerado erro de cálculo" (STJ, REsp 498.406/RJ, Rel. Min. José Delgado, 1ª Turma, jul. 16.09.2003, *DJ* 17.11.2003).

"O despacho emanado da Presidência que determinou a exclusão dos juros moratórios e compensatórios concedidos por sentença judicial transitada em julgado desbordou dos limites da competência funcional de Presidência do Tribunal; d) **não é lícito ao Tribunal deliberar sobre aspectos inerentes ao próprio título exequendo sob pena de ofensa à coisa julgada;** e) a alteração do próprio título judicial em prejuízo de uma das partes configura ofensa ao artigo 5º, LIV, da Constituição Federal" (STJ, RMS 26.518/SP, Rel. Min. José Delgado, 1ª Turma, jul. 27.05.2008, *DJe* 23.06.2008).

Recurso cabível contra decisão do Presidente do Tribunal. Mandado de Segurança. "Os atos do Presidente do Tribunal, nos processos de precatório, são de **natureza administrativa.** Como ato administrativo, está sujeito ao controle pelas vias normais ou por intermédio da ação de mandado de segurança. Precedentes do STJ" (STJ, ROMS 12.059/RS, Rel.ª Min.ª Laurita Vaz, 2ª Turma, jul. 05.11.2002, *DJ* 09.12.2002). **Ver Súmula nº 311 do STJ.**

"Os atos do presidente do tribunal que disponham sobre processamento e pagamento de precatório não têm caráter jurisdicional" (Súmula 311/STJ). Da mesma forma, não tem caráter jurisdicional, e sim administrativo, 'a decisão da Corte em agravo regimental contra despacho do presidente nessa atividade' (STF, RE 311487/SP, 1ª Turma, Min. **Moreira Alves,** *DJ* de 31.10.2001). Sendo assim, tal decisão (a) não é impugnável por recursos especiais e extraordinários (Súmula 733/STF) e (b) pode ser controlada por mandado de segurança" (STJ, REsp 697.225/RN, Rel. Min. Teori Albino Zavascki, 1ª Turma, jul. 15.12.2005, *DJ* 13.02.2006).

19. Juros legais. Incidência nas parcelas anuais, iguais e sucessivas. Impossibilidade. "O art. 78 do ADC possui a mesma *mens legis* que o art. 33 deste ato, razão pela qual, uma vez calculado o precatório pelo valor real do débito, acrescido de juros legais, não há mais falar em incidência destes nas parcelas anuais, iguais e sucessivas em que é fracionado, desde que adimplidas a tempo e corrigidas monetariamente" (STF, RE 590.751, Rel. Min. Ricardo Lewandowski, Tribunal Pleno, jul. 09.12.2010, Repercussão Geral, *DJE* 04.04.2011).

20. Juros de mora. "A jurisprudência do STJ, em conformidade com a orientação traçada pelo STF, considerada que, havendo, por parte da Fazenda, o cumprimento do prazo constitucional para o pagamento dos precatórios (mês de dezembro do ano subsequente ao da respectiva apresentação), os juros moratórios são indevidos, por duas razões: primeira, porque a Constituição mandou incluir somente correção monetária; segunda, porque não houve mora. Todavia, uma interpretação dessa orientação a *contrario sensu* leva à seguinte conclusão: se a Fazenda não atende o prazo constitucional para o pagamento do precatório, configurar-se-á situação de mora, caso em que (a) são devidos juros de mora e (b) incidem sobre o período da mora, ou seja, a partir do dia seguinte ao do prazo constitucional do pagamento do precatório. Em outras palavras: não havendo pagamento do precatório até dezembro do ano seguinte ao da sua apresentação, passam, a partir de então (1º de janeiro subsequente) a incidir juros de mora" (STJ, AgRg no REsp 509.049/SC, Rel. p/ Acórdão Min. Teori Albino Zavascki, 1ª Turma, jul. 02.12.2003, *DJ* 16.02.2004) **No mesmo sentido:** STJ, REsp 1.141.369/MG, Rel. Min. Mauro Campbell Marques, 2ª Turma, jul. 28.09.2010, *DJe* 15.10.2010. Precedentes citados: REsp 1.096.345/RS, 2ª Turma, Rel. Min. Mauro Campbell Marques, *DJe* 16.04.2009; REsp 1.132.350/RS, 1ª Turma, Rel. Min. Luiz Fux, *DJe* 17.12.2009; AgRg no REsp 960.026/SC, 1ª Turma, Rel. Min. Benedito Gonçalves, *DJe* 02.06.2010; STJ, REsp 1.141.369/MG, Rel. Min. Mauro Campbell Marques, 2ª Turma, jul. 28.09.2010, *DJe* 15.10.2010.

"Por possuírem a mesma natureza, não há diferenciação entre precatório e Requisição de Pequeno Valor – RPV, quanto à incidência de juros de mora" (STF, AI 618.770 AgR, Rel. Min. Gilmar Mendes, 2ª Turma, jul. 12.02.2008, *DJe* 07.03.2008).

Sentença que determina incidência de juros de mora até o efetivo pagamento. "Supremo Tribunal Federal firmou a orientação jurisprudencial segundo a qual não incidem juros de mora no período compreendido entre a conta de atualização e o efetivo pagamento do precatório. O caso, contudo, trata de execução de sentença transitada em julgada cujo teor determinou a incidência de juros até o efetivo pagamento da dívida. **Razão pela qual devem incidir os juros moratórios até data da quitação do débito**, nos termos firmados pela sentença exequenda, sob pena de ofensa à segurança jurídica e à coisa julgada" (STJ, REsp 1.221.402/RS, Rel. Min. Mauro Campbell Marques, 2ª Turma, jul. 01.03.2011, *DJe* 15.03.2011). **No mesmo sentido:** STJ, REsp 1.257.478/RS, Rel. Min. Castro Meira, 2ª Turma, jul. 16.08.2011, *DJe* 30.08.2011; STJ, EREsp 806.407/RS, Rel. Min. Felix Fischer, Corte Especial, jul. 05.03.2008, *DJ* 14.04.2008

"São cabíveis juros de mora, na **atualização do débito para expedição de precatório complementar**" (STJ, REsp 65.459-9/DF, Rel. Min. Demócrito Reinaldo, 1ª Turma, jul. 06.09.1995, *DJ* 25.09.1995).

21. Reexame necessário. "Sendo a decisão submetida ao reexame obrigatório, por força do disposto no artigo 475 do CPC [art. 496 do CPC/2015], são ineficazes os atos de liquidação eventualmente praticados, devendo a expedição do ofício requisitório aguardar o pronunciamento do Tribunal" (STJ, REsp 166.793/SP, Rel. Min. Hélio Mosimann, 2ª Turma, jul. 23.06.1998, *DJ* 14.09.1998).

"A remessa *ex officio*, prevista no art. 475, II, do Código de Processo Civil [art. 496, II, do CPC/2015], providência imperativa na fase de conhecimento, sem a qual não ocorre o trânsito em julgado da sentença, é descabida em fase de execução de sentença. É de rigor o recebimento da apelação interposta contra sentença que julgou improcedentes embargos à execução apenas em seu efeito devolutivo, ex vi do artigo 520, V, do CPC [art. 1.012, III, do CPC/2015], prosseguindo-se a execução provisória contra a Fazenda Pública nos termos do artigo 730. Jurisprudência consolidada no âmbito da Corte Especial. Incidência da Súmula nº 168/STJ" (STJ, EREsp 239.000/RS, Rel. Min. Vicente Leal, Corte Especial, jul. 07.05.2001, *DJ* 11.06.2001, p. 87).

"O CPC, art. 475 [art. 496 do CPC/2015], ao tratar do reexame obrigatório em favor da Fazenda Pública, incluídas as Autarquias e Fundações Públicas, no tocante ao processo de execução, limitou o seu cabimento apenas à hipótese de procedência dos embargos opostos em execução de dívida ativa (inciso II). Não há, pois, que estendê-lo aos demais casos" (STJ, EREsp 251.841/SP, Rel. Min. Edson Vidigal, Corte Especial, jul. 25.03.2004, *DJ* 03.05.2004, p. 85). **No mesmo sentido:** STJ, EREsp 241.959/SP, Rel. Min. Sálvio de Figueiredo Teixeira, Corte Especial, jul. 29.05.2003, *DJ* 18.08.2003.

Sentença homologatória dos cálculos de liquidação. "Pacífico o entendimento desta Corte no sentido de que a sentença homologatória dos cálculos de liquidação não se sujeita ao reexame necessário, exigível apenas nas liquidações por artigos ou por arbitramento. Na ocorrência de apelação voluntária, esta só teria efeito devolutivo em face do disposto no art. 520, V, do CPC [art. 1.012, III, do CPC/2015]" (STJ, REsp 183.080/SP, Rel. Min. Francisco Peçanha Martins, 2ª Turma, jul. 11.05.1999, *DJ* 27.09.1999).

☆ EXECUÇÃO CONTRA A FP: INDICAÇÃO DOUTRINÁRIA

Cassio Scarpinella Bueno, *Manual de direito processual civil*, São Paulo: Saraiva, 2015; Daniel Amorim Assumpção Neves, *Manual de direito processo civil*, São Paulo: Método, 2015; Fredie Didier Jr., *Curso de direito processual civil*, 17. ed., Salvador: JusPodivm, 2015, v. I; Guilherme Rizzo Amaral, *Comentários às alterações do novo CPC*, São Paulo: Revista dos Tribunais, 2015; Humberto Theodoro Júnior, *Curso de direito processual civil*, Rio de Janeiro: Forense, 2015, v. III; Humberto Theodoro Júnior, Fernanda Alvim Ribeiro de Oliveira, Ester Camila Gomes Norato Rezende (coord.), *Primeiras lições sobre o novo direito processual civil brasileiro*, Rio de Janeiro: Forense, 2015; Humberto Theodoro Júnior. *Processo de execução e cumprimento de sentença*, 30. ed., Rio de Janeiro: Forense, 2020; J. E. Carreira Alvim, *Comentários ao novo Código de Processo Civil*, Curitiba: Juruá, 2015; José Miguel Garcia Medina, *Novo Código de Processo Civil comentado*, São Paulo: Revista dos Tribunais, 2015; Leonardo Greco, *Instituições de processo civil: introdução ao direito processual civil*, 5. ed., Rio de Janeiro: Forense, 2015; Luis Antônio Giampaulo Sarro, *Novo Código de Processo Civil*, São Paulo: Rideel, 2015; Luiz Guilherme Marinoni, Sérgio Cruz Arenhart, Daniel Mitidiero, *Curso de processo civil*, São Paulo: Revista dos Tribunais, 2015, v. I; Nelson Nery Junior, Rosa Maria de Andrade Nery, *Comentários ao Código de Processo Civil*, São Paulo: Revista dos Tribunais, 2015; Rita Dias Nolasco, In: Teresa Arruda Alvim Wambier, Fredie Didier Jr., Eduardo Talamini, Bruno Dantas, *Breves comentários ao novo Código de Processo Civil*, São Paulo: Revista dos Tribunais, 2015; Teresa Arruda Alvim Wambier, Maria Lúcia Lins Conceição, Leonardo Ferres da Silva Ribeiro, Rogério Licastro Torres de Melo, *Primeiros comentários ao novo Código de Processo Civil*, São Paulo: Revista dos Tribunais, 2015.

Capítulo VI
DA EXECUÇÃO DE ALIMENTOS

Art. 911. Na execução fundada em título executivo extrajudicial que contenha obrigação alimentar, o juiz mandará citar o executado para, em 3 (três) dias, efetuar o pagamento das parcelas anteriores ao início da execução e das que se vencerem no seu curso, provar que o fez ou justificar a impossibilidade de fazê-lo.

Parágrafo único. Aplicam-se, no que couber, os §§ 2º a 7º do art. 528.

CPC/1973

Art. 733.

REFERÊNCIA LEGISLATIVA

CF, art. 5º, LXVII.
Lei nº 5.478, art. 13.

SÚMULAS

Súmula do STJ:

nº 309: "O débito alimentar que autoriza a prisão civil do alimentante é o que compreende as três prestações anteriores ao ajuizamento da execução e as que se vencerem no curso do processo".

BREVES COMENTÁRIOS

O atual Código levou para o âmbito do cumprimento de sentença a execução das decisões definitivas ou interlocutórias que fixem alimentos, a teor do art. 528. Dispensa-se, dessa forma, a instauração de nova ação executiva. Para tanto, segue-se no procedimento originalmente instaurado com a intimação do executado, para que este cumpra a obrigação de prestar alimentos, em três dias, ou prove já tê-lo feito, ou, ainda, justifique a impossibilidade de fazê-lo. Assim, quando se tratar de decisão judicial que fixe alimentos, o regime será o do cumprimento de sentença do art. 528. Apenas quando se tratar de título extrajudicial é que o procedimento aplicável será o do art. 911.

Quando não for possível o desconto em folha de pagamento, o devedor será citado para, em três dias, efetuar o pagamento, provar que já o fez, ou justificar a impossibilidade de efetuá-lo (art. 911).

Se o devedor não pagar, nem se escusar, o juiz além de mandar protestar da decisão na forma do art. 517, decretar-lhe-á a prisão por prazo de um a três meses (art. 911, parágrafo único, c/c art. 528, § 3º).

Essa prisão civil não é meio de execução, mas apenas de coação, de maneira que não impede a penhora de bens do devedor e o prosseguimento dos atos executivos propriamente ditos. Por isso mesmo, o cumprimento da pena privativa de liberdade "não exime o devedor do pagamento das prestações vencidas e vincendas" (art. 528, § 5º).

JURISPRUDÊNCIA SELECIONADA

1. Rito. "Nos termos da jurisprudência que veio a firmar-se nesta Corte, em princípio apenas na execução de dívida alimentar atual, quando necessária a preservação da sobrevivência do alimentando, mostra-se recomendável a cominação de pena de prisão ao devedor. Em outras palavras, a dívida pretérita, sem capacidade de assegurar no presente a subsistência do alimentando, é insusceptível de embasar decreto de prisão" (STJ, REsp 175.003/MG, Rel. Min. Waldemar Zveiter, 3ª Turma, jul. 04.05.2000, *DJ* 26.06.2000, p. 156). **No mesmo sentido:** STJ, REsp 57.579-6/SP, Rel. Min. Nilson Naves, 3ª Turma, jul. 12.06.95, *DJ* 18.09.1995.

"A execução de alimentos exige pronto adimplemento, por isso mesmo que ofertado ao credor rito dotado de celeridade, disposto no art. 733 do CPC [art. 911 do CPC/2015], com a possibilidade de decretação de prisão civil, conferida pelo art. 5º, inc. LXVII, da CF, que, dessa forma, oferece meio coercitivo para a imposição do cumprimento da obrigação" (STJ, REsp 1.050.994/DF, Rel. Min.ª Nancy Andrighi, 3ª Turma, jul. 23.09.2008, *DJe* 03.10.2008).

2. Alimentos devidos a ex-cônjuge. Inadimplemento. Prisão civil. Possibilidade. "No entanto, quando o credor de débito alimentar for maior e capaz, e a dívida se prolongar no tempo, atingido altos valores, exigir o pagamento de todo o montante, sob pena de prisão civil, é excesso gravoso que refoge aos estreitos e justificados objetivos da prisão civil por dívida alimentar, para desbordar e se transmudar em sanção por inadimplemento, patrocinada pelo Estado, mormente na hipótese, quando é sabido que o alimentante tem patrimônio passível de expropriação, fórmula até hoje não cogitada para a satisfação do crédito perseguido. Ordem concedida para restringir o decreto prisional ao inadimplemento das três últimas parcelas do débito alimentar" (STJ, HC 392.521/SP, Rel. Min. Nancy Andrighi, 3ª Turma, jul. 27.06.2017, *DJe* 01.08.2017).

3. Execução de alimentos. Obrigação fixada em pecúnia. Abatimento de prestação *in natura*. Possibilidade. "Controvérsia em torno da possibilidade, em sede de execução de alimentos, de serem deduzidas da pensão alimentícia fixada exclusivamente em pecúnia as despesas pagas *in natura* referentes a aluguel, condomínio e IPTU do imóvel onde residia o exequente. Esta Corte Superior de Justiça, sob o prisma da vedação ao enriquecimento sem causa, vem admitindo, excepcionalmente, a mitigação do princípio da incompensabilidade dos alimentos. Precedentes. Tratando-se de custeio direto de despesas de natureza alimentar, comprovadamente feitas em prol do beneficiário, possível o seu abatimento no cálculo da dívida, sob pena de obrigar o executado ao duplo pagamento da pensão, gerando enriquecimento indevido do credor" (STJ, REsp 1501992/RJ, Rel. Min. Paulo de Tarso Sanseverino, 3ª Turma, jul. 20.03.2018, *DJe* 20.04.2018).

4. Conversão de ofício para o rito do art. 733 do CPC/1973. Impossibilidade. "Ao credor de prestação alimentícia cabe a opção do rito processual de execução. Optando o exequente pelo rito do artigo 732 do CPC [art. 528 do CPC/2015], que não prevê restrição de liberdade do executado, é inadmissível a conversão de ofício para o rito mais gravoso. Ordem concedida" (STJ, HC 188.630/RS, Rel.ª Min.ª Nancy Andrighi, 3ª Turma, jul. 08.02.2011, *DJe* 11.02.2011).

"A execução de sentença condenatória de prestação alimentícia, em princípio, rege-se pelo procedimento da execução por quantia certa, ressaltando-se, contudo, que, a considerar o relevo das prestações de natureza alimentar, que possuem nobres e urgentes desideratos, a lei adjetiva civil confere ao exequente a possibilidade de requerer a adoção de mecanismos que propiciam a célere satisfação do débito alimentar, seja pelo meio coercitivo da prisão civil do devedor, seja pelo desconto em folha de pagamento da importância devida; Não se concebe, contudo, que a exequente da verba alimentar, maior interessada na satisfação de seu crédito e que detém efetivamente legitimidade para propor os meios executivos que entenda conveniente, seja compelida a adotar procedimento mais gravoso para com o executado, do qual não se utilizou voluntariamente, muitas vezes para não arrefecer ainda mais os laços de afetividade, já comprometidos com a necessária intervenção do Poder Judiciário, ou por qualquer outra razão que assim repute relevante. Ordem concedida" (STJ, HC 128.229/SP, Rel. Min. Massami Uyeda, 3ª Turma, jul. 23.04.2009, *DJe* 06.05.2009).

5. Execução de alimentos transitórios. "A obrigação de prestar alimentos transitórios – a tempo certo – é cabível, em regra, quando o alimentando é pessoa com idade, condições e formação profissional compatíveis com uma provável inserção no mercado de trabalho, necessitando dos alimentos apenas até que atinja sua autonomia financeira, momento em que se emancipará da tutela do alimentante – outrora provedor do lar –, que será então liberado da obrigação, a qual se extinguirá automaticamente. Precedentes. Hipótese em que a fixação de valor elevado da obrigação alimentar está ligada à distinta situação de demora verificada na partilha dos bens do casal, possuindo assim os alimentos natureza jurídica própria, porque estabelecidos em razão de uma causa temporária e específica. Se assim o é, porque dotados de caráter efêmero, os alimentos transitórios ou, mais precisamente, a obrigação à sua prestação imprescindivelmente deve estar acompanhada de instrumentos suficientemente eficazes à sua consecução prática, evitando que uma necessidade específica e temporária se transfigure em uma demanda perene e duradoura ou, ainda, em um benefício que sequer o alimentado queira dele usufruir" (STJ, REsp 1.362.113/MG, Rel.ª Min.ª Nancy Andrighi, 3ª Turma, jul.18.02.2014, *DJe* 06.03.2014).

6. Prisão civil. Ver jurisprudência do art. 528 do CPC/2015.

7. Recurso ordinário em *habeas corpus*. Justificativa para a validade do não pagamento. "Quanto às suas alegações de que está desempregado, assim como assevera que os bens arrestados garantem a execução em curso, bem como afirma que os valores cobrados são exorbitantes, estas não comportam guarida, uma vez que na via eleita não se examinam fatos complexos e controvertidos, dependentes de prova" (STJ, RHC 23.552/RJ, Rel. Min. Massami Uyeda, 3ª Turma, jul. 19.06.2008, *DJe* 05.08.2008).

8. Mandado de segurança. Impossibilidade. "Não se conhece de mandado de segurança em substituição a recurso cabível da decisão que decreta prisão civil do alimentante, por faltar a devida prestação" (STJ, ROMS 963/DF, Rel. Min. Dias Trindade, 3ª Turma, jul. 15.06.1993, *DJ* 30.08.1993, p. 17.288).

"Aspectos que dependem de dilação probatória (exoneração de prestação alimentícia de um dos alimentandos) não se mostram adequados à via angusta do *writ*" (STJ, RHC 25.201/RS, Rel. Min. Fernando Gonçalves, 4ª Turma, jul. 10.03.2009, *DJe* 30.03.2009).

9. Alimentos provisionais. Processo cautelar. Ação principal improcedente. "É pacífico o entendimento do Superior Tribunal de Justiça de que são devidos os alimentos provisionais desde a sua fixação até a sentença definitiva, mesmo que esta desconstitua a obrigação de pagar, pois alimentos já quitados incorporam-se ao patrimônio do alimentado. Contudo, esse entendimento não prevalece nas hipóteses em que a obrigação tenha sido suspensa por decisão de agravo de instrumento aviado com essa finalidade" (STJ, REsp 857.228/SP, Rel. Min. João Otávio de Noronha, 4ª Turma, jul. 01.12.2009, *DJe* 14.12.2009).

10. Revisional de alimentos. Redução ou exoneração da pensão. Ver jurisprudência do art. 13 da Lei nº 5.478/1968.

11. Alimentos. Execução. "Diante da essencialidade do crédito alimentar, a lei processual civil acresce ao procedimento comum algumas peculiaridades tendentes a facilitar o pagamento do débito, dentre as quais destaca-se a possibilidade de a autoridade judicial determinar a prisão do devedor. O acordo referendado pela Defensoria Pública estadual, além de se configurar como título executivo, pode ser executado sob pena de prisão civil. A tensão que se estabelece entre a tutela do credor alimentar versus o direito de liberdade do devedor dos alimentos resolve-se, em um juízo de ponderação de valores, em favor do suprimento de alimentos a quem deles necessita" (STJ, REsp 1.117.639/MG, Rel. Min. Massami Uyeda, 3ª Turma, jul. 20.05.2010, *DJe* 21.02.2011).

Art. 912. Quando o executado for funcionário público, militar, diretor ou gerente de empresa, bem como empregado sujeito à legislação do trabalho, o exequente poderá requerer o desconto em folha de pagamento de pessoal da importância da prestação alimentícia.

§ 1º Ao despachar a inicial, o juiz oficiará à autoridade, à empresa ou ao empregador, determinando, sob pena de crime de desobediência, o desconto a partir da primeira remuneração posterior do executado, a contar do protocolo do ofício.

§ 2º O ofício conterá os nomes e o número de inscrição no Cadastro de Pessoas Físicas do exequente e do executado, a importância a ser descontada mensalmente, a conta na qual deve ser feito o depósito e, se for o caso, o tempo de sua duração.

CPC/1973

Art. 734.

BREVES COMENTÁRIOS

Tratando-se de devedor que exerça cargo público, militar ou civil, direção ou gerência de empresa, bem como emprego sujeito à legislação do trabalho, a execução será feita mediante ordem judicial de desconto em folha de pagamento. Uma vez averbada a prestação em folha, considera-se seguro o juízo, como se penhora houvesse, podendo o devedor oferecer embargos à execução, se for o caso (Moacir Amaral Santos, *Direito Processual Civil*, 4. ed., III, nº 836, p. 271).

JURISPRUDÊNCIA SELECIONADA

1. Dissolução de união estável. Acordo. Alimentos. Desconto em folha de pagamento. Inadmissibilidade. "Mesmo entendendo que o crédito alimentar é preferencial em relação a qualquer outro, não é possível determinar o desconto em folha de pagamento, pois o acordo homologado não estabeleceu tal forma de cumprimento da obrigação, e a implementação desse desconto poderá acarretar grave prejuízo ao alimentante. Caso a obrigação não esteja sendo cumprida regularmente deverá a credora manejar a cabível ação de execução pleiteando a constrição patrimonial ou cumprimento sob pena de prisão" (TJRS, Agravo de Instrumento 70067730101, 7ª Câmara Cível, Rel. Des. Sérgio Fernando de Vasconcellos Chaves, jul. 18.05.2016, *DJ* 01.06.2016).

Em sentido contrário, admitindo o desconto. "Pretensão da alimentanda de alteração da forma de pagamento da pensão alimentícia, passando de depósito em conta-corrente para desconto em folha de pagamento. Acordo celebrado entre as partes no processo de separação, dispondo acerca do pagamento mediante depósito em conta-corrente. (...) Requerimento formulado diretamente no processo de separação e deferido pelo juízo de primeiro grau. Reforma da decisão pelo Tribunal de Justiça, reconhecendo a necessidade da propositura de ação autônoma para revisão da cláusula do acordo de separação. Questão controvertida na doutrina e na jurisprudência. Peculiaridades do caso que recomendam o restabelecimento da decisão do juízo de primeiro grau, autorizando-se o desconto em folha de pagamento" (STJ, REsp 1136655/DF, Rel. Min. Paulo de Tarso Sanseverino, 3ª Turma, jul. 20.05.2014, *DJe* 30.05.2014). **No mesmo sentido:** "Em virtude da notícia de inadimplemento da obrigação devida à agravante, se cabíveis medidas drásticas como as acima mencionadas, impõe-se reconhecer a possibilidade de, nos próprios autos em que fixada a obrigação alimentar em caráter definitivo, alterar a forma de cumprimento, de depósito bancário ou pagamento direto para desconto em folha de pagamento do benefício previdenciário do agravado, com base nos arts. 531, § 5º c/c 913 e 530, do CPC/2015, uma vez que o procedimento não importa majoração da prestação e confere efetividade ao título judicial" (TJDF, Proc. 07135340820178070000, Rel. Des. César Loyola, 2ª Turma Cível, jul. 14.12.2017, DJDFTE 20.12.2017); TJDF, Proc. 07002040720188070000, Rel. Des. Ângelo Passareli, 5ª Turma Cível, jul. 19.04.2018, DJDFTE 26.04.2018.

2. Desconto em folha de pagamento após penhora de bens do devedor. Possibilidade. Superação do princípio da tipicidade dos meios executivos existente no CPC/73. "Diferentemente do CPC/73, em que vigorava o princípio da tipicidade dos meios executivos para a satisfação das obrigações de pagar quantia certa, o CPC/15, ao estabelecer que a satisfação do direito é uma norma fundamental do processo civil e permitir que o juiz adote todas as medidas indutivas, coercitivas, mandamentais ou sub-rogatórias para assegurar o cumprimento da ordem judicial, conferiu ao magistrado um poder geral de efetivação de amplo espectro e que rompe com o dogma da tipicidade. (...) Na hipótese, pretende-se o adimplemento de obrigação de natureza alimentar devida pelo genitor há mais de 24 (vinte e quatro) anos, com valor nominal superior a um milhão e trezentos mil reais e que já foi objeto de sucessivas impugnações do devedor, sendo admissível o deferimento do desconto em folha de pagamento do débito, parceladamente e observado o limite de 10% sobre os subsídios líquidos do devedor, observando-se que, se adotada apenas essa modalidade executiva, a dívida somente seria inteiramente quitada em 60 (sessenta) anos, motivo pelo qual se deve admitir a combinação da referida técnica sub-rogatória com a possibilidade de expropriação dos bens penhorados" (STJ, REsp 1733697/RS, Rel. Min. Nancy Andrighi, 3ª Turma, jul. 11.12.2018, *DJe* 13.12.2018).

3. Desconto em folha de pagamento. "O desconto em folha de pagamento é meio de expropriação em execução de prestação alimentícia, sendo o inadimplemento requisito indispensável. Dessa medida não se pode cogitar para as prestações ainda não vencidas, ao arrepio do acordo celebrado em juízo, que estabeleceu o depósito em conta bancária como forma de pagamento, para evitar eventuais atrasos no pagamento. De qualquer modo, na espécie, em se tratando de pensão de elevado valor, os pequenos atrasos verificados, em um curto espaço de tempo, não tiveram o condão de criar situações de insuportabilidade para a credora, a justificar na ordem pretendida" (TJSP, AGI 5.802.4/1, Rel. Ruiter Oliva, 9ª Câmara de D. Priv., jul. 07.05.1996, *RJ* 229/55).

Prestações vencidas. Admissibilidade. "(...) Os artigos 16 da Lei 5.478/1968 e 734 do Código de Processo Civil [art. 912 do CPC/2015] preveem, preferencialmente, o desconto em folha para satisfação do crédito alimentar. Destarte, não havendo ressalva quanto ao tempo em que perdura o débito para a efetivação da medida, não é razoável restringir-se o alcance dos comandos normativos para conferir proteção ao devedor de alimentos. Precedente do STJ. É possível, portanto, o desconto em folha de pagamento do devedor de alimentos, inclusive quanto a débito pretérito, contanto que o seja em montante razoável e que não impeça sua própria subsistência" (STJ, REsp 997.515/RJ, Rel. Min. Luis Felipe Salomão, 4ª Turma, jul. 18.10.2011, *DJe* 26.10.2011). **Em sentido contrário:** "A dívida de alimentos, concernente ao período anterior às três últimas parcelas que antecedem ao ajuizamento da ação de execução, deve ser cobrada segundo o rito do artigo 732 do Código de Processo Civil [art. 528 do CPC/2015] (Capítulo IV – Execução por Quantia Certa), restando, portanto, **obstado o desconto direto na folha de pagamento do executado do débito relativo a tal período**, ainda mais considerando-se que a dívida alimentar, no caso concreto, formou-se por culpa exclusiva da fonte pagadora, que recolheu a menor o valor mensal devido pelo executado à exequente" (STJ, AgRg no REsp 822.486/RJ, Rel. Min. Sidnei Beneti, 3ª Turma, jul. 18.09.2008, *DJe* 08.10.2008).

Servidor Público. "O desconto em folha de pagamento do servidor público só é possível para as prestações vincendas" (STJ, HC 20.905/MS, Rel. Min. Aldir Passarinho Junior, 4ª Turma, jul. 25.06.2002, *DJ* 26.08.2002).

4. Base de cálculo da pensão alimentar. "Consolidação da jurisprudência desta Corte no sentido da incidência da pensão alimentícia sobre o décimo terceiro salário e o terço constitucional de férias, também conhecidos, respectivamente, por gratificação natalina e gratificação de férias. Julgamento do especial como representativo da controvérsia, na forma do art. 543-C do CPC [art. 1.036 do CPC/2015] e da Resolução 08/2008 do STJ – Procedimento de Julgamento de Recursos Repetitivos" (STJ, REsp 1.106.654/RJ, Rel. Min. Paulo Furtado, 2ª Seção, jul. 25.11.2009).

Art. 913. Não requerida a execução nos termos deste Capítulo, observar-se-á o disposto no art. 824 e seguintes, com a ressalva de que, recaindo a penhora em dinheiro, a concessão de efeito suspensivo aos embargos à execução não obsta a que o exequente levante mensalmente a importância da prestação.

CPC/1973

Art. 732, parágrafo único.

REFERÊNCIA LEGISLATIVA

CPC/2015, arts. 528, § 2º (cumprimento de sentença, prisão do executado); 533 (alimentos na indenização por ato ilícito).

BREVES COMENTÁRIOS

O art. 911 do CPC/2015 institui um procedimento especial para a execução de alimentos, quando o credor se basear em título executivo extrajudicial (contrato, acordo etc.). É bem verdade que a execução da prestação alimentícia fixada em título extrajudicial poderia ser tratada apenas como uma execução por quantia certa subordinada ao mesmo procedimento das demais dívidas de dinheiro (art. 913). Porém, dada a relevância do crédito por alimentos e as particularidades das prestações a ele relativas, o Código permite medidas tendentes a tornar mais efetiva a execução e a atender a certos requisitos da obrigação alimentícia, que vão além das cabíveis na execução comum de quantia certa. A primeira delas refere-se à hipótese de recair a penhora em dinheiro, caso em que o oferecimento de embargos não obsta a que o exequente levante mensalmente a importância da prestação, o que será feito independentemente de caução. Outras são: (i) a possibilidade de prisão civil do devedor; (ii) o protesto de ofício da sentença; (iii) a decisão interlocutória que condene o devedor a prestar alimentos; e (iv) o desconto da pensão em folha de pagamento; o que, evidentemente, importa certas alterações no procedimento comum da execução por quantia certa.

JURISPRUDÊNCIA SELECIONADA

1. Obrigação alimentar. Espólio. Parte ilegítima. Caráter personalíssimo e intransmissível dos alimentos. "'A Segunda Seção desta Corte Superior, ao enfrentar a questão acerca da transmissibilidade ao espólio do dever de prestar alimentos a quem o *de cujus* os devia, modificou a orientação até então dominante, passando a entender que a 'obrigação, de natureza personalíssima, extingue-se com o óbito do alimentante, cabendo ao espólio recolher, tão somente, eventuais débitos não quitados pelo devedor quando em vida. Fica ressalvada a irrepetibilidade das importâncias percebidas pela alimentada' (AgRg no REsp n. 1311564/MS, Relator Ministro Raul Araújo, Quarta Turma, julgado em 21.5.2015, *DJe* 22.6.2015)" (STJ, AgInt no AREsp 1697014/GO, Rel. Min. Antonio Carlos Ferreira, 4ª Turma, jul. 16.11.2020, *DJe* 20.11.2020). **No mesmo sentido:** STJ, REsp 1.337.862/SP, Rel. Min. Luis Felipe Salomão, 4ª Turma, jul. 11.02.2014, *DJe* 20.03.2014.

2. Parcelamento. "Não pode o juiz autorizar o parcelamento da dívida do executado se o exequente a isto se opõe, uma vez que este tem o inegável direito de executar seu crédito, de acordo com o art. 732 do CPC" [art. 528 do CPC/2015] (TJSP, Ag. 43.707-1, Rel. Des. Moretzohn de Castro, jul. 15.03.1984; *RT* 586/50).

3. Rito. "Cabe à credora a escolha do rito processual a ser seguido para a execução de alimentos. Nada obsta que primeiramente tente a penhora de bens do executado, como na espécie e, uma vez frustrada a execução pelo rito comum, valha-se a exequente da ameaça do decreto prisional" (STJ, REsp 216.560/SP, Rel. Min. Cesar Asfor Rocha, 4ª Turma, jul. 28.11.2000, *DJ* 05.03.2001).

"Processa-se a execução na forma do disposto no art. 733 [art. 911 do CPC/2015], quanto as prestações recentemente vencidas (tem-se falado nas três últimas parcelas; no caso, adotou-se essa forma em relação "aos alimentos vencidos desde seis meses antes da propositura da execução"). Processa-se a execução na forma do disposto no art. 732, quanto as prestações vencidas anteriormente" (STJ, REsp 57.579/SP, Rel. Min. Nilson Naves, 3ª Turma, jul. 12.06.1995, *DJ* 18.09.1995).

"É possível a cisão da execução de alimentos nos ritos dos arts. 732 e 733 do CPC [arts. 528 e 911 do CPC/2015]" (STJ, HC 114.936/MG, Rel.ª Min.ª Nancy Andrighi, 3ª Turma, jul. 06.08.2009, *DJe* 21.08.2009). **Entretanto,** "Facultando o CPC ao credor a escolha do procedimento na execução de alimentos, inadmissível que o magistrado determine a cisão do pedido, com a finalidade de que observado para as parcelas mais antigas do débito o da execução por quantia certa contra devedor solvente" (TJSP, Ag. 125.087-4, Rel. Des. Marcus Andrade, 5ª Câmara de Direito Privado do Tribunal de Justiça, jul. 25.05.2000, *JTJ* 236/216).

Conversão de ofício para o rito do art. 733. Ver jurisprudência do art. 911 do CPC/2015.

4. Execução de alimentos. Penhorabilidade do soldo do devedor. Ver jurisprudência do art. 833 do CPC/2015.

☆ ALIMENTOS: INDICAÇÃO DOUTRINÁRIA

Athos Gusmão Carneiro, Ação de alimentos e prisão civil, *RF* 263/49; Cassio Scarpinella Bueno, *Manual de direito processual civil*, São Paulo: Saraiva, 2015; Daniel Amorim Assumpção Neves, *Manual de direito processo civil*, São Paulo: Método, 2015; Fernanda Tartuce, Ana Beatriz Ferreira Rebello Presgrave, Título executivo extrajudicial, obrigação alimentar e desconto em folha, *Revista Magister de Direito Civil e Processual Civil*, Porto Alegre, ano XVI, v. 92, p. 5 e ss., set./out. 2019; Fredie Didier Jr., *Curso de direito processual civil*, 17ª ed., Salvador: JusPodivm, 2015, v. I; Guilherme Rizzo Amaral, *Comentários às alterações do novo CPC*, São Paulo: Revista dos Tribunais, 2015; Hermes Zaneti Júnior. *In* Sérgio Cruz Arenhart e Daniel Mitidiero (coord.). *Comentários ao Código de Processo Civil*. 2. ed., São Paulo: Editora Revista dos Tribunais, 2018, v. 14; Humberto Theodoro Júnior, *Curso de direito processual civil. 54. ed.*, Rio de Janeiro: Forense, 2021, v. III; Humberto Theodoro Júnior, Fernanda Alvim Ribeiro de Oliveira, Ester Camila Gomes Norato Rezende (coord.), *Primeiras lições sobre o novo direito processual civil brasileiro*, Rio de Janeiro: Forense, 2015; J. E. Carreira Alvim, *Comentários ao novo Código de Processo Civil*, Curitiba: Juruá, 2015; José Miguel Garcia Medina, *Novo Código de Processo Civil comentado*, São Paulo: Revista dos Tribunais, 2015; Leonardo Greco, *Instituições de processo civil: introdução ao direito processual civil*, 5ª ed., Rio de Janeiro: Forense, 2015; Luis Antônio Giampaulo Sarro, *Novo Código de Processo Civil*, São Paulo: Rideel, 2015; Luiz Guilherme Marinoni, Sérgio Cruz Arenhart, Daniel Mitidiero, *Curso de processo civil*, São Paulo: Revista dos Tribunais, 2015, v. I; Maurício Giannico. *In* José Roberto F. Gouvêa; Luis Guilherme A. Bondioli e João Francisco N. da Fonseca (coord.). Comentários ao Código de Processo Civil. São Paulo: Saraiva, 2018 v. 18; Nelson Nery Junior, Rosa Maria de Andrade Nery, *Comentários ao Código de Processo Civil*, São Paulo: Revista dos Tribunais, 2015; Rita de Cassia Corrêa de Vasconcelos, In: Teresa Arruda Alvim Wambier, Fredie Didier Jr., Eduardo Talamini, Bruno Dantas, *Breves comentários ao novo Código de Processo Civil*, São Paulo: Revista dos Tribunais, 2015; Sérgio Gischkow Pereira, Alimentos e prisão civil, *Ajuris* 10/35; Teresa Arruda Alvim Wambier, Fredie Didier Jr., Eduardo Talamini, Bruno Dantas (coord.), *Breves comentários ao novo Código de Processo Civil*, São Paulo: Revista dos Tribunais, 2015; Teresa Arruda Alvim Wambier, Maria Lúcia Lins Conceição, Leonardo Ferres da Silva Ribeiro, Rogério Licastro Torres de Melo, *Primeiros comentários ao novo Código de Processo Civil*, São Paulo: Revista dos Tribunais, 2015.

TÍTULO III
DOS EMBARGOS À EXECUÇÃO

Art. 914. O executado, independentemente de penhora, depósito ou caução, poderá se opor à execução por meio de embargos.

§ 1º Os embargos à execução serão distribuídos por dependência, autuados em apartado e instruídos com cópias das peças processuais relevantes, que poderão ser declaradas autênticas pelo próprio advogado, sob sua responsabilidade pessoal.

§ 2º Na execução por carta, os embargos serão oferecidos no juízo deprecante ou no juízo deprecado, mas a competência para julgá-los é do juízo deprecante, salvo se versarem unicamente sobre vícios ou defeitos da penhora, da avaliação ou da alienação dos bens efetuadas no juízo deprecado.

CPC/1973

Arts. 736 e 747.

REFERÊNCIA LEGISLATIVA

CPC/2015, arts. 260 a 268 (cartas), 845, § 2º (execução por quantia certa contra devedor solvente; carta).

LEF, art. 20 e parágrafo único.

SÚMULAS

Súmula do STJ:

nº 46: "Na execução por carta, os embargos do devedor serão decididos no juízo deprecante, salvo se versarem unicamente vícios ou defeitos da penhora, avaliação ou alienação dos bens".

nº 393: "A exceção de pré-executividade é admissível na execução fiscal relativamente às matérias conhecíveis de ofício que não demandem dilação probatória".

BREVES COMENTÁRIOS

Com o art. 914 do CPC/2015, o manejo dos embargos do devedor, em qualquer modalidade de execução forçada, torna-se viável independentemente de penhora, depósito ou caução. Mas sem a segurança do juízo não se obterá a suspensão do feito executivo (art. 919, § 1º).

Quando, porém, a penhora é realizada em comarca estranha ao foro da causa (art. 845, § 2º), diz o Código que se dará "a execução por carta" e a competência para processar e julgar os embargos caberá ora ao juízo deprecado, ora ao deprecante, conforme a matéria debatida (art. 914, § 2º). Será o objetivo visado pelos embargos que, em suma, determinará qual o juízo competente para o respectivo processamento e julgamento. Convém notar que a competência do juiz deprecado é excepcional e somente ocorrerá no caso de defesa limitada "unicamente a vícios ou defeitos da penhora, avaliação ou alienação dos bens". Logo, se tal matéria vier a ser alegada em conjunto com outras arguições, a competência a prevalecer será a do juiz da execução (isto é, o deprecante).

Não apenas por meio dos embargos o devedor pode atacar a execução forçada. Quando se trata de acusar a falta de condições da ação de execução, ou a ausência de algum pressuposto processual, a arguição pode se dar por meio de simples petição nos próprios autos do processo executivo (exceção de pré-executividade" ou objeção de pré-executividade).

JURISPRUDÊNCIA SELECIONADA

1. Embargos à execução. "Os embargos à execução, ainda que incidentais, constituem ação do devedor contra o exequente, que se há de sujeitar, a par da autuação em apenso – art. 736 do CPC [art. 914 do CPC/2015] – a todos os encargos que o litigante ativo suporta ao ajuizar a demanda" (TJSP, Ag 129.754-2, Rel. Des. Carlos Ortiz, 12ª Câmara, ac. 12.04.1988, *RJTJSP* 113/391).

2. Legitimidade.

"Aquele que oferece bem imóvel de sua propriedade em garantia de dívida detém legitimidade ativa para oposição de embargos do devedor à execução, tenha havido sua citação para integrar o polo passivo dessa demanda, ou apenas intimação da penhora realizada sobre o bem hipotecado" (STJ, REsp 326.201/SP, Rel. Min. Nancy Andrighi, 3ª Turma, jul. 02.04.2002, *DJ* 06.05.2002).

a) Terceiro responsável pelo título. "Se o credor opta por executar tão somente o devedor principal, o avalista ou fiador, que não é parte na execução, **carece de legitimidade** para embargar a execução. Terceiro responsável pelo título (fiador, sucessor, sub-rogado) só está legitimado para opor embargos, se for atingido pelos atos de execução" (STJ, REsp 327.484/SP, Rel. Min. Humberto Gomes de Barros, 3ª Turma, jul. 14.02.2006, *DJ* 20.03.2006).

b) Mulher casada. "É cediço nesta Corte que: A intimação do cônjuge enseja-lhe a via dos embargos à execução, nos quais poderá discutir a própria *causa debendi* e defender o patrimônio como um todo, na qualidade de litisconsorte passivo do(a) executado(a) e a via dos embargos de terceiro, com vista à defesa da meação a que entende fazer *jus* (REsp 252.854/RJ, Ministro Sálvio de Figueiredo Teixeira, *DJ* 11.09.2000)" (STJ, REsp 740.331/RS, Rel. Min. Luiz Fux, 1ª Turma, jul. 14.11.2006, *DJ* 18.12.2006). **No mesmo sentido:** STJ, REsp 190.794/SP, Rel. Min. Ari Pargendler, 3ª Turma, jul. 21.08.2001, *DJ* 01.10.2001.

"Os bens indivisíveis, de propriedade comum decorrente do regime de comunhão no casamento, na execução podem ser levados à hasta pública por inteiro, reservando-se à esposa a metade do preço alcançado. Tem-se entendido na Corte que a exclusão da meação deve ser considerada em cada bem do casal e não na indiscriminada totalidade do patrimônio" (STJ, REsp 200.251/SP, Rel. Min. Sálvio de Figueiredo Teixeira, Corte Especial, jul. 06.08.2001, *DJ* 29.04.2002). **Obs.:** Ver art. 843 do CPC/2015.

c) Quem não figura no polo passivo. "É **desprovido de legitimidade** para opor embargos do devedor o **emitente da cártula que não figura no polo passivo da execução**" (STJ, REsp 11.842/RS, Rel. Min. Barros Monteiro, 4ª Turma, jul. 04.02.1992, *DJ* 23.03.1992).

3. Petição inicial dos embargos. "Nos embargos à execução, por serem ação de conhecimento, a petição inicial deve atender aos requisitos dos artigos 282 e 283 do CPC [arts. 319 e 320 do CPC/2015]. Verificando o juiz a falta de algum requisito, ordenará que o executante a emende. Inatendida a ordem, o juiz indeferirá a inicial (art. 284 c/c 295 e art. 739, inciso III, todos do CPC)" [arts. 321 c/c 330 e 918, III, do CPC/2015] (STJ, EREsp 255.673/SP, Rel. Min. Gilson Dipp, 3ª Seção, jul. 10.04.2002, *DJ* 13.05.2002). **Obs.:** v. arts. 312 e 801 do CPC/2015.

4. Valor da causa.

"A jurisprudência do Superior Tribunal de Justiça firmou-se no sentido de que o valor da causa, em sede de embargos à execução, deve ser equivalente ao montante pretendido no processo executivo, quando se questiona a totalidade do título, como na hipótese *sub judice*" (STJ, REsp 1.799.339/SP, Rel. Min. Paulo de Tarso Sanseverino, 3ª Turma, jul. 08.09.2020, *DJe* 30.09.2020).

"Os embargos devem mencionar o valor, que nem sempre corresponderá ao da execução, posto que podem ser parciais, questionando somente parcelas específicas da dívida exequenda" (TJSP, Ag 129.754-2, Rel. Des. Carlos Ortiz, 12ª Câmara, ac. 12.04.1988, *RJTJSP* 113/391).

"Tratando-se de embargos de devedor, a ausência do valor da causa não macula a inicial a ponto de provocar o indeferimento, à medida que a jurisprudência já assentou que em tais casos o valor é o mesmo da ação principal" (STJ, REsp 138.425/MG, Rel. Min. Carlos Alberto Menezes Direito, 3ª Turma, jul. 30.06.1998, *DJ* 30.11.1998).

5. Custas. "Quem opõe embargos do devedor deve providenciar o pagamento das custas em 30 dias; decorrido esse prazo, o juiz deve determinar o cancelamento da distribuição do processo e o arquivamento dos respectivos autos, independentemente de intimação pessoal. Embargos de divergência providos" (STJ, EREsp 495.276/RJ, Rel. Min. Ari Pargendler, Corte Especial, jul. 04.06.2008, *DJe* 30.06.2008). **No mesmo sentido:** STJ, REsp 676.642/RS, Rel. Min. Nancy Andrighi, Rel. p/ Acórdão Min. Carlos Alberto Menezes Direito, 3ª Turma, jul. 01.09.2005, *DJ* 20.02.2006). **Entretanto,** "A ação incidental de embargos do devedor merece prosseguir, ainda que pagas as custas após o prazo fixado no art. 257 do CPC [art. 290 do CPC/2015], se o juiz determinou a intimação da parte embargante e esta, no prazo assinado, veio a efetivar o preparo sem reação oportuna da parte adversa" (STJ, REsp 13.470/GO, Rel. p/ Acórdão Min. Athos Carneiro, 4ª Turma, jul. 01.12.1992, *DJ* 15.03.1993).

"A jurisprudência desta Corte Superior proclama que, na hipótese de oposição de embargos do devedor, sem a comprovação do recolhimento de preparo, o Juiz deve determinar o cancelamento da distribuição do processo e o arquivamento dos respectivos autos, independentemente de intimação pessoal. Todavia, na espécie, a conduta do Juízo *a quo* revela-se contraditória e viola o princípio insculpido na máxima *nemo potest venire contra factum proprium*, na medida em que anteriormente determinou – quando não precisava fazê-lo – a intimação para recolhimento do preparo e, ato contínuo, mesmo após o cumprimento de sua ordem, entendeu por bem julgar extinta a demanda, sem julgamento de mérito. Tal atitude viola o princípio da boa-fé objetiva porque criou, na parte autora, a legítima expectativa de que, após o recolhimento do preparo, dentro do prazo estabelecido pelo magistrado, suas razões iniciais seriam examinadas, observando-se o devido processo legal. Determinada a intimação para recolhimento do preparo e figurando este devidamente cumprido, em tempo e modo oportunos, não é o caso de extinção dos embargos à execução, com base no art. 267, IV, do CPC" [art. 485, IV, do CPC/2015] (STJ, REsp 1.116.574/ES, Rel. Min. Massami Uyeda, 3ª Turma, jul. 14.04.2011, *DJe* 27.04.2011).

Duplo ajuizamento. Custas processuais devidas nos dois processos, independentemente da citação da parte contrária. "As custas podem ser cobradas pelo serviço público efetivamente prestado ou colocado à disposição do contribuinte. Ao se ajuizar determinada demanda, dá-se início ao processo. O encerramento desse processo exige a prestação do serviço público judicial, ainda que não se analise o mérito da causa. Com o ajuizamento de novos embargos à execução fiscal, novas custas judiciais devem ser recolhidas" (STJ, REsp 1.893.966/SP, Rel. Min. Og Fernandes, 2ª Turma, jul. 08.06.2021, *DJe* 17.06.2021).

6. Instrução dos embargos. "Os embargos do devedor, opostos à execução, embora autuados em apenso aos autos da ação principal, *ex vi* do art. 736, do CPC [art. 914 do CPC/2015], devem ser instruídos devidamente, de vez que dão lugar à instrução de um processo cognitivo incidente" (TJSE, Ap 85/83, Rel. Des. Antônio Machado, Ementário de Jurisprudência 1984 e 1986/102).

Instrumento de mandato juntado na ação de execução. "Sendo o instrumento de mandato juntado à ação de execução e estando esta apensada aos embargos do devedor, não resta configurada a ausência de pressuposto de constituição e desenvolvimento válido do processo" (STJ, AgRg no REsp 1.133.724/RS, Rel. Min. Laurita Vaz, 5ª Turma, jul. 18.02.2010, *DJe* 15.03.2010).

7. Protocolo nos autos da execução. Erro sanável. "Com efeito, é inegável que a lei prevê expressamente que os embargos à execução trata-se de ação incidente, que deverá ser distribuída por dependência aos autos da ação principal (demanda executiva). Contudo, primando por uma maior aproximação ao verdadeiro espírito do novo Código de Processo Civil, não se afigura razoável deixar de apreciar os argumentos apresentados em embargos à execução tempestivamente opostos – ainda que, de forma errônea, nos autos da própria ação de execução – sem antes conceder à parte prazo para sanar o vício, adequando o procedimento à forma prescrita no art. 914, § 1º, do CPC/2015. Ademais, convém salientar que o art. 277 do CPC/2015 preceitua que, quando a lei prescrever determinada forma, o juiz considerará válido o ato se, realizado de outro modo, lhe alcançar a finalidade" (STJ, REsp 1807228/RO, Rel. Min. Nancy Andrighi, 3ª Turma, jul. 03.09.2019, *DJe* 11.09.2019).

8. Conexão. Competência. "É certo, portanto, que entre ação de execução e outra ação que se oponha ou possa comprometer os atos executivos, há evidente laço de conexão (CPC, art. 103) [art. 55 do CPC/2015], a determinar, em nome da segurança jurídica e da economia processual, a reunião dos processos, prorrogando-se a competência do juiz que despachou em primeiro lugar (CPC, art. 106) [art. 58 do CPC/2015]. Cumpre a ele, se for o caso, dar à ação declaratória ou anulatória anterior o tratamento que daria à ação de embargos com idêntica causa de pedir e pedido, inclusive, se garantido o juízo, com a suspensão da execução" (STJ, CC 89.267/SP, Rel. Min. Teori Albino Zavascki, 1ª Seção, jul. 14.11.2007, *DJ* 10.12.2007).

9. Princípio da eventualidade. "Nos embargos à execução, incide o princípio da eventualidade, com concentração da defesa do devedor. Precedentes" (STJ, AgRg na MC 14.046/RJ, Rel. Min. Nancy Andrighi, 3ª Turma, jul. 24.06.2008, *DJe* 05.08.2008).

"Opostos embargos e decididos, definitivamente, não é mais possível o ajuizamento de ação anulatória do débito, porquanto, nos embargos, incide o princípio da eventualidade, com concentração da defesa do devedor e alegação de toda a matéria cabível" (STJ, REsp 746.685/RS, Rel. Min. Luiz Fux, 1ª Turma, jul. 17.10.2006, *DJ* 07.11.2006).

"Se o executado compareceu espontaneamente em juízo e apresentou embargos à execução para impugnar a nulidade da citação por editar deveria ele, até pelo princípio da eventualidade, ter apresentado matéria de defesa. Prejuízo debitado ao proceder do próprio executado" (STJ, EDcl no REsp 403.029/DF, Rel. Min. Eliana Calmon, 2ª Turma, jul. 21.10.2004, *DJ* 13.12.2004).

10. Ônus da prova.

Sucessão de empresas. "Nos embargos à execução, cuja natureza jurídica é de ação incidental de conhecimento, aplicam-se, em princípio, **as mesmas regras de distribuição do**

ônus da prova previstas para o procedimento comum da fase de conhecimento. (...) As regras relacionadas à distribuição do ônus da prova apenas devem merecer a atenção do julgador nas hipóteses de ausência ou de insuficiência de esclarecimento acerca da matéria fática – ônus da prova sob a ótica objetiva, de modo que devem ser consideradas regras de julgamento incidentes, em caráter residual, apenas com a finalidade de evitar a inexistência de decisão sobre o litígio, ocasião em que se deverá investigar a quem cabia a prova – ônus da prova sob a ótica subjetiva. Hipótese em que não se verifica a ausência ou insuficiência de esclarecimentos acerca da existência de sucessão empresarial, pois a prova, conquanto indireta ou indiciária, foi suficientemente produzida. (...) Embora a produção de prova pericial pudesse, em tese, qualificar o acervo probatório produzido, a sua não realização não acarreta modificação no julgado que reconheceu a existência de sucessão empresarial com base em verossimilhança preponderante, lastreado em suficientes provas indiciárias ou indiretas, examinadas à luz das máximas de experiência e que demonstram que a formação da convicção dos julgadores ocorreu mediante um incensurável juízo de probabilidade lógica" (STJ, REsp 1698696/SP, Rel. Min. Nancy Andrighi, 3ª Turma, jul. 02.08.2018, *DJe* 17.08.2018)

11. Ação revisional de contrato c/c anulatória de título antes da execução. Aproveitamento como embargos. "A ação revisional de contrato, cumulada com anulatória de título, segundo a jurisprudência do STJ, deve receber o tratamento de embargos à execução, com as consequências daí decorrentes" (STJ, REsp 435.443/SE, Rel. Min. Barros Monteiro, 4ª Turma, jul. 06.08.2002, *DJ* 28.10.2002). **No mesmo sentido:** STJ, REsp 318.254/SP, Rel. Min. Barros Monteiro, 4ª Turma, jul. 09.10.2001, *DJ* 11.03.2002, p. 257.

"Ação declaratória, precedentemente ajuizada, objetivando a anulação total ou parcial do título. Ajuizada ação tendente a desconstituir o título em que veio a se fundar a execução, não se pode exigir sejam apresentados embargos com o mesmo objetivo o que, aliás, sequer seria possível, pois haveria litispendência. A solução está em, garantido o juízo, tratar-se a ação em curso como embargos, com as consequências daí decorrentes" (STJ, REsp 33.000/MG, Rel. Min. Eduardo Ribeiro, 3ª Turma, jul. 06.09.1994, *DJ* 26.09.1994).

Ação tendente a desconstituir o título no curso da execução. Possibilidade. "Execução. Processo de conhecimento em que se intenta desconstituir o título executivo. Em curso processo de execução, não há impedimento a que seja ajuizada ação, tendente a desconstituir o título em que aquela se fundamenta. Inexistência de preclusão, que essa opera dentro do processo, não atingindo outros que possam ser instaurados, o que é próprio da coisa julgada material. Carecendo a ação da eficácia própria dos embargos, a execução prosseguirá, salvo se, em cautelar, for outorgado efeito suspensivo. Julgada procedente a ação, extingue-se a execução. Se a sentença sobrevier ao exaurimento da execução, abrir-se-á ao executado a possibilidade de, mediante ação condenatória, reaver o que houver pago indevidamente" (STJ, REsp 135.355/SP, Rel. Min. Eduardo Ribeiro, 3ª Turma, jul. 04.04.2000, *DJ* 19.06.2000).

"Se é certo que a propositura de qualquer ação relativa ao débito constante do título não inibe o direito do credor de promover-lhe a execução (CPC, art. 585, § 1º) [art. 784, § 1º, do CPC/2015], o inverso também é verdadeiro: o ajuizamento da ação executiva não impede que o devedor exerça o direito constitucional de ação para ver declarada a nulidade do título ou a inexistência da obrigação, seja por meio de embargos (CPC, art. 736) [art. 914 do CPC/2015], seja por outra ação declaratória ou desconstitutiva. Nada impede, outrossim, que o devedor se antecipe à execução e promova, em caráter preventivo, pedido de nulidade do título ou a declaração de inexistência da relação obrigacional. Ações dessa espécie têm natureza idêntica à dos embargos do devedor, e quando os antecedem, podem até substituir tais embargos, já que repetir seus fundamentos e causa de pedir importaria litispendência" (STJ, REsp 899.979/SP, Rel. Min. Teori Albino Zavascki, 1ª Turma, jul. 23.09.2008, *DJe* 01.10.2008). **Obs.:** Ver arts. 784, § 1º, e 785 do CPC/2015.

Ação de declaração da falsidade da assinatura. "O devedor pode promover, depois de iniciada a execução e mesmo não lhe tendo opostos embargos, ação para a declaração da falsidade da assinatura que lhe é atribuída no título executivo. Porém, essa ação não tem os efeitos que são próprios dos embargos. Arts. 4º, II, e 585, § 1º, do CPC" [arts. 19, II, e 784, § 1º, do CPC/2015] (STJ, REsp 234.809/RJ, Rel. Min. Ruy Rosado de Aguiar, 4ª Turma, jul. 25.04.2000, *DJ* 12.02.2001). **Obs.:** v. art. 430 c/c o art. 771, parágrafo único, do CPC/2015.

12. Embargos de terceiro. Fungibilidade. Possibilidade. "Embargos de terceiro interposto em lugar dos de devedor, por litisconsorte passivo, em execução fiscal. Admissibilidade. Princípios da fungibilidade e da instrumentalidade do processo. A ação incidental dos embargos de terceiro presta-se a quem não é parte no processo. Admitem-se, entretanto, se opostos no prazo por litisconsorte passivo na execução, em homenagem aos princípios da fungibilidade (já que se não trata de erro grosseiro) e da instrumentalidade, bem como em virtude do artigo 295, V [art. 283 do CPC/2015], segunda parte do Código De Processo Civil" (STJ, REsp 13.458/MG, Rel. Min. Demócrito Reinaldo, 1ª Turma, jul. 05.10.1992, *DJ* 16.11.1992).

"Admite-se, em virtude da instrumentalidade do processo, a defesa, por via de embargos do devedor, da meação da mulher do executado" (STJ, REsp 31.956/SP, Rel. Min. Fontes de Alencar, 4ª Turma, jul. 09.11.1993, *DJ* 21.02.1994).

13. Nulidade da execução. Independe de arguição em embargos à execução (cf. art. 803, parágrafo único, do CPC/2015).

14. Bem de família. Matéria de ordem pública. "Tratando-se de bem de família, a arguição de impenhorabilidade extrapola os limites dos embargos à execução, devendo ser reiterada e apreciada nos próprios autos da execução, por cuidar-se de matéria de ordem pública" (1º TACívelSP, Ap 860.381-4, Rel. Juiz Luis Carlos de Barros, 9ª Câmara, jul. 01.07.2004, *RT* 832/224).

15. Exceção de pré-executividade.

"A exceção de pré-executividade, embora não prevista em lei, tem sido admitida em nosso ordenamento jurídico nos casos de matérias de ordem pública ou de nulidades absolutas – como as condições da ação, os pressupostos processuais, a decadência, a prescrição, entre outras –, bem como quando o juiz possa, de ofício, conhecer da matéria aventada diante de prova inequívoca do alegado e desde que isso não implique em dilação probatória. Nesse sentido a orientação jurisprudencial do STJ, firmada no julgamento do Res. 1.104.900/ES – realizado na sistemática dos recursos repetitivos (Rel. Min. Denise Arruda, 1ª S., *DJe* 01.04.2009) – e nos termos do Enunciado n. 393 da Súmula/STJ" (TRF-1ª Região, Ag 1018463-41.2019.4.01.0000/BA, Rel. Des. Carlos Moreira Alves, 8ª Turma, *Revista Síntese Direito Civil e Processual Civil*, n. 126, jul./ago. 2020, p. 171).

Sentença de extinção do processo prolatada sem oitiva prévia do exequente. Cerceamento de defesa configurado. "A objeção de pré-executividade, mesmo quando alegue matéria de ordem pública, não pode ser acolhida sem prévia intimação do exequente para se manifestar, sob pena de cerceamento de defesa" (STJ, AgInt nos EDcl no AREsp 1.495.302/RJ, Rel. Min. Moura Ribeiro, 3ª Turma, jul. 20.04.2020, *DJe* 23.04.2020). **Obs.:** Ver arts. 9º e 10 do CPC/2015.

Exceção de pré-executividade. Juntada de prova pré-constituída ou complementação de documentos. Possibilidade. Dilação probatória. Não configuração. "Com relação ao requisito formal, é imprescindível que a questão suscitada seja de direito ou diga respeito a fato documentalmente provado. A exigência de que a prova seja pré-constituída tem por escopo evitar embaraços ao regular processamento da execução. Assim, as provas capazes de influenciar no convencimento do julgador devem acompanhar a petição de objeção de não executividade. No entanto, a intimação do executado para juntar aos autos prova pré-constituída mencionada nas razões ou complementar os documentos já apresentados não configura dilação probatória, de modo que não excede os limites da exceção de pré-executividade" (STJ, REsp 1.912.277/AC, Rel. Min. Nancy Andrighi, 3ª Turma, jul. 18.05.2021, *DJe* 20.05.2021).

16. Levantamento de valores a maior. Restituição imediata nos próprios autos. "Valor atualizado da dívida exequenda ainda não definido. Necessidade de refazimento dos cálculos, para que se verifique se, em face dos levantamentos efetuados pela exequente, há saldo em favor desta, ou, ao contrário, da executada. Tendo havido levantamento a maior pela exequente, deve o valor ser imediatamente restituído à executada, nos próprios autos da execução. Caso, ao contrário, remanesça saldo, ou controvérsia acerca de saldo, em favor da exequente/recorrida, deve o cumprimento de sentença, em face da necessidade de refazimento dos atos processuais, seguir a nova disciplina do art. 523 do CPC/2015" (STJ, REsp 1.057.076/MA, Rel. Min. Maria Isabel Gallotti, 4ª Turma, jul. 07.12.2017, *DJe* 15.12.2017)

17. Execução. Desistência antes da citação e de embargos do devedor. Extinção sem resolução do mérito. Honorários advocatícios. Não cabimento. Ver jurisprudência do art. 85 do CPC/2015.

18. Sucumbência. Honorários advocatícios. Ver jurisprudência do art. 85 do CPC/2015.

19. Preparo da apelação. "Se os embargos à execução estão isentos da taxa judiciária por força de Lei Estadual, também a apelação interposta contra a sentença que os julgou dispensa o preparo" (STJ, REsp 252.927/SP, Rel. Min. Francisco Peçanha Martins, 2ª Turma, *DJ* 02.12.2002).

20. Execução por carta. Competência (§ 2º):

Juízo deprecante. "A competência para declarar a **ineficácia de arrematação dos bens que garantem o juízo por fraude à execução** é do juízo deprecante. É que a competência do juízo deprecante é sempre prevalente, ressalvadas as hipóteses legais na forma do art. 747, do CPC [art. 914, § 2º, do CPC/2015], *verbis:* Na execução por carta, os embargos serão oferecidos no juízo deprecante ou no juízo deprecado, mas a competência para julgá-los é do juízo deprecante, salvo se versarem unicamente vícios ou defeitos da penhora, avaliação ou alienação dos bens" (STJ, CC 82.436/SP, Rel. Min. Luiz Fux, 1ª Seção, jul. 24.06.2009, *DJe* 03.08.2009). **No mesmo sentido:** STJ, CC 24.414/MT, Rel. Min. Barros Monteiro, 2ª Seção, jul. 24.03.1999; *Revista do STJ* 121/235; STJ, CC 617/RS, Rel. Min. Carlos Veloso, 1ª Seção, *DJ* 19.02.1990.

"Compete ao juízo deprecante, no qual se processa a execução, **analisar o direito de preferência na penhora de imóvel,** alegado por terceiro-credor. Compete ao juízo deprecado analisar questões relativas à impenhorabilidade do bem de família e à redução da penhora, arguidas pelo devedor sem qualquer irresignação contra a dívida" (STJ, CC 35.346/SP, Rel. Min. Nancy Andrighi, 2ª Seção, jul. 11.09.2002, *DJ* 28.10.2002).

"Se, em processo de execução, a carta precatória tramitou por sete anos em determinada comarca, tida como foro da situação dos imóveis penhorados por todas as partes, posterior alteração no registro, dizendo-os pertencentes à comarca contígua, não deve conduzir à anulação dos atos processuais já praticados (penhora e avaliação), ante a ausência de prejuízo. Entendimento em conformidade com os princípios da instrumentalidade das formas, da celeridade e da economia processual, que caracterizam o processo civil moderno" (STJ, REsp 503.387/MT, Rel. Min. Castro Filho, 3ª Turma, jul. 03.02.2004, *DJ* 15.03.2004).

Acordo celebrado entre as partes. "É do juízo deprecante a competência para apreciar o acordo celebrado entre as partes, com requerimento de suspensão do processo executivo" (STJ, CC 23.557/SC, Rel. Min. Ruy Rosado de Aguiar, 2ª Seção, jul. 09.12.1998, *DJ* 15.03.1999).

Embargos de terceiro. "Ao juízo deprecante compete apreciar os embargos de terceiro opostos contra penhora de imóvel por ele indicado (Súmula n. 33 do extinto Tribunal Federal de Recursos – TFR). *In casu*, desinfluente é o fato de que a penhora fora inicialmente determinada pelo juízo deprecado de Bagé/RS, pois ela só se tornou realmente efetiva com a decisão do juízo deprecante de Araranguá/SC, que reconheceu a ocorrência de fraude à execução" (STJ, REsp 1.033.333/RS, Rel. Min. Massami Uyeda, 3ª Turma, jul. 19.08.2008, *DJe* 05.09.2008). **No mesmo sentido:** STJ, REsp 57.313-0, Rel. Min. Barros Monteiro, 4ª Turma, jul. 16.05.1995, *DJ* 21.08.1995.

Juízo deprecado. "Arrematação. Nulidades. Execução por carta. Competência. Competente o juízo deprecado para julgar ação declaratória de nulidade de atos jurídicos, fundada em vícios e irregularidades no procedimento de arrematação de imóveis penhorados em execução, pois os atos foram praticados por esse juiz. Aplicação analógica do art. 747, segunda parte, do CPC" [art. 914, § 2º, do CPC/2015] (STJ, REsp 165.305/SP, Rel. Min. Waldemar Zveiter, 3ª Turma, jul. 09.03.1999, *DJ* 10.05.1999).

"Tratando os embargos de pleitear o cancelamento da penhora, com fulcro na Lei nº 8.009/90, sem questionar a execução em si, cabe ao Juízo deprecado processá-los e julgá-los, conforme estabelece a Súmula 46, desta Corte" (STJ, CC 17.628/RJ, Rel. Min. Bueno de Souza, 2ª Seção, jul. 11.11.1998, *DJ* 22.02.1999).

Pedido de substituição de bem penhorado. "Na execução por carta, o pedido de substituição do bem penhorado no juízo deprecado deverá ser por ele decidido, porque se cuida de incidente relativo a ato. Aplicação da Súmula 46/STJ" (STJ, CC 24.448, Rel. Min. Nancy Andrighi, 2ª Seção, jul. 13.12.2000, *DJU* 05.02.2001).

Impenhorabilidade do bem de família. "Compete ao Juízo deprecado analisar as questões relativas à impenhorabilidade do bem de família e à redução da penhora, arguidas pelo devedor sem qualquer irresignação contra a dívida (CC nº 35.346-SP)" (STJ, CC 36.044/ES, Rel. p/ ac. Min. Barros Monteiro, 2ª Seção, jul. 09.03.2005, *DJ* 04.04.2005). **No mesmo sentido:** STJ, REsp 753.453/RJ, Rel. Min. Castro Filho, 3ª Turma, jul. 24.04.2007, *DJ* 14.05.2007.

Art. 915. Os embargos serão oferecidos no prazo de 15 (quinze) dias, contado, conforme o caso, na forma do art. 231.

§ 1º Quando houver mais de um executado, o prazo para cada um deles embargar conta-se a partir da juntada do respectivo comprovante da citação, salvo no caso de cônjuges ou de companheiros, quando será contado a partir da juntada do último.

§ 2º Nas execuções por carta, o prazo para embargos será contado:

I – da juntada, na carta, da certificação da citação, quando versarem unicamente sobre vícios ou defeitos da penhora, da avaliação ou da alienação dos bens;

II – da juntada, nos autos de origem, do comunicado de que trata o § 4º deste artigo ou, não havendo este, da juntada da carta devidamente cumprida, quando versarem sobre questões diversas da prevista no inciso I deste parágrafo.

§ 3º Em relação ao prazo para oferecimento dos embargos à execução, não se aplica o disposto no art. 229.

§ 4º Nos atos de comunicação por carta precatória, rogatória ou de ordem, a realização da citação será imediatamente informada, por meio eletrônico, pelo juiz deprecado ao juiz deprecante.

CPC/1973

Art. 738.

REFERÊNCIA LEGISLATIVA

CPC/2015, art. 231 (contagem de prazo).

SÚMULAS

Súmulas do STJ

N.º 196: "Ao executado que, citado por edital ou por hora certa, permanecer revel, será nomeado curador especial, com legitimidade para apresentação de embargos".

BREVES COMENTÁRIOS

Com a Lei nº 11.382, de 06.12.2006, a segurança do juízo deixou de ser requisito para o exercício da ação incidental de embargos do executado. Por isso, perdeu relevância, desde então, a data da intimação da penhora ou do depósito da coisa *sub executione*. A mesma lógica se aplica ao atual Código, de modo que a contagem do prazo para embargos, em qualquer modalidade de execução de título extrajudicial, terá como ponto de partida a citação do executado. E tal como se passa no processo de conhecimento o *dies a quo* é determinado não pela data do cumprimento do mandado citatório pelo oficial de justiça, mas na forma do art. 231 do CPC/2015. O prazo de embargos é único, pouco importando a eventual multiplicidade de penhoras, principalmente porque, na atual sistemática, não é mais contado do ato constritivo, mas da citação do executado.

A ação de embargos de cada codevedor executado é autônoma. Dessa autonomia decorre a independência do prazo de embargos para os diversos coexecutados. Essa regra da autonomia da contagem dos prazos dos coexecutados mereceu uma ressalva no § 1º do art. 915, que se refere à situação do litisconsórcio passivo entre cônjuges. Estabelecido este por força da nomeação à penhora de bens imóveis do casal, o prazo de embargos é comum e só começa a fluir, para os dois cônjuges, depois que o último deles for citado ou intimado. Esta ressalva foi feita pelo legislador na regra geral de autonomia constante do § 1º do art. 915.

Porque não se trata de contestação, mas de ação incidental, não há de se aplicar a dobra do prazo previsto para o caso de resposta dos litisconsortes passivos representados por advogados diferentes. Opor embargos não é o mesmo que falar nos autos ou contestar a ação.

JURISPRUDÊNCIA SELECIONADA

1. Embargos à execução. Matéria de ordem pública. Tempestividade. "Ainda que intempestivos, versando sobre matéria de ordem pública, como no caso de nulidade de citação e prescrição intercorrente, deve o magistrado conhecer das alegações da parte" (TJMG, Ap. 1.0778.14.000053-1/005, Rel. Des. Estevão Luchesi, 14ª Cam., *DJEMG* 09.02.2018).

2. Prazo.

a) Regra do art. 224 do CPC/2015. Aplicação. "A regra prevista no art. 184 do CPC/1973 (art. 224 do CPC/2015), segundo a qual, na contagem dos prazos processuais, deve ser excluído o dia do começo e incluído o do vencimento, aplica-se aos embargos à execução" (STJ, AgInt no REsp 1706630/CE, Rel. Min. Maria Isabel Gallotti, 4ª Turma, jul. 28.09.2020, *DJe* 01.10.2020).

b) Mais de um executado. Contagem individual. "'Havendo mais de um devedor, corre, individualmente, o prazo para cada um deles embargar a execução, a partir da juntada do respectivo comprovante da citação, salvo no caso de cônjuges ou de companheiros, quando será contado a partir da juntada do último, nos termos do art. 915, § 1º, do CPC' (AgInt nos EDcl no AREsp n. 1.516.974/RS, Relator Ministro Raul Araújo, Quarta Turma, julgado em 10.03.2020, *DJe* 31.03.2020)" (STJ, AgInt no AgInt no AREsp 1614321/RS, Rel. Min. Antonio Carlos Ferreira, 4ª Turma, jul. 10.08.2020, *DJe* 14.08.2020). **No mesmo sentido:** STJ, REsp 1.964.438/SP, Rel. Min. Marco Aurélio Bellizze, 3ª Turma, jul. 07.12.2021, *DJe* 14.12.2021.

"Na execução promovida contra diversos devedores, não é indispensável a citação de todos os executados para o início do prazo para pagar ou nomear bens à penhora, visto que a execução pode prosseguir sem a citação de todos, e o prazo para embargar é autônomo. Precedentes" (STJ, REsp 401.080/MG, Rel. Min. Ruy Rosado de Aguiar, 4ª Turma, jul. 21.05.2002, *DJ* 05.08.2002, p. 352). **No mesmo sentido:** STJ, REsp 163.852/RS, Rel. Min. Eduardo Ribeiro, 3ª Turma, jul. 01.06.1999, *DJ* 06.09.1999, p. 79.

c) Início do prazo. "O prazo para a oposição de embargos à execução flui da data de juntada aos autos do mandado de citação devidamente cumprido, consoante estabelece o art. 738 do CPC [art. 915 do CPC/2015]. Hipótese em que os embargos foram opostos extemporaneamente, impondo-se a sua rejeição liminar" (TJRS, Ap. Cível 70025207184, Rel. Marco Aurélio dos Santos Caminha, 16ª Câmara Cível, jul. 14.05.2009).

"Por mais que a nova redação do art. 738 do CPC [art. 915 do CPC/2015] (Lei nº 11.382/06) determine que o termo inicial para a interposição dos embargos é a juntada aos autos do mandado de citação, na **execução fiscal**, por determinação legal expressa, referido termo é a intimação da penhora – art. 16, I, da Lei nº 6 830/80 c/c art. 2º, § 2º, da LICC" (TJSP, AGI 855.017-5/6-00, Rel. Carlos Alberto Giarusso, 18ª Câmara de Direito Público, jul. 12.03.2009, *DJe* 18.05.2009).

"Não haverá o jurisdicionado de responder por erro de agente de judiciário que, ao fazer a intimação da penhora, consignou prazo maior que o legalmente previsto, por invocar lei inaplicável" (STJ, REsp 37.045/PR, Rel. Min. Eduardo Ribeiro, 3ª Turma, jul. 11.10.1993, *DJ* 25.10.1993, p. 22.491).

"A Segunda Seção possui entendimento consolidado no sentido de que o início da contagem do prazo para o oferecimento de embargos do devedor com a efetivação do depósito judicial da quantia objeto da ação de execução, independentemente da lavratura do termo de nomeação e intimação do executado" (STJ, EREsp 957.560/RJ, Rel. Min. Sidnei Beneti, 2ª Seção, jul. 27.10.2010, *DJe* 09.11.2010).

d) Direito intertemporal. "Na sistemática existente antes do advento da Lei nº 11.382/06, a condição imposta para o oferecimento dos embargos não era a citação, mas sim a garantia do juízo pela penhora. – Se, em execução de título extrajudicial, a Lei nº 11.382/06 passou a vigorar depois da citação, mas antes de concluído o procedimento de penhora, o termo para oferecimento dos embargos deve ser contado a partir da intimação da penhora, mas já se computando o prazo da lei nova, de 15 (quinze) dias. – Nessa circunstância, porém, os embargos já devem ser recebidos com base na nova sistemática de execução, portanto sem efeito suspensivo, pois, além de terem mantido sua natureza autônoma, o direito ao oferecimento dos embargos, antes das alterações promovidas pela Lei nº 11.382/06, somente surgia com a garantia do juízo" (STJ, MC 13.951/SP, Rel. Min. Nancy Andrighi, 3ª Turma, jul. 11.03.2008, *DJe* 01.04.2008).

"Embora o processo seja reconhecido como um instrumento complexo, no qual os atos que se sucedem se inter-relacionam, tal conceito não exclui a aplicação da teoria do isolamento dos atos processuais, pela qual a lei nova, encontrando um processo em desenvolvimento, **respeita a eficácia dos atos processuais**

já realizados e disciplina o processo a partir da sua vigência. Esse sistema, inclusive, está expressamente previsto no art. 1.211 do CPC [art. 1.046 do CPC/2015]. Na sistemática existente antes do advento da Lei nº 11.382/06, a condição imposta para o oferecimento dos embargos não era a citação, mas sim a garantia do juízo pela penhora" (STJ, REsp 1.035.540/SP, Rel. Min. Nancy Andrighi, 3ª Turma, jul. 28.04.2009, *DJe* 13.05.2009).

e) Execução por carta. "Em se tratando de execução por carta, é de distinguir-se: se os embargos discutem a validade dos atos praticados no juízo deprecado, **o prazo flui a partir da juntada do mandado de intimação aos autos da carta precatória**; se, no entanto, **a competência for do juízo deprecante, por veicularem os embargos outras matérias (CPC, 747) [art. 914, § 2º, do CPC/2015], o prazo conta-se da juntada da carta precatória cumprida aos autos principais**" (STJ, REsp 343.405/PR, Rel. Min. Sálvio de Figueiredo Teixeira, 4ª Turma, jul. 07.02.2002, *DJ* 15.04.2002).

3. Tempestividade. "A ação incidental de embargos à execução exige a observância da tempestividade. Devem ser rejeitados liminarmente os embargos à execução manejados após o vencimento do prazo legal. Na hipótese de ação de embargos do devedor, não se acrescem ao prazo legal os dois dias úteis previstos na Resolução nº 412, de 2003, do Tribunal de Justiça de Minas Gerais" (TJMG, Ap. Cível 1.0145.06.297944-1/001, Rel.ª Des.ª Márcia de Paoli Balbino, 17ª Câmara Cível, jul. 09.02.2007).

"Ao tribunal de segunda instância cabe apreciar, em apelação, *ex officio*, a questão pertinente à tempestividade dos embargos do devedor e rejeitá-los liminarmente quando comprovados que foram oferecidos fora do prazo legal. Interpretação dos artigos 515, e § 1º, e 739, I, do Código de Processo Civil [arts. 1.013, § 1º, e 918, I, do CPC/2015]" (STJ, REsp 40.492/PB, Rel. Min. Antônio Torreão Braz, 4ª Turma, jul. 08.03.1994, *DJ* 18.04.1994, p. 8.503).

4. Devedor casado. "Na penhora de bem imóvel pertencente a devedor casado, o prazo para embargos inicia-se com a intimação do cônjuge" (STJ, REsp 623.770/SC, Rel. Min. Humberto Gomes de Barros, 3ª Turma, jul. 07.02.2008, *DJe* 13.03.2008).

5. Revelia. Curador especial. "A jurisprudência do STJ acolheu entendimento no sentido de que o curador especial (*ad litem*) tem legitimidade para opor embargos do devedor em execução, onde o executado, citado por edital, remanesce revel. Trata-se, segundo a doutrina, de exigência de defesa do revel pelo curador e tem fundamento no princípio do contraditório, pois não se sabe se ele – o réu revel – não quis contestar ou não pôde, ou mesmo não soube da citação (REsp 32.623-4/RJ, Rel. Min. Waldemar Zveiter)" (STJ, no REsp 35.061-3/RJ, Rel. Min. Milton Luiz Pereira, 1ª Turma, jul. 20.03.1995, *DJ* 17.04.1995, p. 9.559).

Art. 916. No prazo para embargos, reconhecendo o crédito do exequente e comprovando o depósito de trinta por cento do valor em execução, acrescido de custas e de honorários de advogado, o executado poderá requerer que lhe seja permitido pagar o restante em até 6 (seis) parcelas mensais, acrescidas de correção monetária e de juros de um por cento ao mês.

§ 1º O exequente será intimado para manifestar-se sobre o preenchimento dos pressupostos do *caput*, e o juiz decidirá o requerimento em 5 (cinco) dias.

§ 2º Enquanto não apreciado o requerimento, o executado terá de depositar as parcelas vincendas, facultado ao exequente seu levantamento.

§ 3º Deferida a proposta, o exequente levantará a quantia depositada, e serão suspensos os atos executivos.

§ 4º Indeferida a proposta, seguir-se-ão os atos executivos, mantido o depósito, que será convertido em penhora.

§ 5º O não pagamento de qualquer das prestações acarretará cumulativamente:

I – o vencimento das prestações subsequentes e o prosseguimento do processo, com o imediato reinício dos atos executivos;

II – a imposição ao executado de multa de dez por cento sobre o valor das prestações não pagas.

§ 6º A opção pelo parcelamento de que trata este artigo importa renúncia ao direito de opor embargos.

§ 7º O disposto neste artigo não se aplica ao cumprimento da sentença.

CPC/1973

Art. 745-A.

BREVES COMENTÁRIOS

O art. 916, do CPC/2015, institui uma espécie de moratória legal, como incidente da execução do título extrajudicial por quantia certa, por meio do qual se pode obter o parcelamento da dívida. A medida tem o propósito de facilitar a satisfação do crédito ajuizado, com vantagens tanto para o executado como para o exequente. O devedor se beneficia com o prazo de espera e com o afastamento dos riscos e custos da expropriação executiva; e o credor, por sua vez, recebe uma parcela do crédito, desde logo, e fica livre dos percalços dos embargos do executado. De mais a mais, a espera é pequena – apenas seis meses, no máximo –, um prazo que não seria suficiente para solucionar os eventuais embargos do executado e chegar, normalmente, à expropriação dos bens penhorados e à efetiva satisfação do crédito ajuizado. Trata-se, porém, de uma faculdade que a lei cria para o executado, a quem cabe decidir sobre a conveniência ou não de exercitá-la.

O parcelamento concebido pelo art. 916 é um incidente típico da execução por quantia certa fundada em título extrajudicial, que se apresenta como uma alternativa aos embargos do executado. Figura dentre os dispositivos que regulam os embargos, ação que nem sequer existe na execução de sentença. Aliás, não teria sentido beneficiar o executado condenado por sentença judicial com novo prazo de espera, quando já se valeu de todas as possibilidades de discussão, recursos e delongas do processo de conhecimento. Seria um novo e pesado ônus para o exequente, que teve de percorrer a longa e penosa *via crucis* do processo condenatório, ter ainda de suportar mais seis meses para tomar as medidas judiciais executivas contra o executado renitente. O CPC/2015 é bastante claro ao dispor, expressamente, no § 7º do art. 916 que o parcelamento "não se aplica ao cumprimento da sentença".

O parcelamento deve ser requerido em petição simples, no bojo dos autos da execução. Ouvido o exequente, para cumprir-se o contraditório, verificará o juiz a observância das exigências do *caput* do art. 916. Estando satisfeitas, proferirá decisão interlocutória, no prazo de cinco dias, deferindo o parcelamento (§ 1º). Não se trata de ato discricionário do juiz. Deferida a medida, o exequente levantará, desde já, a quantia depositada em preparação da moratória (§ 3º). Enquanto não apreciado o pedido pelo juiz, o executado deverá depositar as parcelas vincendas, podendo o exequente efetuar o seu levantamento (§ 2º).

Ausentes os requisitos legais, o juiz indeferirá o parcelamento, prosseguindo-se o processo, com o imediato reinício dos atos executivos. Nessa hipótese, o depósito será mantido, convertendo-se em penhora (§ 4º).

Para beneficiar-se do parcelamento, o executado deverá cumprir pontualmente as prestações previstas. Caso contrário, ocorrerá (i) o vencimento antecipado, de pleno direito, de todas as prestações subsequentes, com o restabelecimento imediato dos atos executivos, e (ii) a aplicação de multa de dez por cento sobre o valor das prestações não pagas (§ 5º).

Se o executado optar pelo parcelamento do débito, renuncia ao direito de opor embargos do devedor (§ 6º).

JURISPRUDÊNCIA SELECIONADA

1. Execução de título executivo extrajudicial. Parcelamento. "Legitimidade do devedor principal para sua postulação, visando a evitar o leilão do bem penhorado, ainda que esse pertença ao coexecutado. Ainda que o art. 916 do CPC disponha que o parcelamento deva ser requerido no prazo para embargos, de lembrar que a execução deve tramitar da forma menos gravosa para o devedor, sendo a moratória do mesmo modo favorável ao credor, no caso concreto, tendo em vista que mesmo positivo o leilão do bem penhorado, não será suficiente para a satisfação integral do crédito, fazendo a execução arrastar-se por vários anos, ao passo que com o parcelamento ela será extinta em poucos meses." (TJRS, AI 011370-12.2018.8.21.7000, 12ª Cam. Cív., Rel. Des. Pedro Luiz Pozza, DJERS 27.06.2018).

2. Parcelamento da obrigação. Direito subjetivo do executado. Inexistência. Princípio da menor onerosidade. Não incidência. "Portanto, nos termos da vedação contida no art. 916, § 7º, do CPC/2015, inexiste direito subjetivo do executado ao parcelamento da obrigação de pagar quantia certa, em fase de cumprimento de sentença, não cabendo nem mesmo ao juiz a sua concessão unilateralmente, ainda que em caráter excepcional" (STJ, REsp 1.891.577/MG, Rel. Min. Marco Aurélio Bellizze, 3ª Turma, jul. 24.05.2022, *DJe* 14.06.2022).

3. Parcelamento do débito. Depósito de 30%. "Para efeito do depósito de 30% do art. 745-A, do CPC [art. 916 do CPC/2015], deve ser considerado o valor das custas processuais e o valor total dos honorários estipulados pelo Juiz" (TJMG, AI 1.0109.06.005753-5/001, Rel. Des. Pereira da Silva, 10ª Câm. Cível, jul. 27.11.2007, *DJE* 07.12.2007).

4. Execução de alimentos. Pagamento parcelado. Inaplicabilidade. "Estando o art. 745-A [art. 916 do CPC/2015] dentro do capítulo que tratava das execuções fundadas em títulos extrajudiciais, somente a estas ações aplica-se o parcelamento judicial instituído pela Lei nº 11.382/06, ainda mais por ser, no caso, o débito alimentar de natureza preferencial e imprescindível à sobrevivência do beneficiário dos alimentos" (TJRS, AI 70022494231, Rel. Des. José Ataídes Siqueira Trindade, 8ª Câmara Cível, jul. 14.02.2008, *DJ* 20.02.2008).

Art. 917. Nos embargos à execução, o executado poderá alegar:

I – inexequibilidade do título ou inexigibilidade da obrigação;

II – penhora incorreta ou avaliação errônea;

III – excesso de execução ou cumulação indevida de execuções;

IV – retenção por benfeitorias necessárias ou úteis, nos casos de execução para entrega de coisa certa;

V – incompetência absoluta ou relativa do juízo da execução;

VI – qualquer matéria que lhe seria lícito deduzir como defesa em processo de conhecimento.

§ 1º A incorreção da penhora ou da avaliação poderá ser impugnada por simples petição, no prazo de 15 (quinze) dias, contado da ciência do ato.

§ 2º Há excesso de execução quando:

I – o exequente pleiteia quantia superior à do título;

II – ela recai sobre coisa diversa daquela declarada no título;

III – ela se processa de modo diferente do que foi determinado no título;

IV – o exequente, sem cumprir a prestação que lhe corresponde, exige o adimplemento da prestação do executado;

V – o exequente não prova que a condição se realizou.

§ 3º Quando alegar que o exequente, em excesso de execução, pleiteia quantia superior à do título, o embargante declarará na petição inicial o valor que entende correto, apresentando demonstrativo discriminado e atualizado de seu cálculo.

§ 4º Não apontado o valor correto ou não apresentado o demonstrativo, os embargos à execução:

I – serão liminarmente rejeitados, sem resolução de mérito, se o excesso de execução for o seu único fundamento;

II – serão processados, se houver outro fundamento, mas o juiz não examinará a alegação de excesso de execução.

§ 5º Nos embargos de retenção por benfeitorias, o exequente poderá requerer a compensação de seu valor com o dos frutos ou dos danos considerados devidos pelo executado, cumprindo ao juiz, para a apuração dos respectivos valores, nomear perito, observando-se, então, o art. 464.

§ 6º O exequente poderá a qualquer tempo ser imitido na posse da coisa, prestando caução ou depositando o valor devido pelas benfeitorias ou resultante da compensação.

§ 7º A arguição de impedimento e suspeição observará o disposto nos arts. 146 e 148.

CPC/1973

Arts. 745 e 743.

REFERÊNCIA LEGISLATIVA

CPC/2015, arts. 492 (sentença *extra* ou *ultra petita*), 509, § 4º (limites da liquidação da sentença), 535 (embargos à execução contra a Fazenda Pública); 784 (títulos extrajudiciais); 787 (execução; reciprocidade de prestações), 810 (execução para entrega de coisa; benfeitorias indenizáveis); 814 (execução; condenação na pena pecuniária); 833 (bens impenhoráveis).

CC, arts. 96 e 97 (benfeitorias); 368 a 380 (compensação); 578 (direito de retenção do locatário); 1.219 (retenção de benfeitorias).

BREVES COMENTÁRIOS

Prevê o art. 917 do CPC/2015 que o executado fundamente seus embargos em temas variados, como nulidade da execução (I), incorreção na penhora, ou avaliação errônea (II), excesso de execução ou cumulação indevida de execuções (III), retenção por benfeitorias (IV), e, enfim, qualquer matéria que lhe seria lícito deduzir como defesa em processo de conhecimento (V).

Diante dessa multiplicidade de temas possíveis, podem os embargos do devedor ser classificados em: (a) embargos ao direito de execução; e (b) embargos aos atos de execução. Nos primeiros, o devedor impugna, ao credor, como no caso de pagamento, novação ou remissão da dívida, o direito de propor a execução forçada. Podem ser chamados, também, de embargos de mérito, pois com eles se ataca a pretensão de direito material do exequente.

Nos embargos aos atos executivos, o devedor contesta a regularidade formal do título, da citação, ou de algum ato sucessivo do processo, ou sua oportunidade. São, pois, embargos de rito ou de forma, não de mérito, como ocorre, por exemplo, com as irregularidades da penhora ou da avaliação e a incompetência do juízo. Com eles, o ataque do executado atinge a pretensão de direito processual, no todo ou em parte.

Para exercer o direito retenção (inc. IV) o embargante deverá explicitar quais são as benfeitorias por ele realizadas na coisa, objeto da execução, e qual o valor pelo qual deseja ser indenizado (v. CC, art. 1.219). A legislação atual permite ao exequente compensar o valor devido pelas benfeitorias com o dos frutos e danos considerados devidos pelo executado (§ 5º).

Os embargos poderão fundar-se em excesso de execução nas hipóteses do § 2º do art. 917, oportunidade em que o embargante deverá declarar, na inicial, o valor que entende correto, colacionando demonstrativo discriminado e atualizado de seu cálculo. Não cumpridas as determinações da lei, os embargos serão liminarmente rejeitados, sem resolução do mérito, se este for o único fundamento da ação; ou serão processados em relação aos outros argumentos, não podendo ser decidida pelo juiz a questão do excesso (§ 4º). A qualquer momento poderá o exequente ser imitido na posse da coisa, prestando caução ou depositando o valor das benfeitorias ou resultante da compensação (§ 6º).

Se os embargos versarem sobre impedimento e suspeição do juiz, serão observados os termos dos arts. 146 e 148 do CPC/2015.

JURISPRUDÊNCIA SELECIONADA

1. Inexequibilidade do título ou inexigibilidade da obrigação (inciso I).

"É nula execução lastreada em título que não se reveste de certeza, liquidez e exigibilidade. Há contradição em acórdão que reconhece a nulidade de título executivo, mas determina o prosseguimento da execução" (STJ, REsp 914.971/RS, Rel. Min. Eliana Calmon, 2ª Turma, jul. 05.05.2009, *DJe* 21.05.2009).

"'A defesa que nega a executividade do título apresentado pode ser formulada nos próprios autos do processo da execução e independe do prazo fixado para os embargos de devedor' (REsp 220.100/RJ, 4ª Turma, Rel. Min. Ruy Rosado de Aguiar, *DJ* de 25.10.1999)" (STJ, REsp 929.266/SP, Rel. Min. José Delgado, 1ª Turma, jul. 12.06.2007, *DJ* 29.06.2007). **Obs.:** Ver art. 803, parágrafo único, do CPC/2015.

2. Penhora incorreta ou avaliação errônea (inciso II):

Alegação. Simples petição. "Nos termos do art. 741, V, do Código de Processo Civil [art. 535, IV, do CPC/2015] e presente o princípio da instrumentalidade do processo, as questões relativas à nulidade da penhora podem ser apresentadas por simples petição nos autos da execução ou nos embargos correspondentes. No caso, porém, já decidida a matéria no curso de execução, não cabe retroceder para anular tal decisão e determinar que outra seja prolatada nos autos dos embargos à execução do título constituído em ação monitória" (STJ, REsp 555.968/PR, Rel. Min. Carlos Alberto Menezes Direito, 3ª Turma, jul. 14.06.2004, *DJ* 23.08.2004). **No mesmo sentido:** STJ, REsp 443.131/PR, Rel. Min. Ruy Rosado de Aguiar, 4ª Turma, jul. 13.05.2003, *DJ* 04.08.2003.

Impenhorabilidade absoluta do bem. "Quanto ao momento e forma de arguição da nulidade da penhora, já decidiu esta Corte Superior que, sendo absolutamente impenhorável o bem, poderá a nulidade ser declarada de ofício pelo magistrado, mesmo que não haja embargos opostos à execução" (STJ, REsp 706.848/CE, Rel. Min. Hélio Quaglia Barbosa, 4ª Turma, jul. 15.03.2007, *DJ* 02.04.2007, p. 281). **No mesmo sentido:** STJ, REsp 262.654/RS, Rel. Min. Sálvio de Figueiredo, 4ª Turma, jul. 05.10.2000, *DJ* 20.11.2000). **Obs.:** Ver art. 803, parágrafo único, do CPC/2015.

Excesso de execução *x* Excesso de penhora. "Excesso de execução e excesso de penhora são conceitos inconfundíveis. O primeiro impugna-se mediante ação de embargos, enquanto que a ocorrência do segundo é alegável por simples petição nos próprios autos do processo de execução. O primeiro consiste em cobrança de importância superior àquela constante do título executivo, ao passo que o segundo denuncia apenas excesso na constrição judicial, vale dizer, a penhora não se limitou a 'tantos bens quanto bastem para o pagamento' integral do débito (CPC, art. 659, *caput*) [art. 831, *caput*, do CPC/2015], sem que, no entanto, se impute qualquer mácula ao ato executivo" (STJ, REsp 531.307/RS, Rel. Min. João Otávio de Noronha, 2ª Turma, jul. 05.12.2006, *DJ* 07.02.2007).

Nomeação de depositário. "A ausência de nomeação de depositário no auto de penhora constitui mera irregularidade formal, incapaz de conduzir à nulidade do processo, por contrastar com o princípio da instrumentalidade das formas" (STJ, EDcl no AgRg no CC 88.620/MG, Rel. Min. Nancy Andrighi, 2ª Seção, jul. 27.08.2008, *DJe* 01.09.2008).

Penhora irregular. "Não pode ser penhorado, separadamente, o elevador de um edifício em condomínio. Art. 3º da Lei nº 4.591/64" (STJ, REsp 89.721/RJ, Rel. Min. Ruy Rosado de Aguiar, 4ª Turma, jul. 21.05.1996, *DJ* 24.06.1996, p. 22.774).

3. Excesso de execução (inciso III).

"O meio próprio para a discussão de eventual excesso de execução é nos embargos, sendo desnecessária a propositura de prévia ação de consignação" (STJ, REsp 208.526/PR, Rel. Min. Milton Luiz Pereira, 1ª Turma, jul. 12.03.2002, *DJ* 29.04.2002).

Alegação após oposição dos embargos. Preclusão. "A petição apresentada após os embargos à execução não pode ser conhecida, porquanto o suposto excesso de execução é típica matéria de defesa, e não de ordem pública, a qual deve ser alegada pelo executado a quem aproveita. Precedentes: AgRg no REsp 1.067.871/SE, Rel. Ministro Marco Aurélio Bellizze, Quinta Turma, *DJe* 16.04.2013; EDcl no Ag 1.429.591/PE, Rel. Ministro Benedito Gonçalves, Primeira Turma, *DJe* 12.9.2012; REsp 1.270.531/PE, Rel. Ministro Mauro Campbell Marques, Segunda Turma, *DJe* 28.11.2011; REsp 1.196.342/PE, Rel. Ministro Castro Meira, Segunda Turma, *DJe* 10.12.2010" (STJ, AgRg no AREsp 150.035/DF, Rel. Min. Humberto Martins, 2ª Turma, jul. 28.05.2013, *DJe* 05.06.2013).

Ver, ainda, notas dos arts. 535 e 917 do CPC/2015.

Alegação subsidiária de excesso de execução. Inexistência de valores incontroversos. "A discussão posta no recurso especial consiste em saber se o fato de o devedor, em seus embargos à execução, após pugnar pela extinção integral da ação executiva, ter apresentado pedido subsidiário consistente na alegação de excesso de execução, com indicação de valor (por determinação legal), poderia ensejar a conclusão de admissão, por parte do embargante, de valor incontroverso. (...) A tese de excesso de execução, no caso, apresentou-se como argumento subsidiário, a ser conhecido somente se afastadas as teses principais destinadas a extinguir integralmente a execução, do que ressai a conclusão inequívoca de inexistir valores incontroversos" (STJ, AgInt no AREsp 1.688.995/SP, Rel. Min. Marco Aurélio Bellizze, 3ª Turma, jul. 14.09.2020, *DJe* 21.09.2020).

Alegação de abusividade de encargos. "Ao apresentar os embargos do devedor, deduzindo pedido de revisão contratual fundado na índole abusiva e/ou ilegalidade de encargos, compete ao embargante declarar o valor que entende correto e apresentar a respectiva memória de cálculo (CPC, art. 917, §§ 3º e 4º)" (STJ, AgInt nos EDcl no AREsp 1.516.974/RS, Rel. Min. Raul Araújo, 4ª Turma, jul. 10.03.2020, *DJe* 31.03.2020).

Cumprimento de sentença contra a Fazenda Pública. Alegação de excesso. Ausência de planilha de cálculos. Concessão de prazo. Possibilidade. Ver jurisprudência do art. 525 do CPC/2015.

Contraditório incidental. Necessidade de dilação probatória. "Sempre que a apreciação do excesso de execução ou da inexigibilidade da obrigação exigir dilação probatória que vá além do simples documento, a observância do procedimento da ação incidental de embargos se tornará obrigatória" (STJ, REsp 1.987.774/CE, Rel. Min. Luis Felipe Salomão, 3ª Turma, jul. 21.03.2023, *DJe* 04.05.2023).

4. Embargos de retenção (inciso IV).

Embargos de retenção por benfeitorias. Direito não exercido em contestação. Preclusão. Ajuizamento de ação própria. Inviabilidade. Ver jurisprudência do art. 560 do CPC/2015.

"O direito de retenção assegurado ao possuidor de boa-fé não é absoluto. Pode ele ser limitado pelos princípios da vedação ao enriquecimento sem causa e da boa-fé objetiva, de forma que a retenção não se estenda por prazo indeterminado e interminável. O possuidor de boa-fé tem o direito de detenção sobre a coisa, não sendo obrigado a devolvê-la até que seu crédito seja satisfeito, mas não pode se utilizar dela ou perceber seus frutos. Reter uma coisa não equivale a servir-se dela. O uso da coisa retida constitui abuso, gerando o dever de indenizar os prejuízos como se aluguel houvesse. Afigura-se justo que o proprietário deva pagar pelas acessões introduzidas, de boa-fé, no terreno e que, por outro lado, os possuidores sejam obrigados a pagar um valor a ser arbitrado, a título de aluguel, pelo uso do imóvel. Os créditos recíprocos haverão de ser compensados de forma que o direito de retenção será exercido no limite do proveito que os retentores tenham da propriedade alheia" (SJT, REsp 613.387/MG, Rel. Min. Nancy Andrighi, 3ª Turma, jul. 02.10.2008, *DJe* 10.12.2008).

"Para a compensação do valor das benfeitorias com o valor dos danos (art. 518 do C. Civil), no qual foram incluídos, pelas instâncias ordinárias, os aluguéis pagos pelos autores da ação, estes devem corresponder ao tempo em que cessou a boa-fé dos possuidores (data da citação na ação de imissão) até a data em que manifestaram, nos embargos que vieram a ser julgados procedentes, a pretensão de serem indenizados pelas benfeitorias necessárias e úteis, uma vez que a partir daí estavam exercendo o direito de retenção. O valor dos aluguéis deve corresponder, aproximadamente, ao valor locativo do imóvel objeto da ação" (STJ, REsp 279.303/BA, Rel. Min. Ruy Rosado de Aguiar, 4ª Turma, jul. 14.12.2000, *DJ* 12.03.2001, p. 149). **Obs.:** Os artigos do Código Civil citados são de 1916.

Acessões. Possuidor de boa-fé. "O possuidor de boa-fé tem direito à retenção do bem enquanto não indenizado pelas construções (acessões) erguidas sobre o imóvel" (STJ, REsp 430.810/MS, Rel. Min. Ruy Rosado de Aguiar, 4ª Turma, jul. 01.10.2002, *DJ* 18.11.2002). **No mesmo sentido:** STJ, REsp 98.191/SP, Rel. Min. Waldemar Zveiter, 3ª Turma, jul. 04.12.1997, *DJ* 09.03.1998

Fase de execução. Impossibilidade. "Não são cabíveis embargos de retenção por benfeitorias em fase de execução judicial" (STJ, AgRg no Ag 969.139/MG, Rel. Min. Aldir Passarinho Junior, 4ª Turma, jul. 18.09.2008, *DJe* 28.10.2008). **Obs.:** No cumprimento de sentença não há embargos, por isso, não há pensar em embargos de retenção na espécie. O direito de retenção deveria ser exercido antes da sentença, na fase de conhecimento (cf. art. 538, § 2º, do CPC/2015).

Recurso cabível. "Os embargos de retenção por benfeitorias inserem-se no conceito de embargos do devedor (arts. 736 e 744, do CPC) [arts. 914 e 917, § 5º, do CPC/2015]. Logo, a apelação contra a sentença que os julga improcedentes deve ser recebida apenas no efeito devolutivo, *ex vi* do art. 520, V, do Estatuto Processual. Precedentes" (STJ, REsp 432.361/SP, Rel. Min. Felix Fischer, 5ª Turma, jul. 27.08.2002, *DJ* 07.10.2002).

5. Matérias que poderiam ser deduzidas como defesa em processo de conhecimento (inciso VI):

Revisão de toda a relação contratual. Possibilidade. "Na linha da jurisprudência do STJ, permite-se a discussão em embargos à execução, de toda matéria de defesa, a qual poderia ser objeto de processo de conhecimento, sendo possível em embargos à execução rever toda a relação contratual existente entre as partes, não havendo no art. 745 do Código de Processo Civil [art. 917 do CPC/2015] comando impeditivo (REsp nº 700.528/RS, Rel. Ministro Carlos Aberto Menezes Direito, Terceira Turma, *DJ* de 5.3.2007)" (STJ, AgInt no REsp 1.702.354/PR, Rel. Min. Moura Ribeiro, 3ª Turma, jul. 24.08.2020, *DJe* 26.08.2020).

"Admite-se a revisão de contratos, inclusive aqueles objeto de confissão de dívida, em sede de embargos à execução. **Precedentes**" (STJ, REsp 133.0567/RS, Rel. Min. Nancy Andrighi, 3ª Turma, jul. 16.05.2013, *DJe* 27.05.2013). **No mesmo sentido:** STJ, AgRg no REsp 908.879/PE, Rel. Min. João Otávio de Noronha, 4ª Turma, jul. 06.04.2010, *DJe* 19.04.2010.

Eventual pagamento do débito. "Eventual pagamento do débito é matéria que se comporta no âmbito dos embargos à execução, podendo ser suscitada, com mais razão, no procedimento falimentar" (STJ, REsp 609.173/RS, Rel. Min. Teori Albino Zavascki, 1ª Turma, jul. 28.11.2006, *DJ* 14.12.2006).

Exceções pessoais. "Consoante a orientação da jurisprudência deste tribunal, sendo exequente e executado, respectivamente, credor e devedor da relação fundamental que deu ensejo ao surgimento do título, pode o último, em sede de embargos a execução, opor as exceções pessoais que lhe assistam, inclusive preenchimento abusivo do título" (STJ, REsp 57.827/MG, Rel. Min. Paulo Costa Leite, 3ª Turma, jul. 14.03.1995, *DJ* 10.04.1995).

Abusividade de cláusula contratual. "A abusividade de cláusula contratual pode ser alegada em embargos do devedor, não necessitando de ação autônoma para a respectiva anulação; acórdão anulado para que o Tribunal *a quo* enfrente a questão" (STJ, REsp 259.150/MS, Rel. Min. Ari Pargendler, 3ª Turma, jul. 15.09.2000, *DJ* 09.10.2000).

Reajuste de parcelas. Correção monetária. "Viola o art. 745 do CPC [art. 917 do CPC/2015] o julgado que entende incabível em embargos à execução discutir, sob a rubrica do excesso de execução, a irregularidade do reajuste das parcelas, e, até mesmo, a forma e os índices de correção monetária a serem aplicados" (STJ, REsp 130.484/PR, Rel. Min. Carlos Alberto Menezes Direito, 3ª Turma, jul. 04.06.1998, *DJ* 03.08.1998, p. 223).

Avalista. "Nota promissória que não é sacada como promessa de pagamento, mas como garantia de contrato de abertura de crédito, a que foi vinculada, tem sua natureza cambial desnaturada, subtraída a sua autonomia. Afigura-se possível ao avalista de nota promissória que não circulou invocar, excepcionalmente, como matéria de defesa em embargos à execução, a ausência de liquidez da obrigação originária" (STJ, REsp 329.581/SP, Rel. Min. Nancy Andrighi, 3ª Turma, *DJ* 12.11.2001, p. 153). **No mesmo sentido:** STJ, REsp 245.610/SP, Rel. Min. Cesar Asfor Rocha, 4ª Turma, jul. 12.12.2000, *DJ* 19.03.2001

Compensação. "A compensação pode ser arguida como defesa do executado tanto em embargos do devedor quanto nos próprios autos da execução, desde que, nesta última hipótese, seja possível a sua constatação *prima facie*. É impossível se reconhecer a compensação, nos autos da execução e às vésperas da praça, quando o crédito do devedor depende de apuração mediante prova" (STJ, REsp 716.841/SP, Rel. Min. Nancy Andrighi, 3ª Turma, jul. 02.10.2007, *DJ* 15.10.2007).

Ação revisional de contrato. Embargos do devedor. Prejudicialidade. "Havendo continência e prejudicialidade entre os embargos do devedor e a ação revisional de contrato, não tendo sido reunidos os feitos oportunamente para julgamento conjunto, cabível é a suspensão dos embargos, nos termos do art. 265, IV, *a*, do CPC" [art. 313, V, "a", do CPC/2015] (STJ, REsp 184.185/RS, Rel. Min. Barros Monteiro, 4ª Turma, jul. 13.02.2001, *DJ* 09.04.2001, p. 366).

Repetição em dobro de indébito. "Repetição em dobro de indébito. Art. 1.531 do Código Civil/1916. Possibilidade de requerimento em sede de embargos. A condenação ao pagamento em dobro do valor indevidamente cobrado (art. 1.531 do Código Civil de 1916) prescinde de reconvenção ou propositura de ação própria, podendo ser formulado em qualquer via processual, sendo imprescindível a demonstração de má-fé do credor" (STJ, REsp 1.005.939/SC, Rel. Min. Luis Felipe Salomão, 4ª Turma, jul. 09.10.2012, *DJe* 31.10.2012).

6. Descabimento dos embargos:

Arbitragem. "Tendo em vista a competência da câmara arbitral, não é cabível a oposição, pela devedora, de embargos à execução do débito apurado em contrato. Tais embargos teriam o mesmo objeto do procedimento arbitral, e o juízo da execução não seria competente para conhecer das questões neles versadas. A câmara arbitral é competente para decidir a respeito de sua própria competência para a causa, conforme o princípio da *Kompetenz-Kompetenz*, que informa o procedimento arbitral. Precedente. Estabelecida, pela câmara arbitral, sua competência para decidir a questão, a pendência do procedimento equivale à propositura de ação declaratória para a discussão das questões relacionadas ao contrato. Assim, após a penhora, o juízo da execução deve suspender seu curso, como o faria se embargos do devedor tivessem sido opostos. Precedentes" (STJ, MC 13.274/SP, Rel. Min. Nancy Andrighi, jul. 14.09.2007, *DJ* 20.09.2007).

Ação anulatória. "Transitada em julgado sentença de mérito que julgou improcedentes embargos à execução, nos quais discutiu-se a liquidez e certeza dos títulos executivos ante as disposições da Lei nº 8.198/92, mostra-se inviável o reexame da matéria em sede de ação anulatória – que pretende a desconstituição do título executivo pelo mesmo argumento –, por estar a questão protegida pelo manto da coisa julgada em face do julgamento definitivo dos embargos do devedor" (STJ, REsp 617.918/SP, Rel. Min. João Otávio de Noronha, 2ª Turma, jul. 12.06.2007, *DJ* 02.08.2007).

"Os embargos de devedor constituem meio hábil a sobrestar os atos do processo executivo, para que primeiro se decida acerca da validade do título exequendo, sobre os critérios utilizados na atualização dos valores nele contidos ou a respeito da regularidade formal da execução. O ajuizamento de ação declaratória, por seu turno, não retira a força executiva dos títulos extrajudiciais a que visa desconstituir ou alterar, que se presumem líquidos e certos. Segundo tem decidido este Tribunal, estando seguro o juízo da execução pela penhora de bens do devedor, não há razão para exigir-se a oposição de embargos sob iguais fundamentos da ação de conhecimento anteriormente ajuizada" (STJ, REsp 181.052/RS, Rel. Min. Sálvio de Figueiredo Teixeira, 4ª Turma, jul. 17.09.1998, *DJ* 03.11.1998). **No mesmo sentido:** STJ, REsp 33.000/MG, Rel. Min. Eduardo Ribeiro, 3ª Turma, jul. 06.09.1994, *DJ* 26.09.1994.

7. Exceção de pré-executividade. "Se o devedor opta por alegar a matéria relativa a excesso de execução em sede de exceção de pré-executividade e a questão é efetivamente julgada, não pode, ao depois, querer também se valer dos embargos à execução, alegando que o assunto é próprio desse meio de defesa, sob pena de incorrer em flagrante contradição. É preciso consignar, ainda, que o fato de a apelação ser recurso de devolutividade ampla não significa que questões anteriormente discutidas e decididas em sede recursal possam novamente ser apresentadas" (STJ, REsp 1.048.193/MS, Rel. Min. Fernando Gonçalves, 4ª Turma, jul. 05.03.2009, *DJe* 23.03.2009). **No mesmo sentido:** STJ, AgRg no Ag. 908.195/RS, Rel. Min. Denise Arruda, 1ª Turma, jul. 06.12.2007, *DJ* 17.12.2007.

"Os embargos à execução não implicam a prejudicialidade da exceção de pré-executividade, mas, ao contrário, perdem o objeto na hipótese de extinção da execução pelo acolhimento daquela. Este Superior Tribunal de Justiça admite o oferecimento de exceção de pré-executividade ante a **manifesta ocorrência de excesso de execução.** Precedentes" (STJ, REsp 852.294/PB, Rel. Min. Paulo Medina, Rel. p/ ac. Min. Maria Thereza de Assis Moura, 6ª Turma, jul. 23.04.2009, *DJe* 08.06.2009).

"A exceção de pré-executividade é **passível de dedução, ainda que esgotado o prazo para a oposição de embargos à execução,** quando a alegação do executado pertine a vício do processo de execução ou do título executivo relativo à matéria cognoscível *ex officio* pelo julgador" (STJ, REsp 888.676/SP, Rel. Min. Luiz Fux, 1ª Turma, jul. 12.02.2008, *DJe* 18.06.2008).

8. Excesso de execução (§ 2º):

Caracterização. "Não é possível, à guisa de excesso de execução, questionar matéria infringente do julgado exequendo. O excesso só se caracteriza se a pretensão executória superar o montante fixado no título judicial, ou nas demais hipóteses do art. 743 do CPC" [art. 917 do CPC/2015] (TJRS, Ap 586.013.385, Rel. Des. Galeno Lacerda, 3ª Câmara, ac. 08.05.1986; *RJTJRS* 116/420).

Excesso de execução não implica decretação de nulidade. "Apurado que parte do débito inscrito em dívida ativa excede o montante devido, ainda assim a execução prossegue pelo saldo efetivamente exigível; o excesso de execução não implica a decretação da nulidade do título executivo extrajudicial" (STJ, REsp 97.409/PR, Rel. Min. Ari Pargendler, 2ª Turma, jul. 18.06.1998, *DJ* 03.08.1998, p. 177).

9. Confissão de dívida. Impugnação dos contratos anteriores. "'A renegociação de contrato bancário ou a confissão da dívida não impede a possibilidade de discussão sobre eventuais ilegalidades dos contratos anteriores' (Súmula 286 /STJ)" (STJ, AgInt no AREsp 1.467.674/PR, Rel. Min. Maria Isabel Gallotti, 4ª Turma, jul. 24.08.2020, *DJe* 27.08.2020).

Cédula de crédito bancário. Pretensão de revisão de contratos anteriores efetuada de forma genérica. Art. 739-A, § 5º, do CPC/73. Impossibilidade. "A pretensão de revisar contratos anteriores de forma genérica, sem impugnação específica das ilegalidades ou abusividades existentes, com a apresentação de planilha e indicação do valor do débito, não é mais possível em sede de embargos à execução após a nova redação do artigo 739-A, § 5º [art. 917, § 3º, do CPC/2015], do Código de Processo Civil de 1973" (STJ, AgInt no REsp 1.635.589/PR, Rel. Min. Maria Isabel Gallotti, 4ª Turma, jul. 16.05.2017, *DJe* 22.05.2017). **No mesmo sentido:** STJ, AgInt no AREsp 1.388.397/PR, Rel. Min. Antonio Carlos Ferreira, 4ª Turma, jul. 27.05.2019, *DJe* 30.05.2019; STJ, AgInt no REsp 1.514.889/MS, Rel. Min. Marco Buzzi, 4ª Turma, jul. 07.02.2019, *DJe* 19.02.2019; STJ, AgRg no AREsp 393.327/RS, Rel. Min. Ricardo Villas Bôas Cueva, 3ª Turma, *DJe* 31.03.2014.

Art. 918. O juiz rejeitará liminarmente os embargos:

I – quando intempestivos;

II – nos casos de indeferimento da petição inicial e de improcedência liminar do pedido;

III – manifestamente protelatórios.

Parágrafo único. Considera-se conduta atentatória à dignidade da justiça o oferecimento de embargos manifestamente protelatórios.

CPC/1973

Art. 739.

CJF – I JORNADA DE DIREITO PROCESSUAL CIVIL

Enunciado 94 – Aplica-se o procedimento do art. 920 do CPC à impugnação ao cumprimento de sentença, com possibilidade de rejeição liminar nas hipóteses dos arts. 525, § 5º, e 918 do CPC.

BREVES COMENTÁRIOS

Permite-se a rejeição liminar dos embargos do devedor: (art. 918): (a) quando intempestivos; (b) nos casos de indeferimento da petição inicial e de improcedência liminar do pedido; ou (c) quando manifestamente protelatórios. O regramento do CPC/2015, rejeitando liminarmente os embargos manifestamente protelatórios, mantém a linha, valorizada pelas últimas reformas do CPC/1973, a qual dispensa enérgico combate ao comportamento processual atentatório à dignidade da justiça.

Com o mesmo espírito, o parágrafo único do art. 918 do CPC/2015 considera ato atentatório à dignidade da justiça o oferecimento de embargos manifestamente protelatórios, sujeitando-se o embargante a uma multa de até 20% do valor atualizado do débito, tal como previsto no § 2º do art. 77 do CPC/2015.

Importante ressaltar que a rejeição liminar dos embargos por indeferimento da inicial somente deve ocorrer quando o vício for insanável. Sendo supríveis as deficiências ou irregularidades da inicial, o juiz deverá conceder primeiro o prazo de quinze dias para que o devedor emende ou complete a inicial (art. 321), decretando a rejeição liminar apenas após transcurso do referido lapso sem a necessária providência do devedor.

A rejeição dos embargos é, na espécie, medida preliminar e unilateral, feita de plano, fora do contraditório, razão pela qual o juiz não tem a necessidade sequer de ouvir o credor embargado. Essa decisão tem força de sentença, por extinguir o processo da ação de embargos do devedor, sendo, portanto, impugnável por meio de apelação. O recurso não afetará o andamento da execução, uma vez que os embargos nem sequer chegaram, em momento algum, a suspender a ação principal.

JURISPRUDÊNCIA SELECIONADA

1. Hipóteses de rejeição. "O elenco das hipóteses enumeradas no art. 739 do CPC [art. 918 do CPC/2015], que determina a rejeição liminar dos embargos do devedor, é meramente **enunciativo.** Outras hipóteses podem ocorrer que autorizem o juiz a rejeitar liminarmente esses embargos. Dentre outras, quando a defesa do devedor se apresenta manifestamente infundada ou seus fundamentos possam ser de logo rechaçados por manifesta sua improcedência" (TARS, Ap. 187.083.860, Rel. Juiz Osvaldo Stefanello, 1ª Câmara, jul. 23.02.1988, *JTARS* 66/278).

2. Embargos intempestivos (inciso I). "Nos termos do art. 739, I, do CPC [art. 918, I, do CPC/2015], o juiz rejeitará liminarmente os embargos quando apresentados fora do prazo legal" (TJMG, ApCív 1.0112.04.050087-1/001, Rel. Des. Fernando Caldeira Brant, 11ª Turma, jul. 26.11.2008, *DJe* 09.01.2009).

3. Petição inepta (inciso II). "Não se há confundir as hipóteses de rejeição liminar dos embargos à execução. Quando fundada na inépcia da inicial (CPC, art. 739, II) [art. 918, II, do CPC/2015], deve o magistrado indicar qual ou quais dos vícios do parágrafo único do art. 295 do CPC [art. 330 do CPC/2015] maculam a peça de ingresso. Se, todavia, fundada na natureza protelatória dos embargos (CPC, art. 739, III), deve a sentença apontar a inocuidade da pretensão, tão somente" (TJMG, ApCív 1.0394.07.064045-0/001, Rel. Des. Mauro Soares de Freitas, 5ª Turma, jul. 08.05.2008, *DJe* 16.05.2008).

Possibilidade de emenda à petição inicial. "A jurisprudência desta Corte firmou entendimento no sentido de que, quando a petição inicial dos embargos não preenche os requisitos dos artigos 282 e 283 do CPC [arts. 319 e 330 do CPC/2015], é possível oportunizar à embargante a emenda à inicial, nos termos do art. 284, parágrafo único [art. 321, parágrafo único] (REsp 901.695/PR, 2ª Turma, Relatora Ministra Eliana Calmon, *DJ* de 02.03.2007)" (STJ, REsp 951.040/RS, Rel. Min. Herman Benjamin, 2ª Turma, jul. 06.09.2007, *DJ* 07.02.2008). **No mesmo sentido:** STJ, AgRg no AREsp 8.006/SC, Rel. Min. Herman Benjamin, 2ª Turma, jul. 28.06.2011, *DJe* 01.09.2011; STJ, REsp 1.030.128/SP, Rel. Min. Teori Albino Zavascki, 1ª Turma, jul. 21.08.2008, *DJe* 04.09.2008; STJ, REsp 848.064/RS, Rel. Min. Sidnei Beneti, 3ª Turma, jul. 19.05.2009, *DJe* 01.06.2009.

Decisão interlocutória que determina a emenda à petição inicial dos embargos à execução. Agravo de instrumento. Descabimento. "Dado que natureza jurídica dos embargos à execução é, conforme remansosa doutrina e jurisprudência, de ação de conhecimento incidental, a ele se aplica a regra de recorribilidade das interlocutórias prevista no art. 1.015, *caput* e incisos, não havendo justificativa lógica ou teórica para equiparar os embargos à execução ao processo de execução, na medida em que nessa ação de conhecimento incidental se resolverá em sentença, de modo que a maioria das questões incidentes – como a legalidade ou não da emenda à inicial dos embargos à execução – poderá, em princípio, ser suscitada na apelação ou em suas contrarrazões" (STJ, REsp 1.682.120/RS, Rel. Min. Nancy Andrighi, 3ª Turma, jul. 26.02.2019, *DJe* 01.03.2019).

4. Embargos manifestamente protelatórios (inciso III). "Portanto, equivocou-se o apelante ao apontar suposta omissão que, na verdade, não existiu, uma vez que devidamente fundamentado o v. *decisum a quo* no nítido propósito protelatório do embargante (CPC, art. 739, inciso III, com redação determinada pela Lei nº 11.382/2006) [art. 918, III, do CPC/2015]ao utilizar como defesa argumento (prescrição) já superado no título judicial que fundamentou a execução contra o Município, não havendo que se falar em prescrição superveniente a sentença (CPC, art. 741, inciso VI) [art. 535, IV, do CPC/2015]" (TJMG, ApCív 1.0394.06.062244-3/001, Rel. Des. Roney Oliveira, 8ª Câmara Cível, jul. 11.10.2007, *DJe* 24.01.2008).

5. Insuficiência de penhora. "A insuficiência da penhora não é causa de rejeição liminar dos embargos de devedor. Precedentes das Turmas de Direito Público" (STJ, REsp 1.079.594/MG, Rel. Min. Eliana Calmon, 2ª Turma, jul. 09.12.2008, *DJe* 27.02.2009). **Obs.:** v. art. 914, do CPC/2015, que admite os embargos independentemente de penhora, depósito ou caução.

6. Honorários advocatícios. "Não obstante o posicionamento desta Corte seja no sentido de que há condenação em honorários advocatícios tanto na execução quanto nos embargos à execução de título judicial, tendo em vista que o art. 20, § 4º, do CPC [art. 85, § 1º, do CPC/2015] prevê o seu cabimento nas execuções embargadas ou não, em se tratando de embargos liminarmente indeferidos, porque foram apresentados intempestivamente, é descabida tal condenação, visto que a relação processual é formalizada no momento em que há a intimação do embargado para responder aos embargos do devedor. Precedentes: REsp nº 506.423/RS, Rel. Min. Eliana Calmon, *DJ* de 17.05.2004 e Aga nº 431.770/GO, Rel. Min. José Delgado, *DJ* de 20.05.2002" (STJ, AgRg no REsp 923.554/RN, Rel. Min. Francisco Falcão, 1ª Turma, jul. 19.06.2007, *DJ* 02.08.2007, p. 419).

7. Rejeição liminar. Recurso de apelação. "Uma vez recebidos os embargos, eles devem ser julgados por meio de sentença com base no art. 920, III, do CPC/2015. Há possibilidade, também, de o juiz rejeitar liminarmente os Embargos à Execução nas hipóteses do art. 918 do CPC/2015, de que se deve recorrer por meio de apelação" (STJ, EDcl no REsp 1.816.457/SP, Rel. Min. Herman Benjamin, 2ª Turma, jul. 18.02.2020, *DJe* 18.05.2020). **No mesmo sentido:** STJ, AgInt no AREsp 1.447.816/SP, Rel. Min. Mauro Campbell Marques, 2ª Turma, jul. 25.06.2019, *DJe* 28.06.2019.

Art. 919. Os embargos à execução não terão efeito suspensivo.

§ 1º O juiz poderá, a requerimento do embargante, atribuir efeito suspensivo aos embargos quando verificados os requisitos para a concessão da tutela provisória e desde que a execução já esteja garantida por penhora, depósito ou caução suficientes.

§ 2º Cessando as circunstâncias que a motivaram, a decisão relativa aos efeitos dos embargos poderá, a requerimento da parte, ser modificada ou revogada a qualquer tempo, em decisão fundamentada.

§ 3º Quando o efeito suspensivo atribuído aos embargos disser respeito apenas a parte do objeto da execução, esta prosseguirá quanto à parte restante.

§ 4º A concessão de efeito suspensivo aos embargos oferecidos por um dos executados não suspenderá a execução contra os que não embargaram quando o respectivo fundamento disser respeito exclusivamente ao embargante.

§ 5º A concessão de efeito suspensivo não impedirá a efetivação dos atos de substituição, de reforço ou de redução da penhora e de avaliação dos bens.

CPC/1973

Art. 739-A.

BREVES COMENTÁRIOS

Em caráter excepcional, o juiz é autorizado a conferir efeito suspensivo aos embargos do executado (art. 919, § 1º). Não se trata, porém, de um poder discricionário. Para deferimento de semelhante eficácia, deverão ser conjugados os mesmos requisitos para concessão de tutela provisória de urgência (CPC/2015, art. 300) ou de evidência (CPC/2015, art. 311).

O deferimento do efeito suspensivo, por outro lado, é provisório e reversível a qualquer tempo (art. 919, § 2º). A cassação, ou modificação, no entanto, deverá ser provocada por requerimento do exequente, a quem incumbirá demonstrar alteração ocorrida no quadro fático das circunstâncias que motivaram a providência cautelar. O juiz, por sua vez, para revogar o efeito suspensivo, terá de proferir decisão adequadamente fundamentada, não podendo fazê-lo laconicamente (art. 919, § 2º). Aliás, ressalte-se que, tanto no deferimento como na revogação da medida, o juiz profere decisão interlocutória, cuja validade depende sempre de fundamentação, por exigência constitucional (CF, art. 93, IX).

Quando os embargos atacam apenas parte da pretensão do exequente, a execução deverá prosseguir normalmente quanto à parte não embargada. Em tal situação, mesmo que o executado consiga deferimento da suspensão da execução, esta não se paralisará na parte não atingida pelos embargos. A suspensão não poderá ir além do objeto afetado pelos embargos, como é óbvio.

Havendo mais de um devedor, a concessão de efeito suspensivo a um embargante não suspenderá a execução em relação àqueles executados que não embargaram. Naturalmente, é necessário que a defesa contida nos embargos do litisconsorte seja aproveitável a ele mesmo, sem beneficiar, de modo algum, os dos demais codevedores. Caso contrário, não haverá como prosseguir a execução contra quem não embargou, dado o caráter prejudicial da defesa para toda a execução (é o caso de embargos fundados na falsidade do título executivo, no pagamento ou em outras formas de extinção completa da obrigação).

JURISPRUDÊNCIA SELECIONADA

1. Embargos à execução. Efeito suspensivo. Requisitos. "'O art. 919, § 1º, do CPC/2015 prevê que o juiz poderá atribuir efeito suspensivo aos embargos à execução quando presentes, cumulativamente, os seguintes requisitos: (a) requerimento do embargante; (b) relevância da argumentação; (c) risco de dano grave de difícil ou incerta reparação; e (d) garantia do juízo'. Precedentes. A relevância e a possibilidade de a matéria arguida ser apreciada em sede de exceção de pré-executividade não retiram o requisito expressamente previsto para a concessão de efeito suspensivo dos embargos à execução" (STJ, REsp 1.772.516/SP, Rel. Min. Nancy Andrighi, 3ª Turma, jul. 05.05.2020, *DJe* 11.05.2020). **No mesmo sentido:** STJ, REsp 1.846.080/GO, Rel. Min. Nancy Andrighi, 3ª Turma, jul. 01.12.2020, *DJe* 04.12.2020.

2. Concessão do efeito suspensivo sem garantia do juízo. Impossibilidade. "Nos termos da jurisprudência consolidada desta Corte: 'É condição *sine qua non* para a concessão do efeito suspensivo aos embargos do devedor a garantia do juízo por penhora, depósito ou caução suficientes' (REsp 1.803.247/MG, Rel. Ministro Moura Ribeiro, Terceira Turma, julgado em 12.11.2019, *DJe* de 21.11.2019)" (STJ, AgInt no AREsp 1677447/GO, Rel. Min. Raul Araújo, 4ª Turma, jul. 19.10.2020, *DJe* 16.11.2020). **No mesmo sentido:** STJ, REsp 1846080/GO, Rel. Min. Nancy Andrighi, 3ª Turma, jul. 01.12.2020, *DJe* 04.12.2020.

3. Cláusula arbitral. Execução. Alegação de nulidade do título. Competência do juízo arbitral. Necessidade de suspensão dos atos executivos. "A celebração de cláusula compromissória implica parcial derrogação da jurisdição estatal, impondo ao árbitro o poder-dever de decidir as questões decorrentes do contrato ou das obrigações nele consignadas (existência, constituição ou extinção do crédito). Necessidade de observância do princípio *Kompetenz-Kompetenz*. Precedentes. Porque os argumentos trazidos na exceção de pré-executividade dizem respeito ao próprio mérito do título executivo em que inserida a cláusula compromissória, deve ser ela rejeitada, com a imediata suspensão da execução até final decisão proferida no juízo arbitral" (STJ, REsp 1864686/SP, Rel. Min. Moura Ribeiro, 3ª Turma, jul. 13.10.2020, *DJe* 15.10.2020).

Por outro lado: "Nos termos do art. 919, § 5º, do CPC/2015 (art. 639-A, § 6º, do CPC/73), a concessão de efeito suspensivo aos embargos do executado não impede a efetivação dos atos de penhora e de avaliação dos bens. Precedentes. Hipótese em que, nos termos do consignado pelo Tribunal *a quo*, o Juízo Arbitral teria suspendido tão somente o levantamento de valores depositados na ação de execução, mantendo intocada a decisão que determinou o depósito dos honorários advocatícios, por entender se tratar de reforço de penhora necessário à garantia do juízo" (STJ, AgInt no AREsp 1649629/SP, Rel. Min. Raul Araújo, 4ª Turma, jul. 21.09.2020, *DJe* 08.10.2020).

4. Concessão do efeito suspensivo. Recurso. "'A decisão que versa sobre a concessão de efeito suspensivo aos embargos à execução de título extrajudicial é uma decisão interlocutória que versa sobre tutela provisória, como reconhece o art. 919, § 1º, do CPC/2015, motivo pelo qual a interposição imediata do agravo de instrumento em face da decisão que indefere a concessão do efeito suspensivo é admissível com base no art. 1.015, I, do CPC/2015' (REsp 1.745.358/SP, Rel. Ministra Nancy Andrighi, Terceira Turma, julgado em 26.02.2019, *DJe* de 1º.03.2019)" (STJ, AgInt no REsp 1783858/SP, Rel. Min. Raul Araújo, 4ª Turma, jul. 03.03.2020, *DJe* 25.03.2020).

5. Aplicação do art. 919 do CPC/2015 à execução fiscal. "Ação direta de inconstitucionalidade. Arts. 739-A do Código de Processo Civil de 1973 e 919 do Código de Processo Civil de 2015. Embargos à execução. Ausência de efeito suspensivo automático. Aplicabilidade dessas normas à execução fiscal. Ausência de ofensa ao devido processo legal, ao contraditório, à ampla defesa e ao direito de propriedade e aos princípios da razoabilidade, da proporcionalidade e da isonomia" (STF, ADI 5.165, Rel. Min. Cármen Lúcia, Tribunal Pleno, jul. 21.02.2022, *DJe* 24.02.2022).

6. Caráter definitivo da execução da parte não embargada do título. "'Quando os embargos forem parciais, a execução prosseguirá quanto à parte não embargada' (artigo 739, parágrafo 2º, do Código de Processo Civil) [art. 919, § 3º, do CPC/2015]" (STJ, REsp 437.912/RS, Rel. Min. Hamilton Carvalhido, 6ª Turma, jul. 26.05.2004, *DJ* 02.08.2004, p. 580; *RSTJ* 182/523). **Obs.: Jurisprudência anterior à Lei nº 11.382/2006, que revogou o § 2º do art. 739 do CPC. Não obstante seu entendimento permanece útil ao disposto no § 3º do art. 919 do CPC/2015. No mesmo sentido:** STJ, AgRg no REsp 731.649/RS, Rel.ª Min.ª Laurita Vaz, 5ª Turma, jul. 24.05.2005, *DJ* 20.06.2005; STJ, REsp 720.269/RS, Rel.ª Min.ª Eliana Calmon, jul. 02.08.2005, *DJ* 05.09.2005.

7. Segurança do juízo. "A jurisprudência do STJ vinha, de longa data, interpretando o art. 737, I, do CPC de forma rigorosa, no sentido de só permitir o oferecimento dos embargos quando o juízo se encontrasse efetivamente garantido. Assim, e a partir da constatação de que, na presente hipótese, não existe qualquer circunstância excepcional a autorizar entendimento diverso, os embargos só poderiam ter sido oferecidos após a completa segurança do juízo, como, aliás, havia sido determinado em primeiro grau de jurisdição. – Solução diversa, na hipótese, acaba por criar um verdadeiro impasse, pois a automática concessão de efeito suspensivo aos embargos – de acordo com o sistema anterior do CPC – acabaria por ser estendido à própria penhora mensal. – Saliente-se que, com a reforma da execução civil realizada pela Lei nº 11.382/06, o atual art. 739-A, em seu § 6º [art. 919, § 5º, do CPC/2015], traz disposição expressa nesse sentido, ao determinar que a concessão de efeito suspensivo aos embargos não impedirá a efetivação dos atos de penhora e de avaliação dos bens" (STJ, REsp 767.838/RJ, Rel.ª Min.ª Nancy Andrighi, 3ª Turma, jul. 13.05.2008, *DJ* 28.05.2008).

"Não há como afastar a necessidade de garantia do juízo para a concessão de efeito suspensivo aos embargos à execução" (STJ, REsp 1.224.215/PR, Rel. Min. Raul Araújo, 4ª Turma, jul. 01.09.2011, *DJe* 22.09.2011).

8. Efeito suspensivo. Concessão a qualquer tempo. Possibilidade. "Não há qualquer exigência legal de que o pedido de concessão de efeito suspensivo aos embargos deva ser feito em sede da petição inicial, sob pena de preclusão. As razões que levam ao pedido de suspensão da execução podem surgir em momento posterior à apresentação dos embargos, tendo em vista o próprio caráter acautelatório da medida, cujos requisitos são praticamente os mesmos exigidos para a concessão das tutelas de urgência" (STJ, REsp 1.355.835/DF, Rel.ª Min.ª Nancy Andrighi, 3ª Turma, jul. 23.04.2013, *DJe* 30.04.2013).

9. Efeito suspensivo. Embargos à Execução Fiscal. Ver jurisprudência do art. 16 da Lei nº 6.830/1980.

10. Memória de cálculo. Ausência. "A doutrina estabelece ao tratar dos embargos à execução com fundamento em excesso de execução que: 'Coibindo a prática vetusta de o executado impugnar genericamente o crédito exequendo, a lei o obriga a apontar as 'gorduras' do débito apontado pelo credor. Assim é que, 'quando o excesso de execução for fundamento dos embargos, o embargante deverá declarar na petição inicial o valor que entende correto, apresentando memória do cálculo, sob pena de rejeição liminar dos embargos ou de não conhecimento deste fundamento'. A regra decorre não só da experiência prática, mas também do fato de que a execução pode prosseguir somente pela parte remanescente incontroversa (art. 739-A, parágrafo 3º) [art. 919, § 3º, do CPC/2015]" (STJ, REsp 1.115.217/RS, Rel. Min. Luiz Fux, 1ª Turma, jul. 02.02.2010, *DJe* 19.02.2010). **No mesmo sentido, entendendo pela necessidade de apresentação do cálculo pela Fazenda Pública:** STJ, REsp 1.085.948/RS, Rel. Min. Maria Thereza de Assis Moura, 6ª Turma, jul. 16.06.2009, *DJe* 01.07.2009.

Pluralidade de devedores. Matéria comum a todos os coobrigados. Suspensão da execução. "Havendo pluralidade de devedores, os embargos opostos por um ou alguns somente suspenderá a execução quanto aos demais que não embargaram, se a matéria alegada nos embargos for comum a todos eles. Caso a defesa do embargante seja pessoal, vale dizer, aplique-se somente a ele, a suspensão da execução atingirá tão somente o devedor embargante, continuando a correr contra os demais" (TJMG, Ap. Cível 1.0567.04.082305-4/001, Rel. Des. Tarcísio Martins Costa, 9ª Câm. Cível, jul. 01.04.2008, *DJe* 19.04.2008).

Art. 920. Recebidos os embargos:

I – o exequente será ouvido no prazo de 15 (quinze) dias;

II – a seguir, o juiz julgará imediatamente o pedido ou designará audiência;

III – encerrada a instrução, o juiz proferirá sentença.

CPC/1973

Art. 740.

REFERÊNCIA LEGISLATIVA

CPC/2015, arts. 358 a 368 (instrução e julgamento); 918, III (embargos manifestamente protelatórios).

CJF – I JORNADA DE DIREITO PROCESSUAL CIVIL

Enunciado 94 – Aplica-se o procedimento do art. 920 do CPC à impugnação ao cumprimento de sentença, com possibilidade de rejeição liminar nas hipóteses dos arts. 525, § 5º, e 918 do CPC.

BREVES COMENTÁRIOS

Nas execuções fiscais o prazo para impugnação é de 30 dias (LEF, art. 17).

Embora sejam os embargos uma ação de conhecimento, em razão de sua incidentalidade, o Código não prevê a citação do sujeito passivo (o exequente) nem atribui à sua resposta a denominação de contestação. Há simples intimação, com que se lhe noticia a propositura dos embargos, com abertura do prazo de quinze dias para se manifestar. Entretanto, não se pode recusar a força de citação a tal intimação, que, no entanto, se fará diretamente ao advogado que já representa o exequente nos autos. Também o pronunciamento do embargado, quando impugnar a pretensão do embargante, representará verdadeira contestação.

No seu curso normal, registram-se as mesmas fases que caracterizam o procedimento de cognição, ou seja: a postulação (petição inicial e impugnação), o saneamento (eliminação de vícios procedimentais), a instrução (coleta dos elementos de convicção) e a sentença (solução judicial para a lide). O rito previsto pelo Código, no entanto, é bastante simplificado, de molde a superar o mais rápido possível o empecilho que os embargos representam para o andamento da execução. Assim, há casos em que o Código dispensa a fase de saneamento e mesmo a de instrução e julgamento e passa da postulação diretamente à sentença.

Por força do art. 920, c/c art. 355, não haverá audiência quando não houver a necessidade de produção provas.

JURISPRUDÊNCIA SELECIONADA

1. Julgamento dos embargos. Recurso. Apelação. "O caso dos autos, contudo, possui uma peculiaridade. Não se trata de impugnação ao cumprimento de sentença, mas sim de embargos à execução, cuja natureza é de uma ação autônoma. Assim sendo, o recurso cabível contra o julgado que resolve esses embargos é a apelação" (STJ, AgInt no AREsp 1447816/SP, Rel. Min. Mauro Campbell Marques, 2ª Turma, jul. 25.06.2019, *DJe* 28.06.2019).

"Extintos os embargos à execução sem resolução do mérito (art. 267, VI, do CPC) [art. 485, VI, do CPC/2015], o recurso que se mostra cabível é a apelação, conforme destaca o art. 740 do Código de Processo Civil [art. 920 do CPC/2015], não o agravo de instrumento, como equivocadamente aforado no presente caso, em que pese a irresignação ser posta exclusivamente contra a estipulação dos honorários sucumbenciais. Embora toda sentença possua em seu conteúdo capítulos que constituem unidades autônomas, o recurso cabível, independentemente de ser integral ou parcial, é um só – na presente hipótese, a apelação (conforme se extrai do art. 740 do CPC) [art. 920 do CPC/2015], sob pena de vilipêndio ao princípio da unirrecorribilidade das decisões judiciais, bem como violação à teoria geral dos capítulos da sentença. Para a aplicação da fungibilidade recursal, dentre outros requisitos, se avulta indispensável a chamada dúvida objetiva que, em razão da nitidez insofismável do art. 740 do CPC, faz externar verdadeiro erro grosseiro cometido pelo recorrente que, ao revés, interpõe recurso de agravo" (TJMG, Ag 1.0024.05.851492-8/004, Rel. Des. Cláudia Maia, 13ª Câmara Cível, jul. 18.09.2008).

"A decisão extinguindo a execução, por reconhecer inexistente título executivo, julgou o mérito dos embargos. Possível, no julgamento da apelação, examinar temas não versados na sentença" (STJ, REsp 31.099/PR, Rel. Min. Nilson Naves, Rel. p/ ac. Min. Eduardo Ribeiro, 3ª Turma, jul. 22.02.1994, *DJ* 04.04.1994, p. 6.681).

Fungibilidade. "O acórdão recorrido está alinhado à jurisprudência desta Corte Superior, consignando que o recurso cabível contra decisão extintiva da execução é a Apelação, e não o Agravo de Instrumento, à luz dos arts. 920, III, e 1.009 do Código Fux, caracterizando sua interposição erro grosseiro, vedada a aplicação do princípio da fungibilidade recursal, cabível apenas na hipótese de dúvida objetiva" (STJ, AgInt no AREsp 1420170/SC, Rel. Min. Napoleão Nunes Maia Filho, 1ª Turma, jul. 09.03.2020, *DJe* 11.03.2020).

2. Julgamento imediato. "Cerceamento de defesa – Inocorrência – Embargos à execução prontamente julgados – Matéria apenas de direito – Desnecessidade de qualquer outra prova, particularmente perícia – Juntada de documentos relativos a outros contratos desnecessária – Falta de determinação judicial que não causou prejuízos – Inteligência do disposto no art. 740 do Cód. De Proc. Civil [art. 920 do CPC/2015] – Alegação de nulidade afastada – Agravo retido improvido" (TJSP, Ap. 7319963400, Rel. Des. José Tarciso Beraldo, 14ª Câmara Dir. Priv., jul. 04.03.2009, *DJe* 08.04.2009).

3. Provas. "Na execução de nota promissória emitida em garantia de contrato bancário de abertura de conta corrente, embargando o devedor para alegar, de modo consistente, excessos nos lançamentos unilaterais feitos pelo credor na formação do débito, juntando para isso demonstrativos e extratos, deve o juiz examinar essa prova e, se for o caso, determinar a produção de outras para o seu perfeito esclarecimento" (STJ, REsp 153.685/RJ, Rel. Min. Ruy Rosado de Aguiar, 4ª Turma, jul. 02.04.1998, *DJ* 22.06.1998, p. 94).

4. Revelia. "A ausência de impugnação dos embargos do devedor não implica revelia, tendo em vista que, no processo de execução, o direito do credor encontra-se consubstanciado no próprio título, que se reveste da presunção de veracidade, cabendo ao embargante-executado o ônus quanto à desconstituição de sua eficácia. Precedentes do STJ" (STJ, REsp 747.000/MG, Rel. Min. Arnaldo Esteves Lima, 5ª Turma, jul. 11.11.2008, *DJe* 01.12.2008).

5. Honorários advocatícios. "Esta Corte Superior de Justiça possui entendimento firmado no sentido de que, constituindo-se os Embargos do Devedor verdadeira ação de conhecimento, que não se confunde com a de Execução, os honorários advocatícios devem ser fixados de forma autônoma e independente em cada uma das referidas ações, sendo descabido o condicionamento da verba honorária na Execução à eventual propositura dos Embargos à Execução" (STJ, AgRg no REsp 1.100.154/RS, Rel. Min. Napoleão Nunes Maia Filho, 5ª Turma, jul. 23.04.2009, *DJe* 18.05.2009). **No mesmo sentido:** STJ, AgRg no Ag. 1.093.585/RS, Rel. Min. Og Fernandes, 6ª Turma, jul. 23.04.2009, *DJe* 25.05.2009.

"A jurisprudência uniforme do STJ trilha no sentido de ser possível a cumulação de honorários advocatícios na execução fiscal e nos embargos do devedor, observado o limite percentual de 20% (art. 20, § 3º, do CPC) [art. 85, § 2º, do CPC/2015] na soma das duas verbas" (STJ, AgRg no REsp 960.281/RS, Rel. Min. Mauro Campbell Marques, 2ª Turma, jul. 28.04.2009, *DJe* 15.05.2009).

6. Título executivo. Original juntada posterior. "A juntada do título executivo original é essencial para a validade do processo de execução. Entretanto, não há nulidade se, aparelhada em cópia do título extrajudicial, for juntada a via original, ainda que posterior à oferta dos embargos do devedor, e se não houver impugnação à autenticidade da cópia apresentada" (STJ, AgRg no REsp 821.508/SC, Rel. Min. Humberto Gomes de Barros, 3ª Turma, jul. 25.09.2007, *DJ* 15.10.2007, p. 259).

7. Embargos protelatórios. "Alegação de excesso de execução por equivocada utilização do valor patrimonial no cálculo da diferença de ações. Desacolhimento. Acessórios: Admissibilidade dos dividendos. Juros sobre o capital próprio. Ausente imposição na sentença em execução, devem ser excluídos. Honorários advocatícios. Fixação na impugnação. Cabimento. Incidente protelatório. Multa. Art. 740, parágrafo único, do CPC. Não incidência. Agravo provido, em parte" (TJRS, AGI 70028079325, 11ª Câmara Cível, Rel. Bayard Ney de Freitas Barcellos, jul. 29.04.2009, *DJe* 12.05.2009).

☆ EMBARGOS À EXECUÇÃO: INDICAÇÃO DOUTRINÁRIA

Alcides de Mendonça Lima, Revelia nos embargos do devedor, *RP* 33/192; Antonio Adonias Aguiar Bastos, In: Teresa Arruda Alvim Wambier, Fredie Didier Jr., Eduardo Talamini, Bruno Dantas, *Breves comentários ao novo Código de Processo Civil*, São Paulo: Revista dos Tribunais, 2015; Barbosa Moreira, Embargos à execução (parecer), *RF* 338/207; Cassio Scarpinella Bueno, *Manual de direito processual civil*, São Paulo: Saraiva, 2015; Daniel Amorim Assumpção Neves, *Manual de direito processo civil*, São Paulo: Método, 2015; Ernesto Antunes de Carvalho, *Novo Código de Processo Civil: principais alterações do sistema processual civil*, São Paulo: Rideel, 2014; Ernesto Antunes de Carvalho. A exceção de pré-executividade e o novo CPC. In: Luís Antônio Giampaulo Sarro. *Novo Código de Processo Civil – Principais Alterações do sistema Processual Civil.* 2. ed. São Paulo: Rideel, 2016, p. 221; Fredie Didier Jr., *Curso de direito processual civil*, 17. ed., Salvador: JusPodivm, 2015, v. I; Guilherme Rizzo Amaral, *Comentários às alterações do novo CPC*, São Paulo: Revista dos Tribunais, 2015; Hermes Zaneti Júnior. *In* Sérgio Cruz Arenhart e Daniel Mitidiero (coord.). *Comentários ao Código de Processo Civil.* 2. ed., São Paulo: Editora Revista dos Tribunais, 2018, v. 14; Humberto Theodoro Júnior, *Curso de direito processual civil*, 54. ed., Rio de Janeiro: Forense, 2021, v. III; Humberto Theodoro Júnior, Fernanda Alvim Ribeiro de Oliveira, Ester Camila Gomes Norato Rezende (coord.), *Primeiras lições sobre o novo direito processual civil brasileiro*, Rio de Janeiro: Forense, 2015; Humberto Theodoro Júnior, Oposição à execução: embargos, impugnação e exceção de pré-executividade, *RMDCPC* 23/20; Humberto Theodoro Júnior. *Processo de execução e cumprimento de sentença*, 30. ed., Rio de Janeiro: Forense, 2020; J. E. Carreira Alvim, *Comentários ao novo Código de Processo Civil*, Curitiba: Juruá, 2015; José Maria Tesheiner. Embargos à execução no novo Código de Processo Civil. Revista de Processo. vol.

267. ano 42. p. 273. São Paulo: Ed. RT, maio/2017; José Miguel Garcia Medina, *Novo Código de Processo Civil comentado*, São Paulo: Revista dos Tribunais, 2015; Leonardo Greco, *Instituições de processo civil: introdução ao direito processual civil*, 5. ed., Rio de Janeiro: Forense, 2015; Luis Antônio Giampaulo Sarro, *Novo Código de Processo Civil*, São Paulo: Rideel, 2015; Luiz Guilherme Marinoni, Sérgio Cruz Arenhart, Daniel Mitidiero, *Curso de processo civil*, São Paulo: Revista dos Tribunais, 2015, v. I; Mário Aguiar Moura, Execução – início do prazo para os embargos do devedor, *RT* 489/270; Mário Aguiar Moura, Qual o início do prazo para o devedor embargar a execução? *RT* 255/401; Maurício Giannico. *In* José Roberto F. Gouvêa; Luis Guilherme A. Bondioli e João Francisco N da Fonseca (coord.). Comentários ao Código de Processo Civil. São Paulo: Saraiva, 2018, v. 18; Milton Sanseverino, Natureza jurídica da impugnação aos embargos do executado, *RP* 84/110; *RF* 340/433; Nelson Nery Junior, Rosa Maria de Andrade Nery, *Comentários ao Código de Processo Civil*, São Paulo: Revista dos Tribunais, 2015; Nilvio Ronaldo Cunha Campos, A sentença nos embargos do devedor, *RBDP* 41/151; Rodrigo Barioni, O parcelamento do crédito exequente no novo CPC, *Revista de Processo* nº 244, p. 153, jun. 2015; Teresa Arruda Alvim Wambier, Fredie Didier Jr., Eduardo Talamini, Bruno Dantas (coord.), *Breves comentários ao novo Código de Processo Civil*, São Paulo: Revista dos Tribunais, 2015; Teresa Arruda Alvim Wambier, Maria Lúcia Lins Conceição, Leonardo Ferres da Silva Ribeiro, Rogério Licastro Torres de Melo, *Primeiros comentários ao novo Código de Processo Civil*, São Paulo: Revista dos Tribunais, 2015; Teresa Celina de Arruda Alvim Pinto e Nelson Luiz Pinto, Embargos do devedor, *RP* 43/200; Tereza Arruda Alvim Wambier *et al.*, Os embargos à execução do título extrajudicial, *in*: Ernane Fidélis dos Santos *et al.* (coord.), *Execução civil: estudos em homenagem ao Professor Humberto Theodoro* Júnior, Revista dos Tribunais, 2007, p. 633; Diego Martinez Fervenza Cantoario. O parcelamento no Código de Processo Civil e sua aplicação aos procedimentos especiais. *Revista dos Tribunais*, v. 1.050, p. 199-218.

TÍTULO IV
DA SUSPENSÃO E DA EXTINÇÃO DO PROCESSO DE EXECUÇÃO

Capítulo I
DA SUSPENSÃO DO PROCESSO DE EXECUÇÃO

Art. 921. Suspende-se a execução:

I – nas hipóteses dos arts. 313 e 315, no que couber;

II – no todo ou em parte, quando recebidos com efeito suspensivo os embargos à execução;

III – quando não for localizado o executado ou bens penhoráveis; (Redação dada pela Lei nº 14.195, de 2021.)

IV – se a alienação dos bens penhorados não se realizar por falta de licitantes e o exequente, em 15 (quinze) dias, não requerer a adjudicação nem indicar outros bens penhoráveis;

V – quando concedido o parcelamento de que trata o art. 916.

§ 1º Na hipótese do inciso III, o juiz suspenderá a execução pelo prazo de 1 (um) ano, durante o qual se suspenderá a prescrição.

§ 2º Decorrido o prazo máximo de 1 (um) ano sem que seja localizado o executado ou que sejam encontrados bens penhoráveis, o juiz ordenará o arquivamento dos autos.

§ 3º Os autos serão desarquivados para prosseguimento da execução se a qualquer tempo forem encontrados bens penhoráveis.

§ 4º O termo inicial da prescrição no curso do processo será a ciência da primeira tentativa infrutífera de localização do devedor ou de bens penhoráveis, e será suspensa, por uma única vez, pelo prazo máximo previsto no § 1º deste artigo. (Redação dada pela Lei nº 14.195, de 2021.)

§ 4º-A A efetiva citação, intimação do devedor ou constrição de bens penhoráveis interrompe o prazo de prescrição, que não corre pelo tempo necessário à citação e à intimação do devedor, bem como para as formalidades da constrição patrimonial, se necessária, desde que o credor cumpra os prazos previstos na lei processual ou fixados pelo juiz. (Incluído pela Lei nº 14.195, de 2021.)

5º O juiz, depois de ouvidas as partes, no prazo de 15 (quinze) dias, poderá, de ofício, reconhecer a prescrição no curso do processo e extingui-lo, sem ônus para as partes. (Redação dada pela Lei nº 14.195, de 2021.)

§ 6º A alegação de nulidade quanto ao procedimento previsto neste artigo somente será conhecida caso demonstrada a ocorrência de efetivo prejuízo, que será presumido apenas em caso de inexistência da intimação de que trata o § 4º deste artigo. (Incluído pela Lei nº 14.195, de 2021.)

§ 7º Aplica-se o disposto neste artigo ao cumprimento de sentença de que trata o art. 523 deste Código. (Incluído pela Lei nº 14.195, de 2021.)

CPC/1973

Art. 791.

REFERÊNCIA LEGISLATIVA

LEF, art. 40.

SÚMULAS

Súmula do STJ:

nº 314: "Em execução fiscal, não localizados bens penhoráveis, suspende-se o processo por um ano, findo o qual se inicia o prazo da prescrição quinquenal intercorrente".

ENUNCIADOS

Grupo de Câmaras Reservadas ao Direito Empresarial do TJSP

Enunciado III: "Escoado o prazo de suspensão de que trata o § 4º do art. 6º da Lei nº 11.101/05 (*stay period*), as medidas de expropriação pelo credor titular de propriedade fiduciária de bens móveis ou imóveis, de arrendador mercantil, de proprietário ou promitente vendedor, poderão ser retomadas, ainda que os bens a serem excutidos sejam essenciais à atividade empresarial".

BREVES COMENTÁRIOS

Os casos comuns de suspensão do processo previstos para o processo de cognição aplicam-se, também, à execução forçada; mas há casos particulares que só ocorrem com referência a esta última espécie de processo, previstos no art. 921 do CPC/2015.

Decorrido o prazo de um ano da suspensão, sem que seja localizado o executado ou que sejam encontrados bens penhoráveis, os autos serão arquivados em caráter provisório (art. 921, § 2º), podendo ser reativados a qualquer tempo, desde que surjam bens a executar (§ 3º).

O primeiro problema provocado pela suspensão é definir até quando perdurará a paralisia do processo. E o segundo é saber que destino terá a execução quando a suspensão durar mais do que o prazo legal de prescrição da obrigação exequenda.

O CPC/2015 enfrentou esses problemas no art. 921 e deu-lhes as seguintes soluções:

(a) A suspensão decretada por falta de bens a penhorar é destinada a prevalecer inicialmente durante o prazo fixo de um ano, dentro do qual permanecerá também suspensa a prescrição (§ 1º).

(b) A suspensão, depois de ultrapassado um ano, acarretará o arquivamento dos autos (§ 2º), sem entretanto, acarretar a extinção do processo.

(c) No curso do processo, a prescrição da execução tem como *termo* inicial a ciência (pelo exequente) da primeira tentativa infrutífera de localização do devedor ou de bens penhoráveis, e será *suspensa* por uma única vez, pelo prazo máximo de um ano previsto no § 1º, do art. 921 (é o que dispõe o § 4º do mesmo artigo, com a redação da Lei 14.195).

(d) Efetivada a citação, a intimação do devedor ou a constrição de bens penhoráveis, interrompido será o prazo de prescrição, o qual não corre durante o tempo necessário à citação e à intimação do devedor, bem como às formalidades da penhora, desde que o credor cumpra os prazos previstos na lei processual ou fixados pelo juiz (§ 4º-A, acrescido pela Lei 14.195).

(e) Transcorrido prazo suficiente para aperfeiçoar-se a prescrição da pretensão do credor, o juiz, depois de ouvida as partes, no prazo de quinze dias, poderá, de ofício, reconhecer a prescrição intercorrente extinguindo o processo, sem ônus para as partes (§ 5º, alterado pela Lei 14.195).

Quanto à possibilidade de a prescrição ser decretada pelo juiz de ofício, a jurisprudência do STJ faz uma interessante distinção: (a) quando se trata de prescrição intercorrente, em execução fiscal, sob regência do art. 40, § 4º, da Lei nº 6.830/1980, antes de decretá-la no processo suspenso por falta de bem a penhorar, o juiz deverá ouvir a Fazenda exequente (e não o executado), para ensejar-lhe a arguição e comprovação de algum fato obstativo ou suspensivo do efeito da prescrição (a observação vale também para a prescrição intercorrente na execução civil, tendo em vista o disposto no art. 921, § 5º, do CPC, alterado pela Lei 14.195); (b) quando, porém, se trata de prescrição consumada antes da citação do devedor, o seu reconhecimento, poderá ser feito de ofício no despacho de indeferimento da petição inicial, sem depender de alegação ou audiência de qualquer das partes (CPC, arts. 332, § 1º c/c 487, parágrafo único). Nesse caso, entretanto, a prescrição não é intercorrente, pois se consumou antes do ajuizamento da ação.

Portanto, na sistemática do CPC/2015, observados os trâmites dos parágrafos do art. 921, a prescrição intercorrente não decorre de omissão culposa do exequente, pois se dá em razão da pura suspensão da execução motivada pela não localização do devedor ou de bens penhoráveis. De sorte que o exequente só impedirá a prescrição se promover a citação ou nomear bens à penhora antes que se cumpra o prazo estipulado pelos §§ 2º e 4º do art. 921.

JURISPRUDÊNCIA SELECIONADA

1. Embargos à execução. Suspensão (inciso I). "A suspensão da execução somente é viável se verificada uma das hipóteses previstas no art. 791 do CPC [art. 921 do CPC/2015], não tendo o aforamento de embargos à execução o condão de obstar o regular seguimento do feito executivo, tudo consoante o disposto no § 1º do art. 585 do CPC [art. 784, § 1º, do CPC/2015]. Precedentes do STJ e desta Corte Justiça" (TJRS, AGI 70027645662, Rel. Paulo Sérgio Scarparo, 10ª Câmara Cível, jul. 02.04.2009).

"Os embargos à execução não terão efeito suspensivo, consoante o art. 739-A, do CPC [art. 919 do CPC/2015]. Excepcionalmente, o § 1º do mesmo dispositivo legal faculta ao magistrado a possibilidade de suspender a execução mediante a propositura dos referidos embargos, mas somente se observados os seguintes requisitos: a) requerimento do embargante; b) relevância dos fundamentos apresentados (*fumus boni iuris*); c) risco de dano grave ou de difícil ou incerta reparação (*periculum in mora);* e d) garantia do juízo. Precedentes" (STJ, AgRg nos EDcl nos EDcl no Ag 1.206.939/SP, Rel. Min. João Otávio de Noronha, 4ª Turma, jul. 10.08.2010, *DJe* 19.08.2010).

"Não obstante, em regra, o art. 520, do CPC [art. 1.012 do CPC/2015], determine que a apelação de sentença que julga improcedentes embargos à execução seja recebida apenas no efeito devolutivo, em casos específicos, deve-se admitir a concessão de efeito suspensivo ao recurso de apelação, nos termos do disposto no art. 558 do CPC [art. 1.012, § 3º, do CPC/2015]. Quando na espécie se verificar aspectos fáticos e jurídicos que conduzam à existência de fundado risco de dano irreparável, caso não seja conferido efeito suspensivo ao recurso de apelação, prudente a suspensão do processo de execução, já que o efeito suspensivo, em face do possível recurso a ser interposto nos autos dos Embargos à Execução poderá ser conferido, em atenção ao que dispõe o art. 558 do CPC [art. 932, II, do CPC/2015]. Imprescindível salientar que o Parágrafo único, do art. 558, do CPC [art. 1.012 do CPC/2015], prevê expressamente que as hipóteses do *caput* aplicam-se aos casos previstos no art. 520 [art. 1.012 do CPC/2015]" (TJMG, Ap 1.0024.98.139278-0/003, Rel. Des. Pedro Bernardes, jul. 13.03.2007, *DJe* 24.03.2007).

2. Embargos parciais (inciso II). "A oposição de embargos parciais, porque não impugnada toda a pretensão executória, possibilita seja cindida a execução, que deve prosseguir em relação à parte incontroversa, a teor do art. 791, I, do CPC [art. 921, I CPC/2015]. A execução da parte incontroversa não é provisória, mas definitiva" (STJ, EREsp 759.405/PR, Rel. Min. Eliana Calmon, CE, jul. 30.06.2008, *DJe* 21.08.2008). **No mesmo sentido:** STJ, AgRg no AREsp 36.604/RJ, Rel. Min. Humberto Martins, 2ª Turma, jul. 04.10.2011, *DJe* 14.10.2011.

3. Embargos de terceiro. Apelação. Efeito suspensivo. "O recurso de apelação interposto contra decisão que rejeita liminarmente os embargos de terceiro não tem o condão de provocar a suspensão do processo de execução. Precedentes do Superior Tribunal de Justiça" (TJMG, Ag 1.0024.08.244762-4/001, Rel. Des. Otávio Portes, jul. 15.04.2009, *DJe* 22.05.2009).

"O efeito suspensivo concedido no recebimento da apelação interposta em embargos de terceiro não se estende à execução que o ensejou" (TJMG, Ag. 2.0000.00.383806-4/000, Rel. Des. Ediwal José de Morais, *DJe* 24.06.2003).

4. Suspensão do processo de execução. Ação na qual se busque o alongamento de dívida rural. "É direito do devedor o alongamento de dívidas originárias de crédito rural, desde que preenchidos os requisitos legais. Sendo reconhecido por sentença que o devedor preenche os requisitos legais para a securitização de dívida rural, a respectiva execução deve ser extinta, uma vez que o título deixa de ser líquido, certo e exigível. *In casu*, a pendência de julgamento de ação, na qual se pretende o alongamento de dívida rural, determina a suspensão da execução. Precedentes" (STJ, REsp 739.286/DF, Rel. Min. Nancy Andrighi, 3ª Turma, jul. 05.02.2013, *DJe* 14.02.2013).

5. Falecimento da parte. "Com o falecimento do exequente, torna-se imprescindível a imediata suspensão do processo, nos termos do art. 265, I, do CPC [art. 313, I, do CPC/2015], e promova a habilitação do espólio ou dos sucessores que irão substituí-lo, com a observância do procedimento descrito nos artigos 1.055, e seguintes, do CPC [art. 687 do CPC/2015]. Devem ser anulados os atos processuais praticados após o falecimento da parte, se não houve a habilitação do espólio ou dos sucessores" (TJMG, Ag 1.0140.06.000395-5/001, Rel. Des. Alvimar de Ávila, jul. 29.04.2009, *DJe* 18.05.2009).

"Nos termos dos arts. 265, I, e 791, II, do CPC [arts. 313, I, e 921, I, do CPC/2015], a morte de uma das partes importa na suspensão do processo, razão pela qual, na ausência de previsão legal impondo prazo para a habilitação dos respectivos sucessores, não há falar em prescrição intercorrente" (STJ, AgRg no REsp 891.588/RJ, Rel. Min. Arnaldo Esteves Lima, 5ª Turma, jul. 22.09.2009, *DJe* 19.10.2009).

6. Falecimento de litisconsorte. "Havendo litisconsórcio passivo em ação de execução, o falecimento de um dos devedores não obsta o prosseguimento do processo em relação aos demais" (STJ, REsp 616.145/PR, Rel. Min. Nancy Andrighi, 3ª Turma, jul. 01.09.2005, *DJ* de 10.10.2005, p. 359).

Execução. Morte de coexecutado. Não suspensão do processo. Nulidade relativa. "Nos termos do art. 313, I, do Código de Processo Civil, a superveniência do óbito de uma das partes enseja a imediata suspensão do processo – desde o evento morte, portanto –, a fim de viabilizar a substituição processual da parte por seu espólio. Fica nítido, de seus termos, o objetivo de preservar o interesse particular do espólio, assim como dos herdeiros do falecido. Naturalmente, em sendo este o propósito da norma processual, a nulidade advinda da inobservância desta regra é relativa, passível de declaração apenas no caso de a não regularização do polo ensejar real e concreto prejuízo processual ao espólio. Do contrário, os atos processuais praticados, a despeito da não suspensão do feito, hão de ser considerados absolutamente válidos. A caracterização de alegado prejuízo processual, advinda da não suspensão do feito, mostra-se absolutamente incoerente quando a parte a quem a nulidade aproveitaria, ciente de seu fato gerador, não a suscita nos autos logo na primeira oportunidade que lhe é dada, utilizando-se do processo como instrumento hábil a coordenar suas alegações e trazendo a lume a correlata insurgência, ulteriormente, no caso de prolação de decisão desfavorável, em absoluta contrariedade aos princípios da efetividade, da razoabilidade e da boa-fé processual" (STJ, REsp 2.033.239/SP, Rel. Min. Marco Aurélio Bellizze, 3ª Turma, jul. 14.02.2023, *DJe* 16.02.2023).

7. Convenção das partes. "De acordo com a lei de processo, a suspensão da execução, por convenção das partes, tem caráter de negócio jurídico, sendo a intervenção do juiz, no caso meramente declaratória da estipulação dos que integram a relação processual. Estando a execução 'suspensa', por convenção das partes, não flui o prazo para oferecimento dos embargos do executado" (STJ, REsp 15.269/SP, Rel. Min. Demócrito Reinaldo, 1ª Turma., jul. 06.12.1993, *DJ* 21.02.1994, p. 2.120).

8. Rol do art. 791, I a III do CPC/1973. "O rol do art. 791, III, do Código de Processo Civil [art. 921, de I a V, do CPC/2015] é exaustivo, não comportando alargamento pelo Magistrado, a suportar suspensão de execução de causas que lá não estejam previstas. Precedentes" (STJ, AgRg no Ag 1.176.623/SP, Rel. Min. Vasco Della Giustina, 3ª Turma, jul. 15.06.2010, *DJe* 29.06.2010).

9. Devedor não localizado. "Se o exequente não consegue citar o devedor ou penhorar-lhe bens, não é aconselhável que o julgador ponha fim ao processo desde logo. Cabe-lhe pelo menos suspender-lhe o curso e não extingui-lo" (STJ, REsp 2.329/SP, Rel. Min. Gueiros Leite, 3ª Turma, jul. 26.06.1990, *DJ* 24.09.1990, p. 9.978).

10. Inexistência de bens (inciso III). "Suspenso o processo de execução por ausência de bens penhoráveis, não flui o prazo prescricional pelo mesmo período, inclusive atinente à prescrição intercorrente. Precedentes" (STJ, AgRg no REsp 1.166.950/SP, Rel. Min. Paulo de Tarso Sanseverino, 3ª Turma, jul. 08.05.2012, *DJe* 14.05.2012). **Obs.:** Ver art. 921 e parágrafos do CPC/2015.

"A falta de bem penhorável, não importa na extinção do processo de execução ou na baixa no distribuidor, mas apenas enseja seu arquivamento provisório até que sejam localizados bens do devedor, nos termos do art. 791, III, do CPC [art. 921, III, do CPC/2015]" (STJ, REsp 1.231.544/RJ, Rel. Min. Sidnei Beneti, 3ª Turma, jul. 27.03.2012, *DJe* 27.04.2012).

"É válida a manifestação da parte quando, informada a ausência de bens penhoráveis do devedor, pleiteia ação autônoma de insolvência civil, implicando na suspensão da execução singular, nos termos do art. 791, III, do CPC [art. 921, III, do CPC/2015], até que se pronuncie o douto Juízo de primeira instância, pelo reconhecimento ou não da suposta insolvência" (TJMG, Ap. Cív. 1.0148.97.002021-7/001, Rel. Des. Duarte de Paula, 11ª Câmara Cível, jul. 10.09.2008).

Cumprimento de sentença. Ausência de bens passíveis de excussão. Suspensão. Longo período de tempo sem diligências por parte do credor. Juros e correção. *Supressio*. Não configuração. Ofensa à coisa julgada. Inocorrência. "A suspensão do cumprimento de sentença, em virtude da ausência de bens passíveis de excussão, por longo período de tempo, sem nenhuma diligência por parte do credor, não pode dar ensejo à suspensão da fluência dos juros e da correção monetária pela configuração da *supressio*, porquanto a pendência da ação que busca a concretização do título judicial impede que se gere no devedor a expectativa de inexigibilidade do débito. Ainda que fosse possível o reconhecimento da *supressio*, não ocorreria vulneração da coisa julgada e tampouco do princípio *pacta sunt servanda*, porquanto o instituto da *supressio* e outros deveres anexos e encargos que circundam e decorrem da boa-fé objetiva situam-se em momento posterior à formação da relação jurídica e interferem em seu exercício" (STJ, REsp 1.717.144/SP, Rel. Min. Antonio Carlos Ferreira, 4ª Turma, jul. 14.02.2023, *DJe* 28.02.2023).

11. Prazo de suspensão. "Em processo de execução, o inciso III do artigo 791 do Código de Processo Civil [art. 921, III, do CPC/2015] prevê a suspensão do feito quando não forem encontrados bens do devedor. O artigo citado não estipula prazo, nem prevê a baixa na distribuição. A falta de menção na Lei é decorrência da intenção do legislador de não frustrar o credor e inviabilizar o crédito, beneficiando o devedor que burlando a execução atingiria um enriquecimento sem causa, que repugna ao direito. Pretensão de suspender a execução sem baixa na distribuição que encontra respaldo na jurisprudência" (TRF 1ª R., AI 01000332040/BA, 5ª Turma, Rel. Des. Fed. Selene Maria de Almeida, *DJU* 25.10.2002, p. 193). **Obs.:** Segundo a sistemática do CPC/2015, nessa hipótese a suspensão será de um ano (art. 921, § 1º).

12. Prescrição intercorrente.

a) Decretação. Oitiva do credor. Necessidade. "O contraditório é princípio que deve ser respeitado em todas as manifestações do Poder Judiciário, que deve zelar pela sua observância, inclusive nas hipóteses de declaração de ofício da prescrição intercorrente, devendo o credor ser previamente intimado para opor algum fato impeditivo à incidência da prescrição" (STJ, REsp 1589753/PR, Rel. Min. Marco Aurélio Bellizze, 3ª Turma, jul. 17.05.2016, *DJe* 31.05.2016). **No mesmo sentido:** STJ, REsp 1.604.412/SC, Rel. Min. Marco Aurélio Bellizze, 2ª Seção, jul. 27.06.2018, *DJe* 22.08.2018; STJ, AgInt no REsp 1.822.653/SP, Rel. Min. Nancy Andrighi, 3ª Turma, julgado em 14.10.2019, *DJe* 16.10.2019; STJ, AgInt no AgInt no AREsp 1792242/SP, Rel. Min. Nancy Andrighi, 3ª Turma, jul. 25.05.2021, *DJe* 31.05.2021.

b) Contagem do prazo. Oitiva do credor. Desnecessidade. "A Segunda Seção desta Corte firmou entendimento de que não há necessidade de intimação pessoal do exequente para que tenha curso a prescrição intercorrente. Entendimento que tem aplicação imediata, porquanto não houve modulação de efeitos" (STJ, AgInt no REsp 1.769.992/PR, Rel. Min. Maria Isabel Gallotti, 4ª Turma, jul. 19.09.2019, *DJe* 24.09.2019).

c) Honorários em favor do executado. Descabimento. Ver jurisprudência do art. 85 do CPC/2015.

Ausência de localização de bens. Sucumbência. Princípio da causalidade. "A jurisprudência do Superior Tribunal de Justiça é no sentido de que, 'declarada a prescrição intercorrente por ausência de localização de bens, incabível a fixação de verba honorária em favor do executado, eis que, diante dos princípios da efetividade do processo, da boa-fé processual e da cooperação, não pode o devedor se beneficiar do não cumprimento de sua obrigação. A prescrição intercorrente por ausência de localização de bens não retira o princípio da causalidade em desfavor do devedor, nem atrai a sucumbência para o exequente' (REsp 1.769.201/SP, Rel. Ministra Maria Isabel Gallotti, Quarta Turma, julgado em 12/03/2019, *DJe* de 20/03/2019)" (STJ, AgInt no REsp 2.004.558/SP, Rel. Min. Raul Araújo, 4ª Turma, jul. 14.11.2022, *DJe* 01.12.2022).

Execução extinta por prescrição. Resistência do exequente. Princípio da causalidade. "Mesmo na hipótese de resistência do exequente – por meio de impugnação da exceção de pré-executividade ou dos embargos do executado, ou de interposição de recurso contra a decisão que decreta a referida prescrição –, é indevido atribuir-se ao credor, além da frustração na pretensão de resgate dos créditos executados, também os ônus sucumbenciais com fundamento no princípio da sucumbência, sob pena de indevidamente beneficiar-se duplamente a parte devedora, que não cumpriu oportunamente com a sua obrigação, nem cumprirá. A causa determinante para a fixação dos ônus sucumbenciais, em caso de extinção da execução pela prescrição intercorrente, não é a existência, ou não, de compreensível resistência do exequente à aplicação da referida prescrição. É, sobretudo, o inadimplemento do devedor, responsável pela instauração do feito executório e, na sequência, pela extinção do feito, diante da não localização do executado ou de seus bens. A resistência do exequente ao reconhecimento de prescrição intercorrente não infirma nem supera a causalidade decorrente da existência das premissas que autorizaram o ajuizamento da execução, apoiadas na presunção de certeza, liquidez e exigibilidade do título executivo e no inadimplemento do devedor" (STJ, EAREsp 1.854.589/PR, Rel. Min. Raul Araújo, Corte Especial, jul. 09.11.2023, *DJe* 24.11.2023).

Bens não encontrados. Prescrição intercorrente. Honorários advocatícios. Lei 14.195/2021. Impossibilidade de fixação de honorários. "A jurisprudência desta Corte pacificou-se em relação à aplicação do princípio da causalidade para o arbitramento de honorários advocatícios quando da extinção do processo em razão do reconhecimento da prescrição intercorrente (art. 85, § 10, do CPC/15). Todavia, após a alteração promovida pela Lei nº 14.195/2021, publicada em 26/8/2021, faz-se necessário rever tal posicionamento, uma vez que o § 5º do art. 921 do CPC/15 dispõe expressamente que não serão imputados quaisquer ônus às partes quando reconhecida referida prescrição. Nas hipóteses em que extinto o processo com resolução do mérito, em razão do reconhecimento da prescrição intercorrente, é de ser reconhecida a ausência de ônus às partes, a importar condenação nenhuma em custas e honorários sucumbenciais. A legislação que versa sobre honorários advocatícios possui natureza híbrida (material-processual), de modo que o marco temporal para a aplicação das novas regras sucumbenciais deve ser a data de prolação da sentença (ou ato jurisdicional equivalente, quando diante de processo de competência originária de Tribunal)" (STJ, REsp 2.025.303/DF, Rel. Min. Nancy Andrighi, 3ª Turma, jul. 08.11.2022, *DJe* 11.11.2022).

d) Suspensão.

"'Em execução fiscal, não localizados bens penhoráveis, suspende-se o processo por um ano, findo o qual se inicia o prazo da prescrição quinquenal intercorrente' (Súmula 314/STJ)" (STJ, REsp 908.986/MG, Rel. Min. Castro Meira, 2ª Turma, jul. 17.04.2007, *DJ* 26.04.2007, p. 241).

13. Suspensão da execução decorrente de demandas paralelas.

a) Possibilidade:

Não taxatividade do rol art. 921 do CPC. "O processo de execução, de regra, não é suspenso pelo mero ajuizamento ou pendência de demandas 'paralelas', que impugnem a validade ou a eficácia do título, ou a exigibilidade do crédito. Todavia, não contraria lei federal a decisão que suspende o processo de execução hipotecária em face da pendência de ações propostas por terceiro, que adquiriu do mutuário o imóvel objeto da hipoteca lavrada em favor da instituição financeira exequente, ações estas que substancialmente revestem a natureza de embargos de terceiro. Não taxatividade do elenco do artigo 791 do CPC [art. 921 do CPC/2015]" (STJ, REsp 10.293/PR, Rel. Min. Athos Carneiro, 4ª Turma, jul. 08.09.1992, *DJ* 05.10.1992, p. 17.104).

Ação de conhecimento. "O ajuizamento de ação de conhecimento buscando a discussão do valor do débito referente ao financiamento hipotecário não afasta o direito do credor hipotecário de mover a execução pertinente. Entretanto, se aquela ação e a ação consignatória pertinente são ajuizadas antes da execução hipotecária, admite-se a suspensão desta" (STJ, REsp 508.944/DF, Rel. Min. Antônio de Pádua Ribeiro, 3ª Turma, jul. 10.06.2003, *DJ* 28.10.2003, p. 287).

Ação revisional. "Fixa-se o entendimento mais recente da 4ª Turma em atribuir à ação revisional o efeito de embargos à execução, de sorte que, após garantido o juízo pela penhora, deve ser suspensa a cobrança até o julgamento do mérito da primeira" (STJ, REsp 486.069/SP, Rel. Min. Aldir Passarinho Junior, 4ª Turma, jul. 03.02.2004, *DJ* 08.03.2004, p. 259).

Ação declaratória. "A regra do art. 791 da lei adjetiva civil [art. 921 do CPC/2015] comporta maior largueza na sua aplicação, admitindo-se, também, a suspensão do processo de execução, quando haja a anterioridade de ação declaratória em que discute o valor do débito cobrado pelo credor hipotecário de financiamento contratado pelo S.F.H." (STJ, AgRg no REsp 626.629/PR, Rel. Min. Aldir Passarinho Junior, 4ª Turma, jul. 10.08.2004, *DJ* 08.11.2004, p. 246).

Execução. "A execução ajuizada após a propositura de ação que tem por objeto a desconstituição do título extrajudicial dispensa a oposição de embargos do devedor e, ultimada a penhora, fica suspensa até a sentença proferida na ação de conhecimento – não além disso, sob pena de a ação ordinária, substitutiva dos embargos do devedor, ter eficácia maior do que estes teriam; efeito exclusivamente devolutivo, excepcional, do recurso interposto contra a sentença que julga, no todo ou em parte, improcedente a ação ordinária substitutiva dos embargos do devedor. Recurso especial conhecido e provido" (STJ, REsp 437167/RS, Rel. Min. Ari Pargendler, 3ª Turma, jul. 27.08.2002, *DJ* 02.12.2002, p. 308).

b) Impossibilidade:

Taxatividade do rol do art. 921 do CPC. "As hipóteses previstas no art. 791 do CPC [art. 921 do CPC/2015] são, em princípio, taxativas, razão pela qual, em casos tais, a propositura de ação anulatória de contrato locatício, paralela à execução fundada em título executivo extrajudicial, visando à cobrança de aluguéis, não tem o condão de suspender o feito constritivo, não incidindo, pois, o art. 265, IV, do CPC [art. 485, IV, CPC/2015]" (STJ, REsp 69.447/SP, Rel. Min. Fernando Gonçalves, 6ª Turma, jul. 14.04.1997, *DJ* 05.05.1997, p. 17.131).

"Proposta ação de execução pelo credor, e, posteriormente, ação ordinária pelo devedor, não há se conferir qualquer efeito suspensivo ao processo executivo não embargado, uma vez que as causas de suspensão da execução são as previstas no artigo 791 do Código de Processo Civil [art. 921 do CPC/2015], não estando arroladas, dentre elas, a propositura de ação de conhecimento" (STJ, REsp 764.739/MS, Rel. Min. Castro Filho, 3ª Turma, jul. 22.03.2007, *DJ* 16.04.2007). **No mesmo sentido:** STJ, REsp 215.263/MS, Rel. Min. Waldemar Zveiter, 3ª Turma, *DJ* 09.04.2001; STJ, REsp 373742/TO, Rel. Min. Sálvio de Figueiredo Teixeira, 4ª Turma, jul. 06.06.2002, *DJ* 12.08.2002, p. 218.

14. Falência. Suspensão da execução:

Crédito com garantia real. Sujeição a rateio. "Segundo a iterativa jurisprudência desta Corte, após a edição da Lei 3.726/60, os créditos com garantia hipotecária estão sujeitos a rateio, o que determina a suspensão das execuções hipotecárias. Nesse contexto, o aresto recorrido está em sintonia com a jurisprudência desta Corte, o que atrai a incidência da Súmula 83/STJ" (STJ, AgInt no REsp 1340740/MG, Rel. Min. Lázaro Guimarães (Desembargador Convocado do TRF 5ª Região), 4ª Turma, jul. 14.11.2017, *DJe* 20.11.2017).

Execução de título extrajudicial. Duplicata. Falência superveniente do devedor. Extinção do processo executivo individual. Possibilidade. "O propósito recursal é definir se a execução proposta pelo recorrente deve ser extinta em consequência da decretação da falência do devedor. (...) Os arts. 6º, *caput*, e 99, V, da Lei nº 11.101/05 estabelecem, como regra, que, após a decretação da falência, tanto as ações quanto as execuções movidas em face do devedor devem ser suspensas. Trata-se de medida cuja finalidade é impedir que sigam em curso, concomitantemente, duas pretensões que objetivam a satisfação do mesmo crédito. **Exceto na hipótese de a decisão que decreta a falência ser reformada em grau de recurso, a suspensão das execuções terá força de definitividade, correspondendo à extinção do processo.** Quaisquer dos desfechos possíveis da ação falimentar – pagamento da integralidade dos créditos ou insuficiência de acervo patrimonial apto a suportá-lo – conduzem à conclusão de que eventual retomada das execuções individuais suspensas se traduz em medida inócua: na hipótese de satisfação dos créditos, o exequente careceria de interesse, pois sua pretensão já teria sido alcançada; no segundo caso, o exaurimento dos recursos arrecadados conduziria, inexoravelmente, ao seu insucesso. Em virtude da dissolução da sociedade empresária e da extinção de sua personalidade jurídica levada a efeito em razão da decretação da falência, mesmo que se pudesse considerar da retomada das execuções individuais, tais pretensões careceriam de pressuposto básico de admissibilidade apto a viabilizar a tutela jurisdicional, pois a pessoa jurídica contra a qual se exigia o cumprimento da obrigação não mais existe. **Nesse contexto, após a formação de juízo de certeza acerca da irreversibilidade da decisão que decretou a quebra, deve-se admitir que as execuções individuais até então suspensas sejam extintas**, por se tratar de pretensões desprovidas de possibilidades reais de êxito" (STJ, REsp 1.564.021/MG, Rel. Min. Nancy Andrighi, 3ª Turma, jul. 24.04.2018, *DJe* 30.04.2018).

15. Recuperação judicial. Suspensão. Prazo. Prorrogação. Possibilidade. "A jurisprudência desta Corte entende que a suspensão das ações individuais movidas contra empresa em recuperação judicial pode extrapolar o prazo de 180 (cento e oitenta) dias caso as instâncias ordinárias considerem que tal prorrogação é necessária para não frustrar o plano de recuperação. A suspensão da execução pode ocorrer no caso de falência (artigo 6º da Lei nº 11.101/2005)" (STJ, AgInt no REsp 1717939/DF, Rel. Min. Ricardo Villas Bôas Cueva, 3ª Turma, jul. 28.08.2018, *DJe* 06.09.2018). **No mesmo sentido:** STJ, AgRg no CC 127.629/MT, Rel. Min. João Otávio de Noronha, 2ª Turma, jul. 23.04.2014, *DJe* 25.04.2014.

"Deferida a recuperação judicial de empresa, com homologação do plano de pagamentos, onde incluídos os créditos de natureza trabalhista, incide a universalidade, apta a impedir o prosseguimento de execuções individuais nos juízos do trabalho, sob pena de frustração do procedimento, destinado, em *ultima ratio*, à própria preservação da empresa, consoante a dicção do art. 47 da Lei nº 11.101/2005" (STJ, CC 108.141/SP, Rel. Min. Fernando Gonçalves, 2ª Seção, jul. 10.02.2010, *DJe* 26.02.2010).

"Salvo exceções legais, o deferimento do pedido de recuperação judicial suspende as execuções individuais, ainda que manejadas anteriormente ao advento da Lei 11.101/05. Em homenagem ao princípio da continuidade da sociedade empresarial, o simples decurso do prazo de 180 (cento e oitenta) dias entre o deferimento e a aprovação do plano de recuperação judicial não enseja retomada das execuções individuais quando à pessoa jurídica, ou seus sócios e administradores, não se atribui a causa da demora" (STJ, REsp 1.193.480/SP, Rel. Min. Aldir Passarinho Junior, 4ª Turma, jul. 05.10.2010, *DJe* 18.10.2010). **No sentido contrário:** "A execução fiscal não é suspensa em razão do deferimento da recuperação judicial, o que não pode é que, caso tenha que prosseguir, no executivo fiscal não é permitido a prática de atos que comprometam o patrimônio do devedor ou excluam parte dele do processo de recuperação judicial" (STJ, AgRg no CC 107.065/RJ, Rel. Min. Luis Felipe Salomão, 2ª Seção, jul. 13.10.2010, *DJe* 18.10.2010)

16. Suspensão de cumprimento de sentença contra cooperativa em regime de liquidação extrajudicial. Prazo. Ver jurisprudência do art. 313 do CPC/2015.

17. Tutela provisória. Execução fiscal. Cooperativa em liquidação judicial. Ver jurisprudência do art. 1.029 do CPC/2015.

18. Ações interpostas contra sociedade cooperativa em liquidação extrajudicial não podem ser suspensas por mais de dois anos. "Controvérsia em torno da suspensão de um cumprimento de sentença contra uma cooperativa em regime de liquidação extrajudicial para além do prazo de um ano, prorrogável por mais um ano, previsto no art. 76 da Lei 5.764/1971. (...) Caráter excepcional da regra do art. 76 da Lei 5.764/1971 por atribuir a uma deliberação privada o condão de suspender a prestação da atividade jurisdicional. Doutrina sobre o tema. Inviabilidade de interpretação analógica ou extensiva da regra legal *sub examine*, em respeito ao princípio fundamental da inafastabilidade da jurisdição (art. 5º, inciso XXXV, da CF). Caso concreto em que a liquidação extrajudicial foi aprovada em 2011, estando há muito superado o prazo legal de suspensão das ações judiciais. Reforma do acórdão recorrido para se determinar o prosseguimento do cumprimento de sentença" (STJ, REsp 1833613/DF, Rel. Min. Paulo de Tarso Sanseverino, 3ª Turma, jul. 17.11.2020, *DJe* 20.11.2020).

Execução contra cooperativa de trabalho médico. Liquidação extrajudicial. "3. A sustação de quaisquer ações judiciais ajuizadas contra a entidade cooperativa é decorrência da publicação da ata da Assembleia Geral que deliberou pela sua liquidação extrajudicial, pelo prazo de 1 (um) ano, prorrogável por igual período, na existência de motivo relevante, mediante nova decisão assemblear (art. 76, parágrafo único, da Lei nº 5.764/1971) (...) 7. Em se tratando de cooperativa de trabalho médico, que também constitua operadora de plano de saúde, aplicam-se ainda, quanto ao processo de liquidação extrajudicial, o art. 24-D da Lei nº 9.656/1998 e a RN-ANS nº 522/2022 (antiga RN-ANS nº 316/2012), os quais permitem, de forma semelhante, a suspensão das ações e execuções já iniciadas quando da decretação do ato de dissolução" (STJ, REsp 1.888.428/DF, Rel. Min. Ricardo Villas Bôas Cueva, 3ª Turma, jul. 21.06.2022, *DJe* 24.06.2022).

19. Exceção de pré-executividade. Suspensão. Execução. "A regra do art. 791 da lei adjetiva civil [art. 921 do CPC/2015] comporta maior largueza na sua aplicação, admitindo-se, também, a suspensão do processo de execução, pedida em exceção de pré-executividade, quando haja a anterioridade de ação revisional em que discute o valor do débito cobrado pelo credor hipotecário de financiamento contratado pelo SFH" (STJ, REsp 268.532/RS, Rel. Min. Aldir Passarinho Júnior, 4ª Turma, *DJ* 11.06.2001, p. 230).

"O oferecimento da exceção de pré-executividade, apesar de destinada à arguição de matérias processuais de ordem pública, não tem, por si só, o condão de suspender a execução, pois inexiste norma legal autorizando a concessão de tal efeito" (TJMG, Ag 1.0701.07.192623-5/001, Rel. Des. Alvimar de Ávila, jul. 22.10.2008, *DJe* 03.11.2008).

20. Contrato. "A precedência de ação revisional de cláusulas contratuais impõe a suspensão do processo de execução fundado em contrato de financiamento habitacional, até que se conheçam, em caráter definitivo, os parâmetros para apuração da quantia devida" (TJMG, Ag 1.0024.06.275504-6/001, Rel. Des. José Flávio de Almeida, jul. 25.03.2009, *DJe* 06.04.2009).

21. Consignação em pagamento. "Procedente ação consignatória, pendente de recurso extraordinário, impõe-se permaneça suspensa execução promovida posteriormente pelo credor, que não sofre prejuízo, uma vez que garantido o seu crédito, seja pelo depósito, seja pela penhora já efetivada" (STJ, REsp 35.220/RO, Rel. Min. Dias Trindade, 3ª Turma., jul. 28.06.1993, *DJ* 20.09.1993).

Art. 922. Convindo as partes, o juiz declarará suspensa a execução durante o prazo concedido pelo exequente para que o executado cumpra voluntariamente a obrigação.

Parágrafo único. Findo o prazo sem cumprimento da obrigação, o processo retomará o seu curso.

CPC/1973

Art. 792.

BREVES COMENTÁRIOS

Na hipótese de suspensão para concessão de prazo ao devedor para realizar o adimplemento da dívida, se tal fato ocorrer, a execução se extinguirá definitivamente. Se, porém, a dilação concedida pelo credor transcorrer sem que o devedor resgate o débito, o processo executivo simplesmente retomará o seu curso (art. 922 do CPC/2015). A penhora realizada anteriormente não perde sua eficácia em razão da suspensão da execução.

JURISPRUDÊNCIA SELECIONADA

1. **Prazo.** "A suspensão do processo, no caso do art. 792, do CPC [art. 922 do CPC/2015] , não está limitada ao prazo de seis meses previsto no art. 265, II, § 3º [art. 313, § 4º, do CPC/2015], do mesmo diploma legal, podendo prolongar-se pelo tempo necessário ao cumprimento voluntário da obrigação. De acordo com a lei processual a suspensão da execução, por convenção das partes, tem caráter de negócio jurídico, sendo a intervenção do juiz, no caso, meramente declaratória da estipulação dos que integram a relação processual" (TAMG, Ap. 231.301-9, Rel. Juiz Lauro Bracarense, 7ª Câmara Cível, jul. 03.04.1997).

2. **Suspensão por convenção.** "No processo executivo, a convenção das partes, quanto ao pagamento do débito, não tem o condão de extinguir o feito, mas de suspendê-lo até o adimplemento da obrigação. Findo o prazo sem o cumprimento, o processo retomará seu curso normal (art. 792, CPC) [art. 922 do CPC/2015]" (STJ, REsp 158.302/MG, Rel. Min. Waldemar Zveiter, 3ª Turma, jul. 16.02.2001, *DJU* 09.04.2001, p. 351).

"De acordo com a lei de processo, a suspensão da execução, por convenção das partes, tem caráter de negócio jurídico, sendo a intervenção do juiz, no caso meramente declaratória da estipulação dos que integram a relação processual. Estando a execução 'suspensa', por convenção das partes, não flui o prazo para oferecimento dos embargos do executado" (STJ, REsp 15.269/SP, Rel. Min. Demócrito Reinaldo, 1ª Turma, jul. 06.12.1993, *DJU* 21.02.1994, p. 2.120).

3. **Acordo não cumprido.** "A execução permanece suspensa até o cumprimento do acordo e, caso desrespeitados seus termos, deve prosseguir pelos valores originários (art. 792 do CPC) [art. 922, CPC/2015]" (STJ, REsp 1.034.264/DF, Rel. Min. Fernando Gonçalves, 4ª Turma, jul. 11.11.2008, *DJe* 11.05.2009).

"Na execução, o acordo, sem novação, firmado entre as partes, e homologado, para parcelamento do débito, suspende o processo. O ato homologatório, pelo qual o magistrado declara a suspensão, produz efeitos, tão só, *ex nunc*. Não havendo cumprimento pelo executado, o feito retomará seu curso no estado em que se encontrava no momento da suspensão. (Cód. Pr. Civil, artigo 792, *caput* e parágrafo único) [art. 922 do CPC/2015]" (STJ, HC 70.959/SP, Rel. Min. Castro Filho, 3ª Turma, jul. 08.03.2007, *DJ* 26.03.2007, p. 230). **No mesmo sentido:** STJ, REsp 1.112.143/RJ, Rel. Min. Fernando Gonçalves, 4ª Turma, jul. 20.10.2009, *DJe* 09.11.2009.

Art. 923. Suspensa a execução, não serão praticados atos processuais, podendo o juiz, entretanto, salvo no caso de arguição de impedimento ou de suspeição, ordenar providências urgentes.

CPC/1973

Art. 793.

BREVES COMENTÁRIOS

Durante a suspensão do processo, nenhum ato processual será ser praticado. O juiz, no entanto, poderá ordenar providências urgentes. Se a suspensão decorrer da alegação de impedimento ou suspeição, as medidas urgentes não poderão ser deliberadas pelo juiz da causa, devendo ser requeridas ao substituto legal (art. 146, § 3º). Se o processo estiver no Tribunal, as providências cautelares urgentes serão ordenadas pelo relator (CPC/2015, art. 299, parágrafo único). A eficácia da suspensão é *ex nunc*. Atinge o processo na fase ou situação em que se encontrar, projetando seus efeitos a partir de então e para o futuro. Inibe o prosseguimento da marcha processual, mas preserva intactos os atos já realizados.

JURISPRUDÊNCIA SELECIONADA

1. **Inibição da prática de atos processuais.** "O art. 793 do CPC [art. 923 do CPC/2015] inibe o juiz de praticar quaisquer atos processuais quando suspensa a execução – excetuando-se apenas os de urgência –, mas não impede o processamento de embargos à execução, que se constituem como típica ação de conhecimento, de natureza autônoma. (...) A suspensão dos embargos à execução, portanto, não pode ser justificada no princípio da economia processual, nem encontra amparo no art. 793 do CPC, dispositivo apontado como violado" (STJ, REsp 1.234.480/SC, Rel. Min. Castro Meira, 2ª Turma, jul. 09.08.2011, *DJe* 30.08.2011).

Capítulo II
DA EXTINÇÃO DO PROCESSO DE EXECUÇÃO

Art. 924. Extingue-se a execução quando:

I – a petição inicial for indeferida;

II – a obrigação for satisfeita;

III – o executado obtiver, por qualquer outro meio, a extinção total da dívida;

IV – o exequente renunciar ao crédito;

V – ocorrer a prescrição intercorrente.

CPC/1973

Art. 794.

REFERÊNCIA LEGISLATIVA

CPC/2015, arts. 485 (extinção do processo sem resolução de mérito), 487 (resolução de mérito), 771, parágrafo único (aplicação subsidiária do processo de conhecimento), 806 a 810 (execução para entrega de coisa certa), 811 a 813 (execução para entrega de coisa incerta), 815 a 821 (execução da obrigação de fazer), 907 (pagamento; restituição do saldo), 921 (casos de suspensão da execução).

BREVES COMENTÁRIOS

A execução forçada termina normalmente com a exaustão de seus atos e com a satisfação de seu objetivo, que é o pagamento do credor. Pode, porém, encontrar termo de maneira anômala e antecipada, como nos casos em que se extingue o próprio direito de crédito do exequente, por qualquer dos meios liberatórios previstos no direito material, ainda que ocorridos fora do processo (pagamento, novação, remissão, prescrição etc.).

O art. 924 elenca as hipóteses de extinção da execução.

Quando não se encontram bens a penhorar, a execução não se extingue, apenas se suspende (art. 921, III, do CPC/2015). No entanto, a suspensão prolongada pode gerar a prescrição intercorrente, que é um dos casos de extinção anômala da execução (art. 921, § 5º).

A transação só extingue a execução quando confere quitação ou remissão da dívida. Muitas vezes a transação apenas provoca suspensão do processo executivo (art. 922 do CPC/2015).

JURISPRUDÊNCIA SELECIONADA

1. Rol do art. 924. Aplicação das regras do processo de conhecimento. "As hipóteses de extinção da execução não estão restritas ao rol do art. 794 do Código de Processo Civil [art. 924 do CPC/2015], porquanto é possível aplicar, nessa fase, subsidiariamente, as regras relativas ao processo de conhecimento" (STJ, REsp 816.548/SP, Rel. Min.ª Laurita Vaz, 5ª Turma, jul. 18.11.2010, *DJe* 06.12.2010). **Obs.:** Cf. CPC/2015, arts. 771, parágrafo único, e 921, III.

2. Obrigação satisfeita (inciso II).

a) Extinção.

Execução de título extrajudicial. Intimação judicial. Inércia do credor. Presunção de quitação do débito. "A extinção da execução pelo pagamento requer a necessária comprovação nos autos, estando desautorizada a presunção a seu respeito, salvo nas hipóteses de presunção legal, a exemplo daquelas previstas nos arts. 322, 323 e 324 do Código Civil. Havendo presunção legal, o juiz pode extinguir a execução pelo pagamento se o credor, devidamente intimado – independentemente se de forma pessoal ou por publicação no órgão oficial – a manifestar-se sobre os documentos e alegações do devedor, sob pena de extinção pelo pagamento, quedar-se inerte. Contudo, na falta de presunção legal, nem mesmo a intimação pessoal do credor autoriza a extinção pelo pagamento se os documentos e alegações do devedor não se mostrarem aptos a permitir tal conclusão" (STJ, REsp 1.513.263/RJ, Rel. Min. João Otávio de Noronha, 3ª Turma, jul. 17.05.2016, *DJe* 23.05.2016).

"O acórdão embargado é no sentido de que, para haver extinção da execução com fundamento no art. 794, I, do CPC [art. 924, II, do CPC/2015] faz-se necessária a intimação pessoal do credor sobre os valores depositados, para que, no caso de inércia, presuma-se satisfeita a dívida objeto da execução. Por sua vez, segundo o aresto paradigma, para haver a extinção da execução com base no art. 794, I, do CPC, não há necessidade de intimação pessoal, porquanto a extinção do processo não se dá por abandono, mas por satisfação da obrigação, a qual é presumida quando o credor, intimado por seu patrono, não se insurge contra os valores depositados" (STJ, EREsp 844.964/SP, Rel. Min. Humberto Martins, 1ª Seção, jul. 24.03.2010, *DJe* 09.04.2010).

Depósito integral. "Para extinção do processo, pelo pagamento, impõe-se ao executado efetuar o depósito integral do débito, regularmente atualizado. A recusa e o consequente depósito parcial importam no prosseguimento do feito executório" (STJ, 2ª Turma, REsp 107.444/DF, Rel. Min. Hélio Mosimann, ac. 17.03.1997, *RSTJ* 98/177).

b) Não extinção.

Precatório. Pagamento da parcela incontroversa. Extinção da execução. Descabimento. "A controvérsia cinge-se à interpretação do art. 794 do CPC/1973 (correspondente ao art. 924, II, do CPC/2015), não havendo necessidade de incursionar no conjunto fático-probatório para aferir que o pagamento ocorreu quanto à parte incontroversa da execução, de modo que não seria possível a extinção do feito que ainda se encontrava em fase de discussão pela instância recursal competente, quando ainda pairavam dúvidas quanto ao real valor a ser executado. O trânsito em julgado da sentença dos embargos à execução, que manteve o cálculo judicial, não impede a execução dos valores remanescentes, sob pena de sobrepor o direito processual ao direito material, mostrando-se equivocado o entendimento do Tribunal de origem" (STJ, AgInt no AREsp 1.622.880/SP, Rel. Min. Gurgel de Faria, 1ª Turma, jul. 10.08.2020, *DJe* 19.08.2020).

3. Reabertura por erro de cálculo. Impossibilidade. "Transitada em julgado a decisão de extinção do processo de execução, com fulcro no artigo 794, I, do CPC [art. 924, II, do CPC/2015], é defeso reabri-lo sob o fundamento de ter havido erro de cálculo. Recurso especial repetitivo julgado pela Corte Especial do STJ, mediante o rito descrito no art. 543-C do CPC: [art. 1.036 do CPC/2015]" (STJ, REsp 1.259.254/RJ, Rel. Min. Mauro Campbell Marques, 2ª Turma, jul. 01.09.2011, *DJe* 08.09.2011).

4. Extinção total da dívida por outro meio (inciso III).

a) Homologação da transação. Recurso cabível. "A decisão que homologa transação e extingue parcialmente a execução, determinando seu prosseguimento com relação aos litisconsortes que não transigiram, possui natureza interlocutória, motivo pelo qual o recurso contra ela cabível é o agravo de instrumento, e não a apelação" (STJ, REsp 829.992/DF, Rel. Min. Arnaldo Esteves Lima, 5ª Turma, jul. 13.12.2007, *DJ* 07.02.2008, p. 412).

"É a apelação e não o agravo de instrumento, o recurso cabível contra o *decisum* que extingue, por completo, o processo de execução" (STJ, AgRg no Ag 1.259.821/SP, Rel. Min. Adilson Vieira Macabu, 5ª Turma, jul. 14.06.2011, *DJe* 03.08.2011).

b) Acordo realizado antes de prolatada a sentença. Nos termos do art. 794, inciso II, do Código de Processo Civil [art. 924, III, do CPC/2015], extingue-se a execução quando o devedor obtém, por transação ou por qualquer outro meio, a remissão total da dívida. Todavia, a teor do que dispõe o art. 741, inciso VI, do Estatuto Processual [art. 535, VI, do CPC/2015], a transação só obstará a execução se tiver sido celebrada após a prolação da sentença. Na hipótese em apreço, constata-se que o mencionado acordo foi realizado antes de prolatada a sentença na ação de conhecimento e sequer foi homologado em juízo, razão pela qual não tem o condão de extinguir a execução" (STJ, AgRg no REsp 869.343/RS, Rel. Min. Laurita Vaz, 5ª Turma, jul. 12.02.2008, *DJ* 03.03.2008, p. 1).

c) Transação extrajudicial. "A transação extrajudicial, para surtir efeito liberatório de execução de título executivo judicial já iniciada, deve ser levada à homologação do juiz (art. 795 do CPC) [art. 925 do CPC/2015], ato que exige capacidade postulatória e, por conseguinte, que as partes estejam devidamente representadas por seus advogados. Precedentes do STJ" (STJ, AgRg no REsp 861.730/PR, Rel. Min. Felix Fischer, 5ª Turma, jul. 17.05.2007, *DJ* 11.06.2007, p. 368).

5. Prescrição intercorrente (inciso V).

Ausência de bens passíveis de penhora. Suspensão do processo. Inércia do exequente. Prescrição intercorrente. Direito intertemporal. "O Novo Código de Processo Civil previu regramento específico com relação à prescrição intercorrente, estabelecendo que haverá a suspensão da execução 'quando o executado não possuir bens penhoráveis' (art. 921, III), sendo que, passado um ano desta, haverá o início (automático) do prazo prescricional, independentemente de intimação, podendo o magistrado decretar de ofício a prescrição, desde que, antes, ouça as partes envolvidas. A sua ocorrência incorrerá na extinção da execução (art. 924, V). (...) Assim, seja em razão da segurança jurídica, seja pelo fato de o novo estatuto processual estabelecer dispositivo específico regendo a matéria, é que, em interpretação lógico-sistemática, tem-se que o atual regramento sobre prescrição intercorrente deve incidir apenas para as execuções ajuizadas após a entrada em vigor do CPC/2015 e, nos feitos em curso, a partir da suspensão da execução, com base no art. 921. Na hipótese, como o deferimento da suspensão da execução ocorreu sob a égide do CPC/1973 (ago./1998), há incidência do entendimento jurisprudencial consolidado no sentido de que não tem curso o prazo de prescrição intercorrente enquanto a execução estiver suspensa com base na ausência de bens penhoráveis (art. 791, III) [art. 921, III, do CPC/2015], exigindo-se, para o seu início, a intimação do exequente para dar andamento ao feito" (STJ, REsp 1.620.919/PR, Rel. Min. Luis Felipe Salomão, 4ª Turma, jul. 10.11.2016, *DJe* 14.12.2016).

6. Execução fiscal. Morte do executado. Sucessão processual não promovida pela exequente. Extinção do processo sem resolução de mérito. "No caso em exame, restou consignado que 'a União (Fazenda Nacional) se manteve inerte até a prolação da sentença impugnada em 08.06.2021, isto é, quase seis meses após sua intimação para promover a sucessão processual. Assim, não realizada a sucessão do devedor falecido pela exequente, mostra-se inviável o prosseguimento da execução fiscal, porquanto ausente a capacidade do executado para ser parte (em virtude de seu falecimento), não consubstanciando hipótese de aplicação do art. 40 da LEF" (TRF 2ª Região, Apelação 0143278-36.2013.4.02.5101/RJ, Rel. Des. Marcus Agraham, 3ª Turma, jul. 21.09.2021).

7. Execução hipotecária. Remição. "O direito de remição da execução pode ser exercido até a assinatura do auto de arrematação, conforme interpretação conjunta dos arts. 8º da Lei nº 5.741/1971 e 903 do CPC/2015. Para a remição da execução, é preciso apenas que o executado deposite em juízo a importância que baste ao pagamento da dívida reclamada mais os encargos adicionais, na forma do art. 8º, c/c o art. 2º, III, da Lei nº 5.741/1971" (STJ, REsp 1.996.063/RJ, Rel. Min. Nancy Andrighi, 3ª Turma, jul. 24.05.2022, *DJe* 30.05.2022).

Art. 925. A extinção só produz efeito quando declarada por sentença.

CPC/1973

Art. 795.

BREVES COMENTÁRIOS

Qualquer que seja o motivo, a extinção da execução só produz efeitos quando declarada por sentença. Não há, realmente, nenhum provimento de mérito, na espécie, mas apenas o reconhecimento de que a relação processual se exauriu, nada mais havendo que realizar no processo, em termos de execução forçada.

O provimento executivo é o ato de satisfação do direito do credor. É ele, e não a sentença do art. 925, que exaure a prestação jurisdicional específica do processo de execução. Uma distinção, no entanto, deve ser feita: não contém julgamento de mérito a sentença que apenas declara extinta a execução, sem solucionar questão alguma suscitada pelas partes. Se, todavia, eclode, dentro da própria execução, uma controvérsia em torno de, *v.g.*, ter, ou não, ocorrido o pagamento ou qualquer outra causa extintiva do crédito exequendo, não se pode recusar que a solução de semelhante questão de direito substancial configure um julgamento de mérito, capaz de produzir coisa julgada material.

Na verdade, quando se fala que não é de mérito a sentença proferida no processo de execução, o que se afirma não é a inexistência de mérito em tal processo, mas apenas que não é apreciável o seu mérito (crédito exequendo) no bojo da execução, porque o local apropriado para o respectivo enfrentamento são os embargos. Ali é que, ordinariamente, portanto, se produz o julgamento de mérito em torno do objeto da execução. Mas, se, por qualquer razão de direito, a extinção do crédito ou sua inexistência vem a ser apreciada dentro do próprio procedimento executivo, a natureza do julgamento será idêntica à da sentença dos embargos, gerando, por isso, coisa julgada material sobre a questão debatida e solucionada.

JURISPRUDÊNCIA SELECIONADA

1. Extinção da execução pelo pagamento. Inocorrência de coisa julgada material. "Necessidade de alegação da tese de pagamento parcial na petição inicial dos embargos à execução, sob pena de preclusão. Caso concreto em que a alegação de pagamento somente veio a ser deduzida na fase de instrução, sob a forma de quesitos complementares à perícia, quando já preclusa a matéria, configurando inovação da lide (art. 264 do CPC/1973, atual art. 329 do CPC/2015). Inocorrência, porém, de coisa julgada material, ficando aberta a via da ação autônoma para se obter a declaração de quitação parcial, bem como a condenação da exequente às condenações devidas pela cobrança de dívida já paga, se for o caso" (STJ, REsp 1.487.124/PR, Rel. Min. Paulo de Tarso Sanseverino, 3ª Turma, jul. 26.09.2017, *DJe* 02.10.2017).

Em sentido contrário: "A decisão que extingue a execução pelo pagamento reveste-se de conteúdo material, podendo ser desconstituída por ação rescisória" (STJ, AgRg no REsp 1.413.984/RS, Rel. Min. João Otávio de Noronha, 3ª Turma, jul. 16.04.2015, *DJe* 23.04.2015).

"É inviável a retomada, por simples petição, de execução extinta mediante sentença prolatada de acordo com o art. 795 do CPC [art. 925 do CPC/2015] pela satisfação da obrigação. Se extinta a execução, a complementação do crédito só poderá ser pleiteada pelo exequente via ação rescisória" (STJ, REsp 885.713/RS, Rel. Min. Mauro Campbell Marques, 2ª Turma, jul. 08.06.2010, *DJe* 28.06.2010).

2. Execução de sentença. Ausência de extinção expressa do feito executivo, na forma dos arts. 924 e 925 do CPC. "O decisório não atendeu aos requisitos estabelecidos pelos arts. 794 e 795 do CPC/1973 (os quais foram reproduzidos, com acréscimos, nos dispositivos dos arts. 924 e 925 do CPC/2015). É que, para haver uma sentença extintiva da execução, na forma do art. 794 do CPC/1973, o ato judicial deve ser conclusivo quanto aos seguintes pontos: a) satisfação da obrigação; b) existência de transação ou de qualquer outro meio de remissão total da dívida; c) renúncia ao crédito. Assim, mesmo que não se exija esteja transcrito o art. 794 do CPC/1973 no inteiro teor da decisão – o que não se afirma aqui, o contrário –, o magistrado há de expor, com clareza e expressa menção, uma das hipóteses descritas legalmente como aptas para extinção do feito executivo. Em nenhum momento o decisório afirma ter sido o débito pago integralmente (obrigação satisfeita), ter havido transação ou remissão total da dívida ou, por fim, ter ocorrido renúncia ao crédito. Tais conclusões não podem ser tomadas por mera inferência somente pelo fato de a decisão haver indeferido 'a elaboração de requisição complementar'. Ademais, a redação do art. 795 do CPC/1973 (repristinado no dispositivo do art. 925 do CPC/2015) é de uma clareza solar ao dispor que 'a extinção só produz efeito quando declarada por sentença'. Dessa forma, se o juiz não 'declara' através de um ato judicial típico denominado 'sentença', não se pode dizer, por simples inferência, tenha havido extinção da execução" (STJ, REsp 1393824/PR, Rel. Min. Og Fernandes, 2ª Turma, jul. 05.12.2017, *DJe* 13.12.2017).

3. Extinção da execução. "O ato judicial que extingue a execução em razão do pagamento da dívida deve ser impugnado por meio de recurso de apelação, constituindo-se erro grosseiro a interposição de agravo de instrumento, circunstância que impede a aplicação do princípio da fungibilidade recursal. Precedentes" (STJ, AgRg no REsp. 1.278.883/RN, Rel. Min. Maria Isabel Gallotti, 4ª Turma, jul. 15.08.2017, *DJe* 21.08.2017).

4. Cumprimento de sentença. Ausência de bens passíveis de excussão. Suspensão. Longo período de tempo sem diligências por parte do credor. Juros e correção. *Supressio*. Não configuração. Ofensa à coisa julgada. Inocorrência. Ver jurisprudência do art. 921, do CPC/2015.

5. Natureza da sentença. "A sentença que extingue a execução tem conteúdo declaratório (art. 795 do CPC) [art. 925 do CPC/2015], nela ficando reconhecida a ocorrência do fato jurídico que deu causa ao encerramento da execução" (STJ, REsp 691.785/RJ, Rel. Min. Raul Araújo, 4ª Turma, jul. 07.10.2010, *DJe* 20.10.2010).

6. Complementação de crédito. Execução extinta. É inviável a retomada, por simples petição, de execução extinta mediante sentença prolatada de acordo com o artigo 795 do CPC [art. 925 do CPC/2015] pela satisfação da obrigação. Se extinta a execução, a complementação do crédito só poderá ser pleiteada pelo exequente via ação rescisória" (STJ, REsp 885.713/RS, Rel. Min. Mauro Campbell Marques, 2ª Turma, jul. 08.06.2010, *DJe* 28.06.2010).

7. Reconhecimento da prescrição no próprio processo executivo gera decisão que resolve o mérito do processo. "Tendo a execução fiscal sido extinta em razão da prescrição, ainda que em momento anterior à citação do devedor no feito executivo, cabível a condenação do Município ao pagamento das custas processuais. Aplicação do princípio da causalidade. Ademais, sem qualquer substrato o pedido relativo à dispensa de pagamento das custas processuais. A hipótese legal, inserta no art. 26, da LEF, diz com aquela circunstância em que a dívida ativa é cancelada antes da decisão de primeira instância e não em caso de extinção da própria execução fiscal" (STJ, REsp 1.030.066/RS, Rel. Min. Eliana Calmon, 2ª Turma, jul. 15.05.2008, *DJe* 30.05.2008). No mesmo sentido: STJ, REsp 1.021.324/RS, Rel. Min. Eliana Calmon, 2ª Turma, jul. 15.05.2008, *DJe* 30.05.2008.

8. Embargos à execução. Ausência de alegação oportuna das defesas substanciais. Preclusão. Possibilidade de ajuizamento de ação autônoma. "Discute-se nos autos o cabimento de ação declaratória em que se intenta desconstituir o título executivo, ante o excesso de execução, bem como a ocorrência da preclusão, quando não opostos os embargos à execução. Esta Corte possui entendimento sedimentado no sentido de que, no curso do processo de execução, não há impedimento a que seja ajuizada ação tendente a desconstituir o título em que aquela fundamenta-se. Todavia, carecendo a ação de eficácia própria de embargos, a execução prosseguirá, salvo se admitida a antecipação de tutela, desde que preenchidos os requisitos básicos da fumaça do bom direito e do perigo na demora, o que ocorreu *in casu*. Conforme iterativos precedentes desta Corte, a não oposição dos embargos à execução não acarreta a preclusão, porquanto esta opera dentro do processo, não atingindo outros que possam ser instaurados, o que é próprio da coisa julgada material" (STJ, AgRg no AREsp 31.488/PR, Rel. Min. Humberto Martins, 2ª Turma, jul. 20.09.2011, *DJe* 26.09.2011).

☆ SUSPENSÃO E EXTINÇÃO DA EXECUÇÃO: INDICAÇÃO DOUTRINÁRIA

Cassio Scarpinella Bueno, *Manual de direito processual civil*, São Paulo: Saraiva, 2015; Daniel Amorim Assumpção Neves, *Manual de direito processo civil*, São Paulo: Método, 2015; Fredie Didier Jr., *Curso de direito processual civil*, 17. ed., Salvador: JusPodivm, 2015, v. I; Gilson Delgado Miranda, In: Teresa Arruda Alvim Wambier, Fredie Didier Jr., Eduardo Talamini, Bruno Dantas, *Breves comentários ao novo Código de Processo Civil*, São Paulo: Revista dos Tribunais, 2015; Gisele Leite. Extinção do processo de execução na vigente sistemática processual civil brasileira. *Juris Plenum*. n. 75. Ano XIII. Caxias do Sul: Ed. Plenum. maio/2017, p. 19; Guilherme Rizzo Amaral, *Comentários às alterações do novo CPC*, São Paulo: Revista dos Tribunais, 2015; Hermes Zaneti Júnior. *In* Sérgio Cruz Arenhart e Daniel Mitidiero (coord.). *Comentários ao Código de Processo Civil*. 2. ed., São Paulo: Editora Revista dos Tribunais, 2018, v. 14; Humberto Theodoro Júnior, *Curso de direito processual civil. 54. ed.*, Rio de Janeiro: Forense, 2021, v. III; Humberto Theodoro Júnior, Fernanda Alvim Ribeiro de Oliveira, Ester Camila Gomes Norato Rezende (coord.), *Primeiras lições sobre o novo direito processual civil brasileiro*, Rio de Janeiro: Forense, 2015; Humberto Theodoro Júnior. *Processo de execução e cumprimento de sentença*, 30. ed., Rio de Janeiro: Forense, 2020; J. E. Carreira Alvim, *Comentários ao novo Código de Processo Civil*, Curitiba: Juruá, 2015; José Maria dos Reis e Francis Vanine de Andrade, Da prescrição intercorrente na execução civil: incompletude do texto do inciso III do artigo 791 do CPC, *Amagis Jurídica*, ano VI, n. II, p. 50, jul.-dez. 2014; José Miguel Garcia Medina, *Novo Código de Processo Civil comentado*, São Paulo: Revista dos Tribunais, 2015; Leonardo Greco, *Instituições de processo civil: introdução ao direito processual civil*, 5. ed., Rio de Janeiro: Forense, 2015; Luis Antônio Giampaulo Sarro, *Novo Código de Processo Civil*, São Paulo: Rideel, 2015; Luiz Guilherme Marinoni, Sérgio Cruz Arenhart, Daniel Mitidiero, *Curso de processo civil*, São Paulo: Revista dos Tribunais, 2015, v. I; Maurício Giannico. *In* José Roberto F. Gouvêa; Luis Guilherme A. Bondioli e João Francisco N da Fonseca (coord.). Comentários ao Código de Processo Civil. São Paulo: Saraiva, 2018, v. 18; Nelson Nery Junior, Rosa Maria de Andrade Nery, *Comentários ao Código de Processo Civil*, São Paulo: Revista dos Tribunais, 2015; Teresa Arruda Alvim Wambier, Fredie Didier Jr., Eduardo Talamini, Bruno Dantas (coord.), *Breves comentários ao novo Código de Processo Civil*, São Paulo: Revista dos Tribunais, 2015; Teresa Arruda Alvim Wambier, Maria Lúcia Lins Conceição, Leonardo Ferres da Silva Ribeiro, Rogério Licastro Torres de Melo, *Primeiros comentários ao novo Código de Processo Civil*, São Paulo: Revista dos Tribunais, 2015.

LIVRO III
DOS PROCESSOS NOS TRIBUNAIS E DOS MEIOS DE IMPUGNAÇÃO DAS DECISÕES JUDICIAIS

TÍTULO I
DA ORDEM DOS PROCESSOS E DOS PROCESSOS DE COMPETÊNCIA ORIGINÁRIA DOS TRIBUNAIS

Capítulo I
DISPOSIÇÕES GERAIS

Art. 926. Os tribunais devem uniformizar sua jurisprudência e mantê-la estável, íntegra e coerente.

§ 1º Na forma estabelecida e segundo os pressupostos fixados no regimento interno, os tribunais editarão enunciados de súmula correspondentes a sua jurisprudência dominante.

§ 2º Ao editar enunciados de súmula, os tribunais devem ater-se às circunstâncias fáticas dos precedentes que motivaram sua criação.

REFERÊNCIA LEGISLATIVA

Recomendação CNJ nº 154/2024 (Padronização de ementas dos acórdãos).

CJF – I JORNADA DE DIREITO PROCESSUAL CIVIL

Enunciado 59 – Não é exigível identidade absoluta entre casos para a aplicação de um precedente, seja ele vinculante ou não, bastando que ambos possam compartilhar os mesmos fundamentos determinantes.

BREVES COMENTÁRIOS

Mantém-se, no atual Código brasileiro, a tradição do regime de súmulas, com o qual o direito positivo nacional, inclusive no plano constitucional, já se acha familiarizado, e que, à evidência, não é o mesmo do direito anglo-saxônico.

Nesse sentido, está determinado por nosso atual CPC que, uma vez verificado o estabelecimento de jurisprudência qualificada como dominante, entre seus julgamentos, os tribunais brasileiros "editarão enunciados de súmula", com observância dos pressupostos fixados no regimento interno (art. 926, § 1º).

Esses enunciados procuram reproduzir a tese que serviu de fundamento ao entendimento dominante no tribunal acerca de determinado problema jurídico. Não é o caso em sua inteireza e complexidade que o enunciado sumulado reproduz, mas apenas a *ratio decidendi* em que os precedentes se fundamentaram.

Visando facilitar a busca da jurisprudência, o STF e o CNJ divulgaram o *Manual de Padronização de Ementas* cujo objetivo é aprimorar a respectiva catalogação, de modo a incrementar o uso de inteligência artificial e a materializar o preconizado na Recomendação CNJ nº 154/2024. Nos termos do referido manual, as ementas deverão ser divididas nos seguintes itens: I – Caso em exame; II – Questão em discussão; III – Razões de decidir; IV – Dispositivo e tese (quando for o caso). Ao final, a legislação relevante citada e a jurisprudência relevante citada devem ser acrescentadas.

O conteúdo dos itens foi assim explicitado: **I – Caso em exame:** sumária descrição da hipótese (fato relevante e pedido); **II – Questão em discussão:** breve relato da questão ou questões controvertidas objeto da apreciação judicial; **III – Razões de decidir:** solução proposta e sucinta motivação; **IV – Dispositivo e tese:** conclusão do julgamento (provimento do recurso, desprovimento do recurso) e tese, quando for o caso. Toda ementa conterá um cabeçalho com as seguintes informações sequenciais (de preferência com o máximo de quatro linhas e formatação com efeito versalete – *small caps*): área do direito; tipo de ação; tema geral; algum complemento necessário; solução do caso (ex.: provimento, desprovimento).

JURISPRUDÊNCIA SELECIONADA

1. Incidente de uniformização de jurisprudência. Ausência de previsão no CPC/2015. Divergência entre Turmas de Seções diversas. Afetação do feito à Corte Especial. "O presente incidente de uniformização de jurisprudência, suscitado pela Fazenda Nacional no bojo do Conflito de Competência n. 144.433/GO durante a vigência do Código de Processo Civil/1973, em tese, poderia ser admitido, observando-se, quanto ao seu cabimento, as regras então dispostas pela lei adjetiva civil anterior. Todavia, em juízo de ponderação, quanto à conveniência em se instaurar um procedimento que não mais guarda previsão na lei adjetiva civil, afigura-se possível aventar a adoção de outras providências, que, a um só tempo, atendam à postulação e ao direito da parte de prevenir/encerrar a divergência jurisprudencial aventada. [...] Por razões de conveniência, não se conhece do Incidente de Uniformização Jurisprudencial e, de ofício, em atenção à providência contida no art. 16 do RISTJ, determina-se a afetação à Corte Especial do julgamento do presente conflito de competência para prevenir/dissipar a divergência jurisprudencial destacada no âmbito do STJ" (STJ, IUJur no CC 144.433/GO, Rel. Min. Marco Aurélio Bellizze, 2ª Seção, jul. 14.03.2018, *DJe* 22.03.2018).

Art. 927. Os juízes e os tribunais observarão:

I – as decisões do Supremo Tribunal Federal em controle concentrado de constitucionalidade;

II – os enunciados de súmula vinculante;

III – os acórdãos em incidente de assunção de competência ou de resolução de demandas repetitivas e em julgamento de recursos extraordinário e especial repetitivos;

IV – os enunciados das súmulas do Supremo Tribunal Federal em matéria constitucional e do Superior Tribunal de Justiça em matéria infraconstitucional;

V – a orientação do plenário ou do órgão especial aos quais estiverem vinculados.

§ 1º Os juízes e os tribunais observarão o disposto no art. 10 e no art. 489, § 1º, quando decidirem com fundamento neste artigo.

§ 2º A alteração de tese jurídica adotada em enunciado de súmula ou em julgamento de casos repetitivos poderá ser precedida de audiências públicas e da participação de pessoas, órgãos ou entidades que possam contribuir para a rediscussão da tese.

§ 3º Na hipótese de alteração de jurisprudência dominante do Supremo Tribunal Federal e dos tribunais superiores ou daquela oriunda de julgamento de casos repetitivos, pode haver modulação dos efeitos da alteração no interesse social e no da segurança jurídica.

§ 4º A modificação de enunciado de súmula, de jurisprudência pacificada ou de tese adotada em julgamento de casos repetitivos observará a necessidade de fundamentação adequada e específica, considerando os princípios da segurança jurídica, da proteção da confiança e da isonomia.

§ 5º Os tribunais darão publicidade a seus precedentes, organizando-os por questão jurídica decidida e divulgando-os, preferencialmente, na rede mundial de computadores.

REFERÊNCIA LEGISLATIVA

Art. 24 do Decreto-Lei 4.657/1942, incluído pela Lei 13.655/2018 (prevê a vedação de que, com base em mudança posterior de orientação geral, administrativa ou judicial, se declarem inválidas situações jurídicas constituídas ao tempo de jurisprudência diferente).

Resolução 235/2016 do CNJ (dispõe sobre a padronização de procedimentos administrativos decorrentes de julgamentos de repercussão geral, de casos repetitivos e de incidente de assunção de competência previstos na Lei 13.105, de 16 de março de 2015 – Código de Processo Civil).

Recomendação nº 134/2022 CNJ (dispõe sobre o tratamento dos precedentes no Direito brasileiro).

LINDB, arts. 23 e 24.

CTN, art. 146.

RISTJ, art. 121-A (Registro e formação dos precedentes qualificados).

BREVES COMENTÁRIOS

A força que o atual Código confere à jurisprudência, manifesta-se em dois planos: (i) o *horizontal*, de que decorre a sujeição do tribunal à sua própria jurisprudência, de modo que os órgãos fracionários fiquem comprometidos com a observância dos precedentes estabelecidos pelo plenário ou órgão especial (art. 927, V); (ii) o *vertical*, que vincula todos os juízes ou tribunais inferiores às decisões do STF em matéria de controle concentrado de constitucionalidade e de súmulas vinculantes; aos julgamentos do STF e do STJ em recursos extraordinário e especial repetitivos; aos enunciados de súmulas do STF e do STJ; e, finalmente, à orientação jurisprudencial relevante de todo tribunal revisor das respectivas decisões, a exemplo das decisões nas resoluções de demandas repetitivas, nos incidentes de assunção de competência (art. 927, I a IV).

A modulação de que trata o § 3º é necessária, e não apenas facultativa, nos casos de alteração de jurisprudência estabelecedora de precedente vinculante, como, *v.g.*, o gerado por recursos especial e extraordinário repetitivos. É que, na espécie, o precedente assume força normativa, e assim, não pode a sua supressão ou modificação prejudicar os casos acontecidos sob a regência da tese ulteriormente desconstituída.

A Recomendação 134/2022 do CNJ tratou minuciosamente da interpretação e prática para os tribunais em relação aos precedentes no direito brasileiro.

JURISPRUDÊNCIA SELECIONADA

1. Jurisprudência dominante. Conceito. "O conceito de 'jurisprudência dominante', para efeitos do manejo do pedido de interpretação de lei federal, deriva da dicção do art. 927 do CPC e pressupõe, como paradigmas, decisões proferidas em IRDR instaurado nas ações originárias do STJ, do IAC, de recursos especiais repetitivos (inciso III); de súmulas do STJ (inciso IV); ou, ainda, de julgamentos em plenário ou por órgão especial (inciso V)" (STJ, AgInt no PUIL 1.799/DF, Rel. Min. Sérgio Kukina, 1ª Seção, jul. 04.10.2022, *DJe* 07.10.2022).

2. Emenda Regimental 26/2016 do RISTJ. Teses repetitivas elaboradas anteriormente. "No período anterior à Emenda Regimental 26/2016 (*DJe* 15/12/2016), as teses repetitivas desta Corte configuravam providência de teor estritamente indexante do julgamento qualificado, porquanto elaboradas por unidade administrativa independente após o exaurimento da atividade jurisdicional. Faz-se necessário considerar o conteúdo efetivo dos julgados para seu manejo como precedente vinculante, prevalecendo a *ratio decidendi* extraída do inteiro teor em caso de contradição, incompletude ou qualquer forma de inconsistência com a tese então formulada. Hipótese incidente nas teses sob revisão, cuja redação pela unidade administrativa destoou em parte do teor dos julgamentos em recursos especiais repetitivos" (STJ, Pet 12.344/DF, Rel. Min. Og Fernandes, 1ª Seção, jul. 28.10.2020, *DJe* 13.11.2020).

3. Precedente formado em recuso extraordinário com repercussão geral. Julgamento imediato. Art. 1.029 do CPC. Ver jurisprudência sobre recurso extraordinário do art. 1.029 do CPC/2015.

Decisão do STF com repercussão geral. Imediato julgamento do processo com mesmo objeto. Possibilidade. Ver jurisprudência sobre recurso especial do art. 1.029 do CPC/2015.

4. Modulação dos efeitos.

a) Necessidade. "O § 3º do art. 927 do Código de Processo Civil de 2015 preconiza que, 'na hipótese de alteração de jurisprudência dominante do Supremo Tribunal Federal e dos tribunais superiores ou daquela oriunda de julgamento de casos repetitivos, pode haver modulação dos efeitos da alteração no interesse social e no da segurança jurídica'. Tendo em vista a duradoura jurisprudência do Tribunal Superior do Trabalho em sentido oposto ao decidido pelo Supremo Tribunal Federal neste precedente, surge, inevitavelmente, o interesse em resguardar os atos praticados ao longo de vários anos, enquanto perdurou a indefinição acerca do Juízo competente para dirimir a controvérsia. Precedente: RE 586.453, Rel. Min. Ellen Gracie, Rel. p/ Acórdão: Min. Dias Toffoli, Tribunal Pleno, *DJe* de

6/6/2013, Tema 190 da Repercussão Geral" (STF, RE 594.435 ED, Rel. p/ Acórdão Min. Alexandre de Moraes, Tribunal Pleno, jul. 21.08.2019, *DJe* 23.09.2019).

"E por essa razão, nós também adotamos o instituto da *prospective overruling*, ou seja, a mudança jurisprudencial tem de ter eficácia *ex nunc*, porque senão ela surpreende quem obedecia a jurisprudência daquele momento. (...), ao lado desse prestígio do precedente, há o prestígio, digamos assim, da segurança jurídica, princípio de que a jurisprudência não pode causar uma surpresa ao jurisdicionado que no momento em que propusera a ação o panorama jurídico era um, depois ele se modifica" (Trechos do voto do relator no STF, AR 2.422/DF AgRg, Rel. Min. Luiz Fux, Pleno, jul. 25.10.2018, *DJe* 11.10.2019).

b) Competência. "O Superior Tribunal de Justiça tem entendido que a modulação dos efeitos da decisão compete ao juízo que a prolatou. Tal orientação já foi aplicada para declarar ilegítima a modulação de decisões proferidas no controle concentrado de constitucionalidade por outro órgão que não o Supremo Tribunal Federal; e para afirmar que as Turmas do Superior Tribunal de Justiça não podem modular os efeitos de acórdãos repetitivos. Aquela orientação não impede que o julgador do caso análogo sucessivo ao precedente aprecie, como é da essência do julgamento em concreto, os fatos da causa no momento da aplicação. Nessa apreciação, a Lei de Introdução às Normas do Direito Brasileiro estabelece que o julgador deve considerar as consequências práticas de sua decisão, bem como que deve ele, no momento de aplicar novo dever ou condicionamento de direito, estabelecer um regime de cumprimento proporcional, equânime e eficiente e sem prejuízo aos interesses gerais" (STJ, AREsp 1.033.647/RO, Rel. Min. Paulo Sérgio Domingues, 1ª Turma, jul. 02.04.2024, *DJe* 08.04.2024).

c) Modulação dos efeitos de recurso repetitivo (§ 3º).

Medicamentos não incorporados em atos normativos do SUS. "A tese fixada no julgamento repetitivo passa a ser: A concessão dos medicamentos não incorporados em atos normativos do SUS exige a presença cumulativa dos seguintes requisitos: i) comprovação, por meio de laudo médico fundamentado e circunstanciado expedido por médico que assiste o paciente, da imprescindibilidade ou necessidade do medicamento, assim como da ineficácia, para o tratamento da moléstia, dos fármacos fornecidos pelo SUS; ii) incapacidade financeira de arcar com o custo do medicamento prescrito; iii) existência de registro do medicamento na ANVISA, observados os usos autorizados pela agência. Modulam-se os efeitos do presente repetitivo de forma que os requisitos acima elencados sejam exigidos de forma cumulativa somente quanto aos processos distribuídos a partir da data da publicação do acórdão embargado, ou seja, 4/5/2018" (STJ, EDcl no REsp 1657156/RJ, Rel. Min. Benedito Gonçalves, 1ª Seção, jul. 12.09.2018, *DJe* 21.09.2018).

Comprovação de feriado local. "A Corte Especial deste Superior Tribunal de Justiça, recentemente, no julgamento do REsp 1.813.684/SP (ainda pendente de publicação), firmou a orientação de que o feriado local deve ser comprovado no ato da interposição do recurso. Entretanto, para os recursos interpostos anteriormente à publicação desse julgado, será permitida a abertura de prazo para a demonstração da ocorrência da suspensão de prazos em virtude de feriado local" (STJ, EDcl nos EDcl no AgInt nos EDcl no AREsp 1288038/SP, Rel. Min. Sérgio Kukina, 1ª Turma, jul. 15.10.2019, DJe 18.10.2019). No mesmo sentido: STJ, REsp 1813684/SP, Rel. p/ acórdão Min. Luis Felipe Salomão, Corte Especial, jul. 02.01.2019, *DJe* 18.11.2019.

No entanto, "O propósito da presente questão de ordem é definir, diante da contradição entre as notas taquigráficas e o acórdão publicado no *DJe* de 18.11.2019, se a modulação de efeitos deliberada na sessão de julgamento do recurso especial, ocasião em que se permitiu a posterior comprovação da tempestividade de recursos dirigidos a esta Corte, abrange especificamente o feriado da segunda-feira de carnaval ou se diz respeito a todos e quaisquer feriados. (...) Tendo o relator interpretado que a tese firmada por ocasião do julgamento colegiado do recurso especial também permitiria a comprovação posterior de todo e qualquer feriado, é admissível, em questão de ordem, reduzir a abrangência do acórdão. Questão de ordem resolvida no sentido de reconhecer que a tese firmada por ocasião do julgamento do REsp 1.813.684/SP é restrita ao feriado de segunda-feira de carnaval e não se aplica aos demais feriados, inclusive aos feriados locais" (STJ, QO no REsp 1813684/SP, Rel. Min. Nancy Andrighi, Corte Especial, jul. 03.02.2020, *DJe* 28.02.2020).

Declaração de inconstitucionalidade de ato normativo. Quórum. "Sob a presidência do Senhor Ministro Dias Tofolli, na conformidade da ata de julgamento e das notas taquigráficas, inicialmente por maioria de votos, resolver questão de ordem suscitada pelo Ministro Dias Toffoli (Presidente), deliberou que, para a modulação dos efeitos de decisão em julgamento de recursos extraordinários repetitivos, com repercussão geral, nos quais não tenha havido declaração de inconstitucionalidade de ato normativo, é suficiente o quórum de maioria absoluta dos membros do Supremo Tribunal Federal, vencido o Ministro Marco Aurélio, que diverge quanto à formulação da questão de ordem e quanto ao seu mérito" (STF, RE 638.115 ED-ED, Rel. Min. Gilmar Mendes, Pleno, jul. 18.12.2019, *DJe* 08.05.2020). **Trecho do voto do relator:** "O Código de Processo Civil de 2015 disciplina os institutos, os procedimentos e os efeitos do microssistema de julgamentos repetitivos, não sendo adequado, a partir da vigência desse diploma, transplantar o quórum próprio das ações do controle abstrato de constitucionalidade para o julgamento dos recursos extraordinários repetitivos, uma vez que a questão em jogo não seja a declaração de inconstitucionalidade de texto ou ato normativo. (...) No presente caso, deve-se ressaltar, o Supremo não está a vincular a Administração Pública. O pronunciamento do Supremo não vinculará os outros Poderes da República. A decisão vinculará o Sistema de Justiça. Essa é a essência de um pronunciamento de uma Corte Constitucional de precedentes. (...) Ante esse quadro, resolvo a questão de ordem assentando que a modulação dos efeitos da decisão no julgamento dos recursos extraordinários repetitivos com repercussão geral exige apenas quórum de maioria absoluta dos membros do Supremo Tribunal Federal, desde que não haja declaração de inconstitucionalidade de texto normativo ou ato normativo."

Seguro de vida. Suicídio nos dois primeiros anos do contrato. Cobertura. Mudança traumática de jurisprudência. Aplicação do entendimento antigo. Teoria da modulação dos efeitos. "O propósito recursal consiste em determinar se, na hipótese de mudança de jurisprudência, a nova orientação poderia ser aplicada indiscriminadamente sobre os litígios surgidos durante a vigência do entendimento jurisprudencial anterior, ainda mais sobre aqueles já submetidos ao Poder Judiciário. (...) A modulação de efeitos do art. 927, § 3º, do CPC/15 deve ser utilizada com parcimônia, de forma excepcional e em hipóteses específicas, em que o entendimento superado tiver sido efetivamente capaz de gerar uma expectativa legítima de atuação nos jurisdicionados e, ainda, o exigir o interesse social envolvido. Na hipótese, é inegável a ocorrência de traumática alteração de entendimento desta Corte Superior, o que não pode ocasionar prejuízos para a recorrente, cuja demanda já havia sido julgada procedente em 1º grau de jurisdição de acordo com a jurisprudência anterior do STJ" (STJ, REsp 1.721.716/PR, Rel. Min. Nancy Andrighi, 3ª Turma, jul. 10.12.2019, *DJe* 17.12.2019).

d) Reconhecendo que a modulação pode ser feita em embargos de declaração: STF, ADI 3601 ED, Rel. Min. Dias Tofoli, Pleno, jul. 09.09.2010, *DJe* 15.12.2010; STF, RE 669.069-ED, Rel. Min. Teori Zavascki, Pleno, jul. 16.06.2016, *DJe* 30.06.2016; STF ADI 3794-ED, Rel. Min. Roberto Barroso, Pleno, jul. 18.12.2014, *DJe* 25.02.2015.

e) Matéria apreciável de ofício. "A modulação de efeitos de decisão que supera orientação jurisprudencial é matéria apreciável de ofício, razão pela qual não configura inovação recursal" (STJ, EDcl no REsp 1.630.659/DF, Rel. Min. Nancy Andrighi, 3ª Turma, jul. 27.11.2018, *DJe* 06.12.2018).

5. Aplicação de entendimento sem modulação.

Agravo de instrumento. Taxatividade mitigada. "Assim, nos termos do art. 1.036 e seguintes do CPC/2015, fixa-se a seguinte tese jurídica: O rol do art. 1.015 do CPC é de taxatividade mitigada, por isso admite a interposição de agravo de instrumento quando verificada a urgência decorrente da inutilidade do julgamento da questão no recurso de apelação. Embora não haja risco de as partes que confiaram na absoluta taxatividade com interpretação restritiva serem surpreendidas pela tese jurídica firmada neste recurso especial repetitivo, eis que somente se cogitará de preclusão nas hipóteses em que o recurso eventualmente interposto pela parte tenha sido admitido pelo Tribunal, estabelece-se neste ato um regime de transição que modula os efeitos da presente decisão, a fim de que a tese jurídica somente seja aplicável às decisões interlocutórias proferidas após a publicação do presente acórdão" (STJ, REsp 1704520/MT, Rel. Min. Nancy Andrighi, Corte Especial, jul. 05.12.2018, *DJe* 19.12.2018).

Recuperação judicial e processo falimentar. Cabimento de agravo. Modulação. Ver jurisprudência do art. 1.015 do CPC/2015.

Imposto de renda sobre abono de permanência. "A questão controvertida foi objeto de recente análise pela Primeira Seção, no julgamento dos EREsp 1.548.456/BA (Rel. Min. Herman Benjamin, *DJe* 16.4.2019), no qual se concluiu que o entendimento firmado no Recurso Especial repetitivo 1.192.556/PE deve ser aplicado de forma plena, sem modulação temporal de seus efeitos" (STJ, EREsp 1596978/RJ, Rel. Min. Herman Benjamin, Primeira Seção, jul. 14.08.2019, *DJe* 11.10.2019).

Utilização quando o entendimento superado for capaz de gerar expectativa do jurisdicionado. "A modulação de efeitos do art. 927, § 3º, do CPC/15 deve ser utilizada com parcimônia, de forma excepcional e em hipóteses específicas, em que o entendimento superado tiver sido efetivamente capaz de gerar uma expectativa legítima de atuação nos jurisdicionados e, ainda, o exigir o interesse social envolvido. (...) *In casu*, ao menos desde o julgamento pela 3ª Turma do REsp 1.316.117/SC, ocorrido em 26.04.2016, não há jurisprudência consolidada em relação ao termo inicial do prazo máximo de inscrição da anotação nos cadastros de proteção ao crédito, o que permite concluir pela inexistência de jurisprudência em sentido substancial, capaz de ensejar nos jurisdicionados uma confiança racionalmente aceitável de estabilidade capaz de subsidiar uma legítima expectativa de certeza objetiva de resposta jurisdicional" (STJ, EDcl no REsp 1.630.659/DF, Rel. Min. Nancy Andrighi, 3ª Turma, jul. 27.11.2018, *DJe* 06.12.2018).

6. Modulação de efeitos. Vinculação do STJ ao que decidido pelo STF também quanto à modulação. "Em casos onde a alteração da jurisprudência do Superior Tribunal de Justiça – STJ deriva de adequação a julgado posterior proferido pelo Supremo Tribunal Federal – STF (*overruling vertical*) a modulação de efeitos deve seguir a mesma solução dada também pelo STF, sob pena de permanecer a situação que se quer evitar de duplicidade de soluções judiciais para uma mesma questão, a fomentar insegurança jurídica (os Tribunais inferiores não saberão qual posicionamento seguir para o período), ineficiência da prestação jurisdicional (pois a parte prejudicada irá interpor recurso extraordinário/especial para afastar ou garantir a modulação) e desigualdade no tratamento dos jurisdicionados (pois o processo sofrerá solução diferente de acordo com o tribunal destinatário do recurso final). Ou seja, se o STF decidiu pela modulação, solução idêntica há que ser adotada pelo STJ. Se o STF decidiu pela impossibilidade de modulação, do mesmo modo a impossibilidade há que ser acatada pelo STJ. Nesse sentido, a própria decisão sobre a modulação (positiva ou negativa) vincula posto que também dotada de repercussão geral, tudo também com o escopo de se evitar a litigância temerária. Mas, se o STF simplesmente não se manifestou a respeito da modulação, resta a possibilidade de o STJ modular os efeitos de seu novo posicionamento, sendo que essa mesma modulação poderá ser objeto de recurso ao STF, a fim de que a jurisprudência das duas Cortes Superiores seja ali uniformizada" (STJ, EDcl no REsp 1.551.640/SC, Rel. Min. Mauro Campbell Marques, 2ª Turma, jul. 23.08.2018, *DJe* 29.08.2018).

Art. 928. Para os fins deste Código, considera-se julgamento de casos repetitivos a decisão proferida em:

I – incidente de resolução de demandas repetitivas;

II – recursos especial e extraordinário repetitivos.

Parágrafo único. O julgamento de casos repetitivos tem por objeto questão de direito material ou processual.

BREVES COMENTÁRIOS

O CPC/2015, na esteira do Código anterior, contempla procedimento para os recursos especial e extraordinário repetitivos (arts. 1.036 a 1.041), destinados a produzir eficácia pacificadora de múltiplos litígios, mediante estabelecimento de tese aplicável a todos os recursos em que se debata a mesma questão de direito.

Uma vez assentada a interpretação da lei constitucional ou infraconstitucional no aresto da Seção ou da Corte Especial do STJ ou do Pleno do STF, seus reflexos repercutirão sobre o destino de todos os demais recursos especiais e extraordinários pendentes que versem sobre a mesma questão de direito (art. 1.040). Questão esta que tanto pode ser de direito material, como processual (art. 928, parágrafo único).

A novidade consiste na instituição do incidente de resolução de demandas repetitivas, o qual, nos tribunais de segundo grau, observa, também, o sistema de julgamento por amostragem, fixando teses de direito vinculantes aplicáveis a todos os processos que, na área de competência do tribunal, versem sobre a mesma questão.

Capítulo II
DA ORDEM DOS PROCESSOS NO TRIBUNAL

Art. 929. Os autos serão registrados no protocolo do tribunal no dia de sua entrada, cabendo à secretaria ordená-los, com imediata distribuição.

Parágrafo único. A critério do tribunal, os serviços de protocolo poderão ser descentralizados, mediante delegação a ofícios de justiça de primeiro grau.

CPC/1973

Art. 547.

REFERÊNCIA LEGISLATIVA

CF, art. 93, VX (distribuição imediata doe processos em todos os graus de jurisdição).

BREVES COMENTÁRIOS

A regra do art. 929 do CPC/2015 é determinativa: os autos recebidos pela secretaria, dentro do horário de funcionamento, têm que ser protocolados na data do recebimento, pena de prejudicar os interessados.

O parágrafo único do art. 929 permite que os feitos e recursos remetidos aos tribunais possam se valer de protocolos descentralizados. Para tanto, cada tribunal, dentro de sua circunscrição, terá de delegar o processamento de atos de seu protocolo a ofícios de justiça de primeiro grau. Implantada a descentralização, o recurso, a petição ou os autos que forem protocolados no ofício de 1º grau com endereçamento ao tribunal serão havidos como protocolados no próprio tribunal, para todos os efeitos, inclusive os de controle dos prazos recursais.

JURISPRUDÊNCIA SELECIONADA

1. Protocolo integrado. Impossibilidade. Embargos de declaração intempestivos. "De acordo com entendimento do STJ, o sistema de protocolo integrado não é aplicado aos recursos manejados contra decisão ou acórdão proferidos por esta Corte Superior, não sendo admitido, pois o protocolo de embargos de declaração no âmbito do Tribunal de origem, ainda que dentro do prazo legal. Considerando que a tempestividade de recursos dirigidos ao STJ é aferida na data do protocolo da petição na Secretaria deste Tribunal e que não se admite o uso do protocolo integrado no âmbito do STJ, forçoso o reconhecimento da intempestividade dos embargos de declaração" (STJ, AgInt nos EDcl no AREsp 1527685/MS, Rel. Min. Luis Felipe Salomão, 4ª Turma, jul. 25.05.2020, *DJe* 01.06.2020). **No mesmo sentido:** STJ, AgInt no AREsp 1132235/PR, Rel. Min. Moura Ribeiro, 3ª Turma, jul. 13.05.2019, *DJe* 16.05.2019; STJ, AgInt no AREsp 1195499/RJ, Rel. Min. Luis Felipe Salomão, 4ª Turma, jul. 09.10.2018, *DJe* 15.10.2018.

2. Protocolo descentralizado (parágrafo único). "A Lei nº 10.352, de 26.12.2001, ao alterar os artigos 542 e 547 do CPC [arts. 1.030 e 929 do CPC/2015], afastou o obstáculo à adoção de protocolos descentralizados. Esta nova regra processual, de aplicação imediata, se orienta pelo critério da redução de custos, pela celeridade de tramitação e pelo mais facilitado acesso das partes às diversas jurisdições" (STF, AI-AgRg 476.260/SP, Rel. Min. Carlos Britto, Tribunal Pleno, jul. 23.02.2006, *DJ* 16.06.2006).

Recursos dirigidos ao Superior Tribunal de Justiça. Súmula 256/STJ. "Nos termos da Súmula 256/STJ, 'O sistema de protocolo integrado não se aplica aos recursos dirigidos ao Superior Tribunal de Justiça'. Entendimento que não se alterou, mesmo após o advento da Lei 10.352/2001" (STJ, AgRg no Ag 1.006.537/SP, Rel.ª Min.ª Eliana Calmon, 2ª Turma, jul. 19.08.2008, *DJe* 22.09.2008). **Entretanto**, "A Corte Especial, no julgamento do AgRg no Ag n. 792.846/SP, relator para acórdão Ministro Luiz Fux, em 21.5.2008, **cancelou a Súmula n. 256/STJ** para admitir a interposição de recurso da competência do STJ por meio de protocolo integrado" (STJ, AgRg no Ag 1.068.880/SP, Rel. Min. João Otávio de Noronha, 4ª Turma, jul. 07.06.2011, *DJe* 15.06.2011). **Obs.:** No julgamento do AgRg no Ag 792846/SP citado na jurisprudência, o Ministro João Otávio de Noronha, em seu voto, ressaltou que "estamos permitindo o protocolo integrado para recurso especial. É preciso que esse ponto fique bem esclarecido no voto porque, do contrário, em pouco tempo estaremos recebendo agravo regimental protocolizado na origem. Precisamos deixar claro que estamos admitindo a utilização do protocolo integrado apenas para o recurso especial".

Aplicação retroativa. "Seguindo a orientação firmada nos EREsp nº 733.438/SP no sentido de serem aplicáveis retroativamente alterações jurisprudenciais em matéria processual, os recursos interpostos perante esta Corte por meio de Protocolo Integrado, mesmo que anteriores ao cancelamento da Súmula 256/STJ, devem ser conhecidos, afastando-se a intempestividade" (STJ, AgRg no Ag 1.004.611/MG, Rel. p/ Acórdão Min. Francisco Falcão, 1ª Turma, jul. 19.08.2008, *DJe* 17.11.2008).

Protocolo postal. "Esta Corte tem decidido que o convênio firmado entre os Tribunais de origem e a Empresa Brasileira de Correios e Telégrafos não se aplica às petições endereçadas ao STJ. Súmula 216/STJ" (STJ, AgRg no Ag 1.267.867/SC, Rel. Min. Paulo de Tarso Sanseverino, 3ª Turma, jul. 14.09.2010, *DJe* 01.10.2010). **Obs.:** A Súmula 256/STJ foi cancelada pela Corte Especial do STJ em 09/06/2008. O art. 1.003, § 4º, do CPC/2015 prevê a possiblidade de *recurso remetido pelo correio*, caso em que a *tempestividade* do recurso será feita em função da *data da postagem*, e não da chegada ao Tribunal.

"'A tempestividade de recurso interposto no Superior Tribunal de Justiça é aferida pelo registro no protocolo da Secretaria, e não pela data da entrega na agência do correio' (Súmula do STJ, Enunciado nº 216)" (STJ, AgRg no AgRg no REsp 889.988/SC, Rel. Min. Hamilton Carvalhido, 6ª Turma, jul. 30.08.2007, *DJe* 07.04.2008).

Art. 930. Far-se-á a distribuição de acordo com o regimento interno do tribunal, observando-se a alternatividade, o sorteio eletrônico e a publicidade.

Parágrafo único. O primeiro recurso protocolado no tribunal tornará prevento o relator para eventual recurso subsequente interposto no mesmo processo ou em processo conexo.

CPC/1973

Art. 548.

BREVES COMENTÁRIOS

O relator sorteado para o primeiro recurso protocolado no tribunal torna-se prevento para eventuais recursos subsequentes no mesmo processo ou em processo conexo (art. 930, parágrafo único). Trata-se da prevenção por conexão. Haverá, também, prevenção ao relator que decidir o pedido de concessão de efeito suspensivo à apelação, formulado pelo apelante ao tribunal competente para julgar o recurso, no período compreendido entre a sua interposição perante o juízo de primeiro grau e a distribuição no órgão ad quem (art. 1.012, § 3º, I).

JURISPRUDÊNCIA SELECIONADA

1. Recurso. Distribuição. Prevenção. Inobservância. Nulidade relativa. "A distribuição de recursos de ações conexas ao mesmo relator só faz sentido quando interpostos de processos que tenham tramitado em conjunto, no mesmo juízo de origem. A eventual inobservância da distribuição por prevenção de recursos relacionados a ações conexas possui natureza de nulidade relativa, que deve ser alegada no momento oportuno, sob pena de preclusão, e cujo reconhecimento demanda a demonstração do efetivo e concreto prejuízo (*princípio do pas de nullité sans grief*). Precedentes" (STJ, REsp 1834036/SP, Rel. Min. Nancy Andrighi, 3ª Turma, jul. 28.04.2020, *DJe* 27.05.2020).

2. Distribuição dos processos. "Da leitura do art. 548 do CPC [art. 930 do CPC/2015] abstrai-se que a distribuição dos processos deve atender fielmente ao preceituado nas normas regimentais dos tribunais. Logo, qualquer desrespeito a essas normas configura-se violação a esse dispositivo legal" (STJ, REsp 598.111/AM, Rel. Min. José Delgado, 1ª Turma, jul. 06.05.2004, *DJ* 21.06.2004).

3. Prevenção regimental. "Constatada a distribuição a relatores diversos de dois recursos relativos às mesmas partes, caberia à agravante, antes do julgamento de qualquer um deles, ter suscitado a prevenção do relator a quem foi o primeiro recurso distribuído, já que a prevenção interna desta Corte, quando não verificada de ofício pelo julgador, pode ser arguida pelas partes ou pelo Ministério Público, porém apenas até o início do julgamento, consoante o disposto no artigo 71, § 4º, do RISTJ. Realizado o julgamento, sem que tal alerta houvesse ocorrido, ainda que por relator diverso do prevento, a decisão não padece de nulidade" (STJ, EDcl no AgRg no Ag. 579.329/RJ, Rel. Min. Aldir Passarinho Junior, 4ª Turma, jul. 07.12.2004, *DJ* 21.03.2005).

Interpretação da lei. "A interpretação da lei deve ser feita de forma lógica, inteligente, de modo que não contrarie o senso comum. Atribuir ao relator que restou vencido a prevenção para examinar os demais recursos referentes ao mesmo processo é ferir esse senso, em especial, quando não é essa regra que se infere do Regimento Interno do Tribunal local" (STJ, REsp 598.111/AM, Rel. Min. José Delgado, 1ª Turma, jul. 06.05.2004, *DJ* 21.06.2004).

Ausência definitiva do Relator. "Havendo o relator deixado em definitivo o Tribunal, incumbe àquele que, iniciado o julgamento, estiver com vista dos autos relatar questão de ordem" (STF, ACO-QO 453/PR, Rel. Min. Marco Aurélio, Tribunal Pleno, jul. 17.06.2004, *DJ* 10.12.2004).

4. Competência por distribuição. "É relativa a competência por distribuição, ou seja, a que se dá entre juízes de igual competência" (STJ, REsp 42.419/MG, Rel. Min. Antônio de Pádua Ribeiro, 2ª Turma, jul. 17.05.1995, *DJ* 05.06.1995).

5. Impugnação pelo mandado de segurança. "Sendo a distribuição dos feitos mero ato pré-processual, de disciplina interna do Juízo ou Tribunal, pode ser impugnada através do mandado de segurança, prescindindo-se do recurso prévio tal como exigido nas impetrações contra ato judicial agravável" (STJ, RMS 304/MA, Rel. Min. Gueiros Leite, 3ª Turma, jul. 24.04.1990, *DJ* 28.05.1990).

Art. 931. Distribuídos, os autos serão imediatamente conclusos ao relator, que, em 30 (trinta) dias, depois de elaborar o voto, restituí-los-á, com relatório, à secretaria.

CPC/1973

Art. 549.

BREVES COMENTÁRIOS

Assim que o recurso for distribuído, os autos serão enviados, imediatamente, ao relator, para análise e elaboração do voto. Os autos, com o respectivo relatório, serão devolvidos à secretaria, no prazo de trinta dias (art. 931). O relatório será redigido de maneira a historiar o recurso, expondo os pontos relevantes da controvérsia, a exemplo do que se faz no julgamento por sentença (art. 489, I). A divulgação do voto do relator dar-se-á na sessão de julgamento, após a leitura do relatório.

JURISPRUDÊNCIA SELECIONADA

1. Relator vencido. Necessidade de elaboração de novo relatório. Inexistência. "Inexiste na legislação processual civil, tampouco no Regimento Interno do STJ, qualquer previsão no sentido de que o relator designado para lavrar Acórdão, deva apresentar novo relatório ou manifestar expressa adesão ao relatório já apresentado pelo relator originário do recurso, que ficou vencido. O relatório do recurso cabe unicamente ao relator originário (art. 931 do Código Fux; art. 154 do RISTJ), sendo que o Regimento Interno do STJ, ao tratar da substituição do relator originário, quando vencido (art. 52, II), o faz unicamente em relação à redação do Acórdão. Ademais, o relatório não vincula os fundamentos do Acórdão, tratando-se de peça meramente informativa. Nesse sentido, a decisão embargada está devidamente motivada/fundamentada, inexistindo ofensa ao devido processo legal" (STJ, EDcl no REsp 1221796/RJ, Rel. Min. Napoleão Nunes Maia Filho, 1ª Turma, jul. 03.03.2020, *DJe* 18.03.2020).

2. Relatório. "Acórdãos e sentenças têm, como um dos requisitos essenciais, o relatório – C. P. C. Artigos 165 e 458 [arts. 489 e 931 do CPC/2015]. A circunstância de não haver revisão faz dispensável seja o relatório lançado nos autos, antes do julgamento. Deverá, entretanto, ser feito oralmente e integrar o acórdão" (STJ, RMS 460/BA, Rel. Min. Eduardo Ribeiro, 3ª Turma, jul. 04.09.1990, *DJ* 09.10.1990). **No mesmo sentido:** STJ, REsp 3.725/RJ, Rel. Min. Eduardo Ribeiro, 3ª Turma, jul. 27.08.1990, *DJ* 17.09.1990.

Relatório oral. "Não é nulo o acórdão pelo fato de ter sido feito o relatório oralmente, constando o seu resumo do corpo do julgado. É de se considerar, outrossim, que a exigência do relatório escrito – art. 549, parágrafo único, do CPC [art. 931 do CPC/2015] – não se faz acompanhar de nulidade. Válido é o ato que, realizado por outro modo, alcança sua finalidade" (STF, RE 92.861, Rel. Min. Djaci Falcão, 2ª Turma, jul. 26.08.1980, *DJ* 26.09.1980; *Adcoas* 77248/1981).

"Cuidando-se de feito em curso sob o **procedimento ordinário**, é inadmissível ser o recurso de apelação levado à mesa para julgamento sem relatório e sem o visto do revisor" (REsp 26.874/RJ, Rel. Min. Barros Monteiro, 4ª Turma, jul. 06.10.1992, *DJ* 16.11.1992).

Ver jurisprudência do art. 489 do CPC/2015.

3. Falecimento do relator antes de reiniciado o julgamento. Voto do novo relator contrário ao do relator original. Nulidade configurada. "Nos julgamentos colegiados, pode o julgador alterar seu voto enquanto perdurar o julgamento. Essa faculdade, todavia, é pessoal, de modo que a alteração do voto proferido antes da proclamação do resultado não pode ser feita por outro julgador que atue em substituição ao magistrado ausente" (STJ, REsp 1416635/SP, Rel. p/ Acórdão Ministro João Otávio de Noronha, 3ª Turma, jul. 07.04.2015, *DJe* 22.04.2015)

Art. 932. Incumbe ao relator:

I – dirigir e ordenar o processo no tribunal, inclusive em relação à produção de prova, bem como, quando for o caso, homologar autocomposição das partes;

II – apreciar o pedido de tutela provisória nos recursos e nos processos de competência originária do tribunal;

III – não conhecer de recurso inadmissível, prejudicado ou que não tenha impugnado especificamente os fundamentos da decisão recorrida;

IV – negar provimento a recurso que for contrário a:

a) súmula do Supremo Tribunal Federal, do Superior Tribunal de Justiça ou do próprio tribunal;

b) acórdão proferido pelo Supremo Tribunal Federal ou pelo Superior Tribunal de Justiça em julgamento de recursos repetitivos;

c) entendimento firmado em incidente de resolução de demandas repetitivas ou de assunção de competência;

V – depois de facultada a apresentação de contrarrazões, dar provimento ao recurso se a decisão recorrida for contrária a:

a) súmula do Supremo Tribunal Federal, do Superior Tribunal de Justiça ou do próprio tribunal;

b) acórdão proferido pelo Supremo Tribunal Federal ou pelo Superior Tribunal de Justiça em julgamento de recursos repetitivos;

c) entendimento firmado em incidente de resolução de demandas repetitivas ou de assunção de competência;

VI – decidir o incidente de desconsideração da personalidade jurídica, quando este for instaurado originariamente perante o tribunal;

VII – determinar a intimação do Ministério Público, quando for o caso;

VIII – exercer outras atribuições estabelecidas no regimento interno do tribunal.

Parágrafo único. Antes de considerar inadmissível o recurso, o relator concederá o prazo de 5 (cinco) dias ao recorrente para que seja sanado vício ou complementada a documentação exigível.

CPC/1973

Art. 557.

REFERÊNCIA LEGISLATIVA

Regimento Interno do STJ, art. 34, parágrafo único.

SÚMULAS

Súmulas do STJ:

nº 116: "A Fazenda Pública e o Ministério Público têm prazo em dobro para interpor agravo regimental no Superior Tribunal de Justiça".

nº 253: "O art. 557 do CPC, que autoriza o relator a decidir o recurso, alcança o reexame necessário".

nº 568: "O relator, monocraticamente e no Superior Tribunal de Justiça, poderá dar ou negar provimento ao recurso quando houver entendimento dominante acerca do tema".

Súmula do TJRJ:

nº 53: "O art. 557, do Código de Processo Civil abrange, não só julgamento dos recursos arrolados no art. 496, como a reexame necessário previsto no art. 475, do mesmo diploma legal (Súmula 253 do STF)".

CJF – I JORNADA DE DIREITO PROCESSUAL CIVIL

Enunciado 66 – Admite-se a correção da falta de comprovação do feriado local ou da suspensão do expediente forense, posteriormente à interposição do recurso, com fundamento no art. 932, parágrafo único, do CPC. **Obs.: Ver "Jurisprudência Selecionada" em sentido contrário.**

Enunciado 73 – Para efeito de conhecimento do agravo de instrumento por força da regra prevista no § 3º do art. 1.018 do CPC, deve o juiz, previamente, atender ao art. 932, parágrafo único, e art. 1.017, § 3º, do CPC, intimando o agravante para sanar o vício ou complementar a documentação exigível.

BREVES COMENTÁRIOS

Em qualquer tipo de recurso, o relator pode, de acordo com o art. 932:

(a) por motivo de ordem processual: não conhecer de recurso inadmissível, prejudicado ou que não tenha impugnado especificamente os fundamentos da decisão recorrida (inciso III);

(b) por motivo de mérito: negar provimento a recurso que for contrário a (inciso IV):

(i) súmula do Supremo Tribunal Federal, do Superior Tribunal de Justiça ou do próprio tribunal;

(ii) acórdão proferido pelo Supremo Tribunal Federal ou pelo Superior Tribunal de Justiça em julgamento de recursos repetitivos;

(iii) entendimento firmado em incidente de resolução de demandas repetitivas ou de assunção de competência.

Em qualquer tipo de recurso, o relator pode, de acordo com o inciso V, do art. 932, dar-lhe provimento, se a decisão recorrida for contrária a:

(a) súmula do Supremo Tribunal Federal, do Superior Tribunal de Justiça ou do próprio tribunal;

(b) acórdão proferido pelo Supremo Tribunal Federal ou pelo Superior Tribunal de Justiça em julgamento de recursos repetitivos;

(c) entendimento firmado em incidente de resolução de demandas repetitivas ou de assunção de competência.

Já aqui, o atual CPC inovou ao permitir que a decisão singular que provê o recurso se torne viável também se restar demonstrado que o julgamento recorrido contiver contradição com súmula do Tribunal de 2º grau, a que o recurso for endereçado.

Convém observar que o novo CPC não fez mais distinção entre as hipóteses que permitem ao relator negar provimento ao recurso ou dar-lhe provimento, por decisão singular. A nova legislação igualou as situações.

JURISPRUDÊNCIA SELECIONADA

1. Decisão monocrática do relator julgando recurso.

a) Finalidade. "A aplicação do art. 557 do CPC [art. 932 do CPC/2015] supõe que o julgador, ao isoladamente, negar seguimento ao recurso, confira à parte, prestação jurisdicional equivalente à que seria concedida acaso o processo fosse julgado pelo órgão colegiado. A *ratio essendi* do dispositivo, com a redação dada pelo art. 1º da Lei nº 9.756/98, visa desobstruir as pautas dos tribunais, dando preferência a julgamentos de recursos que encerrem matéria controversa" (STJ, AgRg no Ag 740.396/RJ, Rel. Min. Luiz Fux, 1ª Turma, jul. 03.08.2006, *DJ* 28.08.2006, p. 228).

Interpretação restritiva. Julgamento unipessoal. Limites. "O art. 557 do CPC [art. 932 do CPC/2015] é regra de exceção que, por boa regra de hermenêutica, comporta interpretação restritiva. Sua finalidade é a de meramente possibilitar o julgamento mais rápido de processos, nas hipóteses de rejeição de recursos manifestamente incabíveis (*caput*), ou de julgamento de questões repetitivas a respeito das quais já haja jurisprudência pacificada. Não se pode dizer, nos termos do § 1º do art. 557, que o relator de um recurso, ao revisar a prova produzida nos autos, promove a aplicação de jurisprudência consolidada quanto à matéria. Se é necessária revaloração da prova, o julgamento do processo consubstancia uma atividade individual, relativa àquela controvérsia somente, não uma análise de matéria repetitiva" (STJ, REsp 1.261.902/RJ, Rel. Min. Nancy Andrighi, 3ª Turma, jul. 16.08.2012, *DJe* 22.08.2012).

b) Constitucionalidade. "Cabe acentuar, neste ponto, que o Pleno do Supremo Tribunal Federal reconheceu a inteira validade constitucional da norma legal que inclui, na esfera de atribuições do Relator, a competência para negar trânsito, em decisão monocrática, a recursos, pedidos ou ações, quando incabíveis, inviáveis, intempestivos, sem objeto ou que veiculem pretensão incompatível com a jurisprudência predominante do Tribunal (*RTJ* 139/53 – *RTJ* 168/174-175)" (STF, ADI 514/PI, Rel. Min. Celso de Mello, jul. 24.03.2008, *DJ* 31.03.2008).

c) Intimação. "Nas hipóteses do *caput* do art. 557 do CPC [art. 932 do CPC/2015], **é desnecessária a intimação do agravado**, uma vez que será beneficiado pela decisão, em atenção aos princípios da celeridade e da economia processual" (STJ, REsp 1.187.639/MS, Rel. Min. Eliana Calmon, 2ª Turma, jul. 20.05.2010, *DJe* 31.05.2010).

d) Negativa de seguimento a recurso. Possibilidades. "O julgamento monocrático pelo relator encontra autorização no art. 557 do CPC [art. 932 do CPC/2015], que pode negar seguimento a recurso quando: a) manifestamente inadmissível (exame preliminar de pressupostos objetivos); b) improcedente (exame da tese jurídica discutida nos autos); c) prejudicado (questão meramente processual); e d) em confronto com súmula ou jurisprudência dominante do respectivo Tribunal, do STF ou de Tribunal Superior" (STJ, EREsp 264.561/SE, Rel. Min. Eliana Calmon, Corte Especial, jul. 17.11.2004, *DJ* 28.02.2005). **No mesmo sentido:** STJ, AgRg no Ag 941.433/PR, Rel. Min. Humberto Gomes de Barros, 3ª Turma, jul. 03.12.2007, *DJ* 14.12.2007, p. 416; *RDDP* 60/187; TJRS, Agravo 70043074400, 8ª Câmara Cível, Rel. Rui Portanova, jul. 16.06.2011, *DJ* 21.06.2011; STJ, REsp 404.837/RJ, Rel. Min. Felix Fischer, 5ª Turma, jul. 26.03.02, *DJe* 22.04.2002.

e) Indeferimento do recurso por meio de despacho. "Sendo o agravo de instrumento manifestamente improcedente, o relator, com base no disposto no artigo 557 do Código de Processo Civil [art. 932 do CPC/2015], **pode indeferi-lo, liminarmente, por despacho**" (TJMS, AgRg 37/90 no Ag. 2.788/90, Rel. Des. José Augusto de Souza, 2ª Turma, jul. 11.04.1990).

2. Não conhecer de recurso inadmissível (inciso III).

Recurso inadmissível. "A jurisprudência deste Tribunal Superior orienta-se no sentido de que o art. 932 do CPC/2015 e a Súmula 568/STJ admitem que o Relator julgue monocraticamente recurso inadmissível ou aplique jurisprudência consolidada nesta Corte. Reconhece ainda que, nestas hipóteses, o julgamento singular não ofende o princípio da colegialidade, tendo em vista a possibilidade de interposição de recurso ao órgão colegiado' (AgInt nos EDcl no AREsp n. 1.312.910/PE, Rel. Ministro Raul Araújo, Quarta Turma, julgado em 12.2.2019, *REPDJe* 26.2.2019, *DJe* 25.2.2019)" (STJ, AgInt no REsp 1.765.007/SP, Rel. Min. Antonio Carlos Ferreira, 4ª Turma, jul. 29.03.2021, *DJe* 05.04.2021).

3. Não conhecer de recurso prejudicado (inciso III).

Perda superveniente do objeto. Recurso especial prejudicado. "Salvo os casos nos quais identificadas razões de interesse público na uniformização da jurisprudência ou hipóteses em que evidenciada a má-fé processual, a superveniência de causa ensejadora da perda de objeto da pretensão recursal tem o condão de tornar prejudicado o exame da insurgência, mesmo quando iniciado o julgamento colegiado e pendente de pedido de vista" (STJ, QO no REsp 1.233.314/RS, Rel. Min. Luis Felipe Salomão, Corte Especial, jul. 15.02.2023, *DJe* 25.04.2023).

"Provido o recurso especial da parte que simultaneamente ajuizara recurso extraordinário, com a consequente reforma do acórdão, deixa ela de ter interesse processual para o julgamento do extraordinário, que resta prejudicado (Lei n. 8.038, de 28 de maio de 1990, artigo 38). A prejudicialidade do apelo extraordinário frente ao especial decorre de juízo formado pelo relator deste, que tem a faculdade, não o dever, de enviar o processo a Suprema Corte" (STJ, EDcl no REsp 15.502/SP, Rel. Min. Demócrito Reinaldo, 1ª Turma, jul. 11.05.1992, *DJ* 29.06.1992).

"**Cabe ao relator decidir o pedido ou o recurso que haja perdido seu objeto**" (STJ, AgRg no REsp 1.725/MG, Rel. Min. Nilson Naves, 3ª Turma, jul. 25.02.1991, *DJ* 25.03.1991).

4. Não conhecer de recurso que não tenha impugnado especificamente os fundamentos da decisão recorrida (inciso III).

"Não se mostra viável o agravo em recurso especial que, apresentado em desacordo com os requisitos preconizados pelo art. 932, III, do CPC/2015 (544, § 4º, I, do CPC/73), não impugna os fundamentos da respectiva inadmissibilidade (incidência da Súmula nº 7 do STJ)" (STJ, AgInt no AREsp 739.743/RJ, Rel. Min. Moura Ribeiro, 3ª Turma, jul. 23.06.2016, *DJe* 01.07.2016). **No mesmo sentido:** STJ, AgInt no RMS 54.011/SP, Rel. Min. Sérgio Kukina, 1ª Turma, jul. 26.09.2017, *DJe* 11.10.2017; **entendendo ser o recurso manifestamente inadmissível:** STJ, AgInt no AREsp 3.092.094/GO, Rel. Min. Assusete Magalhães, 2ª Turma, jul. 16.08.2022, *DJe* 23.08.2022.

5. Negar provimento a recurso que for contrário a (inciso IV).

a) Súmula do STF, STJ ou o próprio tribunal.

"A jurisprudência do STJ já consolidou o entendimento que é permitido ao relator decidir monocraticamente o recurso, quando amparado em jurisprudência dominante ou Súmula de Tribunal Superior, consoante exegese do art. 932, IV e V, do CPC/2015" (STJ, AgInt no AREsp 1.086.547/MT, Rel. Min. Moura Ribeiro, 3ª Turma, jul. 08.04.2019, *DJe* 10.04.2019).

Súmula de Tribunal local contrária à jurisprudência do STJ. "O Relator pode negar seguimento a recurso contrário à jurisprudência dominante do próprio Tribunal de origem quando em consonância com a jurisprudência dominante nesta Corte. Não se aplica, portanto, o art. 557 do Código de Processo Civil se a Súmula do Tribunal local está em sentido contrário à jurisprudência assentada do Superior Tribunal de Justiça" (STJ, EREsp 223.651/RJ, Rel. Min. Carlos Alberto Menezes Direito, Corte Especial, jul. 01.12.2004, *DJ* 14.11.2005, p. 174). **No mesmo sentido:** STJ, EREsp 404.837/RJ, Rel. Min. Francisco Peçanha Martins, Corte Especial, jul. 22.05.2006, *DJ* 12.06.2006, p. 404.

b) Acórdão proferido pelo STF ou STJ em julgamento de recursos repetitivos.

Decisão baseada em precedente único. "Merece provimento o agravo regimental interposto contra decisão unipessoal que se finca em apenas um precedente para prover recurso especial. Pretensão recursal que exige exame do órgão colegiado" (STJ, AgRg no Ag 664.251/MG, Rel. Min. Humberto Gomes De Barros, 3ª Turma, jul. 06.03.2007, *DJ* 07.05.2007

Entendimento contrário ao do STF. "A possibilidade de se negar seguimento a recurso, nos termos do art. 557 do CPC [art. 932 do CPC/2015], refere-se ao âmbito interno do Pretório respectivo ou, alternativamente, aos tribunais superiores, daí por que não há ilegalidade em se basear a decisão em entendimento contrário ao STF, pois o sistema brasileiro não é o da *common law*, além do que não se tem notícia de algum julgado ter sido proferido em sede que renderia ensejo a efeito *erga omnes* ou vinculante (ADIn e ADC)" (STJ, REsp 264.561/SE, Rel. Min. Fernando Gonçalves, 6ª Turma, jul. 05.09.2002, *DJ* 25.11.2002).

6. Dar provimento a recurso se a decisão recorrida for contrária a orientação do plenário (inciso V).

Necessidade de intimação do recorrido. "A intimação do recorrido para apresentar contrarrazões é o procedimento natural de preservação do princípio do contraditório, previsto em qualquer recurso, inclusive no de agravo de instrumento (CPC, art. 527, V). Justifica-se a sua dispensa quando o relator nega seguimento ao agravo (art. 527, I), já que a decisão vem em benefício do agravado. **Todavia, a intimação para a resposta é condição de validade da decisão monocrática que vem em prejuízo do agravado, ou seja, quando o relator acolhe o recurso, dando-lhe provimento** (art. 557, § 1º-A)" (STJ, REsp 892.320/RS, Rel. Min. Teori Albino Zavascki, 1ª Turma, jul. 13.03.2007, *DJ* 23.04.2007). **No mesmo sentido:** STJ, EREsp 1.038.844/PR, Rel. Min. Teori Albino Zavascki, 1ª Seção, jul. 08.10.2008, *DJe* 20.10.2008; STJ, REsp 1.148.296/SP, Rel. Min. Luiz Fux, Corte Especial, jul. 01.09.2010, *DJe* 28.09.2010; STJ, EREsp 1.038.844/PR, Rel. Min. Teori Albino Zavascki, 1ª Seção, jul. 08.10.2008, *DJe* 20.10.2008; STJ, REsp 1.187.639/MS, Rel. Min. Eliana Calmon, 2ª Turma, jul. 20.05.2010, *DJe* 31.05.2010.

Súmula do STF, STJ e o próprio tribunal. "De acordo com o *caput* do art. 557 do Código de Processo Civil [art. 932 do CPC/2015], 'o relator negará seguimento a recurso manifestamente inadmissível, improcedente, prejudicado ou em confronto com súmula ou com jurisprudência dominante do respectivo tribunal, do Supremo Tribunal Federal, ou de Tribunal Superior'. Outrossim, nos termos do § 1º-A do mesmo dispositivo legal, 'se a decisão recorrida estiver em manifesto confronto com súmula ou com jurisprudência dominante do Supremo Tribunal Federal, ou de Tribunal Superior, o relator poderá dar provimento ao recurso" (STJ, AgRg no Ag 920.307/SP, Rel. Min. Denise Arruda, 1ª Turma, jul. 11.12.2007, *DJ* 07.02.2008). **Obs.:** O art. 932 do CPC/2015, que substituiu o art. 557 do CPC/1973, não mais inclui a possibilidade de o relator negar provimento a recurso em contraste com jurisprudência apenas dominante do Tribunal local ou Superior (Cf. inciso IV do art. 932 do CPC/2015).

7. Hipóteses de cabimento:

a) Reclamação. "O termo 'recursos' a que se refere o artigo 557 do Código de Processo Civil [art. 932 do CPC/2015] deve ser entendido em sentido amplo, de forma a abranger dispositivos regimentais semelhantes, como a reclamação" (TJSP, AgRg em Rcl 31.569/SP, Des. José Osório, jul. 15.05.1996). **No mesmo sentido:** STJ, AgRg na Rcl 3.025/PR, Rel. Min. Hamilton Carvalhido, 1ª Seção, jul. 25.11.2009, *DJe* 07.12.2009.

b) "Legitimidade constitucional da atribuição conferida ao Relator para arquivar, negar seguimento a pedido ou recurso e a dar provimento a este – R.I./S.T.F., art. 21, § 1º; Lei 8.038/90, art. 38; CPC, art. 557, redação da Lei 9.756/98 – desde que, mediante recurso, possam as decisões ser submetidas ao controle do Colegiado" (STF, AI 375.370 AgR, Rel. Min. Carlos Velloso, 2ª Turma, jul. 25.06.2002, *DJ* 23.08.2002). **No mesmo sentido:** STF, Ag 151.354-3/MG, Rel. Min. Néri da Silveira, jul. 18.02.1999.

c) Remessa *ex officio*. "Esta Corte, em homenagem aos princípios da economia processual e da celeridade, entende ser possível aplicar-se o art. 557, do CPC [art. 932 do CPC/2015], em sede de remessa oficial" (STJ, REsp 264.561/SE, Rel. Min. Fernando Gonçalves, 6ª Turma, jul. 05.09.2002, *DJ* 25.11.2002).

d) Juizados especiais. "O relator, nas Turmas Recursais, em decisão monocrática, poderá negar seguimento a recurso manifestamente inadmissível, improcedente, prejudicado ou em desacordo com súmula ou jurisprudência dominante das turmas recursais do estado de Mato Grosso ou de Tribunal Superior" (Enunciado nº 16 do Encontro JECSP, *Bol. AASP* 2.554).

"O relator, nas Turmas Recursais, em decisão monocrática, pode dar provimento ao recurso se a decisão estiver em manifesto confronto com súmula de Tribunal Superior ou jurisprudência dominante do próprio juizado" (Enunciado nº 17 do Encontro JECSP, *Bol. AASP* 2.554). **Obs.:** O art. 932 do CPC/2015, que substituiu o art. 557 do CPC/1973, não mais inclui a possibilidade de o relator negar provimento a recurso em contraste com jurisprudência apenas dominante do Tribunal local ou Superior (Cf. inciso IV do art. 932 do CPC/2015).

e) Embargos de declaração. Negativa de seguimento pelo Relator. "(...) Opostos embargos declaratórios de decisão colegiada, **o relator poderá negar seguimento monocraticamente, com base no *caput* do artigo 557 do CPC** [art. 932 do CPC/2015], **pois não haverá mudança do *decisum*,** mas não poderá dar provimento ao recurso para suprir omissão, aclarar obscuridade ou sanar contradição do julgado, com fundamento no § 1º-A do mesmo artigo, pois em tal hipótese haveria inexorável modificação monocrática da deliberação da Turma, Seção ou Câmara do qual faz parte. (...). Deveras, ainda que prevalente a tese de que os embargos de declaração opostos contra decisão de órgão colegiado não podem ter seu seguimento obstado monocraticamente, *ex vi* do artigo 537, do CPC [art. 1.024 do CPC/2015], (...), **é certo que eventual nulidade da decisão monocrática resta superada com a reapreciação do recurso pelo órgão colegiado, na via de agravo regimental"** (STJ, REsp 1.049.974/SP, Rel. Min. Luiz Fux, Corte Especial, jul. 02.06.2010, *DJe* 03.08.2010). **No mesmo sentido:** STJ, AgRg no REsp 1.247.767/MA, Rel. Min. Castro Meira, 2ª Turma, jul. 16.08.2011, *DJe* 30.08.2011; STJ, EDcl no AREsp 23.916/SP, Rel. Min. Benedito Gonçalves, 1ª Turma, jul. 08.05.2012, *DJe* 14.05.2012. **Em sentido contrário:** "No caso de embargos de declaração opostos contra acórdão do Tribunal de origem, não pode o Relator decidi-los monocraticamente, devendo, nos termos do art. 537 do CPC [art. 1.024 do CPC/2015], apresentá-los em mesa para que o colegiado se manifestasse a respeito de eventual omissão, contradição ou obscuridade no acórdão recorrido. Inaplicabilidade do art. 557 do CPC [art. 932 do CPC/2015] à hipótese de já haver decisão do órgão colegiado" (STJ, REsp 791.856/SP, Rel. Min. Eliana Calmon, 2ª Turma, jul. 16.05.2006, *DJ* 14.06.2006). **No mesmo sentido:** STJ, REsp 485.907/RJ, Rel. Min. Paulo Gallotti, 6ª Turma, jul. 26.05.2004, *DJ* 02.08.2004, p. 583; *RSTJ* 183/563; STJ, AgRg nos EDcl no Ag 494.616/RJ, Rel. Min. Antônio de Pádua Ribeiro, 3ª Turma, jul. 29.10.2003, *DJ* 09.12.2003; STJ, REsp 401.366/SC, Rel. Min. Sálvio de Figueiredo Teixeira, 4ª Turma, jul. 10.12.2002, *DJ* 24.02.2003; STJ, REsp 289.362/SC, Rel. p/ ac. Min. Franciulli Netto, 2ª Turma, jul. 20.08.2002, *DJ* 25.08.2003.

Congruência entre a decisão do relator e o entendimento do órgão colegiado. "O Relator, na decisão unipessoal, é representante do órgão Colegiado que integra, de maneira que aquilo que o Relator decide deve corresponder ao pensamento já pacificado do órgão colegiado, como se tivesse sido decidido por este. Assim, não há de se cogitar de nulidade decorrente das idas e vindas do caso entre julgamentos monocráticos e colegiados, quando o que se tem, claramente, é mera correção de erro material. Não haveria sentido na anulação do julgado e sua devolução à origem, tão somente para que a decisão fosse ratificada pelo órgão colegiado, em franco prejuízo à celeridade e à economia do processo, princípios consagrados no art. 5º, LXXVIII, da CF/88" (STJ, REsp 1.007.692/RS, Rel. Min. Nancy Andrighi, 3ª Turma, jul. 17.08.2010, *DJe* 14.10.2010).

Embargos de declaração opostos contra decisão monocrática. Julgamento pelo órgão colegiado. "Nas hipóteses em que, perante o Tribunal *a quo*, são interpostos embargos de declaração contra decisão unipessoal e tais embargos são julgados não pelo relator que prolatou a decisão, mas pelo órgão colegiado, a jurisprudência do STJ tem entendido ser necessário interpor, primeiramente, agravo interno para provocar novamente a manifestação do colegiado e, somente após essa nova decisão, interpor recurso para os Tribunais Superiores. Precedentes. **Esse procedimento, todavia, apresenta-se adequado apenas para as hipóteses em que o órgão colegiado rejeita os embargos de declaração"** (STJ, RMS 24.965/PR, Rel. Min. Nancy Andrighi, 3ª Turma, jul. 13.05.2008, *DJe* 28.05.2008). **No mesmo sentido:** STJ, EDcl nos EDcl no AgRg no AgRg nos EDcl no REsp 851.247/MG, Rel. Min. Humberto Martins, 2ª Turma, jul. 20.10.2009, *DJe* 29.10.2009. **Em sentido contrário:** "Pode o relator julgar monocraticamente os embargos de declaração opostos contra decisão singular ou levá-los à apreciação do órgão colegiado, sem que isso importe qualquer nulidade processual" (STJ, EDcl nos EDcl nos EREsp 508.726/SC, Rel. Min. Castro Meira, 1ª Seção, jul. 11.05.2005, *DJ* 01.08.2005).

"É possível ao Plenário apreciar embargos de declaração opostos contra acórdão prolatado por órgão fracionário, quando o processo foi remetido pela Turma originalmente competente" (STF, RE 328.812 ED/AM, Rel. Min. Gilmar Mendes, Pleno, jul. 06.03.2008, *DJe* 02.05.2008).

8. Agravo interno:

a) Prazo. "O prazo de interposição do recurso de agravo a que se refere o § 1º do art. 557 do CPC [art. 1.021 do CPC/2015], na redação dada pela Lei nº 9.756/98, é de cinco (5) dias, ressalvadas, unicamente, as hipóteses legais – inocorrentes no caso – que dispõem sobre o benefício da ampliação do prazo recursal (contagem em dobro), cuja aplicabilidade somente tem por destinatários (a) o Ministério Público e as entidades de direito público (CPC, art. 188) [art. 180 do CPC/2015], (b) os Defensores Públicos (LC nº 80/94, art. 44, I; art. 89, I, e art. 128, I) e aqueles que exercem cargo equivalente (Lei nº 1.060/50, art. 5º, § 5º, na redação dada pela Lei nº 7.871/89) e

(c) os litisconsortes com procuradores diversos (CPC, art. 191)" [art. 229 do CPC/2015] (STF, AgRg no RE 238.700/SC, Rel. Min. Celso de Mello, 1ª Turma, jul. 13.04.1999, *DJ* 07.05.1999). **Obs.**: Pela sistemática do CPC/2015, o prazo para interposição de qualquer recurso, exceto os embargos de declaração, é de 15 dias úteis (art. 1.003, § 5º).

b) Cabimento.

Decisão monocrática. Impugnação. Agravo interno. "O agravo regimental ou agravo interno é o instrumento de que se serve a parte para buscar a retratação da decisão monocrática, ou exame pelo colegiado, de quem não pode ser suprimido o conhecimento" (STJ, MS 8093/DF, Rel. Min. Eliana Calmon, Corte Especial, jul. 15.05.2002, *DJ* 21.10.2002).

Carimbo de protocolo ilegível. Comprovação de tempestividade do recurso especial em agravo interno. Possibilidade. Ver jurisprudência do art. 1.029 do CPC/2015.

c) Descabimento.

Decisão colegiada. Não cabimento. Erro grosseiro. "Se é incabível agravo regimental contra acórdão de Turma do STJ, ao teor dos arts. 258, *caput*, do Regimento Interno da Corte, e 557, § 1º, do CPC [art. 1.021 do CPC/2015], os embargos de divergência não podem mais alcançar a decisão de mérito anterior, diante da ocorrência da preclusão, salvo o próprio não conhecimento do recurso" (STJ, AgRg nos EREsp 233.128/MG, Rel. Min. Aldir Passarinho Junior, 2ª Seção, jul. 24.10.2007, *DJ* 20.11.2007). **No mesmo sentido:** STJ, AgRg no REsp 9.588/SP, Rel. Min. Antônio de Pádua Ribeiro, 2ª Turma, jul. 23.10.1991, *DJ* 11.11.1991.

"'É manifestamente incabível agravo regimental interposto contra decisão colegiada (artigo 258 do RISTJ)' (AgRgAgRgAg 186.551/SP, da minha Relatoria, in *DJ* 26.6.2000)" (STJ, AgRg no RMS 17.775/BA, Rel. Min. Hamilton Carvalhido, 6ª Turma, jul. 26.04.2005, *DJ* 01.07.2005). **No mesmo sentido:** STJ, AgRg no Ag 91.040/SP, Rel. Min. Fontes de Alencar, 4ª Turma, jul. 10.09.1996, *DJ* 04.11.1996; TJRS, Agravo Regimental 70045219227, 3ª Câmara Especial Cível, Rel. Leila Vani Pandolfo Machado, jul. 14.12.2011, *DJ* 17.01.2012.

d) Fungibilidade:

Embargos de declaração recebidos como agravo regimental. Possibilidade. "A jurisprudência desta Suprema Corte não admite a oposição de embargos declaratórios contra decisão monocrática. Embargos recebidos como agravo regimental, com pleno atendimento da técnica da fungibilidade" (STF, Rcl 6.894 ED, Rel. Min. Dias Toffoli, Tribunal Pleno, jul. 07.02.2010). **No mesmo sentido:** STJ, EDcl nos EREsp 697.964/SC, Rel. Min. João Otávio de Noronha, Corte Especial, jul. 22.05.2006, *DJ* 25.09.2006.

Agravo regimental recebido como embargos de declaração. Impossibilidade. Erro grosseiro. "O STJ tem entendido ser inaplicável o princípio da fungibilidade para acolher como embargos de declaração agravo regimental interposto contra acórdão, porquanto constitui erro grosseiro" (STJ, AgRg no REsp 685.322/SP, Rel. Min. Nancy Andrighi, 3ª Turma, jul. 15.05.2007, *DJ* 28.05.2007). **Em sentido contrário:** "O princípio da fungibilidade recursal autoriza o acolhimento do agravo regimental como embargos de declaração **quando as razões recursais apontam suposta omissão do julgado**" (STJ, AgRg no REsp 475.182/SP, Rel. Min. Nilson Naves, Rel. p/ Acórdão Min. Hamilton Carvalhido, 6ª Turma, jul. 18.08.2005, *DJe* 25.08.2008). **No mesmo sentido:** STJ, AgRg no Ag 519.454/DF, Rel. Min. Castro Filho, 3ª Turma, jul. 28.10.2004, *DJ* 17.12.2004).

Agravo inominado e o agravo regimental. "A invocação da denominação 'agravo regimental', a despeito de expressa previsão legal do recurso (art. 557, § 1º, do CPC) [art. 1.021 do CPC/2015], é praxe que se verifica nos Tribunais pátrios, não configurando, assim, a prática de erro grosseiro, sendo que denominar o recurso de 'agravo regimental', e não 'agravo' ou 'agravo inominado', não enseja por si só o não conhecimento do recurso, sob pena de prestigiar-se formalidade que não se justifica no caso em exame" (STJ, AgRg no REsp 294.695/SC, Rel. Min. Nancy Andrighi, 3ª Turma, jul. 26.03.2001, *DJ* 28.05.2001). **No mesmo sentido:** STJ, REsp 1.234.798/RS, Rel. Min. Mauro Campbell Marques, 2ª Turma, jul. 17.03.2011, *DJe* 29.03.2011; REsp 85.322/SP, Rel. Min. Nancy Andrighi, 3ª Turma, jul. 15.05.2007, *DJ* 28.05.2007.

e) Cobrança de preparo. "A Segunda Seção desta Corte Superior pacificou entendimento segundo o qual é possível a cobrança de preparo para a interposição de agravo regimental na justiça de origem (Pet nos EREsp 5.153/RJ, Rel. Min. Humberto Gomes de Barros, 2ª Seção, jul. 08.08.2007, *DJ* 10.12.2007)" (STJ, AgRg no REsp 1.069.995/RJ, Rel. Min. Luis Felipe Salomão, 4ª Turma, jul. 18.12.2008, *DJe* 26.02.2009). **Em sentido contrário:** "O agravo interno, previsto no artigo 557, § 1º [art. 1.021 do CPC/2015], do estatuto processual civil, tem finalidade complementária, não possuindo natureza propriamente de recurso. Endereçado ao próprio órgão a que pertence o autor da decisão impugnada, é simples meio que visa à integração da vontade do colegiado, identificando-se, por suas características, com o vetusto agravo regimental, o qual jamais exigiu qualquer pagamento, até porque não gera custos ao Judiciário. Logo, não justifica preparo, que, se imposto por lei local, não terá o condão de provocar deserção, que é instituto de direito processual e, portanto, de competência legislativa da União" (STJ, REsp 435.727/PR, Rel. Min. Castro Filho, 3ª Turma, jul. 14.06.2004, *DJ* 01.07.2004). **No mesmo sentido:** STJ, AgRg no REsp 959.406/RJ, Rel. Min. Humberto Martins, 2ª Turma, jul. 07.02.2008, *DJ* 20.02.2008.

f) Interposição de dois agravos regimentais pela mesma parte. Preclusão consumativa. "Opostos dois agravos regimentais pela mesma parte, o segundo não merece ser conhecido porque atingido pela preclusão consumativa" (STJ, AgRg no REsp 859.137/MG, Rel. Min. Carlos Alberto Menezes Direito, 3ª Turma, jul. 14.11.2006, *DJ* 19.03.2007). **No mesmo sentido:** STF, AI 688.291 AgR, Rel. Min. Celso de Mello, 2ª Turma, jul. 18.12.2007, *DJe* 07.03.2008).

g) Desnecessidade de intimação do agravado. "O agravo regimental, consoante previsto nos arts. 258 e 259 do RISTJ, e 557 do CPC [art. 932 do CPC/2015], dispensa a intimação do agravado para manifestação" (STJ, EDcl nos EDcl no REsp 701.601/SC, Rel. Min. Denise Arruda, 1ª Turma, jul. 17.04.2007, *DJ* 21.05.2007). **No mesmo sentido:** STF, AI 416.699 AgR, Rel. Min. Eros Grau, 1ª Turma, jul. 21.09.2004, *DJ* 15.10.2004.

h) Intempestividade. "Não se conhece de agravo regimental interposto após o quinquídio legal estabelecido no § 1º do artigo 557 do CPC [art. 1.021 do CPC/2015] e no artigo 258 do Regimento Interno do Superior Tribunal de Justiça, uma vez que intempestivo" (STJ, AgRg no Ag 981.071/RS, Rel. Min. Carlos Fernando Mathias, 2ª Turma, jul. 04.03.2008, *DJ* 26.03.2008).

"Para aferir a tempestividade do presente agravo, evidentemente, não deve ser considerada a **data da protocolização no Tribunal errado** (Supremo Tribunal Federal), mas sim a data da entrada da petição do agravo regimental nesta Corte, para onde foi remetida após constatação, por aquele Sodalício, do erro da parte. Precedentes" (STJ, AgRg no REsp 992.017/PR, Rel. Min. Laurita Vaz, 5ª Turma, jul. 28.02.2008, *DJ* 07.04.2008).

i) Embargos de divergência. Não cabimento. "Na linha da jurisprudência desta Corte Superior e a teor da legislação de regência (art. 546 do CPC [art. 1.043 do CPC/2015] c/c os arts. 266 e 267 do RISTJ), não são cabíveis embargos de divergência contra decisão monocrática proferida com base no art. 557 do CPC [art. 932 do CPC/2015], pois esta espécie recursal somente é admitida em face de acórdãos proferidos em recurso especial. Portanto, contra a decisão monocrática do relator é necessária a prévia interposição de agravo regimental (art. 557, § 1º, do CPC) [art. 1.021 do CPC/2015], com análise pelo colegiado, para então ser oportunizada a via dos embargos de divergência" (STJ, AgRg na Pet. 6.250/PR, Rel. Min. Denise Arruda, 1ª Seção, jul. 09.04.2008, *DJ* 25.04.2008).

j) Recurso especial. Esgotamento das vias ordinárias. "Havendo decisão monocrática no julgamento de apelação, nos termos do art. 557 do Código de Processo Civil [art. 932 do CPC/2015], deveria o recorrente, antes de interpor recurso especial, esgotar os recursos ordinários cabíveis na instância de origem" (STJ, AgRg no Ag 497.577/RS, Rel. Min. Gilson Dipp, 5ª Turma, jul. 10.06.2003, *DJ* 04.08.2003).

9. Julgamento do agravo interno:

Previsão em pauta. "O agravo previsto pelo art. 557, do CPC [art. 932 do CPC/2015], exige que o seu julgamento seja previamente anunciado em pauta" (STJ, AgRg no REsp 151.229/PE, Rel. Min. José Delgado, 1ª Turma, jul. 10.03.1998, *DJ* 03.08.1998). **Em sentido contrário:** "Nos termos dos arts. 91, I, e 258 do RISTJ e 557, § 1º, do CPC, o julgamento de agravo regimental independe de inclusão em pauta" (STJ, EDcl no AgRg no REsp 681.728/MS, Rel. Min. Arnaldo Esteves Lima, 5ª Turma, jul. 13.02.2007, *DJ* 12.03.2007).

"Aplica-se o art. 188 do CPC ao agravo de decisão monocrática de relator que nega seguimento ao recurso (art. 557, § 1º, do CPC) [art. 1.021 do CPC/2015], ainda que exista norma regimental prevendo o contrário" (STJ, REsp 796.359/MS, Rel. Min. Teori Albino Zavascki, 1ª Turma, jul. 13.12.2005, *DJ* 06.02.2006).

Julgamento do agravo interno pelo relator. "O relator não é competente para negar seguimento ao agravo previsto no artigo 557, § 1º, do Código de Processo Civil [art. 1.021 do CPC/2015], quando, ultrapassado o exame da sua regularidade formal, versar sobre a questão abordada na decisão monocraticamente proferida. Diversamente, se há grave vício formal na sua interposição, como a intempestividade, por exemplo, pode o relator obstaculizar o seu seguimento, sem que isto redunde em ofensa ao princípio colegiado, eis que nenhum juízo de valor é exercido, neste particular momento, relativamente à decisão impugnada" (STJ, AgRg no AgRg no REsp 925.213/MG, Rel. Min. Francisco Falcão, 1ª Turma, jul. 06.09.2007, *DJ* 08.10.2007). **No mesmo sentido:** STJ, MS 12.220/DF, Rel. Min. Ari Pargendler, Corte Especial, jul. 19.09.2007, *DJ* 22.10.2007.

Dever de abstenção de julgar do relator. "Portanto, será dever do relator abster-se de julgar de plano sempre que não veja uma situação manifesta, isto é, límpida e indiscutível" (STJ, REsp 172.215/CE, Rel. Min. Franciulli Netto, 2ª Turma, jul. 20.09.2001, *DJ* 29.10.2001).

Sustentação oral. "Agravo regimental. Sustentação oral. Impossibilidade, por cuidar-se de procedimento contrário à *ratio* do artigo 557, § 1º, do Código de Processo Civil [art. 1.021 do CPC/2015], tornando inócua a alteração legislativa, cuja finalidade essencial é a de dar celeridade à prestação jurisdicional" (STF, RE 227.089 AgR-QO, Rel. Min. Maurício Corrêa, Tribunal Pleno, jul. 08.06.2000, *DJ* 21.11.2003).

10. Juízo de retratação. "Nos termos do art. 259, *caput*, do RISTJ, 'o agravo regimental será submetido ao prolator da decisão, que poderá reconsiderá-la ou submeter o agravo ao julgamento da Corte Especial, da Seção ou da Turma, conforme o caso, computando-se também o seu voto'" (STJ, AgRg no AgRg no REsp 802.872/SP, Rel. Min. Mauro Campbell Marques, 2ª Turma, jul. 24.08.2010, *DJe* 24.09.2010).

"Não há violação ao artigo 557, § 1º, do CPC [art. 1.021 do CPC/2015], quando a decisão agravada é reconsiderada parcialmente, reabrindo-se para o recorrente a oportunidade para impugnar os novos fundamentos exarados no *decisum* por meio de novo agravo interno. Precedentes desta c. Corte" (STJ, AgRg no AgRg no REsp 1.122.389/PR, Rel. Min. Felix Fischer, 5ª Turma, jul. 06.04.2010, *DJe* 26.04.2010). **No mesmo sentido:** STJ, AgRg no AgRg no REsp 681.546/GO, Rel. Min. Francisco Falcão, 1ª Turma, jul. 09.08.2005, *DJ* 07.11.2005.

Desnecessidade de oitiva da parte contrária. "A decisão agravada proferida em sede de agravo regimental, interposto contra decisão monocrática deste Relator, pode ser reconsiderada, também por julgado monocrático, não se exigindo a prévia oitiva da parte prejudicada, conforme o art. 557, § 1º, do CPC" [art. 1.021 do CPC/2015] (STJ, EDcl no AgRg nos EDcl no AgRg no REsp 809.775/RJ, Rel. Min. Francisco Falcão, 1ª Turma, jul. 12.09.2006, *DJ* 05.10.2006).

"Não cabe agravo regimental contra a decisão do relator que, reconsiderando decisão anterior, determina a inclusão em pauta do recurso especial para que determinada questão seja apreciada pelo Colegiado. O exame isolado do recurso, na forma permitida pelo art. 557 do CPC [art. 932 do CPC/2015], é faculdade do relator" (STJ, AgRg no AgRg no REsp 887.243/DF, Rel. Min. Humberto Gomes de Barros, 3ª Turma, jul. 18.10.2007, *DJ* 06.11.2007). **No mesmo sentido:** STJ, AgRg no AgRg no REsp 1.088.970/RS, Rel. Min. Herman Benjamin, 2ª Turma, jul. 13.10.2009, *DJe* 04.11.2009.

Necessidade de melhor exame da matéria. "Tratando-se de reconsideração em relação à decisão que negou seguimento a recurso especial, porquanto verificada a necessidade de melhor exame da matéria, tal decisão, em princípio, não enseja prejuízo às partes, razão pela qual contra ela não cabe agravo regimental. Aplica-se, por analogia, o disposto no art. 258, § 2º, do RISTJ" (STJ, AgRg no AgRg no REsp 802.872/SP, Rel. Min. Mauro Campbell Marques, 2ª Turma, jul. 24.08.2010, *DJe* 24.09.2010).

11. Vício sanável.

Concessão de prazo pelo relator para que vício seja sanado. Vício formal. "Esta Corte, ao interpretar o previsto no art. 932, parágrafo único, do CPC/2015 (o qual traz disposição similar ao § 3º do art. 1.029 do mesmo Código de Ritos), firmou o entendimento de que este dispositivo só se aplica para os casos de regularização de vício estritamente formal, não se prestando para complementar a fundamentação de recurso já interposto" (STJ, AgInt no AREsp 1.039.553/PR, Rel. Min. Luis Felipe Salomão, 4ª Turma, jul. 23.05.2017, *DJe* 26.05.2017). **No mesmo sentido, exemplificando como vício formal a ausência de procuração ou incorreção no recolhimento das custas:** STJ, AgInt nos EAREsp 341.992/SP, Rel. Min. Mauro Campbell Marques, Corte Especial, jul. 21.06.2017, *DJe* 29.06.2017. **Também não admite a aplicação do dispositivo em casos de ausência de demonstração da divergência alegada no recurso uniformizador:** STJ, AgInt nos EAREsp 419.397/DF, Rel. Min. Jorge Mussi, Corte Especial, jul. 11.06.2019, *DJe* 14.06.2019).

Saneamento não ocorrido. "Deixando a parte transcorrer o prazo sem que a representação processual seja regularizada, inviável o conhecimento do recurso (Súmula 115 do STJ)" (STJ, PET no AREsp 1.387.998/SP, Rel. Min. Maria Isabel Gallotti, 4ª Turma, jul. 11.06.2019, *DJe* 17.06.2019).

Feriado local. Comprovação. Ato de interposição. Ver jurisprudência do art. 1.003 do CPC/2015.

Ilegibilidade do carimbo de protocolo. Comprovação por certidão da origem. Possibilidade. Ver jurisprudência do art. 1.017 do CPC/2015.

12. Vício insanável.

Vício estritamente formal. Ausência de indicação do repositório oficial em embargos de divergência. "A ausência de citação do repositório oficial autorizado de jurisprudência no momento da interposição dos embargos de divergência não atrai a incidência do parágrafo único do art. 932 da Lei n. 13.105/2015, uma vez que, nos termos do Enunciado Normativo n. 6: 'Nos recursos tempestivos interpostos com fundamento no CPC/2015 (relativos a decisões publicadas a partir de 18 de março de 2016), somente será concedido o prazo previsto no art. 932, parágrafo único c/c o art. 1.029, § 3º, do novo CPC para que a parte sane vício estritamente formal'. Precedentes: AgInt nos EDcl nos EAREsp 503.161/PR, relator Ministro Mauro Campbell Marques, Primeira Seção, julgado em 16/11/2021, *DJe* 19/11/2021; AgInt nos EREsp 1.617.799/DF, relator Ministro João Otávio de Noronha, Corte Especial, julgado em 23/8/2022, *DJe* em 25/8/2022; AgRg nos EAREsp n. 1.908.536/PE, relator Ministro Francisco Falcão, Corte Especial, julgado em 19/4/2023, *DJe* de 27/4/2023; AgRg nos EREsp n. 1.991.582/MG, relator Ministro Antonio Saldanha Palheiro, Terceira Seção, julgado em 28/9/2022, *DJe* de 11/11/2022; AgRg nos EAREsp n. 1.669.710/MG, relator Ministro Sebastião Reis Júnior, Terceira Seção, julgado em 23/6/2021, *DJe* de 28/6/2021" (STJ, AgRg nos EAREsp 2.301.144/PR, Rel. Min. Reynaldo Soares da Fonseca, 3ª Seção, jul. 12.06.2024, *DJe* 17.06.2024).

13. Complementação da prova pelos Tribunais. Possibilidade. "Os arts. 932, inc. I, e 938, § 3º, do CPC/2015, autorizam a complementação da prova pelos Tribunais. Na mesma linha, a jurisprudência desta Corte Superior é uníssona quanto à faculdade do juiz de determinar a complementação da instrução processual, tanto em primeiro como em segundo grau de jurisdição. Precedentes" (STJ, REsp 1.845.542/PR, Rel. Min. Nancy Andrighi, 3ª Turma, jul. 11.05.2021, *DJe* 14.05.2021).

14. Litisconsórcio. "O precedente firmado pelo Tribunal, no julgamento de recurso interposto por um ou alguns dos litisconsortes, pode ser utilizado pelo Relator para dar provimento ou negar seguimento ao recurso interposto por outro litisconsorte" (STJ, AgRg no REsp 773.649/PR, Rel. Min. Humberto Gomes de Barros, 3ª Turma, jul. 09.08.2007, *DJ* 27.08.2007).

15. Mandado de segurança contra decisão monocrática. "Deveras, contra a aludida decisão monocrática era cabível a interposição de outro agravo regimental, a fim de provocar o pronunciamento do órgão colegiado acerca da tempestividade ou não do agravo interno anteriormente manejado. O mandado de segurança não é sucedâneo de recurso, sendo imprópria a sua impetração contra decisão judicial passível de impugnação prevista em lei" (STJ, MS 12.441/DF, Rel. Min. Luiz Fux, Corte Especial, jul. 01.02.2008, *DJe* 06.03.2008).

16. Acesso para a interposição de REsp ou RE. Esgotamento das vias ordinárias. "A rotulação do agravo interno como manifestamente infundado ou inadmissível e a consequente condenação do agravante requer cautela nas situações em que seja ulteriormente cabível recurso especial ou extraordinário. A exigência reiterada do esgotamento prévio das instâncias ordinárias e o consolidado entendimento de que esses recursos para os tribunais superiores não são cabíveis contra decisões monocráticas praticamente obrigam a interposição do agravo interno para a discussão da causa nessas correntes, o que é um direito constitucionalmente assegurado. **Por isso, nessas situações, exige-se que a manifesta falta de fundamento ou inadmissibilidade esteja ainda mais evidente**" (STJ, REsp 982.341/SP, Rel. Min. Luiz Fux, 1ª Turma, jul. 15.05.2008, *DJe* 04.08.2008).

"Esta Corte Superior tem pacificado o entendimento de que 'a interposição do agravo interno é a via de acesso para o especial, daí que não cabe a imposição da multa' (REsp 646.889/RS, Rel. Min. Carlos Alberto Menezes Direito, 3ª Turma, *DJ* de 8.5.2006)" (STJ, AgRg no AgRg no REsp 967.184/RS, Rel. Min. Maria Isabel Gallotti, 4ª Turma, jul. 06.09.2011, *DJe* 13.09.2011). **No mesmo sentido:** STJ, EREsp 1.078.701/SP, Rel. Min. Hamilton Carvalhido, Corte Especial, jul. 01.04.2009, *DJe* 23.04.2009; STJ, REsp 851.511/DF, Rel. Min. Denise Arruda, 1ª Turma, jul. 14.11.2006, *DJ* 04.12.2006, p. 272; STJ, AgRg no REsp 886.408/DF, Rel. Min. Herman Benjamin, 2ª Turma, jul. 06.09.2007, *DJ* 12.02.2008.

Recurso especial. "Esgotados os recursos cabíveis na via ordinária, deve ser admitido o Recurso Especial, mesmo que se volte contra decisão indevidamente proferida por relator que acolheu a pretensão do recorrente" (STJ, AgRg no Ag 523.755/RJ, Rel. Min. Castro Meira, 2ª Turma, jul. 04.12.2003, *DJ* 25.02.2004).

Art. 933. Se o relator constatar a ocorrência de fato superveniente à decisão recorrida ou a existência de questão apreciável de ofício ainda não examinada que devam ser considerados no julgamento do recurso, intimará as partes para que se manifestem no prazo de 5 (cinco) dias.

§ 1º Se a constatação ocorrer durante a sessão de julgamento, esse será imediatamente suspenso a fim de que as partes se manifestem especificamente.

§ 2º Se a constatação se der em vista dos autos, deverá o juiz que a solicitou encaminhá-los ao relator, que tomará as providências previstas no *caput* e, em seguida, solicitará a inclusão do feito em pauta para prosseguimento do julgamento, com submissão integral da nova questão aos julgadores.

CJF – I JORNADA DE DIREITO PROCESSUAL CIVIL

Enunciado 60 – É direito das partes a manifestação por escrito, no prazo de cinco dias, sobre fato superveniente ou questão de ofício na hipótese do art. 933, § 1º, do CPC, ressalvada a concordância expressa com a forma oral em sessão.

BREVES COMENTÁRIOS

Embora não houvesse previsão expressa nesse sentido no CPC/1973, a jurisprudência já permitia essa diligência pelo relator. Se o relator verificar esses fatos durante a sessão de julgamento, deverá suspendê-lo imediatamente, para que as partes possam se manifestar sobre a questão (art. 933, § 1º). Trata-se de aplicação prática do princípio do contraditório efetivo e da não surpresa, que impede o juiz de decidir sobre questão que não foi debatida nos autos pelas partes, ainda que de ordem pública e conhecível de ofício (art. 10).

Se a constatação for feita por outro juiz ao ter vista dos autos, deverá encaminhá-los ao relator para que possa abrir vista às partes para manifestação e, em seguida, solicitar ao Presidente que inclua o processo em pauta para julgamento. Essa questão superveniente ou apreciável de ofício deverá ser submetida ao órgão colegiado para decisão (art. 933, § 2º).

JURISPRUDÊNCIA SELECIONADA

1. Fato superveniente. Previdenciário. Ver jurisprudência do art. 493 do CPC/2015.

2. Princípio da não surpresa. Fundamento fático-jurídico novo alegado em sustentação oral em segunda instância. Ato administrativo de efeitos concretos com roupagem de lei formal. Prejuízo à parte contrária. Reabertura de prazo para exercício do contraditório e da ampla defesa. "Reconhecimento da nulidade do acórdão em decorrência de prejuízo ao exercício do contraditório e da ampla defesa, corolários imprescindíveis de uma prestação jurisdicional mais eficiente e justa possível, em decorrência de fundamento fático-jurídico novo apresentado tão somente em sustentação oral, que serviu para convencimento do Tribunal de origem com resultado decisório prejudicial à parte contrária surpreendida com a tese nova. (...) A palavra 'fundamento' inserta no referido art. 10 diz respeito ao fundamento jurídico, circunstância de fato qualificada pelo direito que possa ter influência no julgamento, não se confundindo com fundamento legal, conforme entendimento externado no seguinte julgamento: EDcl no REsp n. 1.280.825/RJ, relatora Ministra Maria Isabel Gallotti, Quarta Turma, julgado em 27/6/2017, *DJe* de 1º/8/2017. O argumento fático novo apresentado, em sustentação oral, foi alegação de que Lei municipal n. 17.337/2017, ato administrativo concreto, com roupagem de lei formal, que tão somente deu uma denominação a uma área de proteção ambiental, significou reconhecimento municipal da ocorrência da desapropriação indireta. Tal lei em sentido material configura, de forma inequívoca, um ato administrativo que apenas deu nova nominação à área de proteção ambiental em epígrafe, com característica essencialmente individual, referindo-se a imóvel específico e determinado, não regulamentando, assim, eventuais e futuras relações jurídicas de forma geral e impessoal, caracteres essenciais para caracterizá-lo como fundamento legal. No caso em tela, não se está diante de norma que disciplina relação jurídica em abstrato, mas sim de ato administrativo concreto com efeitos materiais. O fato jurídico novo foi utilizado como fundamento apto a moldar o convencimento do Tribunal a quo; portanto, logicamente, a ausência de oportunidade de debate dialético sobre tal tema fático-jurídico por parte da parte recorrida causa prejuízos ao exercício eficiente de sua defesa. Precedente do STJ no sentido de respeito ao princípio da não surpresa, o qual ensina que é vedado ao julgador decidir com base em fundamentos jurídicos não submetidos ao contraditório no decorrer do processo (REsp n. 1.676.027/PR, relator Ministro Herman Benjamin, Segunda Turma, julgado em 26/9/2017, REPDJe de 19/12/2017, *DJe* de 11/10/2017)" (STJ,., REsp 2.049.725/PE, Rel. Min. Humberto Martins, 2ª Turma, ac. 25.04.2023, *DJe* 22.08.2023).

Art. 934. Em seguida, os autos serão apresentados ao presidente, que designará dia para julgamento, ordenando, em todas as hipóteses previstas neste Livro, a publicação da pauta no órgão oficial.

CPC/1973

Art. 552.

REFERÊNCIA LEGISLATIVA

Lei Complementar nº 35/1979, art. 38.

BREVES COMENTÁRIOS

Após a apresentação do relatório e o retorno dos autos à secretaria, o recurso será encaminhado ao presidente do órgão, que designará dia para julgamento e ordenará a publicação da pauta no órgão oficial, diligência esta necessária em todos os recursos distribuídos no tribunal.

JURISPRUDÊNCIA SELECIONADA

1. Embargos de declaração no agravo interno no agravo em recurso especial. Intimação do procurador. Ausência. Nulidade. "Constatado erro material, consistente na ausência de intimação do procurador constituído nos autos acerca da inclusão do agravo interno em pauta de julgamento, os aclaratórios devem ser acolhidos para sanar o vício" (STJ, EDcl no AgInt no AREsp 1414479/PE, Rel. Min. Ricardo Villas Bôas Cueva, 3ª Turma, jul. 24.08.2020, *DJe* 31.08.2020).

"Na vigência do novo Código de Processo Civil, tornou-se necessária a inclusão em pauta para o julgamento do agravo interno, conforme o disposto no art. 1.021, § 2º, do CPC/2015. Constatada a publicação da pauta de julgamento do acórdão embargado no nome de advogado que não mais possui poderes para atuar na causa, impõe-se a declaração de nulidade do julgamento anterior. A despeito da inexistência de sustentação oral em sede de agravo interno na hipótese dos autos, não se pode olvidar que a inclusão do feito em pauta sem a intimação do advogado constituído causa-lhe surpresa, impossibilitando o procurador de apresentar memoriais e suscitar questões de ordem para o andamento adequado dos trabalhos" (STJ, EDcl no AgInt no AREsp 865.319/PB, Rel. Min. Og Fernandes, 2ª Turma, jul. 06.04.2017, *DJe* 17.04/2017).

2. Julgamento na modalidade virtual. Oposição expressa e tempestiva da parte. Direito de exigir julgamento em sessão presencial. Ausência de disposição legal. Ausência de nulidade. "A realização do julgamento na modalidade virtual não acarreta a sua nulidade, porquanto se trata de providência que está de acordo com os princípios da colegialidade, da adequada duração do processo e do devido processo legal. Precedentes do STJ e do STF. Não há, no ordenamento jurídico vigente, o direito de exigir que o julgamento ocorra por meio de sessão presencial. Portanto, o fato de o julgamento ter sido realizado de forma virtual, mesmo com a oposição expressa e tempestiva da parte, não é, por si só, causa de nulidade" (STJ, REsp 1.995.565/SP, Rel. Min. Nancy Andrighi, 3ª Turma, jul. 22.11.2022, *DJe* 24.11.2022).

3. Pauta de julgamento. Ausência de publicação em nome do advogado da parte. "É firme a orientação jurisprudencial no sentido da nulidade do julgamento efetivado sem que da publicação da pauta constasse o nome do advogado da parte. Precedentes: EDcl no REsp 1254697/AL, Rel. Ministro Mauro Campbell Marques, Segunda Turma, julgado em 22.11.2011, *DJe* 1º.12.2011; EDcl no REsp 1.204.373/SE, Rel. Ministro Herman Benjamin, Segunda Turma, julgado em 24.5.2011, *DJe* 30.5.2011; AgRg no REsp 1108861/PB, Rel. Ministra Eliana Calmon, Segunda Turma, julgado em 17.11.2009, *DJe* 10.12.2009" (STJ, AgRg no AgRg no AREsp 371.316/SC, Rel. Min. Humberto Martins, 2ª Turma, jul. 19.11.2013, *DJe* 27.11.2013). **No mesmo sentido:** STJ, REsp 7.826/RJ, Rel. Min. Dias Trindade, 3ª Turma, jul. 16.04.1991, *DJ* 20.05.1991.

"Se a **alteração da data sessão foi publicada com bastante antecedência**, não merece agasalho pedido de nulidade do julgado, sob o argumento de que a publicação se fez sem o nome do advogado. Não se pode confundir a marcação das sessões do tribunal com o ato processual de intimação das partes para determinado julgamento" (STJ, REsp 4.886/SP, Rel. Min. Humberto Gomes de Barros, 1ª Turma, jul. 29.06.1992, *DJ* 31.08.1992).

Ausência do nome de advogado substabelecido. "Publicação irregular da pauta de julgamento. Ausência do nome do advogado substabelecido. Recurso provido, a fim de que novo julgamento seja realizado, após regular publicação da pauta no 'diário da justiça'" (STJ, REsp 30.085/PE, Rel. Min. Eduardo Ribeiro, 3ª Turma, jul. 08.02.1993, *DJ* 01.03.1993). **No mesmo sentido:** STF, RE 114881, Rel. Min. Octavio Gallotti, 1ª Turma, jul. 20.11.1987, *DJ* 18.12.1987.

"É válida, segundo a jurisprudência do STF, a intimação por publicação na imprensa, que consigna o nome de apenas um dos advogados da parte e precisamente aquele, também domiciliado na sede do Tribunal e que interpusera o recurso a cujo preparo se destinava o aviso publicado" (STF, AI 140.232 AgR, Rel. Min. Sepúlveda Pertence, 1ª Turma, jul. 03.12.1991, *DJ* 07.02.1992).

Ausência de publicação da pauta. Ciência inequívoca por outro meio. "Constando dos autos que o advogado teve ciência inequívoca da pauta de julgamentos no tribunal, desimportante a ausência do seu nome na publicação da pauta de julgamentos" (STJ, AgRg no Ag. 73.924/SP, Rel. Min. Edson Vidigal, 5ª Turma, jul. 04.09.1995, *DJ* 23.10.1995).

Ausência de publicação de pauta. Máximo aproveitamento dos atos processuais. Prejuízo inexistente. "A ausência de publicação de pauta de julgamento, conquanto caracterize irregularidade processual (art. 552 do CPC) [art. 934, CPC/2015], somente acarretará nulidade se demonstrado efetivo prejuízo à parte" (STJ, REsp 1.183.774/SP, Rel.ª Min.ª Nancy Andrighi, 3ª Turma, jul. 18.06.2013, *DJe* 27.06.2013).

Ausência de intimação de litisconsortes. "Julgamento que teria ocorrido sem prévia intimação de litisconsortes representados no processo por advogados diferentes. Subsequente devolução dos autos à vara de origem, onde os procuradores alegadamente não-intimados requereram a remessa do processo ao tribunal. Petição sequer entranhada aos autos. Ilegalidade"

(REsp 174.327/SE, Rel. Min. Ari Pargendler, 2ª Turma, jul. 18.08.1998, *DJ* 26.04.1999).

Agravo de instrumento. Inclusão em pauta. "Ao contrário do decidido pelo Tribunal *a quo*, não é dispensável a inclusão do agravo de instrumento em pauta de julgamento com apoio em regra regimental. Tal regra não tem força para vencer a disciplina do Código de Processo Civil (*ex vi* art. 552) [art. 934, CPC/2015] que, expressamente, comanda a publicação da pauta do órgão oficial. Precedentes" (STJ, REsp 554.980/MT, Rel. Min. Jorge Scartezzini, 4ª Turma, jul. 28.11.2006, *DJ* 18.12.2006). **No mesmo sentido, excepcionando apenas o conflito de competência, os embargos declaratórios e o pedido de *habeas corpus*:** STJ, REsp 171.531/SP, Rel. Min. Franciulli Netto, 2ª Turma, jul. 11.04.2000, *DJ* 15.05.2000.

"A norma do art. 552 da lei adjetiva civil [art. 934 do CPC/2015] é cogente, de sorte que não é possível ao relator, salvo na hipótese do art. 557 [art. 932 do CPC/2015], aqui inocorrida, de pronto levar o agravo de instrumento para julgamento pelo órgão colegiado, sem a imprescindível publicação em pauta" (STJ, REsp 505.088/RS, Rel. Min. Aldir Passarinho Junior, 4ª Turma, jul. 17.06.2008, *DJe* 25.08.2008). **No mesmo sentido:** STJ, REsp 489.642/RS, Rel. Min. Ruy Rosado de Aguiar, 4ª Turma, jul. 17.06.2003, *DJ* 08.09.2003.

Remessa oficial. Inclusão em pauta. "Para a intimação e publicidade do julgamento é indispensável a inclusão dos nomes do advogado e das partes na pauta. A omissão atrai a incidência da regra sancionatória do art. 236, parágrafo 1º, CPC [art. 272, § 2º, do CPC/2015]. Não vinga o argumento de que a exigência não alberga a hipótese da remessa oficial, uma vez que a falta malfere o princípio de plano, causando reconhecível prejuízo ao direito das partes serem intimadas da ampla defesa" (STJ, RMS 5.128/PA, Rel. Min. Milton Luiz Pereira, 1ª Turma, jul. 22.03.1995, *DJ* 24.04.1995).

Exceção de suspeição. "O julgamento da exceção de suspeição, por constituir incidente processual que independe de pauta – por não se incluir naqueles previstos no artigo 561 do Código de Processo Civil [art. 939 do CPC/2015] – pode ser realizado sem prévia intimação das partes e seus advogados, caso em que os regimentos internos dos tribunais podem dispor soberanamente" (STJ, AgRg no REsp 1.157.079/MT, Rel. Min. Sidnei Beneti, 3ª Turma, jul. 09.02.2010, *DJe* 24.02.2010).

Habeas Corpus. "O julgamento de *habeas corpus* independe de pauta ou de qualquer tipo de comunicação, cumprindo ao advogado acompanhar a colocação do processo em mesa para julgamento" (STF, RHC 85.312/SC, Rel. Min. Carlos Velloso, 2ª Turma, ac. unân. jul. 12.04.2005, *DJ* 29.04.2005).

Indicação do dia que haverá o julgamento. Desnecessidade. "Não há necessidade que a pauta de julgamento indique o dia do calendário em que o processo será julgado, tendo-se como suficiente para dar-se como satisfeitas as exigências dos parágrafos 3º e 4º do art. 874, do anterior Código de Processo Civil, e que correspondem ao 'caput' do art. 552, e seu par. 1º do Código atual [art. 934 do CPC/2015] que a pauta, para intimação, seja publicada com as indicações de identificação necessária, daí se tendo que o processo poderá ser julgado na primeira sessão **a partir do transcurso de quarenta e oito horas da publicação**" (STF, RE 82.105, Rel. Min. Aldir Passarinho, 2ª Turma, jul. 19.08.1983, *DJ* 07.10.1983). **Em sentido contrário:** "A mera intimação da inclusão do recurso em pauta não assegura a data exata em que ocorrerá o julgamento nem garante, então, ao representante legal do Paciente o direito de comparecer ao julgamento para efetivar a defesa oral, na forma dos arts. 554 e 565 do CPC [art. 937 do CPC/2015]. A ausência de intimação para a data da sessão de julgamento pode ser, assim, considerada causa de nulidade do ato praticado nessa condição, inclusive por ter sido frustrada eventual possibilidade de sustentação oral. Precedentes" (STF, HC 91.566/RJ, Rel.ª Min.ª Cármen Lúcia, 1ª Turma, jul. 04.09.2007, *DJ* 28.09.2007).

4. Modificação da data do julgamento:

Adiamento da pauta de julgamento. "O artigo 552 do Código de Processo Civil [art. 934 do CPC/2015] exige tão somente que a pauta de julgamento seja publicada no órgão oficial e afixada na entrada da sala de sessões, sendo prescindível certidão nos autos, não havendo, também, necessidade de nova inclusão de processo adiado em pauta de julgamento" (STJ, RMS 11.076/RS, Rel. Min. Hamilton Carvalhido, 6ª Turma, jul. 21.11.2002, *DJ* 04.08.2003).

Tempo razoável. "O adiamento de processo de pauta não exige nova publicação, desde que o novo julgamento ocorra em tempo razoável (três sessões, no máximo, sob pena de violação do princípio do *due process*), o que não se verifica na hipótese, em que o intervalo de tempo foi superior a um ano" (STJ, REsp 736.610/DF, Rel. Min. Herman Benjamin, 2ª Turma, jul. 01.09.2009, *DJe* 15.12.2009). **No mesmo sentido**: STJ, EDcl na Recl. 1.215/DF, Rel. Min. Og Fernandes, 3ª Seção, jul. 24.06.2009, *DJe* 01.07.2009; STJ, AgRg no Ag 998.900/DF, Rel. Min. Nilson Naves, 6ª Turma, jul. 20.10.2009, *DJe* 03.05.2010; STJ, RMS 17.464/BA, Rel. Min. Jorge Mussi, 5ª Turma, jul. 09.06.2009, *DJe* 03.08.2009; STJ, REsp 692.506/MT, Rel. Min. Hélio Quaglia Barbosa, 4ª Turma, jul. 07.12.2006, *DJ* 05.02.2007; STF, RHC 84.084/SP, Rel. Min. Joaquim Barbosa, 1ª Turma, jul. 23.03.2004, *DJ* 28.05.2004; STJ, EDcl na Recl. 1.785/DF, 1ª Seção, Rel. Min. Teori Albino Zavascki, *DJ* de 28.11.2005; STJ, AgRg no Ag. 604.396/RJ, Rel.ª Min.ª Denise Arruda, 1ª Turma, jul. 06.04.2006, *DJ* 24.04.2006; STJ, REsp 808/SP, Rel. Min. Nilson Naves, 3ª Turma, jul. 22.05.1990, *DJ* 11.06.1990.

"O feito, uma vez incluído em pauta, com intimação das partes, e adiado a pedido delas, pode ser julgado em outra sessão, independentemente de nova publicação" (STJ, EDcl no REsp 331.503/SP, Rel. Min. Fernando Gonçalves, 4ª Turma, jul. 12.08.2003, *DJ* 01.09.2003). **No mesmo sentido**: STJ, EDcl no REsp 88.072/RJ, Rel. Min. Peçanha Martins, 2ª Turma, jul. 20.10.1997, *DJ* 09.03.1998.

Pedido de vista. "Após pedido de vista, a nova inclusão do feito em pauta de julgamento é dispensável quando se mostra razoável o lapso temporal decorrido entre o início do julgamento e sua prolação" (STJ, REsp 1.115.393/RS, Rel. Min. Castro Meira, 2ª Turma, jul. 06.08.2009, *DJe* 27.08.2009). **No mesmo sentido:** STF, HC 80.306/SP, Rel. Min. Maurício Corrêa, 2ª Turma, jul. 20.03.2001, *DJ* 04.05.2001.

Antecipação do julgamento. "Com base no art. 236, § 1º, do Código de Processo Civil [art. 272, § 2º, do CPC/2015], havendo antecipação do julgamento, deve ser o advogado comunicado segundo os requisitos previstos nessa norma, não sendo suficiente a simples publicação de aviso genérico no Diário da Justiça informando a alteração da data da sessão. Precedentes do STJ e STF" (STJ, REsp 445.871/MT, Rel.ª Min.ª Laurita Vaz, 5ª Turma, jul. 12.08.2003, *DJ* 15.09.2003). **No mesmo sentido:** STJ, REsp 127.085/MG, Rel. Min. Carlos Alberto Menezes Direito, 3ª Turma, jul. 18.11.1997, *DJ* 09.12.1997.

Pedido de adiamento. Deferimento para data anterior à pretendida. "Julgamento nos Tribunais: não cerceia a defesa que o pedido de adiamento seja deferido para data anterior à pretendida pelo impetrante, a quem incumbe acompanhar a sorte do seu requerimento: precedentes" (STF, HC 84.134/SC, Rel. Min. Sepúlveda Pertence, 1ª Turma, jul. 14.09.2004, *DJ* 22.10.2004).

Processo retirado de pauta. Intimação. "Viola o art. 236, § 1º, do CPC [art. 272, § 2º, do CPC/2015] o julgamento de autos, retirados de pauta, sem a intimação dos patronos dos recorrentes, através de nova inclusão em pauta no Diário Oficial" (STJ, REsp 364.795/SP, Rel.ª Min.ª Eliana Calmon, 2ª Turma, jul. 27.08.2002, *DJ* 11.11.2002). **No mesmo sentido:** STJ, REsp 751.306/AL, Rel.ª Min.ª Nancy Andrighi, 3ª Turma, jul. 02.03.2010, *DJe* 16.03.2010.

Art. 935. Entre a data de publicação da pauta e a da sessão de julgamento decorrerá, pelo menos, o prazo de 5 (cinco) dias, incluindo-se em nova pauta os processos que não tenham sido julgados, salvo aqueles cujo julgamento tiver sido expressamente adiado para a primeira sessão seguinte.

§ 1º Às partes será permitida vista dos autos em cartório após a publicação da pauta de julgamento.

§ 2º Afixar-se-á a pauta na entrada da sala em que se realizar a sessão de julgamento.

CPC/1973

Art. 552, § 1º.

SÚMULAS

Súmulas do STJ

n.º 117: "A inobservância do prazo de 48 horas, entre a publicação de pauta e o julgamento sem a presença das partes, acarreta nulidade". Obs.: O atual Código prevê o prazo de cinco dias.

BREVES COMENTÁRIOS

O Código prevê um interstício mínimo de cinco dias entre a data de publicação da pauta e a da sessão de julgamento. Os processos que eventualmente não tenham sido julgados na sessão designada serão reincluídos em nova pauta, respeitando-se o prazo mínimo de cinco dias. Está dispensada a reinclusão em pauta os processos que tiverem sido expressamente adiados para a primeira sessão seguinte. Publicada a pauta, os autos não mais sairão da secretaria, e os advogados que desejarem vista, somente a terão em cartório. A pauta de julgamento, além da publicação no órgão oficial, deverá ser afixada na entrada da sala em que se realizar a sessão de julgamento.

JURISPRUDÊNCIA SELECIONADA

1. Apelação. Adiamento. Julgamento realizado sem a prévia publicação de nova pauta. "Dispõe o art. 935, *caput*, do CPC/2015: 'Entre a data de publicação da pauta e a da sessão de julgamento decorrerá, pelo menos, o prazo de 5 (cinco) dias, incluindo-se em nova pauta os processos que não tenham sido julgados, salvo aqueles cujo julgamento tiver sido expressamente adiado para a primeira sessão seguinte'. No caso concreto, o adiamento do feito se deu sem a expressa indicação de que seria ele julgado na primeira sessão seguinte e, ainda, sem que houvesse nova publicação da pauta, o que importa em afronta ao art. 935, *caput*, do CPC/2015" (STJ, REsp 1685479/MA, Rel. Min. Sérgio Kukina, 1ª Turma, jul. 01.12.2020, *DJe* 17.12.2020).

2. Retirada de pauta. Posterior julgamento monocrático embasado no art. 932 do CPC/2015 e na Súmula 568/STJ. Possibilidade. Ausência de nulidade. "Da interpretação dos arts. 10 e 935 do CPC/2015, invocados pela parte embargante, abstrai-se ausência de nulidade quando o Relator do recurso retira o feito de pauta antes de iniciado o julgamento e posteriormente decide o caso monocraticamente, desde que dentro das hipóteses legais" (STJ, EDcl no AgInt no RMS 55.499/PR, Rel. Min. Herman Benjamin, 2ª Turma, jul. 05.03.2020, *DJe* 26.08.2020).

3. Processo adiado por indicação do ministro. Certidão de julgamento indicando adiamento, mas sem referência de que seria para a primeira sessão seguinte. Processo julgado na sessão subsequente àquela em que houve o adiamento sem que houvesse publicação de pauta. Regularidade. "A alegação não merece prosperar, pois a conduta adotada pela Segunda Turma do STJ encontra-se em sintonia com os arts. 935 do novo CPC e 90, § 2º, do RISTJ, no sentido de que a inclusão será dispensada somente quando expressamente adiados os autos para a primeira sessão seguinte, visto que, embora inexistente a expressão 'para a primeira sessão seguinte', de fato, o recurso foi incluído na primeira sessão subsequente, ocorrida em 3.8.2017, em verdadeira harmonia com o espírito daqueles dispositivos processuais consistente na impossibilidade de se julgar processo em sessão posterior à primeira subsequente sem que conste de pauta publicada com antecedência mínima de cinco dias" (STJ, EDcl no REsp 1240538/RJ, Rel. Min. Og Fernandes, 2ª Turma, jul. 26.09.2017, *DJe* 29.09.2017).

4. Prazo entre a publicação e o julgamento (*caput*). "O legislador erigiu o prazo de 48 (quarenta e oito) horas como uma antecedência mínima para intimação das partes e advogados, a fim de que pratiquem ou acompanhem a realização dos atos de instrução ou julgamento cuja realização ocorra na forma oral. O chamamento com uma antecedência razoável não é mera formalidade, mas constitui uma condição para que haja um efetivo exercício do contraditório e da ampla defesa" (STJ, HC 109.967/RJ, Rel.ª Min.ª Laurita Vaz, 5ª Turma, jul. 02.02.2010, *DJe* 01.03.2010). **No mesmo sentido:** STJ, REsp 111.994/RJ, Rel. **Min. Sálvio de Figueiredo Teixeira, 4ª Turma, jul. 11.02.1999,** *DJ* 12.04.1999. **Obs.: Com o CPC/2015, o prazo mínimo entre a publicação da pauta e a sessão de julgamento é de 5 dias.**

"Descabida a alegação de cerceamento de defesa, se foi observado o prazo mínimo de quarenta e oito horas entre a data de publicação da pauta e a da realização do julgamento do recurso de apelação do paciente, com observância do disposto no artigo 140 do Regimento Interno do Tribunal de Justiça da Bahia, bem como no artigo 552, § 1º, do Código de Processo Civil [art. 935 do CPC/2015], sendo **irrelevante que o jornal tenha sido realmente entregue na Comarca de origem em dia posterior ao da sua circulação**" (STJ, HC 88.581/BA, Rel. Min. Paulo Gallotti, 6ª Turma, jul. 06.12.2007, *DJ* 03.03.2008).

Jornal com circulação em data posterior a designada para o julgamento. "Considera-se ineficaz a publicação da pauta se o jornal circula em data posterior a designada para o julgamento, gerando dúvida a parte, que deixou de comparecer a sessão em que o recurso foi apreciado. Necessidade de nova inclusão em pauta" (STJ, REsp 15.136/GO, Rel. Ministro Athos Carneiro, 4ª Turma, jul. 03.03.1993, *DJ* 22.03.1993).

5. Participação no julgamento. "Deve participar do julgamento dos Declaratórios a mesma Turma que participou do julgamento do acórdão fustigado, contra o qual tais Embargos foram opostos, sob pena de nulidade" (TJMG, EDcl 1.0382.00.010742-7/005 na Ap. 1.0382.00.010742-7/003, Rel. Des. Dorival Guimarães Pereira, 5ª Câmara Cível, jul. 04.11.2004, *DJ* 26.11.2004).

"Não constitui nulidade a participação, no julgamento (em continuação), de juiz que, por não integrar o órgão fracionário quando do início do proferimento dos votos, não assistiu aos debates, justificando, todavia, essa circunstância, em decisão inserida nos autos. A nulidade só deve ser proclamada quando em simultaneidade com a prova do prejuízo" (STJ, REsp 59.396/SP, Rel. Min. Demócrito Reinaldo, 1ª Turma, jul. 07.04.1997, *DJ* 09.06.1997).

Art. 936. Ressalvadas as preferências legais e regimentais, os recursos, a remessa necessária e os processos de competência originária serão julgados na seguinte ordem:

I – aqueles nos quais houver sustentação oral, observada a ordem dos requerimentos;

II – os requerimentos de preferência apresentados até o início da sessão de julgamento;

III – aqueles cujo julgamento tenha iniciado em sessão anterior; e

IV – os demais casos.

CPC/1973

Art. 562.

BREVES COMENTÁRIOS

O atual Código estabeleceu uma ordem de preferência para o julgamento dos feitos incluídos em pauta (recursos, remessa necessária e processos de competência originária). Ressalvadas as preferências legais e regimentais, os julgamentos obedecerão a seguinte sequência: (a) primeiro serão julgados os processos nos quais houver sustentação oral, que será realizada seguindo a ordem dos requerimentos (inciso I); (b) depois, passa-se ao julgamento dos requerimentos de preferência apresentados até o início da sessão de julgamento, vale dizer, até a abertura da sessão pelo presidente da câmara ou turma (inciso II); (c) posteriormente, são decididos os recursos cujo julgamento tenha sido iniciado em sessão anterior (inciso III); e (d) por fim, os demais casos da pauta (inciso IV).

Gozarão também do direito de preferência os recursos interpostos nos processos regulados pelo Estatuto da Criança e do Adolescente (Lei nº 8.069/1990, art. 198, III).

Art. 937. Na sessão de julgamento, depois da exposição da causa pelo relator, o presidente dará a palavra, sucessivamente, ao recorrente, ao recorrido e, nos casos de sua intervenção, ao membro do Ministério Público, pelo prazo improrrogável de 15 (quinze) minutos para cada um, a fim de sustentarem suas razões, nas seguintes hipóteses, nos termos da parte final do *caput* do art. 1.021:

I – no recurso de apelação;

II – no recurso ordinário;

III – no recurso especial;

IV – no recurso extraordinário;

V – nos embargos de divergência;

VI – na ação rescisória, no mandado de segurança e na reclamação;

VII – (VETADO);

VIII – no agravo de instrumento interposto contra decisões interlocutórias que versem sobre tutelas provisórias de urgência ou da evidência;

IX – em outras hipóteses previstas em lei ou no regimento interno do tribunal.

§ 1º A sustentação oral no incidente de resolução de demandas repetitivas observará o disposto no art. 984, no que couber.

§ 2º O procurador que desejar proferir sustentação oral poderá requerer, até o início da sessão, que o processo seja julgado em primeiro lugar, sem prejuízo das preferências legais.

§ 3º Nos processos de competência originária previstos no inciso VI, caberá sustentação oral no agravo interno interposto contra decisão de relator que o extinga.

§ 4º É permitido ao advogado com domicílio profissional em cidade diversa daquela onde está sediado o tribunal realizar sustentação oral por meio de videoconferência ou outro recurso tecnológico de transmissão de sons e imagens em tempo real, desde que o requeira até o dia anterior ao da sessão.

CPC/1973

Art. 554.

REFERÊNCIA LEGISLATIVA

CF, art. 93, IX.

CPC/2015, arts. 936, III (julgamento iniciado) e 937, § 2º (sustentação oral).

Regimento Interno do STJ, arts. 158 a 160.

CJF – I JORNADA DE DIREITO PROCESSUAL CIVIL

Enunciado 61 – Deve ser franqueado às partes sustentar oralmente as suas razões, na forma e pelo prazo previsto no art. 937, *caput*, do CPC, no agravo de instrumento que impugne decisão de resolução parcial de mérito (art. 356, § 5º, do CPC).

BREVES COMENTÁRIOS

Na sessão de julgamento, os advogados e o membro do Ministério Público, nos casos de sua intervenção, poderão nos casos previstos em lei ou no regimento interno do tribunal, fazer sustentação oral de suas razões, pelo prazo improrrogável de quinze minutos cada, depois da exposição da causa pelo relator. O CPC/2015 enumera os casos de cabimento da sustentação oral no art. 937. Portanto, não haverá sustentação oral em embargos declaratórios, em agravo interno e agravo de instrumento que não tenha sido interposto contra decisões que versem sobre tutelas provisórias de urgência ou da evidência, salvo autorização especial de regimento interno. Permite-se, porém, a sustentação oral no agravo interno, quando interposto contra decisão singular do relator que extinga a ação rescisória, o mandado de segurança ou a reclamação (§ 3º).

O procurador que desejar proferir sustentação oral poderá requerer, até o início da sessão, que o processo seja julgado em primeiro lugar, observadas as preferências legais (§ 2º). Sendo vários os requerentes, os julgamentos preferenciais seguirão a ordem dos pedidos. Note-se que o atual Código não mais prevê o pedido de adiamento para julgamento com preferência na sessão seguinte. A sustentação oral quando oportunamente pleiteada deverá ser produzida com preferência, mas na mesma sessão. Assim, pôs-se fim a antiga polêmica sobre ser ou não um direito da parte o adiamento para preferência de julgamento em outra sessão.

JURISPRUDÊNCIA SELECIONADA

1. Embargos de declaração. Pedido de sustentação oral em agravo interno. Descabimento. "Nos termos do artigo 159, IV, do Regimento Interno do STJ, não haverá sustentação oral no julgamento de agravo interno, salvo expressa disposição legal em contrário" (STJ, EDcl no AgInt nos EDcl no REsp 1889429/DF, Rel. Min. Luis Felipe Salomão, 4ª Turma, jul. 23.02.2021, *DJe* 03.03.2021).

2. Decisão proferida em reclamação disciplinar. "Impossibilidade de sustentação oral em recurso contra decisão proferida em reclamação disciplinar perante o Conselho da Justiça Federal. Inexistência de abuso ou ilegalidade no ato impugnado. Writ denegado" (STJ, MS 26.114/DF, Rel. Min. Raul Araújo, Corte Especial, jul. 18.11.2020, *DJe* 17.12.2020).

3. Agravo interno nos embargos de declaração no recurso especial. Pedido de adiamento do julgamento, sem suficiente motivação. Indeferimento. "De acordo com o entendimento do Superior Tribunal de Justiça, o pedido de adiamento da sessão de julgamento do recurso deve ser suficientemente motivado, pois não constitui direito potestativo do advogado, comportando a prudente e fundamentada avaliação do julgador. Precedentes. No caso, o pedido de adiamento foi formulado por parte representada pelos mesmos patronos desde a contestação, sem declínio de motivo plausível, invocando somente o propósito de produzir sustentação oral, mas sem explicar a impossibilidade ou dificuldade de fazê-lo na data aprazada. Nesse contexto, o indeferimento do pedido de adiamento, com o julgamento da apelação na data designada, não configura cerceamento de defesa" (STJ, AgInt nos EDcl no REsp 1863254/SP, Rel. Min. Raul Araújo, 4ª Turma, jul. 17.11.2020, *DJe* 27.11.2020).

4. Sustentação oral em recurso interposto contra decisão monocrática do relator. Decisão que defere ou indefere a contracautela em suspensão de liminar e sentença. Descabimento. Ver jurisprudência do art. 1.021 do CPC/2015.

5. Sustentação oral:

Advogado após o voto do relator. Impossibilidade. "A sustentação oral pelo advogado após o voto do relator, afronta o devido processo legal, além de poder causar tumulto processual, uma vez que o contraditório se estabelece entre as partes. Ação direta de inconstitucionalidade julgada procedente para declarar a inconstitucionalidade do art. 7º, IX, da Lei 8.906, de 4 de julho de 1994" (STF, ADI 1.105, Rel. p/ Ac. Min. Ricardo Lewandowski, Tribunal Pleno, jul. 17.05.2006, *DJe* 04.06.2010).

Adiamento. "Nos termos da jurisprudência desta Corte, o teor do art. 565 do CPC [art. 937, § 2º, do CPC/2015] é no sentido de se dar preferência ao julgamento do processo, não conferindo direito à parte ao adiamento da sessão de julgamento, o que ocorrerá ou não conforme prudente avaliação do magistrado. Ademais, 'A falta de decisão acerca de pleito, visando adiar sessão de julgamento, não enseja nulidade, porquanto o pedido de sustentação oral tem o único efeito de imprimir ao processo respectivo uma preferência de julgamento na sessão originariamente agendada, da qual as partes e seus advogados já estão devidamente cientificados' (EDcl no REsp 520.547/SP, 4ª T., Min. Fernando Gonçalves, *DJ* 16/02/2004)" (STJ, 2ª Turma, AgRg no REsp 1.323.145/MG, Rel. Min. Mauro Campbell Marques, jul. 20.02.2014, *DJe* 28.02.2014).

Sustentação oral por apenas uma parte. "Não é nulo o julgamento de recurso especial em que houve sustentação oral por apenas uma das partes, se o advogado da outra parte nem sequer formulou requerimento para os fins do art. 158 do RISTJ (art. 565 do CPC) [art. 937, § 2º, do CPC/2015]" (STJ, AgRg no REsp 1.071.761/MG, Rel. Min. João Otávio de Noronha, 4ª Turma, jul. 23.02.2010, *DJe* 08.03.2010).

Sustentação e anulação do julgamento da apelação. Cerceamento de defesa. "2. O Tribunal de origem acolheu os embargos de declaração, reconhecendo a nulidade processual, e em seguida procedeu a um novo julgamento de mérito das apelações na mesma sessão, sem a devida inclusão em pauta e sem permitir a realização de sustentação oral pelas partes. 3. A ausência de intimação adequada e a condução do julgamento na mesma sessão que acolheu os embargos de declaração configuram cerceamento ao direito de defesa e ao contraditório, levando à nulidade do julgamento, conforme jurisprudência do Superior Tribunal de Justiça" (STJ, REsp 2.140.962/SE, Rel. Min. Teodoro Silva Santos, 2ª Turma, ac. 03.09.2024, *DJe* 12.09.2024).

Procuradores diversos. Prazo em dobro. "A existência de procuradores diversos confere aos litisconsortes o direito a prazo dobrado para suas manifestações nos autos, prerrogativa que não é afastada pelo fato de as peças processuais serem subscritas em conjunto. Interpretação conjunta dos artigos 191 e 554 do CPC [arts. 229 e 937 do CPC/2015]. Precedentes" (STJ, REsp 888.467/SP, , Rel. p/ Acórdão Min. Luis Felipe Salomão, 4ª Turma, jul. 01.09.2011, *DJe* 06.10.2011).

Ministério Público. "Em sessão de julgamento de ação proposta ou de recurso interposto pelo Ministério Público, a instituição se faz presente por um dos seus representantes, cuja palavra será, nesse julgamento, a palavra que vinculará a instituição como um todo" (STJ, MS 14.041/DF, Rel. Min. Teori Albino Zavascki, 1ª Seção, jul. 09.09.2009, *DJe* 27.10.2009).

"A manifestação do Ministério Público após a sustentação oral realizada pela parte não importa em violação do art. 554 do CPC [art. 937 do CPC/2015] se sua presença no processo se dá na condição de fiscal da lei" (STJ, REsp 1.216.673/SP, Rel. Min. João Otávio de Noronha, 4ª Turma, jul. 02.06.2011, *DJe* 09.06.2011).

Reexame necessário. "É de se entender que o vocábulo 'recurso' previsto no artigo 554 do Estatuto Processual Civil [art. 937 do CPC/2015] deve ser interpretado em sentido amplo, a abranger a remessa necessária prevista no artigo 475 [art. 496 do CPC/2015] e, por consequência, abarcar a possibilidade de sustentação oral por ocasião do julgamento do reexame necessário" (STJ, REsp 493.862/MG, Rel. p/ Acórdão Min. Franciulli Netto, 2ª Turma, jul. 05.02.2004, *DJ* 12.04.2004).

- **Não cabimento:**

Embargos de declaração. "A interpretação conjugada dos arts. 537 e 554 do CPC [arts. 1.024 e 937 do CPC/2015] e 91, I, e 159 do RISTJ indica que os embargos de declaração devem ser levados em mesa, não sendo cabível a sustentação oral, de modo que a falta de intimação prévia dos advogados das partes para a sessão de julgamento respectiva não implica qualquer nulidade. Precedentes" (STJ, PET no REsp 830.577/RJ, Rel.ª Min.ª Nancy Andrighi, 3ª Turma, jul. 08.02.2011, *DJe* 02.03.2011).

Agravo de instrumento. "É de inferir, face ao disposto no art. 554 do CPC [art. 937 do CPC/2015], que o julgamento de agravo de instrumento independe de pauta, salvo disposição regimental em contrário" (STJ, REsp 1.123/RS, Rel. Min. Antonio Torreão Braz, 4ª Turma, jul. 21.09.1993, *DJ* 11.10.1993).

6. Memoriais. "Se lei dispensa a sustentação oral no julgamento dos embargos de declaração, com maior razão não é possível acolher nulidade em face da ausência dos respectivos memoriais" (STJ, EDcl nos EDcl no AgRg nos EREsp 499.983/RS, Rel. Min. Benedito Gonçalves, 1ª Seção, jul. 22.04.2009, *DJe* 04.05.2009).

Art. 938. A questão preliminar suscitada no julgamento será decidida antes do mérito, deste não se conhecendo caso seja incompatível com a decisão.

§ 1º Constatada a ocorrência de vício sanável, inclusive aquele que possa ser conhecido de ofício, o relator determinará a realização ou a renovação do ato processual, no próprio tribunal ou em primeiro grau de jurisdição, intimadas as partes.

§ 2º Cumprida a diligência de que trata o § 1º, o relator, sempre que possível, prosseguirá no julgamento do recurso.

§ 3º Reconhecida a necessidade de produção de prova, o relator converterá o julgamento em diligência, que se realizará no tribunal ou em primeiro grau de jurisdição, decidindo-se o recurso após a conclusão da instrução.

§ 4º Quando não determinadas pelo relator, as providências indicadas nos §§ 1º e 3º poderão ser determinadas pelo órgão competente para julgamento do recurso.

CPC/1973

Art. 560.

BREVES COMENTÁRIOS

O objetivo da norma é estabelecer o critério lógico de apreciar primeiro a questão preliminar, porque sua solução pode prejudicar o julgamento do mérito. Além disso, o § 1º tem o objetivo de atender ao princípio da economia processual, evitando decretação de nulidades que possam ser supridas e preservando a sentença para que o julgamento do recurso se faça pelo mérito sempre que possível. Somente quando a nulidade for insuprível, ou a parte não cuidar de supri-la no prazo, concedido para tanto, é que o Tribunal acolherá a arguição de nulidade.

Quando for reconhecida a necessidade de produção de prova, o relator, ou o órgão colegiado competente, converterá o julgamento em diligência para a conclusão da instrução, que se realizará no tribunal ou em primeiro grau de jurisdição. Finalizada a diligência, o recurso será decidido (art. 938, §§ 3º e 4º). Nesse caso, o que a lei quer é que não se anule sentença, nem se rejeite recurso, diante de instrução incompleta da causa. Integrada a instrução, o recurso será decidido pelo mérito, evitando, dessa maneira, nova sentença e nova apelação.

JURISPRUDÊNCIA SELECIONADA

1. Ausência de inclusão de tributo específico nas razões recursais. Vício insanável. Preclusão consumativa. "As razões do apelo, conforme consignado pelo acórdão recorrido, abordaram exclusivamente a contribuição ao SEBRAE e sequer na conclusão do apelo houve referência à contribuição ao salário-educação. Desse modo, a ausência de alegação relativa ao salário-educação nas razões recursais não trata de vício sanável à luz do § 1º do art. 938 do CPC/2015, o qual diz respeito, sobretudo, a vícios formais, tais quais aqueles relativos à representação processual, ausência de assinatura de advogado, comprovação do preparo recursal e outros, não sendo esse o caso dos autos que trata do próprio conteúdo das razões recursais, as quais não podem ser alteradas para incluir tributo não veiculado no arrazoado, haja vista a ocorrência da preclusão consumativa. Nesse sentido: AgInt no REsp 1.560.527/SC, Rel. Ministro Marco Buzzi, Quarta Turma, *DJe* 10.11.2017" (STJ, AgInt nos EDcl no AREsp 1360220/RS, Rel. Min. Mauro Campbell Marques, 2ª Turma, jul. 09.04.2019, *DJe* 16.04.2019).

2. Exame de questão preliminar:

Omissão. "Ocorre negativa de vigência ao art. 560 do CPC [art. 938 do CPC/2015], se o Tribunal aprecia o mérito do agravo interposto do despacho que denegou relevação de deserção sem, antes, examinar a preliminar de intempestividade do agravo, levantada pelo agravado" (STF, RE 90.096-9/PR, Rel. Min. Carlos Thompson Flores, 1ª Turma, jul. 26.06.1979, *DJ* 10.08.1979).

Requisitos de admissibilidade. "Comporta-se no juízo preliminar de admissibilidade do recurso o exame dos seus requisitos intrínsecos (dentre os quais o interesse de recorrer) e os extrínsecos (dentro os quais a existência de preparo). A ausência de qualquer deles autoriza o Tribunal a não conhecer do recurso, com o que fica dispensado o exame dos demais requisitos, bem como do mérito da irresignação" (STJ, REsp 665.412/RJ, Rel. Min. Teori Albino Zavascki, 1ª Turma, jul. 12.09.2006, *DJ* 05.10.2006).

Decadência. "A decadência classifica-se, processualmente, como preliminar de mérito, cuja apreciação deve preceder o mérito propriamente dito, impondo-se colher os votos de todos os membros do órgão julgador antes de adentrar-se na questão de fundo (art. 560, CPC) [art. 938 do CPC/2015]. Tendo a maioria do Colegiado acolhido a preliminar de decadência e apenas o Relator afastado o vício de consentimento, sem pronunciar-se sobre o prazo decadencial, tornam-se cabíveis embargos declaratórios para sanar-se a contradição" (STJ, REsp 277.843/RJ, Rel. Min. Sálvio de Figueiredo Teixeira, 4ª Turma, jul. 28.08.2001, *DJ* 22.10.2001).

Prescrição. "Reformando o tribunal a sentença que acolhera a preliminar de prescrição, não pode o mesmo ingressar no mérito propriamente dito, até porque a causa pode não estar suficientemente debatida e instruída. Prosseguir o julgamento em tais circunstâncias agride a regra 'tantum devolutum quantum appelatum', suprime um grau de jurisdição e torna ainda mais complexa a compreensão do processo como instrumento de acesso a tutela jurisdicional" (STJ, REsp 6.643/SP, Rel. Min. Sálvio de Figueiredo Teixeira, 4ª Turma, jul. 11.06.1991, *DJ* 05.08.1991).

3. Rejeição da preliminar. "Se os julgadores que votaram antes não retificam seu voto para acolher a questão preliminar depois suscitada pelo último a votar, entende-se que a rejeitaram" (STJ, REsp 87.883/RJ, Rel. Min. Ruy Rosado de Aguiar, 4ª Turma, jul. 13.05.1996, *DJ* 17.06.1996).

4. Irregularidade processual sanável (§ 1º). "Sendo a irregularidade processual sanável, pode o relator, ao tomar conhecimento do fato, ouvir a parte para supri-la, em benefício da economia processual (CPC, art. 560, parágrafo único) [art. 938, § 1º, do CPC/2015]" (STJ, REsp 2.032/CE, Rel. Min. Gueiros Leite, 3ª Turma, jul. 14.05.1990, *DJ* 11.06.1990).

Rejulgamento de matéria transitada em julgado. "O rejulgamento de tema já transitado em julgado é erro material sanável de ofício, cuja retificação importa na exclusão, no decisório, da parte indevidamente apreciada" (STJ, EDcl no AgRg nos EDcl nos EDcl no Ag 1.048.077/RJ, Rel. Min. João Otávio de Noronha, 4ª Turma, jul. 10.05.2011, *DJe* 19.05.2011).

Ausência de intimação das partes e do Ministério Público. "Se o acórdão deixou clara a necessidade de manifestação das partes e do Ministério Público, antes da sentença, cumprindo o despacho exarado naquele juízo, houve decisão anulando a sentença. Anulada a sentença para cumprimento do despacho que determinou a intimação das partes e do Ministério Público, fica prejudicado o exame do mérito" (STJ, REsp 112.972/PR, Rel. Min. Francisco Peçanha Martins, 2ª Turma, jul. 26.10.1999, *DJ* 01.08.2000).

Ausência de nomeação do depositário no auto de penhora. "A ausência de nomeação do depositário no auto de penhora constitui irregularidade formal sanável, revestindo-se a nulidade da execução, declarada de ofício, na hipótese, em virtude de tal omissão, de excessivo rigor, o que não se coaduna com o princípio da instrumentalidade das formas, norteador da processualística moderna. Precedentes" (STJ, REsp 90.865/MG, Rel. Min. Cesar Asfor Rocha, 4ª Turma, jul. 25.08.1998, *DJ* 26.10.1998).

"Prestação jurisdicional deficitária; anulação do acórdão proferido no julgamento dos embargos de declaração para que outro seja prolatado" (STJ, REsp 942.453/RJ, Rel. p/ Acórdão Min. Ari Pargendler, 3ª Turma, jul. 09.06.2008, *DJe* 04.08.2009).

5. Conversão em diligência. Necessidade de produção de prova. "Caso em que o Tribunal *a quo* entendendo pela necessidade da produção de prova pericial para o efetivo esclarecimento do estado de saúde da autora, determinou, em preliminar, a conversão do julgamento em diligência para que os autos retornassem à origem exclusivamente para a realização da prova" (STJ, AgRg no REsp 1.157.796/DF, Rel. Min. Benedito Gonçalves, 1ª Turma, jul. 18.05.2010, *DJe* 28.05.2010).

"Tratando-se de mera irregularidade formal, sem reclamo ou prejuízo para qualquer dos litigantes, impõe-se a realização de diligência que venha a suprir a deficiência" (STJ, REsp 85.236/MG, Rel. Min. Barros Monteiro, 4ª Turma, jul. 22.04.1996, *DJ* 10.06.1996).

6. Inexistência de nulidade. "Não se configura a nulidade do acórdão se o mesmo enfrentou as questões suscitadas, apenas que de forma contrária à pretensão da parte insatisfeita" (STJ, REsp 316.035/RJ, Rel. Min. Aldir Passarinho Junior, 4ª Turma, jul. 20.09.2001, *DJ* 04.02.2002).

Art. 939. Se a preliminar for rejeitada ou se a apreciação do mérito for com ela compatível, seguir-se-ão a discussão e o julgamento da matéria principal, sobre a qual deverão se pronunciar os juízes vencidos na preliminar.

CPC/1973

Art. 561.

REFERÊNCIA LEGISLATIVA

CPC/2015, art. 282 (repetição ou retificação dos atos).

BREVES COMENTÁRIOS

A causa é apreciada e decidida por etapas, segundo a ordem lógica das questões ventiladas no processo: primeiro, as questões preliminares ou prejudiciais, e depois o mérito. Votam-se separadamente aquelas e este (art. 938). Em preliminar, o órgão julgador decidirá conhecer ou não do caso. Só depois de superada a preliminar é que julgará o mérito, dando pela procedência, ou não, da pretensão do promovente. Se se tratar de feito recursal, a decisão será de provimento, ou não, do recurso; ou seja: improvendo o recurso, a decisão recorrida ficará "confirmada" ou "mantida"; provendo-o, a decisão de origem será "reformada" ou "invalidada", conforme o caso. Nas duas etapas, *i.e.*, nas preliminares e no mérito, votam todos os componentes da turma julgadora, de modo que, conhecida a causa, o eventual vencido no juízo de admissibilidade, terá, nada obstante, também de apreciar as questões de mérito, ao lado dos demais pares.

JURISPRUDÊNCIA SELECIONADA

1. Omissão do voto vencido quanto ao exame do mérito da apelação. Questão preliminar. Não pronunciamento sobre o mérito. Nulidade do acórdão que julgou a apelação. "Caso em que o Tribunal de origem procedeu à tomada global dos votos no julgamento da apelação, anotando o resultado das questões preliminar e meritória como resultado final do julgamento. Desse modo, o integrante que ficou vencido quanto à preliminar de cerceamento da defesa, pelo indeferimento de prova, não se pronunciou acerca do mérito recursal. Nos termos do art. 939 do CPC, a possibilidade de encerrar o julgamento por incompatibilidade entre a preliminar e o mérito tem como destinatário todo o órgão colegiado, e não cada um de seus integrantes. Ademais, a acepção sobre o conceito de preliminar, para o fim de julgamento fatiado, é ampla, uma vez que a diferenciação entre preliminar e prejudicial não tem cabimento aqui (MOREIRA, José Carlos Barbosa. *Comentários ao Código de Processo Civil, Lei nº 5.869, de 11 de janeiro de 1973*, vol. V: arts. 476 a 565. Rio de Janeiro: Forense, 2013, p. 699). Como os embargos infringentes são recurso de fundamentação vinculada, o Tribunal de origem não poderia conhecer da divergência meritória, supondo que o juiz que concluiu pela nulidade da prova – e foi vencido – absolvesse a recorrente. Portanto, o prejuízo à defesa está evidenciado" (STJ, REsp 1843523/CE, Rel. Min. Ribeiro Dantas, 5ª Turma, jul. 09.03.2021, *DJe* 15.03.2021).

2. Nulidades apontadas em preliminares. "Pelo princípio do *pas de nullité sans grief* e pela efetividade da tutela jurisdicional, com base no artigo 249, § 2º, c/c art. 561 do CPC [arts. 288, § 2º, e 939 do CPC/2015], quando se puder decidir o mérito a favor da parte a quem aproveite a nulidade, o juiz pode deixar de se pronunciar sobre preliminares que aleguem tais nulidades" (TJMG, Ap. Cível 509.785-4, Rel. Des. Luciano Pinto, 17ª Câmara Cível, jul. 02.06.2005, *DJe* 23.06.2005).

3. Embargos de declaração. Complementação do acórdão pelo voto vencido na preliminar. "Em princípio são cabíveis os embargos de declaração visando obter a complementação do acórdão pelo voto vencido na preliminar, quanto ao exame do mérito da apelação, conforme o disposto no art. 561 do CPC [art. 939 do CPC/2015]" (STJ, REsp 797.805/SP, Rel.ª Min.ª Eliana Calmon, 2ª Turma, jul. 15.08.2006, *DJ* 04.09.2006).

4. Pronunciamento sobre recurso adesivo. "Note-se que o pronunciamento do relator sobre o mérito do recurso adesivo é essencial, eis que pode trazer uma relevante consequência processual. Isso porque caso o relator negue provimento a tal recurso serão cabíveis embargos infringentes, uma vez que, no ponto relativo à necessidade ou não de procedimento autônomo de liquidação, haveria acórdão não unânime reformando a sentença de mérito (CPC, art. 530)" (STJ, REsp 942.453/RJ, Rel. p/ Acórdão Min. Ari Pargendler, 3ª Turma, jul. 09.06.2008, *DJe* 04.08.2009 – Trecho do voto-vista do Min. Ari Pargendler).

Art. 940. O relator ou outro juiz que não se considerar habilitado a proferir imediatamente seu voto poderá solicitar vista pelo prazo máximo de 10 (dez) dias, após o qual o recurso será reincluído em pauta para julgamento na sessão seguinte à data da devolução.

§ 1º Se os autos não forem devolvidos tempestivamente ou se não for solicitada pelo juiz prorrogação de prazo de no máximo mais 10 (dez) dias, o presidente do órgão fracionário os requisitará para julgamento do recurso na sessão ordinária subsequente, com publicação da pauta em que for incluído.

§ 2º Quando requisitar os autos na forma do § 1º, se aquele que fez o pedido de vista ainda não se sentir habilitado a votar, o presidente convocará substituto para proferir voto, na forma estabelecida no regimento interno do tribunal.

CPC/1973

Art. 555, § 2º.

REFERÊNCIA LEGISLATIVA

Regimento Interno do STF, art. 317, § 2º; Regimento Interno do STJ, art. 259; Lei Complementar nº 35/79, arts. 16, parágrafo único, 101, §§ 1º e 3º, *b, c, d* e *e*, e 121.

BREVES COMENTÁRIOS

Qualquer juiz que não se considerar habilitado a proferir imediatamente o seu voto poderá requerer vista dos autos, por prazo não superior a dez dias, prorrogável uma única vez pelo mesmo período (art. 940 e § 1º). A dúvida que desencadeia o pedido de vista pode surgir durante a sessão, em decorrência do debate ou mesmo da sustentação oral. Após o decurso de referido prazo, o recurso será reincluído em pauta para julgamento na sessão seguinte à data da devolução.

É óbvio, outrossim, que não é qualquer juiz do tribunal, ou mesmo do órgão que está em sessão de julgamento, que tem o poder de vista dos autos, mas apenas aqueles que compõem o órgão no momento do julgamento do feito e, na mesma ocasião, não se consideram aptos a votar. Caso os autos não sejam devolvidos no prazo ou se não for solicitada pelo juiz a sua prorrogação, o presidente do órgão julgador requisitará o processo para que ocorra o seu julgamento na sessão ordinária subsequente, com publicação da pauta em que for incluído (§ 1º).

Para impedir delongas inaceitáveis e cumprir o mandamento constitucional da duração razoável do processo, se o juiz que pediu vista do processo ainda não se sentir habilitado a votar, o presidente convocará substituto para proferir voto, nos termos do regimento interno do respectivo tribunal (art. 940, § 2º). O CPC/2015 não faz a distinção que havia no regime anterior entre julgamento de processo adiado com ou sem inclusão em pauta (CPC/1973, art. 555, §§ 2º e 3º). Agora, diante de qualquer adiamento a retomada do julgamento ocorrerá sempre mediante inclusão em pauta (CPC/2015, art. 940).

Art. 941. Proferidos os votos, o presidente anunciará o resultado do julgamento, designando para redigir o acórdão o relator ou, se vencido este, o autor do primeiro voto vencedor.

§ 1º O voto poderá ser alterado até o momento da proclamação do resultado pelo presidente, salvo aquele já proferido por juiz afastado ou substituído.

§ 2º No julgamento de apelação ou de agravo de instrumento, a decisão será tomada, no órgão colegiado, pelo voto de 3 (três) juízes.

§ 3º O voto vencido será necessariamente declarado e considerado parte integrante do acórdão para todos os fins legais, inclusive de pré-questionamento.

CPC/1973

Arts. 556 e 555, § 2º.

REFERÊNCIA LEGISLATIVA

CPC/2015, arts. 204 e 205 (acórdão), 489 (requisitos da sentença).

Lei nº 11.419/2006 (processo eletrônico).

BREVES COMENTÁRIOS

O julgamento do colegiado não se encerra enquanto o respectivo resultado não é anunciado pelo presidente. Por isso, o Código dispõe, de forma expressa, que o voto de qualquer juiz, poderá ser alterado até o momento da proclamação do resultado pelo presidente (§ 1º). A regra, contudo, não se aplica ao substituto daquele que se afastou da turma julgadora após ter pronunciado o respectivo voto. Essa faculdade, segundo jurisprudência firme do STJ, "é pessoal, de modo que a alteração do voto proferido antes da proclamação do resultado não pode ser feita por outro julgador que atue em substituição ao magistrado ausente" (STJ, 3ª T., REsp 1.416.635/SP, Rel. p/ ac. Min. João Otávio de Noronha, ac. 07.04.2015, *DJe* 22.04.2015).

Proferidos os votos, o presidente anunciará, conforme o disposto no art. 941, o resultado do julgamento e o relator ficará encarregado de redigir o acórdão. Se, por acaso, este foi vencimento no julgamento, a incumbência passará para o autor do primeiro voto vencedor. O resultado da votação é apurado pela maioria dos votos no mesmo sentido. Normalmente basta a maioria relativa. No caso de decretação de inconstitucionalidade, porém exige-se a maioria absoluta do tribunal ou do respectivo órgão especial (CF, art. 97).

Inovação interessante diz respeito ao voto vencido, que passou a ser considerado como parte integrante do acórdão para todos os fins legais, inclusive prequestionamento. Por isso, é necessária a declaração do voto vencido no acórdão, para que os fatos dele constantes possam ser levados em consideração pelos tribunais superiores em eventual recurso (WAMBIER, Teresa Arruda Alvim *et all. Primeiros comentários ao Código de Processo Civil*. São Paulo: RT, 2015, p. 1.340).

JURISPRUDÊNCIA SELECIONADA

1. Redação do acórdão. "A lógica racional, sempre presente na organicidade que preside a atuação do Judiciário, induz o deslocamento da redação do acórdão para o autor do primeiro voto no sentido de entendimento prevalente, uma vez vencido o relator. A observância de tal prática, além de evitar o constrangimento do relator, contribui para melhor revelação dos fundamentos que levaram o órgão a prover ou desprover o recurso" (TST, RR 2.701/86, Rel. Min. Farias Mello, 1ª Turma, acórdão unânime nº 118, *DJ* 27.03.1987).

2. Retificação do voto. Possibilidade. "Nos termos do art. 556 do Código de Processo Civil, o julgamento nos órgãos colegiados se encerra após a proclamação do resultado final pelo seu Presidente, não podendo haver nenhuma retificação de ofício após o seu desiderato, sob pena de ofensa aos princípios do devido processo legal, da segurança jurídica e do contraditório" (STJ, REsp 1.147.274/RS, Rel. Min. Sebastião Reis Júnior, 6ª Turma, jul. 03.11.2011, *DJe* 28.11.2011). **No mesmo sentido:** STJ, REsp 258.649/PR, Rel. Min. Teori Albino Zavascki, 1ª Turma, jul. 17.08.2004, *DJ* 13.09.2004. **Obs.:** Ver entendimento contrário na jurisprudência relativa ao CPC/2015 *infra*.

Retificação de voto na mesma sessão. Possibilidade. "Não há ilegalidade na retificação de votos, mesmo que já proclamado o resultado da decisão colegiada, desde que realizada no curso da mesma Sessão em que ocorrido o julgamento do processo. Precedente do Plenário do Supremo Tribunal Federal na Questão de Ordem suscitada pelo Ministro Moreira Alves na ADIn 903-6" (STJ, REsp 1.229.421/MA, Rel. Min. Maria Isabel Gallotti, 4ª Turma, jul. 21.06.2016, *DJe* 27.06.2016).

Erro material. "Não vulnera a lei processual (CPC, art. 556) [art. 941 do CPC/2015] a simples circunstância do resultado proclamado não coincidir com a conclusão do acórdão, sendo perfeitamente lícito ao órgão julgador proceder **à retificação da proclamação**, inclusive no bojo dos embargos de declaração manifestados" (STJ, REsp 11.102/PR, Rel. Min. Sálvio de Figueiredo Teixeira, 4ª Turma, jul. 25.06.1991, *DJ* 12.08.1991).

3. Tempo do julgamento. Recurso. "O recurso rege-se pela lei do tempo em que proferida a decisão, assim considerada nos órgãos colegiados a data da sessão de julgamento em que anunciado pelo Presidente o resultado, nos termos do art. 556 do Código de Processo Civil [art. 941 do CPC/2015]. É nesse momento que nasce o direito subjetivo à impugnação" (STJ, EREsp 649.526/MG, Rel. Min. Carlos Alberto Menezes Direito, Corte Especial, jul. 15.06.2005, *DJ* 13.02.2006). **No mesmo sentido:** STJ, AgRg no REsp 762.229/BA, Rel. Min. Nancy Andrighi, 3ª Turma, jul. 10.08.2006, *DJ* 28.08.2006.

"O direito de recorrer nasce com o julgamento que em segundo grau se completa com a divulgação do resultado (art. 556 do CPC) [art. 941 do CPC/2015]" (STJ, AgRg no REsp 663.864/RJ, Rel. Min. Luiz Fux, 1ª Turma, jul. 15.09.2005, *DJ* 26.09.2005).

4. Lavratura do acórdão. "O Código de Processo Civil, ao conferir no art. 556 [art. 941 do CPC/2015] a lavratura do acórdão ao magistrado prolator do primeiro voto vencedor, na verdade está impondo transferência de competência, retirando do relator originário e atribuindo-a ao redator do acórdão" (STJ, Pet 5.286/RJ, Rel. Min. José Delgado, Corte Especial, jul. 07.11.2007, *DJ* 29.11.2007). **No mesmo sentido:** STJ, REsp 598.111/AM, Rel. Min. José Delgado, 1ª Turma, jul. 06.05.2004, *DJ* 21.06.2004.

5. Proclamação de resultado de julgamento. Modificação via questão de ordem. Impossibilidade. Ver jurisprudência do art. 505 do CPC/2015.

6. Ausência da juntada de votos divergentes. Nulidade do acórdão configurada. Republicação. Necessidade. Nulidade do julgamento. Inexistência (§ 3º). "A razão de ser do § 3º do art. 941 do CPC/15 está ligada, sobretudo, à exigência de fundamentação, inerente a todas as decisões judiciais, nos termos do art. 93, IX, da Constituição Federal e, em consequência, à observância do direito fundamental ao devido processo legal, na medida em que, na perspectiva endoprocessual, a norma garante às partes o conhecimento integral do debate prévio ao julgamento, permitindo o exercício pleno da ampla defesa, e, na perspectiva extraprocessual, confere à sociedade o poder de controlar a atividade jurisdicional, assegurando a independência e a imparcialidade do órgão julgador. A inobservância da regra do § 3º do art. 941 do CPC/15 constitui vício de atividade ou erro de procedimento (*error in procedendo*), porquanto não diz respeito ao teor do julgamento em si, mas à condução do procedimento de lavratura e publicação do acórdão, já que este representa a materialização do respectivo julgamento. Hipótese em que há nulidade do acórdão, por não conter a totalidade dos votos declarados, mas não do julgamento, pois o resultado proclamado reflete, com exatidão, a conjunção dos votos proferidos pelos membros do colegiado." (STJ, REsp 1729143/PR, Rel.ª Min.ª Nancy Andrighi, 3ª Turma, jul. 12.02.2019, *DJe* 15.02.2019).

7. Composição da turma julgadora. "Substituição nos tribunais. Convocação de juiz de direito para substituir desembargador. Questão relativa à composição de turma julgadora há de ser suscitada quando do julgamento da apelação. Caso em que a parte nem sequer a suscitou por intermédio de embargos de declaração" (STJ, REsp 15.710/RS, Rel. Min. Nilson Naves, 3ª Turma, jul. 22.09.1992, *DJ* 16.11.1992). **No mesmo sentido:** STJ, REsp 30.647/RS, Rel. Min. Barros Monteiro, 4ª Turma, jul. 23.11.1998, *DJ* 12.04.1999.

"A convocação de Juízes de 1º grau de jurisdição para substituir Desembargadores **não malfere o princípio constitucional do juiz natural**, autorizado no âmbito da Justiça Federal pela Lei nº 9.788/99. O fato de o processo ter sido relatado por um Juiz Convocado para auxiliar o Tribunal no julgamento dos feitos, e não pelo Desembargador Federal a quem originariamente distribuído, tampouco afronta o princípio do juiz natural. Nos órgãos colegiados, a distribuição dos feitos entre relatores constitui, em favor do jurisdicionado, imperativo de impessoalidade que, na hipótese vertente, foi alcançada com o primeiro sorteio. Demais disso, não se vislumbra, no ato de designação do Juiz Convocado, nenhum traço de discricionariedade capaz de comprometer a imparcialidade da decisão que veio a ser exarada pelo órgão colegiado competente" (STF, HC 86.889/SP, Rel. Min. Menezes Direito, 1ª Turma, jul. 20.11.2007, *DJ* 15.02.2008). **No mesmo sentido com relação a juiz convocado no STJ:** STJ, EDcl no AgRg no Ag. 723.222/SP, Rel. Min. Paulo Gallotti, 6ª Turma, jul. 12.11.2007, *DJ* 03.12.2007.

• **Turma composta majoritariamente por juízes convocados:**

Entendimento do STF, seguido pelo STJ: "Não viola o postulado constitucional do juiz natural o julgamento de apelação por órgão composto majoritariamente por juízes convocados, autorizado no âmbito da Justiça Federal pela Lei 9.788/1999. Colegiados constituídos por magistrados togados, integrantes da Justiça Federal, e a quem a distribuição de processos é feita aleatoriamente. Julgamentos realizados com estrita observância do princípio da publicidade, bem como do direito ao devido processo legal, à ampla defesa e ao contraditório" (STF, RE 597.133, Rel. Min. Ricardo Lewandowski, Tribunal Pleno, jul. 17.11.2010, Repercussão Geral – Mérito, jul. 05.04.2011, *DJ* 06.04.2011). **No mesmo sentido:** STF, HC 101.263, Rel. p/ Acórdão Min. Rosa Weber, 1ª Turma, jul. 14.02.2012, jul. 21.03.2012, *DJ* 22.03.2012; STJ, AgRg no HC 135.873/SP, Rel. Min. Adilson Vieira Macabu, 5ª Turma, jul. 14.02.2012, *DJe* 06.03.2012.

Julgamento adiado:

Nova composição do órgão julgador. "O Min. Marco Aurélio afirmou que o julgamento no plenário seria um grande todo e que, antes da proclamação final deste, diante das questões trazidas por quem pediu vista, poderia haver retratação por qualquer dos integrantes do Tribunal, e, aí, compondo essa mesma retratação o julgamento, se impossível, tendo em conta os Ministros que já se afastaram, não se teria a observância, portanto, desse julgamento como um grande todo" (STF, ACO 453/PR, Rel. p/ ac. Min. Ellen Gracie, Plenário, jul. 24.05.2007, *DJe* 15.02.2008).

"Durante o período, a 2ª Turma do Tribunal Regional Federal da 4ª Região passou por profundas alterações em sua composição, tanto que são completamente diferentes os magistrados que participaram da primeira assentada daqueles que atuaram na segunda, e também são outros os atuais integrantes daquele Eg. Colegiado. Dada a excepcionalidade do caso concreto e as peculiaridades que cercam o julgamento da apelação, deve-se proporcionar oportunidade a ambas as partes de renovarem suas sustentações orais, garantindo, assim, a legítima possibilidade de influência na resolução da controvérsia" (STJ, EDcl no REsp 1.115.393/RS, Rel. Min. Castro Meira, 2ª Turma, jul. 01.10.2009, *DJe* 09.10.2009).

Nova intimação. Ver jurisprudência do art. 934 do CPC/2015.

8. Contradição entre notas taquigráficas e o voto do relator. Prevalência das notas taquigráficas. Ver jurisprudência do art. 1.022 do CPC/2015.

Art. 942. Quando o resultado da apelação for não unânime, o julgamento terá prosseguimento em sessão a ser designada com a presença de outros julgadores, que serão convocados nos termos previamente definidos no regimento interno, em número suficiente para garantir a possibilidade de inversão do resultado inicial, assegurado às partes e a eventuais terceiros o direito de sustentar oralmente suas razões perante os novos julgadores.

§ 1º Sendo possível, o prosseguimento do julgamento dar-se-á na mesma sessão, colhendo-se os votos de outros julgadores que porventura componham o órgão colegiado.

§ 2º Os julgadores que já tiverem votado poderão rever seus votos por ocasião do prosseguimento do julgamento.

§ 3º A técnica de julgamento prevista neste artigo aplica-se, igualmente, ao julgamento não unânime proferido em:

I – ação rescisória, quando o resultado for a rescisão da sentença, devendo, nesse caso, seu prosseguimento ocorrer em órgão de maior composição previsto no regimento interno;

II – agravo de instrumento, quando houver reforma da decisão que julgar parcialmente o mérito.

§ 4º Não se aplica o disposto neste artigo ao julgamento:

I – do incidente de assunção de competência e ao de resolução de demandas repetitivas;

II – da remessa necessária;

III – não unânime proferido, nos tribunais, pelo plenário ou pela corte especial.

CJF – JORNADAS DE DIREITO PROCESSUAL CIVIL

I JORNADA

Enunciado 62 – Aplica-se a técnica prevista no art. 942 do CPC no julgamento de recurso de apelação interposto em mandado de segurança.

Enunciado 63 – A técnica de que trata o art. 942, § 3º, I, do CPC aplica-se à hipótese de rescisão parcial do julgado.

II JORNADA

Enunciado 137 – Se o recurso do qual se originou a decisão embargada comportou a aplicação da técnica do art. 942 do CPC, os declaratórios eventualmente opostos serão julgados com a composição ampliada.

BREVES COMENTÁRIOS

O CPC de 1973, para o caso de apelação provida, por voto de maioria, para reformar sentença de mérito, previa o cabimento do recurso de embargos infringentes, endereçado a órgão fracionário maior do próprio tribunal. O CPC atual eliminou essa figura recursal. Adotou, porém, um sistema inovador de julgamento da apelação, que de certa forma, pode fazer as vezes dos embargos infringentes.

Com efeito, dispõe o art. 942 que, não sendo unânime o resultado da apelação, o julgamento não se encerrará com a coleta dos votos dos três juízes que formam a turma julgadora. Terá prosseguimento em nova sessão para a qual serão convocados outros julgadores, na forma do regimento interno, em número suficiente para "garantir a possibilidade de inversão do resultado inicial". Assim, no julgamento por turma de três juízes, dois serão convocados para o prosseguimento do julgamento, em sessão que assegurará às partes o direito de sustentar oralmente suas razões perante os novos julgadores.

Nos tribunais em que as câmaras forem compostas por cinco ou mais juízes, o prosseguimento do julgamento, sendo possível, dar-se-á na mesma sessão, colhendo-se os votos de outros julgadores presentes integrantes do mesmo colegiado (§ 1º). O mesmo regime de prosseguimento do julgamento não unânime aplica-se ao agravo de instrumento quando provido por maioria para reformar decisão interlocutória proferida em solução parcial do mérito (§ 3º, II). Estende-se, também, à ação rescisória, mas somente quando o resultado não unânime for de rescisão da sentença. Nesse caso, o prosseguimento do julgamento só será possível se no regimento interno do tribunal estiver previsto órgão de maior composição do que aquele que decidiu a rescisória (§ 3º, I).

O incidente do art. 942 não é um novo recurso, mas um simples incidente de ampliação do julgamento iniciado. No caso da rescisória e do agravo de instrumento, a medida ampliativa fica restrita aos julgamentos de mérito (§ 3º). Quanto à apelação, o *caput* do artigo não faz qualquer restrição, de maneira que seu objeto continua sendo o do início do julgamento pela turma julgadora. A divergência tanto pode ser em torno de questão processual como de questão de mérito; e o incidente não estará limitado ao ponto de divergência. O debate prosseguirá sobre todas as questões devolvidas ao tribunal por força da apelação. Tanto é assim que os primitivos julgadores ficam autorizados a rever, se for o caso, seus votos anteriores ao incidente (§ 2º).

JURISPRUDÊNCIA SELECIONADA

1. Técnica de ampliação do colegiado:

a) Natureza jurídica. Termo inicial. "(...). O art. 942 do CPC/2015 não estabelece uma nova espécie recursal, mas, sim, uma técnica de julgamento, a ser aplicada de ofício, independentemente de requerimento das partes, com o objetivo de aprofundar a discussão a respeito de controvérsia, de natureza fática ou jurídica, acerca da qual houve dissidência. O art. 942 do CPC/2015 possui contornos excepcionais e enuncia uma técnica de observância obrigatória pelo órgão julgador, cuja aplicabilidade só se manifesta de forma concreta no momento imediatamente posterior à colheita dos votos e à constatação do resultado não unânime, porém anterior ao ato processual formal subsequente, qual seja a publicação do acórdão. **Diante da natureza jurídica *sui generis* da técnica** de ampliação do colegiado, o marco temporal para aferir a incidência do art. 942, *caput*, **deve ser a data da proclamação do resultado não unânime da apelação**, em respeito à segurança jurídica, à coerência e à isonomia. Na hipótese em que a conclusão do julgamento não unânime da apelação tenha ocorrido antes de 18/3/2016, mas o respectivo acórdão foi publicado após essa data, haverá excepcional ultratividade do CPC/1973, devendo ser concedida à parte a possibilidade de interposição de embargos infringentes, atendidos todos os demais requisitos cabíveis. Precedente da Terceira Turma. Na hipótese de proclamação do resultado do julgamento não unânime ocorrer a partir de 18/3/2016, deve ser observado o disposto no art. 942 do CPC/2015." (STJ, REsp 1762236/SP, Rel. Min. Marco Aurélio Bellizze, Rel. p/ Acórdão Min. Ricardo Villas Bôas Cueva, 3ª Turma, jul. 19.02.2019, *DJe* 15.03.2019)

b) Novos julgadores convocados. Possibilidade de apreciação da integralidade do recurso. "Constatada a ausência de unanimidade no resultado da apelação, é obrigatória a aplicação do art. 942 do CPC, sendo que o julgamento não se encerra até o pronunciamento pelo colegiado estendido, ou seja, inexiste a lavratura de acórdão parcial de mérito. **Os novos julgadores convocados não ficam restritos aos capítulos ou pontos sobre os quais houve inicialmente divergência, cabendo-lhes a apreciação da integralidade do recurso.** O prosseguimento do julgamento com quórum ampliado em caso de divergência tem por objetivo a qualificação do debate, assegurando-se oportunidade para a análise aprofundada das teses jurídicas contrapostas e das questões fáticas controvertidas, com vistas a criar e manter uma jurisprudência uniforme, estável, íntegra e coerente. Conforme expressamente autorizado pelo art. 942, § 2º, do CPC, os julgadores que já tenham votado podem modificar o seu posicionamento." (STJ, REsp 1771815/SP, Rel. Min. Ricardo Villas Bôas Cueva, 3ª Turma, jul. 13.11.2018, *DJe* 21.11.2018)

Julgadores adicionais. Quantidade. Dispensa. "Constitui ofensa ao art. 942 do CPC/2015 a dispensa do quinto julgador, integrante necessário do quórum ampliado, sob o argumento de que já teria sido atingida a maioria sem possibilidade de inversão do resultado" (STJ, REsp 1.890.473/MS, Rel. Min. Ricardo Villas Bôas Cueva, 3ª Turma, jul. 17.08.2021, *DJe* 20.08.2021).

c) Cabimento. "(...). A técnica de ampliação do colegiado consiste em significativa inovação trazida pelo CPC/2015, tendo cabimento nas hipóteses de julgamento **não unânime de apelação; ação rescisória**, quando o resultado for a rescisão da sentença; e **agravo de instrumento**, quando houver reforma da decisão que julgou parcialmente o mérito. O art. 942 do CPC não configura uma nova espécie recursal, mas, sim, uma técnica de julgamento, a ser aplicada de ofício, independentemente de requerimento das partes, com o objetivo de aprofundar a discussão a respeito de controvérsia, de natureza fática ou jurídica, acerca da qual houve dissidência." (STJ, REsp 1771815/SP, Rel. Min. Ricardo Villas Bôas Cueva, 3ª Turma, jul. 13.11.2018, *DJe* 21.11.2018).

d) Realização da extensão do julgamento na mesma sessão em que levado o voto vista vencido. "A regra do § 1º do art. 942 do CPC é clara e expressa acerca da possibilidade de o julgamento estendido ocorrer na mesma sessão quando: a) os demais integrantes do colegiado, embora não tendo participado do julgamento anterior, estiveram presentes à sustentação oral, dando-se por habilitados para o julgamento estendido, ou, b) quando se possibilite ao advogado, agora em face da extensão do julgamento e inclusão de novos integrantes, a realização de sustentação oral" (STJ, REsp 1.733.136/RO, Rel. Min. Paulo de Tarso Sanseverino, 3ª Turma, jul. 21.09.2021, *DJe* 24.09.2021).

2. Apelação não unânime que reforma ou mantém a sentença impugnada. Emprego automático e obrigatório (*caput*). "A técnica de ampliação do julgamento prevista no CPC possui objetivo semelhante ao que possuíam os embargos infringentes do CPC/1973, que não mais subsistem, qual seja a viabilidade de maior grau de correção e justiça nas decisões judiciais, com julgamentos mais completamente instruídos e os mais proficientemente discutidos, de uma maneira mais econômica e célere. Contudo, diferentemente dos embargos infringentes do CPC/1973 – que limitava, no caso da apelação, a incidência do recurso aos julgamentos que resultassem em reforma da sentença de mérito –, a técnica de julgamento prevista no CPC deverá ser utilizada quando o resultado **da apelação for não unânime, independentemente de ser julgamento que reforma ou mantém a sentença impugnada**. A forma de julgamento prevista no art. 942 do CPC de 2015 não se configura como espécie recursal nova, porquanto seu emprego será automático e obrigatório, conforme indicado pela expressão 'o julgamento terá prosseguimento', no *caput* do dispositivo, faltando-lhe, assim, a voluntariedade e por não haver previsão legal para sua existência (taxatividade)." (STJ, REsp 1733820/SC, Rel. Min. Luis Felipe Salomão, 4ª Turma, jul. 02.10.2018, *DJe* 10.12.2018). **No mesmo sentido:** STJ, REsp 1762236/SP, Rel. p/ Acórdão Min. Ricardo Villas Bôas Cueva, 3ª Turma, jul. 19.02.2019, *DJe* 15.03.2019.

3. Não cabe sustentação oral na ampliação do julgamento, quando o julgamento da apelação começou sob a forma virtual. "Com efeito, a parte ora recorrente foi intimada da designação de julgamento virtual no Tribunal de origem e não se insurgiu a tempo contra esse rito de julgamento, o que resultou, desde o início, no seu conhecimento sobre a impossibilidade de sustentação oral, que de fato não ocorreu para os julgadores que inicialmente chegaram à conclusão não unânime. A superveniente necessidade, no curso do julgamento, de convocação de novos julgadores em virtude de a votação da Apelação não ser unânime (art. 942, caput, do CPC/2015) deve observar o rito inicialmente adotado, que no caso foi o julgamento virtual, quando o prosseguimento do julgamento se der na mesma sessão, conforme hipótese do § 1º do precitado dispositivo legal" (STJ, REsp 1811599/SP, Rel. Min. Herman Benjamin, 2ª Turma, jul. 07.11.2019, *DJe* 19.12.2019).

4. Técnica do art. 942 na ação rescisória (§3º, I). "A redação do art. 942, § 3º, I, do CPC, que regulamenta a incidência da técnica nos julgamentos não unânime na ação rescisória, é condicionado ao resultado da parte meritória da demanda que acarreta a rescisão da coisa julgada e não na fase de admissibilidade desta ação. Precedentes: (REsp 1762236/SP, Rel. Ministro Marco Aurélio Bellizze, Relator p/ Acórdão Ministro Ricardo Villas Bôas Cueva, Terceira Turma, julgado em 19/02/2019, *DJe* 15/03/2019). Acolho os embargos de declaração, sem efeitos infringentes." (STJ, EDcl nos EDcl no AgInt no REsp 1739593/ES, Rel. Min. Mauro Campbell Marques, 2ª Turma, jul. 11.04.2019, *DJe* 22.04.2019)

5. Técnica do art. 942 no agravo de instrumento (§ 3º, II)

a) Cabimento.

"A incidência do art. 942, *caput*, do CPC/2015 **não se restringe aos casos de reforma da sentença de mérito**, tendo em vista a literalidade da disposição legal, que não estabelece nenhuma restrição semelhante ao regime dos extintos embargos infringentes. A redação do *caput* do art. 942 do CPC/2015, que dispõe acerca da apelação, é distinta do § 3º, que regulamenta a incidência da técnica nos julgamentos não unânimes de ação rescisória e agravo de instrumento, para os quais houve expressa limitação aos casos de rescisão ou modificação da decisão parcial de mérito. Recurso especial provido para, acolhendo a preliminar de nulidade, determinar o retorno dos autos ao Tribunal de origem para que seja convocada nova sessão de prosseguimento do julgamento da apelação, nos moldes do art. 942 do CPC/2015, ficando prejudicadas, por ora, as demais questões." (STJ, REsp 1762236/SP, Rel. p/ Acórdão Min. Ricardo Villas Bôas Cueva, 3ª Turma, jul. 19.02.2019, *DJe* 15.03.2019).

Técnica do art. 942 no Agravo de Instrumento apenas para ação de conhecimento. "As hipóteses de ampliação do quórum para o julgamento do órgão colegiado são restritas, incidindo apenas em caso de pronunciamento não unânime em apelação, em ação rescisória ou em agravo de instrumento, sendo que, quanto a este último, tão somente quando houver reforma da decisão que julgar parcialmente o mérito (§ 3º, II, do art. 942 do CPC). Especificamente no que se refere ao agravo de instrumento, a interpretação restritiva do dispositivo impõe concluir que a regra se dirige apenas às ações de conhecimento, não se aplicando ao processo de execução e, por extensão, ao cumprimento de sentença, como no caso. (...)." (STJ, AgInt no AREsp 1233242/RS, Rel. Min. Lázaro Guimarães, 4ª Turma, jul. 18.09.2018, *DJe* 24.09.2018). **No mesmo sentido:** STJ, REsp 1733660/SC, Rel. Min. Herman Benjamin, 2ª Turma, jul. 17.05.2018, *DJe* 21.11.2018.

Aplicação da técnica de julgamento ampliado. Possibilidade. "Somente se admite a técnica do julgamento ampliado, em agravo de instrumento, prevista no art. 942, § 3º, II, do NCPC, quando houver o provimento do recurso por maioria de votos e desde que a decisão agravada tenha julgado parcialmente o mérito. Doutrina sobre o tema" (STJ, REsp 1.960.580/MT, Rel. Min. Moura Ribeiro, 3ª Turma, jul. 05.10.2021, *DJe* 13.10.2021).

Reforma de decisão proferida em incidente de desconsideração da personalidade jurídica. Possibilidade. "O julgamento de agravo de instrumento que, por maioria, reforma decisão proferida em incidente de desconsideração (direta ou inversa) da personalidade jurídica inclui-se na regra legal de aplicação da técnica de ampliação do colegiado prevista no art. 942, § 3º, II, do Código de Processo Civil de 2015, por se tratar de decisão de mérito" (STJ, REsp 2.120.429/SP, Rel. Min. Ricardo Villas Bôas Cueva, 3ª Turma, jul. 02.04.2024, *DJe* 10.04.2024).

Recuperação judicial. Impugnação de crédito. Ação incidental. Julgamento de mérito. Agravo de instrumento. Decisão não unânime. Técnica de ampliação de colegiado (§ 3º, II). "(...) A impugnação de crédito não é um mero incidente processual na recuperação judicial, mas uma ação incidental, de natureza declaratória, que tem como objeto definir a validade do título (crédito) e a sua classificação. No caso de haver pronunciamento a respeito do crédito e sua classificação, mérito da ação declaratória, o agravo de instrumento interposto contra essa decisão, julgado por maioria, deve se submeter à técnica de ampliação do colegiado prevista no artigo 942, § 3º, II, do Código de Processo Civil de 2015" (STJ, REsp 1.797.866/SP, Rel. Min. Ricardo Villas Bôas Cueva, 3ª Turma, jul. 14.05.2019, *DJe* 24.05.2019).

b) Descabimento.

Agravo de instrumento em que não há reforma de decisão de mérito. Inaplicabilidade da técnica do art. 942. "Embargos de declaração – Acórdão pelo qual, por maioria de votos, foi negado provimento ao agravo de instrumento interposto pelo embargante e mantida a multa fixada na decisão recorrida – Inexistência de obscuridade, contradição ou omissão na decisão colegiada – Técnica de julgamento prevista no art. 942 do CPC que não se aplica ao julgamento de agravo de instrumento em que não há reforma de decisão de mérito – Embargos de declaração conhecidos e rejeitados" (TJSP, ED 2247511-54.2015.8.26.0000, Rel. Des. Castro Figliolia, 12ª Câmara de Direito Privado, jul. 23.06.2016, data de registro 23.06.2016).

6. Embargos de declaração.

a) Descabimento.

Julgamento não unânime. "A Segunda Turma desproveu o recurso com motivação clara e suficiente, inexistindo omissão, contradição ou obscuridade no acórdão embargado. Entendo por inaplicável o art. 942 do Novo CPC (técnica de complementação de julgamento), tendo em vista que, para que essa técnica seja adotada, é necessário que o acórdão não unânime seja proferido no julgamento da Apelação, Agravo de Instrumento ou Ação Rescisória, o que não é a hipótese dos autos, que trata de recurso de Embargos de Declaração julgados, por maioria, por esta Corte Superior." (STJ, EDcl nos EDcl nos EDcl no AgRg no AREsp 705.844/SP, Rel. Min. Herman Benjamin, 2ª Turma, jul. 06.10.2016, *DJe* 19.10.2016)

"Embargos de Declaração – Acórdão que julgou apelação por maioria de votos sob a vigência do CPC/1973 – Questionamento do embargante sobre a ausência de aplicação do disposto no art. 942, do CPC/2015, em caso de votação não unânime – Descabimento – Recursos que são regidos pela lei vigente ao tempo em que proferida a decisão a qual se pretende recorrer" (TJSP, ED 1004660-11.2014.8.26.0590, Rel. Des. João Batista Vilhena, 24ª Câmara de Direito Privado, jul. 25.08.2016, data de registro 06.09.2016).

b) Cabimento.

Embargos de Declaração que complementa o decidido da apelação. "Agravo regimental. Apelação julgada em 2015, na vigência do velho Código Buzaid. Declaratórios rejeitados, já em vigor o novo Código, por maioria, sendo o voto vencido no sentido de que a sentença se anulava e na baixa dos autos à origem, com fundamento no art. 480 e seus §§ do CPC/2015 (correspondentes ao art. 437 do CPC anterior), realizar-se-ia nova perícia. *O julgamento dos embargos de declaração complementa o decidido na apelação. Aplicação da lei nova, portanto, no tocante à continuação do julgamento do apelo,* na forma do art. 942 do CPC/2015, com a convocação de outros dois julgadores. Similitude da situação com o que sucede com o assim chamado recurso *ex officio*, ou reexame necessário, em que se procede a novo julgamento *ex vi legis*, independentemente de requerimento do interessado (art. 475 da lei anterior; art. 496 da atual). A lei do recurso é a lei do dia em que se tornou recorrível a decisão (MARINONI). Aplicação do art. 1.046 deste diploma legal. Decisão do relator, que negou a convocação de dois novos juízes, para continuação do julgamento do apelo, reformada." (TJSP, AgRg 0009545-53.2009.8.26.0625, Rel. Des. Cesar Ciampolini; 10ª Câmara de Direito Privado, jul. 18.10.2016; data de registro 31.10.2016)

Regra não observada. Designação de sessão para esse fim. Anulação do resultado anterior. "Embargos de declaração – Julgamento por maioria, ocorrido na vigência do Novo CPC, que não teve prosseguimento, nos termos do art. 942 desse diploma processual – Regra não observada – Determinação para designação de sessão para esse fim, com anulação do resultado anterior – Omissão de questões jurídicas tratadas em dispositivos legais – Alegação prejudicada – Embargos de declaração conhecidos em parte e acolhidos" (TJSP, Rel. Des. Rui Cascaldi, 1ª Câmara de Direito Privado, jul. 04.10.2016, data de registro 05.10.2016).

Embargos de declaração. Convocação para outros julgadores comporem o colegiado. "Segundo lições doutrinárias, em se tratando de aclaratórios opostos a acórdão que julga agravo de instrumento, a convocação de outros julgadores para compor o colegiado ampliado (técnica de julgamento prevista no artigo 942 do CPC/2015) somente ocorrerá se os embargos de declaração forem acolhidos para modificar o julgamento originário do magistrado de primeiro grau que houver proferido decisão parcial de mérito" (STJ, REsp 1841584/SP, Rel. Min. Ricardo Villas Bôas Cueva, 3ª Turma, jul. 10.12.2019, *DJe* 13.12.2019).

Embargos de declaração opostos ao acórdão de apelação rejeitados por maioria. Efeito integrativo do recurso. Formação de maioria qualificada. Necessidade. "O procedimento do art. 942 do CPC/2015 aplica-se nos embargos de declaração opostos ao acórdão de apelação quando o voto vencido nascido apenas nos embargos for suficiente a alterar o resultado primitivo da apelação, independentemente do desfecho não unânime dos declaratórios (se rejeitados ou se acolhidos, com ou sem efeito modificativo), em razão do efeito integrativo deste recurso" (STJ, REsp 1786158/PR, Rel. p/ Acórdão Min. Marco Aurélio Bellizze, 3ª Turma, jul. 25.08.2020, *DJe* 01.09.2020).

Resultado unânime do acórdão da apelação. Embargos de declaração. Aptidão para alteração do resultado. Técnica de julgamento ampliado. Aplicabilidade. "Deve ser aplicada a técnica de julgamento ampliado nos embargos de declaração toda vez que o voto divergente possua aptidão para alterar o resultado unânime do acórdão de apelação" (STJ, REsp 1910317/PE, Rel. Min. Antonio Carlos Ferreira, 4ª Turma, jul. 02.03.2021, *DJe* 11.03.2021).

Julgamento não unânime do recurso de apelação e posterior unanimidade no julgamento dos respectivos embargos de declaração. Técnica de ampliação do colegiado. Inobservância. Nulidade. "Em razão da precípua finalidade integrativa, os embargos de declaração devem ser julgados pelo mesmo órgão que prolatou a decisão recorrida. Logo, o julgamento dos embargos de declaração, quando opostos contra acórdão proferido pelo órgão em composição ampliada, deve observar o mesmo quórum (ampliado), sob pena de, por outro lado, a depender da composição do órgão julgador, o entendimento lançado, antes minoritário, poder sagrar-se vencedor se, caso excepcionalmente, sejam atribuídos efeitos infringentes aos aclaratórios. Entendimento defendido por respeitável doutrina e cristalizado nos Enunciados 137 das Jornadas do Centro de Estudos Judiciários (Conselho da Justiça Federal) e 700 do Fórum Permanente de Processualistas Civis" (STJ, REsp 2.024.874/RS, Rel. Min. Paulo de Tarso Sanseverino, 3ª Turma, jul. 07.03.2023, *DJe* 14.03.2023).

7. Juízo de admissibilidade recursal. Julgamento não unânime. Aplicação da técnica de ampliação do colegiado. "Controvérsia em torno da necessidade de aplicação da técnica de ampliação do colegiado, prevista no art. 942 do CPC, na hipótese em que não há unanimidade no juízo de admissibilidade recursal. (...) O art. 942 do CPC não determina a ampliação do julgamento apenas em relação às questões de mérito. Na apelação, a técnica de ampliação do colegiado deve ser aplicada a qualquer julgamento não unânime, incluindo as questões preliminares relativas ao juízo de admissibilidade do recurso. No caso, o Tribunal de origem, ao deixar de ampliar o quórum da sessão realizada no dia 9/6/2016, diante da ausência de unanimidade com relação à preliminar de não conhecimento da apelação interposta de forma adesiva pelo autor, inobservou o enunciado normativo inserto no art. 942 do CPC, sendo de rigor declarar a nulidade por 'error in procedendo' (STJ, REsp 1798705/SC, Rel. Min. Paulo de Tarso Sanseverino, 3ª Turma, jul. 22.10.2019, *DJe* 28.10.2019).

8. Estatuto da criança e do adolescente. Aplicação do art. 942 do CPC/2015. Possibilidade. "Segundo o art. 198 do ECA, nos procedimentos afetos à Justiça da Infância e da Juventude, inclusive os relativos à execução das medidas socioeducativas, deve ser adotado o sistema do Código de Processo Civil, que prevê, atualmente, em caso de decisão por maioria, nova técnica de complementação de julgamento, com a tomada de outros votos em sessão subsequente ou na mesma sessão. Admite-se, assim, a incidência do art. 942 do novo Código de Processo Civil para complementar o julgamento da apelação julgada por maioria nos procedimentos relativos ao estatuto do menor. Precedentes (HC 407.674/RJ, Rel. Min. Nefi Cordeiro, 6ª Turma, j. 17.10.2017, *DJe* 23.10.2017, HC 407.670/RJ, Rel. Min. Maria Thereza de Assis Moura, *DJ* 07.12.2017 e REsp. 1.730.901/RJ, Rel. Min. Joel Ilan Parcionik, *DJ* 02.05.2018)". (STJ, AgRg no REsp 1673215/RJ, Rel. Min. Reynaldo Soares da Fonseca, 5ª Turma, jul. 17.05.2018, *DJe* 30.05.2018).

9. Acórdão não unânime proferido em apelação de sentença em mandado de segurança. "A técnica de ampliação do colegiado, prevista no art. 942 do CPC/2015, tem por finalidade aprofundar as discussões relativas à controvérsia recursal, seja ela fática ou jurídica, sobre a qual houve dissidência. Cuida-se de técnica de julgamento, e não de modalidade de recursal, conforme depreende-se do rol de recursos enumerados no art. 994 do CPC/2015, razão pela qual a sua aplicação é automática, obrigatória e independente da provocação das partes. Precedentes: REsp n. 1.846.670/PR, Relator Ministro Herman Benjamin, Segunda Turma, julgado em 17/12/2019, *DJe* 19/12/2019; e REsp n. 1.762.236/SP, Relator Ministro Marco Aurélio Bellizze, Relator p/ Acórdão Ministro Ricardo Villas Bôas Cueva, Terceira Turma, julgado em 19/2/2019, *DJe* 15/3/2019" (STJ, REsp 1.868.072/RS, Rel. Min. Francisco Falcão, 2ª Turma, jul. 04.05.2021, *DJe* 10.05.2021).

10. Julgamento estendido. Primeira fase da ação de exigir contas. Possibilidade. Ver jurisprudência do art. 550 do CPC/2015.

Art. 943. Os votos, os acórdãos e os demais atos processuais podem ser registrados em documento eletrônico inviolável e assinados eletronicamente, na forma da lei, devendo ser impressos para juntada aos autos do processo quando este não for eletrônico.

§ 1º Todo acórdão conterá ementa.

§ 2º Lavrado o acórdão, sua ementa será publicada no órgão oficial no prazo de 10 (dez) dias.

CPC/1973

Arts. 556, parágrafo único, 563 e 564.

REFERÊNCIA LEGISLATIVA

Lei nº 11.419/2006 (processo eletrônico); Regimento Interno do STF, art. 96, § 2º; Resolução do STF nº 404, de 07.08.2009 (dispõe sobre as intimações das decisões proferidas no âmbito do Supremo Tribunal Federal em processos físicos ou eletrônicos e dá outras providências, como destaque para os casos que envolvam o Ministério Público, a União, suas autarquias e fundações, os Estados, o Distrito Federal e os Municípios).

BREVES COMENTÁRIOS

A documentação do julgamento do tribunal e a redação do acórdão poderão ser grandemente simplificadas se o Tribunal sistematizar suas sessões pelas regras do processo eletrônico. Em função dessa nova perspectiva, o art. 943 prevê que os votos, acórdãos e demais atos processuais praticados durante a tramitação do feito perante o tribunal poderão ser registrados em documento eletrônico inviolável e assinados eletronicamente, na forma da lei, sempre que o processo for eletrônico. Se o processo ainda não for totalmente eletrônico, mesmo assim o Tribunal poderá se valer dos recursos da informática para documentar os atos da sessão de julgamento. Nessa última hipótese, depois de armazenados eletronicamente em arquivo inviolável, os votos e o acórdão serão impressos para juntada aos autos do processo de feitio tradicional.

Uma vez completo o julgamento, o acórdão será redigido pelo relator ou por quem suas vezes fizer, nos termos do art. 941 ou do disposto no regimento interno. Para facilitar futuras pesquisas de precedentes jurisprudenciais, todo acórdão conterá ementa que sintetize a matéria decidida (art. 943, § 1º). Num sistema de valorização do precedente, como é o adotado pelo atual Código, o cuidado técnico na elaboração da ementa é de grande significado, pois será a partir dela que se chegará a identificar os acórdãos existentes em torno da questão que interessa ao caso concreto deduzido em juízo. Lavrado o acórdão, dar-se-á a publicação de sua ementa no órgão oficial dentro de dez dias (§ 2º). As partes serão consideradas intimadas pela referida publicação (art. 272) e dela passará a fluir o prazo para eventual recurso (art. 1.003, *caput*).

JURISPRUDÊNCIA SELECIONADA

1. Contradição entre notas taquigráficas e o voto elaborado pelo relator. Ver jurisprudência do art. 1.022 do CPC.

Art. 944. Não publicado o acórdão no prazo de 30 (trinta) dias, contado da data da sessão de julgamento, as notas taquigráficas o substituirão, para todos os fins legais, independentemente de revisão.

Parágrafo único. No caso do *caput*, o presidente do tribunal lavrará, de imediato, as conclusões e a ementa e mandará publicar o acórdão.

BREVES COMENTÁRIOS

Se o acórdão não for publicado no prazo de trinta dias, contado da data da sessão de julgamento, o CPC/2015 determina que ele será substituído pelas notas taquigráficas, para todos os fins legais, independentemente de revisão. Nesse caso, o presidente do tribunal lavrará imediatamente as conclusões e a ementa do acórdão, e mandará publicá-lo (parágrafo único). Essa regra visa evitar atrasos no andamento processual, geralmente imputados ao acúmulo de serviço, e, assim, cumprir a garantia de duração razoável do processo (CF, art. 5º, LXXVIII), que impõe aos juízes combater todos os embaraços indevidos ao seu regular andamento (CPC, art. 139).

Art. 945. (Revogado pela Lei nº 13.256, de 04.02.2016)

REDAÇÃO PRIMITIVA DO CPC/2015

Art. 945. A critério do órgão julgador, o julgamento dos recursos e dos processos de competência originária que não admitem sustentação oral poderá realizar-se por meio eletrônico.

§ 1º O relator cientificará as partes, pelo Diário da Justiça, de que o julgamento se fará por meio eletrônico.

§ 2º Qualquer das partes poderá, no prazo de 5 (cinco) dias, apresentar memoriais ou discordância do julgamento por meio eletrônico.

§ 3º A discordância não necessita de motivação, sendo apta a determinar o julgamento em sessão presencial.

§ 4º Caso surja alguma divergência entre os integrantes do órgão julgador durante o julgamento eletrônico, este ficará imediatamente suspenso, devendo a causa ser apreciada em sessão presencial.

BREVES COMENTÁRIOS

A Lei nº 13.256/2016 revogou o art. 945 do CPC/2015, antes de sua entrada em vigor, impedindo, assim, que o sistema de julgamento colegiado eletrônico fosse introduzido entre nós. Entretanto, a possibilidade e disciplina dos julgamentos virtuais têm sido regulamentadas pelos tribunais pelas vias regimentais.

Art. 946. O agravo de instrumento será julgado antes da apelação interposta no mesmo processo.

Parágrafo único. Se ambos os recursos de que trata o *caput* houverem de ser julgados na mesma sessão, terá precedência o agravo de instrumento.

CPC/1973

Art. 559.

BREVES COMENTÁRIOS

Uma vez que o agravo não tem efeito suspensivo, pode acontecer que o processo chegue à sentença antes do julgamento, pelo Tribunal, do recurso manejado contra a decisão interlocutória. Se a parte vencida interpuser apelação, o órgão recursal deverá julgar primeiro o agravo, por seu caráter prejudicial em face da sentença apelada (CPC/2015, art. 946). É que, sendo provido o agravo, cairá a sentença, ficando prejudicada a apelação.

Outra, porém, é a sorte do agravo, se o vencido na sentença deixar de interpor a apelação. Já então prejudicado restará o agravo, porquanto da inércia da parte perante o julgamento que põe fim ao processo emana a coisa julgada, ou seja, torna-se imutável e indiscutível a solução dada à causa (art. 502).

Aplica-se, analogicamente, a regra do art. 1.000, ou seja, a aceitação expressa ou tácita da sentença pelo vencido importa renúncia ao direito de recorrer. Ora, se a aceitação é superveniente ao recurso, o efeito sobre ele não pode ser diferente; terá de ser tratado como desistência do agravo pendente. O princípio a ser observado é o que manda levar-se em conta o fato superveniente, modificativo ou extintivo, que possa influir no julgamento da causa (art. 493). Parece claro que, deixando de apelar, o vencido aceita a sentença e a faz intangível pela força de coisa julgada. Logo, terá adotado supervenientemente atitude incompatível com a vontade de manter o agravo contra decisão interlocutória anterior à sentença não impugnada.

Diversa é, contudo, a situação do processo em que a parte vencida apela da sentença antes de ser definitivamente julgado o seu agravo de instrumento anteriormente manifestado contra decisão interlocutória sobre questão prejudicial à solução contida na sentença (como, *v.g.*, a exclusão de litisconsorte arguição de incompetência do juízo prolator da sentença). Sendo apreciada a apelação antes do agravo, não se pode dizer que o trânsito em julgado da sentença prejudique o agravo. Na verdade, persistindo a litispendência, nem mesmo se chega a formar a coisa julgada, ou, se se entender que tal ocorreu, ter-seá uma coisa julgada meramente formal e sujeita à condição resolutiva: se improvido o agravo, consolida-se o decidido na sentença; se provido, resolve-se a sentença, por ele prejudicada, voltando o processo ao estágio em que se encontrava no momento em que a decisão agravada for proferida. No caso de incompetência proclamada pelo acórdão do agravo, os autos principais serão encaminhados ao novo juízo, para que outra sentença seja prolatada pelo juiz reconhecido como competente pela instância superior.

JURISPRUDÊNCIA SELECIONADA

1. Decisão interlocutória que versa sobre prescrição e inversão do ônus da prova em ação de consumo. Superveniência de sentença de mérito impugnada por apelação. Perda superveniente da utilidade ou interesse recursal. Inocorrência. "Não há que se falar em perda superveniente do objeto (ou da utilidade ou do interesse no julgamento) do agravo de instrumento que impugna decisões interlocutórias que versaram sobre prescrição e sobre distribuição judicial do ônus da prova quando sobrevém sentença de mérito que é objeto de apelação, na medida em que ambas são questões antecedentemente lógicas ao mérito da causa, seja porque a prescrição tem aptidão para fulminar, total ou parcialmente, a pretensão deduzida pelo autor, de modo a impedir o julgamento do pedido ou, ao menos, a direcionar o modo pelo qual o pedido deverá ser julgado, seja porque a correta distribuição do ônus da prova poderá, de igual modo, influenciar o modo de julgamento do pedido, sobretudo nas hipóteses em que o desfecho da controvérsia se der pela insuficiência de provas e pela impossibilidade de elucidação do cenário fático" (STJ, REsp 1831257/SC, Rel. Min. Nancy Andrighi, 3ª Turma, jul. 19.11.2019, *DJe* 22.11.2019). **No mesmo sentido:** STJ, REsp 1.921.166/RJ, Rel. Min. Nancy Andrighi, 3ª Turma, jul. 05.10.2021, *DJe* 08.10.2021.

2. Julgamento do agravo antes da apelação. Vício insanável. "A apelação não deve ser incluída em pauta antes do agravo de instrumento interposto no mesmo processo, por força do disposto no art. 559 do CPC [art. 946 do CPC/2015]. O tribunal que, ignorando a existência do agravo de instrumento em curso, julgando-o antes do recurso de apelação, incide em ***error in procedendo***. Precedentes: REsp 46.500/BA, *DJ* de 05.12.1994; REsp 93.548/GO, *DJ* de 25.02.1998. Deveras, não decidida na apelação o objeto do agravo o citado vício *in procedendo* torna-se insanável" (STJ, AgRg no REsp 861.965/BA, Rel. Min. Luiz Fux, 1ª Turma, jul. 05.06.2008, *DJe* 16.06.2008). **No mesmo sentido:** STJ, REsp 17.030/PE, Rel. Min. Cláudio Santos, 3ª Turma, jul. 09.11.1992, *DJ* 23.11.1992; STJ, REsp 220.110/PA, Rel. Min. Sálvio de Figueiredo Teixeira, 4ª Turma, jul. 06.03.2003, *DJ* 04.08.2003.

Formação de coisa julgada material. "A eficácia da sentença está condicionada ao não provimento de agravo de instrumento anteriormente interposto, não havendo falar, antes do julgamento deste, em coisa julgada material. Provido o recurso, anulam-se todos os atos com ele incompatíveis, inclusive a sentença. Precedentes" (STJ, REsp 768.120/AL, Rel. Min. Arnaldo Esteves Lima, 5ª Turma, jul. 06.09.2007, *DJ* 22.10.2007).

Alteração do valor da causa. "Se a decisão, que no âmbito de impugnação alterou o valor da causa, foi atacada por agravo de instrumento, o julgamento deste prefere ao da apelação interposta contra a sentença que julgou improcedente o pedido; sem a definição do valor da causa, não há como arbitrar os honorários de advogado à base dele, tal como ocorrido na espécie" (STJ, REsp 467.870/PI, Rel. p/ Acórdão Min. Ari Pargendler, 3ª Turma, jul. 06.03.2003, *DJ* 02.08.2004).

Perda de objeto. "Descumprido, por erro de processamento em primeiro grau, o disposto no art. 559 do CPC [art. 946 do CPC/2015], e, portanto, julgada a apelação antes do agravo, resulta prejudicado este na medida em que seu objeto coincida com o daquela" (TJRS, Ag. 585.001.258, Rel. Des. Adroaldo Furtado Fabrício, 3ª Câmara, jul. 18.04.1985, *RJTJRS* 110/352).

Recursos extraordinários. "O recurso especial interposto de decisão lavrada em agravo de instrumento deve ser julgado anteriormente à irresignação especial quanto à decisão de mérito" (STJ, EDcl no REsp 852.243/PR, Rel. p/ acórdão Min. Luiz Fux, 1ª Turma, jul. 17.05.2007, *DJ* 21.06.2007).

3. Entretanto, o julgamento da apelação pode acontecer, excepcionalmente, antes do agravo de instrumento. Hipóteses: "A apelação pode ser julgada antes do agravo de instrumento, se entre o conteúdo das duas decisões não houver incompatibilidade, como acontece entre a apelação que fixa alimentos definitivos e o agravo de instrumento interposto de decisão sobre o valor dos alimentos provisórios" (STJ, REsp 46.500/BA, Rel. Min. Ruy Rosado de Aguiar, 4ª Turma, jul. 07.11.1994, *DJ* 05.12.1994).

"Cuidando o agravo de instrumento, tão somente, da medida liminar, pode o Tribunal julgar desde logo a apelação, confirmando a sentença que deu pela procedência da busca e apreensão, considerando o agravo sem objeto. O empeço existiria se o agravo alcançasse questão que pudesse inviabilizar a própria sentença de mérito, como, por exemplo, a nulidade da citação, o que não é o caso dos autos" (STJ, REsp 450.173/MA, Rel. Min. Carlos Alberto Menezes Direito, 3ª Turma, jul. 26.06.2003, *DJ* 08.09.2003).

4. Competência. "O relator da apelação deverá ser o mesmo do agravo de instrumento" (*RSTJ* 67/480).

"Apelação julgada por turma diferente daquela do agravo de instrumento previamente distribuído. Contrariedade aos arts. 548 e 559 do CPC [arts. 930 e 946 do CPC/2015]" (STJ, REsp 49.652/RJ, Rel. Min. Adhemar Maciel, 6ª Turma, jul. 11.10.1994, *DJ* 31.10.1994). **No mesmo sentido:** STJ, REsp 629.206/RS, Rel. Min. José Arnaldo Da Fonseca, 5ª Turma, jul. 04.10.2005, *DJ* 14.11.2005.

DA ORDEM DO PROCESSO NOS TRIBUNAIS PARTE GERAL: INDICAÇÃO DOUTRINÁRIA

Alexandre de Freitas Câmara, Súmula da jurisprudência dominante, superação e modulação de efeitos no novo Código de Processo Civil, *Revista de Processo*, v. 264, p. 281-320, fev. 2017; Alexandre Freitas Câmara. Recurso Extraordinário e Recurso Especial como mecanismos de superação de precedentes vinculantes. In: Fernando Gonzaga Jayme *et. al. Inovações e modificações do Código Processo Civil.* Belo Horizonte: Del Rey, 2017, p. 525; Antonio Carlos Marcato, *Novo Código de Processo Civil: principais alterações do sistema processual civil.* São Paulo: Rideel,

2014; Antonio Carlos Marcato. Os precedentes judiciais no direito brasileiro. In: SARRO, Luís Antônio Giampaulo. *Novo Código de Processo Civil – Principais Alterações do sistema Processual Civil.* 2. ed. São Paulo: Rideel, 2016, p. 267; Antônio Pereira Gaio Júnior. Considerações acerca da compreensão do modelo de vinculação às decisões judiciais: os precedentes no novo Código de Processo Civil brasileiro, *Revista de Processo*, n. 257, p. 343-370, 2016; Bernardo Ribeiro Câmara. O julgamento ampliado do art. 942: Polêmicas sobre aplicação e limitação da matéria de discussão. In: Fernando Gonzaga Jayme et. al. *Inovações e modificações do Código de Processo Civil.* Belo Horizonte: Del Rey, 2017. p. 431; Cassio Scarpinella Bueno, *Manual de direito processual civil*, São Paulo: Saraiva, 2015; Cláudio Albagli Nogueira, O novo Código de Processo Civil e o sistema de precedentes judiciais: pensando um paradigma discursivo da decisão judicial, *RBDPro* ano 22, n. 88, p. 185-208, out.-dez. 2014; Daniel Amorim Assumpção Neves, *Manual de direito processo civil*, São Paulo: Método, 2015; Daniel Ustárroz, O cabimento da sustentação oral em agravo de instrumento que aprecia o mérito da causa (interpretação do art. 937 do CPC), *Revista Síntese Direito Civil e Processual Civil*, São Paulo, n. 128, p. 36 e ss., nov./dez. 2020; Dierle Nunes, André Frederico de Sena Horta. Os precedentes judiciais e sua publicidade pós CPC-2015. In: Fernando Gonzaga Jayme *et. al. Inovações e modificações do Código Processo Civil.* Belo Horizonte: Del Rey, 2017, p. 535; Dierle Nunes, Colegialidade corretiva e CPC-2015. In: Fredie Didier Jr. (coord.). Processo nos Tribunais e Meios de Impugnação às Decisões Judiciais. 2. ed. Salvador: JusPodivm, 2016, p. 33; Dierle Nunes; Alexandre Bahia; Flávio Quinaud Pedron. *Teoria geral do processo.* Salvador: Editora JusPodivm, 2020; Eduardo Cambi e Vinícius Gonçalves Almeida. Segurança jurídica e isonomia como vetores argumentativos para a aplicação dos precedentes judiciais. *Revista de Processo*, v. 260, ano 41, p. 277-304. São Paulo: RT, out./2016; Ezair José Meurer Junior. A aplicação da *súmula vinculante pelo relator.* In: Paulo Henrique dos Santos Lucon e Pedro Miranda de Oliveira. *Panorama atual do novo CPC.* Florianópolis: Empório do Direito, 2016, p. 115; Ezair José Meurer Junior. *Súmula Vinculante no CPC/2015.* Florianópolis: Empório do Direito, 2016; Fabiano Carvalho, A função do relatório no julgamento colegiado. Manifestação do princípio do contraditório, *RP* 198/445; Fábio Victor da Fonte Monnerat. *O precedente qualificado no processo civil brasileiro: formação eficácia vinculante e impactos procedimentais.* In: Paulo Henrique dos Santos Lucon e Pedro Miranda de Oliveira. *Panorama atual do novo CPC.* Florianópolis: Empório do Direito, 2016, p. 135; Fernando Vieira Luiz. A força dos precedentes na improcedência liminar do pedido. In: Paulo Henrique dos Santos Lucon e Pedro Miranda de Oliveira. *Panorama atual do novo CPC.* Florianópolis: Empório do Direito, 2016, p. 163; Flávio Cheim Jorge e Thiago Ferreira. A sanabilidade dos requisitos de admissibilidade dos recursos: notas sobre o art. 932, parágrafo único, do CPC/15. In: Fredie Didier Jr. (coord.). *Processo nos Tribunais e Meios de Impugnação às Decisões Judiciais.* 2. ed. Salvador: JusPodivm, 2016, p. 615; Francisco Barros Dias. Técnica de Julgamento: Criação do Novo CPC (Substitutivo dos Embargos Infringentes); Frederico Augusto Leopoldino Koehler. O sistema de precedentes vinculantes e o incremento da eficiência na prestação jurisdicional: aplicar a *ratio decidendi* sem rediscuti-la. *Revista de Processo*, v. 258, ano 41, p. 341-357. São Paulo: RT, ago./2016; Fredie Didier Jr. (coord.). *Processo nos Tribunais e Meios de Impugnação às Decisões Judiciais.* 2. ed. Salvador: JusPodivm, 2016; Fredie Didier Jr. Sistema brasileiro de precedentes judiciais obrigatórios e os deveres institucionais dos Tribunais: Uniformidade, estabilidade, integridade e coerência da jurisprudência. In: Fernando Gonzaga Jayme *et. al. Inovações e modificações do Código Processo Civil.* Belo Horizonte: Del Rey, 2017, p. 509; Fredie Didier Jr., *Curso de direito processual civil*, 10. ed., Salvador: JusPodivm, 2015, v. II; Fredie Didier Jr., *Curso de direito processual civil*, 17. ed., Salvador: JusPodivm, 2015, v. I; Giselle Santos Couy. Da Extirpação dos Embargos Infringentes no Novo Código de Processo Civil – um Retrocesso ou Avanço? In: Fredie Didier Jr. (coord.). *Processo nos Tribunais e Meios de Impugnação às Decisões Judiciais.* 2. ed. Salvador: JusPodivm, 2016, p. 55; Gláucio Maciel Gonçalves e Guilherme Bacelar Patrício de Assis. O *prospective overruling* nas Supremas Cortes brasileiras: a possibilidade de modulação temporal dos efeitos das decisões revogadoras de precedentes consolidados à luz da dogmática jurídica moderna e do novo Código de Processo Civil – CPC/2015. *Revista de Processo*, v. 258, ano 41, p. 357-387. São Paulo: RT, ago./2016; Guilherme Botelho de Oliveira, Marco Félix Jobim, Convite à adequação dos fundamentos do recurso e o princípio da fungibilidade recursal no novo modelo processual brasileiro, *Revista Magister de Direito Civil e Processual Civil*, Porto Alegre, ano XVI, v. 92, p. 23 e ss., set./out. 2019; Guilherme Rizzo Amaral, *Comentários às alterações do novo CPC*, São Paulo: Revista dos Tribunais, 2015; Gustavo Henrichs Favero e Pedro Henrique Reschke. *Função criativa do juiz e sistema de precedentes.* In: Paulo Henrique dos Santos Lucon e Pedro Miranda de Oliveira. *Panorama atual do novo CPC.* Florianópolis: Empório do Direito, 2016, p. 163; Gustavo Silva Alves. Ações coletivas e julgamento de casos repetitivos: zonas de atuação e convergência entre os objetos a partir da prejudicialidade de uma questão de direito. *Revista de Processo.* vol. 293, ano 44. p. 251-274. São Paulo: Ed. RT, julho/2019; Gustavo Silva Alves. Precedentes como fonte do direito no novo CPC: por uma visão argumentativa do discurso jurídico. *Revista de Processo.* vol. 267. ano 42. p. 459. São Paulo: Ed. RT, maio/2017; Hermes Zaneti Jr. e Carlos Frederico Bastos Pereira. Por que o Poder Judiciário não legisla no modelo de precedentes do Código de Processo Civil de 2015? *Revista de Processo*, n. 257, p. 371-390, 2016; Humberto Dalla Bernardina de Pinho e Roberto de Aragão Ribeiro Rodrigues. O microssistema de formação de precedentes judiciais vinculantes previsto no novo CPC. *Revista de Processo*, v. 259, ano 41, p. 405-435. São Paulo: RT, set./2016; Humberto Theodoro Júnior, *As novas reformas do Código de Processo Civil*, Rio de Janeiro: Forense, 2006, p. 34-36; Sobre distinção entre o art. 476 e o art. 555, § 1º, *vide* Humberto Theodoro Júnior, *Curso de direito processual civil*, 54. ed., Rio de Janeiro: Forense, 2021, v. III; Humberto Theodoro Júnior, *Common Law e civil Law.* Aproximação. Papel da jurisprudência e Precedentes Vinculantes do Novo Código de Processo Civil. Demandas Repetitivas, *Revista Jurídica Lex*, v. 78. São Paulo: Lex Editora, nov./dez. 2015, p. 11; Humberto Theodoro Júnior, *Curso de direito processual civil*, 54. ed. Rio de Janeiro: Forense, 2021, v. III; Humberto Theodoro Junior, Fernanda Alvim Ribeiro de Oliveira, Ester Camila Gomes Norato Rezende (coord.), *Primeiras lições sobre o novo direito processual civil brasileiro*, Rio de Janeiro: Forense, 2015; Humberto Theodoro Junior, Fernanda Alvim Ribeiro de Oliveira, Ester Camila Gomes Norato Rezende (coord.), *Primeiras lições sobre o novo direito processual civil brasileiro*, Rio de Janeiro: Forense, 2015; Humberto Theodoro Júnior, Jurisprudência e precedentes vinculantes no Novo Código de Processo Civil – Demandas repetitivas. *Revista de Processo*, v. 255, ano 41, p. 359-372. São Paulo: RT, maio 2016; J. C. Barbosa Moreira, *Comentários ao CPC*, 6. ed., v. V, n. 368, p. 600 – distinção entre preliminares do recurso e preliminares da causa; José Alexandre Manzano Oliani. *Atribuições e poderes do relator no CPC/2015.* In: Luiz Rodrigues Wambier; Teresa Arruda Alvim Wambier. *Temas essenciais do Novo CPC.* São Paulo: RT, 2016, p. 579-584; José Carlos Barbosa Moreira, *Comentários ao CPC*, 6. ed., v. V, n. 350, p. 575 – se forem vários recorrentes ou recorridos, dobra-se o tempo, pela regra do art. 191, ficando estendido para 30 minutos, dividindo-se esse tempo igualmente entre os dois ou mais advogados; José Carlos Barbosa Moreira, Distinção entre fundamento do acórdão e fundamento do voto, *RP* 2/300; José Miguel Garcia Medina, *Novo Código de Processo Civil comentado*, São Paulo: Revista dos Tribunais, 2015; José Miguel Garcia Medina. Integridade, estabilidade e coerência da jurisprudência no Estado

Constitucional e Democrático de Direito: o papel do precedente, da jurisprudência e da súmula, à luz do CPC/2015. *Revista dos Tribunais*, v. 974, ano 105, p. 126-154. São Paulo: RT, dez./2016; Julio Cesar Goulart Lanes, In: Teresa Arruda Alvim Wambier, Fredie Didier Jr., Eduardo Talamini, Bruno Dantas, *Breves comentários ao novo Código de Processo Civil*, São Paulo: Revista dos Tribunais, 2015; Leonardo Greco, *Instituições de processo civil: introdução ao direito processual civil*, 5. ed., Rio de Janeiro: Forense, 2015; Luis Antônio Giampaulo Sarro, *Novo Código de Processo Civil*, São Paulo: Rideel, 2015; Luiz Guilherme Marinoni, *A ética dos precedentes*. 4. ed., São Paulo: RT, 2019; Luiz Guilherme Marinoni, In: Teresa Arruda Alvim Wambier, Fredie Didier Jr., Eduardo Talamini, Bruno Dantas, *Breves comentários ao novo Código de Processo Civil*, São Paulo: Revista dos Tribunais, 2015; Luiz Guilherme Marinoni, Sérgio Cruz Arenhart, Daniel Mitidiero, *Curso de processo civil*, São Paulo: Revista dos Tribunais, 2015, v. I; Luiz Guilherme Marinoni; Daniel Mitidiero. *In* Sérgio Cruz Arenhart e Daniel Mitidiero (coord.). *Comentários ao Código de Processo Civil*. 2. ed., São Paulo: Editora Revista dos Tribunais, 2018, v. 15; Luiz Henrique Krassuski Fortes, Poder Judiciário e o fundamento democrático para os precedentes: ferramenta necessária para a operação dialógica na democracia constitucional, In: Sérgio Cruz Arenhart; Daniel Mitidiero (coords.), *O processo civil entre a técnica processual e a tutela dos direitos*: estudos em homenagem a Luiz Guilherme Marinoni, São Paulo: RT, 2017, p. 1.117 e ss.; Marcelo Veiga Franco e Guilherme Costa Leroy. O efeito desjudicializante dos precedentes judiciais no código de Processo civil de 2015. *Revista de Processo*. vol. 267. ano 42. p. 171. São Paulo: Ed. RT, maio/2017; Marcio Evangelista Ferreira da Silva. O Novo Código de Processo Civil: a Evolução do Sistema Jurídico. *Revista Síntese*, ano XVII, nº 100, mar.-abr. 2016. São Paulo: Síntese, p. 52; Marco Félix Jobim, A *distinguishing* como técnica processual inserida no artigo 489, § 1º, VIII, CPC, In: Sérgio Cruz Arenhart; Daniel Mitidiero (coords.), *O processo civil entre a técnica processual e a tutela dos direitos*: estudos em homenagem a Luiz Guilherme Marinoni, São Paulo: RT, 2017, p. 1.133 e ss.; Morgana Henicka Galio. *O procedimento para superação de direito jurisprudencial a partir do novo CPC*. In: Paulo Henrique dos Santos Lucon e Pedro Miranda de Oliveira. *Panorama atual do novo CPC*. Florianópolis: Empório do Direito, 2016, p. 30; Osmar Mendes Paixão Côrtes, In: Teresa Arruda Alvim Wambier, Fredie Didier Jr., Eduardo Talamini, Bruno Dantas, *Breves comentários ao novo Código de Processo Civil*, São Paulo: Revista dos Tribunais, 2015; Pontes de Miranda, *Comentários ao CPC (1973)*, v. VIII, p. 240 – mesmo pensamento de Marcos Afonso Borges; Rafael Motta e Correa e Thalita Abdala Aris, A técnica de julgamento do artigo 942 do CPC/15: algumas questões polêmicas, In: Ana Cândida Menezes Marcato et al. (orgs.), *Reflexões sobre o Código de Processo Civil de 2015*: uma contribuição dos membros do Centro de Estudos Avançados de Processo – Ceapro, São Paulo: Verbatim, 2018, p. 643 e ss; Rodrigo da Cunha Lima Freire, In: Teresa Arruda Alvim Wambier, Fredie Didier Jr., Eduardo Talamini, Bruno Dantas, *Breves comentários ao novo Código de Processo Civil*, São Paulo: Revista dos Tribunais, 2015; Samuel Jair Marocco. O STF como Corte interpretativa: criação do direito no plano constitucional e no plano legal. *Revista de Processo*, v. 260, ano 41, p. 305-326. São Paulo: RT, out./2016; Sergio Bermudes, *Comentários ao CPC*, v. VII, p. 379 – embora o texto fale em recursos, aplica-se a regra às causas de competência originária dos tribunais; Tatiana Alvim Pufal, Súmulas vinculantes e súmulas impeditivas de recursos: mecanismos para concretizar o princípio da razoável duração do processo, *RBDPro* ano 23, n. 89, p. 233-258, jan.-mar. 2015; Teresa Arruda Alvim Wambier *et al.*, *Primeiros comentários ao novo Código de Processo Civil*, São Paulo: Revista dos Tribunais, 2015, p. 1.327; Teresa Arruda Alvim Wambier, Fredie Didier Jr., Eduardo Talamini, Bruno Dantas (coord.), *Breves comentários ao novo Código de Processo Civil*, São Paulo: Revista dos Tribunais, 2015; Teresa Arruda Alvim Wambier, Maria Lúcia Lins Conceição, Leonardo Ferres da Silva Ribeiro, Rogério Licastro Torres de Melo, *Primeiros comentários ao novo Código de Processo Civil*, São Paulo: Revista dos Tribunais, 2015; Teresa Arruda Alvim Wambier, *Precedentes*. In: Luiz Rodrigues Wambier; Teresa Arruda Alvim Wambier. *Temas essenciais do Novo CPC*. São Paulo: RT, 2016, p. 481-490; Teresa Arruda Alvim, Modulação na alteração da jurisprudência firme ou de precedentes vinculantes, São Paulo: RT, 2019; Teresa Arruda Alvim, O juiz criativo e o precedente vinculante – realidades compatíveis, *Juris Plenum*, Caxias do Sul, ano XVI, n. 91, p. 167 e ss., jan. 2020; Teresa Arruda Alvim, O poder normativo da jurisprudência, In: Sérgio Cruz Arenhart; Daniel Mitidiero (coords.), O processo civil entre a técnica processual e a tutela dos direitos: estudos em homenagem a Luiz Guilherme Marinoni, São Paulo: RT, 2017, p. 1.185 e ss.; Vinicius Silva Lemos. O princípio da primazia de mérito na fase recursal de acordo com o Novo Código de Processo Civil. In: Fredie Didier Jr. (coord.). *Processo nos Tribunais e Meios de Impugnação às Decisões Judiciais*. 2. ed. Salvador: JusPodivm, 2016, p. 747. Guilherme Toshihiro Takeishi, Arthur Ferrari Arsuffi. Precedentes judiciais e a modulação de seus efeitos pelos tribunais. *Revista de Processo*, n. 336, p. 381 e ss., fev. 2023.

Capítulo III
DO INCIDENTE DE ASSUNÇÃO DE COMPETÊNCIA

Art. 947. É admissível a assunção de competência quando o julgamento de recurso, de remessa necessária ou de processo de competência originária envolver relevante questão de direito, com grande repercussão social, sem repetição em múltiplos processos.

§ 1º Ocorrendo a hipótese de assunção de competência, o relator proporá, de ofício ou a requerimento da parte, do Ministério Público ou da Defensoria Pública, que seja o recurso, a remessa necessária ou o processo de competência originária julgado pelo órgão colegiado que o regimento indicar.

§ 2º O órgão colegiado julgará o recurso, a remessa necessária ou o processo de competência originária se reconhecer interesse público na assunção de competência.

§ 3º O acórdão proferido em assunção de competência vinculará todos os juízes e órgãos fracionários, exceto se houver revisão de tese.

§ 4º Aplica-se o disposto neste artigo quando ocorrer relevante questão de direito a respeito da qual seja conveniente a prevenção ou a composição de divergência entre câmaras ou turmas do tribunal.

REFERÊNCIA LEGISLATIVA

Resolução nº 235/2016 do CNJ (dispõe sobre a padronização de procedimentos administrativos decorrentes de julgamentos de repercussão geral, de casos repetitivos e de incidente de assunção de competência previstos na Lei 13.105, de 16 de março de 2015 – Código de Processo Civil).

CJF – JORNADAS DE DIREITO PROCESSUAL CIVIL

I JORNADA

Enunciado 65 – A desistência do recurso pela parte não impede a análise da questão objeto do incidente de assunção de competência.

II JORNADA

Enunciado 135 – É admissível a concessão de tutela da evidência fundada em tese firmada em incidente de assunção de competência.

Enunciado 141 – É possível a conversão de Incidente de Assunção de Competência em Incidente de Resolução de Demandas Repetitivas, se demonstrada a efetiva repetição de processos em que se discute a mesma questão de direito.

BREVES COMENTÁRIOS

O incidente previsto no art. 947 do CPC/2015 tem como objetivo incitar órgão colegiado maior a assumir o julgamento, em determinadas circunstâncias, de causa que normalmente seria de competência de órgão fracionário menor do mesmo tribunal. Presta-se o expediente à prevenção contra o risco de divergência entre os órgãos internos do tribunal em torno de questões de repercussão social que ultrapassam o interesse individual das partes e, por isso, exigem um tratamento jurisdicional uniforme. O incidente de assunção de competência não é instituto novo no processo civil brasileiro, embora tenha sido tratado com maior cuidado e especificidade no atual CPC. Esse mecanismo processual que já é conhecido nos procedimentos do STF e do STJ agora se amplia para os julgamentos de todos os Tribunais. Sempre que a matéria discutida em julgamento de recurso, de remessa necessária ou de processo de competência originária envolver relevante questão de direito, revestida de repercussão social, ou a respeito da qual seja conveniente a prevenção ou a composição de divergência entre câmaras ou turmas do tribunal, o relator, de ofício ou a requerimento da parte, do Ministério Público ou da Defensoria Pública, poderá suscitar o incidente, propondo que o processo seja julgado pelo órgão colegiado indicado pelo regimento interno do Tribunal.

Trata-se de um deslocamento interno de competência, para que o órgão colegiado especial, com *quorum* representativo, julgue o processo com força vinculativa a todos os juízes e órgãos fracionários a ele ligados. O incidente mostra-se em consonância com o espírito do CPC/2015 de uniformizar a jurisprudência, a fim de garantir a segurança jurídica e a previsibilidade da interpretação do ordenamento jurídico vigente no país, evitando que matérias semelhantes sejam decididas de forma conflitante nos diversos tribunais. Cumpre, de certa forma, o mesmo objetivo do incidente de resolução de demandas repetitivas, com um destaque, todavia, visto que a assunção ocorre em caráter preventivo, quando ainda não se instalou a pluralidade de entendimentos em decisórios de diferentes processos (art. 947, *in fine*), dado este que é requisito do último incidente. Esclarece o art. 947, a propósito, que a assunção cabe diante de questão de direito, com grande repercussão social, mas "sem repetição em múltiplos processos" (para melhor distinção entre os casos de cabimento do incidente de assunção de competência e de resolução de demandas repetitivas, ver v. III do nosso *Curso de Direito Processual Civil*, 2021).

A assunção de competência possui clara afinidade procedimental com a arguição de inconstitucionalidade, eis que o julgamento da matéria também é direcionado ao órgão superior àquele que, inicialmente, era o competente para decidir, a fim de conferir-lhe força vinculativa. Entretanto, os incidentes se distinguem no que se refere à extensão do objeto da análise. Enquanto na arguição de inconstitucionalidade o órgão colegiado analisará somente a tese que fundamenta a controvérsia, sem imiscuir-se nas especificidades do caso concreto, na assunção de competência o objeto do julgamento será a própria lide levada a conhecimento ao Poder Judiciário. Mas é justamente a relevância e a repercussão social da questão de direito envolvida, bem como a potencialidade de gerar (ou a já existente) divergência entre as câmaras ou turmas do tribunal que justificam e até mesmo impõem a sua análise por um colegiado maior.

JURISPRUDÊNCIA SELECIONADA

1. Incidente de assunção de competência. Hipótese não prevista no art. 947. Inadmissibilidade. "O incidente de assunção de competência não pode ser interpretado como novo meio de impugnação a atrair a competência desta Corte Superior para o exame de situações que não estejam previstas na legislação processual. (...) Inexistindo quaisquer das situações previstas no art. 947 do CPC/2015, não havendo recurso, remessa necessária ou processo de competência originária desta Corte Superior, é inadmissível a instauração do incidente de assunção de competência no âmbito do STJ" (STJ, AgInt na Pet 12.642/SP, Rel. Min. Og Fernandes, 1ª Seção, jul. 14.08.2019, *DJe* 19.08.2019).

2. Julgamento do recurso. Inviabilidade de instauração do incidente. "A assunção de competência disciplinada nos arts. 947 do CPC/2015 e 271-B do RISTJ não constitui instrumento autônomo de irresignação, ou seja, não se equipara a um novo recurso. Na verdade, é um incidente mediante o qual se transfere a competência de um órgão fracionário interno do Tribunal para outro, adotando-se um rito especial, com consequências diferenciadas, para o julgamento de recurso, de remessa necessária e de processo de competência originária, quando presentes determinados requisitos processuais. Portanto, julgado o recurso, a remessa necessária ou o processo de competência originária, descabe postular a adoção do rito pertinente ao incidente de assunção de competência" (STJ, AgInt no IAC no REsp 1539334/ES, Rel. Min. Antonio Carlos Ferreira, 4ª Turma, jul. 26.10.2020, *DJe* 29.10.2020).

3. Descumprimento de acórdão prolatado em incidente de assunção de competência. Não exigência de esgotamento de instância. Ver jurisprudência do art. 988 do CPC/2015.

ASSUNÇÃO DE COMPETÊNCIA: INDICAÇÃO DOUTRINÁRIA

Aluisio Gonçalves de Castro Mendes, José Roberto Mello Porto, *Incidente de assunção de competência*, Rio de Janeiro: GZ Editora, 2020; Antônio Pereira Gaio Júnior, Os perfis do incidente de assunção de competência no CPC/2015, *Revista de Processo*, São Paulo, ano 44, v. 297, p. 213 e ss., nov. 2019; Cassio Scarpinella Bueno, Incidente de assunção de competência: reflexões sobre seu cabimento, suspensão de processos e fungibilidade, *Revista de Processo*, São Paulo, v. 309, p. 280, nov. 2020; Cassio Scarpinella Bueno, *Manual de direito processual civil*, São Paulo: Saraiva, 2015; Daniel Amorim Assumpção Neves, *Manual de direito processo civil*, São Paulo: Método, 2015; Felipe Roberto Rodrigues e Marcely Ferreira Rodrigues, Hipótese(s) de cabimento da assunção de competência no Código de Processo Civil de 2015, In: Ana Cândida Menezes Marcato et al. (orgs.), *Reflexões sobre o Código de Processo Civil de 2015*: uma contribuição dos membros do Centro de Estudos Avançados de Processo – Ceapro, São Paulo: Verbatim, 2018, p. 259 e ss.; Fredie Didier Jr., *Curso de direito processual civil*, 17. ed., Salvador: JusPodivm, 2015, v. I; Guilherme Rizzo Amaral, *Comentários às alterações do novo CPC*, São Paulo: Revista dos Tribunais, 2015; Humberto Theodoro Junior, *Curso de direito processual civil. 54. ed.*, Rio de Janeiro: Forense, 2021, v. III; Humberto Theodoro Junior, Fernanda Alvim Ribeiro de Oliveira, Ester Camila Gomes Norato Rezende (coord.), *Primeiras lições sobre o novo direito processual civil brasileiro*, Rio de Janeiro: Forense, 2015; Humberto Theodoro Júnior. Jurisprudência e precedentes vinculantes no Novo Código de Processo Civil – Demandas repetitivas. *Revista de Processo*, v. 255, ano 41, p. 359-372. São Paulo: RT, maio 2016; J. E. Carreira Alvim, *Comentários ao novo Código de Processo Civil*, Curitiba: Juruá, 2015; Joaquim Felipe Spadoni. *Incidente de assunção de competência*. In: Luiz Rodrigues Wambier; Teresa Arruda Alvim Wambier. Temas essenciais do Novo CPC. São Paulo: RT, 2016, p. 491-494; José Miguel Garcia Medina, *Novo Código de Processo Civil comentado*, São Paulo: Revista dos Tribunais, 2015; Leonardo Greco, *Instituições de processo civil: introdução ao direito processual civil*, 5. ed., Rio de Janeiro: Forense, 2015; Luis Antônio Giampaulo Sarro, *Novo Código de Processo Civil*, São Paulo: Rideel, 2015; Luiz Fernando Valladão Nogueira. *Recursos e procedimentos nos Tribunais no novo Código de Processo Civil*. Belo Horizonte: D' Plácido, 2016; Luiz Guilherme Marinoni, Sérgio Cruz Arenhart, Daniel Mitidiero, *Curso de processo civil*, São Paulo: Revista dos Tribunais, 2015, v. I; Luiz Guilherme Marinoni. Sobre o incidente de assunção de competência. *Revista de Processo*, v. 260, ano 41, p. 233-256. São Paulo: RT, out./2016; Nelson Nery Junior, Rosa Maria de Andrade Nery, *Comentários ao Código de Processo Civil*, São Paulo: Revista dos Tribunais, 2015; Tadeu Alves Sena Gomes, O incidente da assunção de competência do CPC/2015 à luz da análise econômica do direito, *Revista de Processo*, São Paulo, v. 309, p. 201, nov. 2020; Teresa Arruda Alvim Wambier, Fredie Didier Jr., Eduardo Talamini, Bruno Dantas (coord.), *Breves comentários ao novo Código de Processo Civil*, São Paulo: Revista dos Tribunais, 2015; Teresa Arruda Alvim Wambier, Maria Lúcia Lins Conceição, Leonardo Ferres da Silva Ribeiro, Rogério Licastro Torres de Melo, *Primeiros comentários ao novo Código de Processo Civil*, São Paulo: Revista dos Tribunais, 2015; Vinícius Silva Lemos, A possibilidade de fungibilidade entre o IRDR e o IAC: viabilidade e necessidade de sistematização, In: Ana Cândida Menezes Marcato et al. (orgs.), *Reflexões sobre o Código de Processo Civil de 2015*: uma contribuição dos membros do Centro de Estudos Avançados de Processo – Ceapro, São Paulo: Verbatim, 2018, p. 787 e ss.; Vinicius Silva Lemos, O incidente de Assunção de Competência: o Aumento da Importância e sua Modernização no Novo Código de Processo Civil, *Revista Dialética de Direito Processual nº 62*, p. 106-116. Humberto Theodoro Júnior, O direito jurisprudencial e o Código de Processo Civil de 2015: Modulação temporal dos efeitos de mudança na orientação da jurisprudência vinculativa", *In Revista de Processo*, nº 320, ano 46, outubro/2021, p. 365 e ss.

Capítulo IV
DO INCIDENTE DE ARGUIÇÃO DE INCONSTITUCIONALIDADE

Art. 948. Arguida, em controle difuso, a inconstitucionalidade de lei ou de ato normativo do poder público, o relator, após ouvir o Ministério Público e as partes, submeterá a questão à turma ou à câmara à qual competir o conhecimento do processo.

CPC/1973

Art. 480.

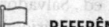

REFERÊNCIA LEGISLATIVA

CF, arts. 97, 102, I, *a*, e 103; Regimento Interno do STF, arts. 169 a 178; Regimento Interno do STJ, arts. 199 e 200.

Lei nº 9.868, de 10 de novembro de 1999 (dispõe sobre o processo e julgamento da ação direta de inconstitucionalidade e da ação declaratória de constitucionalidade perante o Supremo Tribunal Federal).

RISTJ, arts. 271-B a 271-G (procedimento do IAC no STJ).

SÚMULAS

Súmulas vinculantes do STF

nº 10: "Viola a cláusula de reserva de plenário (CF, artigo 97) a decisão de órgão fracionário de Tribunal que embora não declare expressamente a inconstitucionalidade de lei ou ato normativo do poder público, afasta sua incidência, no todo ou em parte".

Súmulas do STF:

nº 347: "O Tribunal de Contas, no exercício das suas atribuições, pode apreciar a constitucionalidade das leis e dos atos do Poder Público".

nº 513: "A decisão que enseja a interposição de recurso ordinário ou extraordinário não é a do Plenário, que resolve o incidente de inconstitucionalidade, mas a do órgão (câmaras, grupos ou turmas), que completa o julgamento do feito".

BREVES COMENTÁRIOS

No direito brasileiro, o controle da constitucionalidade das leis é feito de duas maneiras distintas pelo Poder Judiciário: pelo controle incidental e pelo controle direto. Dá-se o primeiro quando qualquer órgão judicial, ao decidir alguma causa de sua competência, tenha que apreciar, como preliminar, a questão da constitucionalidade da norma legal invocada pela parte. A segunda espécie de controle é da competência apenas do Supremo Tribunal Federal e dos Tribunais dos Estados e refere-se à apreciação da lei em tese. Aqui, o vício da inconstitucionalidade é diretamente declarado, como objeto de ação específica; por isso, fala-se em "ação declaratória de inconstitucionalidade".

Diversamente do que se passa nas ações diretas de inconstitucionalidade, a declaração incidental, em qualquer tribunal do país, pode acontecer em relação a qualquer lei ou ato normativo, e não apenas aos locais. Assim, uma lei federal pode perfeitamente ser recusada como inconstitucional por tribunal estadual, mas a declaração somente operará efeito para o caso dos autos. De maneira alguma, um acórdão de tribunal inferior ao STF anulará lei federal por inconstitucionalidade, com eficácia *erga omnes*.

A arguição pode ser sobre a inconstitucionalidade de lei ou ato normativo do poder público. Atingem-se, portanto, a lei ordinária, a lei complementar, a emenda à Constituição, as Constituições estaduais, a lei delegada, o decreto-lei, o decreto legislativo, a resolução, o decreto ou outro ato normativo baixado por qualquer órgão do poder público.

Para verificação do incidente, não se distingue entre lei estadual, federal ou municipal. E o conflito também pode ser entre a lei local e a Constituição tanto do Estado como da União. O processamento do incidente será sempre da mesma forma.

Cabe a iniciativa de propor o incidente de inconstitucionalidade às partes do processo, inclusive aos assistentes. Igual poder assiste ao Ministério Público, seja como parte, seja como *custos legis*. Finalmente, é legítima também a suscitação *ex officio* do incidente pelo relator ou por outros juízes do órgão do tribunal encarregado do julgamento da causa principal.

Salvo caso em que a provocação seja de sua própria iniciativa, o Ministério Público será sempre ouvido sobre a arguição de inconstitucionalidade, antes da decisão pela Turma ou Câmara, a que tocar o conhecimento do processo (CPC/2015, art. 948). As partes também, em qualquer caso, serão ouvidas, para cumprir a garantia do contraditório.

JURISPRUDÊNCIA SELECIONADA

1. Violação à cláusula de reserva de plenário. Súmula vinculante nº 10. "Acórdão reclamado que, ao concluir pela existência de vínculo entre as empresas de transporte e os trabalhadores autônomos, exerce, ainda que não expressamente, o controle difuso de constitucionalidade, sem redução de texto – inconstitucionalidade, ademais, que só pode ser declarada pelo voto de maioria absoluta dos membros do tribunal. Nulidade absoluta da *decisum* que se impõe." (STF, Reclamação 28.849/ES, Rel. Min. Alexandre de Morais, decisão monocrática, jul. 28.11.2017, *DJe* 05.12.2017).

Afronta à Súmula Vinculante nº 10. "Para que seja observada a cláusula de reserva de plenário, é necessário que o Plenário ou o Órgão Especial do Tribunal reúna-se com o fim específico de julgar a inconstitucionalidade de uma lei ou ato normativo. Embora tenha a atual redação do item IV do Enunciado 331 do TST resultado de votação unânime do pleno daquele Tribunal, o julgamento ocorreu em incidente de uniformização de jurisprudência. Dessa forma, afastada a incidência do art. 71, § 1º, da Lei 8.666/1993, sem o procedimento próprio, restou violada a Súmula Vinculante 10" (STF, Rcl 7.218 AgR/AM, Pleno, Rel. Min. Ricardo Lewandowski, jul. 24.11.2010, *DJe* 11.02.2011).

2. Incidente de arguição de inconstitucionalidade. Objeto. Lei ou ato normativo. "Segundo o art. 948 do CPC/15, é cabível o incidente de arguição de inconstitucionalidade de lei ou de ato normativo do poder público. Precedente" (STJ, AgInt no AREsp 1702381/DF, Rel. Min. Nancy Andrighi, 3ª Turma, jul. 14.09.2020, *DJe* 17.09.2020). Não se aplica "às decisões judiciais" (STJ, EDcl no AgInt no AREsp 1.619.488/SP, Rel. Min. Ricardo Villas Bôas Cueva, 3ª Turma, jul. 11.11.2020, *DJe* 17.11.2020).

3. Incidente de arguição de inconstitucionalidade. Ausência de norma flagrantemente inconstitucional. Inadequação. "A instauração do incidente de arguição de inconstitucionalidade (art. 948 do CPC) mostra-se adequada apenas quando plausível a alegada desconformidade da norma questionada com a ordem constitucional vigente, o que não se verifica no presente caso, uma vez que não há nenhuma inclinação desta Corte Superior de Justiça em reconhecer a aventada inconstitucionalidade" (STJ, AgRg no CC 163.595/MG, Rel. Min. Sebastião Reis Júnior, 3ª Seção, jul. 24.04.2019, *DJe* 29.04.2019).

4. Pedido de instauração de incidente de inconstitucionalidade. Manifesto descabimento. Simples petição. "O controle difuso de constitucionalidade faz-se como exceção deduzida no contexto de uma ação, contestação, ou ainda de um recurso, mas não simplesmente como petição avulsa, que encerra em si apenas a pretensão do controle difuso e nada mais, muito menos quando o objeto do controle é um enunciado de súmula. Inteligência do art. 480 do CPC/1973 e do art. 948 do CPC/2015" (STJ, AgInt na PET nos EAREsp 589.461/MT, Rel. Min. Mauro Campbell Marques, 1ª Seção, jul. 28.02.2018, *DJe* 05.03.2018).

5. Procedimento. "Quando o art. 480 do CPC [art. 948 do CPC/2015] diz que arguida a inconstitucionalidade de lei ou ato normativo, o relator submeterá a questão ao órgão competente para o julgamento do feito, é evidente que entrega a esse juiz, ou a qualquer de seus pares, por ocasião de proferir seu voto, a faculdade de destacar e processar, como questão incidente e autônoma a acoimada inconstitucionalidade, ao que, contudo, não está obrigado. Se o juiz entender inconveniente dar destaque ao incidente de inconstitucionalidade, poderá abster-se de fazê-lo, mesmo que entenda inconstitucional a lei ou ato, hipótese em que se limitará a deixar de aplicá-lo no caso concreto" (TJSP, Ap. 83.003-1, Rel. Des. Marcos César, 6ª Câmara, jul. 02.04.87, *RJTJSP* 109/138).

"Nos termos dos arts. 480 e 482 do Código de Processo Civil [arts. 948 e 950 do CPC/2015], o incidente de declaração de inconstitucionalidade, pela sua natureza, deve ser processado com observância das peculiaridades próprias, ou seja, precisa ser conduzido e decidido como tal, até porque do julgado específico da inconstitucionalidade poderá advir recurso extraordinário para a Suprema Corte" (STJ, RMS 19.895/GO, Rel. p/ Acórdão Min. Gilson Dipp, 5ª Turma, jul. 23.11.2010, *DJe* 14.02.2011).

"A posterior declaração de inconstitucionalidade realizada pela Corte Especial do Tribunal *a quo* não convalida o acórdão impugnado, por se cuidar de nulidade de natureza absoluta" (STJ, AgRg no REsp 1.209.414/MG, Rel. Min. Hamilton Carvalhido, 1ª Turma, jul. 16.11.2010, *DJe* 17.12.2010).

Reserva de plenário. Ver jurisprudência do art. 140 do CPC/2015.

6. Preliminar de inconstitucionalidade. Afastamento. "Decisão que, conquanto afastando a preliminar de inconstitucionalidade da lei, considerou esta inaplicável em determinadas circunstâncias e em relação à certas pessoas, em face do princípio do direito adquirido. Hipótese que não deixa espaço para processamento do incidente de arguição de inconstitucionalidade, previsto nos arts. 480 e 481 do CPC [arts. 948 e 949 do CPC/2015]" (STJ, REsp 8.184/SP, Rel. Min. Ilmar Galvão, 2ª Turma, jul. 20.05.1991, *DJ* 10.06.1991).

Art. 949. Se a arguição for:

I – rejeitada, prosseguirá o julgamento;

II – acolhida, a questão será submetida ao plenário do tribunal ou ao seu órgão especial, onde houver.

Parágrafo único. Os órgãos fracionários dos tribunais não submeterão ao plenário ou ao órgão especial a arguição de inconstitucionalidade quando já houver pronunciamento destes ou do plenário do Supremo Tribunal Federal sobre a questão.

CPC/1973

Art. 481.

SÚMULAS

Súmula Vinculante:

nº 10: "Viola a cláusula de reserva de plenário (CF, artigo 97) a decisão de órgão fracionário de tribunal que, embora não declare expressamente a inconstitucionalidade de lei ou ato normativo do poder público, afasta sua incidência, no todo ou em parte".

BREVES COMENTÁRIOS

A arguição é feita perante o órgão do tribunal encarregado do julgamento do processo (Turma ou Câmara). Esse órgão parcial não tem competência para declarar a inconstitucionalidade, mas pode perfeitamente reconhecer a constitucionalidade da norma impugnada e a irrelevância da arguição dos interessados.

Assim, "se a arguição for rejeitada, prosseguirá o julgamento" da causa (CPC/2015, art. 949, I). E a decisão é irrecorrível. Mas, se o órgão judicial der acolhida à arguição, a questão será submetida ao plenário do tribunal ou ao seu órgão especial, onde houver (art. 949, II).

Quando o incidente tiver sido provocado pelas partes com a necessária antecedência, o Ministério Público já terá sido ouvido antes da sessão de julgamento. Mas quando suscitado no voto de algum juiz, na própria sessão, a decisão do incidente terá que ser adiada para cumprir-se o disposto no art. 948, que manda ouvir-se, previamente, o Ministério Público e as partes.

O exame que o órgão fracionário do tribunal faz é o da admissão ou não da arguição. Ocorre quando este órgão está convencido de que existem concretos elementos de inconstitucionalidade, no entanto ele não declara a inconstitucionalidade. Cabe ao tribunal pleno ou ao seu órgão especial a declaração.

Outro ponto importante é que *a arguição*, e não a declaração de inconstitucionalidade, pode ser admitida por maioria simples, pois nem a lei nem a Carta Magna dispõem contrariamente.

Se a questão de inconstitucionalidade já houver sido decidida anteriormente pelo colegiado ou pelo Supremo Tribunal Federal, não é necessário reiterá-la em cada novo processo que verse sobre a mesma matéria. Os órgãos fracionários, a que couber a competência para o recurso ou a causa, proferirão o julgamento, sem suscitar o incidente do art. 949, parágrafo único.

JURISPRUDÊNCIA SELECIONADA

1. Reserva de plenário. "Não há de se falar em ofensa à cláusula de reserva de plenário (art. 97 da Constituição da República) e ao enunciado 10 da Súmula vinculante do Supremo

Tribunal Federal quando não haja declaração de inconstitucionalidade dos dispositivos legais tidos por violados, tampouco afastamento desses, mas tão somente a interpretação do direito infraconstitucional aplicável ao caso, com base na jurisprudência desta Corte" (STJ, AgInt no REsp 1825757/RS, Rel. Min. Regina Helena Costa, 1ª Turma, jul. 18.11.2019, *DJe* 20.11.2019).

"O chamado princípio da reserva de plenário para declaração incidental de inconstitucionalidade de atos normativos é típica hipótese dessa miscigenação jurídica imposta pela pluralidade de fontes, já que tratada concomitantemente no art. 97 da Constituição e nos artigos 480 a 482 do CPC [arts. 948 a 950 do CPC/2015]. Todavia, os dispositivos processuais não representam mera reprodução da norma constitucional. Além de incorporar a essência da norma superior (que, no fundo, não é uma norma propriamente de processo, mas de afirmação do princípio da presunção de validade dos atos normativos, presunção que somente pode ser desfeita nas condições ali previstas), esses dispositivos estabelecem o procedimento próprio a ser observado pelos tribunais para a concretização da norma constitucional" (STJ, EREsp 547.653/RJ, Rel. Min. Teori Albino Zavascki, Corte Especial, jul. 15.12.2010, *DJe* 29.03.2011).

"A declaração de inconstitucionalidade exercida por meio difuso pelos Tribunais deve seguir o procedimento disposto nos arts. 480 e 482 do CPC [arts. 948 a 950 do CPC/2015], em respeito ao princípio da reserva de plenário, sendo autorizado somente ao Órgão Especial ou Plenário da Corte a emissão do juízo de incompatibilidade do preceito normativo com a Magna Carta Brasileira, restando os órgãos fracionários dispensados dessa obrigação apenas se a respeito da questão constitucional já houver pronunciamento do Órgão competente do Tribunal ou do Supremo Tribunal Federal. 'O princípio da reserva de plenário, que 'atua como verdadeira condição de eficácia jurídica da própria declaração de inconstitucionalidade dos atos do Poder Público' (STF, RE 488.033, Min. Celso de Mello, *DJ* de 19.10.06), deve ser observado não apenas quando o órgão fracionário reconhece expressamente a inconstitucionalidade da norma. Segundo reiterado entendimento do STF, 'reputa-se declaratório de inconstitucionalidade o acórdão que – embora sem o explicitar – afasta a incidência da norma ordinária pertencente à lide para decidi-la sob critérios diversos extraídos da Constituição' (STF, AgRg no Ag 467.270, Min. Sepúlveda Pertence, *DJ* de 12.11.04)' (REsp 619.860/RS, Rel. Min. Teori Albino Zavascki, *DJU* 17.05.07). Precedentes: REsp 792.600/MS, 5ª Turma, Rel. Min. Arnaldo Esteves Lima, *DJU* 05.11.07 e REsp 745.970/RS, 2ª Turma, Rel. Min. João Otávio de Noronha, *DJU* 06.08.07. A apreciação da inconstitucionalidade sem a adoção do incidente nos Tribunais não conjura a competência do Egrégio STJ, que deve apreciar o caso à luz da violação dos arts. 480 e 482 do CPC. Raciocínio inverso conspiraria contra o princípio da efetividade, porquanto o recurso seria enviado ao Excelso STF que o devolveria para o STJ, decidindo à luz da Súmula Vinculante 10, dilargando, desnecessariamente, a prestação jurisdicional. A *ratio essendi* do disposto no parágrafo único do art. 481 do CPC [art. 949 do CPC/2015] conspira em prol da apreciação imediata do referido *error in procedendo*" (STJ, AgRg no REsp 899.302/SP, Rel. Min. Luiz Fux, Corte Especial, jul. 16.09.2009, *DJe* 08.10.2009). **No mesmo sentido**: STJ, REsp 617.075/RJ, Rel. Min. Castro Meira, 2ª Turma, jul. 17.11.2009, *DJe* 25.11.2009; STJ, REsp 931.373/RJ, Rel. Min. Luiz Fux, 1ª Turma, jul. 26.10.2010, *DJe* 18.11.2010; STJ, REsp 1.019.774/MG, Rel. Min. Teori Albino Zavascki, 1ª Turma, jul. 17.04.2008, *DJe* 12.05.2008; REsp 938.839/RJ, Rel. Min. Mauro Campbell Marques, 2ª Turma, jul. 05.04.2011, *DJe* 29.04.2011.

"Segundo orientação firmada por esta Suprema Corte, "reputa-se declaratório de inconstitucionalidade o acórdão que – embora sem o explicitar – afasta a incidência da norma ordinária pertinente à lide para decidi-la sob critérios diversos alegadamente extraídos da Constituição" (precedentes). Se bem ou mal decidiu o acórdão recorrido quanto à questão de fundo, ou seja, a impossibilidade de retenção de bem até o pagamento de multa, tal conclusão somente se justifica com o afastamento de literal disposição de lei por incompatibilidade constitucional (art. 75, § 1º da Lei 10.833/2003). Sem que a agravante tenha indicado a presença de alguma das hipóteses excludentes, aplica-se ao caso o art. 97 da Constituição" (STF, AI-AgR 849.152, 2ª Turma, Rel. Min. Joaquim Barbosa, jul. 14.02.2012, *DJe* 07.03.2012).

Segurança Jurídica. "A reserva de plenário de declaração de inconstitucionalidade de lei ou ato normativo funda-se na presunção de constitucionalidade que os protege, somado a razões de segurança jurídica. A decisão plenária do Supremo Tribunal, declaratória de inconstitucionalidade de norma, posto que incidente, sendo pressuposto necessário e suficiente a que o Senado lhe confira efeitos *erga omnes*, elide a presunção de sua constitucionalidade: a partir daí, podem os órgãos parciais dos outros tribunais acolhê-la para fundar a decisão de casos concretos ulteriores, prescindindo de submeter a questão de constitucionalidade ao seu próprio plenário" (STF, RE 192.212-5, Rel. Min. Sepúlveda Pertence, 1ª Turma, jul. 27.05.1997, *DJ* 29.08.1997).

"Para que seja observada a cláusula de reserva de plenário, **é necessário que o Plenário ou o Órgão Especial do Tribunal reúna-se com o fim específico de julgar a inconstitucionalidade de uma lei ou ato normativo**" (STF, Rcl 6.970 AgR, Rel. Min. Ricardo Lewandowski, Tribunal Pleno, jul. 24.11.2010, *DJe* 15.02.2011).

Norma anterior à Constituição Federal. Revogação ou não recepção. "A cláusula de reserva de plenário somente é aplicável na hipótese de controle difuso em que deva ser declarada a inconstitucionalidade de lei ou ato normativo do poder público, não se aplicando aos casos (como o dos autos) em que se reputam revogadas ou não recepcionadas normas anteriores à Constituição vigente. Nestes casos, não há que se falar em inconstitucionalidade, mas sim em revogação ou não recepção. Precedentes do colendo Supremo Tribunal e desta Corte" (STJ, REsp 439.606/SE, Rel. Min. Felix Fischer, 5ª Turma, jul. 25.02.2003, *DJ* 14.04.2003).

2. Suscitação do incidente. Irrecorribilidade. "O incidente de inconstitucionalidade por si só é etapa do julgamento do recurso no qual é suscitado e não vinculativo para o Tribunal Pleno competente para a sua apreciação (art. 481 do CPC) [art. 949 do CPC/2015]. Consectariamente, a suscitação do incidente não é recorrível" (STJ, REsp 866.997/PB, Rel. Min. Luiz Fux, 1ª Turma, jul. 16.06.2009, *DJe* 05.08.2009).

3. Devolução dos autos ao órgão julgador. Desnecessidade. "Se o único fundamento da causa é a inconstitucionalidade de texto de lei, inexistindo matéria remanescente a ser decidida, é desnecessário que a Corte Especial devolva os autos ao órgão julgador que a suscitou, para completar-lhe o julgamento, devendo, desde logo, decidir o feito, a fim de evitar procrastinação incompatível com os princípios que regem o processo moderno" (STJ, EDcl na AI no RMS 1.178/RS, Rel. Min. Antônio de Pádua Ribeiro, Corte Especial, jul. 31.08.1995, *DJ* 09.10.1995).

4. Reserva de plenário (parágrafo único). "O artigo 481, parágrafo único, introduzido no Código de Processo Civil [art. 949, § 1º, do CPC/2015] pela L. 9.756/98 – que dispensa a submissão ao plenário, ou ao órgão especial, da arguição de inconstitucionalidade, quando já houver pronunciamento destes ou do plenário do Supremo Tribunal Federal sobre a questão – alinhou-se à construção jurisprudencial já então consolidada no Supremo Tribunal, que se fundara explicitamente na função outorgada à Corte de árbitro definitivo da constitucionalidade das leis. A regra, por isso mesmo, só incide quando a decisão do órgão fracionário de outro tribunal se ajusta à decisão anterior do plenário do Supremo Tribunal. Manifesta é a sua impertinência a hipóteses, como a do caso, em que a Turma da Corte de segundo grau vai de encontro ao julgado do STF, para declarar inconstitucional o dispositivo de lei que aqui se julgara válido perante a Constituição" (STJ, RE 404.280 AgR, Rel. Min. Sepúlveda Pertence, 1ª Turma, jul. 23.03.2004, *DJ* 02.04.2004).

"É ilegítima, portanto, a decisão do órgão fracionário que acolhe a inconstitucionalidade sem submeter à matéria ao Órgão Especial e, ainda mais, adotando entendimento contrário ao adotado pelo STF" (STJ, REsp 672.376/ES, Rel. Min. Teori Albino Zavascki, 1ª Turma, jul. 19.09.2006, *DJ* 11.12.2006).

Juizados especiais de pequena causa. Inaplicabilidade. "O princípio da reserva de plenário não se aplica no âmbito dos juizados de pequenas causas (art. 24, X, da Constituição Federal) e dos juizados especiais em geral (art. 98, I, da CF/88), que, pela configuração atribuída pelo legislador, não funcionam, na esfera recursal, sob o regime de plenário ou de órgão especial" (STF, ARE 868.457 RG, Rel. Min. Teori Zavascki, jul. 16.04.2015, *DJe* 27.04.2015).

Art. 950. Remetida cópia do acórdão a todos os juízes, o presidente do tribunal designará a sessão de julgamento.

§ 1º As pessoas jurídicas de direito público responsáveis pela edição do ato questionado poderão manifestar-se no incidente de inconstitucionalidade se assim o requererem, observados os prazos e as condições previstos no regimento interno do tribunal.

§ 2º A parte legitimada à propositura das ações previstas no art. 103 da Constituição Federal poderá manifestar-se, por escrito, sobre a questão constitucional objeto de apreciação, no prazo previsto pelo regimento interno, sendo-lhe assegurado o direito de apresentar memoriais ou de requerer a juntada de documentos.

§ 3º Considerando a relevância da matéria e a representatividade dos postulantes, o relator poderá admitir, por despacho irrecorrível, a manifestação de outros órgãos ou entidades.

CPC/1973

Art. 482.

SÚMULAS

Súmula do STF:

nº 513: "A decisão que enseja a interposição de recurso ordinário ou extraordinário não é a do plenário, que resolve o incidente de inconstitucionalidade, mas a do órgão (Câmara, Grupos ou Turmas) que completa o julgamento do feito".

BREVES COMENTÁRIOS

Compete ao Tribunal Pleno, ou ao órgão especial que fizer as suas vezes, julgar a prejudicial de inconstitucionalidade de lei ou ato normativo do poder público. O julgamento é puramente de direito, em torno da questão controvertida. Não há devolução da matéria de fato, nem de outras questões de direito não atingidas pela arguição de inconstitucionalidade.

O tribunal, no entanto, não fica adstrito aos fundamentos atribuídos à pretensa inconstitucionalidade pelo suscitante do incidente. Como ensina Barbosa Moreira, "não há que cogitar de vinculação do tribunal a uma suposta *causa petendi*, até porque a arguição não constitui pedido em sentido técnico, e as questões de direito são livremente suscitáveis, *ex officio*, pelos órgãos judiciais, na área que lhes toque exercer atividade cognitiva" (BARBOSA MOREIRA, José Carlos. *Comentários ao Código de Processo Civil.* 11. ed. Rio de Janeiro: Forense, 2003, v. V, n. 28, p. 47). Por isso, o tribunal pode não reconhecer a incompatibilidade alegada pela parte, mas declarar a inconstitucionalidade da lei mediante outro dispositivo de natureza constitucional.

A decisão do Pleno ou do órgão equivalente, que acolhe a arguição de inconstitucionalidade, é irrecorrível. Só caberá recurso da decisão que posteriormente a Turma ou Câmara vier a proferir, com base na tese fixada pelo Pleno (Súmula nº 513 do STF).

O órgão do tribunal encarregado da decisão do caso que motivou o incidente ficará vinculado ao entendimento fixado pelo Tribunal Pleno ou pelo órgão que fizer as suas vezes. O julgamento do incidente figurará como "premissa inafastável" da solução que a Turma ou Câmara vier a dar.

Um aspecto interessante do incidente é o previsto pelo § 3º do art. 950, acerca da eventual intervenção de outros órgãos ou entidades no debate em torno da inconstitucionalidade suscitada. Ao relator cabe o poder de admitir, enquanto não posto o caso em julgamento, a manifestação de entes estranhos ao processo, tendo em vista a relevância da matéria e a representatividade do manifestante. Trata-se da figura que, em processo, se denomina *amicus curiae*, que tanto pode ser pessoa física como jurídica, de direito público ou privado, ou até mesmo órgãos despersonalizados, desde que demonstrem o interesse social despertado pelos possíveis reflexos do tema constitucional em discussão. O *amicus curiae* não formula pedido nem pode alterar o objeto da causa ou do recurso. Apenas apresenta sua opinião (manifestação), em busca de colaborar com o Tribunal no equacionamento da questão de ordem constitucional *sub iudice*.

ARGUIÇÃO DE INCONSTITUCIONALIDADE: INDICAÇÃO DOUTRINÁRIA

Accioly Filho, *Declaração de inconstitucionalidade de lei ou decreto. Suspensão de execução do ato inconstitucional pelo Senado Federal. Extensão da competência.* Efeitos, *RIL* 48/265; Cassio Scarpinella Bueno, *Manual de direito processual civil*, São Paulo: Saraiva, 2015; Daniel Amorim Assumpção Neves, *Manual de direito processo civil*, São Paulo: Método, 2015; Fernanda Medina Pantoja, In: Teresa Arruda Alvim Wambier, Fredie Didier Jr., Eduardo Talamini, Bruno Dantas, *Breves comentários ao novo Código de Processo Civil*, São Paulo: Revista dos Tribunais, 2015; Fredie Didier Jr., *Curso de direito processual civil*, 17. ed., Salvador: JusPodivm, 2015, v. I; George Salomão Leite e Rinaldo Mouzalas. Incidente de arguição de inconstitucionalidade. In: Thereza Arruda *et al.* O Novo Código de Processo Civil Brasileiro – Estudos dirigidos: Sistematização e procedimentos. Rio de Janeiro: Forense, 2015, p. 481; George Salomão Leite e Rinaldo Mouzalas. Incidente de Arguição de Inconstitucionalidade. In: Fredie Didier Jr. (coord.). Processo nos Tribunais e Meios de Impugnação às Decisões Judiciais. 2. ed. Salvador: Juspodivm, 2016, p. 113; Humberto Theodoro Junior, *Curso de direito processual civil. 54 ed.*, Rio de Janeiro: Forense, 2021, v. III; Humberto Theodoro Junior, Fernanda Alvim Ribeiro de Oliveira, Ester Camila Gomes Norato Rezende (coord.), *Primeiras lições sobre o novo direito processual civil brasileiro*, Rio de Janeiro: Forense, 2015; Humberto Theodoro Júnior, *Processo de conhecimento*, p. 671 – se a arguição for rejeitada, não é necessário o exame do plenário ou do órgão especial; José Alexandre Manzano Oliani. *Incidente de arguição de inconstitucionalidade.* In: Luiz Rodrigues Wambier; Teresa Arruda Alvim Wambier. *Temas essenciais do Novo CPC.* São Paulo: RT, 2016, p. 517-518; José Miguel Garcia Medina, *Novo Código de Processo Civil comentado*, São Paulo: Revista dos Tribunais, 2015; Leonardo Greco, *Instituições de processo civil: introdução ao direito processual civil*, 5. ed., Rio de Janeiro: Forense, 2015; Luis Antônio Giampaulo Sarro, *Novo Código de Processo Civil*, São Paulo: Rideel, 2015; Luiz Guilherme Marinoni, Sérgio Cruz Arenhart, Daniel Mitidiero, *Curso de processo civil*, São Paulo: Revista dos Tribunais, 2015, v. I; Luiz Guilherme Marinoni; Daniel Mitidiero. *In* Sérgio Cruz Arenhart e Daniel Mitidiero (coord.). *Comentários ao Código de Processo Civil*. 2. ed., São Paulo: Editora Revista dos Tribunais, 2018, v. 15. Pontes de Miranda, *Comentários à Constituição de 1967*, t. III, p. 611/2; Teresa Arruda Alvim Wambier, Fredie Didier Jr., Eduardo Talamini, Bruno Dantas (coord.), *Breves comentários ao novo Código de Processo Civil*, São Paulo: Revista dos Tribunais, 2015.

Capítulo V
DO CONFLITO DE COMPETÊNCIA

Art. 951. O conflito de competência pode ser suscitado por qualquer das partes, pelo Ministério Público ou pelo juiz.

Parágrafo único. O Ministério Público somente será ouvido nos conflitos de competência relativos aos processos previstos no art. 178, mas terá qualidade de parte nos conflitos que suscitar.

CPC/1973

Art. 116.

REFERÊNCIA LEGISLATIVA

RISTF, arts. 163 a 168 (procedimento do conflito de jurisdição ou competência, no âmbito do STF).

RISTJ, arts. 193 e 198 (procedimento do conflito de competência e de atribuições no âmbito do STJ).

BREVES COMENTÁRIOS

A cada causa corresponde a competência de um juiz ou tribunal. Vários órgãos judiciários, no entanto, podem ser convocados a atuar sucessivamente, em graus hierárquicos diversos num mesmo processo, em razão do recurso interposto pela parte ou mesmo *ex officio*, nos casos de duplo grau de jurisdição necessário (CPC/2015, art. 496). Mas é inadmissível que, simultaneamente, mais de um órgão judiciário seja igualmente competente para processar e julgar a mesma causa.

Acontece, na prática, que, às vezes, diversos juízes se dão por competentes para um mesmo processo ou todos se recusam a funcionar no feito, dando origem a um conflito, que o Código soluciona por meio do incidente denominado "conflito de competência" (arts. 66 e 951 a 959).

Para o Código, há conflito de competência quando (art. 66):

(a) dois ou mais juízes se declaram competentes (inciso I);

(b) dois ou mais juízes se consideram incompetentes, atribuindo um ao outro a competência (inciso II);

(c) entre dois ou mais juízes surge controvérsia acerca da reunião ou separação de processos (inciso III).

Há, pois, conflitos positivos e negativos. Quando os vários juízes se dão por competentes, o conflito é positivo. Ao contrário, quando os diversos juízes se recusam a aceitar a competência, cada um atribuindo a outrem a função jurisdicional, o caso é de conflito negativo.

Quando a parte suscitar o conflito sujeitar-se-á ao pagamento prévio de custas (Regimento de Custas da Justiça Federal, tabela I, nº IV).

A novidade do CPC/2015 é que não mais se exige a participação do Ministério Público em todos os conflitos de competência, mas apenas nos que forem relativos aos processos previstos no art. 178.

JURISPRUDÊNCIA SELECIONADA

1. Conflito de competência. Manifestação necessária de ambos os juízos conflitantes. "A caracterização de conflito de competência pressupõe a manifestação de dois ou mais juízes que se declaram competentes ou incompetentes, ou, ainda, a existência de controvérsia entre eles acerca da reunião ou da separação de processos, como estatui o art. 66 do CPC/2015. Hipótese, em que, embora a parte tenha legitimidade para propor o conflito de competência (art. 951 do CPC/2015), é indispensável para o conhecimento do incidente o pronunciamento de ambos os juízos conflitantes, o que não ocorre." (STJ, AgInt nos EDcl no CC 145.817/RJ, Rel. Min. Gurgel de Faria, 1ª Seção, jul. 27.02.2019, *DJe* 21.03.2019).

2. Conflito de competência entre tribunais arbitrais. "1. Competência do STJ para dirimir conflito de competência entre Tribunais arbitrais. Compete ao Superior Tribunal de Justiça, em atenção à função constitucional que lhe é atribuída no art. 105, I, d, da Carta Magna, conhecer e julgar o conflito de competência estabelecido entre Tribunais Arbitrais, que ostentam natureza jurisdicional, ainda que vinculados à mesma Câmara de Arbitragem, sobretudo se a solução interna para o impasse criado não é objeto de disciplina regulamentar. 1.1 Estabelecida a natureza jurisdicional da arbitragem, tem-se que a Segunda Seção do Superior Tribunal de Justiça, a partir do *leading case* – CC 111.230/DF – passou a reconhecer que o Tribunal arbitral se insere, indiscutivelmente, na expressão 'quaisquer tribunais', constante no art. 105, I, d, da Constituição Federal. Segundo a compreensão adotada pela Segunda Seção, a redação constitucional não pressupõe que o conflito de competência perante o STJ dê-se apenas entre órgãos judicantes pertencentes necessariamente ao Poder Judiciário, podendo ser integrado também por Tribunal arbitral" (STJ, CC 185.705/DF, Rel. Min. Marco Aurélio Bellizze, 2ª Seção, jul. 22.06.2022, *DJe* 30.06.2022).

3. Conflito positivo. Arguição. Legitimidade. Interesse de agir. "Pode suscitar conflito de competência quem quer que esteja sujeito à eficácia da sentença, que qualquer dos juízes, no conflito positivo de competência, possa proferir. Neste caso, a apreciação da legitimidade para arguição depende mais da existência de interesse jurídico do requerente que propriamente de sua qualidade como parte" (STJ, CC 32.461/GO, Rel. Min. Nancy Andrighi, 2ª Seção, jul. 24.04.2002, *DJ* 24.06.2002, p. 180).

4. Necessidade de prévia manifestação dos juízos conflitantes. "A legitimidade das partes para suscitar o conflito de competência (artigo 116 do Código de Processo Civil) [art. 951 do CPC/2015] não tem o condão de excluir a necessidade da prévia manifestação dos juízos em conflito, seja ela expressa ou implícita, não se confundindo o conflito de jurisdição e a exceção de competência. Em inexistindo manifestação, implícita ou explícita, de um dos juízes tidos como conflitantes acerca de sua competência para processar e julgar a lide, não se conhece do conflito de competência" (STJ, AgRg no CC 30.356/SP, Rel. Min. Hamilton Carvalhido, 3ª Seção, jul. 22.08.2001, *DJ* 04.02.2002, p. 281).

5. Membro singular do Tribunal. Ilegitimidade. "Como tem decidido esta Corte (assim, no CJ nº 6.668), não se tem como manifestação de um Tribunal, para o efeito de se dar por competente permitindo, assim, a instauração de conflito de jurisdição, o fato de algum de seus membros, isoladamente, se haver pronunciado (no caso, o Presidente do Tribunal local e o Corregedor do mesmo)" (STF, CJ 6.863/AM, Rel. Min. Moreira Alves, Pleno, jul. 07.12.1988, *RTJ* 128/1090). **No mesmo sentido:** STF, CJ 6.701/ES, Rel. Min. Francisco Rezek, Plenário, jul. 17.03.1988, *RTJ* 126/101; STF, CJ 6.598, Rel. Min. Rafael Mayer, Pleno, jul. 25.06.1986, *RTJ* 118/874.

"Cabe ao tribunal, e não ao seu presidente, suscitar o conflito de competência. Devolução dos autos ao Tribunal de Justiça para que se manifeste" (STF, CJ 6.447-1/RS, Rel. Min. Alfredo Buzaid, Pleno, jul. 10.05.1984, *DJU* 15.06.1984, *RT* 595/259).

6. Ministério Público. Legitimidade. "Há o interesse público a que alude o art. 82, III, do CPC [art. 178, III, CPC/2015], na discussão em torno da competência do juízo sendo, pois, cabível a intervenção do Ministério Público nessa hipótese" (TJSP, AI 3.310-0, Rel. Des. Sylvio do Amaral, Corte Especial, jul. 26.04.1984, *RT* 590/65).

"O Ministério Público Federal tem atribuição para suscitar conflito de competência entre Juízos que atuam em ações civis públicas decorrentes do mesmo fato ilícito gerador" (STJ, CC 39.111/RJ, Rel. Min. Luiz Fux, 1ª Seção, jul. 13.12.2004, *DJ* 28.02.2005, p. 178).

7. Ministério Público como fiscal da lei. "As regras de competência relativa são instruídas para a tutela de interesses privados. Consectariamente, é vedado ao juiz declarar *ex officio* a sua incompetência relativa (Súm. 33 do STJ), porquanto estar-se-ia admitindo inserção na esfera de disponibilidade das partes. Deveras, eleito o foro pelo autor no momento da propositura da ação, e não lhe sendo lícito requerer a alteração posterior deste, somente o réu tem legitimidade para arguir a incompetência relativa. Pode ocorrer, entretanto, que haja concordância com o foro eleito para a causa, deixando o demandado de opor exceção, fato que acarreta a prorrogação da competência com a *perpetuatio jurisdictionis* prevista no art. 114 do CPC [art. 65 do CPC/2015]. Consequentemente, tratando-se de competência territorial relativa, e não tendo sido oposta exceção declinatória do foro pela parte ré, falece ao Ministério Público legitimidade para, na qualidade de *custos legis*, arguir a incompetência" (STJ, EDiv em REsp 222.006/MG, Rel. Min. Luis Fux, 1ª Seção, jul. 10.10.2004, *DJ* 13.12.2004, *RT* 835/164). **No mesmo sentido:** TASP, AI 190.664-9, Rel. Juiz Gamaliel Costa, 6ª Câmara, jul. 21.05.1986, *RT* 612/148.

8. Instrução da petição. "Não instruída a petição, e não tendo a parte atendido ao despacho para fazer a prova do conflito, dele não se conhece" (STJ, CC 2.131/SP, Rel. Min. Nilson Naves, 2ª Seção, jul. 08.04.1992, *DJ* 18.05.1992, p. 6.960).

9. Decisões conflitantes e litispendência. "Autoridade federal que, recebendo ordens judiciais conflitantes, emanadas de juízes diferentes, suscita conflito de competência. Prevalência da decisão proferida nos autos da ação anterior, em prejuízo daquela que já não poderia ter sido proposta em razão da litispendência" (STJ, CC 19.501/DF, jul. 25.06.1997, Rel. Min. Ari Pargendler; 1ª Seção, *DJ* 18.08.1997, p. 37.777).

10. Conflito de competência. Consumidor. "A jurisprudência sedimentada da Segunda Seção do Superior Tribunal de Justiça é firme no sentido de que é facultado ao consumidor, quando autor da ação, eleger, dentro das limitações impostas pela lei, a comarca que melhor atende seus interesses. A competência, em casos tais, deve ser tida por relativa, somente podendo ser alterada caso o réu apresente, a tempo e modo oportunos, exceção de incompetência, não sendo possível sua declinação de ofício nos moldes da Súmula nº 33/STJ. A norma protetiva, erigida em benefício do consumidor, não o obriga a demandar em seu domicílio, sendo-lhe possível renunciar ao direito que possui de ali demandar e ser demandado, optando por ajuizar a ação no foro do domicílio do réu, com observância da regra geral de fixação de competência do art. 94 do CPC [art. 46 do CPC/2015]" (STJ, AgRg no CC 129.294/DF, Rel. Min. Ricardo Villas Bôas Cueva, 2ª Seção, jul. 24.09.2014, *DJe* 01.10.2014). **No mesmo sentido:** STJ, AgRg no CC 124.351/DF, Rel. Min. Raul Araújo, 2ª Seção, jul. 08.05.2013, *DJe* 17.05.2013.

Art. 952. Não pode suscitar conflito a parte que, no processo, arguiu incompetência relativa.

Parágrafo único. O conflito de competência não obsta, porém, a que a parte que não o arguiu suscite a incompetência.

CPC/1973

Art. 117.

BREVES COMENTÁRIOS

Perde o direito de propor o conflito a parte que antes tenha arguido a incompetência relativa do juízo (CPC/2015, art. 952). Dispõe o litigante, de fato, de dois caminhos processuais para atingir o mesmo objetivo: o conflito ou a arguição em contestação. Usando um, porém, não lhe é dado repetir a arguição no outro. A regra em questão visa a impedir que uma das partes venha a provocar sucessivas suspensões do processo, de modo a procrastinar abusivamente a prestação jurisdicional. A parte que, todavia, não requereu o conflito, não estará inibida, por isto, de declinar do foro na contestação (art. 952, parágrafo único), mesmo porque este procedimento pode ser mais expedito, uma vez que, ensejando ao próprio juiz reconhecer, desde logo, sua incompetência, pode fazer desaparecer o conflito antes mesmo que seja decidido. De outro lado, o fato de uma parte alegar a incompetência perante o juiz que primeiro conheceu da causa, não obriga o juiz a quem o processo for encaminhado, e que naturalmente não participou do incidente, a se submeter ao decisório do magistrado primitivo. Pode, então, suscitar o conflito, apresentando suas razões para recusar a competência definida pelo juiz originário da causa.

JURISPRUDÊNCIA SELECIONADA

1. Conflito positivo de competência. Ausência de interesse de agir. "Não é possível à própria parte autora das ações suscitar conflito de competência por ausência de interesse processual. Não é cabível a utilização de conflito de competência como sucedâneo recursal" (STJ, AgInt no CC 156.222/PR, Rel. Min. Nancy Andrighi, 2ª Seção, jul. 14.05.2019, *DJe* 16.05.2019).

2. Arguição pelas partes. "A arguição de incompetência relativa por ambas as partes na instância ordinária afasta o óbice previsto no art. 952 do CPC, máxime tendo em vista que os juízos suscitados exararam provimentos incompatíveis entre si e que denotam a necessidade de este Tribunal Superior dirimir a controvérsia, nos exatos termos do art. 66 do CPC, uma vez que a situação de indefinição atenta contra a segurança jurídica, podendo gerar ainda inúmeras outras decisões conflitantes. Precedentes" (STJ, AgInt nos EDcl no CC 156.994/SP, Rel. p/ Acórdão Min. Luis Felipe Salomão, 2ª Seção, jul. 10.10.2018, *DJe* 20.11.2018).

3. Interesse de agir. "O réu que argui a incompetência relativa do juízo não pode suscitar conflito de competência, porquanto não tem interesse processual para agir, já que teve a oportunidade de manifestar-se anteriormente sobre o tema e optou por opor a exceção declinatória de foro. Tal ato acarreta o não conhecimento do conflito por esta Corte. Aplicação do art. 117 do Código de Processo Civil [art. 952 do CPC/2015]. Precedentes desta Seção (CC nº 2.865/SP e 28.988/GO)" (STJ, AgRg no CC 29.205/GO, Rel. Min. Jorge Scartezzini, 3ª Seção, jul. 08.08.2001, *DJU* 22.10.01, p. 264).

Art. 953. O conflito será suscitado ao tribunal:

I – pelo juiz, por ofício;

II – pela parte e pelo Ministério Público, por petição.

Parágrafo único. O ofício e a petição serão instruídos com os documentos necessários à prova do conflito.

CPC/1973

Art. 118.

REFERÊNCIA LEGISLATIVA

CF, arts. 102, I, *o* (competência do STF), 105, I, *d* (competência do STJ), 108, I, *e* (competência dos TRF).

LC nº 35, de 14.03.1979, arts. 101, § 3º, *b*, e 110, parágrafo único (competência dos TJ).

SÚMULAS

Súmula do STJ:

nº 3: "Compete ao Tribunal Regional Federal dirimir conflito de competência verificado, na respectiva região, entre juiz federal e juiz estadual investido de jurisdição federal".

BREVES COMENTÁRIOS

Quando a iniciativa é do juiz, o incidente é iniciado através de ofício endereçado ao Tribunal Superior (CPC/2015, art. 953, I). Se a arguição for da parte (autor ou réu), ou do representante do Ministério Público, deverá ser formulada ao tribunal por meio de petição (art. 953, II). Tanto o ofício como a petição serão instruídos com os documentos (certidões, traslados, cópias autenticadas extraídas dos autos) necessários à prova do conflito (art. 953, parágrafo único).

Surgindo a questão de competência, envolvendo juiz estadual e juiz federal, quando a causa esteja em grau de recurso, o Tribunal de Justiça, ao reconhecer que o juiz a ele subordinado não é o competente, terá de primeiro anular seus atos decisórios, para em seguida remeter o processo à Justiça Federal. Não poderá simplesmente delegar a solução do impasse ao Tribunal Regional Federal, pois a este faltará competência para rever as decisões do juiz estadual.

JURISPRUDÊNCIA SELECIONADA

1. Conflito de competência. "Para a caracterização de Conflito de Competência, é necessário que haja a manifestação de dois juízos, ambos declarando-se competentes ou incompetentes, ou ainda que entre eles surja controvérsia acerca da reunião ou separação de processos" (STJ, AgInt no CC 153.003/SC, Rel. Min. Napoleão Nunes Maia Filho, 1ª Seção, jul. 28.08.2019, *DJe* 06.09.2019).

2. Conflito negativo de competência. Ausência de cópia da inicial da ação cautelar inominada. Ausência de documento essencial ao deslinde da controvérsia. Não conhecimento. "Nos termos do art. 953, parágrafo único, do CPC/2015, para a elucidação da controvérsia, é necessária a devida instrução do Conflito, com a juntada de peças indispensáveis, tais como petições iniciais e atos decisórios. Na hipótese em exame, o Juízo suscitante, embora instado, desatendeu a determinação de instrução do Conflito com as peças essenciais à compreensão e deslinde da controvérsia, qual seja, cópia da Ação Cautelar Inominada, inviabilizando, assim, o conhecimento do incidente" (STJ, CC 153.145/GO, Rel. Min. Herman Benjamin, 1ª Seção, jul. 28.02.2018, *DJe* 02.08.2018).

3. Conflito de competência. Ausência de manifestação dos juízos apontados como suscitados em uma mesma demanda. Descabimento do incidente como sucedâneo recursal. "Para a caracterização do conflito de competência, nos moldes estabelecidos no art. 66, c/c o art. 953, I, parágrafo único, todos do CPC/2015, faz-se necessário que os juízos divirjam sobre a competência para o julgamento de uma mesma demanda. No caso, a própria agravante informa que a manifestação de incompetência da Justiça laboral ocorreu nos autos de reclamação trabalhista, assim como a Justiça comum declarou-se incompetente para o julgamento de ação de cobrança. Em ambos os feitos, os juízos entenderam por julgar extinto o processo sem julgamento de mérito. O inconformismo pautado na alegada necessidade de envio dos autos ao juízo competente não encontra no conflito de competência o remédio jurisdicional adequado, porquanto o incidente não pode ser utilizado como sucedâneo recursal" (STJ, AgRg nos EDcl no CC 151.936/SP, Rel. Min. Og Fernandes, 1ª Seção, jul. 25.10.2017, *DJe* 07.11.2017).

4. Forma legal. "A forma legal instituída no processo civil de 1973 é a do *ofício* do juiz suscitante, com o qual dá início à ação de conflito. Desapareceu a iniciativa, *por despacho*, nos autos em que o conflito se manifesta" (TJRJ, CC 34, Rel. Des. Doreste Baptista, 1ª Câmara, *Adcoas*, 1987, 112.751).

5. Tribunal competente. "Competente, para a apreciação de mandados de segurança e eventuais recursos a propósito de atos judiciais constritivos praticados no juízo deprecado, situado em outra unidade da Federação, é o respectivo Tribunal dessa unidade" (STJ, CC 993/SP, Rel. Min. Sálvio de Figueiredo, 2ª Seção, jul. 13.03.1991, *DJU* 08.04.1991, p. 3.863).

6. Inconformismo com a competência. "Na forma do art. 118 do CPC [art. 953 do CPC/2015], a parte que não se conforma com a competência do juiz para o processo deve peticionar ao presidente do tribunal competente para decidir a questão e não obrigar o juiz a suscitar o conflito por sua iniciativa, contra a sua vontade e convicção, na forma do art. 118, inciso II, do CPC" (TJRS, AI 70009167396, Rel. Ney Wiedemann Neto, 6ª Câmara, jul. 02.08.2004).

7. Conflito de competência. Intervenção do Município. "Suscitado o conflito em despacho fundamentado, nos próprios autos, diante de declinação de competência de outro Juízo, não há amparo para acolher a alegada violação ao art. 118, I, do Código de Processo Civil [art. 953, I, do CPC/2015]" (STJ, REsp 478.802/PR, Rel. Min. Carlos Alberto Menezes Direito, 3ª Turma, jul. 06.06.2003, *DJ* 25.08.2003, p. 303).

8. Conflito negativo entre os tribunais de justiça e regional federal. Competência daquele para apreciar decisão de juiz estadual. Orientação da corte. "Em se tratando de decisão de juiz estadual, que não se encontra no exercício de competência da Justiça Federal, ao Tribunal Estadual cabe apreciá-la recursalmente. Entendendo o Tribunal de Justiça ser incompetente o juiz estadual, incumbe-lhe apreciar o recurso para invalidar a decisão de primeiro grau e determinar a remessa dos autos ao juiz federal competente, não lhe sendo admitido declinar para o Regional Federal, que não tem competência para rever decisão de juiz que não lhe esteja vinculado jurisdicionalmente" (STJ, CC 2.783/RS, Rel. Min. Sálvio de Figueiredo Teixeira, 2ª Seção, jul. 13.05.1992, *DJ* 08.06.1992, p. 8598). **No mesmo sentido:** STJ, CC 35.690/RR, Rel. Min. Paulo Gallotti, 3ª Seção, jul. 26.02.2003, *DJ* 01.12.2003, p. 258.

Art. 954. Após a distribuição, o relator determinará a oitiva dos juízes em conflito ou, se um deles for suscitante, apenas do suscitado.

Parágrafo único. No prazo designado pelo relator, incumbirá ao juiz ou aos juízes prestar as informações.

CPC/1973

Art. 119.

BREVES COMENTÁRIOS

No Tribunal, o Presidente, recebendo a petição ou o ofício, promoverá sua distribuição, conforme as normas de organização judiciária local. O relator designado determinará a oitiva dos juízes em conflito para prestar as informações, no prazo por ele designado.

JURISPRUDÊNCIA SELECIONADA

1. Dispensa da ouvida dos juízes. "A audiência dos juízos em conflito não constitui providência obrigatória, podendo o relator dispensá-la se os autos estão devidamente instruídos com os elementos necessários" (STJ, EDcl no Cc 403/BA, Rel. Min. Antônio Torreão Braz, 2ª Seção, jul. 24.11.1993, *DJ* 13.12.1993, p. 27.373).

2. Perda de objeto do conflito. "Se um dos juízes já emitira juízo definitivo a respeito da causa, exaurindo, assim, a sua função, o conflito perde a sua razão de ser" (TFR, CC 6.918/

MG, Rel. Min. Nilson Naves, jul. 09.04.1986, *DJ* 21.08.1986, p. 14.370).

"Se, ao prestar as informações, o juiz suscitado reconhece a própria competência, perde objeto o conflito negativo de competência, impondo-se o arquivamento dos autos" (TJMT, CC 7/77, Rel. Milton Armando Pompeu de Barros, 2ª Vara Cível, jul. 06.10.1977, *RT* 513/208). **No mesmo sentido:** STJ, CC 157/MT, Rel. Min. Sálvio de Figueiredo, jul. 09.08.1989, *DJ* 02.10.1989, p. 15.345; TJRS, CC 70001538982, Rel. Manoel Velocino Pereira Dutra, 11ª Câmara, jul. 01.11.2000.

3. Pedido de reconsideração. "A matéria debatida, relativa à validade, ou não, de cláusula de eleição de foro, exige uma análise mais cuidadosa, sendo pertinente a manifestação dos Juízos apontados em conflito, os quais poderão prestar esclarecimento necessário e relevante ao julgamento. Embora os precedentes mencionados pela requerente, aparentemente, guardem semelhança com a hipótese destes autos, há necessidade de apreciar detidamente os elementos juntados aos autos e as demais peças e informações que serão trazidas pelos Juízes em conflito, nos termos do que dispõe o art. 119 do Código de Processo Civil [art. 954 do CPC/2015]" (STJ, AgRg no CC 35.998/SP, Rel. Min. Carlos Alberto Menezes Direito, 2ª Seção, jul. 14.08.2002, *DJ* 21.10.2002, p. 270).

4. Processamento irregular nos próprios autos da causa. Economia processual. "Embora mal processado nos próprios autos da causa principal, conhece-se de conflito negativo de jurisdição, atendendo-se ao princípio da economia processual" (TJSP, CC 97.977, Rel. Euler Bueno, 6ª Câmara, jul. 20.10.1959, *RT* 298/137).

Art. 955. O relator poderá, de ofício ou a requerimento de qualquer das partes, determinar, quando o conflito for positivo, o sobrestamento do processo e, nesse caso, bem como no de conflito negativo, designará um dos juízes para resolver, em caráter provisório, as medidas urgentes.

Parágrafo único. O relator poderá julgar de plano o conflito de competência quando sua decisão se fundar em:

I – súmula do Supremo Tribunal Federal, do Superior Tribunal de Justiça ou do próprio tribunal;

II – tese firmada em julgamento de casos repetitivos ou em incidente de assunção de competência.

CPC/1973

Art. 120.

BREVES COMENTÁRIOS

Se o conflito é negativo, a causa restará, naturalmente, paralisada, no aguardo da definição do Tribunal. Os autos ficarão retidos em poder do juiz suscitante. Quando o conflito for positivo, poderá o relator, de ofício, ou a requerimento das partes, determinar seja sobrestado o processo. Mas, seja no conflito negativo, seja no positivo em que houver sobrestamento, caberá ao relator designar um dos juízes conflitantes para resolver, em caráter provisório, as medidas urgentes.

Também no conflito de competência é permitido o julgamento singular do relator quando sobre a questão suscitada já houver pronunciamento da jurisprudência dominante do Tribunal (parágrafo único), sempre, porém, desafiando agravo interno.

JURISPRUDÊNCIA SELECIONADA

1. Julgamento de plano. "Nos termos do art. 955, parágrafo único, I, do CPC/2015, nas hipóteses de ofensa a súmulas do STF ou STJ, é permitido ao relator julgar, de plano, o conflito de competência" (STJ, AgInt no CC 171.855/MS, Rel. Min. Nancy Andrighi, 2ª Seção, jul. 18.08.2020, *DJe* 21.08.2020).

2. Faculdade do relator. "A medida de sobrestamento de processos em tramitação, quando o conflito de competência é positivo, constitui providência que fica ao livre-arbítrio do relator. Tanto que o verbo usado no texto é o poder e não o dever. Vale dizer, poderá o relator determinar o sobrestamento e não, deverá. Por isso a suspensão de andamento de processo não é *ipso iure*; depende de mandamento judicial. O relator é que deve decidir que se suste o procedimento" (TJPR, Ag no CC 6/89, Rel. Des. Silva Wolff, 1º Grupo de Câmaras, jul. 17.08.1989, *Par. Judic.* 31/60).

3. Impugnação específica. Ausência. Súmula 182-STJ. Analogia. "Não cabe ao juiz suscitar conflito de competência contrariando decisão do tribunal a que está vinculado, visto que proveniente de órgão hierarquicamente superior. Aplica-se, por analogia, a Súmula n. 182-STJ, em face da inadmissibilidade de agravo do art. 120, parágrafo único, do CPC [art. 955 do CPC/2015], que deixa de atacar especificamente os fundamentos da decisão agravada" (STJ, AgRg no CC 104.900/MG, Rel. Min. Aldir Passarinho Junior, 2ª Seção, jul. 09.12.2009, *DJe* 01.02.2010).

4. Matéria pacificada. Decisão monocrática. "Em se tratando de matéria já pacificada pelo Plenário do Tribunal *a quo*, nada impede que, para o julgamento monocrático de conflito de competência em matéria criminal, se invoque o art. 3º ('A lei processual penal admitirá interpretação extensiva e aplicação analógica, bem como o suplemento dos princípios gerais de direito'), do CPP, e se aplique o art. 120, do CPC [art. 955 do CPC/2015], já que as normas do CPP (arts. 113 a 117) não tratam do assunto" (STJ, HC 27.003/RO, Rel. Min. Laurita Vaz, 5ª Turma, jul. 09.03.2004, *DJ* 05.04.2004, p. 285).

Art. 956. Decorrido o prazo designado pelo relator, será ouvido o Ministério Público, no prazo de 5 (cinco) dias, ainda que as informações não tenham sido prestadas, e, em seguida, o conflito irá a julgamento.

CPC/1973

Art. 121.

REFERÊNCIA LEGISLATIVA

CPC/2015, art. 937 (ordem dos processos no Tribunal; sessão de julgamento).

BREVES COMENTÁRIOS

O Ministério Público somente funciona nos conflitos de competência relativos às causas em que sua atuação seja necessária (arts. 178, c/c 951). Nessas hipóteses, decorrido o prazo marcado pelo relator para manifestação dos juízos, com ou sem a apresentação das informações, o representante do Ministério Público será ouvido em cinco dias. Em seguida, o conflito será julgado. O interesse público que justifica a intervenção do MP não decorre diretamente do conflito, mas da causa em torno da qual se estabeleceu a divergência. O parágrafo único do art. 951 deixa bastante claro esse entendimento (cf. nosso *Curso de direito processual civil*, 61 ed., Rio de Janeiro: Forense, 2021, v. I, n.º 180).

JURISPRUDÊNCIA SELECIONADA

1. Manifestação da parte suscitante após as informações prestadas pelos juízos suscitados. Inexistência de previsão legal ou qualquer nulidade. "O procedimento do conflito de competência, previsto nos arts. 951 a 959 do CPC não prevê a necessidade de manifestação da parte suscitante após o fornecimento de informações pelos Juízos suscitados, inexistindo qualquer violação ao princípio do contraditório" (STJ, AgInt no CC 173.569/SP, Rel. Min. Luis Felipe Salomão, 2ª Seção, jul. 10.02.2021, *DJe* 18.02.2021).

Art. 957. Ao decidir o conflito, o tribunal declarará qual o juízo competente, pronunciando-se também sobre a validade dos atos do juízo incompetente.

Parágrafo único. Os autos do processo em que se manifestou o conflito serão remetidos ao juiz declarado competente.

CPC/1973

Art. 122.

REFERÊNCIA LEGISLATIVA

CPC/2015, arts. 66 (conflito de competência) e 485 (extinção do processo sem resolução de mérito).

SÚMULAS

Súmulas do STJ:

nº 59: "Não há conflito de competência se já existe sentença com trânsito em julgado, proferida por um dos juízos conflitantes".

nº 150: "Compete à Justiça Federal decidir sobre a existência de interesse jurídico que justifique a presença, no processo, da União, suas autarquias ou empresas públicas".

nº 170: "Compete ao juízo onde primeiro for intentada a ação envolvendo acumulação de pedidos, trabalhista e estatutário, decidi-la nos limites da sua jurisdição, sem prejuízo do ajuizamento de nova causa, com o pedido remanescente, no juízo próprio".

BREVES COMENTÁRIOS

Ao julgar o conflito, o tribunal não apenas declara o juízo competente, como se pronuncia acerca da validade dos atos praticados pelo juízo considerado incompetente. Após a decisão, os autos deverão ser remetidos ao juízo declarado competente.

JURISPRUDÊNCIA SELECIONADA

1. Conflito de competência. Sucedâneo recursal. Impossibilidade. "O objetivo precípuo do conflito de competência é declarar, havendo dúvida, qual o juízo competente para o julgamento das causas (art. 957 do CPC/15), não podendo ser utilizado como sucedâneo recursal, sobretudo no caso, em que o Juízo comum já adotou a medida necessária ao impedimento de expropriação ou alienação do bem em questão, determinando a inserção de gravame junto ao Registro de Imóveis, o que inclusive já foi realizado" (STJ, AgInt no CC 165.138/MG, Rel. Min. Gurgel de Faria, 1ª Seção, jul. 18.06.2019, *DJe* 25.06.2019).

2. Coisa julgada. "Uma vez fixada a competência por decisão com trânsito em julgado, é defeso ao juízo competente rediscutir a matéria, sob pena de ofensa à coisa julgada" (STJ, CC 1.327/SP, Rel. Min. José de Jesus Filho, 1ª Seção, jul. 25.09.1990, *DJU* 05.11.1990, p. 12.414).

3. Extensão da competência. "O conflito de competência não pode ser estendido de modo a alcançar juízos perante os quais este não foi instaurado" (STJ, CC 88.661/SP, Rel. Min. Fernando Gonçalves, 2ª Seção, jul. 28.05.2008, *DJe* 03.06.2008).

4. Celeridade. "O art. 122 do CPC [art. 957 do CPC/2015] autoriza que o STJ, no julgamento de um Conflito de Competência, pronuncie-se acerca da 'validade dos atos praticados pelo juízo incompetente'. Assim, haverá ganho substancial de tempo e valorização da efetividade do processo. Conflito de competência conhecido para declarar competente o Tribunal de Justiça do Rio Grande do Sul, nos limites expostos" (STJ, CC 63.569/RS, Rel. Min. Nancy Andrighi, 2ª Seção, jul. 08.08.2007, *DJ* 11.10.2007).

5. Competência da justiça comum federal. "A competência para examinar a legalidade da supressão de vantagem pecuniária de servidor público federal já submetido aos ditames da Lei nº 8.112/90 é da Justiça Comum Federal, ainda que a referida vantagem tenha sido incorporada a sua remuneração por força de decisão judicial transitada em julgado proferida pela Justiça Laboral" (STJ, CC 71.476/DF, Rel. Min. Laurita Vaz, 3ª Seção, jul. 29.10.2008, *DJe* 05.11.2008).

Art. 958. No conflito que envolva órgãos fracionários dos tribunais, desembargadores e juízes em exercício no tribunal, observar-se-á o que dispuser o regimento interno do tribunal.

CPC/1973

Art. 123.

REFERÊNCIA LEGISLATIVA

RISTF, arts. 163 a 168.

RISTJ, arts. 193 a 198.

BREVES COMENTÁRIOS

A regulação do processamento do conflito interno entre órgãos fracionários e juízes de um mesmo tribunal é remetida ao respectivo regimento interno.

JURISPRUDÊNCIA SELECIONADA

1. Conflito de competência. "O Regimento Interno de cada Tribunal irá estabelecer as normas de processamento e julgamento dos Conflitos de competência entre turmas, seções, câmaras, Conselho Superior da Magistratura, juízes de segundo grau e desembargadores. Inteligência do art. 123 do CPC [art. 958 do CPC/2015]. É regra procedimental básica que declinada a competência por órgão colegiado, esta matéria possa ser reexaminada e decidida exclusivamente por outro órgão colegiado, mediante o incidente processual específico do Conflito de Competência, o que sequer foi adotado no momento oportuno, situação esta que implica na aceitação da competência declinada. Determinado o cumprimento da declinação de competência levada a efeito, com a redistribuição do feito" (TJRS, ApCív. 70028991941, Rel. Jorge Luiz Lopes do Canto, 5ª Câmara, jul. 15.07.2009, *DJ* 24.07.2009).

2. Incompetência do órgão julgador. "Ao não conhecer de recurso, sob o argumento de incompetência do órgão julgador, deve este remeter os autos ao órgão que entender competente, fundamentando a sua decisão" (STJ, REsp 7.863/SP, Rel. Min. José de Jesus Filho, 2ª Turma, jul. 11.09.1991, *DJ* 30.09.1991, p. 13.470).

Art. 959. O regimento interno do tribunal regulará o processo e o julgamento do conflito de atribuições entre autoridade judiciária e autoridade administrativa.

CPC/1973

Art. 124.

REFERÊNCIA LEGISLATIVA

CF, art. 105, I, *g* (conflito de atribuições entre autoridade judiciária e administrativa).

CPC, art. 66 (conflito de competência).

RISTF, arts. 163 a 168.

RISTJ, arts. 193 a 198.

BREVES COMENTÁRIOS

O Código atual prevê o conflito entre autoridade judiciária e autoridade administrativa. Em tal caso, o processo e julgamento do incidente observarão o regimento interno do tribunal competente.

JURISPRUDÊNCIA SELECIONADA

1. Competência do STJ. "Compete ao STJ processar e julgar 'os conflitos de atribuições entre autoridades administrativas e judiciárias da União, ou entre autoridades judiciárias de um Estado e administrativas de outro ou do Distrito Federal, ou entre as deste e da União' (CF, art. 105, I, G)." (STJ, CA 126/RJ, Rel. Min. Fernando Gonçalves, 3ª Seção, *DJ* 04.03.2002).

"Refoge à competência do Superior Tribunal de Justiça apreciar a qual Ministério Público, Estadual e/ou do Trabalho, está afeta a atribuição de promover inquérito civil para apurar irregularidades havidas no meio ambiente do trabalho" (STJ, AGRCA 115/SP, Rel. Min. Nancy Andrighi, 2ª Seção, *DJ* 12.11.01, p. 123).

2. Conflito de atribuições. "Há Conflito de Atribuições quando integrantes de Poderes distintos, atuando na incerteza dos seus limites, se arrogam do direito de conhecer e decidir a mesma questão" (STJ, CAt. 83/RJ, Rel. p/ Ac. Min. Edson Vidigal, 3ª Seção, jul. 13.12.1999, *DJ* 17.04.2000, p. 41). **No mesmo sentido:** STJ, CAt 16/RO, Rel. Min. Antônio de Pádua Ribeiro, 1ª Seção, jul. 26.11.1991, *RSTJ* 28/25.

"É absolutamente impossível estabelecer-se conflito de atribuições de ato judicial de magistrado, no exercício da jurisdição, com **ato de autoridade administrativa.** Entendimento consagrado nas 1ª e 2ª Seções do STJ" (STJ, CA 77/PR, Rel. Min, Francisco Peçanha Martins, 1ª Seção, *DJ* 04.03.2002).

"De conformidade com o poder cautelar genérico inerente a função jurisdicional, é lícito ao relator do conflito de atribuição ordenar as medidas urgentes que entender necessárias à proteção de qualquer direito suscetível de grave dano de incerta reparação ou ainda destinadas a garantir a eficácia de ulterior decisão da causa" (STJ, AgRg no CAt. 3/DF, Rel. Min. Barros Monteiro, 2ª Seção, jul. 18.08.1989, *DJ* 02.10.1989, p. 15.344).

Incompetência da Corte. "A jurisprudência do Superior Tribunal de Justiça é pacífica no sentido de que não se conhece de conflito de atribuição, por incompetência da Corte, em que são partes o Ministério Público Federal e o Ministério Público Estadual, por não se enquadrar em nenhuma das hipóteses previstas no art. 105, I, 'g', da CF/1988" (STJ, CAt. 181/SP, Rel. Min. José Delgado, 1ª Seção, jul. 13.09.2006, *DJ* 02.10.2006, p. 205).

CONFLITO DE COMPETÊNCIA: INDICAÇÃO DOUTRINÁRIA

Cassio Scarpinella Bueno, *Manual de direito processual civil*, São Paulo: Saraiva, 2015; Daniel Amorim Assumpção Neves, *Manual de direito processo civil*, São Paulo: Método, 2015; Fredie Didier Jr., *Curso de direito processual civil*, 17. ed., Salvador: JusPodivm, 2015, v. I; Gelson Amaro de Souza, Dever de declaração da incompetência absoluta e o mito da nulidade de todos os atos decisórios, *RJ* 320/22; *RT* 833/82; Humberto Theodoro Júnior, Competência no processo civil, *Livro de Estudos Jurídicos*, vol. 7; Humberto Theodoro Júnior, *Curso de direito processual civil*, Forense, vol. I, n. 182; Humberto Theodoro Junior, *Curso de direito processual civil. 54 ed.*, Rio de Janeiro: Forense, 2021, v. III; Humberto Theodoro Junior, Fernanda Alvim Ribeiro de Oliveira, Ester Camila Gomes Norato Rezende (coord.), *Primeiras lições sobre o novo direito processual civil brasileiro*, Rio de Janeiro: Forense, 2015; J. M. Carneiro Lacerda, *Código de Processo Civil brasileiro*, São Paulo, 1941, vol. IV, n. 264, p. 442/443; Jorge Americano, *Comentários ao CPC*, 2. ed., São Paulo, 1958, vol. III, p. 305/306 – sobre a finalidade do artigo; José Miguel Garcia Medina, *Novo Código de Processo Civil comentado*, São Paulo: Revista dos Tribunais, 2015; Leonardo Greco, *Instituições de processo civil: introdução ao direito processual civil*, 5. ed., Rio de Janeiro: Forense, 2015; Lopes da Costa, *Direito processual civil brasileiro*, 2. ed., Rio, vol. I, nº 374, p. 315 – sobre conflito de atribuições no CPC anterior; Luciana da Silva Paggiatto Camacho, Assunção de competência (art. 555, § 1º, do Código de Processo Civil, e artigo 959 do CPC/2015), *RBDPro* ano 23, n. 89, p. 127-138, jan.-mar. 2015; Luis Antônio Giampaulo Sarro, *Novo Código de Processo Civil*, São Paulo: Rideel, 2015; Luiz Guilherme Marinoni, Sérgio Cruz Arenhart, Daniel Mitidiero, *Curso de processo civil*, São Paulo: Revista dos Tribunais, 2015, v. I; Luiz Guilherme Marinoni; Daniel Mitidiero. *In* Sérgio Cruz Arenhart e Daniel Mitidiero (coord.). *Comentários ao Código de Processo Civil*. 2. ed., São Paulo: Editora Revista dos Tribunais, 2018, v. 15; Patricia Miranda Pizzol, In: Teresa Arruda Alvim Wambier, Fredie Didier Jr., Eduardo Talamini, Bruno Dantas, *Breves comentários ao novo Código de Processo Civil*, São Paulo: Revista dos Tribunais, 2015; Pontes de Miranda, *Comentários ao CPC*, 3. ed., Rio de Janeiro: Forense, 1995, tomo II, p. 347/350; Teresa Arruda Alvim Wambier, Fredie Didier Jr., Eduardo Talamini, Bruno Dantas (coord.), *Breves comentários ao novo Código de Processo Civil*, São Paulo: Revista dos Tribunais, 2015.

Capítulo VI
DA HOMOLOGAÇÃO DE DECISÃO ESTRANGEIRA E DA CONCESSÃO DO *EXEQUATUR* À CARTA ROGATÓRIA

Art. 960. A homologação de decisão estrangeira será requerida por ação de homologação de decisão estrangeira, salvo disposição especial em sentido contrário prevista em tratado.

§ 1º A decisão interlocutória estrangeira poderá ser executada no Brasil por meio de carta rogatória.

§ 2º A homologação obedecerá ao que dispuserem os tratados em vigor no Brasil e o Regimento Interno do Superior Tribunal de Justiça.

§ 3º A homologação de decisão arbitral estrangeira obedecerá ao disposto em tratado e em lei, aplicando-se, subsidiariamente, as disposições deste Capítulo.

REFERÊNCIA LEGISLATIVA

RISTJ, arts. 216-A a 216-N.

BREVES COMENTÁRIOS

No direito brasileiro adotou-se o sistema proveniente da Itália, denominado "juízo de delibação", ao qual a sentença estrangeira deve ser submetida para que possa gozar de eficácia no País. Verifica-se, por meio desse crivo por que passa o julgado, se está ele regular quanto à forma, à autenticidade, à competência do órgão prolator, bem como se penetra na substância da sentença para apurar se, frente ao direito nacional, não houve ofensa à ordem pública e aos bons costumes. Esse exame ocorre mediante um processo, no qual a Justiça do país, através do Superior Tribunal de Justiça, confere à sentença estrangeira a plena eficácia em nosso território, proferindo uma decisão homologatória. Não há revisão de mérito do julgado.

Pela homologação, o Estado "não indaga da justiça ou injustiça da sentença estrangeira"; verifica apenas se preenche determinadas condições, frente às quais "a nacionaliza e lhe confere eficácia no seu território" (Moacyr Amaral Santos. *Primeiras linhas de direito processual civil*. 4. ed, São Paulo: Max Limonad, 1973, v. III, n. 939, p. 426). Dispõe o CPC/2015 que a homologação de decisão estrangeira será requerida por meio da ação de homologação de decisão estrangeira. Entretanto, referida ação poderá ser dispensada se existir disposição especial em sentido contrário prevista em tratado. A regra geral, portanto, é a obrigatoriedade de ação homologatória da decisão estrangeira, para que seja executada no país.

O CPC/2015 deixa claro que não são apenas as sentenças estrangeiras, em sentido técnico, que podem ser homologadas no Brasil. Outras decisões de mérito também merecem igual tratamento, com a decisão interlocutória e a arbitral. O remédio processual não é mais denominado "homologação de sentença estrangeira", mas "homologação de decisão estrangeira" (art. 960).

A homologação seguirá os dispostos em tratados internacionais em vigor no Brasil e o Regimento Interno do STJ. Se a decisão for arbitral, o procedimento de homologação obedecerá ao disposto em tratado e em lei, aplicando-se apenas subsidiariamente a legislação processual.

JURISPRUDÊNCIA SELECIONADA

1. Recuperação judicial. Inexistência de incompatibilidade. "[...] não há falar na incidência do art. 6º, § 4º, da Lei de Quebras como óbice à homologação da sentença arbitral, uma vez que se está em fase antecedente à execução, apenas emprestando eficácia jurídica ao provimento homologando" (STJ, SEC 14.408/EX, Rel. Min. Luis Felipe Salomão, Corte Especial, jul. 21.06.2017, *DJe* 31.08.2017)

2. Alegação de parcialidade do árbitro. Ofensa à ordem pública nacional. "A prerrogativa da imparcialidade do julgador é uma das garantias que resultam do postulado do devido processo legal, matéria que não preclui e é aplicável à arbitragem, mercê de sua natureza jurisdicional. A inobservância dessa prerrogativa ofende, diretamente, a ordem pública nacional, razão pela qual a decisão proferida pela Justiça alienígena, à luz de sua própria legislação, **não obsta o exame da matéria pelo STJ**". (STJ, SEC 9.412/EX, Rel. p/ Acórdão Min. João Otávio De Noronha, Corte Especial, jul. 19.04.2017, *DJe* 30.05.2017)

3. Ausência de jurisdição brasileira e de interesse de agir. Extinção do processo sem resolução do mérito. "Em conformidade com o princípio da efetividade, todo pedido de homologação de sentença alienígena, por apresentar elementos transfronteiriços, demanda a imprescindível existência de algum ponto de conexão entre o exercício da jurisdição pelo Estado brasileiro e o caso concreto a ele submetido. Na hipótese em julgamento, é certa a ausência de jurisdição brasileira – questão que é pressuposto necessário de todo e qualquer processo [...]" (STJ, SEC 8.542/EX, Rel. Min. Luis Felipe Salomão, Corte Especial, jul. 29.11.2017, *DJe* 15.03.2018)

4. Ação de cobrança. "O propósito da ação é obter homologação de sentença estrangeira que condenou a requerida ao pagamento de US$ 16.500,00 ao requerente. O STJ exerce juízo meramente delibatório nas hipóteses de homologação de sentença estrangeira, incumbindo-lhe, apenas, verificar se a pretensão atende aos requisitos previstos no CPC, no RISTJ e na LINDB. Hipótese concreta em que foram preenchidos os requisitos formais impostos pelas normas de regência, tendo-se constatado a ausência de ofensa à soberania nacional, à dignidade da pessoa humana e à ordem pública" (SEC 12.746/EX, Rel. Min. Nancy Andrighi, Corte Especial, jul. 08.04.2019, *DJe* 11.04.2019).

5. Confisco de bens imóveis produtos de atividade criminosa. Cooperação internacional. "A sentença penal estrangeira que determina a perda de bens imóveis do requerido situados no Brasil, por terem sido adquiridos com recursos provenientes da prática de crimes, não ofende a soberania nacional, porquanto não há deliberação específica sobre a situação desses bens ou sobre a sua titularidade, mas apenas sobre os efeitos civis de uma condenação penal, sendo certo que tal confisco, além de ser previsto na legislação interna, encontra arrimo na Convenção das Nações Unidas contra o Crime Organizado Transnacional (Convenção de Palermo), promulgada pelo Decreto nº 5.015/2004, e no Tratado de Cooperação Jurídica em Matéria Penal, internalizado pelo Decreto n. 6.974/2009. Precedente da Corte Especial. Os bens imóveis confiscados não serão transferidos para a titularidade do país interessado, mas serão levados à hasta pública, nos termos do art. 133 do Código de Processo Penal. No caso, ante o cumprimento de todos os requisitos legais, impõe-se a homologação do provimento alienígena" (AgInt na SEC 10.250/EX, Rel. Min. Luis Felipe Salomão, Corte Especial, jul. 15.05.2019, *DJe* 23.05.2019).

6. Impossibilidade de exame de matéria de mérito em sede homologatória. "O sistema judicial brasileiro, no que tange à homologação de decisão estrangeira, observa, via de regra, os requisitos puramente formais do processo, sendo vedado o exame de questões de mérito ou que redundem em sua efetiva análise. Precedentes" (STJ, AgInt na SEC 15.273/EX, Rel. Min. Luis Felipe Salomão, Corte Especial, jul. 25.08.2020, *DJe* 02.09.2020).

7. Sentença arbitral estrangeira contestada. Ausência de violação da ordem pública. Impossibilidade de análise do mérito da relação de direito material. "O controle judicial da homologação da sentença arbitral estrangeira está limitado aos aspectos previstos nos arts. 38 e 39 da Lei n. 9.307/1996, não podendo ser apreciado o mérito da relação de direito material afeto ao objeto da sentença homologanda. Os argumentos colacionados pela requerida, segundo os quais 'a tese de que o direito de sub-rogação da Seguradora é contratual, estabelecendo a transferência de direitos à Mitsui, é inválida, aos olhos da lei nacional, pois os direitos da seguradora impõem-se *ex vi legis* e não *ex vi voluntate*', bem como de que 'a r. sentença proferida pelo Tribunal Arbitral, verdadeiro erro *in judicando*, produziu, com a devida vênia, aberração jurídica', são típicos de análise meritória, descabidos no âmbito deste pedido de homologação" (STJ, SEC 14.930/EX, Rel. Min. Og Fernandes, Corte Especial, jul. 15.05.2019, *DJe* 27.06.2019).

"A homologação de decisão estrangeira, mesmo quando contestada, é causa meramente formal, na qual a Corte Superior exerce tão somente juízo de delibação, não adentrando o mérito da disputa original, tampouco averiguando eventual injustiça do decisum alienígena (CPC, arts. 960 a 965). Por isso mesmo, descabe examinar, entre outras questões envolvidas com o mérito e já examinadas e decididas no juízo estrangeiro, a legitimidade da requerente para instaurar o procedimento de arbitragem ou a correção do valor da condenação" (STJ, HDE 1.809/EX, Rel. Min. Raul Araújo, Corte Especial, jul. 22.04.2021, *DJe* 14.06.2021).

8. Homologação de sentença estrangeira. Aplicação do art. 85, § 8º, do CPC. Fixação dos honorários por equidade. Ver jurisprudência do art. 85 do CPC/2015.

9. Homologação de decisão estrangeira. Alimentos. Impossibilidade de discussão sobre revisão. "Inviável analisar, no pedido homologatório de decisão estrangeira, alegações trazidas em contestação, quanto à excessiva onerosidade da pensão alimentícia imposta na sentença alienígena e à ausência de condição financeira atual do ora requerido, a impossibilitar o cumprimento da obrigação de pagar, bem como o pedido de revisão da pensão estabelecida pela Justiça Austríaca. A homologação de decisão estrangeira é ato meramente formal, por meio do qual esta Corte exerce tão somente um juízo de delibação, não adentrando o mérito da disputa original, tampouco averiguando eventual injustiça do *decisum* alienígena. A homologação tem como única e exclusiva finalidade transportar para o ordenamento pátrio, se cumpridos todos os requisitos formais exigidos pela legislação brasileira, a decisão prolatada no exterior, nos exatos termos em que proferida" (STJ, HDE

4.289/EX, Rel. Min. Raul Araújo, Corte Especial, jul. 18.08.2021, *DJe* 23.08.2021).

10. Homologação de sentença estrangeira. Guarda compartilhada. Posterior fixação de residência no Brasil. Ação de modificação de guarda. Inexistência de óbice. "A homologação de sentença estrangeira pelo Superior Tribunal de Justiça não é, por si só, óbice à propositura de ação de modificação de guarda em território nacional quando aqui estabelecidos os menores cujo interesse se discute em juízo. Precedentes" (STJ, HC 877.730/PR, Rel. Min. Raul Araújo, 4ª Turma, jul. 05.03.2024, *DJe* 18.03.2024).

11. Tutela de urgência em homologação de sentença estrangeira.

Inclusão do crédito da homologação no quadro geral de credores da recuperação judicial. "O correto, segundo a jurisprudência citada, é instar o juízo da recuperação, o d. Juízo da 3ª Vara Cível de Guarulhos, a levar em consideração, quando do início da execução do Plano de Recuperação Judicial da requerida, já homologado, agendado para maio de 2019, a levar em consideração e incluir no quadro de credores da Recuperação Judicial homologada os créditos da ora requerente, decorrentes da sentença arbitral cujo processo de homologação está em curso nesta Corte Superior, a ser quitado nas condições previstas no aludido Plano, conforme a sua classificação. Com essa medida, protege-se o provável crédito da agravante, ao mesmo tempo em que se reconhece ao Juízo da Recuperação Judicial a competência para adequar a inscrição do referido crédito aos termos e condições do programa de pagamentos homologado no processo de recuperação" (STJ, AgInt na HDE 1.809, Rel. Min. Raul Araújo, 4ª Turma, *DJe* 20.02.2019).

Arresto de bens. "Admite-se a concessão de tutela de urgência nos procedimentos de homologação de sentença estrangeira (art. 4º, § 3º, da Resolução nº 09 de 2005, do Superior Tribunal de Justiça). A alienação de bens que põe em risco a solvência do devedor configura o fundado receio de dano que, demais disso, se confirma pela notícia, nos autos da ação principal de homologação de sentença estrangeira, de que a empresa do devedor encontra-se em processo de liquidação judicial instaurado perante a Suprema Corte do Caribe Oriental (SEC nº 5.692, US). A sentença estrangeira, ainda que pendente de homologação, constitui prova literal de dívida líquida e certa (CPC, art. 814)" (STJ, AgRg na MC 17.411/DF, Rel. Min. Ari Pargendler, Corte Especial, jul. 20.08.2014, *DJe* 01.09.2014).

Art. 961. A decisão estrangeira somente terá eficácia no Brasil após a homologação de sentença estrangeira ou a concessão do *exequatur* às cartas rogatórias, salvo disposição em sentido contrário de lei ou tratado.

§ 1º É passível de homologação a decisão judicial definitiva, bem como a decisão não judicial que, pela lei brasileira, teria natureza jurisdicional.

§ 2º A decisão estrangeira poderá ser homologada parcialmente.

§ 3º A autoridade judiciária brasileira poderá deferir pedidos de urgência e realizar atos de execução provisória no processo de homologação de decisão estrangeira.

§ 4º Haverá homologação de decisão estrangeira para fins de execução fiscal quando prevista em tratado ou em promessa de reciprocidade apresentada à autoridade brasileira.

§ 5º A sentença estrangeira de divórcio consensual produz efeitos no Brasil, independentemente de homologação pelo Superior Tribunal de Justiça.

§ 6º Na hipótese do § 5º, competirá a qualquer juiz examinar a validade da decisão, em caráter principal ou incidental, quando essa questão for suscitada em processo de sua competência.

CPC/1973

Art. 483.

REFERÊNCIA LEGISLATIVA

CF, art. 105, I, *i* (competência do STJ).

CPC/2015, arts. 784, § 2º (título executivo extrajudicial), e 960.

LINDB, art. 15 (execução de sentença estrangeira, requisitos).

Lei nº 9.307, de 23.09.1996 (Arbitragem – ver Legislação Especial), arts. 34 a 40.

Lei nº 11.101/2005 (Lei de falências e recuperação judicial), arts. 167-H e ss. (artigos com redação dada pela Lei nº 14.112/2020).

SÚMULAS

Súmulas do STF:

nº 381: "Não se homologa sentença de divórcio obtida por procuração, em país de que os cônjuges não eram nacionais".

nº 420: "Não se homologa sentença proferida no estrangeiro sem prova do trânsito em julgado". **Obs.:** no regime do CPC/2015 o tema é controvertido no próprio STJ.

BREVES COMENTÁRIOS

A decisão judicial estrangeira, para ser homologada no país, ao contrário do exigido pela legislação antiga, não depende do trânsito em julgado no exterior, sendo suficiente que ela seja "eficaz no país em que foi proferida" (art. 963, III). Assim, é possível a homologação de título autorizador de execução provisória, mesmo que o processo homologatório tenha sido instaurado na vigência da lei revogada (STJ, SEC 14812/EX, Rel. Min. Nancy Andrighi, Corte Especial, jul. 16.05.2018, *DJe* 23.05.2018). Se a lei do país em que foi proferida a decisão admitir execução provisória, é possível a produção de seus efeitos sem a necessidade do trânsito em julgado (Nelson Nery Júnior; Rosa Maria de Andrade Nery. *Código de Processo Civil.* 19 ed., São Paulo: RT, p. 2044-2045). Embora essa seja, a nosso ver, a melhor interpretação da lei atual, há, ainda, decisões do STJ que condicionam a homologação ao trânsito em julgado da sentença estrangeira.

A homologação não se restringe à decisão judicial, podendo abarcar decisão que tenha natureza jurisdicional pela lei brasileira. Dessa forma, para que uma decisão estrangeira seja homologada no país, é essencial que se analise o seu conteúdo, para verificar se se enquadra ou não no conceito de sentença, extraído do art. 203, § 1º, do CPC/2015. Vale dizer, não importa a natureza da decisão no país de origem – que pode ser judicial ou administrativa –, o que se mostra relevante é a natureza que lhe seria conferida pelo ordenamento jurídico brasileiro.

A decisão estrangeira pode ser apenas parcialmente homologada pelo Superior Tribunal de Justiça (§ 2º). Isto porque, se a sentença se compõe de capítulos distintos, cada um deve ser considerado em separado, para fins de homologação. Seria a hipótese, por exemplo, de um dos capítulos da decisão ser homologado e o outro não, por tratar de matéria de competência exclusiva da jurisdição brasileira (CPC/2015, art. 964, *caput*).

O CPC/2015 resolveu antiga divergência quanto à possibilidade ou não de se deferir medidas urgentes na homologação de sentença estrangeira, autorizando, expressamente, o deferimento dessas medidas e a realização de atos de execução provisória no processo de homologação de decisão estrangeira (art. 961, § 3º).

A sentença estrangeira de divórcio consensual produz efeitos no Brasil, dispensando a homologação pelo Superior Tribunal de Justiça (CPC/2015, art. 961, § 5º). Trata-se de inovação do atual Código, na medida em que essas decisões, ao tempo da legislação anterior, obrigatoriamente deveriam passar por homologação para terem eficácia no país. Contudo, a dispensa de homologação, na espécie, não inviabiliza o exame de validade da decisão estrangeira pelo Poder Judiciário nacional. Se a questão for suscitada, qualquer juiz poderá decidi-la no processo de sua competência, em caráter incidental ou principal, sem que a competência se desloque para o Superior Tribunal de Justiça (§ 6º).

JURISPRUDÊNCIA SELECIONADA

1. Homologação de sentença estrangeira.

"O propósito da ação é obter homologação de decisões estrangeiras que condenaram a requerida ao pagamento de valores decorrentes do inadimplemento de contrato de fornecimento de aço e derivados. O STJ exerce juízo meramente delibatório nas hipóteses de homologação de sentença estrangeira, incumbindo-lhe, apenas, verificar se a pretensão atende aos requisitos previstos no CPC, no RISTJ e na LINDB. Hipótese concreta em que foram preenchidos os requisitos formais impostos pelas normas de regência, tendo-se constatado a ausência de ofensa à soberania nacional à dignidade da pessoa humana e à ordem pública" (STJ, HDE 2.168/EX, Relª. Minª. Nancy Andrighi, Corte Especial, jul. 01.08.2019, *DJe* 06.08.2019).

a) É condição para a eficácia de uma sentença estrangeira a sua homologação pelo STJ. "Assim, não se pode declinar da competência internacional para o julgamento de uma causa com fundamento na mera existência de trânsito em julgado da mesma ação, no estrangeiro" (STJ, MC 15.398/RJ, Rel. Min. Nancy Andrighi, 3ª Turma, jul. 02.04.2009, *DJe* 23.04.2009).

"Atendidos os requisitos indispensáveis previstos nos arts. 5º e 6º da Resolução n. 9 do STJ, há que se homologar a sentença estrangeira" (STJ, SEC 307/IL, Rel. Min. Cesar Asfor Rocha, Corte Especial, jul. 05.03.2008, *DJ* 22.04.2008, p. 1). **No mesmo sentido:** STJ, SEC 2.517/EX, Rel. Min. Fernando Gonçalves, Corte Especial, jul. 19.12.2007, *DJ* 21.02.2008, p. 30; STJ, SEC 1.032/EX, Rel. Min. Arnaldo Esteves Lima, Corte Especial, jul. 19.12.2007, *DJ* 13.03.2008, p. 1; STJ, SEC 414/EX, Rel. Min. Gilson Dipp, Corte Especial, jul. 21.11.2007, *DJ* 18.02.2008, p. 19. **Obs.: A matéria da Resolução nº 9 do STJ foi incorporada ao Regimento Interno do STJ pela Emenda Regimental nº 18/2014.**

b) Ato consular de "legalização" do documento. Atendimento do requisito da autenticação. "A exigência de autenticação consular a que se refere o art. 5º, inciso IV, da Resolução STJ nº 9, de 05.05.2005, como requisito para homologação de sentença estrangeira, deve ser interpretada à luz das Normas de Serviço Consular e Jurídico (NSCJ), do Ministério das Relações Exteriores (expedidas nos termos da delegação outorgada Decreto 84.788, de 16.06.1980), que regem as atividades consulares e às quais estão submetidas também as autoridades brasileiras que atuam no exterior. Segundo tais normas, consolidadas no Manual de Serviço Consular e Jurídico – MSCJ (Instrução de Serviço 2/2000, do MRE), o ato de fé pública, representativo da autenticação consular oficial de documentos produzidos no exterior, é denominado genericamente de 'legalização', e se opera (a) mediante reconhecimento da assinatura da autoridade expedidora (que desempenha funções no âmbito da jurisdição consular), quando o documento a ser legalizado estiver assinado (MSCJ – 4.7.5), ou (b) mediante autenticação em sentido estrito, relativamente a documentos não assinados ou em que conste assinatura impressa ou selos secos (MSCJ – 4.7.14)" (STJ, SEC 587/CH, Rel. Min. Teori Albino Zavascki, Corte Especial, jul. 11.02.2008, *DJe* 03.03.2008).

c) Regramento da citação. "A alegada ausência de comprovação de citação válida nos autos principais deve ser examinada *cum grano salis*. Por tratar-se de instituto de direito processual, encontra-se inserida no âmbito da jurisdição e da soberania de cada país, circunstância que impõe a observância da legislação interna, não sendo possível impor as regras da legislação brasileira para ato praticado fora do país. Precedentes" (STJ, SEC 5.268/EX, Rel. Min. Castro Meira, Corte Especial, jul. 07.11.2012, *DJe* 19.11.2012).

d) Ausência de carta rogatória. Publicação de edital. Irregularidade. "Há evidente irregularidade na citação da ora requerida para a ação alienígena que ensejou a decretação do seu divórcio com o requerente, na medida em que, a despeito de ter residência conhecida no Brasil, não houve a expedição de carta rogatória para chamá-la a integrar o processo, mas mera publicação de edital em jornal libanês. Resta desatendido, pois, requisito elementar para homologação da sentença estrangeira, qual seja, a prova da regular citação ou verificação da revelia. Precedentes: SEC 980/FR, Rel. Ministro João Otávio de Noronha, Corte Especial, julgado em 06/09/2006, *DJ* 16/10/2006, p. 273; SEC 2493/DE, Rel. Ministro Arnaldo Esteves Lima, Corte Especial, julgado em 28/05/2009, *DJe* 25/06/2009; SEC 1483/LU, Rel. Ministro Ari Pargendler, Corte Especial, julgado em 12/04/2010, *DJe* 29/04/2010" (STJ, SEC 10.154/EX, Rel. Min. Laurita Vaz, Corte Especial, jul. 01.07.2014, *DJe* 06.08.2014).

2. Novo regramento da ação de homologação de sentença estrangeira pelo CPC/15. Incidência imediata da nova lei aos processos pendentes, sobretudo quanto aos requisitos materiais de homologação. "Com a entrada em vigor do CPC/15, os requisitos indispensáveis à homologação da sentença estrangeira passaram a contar com disciplina legal, de modo que o Regimento Interno desta Corte deverá ser aplicado em caráter supletivo e naquilo que for compatível com a disciplina contida na legislação federal. (...) Aplica-se o CPC/15, especialmente no que tange aos requisitos materiais de homologação da sentença estrangeira, às ações ainda pendentes ao tempo de sua entrada em vigor, mesmo que tenham sido elas ajuizadas na vigência da legislação revogada" (STJ, SEC 14.812/EX, Rel. Min. Nancy Andrighi, Corte Especial, jul. 16.05.2018, *DJe* 23.05.2018).

3. Desnecessidade de trânsito em julgado. Decisão plenamente eficaz. "O Código Fux, por meio do disposto no art. 963, III, derrogou a exigência de que haja o trânsito em julgado da decisão a ser homologada, sendo suficiente, para efeito de homologação, que seja eficaz no país em que foi proferida. Nesse sentido: HDE 818/EX, Rel. Min. Benedito Gonçalves, *DJe* 10.9.2019" (STJ, HDE 1.940/EX, Rel. Min. Napoleão Nunes Maia Filho, Corte Especial, jul. 05.02.2020, *DJe* 17.02.2020). No mesmo sentido: STJ, HDE 1.344/EX, Rel. Min. Napoleão Nunes Maia Filho, Corte Especial, jul. 07.10.2020, *DJe* 16.10.2020.

"O art. 963, III, do CPC/15 não mais exige que a decisão judicial que se pretende homologar tenha transitado em julgado, mas, ao revés, que somente seja ela eficaz em seu país de origem, tendo sido tacitamente revogado o art. 216-D, III, do RISTJ (...) É eficaz em seu país de origem a decisão que nele possa ser executada, ainda que provisoriamente, de modo que havendo pronunciamento judicial suspendendo a produção de efeitos da sentença que se pretende homologar no Brasil, mesmo que em caráter liminar, a homologação não pode ser realizada" (STJ, SEC 14.812/EX, Rel. Min. Nancy Andrighi, Corte Especial, *jul. 16.05.2018, DJe 23.05.2018).*

Em sentido contrário, ainda elencando o trânsito em julgado como requisito da homologação: STJ, HDE 3.014/EX, Rel. Min. Og Fernandes, Corte Especial, jul. 07.10.2020, *DJe* 20.10.2020. **Obs.:** decisão tomada com apoio no art. 216-D, III, do Regimento Interno do STJ.

Coisa julgada. Ausência de óbice. "O ajuizamento de ação perante a Justiça brasileira, após o trânsito em julgado das rr. sentenças proferidas pela Justiça estrangeira, não constitui óbice à homologação pretendida" (STJ, SEC 3.932/EX, Rel. Min. Felix Fischer, Corte Especial, jul. 06.04.2011, *DJe* 11.04.2011).

4. Formas de comprovação do trânsito em julgado. Inferência pelo próprio título. "Admite-se que a comprovação do trânsito em julgado da sentença arbitral seja inferida do próprio título em conjugação com o regulamento que disciplinou o respectivo procedimento" (STJ, SEC 15.750/EX, Rel. Min. Nancy Andrighi, Corte Especial, jul. 21.11.2018, *DJe* 27.11.2018).

Carimbo *filed*. "O trânsito em julgado pode ser comprovado com o carimbo 'filed', no título judicial estrangeiro (SEC 8.883/EX, Rel. Ministro Raul Araújo, Corte Especial, *DJe* 11.9.2015; SEC 11.060/EX, Rel. Ministro Og Fernandes, Corte Especial, *DJe* 25.5.2015)" (STJ, SEC 14.822/EX, Rel. Min. Francisco Falcão, Corte Especial, jul. 05.09.2018, *DJe* 13.09.2018).

5. Condições da ação. "As condições da ação de homologação de sentença estrangeira, como matéria de natureza processual, se subordinam a *lex fori*" (STJ, SEC 596/US, Rel. Min. Ari Pargendler, Corte Especial, jul. 29.05.2008, *DJe* 21.08.2008).

6. Legitimidade. "Qualquer pessoa interessada tem legitimidade para requerer a homologação de sentença estrangeira" (STJ, SEC 1.302/KR, Rel. Min. Paulo Gallotti, Corte Especial, jul. 18.06.2008, *DJe* 06.10.2008).

Ilegitimidade ativa *ad causam*. "No caso, a sentença estrangeira que se pretende homologar refere-se a processo de inventário de bens deixados por morte de estrangeiro, processo do qual não foi parte o requerente, tampouco houve disposição acerca de bens e direitos situados no território brasileiro. Desse modo, não se mostra presente o necessário interesse de agir por parte do requerente para homologação da sentença portuguesa por esta Corte Superior. Ademais, também não está caracterizada a legitimidade ativa do postulante, porquanto não comprovou sua condição sequer de interessado, já que não tomou parte diretamente do negócio jurídico que alega atrelado à sentença estrangeira de inventário. Registre-se, ainda, que, caso a sentença estrangeira trouxesse disposição acerca da partilha de bem imóvel situado no Brasil, o que não ocorre na hipótese, estar-se-ia diante de causa de competência exclusiva da autoridade judiciária brasileira, nos termos do art. 89 do CPC de 1973 (atual art. 23 do CPC de 2015), o que também impossibilitaria a homologação da decisão alienígena" (STJ, SEC 14.069/EX, Rel. Min. Raul Araújo, Corte Especial, jul. 07.08.2019, *DJe* 16.08.2019).

7. Conexão. Ação em curso no Brasil. Identidade de objeto. "A identidade de objeto entre a sentença estrangeira trânsita em julgado e a ação em curso no Brasil não é de molde a obstaculizar a homologação" (STF, SEC 5.116, Rel. Min. Marco Aurélio, Tribunal Pleno, jul. 14.05.1998, *DJ* 07.08.1998).

8. Litispendência. "Não se pode homologar sentença estrangeira envolvendo questão decidida pela Justiça brasileira. Nada importa a circunstância de essa decisão brasileira não haver feito coisa julgada" (STJ, SEC 819/FR, Rel. Min. Humberto Gomes de Barros, Corte Especial, jul. 30.06.2006, *DJ* 14.08.2006). **No mesmo sentido:** STJ, SEC 2.576/FR, Rel. Min. Hamilton Carvalhido, Corte Especial, jul. 03.12.2008, *DJe* 05.02.2009.

"Não há falar em litispendência se a ação de separação judicial ajuizada pela requerida no Brasil é posterior não apenas à propositura da ação de divórcio que a requerida também ajuizou nos Estados Unidos, mas também ao trânsito em julgado da sentença estrangeira" (STJ, SEC 393/US, Rel. Min. Hamilton Carvalhido, Corte Especial, jul. 03.12.2008, *DJe* 05.02.2009).

9. Procedimento.

Análise da relação de direito material. Impossibilidade. "A atuação jurisdicional do Superior Tribunal de Justiça no processo de homologação de sentença arbitral estrangeira encontra balizas nos artigos 37, 38 e 39 da Lei nº 9.307/1996. Se não houver transgressão aos bons costumes, à soberania nacional e à ordem pública, não se discute a relação de direito material subjacente à sentença arbitral" (STJ, SEC 15.750/EX, Rel. Min. Nancy Andrighi, Corte Especial, jul. 21.11.2018, *DJe* 27.11.2018).

Limites do controle judicial. Requisitos formais. "O ato homologatório da sentença estrangeira limita-se à análise dos seus requisitos formais. Incabível o exame do mérito da decisão estrangeira à qual se pretende atribuir efeitos no território pátrio. Em sede de contestação ao pedido de homologação, é incabível a discussão acerca do direito material subjacente, porque tal ultrapassaria os limites fixados pelo art. 9º, *caput*, da Resolução nº 9 de 4/5/05 do Superior Tribunal de Justiça" (STJ, SEC 1.043-AR, Rel. Min. Arnaldo Esteves Lima, Corte Especial, jul. 28.05.2009, *DJe* 25.06.2009). **No mesmo sentido:** STJ, SEC 881/SE, Rel. Min. José Delgado, Corte Especial, jul. 01.08.2005, *DJ* 05.09.2005. **Obs.: A matéria da Resolução nº 9 do STJ foi incorporada ao Regimento Interno do STJ pela Emenda Regimental nº 18/2014.**

"As alegações relativas ao valor fixado a título de alimentos são estranhas às exceções de defesa, enumeradas no artigo 9º da Resolução STJ nº 9, de 4 de maio de 2005" (STJ, SEC 946/DE, Rel. Min. Hamilton Carvalhido, Corte Especial, jul. 19.11.2008, *DJe* 05.02.2009). **Obs.: A matéria da Resolução nº 9 do STJ foi incorporada ao Regimento Interno do STJ pela Emenda Regimental nº 18/2014.**

10. Prevalência da lei do país de origem.

Citação. "Citação realizada conforme legislação do país de origem. Incabível a imposição da lei brasileira ao ato praticado no exterior. Agravo regimental não provido" (STJ, AgRg na SE 2.798/BO, Rel. Min. Ari Pargendler, Corte Especial, jul. 15.12.2010, *DJe* 28.02.2011).

Inadimplemento de obrigação. Inexistência de óbice à homologação. "Não se constitui em óbice à homologação de sentença estrangeira o eventual inadimplemento de obrigações dela decorrentes, a teor do art. 9º da Resolução/STJ nº 09, de 4 de maio de 2005, porquanto o objetivo do ato homologatório é tão só o reconhecimento da validade da decisão, para que, assim, possa estender sua eficácia ao território brasileiro" (STJ, SEC 3.668/US, Rel. Min. Laurita Vaz, Corte Especial, jul. 15.12.2010, *DJe* 16.02.2011). **Obs.: A matéria da Resolução nº 9 do STJ foi incorporada ao Regimento Interno do STJ pela Emenda Regimental nº 18/2014.**

Questionamento acerca da estrutura formal do pronunciamento judicial. "Não se constitui em óbice à homologação de sentença estrangeira questionamento acerca da estrutura formal do pronunciamento judicial, que, evidentemente, deve observar o regramento do país de origem. Precedentes do Supremo Tribunal Federal" (STJ, SEC 4.223/CH, Rel. Min. Laurita Vaz, Corte Especial, jul. 15.12.2010, *DJe* 16.02.2011).

11. Matéria de ordem pública:

Imóvel situado no Brasil. Acordo. "Não representa contrariedade à ordem pública (art. 89 do Código de Processo Civil) [art. 23 do CPC/2015], como reiteradamente decidido pelo Supremo Tribunal Federal (SE 3.408 e SEC 7.146-1) a sentença estrangeira que ratifica acordo das partes sobre imóvel localizado no Brasil" (STJ, SEC 979/US, Rel. Min. Fernando Gonçalves, Corte Especial, jul. 01.08.2005, *DJ* 29.08.2005). **No mesmo sentido:** STJ, SEC 421/BO, Rel. Min. Felix Fischer, Corte Especial, jul. 16.05.2007, *DJ* 03.09.2007.

Dissolução do vínculo conjugal. "O fato de a sentença limitar-se a decretar a dissolução do vínculo conjugal, não dispondo sobre a partilha de bens, pensão alimentícia e guarda e visita de filhos, não importa em ofensa à soberania e à ordem pública" (STJ, SEC 2.610/US, Rel. Min. Paulo Gallotti, Corte Especial, jul. 05.11.2008, *DJe* 01.12.2008).

Alimentos. "Não há motivação suficiente (princípio de ordem pública) na decisão estrangeira de fixação de alimentos sem a utilização de parâmetro apto a dar suporte ao *quantum* estabelecido, tendo por base apenas 'noção arbitrária de equidade', com maltrato à regra do ônus da prova que obriga a mulher a demonstrar a capacidade de ganho real do alimentante" (STJ, SEC 880/IT, Rel. Min. Fernando Gonçalves, Corte Especial, jul. 18.10.2006, *DJ* 06.11.2006).

Bigamia. "A bigamia constitui causa de nulidade do ato matrimonial, tanto pela legislação japonesa como pela brasileira, mas, uma vez realizado o casamento no Brasil, não pode ele ser desfeito por Tribunal de outro país, consoante dispõe o § 1º do art. 7º da Lei de Introdução ao Código Civil" (STJ, SEC 1.303/JP, Rel. Min. Fernando Gonçalves, Corte Especial, jul. 05.12.2007, *DJ* 11.02.2008, p. 51).

"**Inequívoca renúncia à jurisdição brasileira para dirimir eventuais litígios relativos à guarda de menores.** Flagrante ofensa à soberania nacional e à ordem pública" (STJ, AgRg nos EDcl na SE 1.554/CA, Rel. Min. Barros Monteiro, Corte Especial, jul. 19.09.2007, *DJ* 22.10.2007).

"A decisão homologanda ofende a ordem pública nacional, uma vez que o reconhecimento da competência do juízo arbitral depende da existência de convenção de arbitragem (art. 37, II, c/c art. 39, II, da Lei nº 9.307/96)" (STJ, SEC 866/EX, Rel. Min. Felix Fischer, Corte Especial, jul. 17.05.2006, *DJ* 16.10.2006, p. 273).

12. Motivação da decisão. "Homologação de sentença estrangeira. Sua inviabilidade por falta de requisito processual básico, ou seja, a citação da ré para que responda na origem, a ação (art. 217, inc. II, do Regimento Interno); bem assim, por se apresentar sem motivação a sentença homologanda (art. 458, inc. II, do Cód. Proc. Civil)" [art. 489, II, do CPC/2015] (STF, SE 3.262, Rel. Min. Djaci Falcão, Tribunal Pleno, jul. 03.09.1986, *DJ* 24.10.1986).

13. Desnecessidade de assinatura do juiz. "Evidenciado que a decisão homologanda (a) foi expedida pelo tribunal competente; (b) contém o carimbo do juízo, bem como a certificação da fidelidade da cópia ao original, por parte da funcionária da justiça escrivã do cartório; (c) é cópia chancelada pelo consulado brasileiro, resta demonstrada sua autenticidade, tornando-se desnecessária a assinatura do juiz no documento. Presentes os demais requisitos, bem como verificado que o teor da decisão não ofende a soberania nem a ordem pública (arts. 5º e 6º da Resolução STJ nº 9/2005)" (STJ, SEC 563/DE, Rel. Min. Teori Albino Zavascki, Corte Especial, jul. 15.08.2007, *DJ* 03.09.2007). **Obs.: A matéria da Resolução nº 9 do STJ foi incorporada ao Regimento Interno do STJ pela Emenda Regimental nº 18/2014.**

14. Cabimento de recurso extraordinário para o STF. "O extraordinário foi interposto contra acórdão do Superior Tribunal de Justiça relativo a homologação parcial de sentença estrangeira (...). De início, havendo interpretação de preceito da carta da república em pronunciamento judicial, impossível é afastar o crivo do supremo. Soma-se a essa premissa o fato de o ato praticado e atacado mediante o extraordinário estar ligado à eficácia de solução dada a conflito de interesses – e, portanto, desfecho de causa – no território nacional. Mas sobre isso se dirá no enfrentamento da pertinência do recurso a que este agravo visa a imprimir trânsito" (STF, AI 718.391, Rel. Min. Marco Aurélio, 1ª Turma, jul. 22.10.2008, *DJe* 28.10.2008). **No mesmo sentido:** STF, AI 650.743, Rel. Min. Celso de Mello, 2ª Turma, jul. 27.05.2009, *DJe* 03.06.2009.

15. Honorários advocatícios. Ver jurisprudência do art. 85 do CPC/2015.

Honorários advocatícios. "Em grande parte dos processos de homologação de sentença estrangeira – mais especificamente aos que se referem a sentença arbitral – o valor atribuído à causa corresponde ao conteúdo econômico da sentença arbitral, geralmente de grande monta. Assim, quando for contestada a homologação, a eventual fixação da verba honorária em percentual sobre o valor da causa pode mostrar-se exacerbada. Na hipótese de sentença estrangeira contestada, por não haver condenação, a fixação da verba honorária deve ocorrer nos moldes do art. 20, § 4º, do Código de Processo Civil [art. 85, § 8º, do CPC/2015], devendo ser observadas as alíneas do § 3º do referido artigo. Ainda, consoante o entendimento desta Corte, neste caso, não está o julgador adstrito ao percentual fixado no referido § 3º" [art. 85, §§ 8º e 2º, do CPC/2015] (STJ, SEC 507/GB, Rel. Min. Gilson Dipp, Corte Especial, jul. 18.10.2006, *DJ* 13.11.2006).

Curador especial. "O curador especial que atua no processo de homologação de sentença estrangeira somente faz jus aos honorários acaso sucumbente o autor via oposição oferecido pelo exercente de *munus* público" (STJ, SEC 820/US, Rel. p/ Acórdão Min. Luiz Fux, Corte Especial, jul. 06.12.2006, *DJ* 28.02.2008). **No mesmo sentido:** STJ, SEC 3.183/DE, Rel. Min. Luiz Fux, Corte Especial, jul.17.06.2009, *DJe* 06.08.2009.

16. Intervenção de terceiros. Assistência. "A homologação de sentença estrangeira submete-se a procedimento passível de admitir a intervenção voluntária do assistente, o qual, no plano fático, será o destinatário dos efeitos jurídicos da decisão, posto sub-rogado processual. Precedente: AgRg na SEC 1035/EX Rel. Min. Eliana Calmon *DJ* 07.08.2006" (STJ, SEC 646/US, Rel. Min. Luiz Fux, Corte Especial, jul. 05.11.2008, *DJe* 11.12.2008).

17. Exigência de caução. Desnecessidade. "Não se exige caução em tema de homologação de sentença estrangeira (SEC nº 3.407, Oscar Corrêa, *DJ* de 07.12.84)" (STF, SEC 5.378, Rel. Min. Maurício Corrêa, Tribunal Pleno, jul. 03.02.2000, *DJ* 25.02.2000). **No mesmo sentido:** STJ, SEC 507/EX, Rel. Min. Gilson Dipp, Corte Especial, jul. 18.10.2006, *DJ* 13.11.2006, p. 204.

18. Sentença arbitral. Cláusula compromissória. "O requerimento de homologação de sentença arbitral estrangeira deve ser instruído com a convenção de arbitragem, sem a qual não se pode aferir a competência do juízo prolator da decisão (Lei 9.307, artigos 37, II, e 39, II; RISTF, artigo 217, I). (...) Não demonstrada a competência do juízo que proferiu a sentença estrangeira, resta inviabilizada sua homologação pelo Supremo Tribunal Federal. Pedido indeferido" (STF, SEC 6.753/UK, Rel. Min. Maurício Corrêa, Tribunal Pleno, *DJ* 04.10.2002). **Obs.: Jurisprudência anterior à Emenda Constitucional nº 45, que alterou a competência para homologação de sentença estrangeira, atribuindo-a ao STJ. Não obstante, o entendimento expresso na jurisprudência permanece o mesmo.**

"O controle judicial da sentença arbitral estrangeira está limitado a aspectos de ordem formal, não podendo ser apreciado o mérito do arbitramento. Não há nos autos elementos seguros que comprovem a aceitação de cláusula compromissória por parte da requerida" (STJ, SEC 866/EX, Rel. Min. Felix Fischer, Corte Especial, jul. 17.05.2006, *DJ* 16.10.2006, p. 273).

19. Decisão de Tribunal eclesiástico. "Inviável é a homologação de sentença proferida por tribunal eclesiástico situado no território brasileiro, porquanto aqui as relações de família submetem-se a jurisdição dos tribunais civis" (STF, SE 2.852, Rel. Min. Djaci Falcão, Tribunal Pleno, jul. 24.05.1986, *DJ* 27.06.1986).

20. Divórcio.

Formalização em consulado. "Não é homologável, a título de sentença estrangeira, a formalização em consulado estrangeiro, no Brasil, de divórcio consensual de cônjuges estrangeiros, domiciliados no país e sujeitos a lei processual que dispõe o ato respectivo, perante a jurisdição brasileira" (STF, SE 3.846 AgR, Rel. Min. Rafael Mayer, Tribunal Pleno, jul. 18.05.1988, *DJ* 10.06.1998). **No mesmo sentido:** STF, SE 3.363, Rel. Min. Rafael Mayer, Tribunal Pleno, jul. 24.09.1987, *DJ* 25.05.1990.

Mediante simples ato administrativo. "Prevendo a legislação alienígena o divórcio mediante simples ato administrativo, cabível é a sua homologação para que surta efeitos no território brasileiro" (STJ, AgRg na SE 456/JP, Rel. Min. Barros Monteiro, Corte Especial, jul. 23.11.2006, *DJ* 05.02.2007). **No mesmo sentido:** STF, SEC 6.399, Rel. Min. Marco Aurélio, Tribunal Pleno, jul. 21.06.2000, *DJ* 15.09.2000.

Certidão de deferimento de registro de divórcio. "É possível a homologação de pedido de divórcio consensual realizado no Japão, o qual é dirigido à autoridade administrativa competente. Nesse caso, não há sentença, mas certidão de deferimento de registro de divórcio, passível de homologação pelo Superior Tribunal de Justiça" (STJ, SEC 4.403/EX, Rel. Min. Arnaldo Esteves Lima, Corte Especial, jul. 01.08.2011, *DJe* 14.10.2011).

Sentença estrangeira contestada. Divórcio consensual qualificado. Necessidade de homologação. "A regra inserta no art. 961, § 5º, do CPC/2015, de que '[a] sentença estrangeira de divórcio consensual produz efeitos no Brasil, independentemente de homologação pelo Superior Tribunal de Justiça', aplica-se apenas aos casos de divórcio consensual puro ou simples e não ao divórcio consensual qualificado, que dispõe sobre a guarda, alimentos e/ou partilha de bens, nos termos dos artigos 1º e 2º do Provimento n. 56/2016 do Conselho Nacional de Justiça" (STJ, SEC 14.525/EX, Rel. Min. Benedito Gonçalves, Corte Especial, jul. 07.06.2017, *DJe* 14.06.2017).

21. Adoção. "Havendo previsão, na legislação do país de origem, de dispensa do consentimento do pai biológico para a adoção de pessoa que já atingiu a maioridade, resulta desnecessária a prova da citação do requerido no procedimento estrangeiro, bem como da sua intimação da correspondente sentença" (STJ, SEC 563/DE, Rel. Min. Teori Albino Zavascki, Corte Especial, jul. 15.08.2007, *DJ* 03.09.2007).

22. Convenção de Nova York sobre prestação de alimentos no estrangeiro. "Nos termos do artigo VI, da Convenção de Nova York sobre Prestação de Alimentos no Estrangeiro, o Ministério Público Federal, na qualidade de Instituição Intermediária, pode tomar todas as providências necessárias à efetivação da cobrança de prestações alimentícias, dentre as quais pleitear a homologação de sentença estrangeira, onde fixada a obrigação alimentar, com o objetivo de torná-la exequível no Brasil" (STJ, SEC 2.133/PT, Rel. Min. Fernando Gonçalves, Corte Especial, jul. 17.10.2007, *DJ* 08.11.2007).

23. Guarda de menor. "Consoante art. 18, *c*, do Decreto nº 3.598/2000, em matéria relativa à **guarda de menor**, não é necessário que a sentença tenha transitado em julgado para ser reconhecida no território brasileiro, mas deve ter força executória" (STJ, SEC 651/FR, Rel. Min. Fernando Gonçalves, Corte Especial, jul. 16.09.2009, *DJe* 05.10.2009).

24. Carta rogatória.

Citação. Obediência ao contraditório. "A indispensabilidade, para efeitos de homologação, do procedimento judicialiforme da carta rogatória na citação das pessoas que, residentes no Brasil, são demandadas perante a Justiça estrangeira, revestiu-se de maior legitimidade após a promulgação da Constituição Federal de 1988, pois se tornou garantia de efetividade do devido processo legal, do contraditório e da ampla defesa, princípios expressamente consagrados nos incisos LIV e LV do art. 5º da Carta Magna" (STF, SEC 7.394, Rel. Min. Ellen Gracie, Tribunal Pleno, jul. 14.04.2004, *DJ* 07.05.2004). **No mesmo sentido, sobre a necessidade de citação por rogatória de pessoas jurídicas:** STJ, SEC 842/EX, Rel. Min. Luiz Fux, Corte Especial, jul. 20.09.2006, *DJ* 04.12.2006, p. 248; STJ, SEC 879/EX, Rel. Min. Luiz Fux, Corte Especial, jul. 02.08.2006, *DJ* 25.09.2006, p. 197.

"A homologação da Sentença Estrangeira pressupõe a obediência ao contraditório consubstanciado na convocação inequívoca realizada alhures. *In casu*, o processo correu à revelia, e não há prova inequívoca, restando cediço na Corte que a citação por rogatória deve deixar estreme de dúvidas que a comunicação chegou ao seu destino. (...) Tratando-se de sentença estrangeira, é necessário – salvo comparecimento voluntário e consequente aceitação do juízo estrangeiro – que a citação do requerido, residente no Brasil, seja feita por meio de carta rogatória após concessão do *exequatur* pelo Presidente do Superior Tribunal de Justiça (art. 105, I, *i*, da CF/88)" (STJ, SEC 833/EX, Rel. p/ ac. Min. Luiz Fux, Corte Especial, jul. 16.08.2006, *DJ* 30.10.2006, p. 209). **No mesmo sentido:** STJ, SEC 568/US, Rel. Min. Francisco Peçanha Martins, Corte Especial, jul. 19.12.2005, *DJ* 13.03.2006.

Citação por edital. "Se a parte contra quem se deseja efetivar o ato de citação reside no Brasil, não pode o edital para a consumação do procedimento, publicado apenas na Espanha, produzir efeitos em nosso País, sob pena de configurar-se violação aos princípios do contraditório e da ampla defesa. Não preenchido o pressuposto de citação válida, a sentença proferida por autoridade judicial estrangeira não tem validade jurídica no Brasil, nos termos do artigo 217, II, do RISTF" (STF, SEC 6.729, Rel. Min. Maurício Corrêa, Tribunal Pleno, jul. 15.04.2002, *DJ* 07.06.2002). **No mesmo sentido:** STJ, SEC 473/BO, Rel. Min. Carlos Alberto Menezes Direito, Corte Especial, jul. 19.06.2006, *DJ* 14.08.2006.

Comparecimento espontâneo do réu. "Alegação de ausência de citação não procede quando o citado comparece ao Tribunal estrangeiro, dá ciência que tem conhecimento da ação contra si movida e informa que não apresentará defesa" (STJ, SEC 1.730/DE, Rel. p/ Acórdão Min. João Otávio de Noronha, Corte Especial, jul. 05.03.2009, *DJe* 26.03.2009). **No mesmo sentido:** STJ, SEC 2.259/CA, Rel. Min. José Delgado, Corte Especial, jul. 04.06.2008, *DJe* 30.06.2008.

Art. 962. É passível de execução a decisão estrangeira concessiva de medida de urgência.

§ 1º A execução no Brasil de decisão interlocutória estrangeira concessiva de medida de urgência dar-se-á por carta rogatória.

§ 2º A medida de urgência concedida sem audiência do réu poderá ser executada, desde que garantido o contraditório em momento posterior.

§ 3º O juízo sobre a urgência da medida compete exclusivamente à autoridade jurisdicional prolatora da decisão estrangeira.

§ 4º Quando dispensada a homologação para que a sentença estrangeira produza efeitos no Brasil, a decisão concessiva de medida de urgência dependerá, para produzir efeitos, de ter sua validade expressamente reconhecida pelo juiz competente para dar-lhe cumprimento, dispensada a homologação pelo Superior Tribunal de Justiça.

BREVES COMENTÁRIOS

O CPC/2015 dispõe, em seu art. 962, que a execução de decisão estrangeira que concede medida de urgência, deve ser feita no país por meio de carta rogatória (§ 1º). Não cabe ao STJ manifestar qualquer juízo acerca da urgência da medida, uma vez que a matéria é de competência exclusiva da autoridade jurisdicional prolatora da decisão estrangeira (§ 3º). Em outras palavras, o juízo estrangeiro é quem decide se há ou não urgência na execução da medida liminar deferida em sua jurisdição.

A medida de urgência concedida sem a audiência da parte contrária pode ser executada no Brasil, mas deverá ser garantido o contraditório em momento futuro (§ 2º). A justiça brasileira verificará, portanto, a existência de norma no país de origem que preveja o oportuno contraditório.

Nas situações em que é dispensada a homologação da sentença estrangeira, a execução de medida de urgência dependerá do reconhecimento de validade do decisório pelo juiz competente para dar-lhe cumprimento no país (§ 4º). Vale dizer, nesses casos, a tutela de urgência somente produzirá efeitos no Brasil após ter sua validade admitida pela autoridade brasileira.

Art. 963. Constituem requisitos indispensáveis à homologação da decisão:

I – ser proferida por autoridade competente;

II – ser precedida de citação regular, ainda que verificada a revelia;

III – ser eficaz no país em que foi proferida;

IV – não ofender a coisa julgada brasileira;

V – estar acompanhada de tradução oficial, salvo disposição que a dispense prevista em tratado;

VI – não conter manifesta ofensa à ordem pública.

Parágrafo único. Para a concessão do *exequatur* às cartas rogatórias, observar-se-ão os pressupostos previstos no *caput* deste artigo e no art. 962, § 2º.

REFERÊNCIA LEGISLATIVA

LINDB, art. 15.

Regimento Interno do STJ, arts. 216-C a 216-F.

BREVES COMENTÁRIOS

A homologação da decisão arbitral está sujeita a requisitos próprios, que se acham elencados no art. 38 da Lei nº 9.307/1996, e não aos comuns, previstos no art. 963 do CPC/2015. Em sua essência, esses requisitos são os mesmos previstos no art. 15 da Lei de Introdução às Normas de Direito Brasileiro, que regulava a matéria em face da ausência de normatização específica no CPC/1973.

Importante ressaltar que, se o Brasil possuir competência concorrente para processar e julgar o tipo de ação cuja sentença se pretende homologar, transitando em julgado a sentença pátria, não se poderá mais homologar a decisão proferida no exterior. Entretanto, a existência de ação no Brasil, com as mesmas partes, pedido e causa de pedir, não obsta a homologação (cf. SEC 14.518/EX, Rel. Gilson Dipp, Corte Especial, jul. 03.09.2014, *DJe* 23.09.2014).

Com relação à tradução oficial da decisão a ser homologada, essa exigência não será feita se houver tratado internacional, do qual o Brasil seja signatário, dispensando a diligência.

Não serão homologadas as sentenças estrangeiras que ofenderem a ordem pública, ainda que apoiadas na legislação do país de origem, por exemplo, se ofenderem a soberania nacional, a ordem pública e os bons costumes.

JURISPRUDÊNCIA SELECIONADA

1. Ação de homologação de sentença estrangeira. Aplicação apenas supletiva do RISTJ. Desnecessidade de trânsito em julgado na origem. "Com a entrada em vigor do CPC/15, os requisitos indispensáveis à homologação da sentença estrangeira passaram a contar com disciplina legal, de modo que o Regimento Interno desta Corte deverá ser aplicado em caráter supletivo e naquilo que for compatível com a disciplina contida na legislação federal. O art. 963, III, do CPC/15, **não mais exige que a decisão judicial que se pretende homologar tenha transitado em julgado**, mas, ao revés, que **somente seja ela eficaz** em seu país de origem, tendo sido tacitamente revogado o art. 216-D, III, do RISTJ. Aplica-se o CPC/15, especialmente no que tange aos requisitos materiais de homologação da sentença estrangeira, às ações ainda pendentes ao tempo de sua entrada em vigor, mesmo que tenham sido elas ajuizadas na vigência da legislação revogada. É eficaz em seu país de origem a decisão que nele possa ser executada, ainda que provisoriamente, de modo que havendo pronunciamento judicial suspendendo a produção de efeitos da sentença que se pretende homologar no Brasil, mesmo que em caráter liminar, a homologação não pode ser realizada." (STJ, SEC 14.812/EX, Rel.ª Min.ª Nancy Andrighi, Corte Especial, jul. 16.05.2018, *DJe* 23.05.2018). **Obs.:** há, porém, acórdãos do STJ que, no regime do atual CPC, continuam a exigir o trânsito em julgado da sentença homologanda (cf. jurisprudência do art. 961 do CPC/2015).

Ver jurisprudência do art. 961 do CPC/2015.

2. Competência internacional concorrente. Litispendência. "A competência internacional concorrente, prevista no art. 88, III, do Código de Processo Civil de 1973, não induz a litispendência, podendo a Justiça estrangeira julgar igualmente os casos a ela submetidos. Eventual concorrência entre sentença proferida pelo Judiciário brasileiro e a sentença estrangeira homologada pelo STJ, sobre a mesma questão, deve ser resolvida pela prevalência da que transitar em julgado em primeiro lugar. Ademais, ainda que se analisasse o presente pedido de homologação à luz do Código de Processo Civil de 2015, este também trata a matéria como de competência internacional concorrente, conforme previsão do art. 21, III, mantida, no art. 24, a regra segundo a qual a ação proposta perante tribunal estrangeiro 'não induz litispendência e não obsta a que a autoridade judiciária brasileira conheça da mesma causa e das que lhe são conexas, ressalvadas as disposições em contrário de tratados internacionais e acordos bilaterais em vigor no Brasil'. 'São homologáveis sentenças estrangeiras que dispõem sobre guarda de menor ou de alimentos, muito embora se trate de sentenças sujeitas a revisão, em caso de modificação do estado de fato' (SEC 5.736/EX, Corte Especial, Rel. Min. TEORI ALBINO ZAVASCKI, *DJe* de 19/12/2011)" (STJ, SEC 16.121/EX, Rel. Min. Raul Araújo, Corte Especial, jul. 15.05.2019, *DJe* 27.05.2019).

3. Ofensa à ordem pública.

Responsabilidade sobre alimentos atribuída ao genitor que estiver com a guarda da criança. Ofensa à ordem pública. "O provimento homologando, ao isentar o progenitor que não estiver no momento com a guarda da criança de pagar alimentos ao menor, sem qualquer justificativa para tanto, contraria as disposições constitucionais e legais de nosso ordenamento jurídico sobre o direito a alimentos, que atribuem aos pais, em conjunto e na proporção de seus recursos, o dever de sustento dos menores, ofendendo, portanto, a ordem pública" (STJ, SEC 14.914/EX, Rel. Min. Maria Thereza de Assis Moura, Corte Especial, jul. 07.06.2017, *DJe* 14.06.2017).

Falência de empresa acionista de empresa brasileira que se encontra em recuperação judicial. Risco evidente à recuperação judicial. Ofensa à ordem pública. Ofensa à soberania nacional. "A homologação do provimento alienígena ofenderia a ordem pública na medida em que frustraria o objetivo da recuperação judicial ao qual submetida a empresa requerida. A validação de sentença de quebra de empresa que representa quase que a totalidade das ações da empresa aqui sediada desrespeitaria o disposto no art. 3º da Lei nº 11.101/2005, ofendendo, por conseguinte, a soberania nacional" (STJ, SEC 11.277/EX, Rel. Min. Maria Thereza De Assis Moura, Corte Especial, jul. 15.06.2016, *DJe* 01.07.2016).

4. Tradução oficial. Acordo internacional. Desnecessidade. "A chancela da autoridade consular brasileira ou o apostilamento fica dispensado, conforme prevê o Acordo de Cooperação em Matéria Civil firmado entre as Repúblicas Francesa e Brasileira, promulgado por intermédio do Decreto n. 3.598/2000" (STJ, HDE 1.250/EX, Rel. Min. Francisco Falcão, Corte Especial, jul. 19.02.2020, *DJe* 26.02.2020).

5. Citação.

Homologação de decisão estrangeira contestada. Guarda de filhos. Genitora residente no Brasil. Necessidade de citação por carta rogatória. Sentença proferida antes da concessão

do *exequatur*. "A citação de brasileiro residente no Brasil deve ocorrer por carta rogatória. A citação no processo estrangeiro somente pode ser considerada válida após a concessão do *exequatur* na carta rogatória. Não é possível a homologação de título judicial estrangeiro proferido em data anterior à concessão do *exequatur* em carta rogatória que tem por finalidade a citação de residentes no Brasil" (STJ, HDE 1.260/EX, Rel. Min. Francisco Falcão, Corte Especial, jul. 06.11.2019, *DJe* 12.11.2019).

Validade da citação na origem. Esforços possíveis empreendidos na origem. Revelia corretamente certificada. "Não havendo prova cabal da omissão da parte em informar endereço em que poderia ser localizado o genitor biológico, é válida a citação para a ação de adoção ajuizada por terceiro realizada no país de origem, especialmente quando não há coincidência temporal entre a ciência do paradeiro do genitor e o ajuizamento da ação e quando se consigna, na sentença, terem sido empreendidos todos os esforços necessários para a localização do genitor biológico que, confessadamente, encontrava-se em situação irregular no país e sob iminente risco de deportação" (STJ, SEC 15.985/EX, Rel. Min. Nancy Andrighi, Corte Especial, jul. 23.09.2019, *DJe* 26.09.2019).

Validade da citação no processo que tramitou em país estrangeiro. Normas processuais do país. "A validade da citação para responder ao processo judicial que tramitou na Inglaterra há de ser verificada de acordo com as normas processuais daquele país e também de acordo com o contrato pactuado, não cabendo a este Tribunal Superior, na via homologatória, imiscuir-se no tema. Demonstrado o preenchimento dos requisitos necessários à internalização da sentença estrangeira, inclusive os relacionados com a inexistência de violação da soberania nacional, a dignidade da pessoa humana ou a ordem pública, impõe-se o acolhimento da pretensão de homologação" (STJ, AgInt nos EDcl na HDE 3.384/EX, Rel. Min. Ricardo Villas Bôas Cueva, Corte Especial, jul. 21.05.2024, *DJe* 27.05.2024).

6. Guarda de menores e alimentos. Decisão posterior brasileira em sentido contrário à decisão homologanda. Impossibilidade de homologação. "Conquanto haja julgados desta Corte no sentido de ser admissível a homologação de sentença estrangeira cujo conteúdo contrarie uma decisão judicial brasileira sobre a mesma questão, condicionando-se a sua eficácia e exequibilidade a ulterior verificação daquela que primeiro transitou em julgado ou à consideração do juízo em que tramitará a execução, é certo que a superveniência de decisão proferida pelo Poder Judiciário do Brasil sobre tema que também fora examinado na sentença estrangeira é causa de improcedência da ação de homologação da sentença estrangeira, quer seja porque as sentenças relacionadas à guarda de menores ou a alimentos não transitam em julgado propriamente ditas, havendo a presunção de que a decisão mais recente é aquela que retrata mais fielmente a situação atual do menor e o seu melhor interesse, quer seja porque relegar a solução da controvérsia somente para o momento da execução geraria severas incompatibilidades procedimentais quanto a competência, a disparidade de fases processuais e a reunião e conexão de processos. A mera pendência de ação judicial no Brasil não impede a homologação da sentença estrangeira; mas a existência de decisão judicial proferida no Brasil contrária ao conteúdo da sentença estrangeira impede a sua homologação" (STJ, HDE 1.396/EX, Rel. Min. Nancy Andrighi, Corte Especial, jul. 23.09.2019, *DJe* 26.09.2019).

7. Requisitos. Apresentação da integralidade do processo. Desnecessidade. Juntada dos documentos relevantes. "Exige-se, entre outros requisitos para instruir o processo de homologação de decisão estrangeira, o original ou cópia autenticada da decisão homologanda e outros documentos indispensáveis, devidamente traduzidos. Não há obrigatoriedade da apresentação da integralidade do processo que originou a decisão homologanda. A parte interessada pode apresentar outros documentos que julgar pertinentes, sendo responsável por sua autenticidade e tradução, no prazo da contestação. O ato homologatório da sentença estrangeira limita-se à análise dos requisitos formais, não havendo oportunidade para discussão do mérito" (STJ, AgRg na HDE 7.986/EX, Rel. Min. Francisco Falcão, Corte Especial, jul. 16.08.2023, *DJe* 18.08.2023).

Art. 964. Não será homologada a decisão estrangeira na hipótese de competência exclusiva da autoridade judiciária brasileira.

Parágrafo único. O dispositivo também se aplica à concessão do *exequatur* à carta rogatória.

BREVES COMENTÁRIOS

Nenhum efeito produz a coisa julgada estrangeira em questão de matéria pertinente à competência exclusiva da justiça brasileira (art. 23), já que a sentença, em semelhante circunstância, nunca poderá ser homologada por expressa determinação do art. 964 do novo CPC.

Art. 965. O cumprimento de decisão estrangeira far-se-á perante o juízo federal competente, a requerimento da parte, conforme as normas estabelecidas para o cumprimento de decisão nacional.

Parágrafo único. O pedido de execução deverá ser instruído com cópia autenticada da decisão homologatória ou do exequatur, conforme o caso.

CPC/1973

Art. 484.

REFERÊNCIA LEGISLATIVA

CF, art. 109, X.

CPC/2015, arts. 4, 515, VIII (execução, títulos judiciais; sentença estrangeira homologada pelo STJ); 771 a 925 (processo de execução).

BREVES COMENTÁRIOS

Depois de homologada a sentença estrangeira, sua execução será feita no Juízo Federal competente. Embora o Regimento Interno do STJ determine, em seu art. 216-N, que a execução se processe mediante carta de sentença, o parágrafo único do art. 965 do CPC/2015 simplifica o procedimento, permitindo que o pedido encaminhado à Justiça Federal seja instruído apenas com cópia autenticada da decisão homologatória.

Com o juízo de delibação cria-se um título executivo judicial (CPC/2015, art. 515, VIII). E a execução, no País, será promovida segundo as regras estabelecidas para o cumprimento de decisão nacional. O processamento da execução será da competência, em primeiro grau de jurisdição, dos juízes federais, segundo o art. 109, X, da Constituição da República.

HOMOLOGAÇÃO DE DECISÃO ESTRANGEIRA: INDICAÇÃO DOUTRINÁRIA

Carlos Alberto Carmona, In: Teresa Arruda Alvim Wambier, Fredie Didier Jr., Eduardo Talamini, Bruno Dantas, *Breves comentários ao novo Código de Processo Civil*, São Paulo: Revista dos Tribunais, 2015; Cassio Scarpinella Bueno, *Manual de direito processual civil*, São Paulo: Saraiva, 2015; Daniel Amorim Assumpção Neves, *Manual de direito processo civil*, São Paulo: Método, 2015; Danilo Knijnik, Reconhecimento da sentença estrangeira e tutela da ordem pública processual pelo juiz do foro; ou a verificação, pelo STJ, do 'modo de ser' do processo estrangeiro, *RP* 156/64; Fredie Didier Jr., *Curso de direito processual civil*, 17. ed., Salvador: JusPodivm, 2015, v. I; Henrique Ávila. *Homologação de decisão estrangeira e concessão de exequatur à carta precatória*. In: Luiz Rodrigues Wambier; Teresa Arruda Alvim Wambier. *Temas essenciais do Novo CPC*. São Paulo: RT, 2016, p. 521-524; Humberto Theodoro Junior, *Curso de direito processual civil*, 54. ed., Rio de Janeiro: Forense, 2021, v. III; Humberto Theodoro Júnior, Homologação de sentença estrangeira. Ofensa à ordem pública, *RAP* 4/13; *Revista Juris Plenum* 21/61; Humberto Theodoro Junior, Fernanda Alvim Ribeiro de Oliveira, Ester Camila Gomes Norato Rezende (coord.), *Primeiras lições sobre o novo direito processual civil brasileiro*, Rio de Janeiro: Forense, 2015; J. C. Barbosa Moreira, *Comentários ao CPC*, v. V, nº 56; Jorge Antônio Zepeda, *Reconocimiento y ejecucion de sentenças arbitrales extranjeras*, *RP* 43/149; José Alexandre Tavares Guerreiro, *A execução judicial de decisões arbitrais*, *RDM* 75/31; José Guilherme Villela, *Reconhecimento de decisões arbitrárias estrangeiras*, *RIL* 75/53; José Miguel Garcia Medina, *Novo Código de Processo Civil comentado*, São Paulo: Revista dos Tribunais, 2015; Leonardo Greco, *Instituições de processo civil: introdução ao direito processual civil*, 5. ed., Rio de Janeiro: Forense, 2015; Luis Antônio Giampaulo Sarro, *Novo Código de Processo Civil*, São Paulo: Rideel, 2015; Luiz Olavo Baptista, *A homologação de laudos arbitrais estrangeiros na jurisprudência brasileira*, *Vox* 158/1; Luiz Olavo Baptista, *Notas sobre homologação de laudos arbitrais estrangeiros em direito brasileiro*, *RT* 556/269; Luiz Guilherme Marinoni, Sérgio Cruz Arenhart, Daniel Mitidiero, *Curso de processo civil*, São Paulo: Revista dos Tribunais, 2015, v. I; Luiz Guilherme Marinoni; Daniel Mitidiero. *In* Sérgio Cruz Arenhart e Daniel Mitidiero (coord.). *Comentários ao Código de Processo Civil*. 2. ed., São Paulo: Editora Revista dos Tribunais, 2018, v. 15; Pontes de Miranda, *Comentários ao CPC* (1973), t. VI, p. 334, 478; Serpa Lopes, *Comentários à Lei de Introdução ao Código Civil*, v. III, p. 233/04, 207; Teresa Arruda Alvim Wambier, Fredie Didier Jr., Eduardo Talamini, Bruno Dantas (coord.), *Breves comentários ao novo Código de Processo Civil*, São Paulo: Revista dos Tribunais, 2015; Xavier de Albuquerque, *Sentenças estrangeiras: incompetência da justiça norte-americana*, *RT* 671/9.

Capítulo VII
DA AÇÃO RESCISÓRIA

Art. 966. A decisão de mérito, transitada em julgado, pode ser rescindida quando:

I – se verificar que foi proferida por força de prevaricação, concussão ou corrupção do juiz;

II – for proferida por juiz impedido ou por juízo absolutamente incompetente;

III – resultar de dolo ou coação da parte vencedora em detrimento da parte vencida ou, ainda, de simulação ou colusão entre as partes, a fim de fraudar a lei;

IV – ofender a coisa julgada;

V – violar manifestamente norma jurídica;

VI – for fundada em prova cuja falsidade tenha sido apurada em processo criminal ou venha a ser demonstrada na própria ação rescisória;

VII – obtiver o autor, posteriormente ao trânsito em julgado, prova nova cuja existência ignorava ou de que não pôde fazer uso, capaz, por si só, de lhe assegurar pronunciamento favorável;

VIII – for fundada em erro de fato verificável do exame dos autos.

§ 1º Há erro de fato quando a decisão rescindenda admitir fato inexistente ou quando considerar inexistente fato efetivamente ocorrido, sendo indispensável, em ambos os casos, que o fato não represente ponto controvertido sobre o qual o juiz deveria ter se pronunciado.

§ 2º Nas hipóteses previstas nos incisos do *caput*, será rescindível a decisão transitada em julgado que, embora não seja de mérito, impeça:

I – nova propositura da demanda; ou

II – admissibilidade do recurso correspondente.

§ 3º A ação rescisória pode ter por objeto apenas 1 (um) capítulo da decisão.

§ 4º Os atos de disposição de direitos, praticados pelas partes ou por outros participantes do processo e homologados pelo juízo, bem como os atos homologatórios praticados no curso da execução, estão sujeitos à anulação, nos termos da lei.

§ 5º Cabe ação rescisória, com fundamento no inciso V do *caput* deste artigo, contra decisão baseada em enunciado de súmula ou acórdão proferido em julgamento de casos repetitivos que não tenha considerado a existência de distinção entre a questão discutida no processo e o padrão decisório que lhe deu fundamento. (Incluído pela Lei nº 13.256, de 04.02.2016)

§ 6º Quando a ação rescisória fundar-se na hipótese do § 5º deste artigo, caberá ao autor, sob pena de inépcia, demonstrar, fundamentadamente, tratar-se de situação particularizada por hipótese fática distinta ou de questão jurídica não examinada, a impor outra solução jurídica. (Incluído pela Lei nº 13.256, de 04.02.2016)

CPC/1973

Arts. 485 e 486.

REFERÊNCIA LEGISLATIVA

CF, arts. 102, I, *j*, 105, I, *e*, e 108, I, *b*.

ADCT, art. 27, § 10.

Regimento Interno do STF, arts. 259 a 262.

RISTJ, arts. 233 a 238.

CP, arts. 316 (concussão), 317 (corrupção passiva), 319 (prevaricação), 333 (corrupção ativa).

CC, arts. 145 a 150 (dolo), 166 (nulidade do negócio jurídico), 171 (anulabilidade do negócio jurídico), 178 (prazo para anular negócio jurídico), 840 a 850 (transação).

CPC/2015, arts. 62 e 63 (competência; inderrogabilidade e modificabilidade), 144 (impedimento do juiz), 147 (impedimento por parentesco no Tribunal), 148, 487, III, *b* (resolução de mérito, sentença homologatória de transação), 393 (anulação de confissão), 502 (coisa julgada), 506 (coisa julgada; limites subjetivos), 508 (coisa julgada, reexame obrigatório), 657, parágrafo único (ação de anulação de partilha amigável), e 658 (ação rescisória de partilha), 701, § 3º (ação rescisória do deferimento do mandado de pagamento na ação monitória), 967, III, *b* (ação rescisória; legitimação ativa; simulação e colusão).

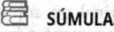

SÚMULAS

Súmulas do STF:

nº 249: "É competente o Supremo Tribunal Federal para a ação rescisória quando, embora não tendo conhecido do recurso extraordinário, ou havendo negado provimento ao agravo, tiver apreciado a questão federal controvertida".

nº 343: "Não cabe rescisória por ofensa a literal disposição de lei, quando a decisão rescindenda se tiver baseado em texto legal de interpretação controvertida nos tribunais".

nº 514: "Admite-se ação rescisória contra sentença transitada em julgado, ainda que contra ela não se tenham esgotado todos os recursos".

nº 515: "A competência para a ação rescisória não é do Supremo Tribunal Federal, quando a questão federal, apreciada no recurso extraordinário ou no agravo de instrumento, seja diversa da que foi suscitada no pedido rescisório".

Súmula do STJ:

nº 401: "O prazo decadencial da ação rescisória só se inicia quando não for cabível qualquer recurso do último pronunciamento judicial".

Súmula do TRF 3ª Região:

nº 27: "É inaplicável a Súmula 343 do Supremo Tribunal Federal, em ação rescisória de competência da Segunda Seção, quando implicar exclusivamente em interpretação de texto constitucional".

Súmula do TFR 4ª Região:

nº 63: "Não é aplicável a Súmula 343 do Supremo tribunal Federal nas ações rescisórias versando matéria constitucional".

BREVES COMENTÁRIOS

A sentença pode ser atacada por dois remédios processuais distintos: pelos recursos e pela ação rescisória. Recurso, coisa julgada e ação rescisória são três institutos processuais que apresentam profundas conexões.

O *recurso* visa evitar ou minimizar o risco de injustiça do julgamento único. Esgotada a possibilidade de impugnação recursal, a *coisa julgada* entra em cena para garantir a estabilidade das relações jurídicas, muito embora corra o risco de acobertar alguma injustiça latente no julgamento. Surge, por último, a *ação rescisória* que colima reparar a injustiça da sentença trânsita em julgado, quando o seu grau de imperfeição é de tal grandeza que supere a necessidade de segurança tutelada pela *res iudicata*. A ação rescisória é tecnicamente ação, portanto. Visa a rescindir, a romper, a cindir a sentença como ato jurídico viciado.

Além dos pressupostos comuns a qualquer ação, a rescisória, para ser admitida, pressupõe dois fatos básicos indispensáveis: (a) uma decisão de mérito transitada em julgado; e (b) a invocação de algum dos motivos de rescindibilidade dos julgados taxativamente previstos no Código (CPC/2015, art. 966).

O atual Código aprimora o texto permissivo da ação rescisória contido no CPC/73, dispondo que é suscetível de rescisão "a decisão de mérito" transitada em julgado. Quatro consequências podem ser extraídas do dispositivo legal inovador:

(a) o mérito não é solucionável apenas pela sentença, ou pelo acórdão que a substitui, em caso de recurso. Pode, também, ser enfrentado, pelo menos em parte, em decisão incidental (CPC/2015, art. 356, I), que não ponha termo ao processo (pense-se no indeferimento em parte da petição inicial pelo reconhecimento da prescrição de algumas das pretensões cumuladas pelo autor, e nos pedidos cumulados, quando apenas um ou alguns são contestados); (b) decidindo parte do litígio antes da sentença, a decisão interlocutória fará coisa julgada material (CPC/2015, art. 502) e se tornará suscetível de eventual ataque por ação rescisória; (c) nos tribunais, o conceito amplo de decisão de mérito abrange, além do acórdão, as decisões monocráticas do relator, já que este está autorizado, em muitos casos, a julgar o mérito do recurso ou do processo (art. 932). Observe-se, porém, que, perante os tribunais, os recursos se apresentam com mérito que, nem sempre, se confunde com o mérito da causa, de maneira que, mesmo dando ou negando provimento ao apelo, o acórdão ou a decisão monocrática pode não resolver a questão de mérito da causa. Por isso, a exigência legal para que uma decisão judicial possa ser impugnada por meio de ação rescisória é que, nesses casos, "a decisão monocrática ou colegiada, eivada de um dos vícios do art. 485 do CPC [CPC/2015, art. 966], tenha analisado o mérito da questão, e que seja ela transitada em julgado, isto é, que dessa decisão não caiba mais recurso algum" (STJ, 2ª T., AgRg no REsp 1.211.661/MG, Rel. Min. Humberto Martins, ac. 07.12.2010, *DJe* 14.12.2010); (d) o ataque à decisão de mérito tem de ser completo, de modo que, estando ela apoiada em dois fundamentos, não será viável a rescisória procedente apenas quanto a um deles, pois o julgado se manteria pelo fundamento não atacado (STJ, 2ª Seção, AR 75/RJ, Rel. Min. Barros Monteiro, ac. 27.09.1989, *DJU* 20.11.1989; STF, Pleno, AR 799/RJ, Rel. Min. Rodrigues Alckmin, ac. 10.05.1977, *RTJ* 83/674); (e) é possível, porém, a rescisão parcial da decisão, quando o ataque se volte apenas contra um capítulo do julgado, desde que seja independente dos demais (art. 966, § 3º).

As sentenças (ou acórdãos) terminativas são aquelas que extinguem o processo sem resolução do mérito da causa, como as que o fazem em reconhecimento da falta de pressuposto processual ou de condição da ação (CPC/2015, art. 485, IV e VI). Diante de sentenças dessa natureza não se forma a coisa julgada material, razão pela qual, a parte não fica impedida de repropor a ação, desde que suprida a falha processual cometida na primeira demanda (CPC/2015, art. 486, § 1º). Com isso, faltaria interesse para justificar a ação rescisória. Daí restringir a lei o cabimento dessa ação especialíssima aos casos de sentença ou decisão de mérito.

Já ao tempo do CPC de 1973, porém, ensaiava-se abrir exceção para permitir a rescisória contra sentença que não era de mérito, mas que impedia a renovação da ação, como se passa, por exemplo, com a que extingue o processo por ofensa à coisa julgada. O posicionamento do STF era, no entanto, contrário à tese. O CPC/2015 toma posição expressa sobre o problema, dispondo que, nas hipóteses previstas para a rescindibilidade, admitir-se-á seja rescindida, também, "a decisão transitada em julgado que, embora não seja de mérito, impeça nova propositura da demanda" ou inadmita recurso contra o julgamento de mérito (art. 966, § 2º).

A Lei nº 13.256/2016, que acrescentou dois novos parágrafos ao art. 966 do CPC/2015, superou a divergência acerca de ser ou não possível a rescisória por manifesta violação à lei, quando fundada em divergência com enunciado de súmula jurisprudencial.

Diante desse quadro normativo, a Lei nº 13.256/2016 instituiu duas regras para os casos de rescisória em que a decisão rescindenda tenha solucionado a causa com base em *enunciado de súmula* ou em *acórdão proferido em julgamento de casos repetitivos*:

(a) De acordo com o novo § 5º, acrescido ao art. 966, se a decisão aplicou a súmula ou o precedente, de caso repetitivo, sem considerar a existência de distinção entre a questão discutida no processo e o padrão decisório que lhe deu fundamento, o caso será enquadrável no cabimento de ação rescisória com base no inc. V do art. 966 (violação manifesta de norma jurídica).

(b) A petição inicial da rescisória fundada no citado § 5º do art. 966 deverá cumprir um requisito específico: terá de conter a demonstração, fundamentada, de que a situação enfrentada pela decisão rescindenda retrata hipótese fática distinta ou envolve questão jurídica não examinada, "a impor outra solução jurídica" (§ 6º acrescentado pela Lei nº 13.256/2016).

Outra controvérsia solucionada pelo CPC/2015 foi a do cabimento, ou não, da rescisória contra o deferimento da ordem judicial de pagamento convertida em título executivo judicial nos moldes do art. 701, § 2º, do referido Código. O § 3º do mesmo artigo não deixa dúvida quanto ao cabimento da rescisória na espécie, ou seja, quando ocorre a constituição de pleno direito do título executivo judicial, sem qualquer formalidade, em virtude de o devedor não pagar o débito e não apresentar os embargos à ação monitória. Com isso, restou superado o entendimento do STJ de que não seria admissível a rescisória na hipótese pela circunstância da ausência de julgamento do mérito na ação monitória (STJ, REsp 1.197.027/RJ, Rel. Min. Humberto Martins, 2ª Turma, jul. 16.09.2010, *DJe* 27.10.2010).

JURISPRUDÊNCIA SELECIONADA

1. Natureza jurídica. "A ação rescisória é modalidade processual de natureza extraordinária. Seus pressupostos estão especificados no art. 485 do CPC [art. 966 do CPC/2015], não se viabilizando quando ajuizada com pedido de natureza recursal, ou quando a pretensão exposta na inicial diz respeito a reexame dos fatos sobre os quais se fundamentou a decisão rescindenda. Se não há prova evidente de erro ou de ilegalidade, não pode a rescisória ser admitida" (TJMG, Ação Rescisória 1.0000.08.474618-9/000, Rel. Des. Wander Marotta, jul. 17.12.2008, *DJe* 27.03.2009).

2. Objetivo: "Ademais, de acordo com a jurisprudência do STJ, a ação **rescisória** não é o meio adequado para a correção de suposta injustiça do *decisum*, apreciação de má interpretação dos fatos ou de reexame de provas produzidas, tampouco para complementá-las. Para justificar a procedência da demanda **rescisória**, a violação à lei deve ser de tal modo evidente que afronte o dispositivo legal em sua literalidade, o que não ocorreu na espécie" (STJ, AREsp 1.964.819/SP, Rel. Min. Herman Benjamin, 2ª Turma, jul. 22.02.2022, *DJe* 16.03.2022).

3. Pressupostos essenciais.

Prova do trânsito em julgado da decisão rescindenda. "Constitui pressuposto essencial para a interposição de ação rescisória a prova de que a decisão rescindenda transitou em julgado e em que data ocorreu" (STJ, AR 355/BA, Rel. Min. José Delgado, 1ª Seção, jul. 11.06.1997, *DJ* 19.12.1997). **No mesmo sentido:** STJ, AgRg no Ag. 542.453/RS, Rel. Min. Castro Meira, 2ª Turma, jul. 19.12.2003, *DJ* 25.02.2004, p. 159.

Decisão de mérito. Formação da coisa julgada material. "Somente sentenças e acórdãos que decidem o mérito da ação podem ser objeto de ação rescisória" (STJ, AR 801/SP, Rel. Min. José Arnaldo da Fonseca, 3ª Seção, jul. 23.06.1999, *DJ* 13.09.1999). **No mesmo sentido:** STJ, REsp 216.478/SP, Rel. Min. João Otávio de Noronha, 2ª Turma, jul. 19.04.2005, *DJ* 01.08.2005; STJ, REsp 591.668/DF, Rel. Min. Franciulli Netto, 2ª Turma, jul. 22.06.2004, *DJ* 13.06.2005; STJ, REsp 711.794/SP, Rel. Min. Nancy Andrighi, 3ª Turma, jul. 05.10.2006, *DJ* 23.10.2006.

"Admite-se ação rescisória contra sentença transitada em julgado, ainda que contra ela não se tenha esgotado todos os recursos' (Súmula 514/STF)" (STJ, AgRg no Ag 580.593/SP, Rel. Min. Humberto Gomes de Barros, 3ª Turma, jul. 21.02.2006, *DJ* 20.03.2006).

Prequestionamento. "O requisito do prequestionamento não se aplica à ação rescisória, que não é recurso, mas ação contra a sentença transitada em julgado, atacável, ainda que a lei invocada não tenha sido examinada na decisão rescindenda (ED-AR 732, Rel. Min. Soares Muñoz, *DJ* 09.05.80)" (STF, RE-AgRg-ED 444.810/DF, Rel. Min. Eros Grau, 1ª Turma, jul. 03.04.2007, *DJ* 04.05.2007, p. 38). **No mesmo sentido:** STJ, REsp 741.753/RS, Rel. Min. Jorge Scartezzini, 4ª Turma, jul. 09.05.2006, *DJ* 07.08.2006; STJ, REsp 468.229/SC, Rel. Min. Felix Fischer, 5ª Turma, jul. 08.06.2004, *DJ* 28.06.2004, p. 384. Todavia,

Exigência de deliberação sobre a questão. "Segundo orientação jurisprudencial do Superior Tribunal de Justiça, 'é indispensável que a questão aduzida na ação **rescisória** tenha sido objeto de deliberação na ação rescindenda, o que não se confunde com exigência de **prequestionamento** do dispositivo legal apontado' (REsp 1.749.812/PR, relator Ministro Marco Aurélio Bellizze, Terceira Turma, julgado em 17/9/2019, *DJe* de 19/9/2019)" (STJ, 1ª Seção, AgInt na AR 7.428/PB, Rel. Min. Paulo Sérgio Domingues, ac. 14.05.2024, *DJe* 20.05.2024).

4. Hipóteses de cabimento da ação rescisória.

Rol taxativo. "As hipóteses de cabimento da ação rescisória são **taxativas** e devem ser **comprovadas** estremes de dúvidas em homenagem ao princípio da segurança jurídica" (STJ, REsp 1.015.454/RS, Rel. Min. Castro Meira, 2ª Turma, jul. 10.06.2008, *DJe* 23.06.2008). **No mesmo sentido:** STJ, REsp 151.845/CE, Rel. Min. Franciulli Netto, 2ª Turma, jul. 19.09.2000, *DJ* 19.02.2001, p. 147; STJ, AgRg na AR 3.679/PR, Rel. Min. Hamilton Carvalhido, 3ª Seção, jul. 14.03.2007, *DJ* 21.05.2007.

Decisão de arrolamento de bens. "Decisão que, ao determinar o arrolamento de bens que, segundo os sucessores, não mais pertenciam ao *de cujus* à época da sucessão universal, afeta, positiva ou negativamente, o direito material dos herdeiros e dos credores do espólio, projetando efeitos substanciais para fora do processo, o que legitima o ajuizamento da ação rescisória" (STJ, REsp 1.231.806/SC, Rel. Min. Ricardo Villas Bôas Cueva, 3ª Turma, jul. 05.05.2016, *DJe* 23.05.2016).

Sentença mantida em segundo grau de jurisdição. Pedido rescisório dirigido contra a sentença em vez do acórdão. Mera irregularidade formal. "Controvérsia acerca das consequências do vício formal da inicial da rescisória consistente em pedir a rescisão da sentença em vez do acórdão que a substituiu, na vigência do CPC/1973. Existência de julgados desta Corte Superior no sentido de que esse vício conduziria à impossibilidade jurídica do pedido rescindente, pois não seria possível a rescisão de sentença que já fora substituída pelo acórdão que a manteve. Julgados específicos, porém, tanto do STF como desta Turma, além de entendimento doutrinário, no sentido de que a extinção da rescisória com base nesse vício seria **excesso de formalismo.** Possibilidade de se compreender na palavra 'sentença' a referência também ao acórdão que a substituiu. Reforma do acórdão recorrido no caso concreto para afastar a preliminar de impossibilidade jurídica do pedido rescindente. Entendimento em consonância com a nova disciplina dada à matéria pelo" (STJ, REsp 1.569.948/AM, Rel. Min. Paulo de Tarso Sanseverino, 3ª Turma, jul. 11.12.2018, *DJe* 14.12.2018).

Acórdão que não conhece do recurso. "O pronunciamento do órgão *ad quem* substitui a sentença contra a qual foi manejada o recurso. Porém, tal não ocorre quando o tribunal competente para o julgamento do apelo dele não conhece. Nesse caso, não havendo substituição da sentença hostilizada, somente essa poderá dar ensejo ao ajuizamento de ação rescisória, mas não o acórdão" (STJ, REsp 474.022/RS, Rel. Min. Luis Felipe Salomão, 4ª Turma, jul. 28.04.2009, *DJe* 11.05.2009).

Decisão em agravo de instrumento. Correção de precatório. Alteração do beneficiário. Conteúdo meritório. "O objeto da ação rescisória encontra-se estritamente vinculado à desconstituição da coisa julgada, a qual só se forma de decisões com conteúdo meritório. Sendo assim, esta Corte Superior de Justiça firmou entendimento no sentido de considerar admissível a ação rescisória para impugnação de decisões, ainda que interlocutórias, que tenham enfrentado o mérito da controvérsia. A relação jurídica de direito material submetida à presente análise surgiu após o julgamento do mérito da causa principal, o que não se caracteriza como mero consectário do tema central da causa, mas, na verdade, uma nova relação jurídica que sobreveio após a determinação das verbas sucumbenciais. A decisão rescindenda não se limitou a realizar mero exame processual, mas efetivo juízo sobre a relação de direito material quando, ao determinar a correção do precatório, conferiu a titularidade da verba honorária sucumbencial à parte exequente, em detrimento do seu patrono, encerrando definitivamente a discussão sobre a matéria. Quando o provimento jurisdicional exerce juízo acerca da legitimidade para o recebimento do bem da vida pretendido na demanda principal, adentra no mérito da controvérsia, possibilitando a impugnação na via da ação rescisória" (STJ, REsp

1.745.513/RS, Rel. Min. Paulo Sérgio Domingues, 1ª Turma, jul. 12.03.2024, *DJe* 15.03.2024).

Decisão interlocutória que possua carga meritória. "Em face do art. 485 do CPC [art. 966 do CPC/2015], que se refere à 'sentença de mérito', doutrina e jurisprudência, no geral, entendem como possível o juízo rescindendo de decisão interlocutória apenas em situações muito específicas. É possível entender, portanto, que houve não só julgamento adiantado do que seria algo assemelhado ao 'mérito' da pretensão regularmente deduzida em juízo pelo exequente, em sede de decisão interlocutória, como também do próprio mérito de uma pretensão autônoma do devedor, de modo a ser cabível, excepcionalmente, a ação rescisória de tal provimento jurisdicional" (STJ, REsp 628.464/GO, Rel. Min. Nancy Andrighi, 3ª Turma, jul. 05.10.2006, *DJ* 27.11.2006, p. 275). **No mesmo sentido:** STJ, AR 311/MA, Rel. Min. Nilson Naves, 2ª Seção, jul. 22.02.1995, *DJ* 18.09.1995; STJ, REsp 100.902/BA, Rel. Min. Cesar Asfor Rocha, 4ª Turma, jul. 10.06.1997, *DJ* 29.09.1997.

Sentença homologatória de adoção. "Controvérsia em torno do cabimento de ação rescisória contra a sentença que decide o processo de adoção. Polêmica em torno da natureza da sentença prolatada no processo de adoção: meramente homologatória ou constitutiva. Julgados do STJ no sentido de que 'a sentença que decide o processo de adoção possui natureza jurídica de provimento judicial constitutivo, fazendo coisa julgada material, não sendo a ação anulatória de atos jurídicos em geral, prevista no art. 486 do Código de Processo Civil, meio apto à sua desconstituição, sendo esta obtida somente pela via da ação rescisória, sujeita a prazo decadencial, nos termos do art. 485 e incisos do Código de Processo Civil' (REsp 1.112.265/CE)" (STJ, REsp 1616050/MS, Rel. Min. Paulo de Tarso Sanseverino, 3ª Turma, jul. 15.05.2018, *DJe* 18.05.2018).

Adoção. Irrevogabilidade. Regra que pode ser afastada. "A interpretação sistemática e teleológica do disposto no § 1º do art. 39 do ECA conduz à conclusão de que a irrevogabilidade da adoção não é regra absoluta, podendo ser afastada sempre que, no caso concreto, verificar-se que a manutenção da medida não apresenta reais vantagens para o adotado, tampouco é apta a satisfazer os princípios da proteção integral e do melhor interesse da criança e do adolescente. A sentença concessiva de adoção, ainda quando proferida em procedimento de jurisdição voluntária, pode ser encoberta pelo manto protetor da coisa julgada material e, como consectário lógico, figurar como objeto de ação rescisória. Precedentes. (...) Subsume-se a hipótese ao previsto no inciso VI do art. 966 do CPC, porquanto admitiu o magistrado singular, ao deferir a adoção, que houve o consentimento do adotando, conforme exigido pelo § 2º do art. 45 do ECA, o que, posteriormente, revelou-se falso" (STJ, REsp 1.892.782/PR, Rel. Min. Nancy Andrighi, Terceira Turma, jul. 06.04.2021, *DJe* 15.04.2021).

Decisão que homologa a renúncia ao direito em que se funda a ação. "O propósito recursal é definir, além da suposta ocorrência de negativa de prestação jurisdicional, se a ação rescisória é via adequada para desconstituir sentença que homologa a renúncia ao direito sobre que se funda a ação. (...) A decisão que homologa a renúncia ao direito em que se funda a ação tem natureza de sentença de mérito, desafiando, para a sua impugnação, o ajuizamento de ação rescisória" (STJ, REsp 1.674.240/SP, Rel. Min. Nancy Andrighi, 3ª Turma, jul. 05.06.2018, *DJe* 07.06.2018). **No mesmo sentido:** STJ, REsp 1.587.432/SP, Rel. Min. Herman Benjamin, 2ª Turma, jul. 24.05.2016, *DJe* 02.09.2016; STJ, AgInt no REsp 1.357.159/DF, Rel. Min. Regina Helena Costa, 1ª Turma, jul. 19.04.2016, *DJe* 26.04.2016.

"**A decisão do cálculo da indenização** em ação que visa à entrega de soma é de mérito e desafia a ação rescisória" (STJ, AR 1.649/SP, Rel. p/ Acórdão Min. Luiz Fux, 1ª Seção, jul. 28.04.2010, *DJe* 12.05.2010).

"**A sentença proferida em ação cautelar de exibição de documento**, por ter caráter satisfativo, pode ser objeto de ação rescisória" (STJ, REsp 974.680/GO, Rel. Min. Nancy Andrighi, 3ª Turma, jul. 15.12.2009, *DJe* 02.02.2010).

Vício de nulidade. "Cabível a ação rescisória para a correção de vício de nulidade decorrente de ausência de intimação pessoal da Defensoria Pública de atos do processo, que acarreta prejuízo à parte" (STJ, AR 3.502/RS, Rel. Min. Vasco Della Giustina, 2ª Seção, jul. 24.06.2009, *DJe* 03.08.2009).

Sentença homologatória de acordo, em caso de nulidade. "É cabível a ação rescisória para desconstituição de sentença homologatória de acordo com trânsito em julgado" (STJ, REsp 1.028.503/MG, Rel. Min. Nancy Andrighi, 3ª Turma, jul. 26.10.2010, *DJe* 09.11.2010). **Do voto da relatora**: "A exclusividade da ação anulatória prevista no artigo 486 do CPC para a declaração de nulidade da sentença proferida sem a citação de litisconsorte necessário, apesar de defendida por alguns doutrinadores, representa solução extremamente marcada pelo formalismo processual, pois qualquer via é adequada para insurgência contra o vício verificado na presente hipótese. Com efeito, o princípio da fungibilidade dos meios processuais autoriza o ajuizamento da rescisória para a impugnação da sentença proferida em processo no qual não houve ou foi nula a citação do herdeiro em ação de investigação de paternidade ajuizada em face de seu falecido pai". **Obs.: Ver jurisprudência do § 4º, que trata *querela nullitatis*.**

Sentença homologatória de cálculos. "A jurisprudência admite ação rescisória para desconstituir sentença homologatória de cálculos, quando há comprovação de que não está harmônica com a decisão proferida no processo de conhecimento: REsps nºs 51.243/SP e 6.357/SP e RE nº 87.109, entre outros. Configurado nos autos o panorama susotranscrito, há que se prover o recurso especial por reconhecer ser procedente a rescisória, em face de violação do art. 485, IV e V, do CPC" (STJ, REsp 866.298/PA, Rel. Min. José Delgado, 1ª Turma, jul. 24.04.2007, *DJ* 15.10.2007, p. 242).

Sentença que decretou a extinção do processo sem julgamento do mérito. "O acórdão confirmatório de sentença que decreta extinto o processo sob alegação de incidência de coisa julgada, quando esta não ocorreu, é passível de reforma via ação rescisória" (STJ, REsp 395.139/RS, Rel. Min. José Delgado, 1ª Turma, jul. 07.05.2002, *DJ* 10.06.2002).

Definição dos honorários dos peritos judiciais e do síndico na falência. "Em que pese incomum, é possível que tais decisões sejam proferidas incidentalmente no processo, antes da sentença. Isso pode ocorrer em três hipóteses: (i) em diplomas anteriores ao CPC/73; (ii) nos processos regulados pelo CPC em que, por algum motivo, um dos capítulos da sentença a respeito do mérito é antecipadamente decidido, de maneira definitiva; e, finalmente (iii) sempre que surja uma pretensão e um direito independentes do direito em causa, para serem decididos no curso do processo. Exemplo desta última hipótese é a definição dos honorários dos peritos judiciais e do síndico na falência: o direito à remuneração desses profissionais nasce de forma autônoma no curso do feito, e no próprio processo é decidido, em caráter definitivo. Não há por que negar a via da ação rescisória para impugnar tal decisão" (STJ, REsp 711.794/SP, Rel. Min. Nancy Andrighi, 3ª Turma, jul. 05.10.2006, *DJ* 23.10.2006).

Sentença homologatória de partilha de bens. Interesse de menor. "É cabível rescisória para desconstituir sentença homologatória da partilha de bens, quando presente a figura de incapaz, ainda que à época representado por sua mãe no inventário" (STJ, REsp 917.606/RS, Rel. Min. Aldir Passarinho Junior, 4ª Turma, jul. 03.03.2011, *DJe* 17.03.2011).

Decisão sobre condição da ação. "Admissibilidade excepcional quando o órgão julgador, ao examinar uma das condições da ação, emite decisão que repercute no direito material e que impede reabertura do litígio em cognição convencional. Inexistência de coisa julgada material. Contrato celebrado mediante representação aparente (filho que assina compromisso de venda, com preço parcelado, em nome da mãe, verdadeira proprietária). Posterior ratificação dos poderes, por instrumento público, o que autoriza a incidência do art. 652, do CC. Legitimidade de a proprietária interpelar o comprador, que não teria satisfeito o preço, para fins de rescisão (art. 475, do CC), concedendo oportunidade para que sejam decididas as demais questões relevantes, como devolução das quantias pagas, indenizações pela ocupação e por benfeitorias indenizáveis, caso reconhecido o inadimplemento culposo. Ação rescisória acolhida para rescindir o julgado que reconheceu a ilegitimidade ativa *ad causam*" (TJSP, Ação Rescisória 03789621820108260000, Rel. Des. Enio Zuliani, jul. 07.07.2011, *DJ* 19.07.2001).

Decisão proferida em liquidação de sentença. "É cabível a ação rescisória para rescindir decisão proferida em fase de liquidação de sentença. Nesse sentido: REsp 482.079/RS, Rel. Min. Luiz Fux, Primeira Turma, *DJ* 16/2/04; AgRg no REsp 785.749/DF, Rel. Min. Felix Fischer, Quinta Turma, *DJ* 30/10/06" (STJ, AgRg no REsp 1252679/SE, Rel. Min. Arnaldo Esteves Lima, 1ª Turma, jul. 17.04.2012, *DJe* 04.05.2012).

5. Hipóteses de não cabimento da ação rescisória.

Decisão que determina a suspensão dos efeitos da antecipação de tutela contra a Fazenda Pública. "A decisão do Min. Presidente do STJ que determina a suspensão dos efeitos da antecipação de tutela contra a Fazenda Pública, mesmo quando transitada em julgado, não se sujeita a ação rescisória. Isso por não induzir coisa julgada material e nem impedir a rediscussão do objeto controvertido na ação principal" (STJ, AR 5.857/MA, Rel. Min. Mauro Campbell Marques, Corte Especial, jul. 07.08.2019, *DJe* 15.08.2019).

Falta de sentença transitada em julgado. "Não cabe ação rescisória contra sentença contrária à Fazenda Pública não confirmada pelo Tribunal, por falta do requisito do trânsito em julgado" (STJ, REsp 1.677.671/SP, Rel. Min. Og Fernandes, 2ª Turma, jul. 19.09.2017, *DJe* 25.09.2017).

Injustiça da decisão, má reapreciação e fatos e reexame de provas. Inadmissibilidade. "Nos termos da jurisprudência desta Corte, a ação rescisória não é o meio adequado para corrigir suposta injustiça da decisão, apreciar má interpretação dos fatos, ou reexaminar as provas produzidas ou complementá-las" (STJ, AgInt no AREsp 1.559.722/RS, Rel. Min. Raul Araújo, 4ª Turma, jul. 10.03.2020, *DJe* 31.03.2020).

Autor falecido anteriormente ao ajuizamento da demanda ordinária. Extinção do mandato. Ilegitimidade para o processo. Coisa julgada. Inexistência. Título executivo inexigível. "(...) os efeitos do mandato extinguem-se com a morte, razão pela qual se o outorgante do mandato falecer antes do ajuizamento da ação, este contrato estará extinto, devendo ser outorgados novos poderes pelo inventariante ao advogado, agora em nome do espólio (art. 12, V, do CPC/73), sob pena de extinção do processo sem resolução do mérito, nos termos do art. 267, VI, do CPC/73. A morte do autor anteriormente à propositura da demanda de conhecimento é, portanto, fato jurídico relevante para se declarar a inexistência do processo judicial em relação a ele, eis que a relação processual não se angularizou, nunca existiu, não se formou validamente, à míngua da capacidade daquele autor para ser parte e, por conseguinte, extinguiu-se, ao mesmo tempo, o mandato outorgado ao advogado, carecendo a relação processual de pressuposto de desenvolvimento válido e regular, qual seja, aquele relativo à capacidade postulatória. Nesse sentido: AR n. 3.285/SC, Terceira Seção, Rel. p/ Acórdão Ministro Felix Fischer, *DJe* de 8/10/2010" (STJ, AR 3.269/SC, Rel. p/ acórdão Min. Felix Fischer, 3ª Seção, jul. 14.06.2017, *DJe* 21.08.2017).

Decisão sem julgamento de mérito (regra geral). "Descabe a ação rescisória para desconstituir acórdão que não adentrou no mérito. Inteligência do art. 485 do CPC" (STJ, REsp 1.000.445/PR, Rel. Min. Eliana Calmon, 2ª Turma, jul. 18.03.2008, *DJe* 11.04.2008). **Nota: O § 2º do art. 966 do CPC atual, porém, considera, excepcionalmente, rescindível a decisão transitada em julgado que, embora não seja de mérito, impeça nova propositura da demanda ou admissibilidade do recurso correspondente.**

Sentença de extinção do processo por ofensa à coisa julgada. "3. O rigor da expressão 'sentença de mérito' contida no *caput* do artigo 485, do CPC [art. 966 do CPC/2015], tem sido abrandado pela doutrina e jurisprudência. 4. O acórdão confirmatório de sentença que decreta extinto o processo sob alegação de incidência de coisa julgada, quando esta não ocorreu, é passível de reforma via ação rescisória" (STJ, REsp 395.139/RS, Rel. Min. José Delgado, 1ª Turma, jul. 07.05.2002, *DJU* 10.06.2002). **Nota:** Ver art. 966, IV, do CPC/2015.

Decisão de extinção de processo sem apreciação do mérito, em matéria de impenhorabilidade. "A ação rescisória é a via adequada para a desconstituição do acórdão que extinguiu, sem resolução de mérito, a ação declaratória de impenhorabilidade de bem de família ao fundamento de coisa julgada formada em anteriores embargos à execução opostos pelo cônjuge da parte, eis que, nessa hipótese, o vício em que se fundou o acórdão rescindendo é insuscetível de correção e impede a repropositura da ação pela parte, nos termos dos arts. 485, V, 486, *caput* e § 1º, e 966, § 2º, I, do CPC/15" (STJ, REsp 2.083.367SP, Rel. Min. Nancy Andrighi, 3ª Turma, jul. 03.10.2023, *DJe* 09.10.2023).

Decisão em conflito de competência. "A decisão proferida em tal incidente processual não pode ser considerada sentença de mérito, seja do ponto de vista formal, seja do ponto de vista substancial" (STJ, AR 3.231/PR, Rel. Min. Nancy Andrighi, 2ª Seção, jul. 14.02.2007, *DJ* 28.06.2007, p. 870).

Declaração de intempestividade. "É incabível a propositura de ação rescisória com a finalidade de desconstituir acórdão que se limita a declarar a intempestividade de recurso. Apresenta-se indispensável que a decisão impugnada tenha examinado o mérito da controvérsia, consoante art. 485, *caput*, do CPC [art. 966 do CPC/2015]" (STJ, AgRg nos EREsp 1.186.638/RJ, Rel. Min. Arnaldo Esteves Lima, Corte Especial, jul. 01.12.2010, *DJe* 01.02.2011). **Em sentido contrário:** "Precedentes da Corte considerando admissível a rescisória quando não conhecido o recurso por intempestividade, autorizam o mesmo entendimento em caso de não conhecimento da apelação por deserção" (STJ, REsp 636.251/SP, Rel. Min. Carlos Alberto Menezes Direito, 3ª Turma, jul. 03.02.2005, *DJ* 11.04.2005, p. 299). **Nota:** Esta orientação está mais consentânea com a disposição do art. 966, § 2º, II, do CPC/2015.

Jurisdição voluntária. Coisa julgada *secundum eventum probationis*. "Na ausência de análise probatória, não gera preclusão o despacho que defere habilitação de cônjuge supérstite em autos de inventário, e determina que a solução da controvérsia se dê nos próprios autos, uma vez que as questões decididas no âmbito do inventário, em regra um procedimento de jurisdição voluntária, só formam coisa julgada ou preclusão '*secundum eventum probationis*'" (STJ, REsp 689.703/AM, Rel. Min. Luis Felipe Salomão, 4ª Turma, jul. 20.04.2010, *DJe* 27.05.2010). **No mesmo sentido:** STJ, REsp 1.269.544/MG, Rel. Min. João Otávio de Noronha, 3ª Turma, jul. 26.05.2015, *DJe* 29.05.2015.

Anulação de processo de execução. "Acórdão que, de ofício, *anula ex radice processo de execução* porque supostamente não teria sido apresentado o título executivo, não veicula provimento jurisdicional de mérito, para o fim de ensejar ação rescisória" (STJ, REsp 98.647/MG, Rel. Min. Cesar Asfor Rocha, 4ª Turma, jul. 29.10.1998, *DJ* 01.02.1999, p. 198). **Obs.: Cf. art. 966, § 2º, II, do CPC/2015, que admite a rescisão de decisão que, embora não seja de mérito, impeça a admissibilidade do recurso correspondente.**

Erro material. "Logo, como se trata de direito patrimonial, o assunto não pode ser agitado, com força própria, em ação rescisória, a qual, por outro lado, não se presta a corrigir erro material" (STF, AR-AgRg 1.583/RJ, Rel. Min. Carlos Britto, Tribunal Pleno, jul. 04.08.2005, *DJ* 14.10.2005).

Error in procedendo. "Quando for suscitado apenas *error in procedendo* no recurso de apelação, não há que se falar em substituição da sentença pelo acórdão prolatado no julgamento do recurso. Nesta hipótese, é viável apontar a sentença como objeto da ação rescisória" (STJ, REsp 744.271/DF, Rel. Min. Nancy Andrighi, 3ª Turma, jul. 06.06.2006, *DJ* 19.06.2006, p. 136).

Erro de julgamento. "A ação rescisória não corrige erro de julgamento, senão nas hipóteses clausuladas pelo art. 485 do Código de Processo Civil" [art. 966 do CPC/2015] (STJ, REsp 984.899/DF, Rel. Min. Og Fernandes, 6ª Turma, jul. 16.09.2008, *DJe* 06.10.2008). **No mesmo sentido:** STJ, AR 1.905/DF, Rel. Min. Arnaldo Esteves Lima, 3ª Seção, jul. 12.12.2007, *DJe* 17.09.2008).

Reexame dos fatos colhidos nos autos. "O Supremo Tribunal Federal já decidiu que '(...) a ação rescisória não se presta a novo exame dos fatos colhidos nos autos, a fim de reparar possível injustiça' (*RTJ* 125/928). Não é possível, ainda, em ação rescisória, sob o fundamento de violação a literal disposição de lei, oferecer nova interpretação a cláusulas contratuais" (STJ, REsp 142.991/PR, Rel. p/ ac. Min. Franciulli Netto, 2ª Turma, jul. 21.06.2001, *DJ* 20.08.2001, p. 425).

Violação de ato jurídico perfeito. "A violação do ato jurídico perfeito não se insere no elenco do artigo 485 do Código de Processo Civil, como causa de rescindimento de decisão judicial. O artigo 5º, inciso XXXV, da Constituição Federal – A lei não prejudicará o ato jurídico perfeito, sob pena de não ter eficácia, se dirige ao legislador" (STJ, AR 433/SP, Rel. Min. Demócrito Reinaldo, 1ª Seção, jul. 31.10.1995, *DJ* 11.12.1995, p. 43.164).

Revisão de decisão judicial transitada em julgado pelo Tribunal de Contas. "O Tribunal de Contas da União não dispõe, constitucionalmente, de poder para rever decisão judicial transitada em julgado (*RTJ* 193/556-557) nem para determinar a suspensão de benefícios garantidos por sentença revestida da autoridade da coisa julgada (*RTJ* 194/594), ainda que o direito reconhecido pelo Poder Judiciário não tenha o beneplácito da jurisprudência prevalecente no âmbito do Supremo Tribunal Federal, pois a *res judicata* em matéria civil só pode ser legitimamente desconstituída mediante ação rescisória" (STF, MS 27.962-MC/DF, Rel. Min. Celso de Mello, jul. 24.04.2009, *DJe* 30.04.2009). **No mesmo sentido:** STF, MS 25.009, Rel. Min. Carlos Velloso, Tribunal Pleno, jul. 24.11.2004, *DJ* 29.04.2005, p. 8, *RTJ* 194/594.

6. Competência.

Ação rescisória de interesse da União. "É competência dos Tribunais Regionais Federais o julgamento da ação rescisória de interesse da União, visando a desconstituir sentença transitada em julgado, proferida por juízo estadual" (STF, RE 598.650/MS, Rel. Min. Alexandre de Moraes, Tribunal Pleno, jul. 11.10.2021, *DJe* 04.11.2021).

STJ. Última decisão de mérito proferida nos autos originários. "Quando o STJ adentra o mérito da questão federal controvertida no recurso especial, opera-se o efeito substitutivo previsto no artigo 512 do CPC de 1973 (artigo 1.008 do NCPC), o que atrai a competência para apreciação da ação rescisória. Hipótese em que, consoante assente em julgamento proferido pela Segunda Seção, foi reconhecida a natureza meritória da última decisão proferida pelo STJ nos autos originários. Na ocasião, o referido órgão julgador considerou que a circunstância de o recurso especial não ter sido conhecido não descaracteriza sua natureza de decisão de mérito, uma vez detidamente examinada a controvérsia e indeferida a pretensão da recorrente" (STJ, AgInt nos EDcl no REsp 1.611.431/MT, Rel. Min. Luis Felipe Salomão, 4ª Turma, jul. 28.11.2017, *DJe* 01.12.2017).

STJ. "Compete ao Superior Tribunal de Justiça julgar tão somente as ações rescisórias de seus próprios julgados (...)" (STJ, AgRg na AR 4.295/DF, Rel. Min. Celso Limongi (Des. Conv. do TJ/SP), 3ª Seção, jul. 26.08.2009, *DJe* 03.09.2009).

STJ. Decisão monocrática que negou seguimento ao recurso especial. "Não compete ao STJ o julgamento de ação rescisória de decisão monocrática que negou seguimento ao recurso especial, sem apreciar o mérito da demanda. Ao STJ só é dado conhecer originariamente de ação rescisória de seus julgados que apreciam o mérito da ação, nos termos do art. 105, I, 'e', da CF" (STJ, AR 4.250/RN, Rel. Min. Humberto Martins, 1ª Seção, jul. 23.02.2011, *DJe* 15.03.2011). **No mesmo sentido:** STJ, AR 3.556/DF, Rel. Min. Eliana Calmon, 1ª Seção, jul. 10.09.2008, *DJe* 29.09.2008.

STF. "É que a Corte consolidou o entendimento de que o art. 485 do Código de Processo Civil [art. 966 do CPC/2015], ao se referir à 'sentença de mérito', interpreta-a restritivamente, sobretudo para a fixação da competência do Tribunal para o julgamento da rescisória nos termos do art. 102, I, *j*, da Constituição Federal. Para esse efeito, o Supremo Tribunal Federal considera que, uma vez não tendo decisão prolatada pelo Pleno, pelas Turmas ou por decisão monocrática dos ministros examinando questão de mérito apta a formar coisa julgada material, não se fixará a competência da Corte para a rescisão do julgado" (STF, AR 1.839/SP, Rel. Min. Joaquim Barbosa, jul. 04.08.2005, *DJ* 15.08.2005, p. 35).

Órgão que proferiu a última decisão. "A competência para seu julgamento será fixada considerando-se o *órgão julgador que proferiu a última decisão de mérito na demanda originária*. Isso porque, nos termos do art. 512 do CPC [art. 1.008 do CPC/2015], a apreciação da controvérsia pelo Tribunal substitui a decisão anteriormente proferida e, nesses casos, é contra esse pronunciamento judicial que deve ser dirigida a ação rescisória" (STJ, AR 3.047/SP, Rel. Min. Denise Arruda, 1ª Seção, jul. 22.10.2008, *DJe* 17.11.2008).

Órgão que analisou o mérito. "O provimento, pelo acórdão rescindendo, de um dos pedidos da ação principal não é suficiente para atrair a competência desta Corte para o julgamento de outros pedidos independentes, que sequer foram conhecidos. A decisão rescindenda substitui o acórdão prolatado pelo tribunal de origem somente quando o recurso é conhecido e provido. O efeito substitutivo previsto no art. 512 do CPC [art. 1.008 do CPC/2015] não incide sobre os pedidos não conhecidos pelo acórdão rescindendo. A decisão rescindenda, no capítulo em que não conhece do recurso extraordinário, não opera o efeito substitutivo do art. 512 do CPC. A questão de mérito a ser impugnada por meio de ação rescisória não se encontra na decisão proferida por esta Corte – que é meramente processual no ponto pertinente –, mas no acórdão prolatado pelo tribunal de origem" (STF, AR 1.780 AgR, Rel. Min. Eros Grau, Tribunal Pleno, jul. 02.02.2006, *DJ* 03.03.2006). **No mesmo sentido, em relação ao STJ:** STJ, AgRg na AR 3.866/SC, Rel. Min. Hamilton Carvalhido, 1ª Seção, jul. 25.11.2009, *DJe* 07.12.2009.

Alterações advindas da EC nº 45. Competência cindida. "As inúmeras alterações trazidas pela Emenda Constitucional nº 45/04 repercutem, de maneira insólita, na competência para julgamento das ações rescisórias. A decisão rescindenda, proferida sob o pálio da regra de competência anterior, deverá ser anulada pelo próprio tribunal prolator que, muitas vezes, já não detém competência em razão da matéria para proferir um novo julgamento. Em outras palavras, a Corte de onde se origina o aresto rescindendo será competente para o juízo rescindente, mas não para o rescisório. O Supremo Tribunal Federal, ao julgar o Conflito de Jurisdição 6.339/PE, Relator o Ministro Firmino Paz, entendeu que a competência deve ser cindida, cabendo ao órgão prolator da decisão rescindenda o *iudicium rescindens*, e, à Corte detentora de competência material, o *iudicium rescissorium*" (STJ, CC 74.683/ES, Rel. Min. Castro Meira, 1ª Seção, jul. 09.05.2007, *DJ* 21.05.2007, p. 529). **No mesmo sentido:** STJ, CC 88.469/SC, Rel. Min. Aldir Passarinho Junior, 2ª Seção, jul. 12.03.2008, *DJe* 16.04.2008.

7. Inciso I.

Juiz. Sujeito ativo dos delitos. "Para ensejar a rescisão do julgado, com base no inciso I do artigo 485 do CPC [art. 966, I, do CPC/2015], é indispensável que o juiz prolator seja sujeito ativo dos delitos, com a prova nos autos que ele tenha agido em prevaricação, concussão ou corrupção" (TJMG, AR 1.0000.00.167270-8/000, Rel. Des. Geraldo Augusto, 1º Grupo Câmara Cível, jul. 02.03.2005, *DJe* 18.03.2005).

8. Inciso II.

Incompetência absoluta (inciso II). "A incompetência absoluta do juízo pode ser alegada em qualquer fase ou grau de jurisdição do processo de conhecimento ou, em última hipótese, via ação rescisória (art. 485, II, do CPC) [art. 966, II, do CPC/2015]" (STJ, REsp 919.308/PR, Rel. Min. Castro Meira, 2ª Turma, jul. 04.09.2007, *DJ* 18.09.2007, p. 289). **No mesmo sentido:** STJ, REsp 114.568/RS, Rel. Min. Humberto Gomes de Barros, 1ª Turma, jul. 23.06.1998, *DJ* 24.08.1998; TJRS, Ação Rescisória 70.017.402.082, Rel. Glênio José Wasserstein Hekman, jul. 23.05.2007, *DJe* 14.06.2007.

"Não obstante a previsão legal contida no artigo 113 do Código de Processo Civil [art. 63, § 1º, do CPC/2015], *não pode o juiz, em sede de ação rescisória, sem o requerimento expresso da parte,* declarar de ofício a incompetência absoluta, (...). Tratando-se de ação rescisória, a incompetência absoluta apenas poderia ser declarada a pedido expresso da autora, nos termos do artigo 485, II, do Código de Processo Civil" (STJ, REsp 596.502/PR, Rel. Min. José Delgado, 1ª Turma, jul. 04.03.2004, *DJ* 17.05.2004).

9. Dolo ou coação. Inciso III.

Dolo da parte vencedora. "O dolo, como causa de rescindibilidade da demanda, está relacionado ao descumprimento dos deveres de lealdade e boa-fé processual da parte vencedora, exigindo-se que haja um nexo de causalidade entre a conduta dolosa e o resultado do processo rescindendo, seja por meio do alijamento do juiz da verdade dos fatos, seja quando o ilícito praticado impossibilitou o exercício do direito de defesa da parte vencida na demanda" (STJ, AR 5.376/RS, Rel. Min. Og Fernandes, 1ª Seção, jul. 28.10.2020, *DJe* 26.11.2020).

"Há dolo da parte vencedora em detrimento da parte vencida na hipótese em que o advogado que representava a parte vencida na ação em que se pretende ver rescindida a sentença, comprovadamente, agiu em *conluio com a parte vencedora*, prejudicando deliberadamente o seu cliente, de forma a determinar o resultado desfavorável do julgamento" (STJ, REsp 535.141/TO, Rel. Min. Nancy Andrighi, 3ª Turma, jul. 14.12.2004, *DJ* 28.02.2005, p. 319).

Dolo de natureza processual. "O dolo a que alude o art. 485, inciso III, do Código de Processo Civil [art. 966, III, do CPC/2015] é o de natureza processual" (STJ, AR 366/SP, Rel. Min. Fernando Gonçalves, 2ª Seção, jul. 28.11.2007, *DJ* 17.12.2007, p. 122). **Reconhecendo o dolo ao dificultar atuação processual da parte contrária ou influenciar o juízo do magistrado:** 2ª TA Cível SP, AR 239.920/400, Rel. Juiz Fraga Teixeira, 1ª Câmara, jul. 13.04.1992; *RF* 321/184.

10. Ofensa à coisa julgada. Inciso IV.

Exceção de coisa julgada. "(...). Na fase de conhecimento do processo devem ser arguidas todas as matérias defensivas disponíveis, pois com o trânsito em julgado da decisão definitiva da causa reputam-se repelidas todas as alegações que poderiam ter sido feitas pela parte e não o foram para a rejeição do pedido, nos termos de art. 474 do CPC [art. 508 do CPC/2015] (eficácia preclusiva da coisa julgada). As condições da ação e os pressupostos processuais, como a litispendência e a exceção de coisa julgada, são matérias de ordem pública e podem ser aventadas em qualquer tempo ou grau de jurisdição, mas até o trânsito em julgado da sentença de mérito (art. 267, § 3º, do CPC) [art. 485, § 3º, do CPC/2015]. **A exceção de coisa julgada não suscitada apropriadamente na fase de conhecimento e, tendo havido o trânsito em julgado da decisão de mérito, não sendo fato superveniente a esta (art. 475-L do CPC)** [art. 525, § 1º, do CPC/2015], **somente pode ser alegada na via da ação rescisória** (art. 485, IV, do CPC) [art. 966, IV, do CPC/2015] e não na fase de cumprimento de sentença" (STJ, EDcl no AgRg nos EDcl no REsp 1.309.826/RS, Rel. Min. Ricardo Villas Bôas Cueva, 3ª Turma, jul. 01.03.2016, *DJe* 07.03.2016).

"A ação rescisória proposta com base no art. 485, IV [art. 966, IV, do CPC/2015], do Diploma Processual Civil pressupõe a *existência de duas decisões sobre a mesma relação jurídica para a configuração da ofensa à coisa julgada*" (STJ, EDcl na AR 1.393/PB, Rel. Min. Gilson Dipp, 3ª Seção, jul. 24.11.2004, *DJ* 06.12.2004, p. 189).

Conflito de coisas julgadas. Prevalência da última decisão que transitou em julgado. "Nesse particular, deve ser confirmado, no âmbito desta Corte Especial, o entendimento majoritário dos órgãos fracionários deste Superior Tribunal de Justiça, na seguinte forma: 'No conflito entre sentenças, prevalece aquela que por último transitou em julgado, enquanto não desconstituída mediante ação rescisória' (REsp 598.148/SP, Rel. Ministro Herman Benjamin, Segunda Turma, julgado em 25/8/2009, *DJe* 31/8/2009)" (STJ, EAREsp 600.811/SP, Rel. Min. Og Fernandes, Corte Especial, jul. 04.12.2019, *DJe* 07.02.2020).

Todavia: Exceção. Execução ou início da execução do primeiro título. Prevalência da primeira coisa julgada. "A Corte Especial deste Tribunal, ao julgar o EAREsp nº 600.811/SP, firmou o entendimento de que havendo conflito entre coisas julgadas deve prevalecer a última que se formou, desde que não desconstituída por ação rescisória. Contudo, referida regra deve ser afastada nos casos em que já executado o título formado na primeira coisa julgada, ou se iniciada sua execução, hipótese em que deve prevalecer a primeira coisa julgada em detrimento daquela formada em momento posterior, consoante expressamente consignado na ementa e no voto condutor do EAREsp nº 600.811/SP, proferido pelo em. Ministro Og Fernandes" (STJ, AgInt nos EDcl no REsp 1.930.955/ES, Rel. Min. Mauro Campbell Marques, 2ª Turma, jul. 08.03.2022, *DJe* 25.03.2022).

Ofensa à coisa julgada. Não ocorrência. "Não viola o art. 485, IV, do CPC [art. 966, IV, do CPC/2015], o acórdão que julga improcedente pedido formulado em ação rescisória se o aresto rescindendo não ofende a coisa julgada. Não ofende a coisa julgada o acórdão que afasta notório excesso de execução baseado em interpretação dos termos do título judicial exequendo" (STJ, REsp 86.406/ES, Rel. Min. Antônio de Pádua Ribeiro, 3ª Turma, jul. 20.09.2004, *DJ* 04.04.2005, p. 297).

Ação negatória de paternidade. Relativização da coisa julgada formada em anterior investigação de paternidade. Excepcional possibilidade ante as peculiaridades do caso. Ver jurisprudência do art. 505 do CPC/2015.

11. Violação manifesta de norma jurídica. Inciso V.

Violação de norma constitucional. Súmula nº 343/STF. "Conforme tese fixada no julgamento do Tema 136 da Repercussão Geral (RE nº 590.809/RS), 'não cabe ação rescisória quando o julgado estiver em harmonia com o entendimento firmado pelo Plenário do Supremo à época da formalização do acórdão rescindendo, ainda que ocorra posterior superação do precedente', sendo irrelevante a natureza da discussão posta no feito rescindendo (se constitucional ou infraconstitucional) para a observância do enunciado da Súmula STF nº 343" (STF, Pleno, AR 2.572 AgR/DF, Rel. Min. Min. Dias Toffoli, jul. 24.02.2017, *DJe* 21.03.2017). **Obs.:** O STF já admitiu aplicável a Súmula 343 para permitir a rescisória quando se tratar de "interpretação de norma constitucional controvertida à época da decisão rescindenda" (RE 590.809/RS), mas apenas quando a divergência interpretativa for interna, isto é, ocorrer na jurisprudência do próprio STF (voto do Min. Gilmar Mendes no AgRg na AR 2572, *cit.*), e, ainda, quando seja contemporânea ao acórdão rescindendo, situação que não coincide com aquela em que a modificação de entendimento da Suprema Corte se deu supervenientemente. Nesse caso, não caberá falar em rescindibilidade do julgado que "aplicara jurisprudência firme até então vigente no próprio STF" (STF, Pleno, AR 2.370 AgRg/CE, Rel. Min. Teori Zavascki, jul. 22.10.2015, *DJe* 12.11.2015).

Precedentes do STJ com eficácia vinculante. "A Súmula 343/STF nega o cabimento da ação rescisória quando o texto legal tiver interpretação controvertida nos tribunais. No entanto, o STF e esta Corte têm admitido sua relativização para conferir maior eficácia jurídica aos precedentes dos Tribunais Superiores. Embora todos os acórdãos exarados pelo STJ possuam eficácia persuasiva, funcionando como paradigma de solução para hipóteses semelhantes, nem todos constituem precedente de eficácia vinculante" (STJ, REsp 1.655.722/SC, Rel. Min. Nancy Andrighi, 3ª Turma, jul. 14.03.2017, *DJe* 22.03.2017).

Súmula nº 343. "A data relevante para se aferir se o acórdão rescindendo é passível de rescisão, em face do óbice da Súmula 343/STF, é a data em que foi ele prolatado e não a respectivo do trânsito em julgado, que pode ter sido bastante posterior, em função de recurso julgado insusceptível de conhecimento" (STJ, AgInt no AREsp 1.024.705/RS, Rel. Min. Maria Isabel Gallotti, 4ª Turma, jul. 02.10.2018, *DJe* 15.10.2018).

Várias interpretações possíveis. Súmula 343 do STJ. "Esta Corte possui entendimento consolidado no sentido de que a violação de dispositivo de lei que enseja a propositura de ação rescisória, nos termos do art. 966, V, do CPC/2015, deve ser de tal forma flagrante e teratológica que afronte o dispositivo em sua literalidade. Diante de várias interpretações possíveis e optando o acórdão rescindendo por uma delas, a ação rescisória não terá êxito nos termos do enunciado da Súmula n. 343/STF 'não cabe ação rescisória por ofensa a literal disposição de lei, quando a decisão rescindenda se tiver baseado em texto legal de interpretação controvertida nos tribunais'. Nesse sentido, confiram-se os precedentes desta Corte: AgInt no REsp n. 1.691.830/RS, Rel. Ministro Mauro Campbell Marques, Segunda Turma, julgado em 20/2/2018, *DJe* 26/2/2018; AR n. 4.564/DF, Rel. Ministro Benedito Gonçalves, Primeira Seção, julgado em 28/6/2017, *DJe* 18/8/2017" (STJ, AgInt na AR 5.822/RS, Rel. Min. Francisco Falcão, 1ª Seção, jul. 08.05.2019, *DJe* 14.05.2019). **No mesmo sentido:** STJ, AgInt nos EDcl na AR 5.378/SC, Rel. Min. Regina Helena Costa, 1ª Seção, jul. 20.06.2018, *DJe* 27.06.2018.

Ofensa evidente e direta à lei. Necessidade. "A ofensa a dispositivo de lei capaz de ensejar o ajuizamento da ação rescisória é aquela evidente, direta, porquanto a **via rescisória não é adequada para corrigir alegada interpretação equivocada dos fatos, tampouco para ser utilizada como sucedâneo recursal ou corrigir suposta injustiça do julgado** que se pretende rescindir" (STJ, AgInt no REsp 1647486/RO, Rel. Min. Sérgio Kukina, 1ª Turma, jul. 26.06.2018, *DJe* 02.08.2018). **No mesmo sentido:** STJ, REsp 1.722.614/PR, Rel. Min. Herman Benjamin, 2ª Turma, jul. 17.04.2018, *DJe* 23.05.2018; STJ, AgInt nos EDcl no REsp 1.542.373/SP, Rel. Min. Antonio Carlos Ferreira, 4ª Turma, jul. 19.06.2018, *DJe* 29.06.2018.

Exegese absurda. "A rescisão baseada no art. 485, V, do CPC só se mostra possível quando a lei é ofendida em sua clara literalidade, evidenciando exegese absurda, o que não se verifica na hipótese em análise, porquanto amparada a decisão rescindenda em **jurisprudência consolidada** desta Corte" (STJ, AgRg na AR 4.180/RS, Rel. Min. Sidnei Beneti, 2ª Seção, jul. 25.03.2009, *DJe* 02.04.2009). **No mesmo sentido:** STJ, AR 2.810/SP, Rel. Min. Laurita Vaz, 3ª Seção, jul. 12.12.2007, *DJ* 01.02.2008; STJ, AgRg na AR 4.383/RJ, Rel. Min. João Otávio de Noronha, 2ª Seção, jul. 11.05.2011, *DJe* 20.05.2011.

Decisão baseada em texto legal de interpretação controvertida nos tribunais. Súmula nº 343 do STJ. "O alijamento da incidência do enunciado da Súmula nº 343/STF deve ocorrer apenas na hipótese em que o Supremo Tribunal Federal declarar a inconstitucionalidade da lei aplicada pelo acórdão rescindendo (1ª Seção do STJ, AgRg na AR 2.912, Rel. Min. João Otávio de Noronha, julgado em 10.12.2003)" (STJ, AR 3.032/PB, Rel. Min. Luiz Fux, 1ª Seção, jul. 10.10.2007, *DJ* 10.12.2007, p. 274; *RDDP* 60/188). **No mesmo sentido:** STJ, REsp 687.903/RS, Rel. Min. Eliana Calmon, 2ª Turma, jul. 14.03.2006, *DJ* 08.05.2006, p. 181; STJ, REsp 287.148/RJ, Rel. Min. Ruy Rosado de Aguiar, 4ª Turma, jul. 17.05.2001, *DJ* 01.10.2001, p. 223; STF, AI 555.806 AgR, Rel. Min. Eros Grau, 2ª Turma, jul. 01.04.2008, *DJe* 18.04.2008; STJ, REsp 109.205/RS, Rel. Min. Garcia Vieira, 1ª Turma, jul. 08.06.1998, *DJ* 10.08.1998; STF, AR 1.409, Rel. Min. Ellen Gracie, Tribunal Pleno, jul. 26.03.2009, *DJe* 15.05.2009; STF, RE-ED 328.812/AM, Rel. Min. Gilmar Mendes, Tribunal Pleno, jul. 06.03.2008, *DJ* 02.05.2008.

Ausência de divergência. "Se o acórdão rescindendo foi o único a acolher a tese pela recorrente, sendo-lhe contrário todos os que se lhe seguiram, não tem aplicação a Súmula n. 343 do STF" (STJ, REsp 10.644/SP, Rel. Min. Antônio de Pádua Ribeiro, 2ª Turma, jul. 03.05.1993, *DJ* 17.05.1993). **No mesmo sentido:** STJ, AgRg nos EREsp 8.224/AM, Rel. Min. Humberto Gomes de Barros, 1ª Seção, jul. 18.12.1991, *DJ* 16.03.1992, p. 3.074.

Ação rescisória. Ausência de indicação dos dispositivos legais. "Ação rescisória. Súmula 343/STF. Ausência de indicação dos dispositivos legais supostamente contrariados. Súmula 284/STF. Não se conhece do recurso especial interposto pela alínea 'c' do permissivo constitucional, quando o recorrente não indica de forma clara sobre qual dispositivo legal teria havido interpretação divergente" (STJ, REsp 1.209.775, Rel. Min. Eliana Calmon, 2ª Turma, *DJe* 22.10.2012).

Entendendo que a violação não pode decorrer quando adota uma das possíveis interpretações: STJ, AgRg na AR 4.333/CE, Rel. Min. Napoleão Nunes Maia Filho, 3ª Seção, jul. 28.10.2009, *DJe* 18.11.2009; STJ, AR 3.924/CE, Rel. Min. Vasco Della Giustina, 2ª Seção, jul. 24.02.2010, *DJe* 10.03.2010; STJ, AR 464/RJ, Rel. Min. Barros Monteiro, 2ª Seção, jul. 28.05.2003, *DJ* 19.12.2003, p. 310; STJ, AR 2.931/SP, Rel. Min. Castro Filho, 2ª Seção, jul. 24.08.2005, *DJ* 01.02.2006, p. 425; STJ, AR 3.244/SC, Rel. Min. Luiz Fux, 1ª Seção, jul. 11.02.2009, *DJe* 30.03.2009; STJ, AgRg no REsp 548.394/PE, Rel. Min. Og Fernandes, 6ª Turma, jul. 10.03.2009, *DJe* 30.03.2009.

Pacificação jurisprudencial posterior à decisão transitada em julgado. Ação rescisória. Inadmissibilidade. "'A ação rescisória, fundada no art. 485, V, do CPC/1973, pressupõe violação frontal e direta de literal disposição de lei, de forma que seja possível extrair a ofensa legal do próprio conteúdo do julgado que se pretende rescindir' (cf. AgInt no AREsp 548.845/CE, Rel. Ministro Antonio Carlos Ferreira, Quarta Turma, julgado em 19/05/2016, *DJe* 27/05/2016) 'O STF, em repercussão geral, no julgamento do RE 590.809/RS, Rel. Min. Marco Aurélio, reiterou a inviabilidade de propositura de ação rescisória para fins de adequação do entendimento acobertado pelo manto da coisa julgada a posterior alteração jurisprudencial, o que reforça a atualidade e o vigor dos preceitos da Súmula 343 daquela Corte Suprema – 'Não cabe ação rescisória por ofensa a literal disposição de lei, quando a decisão rescindenda se tiver baseado em texto legal de interpretação controvertida nos tribunais' (EAREsp 397.326/MG, Rel. Ministro Humberto Martins, Corte Especial, julgado em 19/10/2016, *DJe* 26/10/2016). A pacificação jurisprudencial, posterior à decisão transitada em julgado, não autoriza o manejo da ação rescisória" (STJ, AgInt no AREsp 96.446/RS, Rel. Min. Marco Buzzi, 4ª Turma, jul. 01.03.2018, *DJe* 07.03.2018). No mesmo sentido: STJ, AGInt no Ag no REsp 1184721, Rel. Min. Ricardo Villas Bôas Cueva, 3ª Turma, *DJe*

15.10.2018, p. 1661; STJ, AgInt nos EREsp 1.726.660/RS, Rel. Min. Nancy Andrighi, 2ª Seção, jul. 20.08.2019, *DJe* 22.08.2019.

Prescrição não reconhecida de ofício. Ação rescisória. Inadmissibilidade. "A controvérsia posta no presente recurso especial centra-se em definir se é cabível o ajuizamento de ação rescisória, fundada na alegação de violação literal de lei especificamente dos arts. 206, § 5º, I do CC e 219, § 5º, do CPC/1973, que cuidam, respectivamente, da prescrição quinquenal da pretensão de cobrança de dívidas líquidas e da possibilidade de reconhecimento, de ofício, pelo juiz da prescrição, a despeito de a sentença rescindenda não ter esposado nenhum juízo de valor sobre a questão afeta à prescrição, sendo incontroverso que a parte que aproveitaria de seu reconhecimento (o ora insurgente) em momento algum dela cogitou. (...) O fato de o magistrado não reconhecer, de ofício, a prescrição, incumbência que competia, necessariamente, à parte a que beneficiaria, caso quisesse valer-se da exceção substancial, não redunda na ofensa à literalidade do § 5º do art. 219 do CPC/1973, a subsidiar ação rescisória, com fulcro no art. 485, V, CPC/1973 (art. 966, V, CPC/2015), pois a norma processual não encerra ao juiz o dever de deliberar sobre a matéria de livre disposição das partes litigantes. Se ao magistrado não se impõe o dever de se manifestar sobre a prescrição, embora seja a ele possível, sob o signo da celeridade processual, à parte que se beneficiaria com a sua declaração, ao contrário, caso seja sua intenção valer-se da exceção substancial em comento, não é dado furtar-se de suscitá-la no processo, sob pena de sua inércia configurar verdadeira renúncia a esse direito (de defesa à pretensão)" (STJ, REsp 1.749.812/PR, Rel. Min. Marco Aurélio Bellizze, 3ª Turma, jul. 17.09.2019, *DJe* 19.09.2019).

Violação literal de lei. Substituição de recurso. Inadmissibilidade. "Ocorre que violação literal de lei é a afronta direta e frontal do conteúdo normativo expresso na legislação indicada, de forma que para a desconstituição extraordinária da coisa julgada é necessário que a decisão rescindenda tenha outorgado sentido excepcional à legislação, ofendendo-a de forma frontal, o que não foi reconhecido no acórdão objurgado. E pelo cotejo da petição inicial com os votos vencedores, verifica-se que esta ação rescisória foi manejada com o fim de substituir recurso e de discutir questões que poderiam ter sido analisadas antes do trânsito do julgado rescindendo. Conforme jurisprudência dominante desta Corte, entretanto, a ação rescisória não pode servir como substituto da via recursal para rever suposta injustiça na interpretação dos fatos, tampouco para se adequar a julgamentos posteriores" (STJ, AgInt no REsp ..277/SC, Rel. Min. Francisco Falcão, 2ª Turma, jul. 17.09.2019, *DJe* 24.09.2019).

Violação literal de dispositivo legal. Matéria estranha à apontada na inicial. Juízo rescindente. Reexame. Não cabimento. "A rescisória fundada no art. 485, V, do CPC/73, pressupõe a demonstração clara e inequívoca de que a decisão de mérito impugnada contrariou a literalidade do dispositivo legal suscitado, atribuindo-lhe interpretação jurídica absurda, teratológica ou insustentável, não alcançando a reapreciação de provas ou a análise da correção da interpretação de matéria probatória. A indicação do dispositivo de lei violado é ônus do requerente, haja vista constituir a causa de pedir da ação rescisória, vinculando, assim, o exercício da jurisdição pelo órgão competente para sua apreciação. Não é possível ao Tribunal, a pretexto da iniciativa do autor, reexaminar toda a decisão rescindenda, para verificar se nela haveria outras violações à lei não alegadas pelo demandante, mesmo que se trate de questão de ordem pública. (...) Na hipótese dos autos, o juízo rescindente promovido pelo Tribunal de origem ultrapassou os limites das causas de pedir deduzidas pelo autor na presente ação rescisória, além de não ter observado que o indeferimento da produção probatória e o julgamento antecipado da lide foi devidamente fundamentado" (STJ, REsp 1.663.326/RN, Rel. Min. Nancy Andrighi, 3ª Turma, jul. 11.02.2020, *DJe* 13.02.2020).

Violação manifesta de norma jurídica. "O cabimento da ação rescisória com amparo no inciso V do art. 966 do CPC demanda a comprovação de que o julgado combatido conferiu interpretação manifestamente descabida ao dispositivo legal indicado, contrariando-o em sua essência. Não sendo essa a situação, o título judicial transitado em julgado merece ser preservado, em nome da segurança jurídica" (STJ, AR 5.376/RS, Rel. Min. Og Fernandes, 1ª Seção, jul. 28.10.2020, *DJe* 26.11.2020).

"O art. 966, V, do CPC/15 dispõe sobre a possibilidade de ajuizamento de ação rescisória quando a decisão de mérito rescindenda violar manifestamente norma jurídica. No bojo o CPC/73, existe dispositivo correspondente ao mencionado, qual seja, o art. 485, V, do CPC/73, o qual exige a ofensa literal de disposição de lei. Nota-se que o legislador optou por alterar a redação, de maneira a substituir o vocábulo 'lei' pela expressão 'norma jurídica'. A citada modificação amplia o alcance do dispositivo, pois 'norma jurídica' não representa o sinônimo de texto legal, abrange – ainda – a interpretação de preceitos normativos diversos, escritos ou não escritos, tal como os princípios e/ou os costumes" (AgInt no AgInt no AREsp 1493582/SP, Rel. Min. Nancy Andrighi, 3ª Turma, jul. 19.10.2020, *DJe* 21.10.2020).

Dano moral. "É possível o ajuizamento de ação rescisória fundada na ofensa do art. 485, V, do CPC/73 [art. 966, V, do CPC/2015] a fim de questionar a razoabilidade e a proporcionalidade do valor arbitrado a título de compensação por danos morais pelo acórdão rescindendo. Súmula 568/STJ" (Voto da relatora no AgInt no AgInt no AREsp 1493582/SP, Rel. Min. Nancy Andrighi, 3ª Turma, jul. 19.10.2020, *DJe* 21.10.2020).

Recurso especial em sede de ação rescisória. Impugnação dos fundamentos do acórdão rescindendo. "Segundo orientação definida pela eg. Corte Especial, é viável o recurso especial interposto contra acórdão proferido em ação rescisória, fundada no art. 485, V, do CPC/1973 (CPC/2015, art. 966, V), quando o especial ataca o próprio mérito, insurgindo-se diretamente contra os fundamentos do aresto rescindendo, sem limitar-se aos pressupostos de admissibilidade da rescisória. Precedente: EREsp 1.421.628/MG, Rel. Min. Laurita Vaz, *DJe* de 11/dez/2014" (STJ, EREsp 1.434.604/PR, Rel. Min. Raul Araújo, Corte Especial, jul. 18.08.2021, *DJe* 13.10.2021).

Reexame de provas. Inviabilidade. "A viabilidade da ação rescisória por ofensa de literal disposição de lei pressupõe violação frontal e direta contra a literalidade da norma jurídica, sendo inviável, nessa seara, a reapreciação das provas produzidas ou a análise acerca da correção da interpretação dessas provas pelo acórdão rescindendo" (STJ, AgInt no AREsp 314.560/RJ, Rel. Min. Ricardo Villas Bôas Cueva, 3ª Turma, jul. 07.02.2017, *DJe* 14.02.2017).

"Ação rescisória. Decisão rescindenda publicada em nome de advogado que nunca representou o autor nos autos da ação originária. Nulidade. Determinação de nova publicação da decisão rescindenda com reabertura do prazo do recurso. Consequente inviabilidade de novo julgamento da causa, no caso. Pedido procedente em parte" (STJ, AR 6.463/SP, Rel. Min. Maria Isabel Gallotti, 2ª Seção, jul. 12.04.2023, *DJe* 05.05.2023).

Corrigir injustiça da decisão. Impossibilidade. "De acordo com a jurisprudência dominante do STJ, a ação rescisória não é o meio adequado para corrigir suposta injustiça da sentença, apreciar má interpretação dos fatos, reexaminar as provas produzidas ou complementá-las. A violação de literal disposição de lei que autoriza o ajuizamento de ação rescisória é aquela que enseja flagrante transgressão do 'direito em tese', porquanto essa medida excepcional não se presta simplesmente para corrigir eventual injustiça do *decisum* rescindendo, sequer para abrir nova instância recursal, visando ao reexame das provas (AR 3.991/RJ, 1ª Seção, Rel. Min. Arnaldo Esteves Lima, *DJe* de 06.08.2012). Em outras palavras, 'não se conhece do pedido de rescisão com fulcro no inciso V do artigo 485 do Código de Processo Civil, dado que a violação de lei, na rescisória fundada no citado dispositivo, deve ser aferida *primo oculi* e, evidentemente, de modo a dispensar o reexame das provas da ação originária' (Ar 3.029/SP, 3ª Seção, Rel. Min. Jorge Mussi, *DJe* de 30.08.2011)" (STJ, AR 4.313/SP, Rel. Min. Mauro Campbell Marques, 1ª Seção, jul. 10.04.2013, *DJe* 29.04.2013).

Sentença *extra petita*. "Cabe ação rescisória por infringência literal a lei se o acórdão condenou de modo diverso do pedido na inicial" (STJ, AR 906/PR, Rel. Min. João Otávio de Noronha, 1ª Seção, jul. 09.06.2004, *DJ* 02.08.2004, p. 274).

Sentença *citra petita*. É possível o ajuizamento de ação rescisória para desconstituir sentença *citra petita*, com fundamento no art. 485, V, do Código de Processo Civil [art. 966, V, do CPC/2015]. Precedente" (STJ, AR 687/SE, Rel. Min. Maria Thereza de Assis Moura, 3ª Seção, jul. 28.03.2008, *DJe* 29.05.2008).

Matéria estranha. A questão estranha ao acórdão rescindendo não enseja o cabimento de ação rescisória, enquanto exclui a possibilidade **mesma da incidência do inciso V do artigo 485 do Código de Processo Civil** [art. 966 do CPC/2015] (STJ, AR 2.194/SP, Rel. Min. Hamilton Carvalhido, 3ª Seção, jul. 23.04.2008, *DJe* 06.08.2008). **Nesse sentido:** STJ, AR 775/RJ, Rel. Min. Gilson Dipp, 3ª Seção, jul. 25.04.2007, *DJ* 25.06.2007, p. 214; STJ, AgRg no REsp 739.117/RJ, Rel. Min. Celso Limongi, 6ª Turma, jul. 23.02.2010, *DJe* 15.03.2010.

Honorários em ação cautelar preparatória. "Cabe ação rescisória para rever condenação exorbitante em honorários advocatícios havida em ação cautelar preparatória" (STJ, REsp 1.173.061/MA, Rel. Min. Ricardo Villas Bôas Cueva, 3ª Turma, jul. 13.11.2012, *DJe* 19.11.2012).

Recurso especial. "Considerando que, na ação rescisória baseada no art. 485, V, do CPC [art. 966, V, do CPC/2015], há alegação de violação a literal disposição de lei, o mérito do recurso especial se confunde com os próprios fundamentos para a propositura da ação rescisória, autorizando o STJ a examinar também o acórdão rescindendo" (STJ, EREsp 1.046.562/CE, Rel. p/ Acórdão Min. Nancy Andrighi, Corte Especial, jul. 02.03.2011, *DJe* 19.04.2011). **No mesmo sentido:** STJ, EDcl no AgRg no REsp 1.090.887/RJ, Rel. Min. Adilson Vieira Macabu, 5ª Turma, jul. 02.08.2011, *DJe* 19.08.2011.

12. Inciso VI.

Falsidade de prova. "O documento falso que autoriza a desconstituição do julgado – art. 485, VI, do CPC [art. 966, VI, do CPC/2015] – é aquele que *contribuiu para as conclusões* constantes desse julgado" (STJ, REsp 975.014/ES, Rel. Min. João Otávio de Noronha, 4ª Turma, jul. 23.09.2008, *DJe* 15.12.2008).

Má apreciação da prova ou a injustiça da sentença. "'A rescisória não se presta a apreciar a boa ou má interpretação dos fatos, ao reexame da prova produzida ou a sua complementação. Em outras palavras, a má apreciação da prova ou a injustiça da sentença não autorizam a ação rescisória' (REsp 147.796-MA, Rel. Min. Sálvio de Figueiredo Teixeira, *DJ* de 28.06.1999)" (STJ, REsp 474.386/AM, Rel. Min. João Otávio de Noronha, 2ª Turma, jul. 02.06.2005, *DJ* 22.08.2005, p. 193).

Falsidade ideológica. "O *laudo técnico incorreto, incompleto ou inadequado* que tenha servido de base para a decisão rescindenda, embora não se inclua perfeitamente no conceito de **prova falsa** a que se refere o art. 485, inciso VI, do CPC [art. 966, VI, do CPC/2015], pode ser impugnado ou refutado na ação rescisória, por falsidade ideológica" (STJ, REsp 331.550/RS, Rel. Min. Nancy Andrighi, 3ª Turma, jul. 26.02.2000, *DJ* 25.03.2002, p. 278). **Admitindo a rescisória por causa de perícia falsa:** STJ, REsp 885.352/MT, Rel. Min. Paulo de Tarso Sanseverino, 3ª Turma, jul. 07.04.2011, *DJe* 14.04.2011.

"Hipótese em que, entretanto, não se alegou falsidade, que seria do laudo pericial, mas, apenas, que não se teria chegado a um resultado correto em virtude da deficiência da química disponível quando de sua realização. Inviabilidade da rescisória" (STJ, REsp 127.023/DF, Rel. p/ ac. Min. Eduardo Ribeiro, 3ª Turma, jul. 27.03.2000, *DJ* 05.02.2001, p. 97).

Incoerência entre o conteúdo do laudo pericial e a realidade a ser apurada. Necessidade de nova perícia. "Desnecessário, na ação rescisória, perquirir a atitude ou estado de espírito do perito, se houve simples erro ou deliberada intenção de prejudicar a cognição do Judiciário, importando apenas aferir a correspondência entre o conteúdo do laudo pericial e a realidade que se propôs a apurar e relatar. Indeferir a produção de nova perícia na ação rescisória, apesar dos fortes indícios, constantes dos autos, de ilegalidade e de flagrante atentado à realidade do mercado, seria negar ao autor a possibilidade de comprovar suas alegações, como autorizado pelo art. 485, VI, do CPC [art. 966, VI, do CPC/2015]" (STJ, AgRg na AR 3.290/SP, Rel. p/ Ac. Min. Mauro Campbell Marques, 1ª Seção, jul. 12.09.2007, *DJe* 10.11.2009). **No mesmo sentido:** STJ, EDcl no AgRg na AR 2.013/SP, Rel. Min. Herman Benjamin, jul. 14.05.2008.

A falsidade da prova apurada no curso da ação rescisória. "Quando a decisão rescindenda está apoiada em prova cuja falsidade se demonstra na ação rescisória, o 'decisum' prolatado na ação originária deve ser desconstituído, proferindo-se novo julgamento somente à luz das provas que não estão eivadas de falsidade ou sob suspeita. A desconstituição do julgado se faz necessária, porque a conclusão do juiz acerca da questão fática está baseada no conjunto probatório como um todo. Se o magistrado tivesse ciência da falsidade de determinada prova, na qual se apoiou para resolver a 'quaestio facti', poderia ter dado outra solução à causa. Só a falsidade de prova de fato irrelevante para o desate da causa é que não acarreta a rescisão do julgado. Já quando a prova falsa foi importante para a formação do convencimento do juiz, deve-se desconstituir o julgado, ainda que outras provas tenham sido invocadas na decisão rescindenda. O valor dessas será averiguado quando do juízo rescisório – consubstanciado no rejulgamento da causa ou do recurso – por parte do tribunal. Inteligência do art. 485, VI [art. 966, VI, do CPC/2015], do CPC" (STJ, EDcl no REsp 11.106/SC, Rel. Min. Adhemar Maciel, 2ª Turma, jul. 17.02.1998, *DJ* 16.03.1998, p. 75).

Sentença rescindenda fundada em revelia da parte. Falsidade documental. Cabimento. "A revelia da parte, por si só, não inviabiliza o ajuizamento da ação rescisória. A revelia e a consequente presunção de veracidade do art. 319 do CPC [art. 344 do CPC/2015] não implicam, inexoravelmente, na procedência do pedido. O efeito da revelia não dispensa a presença, nos autos, de elementos suficientes para a persuasão do juiz. A presunção de veracidade dos fatos alegados pelo autor é relativa, e não absoluta, podendo ceder frente às provas existentes nos autos, em consonância com o princípio do livre convencimento do juiz. **Para rescindir julgado com base na alegação de falsidade da prova, necessário que a sentença rescindenda não possa subsistir sem a prova falsa.** Não há como objetar o cabimento da ação rescisória assentada na falsidade de documentos que, se desconsiderados, derrubariam a presunção relativa de veracidade decorrente da revelia" (STJ, REsp 723.083/SP, Rel. Min. Nancy Andrighi, 3ª Turma, jul. 09.08.2007, *DJ* 27.08.2007, p. 223).

13. Prova nova. Inciso VII.

Prova nova. "Pretensão de rescisão do acórdão, com fundamento em documento novo. Documento voltado à demonstração de que houve ação culposa da ré e que houve dano moral. **Ação rescisória ajuizada sob a vigência do novo CPC.** Ausência de interesse de agir. Prova nova. Para o ajuizamento da ação rescisória, deve a autora ter (i) obtido a prova posteriormente ao trânsito em julgado e a prova deve ser, por si só, (ii) capaz de assegurar o pronunciamento favorável. Ainda que se utilizasse o fundamento legal do CPC de 1973, não seria o caso de processamento da rescisória. Documento juntado que não é novo, porquanto obtido antes do julgamento da apelação, portanto, antes do trânsito em julgado. Autora que poderia ter juntado o documento quando pendente o julgamento da apelação. Documento que também não seria, por si só, suficiente a alterar a conclusão da decisão rescindenda. Artigos 330, III, e 485, VI, ambos do CPC/2015. Indeferimento da petição inicial. Extinção do processo sem apreciação do mérito (TJSP, AR 2147106-73.2016.8.26.0000, Rel. Des. Viviani Nicolau, 2º Grupo de Direito Privado, jul. 29.09.2016, data de registro 29.09.2016).

Prova nova. "A jurisprudência do STJ considera como documento novo aquele existente no momento do julgado rescindendo, mas que não foi apresentado oportunamente porque a parte não tinha ciência de sua existência, ou ainda, porque não foi possível a sua juntada por razões estranhas à sua vontade" (STJ, AR 5.376/RS, Rel. Min. Og Fernandes, 1ª Seção, jul. 28.10.2020, *DJe* 26.11.2020). **No mesmo sentido:** STJ, AR 5.196/RJ, Rel. Min. Mauro Campbell Marques, 1ª Seção, jul. 14.12.2022, *DJe* 19.12.2022.

Portarias do Ministério da Previdência Social. Inadmissibilidade. "Portarias do Ministério da Previdência Social que não podem ser consideradas 'prova nova', ainda mais porque editados antes da prolação da r. sentença – *decisum* mantido – ação rescisória extinta, sem resolução do mérito, nos termos do art. 968, § 3º cc. art. 485, I e VI, do CPC/2015" (TJSP, AR 2177240-83.2016.8.26.0000, Rel. Des. Paulo Barcellos Gatti, 4ª Câmara de Direito Público, jul. 10.10.2016, data de registro 13.10.2016).

Aposentadoria por idade rural. Documento novo. Informação constante do registro do cartório que não havia sido incluída no documento anterior. "A jurisprudência do STJ é pacífica no sentido de autorizar a propositura de ação rescisória com fundamento em documento novo, com vistas ao reexame da valoração das provas produzidas em ação de natureza previdenciária, em prol da solução *pro misero*, uma vez que desconsiderado o início de prova documental existente nos autos (AR 1.335/CE, Rel. Min. Hamilton Carvalhido, Terceira Seção, *DJ* 2.02.2007, p. 541)" (TRF1, AR 00569391520124010000, Rel. Des. Carlos Augusto Pires Brandão, Corte Especial, jul. 17.07.2018, *DJ* 12.09.2018).

Trabalhador rural. Registro de empregado. Caracterização de início de prova material. Labor rural confirmado por testemunho coeso e idôneo. Pedido procedente. "Em se tratando de trabalhadores rurais, deve ser mitigado o rigor conceitual impingido ao 'documento novo', pois não se pode desconsiderar as precárias condições de vida que envolvem o universo social desses trabalhadores. Esta Corte pacificou entendimento, segundo o qual, diante da dificuldade probatória atinente ao exercício de atividade rural pelos chamados trabalhadores 'boias-frias', a apresentação de prova material relativa apenas à parte do lapso temporal pretendido, não implica violação ao enunciado da Súmula 149/STJ (Tema 554/STJ)" (STJ, AR 6.081/PR, Rel. Min. Regina Helena Costa, 1ª Seção, jul. 25.05.2022, *DJe* 30.05.2022). **No mesmo sentido:** STJ, AR 3.821/MS, Rel. Min. Napoleão Nunes Maia Filho, 3ª Seção, jul. 28.03.2008, *DJe* 05.05.2008.

Prova nova. Prova testemunhal. Cabimento. "No novo ordenamento jurídico processual, qualquer modalidade de prova, inclusive a testemunhal, é apta a amparar o pedido de desconstituição do julgado rescindendo. Doutrina. Nas ações rescisórias fundadas na obtenção de prova nova, o termo inicial do prazo decadencial é diferenciado, qual seja, a data da descoberta da prova nova, observado o prazo máximo de 5 (cinco) anos, contado do trânsito em julgado da última decisão proferida no processo" (STJ, REsp 1.770.123/SP, Rel. Min. Ricardo Villas Bôas Cueva, 3ª Turma, jul. 26.03.2019, *DJe* 02.04.2019).

Documento que não guarde relação com o fato alegado. Improcedência da ação rescisória. "Caso concreto em que a Corte de origem reconheceu não guardarem relação, os documentos apresentados, com fato alegado na ação originária, não evidenciarem a quitação da obrigação objeto de cobrança em ação transitada em julgado, nem ter se escusado o demandante de sua não apresentação em momento processual oportuno. Manutenção da decisão de improcedência da ação rescisória" (STJ, REsp 1.293.837/DF, Rel. Min. Paulo de Tarso Sanseverino, 3ª Turma, jul. 02.04.2013, *DJe* 06.05.2013).

Microfilmes de cheques emitidos por empresa de consórcio. "Para fins do art. 543-C do Código de Processo Civil [art. 1.036 do CPC/2015], a tese a ser firmada é a seguinte: "Em sede de ação rescisória, microfilmes de cheques nominais emitidos por empresa de consórcio configuram documentos novos, nos termos do art. 485, VII, do CPC [art. 966, VII, do CPC/2015], aptos a respaldar o pedido rescisório por comprovarem que a restituição das parcelas pagas pelo consorciado desistente já havia ocorrido antes do julgamento do processo originário" (STJ, REsp 1.114.605/PR, Rel. Min. Paulo de Tarso Sanseverino, 2ª Seção, jul. 12.06.2013, *DJe* 17.06.2013).

"**A sentença penal absolutória de legítima defesa, proferida posteriormente à decisão judicial indenizatória** que, por si só, modifica o acórdão rescindendo, é considerada 'documento novo', apto a embasar ação rescisória. Documento novo é aquele do qual, à época dos fatos, não poderia o autor da rescisória se valer, impedido por situação fática ou jurídica, alheia à sua vontade" (TJRS, AR 70.005.774.419, Rel. Des. Umberto Guaspari Sudbrack, 3º Grupo de Câm. Cív., ac. 05.03.2004; *RJTJRS* 244/148). **No mesmo sentido:** STJ, REsp 51.811/SP, Rel. Min. Barros Monteiro, 4ª Turma, jul. 03.11.1998, *DJ* 14.12.1998.

"A ocorrência de **decisões contraditórias no cível e no juízo criminal** não induzem necessariamente a uma ação rescisória se nenhum dos incisos do art. 485, do CPC [art. 966 do CPC/2015], se subsumem a espécie" (STJ, AgRg no Ag 93.815/MG, Rel. Min. Waldemar Zveiter, 3ª Turma, jul. 11.03.1996, *DJ* 17.06.1996, p. 21.489).

Exame de DNA. Esta Corte Superior já sedimentou o entendimento de que 'O laudo do exame de DNA, mesmo realizado após a confirmação pelo juízo *ad quem* da sentença que julgou procedente a ação de investigação de paternidade, é considerado documento novo para o fim de ensejar a ação rescisória (art. 485, VII, CPC) [art. 966, VII, do CPC/2015]. Precedente citado: REsp 189.306-MG, *DJ* 25/8/2003' (REsp 300.084-GO, Rel. Min. Humberto Gomes de Barros, 2ª Seção, julgado em 28.04.2004)" (STJ, REsp 653.942/MG, Rel. Min. Honildo Amaral de Mello Castro, 4ª Turma, jul. 15.09.2009, *DJe* 28.09.2009).

Certidão emitida pelo Cartório de Registro de Imóveis. "Não se qualifica como documento novo, para efeito do disposto no art. 485, VII, do CPC [art. 966, VII, do CPC/2015], certidão emitida pelo cartório de registro de imóveis que poderia, sem qualquer dificuldade, ter sido obtida pelo autor da rescisória quando em curso a precedente ação" (STJ, REsp 19.992-3/SP, Rel. Min. Sálvio de Figueiredo, 4ª Turma, jul. 13.3.1995, *DJ* 17.04.1995, p. 9.581).

14. Erro de fato. Inciso VIII

Requisitos. "Para se rescindir a decisão por erro de fato, necessário estejam presentes os seguintes requisitos: (i) o *decisum* esteja embasado em erro de fato, que se verifica quando admitido fato inexistente, ou considerado inexistente um fato efetivamente ocorrido; (ii) que sobre ele não tenha havido controvérsia entre as partes; (iii) que sobre ele não tenha havido pronunciamento judicial; (iv) que seja o erro aferível pelo exame das provas já constantes dos autos originários, não sendo admissível a produção de novas provas no âmbito da rescisória para demonstrá-lo" (STJ, AgInt no AREsp 1.677.838/SP, Rel. Min. Mauro Campbell Marques, 2ª Turma, jul. 16.11.2020, *DJe* 19.11.2020). **No mesmo sentido:** STJ, AR 2.810/SP, Rel. Min. Laurita Vaz, 3ª Seção, jul. 12.12.2007, *DJ* 01.02.2008; STJ, AR 464/RJ, Rel. Min. Barros Monteiro, 2ª Seção, jul. 28.05.2003, *DJ* 19.12.2003, p. 310.

Inexistência de pronunciamento judicial. "Ao exigir que não tenha havido, no processo anterior, pronunciamento judicial sobre o fato, pré-exclui o Código a possibilidade de rescindir sentença em cuja fundamentação se depare à expressa (e errônea) consideração do fato como existente ou como inexistente. Deve tratar-se, pois, de uma questão não resolvida pelo juiz – ou, consoante às vezes se diz com fórmula criticável, de uma questão apenas implicitamente resolvida. Havia nos autos elementos bastantes para convencer o juiz de que o fato ocorreu; apesar disso, revela o teor do *decisum* que não se levou em conta a respectiva existência, sem que na motivação tenha ela sido negada. Ou, inversamente: havia nos autos elementos bastantes para demonstrar que o fato não ocorrera; no entanto, a maneira como julgou evidencia que o magistrado não o reputou inexistente, embora silenciando, aqui também, na motivação' (Barbosa Moreira. *Comentários ao Código de Processo Civil.* Volume V. Rio de Janeiro, Forense, 2003, p. 148/152)" (STJ, REsp 804.624/SP, Rel. Min. Luiz Fux, 1ª Turma, jul. 13.02.2007, *DJ* 12.03.2007, p. 205, *REPDJ* 16.04.2007, p. 172).

"O erro passível de correção na ação rescisória, referente ao art. 485, IX, § 1º, do CPC [art. 966, VIII, § 1º, do CPC/2015], é apenas aquele *constatado e reconhecido em julgamento do caso*, e não aquele oriundo de interpretação das partes quanto a provas carreadas aos autos da ação que se pretende rescindir" (STJ, AgRg na AR 4.180/RS, Rel. Min. Sidnei Beneti, 2ª Seção, jul. 25.03.2009, *DJe* 02.04.2009).

Erro de percepção. "O erro de fato pressupõe duas representações contraditórias sobre um mesmo fato – uma constante na decisão e a outra contida nos autos –, admitindo-se a rescisão do julgado desde que a primeira representação não decorra de juízo ou de valoração de prova, mas de erro de percepção, e a segunda derive incontrastavelmente dos autos e não tenha sido controvertida pelas partes. No caso, a tese de que os honorários compunham o valor executado, afastando a garantia da impenhorabilidade prevista no art. 649, IV, do CPC/1973 [art. 833, IV, do CPC/2015], não foi apreciada no julgado, evidenciando erro de fato. Na época do julgado, prevalecia o entendimento no STJ de que honorários caracterizam verba alimentar. Desse modo, seria exigível ônus argumentativo mínimo para prevalecer entendimento pessoal, em detrimento da jurisprudência. Assim, a aplicação da garantia de impenhorabilidade do valor depositado em conta-corrente, sem nenhuma repercussão acerca do atributo do valor executado, evidencia erro de percepção, autorizando a rescisão do julgado, consoante o que dispõe o art. 485, IX, do CPC/1973 [art. 966, VIII, do CPC/2015]" (STJ, AR 5.947/DF, Rel. Min. Luis Felipe Salomão, 2ª Seção, jul. 14.09.2022, *DJe* de 01.12.2022). **No mesmo sentido:** STJ, AR 366/SP, Rel. Min. Fernando Gonçalves, 2ª Seção, jul. 28.11.2007, *DJ* 17.12.2007.

"Na hipótese de ação rescisória com pretensão fundada em erro de fato, não se mostra cabível avaliar a precedência da compreensão iterativa do STF à decisão rescindida, porquanto se abre nova oportunidade de cognoscibilidade plena da demanda, uma vez que o julgamento é repetido em momento posterior, à luz do *error in procedendo* constatável de plano" (STF, AR 1.718/BA, Rel. Min. Edson Fachin, Tribunal Pleno, jul. 28.09.2022, *DJe* 19.06.2023).

"A ação rescisória fundada em erro de fato pressupõe que não tenha havido pronunciamento judicial sobre a inexistência do fato que o acórdão rescindendo tenha admitido ou tido por existente fato não ocorrido" (STJ, AgInt no AREsp 1.000.768/RS, Rel. Min. Maria Isabel Gallotti, 4ª Turma, jul. 30.11.2020, *DJe* 07.12.2020).

"O erro de fato previsto no art. 485, inciso IX, do CPC [art. 966, VIII, do CPC/2015] deverá ser de tal forma relevante para o julgamento da questão que, uma vez afastado, a conclusão do julgamento necessariamente seria diferente. Havendo outros fundamentos a dar suporte às conclusões tomadas na decisão rescindenda, não é possível desconstituí-la e nem adentrar-se na justiça ou na injustiça de suas conclusões" (STJ, AR 3.045/SP, Rel. Min. Paulo de Tarso Sanseverino, 2ª Seção, jul. 08.06.2011, *DJe* 16.06.2011).

"**A sentença que julgar extinta execução fiscal, em razão de depósito de valor inferior ao efetivamente devido**, pode ser desconstituída por ação rescisória por caracterizar erro de fato – artigo 485, inciso IX, do CPC [art. 966, VIII, do CPC/2015]. Precedentes" (STJ, AgRg no REsp 1.173.662/RS, Rel. Min. Castro Meira, 2ª Turma, jul. 06.05.2010, *DJe* 17.05.2010).

15. Indicação incorreta da hipótese legal de cabimento da ação rescisória. "O pedido de rescisão está devidamente fundamentado, e não obstante o enquadramento da ação ter ocorrido com fundamento no inciso V do art. 485 do CPC [art. 966, V, do CPC/2015], quando se alega também a ocorrência de erro de fato, tal ocorrência não prejudica o conhecimento da rescisória. Precedentes. Tal peça, se considerada quando do julgamento do recurso especial, atestaria, documentalmente, que o ajuizamento da execução deu-se anteriormente à Medida Provisória nº 2.180-35, afastando, assim, a incidência da norma inserta no art. 1º-D da Lei nº 9.494/97. Erro de fato que, nos termos do art. 485, IX, § 1º, do CPC [art. 966, VIII, § 1º, do CPC/2015], autoriza a rescisão do julgado" (STJ, AR 3.565/PR, Rel. Min. Felix Fischer, 3ª Seção, jul. 27.02.2008, *DJe* 30.06.2008).

16. Valor da causa

"O valor da ação rescisória deve ser, em regra, o valor da ação originária, monetariamente corrigido. Caso, todavia, o conteúdo econômico almejado com a propositura da ação rescisória seja maior, deverá ele prevalecer" (STJ, Pet 5.541/SP, Rel. Min. Arnaldo Esteves Lima, 3ª Seção, jul. 15.12.2008, *DJe* 06.02.2009). **No mesmo sentido:** STJ, Pet 4.543/GO, Rel. Min. Humberto Gomes de Barros, 2ª Seção, jul. 22.11.2006, *DJ* 03.05.2007.

"O valor da causa rescisória intentada pelo réu, condenado a pagar determinada importância, corresponde ao dessa condenação, se dela por inteiro pretende se liberar, e não ao valor da causa atribuído à ação originária" (STJ, REsp 173.184/GO, Rel. Min. Ruy Rosado de Aguiar, 4ª Turma, jul. 08.09.1998, *DJ* 26.10.1998).

Capítulos da sentença. "Se o pedido de rescisão se resumir a um dos capítulos da sentença, o valor da causa poderá restringir-se a tal pretensão. Caso contrário, voltando-se a pretensão rescisória contra toda a sentença, em regra haverá equivalência entre o valor da ação originária e o valor da ação rescisória" (STJ, AgRg no Ag 723.394/PR, Rel. Min. Humberto Gomes de Barros, 3ª Turma, jul. 09.08.2007, *DJ* 27.08.2007).

"**Havendo cumulação de pedidos alternativos na ação rescisória**, o valor da causa será indicado com base no pedido de maior valor. Ao cumular pedidos, a parte não elege o principal e o subsidiário. Há entre eles uma relação de lógica insuperável pela vontade do autor. A relação de subsidiariedade permite que, rejeitado o primeiro pedido, seja possível examinar o segundo" (STJ, AgRg no Ag 723.394/PR, Rel. Min. Humberto Gomes de Barros, 3ª Turma, jul. 09.08.2007, *DJ* 27.08.2007).

17. Discussão acerca de honorários advocatícios. "O objeto do recurso especial é o cabimento da ação rescisória para discutir verba honorária exorbitante (discussão sobre a possibilidade jurídica do pedido da ação rescisória. (...) **A ação rescisória fulcrada no art. 485, V, do CPC/1973** [art. 966, V, do CPC/2015], **é cabível somente para discutir violação a direito objetivo.** Em matéria de honorários, é possível somente discutir a violação ao art. 20 e §§ 3º e 4º, do CPC/1973 [art. 85, §§ 2º e 8º, do CPC/2015], como regras que dizem respeito à disciplina geral dos honorários, *v.g.*: a inexistência de avaliação segundo os critérios previstos nas alíneas 'a', 'b' e 'c', do § 3º, do art. 20, do CPC [art. 85, § 2º, I, II, III e IV, do CPC/2015]. Por outro lado, se houve a avaliação segundo os critérios estabelecidos e a parte simplesmente discorda do resultado dessa avaliação, incabível é a ação rescisória, pois implicaria a discussão de direito subjetivo decorrente da má apreciação dos fatos ocorridos no processo pelo juiz e do juízo de equidade daí originado. Nestes casos, o autor é carecedor da ação por impossibilidade jurídica do pedido. Precedentes: REsp n. 1.321.195/RS, Segunda Turma, Rel. Min. Mauro Campbell Marques, julgado em 13.11.2012; REsp n. 1.264.329/RS, Segunda Turma, Rel. Min. Mauro Campbell Marques, julgado em 20.11.2012; (...) **Não cabe ação rescisória para discutir a irrisoriedade ou a exorbitância de verba honorária.** Apesar de ser permitido o conhecimento de recurso especial para discutir o *quantum* fixado a título de verba honorária quando exorbitante ou irrisório, na ação rescisória essa excepcionalidade não é possível já que nem mesmo a injustiça manifesta pode ensejá-la se não houver violação ao direito objetivo. **Interpretação que prestigia o caráter excepcionalíssimo da ação rescisória e os valores constitucionais a que visa proteger (efetividade da prestação jurisdicional, segurança jurídica e estabilidade da coisa julgada – art. 5º, XXXVI, da CF/88).** Precedentes nesse sentido: AR n. 3.754-RS, Primeira Seção, Rel. Min. José Delgado, julgado em 28 de maio de 2008; REsp n. 937.488/RS, Segunda Turma, julgado em 13.11.2007; REsp n. 827.288/RO, Terceira Turma, Rel. Min. Sidnei Beneti, julgado em 18 de maio de 2010; REsp n. 1.321.195/RS, Segunda Turma, Rel. Min. Mauro Campbell Marques, julgado em 13.11.2012; REsp. n. 1.264.329/RS, Segunda Turma, Rel. Min. Mauro Campbell Marques, julgado em 20.11.2012; (...)" (STJ, REsp 1.403.357/PE, Rel. Min. Mauro Campbell Marques, 2ª Turma, jul. 27.02.2018, *DJe* 02.03.2018). **No mesmo sentido, permitindo apenas para discutir o regramento objetivo da fixação:** STJ, AR 4.143/DF, Rel. Min. Rogerio Schietti Cruz, 3ª Seção, jul. 24.02.2016, *DJe* 02.03.2016.

"Em sede de ação rescisória, há possibilidade de reforma não apenas de questões relativas ao mérito (questões principais), como também em relação a questões acessórias, como honorários advocatícios. Possibilidade de ajuizamento de ação rescisória para discussão de questão (verba honorária) que não tenha sido objeto de anterior irresignação recursal. Aplicação da Súmula 514 do STF" (STJ, REsp 1.099.329/DF, Rel. p/ Acórdão Min. Paulo de Tarso Sanseverino, 3ª Turma, jul. 22.03.2011, *DJe* 17.05.2011).

Em sentido contrário: "(...) É pacífico o entendimento no Superior Tribunal de Justiça segundo o qual **não cabe ação rescisória para discussão acerca de honorários advocatícios.** Não apresentação de argumentos suficientes para desconstituir a decisão recorrida." (STJ, AgInt no REsp 1.527.779/RS, Rel. Min. Regina Helena Costa, 1ª Turma, jul. 10.12.2018, *DJe* 13.12.2018).

Violação à coisa julgada. Reflexo no capítulo de honorários. "Controvérsia acerca da rescisão do capítulo referente aos honorários advocatícios em sentença prolatada em sede de embargos à execução, cujo mérito afrontou coisa julgada formada anteriormente em ação revisional. Conforme entendimento firmado no julgamento da AR 5.160/RJ pela Segunda Seção desta Corte Superior, a desconstituição do capítulo dos honorários pela via da ação rescisória demanda pedido rescindente fundamentado em vício específico do capítulo dos honorários, uma vez que, após o trânsito em julgado, a condenação ao pagamento de honorários ganha autonomia em relação ao mérito da demanda. Distinção para a hipótese de ação rescisória fundamentada no vício da coisa julgada (hipótese dos autos), pois tal vício, em tese, invalida a própria relação processual em que alicerçados os capítulos de mérito e de honorários, desconstituindo ambos simultaneamente. **Legitimidade passiva dos advogados para figurarem no polo passivo da ação rescisória fundamentada no vício da coisa julgada, em que deduzido pedido de rescisão do capítulo dos honorários**" (STJ, REsp 1457328/SC, Rel. Min. Paulo de Tarso Sanseverino, 3ª Turma, jul. 26.06.2018, *DJe* 29.06.2018).

18. Declaração de constitucionalidade ou inconstitucionalidade pelo STF.

Ação rescisória. "O Supremo Tribunal Federal, sob a sistemática da repercussão geral, ao julgar o RE 730.462/SP (Tema 733/STF), bem como a ADI 2.418/DF e o RE 611.503/SP, firmou o entendimento no sentido de que 'a decisão do Supremo Tribunal Federal declarando a constitucionalidade ou a inconstitucionalidade de preceito normativo não produz a automática reforma ou rescisão das sentenças anteriores que tenham adotado entendimento diferente; para que tal ocorra, será indispensável a interposição do recurso próprio ou, se for o caso, a propositura da ação rescisória própria, nos termos do art. 485, V, do CPC, observado o respectivo prazo decadencial (CPC, art. 495)'" (STJ, AgInt no RE nos EDcl no AgRg no AgRg no REsp 1239598/ES, Rel. Min. Humberto Martins, Corte Especial, jul. 29.11.2017, *DJe* 12.12.2017).

"A coisa julgada não poderá ser desconstituída através de *querela nulitatis*, mesmo após julgamento do Supremo Tribunal Federal que reconhece a inconstitucionalidade da lei que fundamentou a sentença que se pretende desconstituir, conforme entendimento exposto no RE 730.462/SP, com repercussão geral, que concluiu ser cabível apenas ação rescisória. A decisão se harmoniza perfeitamente com o disposto no artigo 525, § 15, do Novo Código de Processo Civil, que permite tão somente o ajuizamento de ação rescisória" (STJ, AgInt nos EAREsp 44.901/PR, Rel. Min. Felix Fischer, Corte Especial, jul. 07.12.2016, *DJe* 15.12.2016).

19. Erro na indicação da decisão rescindenda: sentença em lugar do acórdão que a confirmou. "Julgados específicos, porém, tanto do STF como desta Turma, além de entendimento doutrinário, no sentido de que a extinção da rescisória com base nesse vício seria excesso de formalismo. Possibilidade de se compreender na palavra 'sentença' a referência também ao acórdão que a substituiu. Reforma do acórdão recorrido no caso concreto para afastar a preliminar de impossibilidade jurídica do pedido rescindente. Entendimento em consonância com a nova disciplina dada à matéria pelo CPC/2015" (STJ, REsp 1569948/AM, Rel. Min. Paulo de Tarso Sanseverino, 3ª Turma, jul. 11.12.2018, *DJe* 14.12.2018).

20. Os brocardos jurídicos *iura novit curia* e da *mihi factum dabo tibi ius* são aplicáveis às ações rescisórias. "Apesar da ação desconstitutiva ter sido ajuizada com esteio no art. 485, V, do CPC, encontra-se o magistrado autorizado a conferir à hipótese narrada pelo autor a correta qualificação jurídica aos fatos expostos na exordial (decisão rescindenda fundada em suposto erro de fato – art. 485, IX, do CPC [art. 966, VIII, do CPC/2015]). Princípio do *jura novit curia*" (STJ, AR 4.446/SP, Rel. Min. Eliana Calmon, 1ª Seção, jul. 25.08.2010, *DJe* 10.09.2010). **No mesmo sentido:** STJ, REsp 7.958/SP, Rel. Min. Sálvio de Figueiredo Teixeira, 4ª Turma, jul. 01.12.1992, *DJ* 15.02.1993, p. 1.687.

"Os brocardos *iura novit curia* e da *mihi factum dabo tibi ius*, aplicáveis as rescisórias, não impõem ao juiz que confira correto enquadramento legal e emita pronunciamento decisório acerca de todas as circunstâncias fáticas narradas na inicial, mas apenas acerca daquelas invocadas como *causa petendi*" (STJ, REsp 19.992/SP, Rel. Min. Sálvio de Figueiredo Teixeira, 4ª Turma, jul. 13.03.1995, *DJ* 17.04.1995, p. 9.581).

21. Procuração. Poderes específicos. "A ação rescisória, por se tratar de demanda de caráter excepcional (uma vez que tem por escopo a desconstituição de decisão já acobertada pelo manto da coisa julgada), há de ser postulada por representante processual devidamente amparado por mandato judicial que lhe confira poderes específicos para tanto. Em se tratando de ação autônoma, o mandato originário não se estende à proposição de ação rescisória. Os efeitos das procurações outorgadas se exaurem com o encerramento definitivo daquele processo. Exigência que não constitui formalismo extremo, mas cautela que, além de condizente com a natureza especial e autônoma da ação rescisória, visa resguardar os interesses dos próprios autores"

(STF, AR 2.196 AgR, Rel. Min. Dias Toffoli, Tribunal Pleno, jul. 23.06.2010, *DJe* 03.09.2010). **No mesmo sentido:** TACívelRJ, MS 450/94, Rel. Juiz Dauro Ignácio, Órgão Especial, jul. 28.06.1995.

Saneamento da desatualização do mandato. "A propositura de ação rescisória reclama a juntada de **procuração atualizada**, sendo insuficiente a apresentação dos instrumentos de mandatos conferidos na ação originária. O vício da suposta falta de capacidade postulatória é passível de sanação, consoante a jurisprudência pacífica da Corte. É que a ausência de procuração nos autos é sanável nas instâncias ordinárias, por determinação do juiz ou do relator, à luz do disposto no artigo 13, do Código de Processo Civil" (STJ, AgRg no REsp 1.168.065/PR, Rel. Min. Luiz Fux, 1ª Turma, jul. 04.11.2010, *DJe* 18.11.2010).

22. Decadência: Ver jurisprudência do art. 975 do CPC/2015.

23. Rescisória de rescisória. Reiteração. "O sistema processual brasileiro admite o ajuizamento de nova ação rescisória promovida com o objetivo de desconstituir decisão proferida no julgamento de outra ação rescisória. A via excepcional da rescisão do julgado, contudo, não pode ser utilizada com o propósito de reintroduzir, no âmbito de nova ação rescisória, a mesma discussão já apreciada, definitivamente, em anterior processo rescisório" (STF, AR 1.279 ED, Rel. Min. Celso de Mello, Tribunal Pleno, jul. 20.02.2002, *DJ* 13.09.2002). **No mesmo sentido:** STJ, REsp 122.413/GO, Rel. Min. Carlos Alberto Menezes Direito, 3ª Turma, jul. 20.06.2000, *DJ* 09.10.2000; STJ, AR 1.555/PE, Rel. Min. José Arnaldo da Fonseca, 3ª Seção, jul. 12.12.2001, *DJ* 01.04.2002; STJ, AR 192/SP, Rel. Min. Cláudio Santos, 2ª Seção, *DJ* 27.11.1989.

"É possível, em tese, rescisória de rescisória, desde que o acórdão da primeira tenha decidido o mérito da causa" (STJ, EDcl nos EDcl no AgRg na AR 3.577/PE, Rel. Min. Benedito Gonçalves, 1ª Seção, jul. 22.04.2009, *DJe* 04.05.2009).

24. Necessidade de citação de todos os que participaram da ação originária. "Em se tratando de ação rescisória, a demanda deve ser proposta contra todos os que participaram da ação originária, uma vez que a decisão a ser proferida atingirá a todos indistintamente. Ausente a citação de todos os que compunham o litisconsórcio no polo ativo da ação de conhecimento, imperiosa é a decretação da nulidade de toda marcha processual no bojo da ação rescisória" (STJ, REsp 676.159/MT, Rel. Min. Maria Thereza de Assis Moura, 6ª Turma, jul. 12.02.2008, *DJe* 17.03.2008). **No mesmo sentido:** STF, AR 1.519, Rel. p/ acórdão Min. Cármen Lúcia, Tribunal Pleno, jul. 13.05.2009, *DJe* 28.05.2010; STJ, REsp 676.159/MT, Rel. Min. Maria Thereza de Assis Moura, 6ª Turma, jul. 12.02.2008, *DJe* 17.03.2008.

"**O fato das partes terem figurado em polos distintos na ação rescindenda não impede que sejam incluídas no polo passivo da ação rescisória.** Isso porque existem relações jurídicas de direito material subjetivamente complexas, que envolvem três ou mais pessoas – e não apenas duas, uma no polo ativo e outra no polo passivo – ou que, mesmo envolvendo somente duas pessoas, podem projetar reflexos sobre outras relações, que a elas sejam conexas ou delas dependentes" (STJ, REsp 863.890/SC, Rel. Min. Nancy Andrighi, 3ª Turma, jul. 17.02.2011, *DJe* 28.02.2011).

Litisconsórcio ativo facultativo comum. "Tratando-se de sentença proferida em ação proposta mediante litisconsórcio ativo facultativo comum, em que há mera cumulação de demandas suscetíveis de propositura separada, é admissível sua rescisão parcial, para atingir uma ou algumas das demandas cumuladas. Em casos tais, qualquer um dos primitivos autores poderá promover a ação rescisória em relação à sua própria demanda, independentemente da formação de litisconsórcio ativo necessário com os demais demandantes; da mesma forma, nada impede que o primitivo demandado promova a rescisão parcial da sentença, em relação apenas a alguns dos primitivos demandantes, sem necessidade de formação de litisconsórcio passivo necessário em relação aos demais" (STJ, REsp 1.111.092/MG, Rel. Min. Teori Albino Zavascki, 1ª Turma, jul. 28.06.2011, *DJe* 01.07.2011).

25. Ação rescisória utilizada como substitutivo de recurso. "A ação rescisória é daquelas que exigem fundamentos jurídicos de grande exatidão, pois visa desconstituir sentença transitada em julgado. No *iudicium rescindens* não se reforma sentença, por não se confundir a ação específica com recurso" (TJDFT, AR 30.490/DF, Rel. Des. Campos Amaral, 1ª Câmara Cível, jul. 29.06.1994, *DJ* 08.09.1994, p. 10.730).

"O recurso especial interposto no âmbito de ação rescisória deve restringir-se à arguição de eventual afronta aos pressupostos insculpidos no art. 485 do Código de Processo Civil – CPC [art. 966 do CPC/2015], não se revelando como meio processual hábil à discussão dos fundamentos do acórdão rescindendo. Precedentes" (STJ, AgRg no REsp 737.920/PR, Rel. Min. Castro Meira, 2ª Turma, jul. 17.03.2009, *DJe* 14.04.2009).

"Para que se abra ensejo à via especial, deve-se questionar a respeito da transgressão aos artigos do Código de Processo Civil referentes à demanda rescisória (485 a 495) [arts. 966 e 975 do CPC/2015], e não aos dispositivos legais que serviram de suporte à causa de pedir específica de tal ação, sob pena de transformar a via rescisória em reiteração da ordinária" (STJ, REsp 20.999-1/RS, Rel. Min. Sálvio de Figueiredo Teixeira, 4ª Turma, jul. 25.09.1995, *DJ* 16.10.1995, p. 34.666).

26. Revelia. Possibilidade de manejar ação rescisória. "A revelia da parte-ré não a impede de propor ação rescisória, na qual, contudo, não lhe será possível pretender demonstrar serem inverídicos os fatos alegados pela parte autora da precedente ação e tomados como verdadeiros pelo juiz por força do disposto no art. 319 do Estatuto Processual [art. 344 do CPC/2015]. Inviável, em outras palavras, utilizar a rescisória como sucedâneo de contestação" (STJ, REsp 19.992-3/SP, Rel. Min. Sálvio de Figueiredo, 4ª Turma, jul. 13.03.1995, *DJ* 17.04.1995).

27. Restituição ao erário. Valores de natureza alimentar. Descabimento. "Consoante reiterada jurisprudência do STJ, não é devida a restituição ao erário, pelos servidores públicos, de valores de natureza alimentar recebidos por força de sentença transitada em julgado e posteriormente desconstituída em ação rescisória, por estar evidente a boa-fé do servidor" (STJ, AgRg no REsp 1.200.437/RJ, Rel. Min. Humberto Martins, 2ª Turma, jul. 23.11.2010, *DJe* 01.12.2010).

28. Ação anulatória.

a) Competência.

Sentença homologatória de acordo. "O cabimento da ação anulatória está restrito ao reconhecimento de vícios de atos praticados pelas partes ou por outros participantes do processo, ou seja, não se busca a desconstituição de um ato propriamente estatal. A despeito disso, a ação anulatória está intimamente ligada à ação originária em que se deu a homologação, o que implica a acessoriedade daquela em relação a esta, pois há um liame jurídico entre as ações, consubstanciado no fato de a existência da ação anulatória depender da higidez da sentença homologatória. Afirmada a acessoriedade entre as ações, torna-se inafastável a aplicação da regra do art. 61 do CPC/2015, o qual determina que 'a ação acessória será proposta no juízo competente para a ação principal'" (STJ, REsp 2.064.264/PA, Rel. Min. Marco Aurélio Bellizze, 3ª Turma, jul. 22.08.2023, *DJe* 28.08.2023).

"De nosso sistema processual civil retira-se o princípio segundo o qual **compete ao juízo em que se praticou o ato executivo processar e julgar as causas tendentes a desconstituí-lo**" (STJ, CC 40.102/RS, Rel. Min. Teori Albino Zavascki, 1ª Seção, jul. 24.03.2004, *DJ* 19.04.2004, p. 148; *EJSTJ* 39/40). **No mesmo sentido:** STJ, CC 25.435/RJ, Rel. Min. Nilson Naves, 2ª Seção, jul. 12.05.1999, *DJ* 28.06.1999.

Juízo estadual. Compete ao juízo estadual que, no exercício da **competência federal delegada**, promoveu a arrematação do bem, processar e julgar a ação anulatória desse ato executivo, ainda que nela figure como parte passiva a autarquia federal exequente (STJ, CC 40.102/RS, Rel. Min. Teori Albino Zavascki, 1ª eção., jul. 24.03.2004, *DJ* 19.04.2004, p. 148; *EJSTJ* 39/40).

"**A chamada *querela nullitatis insanabilis* é de competência do juízo monocrático**, pois não se pretende a rescisão da coisa julgada, mas apenas o reconhecimento de que a relação processual e a sentença jamais existiram" (STJ, REsp 1.015.133/MT, Rel. p/ Acórdão Min. Castro Meira, 2ª Turma, jul. 02.03.2010, *DJe* 23.04.2010).

b) Legitimidade.

Terceiro interessado. "Considerando a semelhança entre a ação rescisória e a *querela nullitatis*, bem como a ausência de previsão legal desta, as regras concernentes à legitimidade para o ajuizamento da rescisória devem ser aplicadas, por analogia, à ação declaratória de nulidade. Logo, deve ser reconhecida a legitimidade ativa do terceiro juridicamente interessado para propor a *querela nullitatis*, a teor do disposto no inciso II do art. 967 do CPC/2015, sempre que houver algum vício insanável na sentença transitada em julgado. Na hipótese, a ora recorrida, conquanto não tenha figurado no polo passivo da ação de cobrança, em que se busca a nulidade da citação, possui legitimidade para ajuizar a ação declaratória subjacente, por se tratar de terceira juridicamente interessada. Com efeito, o êxito na referida ação de cobrança acabou resultando no ajuizamento posterior de ação reivindicatória pela ora recorrente contra ela, em que se pleiteou a desocupação do imóvel, objeto de hipoteca pelos fiadores na primeira demanda, no qual havia fixado a sua residência. Desse modo, não há violação ao art. 18 do CPC/2015, pois o pleito da recorrida na *querela nullitatis* – de nulidade da citação na aludida ação de cobrança – está autorizado pelo ordenamento jurídico – art. 967, inciso II, do CPC/2015 –, dada a sua nítida condição de terceira juridicamente interessada" (STJ, REsp 1.902.133/RO, Rel. Min. Marco Aurélio Bellizze, 3ª Turma, jul. 16.04.2024, *DJe* 18.04.2024).

c) Cabimento.

Sentença homologatória de partilha em arrolamento. "Sentença meramente homologatória, que se equipara ao ato jurídico. Ato de disposição de direito. Herdeiros que não integraram o processo. Não cabimento de ação rescisória. A via adequada é a ação anulatória. CPC/2015, arts. 966, § 4º, 657 e 658" (TJSP, AR 2104510-74.2016.8.26.0000, Rel. Alexandre Lazzarini, 9ª Câmara de Direito Privado, jul. 21.06.2016, data de registro 21.06.2016).

Sentença meramente homologatória de acordo. "Nos termos da jurisprudência deste Superior Tribunal de Justiça, é cabível ação anulatória em face de sentença meramente homologatória de transação, desde que o magistrado não tenha adentrado no mérito do acordo. Precedentes" (STJ, REsp 1.672.551/PR, Rel. Min. Maria Isabel Gallotti, 4ª Turma, jul. 28.11.2017, *DJe* 04.12.2017).

"A ação anulatória, prevista no art. 486 do Código de Processo Civil [art. 966, § 4º, do CPC/2015], tem cabimento para a desconstituição de atos jurídicos em geral levados a efeito em juízo e alvo de mera homologação judicial. Assim, para que seja utilizada no ataque a sentença transitada em julgado, imperioso é que a atividade exercida pela autoridade judiciária tenha se revestido de caráter meramente secundário, visando apenas conferir oficialidade à vontade manifestada pelos litigantes (acordos, transações etc.) ou a emprestar eficácia ao negócio jurídico realizado em procedimento judicial (arrematação, adjudicação etc.)" (STJ, REsp 1.286.501/GO, Rel. Min. Marco Buzzi, 4ª Turma, jul. 16.02.2012, *DJe* 02.03.2012).

"Proferida sentença de mérito no presente feito homologando transação, esta, não apresentando vício, é perfeitamente válida, não sendo, pois, cabível que outra fosse proferida em seu lugar em virtude da vedação contida no art. 463 do CPC [art. 494 do CPC/2015]. Nula, portanto, a segunda sentença proferida no feito, devendo ser cassada, restabelecendo-se a eficácia da anteriormente proferida. **Ademais, mesmo que houvesse vício na sentença homologatória, deveria ter sido a mesma objeto de ação anulatória, não podendo ser simplesmente desconsiderada**" (TRF-1ª Região, ApCiv 2007.38.00.64-9/MG, Rel. Juiz Fed. Klaus Kuschel, jul. 09.06.2009, *RDCPC* 60/166).

Prolação de sentença homologatória de partilha irrecorrida. Ausência de expedição do formal de partilha. Observação de vício grave, consistente na ausência de citação de litisconsorte necessário. Declaração no bojo do próprio inventário. Possibilidade. Sentença juridicamente inexistente. Inexistência de trânsito em julgado e de coisa julgada material. *Querela nullitatis insanabilis*. "A inexistência jurídica da sentença pode ser declarada em ação autônoma (*querela nullitatis insanabilis*) e também no próprio processo em que proferida, na fase de cumprimento de sentença ou até antes dela, se possível, especialmente na hipótese em que a matéria foi previamente submetida ao crivo do contraditório e não havia a necessidade de dilação probatória. Em virtude dos limites subjetivos da coisa julgada, o formal de partilha será título executivo judicial apenas em relação ao inventariante, aos herdeiros e aos sucessores a título singular ou universal, não alcançando, contudo, terceiros, como o litisconsorte necessário não citado para o inventário" (STJ, REsp 1.857.852/SP, Rel. Min. Nancy Andrighi, 3ª Turma, jul. 16.03.2021, *DJe* 22.03.2021).

Acordo firmado em jurisdição voluntária. "A pretensão de rediscutir acordo firmado em jurisdição voluntária e judicialmente homologado só poderá ser feita por ação própria, nos termos do que dispõe o artigo 486 do Código de Processo Civil" (STJ, AgRg no REsp 1.167.295/SC, Rel. Min. Hamilton Carvalhido, 1ª Turma, jul. 05.10.2010, *DJe* 01.12.2010).

Sentença inexistente juridicamente. "Segundo a teoria da relativização da coisa julgada, haverá situações em que a própria sentença, por conter vícios insanáveis, será considerada inexistente juridicamente. Se a sentença sequer existe no mundo jurídico, não poderá ser reconhecida como tal, e, por esse motivo, nunca transitará em julgado. A nulidade da sentença, em tais hipóteses, deve ser buscada por intermédio da *actio nullitatis*. Não resta dúvida, portanto, que o ajuizamento da presente ação declaratória de nulidade de ato jurídico é um dos meios adequados à eventual desconstituição da coisa julgada" (STJ, REsp 710.599/SP, Rel. Min. Denise Arruda, 1ª Turma, jul. 21.06.2007, *DJ* 14.02.2008). **No mesmo sentido:** TRF-3ª Região, AI 132.509 (2001.03.00.017707-8)/SP, Rel. Des. Fed. Therezinha Cazerta, 4ª Turma, *DJ* 06.09.2002.

Ato jurídico nulo. Desconstituição. "Equívocos processuais que importam na nulidade do *decisum* não autorizam a rescisão do mesmo, pois rescinde-se o que vale. Se o ato jurídico é nulo, precisa ser desconstituído" (TJMG, Ap 2.0000.00.437179-5/000, Rel. Des. Eduardo Mariné da Cunha, 9ª Câmara Cível, jul. 06.08.2004, *DJ* 26.08.2004).

Ausência de citação. "A doutrina e a jurisprudência são unânimes em afirmar que a ausência de citação ou a citação inválida configuram nulidade absoluta insanável por ausência de pressuposto de existência da relação processual, o que possibilita a declaração de sua inexistência por meio da ação *querela nullitatis*" (STJ, REsp 1.015.133/MT, Rel. p/ Acórdão Min. Castro Meira, 2ª Turma, jul. 02.03.2010, *DJe* 23.04.2010). **Em sentido contrário:** "Tem sido admitida a ação rescisória para reconhecimento da nulidade de pleno direito do processo por falta de citação inicial" (STJ, REsp 330.293/SC, Rel. Min. Ruy Rosado de Aguiar, 4ª Turma, jul. 07.03.2002, *DJ* 06.05.2002).

"No caso específico dos autos, em que a ação principal tramitou sem que houvesse citação válida do litisconsórcio passivo necessário, não se formou a relação processual em ângulo. Há, assim, vício que atinge a eficácia do processo em relação ao réu e a validade dos atos processuais subsequentes, por afrontar o princípio do contraditório. Em virtude disto, aquela decisão que transitou em julgado não atinge aquele réu que não integrou o polo passivo da ação. Por tal razão, a nulidade por falta de citação poderá ser suscitada por meio de ação declaratória de inexistência por falta de citação, denominada *querela nullitatis*, que, vale ressaltar, não está sujeita a prazo para propositura, e não por meio de ação rescisória, que tem como pressuposto a existência de decisão de mérito com trânsito em julgado" (STJ, AR 569/PE, Rel. Min. Mauro Campbell Marques, 1ª Seção, jul. 22.09.2010, *DJe* 18.02.2011). **No mesmo sentido:** STJ, REsp 194.029/SP, Rel. Min. Maria Thereza de Assis Moura, 6ª Turma, jul. 01.03.2007, *DJ* 02.04.2007.

Usucapião. Ausência de citação válida do proprietário do imóvel. "A coisa julgada deve ser analisada também pela ótica de seu alcance subjetivo, o que vale dizer que a imutabilidade da sentença, contra a qual não caiba mais recurso, não alcança terceiros que não participaram validamente da formação do título, como no caso. Nesse passo, é plenamente cabível o ajuizamento da ação anulatória a que alude o art. 486 do CPC [art. 966, § 4º, do CPC/2015] com o escopo de anular processo de usucapião no qual não foi realizada citação válida do proprietário do imóvel, correndo todo o processo à sua revelia" (STJ, REsp 725.456/PR, Rel. Min. Luis Felipe Salomão, 4ª Turma, jul. 05.10.2010, *DJe* 14.10.2010). **No mesmo sentido quando não há citação de confrontante:** STJ, REsp 62.853/GO, Rel. Min. Fernando Gonçalves, 4ª Turma, jul. 19.02.2004, *DJ* 01.08.2005.

Desapropriação. Inobservância ao princípio constitucional da "justa indenização". "Se a orientação sedimentada nesta Corte é de afastar a coisa julgada quando a sentença fixa indenização em desconformidade com a base fática dos autos ou quando há desrespeito explícito ao princípio constitucional da 'justa indenização', com muito mais razão deve ser 'flexibilizada' a regra, quando condenação milionária é imposta à União pela expropriação de terras já pertencentes ao seu domínio indisponível, como parece ser o caso dos autos" (STJ, REsp 1.015.133/MT, Rel. p/ Ac. Min. Castro Meira, 2ª Turma, jul. 02.03.2010, *DJe* 23.04.2010).

"**Quando já houver sido expedida a carta de arrematação, bem como quando já transferida a propriedade do bem**, não pode a desconstituição da alienação ser feita nos próprios autos de execução, devendo ser realizada por meio de ação própria, anulatória, nos termos do art. 486 do CPC [art. 966, § 4º, do CPC/2015]" (STJ, REsp 577.363/SC, Rel. Min. Denise Arruda, 1ª Turma, jul. 07.03.2006, *DJ* 27.03.2006, p. 159). **No mesmo sentido:** STJ, AgRg no Ag 945.726/MG, Rel. Min. Maria Thereza de Assis Moura, 6ª Turma, jul. 28.09.2010, *DJe* 18.10.2010. **Obs.:** Cf. art. 903, § 4º, do CPC/2015.

"**Arrematante é litisconsórcio necessário na ação de nulidade da arrematação**, porquanto o seu direito sofrerá influência do decidido pela sentença, que nulifica o ato culminante da expropriação judicial. A ação anulatória de arrematação, na jurisprudência desta Corte, reclama a participação de interessados na controvérsia (arrematante, exequente e executado), que ostentam manifesto interesse jurídico no resultado da demanda, cuja finalidade é desconstituir o ato judicial que favorece o ora recorrente, terceiro prejudicado. Precedentes: RMS 18184/RS, Rel. Ministro Teori Albino Zavaski, *DJ* 25.04.2005; REsp 316441/RJ, Rel. Ministro Antônio de Pádua Ribeiro, *DJ* 21.06.2004; REsp 116879/RS, Rel. Ministro Aldir Passarinho Júnior, *DJ* 17.10.2005" (STJ, REsp 927.334/RS, Rel. Min. Luiz Fux, 1ª Turma, jul. 20.10.2009, *DJe* 06.11.2009). **Obs.:** Cf. art. 903, § 4º, do CPC/2015.

Embargos à adjudicação. "A adjudicação é anulável por ação ordinária, como os atos jurídicos em geral; se, porém, forem apresentados embargos à adjudicação, será necessária ação rescisória para anular a decisão neles proferida" (STJ, REsp 146.260/SP, Rel. Min. Antônio de Pádua Ribeiro, 3ª Turma, jul. 03.05.2005, *DJ* 13.06.2005, p. 286).

Penhora e arrematação. Embargos de terceiro. "A circunstância dos promitentes compradores não terem manejado os respectivos embargos de terceiros para questionar a penhora e a arrematação efetivadas sobre o imóvel em litígio, em processo de execução do qual não fizeram parte, não obsta que tal providência seja pleiteada nas vias ordinárias, mediante a propositura da ação ordinária própria. Precedente" (STJ, REsp 564.944/AL, Rel. Min. Fernando Gonçalves, 4ª Turma, jul. 02.12.2008, *DJe* 20.04.2009).

Ato administrativo do Pleno do Tribunal. "De acordo com o regramento constitucional e legal, os atos administrativos emanados dos Tribunais podem ser impugnados judicialmente pelas vias da ação constitucional do mandado de segurança ou da ação ordinária; ressalvando-se, na segunda hipótese, a vedação contida na Lei nº 8.437/1992, de deferimento, no juízo de primeiro grau, de medida cautelar inominada ou a sua liminar, quando impugnado ato de autoridade sujeita, na via de mandado segurança, à competência originária de tribunal. Segundo o entendimento sufragado na Súmula nº 733/STF, as decisões prolatadas em sede de precatório, por possuírem natureza exclusivamente administrativa, não são passíveis de impugnação por meio de recursos especiais e extraordinários. Sendo evidente que o ato atacado não possui natureza judicial, mas sim administrativa, aplica-se, por analogia, a Súmula nº 733/STF, de modo que **a impugnação do ato deverá ser realizada por meio da ação judicial cabível (no caso, ação ordinária de anulação)**, e não por meio de recurso previsto no Código de Processo Civil" (STJ, REsp 730.947/AC, Rel. Min. Laurita Vaz, 5ª Turma, jul. 16.06.2009, *DJe* 03.08.2009).

Anulação de ato do juiz ou de auxiliares da justiça. "A ação anulatória visa à desconstituição de atos judiciais praticados pelas partes em juízo, dependente ou não de sentença homologatória. O ato processual de que cuida é ato jurídico praticado ou inserido no processo, emanado de declaração da vontade humana. Isso, porque os 'atos judiciais' a que se refere o art. 486 do CPC [art. 966, § 4º, do CPC/2015] são os atos realizados 'em juízo', não os atos do juiz ou dos auxiliares de justiça" (STJ, REsp 1.197.027/RJ, Rel. Min. Humberto Martins, 2ª Turma, jul. 16.09.2010, *DJe* 27.10.2010). **Obs.:** Cf. art. 966, § 4º, do CPC/2015.

d) Não cabimento.

Sentença de mérito válida e eficaz. "No particular, contudo, não se pode deixar de reconhecer que a causa de pedir veiculada na subjacente ação anulatória tratou de matéria própria, unicamente, de ação rescisória, a qual sugere, a toda evidência, a ocorrência de 'erro de fato' ou de 'prova nova'. Logo, a ação anulatória (*querela nullitatis insanabilis*) não se presta a desconstituir sentença de mérito válida e eficaz, proferida em relação processual regularmente constituída, cujo prazo decadencial, *in casu*, há muito escoou" (STJ, REsp 1.782.867/MS, Rel. Min. Marco Aurélio Bellizze, 3ª Turma, jul. 06.08.2019, *DJe* 14.08.2019).

Esgotamento das vias recursais. "A jurisprudência deste Tribunal Superior prega ser inadmissível a ação rescisória ou a ação anulatória do art. 486 do CPC [art. 966, § 4º, do CPC/2015] se a decisão a qual se visa a desconstituir ainda não transitou em julgado, devendo, nesses casos, em que a coisa julgada é inexistente, haver a impugnação por meio das vias recursais pertinentes" (STJ, AgRg no REsp 1.211.331/MG, Rel. Min. Vasco Della Giustina, 3ª Turma, jul. 03.05.2011, *DJe* 11.05.2011).

Sentença injusta. "Admite-se a relativização da coisa julgada material em situações extraordinárias, por exemplo, quando se trata de sentença nula ou inexistente, embora haja, no Superior Tribunal, vozes que não admitem a relativização em hipótese alguma. Em se tratando de sentença injusta, ou melhor, de errônea resolução da questão de fato (erro de fato), como na espécie (é o que se alega e é o que se diz), não é lícito o emprego da ação de nulidade. A admissão, em casos que tais, da *querella nullitatis* contribuiria para descaracterizar, mais e mais, a substância da coisa julgada – a sua imutabilidade" (STJ, REsp 893.477/PR, Rel. Min. Nilson Naves, 6ª Turma, jul. 22.09.2009, *DJe* 19.10.2009).

Sentença homologatória de cálculos. Decisão de mérito. "Restringe-se a controvérsia acerca do cabimento, ou não, da ação declaratória de inexistência de ato jurídico quando o ato atacado trata de sentença homologatória de cálculos. Já decidiu esta Corte que quando a sentença não aprecia o mérito do negócio jurídico de direito material é simplesmente homologatória, e não enseja ação rescisória. No entanto, no caso concreto, a sentença homologou os cálculos apresentados e, portanto, o Juízo com eles expressamente concordou. Tal concordância não significa mera homologação, porquanto a apreciação dos cálculos representa aprovação de seu conteúdo, ou seja, os critérios apontados pelo perito do Juízo. Conclui-se que, na presente hipótese, ocorreu uma decisão de mérito e, portanto, passível de ação rescisória" (STJ, REsp 717.977/MT, Rel. Min. Humberto Martins, 2ª Turma, jul. 06.03.2007, *DJ* 19.03.2007, p. 306).

Arrematação, remição ou adjudicação. "Os atos judiciais que não dependem de sentença, como sói ser a arrematação de bem imóvel em processo executivo, podem ser rescindidos, como os atos jurídicos em geral, nos termos da lei civil. Esta é a expressa dicção do art. 486 do CPC [art. 966, § 4º, do CPC/2015]" (STJ, REsp 810.355/RS, Rel. Min. Luiz Fux, 1ª Turma, jul. 08.04.2008, *DJe* 14.05.2008). **No mesmo sentido:** STJ, REsp 33.694/RS, Rel. Min. Garcia Vieira, 1ª Turma, jul. 05.05.1993, *DJ* 07.06.1993, p. 11.245. **Obs.:** Cf. art. 966, § 4º, do CPC/2015.

Sentença homologatória do auto de demarcação. "Não cabe a ação do art. 486 do Código de Processo Civil [art. 966, § 4º, do CPC/2015] para anular a sentença homologatória do auto de demarcação prevista no art. 966 do Código de Processo Civil" (STJ, REsp 776.242/SC, Rel. Min. Carlos Alberto Menezes Direito, 3ª Turma, jul. 07.12.2006, *DJ* 26.02.2007, p. 586).

Desconstituição da avaliação. "Não cabe ação de anulação prevista no art. 486 do CPC [art. 966, § 4º, do CPC/2015] para desconstituir a avaliação de bem penhorado e arrematado sem oposição do devedor no prazo legal, em homenagem aos princípios da segurança jurídica e da boa-fé" (STJ, REsp 130.588/SP, Rel. Min. Fernando Gonçalves, 4ª Turma, jul. 16.08.2005, *DJ* 05.09.2005, p. 410).

Adoção. "A sentença que decide o processo de adoção possui natureza jurídica de provimento judicial constitutivo, fazendo coisa julgada material, não sendo a ação anulatória de atos jurídicos em geral, prevista no art. 486 do Código de Processo Civil [art. 966, § 4º, do CPC/2015], meio apto à sua desconstituição, sendo esta obtida somente pela via da ação rescisória, sujeita a prazo decadencial, nos termos do art. 485 e incisos do Código de Processo Civil" (STJ, REsp 1.112.265/CE, Rel. Min. Massami Uyeda, 3ª Turma, jul. 18.05.2010, *DJe* 02.06.2010).

29. Anulação de sentença por meio de ação civil pública. "Os defeitos processuais das decisões judiciais são corrigidos por via da ação rescisória, mas os defeitos da base fática que retiram da sentença a sua sedimentação, tornando-a nula de pleno direito ou inexistente, podem ser corrigidos, como os demais atos jurídicos, pela relatividade da coisa julgada nula ou inexistente. Se a sentença transitada em julgado, sofre ataque em sua base fática por parte do Estado, que se sente prejudicado com a coisa julgada, pode o Ministério Público, em favor do interesse público, buscar afastar os efeitos da coisa julgada. O ataque à coisa julgada nula fez-se *incidenter tantum*, por via de execução ou por ação de nulidade. Mas só as partes no processo é que têm legitimidade para fazê-lo. **A ação civil pública, como ação política e instrumento maior da cidadania, substitui com vantagem a ação de nulidade, podendo ser intentada pelo Ministério Público**" (STJ, REsp 445.664/AC, Rel. p/ acórdão Min. Eliana Calmon, 2ª Turma, jul. 15.04.2004, *DJ* 07.03.2005). **No mesmo sentido:** STJ, REsp 1187.297/RJ, Rel. Min. Eliana Calmon, 2ª Turma, jul. 02.09.2010, *DJe* 22.09.2010.

30. Opção entre ação anulatória e ação rescisória. Possibilidade. "A exclusividade da *querela nullitatis* para a declaração de nulidade de decisão proferida sem regular citação das partes, representa solução extremamente marcada pelo formalismo processual. Precedentes. A desconstituição do acórdão rescindendo pode ocorrer tanto nos autos de ação rescisória ajuizada com fundamento no art. 485, V, do CPC/73 [art. 966, V, do CPC/2015] quanto nos autos de ação anulatória, declaratória ou de qualquer outro remédio processual" (STJ, REsp 1.456.632/MG, Rel. Min. Nancy Andrighi, 3ª Turma, jul. 07.02.2017, *DJe* 14.02.2017).

Art. 967. Têm legitimidade para propor a ação rescisória:

I – quem foi parte no processo ou o seu sucessor a título universal ou singular;

II – o terceiro juridicamente interessado;

III – o Ministério Público:

a) se não foi ouvido no processo em que lhe era obrigatória a intervenção;

b) quando a decisão rescindenda é o efeito de simulação ou de colusão das partes, a fim de fraudar a lei;

c) em outros casos em que se imponha sua atuação;

IV – aquele que não foi ouvido no processo em que lhe era obrigatória a intervenção.

Parágrafo único. Nas hipóteses do art. 178, o Ministério Público será intimado para intervir como fiscal da ordem jurídica quando não for parte.

CPC/1973

Art. 487.

REFERÊNCIA LEGISLATIVA

CPC/2015, art. 178 (competência do MP).

Lei nº 8.620/1993 (autarquias).

BREVES COMENTÁRIOS

A parte do processo em que se deu a decisão (art. 967, I) tanto pode ser o autor como o réu e ainda o assistente. O réu da ação rescisória será a parte contrária do processo em que se proferiu a sentença impugnada, ou seus sucessores. A circunstância de ter atuado no processo primitivo um substituto processual, no polo ativo ou passivo, suscita um problema no plano da rescisória: da ação de ataque à coisa julgada deverá participar o substituto ou o substituído? Como o substituto, na forma prevista no art. 18 do CPC/2015, não depende de autorização do substituído para promover a ação de conhecimento e fazer executar a respectiva sentença, também se apresentará como detentor de legitimação própria para promover e sofrer a ação rescisória.

Como, em razão do recurso, o julgamento do tribunal *ad quem* substitui, para todos os efeitos, a decisão recorrida, o objeto da ação rescisória é o acórdão que apreciou o recurso, e não a sentença recorrida. Por terceiro juridicamente interessado só se pode entender aquele que, não sendo parte no feito, tem com uma delas um vínculo jurídico dependente do direito debatido e submetido à coisa julgada. O interesse do terceiro, para autorizar a propositura da ação rescisória, tem de ser o de restaurar o direito subjetivo negado à parte vencida, porquanto sem essa restauração não terá condições de exercer o seu direito (não envolvido no processo) contra a parte sucumbente.

JURISPRUDÊNCIA SELECIONADA

1. Legitimidade ativa (inciso I). "A teor do disposto no art. 487, I, do CPC [art. 967, I, CPC/2015], a legitimidade para integrar o polo ativo da ação rescisória, em princípio, é conferida àqueles que foram partes do processo no qual proferida a sentença rescindenda, e que não foram beneficiados pelo comando judicial. Também os sucessores, a título universal ou singular, estão legitimados a integrar a relação processual já que, em razão da sucessão, passam a ocupar a posição jurídica das partes originárias" (STJ, AR 2.311/SP, Rel. Min. Mauro Campbell Marques, 1ª Seção, jul. 10.11.2010, *DJe* 18.11.2010).

"A revelia da parte-ré não a impede de propor ação rescisória" (STJ, REsp 178.321/SP, Rel. Min. Waldemar Zveiter, 3ª Turma, jul. 30.09.1999, *DJ* 17.12.1999, p. 352).

Morte da parte. "A capacidade de ser parte termina com a morte da pessoa natural. Ação rescisória contra defunto. Óbito anterior à propositura da ação. Inexistência de postulação contra herdeiros ou sucessores. Nulidade decorrente da incapacidade de ser parte" (TRF-5ª Região, AR 01274/RN, Rel. Rivaldo Costa, Tribunal Pleno, jul. 27.05.1998, *DJ* 17.07.1998, p. 168).

Investigação de paternidade cujo genitor é pré-morto. Legitimidade dos herdeiros. "Por se tratar de ação de estado e de natureza pessoal, a ação de investigação de paternidade em que o pretenso genitor biológico é pré-morto deve ser ajuizada somente em face dos herdeiros do falecido, e não de seu espólio, sendo irrelevante o fato de se tratar de rediscussão da matéria no âmbito de ação rescisória, para a qual igualmente são legitimados passivos os sucessores do pretenso genitor biológico, na medida em que são eles as pessoas aptas a suportar as pretensões rescindente e rescisória deduzidas pelos supostos filhos. Em homenagem aos princípios da efetividade do processo, da economia processual e da instrumentalidade das formas, é admissível a emenda à petição inicial para modificação do polo passivo, sem alteração do pedido ou da causa de pedir, mesmo após a contestação do réu. Precedentes. No âmbito da ação rescisória, a admissibilidade de modificações no polo passivo, seja para inclusão de litisconsortes passivos necessários, seja para a substituição de parte ilegítima, deve ser realizada, obrigatoriamente, até o escoamento do prazo bienal para o ajuizamento da ação rescisória, sob pena de se operar a decadência" (STJ, REsp 1.667.576/PR, Rel. Min. Nancy Andrighi, 3ª Turma, jul. 10.09.2019, *DJe* 13.09.2019).

2. Terceiro juridicamente interessado (inciso II). "Tem interesse para a ação rescisória ou o terceiro que, por extensão, sofreu a imutabilidade da coisa julgada, como, por exemplo, o substituído, nos casos de substituição processual, ou aqueles que, em virtude da natureza do inter-relacionamento entre as relações jurídicas (a decidida pela sentença e a sua), não tem, perante o direito material, fundamento para recompor a situação anterior por meio de ação própria" (STJ, REsp 10.220/SP, Rel. Min. Sálvio de Figueiredo Teixeira, 4ª Turma, jul. 23.06.1992, *DJ* 03.08.1992).

"Como de sabença, o terceiro prejudicado, que de há muito é prestigiado pelos ordenamentos mais vetustos e que lhe permitem intervir em qualquer grau de jurisdição, também está habilitado à rescisão da sentença. Para esse fim, o seu legítimo interesse revela-se pela titularidade de relação jurídica conexa com aquela sobre a qual dispôs sentença rescindenda, bem como pela existência de prejuízo jurídico sofrido. A doutrina especializada, ao discorrer acerca da definição de 'terceiro juridicamente interessado', deixa assente que o interesse deste, ensejador da legitimação para propositura da rescisória, não pode ser meramente de fato, vez que, por opção legislativa os interesses meramente econômicos ou morais de terceiros não são resguardados pela norma inserta no art. 487 do CPC [art. 967 do CPC/2015]" (STJ, REsp 867.016/PR, Rel. Min. Luiz Fux, 1ª Turma, jul. 05.05.2009, *DJe* 06.08.2009). **No mesmo sentido:** STJ, REsp 361.630/DF, Rel. Min. Laurita Vaz, 5ª Turma, jul. 04.02.2010, *DJe* 01.03.2010; STJ, REsp 703.441/MG, Rel. Min. João Otávio de Noronha, 4ª Turma, jul. 10.11.2009, *DJe* 23.11.2009.

Fiança concedida sem a outorga uxória. Ação rescisória proposta pela esposa. "A situação da autora, meeira do bem penhorado para garantia de processo de execução de débitos oriundos de avença locatícia, amolda-se perfeitamente à condição de terceiro que possui interesse jurídico – e não apenas econômico – na desconstituição do julgado" (STJ, REsp 361.630/DF, Rel. Min. Laurita Vaz, 5ª Turma, jul. 04.02.2010, *DJe* 01.03.2010).

3. Terceiro estranho à lide. Cumprimento de sentença. Pessoa jurídica distinta daquela que sucedeu a parte ré no processo originário. Legitimidade ativa não configurada. "Nos termos do art. 967 do Código de Processo Civil de 2015, são legitimados para a propositura de ação rescisória quem foi parte no processo ou o seu sucessor a título universal ou singular, o terceiro juridicamente interessado, o Ministério Público e aquele que não foi ouvido no processo em que lhe era obrigatória a intervenção. Hipótese em que os votos proferidos na origem registraram a existência de documento oficial anexado aos autos, emitido pelo Banco Central do Brasil, indicando que Banco Bec S.A. foi incorporado por Alvorada Cartões, Crédito, Financiamento e Investimento S.A., com a sucessão da incorporadora em todos os direitos e obrigações, tendo sido reconhecida a legitimidade ativa do banco autor (Bradesco) por ter sido ele o indicado no pedido de cumprimento de sentença. A legitimidade para a propositura da ação rescisória não pode ser definida a partir da constatação de quem está respondendo, ainda que indevidamente, ao pedido de cumprimento de sentença, senão pela averiguação de quem é diretamente alcançado pelos efeitos da coisa julgada. No caso, o fato de ter sido apresentado pedido de cumprimento de sentença contra Banco Bradesco S.A. não serve ao propósito de lhe conferir legitimidade para a propositura da ação rescisória, nem sequer sob a condição de terceiro interessado, tendo em vista que o interesse capaz de conferir legitimidade ativa ao terceiro é apenas o jurídico, e não o meramente econômico" (REsp 1.844.690/CE, Rel. Min. Ricardo Villas Bôas Cueva, 3ª Turma, jul. 14.02.2023, *DJe* 17.02.2023.)

4. Ministério Público. Legitimidade (inciso III). "O Ministério Público tem legitimidade para propor ação rescisória nos feitos em que atuou como *custos legis*, especialmente quando o interesse público é evidente" (STJ, EAR 384/PR, Rel. Min. João Otávio de Noronha, 1ª Seção, jul. 08.02.2006, *DJ* 06.03.2006, p. 133).

5. Ilegitimidade ativa *ad causam* do Ministério Público. "Não configuradas as hipóteses previstas no art. 487, III, letras 'a' e 'b', do Código de Ritos [art. 967, III, *a* e *b*, do CPC/2015], em processos nos quais figurou o *parquet* estadual como *custos legis*, e tampouco identificada a presença de interesse público indisponível, não se tem como legitimado ativamente o Ministério Público para propor ação rescisória objetivando a desconstituição de sentença proferida em ação em que decretado o divórcio de casal" (STJ, REsp 441.892/AC, Rel. Min. Aldir Passarinho Junior, 4ª Turma, jul. 11.11.2008, *DJe* 01.12.2008).

6. Ilegitimidade da União. "Não tem a União legitimidade para propor ação rescisória de sentença proferida em processo onde não figurou como parte, ainda que tenha a condenação sido proferida contra uma de suas autarquias" (STJ, REsp 265.944/CE, Rel. Min. Fernando Gonçalves, 6ª Turma, jul. 10.04.2001, *DJ* 28.05.2001, p. 218).

7. Rescisão do capítulo dos honorários advocatícios. Legitimidade passiva dos advogados. "Legitimidade passiva dos advogados para figurarem no polo passivo da ação rescisória fundamentada no vício da coisa julgada, em que deduzido pedido de rescisão do capítulo dos honorários" (STJ, REsp 1.457.328/SC, Rel. Min. Paulo de Tarso Sanseverino, 3ª Turma, jul. 26.06.2018, *DJe* 29.06.2018). **No mesmo sentido:** STJ, REsp 1.651.057/CE, Rel. Min. Moura Ribeiro, 3ª Turma, jul. 16.05.2017, *DJe* 26.05.2017.

Art. 968. A petição inicial será elaborada com observância dos requisitos essenciais do art. 319, devendo o autor:

I – cumular ao pedido de rescisão, se for o caso, o de novo julgamento do processo;

II – depositar a importância de cinco por cento sobre o valor da causa, que se converterá em multa caso a ação seja, por unanimidade de votos, declarada inadmissível ou improcedente.

§ 1º Não se aplica o disposto no inciso II à União, aos Estados, ao Distrito Federal, aos Municípios, às suas respectivas autarquias e fundações de direito público, ao Ministério Público, à Defensoria Pública e aos que tenham obtido o benefício de gratuidade da justiça.

§ 2º O depósito previsto no inciso II do *caput* deste artigo não será superior a 1.000 (mil) salários mínimos.

§ 3º Além dos casos previstos no art. 330, a petição inicial será indeferida quando não efetuado o depósito exigido pelo inciso II do *caput* deste artigo.

§ 4º Aplica-se à ação rescisória o disposto no art. 332.

§ 5º Reconhecida a incompetência do tribunal para julgar a ação rescisória, o autor será intimado para emendar a petição inicial, a fim de adequar o objeto da ação rescisória, quando a decisão apontada como rescindenda:

I – não tiver apreciado o mérito e não se enquadrar na situação prevista no § 2º do art. 966;

II – tiver sido substituída por decisão posterior.

§ 6º Na hipótese do § 5º, após a emenda da petição inicial, será permitido ao réu complementar os fundamentos de defesa, e, em seguida, os autos serão remetidos ao tribunal competente.

CPC/1973

Art. 488.

REFERÊNCIA LEGISLATIVA

CPC/2015, art. 968, § 3º (indeferimento da inicial).

Resolução nº 660/2020 do STF (dispõe sobre o depósito prévio em ação rescisória e as multas processuais em agravo interno e embargos de declaração).

SÚMULAS

Súmulas do STF:

nº 249: "É competente o Supremo Tribunal Federal para a ação rescisória quando, embora não tendo conhecido do recurso extraordinário, ou havendo negado provimento ao agravo, tiver apreciado a questão federal controvertida".

nº 515: "A competência para a ação rescisória não é do Supremo Tribunal Federal, quando a questão federal, apreciada no recurso extraordinário ou no agravo de instrumento, seja diversa da que foi suscitada no pedido rescisório".

Súmula do STJ:

nº 175: "Descabe o depósito prévio nas ações rescisórias propostas pelo INSS".

Súmula do TJRJ:

nº 108: "A gratuidade de justiça abrange o depósito na ação rescisória".

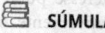

BREVES COMENTÁRIOS

A petição inicial, endereçada ao tribunal, deve satisfazer às exigências comuns de todo pedido inaugural de processo e que são as do art. 319 do CPC/2015. O art. 968 impõe, contudo, duas providências especiais ao autor da rescisória: (i) cumular ao pedido de rescisão, se for o caso, o de novo julgamento do processo originário; (ii) depositar a importância de cinco por cento sobre valor da causa, que se converterá em multa, caso a ação seja, por unanimidade de votos, declarada inadmissível ou improcedente. Denomina-se *judicium rescindens* o enfrentamento do pleito de desconstituição do julgamento primitivo, e *judicium rescissorium*, o novo julgamento da causa, para substituir aquele que for invalidado.

Muito se discutiu, no regime do Código de 1939, sobre a possibilidade de cumulação do *judicium rescindens* com o *judicium rescissorium*. O Código de 1973, no que foi repetido pelo atual CPC, pôs fim à controvérsia, criando não apenas a faculdade, mas instituindo a obrigatoriedade de cumular o autor, em sua petição inicial, as duas pretensões, *i.e.*, a de rescisão da sentença e a de nova solução para a causa, em seu mérito, sempre que for o caso. Aliás, na prática só há três hipóteses em que a cumulação não ocorrerá: (i) a de ofensa à coisa julgada (art. 966, IV), onde a ação rescisória apenas desconstituirá a sentença impugnada; (ii) a de juiz peitado (art. 966, I); e (iii) a de juiz impedido ou absolutamente incompetente (art. 966, II); porque, nos dos últimos casos, toda a instrução do processo será anulada e o feito terá de ser renovado em primeira instância.

Dispõe o art. 968, II, do CPC/2015, assim como o fazia o art. 488, II, do CPC/1973, que o ajuizamento da rescisória deve ocorrer mediante depósito de cinco por cento do valor da causa, para garantir pagamento de multa aplicável no caso de improcedência ou inadmissibilidade da demanda, decretada por unanimidade de votos pelo tribunal competente. Essa exigência, que funciona como pressuposto processual, é afastada quando a rescisória for proposta pela União, Estado, Município, Distrito Federal ou Ministério Público ou pelo beneficiário da assistência judiciária gratuita (art. 968, § 1º, do CPC/2015).

A isenção, estende-se também para as autarquias e fundações de direito público. Por outro lado, o valor da caução, e consequentemente da multa, fica submetido a um teto, não podendo ultrapassar a mil salários mínimos (art. 968, § 2º).

Regra importante, asseguradora do princípio de economia processual e de garantia de efetivo acesso à tutela jurisdicional, foi instituída pelo § 5º: o reconhecimento da incompetência do tribunal a que a rescisória foi endereçada não será motivo de imediata extinção do processo, sem resolução de mérito. Caberá ao Tribunal, ou ao relator, em tal circunstância, intimar o autor "para emendar a petição inicial, a fim de adequar o objeto da ação rescisória", tanto no que diz a identificação correta do decisório rescindendo, quanto ao órgão judicial competente. Corrigido o equivocado endereçamento da ação, os autos serão encaminhados ao tribunal que realmente detém a competência para processar e julgar a rescisória. Trata-se de salutar regra ligada aos princípios de economia processual e de efetividade da prestação jurisdicional. O espírito dominante em todo o atual Código é o do compromisso com a resolução do mérito da causa (art. 4º), que exige um clima de cooperação tanto das partes com o tribunal, como deste com os litigantes (art. 6º). De sorte que todo esforço dos tribunais e juízes deve ser no sentido de superar as deficiências formais e privilegiar sempre a composição das causas pelo mérito.

JURISPRUDÊNCIA SELECIONADA

1. Requisitos da petição inicial (*caput*). "Nos termos do CPC, art. 488 [art. 968 do CPC/2015], a petição da ação rescisória deve atender, além dos requisitos gerais contidos no art. 282 [art. 319 do CPC/2015], alguns outros mais específicos, como o pedido de cumulação do *iudicium rescindens* e do *iudicium rescissorium*, se for o caso, sob pena de inépcia da inicial" (STJ, REsp 264.513/PB, Rel. Min. Edson Vidigal, 5ª Turma, jul. 24.10.2000, *DJ* 04.12.2000, p. 93).

Ver jurisprudência do art. 319 do CPC/2015.

Inovação quanto à causa de pedir. "Impossibilidade de, via rescisória, inovar-se a causa de pedir para dizer que houve violação a legislação não examinada na instância ordinária" (STJ, AR 1.196/GO, Rel. Min. Milton Luiz Pereira, Rel. p/ Acórdão Min. Eliana Calmon, 1ª Seção, jul. 26.03.2003, *DJ* 13.09.2004, p. 163).

Rescisão além do pedido. "Não é rescindível sentença para se dar mais do que foi pedido na ação de origem" (STJ, EDcl no REsp 10.075/ES, Rel. Min. Dias Trindade, 3ª Turma, jul. 12.08.1991, *DJ* 09.09.1991, p. 12.199).

a) Valor da causa.

"O valor da causa em ação rescisória, em regra, deve corresponder ao da ação originária, corrigido monetariamente. No entanto, na hipótese de discrepância entre o valor da causa originária e o benefício econômico obtido, deve prevalecer este último. No caso, a sentença primitiva já foi liquidada, de modo que o valor ali apurado deverá ser atribuído à ação rescisória, tendo em vista que este é o valor perseguido pelo requerente" (STJ, AgInt no REsp 896.571/SE, Rel. Min. Raul Araújo, 4ª Turma, jul. 02.06.2016, *DJe* 17.06.2016). **No mesmo sentido:** STJ, AgInt no AREsp 1.286.416/RS, Rel. Min. Luis Felipe Salomão, 4ª Turma, jul. 30.08.2018, *DJe* 06.09.2018.

"Se for possível identificar o proveito econômico almejado pelo autor com o ajuizamento da ação rescisória, deverá prevalecer referido valor, e não o originalmente atribuído à causa" (STJ, AR 6.000/CE, Rel. Min. Francisco Falcão, Corte Especial, jul. 15.05.2019, *DJe* 23.05.2019).

"Quando a decisão a ser rescindida atesta a improcedência da pretensão inicial, o parâmetro para fixar o valor da causa é aquele declarado na exordial. Precedentes do STJ. É cediço no STJ que o critério do proveito econômico para balizar o valor da demanda é aplicável apenas no caso de procedência do pedido" (STJ, AgRg no AgRg na AR 3.735/PB, Rel. Min. Herman Benjamin, 1ª Seção, jul. 10.11.2010, *DJe* 01.02.2011).

2. Pressupostos processuais. Lei processual vigente ao trânsito em julgado da decisão rescindenda. Declinação de competência proferida à época do CPC/2015. "Os pressupostos processuais da ação rescisória, assim como as respectivas hipóteses de cabimento, devem ser aferidos segundo a lei processual vigente ao tempo do trânsito em julgado da decisão rescindenda, ao passo que, sobrevindo lei adjetiva nova no curso da demanda, os atos futuros ainda não iniciados submeter-se-ão à *novatio legis*, consoante preconiza o sistema do isolamento dos atos processuais adotado pela jurisprudência desta Corte Superior e positivado nos arts. 1.211 do CPC/1973 e 14 e 1.046 do CPC/2015. Não obstante a presente ação rescisória tenha sido proposta sob a égide do diploma processual revogado, o julgamento de extinção do processo sem resolução de mérito pelo TJMS, em virtude de incompetência, se deu à luz do CPC/2015, de forma a incidir a lei nova e, por conseguinte, o atendimento à providência do art. 968, §§ 5º e 6º, do CPC/2015, por configurar regra de procedimento, que deve ser observada quando houver dúvida fundada acerca da competência, como na hipótese. De rigor, assim, a devolução dos autos ao Tribunal de Justiça do Estado de Mato Grosso do Sul para que seja oportunizado ao autor a emenda da inicial e, posteriormente, ao réu a complementação dos argumentos de defesa, com a subsequente remessa do feito a esta Corte Superior para processamento e julgamento da ação rescisória em comento" (STJ, REsp 1.756.749/MS, Rel. Min. Marco Aurélio Bellizze, 3ª Turma, jul. 24.11.2020, *DJe* 03.12.2020).

3. Cumulação dos pedidos de rescisão e de novo julgamento (inciso I). "Embora preveja expressamente o art. 488, I, do CPC [art. 968, I, do CPC/2015] a obrigatoriedade do autor de cumular o pedido de rescisão e, se for o caso, de novo julgamento, a cumulação de pedidos não é exigência formal absoluta, devendo ser abrandado o rigor do referido dispositivo. Considera-se implicitamente requerido o novo julgamento da causa, desde que seja decorrência lógica da desconstituição da sentença ou do acórdão rescindendo" (STJ, REsp 783.516/PB, Rel. Min. Eliana Calmon, 2ª Turma, jul. 19.06.2007, *DJ* 29.06.2007). **Em sentido contrário:** "A cumulação dos pedidos do *iudicium rescindens* e do *iudicium rescissorium*, prevista no art. 488, I, do CPC [art. 968, I, do CPC/2015], ressalvados os casos em que não é cabível (como, por exemplo, os de ação rescisória proposta com fulcro nos incisos II ou IV do art. 485 do CPC [art. 966, II ou IV, CPC/2015]), é obrigatória, não se podendo considerar como implícito o pedido de novo julgamento, tendo em vista que o *caput* daquele dispositivo dispõe, expressamente, que o autor deve formular ambos os requerimentos na inicial" (STJ, REsp 386.410/RS, Rel. Min. Felix Fischer, 5ª Turma, jul. 13.04.2004, *DJ* 14.06.2004).

Oportunidade de emenda à inicial. "Na ação rescisória, faltando o pedido de novo julgamento, quando este se revele obrigatório, cabe ao relator, nos termos do art. 284 do CPC [art. 321 do CPC/2015], determinar a intimação do autor para que emende a petição inicial e, aí, formule a pretensão ausente. Apenas após o transcurso do prazo estabelecido para que o autor emende a inicial, sem que este o tenha feito, é que poderá o relator indeferir a petição inicial" (STJ, AgRg no REsp 1.227.735/RS, Rel. Min. Humberto Martins, 2ª Turma, jul. 22.03.2011, *DJe* 04.04.2011).

4. Documento ou prova falsos. Novo julgamento da causa (inciso I). "Se a *causa petendi* da sentença rescindenda apoia-se em fatos, provas ou documentos tidos como falsos no *iudicium rescissorium*, neste impõe-se novo julgamento da causa. Inteligência do artigo 488, I, do CPC [art. 968, I, CPC/2015]" (STJ, REsp 9.135/SP, Rel. Min. Waldemar Zveiter, 3ª Turma, jul. 17.03.1992, *DJ* 06.04.1992).

5. Depósito prévio (Inciso II).

a) Finalidade. "O depósito inicial da ação rescisória possui dupla finalidade. Visa reprimir excessivo ajuizamento de ações e sancionar o abuso do direito. Não assume, por conseguinte, caráter indenizatório (compensar o réu por eventuais prejuízos). Esses dois fundamentos demonstram que o depósito inicial somente será perdido nas situações que a norma jurídica expressamente indicar como geradoras da sanção, o que demonstra serem taxativas as hipóteses da parte final do artigo 494 do Código de Processo Civil" (STJ, REsp 754.254/RS, Rel. Min. Castro Meira, 2ª Turma, jul. 21.05.2009, *DJe* 01.06.2009). **Com a finalidade de impedir o ajuizamento de ações injustificadas:** STJ, EAR 568/SP, Rel. Min. Francisco Falcão, 1ª Seção, jul. 14.11.2001, *DJ* 18.02.2002.

Desestímulo a ações temerárias. "'O depósito previsto no inciso II do art. 488 do CPC de 1973 – vigente à época da propositura da ação – e mantido no novel Código de Processo Civil no art. 968, II –, por se reverter em multa a favor do réu nas hipóteses em que a ação rescisória é julgada inadmissível ou improcedente por unanimidade de votos, ostenta nítido caráter sancionatório e tem por escopo desestimular o ajuizamento temerário de ações rescisórias, constituindo instrumento repressivo ao abuso no exercício do direito de ação' (AR 4.522/RS, Rel. Ministro Luis Felipe Salomão, Segunda Seção, julgado em 24/5/2017, *DJe* 2/8/2017)" (STJ, AgInt no AREsp 1.330.684/SP, Rel. Min. Maria Isabel Gallotti, 4ª Turma, jul. 02.04.2019, *DJe* 08.04.2019).

b) Requisito de procedibilidade. Dinheiro. Realização por outros meios. Impossibilidade. "O ajuizamento de ação rescisória pressupõe a demonstração efetiva, concreta e objetiva de seus requisitos legais, também o cumprimento da condição de procedibilidade prevista no art. 968, inciso II, do CPC/15, consubstanciada na necessidade de o autor realizar o depósito judicial da importância de 5% (cinco) por cento sobre o valor da causa, o qual se converterá em multa caso a ação seja, por unanimidade de votos, declarada inadmissível ou improcedente. A exegese do referido artigo impõe que o preceito seja inexoravelmente interpretado como dinheiro em espécie, a fim de salvaguardar a segurança jurídica e a natureza excepcional da demanda. A admissão de meios alternativos deturparia o objetivo primário do preceito legal, qual seja, o desestímulo ao ajuizamento temerário e desmedido do pleito rescisório" (STJ, REsp 1.871.477/RJ, Rel. Min. Marco Buzzi, 4ª Turma, jul. 13.12.2022, *DJe* de 16.02.2023).

6. Levantamento do depósito pelo autor

a) Indeferimento da petição inicial. "A exegese do referido normativo impõe a observância dos critérios legais e objetivos definidos pelo legislador ordinário, consistentes no exame colegiado da questão, com a deliberação proferida por unanimidade de votos, julgando improcedente ou inadmissível o pleito rescisório. Extinta a ação rescisória, por indeferimento da petição inicial, sem apreciação do mérito, por meio de deliberação monocrática, o relator poderá facultar, ao autor, o levantamento do depósito judicial previsto no art. 968, II, do CPC/15. Precedentes da Segunda Seção" (STJ, AgInt na AR 7.237/DF, Rel. Min. Marco Buzzi, 2ª Seção, jul. 10.08.2022, *DJe* 18.08.2022).

Renúncia ao direito não pode ser equiparado à improcedência da ação. "No caso dos autos, renúncia ao direito de ação, o depósito inicial deve ser levantado pelo autor, consoante determinado pelo Tribunal de origem. A renúncia não pode ser equiparada ao julgamento de improcedência unânime para a reversão do depósito" (STJ, REsp754.254/RS, Rel. Min. Castro Meira, 2ª Turma, jul. 21.05.2009, *DJe* 01.06.2009).

b) Decisão por maioria de votos. "'Cuidando-se, como é o caso, de acórdão proferido por maioria de votos (e não à unanimidade), não incide a hipótese prevista no art. 974, parágrafo único, do CPC, permitindo-se à parte autora levantar o depósito judicial de que cuida o art. 968, II, do mesmo Codex' (EDcl na AR 5.805/RS, Rel. Sérgio Kukina, Primeira Seção, julgado em 27/11/2019, *DJe* 02/12/2019)" (STJ, AgInt na ExeAR 4.231/PR, Rel. Min. Benedito Gonçalves, 1ª Seção, jul. 16.03.2021, *DJe* 19.03.2021).

c) Valor irrisório. "O depósito de 5% é requisito de admissibilidade da ação rescisória, não podendo o magistrado quedar-se inerte em razão do claro desrespeito ao disposto no art. 488, II, do CPC [art. 968, II, do CPC/2015], sob pena de banalizar o instrumento rescisório e abalar a segurança social advinda da coisa julgada. Admitir depósito irrisório é afastar, pela porta dos fundos, a multa na hipótese de a ação ser declarada inadmissível ou improcedente, por unanimidade, negando-se eficácia ao disposto no CPC e aviltando-se a atividade jurisdicional refletida nas decisões transitadas em julgado" (STJ, AgRg na AR 3.466/SP, Rel. Min. Herman Benjamin, 1ª Seção, jul. 08.08.2007, *DJe* 15.06.2009).

d) Fazenda Pública. "Na ação rescisória movida pela fazenda pública o depósito prévio deixa de ser condição de procedibilidade e fica desvestido da sua função inibidora na multiplicidade de acionamento judicial. Goza a atividade fazendária de ínsita presunção de que procede com seriedade e necessidade, circunstâncias que elidem as considerações para a exigência do deposito" (STJ, REsp 4.999/SP, Rel. Min. Milton Luiz Pereira, 1ª Turma, jul. 01.06.1995, *DJ* 19.06.1995, p. 18.634).

e) Autarquia (INSS). "Nas ações de autoria do INSS, descabe a exigência do art. 488, par. único, do CPC [art. 968, § 1º, do CPC/2015], consoante a afinidade da matéria para com o disposto no art. 8 da Lei 8.620/93" (STJ, REsp 54.451/SC, Rel. Min. José Dantas, 5ª Turma, jul. 09.11.1994, *DJ* 28.11.1994, p. 32.634). **No mesmo sentido:** STJ, REsp 75.970/SC, Rel. Min. Cid Flaquer Scartezzini, 5ª Turma, jul. 29.11.1995, *DJ* 05.02.1996, p. 1.422.

f) Beneficiário da justiça gratuita. "A fim de se resguardar o direito constitucional de livre acesso ao Poder Judiciário em igualdade de condições, é inexigível o depósito de que trata o art. 488, II, do CPC [art. 968, II, do CPC/2015] ao beneficiário da justiça gratuita" (STJ, REsp 1.052.679/RS, Rel. Min. Nancy Andrighi, 3ª Turma, jul. 08.06.2010, *DJe* 18.06.2010). **No mesmo sentido:** AR 3.828/SP, Rel. Min. Felix Fischer, 3ª Seção, jul. 28.04.2010, *DJe* 07.05.2010.

7. Depósito prévio. Reversão em favor do réu. Ver jurisprudência do art. 974 do CPC/2015.

8. Multa (inciso II). "A multa dos arts. 488 e 494, do CPC [arts. 968 e 974 do CPC/2015], não possui caráter indenizatório, mas apenas repressivo ao abuso no exercício do direito de ação. Neste contexto, ao excluir a União do depósito prévio em tela, a legislação ratificou aos Entes Públicos a presunção de observância aos procedimentos legais e éticos, compatíveis com os deveres e atributos da Administração Pública" (STJ, EAR 568/SP, Rel. Min. Francisco Falcão, 1ª Seção, jul. 14.11.2001, *DJ* 18.02.2002).

"A multa prevista no art. 488, II, do CPC [art. 968, II, do CPC/2015] deve ser calculada sobre o valor da causa, correspondente ao benefício econômico pretendido pela autora. Precedentes do STJ" (STJ, AgRg na AR 3.466/SP, Rel. Min. Herman Benjamin, 1ª Seção, jul. 08.08.2007, *DJe* 15.06.2009).

9. Ação rescisória julgada improcedente por maioria de votos. Depósito complementar. Desnecessidade. "Tendo sido julgada improcedente a ação rescisória, por maioria de votos, e não por unanimidade, na mesma sessão de julgamento em que foi dado parcial provimento a impugnação ao valor da causa, torna-se descabida a exigência de realização do depósito complementar, em respeito aos princípios da celeridade e da efetividade processual. Inteligência do art. 488, II, do CPC [art. 968, II, do CPC/2015]" (STJ, EDcl na Pet 5.541/SP, Rel. Min. Arnaldo Esteves Lima, 3ª Seção, jul. 14.10.2009, *DJe* 11.02.2010).

10. Incompetência absoluta do Tribunal de Justiça Estadual. Emenda da inicial. "Constatada a incompetência absoluta do tribunal perante o qual a rescisória foi ajuizada (pois indicada como rescindível decisão de mérito que fora substituída por outra de tribunal superior), deve o relator determinar a emenda da inicial para adequação do objeto da ação e a posterior remessa dos autos ao juízo competente para apreciação da demanda" (STJ, AgInt nos EDcl no REsp 1611431/MT, Rel. Min. Luis Felipe Salomão, 4ª Turma, jul. 28.11.2017, *DJe* 01.12.2017).

Art. 969. A propositura da ação rescisória não impede o cumprimento da decisão rescindenda, ressalvada a concessão de tutela provisória.

CPC/1973

Art. 489.

REFERÊNCIA LEGISLATIVA

Lei n.º 8.212/91 (dispõe sobre a organização da Seguridade Social, institui o Plano de Custeio e dá outras providências), art. 71, parágrafo único (autoriza a concessão de liminar para suspender a execução do julgado rescindendo em caso de fraude ou erro material comprovado).

Medida Provisória n.º 2.180-35/2001, art. 15 (aplica-se à rescisória o poder geral de cautela).

BREVES COMENTÁRIOS

A propositura da ação rescisória nenhuma consequência tem sobre a exequibilidade da sentença impugnada. A regra, aliás, é da tradição de nosso direito. Admitir-se o contrário seria violar a garantia constitucional da intangibilidade da coisa julgada enquanto não desconstituída a sentença. Em caso de gravidade acentuada e de manifesta relevância da pretensão de rescindir a sentença contaminada por ilegalidade, a jurisprudência tem admitido, com acerto, tutela provisória com o fito de suspender, liminarmente, a exequibilidade do julgado rescindendo. Tornou-se, enfim, pacífico que a sentença, por se revestir da autoridade de coisa julgada, não gera efeitos imunes às medidas preventivas manejáveis em torno da ação rescisória.

O art. 969 do CPC/2015, aliás, é expresso ao afirmar que o fato de o ajuizamento da ação rescisória não impedir o cumprimento da sentença ou acórdão rescindendo não exclui "a concessão da tutela provisória". O que a regra do art. 969 deixa claro é que o simples ajuizamento da rescisória não tem o condão de suspender a execução da decisão nela atacada. Uma vez, porém, que os pressupostos da tutela provisória se façam presentes, claro é que a competente medida de urgência haverá de ser tomada, para impedir que o resultado da ação rescisória perca sua utilidade para a parte e para a própria jurisdição. As tutelas emergenciais não são simples faculdades do órgão judicial; são necessidades inafastáveis do acesso à justiça, quando seus pressupostos se configuram. Não deferi-las, nesses casos, seria uma verdadeira denegação da tutela jurisdicional assegurada constitucionalmente.

JURISPRUDÊNCIA SELECIONADA

1. Tutela provisória. "A concessão da tutela antecipada em sede de ação rescisória está condicionada à presença cumulada dos requisitos autorizadores da medida extrema, que se traduzem no *fumus boni iuris* e no *periculum in mora*, de modo que somente pode ser deferida quando ficarem demonstrados, no caso concreto, a probabilidade do direito alegado e a presença do perigo de dano ou risco ao resultado útil do processo, pressupostos que podem ensejar a procedência do pedido veiculado na ação rescisória. Circunstâncias inexistentes na presente hipótese" (STJ, AgInt na AR 6.542/DF, Rel. Min. Marco Buzzi, 2ª Seção, jul. 03.12.2019, *DJe* 11.12.2019).

Caráter excepcional. "O pedido de tutela antecipada ou de liminar em ação rescisória deve ser examinado com especial cautela diante da necessidade de se conservar a autoridade da coisa julgada, somente devendo ser concedida a medida em casos excepcionais em que a verossimilhança da alegação seja patente e houver sério risco de irreversibilidade do dano oriundo da execução da decisão rescindenda, nos termos do art. 969 do Código de Processo Civil de 2015" (STJ, AgInt na AR 6.224/DF, Rel. Min. Francisco Falcão, Corte Especial, jul. 15.08.2018, *DJe* 28.08.2018).

2. Antecipação dos efeitos da tutela.

Posição do STF. "Ação rescisória – tutela antecipada. Descabe, em mitigação precária e efêmera da coisa julgada, de envergadura constitucional, implementar, na rescisória, tutela antecipada" (STF, AR 2.125 AgR, Rel. Min. Marco Aurélio, Tribunal Pleno, jul. 14.05.2014, *DJe* 07.08.2014). **A excepcionalidade da medida antecipatória, porém, foi admitida na votação do acórdão**, já que, segundo o relator, "Não se pode vislumbrar relevância em situação concreta na qual órgão do Supremo assentou certo entendimento, isso para, na via da rescisória, implementar tutela antecipada", com o que concordou o vogal Min. Luiz Roberto Barroso: "eu concordo com o eminente Relator que, em ação rescisória, a concessão de tutela antecipada é medida excepcionalíssima".

3. Cautelar para garantir eficácia à coisa julgada. "Não possui a garantia constitucional da coisa julgada valor absoluto capaz de opor-se à legitimidade do instituto da ação rescisória ou medida cautelar destinada a garantir-lhe a eficácia" (STF, AgRg no AI 216.676-2/RS, Rel. Min. Octavio Gallotti, 1ª Turma, jul. 25.08.1998, *DJ* 20.11.1998, p. 6).

4. Suspensão da execução. "A ação rescisória do julgado revela nítido caráter prejudicial em relação ao cumprimento do aresto rescindendo, o que, por si só, na avaliação *quantum satis* do juízo poderia conduzi-lo à suspensão por prejudicialidade da efetivação da decisão judicial (artigo 265, I a III, do CPC) [art. 313, I a III, do CPC/2015]. (...) Deveras, a aplicação subsidiária da regra da execução extrajudicial ao cumprimento da sentença, torna incidente o artigo 791, do Codex Processual [art. 921 do CPC/2015], que determina a suspensão da execução nos mesmos casos em que se susta a marcha do processo de conhecimento (artigos 791, II, c/c 475-R, ambos do CPC)" (STJ, REsp 900.888/PR, Rel. Min. Luiz Fux, 1ª Seção, jul. 12.03.2008, *DJe* 31.03.2008). **No mesmo sentido:** STJ, REsp 926.843/PR, Rel. Min. Mauro Campbell Marques, 2ª Turma, jul. 28.09.2010, *DJe* 15.10.2010.

"A competência para determinar a suspensão da execução do julgado, com fundamento no ajuizamento de ação rescisória, é exclusiva do Tribunal competente para apreciar a referida ação" (STJ, REsp 742.644/SP, Rel. Min. Franciulli Netto, 2ª Turma, jul. 01.09.2005, *DJ* 06.03.2006, p. 340). **Obs.:** cf. art. 932, II, do CPC/2015, que atribui competência ao relator para apreciar o pedido de tutela provisória nos recursos e nos processos de competência originária dos tribunais.

Art. 970. O relator ordenará a citação do réu, designando-lhe prazo nunca inferior a 15 (quinze) dias nem superior a 30 (trinta) dias para, querendo, apresentar resposta, ao fim do qual, com ou sem contestação, observar-se-á, no que couber, o procedimento comum.

CPC/1973

Art. 491.

REFERÊNCIA LEGISLATIVA

CPC/2015, arts. 347 a 353 (providências preliminares e saneamento), 354 e 355 (julgamento conforme o estado do processo).

SÚMULAS

Súmula do STJ:

nº 106: "Proposta a ação no prazo fixado para o seu exercício, a demora na citação, por motivos inerentes ao mecanismo da justiça, não justifica o acolhimento da arguição de prescrição ou decadência".

BREVES COMENTÁRIOS

Verificando o relator que a petição inicial está em ordem ou que já foram sanadas as irregularidades eventualmente encontradas, mandará citar o réu, com observância das regras comuns de convocação do demandado (mandado, edital etc.). O prazo de resposta do réu é fixado pelo relator, mas não poderá ser inferior a quinze dias nem superior a trinta. Na resposta, o demandado poderá defender-se amplamente, tanto por meio de contestação, como reconvenção. Findo o prazo de defesa, com ou sem resposta, o feito prosseguirá com observância do procedimento comum, funcionando o relator em posição equivalente ao juiz de primeiro grau.

A não contestação da ação rescisória, no prazo assinado ao réu pelo relator, não acarreta a presunção prevista no art. 344 e, tampouco, leva ao julgamento antecipado da lide, nos termos do art. 355, II. Sendo a coisa julgada questão de ordem pública, a revelia do demandado em ação rescisória é inoperante e não dispensa o autor do ônus de provar o fato em que se baseia sua pretensão (art. 345, II).

É que o objeto imediato da ação rescisória não é propriamente a lide outrora existente entre as partes e que já foi composta pela decisão rescindenda. O que se ataca na ação rescisória é a decisão, ato oficial do Estado, e que se acha sob o manto da *res iudicata*. Apenas mediatamente, *i.e.*, por reflexo, é que será atingida a situação jurídica das partes emergentes da antiga lide.

Sobre o objeto imediato da ação rescisória inexiste disponibilidade das partes. Logo, não pode ocorrer confissão, transação ou disposição de qualquer outra forma. Diante da indisponibilidade sobre o objeto da causa, não cabe, na rescisória, a audiência de conciliação ou de mediação de que trata o art. 334.

Pela mesma razão, não é admissível o reconhecimento da procedência do pedido rescisório pelo réu, com as consequências a que alude o art. 487, III, "a", posto que o ato de vontade incidiria sobre bem jurídico indisponível.

Assim, o julgamento antecipado da lide, em ação rescisória, só será possível quando "não houver necessidade de produção de outras provas" (art. 355, I), tal como se dá nos casos em que a controvérsia gira apenas em torno de elementos documentais ou de questões puramente de direito.

JURISPRUDÊNCIA SELECIONADA

1. Prazo para contestação. "Se a juntada da carta de ordem citatória em ação rescisória não foi cientificada às partes mediante publicação no órgão oficial e se a parte requerida, antes dessa juntada, pedira que lhe fosse aberta vista do processo para defesa, dessa abertura de vista é que começa a fluir o prazo para contestação" (TJMG, AR 1.035, Rel. Des. Valle da Fonseca, jul. 29.04.1987, *RT* 627/193).

"A regra do artigo 188 do Código de Processo Civil [art. 180 do CPC/2015], referente à dilação de prazos processuais, é aplicável ao prazo de resposta para a ação rescisória" (STJ, REsp 363.780/RS, Rel. Min. Paulo Gallotti, 6ª Turma, jul. 27.08.2002, *DJ* 02.12.2002).

2. Efeitos da revelia. "Em observância ao princípio da preservação da coisa julgada não incidem sobre a rescisória os efeitos da revelia previstos no art. 319 do CPC [art. 344 do CPC/2015]" (STJ, AR 3.341/SP, Rel. Min. Arnaldo Esteves Lima, 3ª Seção, jul. 14.12.2009, *DJe* 01.02.2010).

Confissão *ficta*. "Na ação rescisória não incide a confissão ficta com efeitos de revelia. Desconstitui-se a coisa julgada, por isso os direitos discutidos inserem-se na indisponibilidade impeditiva da confissão" (TJRJ, AR 625, Rel. Des. Pedro Américo, 1º Gr. de Câms; *Adcoas*, 1986, nº 108.771).

3. Citação dos litisconsortes. Necessidade. "É pressuposto processual para o desenvolvimento da ação rescisória, a citação dos litisconsortes, **em tempo hábil"** (STJ, AgRg no REsp 617.072/SP, Rel. Min. Humberto Gomes de Barros, 3ª Turma, jul. 09.08.2007, *DJ* 27.08.2007).

Ver jurisprudência do art. 966 do CPC/2015.

4. Demora na citação do réu. Inexistência de prescrição ou decadência. "A afirmação pelo Tribunal *a quo* de que a demora na citação dos réus não foi causada pela autora da ação rescisória, atrai a incidência do Enunciado 106 da Súmula desta Corte, que ensina: 'Proposta a ação no prazo fixado para o seu exercício, a demora na citação, por motivos inerentes ao mecanismo da justiça, não justifica o acolhimento da arguição de prescrição ou decadência'" (STJ, AgRg no REsp 286.297/RS, Rel.ª Min.ª Maria Thereza de Assis Moura, 6ª Turma, jul. 25.03.2008, *DJe* 05.05.2008).

Art. 971. Na ação rescisória, devolvidos os autos pelo relator, a secretaria do tribunal expedirá cópias do relatório e as distribuirá entre os juízes que compuserem o órgão competente para o julgamento.

Parágrafo único. A escolha de relator recairá, sempre que possível, em juiz que não haja participado do julgamento rescindendo.

CPC/1973

Art. 553.

BREVES COMENTÁRIOS

A ação rescisória inclui-se no rol dos procedimentos de competência originária dos tribunais. Seu julgamento se dá, portanto, em uma única instância.

A petição inicial é endereçada ao próprio tribunal que proferiu o acórdão rescindendo ou ao tribunal de segundo grau de jurisdição no caso de sentença de juiz de primeiro grau. E será escolhido um relator que, sempre que possível, será juiz que não haja participado do julgamento rescindendo (CPC/2015, art. 971, parágrafo único).

A inobservância do preceito, contida no parágrafo único do art. 971, não acarreta nulidade, uma vez que não contém um comando imperativo, mas apenas um critério de preferência.

A ação rescisória é processada perante o próprio tribunal que proferiu o acórdão rescindendo ou no tribunal de segundo grau de jurisdição no caso de sentença de juiz de primeiro grau. E será escolhido um relator que, sempre que possível, será juiz que não haja participado do julgamento rescindendo (parágrafo único).

Art. 972. Se os fatos alegados pelas partes dependerem de prova, o relator poderá delegar a competência ao órgão que proferiu a decisão rescindenda, fixando prazo de 1 (um) a 3 (três) meses para a devolução dos autos.

CPC/1973

Art. 492.

BREVES COMENTÁRIOS

Se houver necessidade de produção de provas (perícias, testemunhas, depoimentos pessoais etc.), o relator poderá delegar a competência ao órgão que proferiu a decisão rescindenda, marcando prazo de um a três meses para a devolução dos autos (art. 972). A regra, que é um pouco diferente da que constava do art. 492 do CPC/1973, é facilmente compreensível quando se trata de rescisão em curso perante tribunal de segundo grau, sobre sentença prolatada em primeira instância. Quando, porém, o objeto da rescisória for acórdão de tribunal de segundo grau, a delegação de instrução ao "órgão que proferiu a decisão rescindenda" enfrentará dificuldades operacionais graves, pois dito órgão não dispõe, ordinariamente, de estrutura para colher depoimentos pessoais e realizar perícias. Melhor, porém, é ver no art. 972 do CPC/2015 uma regra de possibilidade a ser aplicada conforme as particularidades do caso, sem, pois, imposição absoluta.

Releva notar, a propósito principalmente de provas orais, que as testemunhas, em regra, não estão sujeitas a deslocamentos onerosos para serem ouvidas fora do juízo de seu domicílio. O meio normal previsto pelo Código, para contornar o problema, é o mecanismo da cooperação nacional entre os órgãos jurisdicionais, por meio das cartas precatória ou de ordem, entre cujas destinações legais figura justamente "a obtenção de provas e a coleta de depoimentos", fora da sede do juízo da causa (CPC/2015, art. 69, § 2º, II). Portanto, quando a instrução da rescisória envolver coleta de tais provas e os depoentes residirem fora da sede do tribunal, o instrumento a ser utilizado pelo relator haverá de ser a carta de ordem, endereçada ao juiz de primeiro grau que jurisdicione o local de residência da testemunha. O mesmo pode, em determinadas circunstâncias, ser aplicado à prova pericial.

A prova documental, contudo, deve sempre ser produzida perante o próprio tribunal da ação rescisória.

JURISPRUDÊNCIA SELECIONADA

1. Perícia. Rejulgamento da causa. "A pretensão de que se faça perícia no curso da rescisória, já que não realizada em primeiro grau, importaria, se acolhida, no rejulgamento da causa ou no prejulgamento da decisão rescindenda" (STJ, AgRg na AR 196/MG, Rel. Min. Américo Luz, 1ª Seção, jul. 08.08.89, *RSTJ* 3º/691).

2. Produção de provas. "A produção de provas está vinculada à livre convicção do magistrado, nos termos do artigo 130 do Código de Processo Civil [art. 370 do CPC/2015], segundo o qual 'Caberá ao juiz, de ofício ou a requerimento da parte, determinar as provas necessárias à instrução do processo, indeferindo as diligências inúteis ou meramente protelatórias', e constitui meio auxiliar do juízo e, não, das partes, impondo-se o indeferimento do pedido de complementação da prova pericial quando a ação rescisória já se encontra instruída com farta documentação, suficiente ao exame da ação" (STJ, AgRg na AR. 746/SP, Rel. Min. Hamilton Carvalhido, 1ª Seção, jul. 09.06.2010, *DJe* 18.06.2010).

3. Prova documental. "Ressalte-se que o comando previsto no artigo 492 do Código de Processo Civil [art. 972 do CPC/2015] não guarda relação com a prova documental que competia aos requeridos trazer para os autos, uma vez que, em geral, a contestação deve ser ofertada 'com os documentos destinados a provar-lhe as alegações' (art. 396, CPC)" (STJ, AR 419/DF, Rel. Min. Franciulli Netto, 1ª Seção, jul. 24.10.2001, *DJ* 13.05.2002).

Art. 973. Concluída a instrução, será aberta vista ao autor e ao réu para razões finais, sucessivamente, pelo prazo de 10 (dez) dias.

Parágrafo único. Em seguida, os autos serão conclusos ao relator, procedendo-se ao julgamento pelo órgão competente.

CPC/1973

Art. 493.

REFERÊNCIA LEGISLATIVA

Regimento Interno do STF, arts. 259 a 262 (competência do STF).

Regimento Interno do STJ, arts. 233 a 238 e 260 (processamento da ação rescisória no STJ).

CF, arts. 105, I, *e* (competência originária do STJ), e 108, I, *b* (competência originária dos TRFs).

ADCT, art. 70 (competência nos Tribunais locais).

Lei Complementar nº 35, de 14.03.1979, arts. 101, § 3º, *e*, e 110, parágrafo único (*idem*).

SÚMULAS

Súmulas do STF:

nº 249: "É competente o Supremo Tribunal Federal para a ação rescisória, quando, embora não tendo conhecido do recurso extraordinário, ou havendo negado provimento ao agravo, tiver apreciado a questão federal controvertida".

nº 252: "Na ação rescisória, não estão impedidos os juízes que participaram do julgamento rescindendo".

nº 515: "A competência para a ação rescisória não é do Supremo Tribunal Federal, quando a questão federal, apreciada no recurso extraordinário ou no agravo de instrumento, seja diversa da que foi suscitada no pedido rescisório".

BREVES COMENTÁRIOS

Encerrada a instrução, abre-se, no tribunal, um prazo de dez dias para cada parte apresentar suas razões finais. Vencido o prazo de 10 dias para razões finais, deve-se ouvir o Ministério Público, mas apenas nas demandas em que seja obrigatória a sua intervenção (art. 178). Depois os autos irão ao relator, que elaborará o relatório e, posteriormente, os levará a julgamento pelo colegiado competente (art. 973, parágrafo único). Antes, porém, a secretaria do tribunal expedirá cópias do relatório e as distribuirá entre os juízes que compuserem o órgão competente para julgamento (art. 971, *caput*).

Aplica-se a técnica de ampliação do quórum de decisão quando esta for não unânime e houver decretado a rescisão da sentença, caso em que o prosseguimento dar-se-á perante órgão de maior composição previsto no Regimento Interno (art. 942, § 3º, I). Naturalmente, a ampliação não acontecerá quando a decisão rescindenda tiver sido proferida pelo colegiado maior do tribunal (Pleno ou Corte Especial).

A ação rescisória de acórdão é julgada pelo próprio Tribunal que o proferiu. No caso de sentença, cabe a competência ao Tribunal de segundo grau a que se vincula hierarquicamente o juiz prolator da decisão rescindenda.

JURISPRUDÊNCIA SELECIONADA

1. Elaboração de relatório para remessa ao revisor. Previsão da Lei n. 8.038/1990. Não revogação pelo CPC/2015. Princípio da especialidade. "O advento do CPC/2015 eliminou, como regra geral, a figura do revisor dos procedimentos da apelação, dos embargos infringentes e da ação rescisória, antes prevista no art. 551 do CPC/1973. Nada obstante isso, a Lei 8.038/1990 é lei especial que institui normas procedimentais para determinados processos específicos e contém previsão expressa em seu art. 40 de que as ações rescisórias no Superior Tribunal de Justiça adotem como procedimento a sujeição à revisão. Assim, embora o CPC/2015, como dito, tenha suprimido a revisão como regra geral no processo civil e tenha também revogado explicitamente diversos preceitos da Lei 8.038/1990, não o fez quanto ao art. 40, que permanece em vigor e, por isso, as ações rescisórias processadas e julgadas originalmente no Superior Tribunal de Justiça continuam a submeter-se a tal fase procedimental" (STJ, AR 5.241/DF, Rel. Min. Mauro Campbell Marques, Corte Especial, jul. 05.04.2017, *DJe* 12.05.2017).

2. Abertura de vista desnecessária. Julgamento antecipado da lide. "Não se configura ofensa ao art. 493, da lei adjetiva civil [art. 973 do CPC/2015], quando a abertura de vista ao ora recorrente, se fazia desnecessária, eis que já se encontravam nos autos todos os elementos essenciais ao exame da pretensão deduzida, o que ensejou o julgamento antecipado da lide, nos termos da legislação em vigor" (STJ, AgRg no Ag 4.826/SP, Rel. Min. Waldemar Zveiter, 3ª Turma, jul. 10.09.1990, *DJ* 09.10.1990).

3. Ausência de razões finais. "O acórdão proferido em ação rescisória, sem prévia oportunidade às partes para as razões finais, não induz a nulidade do processo, se o defeito deixou de ser arguido a tempo, isto é, até a sustentação oral na sessão de julgamento" (STJ, REsp 589.970/CE, Rel. Min. Ari Pargendler, 3ª Turma, jul. 14.03.2006, *DJ* 29.05.2006, p. 230).

Argumentos impertinentes. "A apresentação de razões finais, assegurada pelo art. 493 do CPC [art. 973, CPC/2015], dirige-se à manifestação das partes sobre a instrução probatória concluída. Eventuais argumentos impertinentes alegados nessa fase processual devem ser desconsiderados pelo julgador, sem reflexo na pretensão originalmente deduzida e ratificada pela parte autora" (STJ, REsp 322.021/PR, Rel. Min. Herman Benjamin, 2ª Turma, jul. 01.09.2009, *DJe* 08.09.2009).

4. Intimação do MP. "É nulo o julgamento de ação rescisória promovido sem a regular intimação do Ministério Público, parte no processo. Não sana o vício a simples presença do representante ministerial, na condição de fiscal da lei, na sessão em que ocorreu o julgamento" (STJ, REsp 687.547/RJ, Rel. Min. Teori Albino Zavascki, 1ª Turma, jul. 25.09.2007, *DJ* 18.10.2007, p. 268).

5. Competência do STF. "Sendo o STF competente para julgar um dos aspectos da rescisória, sua competência se prorroga àqueles que por ele não foram examinados anteriormente" (STF, AR 1.006/MG, Rel. Min. Moreira Alves, jul. 08.09.1977, *RTJ 86/67*). **Obs.:** *cf. CPC/2015, art. 967, parágrafo único, que determina a audiência do MP na ação rescisória apenas nos casos previstos no art. 178.*

6. Competência. Ação rescisória. Emenda constitucional nº 45/04. Ver jurisprudência do art. 966 do CPC/2015.

7. Ação rescisória ajuizada pela União. Deslocamento da competência para a justiça federal. "A ação rescisória proposta pela União autora deve ser aforada na Justiça Federal competente. Tratando-se de ação interponível diretamente no Tribunal, cabe ao Tribunal Regional Federal o seu conhecimento e julgamento, ainda que o *decisum* tenha sido proferido no juízo estadual, absolutamente incompetente, o que, aliás, revela presente um dos fundamentos *do iudicium rescidens. In casu,* a autora da ação rescisória é a União, cuja prerrogativa de foro fixa-se no juízo federal, independentemente da natureza da decisão rescindenda. Conflito de competência conhecido para declarar a competência do Tribunal Regional Federal da 1.ª Região, o suscitante" (STJ, CC 104.947/PA, Rel. p/ Acórdão Min. Luiz Fux, 1ª Seção, jul. 23.06.2010, *DJe* 01.07.2010).

Empresa pública federal. "Comparecendo a lide como litisconsorte necessária a empresa pública federal, competente para apreciar a ação rescisória, intentada com o objetivo de desconstituir julgado de corte especial, é o Tribunal Regional Federal e não o prolator do acórdão rescindendo" (STJ, CC 1.968/ES, Rel. Min. Barros Monteiro, 2ª Seção, jul. 27.11.1991, *DJ* 03.02.1992, p. 432). **Em sentido contrário:** "O TJ/DF é competente para a ação rescisória de seus acórdãos, mesmo em sendo autora a união federal" (STJ, AR 338/DF, Rel. p/ Acórdão Min. Jose de Jesus Filho, 1ª Seção, jul. 12.06.1996, *DJ* 12.05.1997).

Art. 974. Julgando procedente o pedido, o tribunal rescindirá a decisão, proferirá, se for o caso, novo julgamento e determinará a restituição do depósito a que se refere o inciso II do art. 968.

Parágrafo único. Considerando, por unanimidade, inadmissível ou improcedente o pedido, o tribunal determinará a reversão, em favor do réu, da importância do depósito, sem prejuízo do disposto no § 2º do art. 82.

CPC/1973

Art. 494.

REFERÊNCIA LEGISLATIVA

CPC/2015, arts. 968, I e II (petição inicial) e 776 (cumulação de execuções).

Regimento Interno do STF, art. 333, III e parágrafo único.

Regimento Interno do STJ, art. 260.

BREVES COMENTÁRIOS

Julga-se a rescisória em três etapas: primeiro, examina-se a admissibilidade da ação (questão preliminar); depois, aprecia-se o mérito da causa, rescindindo ou não a decisão impugnada (*judicium rescindens*); e, finalmente, realiza-se, quando possível, novo julgamento da matéria que fora objeto da decisão rescindida (*judicium rescissorium*).

Cada uma das etapas funciona como prejudicial da seguinte, de maneira que a rescisão só será decretada ou repelida no mérito se se reconhecer a admissibilidade da ação; e o rejulgamento do mérito só ocorrerá se a rescisão for decretada.

Para admitir-se a rescisória, basta apurar se o pedido do autor se enquadra numa das hipóteses do art. 966 e se estão atendidos os requisitos processuais para o legítimo exercício da ação.

Para procedência do pedido (mérito), deverá resultar provado que a decisão contém, de fato, um ou alguns dos vícios catalogados no art. 966. Acolhendo o pedido, a decisão do tribunal pode completar-se com a simples desconstituição da decisão, como ocorre no caso de violação da *res iudicata* (art. 966, IV). O mero *judicium rescindens* exaure, assim, a prestação jurisdicional, restaurando a autoridade da primeira decisão trânsita em julgado.

Em outros casos, rescindida a decisão, permanece pendente a questão de mérito do processo em que a decisão impugnada foi proferida. Cumpre, então, ao tribunal completar o julgamento, decidindo-a, também, por meio do *judicium rescissorium* (art. 974).

A decisão que nega admissibilidade à pretensão de rescindir decisão é meramente processual ou terminativa.

No *judicium rescindens*, é constitutiva a decisão que acolhe o pedido, pois cria situação jurídica nova, ao desfazer a autoridade da coisa julgada. A que o julga improcedente é de natureza declaratória (negativa), pois se limita a declarar a inexistência do motivo legal para desconstituir a decisão impugnada.

No *judicium rescissorium*, o pronunciamento do tribunal substitui a decisão primitiva e terá, naturalmente, a mesma natureza dela, se coincidir com o seu teor. Mas poderá ser de sentido contrário, hipótese em que as respectivas naturezas serão diversas. A decisão do tribunal, destarte, poderá assumir todas as feições admissíveis, quais sejam: declaratória, constitutiva ou condenatória, conforme a prestação jurisdicional apresentada às partes.

Procedente a rescisória, a caução prestada quando do ajuizamento será liberada em favor do autor. O mesmo acontecerá quando a improcedência for pronunciada por maioria de votos. Sendo, porém, unânime a decisão de inadmissibilidade ou de improcedência, o depósito reverterá em favor do réu.

JURISPRUDÊNCIA SELECIONADA

1. Julgamento da rescisória. "No julgamento da ação rescisória, procede-se à rescisão da decisão impugnada (*judicium rescindens*) e, em seguida, realiza-se novo julgamento da matéria que fora objeto da rescisão (*judicium rescissorium*). **A exceção a essa regra dá-se nos casos dos incisos I, II e IV do artigo 485 do CPC [art. 966, I, II e IV, do CPC/2015], situações nas quais ou se desconstituirá a sentença impugnada, ou se anulará toda a instrução para que seja renovado o feito**" (STJ, REsp 869.049/SP, Rel. Min. João Otávio de Noronha, 4ª Turma, jul. 18.02.2010, *DJe* 01.03.2010). **No mesmo sentido:** STJ, REsp 1.111.092/MG, Rel. Min. Teori Albino Zavascki, 1ª Turma, jul. 28.06.2011, *DJe* 01.07.2011.

"A ação rescisória se consubstancia em um remédio processual autônomo apto a desfazer o julgamento anteriormente proferido. Assim, nos termos do art. 494 do Código de Processo Civil [art. 974 do CPC/2015], julgado procedente o pedido de rescisão, como consectário lógico, **deve o julgador proferir novo julgamento em substituição ao anulado**" (STJ, AR 4.579/SP, Rel. Min. Gilson Dipp, 3ª Seção, jul. 10.08.2011, *DJe* 18.08.2011).

2. Julgamento *extra petita*. Retorno dos autos à turma julgadora. "Na ação rescisória, em regra, o juízo competente para o julgamento do *judicium rescindens* é também competente para o *judicium rescissorium*, nos termos do art. 494 do CPC [art. 974 do CPC/2015]. Hipótese em que, todavia, o acórdão foi rescindido por ter decidido a lide fora do pedido, razão pela qual se mostra necessário o retorno dos autos à Turma julgadora para que examine a questão nos termos em que foi postulada. O julgamento *extra petita* constitui *error in procedendo*, que acarreta a nulidade da decisão, razão pela qual deve ela ser cassada" (STJ, REsp 546.137/RS, Rel. Min. Arnaldo Esteves Lima, 5ª Turma, jul. 07.11.2006, *DJ* 27.11.2006, p. 304).

"Anular a sentença transitada em julgado, em *iudicium rescindens*, porquanto seria indispensável o ingresso na fase de instrução é providência incompatível com o julgamento direto da causa, em *iudicium rescissorium*" (STJ, EDcl no REsp 960.868/SC, Rel. Min. Nancy Andrighi, 3ª Turma, jul. 15.04.2008, *DJe* 29.04.2008).

3. Decisão do relator. Agravo regimental. "Da decisão do relator que causar gravame a parte, em ações desta natureza, o recurso cabível é agravo regimental (art. 39, Lei n. 8.038/90), e não agravo retido, por serem processadas e julgadas perante o mesmo juízo" (STJ, AR 3/RJ, Rel. Min. Ilmar Galvao, 1ª Seção, jul. 14.08.1990, *DJ* 04.05.1992, p. 5.838).

4. Rescisória. Efeitos *ex tunc*. "É da própria natureza da ação rescisória desconstituir a sentença transitada em julgado (*jus rescindens*) e restabelecer o *status quo ante* da relação jurídica discutida, pelo que não se deve conferir efeitos *ex nunc* ao juízo rescisório. Precedente: REsp 1.514.129/PE, Rel. Ministro Mauro Campbell Marques, Segunda Turma, *DJe* 9.12.2015" (STJ, REsp 1.367.361/CE, Rel. Min. Og Fernandes, 2ª Turma, jul. 08.06.2017, *DJe* 14.06.2017).

5. Rescisão de decisão judicial e restituição de verba honorária. "É possível e razoável a cobrança dos valores atinentes aos honorários advocatícios de sucumbência já levantados pelo causídico se a decisão que deu causa ao montante foi posteriormente rescindenda, inclusive com redução da verba. O princípio da irrepetibilidade das verbas de natureza alimentar não é absoluto e, no caso, deve ser flexibilizado para viabilizar a restituição dos honorários de sucumbência já levantados, tendo em vista que, com o provimento parcial da ação rescisória, não mais subsiste a decisão que lhes deu causa. Aplicação dos princípios da vedação ao enriquecimento sem causa, da razoabilidade e da máxima efetividade das decisões judiciais". (STJ, REsp 1549836/RS, Rel. p/ Acórdão Min. João Otávio De Noronha, 3ª Turma, jul. 17.05.2016, *DJe* 06.09.2016).

6. Levantamento do depósito judicial pela parte autora. Possibilidade. "'Cuidando-se, como é o caso, de acórdão proferido por maioria de votos (e não à unanimidade), não incide a hipótese prevista no art. 974, parágrafo único, do CPC, permitindo-se à parte autora levantar o depósito judicial de que cuida o art. 968, II, do mesmo Codex' (EDcl na AR 5.805/RS, Rel. Ministro Sérgio Kukina, Primeira Seção, julgado em 27.11.2019, *DJe* 02.12.2019)" (STJ, AgInt na ExeAR 4.231/PR, Rel. Min. Benedito Gonçalves, 1ª Seção, jul. 16.03.2021, *DJe* 19.03.2021)

Decisão unânime contrária. Necessidade. "Na ação rescisória, para que o réu tenha direito de levantar o depósito disciplinado no art. 968, II, do CPC/2015, é indispensável seja proferida decisão colegiada unânime em desfavor do autor – reconhecendo a inadmissibilidade ou a improcedência da demanda –, conforme estabelecido na parte final do referido inciso e no art. 974, parágrafo único, do mesmo Código" (STJ, AgInt nos EDcl na AR 5.039/PI, Rel. Min. Antonio Carlos Ferreira, 2ª Seção, jul. 18.08.2020, *DJe* 21.08.2020).

Extinção do processo sem resolução do mérito. Perda superveniente do objeto. Situação excepcional. Levantamento pelo autor. "Embora a extinção da ação rescisória sem resolução de mérito conduza, em regra, à reversão do depósito prévio a favor do réu, na específica hipótese em que a referida extinção é motivada pela perda superveniente do objeto em razão de retratação da sentença que se objetivava rescindir, deve ser afastada a reversão, permitindo-se ao autor levantar a quantia depositada" (STJ, REsp 2.137.256/MT, Rel. Min. Nancy Andrighi, 3ª Turma, jul. 13.08.2024, *DJe* 22.08.2024).

7. Rescisória julgada improcedente. Destino do depósito só decidido ao final da ação. "Nos termos do parágrafo único do art. 974 do CPC, a conversão em multa do depósito do art. 488, II, do CPC/1973 (atual 968, II) pressupõe ser a rescisória julgada improcedente ou inadmissível por unanimidade, razão pela qual a decisão quanto ao destino do depósito somente poderá ser tomada após a conclusão do julgamento" (STJ, AR 3.667/DF, Rel. Min. Humberto Martins, 1ª Seção, jul. 27.04.2016, *DJe* 23.05.2016).

Restituição da quantia depositada. "Diz o art. 494 [art. 974 do CPC/2015] que a restituição ocorrerá quando julgar 'procedente a ação', e que a importância será entregue ao réu quando a ação for declarada 'inadmissível ou improcedente'. No contexto comentado, as palavras 'procedente' procedente' referem-se ao pedido de rescisão, e portanto ao resultado do *iudicium rescindens*, sendo irrelevante o teor do julgamento proferido, se for o caso, no *iudicium rescissorium*, favorável ou desfavorável – pouco importa – ao autor'. Desde que se chegue a rescindir a sentença, fica certo que o autor tinha razão em impugnar-lhe a validade, e tanto basta para que faça jus à restituição da quantia depositada. Por motivo diverso, a solução é a mesma na hipótese de desistência da ação, que não pode ser equiparada à inadmissibilidade, e menos ainda à de improcedência" (STJ, REsp 943.796/PR, Rel. Min. Luiz Fux, 1ª Turma, jul. 01.12.2009, *DJe* 17.12.2009).

8. Depósito prévio. Reversão em favor do réu. "A jurisprudência do Superior Tribunal de Justiça é no sentido de que a improcedência ou inadmissibilidade da ação rescisória, por unanimidade, enseja a reversão do depósito prévio (art. 488, II, do CPC) [art. 968, II, CPC/2015], a título de multa, em favor do réu (art. 494, CPC) [art. 974 do CPC/2015]. Precedentes: REsp 914.128/RS, Rel. Min. Luiz Fux, Primeira Turma, *DJe* 10.9.2009; AR 1.579/PB, Rel. Min. Laurita Vaz, Terceira Seção, *DJ* 13.2.2008, p. 148" (STJ, EDcl na AR 3.876/PR, Rel. Min. Humberto Martins, 1ª Seção, jul. 10.02.2010, *DJe* 22.02.2010).

9. Depósito. Reversão em multa. Assistência gratuita. "O depósito previsto no inciso II do art. 488 do CPC de 1973 - vigente à época da propositura da ação – e mantido no novel Código de Processo Civil no art. 968, II –, por se reverter em multa a favor do réu nas hipóteses em que a ação rescisória é julgada inadmissível ou improcedente por unanimidade de votos, ostenta nítido caráter sancionatório e tem por escopo desestimular o ajuizamento temerário de ações rescisórias, constituindo instrumento repressivo ao abuso no exercício do direito de ação. Assim, a concessão da gratuidade de justiça não exonera o autor do pagamento dessa quantia ao réu, consoante expressa previsão no parágrafo 4º do art. 98 do CPC de 2015" (STJ, AR 4.522/RS, Rel. Min. Luis Felipe Salomão, 2ª Seção, jul. 24.05.2017, *DJe* 02.08.2017).

Ausência de votação pelo órgão colegiado. Julgamento monocrático. "Não se converte em multa a favor do réu, o depósito previsto no artigo 488, II, do Código de Processo Civil [art. 968, II, do CPC/2015], quando a ação é extinta, sem julgamento de mérito, por óbice da Súmula nº 343/Excelso Supremo Tribunal Federal, por decisão monocrática do Relator. O texto legal exige o julgamento unânime do órgão colegiado, como se infere da expressão 'unanimidade de votos'. Havendo nítida distinção entre julgamento singular e julgamento colegiado, incumbe ao Relator, ao tempo em que obsta o seguimento da ação rescisória, ato contínuo, facultar o levantamento do depósito pelo autor" (STJ, AgRg na AR 839/SP, Rel. Min. Nancy Andrighi, 1ª Seção, jul. 19.06.2000, *DJ* 01.08.2000, p. 183).

"Segundo a origem, não caberiam a condenação e a reversão porque a ação rescisória foi inadmitida monocraticamente pelo relator. (...) não cabe afastar a aplicação do art. 488, inc. II, do CPC [art. 968, II, do CPC/2015] – no sentido de reverter o depósito prévio da ação rescisória para o réu –, ao argumento de que a rescisória foi indeferida liminar e monocraticamente, porque a **interposição do agravo regimental levou a questão ao colegiado**, que, em votação unânime, ratificou posição do relator e inadmitiu a ação (consumação do prazo decadencial). Portanto, (i) houve julgamento colegiado unânime, ainda que por ocasião da interposição de regimental, e (ii) é plenamente incidente, na hipótese, a parte final do art. 488, inc. II, do CPC" (STJ, REsp 1.120.858/AP, Rel. Min. Mauro Campbell Marques, 2ª Turma, jul. 25.08.2009, *DJe* 10.09.2009).

10. Previdência privada. Benefício previdenciário complementa. *Quantum* fixado em liquidação de sentença transitada em julgado. Erro material. Devolução de valores recebidos a maior. Inexigibilidade. Boa-fé objetiva. "As Turmas de Direito Privado desta Corte Superior passaram a adotar, nas causas envolvendo previdência privada, acerca da boa-fé objetiva, o entendimento de que ela estará presente, tornando irrepetível a verba previdenciária recebida indevidamente, se manifesta a legítima expectativa de titularidade do direito pelo beneficiário, isto é, de que o pagamento assumiu ares de definitividade, a exemplo de erros administrativos cometidos pela própria entidade pagadora ou de ordens judiciais dotadas de força definitiva (decisão judicial transitada em julgado e posteriormente rescindida). Precedentes. (...) Não é cabível a devolução de valores recebidos por força de decisão judicial transitada em julgado, mesmo que ela seja posteriormente desconstituída. Inafastável, nessas hipóteses, o reconhecimento da boa-fé do beneficiário" (STJ, AgInt no AREsp 1.775.987/RJ, Rel. Min. Luis Felipe Salomão, 4ª Turma, jul. 03.05.2022, *DJe* 19.05.2022.).

Art. 975. O direito à rescisão se extingue em 2 (dois) anos contados do trânsito em julgado da última decisão proferida no processo.

§ 1º Prorroga-se até o primeiro dia útil imediatamente subsequente o prazo a que se refere o *caput*, quando expirar durante férias forenses, recesso, feriados ou em dia em que não houver expediente forense.

§ 2º Se fundada a ação no inciso VII do art. 966, o termo inicial do prazo será a data de descoberta da prova nova, observado o prazo máximo de 5 (cinco) anos, contado do trânsito em julgado da última decisão proferida no processo.

§ 3º Nas hipóteses de simulação ou de colusão das partes, o prazo começa a contar, para o terceiro prejudicado e para o Ministério Público, que não interveio no processo, a partir do momento em que têm ciência da simulação ou da colusão.

CPC/1973

Art. 495.

REFERÊNCIA LEGISLATIVA

CPC/2015, art. 180 (o prazo para o Poder Público).

SÚMULAS

Súmula do STJ:

nº 401: "O prazo decadencial da ação rescisória só se inicia quando não for cabível qualquer recurso do último pronunciamento judicial".

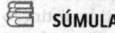

BREVES COMENTÁRIOS

O prazo decadencial de dois anos para propor a ação rescisória (CPC/1973, art. 495) foi mantido pelo atual Código (art. 975). Não se dá, em face do caráter decadencial, a possibilidade de suspensão ou interrupção do prazo extintivo do direito de propor a rescisória, ao contrário do que ocorre com a prescrição.

O CPC/2015 estipulou, porém, que a contagem do prazo decadencial se daria, não mais do trânsito em julgado da decisão rescindenda, e, sim, a partir do "trânsito em julgado da última decisão proferida no processo" (CPC/2015, art. 975, *caput*). Com isso, pretendeu-se seguir a orientação preconizada pela Súmula nº 401 do STJ, segundo a qual a rescisória não obedece ao fracionamento da solução do mérito por capítulos, em diversas decisões, devendo ocorrer uma única vez, ou seja, depois que o processo já tenha se encerrado, mesmo que a última decisão transitada em julgado não tenha sido um julgamento de mérito.

Esse entendimento, todavia, atrita com a clássica posição da doutrina e do Supremo Tribunal Federal, que sempre consideraram possível o fracionamento do julgamento do mérito, do qual decorreria a formação também fracionária da coisa julgada e, consequentemente, o estabelecimento de prazos distintos para manejo de rescisória contra cada um dos capítulos autônomos com que a resolução do objeto litigioso se consumou.

Aliás, o dispositivo do art. 975, que unifica o prazo da ação rescisória, sem respeitar a formação parcelada da *res iudicata*, padece de inconteste inconstitucionalidade. O STF, analisando justamente a Súmula nº 401 do STJ, que serviu de base para a regra do CPC/2015, abordou o seu conteúdo para, reconhecendo a natureza constitucional do tema, reafirmar que, à luz da garantia do art. 5º, XXXVI, da CF, não é possível recusar a formação de coisa julgada parcial, quando as questões de mérito se apresentem como autônomas e independentes entre si, e foram submetidas a julgamento que fracionadamente se tornaram definitivos em momentos processuais distintos. Para a Suprema Corte, a unificação do prazo, na espécie, enfraqueceria muito a estabilidade da coisa julgada, e, consequentemente, reduziria a garantia que a Constituição lhe concede (STF, 1ª T., RE 666.589/DF, Rel. Min. Marco Aurélio, ac. 25.03.2014, *DJe* 03.06.2014).

Assim, para escapar da inconstitucionalidade, urge evitar a interpretação literal do art. 975 do CPC atual, e adotar uma interpretação que seja conforme à Constituição, ou seja: para que não se violem as garantias fundamentais da segurança jurídica e da intangibilidade da coisa julgada (CF, art. 5º, *caput*, e inc. XXXVI), a regra da contagem do prazo da rescisória a partir do "trânsito em julgado da última decisão proferida no processo", enunciada no art. 975 do CPC, deve ser entendida restritivamente como aplicável apenas àquela parcela do julgamento do mérito da causa que ainda não transitara em julgado até aquele momento, ou que ainda esteja em situação de suportar reflexos prejudiciais da última decisão passada em julgado.

É preciso, enfim, que, para ser tomada como termo inicial do prazo de rescisão, a última decisão do processo tenha tido como objeto algo que fosse prejudicial à totalidade do mérito ou a alguma parte dele antes decidida. Dessa forma, para as decisões parceladas e autônomas que alcançarem a autoridade de coisa julgada independente da solução dos recursos e expedientes que provocaram o subsequente prosseguimento do processo, a contagem do prazo decadencial da rescisória terá de ser feita normalmente a partir das respectivas e definitivas passagens em julgado. Somente assim se viabilizará uma interpretação do questionado art. 975 que seja conforme a Constituição, dentro da orientação tradicional do STF.

Lamentavelmente, o STF, voltando a tratar da matéria, desprezou a antiga declaração de inconstitucionalidade da contagem única o prazo de decadência da ação rescisória diante das várias decisões parciais de mérito num mesmo processo (RE 666.589/DF) para declarar que "não possui natureza constitucional a controvérsia acerca da correta contagem de prazo decadencial para a propositura de ação rescisória". Ou seja, "o exame dos pressupostos de admissibilidade da ação rescisória depende da análise da legislação processual. 3. Ainda que assim não fosse, decisões isoladas do Supremo Tribunal Federal não podem retroagir para prejudicar a parte que confiou na jurisprudência dominante e sumulada do Superior Tribunal de Justiça, agora positivada no art. 975 do CPC/2015" (STF, ARE 1.081.785 AgR/SP, Rel. do acórdão Min. Roberto Barroso, 1ª Turma, jul. 19.10.2021, *DJe* 15.12.2021). Com isso, acabou sendo prestigiada pelo STF a jurisprudência do STJ constante do Enunciado de sua Súmula nº 401, segundo o qual, mesmo no caso de julgamentos fracionados de mérito, "o prazo decadencial da ação rescisória só se inicia quando não for cabível qualquer recurso do último pronunciamento judicial".

A ação anulatória de sentença meramente homologatória não é ação de rescisão de sentença em sentido próprio e, por isso, não se subordina ao prazo de dois anos previsto no art. 975, mas, sim, aos prazos normais de decadência das ações comuns de anulação dos atos jurídicos.

JURISPRUDÊNCIA SELECIONADA

1. Renúncia ao prazo recursal. Abertura do prazo decadencial. Intimação da parte interessada. Necessidade. "'É firme o entendimento no âmbito do STJ no sentido de que a decadência do direito de propor a ação rescisória se comprova pelo trânsito em julgado da última decisão proferida no processo, aferido pelo transcurso do prazo recursal e não unicamente pela certidão de trânsito em julgado, a qual apenas certifica que a decisão transitou em julgado' (AR 4.665/PE, Rel. Ministro Mauro Campbell Marques, Primeira Seção, julgado em 27/04/2016, *DJe* 19/05/2016). A desistência do recurso ou a renúncia ao prazo recursal constitui ato unilateral de vontade do recorrente que independe da aquiescência da parte contrária e produz efeitos imediatos, ensejando o trânsito em julgado, se for o caso, à luz dos arts. 158, *caput*, 501 e 502 do CPC/1973 [arts. 200, 998 e 999 do CPC/2015]. Não obstante os efeitos imediatos preconizados na lei processual civil ao pedido de renúncia, não havendo homologação judicial, o princípio do contraditório impede que o trânsito em julgado seja reconhecido antes da ciência da parte *ex adversa*, pois não se pode permitir a abertura de um prazo, no caso, decadencial de 2 (dois) anos, de que cuida o art. 495 do CPC/1973 [art. 975 do CPC/2015], antes que ocorra a indispensável intimação da parte interessada do fato processual que lhe dá origem. Hipótese em que deve ser contado o prazo decadencial da data da primeira intimação da Fazenda Nacional, após o pedido de renúncia ao prazo recursal e ao direito de recorrer, ocorrida em 07/03/2006" (STJ, REsp 1344716/RS, Rel. Min. Gurgel de Faria, 1ª Turma, jul. 05.05.2020, *DJe* 12.05.2020).

2. Prazo da ação rescisória. Dies *a quo*.

a) Posição do STJ

"O prazo decadencial da ação rescisória conta-se do trânsito em julgado da decisão rescindenda, que se aperfeiçoa com o exaurimento dos recursos cabíveis ou com o decurso, *in albis*, dos prazos para sua interposição pelas partes" (STJ, AgRg na AR 4.567/PR, Rel. Min. João Otávio de Noronha, 2ª Seção, jul. 13.04.2011, *DJe* 19.04.2011).

"Este Superior Tribunal de Justiça possui orientação assente no sentido de que o prazo decadencial de propositura da **ação rescisória é comprovado pelo trânsito em julgado da última decisão proferida no processo de conhecimento**, que se afere pelo transcurso do prazo recursal, e não pela certidão de trânsito em julgado, a qual certifica, tão somente, a ocorrência desse evento, mas não especifica o dia em que este se sucedeu" (STJ, EDcl no Ag 1.228.119/PR, Rel. Min. Og Fernandes, 6ª Turma, jul. 05.04.2011, *DJe* 23.05.2011). **No mesmo sentido:** STJ, AgRg no AREsp 79.082/SP, Rel. Min. Arnaldo Esteves Lima, 1ª Turma, jul. 05.02.2013, *DJe* 08.02.2013.

"A Corte Especial do Superior Tribunal de Justiça firmou compreensão de que o termo inicial da contagem do prazo decadencial para a propositura da ação rescisória é o trânsito em julgado da última decisão proferida na causa, não cabendo falar em decadência parcial" (STJ, AR 3.217/RN, Rel. Min. Paulo Gallotti, 3ª Seção, jul. 12.12.2007, *DJe* 17.04.2008). **Obs.:** Nesse sentido foi firmada a Súmula do STJ nº 401. O STF, no entanto, julgou inconstitucional esse entendimento (cf. "Breves comentários" ao art. 975 do CPC/2015).

"Destaque-se, a título de reforço de argumentação, que o Código de Processo Civil de 2015 positivou no artigo 975 a regra de que 'o direito à rescisão se extingue em 2 (dois) anos contados do trânsito em julgado da última decisão proferida no processo'. A extemporaneidade do recurso não obsta a aplicação da Súmula 401 do STJ, salvo na hipótese de má-fé do recorrente, o que não ficou configurado no caso concreto" (STJ, AgInt nos EDcl no REsp 1464809/PB, Rel. Min. Raul Araújo, 4ª Turma, jul. 30.05.2019, *DJe* 21.06.2019).

Contagem do prazo decadencial. "A decadência do direito de desconstituir, em ação rescisória, a coisa julgada material implementa-se no prazo de dois anos iniciado no dia seguinte ao término do prazo para a interposição do recurso em tese cabível contra o último pronunciamento judicial. Inobservância, quando do ajuizamento da ação rescisória, do prazo bienal de decadência. A certidão emitida por funcionário do Poder Judiciário informa apenas a ocorrência, e não a data exata, do trânsito em julgado" (STJ, AR 4.374/MA, Rel. Min. Paulo de Tarso Sanseverino, 2ª Seção, jul. 09.05.2012, *DJe* 05.06.2012).

b) Posição do STF em contraste com a posição do STJ.

"Coisa julgada – Envergadura. A coisa julgada possui envergadura constitucional. Coisa julgada – Pronunciamento judicial – Capítulos autônomos. Os capítulos autônomos do pronunciamento judicial precluem no que não atacados por meio de recurso, surgindo, ante o fenômeno, o termo inicial do biênio decadencial para a propositura da rescisória" (STF, RE 666.589/DF, Rel. Min. Marco Aurélio, 1ª Turma, jul. 25.03.2014, *Dje* 03.06.2014).

c) Revisão da posição do STF. Adoção da tese do STJ.

Ação rescisória. Alegada formação da coisa julgada por capítulos. Decadência. "1. Agravo em que se impugna acórdão do Superior Tribunal de Justiça que, aplicando a Súmula 401 de sua jurisprudência dominante, afirmou que o direito de ajuizar ação rescisória contra capítulos decisórios autônomos de sentença decai somente com o trânsito em julgado da última decisão proferida nos autos. 2. Não possui natureza constitucional a controvérsia acerca da correta contagem de prazo decadencial para a propositura de ação rescisória. O exame dos pressupostos de admissibilidade da ação rescisória depende da análise da legislação processual. 3. Ainda que assim não fosse, decisões isoladas do Supremo Tribunal Federal não podem retroagir para prejudicar a parte que confiou na jurisprudência dominante e sumulada do Superior Tribunal de Justiça, agora positivada no art. 975 do CPC/2015" (STF, ARE 1.081.785 AgR/SP, Rel. do acórdão Min. Roberto Barroso, 1ª Turma, jul. 19.10.2021, *DJe* 15.12.2021).

d) Manifesta intempestividade do recurso. *Dies a quo*. "No julgamento dos EREsp 1.352.730/AM, a Corte Especial do STJ firmou orientação de que o prazo para o ajuizamento da ação rescisória tem início com o trânsito em julgado da última decisão proferida no processo originário, ainda que seja uma decisão que negue seguimento a recurso intempestivo. Todavia, estabeleceu-se que, quando ficar constatada a manifesta e evidente intempestividade do recurso, indicando que seu manejo se deu apenas como mecanismo de procrastinação da lide originária, o prazo da rescisória há de ser contado da data em que precluiu o direito de recorrer" (STJ, REsp 1.984.292/DF, Rel. Min. Nancy Andrighi, 3ª Turma, jul. 29.03.2022, *DJe* 01.04.2022).

"O prazo de decadência da rescisória começa a fluir a partir do trânsito em julgado do acórdão que julga intempestiva a apelação, salvo se demonstrado o comportamento malicioso do apelante, que age de má-fé para reabrir prazo recursal já vencido. Não demonstrada essa situação, o razoável é considerar que o recorrente confiava na eficácia do seu recurso, contando apenas do seu julgamento o prazo para a ação de rescisão. Entendimento diverso obrigará as partes a ingressarem com o recurso e com a ação rescisória, pois ninguém sabe de antemão qual será o julgamento sobre a admissibilidade" (STJ, REsp 441.252/CE, Rel. Min. Ruy Rosado de Aguiar, 4ª Turma, jul. 22.10.2002, *DJ* 17.02.2003, p. 289). **No mesmo sentido:** STJ, AgRg no Ag 1.147.332/BA, Rel. Min. Laurita Vaz, 5ª Turma, jul. 12.06.2012, *DJe* 25.06.2012; STJ, EDcl no AgRg nos EDiv em Ag 1.218.222/MA, Rel. Min. Gilson Dipp Corte Especial, *DJe* 15.02.2012. **Em sentido contrário:** "O recurso intempestivo não interrompe o prazo para a ação rescisória, sob pena de se ampliar indefinidamente o período para o exercício do direito processual. Após o prazo para a interposição dos recursos cabíveis, há, inapelavelmente, trânsito em julgado. Eventual decisão posterior, que reconheça intempestividade de pleito recursal, apenas confirma o trânsito em julgado anteriormente ocorrido" (STJ, AgRg nos EDcl na AR 3.758/SP, Rel. Min. Herman Benjamin, 1ª Seção, jul. 28.04.2010, *DJe* 30.06.2010).

3. Reclamação. Não interrupção do prazo decadencial. "O manejo de reclamação constitucional, que não tem natureza de recurso, não se constitui 'decisão proferida no processo', como requer o art. 975 do CPC, não se prestando, também por isso, para retardar o início do prazo decadencial de ajuizamento da ação rescisória" (STJ, AgInt na AR 6.351/DF, Rel. Min. Sérgio Kukina, 1ª Seção, jul. 24.04.2019, *DJe* 26.04.2019).

4. Aperfeiçoamento da citação da rescisória. Termo inicial do prazo decadencial. "O termo inicial de prazo de decadência para a propositura da ação rescisória coincide com a data do trânsito em julgado do título rescindendo. *Recurso inadmissível* não tem o efeito de empecer a preclusão" (STF, AR 1.472/DF, Rel. Min. Marco Aurélio, Tribunal Pleno, jul. 17.09.2007, *DJ* 07.12.2007).

"Impor ao litigante o ônus de ajuizar a demanda com antecedência suficiente para que a citação se aperfeiçoe antes de findo o prazo da decadência, além de manifesta ilegalidade, e, ademais, sumamente aventuroso, certo que nunca se podem prever os obstáculos à citação. Por outro lado, exigir do autor da rescisória intentada na véspera da consumação do prazo (no regular exercício do direito), que logo requeira a dilação do prazo para citação (CPC, art. 219, §§ 2º, 3º e 4º) [art. 240, CPC/2015] constitui requinte de formalismo, desnecessário e incompatível com o princípio da instrumentalidade do processo, que a garantia de acesso à jurisdição tanto encarece e recomenda" (STJ, REsp 2.721/MG, Rel. Min. Bueno de Souza, 4ª Turma, jul. 27.10.1992; *RSTJ* 70/140). **No mesmo sentido:** STJ, EDcl na AR 477/CE, Rel. Min. Laurita Vaz, 3ª Seção, jul. 24.08.2005, *DJ* 26.09.2005, p. 170.

5. Recurso deserto. Prazo da propositura da ação rescisória. "Consoante reiterada jurisprudência desta Corte, o prazo decadencial para proposição de ação rescisória é de 02 (dois) anos, contados a partir do trânsito em julgado do acórdão rescindendo, mesmo que este se limite a julgar deserto o recurso, por falta de preparo" (STJ, AgRg no REsp 79.877/SP, Rel. Min. Gilson Dipp, 5ª Turma, jul. 12.06.2001, *DJ* 13.08.2001, p. 196). **No mesmo sentido:** STJ, AgRg no REsp 654.368/RJ, Rel. Min. Luiz Fux, 1ª Turma, jul. 15.03.2005, *DJ* 25.04.2005, p. 242.

6. Revelia do réu. Não interferência no prazo de propositura da rescisória. "A revelia do réu em juízo rescindendo não antecipa o termo inicial do prazo para que ele proponha ação rescisória. Cabendo apelação pela parte adversa e ainda restando tempo para a sua interposição, somente com o escoamento deste último prazo há trânsito em julgado. 'O *dies a quo* do direito de propor ação rescisória é o *dies ad quem* do prazo do recurso que, abstratamente e em tese, poderia ser interposto, ainda que não tenha sido exercitado' (REsp 12.550/SP, por mim relatado, *DJ* de 04.11.1996)" (STJ, REsp 694.896/RS, Rel. Min. Cesar Asfor Rocha, 4ª Turma, jul. 03.08.2006, *DJ* 04.09.2006, p. 276).

7. Ajuizamento da rescisória em Tribunal incompetente. "Em se tratando de prazo decadencial, o ajuizamento da ação rescisória em Tribunal incompetente não suspende ou interrompe o lapso temporal em que deve ser exercido esse direito" (STJ, AR 1.435/CE, Rel. p/ Acórdão Min. Gilson Dipp, 3ª Seção, jul. 14.04.2004, *DJ* 10.05.2004, p. 161).

8. Prazo em dobro. Não aplicação a rescisória. "O trânsito em julgado da decisão ocorre quando não é mais passível de qualquer recurso. Se uma das partes possui o privilégio de prazo em dobro, tão somente após o escoamento deste é que se poderá falar em coisa julgada, ocasião em que começará a fluir o prazo para ambas as partes pleitearem a rescisão do julgamento. Precedentes do STJ e STF" (STJ, REsp 551.812/RS, Rel. Min. Felix Fischer, 5ª Turma, jul. 23.03.2004, *DJ* 10.05.2004, p. 336). **No mesmo sentido:** STJ, REsp 718.164/RS, Rel. Min. Mauro Campbell Marques, 2ª Turma, jul. 18.12.2008, *DJe* 13.02.2009.

9. Absolutamente incapazes. "O prazo para o ajuizamento da ação rescisória é de decadência (art. 495, CPC) [art. 975 do CPC/2015], por isso aplica-se-lhe a exceção prevista no art. 208 do Código Civil de 2002, segundo a qual os prazos decadenciais não correm contra os absolutamente incapazes" (STJ, REsp 1.165.735/MG, Rel. Min. Luis Felipe Salomão, 4ª Turma, jul. 06.09.2011, *DJe* 06.10.2011).

10. Prazo decadencial.

a) Sentença com capítulos distintos. Divisibilidade para efeito de cabimento de rescisória. "Descabe colar à ação rescisória conceito linear de indivisibilidade. Contando o acórdão rescindendo, sob o ângulo subjetivo, com capítulos distintos, possível é o ajuizamento limitado, desde que não se tenha o envolvimento, no processo que desaguou na decisão, de litisconsórcio necessário" (STF, AgRg na AR 1.699/DF, Rel. Min. Marco Aurélio, Tribunal Pleno, jul. 23.06.2005, *DJ* 09.09.2005).

b) Sentença de mérito complexa. Rescindibilidade parcial. "A ação rescisória pode objetivar a anulação de apenas parte da sentença ou acórdão. A possibilidade de rescisão parcial decorre do fato de a sentença de mérito poder ser complexa, isto é, composta de vários capítulos, cada um contendo solução para questão autônoma frente às demais" (STJ, REsp 863.890/SC, Rel. Min. Nancy Andrighi, 3ª Turma, jul. 17.02.2011, *DJe* 28.02.2011).

c) Prazo de direito processual. "Irrefutável a jurisprudência da Corte no sentido de que o prazo decadencial da ação rescisória somente se inicia no dia seguinte ao trânsito em julgado. O prazo para a propositura da ação rescisória, por seu turno, é de natureza processual, porquanto lapso destinado ao exercício do direito de ação processual *et pour* cause subsume-se a *lex specialis* que é Código de Processo Civil em relação a qualquer lei de contagem de prazos como *v.g.*, a Lei 810/49 citada no parecer do Ministério Público. Sob esse ângulo é cediço que salvo disposição em contrário, computar-se-ão os prazos, excluindo o dia do começo e incluindo o do vencimento" (STJ, EREsp 341.655/PR, Rel. Min. Laurita Vaz, Rel. p/ Acórdão Min. Luiz Fux, Corte Especial, jul. 21.05.2008, *DJe* 04.08.2008).

Prorrogação do prazo decadencial. "Controvérsia acerca da prorrogação do prazo prescricional que findou durante o recesso forense. Precedente da Corte Especial acerca da prorrogação do prazo decadencial da ação rescisória. Julgados desta Corte acerca da prorrogação do prazo prescricional. Reconhecimento da prorrogação do prazo prescricional findo no curso do recesso forense, devendo a demanda ser ajuizada no primeiro dia útil seguinte ao seu término. Inocorrência de prescrição no caso concreto. Precedentes específicos do STJ, inclusive da Corte Especial" (STJ, REsp 1.446.608/RS, Rel. Min. Paulo de Tarso Sanseverino, 3ª Turma, jul. 21.10.2014, *DJe* 29.10.2014).

Termo final em dia não útil. Prorrogação para o primeiro dia útil subsequente"'Em se tratando de prazos, o intérprete, sempre que possível, deve orientar-se pela exegese mais liberal, atento às tendências do processo civil contemporâneo – calcado nos princípios da efetividade e da instrumentalidade – e à advertência da doutrina de que as sutilezas da lei nunca devem servir para impedir o exercício de um direito' (REsp 11.834/PB, Rel. Ministro Sálvio de Figueiredo Teixeira, Quarta Turma, julgado em 17/12/1991, *DJ* 30/03/1992)" (STJ, REsp 1112864/MG, Rel. Min. Laurita Vaz, Corte Especial, jul. 19.11.2014, *DJe* 17.12.2014). **Obs.: Decisão submetida a julgamento de recursos repetitivos.**

11. Ação rescisória. Prova nova. Prazo decadencial. Termo inicial diferenciado. "No novo ordenamento jurídico processual, qualquer modalidade de prova, inclusive a testemunhal, é apta a amparar o pedido de desconstituição do julgado rescindendo. Doutrina. Nas ações rescisórias fundadas na obtenção de prova nova, o termo inicial do prazo decadencial é diferenciado, qual seja, a data da descoberta da prova nova, observado o prazo máximo de 5 (cinco) anos, contado do trânsito em julgado da última decisão proferida no processo" (STJ, REsp 1770123/SP, Rel. Min. Ricardo Villas Bôas Cueva, 3ª Turma, jul. 26.03.2019, *DJe* 02.04.2019).

12. Termo inicial. Inadmissão de recurso. Ausência de má-fé processual. Trânsito em julgado inicialmente reconhecido ou última decisão sobre a controvérsia. "Enquanto não estiver definitivamente decidida a questão acerca da admissibilidade de recurso interposto nos autos, cujo resultado terá influência direta na ocorrência ou não do trânsito em julgado, o prazo decadencial da ação rescisória não se inicia, sob pena de se causar insegurança jurídica, salvo comprovada má-fé. Na hipótese, a recorrente não agiu com má-fé ao se insurgir contra a decisão do Juízo *a quo* que tornou sem efeito a sua apelação e, em consequência, reconheceu o trânsito em julgado, tendo em vista a notória confusão processual gerada pelo Tribunal de origem acerca do alcance da nulidade reconhecida nos embargos de declaração opostos pela parte interessada. Dessa forma, o recurso por ela interposto teve o condão de obstar o trânsito em julgado, iniciando-se o prazo para ajuizamento da ação rescisória somente após a última decisão a respeito da controvérsia, a evidenciar a ausência de decadência no presente caso" (STJ, REsp 1887912/GO, Rel. Min. Marco Aurélio Bellizze, 3ª Turma, jul. 21.09.2021, *DJe* 24.09.2021).

13. Citação de todos os litisconsortes necessários. Desenvolvimento válido e regular do processo. "A ausência de pressuposto de desenvolvimento válido e regular do processo consistente na falta de citação de todos os litisconsortes passivos necessários, beneficiários da demanda originária, obsta o seguimento da ação rescisória. Não tendo sido a ação rescisória tempestivamente proposta contra todos os litisconsortes passivos necessários, impõe-se reconhecer a decadência do direito de propô-la" (STJ, AgRg nos EDcl na AR 4.363/PI, Rel. Min. Gilson Dipp, 3ª Seção, jul. 27.10.2010, *DJe* 12.11.2010).

"Nas ações rescisórias integrais devem participar, em litisconsórcio unitário, todos os que foram partes no processo cuja sentença é objeto de rescisão. **A propositura de ação rescisória sem a presença, no polo passivo, de litisconsorte necessário somente comporta correção até o prazo de dois anos disciplinado pelo art. 495 do CPC [art. 975 do CPC/2015].** Após essa data, a falta de citação do litisconsorte implica a decadência do direito de pleitear a rescisão, conduzindo à extinção do processo sem resolução do mérito" (STJ, REsp 676.159/MT, Rel. Min. Nancy Andrighi, Corte Especial, jul. 01.12.2010, *DJe* 30.03.2011).

☆ AÇÃO RESCISÓRIA: INDICAÇÃO DOUTRINÁRIA

Athos Gusmão Carneiro, Ação rescisória, biênio decadencial e recurso parcial, *Gênesis*, 4, jan.-abr. 1997, p. 5; *RJ* 233/5; Cassio Scarpinella Bueno, *Manual de direito processual civil*, São Paulo: Saraiva, 2015; Daniel Amorim Assumpção Neves, *Manual de direito processo civil*, São Paulo: Método, 2015; Daniel Colnago Rodrigues e João Pereira Monteiro Neto. Provas na Ação Rescisória: Do Código de Processo Civil/1973 ao novo Código de Processo Civil. In: ALVIM, Thereza Arruda *et. al. O novo Código de Processo Civil brasileiro – Estudos dirigidos: Sistematização e procedimento*. Rio de Janeiro: Forense, 2015, p. 437; Délio Mota de Oliveira Junior. A Formação Progressiva da Coisa Julgada Material e o Prazo para o Ajuizamento da Ação Rescisória: Contradição do Novo Código de Processo Civil. In: Fredie Didier Jr. (coord.). *Processo nos Tribunais e Meios de Impugnação às Decisões Judiciais*. 2. ed. Salvador: JusPodivm, 2016, p. 129; Douglas Alencar Rodrigues; Luiz Felipe Gallotti Rodrigues; Rodrigo Garcial Duarte. Aspectos da ação rescisória no novo processo civil: súmulas como fundamento da pretensão desconstitutiva. *Revista de Processo*, n. 316, p. 167, jun. 2021; Fernando Anselmo Rodrigues e Aluizio José Cherubini, *O direito de estar em juízo e a coisa julgada*, São Paulo: Revista dos Tribunais, 2014, p. 729-735; Francesco Conte, Ação rescisória e medida cautelar: suspensão da execução do ato judicial rescindendo, *ADV* 9/97, p. 39; Fredie Didier Jr., *Curso de direito processual civil*, 17. ed., Salvador: JusPodivm, 2015, v. I; Getúlio Targino Lima, *Ação rescisória de sentença. Prazo para sua propositura*, *RP* 13/119; Galeno Lacerda, Ação rescisória e suspensão cautelar da execução do julgado rescindendo, *RP* 29/38; Guilherme Rizzo Amaral, *Comentários às alterações do novo CPC*, São Paulo: Revista dos Tribunais, 2015; Henrique Ávila. *Ação Anulatória*. In: Luiz Rodrigues Wambier; Fredie Didier Jr. e Leonardo Carneiro da Cunha. A ação rescisória e a ação de invalidação de atos processuais prevista no art. 966, § 4º, do novo CPC. In: Paulo Henrique dos Santos Lucon e Pedro Miranda de Oliveira. *Panorama atual do novo CPC*. Florianópolis: Empório do Direito, 2016, p. 177; Humberto Theodoro Júnior, *As novas reformas do Código de Processo Civil*, Rio de Janeiro: Forense, 2006, p. 33-34; Humberto Theodoro Junior, *Curso de direito processual civil*, 54. ed. Rio de Janeiro: Forense, 2021, v. III; Humberto Theodoro Junior, Fernanda Alvim Ribeiro de Oliveira, Ester Camila Gomes Norato Rezende (coord.), *Primeiras lições sobre o novo direito processual civil brasileiro*, Rio de Janeiro: Forense, 2015; Humberto Theodoro Júnior. Ação rescisória no CPC/2015: decisão homologatória de autocomposição. Procedimentos contencioso e de jurisdição voluntária. *RBDPro*, ano 24, n. 96. Belo Horizonte: Fórum, out.-dez./2016; J. C. Barbosa Moreira, *Comentários ao CPC*, 6. ed., v. V, n. 129, p. 195, nº 130, p. 196; J. C. Barbosa Moreira, Questões prejudiciais e questões preliminares, *Direito processual civil (Ensaios e Pareceres)*, p. 73 e ss., esp. 85/7; José Frederico Marques, *Reforma do Poder Judiciário*, v. I, p. 303/04; José Luiz Ragazzi, Paulo Herique Silva Godoy, Da ação rescisória resultante de simulação ou colusão entre as partes no CPC/2015, *Revista de Processo*, São Paulo, n. 309, p. 165, nov. 2020; José Maria Tesheiner, A ação rescisória no novo Código de Processo Civil, *Revista de Processo* nº 244, p. 209, jun. 2015; José Miguel Garcia Medina, *Novo Código de Processo Civil comentado*, São Paulo: Revista dos Tribunais, 2015; José Roberto de Barros Magalhães, Ação rescisória: antecipação de seus efeitos, *RP* 53/228; Laura Stefenon Fachini, Cabimento da ação rescisória face à violação de precedente obrigatório, *Revista de Processo*, São Paulo, ano 45, v. 307, p. 161 e ss., set. 2020; Leonardo Greco, *Instituições de processo civil: introdução ao direito processual civil*, 5. ed., Rio de Janeiro: Forense, 2015; Luana Pedrosa de Figueiredo Cruz, Leonardo Cortez Casol Siqueira, Breves comentários sobre a exigência de depósito prévio na ação rescisória, *Revista Magister de Direito Civil e Processual Civil*, Porto Alegre, ano XVI, v. 92, p. 44 e ss., set./out. 2019; Luis Antônio Giampaulo Sarro, *Novo Código de Processo Civil*, São Paulo: Rideel, 2015; Luiz Guilherme Marinoni, Sérgio Cruz Arenhart, Daniel Mitidiero, *Curso de processo civil*, São Paulo: Revista dos Tribunais, 2015, v. I; Luiz Guilherme Marinoni. Ação rescisória baseada em violação de norma jurídica. *Revista de Processo*. vol. 267. ano 42. p. 367. São Paulo: Ed. RT, maio/2017; Luiz Guilherme Marinoni; Daniel Mitidiero. *In* Sérgio Cruz Arenhart e Daniel Mitidiero (coord.). *Comentários ao Código de Processo Civil*. 2. ed., São Paulo: Editora Revista dos Tribunais, 2018, v. 15; Marcelo Barbi Gonçalves. Ação Rescisória e uniformização jurisprudencial: considerações sobre a *jihad* nomofilática. In: Fredie Didier Jr. (coord.). *Processo nos Tribunais e Meios de Impugnação às Decisões Judiciais*. 2. ed. Salvador: JusPodivm, 2016, p. 157; Marcelo Veiga Franco. Algumas reflexões sobre o termo inicial do prazo decadencial de ajuizamento de ação rescisória no Código de Processo Civil de 2015. In: Fernando Gonzaga Jayme *et. al. Inovações e Modificações do Código de Processo Civil*. Belo Horizonte: Del Rey, 2017, p. 295; Márcio Carvalho Faria. Considerações Sobre o Prazo Rescisório no Novo CPC. In Fredie Didier Jr., (coord.). *Processo nos Tribunais e Meios de Impugnação às Decisões Judiciais*. 2. ed. Salvador: JusPodivm, 2016, p. 193; Michel Ferro e Silva, O novo Código de Processo Civil e o termo inicial para contagem do prazo de ajuizamento de ação rescisória fundamentada em prova nova, *Revista Dialética de Direito Processual*, n. 150, p. 70-78; Moacyr Lobo da Costa, Cumulação de juízos na ação rescisória, *RP* 43/31; Osmar Mendes Paixão Côrtes. O cabimento da ação rescisória para fazer cumprir decisão em recurso repetitivo: observância ao padrão decisório. *Revista de Processo*. vol. 284. ano 43. p. 295-316. São Paulo: Ed. RT, out. 2018; Pedro Miranda de Oliveira, *O direito de estar em juízo e a coisa julgada*, São Paulo: Revista dos Tribunais, 2014, p. 935-946; Pedro Paulo Souza Carmo, *Ação rescisória – contestação, RP* 23/198; Pontes de Miranda, *Tratado da ação rescisória*, 4. ed., p. 340 – admissibilidade da reconvenção na ação rescisória; Ravi Peixoto e Marcelo Pichioli da Silveira. Ação rescisória e competência: novos e velhos problemas. *RBDPro*. ano 24, n. 96. Belo Horizonte: Fórum, out.-dez./2016; Ravi Peixoto. Ação Rescisória e capítulos de sentença: a análise de uma relação conturbada a partir do CPC/2015. In: Fredie Didier Jr. (coord.). *Processo nos Tribunais e Meios de Impugnação às Decisões Judiciais*. 2. ed. Salvador: JusPodivm, 2016, p. 223; Rita Gianesini, *Da revelia no processo civil brasileiro*, p. 146 – a revelia, não produz, na rescisória, o efeito previsto no art. 319; Roberto Santos, Depósito prévio em ação rescisória, *RF* 251/470; Rodrigo Barioni, In: Teresa Arruda Alvim Wambier, Fredie Didier Jr., Eduardo Talamini, Bruno Dantas, *Breves comentários ao novo Código de Processo Civil*, São Paulo: Revista dos Tribunais, 2015; Rodrigo Mazzei e Tiago Figueiredo Gonçalves. Primeiras Linhas sobre a Disciplina da Ação Rescisória no CPC/15. In: Fredie Didier Jr. (coord.). *Processo nos Tribunais e Meios de Impugnação às Decisões Judiciais*. 2. ed. Salvador: JusPodivm, 2016, p. 244; Sérgio Sahione, *CPC Comentado*, v. II, p. 115 – o *dies a quo* é do recebimento dos autos pelo juízo delegado; Sidnei Amendoeira Jr., O art. 489 do CPC e a suspensão do cumprimento do julgado rescindendo, *in:* Carlos Alberto Carmona (coord.), *Reflexões sobre a Reforma do Código de Processo Civil*, Atlas; Teresa Arruda Alvim Wambier, Fredie Didier Jr., Eduardo Talamini, Bruno Dantas (coord.), *Breves comentários ao novo Código de Processo Civil*, São Paulo: Revista dos Tribunais, 2015.

Capítulo VIII
DO INCIDENTE DE RESOLUÇÃO DE DEMANDAS REPETITIVAS

Art. 976. É cabível a instauração do incidente de resolução de demandas repetitivas quando houver, simultaneamente:

I – efetiva repetição de processos que contenham controvérsia sobre a mesma questão unicamente de direito;

II – risco de ofensa à isonomia e à segurança jurídica.

§ 1º A desistência ou o abandono do processo não impede o exame de mérito do incidente.

§ 2º Se não for o requerente, o Ministério Público intervirá obrigatoriamente no incidente e deverá assumir sua titularidade em caso de desistência ou de abandono.

§ 3º A inadmissão do incidente de resolução de demandas repetitivas por ausência de qualquer de seus pressupostos de admissibilidade não impede que, uma vez satisfeito o requisito, seja o incidente novamente suscitado.

§ 4º É incabível o incidente de resolução de demandas repetitivas quando um dos tribunais superiores, no âmbito de sua respectiva competência, já tiver afetado recurso para definição de tese sobre questão de direito material ou processual repetitiva.

§ 5º Não serão exigidas custas processuais no incidente de resolução de demandas repetitivas.

REFERÊNCIA LEGISLATIVA

Regimento Interno do STJ, art. 256-S a 256-V (Revisão de Entendimento Firmado em Tema Repetitivo), incluído pela Emenda Regimental nº 24 de 28.09.2016.

Resolução 235/2016 do CNJ (dispõe sobre a padronização de procedimentos administrativos decorrentes de julgamentos de repercussão geral, de casos repetitivos e de incidente de assunção de competência previstos na Lei 13.105, de 16 de março de 2015 – Código de Processo Civil).

SÚMULAS

Súmula do TJMG

n.º 76: "O incidente de resolução de demandas repetitivas poderá ser suscitado com base em demandas repetitivas em curso nos juizados especiais".

CJF – JORNADAS DE DIREITO PROCESSUAL CIVIL

II JORNADA

Enunciado 141 – É possível a conversão de Incidente de Assunção de Competência em Incidente de Resolução de Demandas Repetitivas, se demonstrada a efetiva repetição de processos em que se discute a mesma questão de direito.

ENUNCIADOS DO FÓRUM PERMANENTE DE PROCESSUALISTAS CIVIS

Enunciado 344 – A instauração do incidente pressupõe a existência de processo pendente no respectivo tribunal.

BREVES COMENTÁRIOS

O incidente autorizado pelo art. 976 do CPC/2015 é um instrumento processual destinado a produzir eficácia pacificadora de múltiplos litígios, mediante estabelecimento de tese aplicável a todas as causas em que se debata a mesma questão de direito. Com tal mecanismo se intenta implantar uniformidade de tratamento judicial a todos os possíveis litigantes colocados em situação igual àquela disputada no caso padrão. A par de racionalizar o tratamento judicial das causas repetitivas (arts. 976, 980 a 984), o incidente visa formar precedente de observância obrigatória (art. 985).

O incidente de resolução de demandas repetitivas não ocorre dentro do processo que legitimou sua instauração. Diferentemente do sistema dos recursos especial e extraordinário repetitivos, que também viabilizam uniformização de jurisprudência vinculante, a partir do julgamento do recurso adotado como padrão, o incidente do art. 976 se processa separadamente da causa originária e sob a competência de órgão judicial diverso. Esse órgão será sempre o tribunal de segundo grau, cuja competência se restringe ao julgamento do incidente, sem eliminar a dos órgãos de primeiro ou segundo grau para julgar a ação ou o recurso, cujo processamento apenas se suspende, para aguardar o pronunciamento normatizador do tribunal.

Diante da multiplicação de demandas individuais iguais, o incidente em questão persegue dois objetivos: (a) abreviar e simplificar a prestação jurisdicional, cumprindo os desígnios de duração razoável dos processos e de observância dos princípios de economia e efetividade da prestação jurisdicional, já que, uma vez resolvida pelo tribunal a questão de direito presente em todos os múltiplos processos individuais, a solução destes se simplifica, podendo rapidamente ser definida; e (b) uniformizar a jurisprudência, de modo a garantir a isonomia e proporcionar efetividade à segurança jurídica, tornando previsível a postura judicial diante da interpretação e aplicação da norma questionada. Não se insere entre os requisitos de admissibilidade do IRDR, arrolado pelo art. 976, a preexistência de processo ou recurso em andamento perante o Tribunal que deva apreciar e julgar o incidente.

A importância atribuída pelo CPC/2015 ao incidente de resolução de demandas repetitivas é ressaltada pelos seguintes aspectos:

a) o Tribunal, ao julgá-lo, fixa tese jurídica que vincula todos os juízes que lhe são subordinados;

b) cabe reclamação ao Tribunal caso algum juiz deixe de observar a tese fixada (art. 985, § 1º);

c) depois de julgado o incidente, o juiz, independentemente de citação do réu, julgará liminarmente improcedente o pedido que contrarie a tese fixada pelo Tribunal (art. 332, I a IV);

d) reflexo no julgamento do recurso pelo relator (art. 932, IV, *a*);

e) reflexo sobre a execução provisória (art. 521, IV).

O IRDR do CPC brasileiro inspirou-se no *Musterverfahren* do processo alemão. Ambos são incidentes concebidos com o objetivo de promover, nos litígios de massa, a celeridade e a isonomia na prestação jurisdicional por meio de uniformização e previsibilidade, capazes de proporcionar a segurança jurídica.

"O legislador brasileiro, apesar de confessadamente ter se inspirado no direito alemão, criou sistema próprio, que tem, inclusive, algumas vantagens teóricas em relação ao *Musterverfahren*: legitimidade mais ampla para sua propositura; previsão de participação de a*mici curiae* e da realização de audiência pública; assunção da titularidade do incidente pelo Ministério Público, em caso de desistência ou abandono da causa pela parte; possibilidade de ampliação dos efeitos do sobrestamento de processos para o todo o território nacional; expressa previsão da possibilidade de *overrruling* em sede de IRDR; entre outras" (CALDEIRA, Marcus Flávio Horta. O Incidente de Resolução de Demandas Repetitivas (IRDR) brasileiro e o procedimento-modelo (*Musterverfahren*) alemão. *Revista de Processo*, São Paulo, v. 350, p. 417, abr. 2024). O certo, porém, é que são comuns alguns aspectos essenciais dos institutos brasileiro e alemão, tais como "o sobrestamento dos casos individuais, que devem aguardar a definição da tese e o poder vinculante do pronunciamento advindo do Tribunal julgador" (Idem, ibidem).

JURISPRUDÊNCIA SELECIONADA

1. Incidente de Resolução de Demandas Repetitivas. Repetição de processos. "O incidente de resolução de demandas repetitivas (IRDR) destina-se assegurar uniformidade de tratamento jurídico nos casos em que, (a) identificada determinada controvérsia que verse questão unicamente de direito, (b) esteja comprovada a efetiva multiplicidade de feitos que contenham a mesma controvérsia e (c) que isso pode gerar risco de ofensa à isonomia e à segurança jurídica (art. 976 do). II- o Incidente foi engendrado como fórmula de racionalização, aperfeiçoamento e agilização da prestação jurisdicional e tem como pressuposto a pluralidade de ações versando sobre idêntica questão unicamente de direito sem resolução uniforme. (...) IV- Ausente a multiplicidade de casos tratando da mesma questão de direito, bem como ausentes decisões divergentes sobre a mesma questão de direito a ensejar risco de ofensa à isonomia e segurança jurídica, incabível o incidente de resolução de demandas repetitivas" (TRF1, IRDR 0025323-80.2016.4.01.0000/PA, Rel.ª Des. Ângela Catão, 4ª Seção, jul. 29.08.2018, *DJF* 10.09.2018, p. 92).

2. IRDR. Encerramento do recurso ou da ação originária. Descabimento. "O cerne da controvérsia consiste em decidir se seria admissível a instauração do IRDR pela escolha de um caso que já tenha sido objeto de julgamento, mas cujos embargos de declaração ainda não foram julgados. Ocorre que, após o julgamento do mérito do recurso do qual se extrairia a tese jurídica, não há que se falar em pendência do caso para fins de instauração do IRDR, diante do obstáculo à formação concentrada do precedente obrigatório. O cabimento do IRDR condiciona-se à pendência de julgamento, no tribunal, de uma causa recursal ou originária. (...) Tendo em vista a concepção dinâmica do contraditório como efetiva oportunidade de influenciar a decisão no procedimento (arts. 10 e 489, § 1º, do CPC/2015), o diferimento da análise da seleção da causa e admissibilidade do IRDR para o momento dos embargos de declaração importaria prejuízo à paridade argumentativa processual, considerando que esse desequilíbrio inicial certamente arriscaria a isonômica distribuição do ônus argumentativo a ser desenvolvido, mesmo que os argumentos fossem pretensamente esgotados durante o curso do incidente. Verifica-se, de qualquer forma, o pedido de instauração do IRDR parece ter sido utilizado como via substitutiva – em uma causa multimilionária – para fins de reexame do mérito, quando já esgotadas todas as possibilidades recursais. Contudo, o IRDR não pode ser utilizado como sucedâneo recursal" (STJ, AREsp 1470017/SP, Rel. Min. Francisco Falcão, 2ª Turma, jul. 15.10.2019, *DJe* 18.10.2019).

3. Acórdão que admite ou inadmite a instauração do incidente. Irrecorribilidade. "Os propósitos recursais consistem em definir: (i) preliminarmente, se é cabível recurso especial do acórdão que inadmite a instauração do incidente de resolução de demandas repetitivas – IRDR; (ii) se porventura superada a preliminar, se a instauração do IRDR tem como pressuposto obrigatório a existência de um processo ou de um recurso no Tribunal. Não é cabível recurso especial em face do acórdão que inadmite a instauração do IRDR por falta de interesse recursal do requerente, pois, apontada a ausência de determinado pressuposto, será possível a instauração de um novo IRDR após o preenchimento do requisito inicialmente faltante, sem que tenha ocorrido preclusão, conforme expressamente autoriza o art. 976, § 3º, do CPC/15. De outro lado, o descabimento do recurso especial na hipótese decorre ainda do fato de que o novo CPC previu a recorribilidade excepcional ao Superior Tribunal de Justiça e ao Supremo Tribunal Federal apenas contra o acórdão que resolver o mérito do Incidente, conforme se depreende do art. 987, *caput*, do CPC/15, mas não do acórdão que admite ou que inadmite a instauração do IRDR. O acórdão que inadmite a instauração do IRDR não preenche o pressuposto constitucional da causa decidida apto a viabilizar o conhecimento de quaisquer recursos excepcionais, uma vez que ausente, na hipótese, o caráter de definitividade no exame da questão litigiosa, especialmente quando o próprio legislador previu expressamente a inexistência de preclusão e a possibilidade de o requerimento de instauração do IRDR ser novamente realizado quando satisfeitos os pressupostos inexistentes ao tempo do primeiro pedido" (STJ, REsp 1631846/DF, Rel. p/ Acórdão Min. Nancy Andrighi, 3ª Turma, jul. 05.11.2019, *DJe* 22.11.2019).

4. Prolação de acórdão genérico pelo tribunal de origem. Delegação de competência recursal ao juízo de primeiro grau. Descabimento. "Controvérsia acerca da validade de acórdão genérico prolatado pelo Tribunal 'a quo', delegando ao juízo de primeiro grau a atribuição de aplicar o referido acórdão ao caso concreto, sob a justificativa da existência de multiplicidade de recursos versando sobre questões atinentes à liquidação da sentença proferida na ação civil pública n. 0632533-62.1997.8.26.0100/SP. (...) Inviabilidade de delegação de competência funcional hierárquica ao juízo de primeiro grau para aplicar o referido acórdão genérico ao caso dos autos, em virtude da ausência de previsão legal. Recomendação para que seja instaurado incidente de demandas repetitivas no Tribunal de origem para enfrentar de maneira uniforme a multiplicidade de recursos identificada naquele sodalício" (STJ, REsp 1880319/SP, Rel. Min. Paulo de Tarso Sanseverino, 3ª Turma, jul. 17.11.2020, *DJe* 20.11.2020).

5. IRDR. Conhecimento do recurso especial. Aplicação de regras processuais. *Distinguishing.* "O acórdão recorrido foi proferido em IRDR instaurado no Tribunal de origem como procedimento-modelo, ou seja, sem que houvesse uma causa-piloto que lhe subsidiasse. Portanto, houve a fixação de tese abstrata sem o julgamento concomitante de um caso concreto. Não se desconhece que a Corte Especial do Superior Tribunal de Justiça, no julgamento do REsp n. 1.798.374/DF, de relatoria do Ministro Mauro Campbell, decidiu que 'não cabe recurso especial contra acórdão proferido pelo Tribunal de origem que fixa tese jurídica em abstrato em julgamento do IRDR, por ausência do requisito constitucional de cabimento de 'causa decidida', mas apenas naquele que aplica a tese fixada, que resolve a lide, desde que observados os demais requisitos constitucionais do art. 105, III, da Constituição Federal e dos dispositivos do Código de Processo Civil que regem o tema'. Na ocasião, todavia, a Corte Especial analisou a admissibilidade de um Recurso Especial da Defensoria Pública do Distrito Federal contra acórdão fundado em pedido de revisão de tese em IRDR, onde, nas palavras do em. Ministro Mauro Campbell Marques, 'sequer existe parte contrária e, consequentemente, qualquer espécie de contraditório'. O Superior Tribunal de Justiça, então, concluiu que 'a tese jurídica fixada em abstrato no julgamento do IRDR, ainda que no âmbito da interpretação de norma infraconstitucional federal, não pode ser considerada como causa decidida sob a ótica constitucional, o que somente ocorreria com a aplicação da referida tese jurídica ao caso selecionado para o julgamento ou na aplicação nas causas em andamento/sobrestadas (caso concreto) que versem sobre o tema repetitivo julgado no referido incidente'. Consignou-se, ainda, que o não cabimento do Apelo Especial em tais casos não prejudicaria o acesso da questão federal ao STJ, 'pois a tese jurídica será aplicada aos demais casos idênticos e sobrestados que aguardavam a resolução do incidente e tratavam da mesma questão jurídica, o que, ao menos em linha de princípio, viabilizaria a interposição do recurso especial'. No entanto, no presente caso, a questão posta em debate no recurso em exame, não diz respeito à tese abstratamente fixada na origem, mas à aplicação, em concreto, das próprias regras processuais que envolvem o instituto do IRDR. O que se discute neste feito (e este é o *distinguishing* em relação ao que restou decidido no REsp 1.798.374/DF) é a própria admissibilidade e a observância das regras do *due process* no incidente instaurado na Corte de origem. Por se tratar de debate acerca da aplicação, em concreto, das regras processuais previstas para a admissão e o julgamento do IRDR, não haverá outra oportunidade para que as alegações da parte recorrente cheguem ao STJ. Publicada a tese, os casos concretos serão solucionados de acordo com ela, sem possibilidade de novo debate acerca da higidez da decisão do IRDR, que já terá transitado em julgado" (STJ, REsp 2.023.892/AP, Rel. Min. Herman Benjamin, 2ª Turma, jul. 05.03.2024, *DJe* 16.05.2024).

Art. 977. O pedido de instauração do incidente será dirigido ao presidente de tribunal:

I – pelo juiz ou relator, por ofício;

II – pelas partes, por petição;

III – pelo Ministério Público ou pela Defensoria Pública, por petição.

Parágrafo único. O ofício ou a petição será instruído com os documentos necessários à demonstração do preenchimento dos pressupostos para a instauração do incidente.

CJF – JORNADAS DE DIREITO PROCESSUAL CIVIL

II JORNADA

Enunciado 143 – O pedido de revisão da tese jurídica firmada no incidente de resolução de demandas repetitivas pode ser feito pelas partes, nos termos do art. 977, II, do CPC/2015.

BREVES COMENTÁRIOS

O pedido de instauração do incidente de resolução de demandas repetitivas, segundo o art. 977 do CPC/2015, poderá ser formulado:

(a) pelo juiz da causa, quando o processo ainda tramita no primeiro grau de jurisdição;

(b) pelo relator, quando o processo, por força de recurso, estiver em andamento perante o tribunal;

(c) pelas partes, em qualquer grau de jurisdição; não se exige que ambas as partes formulem o pedido, podendo uma só delas tomar a iniciativa;

(d) pelo Ministério Público ou pela Defensoria Pública.

A legitimação do Ministério Público para postular a abertura do incidente não decorre de estar atuando no processo como *custos legis*. Resulta de sua legitimidade institucional para promover a ação civil pública em defesa de direitos individuais homogêneos, sempre que assuma relevância social. Da mesma forma, a Defensoria Pública legitima-se ao requerimento do IRDR, independentemente de atuar em um processo especificamente. Bastará a existência de numerosas causas sobre a mesma questão, pondo em risco a isonomia e a segurança jurídica em torno de temas previstos em sua esfera de atuação, de acordo com o art. 4º da LC nº 80/1994. É nessa linha, por exemplo, que se lhe confere legitimidade também para propor, em nome próprio, a ação civil pública (Lei nº 7.347/1985, art. 5º, II).

Em relação à possibilidade de instaurar o Incidente de Resolução de Demandas Repetitivas em processo originário do Superior Tribunal de Justiça, em recente julgado, aquela Corte decidiu por não conhecer o Incidente de Resolução de Demandas Repetitivas e, por conveniência, remeter os autos do Conflito de Competência para julgamento do caso na Corte Especial, o que, na espécie, produziria os mesmos efeitos do IRDR, no tocante à eficácia vinculante (STJ, IUJur no CC 144.433/GO, Rel. Min. Marco Aurélio Bellizze, 2ª Seção, jul. 14.03.2018, *DJe* 22.03.2018)

Art. 978. O julgamento do incidente caberá ao órgão indicado pelo regimento interno dentre aqueles responsáveis pela uniformização de jurisprudência do tribunal.

Parágrafo único. O órgão colegiado incumbido de julgar o incidente e de fixar a tese jurídica julgará igualmente o recurso, a remessa necessária ou o processo de competência originária de onde se originou o incidente.

BREVES COMENTÁRIOS

O órgão competente (que será definido pelo regimento interno do Tribunal) decidirá, em regra, apenas sobre a tese de direito aplicável aos diversos processos suspensos. Quando, todavia, o incidente recair sobre feito já afetado à competência do tribunal, o órgão competente para fixação da tese de direito julgará, também, o recurso, a remessa necessária ou o processo de competência originária onde o incidente se originou (art. 978, parágrafo único).

Consoante a regra do art. 978, o tribunal local tem autonomia para definir o órgão fracionário que se encarregará do julgamento do IRDR. No caso, porém, em que se der arguição de inconstitucionalidade de lei, ter-se-á de observar a reserva de plenário determinada pelo art. 97 da Constituição, de modo que a competência se deslocará para o plenário ou para o órgão especial que fizer as suas vezes.

JURISPRUDÊNCIA SELECIONADA

1. IRDR. Encerramento do recurso ou da ação originária. Descabimento. Ver jurisprudência do art. 976 do CPC/2015.

2. IRDR. Acórdão que fixa a tese. Pedido de revisão. Causa decidida. Inocorrência. Recurso especial. Não cabimento: "Portanto, em síntese, não cabe recurso especial contra acórdão proferido pelo Tribunal de origem que fixa tese jurídica em abstrato em julgamento do IRDR, por ausência do requisito constitucional de cabimento de 'causa decidida', mas apenas naquele que aplica a tese fixada, que resolve a lide, desde que observados os demais requisitos constitucionais do art. 105, III, da Constituição Federal e dos dispositivos do Código de Processo Civil que regem o tema" (STJ, REsp 1.798.374/DF, Rel. Min. Mauro Campbell Marques, Corte Especial, jul. 18.05.2022, *DJe* 21.06.2022).

3. IRDR. Causa-piloto. Causa-modelo. "Dito isso, observa-se da leitura dos acórdãos proferidos pelo TJAP que aquela Corte adotou a sistemática da causa-modelo. No entanto, o CPC estabeleceu, como regra, a sistemática da causa-piloto para o julgamento do IRDR, que nada mais é do que um incidente instaurado em um processo já em curso no Tribunal para resolver questões de direito oriundas de demandas de massa. A adoção da sistemática da causa-modelo não é de livre escolha do Tribunal. Pelo contrário, o Código de Processo Civil a permite em apenas duas hipóteses: quando houver desistência das partes que tiveram seus processos selecionados como representativos da controvérsia multitudinária, nos termos do art. 976, § 1º, do CPC; e quando se tratar de 'pedido de revisão da tese jurídica fixada no IRDR, o qual equivaleria ao pedido de instauração do incidente (art. 986 do CPC), [caso em que] o Órgão Julgador apenas analisa a manutenção das teses jurídicas fixadas em abstrato, sem qualquer vinculação a qualquer caso concreto' (REsp 1.798.374/DF, Rel. Min. Mauro Campbell Marques, Corte Especial, *DJe* de 21.6.2022). A peculiaridade deste caso é que nenhuma dessas duas hipóteses se fez presente, mas mesmo assim a Corte local decidiu julgar uma causa-modelo. (...) Ao adotar o sistema da causa-piloto, a tese repetitiva, da qual surtirão os efeitos externos (*erga omnes*), deve ser apreciada conjuntamente com o caso concreto, do qual surtirão os efeitos internos (*inter partes*), como se depreende do parágrafo único do art. 978 do CPC: 'O órgão colegiado incumbido de julgar o incidente e de fixar a tese jurídica julgará igualmente o recurso, a remessa necessária ou o processo de competência originária de onde se originou o incidente' (...) Assim sendo, tenho como patente a violação do art. 978, parágrafo único, do CPC, na medida em que foi admitido o IRDR de forma autônoma, sem vinculação a um processo pendente, o que inviabiliza a exigência de julgamento concomitante de recurso, remessa necessária ou processo de competência originária que lhe pudesse dar origem" (STJ, REsp 2.023.892/AP, Rel. Min. Herman Benjamin, 2ª Turma, jul. 05.03.2024, *DJe* 16.05.2024).

Art. 979. A instauração e o julgamento do incidente serão sucedidos da mais ampla e específica divulgação e publicidade, por meio de registro eletrônico no Conselho Nacional de Justiça.

§ 1º Os tribunais manterão banco eletrônico de dados atualizados com informações específicas sobre questões de direito submetidas ao incidente, comunicando-o imediatamente ao Conselho Nacional de Justiça para inclusão no cadastro.

§ 2º Para possibilitar a identificação dos processos abrangidos pela decisão do incidente, o registro eletrônico das teses jurídicas constantes do cadastro conterá, no mínimo, os fundamentos determinantes da decisão e os dispositivos normativos a ela relacionados.

§ 3º Aplica-se o disposto neste artigo ao julgamento de recursos repetitivos e da repercussão geral em recurso extraordinário.

REFERÊNCIA LEGISLATIVA

Resolução nº 235/2016 do CNJ (dispõe sobre a padronização de procedimentos administrativos decorrentes de julgamentos de repercussão geral, de casos repetitivos e de incidente de assunção de competência previstos na Lei nº 13.105, de 16 de março de 2015 – Código de Processo Civil).

BREVES COMENTÁRIOS

As medidas de publicidade do art. 979 têm dupla função: (i) dar ampla divulgação aos incidentes propostos e julgados, de modo a evitar a continuidade e o julgamento das ações individuais homogêneas, sem atentar para necessidade de sujeição à tese de direito definida, ou em vias de definição no tribunal; e (ii) impedir a multiplicidade de incidentes de igual natureza ou de igual força uniformizadora sobre uma mesma questão de direito, o que enfraqueceria a própria função do instituto, comprometendo-lhe a utilidade e eficácia.

Art. 980. O incidente será julgado no prazo de 1 (um) ano e terá preferência sobre os demais feitos, ressalvados os que envolvam réu preso e os pedidos de *habeas corpus*.

Parágrafo único. Superado o prazo previsto no *caput*, cessa a suspensão dos processos prevista no art. 982, salvo decisão fundamentada do relator em sentido contrário.

BREVES COMENTÁRIOS

O incidente deverá ser julgado no prazo de um ano, prevendo o art. 980, *caput*, que ele terá preferência sobre os demais feitos, ressalvados os que envolvam réu preso e os pedidos de *habeas corpus*. Se o prazo não for cumprido, cessa a suspensão dos processos pendentes, individuais ou coletivos, que versam sobre a mesma matéria e que estejam em curso no Estado ou na Região da circunscrição do respectivo tribunal (art. 980, parágrafo único, primeira parte). O prazo de um ano previsto para o julgamento do incidente engloba, inclusive, eventuais recursos extraordinário e especial contra a decisão proferida pelo tribunal local ou federal. Caso o tribunal superior não consiga julgar o recurso dentro desse prazo, o relator lá designado terá poder para ampliá-lo, em decisão fundamentada, nos termos do parágrafo único do art. 980. Não se pode, entretanto, admitir uma prorrogação que eternize a situação de paralisação das ações individuais.

Art. 981. Após a distribuição, o órgão colegiado competente para julgar o incidente procederá ao seu juízo de admissibilidade, considerando a presença dos pressupostos do art. 976.

BREVES COMENTÁRIOS

O procedimento do incidente de resolução de demandas repetitivas compreende duas fases que se desenvolvem perante o colegiado competente, de acordo com o Regimento Interno do Tribunal. Na primeira, delibera-se sobre o cabimento do incidente (art. 981) e, na segunda, sendo positivo o resultado da primeira, realiza-se o julgamento de seu mérito (art. 984).

O juízo de admissibilidade do incidente, em caráter definitivo, cabe ao colegiado competente para julgá-lo (art. 981). Porém, como se passa com os procedimentos de curso perante tribunal, o relator também procede ao mesmo juízo, logo após a distribuição e antes de dar sequência ao incidente de resolução de demandas repetitivas. Trata-se, no entanto, de deliberação provisória, visto que passível de reapreciação pelo colegiado. Inadmitido o incidente por decisão monocrática do relator, contra esta será manejável agravo interno (CPC/2015, art. 1.021).

Art. 982. Admitido o incidente, o relator:

I – suspenderá os processos pendentes, individuais ou coletivos, que tramitam no Estado ou na região, conforme o caso;

II – poderá requisitar informações a órgãos em cujo juízo tramita processo no qual se discute o objeto do incidente, que as prestarão no prazo de 15 (quinze) dias;

III – intimará o Ministério Público para, querendo, manifestar-se no prazo de 15 (quinze) dias.

§ 1º A suspensão será comunicada aos órgãos jurisdicionais competentes.

§ 2º Durante a suspensão, o pedido de tutela de urgência deverá ser dirigido ao juízo onde tramita o processo suspenso.

§ 3º Visando à garantia da segurança jurídica, qualquer legitimado mencionado no art. 977, incisos II e III, poderá requerer, ao tribunal competente para conhecer do recurso extraordinário ou especial, a suspensão de todos os processos individuais ou coletivos em curso no território nacional que versem sobre a questão objeto do incidente já instaurado.

§ 4º Independentemente dos limites da competência territorial, a parte no processo em curso no qual se discuta a mesma questão objeto do incidente é legitimada para requerer a providência prevista no § 3º deste artigo.

§ 5º Cessa a suspensão a que se refere o inciso I do *caput* deste artigo se não for interposto recurso especial ou recurso extraordinário contra a decisão proferida no incidente.

CJF – JORNADAS DE DIREITO PROCESSUAL CIVIL

I JORNADA

Enunciado 107 – Não se aplica a suspensão do art. 982, I, do CPC ao cumprimento de sentença anteriormente transitada em julgado e que tenha decidido questão objeto de posterior incidente de resolução de demandas repetitivas.

II JORNADA

Enunciado 140 – A suspensão de processos pendentes, individuais ou coletivos, que tramitam no Estado ou na região prevista no art. 982, I, do CPC não é decorrência automática e necessária da admissão do IRDR, competindo ao relator ou ao colegiado decidir acerca da sua conveniência.

Enunciado 142 – Determinada a suspensão decorrente da admissão do IRDR (art. 982, I), a alegação de distinção entre a questão jurídica versada em uma demanda em curso e aquela a ser julgada no incidente será veiculada por meio do requerimento previsto no art. 1.037, § 10.

BREVES COMENTÁRIOS

Admitido o incidente, o relator tomará as seguintes providências:

(a) Suspenderá os processos pendentes que possam ser afetados pela decisão do incidente. Essa medida compreenderá tanto os processos individuais como os coletivos e terá força dentro da circunscrição territorial do tribunal (*i.e.*, o Estado, no caso dos Tribunais de Justiça, e a região, na hipótese de Tribunal Regional Federal) (art. 982, I). Um tribunal local não pode suspender processo que corra sob a jurisdição de outro tribunal do mesmo nível hierárquico. Tal poder somente será exercitável por tribunais que, dentro dos limites de sua competência, exerçam jurisdição sobre todo o território nacional, como o STF e o STJ. Apenas, portanto, com a intervenção desses tribunais superiores a suspensão provocada pelo incidente do art. 976 do CPC/2015 pode, eventualmente, ultrapassar a circunscrição territorial do tribunal local em que sua instauração ocorreu (art. 982, § 3º).

(b) Se necessário, requisitará informações ao juízo perante o qual se discute o objeto do incidente. Em quinze dias, deverão ser prestados os esclarecimentos cabíveis (art. 982, II). Essa diligência é excepcional e só se justifica quando o pedido de instauração do incidente e a documentação que o instruíram não foram suficientes, a juízo do relator, para a completa identificação da questão de direito repetida nas diversas ações e para a comprovação da multiplicidade de soluções que lhe vem sendo aplicadas, pondo em risco o tratamento igualitário de todos perante a lei, em detrimento, ainda, da segurança jurídica.

(c) Determinará, quando não for o autor do pedido da medida, a intimação do Ministério Público para, querendo, manifestar-se no prazo de quinze dias, como *custos legis* (art. 982, III). A diligência prende-se ao evidente interesse público e social que o incidente envolve.

JURISPRUDÊNCIA SELECIONADA

1. Pedido de suspensão do processo. Não cabimento. Incidente de resolução de demanda repetitiva ainda não admitido. "Nos termos do art. 982, I, do CPC/2015 a suspensão dos processos em virtude de incidente de resolução de demandas repetitivas exige, como uma primeira condição de suspensão, que o referido incidente tenha sido admitido. Exige, ademais, decisão do relator suspendendo os demais processos. No presente caso, observa-se que ainda não houve admissão do incidente de resolução de demanda repetitiva, requerido nos autos da PET 11720, tampouco decisão da Em. Ministra Isabel Gallotti, relatora daquele feito, determinando a suspensão" (STJ, AgInt no AREsp 916.279/SP, Rel. Min. Luis Felipe Salomão, 4ª Turma, jul. 18.10.2016, *DJe* 25.10.2016).

2. Incidente de resolução de demandas repetitivas. Recursos extraordinário e especial. Efeito suspensivo automático. "Em suma, interposto REsp ou RE contra o acórdão que julgou o IRDR, a suspensão dos processos só cessará com o julgamento dos referidos recursos, não sendo necessário, entretanto, aguardar o trânsito em julgado. O raciocínio, no ponto, é idêntico ao aplicado pela jurisprudência do STF e do STJ ao RE com repercussão geral e aos recursos repetitivos, pois o julgamento do

REsp ou RE contra acórdão de IRDR é impugnável apenas por embargos de declaração, os quais, como visto, não impedem a imediata aplicação da tese firmada" (STJ, REsp 1869867/SC, Rel. Min. Og Fernandes, 2ª Turma, jul. 20.04.2021, *DJe* 03.05.2021).

"A decisão que não aplica de imediato o comando do IRDR desafiado por apelo especial não ofende a autoridade daquele, uma vez que os efeitos do incidente se encontram suspensos enquanto não julgado o recurso excepcional (art. 982, § 5º, do CPC), ou seja, não havendo IRDR com força obrigatória em vigor, não se estaria diante de nenhuma das hipóteses de reclamação (art. 988 do CPC). Embora haja decisões do STJ no sentido de não ser necessário aguardar o trânsito em julgado de matéria firmada em IRDR para sua aplicação, esse entendimento é mais adequado nos casos em que a coisa julgada só não se formou porque pendente o exame de embargos de declaração ou petição autônoma, mas não nas hipóteses em que pendente o julgamento do próprio recurso excepcional (art. 982, § 5º, do CPC). Hipótese em que não cabe reclamação contra decisão que determina o sobrestamento do feito enquanto pendente de julgamento o recurso especial interposto em face do acórdão que julga Incidente de Resolução de Demanda Repetitiva (IRDR)" (STJ, REsp 1.976.792/RS, Rel. Min. Gurgel de Faria, 1ª Turma, jul. 18.05.2023, *DJe* 20.06.2023).

Art. 983. O relator ouvirá as partes e os demais interessados, inclusive pessoas, órgãos e entidades com interesse na controvérsia, que, no prazo comum de 15 (quinze) dias, poderão requerer a juntada de documentos, bem como as diligências necessárias para a elucidação da questão de direito controvertida, e, em seguida, manifestar-se-á o Ministério Público, no mesmo prazo.

§ 1º Para instruir o incidente, o relator poderá designar data para, em audiência pública, ouvir depoimentos de pessoas com experiência e conhecimento na matéria.

§ 2º Concluídas as diligências, o relator solicitará dia para o julgamento do incidente.

BREVES COMENTÁRIOS

O relator intimará para pronunciarem sobre o incidente instaurado, em primeiro lugar, as partes do processo que lhe deu origem. O prazo para essa manifestação é de quinze dias e corre em comum (art. 983, *caput*).

No mesmo prazo, o relator ouvirá "os demais interessados", conceito que engloba sobretudo as partes dos outros processos sobrestados, além daquele de onde se originou o incidente. Entram, porém, no mesmo conceito, além das citadas partes, a figura do *amicus curiae*, categoria em que se inserem "pessoas, órgãos e entidades com interesse na controvérsia" (art. 983, *caput*).

As partes dos "outros" processos suspensos, intervirão, querendo, em situação equivalente à do assistente litisconsorcial, já que o respectivo interesse equivale ao das partes da causa geradora do incidente. Já o interesse dos *amici curiae* é especial e essencial, mas muito diferente dos portados pelos demandantes. Manifestam-se não em proveito próprio, mas em prol de interesses sociais de determinados grupos ou de algum seguimento da comunidade. Nada postulam, em sentido próprio. Atuam como colaboradores do juízo, em prol do aprimoramento da decisão judicial.

O prazo concedido aos "demais interessados" (inclusive o *amicus curiae*) é o mesmo dos interessados principais, ou seja, quinze dias comuns a todos eles, sendo-lhes facultado requerer a juntada de documentos, bem como as diligências necessárias para a elucidação da questão de direito controvertido (art. 983, *caput*).

JURISPRUDÊNCIA SELECIONADA

1. IRDR. Impedimento da participação dos autores dos processos indicados como representativos da controvérsia. Violação ao princípio do contraditório e ampla defesa. "A participação das vítimas dos danos em massa – autores das ações repetitivas – constitui o núcleo duro do princípio do contraditório no julgamento do IRDR. É o mínimo que se deve exigir para garantir a observância ao devido processo legal, sem prejuízo da participação de outros atores relevantes, como o Ministério Público e a Defensoria Pública. A participação desses órgãos públicos não dispensa esse contraditório mínimo, especialmente diante do que dispõe o art. 976, § 2º, do CPC: 'o Ministério Público intervirá obrigatoriamente no incidente e deverá assumir sua titularidade em caso de desistência ou de abandono.' Se as partes autoras dos processos selecionados não os abandonaram ou deles desistiram – pelo contrário, tentaram ser ouvidas por diversas vezes, sem sucesso –, sua efetiva participação é imposição do princípio do contraditório" (STJ, REsp 1.916.976/MG, Rel. Min. Herman Benjamin, 2ª Turma, jul. 21.05.2024, *DJe* 23.08.2024).

Art. 984. No julgamento do incidente, observar-se-á a seguinte ordem:

I – o relator fará a exposição do objeto do incidente;

II – poderão sustentar suas razões, sucessivamente:

a) o autor e o réu do processo originário e o Ministério Público, pelo prazo de 30 (trinta) minutos;

b) os demais interessados, no prazo de 30 (trinta) minutos, divididos entre todos, sendo exigida inscrição com 2 (dois) dias de antecedência.

§ 1º Considerando o número de inscritos, o prazo poderá ser ampliado.

§ 2º O conteúdo do acórdão abrangerá a análise de todos os fundamentos suscitados concernentes à tese jurídica discutida, sejam favoráveis ou contrários.

BREVES COMENTÁRIOS

De acordo com o art. 984, *caput*, o julgamento do incidente começará pela exposição do respectivo objeto, feita pelo relator (inciso I). Em seguida, proceder-se-á à sustentação oral pelos advogados do autor e do réu do processo originário e pelo Ministério Público, durante trinta minutos, ou seja, dez minutos para cada um (inciso II, *a*). Poderão também sustentar oralmente os demais interessados, que dividirão entre si o prazo comum de trinta minutos. Mas somente terão permissão para tal sustentação os que se inscreverem com dois dias de antecedência (inciso II, *b*).

Regra especial reclama particular atenção para a redação do julgado do incidente: o acórdão deverá abranger a análise de "todos os fundamentos suscitados concernentes à tese jurídica discutida" sejam eles favoráveis ou desfavoráveis ao entendimento adotado pelo tribunal (art. 984, § 2º). O acórdão, portanto, deverá expor, explicitamente, os fundamentos adotados, bem como mencionar, um a um, aqueles que foram rejeitados, analisando, de forma expressa, uns e outros.

Art. 985. Julgado o incidente, a tese jurídica será aplicada:

I – a todos os processos individuais ou coletivos que versem sobre idêntica questão de direito e que tramitem na área de jurisdição do respectivo tribunal, inclusive àqueles que tramitem nos juizados especiais do respectivo Estado ou região;

II – aos casos futuros que versem idêntica questão de direito e que venham a tramitar no território de competência do tribunal, salvo revisão na forma do art. 986.

§ 1º Não observada a tese adotada no incidente, caberá reclamação.

§ 2º Se o incidente tiver por objeto questão relativa a prestação de serviço concedido, permitido ou autorizado, o resultado do julgamento será comunicado ao órgão, ao ente ou à agência reguladora competente para fiscalização da efetiva aplicação, por parte dos entes sujeitos a regulação, da tese adotada.

BREVES COMENTÁRIOS

O art. 985 do CPC/2015 deixa evidente a força vinculante do assentado no julgamento do incidente de resolução de demandas repetitivas. Estabelece, remédio enérgico para corrigir as decisões que se insurjam contra a tese de direito assentada no incidente, que vem a ser a reclamação (art. 985, § 1º).

Os textos legais são de meridiana clareza, e não importa que se afastem do sistema de precedentes do direito anglo-saxônico ou de mecanismo unificador do direito alemão. Trata-se de instituto concebido e aperfeiçoado pelo direito brasileiro, sem qualquer ofensa ao sistema do processo constitucional idealizado por nossa Carta Magna.

Tal como a súmula vinculante, a tese firmada através do incidente de resolução de demandas repetitivas tem eficácia *erga omnes* dentro da circunscrição territorial do tribunal que o processou e julgou. E esses efeitos, por sua vez, não se restringem aos processos em tramitação ao tempo da instauração do incidente. Projetam-se, por vontade da lei, para o futuro, de modo a atingir todas as demandas posteriores, equiparando-se, o regime do novo Código, ao dos precedentes vinculantes.

JURISPRUDÊNCIA SELECIONADA

1. Tese jurídica sobre questão relativa a prestação de serviço concedido, permitido ou autorizado. "Os arts. 985, § 2º, e 1.040, inciso IV, do CPC, ao tempo em que asseguram maior racionalidade ao sistema, densificam o direito de acesso à justiça na perspectiva da efetivação dos direitos. A efetividade da justiça compreende uma dimensão coletiva, relativa à capacidade de gerar segurança jurídica e tratamento isonômico ao administrado no que tange aos conflitos de massa. Os dispositivos também dão concretude à defesa do consumidor de serviços públicos delegados (art. 170, inciso V, da CF/88). Ademais, nas hipóteses atacadas poderá o Poder Público responsável pelo serviço delegado participar da construção da tese, na qualidade de *amicus curiae* ou de experto ouvido em audiência pública" (STF, ADI 5.737, Rel. p/ acórdão Min. Roberto Barroso, Pleno, jul. 25.04.2023, *DJe* 27.06.2023).

Art. 986. A revisão da tese jurídica firmada no incidente far-se-á pelo mesmo tribunal, de ofício ou mediante requerimento dos legitimados mencionados no art. 977, inciso III.

BREVES COMENTÁRIOS

A tese de direito definida pelo incidente de resolução de demandas repetitivas torna-se obrigatória para os processos atuais e futuros. Não é, porém, eterna e intocável.

Sua revisão é possível, e, segundo o art. 986, poderá ser feita pelo próprio tribunal que a assentou. A iniciativa poderá partir do tribunal mesmo, ou de provação de algum dos legitimados para requerer a instauração do incidente (juiz, relator, partes, Ministério Público ou Defensoria Pública) (arts. 986 c/c 977, III).

Partes que se legitimam a pleitear a revisão – é bom notar – não são aquelas do processo do qual se originou o incidente. São as partes do novo processo ainda não julgado e que verse sobre a mesma questão de direito sobre a qual se estabeleceu o anterior julgamento vinculante.

Acolhida a revisão, a tese poderá ser revogada, por total incompatibilidade com a evolução do direito positivo, ou poderá ser parcialmente modificada. A modificação de entendimento atentará para a necessidade de respeitar as garantias de segurança jurídica e confiança legítima dos jurisdicionados. Poder-se-á, para tanto, modelar os efeitos temporais da inovação, preservando-se a situação das relações jurídicas estabelecidas à base da tese vinculante, no todo ou em parte, conforme os ditames da boa-fé e do respeito às justas expectativas.

JURISPRUDÊNCIA SELECIONADA

1. Recurso em IRDR. "As disposições do CPC/2015 e do RISTJ buscam dar ao acórdão proferido no recurso especial interposto em julgamento de mérito de IRDR os mesmos efeitos do acórdão em julgamento de recurso especial repetitivo, precedente qualificado nos termos do art. 121-A do RISTJ, c/c o art. 927 do CPC/2015. Ou seja, para fins de processamento do recurso especial em julgamento de mérito do IRDR, necessariamente, deverá ser seguido o rito previsto para os recursos representativos de controvérsia" (STJ, REsp 1729593/SP, Rel. Min. Marco Aurélio Bellizze, 2ª Seção, jul. 25.09.2019, *DJe* 27.09.2019, trecho do voto do relator). **Obs.: Decisão submetida a julgamento de recursos repetitivos.**

Art. 987. Do julgamento do mérito do incidente caberá recurso extraordinário ou especial, conforme o caso.

§ 1º O recurso tem efeito suspensivo, presumindo-se a repercussão geral de questão constitucional eventualmente discutida.

§ 2º Apreciado o mérito do recurso, a tese jurídica adotada pelo Supremo Tribunal Federal ou pelo Superior Tribunal de Justiça será aplicada no território nacional a todos os processos individuais ou coletivos que versem sobre idêntica questão de direito.

BREVES COMENTÁRIOS

O recurso será processado excepcionalmente com efeito suspensivo (art. 987, § 1º). Os processos suspensos preliminarmente, todavia, não retomam curso, salvo se ultrapassado o prazo de um ano previsto no art. 980. É que as medidas de urgência não são afetadas pela superveniência de recurso, em regra.

Para facilitar o acesso ao STF, que é importante para que a uniformização jurisprudencial, em matéria constitucional, atinja todo o território nacional, o art. 987, § 1º presume a repercussão geral do tema definido pelo tribunal de origem no incidente de decisões repetitivas.

JURISPRUDÊNCIA SELECIONADA

1. Recurso especial sob o rito dos recursos repetitivos. Incidente de resolução de demandas repetitivas – IRDR. Possibilidade. "Há posicionamentos opostos nos Tribunais Regionais Federais sobre o mérito da temática em discussão, sendo imperativo que o STJ exerça sua função primordial de uniformizar a interpretação da lei federal no Brasil, evitando que prossigam as controvérsias sobre matéria de tão alto relevo e repercussão no cotidiano da população, o que poderá gerar insegurança jurídica e falta de isonomia na prestação da saúde aos cidadãos das diferentes regiões do país. Não é por outra razão que o legislador houve por bem regular de forma expressa o cabimento dos recursos extraordinário e especial contra o julgamento do mérito do IRDR, prevendo, inclusive, o efeito suspensivo automático e a presunção de repercussão geral quanto à questão constitucional eventualmente discutida, nos termos do art. 987 do CPC" (STJ, REsp 1828993/RS, Rel. Min. Og Fernandes, 1ª Seção, jul. 12.08.2020, *DJe* 20.08.2020).

2. Incidente de resolução de demandas repetitivas. Recursos extraordinário e especial. Efeito suspensivo automático. Ver jurisprudência do art. 982, do CPC/2015.

☆ IRDR: INDICAÇÃO DOUTRINÁRIA

Adriana Fasolo Pilati Scheleder. O incidente de resolução de demandas repetitivas no novo CPC. In: Paulo Henrique dos Santos Lucon e Pedro Miranda de Oliveira. Panorama atual do novo CPC. Florianópolis: Empório do Direito, 2016, p. 11; Aluisio Gonçalves de Castro Mendes e Sofia Temer. *O Incidente de Resolução de Demandas Repetitivas do Novo Código de Processo Civil*. In: Fredie Didier Jr. (coord.). *Processo nos Tribunais e Meios de Impugnação às Decisões Judiciais*. 2. ed. Salvador: JusPodivm, 2016, p. 313; Aluisio Gonçalves de Castro Mendes, *Incidente de resolução de demandas repetitivas*: sistematização, análise e interpretação do novo instituto processual, Rio de Janeiro: Forense, 2017; Andrea Carla Barbosa, Diego Martinez Fervenza Cantoario, O incidente de resolução de demandas repetitivas no Projeto de Código de Processo Civil: apontamentos iniciais, In: Luiz Fux (coord.), *O novo processo civil brasileiro: direito em expectativa*, Rio de Janeiro: Forense, 2011, p. 480; Arthur Sombra Sales Campos, A possibilidade de instauração de incidente de resolução de demandas repetitivas a partir de causas dos juizados especiais, *Revista de Processo*, São Paulo, v. 309, p. 225, nov. 2020; Bruno Dantas, In: Teresa Arruda Alvim Wambier, Fredie Didier Jr., Eduardo Talamini, Bruno Dantas, *Breves comentários ao novo Código de Processo Civil*, São Paulo: Revista dos Tribunais, 2015; Cassio Scarpinella Bueno, Amicus curiae: *um terceiro enigmático*, São Paulo: Saraiva, 2008, *passim*; Cassio Scarpinella Bueno, *Manual de direito processual civil*, São Paulo: Saraiva, 2015; Daniel Amorim Assumpção Neves, *Manual de direito processo civil*, São Paulo: Método, 2015; Dierle Nunes *et al.*, *O direito de estar em juízo e a coisa julgada*, São Paulo: Revista dos Tribunais, 2014; Eduardo Cambi e Mateus Vargas Fogaça. Incidente de Resolução de Demandas Repetitivas no Novo Código de Processo Civil. In: Fredie Didier Jr. (coord.). *Processo nos Tribunais e Meios de Impugnação às Decisões Judiciais*. 2. ed. Salvador: JusPodivm, 2016, p. 359; Eduardo Cambi, Adriane Haas, Loraine de Medeiros Gonçalves, Incidente de resolução de demandas repetitivas como meio de uniformização da ordem jurídica, In: Sérgio Cruz Arenhart; Daniel Mitidiero (coords.), *O processo civil entre a técnica processual e a tutela dos direitos*: estudos em homenagem a Luiz Guilherme Marinoni, São Paulo: RT, 2017, p. 613 e ss.; Fernando Rey Cota Filho; Anaísa Pasqual Salgado Gonçalves. Considerações acerca do incidente de resolução de demandas repetitivas no novo Código de Processo Civil. In: Thereza Arruda Alvim Wambier *et. al.* O Novo Código Processo Civil Brasileiro – Estudos dirigidos: sistematização e procedimentos. Rio de Janeiro: Forense, 2015, p. 53; Frederico Augusto Leopoldino Koehler. Os problemas e os desafios decorrentes da aplicação do incidente de resolução de demandas repetitivas nos juizados especiais. In: Fredie Didier Jr. (coord.). *Processo nos Tribunais e Meios de Impugnação às Decisões Judiciais*. 2. ed. Salvador: JusPodivm, 2016, p. 389; Fredie Didier Jr. e Sofia Temer. A decisão de organização do incidente de resolução de demandas repetitivas: importância, conteúdo e o papel do regimento interno do tribunal. *Revista de Processo*, v. 258, ano 41, p. 257-281. São Paulo: RT, ago./2016; Fredie Didier Jr., *Curso de direito processual civil*, 17ª ed., Salvador: JusPodivm, 2015, v. I; Gustavo Milaré Almeida. O Incidente de Resolução de Demandas Repetitivas e o Trato da Litigiosidade Coletiva. In: Fredie Didier Jr. (coord.). *Processo nos Tribunais e Meios de Impugnação às Decisões Judiciais*. 2. ed. Salvador: JusPodivm, 2016, p. 401; Gustavo Nogueira, A coletivização das demandas individuais no CPC/2015 e sua convivência com as demandas coletivas. *Revista de Processo*, v. 255, ano 41, p. 291-308. São Paulo: RT, maio 2016; Henrique Lopes Dornelas, Incidente de Resolução de Demandas Repetitivas (IRDR): busca da segurança jurídica e da celeridade processual, *Revista Síntese Direito Civil e Processual Civil*, São Paulo, n. 125, p. 72-88, maio/jun. 2020; Humberto Theodoro Junior, *Curso de direito processual civil*, Rio de Janeiro: Forense, 2015, v. III; Humberto Theodoro Junior, Fernanda Alvim Ribeiro de Oliveira, Ester Camila Gomes Norato Rezende (coord.), *Primeiras lições sobre o novo direito processual civil brasileiro*, Rio de Janeiro: Forense, 2015; Humberto Theodoro Júnior. Jurisprudência e precedentes vinculantes no Novo Código de Processo Civil – Demandas repetitivas. *Revista de Processo*, v. 255, ano 41, p. 359-372. São Paulo: RT, maio 2016; Humberto Theodoro Júnior. Regime das Demandas Repetitivas no Novo Código de Processo Civil. In: Fredie Didier Jr. (coord.). *Processo nos Tribunais e Meios de Impugnação às Decisões Judiciais*. 2. ed. Salvador: JusPodivm 2016, p. 417; José Henrique Mouta Araújo. O Incidente de Resolução das Causas Repetitivas no Novo CPC e o Devido Processo Legal. In: Fredie Didier Jr. (coord.). *Processo nos Tribunais e Meios de Impugnação às Decisões Judiciais*. 2. ed. Salvador: JusPodivm, 2016, p. 447; José Miguel Garcia Medina, *Novo Código de Processo Civil comentado*, São Paulo: Revista dos Tribunais, 2015; Leandro Basdadijan Barbosa, *O direito de estar em juízo e a coisa julgada*, São Paulo: Revista dos Tribunais, 2014, p. 845-854; Leonardo Greco, *Instituições de processo civil: introdução ao direito processual civil*, 5. ed., Rio de Janeiro: Forense, 2015; Luana Pedrosa de Figueiredo Cruz e Sabrina Nunes Borges. Incidente de Resolução de Demandas Repetitivas e ações coletivas – Análise dos aspectos polêmicos à luz dos fundamentos constitucionais. *Revista de Processo*, v. 261, ano 41, p. 315-340. São Paulo: Revista de Processo, nov./2016; Luis Antônio Giampaulo Sarro, *Novo Código de Processo Civil*, São Paulo: Rideel, 2015; Luiz Guilherme Marinoni; Daniel Mitidiero. *In* Sérgio Cruz Arenhart e Daniel Mitidiero (coord.). *Comentários ao Código de Processo Civil*. 2. ed., São Paulo: Editora Revista dos Tribunais, 2018, v. 16; Marcos de Araújo Cavalcanti. A Falta de Controle Judicial da Adequação da Representatividade no Incidente de Resolução de Demandas Repetitivas (IRDR). In: Fredie Didier Jr. (coord.). *Processo nos Tribunais e Meios de Impugnação às Decisões Judiciais*. 2. ed. Salvador: JusPodivm, 2016, p. 469; Ricardo Menezes da Silva, Breves considerações sobre os requisitos de admissibilidade do incidente de resolução de demandas repetitivas, In: Sérgio Cruz Arenhart; Daniel Mitidiero (coords.), *O processo civil entre a técnica processual e a tutela dos direitos*: estudos em homenagem a Luiz Guilherme Marinoni, São Paulo: RT, 2017, p. 703 e ss.; Rodolfo de Camargo Mancuso, *Incidente de Resolução de demandas repetitivas*. São Paulo: RT, 2016; Teresa Arruda Alvim Wambier *et al.*, *Primeiros comentários ao novo Código de Processo Civil*, São Paulo: Revista dos Tribunais, 2015, p. 1.403; Teresa Arruda Alvim Wambier, Fredie Didier Jr., Eduardo Talamini, Bruno Dantas (coord.), *Breves comentários ao novo Código de Processo Civil*, São Paulo: Revista dos Tribunais, 2015; Vinícius Silva Lemos, A possibilidade de fungibilidade entre o IRDR e o IAC: viabilidade e necessidade de sistematização, In: Ana Cândida Menezes Marcato et al. (orgs.), *Reflexões sobre o Código de Processo Civil de 2015*: uma contribuição dos membros do Centro de Estudos Avançados de Processo – Ceapro, São Paulo: Verbatim, 2018, p. 787 e ss.

Capítulo IX
DA RECLAMAÇÃO

Art. 988. Caberá reclamação da parte interessada ou do Ministério Público para:

I – preservar a competência do tribunal;

II – garantir a autoridade das decisões do tribunal;

III – garantir a observância de enunciado de súmula vinculante e de decisão do Supremo Tribunal Federal em controle concentrado de constitucionalidade; (Redação dada pela Lei nº 13.256, de 04.02.2016)

IV – garantir a observância de acórdão proferido em julgamento de incidente de resolução de demandas repetitivas ou de incidente de assunção de competência. (Redação dada pela Lei nº 13.256, de 04.02.2016)

§ 1º A reclamação pode ser proposta perante qualquer tribunal, e seu julgamento compete ao órgão jurisdicional cuja competência se busca preservar ou cuja autoridade se pretenda garantir.

§ 2º A reclamação deverá ser instruída com prova documental e dirigida ao presidente do tribunal.

§ 3º Assim que recebida, a reclamação será autuada e distribuída ao relator do processo principal, sempre que possível.

§ 4º As hipóteses dos incisos III e IV compreendem a aplicação indevida da tese jurídica e sua não aplicação aos casos que a ela correspondam.

§ 5º É inadmissível a reclamação: (Redação dada pela Lei nº 13.256, de 04.02.2016)

I – proposta após o trânsito em julgado da decisão reclamada; (Incluído pela Lei nº 13.256, de 04.02.2016)

II – proposta para garantir a observância de acórdão de recurso extraordinário com repercussão geral reconhecida ou de acórdão proferido em julgamento de recursos extraordinário ou especial repetitivos, quando não esgotadas as instâncias ordinárias. (Incluído pela Lei nº 13.256, de 04.02.2016)

§ 6º A inadmissibilidade ou o julgamento do recurso interposto contra a decisão proferida pelo órgão reclamado não prejudica a reclamação.

REDAÇÃO PRIMITIVA DO CPC/2015

Art. 988. (...)

III – garantir a observância de decisão do Supremo Tribunal Federal em controle concentrado de constitucionalidade;

IV – garantir a observância de enunciado de súmula vinculante e de precedente proferido em julgamento de casos repetitivos ou em incidente de assunção de competência.

(...)

§ 5º É inadmissível a reclamação proposta após o trânsito em julgado da decisão.

REFERÊNCIA LEGISLATIVA

Resolução nº 03/2016 do STJ (dispõe sobre a competência para processar e julgar as Reclamações destinadas a dirimir divergência entre acórdão prolatado por turma recursal estadual ou do Distrito Federal e a jurisprudência do Superior Tribunal de Justiça).

RISTJ, arts. 187 a192 (procedimento da reclamação no âmbito do STJ).

SÚMULAS

Súmula do STF:

nº 734: "Não cabe reclamação quando já houver transitado em julgado o ato judicial que se alega tenha desrespeitado decisão do Supremo Tribunal Federal."

CJF – JORNADAS DE DIREITO PROCESSUAL CIVIL

II JORNADA

Enunciado 138 – É cabível reclamação contra acórdão que aplicou indevidamente tese jurídica firmada em acórdão proferido em julgamento de recursos extraordinário ou especial repetitivos, após o esgotamento das instâncias ordinárias, por analogia ao quanto previsto no art. 988, § 4º, do CPC.

BREVES COMENTÁRIOS

A reclamação é o remédio processual previsto para garantir que as decisões jurisdicionais tomadas pelos tribunais sejam devidamente respeitadas e cumpridas, assim como para evitar que as respectivas competências sejam usurpadas. O atual CPC, na esteira do entendimento do STJ e do STF, ampliou, agora por lei processual federal, a possibilidade de interposição da reclamação para "qualquer tribunal", atribuindo o seu julgamento "ao órgão jurisdicional cuja competência se busca preservar ou cuja autoridade se pretenda garantir" (art. 988, § 1º). A natureza do remédio agora regulado pelo art. 988 é a mesma da reclamação constitucional concebida como instrumento de defesa da competência e autoridade das decisões do STJ e do STF. O que fez o CPC/2015 foi apenas ampliar a aplicação do mesmo instrumento processual para defesa da competência e da autoridade das decisões de todos os tribunais.

A observância de acórdãos de recurso extraordinário com repercussão geral reconhecida ou de acórdão proferido em julgamento de recursos extraordinário ou especial repetitivos também se reveste de caráter obrigatório. Mas, quando esse acórdão é desrespeitado por decisão judicial em outro processo, a reclamação não se mostra de pronto exercitável. Há de se aguardar, para sua interposição, o esgotamento das instâncias ordinárias (CPC/2015, art. 988, § 5º, II, com a redação Lei nº 13.256/2016).

Por outro lado, quando a reclamação se refere à decisão judicial pronunciada pelo órgão inferior nos mesmos autos em que foi pronunciado o julgado do STF ou STJ, objeto do descumprimento, não há que se aguardar o esgotamento da via recursal comum. O § 6º do art. 988 prevê que a reclamação pode correr simultaneamente com o recurso, tanto que o improvimento deste não prejudica o posterior julgamento da reclamação.

Quanto à coisa julgada, é empecilho ao manejo da reclamação quando formada antes de sua interposição. Impedida a passagem em julgado por meio de recurso, a reclamação não será prejudicada pela coisa julgada eventualmente aperfeiçoada pelo provimento do recurso paralelo (§ 6º).

JURISPRUDÊNCIA SELECIONADA

1. Reclamação. Natureza jurídica:

Direito constitucional de petição. "De acordo com precedentes desta Corte e do Supremo Tribunal Federal, a reclamação constitucional é instituto que não tem natureza jurídica de recurso, nem de incidente processual, mas sim de direito constitucional de petição, contemplado no art. 5º, XXXIV, da Carta Magna. Assim, a sua utilização está limitada apenas à não ocorrência do trânsito em julgado da decisão reclamada, nos termos da Súmula 734 do STF, o que não se verifica, na espécie, não havendo que se falar, portanto, em sua intempestividade." (STJ, Rcl 25.903/MS, Rel. Min. Marco Aurélio Bellizze, 2ª Seção, jul. 13.04.2016, *DJe* 19.04.2016)

Natureza de ação. "Com a vigência do Código de Processo Civil de 2015, consolidou-se o entendimento doutrinário e jurisprudencial no sentido de **que o instituto da reclamação possui natureza de ação**, de índole constitucional, e não de recurso ou incidente processual. 3. O novo Códex, inovando a disciplina legal do instituto, passou a prever a angularização da relação processual na reclamação, com a citação do beneficiário da decisão impugnada, para apresentar sua contestação, nos termos do art. 989, III, do CPC/15." (STJ, EDcl na Rcl 33.747/SP, Rel. Min. Nancy Andrighi, 2ª Seção, jul. 12.12.2018, *DJe* 14.12.2018). **Obs.: O STF, considerando que a reclamação, com o CPC/2015, inaugura uma nova relação jurídica processual, entendeu, na Rcl 24417 AgRg, aplicável o princípio da sucumbência (Ver jurisprudência selecionada do art. 85).**

Ação originária dos tribunais. "A reclamação constitucional não se presta a solucionar eventual erro contido na certidão de trânsito em julgado. Precedentes. A reclamação constitucional é ação vocacionada para a tutela específica da competência e autoridade das decisões proferidas por este Supremo Tribunal Federal, pelo que não consubstancia sucedâneo recursal ou ação rescisória. Nos termos da jurisprudência desta Suprema Corte 'o *dies a quo* para o início do ajuizamento da ação rescisória coincide com a data do trânsito em julgado, de modo que ressoa inequívoco que o ajuizamento de reclamação em face de decisum revestido da condição de coisa julgada mostra-se inadequado'" (STF, Rcl 48185, Rel. Min. Rosa Weber, 1ª Turma, jul. 16.11.2021, *DJe* 19.11.2021).

Utilização simultânea com recurso cabível. "(...) Exatamente por não ter natureza jurídica de recurso, não se aplica à reclamação o óbice relativo ao princípio da unirrecorribilidade. Da mesma forma, considerando-se que a reclamação não interrompe o prazo recursal, não há como impedir a interposição concomitante de recurso para essa finalidade. Nos termos da Súmula 734 do STF, não cabe reclamação quando já houver transitado em julgado o ato que se alega tenha desrespeitado a decisão objeto da reclamação. O art. 7º da Lei 11.417/2006, que trata das súmulas vinculantes do STF, dispõe que a utilização da reclamação não prejudica a interposição de recursos ou outros meios de impugnação, o que confirma a possibilidade de essas espécies de irresignação existirem simultaneamente" (STJ, Rcl 19.838/PE, Rel. Min. Gurgel de Faria, 3ª Seção, jul. 22.04.2015, *DJe* 06.05.2015)

2. Reclamação. Divergência jurisprudencial entre acórdão reclamado e precedente do STJ. Inadmissibilidade (Inciso II). "Fundada no art. 988, inc. II, do CPC/2015, a reclamação não se destina a dirimir divergência jurisprudencial entre acórdão reclamado e precedentes do Superior Tribunal de Justiça. Sua função é garantir a autoridade da decisão proferida pelo STJ, em um caso concreto, que tenha sido desrespeitada na instância de origem, em processo que envolva as mesmas partes. Precedentes: AgRg na Rcl 16.733/SP, Rel. Ministro Raul Aráujo, Segunda Seção, julgado em 26.03.2014, *DJe* 05.05.2014; AgRg na Rcl 12.088/RJ, Rel. Ministra Isabel Gallotti, Segunda Seção, julgado em 14.08.2013, *DJe* 21.08.2013; AgRg na Rcl 22.505/SP, Rel. Ministro Villas Bôas Cueva, Segunda Seção, julgado em 08.04.2015, *DJe* 15.04.2015. Na esteira do entendimento do Supremo Tribunal Federal e desta Corte, para impugnar *decisum* que sobrestá, supostamente de maneira equivocada, recurso especial com base no 543-C do CPC, é cabível agravo interno a ser examinado pelo Tribunal de origem. **Não é admitida a utilização de reclamação como sucedâneo recursal.** De outra parte, ainda em conformidade com a jurisprudência desta Casa, a **reclamação não se destina a assegurar a aplicação das decisões proferidas sob o rito dos recursos especiais repetitivos aos casos semelhantes**, salvo quando as partes envolvidas forem as mesmas e quando a decisão do STJ tiver sido desrespeitada na instância de origem. Precedente: AgInt na Rcl 28.688/RJ, Rel. Ministro Marco Aurélio Bellizze, Segunda Seção, julgado em 24.08.2016, *DJe* 29.08.2016." (STJ, Rcl 27.560/PR, Rel. Min. Og Fernandes, 1ª Seção, jul. 22.02.2017, *DJe* 02.03.2017). **Nota**: Pela Resolução 03/2016, o STJ designou os Tribunais de Justiça (Câmaras Reunidas ou Seção Especializada) para processar e julgar as reclamações destinadas a dirimir divergência entre acórdão prolatado por Turma Recursal Estadual e do Distrito Federal e a jurisprudência do Superior Tribunal de Justiça, consolidada em incidente de assunção de competência e de resolução de demandas repetitivas, em julgamento de recurso especial repetitivo e em enunciados das Súmulas do STJ, bem como para garantir a observância de precedentes.

3. Reclamação. Súmula vinculante (inciso III). Trata-se de reclamação, com pedido de liminar, contra acórdão do Tribunal Regional Federal da 2ª Região que, ao afastar a exigibilidade do adicional tarifário previsto no art. 6º do Decreto 76.590/1975, teria desrespeitado os termos da Súmula Vinculante 10. (...). Dessa maneira, ao afastar a incidência do art. 6º do Decreto 76.590/1975, com redação dada pelo Decreto 98.996/1990, o órgão fracionário do TRF da 2ª Região acabou por declarar implicitamente a inconstitucionalidade da norma infralegal em exame, contrariando a decisão do Pleno do Tribunal pela qual havia declarado sua constitucionalidade e, por conseguinte, a Súmula Vinculante 10 do Supremo Tribunal Federal (doc. 19, fls. 8/9). Ante o exposto, julgo procedente o pedido (art. 161 do RISTF) para cassar o acórdão reclamado (Processo 0021097-19.2002.4.02.5101) a fim de que outro seja proferido, com observância da decisão do Pleno, decorrente da decisão no RE 559.138/RJ e dos fundamentos acima referidos." (STF, Rcl 15731, Rel. Min. Teori Zavascki, decisão monocrática 12.12.2016, *DJe* 14.12.2016).

Enunciado de Súmula do STJ. Inadmissibilidade. "A Reclamação dirigida ao STJ não se presta a proteger o jurisdicionado de decisões judiciais que não tenham seguido o posicionamento majoritário da jurisprudência desta Corte ou tese posta em enunciado de súmula deste Tribunal. Tal entendimento deflui do fato de que o único inciso do art. 988 do CPC/2015 que faz alusão ao cabimento de Reclamação para garantir a observância de enunciado de súmula é o inciso III que restringe a proteção da Reclamação à ofensa às súmulas vinculantes do Supremo Tribunal Federal. Precedentes. (...) É incabível o manejo da reclamação como sucedâneo recursal, tanto mais quando a própria Reclamante admite ter interposto o recurso cabível apto a questionar a suposta afronta à Sumula do STJ no seu caso concreto" (STJ, AgRg nos EDcl na Rcl 35.887/RJ, Rel. Min. Reynaldo Soares da Fonseca, 3ª Seção, jul. 13.06.2018, *DJe* 25.06.2018).

4. Casos de recursos repetitivos. Impossibilidade (inciso IV). "Em sua redação original, o art. 988, IV, do CPC/2015 previa o cabimento de reclamação para garantir a observância de precedente proferido em julgamento de 'casos repetitivos', os quais, conforme o disposto no art. 928 do Código, abrangem o incidente de resolução de demandas repetitivas (IRDR) e os recursos especial e extraordinário repetitivos. Todavia, ainda no período de *vacatio legis* do CPC/15, o art. 988, IV, foi modificado pela Lei 13.256/2016: a anterior previsão de reclamação para garantir a observância de precedente oriundo de 'casos repetitivos' foi excluída, passando a constar, nas hipóteses de cabimento, apenas o precedente oriundo de IRDR, que é espécie daquele. Houve, portanto, a supressão do cabimento da reclamação para a observância de acórdão proferido em recursos especial e extraordinário repetitivos, em que pese a mesma Lei 13.256/2016, paradoxalmente, tenha acrescentado um pressuposto de admissibilidade – consistente no esgotamento das instâncias ordinárias – à hipótese que acabara de excluir (...) De outro turno, a investigação do contexto jurídico-político em que editada a Lei 13.256/2016 revela que, dentre outras questões, a norma efetivamente visou ao fim da reclamação dirigida ao STJ e ao STF para o controle da aplicação dos acórdãos sobre questões repetitivas, tratando-se de opção de política judiciária para desafogar os trabalhos nas Cortes de superposição" (STJ, Rcl 36.476/SP, Rel. Min. Nancy Andrighi, Corte Especial, jul. 05.02.2020, *DJe* 06.03.2020).

Incidente de resolução de demandas repetitivas – IRDR. Inobservância de tese estabelecida pelo STJ. Equivalência a recurso especial repetitivo. Reclamação. Descabimento. Aplicação da tese delineada na RCL 36.476. "Portanto, revela-se descabida a reclamação dirigida ao Superior Tribunal de Justiça com fundamento em inobservância de acórdão proferido em recurso especial em IRDR, aplicando-se-lhe o entendimento da Corte Especial exarado na Rcl n. 36.476/SP, dada a equivalência da natureza, regramento e efeitos daquele recurso com o recurso especial repetitivo" (STJ, Rcl 43.019/SP, Rel. Min. Marco Aurélio Bellizze, 2ª Seção, jul. 28.09.2022, *DJe* 03.10.2022).

5. Esgotamento de instâncias (§ 5º, II). "O manejo de Reclamações contra julgado que tenha decidido contrariamente ao entendimento assentado pelo Superior Tribunal de Justiça em sede de recurso repetitivo (art. 543-C do CPC/1973 ou 1.036 do CPC/2015) pressupõe o prévio esgotamento das instâncias ordinárias (art. 988, § 5º, II, do CPC/2015). (...). Para que ocorra o esgotamento das instâncias ordinárias na forma exigida pelo inciso II do § 5º do art. 988 do CPC/2015, é necessário que o Tribunal de segundo grau tenha se manifestado sobre o tema em sede de juízo de retratação e que o recurso especial interposto naquele feito pelo Reclamante já tenha tido a sua admissibilidade examinada no segundo grau de jurisdição. Antes disso, o manejo da Reclamação é prematuro. Ainda que o § 6º do art. 988 do CPC/2015 afirme, expressamente, que 'A inadmissibilidade ou o julgamento do recurso interposto contra a decisão proferida pelo órgão reclamado não prejudica a reclamação', a manifestação prévia em sede de juízo de admissibilidade do recurso especial/extraordinário posteriormente ao juízo de retratação, nos termos do art. 1.030, V, 'c', do CPC/2015, ainda é atribuição do Tribunal de segundo grau e, por isso, deve ser compreendida na interpretação do comando legal que demanda o esgotamento prévio das instâncias ordinárias para o manejo da Reclamação" (STJ, AgRg na Rcl 32.945/RS, Rel. Min. Reynaldo Soares da Fonseca, 3ª Seção, jul. 22.02.2017, *DJe* 02.03.2017). **No mesmo sentido:** STJ, AgInt na Rcl 35.894/PR, Rel.ª Min.ª Maria Isabel Gallotti, 2ª Seção, jul. 22.08.2018, *DJe* 29.08.2018.

"O art. 320 do CPC/2015 exige a instrução da petição inicial da reclamação com todos os documentos indispensáveis à propositura da ação, sendo, no caso da reclamação, nos termos do § 5º do art. 988 do CPC/2015, imprescindível a comprovação de esgotamento das instâncias ordinárias." (STJ, AgInt na Rcl 32.502/SP, Rel. Min. Luis Felipe Salomão, 2ª Seção, jul. 23.11.2016, *DJe* 01.12.2016).

"Em se tratando de reclamação para o STF, a interpretação do art. 988, § 5º, II, do CPC/2015 deve ser fundamentalmente teleológica, e não estritamente literal. O esgotamento da instância ordinária, em tais casos, significa o percurso de todo o iter recursal cabível antes do acesso à Suprema Corte. Ou seja, se a decisão reclamada ainda comportar reforma por via de recurso a algum tribunal, inclusive a tribunal superior, não se permitirá acesso à Suprema Corte por via de reclamação. 2. Agravo regimental não provido" (STF, Rcl 24686 ED-AgR, Rel. Teori Zavascki, 2ª Turma, jul. 25.10.2016, *DJe* 11.04.2017).

"O esgotamento das instâncias ordinárias somente se caracteriza após o término da análise de admissibilidade do recurso especial pelo Tribunal local, na forma preconizada no art. 1.030 do CPC, não sendo admitida a interposição da reclamação de forma prematura (...) Na hipótese dos autos, o recurso especial interposto ainda se encontra pendente de análise em juízo de retratação pela instância *a quo*, situação que indica não ter havido o esgotamento das instâncias ordinárias, condição indispensável para a propositura da reclamação" (STJ, AgRg na Rcl 33.054/RS, Rel. Min. Jorge Mussi, 3ª Seção, jul. 14.06.2017, *DJe* 22.06.2017).

"O esgotamento das instâncias ordinárias, previsto no art. 988, § 5º, II, do CPC, exige a impossibilidade de reforma da decisão reclamada por nenhum tribunal, inclusive por tribunal superior. Não há como entender percorrido o iter processual necessário ao processamento da reclamação se, quando do seu ajuizamento, o agravo cujo objeto é a reforma da decisão que inadmitiu o extraordinário sequer havia sido apreciado. A ausência de identidade entre a hipótese versada na reclamação e aquela objeto do processo paradigma revela a falta de aderência estrita, pressuposto necessário ao processamento da reclamação. A via reclamatória não se revela adequada ao revolvimento do conjunto fático-probatório dos autos a fim de ver afastada a moldura fática delimita pela instância de origem" (STF, Rcl 53.685 AgR, Rel. Min. Edson Fachin, 2ª Turma, jul. 25.10.2022, *DJe* 02.03.2023).

Alegação de usurpação de competência do STJ. Esgotamento de instância. Desnecessidade. "O art. 187 do RISTJ determina o esgotamento de instância apenas nas hipóteses em que a reclamação for interposta para garantir a autoridade de decisão proferida pela Corte. Precedente: Rcl 30.972/DF, Rel. Ministro Napoleão Nunes Maia Filho, Primeira Seção, *DJe* de 22.6.2018. Não se aplica tal diretriz às reclamações manejadas para preservação de competência, como no presente caso" (STJ, Rcl 39.864/DF, Rel. Min. Sérgio Kukina, 1ª Seção, jul. 12.08.2020, *DJe* 11.09.2020).

Descumprimento de acórdão prolatado em incidente de assunção de competência. Não exigência de esgotamento de instância. "Nas reclamações direcionadas a este Tribunal Superior, o exaurimento das instâncias ordinárias constitui pressuposto ao seu conhecimento apenas quando proposta com a finalidade de preservar a competência do Tribunal, nos termos do que se depreende dos arts. 988 do CPC/2015 e 187 do RISTJ" (STJ, Rcl 40.617/GO, Rel. Min. Marco Aurélio Bellizze, 2ª Seção, jul. 24.08.2022, *DJe* 26.08.2022).

6. Sobrestamento do feito na origem. "A reclamação de que tratam os artigos 105, inciso I, alínea 'f', da Constituição Federal e 988 do Código de Processo Civil de 2015 não se presta para verificar eventual equívoco no sobrestamento do feito na origem, baseado na ordem emanada de decisão de afetação de recurso especial ao julgamento sob o rito dos repetitivos, nem para dirimir divergência com entendimento firmado em recurso repetitivo, haja vista a exclusão expressa de tal possibilidade pela Lei nº 13.256/2016, que alterou a redação do inciso IV do artigo 988 do Código de Processo Civil de 2015" (STJ, AgInt nos EDcl na Rcl 32.709/MG, Rel. Min. Ricardo Villas Bôas Cueva, 2ª Seção, jul. 26.04.2017, *DJe* 02.05.2017).

7. Reclamação. *Amicus Curiae*. Admissibilidade. Na Reclamação 11.949, o STF admitiu a intervenção da OAB como *amicus curiae*. (STF, Rcl 11949, Rel. Min. Cármen Lúcia, Tribunal Pleno, jul. 16.03.2017, *DJe* 16.08.2017)

8. Reclamação. Descabimento.

Sobreposição de reclamação. Decisão de órgão do STF. Impropriedade do instrumento reclamatório. "Não se admite a sobreposição de nova reclamatória a fim de modificar decisão do STF em reclamação constitucional. Precedentes" (STF, Rcl 22805 AgR, Rel. Min. Dias Toffoli, 2ª Turma, jul. 15.03.2016, *DJe* 18.04.2016).

Efeito suspensivo a recurso especial. Aplicação de multa art. 1.021, § 4º, do Código de processo civil de 2015. "A Reclamação, prevista no art. 105, I, f, da Constituição da República, bem como no art. 988 do Código de Processo Civil de 2015, constitui expediente destinado à preservação de sua competência, a garantir a autoridade das decisões do Superior Tribunal de Justiça e à observância de acórdão proferido em julgamento de incidente de resolução de demandas repetitivas ou de incidente de assunção de competência. **Não compete ao Supremo Tribunal Federal conceder medida cautelar para dar efeito suspensivo a recurso extraordinário que ainda não**

foi objeto de juízo de admissibilidade na origem. Cabe ao Presidente do Tribunal de origem decidir o pedido de medida cautelar em recurso extraordinário ainda pendente do seu juízo de admissibilidade. Súmulas do STF. *In casu*, houve a concessão monocrática de efeito suspensivo aos recursos especial e extraordinário. Nesse contexto, **o tribunal *a quo* não usurpou a competência desta Corte**, portanto, incabível a presente Reclamação. Não apresentação de argumentos suficientes para desconstituir a decisão recorrida. Honorários recursais. Não cabimento. **Em regra, descabe a imposição da multa, prevista no art. 1.021, § 4º, do Código de Processo Civil de 2015, em razão do mero improvimento do Agravo Interno** em votação unânime, sendo necessária a configuração da manifesta inadmissibilidade ou improcedência do recurso a autorizar sua aplicação, o que não ocorreu no caso." (STJ, AgInt na Rcl 35.336/PR, Relª. Minª. Regina Helena Costa, 1ª Seção, jul. 19.03.2019, *DJe* 21.03.2019).

Reclamação para controle da aplicação de entendimento firmado pelo STJ em recurso especial repetitivo. Descabimento. "Em sua redação original, o art. 988, IV, do CPC/2015 previa o cabimento de reclamação para garantir a observância de precedente proferido em julgamento de 'casos repetitivos', os quais, conforme o disposto no art. 928 do Código, abrangem o incidente de resolução de demandas repetitivas (IRDR) e os recursos especial e extraordinário repetitivos. Todavia, ainda no período de *vacatio legis* do CPC/15, o art. 988, IV, foi modificado pela Lei 13.256/2016: a anterior previsão de reclamação para garantir a observância de precedente oriundo de 'casos repetitivos' foi excluída, passando a constar, nas hipóteses de cabimento, apenas o precedente oriundo de IRDR, que é espécie daquele. Houve, portanto, a supressão do cabimento da reclamação para a observância de acórdão proferido em recursos especial e extraordinário repetitivos, em que pese a mesma Lei 13.256/2016, paradoxalmente, tenha acrescentado um pressuposto de admissibilidade – consistente no esgotamento das instâncias ordinárias – à hipótese que acabara de excluir. (...) Outrossim, a admissão da reclamação na hipótese em comento atenta contra a finalidade da instituição do regime dos recursos especiais repetitivos, que surgiu como mecanismo de racionalização da prestação jurisdicional do STJ, perante o fenômeno social da massificação dos litígios. Nesse regime, o STJ se desincumbe de seu múnus constitucional definindo, por uma vez, mediante julgamento por amostragem, a interpretação da Lei federal que deve ser obrigatoriamente observada pelas instâncias ordinárias. Uma vez uniformizado o direito, é dos juízes e Tribunais locais a incumbência de aplicação individualizada da tese jurídica em cada caso concreto" (STJ, Rcl 36.476/SP, Rel. Min. Nancy Andrighi, Corte Especial, jul. 05.02.2020, *DJe* 06.03.2020).

Reclamação. Ausência de estrita aderência ao paradigma. Descabimento. "É inviável a reclamação quando o ato reclamado não possui aderência estrita ao paradigma apontado como afrontado. O ato impugnado no Juízo a quo não contraria a decisão proferida na ADC 16. Ademais, não cabe reclamação para obter-se o reexame do conjunto fático-probatório dos autos" (STF, Rcl. 36309 AgR/MG, Rel. Min. Ricardo Lewandowski, 2ª Turma, jul. 02.12.2019, *DJe* 18.12.2019).

Acórdão que reconhece intempestividade de recurso. Não cabimento. "Carece de previsão legal e constitucional o manejo de reclamação para o Superior Tribunal de Justiça, com o objetivo de impugnar acórdão que reconheceu a intempestividade de recurso especial" (STJ, AgInt na Rcl 40.752/SP, Rel. Min. Raul Araújo, 2ª Seção, jul. 30.03.2021, *DJe* 19.04.2021).

Pedido de uniformização ou recurso especial repetitivo. Decisão que defere ou indefere o sobrestamento do feito. Não cabimento. "É incabível o ajuizamento de reclamação contra decisão que defere ou indefere o sobrestamento do feito em razão de processamento de pedido de uniformização ou recurso especial repetitivo" (STJ, AgInt na Rcl 31.193/SC, Rel. Min. Regina Helena Costa, 1ª Seção, jul. 16.09.2021, *DJe* 20.10.2021).

Decisão de Turma recursal do Juizado Especial da Fazenda Pública. "No caso dos autos, trata-se de ação ajuizada perante Juizado Especial da Fazenda Pública, a qual se submete ao rito previsto na Lei 12.153/2009. A lei referida estabelece sistema próprio para solucionar divergência sobre questões de direito material. Nos termos do art. 18 da Lei 12.153/2009, 'caberá pedido de uniformização de interpretação de lei quando houver divergência entre decisões proferidas por Turmas Recursais sobre questões de direito material', sendo o pedido de uniformização dirigido ao Superior Tribunal de Justiça quando Turmas de diferentes Estados interpretam de forma divergente preceitos de lei federal e quando a decisão recorrida estiver em contrariedade com súmula do Superior Tribunal de Justiça (§ 3º). **Nesse contexto, havendo procedimento específico e meio próprio de impugnação, não é cabível o ajuizamento da reclamação prevista na Resolução 12/2009 do STJ.** Cumpre esclarecer que não é possível a aplicação do princípio da fungibilidade, tendo em vista que a presente reclamação funda-se em suposta divergência entre a decisão recorrida e arestos paradigmas do Superior Tribunal de Justiça, sendo que tal hipótese não é abrangida no pedido de uniformização previsto no art. 18, § 3º, da Lei 12.153/2009. Orientação firmada pela Primeira Seção no julgamento do RCDESP na Rcl 8.718/SP, 1ª Seção, Rel. Min. Mauro Campbell Marques, *DJe* de 29.08.2012). O Superior Tribunal de Justiça também firmou a orientação no sentido de que a reclamação fundada na Resolução 12/2009 do STJ deve demonstrar incompatibilidade entre o entendimento adotado no acórdão reclamado e aquele sumulado ou pacificado no âmbito desta Corte Superior em sede de recurso especial julgado pelo rito do art. 543-C [art. 1.036 do CPC/2015] ou de Súmulas, o que não foi comprovado na presente hipótese. Nesse sentido: Rcl 4.858/RS, 2ª Seção, Rel. p/ acórdão Min. Nancy Andrighi, *DJe* de 30.11.2011; Edcl na Rcl 7.837/RS, 1ª Seção, Rel. Min. Humberto Martins, *DJe* de 15.08.2012" (STJ, Rcl 7.117/RS, Rel. p/ Acórdão Min. Mauro Campbell Marques, 1ª Seção, jul. 24.10.2012, *DJe* 28.11.2012).

9. Acórdão estadual que desborda dos limites definidos no julgamento de pretérito recurso especial. Reclamação procedente. "Tendo a anterior decisão do STJ delimitado, com precisão, os temas que haveriam de ser apreciados em apelação submetida ao Tribunal de origem, não mais era dado a este último, ainda que sob ponderável argumentação jurídica, avançar no julgamento de temas outros que, também de forma expressa e pela mesma decisão, haviam sido expressamente excluídos do âmbito da apreciação do apelo" (STJ, Rcl 9.152/PR, Rel. Min. Sérgio Kukina, 1ª Seção, jul. 27.04.2016, *DJe* 05.09.2016).

10. Decisão do STJ em caso concreto. Descumprimento. Publicação da decisão ou do juízo de retratação. Desnecessidade. "O argumento de que a Reclamação seria cabível apenas após o juízo de retratação previsto no art. 1.030, II, do CPC, não prospera. O referido dispositivo tem aplicação quando 'o acórdão recorrido divergir do entendimento do Supremo Tribunal Federal ou do Superior Tribunal de Justiça exarado, conforme o caso, nos regimes de repercussão geral ou de recursos repetitivos'. *In casu*, as reclamantes alegam descumprimento da decisão proferida pelo STJ no caso concreto, não de precedente vinculante. Não haveria oportunidade de retratação" (STJ, Rcl 41.894/SP, Rel. Min. Herman Benjamin, 1ª Seção, jul. 24.11.2021, *DJe* 16.12.2021).

11. Reclamação. Honorários advocatícios. Ver jurisprudência do art. 85 do CPC/2015.

12. Divergência entre acórdão prolatado por turma recursal estadual e jurisprudência do STJ. Competência. Câmaras Reunidas ou Seção Especializada dos Tribunais de Justiça. "Portanto, por não ser sucedâneo recursal e não se prestar precipuamente como mecanismo de uniformização de jurisprudência, o uso da reclamação é excepcional e só justificável em poucas hipóteses, além das previstas constitucional e legalmente, como era o caso da Resolução n. 12 do STJ. Ocorre que referida resolução já não estava mais em vigência quando a presente peça foi protocolada nesta Corte de Justiça, porquanto expressamente revogada pela Emenda ao Regimento Interno do Superior Tribunal de Justiça n. 22, de 16/3/2016. Com a edição da Resolução STJ/GP n. 3, de 7/4/2016, foi atribuída às Câmaras Reunidas ou à Seção Especializada dos Tribunais de Justiça a competência para processar e julgar as Reclamações destinadas a dirimir divergência entre acórdão prolatado por Turma Recursal Estadual e a jurisprudência do Superior Tribunal de Justiça, consolidada em incidente de assunção de competência e de resolução de demandas repetitivas, em julgamento de recurso especial repetitivo e em enunciados das Súmulas do STJ" (STJ, AgInt na Rcl 41.841/RJ, Rel. Min. Mauro Campbell Marques, 1ª Seção, jul. 08.02.2023, *DJe* 13.02.2023).

13. Reclamação: subsistência à coisa julgada formada na sua pendência. "Ajuizada a reclamação antes do trânsito em julgado da decisão reclamada, e não suspenso liminarmente o processo principal, a eficácia de tudo quanto nele se decidir ulteriormente, incluído o eventual trânsito em julgado do provimento que se tacha de contrário à autoridade de acórdão do STF, será desconstituído pela procedência da reclamação" (STF, Rcl 509, Rel. Min. Sepúlveda Pertence, Tribunal Pleno, jul. 17.12.1999, *DJ* 04.08.2000).

"A Súmula 734 do STF é inaplicável, quando o trânsito em julgado do ato reclamado **se dá após o ajuizamento da reclamação**" (STF, Rcl 16977 AgR, Rel. Min. Edson Fachin, 1ª Turma, jul. 24.11.2015, *DJe* 10.12.2015).

14. Legitimidade ativa em hipótese de inobservância do efeito vinculante. "Reclamação – Alegação de desrespeito à autoridade do julgamento plenário da ADPF 130/DF – Eficácia vinculante dessa decisão do Supremo Tribunal Federal – Possibilidade de controle, mediante reclamação, de atos que tenham transgredido tal julgamento – Legitimidade ativa de terceiros que não intervieram no processo de fiscalização normativa abstrata" (STF, Rcl 19548 AgR, Rel. Min. Celso de Mello, 2ª Turma, jul. 30.06.2015, *DJe* 15.12.2015).

15. Reclamação para provocar a superação de tese. "Reclamação como instrumento de (re)interpretação da decisão proferida em controle de constitucionalidade abstrato. Preliminarmente, arguido o prejuízo da reclamação, em virtude do prévio julgamento dos recursos extraordinários 580.963 e 567.985, o Tribunal, por maioria de votos, conheceu da reclamação. O STF, no exercício da competência geral de fiscalizar a compatibilidade formal e material de qualquer ato normativo com a Constituição, pode declarar a inconstitucionalidade, incidentalmente, de normas tidas como fundamento da decisão ou do ato que é impugnado na reclamação. Isso decorre da própria competência atribuída ao STF para exercer o denominado controle difuso da constitucionalidade das leis e dos atos normativos. A oportunidade de reapreciação das decisões tomadas em sede de controle abstrato de normas tende a surgir com mais naturalidade e de forma mais recorrente no âmbito das reclamações. É no juízo hermenêutico típico da reclamação – no 'balançar de olhos' entre objeto e parâmetro da reclamação – que surgirá com maior nitidez a oportunidade para evolução interpretativa no controle de constitucionalidade. Com base na alegação de afronta a determinada decisão do STF, o Tribunal poderá reapreciar e redefinir o conteúdo e o alcance de sua própria decisão. E, inclusive, poderá ir além, superando total ou parcialmente a decisão-parâmetro da reclamação, se entender que, em virtude de evolução hermenêutica, tal decisão não se coaduna mais com a interpretação atual da Constituição" (STF, Rcl 4374, Rel. Min. Gilmar Mendes, Tribunal Pleno, jul. 18.04.2013, *DJe* 04.09.2013).

16. Ausência de citação do beneficiário. Inadequação. "É inadequada a abreviação do rito da reclamação, revelada na ausência de citação da parte beneficiária da decisão impugnada, sob pena de contrariedade ao princípio constitucional do devido processo legal e ao previsto no artigo 989, inciso III, do Código de Processo Civil. A apreciação do mérito requer o aparelhamento da medida" (STF, Rcl 44909 AgR, Rel. p/ Acórdão Min. Marco Aurélio, 1ª Turma, jul. 22.03.2021, *DJe* 28.05.2021).

17. Usurpação de competência do STJ. "A jurisprudência do Superior Tribunal de Justiça tem entendido que será admissível o ajuizamento da reclamação quando a Corte de origem usurpa da competência do STJ e não conhece de agravo em recurso especial corretamente interposto. Caso o legislador pretendesse submeter o agravo do art. 1.042 do CPC/2015, também, a um juízo prévio de admissibilidade, teria feito expressamente, tal como ocorre com os recursos especial e extraordinário. Quedando-se silente, contudo, interpreta-se como um silêncio eloquente (intencional) do legislador" (STJ, Rcl 46.756/RJ, Rel. Min. Marco Aurélio Bellizze, 2ª Seção, jul. 18.04.2024, *DJe* 25.04.2024).

18. Honorários de sucumbência.

Viabilidade. "Com a vigência do Código de Processo Civil de 2015, consolidou-se o entendimento doutrinário e jurisprudencial no sentido de que o instituto da reclamação possui natureza de ação, de índole constitucional, e não de recurso ou incidente processual. O novo Códex, inovando a disciplina legal do instituto, passou a prever a angularização da relação processual na reclamação, com a citação do beneficiário da decisão impugnada, para apresentar sua contestação, nos termos do art. 989, III, do CPC/15. Nessa nova moldura, em que o ajuizamento da reclamação nitidamente inaugura nova relação jurídica processual, mostra-se viável a aplicação do princípio geral da sucumbência, a fim de que seja a parte vencida – reclamante ou beneficiária do ato impugnado – condenada ao pagamento das custas e honorários advocatícios, na linha em que tem entendido o Supremo Tribunal Federal (Rcl 24417 AgR/SP e Rcl 24.464 AgR/RS). (...) Embargos de declaração acolhidos, com efeitos infringentes, para fazer constar a condenação da parte reclamante, ora embargada, ao pagamento de honorários advocatícios no valor de R$ 3.000,00 (três mil reais)" (STJ, EDcl na Rcl 33.747/SP, Rel. Min. Nancy Andrighi, 2ª Seção, jul. 12.12.2018, *DJe* 14.12.2018).

Descabimento. "Não é cabível a condenação em honorários em ações de natureza constitucional, que visam a tutelar relevantes interesses sociais. Com mais razão esse entendimento se aplica à reclamação, que é ação de natureza constitucional destinada a preservar a competência do próprio Supremo Tribunal Federal e para garantia da autoridade de suas decisões, salvo em comprovada má-fé. 3. Embargos de declaração, opostos em 9.8.2018, rejeitados" (STF, Rcl 26.405 AgR-ED, Rel. Min. Edson Fachin, 2ª Turma, jul. 21.02.2020, *DJe* 04.03.2020).

"A jurisprudência da 1ª Turma é no sentido de somente ser cabível o arbitramento de honorários de sucumbência na via reclamatória caso haja angularização da relação processual e exercício do contraditório prévio à decisão final. (...) No caso, a parte beneficiária do ato impugnado não contestou a reclamação, logo não há que se falar em condenação em honorários sucumbenciais" (STF, Rcl 54470/DF, Rel. Min. Alexandre de Moraes, 1ª Turma, jul. 27.03.2023, *DJe* 04.04.2023).

Art. 989. Ao despachar a reclamação, o relator:

I – requisitará informações da autoridade a quem for imputada a prática do ato impugnado, que as prestará no prazo de 10 (dez) dias;

II – se necessário, ordenará a suspensão do processo ou do ato impugnado para evitar dano irreparável;

III – determinará a citação do beneficiário da decisão impugnada, que terá prazo de 15 (quinze) dias para apresentar a sua contestação.

CJF – I JORNADA DE DIREITO PROCESSUAL CIVIL

Enunciado 64 – Ao despachar a reclamação, deferida a suspensão do ato impugnado, o relator pode conceder tutela provisória satisfativa correspondente à decisão originária cuja autoridade foi violada.

BREVES COMENTÁRIOS

A reclamação é cabível somente até o trânsito em julgado da decisão (art. 988, § 5º). Em outras palavras, a coisa julgada impede a reclamação, se aperfeiçoada antes da respectiva interposição. O risco de que tal ocorra, no entanto, pode ser prevenido por meio de recurso ou de liminar, que suspenda o ato impugnado, impedindo assim venha a ser acobertado pela coisa julgada antes do julgamento da reclamação (art. 989, II). Verificada a coisa julgada após o ajuizamento da reclamação, não ficará esta prejudicada e, sendo provida, desconstituirá a própria *res judicata* (ver comentários ao art. 988).

JURISPRUDÊNCIA SELECIONADA

1. Reclamação: subsistência à coisa julgada formada na sua pendência. Ver jurisprudência do art. 988 do CPC/2015.

2. Decisão liminar de sobrestamento do processo na origem e da reclamação nesta Corte Superior até o julgamento da AR 6.436/DF. Irrecorribilidade. "É entendimento massificado desta Corte Superior que, da decisão que determina o sobrestamento de feitos que versem sobre determinado tema, não cabe Agravo Interno ou Regimental, exceto em caso de erro grave ou distinção. (...) De tal sorte, acredita-se que o mesmo raciocínio aplica-se ao sobrestamento de feitos realizado em sede de Reclamação, com fundamento no art. 989, II, do Código Fux, sob pena de dano irreparável às partes. A suspensão ou sobrestamento do processo na origem é medida de segurança jurídica que visa a evitar que posterior decisão de mérito perca sua eficiência em relação ao feito sob análise e que eventuais andamentos incongruentes com a decisão paradigma não possam ter seus efeitos mitigados. Desta feita, o conhecimento de eventual recurso contra tais decisões fica restrito às situações teratológicas ou, ainda, ao caso de efetiva distinção entre o caso em análise e a decisão apontada como ofendida" (STJ, AgInt na Rcl 39.980/ES, Rel. Min. Napoleão Nunes Maia Filho, 1ª Seção, jul. 11.11.2020, *DJe* 16.11.2020).

Art. 990. Qualquer interessado poderá impugnar o pedido do reclamante.

BREVES COMENTÁRIOS

Interessado não é o prolator da decisão que motivou a reclamação, pois ele é o legitimado passivo; tampouco o beneficiário da decisão impugnada, pois que também é litisconsorte passivo citado como réu (art. 989, III); mas, qualquer outra pessoa que, de alguma forma, será atingida em sua esfera jurídica pelo julgamento da reclamação. Sua posição deve se justificar da mesma forma com que se faz para as intervenções do assistente e do recorrente como terceiro prejudicado.

Art. 991. Na reclamação que não houver formulado, o Ministério Público terá vista do processo por 5 (cinco) dias, após o decurso do prazo para informações e para o oferecimento da contestação pelo beneficiário do ato impugnado.

BREVES COMENTÁRIOS

Quando o Ministério Público não for o autor da reclamação, deverá atuar, necessariamente, como *custos legis*, sendo ouvido, no prazo de cinco dias, após o decurso do prazo para informações e para a contestação.

Art. 992. Julgando procedente a reclamação, o tribunal cassará a decisão exorbitante de seu julgado ou determinará medida adequada à solução da controvérsia.

SÚMULAS

Súmula do TJPR:

nº 83: "Julgada procedente a Reclamação, ajuizada com fundamento no Código de Processo Civil, o Tribunal cassará a decisão exorbitante proferida e determinará que o órgão ordinário profira nova decisão em observância ao precedente indicado pelo acórdão, não sendo cabível o julgamento da causa em seu mérito pelo Tribunal".

BREVES COMENTÁRIOS

Se a reclamação for julgada procedente, o tribunal deverá restabelecer a sua competência e autoridade. Para tanto, cassará a decisão exorbitante de seu julgado ou determinará a realização das medidas adequadas à solução da controvérsia, conforme as particularidades do caso concreto.

Art. 993. O presidente do tribunal determinará o imediato cumprimento da decisão, lavrando-se o acórdão posteriormente.

BREVES COMENTÁRIOS

Realizado o julgamento da reclamação, o presidente do tribunal determinará o imediato cumprimento da decisão, antes mesmo da lavratura do acórdão, que ocorrerá posteriormente (art. 993). Ou seja, o julgamento gera efeitos imediatos, independentemente da publicação do acórdão. A sistemática legal, portanto, é a de prestigiar a autoridade dos tribunais de plano, desvinculando o cumprimento da resolução da medida até mesmo de sua publicação. Na própria sessão de julgamento será emitida a ordem executória da resolução.

RECLAMAÇÃO: INDICAÇÃO DOUTRINÁRIA

Cássio Scarpinella Bueno, *Manual de direito processual civil*, São Paulo: Saraiva, 2015; Daniel Amorim Assumpção Neves, *Manual de direito processo civil*, São Paulo: Método, 2015; Douglas Anderson Dal Monte. *Reclamação no novo CPC e garantia das decisões dos tribunais*. In: Paulo Henrique dos Santos Lucon e Pedro Miranda de Oliveira. Panorama atual do novo CPC. Florianópolis: Editora Empório do Direito, 2016, p. 77; Eduardo José da Fonseca Costa, In: Teresa Arruda Alvim Wambier, Fredie Didier Jr., Eduardo Talamini, Bruno Dantas, *Breves comentários ao novo Código de Processo Civil*, São Paulo: Revista dos Tribunais, 2015; Fredie Didier Jr., *Curso de direito processual civil*, 17. ed., Salvador: JusPodivm, 2015, v. I; Gustavo Azevedo. *Reclamação Constitucional do Direito Processual Civil.* Rio de Janeiro: Forense, 2018; Luiz Guilherme Marinoni; Daniel Mitidiero. *In* Sérgio Cruz Arenhart e Daniel Mitidiero (coord.). *Comentários ao Código de Processo Civil*. 2. ed., São Paulo: Editora Revista dos Tribunais, 2018, v. 16; Humberto Theodoro Junior, *Curso de direito processual civil*, 54. ed., Rio de Janeiro: Forense, 2021, v. III; Humberto Theodoro Junior, Fernanda Alvim Ribeiro de Oliveira, Ester Camila Gomes Norato Rezende (coord.), *Primeiras lições sobre o novo direito processual civil brasileiro*, Rio de Janeiro: Forense, 2015; Humberto Theodoro Júnior, Reclamação Constitucional – Importância sempre crescente na esfera dos direitos fundamentais, *Revista Magister de Direito Civil e Processual Civil*, ano XII, n. 72, p. 19-35, mai.-jun. 2016; Jorge André de Carvalho Mendonça e Lúcio Grassi de Gouveia. A forma de julgamento dos tribunais superiores brasileiros e a doutrina dos precedentes obrigatórios: um estudo de idênticos casos concretos. *Revista de Processo*. vol. 260. ano 41. p. 327-351. São Paulo: Ed. RT, out./2016; José Miguel Garcia Medina, *Novo Código de Processo Civil comentado*, São Paulo: Revista dos Tribunais, 2015; Leonardo Greco, *Instituições de processo civil: introdução ao direito processual civil*, 5ª ed., Rio de Janeiro: Forense, 2015; Lucas Buril de Macêdo. Reclamação constitucional fundada em precedentes obrigatórios no CPC/2015. In: DIDIER JR, Fredie [coord.]. Processo nos Tribunais e Meios de Impugnação às Decisões Judiciais. 2. ed. Salvador: Ed. JusPodivm, 2016, p. 269; Luis Antônio Giampaulo Sarro, *Novo Código de Processo Civil*, São Paulo: Rideel, 2015; Luís Felipe Espindola Gouvêa. *A inconstitucionalidade das novas hipóteses de reclamação previstas no novo CPC*. In: Paulo Henrique dos Santos Lucon e Pedro Miranda de Oliveira. Panorama atual do novo CPC. Florianópolis: Editora Empório do Direito, 2016, p. 271; Luiz Guilherme Marinoni, Sérgio Cruz Arenhart, Daniel Mitidiero, *Curso de processo civil*, São Paulo: Revista dos Tribunais, 2015, v. I; Luiz Guilherme Marinoni; Daniel Mitidiero. *In* Sérgio Cruz Arenhart e Daniel Mitidiero (coord.). *Comentários ao Código de Processo Civil*. 2. ed., São Paulo: Editora Revista dos Tribunais, 2018, v. 16; Osmar Mendes Paixão Côrtes, A reclamação no novo CPC – fim das limitações impostas pelo Tribunais Superiores ao cabimento?, *Revista de Processo* nº 244, p. 347, jun. 2015; Osmar Mendes Paixão Côrtes. A reclamação para os Tribunais Superiores no novo CPC, com as alterações da lei 13.256/2016, *Revista de Processo*, n. 257, p. 255-268, 2016; Pedro Miranda de Oliveira. Reclamação no CPC/2015 (com as alterações introduzidas pela Lei 13.256/2016). In: DIDIER JR, Fredie (coord.). Processo nos Tribunais e Meios de Impugnação às Decisões Judiciais. 2. ed. Salvador: JusPodivm, 2016, p. 293; Rennan Faria Krüger Thamay e Vinícius Ferreira de Andrade. Reclamação no novo Código de Processo Civil. *RBDPro*. ano 24. n. 96. Belo Horizonte: Ed. Fórum, out.-dez./2016; Teresa Arruda Alvim Wambier, Fredie Didier Jr., Eduardo Talamini, Bruno Dantas (coord.), *Breves comentários ao novo Código de Processo Civil*, São Paulo: Revista dos Tribunais, 2015.

TÍTULO II
DOS RECURSOS

Capítulo I
DISPOSIÇÕES GERAIS

Art. 994. São cabíveis os seguintes recursos:

I – apelação;

II – agravo de instrumento;

III – agravo interno;

IV – embargos de declaração;

V – recurso ordinário;

VI – recurso especial;

VII – recurso extraordinário;

VIII – agravo em recurso especial ou extraordinário;

IX – embargos de divergência.

CPC/1973

Art. 496.

REFERÊNCIA LEGISLATIVA

CPC/2015, arts. 1.009 a 1.014 (apelação), 1.015 a 1.020 (agravo), 1.022 a 1.026 (embargos de declaração), 1.027 e 1.028 (recurso para o STF), 774, parágrafo único (execução, proibição de recorrer).

CF, arts. 102, II, *a*, e 105, II, *b* (recurso ordinário), 102, III (recurso extraordinário), 105, III (recurso especial).

Regimento Interno do STF, arts. 321 a 329.

Regimento Interno do STJ, arts. 13, II, *b*, 247, 248, e 255 a 257.

SÚMULAS

Súmula do STF:

nº 267: "Não cabe mandado de segurança contra ato judicial passível de recurso ou correição".

BREVES COMENTÁRIOS

A alteração do rol de recursos cabíveis em relação ao Código de 1973 consistiu em supressão dos embargos infringentes (CPC/1973, arts. 496, III, e 530). Embora o recurso tenha sido eliminado, o aprimoramento das decisões colegiadas tomadas por escassa maioria de votos passou a ser alcançável por meio de simples prosseguimento do julgamento da apelação, com a inclusão de outros julgadores convocados, a fim de conseguir maioria mais ampla no resultado final do acórdão (CPC/2015, art. 942).

JURISPRUDÊNCIA SELECIONADA

1. Regime recursal. Direito intertemporal. "Consoante o decidido pelo Plenário desta Corte na sessão realizada em 09.03.2016, o regime recursal será determinado pela data da publicação do provimento jurisdicional impugnado. Assim sendo, *in casu*, aplica-se o Código de Processo Civil de 2015" (STJ, AgInt no REsp 1579795/PE, Rel.ª Min.ª Regina Helena Costa, 1ª Turma, jul. 20.10.2016, *DJe* 02.12.2016).

Direito intertemporal. "O recurso rege-se pela lei do tempo em que proferida a decisão, assim considerada nos órgãos colegiados a data da sessão de julgamento em que anunciado pelo Presidente o resultado, nos termos do art. 556 do Código de Processo Civil [art. 941 do CPC/2015]. É nesse momento que nasce o direito subjetivo à impugnação" (STJ, EREsp 649.526/MG, Rel. Min. Carlos Alberto Menezes Direito, Corte Especial, jul. 15.06.2005, *DJ* 13.02.2006).

2. Rol taxativo. "(...) o rol dos recursos é *numerus clausus*, entendendo-se como recurso somente aquele previsto em lei, não se criando por interpretação analógica ou extensiva" (STJ, AgRg no AgRg no REsp 1.038.446/RJ, Rel. Min. Luiz Fux, 1ª Turma, jul. 20.05.2010, *DJe* 14.06.2010).

3. Princípio da fungibilidade.

a) Requisitos. "O Princípio da Fungibilidade Recursal só é aplicável quando houver **dúvida objetiva** quanto ao recurso cabível na espécie, **inexistência de erro grosseiro e observância do prazo do recurso adequado**, o que não ocorreu no caso dos autos" (STJ, PET no REsp 1.211.913/MT, Rel. Min. Humberto Martins, 2ª Turma, jul. 09.08.2011, *DJe* 17.08.2011). **No mesmo sentido:** STJ, AgRg nos EDcl no Ag 1.303.939/SP, Rel. Min. Sidnei Beneti, 3ª Turma, jul. 09.08.2011, *DJe* 22.08.2011. **No sentido de que há erro grosseiro quando não existe dúvida objetiva:** STJ, REsp 468.271/GO, Rel. Min. Antônio de Pádua Ribeiro, 3ª Turma, jul. 16.03.2004, *DJ* 26.04.2004, p. 166; STJ, AgRg no REsp 251.832/DF, Rel. Min. Franciulli Netto, 2ª Turma, jul. 16.04.2001, *DJ* 13.08.2001).

"O equívoco na interposição do recurso pode ser sanado pela aplicação do princípio da fungibilidade quando demonstrado que, **além de inocorrente erro grosseiro e de inexistente má-fé por parte do recorrente**, fora ele interposto tempestivamente" (STJ, REsp 180.598/SP, Rel. Min. Hamilton Carvalhido, 6ª Turma, jul. 03.04.2001, *DJ* 27.08.2001, p. 419). **No mesmo sentido:** STJ, EREsp 51.710/SP, Rel. Min. Waldemar Zveiter, 2ª Seção, jul. 24.04.1996, *DJ* 09.12.1996).

b) Possibilidade.

Equívoco na interposição decorrente da prática de ato do órgão julgador. "Interposição de apelação ao invés de agravo de instrumento. Inexistência de má-fé. Indução a erro pelo juízo. **Relativização da dúvida objetiva** na restrita hipótese dos autos. Princípio da fungibilidade. Aplicabilidade. Precedentes" (STJ, EAREsp 230.380/RN, Rel. Min. Paulo de Tarso Sanseverino, 2ª Seção, jul. 13.09.2017, *DJe* 11.10.2017)

Apelação. Decisão que remove inventariante. "A teor da jurisprudência pacífica desta Corte, não configura erro grosseiro a interposição de apelação, em vez de agravo de instrumento, contra decisão que remove inventariante, devendo ser aplicado o princípio da fungibilidade recursal, desde que observado o prazo para a interposição do agravo" (STJ, REsp 714.035/RS, Rel. Min. Jorge Scartezzini, 4ª Turma, jul. 16.06.2005, *DJ* 01.07.2005).

Embargos de declaração recebidos como agravo regimental. "Em homenagem ao princípio da economia processual e com autorização do princípio da fungibilidade, devem ser recebidos como agravo regimental os embargos de declaração que contenham exclusivo intuito infringente" (STJ, EDcl no

REsp 1.157.799/CE, Rel. Min. Paulo de Tarso Sanseverino, 3ª Turma, jul. 21.06.2011, *DJe* 27.06.2011). **No mesmo sentido:** STJ, EDcl nos EREsp 958.978/PE, Rel. Min. Laurita Vaz, Corte Especial, jul. 09.06.2011, *DJe* 01.07.2011.

Pedido de reconsideração. "Embora não haja previsão legal ou regimental de pedido de reconsideração, uma vez atendidos os pressupostos recursais, inclusive a tempestividade, aplica-se o princípio da fungibilidade e recebe-se a insurgência como agravo interno" (STJ, AgRg no HC 202.558/SP, Rel. Min. Laurita Vaz, 5ª Turma, jul. 21.06.2011, *DJe* 28.06.2011).

Agravo de instrumento em lugar de agravo de petição. "Não se caracteriza erro grosseiro, que inviabilizaria a aplicação do princípio da fungibilidade, a interposição de agravo de instrumento em lugar de agravo de petição contra decisão proferida em execução trabalhista cuja citação foi iniciada nos termos do art. 652 do Código de Processo Civil [art. 829 do CPC/2015]. Recurso especial provido" (STJ, REsp 1.196.293/RJ, Rel. Min. Castro Meira, 2ª Turma, jul. 18.11.2010, *DJe* 01.12.2010).

Petição inominada. Finalidade. "Os recursos admitidos no processo civil são os estabelecidos no rol do art. 496 do Diploma Processual Civil brasileiro [art. 994 do CPC/2015]. Assim, a petição inominada interposta com finalidade de desconstituir acórdão (decisão colegiada) com nítida pretensão infringente reveste-se de agravo regimental" (STJ, PET no AgRg na DESIS no AgRg no REsp 1.114.790/SC, Rel. Min. Luiz Fux, 1ª Turma, jul. 16.12.2010, *DJe* 23.02.2011).

c) Descabimento.

Pedido de reconsideração. Interposição contra acórdão. Descabimento. Recebimento como embargos declaratórios. Princípio da fungibilidade. Inaplicabilidade. Erro grosseiro. "É manifestamente incabível pedido de reconsideração em face de decisão colegiada, bem como o seu recebimento como embargos de declaração ante a inadmissibilidade da incidência do princípio da fungibilidade recursal quando constatada a ocorrência de erro inescusável" (STJ, RCD no AgRg no HC 746.844/SP, Rel. Min. Jorge Mussi, 5ª Turma, jul. 08.11.2022, *DJe* 11.11.2022).

Recurso especial contra decisões denegatórias proferidas em mandado de segurança. "O art. 105, II, 'b' da Constituição Federal prevê a interposição de recurso ordinário de decisões denegatórias proferidas em mandado de segurança, pelos Tribunais Regionais Federais ou por Cortes Estaduais. A interposição de recurso especial constitui-se em erro grosseiro, sendo impossível a aplicação do princípio da fungibilidade recursal" (STJ, REsp 237.933/MG, Rel. Min. José Arnaldo da Fonseca, 5ª Turma, jul. 27.11.2001, *DJ* 25.02.2002).

Recurso especial contra julgamentos emanados do STF. "Não se revela admissível, porque inexistente, 'recurso especial' contra julgamentos emanados do Supremo Tribunal Federal. Incidência, na espécie, do princípio da legalidade ou da tipicidade dos recursos. Inaplicabilidade, ao caso, por tratar-se de erro grosseiro, do postulado da fungibilidade recursal. Precedentes" (STF, RHC 104.270 QO, Rel. Min. Celso de Mello, 2ª Turma, jul. 06.09.2011, jul. 06.12.2011 *DJe* 07.12.2011).

Apelação contra acórdão que julga improcedente ação rescisória. "Não se aplica o princípio da fungibilidade recursal quando interposta apelação contra acórdão que julgou improcedente ação rescisória, caso claro em que cabia recurso especial. Erro grosseiro" (STJ, AgRg no Ag 405.330/RS, Rel. Min. Felix Fischer, 5ª Turma, jul. 04.12.2001, *DJ* 25.02.2002).

Apelação contra decisão que exclui um dos litisconsortes da relação jurídica. "A decisão que exclui um dos litisconsortes da relação processual não extingue o processo e, portanto, é impugnável mediante agravo. Inaplicabilidade do princípio da fungibilidade" (STJ, AgRg no REsp 1.184.036/DF, Rel. Min. Antonio Carlos Ferreira, 4ª Turma, jul. 07.02.2013, *DJe* 21.02.2013).

Agravo de instrumento contra decisão de órgão colegiado. "Manifestamente incabível o agravo de instrumento interposto contra decisão proferida por órgão colegiado. Não aplicação do princípio da fungibilidade face o erro grosseiro e em razão do recurso inadequado não ter sido interposto no prazo do recurso próprio. O presente agravo regimental não infirmou as razões constantes do despacho agravado, as quais permanecem incólumes" (STJ, AgRg no AgRg nos EDcl no AgRg no Ag 286.560/SP, Rel. Min. Carlos Alberto Menezes Direito, 3ª Turma, jul. 19.06.2001, *DJ* 05.11.2001).

"**A interposição de agravo de instrumento ao invés de agravo regimental** impede a incidência do princípio da fungibilidade, posto dilargar o prazo do recurso corretamente cabível, além de configurar erro inescusável" (STJ, AgRg nos EDcl nos EREsp 999.662/GO, Rel. Min. Luiz Fux, Corte Especial, jul. 28.05.2009, *DJe* 04.08.2009).

4. Interposição descabida de sucessivos recursos. Abuso do direito de recorrer. "Cumpre ressaltar ainda que a interposição descabida e desmedida de sucessivos recursos configura abuso do direito de recorrer, autorizando a certificação do trânsito em julgado e a baixa imediata dos autos." (STJ, EDcl no ARE no RE nos EDcl no AgInt no RMS nº 53.772 – SP, Rel. Min. Humberto Martins, Corte Especial, jul. 28.06.2018, *DJe* 03.08.2018).

5. Princípio da unirrecorribilidade. Único recurso para atacar três decisões distintas. Possibilidade. "O propósito recursal é analisar se houve violação do princípio da unirrecorribilidade recursal, tendo em vista **a interposição de um único recurso de agravo de instrumento para impugnar três decisões interlocutórias distintas**. O princípio da singularidade, também denominado da unicidade do recurso ou unirrecorribilidade, consagra a premissa de que, para cada decisão a ser atacada, há um único recurso próprio e adequado previsto no ordenamento jurídico. A recorrente utilizou-se do recurso correto (respeito à forma) para impugnar as decisões interlocutórias, qual seja o agravo de instrumento. **O princípio da unirrecorribilidade não veda a interposição de um único recurso para impugnar mais de uma decisão.** E não há, na legislação processual, qualquer impedimento a essa prática, não obstante seja incomum" (REsp 1628773/GO, Rel. Min. Nancy Andrighi, 3ª Turma, jul. 21.05.2019, *DJe* 24.05.2019). **No mesmo sentido:** STJ, REsp 1112599/TO, Rel. Min. Nancy Andrighi, 3ª Turma, jul. 28.08.2012, *DJe* 05.09.2012.

Unirrecorribilidade. Exceção. "O princípio da unirrecorribilidade é excepcionado apenas nas hipóteses de interposição de recurso especial e extraordinário, que devem ser apresentados simultaneamente, e de oposição de embargos de declaração, que não impedem, após seu julgamento, a interposição de novos embargos. Precedente: EDcl nos EDcl nos EDcl no AgRg no AREsp 1.453.119/PE, Rel. Ministro Reynaldo Soares da Fonseca, Quinta Turma, julgado em 19/05/2020, *DJe* 27/05/2020" (STJ, Rcl 40.302/DF, Rel. Min. Reynaldo Soares da Fonseca, 3ª Seção, jul. 23.09.2020, *DJe* 28.09.2020).

Preclusão consumativa. Interposição do segundo recurso dentro do prazo recursal. Inadmissibilidade. "A antecedente preclusão consumativa proveniente da interposição de um recurso contra determinada decisão enseja a inadmissibilidade do segundo recurso, simultâneo ou subsequente, interposto pela mesma parte e contra o mesmo julgado, haja vista a violação ao princípio da unirrecorribilidade, pouco importando se o recurso posterior seja o adequado para impugnar a decisão e tenha sido interposto antes de decorrido, objetivamente, o prazo recursal. Na hipótese em apreço, a parte ora recorrida impugnou, através de agravo de instrumento, a decisão extintiva do cumprimento de sentença por ela iniciado, não tendo o recurso merecido conhecimento, porquanto inadequado à impugnação desse ato judicial; mas, antes de findo o prazo recursal, interpôs apelação, da qual o Tribunal estadual conheceu e deu-lhe provimento, o que acarretou ofensa ao princípio da unirrecorribilidade, a implicar a reforma do acórdão recorrido, a fim de não se conhecer da apelação interposta pela parte recorrida" (STJ, REsp. 2.075.284/SP, Rel. Min. Marco Aurélio Bellizze, 3ª Turma, ac. 08.08.2023, *DJe* 15.08.2023). **No mesmo sentido:** STJ, AgRg no REsp 588.766/RS, Rel. Min. Paulo de Tarso Sanseverino, 3ª Turma, jul. 28.09.2010, *DJe* 06.10.2010; STF, RE 553.657 AgR-ED, Rel. Min. Celso de Mello, 2ª Turma, jul. 16.11.2010, *DJe* 16.12.2010; STJ, AgRg no Ag 1.268.337/RS, Rel. Min. João Otávio de Noronha, 4ª Turma, jul. 16.06.2011, *DJe* 24.06.2011; STJ, AgInt no AREsp 1.070.301/PR, Rel. Min. Mauro Campbell Marques, 2ª Turma, jul. 15.08.2017, *DJe* 21.08.2017.

6. Princípio da taxatividade recursal. Unirrecorribilidade. Preclusão consumativa. Recurso inexistente. Ver jurisprudência do art. 1.015 do CPC/2015.

"O princípio da unirrecorribilidade recursal afasta a hipótese da interposição de mais de um recurso contra a mesma decisão judicial, salvo as hipóteses expressamente ressalvadas na lei – embargos de declaração (art. 538, CPC) [art. 1.026 do CPC/2015] e recursos especial e extraordinário (art. 541, CPC)" [art. 1.029 do CPC/2015] (STF, AI 771.806, Rel. Min. Luiz Fux, Primeira Turma, jul. 13.03.2012, *DJe* 02.04.2012).

Interposição simultânea de embargos de divergência e de recurso extraordinário. "Assim, a interposição simultânea, contra o acórdão que julgou o recurso especial, de embargos de divergência e recurso extraordinário, acarreta a inadmissibilidade do recurso que foi protocolado por último, ante a preclusão consumativa" (STJ, AgRg nos EREsp 511.234/DF, Rel. Min. Luiz Fux, Corte Especial, jul. 04.08.2004, *DJ* 20.09.2004).

7. Duplo grau de jurisdição. Ofensa indireta ou reflexa. "Segundo a jurisprudência da Corte, não há no ordenamento jurídico brasileiro a garantia constitucional do duplo grau de jurisdição. A afronta aos princípios do devido processo legal e da inafastabilidade da jurisdição, em termos processuais, configura, via de regra, apenas ofensa indireta ou reflexa à Constituição. Precedentes" (STF, RE 976178 AgR, Rel. Min. Dias Toffoli, 2ª Turma, jul. 09.12.2016, *DJe* 15.02.2017).

8. Pedido de reconsideração.

Não é modalidade recursal. "O pedido de reconsideração não está inserido no rol taxativo de espécies recursais, não possuindo, portanto, nem forma nem figura de juízo. Assim, essa medida processual não teve aptidão formal para impugnar o acórdão prolatado pela eg. Terceira Turma que, ao rejeitar os embargos de declaração interpostos contra acórdão que negou provimento ao agravo interno então manejado pela agora agravante, manteve, ao fim e ao cabo, a decisão da Presidência desta Corte que não conheceu do recurso especial em virtude da sua deserção" (STJ, AgInt no RCD nos EDcl no AgInt no AREsp 1652272/RJ, Rel. Min. Moura Ribeiro, 3ª Turma, jul. 12.04.2021, *DJe* 15.04.2021).

9. Fundamentação. "O recurso, seja ele qual for, deve conter fundamentação, no mínimo, razoável para permitir sua compreensão pelo julgador" (STJ, EDcl no AgRg no AI 136.987/RS, 2ª Turma, Rel. Min. Peçanha Martins, Ac. 18.06.1998).

10. Recurso interposto antes da publicação da decisão recorrida. "Antecipando-se a parte à abertura do prazo recursal pela intimação da sentença, procede com diligência irrepreensível. Tempestivo o recurso oferecido antes da intimação do ato recorrido" (STJ, AgRg no Ag 655.610/MG, Rel. Min. Castro Meira, Rel. p/ Acórdão Min. Francisco Peçanha Martins, 2ª Turma, jul. 05.04.2005, *DJ* 01.08.2005, p. 399). **Obs.:** Essa é a orientação do CPC/2015, nos termos do art. 218, § 4º.

11. Mandado de Segurança.

Sucedâneo recursal. Impossibilidade. "A jurisprudência desta Corte Superior de Justiça é firme no sentido de que a ação constitucional de mandado de segurança visa à proteção de direito líquido e certo contra ato abusivo ou ilegal de autoridade pública, não podendo ser utilizada como sucedâneo recursal" (STJ, AgRg nos EDcl no RMS 18.309/RJ, Rel. Min. Og Fernandes, 6ª Turma, jul. 10.05.2011, *DJe* 30.05.2011). **No mesmo sentido:** STJ, RMS 33.274/SP, Rel. Min. Gilson Dipp, 5ª Turma, jul. 17.03.2011, *DJe* 04.04.2011.

Situações teratológicas ou abusivas. "Segundo orientação do Superior Tribunal de Justiça, em situações teratológicas, abusivas, que possam gerar dano irreparável, o recurso previsto não tenha ou não possa obter efeito suspensivo, admite-se que a parte se utilize do mandado de segurança contra ato judicial. O fato de a parte ter percorrido todas as instâncias jurisdicionais e, eventualmente, interposto todos os recursos cabíveis, por si só, não autoriza a impetração do mandado de segurança" (STJ, AgRg no MS 15.941/DF, Rel. Min. Arnaldo Esteves Lima, Corte Especial, jul. 09.06.2011, *DJe* 01.07.2011). **No mesmo sentido:** STJ, AgRg no MS 15.943/DF, Rel. Min. Castro Meira, Corte Especial, *DJe* 31.3.2011; STJ, RMS 33.526/MG, Rel. Min. Mauro Campbell Marques, 2ª Turma, jul. 02.06.2011, *DJe* 09.06.2011.

12. Irregularidades praticadas pelos auxiliares da Justiça. "Os recursos representam meios de impugnação dos atos judiciais, por isso que irritualidades praticadas por auxiliares do juízo não desafiam os recursos previstos no Código de Processo Civil. Os atos do juiz que chancelam as irregularidades dos serventuários é que desafiam os recursos judiciais. Consectariamente, postular ao juízo em face desses atos não encerra 'pedido de reconsideração', *et pour cause*, da rejeição da postulação. É que se conta o termo *a quo* do prazo para recorrer" (STJ, REsp 905.681/RJ, Rel. Min. Luiz Fux, 1ª Turma, jul. 16.09.2010, *DJe* 29.09.2010).

13. Correição parcial. Medida de natureza administrativa. "A correição parcial é recurso, mas medida de natureza administrativa, como o próprio nome sugere, correicional, mesmo porque aquela espécie é taxativa e exaustivamente arrolada no art. 496, do Código de Processo Civil [art. 994 do CPC/2015]. Outrora, é meio de impugnação que se volta contra as omissões do juízo ou contra despachos irrecorríveis, que alteram a ordem natural do processo, gerando 'tumulto processual'. (...) **Deveras, ainda que de natureza administrativa, pode, em certos casos, estar revestida de caráter jurisdicional,** dependendo do ângulo de análise a que se reveste sua decisão" (STJ, AgRg no AgRg no REsp 1.038.446/RJ, Rel. Min. Luiz Fux, 1ª Turma, jul. 20.05.2010, *DJe* 14.06.2010).

"Contra suposto ato omissivo imputado a juiz, é oportuna a manifestação de correição parcial e não a impetração de mandado de segurança. Inteligência da Súmula 267/STF. Precedentes" (STJ, RMS 30.463/MG, Rel. Min. Nancy Andrighi, 3ª Turma, jul. 07.10.2010, *DJ* 27.10.2010). **No mesmo sentido:** STJ, RMS 15.856/RJ, Rel. Min. Felix Fischer, 5ª Turma, jul. 20.05.2003, *DJ* 30.06.2003.

Art. 995. Os recursos não impedem a eficácia da decisão, salvo disposição legal ou decisão judicial em sentido diverso.

Parágrafo único. A eficácia da decisão recorrida poderá ser suspensa por decisão do relator, se da imediata produção de seus efeitos houver risco de dano grave, de difícil ou impossível reparação, e ficar demonstrada a probabilidade de provimento do recurso.

CPC/1973

Art. 497.

REFERÊNCIA LEGISLATIVA

CPC/2015, art. 513, § 1º (execução provisória).

BREVES COMENTÁRIOS

O efeito suspensivo (impedimento da imediata execução do decisório impugnado), que era a regra geral para o Código de 1973, passou a ser a exceção no atual CPC, prevista apenas para a apelação (art. 1.012, *caput*). Assim é que o art. 995 dispõe que "os recursos não impedem a eficácia da decisão, salvo disposição legal ou decisão judicial em sentido diverso". Apenas excepcionalmente a decisão será suspensa, "se da imediata produção de seus efeitos houver risco de dano grave, de difícil ou impossível reparação, e ficar demonstrada a probabilidade de provimento do recurso" (art. 995, parágrafo único). Isto, todavia, dependerá sempre de decisão do relator, caso a caso. No tocante à apelação, todavia, a regra a observar é em sentido contrário: prevalece o efeito suspensivo do recurso, sendo excepcionais os casos em que ocorre apenas o efeito devolutivo (art. 1.012).

JURISPRUDÊNCIA SELECIONADA

1. Agravo de instrumento. Ausência de efeito suspensivo *ope legis*. Eficácia da decisão agravada. Recurso manejado após transferência da propriedade com o registro imobiliário da adjudicação. Desconstituição. Necessidade de ação própria. Agravo interno não provido. Ver jurisprudência do art. 1.019 do CPC/2015.

2. Medida cautelar. Efeito suspensivo em recursos extraordinário e especial. "Para deferimento de medida liminar conferindo efeito suspensivo a recurso especial, é necessário avaliar a extensão dos efeitos que o eventual provimento do recurso atingirá. Tanto a aparência de direito quanto o perigo de demora na decisão devem ser analisados com as vistas voltadas ao conteúdo do recurso. A regra do art. 497 do CPC [art. 995 do CPC/2015] é abrandada apenas quando verificados (i) a possibilidade de êxito do recurso interposto e (ii) a existência de dano de difícil ou incerta reparação, advindo de eventual demora na definição da lide" (STJ, MC 16.584/MS, Rel.ª Min.ª Nancy Andrighi, 3ª Turma, jul. 23.03.2010, *DJe* 01.07.2010). **No mesmo sentido:** STJ, AgRg na MC 14.889/RJ, Rel. Min Sidnei Beneti, 3ª Turma, jul 16.04.2009, *DJe* 06.05.2009; STJ, AgRg na MC 14.898/SP, Rel. Min Luiz Fux, 1ª Turma, jul. 18.12.2008, *DJe* 19.02.2009.

"O Egrégio STJ, em casos excepcionais, tem deferido efeito suspensivo a recurso especial ainda não admitido, com o escopo de evitar teratologias, ou a fim de obstar os efeitos de decisão contrária à jurisprudência pacífica desta C. Corte Superior, em hipóteses em que demonstrado o perigo de dano irreparável ou de difícil reparação" (STJ, AgRg na MC 14.073/RJ, Rel. Min Luiz Fux, 1ª Turma, jul. 17.03.2009, *DJe* 23.04.2009). **No mesmo sentido:** STJ, MC 6.366/DF, Rel. Min. Mauro Campbell Marques, 2ª Turma, jul. 16.04.2009, *DJe* 04.05.2009.

Competência. "Nos termos das Súmulas do STF/634 e 635, a Medida Cautelar destinada a atribuir efeito suspensivo ao Recurso Especial, seja para sustar os efeitos do *decisum* atacado, seja a fim de antecipar provisoriamente a tutela requerida (efeito suspensivo ativo), somente será da competência do Superior Tribunal de Justiça quando o Apelo Excepcional já tiver sido submetido ao juízo de admissibilidade *a quo*" (STJ, AgRg na MC 15.405/RJ, Rel. Min. Sidnei Beneti, 3ª Turma, jul. 23.04.2009, *DJe* 06.05.2009).

"Interposto o recurso especial e indeferido o pleito cautelar dirigido à atribuição de efeito suspensivo à impugnação recursal, é de se afirmar a competência do Superior Tribunal de Justiça para a apreciação da tutela de urgência" (STJ, AgRg na MC 17.597/SP, Rel. Min. Hamilton Carvalhido, 1ª Turma, jul. 05.04.2011, *DJe* 18.04.2011).

"**Critério para a aferição do** *fumus boni iuris*. Nas medidas cautelares mediante as quais a parte visa a atribuir efeito suspensivo ao recurso especial, o *fumus boni iuris* deve ser analisado com as vistas voltadas à possibilidade de êxito do próprio recurso" (STJ, AgRg na MC 14.837/SP, Rel.ª Min.ª Nancy Andrighi, 3ª Turma, jul. 18.11.2008, *DJe* 28.11.2008).

3. Medida cautelar. Recurso ainda não interposto. "Não é cabível medida cautelar com o objetivo de emprestar efeito suspensivo a **recurso especial ainda não interposto** na instância *a quo*, em face da impossibilidade do exame do *fumus boni iuris* no que tange à admissibilidade daquele. Carência da ação decretada, nos termos do art. 267, VI, do CPC [art. 485, VI, do CPC/2015]" (STJ, MC 1.057/MG, Rel. Min. Aldir Passarinho Júnior, 2ª Turma, jul. 09.02.1999, *DJU* 15.03.1999, p. 198). **Em sentido contrário:** "O pedido cautelar de atribuição de efeito suspensivo ao recurso especial, embora processado em autos apartados, possui a natureza jurídico-processual de um mero incidente, que se esgota no seu deferimento ou rejeição. É possível conferir efeito suspensivo a recurso especial ainda não interposto apenas em casos excepcionais, quando estiverem evidenciados os requisitos do *fumus boni iuris* e do *periculum in mora*, o que ocorre, *in casu*" (STJ, AgRg na MC 14.995/SP, Rel. Min. Massami Uyeda, 3ª Turma, jul. 18.12.2008, *DJe* 05.02.2009).

"**Esta Corte tem admitido a concessão de efeito suspensivo a recurso especial já interposto, mas pendente do juízo de admissibilidade, ou até mesmo àqueles ainda não interpostos, mas somente para situações excepcionalíssimas**, em que se constata, de pronto, 'manifesto o risco de dano irreparável e inquestionável a relevância do direito, ou seja, o alto grau de probabilidade de êxito do recurso, tornando indispensável a concessão da providência pleiteada para assegurar a eficácia do resultado do recurso a ser apreciado por este Tribunal' (AgRgMC 8.101/SP, Rel. Min. Teori Albino Zavascki, 1ª Turma, *in DJ* 24.5.2004), mormente se já apreciado e denegado pleito cautelar na instância de origem" (STJ, AgRg na MC 17.597/SP, Rel. Min. Hamilton Carvalhido, 1ª Turma, jul. 05.04.2011, *DJe* 18.04.2011).

"**Pendente de julgamento pela Turma embargos de declaração não cabe cautelar para agregação de efeito suspensivo a recurso extraordinário a ser interposto**, visto que poderá o órgão fracionário se retratar, acatando outra solução, além do caráter autônomo da medida que não se admite no âmbito do Superior Tribunal de Justiça" (STJ, AgRg na MC 14.523/DF, Rel. p/ ac. Min. Fernando Gonçalves, Corte Especial, jul. 17.09.2008, *DJe* 23.04.2009).

Art. 996. O recurso pode ser interposto pela parte vencida, pelo terceiro prejudicado e pelo Ministério Público, como parte ou como fiscal da ordem jurídica.

Parágrafo único. Cumpre ao terceiro demonstrar a possibilidade de a decisão sobre a relação jurídica submetida à apreciação judicial atingir direito de que se afirme titular ou que possa discutir em juízo como substituto processual.

CPC/1973

Art. 499.

REFERÊNCIA LEGISLATIVA

CPC/2015, arts. 109, § 3º (substituição das partes e dos procuradores; alienação), 123 (assistência; coisa julgada), 178 e 179 (MP: competência; poderes como fiscal da lei).

SÚMULAS

Súmulas do STJ:

nº 99: "O Ministério Público tem legitimidade para recorrer no processo em que oficiou como fiscal da lei, ainda que não haja recurso da parte".

nº 226: "O Ministério Público tem legitimidade para recorrer na ação de acidente do trabalho, ainda que o segurado esteja assistido por advogado".

BREVES COMENTÁRIOS

A lei confere legitimidade para interpor recurso à parte do processo em que a decisão foi proferida, ao representante do Ministério Público, quando atua no feito (ou nele pode atuar) e ao terceiro prejudicado, por efeito reflexo do decisório (CPC/2015, art. 996, *caput*).

A legitimidade para recorrer decorre ordinariamente da posição que o inconformado já ocupava como sujeito da relação processual em que se proferiu o julgamento a impugnar. A lei, no entanto, prevê, em determinadas circunstâncias, legitimação recursal extraordinária para quem não seja parte, como o Ministério Público e o terceiro prejudicado. As condições de procedibilidade na via recursal não se resumem, todavia, apenas à legitimidade. Também para recorrer se exige a condição do interesse, tal como se dá com a propositura da ação.

O MP tem legitimidade para recorrer quando se tratar de interesses sociais e individuais indisponíveis (CF, art. 127).

O recurso do terceiro prejudicado é uma forma de assistência à parte vencida, pois não pode ele introduzir questões novas, estranhas à *litis contestatio. A sua legitimidade, entretanto, depende da demonstração da "possibilidade de a decisão sobre a relação jurídica submetida à apreciação judicial atingir direito de que se afirme titular".*

JURISPRUDÊNCIA SELECIONADA

1. Interesse recursal (*caput*).

Interesse recursal. Sucumbência. "A questão precisa ser analisada sob a perspectiva da sucumbência e da possibilidade de melhora da situação jurídica do recorrente, critérios de identificação do interesse recursal. Não se trata de temática afeta a esta ou aquela legislação processual (CPC/73 ou CPC/15), mas de questão antecedente, verdadeiro fundamento teórico da disciplina recursal. Só quem perde, algo ou tudo, tem interesse em impugnar a decisão, desde que possa obter, pelo recurso, melhora na sua situação jurídica. Precedente: AgInt no REsp n. 1.478.792/PR, Rel. Ministro Paulo de Tarso Sanseverino, Terceira Turma, julgado em 12.12.2017, *DJe* 2.2.2018" (STJ, EAREsp 227.767/RS, Rel. Min. Francisco Falcão, Corte Especial, jul. 17.06.2020, *DJe* 29.06.2020).

"É inviável o recurso quando do sucesso deste não houver a possibilidade de obter-se **vantagem ou benefício moral ou econômico** para o seu autor" (STJ, REsp 85.549/SP, Rel. Min. José Delgado, 1ª Turma, jul. 27.05.1996, *DJU* 17.06.1996). **No mesmo sentido:** STJ, REsp 166.516/SP, Rel. Min. Adhemar Maciel, 2ª Turma, jul. 12.05.1998, *DJ* 31.08.1998.

"**O interesse em recorrer está subordinado aos critérios de utilidade e necessidade.** No direito brasileiro, o recurso é admitido contra o dispositivo, não contra a motivação. Havendo sentença inteiramente favorável, obtendo a parte tudo o que pleiteado na inicial, não há interesse em recorrer" (STJ, REsp 623.854/MT, Rel. Min. Carlos Alberto Menezes Direito, 3ª Turma, jul. 19.04.2005, *DJ* 06.06.2005).

"**Existe interesse de recorrer quando a substituição da decisão, nos termos pretendidos, importe melhoria na situação do recorrente, em relação ao litígio.** Não se justifica o recurso se se pretende, apenas, evitar a formação de um precedente jurisprudencial, sem qualquer modificação no resultado prático do processo" (STJ, AgRg nos EREsp 150.312/ES, Rel. Min. Eduardo Ribeiro, 2ª Seção, jul. 23.02.2000, *DJ* 29.05.2000).

"**O réu tem interesse para interpor recurso de apelação contra decisão que julgou extinto o processo sem apreciação do mérito**" (STJ, REsp 656.119/ES, Rel.ª Min.ª Nancy Andrighi, 3ª Turma, jul. 29.11.2005, *DJ* 06.11.2006).

"O interesse recursal revela-se ante a sucumbência da parte relativamente à matéria sobre a qual pleiteia provimento" (STJ, REsp 1.201.193/RN, Rel. Min. Mauro Campbell Marques, 2ª Turma, jul. 10.05.2011, *DJe* 16.05.2011).

"Não carece de interesse recursal a parte que, em **ação de indenização por danos morais, deixa a fixação do *quantum* ao prudente arbítrio do juiz, e posteriormente apresenta apelação discordando do valor arbitrado.** Nem há alteração do pedido quando a parte, apenas em sede de apelação, apresenta valor que, a seu ver, se mostra mais justo" (STJ, REsp 265.133/RJ, Rel. Min. Sálvio de Figueiredo Teixeira, 4ª Turma, jul. 19.09.2000, *DJ* 23.10.2000, p. 145).

2. Terceiro prejudicado (*caput*).

a) Legitimidade. "Há interesse processual do terceiro em recorrer da sentença de parcial procedência do pedido quando ele integra a relação jurídica objeto do litígio e porque a decisão judicial impugnada poderá afetar a própria manutenção e a continuidade do contrato de locação do qual figura como colocador" (STJ, AgInt no REsp 1.565.854/DF, Rel. Min. Ricardo Villas Bôas Cueva, 3ª Turma, jul. 15.10.2018, *DJe* 17.10.2018).

"Apenas o terceiro que, titular de interesse vinculado à relação jurídica submetida à apreciação judicial, sofreu prejuízo, é que pode recorrer" (TACivSP, Ap. 242.895-1, Rel. Juiz Rui Coppola, 8ª Câmara, jul. 16.08.1989; *RT* 647/159).

"Ao permitir o recurso de terceiro prejudicado, o art. 499 do CPC [art. 996 do CPC/2015] outorga direito potestativo, a ser exercido a critério do prejudicado, cuja inércia não gera preclusão. É lícito ao terceiro prejudicado requerer **mandado de segurança** contra ato judicial, em lugar de interpor, contra ele, o recurso cabível. A circunstância de a sentença estar sob desafio de recurso com efeito suspensivo não lhe retira o potencial ofensivo, nem a imuniza contra mandado de segurança em favor de terceiro prejudicado" (STJ, RMS 11.383/PB, Rel. Min. Humberto Gomes de Barros, 1ª Turma, jul. 20.06.2002, *DJ* 02.09.2002, p. 146). **No mesmo sentido:** STJ, Rec. em MS 8.879/SP, Rel. Min. Humberto Gomes de Barros, 1ª Turma, jul. 22.09.1998, *DJU* 30.11.1998.

"**Tem legitimidade para recorrer, como terceiro prejudicado, o adquirente de imóvel, impedido de registrar o seu título,** em razão do deferimento liminar de medida cautelar de sequestro de bens do casal, intentada pela mulher, sob o fundamento de que teria sido o bem também mal adquirido pelo casal, aos respectivos titulares do domínio" (STJ, REsp 7.660/SP, Rel. Min. Dias Trindade, 3ª Turma, ac. 20.03.1991, *DJU* 22.04.1991, p. 4.788).

"'**Em processo de execução, o terceiro afetado pela constrição judicial de seus bens poderá opor embargos de terceiro** à execução ou interpor recurso contra a decisão constritiva, na condição de terceiro prejudicado, exegese conforme a instrumentalidade do processo e o escopo de economia processual.' Precedente (REsp 329.513/SP, Rel. Ministra Nancy Andrighi, Terceira Turma, julgado em 06.12.2001, *DJ* 11.03.2002)" (STJ, REsp 1.091.710/PR, Rel. Min. Luiz Fux, Corte Especial, jul. 17.11.2010, *DJe* 25.03.2011).

"**Há que se considerar como terceiro prejudicado o endossatário de título de crédito**, na espécie duplicata, para o fim de legitimar o direito de recorrer de decisão que ameace crédito seu representado pela cártula comercial. Na hipótese, tem o endossatário, embora não tendo figurado como parte em ação anulatória de duplicata, inequívoco interesse jurídico a legitimar seu apelo" (STJ, REsp 40.185/MG, Rel. Min. Cláudio Santos, 3ª Turma, jul. 24.02.1994, *DJU* 28.03.1994, p. 6.319).

Execução contra sociedade. Penhora de imóvel de propriedade do sócio. "Legitimidade para arguir impenhorabilidade com base na Lei 8.009/90. Desconsiderada a personalidade jurídica da empresa devedora, tem ela legitimidade para arguir a impenhorabilidade do imóvel de propriedade do sócio" (STJ,

REsp 170.034/SP, Rel. Min. Eduardo Ribeiro, 3ª Turma, jul. 06.06.2000, *DJ* 23.10.2000, p. 134).

b) Ilegitimidade. "Segundo a jurisprudência desta Corte Superior, 'na forma do artigo 499, § 1º, do Código de Processo Civil [art. 996, parágrafo único, CPC/2015], o recurso de terceiro prejudicado está condicionado à demonstração de prejuízo jurídico da decisão judicial, e não somente do prejuízo econômico, ou seja, deve existir nexo de interdependência entre o interesse do terceiro e a relação jurídica submetida à apreciação judicial' (EDcl na MC 16.286/MA, Rel. Ministro João Otávio de Noronha, Quarta Turma, julgado em 15.06.2010, *DJe* 19.10.2010)" (STJ, AgInt no REsp 1.793.632/RJ, Rel. Min. Antonio Carlos Ferreira, 4ª Turma, jul. 18.05.2020, *DJe* 21.05.2020).

"'**O terceiro que possua interesse eminentemente econômico não tem legitimidade para interpor recurso**' (RMS n. 15.725/PR, Relatora Ministra Nancy Andrighi, 3ª Turma, unânime, *DJ* 05.09.2005)" (STJ, AgRg no Ag 1.327.565/RJ, Rel. Min. Aldir Passarinho Junior, 4ª Turma, jul. 28.09.2010, *DJe* 11.10.2010).

Perito. "Os precedentes da Segunda Seção assentam que o perito não tem legitimidade para recorrer, não sendo considerado terceiro prejudicado" (STJ, REsp 513.573/SP, Rel. Min. Carlos Alberto Menezes Direito, 3ª Turma, jul. 20.11.2003, *DJ* 01.03.2004, p. 182).

Assistente simples. Ilegitimidade recursal. "Falta legitimidade recursal ao assistente simples quando **a parte assistida desiste ou não interpõe o recurso especial,** como ocorreu no presente caso. Precedente: REsp 1.056.127/RJ, Rel. Ministro Mauro Campbell Marques, Segunda Turma, *DJe* 16/9/2008 e REsp n. 266.219/RJ, Relator Ministro Luiz Fux, Primeira Turma, *DJ* 3.4.2006)" (STJ, EDcl no AgRg no REsp 1.180.487/RJ, Rel. Min. Benedito Gonçalves, 1ª Turma, jul. 21.06.2011, *DJe* 29.06.2011). **Em sentido diverso:** Admite-se o recurso do assistente simples ainda que o assistido não recorra, "desde que não haja expressa manifestação do assistido em sentido contrário" (STJ, REsp. 146482/PR, Rel. Min. Felix Fischer, 3ª Turma, jul. 20.04.1999, *DJU* 31.05.1999, p. 167). **No mesmo sentido:** STJ, EREsp 1068391/PR, Rel. para acórdão Min. Maria Thereza de Assis Moura, jul. 29.08.2012, *DJe* 07.08.2013.

Danos causados por filhos menores. Legitimidade para recorrer do filho. Ausência. "Discussão acerca da legitimidade do filho menor para recorrer de sentença proferida em ação proposta unicamente em face de seu genitor, com fundamento na responsabilidade dos pais pelos atos ilícitos cometidos pelos filhos menores. Em regra, é a parte sucumbente quem tem legitimidade para recorrer. O art. 499, § 1º, do CPC [art. 966, parágrafo único, do CPC/2015], contudo, assegura ao terceiro prejudicado a possibilidade de interpor recurso de determinada decisão, desde que ela afete, direta ou indiretamente, uma relação jurídica de que seja titular. A norma do art. 942 do Código Civil deve ser interpretada em conjunto com aquela dos arts. 928 e 934, que tratam, respectivamente, (i) da responsabilidade subsidiária e mitigada do incapaz; e (ii) da inexistência de direito de regresso em face do descendente absoluta ou relativamente incapaz. Na hipótese, conclui-se pela carência de interesse e legitimidade recursal do recorrente porque a ação foi proposta unicamente em face do seu genitor, **não tendo sido demonstrado o nexo de interdependência entre seu interesse de intervir e a relação jurídica originalmente submetida à apreciação judicial**" (STJ, REsp 1.319.626/MG, Rel.ª Min.ª Nancy Andrighi, 3ª Turma, jul. 26.02.2013, *DJe* 05.03.2013).

2. Terceiro prejudicado. Interesse de intervir (parágrafo único). "O terceiro prejudicado, legitimado a recorrer por força do nexo de interdependência com a relação *sub judice* (art. 499, § 1º, do CPC) [art. 966, parágrafo único, do CPC/2015], é aquele que sofre um prejuízo na sua relação jurídica em razão da decisão" (STJ, REsp 1.091.710/PR, Rel. Min. Luiz Fux, Corte Especial, jul. 17.11.2010, *DJe* 25.03.2011).

"'Na forma do artigo 499, § 1º, do Código de Processo Civil [art. 966, parágrafo único, do CPC/2015], o recurso de terceiro prejudicado está condicionado à demonstração de prejuízo jurídico da decisão judicial, e não somente do prejuízo econômico, ou seja, **deve existir nexo de interdependência entre o interesse do terceiro e a relação jurídica submetida à apreciação judicial**' (EDcl na MC 16.286/MA, Rel. Ministro João Otávio de Noronha, Quarta Turma, *DJe* 19.10.2010)" (STJ, AgRg no REsp 1.180.487/RJ, Rel. Min. Benedito Gonçalves, 1ª Turma, jul. 12.04.2011, *DJe* 15.04.2011).

"Na condição de terceira prejudicada, para ter legitimidade para a interposição da apelação, à recorrente basta demonstrar o nexo de interdependência entre o seu interesse de intervir e a relação jurídica submetida à apreciação judicial (§ 1º do art. 499 do CPC) [art. 966, parágrafo único, do CPC/2015]. A decisão relativa à declaração da ilegitimidade *ad causam* da recorrente, para ser parte, ainda que transitada em julgado, em nada poderá atingir sua legitimidade recursal ativa como terceira prejudicada" (STJ, REsp 696.934/PB, Rel. Min. Hélio Quaglia Barbosa, 4ª Turma, jul. 15.05.2007, *DJ* 04.06.2007, p. 358).

3. Legitimidade do Ministério Público para recorrer.

Benefícios previdenciários. "Nos termos da Súmula 99/STJ e do art. 996 do Código Fux, o Ministério Público tem legitimidade para recorrer no processo em que oficiou como fiscal da lei, ainda que não haja recurso da parte. Ademais, é firme a orientação desta Corte de que incumbe ao Ministério Público a defesa da ordem jurídica do regime democrático de direito e dos interesses sociais e individuais indisponíveis, o que lhe confere legitimidade para reivindicar benefícios previdenciários" (STJ, AgInt no AREsp 839.820/MS, Rel. Min. Napoleão Nunes Maia Filho, 1ª Turma, jul. 04.12.2018, *DJe* 19.12.2018).

"'O Ministério Público detém legitimidade para recorrer nas causas em que atua como *custos legis*, ainda que se trate de discussão a respeito de direitos individuais disponíveis e mesmo que as partes estejam bem representadas' (REsp 460.425/DF, Rel. Min. Salvio de Figueiredo Teixeira, *DJ* 24.05.99)" (STJ, REsp 434.535/SC, Rel. Min. Franciulli Netto, 2ª Turma, jul. 16.12.2004, *DJ* 02.05.2005). **No mesmo sentido:** STJ, EDcl no REsp 886.333/SP, Rel. Min. Arnaldo Esteves Lima, 5ª Turma, jul. 11.12.2008, *DJe* 02.02.2009.

Ação de investigação de paternidade. "A legitimidade do Ministério Público para apelar das decisões tomadas em ação de investigação de paternidade, onde atua na qualidade de *custos legis* (CPC, art. 499, parágrafo 2º) [art. 996, parágrafo único, do CPC/2015], não se limita à defesa do menor investigado, mas do interesse público, na busca da verdade real, que pode não coincidir, necessariamente, com a da parte autora" (STJ, REsp 172.968/MG, Rel. Min. Aldir Passarinho Junior, 4ª Turma, jul. 29.06.2004, *DJ* 18.10.2004).

"A legitimidade recursal do Ministério Público nos processos em que sua intervenção é obrigatória não chega ao ponto de lhe permitir recorrer contra o interesse do incapaz, o qual legitimou a sua intervenção no feito" (STJ, REsp 604.719/PB, Rel. Min. Felix Fischer, 5ª Turma, jul. 22.08.2006, *DJ* 02.10.2006).

Atuação do MPE perante a Corte Superior de Justiça. "O Ministério Público dos Estados não está vinculado nem subordinado, no plano processual, administrativo e/ou institucional, à Chefia do Ministério Público da União, o que lhe confere ampla possibilidade de postular, autonomamente, perante esta Corte Superior de Justiça. Não permitir que o Ministério Público Estadual atue perante esta Corte Superior de Justiça significa: (a) vedar ao MP Estadual o acesso ao STF e ao STJ; (b) criar espécie de subordinação hierárquica entre o MP Estadual e o MP Federal, onde ela é absolutamente inexistente; (c) cercear a autonomia do MP Estadual; e (d) violar o princípio federativo. (...) Legitimidade do Ministério Público Estadual para atuar perante esta Corte Superior de Justiça, na qualidade de autor da ação, atribuindo efeitos prospectivos à decisão" (STJ, AgRg no AgRg no AREsp 194.892/RJ, Rel. Min. Mauro Campbell Marques, 1ª Seção, jul. 24.10.2012, *DJe* 26.10.2012).

Retificação de registro civil. "Tanto o art. 57 como o art. 109 da Lei 6.015/73, expressamente, dispõem sobre a necessidade de intervenção do Ministério Público nas ações que visem, respectivamente, a alteração do nome e a retificação de registro civil" (STJ, REsp 1.323.677/MA, Rel.ª Min.ª Nancy Andrighi, 3ª Turma, jul. 05.02.2013, *DJe* 15.02.2013).

4. Preclusão consumativa. "Conforme a jurisprudência consolidada no âmbito desta Corte, a interposição de dois recursos pela mesma parte contra a mesma decisão impede o conhecimento do segundo recurso interposto, haja vista a preclusão consumativa e a observância ao princípio da unirrecorribilidade das decisões. Precedentes" (STJ, AgRg nos EDcl no REsp 1.051.098/MS, Rel. Min. Luis Felipe Salomão, 4ª Turma, jul. 21.06.2011, *DJe* 28.06.2011).

"Há preclusão consumativa quando a parte ingressa com recurso já interposto anteriormente, ainda que subscrito por advogado diverso" (STJ, REsp 542.367/DF, Rel.ª Min.ª Nancy Andrighi, 3ª Turma, jul. 26.08.2004, *DJ* 13.09.2004, p. 232).

"A desistência apresentada quanto ao primeiro recurso especial, ainda que com a intenção de que seja apreciado o segundo, não tem o condão de afastar a preclusão consumativa. Tal desistência, que é ato irretratável, deve ser homologada sem consequências para o segundo recurso. Como consequência, nenhuma das duas impugnações poderá ser apreciada" (STJ, REsp 1.009.485/RS, Rel.ª Min.ª Nancy Andrighi, 3ª Turma, jul. 15.09.2009, *DJe* 14.12.2009).

Complementação do recurso. Impossibilidade. "Ao interpor recurso, a parte pratica ato processual, pelo qual consuma o seu direito de recorrer e antecipa o *dies ad quem* do prazo recursal (caso o recurso não tenha sido interposto no último dia do prazo). Por consequência, não pode, posteriormente, 'complementar' o recurso, 'aditá-lo' ou 'corrigi-lo', pois já se operou a preclusão consumativa" (STJ, AgRg no Ag 77.182/SP, Rel. Min. Adhemar Maciel, 6ª Turma, jul. 03.06.1996, *DJ* 17.02.1997, p. 2.175). **No mesmo sentido:** STJ, AgRg nos EREsp 710.599/SP, Rel. Min. Aldir Passarinho Junior, Corte Especial, jul. 01.10.2008, *DJe* 10.11.2008.

5. Petição eletrônica do recurso. Certificado digital. Advogado sem procuração nos autos. Recurso inexistente. Ver jurisprudência do art. 193.

6. Posição processual do INPI. Litisconsórcio *sui generis*. Legitimidade recursal que deve ser aferida para cada ato. "O recurso especial debate acerca da legitimidade recursal do INPI para recorrer de decisão que extinguiu, sem resolução de mérito, reconvenção apresentada por litisconsorte passivo, na qual se veiculou pedido de nulidade de registro de marca. (...) Diante da nítida relação de conexão entre a ação principal e a reconvenção, seria contraproducente a inadmissão do instituto tão somente pela necessidade concreta de ampliação ou restrição subjetiva. A legitimidade processual do INPI tem caráter *sui generis*, uma vez que sua atuação é obrigatória em demandas de nulidade de marca e tem por finalidade a proteção da concorrência e dos consumidores, e não a defesa de interesse individual da instituição. A análise da legitimidade do INPI em cada demanda deve tomar em consideração a conduta processual inicialmente adotada pelo Instituto, para além da tradicional avaliação *in status assertionis*. A reconvenção apresentada, no caso concreto, pela litisconsorte passiva da ação principal contra a autora (ré-reconvinte) agregou pedido de nulidade de marca, ação na qual o INPI deve obrigatoriamente intervir, cuja causa de pedir se harmoniza com a tese de defesa da contestação ofertada pela própria autarquia e sobre a qual (ação de nulidade de marca) o Instituto se posicionou favoravelmente à procedência. Diante dessas circunstâncias fáticas, ressai a legitimidade recursal do INPI para impugnar a sentença que extinguiu, sem julgamento de mérito, a reconvenção oportunamente apresentada pela litisconsorte passiva da ação principal" (STJ, REsp 1.775.812/RJ, Rel. Min. Marco Aurélio Bellizze, 3ª Turma, jul. 19.03.2019, *DJe* 22.03.2019).

7. *Amicus curiae*. Interposição de recursos. Ver jurisprudência do art. 138 do CPC/2015.

8. Exigência de depósito prévio. Inconstitucionalidade. "Recurso extraordinário – Depósito – Inconstitucionalidade. Surge incompatível com a Constituição Federal exigência de depósito prévio como condição de admissibilidade do recurso extraordinário, no que não recepcionada a previsão constante do § 1º do artigo 899 da Consolidação das Leis do Trabalho, sendo inconstitucional a contida na cabeça do artigo 40 da Lei nº 8.177 e, por arrastamento, no inciso II da Instrução Normativa nº 3/1993 do Tribunal Superior do Trabalho" (STF, RE 607.447, Rel. Min. Marco Aurélio, Tribunal Pleno, jul. 22.05.2020, *DJe* 03.06.2020).

9. Exceção de suspeição de juiz julgada procedente. Legitimação recursal do magistrado excepto. "O juiz, apesar de não participar como parte ou terceiro prejudicado da relação jurídica de direito material é sujeito do processo e figura como parte no incidente de suspeição, por defender de forma parcial direitos e interesses próprios, possuindo, portanto, interesse jurídico e legitimação recursal para impugnar, via recurso, a decisão que julga procedente a exceção de suspeição, ainda que não lhe seja atribuído o pagamento de custas e honorários advocatícios" (STJ, REsp 1.237.996/SP, Rel. Min. Marco Buzzi, 4ª Turma, jul. 20.10.2020, *DJe* 03.11.2020).

10. Litisconsórcio facultativo. Falta de legitimidade recursal do corréu para se insurgir contra a exclusão de um dos litisconsortes do polo passivo da demanda. "Tratando-se de litisconsórcio passivo facultativo, uma vez julgado improcedente o pedido em relação ao terceiro réu, ora recorrente – o qual, devido à sua condição de médico residente, não foi considerado responsável pelos atos que provocaram o falecimento do menor –, a ausência de recurso por parte dos autores da demanda torna a questão preclusa, pelo que a apelação interposta por um dos demais corréus não poderia ter sido provida para permitir a condenação em relação ao excluído, à míngua da devida legitimidade recursal" (STJ, REsp 1.328.457/RS, Rel. Min. Marco Aurélio Bellizze, 3ª Turma, jul. 11.09.2018, *DJe* 17.09.2018).

Litisconsorte. Legitimidade. Ausência. "'O litisconsorte não possui legitimidade recursal para interpor agravo interno contra decisão que não conheceu do recurso interposto por outro litisconsorte. Precedentes' (AgInt no AREsp n. 867.719/SC, Relator Ministro Luis Felipe Salomão, Quarta Turma, julgado em 6.10.2016, *DJe* 20.10.2016)" (STJ, AgInt no AREsp 642.396/MS, Rel. Min. Antonio Carlos Ferreira, 4ª Turma, jul. 21.03.2017, *DJe* 30.03.2017).

11. Honorários de advogado. Legitimidade recursal concorrente da parte e do advogado. "A própria parte, seja na vigência do CPC de 1973, inclusive após o reconhecimento do direito autônomo dos advogados sobre a verba honorária, ou mesmo na vigência do CPC de 2015, pode interpor, concorrentemente com o titular da verba honorária, recurso acerca dos honorários de advogado" (STJ, REsp 1.776.425/SP, Rel. Min. Paulo de Tarso Sanseverino, 3ª Turma, jul. 08.06.2021, *DJe* 11.06.2021).

Art. 997. Cada parte interporá o recurso independentemente, no prazo e com observância das exigências legais.

§ 1º Sendo vencidos autor e réu, ao recurso interposto por qualquer deles poderá aderir o outro.

§ 2º O recurso adesivo fica subordinado ao recurso independente, sendo-lhe aplicáveis as mesmas regras deste quanto aos requisitos de admissibilidade e julgamento no tribunal, salvo disposição legal diversa, observado, ainda, o seguinte:

I – será dirigido ao órgão perante o qual o recurso independente fora interposto, no prazo de que a parte dispõe para responder;

II – será admissível na apelação, no recurso extraordinário e no recurso especial;

III – não será conhecido, se houver desistência do recurso principal ou se for ele considerado inadmissível.

CPC/1973

Art. 500.

REFERÊNCIA LEGISLATIVA

CPC/2015, arts. 1.007, § 6º (apelação; preparo), e 1.017, § 1º (agravo de instrumento; preparo).

Lei nº 9.800, de 26.05.1999 (*DOU* 27.05.1999). Mencionada lei instituiu a utilização do sistema de transmissão de dados e imagens tipo fac-símile, para a prática de atos processuais que dependam de petição escrita; vide texto adiante.

BREVES COMENTÁRIOS

O recurso adesivo é facultado à parte que não recorreu no devido tempo da decisão que provocara sucumbência recíproca. Com esse remédio processual, restaura-se o direito de recorrer, mas, exclusivamente, no caso de sucumbência recíproca (art. 997). É comum, em tais circunstâncias, uma das partes conformar-se com a decisão no pressuposto de que igual conduta será observada pelo adversário. Como, no entanto, o prazo de recurso é comum, pode uma delas vir a ser surpreendida por recurso da outra no último instante. Para obviar tais inconvenientes, admite o Código que o recorrido faça sua adesão ao recurso da parte contrária, após vencido o prazo adequado para o recurso próprio. Adesão, na espécie, não quer dizer que o recorrente esteja aceitando o teor e as razões do apelo da parte contrária. Significa, apenas, que o novo recorrente se vale da existência do recurso do adversário para legitimar a interposição do seu, fora do tempo legal.

JURISPRUDÊNCIA SELECIONADA

1. Interposição de recurso. Exigências legais:

Fac-Símile. Ver jurisprudência da Lei nº 9.800/1999.

Correio eletrônico. "É inadmissível a interposição de recurso por **correio eletrônico** (*e-mail*), porquanto não é considerado similar ao fac-símile para efeito de incidência da Lei 9.800/99. Precedentes" (STJ, AgRg no AgRg no Ag 504.012/RJ, Rel. Min. Fernando Gonçalves, 4ª Turma, jul. 08.06.2004, *DJ* 28.06.2004, p. 326).

Via telex. "A teor do disposto no art. 374 do CPC [art. 413 do CPC/2015], a formalização de recurso via telex não prescinde da notícia de encontrar-se o original com a firma do subscritor devidamente reconhecida" (STF, AI 156.793-8/SP Agr. Reg., Rel. Min. Marco Aurélio, 2ª Turma, jul. 08.09.1994, *DJU* 12.05.1995).

Petição digital. "A falta de certificação digital do advogado subscritor da petição do regimental acarreta a inexistência do recurso, haja vista que o certificado digital resultante do uso da chave e assinatura digital é ato pessoal e intransferível, sendo de responsabilidade exclusiva do usuário a preservação do seu sigilo" (STJ, AgRg no Ag 1.246.828/PI, Rel. Min. Vasco Della Giustina, 3ª Turma, jul. 19.10.2010, *DJe* 03.12.2010).

Falta de identidade entre o nome do advogado indicado na peça recursal e a assinatura eletrônica. "Inexiste recurso na hipótese em que não há identidade entre a assinatura digital constante do documento enviado eletronicamente e o nome do advogado indicado como autor da petição (arts. 1º, § 2º, III, da Lei n. 11.419/2006 e 18, § 1º, c/c o 21, I, da Resolução STJ n. 1 de 10.2.2010)" (STJ, EDcl nos EDcl no REsp 1.128.778/BA, Rel. Min. João Otávio de Noronha, 4ª Turma, jul. 02.08.2011, *DJe* 09.08.2011).

Cópia digitalizada do original. Inadmissibilidade. Ver jurisprudência do art. 1º da Lei nº 11.419/2006.

Recurso sem assinatura. "A jurisprudência do Superior Tribunal de Justiça é remansosa no sentido de que o recurso interposto, na instância ordinária, sem assinatura do advogado, não é inexistente, constituindo-se vício sanável, visto que, em face do princípio da instrumentalidade processual, deve-se intimar a parte para sanar tal irregularidade" (STJ, AgRg no Ag 856.548/SP, Rel. Min. José Delgado, 1ª Turma, jul. 22.05.2007, *DJ* 14.06.2007, p. 264). **No mesmo sentido:** STJ, REsp 193.738/RJ, Rel. Min. Waldemar Zveiter, 3ª Turma, *DJ* 02.04.2001, p. 287; STJ, REsp 293.043/RS, 5ª Turma, Rel. Min. Felix Fischer, *DJU* 26.03.2001, p. 466; STJ, REsp 408.881/RS, Rel. Min. Aldir Passarinho Junior, 4ª Turma, jul. 19.02.2004, *DJ* 22.03.2004, p. 310. **No sentido contrário:** "A ausência de assinatura do advogado na petição de agravo regimental não é mera irregularidade sanável, mas defeito que acarreta a inexistência do ato processual de interposição do recurso" (STF, RE 470.885 AgR, Rel. Min. Luiz Fux, 1ª Turma, jul. 14.06.2011, *DJe* 01.08.2011). **No mesmo sentido**: TJRS, EI 70004396487, Rel. Des. Elaine Harzheim Macedo, 9º Grupo de Câmara Cível, jul. 21.06.2002.

Protocolo integrado. "Integrado o sistema de protocolo, não é intempestivo o recurso oferecido, no **prazo**, em foro diverso do trâmite da ação" (STJ, REsp 56.755-6/SP, Rel. Min. Peçanha Martins, 2ª Turma, jul. 21.06.1995, *DJU* 16.10.1995).

2. Recurso adesivo. Requisitos:

a) Sucumbência recíproca. "Já decidiu a Corte que o adesivo é possível 'quando presente a sucumbência recíproca, subordinando-se às mesmas regras do independente, quanto às condições de admissibilidade, preparo e julgamento no Tribunal Superior' (REsp 213.813/PA, de minha relatoria, *DJ* 26.06.2000)" (STJ, REsp 514.095/RO, Rel. Min. Carlos Alberto Menezes Direito, 3ª Turma, jul. 23.09.2003, *DJ* 24.11.2003). **No mesmo sentido:** STJ, REsp 1.066.182/MS, Rel. Min. Nancy Andrighi, 3ª Turma, jul. 28.06.2011, *DJe* 01.08.2011.

"**Julgadas extintas a ação e a reconvenção, por ausência de condição da ação, não descaracteriza a sucumbência recíproca** apta a propiciar o manejo do recurso adesivo, pois '[a] 'sucumbência recíproca' **há de caracterizar-se à luz do teor do julgamento considerado em seu conjunto; não exclui a incidência do art. 500 [art. 997 do CPC/2015] o fato de haver cada uma das partes obtido vitória total neste ou naquele capítulo'**" (STJ, REsp 1.109.249/RJ, Rel. Min. Luis Felipe Salomão, 4ª Turma, jul. 07.03.2013, *DJe* 19.03.2013). **No mesmo sentido:** STJ, REsp 543.133/PR, Rel. Min. Aldir Passarinho Junior, 4ª Turma, jul. 05.05.2009, *DJe* 28.09.2009 (Precedente citado: REsp 535.125/PR, 4ª Turma, Rel. Min. Aldir Passarinho Junior, unânime, *DJU* 23.08.2004).

b) Subordinação do adesivo ao juízo de admissibilidade do recurso principal. "Verifica-se que o Tribunal *a quo* conheceu da apelação da Fazenda, mas negou-lhe provimento, preenchendo o requisito de subordinação do adesivo à sorte de admissibilidade do recurso principal" (STJ, REsp 1.076.522/AL, Rel. Min. Mauro Campbell Marques, 2ª Turma, jul. 11.11.2008, *DJe* 12.12.2008).

Vinculação ao principal. "O entendimento da origem está em consonância com a jurisprudência pacífica desta Corte, segundo a qual entende que o recurso adesivo está subordinado ao recurso principal, assim, negado seguimento ao recurso especial principal, decisão da qual não se recorreu, inadmissível a pretensão de se determinar o prosseguimento do recurso especial adesivo independentemente do recurso especial principal (AgRg no Ag 1.367.835/SP, Rel. Ministra Nancy Andrighi, Terceira Turma, *DJe* 18.4.2011). O não conhecimento do agravo em recurso especial principal torna prejudicado o recurso adesivo e seu respectivo agravo, nos termos do art. 500 do CPC/1973 (art. 997, § 2º, III, do Código Fux)" (STJ, AgInt no AREsp 1.152.351/SP, Rel. Min. Napoleão Nunes Maia Filho, 1ª Turma, jul. 30.11.2020, *DJe* 03.12.2020).

"Além de subordinar-se à admissibilidade do recurso principal, nos termos do art. 500 do CPC [art. 997 do CPC/2015], o próprio recurso adesivo também deve reunir condições de ser conhecido. Nesse contexto, a desídia da parte em se opor à decisão que nega seguimento ao recurso adesivo inviabiliza a sua apreciação pelo STJ, ainda que o recurso especial principal venha a ser conhecido" (STJ, REsp 1.239.060/MG, Rel.ª Min.ª Nancy Andrighi, 3ª Turma, jul. 10.05.2011, *DJe* 18.05.2011). **No mesmo sentido:** STJ, AgRg no Ag 853.881/PR, Rel. Min. João Otávio de Noronha, 4ª Turma, jul. 18.12.2007, *DJe* 03.03.2008.

"Consoante dispõe o art. 500, parágrafo único, do Código de Processo Civil [art. 997 do CPC/2015], quanto às condições de admissibilidade, aplicam-se ao recurso adesivo as mesmas regras do recurso independente, devendo o exame de admissibilidade dos recursos ser procedido de forma apartada" (STJ, EDcl no Ag 406.242/DF, Rel. Min. Laurita Vaz, 5ª Turma, jul. 04.02.2003, *DJ* 24.02.2003).

c) Tempestividade. "É tempestivo o recurso adesivo interposto antes de ser a parte formalmente intimada para apresentar contrarrazões, desde que o faça até o fim do prazo de resposta, ao apelo principal" (STJ, AgInt no AREsp 839.787/RS, Rel. Min. Ricardo Villas Bôas Cueva, 3ª Turma, jul. 16.02.2017, *DJe* 23.02.2017).

Interposição fora do prazo recursal. Erro de informação pelo sistema eletrônico do tribunal. Dever de colaboração das partes e do juiz. "Não cabe às partes ou ao juiz modificar o prazo recursal, cuja natureza é peremptória. Porém, o caso dos autos não se trata de modificação voluntária do prazo recursal, mas sim de erro judiciário. De fato, cabe ao procurador da parte diligenciar pela observância do prazo legal para a interposição do recurso. Porém, se todos os envolvidos no curso de um processo devem se comportar de boa-fé à luz do art. 5º do CPC/2015, o Poder Judiciário não se pode furtar dos erros procedimentais que deu causa. O equívoco na indicação do término do prazo recursal contido no sistema eletrônico mantido exclusivamente pelo Tribunal não pode ser imputado ao recorrente. Afinal, o procurador da parte diligente tomará o cuidado de conferir o andamento procedimental determinado pelo Judiciário e irá cumprir as ordens por esse emanadas nos termos do art. 77, IV, do CPC/2015. Portanto, o acórdão a quo deve ser reformado, pois conforme a Corte Especial já declarou: 'A divulgação do andamento processual pelos Tribunais por meio da internet passou a representar a principal fonte de informação dos advogados em relação aos trâmites do feito. A jurisprudência deve acompanhar a realidade em que se insere, sendo impensável punir a parte que confiou nos dados assim fornecidos pelo próprio Judiciário' (REsp 1324432/SC, Rel. Ministro Herman Benjamin, Corte Especial, *DJe* 10.5.2013)" (STJ, EREsp 1.805.589/MT, Rel. Min. Mauro Campbell Marques, Corte Especial, jul. 18.11.2020, *DJe* 25.11.2020).

Recurso interposto antes do prazo. Tempestividade. "Afinal, há entendimento nesta Corte no sentido de que, não havendo qualquer efeito modificativo/infringente por meio dos embargos de declaração, como no presente caso, o recurso de apelação não pode ser reputado extemporâneo. (...) 'A Corte Especial do Superior Tribunal de Justiça, no julgamento do REsp 1.129.215/DF, em sessão realizada no dia 16/9/2015, conferiu nova interpretação à Súmula 418/STJ, no sentido de que somente haverá necessidade de ratificação do recurso interposto na pendência dos embargos de declaração quando houver alteração na conclusão do julgamento anterior (AgInt no REsp 1205143/MT, Rel. Ministro Raul Araújo, Quarta Turma, julgado em 17/11/2016, *DJe* 07/12/2016)'" (STJ, REsp 1.655.158/MT, Rel. Min. Francisco Falcão, jul. 20.06.2017, *DJe* 22.06.2017).

Andamento processual disponibilizado pela internet. Vencimento do prazo recursal indicado de forma equivocada pelo Tribunal de origem. Justa causa para prorrogação. "A divulgação do andamento processual pelos Tribunais por meio da internet passou a representar a principal fonte de informação dos advogados em relação aos trâmites do feito. A jurisprudência deve acompanhar a realidade em que se insere, sendo impensável punir a parte que confiou nos dados assim fornecidos pelo próprio Judiciário. Ainda que não se afirme que o prazo correto é aquele erroneamente disponibilizado, desarrazoado frustrar a boa-fé que deve orientar a relação entre os litigantes e o Judiciário. Por essa razão o art. 183, §§ 1º e 2º, do CPC determina o afastamento do rigorismo na contagem dos prazos processuais quando o descumprimento decorrer de fato alheio à vontade da parte (REsp 1324432/SC, Rel. Ministro Herman Benjamin, Corte Especial, julgado em 17/12/2012, *DJe* 10/05/2013)" (STJ, EAREsp 688.615/MS, Rel. Min. Mauro Campbell Marques, Corte Especial, jul. 04.03.2020, *DJe* 09.03.2020).

Equívoco do sistema eletrônico do tribunal de justiça. Justa causa reconhecida. Ver jurisprudência do art. 221 do CPC/2015.

Intempestividade do recurso especial. Recurso adesivo. Inaplicabilidade do princípio da fungibilidade recursal. "A jurisprudência desta Corte Federal Superior é firme na compreensão de que o princípio da fungibilidade recursal não autoriza o afastamento de intempestividade com fins de recebimento de recurso principal como adesivo" (STJ, AgRg nos EDcl no REsp 1.228.219/PR, Rel. Min. Hamilton Carvalhido, 1ª Turma, jul. 01.03.2011, *DJe* 24.03.2011). **No mesmo sentido:** STJ, AgRg nos EDcl no Ag 1.185.159/RS, Rel. Min. Humberto Martins, 2ª Turma, jul. 16.12.2010, *DJe* 14.02.2011.

d) Preparo: "O preparo destina-se a custear as despesas processuais do recurso no Tribunal *ad quem*. Na hipótese de recurso adesivo, se o principal for isento aquele também será, pois o Tribunal *ad quem* apreciará de qualquer forma o recurso independente, sendo injustificável a exigência do preparo para o adesivo. **'O recurso adesivo segue a sorte do principal relativamente ao preparo, mesmo quando o principal for isento desse ônus por ter sido interposto pela União'** (STJ, REsp 511.162/DF, Rel. Min. Eliana Calmon, *DJU* 13.12.2004)" (STJ, AgRg no REsp 989.494/SP, Rel. Min. Humberto Martins, 2ª Turma, jul. 08.04.2008, *DJe* 05.05.2008).

No sentido contrário: "A exigibilidade do preparo do recurso adesivo não está vinculada à obrigação de recolhimento desse tributo no recurso principal. Inteligência do art. 500, parágrafo único, do CPC [art. 997 do CPC/2015]" (STJ, AgRg no AgRg no REsp 1.135.236/SP, Rel. Min. Benedito Gonçalves, 1ª Turma, jul. 09.03.2010, *DJe* 17.03.2010).

Assistência judiciária à parte que interpõe o recurso principal. Incomunicabilidade. "A assistência judiciária de que goza a parte que interpõe o recurso principal não se estende à parte contrária, que dela não frui, pelo que imprescindível o recolhimento do preparo do adesivo, sob pena de deserção" (STJ, REsp 912.336/SC, Rel. Min. Aldir Passarinho Junior, 4ª Turma, jul. 02.12.2010, *DJe* 15.12.2010).

e) Matéria do recurso adesivo.

Restrição quanto ao conteúdo do recurso adesivo. Inocorrência. "Não decorria do Código de Processo Civil de 1973 (art. 500), nem decorre do atual estatuto processual (art. 997), interpretação que corrobore estar dentro dos requisitos de admissibilidade do recurso adesivo a existência de subordinação à matéria devolvida no recurso principal. Não há restrição em relação ao conteúdo da irresignação manejada na via adesiva, podendo o recorrente suscitar tudo o que arguiria acaso tivesse interposto o recurso de apelação, o recurso especial ou o recurso extraordinário na via normal. A subordinação legalmente prevista é apenas formal, estando adstrita à admissibilidade do recurso principal" (STJ, REsp 1.675.996/SP, Rel. Min. Paulo de Tarso Sanseverino, 3ª Turma, jul. 27.08.2019, *DJe* 03.09.2019).

3. Majoração de honorários.

Pedido de majoração de honorários. Recurso adesivo contra sentença de improcedência. Possibilidade. "Consoante o art. 997 do CPC, são requisitos para o cabimento do recurso interposto na forma adesiva a interposição do recurso principal e a existência de sucumbência recíproca (material), esta entendida como a existência de interesse recursal da parte em obter no mundo dos fatos tudo aquilo que poderia ter conseguido com o processo. Precedente da Corte Especial. No caso, inobstante a improcedência do pedido formulado na petição inicial, a parte demandada possuía interesse recursal em postular a majoração dos honorários advocatícios sucumbenciais arbitrados em valor alegadamente aquém do previsto em lei. Destarte, uma vez admitida a interposição da apelação principal, tem direito a parte autora de se valer do recurso adesivo, não estando obrigada a interpor a apelação de forma independente. Precedentes" (STJ, REsp 1.854.670/SP, Rel. Min. Paulo de Tarso Sanseverino, 3ª Turma, jul. 10.05.2022, *DJe* 13.05.2022).

Interesse recursal. "Consoante a jurisprudência deste Tribunal, tem interesse em recorrer a parte que busca majoração dos honorários advocatícios. No caso em tela, a casa bancária interpôs, em face da sentença de improcedência do pedido autoral, recurso de apelação buscando a majoração da verba honorária, ao que se seguiu apelo adesivo dos autores. Uma vez conhecido o recurso principal, impõe-se o conhecimento do adesivo. Precedente" (STJ, AgRg no AREsp 364.820/DF, Rel. Min Marco Buzzi, 4ª Turma, jul. 27.02.2018, *DJe* 02.03.2018). **No mesmo sentido:** STJ, REsp 1.030.254/GO, Rel. Min. Arnaldo Esteves Lima, 5ª Turma, jul. 21.08.2008, *DJe* 29.09.2008; STJ, REsp 848.536/RS, Rel. Min. Carlos Fernando Mathias, 2ª Turma, jul. 03.06.2008, *DJe* 19.06.2008

4. Dano moral.

Condenação inferior ao postulado. Sucumbência recíproca. Não ocorrência. Ver jurisprudência do art. 85 do CPC/2015.

Dano moral. Apelação adesiva para majorar a verba indenizatória. "Para fins do artigo 543-C do CPC [art. 1.036 do CPC/2015]: O recurso adesivo pode ser interposto pelo autor da demanda indenizatória, julgada procedente, quando arbitrado, a título de danos morais, valor inferior ao que era almejado, uma vez configurado o interesse recursal do demandante em ver majorada a condenação, hipótese caracterizadora de sucumbência material. Ausência de conflito com a Súmula 326/STJ, a qual se adstringe à sucumbência ensejadora da responsabilidade pelo pagamento das despesas processuais e honorários advocatícios. Questão remanescente: Pedido de redução do valor fixado a título de indenização por danos morais. Consoante cediço no STJ, o *quantum* indenizatório, estabelecido pelas instâncias ordinárias para reparação do dano moral, pode ser revisto tão somente nas hipóteses em que a condenação se revelar irrisória ou exorbitante, distanciando-se dos padrões de razoabilidade, o que não se evidencia no presente caso, no qual arbitrado o valor de R$ 18.000,00 (dezoito mil reais), em razão da injusta agressão física sofrida pelo autor em casa de diversões noturna. Aplicação da Súmula 7/STJ" (STJ, REsp 1.102.479/RJ, Rel. Min. Marco Buzzi, Corte Especial, jul. 04.03.2015, *DJe* 25.05.2015). **Obs.: Decisão submetida a julgamento de recursos repetitivos.**

Majoração de dano moral. "Se a parte restou vencida nos danos materiais, podia aviar recurso adesivo para postular a elevação dos morais, fixados em patamar que reputou insatisfatório, ainda que, na exordial, houvesse deixado ao arbítrio do juízo o estabelecimento do *quantum* respectivo" (STJ, REsp 543.133/PR, Rel. Min. Aldir Passarinho Junior, 4ª Turma, jul. 05.05.2009, *DJe* 28.09.2009).

5. Agravo regimental adesivo. Inadmissibilidade. "Conforme dispõe o art. 997, § 2º, II, do Código de Processo Civil – CPC/2015, somente será admissível recurso adesivo na apelação, no recurso extraordinário e no recurso especial. Assim, diante da ausência de previsão legal, revela-se incabível o agravo regimental adesivo" (STJ, AgRg no AREsp 1.692.899/MS, Rel. Min. Joel Ilan Paciornik, 5ª Turma, jul. 01.09.2020, *DJe* 09.09.2020).

6. Recurso especial adesivo cruzado. Inadmissibilidade. "O recurso especial adesivo, por sua natureza, segue a sorte do principal. Inexistindo recurso principal, não prospera o adesivo. Necessidade de o recurso adesivo ser da mesma espécie do apelo principal, refutando-se a tese do recurso adesivo cruzado (AgRg no Ag 822.052/RJ, 2ª Turma, Rel. Min. Humberto Martins, *DJe* de 17.6.2008)" (STJ, REsp 1.645.625/SE, Rel. Min. Herman Benjamin, 2ª Turma, jul. 07.03.2017, *DJe* 20.04.2017).

7. Denunciação. Impossibilidade. "Interposição pela denunciada de recurso adesivo ao do autor, objetivando apenas aumentar o valor dos honorários que lhe são devidos pela denunciante. Correto o não conhecimento do recurso adesivo. Diante do trânsito em julgado da sentença de improcedência da denunciação, a denunciada não tinha interesse no julgamento do recurso do autor contra denunciante e, portanto, não tinha legitimidade para recorrer adesivamente. Não eram o apelante (autor da ação) e a ora recorrente (denunciada) 'vencedor' e 'vencido' um em relação ao outro, de forma a legitimar a denunciada à interposição do recurso adesivo ao do autor, na forma art. 500, *caput*, do CPC [art. 997 do CPC/2015" (STJ, REsp 1.002.237/SP, Rel. Min. Maria Isabel Gallotti, 4ª Turma, jul. 02.06.2011, *DJe* 19.08.2011).

8. Desistência do recurso principal. Homologação. Perda do objeto do recurso adesivo. "A lei faculta ao recorrente desistir do recurso, independentemente da anuência da parte contrária. Isso ocorrendo, fica sem objeto o recurso adesivo. Dicção dos arts. 997 e 998 do CPC/2015" (STJ, AgInt na DESIS no REsp 1.494.486/DF, Rel. Min. Og Fernandes, 2ª Turma, jul. 21.02.2017, *DJe* 02.03.2017).

9. Ação de cobrança. Contrato de representação comercial. Ajuizamento de outra ação de cobrança envolvendo o mesmo contrato. Julgamento simultâneo. Reconhecimento de litispendência. Interposição de um único recurso. Ver jurisprudência do art. 997 do CPC/2015.

"Nas hipóteses de conexão de ações, com julgamento simultâneo, proferida sentença única, pode a parte interpor apenas um recurso abrangendo todas as ações, pois o que se ataca é a decisão que é una. Precedentes. (...) O julgamento simultâneo dos feitos, acaso realizado, e ainda que tenha havido a extinção de um deles em razão da litispendência, também admitirá a interposição de um único recurso – como o fez a parte recorrente na específica hipótese versada nos presentes autos" (STJ, REsp 1.821.634/PB, Rel. Min. Nancy Andrighi, 3ª Turma, jul. 02.02.2021, *DJe* 05.02.2021).

10. Interposição de mais de um recurso pela mesma parte. Preclusão consumativa. Ver jurisprudência do art. 507 do CPC/2015.

11. Ministério Público. Ilegitimidade. "O Ministério Público tem legitimidade para recorrer, seja como parte ou fiscal da lei. Os recursos são os mesmos de que dispõem as partes. **A única ressalva decorre do art. 500 do CPC [art. 997 do CPC/2015]**, quanto ao recurso adesivo" (STJ, REsp 6.795/SP, Rel. Min. Luiz Vicente Cernicchiaro, 2ª Turma, jul. 17.12.1990, *RSTJ* 61/349).

12. Qualificação como recurso adesivo. Erro inescusável. "Qualificado expressamente um recurso como adesivo na peça de interposição, afigura-se inviável tratá-lo como se principal, pois, em tal hipótese, se tem erro inescusável a afastar o princípio da fungibilidade" (STJ, REsp 1.105.923/DF, Rel. Min. Massami Uyeda, 3ª Turma, jul. 04.08.2009, *DJe* 25.08.2010).

13. § 2º, inciso I.

Deficiência na sua identificação. Erro grosseiro. "Nos termos da jurisprudência desta Corte, o recurso especial interposto sem qualquer menção ao art. 500, I, do Código de Processo Civil [art. 997, I, CPC/2015], ou referência em seu próprio conteúdo, não pode ser admitido como recurso adesivo, tendo em vista que a deficiência na sua identificação traduz erro grosseiro, afastando a aplicação do princípio da fungibilidade recursal. Precedentes" (STJ, EDcl no AgRg no REsp 608.109/CE, Rel. Min. Gilson Dipp, 5ª Turma, jul. 12.12.2006, *DJ* 05.02.2007). **No mesmo sentido:** STJ, REsp 1.293.764/MG, Rel. Min. Cesar Asfor Rocha, 2ª Turma, jul. 28.08.2012, *DJe* 04.09.2012). **Em sentido contrário:** "O fato de o recorrente adesivo não ter consignado na petição de interposição do recurso o termo 'adesivo' não obsta o conhecimento do recurso se da petição se dessume tal finalidade. Aplica-se o princípio da instrumentalidade das formas, segundo o qual dá-se primazia à finalidade do ato em detrimento da forma, desde que atinja a finalidade, ainda que praticado de forma diversa da estabelecida. Denominação 'adesivo' que não é exigida pelo art. 500 do CPC [art. 997 do CPC/2015]" (STJ, REsp 304.638/SP, Rel. Min. Nancy Andrighi, 3ª Turma, jul. 17.04.2001, *DJ* 25.06.2001).

Prazo. "Nos termos do art. 500, I, do CPC [art. 997, I, do CPC/2015], **o recurso adesivo deve ser interposto no prazo em que a parte dispõe para responder.** Assim, a certidão de intimação para as contrarrazões ao recurso principal é imprescindível à verificação da tempestividade do recurso especial adesivo" (STJ, AgRg no Ag 1.085.211/MG, Rel. Min. João Otávio de Noronha, 4ª Turma, jul. 20.11.2008, *DJe* 01.12.2008). **No mesmo sentido:** STJ, AgRg no Ag 1.208.858/MG, Rel. Min. Sidnei Beneti, 3ª Turma, jul. 16.03.2010, *DJe* 29.03.2010.

Fazenda Pública. Prazo em dobro. "O prazo em dobro para interposição do recurso adesivo decorre da conjugação do art. 500, I c/c art. 188, ambos do Código de Processo Civil [arts. 997, I, e 180, CPC/2015]" (STJ, EDcl no REsp 171.543/RS, Rel. Min. Nancy Andrighi, 2ª Turma, jul. 16.06.2000, *DJ* 14.08.2000).

14. Admissibilidade do recurso adesivo. Hipóteses de cabimento (§ 2º, inciso II). "O Código de Processo Civil só admite a interposição do recurso adesivo quando o recurso principal se tratar de apelação, embargos infringentes, recurso especial ou recurso extraordinário (artigo 500, II, do Código de Processo Civil) [art. 997, II, do CPC/2015]" (STJ, AgRg no Ag 336.135/SP, Rel. Min. Carlos Alberto Menezes Direito, 3ª Turma, jul. 19.12.2000, *DJ* 19.03.2001). **Obs.:** Os embargos infringentes foram extintos pelo CPC/2015.

"Com efeito, do ponto de vista teleológico, não se deve interpretar o art. 500 do CPC [art. 997 do CPC/2015]de forma substancialmente mais restritiva do que se faria com os artigos alusivos à apelação, aos embargos infringentes e aos recursos extraordinários. Ou seja, não se concebe a possibilidade de o autor poder aviar recurso de apelação, por exemplo, e estar impedido de manejar recurso adesivo, na hipótese de impugnação da parte adversa" (STJ, REsp 944.218/PB, Rel. Min. Luis Felipe Salomão, 4ª Turma, jul. 29.09.2009, *DJe* 23.11.2009).

15. Hipóteses de inadmissibilidade (§ 2º, inciso II):

Recurso ordinário em mandado de segurança. "Consoante se infere do disposto no inciso II do art. 500 do Código de Processo Civil [art. 997, II, do CPC/2015], na redação dada pela Lei nº 8.038/90, não é cabível recurso adesivo no recurso ordinário em mandado de segurança. Precedentes desta Corte" (STJ, RMS 18.515/SE, Rel. Min. Laurita Vaz, 5ª Turma, jul. 03.11.2009, *DJe* 30.11.2009).

Agravo de instrumento. "Não há previsão legal para a interposição de agravo de instrumento adesivo" (STJ, AgRg no Ag 336.135/SP, Rel. Min. Carlos Alberto Menezes Direito, 3ª Turma, jul. 19.12.2000, *DJ* 19.03.2001).

Embargos de divergência. "É incabível a interposição de recurso adesivo em sede de embargos de divergência, ante a falta de previsão legal ou regimental para tanto, levando-se em consideração o rol taxativo elencado no artigo 500, II, do Código de Processo Civil [art. 997, II, do CPC/2015]" (STJ, AgRg nos EREsp 611.395/MG, Rel. Min. Gilson Dipp, Corte Especial, jul. 07.06.2006, *DJ* 01.08.2006). **No mesmo sentido:** STJ, EREsp 261.587/SP, Rel. Min. Denise Arruda, 1ª Seção, jul. 13.12.2004, *DJ* 01.02.2005).

"O recurso adesivo é inadmissível pela parte que já interpusera apelo autônomo, ainda que não conhecido, ante a ocorrência de preclusão consumativa (Precedentes: AgRg nos EREsp 611.395/MG, Corte Especial, publicado no *DJ* de 01.08.2006; AgRg no Ag 487.381/SC, 2ª Turma, publicado no *DJ* de 15.09.2003; REsp 179.586/RS, 2ª Turma, publicado no *DJ* de 18.12.2000; REsp 245.768/SP, 4ª Turma, publicado no *DJ* de 22.05.2000; e REsp 75.573/RS, 4ª Turma, publicado no *DJ* de 16.03.1998)" (STJ, REsp 739.632/RS, Rel. Min. Luiz Fux, 1ª turma, jul. 15.05.2007, *DJ* 11.06.2007).

16. § 2º, inciso III:

Recurso especial adesivo segue a sorte do principal. "Também não poderá ser conhecido, conforme o art. 500, III, do CPC [art. 997, III, do CPC/2015], que assim estabelece: 'não será conhecido [o recurso adesivo], se houver desistência do recurso principal, ou se ele for declarado inadmissível ou deserto' (STJ, REsp 437.206/MG, Rel. Min. Humberto Martins, 2ª Turma, jul. 27.02.2007, *DJ* 09.03.2007). **No mesmo sentido:** STJ, AgRg no Ag 1.367.835/SP, Rel. Min. Nancy Andrighi, 3ª Turma, jul. 12.04.2011, *DJe* 18.04.2011. **No mesmo sentido, não importando a causa da inadmissão do recurso especial principal:** STJ, AgRg no AgRg no Ag 849.560/MG, Rel. Min. Herman Benjamin, 2ª Turma, jul. 11.09.2007, *DJ* 22.10.2007; STJ, REsp 1.039.442/PR, Rel. Min. Benedito Gonçalves, 1ª Turma, jul. 19.03.2009, *DJe* 30.03.2009.

Desacolhimento do recurso adesivo. Honorários de advogado. "O desacolhimento do recurso adesivo não constitui motivo, por si só, para embasar a condenação da recorrente-adesiva em honorários de advogado" (STJ, REsp 65.896/RS, Rel. Min. Barros Monteiro, 4ª Turma, jul. 21.05.1996, *DJ* 24.06.1996).

Apelação deserta. Impossibilidade de ajuizamento de recurso adesivo. "A parte que ingressa com apelação – que vem a ser julgada deserta – não pode ajuizar recurso adesivo, porque este pressupõe a falta da apelação. Precedentes" (STJ, REsp 245.768/SP, Rel. Min. Ruy Rosado de Aguiar, 4ª Turma, jul. 28.03.2000, *DJ* 22.05.2000).

Art. 998. O recorrente poderá, a qualquer tempo, sem a anuência do recorrido ou dos litisconsortes, desistir do recurso.

Parágrafo único. A desistência do recurso não impede a análise de questão cuja repercussão geral já tenha sido reconhecida e daquela objeto de julgamento de recursos extraordinários ou especiais repetitivos.

CPC/1973

Art. 501.

REFERÊNCIA LEGISLATIVA

CPC/2015, arts. 117 (litisconsórcio; independência dos litisconsortes) e 1.005 (recurso; litisconsórcio).

BREVES COMENTÁRIOS

Dá-se a *desistência* quando, já interposto o recurso, a parte manifesta a vontade de que não seja ele submetido a julgamento. Vale por revogação da interposição. A desistência, que é exercitável a qualquer tempo, não depende de anuência do recorrido ou dos litisconsortes (art. 998 do CPC/2015).

Como o julgamento do recurso extraordinário de repercussão geral, se destina, quase sempre, a repercutir sobre uma série de outros recursos sobrestados para aguardar o pronunciamento definitivo do STF (art. 1.035, § 5º), surge o problema de ser possível ou não à parte desistir do recurso adotado pelo tribunal como padrão.

Muito se discutiu sobre o tema ao tempo do CPC/1973. O atual Código enfrentou expressamente a matéria, adotando, a nosso ver, o melhor entendimento, em seu art. 998, segundo o qual o fato de o processo estar inserido na cadeia de recursos repetitivos, por si só, não priva a parte do direito de desistir de seu apelo, direito esse amplamente assegurado pelo *caput* do dispositivo. Sua deliberação, todavia, não impedirá o STF de prosseguir na apreciação da tese de direito envolvida na arguição de repercussão geral. Na dinâmica dos recursos repetitivos e daqueles que contêm repercussão geral, o julgamento do objeto do extraordinário ultrapassa o interesse do recorrente, como se vê do disposto no § 1º do art. 1.035. Logo, mesmo que ocorra a desistência do recurso padrão, persistirá o interesse coletivo, relacionado com os demais recursos que se acham sobrestados, no aguardo do pronunciamento do STF (art. 1.036, § 1º). É o que determina, de forma clara, o parágrafo único do art. 998, ao assegurar que a questão, cuja repercussão geral já tenha sido reconhecida, será examinada pelo STF, sem embargo de ter a parte desistido de seu recurso. A regra prevalece também para os recursos repetitivos, tanto no STF como no STJ.

JURISPRUDÊNCIA SELECIONADA

1. Desistência do recurso. Má-fé. "Regra geral, é possível a desistência do recurso especial a qualquer tempo, inclusive com o julgamento já iniciado e com pedido de vista, salvo os casos em que são identificadas razões de interesse público na uniformização da jurisprudência ou em que se evidencia a má-fé processual em não ver fixada jurisprudência contrária aos interesses do recorrente quando o julgamento já está em estado avançado. Precedentes: DESIS no AgRg na MC 22.582/RJ, Rel. Ministro Sérgio Kukina, Primeira Turma, julgado em 15.05.2014, *DJe* 22.05.2014; REsp 689.439/PR, Rel. Ministro Mauro Campbell Marques, Segunda Turma, julgado em 04.03.2010, *DJe* 22.03.2010" (STJ, REsp 1555363/SP, Rel. Min. Humberto Martins, 2ª Turma, jul. 03.05.2016, *DJe* 07.10.2016). **No mesmo sentido:** voto da relatora no STJ, REsp. 1721705/SP, Rel. Min. Nancy Andrighi, 3ª Turma, jul. 02.08.2018, *DJe* 06.09.2018.

2. Pedido de desistência. Validade. "É faculdade do recorrente, nos termos do art. 998 do CPC/2015, desistir do recurso, independentemente da anuência da parte recorrida" (STJ, EDcl no AgInt no MS 25.528/DF, Rel. Min. Herman Benjamin, 1ª Seção, jul. 16.03.2021, *DJe* 19.03.2021).

"É válido o pedido de desistência de recurso, pois subscrito por advogado com procuração nos autos e poderes expressos para desistir" (STJ, AgRg na DESIS no REsp 1.089.402/SC, Rel. Min. Luis Felipe Salomão, 4ª Turma, jul. 13.10.2009, *DJe* 09.11.2009).

"A desistência do recurso constitui ato unilateral, não dependendo do consentimento da outra parte e nem sequer de homologação judicial para a produção de seus efeitos, concretizando-se pela simples manifestação de vontade do recorrente. Logo, a desistência do recurso produzirá efeitos imediatamente, sob pena, inclusive, de violação ao princípio da voluntariedade recursal, que vigora em nosso ordenamento jurídico" (STJ, REsp 1.985.436/SP, Rel. Min. Marco Aurélio Bellizze, 3ª Turma, jul. 10.09.2024, *DJe* 12.09.2024).

3. Anulação de julgamento proferido após pedido de desistência do recurso. "De fato, a parte embargante formulou pedido de desistência que não foi apreciado. O art. 998 do CPC/2015 autoriza a parte recorrente a desistir do recurso a qualquer tempo, independentemente da anuência da outra parte. Considerando que a parte recorrente possui procuração para desistir (fl. 22), homologo a desistência do recurso interposto às fls. 3-12 do expediente avulso. Necessário, portanto, anular o acórdão que improvou o agravo interno de fls. 26-27" (STJ, EDcl no AgInt nos EDcl nos EDcl nos EDcl no MS 23.481/DF, Rel. Min. Francisco Falcão, Corte Especial, jul. 05.02.2020, *DJe* 11.02.2020).

4. Pedido de desistência do julgamento do recurso.

a) Após inclusão em pauta. "O feito foi incluído em pauta no dia 10.10.2019. Nesse caso, fere o princípio da celeridade processual o pedido de desistência, sem fundamentação, formulado pela parte recorrente após a inclusão do feito em pauta. O pedido de desistência nem sempre impede a análise do recurso pelo órgão julgador, *v.g.*: em processo afetado (art. 998, parágrafo único do CPC/2015); após o julgamento (AgRg na SLS 2.045/PB, Rel. Ministro Francisco Falcão, Corte Especial, julgado em 16.09.2015, *DJe* 16.10.2015). Ademais, o pedido de desistência não deve servir de empecilho a que o STJ 'prossiga na apreciação do mérito recursal, consolidando orientação que possa vir a ser aplicada em outros processos versando sobre idêntica questão de direito' (REsp 1721705/SP, Rel. Ministra Nancy Andrighi, Terceira Turma, julgado em 28.08.2018, *DJe* 06.09.2018)" (STJ, AgInt no AREsp 1431884/ES, Rel. Min. Francisco Falcão, 2ª Turma, jul. 05.11.2019, *DJe* 18.11.2019).

b) Após julgamento do recurso. Descabimento. "Descabida a homologação de pedido de desistência de recurso já julgado dois meses antes, pendente apenas de publicação de acórdão" (STJ, AgRg no AgRg no Ag 1.392.645/RJ, Rel. Min. Herman Benjamin, 2ª Turma, jul. 21.02.2013, *DJe* 07.03.2013). **No mesmo sentido:** STJ, EDcl no AgRg no Ag 1.196.282/DF, Rel. Min. Vasco Della Giustina, 3ª Turma, jul.16.11.2010, *DJe* 24.11.2010.

c) Desistência anterior ao julgamento, comunicada depois do julgamento. "Comunicado, depois do julgamento do recurso especial, o **fato anterior da transação acordada entre as partes, com desistência do recurso**, são acolhidos os embargos de declaração, com efeito modificativo, para desfazer aquele julgamento e homologar a desistência" (STJ, EDcl no REsp 98.473/RS, Rel. Min. Ruy Rosado de Aguiar, 4ª Turma, jul.10.03.1997, *DJ* 14.04.1997).

d) Desistência oral. "Em geral a desistência do recurso manifesta-se por petição escrita, conforme o caso, ao órgão perante o qual se o interpôs ou ao relator do tribunal, mas nada impede que tal se faça, oralmente, na própria sessão de julgamento, ainda que iniciada a votação" (STJ, REsp 21.323/GO, Rel. Min. Waldemar Zveiter, 3ª Turma, jul. 16.06.1992, *DJ* 24.08.1992, p. 12.998).

5. Homologação de desistência. "Nos termos do artigo 501 do Código de Processo Civil [art. 998 do CPC/2015], a desistência do recurso independe da concordância do recorrido e pode ser formulado até o julgamento do recurso. Nesse caso, há extinção do processo com julgamento do mérito, prevalecendo a decisão imediatamente anterior, inclusive no que diz respeito a custas e honorários advocatícios. Pedido de desistência formulado pelo recorrente homologado, para que produza seus efeitos jurídicos" (STJ, DESIS no REsp 1.166.533/SP, Rel. Min. Hamilton Carvalhido, 1ª Turma, jul. 17.08.2010, *DJe* 04.10.2010).

6. Desistência parcial. "A desistência parcial de um recurso só não comporta deferimento nas hipóteses em que, pela análise do apelo, os fundamentos ou os pedidos são indissociáveis. Fora dessas hipóteses, a desistência parcial consubstancia direito da parte (arts. 26, §1º, c.c. 501, ambos do CPC), de modo que deve ser deferida" (STJ, REsp 337.572/SP, Rel. p/ Acórdão Min.ª Nancy Andrighi, 3ª Turma, jul. 13.11.2008, *DJe* 20.02.2009).

7. Pedido de reconsideração de homologação de desistência. Preclusão. "Homologado o pedido de desistência, opera-se a preclusão, inviabilizando, por conseguinte, a pretensão da parte de ver reconsiderada referida homologação. Não se pode vilipendiar a segurança jurídica, por alegado vício volitivo, quando regularmente manifestada a vontade da parte" (STJ, AgRg no RCDESP no Ag 494.724/RS, Rel.ª Min.ª Nancy Andrighi, 3ª Turma, jul. 23.09.2003, *DJ* 10.11.2003, p. 188).

"Desistência do recurso interposto é ato unilateral, não comportando termo ou condição, além de só produzir efeitos em relação ao recorrente. Configura a desistência do recurso anteriormente interposto preclusão lógica, impedindo o acolhimento do pedido de reconsideração da decisão que apenas a homologou" (STJ, AgRg na RCDESP no Ag 1.184.627/SP, Rel. Min. Paulo de Tarso Sanseverino, 3ª Turma, jul. 16.11.2010, *DJe* 26.11.2010).

8. Recurso especial interposto em duplicidade. "Com a interposição do recurso especial, ainda que antes de esgotado o prazo legal, há a preclusão consumativa do ato. Não é possível, nesse contexto, a apresentação de novo recurso pela parte. A desistência apresentada quanto ao primeiro recurso especial, ainda que com a intenção de que seja apreciado o segundo, não tem o condão de afastar a preclusão consumativa. Tal desistência, que é ato irretratável, deve ser homologada sem consequências para o segundo recurso. Como consequência, nenhuma das duas impugnações poderá ser apreciada" (STJ, REsp 1.009.485/RS, Rel.ª Min.ª Nancy Andrighi, 3ª Turma, jul. 15.09.2009, *DJe* 14.12.2009).

9. Fixação da verba honorária. "Não cabe ao STJ, diante da competência traçada pelo artigo 105, III, da CF, em sede recurso especial, apreciar pedido de renúncia ao direito em que se funda a ação, diante da necessidade de fixação da verba honorária" (STJ, AgRg no REsp 806.845/RS, Rel. Min. Mauro Campbell Marques, 2ª Turma, jul. 27.04.2010, *DJe* 21.05.2010). **Obs.:** a decisão refere-se à renúncia e não se aplica à desistência.

Art. 999. A renúncia ao direito de recorrer independe da aceitação da outra parte.

CPC/1973

Art. 502.

BREVES COMENTÁRIOS

Ocorre a *renúncia* quando a parte vencida abre mão previamente do seu direito de recorrer. A desistência é posterior à interposição do recurso. A renúncia é prévia. Para renunciar ou desistir, o advogado depende de poderes especiais (CPC/2015, art. 105). Em ambos os casos, há negócio jurídico processual.

JURISPRUDÊNCIA SELECIONADA

1. Renúncia ao direito de recorrer. "A desistência do recurso ou a renúncia ao direito de recorrer constituem negócios jurídicos unilaterais não receptícios, não dependendo, portanto, de aceitação/anuência da parte *ex adversa*, consoante a *ratio essendi* dos arts. 501 e 502, do CPC [arts. 998 e 999 do CPC/2015]" (STJ, DESIS nos EDcl no AgRg no Ag 1.134.674/GO, Rel. Min. Luiz Fux, 1ª Turma, jul. 28.09.2010, *DJe* 20.10.2010).

2. Renúncia prévia. "Não se renuncia a recurso ainda não interponível. Não se admite, entre nós, a renúncia prévia ao direito de recorrer, isto porque, antes de proferida a decisão, não se sabe, ainda, qual será seu conteúdo e, então, se estaria renunciando a uma garantia de justiça, que é de ordem pública. A renúncia não é válida se se refere a sentença ainda não prolatada" (TJES, Ag. 3.941, Rel. Des. Hélcio Gualberto Vasconcelos, 2ª Câmara, jul. 28.02.84; *RJTJES* 39/204). **No mesmo sentido:** "Inexiste na sistemática processual vigente a figura da renúncia a pretensão recursal anterior ao ato judicial passível de impugnação" (STJ, REsp 38.359/SP, Rel. Min. Claudio Santos, 3ª Turma, jul. 28.02.1994, *DJ* 18.04.1994, p. 8.493).

Art. 1.000. A parte que aceitar expressa ou tacitamente a decisão não poderá recorrer.

Parágrafo único. Considera-se aceitação tácita a prática, sem nenhuma reserva, de ato incompatível com a vontade de recorrer.

CPC/73

Art. 503.

BREVES COMENTÁRIOS

No art. 503, o Código de 1973 esposou princípio que a doutrina já consagrava, ou seja, a renúncia ao direito de recorrer contém-se implicitamente na conduta da parte que aceita a sentença. Essa mesma regra foi repetida no art. 1.000 do CPC/2015. Por conseguinte, após a aceitação, a parte que a praticou não poderá recorrer, nem de forma principal, nem de forma adesiva.

É expressa a aceitação que se traduz em manifestação dirigida ao juiz da causa, ou à parte contrária, diretamente. "Considera-se aceitação tácita a prática, sem nenhuma reserva, de ato incompatível com a vontade de recorrer" (art. 1.000, parágrafo único). É o que se dá, por exemplo, com a execução voluntária da sentença ainda não transitada em julgado, sem qualquer reserva.

Não se considera aceitação tácita da sentença a pura omissão de interposição do recurso, no prazo legal, quando ainda for cabível o recurso adesivo, nos termos do art. 997, § 2º.

JURISPRUDÊNCIA SELECIONADA

1. Renúncia tácita. "Configura prática de ato incompatível com a vontade de recorrer o pedido de manutenção da decisão monocrática em contrarrazões de Agravo Interno" (STJ, AgInt no REsp 1551920/SC, Rel. Min. Napoleão Nunes Maia Filho, 1ª Turma, jul. 21.09.2020, *DJe* 24.09.2020).

O ato deve ser inequívoco. "A jurisprudência desta Corte dispõe que a aceitação tácita da sentença ou decisão, que caracterize ato incompatível com a vontade de recorrer, deve se afigurar inequívoca, o que não se evidencia na espécie. Precedente" (STJ, AgInt no AREsp 799.829/SP, Rel. Min. Marco Aurélio Bellizze, 3ª Turma, jul. 20.04.2020, *DJe* 24.04.2020).

Quitação da dívida objeto de execução fiscal. "Tendo a ora agravante procedido à quitação da dívida objeto da execução fiscal – ato incompatível com a vontade de recorrer –, ressai nítida a perda superveniente do interesse recursal relativo ao agravo de instrumento interposto anteriormente em sede de exceção de pré-executividade. De fato, o posterior pagamento da dívida na execução fiscal demonstra aceitação tácita ao que decidido na exceção de pré-executividade – questão objeto do recurso especial epigrafado, o que, por conseguinte, impede o trânsito do apelo nobre ante a existência de fato impeditivo do direito de recorrer, requisito de admissibilidade intrínseco do recurso especial" (STJ, AgInt no REsp 1565569/RS, Rel. Min. Sérgio Kukina, 1ª Turma, jul. 20.04.2020, *DJe* 24.04.2020).

Adesão a parcelamento fiscal. "A adesão a parcelamento fiscal após a sentença afasta o interesse de recorrer, ainda que o recorrente não tenha feito a renúncia ao direito sobre o qual se funda a ação, em razão de inafastável preclusão lógica" (STJ, REsp 1.226.726/SP, Rel. Min. Mauro Campbell Marques, 2ª Turma, jul. 17.05.2011, *DJe* 30.05.2011). **No mesmo sentido:** STJ, REsp 722.997/MG, Rel. Min. Teori Albino Zavascki, 1ª Turma, jul. 25.08.2009, *DJe* 03.09.2009.

Aceitação tácita. "Na dicção do parágrafo único do artigo 503 do Código de Processo Civil, considera-se aceitação tácita a prática, sem reserva alguma, de um ato incompatível com a vontade de recorrer. Configura aceitação tácita o **pagamento sem ressalvas, pela vencida, dos honorários advocatícios fixados na decisão judicial**. A aceitação tácita pode se dar antes ou depois da interposição do recurso, implicando, nesta última hipótese, em extinção do procedimento recursal (preclusão lógica do direito de recorrer)" (STJ, AgRg no REsp 746.092/RJ, Rel. Min. Paulo Furtado (Des. Conv. do TJBA), 3ª Turma, jul. 26.05.2009, *DJe* 04.06.2009). **No mesmo sentido:** STJ, REsp 896.385/MG, Rel. Min. Eliana Calmon, 2ª Turma, jul. 12.08.2008, *DJe* 05.09.2008; STJ, REsp 8.843/SP, Rel. Min. Jose de Jesus Filho, 2ª Turma, jul. 28.08.1991, *DJ* 23.09.1991, p. 13.069.

2. Embargos do devedor. Aceitação tácita da decisão inexistente. "Cinge-se a controvérsia a definir se a oposição de embargos do devedor por aqueles que recorreram contra a decisão que incluiu seus nomes no polo passivo da execução representa prática de ato incompatível com a vontade de recorrer. Nos termos do art. 503, parágrafo único, do CPC/1973, a **aceitação tácita deve ser inequívoca** com a prática de atos manifestamente incompatíveis com a impugnação da decisão. Entendimento que permanece atual porque reproduzido em sua essência no art. 1.000, parágrafo único, do CPC/2015. **No caso dos autos, a apresentação de embargos à execução representou medida necessária a fim de evitar a preclusão do direito de defesa naquela seara**, não havendo nenhuma margem para a interpretação dada pelo Tribunal de origem de que o mencionado ato processual configure aceitação tácita da decisão agravada ou eventual desistência do recurso interposto" (STJ, REsp 1655655/SP, Rel. Min. Ricardo Villas Bôas Cueva, 3ª Turma, jul. 25.06.2019, *DJe* 01.07.2019).

3. Momento da aceitação da sentença. "A manifestação de aceitação da sentença ou decisão deve ser, por óbvio, posterior ao ato judicial (CPC, art. 503) [art. 1.000 do CPC/2015. Ninguém pode aceitar o que desconhece. Na dúvida, entende-se que não houve aceitação" (STJ, REsp 323.436/SP, Rel. Min. Humberto Gomes de Barros, 3ª Turma, jul. 04.05.2004, *DJ* 24.05.2004, p. 256). **No mesmo sentido:** STJ, REsp 896.385/MG, Rel.ª Min.ª Eliana Calmon, 2ª Turma, jul. 12.08.2008, *DJe* 05.09.2008; STJ, AgRg no REsp 1.165.346/MT, Rel. Min. Humberto Martins, 2ª Turma, jul. 19.10.2010, *DJe* 27.10.2010.

4. Preclusão lógica (parágrafo único). "A preclusão é instituto que decorre da lei e existe para manutenção da segurança jurídica. A preclusão lógica decorre da incompatibilidade entre o ato praticado e outro que se queira praticar" (STJ, REsp 770.849/RS, Rel. Min. Luis Felipe Salomão, 4ª Turma, jul. 22.03.2011, *DJe* 31.03.2011).

Depósito do valor da condenação. "Implica na renúncia do direito de recorrer a atitude do executado que na fase preparatória da execução, vale dizer, na homologação do cálculo, deposita o valor da condenação" (STJ, REsp 1.931/RS, Rel. Min. Waldemar Zveiter, 3ª Turma, jul. 13.03.1990, *DJ* 09.04.1990, p. 2.742).

Arquivamento do feito a pedido da exequente. "No caso, ao requerer o arquivamento do feito, uma vez que liquidado o débito, a exequente aceitou tacitamente, sem qualquer reserva, a sentença que acolheu o seu requerimento, julgando extinto o processo. Ao assim proceder praticou ato incompatível com a vontade de recorrer" (STJ, REsp 9.844/SP, Rel. Min. Antônio de Pádua Ribeiro, 2ª Turma, jul. 26.05.1993, *DJ* 14.06.1993, p. 11.773).

Despejo. Entrega das chaves no curso da ação. "Tratando-se de ação de despejo, sendo o imóvel desocupado no curso da lide, inclusive com a entrega judicial das chaves pelo locatário, dando-se por rescindida a locação, é de se entender a configuração da prática de ato incompatível com a posterior interposição do recurso de apelação que visa combater o despejo, dada à perda do interesse recursal. Aplicação da regra do CPC, art. 503 [art. 1.000, CPC/2015]" (STJ, REsp 238.197/SP, Rel. Min. Edson Vidigal, 5ª Turma, jul. 16.05.2000, *DJ* 19.06.2000, p. 192).

5. Multa do art. 523 do CPC/2015. "Compelir o litigante a efetuar o pagamento, sob pena de multa, ainda pendente de julgamento o seu recurso, implica obrigá-lo a praticar ato incompatível com o seu direito de recorrer (art. 503, parágrafo único do CPC) [art. 1.000, parágrafo único, do CPC/2015], tornando inadmissível o recurso" (STJ, AgRg no REsp 1.126.748/PR, Rel. Min. Humberto Martins, 2ª Turma, jul. 17.03.2011, *DJe* 29.03.2011).

6. Fazenda Pública. Ausência de recurso. "A Corte Especial do Superior Tribunal de Justiça pacificou entendimento no sentido de que a ausência de recurso da Fazenda Pública contra sentença de primeiro grau não impede, em razão da remessa necessária (art. 475, do CPC) [art. 496 do CPC/2015], que ela recorra do aresto proferido pelo Tribunal de origem. Não se aplica aos casos da espécie o instituto da preclusão lógica" (STJ, EREsp 853.618/SP, Rel. Min. João Otávio de Noronha, Corte Especial, jul. 18.05.2011, *DJe* 03.06.2011).

Art. 1.001. Dos despachos não cabe recurso.

CPC/1973

Art. 504.

REFERÊNCIA LEGISLATIVA

CPC/2015, arts. 203, § 3º (atos processuais do juiz; despacho), e 312 (formação do processo).

CF, art. 93, XIV.

BREVES COMENTÁRIOS

O sistema recursal do Código é bastante singelo e, quanto ao primeiro grau de jurisdição, pode ser resumido em três proposições fundamentais:

(a) contra as sentenças, o recurso é a apelação, qualquer que seja a matéria decidida (CPC/2015, art. 1.009);

(b) contra as decisões interlocutórias, cabe, em regra, o agravo de instrumento (art. 1.015, parágrafo único), ou, em alguns casos, a impugnação em preliminar de apelação ou em contrarrazões desse recurso (art. 1.009, § 1º);

(c) contra os despachos nenhum recurso é admitido (art. 1.001).

Para tanto, deve-se considerar despacho de mero expediente os que visem unicamente à realização do impulso processual, sem causar nenhum dano ao direito ou interesse das partes. "Caso, porém, ultrapassem esse limite e acarretem ônus ou afetem direitos, causando algum dano (máxime se irreparável), deixarão de ser de mero expediente e ensejarão recurso" (Moniz de Aragão, *Comentários ao Código de Processo Civil*, v. II, nº 35, p. 45). Configurarão, na verdade, não *despachos*, mas verdadeiras *decisões interlocutórias*.

O recurso de embargos de declaração cabe, outrossim, em qualquer grau de jurisdição, contra toda e qualquer decisão (art. 1.022).

JURISPRUDÊNCIA SELECIONADA

1. Despacho *x* decisão interlocutória. "Nos termos do art. 504 do Código de Processo Civil [art. 1.001 do CPC/2015], não é cabível recurso algum dos despachos de mero expediente. *In casu*, o despacho que indeferiu o pedido de participação no feito como assistente não possui qualquer conteúdo decisório, não causando gravame ao ora agravante, motivo pelo qual não poderia ter sido desafiado pelo presente agravo" (STJ, AgRg no REsp 769.733/SP, Rel. Min. Gilson Dipp, 5ª Turma, jul. 11.10.2005, *DJ* 07.11.2005, p. 382).

2. Despachos.

a) Prazo para habilitação de herdeiro. Despacho. Ato irrecorrível. "O despacho que determina a habilitação de herdeiros nos autos não é ato decisório passível de ser atacado por meio de recurso, porquanto sua natureza jurídica é de mero impulso oficial (art. 1001, CPC/2015)" (STJ, AgInt no AREsp 1515723/SP, Rel. Min. Sérgio Kukina, 1ª Turma, jul. 08.03.2021, *DJe* 11.03.2021).

b) Regularização processual.

Determinação para regularizar o preparo. Despacho. "Conforme jurisprudência desta Corte Superior, 'A determinação para que a parte recorrente regularize o preparo, nos termos do art. 1.007, § 2º e § 4º, do CPC/15, possui natureza jurídica de despacho e não de decisão, sendo portanto, irrecorrível' (AgInt no AREsp 1.551.942/RJ, Rel. Ministro Francisco Falcão, Segunda Turma, julgado em 18.5.2020, *DJe* 20.5.2020)" (STJ, AgInt no AREsp 1719433/SP, Rel. Min. Sérgio Kukina, 1ª Turma, jul. 23.02.2021, *DJe* 26.02.2021).

Regularização da representação processual. Impulso oficial. "O despacho que determina a intimação da parte recorrente para realizar o recolhimento do preparo e a regularização da representação processual, em conformidade com os arts. 1.007, § 4º, c/c 76 e 932, parágrafo único, todos do CPCP/15, não é ato decisório passível de ser atacado por meio de recurso, já que a sua natureza jurídica é de mero impulso oficial, e não de decisão, a teor do que dispõe o art. 1.001 do CPC/2015" (STJ, AgInt no REsp 1844521/SP, Rel. Min. Benedito Gonçalves, 1ª Turma, jul. 16.11.2020, *DJe* 18.11.2020).

c) Manifestação de petição juntada. "O despacho que determina a manifestação da parte acerca de petição juntada aos autos não é ato decisório passível de ser atacado por meio de recurso, já que a sua natureza jurídica é de mero impulso oficial (CPC, art. 1001)" (STJ, AgInt no AgInt no AREsp 1446832/SP, Rel. Min. Maria Isabel Gallotti, 4ª Turma, jul. 11.05.2020, *DJe* 18.05.2020).

d) Redistribuição do feito a outra seção. "É irrecorrível a decisão agravada que, em observância à competência interna estabelecida no Regimento Interno do STJ, determina a redistribuição dos autos, haja vista tratar-se de ato meramente ordinatório bem como inexistir conteúdo decisório apto a causar gravame às partes. Precedentes" (STJ, AgInt no REsp 1758549/CE, Rel. Min. Raul Araújo, 4ª Turma, jul. 30.05.2019, *DJe* 25.06.2019).

e) Intimação do executado para pagamento, sob pena de multa e fixação de honorários. Despacho de mero expediente. Agravo de instrumento. Descabimento. "Com o advento do Novo Código de Processo Civil, o início da fase de cumprimento de sentença para pagamento de quantia certa passou a depender de provocação do credor. Assim, a intimação do devedor para pagamento é consectário legal do requerimento, e, portanto, irrecorrível, por se tratar de mero despacho de expediente, pois o juiz simplesmente cumpre o procedimento determinado pelo Código de Processo Civil (art. 523 do NCPC), impulsionando o processo" (STJ, REsp 1837211/MG, Rel. Min. Moura Ribeiro, 3ª Turma, jul. 09.03.2021, *DJe* 11.03.2021).

f) Recurso contra indeferimento do pedido de retirada do feito da pauta de julgamento em sessão virtual. Não cabimento. "O pronunciamento jurisdicional que, nesta Corte, delibera sobre a inclusão, ou não, do feito em sessão de julgamento virtual (arts. 184-C e 184-F, § 2º, ambos do Regimento Interno do Superior Tribunal de Justiça) tem natureza jurídica de despacho, sendo, por isso, irrecorrível, consoante prevê o art. 1.001 do Código de Processo Civil. Precedentes do STF e desta Corte" (STJ, AgRg no RtPaut no HC 707.060/RS, Rel. Min. Laurita Vaz, 6ª Turma, jul. 21.03.2023, *DJe* 28.03.2023).

g) Emenda à inicial. "A determinação de emenda da petição inicial tem natureza de despacho de mero expediente, sendo impassível de agravo de instrumento" (STJ, 5ª Turma, REsp 66.123/RJ, Rel. Min. Edson Vidigal, ac. 13.10.1998, *DJU* 16.11.1998, p. 109). **Em sentido contrário:** "Ao disposto no artigo 614 [art. 798 do CPC/2015], nota-se que a discussão decorre da decisão que determinou à exequente, ora recorrente, que emendasse a inicial. A orientação desta Corte é no sentido de que a decisão que determina a emenda da inicial possui caráter interlocutório que desafia agravo de instrumento" (STJ, AgRg no REsp 1.053.201/RJ, Rel. Min. Humberto Martins, 2ª Turma, jul. 02.09.2008, *DJe* 19.09.2008). **No mesmo sentido:** STJ, REsp 302.266/SC, Rel. Min. Nancy Andrighi, 3ª Turma, jul. 19.11.2001, *DJ* 18.02.2002, p. 415.

h) Despacho que devolve prazo recursal. "O despacho que devolve prazo recursal à parte não é de mero expediente, por ter conteúdo decisório-processual e influenciar a marcha do processo" (STJ, AgRg no RMS 19.908/AL, Rel. Min. Celso Limongi (Des. Conv. do TJSP), 6ª Turma, jul. 18.06.2009, *DJe* 03.08.2009).

i) Citação do devedor. "O despacho que ordena a citação do executado não possui caráter decisório, constituindo despacho de mero expediente, irrecorrível, nos termos do art. 504 do CPC. Precedentes [art. 1.001 do CPC/2015]" (STJ, REsp 638.870/SC, Rel. Min. Arnaldo Esteves Lima, 5ª Turma, jul. 16.05.2006, *DJ* 19.06.2006, p. 179). **No mesmo sentido:** STJ, REsp 141.592/GO, 4ª Turma, Rel. Min. Cesar Asfor Rocha, *DJU* 04.02.2002; STJ, AgRg no REsp 781.952/MG, Rel. Min. Herman Benjamin, 2ª Turma, jul. 18.12.2008, *DJe* 13.03.2009.

j) Extração de peças. "É tecnicamente despacho e não decisão o deferimento de pedido para extração de peças e remessa ao Ministério Público" (STJ, REsp 324.928/SP, Rel. Min. Eliana Calmon, 2ª Turma, jul. 23.10.2001, *DJU* 04.02.2002, p. 338).

Deferimento de extração de carta de sentença. "A extração de carta de sentença não se confunde com o deferimento da execução e visa apenas preparar a execução provisória por meio de um documento autêntico, sendo certo que o despacho que a defere não evidencia lesão alguma à parte" (STJ, AgRg no REsp 1.050.127/RJ, Rel. Min. João Otávio de Noronha, 4ª Turma, jul. 10.08.2010, *DJe* 19.08.2010). **No mesmo sentido:** STJ, AgRg no REsp 487.248/RS, Rel. Min. Hamilton Carvalhido, 6ª Turma, jul. 26.04.2005, *DJ* 01.07.2005, p. 647.

k) Intimação para fornecimento de dados. "Inexiste decisão interlocutória se apenas foi determinada a intimação da executada para fornecer dados em atendimento à outra decisão anterior, interlocutória, objeto, inclusive de recurso de Agravo de Instrumento anteriormente interposto. Mero despacho ordinatório não pode ser objeto de recurso" (TRF, 1ª R., AI 01000896341/DF, 2ª Turma, Rel. Des. Fed. Jirair Aram Meguerian, *DJU* 11.05.00, p. 29).

l) Abertura de vista. "Não é cabível agravo de instrumento contra despacho de mero expediente que determina a abertura de vista à parte para se manifestar" (STJ, REsp 359.555/CE, Rel. Min. João Otávio de Noronha, 2ª Turma, jul. 07.03.2006, *DJ* 06.04.2006, p. 253).

m) Indeferimento de pedido para riscar expressões injuriosas. "O ato do Juiz que manda riscar expressões injuriosas configura-se como despacho sem conteúdo decisório e, portanto, não comporta recurso. Precedentes" (STJ, AgRg no Ag 495.929/SP, Rel. Min. Humberto Gomes de Barros, 3ª Turma, jul. 26.10.2006, *DJ* 18.12.2006, p. 362). **No mesmo sentido:** STJ, REsp 502.354/RJ, Rel. Min. José Arnaldo da Fonseca, 5ª Turma, jul. 06.10.2005, *DJ* 14.11.2005, p. 370; STJ, AgRg no Ag 447.735/RJ, Rel. Min. Nancy Andrighi, 3ª Turma, jul. 17.06.2003, *DJ* 18.08.2003, p. 203.

n) Expedição de ofício requisitório. "O despacho que determina a expedição de ofício requisitório é um despacho interlocutório, já que não contém nenhum poder decisório, por isso, pela regra processual, descabida é a interposição de recurso" (STJ, AgRg no Ag 448.276/SP, Rel. Min. Castro Meira, 2ª Turma, jul. 26.06.2003, *DJ* 12.08.2003, p. 215).

o) Despacho que determina a redistribuição dos autos. "O despacho que determina a redistribuição do feito para julgamento perante a Turma competente não é ato decisório passível de ser atacado por meio de recurso, a teor do disposto no art. 504

do Código de Processo Civil [art. 1.001 do CPC/2015]" (STJ, AgRg no REsp 1.101.260/SP, Rel. Min. Benedito Gonçalves, 1ª Turma, jul. 26.04.2011, *DJe* 02.05.2011).

p) Concessão de Assistência Judiciária. Determinação de esclarecimentos. "A simples determinação de esclarecimentos com o fim de melhor apurar a concessão de Assistência Judiciária não caracteriza decisão interlocutória, e, sim, despacho de mero expediente" (TJMG, Ag 1.0145.09.508663-6, Rel. Alberto Aluízio Pacheco de Andrade, jul. 17.03.2009, *DJe* 03.04.2009).

2. Não é despacho.

a) Despacho que recebe a apelação. "O despacho através do qual o juiz recebe a apelação tem carga decisória, sendo agravável. Assim, se o magistrado erra, atribuindo duplo efeito à apelação que não o possuía, cabe agravo deste despacho e não de posterior pedido de reconsideração" (STJ, REsp 34.128-4/SP, Rel. Min. Costa Lima, 5ª Turma, jul. 19.05.1993, *DJU* 31.05.1993, p. 10.685). **Obs.:** No regime do CPC/2015, o efeito da apelação é decidido pelo relator (art. 1.012, § 3º), cabendo da decisão agravo interno (art. 1.021).

b) Citação e cominação de multa. "A manifestação judicial que, além de ordenar a citação do réu, também expede ordem e comina pena de multa diária para o caso de descumprimento constitui verdadeira decisão interlocutória e não mero despacho de expediente, de modo que cabível agravo de instrumento" (STJ, REsp 703.522/AM, Rel. Min. Sidnei Beneti, 3ª Turma, jul. 10.11.2009, *DJe* 23.11.2009).

c) Remessa dos autos à Contadoria. "'Essa Corte Superior já tem o entendimento pacificado no sentido de que, em geral, a decisão que remete os autos à Contadoria Judicial não tem carga decisória, por se tratar de despacho de mero expediente, sendo, pois irrecorrível. No entanto, tal entendimento não se aplica quando a decisão especifica critérios a serem adotados na feitura dos cálculos, porque, nesse caso, há conteúdo decisório suficiente a ser impugnado pela via do agravo de instrumento' (STJ, AgRg no REsp 519.381/RJ, 5ª Turma, Rel. Min. Laurita Vaz, jul. 12.6.2006, *DJe* 1.8.2006)" (STJ, REsp 1.177.308/SP, Rel. Min. Humberto Martins, 2ª Turma, jul. 26.08.2010, *DJe* 08.09.2010).

3. Despacho prejudicial às partes. "As decisões de mero expediente, quando causam gravame à parte, podem ser objeto de recurso" (STJ, REsp 365.023/MG, Rel. Min. Eliana Calmon, 2ª Turma, jul. 03.06.2003, *DJ* 08.09.2003, p. 274). **No mesmo sentido:** STJ, AgRg no Ag 1.368.787/SP, Rel. Min. Aldir Passarinho Junior, 4ª Turma, jul. 22.02.2011, *DJe* 25.02.2011.

4. Correição parcial. "A reclamação ou correição parcial das leis de organização judiciária é meio de impugnação que se volta contra as omissões do juízo ou contra despachos irrecorríveis, que alteram a ordem natural do processo, gerando 'tumulto processual'. Assim, *v.g.*, se o juiz não decide determinado incidente, designa várias audiências, ou marca inúmeras purgas de mora etc., é lícito à parte 'reclamar'. Essa impugnação, que muito se assemelha aos agravos, inclusive quanto à possibilidade de 'suspensividade' e ao prazo de interposição, exige como 'requisito de admissibilidade, prévio pedido de reconsideração', uma vez que, se acolhida, implica sanção funcional. Em face desse aspecto, a doutrina considera-o um remédio 'ditatorialiforme'" (STJ, Pet 4.709/DF, Rel. Min. Luiz Fux, 1ª Seção, jul. 27.08.2008, *DJe* 15.09.2008). **No mesmo sentido, atribuindo à correição parcial a natureza jurídica de recurso:** STJ, REsp 730.079/RS, Rel. Min. Hamilton Carvalhido, 6ª Turma, jul. 11.10.2005, *DJe* 04.08.2008.

Art. 1.002. A decisão pode ser impugnada no todo ou em parte.

CPC/1973

Art. 505.

REFERÊNCIA LEGISLATIVA

CPC/2015, arts. 1.008 (efeito substitutivo do julgamento de recurso) e 1.013 ("*tantum devolutum quantum appellatum*").

BREVES COMENTÁRIOS

Se o objeto do processo pode ser decomposto em pretensões autônomas, e o recurso contra a decisão que se limitar à solução apenas de uma ou algumas delas, sobre a parte não recorrida se formará a coisa julgada, permitindo-se, desde logo, sua execução em caráter definitivo. A parte irrecorrida da decisão não pode ser revista pelo Tribunal, salvo se a questão recorrida se apresentar como prejudicial de todos os demais pedidos cumulados. Nessa hipótese não haverá autonomia entre as pretensões, de sorte que a solução da questão recorrida repercutirá sobre toda a extensão da decisão.

JURISPRUDÊNCIA SELECIONADA

1. Princípio do *tantum devolutum quantum appellatum*. "O efeito devolutivo expresso nos arts. 1.002 e 1.013 do CPC/2015 consagra o princípio do *tantum devolutum quantum appellatum*, que consiste em transferir ao tribunal *ad quem* todo o exame da matéria impugnada. Se a apelação for total, a devolução será total. Se parcial, parcial será a devolução. Assim, o tribunal fica adstrito apenas ao que foi impugnado no recurso" (STJ, AgInt no AgInt no AREsp 1233736/MG, Rel. Min. Benedito Gonçalves, 1ª Turma, jul. 11.05.2020, *DJe* 13.05.2020).

2. Impugnação parcial da decisão. Cabe à parte refutar todos os argumentos da parte impugnada. "A teor do art. 1.021, § 1.º, do CPC/2015, cumpre ao recorrente, na petição de agravo interno, impugnar especificadamente os fundamentos da decisão agravada. A interpretação desse preceito conjuntamente com a regra prevista no art. 1.002 do CPC/2015 resulta na conclusão de que a parte recorrente pode impugnar a decisão no todo ou em parte, mas deve para cada um dos capítulos decisórios impugnados refutá-los em tantos quantos forem os motivos autonomamente considerados para mantê-los" (STJ, AgInt no AREsp 895.746/SP, Rel. Min. Mauro Campbell Marques, 2ª Turma, jul. 09.08.2016, *DJe* 19.08.2016).

3. Limites da devolução. "O Tribunal decidirá sobre a matéria impugnada. Para fazê-lo, entretanto, não se acha adstrito ao deduzido no recurso, podendo considerar fundamentos nele não apresentados, desde que não exista a vedação constante do artigo 128, parte final do CPC [art. 141 do CPC/2015]" (STJ, REsp 31.023/GO, Rel. Min. Eduardo Ribeiro, 3ª Turma, jul. 09.05.1994, *DJ* 13.06.1994, p. 15.102).

"O pleito mais abrangente compreende o de menor amplitude, ou seja, a apelação que almeja a exclusão integral da condenação estabelecida na sentença traz consigo, em seu bojo, o pedido subentendido de sua diminuição, de modo que não há que se cogitar de julgamento *extra petita* no caso concreto" (STJ, REsp 1.123.943/RS, Rel. Min. Castro Meira, 2ª Turma, jul. 13.10.2009, *DJe* 23.10.2009). **No mesmo sentido:** STJ, REsp 5.777/SP, Rel. Min. Waldemar Zveiter, 3ª Turma, jul. 27.11.1990, *DJ* 18.02.1991, p. 1.037.

"Preclusão não ocorre da questão de legitimidade de parte também decidida na sentença que apreciou o mérito, – e é tema que desnecessita de reiteração no recurso -, se o apelo impugna todo o julgado" (STJ, REsp 6.850/RJ, Rel. Min. Fontes de Alencar, 4ª Turma, jul. 19.02.1991, *DJ* 27.05.1991, p. 6.968).

4. "A impugnância a sentença é total quando o apelante expressamente não a limita" (STJ, REsp 5.057/MG, Rel. Min. Fontes de Alencar, 4ª Turma, jul. 10.08.1993, *DJ* 13.09.1993, p. 18.563).

Art. 1.003. O prazo para interposição de recurso conta-se da data em que os advogados, a sociedade de advogados, a Advocacia Pública, a Defensoria Pública ou o Ministério Público são intimados da decisão.

§ 1º Os sujeitos previstos no *caput* considerar-se-ão intimados em audiência quando nesta for proferida a decisão.

§ 2º Aplica-se o disposto no art. 231, incisos I a VI, ao prazo de interposição de recurso pelo réu contra decisão proferida anteriormente à citação.

§ 3º No prazo para interposição de recurso, a petição será protocolada em cartório ou conforme as normas de organização judiciária, ressalvado o disposto em regra especial.

§ 4º Para aferição da tempestividade do recurso remetido pelo correio, será considerada como data de interposição a data de postagem.

§ 5º Excetuados os embargos de declaração, o prazo para interpor os recursos e para responder-lhes é de 15 (quinze) dias.

§ 6º O recorrente comprovará a ocorrência de feriado local no ato de interposição do recurso, e, se não o fizer, o tribunal determinará a correção do vício formal, ou poderá desconsiderá-lo caso a informação já conste do processo eletrônico. (Alteração promovida pela Lei 14.939, de 31 de julho de 2024.)

CPC/1973

Arts. 242, 506 e 508.

REFERÊNCIA LEGISLATIVA

CPC/2015, arts. 218, 224 (contagem dos prazos), 272 (intimação pela imprensa e do MP), 273 (intimação nas comarcas do interior).

Lei nº 9.800, de 26.05.1999 (Fax – texto adiante).

CJF – I JORNADA DE DIREITO PROCESSUAL CIVIL

Enunciado 7 – A ausência de resposta ao recurso pela parte contrária, por si só, não tem o condão de afastar a aplicação do disposto no art. 85, § 11, do CPC.

Enunciado 66 – Admite-se a correção da falta de comprovação do feriado local ou da suspensão do expediente forense, posteriormente à interposição do recurso, com fundamento no art. 932, parágrafo único, do CPC. **Obs.: Ver "Jurisprudência Selecionada" em sentido contrário.**

Enunciado 68 – A intempestividade da apelação desautoriza o órgão *a quo* a proferir juízo positivo de retratação.

BREVES COMENTÁRIOS

O prazo para interpor recurso começa a correr da data em que os advogados, a sociedade de advogados, a Advocacia Pública, a Defensoria Pública ou o Ministério Público são intimados da decisão (art. 1.003). Se a decisão for proferida em audiência, as partes consideram-se intimadas na ocasião (art. 1.003, § 1º). Entretanto, se a audiência for realizada sob o método da estenotipia, não haverá como aplicar literalmente a regra do art. 1.003, § 1º, visto que, como já reconhecido pelo STJ, "as partes, ao saírem da audiência, não tiveram acesso aos termos da sentença, que somente passou a efetivamente existir após a transcrição e disponibilização nos autos" (STJ, 3ª T., REsp. 1.257.713/RS, Rel. Min. Nancy Andrighi, ac. 18.04.2013, *DJe* 30.04.2013). Sendo reconhecido às partes o direito de impugnar a transcrição da audiência, somente após conclusão de tal formalidade é que poderia ter início a contagem do prazo recursal.

Se a decisão for proferida antes da citação do réu, o prazo para recorrer contar-se-á da juntada do documento comprobatório da intimação, observados os incisos do art. 231. Se o recurso for remetido pelo correio, será considerado interposto na data de postagem. A regra do atual CPC é contrária à orientação do STJ, à época da legislação anterior. Atualmente, é irrelevante a data do protocolo, regendo-se o cálculo pela postagem.

A lei determina que o recorrente deverá comprovar o feriado local, para efeito de cálculo do prazo, no ato de interposição do recurso (§6º). Não comina, entretanto, sanção para a eventual omissão, o que torna cabível a posterior juntada do respectivo comprovante, visto tratar-se de mera irregularidade formal. Diante da primazia do julgamento do mérito, inúmeras vezes ressaltada pelo atual Código, a solução é exatamente aquela do art. 932, parágrafo único, que ordena ao relator antes de considerar inadmissível o recurso, conceder o prazo de 05 dias ao recorrente para que seja sanado o vício ou complementada a documentação exigível. Estranhamente, todavia, o STJ tem consagrado, por maioria, a tese de ser insanável a falta do comprovante do feriado local no ato da interposição do recurso (AgInt no AREsp 957.821/MS). Esse entendimento, entretanto, foi superado pela alteração do § 6º operado pela Lei nº 14.939/2024, que previu expressamente a necessidade de o tribunal determinar a correção do vício ou desconsiderá-lo caso a informação já conste do processo eletrônico.

JURISPRUDÊNCIA SELECIONADA

1. Suspensão do prazo recursal. Recesso forense no STJ. "É orientação cediça no Superior Tribunal de Justiça segundo a qual incumbe à parte, para fins de aferição de tempestividade de recurso direcionado à esta Corte, demonstrar que os prazos processuais estavam suspensos em decorrência de feriado local ou portaria do presidente do Tribunal de origem". (STJ, AgInt no AREsp 902.870/SP, Rel.ª Min.ª Regina Helena Costa, 1ª Turma, jul. 01.12.2016, *DJe* 19.12.2016). **No mesmo sentido:** STJ, AgRg no AREsp 1800507/PR, Rel. Min. Olindo Menezes, 6ª Turma, jul. 04.05.2021, *DJe* 07.05.2021.

2. Feriado local. Comprovação. Ato de interposição. Vício insanável (§ 6º). "A intempestividade é tida pelo Código atual como vício grave e, portanto, insanável. Daí porque não se aplica à espécie o disposto no parágrafo único do art. 932 do CPC/15, reservado às hipóteses de vícios sanáveis. Seja em função de previsão expressa do atual Código de Processo Civil, seja em atenção à nova orientação do STF, a jurisprudência construída pelo STJ à luz do CPC/73 não subsiste ao CPC/15: ou se comprova o feriado local no ato da interposição do respectivo recurso, ou se considera intempestivo o recurso, operando-se, em consequência, a coisa julgada." (STJ, AgInt no AREsp 957.821/MS, Rel. p/ Acórdão Min. Nancy Andrighi, Corte Especial, jul. 20.11.2017, *DJe* 19.12.2017). **No mesmo sentido:** STF, ARE 1011686 AgR, Rel. Min. Ricardo Lewandowski, 2ª Turma, jul. 07.04.2017, *DJe* 27.04.2017; STF, ARE 978277 AgR, Rel. Min. Roberto Barroso, 1ª Turma, jul. 09.08.2016, *DJe* 30.08.2016; STJ, AgInt no AREsp 1323602/ES, Rel. Min. Sérgio Kukina, 1ª Turma, jul. 27.11.2018, *DJe* 06.12.2018.

Obs.: Esse entendimento está superado pela alteração do § 6º operado pela Lei nº 14.939/2024, que previu expressamente a necessidade de o tribunal determinar a correção do vício ou desconsiderá-lo caso a informação já conste do processo eletrônico.

***Corpus Christi*. Feriado local.** "Como esta Corte adota o posicionamento de que o dia de *Corpus Christi* não é feriado nacional, é dever da parte comprovar nos autos, por documento idôneo e no ato de interposição do recurso, a suspensão do expediente forense no Tribunal de origem, o que não ocorreu na hipótese" (STJ, AgInt nos EDcl no AREsp 1079762/SP, Rel. Min. Moura Ribeiro, 3ª Turma, jul. 12.12.2017, *DJe* 02.02.2018). **No mesmo sentido:** STJ, AgInt no AREsp 1.779.552/GO, Rel. Min. Marco Buzzi, 4ª Turma, jul. 26.04.2022, *DJe* 06.05.2022; STJ, AgInt no REsp 2.439.111/RS, Rel. Min. Herman Benjamin, 2ª Turma, jul. 06.02.2024.

Dia do servidor público. "O dia do servidor público não é previsto como feriado nacional em lei federal e, por isso, se eventualmente for feriado local, necessita ser comprovado. Precedentes" (STJ, AgInt no AREsp 1089891/SP, Rel. Min. Lázaro Guimarães, 4ª Turma, jul. 05.12.2017, *DJe* 12.12.2017).

Comprovação por meio idôneo, não sendo suficiente a simples menção ou referência nas razões recursais, ainda que exista previsão no Regimento Interno ou em Código de Organização Judiciária do Estado. "O propósito recursal consiste em definir se a simples menção acerca da existência de feriado local alegadamente previsto em Regimento Interno e em Código de Organização Judiciária é suficiente para a comprovação de tempestividade do recurso especial nos moldes do art. 1.003, § 6º, do novo CPC. A comprovação da existência de feriado local que dilate o prazo para interposição de recursos dirigidos ao STJ deverá ser realizada por meio de documentação idônea, não sendo suficiente a simples menção ou referência nas razões recursais. Precedentes. Para fins de incidência da regra do art. 1.003, § 6º, do novo CPC, é irrelevante que o alegado feriado local tenha previsão em Regimento Interno ou em Código de Organização Judiciária do Estado, pois esses normativos, juntamente com os provimentos, os informativos, as portarias, os atos normativos e afins, são apenas espécies do gênero normativo local expressamente abrangido pela regra processual. A regra do art. 376 do novo CPC (antigo art. 337 do CPC/73), segundo a qual a parte que alega direito local somente lhe provará teor, vigência e conteúdo se houver determinação judicial, situa-se no âmbito da teoria geral da prova e serve às instâncias ordinárias na atividade instrutória da causa, não se aplicando, todavia, ao juízo de admissibilidade de recurso dirigido ao Superior Tribunal de Justiça, que possui regra específica. Precedente" (STJ, REsp 1763167/GO, Rel. p/ Acórdão Min. Nancy Andrighi, 3ª Turma, jul. 18.02.2020, *DJe* 26.02.2020).

Entendendo ser insuficiente a remissão a *link* ou *print* do *site* do Tribunal para comprovar o feriado local: STJ, AgInt em AREsp. 1237711/SP, Rel. Min. Herman Benjamin, 2ª Turma, jul. 07.06.2018, *DJe* 28.11.2018; STJ, AgInt no AREsp 1325535/RJ, Rel. Min. Marco Buzzi, 4ª Turma, jul. 27.11.2018, *DJe* 05.12.2018).

Cópia da página do Diário de Justiça /eletrônico. Documento idôneo. "Não deve ser computado o dia no qual, por força de ato administrativo editado pela Presidência do Tribunal em que tramita o feito, foram suspensos os prazos processuais. (...) No caso concreto, a agravante anexou, às razões do especial, cópia de página do Diário da Justiça Eletrônico do TJRJ – DJe/TJRJ, instrumento oficial para a publicação de atos do órgão judiciário local, na forma prevista pelo art. 4º da Lei Federal n. 11.419/2006. O documento reproduz o 'Ato Executivo TJ n. 167/2019', que dispôs sobre a suspensão dos atos processuais de processos eletrônicos em primeiro e segundo graus de jurisdição no dia 14 de agosto de 2019. Tem-se, assim, que a parte apresentou documento idôneo para comprovar que houve a suspensão dos prazos processuais por um dia, que portanto não deve ser computado para se aferir o termo final da interposição do recurso, à míngua de se revelar como dia útil" (STJ, AgInt no AREsp 1.788.341/RJ, Rel. p/ acórdão Min. Antonio Carlos Ferreira, 4ª Turma, jul. 03.05.2022, *DJe* 01.08.2022).

Cópia do calendário extraído da página oficial do tribunal de origem. Documento idôneo. "O eg. Supremo Tribunal Federal, reformando acórdão deste Tribunal Superior no julgamento do MS 23.896/AM, reconheceu a idoneidade do calendário judicial do Tribunal de origem, divulgado no *site* oficial na internet e juntado aos autos pela parte, como meio de comprovação da tempestividade recursal (RMS 36.114/AM, Primeira Turma, Rel. Min. Marco Aurélio; Julgamento: 22/10/2019; Publicação: 12/12/2019). À luz da Lei 11.419/2006, que dispõe sobre a informatização do processo judicial, as informações processuais disponibilizadas por meio da internet, na página eletrônica de Tribunal de Justiça ou de Tribunal Regional Federal, ostentam natureza oficial, gerando para as partes que as consultam a presunção de correção e confiabilidade. Desse modo, uma vez lançada a informação, no calendário judicial, disponibilizado pelo site do Tribunal de origem, da existência de suspensão local de prazo, deve ser considerada idônea a juntada desse documento pela parte para fins de comprovação do feriado local" (STJ, EAREsp 1.927.268/RJ, Rel. Min. Raul Araújo, Corte Especial, jul. 19.04.2023, *DJe* 15.05.2023).

"O dia do servidor público (28 de outubro), a segunda-feira de carnaval, a quarta-feira de cinzas, os dias que precedem a sexta-feira da paixão e, também, o dia de Corpus Christi não são feriados nacionais, em razão de não haver previsão em lei federal, de modo que o dever da parte de comprovar a suspensão do expediente forense quando da interposição do recurso, por documento idôneo, não é elidido. Precedentes" (STJ, AgInt nos EDcl no REsp 2.006.859/SP, Rel. Min. Nancy Andrighi, 3ª Turma, jul. 13.02.2023, *DJe* 15.02.2023).

Feriado de abrangência local do Distrito Federal e dos Territórios. Desnecessidade de comprovação. "O Tribunal de Justiça do Distrito Federal e dos Territórios possui um aspecto exclusivo em relação aos demais Tribunais dos Estados. O seu orçamento é oriundo da União, o que o torna um órgão federal com jurisdição local, motivo pelo qual a sua comparação pura e simples com os Tribunais estaduais não é exata. Por expressa imposição constitucional, a Lei de Organização Judiciária do Distrito Federal e dos Territórios (Lei n. 11.697/2008) foi editada pelo Poder Legislativo da União, possuindo natureza jurídica de lei federal. Os feriados de abrangência local previstos na Lei de Organização Judiciária do Distrito Federal e dos Territórios – como o dia 1º de novembro – não precisam ser comprovados no ato de interposição do recurso, pois estão previstos em lei federal que organiza Tribunal integrante do Poder Judiciário da União, merecendo, portanto, tratamento equivalente ao dos feriados nacionais. O entendimento ora fixado é válido tão somente no âmbito do TJDFT e não para a justiça comum estadual, tendo em vista a abrangência restrita da Lei n. 11.697/2008. Tampouco integra o objeto da presente decisão o exame de feriados no âmbito da justiça federal" (STJ, REsp 1.997.607/DF, Rel. Min. Nancy Andrighi, 3ª Turma, jul. 28.02.2023, *DJe* 02.03.2023).

3. Modulação dos efeitos da decisão que determina a comprovação do feriado local no ato de interposição do recurso. Ver jurisprudência do art. 927 do CPC/2015.

4. Feriado local. Vício insanável. Modulação dos efeitos. "Não se pode ignorar, todavia, o elastecido período em que vigorou, no âmbito do Supremo Tribunal Federal e desta Corte Superior, o entendimento de que seria possível a comprovação posterior do feriado local, de modo que não parece razoável alterar-se a jurisprudência já consolidada deste Superior Tribunal, sem se atentar para a necessidade de garantir a segurança das relações jurídicas e as expectativas legítimas dos jurisdicionados. (...) Destarte, é necessário e razoável, ante o amplo debate sobre o tema instalado nesta Corte Especial e considerando os princípios da segurança jurídica, da proteção da confiança, da isonomia e da primazia da decisão de mérito, que sejam modulados os efeitos da presente decisão, de modo que seja aplicada, tão somente, aos recursos interpostos após a publicação do acórdão respectivo, a teor do § 3º do art. 927 do CPC/2015" (STJ, REsp 1813684/SP, Rel. p/ Acórdão Min. Luis Felipe Salomão, Corte Especial, jul. 02.10.2019, *DJe* 18.11.2019). **No mesmo sentido:** STJ, AgInt no AREsp 957.821/MS, Rel. p/ Acórdão Min. Nancy Andrighi, Corte Especial, jul. 20.11.2017, *DJe* 19.12.2017; STF, AgR no ARE 978.277/DF, Rel. Min. Roberto Barroso, jul. 09.05.2016, *DJe* 30.08.2016. **Entendendo pela insuficiência de comprovação de feriado pela ocorrência de ponto facultativo embasado em ato do Poder Executivo Estadual:** STJ, EDcl no AgInt no AREsp 1.510.568/RJ, Rel. Min. Marco Aurélio Bellizze, 3ª Turma, jul.

23.03.2020, *DJe* 30.03.2020. **Insuficiência de mera portaria ou juntada de calendário do Tribunal de origem:** STJ, AgInt no AREsp 1.158.537/SP, Rel. Min. Gurgel de Faria, 1ª Turma, jul. 26.06.2018, *DJe* 08.08.2018. **Insuficiência de feriado local previsto em Regimento Interno e em Código de Organização Judiciária Estadual:** STJ, REsp 1.763.167/GO, Rel. p/ Acórdão Min. Nancy Andrighi, 3ª Turma, jul. 18.02.2020, *DJe* 26.02.2020. **Insuficiência de apresentação de documento não dotado de fé pública:** STJ, AgInt no REsp 1.813.192/AL, Rel. Min. Francisco Falcão, 2ª Turma, jul. 03.03.2020, *DJe* 10.03.2020. **Insuficiência de documento tirado da internet, sem juntar o inteiro teor do respectivo ato normativo:** STJ, EDcl no AREsp 1.617.433/GO, Rel. Min. João Otávio de Noronha, jul. 02.06.2020, *DJe* 04.06.2020. **Insuficiência de certidão lavrada por servidor público ou pelo sistema:** STJ, EDcl no AREsp 926.396/MG, Rel. Min. Laurita Vaz, jul. 09.01.2017, *DJe* 02.02.2017. **Obs.:** esse entendimento só prevaleceu até a alteração do § 6º operado pela Lei nº 14.939/2024, que expressamente impôs ao tribunal o dever de determinar a correção do vício ou desconsiderá-lo caso a informação já conste do processo eletrônico, vedando, assim, considerar insanável tal defeito processual.

5. Andamento processual disponibilizado pela internet. Vencimento do prazo recursal indicado de forma equivocada pelo Tribunal de origem. Justa causa para prorrogação. Ver jurisprudência do art. 997 do CPC/2015.

6. Reclamo interposto fora do prazo previsto nos arts. 219 e 1.003, § 5º, do CPC/2015. Princípios da primazia da resolução do mérito e da instrumentalidade das formas. Inaplicabilidade. "Não há falar em aplicação dos princípios da primazia da resolução do mérito e da instrumentalidade das formas, a fim de sobrepujar a não observância dos requisitos de admissibilidade recursal, sobretudo quando se tratar de defeito grave e insanável" (STJ, AgInt no AREsp 1773445/MG, Rel. Min. Marco Aurélio Bellizze, 3ª Turma, jul. 15.03.2021, *DJe* 17.03.2021).

7. Recurso postado em agência dos correios. Tempestividade que deve ser comprovada na interposição. "Não se desconhece que o novo Código de Processo Civil permite que se considere como protocolo do recurso o dia da postagem na agência dos correios. A questão, porém, é que a comprovação dessa postagem deve ser contemporânea à interposição do recurso do qual se pretende que conheça o STJ, ou seja, não é possível a comprovação posterior, como requer a parte, somente agora em Agravo Interno (STJ, AgInt No Aresp 1169188/PR, Rel. Min Lázaro Guimarães, Desembargador convocado do TRF 5ª Região, Quarta Turma, *DJe* 29.6.2018)" (STJ, AgInt no AREsp 1662710/SC, Rel. Min. Herman Benjamin, 2ª Turma, jul. 22.03.2021, *DJe* 05.04.2021). **No mesmo sentido:** STJ, AgInt no REsp 1861158/AC, Rel. Min. Benedito Gonçalves, 1ª Turma, julgado em 15.03.2021, *DJe* 17.0362021.

8. Reexame da tempestividade do agravo quando do julgamento do próprio recurso especial. Impossibilidade. "Não cabe, quando do julgamento do recurso especial, reexaminar de ofício a tempestividade do agravo de instrumento anteriormente provido (e, portanto, implícita ou explicitamente conhecido) para determinar o processamento do recurso especial. Não tendo sido interposto o recurso pertinente contra essa decisão, está preclusa a matéria (CPC, art. 473). Assim, o juízo de admissibilidade, nesse momento, é apenas do próprio recurso especial (Corte Especial: EREsp n. 171.499/RS e EREsp n. 218.863)" (STJ, EREsp 1414755/PA, Rel. Min. João Otávio de Noronha, Corte Especial, jul. 18.05.2016, *DJe* 06.09.2016).

9. Intimação do advogado. Ciência inequívoca. "Tem-se por cumprida a intimação quando evidenciado nos autos ter a parte efetivo conhecimento do inteiro teor da decisão judicial, ainda que não intimada formalmente. Por outro lado, a apreciação dos modos como se pode dar a 'ciência inequívoca' dependerá de cada caso concreto, merecendo prestígio a objetividade dos critérios, a fim de conceder-se maior segurança às partes e atender-se aos princípios do processo. Ou seja, o termo 'inequívoca' não admite dúvida. A circunstância de a parte ter peticionado nos autos, após a sentença, não caracteriza como 'ciência inequívoca' do ato, especialmente porque a petição não tinha qualquer relação com a decisão proferida e não houve carga dos autos antes da intimação oficial" (STJ, REsp 536.527/RJ, Rel. Min. Sálvio de Figueiredo Teixeira, 4ª Turma, jul. 04.09.2003, *DJ* 29.09.2003).

Carga dos autos. "'O Superior Tribunal de Justiça possui entendimento pacificado de que a carga dos autos pelo advogado da parte, antes de sua intimação por meio de publicação na imprensa oficial, enseja a ciência inequívoca da decisão que lhe é adversa, iniciando a partir daí a contagem do prazo para interposição do recurso cabível' (AgRg nos EDcl no Ag 1.306.136/TO, Rel. Min. Raul Araújo, Quarta Turma, *DJe* 4/2/13)" (STJ, AgRg no AREsp 338.846/MA, Rel. Min. Arnaldo Esteves Lima, 1ª Turma, jul. 05.09.2013, *DJe* 17.09.2013). **No mesmo sentido:** STJ, REsp 745.235/DF, Rel. Min. Arnaldo Esteves Lima, 5ª Turma, jul. 14.06.2007, *DJ* 06.08.2007; STJ, REsp 254.553/MG, Rel. Min. Antônio de Pádua Ribeiro, 3ª Turma, jul. 07.04.2003, *DJ* 12.05.2003; STJ, AgRg no Ag 972.990/SC, Rel.ª Min.ª Eliana Calmon, 2ª Turma, jul. 20.05.2008, *DJe* 11.06.2008.

"A intimação da sentença somente deve ser presumida na hipótese de ciência inequívoca, sendo difícil a sua ocorrência fora do caso de recebimento dos autos em carga" (STJ, REsp 58.275/MG, 4ª Turma, jul. 04.08.1995, *DJU* 04.09.1995, p. 27.835). **No mesmo sentido:** STJ, AgRg no Ag 801.937/SC, Rel. Min. Luiz Fux, 1ª Turma, jul. 21.11.2006, *DJ* 14.12.2006.

Intimação por precatória. "Tratando-se de intimação de sentença, por precatória, o prazo para recurso corre da data de juntada da mesma aos autos" (TJSP, ApCív. 238.400, Rel. Viseu Júnior, 2ª Câmara, jul. 11.05.1976, *RT* 495/50).

Petição da parte. "Consoante entendimento desta Corte, o comparecimento da parte, por meio de advogado, que, após a prolação de sentença, peticiona alegando nulidades, é ato capaz de indicar a ciência inequívoca do *decisum* impugnado, suprindo a intimação" (STJ, REsp 578.861/SP, Rel. Min. Jorge Scartezzini, 4ª Turma, jul. 08.11.2005, *DJ* 28.11.2005, p. 294).

"Conforme disposto no art. 241, I, do CPC [art. 231, I, do CPC/2015], intimada pessoalmente a União Federal por oficial de justiça, o prazo recursal começa a fluir da data da juntada do mandado devidamente cumprido aos autos. Precedentes. *In casu*, a certidão de carga do processo marca o termo *a quo* para a interposição do recurso, porquanto antecedeu a juntada do mandado, configurando ciência inequívoca do teor do v. acórdão recorrido pela União" (STJ, AgRg no Ag 687.650/RS, Rel. Min. Felix Fischer, 5ª Turma, jul. 16.02.2006, *DJ* 03.04.2006).

"Nos termos do disposto no art. 241, inciso I, do CPC [art. 231, I, do CPC/2015], o prazo para a interposição do recurso, quando a citação/intimação se der pelo correio, começa a correr da juntada aos autos do aviso de recebimento. A simples juntada de substabelecimento, contendo o número do processo não é suficiente para considerar-se ter havido ciência inequívoca do teor da decisão agravada. Agravo tido por tempestivo" (STJ, REsp 506.947/PR, Rel. Min. Barros Monteiro, 4ª Turma, jul. 24.05.2005, *DJ* 27.06.2005, p. 400). **No mesmo sentido:** STJ, REsp 651.232/SP, Rel. Min. Teori Albino Zavascki, 1ª Turma, jul. 12.09.2006, *DJ* 28.09.2006, p. 194.

10. Intimação em audiência (§ 1º). "A jurisprudência do STJ entende que, quando intimado o procurador para a audiência na qual foi proferida a sentença, está presumida a ciência quanto ao teor do julgado, nos termos do art. 242, § 1º, do Código de Processo Civil [art. 1.003, § 1º, do CPC/2015]. Precedentes: AgRg no AREsp 167.921/MG, Rel. Min. Teori Albino Zavascki, Primeira Turma, julgado em 26.6.2012, *DJe* 2.8.2012; AgRg no AREsp 134.962/MT, Rel. Min. Herman Benjamin, Segunda Turma, julgado em 29.5.2012, *DJe* 26.6.2012; AgRg no REsp

1.157.382/PR, Min. Marco Aurélio Bellizze, *DJe* de 16.4.2012" (STJ, AgRg no AREsp 226.951/GO, Rel. Min. Humberto Martins, 2ª Turma, jul. 09.10.2012, *DJe* 19.10.2012). **No mesmo sentido:** STJ, REsp 575.618/MT, Rel. Min. Jorge Scartezzini, 4ª Turma, jul. 11.10.2005, *DJ* 07.11.2005, p. 291; 1º TACivSP, Ap. 238.083, Rel. Martiniano de Azevedo, 3ª Câmara, jul. 13.10.1977, *RT* 509/172; 2º TACivSP, AI 139.225, Rel. Marcello Motta, 9ª Câmara, jul. 02.12.1981, *RT* 557/156.

Procurador intimado da realização da audiência. Não comparecimento (§ 1º). "Segundo o art. 242, § 1º, do CPC [art. 1.003, § 1º, do CPC/2015], o representante da parte, embora não tenha comparecido à audiência da qual foi devidamente cientificado, presume-se intimado da sentença proferida naquela oportunidade" (STJ, REsp 1.183.004/PR, Rel. Min. Eliana Calmon, 2ª Turma, jul. 06.05.2010, *DJe* 17.05.2010).

11. Antecipação de audiência. "Havendo antecipação da audiência, devem ser intimados pessoalmente os advogados para ciência da nova designação – CPC, art. 242, § 3º [art. 363 do CPC/2015] –, sendo nula a intimação feita por publicação pela imprensa" (STJ, REsp 32.830/MG, Rel. Min. Athos Carneiro, 4ª Turma, jul. 14.06.1993, *DJU* 02.08.1993).

12. Prazo para interposição de recursos pelo MP ou pela Defensoria Pública. Ver jurisprudência do art. 180 do CPC/2015.

13. Interposição de recurso em cartório (§ 3º).

Recurso dirigido a vara diversa. "Não deve ser considerada intempestiva a protocolização da Apelação, no prazo legal, em Vara diversa do mesmo Foro, inexistindo má-fé ou intuito de conseguir vantagem processual. O formalismo processual excessivo é a negação do próprio Estado de Direito Democrático, uma vez que inviabiliza, por via tortuosa e insidiosa, a garantia constitucional do efetivo acesso à Justiça. Precedentes" (STJ, AgRg no Ag 775.617/RS, Rel. Min. Herman Benjamin, 2ª Turma, jul. 27.05.2008, *DJe* 13.03.2009). **No mesmo sentido:** TJMG, Ag. 1.0024.04.539730-4/001, Rel. Des. Roberto Borges de Oliveira, 10ª Câm. Cív., jul. 07.04.2006, *DJ* 13.06.2006.

14. Recurso via *fax* (§ 3º).

Intempestividade. "Não obstante tenha sido interposto o especial, via fac-símile, dentro do prazo recursal de 15 dias (art. 508 do CPC) [art. 1.003, § 5º, do CPC/2015], os originais do recurso foram apresentados após o prazo previsto no art. 2º da Lei 9.800/99" (STJ, AgRg no Ag 1.128.775/SP, Rel. Min. Paulo de Tarso Sanseverino, 3ª Turma, jul. 14.06.2011, *DJe* 22.06.2011).

Observação: Ver Lei nº 9.800, de 26.05.1999 (Fax – Legislação Especial), art. 2º.

15. Correios e telégrafos (§ 3º). "A mera alegação de greve nos correios não obstaculiza a interposição tempestiva do recurso, impondo-se, outrossim, a comprovação do efetivo prejuízo com a circulação anormal do diário de justiça" (STJ, AGA 198.178/SP, Rel. Min. Vicente Leal, 6ª Turma, jul. 24.06.1999, *DJ* 23.08.1999, p. 164).

"A demora na entrega motivada por falha na prestação do serviço postal pela ECT não caracteriza justa causa apta a ensejar a apreciação do recurso apresentado fora do prazo legal" (STJ, EDcl no AgRg nos EDcl nos EDcl no REsp 1.137.384/PR, Rel. Min. Sidnei Beneti, 3ª Turma, jul. 05.08.2010, *DJe* 16.08.2010). **No mesmo sentido:** STJ, REsp 109.083/PR, Rel. Min. Hamilton Carvalhido, 6ª Turma, *DJ* 26.06.2000).

Observação: O CPC/2015 considera como data de interposição o dia da postagem, art. 1.003, § 4º.

16. Recurso especial via protocolo integrado (§ 3º). "A Corte Especial do STJ revogou a Súmula 256 para reconhecer a aplicação do sistema de protocolo integrado aos recursos dirigidos a este Tribunal Superior" (STJ, EDcl no AgRg no Ag 965.945/SP, Rel. Min Herman Benjamin, 2ª Turma, jul. 16.04.2009, *DJe* 06.05.2009).

17. Tempestividade. Pressuposto processual (§ 4º). "A tempestividade configura pressuposto processual objetivo de desenvolvimento válido do processo, inserindo-se na regularidade formal do procedimento, cognoscível a qualquer tempo e grau de jurisdição, ainda que não haja manifestação neste sentido nas contrarrazões" (STJ, AgRg no AgRg nos EREsp 1.098.128/RS, Rel. Min. Luiz Fux, 1ª Seção, jul. 23.06.2010, *DJe* 01.07.2010).

Recurso interposto antes do prazo. Tempestividade. Ver jurisprudência do art. 218 do CPC/2015.

Declaração de ofício. "A intempestividade é matéria de ordem pública, declarável de ofício pelo Tribunal" (STJ, REsp 20.162/PR, Rel. Min. Dias Trindade, 3ª Turma, jul. 27.04.1992, *DJ* 01.06.1992, p. 8.047).

18. Hermenêutica. "Em se tratando de prazos, o intérprete, sempre que possível, deve orientar-se pela exegese mais liberal, atento as tendências do Processo Civil contemporâneo – cálculo nos princípios da efetividade e da instrumentalidade – e a advertência da doutrina de que as sutilezas da lei nunca devem servir para impedir o exercício de um direito" (STJ, REsp 11.834/PB, Rel. Min. Sálvio de Figueiredo Teixeira, 4ª Turma, jul. 17.12.1991, *DJ* 30.03.1992, p. 3.993).

19. Prazo peremptório.

Verificação da tempestividade. "A tempestividade do recurso especial se afere pela comparação entre a data de publicação do acórdão do Tribunal de origem e o carimbo do protocolo. Singelo manuscrito ('Do Protocolo') a este último não se sobrepõe, notadamente se, como na espécie, decorre de dilação do prazo, autorizada pela Terceira Vice-Presidência do Tribunal de Justiça do Estado do Rio de Janeiro, porque apresentado o recurso no último dia, quando já fechado o setor de protocolo. É que, como é cediço, **os prazos recursais são peremptórios**, não podendo as partes ou o juiz dele dispor, a não ser comprovada justa causa, hipótese não ocorrente na espécie. Entendimento contrário importa em flagrante violação ao princípio da paridade" (STJ, REsp 492.776/RJ, Rel. Min. Fernando Gonçalves, 4ª Turma, jul. 21.06.2005, *DJ* 01.07.2005, p. 539).

20. Erro material na contagem de prazo. "Demonstrado o erro material na contagem do prazo para interposição do agravo de instrumento, impõe-se a apreciação de seu mérito" (STJ, REsp 324.124/SP, Rel. Min. Vicente Leal, 6ª Turma, jul. 28.06.2001, *DJ* 20.08.2001, p. 556).

21. Recesso forense. Comprovação. "A ocorrência de recesso forense no Tribunal de origem deve ser comprovado por meio do respectivo ato regulamentador, no momento da interposição do recurso especial. Precedentes" (STJ, AgRg no REsp 1.138.560/RJ, Rel. Min. Paulo de Tarso Sanseverino, 3ª Turma, jul. 05.04.2011, *DJe* 11.04.2011). **No mesmo sentido**: STJ, AgRg no Ag 1.345.865/PE, Rel. Min. Castro Meira, 2ª Turma, jul. 14.12.2010, *DJe* 10.02.2011; STJ, AgRg no Ag 1.190.805/RJ, Rel. Min. Felix Fischer, 5ª Turma, jul. 25.05.2010, *DJe* 21.06.2010; STJ, EDcl no RMS 32.735/RJ, Rel. Min. Herman Benjamin, 2ª Turma, jul. 05.04.2011, *DJe* 19.04.2011.

Observação: O art. 220 do CPC/2015 prevê uma suspensão geral dos prazos no período de 20 de dezembro a 20 de janeiro, recesso que, sendo legal, independe de comprovação nos autos.

22. "A tempestividade do recurso especial é aferida com o seu protocolo no Tribunal *a quo*, de maneira que a ausência de expediente forense nesta Corte Superior não tem qualquer influência na contagem do respectivo prazo recursal" (STJ, AgRg no Ag 1.234.431/SP, Rel. Min. Raul Araújo, 4ª Turma, jul. 19.10.2010, *DJe* 03.11.2010).

"É intempestivo recurso especial interposto fora do prazo legal de quinze dias previsto no art. 508 do Código de Processo Civil" [art. 1.003, § 5º, do CPC/2015] (STJ, AgRg no Ag 1.236.858/SP, Rel. Min. Raul Araújo, 4ª turma, jul. 07.06.2011, *DJe* 01.08.2011). **No mesmo sentido:** STJ, AgRg no Ag 1.367.174/MS, Rel.ª Min.ª Laurita Vaz, 5ª Turma, jul. 12.04.2011, *DJe* 04.05.2011.

23. Pedido de reconsideração. "A oposição de pedido de reconsideração não interrompe nem suspende o prazo para interposição dos recursos próprios" (STJ, RCDESP no AgRg no Ag 1.342.448/PB, Rel. Min. Luis Felipe Salomão, 4ª Turma, jul. 07.06.2011, *DJe* 13.06.2011). **No mesmo sentido:** STJ, REsp 130.26/RJ, Rel. Min. Athos Carneiro, 4ª Turma, jul. 31.10.1991, *DJ* 02.12.1991, p. 17.543.

24. Litisconsórcio ativo. Prazo em dobro. "Prevalece o entendimento pretoriano da contagem do prazo em dobro, no caso de litisconsórcio ativo, sendo os autores representados por procuradores diferentes e estando a petição recursal única, subscrita por todos (em conjunto)" (STJ, REsp 1.020.373/MG, Rel. Min. Fernando Gonçalves, 4ª Turma, jul. 28.04.2009, *DJe* 11.05.2009).

Observação: Segundo o art. 229, § 2º, do CPC/2015, não há contagem em dobro do prazo para os litisconsortes quando se trata de processo eletrônico.

25. Protocolo por via postal. Tempestividade. "'O Superior Tribunal de Justiça somente está apto a aferir a tempestividade dos recursos pelo protocolo de recebimento aposto nas petições recursais, não sendo possível a sua aferição por documento emitido pelos Correios, nem pelo recebimento da petição no Tribunal de origem' (AgRg nos EDcl no Ag 1.311.864/GO, Rel. Min. Aldir Passarinho Junior, 4ª Turma, *DJ* de 16.12.2010)" (STJ, AgRg no Ag 1.128.775/SP, Rel. Min. Paulo de Tarso Sanseverino, 3ª Turma, jul. 14.06.2011, *DJe* 22.06.2011).

Observação: Cf. art. 1.003, § 4º, do CPC/2015, sobre a interposição do recurso por meio do correio.

26. Embargos de declaração intempestivos. Não interrupção do prazo recursal. "É firme o posicionamento desta Corte no sentido de que os embargos de declaração são oponíveis em face de qualquer decisão judicial e, uma vez opostos, ainda que não conhecidos ou não acolhidos, interrompem o prazo de eventuais e futuros recursos, com exceção do caso em que considerados intempestivos, como na hipótese em que se apresenta. Evidenciado que as razões originais dos embargos de declaração encaminhados via fac-símile deixaram de ser apresentadas, verifica-se a intempestividade da irresignação, por conseguinte, a não interrupção do prazo para o manejo de eventuais e futuros recursos. Improvimento do instrumento por intempestividade do especial que a parte visa destrancar" (STJ, AgRg no Ag 1.155.105/PR, Rel. Min. Vasco Della Giustina (Des. Conv. do TJ/RS), 3ª Turma, jul. 14.04.2011, *DJe* 25.04.2011). **No mesmo sentido:** STJ, AgRg no REsp 940.490/DF, Rel. Min. Luiz Fux, 1ª Turma, jul. 15.10.2009, *DJe* 05.11.2009.

Recurso incabível. "Esta Corte Superior de Justiça consolidou já o entendimento de que a interposição de recurso manifestamente incabível não interrompe ou suspende o prazo para a interposição de outros recursos" (STJ, AgRg nos EDcl no AgRg no Ag 1.292.981/RJ, Rel. Min. Hamilton Carvalhido, 1ª Turma, jul. 16.12.2010, *DJe* 02.02.2011). **No mesmo sentido:** STJ, AgRg no REsp 795.032/DF, Rel. Min. Raul Araújo, 4ª Turma, jul. 19.10.2010, *DJe* 28.10.2010.

Art. 1.004. Se, durante o prazo para a interposição do recurso, sobrevier o falecimento da parte ou de seu advogado ou ocorrer motivo de força maior que suspenda o curso do processo, será tal prazo restituído em proveito da parte, do herdeiro ou do sucessor, contra quem começará a correr novamente depois da intimação.

CPC/1973

Art. 507.

REFERÊNCIA LEGISLATIVA

CPC/2015, art. 223, § 1º (prazo; preclusão; justa causa).

BREVES COMENTÁRIOS

Os casos deste artigo são típicos de interrupção, de maneira que, após os fatos ali mencionados, se reinicia a contagem integral do prazo do recurso. Para ter a eficácia interruptiva, é indispensável que o fato ocorra dentro do prazo de recurso. O interessado deverá provar, nos autos, a verificação do fato, para que o juiz admita a interrupção, restituindo-lhe o prazo que voltará a fluir por inteiro a partir da intimação da decisão. A devolução do prazo será requerida pela parte logo ao término do empecilho à prática do ato desejado.

JURISPRUDÊNCIA SELECIONADA

1. Doença de advogado. Justa causa. "A doença que acomete o advogado somente se caracteriza como justa causa, apta a ensejar a devolução do prazo, quando o impossibilita totalmente de exercer a profissão ou de substabelecer o mandato, hipótese não configurada nos autos" (STJ, AgInt na PET no AgInt no AREsp 696.965/SP, Rel. Min. Ricardo Villas Bôas Cueva, 3ª Turma, jul. 27.08.2018, *DJe* 30.08.2018).

"Mercê dessa compreensão, não se pode indeferir, a partir do fundamento de que é possível o substabelecimento de poderes a outro causídico, o pedido de restituição de prazo recursal a advogado que, no curso do prazo para veicular a insurgência, comprova enfermidade nos autos que o impede de tomar a esperada providência processual" (STJ, AgInt no AREsp 831.004/DF, Rel. Min. Napoleão Nunes Maia Filho, 1ª Turma, jul. 28.03.2017, *DJe* 07.04.2017).

2. Falecimento do advogado. "O art. 507 do CPC [art. 1.004 do CPC/2015] disciplina o motivo de força maior a justificar a interrupção do prazo recursal. Ocorre que o falecimento do patrono da causa não ocorreu durante o prazo para interposição do presente recurso, razão pela qual não se lhe aplica a restituição temporal" (STJ, EDcl no AgRg no REsp 1.123.022/SP, Rel. Min. Humberto Martins, 2ª Turma, jul. 23.11.2010, *DJe* 01.12.2010).

3. Motivo de força maior. Situações absolutamente excepcionais. "A greve, por si só, não constitui motivo de força maior hábil a ensejar a suspensão dos prazos processuais nos termos dos arts. 265, V, e 507 do CPC [arts. 313, VI, e 1.004 do CPC/2015]" (STJ, AgRg no REsp 502.403/RS, Rel. Min. Humberto Martins, 2ª Turma, jul. 20.11.2008, *DJe* 16.12.2008).

"A suspensão do prazo para interposição do recurso, segundo o art. 507 do Código de Processo Civil [art. 1.004 do CPC/2015], somente pode ser declarada em situações absolutamente excepcionais" (STJ, AgRg no Ag 1.135.540/RJ, Rel. Min. Jorge Mussi, 5ª Turma, jul. 17.06.2010, *DJe* 28.06.2010).

"**Informações prestadas pela rede de computadores operada pelo Poder Judiciário são oficiais e merecem confiança.** Bem por isso, eventual erro nelas cometido constitui 'evento imprevisto, alheio à vontade da parte e que a impediu de praticar o ato'. Reputa-se, assim, justa causa (CPC, Art. 183, § 1º) [art. 223 do CPC/2015], fazendo com que o juiz permita a prática do ato, no prazo que assinar. (Art. 183, § 2º)" (STJ, REsp 390.561/PR, Rel. Min. Humberto Gomes de Barros, 1ª Turma, jul. 18.06.2002, *DJ* 26.08.2002).

"**É cabível a devolução de prazo para recorrer, quando o Escrivão certifica que, no seu interregno, os autos não estiveram disponíveis a parte prejudicada**" (STJ, REsp 1.002.702/BA, Rel. Min. Luis Felipe Salomão, 4ª Turma, jul. 26.10.2010, *DJe* 04.11.2010).

4. Suspensão. Comprovação no ato da interposição do recurso. "A suspensão dos prazos por ato do Tribunal Estadual, deve ser demonstrada por meio de documento oficial no ato da interposição do recurso, sob pena de não conhecimento. Impossibilidade de regularização posterior por força da preclusão consumativa" (STJ, EDcl no Ag 1.195.678/MG, Rel. Min. Luis Felipe Salomão, 4ª Turma, jul. 23.03.2010, *DJe* 06.04.2010).

"Verificada a ocorrência de obstrução judicial, a parte deve requerer, oportunamente, mediante petição ao juízo competente, a concessão de novo prazo para a prática do ato. Entretanto, mantendo-se omissa, assume o ônus de interpor o recurso no prazo legal, sob pena de intempestividade" (STJ, AgRg no Ag 602.309/BA, Rel.ª Min.ª Denise Arruda, 1ª Turma, jul. 18.11.2004, *DJ* 13.12.2004, p. 234).

Art. 1.005. O recurso interposto por um dos litisconsortes a todos aproveita, salvo se distintos ou opostos os seus interesses.

Parágrafo único. Havendo solidariedade passiva, o recurso interposto por um devedor aproveitará aos outros quando as defesas opostas ao credor lhes forem comuns.

CPC/1973

Art. 509.

REFERÊNCIA LEGISLATIVA

CPC/2015, arts. 117 (litisconsórcio; independência dos litisconsortes) e 998 (desistência do recurso).

CC, arts. 904 a 915 (solidariedade).

BREVES COMENTÁRIOS

A regra do artigo 1.005 – aproveitamento do recurso de um litisconsorte pelos demais – refere-se ao litisconsórcio unitário, não ao litisconsórcio facultativo simples, em que os litigantes são autônomos, uns em relação aos outros. Em caso de solidariedade passiva, o recurso interposto por um devedor aproveitará aos outros se a defesa for comum. Já na solidariedade ativa, o recurso de qualquer litisconsorte, em regra, beneficia a todos os credores. Somente quando o recurso se fundar em exceção pessoal do recorrente é que o seu efeito não alcançará os outros credores solidários (CC, art. 274).

JURISPRUDÊNCIA SELECIONADA

1. Litisconsórcio não unitário. Interposição de recurso por apenas um litisconsorte. "Em não se caracterizando litisconsórcio unitário, a interposição de recurso pelo litisconsorte não aproveita aos demais. Inteligência do art. 1.005 do CPC/2015" (STJ, REsp 1767406/SC, Rel. Min. Mauro Campbell Marques, 2ª Turma, jul. 19.03.2019, *DJe* 22.03.2019).

2. Solidariedade passiva. "Nas hipóteses de solidariedade passiva, aplica-se a regra constante do art. 509, parágrafo único, do CPC/73 [art. 1.005, parágrafo único, do CPC/2015], estendendo-se os efeitos da decisão do recurso interposto por um dos litisconsortes para os demais. Incidência da Súmula 83/STJ" (STJ, AgInt no REsp 1703645/AM, Rel. Min. Lázaro Guimarães, 4ª Turma, jul. 26.06.2018, *DJe* 29.06.2018).

3. Aplicabilidade da suspensão às hipóteses de litisconsórcio unitário e às demais que justifiquem tratamento igualitário das partes. "A regra do art. 1.005 do CPC/2015 não se aplica apenas às hipóteses de litisconsórcio unitário, mas, também, a quaisquer outras hipóteses em que a ausência de tratamento igualitário entre as partes gere uma situação injustificável, insustentável ou aberrante. Precedentes" (STJ, REsp 1.993.772/PR, Rel. Min. Nancy Andrighi, 3ª Turma, jul. 07.06.2022, *DJe* 13.06.2022).

4. Interpretação do artigo. "O art. 509 do CPC [art. 1.005 do CPC/2015] deve ser interpretado com olhos na realidade e nos fins sociais para os quais foi concebido (Lei de Introdução ao Código civil – art. 5). O esquecimento da palavra 'e outros', na interposição de recurso em favor de integrantes de consórcio voltado ao exercício de ação plurissubjetiva, não traduz abandono dos constituintes, pelo advogado. Tanto mais, quando as razões do apelo fazem referência a 'apelantes' (no plural), 'nas declarações de vontade, se atenderá mais a sua intenção que ao sentido literal da linguagem' (C. Civil, art. 85)" (STJ, REsp 142.996/SC, Rel. p/ Acórdão Min. Humberto Gomes de Barros, 1ª Turma, jul. 01.12.1997, *DJ* 20.04.1998, p. 32).

5. Litisconsórcio unitário. "Em se tratando de litisconsórcio unitário, em que a decisão deva ser uniforme para todos, é de aplicar-se o art. 509 [art. 1.005 do CPC/2015]. O litisconsorte não atingido pela irregularidade formal de representação no agravo de instrumento tem direito de ver seu recurso apreciado pelo órgão judiciário competente, independentemente da natureza do litisconsórcio entre as partes. Com efeito, o direito de recorrer precede a extensão da eficácia da decisão (art. 509, CPC), que dependerá do exame do mérito do agravo ainda não julgado" (STJ, REsp 296.349/SP, Rel. Min. Sálvio de Figueiredo Teixeira, 4ª Turma, jul. 01.03.2001, *DJ* 02.04.2001, p. 305).

6. Litisconsórcio. Assistência judiciária gratuita. "Hipótese em que o Tribunal *a quo*, em apelação interposta por apenas um litisconsorte, concedeu-lhe assistência judiciária gratuita, mas estendeu aos demais os benefícios, suspendendo, em relação a todos, o pagamento dos honorários sucumbenciais. A suspensão do pagamento dos honorários em razão da gratuidade judiciária, concedida em caráter individual e personalíssimo, não aproveita aos demais litisconsortes que não obtiveram o favor" (STJ, REsp 1.193.795/RS, Rel. Min. Herman Benjamin, 2ª Turma, jul. 03.08.2010, *DJe* 14.09.2010).

7. Ações autônomas reunidas. "Quando as partes contendem em várias ações diferentes, a reunião dos autos não dispensa que cada uma delas defenda seu alegado direito de forma autônoma. Questões pertinentes a apenas uma das ações não podem ser invocadas nos recursos a serem interpostos nos demais processos reunidos, sob pena de não conhecimento" (STJ, AgRg no REsp 817.726/RS, Rel. Min. Humberto Gomes de Barros, 3ª Turma, jul. 04.12.2007, *DJ* 14.12.2007, p. 402).

Art. 1.006. Certificado o trânsito em julgado, com menção expressa da data de sua ocorrência, o escrivão ou o chefe de secretaria, independentemente de despacho, providenciará a baixa dos autos ao juízo de origem, no prazo de 5 (cinco) dias.

CPC/1973

Art. 510.

BREVES COMENTÁRIOS

A baixa dos autos ao juízo *a quo* é ato de ofício do escrivão, que o diligenciará nos cinco dias após o trânsito em julgado do acórdão do tribunal pronunciado sobre o recurso sem depender de despacho do relator.

Art. 1.007. No ato de interposição do recurso, o recorrente comprovará, quando exigido pela legislação pertinente, o respectivo preparo, inclusive porte de remessa e de retorno, sob pena de deserção.

§ 1º São dispensados de preparo, inclusive porte de remessa e de retorno, os recursos interpostos pelo

Ministério Público, pela União, pelo Distrito Federal, pelos Estados, pelos Municípios, e respectivas autarquias, e pelos que gozam de isenção legal.

§ 2º A insuficiência no valor do preparo, inclusive porte de remessa e de retorno, implicará deserção se o recorrente, intimado na pessoa de seu advogado, não vier a supri-lo no prazo de 5 (cinco) dias.

§ 3º É dispensado o recolhimento do porte de remessa e de retorno no processo em autos eletrônicos.

§ 4º O recorrente que não comprovar, no ato de interposição do recurso, o recolhimento do preparo, inclusive porte de remessa e de retorno, será intimado, na pessoa de seu advogado, para realizar o recolhimento em dobro, sob pena de deserção.

§ 5º É vedada a complementação se houver insuficiência parcial do preparo, inclusive porte de remessa e de retorno, no recolhimento realizado na forma do § 4º.

§ 6º Provando o recorrente justo impedimento, o relator relevará a pena de deserção, por decisão irrecorrível, fixando-lhe prazo de 5 (cinco) dias para efetuar o preparo.

§ 7º O equívoco no preenchimento da guia de custas não implicará a aplicação da pena de deserção, cabendo ao relator, na hipótese de dúvida quanto ao recolhimento, intimar o recorrente para sanar o vício no prazo de 5 (cinco) dias.

CPC/1973

Arts. 511 e 519.

REFERÊNCIA LEGISLATIVA

Lei nº 9.800, de 26.05.1999 (*DOU* 27.05.1999). Mencionada lei instituiu a utilização do sistema de transmissão de dados e imagens tipo fac-símile, para a prática de atos processuais que dependam de petição.

Lei nº 9.494, de 10.09.1997, art. 1º-A (dispensa de depósito prévio para pessoas de direito público).

Lei nº 9.028, de 14.04.1995 (Dispõe sobre o exercício das atribuições institucionais da Advocacia-Geral da União, em caráter emergencial e provisório, e dá outras providências), art. 24-A (isenção da União, suas autarquias e fundações do pagamento de custas, emolumentos e demais taxas judiciárias).

SÚMULAS

Súmulas do STJ:

nº 187: "É deserto o recurso interposto para o Superior Tribunal de Justiça, quando o recorrente não recolhe, na origem, a importância das despesas de remessa e retorno dos autos". **Obs.:** pelo CPC/2015 antes de se considerar deserto o recurso deve ser dado prazo ao recorrente para realizar o recolhimento em dobro (art. 1.007, § 4º).

nº 484: "Admite-se que o preparo seja efetuado no primeiro dia útil subsequente, quando a interposição do recurso ocorrer após o encerramento do expediente bancário".

BREVES COMENTÁRIOS

Consiste o preparo no pagamento, na época certa, das despesas processuais correspondentes ao processamento do recurso interposto, que compreenderão, além das custas (quando exigíveis), os gastos do porte de remessa e de retorno se se fizer necessário o deslocamento dos autos (CPC/2015, art. 1.007, *caput*).

A falta de preparo gera a deserção, que importa trancamento do recurso, presumindo a lei que o recorrente tenha desistido do respectivo julgamento (art. 1.007, *caput*, *in fine*; §§ 4º, 6º e 7º). Se o preparo for feito a menor, não se decretará de imediato a deserção. O recorrente será sempre intimado, na pessoa de seu advogado, a completá-lo em cinco dias e somente no caso de não o fazer é que será trancado o recurso (art. 1.007, § 2º). O STJ, já à época do Código anterior, decidia que o preparo incompleto (limitado ao porte de remessa e retorno) poderia ser posteriormente complementado com o posterior recolhimento das custas judiciais devidas na origem (STJ, Corte Especial, REsp 844.440/MS, Rel. Min. Antônio Carlos Ferreira, ac. 06.05.2015, *DJe* 11.06.2015). O regime de deserção recursal foi grandemente flexibilizado pelo CPC/2015 (art. 1.007), inclusive admitindo-se seja sanado o vício relativo ao preenchimento equivocado da guia de custas (§ 7º).

JURISPRUDÊNCIA SELECIONADA

1. Recolhimento do preparo.

"O recolhimento do preparo é requisito de admissibilidade do recurso de apelação, cabendo ao recorrente comprová-lo no ato de sua interposição (art. 511 do CPC/73) [art. 1.007 do CPC/2015], exceto se demonstrar justo impedimento para fazê-lo ou se for beneficiário da justiça gratuita. Se o valor recolhido for insuficiente, como na hipótese, a lei prevê que ao recorrente deve ser oportunizada a complementação, no prazo de 5 dias, sob pena de deserção (§ 2º do art. 511 do CPC/73) [art. 1.007, § 2º, do CPC/2015]. A deserção é a sanção aplicada à parte que negligencia o recolhimento do preparo – seja quanto ao valor, seja quanto ao prazo – e tem como consequência o não conhecimento do recurso interposto. É, pois, vício formal que, na espécie, **não pode ser suprido pelo julgamento do recurso, como o fez o Tribunal de origem, maculando de nulidade o acórdão de apelação. Hipótese em que não se pode admitir que a apelação seja julgada para só então se exigir do recorrente o complemento do respectivo preparo.**" (STJ, REsp 1523971/RS, Rel.ª Min.ª Nancy Andrighi, 3ª Turma, jul. 05.02.2019, *DJe* 08.02.2019)

Recurso apenas sobre verba honorária. Direito autônomo do advogado. Necessidade de pagamento de preparo. Art. 129, parágrafo único, da Lei 8.213/1991. "Na origem, trata-se de agravo de instrumento interposto pela parte ora recorrente, com o objetivo de afastar o pagamento de preparo, sob o fundamento de que, por se tratar de ação de prestação por acidente do trabalho, deve o seu trâmite ocorrer alicerçado na isenção legal de recolhimento de quaisquer custas, nos termos do art. 129, parágrafo único, da Lei 8.213/91. Hipótese em que o acórdão recorrido está em conformidade com a jurisprudência pacificada desta Corte Superior no sentido de que a isenção legal prevista no parágrafo único do art. 129 da Lei n. 8.213/91 é dirigida ao interesse dos segurados da Previdência Social (Súmula n. 110 do STJ), não se estendendo ao patrono da parte autora, motivo pelo qual é devido o preparo recursal, nos termos do art. 99, § 5º, do CPC, na hipótese em que o recurso versar exclusivamente sobre verba honorária de sucumbência fixada em favor do advogado da causa. Incidência da Súmula n. 83 do STJ" (STJ, AgInt no AgInt no AREsp 2.246.596/SP, Rel. Min. Teodoro Silva Santos, 2ª Turma, jul. 29.04.2024, *DJe* 07.05.2024).

Recolhimento do preparo via correspondente bancário. Comprovante de solicitação de transação, Condicionamento a posterior compensação bancária. Ineficácia perante o usuário. Validade do comprovante para o fim de preparo recursal. "Controvérsia relativa à ocorrência de deserção quando o preparo recursal é recolhido perante correspondente bancário, com a ressalva de que o 'prazo para compensação de pagamento por boleto é de até 3 dias úteis'. Nos termos do art. 3º da Resolução n. 4.935/2021 do Conselho Monetário Nacional – CMN, o correspondente bancário 'atua por conta e sob as diretrizes da instituição contratante, que assume inteira responsabilidade pelo atendimento prestado'. Ausência de regulamentação pelo Banco Central do Brasil dos comprovantes de pagamento emitidos pelos correspondentes bancários. Ineficácia, perante o usuário de serviços bancários, da ressalva inscrita no comprovante de pagamento, cabendo à instituição financeira assumir o risco de eventual atraso ou não apresentação do boleto à compensação. Validade do comprovante para fim de preparo recursal, afastando-se a deserção do recurso" (AgInt nos EDcl no AREsp 2.283.710/AP, Rel. Min. Antonio Carlos Ferreira, 4ª Turma, jul. 13.05.2024, *DJe* 16.05.2024.)

a) Preparo de apelação contra sentença em embargos à execução.

Justiça estadual. "'A interpretação oferecida pelo Tribunal de Justiça de São Paulo no sentido de que a apelação de sentença que julga embargos à execução está sujeita a preparo não agride qualquer dispositivo de lei federal' (EREsp 443.630/SP, Rel. Min. Carlos Alberto Menezes Direito, *DJ* 21.03.2005)" (STJ, AgRg no Ag 1.062.333/SP, Rel. Min. Luiz Fux, 1ª Turma, jul. 12.05.2009, *DJe* 01.06.2009). **Em sentido contrário:** "Se o pagamento da taxa judiciária abrange todos os atos do processo e se ela não incide sobre os embargos à execução, segue-se **que é indevido o preparo da apelação interposta contra a sentença que decidir os citados embargos**. (...) **Precedentes desta Corte**" (STJ, REsp 573.685/SP, Rel. Min. José Delgado, 1ª Turma, jul. 09.12.2003, *DJ* 15.03.2004, p. 181; *Ementário de Jurisprudência do STJ* 39/51).

Justiça Federal. "O preparo dos recursos fica na dependência da legislação pertinente. A Lei 9.289/96, art. 7º, isentou de custas os embargos à execução, no âmbito da Justiça Federal. Por isso que é de se ter como indevida a exigência do preparo em eventual recurso de apelação interposto contra a sentença que julgar os embargos. Precedentes" (STJ, AgRg no REsp 890.918/RN, Rel. Min. Jane Silva, 6ª Turma, jul. 25.09.2008, *DJe* 13.10.2008).

Justiça Federal. Preparo da apelação. Prazo. "Conforme iterativa jurisprudência desta Corte, *o prazo de cinco dias* para efetivação do preparo da apelação, a teor do estabelecido na legislação que dispõe sobre as custas devidas à União, na Justiça Federal de primeiro e segundo graus (art. 14, inciso II, da Lei 9.289/96), começa a fluir a partir da intimação do recorrente" (STJ, AgRg no REsp 438.377/DF, Rel. Min. Paulo Medina, 2ª Turma, jul. 26.11.2002, *DJ* 23.06.2003, p. 322).

2. Assistência judiciária.

Pedido formulado no recurso. Ausência de preparo. "É viável a formulação, no curso do processo, de pedido de assistência judiciária gratuita na própria petição recursal, dispensando-se a exigência de petição avulsa. Rejeita-se o pedido de benefício da gratuidade da justiça desamparado de documento ou fundamentação mínima, devendo ser concedido prazo para oportunizar à parte a realização do preparo recursal. Embargos de declaração acolhidos para dar provimento ao agravo regimental e determinar a abertura de prazo à parte para a realização do preparo e, após, proceder a novo juízo de admissibilidade" (STJ, EDcl no AgRg no AREsp 803.912/SP, Rel. Min. Humberto Martins, 2ª Turma, jul. 07.04.2016, *DJe* 15.04.2016).

Prévia intimação. Necessidade. "Trata-se de embargos de divergência entre acórdãos da Primeira e da Quarta Turmas do STJ que apresentam entendimentos distintos quanto a se haveria ou não necessidade de intimar a parte embargante para a realização do preparo quando reconhecida como incorreta a formulação do pedido de assistência judiciária gratuita na própria petição do recurso especial. (...) há precedentes do STJ no sentido de que 'É desnecessário o preparo do recurso cujo mérito discute o próprio direito ao benefício da assistência judiciária gratuita' e que, antes de declarar a deserção do recurso, o magistrado deve analisar o pedido de gratuidade de justiça feito em tempo anterior a sua interposição, concedendo prazo, no caso de indeferimento, para recolhimento das custas devidas. Nesse sentido: AgInt no AREsp 1.181.169/RJ, Rel. Ministro Francisco Falcão, Segunda Turma, julgado em 10/4/2018, *DJe* 13/4/2018; AgInt no AREsp 983.952/RJ, Rel. Ministro Marco Aurélio Bellizze, Terceira Turma, julgado em 23/5/2017, *DJe* 01/6/2017; AgInt no RMS 49.328/AC, Rel. Ministro Sérgio Kukina, Primeira Turma, *DJe* de 6/10/2016; RMS 49.180/AC, Rel. Ministro Humberto Martins, Segunda Turma, *DJe* de 18/8/2016. Embargos de divergência providos, no sentido da necessidade de intimação do interessado para a realização do preparo recursal nas hipóteses de indeferimento ou não processamento do pedido de assistência judiciária gratuita" (STJ, EAREsp 742.240/MG, Rel. Min. Herman Benjamin, Corte Especial, jul. 19.09.2018, *DJe* 27.02.2019). **Obs.: Decisão submetida ao julgamento dos recursos repetitivos.**

Desistência do recurso. Recurso de apelação. Gratuidade da justiça. Preparo recursal. Cobrança. Medida sancionatória. Dívida ativa. Deserção. "O propósito recursal é decidir se, após a desistência de recurso que verse sobre a concessão da gratuidade da justiça, é possível exigir o recolhimento do preparo recursal, sob pena de inscrição em dívida ativa. Requerida a concessão de gratuidade da justiça em recurso, o recorrente estará dispensado de comprovar o recolhimento do preparo, incumbindo ao relator, neste caso, apreciar o requerimento e, se indeferi-lo, fixar prazo para realização do recolhimento. Mantendo-se inerte, o recurso não será conhecido em virtude da deserção. Precedentes. A decisão que reconhece o pedido de desistência tem natureza declaratória. A partir do momento em que a desistência é informada no processo, o recurso passa a não mais existir. A desistência de recurso que estava dispensado do pagamento do preparo pelo art. 99, § 7º, do CPC, torna-o inexistente no mundo jurídico, antes mesmo de ser analisada a gratuidade da justiça. Assim, não há fato gerador que justifique a cobrança do recolhimento do preparo. Nos termos do art. 1.007 do CPC, não há previsão legal de outra medida sancionatória além da deserção à parte que negligencia o recolhimento do preparo recursal, seja quanto ao valor, seja quanto ao prazo. Apesar da natureza de taxa do preparo recursal, inexiste fundamento legal para a cobrança de seu recolhimento sob pena de inscrição de dívida ativa, notadamente nas hipóteses em que houve desistência de recurso que foi dispensado do preparo em razão do benefício previsto no art. 99, § 7º, do CPC" (STJ, REsp 2.119.389/SP, Rel. Min. Nancy Andrighi, 3ª Turma, jul. 23.04.2024, *DJe* 26.04.2024).

Inexistência de assistência Judiciária. "A parte ré que não goza nem requereu o benefício da gratuidade deve preparar a apelação que interpôs contra a sentença que rejeitou sua impugnação à concessão do benefício à autora" (STJ, REsp 247.228/SP, Rel. Min. Ruy Rosado de Aguiar, 4ª Turma, jul. 06.04.2000, *DJ* 29.05.2000, p. 162).

3. Dispensa do preparo (§ 1º). "São dispensados de preparo os recursos interpostos pelo Ministério Público pela União, pelos Estados e Municípios e respectivas autarquias, e pelos que gozam de isenção legal. (Incluído pela Lei nº 8.950, de 13.12.1994)" (STJ, REsp 834.006/RS, Rel. Min. Luiz Fux, 1ª Turma, jul. 02.10.2008, *DJe* 20.10.2008).

Rol taxativo. "A legislação processual de regência, prevista no art. 511, § 1º, do CPC [art. 1.007, § 1º, do CPC/2015], com redação dada pela Lei 9.756/88, dispensa do pagamento do preparo apenas 'os recursos interpostos pelo Ministério Público, pela União, pelos Estados e Municípios e respectivas autarquias, e pelos que gozam de isenção legal'. Observa-se, pois, que os recursos manejados pelo Senac, instituição de direito privado (art. 4º do Decreto 61.843/67), não se encontram no rol taxativo acima reproduzido para a fruição do benefício fiscal em comento" (STJ, AgRg nos EREsp 272.671/ES, Rel. Min. Benedito Gonçalves, 1ª Seção, jul. 10.02.2010, *DJe* 24.02.2010).

a) Defensoria Pública.

Recurso interposto pela Defensoria Pública como curadora especial. Dispensa de preparo. "Tendo em vista os princípios do contraditório e da ampla defesa, o recurso interposto pela Defensoria Pública, na qualidade de curadora especial, está dispensado do pagamento de preparo" (STJ, EAREsp 978.895/SP, Rel. Min. Maria Thereza de Assis Moura, Corte Especial, jul. 18.12.2018, *DJe* 04.02.2019).

b) INSS. "Sendo o Instituto Nacional do Seguro Social - INSS autarquia federal equiparada em prerrogativas e privilégios à Fazenda Pública, nos termos do artigo 8º da Lei nº 8.620/93, não lhe é exigível o depósito prévio do preparo para fins de interposição de recurso, podendo efetuá-lo ao final da demanda, se vencido (Código de Processo Civil, artigo 27)" [art. 91 do CPC/2015] (STJ, REsp 1.101.727/PR, Rel. Min. Hamilton Carvalhido, Corte Especial, jul. 02.08.2010, *DJe* 23.08.2010).

Porte de remessa e retorno. Pagamento ao final pelo INSS. Ver jurisprudência do art. 91, CPC/2015.

c) Curadoria especial.

Réu citado por edital. Recolhimento de preparo recursal. Desnecessidade. "O advogado dativo e a defensoria pública, no exercício da curadoria especial prevista no inciso II do art. 72 do CPC, estão dispensados do recolhimento de preparo recursal, independentemente do deferimento de gratuidade de justiça em favor do curatelado especial, sob pena de limitação, de um ponto de vista prático, da defesa dos interesses do curatelado ao primeiro grau de jurisdição, porquanto não se vislumbra que o curador especial se disporia em custear esses encargos por sua própria conta e risco" (STJ, EDcl no AgRg no AREsp 738.813/RS, Rel. Min. Luis Felipe Salomão, 4ª Turma, jul. 15.08.2017, *DJe* 18.08.2017).

Curador especial. "O preparo não é exigível no caso de recurso interposto por curador especial, nomeado de acordo com o art. 9º, II do CPC [art. 72, II, do CPC/2015], já que em exercício de função institucional da Defensoria Pública, defende pessoa considerada necessitada, nos termos de tal dispositivo" (STJ, REsp 511.805/MG, Rel. Min. Teori Albino Zavascki, 1ª Turma, jul. 17.08.2006, *DJ* 31.08.2006).

d) Não estão isentos.

Empresa pública. Exclusão do conceito de Fazenda Pública para fins de isenção do recolhimento do preparo. "A Empresa Brasileira de Serviços Hospitalares - EBSERH tem natureza de empresa pública e por isso não se enquadra no rol de isentos da obrigação de recolhimento do preparo, conforme previsto no art. 1.007, § 1.º, do CPC/2015, tampouco se inserindo na cláusula geral estabelecida na parte final do preceito, à míngua de regra na sua lei de regência (Lei 12.550/2011)" (STJ, AgInt no AREsp 1.090.477/RS, Rel. Min. Mauro Campbell Marques, 2ª Turma, jul. 03.10.2017, *DJe* 11.10.2017).

Conselhos de fiscalização profissional. "O Superior Tribunal de Justiça consagra entendimento no sentido de que os conselhos de fiscalização profissional, embora possuam natureza autárquica, não estão isentos do pagamento de custas, em virtude da previsão do parágrafo único do art. 4º da Lei 9.289/96, o qual, como norma de caráter especial, prevalece diante do disposto no § 1º do art. 511 do Código de Processo Civil" [art. 1.007, § 1º, do CPC/2015] (STJ, AgRg no Ag 1.200.642/RJ, Rel. Min. Denise Arruda, 1ª Turma, jul. 15.12.2009, *DJe* 02.02.2010). **No mesmo sentido:** STJ, REsp 844.260/DF, Rel. Min. Mauro Campbell Marques, 2ª Turma, jul. 16.12.2008, *DJe* 06.02.2009.

4. Ausência ou insuficiência do preparo. Deserção (§ 2º).

a) Porte de remessa e retorno.

Ausência de pagamento da taxa de remessa e retorno. "O art. 511, *caput*, do CPC [art. 1.007 do CPC/2015] estabelece que, nos casos legalmente exigidos, a parte deverá efetuar o preparo no ato de interposição do recurso, inclusive porte de remessa e de retorno, sob pena de deserção" (STJ, AgRg nos EREsp 929.057/AL, Rel. Min. João Otávio de Noronha, CE, jul. 18.03.2009, *DJe* 02.04.2009).

Aproveitamento. "O porte de retorno feito por um dos recorrentes justifica a dispensa da sua realização pelo outro, uma vez já assegurado o numerário da devolução dos autos" (STJ, REsp 192.727/RJ, Rel. Min. Sálvio de Figueiredo Teixeira, 4ª Turma, jul. 03.12.1998, *DJ* 15.03.1999, p. 256).

b) Quantia insignificante. "É de se afastar a declaração de deserção do recurso por falta de preparo, quando o seu valor for quantia insignificante que não possua expressão monetária" (STF, RE - EDv-EDcl-EDcl 169.349/MG, Rel. Min. Marco Aurélio, jul. 09.06.1999). **No mesmo sentido:** STJ, AgRg no Ag 448.895/PR, Rel. Min. José Delgado, 1ª Turma, jul. 27.08.2002, *DJ* 23.09.2002, p. 297.

c) Prazo para complementação.

"Na hipótese em que comprovado apenas o recolhimento do porte de remessa e retorno no ato da interposição do recurso, o preparo é insuficiente, o que autoriza a concessão do prazo previsto no artigo 511, § 2º, do CPC [art. 1.007, § 2º, do CPC/2015] (STJ, REsp 889.042/SP, Rel. Min. João Otávio de Noronha, 4ª Turma, jul. 04.02.2010, *DJe* 11.02.2010).

Juizados Especiais Estaduais. "O preparo recursal no âmbito do procedimento dos Juizados Especiais Estaduais (Lei nº 9.099/95), além de se tratar de questão processual, é regulado por norma especial, **não tendo aplicação a jurisprudência desta Corte relativa à regra geral do art. 511, § 2º, do CPC**" [art. 1.007, § 2º, do CPC/2015] (STJ, EDcl no AgRg na Rcl 4.312/RJ, Rel. Min. Paulo de Tarso Sanseverino, 2ª Seção, jul. 13.12.2010, *DJe* 17.12.2010). **No mesmo sentido:** STJ, RCDESP na Rcl 4.571/PE, Rel. Min. Raul Araújo, 2ª Seção, jul. 27.10.2010, *DJe* 08.11.2010).

Ausência de traslado de peça essencial. "Não há falar na adoção da providência prevista no art. 511, § 2º, do Código de Processo Civil [art. 1.007, § 2º, do CPC/2015], com intimação da parte recorrente para eventual complementação do preparo recursal, porquanto o que se tem, na espécie, é a ausência de traslado de peça essencial nos autos de agravo de instrumento, cujo ônus é da parte agravante, a quem incumbe a fiscalização da formação do instrumento no ato de sua interposição" (STJ, AgRg no Ag 1.319.821/SC, Rel. Min. Benedito Gonçalves, 1ª Turma, jul. 03.02.2011, *DJe* 10.02.2011). **No mesmo sentido:** STJ, AgRg no Ag 1.118.335/SP, Rel. Min. Raul Araújo, 4ª Turma, jul. 05.10.2010, *DJe* 19.10.2010).

5. Comprovação do recolhimento do preparo (§ 4º).

"A comprovação do preparo do recurso, no ato de impugnação, tem como *ratio essendi* aferir a eventual deserção ocorrente quando intempestivo o cumprimento do referido requisito de admissibilidade. O preparo do recurso consiste na efetuação, por parte do recorrente, do pagamento dos encargos financeiros que dizem respeito ao recurso interposto, e englobam: as custas do processamento do recurso nos tribunais, e os portes de remessa e retorno dos autos ou do instrumento, no caso de agravo nesta modalidade" (STJ, AgRg no Ag 942.873/RS, Rel. Min. Luiz Fux, 1ª Turma, jul. 11.11.2008, *DJe* 27.11.2008).

Matéria de ordem pública. Preclusão. "O preparo do recurso é matéria cujo conhecimento independe da provocação da parte e, sendo de ordem pública, não se sujeita à preclusão" (STJ, EREsp 978.782/RS, Rel. Min. Ari Pargendler, Corte Especial, jul. 20.05.2009, *DJe* 15.06.2009).

Dispensa. "A alegação de dificuldade de arcar com as custas do processo sem prejuízo do próprio sustento deve ser feita oportunamente, e o recolhimento de custas só fica dispensado quando deferido pedido para tanto" (STJ, AgRg nos EREsp 1.112.143/RJ, Rel. Min. Sidnei Beneti, 2ª Seção, jul. 23.03.2011, *DJe* 31.03.2011).

a) Ausência de GRU. Princípio da instrumentalidade das formas. "Na espécie, ausente a guia de recolhimento, tendo o recorrente juntado apenas os comprovantes de pagamento que contêm a identificação do processo na origem, identificação do recorrente e valores recolhidos corretamente. Como o objetivo do ato de recolhimento das custas e porte de remessa e retorno foi cumprido, aplica-se o princípio da instrumentalidade das formas para superar a ausência das GRUs como óbice ao trânsito do recurso especial" (STJ, AgRg no AREsp 589.117/SP, Rel. p/ Acórdão Min. João Otávio de Noronha, 3ª Turma, jul. 18.08.2016, *DJe* 05.09.2016).

b) Comprovação no primeiro dia útil seguinte ao protocolo. "A jurisprudência desta Corte consolidou o entendimento de que é admitida a comprovação do recolhimento do preparo no primeiro dia útil subsequente ao protocolo do recurso, quando este ocorrer após o encerramento do expediente bancário (REsp 1.122.064/DF, Min. Hamilton Carvalhido, Corte Especial, *DJe* de 30.09.2010, submetido ao rito do artigo 543-C do Código de Processo Civil)" [art. 1.036 do CPC/2015] (STJ, AgRg no REsp 556.720/SC, Rel. Min. Raul Araújo, 4ª Turma, jul. 07.12.2010, *DJe* 15.12.2010). **No mesmo sentido:** STJ, AgRg no REsp 355.323/ES, Rel. Min. Maria Thereza de Assis Moura, 6ª Turma, jul. 19.06.2008, *DJe* 04.08.2008; STJ, REsp 712.206/DF, Rel. Min. Jorge Scartezzini, 4ª Turma, jul. 15.03.2005, *DJ* 02.05.2005, p. 376; STJ, REsp 1.122.064/DF, Rel. Min. Hamilton Carvalhido, Corte Especial, jul. 01.09.2010, *DJe* 30.09.2010. **Entendendo ser devida a demonstração do fato, não sendo suficiente a mera alegação:** STJ, REsp 631.111/RN, Rel. Min. Fernando Gonçalves, 4ª Turma, jul. 18.08.2005, *DJ* 03.10.2005, p. 265.

c) Guia de recolhimento. "Em sede de recurso ordinário, o recolhimento das custas judiciais e do porte de remessa e retorno dos autos é realizado mediante Guia de Recolhimento da União – GRU, sob pena de deserção. 'É deserto o recurso interposto para o Superior Tribunal de Justiça, quando o recorrente não recolhe, na origem, a importância das despesas de remessa e retorno dos autos' (Súmula 187/STJ)" (STJ, RMS 29.228/SE, Rel. Min. Eliana Calmon, 2ª Turma, jul. 26.05.2009, *DJe* 04.06.2009).

Guia de Recolhimento da União. Preenchimento manual do número do processo. "O preenchimento manual do campo correspondente ao número do processo **não ofende as exigências formais da Guia de Recolhimento da União – GRU** referente ao pagamento do porte de remessa e retorno, previstas na Resolução n. 12/2005/STJ" (STJ, REsp 1.090.683/MG 2010/0161010-7, Rel. Min. Teori Albino Zavascki, jul. 09.06.2011, *DJe* 22.06.2011). **Obs.:** Cf. art. 1.007, § 7º, do CPC/2015.

d) Ausência de indicação do número de referência do documento de cobrança. "Ausente a indicação de número de referência que vincule o documento de cobrança do porte de remessa e retorno ao feito em apreço, aplica-se o instituto da deserção, pois torna-se impossível aferir se as custas foram regularmente recolhidas, nos termos da Resolução 12/2005 do Superior Tribunal de Justiça" (STJ, AgRg no Ag 740.447/SP, Rel. Min. Vasco Della Giustina, 3ª Turma, jul. 26.05.2009, *DJe* 08.06.2009). **Obs.:** é importante atentar para o disposto no § 7º do art. 1.007 do CPC/2015.

e) Erro. Código da receita. "A jurisprudência desta Corte Superior entende que o fato de haver erro quanto ao código de receita não pode ser levado em consideração para fins de deserção do recurso, caso o valor tenha sido efetuado no prazo legal e no valor exigido" (STJ, AgRg no Ag 623.371/PR, Rel. Min. José Delgado, 1ª Turma, jul. 07.03.2005, *DJ* 02.05.2005, p. 176).

f) Ausência de autenticação bancária. "Não se aplica a pena de deserção quando a guia anexada ao recurso especial não contenha a devida autenticação bancária, porém, o recorrente faz prova do recolhimento tempestivo das custas de porte e remessa" (STJ, REsp 332.802/MS, Rel. Min. Luis Felipe Salomão, 4ª Turma, jul. 10.02.2009, *DJe* 26.02.2009).

g) Indicação do número do processo respectivo. Resolução 20/2004. "A partir da edição da Resolução n. 20/2004, além do recolhimento dos valores relativos ao porte de remessa e retorno em rede bancária, mediante preenchimento da Guia de Recolhimento da União (GRU) ou de Documento de Arrecadação de Receitas Federais (DARF), com a anotação do respectivo código de receita e a juntada do comprovante nos autos, *passou a ser necessária a indicação do número do processo respectivo*" (STJ, AgRg no REsp 924.942, Rel. Min. Mauro Campbell Marques, Corte Especial, jul. 03.02.2010, *DJ* 18.03.2010). **No mesmo sentido:** STJ, AgRg no Ag 942.873/RS, Rel. Min. Luiz Fux, 1ª Turma, jul. 11.11.2008, *DJe* 27.11.2008). **Em sentido contrário:** "A Segunda Turma, em 28.08.2007, no julgamento do AgRg REsp 877.541/SP, decidiu *afastar a exigência de conter o DARF o número do processo a que se refere*, com base nos seguintes fundamentos (cópia das notas taquigráficas em anexo): a) a Resolução 20/2004 não teve o intuito de criar mais um empecilho de natureza formal ao conhecimento dos recursos; não se pode dar a essa resolução dimensão que vai muito além de seus objetivos; além disso, não há possibilidade de fraude porque o original está sendo juntado ao processo (Min. Herman Benjamin); b) ainda que não indicado o número do processo, como o valor do porte e remessa foi recolhido aos cofres do Estado, o objetivo foi cumprido (Min. João Otávio de Noronha)" (STJ, AgRg no Ag 888.132/PR, Rel. Min. Eliana Calmon, 2ª Turma, jul. 06.09.2007, *DJ* 02.10.2007, p. 237). **Obs.:** Cf. art. 1.007, § 7º, do CPC/2015.

"**Somente no período de vigência da Resolução nº 4/07 e da Resolução nº 7/07 deste Tribunal a exigência de que o número do processo constasse na Guia de Recolhimento deixou de existir**, isto é, de 26.06.07 a 27.03.08, quando entrou em vigor a Resolução nº 1/08 (artigo 4º). No caso dos autos, o recorrente deveria ter anotado o número do processo na guia de arrecadação correspondente já que na data do pagamento – 15.09.06 – encontrava-se em plena vigência a Resolução nº 20, de 24 de novembro de 2005, com redação modificada pelo Ato nº 141/STJ. Precedentes: REsp 924.942/SP, Rel. Min. Mauro Campbell Marques, Corte Especial, Sessão de 03.02.09, ainda não publicado; RMS 26.661/MG, Rel. Min. Humberto Martins, *DJU* 18.06.08; REsp 824.822/MG, Rel. Min. Eliana Calmon, *DJU* de 06.05.08; AgRg no Ag 953.328/PE, Rel. Min. Jorge Mussi, *DJU* de 31.03.08; AgRg no REsp 900.557/MG, Rel. Min. Eliana Calmon, *DJe* de 26.09.08" (STJ, REsp 908.602/RN, Rel. Min. Castro Meira, 2ª Turma, jul. 04.03.2010, *DJe* 30.03.2010). **Obs.:** Cf. art. 1.007, § 7º, do CPC/2015.

h) Comprovante inidôneo.

Deserção. Preparo recursal. "Na espécie, a agravante, após intimação para saneamento da ausência de comprovação do preparo, apresentou o comprovante de pagamento do anterior recolhimento simples das custas, mas não comprovou a complementação do referido preparo, devido em dobro. A apresentação de documento bancário sem autenticação mecânica, com a informação 'Pagamento pendente de autorização' é meio inidôneo para comprovação da complementação das custas, a fim de cumprir o que determina o § 4º do art. 1.007 do CPC/2015. Deserção reconhecida. Aplicação da Súmula 187/STJ" (STJ, AgInt no AREsp 1.749.763/SP, Rel. Min. Benedito Gonçalves, 1ª Turma, jul. 19.04.2021, *DJe* 23.04.2021).

Juntada de comprovante de agendamento do pagamento do preparo. Deserção. "De acordo com a jurisprudência do STJ, o comprovante de agendamento do preparo não é documento idôneo a demonstrar o seu efetivo recolhimento" (STJ, AgInt no REsp 1716434/ES, Rel. Min. Herman Benjamin, 2ª Turma, jul. 23.08.2018, *DJe* 16.11.2018).

Documento extraído da internet. Ausência de fé pública. Deserção. "A jurisprudência desta Corte é firme no entendimento de que os comprovantes bancários emitidos pela internet somente possuem veracidade entre a agência bancária e o correntista, não possuindo fé pública e, tampouco, aptidão para comprovar o recolhimento do preparo recursal" (STJ, AgRg no AREsp 155.918/DF, Rel. Min. Ricardo Villas Bôas Cueva, 3ª Turma, jul. 21.03.2013, *DJe* 26.03.2013).

i) Equívocos sanáveis.

A pena de deserção vem sendo substituída por intimação para correção do vício nas seguintes hipóteses: ausência de comprovação do pagamento das custas recursais e judiciais: STJ, RE no AREsp 1.606.152/RJ, Rel. Min. Maria Thereza de Assis Moura, jul. 23.06.21020, *DJe* 25.06.2020. **Comprovante de pagamento sem código de barras:** STJ, REsp 1.873.187/SP, Rel. Min. João Otávio de Noronha, jul. 27.05.2020, *DJe* 01.06.2020. **Falta de guia:** STJ, AREsp 1.701.601/SC, Rel. Min. João Otávio de Noronha, *DJe* 15.06.2020. **Comprovante de agendamento:** STJ, AREsp 1.693.694/SR, João Otávio de Noronha, jul. 20.05.2020, *DJe* 22.05.06.2020. **Comprovante de pagamento sem relação com a guia de recolhimento:** STJ, REsp 1.729.780/RS, Rel. Min. Laurita Vaz, *DJe* 09.04.2018. **Divergência no código de barras da guia do comprovante:** STJ, AREsp 1.705.062/RJ, Rel. Min. João Otávio de Noronha, *DJe* 23.06.2020. **Dados incompletos no comprovante de pagamento:** STJ, AREsp 1.664.501/PR, Rel. Min. João Otávio de Noronha, *DJe* 07.04.2020. **Guia incompleta:** STJ, AREsp 1.663.857/SC, Rel. Min. João Otávio de Noronha, *DJe* 03.04.2020. **Comprovante ilegível:** STJ, EDCl no AREsp 929.110/PR, Rel. Min. Laurita Vaz, *DJe* 12.12.2016. **Falha por parte do servidor na impressão do documento digitalizado:** STJ, EDCl no AREsp 967.181/DF, Rel. Min. Laurita Vaz, *DJe* 17.05.2017. **Sobreposição de dados da petição sobre o comprovante de pagamento mecânico:** STJ, AREsp 1.133.871/SP, Rel. Min. Laurita Vaz, *DJe* 13.11.2017. **Ausência de comprovação por meio de documento idôneo:** STJ, AREsp 1.767.680/SP, Rel. Min. João Otávio de Noronha, *DJe* 05.10.2018. **Comprovação de ocorrência de greve que impedisse cumprimento do prazo de recolhimento:** STJ, REsp 1.646.026/PE, Rel. Min. Laurita Vaz, *DJe* 09.02.2017.

Comprovante de pagamento juntado em outro processo. Equívoco sanável. "Não há como declarar deserção, se o recorrente – embora tenha apresentado guia de recolhimento referente a outro processo – comprova que efetivamente efetuou corretamente o preparo" (STJ, REsp 867.005/PR, Rel. Min. Humberto Gomes de Barros, 3ª Turma, jul. 09.08.2007, *DJ* 17.09.2007, p. 265).

6. Intimação para complementação (§ 4º).

Complementação de custas. Possibilidade. "É possível a abertura de prazo para complementação do preparo nos casos em que for recolhida apenas uma das guias exigidas, seja federal ou local, por tratar-se de insuficiência, e não de falta de recolhimento" (STJ, AgRg no AREsp 490.138/MG, Rel. Min. João Otávio de Noronha, 3ª Turma, jul. 17.03.2016, *DJe* 28.03.2016).

a) Despacho para regularizar preparo.

Irrecorribilidade. "A determinação para que a parte recorrente regularize o preparo, nos termos do art. 1.007, § 4º, do CPC/15, possui natureza jurídica de despacho e não de decisão, sendo, portanto, irrecorrível. Nesse sentido: EDcl no AgInt nos EDcl no AREsp n. 1.381.749/SE, Rel. Ministro Marco Buzzi, Quarta Turma, *DJe* 27.11.2019; AgInt no REsp n. 1.686.718/SP, Rel. Ministro Napoleão Nunes Maia Filho, Primeira Turma, *DJe* 13.9.2019; AgInt no AREsp 1.551.942/RJ, Rel. Min. Francisco Falcão, Segunda Turma, *DJe* 20.5.2020; AgInt nos EREsp 1.687.143/SP, Rel. Min. Herman Benjamin, Primeira Seção, *DJe* 21/11/2018" (STJ, AgInt no AREsp 1.711.385/SP, Rel. Min. Benedito Gonçalves. 1ª Turma, jul. 12.04.2021, *DJe* 15.04.2021).

Indispensabilidade. "O recorrente deve comprovar, no ato de interposição do recurso, o recolhimento do respectivo preparo, que corresponde às custas judiciais e ao porte de remessa e de retorno, sob pena de não conhecimento do recurso em razão da deserção (CPC/2015, art. 1.007). Os §§ 2º e 4º do art. 1.007 do CPC/2015, no entanto, estabelecem que, caso o recorrente, no momento da interposição do recurso, não comprove o recolhimento do preparo ou efetue o pagamento de valor insuficiente, terá o direito de ser intimado, antes do reconhecimento da deserção, para recolher em dobro o respectivo valor ou para complementá-lo, a depender do caso. Assim, o fato de a apelante ter juntado, espontaneamente, o comprovante do preparo recursal após a interposição da apelação, ainda que em valor insuficiente, não tem o condão de suprir a necessidade de intimação para regularização do vício, que constitui direito da parte, o qual não deve ficar submetido a juízo de discricionariedade do magistrado. Com efeito, o juiz tem o dever de provocar a parte para a regularização do preparo – indicando, inclusive, qual o equívoco deverá ser sanado, em consonância com o princípio da cooperação (CPC, art. 6º) –, iniciativa processual que se tornou condição indispensável ao reconhecimento da deserção, sem a qual o escopo da lei, de possibilitar à parte a regularização do preparo recursal, não será atingido" (STJ, REsp 1.818.661/PE, Rel. Min. Marco Aurélio Bellizze, 3ª Turma, jul. 23.05.2023, *DJe* 25.05.2023).

7. Justo impedimento (§ 6º).

Greve bancária. Justa causa para atraso no recolhimento do preparo. "'A greve dos bancários constitui justo impedimento ao recolhimento do preparo, desde que efetivamente impeça a parte de assim proceder, circunstância que deve ser manifestada e comprovada no ato da interposição do respectivo recurso, com o posterior pagamento das custas e a juntada da respectiva guia aos autos, no dia subsequente ao término do movimento grevista (ou no prazo eventualmente fixado pelo respectivo Tribunal via portaria), sob pena de preclusão' (AgRg nos EREsp 1.002.237/SP, Rel. Ministra Nancy Andrighi, Segunda Seção, *DJe* 20.11.2012)" (STJ, AgInt no AREsp 1.126.278/SP, Rel. Min. Og Fernandes, 2ª Turma, jul. 15.03.2018, *DJe* 21.03.2018).

Autos se encontrarem fora de cartório. "Constitui justo impedimento, capaz de afastar a aplicação da pena processual de deserção, de tão graves repercussões sobre o direito material da parte, a circunstância de os autos se encontrarem fora de cartório, eis que remetidos a contadoria os autos principais onde anexados os de medida cautelar. Pagamento realizado com alguns dias de atraso. Deserção relevada" (STJ, REsp 23.423/GO, Rel. Min. Athos Carneiro, 4ª Turma, jul. 27.10.1992, *DJ* 07.12.1992).

"'**Havendo fundada dúvida, em face do disposto em lei estadual sobre custas**, que tem ensejado decisões conflitantes sobre a necessidade de ser efetuado o preparo referente à apelação em sede de embargos à execução, é de ser relevada a pena de deserção, nos termos do art. 519 do Código de Processo Civil [art. 1.007, § 6º, do CPC/2015], em homenagem ao princípio do amplo acesso à Justiça sob duplo grau de jurisdição' (REsp 331.561/SP, CE, Min. Cesar Asfor Rocha, *DJ* de 07.11.2005)" (STJ, REsp 933.354/SP, Rel. Min. Teori Albino Zavascki, 1ª Turma, jul. 21.08.2007, *DJ* 10.09.2007).

"**Caracterizado o justo impedimento da CEF, o juiz deverá relevar a pena de deserção, fixando prazo para efetuar o preparo.** (art. 519 do CPC)" [art. 1.007, § 6º, do CPC/2015] (STJ, REsp 430.483/RJ, Rel. Min. Francisco Peçanha Martins, 2ª Turma, jul. 17.06.2004, *DJ* 13.09.2004). **No mesmo sentido:** STJ, REsp 98.080/SP, Rel. Min. Humberto Gomes de Barros, 1ª Turma, jul. 10.10.1996, *DJ* 11.11.1996.

8. Equívoco no preenchimento (§ 7º).

a) Divergência no código de barras da GRU.

Deserção. "A falta de correspondência entre o código de barras constante do comprovante de pagamento e o da guia de recolhimento do preparo enseja a aplicação da pena de deserção, ante a irregularidade no pagamento do preparo" (STJ, AgRg no AREsp. 744.478/SP, Rel. Min. João Otávio de Noronha, 3ª Turma, jul. 17.05.2016, *DJe* 23.05.2016).

b) Prazo para sanar vício.

Protocolo em local indevido. Deserção. "A jurisprudência do Superior Tribunal de Justiça é no sentido de que, consoante o art. 1.007, § 7º, do CPC, é deserto o recurso se, intimado o recorrente para regularizar o vício na comprovação do preparo, não o fizer no prazo de 5 (cinco) dias. É dever do recorrente comprovar o pagamento do preparo, com o correto preenchimento das guias de recolhimento, junto ao tribunal de origem. É ônus do advogado protocolizar as petições e os recursos no juízo correto, não podendo ser considerada a data de protocolo promovido em local indevido" (STJ, AgInt no REsp 1.738.247/SC, Rel. Min. Ricardo Villas Bôas Cueva, 3ª Turma, jul. 17.12.2018, *DJe* 01.02.2019).

9. Litisconsortes.

Apelações autônomas. Preparos independentes. "O princípio da autonomia impõe que cada recurso atenda a seus próprios requisitos de admissibilidade, independentemente dos demais recursos eventualmente interpostos, inclusive no que se refere ao preparo correspondente, que é individual. Arts. 500 e 511 do CPC" [arts. 997 e 1.007 do CPC/2015] (STJ, REsp 1.003.179/RO, Rel. Min. Teori Albino Zavascki, 1ª Turma, jul. 05.08.2008, *DJe* 18.08.2008). **No mesmo sentido:** STJ, AgRg no Ag 440.078/SP, Rel. Min. Antônio de Pádua Ribeiro, 3ª Turma, jul. 05.09.2002, *DJ* 28.10.2002

Litisconsórcio unitário. "Em se tratando, pois, de litisconsórcio unitário, o recolhimento do preparo efetuado por um dos recorrentes se aproveita aos outros litisconsortes, de acordo com o disposto no art. 14, § 5º, da Lei nº 9.289/96" (STJ, AgRg nos EDcl no REsp 186.500/SC, Rel. Min. Francisco Falcão, 1ª Turma, jul. 05.10.2004, *DJ* 16.11.2004, p. 184).

Art. 1.008. O julgamento proferido pelo tribunal substituirá a decisão impugnada no que tiver sido objeto de recurso.

CPC/1973

Art. 512.

REFERÊNCIA LEGISLATIVA

CPC/2015, arts. 1.002 (recurso total e parcial) e 1.013 (apelação; efeito devolutivo).

SÚMULAS

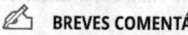

Súmula TRF 4ª Região

N.º 16: "A apelação genérica, pela improcedência da ação, não devolve ao Tribunal o exame da fixação dos honorários advocatícios, se esta deixou de ser atacada no recurso".

BREVES COMENTÁRIOS

O efeito substitutivo é atribuído pelo art. 1.008 do CPC/2015 aos recursos em geral. Consiste ele na força do julgamento de qualquer recurso de substituir, para todos os efeitos, a decisão recorrida, nos limites da impugnação. Trata-se de um derivativo do efeito devolutivo. Se ao órgão *ad quem* é dado reexaminar e redecidir a matéria cogitada no decisório impugnado, torna-se necessário que somente um julgamento a seu respeito prevaleça no processo. A última decisão, portanto, *i.e.*, a do recurso, é que prevalecerá.

JURISPRUDÊNCIA SELECIONADA

1. Efeito substitutivo. "Não obstante o enfrentamento das matérias suscitadas no Agravo Interno, a verdade é que, tecnicamente, o Recurso da União se encontra prejudicado por força do efeito substitutivo previsto no art. 1.008 do CPC. Nesse sentido: 'O acórdão proferido no julgamento do agravo regimental substitui a decisão monocrática' (AgRg no AgRg nos EREsp 1.432.214/SC, Rel. Ministro João Otávio de Noronha, Segunda Seção, *DJe* 2.5.2016)" (STJ, AgInt no REsp 1784258/RJ, Rel. Min. Herman Benjamin, 2ª Turma, jul. 29.06.2020, *DJe* 21.08.2020).

"O efeito substitutivo previsto no artigo 512 do CPC [art. 1.008, CPC/2015] implica a prevalência da decisão proferida pelo órgão superior ao julgar recurso interposto contra o decisório da instância inferior. Somente um julgamento pode prevalecer no processo, e, por isso, o proferido pelo órgão *ad quem* sobrepuja-se, substituindo a decisão recorrida nos limites da impugnação. Para que haja a substituição, é necessário que o recurso esteja fundado em *error in judicando* e tenha sido conhecido e julgado no mérito. Caso a decisão recorrida tenha apreciado de forma equivocada os fatos ou tenha realizado interpretação jurídica errada sobre a questão discutida, é necessária a sua reforma, havendo a substituição do julgado recorrido pela decisão do recurso. Não se aplica o efeito substitutivo quando o recurso funda-se em *error in procedendo*, com vício na atividade judicante e desrespeito às regras processuais, pois, nesse caso, o julgado recorrido é anulado para que outro seja proferido na instância de origem. Em casos assim, a instância recursal não substitui, mas desconstitui a decisão acoimada de vício" (STJ, REsp 963.220/BA, Rel. Min. João Otávio de Noronha, 4ª Turma, jul. 07.04.2011, *DJe* 15.04.2011).

"**Há efeito substitutivo mesmo quando o acórdão conhece do apelo e lhe nega provimento**, tendo em vista que ele (acórdão) é que passa a ter aptidão para adquirir a autoridade de coisa julgada material (*auctoritas rei iudicatae*). Nesse contexto, se o mérito da demanda foi expressamente tratado no julgamento da apelação, são os fundamentos do respectivo acórdão que devem ser objeto do recurso especial, sendo certo que eventual vício existente em algum dos 'requisitos essenciais' da sentença (relatório, fundamentação e dispositivo) restará superado" (STJ, REsp 1.229.572/MA, Rel. Min. Mauro Campbell Marques, 2ª Turma, jul. 22.02.2011, *DJe* 04.03.2011).

"O art. 512 do CPC [art. 1.008 do CPC/2015] estabelece que 'o julgamento proferido pelo tribunal substituirá a sentença ou a decisão recorrida no que tiver sido objeto de recurso'. Por isso não pode o relator, ao apreciar os embargos infringentes, apenas fazer referência aos fundamentos lançados na apelação, notadamente se esta foi provida e a sentença totalmente reformada, desprezando, por completo, as razões recursais expendidas nos embargos infringentes e as considerações acerca do voto divergente. Os recursos de apelação e de embargos infringentes ostentam faixas de devolutividade diversas. Enquanto o primeiro possui efeito devolutivo amplo, o segundo está adstrito aos limites do voto vencido, balizado sempre pela impugnação realizada pelo embargante, o que inviabiliza a mera alusão aos fundamentos do voto vencedor, proferido na apelação" (STJ, REsp 685.384/RJ, Rel. Min. Luis Felipe Salomão, 4ª Turma, jul. 01.10.2009, *DJe* 26.10.2009).

"O efeito substitutivo previsto no artigo 512 do CPC [art. 1.008 do CPC/2015] se dá na extensão do que houver sido modificado pelo Tribunal. Permanecendo hígidas as questões não resolvidas" (STJ, REsp 620.248/PR, Rel. Min. João Otávio de Noronha, 4ª Turma, jul. 03.09.2009, *DJe* 09.11.2009).

2. *Non reformatio in pejus.* "Cumpre salientar que não restou configurada, na hipótese, infringência ao princípio da *non reformatio in pejus*, e tampouco afronta ao disposto no art. 512 do CPC [art. 1.008, CPC/2015], visto que, conhecido o recurso especial, incumbia ao julgador aplicar o direito à espécie, que, no caso dos autos, exigiu a adoção de uma terceira tese, diversa daquela apreciada pela Corte de origem ou da defendida nas razões recursais, a fim de adequar o julgado à jurisprudência dominante sobre o tema" (STJ, EDcl no REsp 1.100.620/SC, Rel. Min. Mauro Campbell Marques, 2ª Turma, jul. 24.05.2011, *DJe* 31.05.2011).

3. Reclamação. "A reclamação visa preservar a competência do STF e garantir a autoridade de suas decisões, motivo pelo qual a decisão proferida em reclamação não substitui a decisão recorrida como nos recursos, mas apenas cassa o ato atacado. A reclamação tem natureza de remédio processual correcional, de função corregedora. Ademais, o STF somente admite a reclamação nos casos de processos sem trânsito em julgado, ou seja, com recurso ainda pendente" (STF, Rcl 872 AgR, Rel. p/ Acórdão Min. Nelson Jobim, Tribunal Pleno, jul. 09.09.2004, *DJ* 20.05.2005).

4. Ação Rescisória. "Nas hipóteses em que a decisão recorrida, de mérito, se vê substituída pela do órgão *ad quem* – mediante reforma ou confirmação, pouco importa – incidindo a norma do art. 512 do CPC [art. 1.008 do CPC/2015], eventual ação rescisória há de se dirigir contra o julgamento de grau superior, que substituiu o outro. O fundamento, naturalmente, tem de se referir à decisão substitutiva, não à substituída" (2º TACivSP, AR 201.984-3, Rel. Juíz Guerrieri Rezende, 4º Grupo de Câmara, jul. 21.02.1989; *RT* 640/140).

5. Juros moratórios. "Embora o acórdão substitua a sentença, no que foi objeto do recurso, nos termos do art. 512 do CPC [art. 1.008 do CPC/2015], se a sentença fixa juros moratórios de 1% ao mês com base no art. 161 do CTN, e o recurso contra ela interposto é rejeitado, não há dúvida de que será esse percentual, e não outro, que deverá ser considerado na execução do julgado, ainda que o aresto recorrido tenha mantido, genericamente, os 'consectários legais' fixados pelo juízo *a quo*" (STJ, AgRg nos EREsp 1.109.446/SP, Rel. Min. Castro Meira, 1ª Seção, jul. 25.08.2010, *DJe* 02.09.2010).

☆ RECURSOS PARTE GERAL: INDICAÇÃO DOUTRINÁRIA

Alberto Gossom Jorge Junior. Princípios dos recursos no CPC/2015. *Revista dos Tribunais*, v. 967, ano 2015, p. 317-335. São Paulo: RT, maio 2016; Alcides de Mendonça Lima, A dilatação de prazo para recurso, *RP* 10/241; *Ajuris* 13/110; Antônio Pereira Gaio Júnior. Teoria Geral dos Recursos: Análise e Atualizações à Luz do Novo Código de Processo Civil Brasileiro. In: Fredie Didier Jr., (coord.). *Processo nos Tribunais e Meios de Impugnação às Decisões Judiciais*. 2. ed. Salvador: JusPodivm, 2016, p. 651; Athos Gusmão Carneiro, *Observações sobre o recurso adesivo, RP* 19/161; Cassio Scarpinella Bueno, *Manual de direito processual civil*, São Paulo: Saraiva, 2015; Daniel Amorim Assumpção Neves, *Manual de direito processo civil*, São Paulo: Método, 2015; Denise Schimitt Siqueira Garcia e Marisa Schmitt Siqueira Mendes. *Modificações na fase recursal com o advento do novo CPC*. In: Paulo Henrique dos Santos Lucon e Pedro Miranda de Oliveira. Panorama atual do novo CPC. Florianópolis: Empório do Direito, 2016, p. 59; Dierle Nunes; Alexandre Bahia; Flávio Quinaud Pedron. Teoria geral do processo. Salvador: Editora JusPodivm, 2020; Eduardo Arruda Alvim, *Breves considerações sobre a assistência e o recurso de terceiro prejudicado, RF* 411/65: O objetivo do presente estudo consiste na investigação da assistência no Código de Processo Civil, essa importante modalidade de intervenção de terceiros. Não poderia deixar de ser mencionado, nesse contexto, a figura do recurso de terceiro prejudicado; Eduardo Talamini, Interesse recursal, In: Sérgio Cruz Arenhart; Daniel Mitidiero (coords.), *O processo civil entre a técnica processual e a tutela dos direitos*: estudos em homenagem a Luiz Guilherme Marinoni, São Paulo: RT, 2017, p. 807 e ss; Eric Cesar Marques Ferraz. Noções Elementares sobre Recursos no Novo CPC e suas Principais Alterações. *Revista Síntese*, ano XVII, nº 100, mar.-abr. 2016. São Paulo: Síntese. p. 124; Fernando Gonzaga Jayme, Gláucio Maciel Gonçalves, Renata Christiana Vieira Maia. Teoria geral dos recursos cíveis. In: Fernando Gonzaga Jayme *et. al. Inovações e Modificações do Código de Processo Civil*. Belo Horizonte: Del Rey, 2017, p. 369; Flávio Cheim Jorge, In: Teresa Arruda Alvim Wambier, Fredie Didier Jr., Eduardo Talamini, Bruno Dantas, *Breves comentários ao novo Código de Processo Civil*, São Paulo: Revista dos Tribunais, 2015; Francisco Fernandes de Araújo, Dos embargos declaratórios contra decisões interlocutórias e despachos de mero expediente, *RT* 628/48; *RJTJSP* 119/19; *Just.* 139/67; Fredie Didier Jr., *Curso de direito processual civil*, 17. ed., Salvador: JusPodivm, 2015, v. I; Galeno Lacerda, Recurso – preparo – deserção – preclusão consumativa, *RF* 336/187; Gelson Amaro de Souza. O Valor da Causa e Recurso no Processo Civil. In: Fredie Didier Jr. (coord.). *Processo nos Tribunais e Meios de Impugnação às Decisões Judiciais*. 2. Salvador: JusPodivm, 2016, p. 683; Hilton Massa, Prazo para o MP recorrer, *RP* 07/213; Hugo de Brito Machado Segundo. Os Recursos no Novo CPC e a "Jurisprudência Defensiva". *In* DIDIER JR, In: Fredie Didier Jr., (coord.). *Processo nos Tribunais e Meios de Impugnação às Decisões Judiciais*. 2. ed. Salvador: JusPodivm, 2016, p. 513; Humberto Theodoro Junior, *Curso de direito processual civil*, 54 ed., Rio de Janeiro: Forense, 2021, v. III; Humberto Theodoro Junior, Fernanda Alvim Ribeiro de Oliveira, Ester Camila Gomes Norato Rezende (coord.), *Primeiras lições sobre o novo direito processual civil brasileiro*, Rio de Janeiro: Forense, 2015; J. C. Barbosa Moreira, *Comentários ao CPC*, 6. ed., vol. V, p. 309/313, nos 188/190; José Henrique Mouta Araújo. O efeito suspensivo dos recursos no novo CPC: do pedido incidental ao requerimento autônomo. *Revista de Processo*. vol. 267. ano 42. p. 345. São Paulo: Ed. RT, maio/2017; José Henrique Mouta Araújo. O recurso não conhecido e as consequências processuais na visão do STJ/STF. *Revista de Processo*. vol. 293, ano 44. p. 191-218. São Paulo: Ed. RT, julho/2019; José Miguel Garcia Medina, *Novo Código de Processo Civil comentado*, São Paulo: Revista dos Tribunais, 2015; Leonardo Fernandes Ranña. O novo Código de Processo Civil e os meios de obtenção de tutelas provisórias na fase recursal – Breves comentários sobre as inovações trazidas pelo novo ordenamento. *Revista de Processo*, v. 255, ano 41, p. 211-249. São Paulo: RT, maio 2016; Leonardo Greco, *Instituições de processo civil: introdução ao direito processual civil*, 5. ed., Rio de Janeiro: Forense, 2015; Leonardo José Carneiro da Cunha, Embargos de declaração contra decisão interlocutória e contra despacho, *RDDP* 11/91; Leonardo Oliveira Soares, Duas restrições, no futuro CPC, ao exercício constitucional ao recurso, *RDDP* n. 148, p. 62, jul. 2015; Luís Antônio de Andrade, *Aspectos e inovações do Código de Processo Civil*, n. 276; Luis Antônio Giampaulo Sarro, *Novo Código de Processo Civil*, São Paulo: Rideel, 2015; Luis Guilherme Aidar Bondioli. *In* José Roberto F. Gouvêa; Luis Guilherme A. Bondioli e João Francisco N da Fonseca (coord.). Comentários ao Código de Processo Civil. 2. ed., São Paulo: Saraiva, 2017 v. 20; Luiz Guilherme Marinoni, Sérgio Cruz Arenhart, Daniel Mitidiero, *Curso de processo civil*, São Paulo: Revista dos Tribunais, 2015, v. I; Luiz Guilherme Marinoni; Daniel Mitidiero. *In* Sérgio Cruz Arenhart e Daniel Mitidiero (coord.). *Comentários ao Código de Processo Civil*. 2. ed., São Paulo: Editora Revista dos Tribunais, 2018, v. 16; Luiz Manoel Gomes Junior e Miriam Fecchio Chueiri. Anotações sobre o Sistema Recursal no Novo Código de Processo Civil. In: Fredie Didier Jr., (coord.). *Processo nos Tribunais e Meios de Impugnação às Decisões Judiciais*. 2. ed. Salvador: JusPodivm, 2016, p. 537; Márcio Carvalho Faria. O Novo Código de Processo Civil *vs*. a Jurisprudência Defensiva. In: Fredie Didier Jr., (coord.). *Processo nos Tribunais e Meios de Impugnação às Decisões Judiciais*. 2. ed. Salvador: JusPodivm, 2016, p. 567; Marcos Guimarães, *Limites objetivos do recurso de apelação*, p. 80; Flávio Cheim Jorge. In: Teresa Arruda Alvim Wambier, Fredie Didier Jr., Eduardo Talamini, Bruno Dantas, *Breves comentários ao novo Código de Processo Civil*, São Paulo: Revista dos Tribunais, 2015; Marcos Salvador de Toledo Piza, *Recurso adesivo, RT* 490/257; Ernani Vieira de Souza, *O recurso adesivo, o MP e o terceiro prejudicado, RF* 254/431; Milton Flaks, MP: interesse em recorrer em processo civil, *RBDP* 20/97; Nelson Nery Junior, Rosa Maria de Andrade Nery, *Comentários ao Código de Processo Civil*, São Paulo: Revista dos Tribunais, 2015; Ovídio A. Baptista da Silva, *Curso de direito processual civil*, v. I, p. 354; Fredie Didier Jr., *Recurso de terceiro*, São Paulo: Revista dos Tribunais; Pontes de Miranda, *Comentários ao CPC (1973)*, tomo VIII, p. 108; Priscila Faricelli de Mendonça, Nota sobre os recursos no novo CPC, *Revista Dialética de*

Direito Processual, n. 149, ago. 2015, p. 120-126; Rennan Faria Krüger Thamay e Rafael Ribeiro Rodrigues. Algumas reflexões sobre o efeito translativo: entre o CPC/73 e o CPC/2015. In: Fredie Didier Jr., (coord.). *Processo nos Tribunais e Meios de Impugnação às Decisões Judiciais*. 2. ed. Salvador: JusPodivm, p. 709; Rennan Faria Krüger Thamay; Rafael Ribeiro Rodrigues. O efeito translativo na barca de Caronte. Revista de Processo, v. 255, ano 41, p. 253-274. São Paulo: RT, maio 2016; Roberto Carvalho de Souza, Considerações sobre a irrecorribilidade dos despachos e dos atos meramente ordinatórios, *RF* 395/649; Sandro Marcelo Kozikoski. O CPC 2015 e a Relativização do Princípio da Proibição da *reformatio in pejus*. In: Fredie Didier Jr., (coord.). *Processo nos Tribunais e Meios de Impugnação às Decisões Judiciais*. 2. ed. Salvador: JusPodivm, 2016, p. 645; Seabra Fagundes, *Dos recursos ordinários em matéria civil*, p. 198/9; Sergio Bermudes, *Comentários ao CPC*, v. VII, p. 131 e 133, n. 06; Teresa Arruda Alvim Wambier, Fredie Didier Jr., Eduardo Talamini, Bruno Dantas (coord.), *Breves comentários ao novo Código de Processo Civil*, São Paulo: Revista dos Tribunais, 2015; Teresa Celina Arruda Alvim Pinto, Despachos, pronunciamentos recorríveis, *RP* 58/45; Wellington Moreira Pimentel, *Comentários ao CPC*, v. II, p. 20, 135, 136, 486, 487 e 526; Manoela Virmond Munhoz. Reflexões sobre a (in)sanabilidade de vícios relacionados à tempestividade recursa. *Revista de Processo*. v. 332, ano 47, p. 145 e ss.

Capítulo II
DA APELAÇÃO

Art. 1.009. Da sentença cabe apelação.

§ 1º As questões resolvidas na fase de conhecimento, se a decisão a seu respeito não comportar agravo de instrumento, não são cobertas pela preclusão e devem ser suscitadas em preliminar de apelação, eventualmente interposta contra a decisão final, ou nas contrarrazões.

§ 2º Se as questões referidas no § 1º forem suscitadas em contrarrazões, o recorrente será intimado para, em 15 (quinze) dias, manifestar-se a respeito delas.

§ 3º O disposto no *caput* deste artigo aplica-se mesmo quando as questões mencionadas no art. 1.015 integrarem capítulo da sentença.

CPC/1973

Art. 513.

REFERÊNCIA LEGISLATIVA

CPC/2015, arts. 101 (apelação da sentença que defere ou revoga gratuidade de justiça), 331 (apelação da sentença de indeferimento da petição inicial), 332, § 2º (apelação na improcedência liminar do pedido), 485 (extinção do processo sem resolução de mérito), 487 (resolução de mérito), 706, § 2º (homologação do penhor legal), 724 (apelação contra sentença proferida em procedimento especial de jurisdição voluntária), 755, § 3º (apelação contra sentença de interdição), 937 (sustentação oral), 997, § 2º, II (apelação adesiva), 1.012 (apelação sem efeito suspensivo), 1.027 e 1.028 (apelação para o STF).

CJF –JORNADAS DE DIREITO PROCESSUAL CIVIL

I JORNADA

Enunciado 39 – Cassada ou modificada a tutela de urgência na sentença, a parte poderá, além de interpor recurso, pleitear o respectivo restabelecimento na instância superior, na petição de recurso ou em via autônoma.

Enunciado 67 – Há interesse recursal no pleito da parte para impugnar a multa do art. 334, § 8º, do CPC por meio de apelação, embora tenha sido vitoriosa na demanda.

BREVES COMENTÁRIOS

O Código de 1973, em seu texto originário, unificou os conceitos de sentença e de recurso cabível. Se se põe termo ao processo, haja ou não decisão do mérito, o caso será sempre de sentença (CPC/1973, art. 162, § 1º). E o recurso interponível também será sempre um só: o de apelação (CPC/1973, art. 513). O Código atual manteve a mesma sistemática do anterior (CPC/2015, art. 1.009), alterando, porém, a definição de sentença, que passa a ser a decisão que encerra a fase cognitiva do processo ou a execução (art. 203, § 1º) Apelação, portanto, é o recurso que se interpõe das sentenças dos juízes de primeiro grau de jurisdição para levar a causa ao reexame dos tribunais do segundo grau, visando a obter uma reforma total ou parcial da decisão impugnada, ou mesmo sua invalidação.

O CPC/2015 aboliu a figura do agravo retido, interposto em face de decisão proferida pelo juiz de primeiro grau, que, se não fosse reformada pelo magistrado, era objeto de análise pelo tribunal, caso o recurso fosse reiterado em preliminar de apelação ou de contrarrazões de apelação (CPC/1973, art. 523).

A nova sistemática, embora semelhante à anterior, afasta a necessidade de interposição imediata de recurso, para impedir a preclusão. Agora, se a matéria incidental decidida pelo magistrado *a quo* não constar do rol taxativo do art. 1.015, que autoriza a interposição de agravo de instrumento, a parte prejudicada deverá aguardar a prolação da sentença para, em preliminar de apelação ou nas contrarrazões, requerer a sua reforma (art. 1.009, § 1º). Vale dizer, a preclusão sobre a matéria somente ocorrerá se não for posteriormente impugnada em preliminar de apelação ou nas contrarrazões.

JURISPRUDÊNCIA SELECIONADA

1. Cabimento. "Contra sentença definitiva, que põe fim ao processo, apreciando o mérito da causa, só cabe apelação – arts. 162, § 1º, e 513 do CPC [arts. 203, § 1º, e 1.009 do CPC/2015] – e não agravo de instrumento – arts. 162, § 2º, e 522 [arts. 203, § 2º, e 1.015 do CPC/2015]. Interposto este, dele não se conhece por impropriedade do recurso" (TJPR, Ag 554/85, Rel. Des. Nunes do Nascimento, 1ª Câmara, ac. un. 3.915,jul. 18.03.1986; *Adcoas*, n. 111.419, 1987).

Decisão interlocutória. "De acordo com o disposto no art. 1.009 do CPC-2015, apelação é o recurso cabível contra sentença. Sentença, em conformidade com o art. 203, § 1º, do CPC-2015, é o pronunciamento judicial pelo qual o juiz: (i) põe fim à fase cognitiva do procedimento comum; ou (ii) extingue a execução. Os pronunciamentos decisórios que não se amoldam ao conceito de sentença configuram decisões interlocutórias, tal como previsto no § 2º do mesmo art. 203 do CPC. Contra decisões interlocutórias não cabe apelação (CPC, art. 1.009). Tais decisões podem, eventualmente, ser passíveis de agravo de instrumento, se a situação se enquadrar no rol taxativo previsto no art. 1.015 do CPC. **Segundo a nova sistemática processual, quando não for cabível agravo de instrumento, as decisões interlocutórias podem ser impugnadas em preliminar no recurso de apelação, ou nas respectivas contrarrazões** (CPC/2015, art. 1009-§ 1º), considerando que foi extinta a figura do agravo retido" (TRF4, AC 5003447-74.2016.4.04.7121, Rel. Cândido Alfredo Silva Leal Junior, 4ª Turma, jul. 06.06.2018).

2. Extinção do processo. "A extinção só produz efeito quando declarada por sentença. Toda vez que o julgamento caracterizar encerramento do processo principal ou incidente ter-se-á sentença, e o recurso adequado será o de apelação" (2º

TACívelSP, Ap 190.161-0, Rel. Juiz Gamaliel Costa, 6ª Câmara, ac. un., jul. 28.05.1986; *RT* 610/170).

3. Extinção da execução. Apelação. Ver jurisprudência do art. 203 do CPC/2015.

Processo de execução. Extinção do feito. Interposição de agravo de instrumento. Erro grosseiro. "O acórdão recorrido está alinhado à jurisprudência desta Corte Superior, consignando que o recurso cabível contra decisão extintiva da execução é a Apelação, e não o Agravo de Instrumento, à luz dos arts. 920, III, e 1.009 do Código Fux, caracterizando sua interposição erro grosseiro, vedada a aplicação do princípio da fungibilidade recursal, cabível apenas na hipótese de dúvida objetiva" (STJ, AgInt no AREsp 1.420.170/SC, Rel. Min. Napoleão Nunes Maia Filho, 1ª Turma, jul. 09.03.2020, *DJe* 11.03.2020).

4. Impugnação ao cumprimento de sentença. Extinção do processo. Recurso cabível. Apelação. Ver jurisprudência do art. 525 do CPC/2015.

5. Exceção de pré-executividade. "A decisão que **acolhe** exceção de pré-executividade põe fim ao processo executório e, como ato extintivo, desafia recurso de apelação" (STJ, REsp 613.702/PA, Rel. Min. Fernando Gonçalves, 4ª Turma, jul. 08.06.2004, *DJ* 28.06.2004, p. 336; *RSTJ* 184/391). **Obs.:** Sobre a decisão que *rejeita* a exceção, aplica-se o art. 1.015, parágrafo único, do CPC/2015.

6. Embargos de declaração. "Não é admissível o recebimento de embargos de declaração como apelação, por invocação do princípio da fungibilidade dos recursos, a uma porque essa fungibilidade dirá respeito a recursos em tese cabíveis de interposição a um mesmo órgão judicante; a duas porque o recorrente sofrerá grave prejuízo de vez que a fundamentação de embargos de declaração não é necessariamente a mesma cabível nas razões de apelação" (TJSP, AI 256.044-1, Rel. Costa Manso, jul. 10.08.1995, *JTJ* 173194).

7. Execução fiscal. "A Primeira Seção, por ocasião do julgamento do Recurso Especial repetitivo 1.168.625/MG, em 9.6.2010, *DJe* 1º.7.2010, reiterou o entendimento de que o recurso de apelação é cabível nas execuções fiscais nas hipóteses em que o seu valor excede, na data da propositura da ação, a 50 (cinquenta) ORTN, à luz do disposto no art. 34 da Lei n. 6.830/80" (STJ, AgRg no AREsp 23.654/SP, Rel. Min. Humberto Martins, 2ª Turma, jul. 20.09.2011, *DJe* 26.09.2011).

8. Apelação interposta no dia seguinte ao término do prazo. Intempestividade. Reconhecimento. "Petição tempestiva quando recebida até vinte e quatro horas do último dia do prazo. Apelação interposta no dia seguinte ao término do prazo. Protocolo realizado um minuto e vinte e quatro segundos além do tempo regulamentar. Indisponibilidade do sistema no dia do vencimento do prazo. Regra do art. 3º do Provimento nº 26/2013, da Corregedoria-Geral deste Tribunal. Indisponibilidade inferior a sessenta minutos ocorrida entre 6 e 23 horas do termo final do prazo. Irrelevância" (TJSP, Ap 1012419-73.2016.8.26.0002, Rel. Des. Hamid Bdine, 4ª Câmara de Direito Privado, jul. 01.12.2016, data de registro 13.12.2016).

9. Previdenciário e processo civil. Interposição intempestiva de apelação. Recebimento como recurso adesivo. Princípio da fungibilidade. Inaplicabilidade. "Conforme entendimento firmado neste Tribunal, na hipótese de interposição de recurso nominado pela parte como apelação, com fundamento no art. 1.009 do CPC, não há falar em afastamento de intempestividade para fins de recebimento de recurso principal como adesivo. Da mesma forma, não se revela possível a aplicação do princípio da fungibilidade recursal, por se tratar de erro grosseiro" (STJ, AgInt no AREsp 1.609.677/SP, Rel. Min. Sérgio Kukina, 1ª Turma, jul. 31.08.2020, *DJe* 04.09.2020).

10. Conexão. Julgamento simultâneo. Reconhecimento de litispendência. Interposição de um único recurso de apelação. "Nas hipóteses de conexão de ações, com julgamento simultâneo, proferida sentença única, pode a parte interpor apenas um recurso abrangendo todas as ações, pois o que se ataca é a decisão que é una. Precedentes. (...) O julgamento simultâneo dos feitos, acaso realizado, e ainda que tenha havido a extinção de um deles em razão da litispendência, também admitirá a interposição de um único recurso – como o fez a parte recorrente na específica hipótese versada nos presentes autos" (STJ, REsp 1.821.634/PB, Rel. Min. Nancy Andrighi, 3ª Turma, jul. 02.02.2021, *DJe* 05.02.2021).

11. Apelação. Efeito devolutivo. Capítulo não impugnado. Trânsito em julgado. Proibição da *reformatio in pejus*. "No âmbito da devolução, o tribunal poderá apreciar todas as questões suscitadas e discutidas no processo, ainda que não tenham sido solucionadas pela sentença recorrida, mas a extensão do que será analisado é definida pelo pedido do recorrente. Em seu julgamento, o acórdão deverá limitar-se a acolher ou rejeitar o que lhe for requerido pelo apelante, para que não haja ofensa aos princípios da disponibilidade da tutela jurisdicional e o da adstrição do julgamento ao pedido. (...) Sobre o capítulo não impugnado pelo adversário do apelante, podendo a reforma eventualmente significar prejuízo ao recorrente, incide a coisa julgada. Assim, não há pensar-se em *reformatio in pejus*, já que qualquer providência dessa natureza esbarraria na *res iudicata*" (STJ, REsp 1.909.451/SP, Rel. Min. Luis Felipe Salomão, 4ª Turma, jul. 23.03.2021, *DJe* 13.04.2021).

Art. 1.010. A apelação, interposta por petição dirigida ao juízo de primeiro grau, conterá:

I – os nomes e a qualificação das partes;

II – a exposição do fato e do direito;

III – as razões do pedido de reforma ou de decretação de nulidade;

IV – o pedido de nova decisão.

§ 1º O apelado será intimado para apresentar contrarrazões no prazo de 15 (quinze) dias.

§ 2º Se o apelado interpuser apelação adesiva, o juiz intimará o apelante para apresentar contrarrazões.

§ 3º Após as formalidades previstas nos §§ 1º e 2º, os autos serão remetidos ao tribunal pelo juiz, independentemente de juízo de admissibilidade.

CPC/1973

Arts. 514 e 518.

BREVES COMENTÁRIOS

O Código de 1973 previa a realização do juízo de admissibilidade em duas ocasiões: (i) primeiramente, o cabimento do recurso seria apreciado pelo próprio órgão judicial prolator do decisório impugnado (juízo *a quo*); e (ii) mais adiante seria renovado pelo tribunal ad quem, *i.e.*, por aquele a quem o recurso fora endereçado. Quando isto se dava, o primeiro juízo de admissibilidade era provisório, pois prevaleceria apenas enquanto o tribunal *ad quem* não se manifestasse.

O CPC de 2015 aboliu o juízo de admissibilidade provisório, já que tanto na apelação como no agravo de instrumento, o exame do cabimento do recurso foi atribuído ao tribunal *ad quem*. O § 3º do art. 1.010 do CPC/2015 dispõe que após as contrarrazões à apelação e à apelação adesiva, se houver, os autos serão remetidos ao tribunal pelo juiz, "independentemente de juízo de admissibilidade".

JURISPRUDÊNCIA SELECIONADA

1. Interposição de apelação no prazo legal, desacompanhada das razões recursais. Juntada das razões fora do prazo recursal. Preclusão consumativa. Intempestividade. "Não tendo a apelação acompanhado as razões vinculadas, apresenta-se inócua a peça processual, porquanto, conforme expresso no art. 514 do CPC/1973 (art. 1.010 do CPC/2015), a apelação civil deve conter, no ato do seu peticionamento, todos os requisitos do referido dispositivo legal, dentre eles as 'razões do pedido de reforma ou decretação de nulidade'. Assim, embora o recorrente tenha apresentado tempestivamente o recurso de apelação, somente após transcorrido o prazo recursal, sobreveio a juntada das razões pelas quais considerava necessária a reforma da decisão recorrida, ocorrendo a chamada preclusão consumativa, que é a perda do prazo para a prática de um determinado ato processual, *in casu*, as razões em que se fundava a peça recursal, maculando toda a peça de extemporaneidade. Nesse sentido, confiram-se: AgInt nos EDcl no AREsp n. 1.588.958/RJ, relator Ministro Raul Araújo, Quarta Turma, julgado em 4.5.2020, *DJe* 18/5/2020 e REsp n. 1.737.884/PE, relator Ministro Herman Benjamin, Segunda Turma, julgado em 5/6/2018, *DJe* 23/11/2018" (STJ, REsp 1.637.914/RN, Rel. Min. Francisco Falcão, 2ª Turma, jul. 01.12.2020, *DJe* 07.12.2020).

2. Procedimento no Tribunal. Ver jurisprudência do art. 932 do CPC/2015.

3. Ausência de endereçamento ao juízo *a quo* (*caput*). "Se a petição da apelação na qual não consta o juízo do qual apela, embora contenha os demais requisitos exigidos no art. 514 do Código de Processo Civil [art. 1.010 do CPC/2015], e se o juiz a recebeu e declarou o efeito com que admitiu o recurso, não cabe a sua rejeição, na segunda instância, uma vez que se trata, no caso, de mera irregularidade, a que a lei não comina nulidade" (STJ, RE 110.630, Rel. Min. Carlos Madeira, 2ª Turma, jul.19.09.1986, *DJ* 17.10.1986).

4. Requisitos de admissibilidade da apelação. "Tendo sido impugnadas especificamente as razões que motivaram a sentença, e contendo a apelação os nomes e a qualificação das partes, os fundamentos de fato e de direito e o pedido de nova decisão, ficam preenchidos os requisitos previstos no art. 514 do CPC [art. 1.010 do CPC/2015]" (STJ, AgRg no REsp 1.224.292/PR, Rel. Min. Herman Benjamin, 2ª Turma, jul. 22.03.2011, *DJe* 01.04.2011).

"A doutrina do tema é assente no sentido de que: 'A petição de interposição deve ser tempestiva e obedecer à forma legal. A tempestividade segue a regra geral do art. 508 do Código de Processo Civil [art. 1.003, § 5º, do CPC/2015] (...) A forma legal, como requisito de admissibilidade, exige que a peça seja escrita e contenha o nome das partes da relação recursal, anotando-se as mudanças de qualificação, os motivos do recurso, bem como o pedido de nova decisão (art. 514 do CPC) [art. 1.010 do CPC/2015]" (STJ, REsp 1.065.412/RS, Rel. Min. Luiz Fux, 1ª Turma, jul. 10.11.2009, *DJe* 14.12.2009).

5. Nome e qualificação das partes (inciso I). "Se é certo que o Código de Processo Civil exige, em seu artigo 514, inciso I [art. 1.010, I, do CPC/2015], que a petição de interposição do recurso de apelação contenha os nomes e a qualificação das partes, também é certo que a sua ausência configura mera irregularidade, incapaz de gerar a rejeição do apelo" (STJ, REsp 752.344/RS, Rel. Min. Castro Meira, 2ª Turma, jul. 21.06.2005, *DJ* 22.08.2005).

"O art. 514, n. I, do Código de Processo Civil [art. 1.010, I, do CPC/2015] visa apenas ao caso de interessados que ainda não estejam regularmente qualificados" (TJSP, Ap 250.719, Rel. Des. Costa Manso, *RT* 488/91).

Litisconsortes. "Se no corpo da apelação há registro expresso de que todos os vencidos estão recorrendo, e prestar-se culto extremo ao formalismo, em prejuízo da entrega da prestação jurisdicional, deixar de recebê-la, apenas, porque, na parte preambular, consta o nome de um só dos litisconsortes facultativos. (...) a mensagem contida no corpo das razões da apelação é que deve ser considerada para se colher qual a intenção das partes" (STJ, REsp 158.622/SC, Rel. Min. José Delgado, 1ª Turma, jul. 19.02.1998, *DJ* 25.05.1998). **No mesmo sentido em relação ao esquecimento da expressão "e outros" na interposição do recurso:** STJ, REsp 142.996/SC, Rel. p/ Acórdão Min. Humberto Gomes de Barros, 1ª Turma, jul. 01.12.1997, *DJ* 20.04.1998.

Equívoco no nome da parte apelante. "Esta Corte já se pronunciou no sentido de se aplicar o princípio da instrumentalidade das formas na hipótese em que há equívoco de designação da parte recorrente, se, contudo, forem preenchidos os demais pressupostos recursais e se for possível identificar a decisão que se pretende atacar. Precedentes: REsp 571.775/RS, Rel. Min. João Otávio de Noronha, 2ª Turma, *DJ* de 6.12.2006; REsp 412.484/RS, Rel. Min. Franciulli Netto, 2ª Turma, *DJ* de 1.7.2002" (STJ, REsp 1.225.645/RS, Rel. Min. Mauro Campbell Marques, 2ª Turma, jul. 22.02.2011, *DJe* 04.03.2011).

6. Razões. Fundamentos de fato e de direito (inciso II). "O formalismo na apreciação das razões de apelação não é tão acentuado, bastando, para seu conhecimento, seja minimamente demonstrada a pretensão de reforma da sentença, com a informação, mesmo genérica, dos fundamentos da sentença, desde que compreensíveis as razões apresentadas" (STJ, AgRg no Ag 1.244.669/PR, Rel. Min. Paulo de Tarso Sanseverino, 3ª Turma, jul. 27.09.2011, *DJe* 06.10.2011).

Defeitos insanáveis. "Os defeitos de forma, em geral, devem ser supridos antes de o prazo escoar-se, ainda que apresentada a peça, mas sempre antes da fala do recorrido. (...) Conforme é possível concluir, há falhas superáveis e defeitos insanáveis. Nessa última categoria poderíamos incluir, pela constância revelada pela prática judiciária: **a) apelação apresentada sem razões; b) interposta mediante simples cota lançada nos autos; c) vaga referência a inicial e outras peças dos autos**" (STJ, REsp 1.065.412/RS, Rel. Min. Luiz Fux, 1ª Turma, jul. 10.11.2009, *DJe* 14.12.2009). **No mesmo sentido:** STJ, REsp 62.466/RJ, Rel. Min. Eduardo Ribeiro, 3ª Turma, jul. 28.08.1995, *DJ* 09.10.1995. **Em sentido contrário:** "Conhece-se de apelação que foi regularizada com o oferecimento de razões ainda em tempo oportuno" (TJSP, Ap 262.231, Rel. Des. Viseu Júnior, 3ª Câmara, jul. 21.07.1977; *RT* 516/106).

7. Razões dissociadas do conteúdo da sentença (inciso II). "A regularidade formal é requisito extrínseco de admissibilidade da apelação, impondo ao recorrente, em suas razões, que decline os fundamentos de fato e de direito pelos quais impugna a sentença recorrida. Carece do referido requisito o apelo que não faz qualquer menção ao decidido na sentença, abstendo-se de impugnar o fundamento que embasou a improcedência do pedido" (STJ, AgRg no REsp 1.026.279/RS, Rel. Min. Luiz Fux, 1ª Turma, jul. 04.02.2010, *DJe* 19.02.2010). **No mesmo sentido:** STJ, REsp 1.006.110/SP, Rel. Min. Eliana Calmon, 2ª Turma, jul. 04.09.2008, *DJe* 02.10.2008; *RT* 849/250.

8. Repetição e reiteração de argumentos em peças processuais anteriores (inciso II). "O excessivo rigor formal conducente ao não conhecimento do recurso de apelação, no bojo do qual se encontram infirmados os fundamentos exarados na sentença, não obstante a repetição dos argumentos deduzidos na inicial ou na contestação deve ser conjurado, uma vez configurado o interesse do apelante na reforma da decisão singular" (STJ, REsp 976.287/MG, Rel. Min. Luiz Fux, 1ª Turma, jul. 08.09.2009, *DJe* 08.10.2009). **No mesmo sentido:** STJ, REsp 1.172.829/RS, Rel. Min. Sidnei Beneti, 3ª Turma, jul. 03.05.2011, *DJe* 13.05.2011.

No entanto, a simples e vaga referência a outras peças processuais gera o não conhecimento do recurso. "A jurisprudência desta Corte Superior de Justiça já pacificou o entendimento no sentido da necessidade de, nas razões da apelação, serem rebatidos, especificamente e fundamentadamente os argumentos desenvolvidos na sentença, não satisfazendo a exigência legal contida no art. 514, II, do CPC [art. 1.010, II, do CPC/2015], a simples e vaga referência a outras peças processuais" (STJ, REsp 403.102/DF, Rel. Min. Honildo Amaral de Mello Castro, 4ª Turma, jul. 15.10.2009, *DJe* 26.10.2009). **No mesmo sentido:** STJ, REsp 553.242/BA, Rel. Min. Luiz Fux, 1ª Turma, jul. 09.12.2003, *DJ* 09.02.2004; STJ, AgRg no REsp 1.129.346/PR, Rel. Min. Herman Benjamin, 2ª Turma, jul. 19.11.2009, *DJe* 11.12.2009.

9. Fundamentos insuficientes (inciso II). "Não se conhece da apelação quando as razões recursais não combatem a fundamentação da sentença – Inteligência dos arts. 514 e 515 do CPC [arts. 1.010 e 1.013 do CPC/2015]. Precedentes: AgRg no REsp 991.737/PR, Rel. Min. Castro Meira, 2ª Turma, *DJe* 16.6.2008; REsp 1.006.110/SP, Rel. Min. Eliana Calmon, 2ª Turma, *DJe* 2.10.2008" (STJ, AgRg no REsp 1.217.366/DF, Rel. Min. Humberto Martins, 2ª Turma, jul. 22.02.2011, *DJe* 04.03.2011). **No mesmo sentido:** STJ, REsp 620.558/MG, Rel. Min. Eliana Calmon, 2ª Turma, jul. 24.05.2005, *DJ* 20.06.2005.

"Assim, ainda que o apelo contenha 'os fundamentos de fato e de direito', nada garante o sucesso do recurso se há na decisão recorrida fundamento suficiente para manter a conclusão do julgado" (STJ, AgRg no REsp 991.737/PR, Rel. Min. Castro Meira, 2ª Turma, jul. 03.06.2008, *DJe* 16.06.2008). **No mesmo sentido:** STJ, AgRg no Ag 807.531/MS, Rel. Min. Humberto Gomes de Barros, 3ª Turma, jul. 18.10.2007, *DJ* 31.10.2007.

10. Ausência de dispositivos legais (inciso II). "No âmbito da apelação, não importa em descumprimento à exigência de exposição dos fundamentos de fato e de direito (art. 514, II, CPC) [art. 1.010, II, do CPC/2015] a ausência de indicação de dispositivos de lei, se das razões expendidas é possível aferir que houve efetivo ataque à sentença, com a apresentação de fatos e fundamentos que justifiquem a reforma da decisão" (STJ, REsp 752.344/RS, Rel. Min. Castro Meira, 2ª Turma, jul. 21.06.2005, *DJ* 22.08.2005).

11. Fundamentação do recurso (inciso III). "A reprodução na apelação das razões já deduzidas na contestação não enseja, por si só, a negativa de conhecimento do recurso. Precedentes. Recurso especial provido" (STJ, REsp 1.606.646/PB, Rel. Min. Herman Benjamin, 2ª Turma, jul. 13.09.2016, *DJe* 07.10.2016). **No mesmo sentido:** TJMG, Ap 1.0514.13.005091-7/001, Rel. Des. Mariângela Meyer, 10ª Câmara Cível, *DJEMG* 07.05.2018.

"Embora a mera reprodução da petição inicial nas razões de apelação não enseje, por si só, afronta ao princípio da dialeticidade, se a parte não impugna os fundamentos da sentença, não há como conhecer da apelação, por descumprimento do art. 514, II, do CPC/1973, atual art. 1.010, II, do CPC/2015. Precedentes" (STJ, AgInt no AgInt no AREsp 1.690.918/MT, Rel. Min. Nancy Andrighi, 3ª Turma, jul. 26.10.2020, *DJe* 29.10.2020).

"'Pelo princípio da dialeticidade, impõe-se à parte recorrente o ônus de motivar seu recurso, expondo as razões hábeis a ensejar a reforma da decisão, sendo inconsistente o recurso que não ataca concretamente os fundamentos utilizados no acórdão recorrido' (AgInt no RMS 58.200/BA, Relator Ministro Gurgel de Faria, 1ª Turma, *DJe* 28/11/2018). No caso, o recorrente não logrou se desvencilhar de tal encargo, notadamente no passo em que nada trouxe, nas razões do recurso ordinário, para combater especificamente a coisa julgada, fundamento que a Corte Estadual se amparou para extinguir o feito sem resolução do mérito" (STJ, AgInt no RMS 58.408/SP, Rel. Min. Sérgio Kukina, 1ª Turma, jul. 19.03.2019, *DJe* 22.03.2019).

Rigor excessivo. "No caso, o não conhecimento da apelação no tocante ao pedido reconvencional caracteriza rigor excessivo e injustificado, uma vez que é possível extrair, das razões recursais, fundamentos suficientes para o reexame da sentença quanto ao referido capítulo, nos termos do art. 1.010 do CPC/2015" (STJ, AgInt no REsp 1.744.209/MG, Rel. Min. Raul Araújo, 4ª Turma, jul. 26.10.2020, *DJe* 24.11.2020).

12. Pedido de nova decisão (inciso IV).

"De todos os requisitos exigidos, sobressalta a importância do pedido de nova decisão, porquanto, à luz do mesmo, afere-se o 'grau de devolutividade' e os seus consectários, como a proibição de *reformatio in pejus* e do *novorum iudicium*" (STJ, REsp 1.065.412/RS, Rel. Min. Luiz Fux, 1ª Turma, jul. 10.11.2009, *DJe* 14.12.2009). **No mesmo sentido:** STJ, AgRg no REsp 1.224.292/PR, Rel. Min. Herman Benjamin, 2ª Turma, jul. 22.03.2011, *DJe* 01.04.2011.

13. "A juntada aos autos de recurso, incompleto, faltando notoriamente a folha final, é responsabilidade do escrivão, que não pode ser transferida para o advogado. A prática da advocacia se inviabilizaria, comprometendo inteiramente a atuação do Poder Judiciário, se o advogado fosse obrigado a controlar a juntada de petições entregues em cartório" (STJ, REsp 390.741/PR, Rel. Min. Ari Pargendler, 3ª Turma, jul. 25.09.2006, *DJ* 18.12.2006).

14. Ausência da assinatura do advogado. "À luz dos princípios modernos do processo civil, dentre eles o da instrumentalidade, que prestigiam a finalidade em detrimento da forma, esta egrégia corte tem proclamado o entendimento no sentido de ser admissível a regularização de vício corrigível, não constituindo obstáculo ao conhecimento de recurso a ausência da assinatura do procurador subscrevente nas razões recursais" (STJ, REsp 127.383/RS, Rel. Min. Vicente Leal, 6ª Turma, jul. 05.08.1997, *DJ* 15.09.1997). **No mesmo sentido:** STJ, REsp 887.656/RS, Rel. Min. Sidnei Beneti, 3ª Turma, jul. 09.06.2009, *DJe* 18.06.2009. **Em sentido contrário:** "Não se conhece de recurso que não tenha a assinatura do advogado na petição" (STJ, AgRg no Ag 455.867/DF, Rel. Min. José Arnaldo da Fonseca, 5ª Turma, jul. 26.11.2002, *DJ* 19.12.2002).

Irregularidade sanável nas instâncias ordinárias. "Pacificou-se nesta Corte jurisprudência no sentido de que, nas instâncias ordinárias, a falta de assinatura da petição recursal constitui vício sanável, todavia, na instância excepcional o recurso sem assinatura do advogado é considerado inexistente" (STJ, REsp 991.762/RS, Rel. Min. Eliana Calmon, 2ª Turma, jul. 24.06.2008, *DJe* 18.08.2008). **No mesmo sentido:** STJ, AgRg no REsp 818.354/RS, Rel. Min. Hamilton Carvalhido, 6ª Turma, jul. 11.04.2006, *DJ* 05.02.2007.

15. Inovação do pedido. Impossibilidade. Ver jurisprudência do art. 1.013 do CPC/2015.

16. Intimação do apelado (§ 1º). "O acórdão proferido sem que a parte *ex adversa* tenha sido intimada para contrarrazoar a apelação, nos termos do artigo 518 do Código de Processo Civil [art. 1.010 do CPC/2015], viola os princípios do contraditório e ampla defesa (Precedentes: REsp 695.546/RS, Rel. Min. Eliana Calmon, *DJU* 09.03.06; REsp 1.033.923, Rel. Min. Humberto Martins, *DJU* de 07.03.08; REsp 845.759/RS, Rel. Min. Arnaldo Esteves de Lima, *DJe* de 15.09.08)" (STJ, REsp 1.141.314/MG, Rel. Min. Castro Meira, 2ª Turma, jul. 05.11.2009, *DJe* 17.11.2009). **No mesmo sentido, entendendo que a publicação da pauta de julgamento não supre a ausência de intimação para apresentação de contrarrazões:** STJ, REsp 845.759/RS, Rel. Min. Arnaldo Esteves Lima, 5ª Turma, jul. 19.06.2008, *DJe* 15.09.2008.

17. Juízo de admissibilidade (§ 3º). "Com a vigência do novo CPC, não cabe mais ao juízo de primeiro grau de jurisdição exercer juízo de admissibilidade diferido, por expressa previsão legal (art. 1.010, § 3º do CPC/2015) – O exame de tempestividade deverá ser feito pelo relator a quem for distribuído o recurso de apelação" (TJSP, 2144479-96.2016.8.26.0000, Rel. Rezende Silveira, 15ª Câmara de Direito Público, jul. 20.09.2016, data de registro 20.09.2016).

18. Mandado de segurança. "É inviável a impetração de mandado de segurança para impugnar o mero recebimento, pelo juízo de primeiro grau, de recurso de apelação tido por intempestivo. Não há falar em direito líquido e certo ao não recebimento da apelação pelo juízo de primeiro grau, porquanto o exame dos pressupostos de admissibilidade do apelo não é da alçada exclusiva desse juízo e, portanto, será objeto de avaliação pelo Desembargador-Relator do apelo e pelo competente órgão colegiado da Corte *ad quem*" (STJ, RMS 27.663/SP, Rel. Min. Massami Uyeda, 3ª Turma, jul. 03.12.2009, *DJe* 16.12.2009). **Obs.:** Segundo o atual CPC, o exame de admissibilidade da apelação é feito apenas pelo tribunal (art. 1.010, § 3º).

19. Recurso especial. Matéria diversa. "Em sede de recurso especial não se conhece da questão relativa à violação do artigo 518 do Código de Processo Civil [art. 1.010, CPC/2015], uma vez que não se constituiu em objeto do acórdão recorrido" (STJ, AgRg no Ag 238.178/RJ, Rel. Min. Hamilton Carvalhido, 6ª Turma, jul. 02.08.2005, *DJ* 12.09.2005).

Art. 1.011. Recebido o recurso de apelação no tribunal e distribuído imediatamente, o relator:

I – decidi-lo-á monocraticamente apenas nas hipóteses do art. 932, incisos III a V;

II – se não for o caso de decisão monocrática, elaborará seu voto para julgamento do recurso pelo órgão colegiado.

REFERÊNCIA LEGISLATIVA

CPC/2015, art. 932 (casos de julgamento monocrático pelo relator).

BREVES COMENTÁRIOS

Recebido o recurso no tribunal, será ele imediatamente distribuído ao relator, que deverá: (i) pronunciar-se sobre sua admissibilidade, ou não, e seus efeitos (arts. 932, III, e 1.012, § 3º, II); (ii) decidi-lo monocraticamente, se for o caso; ou, (iii) elaborar seu voto para julgamento do recurso pelo órgão colegiado (art. 1.011), se não puder decidi-lo monocraticamente. Em regra, os julgamentos dos recursos cabem ao colegiado, sendo excepcionais e taxativas as hipóteses de julgamento singular pelo relator, assegurada sempre a possibilidade de agravo interno (art. 1.021).

Art. 1.012. A apelação terá efeito suspensivo.

§ 1º Além de outras hipóteses previstas em lei, começa a produzir efeitos imediatamente após a sua publicação a sentença que:

I – homologa divisão ou demarcação de terras;

II – condena a pagar alimentos;

III – extingue sem resolução do mérito ou julga improcedentes os embargos do executado;

IV – julga procedente o pedido de instituição de arbitragem;

V – confirma, concede ou revoga tutela provisória;

VI – decreta a interdição.

§ 2º Nos casos do § 1º, o apelado poderá promover o pedido de cumprimento provisório depois de publicada a sentença.

§ 3º O pedido de concessão de efeito suspensivo nas hipóteses do § 1º poderá ser formulado por requerimento dirigido ao:

I – tribunal, no período compreendido entre a interposição da apelação e sua distribuição, ficando o relator designado para seu exame prevento para julgá-la;

II – relator, se já distribuída a apelação.

§ 4º Nas hipóteses do § 1º, a eficácia da sentença poderá ser suspensa pelo relator se o apelante demonstrar a probabilidade de provimento do recurso ou se, sendo relevante a fundamentação, houver risco de dano grave ou de difícil reparação.

CPC/1973

Arts. 520 e 521.

REFERÊNCIA LEGISLATIVA

CPC/2015, arts. 495, § 1º, III (hipoteca judiciária), 509 (liquidação da sentença), 587 (sentença homologatória de demarcação), 597 (sentença homologatória de divisão), 755, § 3º (sentença de interdição), 1.013 (apelação; efeito devolutivo).

Lei nº 5.478, de 25.07.1968, arts. 13 e 14 (alimentos).

Lei nº 8.245, de 18.10.1991, art. 58, V (Lei de locação dos imóveis urbanos).

Decreto nº 1.102, de 21.11.1903.

Lei nº 9.140, de 04.12.1995.

SÚMULAS

Súmulas do STJ:

nº 317: "É definitiva a execução de título extrajudicial, ainda que pendente apelação contra sentença que julgue improcedentes os embargos".

nº 331: "A apelação interposta contra sentença que julga embargos à arrematação tem efeito meramente devolutivo".

CJF – JORNADAS DE DIREITO PROCESSUAL CIVIL

II JORNADA

Enunciado 134 – A apelação contra a sentença que julga improcedentes os embargos ao mandado monitório não é dotada de efeito suspensivo automático (art. 702, § 4º, e 1.012, § 1º, V, CPC).

Enunciado 144 – No caso de apelação, o deferimento de tutela provisória em sentença retira-lhe o efeito suspensivo referente ao capítulo atingido pela tutela.

BREVES COMENTÁRIOS

No sistema do atual Código, poucos são os recursos que, excepcionalmente, podem ter efeito apenas devolutivo e, por isso, ensejam execução provisória na sua pendência: (i) a apelação, nos casos dos incisos do art. 1.012, § 1º; (ii) o recurso ordinário, em regra; (iii) os recursos especial e extraordinário, e (iv) o agravo de instrumento.

Não estipula a lei um prazo específico para o requerimento do cumprimento provisório. O § 2º do art. 1.012 dispõe que o pedido de cumprimento provisório pode ser promovido "depois de publicada a sentença". Nos casos em que o recurso cabível seja provido apenas de eficácia devolutiva, a decisão produz efeitos exequíveis, tão logo seja publicada. Não haverá necessidade de aguardar-se eventual interposição de recurso, pois a eficácia da decisão é reconhecida pela lei. Contudo, é de se destacar que sem que haja requerimento do credor, não terá início o cumprimento provisório. Trata-se de mera faculdade que a lei confere ao credor.

Mesmo nas hipóteses em que a apelação terá apenas efeito devolutivo, diante das particularidades da causa, demonstrando o apelante a probabilidade de provimento do recurso, evidenciada pela relevância de sua fundamentação, e havendo risco de dano grave ou de difícil reparação, pode o relator determinar a suspensão da eficácia da sentença (§ 4º). Para tanto, o apelante formulará o requerimento em petição separada, dirigindo-se (i) ao tribunal, se o pedido for feito no período compreendido entre a interposição da apelação e sua distribuição. Nessa hipótese, será sorteado um relator para apreciá-lo, ficando ele prevento para a apelação; (ii) ao relator do recurso, se já distribuído no tribunal (§ 3º).

JURISPRUDÊNCIA SELECIONADA

1. Hipóteses taxativas. "As hipóteses em que **não há efeito suspensivo** para a apelação estão taxativamente enumeradas no art. 520 do CPC [art. 1.012 do CPC/2015], de modo que, verificada qualquer delas, deve o juiz, sem qualquer margem de discricionariedade, receber o recurso somente no efeito devolutivo" (STJ, REsp 970.275/SP, Rel. Min. Nancy Andrighi, 3ª Turma, jul. 11.12.2007, *DJ* 19.12.2007; *RDDP* 60/177).

Perigo de dano irreparável. "Não há razão para subverter ou até mesmo mitigar a aplicação do art. 520 do CPC [art. 1.012 do CPC/2015], com vistas a reduzir as hipóteses em que a apelação deva ser recebida apenas no efeito devolutivo, até porque, o art. 558, parágrafo único, do CPC [art. 1.012, § 4º, do CPC/2015], autoriza que o relator, mediante requerimento da parte, confira à apelação, recebida só no efeito devolutivo, também efeito suspensivo, nos casos dos quais possa resultar lesão grave e de difícil reparação, sendo relevante a fundamentação" (STJ, EREsp 663.570/SP, Rel. Min. Nancy Andrighi, Corte Especial, jul. 15.04.2009, *DJe* 18.05.2009). **No mesmo sentido:** STJ, AgRg no Ag 1.231.423/SP, Rel. Min. Castro Meira, 2ª Turma, jul. 13.04.2010, *DJe* 23.04.2010.

2. Ação civil pública. Improbidade administrativa. Recurso de apelação. Efeito suspensivo. Exceção. "'Por se tratar de Ação Civil Pública, portanto, não se aplica a norma do art. 520 do CPC/1973 (art. 1.012 do CPC/2015), uma vez que esta é regra geral em relação àquela, que é norma de caráter especial. A concessão do efeito suspensivo, em tais casos, somente ocorrerá em situações excepcionais, quando demonstrada a possibilidade de dano irreparável ao réu, conforme dispõe o art. 14 do referido diploma legal: 'O juiz poderá conferir efeito suspensivo aos recursos, para evitar dano irreparável à parte' (REsp 1.523.385/PE, Rel. Ministro Herman Benjamin, Segunda Turma, julgado em 13.9.2016, *DJe* 7.10.2016). Incidência da Súmula 83/STJ" (STJ, AgInt no AREsp 1235685/BA, Rel. Min. Benedito Gonçalves, 1ª Turma, jul. 06.08.2019, *DJe* 09.08.2019). **No mesmo sentido:** STJ, AgInt no AREsp 1.004.259/SP, Rel. Min. Og Fernandes, 2ª Turma, jul. 17.08.2021, *DJe* 03.09.2021.

3. Embargos de terceiro. "Apelação interposta contra sentença proferida em embargos de terceiro deve ser recebida em seu duplo efeito" (STJ, AgRg no REsp 1.177.145/RJ, Rel. Min. Aldir Passarinho Junior, 4ª Turma, jul. 17.02.2011, *DJe* 01.03.2011). **No mesmo sentido:** STJ, AgRg no Ag 643.347/SP, Rel. Min. Ari Pargendler, 3ª Turma, jul. 02.09.2008, *DJe* 20.11.2008.

"**A apelação interposta contra sentença que rejeitar liminarmente ou julgar improcedentes os embargos de terceiro não terá efeito suspensivo em relação à execução**. Precedentes. Tal orientação se coaduna com o teor da Súmula n. 317 desta Corte, a qual dispõe que: 'É definitiva a execução de título extrajudicial, ainda que pendente apelação contra sentença que julgue improcedentes os embargos'" (STJ, REsp 1.222.626/PR, Rel. Min. Mauro Campbell Marques, 2ª Turma, jul. 03.02.2011, *DJe* 14.02.2011). **No mesmo sentido:** STJ, REsp 1.083.098/SP, Rel. Min. Sidnei Beneti, 3ª Turma, jul. 27.10.2009, *DJe* 18.11.2009; STJ, AgRg nos EDcl na MC 8.930/SP, Rel. Min. Carlos Alberto Menezes Direito, 3ª Turma, jul. 16.11.2004, *DJ* 17.12.2004; STJ, RMS 3.776-2/SP, 4ª Turma, Rel. Min. Fontes de Alencar, *DJ* 28.08.1995. **Obs.:** Cf. art. 1.012, § 1º, III, do CPC/2015.

4. Ação divisória (§ 1º, inciso I). "A sentença que julga a fase contenciosa da ação divisória é sentença de mérito, que desafia recurso da apelação, como também o é a sentença que a final homologa a divisão, sendo que somente esta última desafia recurso de apelação, com efeitos apenas devolutivos, nos termos do art. 520, I, do CPC [art. 1.012, § 1º, I, do CPC/2015], enquanto a primeira enseja recurso com ambos os efeitos, constituindo equívoco o recebimento da apelação interposta apenas com o efeito devolutivo" (TJMG, Ap. 72.726, Rel. Des. Paulo Gonçalves, 4ª Câmara, jul. 19.03.1987, *Adcoas*, n. 118.170, 1988).

5. Alimentos (§ 1º, inciso II). "O STJ já firmou seu posicionamento no sentido de que a apelação contra a sentença que fixa alimentos será recebida apenas no efeito devolutivo. Precedentes" (STJ, REsp 819.729/CE, Rel. Min. Aldir Passarinho Junior, 4ª Turma, jul. 09.12.2008, *DJe* 02.02.2009). **No mesmo sentido:** STJ, REsp 66.731/SP, Rel. Min. Waldemar Zveiter, 3ª Turma, jul. 09.09.1996, *DJ* 21.10.1996.

Cumulados com investigação de paternidade. "Na ação de investigação de paternidade cumulada com pedido de alimentos, a apelação interposta, quanto à condenação à prestação alimentícia, será recebida tão somente no efeito devolutivo (art. 520, inc. II, do CPC) [art. 1.012, § 1º, II, do CPC/2015]. Precedentes" (STJ, REsp 214.835/PR, Rel. Min. Barros Monteiro, 4ª Turma, jul. 23.11.1999, *DJ* 21.02.2000).

"**A apelação contra improcedência de pedido alimentar não restabelece liminar de alimentos provisórios, revogada pela sentença**" (STJ, REsp 746.760/SP, Rel. Min. Humberto Gomes de Barros, 3ª Turma, jul. 06.11.2007, *DJ* 14.11.2007).

"Contudo, o capítulo relativo à revogação da decisão interlocutória dará ensejo à apelação apenas no efeito devolutivo, incidindo a regra do art. 520, II, do CPC [art. 1.012, § 1º, II, do CPC/2015]. É que já não existe a obrigação de o recorrente prestar alimentos provisionais, sendo impossível restabelecer decisão proferida liminarmente e revogada por sentença que assentada em provas". (STJ, REsp 746.760/SP, Rel. Min. Humberto Gomes de Barros, 3ª Turma, jul. 06.11.2007, *DJU* 14.11.2007, p. 403).

Apelação. Efeito devolutivo. "A apelação interposta contra sentença que julgar pedido de alimentos ou pedido de exoneração do encargo deve ser recebida apenas no efeito devolutivo" (STJ, REsp 1.280.171/SP, Rel. Min. Massami Uyeda, 3ª Turma, jul. 02.08.2012, *DJe* 15.08.2012). **No mesmo sentido:** HC 41.074/RS, Rel. Min. Nancy Andrighi, 3ª Turma, jul. 05.04.2005, *DJ* 18.04.2005; STJ, HC 87.036/RJ, Rel. Min. Fernando Gonçalves, 4ª Turma, jul. 06.12.2007, *DJ* 17.12.2007.

Ação revisional. "Deve ser recebido apenas no efeito devolutivo o recurso de apelação interposto contra sentença que decida pedido revisional de alimentos, seja para majorar, diminuir ou exonerar o alimentante do encargo. Valoriza-se, dessa forma, a convicção do juiz que, mais próximo das provas produzidas, pode avaliar com maior precisão as necessidades do alimentando conjugadas às possibilidades do alimentante, para uma adequada fixação ou até mesmo exoneração do encargo. Com a atribuição do duplo efeito, há potencial probabilidade de duplo dano ao alimentante quando a sentença diminuir o encargo alimentar: (i) dano patrimonial, por continuar pagando a pensão alimentícia que a sentença reconhece indevida e por não ter direito à devolução da quantia despendida, caso a sentença de redução do valor do pensionamento seja mantida, em razão do postulado da irrepetibilidade dos alimentos; (ii) dano pessoal, pois o provável inadimplemento ditado pela ausência de condições financeiras poderá levar o alimentante à prisão" (STJ, REsp 595.209/MG, Rel. Min. Nancy Andrighi, 3ª Turma, jul. 08.03.2007, *DJ* 02.04.2007). **No mesmo sentido:** STJ, AgRg no REsp 1.138.898/PR, Rel. Min. Sidnei Beneti, 3ª Turma, jul. 17.11.2009, *DJe* 25.11.2009. **Em sentido contrário:** "A orientação jurisprudencial que prevalece nesta Corte é no sentido de que a apelação contra a sentença que determina a redução dos alimentos deve ser recebida também no efeito suspensivo, em obséquio ao princípio que privilegia o interesse dos menores em detrimento do direito dos adultos" (STJ, AgRg no REsp 332.897/SP, Rel. Min. Sálvio de Figueiredo Teixeira, 4ª Turma, jul. 23.04.2002, *DJ* 12.08.2002).

6. Embargos à execução (§ 1º, inciso III).

Concessão de efeito suspensivo ao recurso. Juízo não garantido. "As normas que permitem conferir efeito suspensivo a recursos disciplinados no Código de Processo Civil em vigor não fazem restrição a nenhuma espécie de demanda. A propósito, o art. 1.012, § 1º, III, c/c o § 4º, do CPC/2015 é expresso ao admitir a concessão do mencionado efeito à apelação, mesmo quando se cuide de embargos à execução extintos sem julgamento do mérito ou julgados improcedente" (STJ, AgInt no RCD na TutPrv no REsp 1.816.786/SP, Rel. Min. Antonio Carlos Ferreira, 4ª Turma, jul. 19.09.2019, *DJe* 30.09.2019).

"Tem efeito meramente devolutivo a apelação interposta contra sentença que rejeita liminarmente os embargos de devedor. **Efetivamente, não é o oferecimento dos embargos que suspende a execução, mas o seu recebimento.** Logo, rejeitados liminarmente os embargos, prossegue a execução. Assim sendo, ainda que a apelação manifestada contra o pronunciamento judicial, que rejeitou desde logo os embargos, tenha sido recebida em ambos os efeitos, não há que cogitar da suspensão da execução" (TJPR, MS 28/1985, Rel. Des. Sydney Zappa, 2º Grupo de Câmaras, jul. 13.03.1986, *Adcoas*, n. 108.826, 1985). **Obs.:** O art. 1.012, § 1º, III, do CPC/2015 prevê o efeito só devolutivo, tanto para a sentença que extingue os embargos à execução sem resolução de mérito como para a que os julga improcedentes.

Julgamento simultâneo de ação ordinária e embargos à execução. "Também a Quarta Turma, no julgamento do AgRg no REsp 707.365/SP (Rel. Min. Cesar Asfor Rocha, *DJ* de 13.2.2006), assentou que 'a apelação interposta contra sentença que julga simultaneamente ação ordinária e embargos à execução, detém duplo efeito apenas no que circunscreve à ação ordinária, cabendo à parte relativa aos embargos apenas efeito devolutivo, a teor do art. 520, V, do Código de Processo Civil [art. 1.012, § 1º, III, do CPC/2015]'; em outras palavras, ficou consignado que 'a jurisprudência do STJ é pacífica quanto à não extensão do efeito suspensivo da apelação aos casos excepcionados pelos incisos do art. 520 do CPC, independentemente da existência de conexão com outras ações que permitem o recebimento do recurso em seu duplo efeito'" (STJ, AgRg no REsp 1.041.536/RS, Rel. Min. Denise Arruda, 1ª Turma, jul. 21.08.2008, *DJe* 10.09.2008).

Procedência parcial dos embargos. "'A orientação predominante neste Tribunal é no sentido de que prosseguirá com o caráter de definitividade a execução cujos embargos de devedor tenham sido julgados improcedentes, ou parcialmente procedentes. Neste segundo caso, a execução continuará com caráter de definitividade em relação ao que foi mantido, isto é, no ponto em que foram julgados improcedentes os embargos. Precedentes. Recurso conhecido e provido' (REsp 304.215-SP)" (STJ, REsp 525.432/SP, Rel. Min. Barros Monteiro, 4ª Turma, jul. 21.06.2005, *DJ* 29.08.2005). **No mesmo sentido:** STJ, AgRg no Ag 952.879/DF, Rel. Min. Humberto Gomes de Barros, 3ª Turma, jul. 06.12.2007, *DJ* 18.12.2007; STJ, REsp 1.231.817/PR, Rel. Min. Castro Meira, 2ª Turma, jul. 22.02.2011, *DJe* 10.03.2011; STJ, AgRg no Ag 1.059.233/SP, Rel. Min. Fernando Gonçalves, 4ª Turma, jul. 20.08.2009, *DJe* 31.08.2009.

Medida excepcional. "O pedido de efeito suspensivo ao recurso de apelação, nos termos dos arts. 520, inciso V, [arts. 1.012, § 1º, III e § 4º, do CPC/2015], e 558, ambos do CPC, em face de sentença que julgou improcedentes seus embargos à execução fiscal é medida excepcional, concedida tão somente quando possa resultar lesão grave e de difícil reparação e presentes os pressupostos do *fumus boni iuris* e *periculum in mora*" (STJ, AgRg no Ag 1.386.613/RS, Rel. Min. Castro Meira, 2ª Turma, jul. 18.08.2011, *DJe* 30.08.2011).

7. Embargos à insolvência (§ 1º, inciso III). "A insolvência civil é ação de cunho declaratório/constitutivo, tendente a aferir, na via cognitiva, a insolvabilidade do devedor, condição esta que, uma vez declarada judicialmente, terá o efeito de estabelecer nova disciplina nas relações entre o insolvente e seus eventuais credores. Tal premissa não há de ter, entretanto, o efeito de convolar em contestação os embargos disciplinados nos arts. 755 e segs. do CPC. Mostra-se de todo apropriado o entendimento jurisdicional que equipara os embargos à insolvência aos embargos à execução opostos por devedor solvente, para fins de aplicação da regra ínsita no art. 520, inciso V, do Código de Processo Civil [art. 1.012, III, do CPC/2015], que determina o recebimento da apelação apenas no seu efeito devolutivo" (STJ, REsp 621.492/SP, Rel. Min. João Otávio de Noronha, 4ª Turma, jul. 15.10.2009, *DJe* 26.10.2009).

8. Arbitragem (§ 1º, inciso IV). "À apelação manejada contra sentença que julgou procedente o pedido para instituição de arbitragem, nos moldes do artigo 520, inciso VI do CPC [art. 1.012, § 1º, IV, CPC/2015], não se agrega o efeito suspensivo, se não comprovada em sede de cognição sumária, a verossimilhança do direito alegado, ou a ocorrência de dano irreparável ou de difícil reparação" (TJSP, AI 1.161.404.004, Rel. Amorim Cantuária, jul. 15.04.2008, *DJ* 23.04.2008).

9. Antecipação de tutela (§ 1º, inciso V).

Revogação. "Não restabelece a tutela antecipatória, expressamente revogada na sentença de improcedência, o fato de a apelação a ela interposta ter sido recebida nos dois efeitos" (STJ, 4ª Turma, REsp 145.676/SP, Rel. Min. Barros Monteiros, jul. 21.06.2005, *DJ* 19.09.2005).

Obs.: Ver jurisprudência do art. 300 do CPC/2015.

Tutela provisória. "A interpretação meramente gramatical do art. 520, VII, do CPC [art. 1.012, § 1º, V, do CPC/2015] quebra igualdade entre partes. Eventual efeito suspensivo da apelação não atinge o dispositivo da sentença que tratou de antecipação da tutela, anteriormente concedida" (STJ, REsp 768.363/SP, Rel. Min. Humberto Gomes de Barros, 3ª Turma, jul. 14.02.2008, *DJe* 05.03.2008). **No mesmo sentido:** STJ, REsp 1.001.046/SP, Rel. Min. Fernando Gonçalves, 4ª Turma, jul. 23.09.2008, *DJe* 06.10.2008; STJ, AgRg no Ag 1.339.205/SP, Rel. Min. Luis Felipe Salomão, 4ª Turma, jul. 18.11.2010, *DJe* 24.11.2010.

10. Mandado de segurança. Ver jurisprudência da Lei nº 12.016/2009.

11. Causas conexas. "A Terceira Turma desta Corte, ao julgar o REsp 61.609/MG (Rel. Min. Eduardo Ribeiro, *LEXSTJ* vol. 87, p. 193), firmou o seguinte entendimento: 'Duas causas, por serem conexas, são reunidas para julgamento simultâneo, visando a evitar a possibilidade de indesejáveis contradições lógicas que poderiam eventualmente decorrer de serem decididas separadamente. Continuam, entretanto as duas causas, embora em um mesmo processo. E se cada uma tem regime próprio, no que diz com os efeitos da apelação, nada impede que essa duplicidade seja observada. Em relação à parte da sentença que decidiu uma das causas, o recurso terá efeito suspensivo, mas será meramente devolutivo quanto à outra'" (STJ, AgRg no REsp 1.041.536/RS, Rel. Min. Denise Arruda, 1ª Turma, jul. 21.08.2008, *DJe* 10.09.2008). **No mesmo sentido:** STJ, REsp 439.849/SP, Rel. Min. Felix Fischer, 5ª Turma, jul. 27.08.2002, *DJ* 30.09.2002; STJ, AgRg no REsp 707.365/SP, Rel. Min. Cesar Asfor Rocha, 4ª Turma, jul. em 27.09.2005, *DJ* 13.02.2006, p. 823.

12. Capítulos da sentença. "Tendo a sentença diversos capítulos, observar-se-á o que a lei processual determina quanto a cada um deles" (STJ, AgRg no REsp 1.041.536/RS, Rel. Min. Denise Arruda, 1ª Turma, jul. 21.08.2008, *DJe* 10.09.2008).

13. Extinção do feito sem julgamento de mérito. "Não é possível conceder-se efeito suspensivo a apelação interposta de sentença que extinguiu o feito sem julgamento do mérito, uma vez que não há o que se suspender, pois nada de concreto foi reconhecido ou imposto as partes" (STJ, RMS 615/SP, Rel. Min. José de Jesus Filho, 2ª Turma, jul. 27.11.1991, *DJ* 03.02.1992).

14. Ações locatícias. "Assim, preceituando o art. 58, inciso V, da Lei nº 8.245/91, que as apelações nas ações locatícias não têm efeito suspensivo, não se pode afastar essa norma processual específica, para estender a regra geral do duplo efeito (da ação anulatória) aos apelos dirigidos contra os capítulos da sentença que julgou as ações de despejo e consignatória de aluguel, ainda que se trate de ações conexas. Precedentes" (STJ, REsp 439.849/SP, Rel. Min. Felix Fischer, 5ª Turma, jul. 27.08.2002, *DJ* 30.09.2002).

15. Requerimento de efeito suspensivo. Tribunal. Agravo de Instrumento – Insurgência contra decisão que não aprecia pedido de concessão de efeito suspensivo à apelação – Descabimento – Recurso inadequado – Observância da sistemática processual vigente – Necessidade – Suspensão da eficácia da sentença que **deve ser requerida por meio de petição simples dirigida ao tribunal ou ao relator**, se já distribuída a apelação, demonstrando o apelante a probabilidade de provimento do recurso ou se, relevante a fundamentação, houver risco de dano grave ou de difícil reparação, como estabelece o art. 1.012, §§ 3º e 4º do CPC" (TJSP, AI 2215786-13.2016.8.26.0000, Rel. Des. Alvaro Passos, 2ª Câmara de Direito Privado, jul. 29.11.2016, data de registro 29.11.2016).

Art. 1.013. A apelação devolverá ao tribunal o conhecimento da matéria impugnada.

§ 1º Serão, porém, objeto de apreciação e julgamento pelo tribunal todas as questões suscitadas e discutidas no processo, ainda que não tenham sido solucionadas, desde que relativas ao capítulo impugnado.

§ 2º Quando o pedido ou a defesa tiver mais de um fundamento e o juiz acolher apenas um deles, a apelação devolverá ao tribunal o conhecimento dos demais.

§ 3º Se o processo estiver em condições de imediato julgamento, o tribunal deve decidir desde logo o mérito quando:

I – reformar sentença fundada no art. 485;

II – decretar a nulidade da sentença por não ser ela congruente com os limites do pedido ou da causa de pedir;

III – constatar a omissão no exame de um dos pedidos, hipótese em que poderá julgá-lo;

IV – decretar a nulidade de sentença por falta de fundamentação.

§ 4º Quando reformar sentença que reconheça a decadência ou a prescrição, o tribunal, se possível, julgará o mérito, examinando as demais questões, sem determinar o retorno do processo ao juízo de primeiro grau.

§ 5º O capítulo da sentença que confirma, concede ou revoga a tutela provisória é impugnável na apelação.

CPC/1973

Art. 515.

BREVES COMENTÁRIOS

A apelação visa a obter um novo pronunciamento sobre a causa, com reforma total ou parcial da sentença. Ela devolve ao tribunal o conhecimento da matéria impugnada. Dentro do âmbito da devolução, o tribunal apreciará todas as questões suscitadas e discutidas no processo, ainda que não tenham sido solucionadas pela sentença, desde que sejam relativas ao capítulo impugnado (§ 1º). Se houver multiplicidade de fundamentos para o pedido e o juiz acolher apenas um deles, o tribunal poderá conhecer de qualquer um deles (§ 2º).

O § 3º do art. 1.013 do CPC/2015, a exemplo do que já ocorria no Código de 1973 (art. 515, § 3º), permite que o tribunal, ao julgar o recurso de apelação, decida desde logo o mérito da causa, sem aguardar o pronunciamento do juízo de 1º grau, quando: (i) reformar sentença que não tenha resolvido o mérito; (ii) decretar a nulidade da sentença por não ser ela congruente com os limites do pedido ou da causa de pedir; (iii) constatar a omissão no exame de um dos pedidos; e (iv) decretar a nulidade por falta de fundamentação. Técnica esta que se estendeu para o caso de o tribunal reformar a sentença que houver reconhecido a decadência ou a prescrição, quando for possível o exame das demais questões debatidas, sem retorno do processo ao juízo de primeiro grau (art. 1.013, § 4º). Veja-se que o atual Código ampliou a possibilidade de julgamento de mérito da causa pelo tribunal, bastando que esta esteja "em condições de imediato julgamento". É o que se costuma chamar de "causa madura", entendida como tal aquela cujo objeto já foi suficientemente debatido na instância de origem, mesmo que nela não se tenha decidido o mérito.

Nelson Nery Júnior e Rosa Maria de Andrade Nery consideram o § 5º do art. 1.013, a rigor, dispensável, "visto que, quando se fala de sentença – seja qual for o conteúdo de possuir –, o recurso é sempre o de apelação", por força do já disposto no art. 1.012, *caput* (*Comentários ao Código de Processo Civil*, 2ª tiragem, São Paulo: Ed. RT, 2015, p. 2.070, nota 17 ao art. 1.013).

No entanto, o referido parágrafo do art. 1.013, ao conjugar-se com o § 1º, inciso V, do art. 1.012, tem a virtude de solucionar dois problemas que o Código anterior não enfrentara e que, de alguma forma, intranquilizavam intérpretes e aplicadores, quais sejam:

a) não há mais dúvida de que a tutela provisória incidente (art. 294, parágrafo único) pode ser concedida ou negada em capítulo da própria sentença de mérito (art. 1.013, § 5º); e

b) ocorrida a dupla resolução da tutela principal e da tutela provisória numa só sentença, o recurso cabível será unicamente a apelação, mas com eficácia diferente sobre a exequibilidade do decidido em cada um dos diferentes capítulos do decisório impugnado. Em decorrência do art. 1.012, caput, a apelação provocará, em regra, a suspensão da eficácia do capítulo que houver resolvido o mérito da causa. Entretanto, o capítulo que enfrentou a tutela provisória terá sua eficácia imediata assegurada, visto que, nesse passo, a apelação não se apresentará com força de suspender o assentado na sentença recorrida (art. 1.012, § 1º, V).

Ao contrário de uma antiga corrente que via como consequência da unirrecorribilidade também a unidade de efeitos do recurso cabível, o sistema do Código atual prestigiou o entendimento majoritário, jurisprudencial e doutrinário, formado ainda ao tempo do Código velho, segundo o qual, mesmo sendo único o recurso, seus efeitos podem ser cindidos, conforme a matéria tratada em cada um dos diferentes capítulos da sentença (Theotonio Negrão, *Código de Processo Civil e Legislação processual em vigor*. 49 ed., São Paulo: Ed. Saraiva, 2018, p. 936, nota 24 ao art. 1.012). Desse modo, a apelação, in casu, impedirá a execução provisória do capítulo de mérito da sentença, mas não obstará a que se dê cumprimento imediato ao decidido no capítulo relacionado com a tutela provisória.

Igual solução prevalecerá também em face da sentença única que resolve ações conexas: se uma delas se acha sujeita ao regime de apelação com duplo efeito e outra, apenas ao efeito devolutivo, o recurso terá eficácia diferente para os capítulos relacionados com o julgamento de cada uma das demandas resolvidas na mesma sentença (STJ, REsp 61.609-3, Rel. Min. Eduardo Ribeiro, 3ª Turma, jul. 23.04.1996, DJU 03.06.1996, p. 19.249).

JURISPRUDÊNCIA SELECIONADA

1. Apelação. Impugnação específica da sentença (*caput*). "Da mesma forma que se faz necessária a impugnação específica na contestação, deve o apelante impugnar ponto por ponto da sentença, sob pena de não se transferir ao juízo *ad quem* o conhecimento da matéria em discussão (*tantum devolutum quantum appellatum*)" (STJ, REsp 50.036/PE, Rel. Min. Sálvio de Figueiredo Teixeira, 4ª Turma, jul. 08.05.1996, *DJ* 03.06.1996).

2. Efeito translativo.

Nulidade absoluta. "Diferentemente das instâncias especial e extraordinária, jungidas às matérias prequestionadas, no Tribunal de Apelação é possível reconhecer de ofício nulidade absoluta" (STJ, REsp 600.771/MG, Rel. Min. Eliana Calmon, 2ª Turma, jul. 15.02.2005, *DJ* 14.03.2005). **No mesmo sentido, sobre o exame das condições da ação:** STJ, REsp 396.848/PR, Rel. Min. João Otávio de Noronha, 2ª Turma, jul. 02.02.2006, *DJ* 20.03.2006; STJ, AgRg no REsp 770.326/BA, Rel. Min. Celso Limongi, 6ª Turma, jul. 02.09.2010, *DJe* 27.09.2010.

"**As questões preliminares veiculadas na contestação** e afastadas pela sentença de improcedência da ação devem ser enfrentadas no segundo grau, independentemente da interposição de apelação pelo réu, até porque este careceria de interesse para tanto. Precedentes" (STJ, REsp 641.257/RJ, Rel. p/ Acórdão Min. Nancy Andrighi, 3ª Turma, jul. 27.05.2008, *DJe* 23.06.2008).

Sentença *citra petita*. "A nulidade da sentença *citra petita* pode ser decretada de ofício pelo Tribunal de origem, sendo desnecessária a prévia oposição dos embargos de declaração" (STJ, AgRg no REsp 437.877/DF, Rel. Min. Herman Benjamin, 2ª Turma, jul. 04.11.2008, *DJe* 09.03.2009).

***Extra petita*.** "Devolvendo a apelação ao tribunal apenas o conhecimento da matéria impugnada (*tantum devolutum quantum appellatum*), ressalvadas as hipóteses de matéria apreciável de ofício, ofende a regra *sententia debet esse conformis libello* a decisão que faz a entrega da prestação jurisdicional em desconformidade com a postulação" (STJ, REsp 4.530/RS, Rel. Min. Salvio de Figueiredo Teixeira, 4ª Turma, jul. 23.10.1990, *DJ* 19.11.1990). **No mesmo sentido:** STJ, AgRg no AgRg no REsp 964.765/SP, Rel. Min. Paulo de Tarso Sanseverino, 3ª Turma, jul. 28.06.2011, *DJe* 01.08.2011).

Alteração de valor arbitrado em sentença (*caput*). "Discute-se nos autos se é admissível que o Tribunal de origem altere o valor da pensão mensal arbitrado na sentença em hipóteses como a dos autos, em que o apelante postula no recurso de apelação o afastamento da condenação – sem pedido expresso de redução da pensão mensal –, ou se esse procedimento ultrapassa os limites do efeito devolutivo. O apelo devolveu para o Tribunal de origem o conhecimento pleno da controvérsia posta, sendo, por essa razão, a ele permitido alterar o valor da pensão mensal arbitrada em 1º grau de jurisdição. Nesse sentido, esta Corte já teve ocasião de decidir que havendo na apelação pedido pela improcedência total, é de considerar-se como devolvida ao tribunal a redução do valor indenizatório, ainda que não haja pedido específico do apelante a propósito dessa" (STJ, REsp 1.203.052/SP, Rel. Min. Nancy Andrighi, 3ª Turma, jul. 01.03.2011, *DJe* 14.03.2011). **No mesmo sentido:** STJ, REsp 685.266/GO, Rel. Min. Hélio Quaglia Barbosa, jul. 27.02.2007, *DJ* 26.03.2007.

Honorários advocatícios. Redução de ofício pelo Tribunal. Não cabimento. Ver jurisprudência do art. 85 do CPC/2015.

Modificação da forma de liquidação de sentença (*caput*). "Quanto à utilização do arbitramento como meio de liquidação, sua modificação pelo Tribunal *a quo* não implica em decisão extra ou *ultra petita*, tampouco em trespasse da matéria devolvida à apreciação do órgão *ad quem*, na medida em que se trata de questão apreciável *ex officio*. As formas de liquidação não se sujeitam ao arbítrio do juiz, pois compõem o devido processo legal e, como tal, são de ordem pública" (STJ, REsp 714.068/SP, Rel. Min. Nancy Andrighi, 3ª Turma, jul. 01.04.2008, *DJe* 15.04.2008).

Publicidade. Requisito do ato (*caput*). "O acórdão que, em ação de cobrança de contribuição sindical, considerou nulo o lançamento efetuado pelo credor por não ter sido atendido o requisito de publicidade previsto no art. 605 da CLT, fez juízo de mérito sobre o próprio título que sustenta juridicamente a obrigação e a pretensão da demanda. Assim, não pode o tribunal de origem, ao julgar a apelação ou os embargos infringentes, analisar de ofício tal questão e extinguir o processo sem julgamento de mérito, sob pena de violar o art. 515 do CPC" [art. 1.013 do CPC/2015] (STJ, REsp 898.186/PR, Rel. Min. Teori Albino Zavascki, 1ª Turma, jul. 26.06.2007, *DJ* 02.08.2007).

3. Efeito devolutivo (*caput*).

Apelação. Ações conexas julgadas em sentença única. Efeitos. Ver jurisprudência do art. 1.012.

Efeito devolutivo da apelação. "O que concerne à apontada violação ao artigo 1.013, § 1º, CPC/2015, o acórdão está em consonância com a jurisprudência do STJ, no sentido de que o Tribunal poderá conhecer da matéria impugnada, adotando o enquadramento jurídico que entender de direito à solução da lide, não se encontrando limitado nem pelos fundamentos jurídicos adotados na sentença nem pelos suscitados pelas partes, desde que respeitado o contraditório" (STJ, AgInt no REsp 1851449/RN, Rel. Min. Mauro Campbell Marques, 2ª Turma, jul. 08.03.2021, *DJe* 11.03.2021).

"**A apelação só devolve ao Tribunal as questões impugnadas pelas partes, as apreciadas de ofício (questão de ordem) e aquelas suscitadas e não examinadas**" (STJ, REsp 1.189.458/RJ, Rel. Min. Humberto Martins, 2ª Turma, jul. 25.05.2010, *DJe* 07.06.2010).

a) *Tantum devolutum quantum appellatum*.

"O julgamento realizado de ofício pelo Tribunal de origem ofende o princípio *tantum devolutum quantum appellatum*, previsto no artigo 515 do CPC [art. 1.013 do CPC/2015], por isso incabível a devolução em dobro estabelecida pelo acórdão recorrido" (STJ, REsp 493.429/RS, Rel. Min. Luis Felipe Salomão, 4ª Turma, jul. 20.05.2010, *DJe* 27.05.2010).

"No recurso vigora o princípio – '*tantum devolutum quantum appellattum*'. Em consequência, o tribunal não pode reformar a sentença diferentemente do postulado pelo recorrente. Na espécie, conformara-se com a decisão que fixara o termo '*a quo*' da correção monetária na data de início de vigência da Lei n. 6.899/81. Vedado, sem provocação, transferi-lo para o dia de propositura da ação" (STJ, REsp 1.798/SP, Rel. Min. Luiz Vicente Cernicchiaro, 2ª Turma, jul. 05.03.1990, *DJ* 19.03.1990).

"(...) depreende-se que os paradigmas transcritos pela recorrente não examinaram a questão à luz da peculiar circunstância existente nestes autos, consignando apenas que o Tribunal de 2º Grau somente pode rever o capítulo da sentença que dispôs sobre os honorários advocatícios caso haja insurgência da parte em sede de apelação" (STJ, EREsp 423.250/SP, Rel. Min. Eliana Calmon, Corte Especial, jul. 10.12.2009, *DJe* 22.02.2010).

"Na linha da doutrina, 'processadas em conjunto, julgam-se as duas ações [ação e reconvenção], em regra, 'na mesma sentença' (art. 318), que necessariamente se desdobra em dois capítulos, valendo cada um por decisão autônoma, em princípio, para fins de recorribilidade e de formação da coisa julgada'. Nestes termos, constituindo-se em capítulos diferentes, a apelação interposta apenas contra a parte da sentença que tratou da ação, não devolve ao tribunal o exame da reconvenção, sob pena de violação das regras *tantum devolutum quantum appellattum* e da proibição da *reformatio in pejus*" (STJ, REsp 474.962/SP, Rel. Min. Sálvio de Figueiredo Teixeira, 4ª Turma, jul. 23.09.2003, *DJ* 01.03.2004; *Ementário de Jurisprudência do STJ* 39/212).

b) Extensão.

Dimensão vertical. "O efeito devolutivo da apelação divide-se em duas dimensões: a horizontal (ou extensão da devolução) e vertical (ou profundidade da devolução). Pela dimensão vertical, devolve-se, ao tribunal, dentro dos limites fixados pela extensão, todos os fundamentos, questões e alegações referentes à matéria devolvida" (STJ, AgInt no AREsp 1664167/SC, Rel. Min. Maria Isabel Gallotti, 4ª Turma, jul. 08.03.2021, *DJe* 11.03.2021). **No mesmo sentido:** STJ, REsp 714.068/SP, Rel. Min. Nancy Andrighi, 3ª Turma, jul. 01.04.2008, *DJe* 15.04.2008; STJ, AgRg no REsp 1.065.763/SP, Rel. Min. Mauro Campbell Marques, 2ª Turma, jul. 10.03.2009, *DJe* 14.04.2009

Execução. Inexistência do negócio jurídico causal. Efeito devolutivo dos recursos. "O efeito devolutivo dos recursos reclama o conhecimento da abrangência dos antecedentes lógico-jurídicos da decisão impugnada. Portanto, contestada a executividade do título apresentado, o reconhecimento da inexistência do negócio jurídico que o subsidia não ofende o brocardo *tantum devolutum quantum appellattum*" (STJ, AgInt no AREsp 386.144/ES, Rel. Min. João Otávio de Noronha, 3ª Turma, jul. 16.06.2016, *DJe* 27.06.2016).

Efeito devolutivo da apelação. Matéria de defesa arguida na contestação e não conhecida pelo tribunal. "Conforme já decidido pelo Superior Tribunal de Justiça, 'Quando a ação é julgada improcedente, havendo apelação da parte vencida, não está o vencedor obrigado a suscitar, em sede de contrarrazões, as questões já arguidas na contestação para que o tribunal conheça dos argumentos veiculados. Também não está obrigado a recorrer, mesmo que adesivamente, para que o Tribunal conheça dos demais argumentos de defesa, pois a apelação devolve ao tribunal todos os fundamentos nos termos do artigo 515, § 2º, do Código de Processo Civil' [art. 1.013, § 2º, do CPC/2015] (REsp 1.203.776/SP, Rel. Min. Nancy Andrighi, *DJe* de 24.11.2011)" (STJ, AgInt no AgInt no REsp 1.121.780/RS, Rel. Min. Lázaro Guimarães, 4ª Turma, jul. 17.04.2018, *DJe* 23.04.2018).

Pedidos em ordem sucessiva. "Tendo sido formulados pedidos em ordem sucessiva, cabia ao julgador examinar o pedido principal e, rejeitando-o, passar ao exame do pedido subsidiário. (...). O Tribunal, ao julgar a apelação, deve observar os ditames do art. 515 do CPC [art. 1.013 do CPC/2015], podendo examinar as teses suscitadas e discutidas no processo, mesmo que a sentença não as tenha julgado por inteiro" (STJ, REsp 363.655/MS, Rel. Min. Eliana Calmon, 2ª Turma, jul. 19.09.2002, *DJ* 16.06.2003).

Revelia. Teses jurídicas deduzidas em apelação. Exame. Necessidade. "Na apelação, o efeito devolutivo é amplo e não encontra restrição no campo da profundidade, estando apenas balizado pelos limites da impugnação deduzida pelo recorrente (extensão), conforme disciplina o art. 1.013, *caput* e § 1º, do CPC/2015. Logo, a devolutividade da apelação não está adstrita à revisão dos fatos e das provas dos autos, mas, especialmente, sobre as consequências jurídicas que lhes atribuiu o juízo *a quo*. Portanto, não apenas as matérias de ordem pública podem ser agitadas pelo réu revel em sua apelação, mas todo e qualquer argumento jurídico que possa alterar o resultado do julgamento" (STJ, AgInt no REsp 1848104/SP, Rel. p/ Acórdão Ministro Antonio Carlos Ferreira, 4ª Turma, jul. 20.04.2021, *DJe* 11.05.2021).

Profundidade do efeito devolutivo. "Deve-se distinguir entre a extensão do efeito devolutivo da apelação, limitada pelo pedido daquele que recorre, e a sua profundidade, que abrange os antecedentes lógico-jurídicos da decisão impugnada. Estabelecida a extensão do objeto do recurso pelo requerimento formulado pelo apelante, todas as questões surgidas no processo, que possam interferir no seu acolhimento ou rejeição, devem ser levadas em conta pelo Tribunal" (STJ, REsp 714.068/SP, Rel. Min. Nancy Andrighi, 3ª Turma, jul. 01.04.2008, *DJe* 15.04.2008). **No mesmo sentido:** STJ, AgRg no REsp 1.065.763/SP, Rel. Min. Mauro Campbell Marques, 2ª Turma, jul. 10.03.2009, *DJe* 14.04.2009.

b) Questão não invocada.

Limitação. Fundamento não abordado na instância monocrática. "Certo que o recurso de apelação tem efeito devolutivo, mas diante da peculiaridade da hipótese, onde a sentença monocrática não abordou o tema referente à apontada nulidade, questão que sequer foi invocada pelo interessado ao opor os declaratórios no juízo de primeiro grau e também em seu recurso de apelação, evidenciada a violação do art. 1.013 do CPC. Precedente: AgInt no AgInt no AREsp n. 1.233.736/MG, Relator Ministro Benedito Gonçalves, Primeira Turma, *DJe* 13.05.2020" (STJ, AREsp 1.469.605/DF, Rel. Min. Francisco Falcão, 2ª Turma, jul. 20.04.2021, *DJe* 03.05.2021).

Inovação do pedido ou da causa de pedir (*caput*). "A jurisprudência desta Corte Superior tem admitido a apreciação do fato ou direito que possa influir no julgamento da lide, ainda que em instância extraordinária, desde que não importe a alteração do pedido ou da causa de pedir, porquanto a análise do *jus superveniens* pode ocorrer até a prolação da decisão final, inclusive na instância extraordinária, desde que atendido o inarredável requisito do prequestionamento" (STJ, REsp 1.109.048/PR, Rel. Min. Luiz Fux, 1ª Turma, jul. 16.11.2010, *DJe* 14.12.2010). **No mesmo sentido:** STJ, AgRg no RMS 19.610/BA, Rel. Min. Jorge Mussi, 5ª Turma, jul. 12.08.2010, *DJe* 30.08.2010; STF, RE 114.981, Rel. Min. Carlos Madeira, 2ª Turma, jul. 08.04.1988, *DJ* 06.05.1988; STJ, REsp 276.092/RJ, Rel. Min. Fernando Gonçalves, 4ª Turma, jul. 05.11.2009, *DJe* 16.11.2009. **No entanto:** "(...) só é possível inovação da causa de pedir em sede de razões de apelação se a nova matéria a ser discutida não pôde ser levada ao primeiro grau por **motivos de força maior**. Além disso, é claro, o segundo grau sempre pode conhecer das matérias de ordem pública, mas isso em razão do efeito translativo (art. 267, § 3º, do CPC)" [art. 485, § 3º, do CPC/2015] (STJ, REsp 884.983/RS, Rel. Min. Mauro Campbell Marques, 2ª Turma, jul. 28.10.2008, *DJe* 25.11.2008).

Juntada de novas provas. "É inviável a pretensão de inovação do pedido recursal, inclusive com juntada de novas provas que, mesmo em outra circunstância, não poderiam ser examinadas. Precedente: REsp nº 732.150/SP, 3ª Turma, de minha relatoria" (STJ, EDcl no REsp 660.831/PR, Rel. Min. Nancy Andrighi, 3ª Turma, jul. 14.12.2006, *DJ* 05.02.2007).

4. *Reformatio in pejus*

"Nos termos da jurisprudência desta Quarta Turma, 'entende-se pelo princípio da *non reformatio in pejus* que o órgão julgador não pode piorar a situação processual do único recorrente, retirando-lhe a vantagem concedida em decisão anterior sem pedido expresso da parte contrária' (EDcl nos EDcl no REsp 1.072.223/RS, *DJ* de 27.04.2009). Na hipótese, em que não há apelação, por parte da autora, em face da sentença que determina a perda do sinal, a exclusão deste desconto não cabe ao Tribunal de origem" (STJ, REsp 880.579/BA, Rel. Min. Fernando Gonçalves, 4ª Turma, jul. 18.08.2009, *DJe* 31.08.2009).

Apelação. Capítulo não impugnado. Trânsito em julgado. Proibição de *reformatio in pejus*. "O diploma processual civil de 2015 é suficientemente claro ao estabelecer que 'a apelação devolverá ao tribunal o conhecimento da matéria impugnada', cabendo ao órgão *ad quem* apreciar e julgar 'todas as questões suscitadas e discutidas no processo, ainda que não tenham sido solucionadas, desde que relativas ao capítulo impugnado' (§ 1º do art. 1.013 do CPC/2015). Sobre o capítulo não impugnado pelo adversário do apelante, podendo a reforma eventualmente significar prejuízo ao recorrente, incide a coisa julgada. Assim, não há pensar-se em *reformatio in pejus*, já que qualquer providência dessa natureza esbarraria na *res iudicata*" (STJ, REsp 1.909.451/SP, Rel. Min. Luis Felipe Salomão, 4ª Turma, jul. 23.03.2021, *DJe* 13.04.2021).

"O exame em maior profundidade do mérito da causa, observando os limites do pedido, não enseja *reformatio in pejus*" (STJ, AgRg no REsp 956.264/PR, Rel. Min. Arnaldo Esteves Lima, 5ª Turma, jul. 19.02.2009, *DJe* 16.03.2009).

Manutenção da sentença. Novos fundamentos. "Não há que se falar em 'reformatio in pejus' quando o Tribunal 'a quo' nega provimento ao recurso de apelação, mantendo a sentença proferida, ainda que acrescente novos fundamentos em resposta às razões recursais do apelante, pois não houve reforma do julgado, ou seja, prevalece o disposto na sentença" (STJ, AgRg no REsp 1.188.962/SP, Rel. Min. Humberto Martins, 2ª Turma, jul. 02.09.2010, *DJe* 22.09.2010).

5. Princípio do duplo grau de jurisdição (§ 2º). "O efeito devolutivo da apelação não se restringe às questões resolvidas na sentença, compreendendo também as que poderiam ter sido decididas, seja porque suscitadas pelas partes, seja porque conhecíveis de ofício (§ 2º, do art. 515/CPC)" [art. 1.013, § 2º, do CPC/2015] (STJ, REsp 136.550/MG, Rel. Min. Cesar Asfor Rocha, 4ª Turma, jul. 23.11.1999, *DJ* 08.03.2000). **No mesmo sentido:** STJ, REsp 536.964/RS, Rel. Min. Humberto Gomes de Barros, 3ª Turma, jul. 04.05.2006, *DJ* 29.05.2006; STJ, REsp 232.116/SP, Rel. Min. Vicente Leal, 6ª Turma, jul. 20.09.2001, *DJ* 15.10.2001.

"Se o juízo de primeiro grau examina apenas um dos dois fundamentos do pedido do autor para acolhê-lo, a apelação do réu devolve ao tribunal o conhecimento de ambos os fundamentos, ainda que o autor não tenha apresentado apelação adesiva ou contrarrazões ao apelo do réu, daí por que pode o Tribunal, estando a lide em condições de ser apreciada, reformar a sentença e acolher o pedido do autor pelo outro fundamento que o juiz de primeiro grau não chegou a apreciar" (STJ, REsp 136.550/MG, Rel. Min. Cesar Asfor Rocha, 4ª Turma, jul. 23.11.1999, *DJ* 08.03.2000).

"A causa de pedir é formada por um dueto, qual seja, fundamentos de fatos e fundamentos de direito. Se esses fundamentos estão bem delimitados na petição inicial e na apelação, o Tribunal *a quo* não está adstrito a proferir sua decisão necessariamente com base nos mesmos fundamentos que o magistrado de primeiro grau se utilizou para embasar o seu entendimento. Isso não configura julgamento *extra petita*, mas simples aplicação do art. 515, § 2º, do CPC [art. 1.013, § 2º, do CPC/2015]. Precedentes" (STJ, REsp 954.828/SP, Rel. Min. Mauro Campbell Marques, 2ª Turma, jul. 21.08.2008, *DJe* 12.09.2008).

Matérias abordadas em contrarrazões. "Quando os embargos à execução fiscal tiverem mais de um fundamento e o juiz acolher apenas um deles, decretando a nulidade da Certidão de Dívida Ativa, a apelação da Fazenda Pública devolverá ao tribunal o conhecimento dos demais temas, ainda que não tenham sido deduzidas tais questões nas contrarrazões de apelação. Não se pode exigir que todas as matérias sejam abordadas em contrarrazões de apelação, porque, em determinadas situações, como a dos autos, falta interesse à parte na impugnação expressa, diante da procedência dos embargos à execução fiscal em primeiro grau de jurisdição, por um dos fundamentos ventilados na petição inicial" (STJ, REsp 1.125.039/RS, Rel. Min. Humberto Martins, 2ª Turma, jul. 01.03.2011, *DJe* 15.03.2011).

"Por força do chamado efeito translativo, cumpre ao tribunal de apelação, ao afastar o fundamento adotado pela sentença apelada, examinar os demais fundamentos invocados pela parte para sustentar a procedência ou a improcedência da demanda. O exame desses demais fundamentos independe de recurso próprio ou de pedido específico formulado em contrarrazões" (STJ, REsp 1.201.359/AC, Rel. Min. Teori Albino Zavascki, 1ª Turma, jul. 05.04.2011, *DJe* 15.04.2011).

Pedidos alternativos. "O interesse na apreciação do pedido alternativo surgiu em decorrência do provimento da apelação da ré, pelo que se impõe o seu exame pelo Tribunal *a quo* ainda que a autora não tenha apelado da sentença. Precedentes" (STJ, REsp 605.674/AM, Rel. Min. Paulo Medina, 6ª Turma, jul. 13.04.2004, *DJ* 17.05.2004).

"Não fere as disposições do art. 515 do Código de Processo Civil [art. 1.013 do CPC/2015] acórdão que, reformando a sentença, julga procedente a ação nos exatos termos do pedido formulado na peça vestibular, desprezando pedido alternativo constante das razões da apelação" (STJ, REsp 403.190/SP, Rel. Min. João Otávio de Noronha, 2ª Turma, jul. 27.06.2006, *DJ* 14.08.2006).

"Se a sentença, apreciando pedidos alternativos, concede mandado de segurança, atendendo a uma das pretensões, o Tribunal *ad quem*, em cassando a segurança, deve examinar as outras opções do impetrante. Não é lícito exigir que a parte vitoriosa em primeiro grau oponha embargos declaratórios para ver discutidas os outros termos das alternativas (CPC, arts. 515 e 516)" [arts. 1.013 do CPC/2015] (STJ, REsp 195.070/RJ, Rel. Min. Humberto Gomes de Barros, 1ª Turma, jul. 19.10.1999, *DJ* 29.11.1999).

Prescrição e decadência. "Quanto à alegação de infringência ao art. 515 do Código de Processo Civil [art. 1.013 do CPC/2015], o legislador brasileiro disciplinou que os institutos da prescrição e decadência estão atrelados ao 'mérito' ou, como alguns preferem, são preliminares de mérito. Desta forma, quando o julgador reconhece um desses institutos está fulminando o próprio 'mérito', mesmo quando não ingressa na análise das demais questões arguidas na exordial, ou compreendidas no processo propriamente dito" (STJ, AgRg no REsp 553.053/PB, Rel. Min. Gilson Dipp, 5ª Turma, jul. 16.12.2003, *DJ* 09.02.2004).

6. Causa madura (§ 3º).

Causa madura para julgamento. "Ao tribunal será permitido julgar o recurso, decidindo, desde logo, o mérito da causa, sem necessidade de requisitar ao juízo de primeiro grau manifestação acerca das questões. Considera-se o processo em condições de imediato julgamento apenas se ambas as partes tiveram oportunidade adequada de debater a questão de mérito que será analisada pelo tribunal" (STJ, REsp 1909451/SP, Rel. Min. Luis Felipe Salomão, 4ª Turma, jul. 23.03.2021, *DJe* 13.04.2021).

"Segundo disposto no art. 515, § 3º, do CPC (Teoria da Causa Madura) [art. 1.013, § 3º, do CPC/2015], o Tribunal poderá analisar o mérito da causa se, na hipótese de sentença extintiva sem julgamento do mérito, a matéria for exclusivamente de direito ou não for necessária a produção de outras provas" (STJ, REsp 930.920/SC, Rel. Min. Mauro Campbell Marques, 2ª Turma, jul. 01.06.2010, *DJe* 23.06.2010). **No mesmo sentido:** STJ, REsp 533.980/MG, Rel. Min. Cesar Asfor Rocha, 4ª Turma, jul. 21.08.2003, *DJ* 13.10.2003; STJ, REsp 645.213/SP, Rel. Min. Laurita Vaz, 5ª Turma, jul. 18.10.2005, *DJ* 14.11.2005; STJ, AgRg no REsp 1.102.907/RJ, Rel. Min. Arnaldo Esteves Lima, 5ª Turma, jul. 02.03.2010, *DJe* 29.03.2010; STJ, AgRg no REsp 1.194.849/RJ, Rel. Min. Humberto Martins, 2ª Turma, jul. 02.12.2010, *DJe* 14.12.2010; STJ, REsp 740.577/RS, Rel. Min. Sidnei Beneti, 3ª Turma, jul. 03.12.2009, *DJe* 18.12.2009; STJ, REsp 619.405/PR, Rel. Min. Luis Felipe Salomão, 4ª Turma, jul. 20.05.2010, *DJe* 08.06.2010; STJ, AgRg no Ag 867.885/MG, Rel. Min. Hélio Quaglia Barbosa, 4ª Turma, jul. 25.09.2007, *DJ* 22.10.2007.

"O Tribunal revisor, ao reformar a sentença que extingue o processo sem exame do mérito, tem o **dever-poder de julgar imediatamente o mérito do litígio**, quando o feito encontrar-se em condições de pronto julgamento" (STJ, AgRg no Ag 836.287/DF, Rel. Min. Humberto Gomes de Barros, 3ª Turma, jul. 18.10.2007, *DJ* 31.10.2007).

a) Instrução incompleta. "Na espécie, o Tribunal de origem não poderia ter aplicado a Teoria da Causa Madura, porquanto concluiu pela insuficiência de provas a demonstrar o direito alegado, considerando que houve o julgamento antecipado da lide no juízo de primeiro grau" (STJ, REsp 930.920/SC, Rel. Min. Mauro Campbell Marques, 2ª Turma, jul. 01.06.2010, *DJe* 23.06.2010). **No mesmo sentido:** STJ, REsp 977.182/RS, Rel. Min. Castro Meira, 2ª Turma, jul. 23.10.2007, *DJ* 08.11.2007, p. 223; STJ, REsp 948.289/RJ, Rel. Min. Sidnei Beneti, 3ª Turma, *DJe* 03.02.2009; STJ, REsp 1.066.409/RS, Rel. Min. Eliana Calmon, *DJe* 30.09.2008; STJ, REsp 592.693/MT, Rel. Min. Teori Albino Zavascki, *DJ* 27.08.2007; REsp 623.479/RJ, Rel. Min. Carlos Alberto Menezes Direito, *DJ* 07.11.2005; STJ, AgRg no REsp 1.194.849/RJ, Rel. Min. Humberto Martins, 2ª Turma, jul. 02.12.2010, *DJe* 14.12.2010.

Retorno dos autos ao juízo singular. Desnecessidade de pedido. "Ambas as Turmas da Primeira Seção, (...) interpretando o art. 515, § 3º, do CPC [art. 1.013, § 3º, do CPC/2015], sedimentaram posicionamento no sentido de que o Tribunal de origem, ao julgar a apelação, pode determinar a baixa dos autos ao juiz singular ainda que o apelante não tenha feito pedido expresso nesse sentido. Desta forma, amplia-se o efeito devolutivo para se prestigiar a regularidade do procedimento ordinário, o princípio da celeridade e da efetividade da jurisdição" (STJ, REsp 701.569/RS, Rel. Min. Teori Albino Zavascki, 1ª Turma, jul. 27.02.2007, *DJ* 26.03.2007).

b) Prescrição e decadência.

"A teoria da causa madura pode ser aplicada quando o tribunal reforma a sentença que reconhece a prescrição ou a decadência, desde que a demanda esteja em condições de imediato julgamento, sem a necessidade de dilação probatória. Na hipótese, as provas colhidas nos autos da ação divisão – todas submetidas ao contraditório e à ampla defesa em cognição exauriente – são suficientes para a apreciação dos pedidos de ressarcimento material formulados na ação indenizatória" (STJ, REsp 1.845.754/ES, Rel. Min. Ricardo Villas Bôas Cueva, 3ª Turma, jul. 24.08.2021, *DJe* 31.08.2021).

"Em regra, o afastamento da prescrição pelo Tribunal *ad quem* permite-lhe julgar as demais questões suscitadas no recurso, ainda que não tenham sido analisadas diretamente pela sentença, desde que a causa se encontre suficientemente 'madura', sendo certo que a convicção acerca de estar o feito em condições de imediato julgamento compete ao Juízo *a quo*, porquanto a completitude das provas configura matéria cuja apreciação é defesa na instância extraordinária conforme o teor da Súmula 7 do STJ. Precedentes. (...) Dessarte, ante a ocorrência de dúvida plausível acerca da efetiva existência do crédito pleiteado, impõe-se a remessa dos autos à instância primeva para que possibilite ao réu o exercício do direito de defesa, o qual foi prejudicado pela prematura extinção do processo monitório em razão da decretação da prescrição pelo Juízo de piso" (STJ, REsp 1.082.964/SE, Rel. Min. Luis Felipe Salomão, 4ª Turma, jul. 05.03.2013, *DJe* 01.04.2013). **No mesmo sentido:** STJ, REsp 1.113.408/SC, Rel. Min. Luiz Fux, 1ª Turma, jul. 28.09.2010, *DJe* 08.10.2010; STJ, REsp 794.089/RJ, Rel. Min. Maria Thereza de Assis Moura, 6ª Turma, jul. 28.08.2007, *DJ* 01.10.2007; STJ, REsp 409.811/RJ, Rel. Min. Felix Fischer, 5ª Turma, jul. 13.04.2004, *DJ* 02.08.2004.

c) Interpretação sistemática. Art. 330, I, do Código de Processo Civil de 1973 [art. 355, I, do CPC/2015]. "A interpretação do artigo 515, § 3º, do Código de Processo Civil [art. 1.013, § 3º, do CPC/2015] deve ser feita de forma sistemática, tomando em consideração o artigo 330, I, do mesmo Diploma. Com efeito, o Tribunal, caso tenha sido propiciado o contraditório e a ampla defesa, com regular e completa instrução do processo, deve julgar o mérito da causa, mesmo que para tanto seja necessária apreciação do acervo probatório" (STJ, REsp 874.507/SC, Rel. Min. Luis Felipe Salomão, 4ª Turma, jul. 14.06.2011, *DJe* 01.07.2011). **No mesmo sentido:** STJ, REsp 1.179.450/MG, Rel. Min. Luis Felipe Salomão, 4ª Turma, jul. 15.05.2012, *DJe* 28.05.2012.

d) Hipóteses de aplicação.

Possibilidade de aplicação em agravo de instrumento. "A doutrina admite aplicação do art. 515, § 3º, do CPC [art. 1.013, § 3º, do CPC/2015] aos agravos de instrumento (DINAMARCO, Cândido Rangel. *A reforma da reforma*, 6. ed., São Paulo: Malheiros, 2003, pp. 162-163; WAMBIER, Teresa Arruda Alvim. *Os agravos no CPC brasileiro*, 4. ed., São Paulo: RT, 2006, pp. 349-350; RODRIGUES, Marcelo Abelha. *Manual de direito processual civil*, 5. ed., São Paulo: RT, pp. 643-644; ALVIM, J. E. Carreira. *Código de Processo Civil reformado*, 7. ed., Curitiba: Juruá, 2008, p. 351)" (STJ, REsp 1.215.368/ES, Rel. Min. Herman Benjamin, Corte Especial, jul. 01.06.2016, *DJe* 19.09.2016).

Recurso ordinário. "Aplica-se o regime da Apelação ao Recurso Ordinário (CPC – art. 540) [art. 1.028 do CPC/2015], permitindo ao Tribunal o julgamento imediato da causa madura, conforme o art. 515, § 3º, do CPC" [art. 1.013, § 3º, do CPC/2015] (STJ, RMS 20.871/SP, Rel. Min. Humberto Gomes de Barros, 3ª Turma, jul. 21.11.2006, *DJ* 01.08.2007). **No mesmo sentido:** STJ, RMS 15.877/DF, Rel. Min. Teori Albino Zavascki, 1ª Turma, jul. 18.05.2004, *DJ* 21.06.2004; STJ, RMS 17.126/ES, Rel. Min. Humberto Martins, 2ª Turma, jul. 15.04.2008, *DJe* 25.04.2008.

Matéria de ordem pública suscitada no curso do processo. Omissão do Tribunal. "A ampliação do alcance do § 3º do art. 515, do CPC [art. 1.013, § 3º, do CPC/2015], não implica ofensa ao duplo grau de jurisdição, que, na condição de regra técnica de processo, admite que o ordenamento jurídico apresente soluções mais condizentes com a efetividade do processo, afastando o reexame específico da matéria impugnada. Na hipótese específica dos autos, o Tribunal não se manifestou acerca de questão de ordem pública debatida no curso do processo, mesmo quando foi provocado em sede de embargos de declaração. A ampliação da regra do art. 515, § 3º, do CPC, aos recursos especiais, também atende os ditames do art. 5º, LXXVIII, da CF, acelerando a outorga da tutela jurisdicional" (STJ, REsp 998.460/SP, Rel. Min. Nancy Andrighi, 3ª Turma, jul. 23.02.2010, *DJe* 23.03.2010).

e) Hipóteses de não aplicação.

1. Recurso especial. "A 'maturidade da causa' para julgamento à luz da *ratio essendi* do art. 515, § 3º, do CPC [art. 1.013, § 3º, do CPC/2015] é tarefa do juízo *a quo*, porquanto cediço na jurisprudência que a completitude das provas resta insindicável na instância extraordinária por força da Súmula nº 07/STJ. (Precedente: AgRg no REsp 775.349/MS, Rel. Min. José Delgado, 1ª Turma, jul. 06.12.2005, *DJ* 06.02.2006)" (STJ, REsp 1.113.408/SC, Rel. Min. Luiz Fux, 1ª Turma, jul. 28.09.2010, *DJe* 08.10.2010).

"O artigo 515, § 3º, do Código de Processo Civil [art. 1.013, § 3º, do CPC/2015], é inaplicável em sede de recurso especial, por força do requisito do prequestionamento" (STJ, AgRg no REsp 988.034/DF, Rel. p/ Acórdão Min. Luiz Fux, 1ª Turma, jul. 22.04.2008, *DJe* 08.10.2008). **No mesmo sentido:** STJ, AgRg no REsp 988.034/DF, Rel. p/ ac. Min. Luiz Fux, 1ª Turma, jul. 22.04.2008, *DJe* 08.10.2008; STJ, REsp 723.023/PR, Rel. Min. Castro Meira, 2ª Turma, jul. 06.05.2008, *DJe* 02.06.2008; STJ, AgRg no REsp 988.034/DF, Rel. p/ Acórdão Min. Luiz Fux, 1ª Turma, jul. 22.04.2008, *DJe* 08.10.2008; STJ, REsp 1.219.276/GO, Rel. Min. Nancy Andrighi, 3ª Turma, jul. 16.08.2011, *DJe* 29.08.2011.

"Diante da expressa possibilidade de o julgamento da causa ser feito pelo tribunal que acolher a apelação contra sentença terminativa, é ônus de ambas as partes prequestionar em razões ou contrarrazões recursais todos os pontos que depois pretendam levar ao Supremo Tribunal Federal ou ao Superior Tribunal de Justiça. Eles o farão, do mesmo modo como fariam se a apelação houvesse sido interposta contra uma sentença de mérito. Assim é o sistema posto e não se vislumbra o menor risco de mácula à garantia constitucional do *due process of law*, porque a lei é do conhecimento geral e a ninguém aproveita a alegação de desconhecê-la, ou de não ter previsto a ocorrência de fatos que ela autoriza (LICC, art. 3º)" (STJ, AgRg no Ag

867.885/MG, Rel. Min. Hélio Quaglia Barbosa, 4ª Turma, jul. 25.09.2007, *DJ* 22.10.2007).

"Se, embora não conhecendo do recurso, o Tribunal de origem examina o mérito da controvérsia – ainda que como simples reforço de fundamentação – a causa está madura para julgamento e a matéria prequestionada, autorizando o Superior Tribunal de Justiça a conhecer do recurso especial e aplicar o direito à espécie" (STJ, REsp 337.094/MG, Rel. Min. Humberto Gomes de Barros, 3ª Turma, jul. 29.11.2005, *DJ* 19.12.2005).

"O julgamento, pelo Tribunal de origem, do mérito da 'causa madura' não inviabiliza o prequestionamento, pois, além de ser situação prevista em lei, a parte pode opor embargos de declaração para prequestionar matéria relacionada ao julgamento do apelo (*error in judicando* e/ou *error in procedendo*), sem que isso, por óbvio, caracterize pós-questionamento, pois o mérito da demanda não fora apreciado na primeira instância" (STJ, REsp 874.507/SC, Rel. Min. Luis Felipe Salomão, 4ª Turma, jul. 14.06.2011, *DJe* 01.07.2011).

2. Competência constitucional. Descabimento. "A Constituição Federal previu expressamente as hipóteses de competência originária e recursal deste Superior Tribunal de Justiça (art. 105, incisos I e II). Desse modo, a aplicação do art. 515, § 3º, do CPC [art. 1.013, § 3º, do CPC/2015] ao recurso ordinário, com a consequente transformação da competência recursal desta Corte em originária, incorreria em flagrante contrariedade ao texto constitucional e configuraria evidente usurpação da competência do Tribunal local para apreciação do mérito da demanda. Precedentes do Supremo Tribunal Federal" (STJ, RMS 11.445/SP, Rel. Min. Maria Thereza de Assis Moura, 6ª Turma, jul. 24.05.2007, *DJ* 11.06.2007).

3. Recurso ordinário em mandado de segurança. "O disposto no § 3º do artigo 515 do Código de Processo Civil [art. 1.013, § 3º, do CPC/2015] não se aplica ao recurso ordinário em mandado de segurança, cuja previsão, no tocante à competência, decorre de texto da Constituição Federal" (STF, RE 621.473, Rel. Min. Marco Aurélio, 1ª Turma, jul. 23.11.2010, *DJe* 23.03.2011).

***Writ* indeferido liminarmente. Inexistência do regular processamento do feito.** "A orientação jurisprudencial mais recente do STJ é de que é cabível a aplicação do artigo 515, § 3º [art. 1.013, § 3º, do CPC/2015], no recurso ordinário em mandado de segurança quando a causa já estiver madura para julgamento. Todavia, se o *writ* foi indeferido liminarmente, sem que tenha havido o regular processamento do feito, tal providência afigura-se incabível" (STJ, RMS 25.806/RN, Rel. Min. João Otávio de Noronha, 4ª Turma, jul. 04.05.2010, *DJe* 18.05.2010). **No mesmo sentido:** STJ, EDcl no REsp 723.426/PA, Rel. Min. Arnaldo Esteves Lima, 5ª Turma, jul. 19.08.2008, *DJe* 20.10.2008; STJ, RMS 22.364/SC, Rel. Min. Denise Arruda, 1ª Turma, jul. 11.11.2008, *DJe* 15.12.2008.

4. Ação rescisória. "A via rescisória constitui-se em ação autônoma, sem natureza recursal, não possuindo, por conseguinte, efeito devolutivo. Inaplicável, portanto, o art. 515, § 1º, do CPC [art. 1.013, 1º, do CPC/2015]. O recurso especial em ação rescisória deve impugnar os termos do acórdão recorrido, não alcançando os fundamentos do ato judicial que se pretende desconstituir" (STJ, REsp 873.330/MG, Rel. Min. Luis Felipe Salomão, 4ª Turma, jul. 16.12.2008, *DJe* 02.02.2009).

a) Inexistência de vícios que maculem a validade da sentença. "Para que o tribunal possa exercer a competência nele prevista, isto é, julgar o mérito da causa, sob certas condições, ao decidir sobre apelação interposta contra sentença meramente terminativa (art. 267) [art. 485 do CPC/2015], é necessário que não exista na sentença vício que lhe comprometa a validade: se algum existir, o órgão *ad quem* terá de anular a sentença e restituir os autos do processo à instância inferior, para que ali se profira outra" (STJ, AgRg no REsp 1.085.925/RS, Rel. Min. Francisco Falcão, 1ª Turma, jul. 19.02.2009, *DJe* 12.03.2009).

No mesmo sentido: STJ, REsp 1.236.732/PR, Rel. Min. João Otávio de Noronha, 4ª Turma, jul. 16.06.2011, *DJe* 24.06.2011.

b) Argumentos subsidiários. "Na hipótese de julgamento antecipado do processo, com o acolhimento de um argumento que não demanda dilação probatória, se o Tribunal reformar a decisão deverá apreciar os argumentos subsidiariamente desenvolvidos pelas partes nas contestações. Na hipótese em que algum desses argumentos demande produção de provas, não será possível, com base no art. 515, § 3º, do CPC [art. 1.013, § 3º, do CPC/2015], que o Tribunal julgue diretamente a lide. Deverá reformar a sentença e devolver o processo ao primeiro grau para que se ingresse na fase probatória" (STJ, REsp 828.342/SP, Rel. Min. Nancy Andrighi, 3ª Turma, jul. 15.05.2008, *DJe* 23.09.2008).

c) Causa complexa. "No entanto, não se tratando de matéria exclusivamente de direito, com causa complexa e não estando madura suficiente para ser julgada de pronto, não se aplica o referido dispositivo, devendo os autos retornar ao juízo de origem para novo pronunciamento" (STJ, AgRg no REsp 1.018.466/SP, Rel. Min. José Delgado, 1ª Turma, jul. 20.05.2008, *DJe* 19.06.2008). **No mesmo sentido:** STJ, AgRg no REsp 1.083.012/RS, Rel. Min. Humberto Martins, 2ª Turma, jul. 02.06.2009, *DJe* 15.06.2009; STJ, REsp 611.149/RS, Rel. Min. Aldir Passarinho Junior, 4ª Turma, jul. 02.12.2008, *DJe* 02.02.2009.

d) Matéria de direito não examinada em primeira instância. "O cognominado Princípio da Causa Madura, introduzido no Código de Processo Civil pela Lei 10.352/01, ao permitir que o Tribunal, no exercício do duplo grau de jurisdição, pronuncie-se sobre matéria não examinada na Primeira Instância, nos casos de extinção do processo sem julgamento do mérito, ampliou a devolutividade do recurso de apelação" (STJ, REsp 866.997/PB, Rel. Min. Luiz Fux, 1ª Turma, jul. 16.06.2009, *DJe* 05.08.2009).

e) *Reformatio in pejus*. Inocorrência. "Na hipótese dos autos, a sentença de primeiro grau de jurisdição julgou extinto o processo sem resolução de mérito, não adentrando, portanto, na análise do mérito da causa. Apresentado recurso de apelação pelos ora agravantes, não ocorreu o alegado *reformatio in pejus*, tendo em vista que o novo julgamento proferido pelo Tribunal de origem foi uma consequência lógica da decretação da nulidade da sentença e do fato de que a matéria *sub judice* era exclusivamente de direito, o que autorizaria a aplicação da regra contida no art. 515, § 3º, do CPC" [art. 1.013, § 3º, do CPC/2015] (STJ, AgRg no REsp 704.218/SP, Rel. Min. Luis Felipe Salomão, 4ª Turma, jul. 15.03.2011, *DJe* 18.03.2011).

f) Intervenção do Ministério Público. "O art. 515, § 3º, do CPC [art. 1.013, § 3º, do CPC/2015] autoriza ao tribunal 'julgar desde logo a lide, se a causa versar questão exclusivamente de direito e estiver em condições de imediato julgamento'. (...). Em consonância com o princípio da instrumentalidade das formas, a nulidade decorrente da ausência de intervenção ministerial em primeiro grau é sanada quando, não tendo sido demonstrado prejuízo, o Ministério Público intervém em segundo grau de jurisdição" (STJ, REsp 723.426/PA, Rel. Min. Arnaldo Esteves Lima, 5ª Turma, jul. 18.10.2007, *DJ* 05.11.2007).

Sentença nula. *Error in procedendo* (§ 3º). "O *error in procedendo* ocorre quando há vício na atividade judicante e desrespeito às regras processuais, devendo o julgado ser anulado a fim de que outro seja proferido na instância de origem. (...) Para que o tribunal possa julgar desde logo o mérito da causa na apelação, é necessário que a sentença não apresente vício que lhe comprometa a validade. Havendo o vício, o órgão superior deverá anular a sentença e restituir os autos à instância inferior para que ali outra seja proferida" (STJ, REsp 1.236.732/PR, Rel. Min. João Otávio de Noronha, 4ª Turma, jul. 16.06.2011, *DJe* 24.06.2011). **No mesmo sentido:** STJ, REsp 915.805/SC, Rel. Min. Denise Arruda, 1ª Turma, jul. 02.06.2009, *DJe* 01.07.2009.

g) Sentença *citra petita*. "Hígido o proceder do Colegiado de origem, pois, após reconhecer o julgamento *citra petita* por parte da sentença e em homenagem ao Princípio da celeridade processual, julgou o mérito da contenda, tendo em vista que se cuidava de matéria exclusivamente de direito, cuja apreciação fora suscitada em apelação a pronunciar-se e, ao fazê-lo, observou rigorosamente o Princípio do *non reformatio in pejus*. Inexistência de afronta ao § 3º do art. 515 do CPC. 'Cabe observar que o § 3º do art. 515 [art. 1.013, § 3º, do CPC/2015] (acrescentado pela Lei nº 10.352) não importa restrição ao que acima ficou dito'" (STJ, AgRg no REsp 1.085.925/RS, Rel. Min. Francisco Falcão, 1ª Turma, jul. 19.02.2009, *DJe* 12.03.2009). **Em sentido contrário:** "A sentença proferida *citra petita* padece de *error in procedendo*. Se não suprida a falha mediante embargos de declaração, o caso é de anulação pelo tribunal, com devolução ao órgão a quo, para novo pronunciamento. De modo nenhum se pode entender que o art. 515, § 3º [art. 1.013, § 3º, do CPC/2015], autorize o órgão *ad quem*, no julgamento da apelação, a 'completar' a sentença de primeiro grau, acrescentando-lhe novo(s) capítulo(s). In casu, não há que se falar em interpretação extensiva ao artigo 515, § 3º, do CPC [art. 1.013, § 3º, do CPC/2015], quando nem sequer houve, na sentença, extinção do processo sem julgamento do mérito, requisito este essencial à aplicação do artigo 515, § 3º, da Lei Processual Civil" [art. 1.013, § 3º, do CPC/2015] (STJ, REsp 756.844/SC, Rel. Min. José Arnaldo da Fonseca, 5ª Turma, jul. 15.09.2005, *DJ* 17.10.2005).

h) Sentença *extra petita*. "A despeito de ter havido decisão de mérito na sentença, sendo esta anulada por ser *extra petita*, a interpretação extensiva do § 3.º do art. 515 do Código de Processo Civil [art. 1.013, § 3º, do CPC/2015] autoriza o Tribunal *ad quem* adentrar na análise do mérito da apelação, quando se tratar de matéria exclusivamente de direito, ou seja, quando o quadro fático-probatório estiver devidamente delineado, prescindindo de complementação. Precedentes" (STJ, AgRg no Ag 878.646/SP, Rel. Min. Laurita Vaz, 5ª Turma, jul. 18.03.2010, *DJe* 12.04.2010). **No mesmo sentido:** STJ, REsp 918.084/AL, Rel. Min. Luis Felipe Salomão, 4ª Turma, jul. 06.08.2009, *DJe* 24.08.2009.

5. Preclusão

a) Decisão interlocutória. "Questão anterior a sentença que não envolve matéria de ordem pública e já definitivamente julgada não se enquadra entre as devolvidas ao Tribunal por julgamento de apelação. Nos termos do art. 473 do CPC [art. 507 do CPC/2015], encontra-se preclusa matéria já definitivamente julgada, não cabendo ao Tribunal nova apreciação em sede de apelação" (STJ, REsp 1.189.458/RJ, Rel. Min. Humberto Martins, 2ª Turma, jul. 25.05.2010, *DJe* 07.06.2010). **No mesmo sentido:** STJ, REsp 467.155/MG, Rel. Min. Ruy Rosado de Aguiar, 4ª Turma, jul. 05.12.2002, *DJ* 10.02.2003; STF, AC 112, Rel. Min. Cezar Peluso, Tribunal Pleno, jul. 01.12.2004, *DJ* 04.02.2005. **Obs.:** Ver o art. 1.009, § 1º, do CPC/2015 (decisões interlocutórias que não desafiam agravo de instrumento).

b) Litisconsórcio passivo. "Julgada improcedente a ação em relação à 1ª ré, ora recorrente, proprietária da chata que se chocou contra a passarela do terminal portuário, a ausência de recurso por parte do autor atrai a preclusão sobre o tema, pelo que a apelação das demais corrés, em litisconsórcio passivo facultativo, não pode ser provida para, alterando a conclusão favorável àquela, reincluí-la na condenação juntamente com as outras" (STJ, REsp 259.732/RS, Rel. Min. Aldir Passarinho Junior, 4ª Turma, jul. 05.09.2006, *DJ* 16.10.2006).

"Se não se conhece da apelação (intempestividade, falta de preparo etc.), não é lícito conhecer-se de ofício de matéria relativa à nulidade do processo" (STJ, REsp 135.256/SC, Rel. Min. Nilson Naves, 3ª Turma, jul. 24.05.1999, *DJ* 01.08.2000).

Abusividade das cláusulas contratuais (*caput*). "Nos contratos bancários, é vedado ao julgador conhecer, de ofício, da abusividade das cláusulas" (STJ, EDcl no AgRg no REsp 327.513/MG, Rel. Min. Luis Felipe Salomão, 4ª Turma, jul. 16.11.2010, *DJe* 23.11.2010).

6. Embargos de declaração. Acolhimento para anular julgamento de apelação. Novo julgamento da apelação na mesma sessão. Cerceamento de defesa por falta de oportunidade de sustentação oral. Ver jurisprudência do art. 937 (STJ, REsp 2.140.962/SE, Rel. Min. Teodoro Silva Santos, 2ª Turma, ac. 03.09.2024, *DJe* 12.09.2024).

Art. 1.014. As questões de fato não propostas no juízo inferior poderão ser suscitadas na apelação, se a parte provar que deixou de fazê-lo por motivo de força maior.

CPC/1973

Art. 517.

REFERÊNCIA LEGISLATIVA

CPC/2015, arts. 329, II (inovação da causa de pedir) e 493 (fato superveniente).

BREVES COMENTÁRIOS

Quanto às questões de fato, a regra é que a apelação fica restrita às alegadas e provadas no processo antes da sentença. O recurso devolve o conhecimento da causa tal qual foi apreciada pelo juiz de primeiro grau. Pode, todavia, ter ocorrido impossibilidade de suscitação do fato pelo interessado, antes da sentença. Assim provada a ocorrência de força maior, poderá o apelante apresentar fato novo perante o tribunal. Caberá, todavia, ao apelante provar não só o fato como o motivo de força maior que o impediu de argui-lo no momento processual adequado. Entre as questões de fatos alegáveis originariamente na apelação, e, até mesmo, depois de sua interposição, figuram aquelas relativas a *fato* superveniente (CPC/2015, art. 493).

JURISPRUDÊNCIA SELECIONADA

1. Vedação ao *novorum iudicium*. "O Direito Brasileiro veda o *novorum iudicium* na apelação, porquanto o juízo recursal é de controle e não de criação (*revisio prioriae instantiae*). Em consequência, o art. 517 do CPC [art. 1.014 do CPC/2015] interdita a arguição superveniente no segundo grau de jurisdição de fato novo, que não se confunde com documento novo acerca de fato alegado" (STJ, REsp 466.751/AC, Rel. Min. Luiz Fux, 1ª Turma, jul. 03.06.2003, *DJ* 23.06.2003). **No mesmo sentido:** STJ, RMS 22.255/AM, Rel. Min. Arnaldo Esteves Lima, 5ª Turma, jul. 27.03.2008, *DJe* 12.05.2008; STJ, REsp 824.473/PB, Rel. Min. Fernando Gonçalves, 4ª Turma, jul. 06.11.2008, *DJe* 24.11.2008.

2. Força maior. "A jurisprudência do c. STJ tem entendido que as questões de fato não suscitadas na instância inferior não podem ser apreciadas pelo Tribunal *ad quem*, exceto se provado motivo de força maior, nos termos do art. 517 do CPC [art. 1.014 do CPC/2015]. *In casu*, o recorrente inova em suas razões, arguindo a ausência de motivação do ato demissional não suscitada no juízo originário" (STJ, RMS 28.487/GO, Rel. Min. Felix Fischer, 5ª Turma, jul. 10.03.2009, *DJe* 30.03.2009). **No mesmo sentido:** STJ, REsp 884.983/RS, Rel. Min. Mauro Campbell Marques, 2ª Turma, jul. 28.10.2008, *DJe* 25.11.2008.

Prova documental. "Documentos juntados com a apelação, injustificadamente subtraídos da instrução da causa. Tratando-se de documentos essenciais a prova do fato constitutivo, que alteram substancialmente, e não apenas complementam o panorama probatório, não podem ser considerados pela instância revisora, porquanto restaria comprometido o contraditório em sua plenitude, com manifesto prejuízo para a parte contrária"

(STJ, REsp 71.813/RJ, Rel. Min. Paulo Costa Leite, 3ª Turma, jul. 14.11.1995, *DJ* 20.05.1996).

"A produção posterior de prova documental somente é admitida em relação a fatos ocorridos depois dos articulados, para contrapô-los aos que foram produzidos nos autos ou quando houver a ocorrência de motivo de força maior" (STJ, REsp 72.810/SP, Rel. Min. Hamilton Carvalhido, 6ª Turma, jul. 10.08.1999, *DJ* 20.09.1999).

Instância extraordinária. "Ademais, para fins de aplicação do art. 517 do CPC [art. 1.014 do CPC/2015], que permite a suscitação de questões de fato quando da apelação, é incabível a esta Corte a apreciação acerca da ocorrência de força maior, assim como da não configuração de culpa por parte da recorrente, quanto à não exibição de tais documentos nos embargos à execução, eis que isso levaria ao reexame fático-probatório dos autos, a teor da Súmula nº 07/STJ" (STJ, REsp 613.348/CE, Rel. Min. Francisco Falcão, 1ª Turma, jul. 16.11.2004, *DJ* 13.12.2004).

3. Inovação da causa de pedir e do pedido. "Dever das partes de apresentar todos os fundamentos do pedido na primeira oportunidade, além da impossibilidade de alteração da causa de pedir em fase de recurso" (STJ, RMS 9.069/DF, Rel. Min. Felix Fischer, 5ª Turma, jul. 16.12.1997, *DJ* 16.03.1998).

Ver jurisprudência do art. 1.013 do CPC/2015.

☆ APELAÇÃO: INDICAÇÃO DOUTRINÁRIA

Alcides de Mendonça Lima, Efeitos da apelação na jurisdição voluntária, *Ajuris* 29/178; Alexandre Ávalo Santana e Nilton César Antunes da Costa. Recurso de apelação no novo CPC. In SARRO, Luís Antônio Giampaulo. *Novo Código de Processo Civil – Principais Alterações do sistema Processual Civil.* 2. ed. São Paulo: Rideel, 2016, p. 473; Arnoldo Wald, Requisitos e efeitos da apelação e da sua desistência, *RP* 14/263; Cassio Scarpinella Bueno, *Manual de direito processual civil*, São Paulo: Saraiva, 2015; Daniel Amorim Assumpção Neves, *Manual de direito processo civil*, São Paulo: Método, 2015; Fredie Didier Jr., *Curso de direito processual civil*, 17. ed., Salvador: JusPodivm, 2015, v. I; Gilberto Gomes Bruschi, Márcio Manoel Maidame. O Efeito Suspensivo e o Recurso de Apelação – do CPC/1973 ao Novo CPC. In: Fredie Didier Jr. (coord.). *Processo nos Tribunais e Meios de Impugnação às Decisões Judiciais.* 2. ed. Salvador: JusPodivm, 2016, p. 781; Giovanni Cribari, Os requisitos essenciais da apelação voluntária comum, *RF* 254/135; Arnoldo Wald, Requisitos e efeitos da apelação e da sua desistência, *RP* 14/263; Guilherme Rizzo Amaral, *Comentários às alterações do novo CPC*, São Paulo: Revista dos Tribunais, 2015; Humberto Theodoro Junior, *Curso de direito processual civil*, 54. ed. Rio de Janeiro: Forense, 2021, v. III; Humberto Theodoro Junior, Fernanda Alvim Ribeiro de Oliveira, Ester Camila Gomes Norato Rezende (coord.), *Primeiras lições sobre o novo direito processual civil brasileiro*, Rio de Janeiro: Forense, 2015; João Francisco Naves da Fonseca, Efeito devolutivo na apelação e "questões de ordem pública", *RBDP* 64/85; José Alexandre Manzado Oliani. Apelação. In: Luiz Rodrigues Wambier; Teresa Arruda Alvim Wambier. *Temas essenciais do Novo CPC.* São Paulo: RT, 2016, p. 527-547; José Miguel Garcia Medina, *Novo Código de Processo Civil comentado*, São Paulo: Revista dos Tribunais, 2015; José Miguel Garcia Medina, *Novo Direito Processual Civil moderno*, 2. ed., São Paulo: Revista dos Tribunais, 2016, p. 1032-1.037; Leonardo Carneiro da Cunha, Fredie Didier Jr. Apelação Contra Decisão Interlocutória não Agravável: a Apelação do Vencido e a Apelação Subordinada do Vencedor: Duas Novidades do CPC/2015. In: Fredie Didier Jr. (coord.). *Processo nos Tribunais e Meios de Impugnação às Decisões Judiciais.* 2. ed. Salvador: JusPodivm, 2016, p. 769; Leonardo Fernandes Ranña. O novo Código de Processo Civil e os meios de obtenção de tutelas provisórias na fase recursal – Breves comentários sobre as inovações trazidas pelo novo ordenamento. *Revista de Processo*, v. 255, ano 41, p. 211-249. São Paulo: RT, maio 2016; Leonardo Greco, *Instituições de processo civil: introdução ao direito processual civil*, 5. ed., Rio de Janeiro: Forense, 2015; Lucas Buril de Macêdo. Efeito devolutivo e limites objetivos do juízo recursal: da irrelevância da causa de pedir recursal. *Revista de Processo*, n. 292, ano 44, junho 2019, p. 216-250; Luciano Vianna Araújo. Apelação Cível no Código de Processo Civil de 2015. *Revista de Processo*, v. 261, ano 41, p. 281-314. São Paulo: Revista de Processo, nov./2016; Luis Antônio Giampaulo Sarro, *Novo Código de Processo Civil*, São Paulo: Rideel, 2015; Luis Guilherme Aidar Bondioli. *In* José Roberto F. Gouvêa; Luis Guilherme A. Bondioli e João Francisco N da Fonseca (coord.). Comentários ao Código de Processo Civil. 2. ed., São Paulo: Saraiva, 2017 v. 20; Luis Guilherme Aidar Bondioli. *In* José Roberto F. Gouvêa; Luis Guilherme A. Bondioli e João Francisco N da Fonseca (coord.). Comentários ao Código de Processo Civil. 2. ed., São Paulo: Saraiva, 2017, v. 20; Luiz Guilherme Marinoni, Sérgio Cruz Arenhart, Daniel Mitidiero, *Curso de processo civil*, São Paulo: Revista dos Tribunais, 2015, v. I; Luiz Guilherme Marinoni; Daniel Mitidiero. *In* Sérgio Cruz Arenhart e Daniel Mitidiero (coord.). *Comentários ao Código de Processo Civil.* 2. ed., São Paulo: Editora Revista dos Tribunais, 2018, v. 16; Machado Guimarães, *Limites objetivos do recurso de apelação*; Nelson Nery Jr., Fundamentação da apelação como requisito de admissibilidade, *RP* 18/111; Nelson Nery Júnior, *Princípios fundamentais – teoria geral dos recursos*, p. 199; Othelo Dilon Castilhos, Embargos do devedor rejeitados ou improcedentes – recursos e efeitos – definitividade da execução, *RP* 26/65; Pontes de Miranda, *Comentários ao CPC*, tomo VII – dentro do prazo recursal, admite-se que o apelante *supra* os defeitos da petição; Maurício Pereira Doutor, A inadmissibilidade flagrante do recurso de apelação e a atuação obstativa do juiz de primeiro grau, *Revista de Processo*, São Paulo, ano 45, v. 305, p. 249-269, jul. 2020; Rennan Faria Krüger Thamay; Rafael Ribeiro Rodrigues. O efeito translativo na barca de Caronte. *Revista de Processo*, v. 255, ano 41, p. 253-274. São Paulo: RT, maio 2016; Rita Quartieri, e Jorge Antonio Dias Romero; Apelação. In: Fredie Didier Jr. (coord.). *Processo nos Tribunais e Meios de Impugnação às Decisões Judiciais.* 2. ed. Salvador: JusPodivm, 2016, p. 813; Rogério Licastro Torres de Mello, Apelação cível no Brasil, efeito suspensivo ope legis e sua exclusão por meio das tutelas provisórias em grau recursal, In: Ana Cândida Menezes Marcato et al. (orgs.), *Reflexões sobre o Código de Processo Civil de 2015*: uma contribuição dos membros do Centro de Estudos Avançados de Processo – Ceapro, São Paulo: Verbatim, 2018, p. 695 e ss.; Rogerio Licastro Torres de Mello, In: Teresa Arruda Alvim Wambier, Fredie Didier Jr., Eduardo Talamini, Bruno Dantas, *Breves comentários ao novo Código de Processo Civil*, São Paulo: Revista dos Tribunais, 2015; Rogério Rudiniki Neto. O Efeito Devolutivo do Recurso de Apelação no CPC/2015. In: Fredie Didier Jr. (coord.). *Processo nos Tribunais e Meios de Impugnação às Decisões Judiciais.* 2. ed. Salvador: JusPodivm, 2016, p. 827; Teresa Arruda Alvim Wambier, Fredie Didier Jr., Eduardo Talamini, Bruno Dantas (coord.), *Breves comentários ao novo Código de Processo Civil*, São Paulo: Revista dos Tribunais, 2015; Thiago Ferreira Siqueira. Duplo Grau de Jurisdição e "Teoria da Causa Madura" no Novo Código de Processo Civil. In: Fredie Didier Jr. (coord.). *Processo nos Tribunais e Meios de Impugnação às Decisões Judiciais.* 2. ed. Salvador: JusPodivm, 2016, p. 847; Vinicius Silva Lemos, O regime da preclusão na interpretação extensiva das hipóteses de agravo de instrumento, *Revista Dialética de Direito Processual*, n. 151, p. 117-128, out. 2015; Vinicius Silva Lemos. A não preclusão das decisões interlocutórias e a liberdade decisória do juízo de primeiro grau, *Revista de Processo*, n. 257, p. 237-254, 2016.

Capítulo III
DO AGRAVO DE INSTRUMENTO

Art. 1.015. Cabe agravo de instrumento contra as decisões interlocutórias que versarem sobre:

I – tutelas provisórias;

II – mérito do processo;

III – rejeição da alegação de convenção de arbitragem;

IV – incidente de desconsideração da personalidade jurídica;

V – rejeição do pedido de gratuidade da justiça ou acolhimento do pedido de sua revogação;

VI – exibição ou posse de documento ou coisa;

VII – exclusão de litisconsorte;

VIII – rejeição do pedido de limitação do litisconsórcio;

IX – admissão ou inadmissão de intervenção de terceiros;

X – concessão, modificação ou revogação do efeito suspensivo aos embargos à execução;

XI – redistribuição do ônus da prova nos termos do art. 373, § 1º;

XII – (VETADO);

XIII – outros casos expressamente referidos em lei.

Parágrafo único. Também caberá agravo de instrumento contra decisões interlocutórias proferidas na fase de liquidação de sentença ou de cumprimento de sentença, no processo de execução e no processo de inventário.

CPC/1973

Art. 522.

REFERÊNCIA LEGISLATIVA

CPC/2015, arts. 203, § 2º (decisão interlocutória), 932 (indeferimento), 937 (descabimento de sustentação oral), 946 (julgamento anterior à apelação); 995 (efeito devolutivo), 1.030 (agravo para o STF).

RISTF, arts. 313 a 316.

RISTJ, arts. 253 e 254.

Lei nº 6.830, de 22.09.1980, art. 34.

Resolução nº 4 do STJ, de 30.11.2006.

CJF – JORNADAS DE DIREITO PROCESSUAL CIVIL

I JORNADA

Enunciado 8 – Não cabe majoração de honorários advocatícios em agravo de instrumento, salvo se interposto contra decisão interlocutória que tenha fixado honorários na origem, respeitados os limites estabelecidos no art. 85, §§ 2º, 3º e 8º, do CPC.

Enunciado 69 – A hipótese do art. 1.015, parágrafo único, do CPC, abrange os processos concursais, de falência e recuperação.

Enunciado 70 – É agravável o pronunciamento judicial que postergar a análise de pedido de tutela provisória ou condicioná-la a qualquer exigência.

Enunciado 71 – É cabível o recurso de agravo de instrumento contra a decisão que indefere o pedido de atribuição de efeito suspensivo a Embargos à Execução, nos termos do art. 1.015, X, do CPC.

Enunciado 72 – É admissível a interposição de agravo de instrumento tanto para a decisão interlocutória que rejeita a inversão do ônus da prova, como para a que defere.

Enunciado 93 – Da decisão que julga a impugnação ao cumprimento de sentença cabe apelação, se extinguir o processo, ou agravo de instrumento, se não o fizer.

II JORNADA

Enunciado 145 – O recurso cabível contra a decisão que julga a liquidação de sentença é o Agravo de Instrumento.

BREVES COMENTÁRIOS

O Código de 1973 previa, como regra geral, o agravo de instrumento, e como particularidade de alguns casos, o agravo retido, para impugnar as decisões interlocutórias. O sistema do CPC/2015 é um pouco diverso. Estabeleceu um rol das decisões interlocutórias sujeitas à impugnação por meio de agravo de instrumento que, em regra, não tem efeito suspensivo (CPC/2015, art. 1.015). Não há mais agravo retido para as decisões não contempladas no rol da lei. A matéria, se for o caso, será impugnada, pela parte prejudicada, por meio das razões ou contrarrazões da posterior apelação interposta contra a sentença superveniente (art. 1.009, § 1º). Dessa forma, o atual Código valoriza o princípio da irrecorribilidade das interlocutórias, mais do que o Código de 1973.

Agora, se a matéria incidental decidida pelo magistrado *a quo* não constar do rol taxativo do art. 1.015, que autoriza a interposição de agravo de instrumento, a parte prejudicada deverá aguardar a prolação da sentença para, em preliminar de apelação ou nas contrarrazões, requerer a sua reforma (art. 1.009, § 1º). Vale dizer, a preclusão sobre a matéria somente ocorrerá se não for posteriormente impugnada em preliminar de apelação ou nas contrarrazões.

O sistema do Código não deixa lacunas: o rol do art. 1.015 é taxativo quanto aos casos de cabimento do agravo de instrumento, e as decisões interlocutórias não contempladas no referido rol desafiam apelação, como já visto. Sendo assim, não há lugar para usar a analogia, criando novas hipóteses passíveis de agravo. Pode-se pensar em interpretação extensiva para fixar o alcance de cada um dos incisos do art. 1.015, nunca, porém, valer-se da analogia para tornar agravável julgado não contemplado naquele dispositivo legal. O critério analógico destina-se ao preenchimento de lacuna da lei, não se prestando para modificá-la, naquilo que disciplina expressamente.

Embora seja evidente o propósito da lei de estabelecer um rol taxativo para o cabimento excepcional do agravo de instrumento, não se pode deixar de registrar a ocorrência de uma séria reação contra a norma positivada pelo art. 1.015 do CPC/2015. A pretexto de existirem casos análogos não contemplados pelo referido dispositivo legal, defendem alguns uma visão que transforme aquilo que a lei quis taxativo em meramente exemplificativo. Se o sistema legal não é o melhor, e se outra regra poderia corrigir-lhe os defeitos, não será pela criação de norma pelo pretenso intérprete da *voluntas legis* que se aprimorará o direito positivo. No Estado de Direito uma lei só se revoga ou modifica por outra lei (LINDB, art. 2º). Ademais, é importante ponderar sobre o risco de comprometimento da segurança jurídica caso a jurisprudência, por invocação inadequada da analogia, acabe por tornar meramente exemplificativas as hipóteses que a lei sistematizou como taxativas.

Sem embargo das ponderações ora feitas, a questão foi apreciada, com força de uniformização da jurisprudência, pela Corte Especial do STJ, resultando nas seguintes conclusões:

(a) Não é aceitável a tese de que o rol do art. 1.015 do CPC seria meramente exemplificativo, porque "resultaria na repristinação do regime recursal das interlocutórias que vigorava no CPC/73 e que fora conscientemente modificado pelo legislador do novo CPC", de modo que, ao adotá-la, "estaria o Poder

Judiciário substituindo a atividade e a vontade expressamente externada pelo Poder Legislativo".

(b) Entretanto, a taxatividade absoluta do rol do art. 1.015 seria incompatível com as normas fundamentais do processo civil, "na medida em que sobrevivem questões urgentes fora da lista do art. 1.015 do CPC" e que tornam inviável sua interpretação restritiva.

(c) Nos termos dos arts. 1.036 e seguintes do CPC/2015, foi fixada a seguinte tese jurídica: "O rol do art. 1.015 do CPC é de taxatividade mitigada, por isso admite a interposição de agravo de instrumento quando verificada a urgência decorrente da inutilidade do julgamento da questão no recurso de apelação". Estabeleceu-se, outrossim, "um regime de transição que modula os efeitos da presente decisão, a fim de que a tese jurídica somente seja aplicável às decisões interlocutórias proferidas após a publicação do presente acórdão" (STJ, Corte Especial, REsp 1.704.520/MT, Recurso Repetitivo – Tema 988, Rel. Min. Nancy Andrighi, ac. 05.12.2018, *DJe* 19.12.2018).

JURISPRUDÊNCIA SELECIONADA

1. Decisão interlocutória *(caput)*. "A disposição legal que trata do cabimento do recurso de agravo de instrumento prevê a possibilidade de sua interposição somente **contra as decisões interlocutória**s (artigo 522 do Código de Processo Civil) [art. 1.015 do CPC/2015], ou seja, aquelas nas quais o juiz, no curso do processo, resolve questão incidente – inteligência do § 2º do artigo 162 do Código de Processo Civil, impossibilitado o aviamento do recurso, portanto, com o fito de reforma de simples despacho, ato meramente ordinatório destinado a dar impulso à marcha processual, sem nada decidir" (TJMG, AI 1.0024.05.862618-5/001, Rel. Des. Sebastião Pereira de Souza, 16ª Câmara, jul. 25.01.2006, *DJ* 10.03.2006).

2. Despacho de mero expediente.

Irrecorribilidade. "Conforme dispõe o art. 522 do CPC [art. 1.015 do CPC/2015], o cabimento do recurso de agravo de instrumento é restrito às decisões interlocutórias. O **despacho que ordena a citação** é conceituado entre os de mero expediente por não conter carga decisória, sendo incabível o manejo de agravo de instrumento, nos termos do artigo 504 do Código de Processo Civil. Precedentes" (STJ, Ag 750.910/PR, Rel. Min. Castro Meira, 2ª Turma, jul. 14.11.2006, *DJ* 27.11.2006).

Caráter decisório. Recorribilidade. "Em miúdos, tal despacho determina, antes de haver trânsito em julgado, que seja dado cumprimento à decisão concedida em mandado de segurança. Dessa forma, o despacho possui claro conteúdo decisório, pois nele existe um cunho indiciário de execução provisória, especialmente porque enseja prejuízo aos interesses do ora recorrente, tratando-se, portanto, de decisão interlocutória, e não despacho de mero expediente, razão pela qual o disposto no art. 504 do CPC [art. 1.001 do CPC/2015] não impede o exame do agravo apresentado em face de tal decisão. Precedente" (STJ, REsp 1.244.553/DF, Rel. Min. Mauro Campbell Marques, 2ª Turma, jul. 07.02.2012, *DJe* 14.02.2012).

3. Natureza jurídica do rol do art. 1.015 do CPC. Impugnação imediata de decisões interlocutórias não previstas nos incisos do referido dispositivo legal. Possibilidade. Taxatividade mitigada. "(...). Ao restringir a recorribilidade das decisões interlocutórias proferidas na fase de conhecimento do procedimento comum e dos procedimentos especiais, exceção feita ao inventário, pretendeu o legislador salvaguardar apenas as 'situações que, realmente, não podem aguardar rediscussão futura em eventual recurso de apelação'. (...). Assim, nos termos do art. 1.036 e seguintes do CPC, fixa-se a seguinte tese jurídica: O rol do art. 1.015 do CPC **é de taxatividade mitigada**, por isso **admite a interposição de agravo de instrumento quando verificada a urgência decorrente da inutilidade do julgamento da questão no recurso de apelação**. Embora não haja risco de as partes que confiaram na absoluta taxatividade com interpretação restritiva serem surpreendidas pela tese jurídica firmada neste recurso especial repetitivo, eis que somente se cogitará de preclusão nas hipóteses em que o recurso eventualmente interposto pela parte tenha sido admitido pelo Tribunal, estabelece-se neste ato um regime de transição que modula os efeitos da presente decisão, a fim de que **a tese jurídica somente seja aplicável às decisões interlocutórias proferidas após a publicação do presente acórdão**." (STJ, REsp 1704520/MT, Rel.ª Min.ª Nancy Andrighi, Corte Especial, jul. 05.12.2018, *DJe* 19.12.2018). **Obs.: Decisão submetida ao julgamento de recursos repetitivos.**

Modulação de efeitos. "A Corte Especial deste Tribunal Superior, no julgamento do REsp nº 1.704.520/MT (Tema nº 988/STJ), submetido à sistemática dos recursos repetitivos, firmou a tese segundo a qual 'o rol do art. 1.015 do CPC é de taxatividade mitigada, por isso admite a interposição de agravo de instrumento quando verificada a urgência decorrente da inutilidade do julgamento da questão no recurso de apelação'. Ademais, a Corte Especial modulou os efeitos da decisão 'a fim de que a tese jurídica somente seja aplicável às decisões interlocutórias proferidas após a publicação do presente acórdão', nos termos do acórdão proferido em 05/12/2018 e publicado em 19/12/2018. No presente caso, a decisão interlocutória foi proferida em janeiro de 2018 – o agravo de instrumento foi interposto em 08/02/2018 (e-STJ fls. 1/7) –, razão pela qual não se aplica a tese firmada no Tema nº 988/STJ, cuja incidência restou assegurada apenas às decisões interlocutórias proferidas após a publicação do acórdão prolatado no REsp nº 1.704.520/MT (19/12/2018), hipótese diversa do presente caso, em que a decisão interlocutória foi proferida em momento anterior à tese firmada no repetitivo. Logo, deve ser mantido o acórdão recorrido que entendeu pelo não cabimento do agravo de instrumento interposto em face da decisão interlocutória proferida nos embargos à execução que indeferiu a inclusão dos expurgos inflacionários nos cálculos" (STJ, REsp 1871086/RJ, Rel. Min. Mauro Campbell Marques, 2ª Turma, jul. 16.06.2020, *DJe* 25.06.2020).

4. Agravo de instrumento. Cabimento:

a) Decisão interlocutória que versa sobre tutela provisória (Inciso I).

"(...). O conceito de 'decisão interlocutória que versa sobre tutela provisória' abrange as decisões que examinam a presença ou não dos pressupostos que justificam o deferimento, indeferimento, revogação ou alteração da tutela provisória e, também, as decisões que dizem respeito ao prazo e ao modo de cumprimento da tutela, a adequação, suficiência, proporcionalidade ou razoabilidade da técnica de efetiva da tutela provisória e, ainda, a necessidade ou dispensa de garantias para a concessão, revogação ou alteração da tutela provisória. Na hipótese, a decisão interlocutória que impõe ao beneficiário o dever de arcar com as despesas da estadia do bem móvel objeto da apreensão em pátio de terceiro não se relaciona de forma indissociável com a tutela provisória, mas, sim, diz respeito a aspectos externos e dissociados do conceito elementar desse instituto, relacionando-se com a executoriedade, operacionalização ou implementação fática da medida." (STJ, REsp 1752049/PR, Rel.ª Min.ª Nancy Andrighi, 3ª Turma, jul. 12.03.2019, *DJe* 15.03.2019).

Decisão interlocutória que majora a multa fixada para a hipótese de descumprimento de tutela anteriormente proferida. "O conceito de 'decisão interlocutória que versa sobre tutela provisória' abrange as decisões que examinam a presença ou não dos pressupostos que justificam o deferimento, indeferimento, revogação ou alteração da tutela provisória e, também, as decisões que dizem respeito ao prazo e ao modo de cumprimento da tutela, a adequação, suficiência, proporcionalidade ou razoabilidade da técnica de efetivação da tutela provisória e, ainda, a necessidade ou dispensa de garantias para a concessão, revogação ou alteração da tutela provisória, motivo pelo qual o art. 1.015, I, do CPC/15, deve ser lido e interpretado como uma cláusula de cabimento de amplo espectro, de modo a permitir a recorribilidade imediata das decisões interlocutórias que digam respeito não apenas ao núcleo essencial da tutela provisória, mas também que se refiram aos aspectos acessórios que estão umbilicalmente vinculados a ela. Precedente. Hipótese em que, após a prolação da primeira decisão interlocutória que deferiu a tutela de urgência sob pena de multa, sobreveio a notícia de descumprimento da ordem judicial, motivando a prolação de subsequente decisão interlocutória que, ao majorar a multa fixada anteriormente, modificou o conteúdo da primeira decisão e, consequentemente, também versou sobre tutela provisória, nos moldes da hipótese de cabimento descrita no art. 1.015, I, do CPC/15" (STJ, REsp 1827553/RJ, Relª. Minª. Nancy Andrighi, 3ª Turma, jul. 27.08.2019, *DJe* 29.08.2019).

Deferimento liminar de manutenção de posse. "Decisão de primeiro grau que defere liminar de manutenção de posse nos autos de ação possessória de força nova, em seguida a audiência de justificação prévia – Hipótese não incluída nas situações *numerus clausus* do art. 1.015, incisos e parágrafo único, do novo CPC – Decisão passível de ser atacada por agravo de instrumento, no entanto, sob o enfoque de tratar de tutela provisória (inciso I)". (TJSP, 2135825-23.2016.8.26.0000, Rel. Cerqueira Leite, 12ª Câmara de Direito Privado, jul. 25.10.2016, data de registro 25.10.2016)

"A decisão que trata do pedido de imissão provisória na posse do imóvel deduzido em ação de desapropriação por utilidade pública cuida de controvérsia com natureza de tutela provisória, a desafiar o recurso de agravo de instrumento, com apoio no art. 1.015, inciso I, do CPC/2015" (STJ, AREsp 1.389.967/SP, Rel. Min. Mauro Campbell Marques, 2ª Turma, jul. 14.05.2019, *DJe* 22.3.2019). No mesmo sentido: STJ, REsp 1767313/MG, Rel. Min. Herman Benjamin, 2ª Turma, jul. 14.05.2019, *DJe* 18.06.2019).

Indeferimento de suspensão do processo. Prejudicialidade externa. Recorribilidade imediata. "Da existência de natural relação de prejudicialidade entre a ação de conhecimento em que se impugna a existência do título e a ação executiva fundada nesse mesmo não decorre a conclusão de que a suspensão do processo executivo em virtude dessa prejudicialidade externa esteja fundada em urgência, nem tampouco a decisão que versa sobre essa matéria diz respeito à tutela de urgência, na medida em que o valor que se pretende tutelar nessa hipótese é a segurança jurídica, a fim de evitar a prolação de decisões conflitantes, sem, contudo, descuidar dos princípios constitucionais da celeridade e da razoável duração do processo. Cabe ao executado, na ação de conhecimento por ele ajuizada, demonstrar a presença dos requisitos processuais para a concessão de tutela provisória que suste a produção de efeitos do título em que se funda a execução, sendo essa decisão interlocutória – a que conceder ou não a tutela provisória pretendida – que poderá ser impugnada pelo agravo de instrumento com base no art. 1.015, I, do CPC/15" (STJ, REsp 1759015/RS, Rel. Min. Nancy Andrighi, 3ª Turma, jul. 17.09.2019, *DJe* 20.09.2019). **No mesmo sentido:** TJSP, Agravo de Instrumento 2270384-04.2022.8.26.0000, Rel. Des. Sandra Galhardo Esteves, 12ª Câmara de Direito Privado, jul. 22.11.2022, Data de Registro 22.11.2022.

Decisão que concede ou indefere liminar em mandado de segurança. "É cabível agravo de instrumento contra decisão de Juízo de 1º grau que indefere ou concede liminar em mandado de segurança. Precedentes do STJ" (STJ, AgRg no REsp 955.168/ES, Rel. Min. Herman Benjamin, 2ª Turma, jul. 24.03.2009, *DJe* 20.04.2009). **No mesmo sentido:** STJ, 1ª Turma, REsp 438.915/MG, Rel. Min. Luiz Fux, ac. 17.12.2002, *DJU* 17.02.03, p. 235.

Decisões liminares ou antecipação de tutela. "Em se tratando de decisões liminares ou antecipatórias da tutela, o agravo contra elas interposto deve ser, obrigatoriamente, de instrumento. Dada a urgência dessas medidas e os sensíveis efeitos produzidos na esfera de direitos e interesses das partes, não haveria interesse em se aguardar o julgamento da apelação" (STJ, RMS 31.445/AL, Rel. Min. Nancy Andrighi, 3ª Turma, jul. 06.12.2011, *DJe* 03.02.2012).

b) Decisão que versa sobre o mérito (inciso II).

Decisão interlocutória que rejeita a alegação de prescrição arguida pelo réu. "O propósito recursal consiste em definir se a decisão interlocutória que afasta a alegação de prescrição é recorrível, de imediato, por meio de agravo de instrumento interposto com fundamento no art. 1.015, II, do CPC. O CPC colocou fim às discussões que existiam no CPC/73 acerca da existência de conteúdo meritório nas decisões que afastam a alegação de prescrição e de decadência, estabelecendo o art. 487, II, do novo Código, que haverá resolução de mérito quando se decidir sobre a ocorrência da prescrição ou da decadência, o que abrange tanto o reconhecimento, quanto a rejeição da alegação. Embora a ocorrência ou não da prescrição ou da decadência possam ser apreciadas somente na sentença, não há óbice para que essas questões sejam examinadas por intermédio de decisões interlocutórias, hipótese em que caberá agravo de instrumento com base no art. 1.015, II, do CPC, sob pena de formação de coisa julgada material sobre a questão. Precedente." (STJ, REsp 1738756/MG, Rel.ª Min.ª Nancy Andrighi, 3ª Turma, jul. 19.02.2019, *DJe* 22.02.2019).

Decisão que determina produção de prova pericial e afasta prescrição. "Contudo, ao decidir pelo não cabimento do agravo de instrumento, o Tribunal *a quo* dissentiu da jurisprudência deste Sodalício sobre o tema, segundo a qual 'Cabe agravo de instrumento contra decisão que reconhece ou rejeita a ocorrência da decadência ou da prescrição, incidindo a hipótese do inciso II do art. 1.015 do CPC/2015' (REsp 1.772.839/SP, Rel. Ministro Antonio Carlos Ferreira, Quarta Turma, julgado em 14/5/2019, *DJe* 23/5/2019)" (STJ, AgInt no REsp 1863039/RS, Rel. Min. Sérgio Kukina, 1ª Turma, jul. 14.09.2020, *DJe* 18.09.2020).

Impossibilidade jurídica do pedido rejeitada. "Ocorre que, conforme já decidiu a Terceira Turma desta Corte em caso análogo ao dos autos, 'A possibilidade jurídica do pedido após o CPC/15, (...) compõe uma parcela do mérito em discussão no processo, suscetível de decomposição e que pode ser examinada em separado dos demais fragmentos que o compõem, de modo que a decisão interlocutória que versar sobre essa matéria, seja para acolher a alegação, seja também para afastá-la, poderá ser objeto de impugnação imediata por agravo de instrumento com base no art. 1.015, II, CPC/15' (REsp 1.757.123/SP, Rel. Min. Nancy Andrighi, *DJe* de 15/8/2019)" (STJ, REsp 1.864.430/MG, Rel. Min. Mauro Campbell Marques, 2ª Turma, jul. 26.05.2020, *DJe* 01.06.2020).

"Agravo de instrumento. Prestação de serviços. Ação indenizatória. Decisão que saneou o processo, indeferiu as preliminares de inépcia da petição inicial e ilegitimidade e fixou pontos controvertidos. Prescrição e decadência. Não se discute, nos autos, a solidez e segurança do prédio, mas a responsabilidade do prestador de serviço/fornecedor de produtos, afastando a alegação de decadência. Prazo prescricional decenal (art. 205 do Código Civil). Prescrição não verificada. Demais temas não incluídos no rol do art. 1.015 do Código de Processo Civil, nem demonstrada a urgência decorrente da inutilidade do julgamento da questão no recurso de apelação. Recurso desprovido na parte conhecida" (TJSP, Agravo de Instrumento 2214150-02.2022.8.26.0000, Rel. Des. Pedro Kodama, 37ª Câmara de Direito Privado, jul. 15.12.2022, Data de Registro 15.12.2022).

Decisão que indefere pedido de julgamento antecipado do mérito por necessidade de dilação probatória. "Consoante dispõe o art. 356, caput, I e II, e § 5º, do CPC/2015, o juiz decidirá parcialmente o mérito quando um ou mais dos pedidos formulados ou parcela deles mostrarem-se incontroversos ou estiver em condições de imediato julgamento, nos termos do art.

355, sendo a decisão proferida com base neste artigo impugnável por agravo de instrumento. No caso, conforme asseverou o acórdão recorrido, a decisão do Juízo singular não ingressou no mérito, justamente porque entendeu pela necessidade de dilação probatória, deferindo as provas testemunhal e pericial. Logo, não havendo questão incontroversa que possibilitasse a prolação de decisão de mérito, inviável se falar, por conseguinte, na impugnação do referido decisum por meio de agravo de instrumento, por não estar configurada a hipótese do art. 1.015, II, do CPC/2015" (AgInt no AREsp 1411485/SP, Rel. Min. Marco Aurélio Bellizze, 3ª Turma, jul. 01.07.2019, *DJe* 06.08.2019).

Fixação de data da separação de fato do casal para fins de partilha. Questão que diz respeito ao mérito da controvérsia. Recorribilidade imediata. "O CPC/15 passou a admitir, expressamente, a possibilidade de serem proferidas decisões parciais de mérito, reconhecendo a possibilidade de pedidos cumulados ou de parcelas de pedidos suscetíveis de fracionamento estarem aptos para julgamento em momentos processuais distintos, seja porque sobre eles não existe controvérsia, seja porque sobre eles não há necessidade de mais aprofundada dilação probatória, com aptidão, em ambas as hipóteses, para a formação de coisa julgada material. Na hipótese, a decisão que fixou a data da separação de fato do casal para fins de partilha de bens versa sobre o mérito do processo, na medida em que se refere a um diferente fragmento de um mesmo pedido e de um mesmo objeto litigioso – a partilha de bens das partes –, especialmente porque a pretensão de partilha de bens deduzida em juízo pressupõe a exata definição "do quê" se partilha, o que somente se pode delimitar a partir do exame dos bens suscetíveis de divisão em um determinado lapso temporal. O acórdão que, a despeito de não conhecer do agravo de instrumento, ingressa no mérito da questão controvertida e se pronuncia sobre o acerto da decisão proferida em 1º grau, é suscetível de exame no âmbito do recurso especial, devendo, na hipótese, a afirmação da parte que sugere que a separação teria ocorrido em determinada data ser examinada em conjunto com as demais provas produzidas que sugerem a fixação de data distinta, dada a inegável repercussão que essa definição trará à partilha de bens" (STJ, REsp 1798975/SP, Rel.ª Min.ª Nancy Andrighi, 3ª Turma, jul. 02.04.2019, *DJe* 04.04.2019).

Decisão que julga a primeira fase da ação de exigir contas. "O ato judicial que encerra a primeira fase da ação de exigir contas possuirá, a depender de seu conteúdo, diferentes naturezas jurídicas: se julgada procedente a primeira fase da ação de exigir contas, o ato judicial será decisão interlocutória com conteúdo de decisão parcial de mérito, impugnável por agravo de instrumento; se julgada improcedente a primeira fase da ação de exigir contas ou se extinto o processo sem a resolução de seu mérito, o ato judicial será sentença, impugnável por apelação. Precedente" (STJ, REsp 2.105.946/SP, Rel. Min. Nancy Andrighi, 3ª Turma, jul. 11.06.2024, *DJe* 14.06.2024).

Decisão que, na primeira fase, julga procedente a exigência de contas. Ver jurisprudência do art. 550 do CPC/2015.

Julgamento antecipado parcial do mérito. Possibilidade. "O art. 356 do CPC/2015 prevê, de forma clara, as situações em que o juiz deverá proceder ao julgamento antecipado parcial do mérito. (...) Além disso, é imprescindível que se esteja diante de uma das situações descritas no art. 356 do CPC/2015. Presentes tais requisitos, não há óbice para que os tribunais apliquem a técnica do julgamento antecipado parcial do mérito. Tal possibilidade encontra alicerce na teoria da causa madura, no fato de que a anulação dos atos processuais é a última *ratio*, no confinamento da nulidade (art. 281 do CPC/2015, segunda parte) e em princípios que orientam o processo civil, nomeadamente, da razoável duração do processo, da eficiência e da economia processual" (STJ, REsp 1.845.542/PR, Rel. Min. Nancy Andrighi, 3ª Turma, jul. 11.05.2021, *DJe* 14.05.2021).

Homologação de acordo extrajudicial. Indeferimento. "O *decisum* que deixa de homologar pleito de extinção consensual da lide configura decisão interlocutória de mérito a ensejar agravo de instrumento, interposto com fulcro no art. 1.015, II, do CPC/2015" (STJ, REsp 1.817.205/SC, Rel. Min. Gurgel de Faria, 1ª Turma, jul. 05.10.2021, *DJe* 09.11.2021).

c) Decisão relacionada à definição de competência (inciso III). "Apesar de não previsto expressamente no rol do art. 1.015 do CPC/2015, a decisão interlocutória relacionada à definição de competência continua desafiando recurso de agravo de instrumento, por uma interpretação analógica ou extensiva da norma contida no inciso III do art. 1.015 do CPC/2015, já que ambas possuem a mesma *ratio* –, qual seja, afastar o juízo incompetente para a causa, permitindo que o juízo natural e adequado julgue a demanda". (STJ, REsp 1679909/RS, Rel. Min. Luis Felipe Salomão, 4ª Turma, jul. 14.11.2017, *DJe* 01.02.2018). **No mesmo sentido:** STJ, AgInt no REsp 1761696/DF, Rel. Min. Ricardo Villas Bôas Cueva, 3ª Turma, jul. 24.08.2020, *DJe* 31.08.2020; STJ, EREsp 1730436/SP, Rel. Min. Laurita Vaz, Corte Especial, jul. 18.08.2021, *DJe* 03.09.2021. TJSP, Agravo de Instrumento 2271274-40.2022.8.26.0000, Rel. Des. Moreira Viegas, 5ª Câmara de Direito Privado, jul. 17.01.2023, Data de Registro 17.01.2023.

Obs.: Sobre possibilidade de impetração de mandado de segurança, ver item 2 abaixo.

d) Decisão sobre gratuidade de justiça (inciso V).

Decisão que acolhe ou rejeita incidente de impugnação à gratuidade de justiça. Publicação da decisão na vigência do CPC/2015. Ver jurisprudência do art. 101 do CPC/2015.

Decisão que indefere justiça gratuita. "Nos termos do art. 522 do CPC [art. 1.015 do CPC/2015] e da jurisprudência desta Corte Superior, o recurso cabível contra decisão que indefere a assistência judiciária é o agravo de instrumento. Precedentes" (STJ, AgRg no Ag 1.081.843/SP, Rel. Min. Maria Isabel Gallotti, 4ª Turma, jul. 02.08.2011, *DJe* 12.08.2011).

e) Decisão sobre exibição de documentos (inciso VI).

Decisão que indefere pedido de expedição de ofício a terceiro para apresentação de documentos. Recorribilidade imediata. "O propósito recursal é definir se a decisão interlocutória que indeferiu a expedição de ofício para agente financeiro que é terceiro, a partir do qual se buscava a apresentação de documentos comprobatórios de vínculo entre os autores e o sistema financeiro de habitação e os riscos cobertos pela apólice de seguro, versa sobre exibição de documento e, assim, só é cabível agravo de instrumento com fundamento no art. 1.015, VI, do CPC/15. (...) A regra do art. 1.015, VI, do CPC/15, tem por finalidade permitir que a parte a quem a lei ou o juiz atribuiu o ônus de provar possa dele se desincumbir integralmente, inclusive mediante a inclusão, no processo judicial, de documentos ou de coisas que sirvam de elementos de convicção sobre o referido fato *probandi* e que não possam ser voluntariamente por ela apresentados. Partindo dessa premissa, a referida hipótese de cabimento abrange a decisão que resolve o incidente processual de exibição instaurado em face de parte, a decisão que resolve a ação incidental de exibição instaurada em face de terceiro e, ainda, a decisão interlocutória que versou sobre a exibição ou a posse de documento ou coisa, ainda que fora do modelo procedimental delineado pelos arts. 396 e 404 do CPC/15, ou seja, deferindo ou indeferindo a exibição por simples requerimento de expedição de ofício feito pela parte no próprio processo, sem a instauração de incidente processual ou de ação incidental" (STJ, REsp 1798939/SP, Rel. Min. Nancy Andrighi, 3ª Turma, jul. 12.11.2019, *DJe* 21.11.2019).

Requerimento de expedição de ofícios para apresentação de arquivos. Natureza de exibição de documentos. Agravo de instrumento. Cabimento. "O art. 1.015, VI, do Código de Processo Civil de 2015 autoriza a interposição de agravo de instrumento contra decisão interlocutória que versa sobre exibição ou posse de documento ou coisa. O pleito que visa a expedição de ofício para apresentação ou juntada de documento possui natureza de pedido de exibição de documento ou coisa, independentemente da menção expressa ao termo 'exibição' ou aos arts. 396 a 404 do estatuto processual de 2015. A circunstância de o procedimento estampado nos arts. 396 a 404 do codex processual não ser adotado não descaracteriza o pedido de expedição de ofício para apresentação ou juntada de documento como pedido de exibição. É cabível agravo de instrumento contra decisão interlocutória que versa sobre a exibição de documento ou coisa, seja ela objeto de incidente processual instaurado conforme os arts. 396 a 404 do CPC 2015, de pedido de produção antecipada de provas, ou de requerimento singelo de expedição de ofício para apresentação ou juntada de documento ou coisa. 'O rol do art. 1.015 do CPC é de taxatividade mitigada, por isso admite a interposição de agravo de instrumento quando verificada a urgência decorrente da inutilidade do julgamento da questão no recurso de apelação' (REsp 1.696.396/MT, Rel. Ministra Nancy Andrighi, Corte Especial, julgado em 05/12/2018, *DJe* 19/12/2018)" (STJ, REsp 1.853.458/SP, Rel. Min. Regina Helena Costa, 1ª Turma, jul. 22.02.2022, *DJe* 02.03.2022).

f) Decisão sobre exclusão de litisconsorte (inciso VII).

Pedido de exclusão de litisconsorte. Decisão interlocutória de indeferimento. Irrecorribilidade imediata. "O propósito recursal é definir se o conceito de 'decisões interlocutórias que versarem sobre exclusão de litisconsorte', previsto no art. 1.015, VII, do CPC/15, abrange somente a decisão que determina a exclusão do litisconsorte ou se abrange também a decisão que indefere o pedido de exclusão. Considerando que, nos termos do art. 115, I e II, do CPC/15, a sentença de mérito proferida sem a presença de um litisconsorte necessário é, respectivamente, nula ou ineficaz, acarretando a sua invalidação e a necessidade de refazimento de atos processuais com a presença do litisconsorte excluído, admite-se a recorribilidade desde logo, por agravo de instrumento, da decisão interlocutória que excluir o litisconsorte, na forma do art. 1.015, VII, do CPC/15, permitindo-se o reexame imediato da questão pelo Tribunal. **A decisão interlocutória que rejeita excluir o litisconsorte, mantendo no processo a parte alegadamente ilegítima, todavia, não é capaz de tornar nula ou ineficaz a sentença de mérito**, podendo a questão ser reexaminada, sem grande prejuízo, por ocasião do julgamento do recurso de apelação. Por mais que o conceito de 'versar sobre' previsto no art. 1.015, *caput*, do CPC/15 seja abrangente, **não se pode incluir no cabimento do agravo de instrumento uma hipótese ontologicamente distinta daquela expressamente prevista pelo legislador**, especialmente quando a distinção está teoricamente justificada pelas diferentes consequências jurídicas causadas pela decisão que exclui o litisconsorte e pela decisão que rejeita excluir o litisconsorte." (STJ, REsp 1724453/SP, Rel.ª Min.ª Nancy Andrighi, 3ª Turma, jul. 19.03.2019, *DJe* 22.03.2019). No mesmo sentido: STJ, REsp 1725018/SP, Relª. Minª. Nancy Andrighi, 3ª Turma, jul. 19.03.2019, *DJe* 23.03.2019.

Embargos à monitória. Decisão de exclusão parcial de litisconsortes passivos. Agravo de instrumento. "Os embargos à monitória têm natureza jurídica de defesa, e não de ação autônoma, de forma que seu julgamento, por si, não extingue o processo. Somente é cabível recurso de apelação, na forma prevista pelo art. 702, § 9º, do CPC/2015, quando o acolhimento ou a rejeição dos embargos à monitória encerrar a fase de conhecimento. No caso dos autos, contra a decisão que acolheu os embargos para excluir da lide parte dos litisconsortes passivos, remanescendo o trâmite da ação monitória em face de outro réu, é cabível o recurso de agravo, na forma de instrumento, conforme dispõem os arts. 1.009, § 1º, e 1.015, VII, do CPC/2015. Havendo dúvida objetiva razoável sobre o cabimento do agravo de instrumento ou da apelação, admite-se a aplicação do princípio da fungibilidade recursal" (STJ, REsp 1.828.657/RS, Rel. Min. Antonio Carlos Ferreira, 4ª Turma, jul. 05.09.2023, *DJe* 14.09.2023).

Exclusão de litisconsortes. "É pacífico nesta Corte Superior que a decisão que exclui do processo um dos litisconsortes, prosseguindo-se a execução fiscal com relação aos demais coexecutados, é recorrível por meio de agravo de instrumento, caracterizando-se erro grosseiro a interposição de apelação" (STJ, AgRg no REsp 771.253/PR, Rel. Min. Humberto Martins, 2ª Turma, jul. 19.03.2009, *DJe* 14.04.2009). **Precedentes citados:** STJ, REsp 889.082/RS, Rel. Min. Eliana Calmon, 2ª Turma, jul. 03.06.2008, *DJe* 06.08.2008; STJ, REsp 1.026.021/SP, Rel. Min. Nancy Andrighi, 3ª Turma, jul. 17.04.2008, *DJ* 30.04.2008; STJ, REsp 801.347/MG, Rel. Min. Teori Albino Zavascki, 1ª Turma, jul. 21.03.2006, *DJ* 03.04.2006; STJ, REsp 126.734/SP, Rel. Min. Sálvio de Figueiredo Teixeira, 4ª Turma, jul. 24.06.1997.

g) Decisão que admite ou inadmite a intervenção de terceiro (inciso IX).

"O pronunciamento jurisdicional que admite ou inadmite a intervenção de terceiro e que, em virtude disso, modifica ou não a competência, possui natureza complexa, pois reúne, na mesma decisão judicial, dois conteúdos que, a despeito de sua conexão, são ontologicamente distintos e suscetíveis de inserção em compartimentos estanques. Em se tratando de decisão interlocutória com duplo conteúdo – intervenção de terceiro e competência – é possível estabelecer, como critérios para a identificação do cabimento do recurso com base no art. 1.015, IX, do CPC/15: (i) o exame do elemento que prepondera na decisão; (ii) o emprego da lógica do antecedente-consequente e da ideia de questões prejudiciais e de questões prejudicadas; (iii) o exame do conteúdo das razões recursais apresentadas pela parte irresignada. Aplicando-se tais critérios à hipótese em exame, verifica-se que: (i) a intervenção de terceiro exerce relação de dominância sobre a competência, porque somente se cogita a alteração de competência do órgão julgador se houver a admissão ou inadmissão do terceiro apto a provocar essa modificação; (ii) a intervenção de terceiro é o antecedente que leva, consequentemente, ao exame da competência, induzindo a um determinado resultado – se deferido o ingresso do terceiro sujeito à competência prevista no art. 109, I, da Constituição Federal, haverá alteração da competência para a Justiça Federal e, se indeferido o ingresso do terceiro sujeito à competência prevista no art. 109, I, da Constituição Federal, haverá a manutenção da competência na Justiça Estadual; (iii) a irresignação da parte recorrente está no fato de que o interesse jurídico que justificaria a intervenção da Caixa Econômica Federal existiria em relação a todas as partes e não em relação a somente algumas, tendo sido declinados os fundamentos de fato e de direito correspondentes a essa pretensão e apontado que a remessa do processo para a Justiça Federal teria como consequência uma série de prejuízos de índole processual" (STJ, REsp 1797991/PR, Rel. Min. Nancy Andrighi, 3ª Turma, jul. 18.06.2019, *DJe* 21.06.2019).

h) Decisão que indefere o pedido de efeito suspensivo aos Embargos à Execução (Inciso X).

"Em uma interpretação literal e isolada do art. 1.015, X, do CPC, nota-se que o legislador previu ser cabível o Agravo de Instrumento contra as decisões interlocutórias que concederem, modificarem ou revogarem o efeito suspensivo aos Embargos à Execução, deixando dúvidas sobre qual seria o meio de impugnação adequado para atacar o *decisum* que indefere o pedido de efeito suspensivo aos Embargos à Execução. A situação dos autos reclama **a utilização de interpretação extensiva do art. 1.015, X, do CPC/2015.** Em que pese o entendimento do Sodalício a *quo* de que o rol do citado art. da nova lei processual é taxativo, não sendo, portanto, possível a interposição de Agravo de Instrumento, nada obsta a utilização da interpretação extensiva" (STJ, REsp 1694667/PR, Rel. Min. Herman Benjamin, 2ª Turma, jul. 05.12.2017, *DJe* 18.12.2017).

Decisão que deliberou sobre pedido de devolução de prazo para manifestação em embargos à execução. "Embargos à execução – Insurgência contra decisão que deliberou acerca do pedido de devolução de prazo para a manifestação – Decisão obscura que pode comprometer o exercício da ampla defesa e do contraditório – Urgência verificada" (TJSP, Agravo de Instrumento 2262382-45.2022.8.26.0000, Rel. Des. Ana Catarina Strauch, 37ª Câmara de Direito Privado, jul. 16.01.2023, Data de Registro 16.01.2023).

i) Ônus da prova. Distribuição dinâmica. Atribuições diferentes da regra geral. Recorribilidade imediata (inciso XI). "(...) As diferentes formas de se atribuir o ônus da prova às partes se reveste de acentuada relevância prática, na medida em que a interpretação conjunta dos arts. 1.015, XI, e 373, § 1º, do CPC/15, demonstra que nem todas as decisões interlocutórias que versem sobre o ônus da prova são recorríveis de imediato, mas, sim, apenas àquelas proferidas nos exatos moldes delineados pelo art. 373, § 1º, do CPC/15. O art. 373, § 1º, do CPC/15, contempla duas regras jurídicas distintas, ambas criadas para excepcionar à regra geral, sendo que a primeira diz respeito à atribuição do ônus da prova, pelo juiz, em hipóteses previstas em lei, de que é exemplo a inversão do ônus da prova prevista no art. 6º, VIII, do CDC, e a segunda diz respeito à teoria da distribuição dinâmica do ônus da prova, incidente a partir de peculiaridades da causa que se relacionem com a impossibilidade ou com a excessiva dificuldade de se desvencilhar do ônus estaticamente distribuído ou, ainda, com a maior facilidade de obtenção da prova do fato contrário. Embora ontologicamente distintas, a distribuição dinâmica e a inversão do ônus têm em comum o fato de excepcionarem a regra geral do art. 373, I e II, do CPC/15, de terem sido criadas para superar dificuldades de natureza econômica ou técnica e para buscar a maior justiça possível na decisão de mérito e de se tratarem de regras de instrução que devem ser implementadas antes da sentença, a fim de que não haja surpresa à parte que recebe o ônus no curso do processo e também para que possa a parte se desincumbir do ônus recebido. Nesse cenário, é cabível a impugnação imediata da decisão interlocutória que verse sobre quaisquer das exceções mencionadas no art. 373, §1º, do CPC/15, pois somente assim haverá a oportunidade de a parte que recebe o ônus da prova no curso do processo dele se desvencilhar, seja pela possibilidade de provar, seja ainda para demonstrar que não pode ou que não deve provar, como, por exemplo, nas hipóteses de prova diabólica reversa ou de prova duplamente diabólica" (STJ, REsp 1729110/CE, Rel.ª Min.ª Nancy Andrighi, 3ª Turma, jul. 02.04.2019, *DJe* 04.04.2019).

Decisão de inversão do ônus da prova e custeio dos honorários periciais. "Ação declaratória de inexistência de relação jurídica c.c indenização por danos morais – Decisão determinou que o Banco custeie a prova pericial – Autora negou a contratação do empréstimo, impugnando a assinatura do contrato – Relação de consumo – A inversão do ônus da prova é regra de instrução – Inteligência do art. 373, § 1º, do CPC – Perícia grafotécnica determinada – Custeio da perícia, quando impugnada assinatura do documento, é da parte que o produziu – Pagamento dos honorários periciais a cargo do réu agravante – Inteligência do art. 429, II, do CPC – Recurso negado" (TJSP, Agravo de Instrumento 2258592-53.2022.8.26.0000, Rel. Des. Francisco Giaquinto, 13ª Câmara de Direito Privado, jul. 14.12.2022, data de registro 14.12.2022). **No mesmo sentido:** TJSP, Agravo de Instrumento 2247585-64.2022.8.26.0000, Rel. Des. Nuncio Theophilo Neto, 19ª Câmara de Direito Privado, jul. 18.01.2023, data de registro 18.01.2023.

j) Outros casos expressos em lei (inciso XIII).

Ação de improbidade administrativa. Decisão interlocutória. Agravo de instrumento. Cabimento. "Deve-se aplicar à ação por improbidade o mesmo entendimento já adotado em relação à ação popular, como sucedeu, entre outros, no seguinte precedente: 'A norma específica inserida no microssistema de tutela coletiva, prevendo a impugnação de decisões interlocutórias mediante agravo de instrumento (art. 19 da Lei n. 4.717/65), não é afastada pelo rol taxativo do art. 1.015 do CPC/2015, notadamente porque o inciso XIII daquele preceito contempla o cabimento daquele recurso em 'outros casos expressamente referidos em lei'' (AgInt no REsp 1.733.540/DF, Rel. Ministro Gurgel de Faria, Primeira Turma, *DJe* 4.12.2019). Na mesma direção: REsp 1.452.660/ES, Rel. Ministro Og Fernandes, Segunda Turma, *DJe* 27.4.2018). Conclusão. A ideia do microssistema de tutela coletiva foi concebida com o fim de assegurar a efetividade da jurisdição no trato dos direitos coletivos, razão pela qual a previsão do artigo 19, § 1º, da Lei da Ação Popular ('Das decisões interlocutórias cabe agravo de instrumento') se sobrepõe, inclusive nos processos de improbidade, à previsão restritiva do artigo 1.015 do CPC/2015" (STJ, REsp 1.925.492/RJ, Rel. Min. Herman Benjamin, 2ª Turma, jul. 04.05.2021, *DJe* 01.07.2021).

Decisão sobre os esclarecimentos ou ajustes requeridos pelas partes a respeito do saneamento. "O termo inicial para interposição do agravo de instrumento, na hipótese do pedido previsto no art. 357, § 1º, do CPC/2015, somente se inicia depois de estabilizada a decisão de saneamento, o que ocorre após publicada a deliberação do juiz sobre os esclarecimentos e/ou ajustes ou, não havendo requerimento, com o transcurso do prazo de 5 (cinco) dias" (STJ, REsp 1.703.571/DF, Rel. Min. Antonio Carlos Ferreira, 4ª Turma, jul. 22.11.2022, *DJe* 07.03.2023).

k) Outras hipóteses. Taxatividade mitigada.

(i) Despacho que possa causar gravame à parte. "Admite-se a interposição de agravo de instrumento previsto no art. 522 do CPC [art. 1.015 do CPC/2015], na hipótese em que o referido despacho possa causar gravame à parte" (STJ, REsp 1.204.850/RS, Rel. Min. Mauro Campbell Marques, 2ª Turma, jul. 21.09.2010, *DJe* 08.10.2010).

"Ainda que seja lacônico e faça simples remissão à decisão anterior, **o ato jurisdicional que rejeita novo fundamento trazido pela parte objetivando sobrestar a execução fiscal**, com base em acontecimento superveniente, acarreta gravame e reveste-se da natureza de decisão interlocutória, e não de despacho de mero expediente, sendo cabível a interposição de agravo de instrumento" (STJ, REsp 1.196.456/RS, Rel. Min. Castro Meira, 2ª Turma, jul. 19.08.2010, *DJe* 30.08.2010).

"**Pedido de redirecionamento da execução fiscal** e condiciona o seu deferimento à juntada de documentos hábeis a comprovação da qualidade de sócio possui cunho decisório, com possibilidade de causar lesão a eventuais direitos da parte, tendo, contudo, natureza de decisão interlocutória passível de recurso de agravo de instrumento" (STJ, REsp 1.208.865/BA, Rel. Min. Humberto Martins, 2ª Turma, jul. 16.12.2010, *DJe* 14.02.2011). **No mesmo sentido:** STJ, REsp 1.186.430/SP, Rel. Min. Eliana Calmon, 2ª Turma, jul. 19.08.2010, *DJe* 30.08.2010.

(ii) Recuperação judicial. Sistema recursal. Decisão interlocutória. Interpretação extensiva (parágrafo único). "(...). O rol taxativo do art. 1.015 do CPC não afasta a incidência das hipóteses previstas na LREF, pois o próprio inciso XIII estabelece o cabimento do agravo de instrumento nos "outros casos expressamente referidos em lei". Havendo disposição expressa da Lei de Recuperação de Empresas e Falência, essa prevalecerá sobre o numerus clausus do dispositivo do CPC, de modo que a aplicação desse Código será apenas para suprimento de lacunas e omissões. Por outro lado, se o provimento judicial, no âmbito falimentar/recuperacional, enquadrar-se em uma das hipóteses do rol do diploma processual, será também possível o manejo do agravo de instrumento. Nas decisões interlocutórias sem previsão específica de recurso, incidirá o parágrafo único do art. 1.015 do CPC, justamente porque, em razão das características próprias do processo falimentar e recuperacional, haverá tipificação com a ratio do dispositivo – falta de interesse/utilidade de revisão da decisão apenas no momento do julgamento da apelação –, permitindo a impugnação imediata dos provimentos judiciais. (...) Além disso, a natureza também processual (de execução coletiva e negocial) da LREF justifica a interpretação do parágrafo único do art. 1.015 no CPC (ou dos incisos do *caput* do art. 1.015) no sentido de estender a interposição do recurso de agravo de instrumento às decisões que envolvam matérias dos regimes falimentar e recuperatório." (STJ, REsp 1722866/MT, Rel. Min. Luis Felipe Salomão, 4ª turma, jul. 25.09.2018, *DJe* 19.10.2018). No mesmo sentido: REsp 1786524/SE, Rel. Min. Ricardo Villas Bôas Cueva, 3ª Turma, jul. 23.04.2019, *DJe* 29.04.2019).

"(...) Recurso especial. Recuperação judicial. Impugnação de crédito. Cabível recurso de agravo de instrumento da sentença que resolve a Impugnação de crédito, nos termos do art. 17 da lei nº 11.101/2005." (STJ, REsp 1.707.552, Rel. Min. Marco Aurélio Bellizze, decisão monocrática, *DJE* 19.12.2017, p. 9.733).

Recuperação judicial e processo falimentar. Cabimento de agravo. Modulação. "Assim, nos termos do art. 1.036 e seguintes do CPC/15, fixa-se a seguinte tese jurídica: Cabe agravo de instrumento de todas as decisões interlocutórias proferidas no processo de recuperação judicial e no processo de falência, por força do art. 1.015, parágrafo único, CPC/15. Para propiciar segurança jurídica e proteger as partes que, confiando na irrecorribilidade das decisões interlocutórias fora das hipóteses de cabimento previstas na Lei 11.101/2005, não interpuseram agravo de instrumento com base no art. 1.015, parágrafo único, CPC/15, faz-se necessário estabelecer que: (i) as decisões interlocutórias que não foram objeto de recurso de agravo de instrumento poderão ser objeto de impugnação pela parte em eventual e hipotética apelação ou em contrarrazões, como autoriza o art. 1.009, § 1º, CPC/15, se entender a parte que ainda será útil o enfrentamento da questão incidente objeto da decisão interlocutória naquele momento processual; (ii) que a presente tese jurídica vinculante deverá ser aplicada a todas as decisões interlocutórias proferidas após a publicação do acórdão que fixou a tese e a todos os agravos de instrumento interpostos antes da fixação da tese e que ainda se encontrem pendentes de julgamento ao tempo da publicação deste acórdão, excluindo-se aqueles que não foram conhecidos por decisão judicial transitada em julgado" (STJ, REsp 1717213/MT, Rel. Min. Nancy Andrighi, 2ª Seção, jul. 03.12.2020, *DJe* 10.12.2020).

"Assim, nos termos do art. 1.036 e seguintes do CPC/15, fixa-se a seguinte tese jurídica: Cabe agravo de instrumento de todas as decisões interlocutórias proferidas no processo de recuperação judicial e no processo de falência, por força do art. 1.015, parágrafo único, CPC/15" (REsp 1707066/MT, Rel. Min. Nancy Andrighi, 2ª Seção, jul. 03.12.2020, *DJe* 10.12.2020). **Obs.: Decisão submetida a julgamento de recursos repetitivos.**

(iii) Decisão interlocutória que examina competência. Dúvida razoável sobre o cabimento de agravo de instrumento. Mandado de Segurança. Cabimento. "A doutrina e a jurisprudência majoritárias admitem o manejo do mandado de segurança contra ato judicial, pelo menos em relação às seguintes hipóteses excepcionais: a) decisão judicial teratológica; b) decisão judicial contra a qual não caiba recurso; c) para imprimir efeito suspensivo a recurso desprovido de tal efeito; e d) quando impetrado por terceiro prejudicado por decisão judicial. No caso em apreço, o mandado de segurança foi impetrado contra ato judicial que afastou a competência das Varas de Fazenda Pública para processar e julgar a ação de usucapião, por entender não ter sido comprovado que o imóvel situa-se em área de terras públicas a ensejar interesse do Estado. Assim, diante da existência de dúvida razoável sobre o cabimento de agravo de instrumento, na vigência do Código de Processo Civil de 2015, contra decisão interlocutória que examina competência – considerando a existência de entendimentos divergentes no âmbito desta Corte de Justiça e da afetação de recurso especial representativo de controvérsia para discussão desse tema –, entende-se adequada a impetração do *mandamus*" (STJ, RMS 58.578/SP, Rel. Min. Raul Araújo, 4ª Turma, jul. 18.10.2018, *DJe* 25.10.2018).

Decisão relacionada à definição de competência. "Apesar de não previsto expressamente no rol do art. 1.015 do CPC/2015, a decisão interlocutória relacionada à definição de competência continua desafiando recurso de agravo de instrumento, por uma interpretação analógica ou extensiva da norma contida no inciso III do art. 1.015 do CPC/2015, já que ambas possuem a mesma *ratio* –, qual seja, afastar o juízo incompetente para a causa, permitindo que o juízo natural e adequado julgue a demanda" (STJ, REsp 1.679.909/RS, Rel. Min. Luis Felipe Salomão, 4ª Turma, jul. 14.11.2017, *DJe* 01.02.2018). **No mesmo sentido:** STJ, AgInt no REsp 1761696/DF, Rel. Min. Ricardo Villas Bôas Cueva, 3ª Turma, jul. 24.08.2020, *DJe* 31.08.2020; STJ, EREsp 1730436/SP, Rel. Min. Laurita Vaz, Corte Especial, jul. 18.08.2021, *DJe* 03.09.2021. TJSP, Agravo de Instrumento 2271274-40.2022.8.26.0000, Rel. Des. Moreira Viegas, 5ª Câmara de Direito Privado, jul. 17.01.2023, data de registro 17.01.2023.

(iv) Aplicabilidade à ação civil pública. Art. 19, § 1º, Lei nº 4.717/1965. "A 1ª Turma deste Tribunal Superior, analisando a aplicabilidade do art. 1.015 do Código de Processo Civil às ações civis públicas, assentou a orientação de cabimento do agravo de instrumento contra as decisões interlocutórias proferidas nessa sede, por força do disposto no art. 19, § 1º, da Lei n. 4.717/1965" (STJ, AgInt no REsp 1.875.150/SE, Rel. Min. Regina Helena Costa, 1ª Turma, jul. 11.11.2020, *DJe* 13.11.2020).

(v) Decisão que rejeitou preliminar de ilegitimidade ativa. "Insurgência contra decisão que rejeitou preliminar de ilegitimidade ativa – Decisão que, ao menos em tese, poderia culminar com a extinção do processo, tornando desnecessário o desenrolar da fase instrutória – Urgência que autoriza o conhecimento do recurso, neste tema, com fundamento na tese da taxatividade mitigada do rol previsto no art. 1.015 do CPC" (TJSP, Agravo de Instrumento 2253990-19.2022.8.26.0000, Rel. Des. Caio Marcelo Mendes de Oliveira, 32ª Câmara de Direito Privado, jul. 18.11.2022, data de registro 18.11.2022).

(vi) Decisão que determina o desentranhamento de contestação em razão de revelia. "Decisão agravada que decretou revelia considerando intempestiva a contestação e determinou o seu desentranhamento. Insurgência contra a determinação de desentranhamento. Cabimento do conhecimento do agravo porque não foi tirado de mero reconhecimento de revelia, questão que consiste em preliminar de apelação, e sim de determinação de desentranhamento. Aplicação da taxatividade mitigada em face da possibilidade de prejuízo. Acolhimento. O desentranhamento não é efeito da revelia e ao revel é permitido intervir no processo, bem como produzir provas 'ex vi' dos dos artigos 346, § único, e 349 do CPC. Permanência da peça processual que inclusive facilita a confirmação da indicada intempestividade e da aplicação dos artigos 344 e 345 do CPC, na hipótese de futuro recurso" (TJSP, Agravo de Instrumento 2219171-56.2022.8.26.0000, Rel. Des. Celina Dietrich Trigueiros, 27ª Câmara de Direito Privado, jul. 10.01.2023, data de registro 10.01.2023).

(vii) Decisão que indeferiu pleito de distribuição por dependência. "Decisão agravada que rejeitou pedido de distribuição do feito por dependência a medida cautelar antecedente ajuizada por terceiros, em curso perante a 23ª Vara Cível do Foro Central de São Paulo. Irresignação dos autores – A hipótese dos autos admite a mitigação da taxatividade do dispositivo contido no art. 1.015, do CPC, tal como deliberado pelo C. STJ em sede de recurso repetitivo, posto que indiscutível sua urgência, decorrente da inutilidade do julgamento da questão no recurso de apelação. Conhece-se, pois do recurso" (TJSP, Agravo de Instrumento 2259712-34.2022.8.26.0000, Rel. Des.

Neto Barbosa Ferreira, 29ª Câmara de Direito Privado, jul. 30.11.2022, data de registro 30.11.2022).

(viii) Decisão que rejeitou pedido de citação por WhatsApp. "Discussão trazida acerca da possibilidade ou não de autorização de citação por WhatsApp – Recurso conhecido – Taxatividade mitigada" (TJSP, Agravo de Instrumento 2255905-06.2022.8.26.0000, Rel. Des. José Carlos Ferreira Alves, 2ª Câmara de Direito Privado, jul. 30.11.2022, data de registro 30.11.2022).

(ix) Decisão que indeferiu a devolução das custas iniciais. "Autor que que foi intimado para emendar a inicial e complementar o preparo referente à citação da ré. Complementação realizada. Autor que utilizou o código de recolhimento incorreto. R. sentença que indeferiu a petição inicial e extinguiu o feito, sem análise do mérito. Pedido de reconsideração da decisão e de devolução das custas iniciais que foram indeferidos. Inconformismo do agravante" (TJSP, Agravo de Instrumento 2286561-43.2022.8.26.0000, Rel. Des. Nuncio Theophilo Neto, 19ª Câmara de Direito Privado, jul. 19.12.2022, data de registro 19.12.2022).

(x) Decisão que não conheceu das contestações apresentadas em ação de desapropriação pelos possuidores. "Ação de Desapropriação proposta pelo Município de São Paulo – Contestações apresentadas por alegados possuidores do imóvel – Decisão de magistrada 'a quo' que não conhece das contestações – Recurso pelos possuidores visando a admissão das contestações apresentadas bem como o levantamento do valor da indenização – Desprovimento de rigor. 1. Preliminar de não conhecimento do recurso oposta pelo Município – Descabimento – Rol do art. 1015 do CPC – Taxatividade mitigada – Tema nº 988 do C. STJ" (TJSP, Agravo de Instrumento 2215781-78.2022.8.26.0000, Rel. Des. Sidney Romano dos Reis, 6ª Câmara de Direito Público, jul. 01.12.2022, data de registro 01.12.2022).

(xi) Decisão que determinou a alteração do valor da causa. "Determinação de emenda da inicial para majoração do montante atribuído pela autora. Cabimento de agravo de instrumento. Enunciado XII do Grupo de Câmaras Reservadas de Direito Empresarial. Aplicação da tese firmada pelo STJ de que o rol do art. 1015 do CPC é de taxatividade mitigada" (TJSP, Agravo de Instrumento 2159327-78.2022.8.26.0000, Rel. Des. Azuma Nishi, 1ª Câmara Reservada de Direito Empresarial, jul. 26.11.2022, data de registro 26.11.2022). **Mas, em sentido contrário:** "Decisão judicial que alterou o valor da causa. Recurso do autor. 1. Na sistemática do Código de Processo Civil, não cabe o manejo de agravo de instrumento contra decisão que versa sobre o valor da causa. Hipótese não prevista no artigo 1.015, do Código de Processo Civil. 2. Situação que não se amolda à orientação firmada pelo Superior Tribunal de Justiça (REsp nº 1.704.520, tema nº 988), que mitigou a taxatividade do rol, admitindo o agravo de instrumento quando verificada a urgência decorrente da inutilidade do julgamento da questão no recurso de apelação" (TJSP, Agravo de Instrumento 2235137-59.2022.8.26.0000, Rel. Des. Laerte Marrone, 17ª Câmara de Direito Privado, jul. 17.11.2022, data de registro 17.11.2022).

l) Parágrafo único.

(i) Cumprimento de sentença.

Decisão interlocutória proferida em cumprimento de sentença.

"Para as decisões interlocutórias proferidas em fases subsequentes à cognitiva – liquidação e cumprimento de sentença –, no processo de execução e na ação de inventário, o legislador optou conscientemente por um regime recursal distinto, prevendo o art. 1.015, parágrafo único, do CPC/2015, que haverá ampla e irrestrita recorribilidade de todas as decisões interlocutórias, quer seja porque a maioria dessas fases ou processos não se findam por sentença e, consequentemente, não haverá a interposição de futura apelação, quer seja em razão de as decisões interlocutórias proferidas nessas fases ou processos possuírem aptidão para atingir, imediata e severamente, a esfera jurídica das partes, sendo absolutamente irrelevante investigar, nessas hipóteses, se o conteúdo da decisão interlocutória se amolda ou não às hipóteses previstas no *caput* e incisos do art. 1.015 do CPC/2015. Na hipótese em exame, foi proferida, em processo de execução, decisão interlocutória indeferindo o pedido formulado de revogação do benefício da gratuidade de justiça anteriormente deferido à parte, tratando-se de decisão imediatamente recorrível, por agravo de instrumento, com base no art. 1.015, parágrafo único, do CPC/2015" (STJ, REsp 1803925/SP, Rel.ª Min.ª Nancy Andrighi, Corte Especial, jul. 01.08.2019, *DJe* 06.08.2019).

No mesmo sentido: STJ, REsp 1736258/MT, Rel.ª Min.ª Nancy Andrighi, 3ª Turma, jul. 21.05.2019, *DJe* 24.05.2019.

"A Corte Especial consignou que a irrecorribilidade de um pronunciamento judicial advém, não só da circunstância de se tratar, formalmente, de despacho, mas também do fato de que seu conteúdo não é apto a causar gravame às partes. Hipótese em que se verifica que o comando dirigido à recorrente é apto a lhe causar prejuízo, em face da inobservância da necessidade de intimação pessoal da devedora para a incidência de multa pelo descumprimento de obrigação de fazer" (STJ, REsp 1758800/MG, Rel. Min. Nancy Andrighi, 3ª Turma, jul. 18.02.2020, *DJe* 21.02.2020).

Impugnação ao cumprimento de sentença. Acolhimento parcial da execução. "A jurisprudência do Superior Tribunal de Justiça é no sentido de que, sob a égide do Novo Código de Processo Civil, a apelação é o recurso cabível contra decisão que acolhe impugnação do cumprimento de sentença e extingue a execução. Ainda, o agravo de instrumento é o recurso cabível contra as decisões que acolhem parcialmente a impugnação ou lhe negam provimento, por não acarretarem a extinção da fase executiva em andamento, portanto, com natureza jurídica de decisão interlocutória. A inobservância desta sistemática caracteriza erro grosseiro, vedada a aplicação do princípio da fungibilidade recursal, cabível apenas na hipótese de dúvida objetiva. Na hipótese, verifica-se que a decisão ora apelada reconheceu a ilegitimidade da União em relação aos exequentes que tenham vínculo com autarquia ou fundação pública, contudo determinou o prosseguimento da execução. Assim, considerando que não há extinção da execução, o recurso cabível seria o Agravo de Instrumento, o que inviabiliza a aplicação do princípio da fungibilidade" (STJ, REsp. 1.947.309/BA, Rel. Min. Francisco Falcão, 2ª Turma, jul. 07.02.2023, *DJe* 10.02.2023).

Agravo de Instrumento. Perda superveniente de objeto. Sentença posterior de extinção do processo sem julgamento de mérito. "O propósito recursal consiste em definir se deve ser conhecido o recurso especial tirado de agravo de instrumento quando sobrevém sentença de extinção do processo sem resolução de mérito que não foi objeto de apelação. A despeito da divergência doutrinária e do dissenso jurisprudencial entre as Turmas do Superior Tribunal de Justiça, é inadmissível o agravo de instrumento interposto contra decisão interlocutória quando sobrevém sentença que não é objeto de recurso de apelação da parte, pois a formação da coisa julgada, ainda que formal, é óbice intransponível ao conhecimento do agravo, na medida em que é imprescindível que o processo ainda esteja em curso para que os recursos dele originados venham a ser examinados, quer seja diante da inviabilidade de reforma, invalidação ou anulação da decisão interlocutória proferida quando há subsequente sentença irrecorrida e, por isso mesmo, acobertado pela imutabilidade e pela indiscutibilidade, quer seja porque o agravo de instrumento não possui automático efeito suspensivo *ex vi legis*, nem tampouco efeito obstativo expansivo que impediria a preclusão ou a coisa julgada sobre a decisão recorrida e sobre as decisões subsequentes" (STJ, REsp 1750079/SP, Rel.ª Min.ª Nancy Andrighi, 3ª Turma, jul. 13.08.2019, *DJe* 15.08.2019).

Ato de conteúdo decisório em embargos de declaração contra despacho. "No CPC/2015, seguindo a mesma linha do CPC/73, os pronunciamentos jurisdicionais são classificados em sentenças, decisões interlocutórias e despachos, permanecendo como critério de distinção entre as decisões interlocutórias e os despachos a ausência de conteúdo decisório nos últimos, os quais têm como desiderato o mero impulso da marcha processual. Por visarem unicamente ao impulsionamento da marcha processual, não gerando danos ou prejuízos às partes, os despachos são irrecorríveis (art. 1.001, do CPC/2015). Sob a égide do CPC/2015, o início do cumprimento de sentença, definitivo ou provisório (art. 520, caput) passou a depender de requerimento expresso do credor, conforme disposto no art. 513, § 10, do atual Código, razão pela qual o despacho que intima para pagamento não gera, por si só, prejuízo à parte. A defesa do devedor, no cumprimento de sentença, deve, em regra, ser deduzida na impugnação à referida fase processual, mas certas matérias, como a iliquidez da dívida lançada no título, podem ser arguidas por meio de mera petição, na forma do art. 518 do CPC. Na hipótese concreta, embora a questão relacionada à liquidez do título tenha sido suscitada em embargos de declaração opostos contra mero despacho, o pronunciamento judicial proferido no julgamento dos aclaratórios possui carga decisória, haja vista possuir o condão de gerar danos e prejuízos aos interesses da recorrente. Assim, apesar de a questão ter sido decidida em embargos de declaração opostos contra mero despacho, o Tribunal de origem deveria ter conhecido e examinado o mérito do agravo de instrumento interposto pela recorrente" (STJ, REsp 1725612/PE, Rel. Min. Nancy Andrighi, 3ª Turma, jul. 02.06.2020, *DJe* 04.06.2020).

(ii) Execução.

Decisão que homologa transação e determina prosseguimento da execução quanto aos honorários advocatícios. "É assente neste Superior Tribunal de Justiça que a decisão que homologa transação, determinando o prosseguimento da execução quanto aos honorários advocatícios, é impugnável por meio de recurso de agravo de instrumento, uma vez que a interposição do recurso de apelação consiste em erro grosseiro, de forma que não procede a alegação de que se aplicam os princípios da fungibilidade recursal ou instrumentalidade das formas. Precedentes" (STJ, REsp 1.218.040/MG, Rel. Min. Castro Meira, 2ª Turma, jul. 12.04.2011, *DJe* 27.04.2011). **Obs.:** Cf. art. 1.015, parágrafo único, do CPC/2015.

Decisão proferida em ação de execução. "O recurso cabível contra decisão interlocutória proferida em sede de ação executiva é o agravo de instrumento, sendo o agravo retido incompatível com a sistemática do processo de execução" (STJ, REsp 418.349/PR, Rel. Min. Paulo Furtado, 3ª Turma, jul. 01.12.2009, *DJe* 10.12.2009). **No mesmo sentido:** STJ, RMS 27.194/RS, Rel. Min. Arnaldo Esteves Lima, 5ª Turma, jul. 18.02.2010, *DJe* 15.03.2010. **Obs.:** Cf. art. 1.015, parágrafo único, do CPC/2015.

(iii) Liquidação de sentença.

Conversão do julgamento em diligência. "O pronunciamento judicial que, em sede de liquidação de sentença, converte o julgamento em diligência, determinando a realização de nova perícia e fixando parâmetros a serem seguidos pelo perito, tem natureza de decisão interlocutória, passível de ataque pela via do agravo de instrumento" (STJ, REsp 469.924/RJ, Rel. Min. Luiz Fux, 1ª Turma, jul. 20.05.2003, *DJ* 16.06.2003). **Obs.:** Cf. art. 1.015, parágrafo único, do CPC/2015.

(iv) Processo de inventário.

Habilitação de crédito no inventário. Decisão que indefere o pedido. "Assim, é correto fixar a tese de que, na vigência da nova legislação processual, o pronunciamento judicial que versa sobre a habilitação do crédito no inventário é uma decisão interlocutória e, desse modo, é impugnável por agravo de instrumento com base no art. 1.015, parágrafo único, do CPC/15" (STJ, REsp 1.963.966/SP, Rel. Min. Nancy Andrighi, 3ª Turma, jul. 03.05.2022, *DJe* 05.05.2022).

5. Princípio da taxatividade recursal. Unirrecorribilidade. Preclusão consumativa. Recurso inexistente. "No Código de Processo Civil de 2015, as decisões interlocutórias passaram a ser impugnadas, nas hipóteses listadas nos incisos do art. 1.015 do CPC, pelo agravo na modalidade instrumental e, nas remanescentes, por meio de preliminar de apelação. Desse modo, interposto agravo retido contra decisão interlocutória, o recurso deve ser considerado inexistente, em observância ao princípio da Taxatividade Recursal. A interposição de recurso inexistente não possui aptidão para gerar efeito jurídico, uma vez que, pela própria definição, ele não existe no ordenamento processual. Logo, a interposição de recurso inexistente não obsta a interposição de agravo de instrumento contra a mesma decisão interlocutória, não havendo preclusão consumativa" (STJ, REsp. 2.141.420/MT, Rel. Min. Antonio Carlos Ferreira, 4ª Turma, jul. 06.08.2024, *DJe* 08.08.2024).

6. Agravo de Instrumento. Não cabimento.

a) Sentença que julga a segunda fase da ação de prestação de contas. Ver jurisprudência do art. 550, do CPC/2015.

b) Decisão que estabeleceu critérios de cálculos à contadoria e indeferiu juntada de documentos. Embargos à execução. "Na espécie, o estabelecimento de critérios para a contadoria judicial confeccionar os cálculos e o indeferimento de nova juntada de documentos não se enquadram na hipótese de cabimento do agravo de instrumento prevista no inciso II do art. 1.015 do CPC. A primeira questão envolve comando direcionado à aferição do quantum debeatur pelo órgão auxiliar do juízo, cujos cálculos somente podem vir a ser homologados, decidindo definitivamente o mérito, na ocasião da prolação da sentença. Além disso, entendimento em sentido contrário poderia causar enorme tumulto processual, pois, a cada decisão interlocutória proferida nos embargos, seria cabível um novo agravo de instrumento, desmembrando a solução da lide em diversos recursos autônomos. A segunda questão, por sua vez, envolve produção probatória, que também não pode ser classificada, de forma alguma, como decisão que resolve o mérito. Também não subsiste a tese de que a decisão seria recorrível de imediato por ter sido proferida em liquidação de sentença. Isso porque o processo de embargos à execução é ação de conhecimento incidental à execução, de modo que a ele se aplica o regime da taxatividade mitigada, e não o disposto no parágrafo único do art. 1.015 do CPC" (STJ, REsp 1788769/RJ, Rel. Min. Og Fernandes, 2ª Turma, jul. 27.10.2020, *DJe* 17.11.2020).

c) Emenda da inicial. Decisão que determinou a emenda a inicial. Interposição de agravo de instrumento. Hipótese não prevista no art. 1.015 do Código Fux" (STJ, AgInt no REsp 1831082/RJ, Rel. Min. Napoleão Nunes Maia Filho, 1ª Turma, jul. 19.1062020, *DJe* 23.10.2020). **No mesmo sentido:** TJSP, Agravo de Instrumento 2179202-34.2022.8.26.0000, Rel. Des. José Augusto Genofre Martins, 29ª Câmara de Direito Privado, jul. 30.11.2022, Data de Registro 30.11.2022.

d) Provas.

Deferimento de prova pericial e testemunhal. Agravo de instrumento. Descabimento. "Hipótese em que a decisão agravada, que deferiu a produção de prova pericial e testemunhal, não consta no rol do art. 1.015, do CPC, pois ao contrário do que foi afirmado pelo agravante, não se refere ao mérito do processo (inciso II), além de ser anterior à publicação do acórdão proferido pela Corte Especial que pacificou o tema" (STJ, AgInt no REsp 1756569/RJ, Rel. Min. Paulo de Tarso Sanseverino, 3ª Turma, jul. 21.09.2020, *DJe* 24.09.2020).

"Produção de prova testemunhal – Juiz destinatário das provas a quem incumbe determinar a produção – Inteligência do artigo 370, do Código de Processo Civil – Inaplicável ao caso concreto a tese da taxatividade mitigada – Possibilidade de alegação de cerceamento de prova em sede apelação – Recurso não conhecido nesta parte" (TJSP, Agravo de Instrumento 2224647-75.2022.8.26.0000, Rel. Des. Dario Gayoso, 27ª Câmara de Direito Privado, jul. 24.01.2023, Data de Registro 24.01.2023).

Decisão sobre devolução do prazo para depósito dos honorários periciais. "Ainda que se compreenda que o rol do art. 1.015, do CPC/2015 seja exemplificativo, há que ser caracterizada a situação de perigo a fim de se estender a possibilidade do agravo de instrumento para situações outras que não aquelas expressamente descritas em lei. No caso concreto, o pedido de análise de decisão sobre a devolução do prazo para depósito dos honorários periciais não configura urgência, podendo a questão ser suscitada em preliminar de apelação, sem prejuízo à parte, sendo desnecessária a imediata recorribilidade da decisão interlocutória" (STJ, AgInt no REsp 1782502/MG, Rel. Min. Marco Aurélio Bellizze, 3ª Turma, jul. 24.08.2020, *DJe* 01.09.2020).

Decisão fixando honorários periciais. "Fixação dos honorários periciais – Decisão agravada não comporta exame via agravo de instrumento – Inteligência do art. 1.015 do CPC – Recurso não conhecido. Recurso negado, na parte conhecida" (TJSP, Agravo de Instrumento 2258592-53.2022.8.26.0000, Rel. Des. Francisco Giaquinto, 13ª Câmara de Direito Privado, jul. 14.12.2022, Data de Registro 14.12.2022).

Decisão que indeferiu produção de prova pericial nos embargos do devedor. "Cinge-se a controvérsia em saber se é cabível o Agravo de Instrumento contra decisão interlocutória que indeferiu a produção de prova pericial contábil em Embargos à Execução Fiscal. (...) Nem há que se falar em interpretação extensiva do parágrafo único do art. 1.015 do Código Fux, sob a alegação de que a decisão seria recorrível de imediato por ter sido proferida em execução ou cumprimento de sentença. Isso porque os Embargos à Execução são ação autônoma na qual se aplica o regime da taxatividade prevista no caput do artigo, e não o disposto no parágrafo único" (STJ, AgInt no AREsp 1543256/SP, Rel. Min. Napoleão Nunes Maia Filho, 1ª Turma, jul. 08.06.2020, *DJe* 17.06.2020).

Decisão que indefere pedido de nova perícia. "Não cabe agravo de instrumento de decisão que indefere pedido de nova perícia. Inexistência de urgência que poderia ensejar a mitigação do rol do art. 1.015 do CPC" (STJ, AgInt nos EDcl no REsp 1866189/SE, Rel. Min. Maria Isabel Gallotti, 4ª Turma, jul. 01.03.2021, *DJe* 04.03.2021).

Decisão sobre instrução probatória. "As decisões sobre a instrução probatória, e, portanto, sobre o exercício do direito à ampla defesa, estão em tese imunes ao sistema de preclusão processual, e tampouco se inserem nas hipóteses do art. 1.015 do CPC/2015, daí por que cabível a sua impugnação diferida pela via da apelação, não se aviando a ação mandamental tanto por isso quanto porque a sua impetração implicaria indireta ofensa a essa sistemática de impugnação" (STJ, RMS 65.943/SP, Rel. Min. Mauro Campbell Marques, 2ª Turma, jul. 26.10.2021, *DJe* 16.11.2021).

Decisão que rejeita incidente de suspeição do perito. "Rejeição do incidente de suspeição suscitado pela autora em relação ao profissional médico nomeado para atuar no feito como perito – Matéria não prevista no artigo 1.015 do CPC – Rol taxativo – Hipótese que não admite mitigação" (TJSP, Agravo de Instrumento 2246114-13.2022.8.26.0000, Rel. Des. Maria Olívia Alves, 6ª Câmara de Direito Público, jul. 23.01.2023, data de registro 23.01.2023).

Decisão que indeferiu pedido de produção de prova pericial. Não incluso no rol taxativo. Decisão não agravável. "Hipótese de agravo de instrumento a fim de reformar decisão que indeferiu pedido de produção de prova pericial formulado pela Agravante. A lei processual relaciona as exatas hipóteses de decisões recorríveis por meio de agravo de instrumento, além de outros casos expressamente referidos em lei. As demais situações devem ser suscitadas em preliminar de apelação ou nas contrarrazões, na forma do art. 1.009, § 1º, do CPC/2015. *In casu*, a decisão agravada não se insere naquele rol taxativo de decisões passíveis de recurso de agravo de instrumento, não se podendo presumir a existência de cabimento onde a lei não a indicou expressamente, razão pela qual não deve este recurso ser conhecido, na forma do ar. 932, III, do CPC/2015" (TRF 2ª Região, Ag 0001866-50.2020.4.02.0000, Rel. Juiz Federal Marcelo da Fonseca Guerreiro, 8ª Turma Especializada, jul. 02.06.2021, *DJ* 08.06.2021).

e) Audiência.

Decisão cominatória de multa à parte pela ausência injustificada à audiência de conciliação. Inadmissibilidade. "Controvérsia em torno da recorribilidade, mediante agravo de instrumento, contra a decisão cominatória de multa à parte pela ausência injustificada à audiência de conciliação. O legislador de 2015, ao reformar o regime processual e recursal, notadamente do agravo de instrumento, pretendeu incrementar a celeridade do processo, que, na vigência do CPC de 1973, era constantemente obstaculizado pela interposição de um número infindável de agravos de instrumento, dilargando o tempo de andamento dos processos e sobrecarregando os Tribunais, Federais e Estaduais. A decisão cominatória da multa do art. 334, § 8º, do CPC, à parte que deixa de comparecer à audiência de conciliação, sem apresentar justificativa adequada, não é agravável, não se inserindo na hipótese prevista no art. 1.015, inciso II, do CPC, podendo ser, no futuro, objeto de recurso de apelação, na forma do art. 1.009, § 1º, do CPC" (STJ, REsp 1762957/MG, Rel. Min. Paulo de Tarso Sanseverino, 3ª Turma, jul. 10.03.2020, *DJe* 18.03.2020).

Decisão que designou audiência de instrução por videoconferência. "Ação de reintegração de posse – Manutenção da r. decisão que designou a realização de audiência de instrução por videoconferência (telepresencial ou virtual) – Insurgência da autora visando a revogação da r. decisão reprochada e ordem para que o ato processual seja realizado em sala de audiência e na presença do Magistrado – Pronunciamento não previsto no artigo 1.015 do CPC – Questão não sujeita à preclusão, eis que pode ser objeto de preliminar de apelação ou de contrarrazões" (TJSP, Agravo de Instrumento 2159253-24.2022.8.26.0000. Rel. Des. Correia Lima, 20ª Câmara de Direito Privado, jul. 11.01.2023, data de registro 11.01.2023).

f) Decisão que rejeitou impugnação à justiça gratuita. "Agravo de instrumento. Decisão que rejeita o pleito de revogação à assistência judiciária. Inconformismo. Rejeição. Decisão não passível de impugnação por meio de agravo de instrumento. Hipótese que não está arrolada no rol exauriente do art. 1.015 do CPC. Novel legislação processual que visa a evitar a procrastinação recursal e o retardo na entrega da efetiva prestação jurisdicional" (TJSP, Agravo de Instrumento 2128223-68.2022.8.26.0000, Rel. Des. Rômolo Russo, 34ª Câmara de Direito Privado, jul. 21.01.2023, Data de Registro 23.01.2023).

g) Decisão que amplia polo passivo da ação. "Agravo de Instrumento. Decisão que determinou a inclusão da instituição financeira em que o autor tem conta corrente no polo passivo de ação declaratória de inexistência de débito c/c indenização de perdas e danos. Hipótese de ampliação do polo passivo da ação que não se enquadra dentre as descritas pelo artigo 1.015 do CPC. Taxatividade mitigada que não se aplica ao caso concreto, pela ausência da necessária urgência" (TJSP, Agravo de Instrumento 2287240-43.2022.8.26.0000, Rel. Des. Celina Dietrich Trigueiros, 27ª Câmara de Direito Privado, jul. 19.12.2022, Data de Registro 19.12.2022).

h) Citação.

Decisão que determina nova citação. "Decisão recorrida que determinou a citação do Município, conforme requerido pela parte demandada, nos termos do art. 130, III do CPC – não conhecimento – decisão que não consta no rol taxativo previsto no art. 1015 do CPC e, portanto, não desafia a interposição de agravo de instrumento – ausência de afronta ao entendimento fixado pelo STJ no julgamento dos recursos especiais 1704520 e 1696396 (Tema Repetitivo 988), porquanto inexistem os requisitos do prejuízo processual e da urgência no caso vertente, a justificar a excepcional mitigação da taxatividade do rol previsto no art. 1.015" (TJSP, Agravo de Instrumento 2262933-25.2022.8.26.0000, Rel. Des. Moreira Viegas, 5ª Câmara de Direito Privado, jul. 24.11.2022, Data de Registro 24.11.2022).

Decisão que indefere pedido de citação por edital. "Citação por edital – Indeferimento – Matéria que não se insere no rol taxativo previsto no artigo 1.015 do Código de Processo Civil – Hipótese que não admite a interpretação de taxatividade mitigada – Tema 988 do E. STJ" (TJSP, Agravo de Instrumento 2260078-73.2022.8.26.0000, Rel. Des. Claudio Hamilton, 25ª Câmara de Direito Privado, jul. 12.01.2023, Data de Registro 12.01.2023).

Despacho que determina a citação nos autos do processo de execução. "O despacho que determina a citação do devedor, em sede de execução, não é um ato que, no curso do processo, resolve uma questão incidente, conforme determina o artigo 162, § 2º, do Código de Processo Civil [art. 203, § 2º, do CPC/2015], sendo, portanto, irrecorrível pela via do agravo de instrumento. Precedentes" (STJ, REsp 693.074/RJ, Rel. p/ ac. Min. Castro Filho, 3ª Turma, jul. 28.06.2006, *DJ* 18.09.2006).

i) Decisão que reconheceu a conexão com outras ações. "Decisão que reconheceu a conexão com outra ação entre as mesmas partes e determinou o apensamento para julgamento conjunto. Questão não é passível de reexame por meio de agravo de instrumento, pois não está incluída no rol taxativo do art. 1015 do CPC. Inexistência de urgência para autorizar a mitigação do rol" (TJSP, Agravo de Instrumento 2202755-13.2022.8.26.0000, Rel. Des. Elói Estevão Troly, 15ª Câmara de Direito Privado, jul. 28.11.2022, Data de Registro 28.11.2022).

j) Decisão que indeferiu inclusão de litisconsorte. "Decisão recorrida que saneou o feito e, dentre outras medidas, indeferiu o pedido de inclusão de litisconsorte passivo – não conhecimento – decisão que não consta no rol taxativo previsto no art. 1015 do CPC e, portanto, não desafia a interposição de agravo de instrumento" (TJSP, Agravo de Instrumento 2272492-06.2022.8.26.0000, Rel. Des. Moreira Viegas, 5ª Câmara de Direito Privado, jul. 24.11.2022, Data de Registro 24.11.2022).

k) Decisão que determinou a suspensão de eventual ordem de despejo. "A decisão que determina a suspensão de ordem de despejo contra os ocupantes do imóvel deixado pelo falecido não é passível de reexame por agravo de instrumento, pois não consta do rol previsto no art. 1.015 do CPC, nem se enquadra nos critérios adotados pelo c. Superior Tribunal de Justiça no REsp nº 1.704.520/MT, em que estabelecida a teoria da taxatividade mitigada" (TJSP, Agravo de Instrumento 2281155-41.2022.8.26.0000, Rel. Des. Ademir Modesto de Souza, 7ª Câmara de Direito Privado, jul. 29.11.2022, Data de Registro 29.11.2022).

l) Decisão que indefere efeito suspensivo aos embargos à execução. "Embargos à execução – indeferimento do efeito suspensivo – não cabimento – hipótese não contemplada no art. 1015, inciso X do CPC de 2015 – rol taxativo – ausência do requisito de urgência previsto no REsp nº 1696396/MT" (TJSP, Agravo de Instrumento 2300623-88.2022.8.26.0000, Rel. Des. Achile Alesina, 15ª Câmara de Direito Privado, jul. 22.12.2022, Data de Registro 22.12.2022).

m) Mandado de segurança. Impetração contra decisão interlocutória. Descabimento. "Conquanto seja excepcionalmente admissível a impugnação de decisões judiciais *lato sensu* por mandado de segurança, não é admissível, nem mesmo excepcionalmente, a impugnação de decisões interlocutórias por mandado de segurança após a tese firmada no tema repetitivo 988, que estabeleceu uma exceção ao posicionamento há muito adotado nesta Corte, especificamente no que tange à impugnabilidade das interlocutórias, de modo a vedar, em absoluto, a impugnação dessa espécie de decisão pelas partes mediante mandado de segurança, porque há via impugnativa recursal apropriada, o agravo de instrumento" (STJ, RMS 63.202/MG, Rel. p/ Acórdão Min. Nancy Andrighi, 3ª Turma, jul. 01.12.2020, *DJe* 18.12.2020).

Mandado de segurança originário do Tribunal, não cabe agravo de instrumento: "Da decisão que nega ou concede liminar em mandado de segurança originário de Tribunal da referida decisão não cabe agravo de instrumento (art. 522 e seguintes do CPC) [art. 1.015 do CPC/2015] a ser julgado pelo STJ" (STJ, AgRg no Ag 903.232/CE, Rel. Min. Eliana Calmon, 2ª Turma, jul. 20.11.2007, *DJ* 30.11.2007). **No mesmo sentido:** STJ, AgRg nos EDcl no Ag 1.108.105/PA, Rel. Min. Jorge Mussi, 5ª Turma, jul. 19.02.2009, *DJe* 06.04.2009.

n) Pronunciamento monocrático de relator. Não cabimento. "O agravo de instrumento é interposto nas hipóteses descritas nos artigos 522 e 544 do CPC [arts. 1.015 e 1.042 do CPC/2015]. No presente caso, por se tratar de pronunciamento monocrático de relator desta Corte Superior, cabível é o agravo regimental, nos termos do art. 258 do RISTJ, e não agravo de instrumento. Por se tratar de erro grosseiro e inescusável, inaplicável o princípio da fungibilidade recursal, até porque o agravo de instrumento foi interposto fora do prazo de cinco dias" (STJ, Ag na AR 3.837/PR, Rel. Min. Mauro Campbell Marques, 1ª Seção, jul. 08.06.2011, *DJe* 14.06.2011). **No mesmo sentido:** STJ, AgRg no Ag 903.232/CE, Rel. Min. Eliana Calmon, 2ª Turma, jul. 20.11.2007, *DJ* 30.11.2007. **Obs.:** Cf. art. 1.015, parágrafo único, do CPC/2015.

o) Liminar de Tribunal local. "É inadmissível o agravo de instrumento endereçado diretamente ao Superior Tribunal de Justiça contra liminar monocrática local, posto não exaurida a instância local" (STJ, AgRg no Ag 598.532/MG, Rel. Min. Luiz Fux, 1ª Turma, jul. 24.08.2004, *DJ* 11.10.2004, p. 239).

7. Agravo de instrumento. Necessidade de atacar especificamente todos os fundamentos da decisão agravada. "Não prospera a pretensão recursal, pois o acórdão embargado decidiu consoante a jurisprudência pacífica desta Corte, segundo a qual 'é inviável o agravo que deixa de atacar especificamente todos os fundamentos da decisão agravada', incidindo, na espécie, a Súmula 182/STJ. Precedentes: AgInt nos EAREsp 359.542/MS, Rel. Min. Luis Felipe Salomão, Corte Especial, jul. 02.08.2017, *DJe* 29.08.2017; AgInt nos EDcl nos EAREsp 471.552/ES, Rel. Min. Jorge Mussi, Corte Especial, jul. 16.08.2017, *DJe* 24.08.2017; AgRg nos EDcl nos EAREsp 327.974/DF, Rel. Min. Og Fernandes, 1ª Seção, jul. 26.03.2014, *DJe* 1º.04.2014; AgInt nos EAREsp 986.928/TO, Rel. Min. Luis Felipe Salomão, 2ª Seção, jul. 11.10.2017, *DJe* 20.10.2017; AgRg nos EAREsp 1.061.728/PE, Rel. Min. Sebastião Reis Júnior, 3ª Seção, jul. 09.08.2017, *DJe* 15.08.2017" (STJ, AgInt nos EAREsp 1021082/RS, Rel. Min. Humberto Martins, Corte Especial, jul. 02.05.2018, *DJe* 10.05.2018).

8. Recurso em liquidação. Interposição de apelação. Erro grosseiro. Ver jurisprudência do art. 512 do CPC/2015.

9. Acolhimento de impugnação ao cumprimento de sentença. Extinção do processo. Recurso cabível. Apelação. Agravo de instrumento manifestamente incabível. Ver jurisprudência do art. 525 do CPC/2015.

10. Prazo para interposição.

Ciência inequívoca da decisão recorrida. "O cômputo do prazo para a interposição do agravo de instrumento deve se dar a partir da data em que ocorreu a ciência inequívoca da decisão, ou seja, da formulação de pedido de reconsideração perante o R. Juízo *a quo* e não da disponibilização desta no *DJE*" (TJSP, AI 2113476-26.2016.8.26.0000, Rel.ª Des.ª Maria Lúcia Pizzotti, 30ª Câmara de Direito Privado, jul. 28.09.2016, data de registro 07.10.2016).

Contagem do prazo: "Tratando-se de intimação do requerido feita por mandado, o prazo para a interposição do agravo conta-se a partir da juntada daquele aos autos. Precedentes" (STJ, REsp 547.695/MG, Rel. Min. Barros Monteiro, 4ª Turma, jul. 11.11.2003, *DJ* 16.02.2004). **No mesmo sentido:** STJ, REsp 485.660/MG, Rel. Min. Carlos Alberto Menezes Direito, 3ª Turma, jul. 12.08.2003, *DJ* 29.09.2003.

"Tratando-se de liminar concedida liminarmente, sem a justificação prévia, o prazo para a interposição do agravo de instrumento flui a **partir da juntada do mandado citatório devidamente cumprido ou da juntada do aviso de recebimento da citação pelo correio**" (STJ, REsp 599.420/SP, Rel. Min. Barros Monteiro, 4ª Turma, jul. 06.12.2005, *DJ* 20.03.2006, p. 280).

Intimação por carta precatória ou rogatória. "'É vasta a jurisprudência do Superior Tribunal de Justiça no sentido de que começa a contagem do prazo para se recorrer de decisão que deferiu provimento antecipatório da tutela, a partir da data de juntada aos autos da carta de ordem, precatória ou rogatória devidamente cumprida (art. 241, IV, do CPC) [art. 231, VI, do CPC/2015]. Precedentes de todas as Turmas desta Corte Superior' (REsp 456.469, Rel. Min. José Delgado. *DJ* 22.11.2002)" (STJ, REsp 680.448/RS, Rel. Min. Luiz Fux, 1ª Turma, jul. 16.08.2005, *DJ* 05.09.2005).

Férias dos ministros do STJ. Suspensão do prazo. Inexistência. "As férias dos Ministros do STJ não suspendem o prazo para a interposição do agravo de instrumento, que deve ser feita no Tribunal *a quo*. Precedente" (STJ, AgRg no Ag 1.015.763/RS, Rel. Min. Napoleão Nunes Maia Filho, 5ª Turma, jul. 22.04.2008, *DJ* 19.05.2008, p. 1).

Pedido de reconsideração. "O pedido de reconsideração não tem natureza recursal e, portanto, não interrompe o prazo para a interposição de novos recursos" (STJ, AgRg na RCDESP nos EDcl no AgRg no Ag 1.354.557/RS, Rel. Min. Sidnei Beneti, 3ª Turma, jul. 15.09.2011, *DJe* 22.09.2011). **No mesmo sentido:** STJ, RCDESP no AgRg no Ag 980.772/SC, Rel. Min. Luis Felipe Salomão, 4ª Turma, jul. 16.08.2011, *DJe* 19.08.2011.

11. Sentença de mérito superveniente. Perda de objeto. "A superveniência da sentença de mérito enseja a perda de objeto do recurso interposto contra o acórdão que julgou agravo de instrumento tirado de decisão interlocutória que deferiu ou indeferiu medida liminar" (STJ, AgInt no AgInt no AREsp 1.598.301/SP, Rel. Min. Moura Ribeiro, 3ª Turma, jul. 10.08.2020, *DJe* 14.08.2020).

Superveniente perda de objeto. "A prolação de sentença na ação originária revela a superveniente perda de objeto do recurso especial interposto contra acórdão proferido em sede de agravo de instrumento, manejado em face de decisão de juiz singular que deferiu o pedido de tutela antecipada para obstar qualquer pagamento e/ou levantamento de quaisquer valores (...), abrangendo todo e qualquer precatório, relativo ao principal e aos honorários advocatícios, suspendendo a execução que tramita nos autos referidos, até o julgamento final da ação civil pública, nos termos da decisão exarada à fls. 57/64" (STJ, REsp 1.103.566/PR, Rel. Min. Luiz Fux, 1ª Turma, jul. 01.06.2010, *DJe* 30.06.2010).

12. Decisões interlocutórias proferidas no mesmo processo. Agravo único. "Em se tratando de decisões proferidas no mesmo processo, das quais teve a parte ciência na mesma ocasião, ambas sujeitas à mesma modalidade recursal, não há por que exigir que sejam protocolados dois recursos distintos, um para cada decisão impugnada, porquanto tal procedimento não se coadunaria com a celeridade e economia processuais" (STJ, REsp 595.316/RJ, Rel. Min. Felix Fischer, 5ª Turma, jul. 09.03.2004, *DJ* 26.04.2004).

13. Ausência de interesse em recorrer:

Bem impenhorável. "Agravo de instrumento interposto contra a decisão que determinou penhora. Se, antes mesmo da formação do instrumento, se suscitou a mesma questão, atinente à impenhorabilidade do bem, à luz da Lei nº 8.009/90, em sede de embargos à execução, não subsiste o interesse em recorrer" (STJ, REsp 70.533/RS, Rel. Min. Costa Leite, 3ª Turma, jul. 09.10.1995, *DJ* 13.11.1995).

Art. 1.016. O agravo de instrumento será dirigido diretamente ao tribunal competente, por meio de petição com os seguintes requisitos:

I – os nomes das partes;

II – a exposição do fato e do direito;

III – as razões do pedido de reforma ou de invalidação da decisão e o próprio pedido;

IV – o nome e o endereço completo dos advogados constantes do processo.

CPC/1973

Art. 524.

REFERÊNCIA LEGISLATIVA

Resolução do STJ nº 1, de 31.01.1996, art. 1º: "Não admitido o recurso especial, caberá agravo de instrumento ao Superior Tribunal de Justiça, consoante o art. 544, *caput* e § 1º, do Código de Processo Civil, devendo a petição recursal ser apresentada perante a presidência do tribunal de origem, obedecido o disposto no art. 524 do mesmo Código". **Obs.:** O agravo em recurso especial é tratado pelo art. 1.042 do CPC/2015.

BREVES COMENTÁRIOS

Interposto agravo por instrumento, o recurso será processado fora dos autos da causa onde se deu a decisão impugnada. O instrumento será um processado à parte formado com as razões e contrarrazões dos litigantes e com as cópias das peças necessárias à compreensão e julgamento da impugnação. A autenticação das peças reproduzidas no instrumento não depende de certificação do escrivão ou do chefe de secretaria, cabendo ao próprio advogado declará-la, sob sua responsabilidade pessoal (CPC/2015, art. 425, IV).

O recurso será dirigido diretamente ao tribunal competente, por meio de petição que deverá conter os requisitos previstos no art. 1.016 do CPC/2015.

JURISPRUDÊNCIA SELECIONADA

1. Fundamentação do recurso. Falta de impugnação específica. Ver jurisprudência do art. 1.010, do CPC/2015.

2. Competência (*caput*). "O processamento do agravo de instrumento se dá no próprio Tribunal – Estadual ou Federal, conforme o disposto no art. 524, *caput*, do Código de Processo Civil [art. 1.016 do CPC/2015]. Com efeito, o prazo para sua interposição deve observar as normas aplicadas na Segunda Instância. 'Se o agravo de instrumento é interposto perante o Tribunal devem ser seguidas as regras quanto aos recursos de sua competência' (STJ, REsp 790.250/DF, Rel.ª Min.ª Eliana Calmon, 2ª Turma, jul. 20.3.2007, *DJ* 11.4.2007)" (STJ, REsp 1.214.887/SP, Rel. Min. Humberto Martins, 2ª Turma, jul. 16.12.2010, *DJe* 14.02.2011).

Agravo contra indeferimento do recurso especial. "Com efeito, o agravo de instrumento deveria ter sido apresentado perante a Presidência do Tribunal de origem, sendo incabível, pois, sua protocolização diretamente nesta Corte" (STJ, AgRg no Ag 913.971/SP, Rel. Min. Vasco Della Giustina, 3ª Turma, jul. 03.03.2009, *DJe* 19.03.2009).

3. Juízo de admissibilidade. "A combinação dos arts. 524, incisos I e II, e 525, inciso II, ambos do CPC [arts. 1.016, II, e 1.017, III, do CPC/2015], conferem ao agravante o ônus de fornecer ao julgador, além das peças obrigatórias, elementos de conhecimento pleno da lide, pelo menos o suficiente em razão do despacho recorrido, que não pode ser analisado somente por seu conteúdo, se os fatos geradores não são dados a conhecer ao 2º grau. Na ausência de tais peças, ou de requisitos afins, ausenta-se condição de admissibilidade do recurso" (TJRS, AI 70.014.577.118, Rel. André Luiz Planella Villarinho, 18ª Câmara, jul. 13.03.2006, *DJ* 22.03.2006).

4. Exposição do fato e do direito (inciso II). "Nos termos do artigo 524, I, do Código de Processo Civil [art. 1.016, II, do CPC/2015] o agravante deve trazer a 'exposição do fato e do direito'. A expressão 'exposição do direito' constante da norma não pode ser interpretada de modo a se exigir que o recorrente indique, de forma absoluta, os artigos de lei em que amparada a sua pretensão. Isso porque a exigência legal deve conviver com o princípio identificado pelos brocardos *iura novit curia* e da *mihi factum dabo tibi jus*. Assim, tendo havido indicação suficiente dos fundamentos fáticos do pedido e tendo o órgão julgador reconhecido nesses fundamentos a possibilidade de subsunção do fato à norma que tem por obrigação conhecer, **não há que se rejeitar o agravo de instrumento por falta de indicação do dispositivo legal em que supostamente embasado o direito do recorrente**" (STJ, REsp 818.738/PB, Rel. Min. Sidnei Beneti, 3ª Turma, jul. 19.08.2010, *DJe* 16.11.2010). **No mesmo sentido, entendendo que a indicação do direito não limita a argumentação feita pelo Tribunal para desprover o recurso:** STJ, AgRg no Ag 1.320.906/MG, Rel. Min. Herman Benjamin, 2ª Turma, jul. 23.11.2010, *DJe* 04.02.2011; STJ, AgRg no Ag 1.170.562/SP, Rel.ª Min.ª Laurita Vaz, 5ª Turma, jul. 06.10.2009, *DJe* 03.11.2009.

5. Razões do pedido de reforma da decisão (inciso III). "O pedido de provimento do recurso equivale ao de reforma da decisão (CPC; Art. 524, II) [art. 1.016, III, do CPC/2015]" (STJ, REsp 236.553/SP, Rel. Min. Humberto Gomes de Barros, 3ª Turma, jul. 22.02.2005, *DJ* 30.05.2005). **No mesmo sentido:** STJ, REsp 184.854/SP, Rel. Min. Barros Monteiro, 4ª Turma, jul. 26.11.2002, *DJ* 10.03.2003.

"Pedido de reforma da decisão. **A sua falta não impede seja o agravo conhecido.** 'Se o pleito resulta claro das razões ofertadas' (STJ, REsp 43.244, *DJ* de 20.06.94)" (STJ, REsp 80.382/DF, Rel. Min. Nilson Naves, 3ª Turma, jul. 17.06.1997, *DJ* 01.09.1997).

6. Indicação do nome dos procuradores (inciso IV). "Esta Corte Superior de Justiça possui jurisprudência firmada em que não é absoluta a exigência prevista no artigo 524, inciso III, do Código de Processo Civil [art. 1.016, IV, CPC/2015], motivo pelo qual, havendo como identificar o nome e o endereço completo do advogado nos autos, pode ser ela relevada, sobretudo em se tratando de ente público" (STJ, AgRg no REsp 1.197.848/MG, Rel. Min. Hamilton Carvalhido, 1ª Turma, jul. 18.11.2010, *DJe* 16.12.2010). **No mesmo sentido:** STJ, REsp 890.417/DF, Rel.ª Min.ª Nancy Andrighi, 3ª Turma, jul. 15.04.2008; STJ, AgRg no Ag 1.403.339/PR, Rel. Min. Castro Meira, 2ª Turma, jul. 09.08.2011, *DJe* 30.08.2011.

"A norma contida no art. 524, III, do Código de Processo Civil [art. 1.016, IV, do CPC/2015] visa a permitir que o agravado seja intimado e se defenda. Dessa forma, se o agravante deixar de indicar o nome e endereço do advogado do litisconsorte passivo, e não do agravado, **não pode o Judiciário ser tão rigoroso e negar seguimento ao agravo de instrumento**" (STJ, REsp 132.964/MA, Rel. Min. João Otávio de Noronha, 2ª Turma, jul. 07.12.2004, *DJ* 21.02.2005). **Entendendo que a procuração satisfaz a exigência do art. 524:** STJ, AgRg no Ag 577.330/PR, Rel. Min. Massami Uyeda, 4ª Turma, jul. 15.03.2007, *DJ* 02.04.2007.

Ausência de citação dos réus. "Demonstrado que os réus não foram citados, não se aperfeiçoando a relação processual, suficiente a indicação, nos autos do agravo, do nome do advogado da Agravante e seu respectivo endereço, para se terem por preenchidos os requisitos do artigo 524, III, do CPC [art. 1.016, IV, do CPC/2015]" (STJ, REsp 203.001/SP, Rel. Min. Milton Luiz Pereira, 1ª Turma, jul. 04.10.2001, *DJ* 25.02.2002).

Ministério Público. "Na linha do parecer do Ministério Público Federal, 'tem-se desnecessária a indicação de nome e endereço do representante do *Parquet*, pois, à sombra dos princípios da unicidade e indivisibilidade do Ministério Público, a norma citada não alcança os membros desse órgão, porquanto, segundo o disposto no art. 236, § 2º, do Código de Processo Civil [art. 180 do CPC/2015], a intimação do Ministério Público, em qualquer caso, será feita pessoalmente'" (STJ, REsp 254.087/MG, Rel. Min. Sálvio de Figueiredo Teixeira, 4ª Turma, jul. 20.02.2003, *DJ* 17.03.2003).

Art. 1.017. A petição de agravo de instrumento será instruída:

I – obrigatoriamente, com cópias da petição inicial, da contestação, da petição que ensejou a decisão agravada, da própria decisão agravada, da certidão da respectiva intimação ou outro documento oficial que comprove a tempestividade e das procurações outorgadas aos advogados do agravante e do agravado;

II – com declaração de inexistência de qualquer dos documentos referidos no inciso I, feita pelo advogado do agravante, sob pena de sua responsabilidade pessoal;

III – facultativamente, com outras peças que o agravante reputar úteis.

§ 1º Acompanhará a petição o comprovante do pagamento das respectivas custas e do porte de retorno, quando devidos, conforme tabela publicada pelos tribunais.

§ 2º No prazo do recurso, o agravo será interposto por:

I – protocolo realizado diretamente no tribunal competente para julgá-lo;

II – protocolo realizado na própria comarca, seção ou subseção judiciárias;

III – postagem, sob registro, com aviso de recebimento;

IV – transmissão de dados tipo fac-símile, nos termos da lei;

V – outra forma prevista em lei.

§ 3º Na falta da cópia de qualquer peça ou no caso de algum outro vício que comprometa a admissibilidade do agravo de instrumento, deve o relator aplicar o disposto no art. 932, parágrafo único.

§ 4º Se o recurso for interposto por sistema de transmissão de dados tipo fac-símile ou similar, as peças devem ser juntadas no momento de protocolo da petição original.

§ 5º Sendo eletrônicos os autos do processo, dispensam-se as peças referidas nos incisos I e II do *caput*, facultando-se ao agravante anexar outros documentos que entender úteis para a compreensão da controvérsia.

CPC/1973

Art. 525.

REFERÊNCIA LEGISLATIVA

CPC/2015, art. 425, IV (o próprio advogado autentica as cópias reprográficas de peças dos autos).

SÚMULAS

Súmula do STF:

nº 288: "Nega-se provimento a agravo para subida de recurso extraordinário, quando faltar no traslado o despacho agravado, a decisão recorrida, a petição de recurso extraordinário ou qualquer peça essencial à compreensão da controvérsia".

Súmula do TJRJ:

nº 104: "O agravo de instrumento, sob pena de não conhecimento, deve ser instruído, no ato de sua interposição, não só com os documentos obrigatórios, mas também com os necessários à compreensão da controvérsia, salvo justo impedimento".

Súmula do TJRGS:

nº 24: "É desnecessária a autenticação ao instrumento do agravo não impugnado pela parte adversa".

BREVES COMENTÁRIOS

Atualmente, assim como já ocorria ao tempo do Código anterior, cabe ao próprio agravante obter previamente as cópias dos documentos do processo principal que deverão instruir o recurso. Em relação às peças obrigatórias, a novidade do CPC/2015 diz respeito à possibilidade de se juntar "outro documento oficial" para comprovar a tempestividade do recurso. Como, por exemplo, o protocolo do agravo feito no prazo de quinze dia úteis a contar da data da decisão. A omissão da certidão de intimação, nessa hipótese, é perfeitamente suprida pela força probante do próprio protocolo. Com efeito, a jurisprudência à época do Código anterior já admitia essa situação, que foi apenas positivada pela nova lei.

A multiplicidade de formas para a interposição do recurso, prevista no § 2º do art. 1.017, corresponde à intenção do Código novo de facilitar ao máximo o acesso à justiça.

Uma vez que o CPC/2015 dá prevalência aos julgamentos que resolvem o mérito, em lugar de simplesmente extinguir o processo por questões formais, o art. 1.017, § 3º, determina que, antes de considerar inadmissível o recurso por ausência de peças obrigatórias ou por algum outro vício sanável, o relator intime o recorrente para que, em cinco dias: (i) complete a documentação, ainda que a falta seja de peça obrigatória, ou, (ii) corrija o defeito. Da mesma forma, o relator não deverá considerar inadmissível, de imediato, o agravo em que faltarem peças facultativas, que são essenciais para a compreensão da controvérsia.

Se o agravo for interposto em autos eletrônicos, a lei dispensa a juntada das peças referidas no *caput*, podendo o agravante juntar apenas outros documentos que forem pertinentes para o entendimento da controvérsia.

JURISPRUDÊNCIA SELECIONADA

1. Ordem das peças. "A ordem das peças que instruem o agravo não é determinante para o seu conhecimento. A sequência de juntada dos documentos é realizada a partir de um juízo absolutamente subjetivo, que irá variar não apenas conforme o trâmite de cada processo e da maneira como as razões recursais forem redigidas, mas principalmente conforme a percepção individual de cada advogado, que poderá ou não coincidir com a percepção do Relator e demais julgadores que venham a analisar o processo" (STJ, REsp 1.184.975/ES, Rel. Min. Nancy Andrighi, 3ª Turma, jul. 02.12.2010, *DJe* 13.12.2010).

2. Peças obrigatórias (inciso I). "O novo sistema adotado para o agravo de instrumento transportou para a parte o dever de formar o recurso, sem a participação efetiva da Secretaria da Vara. Não se conhece de agravo de instrumento quando estão ausentes, em sua formação, peças obrigatórias, tais como: **cópia autêntica da decisão agravada e certidão da data em que a mesma foi publicada ou intimada às partes**" (STJ, AgRg no AI 119.008/DF, 1ª Turma, Rel. Min. José Delgado, jul. 07.04.1997, *DJ* 19.05.1997). **No mesmo sentido, entendendo ser responsabilidade do agravante:** STJ, AgRg no AREsp 17.928/SP, Rel. Min. Castro Meira, 2ª Turma, jul. 06.09.2011, *DJe* 13.09.2011; STJ, AgRg no Ag 1.381.616/RS, Rel. Min. Jorge Mussi, 5ª Turma, jul. 13.09.2011, *DJe* 21.09.2011.

Autenticação de peças. Desnecessidade. "A autenticação das peças que instruem o agravo de instrumento, previsto no **art. 525, I, do CPC [art. 1.017, I, CPC/2015], não é requisito de admissibilidade recursal**. (...) A autenticação de cópias do agravo de instrumento do artigo 522, do CPC [art. 1.015 do CPC/2015], resulta como diligência não prevista em lei, em face do acesso imediato aos autos principais, propiciado na instância local. A referida providência somente se impõe diante da impugnação específica da parte adversa. O recurso de agravo, recentemente modificado pela reforma infraconstitucional do processo civil, não incluiu a referida exigência, muito embora institua a obrigatoriedade da afirmação da autenticidade, relegada ao advogado, nos agravos endereçados aos Tribunais Superiores, porquanto, em princípio, não acodem os autos principais na análise da irresignação" (STJ, REsp 1.111.001/SP, Rel. Min. Luiz Fux, Corte Especial, jul. 04.11.2009, *DJe* 30.11.2009). **Precedentes citados:** AgRg no AG 563.189/SP, Corte Especial, Rel. Min. Eliana Calmon, *DJ* 16.11.2004; AgRg no REsp 896.489/SP, Rel. Min. Herman Benjamin, 2ª Turma, jul. 17.03.2009, *DJe* 27.03.2009; REsp 957.328/RS, Rel. Min. Eliana Calmon, 2ª Turma, jul. 09.12.2008, *DJe* 27.02.2009; AgRg no Ag 970.374/RS, Rel. Min. Luis Felipe Salomão, 4ª Turma, jul. 11.11.2008, *DJe* 01.12.2008; AgRg no Ag 1.054.495/RJ, Rel. Min. Castro Meira, 2ª Turma, jul. 02.09.2008, *DJe* 02.10.2008. **No mesmo sentido:** STJ, 3ª Turma, REsp 259.149/SP, Rel. Min. Ari Pargendler, jul. 26.06.2000, *DJ* 23.10.2000.

"**Insuficiência da cópia integral dos autos originais**, exigindo-se especial cuidado da parte recorrente com as peças obrigatórias, principalmente com as procurações outorgadas pelas partes no curso do processo" (STJ, AgRg no Ag 1.321.835/GO, Rel. Min. Paulo de Tarso Sanseverino, 3ª Turma, jul. 13.09.2011, *DJe* 21.09.2011).

3. Cópias da decisão agravada (inciso I):

Cópias retiradas da internet. "A jurisprudência mais recente do STJ entende que peças extraídas da internet utilizadas na formação do agravo de instrumento necessitam de certificação de sua origem para serem aceitas. Há, ainda, entendimento mais formal, que não admite a utilização de cópia retirada da internet. O art. 525, I, do CPC [art. 1.017, I, do CPC/2015] refere-se expressamente a 'cópias', sem explicitar a forma que as mesmas devem ser obtidas para formar o instrumento. Os avanços tecnológicos vêm, gradativamente, modificando as rígidas formalidades processuais anteriormente exigidas. Na espécie, há uma particularidade, pois é possível se aferir por outros elementos que a origem do documento retirado da Internet é o *site* do TJRS. Assim, resta plenamente satisfeito o requisito exigido pela jurisprudência, que é a comprovação de que o documento tenha sido 'retirado do *site* oficial do Tribunal de origem'. A autenticidade da decisão extraída da Internet não foi objeto de impugnação, nem pela parte agravada, nem pelo Tribunal de origem, o que leva à presunção de veracidade, nos termos do art. 372 do CPC [art. 430 do CPC/2015], ficando evidenciado que, não havendo prejuízo, jamais se decreta invalidade do ato" (STJ, REsp 1.073.015/RS, Rel. Min. Nancy Andrighi, jul. 21.10.2008, *DJe* 26.11.2008).

Impedimento cartorário para obtenção de cópias. Devolução do prazo. "O impedimento cartorário para a obtenção de cópia de peças obrigatórias justifica o pedido de devolução do prazo, que recomeça a correr da publicação da decisão que deferiu o pedido. Embora a parte tivesse ciência da decisão agravada, não se lhe podia exigir que desde logo ingressasse com o agravo sem as peças obrigatórias, sob risco de não conhecimento do recurso" (STJ, REsp 445.950/SP, Rel. Min. Ruy Rosado de Aguiar, 4ª Turma, jul. 25.11.2002, *DJ* 19.12.2002).

4. Certidão de intimação da decisão agravada (inciso I).

Ausência de certidão de intimação da decisão. Tempestividade comprovada por outro meio. "Tema Repetitivo nº 697: 'A ausência da cópia da certidão de intimação da decisão agravada não é óbice ao conhecimento do agravo de instrumento quando, por outros meios inequívocos, for possível aferir a tempestividade do recurso, em atendimento ao princípio da instrumentalidade das formas'. No ato de interposição do agravo de instrumento, não há necessidade de juntar procuração da parte que integrou o feito após o transcurso do prazo recursal" (STJ, AgInt no AREsp 387.885/MG, Rel. Min. Raul Araújo, 4ª Turma, jul. 11.02.2020, *DJe* 03.03.2020).

"A certidão de intimação da decisão interlocutória agravada é peça obrigatória para que o Tribunal verifique a tempestividade do recurso, requisito de sua admissibilidade, e não há dúvida de que cabe ao agravante sua adequada instrução, com todas as peças obrigatórias, além daquelas que julgar imprescindíveis para o melhor entendimento da controvérsia, segundo a nova sistemática processual advinda da Lei nº 9.139/95. **Se o agravo, no entanto, foi interposto menos de dez dias da prolação do ato decisório, exigir cópia de uma intimação que não ocorreu ou certidão para atestar o óbvio, como pressuposto ao seu conhecimento, fere o princípio da instrumentalidade das formas**, inserto nos arts. 154 e 244 do Código de Processo Civil [arts. 188 e 277 do CPC/2015]" (STJ, REsp 205.846/ES, Rel. Min. Waldemar Zveiter, 3ª Turma, *DJU* 27.03.2000). **No mesmo sentido, admitindo a aferição da tempestividade por outros meios:** STJ, REsp 1.409.357/SC, Rel. Min. Sidnei Beneti, 2ª Seção, jul. 14.05.2014, *DJe* 22.05.2014; STJ, REsp 492.984/RS, Rel. Min. Luiz Fux, 1ª Turma, jul. 17.06.2003, *DJ* 02.08.2004; STJ, REsp 1.278.731/DF, Rel. Min. Humberto Martins, 2ª Turma, jul. 15.09.2011, *DJe* 22.09.2011; STJ, REsp 705.832/SP, Rel. Min. Hélio Quaglia Barbosa, 4ª Turma, jul. 27.03.2007, *DJ* 23.04.2007.

Juntada de boletim contendo recorte do Diário de Justiça. Insuficiência. "Não supre a ausência de certidão de intimação, peça obrigatória do agravo de instrumento, a teor do art. 525, inciso I, do CPC [art. 1.017, I, do CPC/2015], a juntada de boletim ou serviço de 'informativo judicial', contendo recorte do Diário da Justiça" (STJ, REsp 1.056.692, Rel. Min. Eliana Calmon, 2ª Turma, jul. 09.12.2008, *DJe* 27.02.2009). **No mesmo sentido:** STJ, AgRg no Ag 879.073/RJ, Rel. Min. João Otávio de Noronha, 4ª Turma, jul. 11.12.2007, *DJ* 11.02.2008.

"**A página do Diário Oficial, juntada aos autos, é meio hábil para comprovar a intimação do agravante** e apurar-se a tempestividade do recurso, tendo o mesmo valor probatório que a certidão de intimação. Inteligência ao art. 525, I, do CPC [art. 1.017, I, CPC/2015]. Correto conhecimento do agravo pelo Tribunal de origem. Precedentes (REsp nºs 183.082/SP e 187.637/RS)" (STJ, REsp 160.123/SP, Rel. Min. Jorge Scartezzini, 5ª Turma, jul. 21.09.1999, *DJ* 06.12.1999). **No mesmo sentido:** STJ, AgRg no Ag 309.068/AM, Rel. Min. Sálvio de Figueiredo Teixeira, 4ª Turma, jul. 14.12.2000, *DJ* 19.03.2001.

"**A certidão assinada pela escrivã competente indicando que a decisão agravada foi publicada no Diário da Justiça** com circulação no mesmo dia cumpre a exigência do art. 525, I, do Código de Processo Civil [art. 1.017, I, do CPC/2015]" (STJ, REsp 678.088/MA, Rel. Min. Carlos Alberto Menezes Direito, 3ª Turma, jul. 29.11.2006, *DJ* 02.04.2007).

Agravante com prerrogativa de intimação pessoal mediante vista dos autos. Cópia do termo de vista. Princípio da instrumentalidade das formas. "Considerando a prerrogativa que possui a Fazenda Nacional de ser intimada das decisões, por meio da concessão de vista pessoal e, em atenção ao princípio da instrumentalidade das formas, pode a certidão de concessão de vistas dos autos ser considerada elemento suficiente à demonstração da tempestividade do agravo de instrumento, substituindo a certidão de intimação legalmente prevista" (STJ, REsp 1383500/SP, Rel. Min. Benedito Gonçalves, Corte Especial, jul. 17.02.2016, *DJe* 26.02.2016).

5. Substabelecimento (inciso I). "É insuficiente a apresentação de **substabelecimento sem a juntada da procuração** conferida ao advogado substabelecente. Pior, ainda, é quando, como no caso, se transferem poderes, em substabelecimento, não recebidos de quem de direito" (STJ, AgRg no Ag 717.900/RJ, Rel. Min. Castro Filho, 3ª Turma, jul. 24.10.2006, *DJ* 12.03.2007, p. 223).

"**A ausência do substabelecimento a um dos procuradores** não traz como consequência o não conhecimento do agravo de instrumento, tendo em vista encontrar-se juntada aos autos a procuração que confere a todos, em conjunto ou separadamente, poderes para atuar no processo" (STF, EDcl em RE 222.168-5/SP, Rel. Min. Maurício Corrêa, 2ª Turma, ac. 26.10.1998, *DJU* 09.04.1999).

Representante judicial. Servidor público. Juntada de instrumento procuratório desnecessária. "A juntada de instrumento procuratório, como requisito para admissibilidade do agravo de instrumento, é desnecessária quando comprovada a condição de servidor público municipal do representante judicial, ilidindo-se, assim, a possibilidade de contratação, pela municipalidade, de profissional autônomo para o caso" (STJ, REsp 925.032/SC, Rel. Min. Teori Albino Zavascki, 1ª Turma, jul. 02.08.2011, *DJe* 09.08.2011).

Delegação de poderes. Procurador-Geral e Procurador do Estado. "Os procuradores de Estado não são, em rigor, advogados. Assim como o juiz é o órgão da função jurisdicional, os são órgãos estatais, encarregados da defesa e do ataque judiciais. No dizer de Pontes de Miranda, eles presentam, não representam a pessoa jurídica estatal. A denominada 'delegação de poderes' do Procurador-Geral aos procuradores é simples ato de efeitos internos, destinado apenas a distribuir encargos entre os integrantes do quadro de procuradores. Ela não aumenta nem amplia a competência do 'delegado'. **Não faz sentido a exigência de que o instrumento de agravo seja instruído com a prova da 'delegação'**" (STJ, 1ª Turma, REsp 401.390/PR, Rel. Min. Humberto Gomes de Barros, ac. 17.10.02, *DJ* 25.11.2002).

6. Peças essenciais (inciso III). "O STJ, na linha da Súmula 288/STF, possui a orientação de que o agravo de instrumento deve ser formado com as peças essenciais à compreensão da controvérsia, além das qualificadas como obrigatórias" (STJ, AgRg no Ag 1.400.479/MA, Rel. Min. Herman Benjamin, 2ª Turma, jul. 20.09.2011, *DJe* 23.09.2011).

7. Instrumento de agravo entregue em mídia digital (DVD). Possibilidade. "Não há precedentes no STJ contendo questão absolutamente idêntica à debatida nos autos. Não obstante, já em outras ocasiões, o STJ reconheceu a força probante dos documentos digitalizados, excepcionando apenas a hipótese em que sobrevém fundada dúvida ou impugnação à sua validade. Cuida-se de situações em que, por exemplo, foi juntado documento em papel (cópia simples de decisão judicial) extraído da internet, digitalizado, cuja autenticidade não foi questionada. Idêntico raciocínio deve ser aqui apresentado. Com a dispensa da juntada das peças originais, a apresentação em forma física (papel por cópia ou reprodução simples) ou eletrônica (mídia contendo imagens), acompanhada da declaração de autenticidade pelo advogado e não impugnada pela parte adversária, deve ser considerada válida" (STJ, REsp 1.608.298/SP, Rel. Min. Herman Benjamin, 2ª Turma, jul. 01.09.2016, *DJe* 06.10.2016).

8. Peça obrigatória. Inexistência no processo. Declaração do advogado. "A petição de agravo de instrumento deve ser instruída, obrigatoriamente, 'com cópias da petição inicial, da contestação, da petição que ensejou a decisão agravada, da própria decisão agravada, da certidão da respectiva intimação ou outro documento oficial que comprove a tempestividade e das procurações outorgadas aos advogados do agravante e do agravado' (CPC/2015, art. 1.017, I). Se inexistente qualquer dos documentos obrigatórios, é facultado ao advogado do agravante declarar essa condição, sob sua responsabilidade pessoal (CPC/2015, art. 1.017, II)" (REsp 1.793.126/MG, Rel. Min. Antonio Carlos Ferreira, 4ª Turma, jul. 03.09.2019, *DJe* 09.09.2019).

Ausência de juntada do mandato. "A ausência de juntada do instrumento de mandato no momento do protocolo do agravo, quando em curso o prazo do art. 37 do CPC/73 (art. 104, § 1º, do CPC/2015), não representa defeito do traslado (no qual inserida certidão comprobatória do protesto por prazo para apresentação da procuração), pois não seria possível trasladar peça inexistente nos autos de origem. A regularização da representação processual do autor/agravante se dará com o posterior traslado do instrumento de procuração a ser juntado na origem no prazo assinado em lei. Precedentes" (STJ, EREsp 1265639/SC, Rel. Min. Maria Isabel Gallotti, 2ª Seção, jul. 12.12.2018, *DJe* 18.12.2018).

Certeza da inexistência de peça obrigatória no processo. "Se a circunstância do processo aponta para a certeza de inexistência de procuração ao advogado do agravado, porquanto este ainda não foi citado, desnecessária a exigência de juntada da peça, que inexiste, ou mesmo de certidão do cartório que venha a atestar o que já se concluiu como certo" (STJ, REsp 542.392/ES, Rel. Min. Nancy Andrighi, 3ª Turma, jul. 20.11.2003, *DJ* 10.02.2004).

Ausência de peças essenciais. Não conhecimento do recurso. "'A jurisprudência desta Corte é pacífica no sentido de que a ausência **das peças obrigatórias** de que trata o art. 525, I, do CPC [art. 1.017, I, do CPC/2015] (dentre as quais se inclui a cópia da cadeia de substabelecimentos) **importa em não conhecimento do recurso**' (EREsp 1.056.295/RJ, Corte Especial, Rel. Min. Eliana Calmon, *DJe* 25.08.2010)" (STJ, AgRg no Ag 996.999/SP, Rel. Min. Maria Isabel Gallotti, 4ª Turma, jul. 01.09.2011, *DJe* 09.09.2011).

9. Falta de peça facultativa, essencial para a compreensão da controvérsia. "Nos termos do Tema 462/STJ, firmado na vigência do CPC/1973: 'No agravo do artigo 522 do CPC [art. 1.015, CPC/2015], entendendo o Julgador ausentes peças necessárias para a compreensão da controvérsia, deverá ser indicado quais são elas, para que o recorrente complemente o instrumento' (...). Aplicação das razões de decidir do Tema 462/STJ ao agravo de instrumento interposto na vigência do CPC/2015 contra decisão proferida em autos físicos. Necessidade de indicação, pelo Tribunal de origem, das peças facultativas que entende necessárias à compreensão da controvérsia, ressalvada a possibilidade de se entender, fundamentadamente, pela necessidade de juntada e indexação do inteiro teor dos autos" (STJ, REsp 1.810.437/RS, Rel. Min. Paulo de Tarso Sanseverino, 3ª Turma, jul. 25.06.2019, *DJe* 01.07.2019).

10. Comprovante pagamento das custas e do porte e retorno (§ 1º). "O Código de Processo Civil é expresso ao aplicar ao agravo de instrumento a regra do preparo imediato – que inclui o porte de remessa e retorno –, cabendo ao agravante juntar à petição de interposição do recurso o comprovante do pagamento de tais despesas" (STJ, REsp 480.587/PR, Rel. Min. José Delgado, 1ª Turma, jul. 08.04.2003, *DJ* 09.06.2003).

11. Interposição pelo correio com aviso de recebimento (§ 2º). "Para constatação do preenchimento do requisito de tempestividade do agravo de instrumento, deve-se considerar a **data da postagem no correio**, haja vista a autorização do art. 525, parágrafo 2º, do CPC [art. 1.017, § 2º, do CPC/2015]. Precedentes" (STJ, REsp 893.229/PR, Rel. Min. Aldir Passarinho Junior, 4ª Turma, jul. 16.10.2007, *DJ* 10.12.2007, p. 383; *RDDP* 60/191).

12. Interposição via fax. Necessidade de formação das peças obrigatórias. Ver jurisprudência do art. 1º da Lei nº 9.800/1999.

13. Protocolo integrado. "De acordo com a orientação do STJ, 'considera-se como data de interposição a da entrega da petição no protocolo integrado' (REsp 40.799, *DJ* 31.10.1994). Essa orientação não se altera em decorrência da edição da Lei nº 9.139/95; CPC, art. 525, § 2º [art. 1.017, § 2º, do CPC/2015]" (STJ, REsp 169.193/SP, jul. 29.06.1998, Rel. Min. Nilson Naves, 3ª Turma, Ac. Pmv, *DJU* 03.11.1998; *RJ* 256/54).

14. Endereçamento ao tribunal errado. Data de interposição a ser considerada. "Impossível a consideração da data de postagem do agravo de instrumento, se o recurso foi erradamente dirigido ao STJ, somente vindo a ser protocolizado no Tribunal *a quo* após a verificação do equívoco da parte pela Secretaria Judiciária e a sua remessa à Corte estadual própria para recebê-lo. Correta, pois, a decisão do e. relator originário que não conheceu do agravo, por intempestivo" (STJ, AgRg no Ag 149.954/RS, Rel. Min. Aldir Passarinho Junior, 4ª Turma, jul. 02.03.2000, *DJ* 02.05.2000).

15. Autos eletrônicos. Dispensa de juntada de documentos obrigatórios. "A disposição constante do art. 1.017, § 5º, do CPC/2015, que dispensa a juntada das peças obrigatórias à formação do agravo de instrumento em se tratando de processo eletrônico, exige, para sua aplicação, que os autos tramitem por meio digital tanto no primeiro quanto no segundo grau de jurisdição (REsp 1.643.956/PR, Rel. Min. Ricardo Villas Bôas Cueva, *DJe* 22.5.2017)" (STJ, AgInt no AREsp 1.086.545/PB, Rel. Min. Napoleão Nunes Maia Filho, 1ª Turma, jul. 14.09.2020, *DJe* 18.09.2020). **No mesmo sentido:** STJ, AgInt no AREsp 2.067.300/RS, Rel. Min. Luís Felipe Salomão, 4ª Turma, j. 27.06.2022, *DJe* 01.07.2022.

Agravo interno em agravo em recurso especial. Não aplicação do § 5º do art. 1.017. "A dispensa da juntada de procuração em processos eletrônicos, prevista no art. 1.017, § 5º, do CPC/2015, não se estende ao recurso especial ou ao agravo contra a sua inadmissibilidade, porquanto a aplicação do referido dispositivo é específica da classe processual 'agravo de instrumento'" (STJ, AgInt no AREsp 1.691.791/SP, Rel. Min. Marco Aurélio Bellizze, 3ª Turma, jul. 16.11.2020, *DJe* 20.11.2020).

16. Ilegibilidade do carimbo de protocolo. Comprovação por certidão da origem. Possibilidade. "Afirmada a ilegibilidade do carimbo de protocolo, compete à parte, no momento processual subsequente, demonstrar a data de protocolo por meio de certidão da origem. (...). Conforme a jurisprudência desta Corte, o momento de demonstração da legibilidade do carimbo de protocolo é a primeira oportunidade em que a parte deva se manifestar após a decisão que afirme a ilegibilidade. A situação não se confunde com a regra de demonstração da tempestividade no momento de interposição do recurso, porquanto o vício de ilegibilidade, por descuido com os autos físicos ou deficiência da digitalização, pode ocorrer em momento posterior ao da interposição, não podendo a parte ser surpreendida pelo vício a que não deu causa e decorre apenas da atuação do Poder Judiciário" (STJ, EDcl no AgInt nos EDcl no AREsp 2.433.838/SP, Rel. Min. Afrânio Vilela, 2ª Turma, jul. 19.08.2024, *DJe* 22.08.2024).

Art. 1.018. O agravante poderá requerer a juntada, aos autos do processo, de cópia da petição do agravo de instrumento, do comprovante de sua interposição e da relação dos documentos que instruíram o recurso.

§ 1º Se o juiz comunicar que reformou inteiramente a decisão, o relator considerará prejudicado o agravo de instrumento.

§ 2º Não sendo eletrônicos os autos, o agravante tomará a providência prevista no *caput*, no prazo de 3 (três) dias a contar da interposição do agravo de instrumento.

§ 3º O descumprimento da exigência de que trata o § 2º, desde que arguido e provado pelo agravado, importa inadmissibilidade do agravo de instrumento.

CPC/1973

Arts. 526 e 529.

CJF – I JORNADA DE DIREITO PROCESSUAL CIVIL

Enunciado 73 – Para efeito de conhecimento do agravo de instrumento por força da regra prevista no § 3° do art. 1.018 do CPC, deve o juiz, previamente, atender ao art. 932, parágrafo único, e art. 1.017, § 3°, do CPC, intimando o agravante para sanar o vício ou complementar a documentação exigível.

BREVES COMENTÁRIOS

O recorrente, após encaminhar o agravo diretamente ao tribunal, requererá, em três dias, a juntada, aos autos do processo, da cópia da petição recursal, com a relação dos documentos que a instruíram, e, ainda, o comprovante de sua interposição (art. 1.018, *caput* e § 2°). Essa diligência não tem o objetivo de intimar a parte contrária, porque sua cientificação será promovida diretamente pelo tribunal (art. 1.019, II). Sua função é apenas de documentação e, também, serve como meio de provocar o magistrado ao juízo de retratação (art. 1.018, § 1°), que, se ocorrido, tornará prejudicado o agravo.

A jurisprudência do STJ, à época do Código anterior, após uma certa oscilação, se fixou no sentido de considerar não prejudicial ao conhecimento do agravo o não cumprimento da diligência em questão. A Lei n° 10.352, de 26.12.2001, acrescentou um parágrafo ao art. 526 do CPC/1973, para tornar a medida nele contida um ônus processual cuja inobservância poderia acarretar o não conhecimento do agravo pelo tribunal.

O CPC/2015 ignorou a antiga orientação do STJ, uma vez que, num apego ao formalismo, a exemplo da Lei n° 10.352, previu, expressamente, que o descumprimento da juntada em primeiro grau da cópia do recurso, "importa inadmissibilidade do agravo de instrumento". Todavia, o rigor da regra formal foi abrandado pela ressalva de que a inadmissão não poderá ser declarada de ofício pelo relator, já que ficará condicionada à arguição e comprovação pelo agravado (art. 1.018, § 3°).

JURISPRUDÊNCIA SELECIONADA

1. Objetivo. "A intenção do legislador, além de proporcionar o juízo de retratação, foi de sobretudo garantir ao agravado o conhecimento da interposição do agravo, bem como proporcionar a sua defesa sem a necessidade de deslocamento para a capital sede do Tribunal, uma vez que se tornaria desnecessária a carga dos autos para conhecer o seu teor, proporcionando assim a resposta ao agravo de instrumento pelo simples envio postal da contraminuta. Dessa feita, verifica-se que o maior escopo da norma é justamente evitar prejuízo processual à parte agravada" (STJ, REsp 664.824/SC, Rel. Min. Mauro Campbell Marques, 2ª Turma, jul. 27.10.2009, *DJe* 09.11.2009).

2. Princípio da instrumentalidade das formas. "Refuta-se a preliminar de descumprimento do art. 526 do CPC [art. 1.018 do CPC/2015] porque a ausência de comunicação ao Juízo Primevo da interposição do presente recurso em nada atrapalhou o recorrido, vez que houve determinação deste relator para que o mesmo fosse intimado a contraminutar o agravo de instrumento, o que foi prontamente atendido" (TJMG, 2.0000.00.493075-4/000, Rel. Des. Francisco Kupidlowski, jul. 28.04.2005, *DJe* 31.05.2005).

3. Início da contagem do prazo. "Tendo sido interposto agravo de instrumento perante o respectivo Tribunal, é da data da sua interposição que começa a correr o prazo de três dias para que o agravante se desincumba da obrigação de instruir os autos do processo que tramita em primeiro grau, para possibilitar ao juiz processante eventual retratação da decisão agravada e, ainda, dar ciência à parte contrária, desde logo, sobre o recurso manejado, sem prejuízo de sua intimação posterior para apresentar contrarrazões. Inteligência do art. 526 do Código de Processo Civil [art. 1.018 do CPC/2015]" (STJ, EREsp 1.042.522/PR, Rel. Min. Laurita Vaz, Corte Especial, jul. 12.05.2011, *DJe* 07.06.2011).

4. Reconhecimento de ofício. Impossibilidade. "Com a alteração do texto legal pela Lei n° 10.352/01, que inseriu um parágrafo único no artigo 526 do Código de Processo Civil [art. 1.018, § § 2° e 3°, do CPC/2015], a falta de juntada aos autos principais, pelo agravante, de cópia da petição do agravo e do comprovante de sua interposição, assim como da relação dos documentos que instruíram o recurso, enseja o não conhecimento do agravo. Todavia, faz-se indispensável que o descumprimento da norma seja arguido e provado pelo agravado, não se admitindo o conhecimento da matéria de ofício, mesmo não tendo os agravados procurador constituído nos autos" (STJ, REsp 577.655/RJ, Rel. Min. Castro Filho, 3ª Turma, ac. 07.10.2004, *DJ* 22.11.2004). **No mesmo sentido:** STJ, REsp 1.008.667/PR, Rel. Min. Luiz Fux, Corte Especial, jul. 18.11.2009, *DJe* 17.12.2009).

Outros meios de prova. "É obrigatória a juntada aos autos da cópia da petição do agravo de instrumento interposto, nos termos do disposto no art. 526 do CPC [art. 1.018 do CPC/2015], sob pena de não conhecimento do recurso. **Faz-se possível a comprovação por outros meios, que não a certidão cartorária,** como modo eficaz de atestar a negativa da exigência imposta à parte de que trata o art. 526 do CPC" (STJ, AgRg no Ag 1.276.253/GO, Rel. Min. João Otávio de Noronha, 4ª Turma, jul. 14.09.2010, *DJe* 21.09.2010).

Informações prestadas pelo juiz. Presunção *iuris tantum* de veracidade. "As informações prestadas nos autos pelo juiz, dando conta da ausência dos requisitos de admissibilidade do agravo de instrumento (art. 526 do CPC) [art. 1.018 do CPC/2015], **constitui documento eficaz para provar o não cumprimento do referido comando normativo, configurando presunção *juris tantum* de veracidade**" (STJ, REsp 896.896/MG, Rel. Min. Francisco Falcão, 1ª Turma, jul. 12.12.2006, *DJ* 08.03.2007).

"**Alegação feita pelo Ministério Público, enquanto *custos legis*.** "Nem se admite que o Ministério Público, atuando como *custos legis*, substitua à parte quanto ao ônus processual estabelecido, porquanto, tal como já salientado, o parágrafo único do citado artigo constitui norma processual que visa evitar prejuízo à parte agravada, sendo, portanto, dirigido exclusivamente à parte que se sinta prejudicada. *A contrario sensu*, não havendo manifestação da parte agravada, pressupõe-se a ausência de prejuízo, razão pela qual o agravo de instrumento deve ser conhecido, ainda que não observada a diligência estabelecida no artigo 526 do CPC [art. 1.018 do CPC/2015]" (STJ, REsp 664.824/SC, Rel. Min. Mauro Campbell Marques, 2ª Turma, jul. 27.10.2009, *DJe* 09.11.2009).

5. Momento para arguição de irregularidade. Contraminuta. "Como o agravante dispõe do prazo de 3 dias para comunicar o juízo da interposição do agravo de instrumento, da mesma forma deve o agravado possuir um prazo para a arguição da irregularidade elencada no art. 526, parágrafo único, do Código de Processo Civil [art. 1.018, § § 2° e 3°, do CPC/2015], sob pena de se dar tratamento diverso às partes, em evidente prejuízo ao princípio da paridade de armas, que rege o ordenamento processual brasileiro. De acordo, com a doutrina e a jurisprudência tal prazo deve ser o prazo para apresentação das contrarrazões, sob pena de preclusão" (STJ, REsp 556.711/MG, Rel. Min. Maria Thereza de Assis Moura, 6ª Turma, jul. 03.05.2007, *DJ* 21.05.2007, p. 619). **No mesmo sentido:** STJ, REsp 595.649/SC, Rel. Min. Felix Fischer, 5ª Turma, jul. 18.03.2004, *DJ* 10.05.2004.

6. Juntada de cópia dos documentos que acompanharam o agravo, em segundo grau. Desnecessidade. "O art. 526 do CPC [art. 1.018 do CPC/2015] exige apenas que a parte junte, em primeiro grau, cópia do agravo de instrumento interposto e da respectiva relação de documentos. A juntada de cópia das peças que acompanharam o recurso não é disposta em lei e, portanto, não pode ser exigida pelo intérprete" (STJ, REsp 944.040/RS, Rel. Min. Nancy Andrighi, 3ª Turma, jul. 25.05.2010, *DJe* 07.06.2010).

7. Devolução dos autos. "Determina o artigo 526, *caput*, do Código de Processo Civil [art. 1.018 do CPC/2015] que 'o agravante, no prazo de 3 (três) dias, requererá juntada, aos autos do processo de cópia da petição do agravo de instrumento e do comprovante de sua interposição, assim como a relação dos documentos que instruíram o recurso'. Assim, para a admissão do recurso de agravo de instrumento, não prevê tal preceito legal a obrigatoriedade de o agravante devolver os autos em Secretaria dentro do prazo antes mencionado" (STJ, REsp 1.245.515/MG, Rel. Min. Mauro Campbell Marques, 2ª Turma, jul. 02.06.2011, *DJe* 09.06.2011).

8. Reconsideração da decisão. Prejudicado o agravo de instrumento (§ 1º). "Havendo retratação em agravo de instrumento comunicada ao Tribunal *ad quem* considera-se prejudicado o agravo de instrumento interposto, mormente se ao agravado se facultou a oportunidade de pronunciar-se em segundo grau de jurisdição, na esteira do devido processo legal. Assim sendo, não cabe ao Tribunal proceder ao exame recursal, sob pena de, em assim o fazendo, propiciar tanto a existência de decisões simultâneas contraditórias como o negar da sistemática processual, que foi engendrada, exatamente, para salvaguardar a economia processual e o preocupante desperdício de tempo e trabalho" (STJ, REsp 208.110/SP, Rel. Min. Nancy Andrighi, 3ª Turma, jul. 24.05.2001, *DJ* 25.06.2001). **No mesmo sentido:** STJ, REsp 130.783/SP, Rel. Min. Francisco Peçanha Martins, 2ª Turma, jul. 18.11.2003, *DJ* 09.02.2004.

9. Obrigatoriedade de informar o juízo de origem a interposição do recurso. Processo eletrônico (§ 2º). "A melhor interpretação do alcance da norma contida no § 2º do art. 1.018 do CPC/2015, considerando-se a possibilidade de ainda se ter autos físicos em algumas comarcas e tribunais pátrios, parece ser a de que, **se ambos tramitarem na forma eletrônica, na primeira instância e no TJ, não terá o agravante a obrigação de juntar a cópia do inconformismo na origem.** Tendo em conta a norma do parágrafo único do art. 932 do CPC/2015, os princípios da não decisão surpresa e da primazia do mérito e, que o agravante, ao menos, comunicou o juízo *a quo* sobre a interposição do agravo de instrumento, o acórdão recorrido deve ser cassado, com determinação para que o e. Desembargador relator do tribunal conceda o prazo de 5 (cinco) dias para que a recorrente complemente a documentação exigida no *caput* do art. 1.018 do mesmo diploma legal, sob pena, aí sim, de não conhecimento do recurso" (STJ, REsp 1.708.609/PR, Rel. Min. Moura Ribeiro, 3ª Turma, jul. 21.08.2018, *DJe* 24.08.2018).

Função da norma: evitar prejuízo ao agravado. "O Superior Tribunal de Justiça, ao interpretar o art. 1.018 do CPC/2015, tem entendimento no sentido de que a finalidade da regra prevista neste dispositivo é proporcionar à parte contrária o exercício de sua defesa, evitando-se qualquer prejuízo processual. Precedentes. Não havendo prejuízo à parte agravada e tendo esta exercido o seu direito de defesa, como afirmado no acórdão embargado, não há que se falar em nulidade. Aplicação do princípio *pas de nullité sans grief*" (STJ, AgInt nos EREsp 1.727.899/DF, Rel. Min. Ricardo Villas Bôas Cueva, 2ª Seção, jul. 18.08.2020, *DJe* 24.08.2020). **Em sentido contrário:** "Nos termos do art. 1018, § 3º, do CPC, deixando o agravante de cumprir a exigência de que trata o § 2º do referido normativo, deve o agravo de instrumento ser inadmitido. Precedentes do STJ" (STJ, AgInt no REsp 1.841.305/PR, Rel. Min. Nancy Andrighi, 3ª Turma, jul. 10.02.2020, *DJe* 12.02.2020).

10. Retratação do juiz de primeiro grau. Ausência de ofensa à coisa julgada. "A magistrada de base não ofendeu a força da coisa julgada, senão que, dentro dos limites do art. 1.018, § 1º, do CPC/15 (que reproduziu o art. 529 do Código Buzaid), exerceu seu legítimo direito de retratação no âmbito de interposto agravo de instrumento, após dar-se conta de que havia emprestado errônea aplicação a precedente do STF (RE 638.115)" (STJ, AgInt no REsp 1812384/RN, Rel. Min. Sérgio Kukina, 1ª Turma, jul. 31.08.2020, DJe 04.09.2020).

11. Preclusão.

Juízo de retratação do magistrado singular ocorrido após a decisão singular do juiz relator no Tribunal *ad quem*. "A retratação do despacho agravado sobre a intempestividade torna, em princípio, prejudicado o recurso dele interposto, porém não quando o órgão *ad quem*, ao qual foi devolvida a matéria, já houver se manifestado pela sua manutenção, improvendo o agravo de instrumento por decisão do relator, porquanto, aí, a jurisdição não mais pertence à 1ª instância e implicaria em subversão à hierarquia dos órgãos judicantes" (STJ, REsp 679.351/PR, Rel. Min. Aldir Passarinho Junior, 4ª Turma, jul. 19.04.2005, *DJ* 23.05.2005). **No mesmo sentido:** STJ, REsp 861.270/PR, Rel. Min. Castro Meira, 2ª Turma, jul. 05.10.2006, *DJ* 16.10.2006.

12. Retratação parcial da decisão. "Havendo retratação parcial de decisão, **o recurso de agravo não ficará prejudicado**, sendo cabível que se dê prosseguimento ao seu julgamento. Interpretação do art. 529 do CPC [art. 1.018 do CPC/2015]" (STJ, REsp 968.432/MG, Rel. Min. João Otávio de Noronha, 4ª Turma, jul. 04.08.2011, *DJe* 05.09.2011).

13. Não conhecimento do recurso (§ 3º). "O descumprimento do mandamento legal previsto no artigo 526 do Código de Processo Civil [art. 1.018 do CPC/2015] é repelido por esta Corte, culminando no não conhecimento do agravo de instrumento. Precedentes" (STJ, REsp 1.183.842/AP, Rel. Min. Sidnei Beneti, 3ª Turma, jul. 26.10.2010, *DJe* 11.11.2010).

Obrigação do agravante. "Após a vigência da alteração promovida pela Lei nº 10.352/2001, o procedimento previsto no art. 526 do CPC [art. 1.018 do CPC/2015] **não representa uma faculdade**, mas sim uma obrigação para o agravante, e seu descumprimento constitui motivo legal para o não conhecimento do agravo de instrumento" (STJ, AgRg na MC 8.961/MS, Rel. Min. Teori Albino Zavascki, 1ª Turma, jul. 09.11.2004, *DJ* 22.11.2004, p. 264).

Art. 1.019. Recebido o agravo de instrumento no tribunal e distribuído imediatamente, se não for o caso de aplicação do art. 932, incisos III e IV, o relator, no prazo de 5 (cinco) dias:

I – poderá atribuir efeito suspensivo ao recurso ou deferir, em antecipação de tutela, total ou parcialmente, a pretensão recursal, comunicando ao juiz sua decisão;

II – ordenará a intimação do agravado pessoalmente, por carta com aviso de recebimento, quando não tiver procurador constituído, ou pelo Diário da Justiça ou por carta com aviso de recebimento dirigida ao seu advogado, para que responda no prazo de 15 (quinze) dias, facultando-lhe juntar a documentação que entender necessária ao julgamento do recurso;

III – determinará a intimação do Ministério Público, preferencialmente por meio eletrônico, quando for o caso de sua intervenção, para que se manifeste no prazo de 15 (quinze) dias.

CPC/1973

Art. 527.

REFERÊNCIA LEGISLATIVA

CPC/2015, arts. 932 (indeferimento do agravo) e 1.007 (dispensa de preparo).

Ver art. 6º da Lei nº 9.028, de 12 de abril de 1995 (intimação do Advogado-Geral da União).

BREVES COMENTÁRIOS

A distribuição do agravo, no tribunal, deve ocorrer *incontinenti*, ou seja, como ato imediato ao protocolo ou ao recebimento do registrado postal. No despacho da petição poderá ocorrer: (i) o não conhecimento do recurso; (ii) o improvimento do agravo, nos termos do art. 932 do CPC; ou (ii) o deferimento do processamento do agravo. Nesse último caso, caberá ao relator, em cinco dias, (i) ordenar a intimação do agravado para que responda no prazo de 15 dias, facultando-lhe juntar documentos que entenda necessários ao julgamento do recurso; e (ii) intimar o Ministério Público para que se manifeste em 15 dias. Se houver requerimento de efeito suspensivo, esta será a fase para que o relator o aprecie.

JURISPRUDÊNCIA SELECIONADA

1. Atribuição de efeito suspensivo (inciso I). "Não demonstrado, inequivocamente, o *fumus boni iuris*, requisito básico para a excepcionalíssima concessão do efeito suspensivo a agravo de instrumento, deve-se indeferir o pedido. Precedentes" (STJ, AgRg na MC 17.667/MG, Rel. Min. Maria Isabel Gallotti, 4ª Turma, jul. 15.09.2011, *DJe* 21.09.2011).

Competência para conceder efeito suspensivo à decisão agravada. "Quem tem competência para deferir liminar em sede de agravo de instrumento e suspender a decisão agravada até o julgamento do recurso é o relator para o qual o mesmo foi distribuído (art. 527, II, CPC) [art. 1.019, I, do CPC/2015]. Se a decisão de primeiro grau foi agravada, o Juiz pode mantê-la ou revê-la (art. 529 CPC) [art. 1.018, § 1º, do CPC/2015], mas não fazer as vezes do relator e suspender seus efeitos até o julgamento do agravo, ainda mais quando a liminar recursal já foi indeferida; e, no momento, oportuno, o Juiz não exercitou a retratação" (TJMG, Apelação Cível 0549061-81.2010.8.13.0000, Rel. Des. Moreira Diniz, 4ª Câmara Cível, jul. 18.11.2010, *DJ* 30.11.2010).

Mandado de segurança. Não cabimento. "É incabível a concessão de mandado de segurança para conferir efeito suspensivo a agravo de instrumento interposto contra decisão judicial, salvo quando presente manifesta ilegalidade, inocorrente no caso. Precedente do STJ" (STJ, 2ª Turma, ROMS 7.750/SP, Rel. Min. Laurita Vaz, ac. 23.10.2001, *RSTJ* 151/174).

2. Necessidade de intimação (inciso II). "É imprescindível, em atenção aos princípios do contraditório e da ampla defesa, a intimação do agravado para apresentação de contrarrazões ao agravo de instrumento, sob pena de violação ao artigo 527, inciso V, do CPC [art. 1.019, II, do CPC/2015]" (STJ, REsp 1.252.702/RJ, Rel. Min. Mauro Campbell Marques, 2ª Turma, jul. 07.06.2011, *DJe* 14.06.2011).

Dispensa do ato de intimação do agravo para apresentar contrarrazões. "A dispensa do referido ato processual ocorre tão somente quando o relator nega seguimento ao agravo (art. 527, I) [art. 1.019 do CPC/2015], uma vez que essa decisão beneficia o agravado, razão pela qual conclui-se que a intimação para a apresentação de contrarrazões é condição de validade da decisão que causa prejuízo ao recorrente" (STJ, REsp 1.148.296, Rel. Min. Luiz Fux, 1ª Turma, jul. 01.09.2010, *DJe* 28.09.2010).

Emenda à inicial do agravo. "Determinada a emenda à inicial do agravo interposto da decisão pelo autor não precisa ser intimada a parte suplicada, eis que ainda não instaurada a relação jurídico-litigiosa. Precedentes" (STJ, REsp 164.876/RS, Rel. Min. Aldir Passarinho Junior, 4ª Turma, jul. 14.11.2000, *DJ* 12.02.2001).

3. Oitiva do Ministério Público (inciso III). "Outrossim, à luz do artigo 527, do Codex Processual [art. 1.019 do CPC/2015], **não se revela obrigatória a oitiva do Ministério Público nos casos de indeferimento ou negativa de seguimento liminar do agravo de instrumento com fundamento no artigo 557, do mesmo diploma legal** [art. 932 do CPC/2015]. Deveras, o mesmo tratamento processual conferido à negativa liminar de seguimento do agravo de instrumento deve ser dado ao provimento *in limine* do aludido recurso, nas hipóteses em que a decisão recorrida estiver em manifesto confronto com súmula ou com jurisprudência dominante do Supremo Tribunal Federal, ou de Tribunal Superior, razão pela qual se dessume a ausência de obrigatoriedade de intimação prévia do parquet, em observância ao princípio da celeridade processual" (STJ, REsp 824.352/RS, Rel. Min. Luiz Fux, 1ª Turma, jul. 09.09.2008, *DJe* 01.10.2008).

4. Oitiva da parte contrária. Necessidade. "Assim como no CPC/1973, o CPC/2015 não autoriza o órgão julgador a dar provimento ao agravo de instrumento sem a oitiva prévia da parte agravada. A par da possibilidade de atribuir efeito suspensivo ao recurso ou deferir, em antecipação de tutela, total ou parcialmente, a pretensão recursal, o legislador apenas autoriza o relator a julgar o agravo de instrumento, antes da intimação da parte agravada, quando a decisão for no sentido de não conhecer do recurso ou de a este negar provimento, já que, nessas hipóteses, o julgamento não lhe causa qualquer prejuízo. Hipótese em que há de ser reconhecida a nulidade do acórdão recorrido, por inobservância do devido processo legal, em especial das garantias do contraditório e da ampla defesa, porquanto provido o agravo de instrumento antes de facultada a apresentação de contrarrazões pela parte agravada" (STJ, REsp 1.936.838/SP, Rel. Min. Nancy Andrighi, 3ª Turma, jul. 15.02.2022, *DJe* 18.02.2022).

5. Agravo para concessão de liminar *inaudita altera partes*. Intimação do agravado para oferecimento de contrarrazões. Desnecessidade. "Nos casos em que o agravo de instrumento tem por objeto a concessão de medida liminar *inaudita altera pars* – tal como se verifica no presente recurso –, não existe obrigatoriedade de intimação da parte agravada para apresentar contrarrazões, porquanto a relação processual ainda não formada" (STJ, AgInt no AREsp 720.582/MG, Rel. Min. Sérgio Kukina, 1ª Turma, jul. 05.06.2018, *DJe* 08.06.2018).

6. Relação processual ainda não formada. "Se a relação processual ainda não restou estabelecida, não há necessidade de intimação da parte adversa para oferecimento das contrarrazões nos autos do agravo de instrumento em que se examina pedido de assistência judiciária gratuita" (STJ, AgRg no AREsp 326.373/MG, Rel. Min. Sérgio Kukina, 1ª Turma, jul. 08.05.2018, *DJe* 15.05.2018).

7. Agravo de instrumento. Ausência de efeito suspensivo *ope legis*. Eficácia da decisão agravada. Recurso manejado após transferência da propriedade com o registro imobiliário da adjudicação. Desconstituição. Necessidade de ação própria. Agravo interno não provido. "A eficácia da decisão sujeita a recurso dotado de efeito suspensivo por determinação legal (*ope legis*) fica obstada desde a prolação, perdurando a suspensão até o julgamento do recurso; de outro lado, as decisões sujeitas a recurso sem efeito suspensivo são capazes de produzir efeitos desde logo, a partir de sua publicação. O agravo de instrumento, por expressa previsão legal (art. 497 do CPC/1973) [art. 995 do CPC/2015], não possui efeito suspensivo (*ope legis*) e a decisão interlocutória, uma vez proferida, produz, de imediato, os efeitos que lhe são próprios. Mesmo que interposto o agravo, não se suspende, de plano, o cumprimento da decisão recorrida. Interposto o agravo de instrumento pela União (Fazenda Nacional) em intervenção manifestamente incabível e após a transferência da propriedade com o registro da adjudicação no cartório de registro de imóveis, em cumprimento da decisão agravada, o efeito suspensivo concedido posteriormente e indevidamente não tem o condão de retroagir a fim de atingir a eficácia do registro. Não tendo sido deferido efeito suspensivo, em instrumento processual cabível, anteriormente ao registro da adjudicação pelo Cartório de Imóveis, deve permanecer hígido o referido registro, não sendo possível a desconstituição do ato nos próprios autos da execução, sendo necessário o ajuizamento da ação anulatória" (STJ, AgInt no REsp 1.838.866/DF, Rel. Min. Luis Felipe Salomão, 4ª Turma, jul. 23.08.2022, *DJe* 31.08.2022).

Art. 1.020. O relator solicitará dia para julgamento em prazo não superior a 1 (um) mês da intimação do agravado.

CPC/1973

Art. 528.

BREVES COMENTÁRIOS

A fixação de um prazo máximo para inclusão de agravo em pauta de julgamento revela o caráter de urgência que a lei quis dar ao recurso. Não há, porém, preclusão alguma, se o prazo for ultrapassado, porque é ele marcado para o tribunal e não para as partes.

JURISPRUDÊNCIA SELECIONADA

1. Efeito devolutivo. Exame de todas as questões relacionadas à matéria devolvida. Possibilidade. "Observada a matéria efetivamente devolvida pela parte, a cognição exercida pelo Tribunal por ocasião do julgamento de agravo de instrumento é ampla, admitindo-se, em razão do efeito devolutivo do recurso em sua perspectiva de profundidade, que o 2º grau de jurisdição examine quaisquer questões relacionadas à matéria devolvida, decidindo a controvérsia mediante fundamentação distinta daquela expendida pelo juízo de 1º grau" (STJ, REsp 1762249/RJ, Rel. Min. Nancy Andrighi, 3ª Turma, jul. 04.12.2018, *DJe* 07.12.2018).

2. Agravo de Instrumento. Julgamento pela Câmara. Pauta. "Se o relator não usa do permissivo legal que autoriza a decisão monocrática e submete o agravo diretamente ao órgão colegiado, deve o feito ser incluído em pauta (arts. 528 e 552 do CPC) [arts. 1.020 e 934 do CPC/2015]" (STJ, REsp 489.642/RS, Rel. Min. Ruy Rosado de Aguiar, 4ª Turma, jul. 17.06.2003, *DJ* 08.09.2003).

AGRAVO DE INSTRUMENTO: INDICAÇÃO DOUTRINÁRIA

Carlos Frederico Bastos Pereira. Interpretação Extensiva, Analogia e o Rol do art. 1.015 do Código de Processo Civil de 2015. *Revista Magister de Direito Civil e Processual Civil*, n. 84, maio/jun. 2018, p. 84/98; Cassio Scarpinella Bueno, *Manual de direito processual civil*, São Paulo: Saraiva, 2015; Daniel Amorim Assumpção Neves, *Manual de direito processo civil*, São Paulo: Método, 2015; Eduardo Scarparo, Anacronismo e jurisprudência defensiva: o insustentável art. 1.018 do CPC/2015, In: Sérgio Cruz Arenhart; Daniel Mitidiero (coords.), *O processo civil entre a técnica processual e a tutela dos direitos*: estudos em homenagem a Luiz Guilherme Marinoni, São Paulo: RT, 2017, p. 789 e ss.; Fernando Rubin. Cabimento do Agravo de Instrumento em Matéria Probatória: Crítica ao Texto Final do Novo CPC (Lei 13.105/2015, art. 1015). In: Fredie Didier Jr. (coord.). *Processo nos Tribunais e Meios de Impugnação às Decisões Judiciais*. 2. ed. Salvador: JusPodivm, 2016, p. 875; Fernando Rubin. O Tema 988 do STJ e o rol do artigo 1.015 do CPC/2015: Preclusão das matérias relacionadas à taxatividade mitigada em caso de não apresentação imediata de agravo de instrumento. *Revista Magister de Direito Civil e Processual Civil*, v. 90, maio/jun. 2019, p. 81-90; Fredie Didier Jr., *Curso de direito processual civil*, 17. ed., Salvador: JusPodivm, 2015, v. I; Gilberto Gomes Bruschi, In: Teresa Arruda Alvim Wambier, Fredie Didier Jr., Eduardo Talamini, Bruno Dantas, *Breves comentários ao novo Código de Processo Civil*, São Paulo: Revista dos Tribunais, 2015; Gisele Leite. Noções gerais sobre agravo de instrumento em face do CPC/2015. *Revista Jurídica Lex*, v. 78, São Paulo: Lex Editora, nov./dez. 2015, p. 56; Humberto Theodoro Junior, *Curso de direito processual civil. 53. ed.*, Rio de Janeiro: Forense, 2020, v. III; Humberto Theodoro Junior, Fernanda Alvim Ribeiro de Oliveira, Ester Camila Gomes Norato Rezende (coord.), *Primeiras lições sobre o novo direito processual civil brasileiro*, Rio de Janeiro: Forense, 2015; José Miguel Garcia Medina, *Novo Código de Processo Civil comentado*, São Paulo: Revista dos Tribunais, 2015; José Miguel Garcia Medina, *Novo Direito Processual Civil moderno*, 2. ed., São Paulo: Revista dos Tribunais, 2016, p. 1032-1037 (cabimento do Mandado de Segurança em caso de decisão interlocutória não agravável); Laura Sarti Mozelli. O Agravo de Instrumento no Novo Código de Processo Civil. *Revista Magister de Direito Civil e Processual Civil*, n. 76, p. 122/129; Leonardo Greco, *Instituições de processo civil: introdução ao direito processual civil*, 5. ed., Rio de Janeiro: Forense, 2015; Luis Antônio Giampaulo Sarro, *Novo Código de Processo Civil*, São Paulo: Rideel, 2015; Luís Guilherme Aidar Bondioli, In: José Roberto F. Gouvêa; Luis Guilherme A. Bondioli e João Francisco N. da Fonseca (coord.), *Comentários ao Código de Processo Civil*, São Paulo: Saraiva, 2017, v. 20; Luiz Guilherme Marinoni, Daniel Mitidiero, In: Sérgio Cruz Arenhart e Daniel Mitidiero (coord.), *Comentários ao Código de Processo Civil*. 2. ed., São Paulo: RT, 2018, v. 16;Luiz Guilherme Marinoni, Sérgio Cruz Arenhart, Daniel Mitidiero, *Curso de processo civil*, São Paulo: Revista dos Tribunais, 2015, v. I; Marco Félix Jobim e Fabrício de Farias Carvalho. A Disciplina dos Agravos no Novo código de Processo Civil. In: Fredie Didier Jr. (coord.). *Processo nos Tribunais e Meios de Impugnação às Decisões Judiciais*. 2. ed. Salvador: JusPodivm, 2016, p. 891; Pedro Miranda de Oliveira. O regime especial do agravo de instrumento contra decisão parcial (com ou sem resolução de mérito). In: Fernando Gonzaga Jayme *et. al. Inovações e Modificações do Código de Processo Civil*. Belo Horizonte: Del Rey, 2017, p. 445; Teresa Arruda Alvim Wambier, Fredie Didier Jr., Eduardo Talamini, Bruno Dantas (coord.), *Breves comentários ao novo Código de Processo Civil*, São Paulo: Revista dos Tribunais, 2015; Teresa Arruda Alvim Wambier. *Do Agravo de Instrumento*. In: Luiz Rodrigues Wambier, Teresa Arruda Alvim Wambier. *Temas essenciais do Novo CPC*. São Paulo: RT, 2016, p. 549-555; Vinicius Silva Lemos, A hipótese escondida do agravo de instrumento no novo CPC: agravo de instrumento em decisão de pedido de distinção, *Revista Dialética de Direito Processual*, n. 149, ago. 2015, p. 126-137; Vinicius Silva Lemos, O regime da preclusão na interpretação extensiva das hipóteses de Agravo de Instrumento, *Revista Dialética de Direito Processual*, n. 151, p. 117-128, out. 2015.

Capítulo IV
DO AGRAVO INTERNO

Art. 1.021. Contra decisão proferida pelo relator caberá agravo interno para o respectivo órgão colegiado, observadas, quanto ao processamento, as regras do regimento interno do tribunal.

§ 1º Na petição de agravo interno, o recorrente impugnará especificadamente os fundamentos da decisão agravada.

§ 2º O agravo será dirigido ao relator, que intimará o agravado para manifestar-se sobre o recurso no prazo de 15 (quinze) dias, ao final do qual, não havendo retratação, o relator levá-lo-á a julgamento pelo órgão colegiado, com inclusão em pauta.

§ 3º É vedado ao relator limitar-se à reprodução dos fundamentos da decisão agravada para julgar improcedente o agravo interno.

§ 4º Quando o agravo interno for declarado manifestamente inadmissível ou improcedente em votação unânime, o órgão colegiado, em decisão fundamentada, condenará o agravante a pagar ao agravado multa fixada entre um e cinco por cento do valor atualizado da causa.

§ 5º A interposição de qualquer outro recurso está condicionada ao depósito prévio do valor da multa prevista no § 4º, à exceção da Fazenda Pública e do beneficiário de gratuidade da justiça, que farão o pagamento ao final.

CPC/1973

Arts. 545, 557, § 1º.

REFERÊNCIA LEGISLATIVA

Regimento Interno do STJ, art. 259.

Regimento Interno do STF, art. 317.

Resolução nº 660/2020 do STF (dispõe sobre o depósito prévio em ação rescisória e multas processuais em agravo interno e embargos de declaração).

Emenda Regimental 51 (acrescenta dispositivos ao Regimento Interno do Supremo Tribunal Federal para permitir o julgamento por meio eletrônico de agravo interno).

SÚMULAS

Súmula do STJ:

nº 182: "É inviável o agravo do art. 545 do CPC que deixa de atacar especificamente os fundamentos da decisão agravada".

CJF – I JORNADA DE DIREITO PROCESSUAL CIVIL

Enunciado 74 – O termo "manifestamente" previsto no art. 4º do art. 1.021 do CPC se refere tanto à improcedência quanto à inadmissibilidade do agravo.

Enunciado 77 – Para impugnar decisão que obsta trânsito a recurso excepcional e que contenha simultaneamente fundamento relacionado à sistemática dos recursos repetitivos ou da repercussão geral (art. 1.030, I, do CPC) e fundamento relacionado à análise dos pressupostos de admissibilidade recursais (art. 1.030, V, do CPC), a parte sucumbente deve interpor, simultaneamente, agravo interno (art. 1.021 do CPC) caso queira impugnar a parte relativa aos recursos repetitivos ou repercussão geral e agravo em recurso especial/extraordinário (art. 1.042 do CPC) caso queira impugnar a parte relativa aos fundamentos de inadmissão por ausência dos pressupostos recursais.

BREVES COMENTÁRIOS

Para contrabalançar os amplos poderes conferidos ao relator, o art. 1.021 prevê, contra suas decisões singulares, o cabimento de agravo interno para o órgão colegiado competente, no prazo de quinze dias. Por outro lado, para coibir o manejo abusivo desse agravo interno, o § 4º do referido dispositivo comina multa entre um e cinco por cento do valor da causa atualizado, sempre que o recurso seja declarado manifestamente inadmissível ou improcedente, por votação unânime do colegiado. Trata-se, outrossim, de um recurso que admite retratação pelo relator, a qual, quando ocorre, prejudica o julgamento do colegiado (art. 1.021, § 2º).

O CPC de 2015 previu mais um caso de fungibilidade recursal, agora especificamente entre os embargos de declaração e o agravo interno (art. 1.024, § 3º). Assim, caso o órgão julgador entenda que os embargos de declaração opostos pela parte não são o meio impugnativo adequado, poderá conhecê-los como agravo interno. Nesse caso, porém, deverá determinar previamente a intimação do recorrente para que, no prazo de cinco dias, complemente as razões recursais, a fim de que adequá-las ao art. 1.021, § 1º, ou seja, para que impugne especificadamente os argumentos da decisão recorrida. Em seguida, dar-se-á oportunidade ao agravado para contrarrazões em quinze dias (art. 1.021, § 2º), antes da inclusão em pauta de julgamento. O agravo interno não figura no rol dos julgamentos que admitem sustentação oral, salvo quando se tratar de processo de competência originária do tribunal, que tenha sido extinto pelo relator em decisão monocrática (art. 937, § 3º).

JURISPRUDÊNCIA SELECIONADA

1. Agravo interno contra acórdão. Não cabimento. Fungibilidade. Inaplicabilidade. "É incabível agravo interno contra decisão colegiada, conforme dispõe os arts. 258 do RISTJ e 1.021 do CPC/2015. O Superior Tribunal de Justiça tem entendido ser inaplicável o princípio da fungibilidade para acolher como embargos de declaração agravo interno interposto contra acórdão, por constituir erro grosseiro." (STJ, AgInt no AgRg no AREsp 823.695/MG, Rel. Min. Gurgel de Faria, 1ª Turma, jul. 27.10.2016, *DJe* 02.12.2016).

2. Agravo interno no recurso especial. Necessidade de impugnar, especificamente, todos os fundamentos da decisão agravada. "É inepta a petição de agravo interno que não impugna, especificamente, os fundamentos da decisão agravada. Agravo interno não conhecido, com a aplicação da multa prevista no art. 1.021, § 4º." (STJ, AgInt no AREsp 1277678/MS, Rel.ª Min.ª Nancy Andrighi, 3ª Turma, jul. 26.06.2018, *DJe* 02.08.2018). **No mesmo sentido:** STJ, AgInt no AREsp 1634885/SC, Rel. Min. Maria Isabel Gallotti, 4ª Turma, jul. 14.09.2020, *DJe* 18.09.2020; STJ, AgInt no REsp 1812384/RN, Rel. Min. Sérgio Kukina, 1ª Turma, jul. 31.08.2020, *DJe* 04.09.2020. **No mesmo sentido:** STJ, AgInt no AgInt nos EREsp 1.347.068/SP, Rel. Min. Marco Buzzi, 2ª Seção, jul. 06.12.2021, *DJe* 09.12.2021.

"O recurso de agravo a que se referem os arts. 545 e 557, § 1º, ambos do CPC [art. 1.021 do CPC/2015], na redação dada pela Lei nº 9.756/98, deve infirmar todos os fundamentos jurídicos em que se assenta a decisão agravada. O descumprimento dessa obrigação processual por parte do recorrente torna inviável o recurso de agravo por ele interposto. Precedentes" (STF, RE AI 257.357/DF AgRg, Rel. Min. Celso de Mello, 2ª Turma, jul. 18.04.2000; *Revista Trimestral de Jurisprudência* 190/1.088). **No mesmo sentido:** STJ, AgRg no REsp 955.972/MA, Rel. Des. convocado Min. Vasco Della Giustina, 3ª Turma, jul. 19.08.2010, *DJ* 27.08.2010, *RJ* 394/125.

Enfrentamento da questão sem menção expressa ao número do enunciado da súmula. Possibilidade. "Para a satisfação do princípio da dialeticidade, as razões do recurso devem demonstrar o desacerto dos fundamentos da decisão recorrida, independentemente de rígidas formalidades. Assim, não basta, meramente, alegar que não incide a Súmula 83, se não houver demonstração de que a jurisprudência do STJ não está consolidada no sentido da decisão recorrida. O princípio é atendido, todavia, mesmo sem a alegação expressa de não incidir a súmula 83, mas sendo demonstrado que a jurisprudência do STJ conforta a tese da parte recorrente" (STJ, AgInt no AREsp 1106545/MA, Rel. p/ Acórdão Min. Maria Isabel Gallotti, 4ª Turma, jul. 22.05.2018, *DJe* 15.06.2018).

3. Aplicação da multa. Efeito não automático (§ 4º). "A aplicação da multa prevista no § 4º do art. 1.021 do CPC/2015 não é automática, não se tratando de mera decorrência lógica do não provimento do agravo interno em votação unânime. A condenação do agravante ao pagamento da aludida multa, a ser analisada em cada caso concreto, em decisão fundamentada, pressupõe que o agravo interno mostre-se manifestamente inadmissível ou que sua improcedência seja de tal forma evidente que a simples interposição do recurso possa ser tida, de plano, como abusiva ou protelatória, o que, contudo, não ocorreu na hipótese examinada." (STJ, AgInt nos EREsp 1120356/RS, Rel. Min. Marco Aurélio Bellizze, 2ª Seção, jul. 24.08.2016, *DJe* 29.08.2016). **No mesmo sentido:** STJ, AgInt no REsp 1720435/SP, Rel. Min. Marco Aurélio Bellizze, 3ª Turma, jul. 12.06.2018, *DJe* 25.06.2018; STJ, AgInt no AREsp 1429943/SP, Rel. Min. Marco Aurélio Bellizze, 3ª Turma, jul. 10.08.2020, *DJe* 17.08.2020; STJ, AgInt no REsp 1847717/PE, Rel. Min. Regina Helena Costa, 1ª Turma, jul. 14.09.2020, *DJe* 17.09.2020; STJ, AgInt PUIL 1980/MT, Rel. Min. Regina Helena Costa, jul. 01.06.2021, *DJe* 04.06.2021; STJ, AgInt no REsp 1.930.050/DF, Rel. Min. Moura Ribeiro, jul. 16.08.2021, *DJe* 18.08.2021.

4. Agravo interno contra decisão do relator.

Improcedência. Aplicação de multa (§4º). "(...) Não sendo a linha argumentativa apresentada capaz de evidenciar a inadequação dos fundamentos invocados pela decisão agravada, o presente agravo não se revela apto a alterar o conteúdo do julgado impugnado, devendo ele ser integralmente mantido em seus próprios termos. Em razão da improcedência do presente recurso, e da anterior advertência em relação a incidência do CPC/2015, incide ao caso a multa prevista no art. 1.021, § 4º, do CPC/2015, no percentual de 3% sobre o valor atualizado da causa, ficando a interposição de qualquer outro recurso condicionada ao depósito da respectiva quantia, nos termos do § 5º daquele artigo de lei. Agravo interno não provido, com imposição de multa." (STJ, AgInt no REsp 1548283/PE, Rel. Min. Moura Ribeiro, 3ª turma, jul. 02.08.2018, *DJe* 13.08.2018).

Multa. Necessidade de configuração de manifesta inadmissibilidade ou improcedência. "(...). Em regra, descabe a imposição da multa, prevista no art. 1.021, § 4º, do Código de Processo Civil de 2015, em razão do mero improvimento do Agravo Interno em votação unânime, sendo necessária a configuração da manifesta inadmissibilidade ou improcedência do recurso a autorizar sua aplicação, o que não ocorreu no caso." (STJ, AgInt no REsp 1632207/PR, Rel.ª Min.ª Regina Helena Costa, Primeira Turma, jul. 07.08.2018, *DJe* 14.08.2018). **No mesmo sentido:** STJ, AgInt no REsp 1825757/RS, Rel. Min. Regina Helena Costa, 1ª Turma, jul. 18.11.2019, DJe 20.11.2019; STJ, AgInt no REsp 1772733/RS, Rel. Min. Marco Aurélio Bellizze, 3ª Turma, jul. 10.02.2020, *DJe* 13.02.2020.

"A simples interposição de agravo contra decisão do relator não implica a imposição da multa prevista no art. 1.021, § 4º, do CPC 13. Agravo interno não provido" (STJ, AgInt no AgInt nos EDcl no AREsp 1475627/SP, Rel. Min. Luis Felipe Salomão, 4ª Turma, jul. 18.02.2020, *DJe* 05.03.2020).

Aplicação de multa. Agravo interno. "Não apresentação de argumentos suficientes para desconstituir a decisão recorrida. Em regra, descabe a imposição da multa, prevista no art. 1.021, § 4º, do Código de Processo Civil de 2015, em razão do mero improvimento do agravo interno em votação unânime, sendo necessária a configuração da manifesta inadmissibilidade ou improcedência do recurso a autorizar sua aplicação, o que não ocorreu no caso" (STJ, AgInt PTut 2991/SP, Rel. Min. Regina Helena Costa, 1ª Turma, jul. 12.04.2021, *DJe* 20.04.2021).

Multa. Redução da sanção ao patamar mínimo legal. Possibilidade. "A jurisprudência desta Corte entende que a interposição de agravo manifestamente improcedente atrai a incidência da multa prevista no art. 1.021, § 4º, do CPC, que tem caráter repressivo e preventivo, com base no princípio da razoável duração do processo, previsto no art. 5º, LXXVIII, da Constituição Federal. Entretanto, quando se verifica que o valor anteriormente fixado para a sanção atinge montante cinco vezes maior que a condenação principal, a redução do valor da multa é medida que se impõe, visto que a fixação da sanção em seu patamar mínimo atinge, à luz dos princípios da proporcionalidade e da razoabilidade, de forma plena, o objetivo de resguardar a razoável duração do processo, considerados o valor atualizado da causa e da condenação principal. Embargos de declaração providos apenas para alterar o valor da multa prevista no art. 1.021, § 4º, do CPC, anteriormente fixada em 5% do valor atualizado da causa, para 1% do valor atualizado da causa." (STF, ARE 895868 AgR-ED-ED, Rel. Min. EDSON FACHIN, 2ª Turma, jul. 29.06.2018, *DJe* 01.08.2018).

Multa imposta no julgamento do agravo regimental. Cabimento. Honorários advocatícios. Majoração. Possibilidade. "Havendo manifesta improcedência no recurso anteriormente interposto, é cabível a aplicação da multa prevista no art. 1.021, § 4º, do Código de Processo Civil. Somente há a possibilidade de majoração dos honorários advocatícios no Supremo Tribunal Federal quando esses forem fixados pelas instâncias ordinárias, conforme disposto no § 11 do art. 85 do Código de Processo Civil." (STF, ARE 1154399 AgR-ED, Rel. Min. Dias Toffoli, Tribunal Pleno, jul em 15.02.2019, *DJe* 20.03.2019).

Multa. Manifesta improcedência. Aplicação. "Havendo manifesta improcedência no recurso anteriormente interposto, é cabível a aplicação da multa prevista no art. 1.021, § 4º, do Código de Processo Civil" (STF, AI 868203 AgR-ED, Rel. Min. Dias Toffoli, Tribunal Pleno, jul. 25.10.2019, *DJe* 21.11.2019).

Multa. Destinação do valor à parte contrária e não a fundo de aparelhamento do Poder Judiciário. "A regra insculpida no art. 97 do CPC/2015, segundo a qual os valores das sanções devidas à União ou aos Estados poderão ser revertidos aos fundos de modernização do Poder Judiciário têm aplicação restrita aos casos de ato atentatório à dignidade da justiça, conforme dispõe o art. 77, § 3º, do CPC/2015, e aos casos de sanções impostas aos serventuários, consoante o art. 96 do CPC/2015. Portanto, quando ocorre a circunstância de ser aplicada multa processual cujo destinatário seja a parte contrária, a esta deverá ser direcionado o montante da sanção, ainda que corresponda justamente ao ente público ao qual pertence o órgão do Poder Judiciário no qual tramita a ação. Dessa forma, a multa processual deverá ser destinada ao recorrente e não ao Fundo de Aparelhamento do Poder Judiciário" (STJ, REsp 1846734/RS, Rel. Min. Og Fernandes, 2ª Turma, jul. 11.02.2020, *DJe* 14.02.2020).

Agravo interno contra decisão fundamentada em repercussão geral. Multa. "'Considera-se manifestamente improcedente e enseja a aplicação da multa prevista no art. 1.021, § 4º, do Código de Processo Civil de 2015 nos casos em que o Agravo Interno foi interposto contra decisão fundamentada em precedente julgado sob o regime da Repercussão Geral ou sob o rito dos Recursos repetitivos (Súmulas 83 e 568 do STJ)' (AgInt nos EDcl no REsp 1.373.915/AM, Rel. Ministra Regina Helena Cosa, Primeira Turma, julgado em 13.05.2019, *DJe* 16.05.2019)" (STJ, AgInt no REsp 1500785/RS, Rel. Min. Gurgel de Faria, 1ª Turma, jul. 28.06.2021, *DJe* 01.07.2021).

Agravo interno contra decisão fundamentada em repercussão geral. Multa. .... **No mesmo sentido:** STJ, AgInt nos EDcl no REsp 1.373.915/AM, Rel. Min. Regina Helena Costa, 1ª Turma, jul. 13.05.2019, DJe 16.05.2019; STJ, AgInt no REsp 1.476.021/SC, Rel. Min. Mauro Campbell Marques, 2ª Turma, jul. 01.03.2021, *DJe* 04.03.2021.

Invocação de precedente inaplicável. "A invocação do precedente vinculante na hipótese temporal expressamente excluída de sua incidência pelo próprio julgamento controlador configura violação dos deveres de lealdade, de boa-fé e de cooperação processual, ensejando a aplicação da multa do art. 1.021, § 4º, do CPC/2015, ante manifesta inadmissibilidade" (AgInt nos EDcl no RMS 34.477/DF, Rel. Min. Og Fernandes, 2ª Turma, jul. 21.06.2022, *DJe* 27.06.2022).

Decisão que indefere justiça gratuita. "O pronunciamento do relator que defere ou indefere a gratuidade de justiça requerida em sede recursal tem natureza de decisão interlocutória, uma vez que soluciona uma questão incidente, não se tratando de mero ato que visa a impulsionar o andamento do processo. Em razão disso, é impugnável via agravo interno (art. 1.021 do CPC/2015)" (STJ, REsp 2.087.484/SP, Rel. Min. Nancy Andrighi, 3ª Turma, jul. 03.10.2023, *DJe* 09.10.2023).

Reconsideração do despacho pelo relator originário. Novo agravo regimental da parte adversa. Descabimento. "O uso de agravo regimental para convencer do suposto desacerto da decisão do relator originário que reconsiderou despacho que negara provimento ao agravo de instrumento recai no óbice do art. 258, parágrafo 2º, do Regimento Interno, cuja flexibilização só é admitida em casos excepcionais, aqui incorrentes" (STJ, AgRg no Ag 75.076/RJ, Rel. Min. Aldir Passarinho Junior, 4ª Turma, jul. 12.06.2001, *DJ* 15.10.2001, p. 264).

Depósito da multa aplicada em agravo interno (§ 5º). Inexigibilidade em caso de apelação contra posterior sentença. "Se, de um lado, a sanção do § 4º do art. 1.021 do CPC visa coibir os excessos, os abusos e os desvios de caráter ético-jurídico, sem, de outro lado, frustrar o direito de acesso ao Poder Judiciário, como decidiu o STF, a interpretação que melhor atende à finalidade da norma insculpida no § 5º do mesmo dispositivo legal é a de que a multa imposta como requisito de admissibilidade para novos recursos somente obsta o conhecimento das irresignações supervenientes que tenham por objetivo discutir matéria já apreciada e com relação a qual tenha ficado reconhecida a existência de abuso no direito de recorrer" (STJ, REsp 2.109.209/CE, Rel. Min. Nancy Andrighi, 3ª Turma, julg. 06.02.2024, *DJe* 09.02.2024).

5. Honorários advocatícios recursais. Não cabimento. Ver jurisprudência do art. 85 do CPC/2015.

Arbitramento *ex officio*. "Quando devida a verba honorária recursal, mas, por omissão, o relator deixar de aplicá-la em decisão monocrática, poderá o colegiado, ao não conhecer ou desprover o respectivo agravo interno, arbitrá-la *ex officio*, por se tratar de matéria de ordem pública, que independe de provocação da parte, não se verificando *reformatio in pejus*" (STJ, AgInt nos EREsp 1.649.709/SP, Rel. Min. Antonio Carlos Ferreira, 2ª Seção, jul. 08.11.2017, *DJe* 13.11.2017).

6. Interposição concomitante de agravo interno e agravo em recurso especial. "'O juízo de admissibilidade negativo feito na origem, quando contiver capítulos decisórios fundados autonomamente no inciso I e II do art. 1.030 do CPC/2015 e também no inciso V do mesmo preceito legal, desafia a interposição concomitante de agravo interno e de agravo em recurso especial, hipótese em que admitida exceção à regra da unirrecorribilidade" (AgInt no AREsp 827.564/BA, Rel. Ministro Mauro Campbell Marques, Segunda Turma, *DJe* 18/12/2017)' (STJ, REsp 1838576/MG, Rel. Min. Herman Benjamin, 2ª Turma, jul. 07.11.2019, *DJe* 19.11.2019).

7. Agravo regimental no mandado de segurança. Vigência do CPC de 2015. Recebimento do recurso como agravo interno. Possibilidade. "Recebimento do recurso como agravo interno, privilegiando a finalidade do recurso, e não o seu *nomen juris*" (STJ, AgRg no MS 22.615/DF, Rel. Min. Raul Araújo, Corte Especial, jul. 15.03.2017, *DJe* 28.03.2017).

8. Prévio recolhimento da multa para interposição de outro recurso. Impossibilidade de pagamento. Conhecimento do recurso. "O prévio recolhimento da multa constitui pressuposto de admissibilidade de qualquer recurso que venha a ser interposto. Hipótese em que o vício apontado pela embargante impossibilita o próprio recolhimento da multa, não se podendo deixar de conhecê-lo sob o fundamento de que não teria havido comprovação do recolhimento. Possibilidade de conhecimento" STJ, (EDcl no AgInt no REsp 1689528/TO, Rel. Min. Paulo de Tarso Sanseverino, 3ª Turma, jul. 24.04.2018, *DJe* 30.04.2018).

9. Interposição simultânea de dois agravos internos. Unirrecorribilidade. Preclusão. "Revela-se defeso a interposição simultânea de dois agravos internos pela parte contra o mesmo ato judicial, ante o princípio da unirrecorribilidade e a ocorrência da preclusão consumativa, o que reclama o não conhecimento da segunda insurgência" (STJ, AgInt no AREsp 1.772.012/GO, Rel. Min. Luis Felipe Salomão, 4ª Turma, jul. 17.05.2021, *DJe* 19.05.2021).

10. Sustentação oral em recurso interposto contra decisão monocrática do relator. Decisão que defere ou indefere a contracautela em suspensão de liminar e sentença. Descabimento. "Nesse quadro, nesses incidentes não haverá uma decisão sobre a lide travada entre as partes, situação que afasta a necessidade de permitir a concreção da prerrogativa da sustentação oral em benefício do jurisdicionado prejudicado com a decisão monocrática, pressuposto político que motivou a alteração legislativa. A lide continuará tramitando regularmente na instância originária. Consequentemente, sem a perfeita subsunção da hipótese ao modelo jurídico trazido com a nova legislação, é forçoso concluir que descabe sustentação oral no julgamento de recursos interpostos contra decisão monocrática lançada em incidente de suspensão de segurança ou de suspensão de liminar e de sentença" (STJ, QO no AgInt na SLS 2.507/RJ, Rel. Min. Humberto Martins, Corte Especial, jul. 15.06.2022, *DJe* 22.06.2022).

11. Agravo interno. Subida dos autos. "A jurisprudência desta Corte não admite a interposição de agravo regimental contra despacho que determina a subida dos autos para melhor exame do recurso extraordinário, excetuadas as hipóteses relativas aos pressupostos de conhecimento do próprio agravo de instrumento" (STF, AI-AgRg 449.406/RS, Rel. Min. Ellen Gracie, 2ª Turma, jul. 09.12.2003, *DJ* 19.12.2003, p. 66; *Revista dos Tribunais* 834/183).

12. Caráter infringente. "Ante o notório caráter infringente, é possível o recebimento de pedido de reconsideração como agravo interno" (STJ, RCDESP no Ag 1.264.825/MG, Rel. Min. Paulo Furtado, 3ª Turma, jul. 18.05.2010, *DJe* 07.06.2010).

13. Acréscimo de novo fundamento para admissão de REsp. "(...) 'não é possível acrescentar, em agravo regimental, novo fundamento para admissão do recurso especial denegado, mesmo que se trate de dissídio jurisprudencial superveniente ao acórdão recorrido' (...) de igual forma essa linha de pensar merece ser aplicada quando o objeto é obstar o provimento do recurso especial" (STJ, AgRg no Ag 458.012/RS, Rel. Min. Franciulli Netto, 2ª Turma, jul. 03.04.2003, *DJ* 23.06.2003, p. 334). **No mesmo sentido, porque representa preclusão:** STJ, AgRg no AREsp 67.318/MT, Rel. Min. Laurita Vaz, 5ª Turma, jul. 15.05.2012, *DJe* 23.05.2012.

14. Preclusão para análise da tempestividade do agravo de instrumento anteriormente provido. "Não cabe, quando do julgamento do recurso especial, reexaminar de ofício a tempestividade do agravo de instrumento anteriormente provido (e, portanto, implícita ou explicitamente conhecido) para determinar o processamento do recurso especial. Não tendo sido interposto o recurso pertinente dessa decisão, resta preclusa a matéria (CPC, art. 473) [art. 507 do CPC/2015]. Assim, o juízo de admissibilidade, nesse momento, é apenas do próprio recurso especial. Precedente da Corte Especial: EREsp 171.499/RS, Min. Fontes de Alencar, *DJ* 19.02.2001" (STJ, EREsp 218.863/BA, Rel. Min. Teori Albino Zavascki, Corte Especial, jul. 27.11.2008, *DJe* 05.02.2009).

☆ AGRAVO INTERNO: INDICAÇÃO DOUTRINÁRIA

Cássio Scarpinella Bueno, *Manual de direito processual civil*, São Paulo: Saraiva, 2015; Daniel Amorim Assumpção Neves, *Manual de direito processo civil*, São Paulo: Método, 2015; Fredie Didier Jr., *Curso de direito processual civil*, 17. ed., Salvador: JusPodivm, 2015, v. I; Guilherme Rizzo Amaral, *Comentários às alterações do novo CPC*, São Paulo: Revista dos Tribunais, 2015; Humberto Theodoro Junior, *Curso de direito processual civil*. 54 ed., Rio de Janeiro: Forense, 2021, v. III; Humberto Theodoro Junior, Fernanda Alvim Ribeiro de Oliveira, Ester Camila Gomes Norato Rezende (coord.), *Primeiras lições sobre o novo direito processual civil brasileiro*, Rio de Janeiro: Forense, 2015; J. E. Carreira Alvim, *Comentários ao novo Código de Processo Civil*, Curitiba: Juruá, 2015; José Alexandre Manzano Oliani. *Agravo*

Interno. In: WAMBIER, Luiz Rodrigues; WAMBIER, Teresa Arruda Alvim. Temas essenciais do Novo CPC. São Paulo: Ed. RT, 2016, p. 557-560; José Miguel Garcia Medina, *Novo Código de Processo Civil comentado*, São Paulo: Revista dos Tribunais, 2015; Leonardo Greco, *Instituições de processo civil: introdução ao direito processual civil*, 5. ed., Rio de Janeiro: Forense, 2015;Luis Antônio Giampaulo Sarro, *Novo Código de Processo Civil*, São Paulo: Rideel, 2015; Luis Guilherme Aidar Bondioli. *In* José Roberto F. Gouvêa; Luis Guilherme A. Bondioli e João Francisco N da Fonseca (coord.). Comentários ao Código de Processo Civil. 2. ed., São Paulo: Saraiva, 2017, v. 20. Luiz Guilherme Marinoni, Sérgio Cruz Arenhart, Daniel Mitidiero, *Curso de processo civil*, São Paulo: Revista dos Tribunais, 2015, v. I; Luiz Guilherme Marinoni; Daniel Mitidiero. *In* Sérgio Cruz Arenhart e Daniel Mitidiero (coord.). *Comentários ao Código de Processo Civil.* 2. ed., São Paulo: Editora Revista dos Tribunais, 2018, v. 16; Nelson Nery Junior, Rosa Maria de Andrade Nery, *Comentários ao Código de Processo Civil*, São Paulo: Revista dos Tribunais, 2015; Pedro Miranda de Oliveira. *Primeiras impressões sobre o agravo interno previsto no novo CPC.* In: Paulo Henrique dos Santos Lucon e Pedro Miranda de Oliveira. *Panorama atual do novo CPC.* Florianópolis: Editora Empório do Direito, 2016, p. 345; Rafael de Oliveira Guimarães, Celso Hiroshi Iocohama, O agravo interno no CPC de 2015, *Revista Brasileira de Direito Processual – RBDPro*, Belo Horizonte, ano 27, v. 108, p. 255 e ss., out./dez. 2019; Ronaldo Vasconcelos, César Augusto Martins Carnaúba. Agravo interno e a decisão monocrática fundada em precedente vinculante: entre a farra, o arbítrio e a prudência. *Revista de Processo.* vol. 293, ano 44. p. 219-248. São Paulo: Ed. RT, julho/2019; Teresa Arruda Alvim Wambier, Fredie Didier Jr., Eduardo Talamini, Bruno Dantas (coord.), *Breves comentários ao novo Código de Processo Civil*, São Paulo: Revista dos Tribunais, 2015; Teresa Arruda Alvim Wambier, Maria Lúcia Lins Conceição, Leonardo Ferres da Silva Ribeiro, Rogério Licastro Torres de Melo, *Primeiros comentários ao novo Código de Processo Civil*, São Paulo: Revista dos Tribunais, 2015.

Capítulo V
DOS EMBARGOS DE DECLARAÇÃO

Art. 1.022. Cabem embargos de declaração contra qualquer decisão judicial para:

I – esclarecer obscuridade ou eliminar contradição;

II – suprir omissão de ponto ou questão sobre o qual devia se pronunciar o juiz de ofício ou a requerimento;

III – corrigir erro material.

Parágrafo único. Considera-se omissa a decisão que:

I – deixe de se manifestar sobre tese firmada em julgamento de casos repetitivos ou em incidente de assunção de competência aplicável ao caso sob julgamento;

II – incorra em qualquer das condutas descritas no art. 489, § 1º.

CPC/1973

Art. 535.

REFERÊNCIA LEGISLATIVA

CPC/2015, art. 494, I (correção de erro material).

Regimento Interno do STJ, arts. 263 a 265.

Regimento Interno do STF, arts. 96, § 3º, e 337 a 339.

Emenda Regimental 51 (acrescenta dispositivos ao Regimento Interno do Supremo Tribunal Federal para permitir o julgamento por meio eletrônico de embargos de declaração).

SÚMULAS

Súmulas do STF:

nº 317: "São improcedentes os embargos declaratórios, quando não pedida a declaração do julgado anterior, em que se verificou a omissão".

nº 356: "O ponto omisso da decisão, sobre o qual não foram opostos embargos declaratórios, não pode ser objeto de recurso extraordinário, por faltar o requisito do prequestionamento".

Súmula do TJSC:

nº 56: "A contradição que enseja a oposição de embargos de declaração deve estar presente internamente na decisão atacada, ou seja, quando os fundamentos são incompatíveis com a sua conclusão".

CJF – I JORNADA DE DIREITO PROCESSUAL CIVIL

Enunciado 75 – Cabem embargos declaratórios contra decisão que não admite recurso especial ou extraordinário, no tribunal de origem ou no tribunal superior, com a consequente interrupção do prazo recursal.

Enunciado 76 – É considerada omissa, para efeitos do cabimento de embargos de declaração, a decisão que, na superação de precedente, não se manifesta sobre a modulação de efeitos.

BREVES COMENTÁRIOS

Com a Lei nº 8.950, de 13.12.1994, ainda sob a égide do Código anterior, eliminou-se a distinção procedimental entre os embargos de declaração contra sentença e os manejados contra acórdãos. A disciplina do recurso passou a ser única e ficou concentrada nos arts. 535 a 538 do CPC/1973. O atual Código manteve a unidade de disciplina e foi mais claro ao prever, expressamente, que "cabem embargos de declaração contra qualquer decisão judicial" (CPC/2015, art. 1.022, *caput*). Corrigiu, destarte, a imperfeição da legislação anterior que falava, apenas, em acórdão ou sentença, o que dava margem a discussões doutrinárias e jurisprudenciais (CPC/1973, art. 535), principalmente a propósito de decisões monocráticas.

O CPC de 2015 acrescentou uma outra hipótese ao rol de cabimentos dos embargos, estabelecendo, expressamente, serem admissíveis para corrigir erro material, ou seja, aquele manifesto, visível, facilmente verificável (CPC/2015, art. 1.022, III). A jurisprudência, à época da codificação anterior, já vinha ampliando as hipóteses de cabimento desse recurso, de modo a permitir seu emprego com o fim corrigir erro material no *decisum*. De tal sorte que a nova legislação apenas positivou o entendimento jurisprudencial dominante.

Trata-se de recurso com fundamentação vinculada, vale dizer, somente pode ser oposto nas hipóteses restritas previstas em lei. com relação à omissão, o parágrafo único explicitou o que deve ser considerado como decisão omissa, demonstrando a severa e minuciosa repulsa da legislação atual à tolerância com que os tribunais vinham compactuando com verdadeiros simulacros de fundamentação.

JURISPRUDÊNCIA SELECIONADA

1. Embargos de declaração.

a) Objetivo. "Os embargos declaração constituem recurso que visa sanar eventual omissão, contradição, obscuridade ou erro material, propiciando o aprimoramento da prestação jurisdicional, ao possibilitar à parte que possa cientificar e requerer à autoridade judiciária sejam sanados eventuais vícios, inclusive no que tange ao cerceamento da ampla defesa" (STJ,

REsp 888.044/MG, Rel. Min. Luis Felipe Salomão, 4ª Turma, jul. 08.11.2011, *DJe* 29.11.2011).

"Os embargos declaratórios não consubstanciam crítica ao ofício judicante, mas servem-lhe ao aprimoramento. Ao apreciá-los, o órgão deve fazê-lo com o espírito de compreensão, atentando para o fato de consubstanciarem verdadeira contribuição da parte em prol do devido processo legal" (STF, AI 163.047 AgR-ED, Rel. Min. Marco Aurélio, 2ª Turma, jul. 18.12.1995, *DJ* 08.03.1996).

b) Cabimento. "Os embargos declaração constituem recurso que visa sanar eventual omissão, contradição, obscuridade ou erro material, propiciando o aprimoramento da prestação jurisdicional, ao possibilitar à parte que possa cientificar e requerer à autoridade judiciária sejam sanados eventuais vícios, inclusive no que tange ao cerceamento da ampla defesa" (STJ, REsp 888.044/MG, Rel. Min. Luis Felipe Salomão, 4ª Turma, jul. 08.11.2011, *DJe* 29.11.2011).

"Os embargos de declaração são cabíveis contra qualquer decisão judicial e, uma vez opostos, interrompem o prazo recursal" (STJ, REsp 401.223/MG, Rel. Min. Barros Monteiro, 4ª Turma, ac. 26.03.2002, *DJ* 26.08.2002). **No mesmo sentido:** STJ, REsp 1.062.623/PR, Rel. Min. Eliana Calmon, 2ª Turma, jul. 23.09.2008, *DJe* 29.10.2008.

c) Sucumbência. Desnecessidade. "O interesse em recorrer na via dos embargos declaratórios prescinde da sucumbência. Precedente: RE 220.682-ED, Rel. Min. Marco Aurélio" (STF, RE 229.328 AgR-ED-ED, Rel. Min. Ellen Gracie, 2ª Turma, jul. 10.06.2003, *DJ* 01.08.2003).

2. Efeito translativo. "Os embargos declaratórios produzem efeito translativo, o qual autoriza que regressem ao órgão prolator da decisão embargada as questões apreciáveis de ofício, como, por exemplo, as questões relacionadas aos requisitos de admissibilidade dos recursos" (STJ, EDcl no REsp 768.475/RJ, Rel. Min. Denise Arruda, 1ª Turma, jul. 21.10.2008, *DJe* 12.11.2008).

3. Efeito integrativo. "A decisão dos embargos de declaração possui a mesma natureza do ato judicial embargado, em razão do efeito integrativo, próprio dos aclaratórios, que objetivam complementar e aperfeiçoar a decisão impugnada, exaurindo a prestação jurisdicional que se encontra inacabada, configurando-se, portanto, o julgamento indireto da apelação" (STJ, EREsp 1.290.283/GO, Rel. Min. Marco Aurélio Bellizze, 2ª Seção, jul. 11.04.2018, *DJe* 22.05.2018).

"Os embargos declaratórios não têm caráter substitutivo da decisão embargada, mas sim **integrativo ou aclaratório**" (STJ, EREsp 234.600/PR, Rel. Min. João Otávio de Noronha, 1ª Seção, jul. 28.04.2004, *DJ* 10.05.2004, *RSTJ* 186/86).

4. Atribuição de efeitos modificativos. "A atribuição de efeitos infringentes aos embargos de declaração é possível, em hipóteses excepcionais, para corrigir premissa equivocada no julgamento, bem como nos casos em que, sanada a omissão, a contradição ou a obscuridade, a alteração da decisão surja como consequência necessária" (EDcl no AgRg no Ag n. 1.026. 222/SP, Relator Ministro Herman Benjamin, Segunda Turma, *DJe* 10/10/2014)" (STJ, EDcl no MS 22.157/DF, Rel. Min. Luis Felipe Salomão, Corte Especial, jul. 14.03.2019, *DJe* 11.06.2019). **No mesmo sentido:** STJ, EDcl no MS 13.981/RS, Rel. Min. Nancy Andrighi, CE, jul. 04.03.2009, *DJe* 30.03.2009; STJ, EDcl no MS 11.760/DF, Rel. Min. Laurita Vaz, 3ª Seção, jul. 27.09.2006, *DJ* 30.10.2006.

Contraditório realizado. Possibilidade. "A concessão de efeitos infringentes aos embargos de declaração não implica nulidade do julgamento quando é conferido, à parte embargada, o direito ao contraditório, com sua intimação para se manifestar acerca das razões opostas no recurso" (STJ, AgInt no AREsp 1.745.260/PR, Rel. Min. Maria Isabel Gallotti, 4ª Turma, jul. 27.09.2021, *DJe* 30.09.2021).

Juros de mora contra a Fazenda Pública. "Os embargos de declaração, como recurso de fundamentação vinculada que é, tem por fim a integração do pronunciamento judicial, a fim de que **prevaleça a função precípua deste Superior Tribunal, qual seja, a de uniformizar a aplicação e interpretação da matéria infraconstitucional**. (...) Embargos de declaração acolhidos, com a concessão do excepcional efeito modificativo, para reformar parcialmente o acórdão embargado e determinar a aplicação, no vertente caso, do art. 1º-F da Lei nº 9.494/97, a partir de 1º.07.2009 (com a redação conferida pela Lei nº 11.960/2009)" (STJ, EDcl no AgRg no REsp 1.224.727/RS, Rel. Min. Gilson Dipp, 5ª Turma, jul. 01.12.2011, *DJe* 13.12.2011).

Atribuição de efeitos modificativos. Requisitos. "A possibilidade de atribuição de efeitos infringentes ou modificativos a embargos de declaração sobrevém como resultado da presença de omissão, obscuridade ou contradição a serem corrigidas no acórdão embargado, e não da simples interposição do recurso" (STJ, EDcl no AgRg no REsp 681.728/MS, Rel. Min. Arnaldo Esteves Lima, 5ª Turma, jul. 13.02.2007, *DJ* 12.03.2007).

Correção de erro material. Desnecessidade de intimação. "Não se configura cerceamento de defesa ou afronta aos princípios do contraditório e do devido processo legal a ausência de intimação da parte adversa, quando os embargos de declaração são acolhidos para mera correção de erro material, sem que haja fato novo trazido unilateralmente pela parte contrária. Precedentes" (STJ, REsp 1.007.692/RS, Rel. Min. Nancy Andrighi, 3ª Turma, jul. 17.08.2010, *DJe* 14.10.2010).

Premissas equivocadas. "Acórdão fundamentado em premissas equivocadas. Erro material. Ocorrência" (STJ, AgRg nos EInf nos EDcl no REsp 912.564/SP, Rel. Min. Teori Albino Zavascki, 1ª Turma, jul. 08.04.2008, *DJe* 17.04.2008).

"Os embargos declaratórios têm efeito infringente se da correção do vício surgir **premissa incompatível com aquela estabelecida no julgamento embargado**" (STJ, EDcl no AgRg no Ag 568.934/BA, Rel. Min. Humberto Gomes de Barros, 3ª Turma, jul. 13.02.2007, *DJ* 30.04.2007).

Inclusão em pauta. Necessidade. "Acolhidos os embargos de declaração para se anular o acórdão que determinou a remessa da apelação a outro Tribunal, deverá o feito ser **novamente incluído em pauta**, a fim de que possa o advogado proferir sustentação oral, nos termos de pedido anteriormente deduzido. Não supre a nulidade o fato de os embargos de declaração terem sido incluídos em pauta para julgamento, porquanto não se admite sustentação oral na hipótese" (STJ, REsp 528.348/PR, Rel. Min. Nancy Andrighi, 3ª Turma, jul. 29.10.2003, *DJ* 01.12.2003).

Recurso não conhecido por falta de tempestividade. "Embargos acolhidos com efeito modificativo, para afastar a preliminar de intempestividade do agravo regimental, e, no mérito, negar-lhe provimento, pela subsistência dos fundamentos lançados no decisório agravado" (STJ, EDcl no AgRg no Ag 387.132/CE, Rel. Min. Cesar Asfor Rocha, 4ª Turma, jul. 05.03.2002, *DJ* 29.04.2002). **No mesmo sentido:** STJ, EDcl no AgRg no Ag 595.036/SP, Rel. Min. Nilson Naves, 6ª Turma, jul. 20.08.2009, *DJe* 16.11.2009.

Recurso amparado pela justiça gratuita não conhecido por deserção. "O acórdão embargado, ao não conhecer do recurso ordinário interposto (...) por deserção, foi omisso ao não considerar o fato de a recorrente ter requerido a concessão do benefício da assistência judiciária gratuita. Embargos declaratórios acolhidos para, atribuindo-lhes efeitos modificativos, anular o acórdão embargado" (STJ, EDcl no RMS 12.469/MG, Rel. Min. Arnaldo Esteves Lima, 5ª Turma, jul. 15.12.2005, *DJ* 10.04.2006).

Equívoco na análise da guia de recolhimento da União. "Cabíveis embargos de declaração para suprir omissão do julgado que ensejou equívoco na análise da regularidade da guia de recolhimento do preparo recursal. Reconhecida a omissão no julgado, deve-se tornar sem efeito os julgamentos anteriores a fim de que o mérito recursal seja apreciado em momento oportuno, com eventual inclusão em pauta de julgamento" (STJ, EDcl nos EDcl no AgRg no REsp 1.177.628/RJ, Rel. Min. Ricardo Villas Bôas Cueva, 3ª Turma, jul. 01.12.2011, *DJe* 07.12.2011).

Não conhecimento manifestamente equivocado do recurso. "Embargos de declaração. Equívoco na decisão embargada. Decisão da turma que, por um lapso, não conheceu do recurso extraordinário sob o fundamento de ter havido perante o juízo *a quo* voto vencido, sem a interposição dos competentes embargos infringentes. Admissibilidade dos embargos declaratórios para sanar este equívoco. Recebimento dos embargos, para que, considerado insubsistente o julgado, outro seja proferido" (STF, RE 88.545 ED, Rel. Min. Cunha Peixoto, 1ª Turma, jul. 20.02.1979, *DJ* 16.03.1979). **No mesmo sentido, quando houve conhecimento manifestamente equivocado do recurso:** STJ, EDCL no REsp 726.834/RS, Rel. Min. Denise Arruda, 1ª Turma, jul. 16.09.2008, *DJe* 29.09.2008.

Divergência jurisprudencial notória. "Em se tratando de divergência interpretativa notória, manifestamente conhecida, devem ser afastadas as exigências de natureza formal, referentes a sua demonstração. Precedentes. Embargos declaratórios acolhidos com atribuição de efeitos infringentes" (STJ, EDcl no REsp 408.478/RS, Rel. Min. Arnaldo Esteves Lima, 5ª Turma, jul. 07.12.2006, *DJ* 05.02.2007).

Recurso extraordinário não conhecido por falta de prequestionamento. "Merecem acolhida os embargos, para reconhecer que houve erro deste julgador quanto à falta de prequestionamento do artigo 6º, § 4º, da Lei n. 2.613/55. Verifica-se que realmente houve o prequestionamento..." (STJ, EDcl no AgRg no Ag 696.509/RS, Rel. Min. Humberto Martins, 2ª Turma, jul. 18.11.2008, *DJe* 12.12.2008. **Ver jurisprudência do art. 1.029 do CPC/2015.**

Contagem de prazo. Erro inequívoco. "Os embargos declaratórios, em princípio, não têm efeito infringente do julgado. Pode, excepcionalmente, ser admitido tal efeito quando houver sido cometido erro material inequívoco na contagem de prazos, com influência imediata e direta na decisão de mérito ou na admissão de recursos" (STJ, REsp 13.100/GO, Rel. Min. Athos Carneiro, 4ª Turma, jul. 29.06.1992, *DJ* 03.08.1992).

Impropriedade da inversão do ônus sucumbencial. "Imprópria a inversão do ônus sucumbencial determinada no acórdão embargado diante da sucumbência mínima advinda do provimento do recurso especial. Assim, deve ser mantida a verba honorária fixada pelo Tribunal de Justiça do Estado do Rio Grande do Sul. Embargos de declaração acolhidos, com efeitos modificativos" (STJ, EDcl no REsp 942.887/RS, Rel. Min. Herman Benjamin, 2ª Turma, jul. 11.12.2007, *DJe* 25.08.2008).

Multa indevida por litigância de má-fé. "Embargos de declaração servem para corrigir erro material na redação da ementa do acórdão embargado, bem como para excluir condenação ao pagamento de multa, quando descaracterizada litigância de má-fé" (STF, RE 470.135 AgR-ED, Rel. Min. Cezar Peluso, 2ª Turma, jul. 22.05.2007, *DJe* 29.06.2007).

Decisão *ultra petita*. Reconhecimento em embargos de declaração. "É *ultra petita* o acórdão que não se limita à matéria devolvida ao tribunal pelo recurso de apelação (CPC, art. 515)" [art. 1.013 do CPC/2015] (STJ, EDcl no AgRg no REsp 703.744/SP, Rel. Min. Maria Isabel Gallotti, 4ª Turma, jul. 08.02.2011, *DJe* 15.02.2011).

Decisão *extra petita*. "Honorários. Fixação em desconformidade com o pedido. Efeito infringente excepcional. Acolhem-se embargos de declaração, com efeito modificativo, se houve julgamento *extra petita*. Honorários advocatícios fixados na sentença restabelecidos, conforme pedido do recorrente" (STJ, EDcl no REsp 400.401, Rel. Min. Humberto de Gomes de Barros, 3ª Turma, *DJe* 16.10.2006).

Erro na parte dispositiva do julgado. "Acolhem-se os declaratórios para corrigir erro na parte dispositiva do julgado. Embargos de declaração acolhidos, com efeitos modificativos" (STJ, EDcl no REsp 942.628, Rel. Min. Eliana Calmon, 2ª Turma, *DJE* 06.11.2008).

Prova não examinada. "Efeito modificativo. Em casos excepcionais, quando, por exemplo, o acórdão da apelação tenha se descuidado da questão principal do processo, esquecendo-se de examinar a prova produzida, os embargos podem ter efeito modificativo do julgado" (STJ, AgRg no Ag 19.937/PR, Rel. Min. Nilson Naves, 3ª Turma, jul. 25.05.1992, *DJ* 15.06.1992).

Qualificação jurídica contraditória do fato. "Contradição alusiva à qualificação jurídica dos fatos consubstancia erro material, sanável pela via dos embargos declaratórios. Embargos de declaração acolhidos com efeitos modificativos" (STJ, EDcl no REsp 651.398/PR, Rel. Min. Castro Meira, 2ª Turma, jul. 23.11.2004, *DJ* 14.02.2005).

Erro de fato. "Decisão que, incorrendo em erro de fato, julgou o recurso como se a matéria deste fosse outra. Possibilidade de a correção ser feita mediante embargos de declaração, dado que se acha esse recurso condicionado ao critério de oportunidade e que deve o mesmo ser apreciado com largueza, em casos assim, em obséquio ao princípio da economia processual que domina todo o processo. Inteligência do art. 337 do RI/STF e do art. 535, CPC" [art. 1.022 do CPC/2015] (STF, RE 173.691 ED, Rel. Min. Carlos Velloso, 2ª Turma, jul. 23.02.1996, *DJ* 03.05.1996).

Erro manifesto. "Admissibilidade para sanar equívoco manifesto. Cuidando-se de lapso evidente e até mesmo de omissão (não consideração de pedido de adiamento já deferido), lícito era ao tribunal *a quo* receber os embargos de declaração para anular a decisão que anteriormente proferira" (STJ, REsp 19.564/SP, Rel. Min. Barros Monteiro, 4ª Turma, jul. 18.05.1992, *DJ* 22.06.1992).

Perda de objeto do recurso especial. "Possível é conferir excepcionalmente efeitos infringentes aos embargos de declaração, ante a perda de objeto do recurso especial ocorrida já anteriormente ao seu julgamento. CPC, art. 462" [art. 493 do CPC/2015] (STJ, EDcl no REsp 3.227/ES, Rel. Min. Athos Carneiro, 4ª Turma, jul. 06.08.1991, *DJ* 23.09.1991).

5. Hipóteses de cabimento.

a) Obscuridade (inciso I).

"Estando a decisão embargada necessitando ser clareada, cabe ao relator fazê-la, a fim de entregar a prestação jurisdicional nos termos exatos" (STJ, EDcl no REsp 217.223/BA, Rel. Min. José Delgado, 1ª Turma, jul. 21.10.1999, *DJ* 29.11.1999).

b) Contradição (inciso I).

"A contradição que dá ensejo aos embargos de declaração é a interna, isto é, aquela que ocorre entre as premissas ou entre estas e a conclusão do julgado" (STJ, AgInt no AREsp 268.789/SP, Rel. Min. Maria Isabel Gallotti, 4ª Turma, jul. 17.11.2016, *DJe* 29.11.2016). **No mesmo sentido:** STJ, EDcl no REsp 1.745.371/SP, Rel. Min. Nancy Andrighi, 3ª Turma, jul. 14.12.2021, *DJe* 17.12.2021.

"A contradição que autoriza a interposição de embargos de declaração é a interna, ou seja, entre as proposições da própria decisão, e não entre a sua conclusão e a prova dos autos, os argumentos debatidos ou outros julgados" (STJ, REsp 2.082.051/SP, Rel. Min. Nancy Andrighi, 3ª Turma, jul. 06.08.2024, *DJe* 08.08.2024).

"A contradição que autoriza o manejo de embargos de declaração ou o acolhimento de violação do artigo 535 do CPC [art. 1.022 do CPC/2015] é aquela existente entre a fundamentação e o dispositivo, relatório e fundamentação, dispositivo e ementa ou ainda entre seus tópicos internos" (STJ, AgRg no AREsp 292.901/RS, Rel. Min. Luis Felipe Salomão, 4ª Turma, jul. 21.03.2013, *DJe* 04.04.2013).

"É contraditório o julgamento cuja fundamentação conduz à negativa de provimento do recurso especial, mas que conclui pelo parcial provimento da irresignação" (STJ, EDcl no REsp 1.062.475/PR, Rel. Min. Eliana Calmon, 2ª Turma, jul.01.10.2009, *DJe* 14.0.10.2009).

"A contradição que autoriza o acolhimento dos embargos de declaração somente se revela quando, no contexto do julgado, há proposições inconciliáveis entre si, dificultando-lhe a compreensão" (STJ, Adcl no REsp 1.907.398/SP, Rel. Min. Ricardo Villas Bôas Cueva, 3ª Turma, jul. 10.08.2021, *DJe* 17.08.2021).

Notas taquigráficas. Contradição entre notas taquigráficas e o voto elaborado pelo relator. Prevalência das notas. "O propósito da presente questão de ordem é definir, diante da contradição entre as notas taquigráficas e o acórdão publicado no *DJe* de 18/11/2019, se a modulação de efeitos deliberada na sessão de julgamento do recurso especial, ocasião em que se permitiu a posterior comprovação da tempestividade de recursos dirigidos a esta Corte, abrange especificamente o feriado da segunda-feira de carnaval ou se diz respeito a todos e quaisquer feriados. Havendo contradição entre as notas taquigráficas e o voto elaborado pelo relator, deverão prevalecer as notas, pois refletem a convicção manifestada pelo órgão colegiado que apreciou a controvérsia. Precedentes. Consoante revelam as notas taquigráficas, os debates estabelecidos no âmbito da Corte Especial, bem como a sua respectiva deliberação colegiada nas sessões de julgamento realizadas em 21/08/2019 e 02/10/2019, limitaram-se exclusivamente à possibilidade, ou não, de comprovação posterior do feriado da segunda-feira de carnaval, motivada por circunstâncias excepcionais que modificariam a sua natureza jurídica de feriado local para feriado nacional notório. Tendo o relator interpretado que a tese firmada por ocasião do julgamento colegiado do recurso especial também permitiria a comprovação posterior de todo e qualquer feriado, é admissível, em questão de ordem, reduzir a abrangência do acórdão. Questão de ordem resolvida no sentido de reconhecer que a tese firmada por ocasião do julgamento do REsp 1.813.684/SP é restrita ao feriado de segunda-feira de carnaval e não se aplica aos demais feriados, inclusive aos feriados locais" (STJ, QO no REsp 1.813.684/SP, Rel. Min. Nancy Andrighi, Corte Especial, jul. 03.02.2020, *DJe* 28.02.2020). **No mesmo sentido:** "Os embargos de declaração são cabíveis para sanar contradição ou erro material verificado pelo descompasso entre a conclusão do voto e o contido no resultado do julgamento ou na ementa do acórdão" (STJ, EREsp 40.468/CE, Rel. Min. Cesar Asfor Rocha, Corte Especial, jul. 16.02.2000, *DJ* 03.04.2000, p. 102).

"Tendo sido contraditório o voto de um dos desembargadores que participaram do julgamento da apelação, havendo incerteza sobre se vencido ou vencedor e, via de consequência, se majoritária ou unânime a decisão colegiada, impunha-se a parte buscar dissipar a indefinição pela via própria dos embargos declaratórios" (STJ, REsp 18.461/SP, Rel. Min. Sálvio de Figueiredo Teixeira, 4ª Turma, jul. 14.06.1993, *DJ* 02.08.1993).

c) Omissão (inciso II).

Omissões relevantes. Retorno dos autos ao tribunal de origem. "O Tribunal de origem deixou de se pronunciar sobre questões relevantes arguidas pelo recorrente em sua petição de agravo de instrumento e reiteradas em embargos de declaração. Ofensa ao art. 1.022 do CPC/15. Acórdão cassado. Retorno dos autos ao TJPA" (STJ, AgInt no REsp 2.021.086/PA, Rel. Min. Nancy Andrighi, jul. 05.12.2022, *DJe* 07.12.2022).

"A parte tem direito a que haja manifestação direta sobre as suas pretensões. A omissão constitui negativa de entrega da prestação jurisdicional, que deve ser plena. É dever do magistrado apreciar as questões que lhe são impostas nos autos, assim como é direito da parte ter analisado os fatos postos ao exame do Poder Judiciário" (STJ, REsp 589.626/RS, Rel. Min. Arnaldo Esteves Lima, 5ª Turma, jul. 07.11.2006, *DJ* 27.11.2006).

"Há omissão no julgamento se o órgão julgador não aprecia aspectos importantes da causa que possam influenciar no resultado da demanda" (STJ, REsp 690.919/SP, Rel. Min. Teori Albino Zavascki, 1ª Turma, jul. 16.02.2006, *DJ* 06.03.2006). **No mesmo sentido:** STJ, REsp 678.277/SC, Rel. Min. Eliana Calmon, 2ª Turma, jul. 02.02.2006, *DJ* 06.03.2006.

Omissão não sanada. Negativa de prestação jurisdicional. Nulidade do acórdão. "Os embargos de declaração, de regra, não autorizam a reapreciação do quanto decidido, porém nada impede que, constatada a existência de omissão, o seu suprimento implique modificação no resultado do julgamento. Precedentes. Constatada a existência de omissão não sanada no acórdão proferido pelo Tribunal Estadual, a despeito da interposição de embargos de declaração, é de rigor o reconhecimento de violação do art. 535 do CPC [art. 1.022 do CPC/2015], por negativa de prestação jurisdicional, com a determinação de retorno dos autos à origem para que se realize novo julgamento" (STJ, REsp 1.091.966/DF, Rel. Min. Nancy Andrighi, 3ª Turma, jul. 08.02.2011, *DJe* 14.02.2011).

Fundamentação. "Não viola o artigo 535 do CPC [art. 1.022 do CPC/2015], nem importa negativa de prestação jurisdicional, o acórdão que, mesmo sem ter examinado individualmente cada um dos argumentos trazidos pelo vencido, adotou, entretanto, fundamentação suficiente para decidir de modo integral a controvérsia posta (EDcl no AgRg no Ag 492.969/RS, Min. Herman Benjamin, 2ª Turma, *DJ* 14.02.2007; AgRg no Ag 776.179/SP, Min. José Delgado, 1ª Turma, *DJ* 12.02.2007; REsp 523.659/MG, Min. João Otávio de Noronha, 2ª Turma, *DJ* 07.02.2007; AgRg no Ag 804.538/SP, Min. Laurita Vaz, 5ª Turma, *DJ* 05.02.2007; REsp 688.536/PA, Min. Denise Arruda, 1ª Turma, *DJ* 18.12.2006)" (STJ, REsp 799.564/PE, Rel. Min. Teori Albino Zavascki, 1ª Turma, jul. 18.10.2007, *DJ* 05.11.2007). **Em sentido contrário:** "Sentença e acórdão haverão de examinar os vários fundamentos relevantes deduzidos na inicial e na contestação, justificando por que são desacolhidos" (STJ, REsp 30.220/MG, Rel. Min. Eduardo Ribeiro, 3ª Turma, jul. 08.02.1993, *DJ* 08.03.1993). **Obs.:** O art. 489, § 1º, IV, do CPC/2015 considera não fundamentada "a decisão que não enfrenta todos os argumentos deduzidos no processo capazes de, em tese, infirmar a conclusão adotada pelo julgador".

Não conhecimento do recurso. "Não há falar em omissão quando o Tribunal se manifesta fundamentadamente a respeito de todas as questões postas à sua apreciação, decidindo, entretanto, contrariamente aos interesses do recorrente" (STJ, AgRg no Ag 1.417.095/RJ, Rel. Min. Napoleão Nunes Maia Filho, 1ª Turma, jul. 20.10.2011, *DJe* 09.11.2011).

"Existente argumento fundamental no corpo do voto, não retratado na ementa, devem os embargos ser acolhidos para se proceder ao devido reparo" (STJ, EDcl no RMS 166/AM, Rel. Min. Pedro Acioli, 1ª Turma, jul. 01.12.1992, *DJe* 13.04.1992).

Ausência de relato das razões recursais. "Evidenciada a carência de relato das razões recursais essenciais, há omissão sanável por embargos declaratórios" (STJ, EDcl no AgRg no Ag 828.826/RJ, Rel. Min. Humberto Gomes de Barros, 3ª Turma, jul. 20.09.2007, *DJ* 08.10.2007).

Resposta lacônica. "Ofende o art. 535, II, do CPC [art. 1.022, II, do CPC/2015], o acórdão, que, em resposta lacônica, rejeita os embargos declaratórios, sem tratar das questões neles formuladas" (STJ, REsp 67.943/RS, Rel. Min. Humberto Gomes de Barros, 1ª Turma, jul. 13.12.1995, *DJ* 04.03.1996).

"Havendo omissão relevante a respeito de fundamento do pedido cautelar, justifica-se o acolhimento dos embargos de declaração com efeitos modificativos" (STJ, EDcl no AgRg na MC 17.690/RJ, Rel. Min. Maria Isabel Gallotti, 4ª Turma, jul. 22.11.2011, *DJe* 30.11.2011).

Omissão não sanada. "Deixando de ser afastada omissão, tem-se o vício de procedimento a desaguar em nulidade" (STF, RE 428.991, Rel. Min. Marco Aurélio, 1ª Turma, jul. 26.08.2008, *DJe* 31.10.2008).

Honorários advocatícios. Omissão. Cf. art. 85, § 18, do CPC/2015, que prevê, no caso de omissão da decisão transitada em julgado, o cabimento de cobrança de honorários sucumbenciais em ação autônoma posterior.

Voto vencido não juntado aos autos. "Caracterizada a omissão de não haver sido juntado aos autos o teor do voto vencido, acolhem-se os embargos de declaração" (STJ, EDcl no REsp 110.336/PR, Rel. Min. Sálvio de Figueiredo Teixeira, 4ª Turma, jul. 17.10.2002, *DJ* 01.09.2003). **No mesmo sentido:** STJ, EREsp 191.319/RS, Rel. Min. Francisco Peçanha Martins, 1ª Seção, jul. 14.12.2000, *DJ* 12.03.2001; STJ, EDcl no MS 3.065/DF, Rel. Min. Adhemar Maciel, 3ª Seção, jul. 17.08.1995, *DJ* 27.11.1995.

d) Erro material (inciso III).

Definição.

"Nos termos da jurisprudência do Superior Tribunal de Justiça, 'erro material é aquele evidente, decorrente de simples erro aritmético ou fruto de inexatidão material, e não erro relativo a critérios ou elementos de julgamento' (EDcl no AgRg no REsp 1.234.057/PR, Rel. Ministro Humberto Martins, Segunda Turma, julgado em 28.06.2011, *DJe* 01.07.2011)" (STJ, EDcl no AgInt no REsp 1.879.319/SP, Rel. Min. Marco Aurélio Bellizze, 3ª Turma, jul. 01.03.2021, *DJe* 03.03.2021).

Imediata correção. "Verificada a existência de erro material a macular e contradizer o acórdão embargado, há que se efetuar a sua imediata correção" (STJ, EDcl no REsp 117.913/DF, Rel. Min. José Delgado, 1ª Turma, jul. 19.05.1998, *DJ* 17.08.1998). **No mesmo sentido:** STJ, EDcl no REsp 762.469/RS, Rel. Min. Castro Meira, 2ª Turma, jul. 21.02.2006, *DJ* 13.03.2006; STJ, EDcl no AgRg no AI 1.056.081/RJ, Rel. Min. Benedito Gonçalves, 1ª Turma, jul. 05.02.2009, *DJe* 02.03.2009.

Premissa fática equivocada. "O fundamento do acórdão embargado instituído sobre premissa fática equivocada constitui erro material a ensejar o acolhimento dos embargos declaratórios para a correção do julgado, atribuindo-lhe efeitos infringentes" (STJ, EDcl no AgRg no Ag 931.319/SP, Rel. Min. Herman Benjamin, 2ª Turma, jul. 02.04.2009, *DJe* 20.04.2009).

Reformatio in pejus. "Segundo orientação do STJ, não se configura *reformatio in pejus*, quando a alteração do julgado se dá por reconhecimento de erro material" (STJ, REsp 1.235.563/DF, Rel. Min. Herman Benjamin, 2ª Turma, jul. 13.09.2011, *DJe* 16.09.2011).

Erro material. Correção. Divergência comprovada. "Decisão prevalente nos paradigmas dissidentes, segundo orientação da Corte. Embargos de declaração recebidos para, declarada a existência de erro material, no acórdão embargado, conhecer do recurso e dar-lhe provimento" (STF, RE 92.200 ED, Rel. Min. Oscar Correa, 1ª Turma, jul. 21.09.1982, *DJ* 22.10.1982).

Equiparação do julgamento *extra petita* ao erro material. "Julgamento *extra petita* evidenciado. Assim, na parte dispositiva do voto, onde se lê: Por tais razões, dou provimento ao recurso, por admitir a inscrição do técnico com atuação limitada em drogarias, e não em farmácias. Inversão dos ônus sucumbenciais, leia-se: Por tais razões, dou provimento ao recurso, para admitir a inscrição do técnico no respectivo conselho regional de farmácia. Inversão dos ônus sucumbenciais. Por sua vez, na ementa desse acórdão, onde se lê: '5. Inscrição admitida dos técnicos com atuação limitada em drogarias, e não em farmácias'; leia-se: 5. Inscrição admitida dos técnicos no respectivo conselho regional de farmácia" (STJ, EDcl no REsp 971.803/SP, Rel. Min. Benedito Gonçalves, 1ª Turma, jul. 04.03.2010, *DJe* 12.03.2010). **No mesmo sentido:** STJ, EDcl no REsp 1.706.148/RJ, Rel. Min. Herman Benjamin, 2ª Turma, jul. 19.03.2019, *DJe* 22.04.2019.

e) Outros casos.

*** Notas taquigráficas. Embargos de declaração para juntada de notas taquigráficas. Cabimento.** "Embora este Tribunal, em nome da celeridade processual, tenha flexibilizado a juntada das notas taquigráficas, é cabível a oposição de embargos de declaração para tal finalidade, atendendo-se, assim, ao disposto no *caput* dos artigos 100 e 103 do RI desta Corte" (STJ, EDcl no AgRg no HC 397.319/SP, Rel. Min. Nefi Cordeiro, 6ª Turma, jul. 13.11.2018, *DJe* 04.02.2019).

*** Decisão que adota fundamentação contrária à pretensão da parte. Possibilidade.** Ver jurisprudência do art. 489 do CPC/2015.

*** Necessidade de adequação ao quanto decidido pelo STF. Possibilidade.** "A jurisprudência deste STJ admite, excepcionalmente, o acolhimento de embargos de declaração para fins de adequação a acórdão firmado em repetitivo ou repercussão geral" (STJ, EDcl nos EDcl nos EDcl no AgInt no RMS 48.333/PI, Rel. Min. Sérgio Kukina, 1ª Turma, jul. 21.03.2022, *DJe* 24.03.2022).

*** Matéria de ordem pública.**

Possibilidade de arguição em embargos de declaração. "Tratando-se de matéria de ordem pública, caso da fixação de juros moratórios muito além do limite legal do art. 1.062, do Código Civil, não obsta o conhecimento da questão pela Corte estadual *ad quem* a sua não provocação na apelação, apenas em sede de embargos declaratórios" (STJ, REsp 487.927/MG, Rel. Min. Aldir Passarinho Junior, 4ª Turma, jul. 25.02.2003, *DJ* 05.05.2003; *RSTJ* 187/382).

"Por se tratar de uma condição da ação e, portanto, matéria de ordem pública, a legitimidade das partes deve ser apreciada a qualquer tempo pelo Juízo singular ou pela instância ordinária *ad quem*, inclusive em sede de embargos de declaração. Precedentes desta Corte. Constatando-se que o acórdão prolatado em sede de embargos declaratórios persistiu na omissão quanto à matéria arguida, resta caracterizada a violação ao art. 535 do Código de Processo Civil [art. 1.022 do CPC/2015], impondo-se a anulação do acórdão embargado, com o retorno dos autos ao Tribunal de origem para novo julgamento" (STJ, REsp 711.227/GO, Rel. Min. Laurita Vaz, 5ª Turma, jul. 23.08.2005, *DJ* 26.09.2005).

"À exceção das questões de ordem pública (*verbi gratia*, previstas no par. 3. do art. 267 do CPC) [art. 485, § 3º, do CPC/2015] não pode a parte suscitar questão nova (ou seja, que não constou das razões de apelação) em sede de embargos de declaração" (STJ, REsp 133.142/SP, Rel. Min. Adhemar Maciel, 2ª Turma, jul. 16.09.1997, *DJ* 06.10.1997).

*** Sentença *ultra petita*:** STJ, EDcl no REsp 756.885/RJ, Rel. Min. Humberto Gomes de Barros, 3ª Turma, jul. 07.02.2008, *DJe* 03.03.2008.

*** Remessa necessária.** "A remessa necessária (CPC, art. 475, I) [art. 496, I, do CPC/2015] devolve ao tribunal a apreciação de toda a matéria discutida na demanda que tenha contribuído para a sucumbência da Fazenda Pública. É procedimento obrigatório não sujeito ao princípio do *tantum devolutum quantum appellatum*. Mesmo não tendo recorrido voluntariamente, assiste ao ente público legitimidade para opor embargos de declaração visando sanar eventual omissão do acórdão proferido em reexame necessário" (STJ, REsp 397.154/PB, Rel. Min. Teori Albino Zavascki, 1ª Turma, jul. 04.05.2004, *RP* 126/182).

*** Edição de súmula vinculante após julgamento do recurso.** "A incidência da Súmula Vinculante nº 5, da Excelsa Corte, *in casu*, mostra-se inarredável, ainda que mesma tenha sido editada após o julgamento do recurso em mandado de segurança em foco. (...) Embargos de declaração acolhidos com atribuição de efeito infringente, a fim de negar provimento ao recurso em mandado de segurança" (STJ, EDcl no RMS 21.719/DF, Rel. Min. Benedito Gonçalves, 1ª Turma, jul. 18.09.2008, *DJe* 13.10.2008).

*** Interposição de embargos de declaração com a finalidade de prequestionamento.** "A jurisprudência do Superior Tribunal de Justiça está consolidada no sentido de que os embargos declaratórios, mesmo quando opostos com o intuito de prequestionamento visando à interposição do apelo extraordinário, não podem ser acolhidos quando inexistirem os vícios previstos no art. 535 do Código de Processo Civil" (STJ, EDcl no AgRg nos EREsp 897.842/RS, Rel. Min. Sebastião Reis Júnior, 3ª Seção, jul. 26.10.2011, *DJe* 09.11.2011).

"A jurisprudência do Supremo Tribunal firmou-se no sentido de que, ainda que surgida a alegada ofensa constitucional no acórdão recorrido, é necessária a oposição de embargos de declaração, se não houver a análise da ofensa pelo órgão judicante" (STF, AI 646.853 AgRg, Rel. Min. Cármen Lúcia, 1ª Turma, jul. 16.12.2008, *DJe* 13.02.2009). **Ver jurisprudência do art. 1.029 do CPC/2015.**

6. Obrigatoriedade de enfrentamento apenas de questões capazes de infirmar a conclusão adotada. "Os embargos de declaração, conforme dispõe o art. 1.022 do CPC, destinam-se a suprir omissão, afastar obscuridade, eliminar contradição ou corrigir erro material existente no julgado, o que não ocorre na hipótese em apreço. O julgador não está obrigado a responder a todas as questões suscitadas pelas partes, quando já tenha encontrado motivo suficiente para proferir a decisão. A prescrição trazida pelo art. 489 do CPC/2015 veio confirmar a jurisprudência já sedimentada pelo Colendo Superior Tribunal de Justiça, sendo dever do julgador apenas enfrentar as questões capazes de infirmar a conclusão adotada na decisão recorrida" (STJ, EDcl no MS 21.315/DF, Rel. Min. Diva Malerbi, 1ª Seção, jul. 08.06.2016, *DJe* 15.06.2016).

"Inexiste afronta ao art. 1.022 do CPC/2015 quando o acórdão recorrido pronuncia-se, de forma clara e suficiente, acerca das questões suscitadas nos autos, manifestando-se sobre todos os argumentos que, em tese, poderiam infirmar a conclusão adotada pelo Juízo" (STJ, AgInt no EDcl no AREsp 1.525.674/SP, Rel. Min. Antonio Carlos Ferreira, 4ª Turma, *DJe* 01.10.2020). **No mesmo sentido:** STJ, AgInt no REsp 1.765.007/SP, Rel. Min. Antônio Carlos Ferreira, 4ª Turma, jul. 29.03.2021, *DJe* 05.04.2021.

7. Descabimento.

a) Ausência de omissão, contradição ou obscuridade. "Os embargos de declaração não se prestam à correção de julgado se a premissa suscitada foi objeto de apreciação pelo órgão julgador. Precedente" (STF, AD no AgRg nos EDiv nos ED no AgRg no RE 238.712, Rel. Min. Cármen Lúcia, Pleno, jul. 17.02.2010, *RF* 406/412).

"Os embargos de declaração têm os seus lindes delimitados em lei (art. 535 do CPC) [art. 1.022 do CPC/2015], sendo inviáveis se inexiste omissão, dúvida ou contradição do aresto embargado, não se prestando ao rejulgamento da causa" (STJ, EDcl na Intervenção 26.-4 (94.0031072-2), Rel. Min. Demócrito Reinaldo, Corte Especial, *RF* 336/246). **No mesmo sentido:** STJ, EDcl no REsp 601.056/BA, Rel. Min. Denise Arruda, 1ª Turma, jul. 16.05.2006, *DJ* 22.05.2006.

b) Impossibilidade de embargos de declaração para provocar novo julgamento da lide. "Não merecem acolhimento os embargos de declaração opostos sem a indicação de obscuridade, contradição, omissão ou erro material (CPC/2015, arts. 1.022 e 1.023), sendo inadmissível a sua oposição para rediscutir questões tratadas e devidamente fundamentadas no aresto embargado, já que não são cabíveis para provocar novo julgamento da lide" (STJ, EDcl no AgRg no AREsp 667.361/RJ, Rel. Min. Raul Araújo, 4ª Turma, jul. 02.06.2016, *DJe* 17.06.2016). **No mesmo sentido:** STJ, EDcl no AgInt no AREsp 1.327.625/PA, Rel. Min. Raul Araújo, 4ª Turma, jul. 24.08.2020, *DJe* 15.09.2020; STJ, EDcl no AgInt no AREsp 1.757.195/CE, Rel. Min. Maria Isabel Gallotti, 4ª Turma, jul. 14.09.2020, *DJe* 18.09.2020; STJ, Adcl no REsp 1.907.398/SP, Rel. Min. Ricardo Villas Bôas Cueva, 3ª Turma, jul. 10.08.2021, *DJe* 17.08.2021; STJ, EDcl no AgInt no AREsp 1.909.548/MS, Rel. Min. Maria Isabel Gallotti, 4ª Turma, jul. 29.08.2022, *DJe* 01.09.2022.

"Não se prestam, contudo, a revisar entendimento materializado de forma clara, coerente e congruente. É inadmissível, em sede de embargos declaratórios, a inovação recursal. Não há que se falar, portanto, em violação ao art. 535, II, do CPC [art. 1.022, II, do CPC/2015], tendo em vista que Tribunal de origem apreciou fundamentadamente a controvérsia, não padecendo o acórdão recorrido de qualquer vício" (STJ, AgRg no REsp 1.192.405/CE, Rel. Min. Napoleão Nunes Maia Filho, 1ª Turma, jul. 08.11.2011, *DJe* 18.11.2011).

c) Impossibilidade de embargos para renovar ou reforçar fundamentação já exposta. "Os embargos declaratórios só podem ser usados com a finalidade precípua de esclarecer obscuridades e contradições ou sanar omissão existente no julgado, como determina o legislador no artigo 1.022 do Código de Processo Civil de 2015. Não constituem meio processual adequado para provocar o órgão julgador a que renove ou reforce a fundamentação já exposta no acórdão atacado, sendo desnecessário que mencione dispositivos legais ou constitucionais para mero efeito de prequestionamento" (TJSC, EDcl 0000133-87.2018.8.24.0092, Rel. Des. Luiz Zanelato, 1ª Câmara de Direito Comercial, jul. 05.03.2020).

d) Mudança de entendimento do tribunal não autoriza embargos de declaração, se ausentes os requisitos. "A mudança de entendimento do tribunal de origem acerca de matéria anteriormente apreciada, ausentes erro material, omissão, contradição ou obscuridade, não autoriza a atribuição de efeitos infringentes aos embargos de declaração. Precedentes" (STJ, AgRg no AgRg no AREsp 302.261/RJ, Rel. Min. Ricardo Villas Bôas Cueva, 3ª Turma, jul. 05.05.2015, *DJe* 12.05.2015). **No mesmo sentido:** STJ, REsp 1.763.367/RJ, decisão monocrática da Rel. Min. Nancy Andrighi, 3ª Turma, *DJe* 31.03.2020; STJ, REsp 1016848/MT, Rel. Min. Massami Uyeda, 3ª Turma, jul. 02.06.2011, *DJe* 14.06.2011.

Mas: "Os embargos de declaração destinam-se a suprir omissão, afastar obscuridade ou eliminar contradição existente no julgado. Excepcionalmente o recurso aclaratório pode servir para amoldar o julgado à superveniente orientação jurisprudencial do Pretório Excelso, quando dotada de efeito vinculante, em atenção à instrumentalidade das formas, de modo a garantir a celeridade e a eficácia da prestação jurisdicional e a reverência ao pronunciamento superior, hipótese diversa da apresentada nos presentes autos" (STJ, EDcl no AgRg no AgRg no REsp 1.189.910/RJ, Rel. Min. Napoleão Nunes Maia Filho, 1ª Turma, jul. 14.02.2012, *DJe* 17.02.2012). **No mesmo sentido:** STJ, EDcl no AgRg no AI 643.552/PR, Rel. Min. Humberto Martins, 2ª Turma, *DJe* 16.12.2008; STJ, EDcl no AgRg no Ag 1.016.672/SP, Rel. Min. Aldir Passarinho Junior, 4ª Turma, jul. 04.09.2008, *DJe* 20.10.2008; STJ, EDcl no AgRg no Ag 1.014.344/SP, Rel. Min. Og Fernandes, 6ª Turma, jul. 02.12.2008, *DJe* 19.12.2008. **Em sentido contrário:** STJ, EDcl nos EDcl no REsp 917.745/RJ, Rel. Min. Eliana Calmon, 2ª Turma, jul. 01.09.2009, *DJe* 22.09.2009; STJ, 1ª Turma, EAg 930.766/SP, Rel. Min. Luiz Fux, Corte Especial, jul. 29.06.2010, *DJe* 19.08.2010.

Modificação de posicionamento do relator. "A modificação de posicionamento do relator quanto ao mérito do julgamento não é, em princípio, passível de correção pela via dos embargos de declaração, ainda que a eles se conceda efeito infringente. Se tal modificação, porém, presta-se a conformar o julgado à pacífica jurisprudência do STJ quanto à matéria, não se justifica sua anulação por ofensa ao art. 535 do CPC [art. 1.022 do CPC/2015]. Seria excessivo rigor processual restabelecer um acórdão incorreto, meramente para privilegiar a aplicação pura do art. 535 do CPC. Tal medida obrigaria a parte, que atualmente sagrou-se vitoriosa no processo, a interpor um novo recurso especial, movimentando toda a máquina judiciária, para atingir exatamente o mesmo resultado prático que já obteve. Isso implicaria um desperdício de tempo e de recursos públicos incompatível com a atual tendência em prol de um processo efetivo. Recurso especial não conhecido" (STJ, REsp 970.190, Rel. Min. Nancy Andrighi, 3ª Turma, jul. 20.05.2008).

Voto vencido. "A decisão proferida por um colegiado é una, ainda que não unânime. O entendimento ali manifestado reflete o que foi decidido pelo que incabível dividirem-se os embargos de declaração em partes distintas, atribuindo-os a ministros diversos. Os embargos declaratórios não têm a faculdade de alterar voto-vencido para ajustá-lo à orientação posteriormente firmada pela Seção. Estar-se-ia alterando a sua função jurídico-processual" (STJ, EDcl na AR 1.228/RJ, Rel. Min. Antônio de Pádua Ribeiro, 2ª Seção, jul. 23.02.2005, *DJ* 20.04.2005). **No mesmo sentido:** STJ, EDcl no REsp 503.418/SP, Rel. Min. João Otávio de Noronha, 2ª Turma, jul. 04.09.2007, *DJ* 02.10.2007.

e) Matéria devidamente examinada pelo Tribunal. "Não se viabiliza o recurso especial pela indicada violação dos artigos 1.022 e 489 do Código de Processo Civil de 2015. Isso porque, embora rejeitados os embargos de declaração, a matéria em exame foi devidamente enfrentada pelo Tribunal de origem, que emitiu pronunciamento de forma fundamentada, ainda que em sentido contrário à pretensão da parte recorrente. Não há falar, no caso, em negativa de prestação jurisdicional. A Câmara Julgadora apreciou as questões deduzidas, decidindo de forma clara e conforme sua convicção com base nos elementos de prova que entendeu pertinentes. No entanto, se a decisão não corresponde à expectativa da parte, não deve por isso ser imputado vício ao julgado" (STJ, AgInt no AREsp 1.626.475/RS, Rel. Min. Luis Felipe Salomão, jul. 10.08.2020, *DJe* 13.08.2020).

f) Inovação de tese recursal. Impossibilidade. "Mesmo que o art. 1.022, parágrafo único, do CPC/15 tenha previsto a possibilidade de questionamento, nos embargos de declaração, da omissão do acórdão que deixar de se manifestar sobre tese firmada em julgamento de casos repetitivos, essa omissão somente se configurará se o juiz devesse se pronunciar de ofício ou a requerimento sobre a tese repetitiva (art. 1.022, II, do CPC/15). Na hipótese em exame, a questão atinente à fixação da tese em julgamento de recurso especial repetitivo somente foi suscitada nos segundos embargos de declaração opostos ao julgamento do agravo regimental nos embargos em divergência em recurso especial. A tese, suscitada somente nos segundos embargos de declaração, configura inequívoca inovação recursal, tanto aos primeiros aclaratórios quanto aos próprios embargos de divergência, e seu acolhimento acarretaria o reconhecimento de uma omissão inexistente – tanto no acórdão que julgou o agravo interno quanto no acórdão que apreciou os primeiros embargos de declaração – e o mero rejulgamento do recurso especial, fase há muito ultrapassada" (STJ, EDcl nos EDcl nos EDcl no AgRg nos EREsp 1019717/RS, Rel. p/ Acórdão Min. Nancy Andrighi, Corte Especial, jul. 20.09.2017, *DJe* 27.11.2017).

g) Litisconsorte facultativo. "Não servem os embargos de declaração para aclarar a situação de litisconsorte facultativo cujo recurso especial não foi submetido a julgamento" (STJ, EDcl no REsp 6.774/BA, Rel. Min. Claudio Santos, 3ª Turma, jul. 30.06.1992, *DJ* 08.09.1992).

h) Voto do vogal. "Eventual obscuridade, contradição ou omissão em voto-vogal não é passível de reparo por meio de embargos de declaração" (STJ, EDcl nos EREsp 137.888/PR, Rel. Min. Teori Albino Zavascki, 1ª Seção, jul. 27.08.2003, *DJ* 22.09.2003, *REPDJ* 17.12.2004). **No mesmo sentido:** STJ, EDcl no REsp 252.910/SP, Rel. Min. Carlos Alberto Menezes Direito, 3ª Turma, jul. 19.03.2001, *DJ* 25.06.2001.

i) Despacho monocrático do relator. "É firme a jurisprudência desta Suprema Corte no sentido de que não cabem embargos de declaração contra despacho monocrático do relator (Pet. 1.245, Plenário, Rel. Min. Moreira Alves, unânime, *DJ* de 22.05.98)" (STF, AR 2156 ED, Rel. Min. Ellen Gracie, Tribunal Pleno, jul. 18.08.2010, *DJe* 25.10.2010). **Em sentido contrário:** STJ, REsp 190.488/RS, Rel. p/ acórdão Min. Humberto Gomes de Barros, 1ª Turma, jul. 01.12.1998, *DJ* 22.03.1999; STJ, RMS 12.172/MA, Rel. Min. Ruy Rosado de Aguiar, 4ª Turma, jul. 15.02.2001, *DJ* 02.04.2001. **Obs.:** O CPC/2015 resolveu o problema de maneira diversa: os embargos declaratórios serão conhecidos como agravo interno, quando se entender que esse seja o recurso cabível, observadas as cautelas do § 3º do art. 1.024. Adotou, portanto, o princípio da fungibilidade recursal.

j) Fraude processual. "A utilização dos embargos declaratórios com a finalidade ilícita e manifesta de adiar a efetividade de decisão proferida pelo Tribunal, em aberta tentativa de fraude processual, enseja o não conhecimento desses embargos e a concessão excepcional de eficácia imediata àquela decisão, independentemente de seu trânsito em julgado (STF-Pleno, RE 179.602-6-EDcl-EDcl-EDcl, Min. Moreira Alves, j. 07.12.1995, *DJU* 08.09.2000)" (STJ, EDcl na ExSusp 66/GO, Rel. Min. Sidnei Beneti, 2ª Seção, jul. 23.11.2011, *DJe* 02.12.2011).

k) Decisão que admite ou denega recurso especial ou recurso extraordinário. "Não cabem embargos de declaração da decisão que não admite o recurso extraordinário" (STF, AI 588.190 AgR, Rel. Min. Ricardo Lewandowski, 1ª Turma, jul. 03.04.2007, *DJe* 08.06.2007). **Em sentido contrário:** "Decisão de presidente de tribunal que inadmite recurso especial – embargos declaratórios – admissibilidade" (STJ, AgRg no Ag 22.207/RS, Rel. Min. Claudio Santos, Rel. p/ Acórdão Min. Eduardo Ribeiro, 3ª Turma, jul. 20.10.1992, *DJ* 05.04.1993).

Obs.: O art. 1.022, *caput*, prevê o cabimento dos embargos de declaração contra "qualquer decisão judicial", não se justificando sua recusa no caso de denegação de recursos especial e extraordinário, *data venia*.

l) Errônea apreciação de prova. "Ocorrendo, porém, errônea apreciação de prova, no julgamento da apelação, é defeso ao órgão julgador reapreciá-la, nos declaratórios, alterando o resultado do julgamento" (STJ, REsp 45.676/SP, Rel. Min. Costa leite, 3ª Turma, jul. 10.05.1994, *DJ* 27.06.1994).

8. Multa.

Intuito de prequestionamento. "A multa prevista no art. 538, parágrafo único, do CPC/73 [art. 1.026, § 2º, do CPC/2015] é descabida quando previsível o intuito de prequestionamento e ausente o interesse de procrastinar o andamento do feito, mesmo que não configurada nenhuma hipótese de cabimento dos embargos de declaração. Aplicação da Súmula nº 98 do STJ" (STJ, AgInt no AREsp 1.227.621/SP, Rel. Min. Moura Ribeiro, 3ª Turma, jul. 14.03.2022, *DJe* 18.03.2022).

9. Argumentos insuficientes para desconstituir a decisão atacada. "Não se pode conhecer a apontada violação ao art. 1.022, do Código de Processo Civil, porquanto o recurso cinge-se a alegações genéricas e, por isso, não demonstra, com transparência e precisão, qual seria o ponto omisso, contraditório ou obscuro do acórdão recorrido, bem como a sua importância para o deslinde da controvérsia, o que atrai o óbice da Súmula n. 284 do Supremo Tribunal Federal, aplicável, por analogia, no âmbito desta Corte" (STJ, AgInt no REsp 1.664.063/RS, Rel. Min. Regina Helena Costa, 1ª Turma, jul. 19.09.2017, *DJe* 27.09.2017).

10. Embargos de declaração opostos em face de decisão de tribunal de origem que deixou de admitir recurso especial. Não interrupção do prazo para agravo em recurso especial. "A interposição de recurso manifestamente incabível não interrompe o prazo recursal. Assim, os embargos de declaração opostos a decisão que inadmite recurso especial não interrompem o prazo para a interposição do agravo em recurso especial, único recurso cabível na hipótese" (STJ, AgInt nos EDcl nos EAREsp 1.632.917/SP, Rel. Min. João Otávio de Noronha, Corte Especial, jul. 09.03.2021, *DJe* 11.03.2021). **No mesmo sentido:** STJ, AgInt no AgRg nos EDcl no AREsp 671.167/DF, Rel. Min. Maria Isabel Gallotti, 4ª Turma, jul. 21.06.2016, *DJe* 27.06.2016.

Interrupção de prazo para interposição de agravo em recurso especial. Inocorrência. "O agravo é o único recurso cabível contra a decisão que não admite o recurso especial, sendo que a oposição de declaratórios não interrompe o prazo para a interposição de agravo em recurso especial. Precedentes da Corte

Especial" (STJ, AgInt no AREsp 1.216.265/SE, Rel. Min. Ricardo Villas Bôas Cueva, 3ª Turma, jul. 22.05.2023, *DJe* 25.05.2023).

Entretanto, quando após os embargos de declaração é interposto o agravo do art. 1.042, não há preclusão consumativa. "O propósito recursal é dirimir suposta divergência com relação à ocorrência de preclusão consumativa nas hipóteses em que são opostos embargos de declaração contra a decisão do Tribunal de origem que inadmite o recurso especial, e, em seguida, é interposto, tempestivamente, o agravo previsto no art. 1.042 do CPC/2015. (...) Hipótese em que, seguidamente à oposição dos embargos de declaração, a recorrente interpôs o agravo em recurso especial ainda dentro do prazo legal, razão pela qual deve ser reformado o acórdão embargado para afastar a preclusão consumativa e, por conseguinte, determinar o retorno dos autos à Segunda Turma, a fim de prosseguir no julgamento do recurso" (STJ, Corte Especial, EAREsp 2.039.129/SP, Rel. Min. Nancy Andrighi, ac. 21.06.2023, *DJe* 27.06.2023).

11. Julgamento. Inclusão em pauta. Desnecessidade. "Nos termos da jurisprudência do STJ, o julgamento dos embargos de declaração independe de inclusão em pauta e intimação da data da sessão de julgamento, mediante publicação na imprensa oficial, visto que o feito é apresentado em mesa, não cabendo, ainda, sustentação oral" (STJ, EDcl no AgInt no AREsp 1.772.133/GO, Rel. Min. Marco Buzzi, 4ª Turma, jul. 22.02.2022, *DJe* 04.03.2022).

12. Fungibilidade recursal. "Considerando o caráter manifestamente infringente da pretensão e o princípio da fungibilidade recursal, os embargos de declaração podem ser recebidos como agravo interno" (STJ, EDcl no MS 27.746/DF, Rel. Min. João Otávio de Noronha, Corte Especial, jul. 22.02.2022, *DJe* 24.02.2022). **No mesmo sentido:** STF, RE 474.657 ED, Rel. Min. Cármen Lúcia, 1ª Turma, jul. 01.02.2011, *DJe* 14.03.2011. **Obs.:** Cf. art. 1.024, § 3º, do CPC/2015.

13. Técnica de julgamento ampliado. Voto divergente. Possibilidade. "Deve ser aplicada a técnica de julgamento ampliado nos embargos de declaração toda vez que o voto divergente possua aptidão para alterar o resultado unânime do acórdão de apelação" (STJ, REsp 1.910.317/PE, Rel. Min. Antonio Carlos Ferreira, 4ª Turma, jul. 02.03.2021, *DJe* 11.03.2021).

Julgamento não unânime do recurso de apelação e posterior unanimidade no julgamento dos respectivos embargos de declaração. Técnica de ampliação do colegiado. Inobservância. Nulidade. Ver jurisprudência do art. 942 do CPC/2015.

14. Segundos embargos de declaração. Cabimento. "Os segundos embargos de declaração são servis para se veicular vícios contidos no acórdão proferido nos primeiros aclaratórios, sendo descabida a discussão acerca da decisão anteriormente embargada, porquanto o prazo para a respectiva impugnação extinguiu-se por força da preclusão consumativa. Precedentes" (STJ, EDcl nos EDcl nos EAg 884.487/SP, Rel. Min. Luis Felipe Salomão, Corte Especial, jul. 19.12.2017, *DJe* 20.02.2018).

15. Embargos de declaração opostos por sujeito estranho ao processo. Interessado que não ostenta condição de terceiro prejudicado. Ilegitimidade. "Nos termos do art. 996, *caput* e parágrafo único, do CPC, cumpre ao terceiro demonstrar a condição de terceiro prejudicado para a interposição de recursos. A agravante, mera interessada indireta na causa, não tem legitimidade recursal. Precedentes. Mesmo os recursos extraordinários com repercussão geral reconhecida, embora submetidos a procedimento diferenciado, revestem-se de contornos subjetivos próprios da causa entre as partes nele envolvidas, os quais, na espécie, não alcançam diretamente a ora agravante" (STF, EDcl nos EDcl no RE 655.283/DF, Rel. Min. Dias Toffoli, Plenário, jul. 14.09.2022, *DJe* 27.09.2022).

16. Decisão sucinta. "Não há que se falar em negativa de prestação jurisdicional nos embargos de declaração quando o Tribunal de origem enfrenta a matéria posta em debate na medida necessária para o deslinde da controvérsia, ainda que sucintamente. A motivação contrária ao interesse da parte não se traduz em maltrato ao artigo 535 do CPC" (STJ, AgRg no Ag 402.695/PA, Rel. Min. Vasco Della Giustina, 6ª Turma, jul. 21.06.2011, *DJe* 01.07.2011).

17. Reiteração dos embargos. É admissível a oposição de segundos embargos de declaração, desde que não tenham o mesmo conteúdo dos primeiros. "Ocorrência de preclusão consumativa no que concerne aos segundos embargos de declaração, sendo defeso à parte praticar o mesmo ato processual duas vezes" (STJ, EDcl no REsp 569.351/MG, Rel. Min. Carlos Alberto Menezes Direito, 3ª Turma, jul. 20.10.2005, *DJ* 13.02.2006).

"Os segundos embargos declaratórios devem alegar obscuridade, omissão, dúvida, ou evidente erro material do acórdão prolatado nos primeiros embargos, não cabendo atacar aspectos já resolvidos nesta decisão declaratória precedente e, muito menos, questões situadas no acórdão primitivamente embargado" (STF, RE 229.328 AgR-ED-ED, Rel. Min. Ellen Gracie, 2ª Turma, jul. 10.06.2003, *DJ* 01.08.2003). **No mesmo sentido:** STJ, EDcl nos EDcl no MS 7.728/DF, Rel. Min. Felix Fischer, 3ª Seção, jul. 23.06.2004, *DJ* 23.08.2004.

18. Interposição simultânea de embargos de declaração e agravo regimental. "Embargos de declaração – Princípio da unirrecorribilidade – Interposição simultânea de embargos de declaração e agravo regimental – Impossibilidade – Embargos não conhecidos" (STJ, Edcl no AREsp 1.282/BA, Rel. Min. Massami Uyeda, 3ª Turma, jul. 03.05.2011, *DJe* 17.05.2011). **No mesmo sentido:** STJ, EDcl nos EDcl nos EDcl no CC 105.696/RJ, Rel. Min. Luis Felipe Salomão, 2ª Seção, jul. 11.11.2009, *DJe* 20.11.2009. **Obs.:** Cf. CPC/2015, art. 1.024, § 3º.

19. Embargos de divergência interpostos antes dos embargos de declaração. "Já tendo sido opostos embargos de divergência, é inviável o conhecimento dos embargos de declaração apresentados posteriormente por estarem fulminados pela preclusão consumativa, à luz do princípio da unirrecorribilidade recursal" (STJ, EDcl no REsp 902.537/RS, Rel. Min. Massami Uyeda, 3ª Turma, jul. 10.03.2009, *DJe* 29.04.2009).

20. Anulação do julgado embargado. Novo julgamento. "Recebidos os embargos, para anular o acórdão gerado em erro, efetua-se, desde logo, novo julgamento, se o julgamento anulado não depende de inclusão em pauta" (STJ, EDcl no AgRg no REsp 23.134/AM, Rel. Min. Humberto Gomes de Barros, 1ª Turma, jul. 08.09.1993, *DJ* 04.10.1993).

Art. 1.023. Os embargos serão opostos, no prazo de 5 (cinco) dias, em petição dirigida ao juiz, com indicação do erro, obscuridade, contradição ou omissão, e não se sujeitam a preparo.

§ 1º Aplica-se aos embargos de declaração o art. 229.

§ 2º O juiz intimará o embargado para, querendo, manifestar-se, no prazo de 5 (cinco) dias, sobre os embargos opostos, caso seu eventual acolhimento implique a modificação da decisão embargada.

CPC/1973

Art. 536.

SÚMULAS

Súmulas do STJ:

nº 579: "Não é necessário ratificar o recurso especial interposto na pendência do julgamento dos embargos de declaração, quando inalterado o resultado anterior."

BREVES COMENTÁRIOS

O prazo para oposição dos embargos é de cinco dias, contando-se em dobro em caso se houver litisconsortes com diferentes advogados. A petição deverá ser dirigida ao juiz ou ao relator, com precisa indicação do motivo que fundamenta o recurso.

Em regra, não há contraditório após a interposição do recurso, pois os embargos de declaração não se destinam a um novo julgamento da causa, mas apenas ao aperfeiçoamento do decisório já proferido.

Havendo, porém, casos em que o suprimento de lacuna ou a eliminação do erro ou da contradição possa implicar modificação da decisão embargada, deverá o juiz intimar o embargado para, querendo, manifestar-se no prazo de cinco dias (art. 1.023, § 2º).

JURISPRUDÊNCIA SELECIONADA

1. Prazo. "Com efeito, o prazo para a oposição de Embargos de Declaração é de 5 (cinco) dias úteis, consoante dispõe o art. 1.023 do CPC/2015, ressalvadas as hipóteses de ampliação do prazo recursal. No caso concreto, conforme certidão de fl. 875, e-STJ, a decisão recorrida foi disponibilizada em 29.10.2019, considerando-se publicada em 30.10.2019, de modo que o prazo para oposição dos Embargos de Declaração teve início no dia 30.10.2019 e expirou em 7.11.2019. Entretanto, a petição dos Embargos foi protocolizada somente no dia 14.11.2019, sem comprovação de causa legal de suspensão ou interrupção do referido prazo" (STJ, EDcl nos EDcl no REsp 1770437/RS, Rel. Min. Herman Benjamin, 2ª Turma, jul. 22.06.2020, *DJe* 26.06.2020).

Fac-símile. "São intempestivos os embargos se a petição é enviada via fac-símile fora do prazo recursal, como previsto nos arts. 263 do RISTJ e 536 do CPC [art. 1.023 do CPC/2015]" (STJ, EDcl no AgRg no Ag 1.174.885/RS, Rel. Min. Maria Isabel Gallotti, 4ª Turma, jul. 04.08.2011, *DJe* 15.08.2011).

Ver jurisprudência do art. 2º da Lei nº 9.800/1999.

Dies a quo. "O prazo para oposição de embargos de declaração, quando a intimação da sentença se dá através de publicação pela imprensa, começa a fluir do primeiro dia útil seguinte ao dia da publicação" (TJPR, Ap. 880/87, Rel. Des. Silva Wolf, 3ª Câmara, ac. un., jul. 26.09.1989).

"Na linha da jurisprudência desta Corte, a tempestividade dos recursos interpostos para impugnar decisão proferida pelo Superior Tribunal de Justiça, a exemplo do que ocorre com os embargos de declaração e o agravo regimental, é aferida pelo **protocolo interno deste Tribunal**, não se admitindo o protocolo integrado para esse fim. Precedentes" (STJ, EDcl no AgRg no REsp 784.534/SP, Rel. Min. Ricardo Villas Bôas Cueva, 3ª Turma, jul. 01.09.2011, *DJe* 09.09.2011).

Intempestividade. "Os embargos declaratórios intempestivos não têm o condão de suspender ou interromper o prazo para outros recursos, consoante pacificada jurisprudência desta Corte Superior. Precedentes" (STJ, AgRg nos EDcl no REsp 1.198.031/SE, Rel. Min. Aldir Passarinho Junior, 4ª Turma, jul. 12.04.2011, *DJe* 15.04.2011).

Obs.: Sobre a tempestividade dos embargos interpostos antes da publicação do acórdão, cf. art. 218, § 4º, do CPC/2015.

2. Recurso especial interposto antes dos embargos declaratórios.

Obs.: Cf. Súmula 579 do STJ e § 4º do art. 218 do CPC/2015, que não considera intempestivo o recurso interposto antes do termo inicial do respectivo prazo.

Não alteração da decisão embargada. Desnecessidade de ratificação. "A Corte Especial do STJ, no julgamento da Questão de Ordem no REsp n. 1.129.215/DF, rel. Min. Luis Felipe Salomão, firmou o entendimento de que 'a única interpretação cabível para o enunciado da Súmula 418 do STJ é aquela que prevê o ônus da ratificação do recurso interposto na pendência de embargos declaratórios apenas quando houver alteração na conclusão do julgamento anterior'" (STJ, AgRg nos EAREsp 300.967/SP, Rel. Min. Luis Felipe Salomão, Corte Especial, jul. 16.09.2015, *DJe* 20.11.2015). **No mesmo sentido:** STF, RE 680.371 AgR, Rel. Min. Dias Toffoli, Rel. p/ acórdão Min. Marco Aurélio, 1ª Turma, jul. 11.06.2013, *DJe* 13.09.2013.

Obs.: Diante desse entendimento, o STJ cancelou a Súmula nº 418 e publicou a Súmula nº 579: "Não é necessário ratificar o recurso especial interposto na pendência do julgamento dos embargos de declaração, quando inalterado o resultado anterior".

Preclusão consumativa. Ver jurisprudência do art. 1.022 do CPC/2015.

3. Petição.

Requisitos. Indicação do ponto obscuro, contraditório ou omisso. "A ausência de indicação, na petição de embargos de declaração, do ponto obscuro, omisso ou contraditório do julgado embargado, nos termos da exigência contida no art. 536 do Código de Processo Civil, impede o seu acolhimento" (STJ, EDcl no Ag 1.131.760/SP, Rel. Min. Raul Araújo, 4ª Turma, jul. 19.05.2011, *DJe* 07.06.2011).

Competência. "É certo que a competência para julgamento dos embargos de declaração é do mesmo órgão julgador que proferiu a decisão embargada. Assim, os embargos de declaração de decisão singular devem ser julgados monocraticamente, e não por órgão colegiado. E, quando opostos contra acórdão, é do órgão colegiado, em regra, a competência para o seu julgamento. Precedentes: EREsp 332.655/MA, Rel. Min. Carlos Alberto Menezes Direito, Corte Especial, *DJ* 22.8.2005; EDcl nos EREsp 174.291/DF, Rel. Min. Francisco Peçanha Martins, Rel. p/ Acórdão Min. Humberto Gomes de Barros, Corte Especial, *DJ* 25.6.2001. Contudo, os embargos de declaração de acórdão proferido por órgão colegiado podem ter seu seguimento negado singularmente quando manifestamente incabíveis, com base no *caput* do artigo 557 do CPC, haja vista que, na sistemática introduzida pela Lei nº 9.756/98, atribuindo poderes ao relator para decidir monocraticamente, não há restrições a sua utilização no julgamento de qualquer recurso. Esse entendimento foi consolidado pela Corte Especial do STJ, quando da apreciação do Recurso Especial 1.049.974/SP" (STJ, REsp 1.087.333/PR, Rel. Min. Mauro Campbell Marques, 2ª Turma, jul. 16.08.2011, *DJe* 23.08.2011).

Ver jurisprudência do art. 1.024 do CPC/2015.

Alteração da Turma julgadora. "Não obstante esteja vinculado o juiz-relator da apelação para o julgamento dos embargos de declaração, a lei processual, no art. 132 [sem correspondente], aplicável, dispõe sobre situações extraordinárias em que se excepciona a regra com o escopo de se atingir o resultado pretendido pelas partes (julgamento) e uma rápida e efetiva prestação jurisdicional" (STJ, REsp 63.850/PR, Rel. Min. Sálvio de Figueiredo Teixeira, 4ª Turma, jul. 28.11.1995, *DJ* 18.12.1995).

Afastamento do magistrado. "O exame dos embargos de declaração por Juiz diverso ao prolator do *decisum* embargado, na hipótese de afastamento do magistrado, com supedâneo no art. 132, do CPC, não ofende o princípio da identidade física do juiz. Precedentes do STJ: REsp 721.743/RS, *DJ* 02.10.2006; REsp 786.150/RJ, *DJ* 10.04.2006 e REsp 198.767/RJ, *DJ* 08.03.2000" (STJ, REsp 896.997/RJ, Rel. Min. Luiz Fux, 1ª Turma, jul. 02.12.2008, *DJe* 27.04.2009).

Equívoco na indicação da parte embargante. "O equívoco na indicação da parte embargante não enseja o não conhecimento dos embargos de declaração quando ficar evidente, pela fundamentação, indicação do número do processo e identificação da embargada, a ocorrência de erro material" (STJ, REsp 1.085.694/DF, Rel. Min. Eliana Calmon, 2ª Turma, jul. 16.12.2008, *DJe* 18.02.2009).

4. Efeitos infringentes. Necessidade de intimação da parte contrária. Contraditório. "A atribuição de efeitos infringentes aos Embargos de Declaração supõe a prévia intimação da contraparte, visto que, sem o contraditório, o respectivo julgamento é nulo. Tal entendimento jurisprudencial encontra-se atualmente chancelado pelo § 2º do artigo 1.023 do Código Fux, segundo o qual o Juiz intimará o embargado para, querendo, manifestar-se, no prazo de 5 (cinco) dias, sobre os embargos opostos, caso seu eventual acolhimento implique a modificação da decisão embargada" (STJ, AgInt no REsp 1644737/RJ, Rel. Min. Napoleão Nunes Maia Filho, 1ª Turma, jul. 29.06.2020, *DJe* 01.07.2020).

5. Embargos não conhecidos não interrompem prazo recursal. "Não conhecimento do agravo interno em razão de sua intempestividade, considerando que o não conhecimento dos embargos de declaração opostos não interrompeu o prazo para interposição do aludido recurso" (STJ, AgInt nos EDcl no AREsp 1.822.992/SP, Rel. Min. Marco Aurélio Bellizze, 3ª Turma, jul. 16.08.2021, *DJe* 19.08.2021).

Art. 1.024. O juiz julgará os embargos em 5 (cinco) dias.

§ 1º Nos tribunais, o relator apresentará os embargos em mesa na sessão subsequente, proferindo voto, e, não havendo julgamento nessa sessão, será o recurso incluído em pauta automaticamente.

§ 2º Quando os embargos de declaração forem opostos contra decisão de relator ou outra decisão unipessoal proferida em tribunal, o órgão prolator da decisão embargada decidi-los-á monocraticamente.

§ 3º O órgão julgador conhecerá dos embargos de declaração como agravo interno se entender ser este o recurso cabível, desde que determine previamente a intimação do recorrente para, no prazo de 5 (cinco) dias, complementar as razões recursais, de modo a ajustá-las às exigências do art. 1.021, § 1º.

§ 4º Caso o acolhimento dos embargos de declaração implique modificação da decisão embargada, o embargado que já tiver interposto outro recurso contra a decisão originária tem o direito de complementar ou alterar suas razões, nos exatos limites da modificação, no prazo de 15 (quinze) dias, contado da intimação da decisão dos embargos de declaração.

§ 5º Se os embargos de declaração forem rejeitados ou não alterarem a conclusão do julgamento anterior, o recurso interposto pela outra parte antes da publicação do julgamento dos embargos de declaração será processado e julgado independentemente de ratificação.

CPC/1973

Art. 537.

SÚMULAS

Súmulas do STJ:

nº 579: "Não é necessário ratificar o recurso especial interposto na pendência do julgamento dos embargos de declaração, quando inalterado o resultado anterior."

BREVES COMENTÁRIOS

Em regra, sem audiência da parte contrária, o juiz decidirá o recurso em cinco dias. Nos tribunais, o julgamento caberá ao mesmo órgão que proferiu o acórdão embargado. Para tanto, o relator apresentará os embargos em mesa na sessão subsequente, proferindo seu voto. Se não houver julgamento nessa sessão, o recurso será incluído em pauta automaticamente (art. 1.024, § 1º). Quer isso dizer que o relator do acórdão impugnado continuará sendo o relator para o julgamento dos embargos declaratórios. Não lhe cabe, portanto, julgar monocraticamente embargos de declaração opostos a decisório do colegiado.

O CPC/2015, contudo, tem regra no sentido de que se o recurso for oposto contra decisão singular do relator ou outra unipessoal proferida em tribunal, o prolator da decisão embargada decidi-lo-á monocraticamente (art. 1.024, § 2º). Vale dizer, nesses casos, não há cabimento de serem os embargos julgados pelo órgão especial. O recurso será sempre decidido pelo mesmo órgão singular que proferiu a decisão impugnada.

Mesmo no caso de decisão colegiada (acórdão), o relator poderá rejeitar, em decisão monocrática, os embargos declaratórios interpostos intempestivamente.

Quanto ao manejo de outro recurso contra a decisão embargada, o CPC/2015, no § 5º do art. 1.024, foi expresso em dispensar a ratificação do recurso quando os embargos forem rejeitados ou não alterarem a conclusão do julgamento anterior. Por outro lado, se o acolhimento dos embargos implicar modificação da decisão embargada, determina o Código que "o embargado que já tiver interposto outro recurso contra a decisão originária tem o direito de complementar ou alterar suas razões, nos exatos limites da modificação, no prazo de 15 (quinze) dias" (art. 1.024, § 4º). Ou seja, a nova legislação corrigiu o equívoco cometido pela jurisprudência dos tribunais superiores, em adotar um critério extremamente formalista para inadmitir recurso interposto antes do julgamento dos embargos de declaração. Com isso, foi cancelada a Súmula 418 e publicada a Súmula 579 do STJ. O mesmo raciocínio deve ser aplicado na hipótese de interposição de apelação antes do julgamento dos embargos de declaração opostos pela parte contrária.

JURISPRUDÊNCIA SELECIONADA

1. Composição da turma julgadora. "Segundos embargos declaratórios. Pretensão de nulificação dos primeiros para que participassem da votação os mesmos integrantes que julgaram o recurso especial. Descabimento. Composição turmária alterada. Omissões não configuradas. Propósito infringente" (EDcl Nos EDcl no REsp 194.306/MG, Rel. Min. Aldir Passarinho Junior, 4ª Turma, jul. 06.05.2004, *DJ* 09.08.2004).

2. Competência. "É competente para a apreciação dos embargos de declaração o mesmo órgão que proferiu a decisão embargada (CPC, art. 537) [art. 1.024 do CPC/2015]. Assim, nos Tribunais, os embargos de declaração opostos a acórdão devem ser julgados pelo colegiado. Contudo, pode o relator, monocraticamente, proferir decisão quando presente alguma das hipóteses do art. 557 do CPC [art. 932 do CPC/2015]. Neste caso, somente com a interposição do recurso do § 1º do mesmo dispositivo é que estarão esgotadas as instâncias recursais ordinárias" (STJ, AgRg no Ag. 522.802/RJ, Rel. Min. Antônio de Pádua Ribeiro, 3ª Turma, jul. 16.09.2004, *DJ* 22.11.2004).

"Na dicção da ilustrada maioria desta corte, compete aquele que sucedeu o redator do acórdão o relato dos declaratórios. Colocação em plano secundário do entendimento individual no sentido de, não mais integrando o órgão o redator do acórdão, o relato dos embargos caber ao autor do primeiro voto convergente" (STF, ACO 348 ED, Rel. Min. Marco Aurélio, Tribunal Pleno, jul. 23.04.1993, *DJ* 18.06.1993).

3. Prequestionamento. "Faz-se imprescindível que os embargos sejam acolhidos pela Corte de origem para que seja sanada a possível omissão constante do v. acórdão embargado. Se o órgão julgador persistir na omissão, rejeitando os embargos, deve a parte veicular no recurso especial a ofensa às regras processuais pertinentes e não insistir na violação aos preceitos legais relativos ao mérito da causa, sem que sobre eles haja o Tribunal *a quo* emitido juízo explícito" (STJ, REsp 9.953/SP, Rel. Min. Cesar Asfor Rocha, 1ª Turma, jul. 16.10.1995, *DJ* 16.12.1995).

Obs.: Ver jurisprudência do art. 1.029 do CPC/2015.

4. Embargos de declaração. Conversão em agravo regimental (§ 3º). "Os embargos de declaração opostos objetivando a reforma da decisão do relator, com caráter infringente, devem ser convertidos em agravo regimental, que é o recurso cabível, por força do princípio da fungibilidade. (Precedentes: Pet 4.837-ED, rel. Min. Cármen Lúcia, Tribunal Pleno, *DJ* 14.3.2011; Rcl 11.022-ED, rel. Min. Cármen Lúcia, Tribunal Pleno, *DJ* 7.4.2011; AI 547.827-ED, rel. Min. Dias Toffoli, 1ª Turma, *DJ* 9.3.2011; RE 546.525-ED, rel. Min. Ellen Gracie, 2ª Turma, *DJ* 5.4.2011)" (STF, AI 703.269 AgR-ED-ED-EDv-ED, Rel. Min. Luiz Fux, Tribunal Pleno, jul. 05.03.2015, *DJe* 08.05.2015).

Julgamento colegiado de aclaratórios opostos contra decisão monocrática. Incompetência. Cerceamento de defesa. Embargos de declaração nitidamente julgados como agravo regimental. Ausência de prévia intimação da defesa para complementação das razões (art. 1.024, § 3º, do CPC). Impossibilitado o esgotamento das vias ordinárias e inviabilizado o acesso às instâncias extraordinárias. "É manifesto o prejuízo causado pelo julgamento dos embargos declaratórios como agravo interno pelo órgão Colegiado, que, de uma só vez, cerceou o direito de defesa, ao não oportunizar a complementação das razões recursais (art. 1.024, § 3º, do CPC), bem assim ao impedir o acesso às instâncias extraordinárias, na medida em que inviabilizou o necessário exaurimento da jurisdição ordinária (Súmula n. 281/STF). Isso porque, o julgamento colegiado dos embargos de declaração, opostos contra a decisão que julgara improcedente a revisão criminal, inviabilizou a interposição de agravo regimental na origem, uma vez que este recurso não é cabível contra acórdãos, mas tão somente contra decisões unipessoais" (STJ, AgRg no AREsp 2.173.912/RJ, Rel. Min. Laurita Vaz, 6ª Turma, jul. 21.03.2023, *DJe* 28.03.2023).

5. Embargos de declaração recebidos como agravo interno. Possibilidade (§ 3º). "Embargos de declaração recebidos como agravo interno, teor do previsto no § 3º do art. 1.024 do Novo Código de Processo Civil, uma vez que, a pretexto de omissão no julgado, expressa a recorrente seu inconformismo com o *decisum*, pretendendo sua reforma. (...). Embargos declaratórios recebidos como agravo interno, ao qual se nega provimento" (STJ, EDcl nos EAREsp 804.815/RJ, Rel. Min. Maria Thereza de Assis Moura, Corte Especial, jul. 05.04.2017, *DJe* 11.04.2017).

Embargos recebidos como agravo interno. "O recebimento dos embargos de declaração como agravo interno (art. 1.024, § 3º, do CPC/2015), aplicando-se, por conseguinte, a fungibilidade recursal, só se mostra cabível quando inexistente erro grosseiro e caracterizada a tempestividade recursal, o que não ocorreu na espécie, em que protocolados os declaratórios após esgotado o quinquídio legal previsto no art. 1.023 do CPC/2015. Precedente" (STJ, AgInt nos EDcl no AREsp 1.822.992/SP, Rel. Min. Marco Aurélio Bellizze, 3ª Turma, jul. 16.08.2021, *DJe* 19.08.2021).

6. Intimação prévia do recorrente para aditamento da peça recursal. "Inexistindo outros fundamentos na decisão recorrida que reclamem impugnação, é desnecessária a intimação prévia do recorrente prevista no § 3º do art. 1.024 do novo CPC para aditar seu recurso e ajustá-lo às exigências do art. 1.021, § 1º, do mesmo diploma legal" (STJ, EDcl nos EDcl no REsp 1311093/MT, Rel. Min. João Otávio de Noronha, 3ª Turma, jul. 02.06.2016, *DJe* 09.06.2016).

7. Não alteração da decisão embargada. Desnecessidade de ratificação do recurso especial (§ 5º). Sobre interposição de recurso especial, ver jurisprudência do art. 1023 do CPC/2015.

O STJ entende pela possibilidade de interposição de apelação antes do julgamento dos embargos se os pontos da sentença que foram atacados na apelação em nada foram alterados pela decisão dos aclaratórios: "Pelas peculiaridades da espécie, não se tem por extemporânea a apelação interposta antes do julgamento dos declaratórios apresentados pela parte contrária, uma vez que os pontos da sentença que foram atacados na apelação em nada foram alterados pelo *decisum* dos aclaratórios, que, por ser meramente integrativo, apenas complementou o primeiro decisório, sem dar-lhe qualquer outro conteúdo, principalmente modificativo, no atinente àqueles tópicos" (STJ, REsp 280.247/RJ, Rel. Min. Cesar Asfor Rocha, 4ª Turma, jul. 19.02.2002, *DJ* 26.08.2002).

Aditamento. "Também correto o aditamento à apelação, uma vez que a decisão dos embargos modificou a sentença. Os recorridos não poderiam supor que contra a sentença o recorrente iria oferecer embargos de declaração e, assim, aguardar para interpor a sua apelação apenas *a posteriori*" (STJ, REsp 713.254/MS, Rel. Min. Aldir Passarinho Junior, 4ª Turma, jul. 04.05.2006, *DJ* 19.06.2006).

Recurso interposto antes do julgamento dos embargos de declaração. Não alteração da decisão embargada. Desnecessidade de ratificação. "Segundo dispõe a Súmula 418 do STJ 'é inadmissível o recurso especial interposto antes da publicação do acórdão dos embargos de declaração, sem posterior ratificação'. Diante da divergência jurisprudencial na exegese do enunciado, considerando-se a interpretação teleológica e a hermenêutica processual, sempre em busca de conferir concretude aos princípios da justiça e do bem comum, é mais razoável e consentâneo com os ditames atuais o entendimento que busca privilegiar o mérito do recurso, o acesso à Justiça (CF, art. 5º, XXXV), dando prevalência à solução do direito material em litígio, atendendo a melhor dogmática na apreciação dos requisitos de admissibilidade recursais, afastando o formalismo interpretativo para conferir efetividade aos princípios constitucionais responsáveis pelos valores mais caros à sociedade. (...) Assim, a única interpretação cabível para o enunciado da Súmula 418 do STJ é aquela que prevê o ônus da ratificação do recurso interposto na pendência de embargos declaratórios apenas quando houver alteração na conclusão do julgamento anterior" (STJ, REsp 1.129.215/DF, Rel. Min. Luis Felipe Salomão, Corte Especial, jul. 16.09.2015, *DJe* 03.11.2015). **No mesmo sentido:** STF, AgR no ED no EDv no ARE 832.384/RS, Rel. Min. Roberto Barroso, jul. 06.08.2019, *DJe* 12.08.2019.

Art. 1.025. Consideram-se incluídos no acórdão os elementos que o embargante suscitou, para fins de pré-questionamento, ainda que os embargos de declaração sejam inadmitidos ou rejeitados, caso o tribunal superior considere existentes erro, omissão, contradição ou obscuridade.

SÚMULAS

Súmula do STF:

nº 356: "O ponto omisso da decisão, sobre o qual não foram opostos embargos declaratórios, não pode ser objeto de recurso extraordinário, por faltar o requisito do prequestionamento".

Súmula do STJ:

nº 211: "Inadmissível recurso especial quanto à questão que, a despeito da oposição de embargos declaratórios, não foi apreciada pelo Tribunal *a quo*"

BREVES COMENTÁRIOS

O atual Código superou o drama frequentemente enfrentado pela parte que tem de atender à exigência de prequestionamento como requisito de admissibilidade do recurso especial e do recurso extraordinário e encontra resistência do tribunal *a quo* a pronunciar-se sobre os embargos de declaração, havidos como necessários pela jurisprudência do STF e do STJ.

Com essa inovação, desde que se considere realmente ocorrente no acórdão embargado erro, omissão, contradição ou obscuridade, considerar-se-ão prequestionados os elementos apontados pelo embargante, ainda que o Tribunal de origem não admita os embargos.

Com essa postura, o atual CPC adotou orientação que já vinha sendo aplicada pelo STF, segundo sua Súmula nº 356, no sentido de ser suficiente a oposição de embargos de declaração pela parte, para se entender realizado o prequestionamento necessário para a viabilidade do recurso extraordinário. É necessário, entretanto, que a questão apontada nos embargos não seja nova em relação à matéria que deveria ser decidida pelo julgado embargado.

Nada obstante, o STJ tem confirmado o enunciado de sua Súmula nº 211, que afirma a impossibilidade de ser apreciado o recurso especial sobre pontos que, mesmo atacados por embargos de declaração, não foram analisados pela instância inferior. Assim, aquela Corte Superior consolidou, mesmo após o advento do art. 1.025 do CPC/2015, seu antigo entendimento, segundo o qual, na hipótese de restar omissão relativa à lei federal na decisão atacada pelos embargos declaratórios, a parte tenha que **invocar no recurso especial a violação ao art. 1.022 do CPC** para que o julgamento anterior seja anulado e o tribunal inferior enfrente a questão não analisada.

JURISPRUDÊNCIA SELECIONADA

1. Prequestionamento ficto. "A admissão de prequestionamento ficto (art. 1.025 do CPC/15), em recurso especial, exige que no mesmo recurso seja indicada violação ao art. 1.022 do CPC/15, para que se possibilite ao Órgão julgador verificar a existência do vício inquinado ao acórdão, que uma vez constatado, poderá dar ensejo à supressão de grau facultada pelo dispositivo de lei" (STJ, REsp 1639314/MG, Rel.ª Min.ª Nancy Andrighi, 3ª Turma, jul. 04.04.2017, *DJe* 10.04.2017). **No mesmo sentido:** STJ, AgInt no AREsp 1486502/MG, Rel. Min. Luis Felipe Salomão, 4ª Turma, jul. 15.08.2019, *DJe* 20.08.2019; STJ, AgInt no AREsp 1308881/SP, Rel. Min. Raul Araújo, 4ª Turma, jul. 18.10.2018, *DJe* 26.10.2018.

Prequestionamento efetivo e implícito. "6. Para fins de aplicação do art. 1.025 do CPC/2015, a jurisprudência do STJ consolidou que apenas poderá considerar prequestionada determinada matéria caso sustentada e reconhecida a violação do art. 1.022 do Código de Processo Civil de 2015. 7. A melhor interpretação da norma contida no art. 1.025 do CPC não colide com a utilização da Súmula 211/STJ. Pelo contrário, reforça-a. Este ponto é muito importante, principalmente pela dificuldade de alguns doutrinadores em interpretar a norma contida no citado dispositivo legal. 8. O Tribunal a quo deverá ter apreciado a matéria ao menos implicitamente para que o Recurso Especial possa ser analisado pelo Superior Tribunal de Justiça. A obrigatoriedade do prequestionamento da matéria a ser debatida e decidida no STJ continua firme. Além disso, o art. 1.025 do CPC requer que o acórdão reprochado contenha erro, omissão, contradição ou obscuridade, que é o caso dos autos" (STJ, REsp 1.778.137/RJ, Rel. Min. Herman Benjamin, 2ª Turma, jul. 20.08.2019, *DJe* 11.10.2019).

Prequestionamento ficto, Requisitos. "Para que o art. 1.025 do CPC/2015 seja aplicado, e permita-se o conhecimento das alegações da parte recorrente, é necessário não só que haja a oposição dos embargos de declaração na Corte de origem (e. 211/STJ) e indicação de violação do art. 1.022 do CPC/2015, no recurso especial (REsp n. 1.764.914/SP, relator Ministro Herman Benjamin, Segunda Turma, julgado em 8/11/2018, *DJe* 23/11/2018). A matéria deve ser: i) alegada nos embargos de declaração opostos (AgInt no REsp n. 1.443.520/RS, relator Ministro Napoleão Nunes Maia Filho, Primeira Turma, julgado em 1º/4/2019, *DJe* 10/4/2019); ii) devolvida a julgamento ao Tribunal *a quo* (AgRg no REsp n. 1.459.940/SP, relatora Ministra Assusete Magalhães, Segunda Turma, julgado em 24/5/2016, *DJe* 2/6/2016) e; iii) relevante e pertinente com a matéria (AgInt no AREsp n. 1.433.961/SP, relator Ministro Mauro Campbell Marques, Segunda Turma, julgado em 17/9/2019, *DJe* 24/9/2019.) VII – Embargos de declaração parcialmente acolhidos" (STJ, EDcl no AgInt no AREsp. 2.222.062/DF, Rel. Min. Francisco Falcão, 2ª Turma, jul. 21.08.2023, *DJe* 23.08.2023).

2. Prequestionamento. Acórdão de apelação. Fundamentos das razões de apelação não examinados. "Tenho por bem compor a divergência entre os acórdãos confrontados adotando o entendimento do acórdão paradigma, segundo o qual se consideram prequestionados os fundamentos adotados nas razões de apelação e desprezados no julgamento do respectivo recurso, desde que, interposto recurso especial, sejam reiterados nas contrarrazões da parte vencedora" (STJ, EAREsp 227.767/RS, Rel. Min. Francisco Falcão, Corte Especial, jul. 17.06.2020, *DJe* 29.06.2020).

3. Prequestionamento ficto inclui apenas as questões de direito. "Não obstante a previsão do art. 1.025 do CPC/2015 de que 'consideram-se incluídos no acórdão os elementos que o embargante suscitou', tal dispositivo legal merece interpretação conforme a Constituição Federal (art. 105, III) para que o chamado prequestionamento ficto se limite às questões de direito, e não às questões de fato" (STJ, REsp 1644163/SC, Rel. Min. Herman Benjamin, 2ª Turma, jul. 28.03.2017, *DJe* 19.04.2017). **No mesmo sentido:** STJ, REsp 1.809.141/SP, Rel. Min. Herman Benjamin, jul. 25.06.2019, *DJe* 01.07.2019.

Prequestionamento ficto em embargos declaratórios. "6. Cumpre esclarecer que o novo Código de Processo Civil, no art. 1.025, disciplinou a possibilidade de prequestionamento ficto de tese jurídica, quando, a despeito da oposição de embargos de declaração, o Tribunal local não se manifesta acerca do tema, considerando-se inclusas no julgado as questões deduzidas pela parte recorrente nos aclaratórios. 7. Contudo, o Superior Tribunal de Justiça, intérprete da legislação federal, possui jurisprudência assentada no sentido de que o prequestionamento ficto só pode ocorrer quando, na interposição do recurso especial, a parte recorrente tiver sustentado violação do art. 1.022 do CPC/2015 e esta Corte Superior houver constatado o vício apontado, o que não ocorreu na hipótese" (STJ, AgInt no AREsp 1.933.875/SP, Rel. Min. Og Fernandes, 2ª Turma, jul. 17.05.2022, *DJe* 27.05.2022).

Necessidade de invocação de ofensa ao art. 1.022 do CPC. "'A admissão de prequestionamento ficto (art. 1.025 do CPC/15), em recurso especial, exige que no mesmo recurso seja indicada violação ao art. 1.022 do CPC/15, para que se possibilite ao Órgão julgador verificar a existência do vício inquinado ao acórdão, que uma vez constatado, poderá dar ensejo à supressão de grau facultada pelo dispositivo de lei' (REsp 1639314/MG, Rel. Ministra Nancy Andrighi, Terceira Turma, julgado em 04.04.2017, *DJe* 10.04.2017)" (STJ, AgInt no REsp 1662439/SP, Rel. Min. Antonio Carlos Ferreira, 4ª Turma, jul. 03.04.2018, *DJe* 17.04.2018). **No mesmo sentido:** STJ, AgInt no AREsp 1.171.207/RS, Rel. Min. Paulo de Tarso Sanseverino, 3ª Turma, jul. 12.11.2018, *DJe* 16.11.2018.

4. Omissão sobre questão relevante. Ocorrência. Afastamento da multa por embargos protelatórios. "Deixando o acórdão recorrido de se pronunciar sobre questão relevante oportunamente arguida pela parte em embargos de declaração, deve ser reconhecida a existência de omissão, com a consequente incorporação, ao acórdão, da matéria suscitada pela parte. Inteligência dos arts. 1.022 e 1.025 do CPC/15. O reconhecimento da existência de omissão no acórdão conduz logicamente ao reconhecimento de que os embargos de declaração opostos em 2º grau de jurisdição não eram manifestamente protelatórios, devendo ser afastada a multa aplicada à parte a esse título" (STJ, REsp 1660916/MG, Rel. Min. Nancy Andrighi, 3ª Turma, jul. 07.08.2018, *DJe* 09.08.2018).

Art. 1.026. Os embargos de declaração não possuem efeito suspensivo e interrompem o prazo para a interposição de recurso.

§ 1º A eficácia da decisão monocrática ou colegiada poderá ser suspensa pelo respectivo juiz ou relator se demonstrada a probabilidade de provimento do recurso ou, sendo relevante a fundamentação, se houver risco de dano grave ou de difícil reparação.

§ 2º Quando manifestamente protelatórios os embargos de declaração, o juiz ou o tribunal, em decisão fundamentada, condenará o embargante a pagar ao embargado multa não excedente a dois por cento sobre o valor atualizado da causa.

§ 3º Na reiteração de embargos de declaração manifestamente protelatórios, a multa será elevada a até dez por cento sobre o valor atualizado da causa, e a interposição de qualquer recurso ficará condicionada ao depósito prévio do valor da multa, à exceção da Fazenda Pública e do beneficiário de gratuidade da justiça, que a recolherão ao final.

§ 4º Não serão admitidos novos embargos de declaração se os 2 (dois) anteriores houverem sido considerados protelatórios.

CPC/1973

Art. 538.

REFERÊNCIA LEGISLATIVA

Resolução nº 660/2020, do STF (dispõe sobre o depósito prévio em ação rescisória e as multas processuais em agravo interno e embargos de declaração).

SÚMULAS

Súmula do STJ:

nº 98: "Embargos de declaração manifestados com notório propósito de prequestionamento não tem caráter protelatório".

BREVES COMENTÁRIOS

Muito embora os embargos de declaração não tenham, em regra, efeito suspensivo – permitindo por isso o imediato cumprimento da decisão embargada –, o § 1º do art. 1.026 autoriza, em caráter excepcional, a suspensão da eficácia da referida decisão em duas hipóteses: (a) quando demonstrada a probabilidade de provimento dos embargos ou; (b) quando relevante a fundamentação dos embargos, houver risco de dano grave ou de difícil reparação, que naturalmente não possa aguardar o julgamento do recurso.

Nunca se haverá de conceder efeito suspensivo quando os embargos tiverem sido manifestados fora das hipóteses do art. 1.022 e com evidente intenção procrastinatória. É bom lembrar que em certos casos, a intensa má-fé do recorrente torna inútil a multa do art. 1.026, §§ 2º e 3º; e autorizada se torna, segundo o STF e o STJ, a recusa até mesmo do efeito interruptivo dos declaratórios. Em tal situação, provoca-se o trânsito em julgado do decisório embargado, bem como sua imediata execução. O atual Código endossa tal orientação quando determina que "não serão admitidos novos embargos de declaração se os 2 (dois) anteriores houverem sido considerados protelatórios" (art. 1.026, § 4º). Com essa reação firme, a lei procura reprimir o abuso processual.

JURISPRUDÊNCIA SELECIONADA

1. Interrupção do prazo.

a) Ocorrência.

Embargos tempestivos. Interrupção do prazo para interposição de outros recursos. "Embargos de declaração. Interrupção ou não do prazo recursal. Embargos de declaração tempestivos interrompem o prazo para a interposição de outros recursos. Precedentes" (STJ, AgInt no AREsp 1.524.118/PR, Rel. Min. Paulo de Tarso Sanseverino, 3ª Turma, jul. 15.12.2020, *DJe* 18.12.2020).

Tempestividade. Decisão colegiada que não conheceu do recurso especial por intempestividade. Atribuição de efeitos infringentes para tornar sem efeito o acórdão proferido em sede de agravo interno. "Mostram-se plausíveis os argumentos trazidos para justificar a tempestividade recursal, na medida em que o juízo negativo de admissibilidade, realizado pelo eg. Tribunal de origem, foi omisso quanto à admissibilidade do recurso pela alínea 'c' do permissivo constitucional, limitando-se a analisar o recurso pela alínea 'a', circunstância que justificou a oposição de embargos de declaração perante o Tribunal *a quo* e afastou, no caso, o entendimento firmado nos EAREsp 275.615/SP" (EDcl nos EDcl no AgRg no AREsp 380.336/PR, Rel. Min. Raul Araújo, 4ª Turma, jul. 07.03.2017, *DJe* 20.03/2017).

"A Corte Especial, no julgamento do EREsp 159.317/DF, pacificou o entendimento de que é possível a oposição de embargos **contra qualquer decisão judicial.** No mesmo precedente ficou assentado que os embargos, **independentemente do resultado do julgamento,** sempre interrompem o prazo para os demais recursos" (STJ, REsp 1.062.623/PR, Rel. Min. Eliana Calmon, 2ª Turma, jul. 23.09.2008, *DJe* 29.10.2008).

Embargos de declaração protelatórios. Possibilidade. "Ainda que considerados protelatórios, os segundos embargos de declaração interrompem o prazo para a interposição de outros recursos, segundo a jurisprudência dominante no STJ, facultado ao julgador a aplicação das penalidades previstas no CPC, seja pela procrastinação do feito, seja quando configurada a eventual litigância de má-fé" (STJ, REsp 334.972/MG, Rel. Min. Aldir Passarinho Junior, 4ª Turma, jul. 26.02.2002, *DJ* 15.04.2002). **No mesmo sentido:** STJ, REsp 187.525/SP, Rel. Min. Waldemar Zveiter, 3ª Turma, jul. 16.12.1999, *DJ* 03.04.2000; STJ, REsp 1.171.682/GO, Rel. Min. Luis Felipe Salomão, 4ª Turma, jul. 06.09.2011, *DJe* 07.10.2011. **No mesmo sentido, ainda que os novos embargos sejam mera reiteração dos primeiros:** STJ, REsp 283.614/MG, Rel. Min. Ari Pargendler, 3ª Turma, jul. 15.12.2000, *DJ* 19.02.2001; STJ REsp 34.412/SP, Rel. Min. Humberto Gomes de Barros, 1ª Turma, jul. 23.05.1994, *DJ* 27.06.1994.

Interposição de novos embargos de declaração. "Ainda que os segundos embargos de declaração não possam ser acolhidos, porque o embargante aponta vícios existentes no ato anteriormente embargado, não na decisão que julgou os primeiros declaratórios (preclusão consumativa), haverá a interrupção do prazo para a interposição de outros recursos" (STJ, AgRg no REsp 816.537/PR, Rel. Min. Humberto Gomes de Barros, 3ª Turma, jul. 25.09.2007, *DJ* 15.10.2007).

b) Não ocorrência.

*** Desistência a posterior do recurso. Interrupção do prazo recursal. Não ocorrência.** "Extintos os embargos de declaração em virtude de desistência posteriormente manifestada, não é possível sustentar a interrupção do prazo recursal para a mesma parte que desistiu, tampouco a reabertura desse prazo a contar da intimação do ato homologatório. A interrupção do prazo recursal resultante da oposição de embargos de declaração, seja por força do art. 538 do CPC/1973, seja por expressa disposição do art. 1.026 do CPC/2015, não se opera no caso em que os aclaratórios não são conhecidos por serem considerados inexistentes. É intempestivo o recurso especial interposto após a manifestação de desistência de anteriores embargos de declaração opostos pela mesma parte" (STJ, REsp 1.833.120/SP,

Rel. Min. Ricardo Villas Bôas Cueva, 3ª Turma, jul. 18.10.2022, *DJe* 24.10.2022).

*** Não interrupção do prazo para defesas apresentadas.** "Os embargos de declaração interrompem o prazo apenas para a interposição de recurso, não sendo possível conferir interpretação extensiva ao art. 1.026 do CPC/2015 a fim de estender o significado de recurso às defesas ajuizadas pelo executado" (STJ, REsp 1.822.287/PR, Rel. Min. Antonio Carlos Ferreira, 4ª Turma, jul. 06.06.2023, *DJe* 03.07.2023).

*** Embargos de declaração não conhecidos por falta de recolhimento da multa. Ausência de interrupção do prazo.** "Os embargos de declaração não conhecidos por falta de recolhimento da multa prevista no art. 1.021, §4º, do CPC/2015 não têm o condão de interromper o prazo para a interposição de novos recursos. Por essa razão, o subsequente recurso especial apresentado há de ser considerado intempestivo" (STJ, AgInt no AREsp 1250886/RN, Rel. Min. Lázaro Guimarães 4ª Turma, jul. 20.09.2018, *DJe* 27.09.2018).

***Interposição de embargos de declaração contra a decisão antecipatória de tutela. Não interrupção do prazo para oferecimento da contestação.** "A contestação possui natureza jurídica de defesa. O recurso, por sua vez, é uma continuação do exercício do direito de ação, representando remédio voluntário idôneo a ensejar a reanálise de decisões judiciais proferidas dentro de um mesmo processo. Denota-se, portanto, que a contestação e o recurso possuem naturezas jurídicas distintas. Os embargos de declaração interrompem o prazo para a interposição de outros recursos, por qualquer das partes, nos termos do art. 538 do CPC/73 [art. 1.026 do CPC/2015]. Tendo em vista a natureza jurídica diversa da contestação e do recurso, não se aplica a interrupção do prazo para oferecimento da contestação estando configurada a revelia" (STJ, REsp 1542510/MS, Rel. Min. Nancy Andrighi, 3ª Turma, jul. 27.09.2016, *DJe* 07.10.2016).

*** Intempestividade do agravo interno. Interposição fora do prazo. Intempestividade. Embargos de declaração não conhecidos, pois intempestivos. Não interrupção do prazo.** "A jurisprudência desta Corte firmou o entendimento de que os recursos manifestamente incabíveis como, por exemplo, embargos de declaração intempestivos, não interrompem ou suspendem o prazo para a interposição de outros recursos" (STJ, AgInt nos EDcl no AREsp 1.435.532/SP, Rel. Min. Regina Helena Costa, 1ª Turma, jul. 23.03.2020, *DJe* 26.03.2020). **No mesmo sentido:** STJ, AgInt no AREsp 1.877.781/RJ, Rel. Min. Og Fernandes, 2ª Turma, jul. 23.09.2021, *DJe* 15.10.2021; STJ, REsp 1.522.347/ES, Rel. Min. Raúl Araújo, Corte Especial, jul. 16.09.2015, *DJe* 16.12.2015.

Contudo, em relação ao embargado, há interrupção do prazo. "Quanto ao embargante, os embargos de declaração intempestivos não interrompem o prazo para a interposição de novos recursos, mas interrompem, quanto ao embargado, que não tem como verificar de plano a referida intempestividade" (STJ, REsp 869.366/PR, Rel. Min. Sidnei Beneti, 3ª Turma, jul. 17.06.2010, *DJe* 30.06.2010).

Recurso manifestamente incabível. "A única hipótese de os embargos de declaração, mesmo contendo pedido de efeitos modificativos, não interromperem o prazo para posteriores recursos é a de intempestividade, que conduz ao não conhecimento do recurso. Assim como **inexiste respaldo legal para se acolher pedido de reconsideração como embargos de declaração**, tampouco há arrimo legal para se receber os aclaratórios como pedido de reconsideração. Não se pode transformar um recurso taxativamente previsto no art. 535 do CPC [art. 1.022 do CPC/2015] em uma figura atípica, 'pedido de reconsideração', que não possui previsão legal ou regimental" (STJ, REsp 1.522.347/ES, Rel. Min. Raul Araújo, Corte Especial, jul. 16.09.2015, *DJe* 16.12.2015).

*** Oposição contra decisão de admissibilidade de recurso especial. Interrupção do prazo. Inocorrência.** "A oposição de embargos declaratórios em face de decisão de admissibilidade de recurso especial não tem o condão de interromper o prazo recursal para o recurso próprio, na hipótese dos autos, o agravo previsto no art. 994, VIII, do CPC/2015. Precedentes" (STJ, AgInt no AREsp 1.967.624/RS, Rel. Min. Nancy Andrighi, 3ª Turma, jul. 14.02.2022, *DJe* 16.02.2022). **Todavia,** "'[o]s embargos de declaração, quando opostos contra decisão de inadmissibilidade do recurso especial na origem, não interrompem, em regra, o prazo para a interposição do agravo, único recurso cabível, salvo quando essa decisão for tão genérica que impossibilite ao recorrente aferir os motivos pelos quais teve seu recurso obstado, inviabilizando-o totalmente de interpor o agravo. Precedentes da Corte Especial' (AgInt nos EAREsp n. 166.402/PE, relator Ministro Luis Felipe Salomão, Corte Especial, julgado em 19/12/2016, *DJe* 7/2/2017)" (STJ, AgRg no AREsp 1.923.569/MG, Rel. Min. Antonio Saldanha Palheiro, 6ª Turma, jul. 08.03.2022, *DJe* 14.03.2022).

*** Decisão já embargada pela parte contrária.** "Os embargos de declaração não interrompem o prazo para a oposição de embargos declaratórios à decisão já embargada pela parte contrária" (STJ, REsp 633.434/RJ, Rel. Min. Paulo Gallotti, 6ª Turma, jul. 22.03.2005, *DJ* 06.03.2006). **No mesmo sentido:** STJ, EREsp 722.524/SC, Rel. Min. Teori Albino Zavascki, Corte Especial, jul. 09.11.2006, *DJ* 18.12.2006.

c) Diferenciação entre interrupção de prazo e efeito suspensivo. "Não se confunde a interrupção dos prazos recursais em razão da oposição tempestiva de embargos declaratórios com o efeito suspensivo de que são dotados alguns recursos, ou que a eles possa ser atribuído pelo relator, nos termos da lei" (STJ, AgRg no Ag 1.161.856/DF, Rel. Min. Aldir Passarinho Junior, 4ª Turma, jul. 07.12.2010, *DJe* 16.12.2010).

"A interposição de embargos declaratórios, por si, não tem efeito suspensivo, no caso, podendo ser executada imediatamente a segurança concedida, ultimando-se os procedimentos administrativos necessários à avocatória" (STJ, MS 6.634/DF, Rel. Milton Luiz Pereira, 1ª Seção, ac. 18.06.2001, *DJ* 25.03.2002).

2. Embargos manifestamente protelatórios. Multa (§ 2º).

a) Função.

"O abuso do direito de recorrer – por qualificar-se como prática incompatível com o postulado ético-jurídico de lealdade processual – constitui ato de litigância maliciosa repelido pelo ordenamento positivo, especialmente nos casos em que a parte interpuser recurso com intuito evidentemente protelatório, hipótese em que se legitimará a imposição de multa. A multa a que se refere o art. 538, parágrafo único, do CPC [art. 1.026 do CPC/2015], possui inquestionável função inibitória, eis que visa **impedir o abuso processual e obstar o exercício irresponsável do direito de recorrer**, neutralizando, dessa maneira, a atuação censurável do *improbus litigator*. Precedentes" (STF, Pleno, E. Dec. nos E.Dec. no AgRg nos E. Div. nos E. Dec. no RE 202.097/SP, Rel. Min. Celso de Mello, jul. 11.12.2003, *RTJ* 190/711). **No mesmo sentido:** STF, AI 735.904 AgR-ED-ED, Rel. Min. Celso de Mello, 2ª Turma, jul. 27.10.2009.

b) Alcance.

Advogado. "É lícito que a sanção alcance não só a parte (o litigante), mas também o seu procurador, uma vez que a ambos compete proceder com lealdade e boa-fé. Embargos rejeitados; declarados, porém, manifestamente protelatórios, a Turma decidiu condenar o embargante (o Estado) e o seu procurador (o Procurador do Estado) a, solidariamente, pagarem aos embargados a multa de 1% sobre o valor da causa" (STJ, EDcl no AgRg no Ag 421.626/SP, Rel. Min. Nilson Naves, 6ª Turma, jul. 23.11.2004, *DJ* 07.03.2005). **Em sentido contrário:** "(...) Não tem cabimento a aplicação da sanção ao advogado, o que impõe a exclusão da condenação imposta ao procurador do Estado de São Paulo" (STJ, EDcl nos EDcl no AgRg no Ag 392.932/SP, Rel. Min. Nilson Naves, 6ª Turma, jul. 11.09.2008, *DJe* 17.11.2008).

Parte vencedora na demanda. "Os embargos de declaração podem ser protelatórios, ainda que opostos pela parte bem-sucedida na demanda, porque o texto legal não faz distinção a esse respeito (CPC, art. 538, parágrafo único) [art. 1.026, §§ 2º e 3º, do CPC/2015]; a resistência ao que foi decidido protela, objetivamente, a lide, qualquer que tenha sido a intenção da parte, com mais um efeito perverso, além da demora na prestação jurisdicional definitiva: o de que o tempo de estudo e julgamento de tais embargos de declaração poderia ter sido consumido no exame e na decisão de outro processo" (STJ, Eag 490.894/SC, Rel. Min. Ari Pargendler, Corte especial, jul. 21.06.2006, *DJ* 25.09.2006).

"Havendo o litisconsórcio passivo em que os litisconsortes são representados por diferentes advogados, a multa aplicada em face do reconhecimento do caráter protelatório de recurso aviado por apenas um dos advogados não se estende aos demais litisconsortes representados por advogados que se mantiveram inertes" (STJ, EDcl na AR 477/CE, Rel. Min. Laurita Vaz, 3ª Seção, jul. 10.12.2008, *DJe* 04.02.2009).

Beneficiário da justiça gratuita. "A circunstância de ser o recorrente beneficiário da gratuidade de justiça não impossibilita a imposição das multas em razão da interposição dos recursos manifestamente improcedentes e protelatórios. A Corte, assim, impõe a multa na hipótese referida, porém tem determinado a suspensão do pagamento em razão da concessão de gratuidade de justiça" (STJ, AgRg nos EDcl no AgRg no AI 563.492/GO, Rel. Min. Carlos Alberto Menezes Direito, 3ª Turma, jul. 28.10.2004, *DJ* 21.02.2005).

Defensoria Pública. "O intuito protelatório dá ensanchas à aplicação da multa processual cabível, que, no entanto, deixa-se de aplicar por se tratar de recurso da defensoria pública" (STJ, EDcl nos EDcl na QO no AG 378.377/RJ, Rel. Min. Nancy Andrighi, Corte Especial, jul. 15.09.2004, *DJ* 11.10.2004).

c) Base de cálculo. Valor da causa. "Nos termos do art. 538, parágrafo único, [art. 1.026 §§ 2º e 3º, do CPC/2015] do Código de Processo Civil, a multa aplicada em sede de embargos de declaração considerados protelatórios deve ter como parâmetro o 'valor da causa', sendo incabível sua incidência sobre montante que não corresponda a tal valor, sobretudo porque, como qualquer penalidade, a multa de natureza processual deve ser interpretada restritivamente. No mesmo sentido: REsp 711.221/SC, 5ª Turma, Rel. Min. Arnaldo Esteves Lima, *DJ* de 1º.7.2005" (STJ, REsp 1.251.992/PR, Rel. Min. Mauro Campbell Marques, 2ª Turma, jul. 07.06.2011, *DJe* 14.06.2011).

d) Revisão da multa em sede de recurso especial. "A imposição da multa do art. 538, par. único, do CPC [art. 1.026, §§ 2º e 3º, do CPC/2015], devidamente fundamentada, não é revista em recurso especial" (STJ, REsp 122.794/RS, Rel. Min. Ruy Rosado de Aguiar, 4ª Turma, jul. 19.08.1997, *DJ* 20.10.1997). **No mesmo sentido:** STJ, EDcl no AgRg no Ag 30.027/RJ, Rel. Min. Athos Carneiro, 4ª Turma, jul. 08.06.1993, *DJ* 28.06.1993.

e) Inutilidade de aplicação da multa. "Inútil, no caso, cogitar da aplicação de multa e condicionar a interposição de novos embargos de declaração ao seu recolhimento (CPC, art. 538, § único, parte final) [art. 1.026, § 3º, do CPC/2015] ante a invocação, pelo recorrente, do benefício da gratuidade processual, de modo que a única providência eficaz para o caso, **ante o exaurimento de todos os recursos possíveis nesta Corte, é a determinação de certificação imediata do trânsito em julgado e de *incontinenti* baixa dos autos**. Rejeitam-se os embargos de declaração, com determinação de: a) imediata certificação do trânsito em julgado; b) também imediata baixa dos autos à origem, não se retardando essas providências ainda que novos embargos ou petições venham a ser oferecidos" (STJ, EDcl nos EDcl nos EDcl nos EDcl no AgRg no Ag 720.839/GO, Rel. Min. Sidnei Beneti, 3ª Turma, jul. 07.06.2011, *DJe* 08.06.2011).

f) Hipóteses.

* "A imposição da multa do § 2º do art. 1.026 do NCPC somente é devida quando identificado o caráter manifestamente protelatório dos embargos de declaração, o que não se verificou" (STJ, EDcl no AgInt nos EDcl no REsp 1.835.504/DF, Rel. Min. Moura Ribeiro, 3ª Turma, jul. 25.05.2021, *DJe* 28.05.2021).

* **Segundos aclaratórios repetindo os primeiros.** "A interposição de segundos embargos de declaração com a reprodução de todos os argumentos examinados e rejeitados no agravo interno e nos primeiros embargos de declaração demonstra o caráter protelatório do recurso integrativo e enseja a aplicação da multa prevista no § 2º do art. 1.026 do CPC/2015" (STJ, AgInt nos EDcl nos EDcl no AgInt no AREsp 1.693.474/SP, Rel. Min. Maria Isabel Gallotti, 4ª Turma, jul. 19.04.2021, *DJe* 23.04.2021).

* "É protelatória a conduta processual que (i) renova embargos de declaração sem causa jurídica ou fundamentação adequada; (ii) não apontam nenhuma omissão ou vício no julgamento anterior; (iii) visam modificar os fundamentos da decisão embargada; (iv) são reiteração de anteriores embargos de declaração, no qual a matéria foi expressa e fundamentadamente aclarada; (v) retarda indevidamente o desfecho do processo; e (vi) há recurso cabível para a finalidade colimada" (STJ, REsp 1.034.171/RS, Rel. Min. Eliana Calmon, 2ª Turma, jul. 06.10.2009, *DJe* 19.10.2009). **No mesmo sentido:** STJ, EDcl nos EDcl no AgRg no REsp 784.727/RS, Rel. Min. Arnaldo Esteves Lima, 5ª Turma, jul. 07.11.2006, *DJ* 27.11.2006.

* "É protelatória e temerária a apresentação de novos embargos de declaração quando, além da repetição de alegativas já deduzidas e rechaçadas, são suscitados outros temas que, por não haverem surgido no julgamento dos aclaratórios primitivos, deveriam ter sido alegados na primeira oportunidade. Litigância de má-fé mantida" (STJ, REsp 933.909/SP, Rel. Min. Castro Meira, 2ª Turma, jul. 14.08.2007, *DJ* 27.08.2007). **No mesmo sentido, havendo oposição de embargos de declaração pela quarta vez consecutiva, acrescentando tratar-se de litigância de má-fé:** STJ, EDcl nos EDcl nos EDcl nos EDcl no AgRg na ExSusp 87/GO, Rel. Min. Raul Araújo, 2ª Seção, jul. 11.05.2011, *DJe* 10.06.2011.

* "Para os efeitos do art. 543-C do Código de Processo Civil [art. 1.036 do CPC/2015], fixa-se a seguinte tese: 'Caracterizam-se como protelatórios os embargos de declaração que visam **rediscutir matéria já apreciada e decidida pela Corte de origem** em conformidade com súmula do STJ ou STF **ou, ainda, precedente julgado pelo rito dos artigos 543-C e 543-B, do CPC**'" (STJ, REsp 1.410.839/SC, Rel. Min. Sidnei Beneti, 2ª Seção, jul. 14.05.2014, *DJe* 22.05.2014).

* "**Na falta de modificação do comportamento dos advogados (públicos ou privados)**, torna-se indispensável que também os magistrados não fiquem inertes, que também eles, além dos legisladores, tomem providências, notadamente quando o próprio sistema já oferece arsenal para tanto. É caso de aplicar o art. 538, p. ún., do Código de Processo Civil [art. 1.026, §§ 2º e 3º, do CPC/2015] (EDcl no REsp nº 949.166/RS, Segunda Turma, Rel. Min. Mauro Campbell, julgado em 4.11.2008). Embargos de declaração rejeitados com aplicação de multa pelo caráter protelatório na razão de 1% sobre o valor da causa" (STJ, EDcl no REsp 1.058.023/PR, Rel. Min. Mauro Campbell Marques, 2ª Turma, jul. 23.06.2009, *DJe* 06.08.2009).

* **Mera irresignação com a decisão.** "O inconformismo, que tem como real escopo a pretensão de reformar o *decisum*, não há como prosperar, porquanto inocorrentes as hipóteses de omissão, contradição, obscuridade ou erro material, sendo inviável a revisão em sede de embargos de declaração, em face dos estreitos limites do artigo 535, do CPC [art. 1.022 do CPC/2015]. A pretensão de revisão do julgado, em manifesta pretensão infringente, revela-se inadmissível, em sede de embargos, quando o aresto recorrido assentou que: 'A correção monetária não incide sobre os créditos de IPI decorrentes do princípio

constitucional da não cumulatividade (créditos escriturais), por ausência de previsão legal'" (STJ, EDcl no REsp 1.035.847/RS, Rel. Min. Luiz Fux, 1ª Seção, jul. 25.11.2009, *DJe* 18.12.2009). **No mesmo sentido:** STJ, EDcl no AgRg no MS 16.559/DF, Rel. Min. Humberto Martins, 1ª Seção, jul. 14.12.2011, *DJe* 19.12.2011.

* **Objetivo de promover o adiamento da efetividade da decisão.** "A utilização dos embargos declaratórios com a finalidade ilícita e manifesta de adiar a efetividade de decisão proferida pelo Tribunal, em aberta tentativa de fraude processual, enseja o não conhecimento desses embargos e a concessão excepcional de eficácia imediata àquela decisão, independentemente de seu trânsito em julgado' (STF, Pleno, RE 179.602-6-EDcl-EDcl-E-Dcl, Min. Moreira Alves, j. 7.12.95, *DJU* 8.9.2000)" (STJ, EDcl no Ag 563.492/GO, Rel. Min. Sidnei Beneti, 3ª Turma, jul. 22.11.2011, *DJe* 02.12.2011).

* "No caso, subsiste a multa, aplicada na origem aos embargos de declaração tidos por protelatórios (CPC, art. 538, parágrafo único) [art. 1.026, §§ 2º e 3º, do CPC/2015]. O acórdão embargado no Tribunal de origem era perfeitamente ajustado à orientação pacífica deste Tribunal, de modo que, não havendo, a rigor, nenhuma possibilidade de sucesso de recurso nesta Corte, não havia como imaginar 'notório propósito de prequestionamento' (Súmula STJ n. 98) para **recurso manifestamente inviável para esta Corte**" (STJ, AgRg no AREsp 38.684/RS, Rel. Min. Sidnei Beneti, 3ª Turma, jul. 11.10.2011, *DJe* 27.10.2011).

* **Valor. Arbitramento superior ao teto legal.** "O art. 1.026, § 2º, do CPC/2015 permite a aplicação de multa não excedente a dois por cento do valor atualizado da causa quando interpostos embargos de declaração reputados, fundamentadamente, manifestamente protelatórios. (...) À vista do número de recorrentes e do valor atribuído à causa (R$ 10.000,00), o percentual a incidir sobre esse *quantum* não atingirá o escopo pretendido no preceito sancionador, pelo que cabível o arbitramento daquela multa em R$ 3.000,00 (três mil reais)" (STJ, EDcl no AgRg no REsp 1348817/SP, Rel. Min. Gurgel de Faria, 1ª Turma, jul. 13.12.2016, *DJe* 17.02.2017).

3. Não configuração de embargos protelatórios.

* **Embargos de declaração para prequestionamento. Multa. Não aplicação.** "Na hipótese em que os embargos de declaração objetivam prequestionar a tese para a interposição do recurso especial, deve ser afastada a multa do art. 1.026 do CPC/2015, com base na aplicação da Súmula nº 98/STJ" (STJ, REsp 1.793.840/RJ, Rel. Min. Ricardo Villas Bôas Cueva, 3ª Turma, jul. 05.11.2019, *DJe* 08.11.2019). **No mesmo sentido:** STJ, AgInt nos EDcl no AResp 1.563.737/MS, Rel. Min. Gurgel de Faria, 1ª Turma, jul. 15.03.2021, *DJe* 23.03.2021.

* **Descaracterização do caráter protelatório.** "Não são protelatórios os embargos de declaração interpostos com o fito de eliminar contradição existente entre o voto-condutor e a ementa do acórdão" (STJ, REsp 117.429/MG, Rel. Min. Adhemar Maciel, 2ª Turma, jul. 19.05.1997, *DJ* 09.06.1997).

* **Concessão de efeito infringente. Pretensão fundada em jurisprudência do STJ.** "A pretensão de atribuir-se efeito infringente aos embargos de declaração, mesmo ausentes as hipóteses do art. 535 do CPC [art. 1.022 do CPC/2015], não importa, automaticamente, intuito protelatório, ainda mais se considerando que a então embargante fundou sua pretensão infringente em jurisprudência deste STJ" (STJ, REsp 1.066.806/SP, Rel. Min. Benedito Gonçalves, 1ª Turma, jul. 15.09.2009, *DJe* 23.09.2009).

* "Não há de se confundir má-fé, dolo, com erro processual ou falta de técnica jurídica, razão pela qual se mostra desproporcional a aplicação da multa de 1% ao embargante, principalmente quando o Tribunal de origem não identifica o dever processual de lealdade violado e quando o embargante faz a defesa de interpretação que encontra respaldo na jurisprudência desta Corte, ainda que em corrente minoritária" (STJ, REsp 1177878/SP, Rel. Min. Castro Meira, 2ª Turma, jul. 06.04.2010, *DJe* 14.04.2010).

4. Reiteração de embargos protelatórios (§ 3º).

Sucessivos embargos declaratórios procrastinatórios. Baixa dos autos. Imediata execução do acórdão. "Esta Corte firmou entendimento no sentido de que será determinada a baixa dos autos, independentemente de publicação do acórdão, nos casos em que os sucessivos embargos tenham caráter meramente procrastinatórios" (STF, AI 541.408 AgR-ED-ED-ED, Rel. Min. Ricardo Lewandowski, 1ª Turma, jul. 18.10.2011, *DJe* 14.11.2011). **No mesmo sentido:** STF, AI 587.285 AgR-ED-E-D-ED-ED, Rel. Min. Celso de Mello, 2ª Turma, jul. 07.06.2011, *DJe* 03.10.2011; STJ, EDcl no Ag 563.492/GO, Rel. Min. Sidnei Beneti, 3ª Turma, jul. 22.11.2011, *DJe* 02.12.2011; STJ, EDcl nos EDcl nos EDcl nos EDcl no AgRg no REsp 731.024/RN, Rel. Min. Gilson Dipp, 5ª Turma, jul. 26.10.2010, *DJe* 22.11.2010.

Reiteração de embargos de declaração protelatórios. Elevação da multa (parágrafo único). "Os embargos de declaração considerados protelatórios acarretam multa não excedente a 1% (um por cento) sobre o valor da causa, nos termos do artigo 538, parágrafo único do Código de Processo Civil [art. 1.026, §§ 2º e 3º, do CPC/2015]. Nos termos do mencionado dispositivo, a elevação **da penalidade até 10% (dez por cento)** – que gera, como consequência, a obrigatoriedade do depósito prévio do valor respectivo, para fins de interposição de outros recursos –, **somente é cabível na hipótese de reiteração dos embargos**" (STJ, AgRg na MC 16.097/SC, Rel. Min. Mauro Campbell Marques, 2ª Turma, jul. 23.03.2010, *DJe* 23.04.2010). **No mesmo sentido:** STJ, REsp 1.006.824/MT, Rel. Min. Nancy Andrighi, 3ª Turma, jul. 02.09.2010, *DJe* 15.09.2010; STJ, AgRg nos EREsp 624.623/RS, Rel. Min. Nilson Naves, Corte Especial, jul. 05.12.2007, *DJe* 04.08.2008. **Entendendo ser necessário que tenha havido aplicação da primeira multa de 1%:** STJ, EREsp 423.250/SP, Rel. Min. Eliana Calmon, Corte Especial, jul. 10.12.2009, *DJe* 22.02.2010.

Omissão da decisão quanto ao caráter procrastinatório dos embargos. "A teor do art. 538, parágrafo único [art. 1.026, §§ 2º e 3º, do CPC/2015], a multa de 10% apenas será imposta pela reiteração de embargos manifestamente protelatórios. Se o Tribunal, ao rejeitar os primeiros embargos, nada diz quanto ao escopo procrastinatório do embargante, não há como aplicar a multa de dez por cento em relação aos seguidos embargos. Redução da multa para 1%" (STJ, REsp 430.408/SP, Rel. Min. Humberto Gomes de Barros, 3ª Turma, jul. 25.04.2006, *DJ* 22.05.2006).

5. Multa do art. 81 do CPC. Cumulatividade. "Conforme entendimento proferido no REsp n. 1.250.739/PA, pela Corte Especial do STJ, as sanções previstas no artigo 1.026, § 2º, do CPC/15 (antigo art. 538, parágrafo único, do CPC/73), e no artigo 81 do CPC/15 (antigo art. 18 do CPC/73), possuem naturezas distintas, podendo, inclusive, ser cumuladas" (STJ, AgInt no REsp 1.910.327/TO, Rel. Min. Marco Buzzi, 4ª Turma, jul. 31.05.2021, *DJe* 04.06.2021).

Cumulação com a multa do art. 18. "Para fins do art. 543-C do CPC [art. 1.036 do CPC/2015]: A multa prevista no artigo 538, parágrafo único, do Código de Processo Civil [art. 1.026, §§ 2º e 3º, do CPC/2015] tem caráter eminentemente administrativo – punindo conduta que ofende a dignidade do tribunal e a função pública do processo –, sendo possível sua cumulação com a sanção prevista nos artigos 17, VII, e 18, § 2º, do Código de Processo Civil [arts. 80, VII, e 81, § 3º, do CPC/2015], de natureza reparatória" (STJ, REsp 1.250.739/PA, Rel. Min. Mauro Campbell Marques, Rel. p/ Acórdão Min. Luis Felipe Salomão, Corte Especial, jul. 04.12.2013, *DJe* 17.03.2014). **Em sentido contrário**: "Não deve prevalecer a imposição cumulativa das multas do art. 18 e do art. 538 do CPC em razão **do mesmo fato** (oposição de embargos declaratórios com efeito procrastinatório), devendo subsistir, na hipótese, esta última"

(STJ, EREsp 511.378/DF, Rel. Min. José Arnaldo da Fonseca, Corte Especial, jul. 17.11.2004, *DJ* 21.02.2005). **No mesmo sentido:** STJ, EREsp 511.647/DF, Rel. Min. Franciulli Netto, 1ª Seção, jul. 14.02.2005, *DJ* 01.02.2006.

6. Depósito da multa

Interpretação restritiva. "A parte final do parágrafo único do art. 538 do CPC [art. 1.026 do CPC/2015], que condiciona ao prévio depósito da multa 'a interposição de qualquer outro recurso', deve ser interpretado restritivamente, alcançando apenas 'qualquer outro recurso' da mesma cadeia recursal. É que a sanção prevista pela norma tem a evidente finalidade de inibir a reiteração de recursos sucessivos sobre a questão já decidida no processo. Não é legítima, portanto, a sua aplicação à base de interpretação ampliativa, para inibir também a interposição de recursos contra novas decisões que venham a ser proferidas no processo" (STJ, REsp 1.129.590/MS, Rel. Min. Teori Albino Zavascki, 1ª Turma, jul. 20.10.2011, *DJe* 25.10.2011).

Pressuposto de admissibilidade de qualquer recurso. "A multa de até 10% (dez por cento) sobre o valor da causa, prevista no artigo 538, parágrafo único, do CPC [art. 1.026, §§ 2º e 3º, do CPC/2015], condicionando o recebimento de qualquer outro recurso ao depósito do valor respectivo, não é aplicável na oposição dos primeiros embargos de declaração, mesmo que considerados protelatórios" (STJ, EREsp 389.408/RS, Rel. Min. Francisco Falcão, Corte Especial, jul. 15.10.2008, *DJe* 13.11.2008).

"Quando ilegalmente imposta a condição de recorribilidade, duas possibilidades se abrem à parte: a primeira, a de demonstrar, em embargos de divergência, que o acórdão, ao impor o depósito como condição para recorrer, diverge de outros julgados do Tribunal. Para tanto, todavia, é necessário que, antes, seja a multa recolhida. A segunda, a única que dispensaria o recolhimento da multa, é a de opor novos embargos de declaração como forma de instar o colegiado a se pronunciar sobre o evidente equívoco de condicionar a apresentação de novos recursos ao depósito da multa" (STJ, AgRg nos EREsp 624.623/RS, Rel. Min. Nilson Naves, Corte Especial, jul. 05.12.2007, *DJe* 04.08.2008).

7. Embargos para adequar o caso ao entendimento firmado no âmbito de repercussão geral reconhecido pelo STF e de recurso repetitivo. Excepcionalidade. "A jurisprudência desta Corte autoriza, excepcionalmente, o acolhimento de embargos de declaração para novo pronunciamento sobre o mérito da controvérsia, para fins de adequar o julgamento a acórdão submetido ao regime dos recursos repetitivos" (STJ, EDcl no AgInt nos EAg 1.345.595/SP, Rel. Min. Mauro Campbell Marques, 1ª Seção, jul. 27.10.2021, *DJe* 16.11.2021).

8. Recurso especial e extraordinário protocolado antes da publicação dos embargos. Ver a jurisprudência dos arts. 1.023 e 1.029 do CPC/2015.

9. Recurso extraordinário protocolado antes do julgamento dos embargos. Ver jurisprudência do art. 1.023 do CPC/2015.

10. Retificação da decisão:

Embargado não intimado. "Apenas o embargante foi intimado do resultado dos aclaratórios opostos na origem, assim, o recurso especial não pode ser considerado prematuro, já que a recorrente, ora agravante, não foi intimada para que pudesse ratificar as razões que já havia apresentado. Intempestividade afastada" (STJ, AgRg no REsp 577.899/PR, Rel. Min. Castro Meira, 2ª Turma, jul. 13.05.2008, *DJe* 21.05.2008).

Reinício da contagem do prazo recursal. "Retificado o acórdão via embargos de declaração em embargos de declaração e reiniciada a contagem do prazo recursal, não há de se falar em preclusão consumativa ou temporal, sendo possível a apresentação de um segundo recurso especial para adequar os termos do primeiro" (STJ, REsp 287.299/CE, Rel. Min. Nancy Andrighi, 3ª Turma, jul. 23.08.2007, *DJ* 05.11.2007).

11. Prova inequívoca do abuso do direito de recorrer (parágrafo único).

Parte a quem não interessa a perpetuação da lide. "Não é lícito presumir intuito protelatório em atitude da parte a quem não interessa a perpetuação da lide" (STJ, REsp 33.918/SP, Rel. Min. Humberto Gomes de Barros, 1ª Turma, jul. 13.09.1993, *DJ* 18.10.1993).

☆ EMBARGOS DE DECLARAÇÃO: INDICAÇÃO DOUTRINÁRIA

Cassio Scarpinella Bueno, *Manual de direito processual civil*, São Paulo: Saraiva, 2015; Daniel Amorim Assumpção Neves, *Manual de direito processo civil*, São Paulo: Método, 2015; Fredie Didier Jr., *Curso de direito processual civil*, 17. ed., Salvador: JusPodivm, 2015, v. I; Guilherme Rizzo Amaral, *Comentários às alterações do novo CPC*, São Paulo: Revista dos Tribunais, 2015; Humberto Dalla Bernardina de Pinho; Roberto de Aragão Ribeiro Rodrigues. Os Embargos de Declaração no Novo Código de Processo Civil. In: Fredie Didier Jr. (coord.). *Processo nos Tribunais e Meios de Impugnação às Decisões Judiciais*. 2. ed. Salvador: JusPodivm, 2016, p. 913; Humberto Theodoro Junior, *Curso de direito processual civil*, 54. ed. Rio de Janeiro: Forense, 2021, v. III; Humberto Theodoro Junior, Fernanda Alvim Ribeiro de Oliveira, Ester Camila Gomes Norato Rezende (coord.), *Primeiras lições sobre o novo direito processual civil brasileiro*, Rio de Janeiro: Forense, 2015; J. C. Barbosa Moreira, *Comentários ao CPC*, v. V, p. 511; J. E. Carreira Alvim, *Comentários ao novo Código de Processo Civil*, Curitiba: Juruá, 2015; José Miguel Garcia Medina e Rafael Oliveira Guimarães, *Novo Código de Processo Civil: principais alterações do sistema processual civil*, São Paulo: Rideel, 2014; José Miguel Garcia Medina, *Novo Código de Processo Civil comentado*, São Paulo: Revista dos Tribunais, 2015; José Miguel Garcia Medina; Rafael de Oliveira Guimarães. Breves considerações sobre os embargos de declaração no novo CPC. In: SARRO, Luís Antônio Giampaulo. *Novo Código de Processo Civil – Principais Alterações do sistema Processual Civil*. 2. ed. São Paulo: Rideel, 2016, p. 369; Leonardo Fernandes Ranña. O novo Código de Processo Civil e os meios de obtenção de tutelas provisórias na fase recursal – Breves comentários sobre as inovações trazidas pelo novo ordenamento. *Revista de Processo*, v. 255, ano 41, p. 211-249. São Paulo: RT, maio 2016; Leonardo Greco, *Instituições de processo civil: introdução ao direito processual civil*, 5. ed., Rio de Janeiro: Forense, 2015; Luis Antônio Giampaulo Sarro, *Novo Código de Processo Civil*, São Paulo: Rideel, 2015; Luis Guilherme Aidar Bondioli. *In* José Roberto F. Gouvêa; Luis Guilherme A. Bondioli e João Francisco N. da Fonseca (coord.). Comentários ao Código de Processo Civil. 2. ed., São Paulo: Saraiva, 2017, v. 20; Luiz Guilherme Marinoni, Sérgio Cruz Arenhart, Daniel Mitidiero, *Curso de processo civil*, São Paulo: Revista dos Tribunais, 2015, v. I; Luiz Guilherme Marinoni; Daniel Mitidiero. *In* Sérgio Cruz Arenhart e Daniel Mitidiero (coord.). *Comentários ao Código de Processo Civil*. 2. ed., São Paulo: Editora Revista dos Tribunais, 2018, v. 16; Nelson Nery Junior, Rosa Maria de Andrade Nery, *Comentários ao Código de Processo Civil*, São Paulo: Revista dos Tribunais, 2015; Pontes de Miranda, *Comentários ao CPC*, 1939, v. XII, p. 136;Rennan Faria Krüger Thamay; Vinícius Ferreira de Andrade. Comentários sobre a fungibilidade recursal: do Código de 1939 aos novo Código de Processo Civil. In: Fredie Didier Jr. (coord.). *Processo nos Tribunais e Meios de Impugnação às Decisões Judiciais*. 2. ed. Salvador: Juspodivm, 2016, p. 727; Ricardo Carneiro Neves Júnior. Prequestionamento (?) e o novo Código de Processo Civil. *Jurisplenum*, ano XII, nº 71, set./out. 2016. Caxias do Sul: Plenum, 2016, p. 125; Rodrigo Mazzei, In: Teresa Arruda Alvim Wambier, Fredie Didier Jr., Eduardo Talamini, Bruno Dantas, *Breves comentários ao novo Código de Processo Civil*, São Paulo: Revista dos Tribunais, 2015; Rosalina Freitas Martins de Souza, O CPC/2015 e o tratamento dispensado aos embargos de declaração opostos em face de decisão exarada pelo relator e a hipótese de sua conversão em agravo interno, *Revista Dialética de Direito Processual*, n. 150, p. 111-122; Teresa Arruda Alvim Wambier, *Embargos de declaração e omissão do juiz*, 2. ed., São Paulo: Revista dos Tribunais, 2014, p. 225; Teresa Arruda Alvim Wambier, Fredie Didier Jr., Eduardo Talamini, Bruno Dantas (coord.), *Breves comentários ao novo Código de Processo Civil*, São Paulo: Revista dos Tribunais, 2015; Teresa Arruda Alvim Wambier, Maria Lúcia Lins Conceição, Leonardo Ferres da Silva Ribeiro, Rogério Licastro Torres de Melo, *Primeiros comentários ao novo Código de Processo Civil*, São Paulo: Revista dos Tribunais, 2015; Teresa Arruda Alvim. Os novos Embargos de Declaração. *Juris Plenum*. n. 75. Ano XIII. Caxias do Sul: Ed. Plenum. maio/2017, p. 53; Teresa Arruda Alvim Wambier. *Embargos de Declaração*. In: Luiz Rodrigues Wambier; Teresa Arruda Alvim Wambier; *Temas essenciais do Novo CPC*. São Paulo: RT, 2016, p. 560-573; Ticiano Alves e Silva. Os Embargos de Declaração no Novo Código de Processo. *In* DIDIER JR, Fredie [coord.]. Processo nos Tribunais e Meios de Impugnação às Decisões Judiciais. 2. ed. Salvador: JusPodivm, 2016, p. 925; Zulmar Duarte de Oliveira Jr. Embargos Declaratórios: efeito integrativo (prequestionamento virtual). In: Fredie Didier Jr. (coord.). *Processo nos Tribunais e Meios de Impugnação às Decisões Judiciais*. 2. ed. Salvador: JusPodivm, 2016, p. 1.075.

Capítulo VI
DOS RECURSOS PARA O SUPREMO TRIBUNAL FEDERAL E PARA O SUPERIOR TRIBUNAL DE JUSTIÇA

Seção I
Do Recurso Ordinário

Art. 1.027. Serão julgados em recurso ordinário:

I – pelo Supremo Tribunal Federal, os mandados de segurança, os habeas data e os mandados de injunção decididos em única instância pelos tribunais superiores, quando denegatória a decisão;

II – pelo Superior Tribunal de Justiça:

a) os mandados de segurança decididos em única instância pelos tribunais regionais federais ou pelos tribunais de justiça dos Estados e do Distrito Federal e Territórios, quando denegatória a decisão;

b) os processos em que forem partes, de um lado, Estado estrangeiro ou organismo internacional e, de outro, Município ou pessoa residente ou domiciliada no País.

§ 1º Nos processos referidos no inciso II, alínea "b", contra as decisões interlocutórias caberá agravo de instrumento dirigido ao Superior Tribunal de Justiça, nas hipóteses do art. 1.015.

§ 2º Aplica-se ao recurso ordinário o disposto nos arts. 1.013, § 3º, e 1.029, § 5º.

CPC/1973

Art. 539.

BREVES COMENTÁRIOS

Uma vez que o recurso ordinário se assemelha à apelação, o CPC/2015 autoriza, expressamente em caso de provimento, que o STF e STJ decidam, desde logo, o mérito do recurso (art. 1.013, § 3º), ainda quando a extinção do processo tenha ocorrido sem resolução do mérito, sempre que a ação estiver em condições de imediato julgamento (art. 1.027, § 2º) (ver, *retro*, as notas referentes ao art. 1.013).

Para o recurso ordinário, os requisitos de admissibilidade são os comuns a qualquer recurso e não aqueles especiais exigidos para o recurso extraordinário e especial. O recurso ordinário não possui efeito suspensivo. Entretanto, o recorrente poderá pedir a suspensão da decisão impugnada com base no art. 1.027, § 2º.

JURISPRUDÊNCIA SELECIONADA

1. Recurso ordinário. Requisitos.

a) Prévio esgotamento da jurisdição da instância ordinária. "Segundo a jurisprudência desta Corte, a interposição de Recurso Ordinário exige o prévio esgotamento da jurisdição da instância ordinária, o que impõe a necessidade de interposição de agravo regimental ou interno, em face da decisão monocrática do relator, a fim de obter o pronunciamento definitivo do órgão colegiado competente. Tal entendimento fundamenta-se no fato de que a decisão unipessoal de Desembargador relator não representa a manifestação do Tribunal Regional Federal ou do Tribunal de Justiça, como exige o art. 105, II, *b*, da Constituição Federal, que disciplina a hipótese de interposição do recurso ordinário em mandado de segurança, quando denegado o *writ*" (STJ, RMS 65.461/SP, Rel. Min. Assusete Magalhães, 2ª Turma, jul. 23.03.2021, *DJe* 08.04.2021).

b) Necessidade de impugnação dos fundamentos da decisão. "É pacífico o entendimento desta Corte no sentido de que a petição do recurso ordinário em mandado de segurança, a teor dos arts. 1.010, II, 1.027, II, e 1.028 do CPC/2015 e 247 do RISTJ, deve apresentar as razões pelas quais o recorrente não se conforma com o acórdão proferido pelo Tribunal de origem. Com efeito, 'no recurso ordinário interposto contra acórdão denegatório de mandado de segurança também se impõe à parte recorrente o ônus de impugnar especificadamente os fundamentos adotados no acórdão, pena de não conhecimento por descumprimento da dialeticidade' (STJ, AgInt nos EDcl no RMS 29.098/MG, Rel. Ministro Mauro Campbell Marques, Segunda Turma, *DJe* de 02.05.2017). Pacífica a jurisprudência desta Corte no sentido de que 'a Súmula nº 283 do STF prestigia o princípio da dialeticidade, por isso não se limita ao recurso extraordinário, também incidindo, por analogia, no recurso ordinário, quando o interessado não impugna, especificamente, fundamento suficiente para a manutenção do acórdão recorrido' (STJ, AgRg no RMS 30.555/MG, Rel. Ministro Og Fernandes, Sexta Turma, *DJe* de 01.08.2012), como no caso" (STJ, RMS 64.840/ES, Rel. Min. Assusete Magalhães, 2ª Turma, jul. 11.05.2021, *DJe* 14.05.2021).

Pretensão recursal que não se volta contra o conteúdo da decisão denegatória do *writ*. Ausência do requisito admissional concernente ao cabimento. "O impetrante, em suas razões de inconformismo, não se volta contra o conteúdo da primeva decisão colegiada que lhe denegou a segurança no mérito; ao invés, seu pedido recursal almeja, única e tão somente, a reforma de posterior acórdão, pelo qual viu indeferido o pedido de homologação de desistência da ação, que formulou após a denegação da ordem. (...) Na espécie, tem-se que o recurso ordinário não se revela vocacionado para revisar o acerto, ou não, de decisão que indefere a homologação da desistência do *writ*, devendo, por consequência, ter seu trânsito bloqueado" (STJ, RMS 64.027/PB, Rel. Min. Sérgio Kukina, 1ª Turma, jul. 02.03.2021, *DJe* 05.03.2021).

2. Juízo de admissibilidade.

Recurso ordinário. Juízo de admissibilidade. Tribunal de origem. Incompetência. Reclamação procedente. "Diante da determinação legal de imediata remessa dos autos do recurso ordinário ao Tribunal Superior, independentemente de juízo prévio de admissibilidade, a negativa de seguimento ao recurso pelo Tribunal *a quo* configura indevida invasão na esfera de competência do STJ, atacável, portanto, pela via da reclamação constitucional" (STJ, Rcl 35.958/CE, Rel. Min. Marco Aurélio Bellizze, Segunda Seção, jul. 10.04.2019, *DJe* 12.04.2019).

3. Legitimidade.

Ministério Público. "Ministério Público Federal. Legitimação ativa para interposição de recurso (CF, art. 127, *caput*. CPC, art. 499). Recurso ordinário em mandado de segurança. O Ministério Público, mesmo não sendo parte no processo de conhecimento, se acha ativamente legitimado para recorrer" (STJ, RMS 2.389/SP, Rel. Min. Adhemar Maciel, 6ª Turma, jul. 30.08.1993, *DJ* 18.10.1993).

4. Cabimento.

a) STJ.

*** Mandado de segurança (inciso II, "a").**

Decisão denegatória. "O recurso ordinário em mandado de segurança é apelo que possui natureza similar à apelação, devolvendo ao Tribunal o conhecimento de toda a matéria alegada na impetração, independentemente de eventual análise pelo Tribunal de origem, principalmente quando se tratar de matéria de ordem pública, que pode ser reconhecida a qualquer tempo. Precedentes" (STJ, AgRg no RMS 12.415/RJ, Rel. Min. Gilson Dipp, 5ª Turma, jul. 27.08.2002, *DJ* 23.09.2002).

"A circunstância do direito local estar na base do pedido não é óbice ao recurso ordinário contra denegação do mandado de segurança" (STJ, RMS 6.682/RJ, Rel. Min. Fontes de Alencar, 6ª Turma, jul. 20.05.2003, *DJ* 02.05.2005).

Decisão denegatória de mandado de segurança que extingue o processo sem julgamento do mérito. "A locução constitucional – 'quando denegatória a decisão' – tem sentido amplo, pois não só compreende as decisões dos tribunais que, apreciando o *meritum causae*, indeferiram o pedido de mandado de segurança, como também abrange aquelas que, sem julgamento do mérito, operam a extinção do processo" (STF, MS 21.112 AgR, Rel. Min. Celso de Mello, Tribunal Pleno, jul. 07.06.1990, *DJ* 29.06.1990). **No mesmo sentido:** STJ, RMS 21.721/RJ, Rel. Min. Teori Albino Zavascki, 1ª Turma, jul. 06.02.2007, *DJ* 22.02.2007.

"Indeferido liminarmente o mandado de segurança e negado provimento ao respectivo agravo regimental, cabe a interposição do recurso ordinário constitucional, eis que não concedida a ordem pretendida" (STJ, RMS 12.695/DF, Rel. Min. Carlos Alberto Menezes Direito, 3ª Turma, jul. 06.09.2001, *DJ* 11.03.2002).

Decisão que concede parcialmente a segurança. "Cabe recurso ordinário do acórdão proferido em única instância por Tribunal de Justiça que concede parcialmente a segurança" (STJ, RMS 17.650/GO, Rel. Min. Arnaldo Esteves Lima, 5ª Turma, jul. 01.03.2005, *DJ* 11.04.2005).

"Em sede de recurso ordinário, esta Corte pode fixar a interpretação de cláusulas contratuais" (STJ, RMS 22.369/DF, Rel. p/ Acórdão Min. Herman Benjamin, 2ª Turma, jul. 05.10.2006, *DJ* 03.04.2007).

5. Não cabimento.

Decisão que defere o mandado de segurança. "Incabível recurso ordinário contra decisão que defere o mandado de segurança" (STJ, RMS 1.172/SP, Rel. Min. Peçanha Martins, 2ª Turma, jul. 05.09.1994, *DJ* 24.10.1994).

Ato do tribunal do trabalho. "Ao Superior Tribunal de Justiça não cabe julgar recurso ordinário em mandado de segurança impetrado contra ato de tribunal do trabalho" (STJ, AgRg no Ag 479.060/MG, Rel. Min. Castro Filho, 3ª Turma, jul. 04.12.2003, *DJ* 19.12.2003).

Decisão monocrática do relator. "A decisão monocrática do relator, que indefere liminarmente a inicial do mandado de segurança é atacável pela via do agravo regimental e não pelo recurso ordinário constitucional, que pressupõe decisão denegatória colegiada do Tribunal. Inteligência do art. 105, II, 'b', da Constituição Federal" (STJ, RMs 12.117/SC, Rel. Min. Jorge Scartezzini, 4ª Turma, *DJe* 06.12.2004).

"Não cabe o recurso ordinário, previsto no art. 105, II, 'b', da Constituição Federal, contra decisão proferida em agravo regimental que manteve decisão indeferitória de medida liminar em mandado de segurança" (STJ, RMS 11.310/CE, Rel. Min. Felix Fischer, 5ª Turma, jul. 08.02.2000, *DJ* 28.02.2000).

"Inadmissível recurso ordinário contra acórdão do Tribunal que mantém decisão de primeiro grau denegatória da segurança" (STJ, RMS 15.121/SC, Rel. Min. Francisco Peçanha Martins, 2ª Turma, jul. 17.08.2004, *DJ* 18.10.2004).

Ausência de exaurimento de instância. "Não se conhece de recurso ordinário, por ausência de exaurimento da instância, quando interposto contra decisão de relator que, monocraticamente, rejeita embargos declaratórios. Precedentes" (STJ, RMS 11.659/RO, Rel. Min. Maria Thereza de Assis Moura, 6ª Turma, jul. 30.08.2007, *DJ* 17.09.2007).

Acórdão que julga recurso ordinário. "É incabível a interposição de recurso ordinário contra acórdão que julgou recurso ordinário" (STJ, AgRg no RO no RMS 28.625/SP, Rel. Min. Ari Pargendler, Corte Especial, jul. 01.09.2010, *DJe* 25.10.2010).

Juizados especiais. "Compete ao Superior Tribunal de Justiça julgar, em recurso ordinário, quando a decisão for denegatória, os mandados de segurança decididos em única instância pelos Tribunais Regionais Federais ou pelos Tribunais dos Estados, do Distrito Federal e Territórios – arts. 105, II, 'b', da CF e 539, II, 'a', do CPC [art. 1.027, II, *a*, do CPC/2015]. Não se enquadram nesse dispositivo decisões proferidas por **Turma Recursal dos Juizados Especiais**" (STJ, AgRg nos EDcl no Ag 1.070.947/RJ, Rel. Min. Castro Meira, 2ª Turma, jul. 03.09.2009, *DJe* 28.09.2009).

Mandado de injunção. "Incabível o recurso ordinário interposto contra decisão denegatória de mandado de injunção, proferida por tribunal de justiça estadual. A irresignação poderia ser manifestada através de recurso extraordinário ou especial, conforme previsto na constituição" (STJ, Pet. 192/SP, Rel. Min. Hélio Mosimann, 2ª Turma, jul. 25.05.1994, *DJ* 20.06.1994).

Recurso adesivo. "Não é cabível recurso adesivo no recurso ordinário em mandado de segurança. Precedentes desta Corte" (STJ, RMS 18.515/SE, Rel. Min. Laurita Vaz, 5ª Turma, jul. 03.11.2009, *DJe* 30.11.2009).

6. Efeitos.

a) Efeito suspensivo.

Concessão de efeito suspensivo a recurso ordinário. Trâmite no tribunal de origem não encerrado. Competência do STJ. Excepcionalidade. "A competência do STJ para analisar o pedido de atribuição de efeito suspensivo a recurso ordinário constitucional nasce após a conclusão da tramitação do recurso no Tribunal de origem (arts. 1.027, § 2º, e 1.029, § 5º, III, do CPC/2015). Excepcionalmente, é possível o exame do pedido de tutela provisória diretamente por este Tribunal caso evidenciada a teratologia da decisão impugnada e, cumulativamente, se estiverem presentes a plausibilidade do direito alegado e o risco de dano irreparável ou de difícil reparação" (STJ, AgInt no TP 2.522/AM, Rel. Min. Nancy Andrighi, 3ª Turma, jul. 01.03.2021, *DJe* 03.03.2021).

Esta Corte admite, em circunstâncias específicas e excepcionais, a concessão de efeito suspensivo a recurso ordinário, desde que utilizada, pelo interessado, a competente medida cautelar, devendo, ainda, ser demonstrada a ocorrência do *fumus boni iuris* e do *periculum in mora*. Precedentes. Presentes os pressupostos autorizativos para a concessão de efeito suspensivo para o recurso ordinário em mandado de segurança, a liminar deve ser deferida" (STJ, AgRg na MC 15.542/PR, Rel. Min. Jorge Mussi, 5ª Turma, jul. 08.09.2009, *DJe* 13.10.2009). **No mesmo**

sentido: STJ, MC 11.055/RS, Rel. Min. Luiz Fux, 1ª Turma, jul. 16.05.2006, *DJ* 08.06.2006; STJ, MC 1.012/SP, 3ª Turma, Rel. Min. Waldemar Zveiter, jul. 14.10.1997, *DJU* 31.08.1998.

b) Efeito devolutivo.

"O recurso ordinário em mandado de segurança é apelo que possui natureza similar à apelação, devolvendo ao Tribunal o conhecimento de toda a matéria alegada na impetração, independentemente de eventual análise pelo Tribunal de origem, principalmente quando se tratar de matéria de ordem pública, que pode ser reconhecida a qualquer tempo" (STJ, RMS 18.433/MA, Rel. Min. Gilson Dipp, 5ª Turma, jul.17.02.2005, *DJ* 28.02.2005). **No mesmo sentido:** STJ, RMS 21.925/SP, Rel. p/ Acórdão Min. Benedito Gonçalves, 1ª Turma, jul. 16.12.2008, *DJe* 18.03.2009; STF, RMS 27.434, Rel. Min. Marco Aurélio, 1ª Turma, jul. 24.08.2010, *DJe* 15.02.2011.

c) Efeito translativo.

Matéria de ordem pública. "Em face do efeito translativo dos recursos ordinários e do princípio da economia processual, deve o órgão julgador, de ofício, extinguir o processo sem resolução de mérito por ilegitimidade de parte, por se tratar de matéria de ordem pública, capaz de gerar a rescindibilidade do julgado. Precedentes" (STJ, RMS 23.571/RJ, Rel. Min. Castro Meira, 2ª Turma, jul. 06.11.2007, *DJ* 21.11.2007).

"Decreta-se de ofício, em grau de recurso ordinário em mandado de segurança, a nulidade de acórdão *extra petita*, pois, tratando-se de questão de ordem pública, deve ser conhecida na ampla devolutividade do recurso ordinário constitucional, independentemente de pedido da parte" (STJ, RMS 4.900/SE, Rel. Min. Adhemar Maciel, 6ª Turma, jul. 13.05.1996, *DJ* 24.06.1996).

d) Duplo efeito.

Não cabimento. "Não cabe reclamação contra decisão do Tribunal '*a quo*', recebendo, no duplo efeito, recurso ordinário" (STJ, AgRg na Rcl 106/CE, Rel. Min. Humberto Gomes de Barros, 1ª Seção, jul. 16.06.1992, *DJ* 17.08.1992).

7. Princípio da fungibilidade.

Recurso extraordinário interposto contra decisão denegatória de mandado de segurança. Erro grosseiro. "Hipótese de cabimento apenas do recurso ordinário (CPC, art. 1.027, II, 'a' c/c CF, art. 105, II, 'b'). Erro grosseiro. Princípio da fungibilidade recursal. Inaplicabilidade" (STF, ARE 1.047.026 AgR, Rel. Min. Celso de Mello, 2ª Turma, jul. 01.09.2017, *DJe* 22.09.2017).

Recurso especial. "Considera-se erro grosseiro e inescusável a interposição de recurso especial no lugar de recurso ordinário constitucionalmente previsto, razão pela qual não há como ser aplicado o princípio da fungibilidade. Precedentes: AgRg no Ag 1.167.840/MS, Rel. Ministro Arnaldo Esteves Lima, Quinta Turma, *DJe* 16.11.2009; REsp 1.011.423/GO, Rela. Ministra Eliana Calmon, Segunda Turma, *DJe* 25.06.2009; AgRg no Ag 826.575/SP, Rela. Ministra Jane Silva, Sexta Turma, *DJe* 19.5.2008; RMS 20.980/SP, Rel. Ministra Laurita Vaz, Quinta Turma, *DJe* 12/5/2008" (STJ, AgRg no RMS 32.817/RJ, Rel. Min. Benedito Gonçalves, 1ª Turma, jul. 28.06.2011, *DJe* 01.07.2011).

Interposição de apelação cível ao tribunal local em vez de recurso ordinário ao STJ. Aplicação do princípio da fungibilidade. Impossibilidade. Erro grosseiro. "Constitui erro grosseiro a interposição de Apelação Cível, dirigida ao Tribunal Regional Federal, quando se trata de hipótese de cabimento de Recurso Ordinário ao STJ. Precedentes: AgRg no RO 130/RR, Rel. Ministra Maria Isabel Gallotti, Quarta Turma, *DJe* 28.10.2014; AgRg no RO 59/RJ, Rel. Ministra Maria Isabel Gallotti, Quarta Turma, *DJe* 8.10.2012; AgRg no REsp 1.135.494/RJ, Rel. Ministro Marco Buzzi, Quarta Turma, *DJe* 9.4.2012; RO 77/SC, Rel. Ministra Nancy Andrighi, Terceira Turma, *DJe* 21.5.2009)" (STJ, AC 47/RS, Rel. Min. Herman Benjamin, 2ª Turma, jul. 20.02.2018, *DJe* 14.11.2018). **No mesmo sentido:** STJ, Pet na Pet 14056/PE, Rel. Min. Benedito Gonçalves, 1ª Turma, jul. 06.04.2021, *DJe* 09.04.2021.

Apelação em mandado de segurança. Fungibilidade. Recebimento como recurso especial. Descabimento. "O recurso ordinário a esta Corte manejado contra apelação em mandado de segurança é descabido. Inexiste fungibilidade recursal entre as vias ordinária e especial, ante a ausência de dúvida objetiva patente sobre as hipóteses de cabimento das espécies recursais. A tática confessadamente deliberada de manejar-se o recurso ordinário com o intuito de afastar a incidência da Súmula n. 7/STJ ('A pretensão de simples reexame de prova não enseja recurso especial.') revela-se particularmente afrontosa ao Poder Judiciário. A competência desta (e de outras) Cortes se afirma pelo ordenamento constitucional e suas derivações, não pela estratégia processual articulada pelas partes" (STJ, AgInt no RMS 66.905/SP, Rel. Min. Og Fernandes, 2ª Turma, jul. 22.03.2022, *DJe* 05.04.2022).

Apelação. "Recurso ordinário de mandado de segurança: cabimento: **o simples erro material de grafia** – apelação ao invés de recurso – não é suficiente para configurar erro grosseiro, uma vez que o recurso apresentado não invocou os dispositivos referentes à apelação (art. 513 e seguintes, C.Pr.Civil)" (STF, RMS 26.371, Rel. Min. Sepúlveda Pertence, 1ª Turma, jul. 26.04.2007, *DJe* 18.05.2007). **No mesmo sentido:** STJ, RMS 20.652/MT, Rel. Min. Arnaldo Esteves Lima, 5ª Turma, jul. 03.04.2007, *DJ* 07.05.2007. **Em sentido contrário:** "Para que seja cabível invocar o princípio da fungibilidade recursal é necessário que: (i) haja dúvida objetiva sobre o recurso cabível; (ii) não se verifique erro grosseiro da parte; (iii) sejam compatíveis os prazos para a interposição dos recursos. O recurso ordinário, cabível para os processos nos quais seja parte organismo internacional, encontra previsão expressa, tanto na CF/88 como no CPC. Não há, portanto, dúvida objetiva que justifique o aproveitamento do recurso de apelação equivocadamente apresentado pela parte" (STJ, RO 77/SC, Rel. Min. Nancy Andrighi, 3ª Turma, jul. 14.04.2009, *DJe* 21.05.2009).

8. Agravo de instrumento ao STJ (§ 1º).

Interposição no STJ. Descabimento. "As hipóteses de agravo para o Superior Tribunal de Justiça são aquelas previstas nos arts. 1.027, § 1º, e 1.042 do CPC/2015, razão pela qual é manifestamente incabível seu manejo no caso dos autos, em que há impugnação de decisão interlocutória proferida em sede de cumprimento de sentença, de competência originária do Tribunal de Justiça" (STJ, AgInt no Ag 1434319/GO, Rel. Min. Gurgel de Faria, 1ª Turma, jul. 15.06.2020, *DJe* 22.06.2020).

Cabimento. "O Superior Tribunal de Justiça possui competência para apreciar agravo de instrumento em duas únicas hipóteses, quais sejam, quando formulado contra provimento que não admite processamento de recurso especial (artigo 544 do CPC) e nas decisões interlocutórias proferidas nas causas em que são partes, de um lado, Estado estrangeiro ou organismo internacional e, do outro, Município ou pessoa residente ou domiciliada no País (artigo 539, II, 'b' e parágrafo único, do CPC) [art. 1.027, II, *b*, do CPC/2015]" (STJ, AgRg no Ag. 1.068.872/MG, Rel. Min. Paulo Gallotti, 6ª Turma, jul. 30.10.2008, *DJe* 24.11.2008). **No mesmo sentido:** STJ, PET no REsp 1.211.913/MT, Rel. Min. Humberto Martins, 2ª Turma, jul. 09.08.2011, *DJe* 17.08.2011; STJ, Ag 1.118.724/RS, Rel. Min. Nancy Andrighi, 3ª Turma, jul. 16.09.2010, *DJe* 02.03.2011.

Prazo recursal. "O prazo recursal do Estado estrangeiro não é interrompido ou suspenso pela apresentação, no decêndio legal, do agravo na Secretaria de Tribunal incompetente para processá-lo e julgá-lo" (STJ, Ag 410.661/DF, Rel. Min. Carlos Alberto Menezes Direito, 3ª Turma, jul. 21.02.2002, *DJ* 01.04.2002).

9. Teoria da causa madura (§ 2º).

Inexistência de *reformatio in pejus*. "Como o presente recurso foi interposto na vigência do CPC/2015 e a recorrente pugna pelo seu provimento para que seja ordenada a suspensão do ato coator com o restabelecimento da pensão, aplica-se ao caso a teoria da causa madura, nos termos do art. 1.027,

§ 2º, da citada codificação. Cabe ressaltar que o Superior Tribunal de Justiça reconhece a possibilidade de substituição de um julgado extintivo, sem julgamento de mérito, por outro com julgamento de mérito, igualmente desfavorável, sem que tal represente reforma em prejuízo contra o recorrente. Isso porque se reconhece que o julgamento de mérito que a Corte superior faz, em tal oportunidade, é o mesmo que faria se mandasse o processo de volta ao órgão julgador *a quo*, onde receberia julgado de mérito com posterior remessa a este Tribunal Superior. Além disso se entende que, ao se insurgir contra a sentença terminativa, o recorrente tem ciência do risco de seu apelo ter seu mérito julgado desfavoravelmente, de modo que a piora substancial que se impuser ao recorrente é inerente ao sistema. Tendo ele conhecimento das regras, não há infração ao devido processo legal. Precedentes" (STJ, RMS 59.709/RS, Rel. Min. Herman Benjamin, 2ª Turma, jul. 19.05.2020, *DJe* 25.06.2020).

10. Recurso cabível em face da decisão de Tribunal local que inadmite recurso ordinário.

Agravo regimental. "Tratando-se de decisão interlocutória proferida pelo presidente do tribunal de justiça do distrito federal e territórios, que indeferiu o processamento de recurso ordinário em mandado de segurança, o recurso cabível é o agravo regimental a ser julgado por órgão fracionário daquele pretório e não agravo de instrumento perante esta corte, porquanto tem suas hipóteses taxativas previstas no CPC (art. 544 e parágrafos) [art. 1.042 do CPC/2015], das quais não se pode fugir" (STJ, AgRg no Ag 59.202/DF, Rel. Min. Fernando Gonçalves, 6ª Turma, jul. 18.03.1997, *DJ* 22.04.1997).

Agravo de instrumento. Admissibilidade. "Portanto, é recorrível a decisão de tribunal local que nega seguimento a recurso ordinário constitucional, sendo cabível, no caso, o agravo de instrumento disciplinado no art. 544 do CPC [art. 1.042 do CPC/2015]. Aplicação da analogia e do princípio da adequação das formas" (STJ, EDcl no Ag 1.075.509/MT, Rel. p/ Acórdão Min. Teori Albino Zavascki, 1ª Turma, jul. 04.11.2008, *DJe* 04.02.2009).

Agravo de instrumento. Inadmissibilidade. "Este Superior Tribunal de Justiça possui entendimento no sentido de não ser cabível a interposição de agravo de instrumento para esta Corte contra decisão que inadmite recurso ordinário, nos termos dos arts. 539, parágrafo único [art. 1.027, § 1º, do CPC/2015], e 544 do Código de Processo Civil" [art. 1.042 do CPC/2015] (STJ, AgRg no Ag 936.690/MG, Rel. Min. Fernando Gonçalves, 4ª Turma, jul. 25.09.2007, *DJ* 15.10.2007). **No mesmo sentido:** STJ, AgRg no AgRg no Ag 554.328/MT, Rel. Min. Arnaldo Esteves Lima, 5ª Turma, jul. 15.09.2005, *DJ* 24.10.2005.

Art. 1.028. Ao recurso mencionado no art. 1.027, inciso II, alínea "b", aplicam-se, quanto aos requisitos de admissibilidade e ao procedimento, as disposições relativas à apelação e o Regimento Interno do Superior Tribunal de Justiça.

§ 1º Na hipótese do art. 1.027, § 1º, aplicam-se as disposições relativas ao agravo de instrumento e o Regimento Interno do Superior Tribunal de Justiça.

§ 2º O recurso previsto no art. 1.027, incisos I e II, alínea "a", deve ser interposto perante o tribunal de origem, cabendo ao seu presidente ou vice-presidente determinar a intimação do recorrido para, em 15 (quinze) dias, apresentar as contrarrazões.

§ 3º Findo o prazo referido no § 2º, os autos serão remetidos ao respectivo tribunal superior, independentemente de juízo de admissibilidade.

CPC/1973

Art. 540.

BREVES COMENTÁRIOS

O recurso ordinário deve ser interposto perante o Tribunal Superior de origem. Ao receber o recurso, o presidente ou vice-presidente intimará o recorrido para que, em quinze dias, apresente suas contrarrazões (CPC/2015, art. 1.028, § 2º). O contraditório, destarte, será realizado no órgão *ad quem*.

Findo o prazo de contrarrazões, os autos serão remetidos ao STF ou STJ, "independentemente de juízo de admissibilidade" (art. 1.028, § 3º). Tal como se dá com a apelação e o agravo de instrumento, o novo Código aboliu o juízo de admissibilidade provisório, já que o exame do cabimento do recurso foi atribuído unicamente ao tribunal *ad quem*. Desta forma, a sistemática do CPC/2015 é a de um só juízo de admissibilidade.

JURISPRUDÊNCIA SELECIONADA

1. Recurso ordinário em mandado de segurança. Cabimento. Preservação da competência do STJ. Juízo de admissibilidade. Tribunal de origem. Incompetência. Reclamação procedente. "A reclamação é via própria para preservar a competência do Superior Tribunal de Justiça. O recurso ordinário, consectário direto do duplo grau de jurisdição, tem a mesma natureza jurídica do recurso de apelação, razão pela qual a ele se aplicava, analogicamente, o procedimento de julgamento da apelação, previsto no CPC/1973. O atual sistema processual, além de alterar o processamento dos recursos de apelação, passou a dispor expressamente da sistemática aplicável ao recebimento e processamento dos recursos ordinários. Diante da determinação legal de imediata remessa dos autos do recurso ordinário ao Tribunal Superior, independentemente de juízo prévio de admissibilidade, a negativa de seguimento ao recurso pelo Tribunal *a quo* configura indevida invasão na esfera de competência do STJ, atacável, portanto, pela via da reclamação constitucional." (STJ, Rcl 35.958/CE, Rel. Min. Marco Aurélio Bellizze, 2ª Seção, jul. 10.04.2019, *DJe* 12.04.2019).

2. Recurso ordinário constitucional em Habeas Corpus. Tempestividade. Prazo específico previsto em lei especial. "(...) Assim, o prazo para interposição de recurso ordinário em habeas corpus, ainda que se trate de matéria não criminal, continua sendo de 5 dias, nos termos do art. 30 da Lei nº 8.038/1990, não se aplicando à hipótese os arts. 1.003, §5º, e 994, V, ambos do CPC/15." (STJ, RHC 109.330/MG, Rel.ª Min.ª Nancy Andrighi, 3ª Turma, jul. 09.04.2019, *DJe* 12.04.2019).

3. Requisitos de admissibilidade. "Os requisitos de admissibilidade do recurso ordinário em mandado de segurança são os mesmos da apelação (inteligência do artigo 540 do CPC), [art. 1.028 do CPC/2015] sendo aquele, portanto, recurso de fundamentação livre, no qual é possível apontar as razões pelas quais se entende que a decisão recorrida deve ser reformada, sem as limitações a que se sujeitam as demais espécies recursais destinadas às Cortes Superiores" (STJ, RMS 29.700/GO, Rel. Min. Benedito Gonçalves, 1ª Turma, jul. 03.09.2009, *DJe* 16.09.2009). **No mesmo sentido:** STJ, RMS 19.879/RJ, Rel. Min. Paulo Medina, 6ª Turma, jul. 06.10.2005, *DJ* 21.11.2005.

"A orientação majoritária nesta Corte Superior é no sentido de que a petição do recurso ordinário em mandado de segurança, a teor do que dispõem os arts. 514, inc. II, 539, inc. II, e 540, todos do Código de Processo Civil [arts. 1.010, II, 1.027, II, e 1.028 do CPC/2015] e 247 do RISTJ, deve apresentar de modo adequado as razões pelas quais o recorrente não se conforma com o acórdão proferido pelo Tribunal de origem, o que não se verificou na hipótese" (STJ, RMS 33.788/GO, Rel. Min. Mauro Campbell Marques, 2ª Turma, jul. 15.09.2011, *DJe* 21.09.2011).

Custas de remessa e porte de retorno dos autos. "O não recolhimento das custas de remessa e porte de retorno, no ato da interposição do recurso ou dentro do prazo recursal, enseja a pena de deserção e o consequente não conhecimento do mesmo por esta Corte. Todos os requisitos da apelação, previstos no Código de Processo Civil, são aplicáveis ao Recurso Ordinário. Inteligência do art. 511 do Estatuto Processual Civil (com a redação que lhe deu a Lei nº 9.139/95) [art. 1.007 do CPC/2015] c/c o art. 34, da Lei nº 8.038/90. Aplicação da Súmula 187/STJ. Precedentes (REsp nº 187.368/SP; RMS nºs 6.441/DF, 9.212/MG e 8.039/ES)" (STJ, RMS 11.408/GO, Rel. Min. Jorge Scartezzini, 5ª Turma, jul. 26.09.2000, *DJ* 13.11.2000). **No mesmo sentido:** STJ, RMS 14.949/MG, Rel. Min. Felix Fischer, 5ª Turma, jul. 11.03.2003, *DJ* 28.04.2003; STJ, RMS 9.692/ES, Rel.ª Min.ª Laurita Vaz, 2ª Turma, jul. 03.10.2002, *DJ* 11.11.2002.

4. Causa madura. "Aplica-se o regime da Apelação ao Recurso Ordinário (CPC, art. 540) [art. 1.028 do CPC/2015], permitindo ao Tribunal o julgamento imediato da causa madura, conforme o art. 515, § 3º, do CPC [art. 1.013, § 3º, do CPC/2015]" (STJ, RMS 20.541/SP, Rel. Min. Humberto Gomes de Barros, 3ª Turma, jul. 08.03.2007, *DJ* 28.05.2007).

☆ INDICAÇÃO DOUTRINÁRIA

Arruda Alvim. *Novo contencioso cível no CPC/2015*. São Paulo: Revista dos Tribunais, 2016; Cassio Scarpinella Bueno, *Manual de direito processual civil*, São Paulo: Saraiva, 2015; Cristiano Simão Miller. O Recurso Ordinário em Mandado de Segurança e o novo Código de Processo Civil. In: Fredie Didier Jr. (coord.). *Processo nos Tribunais e Meios de Impugnação às Decisões Judiciais*. 2. ed. Salvador: JusPodivm, 2016, p. 949; Daniel Amorim Assumpção Neves, *Manual de direito processo civil*, São Paulo: Método, 2015; Fredie Didier Jr., *Curso de direito processual civil*, 17. ed., Salvador: JusPodivm, 2015, v. I; Guilherme Rizzo Amaral, *Comentários às alterações do novo CPC*, São Paulo: Revista dos Tribunais, 2015; Humberto Theodoro Junior, *Curso de direito processual civil. 54. ed.*, Rio de Janeiro: Forense, 2021, v. III; Humberto Theodoro Junior, Fernanda Alvim Ribeiro de Oliveira, Ester Camila Gomes Norato Rezende (coord.), *Primeiras lições sobre o novo direito processual civil brasileiro*, Rio de Janeiro: Forense, 2015; J. E. Carreira Alvim, *Comentários ao novo Código de Processo Civil*, Curitiba: Juruá, 2015; João Francisco Naves da Fonseca, In: Teresa Arruda Alvim Wambier, Fredie Didier Jr., Eduardo Talamini, Bruno Dantas, *Breves comentários ao novo Código de Processo Civil*, São Paulo: Revista dos Tribunais, 2015; José Miguel Garcia Medina, *Novo Código de Processo Civil comentado*, São Paulo: Revista dos Tribunais, 2015; Leonardo Greco, *Instituições de processo civil: introdução ao direito processual civil*, 5. ed., Rio de Janeiro: Forense, 2015; Luis Antônio Giampaulo Sarro, *Novo Código de Processo Civil*, São Paulo: Rideel, 2015; Luis Guilherme Aidar Bondioli. *In* José Roberto F. Gouvêa; Luis Guilherme A. Bondioli e João Francisco N da Fonseca (coord.). Comentários ao Código de Processo Civil. 2. ed., São Paulo: Saraiva, 2017, v. 20; Luiz Fernando Valladão Nogueira. *Recursos e procedimentos nos Tribunais no novo Código de Processo Civil*. Belo Horizonte: D' Plácido, 2016; Luiz Guilherme Marinoni, Sérgio Cruz Arenhart, Daniel Mitidiero, *Curso de processo civil*, São Paulo: Revista dos Tribunais, 2015, v. I; Luiz Guilherme Marinoni; Daniel Mitidiero. *In* Sérgio Cruz Arenhart e Daniel Mitidiero (coord.). *Comentários ao Código de Processo Civil*. 2. ed., São Paulo: Editora Revista dos Tribunais, 2018, v. 16; Nelson Nery Junior, Rosa Maria de Andrade Nery, *Comentários ao Código de Processo Civil*, São Paulo: Revista dos Tribunais, 2015; Teresa Arruda Alvim Wambier, Fredie Didier Jr., Eduardo Talamini, Bruno Dantas (coord.), *Breves comentários ao novo Código de Processo Civil*, São Paulo: Revista dos Tribunais, 2015; Teresa Arruda Alvim Wambier, Maria Lúcia Lins Conceição, Leonardo Ferres da Silva Ribeiro, Rogério Licastro Torres de Melo, *Primeiros comentários ao novo Código de Processo Civil*, São Paulo: Revista dos Tribunais, 2015.

Seção II
Do Recurso Extraordinário e do Recurso Especial
Subseção I
Disposições Gerais

Art. 1.029. O recurso extraordinário e o recurso especial, nos casos previstos na Constituição Federal, serão interpostos perante o presidente ou o vice-presidente do tribunal recorrido, em petições distintas que conterão:

I – a exposição do fato e do direito;

II – a demonstração do cabimento do recurso interposto;

III – as razões do pedido de reforma ou de invalidação da decisão recorrida.

§ 1º Quando o recurso fundar-se em dissídio jurisprudencial, o recorrente fará a prova da divergência com a certidão, cópia ou citação do repositório de jurisprudência, oficial ou credenciado, inclusive em mídia eletrônica, em que houver sido publicado o acórdão divergente, ou ainda com a reprodução de julgado disponível na rede mundial de computadores, com indicação da respectiva fonte, devendo-se, em qualquer caso, mencionar as circunstâncias que identifiquem ou assemelhem os casos confrontados.

§ 2º (Revogado pela Lei nº 13.256, de 04.02.2016).

§ 3º O Supremo Tribunal Federal ou o Superior Tribunal de Justiça poderá desconsiderar vício formal de recurso tempestivo ou determinar sua correção, desde que não o repute grave.

§ 4º Quando, por ocasião do processamento do incidente de resolução de demandas repetitivas, o presidente do Supremo Tribunal Federal ou do Superior Tribunal de Justiça receber requerimento de suspensão de processos em que se discuta questão federal constitucional ou infraconstitucional, poderá, considerando razões de segurança jurídica ou de excepcional interesse social, estender a suspensão a todo o território nacional, até ulterior decisão do recurso extraordinário ou do recurso especial a ser interposto.

§ 5º O pedido de concessão de efeito suspensivo a recurso extraordinário ou a recurso especial poderá ser formulado por requerimento dirigido:

I – ao tribunal superior respectivo, no período compreendido entre a publicação da decisão de admissão do recurso e sua distribuição, ficando o relator designado para seu exame prevento para julgá-lo; (Redação dada pela Lei nº 13.256, de 04.02.2016)

II - ao relator, se já distribuído o recurso;

III – ao presidente ou ao vice-presidente do tribunal recorrido, no período compreendido entre a interposição do recurso e a publicação da decisão de admissão do recurso, assim como no caso de o recurso ter sido sobrestado, nos termos do art. 1.037. (Redação dada pela Lei nº 13.256, de 04.02.2016)

REDAÇÃO PRIMITIVA DO CPC/2015

Art. 1.029 (...)

§ 2º Quando o recurso estiver fundado em dissídio jurisprudencial, é vedado ao tribunal inadmiti-lo com base em fundamento genérico de que as circunstâncias fáticas são diferentes, sem demonstrar a existência da distinção.

(...)

§ 5º O pedido de concessão de efeito suspensivo a recurso extraordinário ou a recurso especial poderá ser formulado por requerimento dirigido:

I – ao tribunal superior respectivo, no período compreendido entre a interposição do recurso e sua distribuição, ficando o relator designado para seu exame prevento para julgá-lo;

(...)

III – ao presidente ou vice-presidente do tribunal local, no caso de o recurso ter sido sobrestado, nos termos do art. 1.037.

CPC/1973

Art. 541.

REFERÊNCIA LEGISLATIVA

CF, art. 102, III:

"Art. 102. Compete ao Supremo Tribunal Federal, precipuamente, a guarda da Constituição, cabendo-lhe: (...)

III – julgar, mediante recurso extraordinário, as causas decididas em única ou última instância, quando a decisão recorrida:

a) contrariar dispositivo desta Constituição;

b) declarar a inconstitucionalidade de tratado ou lei federal;

c) julgar válida lei ou ato de governo local contestado em face desta Constituição;

d) julgar válida lei local contestada em face de lei federal.

§ 1º A arguição de descumprimento de preceito fundamental, decorrente desta Constituição, será apreciada pelo Supremo Tribunal Federal, na forma da lei.

§ 2º As decisões definitivas de mérito, proferidas pelo Supremo Tribunal Federal, nas ações diretas de inconstitucionalidade e nas ações declaratórias de constitucionalidade produzirão eficácia contra todos e efeito vinculante, relativamente aos demais órgãos do Poder Judiciário e à administração pública direta e indireta, nas esferas federal, estadual e municipal.

§ 3º No recurso extraordinário o recorrente deverá demonstrar a repercussão geral das questões constitucionais discutidas no caso, nos termos da lei, a fim de que o Tribunal examine a admissão do recurso, somente podendo recusá-lo pela manifestação de dois terços de seus membros (Incluída pela Emenda Constitucional nº 45, de 08.12.2004)";

CF, art. 105, III:

"Art. 105. Compete ao Superior Tribunal de Justiça: (...)

III – julgar, em recurso especial, as causas decididas, em única ou última instância, pelos Tribunais Regionais Federais ou pelos tribunais dos Estados, do Distrito Federal e Territórios, quando a decisão recorrida:

a) contrariar tratado ou lei federal, ou negar-lhes vigência;

b) julgar válido ato de governo local contestado em face de lei federal;

c) der a lei federal interpretação divergente da que lhe haja atribuído outro tribunal".

CPC, arts. 498 (interposição simultânea de recursos; sobrestamento do recurso especial); 1.035 (repercussão geral do recurso extraordinário).

Lei nº 9.800, de 26.05.1999 (Fax – ver Legislação Especial).

Resolução do STF nº 179, de 26.07.1999 (Fax – ver Legislação Especial).

Regimento Interno do STJ, art. 257: "No julgamento do recurso especial, verificar-se-á, preliminarmente, se o recurso é cabível. Decidida a preliminar pela negativa, a Turma não conhecerá do recurso; se pela afirmativa, julgará a causa aplicando o direito à espécie".

SÚMULAS

Súmulas do STF relativas ao recurso extraordinário (aplicáveis também ao recurso especial):

nº 279: "Para simples reexame de prova não cabe recurso extraordinário".

nº 280: "Por ofensa a direito local não cabe recurso extraordinário".

nº 281: "É inadmissível o recurso extraordinário, quando couber na justiça de origem, recurso ordinário da decisão impugnada".

nº 282: "É inadmissível o recurso extraordinário, quando não ventilada, na decisão recorrida, a questão federal suscitada".

nº 283: "É inadmissível o recurso extraordinário, quando a decisão recorrida assenta em mais de um fundamento suficiente e o recurso não abrange todos eles".

nº 284: "É inadmissível o recurso extraordinário, quando a deficiência na sua fundamentação não permitir a exata compreensão da controvérsia".

nº 285: "Não sendo razoável a arguição de inconstitucionalidade, não se conhece do recurso extraordinário fundado na letra c do art. 101, III, da Constituição Federal." **Obs.:** arts. 102, III, *c*, e 105, III, *b*, CF/1988.

nº 289: "O provimento do agravo, por uma das Turmas do Supremo Tribunal Federal, ainda que sem ressalva, não prejudica a questão do cabimento do recurso extraordinário".

nº 292: "Interposto o recurso extraordinário por mais de um dos fundamentos indicados no art. 101, nº III, da Constituição, a admissão apenas por um deles não prejudica o seu conhecimento por qualquer dos outros". **Obs.:** art. 102, III, CF/1988.

nº 322: "Não terá seguimento pedido ou recurso dirigido ao Supremo Tribunal Federal, quando manifestamente incabível, ou apresentado fora do prazo, ou quando for evidente a incompetência do Tribunal".

nº 355: "Em caso de embargos infringentes parciais, é tardio o recurso extraordinário interposto após o julgamento dos embargos, quanto à parte da decisão embargada que não fora por eles abrangida".

nº 356: "O ponto omisso da decisão, sobre o qual não foram opostos embargos declaratórios, não pode ser objeto de recurso extraordinário, por faltar o requisito do prequestionamento".

nº 389: "Salvo limite legal, a fixação de honorários de advogado, em complemento da condenação, depende das circunstâncias da causa, não dando lugar a recurso extraordinário".

nº 399: "Não cabe recurso extraordinário, por violação de lei federal, quando a ofensa alegada for a regimento de tribunal".

nº 400: "Decisão que deu razoável interpretação à lei, ainda que não seja a melhor, não autoriza recurso extraordinário pela letra a, do art. 101, III, da Constituição Federal." **Obs.:** arts. 102, III, *a*, e 105, III, *a*, CF/1988.

nº 454: "Simples interpretação de cláusulas contratuais não dá lugar a recurso extraordinário".

nº 456: "O Supremo Tribunal Federal, conhecendo do recurso extraordinário, julgará a causa, aplicando o direito à espécie".

nº 505: "Salvo quando contrariarem a Constituição, não cabe recurso para o Supremo Tribunal Federal, de quaisquer decisões da Justiça do Trabalho, inclusive dos presidentes de seus Tribunais".

nº 513: "A decisão que enseja a interposição de recurso ordinário ou extraordinário não é a do plenário, que resolve o incidente de inconstitucionalidade, mas a do órgão (Câmaras, Grupos ou Turmas) que completa o julgamento do feito".

nº 528: "Se a decisão contiver partes autônomas, a admissão parcial, pelo Presidente do Tribunal *a quo*, de recurso extraordinário que sobre qualquer delas se manifestar, não limitará a apreciação de todas pelo Supremo Tribunal Federal, independentemente de interposição de agravo de instrumento".

nº 634: "Não compete ao Supremo Tribunal Federal conceder medida cautelar para dar efeito suspensivo a recurso extraordinário que ainda não foi objeto de juízo de admissibilidade na origem".

nº 635: "Cabe ao Presidente do Tribunal de origem decidir o pedido de medida cautelar em recurso extraordinário ainda pendente do seu juízo de admissibilidade".

nº 636: "Não cabe recurso extraordinário por contrariedade ao princípio constitucional da legalidade, quando a sua verificação pressuponha rever a interpretação dada a normas infraconstitucionais pela decisão recorrida".

nº 637: "Não cabe recurso extraordinário contra acórdão de Tribunal de Justiça que defere pedido de intervenção estadual em Município".

nº 640: "É cabível recurso extraordinário contra decisão proferida por juiz de primeiro grau nas causas de alçada, ou por turma recursal de juizado especial cível e criminal".

nº 728: "É de três dias o prazo para a interposição de recurso extraordinário contra decisão do Tribunal Superior Eleitoral, contado, quando for o caso, a partir da publicação do acórdão, na própria sessão de julgamento, nos termos do art. 12 da Lei nº 6.055/74, que não foi revogado pela Lei nº 8.950/94".

nº 733: "Não cabe recurso extraordinário contra decisão proferida no processamento de precatórios".

nº 735: "Não cabe recurso extraordinário contra acórdão que defere medida liminar".

Súmulas do STJ relativas ao recurso especial:

nº 5: "A simples interpretação de cláusula contratual não enseja recurso especial".

nº 7: "A pretensão de simples reexame de prova não enseja recurso especial".

nº 13: "A divergência de julgados do mesmo tribunal não enseja recurso especial".

nº 83: "Não se conhece do recurso especial pela divergência quando a orientação do Tribunal se firmou no mesmo sentido da decisão recorrida".

nº 86: "Cabe recurso especial contra acórdão proferido no julgamento de agravo de instrumento".

nº 98: "Embargos de declaração manifestados com notório propósito de prequestionamento não têm caráter protelatório".

nº 115: "Na instância especial é inexistente recurso interposto por advogado sem procuração nos autos".

nº 126: "É inadmissível recurso especial, quando o acórdão recorrido assenta-se em fundamentos constitucional e infraconstitucional, qualquer deles suficiente, por si só, para mantê-lo, e a parte vencida não manifesta recurso extraordinário".

nº 203: "Não cabe recurso especial contra decisão proferida por órgão de segundo grau dos Juizados Especiais".

nº 207: "É inadmissível recurso especial quando cabíveis embargos infringentes contra o acórdão proferido no tribunal de origem".

nº 211: "Inadmissível recurso especial quanto à questão que, a despeito da oposição de embargos declaratórios, não foi apreciada pelo tribunal *a quo*".

nº 320: "A questão federal somente ventilada no voto vencido não atende ao requisito do prequestionamento". **Obs.:** cf. art. 941, §3º, do CPC/2015 que superou esta súmula.

nº 579: "Não é necessário ratificar o recurso especial interposto na pendência do julgamento dos embargos de declaração, quando inalterado o resultado anterior".

BREVES COMENTÁRIOS

Um só acórdão local pode incorrer tanto nas hipóteses do recurso extraordinário como nas do recurso especial. Quando isso se der, o prazo de quinze dias será comum para a interposição de ambos os recursos, mas a parte terá de elaborar duas petições distintas (CPC/2015, art. 1.029, *caput, in fine*). O recorrido também produzirá contrarrazões separadas e o presidente ou vice-presidente do Tribunal *a quo* pronunciará decisões de admissibilidade distintas para cada recurso.

O recurso extraordinário ou especial deverá conter: a exposição do fato e do direito; a demonstração do seu cabimento e as razões de reforma ou invalidação da decisão. Se a decisão recorrida estiver em dissonância com a jurisprudência de outros tribunais, o recorrente deverá comprovar a divergência, demonstrando as circunstâncias que identifiquem e assemelhem os casos confrontados.

O atual Código adotou posição menos formalista do que a legislação anterior, preferindo, sempre que possível, pelo julgamento de mérito da ação. Para tanto, admite a superação de defeitos meramente formais, desde que isso não cause prejuízo às partes e viabilize o julgamento definitivo da lide. Nessa esteira, o art. 1.029, § 3º, autoriza que o STF e o STJ desconsiderem vício formal de recurso tempestivo ou determine sua correção, desde que não o repute grave. Essa inovação do Código visa desestimular a jurisprudência defensiva que se instaurou sob a égide da legislação anterior, numa tentativa de diminuir os recursos interpostos para as Cortes Superiores. É o chamado efeito consuntivo das formas e das formalidades do processo. A regalia em questão não se aplica quando o defeito for a intempestividade do recurso, mesmo porque, na hipótese, a decisão recorrida já estará revestida da imutabilidade da coisa julgada.

No entanto, para o STJ, seguindo precedente do STF (ARE 978277), a falta de comprovação do feriado local no ato de interposição do recurso não é considerada defeito apenas formal, porque acarretaria a sua intempestividade, vício que o § 3º do art. 1.029 exclui da possibilidade de saneamento (STJ, Corte Especial, AgInt no AResp 957.821/MS, jul. 20.11.2017, *DJe* 19.12.2017). *Data maxima venia*, a tese se nos afigura equivocada. A hipótese desenganadamente não é de recurso intempestivo, mas, tão somente, de recurso tempestivo a que faltou a oportuna comprovação da tempestividade. Assim, a posterior exibição do comprovante omitido corrige uma falha formal, já que, diante da diligência, restará evidenciada a oportuna interposição do recurso.

O recurso especial, assim como o extraordinário, tem efeito apenas devolutivo (CPC/2015, art. 995). Contudo, a ele também é dado conferir efeito suspensivo, nos termos do art. 1.029, § 5º, sempre que houver risco de dano grave, de difícil ou impossível reparação, e restar demonstrada a probabilidade de provimento do apelo. Matéria de muita discussão, ao tempo do Código de 1973, era a relacionada com a competência para processar e decidir o pedido de efeito suspensivo para os recursos extraordinário e especial. O STF chegou a sumular seu entendimento, estabelecendo que a competência em questão caberia ao presidente do Tribunal de origem, enquanto não pronunciado o juízo de admissibilidade do recurso (Súmula nº 635). Somente após tal juízo é que a competência cautelar se firmaria no STF (Súmula nº 634). O atual Código tratou do tema, de modo explícito e claro, nos termos do art. 1.029, § 5º, I, II e III (redação alterada pela Lei nº 13.256/2016), estatuindo o seguinte:

(a) O requerimento de concessão do efeito suspensivo a recurso extraordinário ou a recurso especial será processado no tribunal superior respectivo, "no período compreendido entre a publicação da decisão de admissão do recurso e sua distribuição".

Nesse caso, o relator designado para o exame da medida cautelar ficará prevento para o julgamento do recurso (inciso I).

(b) Se o recurso já tiver sido distribuído no tribunal superior, a competência para a medida cautelar caberá ao respectivo relator (inciso II).

(c) No período compreendido entre a interposição do recurso e a publicação da decisão que o admitir, a competência caberá ao presidente ou vice-presidente do tribunal recorrido (inciso III). Essa competência, por força do mesmo dispositivo, prevalece, ainda, para o caso de recurso sobrestado, nos termos do art. 1.037 (recursos repetitivos).

Situação interessante ocorre quando o efeito suspensivo foi negado, na fase de tramitação do recurso no tribunal de origem (art. 1.029, § 5º, III). Não há recurso de agravo para a hipótese. Mas, sendo transitória a competência do presidente ou vice-presidente do tribunal recorrido, não há de se cogitar de preclusão da matéria. Cessada, portanto, a competência transitória, abre-se a competência cautelar ou antecipatória do tribunal superior, tornando possível ao recorrente renovar o pedido de efeito suspensivo ao relator do recurso (art. 1.029, § 5º, I e II). Nesse sentido, a doutrina e a jurisprudência, desde antes da vigência do atual CPC (Cf. MEDINA, José Miguel Garcia. *Código de Processo Civil comentado*. 7. ed. São Paulo: RT, 2021, nota XV ao art. 1.029, p. 1.682; STJ, AgRg na MC 17.597/SP, Rel. Min. Hamilton Carvalhido, 1ª Turma, jul. 05.04.2011, *DJe* 18.04.2011).

O recurso extraordinário, segundo previsão constitucional, cabe a respeito de decisão proferida em única ou última instância, não importa seja de tribunal ou de juízo singular (CF, art. 102, III). Já o recurso especial só é admissível em face de decisão tomada em única ou última instância pelos tribunais de segundo grau (TRF ou TJ) (CF, art. 105, III). Portanto, não cabe o especial contra decisão monocrática de relator, nem contra julgados de turma recursal do Juizado Especial. Admite-se, contudo, reclamação para o STJ quando o julgamento proferido por turma recursal contrariar jurisprudência daquela Alta Corte, consolidada em IRDR, em julgamento de recurso especial repetitivo e em enunciados das Súmulas do STJ, bem como para garantir a observância de precedentes (Resolução STJ/GP nº 03/2016).

JURISPRUDÊNCIA SELECIONADA

JURISPRUDÊNCIA DO STF SOBRE RECURSO EXTRAORDINÁRIO

1. Recurso Extraordinário contra acórdão de Recurso Especial. "O sistema constitucional vigente, que prevê o cabimento simultâneo de recurso extraordinário e recurso especial contra o mesmo acórdão dos tribunais de segundo grau, preconiza que, da decisão do STJ no recurso especial, só se admitirá recurso extraordinário se a questão constitucional objeto do último for diversa daquela resolvida pela instância ordinária. Precedentes". (STF, ARE 951702 AgR, Rel. Min. Edson Fachin, 1ª Turma, jul. 14.10.2016, *DJe* 04.11.2016). **No mesmo sentido:** STF, ARE 885314 AgR, Rel. Min. Roberto Barroso, 1ª Turma, jul. 04.08.2015, *DJe* 11.09.2015). **A jurisprudência do STF é antiga:** "A matéria constitucional que enseja recurso extraordinário de acórdão do STJ, que decide o REsp, é aquela que surge no julgamento deste." (STF, AI 364277 AgR, Rel. Min. Carlos Velloso, 2ª Turma, jul. 28.05.2002, *DJU* 28.06.2002, p. 2257)

2. Recurso extraordinário provido com reenvio para o tribunal de origem para completar o julgamento. "Em nosso sistema processual, o recurso extraordinário tem natureza revisional, e não de cassação, a significar que 'o Supremo Tribunal Federal, conhecendo o recurso extraordinário, julgará a causa, aplicando o direito à espécie' (Súmula 456). Conhecer, na linguagem da Súmula, significa não apenas superar positivamente os requisitos extrínsecos e intrínsecos de admissibilidade, mas também afirmar a existência de violação, pelo acórdão recorrido, da norma constitucional invocada pelo recorrente. Sendo assim, o julgamento do recurso do extraordinário comporta, a rigor, três etapas sucessivas, cada uma delas subordinada à superação positiva da que lhe antecede: (a) a do juízo de admissibilidade, semelhante à dos recursos ordinários; (b) a do juízo sobre a alegação de ofensa a direito constitucional (que na terminologia da Súmula 456/STF também compõe o juízo de conhecimento); e, finalmente, se for o caso, (c) a do julgamento da causa, 'aplicando o direito à espécie'. Esse 'julgamento da causa' consiste na apreciação de outros fundamentos que, invocados nas instâncias ordinárias, não compuseram o objeto do recurso extraordinário, mas que, 'conhecido' o recurso (vale dizer, acolhido o fundamento constitucional nele invocado pelo recorrente), passam a constituir matéria de apreciação inafastável, sob pena de não ficar completa a prestação jurisdicional. **Nada impede que, em casos assim, o STF, ao invés de ele próprio desde logo 'julgar a causa, aplicando o direito à espécie', opte por remeter esse julgamento ao juízo recorrido,** como frequentemente o faz". (STF, RE 346736 AgR-ED, Rel. Min. Teori Zavascki, 2ª Turma, jul. 04.06.2013, *DJe* 18.06.2013).

3. Fundamento inatacado. "O recurso especial não impugnou os fundamentos que ampararam o acórdão recorrido, esbarrando, pois, no obstáculo da Súmula 283/STF, que assim dispõe: 'É inadmissível o recurso extraordinário, quando a decisão recorrida assenta em mais de um fundamento suficiente e o recurso não abrange todos eles'" (STJ, AgInt no REsp. 1902219/PR, Rel. Min. Sérgio Kukina, 1ª Turma, jul. 17.05.2021, *DJe* 20.05.2021).

4. Precedente formado em Recuso Extraordinário com repercussão geral. Julgamento imediato. "Entendimento firmado pelo Supremo Tribunal Federal em sede de repercussão geral. Formação, no caso, de precedente. Publicação do respectivo acórdão. Possibilidade de imediato julgamento monocrático de causas que versem o mesmo tema. Desnecessidade, para esse efeito, do trânsito em julgado do paradigma de confronto" (STF, Rcl. 30.996/SP, Rel. Min. Celso de Mello, jul. 09.09.2018, *DJe* 14.08.2018).

5. Recurso extraordinário. Natureza revisional. Técnica de julgamento. "Em nosso sistema processual, o recurso extraordinário tem natureza revisional, e não de cassação, a significar que 'o Supremo Tribunal Federal, conhecendo o recurso extraordinário, julgará a causa, aplicando o direito à espécie' (Súmula 456). Conhecer, na linguagem da Súmula, significa não apenas superar positivamente os requisitos extrínsecos e intrínsecos de admissibilidade, mas também afirmar a existência de violação, pelo acórdão recorrido, da norma constitucional invocada pelo recorrente. Sendo assim, o julgamento do recurso do extraordinário comporta, a rigor, três etapas sucessivas, cada uma delas subordinada à superação positiva da que lhe antecede: (a) a do juízo de admissibilidade, semelhante à dos recursos ordinários; (b) a do juízo sobre a alegação de ofensa a direito constitucional (que na terminologia da Súmula 456/STF também compõe o juízo de conhecimento); e, finalmente, se for o caso, (c) a do julgamento da causa, 'aplicando o direito à espécie'. Esse 'julgamento da causa' consiste na apreciação de outros fundamentos que, invocados nas instâncias ordinárias, não compuseram o objeto do recurso extraordinário, mas que, 'conhecido' o recurso (vale dizer, acolhido o fundamento constitucional nele invocado pelo recorrente), passam a constituir matéria de apreciação inafastável, sob pena de não ficar completa a prestação jurisdicional. Nada impede que, em casos assim, o STF, ao invés de ele próprio desde logo 'julgar a causa, aplicando o direito à espécie', opte por remeter esse julgamento ao juízo recorrido, como frequentemente o faz" (STF, RE 346.736 AgR-ED, Rel. Min. Teori Zavascki, 2ª Turma, jul. 04.06.2013, *DJe* 18.06.2013).

6. Interposição de recurso extraordinário. Requisitos cumulativos:

a) Prequestionamento. "Tem-se como não prequestionada a matéria constitucional quando o dispositivo apontado como objeto de afronta é examinado no tribunal *a quo* sob ângulo diverso do aventado no extraordinário ou quando, apesar de entender que a ofensa à Carta surgiu no acórdão recorrido, a parte não opõe embargos de declaração para que a origem debata o tema" (STF, AR 155-479-8, Rel. Min. Francisco Rezek, *DJ* 29.09.1995). **No mesmo sentido, em relação aos embargos de declaração:** STF, RE 565.970 AgR, Rel. Min. Ricardo Lewandowski, 1ª Turma, jul. 24.08.2010, *DJe* 10.09.2010.

"Diz-se prequestionado certo tema quando o órgão julgador haja adotado entendimento explícito a respeito" (STF, RE 170.204/SP, Rel. Min. Marco Aurélio, 2ª Turma, jul. 15.12.1998; *RTJ* 173/239).

Prequestionamento implícito. "O Supremo Tribunal Federal, em princípio, não admite o 'prequestionamento implícito' da questão constitucional" (STF, AI 732.948 AgR, Rel. Min. Ellen Gracie, 2ª Turma, jul. 24.08.2010, *DJe* 10.09.2010).

Interposição de embargos declaratórios. Imprescindibilidade. "O Supremo Tribunal tem reafirmado a sua jurisprudência – já assentada na Súmula nº 356 –, no sentido de que, reagitada a questão constitucional não enfrentada pelo acórdão, mediante embargos de declaração, se tem por prequestionada a matéria, para viabilizar o recurso extraordinário, ainda que se recuse o Tribunal *a quo* a manifestar-se a respeito (*v.g.*, RE 210.638, 1ª Turma, 14.04.98, Pertence, *DJ* 19.6.98; RE 208.639, 2ª Turma, 06.04.99, Jobim, *DJ* 04.02.00, *RTJ* 172/273; RE 219.934, Pl. 14.06.00, Gallotti, *DJ* de 16.02.2001)" (STF, RE 266.397/PR, Rel. Min. Sepúlveda Pertence, 1ª Turma, jul. 09.03.2004; *RTJ* 109/724). **No mesmo sentido:** STF, EDcl em RE 223.521-1/RS, Rel. Min. Maurício Corrêa, 2ª Turma, jul. 26.10.1998, *DJU* 09.04.1999.

Recurso extraordinário interposto antes do julgamento dos embargos de declaração. Ratificação desnecessária. "Sendo desprovidos os embargos declaratórios apresentados pela parte adversa contra o acórdão combatido pelo recurso extraordinário, tem-se, no momento da interposição deste, decisão final da causa apta a ensejar a abertura da via extraordinária, na forma do art. 102, III, da Constituição. Dessa forma, desnecessária a ratificação. Precedente" (STF, AI 740.688 AgR, Rel. Min. Roberto Barroso, 1ª Turma, jul. 03.09.2013, *DJe* 10.10.2013). **Obs.:** Cf. art. 1.024, § 5º, do CPC/2015.

Recusa do Tribunal em suprir a omissão. "O que, a teor da Súmula nº 356, se reputa carente de prequestionamento é o ponto que, indevidamente omitido pelo acórdão, não foi objeto de embargos de declaração; mas, opostos esses, se, não obstante, se recusa o tribunal a suprir a omissão, por entendê-la inexistente, nada mais se pode exigir da parte, permitindo-se-lhe, de logo, interpor recurso extraordinário sobre a matéria dos embargos de declaração e não sobre a recusa, no julgamento deles, de manifestação sobre ela" (STF, RE 210.638-1/SP, Rel. Min. Sepúlveda Pertence, 1ª Turma, jul. 14.04.1998, *DJ* 19.06.1998). **Obs.:** Sobre a posição do STJ a respeito da matéria, ver, notas e comentários ao art. 1.025.

"Não conhecimento, em parte, de embargos declaratórios. Omissão sobre ônus da sucumbência. Falta de prestação jurisdicional sobre a matéria. Ofensa ao art. 5º, XXXV, da CF. Apreciação da questão. Provimento ao recurso extraordinário para esse fim. Não se tendo manifestado, em embargos declaratórios, sobre questão da distribuição dos ônus de sucumbência, deve fazê-lo o tribunal local" (STF, RE 552.111, Rel. Min. Cezar Peluso, 2ª Turma, jul. 08.09.2009, *DJe* 18.02.2010).

b) Decisão de única ou última instância. Esgotamento das vias recursais ordinárias de impugnação. "O recorrente deve esgotar todos os meios ordinários possíveis para que o Tribunal *a quo* decida a questão objeto dos recursos excepcionais, sem o que não se abre a instância extraordinária (artigos 102, inciso III, e 105, inciso III, da Constituição Federal, Enunciado nº 281/STF). A não interposição de agravo regimental contra a decisão monocrática de rejeição dos declaratórios opostos ao julgado colegiado não afasta o exaurimento da instância recursal ordinária quando a matéria impugnada no especial é estranha à dos declaratórios opostos" (STJ, EREsp 884.009/RJ, Rel. Min. Hamilton Carvalhido, Corte Especial, jul. 15.09.2010, *DJe* 14.10.2010).

c) Repercussão geral. Ver jurisprudência do art. 1.035 do CPC/2015.

7. Requisitos alternativos. Art. 102, III, da Constituição Federal:

a) Violação direta e frontal a preceito constitucional. "A alegação de vulneração a preceito constitucional, capaz de viabilizar a instância extraordinária, há de ser direta e frontal, e não aquela que demandaria interpretação de disposições de normas ordinárias e reapreciação da matéria fática" (STF, AgRg no AI 146.280-0/RJ, Rel. Min. Maurício Corrêa, 2ª Turma, jul. 15.09.1995, *DJ* 03.11.1995). **No mesmo sentido:** STF, RE 247.262/BA, Rel. Min. Marco Aurélio, 2ª Turma, jul. 13.02.2001, *DJ* 18.05.2001, p. 449.

Ofensa indireta. "A ofensa ao preceito constitucional invocado – devido processo legal, CF, art. 5º, LV – teria ocorrido de forma indireta. A ofensa direta seria à norma processual pertinente, de índole infraconstitucional. Ademais, deve ser considerado que o devido processo legal exerce-se de conformidade com a lei (Ag. 192.995 (AgRg), Velloso)" (STF, AI-AgRg 312.449/SP, Rel. Min. Carlos Velloso, 2ª Turma, jul. 12.03.2002, *RTJ* 190/331). **No mesmo sentido:** STF, ARE 638.730/DF, Rel. Min. Luiz Fux, 1ª Turma, jul. 06.09.2011, *DJe* 21.09.2011.

"Os princípios da legalidade, o do devido processo legal, o da ampla defesa e o do contraditório, bem como a verificação dos limites da coisa julgada e da motivação das decisões judiciais, quando a aferição da violação dos mesmos depende de reexame prévio de normas infraconstitucionais, revelam ofensa indireta ou reflexa à Constituição Federal, o que, por si só, não desafia a instância extraordinária. Precedentes: RE nº 561.980-AgR, Primeira Turma, Relator o Ministro Ricardo Lewandowski, *DJe* de 08.04.2011 e RE nº 561.980-AgR, Primeira Turma, Relator o Ministro Ricardo Lewandowski, *DJe* de 08.04.2011" (STF, AI 772.328 AgR, Rel. Min. Luiz Fux, 1ª Turma, jul. 22.05.2012, *DJe* 15.06.2012). **No mesmo sentido:** STF, RE 590.751, Rel. Min. Ricardo Lewandowski, Tribunal Pleno, jul. 09.12.2010, Repercussão Geral – Mérito *DJe* 04.04.2011. **Obs.:** cf. art. 1.033 do CPC/2015, sobre conversão do extraordinário em especial, no caso de ofensa reflexa à Constituição.

Indicação do permissivo constitucional. Formalidade essencial. "A teor do disposto no artigo 321 do Regimento Interno do Supremo Tribunal Federal, o recorrente deve indicar, na petição de encaminhamento do extraordinário, o permissivo constitucional que o autoriza. A importância do tema de fundo não é de molde a colocar em plano secundário a disciplina da matéria" (STF, AI 838.930 AgR, Rel. Min. Marco Aurélio, 1ª Turma, jul. 21.06.2011, *DJe* 17.08.2011).

"O cabimento de ação rescisória é matéria que se situa no terreno da legislação infraconstitucional, e, por isso mesmo, a Súmula nº 343 desta Corte se funda em textos legais. Consequentemente, as alegadas ofensas à Constituição pressupõem o exame prévio dessa legislação, o que implica dizer que tais alegações são alegações de violação indireta ou reflexa à Carta Magna, não dando, assim, margem ao cabimento do recurso extraordinário" (STF, AgRg em AI 229.693-8/RS, Rel. Min. Moreira Alves, 1ª Turma, jul. 02.03.1999, *DJ* 23.04.1999). **Obs.:** Cf. art. 1.033 do CPC/2015.

Interpretação de norma infraconstitucional. "A questão é de interpretação de norma infraconstitucional: se a interpretação é boa ou não é boa, continua ela, entretanto, no plano infraconstitucional, o que não autoriza a interposição do recurso extraordinário" (STF, AI 143.872, Rel. Min. Carlos Velloso, 2ª Turma, jul. 17.11.1992, *RTJ* 144/962). **No mesmo sentido:** STF, EDcl 712.035/RJ, Rel. Min. Ellen Gracie, 2ª Turma, jul.

14.06.2010, *RF* 410/310; STF, RE 455.271, Rel. Min. Marco Aurélio, 1ª Turma, jul. 02.12.2010, *DJe* 28.03.2011. **Obs.:** Cf. art. 1.033 do CPC/2015.

b) Lei local contestada em face de lei federal. "Compete ao Supremo Tribunal Federal, nos termos do art. 102, III, *c* e *d*, da Constituição Federal, com a redação dada pela EC 45/2004, o julgamento, em recurso extraordinário, das causas decididas em única ou última instância, quando a decisão recorrida julgar válida lei ou ato de governo local contestado em face da Constituição Federal, bem como quando julgar válida lei local contestada em face de lei federal" (STJ, AgRg no REsp 905.648/RS, Rel. Min. Denise Arruda, 1ª Turma, jul. 25.11.2008, *DJe* 11.02.2009). **No mesmo sentido:** STF, AI 597.694, Rel. Min. Joaquim Barbosa, jul. 23.04.2010, *DJe* 11.05.2010; STF, AI 132.755 QO, Rel. p/ Ac. Min. Dias Toffoli, Tribunal Pleno, jul. 19.11.2009, *DJe* 25.02.2010.

8. Hipóteses de cabimento (inciso II):

"Recurso extraordinário contra acórdão do STJ em recurso especial: hipótese de cabimento, por usurpação da competência do Supremo Tribunal para o deslinde da questão" (STF, RE 419.629, Rel. Min. Sepúlveda Pertence, 1ª Turma, jul. 23.05.2006, *DJ* 30.06.2006).

Causas de alçada. "Em se tratando de causa de alçada (Lei nº 6.825, de 1980), o recurso extraordinário pode ser interposto contra decisão de juízo de 1º grau, mas desde que esgotada a instância ordinária, mediante embargos infringentes, apreciados na mesma instância (art. 102, III, da CF)" (STF, RE 140.075-7/DF, Rel. Min. Sydney Sanches, jul. 06.06.1995, *DJ* 29.09.1995).

9. Hipóteses de não cabimento (inciso II):

Decisões liminares. "Não cabe recurso extraordinário contra decisões que concedem ou que denegam medidas cautelares ou provimentos liminares, pelo fato de que tais atos decisórios – precisamente porque fundados em mera verificação não conclusiva da ocorrência do *periculum in mora* e da relevância jurídica da pretensão deduzida pela parte interessada – não veiculam qualquer juízo definitivo de constitucionalidade, deixando de ajustar-se, em consequência, às hipóteses consubstanciadas no art. 102, III, da Constituição da República. Precedentes" (STF, AgRg no AI 439.613/SP, Rel. Min. Celso de Mello, 2ª Turma, jul. 24.06.2003; *RTJ* 191/335). **No mesmo sentido:** STF, AI 535.926 AgR, Rel. Min. Joaquim Barbosa, 2ª Turma, jul. 15.04.2008, *DJe* 23.05.2008.

Decisões de tribunais regionais trabalhistas. "Não cabe recurso extraordinário, para o Supremo Tribunal Federal, contra quaisquer decisões proferidas por Tribunais Regionais do Trabalho, inclusive contra atos decisórios emanados de seus Presidentes. O acesso, ao Supremo Tribunal Federal, pela via recursal extraordinária, nos processos trabalhistas, somente terá pertinência, quando se tratar de decisões proferidas pelo Tribunal Superior do Trabalho, por ser ele o órgão de cúpula desse ramo especializado do Poder Judiciário da União. Precedentes" (STF, AI 407.035/RJ AgRg, Rel. Min. Celso de Mello, 2ª Turma, jul. 03.12.2002; *RTJ* 109/1.121).

Jurisdição voluntária. Recurso extraordinário. "Incabível em procedimento especial de jurisdição voluntária, salvo nas exceções regimentais" (STF, AI 93.947 AgRg, Rel. Min. Décio Miranda, 2ª Turma, jul. 16.09.1983, *DJ* 07.10.1983).

Acórdão que interpreta sua própria decisão. "Não se conhece de recurso extraordinário contra acórdão que interpreta sua própria declaração sobre fixação dos honorários advocatícios de sucumbência" (STF, RE 420.909, Rel. p/ Ac Min. Cezar Peluso, 1ª Turma, jul. 05.05.2009, *DJe* 11.02.2010).

Razões destoantes do acórdão recorrido. "Não se conhece do recurso extraordinário cujas razões sejam destoantes do real conteúdo do aresto recorrido" (STJ, RE 561.451 AgR, Rel. Min. Cezar Peluso, 2ª Turma, jul. 06.04.2010).

Recurso extraordinário contra inadmissão de recurso especial. "Inviável o processamento do extraordinário para debater matéria processual de índole infraconstitucional referente a pressupostos de admissibilidade de agravo regimental e de embargos de divergência apresentados perante o STJ. Precedentes" (STF, RE 551.692 AgR, Rel. Min. Ellen Gracie, 2ª Turma, jul. 04.05.2010, *DJe* 21.05.2010).

Indeferimento de prova. "A questão referente ao indeferimento de prova, por ser de índole processual, encontra-se no âmbito infraconstitucional, o que inviabiliza o recurso extraordinário" (STF, AI 724.059 AgR, Rel. Min. Joaquim Barbosa, 2ª Turma, jul. 17.11.2009).

Questão de fato. Responsabilidade objetiva do Estado. "Caráter soberano da decisão local, que, proferida em sede recursal ordinária, reconheceu, com apoio no exame dos fatos e provas, a inexistência de causa excludente da responsabilidade civil do poder público. Inadmissibilidade de reexame de provas e fatos em sede recursal extraordinária (Súmula 279/STF)" (STF, RE 631.214 AgR, Rel. Min. Celso de Mello, 2ª Turma, jul. 19.02.2013, *DJe* 26.03.2013).

10. Efeito suspensivo. "Enquanto não admitido o recurso extraordinário, ou provido agravo contra decisão que o não admite, não se instaura a competência do Supremo Tribunal Federal para apreciar pedido de tutela cautelar tendente a atribuir efeito suspensivo ao extraordinário" (STF, AC 491 AgRg, Rel. Min. Cezar Peluso, 1ª Turma, jul. 30.11.2004, *DJ* 17.12.2004). **Obs.:** Cf. art. 1.029, § 5º, I, do CPC/2015.

Juízo positivo de admissibilidade no tribunal de origem. "Excepcionalidade da atribuição de efeito suspensivo ao recurso extraordinário exige, concomitantemente, o juízo positivo de admissibilidade do recurso extraordinário no tribunal de origem, a viabilidade processual do recurso extraordinário devido à presença dos pressupostos extrínsecos e intrínsecos do referido recurso, a plausibilidade jurídica da pretensão de direito material deduzida no recurso extraordinário e a comprovação da urgência da pretensão cautelar" (STF, AC 1.420 MC-AgRg, Rel. Min. Ellen Gracie, 2ª Turma, jul. 24.06.2008, *DJe* 22.08.2008).

Efeito suspensivo a recurso extraordinário admitido na origem. "Instaurada a jurisdição cautelar deste Supremo Tribunal Federal, após a decisão do Tribunal de origem que admite o processamento do recurso extraordinário, cabe a esta Corte reexaminar os pressupostos para a concessão de medidas acautelatórias que visem a assegurar a eficácia de sua decisão final. O Supremo Tribunal Federal não fica vinculado à apreciação do *fumus boni iuris* e do *periculum in mora* realizada pelo Tribunal *a quo*. Ação cautelar deferida, para revogar o efeito suspensivo concedido pelo Tribunal de origem ao recurso extraordinário, mantendo-se apenas o efeito devolutivo que lhe é próprio" (STF, AC-QO 1.775/PE, Rel. Min. Gilmar Mendes, 2ª Turma, jul. 23.10.2007, *DJ* 23.11.2007, p. 96; *RDDP* 60/120). **Obs.:** Cf. art. 1.029, § 5º, I e II, do CPC/2015.

Juízo negativo de admissibilidade no tribunal de origem. "Em situações excepcionais, em que estão patentes a plausibilidade jurídica do pedido – decorrente do fato de a decisão recorrida contrariar jurisprudência ou súmula do Supremo Tribunal Federal – e o perigo de dano irreparável ou de difícil reparação a ser consubstanciado pela execução do acórdão recorrido, o Tribunal poderá deferir a medida cautelar ainda que o recurso extraordinário tenha sido objeto de juízo negativo de admissibilidade perante o Tribunal de origem, e o agravo de instrumento contra essa decisão ainda não tenha sido recebido nesta Corte" (STF, AC 1.821 QO, Rel. Min. Gilmar Mendes, 2ª Turma, jul. 26.02.2008, *DJe* 04.04.2008). **No mesmo sentido:** STF, AC 1.114-MC AgR, Rel. Min. Gilmar Mendes, 2ª Turma, jul. 23.05.2006, *DJ* 23.06.2006; STF, AC 1.810 – QO, Rel. Min. Celso de Mello, 2ª Turma, jul. 16.10.2007, *DJe* 31.10.2007.

Efeito suspensivo denegado no tribunal de origem. "Interposto o recurso especial e indeferido o pleito cautelar dirigido à atribuição de efeito suspensivo à impugnação recursal, é de se afirmar a competência do Superior Tribunal de Justiça para a apreciação da tutela de urgência" (STJ, AgRg na MC 17.597/SP, Rel. Min. Hamilton Carvalhido, 1ª Turma, jul. 05.04.2011, *DJe* 18.04.2011).

Recursos repetitivos. "Subsiste a competência do Presidente do Tribunal, ou do Vice-Presidente quando isso estiver na sua alçada, para decidir acerca da atribuição de efeito suspensivo se o recurso extraordinário for sobrestado na forma do art. 543-B, § 1º, do Código de Processo Civil; a eventual irresignação deve ser endereçada ao Supremo Tribunal Federal, porque o exercício dessa competência é delegado apenas ao Presidente do Tribunal, e não ao respectivo colegiado" (STJ, AgRg na MC 14.639/AL, Rel. Min. Ari Pargendler, Corte Especial, jul. 06.05.2009, *DJe* 07.12.2009). **Obs.:** Cf. art. 1.029, § 5º, III, do CPC/2015.

11. Tempestividade. "Incumbe ao recorrente, no momento da interposição do recurso, o ônus da apresentação de elementos suficientes, incontestáveis, que demonstrem sua tempestividade, sendo impossível fazê-lo quando os autos já se encontrarem neste Tribunal. Precedentes" (STF, RE 536.881 AgRg/MG, Rel. Min. Eros Grau, Tribunal Pleno, jul. 08.10.2008, *DJe* 12.12.2008).

"Nada obstante o carimbo do protocolo da petição de recurso extraordinário esteja ilegível, a sua tempestividade pode ser aferida por outros elementos acostados aos autos. O defeito do protocolo ilegível, no caso, é imputável ao órgão que recebeu a petição e não carimbou adequadamente, não podendo a parte jurisdicionada sofrer o prejuízo por um defeito o qual não deu causa. O ônus processual no caso não pode ser atribuído à parte. Agravo regimental a que se dá provimento" (STF, RE 611.743 AgR, Rel. Min. Luiz Fux, 1ª Turma, jul. 25.09.2012, *DJe* 06.11.2012).

Feriado local. Ver jurisprudência relativa ao art. 1.003, § 6º, do CPC/2015.

Protocolo descentralizado. "Recurso extraordinário interposto pelo sistema de protocolo descentralizado. Admissibilidade. A Lei nº 10.352, de 26.12.01, ao alterar os artigos 542 e 547 do CPC [arts. 1.030 e 929 do CPC/2015], afastou o obstáculo à adoção de protocolos descentralizados. Esta nova regra processual, de aplicação imediata, se orienta pelo critério da redução de custos, pela celeridade de tramitação e pelo mais facilitado acesso das partes às diversas jurisdições" (STF, AI-AgRg 476.260/SP, Rel. Min. Carlos Britto, Tribunal Pleno, jul. 23.02.2006, *DJ* 16.06.2006). **Obs.:** Cf. art. 929, parágrafo único, do CPC/2015.

Petição recursal transmitida por fax. "A utilização de fac-símile, para a veiculação de petições recursais, não exonera a parte recorrente do dever de apresentar, dentro do prazo adicional a que alude a Lei nº 9.800/99 (art. 2º, *caput*), os originais que se referem às peças transmitidas por meio desse sistema, sob pena de não conhecimento, por intempestividade, do recurso interposto mediante 'fax'. Precedentes" (STF, RE-EDcl 345.711/MG, Rel. Min. Celso de Mello, 2ª Turma, jul. 22.10.2002, *DJ* 19.12.2002). **Obs.:** Sobre recurso via correio, v. art. 1.003, § 4º, do CPC/2015.

12. Interposição simultânea de recurso especial e recurso extraordinário. "Nos casos em que foram interpostos simultaneamente recursos especial e extraordinário, ambos inadmitidos, e interpostos agravos de instrumento a fim de processá-los, a Corte *a quo* deve reter o agravo de instrumento no recurso extraordinário e somente enviá-lo ao Supremo Tribunal Federal após a decisão definitiva do STJ pelo não provimento do agravo de instrumento ou posteriormente à decisão definitiva do próprio recurso especial" (STF, Rcl 9.645 AgR, Rel. Min. Ricardo Lewandowski, Tribunal Pleno, jul. 09.12.2010, *DJe* 09.02.2011).

"Ao Supremo Tribunal Federal não é imposto aguardar o julgamento do agravo de instrumento interposto contra a decisão que não admitiu o recurso especial" (STF, AI 684.067 AgR, Rel. Min. Cármen Lúcia, 1ª Turma, jul. 28.10.2008, *DJe* 06.02.2009).

Inadmissibilidade de recurso especial não viabiliza a interposição de recurso extraordinário. "A jurisprudência do Supremo Tribunal Federal firmou entendimento no sentido de que o exame dos requisitos de admissibilidade do recurso especial, dirigido ao Superior Tribunal de Justiça, não viabiliza o acesso à via recursal extraordinária, por tratar-se de tema de caráter eminentemente infraconstitucional, exceto se o julgamento emanado dessa Alta Corte judiciária apoiar-se em premissas que conflitem, diretamente, com o que dispõe o art. 105, III, da Carta Política. Precedentes" (STF, AI-AgRg 452.174/GO, Rel. Min. Celso de Mello, 2ª Turma, jul. 09.09.2003, *DJ* 17.10.2003).

13. Impugnação específica dos fundamentos do acórdão. "Incumbe ao recorrente o dever de impugnar, de forma específica, cada um dos fundamentos da decisão atacada, sob pena de não conhecimento do recurso. Incidência da Súmula 283 do STF. Precedentes" (STF, RE 482.411 AgR, Rel. Min. Ricardo Lewandowski, 1ª Turma, jul. 09.11.2010, *DJe* 26.11.2010).

14. Exigência. Cópia do precedente. "O Supremo Tribunal Federal consignou o entendimento de que o recurso extraordinário, com fundamento na alínea 'b' do dispositivo constitucional pertinente, quando interposto em face de acórdão proferido por órgão fracionário de tribunal, deve ser instruído com a cópia do precedente plenário que tenha decidido no mesmo sentido. Precedentes: RE 294.361-AgRg, Rel. Min. Ilmar Galvão; RE 193.931, Rel. Min. Moreira Alves; RE 157.325-AgRg, Rel. Min. Carlos Velloso" (STF, RE-AgRg 349.521/SP, Rel. Min. Carlos Britto, 1ª Turma, jul. 29.06.2004, *DJ* 03.12.2004, p. 38). **No mesmo sentido:** STF, RE-AgRg 294.361/SP, Rel. Min. Ilmar Galvão, 1ª Turma, jul. 06.11.2001, *DJ* 14.12.2001.

15. Motivação do precedente invocado. "É imprescindível para o conhecimento e julgamento do extraordinário a ciência da motivação do precedente invocado, salvo se a sua ausência é o fundamento do recurso. Se o acórdão recorrido apenas se reporta à fundamentação de precedente da Corte de origem, que declarou a inconstitucionalidade de preceito legal, não se conhece do recurso extraordinário se o recorrente não opôs embargos de declaração nem fez prova do inteiro teor daquela decisão. Precedentes" (STF, RE-AgRg 263.279/PE, Rel. Min. Maurício Corrêa, 2ª Turma, jul. 27.06.2000, *DJ* 08.09.2000).

JURISPRUDÊNCIA DO STJ SOBRE RECURSO ESPECIAL

1. Prequestionamento. Requisito essencial de admissibilidade do recurso especial.

Conceito. "O prequestionamento advém do debate da temática processual à luz de determinado preceito legal federal, ou seja, é forçoso que o Tribunal da origem interprete os fatos processuais e sobre eles proceda juízo de valor para adequá-los ou não a determinado preceptivo federal, realizando assim a subsunção do fato à norma, o que absolutamente inexistiu no acórdão da origem, que não se sustentou nos arts. 130, 131, 331, § 2.º, 333, inciso I, 436, 437, 438 e 439, todos do CPC-1973 [arts. 370, 371, 357, 373, I; 479, 480, 480, § 1º e 480, § 2º, do CPC/2015], mas apenas na Lei 8.112/1990 e na Constituição da República. O prequestionamento não é a indicação do preceito legal, mas o debate de determinada tese de acordo com certa norma jurídica (inscrita no preceito), de maneira a que a falta de apontamento de lei não importa a falta de prequestionamento, mas tampouco a ausência de debate significa o prequestionamento 'implícito'" (STJ, AgRg no REsp 1.581.104/RS, Rel. Min. Mauro Campbell Marques, 2ª Turma, jul. 07.04.2016, *DJe* 15.04.2016). **No mesmo sentido:** STJ, AgRg no REsp 1.115.461/SP, Rel. Min. Sidnei Beneti, 3ª Turma, jul. 15.04.2010, *DJe* 05.05.2010; EREsp 173.421/AL, Rel. Min. Humberto Gomes de Barros, Rel. p/ ac. Min. Cesar Asfor Rocha, Corte Especial, jul. 27.11.2008, *DJe* 02.04.2009.

Imprescindibilidade de interposição de embargos de declaração para fins de prequestionamento. "Se a questão federal surgir no julgamento da apelação, cumpre ao recorrente ventilá-la em embargos de declaração, sob pena de a omissão inviabilizar o conhecimento do recurso especial, por falta de prequestionamento" (STJ, REsp 68.368/PR, Rel. Min. Cesar Asfor Rocha, 1ª Turma, jul. 13.12.1995, *DJ* 04.03.1996). **No mesmo sentido:** STJ, REsp 172.786/RO, Rel. Min. Barros Monteiro, 4ª Turma, jul. 06.08.1998, *DJ* 28.09.1998.

Prequestionamento ficto. "A ausência de debate no acórdão recorrido quanto aos temas suscitados no recurso especial evidencia a falta de prequestionamento, admitindo-se o prequestionamento ficto somente na hipótese em que não sanada a omissão no julgamento de embargos de declaração a ofensa ao art. 1.022 do NCPC suscitada no recurso especial. A inexistência de expressa indicação de artigos de lei violados inviabiliza o conhecimento do recurso especial, não bastando a mera menção a dispositivos legais ou a narrativa acerca da legislação federal, aplicando-se o disposto na Súmula nº 284 do STF" (STJ, AgInt no AREsp 1576201/SP, Rel. Min. Moura Ribeiro, 3ª Turma, jul. 10.08.2020, *DJe* 14.08.2020). **No mesmo sentido:** STJ, AgInt no AREsp 1.820.616/SP, Rel. Min. Nancy Andrighi, 3ª Turma, jul. 16.08.2021, *DJe* 19.08.2021; STJ, AgInt no AgInt no AREsp 1.791.972/SP, Rel. Min. Moura Ribeiro, 3ª Turma, jul. 16.08.2021, *DJe* 19.08.2021; STJ, AgInt no REsp 1.863.697/RS, Rel. Min. Marco Buzzi, 4ª Turma, jul. 26.09.2022, *DJe* 29.09.2022.

Prequestionamento implícito. "O prequestionamento implícito, segundo a jurisprudência consolidada no STJ, consiste no efetivo debate e apreciação, pelo Tribunal de origem, da matéria que envolva os artigos de lei apontados como violados, não se revelando necessário que o acórdão recorrido os tenha expressamente mencionado, desde que as teses debatidas no recurso especial tenham sido objeto de discussão naquela instância ordinária" (STJ, AgInt no AREsp. 1.818.623/SP, Rel. Min. Luis Felipe Salomão, 4ª Turma, jul. 28.06.2021, *DJe* 01.07.2021).

Prequestionamento e embargos declaratórios. "O Superior Tribunal de Justiça entende ser inviável o conhecimento do recurso especial quando os artigos tidos por violados não foram apreciados pelo Tribunal *a quo*, a despeito da oposição de embargos de declaração, haja vista a ausência do requisito do prequestionamento. Incide, na espécie, a Súmula 211/STJ" (STJ, AgInt no REsp 1.904.352/SP, Rel. Min. Herman Benjamin, 2ª Turma, jul. 14.06.2021, *DJe* 01.07.2021). **No mesmo sentido:** STJ, AgInt no AREsp 2.081.093/SP, Rel. Min. Nancy Andrighi, 3ª Turma, jul. 10.10.2022, *DJe* 13.10.2022; STJ, AgInt no AREsp 2.025.993/PE, Rel. Min. Raul Araújo, 4ª Turma, jul. 20.06.2022, *DJe* 01.07.2022. **Ainda no mesmo sentido, acrescentando que mesmo matéria de ordem pública depende de prequestionamento:** STJ, AgInt no AREsp 1.388.688/SE, Rel. Min. Moura Ribeiro, 3ª Turma, jul. 16.08.2021, *DJe* 19.08.2021. **Nota:** o entendimento do STF, quanto à matéria, diverge da posição adotada pelo STJ, pois a Suprema Corte considera prequestionada a matéria constitucional, no recurso extraordinário, pela simples interposição dos embargos declaratórios, nos termos de sua Súmula 356 (ver, *retro*, notas e comentários do art. 1.025).

Ausência de prequestionamento não obstante oposição de embargos de declaração. "Fica inviabilizado o conhecimento de tema trazido no recurso especial, mas não debatido e decidido nas instâncias ordinárias, não obstante a oposição de embargos declaratórios, porquanto ausente o indispensável prequestionamento. Incidência da Súmula 211 do STJ" (STJ, AgInt nos EDcl no REsp 1.806.722/SP, Rel. Min. Raul Araújo, 4ª Turma, jul. 18.12.2023, *DJe* 20.12.2023). No mesmo sentido: STJ, REsp 1.998.098/Mg, Rel. Min. Herman Benjamin, 2ª Turma, jul. 12.12.2023, *DJe* 24.01.2024.

Dissídio jurisprudencial e prequestionamento. "Para que se conheça do apelo nobre pela alínea *c* do permissivo constitucional, também se faz necessário o prequestionamento dos temas vinculados aos artigos objeto da arguição de divergência jurisprudencial. Precedente" (STJ, AgInt no AREsp 1.308.881/SP, Rel. Min. Raul Araújo, 4ª Turma, jul. 18.10.2018, *DJe* 26.10.2018).

Prequestionamento. Convenção internacional. "No entanto, o presente caso possui uma peculiaridade: a referência ao art. 12 da Convenção Modelo da OCDE, instrumento de *soft law* por excelência, não é suficiente à configuração do prequestionamento. Em outras palavras, a menção à abstrata Convenção Modelo da OCDE, que não possui, de per si, validade e eficácia no Direito Interno, não é suficiente à configuração do prequestionamento, mesmo que em sua forma implícita. Apenas a apreciação das concretas convenções firmadas com base em tal modelo e internalizadas no ordenamento jurídico nacional, essas sim normas jurídicas aptas a produzir efeitos no País, supriria o requisito para conhecimento do apelo nobre. Sem desprezar a relevância interpretativa dos princípios e normas de Direito Público Internacional, não é possível o reconhecimento do prequestionamento implícito, baseado em mera recomendação internacional, que nem sequer se enquadra no conceito de 'lei federal' para fins de interposição de Recurso Especial" (STJ, REsp 1.821.336/SP, Rel. Min. Herman Benjamin, 2ª Turma, jul. 04.02.2020, *DJe* 22.10.2020).

Voto vencido. "Recorde-se que, à luz do disposto no art. 941, § 3º, do CPC/2015, 'o voto vencido será necessariamente declarado e considerado parte integrante do acórdão para todos os fins legais, inclusive de pré-questionamento'. Ou seja, as descrições de fato expostas, no voto vencedor ou vencido, podem ser tomadas em conta para o julgamento do recurso especial; o enfrentamento da questão federal sob a perspectiva do voto-vencido prequestiona a matéria e viabiliza sua análise nas instâncias especiais (ver, *mutatis mutandis*, AgRg nos EDcl no REsp n. 1.834.872/RS, Rel. Ministro Ribeiro Dantas, Quinta Turma, julgado em 5.12.2019, *DJe* 16/12/2019; AgInt no REsp n. 1.330.301/MG, Rel. Ministro Luis Felipe Salomão, Quarta Turma, julgado em 15.5.2018, *DJe* 1º.8.2018)" (STJ, AgInt no AgInt no AREsp 1501406/SC, Rel. Min. Francisco Falcão, 2ª Turma, jul. 21.09.2020, *DJe* 24.09.2020).

Prequestionamento. Matéria de ordem pública. Necessidade. "2. A reiterada jurisprudência deste Superior Tribunal de Justiça aponta a necessidade de prequestionamento até mesmo das matérias de ordem pública" (STJ, AgInt no AREsp 1.402.565/RS, Rel. Min. Sérgio Kukina, 1ª Turma, jul. 29.11.2021, *DJe* 02.12.2021). **No mesmo sentido:** STJ, AgInt no AREsp 1.885.937/RJ, Rel. Min. Maria Isabel Gallotti, 4ª Turma, jul. 13.12.2021, *DJe* 15.12.2021; STJ, AgInt no REsp 1.866.877/CE, Rel. Min. Paulo de Tarso Sanseverino, 3ª Turma, jul. 22.11.2021, *DJe* 25.11.2021.

Prequestionamento. Certidão de julgamento. Fundamentação por referência. Impossibilidade. "O prequestionamento da matéria configura-se pela consideração pela origem do tema objeto da lide. Ausente o enfrentamento ao menos implícito na instância ordinária da controvérsia cuja compreensão divergente se pretende apresentar a esta Corte, o recurso é obstado pela ausência do requisito constitucional de cabimento da via excepcional. A fundamentação *per relationem* (por remissão, por referência ou relacional) é admitida quando o órgão julgador refere-se a anterior decisão ou documento constante nos autos, apontando de forma expressa, ainda que minimamente, a ligação entre ele e o julgamento presente. A mera referência, em certidão de julgamento, subscrita unicamente por servidor sem função judicante, a decisão de órgão colegiado diverso em outra causa não se presta a configurar a legítima técnica de fundamentação por referência" (STJ, AgInt no REsp 1.809.807/RJ, Rel. Min. Og Fernandes, 2ª Turma, jul. 15.02.2022, *DJe* 23.02.2022).

Prequestionamento ficto. "Na forma da jurisprudência, 'a admissão de prequestionamento ficto (art. 1.025 do CPC/15), em recurso especial, exige que no mesmo recurso seja indicada violação ao art. 1.022 do CPC/15, para que se possibilite ao Órgão julgador verificar a existência do vício inquinado ao acórdão, que uma vez constatado, poderá dar ensejo à supressão de grau facultada pelo dispositivo de lei' (STJ, REsp 1.639.314/

MG, Rel. Ministra Nancy Andrighi, Terceira Turma, *DJe* de 10/04/2017)" (STJ, AgInt no AREsp 1.017.912/RS, Rel. Min. Assusete Magalhães, 2ª Turma, jul. 03.08.2017, *DJe* 16.08.2017). **No mesmo sentido:** STJ, AgInt no REsp 1.737.467/SC, Rel. Min. Napoleão Nunes Maia Filho, 1ª Turma, jul. 08.06.2020, *DJe* 17.06.2020.

Prequestionamento de dispositivos constitucionais. Impossibilidade. "A jurisprudência do Superior Tribunal de Justiça é pacífica quanto à impossibilidade de manifestação desta Corte, em sede de recurso especial, ainda que para fins de prequestionamento, a respeito de alegada violação a dispositivos da Constituição Federal. Precedentes" (STJ, EDcl no AgInt no RMS 66.940/RJ, Rel. Min. Assusete Magalhães, 2ª Turma, jul. 21.06.2022, *DJe* 29.06.2022).

2. Fundamentação do recurso especial.

Ausência de impugnação específica aos fundamentos da decisão. Inaplicabilidade do art. 1.025, § 3º. "A falta de impugnação dos fundamentos da decisão agravada não é vício formal apto a autorizar a abertura de prazo para correção nos termos do parágrafo único do art. 932 do CPC. Enunciado Administrativo n. 6 STJ. Precedentes: AgInt no AREsp 692.495/ES, Rel. Ministro Gurgel de Faria, Primeira Turma, *DJe* 18/08/2016; AgInt nos EDcl no AREsp 1.037.512/SP, Rel. Ministro Mauro Campbell Marques, Segunda Turma, *DJe* 14/06/2017" (STJ, AgInt no RMS 54.011/SP, Rel. Min. Sérgio Kukina, 1ª Turma, jul. 26.09.2017, *DJe* 11.10.2017). **No mesmo sentido:** STJ, AgInt no AREsp 1.112.947/SC, Rel. Min. Marco Aurélio Bellizze, 3ª Turma, jul. 22.03.2018, *DJe* 03.04.2018; STJ, AgInt no AREsp 1.075.687/SP, Rel. Min. Luis Felipe Salomão, 4ª Turma, jul. 04.12.2018, *DJe* 11.12.2018; STJ, AREsp 1.867.552/SP, Rel. Min. Herman Benjamin, 2ª Turma, jul. 10.08.2021, *DJe* 23.08.2021; STJ, AgInt no AREsp 1.821.751/SP, Rel. Min. Nancy Andrighi, 3ª Turma, jul. 16.08.2021, *DJe* 19.08.2021.

Fundamento não atacado. "A existência de fundamento do acórdão recorrido não impugnado quando suficiente para a manutenção de suas conclusões, impede a apreciação do recurso especial" (STJ, AgInt no AREsp 1518808/SE, Rel. Min. Nancy Andrighi, 3ª Turma, jul. 29.06.2020, *DJe* 01.07.2020). Ver jurisprudência do art. 1.010 do CPC/2015. **No mesmo sentido:** STJ, AgInt no REsp 1.936.022/SP, Rel. Min. Antonio Carlos Ferreira, 4ª Turma, jul. 16.08.2021, *DJe* 19.08.2021; STJ, AgInt no EDcl no AREsp 2.048.048/SP, Rel. Min. Marco Aurélio Bellizze, 3ª Turma, jul. 05.12.2022, *DJe* 07.12.2022; STJ, AgInt no REsp 1.962.438/PR, Rel. Min. Maria Isabel Gallotti, 4ª Turma, jul. 28.11.2022, *DJe* 02.12.2022..

Ausência de fundamentação jurídica e legal. "A alegada afronta à lei federal não foi demonstrada com clareza, caracterizando, dessa maneira, a ausência de fundamentação jurídica e legal, conforme previsto na Súmula nº 284 do STF" (STJ, AgInt no AREsp 1.817.251/PR, Rel. Min. Moura Ribeiro, 3ª Turma, jul. 16.08.2021, *DJe* 19.08.2021).

Vício de fundamentação. "No que tange ao alegado vício de fundamentação do *decisum* impugnado, as razões recursais encontram-se dissociadas dos fundamentos do acórdão combatido, o que atrai a incidência do enunciado 284 da Súmula do STF. Quanto às demais questões submetidas no apelo especial, a falta de indicação dos dispositivos legais que teriam sido eventualmente violados faz incidir à hipótese o teor da Súmula 284 do STF, por analogia" (STJ, AgInt no AREsp 1.540.980/SP, Rel. Min. Marco Aurélio Bellizze, 3ª Turma, jul. 02.12.2019, *DJe* 05.12.2019).

Deficiência na fundamentação. "É inadmissível o recurso especial nas hipóteses em que há deficiência na fundamentação pela ausência de demonstração da ofensa ao dispositivo de lei federal ou a divergência de interpretação. Aplicação analógica do enunciado n. 284 da Súmula do STF. 4. A indicação de dispositivos sem que esses tenham sido debatidos pelo Tribunal de origem, apesar da oposição dos embargos de declaração, obsta o conhecimento do recurso especial pela ausência de prequestionamento. Aplicável, assim, o enunciado n. 211 da Súmula do STJ" (STJ, AgInt no REsp 1.373.985/MG, Rel. Min. Marco Aurélio Bellizze, 3ª Turma, jul. 24.04.2018, *DJe* 03.05.2018).

"Considera-se deficiente a fundamentação quando apresentadas razões recursais dissociadas dos fundamentos utilizados pela Corte de origem ou não apontado o dispositivo de lei federal violado pelo acórdão recorrido, bem como em hipótese na qual a tese invocada pelo recorrente não encontra amparo no preceito legal tido por contrariado, circunstâncias que atraem, por analogia, os óbices contidos nas Súmulas ns. 283 e 284 do Supremo Tribunal Federal" (STJ, REsp 2.081.262/RS, Rel. Min. Regina Helena Costa, 1ª Turma, jul. 21.11.2023, *DJe* 01.12.2023).

Não indicação do dispositivo violado. "Evidencia-se a deficiência na fundamentação recursal quando o recorrente não indica qual dispositivo de lei federal teria sido violado, bem como não desenvolve argumentação a fim de demonstrar em que consiste a ofensa aos dispositivos tidos por violados. A via estreita do recurso especial exige a demonstração inequívoca da ofensa ao dispositivo mencionado nas razões do recurso, bem como a sua particularização, a fim de possibilitar exame em conjunto com o decidido nos autos, sendo certo que a falta de indicação dos dispositivos infraconstitucionais tidos como violados caracteriza deficiência de fundamentação, fazendo incidir, por analogia, o disposto no Enunciado n. 284 da Súmula do STF: 'É inadmissível o recurso extraordinário, quando a deficiência na sua fundamentação não permitir a exata compreensão da controvérsia'. Dessarte, verifica-se, que a questão controvertida nos autos foi solucionada, pelo Tribunal de origem, com fundamento em leis locais. Logo, torna-se inviável, em recurso especial, o exame da matéria nele inserida, diante da incidência, por analogia, do enunciado n. 280 da Súmula do STF, que dispõe: 'Por ofensa a direito local não cabe recurso extraordinário.' Nesse sentido: AgInt no AREsp 1.304.409/DF, relator Ministro Mauro Campbell Marques, Segunda Turma, julgado em 31/8/2020, *DJe* 4/9/2020; AgInt no REsp 1.184.981/SP, relator Ministro Og Fernandes, Segunda Turma, julgado em 22/6/2020, *DJe* 30/6/2020; EDcl no AgInt no AREsp 1.506.044/SP, relator Ministro Herman Benjamin, Segunda Turma, julgado em 24/8/2020, *DJe* 9/9/2020. Ademais, esta Corte somente pode conhecer da matéria objeto de julgamento no Tribunal de origem. Ausente o prequestionamento da matéria alegadamente violada, não é possível o conhecimento do recurso especial. Nesse sentido, o enunciado n. 211 da Súmula do STJ: 'Inadmissível recurso especial quanto à questão que, a despeito da oposição de embargos declaratórios, não foi apreciada pelo Tribunal *a quo*'; e, por analogia, os enunciados n. 282 e 356 da Súmula do STF. Lado outro, não é cabível a interposição de recurso especial fundado na ofensa a princípios, tendo em vista que não se enquadram no conceito de lei federal" (STJ, AgInt no AREsp 2.088.544/DF, Rel. Min. Francisco Falcão, 2ª Turma, jul. 28.11.2022, *DJe* 01.12.2022). **No mesmo sentido:** STJ, AgInt no AREsp 2.122.677/MA, Rel. Min. Ricardo Villas Bôas Cueva, 3ª Turma, jul. 12.12.2022, *DJe* 16.12.2022; STJ, AgInt no REsp 1.941.851/PR, Rel. Min. Regina Helena Costa, jul. 09.08.2021, *DJe* 12.08.2021.

Alegação genérica. "São insuficientes ao cumprimento do dever de dialeticidade recursal as alegações genéricas de inconformismo, devendo a parte autora, de forma clara, objetiva e concreta, demonstrar o desacerto da decisão impugnada. Precedentes" (STJ, AgInt no AREsp 2.148.603/RJ, Rel. Min. Marco Buzzim, 4ª Turma, jul. 12.12.2022, *DJe* 16.12.2022).

"O recurso especial que não impugna fundamento do acórdão recorrido suficiente para mantê-lo não deve ser admitido, a teor da Súmula n. 283/STF. Considera-se deficiente, a teor da Súmula n. 284/STF, a fundamentação recursal que alega violação de dispositivos legais cujo conteúdo jurídico não tem alcance normativo para amparar a tese defendida no recurso especial. O recurso especial não comporta o exame de questões que impliquem interpretação de cláusula contratual ou revolvimento do contexto fático-probatório dos autos, a teor do que dispõem as Súmulas n. 5 e 7 do STJ" (STJ, AgInt no AREsp 2.117.769/SP, Rel. Min. Antonio Carlos Ferreira, 4ª Turma, jul. 28.11.2022, *DJe* 05.12.2022).

Julgamento incompleto no tribunal de origem. "Malgrado a incorreção do entendimento abraçado pelo tribunal de origem, descabe acolher integralmente a pretensão recursal quando as instâncias ordinárias não examinaram todas as causas de pedir formuladas na petição inicial para o acolhimento do pedido anulatório, sendo inviável a esta Corte apreciá-las nesta fase processual, porquanto, afora a ausência do necessário prequestionamento, entendimento diverso implicaria evidente supressão de instância, impondo-se, portanto, o retorno dos autos à origem para novo julgamento" (STJ, REsp 2.081.262/RS, Rel. Min. Regina Helena Costa, 1ª Turma, jul. 21.11.2023, *DJe* 01.12.2023).

3. Tempestividade do recurso especial.

Comprovação. Ausência de expediente no Tribunal de origem. Remissão de link. Insuficiência. "A jurisprudência deste Tribunal é no sentido de que a mera remissão a link de site do Tribunal de origem nas razões recursais é insuficiente para comprovar a tempestividade do recurso. Nesse sentido: AgInt no REsp 1752192/MG, Rel. Ministro Marco Buzzi, Quarta Turma, julgado em 18/10/2018, *DJe* 29/10/2018; AgInt no AREsp 1687712/SP, relator Ministro Sérgio Kukina, Primeira Turma, *DJe* de 17/11/2020; AgInt no REsp n. 1.665.945/MG, Rel. Ministro Herman Benjamin, Segunda Turma, *DJe* 19/12/2017; AgInt no REsp 1799162/AL, Rel. Ministro Francisco Falcão, Segunda Turma, *DJe* de 26/11/2019" (STJ, AgInt nos EDcl no REsp 1.893.371/RJ, Rel. Min. Mauro Campbell Marques, 2ª Turma, jul. 26.10.2021, *DJe* 11.11.2021).

Impossibilidade de reexame de tempestividade de agravo de instrumento em julgamento. Preclusão. "Não cabe, quando do julgamento do recurso especial, reexaminar de ofício a tempestividade do agravo de instrumento anteriormente provido (e, portanto, implícita ou explicitamente conhecido) para determinar o processamento do recurso especial. Não tendo sido interposto o recurso pertinente contra essa decisão, está preclusa a matéria (CPC, art. 473). Assim, o juízo de admissibilidade, nesse momento, é apenas do próprio recurso especial (Corte Especial: EREsp n. 171.499/RS e EREsp n. 218.863)" (STJ, EREsp 1414755/PA, Rel. Min. João Otávio de Noronha, Corte Especial, jul. 18.05.2016, *DJe* 06.09.2016).

Carimbo de protocolo ilegível. Comprovação de tempestividade do recurso especial em agravo interno. Possibilidade. "É dever da parte, constatada a ilegibilidade do carimbo de protocolo, providenciar certidão da secretaria de protocolo do Tribunal de origem para possibilitar a verificação da tempestividade recursal. Na hipótese de reconhecimento, por meio de decisão monocrática, da intempestividade de recurso especial em virtude de carimbo de protocolo ilegível, a primeira oportunidade para manifestação das partes é o agravo interno. Se o carimbo de protocolo e a digitalização – atos a serem praticados pelo Poder Judiciário – ocorrem no instante ou após a interposição do recurso, não há como se exigir da parte que, no ato da interposição, comprove eventual vício que, a rigor, naquele momento, sequer existe. É imperioso concluir que é lícita a comprovação, em agravo interno, da tempestividade de recurso especial na hipótese de ilegibilidade de carimbo de protocolo" (STJ, EDcl no AgInt no REsp 1.880.778/PR, Rel. Min. Nancy Andrighi, 3ª Turma, jul. 28.09.2021, *DJe* 01.10.2021).

Interposição antes da publicação do acórdão recorrido. "Recurso especial antes da publicação do Acórdão, mas depois de sua divulgação por meio eletrônico. Precocidade afastada. Tempestividade" (STJ, EDcl no REsp 1.084.645/SP, Rel. Min. Teori Albino Zavascki, 1ª Turma, jul. 05.05.2009, *DJ* 17.11.2004). **Obs.:** Cf. art. 218, § 4º, do CPC/2015.

Suspensão dos prazos processuais. Necessidade de comprovação. "A jurisprudência dominante do STJ estabelece que, para fins de demonstração da tempestividade do recurso, incumbe à parte, no momento da interposição, comprovar a ocorrência de suspensão dos prazos processuais em decorrência de feriado local ou de portaria do Presidente do Tribunal *a quo*. Prescreve, ademais, que não há de se admitir a juntada posterior do documento comprobatório" (STJ, EREsp 299.177/MG, Rel. Min. Eliana Calmon, jul. 11.02.2008, *DJe* 29.05.2008). **Admitindo como meio hábil a comprovar o feriado local cópias obtidas a partir de sítios eletrônicos da Justiça, com identificação da procedência do documento:** STJ, AgRg no Ag 1.251.998/SP, Rel. Min. Luis Felipe Salomão, Corte Especial, jul. 15.09.2010, *DJe* 19.11.2010.

Férias coletivas do tribunal. "O prazo de interposição do recurso especial fica suspenso durante as férias coletivas do tribunal, ainda que se trate de ação sob o rito sumário" (STJ, REsp 327.675/SP, Rel. Min. Nancy Andrighi, 3ª Turma, jul. 03.12.2002, *DJ* 06.10.2003, p. 268; *RSTJ* 186/322; *RTJ* 190/353).

Republicação das decisões não implica a reabertura de prazo. "A jurisprudência do Supremo Tribunal Federal tem advertido que a indevida republicação das decisões não tem o condão de reabrir prazos recursais, que, por natureza, são **ordinariamente preclusivos e peremptórios.** Precedentes. A republicação dos atos decisórios somente reabre os prazos recursais na hipótese única prevista no art. 82, § 3º, do RISTF, que a autoriza, por evidente necessidade, apenas nos casos de incorreção ou de omissão" (STF, AGRINQ 774/RJ, Rel. Min. Celso de Mello, Tribunal Pleno, *DJ* 17.12.1993).

Andamento processual disponibilizado pela internet. Vencimento do prazo recursal indicado de forma equivocada pelo Tribunal de origem. Justa causa para prorrogação. Ver jurisprudência do art. 977 do CPC/2015.

Feriado local. Comprovação. Ato de interposição. Vício insanável (§ 3º). Ver jurisprudência do art. 1.003 do CPC/2015.

4. Preparo do recurso especial.

Recolhimento por meio diverso do previsto. "Na linha da iterativa jurisprudência do eg. Superior Tribunal de Justiça, o recolhimento do preparo por meio diverso daquele previsto na resolução em vigor no momento da interposição do recurso especial conduz ao reconhecimento de sua deserção" (STJ, EDcl no REsp 1.112.049/PR, Rel. Min. Raul Araújo, 4ª Turma, jul. 20.09.2012, *DJe* 23.10.2012).

Recurso sem anotação do número do processo na guia de recolhimento da União. Deserção. "É deserto o recurso interposto sem a anotação do número do processo na guia de recolhimento da União (GRU) ou no documento de arrecadação da Receita Federal (DARF), uma vez que se torna impossível averiguar, quando da análise do recurso, se há vinculação com o recolhimento a que se refere, o que dá margem a fraudes, ante a possibilidade da interposição de inúmeros recursos com uma única guia. A Corte Especial, no dia 03.02.2010, apreciando o REsp 924.942/SP, por maioria, ratificou o entendimento já adotado por este Tribunal no sentido de que, 'a partir da edição da Resolução n. 20/2004, além do recolhimento dos valores relativos ao porte de remessa e retorno em rede bancária, mediante preenchimento da Guia de Recolhimento da União (GRU) ou de Documento de Arrecadação de Receitas Federais (DARF), com a anotação do respectivo código de receita e a juntada do comprovante nos autos, passou a ser necessária a indicação do número do processo respectivo' (STJ, RMS 23.135/MA, Rel. Min. Mauro Campbell Marques, 2ª Turma, jul. 23.03.2010, *DJe* 12.04.2010). **No mesmo sentido:** STJ, AgRg no REsp 1.076.406, Rel. Min. Mauro Campbell Marques, 2ª Turma, jul. 18.03.2010. **Obs.:** Cf. art. 1.007, § 7º, do CPC/2015, sobre equívoco no preenchimento da guia.

Preenchimento manual da GRU. "O preenchimento manual do campo correspondente ao número do processo não ofende as exigências formais da Guia de Recolhimento da União – GRU referente ao pagamento do porte de remessa e retorno, previstas na Resolução n. 12/2005/STJ" (STJ, EREsp 1.090.683/MG, Rel. Min. Teori Albino Zavascki, Corte Especial, jul. 09.06.2011, *DJe* 22.06.2011).

Porte de remessa e de retorno pago em guia imprópria. Posterior ratificação. Deserção descaracterizada. "Recolhidas as custas na forma da legislação pertinente, admite-se a posterior regularização do pagamento do porte de remessa e de retorno a título de complementação do preparo, previsto no art. 511, *caput* e § 2º, do CPC" (STJ, EDcl no REsp 1.221.314/SP, Rel. Min. Castro Meira, 2ª Turma, jul. 21.02.2013, *DJe* 27.02.2013).

Ausência do número do processo no comprovante de pagamento das custas. Correlação com a guia correspondente preenchida. "Estando a guia devidamente preenchida, nos termos da respectiva resolução do STJ, inclusive com a devida anotação do número de referência, a correspondência entre o seu código de barras e aquele constante no comprovante de pagamento juntado aos autos permite demonstrar a que processo se refere o pagamento das custas e do porte de remessa e retorno, ainda que não conste, no comprovante, o número do processo" (STJ, EDcl no AREsp 81.985/RS, Rel. Min. Antonio Carlos Ferreira, 4ª Turma, jul. 20.11.2012, *DJe* 28.11.2012).

Recolhimento de custas e porte de remessa e retorno via internet. Possibilidade. "O próprio sítio do Tesouro Nacional, cuja utilização é recomendada pela referida Resolução, estabelece que a GRU Simples poderá ser paga no Banco do Brasil por meio da internet. Não pode a parte de boa-fé ser prejudicada, devendo ser admitido o recolhimento pela internet, com a juntada de comprovante emitido pelo sítio do banco. Aplicação, ademais, do art. 11 da Lei n. 11.419/2006" (STJ, AgRg no REsp 1.232.385/MG, Rel. Min. Antonio Carlos Ferreira, 4ª Turma, jul. 06.06.2013, *DJe* 22.08.2013).

Agendamento bancário. Intimação para saneamento do vício. Juntada apenas do comprovante de pagamento, sem a guia de recolhimento. Deserção. "O comprovante de agendamento bancário é insuficiente para demonstrar o recolhimento do preparo. Dessa forma, o recorrente será intimado para sanar o vício apontado (art. 1.004, *caput* e § 7º, do CPC/15). De acordo com entendimento do STJ, '(...) A comprovação do preparo do recurso especial deve ser feita mediante a juntada, no ato da interposição do recurso, das guias de recolhimento devidamente preenchidas, além dos respectivos comprovantes de pagamento. A juntada apenas do comprovante de pagamento das custas processuais, desacompanhado da respectiva guia de recolhimento, é insuficiente à comprovação do preparo. (...)' (AgInt no REsp 1.622.574/RS, Rel. Ministro Francisco Falcão, Segunda Turma, julgado em 20.04.2017, *DJe* 27.04.2017). Inarredável, pois, a incidência do óbice da Súmula 187/STJ: 'É deserto o recurso interposto para o Superior Tribunal de Justiça, quando o recorrente não recolhe, na origem, a importância das despesas de remessa e retorno dos autos'" (STJ, AgInt no AREsp 1.631.204/PE, Rel. Min. Luis Felipe Salomão, 4ª Turma, jul. 15.12.2020, *DJe* 02.02.2021).

Preparo. Diferimento de custas processuais no âmbito estadual. Isenção heterônoma. Impossibilidade. Deserção. "Mediante análise dos autos, verifica-se que o recurso especial não foi instruído com a guia de custas devidas ao Superior Tribunal de Justiça e o respectivo comprovante de pagamento. Sendo, portanto, deserto por incidência da Súmula 187 do STJ. Conforme entendimento pacificado nesta Corte, 'é cediço de que entender que a legislação local pudesse isentar uma taxa instituída por lei federal seria aceitar a possibilidade de instituir uma isenção heterônoma, ainda mais do ente estadual para o federal, o que é expressamente vedado pela Constituição da República' (AgInt no AREsp 966.324/SP, Rel. Ministra Regina Helena Costa, Primeira Turma, julgado em 7.2.2017, *DJe* 16.2.2017)" (STJ, AgInt no AREsp 1.814.207/RO, Rel. Min. Francisco Falcão, 2ª Turma, jul. 28.06.2021, *DJe* 01.07.2021).

5. Efeitos do recurso especial.

Efeito devolutivo. "Na instância especial, independentemente de se tratar de matéria examinável de ofício pelo juiz, a turma julgadora se vincula ao contido nas razões do recurso, valendo a máxima *tantum devolutum quantum appellatum*, sem as exceções próprias das instâncias ordinárias" (STJ, EDcl no REsp 74.109/RN, Rel. Min. Sálvio de Figueiredo, 4ª Turma, jul. 14.10.1996, *DJ* 18.11.1996). **No entanto,** a mais recente posição doutrinária admite sejam reconhecidas nulidades absolutas *ex officio*, por ser matéria de ordem pública. Assim, se ultrapassado o juízo de conhecimento, por outros fundamentos, abre-se a via do especial (Súmula nº 456/STF).

Julgamento da causa. Observância aos art. 257 do RISTJ e art. 1.013, § 3º, do CPC/2015. "Uma vez conhecido o recurso, passa-se à aplicação do direito à espécie, nos termos do **art. 257, RISTJ,** e também em observância à regra do **§ 3º do art. 515, CPC,** que procura dar efetividade à prestação jurisdicional, sem deixar de atentar para o devido processo legal" (STJ, REsp 469.921/PR, Rel. Min. Sálvio de Figueiredo Teixeira, 4ª Turma, jul. 06.05.2003, *DJ* 26.05.2003, p. 366). **No mesmo sentido:** STJ, REsp 337.094, Rel. Min. Gomes de Barros, 3ª Turma, jul. 29.11.2005, *DJ* 19.12.2005.

"A regra do art. 257 do Regimento Interno do Superior Tribunal de Justiça – segundo a qual, se a Turma conhecer do recurso especial, aplicará o direito à espécie – só obriga o julgamento da causa na sua integralidade, em se tratando da letra 'a', se a norma legal a ser aplicada ou afastada influenciar a decisão do mérito da lide. Não teria sentido, por exemplo, que um recurso especial conhecido apenas por violação do art. 21 do Código de Processo Civil [art. 86 do CPC/2015] ('Se cada litigante for em parte vencedor e vencido, serão recíproca e proporcionalmente distribuídos e compensados entre eles os honorários e as despesas') devolvesse ao Superior Tribunal de Justiça o exame das demais questões. Hipótese em que a aplicação do art. 538, parágrafo único, do Código de Processo Civil teve como cenário o julgamento dos embargos de declaração, sem qualquer repercussão nos temas decididos no julgamento da apelação" (STJ, EREsp 276.231/ES, Rel. Min. Ari Pargendler, Corte Especial, jul. 01.09.2004, *DJ* 01.02.2006).

"Se, embora não conhecendo do recurso, o Tribunal de origem examina o mérito da controvérsia – ainda que como simples reforço de fundamentação –, a causa está madura para julgamento e a matéria prequestionada, autorizando o Superior Tribunal de Justiça a conhecer do recurso especial e aplicar o direito à espécie" (STJ, REsp 761.379, Rel. Min. José Delgado, 1ª Turma, jul. 16.08.2005, *DJ* 12.09.2005). **Obs.:** Ver art. 1.034, parágrafo único, do CPC/2015.

Acolhimento de apenas uma das causas de pedir pelo Tribunal *a quo*. "Se o Tribunal local acolheu apenas uma das causas de pedir declinadas na inicial, declarando procedente o pedido formulado pelo autor, não é lícito ao Superior Tribunal de Justiça, no julgamento de recurso especial do réu, simplesmente declarar ofensa à Lei e afastar o fundamento em que se baseou o acórdão recorrido para julgar improcedente o pedido. Nessa situação, deve o Superior Tribunal de Justiça aplicar o direito à espécie, apreciando as outras causas de pedir lançadas na inicial, ainda que sobre elas não tenha se manifestado a instância precedente, podendo negar provimento ao recurso especial e manter a procedência do pedido inicial" (STJ, EREsp 58.265/SP, Rel. p/ ac. Min. Barros Monteiro, Corte Especial, jul. 05.12.2007, *DJe* 07.08.2008). **Em sentido contrário:** "Decisão do STJ que nega provimento a recurso especial, confirmando a decisão do Tribunal de origem que anulou sentença que decretava a prescrição. O STJ, ao examinar recurso especial, não está autorizado a prosseguir no julgamento do mérito da causa, mesmo se tratando de questão meramente de direito.

Inaplicabilidade do art. 515, § 3º, do CPC [art. 1.013, § 3º, do CPC/2015]" (STJ, EDcl no REsp 524.889/PR, Rel. Min. Eliana Calmon, 2ª Turma, jul. 06.04.2006, *DJ* 22.05.2006, p. 179). **No mesmo sentido:** STJ, REsp 988.034-AgRg, Rel. p/ ac. Min. Luiz Fux, 1ª Turma, jul. 22.04.2008, *DJ* 08.10.2008. **Obs.:** v. art. 1.034, parágrafo único do CPC/2015.

Efeito devolutivo amplo. Ver jurisprudência do art. 257 do RISTJ.

Efeito translativo. "Assim, quando eventual nulidade processual ou falta de condição da ação ou de pressuposto processual impede, a toda evidência, que o julgamento do recurso cumpra sua função de ser útil ao desfecho da causa, cabe ao tribunal, mesmo de ofício, conhecer da matéria, nos termos previstos no art. 267, § 3º, e no art. 301, § 4º, do CPC [arts. 485, § 3º, e 337, § 5º, do CPC/2015]. Nesses limites, é de ser reconhecido o efeito translativo como inerente também ao recurso especial" (STJ, REsp 553.582/SE, Rel. Min. Teori Albino Zavascki, jul. 21.10.2004; *RSTJ* 185/121). **No mesmo sentido:** STJ, REsp 94.458/PR, Rel. Min. Barros Monteiro, 4ª Turma, jul. 15.02.2001, *DJ* 09.04.2001; STJ, REsp 869.534/SP, Rel. Min. Teori Albino Zavascki, 1ª Turma, jul. 27.11.2007, *DJ* 10.12.2007; *RDDP* 60/143.

Efeito translativo e falta de prequestionamento. "(...) este Tribunal Superior já cristalizou seu entendimento pela impossibilidade de se conhecer da matéria de ofício, quando inexistente o necessário prequestionamento" (STJ, REsp 297.117/RS, Rel. Min. Hélio Quaglia Barbosa, 4ª Turma, jul. 28.08.2007, *DJ* 17.09.2007); (STJ, AgRg no Ag 95.597/GO, Rel. Min. Antônio de Pádua Ribeiro, 2ª Turma, jul. 25.04.1996, *DJ* 13.05.1996). **Obs.:** Ver art. 1.034, parágrafo único, do CPC/2015.

Efeito suspensivo. Ver, *infra*, o item "Tutela de urgência no âmbito do recurso especial".

6. Vícios formais do recurso especial.

Desconsideração de vício formal. "A ausência do traslado das procurações decorrente do desmembramento do feito é um mero vício formal que, ao meu ver, pode ser sanado nos termos do art. 1.029, § 3º, do NCPC: 'O Supremo Tribunal Federal ou o Superior Tribunal de Justiça poderá desconsiderar vício formal de recurso tempestivo ou determinar sua correção, desde que não o repute grave'" (STJ, AgRg no REsp 1.571.320/AL, voto do vogal, Min. Sebastião Reis Júnior, Rel. p/ acórdão Min. Nefi Cordeiro, 6ª Turma, jul. 20.03.2018, *DJe* 24.09.2018).

Recurso sem assinatura. Vício sanável. "Nas instâncias ordinárias, a falta de assinatura da petição recursal é vício sanável, devendo o magistrado, nos termos do artigo 13 do Código de Processo Civil de 1973, proceder à abertura de prazo para que a irregularidade seja corrigida. Súmula nº 83/STJ" (STJ, AgInt no REsp 1.663.781/MA, Rel. Min. Ricardo Villas Bôas Cueva, 3ª Turma, jul. 18.02.2019, *DJe* 21.02.2019). No mesmo sentido: STJ, AgInt no AREsp 834.030/DF, Rel. Min. Og Fernandes, 2ª Turma, jul. 02.05.2017, *DJe* 05.05.2017.

Falta de procuração do advogado do recorrente. "2. 'Deixando a parte transcorrer o prazo sem que a representação processual seja regularizada, inviável o conhecimento do recurso (Súmula 115 do STJ)' (PET no AREsp 1.387.998/SP, Rel. Ministra Maria Isabel Gallotti, Quarta Turma, julgado em 11/06/2019, *DJe* 17/06/2019). 3. A dispensa da juntada de procuração em processos eletrônicos, prevista no art. 1.017, § 5º, do CPC/2015, não se estende ao recurso especial ou ao agravo contra a sua inadmissibilidade, porquanto a aplicação do referido dispositivo é específica da classe processual 'agravo de instrumento'" (STJ, AgInt no AREsp 2.067.300/RS, Rel. Min. Luís Felipe Salomão, 4ª Turma, jul. 27.06.2022, *DJe* 01.07.2022).

Recurso. Representação processual. "A representação processual há de estar regular no prazo assinado para a prática do ato, ou seja, o recursal, não cabendo implemento de diligência" (STF, AgRg no RE 631.020, Rel. Min. Marco Aurélio,1ª Turma, jul. 24.09.2013, *DJe* 08.10.2013).

Prejuízo causado por vício processual. "No direito processual civil não se declaram as nulidades processuais sem que delas tenham originado prejuízo efetivo (*pas de nullité sans grief*). Em princípio, cumpre às instâncias de origem, soberanas na apreciação dos fatos (Súmula 07/STJ), examinar se o vício procedimental implicou prejuízo efetivo para a parte" (STJ, REsp 1.344.256/SC, Rel. Min. Sidnei Beneti, 3ª Turma, jul. 28.05.2013, *DJe* 10.06.2013).

Falta de indicação expressa do permissivo constitucional em que se funda o recurso especial. Possibilidade, desde que as razões recursais demonstrem seu cabimento de forma inequívoca. "A falta de indicação expressa da norma constitucional que autoriza a interposição do recurso especial (alíneas *a*, *b* e *c* do inciso III do art. 105) implica o seu não conhecimento pela incidência da Súmula n. 284 do STF, salvo, em caráter excepcional, se as razões recursais conseguem demonstrar, de forma inequívoca, a hipótese de seu cabimento" (STJ, EAREsp 1.672.966/MG, Rel. Min. Laurita Vaz, Corte Especial, jul. 20.04.2022, *DJe* 11.05.2022).

Vício estritamente formal. Ver jurisprudência do art. 932 do CPC/2015.

7. Interposição do recurso especial se dá no Tribunal *a quo*.

Inadmissibilidade da interposição direta no STJ. "Não se conhece de recurso especial apresentado diretamente no STJ pois, nos termos do art. 1.029, *caput*, do CPC, sua interposição deverá ser feita perante o presidente ou o vice-presidente do tribunal recorrido" (STJ, AgInt no REsp 1777594/SP, Rel. Min. Antonio Carlos Ferreira, 4ª turma, jul. 13.05.2019, *DJe* 20.05.2019).

Protocolo integrado. Possibilidade. "A Corte Especial do STJ revogou a Súmula n. 256/STJ, passando a admitir a interposição de recurso da competência do STJ por meio de protocolo integrado" (STJ, EDcl no AREsp 23.463/SC, Rel. Min. João Otávio de Noronha, 3ª Turma, jul. 15.08.2013, *DJe* 22.08.2013).

Petição recursal. Delimitação do objeto do recurso especial. "O objeto do recurso especial é delimitado pelo conteúdo de suas razões, e não pelos recursos subsequentes (agravo de instrumento, agravo regimental, embargos de declaração etc.), razão pela qual é vedado, em momento posterior à interposição do recurso especial, proceder ao aditamento de suas razões, de modo a aduzir novas questões, as quais não foram suscitadas no momento adequado" (STJ, AgRg no Ag 924.104/RS, Rel. Min. Denise Arruda, 1ª Turma, jul. 13.11.2007, *DJ* 10.12.2007).

Capacidade postulatória. Ver jurisprudência do art. 104 do CPC/2015.

8. Juízo de admissibilidade.

Denegação do processamento. "Possibilidade de o Tribunal de origem, no exercício do juízo de admissibilidade, denegar o processamento do apelo extremo com fundamento na ausência de contrariedade ou negativa de vigência à lei federal, sem incorrer em usurpação de competência do STJ. Incidência da Súmula 123/STJ" (STJ, AgRg no AREsp 679.160/SP, Rel. Min. Marco Buzzi, 4ª Turma, jul. 28.03.2017, *DJe* 04.04.2017).

Adequação à decisão do tribunal *a quo*. "O juízo da admissibilidade do recurso especial, e isso vale para o recurso extraordinário, é feito à base do modo como o tribunal *a quo* dimensionou a causa, e não à vista das questões que nela poderiam ter surgido. Consequentemente, *a priori*, não há causas que, pela natureza, implicam questões constitucionais ou questões federais infraconstitucionais, e, sim, causas em que essas questões foram, ou não, enfrentadas" (STJ, EDcl no REsp 156.608/PR, Rel. Min. Ari Pargendler, 2ª Turma, jul. 04.03.1999, *DJ* 19.04.1999).

9. Cabimento do recurso especial (CF, art. 105, III).

a) Contrariedade à lei federal (CF, art. 105, III, *a*).

"O recurso especial zela pela vigência e eficácia da legislação federal infraconstitucional e uniformização da respectiva jurisprudência. lei federal deve ser entendida no sentido material: compreende, pois, lei complementar, lei nacional, lei ordinária, decreto, resolução, portaria e outras normas da mesma origem" (STJ, REsp 73.310/RJ, Rel. Min. Luiz Vicente Cernicchiaro, 6ª Turma, j. 19.12.1995, *DJU* 13.05.1996, p. 15.579).

Súmula não é lei. "Enunciados sumulares não se enquadram no conceito de lei federal disposto no art. 105, III, da Carta Magna. Incidência da Súmula 518/STJ" (STJ, AgInt no AREsp 1.308.881/SP, Rel. Min. Raul Araújo, 4ª Turma, jul. 18.10.2018, *DJe* 26.10.2018). **No mesmo sentido:** STJ, REsp 1.875.319/PR, Rel. Min. Nefi Cordeiro, 6ª Turma, jul. 15.09.2020, *DJe* 23.09.2020.

Análise de resoluções, portarias, regimentos. Não cabimento do recurso especial. "'O recurso especial é via inadequada para análise de portarias, resoluções, regimentos ou qualquer outro tipo de norma que não se enquadre no conceito de lei federal' (AgInt no AREsp 325.019/SP, Rel. Ministro Antonio Carlos Ferreira, Quarta Turma, julgado em 03/12/2018, *DJe* de 13/12/2018)" (STJ, REsp 1.561.033/RS, Rel. Min. Raul Araújo, 4ª Turma, jul. 20.09.2022, *DJe* 04.10.2022). **No mesmo sentido, com relação a estatutos de universidades públicas federais:** STJ, AgRg no REsp 1.104.484/PR, Rel. Min. Francisco Falcão, 1ª Turma, *DJe* 23.4.09; STJ, AgRg no REsp 1.197.372/ES, Rel. Min. Arnaldo Esteves Lima, 1ª Turma, jul. 09.08.2011, *DJe* 15.08.2011.

Convênios tributários. "Os convênios do ICMS, editados pelo Confaz nos termos da LC 24/75, via de regra, não se incluem no conceito de 'lei federal', para fins de interposição de recurso especial fundado na alínea 'a' do inciso III do art. 105 da CF/88. **Exceção é o Convênio ICMS nº 66/88 que teve origem na autorização dada pelo art. 34, § 8º, do Ato das Disposições Constitucionais Transitórias – ADCT** para que os Estados regulassem provisoriamente o ICMS, nos termos da LC 24/75, até que o Congresso Nacional editasse a lei complementar desse imposto. Esse Convênio, até a edição da LC 87/96, serviu como regra geral de caráter nacional para o ICMS, extraindo seu fundamento de validade diretamente do Texto Constitucional, o que não se observa relativamente aos demais convênios do Confaz" (STJ, REsp 1.137.441/MG, Rel. Min. Eliana Calmon, Rel. p/ Acórdão Min. Castro Meira, 1ª Seção, jul. 09.06.2010, *DJe* 17.12.2010).

"O conceito de lei federal para efeito de admissibilidade do recurso especial, à luz da hodierna jurisprudência do STJ, compreende regras de caráter geral e abstrato, produzidas por órgão da União com base em competência derivada da própria Constituição, como o são as leis (complementares, ordinárias, delegadas) e as medidas provisórias, bem assim os decretos autônomos e regulamentares expedidos pelo Presidente da República (REsp 663.562, 2ª Turma, *DJ* de 07.11.2005). Não se incluem nesse conceito *os atos normativos secundários produzidos por autoridades administrativas*, tais como resoluções, circulares e portarias" (STJ, AgRg no REsp 1.148.345, Rel. Min. Luiz Fux, 1ª Turma, jul. 23.03.2010).

Superação da divergência jurisprudencial em caso de recurso especial por ofensa à lei federal. Súmula nº 83/STJ. Aplicabilidade. "O enunciado sumular nº 83/STJ também é aplicável aos recursos interpostos com fulcro na alínea 'a' do permissivo constitucional, segundo jurisprudência do STJ" (STJ, AgRg no AREsp 679.160/SP, Rel. Min. Marco Buzzi, 4ª Turma, jul. 28.03.2017, *DJe* 04.04.2017).

b) Validade de lei local contestada em face de lei federal (CF, art. 105, III, *b*). "Segundo entendimento deste Superior Tribunal, 'incabível recurso especial com espeque na alínea 'b' do art. 105, III, da Constituição Federal quando o fundamento do acórdão recorrido é a lei local, objeto de análise pelo art. 102, III, 'd', da Carta Magna' (REsp 921.636/MG, Rel. Min. Eliana Calmon, 2ª Turma, *DJ* 2.4.09)" (STJ, AgRg no REsp 1.121.239/MG, Rel. Min. Arnaldo Esteves Lima, 1ª Turma, jul. 12.04.2011, *DJe* 27.04.2011). **Obs.:** O caso é de recurso extraordinário, segundo o inciso "d" da alínea III do art. 102 da CF, alterado pela EC nº 45/2004. Todavia, cabe recurso especial quando se trata não de lei, mas de ato de governo local contestado em face de lei federal (redação do art. 105, III, *b*, dada pela EC nº 45).

c) Dissídio jurisprudencial (CF, art. 105, III, *c*).

Mera transcrição de ementas e excertos do acórdão. Impossibilidade. "Esta Corte de Justiça tem entendimento no sentido de que a incidência do referido óbice sumular impede o exame de dissídio jurisprudencial, na medida em que falta identidade entre os paradigmas apresentados e os fundamentos do acórdão, tendo em vista a situação fática do caso concreto, com base na qual deu solução a causa a Corte de origem. Precedentes. A mera transcrição de ementas e excertos de acórdão, desprovida da realização do necessário cotejo analítico, que evidencie a similitude fática entre os arestos confrontados, mostra-se insuficiente para comprovar a divergência jurisprudencial ensejadora da abertura da via especial com esteio na alínea *c* do permissivo constitucional" (STJ, AgInt no REsp 1.599.512/SP, Rel. Min. Marco Buzzi, 4ª Turma, jul. 27.02.2018, *DJe* 02.03.2018).

"Não é aceitável a indicação do *Diário da Justiça* como repositório de jurisprudência, uma vez que se limita a publicar a ementa, quando necessário, como na espécie, o exame das peculiaridades do caso concreto (AgRg nos EREsp 6.843-SP, *DJ* 12.08.1991), ressalvados os casos de julgados desta Corte (REsp 72.262-RJ, *DJ* 17.03.1997)" (STJ, Ag no AI 167.034/SP, Rel. Min. Sálvio de Figueiredo, 4ª Turma, jul. 30.04.1998, *DJ* 22.06.1998).

Indicação da fonte. "Acórdãos apresentados para análise de divergência, mesmo sem serem autenticados e sem indicação da fonte onde foram publicados, merecem ser considerados como eficazes para tal fim, quando não se alega e se prova qualquer vício sobre a sua real constituição e o que eles expressam" (STJ, EDcl no REsp 64.465/SP, Rel. Min. José Delgado, 1ª Turma, jul. 27.02.1997; *RSTJ* 94/54).

"A simples indicação de 'site' da internet, não é meio que consubstancia repositório oficial ou credenciado de jurisprudência, para fins de comprovação de divergência. Precedentes" (STJ, EDcl no AgRg no REsp 1.115.483/RO, Rel. Min. Luis Felipe Salomão, 4ª Turma, jul. 21.10.2010, *DJe* 03.11.2010).

Indicação dos dispositivos legais de interpretação divergente. "O conhecimento do recurso especial fundamentado na alínea 'c' do permissivo constitucional exige a indicação dos dispositivos legais que supostamente foram objeto de interpretação divergente" (STJ, AgInt no AREsp 1639302/SP, decisão monocrática do Rel. Min. Antonio Carlos Ferreira, 4ª Turma, *DJe* 01.07.2020). **No mesmo sentido:** STJ, AgInt no AREsp 1.468.115/MT, Rel. Min. Luis Felipe Salomão, jul. 31.05.2021, *DJe* 07.06.2021; STJ, AgInt no AREsp 1.765.886/SC, Rel. Min. Marco Buzzi, 4ª Turma, jul. 09.08.2021, *DJe* 17.08.2021. No mesmo sentido: STJ, REsp 1.953.347/SP, Rel. Min. Antonio Carlos Ferreira, 4ª Turma, jul. 09.08.2022, *DJe* 16.08.2022.

Orientação do tribunal firmada no mesmo sentido da decisão recorrida. Necessidade de demonstrar a distinção. "'Não se conhece do recurso especial pela divergência, quando a orientação do tribunal se firmou no mesmo sentido da decisão recorrida' (Súmula 83/STJ). Nos casos em que o recurso especial não é admitido com fundamento no enunciado n. 83 da Súmula do Superior Tribunal de Justiça, a impugnação deve demonstrar a distinção do caso, ou indicar precedentes contemporâneos ou supervenientes aos mencionados na decisão combatida, evidenciando-se que outro é o entendimento jurisprudencial desta Corte. Incidência da Súmula 182/STJ" (STJ, AgInt no AREsp 1.596.329/MS, decisão monocrática, Rel. Min. Maria Isabel Gallotti, 4ª Turma, *DJe* 03.08.2020).

Cotejo analítico dos arestos confrontados. "Na forma da jurisprudência do STJ, 'é entendimento pacífico dessa Corte que a parte deve proceder ao cotejo analítico entre os arestos confrontados e transcrever os trechos dos acórdãos que configurem o dissídio jurisprudencial, sendo insuficiente, para tanto, a mera transcrição de ementas' (STJ, AgInt no REsp 1.796.880/RS, Rel. Ministra Regina Helena Costa, Primeira Turma, DJe de 23/10/2019). Em igual sentido: STJ, AgInt no AREsp 1.290.738/SC, Rel. Ministro Marco Buzzi, Quarta Turma, *DJe* de 04/10/2019; AgRg nos EDcl no AREsp 1.447.962/DF, Rel. Ministra Laurita Vaz, Sexta Turma, *DJe* de 07/10/2019" (STJ, AgInt no AREsp 1647056/MG, Rel. Min. Assusete Magalhães, 2ª Turma, jul. 31.08.2020, *DJe* 16.09.2020). **No mesmo sentido:** STJ, AgInt no REsp 1.891.068/SC, Rel. Min. Nancy Andrighi, 3ª Turma, jul. 15.12.2020, *DJe* 18.12.2020; STJ, AgInt no AREsp 1.821.751/SP, Rel. Min. Nancy Andrighi, 3ª Turma, jul. 16.08.2021, *DJe* 19.08.2021.

Dissídio notório. "Cuidando-se de hipótese de dissídio jurisprudencial notório, mitigam-se os requisitos de admissibilidade para o conhecimento do recurso especial fundado na alínea 'c' do permissivo constitucional" (STJ, AgRg no REsp 1.258.645/SC, Rel. Min. Marco Buzzi, 4ª Turma, jul. 18.05.2017, *DJe* 23.05.2017). **No mesmo sentido:** STJ, AgInt nos EDcl no REsp 1.757.717/SP, Rel. Min. Antonio Carlos Ferreira, 4ª Turma, jul. 04.05.2020, *DJe* 07.05.2020; STJ, AgInt no AREsp. 1.323.419/ES, Rel. Min. Nancy Andrighi, 3ª Turma, jul. 05.12.2022, *DJe* 07.12.2022.

Dissídio assentado em fatos, e não na interpretação da lei. Impossibilidade. "A jurisprudência desta Corte firmou o entendimento de que não é possível o conhecimento do apelo nobre interposto pela divergência, na hipótese em que o dissídio é apoiado em fatos, e não na interpretação da lei. Isso porque a Súmula nº 7 do STJ também se aplica aos recursos especiais interpostos pela alínea c do permissivo constitucional" (STJ, AgInt no AREsp 1.757.343/DF, Rel. Min. Moura Ribeiro, jul. 16.08.2021, *DJe* 19.08.2021).

Precedentes contemporâneos. "No caso em que foi aplicado o Enunciado n. 83 do STJ, incumbe à parte, no agravo em recurso especial, pelo menos, apontar precedentes contemporâneos ou supervenientes aos referidos na decisão impugnada. Não o fazendo, é correta a decisão que não conhece do agravo nos próprios autos" (STJ, AgInt no AREsp 2.110.250/SP, Rel. Min. Francisco Falcão, jul. 28.11.2022, *DJe* 01.12.2022).

"O recurso especial fundamentado no dissídio jurisprudencial exige, em qualquer caso, que tenham os acórdãos – recorrido e paradigma – examinado o tema sob o enfoque do mesmo dispositivo de lei federal. Se a divergência não é notória, e nas razões de recurso especial não há indicação de qual dispositivo legal teria sido malferido, com a consequente demonstração da divergência de interpretação à legislação infraconstitucional, aplica-se, por analogia, o óbice contido na Súmula nº 284/STF, a inviabilizar o conhecimento do recurso pela alínea 'c' do permissivo constitucional" (STJ, AgInt no AREsp 2.122.677/MA, Rel. Min. Ricardo Villas Bôas Cueva, 3ª Turma, jul. 12.12.2022, *DJe* 16.12.2022).

Entendimento ultrapassado. "O dissídio jurisprudencial não pode ser comprovado por meio de precedentes representativos de entendimento que já não mais prevalece nesta Corte. Aplicação da Súmula 83/STJ" (STJ, REsp 909.459/MG, Rel. Min. Nancy Andrighi, 3ª Turma, jul. 06.05.2010, *DJe* 25.05.2010).

Divergência com súmula. "Inviável a interposição de recurso especial, com base na letra 'c' do autorizador constitucional, quando se busca demonstrar a divergência com Súmula desta Corte" (STJ, REsp 786.114/MG, Rel. Min. Aldir Passarinho Júnior, jul. 06.06.2007). **Obs.:** Com a implantação do sistema de precedentes vinculantes, que compreendem inclusive súmulas dos tribunais superiores, é importante lembrar que entre os casos de violação de norma jurídica, para efeito de ação rescisória (art. 966, V), figura a hipótese de decisão baseada em enunciado de súmula ou acórdão proferido em julgamento de casos repetitivos (art. 966, § 5º).

Ver jurisprudência do art. 255 do RISTJ.

10. Descabimento do recurso especial.

Decisão singular. "Não cabe recurso especial contra decisão singular. O inciso III do art. 105 da CF/88 estabelece que o recurso é cabível apenas contra *acórdão* proferido por *tribunal federal* ou por *corte local*. Um dos princípios que refere o nosso sistema recursal é o do esgotamento das vias recursais cabíveis nos tribunais de segundo grau. Isso significa que só cabe recurso para as cortes superiores quando não for possível mais recurso para os tribunais regionais ou estaduais. É o que estabelece a Súmula nº 281 do STF" (STJ, REsp 169.501/PE, Rel. Min. Adhemar Maciel, 2ª Turma, jul. 09.06.1998, *DJ* 24.08.1998). No mesmo sentido: STJ, AgRg no Ag 1.364.792/SP, Rel. Min. Castro Meira, 2ª Turma, jul.14.04.2011, *DJe* 27.04.2011.

"O recurso especial não tem cabimento se interposto logo após decisão monocrática proferida em sede de embargos de declaração, já que não esgotada a prestação jurisdicional na instância ordinária" (STJ, AgRg no REsp 685.363/DF, Rel. Min. Carlos Alberto Menezes Direito, 3ª Turma, jul. 04.08.2005, *DJ* 07.11.2005).

Rejeição reiterada dos embargos de declaração pelo tribunal *a quo*. "Não é lícito ao Tribunal local rejeitar novamente os embargos de declaração, quando a omissão neles apontada já foi declarada pelo Superior Tribunal de Justiça. Resta à instância precedente, nessa situação, acolher os embargos e sanar a omissão" (STJ, REsp 604.785/SP, Rel. p/ ac. Min. Ari Pargendler, 3ª Turma, jul. 20.03.2007, *DJ* 14.05.2007).

Não cabimento do recurso especial. Acórdão recorrido que determinou o retorno dos autos ao juízo de primeiro grau. "A decisão impugnada anulou a sentença e determinou o retorno dos autos à origem, para reabertura da instrução, com realização de perícia e prolação de nova decisão, logo, a causa não se encontra decidida, não sendo possível a apreciação da tese trazida pela parte recorrente, uma vez que não é cabível o recurso especial, pois um dos requisitos para interposição do apelo extremo é justamente que a matéria tenha sido decidida pelas instâncias inferiores. Incide, portanto, a Súmula 211/STJ" (STJ, AgInt no AREsp 2.055.549/RS, Rel. Min. Luís Felipe Salomão, 4ª Turma, j. 27.06.2022, *DJe* 01.07.2022).

Não cabimento do recurso especial em procedimento de dúvida registral. "Não cabe recurso especial contra decisão proferida em procedimento administrativo, afigurando-se irrelevantes a existência de litigiosidade ou o fato de o julgamento emanar de órgão do Poder Judiciário, em função atípica" (STJ, REsp 1.570.655/GO, Rel. Min. Antonio Carlos Ferreira, 2ª Seção, jul. 23.11.2016, *DJe* 09.12.2016). **No mesmo sentido:** STJ, AgRg no Ag. 985.782/SP, Rel. Min. Mauro Campbell Marques, 2ª Turma, jul. 28.10.2008, *DJe* 26.11.2008; STJ, REsp 612.540/DF, Rel. Min. Humberto Gomes de Barros, 3ª Turma, jul. 12.02.2008, *DJe* 05.03.2008; STJ, AgRg no Ag 656.216/SP, Rel. Min. Massami Uyeda, 4ª Turma, jul. 21.08.2007, *DJ* 17.09.2007, p. 286; STJ, AgRg no Ag 167.069/RS, Rel. Min. Barros Monteiro, 4ª Turma, jul. 22.03.2001, *DJ* 04.06.2001.

Decisões dos juizados especiais. "As decisões dos juizados especiais para causas cíveis de menor complexidade, ainda que adotadas por colegiados recursais, não comportam recurso especial. Súmula nº 203/STJ" (STJ, REsp 151.692/SC, Rel. Min. Waldemar Zveiter, 3ª Turma, jul. 21.05.1998, *DJ* 17.08.1998). **No mesmo sentido:** STJ, AgRg no AI 71.969-3/SP, Rel. Min. Cláudio Santos, 3ª Turma, jul. 22.06.1995, *DJ* 18.09.1995. **Obs.:** Admite-se, porém, a reclamação para o STJ (Resolução STJ/GP nº 03/2016).

Questão constitucional prejudicial. "No caso, a questão constitucional – definir se a matéria era reservada à lei complementar ou poderia ser versada em lei ordinária – é prejudicial da decisão do recurso especial, e, portanto, deveria o STJ ter observado o disposto no art. 543, § 2º, do C. Pr. Civil [art. 1.031, § 2º, do CPC/2015]. Em consequência, dá-se provimento ao RE da União para anular o acórdão do STJ por usurpação da competência do Supremo Tribunal e determinar que outro seja proferido, adstrito às questões infraconstitucionais acaso aventadas" (STF, RE 419.629, Rel. Min. Sepúlveda Pertence, 1ª Turma, jul. 23.05.2006, *DJ* 30.06.2006).

Reexame de decisão que coincide com a jurisprudência predominante do STJ. "Nega-se provimento a agravo regimental que pretende trazer a reexame acórdão cujo dispositivo coincide com a jurisprudência predominante no Superior Tribunal de Justiça. Se o dispositivo do acórdão recorrido coincide com a jurisprudência do STJ, é porque ele se afina com a Lei Federal" (STJ, REsp 226.047/SP, Rel. Min. Garcia Vieira, Rel. p/ ac. Min. Humberto Gomes de Barros, 1ª Turma, jul. 07.10.1999, *DJ* 20.03.2000).

Reexame necessário. Falta de recurso voluntário pelo Poder Público. "A Corte Especial afastou a tese da preclusão lógica e adotou o entendimento de que a Fazenda Pública, ainda que não tenha apresentado recurso de apelação contra a sentença que lhe foi desfavorável, pode interpor recurso especial" (STJ, EREsp 1.119.666/RS, Rel. Min. Eliana Calmon, Corte Especial, jul. 01.09.2010, *DJe* 08.11.2010).

11. Cabimento excepcional do recurso especial em caso de dano moral.

Recurso especial. Cabimento para revisão da indenização do dano moral. Montante indenizatório irrisório ou exorbitante. "Na esteira da jurisprudência do Superior Tribunal de Justiça, é pacífico que, em sede de recurso especial, a revisão da indenização por dano moral somente é possível quando o montante arbitrado nas instâncias originárias se revelar irrisório ou exorbitante, de modo a afrontar os princípios da proporcionalidade e razoabilidade. Ausentes tais hipótese, incide o enunciado da Súmula 7/STJ (STJ, AgInt no AREsp 1.158.356/DF, Rel. Min. Luis Felipe Salomão, 4ª Turma, jul. 12.12.2017, *DJe* 19.12.2017). **No mesmo sentido:** STJ, AgInt no REsp 1.714.785/RS, Rel. Min. Maria Isabel Gallotti, 4ª Turma, jul. 04.10.2018, *DJe* 15.10.2018; STJ, AgInt no REsp ..392/RO, Rel. Min. Marco Aurélio Bellizze, 3ª Turma, jul. 18.02.2019, *DJe* 21.02.2019; STJ, AgRg no AREsp 209.841/RS, Rel. Min. Raul Araújo, 4ª Turma, jul. 09.10.2012, *DJe* 06.11.2012; STJ, AgRg no Ag 792.100/SP, Rel. Min. Vasco Della Giustina, 3ª Turma, jul. 24.11.2009, *DJe* 01.12.2009; STJ, REsp 838.550/RS, Rel. Min. Cesar Asfor Rocha, 4ª Turma, jul. 13.02.2007, *DJ* 21.05.2007; STJ, REsp 1.060.740/RJ, Rel. Min. Benedito Gonçalves, 1ª Turma, jul. 05.05.2009, *DJe* 08.06.2009. **Entretanto,** "Em se tratando de danos morais, é incabível a análise do recurso com base na divergência jurisprudencial, pois, ainda que haja grande semelhança nas características externas e objetivas, no aspecto subjetivo, os acórdãos são sempre distintos" (STJ, REsp 914.329/RJ, Rel. Min. João Otávio de Noronha, 4ª Turma, jul. 04.08.2011, *DJe* 30.03.2012).

Dano *in re ipsa*. Agressão verbal e física. "A sensibilidade ético-social do homem comum na hipótese, permite concluir que os sentimentos de inferioridade, dor e submissão, sofridos por quem é agredido injustamente, verbal ou fisicamente, são elementos caracterizadores da espécie do dano moral *in re ipsa*. Sendo presumido o dano moral, desnecessário o embate sobre a repartição do ônus probatório" (STJ, REsp 1642318/MS, Rel.ª Min.ª Nancy Andrighi, 3ª Turma, jul. 07.02.2017, *DJe* 13.02.2017).

Dano moral por morte de parente. Núcleos familiares com diferentes números de membros. "Nessa linha, a fixação de valor reparatório global por núcleo familiar – nos termos do acórdão embargado – justificar-se-ia apenas se a todos os lesados (que se encontram em idêntica situação, diga-se de passagem) fosse conferido igual tratamento, já que inexistem elementos concretos, atrelados a laços familiares ou afetivos, que fundamentem a discriminação a que foram submetidos os familiares de ambas as vítimas" (STJ, EREsp 1.127.913/RS, Rel. Min. Napoleão Nunes Maia Filho, Corte Especial, jul. 04.06.2014, *DJe* 05.08.2014).

Dano moral coletivo. Ofensa à honra dos povos indígenas. "A jurisprudência desta Corte tem afastado a aplicação da Súmula 7/STJ e permitido a revisão do valor estabelecido pelas instâncias ordinárias a título de danos morais quando o montante é considerado irrisório ou abusivo. O montante arbitrado pelas instâncias ordinárias pode ser considerado irrisório, pois insuficiente para alcançar as finalidades de punição, dissuasão e reparação, bem como se mostra desproporcional com a gravidade da conduta de escrever e divulgar, por meio da internet, artigo com caráter preconceituoso e incitador de ódio contra os povos indígenas do Estado do Mato Grosso do Sul" (STJ, REsp 2.112.853/MS, Rel. Min. Nancy Andrighi, 3ª Turma, jul. 20.02.2024, *DJe* 07.03.2024).

12. Matéria constitucional e recurso especial.

Inadmissibilidade do recurso especial. "A interposição de recurso especial não é cabível quando ocorre violação de dispositivo constitucional ou de qualquer ato normativo que não se enquadre no conceito de lei federal, conforme disposto no art. 105, III, 'a' da CF/88" (STJ, REsp 1.680.357/RJ, Rel. Min. Nancy Andrighi, 3ª Turma, jul. 10.10.2017, *DJe* 16.10.2017). **No mesmo sentido:** STJ, AgInt no REsp 1.902.219/PR, Rel. Min. Sérgio Kukina, 1ª Turma, jul. 17.05.2021, *DJe* 20.05.2021, STJ, AgRg no Ag 1.402.090/SC, Rel. Min. Castro Meira, 2ª Turma, jul. 14.06.2011, *DJe* 30.06.2011; STJ, REsp 362.743/PB, Rel. Min. Jorge Scartezzini, 4ª Turma, jul. 21.09.2004, *DJ* 11.10.2004, p. 329; *RSTJ* 184/332; STJ, REsp 331.282/RS, Rel. Min. Fernando Gonçalves, 6ª Turma, *DJ* 18.03.2002.

Direito adquirido. Art. 6º da LINDB. Matéria infraconstitucional. "O Supremo Tribunal Federal também já assentou que os conceitos de direito adquirido, de ato jurídico perfeito e de coisa julgada não são fixados pela Constituição Federal, mas sim pela legislação infraconstitucional, especificamente na LINDB. Assim, o controle **constitucional se restringe à garantia dos referidos direitos, enquanto o controle do conteúdo material deles é de natureza infraconstitucional.** Nesse sentido: RE 657.871 RG, Rel. Min. Dias Toffoli, *DJe* 17.11.2014; AI 638.758 AgR, Rel. Min. Ricardo Lewandowski, 1ª Turma, *DJe* 19.12.2007; e AI 504.844 AgR, Rel. Min. Carlos Velloso, 2ª Turma, *DJe* 08.10.2004" (STJ, EREsp 1.182.987/SP, Rel. Min. Herman Benjamin, Corte Especial, jul. 01.06.2016, *DJe* 19.09.2016).

Acórdão recorrido baseado em matéria constitucional e infraconstitucional. Fundamento constitucional não atacado por recurso extraordinário. Súmula 126/STJ. "Aplicável a Súmula nº 126 do Superior Tribunal de Justiça quando, no acórdão recorrido, há fundamento constitucional não atacado por recurso extraordinário" (STJ, AgInt no AREsp 1189102/SP, Rel. Min. Ricardo Villas Bôas Cueva, 3ª Turma, jul. 27.05.2019, *DJe* 29.05.2019). **No mesmo sentido:** STJ, AgInt no REsp. 1.627.787/ES, Rel. Min. Assusete Magalhães, 2ª Turma, jul. 04.04.2017, *DJe* 11.04.2017; STJ, AgInt no REsp 1.902.219/PR, Rel. Min. Sérgio Kukina, 1ª Turma, jul. 17.05.2021, *DJe* 20.05.2021.

Mandado de segurança. Matéria constitucional. Recurso ordinário. "Cabimento, no caso, de recurso ordinário para o Superior Tribunal de Justiça, ainda que a matéria versada seja de natureza constitucional. As decisões denegatórias de mandado de segurança, quando proferidas em única instância pelos Tribunais Regionais Federais ou pelos Tribunais locais, comportam uma só e específica modalidade recursal: o recurso ordinário constitucional, interponível, nos termos do art. 105, II, *b*, da Carta Política, para o Superior Tribunal de Justiça. A previsão constitucional do recurso ordinário em tal hipótese não permite a imediata utilização do recurso extraordinário para o Supremo Tribunal Federal, eis que, enquanto não esgotada a via recursal ordinária, revela-se inadmissível a interposição do apelo extremo" (STF, AgRg-Ag 145.395/SP, Rel. Min. Celso de Mello, 1ª Turma, jul. 29.03.1994, *DJ* 25.11.1994).

Prescrição. "O Tribunal estadual decidiu a prescrição utilizando fundamento estritamente constitucional: art. 37, 5º, da CF. É importante registrar a inviabilidade de o STJ apreciar ofensa aos artigos da Carta Magna, uma vez que tal atribuição compete exclusivamente ao Supremo Tribunal Federal, nos termos do art. 102, III, 'a', da CF/1988" (STJ, REsp 1551014/SP, Rel. Min. Hernam Benjamin, 2ª Turma, jul. 16.03.2021, *DJe* 01.07.2021).

Inadmissibilidade do recurso especial. Eficácia e efeitos da medida cautelar ou julgamento de mérito em ação direta de inconstitucionalidade. "Edição de nova tese: 'A discussão acerca da eficácia e efeitos da medida cautelar ou do julgamento de mérito da ADI 2332 não comporta revisão em recurso especial'. A providência esclarece o descabimento de provocação desta Corte para discutir efeitos de julgados de controle de constitucionalidade do Supremo Tribunal Federal" (STJ, Pet 12.344/DF, Rel. Min. Og Fernandes, 1ª Seção, jul. 28.10.2020, *DJe* 13.11.2020).

"Alegação de contrariedade a princípios e dispositivos constitucionais não pode ser analisada na via eleita, em virtude de demandar interpretação de matéria de competência exclusiva da Suprema Corte, nos termos do art. 102 da CF" (STJ, AgRg no Ag 1.402.090/SC, Rel. Min. Castro Meira, 2ª Turma, jul. 14.06.2011, *DJe* 30.06.2011). **No mesmo sentido:** STJ, REsp 362.743/PB, Rel. Min. Jorge Scartezzini, 4ª Turma, jul. 21.09.2004, *DJ* 11.10.2004, p. 329; *RSTJ* 184/332; STJ, AgRg no REsp 966.328/RS, Rel. Min. José Delgado, 1ª Turma, jul. 20.11.2007, *DJ* 12.12.2007, p. 410, *RDDP* 60/225; STJ, REsp 331.282/RS, Rel. Min. Fernando Gonçalves, 6ª Turma, *DJ* 18.03.2002.

13. Honorários advocatícios. Revisão em recurso especial. Reexame do quantitativo. "Nos termos da jurisprudência do STJ, 'não são cabíveis honorários advocatícios pela rejeição da impugnação ao cumprimento de sentença', mas 'apenas no caso de acolhimento da impugnação, ainda que parcial, serão arbitrados honorários em benefício do executado, com base no art. 20, § 4º, do CPC' (REsp 1.134.186, Rel. Min. Luis Felipe Salomão, *DJe* 21.10.2011). (...) O STJ tem entendimento pacífico de que a aferição do quantitativo em que autor e réu saíram vencidos na demanda, bem como da existência de sucumbência mínima ou recíproca, mostra-se inviável em Recurso Especial, tendo em vista a circunstância obstativa decorrente do disposto na Súmula 7/STJ" (STJ, AgInt no AREsp 2.013.670/RS, Rel. Min. Herman Benjamin, 2ª Turma, jul. 15.12.2022, *DJe* 19.12.2022).

Valor irrisório. Revisão em recurso especial. Possibilidade. "Este Tribunal possui jurisprudência uníssona pela impossibilidade de revisar o *quantum* estabelecido em verba honorária, uma vez a análise dos parâmetros estabelecidos nos arts. 20, §§ 3º e 4º, do CPC depende do reexame de matéria fático-probatória, o que é vedado, nos termos da Súmula 7/STJ. Tal entendimento é relativizado apenas quando o valor da condenação é irrisório ou exorbitante" (STJ, AgRg no REsp 1.089.837, Rel. Min. Benedito Gonçalves, 1ª Turma, jul. 11.05.2010, *DJe* 18.05.2010). **No mesmo sentido:** STJ, AgInt no REsp 1.347.671/MG, Rel. Min. Gurgel de Faria, 1ª Turma, jul. 08.08.2017, *DJe* 13.09.2017.

Fixação de honorários advocatícios. Proporcionalidade. "Quando, na fixação dos honorários, o julgador se distancia dos critérios prescritos em lei, a questão deixa de ser de fato e passa a ser de direito, podendo, portanto, ser reapreciada em recurso especial" (STJ, AgRg nos EDcl no REsp 306.465/ES, Rel. p/ ac. Min. Castro Filho, 3ª Turma, jul. 14.10.2003, *DJ* 25.02.2004, p. 168; *Ementário de Jurisprudência do STJ* 39/179).

Majoração dos honorários na instância superior. Sentença Ilíquida. Fazenda Pública. Fixação de percentual após a liquidação do julgado. Impossibilidade. Ver jurisprudência do art. 85 do CPC/2015.

14. Reexame fático-probatório.

Impossibilidade. "A Execução de título extrajudicial. Exceção de pré-executividade. Alegação de ausência de certeza, liquidez e exigibilidade do título. Premissa do acórdão recorrido de que a tese demanda dilação probatória. Pretensão de revisão. Inviabilidade. Necessidade de reexame fático-probatório. Súmula nº 7 do STJ" (STJ, AgInt-Ag-REsp 1166756, Rel. Min. Paulo de Tarso Sanseverino, 3ª Turma, jul. 01.10.2018, *DJe* 05.10.2018, p. 2.324).

"Quando as conclusões da Corte de origem resultam da estrita análise das provas carreadas aos autos e das circunstâncias fáticas que permearam a demanda, não há como infirmar tal posicionamento, em virtude da incidência da Súmula nº 7/STJ" (STJ, AgInt no AgInt no AREsp 1.630.419/DF, Rel. Des. Ricardo Villas Bôas Cueva, 3ª Turma, *DJe* 01.10.2020).

Fatos incontroversos. Possibilidade de análise da qualificação jurídica. "A instância especial, por suas peculiaridades, inadmite a discussão a respeito de fatos narrados no processo – vale dizer, de controvérsias relativas à existência ou inexistência de fatos ou à sua devida caracterização –, pois se tornaria necessário o revolvimento do conjunto probatório dos autos. Entretanto, a qualificação jurídica de fatos incontroversos, ou seja, seu devido enquadramento no sistema normativo, para deles extrair determinada consequência jurídica, é coisa diversa, podendo ser aferida neste âmbito recursal. Não incidência da Súmula 7/STJ" (STJ, REsp 135.542/MS, Rel. Min. Castro Meira, 2ª Turma, jul. 19.10.2004, *DJ* 29.08.2005). **No mesmo sentido:** STJ, REsp 783.139/ES, Rel. Min. Massami Uyeda, 4ª Turma, jul. 11.12.2007, *DJ* 18.02.2008, p. 1; *RJ* 364/159

"Além disso, a parte recorrente baseia a sua argumentação em fatos incontroversos, o que afasta a incidência da Súmula 7/STJ" (STJ, REsp. 1.991.456/SC, Rel. Min. Assusete Magalhães, 2ª Turma, jul. 08.08.2023, *DJe* 14.08.2023)..

CDC. Inversão do ônus da prova. "A inversão do ônus da prova fica a critério do juiz, conforme apreciação dos aspectos de verossimilhança da alegação do consumidor e de sua hipossuficiência, conceitos intrinsecamente ligados ao conjunto fático-probatório dos autos delineado nas instâncias ordinárias, cujo reexame é vedado em sede especial, *ut* Súmula nº 07/STJ" (STJ, AgRg no REsp 662.891/PR, Rel. Min. Fernando Gonçalves, 4ª Turma, jul. 26.04.2005, *DJ* 16.05.2005).

Violação à lei local e interpretação de cláusula contratual. "Descabe o exame de eventual violação à lei local e interpretação de cláusula contratual em sede de recurso especial" (STJ, REsp 227.764/PI, Rel. Min. Francisco Peçanha Martins, 2ª Turma, jul. 03.10.2000, *DJ* 05.02.2001).

Mandado de segurança. "A análise da violação ao art. 1º da Lei nº 1.533/51 importa em discussão acerca da existência ou não de **direito líquido e certo** capaz de ensejar a impetração de mandado de segurança, a qual pressupõe reexame de prova, inviável em sede especial, a teor do disposto no verbete nº 7/STJ" (STJ, REsp 172.475/ES, Rel. Min. Fernando Gonçalves, 6ª Turma, jul. 06.08.1998, *DJ* 17.08.1998). **Obs.: A Lei nº 1.533/1951 foi revogada pela Lei nº 12.016/2009, que trata dos requisitos para a concessão do mandado de segurança em seu art. 1º.**

Acórdão em pedido de suspensão de liminar. Decisão com natureza política. "Não merece conhecimento o presente recurso, porquanto esta Corte é pacífica no sentido de que o apelo extremo visa combater argumentos que digam respeito a exame de legalidade, ao passo que o pedido de suspensão ostenta juízo político, daí resultando não ser cabível o apelo extremo de decisões proferidas no âmbito do pedido de suspensão. Nesse sentido. Precedentes" (STJ, REsp 1.247.321/PR, Rel. Min. Mauro Campbell Marques, 2ª Turma, jul. 04.08.2011, *DJe* 15.08.2011).

15. Revaloração da prova. Possibilidade. Afastamento da Súmula 7:

Dolo afastado pelo Tribunal de origem. "Caso concreto em que, à luz do incontroverso quadro delineado pelas instâncias de origem (ou seja, sem a necessidade de se revolver o conjunto fático-probatório dos autos, o que encontraria óbice na Súmula 7/STJ), desponta claro que o ora agravante agiu com dolo, no mínimo genérico, ao autorizar a contratação direta de instituição de ensino da qual era sócio-gerente à época dos fatos, em franco desrespeito às normas legais pertinentes". (STJ, AgInt no AREsp 557.471/GO, Rel. Min. Sérgio Kukina, 1ª Turma, jul. 28.11.2017, *DJe* 05.12.2017)

Correta submissão dos fatos à norma. "(...). Verifica-se, assim, que o acórdão recorrido não deu a adequada qualificação jurídica aos fatos, impondo-se a sua reforma. Não há que se falar, nesta hipótese, em revisão do conjunto probatório, o que esbarraria no óbice contido na Súmula 7 desta Corte, mas sim na correta submissão dos fatos à norma, mediante a revaloração da sua prova." (STJ, AgInt no AREsp 866.596/SP, Rel. Min. Napoleão Nunes Maia Filho, 1ª Turma, jul. 18.03.2019, *DJe* 26.03.2019). **No mesmo sentido:** STJ, AgInt no AREsp 1.533.261/SP, Rel. Min. Marco Aurélio Bellizze, 3ª Turma, jul. 16.08.2021, *DJe* 19.08.2021.

Errônea valoração da prova. "A errônea valoração da prova que enseja a incursão desta Corte na questão é a de direito, ou seja, quando decorre de má aplicação de regra ou princípio no campo probatório e não para que se colham novas conclusões sobre os elementos informativos do processo" (STJ, AgInt no AREsp 1183003/MS, Rel. Min. Maria Isabel Gallotti, 4ª Turma, jul. 19.06.2018, *DJe* 01.08.2018). **No mesmo sentido:** STJ, AgInt no AREsp 1295277/PR, Rel. Min. Maria Isabel Gallotti, 4ª Turma, jul. 23.10.2018, *DJe* 30.10.2018.

"O Tribunal de origem, em sede de Apelação e Reexame Necessário, afastou a responsabilidade civil do DNIT por entender que seria impossível a tal Entidade o controle extensivo de toda rodovia. Todavia, com efeito ficou reconhecido que o acidente ocorreu em Rodovia Federal, em razão da presença de animal transitando na pista, situação que denotaria negligência na manutenção e fiscalização pelo DNIT, além de não haver nos autos quaisquer indícios de culpa exclusiva da vítima e de força maior. Não há que se falar no afastamento da Responsabilidade Civil do Ente Estatal, isso porque é dever do Estado promover vigilância ostensiva e adequada, proporcionando segurança possível àqueles que trafegam pela rodovia. Trata-se, desse modo, de valoração dos critérios jurídicos concernentes à utilização da prova e à formação da convicção, e não de reexame do contexto fático-probatório dos autos. Assim, há conduta omissiva e culposa do Ente Público, caracterizada pela negligência, apta a responsabilizar o DNIT, nos termos do que preceitua a teoria da Responsabilidade Civil do Estado, por omissão (AgInt no AgInt no REsp 1.631.507/CE, Rel. Min. Assusete Magalhães, *DJe* 28.8.2018; e REsp 1.198.534/RS, Rel. Min. ELIANA CALMON, *DJe* de 20.8.2010)" (STJ, AgInt no REsp 1632985/PE, Rel. Min. Napoleão Nunes Maia Filho, 1ª Turma, jul. 11.11.2019, *DJe* 19.11.2019).

"Os Tribunais Superiores não podem reavaliar os elementos intrínsecos da prova e seu conteúdo no âmbito da instância extraordinária, mas estão autorizados a analisar a sua conformidade com as regras que, no ordenamento jurídico, disciplinam a prova, o ônus probatório e o cabimento da ação mandamental" (STJ, REsp 1.172.088/SP, Rel. Min. Castro Meira, 2ª Turma, jul. 07.10.2010, *DJe* 21.10.2010).

Qualificação jurídica dos fatos. "Não há vedação para que esta Corte atribua a devida qualificação jurídica aos fatos delineados pelas instâncias ordinárias, porquanto não se reexaminam provas, senão aplica-se o direito à espécie" (STJ, AgInt no AREsp 1413948/MT, Rel. Min. Maria Isabel Gallotti, 4ª Turma, jul. 28.09.2020, *DJe* 01.10.2020). **Entendendo possível a revaloração jurídica em caso de dano moral:** STJ, AgInt no AREsp 1.829.264/SP, Rel. Min. Marco Aurélio Bellizze, 3ª Turma, jul. 16.08.221, *DJe* 19.08.2021.

"A revaloração da prova constitui em atribuir o devido valor jurídico a fato incontroverso, sobejamente reconhecido nas instâncias ordinárias, prática admitida em sede de recurso especial, razão pela qual não incide o óbice previsto no Enunciado nº 7/STJ" (STJ, REsp 1.369.571/PE, Rel. p/acórdão Min. Paulo de Tarso Sanseverini, 3ª Turma, jul. 22.09.2016, *DJe* 28.10.2016. **No mesmo sentido, acórdãos do CPC/1973:** STJ, AgRg no REsp. 1.036.178/SP, Rel. Min. Marco Buzzi, 4ª Turma, jul. 13.12.2011, *DJe* 19.12.2011; STJ, REsp. 1.342.955/RS, Rel. Min. Nancy Andrighi, 3ª Turma, jul. 18.02.2014, *DJe* 31.03.2014.

Limites subjetivos e objetivos da coisa julgada. "Por outro lado, não é possível avançar sobre as demais alegações feitas no Recurso Especial, pois, consoante orientação também consolidada, 'quanto aos limites subjetivos e objetivos da coisa julgada, também a sua apreciação não é permitida pelo STJ na via do Recurso Especial, pois infringe o disposto no enunciado da Súmula 7 do STJ' (STJ, EDcl no REsp 1.776.656/RS, Rel. Ministro Herman Benjamin, *DJe* de 09/06/2020). Esse entendimento foi aplicado, em caso também oriundo do mesmo Mandado de Segurança coletivo 2009.51.01.002254-6, por decisão monocrática da lavra do Ministro Mauro Campbell Marques, no REsp 2.051.764/RJ (*DJe* de 28/04/2023)" (STJ, REsp 2.035.667/RJ, Rel. p/ acórdão Min. Assusete Magalhães, 2ª Turma, ac. 09.05.2023, *DJe* 22.06.2023).

16. Questão de direito. "Como o caso não trata de reexame de fatos e provas, mas sim de questão puramente de direito, consistente na discussão sobre a ocorrência ou não da coisa julgada na hipótese em tela, não incide a Súmula n. 7 do STJ" (STJ, AgInt no AREsp 2.163.776/RJ, Rel. Min. Moura Ribeiro, 3ª Turma, jul. 28.11.2022, *DJe* 30.11.2022).

17. Outros casos especiais.

Interpretação de sentença. "A interpretação da sentença, que é um ato do processo, constitui questão de direito que pode ser dirimida na via do recurso especial" (STJ, AgRg no REsp 909.286/PR, Rel. Min. Ari Pargendler, 3ª Turma, jul. 07.08.2008, *DJe* 05.11.2008).

Alimentos. Princípio da razoabilidade. Possibilidade de revisão. "Constatado evidente exagero ou manifesta irrisão na fixação, pelas instâncias ordinárias, do montante da pensão alimentícia, em flagrante violação ao princípio da razoabilidade, às regras de experiência, ao bom senso e à moderação, distanciando-se, por conseguinte, das finalidades da lei, é possível a revisão, nesta Corte, de aludida quantificação, sem mácula aos ditames da Súmula 07, a exemplo do que ocorre com a estipulação de valor indenizatório por danos morais e de honorários advocatícios. Precedente" (STJ, REsp 665.561/GO, Rel. Min. Jorge Scartezzini, 4ª Turma, jul. 15.03.2005, *DJ* 02.05.2005, p. 374).

Qualificação jurídica dos fatos. "O Superior Tribunal de Justiça firmou o entendimento de que somente é cabível a análise da justa indenização quando o exame de prova pericial ou do *quantum* indenizatório se referir à qualificação jurídica dos fatos (REsp 196.456/SP, Rel. Min. Franciulli Netto, 2ª Turma, *DJ* de 11.03.2002), o que inocorre na espécie, porquanto o recorrente insurge-se quanto à fixação da indenização" (STJ, AgRg no Ag 573.873/PR, Rel. Min. Luiz Fux, 1ª Turma, jul. 14.12.2004, *DJ* 28.02.2005, p. 198).

Exorbitância do poder regulamentar. "O Supremo Tribunal Federal já firmou entendimento no sentido de que a questão relativa a decreto, que a pretexto de regulamentar determinada lei, extrapola o se âmbito de incidência (sic), é tema que se situa no plano da legalidade, e não da constitucionalidade" (STJ, REsp 1.151.739/CE, Rel. Min.ª Nancy Andrighi, 2ª Seção, jul. 14.11.2012, *DJe* 17.12.2012).

Duplo fundamento do acórdão. Interposição de recurso especial e recurso extraordinário. "Se do acórdão impugnado mediante o extraordinário consta duplo fundamento – legal e constitucional –, incumbe à parte interpor simultaneamente o recurso especial e, uma vez trancado este, protocolar o agravo de instrumento. Não o fazendo, dá-se a preclusão" (STF, RE 532.116 AgR, Rel. Min. Marco Aurélio, 1ª Turma, jul. 26.05.2009, *DJe* 26.06.2009).

"Se o acórdão proferido na instância ordinária tem fundamentos constitucional e infraconstitucional, o provimento do recurso especial produz o só efeito de remover o último; a reforma do julgado dependerá do julgamento do recurso extraordinário – não havendo antes disso a sucumbência de qualquer das partes, pressuposto da condenação ao pagamento da verba honorária" (STJ, REsp 772.949, Rel. Min. Ari Pargendler, jul. 01.08.2006, *DJ* 12.09.2006).

Equívoco na juntada das razões. "Na interposição simultânea de recursos especial e extraordinário, o Sindicato recorrente confundiu-se e juntou as razões de um à petição de interposição do outro. Assim, o recurso especial apresenta argumentação relativa ao recurso extraordinário e vice-versa. Não creio que o equívoco seja suficiente para impedir o conhecimento do recurso. É evidente que o recorrente não se equivocou e apontou, no recurso especial, ofensa à Constituição. O que houve foi simples equívoco, daqueles a que todos nós – juízes, promotores, procuradores e advogados – estamos sujeitos. É perfeitamente possível examinar a pretensão do recorrente, atentando em buscar nas folhas corretas dos autos a argumentação recursal pertinente. Sem prejuízo, não declaro a nulidade. Ultrapasso a preliminar" (STJ, REsp 690.545/ES, Rel. p/ Acórdão Min. Ari Pargendler, 3ª Turma, jul. 18.12.2007, *DJe* 27.06.2008).

Decisão do STF com repercussão geral. Imediato julgamento do processo com mesmo objeto. Possibilidade. "A existência de precedente firmado pelo Plenário do STF em julgamento de recurso com repercussão geral, de caráter vinculante e obrigatório, autoriza o imediato julgamento dos processos com o mesmo objeto, não tendo que se falar em sobrestamento do presente feito ao argumento de eventual possibilidade de modulação de efeitos, em sede de embargos de declaração. Precedentes: RE 1.006.958 AgR-ED-ED, Segunda Turma, Rel. Ministro Dias Toffoli, Segunda Turma, *DJe* de 18/9/2017; ARE 909.527/RS-AgR, Primeira Turma, Rel. Ministro Luiz Fux, *DJe* de 30/5/2016; AgInt no RE nos EDcl no REsp 1.214.431/RJ, Rel. Ministro Humberto Martins, Corte Especial, *DJe* 22/8/2018; AgInt no AREsp 432.295/SP, Rel. Ministro Napoleão Nunes Maia Filho, Primeira Turma, *DJe* 22/5/2018; AgInt no REsp 1.742.075/MG, Rel. Ministra Regina Helena Costa, Primeira Turma, *DJe* 20/8/2018; AgRg no REsp 1.574.030/SC, Rel. Ministro Mauro Campbell Marques, Segunda Turma, *DJe* 28/5/2019" (STJ, AgInt no REsp 1.840.083/RS, Rel. Min. Benedito Gonçalves, 1ª Turma, jul. 25.11.2019, *DJe* 27.11.2019).

Acórdão que julga agravo interno contra inadmissibilidade de anterior recurso especial. Interposição de novo recurso. Descabimento. "Não cabe novo recurso especial contra o acórdão que julga agravo interno tirado, a seu turno, de decisão de inadmissibilidade fundada na aplicabilidade de precedente qualificado do Supremo Tribunal Federal que teria o condão de impedir o seguimento não apenas de recurso extraordinário como também de recurso especial" (STJ, REsp 2.028.321/RN, Rel. Min. Mauro Campbell Marques, 2ª Turma, jul. 06.12.2022, *DJe* 13.12.2022).

Agravo interno. Decisão em agravo em recurso especial. Refutação dos fundamentos adotados no juízo de admissibilidade feito na origem. Reautuação como recurso especial. Não cabimento. "Não cabe agravo interno contra decisão que, ao reconhecer que houve em agravo em recurso especial a integral refutação dos fundamentos adotados no juízo de admissibilidade feito na origem, determina a sua reautuação como recurso especial" (STJ, AgInt no AgInt no AREsp 2.119.020/CE, Rel. Min. Mauro Campbell Marques, 2ª Turma, ac. 22.05.2023, *DJe* 24.05.2023).

Recurso especial provido com reenvio para o tribunal de origem para completar o julgamento da apelação. "Caso concreto em que não se pode ter os fiadores por ilegítimos para a presente execução com base na notificação exoneratória realizada e compreendida, segundo o acórdão recorrido, dentro dos limites do inciso X do art. 40 da lei 8.245/91, razão por que a reforma do acórdão é de rigor. Necessidade de retorno dos autos ao Tribunal de origem para que continue no exame do recurso de apelação interposto pelo recorrido de modo a analisar as demais alegações formuladas pelos fiadores a depender da análise das provas coligidas, não podendo esta Corte Superior sobre elas avançar" (STJ, REsp 1798924/RS, Rel. Min. Paulo de Tarso Sanseverino, 3ª Turma, jul. 14.05.2019, *DJe* 21.05.2019).

Recurso especial em ação rescisória. Análise do acórdão rescindendo. "Considerando que, na ação rescisória baseada no art. 485, V, do CPC [art. 966, V, do CPC/2015], há alegação de violação a literal disposição de lei, o mérito do recurso especial se confunde com os próprios fundamentos para a propositura da ação rescisória, autorizando o STJ a examinar também o acórdão rescindendo" (STJ, EREsp 1.046.562/CE, Rel. p/ Acórdão Min. Nancy Andrighi, Corte Especial, jul. 02.03.2011, *DJe* 19.04.2011).

Julgamento de ação direta de inconstitucionalidade no STF. Sobrestamento do recurso especial. "A pendência de julgamento no STF de ação em que se discute a constitucionalidade de lei **não enseja o sobrestamento** dos recursos que tramitam no STJ. Cabível o exame de tal pretensão somente em eventual juízo de admissibilidade de recurso extraordinário interposto nesta Corte Superior" (STJ, AgRg no AREsp 18.272/SP, Rel. Min. Humberto Martins, 2ª Turma, jul. 04.02.2014).

Improbidade administrativa. Revisão das penalidades. Recurso especial. Ver jurisprudência do art. 12 da Lei nº 8.429/1992.

***Astreintes*. Análise da multa pelo Tribunal Superior. Possibilidade.** Ver jurisprudência do art. 537 do CPC/2015.

18. Tutela de urgência no âmbito do recurso especial. "A concessão ou revogação da antecipação da tutela pela instância recorrida fundamenta-se nos requisitos da verossimilhança e do receio de dano irreparável ou de difícil reparação aferidos a partir do conjunto fático-probatório constante dos autos, sendo defeso ao Superior Tribunal de Justiça o reexame dos aludidos pressupostos, em face do óbice contido na Súmula 7 do STJ" (STJ, EDcl no AgRg no REsp 1378890/MT, Rel. Min. Luis Felipe Salomão, 4ª Turma, jul. 21.11.2017, *DJe* 23.11.2017).

"Salvo situações verdadeiramente excepcionais, a jurisprudência deste Superior Tribunal de Justiça tem sempre se orientado no sentido de não admitir, em recurso especial, a discussão dos requisitos autorizadores à concessão da antecipação de tutela ou de medida liminar, por força da aplicação da Súmula 7/STJ e, por extensão, da Súmula 735/STF. **Apenas violação direta ao dispositivo legal que disciplina o deferimento da medida antecipatória autoriza o cabimento do recurso especial**, no qual não é possível decidir a respeito da interpretação dos preceitos legais que dizem respeito ao mérito da causa. Precedentes. Na hipótese, contudo, não se vislumbra, da fundamentação do julgado recorrido, qualquer menção a elementos probatórios robustos capazes de sustentar a concessão do pleito antecipatório pelo fundado receio de dano irreparável ou de difícil reparação" (STJ, REsp 1679167/BA, Rel.ª Min.ª Nancy Andrighi, 3ª Turma, jul. 17.10.2017, *DJe* 20.10.2017).

Deferimento de tutela de urgência recursal pelo STJ. "O art. 1.029, § 5º, III, do novo CPC apenas incorporou os enunciados das Súmulas n. 634 e 635 do STF, aplicados, por analogia, ao STJ, segundo os quais compete ao presidente do tribunal de origem examinar o pedido de atribuição de efeito suspensivo ao recurso extremo quando pendente juízo de admissibilidade. Ante a competência constitucional atribuída ao Superior Tribunal de Justiça para o exame definitivo da admissibilidade do apelo extremo, a inovação legislativa não obsta a que, em casos excepcionais, seja mitigada a regra agora inserta no inciso III do § 5º do art. 1.029 do novo CPC, possibilitando o exame e deferimento de tutela de urgência recursal pelo STJ. Admitida a competência do STJ, fica prejudicada a medida cautelar oferecida na origem" (STJ, AgInt no RCD na Pet 11.435/SP, Rel. Min. João Otávio de Noronha, 3ª Turma, jul. 16.08.2016, *DJe* 23.08.2016).

Levantamento de quantia vultuosa. Efeito suspensivo. "Diante da possibilidade de levantamento de quantia vultosa e da plausibilidade dos argumentos trazidos no recurso especial, verifica-se a presença concomitante dos pressupostos necessários à concessão da liminar pretendida – *fumus boni iuris* e *periculum in mora*" (STJ, AgRg na MC 21.152/SP, Rel. Min. Sidnei Beneti, 3ª Turma, jul. 25.06.2013, *DJe* 01.08.2013).

Efeito suspensivo. Medida cautelar. Possibilidade. "A jurisprudência deste Tribunal vem admitindo, em hipóteses excepcionais, o manejo da medida cautelar originária para fins de se atribuir efeito suspensivo a recurso especial; para tanto, porém, é necessária a demonstração do *periculum in mora* e a caracterização do *fumus boni juris*, requisitos ausentes na espécie" (STJ, MC 16.170/SP, Rel. Min. Nancy Andrighi, 3ª Turma, jul. 20.10.2009, *DJe* 18.11.2009). **No mesmo sentido:** STJ, AgRg na MC 16.296/RS, Rel. Min. Luiz Fux, 1ª Turma, jul. 15.02.2011, *DJe* 28.02.2011; STJ, AgRg-MC 18.329, Rel. Min. Nancy Andrighi, 3ª Turma, *DJe* 28.11.2011.

Pedido de concessão de efeito suspensivo. "Ao pleitear tutela provisória voltada à concessão de efeito suspensivo a recurso especial inadmitido na origem (e cujos autos sequer ascenderam a esta Corte, malgrado a interposição de agravo), deve a parte requerente instruir a petição com as cópias de todas as peças que viabilizem a compreensão da controvérsia, em especial o acórdão recorrido, entre outros. Precedentes. Caso em que a parte não se desincumbiu de tal dever" (STJ, AgInt na Pet 11.383/RS, Rel. Min. Luis Felipe Salomão, 4ª Turma, jul. 19.09.2017, *DJe* 25.09.2017).

Recurso especial ainda não admitido ou ainda não interposto. Possibilidade excepcional. "Em conformidade com a construção jurisprudencial deste Sodalício, é possível conferir efeito suspensivo a recurso especial, que normalmente não o tem, mesmo que pendente de juízo de admissibilidade, em casos excepcionais, quando a hipótese revelar, além da presença do *fumus boni iuris*, a cabal demonstração do perigo de perecimento do direito e a consequente inutilidade do provimento jurisdicional futuro" (STJ, AgRg na MC 12.755/SP, Rel. Min. Massami Uyeda, 4ª Turma, jul. 06.03.2008, *DJe* 24.03.2008). **No mesmo sentido, em relação a recurso ainda não interposto:** STJ, AgRg na MC 14.036/BA, Rel. Min. Luiz Fux, 1ª Turma, jul. 06.08.2009, *DJe* 17.09.2009. **Obs.:** Cf. art. 1.029, § 5º, do CPC/2015.

Pendência de juízo de admissibilidade pelo tribunal de origem. Incompetência desta Corte Superior. "Competência do Tribunal de origem para apreciar pedido de tutela provisória referente a recurso especial pendente de admissibilidade, 'ex vi' do art. 1.029, § 5º, inciso III, do Código de Processo Civil de 2015" (STJ, AgInt no TP 41/SC, Rel. Min. Paulo de Tarso Sanseverino, 3ª Turma, jul. 14.02.2017, *DJe* 20.02.2017).

"As medidas cautelares destinadas a atribuir efeito suspensivo a recurso são atípicas, e se esgotam com a decisão que defere ou indefere o efeito suspensivo, sendo que eventual resistência da parte contrária não tem autonomia para justificar a condenação em honorários advocatícios. Impende ressaltar que, ainda que ajuizadas no âmbito dos tribunais de segundo grau, quando a única finalidade da medida cautelar é a atribuição de efeito suspensivo a recurso, não são cabíveis honorários advocatícios, conforme precedentes das Turmas que integram a Primeira Seção desta Corte (REsp 1.223.158/PB, 2ª Turma, Rel. Min. Castro Meira, *DJe* de 18.2.2011; AgRg nos EDcl no REsp 1.114.765/SP, 2ª Turma, Rel. Min. Humberto Martins, *DJe* de 23.10.2009; AgRg nos EDcl na DESIS no REsp 1.175.261/SP, 1ª Turma, Rel. Min. Benedito Gonçalves, *DJe* de 20.9.2010)" (STJ, EREsp 1.118.866/SP, Rel. Min. Mauro Campbell Marques, 1ª Seção, jul. 14.03.2011, *DJe* 22.03.2011).

Competência. Necessidade de esgotamento da jurisdição do Tribunal *a quo*. "A teor da jurisprudência dominante deste Tribunal e do Pretório Excelso, falece ao Tribunal *ad quem* competência para atribuir efeito suspensivo a recurso que ainda não tenha passado pelo crivo da admissibilidade *a quo*. No caso em espeque, a situação é mais gravosa ainda, tendo em vista que o recurso especial foi inadmitido, sendo incabível a concessão do excepcional efeito suspensivo, especialmente em sede cautelar. Precedentes" (STJ, AgRg nos EDcl na MC 10.639/DF, Rel. Min. Gilson Dipp, 5ª Turma, jul. 02.02.2006, *DJ* 06.03.2006). **No mesmo sentido:** STJ, AgRg na MC 14.272/RS, Rel. Min. Teori Albino Zavascki, 1ª Turma, jul. 24.06.2008, *DJe* 01.07.2008; STJ, AgRg na MC 6.525/SP, Rel. Min. Francisco Peçanha Martins, 2ª Turma, jul. 08.11.2005, *DJ* 05.12.2005.

Agravo de instrumento da decisão denegatória de seguimento ao recurso especial. "Embora ainda não se encontre nesta Corte o agravo de instrumento da decisão denegatória de seguimento ao recurso especial interposto pelo ora requerente, **já tendo sido superada a fase do juízo de admissibilidade pelo Tribunal estadual**, transfere-se para este Superior Tribunal de Justiça a competência para a apreciação de pedido cautelar. Este Tribunal tem admitido, em caráter excepcional, por meio de medida cautelar, a atribuição de efeito suspensivo a recurso especial" (STJ, AgRg na MC 17.254/RJ, Rel. Min. Sidnei Beneti, 3ª Turma, jul. 02.12.2010, *DJ* 14.12.2010).

"**O recurso especial, embora inadmitido na origem**, está sendo processado por força do provimento de agravo de instrumento. Ataca o especial em pendência tutela antecipada concedida pelo juiz de 1º grau, confirmada pelo Tribunal, a qual tem ensejado, desde a sua concessão, consolidação de situações fáticas irreversíveis. (...) Liminar acautelatória que se concede para impedir, até o julgamento definitivo da ação anulatória, a alteração do *status quo*" (STJ, MC 13.304/PR, Rel. Min. Eliana Calmon, 2ª Turma, jul. 25.09.2007, *DJ* 03.10.2007).

Renovação do pedido. Inexistência de fato novo. Impossibilidade. "O desprovimento de pedido cautelar para a atribuição de efeito suspensivo a recurso especial no E. Tribunal de origem não autoriza a renovação do pedido perante esta c. Corte Superior, caso inexista fato novo a amparar essa pretensão. Precedente do STJ" (STJ, AgRg na MC 12.991/RJ, Rel. Min. Felix Fischer, 5ª Turma, jul. 30.08.2007, *DJ* 08.10.2007, p. 317).

Agravo de instrumento contra decisão concessiva de efeito suspensivo. "Cabe ao STJ, por meio de agravo de instrumento previsto no art. 544 do CPC [art. 1.042 do CPC/2015], exercer o controle jurisdicional de decisão proferida pela Vice-Presidência do Tribunal de origem, concessiva de efeito suspensivo a recurso especial, já que se trata de decisão inserida no exercício das atribuições relacionadas com o juízo de admissibilidade do referido recurso. Precedentes. Sendo assim, é incabível, contra a referida decisão, a interposição de meio impugnativo ou recurso interno para órgão colegiado do próprio Tribunal de origem. Assim, ultrapassado o prazo do art. 544 do CPC, resta preclusa a matéria, não sendo cabível buscar seu reexame por medida cautelar" (STJ, AgRg na MC 14.635/PR, Rel. Min. Teori Albino Zavascki, 1ª Turma, jul. 16.09.2008, *DJe* 22.09.2008).

Tutela provisória. Execução fiscal. Cooperativa em liquidação judicial. "O Recurso Especial não dispõe de efeito suspensivo, admitindo-se, portanto, a execução provisória do acórdão impugnado; por isso, este Superior Tribunal de Justiça tem admitido, em circunstâncias excepcionais, a concessão de efeito suspensivo aos recursos de sua competência, por meio de Tutela Provisória, desde que satisfeitos os requisitos da alta plausibilidade da alegação e do perigo da demora. (...) No caso, embora a liquidação de cooperativa seja regida pelo art. 76 da Lei 5.764/1971, que não prevê a suspensão de Execução Fiscal, mas apenas Execuções Cíveis, deve-se levar em consideração a finalidade da liquidação judicial, que muito se assemelha à falência, qual seja, a arrecadação de bens e pagamento proporcional dos valores devidos, visando à proteção adequada dos credores. Por tal razão, ao menos em juízo perfunctório, é aconselhável que seja aplicada a orientação firmada para os casos de falência, a fim de suspender os atos tendentes à expropriação de bens da devedora no curso da Execução Fiscal" (STJ, AgInt nos EDcl no TP 2.554/RS, Rel. Min. Napoleão Nunes Maia Filho, 1ª Turma, jul. 28.09.2020, *DJe* 01.10.2020).

Natureza precária e provisória do juízo de mérito. Decisão de última instância. Mitigação. "É firme a orientação jurisprudencial do Superior Tribunal de Justiça acerca da impossibilidade de rever, em recurso especial, a existência dos requisitos suficientes para a concessão de medida urgente, em razão do óbice da Súmula 735 do STF. A natureza precária e provisória do juízo de mérito desenvolvido em sede liminar, fundado na mera verificação da ocorrência do *periculum in mora* e da relevância jurídica da pretensão deduzida pela parte interessada, não enseja o requisito constitucional do esgotamento das instâncias ordinárias, indispensável ao cabimento dos recursos extraordinário e especial, conforme exigido expressamente na Constituição Federal – 'causas decididas em única ou última instância'. Esta Corte de Justiça admite a mitigação do referido enunciado, especificamente quando a própria medida importar em ofensa direta à lei federal que disciplina a tutela provisória (CPC/2015, em seu art. 300, correspondente ao art. 273 do CPC/1973), hipótese aqui não verificada" (STJ, AgInt no REsp 1.842.070/DF, Rel. Min. Gurgel de Faria, jul. 09.09.2021, *DJe* 20.08.2021). **No mesmo sentido:** STJ, AgInt no AREsp 1.881.113/RJ, Rel. Min. Marco Aurélio Bellizze, 3ª Turma, jul. 16.11.2021, *DJe* 19.11.2021.

Convolação de agravo de instrumento em medida cautelar inominada. Impossibilidade. "Descabe a pretensão de converter em medida cautelar, agravo de instrumento interposto contra despacho de negativa de efeito suspensivo a recurso especial da lavra do Desembargador Presidente do Tribunal de Justiça de Minas Gerais. O princípio da fungibilidade recursal não se presta para prestigiar equívoco no manejo da via processual eleita" (STJ, AgRg no Ag 562.074/SP, Rel. Min. Castro Meira, 2ª Turma, jul. 23.03.2004, *DJ* 07.06.2004).

Competência do STJ. Necessidade de esgotamento da jurisdição do Tribunal *a quo*. "A teor da jurisprudência dominante deste Tribunal e do Pretório Excelso, falece ao Tribunal *ad quem* competência para atribuir efeito suspensivo a recurso que ainda não tenha passado pelo crivo da admissibilidade *a quo*. No caso em espeque, a situação é mais gravosa ainda, tendo em vista que o recurso especial foi inadmitido, sendo incabível a concessão do excepcional efeito suspensivo, especialmente em sede cautelar. Precedentes" (STJ, AgRg nos EDcl na MC 10.639/DF, Rel. Min. Gilson Dipp, 5ª Turma, jul. 02.02.2006, *DJ* 06.03.2006). **No mesmo sentido:** STJ, AgRg na MC 14.272/RS, Rel. Min. Teori Albino Zavascki, 1ª Turma, jul. 24.06.2008, *DJe* 01.07.2008; STJ, AgRg na MC 6.525/SP, Rel. Min. Francisco Peçanha Martins, 2ª Turma, jul. 08.11.2005, *DJ* 05.12.2005.

Tutela provisória de urgência. Agregação de efeito suspensivo a recurso especial. Ver jurisprudência do art. 300 do CPC/2015.

Art. 1.030. Recebida a petição do recurso pela secretaria do tribunal, o recorrido será intimado para apresentar contrarrazões no prazo de 15 (quinze) dias, findo o qual os autos serão conclusos ao presidente ou ao vice-presidente do tribunal recorrido, que deverá: (Redação dada pela Lei nº 13.256, de 04.02.2016)

I – negar seguimento: (Incluído pela Lei nº 13.256, de 04.02.2016)

a) a recurso extraordinário que discuta questão constitucional à qual o Supremo Tribunal Federal não tenha reconhecido a existência de repercussão geral ou a recurso extraordinário interposto contra acórdão que esteja em conformidade com entendimento do Supremo Tribunal Federal exarado no regime de repercussão geral; (Incluído pela Lei nº 13.256, de 04.02.2016)

b) a recurso extraordinário ou a recurso especial interposto contra acórdão que esteja em conformidade com entendimento do Supremo Tribunal Federal ou do Superior Tribunal de Justiça, respectivamente, exarado no regime de julgamento de recursos repetitivos. (Incluído pela Lei nº 13.256, de 04.02.2016)

II – encaminhar o processo ao órgão julgador para realização do juízo de retratação, se o acórdão recorrido divergir do entendimento do Supremo Tribunal Federal ou do Superior Tribunal de Justiça exarado, conforme o caso, nos regimes de repercussão geral ou de recursos repetitivos; (Incluído pela Lei nº 13.256, de 04.02.2016)

III – sobrestar o recurso que versar sobre controvérsia de caráter repetitivo ainda não decidida pelo Supremo Tribunal Federal ou pelo Superior Tribunal de Justiça, conforme se trate de matéria constitucional ou infraconstitucional; (Incluído pela Lei nº 13.256, de 04.02.2016)

IV – selecionar o recurso como representativo de controvérsia constitucional ou infraconstitucional, nos termos do § 6º do art. 1.036; (Incluído pela Lei nº 13.256, de 04.02.2016)

V – realizar o juízo de admissibilidade e, se positivo, remeter o feito ao Supremo Tribunal Federal ou ao Superior Tribunal de Justiça, desde que: (Incluído pela Lei nº 13.256, de 04.02.2016)

a) o recurso ainda não tenha sido submetido ao regime de repercussão geral ou de julgamento de recursos repetitivos; (Incluído pela Lei nº 13.256, de 04.02.2016)

b) o recurso tenha sido selecionado como representativo da controvérsia; ou (Incluído pela Lei nº 13.256, de 04.02.2016)

c) o tribunal recorrido tenha refutado o juízo de retratação. (Incluído pela Lei nº 13.256, de 04.02.2016)

§ 1º Da decisão de inadmissibilidade proferida com fundamento no inciso V caberá agravo ao tribunal superior, nos termos do art. 1.042. (Incluído pela Lei nº 13.256, de 04.02.2016)

§ 2º Da decisão proferida com fundamento nos incisos I e III caberá agravo interno, nos termos do art. 1.021. (Incluído pela Lei nº 13.256, de 04.02.2016)

REDAÇÃO PRIMITIVA DO CPC/2015

Art. 1.030. Recebida a petição do recurso pela secretaria do tribunal, o recorrido será intimado para apresentar contrarrazões no prazo de 15 (quinze) dias, findo o qual os autos serão remetidos ao respectivo tribunal superior.

Parágrafo único. A remessa de que trata o *caput* dar-se-á independentemente de juízo de admissibilidade.

CPC/1973

Art. 542.

REFERÊNCIA LEGISLATIVA

CF, arts. 102, III; 105, III.

CPC, arts. 498 (interposição simultânea de recursos; sobrestamento do recurso especial); 1.035 (repercussão geral do recurso extraordinário).

Lei nº 9.800, de 26.05.1999 (Fax – ver Legislação Especial).

Resolução do STF nº 179, de 26.07.1999 (Fax – ver Legislação Especial).

SÚMULAS

Súmula do STJ:

nº 123: "A decisão que admite, ou não, o recurso especial, deve ser fundamentada, com o exame dos seus pressupostos gerais e constitucionais".

CJF – JORNADAS DE DIREITO PROCESSUAL CIVIL

I JORNADA

Enunciado 75 – Cabem embargos declaratórios contra decisão que não admite recurso especial ou extraordinário, no tribunal de origem ou no tribunal superior, com a consequente interrupção do prazo recursal.

Enunciado 77 – Para impugnar decisão que obsta trânsito a recurso excepcional e que contenha simultaneamente fundamento relacionado à sistemática dos recursos repetitivos ou da repercussão geral (art. 1.030, I, do CPC) e fundamento relacionado à análise dos pressupostos de admissibilidade recursais (art. 1.030, V, do CPC), a parte sucumbente deve interpor, simultaneamente, agravo interno (art. 1.021 do CPC) caso queira impugnar a parte relativa aos recursos repetitivos ou repercussão geral e agravo em recurso especial/extraordinário (art. 1.042 do CPC) caso queira impugnar a parte relativa aos fundamentos de inadmissão por ausência dos pressupostos recursais.

Enunciado 78 – A suspensão do recurso prevista no art. 1.030, III, do CPC deve se dar apenas em relação ao capítulo da decisão afetada pelo repetitivo, devendo o recurso ter seguimento em relação ao remanescente da controvérsia, salvo se a questão repetitiva for prejudicial à solução das demais matérias.

II JORNADA

Enunciado 139 – A ausência de retratação do órgão julgador, na hipótese prevista no art. 1030, II, do CPC, dispensa a ratificação expressa para que haja o juízo de admissibilidade e a eventual remessa do recurso extraordinário ou especial ao tribunal superior competente, na forma dos arts. 1.030, V, *c*, e 1.041 do CPC.

BREVES COMENTÁRIOS

O CPC/2015, em seu texto original, pretendeu uniformizar o sistema de um único regime de admissibilidade, a ser exercitado apenas pelo tribunal destinatário do recurso. Previa, nesse sentido, o primitivo parágrafo único do art. 1.030 que, apresentadas as contrarrazões pelo recorrido, a remessa do recurso extraordinário ou especial ao tribunal superior dar-se-ia "independentemente de juízo de admissibilidade", no tribunal de origem.

Antes, porém, que o Código atual entrasse em vigência, a Lei nº 13.256/2016 alterou o regime procedimental dos recursos em questão para reimplantar a duplicidade de juízo de admissibilidade, dispondo, o novo texto do art. 1.030, V, que ao presidente ou ao vice-presidente do tribunal recorrido compete "realizar o juízo de admissibilidade e, se positivo, remeter o feito ao Supremo Tribunal Federal ou ao Superior Tribunal de Justiça".

Continua, portanto, condicionada a subida dos recursos extremos aos tribunais superiores, ao conhecimento do apelo pelo presidente ou vice-presidente do tribunal no qual a decisão impugnada foi pronunciada. Trata-se, porém, de um juízo provisório, destinado a sofrer reexame pelo tribunal superior, a quem a lei reserva o poder de dar a última palavra sobre a matéria, sem ficar vinculado ao primitivo juízo de admissibilidade acontecido no tribunal *a quo*.

O presidente ou vice-presidente do tribunal recorrido deverá *negar seguimento* ao recurso extraordinário ou especial, nas hipóteses descritas no inciso I do art. 1.030. Se o recurso for manifestado contra acórdão divergente de tese assentada pelo STF ou STJ, nos regimes de repercussão geral ou de recursos repetitivos, o processo será encaminhado ao órgão julgador para realização do juízo de retratação (art. 1.030, II).

Se já houver sido deflagrado o processamento de recurso repetitivo, e não tendo ocorrido a decisão do STF sobre a questão constitucional, caberá ao presidente ou vice-presidente do tribunal de origem *sobrestar* o recurso que volte a debater a mesma matéria. Igual providência será tomada com relação às questões infraconstitucionais disputadas perante o STJ, em recursos especiais repetitivos (art. 1.030, III).

Compete, ainda, ao presidente ou vice-presidente do tribunal selecionar recurso representativo de controvérsia constitucional ou infraconstitucional, para remessa aos tribunais superiores. Esta diligência, contudo, depende de requisição do relator, no tribunal superior (art. 1.030, IV).

Contra a decisão que inadmite o recurso especial ou extraordinário, cabe agravo ao tribunal superior, nos termos do art. 1.042 do CPC/2015. Da decisão que se refere a recursos repetitivos ou de repercussão geral, o recurso cabível é o agravo interno, nos termos do art. 1.021 do CPC/2015.

JURISPRUDÊNCIA SELECIONADA

1. Decisão que inadmite recurso especial. Dispositivo único. Ausência de capítulos autônomos. Decisão não cindível. "A decisão que não admite o recurso especial tem como escopo exclusivo a apreciação dos pressupostos de admissibilidade recursal. Seu dispositivo é único, ainda quando a fundamentação permita concluir pela presença de uma ou de várias causas impeditivas do julgamento do mérito recursal, uma vez que registra, de forma unívoca, apenas a inadmissão do recurso. Não há, pois, capítulos autônomos nesta decisão. A decomposição do provimento judicial em unidades autônomas tem como parâmetro inafastável a sua parte dispositiva, e não a fundamentação como um elemento autônomo em si mesmo, ressoando inequívoco, portanto, que a decisão agravada é incindível e, assim, deve ser impugnada em sua integralidade, nos exatos termos das disposições legais e regimentais. Outrossim, conquanto não seja questão debatida nos autos, cumpre registrar que o posicionamento ora perfilhado encontra exceção na hipótese prevista no art. 1.042, *caput*, do CPC, que veda o cabimento do agravo contra decisão do Tribunal *a quo* que inadmitir o recurso especial, com base na aplicação do entendimento consagrado no julgamento de recurso repetitivo, quando então será cabível apenas o agravo interno na Corte de origem, nos termos do art. 1.030, § 2º, do CP." (STJ, EAREsp 831.326/SP, Rel. p/ Acórdão Min. Luis Felipe Salomão, Corte Especial, jul. 19.09.2018, *DJe* 30.11.2018).

2. Agravo em recurso especial. Recurso deve atacar os fundamentos da decisão recorrida. "Incumbe à parte, no agravo em recurso especial, atacar os fundamentos da decisão que negou seguimento ao recurso na origem. Não o fazendo, é correta a decisão que não conhece do agravo nos próprios autos" (STJ, AgInt no AREsp 1.686.327/GO, Rel. Min. Francisco Falcão, 2ª Turma, jul. 10.08.2020, *DJe* 14.08.2020).

3. Ausência de intimação do embargante para contra-arrazoar o recurso especial da parte adversa. Nulidades de natureza absoluta. "A jurisprudência desta Corte firmou entendimento segundo o qual a ausência de intimação da parte para apresentar contrarrazões gera nulidade de natureza absoluta, em virtude do desrespeito aos princípios da ampla defesa e do contraditório" (STJ, EDcl nos EDcl no AgRg nos EDcl no REsp 1.118.770/SC, Rel. Min. Regina Helena Costa, 1ª Turma, jul. 19.09.2017, *DJe* 27.09.2017).

4. Decisão de admissão do recurso especial. Vinculação. Inexistência. "A decisão do Tribunal de origem que admite, ou não, o recurso especial não vincula o juízo de admissibilidade desta Corte Superior. Registre-se que a apreciação da instância *a quo* é provisória, recaindo o juízo definitivo sobre este Sodalício, quanto aos requisitos de admissibilidade e em relação ao mérito" (STJ, AgInt no REsp 1.613.939/DF, Rel. Min. Luis Felipe Salomão, 4ª Turma, jul. 20.10.2016, *DJe* 28.10.2016).

5. Decisão que nega seguimento ao recurso extraordinário. Recurso cabível (§§ 1º e 2º). "A decisão que nega seguimento ao recurso extraordinário, aplicando a sistemática da repercussão geral, somente pode ser desafiada por agravo interno/regimental (art. 1.030, § 2º, do CPC). Por outro lado, quando o recurso for inadmitido por qualquer outro fundamento, o recurso cabível é o agravo em recurso extraordinário (art. 1.030, § 1º, do CPC). Nos termos do art. 1.042 do CPC, 'cabe agravo contra decisão do presidente ou do vice-presidente do tribunal recorrido que inadmitir recurso extraordinário ou recurso especial, salvo quando fundada na aplicação de entendimento firmado em regime de repercussão geral ou em julgamento de recursos repetitivos'. Proferido o juízo de admissibilidade, encerrou-se a prestação jurisdicional do Superior Tribunal de Justiça, revelando-se descabido este agravo regimental/interno, visto que contra decisão que não admite o recurso extraordinário é cabível agravo em recurso extraordinário para a Suprema Corte." (STJ, AgRg no RE no RHC 72.997/SP, Rel. Min. Humberto Martins, Corte Especial, jul. 29.03.2017, *DJe* 05.04.2017).

Erro grosseiro. "Insurge-se a parte agravante contra decisão que negou seguimento ao recurso extraordinário em razão da **aplicação da sistemática da repercussão geral**. Caberá agravo interno/regimental contra decisão que negar seguimento a recurso extraordinário que discuta questão constitucional sobre a qual o Supremo Tribunal Federal não tenha reconhecido a existência de repercussão geral ou que esteja em conformidade com entendimento daquela Corte exarado no regime de repercussão geral (§ 2º do art. 1.030 do CPC). No caso dos autos, a interposição do agravo em recurso extraordinário consubstancia erro grave. Não incidência do princípio da fungibilidade." (STJ, ARE no RE nos EDcl no AgRg no AREsp 890.749/SP, Rel. Min. Humberto Martins, Corte Especial, jul. 29.03.2017, *DJe* 05.04.2017)

"A interposição do agravo previsto no art. 1.042, *caput*, do CPC/2015 **quando a Corte de origem o inadmitir com base em recurso repetitivo constitui erro grosseiro**, não sendo mais devida a determinação de outrora de retorno dos autos ao Tribunal a quo para que o aprecie como agravo interno". (STJ, AREsp 959.991/RS, Rel. Min. Marco Aurélio Bellizze, 3ª Turma, jul. 16.08.2016, *DJe* 26.08.2016).

6. Reclamação contra acórdão proferido pelo órgão especial da corte de origem em sede de agravo interno do art. 1.030, § 2º, CPC/2015, que determinou a negativa de seguimento a recurso especial. Impossibilidade. "Para o caso de repetitivos ainda não julgados e com ordem de sobrestamento dos demais feitos que versem sobre a mesma questão, o novo Código de Processo Civil prevê expressamente apenas requerimentos e recursos com o objetivo de caracterizar a distinção (*distinguishing*) para afastar o sobrestamento (ver art. 1.030, § 2º; art. 1.035, §§ 6º e 7º; art. 1.036, §§ 2º e 3º; art. 1.037, §§ 9º a 13, do CPC/2015). Não há previsão específica para os casos onde a parte deseja justamente a equiparação ao repetitivo com o objetivo de aplicar o sobrestamento e paralisar o feito. Para essa segunda situação (equiparação para sobrestamento), resta a regra geral de procedimento onde a parte que teve o seu recurso especial inadmitido pela Presidência (no caso, o Órgão especial), por força do art. 1.030, V, e § 1º, do CPC/2015, deverá ingressar com o agravo em recurso especial, nos termos do art. 1.042 do CPC/2015, veiculando na petição, além dos argumentos próprios do agravo em recurso especial e do recurso especial, o argumento de equiparação a repetitivo pendente que será analisado pelo Superior Tribunal de Justiça, podendo até ser requerido o efeito suspensivo ao recurso, acaso cumpridos os requisitos próprios. Dito de outra forma, se há recurso cabível em tese para se pedir a equiparação ao repetitivo (agravo em recurso especial do art. 1.042 do CPC/2015), não pode ser o caso de reclamação constitucional" (STJ, Rcl 32.391/SP, Rel. Min. Mauro Campbell Marques, 1ª Seção, jul. 13.12.2017, *DJe* 18.12.2017).

7. Agravo Interno (art. 1.030, § 2º) e Agravo em Recurso Especial (art. 1.042). Interposição simultânea. "3. A parte deve interpor simultaneamente o Agravo Interno (art. 1.021 do CPC/2015) e o Agravo em Recurso Especial (art. 1.042 do CPC/2015) quando a hipótese é de decisão negativa de admissibilidade de Recurso Especial ou Recurso Extraordinário que contenha, ao mesmo tempo, fundamento relacionado à sistemática dos recursos repetitivos ou repercussão geral (art. 1.030, I, do CPC/2015) e embasamento relacionado aos pressupostos de admissibilidade (art. 1.030, V, do CPC/2015. Precedentes do STJ: AgInt no AREsp 1.233.253/SP, Rel. Ministro Napoleão Nunes Maia Filho, Primeira Turma, *DJe* 01/07/2020;AgInt no AREsp 1.485.946/RS, Rel. Ministro Luis Felipe Salomão, Quarta Turma, *DJe* 26/11/2019). 4. Referida tese foi objeto da I Jornada de Direto Processual Civil por meio do Enunciado 77, cuja redação é a seguinte: 'Para impugnar decisão que obsta trânsito a recurso excepcional e que contenha simultaneamente fundamento relacionado à sistemática dos recursos repetitivos ou da repercussão geral (art. 1.030, I, do CPC) e fundamento relacionado à análise dos pressupostos de admissibilidade recursais (art. 1.030, V, do CPC), a parte sucumbente deve interpor, simultaneamente, agravo interno (art. 1.021 do CPC) caso queira impugnar a parte relativa aos recursos repetitivos ou repercussão geral e agravo em recurso especial/extraordinário (art. 1.042 do CPC) caso queira impugnar a parte relativa aos fundamentos de inadmissão por ausência dos pressupostos recursais'" (STJ, AgInt no AREsp 1.693.813/SP, Rel. Min. Herman Benjamin, 2ª Turma, jul. 26.10.2020, *DJe* 12.11.2020). No mesmo sentido: STJ, AgInt no AREsp 1.286.011/MG, Rel. Min. Luis Felipe Salomão, 4ª Turma, jul. 08.10.2019, *DJe* 15.10.2019.

Agravo interno e agravo em recurso extraordinário. "A suposta afronta aos princípios do contraditório, da ampla defesa, do devido processo legal, bem como ao ato jurídico perfeito, ao direito adquirido e aos limites da coisa julgada, se dependente da análise de normas infraconstitucionais, configura ofensa reflexa ao texto constitucional, não tendo repercussão geral (Tema 660/STF). A decisão de natureza híbrida, que em parte nega seguimento e em parte inadmite o recurso extraordinário, enseja a interposição simultânea de agravo interno e de agravo em recurso extraordinário. Exceção ao princípio da unirrecorribilidade que se agasalha na interpretação dos §§ 1º e 2º do art. 1.030 do Código de Processo Civil" (STJ, AgInt no RE nos EDcl no AgInt no AREsp 1.866.098/PR, Rel. Min. Jorge Mussi, Corte Especial, jul. 22.03.2022, *DJe* 25.03.2022).

8. Juízo de admissibilidade pelo tribunal local. Incursão no mérito da lide. Admissibilidade. "Consoante pacífica jurisprudência do Superior Tribunal de Justiça, é possível a incursão no mérito da lide pelo Tribunal local quando necessária à análise dos pressupostos constitucionais de admissibilidade do recurso especial, nos moldes do preconizado no enunciado n. 123 da Súmula desta Corte, sem que isso configure usurpação de competência" (STJ, AgInt no AREsp. 2.125.389/ES, Rel. Min. Marco Buzzi, 4ª Turma, jul. 06.03.2023, *DJe* 10.03.2023). **No mesmo sentido:** "Cabe à Presidência da Corte local examinar a admissibilidade do recurso especial, o que, por vezes, implica um exame superficial do próprio mérito, não significando invasão de competência" (STJ, AgInt no AREsp. 1.101.924/RS, Rel. Min. Marco Aurélio Bellizze, 3ª Turma, jul. 20.05.2019, *DJe* 24.05.2019); STJ, AgRg no AREsp. 2.032.402/SP, Rel. Min. Laurita Vaz, 6ª Turma, jul. 03.05.2022, *DJe* 06.05.2022; STJ, AgRg no AREsp. 1.050.274/SP, Rel. Min. Feliz Fischer, 5ª Turma, jul. 22.03.2018, DJe 27.03.2018; . Jurisprudência à época do CPC/1973, ainda aplicável: "'É possível o juízo de admissibilidade adentrar o mérito do recurso, na medida em que o exame da sua admissibilidade, pela alínea 'a', em face dos seus pressupostos constitucionais, envolve o próprio mérito da controvérsia' (AgRgAg nº 228.787/RJ, Relator Ministro Sálvio de Figueiredo Teixeira, *in DJ* 4/9/2000)" (STJ, AgRg no AR 1.205.512/SC, Rel. Min. Hamilton Carvalhido, 1ª Turma, jul. 05.11.2009, *DJe* 17.11.2009); STJ, AgRg no AREsp. 505.039/MG, Rel. Min. Herman Benjamin, 2ª Turma, jul. 10.06.2014, *DJe* 14.08.2014.

9. Recurso extraordinário. Efeito suspensivo: ver jurisprudência do art. 1.029 do CPC/2015.

10. Recurso especial. Efeito suspensivo: ver jurisprudência do art. 1.029 do CPC/2015.

11. Recurso extraordinário. Protocolo integrado. "Agravo regimental em agravo de instrumento. Recurso extraordinário interposto pelo sistema de protocolo descentralizado. Admissibilidade. A Lei nº 10.352, de 26.12.2001, ao alterar os artigos 542 e 547 do CPC [arts. 1.030 e 929 do CPC/2015], afastou o obstáculo à adoção de protocolos descentralizados. Esta nova regra processual, de aplicação imediata, se orienta pelo critério da redução de custos, pela celeridade de tramitação e pelo mais facilitado acesso das partes às diversas jurisdições. Agravo regimental provido para determinar a subida do recurso extraordinário e assim possibilitar melhor exame do feito" (STF, AI-AgRg 476.260/SP, Rel. Min. Carlos Britto, Tribunal Pleno, jul. 23.02.2006, *DJ* 16.06.2006, p. 5).

Art. 1.031. Na hipótese de interposição conjunta de recurso extraordinário e recurso especial, os autos serão remetidos ao Superior Tribunal de Justiça.

§ 1º Concluído o julgamento do recurso especial, os autos serão remetidos ao Supremo Tribunal Federal para apreciação do recurso extraordinário, se este não estiver prejudicado.

§ 2º Se o relator do recurso especial considerar prejudicial o recurso extraordinário, em decisão irrecorrível, sobrestará o julgamento e remeterá os autos ao Supremo Tribunal Federal.

§ 3º Na hipótese do § 2º, se o relator do recurso extraordinário, em decisão irrecorrível, rejeitar a prejudicialidade, devolverá os autos ao Superior Tribunal de Justiça para o julgamento do recurso especial.

CPC/1973

Art. 543.

BREVES COMENTÁRIOS

Apresentadas ou não as contrarrazões aos dois recursos, os autos subirão em primeiro lugar ao STJ, para julgamento do especial. Após decidido este é que haverá a remessa para o STF, para apreciação do extraordinário, salvo se, com a solução do primeiro, restar prejudicado o segundo (art. 1.031, § 1º). O relator do STJ pode entender que a matéria do recurso extraordinário é prejudicial ao recurso especial. Permite-se, em tal conjuntura, o sobrestamento do recurso a cargo do STJ, com a remessa dos autos ao STF, invertendo-se, então, a ordem de apreciação dos recursos (art. 1.031, § 2º). O Supremo Tribunal, todavia, não fica submetido forçosamente ao que se deliberou no STJ, pois a lei reconhece ao relator do STF o poder de reexame da questionada prejudicialidade e, se concluir pela sua inexistência, devolverá os autos, por meio de decisão irrecorrível, a fim de que o recurso especial seja julgado normalmente em primeiro lugar (art. 1.031, § 3º). Entre o que decide o relator do recurso especial e o que pronuncia o relator do extraordinário, como se vê, a última palavra é dada por este. Não há conflito, nem é preciso ouvir-se o Tribunal. O que decidir o relator do recurso extraordinário, em decisão singular, prevalecerá a respeito da ordem de julgamento dos dois recursos concorrentes.

JURISPRUDÊNCIA SELECIONADA

1. Recurso extraordinário. Preparo. "O art. 59, I e § 1º, do RISTF, preceitua que nenhum recurso subirá ao Supremo Tribunal Federal, salvo caso de isenção, sem a prova do respectivo preparo e do pagamento das despesas de remessa e retorno, no prazo legal; que o pagamento das despesas processuais de recurso interposto perante outros tribunais far-se-á junto às suas Secretarias e no prazo previsto na lei processual. Ainda que silente a Lei nº 8.038/90 sobre a necessidade de preparo do recurso extraordinário e o prazo para sua efetivação, por aplicação analógica dos arts. 59, § 3º, e 107 do Regimento Interno desta Corte, persiste a exigência do pagamento das despesas recursais, no prazo de dez dias, a contar da efetiva e formal intimação da parte para esse mister, sendo dispensável que deste ato processual – a intimação – conste o valor das custas, não só porque é esse fixado em tabela publicada pelo STF e porque desse pode tomar conhecimento a parte, no ato de cumprir a exigência. A intimação para efetuá-lo é exigível. Inexistindo essa, incabível a pena de deserção. Alegação improcedente. Embargos de declaração rejeitados" (STF, EDcl no RE 146.740-5/MG, Rel. Min. Maurício Corrêa, 1ª Turma, jul. 15.09.1995, *DJ* 03.11.1995, p. 37.243).

2. Competência STF/STJ. "Competência. Supremo Tribunal Federal. Jurisdição exclusiva. A competência do STF exclui a do STJ; na zona cinzenta em que uma e outra podem se confundir, o critério para defini-las é prático; decidida determinada matéria pelo STF, o STJ já não pode examiná-la em recurso especial. Hipótese em que, tendo o STF julgado que taxas que têm base de cálculo serviços inespecíficos e indivisíveis devem ser financiadas por impostos, o STJ já não pode decidir a questão. Recurso especial não conhecido" (STJ, REsp 173.203/SP, Rel. Min. Ari Pargendler, 2ª Turma, jul. 16.03.1999, *DJ* 10.05.1999, p. 137).

3. Recurso extraordinário e recurso especial. Interposição simultânea. "Fundamento predominante no acórdão recorrido de natureza constitucional. O sobrestamento do REsp é mera faculdade do relator. Havendo fundamento predominante no acórdão recorrido de natureza constitucional ou ação pendente de julgamento no Colendo STF, não significa que há de se cumprir o disposto no art. 543, § 2º, do CPC [art. 1.031, § 2º, do CPC/2015] (sobrestamento do recurso especial até o julgamento do recurso extraordinário). Para aplicar tal dispositivo legal, o relator deve considerar que, na hipótese, o recurso extraordinário é prejudicial ao recurso especial. É ato de pura discricionariedade, devendo se atentar pelo sobrestamento ou, se assim achar, negar seguimento ou não conhecer do Especial ante a predominância de tema de ordem constitucional" (STJ, EAREsp 306.888/SC, Rel. Min. José Delgado, 1ª Turma, jul. 02.10.2001, *DJ* 04.02.2002, p. 300).

"Recurso extraordinário. Recurso especial. Interposição simultânea. Perda do objeto. Uma vez assentado pelo STJ, por decisão transitada em julgado, o retorno dos autos para o tribunal *a quo* para que, mediante novo julgamento, sane a contradição existente no acórdão recorrido, a consequência automática desse pronunciamento é que nova decisão venha a ser proferida. Em razão disso, ocorreu o prejuízo do recurso extraordinário, que visa à reforma de ato decisório, em parte insubsistente. Recurso extraordinário que se julga prejudicado, por perda do respectivo objeto" (STF, RE 214.727-3/MG, Rel. Min. Ilmar Galvão, 1ª Turma, jul. 03.11.1998, *DJ* 09.04.1999, p. 37).

4. Recurso especial admitido e extraordinário inadmitido. "O art. 543, § 1º, do Código de Processo Civil [art. 1.031, § 1º, CPC/2015], que impõe o julgamento prévio do recurso especial pelo Superior Tribunal de Justiça, somente se aplica quando os recursos especial e extraordinário são ambos admitidos. Precedente" (STF, AI 620.601 AgR, Rel. Min. Ellen Gracie, 2ª Turma, jul. 01.06.2010, *DJe* 25.06.2010, *RF* 410/305).

5. Sobrestamento do especial até o pronunciamento do STF no extraordinário. Faculdade. "A previsão inserta no § 2º do art. 1.031 do CPC, a prever o sobrestamento do especial até pronunciamento da Suprema Corte em recurso extraordinário, constitui faculdade do Relator, quando verificada a prejudicialidade deste em detrimento daquele" (STJ, EDcl no AgInt no REsp 1297548/DF, Rel. Min. Og Fernandes, 2ª Turma, jul. 09.02.2021, *DJe* 01.03.2021).

6. Sobrestamento do recurso especial nos termos do art. 1.031, § 2º, do CPC/2015. Decisão irrecorrível. "Nos termos do art. 1.031, § 2º, do CPC/2015, o *decisum* que sobresteja o Recurso Especial, por considerar prejudicial o Recurso Extraordinário, é irrecorrível" (STJ, AgInt no REsp 1819011/DF, Rel. Min. Herman Benjamin, 2ª Turma, jul. 07.11.2019, *DJe* 19.11.2019).

7. Interposição de recurso especial e extraordinário. Ausência de prejudicialidade. "Não é caso de aplicação do art. 1.031, § 2º, do CPC/2015. Isso porque o Recurso Extraordinário não é prejudicial ao julgamento do Recurso Especial, sendo, em verdade, o único recurso cabível contra o acórdão impugnado, já que decidida a matéria com fundamento constitucional, não havendo razão que justifique o sobrestamento do REsp" (STJ, RCD no REsp 1786330/SC, Rel. Min. Herman Benjamin, 2ª Turma, jul. 07.05.2019, *DJe* 22.05.2019).

"A regra do art. 1.031, § 2º, do CPC/2015 não foi aplicada na hipótese dos autos porque o recurso especial foi parcialmente conhecido, ocasião em que as questões de cunho infraconstitucional foram analisadas, não conhecidas somente aquelas de cunho eminentemente constitucional que, se eventualmente acolhidas pelo Supremo Tribunal Federal quando do exame do recurso extraordinário, não demandarão, em tese, retorno dos autos do STJ" (STJ, REsp 1632254/PR, Rel. Min. Mauro Campbell, 2ª Turma, jul. 18.05.2017, *DJe* 23.05.2017).

Art. 1.032. Se o relator, no Superior Tribunal de Justiça, entender que o recurso especial versa sobre questão constitucional, deverá conceder prazo de 15 (quinze) dias para que o recorrente demonstre a existência de repercussão geral e se manifeste sobre a questão constitucional.

Parágrafo único. Cumprida a diligência de que trata o *caput*, o relator remeterá o recurso ao Supremo Tribunal Federal, que, em juízo de admissibilidade, poderá devolvê-lo ao Superior Tribunal de Justiça.

REFERÊNCIA LEGISLATIVA

CPC/2015, art. 1.033.

CJF – I JORNADA DE DIREITO PROCESSUAL CIVIL

Enunciado 79 – Na hipótese do art. 1.032 do CPC, cabe ao relator, após possibilitar que o recorrente adite o seu recurso para inclusão de preliminar sustentando a existência de repercussão geral, oportunizar ao recorrido que, igualmente, adite suas contrarrazões para sustentar a inexistência da repercussão.

BREVES COMENTÁRIOS

Muitas vezes, a questão discutida no acórdão recorrido pode ser analisada sob a ótica constitucional e infraconstitucional. Ocorre que nem sempre é fácil verificar claramente a distinção entre uma e outra. É o que se verifica quando o recorrente alega não ter sido respeitado o contraditório nas instâncias ordinárias. A matéria, embora constitucional (art. 5º, LV), também encontra disposição na legislação infraconstitucional (CPC/2015, arts. 7º e 9º). Assim, o recorrente interpõe o recurso especial e o extraordinário para que as Cortes Superiores analisem a questão. Entretanto, nenhum dos tribunais admite o respectivo recurso, por entender que a competência para analisar o tema é da outra corte.

Para resolver situações como essa é que o CPC/2015 permite que o relator, no STJ, entendendo que o recurso especial versa sobre questão constitucional, conceda prazo de quinze dias para que o recorrente demonstre a existência de repercussão geral (requisito para o recurso extraordinário) e se manifeste sobre a questão constitucional (art. 1.032). Cumprida essa exigência, o relator remeterá o recurso ao STF que, em juízo de admissibilidade, poderá devolvê-lo ao STJ (parágrafo único), ou dar curso ao recurso como extraordinário. A última palavra, portanto, é do STF, mas, de qualquer forma, o recurso haverá de ser apreciado e decidido, seja pelo STF, seja pelo STJ.

JURISPRUDÊNCIA SELECIONADA

1. Acórdão recorrido com fundamento constitucional. Não interposição de recurso extraordinário. Inaplicabilidade da conversão. "Nos termos da jurisprudência desta Corte, a aplicação do artigo 1.032 do CPC/2015 ocorre quando há um equívoco quanto à escolha do recurso cabível. Entretanto, este não é o caso dos autos, uma vez que o acórdão recorrido tem fundamento constitucional e o Recurso Especial versa sobre matéria infraconstitucional. Precedentes" (STJ, AgInt no REsp 1904897/RJ, Rel. Min. Benedito Gonçalves, 1ª Turma, jul. 03.05.2021, *DJe* 05.05.2021).

2. Fundamento eminentemente constitucional do acórdão. Conversão em recurso extraordinário. Descabimento. "Descabe a aplicação da regra prevista no art. 1.032 do CPC ao caso em exame, pois tal dispositivo não autoriza a conversão em recurso extraordinário de recurso especial que invoque, em suas razões, violação à legislação infraconstitucional. Somente seria cabível a utilização do princípio da fungibilidade recursal nos casos em que o apelo nobre versasse sobre questão constitucional e restasse caracterizado um equívoco da parte na escolha do recurso cabível. Precedentes" (STJ, AgInt no AREsp 1749700/DF, Rel. Min. Sérgio Kukina, 1ª Turma, jul. 03.05.2021, *DJe* 06.05.2021).

3. Fungibilidade. Não aplicação. "É inaplicável ao caso a previsão do art. 1.032 do Código de Processo Civil de 2015, tendo em vista que a referida hipótese incide apenas naqueles casos em que a parte interpõe unicamente o recurso especial, deixando de manejar o competente apelo extremo, o que não é o caso dos autos" (STJ, AgInt no REsp 1880123/DF, Rel. Min. Regina Helena Costa, 1ª Turma, jul. 23.02.2021, *DJe* 01.03.2021). **No mesmo sentido:** STJ, EDCl no AREsp 1.635.348/RJ, Rel. Min. João Otávio de Noronha, jul. 20.05.2020, *DJe* 20.05.2020; STJ, AgInt no REsp 1.822.240/RJ, Rel. Min. Mauro Campbell, 2ª Turma, jul. 21.11.2019, *DJe* 27.11.2019; STJ, AgInt nos EDcl no AREsp 1.372.690/PR, Rel. Min. Antonio Carlos Ferreira, 4ª Turma, jul. 30.05.2019, *DJe* 10.06.2019; STJ, AgInt no REsp 1.651.768/PR, Rel. Min. Gurgel de Faria, 1ª Turma, jul. 07.05.2019, *DJe* 24.05.2019; STJ, AgRg no REsp 1.665.154/RS, Rel. Min. Felix Fischer, 5ª Turma, jul. 15.08.2017, *DJe* 30.08.2017. **Entendendo que haveria necessidade de analisar o mérito do recurso especial para verificar que se trata de questão constitucional:** STJ, PET no AREsp 1.287.410/RN, Rel. Min. Laurita Vaz, jul. 03.08.2018, *DJe* 07.08.2018.

4. Possibilidade de envio de RE ao STJ, se a questão for infraconstitucional. "O recurso extraordinário foi interposto na vigência do Código de Processo Civil de 2015, cabível, portanto, o pedido de remessa dos autos para o Superior Tribunal de Justiça, conforme o art. 1.033 do Código de Processo Civil, no qual se estabelece que, 'se o Supremo Tribunal Federal considerar como reflexa a ofensa à Constituição afirmada no recurso extraordinário, por pressupor a revisão da interpretação de lei federal ou tratado, remetê-lo-á ao Superior Tribunal de Justiça para julgamento como recurso especial'" (STF, AgR no RE 985.294/PR, Rel. Min. Cármen Lúcia, jul. 08.6.2018, *DJe* 15.06.2018). No mesmo sentido: STF, ARE 1.045.203/SC, Rel. Min. Gilmar Mendes, jul. 29.05.2017, *DJe* 01.06.2017; STF, RE 991.210-ED/RS, Rel. Min. Roberto Barroso, jul. 18.08.2017, *DJe* 22.8.2017; STF, RE 1.041.263/SP, Rel. Min. Celso de Mello, jul. 15.02.2018, *DJe* 22.02.2018; STF, RE 1.087.326/RN, Rel. Min. Edson Fachin, jul. 14.02.2018, *DJe* 16.02.2018.

Art. 1.033. Se o Supremo Tribunal Federal considerar como reflexa a ofensa à Constituição afirmada no recurso extraordinário, por pressupor a revisão da interpretação de lei federal ou de tratado, remetê-lo-á ao Superior Tribunal de Justiça para julgamento como recurso especial.

REFERÊNCIA LEGISLATIVA

CPC/2015, art. 1.032.

CJF – I JORNADA DE DIREITO PROCESSUAL CIVIL

Enunciado 80 – Quando o Supremo Tribunal Federal considerar como reflexa a ofensa à Constituição afirmada no recurso extraordinário, deverá, antes de remetê-lo ao Superior Tribunal de Justiça para julgamento como recurso especial, conceder prazo de quinze dias para que as partes complementem suas razões e contrarrazões de recurso.

BREVES COMENTÁRIOS

O atual Código consagrou, nos arts. 1.032 e 1.033, a fungibilidade no tocante à interposição de recurso especial e extraordinário. O objetivo do legislador foi evitar a jurisprudência defensiva, em que um tribunal afirmava ser a competência para julgar o recurso do outro e, em razão disso, nenhum dos dois julgava.

Restou claro para o CPC/2015, no campo dos recursos excepcionais, ser irrelevante o equívoco da parte em usar o especial em lugar do extraordinário e vice e versa, pois sempre será possível a conversão do inadequado no adequado, de modo que o recurso sempre será apreciado e julgado, se não pelo STF, pelo STJ. O que o CPC/2015 não tolera é que um recurso de superposição seja desprezado por disputa de competência, se as condições legais de admissibilidade tiverem sido preenchidas.

JURISPRUDÊNCIA SELECIONADA

1. Cabimento da conversão. Acórdão publicado após o CPC/2015. "É possível o envio dos autos ao Superior Tribunal de Justiça para que processe a demanda, quando não há interposição simultânea dos recursos extraordinário e especial e o acórdão recorrido tenha sido publicado posteriormente ao marco inicial de vigência do CPC/15. Art. 1.033 do CPC. Agravo regimental a que se dá parcial provimento, para manter a decisão recorrida e remeter os autos ao Superior Tribunal de Justiça, nos termos do art. 1.033 do CPC" (STF, RE 1207635 AgR, Rel. Min. Edson Fachin, 2ª Turma, jul. 29.11.2019, *DJe* 12.12.2019). **No mesmo sentido:** STF, RE 1287510 RG, Rel. Min. Luiz Fux, Tribunal Pleno, jul. 22.10.2020, *DJe* 27.11.2020.

2. Descabimento da conversão. Acórdão publicado na vigência do CPC/1973. Inaplicabilidade. "Inaplicável o art. 1.033 do CPC, em razão de o recurso extraordinário ter sido interposto sob a vigência do CPC/1973" (STF, ARE 951626 AgR, Min. Rel. Gilmar Mendes, 2ª Turma, jul. 02.05.2017, DJe 24.05.2017). No mesmo sentido: STF, ARE 1094010 AgR, Rel. Min. Edson Fachin, 2ª Turma, jul. 20.04.2018, *DJe* 02.05.2018.

Art. 1.034. Admitido o recurso extraordinário ou o recurso especial, o Supremo Tribunal Federal ou o Superior Tribunal de Justiça julgará o processo, aplicando o direito.

Parágrafo único. Admitido o recurso extraordinário ou o recurso especial por um fundamento, devolve-se ao tribunal superior o conhecimento dos demais fundamentos para a solução do capítulo impugnado.

REFERÊNCIA LEGISLATIVA

RISTJ, art. 257.

SÚMULAS

Súmula do STF:

nº 456: "O Supremo Tribunal Federal, conhecendo do recurso extraordinário, julgará a causa, aplicando o direito à espécie".

BREVES COMENTÁRIOS

No Brasil, o recurso extraordinário (e também o especial) destina-se tanto a invalidar julgamento impugnado como, se necessário, a rejulgar a causa. Vale dizer: entre nós, o Supremo Tribunal Federal e o Superior Tribunal de Justiça têm poder tanto de cassação como de revisão do julgamento da causa.

O CPC/2015 positivou o entendimento sumular do STF (Súmula nº 456) e do regimento interno do STJ (art. 257), ao dispor, no art. 1.034, que "admitido o recurso extraordinário ou o recurso especial o Supremo Tribunal Federal ou o Superior Tribunal de Justiça julgará o processo, aplicando o direito".

No novo julgamento da causa, o STF e o STJ, naturalmente, terão de examinar o fato em que se achava apoiada a decisão cassada. Isto, porém, não quer dizer que possa reavaliar os fatos para formar nova e diversa convicção sobre a respectiva veracidade. Os fatos que são levados em conta são exatamente aqueles fixados pelo tribunal de origem. O novo exame se limita a verificar qual foi a versão fática assentada no julgado originário para sobre ela fazer incidir a tese de direito considerada correta, em lugar da tese incorreta aplicada pelo tribunal inferior. É soberana a decisão local sobre a questão fática, de sorte que, de acordo com o STF, se apresenta inadmissível o reexame de provas e fatos em sede de recurso extraordinário.

JURISPRUDÊNCIA SELECIONADA

1. Recurso especial provido com reenvio para o tribunal de origem para completar o julgamento da apelação. Ver jurisprudência do art. 1.029 do CPC/2015.

2. Recurso especial provido. Julgamento do processo aplicando o direito. "O requisito do prequestionamento diz respeito apenas à fase de conhecimento do recurso especial. A orientação da Súmula 456 do STF ('O Supremo Tribunal Federal, conhecendo do recurso extraordinário, julgará a causa, aplicando o Direito à espécie') foi incorporada como texto legal expresso pelo art. 1034 do novo CPC, segundo o qual "Admitido o recurso extraordinário ou o recurso especial, o Supremo Tribunal Federal ou o Superior Tribunal de Justiça julgará o processo, aplicando o direito" (STJ, EDcl no REsp 1280825/RJ, Rel. Min. Maria Isabel Gallotti, 4ª Turma, jul. 27.06.2017, *DJe* 01.08.2017).

"A abertura da instância pelo conhecimento do recurso especial devolve ao Superior Tribunal de Justiça o conhecimento das demais matérias referentes ao capítulo impugnado. Assim o regramento do art. 1.034, parágrafo único, do CPC/2015 que apenas declarou o direito processual já vigente anteriormente na antiga Súmula n. 456/STF ('O Supremo Tribunal Federal, conhecendo do recurso extraordinário, julgará a causa, aplicando o direito à espécie'), no antigo art. 257 do RISTJ e no atual art. 255, § 5º, do RISTJ. Para o caso, impossível o exame e solução do capítulo referente ao valor probatório das guias de exportação (suficiência ou não para a definição do *quantum* devido calculado sobre as vendas ao exterior) sem mencionar a forma de liquidação do julgado definida em recurso repetitivo (liquidação por artigos) e o Decreto n. 64.833/69 que também trata da forma de liquidação de julgados que tais, já que um tema remete ao outro e nele está contido" (STJ, AgInt no AREsp 1680539/DF, Rel. Min. Mauro Campbell Marques, 2ª Turma, jul. 15.12.2020, *DJe* 18.12.2020).

3. Juízo de admissibilidade bifásico. Efeito devolutivo. Limite. "Sobre a cognição do recurso especial nesta instância extraordinária, é imperioso destacar que o conhecimento de determinado capítulo não tem o condão de estender o exame de mérito às demais teses veiculadas no apelo nobre que não ultrapassaram os requisitos de admissibilidade" (STJ, AgInt no REsp 1864174/RJ, Rel. Min. Sérgio Kukina, 1ª Turma, jul. 23.11.2020, *DJe* 27.11.2020).

"Nos exatos termos do art. 105, III, da CF, cabe ao Superior Tribunal de Justiça julgar, em recurso especial, as causas decididas, em única ou última instância, pelos Tribunais Regionais Federais ou pelos tribunais dos Estados, do Distrito Federal e Territórios. Daí se conclui que não é permitido ao STJ, no exercício de sua jurisdição especial (extraordinária), prosseguir no julgamento referente a questão de fundo, quando o tribunal de segunda instância, em face do acolhimento de determinada preliminar, extingue o feito sem proferir efetivo juízo de valor sobre o mérito da causa" (STJ, AgInt no REsp 1792501/SP, Rel. Min. Moura Ribeiro, 3ª Turma, jul. 02.12.2019, *DJe* 05.12.2019).

4. Recurso extraordinário. Natureza revisional. Recurso provido com reenvio para o tribunal de origem para completar o julgamento. Ver jurisprudência do art. 1.029 do CPC/2015.

5. Aplicação do direito à espécie. Limites. "Superado o juízo de admissibilidade, o recurso especial comporta efeito devolutivo amplo, o que implica o julgamento da causa e, ausente a necessidade de reexame das provas dos autos, a aplicação do direito à espécie, nos termos do art. 257 do RISTJ, que procura dar efetividade à prestação jurisdicional, sem deixar de atender para o devido processo legal" (STJ, REsp 1374573/MG, Rel.ª Min.ª Nancy Andrighi, 3ª Turma, jul. 25.03.2014, *DJe* 28.03.2014).

6. Aplicação do direito à espécie pleiteada em memorial. Impossibilidade. "Impossível a aplicação do Direito à espécie, no julgamento desta Corte, se não há no processo dados seguros e se tal pleito vem apenas em memorial, impossibilitando estabelecimento de contraditório constitucional necessário com a parte contrária" (STJ, REsp 1349894/SP, Rel. Min. Sidnei Beneti, 3ª Turma, jul. 04.04.2013, *DJe* 11.04.2013).

Art. 1.035. O Supremo Tribunal Federal, em decisão irrecorrível, não conhecerá do recurso extraordinário quando a questão constitucional nele versada não tiver repercussão geral, nos termos deste artigo.

§ 1º Para efeito de repercussão geral, será considerada a existência ou não de questões relevantes do ponto de vista econômico, político, social ou jurídico que ultrapassem os interesses subjetivos do processo.

§ 2º O recorrente deverá demonstrar a existência de repercussão geral para apreciação exclusiva pelo Supremo Tribunal Federal.

§ 3º Haverá repercussão geral sempre que o recurso impugnar acórdão que:

I – contrarie súmula ou jurisprudência dominante do Supremo Tribunal Federal;

II – (Revogado pela Lei nº 13.256, de 04.02.2016);

III – tenha reconhecido a inconstitucionalidade de tratado ou de lei federal, nos termos do art. 97 da Constituição Federal.

§ 4º O relator poderá admitir, na análise da repercussão geral, a manifestação de terceiros, subscrita por procurador habilitado, nos termos do Regimento Interno do Supremo Tribunal Federal.

§ 5º Reconhecida a repercussão geral, o relator no Supremo Tribunal Federal determinará a suspensão do processamento de todos os processos pendentes, individuais ou coletivos, que versem sobre a questão e tramitem no território nacional.

§ 6º O interessado pode requerer, ao presidente ou ao vice-presidente do tribunal de origem, que exclua da decisão de sobrestamento e inadmita o recurso extraordinário que tenha sido interposto intempestivamente, tendo o recorrente o prazo de 5 (cinco) dias para manifestar-se sobre esse requerimento.

§ 7º Da decisão que indeferir o requerimento referido no § 6º ou que aplicar entendimento firmado em regime de repercussão geral ou em julgamento de recursos repetitivos caberá agravo interno. (Redação dada pela Lei nº 13.256, de 04.02.2016)

§ 8º Negada a repercussão geral, o presidente ou o vice-presidente do tribunal de origem negará seguimento aos recursos extraordinários sobrestados na origem que versem sobre matéria idêntica.

§ 9º O recurso que tiver a repercussão geral reconhecida deverá ser julgado no prazo de 1 (um) ano e terá preferência sobre os demais feitos, ressalvados os que envolvam réu preso e os pedidos de *habeas corpus*.

§ 10. (Revogado pela Lei nº 13.256, de 04.02.2016).

§ 11. A súmula da decisão sobre a repercussão geral constará de ata, que será publicada no diário oficial e valerá como acórdão.

REDAÇÃO PRIMITIVA DO CPC/2015

Art. 1.035 (...)

§ 3º (...)

II – tenha sido proferido em julgamento de casos repetitivos; (...)

§ 7º Da decisão que indeferir o requerimento referido no § 6º caberá agravo, nos termos do art. 1.042. (...)

§ 10. Não ocorrendo o julgamento no prazo de 1 (um) ano a contar do reconhecimento da repercussão geral, cessa, em todo o território nacional, a suspensão dos processos, que retomarão seu curso normal.

CPC/1973

Art. 543-A.

REFERÊNCIA LEGISLATIVA

CF, art. 102, § 3º: "No recurso extraordinário o recorrente deverá demonstrar a repercussão geral das questões constitucionais discutidas no caso, nos termos da lei, a fim de que o

Tribunal examine a admissão do recurso, somente podendo recusá-lo pela manifestação de dois terços de seus membros".

Art. 105, § 2º: "No recurso especial, o recorrente deve demonstrar a relevância das questões de direito federal infraconstitucional discutidas no caso, nos termos da lei, a fim de que a admissão do recurso seja examinada pelo Tribunal, o qual somente pode dele não conhecer com base nesse motivo pela manifestação de 2/3 (dois terços) dos membros do órgão competente para o julgamento" (Incluído pela Emenda Constitucional nº 125, de 2022).

Art. 105, § 3º: "Haverá a relevância de que trata o § 2º deste artigo nos seguintes casos: I – ações penais; II – ações de improbidade administrativa; III – ações cujo valor da causa ultrapasse 500 (quinhentos) salários mínimos; IV – ações que possam gerar inelegibilidade; V – hipóteses em que o acórdão recorrido contrariar jurisprudência dominante do Superior Tribunal de Justiça; VI – outras hipóteses previstas em lei" (dispositivo incluído pela Emenda Constitucional nº 125, de 2022).

EC 125/2022: "Art. 2º A relevância de que trata o § 2º do art. 105 da Constituição Federal será exigida nos recursos especiais interpostos após a entrada em vigor desta Emenda Constitucional, ocasião em que a parte poderá atualizar o valor da causa para os fins de que trata o inciso III do § 3º do referido artigo.

Art. 3º Esta Emenda Constitucional entra em vigor na data de sua publicação". **Obs.:** a exemplo do que se passou com a instituição da repercussão geral em matéria de recurso extraordinário (CF, art. 102, § 3º, acrescido pela EC nº 45/2004), a implantação do regime de relevância no campo do recurso especial está na dependência da regulamentação do novo § 2º do art. 105 da CF.

CPC, art. 1.029 (recurso extraordinário).

RISTF (ver Legislação Especial), arts. 13, V, *c*; 21, § 1º; 322 a 329.

CLT, art. 896-A, acrescido pela MP nº 2.226, de 04.09.2001 (instituiu o requisito da "transcendência" da matéria tratada no Recurso de Revista, interposto para o TST).

BREVES COMENTÁRIOS

A matriz constitucional do recurso extraordinário veio a sofrer significativas alterações por força da Emenda nº 45, de 30.12.2004, dentre elas a que figurou no novo § 3º acrescido ao art. 102 da Constituição. Por força desse dispositivo, desde então caberá à parte fazer, em seu recurso, a demonstração da "repercussão geral das questões constitucionais discutidas no caso". À luz desse dado, o STF poderá, por voto de dois terços de seus membros, "recusar" o recurso. Ou seja: está o Tribunal autorizado a não conhecer do recurso extraordinário se, preliminarmente, entender que não restou demonstrada a "repercussão geral" das questões sobre que versa o apelo extremo.

A regulamentação do dispositivo constitucional encontra-se no art. 1.035 do CPC/2015 e seus parágrafos, em que foram traçadas regras de definição do que se deva entender por repercussão geral das questões constitucionais debatidas no processo; e instituíram-se regras simplificadoras da tramitação de outros recursos extraordinários pendentes com veiculação de igual controvérsia.

Por repercussão geral entende-se aquela que se origina de questões "que ultrapassem os interesses subjetivos do processo", por envolver controvérsias que vão além do direito individual ou pessoal das partes (art. 1.035, § 1º). Há, na lei, a previsão de alguns casos em que a repercussão geral é categoricamente assentada (art. 1.035, § 3º).

A apreciação da ocorrência (ou não) de repercussão geral é exclusiva do STF (art. 1.035, § 2º). A competência é do Pleno, por decisão de pelo menos oito de seus onze Ministros (art. 102, § 3º, da CF). Essa decisão é irrecorrível (CPC/2015, art. 1.035, *caput*). Não obstante, é inequívoca a possibilidade de oposição de embargos de declaração, se presentes os requisitos legais dessa modalidade recursal, porque incide na espécie a norma do art. 93, IX, da Constituição, que obriga a fundamentação adequada das decisões judiciais. Pode o relator, durante a análise da repercussão geral, permitir intervenção de terceiros interessados, de acordo com o que dispuser o Regimento Interno do STF. Essas manifestações se justificam em face da repercussão que o julgamento pode ter sobre outros recursos, além daquele *sub apretiatione* no momento. É um dos casos em que a intervenção do *amicus curiae* se torna cabível. Sendo reconhecida a repercussão geral, o relator do recurso extraordinário determinará a suspensão do processamento de todos os processos pendentes que versem sobre a questão e tramitem em todo o território nacional. A regra tem duplo objetivo de economia processual, simplificando a resolução dos múltiplos casos pendentes, e de assegurar a isonomia, proporcionando condição a que todos sejam solucionados segundo a mesma tese. Se, contudo, for negada a repercussão geral, os recursos extraordinários sobrestados na origem terão seu seguimento negado.

Entre os recursos sobrestados, para aguardar a solução do recurso-padrão encaminhado ao Tribunal Superior, pode figurar algum, cuja interposição ocorreu fora do prazo legal. O § 6º do art. 1.035 assegura ao recorrido o direito de requerer sua exclusão do sobrestamento, a fim de ser, desde logo, inadmitido. Cabe ao presidente ou vice-presidente do tribunal local decidir o requerimento. Se for indeferido, previa o § 7º a possibilidade de agravo endereçado ao Tribunal Superior. Com a alteração operada pela Lei nº 13.256/2016, o recurso manejável será o agravo interno, de modo que a solução ficaria a cargo do colegiado da própria Corte de origem.

O recurso extraordinário ao qual a repercussão geral foi reconhecida deverá ser julgado no prazo de um ano pelo STF (§ 9º), permanecendo sobrestados todos os processos suspensos no território nacional, até que o recurso-padrão seja solucionado pela Corte Superior, já que o § 10, que fixava prazo para a referida suspensão, foi revogado pela Lei 13.256/2016.

A Emenda Constitucional nº 125/2022 instituiu o filtro da relevância da questão federal, no campo da admissibilidade do recurso especial, em moldes similares ao da repercussão geral do recurso extraordinário (CF, art. 105, § 2º). A inovação, no entanto, tem seus efeitos pendentes de regulamentação.

JURISPRUDÊNCIA SELECIONADA

1. Repercussão geral. Requisitos.

a) Comprovação. "Os recursos extraordinários somente serão conhecidos e julgados, quando essenciais e relevantes as questões constitucionais a serem analisadas, sendo imprescindível ao recorrente, em sua petição de interposição de recurso, a **apresentação formal e motivada da repercussão geral, que demonstre, perante o Supremo Tribunal Federal, a existência de acentuado interesse geral na solução das questões constitucionais** discutidas no processo, que transcenda a defesa puramente de interesses subjetivos e particulares. A obrigação do recorrente em apresentar formal e motivadamente a preliminar de repercussão geral, que demonstre sob o ponto de vista econômico, político, social ou jurídico, a relevância da questão constitucional debatida que ultrapasse os interesses subjetivos da causa, conforme exigência constitucional e legal (art. 102, § 3º, da CF/88, c/c art. 1.035, § 2º, do CPC/2015), **não se confunde com meras invocações desacompanhadas de sólidos fundamentos no sentido de que o tema controvertido é portador de ampla repercussão** e de suma importância para o cenário econômico, político, social ou jurídico, ou que não interessa única e simplesmente às partes envolvidas na lide, muito menos ainda divagações de que a jurisprudência do Supremo Tribunal Federal é incontroversa no tocante à causa debatida, entre outras de igual patamar argumentativo" (STF, RE 1184968 AgR, Rel. Min. Alexandre de Moraes, 1ª Turma, jul. 06.05.2019, *DJe* 20.05.2019).

Demonstração formal e fundamentada. "De acordo com a orientação firmada neste Tribunal, é insuficiente a simples alegação de que a matéria em debate no recurso extraordinário tem repercussão geral. Cabe à parte recorrente demonstrar de forma expressa e clara as circunstâncias que poderiam configurar a relevância – do ponto de vista econômico, político, social ou jurídico – das questões constitucionais invocadas no recurso extraordinário" (STF, AI 833.564 AgR, Rel. Min. Luiz Fux, 1ª Turma, jul. 07.05.2013, *DJe* 23.05.2013). **No mesmo sentido:** STF, RE 611.023 AgR, Rel. Min. Joaquim Barbosa, 2ª Turma, jul. 15.05.2012, *DJe* 04.06.2012.

"Insuficiência da preliminar formal de repercussão geral: inviabilidade da análise do recurso extraordinário. Reexame de fatos e provas. Súmula n. 279 do Supremo Tribunal Federal. Análise de matéria infraconstitucional. Ofensa constitucional indireta" (STF, ARE 715.601 AgR, Rel. Min. Cármen Lúcia, 2ª Turma, jul. 13.11.2012, *DJe* 04.12.2012).

Ônus do recorrente. "Inobservância ao que disposto no artigo 543-A, § 2º, do Código de Processo Civil [art. 1.035, § 2º, do CPC/2015], que exige a apresentação de preliminar sobre a repercussão geral na petição de recurso extraordinário, significando a demonstração da existência de questões constitucionais relevantes sob o ponto de vista econômico, político, social ou jurídico, que ultrapassem os interesses subjetivos das partes. A ausência dessa preliminar na petição de interposição permite que a Presidência do Supremo Tribunal Federal negue, liminarmente, o processamento do recurso extraordinário, bem como do agravo de instrumento interposto contra a decisão que o inadmitiu na origem (13, V, *c*, e 327, *caput* e § 1º, do Regimento Interno do Supremo Tribunal Federal). Cuida-se de novo requisito de admissibilidade que se traduz em verdadeiro ônus conferido ao recorrente pelo legislador, instituído com o objetivo de tornar mais célere a prestação jurisdicional almejada" (STF, RE-AgRg 569.476/SC, Rel. Min. Ellen Gracie, Tribunal Pleno, jul. 02.04.2008, *DJe* 25.04.2008).

Momento processual oportuno. "O momento processual oportuno para a demonstração das questões relevantes do ponto de vista econômico, político, social ou jurídico que ultrapassem os interesses subjetivos das partes é em tópico exclusivo, devidamente fundamentado, no recurso extraordinário, e não nas razões do agravo regimental, como deseja a agravante. Incide, aqui, o óbice da preclusão consumativa" (STF, RE-AgR 728.208/PE, Rel. Min. Luiz Fux, 1ª Turma, jul. 10.12.2013, *DJE* 03.02.2014). **No mesmo sentido:** STF, AI 725.604 AgR, Rel. Min. Dias Toffoli, 1ª Turma, jul. 01.06.2010, *DJe* 17.09.2010.

Recursos sobrestados. "O simples fato de haver outros recursos extraordinários sobrestados, aguardando a conclusão do julgamento de ação direta de inconstitucionalidade, não exime o recorrente de demonstrar o cabimento do recurso interposto" (STF, RE-AgRg 569.476/SC, Rel. Min. Ellen Gracie, Tribunal Pleno, jul. 02.04.2008, *DJe* 25.04.2008). **No mesmo sentido:** STF, AI 692.400 EDcl, Rel. Min. Ellen Gracie, Tribunal Pleno, jul. 16.04.2008, *DJe* 30.05.2008.

b) Repercussão geral implícita. Inadmissibilidade. "Suprema Corte consignou que a repercussão geral deve ser demonstrada em tópico destacado da petição do recurso extraordinário, não havendo falar em repercussão geral implícita ou presumida (...) mesmo quando a matéria veiculada no recurso já tiver sua repercussão geral reconhecida pela Corte" (STF, Agra no ARE 850.963/PE, Rel. Min. Rosa Weber, jul. 09.06.2017, *DJe* 01.08.2017). No mesmo sentido: STF, AgR no RE 626.642/RS, Rel. Min. Alexandre de Moraes, jul. 22.06.2018, *DJe* 01.08.2018.

c) Requisitos constitucionais e processuais. "A repercussão geral pressupõe recurso admissível sob o crivo dos demais requisitos constitucionais e processuais de admissibilidade (art. 323 do RISTF). Consectariamente, se inexiste questão constitucional, não há como se pretender seja reconhecida a repercussão geral das questões constitucionais discutidas no caso (art. 102, III, § 3º, da CF)" (STF, AI 841.332 AgR, Rel. Min. Luiz Fux, 1ª Turma, jul. 06.09.2011, *DJe* 21.09.2011). **Obs.: Ver jurisprudência do art. 1.029 do CPC/2015.**

d) Extensão a todos os recursos extraordinários. "O requisito constitucional da repercussão geral (CF, art. 102, § 3º, red. EC 45/2004), com a regulamentação da L. 11.418/06 e as normas regimentais necessárias à sua execução, aplica-se aos recursos extraordinários em geral, e, em consequência, às causas criminais" (STF, AI 664.567 QO, Rel. Min. Min. Sepúlveda Pertence, Tribunal Pleno, jul. 18.06.2007, *DJe* 06.09.2007).

2. Hipóteses de repercussão geral.

Intervenção do Poder Judiciário em Políticas Públicas. Direito social à saúde. "Fixação das seguintes teses de julgamento: "1. A intervenção do Poder Judiciário em políticas públicas voltadas à realização de direitos fundamentais, em caso de ausência ou deficiência grave do serviço, não viola o princípio da separação dos poderes. 2. A decisão judicial, como regra, em lugar de determinar medidas pontuais, deve apontar as finalidades a serem alcançadas e determinar à Administração Pública que apresente um plano e/ou os meios adequados para alcançar o resultado. 3. No caso de serviços de saúde, o déficit de profissionais pode ser suprido por concurso público ou, por exemplo, pelo remanejamento de recursos humanos e pela contratação de organizações sociais (OS) e organizações da sociedade civil de interesse público (OSCIP)" (STF, RE 684.612, Rel. Min. p/ acórdão Min. Roberto Barroso, Tribunal Pleno, jul. 03.07.2023, *DJe* 07.08.2023).

Questões relevantes. "A repercussão geral como novel requisito constitucional de admissibilidade do recurso extraordinário demanda que o reclamante demonstre, fundamentadamente, que a irresignação extrema encarta questões relevantes do ponto de vista econômico, político, social ou jurídico que ultrapassem os interesses subjetivos da causa (artigo 543-A, § 2º [art. 1.035, § 2º, do CPC/2015], do Código de Processo Civil, introduzido pela Lei n. 11.418/06" (STF, ARE 649.042, Rel. Min. Luiz Fux, jul. 31.08.2011, *DJe* 05.09.2011).

"Reconhecida a relevância jurídica da questão, tendo em conta os princípios constitucionais tributários da **isonomia e** da **uniformidade geográfica**" (STF, RE 614.232 AgR-QO-RG, Rel. Min. Ellen Gracie, jul. 20.10.2010, *DJe* 04.03.2011).

Eficácia temporal da sentença. Repercussão geral configurada. "Possui repercussão geral a questão relativa à eficácia temporal de sentença transitada em julgado fundada em norma supervenientemente declarada inconstitucional pelo Supremo Tribunal Federal em sede de controle concentrado" (STF, RE 730.462-RG, Rel. Min. Teori Zavascki, jul. 29.05.2014, *DJe* 25.06.2014).

Decisão em consonância com súmula ou jurisprudência do STF (§ 3º). "Aplica-se, plenamente, o regime da repercussão geral às questões constitucionais já decididas pelo Supremo Tribunal Federal, cujos julgados sucessivos ensejaram a formação de súmula ou de jurisprudência dominante" (STF, RE 579.431 QO, Rel. Min. Presidente, jul. 13.03.2008, *DJe* 24.10.2008).

3. Hipóteses em que não há repercussão geral.

Matéria infraconstitucional. Ofensa indireta ou reflexa. "É cabível a atribuição dos efeitos da declaração de ausência de repercussão geral quando não há matéria constitucional a ser apreciada ou quando eventual ofensa à Carta Magna ocorra de forma indireta ou reflexa (RE 584.608-RG, Rel. Min. Ellen Gracie, *DJe* de 13/3/2009)" (STF, ARE 948.645-RG, Rel. Min. Teori Zavascki, jul. 24.03.2016, *DJe* 06.04.2016).

Controvérsia em que se discute a validade de regulamento estadual. Ausência de repercussão geral. "Revisão do tema 321 da sistemática repercussão geral, para constar que: 'Não há repercussão geral na controvérsia em que se questiona a validade de regulamento editado por órgão do Judiciário estadual que, com base na lei de organização judiciária local, preceitua a convolação de ação individual em incidente de liquidação no bojo da execução de sentença coletiva proferida em juízo diverso do inicial" (STF, Repercussão geral no RE 1.040.229/RS, Rel. Min. Gilmar Mendes, Plenário, jul. 21.12.2020, *DJe* 12.02.2021).

"Não se presume a ausência de repercussão geral quando o recurso extraordinário impugnar decisão que esteja de acordo com a jurisprudência do Supremo Tribunal Federal" (STF, RE 563.965 RG/RN, Rel. Min. Cármen Lúcia, jul. 20.03.2008, *DJe* 18.04.2008).

4. Privilégio inconstitucional em favor da União. Inexistência. "O art. 1.035, § 3º, inciso III, não estabelece privilégio inconstitucional em favor da União. A presunção criada coaduna-se com o objetivo do CPC/2015 de garantir a efetividade da prestação jurisdicional, visto que o deslinde de matéria relativa à constitucionalidade de norma federal tem a aptidão de conferir solução a um número significativo de litígios. A medida promove a eficiência e a coerência na aplicação do direito e o tratamento isonômico de jurisdicionados que se encontrem na mesma situação jurídica no território nacional. A extensão da presunção às leis estaduais, distritais e municipais esvaziaria a finalidade do instituto, considerando-se a quantidade de estados e municípios da Federação brasileira" (STF, ADI 5.737, Rel. p/ acórdão Min. Roberto Barroso, Pleno, jul. 25.04.2023, *DJe* 27.06.2023).

5. Revisão de repercussão geral reconhecida no plenário virtual. "Embora reconhecida a repercussão geral da matéria em exame no Plenário Virtual, nada impede a rediscussão do assunto em deliberação presencial, notadamente quando tal reconhecimento tenha ocorrido por falta de manifestações suficientes. Precedente" (STF, RE 584.247 QO, Rel. Min. Roberto Barroso, Tribunal Pleno, jul. 27.10.2016, *DJe* 02.05.2017).

6. Decisão que não reconhece a repercussão geral.

Decisão do plenário que não conhece do recurso extraordinário. Irrecorribilidade. "Irrecorribilidade da decisão que aplica a sistemática da repercussão geral. Precedentes" (STF, MS 28.982 AgR, Rel. Min. Gilmar Mendes, Tribunal Pleno, jul. 16.09.2010, *DJe* 15.10.2010).

Decisão monocrática. Agravo. Cabimento. Ver art. 327, § 2º, do RISTF.

7. Sobrestamento de processos pendentes que versem sobre a questão (§ 5º).

Sobrestamento não automático dos processos no STJ. Primeira questão: aplicabilidade ou não do art. 1.035, § 5º, do CPC/2015 aos recursos interpostos sob a égide do CPC/1973 e relativos a temas com repercussão geral reconhecida antes do advento da nova codificação processual. "Quanto ao primeiro tópico, entendo não ser o caso de afastar a aplicação do art. 1.035, § 5º, do CPC/2015 apenas em virtude de o acórdão recorrido ter sido publicado e de a repercussão geral ter sido reconhecida na vigência do Código de Processo Civil anterior (...) Ademais, o CPC/2015 passou a reger a matéria no art. 1.035, § 5º, de modo que não vejo motivo para tratar diversamente os casos de repercussão geral unicamente por conta da data da publicação do acórdão recorrido, especialmente considerando a nova sistemática da matéria e a incidência imediata das regras processuais. **Segunda questão: interpretação do art. 1.035, § 5º, do CPC/2015 – O reconhecimento da repercussão geral impõe ou não o sobrestamento automático dos processos respectivos?** (...) O Plenário do Supremo Tribunal Federal decidiu a controvérsia ao julgar a Questão de Ordem no RE 966.177/RS, de relatoria do Min. Luiz Fux, em 07.06.2017, destacando que **a suspensão do processamento prevista no artigo 1.035, § 5º, do CPC/2015 não é decorrência necessária do reconhecimento da repercussão geral, tendo o relator do recurso extraordinário paradigma a faculdade de determinar ou não tal sobrestamento** (...) Não se desconhece a finalidade da repercussão geral – instituto voltado à uniformização de jurisprudência e à preservação da segurança jurídica. Contudo, haja vista a redação do art. 1.035, § 5º, do CPC/2015, entendo que o citado dispositivo estabelece apenas orientação para o relator, mas não imposição de sobrestamento" (STJ, REsp 1202071/SP, Rel. Min. Herman Benjamin, Corte Especial, jul. 01.02.2019, *DJe* 03.06.2019).

"A jurisprudência desta Corte entende que o reconhecimento de repercussão geral não enseja o sobrestamento de recurso especial em trâmite perante o STJ, tendo em vista que não há decisão pelo Supremo Tribunal Federal determinando a suspensão de todos os processos que tratam do mesmo assunto, nos termos do § 5º do art. 1.035 do Código de Processo Civil de 2015" (STJ, AgInt no REsp 1.866.856/SP, Rel. Min. Maria Isabel Gallotti, 4ª Turma, jul. 01.03.2021, *DJe* 04.03.2021).

"Podendo a ulterior decisão do STF, em repercussão geral já reconhecida, influenciar no julgamento da matéria veiculada no recurso especial, conveniente se faz que o STJ, em homenagem aos princípios processuais da celeridade e da efetividade, determine o sobrestamento do especial e devolva os autos ao Tribunal de origem, para que nele se realize eventual juízo de retratação frente ao que vier a ser decidido na Excelsa Corte. Precedentes: AgInt no AgInt no REsp 1.603.061/SC, Rel. Ministro Sérgio Kukina, Primeira Turma, *DJe* 28.06.2017; e AgInt no AgInt no REsp 1.380.952/GO, Rel. Ministro Og Fernandes, Segunda Turma, *DJe* 21.08.2017" (STJ, QO no REsp 1.653.884/PR, Rel. Min. Sérgio Kukina, 1ª Turma, jul. 28.09.2017, *DJe* 06.11.2017).

8. Direito intertemporal. "A determinação expressa de aplicação da L. 11.418/06 (art. 4º) aos recursos interpostos a partir do primeiro dia de sua vigência não significa a sua plena eficácia. Tanto que ficou a cargo do Supremo Tribunal Federal a tarefa de estabelecer, em seu Regimento Interno, as normas necessárias à execução da mesma lei (art. 3º). As alterações regimentais, imprescindíveis à execução da L. 11.418/06, somente entraram em vigor no dia 03.05.2007 – data da publicação da Emenda Regimental nº 21, de 30.04.2007. Assim sendo, **a exigência da demonstração formal e fundamentada, no recurso extraordinário, da repercussão geral das questões constitucionais discutidas só incide quando a intimação do acórdão recorrido tenha ocorrido a partir de 3 de maio de 2007**, data da publicação da Emenda Regimental n. 21, de 30 de abril de 2007" (STF, AI 664.567 QO, Rel. Min. Min. Sepúlveda pertence, Tribunal Pleno, jul. 18.06.2007, *DJe* 06.09.2007). **No mesmo sentido:** STF, RE 573.317, Rel. Min. Ellen Gracie, 2ª Turma, jul. 01.03.2011, *DJe* 24.03.2011; STF, RE 666.589 AgR, Rel. Min. Marco Aurélio, 1ª Turma, jul. 04.09.2012, *DJe* 24.10.2012; STF, RE 435.757 AgR, Rel. Min. Joaquim Barbosa, 2ª Turma, jul. 04.12.2009, *DJe* 05.02.2010.

9. Extensão da decisão que não reconhece repercussão geral. "Nos termos do art. 543-A, § 5º, do CPC [art. 1.035, § 8º, do CPC/2015], e dos arts. 326 e 327, do RISTF, a decisão do Supremo Tribunal Federal relativa à inexistência de repercussão geral valerá para todos os casos que versem sobre questão idêntica" (STF, AI 728.850 AgR, Rel. Min. Joaquim Barbosa, 2ª Turma, jul. 16.03.2010, *DJe* 29.04.2010). **No mesmo sentido:** STF, AI 646.239 AgR, Rel. Min. Joaquim Barbosa, 2ª Turma, jul. 24.05.2011, *DJe* 07.06.2011).

10. Pronunciamento expresso do STF sobre a questão. "Necessidade de pronunciamento expresso desta Corte sobre as questões constitucionais dotadas de repercussão geral, para que, nas instâncias de origem, possam ser aplicados os efeitos do novo regime, em especial, para fins de retratação de decisões e inadmissibilidade de recursos sobre o mesmo tema" (STF, RE 591.068 RG-QO, Rel. Min. Gilmar Mendes, jul. 07.08.2008, *DJe* 19.02.2009).

☆ **RESP E RO DISPOSIÇÕES GERAIS: INDICAÇÃO DOUTRINÁRIA**

Arruda Alvim. *Novo contencioso cível no CPC/2015*. São Paulo: Revista dos Tribunais, 2016; Athos Gusmão Carneiro,

Considerações sobre o recurso extraordinário e a "repercussão geral", *RAP* 4/171; Athos Gusmão Carneiro, Do recurso especial e seus pressupostos de admissibilidade, *RF* 331/75; Bruno Dantas. Recurso especial, recurso extraordinário e a nova função dos tribunais superiores. 6 ed., São Paulo: Thomson Reuters Brasil, 2019; Cássio Scarpinella Bueno, *Manual de direito processual civil*, São Paulo: Saraiva, 2015; Daniel Amorim Assumpção Neves, *Manual de direito processo civil*, São Paulo: Método, 2015; Diogo Bacha e Silva e Alexandre Melo Franco Bahia, Agravo em Recurso Extraordinária e Agravo em Recurso Especial: entre imposição de precedentes, distinção e superação. In: Fredie Didier Jr. (coord.). *Processo nos Tribunais e Meios de Impugnação às Decisões Judiciais*. 2. ed. Salvador: JusPodivm, 2016, p. 985; Eliel Batista Miranda Júnior e Pablo Eduardo Pocay Ananias. A recorribilidade do acórdão em agravo interno (art. 1.030, §2°, do CPC) que nega seguimento ao recurso especial. *Revista de Processo*. vol. 293, ano 44. p. 165-189. São Paulo: Ed. RT, julho/2019; Fredie Didier Jr., *Curso de direito processual civil*, 17. ed., Salvador: JusPodivm, 2015, v. I; Georges Abboud, Rafael Vinheiro Monteiro Barbosa e Juliana Mieko Rodrigues Oka. Controle de constitucionalidade pelo Superior Tribunal de Justiça: uma medida *contra legem*? *Revista de Processo*, v. 260, ano 41, p. 539-560. São Paulo: RT, out./2016; Gilmar Ferreira Mendes e Luciano Felício Fuck. Novo CPC e o recurso extraordinário. *Revista de Processo*, v. 261, ano 41, p. 263-314. São Paulo: Revista dos Tribunais, nov./2016; Guilherme Rizzo Amaral, *Comentários às alterações do novo CPC*, São Paulo: Revista dos Tribunais, 2015; Gustavo Filipe Barbosa Garcia. Lei 13.256/2016 e reforma do Código de Processo Civil de 2015: juízo de admissibilidade dos recursos. *Revista de Processo*, v. 258, ano 41, p. 225-235. São Paulo: RT, ago./2016; Humberto Theodoro Junior, *Curso de direito processual civil. 54. ed.*, Rio de Janeiro: Forense, 2021, v. III; Humberto Theodoro Junior, *Curso de direito processual civil. 54. ed.*, Rio de Janeiro: Forense, 2021, v. III; Humberto Theodoro Junior, Fernanda Alvim Ribeiro de Oliveira, Ester Camila Gomes Norato Rezende (coord.), *Primeiras lições sobre o novo direito processual civil brasileiro*, Rio de Janeiro: Forense, 2015; Humberto Theodoro Junior, Fernanda Alvim Ribeiro de Oliveira, Ester Camila Gomes Norato Rezende (coord.), *Primeiras lições sobre o novo direito processual civil brasileiro*, Rio de Janeiro: Forense, 2015; Humberto Theodoro Júnior, Repercussão geral do recurso extraordinário (Lei n° 11.418) e Súmula Vinculante no Supremo Tribunal Federal (Lei n° 11.417), *Juris Plenum* 20/21, *RMDECC* 18/5, *RDCPC* 48/100; João Francisco Naves Fonseca. A Profundidade do Efeito Devolutivo nos Recursos Extraordinário e Especial: o que Significa a Expressão "Julgará o Processo, Aplicando o Direito" (CPC/2015, art. 1.034). In: Fredie Didier Jr. (coord.). Processo nos Tribunais e Meios de Impugnação às Decisões Judiciais. 2. ed. Salvador: JusPodivm, 2016, p. 1009; José Américo Zampar Júnior; Juliana Carolina Frutuoso. A aplicação do § 3° do art. 1.029 do CPC/2015: vício grave e a admissibilidade dos recursos excepcionais. *Revista de Processo*. vol. 285. Ano 43. P. 319-340. São Paulo: Ed. RT, nov./2018; José Miguel Garcia Medina, *Novo Código de Processo Civil comentado*, São Paulo: Revista dos Tribunais, 2015; José Rogério Cruz e Tucci, Anotações sobre a repercussão geral como pressuposto de admissibilidade do recurso extraordinário, *Atualidades Jurídicas – Revista Eletrônica do Conselho Federal da OAB*, n. 2; Leonardo Fernandes Ranña. O novo Código de Processo Civil e os meios de obtenção de tutelas provisórias na fase recursal – Breves comentários sobre as inovações trazidas pelo novo ordenamento. *Revista de Processo*, v. 255, ano 41, p. 211-249. São Paulo: RT, maio 2016; Leonardo Greco, *Instituições de processo civil: introdução ao direito processual civil*, 5. ed., Rio de Janeiro: Forense, 2015; Luis Antônio Giampaulo Sarro, *Novo Código de Processo Civil*, São Paulo: Rideel, 2015; Luis Guilherme Aidar Bondioli. *In* José Roberto F. Gouvêa; Luis Guilherme A. Bondioli e João Francisco N da Fonseca (coord.). Comentários ao Código de Processo Civil. 2. ed., São Paulo: Saraiva, 2017 v. 20; Luis Guilherme Aidar Bondioli. *In* José Roberto F. Gouvêa; Luis Guilherme A. Bondioli e João Francisco N. da Fonseca (coord.). Comentários ao Código de Processo Civil. 2. ed., São Paulo: Saraiva, 2017, v. 20;Luiz Guilherme Marinoni, Sérgio Cruz Arenhart, Daniel Mitidiero, *Curso de processo civil*, São Paulo: Revista dos Tribunais, 2015, v. I; Luiz Guilherme Marinoni; Daniel Mitidiero. *In* Sérgio Cruz Arenhart e Daniel Mitidiero (coord.). *Comentários ao Código de Processo Civil*. 2. ed., São Paulo: Editora Revista dos Tribunais, 2018, v. 16; Luiz Guilherme Marinoni; Daniel Mitidiero. *In* Sérgio Cruz Arenhart e Daniel Mitidiero (coord.). *Comentários ao Código de Processo Civil*. 2. ed., São Paulo: Editora Revista dos Tribunais, 2018, v. 16; Luiz Henrique Cezare. Ofensa reflexa à Constituição e o relacionamento dos recursos especial e extraordinário previsto nos arts. 1.032 e 1.033 do CPC/2015. *Revista de Processo*, v. 255, ano 41, p. 373-386. São Paulo: RT, maio 2016; Luiz Henrique Volpe Camargo. A Fungibilidade de Mão Dupla entre Recursos Excepcionais no CPC/2015. In: Fredie Didier Jr. (coord.). *Processo nos Tribunais e Meios de Impugnação às Decisões Judiciais*. 2. ed. Salvador: JusPodivm, 2016, p. 1089; Nelson Nery Junior e Georges Abboud. Recursos para os Tribunais Superiores e a Lei 13.256/2016, *Revista de Processo*, n. 257, p. 217-236, *2016;* Pedro Miranda de Oliveira, In: Teresa Arruda Alvim Wambier, Fredie Didier Jr., Eduardo Talamini, Bruno Dantas, *Breves comentários ao novo Código de Processo Civil*, São Paulo: Revista dos Tribunais, 2015; Sandro Marcelo Kozikoski. O "novo" juízo de admissibilidade do recurso especial e extraordinário. In: Fredie Didier Jr. (coord.). *Processo nos Tribunais e Meios de Impugnação às Decisões Judiciais*. 2. ed. Salvador: JusPodivm, 2016, p. 1019; Teresa Arruda Alvim Wambier, Fredie Didier Jr., Eduardo Talamini, Bruno Dantas (coord.), *Breves comentários ao novo Código de Processo Civil*, São Paulo: Revista dos Tribunais, 2015; Teresa Arruda Alvim Wambier, Maria Lúcia Lins Conceição, Leonardo Ferres da Silva Ribeiro, Rogério Licastro Torres de Melo, *Primeiros comentários ao novo Código de Processo Civil*, São Paulo: Revista dos Tribunais, 2015; Teresa Arruda Alvim; Bruno Dantas. Recurso especial, recurso extraordinário e a nova função dos tribunais superiores. 6 ed., São Paulo: Thomson Reuters Brasil, 2019; Teresa Aruda Alvim Wambier. *Recurso Especial e extraordinário*. In: Luiz Rodrigues Wambier, Teresa Arruda Alvim Wambier. *Temas essenciais do Novo CPC*. São Paulo: RT, 2016, p. 587- 596; Teresa Aruda Alvim Wambier. Recurso Extraordinário. In: Luiz Rodrigues Wambier, Teresa Arruda Alvim Wambier. *Temas essenciais do Novo CPC*. São Paulo: RT, 2016, p. 599-600; Victor Vasconcelos Miranda. A parametrização do sistema de precedentes obrigatórios no CPC e a alteração legislativa promovida pela Lei 13.256/2016: uma análise do art. 1.030, I "A". *Revista de Processo*, v. 258, ano 41, p. 419-449. São Paulo: RT, ago./2016; Vinicius Silva Lemos. A fungibilidade recursal excepcional: o problema da cumulação dos pedidos recursais. *Revista de Processo*. v. 258, ano 41. p. 235-257. São Paulo: RT, ago./2016; Vinicius Silva Lemos. O Prequestionamento no Novo Código de Processo Civil. In: Fredie Didier Jr. (coord.). *Processo nos Tribunais e Meios de Impugnação às Decisões Judiciais*. 2. ed. Salvador: JusPodivm, 2016, p. 1045; José Antonio Savaris e Flavia da Silva Xavier. *Manual dos recursos nos Juizados Especiais* Federais. 7. ed. Curitiba: Alteridade, 2019; Teresa Arruda Alvim; Carolina Uzeda e Ernani Meyer. *O funil mais estreito para o recurso especial* (nota sobre a Emenda Constitucional n° 125/2022). Disponível em: https://www.migalhas.com.br/depeso/369999/o-funil-mais-estreito-para-o-recurso-especial. Acesso em: 26 set. 2022; José Rogério Cruz e Tucci. *Relevância da questão federal como requisito de admissibilidade do REsp*. Disponível em: https://www.conjur.com.br/2022-jul-19/questao-federal-admissibilidade-recurso-especial-stj. Acesso em: 26 set. 2022; Rodrigo Cunha Mello Salomão. *A EC 125 e a relevância da questão de direito no recurso especial*. Disponível em: https://www.migalhas.com.br/depeso/370477/a-ec-125-e-a-relevancia-da-questao-de-direito-no-recurso-especial. Acesso em: 26 set. 2022; Leonardo Carneiro da Cunha. *Relevância das questões de direito federal em recurso especial e direito intertemporal*. Disponível em:

https://www.conjur.com.br/2022-jul-16/cunha-direito-federal--recurso-especial-direito-intertemporal. Acesso em: 26 set. 2022. Rosalina Moitta Pinto da Costa. Relevância da questão federal: driblando os riscos de estadualização. *Revista de Processo*, São Paulo, v. 354, p. 141-171, ago. 2024. L. G. Marinoni. *O filtro da relevância*. São Paulo: Ed. RT, 2023. Daniel Mitidiero. *Relevância no recurso especial*. São Paulo: Ed. RT, 2022. Bruno Augusto Fulga; Vinícius Silva Lemos; Mauro Campbell; Fabiano da Rosa Tesolin (coords.). *Relevância da questão federal no recurso especial*. Londrina: Thoth, 2023.

Subseção II
Do Julgamento dos Recursos Extraordinário e Especial Repetitivos

Art. 1.036. Sempre que houver multiplicidade de recursos extraordinários ou especiais com fundamento em idêntica questão de direito, haverá afetação para julgamento de acordo com as disposições desta Subseção, observado o disposto no Regimento Interno do Supremo Tribunal Federal e no do Superior Tribunal de Justiça.

§ 1º O presidente ou o vice-presidente de tribunal de justiça ou de tribunal regional federal selecionará 2 (dois) ou mais recursos representativos da controvérsia, que serão encaminhados ao Supremo Tribunal Federal ou ao Superior Tribunal de Justiça para fins de afetação, determinando a suspensão do trâmite de todos os processos pendentes, individuais ou coletivos, que tramitem no Estado ou na região, conforme o caso.

§ 2º O interessado pode requerer, ao presidente ou ao vice-presidente, que exclua da decisão de sobrestamento e inadmita o recurso especial ou o recurso extraordinário que tenha sido interposto intempestivamente, tendo o recorrente o prazo de 5 (cinco) dias para manifestar-se sobre esse requerimento.

§ 3º Da decisão que indeferir o requerimento referido no § 2º caberá apenas agravo interno. (Redação dada pela Lei nº 13.256, de 04.02.2016)

§ 4º A escolha feita pelo presidente ou vice-presidente do tribunal de justiça ou do tribunal regional federal não vinculará o relator no tribunal superior, que poderá selecionar outros recursos representativos da controvérsia.

§ 5º O relator em tribunal superior também poderá selecionar 2 (dois) ou mais recursos representativos da controvérsia para julgamento da questão de direito independentemente da iniciativa do presidente ou do vice-presidente do tribunal de origem.

§ 6º Somente podem ser selecionados recursos admissíveis que contenham abrangente argumentação e discussão a respeito da questão a ser decidida.

REDAÇÃO PRIMITIVA DO CPC/2015

Art. 1.036 (...)

§ 3º Da decisão que indeferir este requerimento caberá agravo, nos termos do art. 1.042.

CPC/1973

Arts. 543-B e 543-C.

REFERÊNCIA LEGISLATIVA

CF, art. 102, § 3º: "§ 3º No recurso extraordinário o recorrente deverá demonstrar a repercussão geral das questões constitucionais discutidas no caso, nos termos da lei, a fim de que o Tribunal examine a admissão do recurso, somente podendo recusá-lo pela manifestação de dois terços de seus membros".

CF, art. 105, III.

CPC/2015, art. 1.029 (recurso extraordinário e especial).

RISTF (ver Legislação Especial), arts. 13, V, *c*; 21, § 1º; 322 a 329.

Portaria do STF nº 177, de 26.11.2007 (devolução processos múltiplos).

RISTJ (ver Legislação Especial), arts. 202; 255 a 257.

Lei nº 11.636, de 28.12.2007 (Custas no STJ – ver Legislação Especial), art. 10, parágrafo único.

Lei nº 8.038, de 28.05.1990 (Procedimentos perante o STJ e o STF – ver Legislação Especial).

CJF – I JORNADA DE DIREITO PROCESSUAL CIVIL

Enunciado 41 – Nos processos sobrestados por força do regime repetitivo, são possíveis a apreciação e a efetivação de tutela provisória de urgência, cuja competência será do órgão jurisdicional onde estiverem os autos.

BREVES COMENTÁRIOS

O CPC/2015, na esteira do Código anterior, contempla procedimento para os recursos especial e extraordinário repetitivos (arts. 1.036 a 1.041), destinados a produzir eficácia pacificadora de múltiplos litígios, mediante estabelecimento de tese aplicável a todos os recursos em que se debata a mesma questão de direito. Assim como ocorre com o incidente de resolução de demandas repetitivas (arts. 976 a 987), esse mecanismo, entre outros objetivos (*v.g.*, os resguardados pelos princípios de economia e celeridade processual, bem como os da segurança jurídica e da confiança), intenta implantar uniformidade de tratamento judicial a todos os possíveis litigantes colocados em situação igual àquela disputada no caso-padrão. Diferencia-se, contudo, daquele instituto porque ocorre dentro do processo que legitimou sua instauração. O incidente de demandas repetitivas, por sua vez, se processará separadamente da causa originária. Trata-se, portanto, de remédio processual de inconteste caráter coletivo. Seu objetivo, contudo, é apenas estabelecer a tese de direito a ser aplicada em outros recursos, cuja existência não desaparece, visto que apenas se suspendem temporariamente e, após, haverão de sujeitar-se a decisões, caso a caso, pelos diferentes desembargadores que detêm a competência para pronunciá-las.

O mecanismo foi instituído pelo art. 543-C do CPC/73, mantido pelo art. 1.036 do CPC/2015, para os recursos especial e extraordinário manifestados em face do fenômeno das causas repetitivas ou seriadas. Têm-se como repetitivas as causas, quando se verificar (i) multiplicidade de recursos, (ii) com fundamento em idêntica questão de direito, (iii) caso em que o processamento do apelo extremo deixa de seguir o procedimento comum dos arts. 1.029 a 1.035 do CPC/2015 para observar o dos arts. 1.036 a 1.041.

A finalidade do instituto, à evidência, atende aos reclamos de economia processual. Busca-se evitar os inconvenientes da enorme sucessão de decisões de questões iguais, em processos distintos, com grande perda de energia e gastos, em tribunais notoriamente assoberbados por uma sempre crescente pletora de recursos. Como os recursos especial e extraordinário não são instrumentos de revisão dos julgamentos dos tribunais locais em toda a extensão da lide, mas apenas de reapreciação da tese de direito federal ou constitucional em jogo, não se pode considerar, em princípio, ofensiva ao acesso àqueles recursos constitucionais a restrição imposta ao seu julgamento diante das causas seriadas ou repetitivas. Basta que o Pleno (ou, no caso do STJ, a Seção ou a Corte Especial) se defina uma vez sobre a tese de direito repetida na série de recursos especiais ou extraordinários pendentes, para que a função constitucional daquelas Cortes Superiores – que é manter, por meio do remédio do recurso especial, a autoridade e a uniformidade da aplicação da lei federal, e do recurso extraordinário, a autoridade da Constituição – se tenha por cumprida.

Na sistemática do art. 1.036, § 1º, do CPC/2015, uma vez admitido o recurso-padrão, todos os recursos extraordinário ou especial que versem sobre a matéria objeto de afetação pela Corte Superior deverão ser sobrestados para aguardar o julgamento do recurso repetitivo perante a Corte Superior, mesmo que intempestivos. Entretanto, a fim de evitar o indevido atraso do trânsito em julgado da decisão questionada em recursos extraordinários ou especiais extemporâneos, o atual Código permite que o interessado (o recorrido) requeira, ao presidente ou vice-presidente do tribunal de origem, a exclusão do processo dos efeitos da decisão de sobrestamento, inadmitindo o apelo extremo intempestivo (art. 1.035, §6º).

O presidente ou vice-presidente do tribunal *a quo* poderá, portanto, adotar uma das seguintes soluções: (i) acolher o pedido, inadmitindo o recurso extraordinário ou especial extemporâneo; ou (ii) indeferir o requerimento e, por conseguinte, manter sobrestado o andamento do recurso até ulterior decisão do STF ou STJ. Na segunda hipótese, a decisão de indeferimento da exclusão do recurso do rol dos sobrestados desafiará apenas agravo interno, nos termos do art. 1.036, § 3º (com a redação da Lei nº 13.256/2016). Vale dizer: a questão deverá ficar restrita ao tribunal de origem, sem subir aos tribunais superiores. No caso de inadmissão do especial ou do extraordinário, depois de superado o sobrestamento, o recurso cabível observará a regra do art. 1.042, com a redação dada pela Lei nº 13.256/2016, isto é, será agravo interno para o próprio tribunal de origem ou agravo endereçado ao Tribunal Superior recorrido, conforme a inadmissão se enquadre no inciso V ou nos incisos I e III do art. 1.030 (na redação da Lei nº 13.256/2016).

A lei autoriza que o presidente ou vice-presidente do tribunal de justiça ou tribunal regional federal escolha dois ou mais recursos representativos da controvérsia, para serem encaminhados ao STJ ou STF, para fins de afetação. Essa escolha, entretanto, não vincula o relator no tribunal superior, que poderá escolher outros recursos representativos da controvérsia. O relator da Corte Superior pode, independentemente da iniciativa do presidente ou vice-presidente do tribunal inferior, escolher recursos representativos. Em qualquer caso, somente os recursos admissíveis, que contenham argumentação abrangente e discussão a respeito da questão a ser abrangida podem ser selecionados.

JURISPRUDÊNCIA SELECIONADA

1. Direito intertemporal. "Aplica-se o disposto no art. 543-B do Código de Processo Civil [art. 1.036 do CPC/2015] aos recursos cujo tema constitucional apresente repercussão geral reconhecida pelo Plenário, ainda que interpostos contra acórdãos publicados antes de 3 de maio de 2007" (STF, RE-QO 553.546/PR, Rel. Min. Cezar Peluso, Tribunal Pleno, jul. 20.08.2008, *DJe* 10.10.2008). Precedentes citados: STF, AI 715.423/RS-QO, Rel. Min. Ellen Gracie, e RE 540.410-QO/RS, Rel. Min. Cezar Peluso, jul. 20.08.2008. **No mesmo sentido:** STF, RE-QO 540.410/RS, Rel. Min. Cezar Peluso, Tribunal Pleno, jul. 20.08.2008, *DJe* 17.10.2008; STF, RE-QO 540.410/RS, Rel. Min. Cezar Peluso, Tribunal Pleno, jul. 20.08.2008, *DJe* 17.10.2008; STF, AI 715.423 QO/RS, Rel. Min. Ellen Gracie, jul. 11.06.2008, *DJe* 14.08.2008.

2. Mitigação de exigências formais. "Em se tratando de divergência notória, abrandam-se as exigências de natureza formal, como a demonstração analítica da divergência e a indicação do repositório oficial em que publicado o aresto paradigma, especialmente se, tal qual ocorre na espécie, tal decisão é do próprio Superior Tribunal de Justiça" (STJ, REsp 730.934/DF, Rel. Min. Laurita Vaz, 5ª Turma, jul. 04.08.2011, *DJe* 22.08.2011).

3. Afetação ao rito dos recursos repetitivos. Formação de jurisprudência no STJ. Necessidade. "Diante da ausência de precedentes sobre a referida questão de direito e em homenagem ao princípio da segurança jurídica, deve-se aguardar, para fins de afetação ao rito previsto nos arts. 1.036 e seguintes do Código de Processo Civil, a formação de jurisprudência no Superior Tribunal de Justiça, orientação que vem sendo adotada pela Segunda Seção na afetação e análise de temas repetitivos. Questão jurídica não afetada ao rito dos recursos repetitivos (art. 257-A, § 2º, RISTJ)". (STJ, ProAfR no REsp 1686022/MT, Rel. Min. Luis Felipe Salomão, 2ª Seção, jul. 28.11.2017, *DJe* 05.12.2017). **Obs.: Decisão não unânime, com três votos vencidos.**

4. STF. Multiplicidade de recurso extraordinário. Precedente do plenário. "Desnecessidade do trânsito em julgado das decisões do Plenário desta Corte para a sua aplicação em feitos pendentes de julgamento que versem sobre a mesma matéria" (STF, RE 594.904 AgR, Rel. Min. Dias Toffoli, 1ª Turma, jul. 04.10.2011, *DJe* 19.10.2011).

5. STJ. Multiplicidade de recurso especial.

"A sistemática adotada pela Lei nº 11.672/08, que introduziu o artigo 543-C no Código de Processo Civil [art. 1.036 do CPC/2015], teve por finalidade conferir racionalidade e celeridade à prestação jurisdicional, otimizando o julgamento dos múltiplos recursos com fundamento em idêntica questão de direito, além de amenizar o problema representado pelo excesso de demanda no Superior Tribunal de Justiça" (STJ, MC 17.226/RJ, Rel. Min. Massami Uyeda, 3ª Turma, jul. 05.10.2010, *DJe* 17.11.2010).

"A matéria sujeita ao julgamento pelo rito da Lei nº 11.672/08 tem o efeito de uniformizar o entendimento adotado por esta Corte Superior a respeito da matéria infraconstitucional, estendendo-se a interpretação adotada aos recursos pendentes de julgamento ou até àqueles sujeitos ao juízo de admissibilidade pelos e. Tribunais *a quo*" (QO no REsp 1.148.726/RS, Rel. Min. Aldir Passarinho Júnior, Corte Especial, sessão de 10.12.2009) (STJ, AgRg nos EDcl no REsp 1.044.883/RS, Rel. Min. Honildo Amaral de Mello Castro, 4ª Turma, jul. 08.06.2010, *DJe* 22.06.2010).

6. Juízo de admissibilidade recursal. Imprescindibilidade (§ 1º). "É inaplicável o regime disposto no art. 543-C do CPC [art. 1.036 do CPC/2015], estabelecido pela Lei 11.672/2008, aos recursos que não preencherem os requisitos de admissibilidade do recurso especial, sob pena de violar a Constituição Federal e transformar o STJ em terceira instância revisora" (STJ, REsp 881.285/RJ, Rel. Min. Eliana Calmon, 2ª Turma, jul. 20.11.2008, *DJe* 17.12.2008). No mesmo sentido: STJ, QO no REsp 1.087.108/MS, Rel. Min. Nancy Andrighi, 2ª Seção, jul. 16.02.2009, *DJe* 04.03.2009; STJ, AgRg nos EAg 1.046.396/SP, Rel. Min. Hamilton Carvalhido, Corte Especial, jul. 02.09.2009, *DJe* 21.09.2009.

"A **avaliação da perfeita adequação de cada recurso especial às teses apreciadas nos recursos repetitivos** compete, em primeiro lugar, ao Tribunal de origem, de modo que **não representa usurpação da competência do STJ, passível de correção por meio de reclamação**, a decisão que remete o agravo ao Tribunal Superior, ao invés de julgá-lo como agravo interno, quando considera que não se trata de questão idêntica à julgada no repetitivo" (STJ, EDcl na Rcl 10.869/PR, Rel. Min. Maria Isabel Gallotti, 2ª Seção, jul. 27.02.2013, *DJe* 04.03.2013).

Não conhecimento do recurso. "Muito embora o art. 2º da Resolução nº 8, de 7.08.2008, indique ser o julgamento dos processos desta natureza sempre de competência das Seções ou da Corte Especial, estes órgãos teriam desvirtuada sua natureza de unificadores de jurisprudência se os Ministros Relatores fossem obrigados a levar todos os processos repetitivos em pauta, ainda quando estes sejam notadamente inadmissíveis. Tais órgãos de sobreposição devem ficar vinculados apenas ao exame do mérito dos temas afetados. (...) **Verificada a hipótese de não conhecimento do recurso, está autorizado o Ministro Relator a julgá-lo de acordo com o art. 557 do CPC** [art. 932, III e IV, do CPC/2015], **ou na forma colegiada**" (STJ, QO no REsp 1.087.108/MS, Rel. Min. Nancy Andrighi, 2ª Seção, jul. 16.02.2009, *DJe* 04.03.2009).

"O sobrestamento dos feitos, previsto no art. 543-C do CPC [art. 1.036 do CPC/2015], não veda o julgamento do recurso nas hipóteses de **não conhecimento por ausência de um dos pressupostos de admissibilidade** (AgRg no Ag 1.228.270/RS, Arnaldo Esteves Lima, 1ª Turma, jul. 23.11.2010, *DJe* 2.12.2010)" (STJ, AgRg no REsp 1.237.252/SP, Rel. Min. Humberto Martins, 2ª Turma, jul. 22.03.2011, *DJe* 04.04.2011).

"Indeferidos liminarmente os embargos de divergência porque incabíveis – ausente requisito de admissibilidade –, descabe sobrestá-los com base no art. 543-C do Código de Processo Civil [art. 1.036 do CPC/2015] até o julgamento do mérito de recurso especial repetitivo" (STJ, AgRg nos EAg 1.214.759/RS, Rel. Min. Cesar Asfor Rocha, 1ª Seção, jul. 23.03.2011, *DJe* 04.05.2011).

Prequestionamento. "Assim, entendeu-se que, para os efeitos do § 7º do art. 543-C do CPC [art. 1.040 do CPC/2015], a questão de direito idêntica, além de estar selecionada na decisão que instaurou o incidente de processo repetitivo, deve ter sido expressamente debatida no acórdão recorrido e nas razões do recurso especial, preenchendo todos os requisitos de admissibilidade. (...) Percebe-se, portanto, que nem todo processo remetido ao STJ a partir do reconhecimento, pelas instâncias ordinárias, da existência de representatividade de controvérsia poderá ser realmente julgado nos termos do art. 543-C do CPC" [art. 1.036 do CPC/2015] (STJ, QO no REsp 1.087.108/MS, Rel. Min. Nancy Andrighi, 2ª Seção, jul. 16.02.2009, *DJe* 04.03.2009).

7. Sobrestamento (§ 1º).

a) Finalidade. "A suspensão dos julgamentos das apelações que versam sobre a mesma questão jurídica submetida ao regime dos recursos repetitivos atende a exegese teleológico-sistêmica prevista, uma vez que decidida a irresignação paradigmática, a tese fixada retorna à instância *a quo* para que os recursos sobrestados se adéquem à tese firmada no STJ (art. 543-C, § 7º, I e II, do CPC) [art. 1.040, I e II, do CPC/2015]. É que o novel instituto tem como *ratio essendi* evitar o confronto das decisões emanadas dos Tribunais da Federação com a jurisprudência do Superior Tribunal de Justiça, mercê de a um só tempo privilegiar os princípios da isonomia e da segurança jurídica" (STJ, REsp 1.111.743/DF, Rel. p/ Ac. Min. Luiz Fux, Corte Especial, jul. 25.02.2010, *DJe* 21.06.2010).

b) Competência. "O presidente do tribunal de origem pode determinar o processamento do recurso especial sob o rito do art. 543-C do CPC [art. 1.036 do CPC/2015] e, consequentemente, suspender a tramitação dos outros recursos que versem sobre o mesmo tema" (STJ, Rcl 3.652/DF, Rel. Min. Nancy Andrighi, 2ª Seção, jul. 14.10.2009, *DJe* 04.12.2009).

"A decisão proferida por autoridade local não pode ter eficácia nacional de forma a determinar a suspensão de processos semelhantes em todo o País. A adoção de entendimento contrário ofenderia o pacto federativo" (STJ, Rcl 3.652/DF, Rel. Min. Nancy Andrighi, 2ª Seção, jul. 14.10.2009, *DJe* 04.12.2009).

c) Oportunidade. "É que os artigos 543-A e 543-B, do CPC [arts. 1.035 e 1.036 do CPC/2015], asseguram o sobrestamento de eventual recurso extraordinário, interposto contra acórdão proferido pelo STJ ou por outros tribunais, que verse sobre a controvérsia de índole constitucional cuja repercussão geral tenha sido reconhecida pela Excelsa Corte. Destarte, o sobrestamento do feito, ante o reconhecimento da repercussão geral do *thema iudicandum*, configura questão a ser apreciada tão somente no momento do exame de admissibilidade do apelo dirigido ao Pretório Excelso" (STJ, REsp 1.143.677/RS, Rel. Min. Luiz Fux, Corte Especial, jul. 02.12.2009, *DJe* 04.02.2010). **No mesmo sentido:** AgRg no AgRg no Ag 1.360.407/SC, Rel. Min. Herman Benjamin, 2ª Turma, jul.17.03.2011, *DJe* 04.04.2011.

d) Ausência de pronunciamento definitivo. "Enquanto não houver pronunciamento definitivo do Supremo Tribunal Federal no tocante ao recurso representativo da controvérsia, selecionado na forma do art. 543-B, § 1º, do Código de Processo Civil [art. 1.036, § 1º, do CPC/2015], deverão os demais recursos extraordinários permanecer sobrestados" (STJ, AgRg no RE nos EDcl no AgRg no REsp 928.350/SP, Rel. Min. Cesar Asfor Rocha, Corte Especial, jul. 30.06.2008, *DJe* 25.08.2008).

e) Repercussão geral reconhecida pelo STF. Sobrestamento do Recurso Especial. Não cabimento. "A decisão do Supremo Tribunal Federal que reconhece a repercussão geral em recurso extraordinário não paralisa o julgamento dos recursos especiais sobre o tema" (STJ, AgRg no Ag 1.345.013/SP, Rel. Min. Arnaldo Esteves Lima, 1ª Turma, jul. 09.08.2011, *DJe* 15.08.2011).

f) Alcance. "A determinação de suspensão dos recursos cuja matéria se encontra afetada para julgamento pela sistemática prevista no art. 543-C do Código de Processo Civil [art. 1.036 do CPC/2015] e na Resolução nº 8, de 7 de agosto de 2008, desta Corte, dirige-se aos Tribunais locais, não abrangendo os apelos especiais já encaminhados a este Tribunal, máxime quando houver jurisprudência pacífica do STJ em torno das questões versadas nos recursos destacados como representativos da controvérsia" (STJ, AgRg no REsp 1.279.781/PR, Rel. Min. Raul Araújo, 4ª Turma, jul. 07.02.2012, *DJe* 01.03.2012). **No mesmo sentido:** STJ, EDcl no Ag 1.379.514/SP, Rel. Min. Raul Araújo, 4ª Turma, jul. 13.09.2011, *DJe* 03.10.2011; STJ, AgRg no REsp 1.096.834/MG, Rel. Min. Sidnei Beneti, 3ª Turma, jul. 20.10.2009, *DJe* 05.11.2009; STJ, AgRg no REsp 1.088.072/RS, Rel. Min. Haroldo Rodrigues, 6ª Turma, jul. 21.10.2010, *DJe* 29.11.2010; STJ, AgRg no Ag 1.312.078/PR, Rel. Min. Nancy Andrighi, 3ª Turma, jul. 02.09.2010, *DJe* 13.09.2010.

8. Recurso contra decisão de sobrestamento. "É incabível agravo regimental contra despacho que determina o sobrestamento do recurso extraordinário" (STJ, AgRg no RE nos EDcl no AgRg no REsp 939.444/RS, Rel. Min. Ari Pargendler, Corte Especial, jul. 20.05.2009, *DJe* 25.06.2009).

Decisão que determina o sobrestamento. Irrecorribilidade. "Não cabe recurso dirigido a esta Corte Superior de Justiça com escopo de reformar decisão do Tribunal de origem que sobrestou recurso especial com base no art. 543-C do CPC [art. 1.036 do CPC/2015], acrescido pela Lei nº 11.672/2008 – Lei dos Recursos Especiais Repetitivos (QO no Ag 1.154.599/SP, Rel. Ministro César Asfor Rocha, Corte Especial, *DJe* 12.05.2011), mormente quando não caracterizada, nas razões do agravo, hipótese diversa da tese a ser discutida no recurso representativo de controvérsia repetitiva" (STJ, AgRg no AREsp 214.152/SP, Rel. Min. Luis Felipe Salomão, 4ª Turma, jul. 05.02.2013, *DJe* 14.02.2013).

"Não cabe o agravo do art. 544 do CPC contra decisão que suspende o processamento do recurso especial, na forma do art. 543-C, § 1º, do CPC [art. 1.036, § 1º, do CPC/2015], uma vez que destituído de cunho decisório, sequer tendo sido realizado o juízo de admissibilidade. Precedentes. Igualmente não cabe reclamação contra o despacho que obsta seguimento a tal agravo incabível. Corte Especial, Questão de Ordem no Agravo de Instrumento 1.154.599" (STJ, AgRg na Rcl 6.537/RJ, Rel. Min. Maria Isabel Gallotti, 2ª Seção, jul. 27.02.2013, *DJe* 04.03.2013). **No mesmo sentido:** STJ, AgRg no Ag 1.223.072/SP, Rel. Min. Humberto Martins, 2ª Turma, jul. 09.03.2010, *DJe* 18.03.2010; STJ, AgRg no REsp 1.167.494/PR, Rel. Min. Castro Meira, 2ª Turma, *DJe* 11.9.2012; AgRg no AREsp 110.072/PR,

Rel. Min. Sidnei Beneti, 3ª Turma, *DJe* 12.04.2012; AgRg no REsp 1.266.921/RS, Rel. Min. Mauro Campbell Marques, 2ª Turma, *DJe* 17.11.2011; STJ, AgRg no AREsp 179.403/RS, Rel. Min. Herman Benjamin, 2ª Turma, jul. 18.10.2012, *DJe* 05.11.2012.

Medida cautelar. Competência. "Compete ao Tribunal de Origem apreciar ações cautelares, ainda que o recurso extraordinário já tenha obtido o primeiro juízo positivo de admissibilidade, quando o apelo extremo estiver sobrestado em face do reconhecimento da existência de repercussão geral da matéria constitucional nele tratada. Questão de ordem resolvida com a declaração da incompetência desta Suprema Corte para a apreciação da ação cautelar que busca a concessão de efeito suspensivo a recurso extraordinário sobrestado na origem, em face do reconhecimento da existência da repercussão geral da questão constitucional nele discutida" (STF, AC 2.177 MC-QO, Rel. Min. Ellen Gracie, Tribunal Pleno, jul. 12.11.2008, *DJe* 20.02.2009).

9. Controle do STJ (§ 1º). "O STJ exerce um papel de controle sobre essa decisão, ou seja, detém o poder de revê-la. Como sempre ocorreu no regime jurídico do recurso especial, no julgamento por amostragem também há um duplo juízo, não só sobre a admissibilidade, mas sobre o próprio caráter exemplificativo do recurso. Caso negue seguimento ao recurso representativo da controvérsia ou entenda que na verdade ele não a representa, o STJ deverá comunicar tal fato ao tribunal de origem, para que cesse a suspensão dos processos que versem sobre mesmo tema. Precedente" (STJ, Rcl 3.652/DF, Rel. Min. Nancy Andrighi, 2ª Seção, jul. 14.10.2009, *DJe* 04.12.2009).

"Tem-se que o pretendido controle direto desta augusta Corte sobre a adequação das matérias constantes no recurso especial suspenso na origem e o no recurso representativo da controvérsia somente se afiguraria possível, **em caráter excepcional**, necessariamente após o juízo inicial do recurso representativo da controvérsia, em que o relator, caso reconheça a presença dos requisitos de admissibilidade e a correta representatividade da controvérsia, afete o julgamento ao colegiado competente, momento a partir do qual a controvérsia, tida por representativa, encontrar-se-á devidamente delineada" (STJ, MC 17.226/RJ, Rel. Min. Massami Uyeda, 3ª Turma, jul. 05.10.2010, *DJe* 17.11.2010).

"Se o STJ, ao apreciar os recursos representativos da controvérsia, não estende a suspensão, para atingir os recursos advindos de todos os demais tribunais em território nacional, nada impede o contínuo julgamento desses processos. Embora se deva reconhecer que esta é uma situação indesejável, porque coloca em situação díspar os jurisdicionados, ela não é ilegal. Se não há decisão cuja autoridade exija garantia e se não existe ameaça à competência do STJ, é certo que não se está diante da hipótese constitucional para o cabimento da reclamação" (STJ, Rcl 3.652/DF, Rel. Min. Nancy Andrighi, 2ª Seção, jul. 14.10.2009, *DJe* 04.12.2009).

10. Desistência do recurso quando já iniciado o procedimento de julgamento do recurso especial. "É inviável o acolhimento de pedido de desistência recursal formulado quando já iniciado o procedimento de julgamento do recurso especial representativo da controvérsia, na forma do art. 543-C do CPC [art. 1.036 do CPC/2015] c/c Resolução 08/08 do STJ" (STJ, QO no REsp 1.063.343/RS, Rel. Min. Nancy Andrighi, Corte Especial, jul. 17.12.2008, *DJe* 04.06.2009).

"Afora os casos onde são identificadas razões de interesse público na uniformização da jurisprudência (*v.g.*, recurso representativo da controvérsia, art. 543-C do CPC) [art. 1.036 do CPC/2015] (...) ou os casos onde se evidencia a má-fé processual em não ver fixada jurisprudência contrária aos interesses do recorrente quando o julgamento já está em estado avançado, a regra geral é pela possibilidade da desistência do recurso especial a qualquer tempo. Inclusive com o julgamento já iniciado e com pedido de vista" (STJ, REsp 689.439/PR, Rel. Min. Mauro Campbell Marques, 2ª Turma, jul. 04.03.2010, *DJe* 22.03.2010). **No mesmo sentido:** STJ, EDcl no REsp 1.111.148/SP, Rel. Min. Mauro Campbell Marques, 1ª Seção, jul. 12.05.2010, *DJe* 21.05.2010.

11. "Destrancamento" de recurso especial sobrestado. "Admitir-se qualquer tipo de irresignação por parte do recorrente para se 'destrancar' o recurso especial sobrestado na forma do artigo 543-C do Código de Processo Civil [art. 1.036 do CPC/2015] seria o mesmo que desconstituir as diretrizes traçadas pela reforma da Justiça e uma afronta ao ditame da razoável duração do processo, assim como a celeridade de sua tramitação (art. 5º, inciso LXXVIII, da Constituição Federal de 1988), salvo em casos de sobrestamento equivocado, em que a parte deve demonstrar explicitamente a diferença entre o seu caso concreto e os afetados como repetitivos" (STJ, MC 17.226/RJ, Rel. Min. Massami Uyeda, 3ª Turma, jul. 05.10.2010, *DJe* 17.11.2010).

12. Adoção de tese firmada em recurso repetitivo. Desnecessidade do trânsito em julgado. "O acórdão embargado não apresenta omissão, uma vez que o STJ já se pronunciou no sentido de ser desnecessário o trânsito em julgado da decisão proferida em recurso especial submetido ao rito do art. 543-C do CPC [art. 1.036 do CPC/2015] para a adoção da tese nele firmada (AgRg no REsp 1.218.277/RS, Rel. Ministro Teori Albino Zavascki, Primeira Turma, *DJe* 13.12.2011; AgRg no REsp 1.095.152/RS, Rel. Min. Laurita Vaz, *DJe* de 27.09.2010; AgRg no AREsp 175.188/SC, Rel. Ministro Herman Benjamin, Segunda Turma, *DJe* 22.8.2012)" (STJ, EDcl no AgRg no Ag 1.067.829/PR, Rel. Min. Herman Benjamin, 2ª Turma, jul. 09.10.2012, *DJe* 31.10.2012).

Art. 1.037. Selecionados os recursos, o relator, no tribunal superior, constatando a presença do pressuposto do *caput* do art. 1.036, proferirá decisão de afetação, na qual:

I – identificará com precisão a questão a ser submetida a julgamento;

II – determinará a suspensão do processamento de todos os processos pendentes, individuais ou coletivos, que versem sobre a questão e tramitem no território nacional;

III – poderá requisitar aos presidentes ou aos vice-presidentes dos tribunais de justiça ou dos tribunais regionais federais a remessa de um recurso representativo da controvérsia.

§ 1º Se, após receber os recursos selecionados pelo presidente ou pelo vice-presidente de tribunal de justiça ou de tribunal regional federal, não se proceder à afetação, o relator, no tribunal superior, comunicará o fato ao presidente ou ao vice-presidente que os houver enviado, para que seja revogada a decisão de suspensão referida no art. 1.036, § 1º.

§ 2º (Revogado pela Lei nº 13.256, de 04.02.2016)

§ 3º Havendo mais de uma afetação, será prevento o relator que primeiro tiver proferido a decisão a que se refere o inciso I do *caput*.

§ 4º Os recursos afetados deverão ser julgados no prazo de 1 (um) ano e terão preferência sobre os demais feitos, ressalvados os que envolvam réu preso e os pedidos de ***habeas corpus***.

§ 5º (Revogado pela Lei nº 13.256, de 04.02.2016)

§ 6º Ocorrendo a hipótese do § 5º, é permitido a outro relator do respectivo tribunal superior afetar

2 (dois) ou mais recursos representativos da controvérsia na forma do art. 1.036.

§ 7º Quando os recursos requisitados na forma do inciso III do *caput* contiverem outras questões além daquela que é objeto da afetação, caberá ao tribunal decidir esta em primeiro lugar e depois as demais, em acórdão específico para cada processo.

§ 8º As partes deverão ser intimadas da decisão de suspensão de seu processo, a ser proferida pelo respectivo juiz ou relator quando informado da decisão a que se refere o inciso II do *caput*.

§ 9º Demonstrando distinção entre a questão a ser decidida no processo e aquela a ser julgada no recurso especial ou extraordinário afetado, a parte poderá requerer o prosseguimento do seu processo.

§ 10. O requerimento a que se refere o § 9º será dirigido:

I – ao juiz, se o processo sobrestado estiver em primeiro grau;

II – ao relator, se o processo sobrestado estiver no tribunal de origem;

III – ao relator do acórdão recorrido, se for sobrestado recurso especial ou recurso extraordinário no tribunal de origem;

IV – ao relator, no tribunal superior, de recurso especial ou de recurso extraordinário cujo processamento houver sido sobrestado.

§ 11. A outra parte deverá ser ouvida sobre o requerimento a que se refere o § 9º, no prazo de 5 (cinco) dias.

§ 12. Reconhecida a distinção no caso:

I – dos incisos I, II e IV do § 10, o próprio juiz ou relator dará prosseguimento ao processo;

II – do inciso III do § 10, o relator comunicará a decisão ao presidente ou ao vice-presidente que houver determinado o sobrestamento, para que o recurso especial ou o recurso extraordinário seja encaminhado ao respectivo tribunal superior, na forma do art. 1.030, parágrafo único.

§ 13. Da decisão que resolver o requerimento a que se refere o § 9º caberá:

I – agravo de instrumento, se o processo estiver em primeiro grau;

II – agravo interno, se a decisão for de relator.

REDAÇÃO PRIMITIVA DO CPC/2015

Art. 1.037 (...)

§ 2º É vedado ao órgão colegiado decidir, para os fins do art. 1.040, questão não delimitada na decisão a que se refere o inciso I do *caput*. (...)

§ 5º Não ocorrendo o julgamento no prazo de 1 (um) ano a contar da publicação da decisão de que trata o inciso I do *caput*, cessam automaticamente, em todo o território nacional, a afetação e a suspensão dos processos, que retomarão seu curso normal.

CJF – JORNADAS DE DIREITO PROCESSUAL CIVIL

I JORNADA

Enunciado 81 – A devolução dos autos pelo Superior Tribunal de Justiça ou Supremo Tribunal Federal ao tribunal de origem depende de decisão fundamentada, contra a qual cabe agravo na forma do art. 1.037, § 13, II, do CPC.

II JORNADA

Enunciado 142 – Determinada a suspensão decorrente da admissão do IRDR (art. 982, I), a alegação de distinção entre a questão jurídica versada em uma demanda em curso e aquela a ser julgada no incidente será veiculada por meio do requerimento previsto no art. 1.037, § 10.

BREVES COMENTÁRIOS

A submissão dos recursos extraordinário e especial ao regime repetitivo passa por dupla avaliação:

(a) Primeiro, o presidente (ou o vice-presidente) do tribunal de origem, reconhecendo que há multiplicidade de recursos fundados na mesma questão de direito, seleciona alguns para encaminhamento ao STF ou ao STJ. Nesse momento, determina a suspensão tanto dos demais recursos iguais como de todos os processos, cujo objeto inclua a mesma matéria, em tramitação no Estado ou Região sob sua jurisdição (art. 1.036, § 1º).

(b) Subindo os recursos paradigmas ao tribunal superior, o relator reaprecia a ocorrência, ou não, do requisito da multiplicidade de casos sobre idêntica questão de direito (art. 1.036, *caput*), e, reconhecendo-a, profere a decisão de afetação, ou seja, a de que todos eles se sujeitem ao regime de resolução de recursos extraordinário ou especial repetitivos (art. 1.037). Nesse caso, a decisão de suspensão de todos os processos similares será ampliada, pelo relator, para todo o território nacional (art. 1.037, II). É muito importante que o relator, ao proferir a decisão de afetação, proceda à identificação da questão de direito, cuja solução assumirá, no julgamento do recurso, a qualidade de tese (arts. 1.037, I, e 1.038, § 3º).

Confirmada no tribunal superior a sujeição dos recursos repetitivos ao regime do art. 1.036, aos terceiros prejudicados pela suspensão de seus processos é assegurado o direito de requerer o reconhecimento da distinção da questão neles versada perante aquele objeto da afetação definida pelo relator no STF ou no STJ (art. 1.037, § 9º). Esse requerimento tem a finalidade de obter o restabelecimento do curso do processo, liberando-o da suspensão gerada pelo regime dos recursos repetitivos. Observe-se que o requerimento em questão não é cabível logo em seguida à decisão do presidente ou vice-presidente do tribunal local, que provoca a retenção dos diversos recursos de objeto igual, mas apenas depois que o processamento dos recursos paradigmas sob regime repetitivo vem a ser admitido pelo relator no STF ou no STJ. Isto porque só após o despacho de afetação, no Tribunal Superior, é que se fixa com precisão a questão a ser submetida a julgamento (art. 1.037, I).

A petição, porém, não será endereçada ao relator do caso paradigma no tribunal superior, nem ao presidente do tribunal de origem, sem embargo de ter partido deles a ordem de suspensão. O comando dessas autoridades judiciais é apenas genérico, de sorte que o enquadramento efetivo da medida fica a cargo da autoridade judicial sob que se acha, no momento, o processo a ser alcançado pela suspensão geral. Daí a previsão, no art. 1.037, § 10, dos casos em que o juízo de distinção haverá de ser feito pelo juiz de primeiro grau ou pelo relator, ora do tribunal de origem, ora do tribunal superior *ad quem*.

Se for reconhecida a distinção das teses jurídicas tratadas nos recursos, o processo deverá ter regular prosseguimento na instância em que foi suspenso. A decisão que reconhece ou não a distinção poderá ser atacada: (i) por meio de agravo de instrumento, se o processo estiver em primeiro grau; e (ii) por meio de agravo interno, se a decisão for de relator do tribunal de origem ou de Corte Superior.

Quando o recurso especial ou extraordinário estiver retido no tribunal *a quo*, o relator local (i.e, o relator do acórdão recorrido), reconhecendo a distinção pleiteada, comunicará sua decisão ao presidente ou vice-presidente que houver determinado o sobrestamento, a fim de que o recurso seja destrancado e encaminhado ao tribunal superior, após juízo de admissibilidade prévio (art. 1.030, V).

Constava do § 5º do art. 1.037 a previsão de que, não ocorrendo o julgamento no prazo determinado pela lei, cessariam automaticamente, em todo o território nacional, a afetação e a suspensão dos processos pendentes, os quais retomariam seu curso normal. A regra, porém, não chegou a entrar em vigor, visto que a Lei nº 13.256/2016 simplesmente a revogou em seu art. 3º, inc. II.

Se houver mais de uma afetação, o relator que primeiro tiver proferido a decisão será prevento (art. 1.037, § 3º).

Uma vez que o processo pode abranger mais de uma questão de direito, é possível que os recursos representativos da controvérsia enviados pelos presidentes ou vice-presidentes dos tribunais locais contenham, além da matéria objeto de afetação, outras específicas do caso concreto. Essa circunstância não inviabiliza o julgamento do recurso pelo procedimento do art. 1.036, mas impõe a realização de julgamentos distintos: uma para a matéria afetada e, depois, outro para as questões diversas. Em razão disso, serão lavrados acórdãos específicos para cada processo no tocante à matéria estranha à afetação. Nesse caso, a jurisprudência do STJ entende que somente após o novo exame feito pelo tribunal local, em razão da decisão da matéria afetada, o STJ poderá analisar as demais questões objeto do recurso especial.

JURISPRUDÊNCIA SELECIONADA

1. Afetação ao rito dos recursos repetitivos. Formação de jurisprudência no STJ. Necessidade. Ver jurisprudência do art. 1.036 do CPC/2015.

2. Sobrestamento do feito.

Devolução dos autos. Irrecorribilidade. "É inadmissível a interposição de recurso em desfavor de decisão que determina a baixa dos autos para sobrestamento do feito, em virtude da pendência de julgamento de recurso extraordinário submetido à sistemática da repercussão geral. Nos termos do art. 1.037, §§ 9º e 10, do CPC/2015, a única hipótese de alteração da decisão de sobrestamento seria a demonstração, por meio de requerimento, de que a questão a ser decidida no processo e aquela a ser julgada no recurso extraordinário afetado seriam distintas, o que não ocorreu na hipótese dos autos." (STJ, AgInt no AgInt no AgInt no REsp 1622617/PR, Rel. Min. Gurgel de Faria, 1ª Turma, jul. 19.02.2019, *DJe* 19.03.2019).

Seleção pela Comissão Gestora de Precedentes. Suspensão dos processos. Ausência de previsão legal. "Deve ser rejeitado o pleito de suspensão do processo, fundamentado no simples fato de a Comissão Gestora de Precedentes ter selecionado como representativos da controvérsia os Recursos Especiais 2.2.078.485/PE; 2.078.993/PE; 2.078.989/PE e 2.079.113/PE, pois tal circunstância não importa na suspensão automática dos recursos em trâmite no Superior Tribunal de Justiça, ante a ausência de previsão legal nesse sentido. Precedentes" (STJ, EDcl no AgInt no REsp 2.027.768/PE, Rel. Min. Teodoro Silva Santos, 2ª Turma, jul. 02.04.2024, *DJe* 09.04.2024).

3. Requerimento de distinção. Indeferimento. Agravo. Admissibilidade. "Controvérsia em torno do cabimento do recurso de agravo contra decisão do juízo de primeiro grau indeferitória do pedido de reconsideração da decisão de sobrestamento do processo em razão do reconhecimento pelo Superior Tribunal de Justiça de matéria repetitiva. (..) Com a entrada em vigor, porém, do novo Estatuto Processual, a decisão que indefere ou defere o requerimento de distinção passou a ser agravável, conforme expressamente previsto pelo art. 1.037, § 13, inciso I, do novo Código de Processo Civil" (STJ, REsp 1717387/PB, Rel. Min. Paulo de Tarso Sanseverino, 3ª Turma, jul. 08.10.2019, *DJe* 15.10.2019).

4. Instauração de IRDR. *Distinguishing*. Aplicação. "O propósito recursal é definir se a decisão que suspende o processo em 1º grau em virtude da instauração de incidente de resolução de demandas repetitivas – IRDR – no Tribunal é imediatamente recorrível por agravo de instrumento ao fundamento de distinção ou se, a exemplo do procedimento instituído para a hipótese de recursos especial e extraordinário repetitivos, é preciso provocar previamente o contraditório em 1º grau e pronunciamento judicial específico acerca da distinção antes da interposição do respectivo recurso. (...) **O procedimento de alegação de distinção (*distinguishing*) entre a questão debatida no processo e a questão submetida ao julgamento sob o rito dos recursos repetitivos, previsto no art. 1.037, §§ 9º a 13, do novo CPC, aplica-se também ao incidente de resolução de demandas repetitivas – IRDR.** (...) Considerando que a decisão interlocutória que resolve o pedido de distinção em relação a matéria submetida ao rito dos recursos repetitivos é impugnável imediatamente por agravo de instrumento (art. 1.037, § 13, I, do novo CPC), é igualmente cabível o referido recurso contra a decisão interlocutória que resolve o pedido de distinção em relação a matéria objeto de IRDR" (STJ, REsp 1846109/SP, Rel. Min. Nancy Andrighi, 3ª Turma, jul. 10.12.2019, *DJe* 13.12.2019).

5. Emenda Regimental 26/2016 do RISTJ. Teses repetitivas elaboradas anteriormente. Ver jurisprudência do art. 927 do CPC/2015.

6. Decisão agravada que fragmentou o julgamento do recurso especial. Pendência de julgamento de recurso especial representativo da controvérsia, no qual se discute questão idêntica. Impossibilidade de qualquer análise do recurso especial, pelo STJ, enquanto não esgotada a jurisdição do tribunal de origem. "O art. 1.041, § 2º, do CPC/2015 consagra, mais uma vez, essa ordem, no julgamento das questões – quando o recurso tratar de mais de uma questão controvertida –, devendo, primeiramente, ficar sobrestado o recurso, em virtude de uma delas encontrar-se afetada, pelo rito dos recursos repetitivos. Em seguida, após o pronunciamento definitivo da Corte Superior e esgotado o tema, objeto de recurso repetitivo, na instância de origem – inclusive quando o acórdão de 2º Grau divergir do julgado do STJ, em recurso repetitivo, ocasião em que a Corte a quo reapreciará a questão, mantendo o seu entendimento anterior ou reformando-o –, aí sim, o Presidente ou Vice-Presidente do Tribunal de origem examinará a admissibilidade das demais matérias, igualmente impugnadas no Recurso Especial, podendo até, se for o caso, admiti-lo, independentemente de ratificação da irresignação, pela parte recorrente. Ainda que a matéria afetada à sistemática dos recursos repetitivos trate de questão referente aos consectários legais da condenação, o Recurso Especial não deve ser apreciado pelo STJ, quanto ao mérito, devendo os autos ser devolvidos à origem, para que, após a publicação do acórdão representativo da controvérsia, o recurso, nos termos do art. 1.040 do CPC/2015: (a) tenha seguimento negado, no que respeita ao art. 1º-F da Lei 9.494/97, caso o acórdão recorrido se harmonize com a orientação proferida pelo Superior Tribunal de Justiça; ou (b) tenha novo exame, pelo Tribunal de origem, caso o acórdão recorrido divirja do entendimento firmado pelo Superior Tribunal de Justiça. Apenas depois de atendidos os procedimentos referentes aos recursos repetitivos, no Tribunal de origem, devem as demais questões, objeto do recurso especial, ser analisadas por esta Corte, em face da disposição do art. 1.041, § 2º, do CPC/2015" (STJ, AgRg no REsp 1319193/PB, Rel. p/ Acórdão Min. Assusete Magalhães, 2ª Turma, jul. 16.08.2016, *DJe* 02.02.2017).

7. Concessão de tutela provisória. Possibilidade. "Dos dispositivos transcritos, torna-se patente que a suspensão do processamento dos processos pendentes, determinada no art. 1.037, II, do CPC/2015, não impede que os Juízos concedam, em qualquer fase do processo, tutela provisória de urgência, desde que satisfeitos os requisitos contidos no art. 300 do CPC/2015, e deem cumprimento àquelas que já foram deferidas" (STJ, QO na ProAfR no REsp 1657156/RJ, Rel. Min. Benedito Gonçalves, 1ª Seção, jul. 24.05.2017, *DJe* 31.05.2017).

Art. 1.038. O relator poderá:

I – solicitar ou admitir manifestação de pessoas, órgãos ou entidades com interesse na controvérsia, considerando a relevância da matéria e consoante dispuser o regimento interno;

II – fixar data para, em audiência pública, ouvir depoimentos de pessoas com experiência e conhecimento na matéria, com a finalidade de instruir o procedimento;

III – requisitar informações aos tribunais inferiores a respeito da controvérsia e, cumprida a diligência, intimará o Ministério Público para manifestar-se.

§ 1º No caso do inciso III, os prazos respectivos são de 15 (quinze) dias, e os atos serão praticados, sempre que possível, por meio eletrônico.

§ 2º Transcorrido o prazo para o Ministério Público e remetida cópia do relatório aos demais ministros, haverá inclusão em pauta, devendo ocorrer o julgamento com preferência sobre os demais feitos, ressalvados os que envolvam réu preso e os pedidos de *habeas corpus*.

§ 3º O conteúdo do acórdão abrangerá a análise dos fundamentos relevantes da tese jurídica discutida. (Redação dada pela Lei nº 13.256, de 04.02.2016).

REDAÇÃO PRIMITIVA DO CPC/2015

Art. 1.038 (...)

§ 3º O conteúdo do acórdão abrangerá a análise de todos os fundamentos da tese jurídica discutida, favoráveis ou contrários.

CPC/1973

Art. 543-C, §§ 3º, 4º, 5º e 6º.

BREVES COMENTÁRIOS

O relator do recurso especial ou extraordinário afetado poderá, nos termos do art. 1.038, *caput*, do CPC/2015:

(a) Admitir manifestação de pessoas, órgãos ou entidades com interesse na controvérsia, desde que haja relevância da matéria e segundo disposição do regimento interno do Tribunal Superior (inciso I). Trata-se da intervenção do *amicus curiae*, cuja presença se justifica pela multiplicidade de interessados na tese a ser definida pelo STJ ou STF e pela repercussão que o julgado virá a ter sobre os recursos de estranhos à causa a ser decidida como paradigma. Sindicatos, associações, órgãos públicos e até pessoas físicas ou jurídicas privadas poderão habilitar-se como *amicus curiae*, desde que demonstrem algum interesse no julgamento do especial submetido ao regime do art. 1.036. O interesse, aqui, não é o jurídico em sentido técnico. A intervenção se justifica à base de qualquer interesse, inclusive o econômico, o moral, o social, o político, desde que sério e relevante.

(b) Designar audiência pública para ouvir depoimentos de pessoas com experiência e conhecimento da matéria, com a finalidade de instruir o procedimento (inciso II).

(c) Requisitar informações aos tribunais inferiores a respeito da controvérsia, se houver necessidade de algum esclarecimento, além daqueles já constantes da subida dos recursos escolhidos pelo presidente ou vice-presidente do Tribunal (inciso III). As informações deverão ser prestadas em quinze dias, preferencialmente por meio eletrônico (art. 1.038, § 1º). Não são solicitadas apenas ao tribunal de origem; poderão ser pedidas a outros ou a todos os tribunais federais ou estaduais, onde se tenha notícia de recursos da mesma série.

(d) Intimar o Ministério Público para manifestar-se em quinze dias, tendo em conta o interesse público ou coletivo que a tramitação do especial ou do extraordinário possa ter (inciso III). Sempre que possível, a manifestação deverá se dar por meio eletrônico (§ 1º).

Realizadas essas diligências, o relator deverá elaborar seu relatório e enviar cópia aos demais ministros (art. 1.038, § 2º, primeira parte). Enviada cópia do relatório aos ministros, haverá inclusão em pauta para julgamento, cuja competência será definida pelo Regimento Interno do STF ou do STJ (art. 1.036, *caput*). Deverá o julgamento em regime de recursos repetitivos ocorrer com preferência sobre os demais feitos, ressalvados apenas os que envolvam réus presos e os pedidos de *habeas corpus* (art. 1.038, § 2º).

O conteúdo do acórdão deverá abranger os fundamentos relevantes da tese jurídica discutida (art. 1.038, § 3º, com redação da Lei nº 13.256/2016). Portanto, é indispensável que o relator, no relatório e no seu voto, faça constar, explicitamente, qual é a tese posta em debate, de maneira que, sendo acolhida pelo colegiado, possa também ser enunciada, no acórdão, que se tornará obrigatória para todos os recursos que envolvam questão igual (CPC/2015, art. 1.039, parágrafo único; RISTJ, art. 256-Q). Para que se cumpra a função vinculativa, o acórdão deverá ser proferido com os requisitos preconizados pelo art. 104-A do RISTJ, ou seja, deverá conter: (i) os fundamentos relevantes da questão jurídica discutida, favoráveis ou contrários, entendidos esses como a conclusão dos argumentos deduzidos no processo capazes de, em tese, respectivamente, confirmar ou infirmar a conclusão adotada pelo órgão julgador; (ii) a definição dos fundamentos determinantes do julgado; (iii) a tese jurídica firmada pelo órgão julgador, em destaque; e, (iv) a solução dada ao caso concreto pelo órgão julgador.

JURISPRUDÊNCIA SELECIONADA

1. *Amicus curiae* (inciso I):

a) Legitimidade. "O *amicus curiae* não possui legitimidade para recorrer da decisão de mérito. Precedentes do Supremo Tribunal Federal e do Superior Tribunal de Justiça" (STJ, EDcl no REsp 1.110.549/RS, Rel. Min. Sidnei Beneti, 2ª Seção, jul. 14.04.2010, *DJe* 30.04.2010). **Obs.:** Cf. art. 138 do CPC/2015, que ressalva a legitimidade do *amicus curiae* para opor embargos de declaração, em caráter geral (§ 1º), e para recorrer da decisão que julgar o IRDR (§ 3º).

b) Pessoas com interesse subjetivo no resultado do julgamento. "As pessoas jurídicas contribuintes do empréstimo compulsório, por não contarem com a necessária representatividade e por possuírem interesse subjetivo no resultado do julgamento, não podem ser admitidas como *amicus curiae*" (STJ, QO no REsp 1.003.955/RS, Rel. Min. Eliana Calmon, 1ª Seção, jul. 12.11.2008). **Em sentido contrário:** "A autorização de intervenção de pessoas, órgãos ou entidades com interesse na controvérsia no recurso especial submetido ao rito do art. 543-C do Código de Processo Civil [art. 1.036 do CPC/2015] é uma faculdade do órgão julgador, por intermédio do relator" (STJ, EDcl no REsp 1.110.549/RS, Rel. Min. Sidnei Beneti, 2ª Seção, jul. 14.04.2010, *DJe* 30.04.2010).

c) Sustentação oral. "Em questão de ordem, a Corte Especial, por maioria, firmou a orientação de não reconhecer o direito do *amicus curiae* de exigir a sua sustentação oral no julgamento de recursos repetitivos, a qual deverá prevalecer em todas as Seções. (...) o tratamento que se deve dar ao *amicus curiae* em relação à sustentação oral é o mesmo dos demais atos do processo: o STJ tem a faculdade de convocá-lo ou não. Se este Superior Tribunal entender que deve ouvir a sustentação oral, poderá convocar um ou alguns dos *amici curiae*, pois não há por parte deles o direito de exigir sustentação oral" (STJ, QO no REsp 1.205.946/SP, Rel. Min. Benedito Gonçalves, em 17.08.2011).

d) Defensoria Pública como *custos vulnerabilis*. Ver jurisprudência do art. 185 do CPC/2015.

e) Pleito de ingresso como amicus curiæ. Indeferimento. Defesa de interesse de uma das partes. Aporte de dados técnicos. Desnecessidade. "O *amicus curiæ* é previsto para as ações de natureza objetiva, sendo excepcional a admissão no processo subjetivo quando a multiplicidade de demandas similares indicar a generalização do julgado a ser proferido. O Supremo Tribunal Federal ressaltou ser imprescindível a demonstração, pela entidade pretendente a colaborar com a Corte, de que não está a defender interesse privado, mas, isto sim, relevante interesse público (STF, AgRg na SS 3.273-9/RJ, Rel. Ministra Ellen Gracie, *DJ* 20.6.2008). (...) Na espécie, o interesse dos Estados da Federação e do Distrito Federal vincula-se diretamente ao resultado do julgamento favorável a uma das partes – no caso, a Fazenda Pública –, circunstância que afasta a aplicação do instituto. Ademais, a participação de 'amigo da Corte' visa ao aporte de informações relevantes ou dados técnicos (STF, ADI ED 2.591/DF, Rel. Ministro Eros Grau, *DJ* 13.4.2007), situação que não se configura no caso dos autos, porquanto o tema repetitivo é de natureza eminentemente processual" (STJ, AgRg na PET no REsp 1336026/PE, Rel. Min. Og Fernandes, 1ª Seção, jul. 22.03.2017, *DJe* 28.03.2017).

f) Finalidade. "A participação do *amicus curiae* tem por escopo a prestação de elementos informativos à lide, a fim de melhor respaldar a decisão judicial que irá dirimir a controvérsia posta nos autos. No caso em foco, o agravante não ostenta representatividade em âmbito nacional. A ausência de tal requisito prejudica a utilidade e a conveniência da sua intervenção. A admissão de *amicus curiae* no feito é uma prerrogativa do órgão julgador, na pessoa do relator, razão pela qual não há que se falar em direito subjetivo ao ingresso. A propósito: RE 808202 AgR, Relator(a): Min. Dias Toffoli, Tribunal Pleno, *DJe*-143 public. 30-06-2017; EDcl no REsp 1483930/DF, Rel. Ministro Luis Felipe Salomão, Segunda Seção, *DJe* 03.05.2017; EDcl no REsp 1110549/RS, Rel. Ministro Sidnei Beneti, Segunda Seção, *DJe* 30.04.2010" (STJ, AgInt nos EDcl na PET no REsp 1657156/RJ, Rel. Min. Benedito Gonçalves, 1ª Seção, jul. 11.04.2018, *DJe* 18.04.2018).

2. Emenda Regimental 26/2016 do RISTJ. Teses repetitivas elaboradas anteriormente. Ver jurisprudência do art. 927, do CPC/2015.

Art. 1.039. Decididos os recursos afetados, os órgãos colegiados declararão prejudicados os demais recursos versando sobre idêntica controvérsia ou os decidirão aplicando a tese firmada.

Parágrafo único. Negada a existência de repercussão geral no recurso extraordinário afetado, serão considerados automaticamente inadmitidos os recursos extraordinários cujo processamento tenha sido sobrestado.

CPC/1973

Art. 543-C, § 2º.

BREVES COMENTÁRIOS

Decididos os recursos afetados, os órgãos colegiados do STJ ou do STF poderão tomar uma das seguintes medidas em relação aos demais recursos "não afetados", que versem sobre idêntica controvérsia: (i) julgá-los prejudicados, porque a decisão recorrida está de acordo com o posicionamento adotado pelo Tribunal Superior; ou, (ii) decidi-los aplicando a tese firmada (art. 1.039, *caput*).

Tratando-se de recurso extraordinário repetitivo, o STF deverá, antes de julgar o apelo, decidir acerca da existência ou não de repercussão geral (CF, art. 102, § 3º). Caso seja negada a existência de repercussão geral, todos os outros recursos extraordinários que tiveram seu seguimento suspenso serão automaticamente inadmitidos (art. 1.039, parágrafo único). Isto porque, na perspectiva do STF, a matéria neles discutida não possui relevância econômica, política, social ou jurídica suficiente para justificar a análise do recurso extraordinário paradigma pela Suprema Corte.

JURISPRUDÊNCIA SELECIONADA

1. Exame da repercussão geral (parágrafo único). "Se o Supremo Tribunal Federal não reconhece no tema controvertido a repercussão geral, os recursos sobrestados 'considerar-se-ão automaticamente não admitidos' (CPC, 543-B, § 2º) [art. 1.039, parágrafo único, do CPC/2015], e os posteriores 'serão indeferidos liminarmente'" (STJ, AgRg no RE no AgRg no Ag 1.059.532/MS, Rel. Min. Ari Pargendler, Corte Especial, jul. 16.06.2010, *DJe* 05.08.2010).

Decisão irrecorrível. "(...). Matéria constitucional em discussão que já teve a repercussão geral reconhecida pelo Plenário Virtual desta Suprema Corte. Despacho, ademais, que se tem por irrecorrível, a não admitir a interposição de agravo regimental" (STF, RE 582.710 AgR, Rel. Min. Dias Toffoli, 1ª Turma, jul. 02.08.2011, *DJe* 14.09.2011). **No mesmo sentido:** STF, MS 28.982 AgR, Rel. Min. Gilmar Mendes, Tribunal Pleno, jul. 16.09.2010, *DJe* 15.10.2010.

Procedimento. "Fica, nesse sentido, aprovada a proposta de adoção de procedimento específico que autorize a Presidência da Corte a trazer ao Plenário, antes da distribuição do RE, questão de ordem na qual poderá ser reconhecida a repercussão geral da matéria tratada, caso atendidos os pressupostos de relevância. Em seguida, o Tribunal poderá, quanto ao mérito, (a) manifestar-se pela subsistência do entendimento já consolidado ou (b) deliberar pela rediscussão do tema. Na primeira hipótese, fica a Presidência autorizada a negar distribuição e a devolver à origem todos os feitos idênticos que chegarem ao STF, para a adoção, pelos órgãos judiciários *a quo*, dos procedimentos previstos no art. 543-B, § 3º, do CPC [art. 1.039, parágrafo único, do CPC/2015]. Na segunda situação, o feito deverá ser encaminhado à normal distribuição para que, futuramente, tenha o seu mérito submetido ao crivo do Plenário" (STF, RE 580.108 QO, Rel.ª Min.ª Ellen Gracie, Tribunal Pleno, jul. 11.06.2008, *DJe* 19.12.2008).

Processos julgados antes do reconhecimento da repercussão geral. "(...) observa-se que a Primeira Turma desta Corte, em sessão de 25.8.2009, negou provimento ao agravo regimental interposto nestes autos, ou seja, em data anterior ao reconhecimento da repercussão geral da matéria pelo Supremo Tribunal Federal. Assim, não se faz necessário, na espécie, o sobrestamento dos autos (CPC, art. 543-B) [art. 1.036 do CPC/2015] para que se aguarde o julgamento do referido recurso extraordinário" (STF, RE 378.221 AgR-ED, Rel. Min. Ricardo Lewandowski, 1ª Turma, jul. 18.05.2010, *DJe* 04.06.2010).

Medida cautelar. "Para os recursos anteriores à aplicação do regime da repercussão geral ou para aqueles que tratem de matéria cuja repercussão geral ainda não foi examinada, a jurisdição cautelar deste Supremo Tribunal somente estará firmada com a admissão do recurso extraordinário ou, em caso de juízo negativo de admissibilidade, com o provimento do agravo de instrumento, não sendo suficiente a sua simples interposição. Precedentes" (STF, AC 2.177 QO-MC/PE, Rel.ª Min.ª Ellen Gracie, Plenário, jul. 12.11.2008, *DJe* 20.02.2009).

2. Equívoco na aplicação de repercussão geral (parágrafo único):

Reclamação. "A jurisprudência do Supremo Tribunal Federal firmou-se no sentido de que não é cabível a reclamação para corrigir eventual equívoco na aplicação da repercussão geral pela Corte de origem" (STF, Rcl 9.757 AgR, Rel. Min. Ricardo Lewandowski, Tribunal Pleno, jul. 09.12.2010, *DJe* 28.04.2011).

Agravo interno. "Possibilidade de a parte que considerar equivocada a aplicação da repercussão geral interpor agravo interno perante o Tribunal de origem. Oportunidade de correção, no próprio âmbito do Tribunal de origem, seja em juízo de retratação, seja por decisão colegiada, do eventual equívoco. Não conhecimento da presente reclamação. Cassação da liminar anteriormente deferida" (STF, Rcl 7.569, Rel. Min. Ellen Gracie, Tribunal Pleno, jul. 19.11.2009, *DJe* 11.12.2009).

3. Devolução dos autos ao tribunal de origem para realização de novo juízo de admissibilidade em conformidade com o decidido em recurso especial repetitivo ou em recurso extraordinário submetido à repercussão geral. Decisão irrecorrível. "Conforme entendimento pacífico desta Corte, 'não se deve conhecer do recurso de agravo interno impugnando a decisão que determinou a devolução dos autos ao Tribunal de origem para que observe a sistemática prevista nos arts. 1.039 e 1.040 do CPC/2015, tendo em vista que o aludido sobrestamento não é capaz de gerar nenhum prejuízo às partes, motivo pelo qual é irrecorrível' (AgInt no REsp n. 1.663.877/SE, relator Ministro Marco Aurélio Bellizze, Terceira Turma, *DJe* de 4.9.2017). No mesmo sentido: AgInt no AREsp n. 1.423.595/AL, relator Ministro Herman Benjamin, Segunda Turma, julgado em 6.6.2019, DJe 17.6.2019; AgInt no REsp n. 1.577.710/PR, relatora Ministra Assusete Magalhães, Segunda Turma, julgado em 4.6.2019, *DJe* 7.6.2019" (STJ, AgInt no REsp 1.882.192/CE, Rel. Min. Francisco Falcão, 2ª Turma, jul. 16.11.2020, *DJe* 18.11.2020).

4. Recurso repetitivo. Retorno ao tribunal de origem. Processos suspensos. "Não há que se falar em retorno dos autos ao Tribunal de origem para aplicação do entendimento firmado em recurso repetitivo, pois o inciso II do art. 1.040 do atual Código de Processo Civil se aplica apenas aos processos ali suspensos aguardando a publicação do acórdão paradigma, não aos processos que já se encontram nesta Corte" (STJ, AgInt no REsp 1.416.614/PR, Rel. Min. Maria Isabel Gallotti, 4ª Turma, jul. 18.08.2016, *DJe* 24.08.2016).

5. Aplicação de tese firmada sob a sistemática dos recursos repetitivos. Trânsito em julgado. Desnecessidade. "O agravante pretende a suspensão do processamento, em vista da pendência de julgamento da matéria debatida, relativa à tese firmada para o Tema 1076/STJ. O recurso não comporta provimento. Primeiro porque, quando da afetação, a Corte Especial afastou a determinação de suspensão nacional dos processos que versem sobre a matéria (ProAfR no REsp 1.850.512/SP, Rel. Min. Og Fernandes, Corte Especial, *DJe* 24/11/2020). Em segundo lugar porque, tendo-se em conta que já há decisão firmada pelo STJ para o tema em comento, invoca-se a compreensão já estabelecida no sentido de que é desnecessário aguardar o trânsito em julgado para a aplicação de *decisum* paradigma (AgInt no AREsp 1.346.875/PE, Rel. Min. Mauro Campbell Marques, Segunda Turma, *DJe* 29.10.2019; AgInt nos EDcl no AREsp 1.391.283/MA, Rel. Min. Sérgio Kukina, Primeira Turma, *DJe* 12.6.2019)" (STJ, AgInt no REsp 2.060.149/SP, Rel. Min. Herman Benjamin, 2ª Turma, jul. 08.08.2023, *DJe* 30.10.2023).

Art. 1.040. Publicado o acórdão paradigma:

I – o presidente ou o vice-presidente do tribunal de origem negará seguimento aos recursos especiais ou extraordinários sobrestados na origem, se o acórdão recorrido coincidir com a orientação do tribunal superior;

II – o órgão que proferiu o acórdão recorrido, na origem, reexaminará o processo de competência originária, a remessa necessária ou o recurso anteriormente julgado, se o acórdão recorrido contrariar a orientação do tribunal superior;

III – os processos suspensos em primeiro e segundo graus de jurisdição retomarão o curso para julgamento e aplicação da tese firmada pelo tribunal superior;

IV – se os recursos versarem sobre questão relativa a prestação de serviço público objeto de concessão, permissão ou autorização, o resultado do julgamento será comunicado ao órgão, ao ente ou à agência reguladora competente para fiscalização da efetiva aplicação, por parte dos entes sujeitos a regulação, da tese adotada.

§ 1º A parte poderá desistir da ação em curso no primeiro grau de jurisdição, antes de proferida a sentença, se a questão nela discutida for idêntica à resolvida pelo recurso representativo da controvérsia.

§ 2º Se a desistência ocorrer antes de oferecida contestação, a parte ficará isenta do pagamento de custas e de honorários de sucumbência.

§ 3º A desistência apresentada nos termos do § 1º independe de consentimento do réu, ainda que apresentada contestação.

CPC/1973

Art. 543-C, § 7º.

BREVES COMENTÁRIOS

O julgamento da questão comum pelo tribunal superior, uma vez publicado, produzirá os seguintes efeitos sobre os recursos sobrestados na origem:

(a) se o acórdão recorrido coincidir com a orientação traçada pelo julgamento do STJ ou do STF, caberá ao presidente ou vice-presidente do tribunal de origem negar seguimento ao recurso até então suspenso (art. 1.040, I);

(b) em caso de divergência entre o acórdão recorrido e a orientação do tribunal superior, haverá reexame do processo de competência originária, da remessa necessária ou do recurso anteriormente julgado pelo órgão julgador local, podendo ocorrer, ou não, retratação (inciso II). Os autos, portanto, voltarão ao órgão colegiado prolator do acórdão, para realizar uma reapreciação do tema, cuja solução se revelou divergente do entendimento assentado pelo STJ ou pelo STF.

Se a suspensão ocorreu enquanto o processo estava em primeira instância ou aguardando julgamento no tribunal local, o feito, após a decisão do caso padrão, terá regular prosseguimento para aplicação da tese firmada pela Corte Superior (art. 1.040, III).

O CPC/2015 instituiu a necessidade de ser o resultado do julgamento de recursos repetitivos que versem sobre questão relativa à prestação de serviço público objeto de concessão, permissão ou autorização seja comunicado ao órgão, ao ente ou à agência reguladora competente. Esta diligência permitirá que estes agentes fiscalizem a efetiva aplicação da tese adotada pelo STJ ou STF por parte dos entes sujeitos à regulação (art. 1.040, IV).

O atual Código criou mecanismo para estimular as partes a desistir de ações que estejam discutindo questões já decididas pelas Cortes Superiores em recursos repetitivos, evitando a prolação de mérito desfavorável. Se a desistência for requerida antes da contestação, o autor ficará isento do pagamento das custas e dos honorários de sucumbência. A desistência, em qualquer caso, independe do consentimento do réu. Trata-se de exceção à regra geral do art. 485, § 4º, do CPC/2015. Entretanto, o autor deverá arcar com os encargos da sucumbência.

JURISPRUDÊNCIA SELECIONADA

1. Escopo da norma (inciso I). "A suspensão dos julgamentos das apelações que versam sobre a mesma questão jurídica submetida ao regime dos recursos repetitivos atende a exegese teleológico-sistêmica prevista, uma vez que, decidida a irresignação paradigmática, a tese fixada retorna à Instância *a quo* para que os recursos sobrestados se adéquem à tese firmada no STJ (art. 543-C, § 7º, I e II, do CPC) [art. 1.040, I e II, CPC/2015]. É que o novel instituto tem como *ratio essendi* evitar o confronto das decisões emanadas dos Tribunais da Federação com a jurisprudência do Superior Tribunal de Justiça, mercê de a um só tempo privilegiar os princípios da isonomia e da segurança jurídica. (...) Deveras, a estratégia político-jurisdicional do precedente, mercê de timbrar a interpenetração dos sistemas do civil *law* e do *common law*, consubstancia técnica de aprimoramento da aplicação isonômica do Direito, por isso que para 'casos iguais', 'soluções iguais'" (STJ, REsp 1.111.743/DF, Rel. p/ Acórdão Min. Luiz Fux, Corte Especial, jul. 25.02.2010, *DJe* 21.06.2010).

Publicação da decisão. Marco para julgamento dos processos sobrestados. "O pronunciamento definitivo acerca de uma matéria submetida ao regime dos recursos representativos de controvérsia perfectibiliza-se com o desfecho do julgamento no Órgão Colegiado competente – seja alguma das Seções Especializadas, seja a própria Corte Especial –, isto é, com a proclamação do resultado durante a sessão, sendo que a publicação do aresto guarda como principal corolário a autorização para que os Tribunais de segunda instância retomem o exame dos feitos de acordo com a orientação consagrada por este STJ" (STJ, AgRg nos EREsp 794.079/RS, Rel. Min. Castro Meira, 1ª Seção, jul. 28.04.2010, *DJe* 10.05.2010).

Adaptação do julgamento. Embargos de declaração. "O STJ admite Embargos de Declaração opostos com a finalidade de adaptar o julgamento à orientação adotada em recurso processado nos termos dos arts. 543-B e 543-C do CPC [arts. 1.036 e 1.040 do CPC/2015]" (STJ, EDcl no AgRg no Ag 1.397.269/AL, Rel. Min. Herman Benjamin, 2ª Turma, jul. 03.11.2011, *DJe* 08.11.2011).

2. Recurso cabível. Agravo regimental (inciso I). "Conforme decidido pela Corte Especial do STJ, no julgamento da QO no Ag. 1.154.599/SP, Rel. Min. Cesar Asfor Rocha, 'Não cabe agravo de instrumento contra decisão que nega seguimento a recurso especial com base no art. 543, § 7º, inciso I, do CPC [art. 1.040, I, do CPC/2015]'. O STJ aplica o entendimento de que a mencionada decisão somente pode ser atacada por Agravo Regimental a ser processado e julgado no Tribunal de Origem" (STJ, RMS 35.441/RJ, Rel. Min. Herman Benjamin, 2ª Turma, jul. 06.12.2012, *DJe* 19.12.2012).

Apreciação devidamente fundamentada. Art. 93, X, da Constituição Federal. "A Corte Especial do STJ, na sessão do dia 10.12.2009, no julgamento da Questão de Ordem alusiva aos Recursos Especiais ns. 1.148.726-RS, 1.154.288-RS, 1.155.480-RS e 1.158.872-RS, decidiu: 'a) A restituição, por decisão de órgão fracionário independentemente de acórdão, unipessoal de relator, ou da Presidência (NUPRE), dos recursos especiais à Corte de origem, para que sejam efetivamente apreciadas as apelações e/ou agravos como de direito, à luz do que determinam a Lei n. 11.672/2008 e a Resolução STJ n. 8/2008'" (STJ, QO no REsp 1.148.726, Rel. Min. Aldir Passarinho Junior, jul. 16.12.2009, *DJe* 18.12.2009).

Reclamação. Descabimento. "Nos termos do art. 105, I, 'f', da Constituição Federal de 1988, a reclamação é instrumento processual específico, e se presta apenas para preservar a competência e garantir a autoridade das decisões dos Tribunais. A instituição financeira, na verdade, pretende atacar, por intermédio de reclamação, os fundamentos de decisão baseada em entendimento firmado por esta Corte Superior, no âmbito de recurso representativo de controvérsia, o que não encontra previsão legal" (STJ, AgRg na Rcl 10.805/RS, Rel. Min. Luis Felipe Salomão, 2ª Seção, jul. 04.02.2013, *DJe* 07.02.2013).

3. Sobrestamento dos processos. "A admissão de recurso especial como representativo da controvérsia impõe o sobrestamento dos autos do processo em que foram interpostos recursos na origem, cuja matéria identifique-se com o tema afetado, para que, uma vez concluído o julgamento nesta Corte, seja o inconformismo apreciado na forma dos arts. 1.040 e 1.041 do Código Fux" (STJ, EDcl no AgInt no REsp 1.850.753/RJ, Rel. Min. Napoleão Nunes Maia Filho, 1ª Turma, jul. 05.10.2020, *DJe* 08.10.2020).

4. Aplicação da sistemática da repercussão geral. Trânsito em julgado. Desnecessidade. "O art. 1.040, inciso I, do Código de Processo Civil, é expresso em determinar que, publicado o acórdão paradigma proferido no julgamento do recurso extraordinário submetido à sistemática da repercussão geral, 'o presidente ou o vice-presidente do tribunal de origem negará seguimento aos recursos especiais ou extraordinários sobrestados na origem, se o acórdão recorrido coincidir com a orientação do tribunal superior'. A existência de decisão de mérito apreciada sob a sistemática da repercussão geral autoriza o julgamento imediato de causas que versarem sobre o mesmo tema, independentemente do trânsito em julgado do paradigma, sendo irrelevante a pendência de julgamento de embargos de declaração. Precedentes do STF" (STJ, AgInt no RE no AgRg no AgRg nos EDcl no AREsp 59.513/SP, Rel. Min. Laurita Vaz, Corte Especial, jul. 15.08.2018, *DJe* 24.08.2018).

5. Aplicação de tese firmada sob a sistemática dos recursos repetitivos. Trânsito em julgado. Desnecessidade. Ver jurisprudência do art. 1.039 do CPC/2015.

6. Desistência da ação após citação e antes da contestação. Honorários. Ver jurisprudência do art. 85 do CPC/2015.

7. Decisão de sobrestamento e de retorno dos autos à origem. Ausência de conteúdo decisório. Provimento irrecorrível. "O ato judicial que determina o sobrestamento e o retorno dos autos à Corte de origem, a fim de que exerça o juízo de retratação/conformação (arts. 1.040 e 1.041 do CPC/2015), não possui carga decisória e, por isso, constitui provimento irrecorrível (AgInt no AgInt no REsp n. 1.832.670/SP, relator Ministro Sérgio Kukina, Primeira Turma, *DJe* de 14/11/2022)" (STJ, AgInt no AgInt no AREsp 2.208.198/AM, Rel. Min. Mauro Campbell Marques, 2ª Turma, jul. 15.05.2023, *DJe* 18.05.2023).

Art. 1.041. Mantido o acórdão divergente pelo tribunal de origem, o recurso especial ou extraordinário será remetido ao respectivo tribunal superior, na forma do art. 1.036, § 1º.

§ 1º Realizado o juízo de retratação, com alteração do acórdão divergente, o tribunal de origem, se for o caso, decidirá as demais questões ainda não decididas cujo enfrentamento se tornou necessário em decorrência da alteração.

§ 2º Quando ocorrer a hipótese do inciso II do *caput* do art. 1.040 e o recurso versar sobre outras questões, caberá ao presidente ou ao vice-presidente do tribunal recorrido, depois do reexame pelo órgão de origem e independentemente de ratificação do recurso, sendo positivo o juízo de admissibilidade, determinar a remessa do recurso ao tribunal superior para julgamento das demais questões. (Redação dada pela Lei nº 13.256, de 04.02.2016).

REDAÇÃO PRIMITIVA DO CPC/2015

Art. 1.041 (...)

§ 2º Quando ocorrer a hipótese do inciso II do *caput* do art. 1.040 e o recurso versar sobre outras questões, caberá ao presidente do tribunal, depois do reexame pelo órgão de origem e independentemente de ratificação do recurso ou de juízo de admissibilidade, determinar a remessa do recurso ao tribunal superior para julgamento das demais questões.

CPC/1973

Art. 543-C, § 8º.

BREVES COMENTÁRIOS

Ocorrendo a manutenção do decisório local no juízo de reexame, proceder-seá à remessa dos autos à instância superior, para que lá seja apreciado o recurso (art. 1.041, *caput*). É de se notar, porém, que fatalmente haverá o especial ou extraordinário de ser admitido, porque o acórdão estará fundado em tese já definida pelo STJ ou STF, em sentido contrário àquele observado pelo Tribunal de segundo grau. Nesses termos, chegando à Corte Superior, o recurso será liminarmente provido, por decisão singular do relator, na forma do art. 932, V, *b*, do CPC/2015, uma vez que o acórdão terá sido proferido contra acórdão lavrado pelo STJ ou STF em julgamento de recursos repetitivos.

Por fim, se o recurso especial ou extraordinário interposto contra o acórdão do tribunal local que foi divergente à tese firmada no recurso representativo também versar sobre outras questões, deverá ser encaminhado à Corte Superior para que proceda ao seu julgamento. O presidente do tribunal de origem determinará a remessa ao STJ ou ao STF depois de realizado o juízo de retratação pelo tribunal local, uma vez solucionado positivamente o juízo de admissibilidade (art. 1.041, § 2º, com redação da Lei nº 13.256/2015). A subida do processo independe de ratificação do recurso, mas não prescinde do juízo de admissibilidade, como dispõe o novo texto do art. 1.041, alterado pela Lei nº 13.256/2015.

JURISPRUDÊNCIA SELECIONADA

1. Adequação. Necessidade de ratificação do recurso especial. "Trata-se de Agravo Interno contra decisão que entendeu necessária a ratificação do Recurso Especial quando o juízo de retratação modificar o acórdão para adequação aos temas repetitivos ou de repercussão geral, – *in casu*, os Temas 905/STJ e 810/STF – *a contrario sensu* da Súmula 579/STJ. De acordo com o art. 1.041, § 2º, do referido diploma legal, 'quando ocorrer a hipótese do inciso II do *caput* do art. 1.040 [seja novamente examinado pelo Tribunal de origem, caso o aresto hostilizado divirja do entendimento firmado nesta Corte (artigo 1.040, II, do CPC/2015)], e o recurso versar sobre outras questões, caberá ao presidente ou ao vice-presidente do Tribunal recorrido, depois do reexame pelo órgão de origem e independentemente de ratificação do recurso, sendo positivo o juízo de admissibilidade, determinar a remessa do recurso ao Tribunal Superior para julgamento das demais questões'. Diretriz metodológica que, por certo, deve alcançar também aqueles feitos que já tenham ascendido ao STJ. O Recurso Especial não tratou de questões outras. O Tribunal *a quo*, em juízo de retratação, proferiu novo julgamento e modificou o entendimento anteriormente exarado. Dessa forma, como houve alteração do fundamento adotado pela Corte de origem, a ratificação do apelo nobre anteriormente interposto seria medida de rigor, sob pena de aplicação, por analogia, da Súmula 579/STJ. Precedentes" (STJ, AgInt no REsp 1903067/SP, Rel. Min. Herman Benjamin, 2ª Turma, jul. 08.03.2021, *DJe* 16.03.2021).

2. Possibilidade de complementação das razões para impugnar novos fundamentos agregados ao acórdão. "Desnecessidade de interposição de um segundo recurso especial na hipótese de não retratação do acórdão recorrido, devendo o recurso já interposto ascender a esta Corte Superior 'ex vi legis'. Possibilidade, contudo, de complementação das razões do recurso especial, com o fim exclusivo de impugnar eventuais novos fundamentos agregados ao acórdão recorrido. Doutrina sobre o princípio da complementariedade recursal" (STJ, REsp 1.946.242/RJ, Rel. Min. Paulo de Tarso Sanseverino, 3ª Turma, jul. 14.12.2021, *DJe* 16.12.2021).

3. Decisão de sobrestamento e de retorno dos autos à origem. Ausência de conteúdo decisório. Provimento irrecorrível. Ver jurisprudência do art. 1.040 do CPC/2015.

JULGAMENTO DOS RECURSOS REPETITIVOS: INDICAÇÃO DOUTRINÁRIA

Alexandre Melo Franco de Moraes Bahia e Paula Valério Henriques. Recursos extraordinário e especial repetitivos no CPC/2015: uso e interpretação de acordo com o modelo constitucional de processo. *Revista de Processo*, v. 258, ano 41, p. 205-225. São Paulo: RT, ago/2016; Arruda Alvim. *Novo contencioso cível no CPC/2015*. São Paulo: Revista dos Tribunais, 2016; Cassio Scarpinella Bueno, *Manual de direito processual civil*, São Paulo: Saraiva, 2015; Cristiane Miranda Botelho e Regivano Fiorindo. Deliberação nas cortes superiores. Julgamento *per seriatim* e *per curiam*. Importância da fixação da *ratio decidendi*. Delineamento de técnicas processuais de distinção – *distinguishing*. Exame de caso paradigmático julgado pela turma nacional de uniformização dos juizados especiais federais. *Revista de Processo*, v. 258, ano 41, p. 317-341. São Paulo: RT, ago./2016; Daniel Amorim Assumpção Neves, *Manual de direito processo civil*, São Paulo: Método, 2015; Dierle Nunes, Comentários ao art. 1.037, In: Teresa Arruda Alvim Wambier *et al.*, *Breves comentários ao novo Código de Processo Civil*, São Paulo: Revista dos Tribunais, 2015, p. 2.329; Dierle Nunes, In: Teresa Arruda Alvim Wambier, Fredie Didier Jr., Eduardo Talamini, Bruno Dantas, *Breves comentários ao novo Código de Processo Civil*, São Paulo: Revista dos Tribunais, 2015; Diógenes V. Hassan Ribeiro, As ações repetitivas e a exigência de soluções complexas, *RBDPro* ano 22, n. 87, p. 31-56, jul.-set. 2014; Fátima Nancy Andrighi, Recursos repetitivos, *RP 158/265*; Fredie Didier Jr. e Leonardo Carneiro da Cunha, *Curso de direito processual civil: meios de impugnação às decisões judiciais e processos nos tribunais*, v. 3. p. 323-324; sobre o *amicus* curiae, ver Humberto Theodoro Júnior, *Curso de direito processual civil. 61 ed.*, Rio de Janeiro: Forense, 2021, v. I; Fredie Didier Jr., *Curso de direito processual civil*, 17. ed., Salvador: JusPodivm, 2015, v. I; Guilherme Rizzo Amaral, *Comentários às alterações do novo CPC*, São Paulo: Revista dos Tribunais, 2015; Gustavo Nogueira, A coletivização das demandas individuais no CPC/2015 e sua convivência com as demandas coletivas. *Revista de Processo*, v. 255, ano 41, p. 291-308. São Paulo: RT, maio 2016; Heitor Vitor Mendonça Sica. Brevíssimas reflexões sobre a evolução do tratamento da litigiosidade repetitiva no ordenamento brasileiro, do CPC/1973 ao CPC/2015, *Revista de Processo*, n. 257, p. 269-287, 2016; Hermes Zaneti Jr. Litigiosidade repetitiva? Avanços, desafios e perspectivas de futuro. In: Fernando Gonzaga Jayme *et. al. Inovações e modificações do Código Processo Civil.* Belo Horizonte: Del Rey, 2017, p. 487; Humberto Theodoro Junior, *Curso de direito processual civil*, 54. ed., Rio de Janeiro: Forense, 2021, v. III; Humberto Theodoro Júnior, *Curso de direito processual civil*, 56. ed., Rio de Janeiro: Forense, 2015, v. I, n. 284; Humberto Theodoro Junior, Fernanda Alvim Ribeiro de Oliveira, Ester Camila Gomes Norato Rezende (coord.), *Primeiras lições sobre o novo direito processual civil brasileiro*, Rio de Janeiro: Forense, 2015; Humberto Theodoro Junior. Demandas repetitivas: direito jurisprudencial. Tutela plurindividual, segundo o novo Código de Processo Civil: Incidente de resolução de demandas repetitivas e incidente de assunção de competência. In: Fernando Gonzaga Jayme *et. al. Inovações e modificações do Código Processo Civil.* Belo Horizonte: Del Rey, 2017, p. 469; Humberto Theodoro Júnior. Jurisprudência e precedentes vinculantes no Novo Código de Processo Civil – Demandas repetitivas. *Revista de Processo*, v.

255, ano 41, p. 359-372. São Paulo: RT, maio 2016; J. E. Carreira Alvim, *Comentários ao novo Código de Processo Civil*, Curitiba: Juruá, 2015; Jair Marocco. O STF como Corte interpretativa: criação do direito no plano constitucional e no plano legal. *Revista de Processo*, v. 260, ano 41, p. 305-326. São Paulo: RT, out./2016; José Miguel Garcia Medina, *Novo Código de Processo Civil comentado*, São Paulo: Revista dos Tribunais, 2015; Leonardo Greco, *Instituições de processo civil: introdução ao direito processual civil*, 5. ed., Rio de Janeiro: Forense, 2015; Luis Antônio Giampaulo Sarro, *Novo Código de Processo Civil*, São Paulo: Rideel, 2015; Luis Guilherme Aidar Bondioli. *In* José Roberto F. Gouvêa; Luis Guilherme A. Bondioli e João Francisco N da Fonseca (coord.). Comentários ao Código de Processo Civil. 2. ed., São Paulo: Saraiva, 2017 v. 20; Luis Guilherme Aidar Bondioli. *In* José Roberto F. Gouvêa; Luis Guilherme A. Bondioli e João Francisco N. da Fonseca (coord.). Comentários ao Código de Processo Civil. 2. ed., São Paulo: Saraiva, 2017, v. 20; Luiz Alberto Gurgel Faria. Recursos repetitivos e o novo CPC. In: Aluisio Gonçalves de Castro Mendes (coord.). *O Novo Código de Processo Civil: Programa de Estudos Avançados em Homenagem ao Ministro Arnaldo Esteves Lima.* Rio de Janeiro: Emarf, 2016. p. 173; Luiz Dellore e Ricardo Maffeis Martins. Recurso Especial Repetitivo: escolha do recurso e (in)efetividade dos julgamentos. In: Fredie Didier Jr., (coord.). Processo nos Tribunais e Meios de Impugnação às Decisões Judiciais. 2. ed. Salvador: JusPodivm, 2016, p. 1099; Luiz Guilherme Marinoni, Sérgio Cruz Arenhart, Daniel Mitidiero, *Curso de processo civil*, São Paulo: Revista dos Tribunais, 2015, v. I; Luiz Guilherme Marinoni; Daniel Mitidiero. *In* Sérgio Cruz Arenhart e Daniel Mitidiero (coord.). *Comentários ao Código de Processo Civil.* 2. ed., São Paulo: Editora Revista dos Tribunais, 2018, v. 16; Marcela Kohlbach de Faria, Recursos repetitivos no novo Código de Processo Civil. Uma análise comparativa, *Revista de Processo*, n. 209, São Paulo, jul. 2012, p. 343; Ravi Peixoto. A técnica da distinção (*distinguishing*) e o CPC/2015. In: Thereza Arruda *et al. O Novo Código de Processo Civil Brasileiro – Estudos dirigidos: Sistematização e procedimentos.* Rio de Janeiro: Forense, 2015, p. 637; Ricardo Villas Bôas Cueva. Técnica de julgamento dos recursos repetitivos e a constitucionalidade das decisões vinculativas e outras novidades do CPC/2015. *Revista de Processo*, n. 257, p. 269-287, *2016;* Rodrigo Valente Giublin Teixeira, Recursos fundados em idêntica questão de direito no âmbito do Superior Tribunal de Justiça, *RP 191/161;* Teresa Arruda Alvim Wambier, Fredie Didier Jr., Eduardo Talamini, Bruno Dantas (coord.), *Breves comentários ao novo Código de Processo Civil*, São Paulo: Revista dos Tribunais, 2015; Teresa Arruda Alvim Wambier, Maria Lúcia Lins Conceição, Leonardo Ferres da Silva Ribeiro, Rogério Licastro Torres de Melo, *Primeiros comentários ao novo Código de Processo Civil*, São Paulo: Revista dos Tribunais, 2015; Teresa Arruda Alvim Wambier. Agravo em recurso e em recurso extraordinário. In: Luiz Rodrigues Wambier; Teresa Arruda Alvim Wambier. *Temas essenciais do Novo CPC.* São Paulo: RT, 2016, p. 609-615; Caroline Martynetz. A participação das agências reguladoras nos processos coletivos. *Revista de Processo*, n. 320, out. 2021, p. 297 e ss.

Seção III
Do Agravo em Recurso Especial e em Recurso Extraordinário

Art. 1.042. Cabe agravo contra decisão do presidente ou do vice-presidente do tribunal recorrido que inadmitir recurso extraordinário ou recurso especial, salvo quando fundada na aplicação de entendimento firmado em regime de repercussão geral ou em julgamento de recursos repetitivos. (Redação dada pela Lei nº 13.256, de 04.02.2016)

I – (Revogado pela Lei nº 13.256, de 04.02.2016);

II – (Revogado pela Lei nº 13.256, de 04.02.2016);

III – (Revogado pela Lei nº 13.256, de 04.02.2016).

§ 1º (Revogado pela Lei nº 13.256, de 04.02.2016):

I – (Revogado pela Lei nº 13.256, de 04.02.2016);

II – (Revogado pela Lei nº 13.256, de 04.02.2016):

a) (Revogada pela Lei nº 13.256, de 04.02.2016);

b) (Revogada pela Lei nº 13.256, de 04.02.2016).

§ 2º A petição de agravo será dirigida ao presidente ou ao vice-presidente do tribunal de origem e independe do pagamento de custas e despesas postais, aplicando-se a ela o regime de repercussão geral e de recursos repetitivos, inclusive quanto à possibilidade de sobrestamento e do juízo de retratação. (Redação dada pela Lei nº 13.256, de 04.02.2016)

§ 3º O agravado será intimado, de imediato, para oferecer resposta no prazo de 15 (quinze) dias.

§ 4º Após o prazo de resposta, não havendo retratação, o agravo será remetido ao tribunal superior competente.

§ 5º O agravo poderá ser julgado, conforme o caso, conjuntamente com o recurso especial ou extraordinário, assegurada, neste caso, sustentação oral, observando-se, ainda, o disposto no regimento interno do tribunal respectivo.

§ 6º Na hipótese de interposição conjunta de recursos extraordinário e especial, o agravante deverá interpor um agravo para cada recurso não admitido.

§ 7º Havendo apenas um agravo, o recurso será remetido ao tribunal competente, e, havendo interposição conjunta, os autos serão remetidos ao Superior Tribunal de Justiça.

§ 8º Concluído o julgamento do agravo pelo Superior Tribunal de Justiça e, se for o caso, do recurso especial, independentemente de pedido, os autos serão remetidos ao Supremo Tribunal Federal para apreciação do agravo a ele dirigido, salvo se estiver prejudicado.

REDAÇÃO PRIMITIVA DO CPC/2015

Art. 1.042. Cabe agravo contra decisão de presidente ou de vice-presidente do tribunal que:

I – indeferir pedido formulado com base no art. 1.035, § 6º, ou no art. 1.036, § 2º, de inadmissão de recurso especial ou extraordinário intempestivo;

II – inadmitir, com base no art. 1.040, inciso I, recurso especial ou extraordinário sob o fundamento de que o acórdão recorrido coincide com a orientação do tribunal superior;

III – inadmitir recurso extraordinário, com base no art. 1.035, § 8º, ou no art. 1.039, parágrafo único, sob o fundamento de que o Supremo Tribunal Federal reconheceu a inexistência de repercussão geral da questão constitucional discutida.

§ 1º Sob pena de não conhecimento do agravo, incumbirá ao agravante demonstrar, de forma expressa:

I – a intempestividade do recurso especial ou extraordinário sobrestado, quando o recurso fundar-se na hipótese do inciso I do *caput* deste artigo;

II – a existência de distinção entre o caso em análise e o precedente invocado, quando a inadmissão do recurso:

a) especial ou extraordinário fundar-se em entendimento firmado em julgamento de recurso repetitivo por tribunal superior;

b) extraordinário fundar-se em decisão anterior do Supremo Tribunal Federal de inexistência de repercussão geral da questão constitucional discutida.

§ 2º A petição de agravo será dirigida ao presidente ou vice-presidente do tribunal de origem e independe do pagamento de custas e despesas postais.

CPC/1973

Art. 544.

REFERÊNCIA LEGISLATIVA

Lei nº 12.322, de 09.09.2010 (Transforma o agravo de instrumento interposto contra decisão que não admite recurso extraordinário ou especial em agravo nos próprios autos).

Resolução do STJ nº 7, de 09.12.2010 (Dispõe sobre a alteração introduzida pela Lei n. 12.322/2010 no processamento do agravo interposto contra decisão que inadmite recurso especial).

Resolução do STF nº 427, de 20.04.2010 (Regulamenta o processo eletrônico no âmbito do Supremo Tribunal Federal).

SÚMULAS

Súmulas do STF:

nº 288: "Nega-se provimento a agravo para subida de recurso extraordinário, quando faltar no translado o despacho agravado, a decisão recorrida, a petição de recurso extraordinário ou qualquer peça essencial à compreensão da controvérsia".

nº 639: "Aplica-se a Súmula nº 288 quando não constarem do translado do agravo de instrumento as cópias das peças necessárias à verificação da tempestividade do recurso extraordinário não admitido pela decisão agravada".

nº 727: "Não pode o magistrado deixar de encaminhar ao Supremo Tribunal Federal o agravo de instrumento interposto da decisão que não admite recurso extraordinário, ainda que referente a causa instaurada no âmbito dos Juizados Especiais".

Súmulas do TJRGS

nº 24: "É desnecessária a autenticação ao instrumento do agravo não impugnado pela parte adversa".

CJF – I JORNADA DE DIREITO PROCESSUAL CIVIL

Enunciado 77 – Para impugnar decisão que obsta trânsito a recurso excepcional e que contenha simultaneamente fundamento relacionado à sistemática dos recursos repetitivos ou da repercussão geral (art. 1.030, I, do CPC) e fundamento relacionado à análise dos pressupostos de admissibilidade recursais (art. 1.030, V, do CPC), a parte sucumbente deve interpor, simultaneamente, agravo interno (art. 1.021 do CPC) caso queira impugnar a parte relativa aos recursos repetitivos ou repercussão geral e agravo em recurso especial/extraordinário (art. 1.042 do CPC) caso queira impugnar a parte relativa aos fundamentos de inadmissão por ausência dos pressupostos recursais.

BREVES COMENTÁRIOS

Prevê o art. 1.042 (redação da Lei nº 13.256/2016) que, em regra, a decisão do presidente ou do vice-presidente do tribunal de origem que inadmite o recurso extraordinário ou especial desafia agravo endereçado ao tribunal superior (hipótese que a jurisprudência denomina de agravo em recurso extraordinário ou agravo em recurso especial).

Ressalva o mesmo dispositivo (com texto inovado pela Lei nº 13.256/2016), que o agravo nele previsto não será cabível quando a inadmissão do recurso tiver sido fundada na aplicação de entendimento firmado em regime de repercussão geral ou em julgamento de recursos repetitivos. Para tal situação, caberá o agravo interno para o colegiado do próprio tribunal de origem, como dispõe o § 2º do art. 1.030, com a redação da Lei nº 13.256/2016.

Diante da ressalva em questão, e da redução a que se submeteu o texto do inciso III do art. 521, que especificamente se reporta ao "agravo do art. 1042", para dispensar a prestação de caução na execução provisória, não há como estender a regalia aos casos em que a decisão exequenda se achar sob pendência de agravo do art. 1.030, § 2º (ou seja, se o recurso inadmitido se achar na pendência de agravo interno em curso no tribunal local, a execução provisória não estará isenta de caução).

O agravo deve ser interposto no prazo de 15 dias e a petição será dirigida ao presidente ou vice-presidente do tribunal de origem. O recurso independe de pagamento de custas e despesas postais. O agravado terá também o prazo de 15 dias para apresentar contrarrazões. Aplica-se ao procedimento do agravo em questão o regime de repercussão geral e de recursos repetitivos, inclusive quanto à possibilidade de sobrestamento e do juízo de retratação.

Não havendo retratação por parte do presidente ou do vice-presidente do tribunal de origem, o agravo será remetido ao tribunal superior. O juízo de admissibilidade é de competência exclusiva da Corte superior, razão pela qual, ainda que intempestivo, o recurso não pode ser obstado na origem.

É possível que o agravo seja julgado conjuntamente com o recurso especial ou extraordinário, hipótese em que será assegurada a realização de sustentação oral pelo recorrente.

Havendo sido interpostos, simultaneamente, recurso extraordinário e recurso especial, deverá ser interposto um agravo para cada recurso não admitido. Nesse caso, os autos serão remetidos primeiramente ao STJ. Finalizado o julgamento naquela Corte, os autos serão remetidos ao STF, independentemente de pedido, para apreciação dos recursos a ele endereçados. Os autos somente não serão encaminhados ao STF se o agravo em recurso extraordinário ficar prejudicado pela decisão proferida no agravo em recurso especial.

JURISPRUDÊNCIA SELECIONADA

1. Agravo em recurso especial. Interposição contra decisão publicada na vigência do CPC/2015. "Com o advento do Código de Processo Civil de 2015 passou a existir expressa previsão legal no sentido do não cabimento de agravo contra decisão que **não admite recurso especial quando a matéria nele veiculada já houver sido decidida pela Corte de origem em conformidade com recurso repetitivo** (art. 1.042, *caput*). Tal disposição legal aplica-se aos agravos apresentados contra decisão publicada após a entrada em vigor do Novo CPC, em conformidade com o princípio *tempus regit actum*" (STJ, AREsp 959.991/RS, Rel. Min. Marco Aurélio Bellizze, 3ª Turma, jul. 16.08.2016, *DJe* 26.08.2016).

"O recurso cabível contra a decisão que nega seguimento a recurso especial com base em julgamento de recurso repetitivo é o agravo interno. Tendo sido a decisão que não admitiu o recurso especial publicada já na vigência do atual Código de Processo Civil, mostra-se manifestamente incabível o manejo do recurso previsto no artigo 1.042 do novo CPC/2015, sendo inviável a aplicação do princípio da fungibilidade" (STJ, AgInt no AREsp 1447394/AP, Rel. Min. Sérgio Kukina, 1ª Turma, jul 10.06.2019, *DJe* 12.06.2019).

2. Cabimento de agravo para o STJ. "O Superior Tribunal de Justiça possui competência para apreciar agravo de instrumento em duas únicas hipóteses, quais sejam, quando formulado contra provimento que não admite processamento de recurso especial (artigo 544 do CPC) [art. 1.042 do CPC/2015] e nas decisões interlocutórias proferidas nas causas em que são partes, de um lado, Estado estrangeiro ou organismo internacional e, do outro, Município ou pessoa residente ou domiciliada no País (artigo 539, II, 'b' e parágrafo único, do CPC)" (STJ, AgRg no Ag 1.068.872/MG, Rel. Min. Paulo Gallotti, 6ª Turma, jul. 30.10.2008, *DJe* 24.11.2008).

3. Prazo.

Prorrogação. Suspensão do expediente forense no último dia. "Deve ser conhecido agravo de instrumento interposto no termo final do prazo e que se prorrogou por suspensão do expediente forense no juízo de origem, ainda que a prova da causa da prorrogação tenha sido produzida apenas em agravo regimental" (STF, AI 322.528 AgR, Rel. Min. Cezar Peluso, 1ª Turma, jul. 29.06.2004, *DJ* 03.09.2004, *RTJ* 192/327). **No mesmo sentido:** STF, Ag. Reg. no RE 452.780/MG, Rel. p/ ac. Min. Cezar Peluso, jul. 23.05.2006, *DJ* 18.08.2006. **Obs.:** Na vigência do CPC/2015, o STF e o STJ alteraram sua jurisprudência para firmar o entendimento de que o comprovante da suspensão do expediente (feriado local) tem de constar do próprio recurso afetado (cf. comentários ao art. 1.029).

Interrupção de prazo para interposição de agravo em recuso especial. Inocorrência. Ver jurisprudência do art. 1.022 do CPC/2015.

Litisconsortes com patronos diversos. Prazo em dobro. Inaplicabilidade. "O prazo em dobro previsto no art. 229 do CPC/2015, correspondente ao art. 191 do CPC/1973, não se aplica para o agravo interposto contra a decisão que nega seguimento a recurso especial, mesmo que haja litisconsortes com procuradores diversos, porquanto somente o autor dessa irresignação possuirá interesse e legitimidade para recorrer (AgInt no AREsp 1.081.447/GO, Rel. Ministro Herman Benjamin, Segunda Turma, julgado em 24.10.2017, *DJe* 19.12.2017)" (STJ, AgInt no AREsp 1250938/SP, Rel. Min. Og Fernandes, 2ª Turma, jul. 09.10.2018, *DJe* 15.10.2018).

4. Competência.

Agravo e recurso especial. "A competência para o julgamento do agravo previsto no art. 1.042 do CPC é do tribunal superior para o qual é dirigido. Diversamente do que ocorre com os recursos especial e extraordinário, esse agravo não está sujeito a juízo de prelibação pela Corte *a quo* (art. 1.042, § 4º, do CPC). Hipótese em que, embora correta a assertiva contida na decisão reclamada, de que a negativa de seguimento do recurso especial fundada em precedente obrigatório formado em julgamento de recurso repetitivo desafia o agravo interno previsto no art. 1.030, § 2º, do CPC, não compete ao Tribunal de origem decidir sobre o cabimento do agravo em recurso especial interposto no processo, mas a este Superior Tribunal de Justiça" (STJ, Rcl 39.515/PE, Rel. Min. Gurgel de Faria, 1ª Seção, jul. 10.06.2020, *DJe* 29.06.2020).

Obstrução do regular processamento de agravo em recurso especial. Decisão de inadmissibilidade que não se limitou a aplicar precedente exarado sob o regime dos recursos repetitivos. Usurpação de competência caracterizada. "Assim, embora o suscitado malferimento do art. 538 do CPC/73 tenha sido obstado com base na suposta adequação do aresto recorrido à orientação contemplada no REsp 1.410.839/SC, sob o regime do art. 543-C do CPC/73, os demais pontos impugnados no apelo especial não foram admitidos sob fundamentação diversa. Ou seja, o juízo de origem afastou a existência de afronta ao art. 535 do CPC/73 e, quanto aos demais dispositivos tidos por aviltados, o Tribunal aplicou os óbices contidos nas Súmulas 7/STJ e 284/STF. Logo, não poderia ter o juízo reclamado indeferido a subida do agravo em recurso especial, obstaculizando o exercício da competência do Superior Tribunal de Justiça a respeito dos requisitos de admissibilidade do apelo nobre, mormente no que diz respeito à incidência da Súmula 7/STJ e 284/STF" (STJ, Rcl 30.906/RJ, Rel. Min. Og Fernandes, 1ª Seção, jul. 22.03.2017, *DJe* 28.03.2017).

5. Requisitos.

a) Impugnação de todos os fundamentos da decisão agravada.

Não conhecimento do agravo em recurso especial que não ataca os fundamentos da decisão recorrida. Impugnação tardia em agravo interno. Impossibilidade. "Incumbe à parte, no agravo em recurso especial, atacar os fundamentos da decisão de inadmissão do recurso na origem. Não o fazendo, é correta a decisão que não conhece do agravo nos próprios autos. Conforme a jurisprudência, a impugnação tardia dos fundamentos da decisão que negou seguimento ao recurso especial (somente por ocasião do manejo de agravo interno), além de caracterizar imprópria inovação recursal, não afasta o vício do agravo em recurso especial, ante a preclusão consumativa. Precedentes: AgInt no AREsp n. 888.241/ES, relator Ministro Marco Buzzi, Quarta Turma, julgado em 6/4/2017, *DJe* 19/4/2017; AgInt no AREsp n. 1.036.445/SP, relatora Ministra Regina Helena Costa, Primeira Turma, julgado em 4/4/2017, *DJe* 17/4/2017; AgInt no AREsp n. 1.006.712/SP, relatora Ministra Assusete Magalhães, Segunda Turma, julgado em 9/3/2017, *DJe* 16/3/2017" (STJ, AgInt no AREsp 1.832.876/SP, Rel. Min. Francisco Falcão, 2ª Turma, jul. 28.11.2022, *DJe* 01.12.2022).

b) Razões do agravo em recurso especial e do agravo em recurso extraordinário cumuladas em uma única peça. Descabimento. "Nos termos do art. 1.042, § 6º, do CPC/2015, 'o agravante deverá interpor um agravo para cada recurso não admitido'. No caso em exame, o agravante cumulou, em uma única peça, as razões do agravo em recurso especial e do agravo em recurso extraordinário, o que impede o conhecimento da irresignação. Precedentes. A interposição, em única petição, das razões do recurso especial e do extraordinário viola o disposto no art. 1.029, *caput*, do CPC/2015, segundo o qual, 'O recurso extraordinário e o recurso especial, nos casos previstos na Constituição Federal, serão interpostos perante o presidente ou o vice-presidente do tribunal recorrido, em petições distintas'. Precedentes" (STJ, AgInt no AREsp 1.815.893/RJ, Rel. Min. Antonio Carlos Ferreira, 4ª Turma, jul. 03.05.2021, *DJe* 06.05.2021).

Impugnação parcial da decisão recorrida. "Não é condição de admissibilidade do agravo de instrumento a impugnação de todos os fundamentos da decisão agravada, quando independentes e suficientes de per si a viabilizar a subida do recurso especial" (STJ, AgRg no Ag 863.773/DF, Rel. Min. Eliana Calmon, 2ª Turma, jul. 14.08.2007, *DJ* 23.08.2007, p. 249).

c) Formação do instrumento.

Irregularidade na cadeia de substabelecimento do mandato advocatício. Sobre a sanabilidade dessa falha, ver, *retro*, a jurisprudência do art. 76.

Defeito de cópia de peça. "Não inviabiliza o agravo de instrumento a existência de cópias ditas ilegíveis, mas que não comprometam a compreensão da controvérsia" (STJ, AgRg nos EDcl no Ag. 777.598/RJ, Rel. Min. Nancy Andrighi, 3ª Turma, jul. 16.11.2006, *DJ* 04.12.2006, p. 305). **Obs.:** Jurisprudência anterior à Lei nº 12.322, de 09.09.2010.

d) Autenticação de peças.

"A autenticação das peças que instruem o agravo de instrumento, previsto no art. 525, I, do CPC [art. 1.017, I, do CPC/2015], não é requisito de admissibilidade recursal" (STJ, REsp 1.111.001/SP, Rel. Min. Luiz Fux, Corte Especial, jul. 04.11.2009, *DJe* 30.11.2009).

"Inexistindo impugnação relativa à autenticidade das peças que instruem o agravo de instrumento, e sendo sempre possível, na instância ordinária, o suprimento da exigência de autenticação, descabe o não conhecimento do recurso por tal motivo" (STJ, REsp 710.165/GO, Rel. Min. Aldir Passarinho Junior, 4ª Turma, jul. 08.03.2005, *DJ* 25.04.2005, p. 358).

6. Princípio da instrumentalidade. "Em linha de princípio, não deve ser conhecido o Agravo de Instrumento quando constatada a sua irregularidade formal, em razão da ausência das peças necessárias à sua formação, nos termos do art. 544, § 1º, do CPC [art. 1.042, § 6º, do CPC/2015]. Entretanto, em respeito ao princípio da instrumentalidade das formas, consubstanciado nos arts. 154, 244 e 250 do CPC [arts. 188, 277 e

283 do CPC/2015] , a jurisprudência desta Corte tem afastado o rigor formal do agravo de instrumento, em casos excepcionais, como naquele em que as peças juntadas ao instrumento, mesmo incompletas, permitem a compreensão da controvérsia, como no caso, mas sem qualquer antecipação quanto ao juízo do mérito recursal. Precedentes: AgRg no Ag 1.350.479/PE, Rel. Min. Humberto Martins, *DJE* 2.3.2011 e AgRg no Ag 1.322.327/RJ, Rel. Min. João Otávio de Noronha, *DJE* 7.2.2011" (STJ, AgRg no AgRg no Ag 1.372.307/PB, Rel. Min. Napoleão Nunes Maia Filho, 1ª Turma, jul. 07.02.2012, *DJe* 16.02.2012). **Obs.:** Jurisprudência anterior à Lei nº 12.322, de 09.09.2010. Cf. parágrafo único do art. 922 do CPC/2015, que manda ao relator conceder prazo ao recorrente para que seja sanado vício de complementação da documentação exigível, antes de considerar inadmissível o recurso.

"A certidão de intimação da decisão interlocutória agravada, a fim de possibilitar o exame da tempestividade do recurso, é peça obrigatória na instrução do agravo, sob pena de não conhecimento. Todavia, se, por outro meio, ficar evidenciado ser o agravo tempestivo, a ausência da peça deve ser relevada. As formalidades processuais não podem ser exaltadas como valores sagrados a serem adorados por si mesmos, sob o risco de se atribuir a inócuas filigranas formais insuperáveis empeços de acesso à Justiça. Ao contrário, a elas é conferido um limitado respeito, devendo ser preservadas enquanto sirvam de elemento ordenador para o desenvolvimento e a condução dos processos. Recurso especial conhecido e provido" (STJ, REsp 466.349/PR, Rel. Min. Cesar Asfor Rocha, 4ª Turma, jul. 21.11.2002, *DJ* 10.03.2003, p. 240). **Obs.:** Jurisprudência anterior à Lei nº 12.322, de 09.09.2010. Cf. parágrafo único do art. 922 do CPC/2015.

7. Recurso especial inadmitido.

Não manifestação de agravo. "Na mesma linha da orientação jurisprudencial cristalizada na Súmula 126 do STJ, é inadmissível o recurso especial, se a parte vencida, uma vez indeferido o processamento do recurso extraordinário, não manifesta o cabível agravo de instrumento" (STJ, AgRg no REsp 68.316-5/SP, Rel. Min. Demócrito Reinaldo, 1ª Turma, jul. 06.11.1995, *DJ* 27.11.1995, p. 40.853). **Obs.:** Jurisprudência anterior à Lei nº 12.322, de 09.09.2010.

Inadmissão em parte. "Interposto o recurso extraordinário por mais de um dos fundamentos indicados no art. 101, III, da Constituição, a admissão apenas por um deles não prejudica o seu conhecimento por qualquer dos outros (Súmula do STF, Enunciado 292). Se a decisão contiver partes autônomas, a admissão parcial, pelo Presidente do Tribunal *a quo*, de recurso extraordinário que sobre qualquer delas se manifestar, não limitará a apreciação de todas pelo Supremo Tribunal Federal, independentemente de interposição de agravo de instrumento (Súmula do STF, Enunciado 528)" (STJ, AgRg no Ag 497.246/SP, Rel. Min. Hamilton Carvalhido, 6ª Turma, jul. 07.10.2003, *DJ* 09.12.2003, p. 356). **No mesmo sentido:** STJ, AgRg no Ag 489.162/SP, Rel. Min. Teori Albino Zavascki, 1ª Turma, jul. 07.10.2003, *DJ* 28.10.2003, p. 197. **Obs.:** jurisprudência anterior à Lei nº 12.322, de 09.09.2010.

8. Abrangência da análise da admissibilidade pelo STF. "O juízo de admissibilidade emanado da Presidência do Tribunal *a quo*, seja ele positivo ou negativo, precisamente porque veiculado em ato decisório de caráter preliminar, instável e provisório, não importa preclusão da faculdade processual que assiste ao Supremo Tribunal Federal de reapreciar, em toda a sua extensão, a ocorrência, ou não, dos pressupostos legitimadores da interposição do recurso extraordinário" (STF, AgRg no AI 127.021/SP, Rel. Min. Celso de Mello, 1ª Turma, jul. 05.12.1995; *Revista Trimestral de Jurisprudência* 190/677).

9. Medida cautelar. Efeito suspensivo a recurso especial denegado na origem. "Consoante iterativa jurisprudência desta Corte Superior de Justiça, não se admite medida cautelar tendente a atribuir efeito suspensivo a agravo de instrumento interposto contra decisão de inadmissão de recurso especial, salvo a título excepcional, quando se revelar teratológica a decisão recorrida e houver fundado receio de grave lesão a direito, o que não ocorre na hipótese. Como de sabença, para concessão de efeito suspensivo a recurso especial é necessária a demonstração do *periculum in mora*, que se traduz na urgência da prestação jurisdicional no sentido de evitar que quando do provimento final não tenha mais eficácia o pleito deduzido em juízo, bem como a caracterização do *fumus boni iuris*, ou seja, que haja plausividade do direito alegado" (STJ, AgRg na MC 16.232/SP, Rel. Min. Vasco Della Giustina, 3ª Turma, jul. 24.11.2009, *DJe* 04.12.2009).

10. Agravo contra decisão que julga prejudicado recurso por haver decisão com repercussão geral. "Não é cabível agravo de instrumento da decisão do tribunal de origem que, em cumprimento do disposto no § 3º do art. 543-B, do CPC [art. 1.036 do CPC/2015], aplica decisão de mérito do STF em questão de repercussão geral" (STF, AI 760.358 QO, Rel. Min. Gilmar Mendes (Presidente), Tribunal Pleno, jul. 19.11.2009, *DJe* 18.02.2010). Cf. art. 1.039 do CPC/2015.

11. Efeito do acolhimento do agravo. "O mero provimento a agravo de instrumento para subida e exame de recurso extraordinário não implica admissibilidade deste, nem pré-juízo sobre suas razões" (STF, AgRg no AgIn 621.535-1/SP, Rel. Min. Cezar Peluso, jul. 31.03.2009, *DJe* 30.04.2009).

12. Processamento do agravo. "O agravo de instrumento endereçado ao Superior Tribunal de Justiça não pode ser trancado pelo Presidente do Tribunal *a quo*" (STJ, Recl 473/DF, Rel. Min. Ari Pargendler, 1ª Seção, jul. 10.03.1999, *DJU* 21.06.1999). **No mesmo sentido:** STJ, Recl 554/MG, Rel. Min. Sálvio de Figueiredo Teixeira, 2ª Seção, jul. 11.11.1998, *DJ* 15.03.1999. Cf. art. 1.042, §§ 4º e 6º, do CPC/2015, que ordena a remessa do agravo ao tribunal superior, logo após o prazo de resposta.

13. Agravo interno.

Falta de impugnação de capítulos autônomos e/ou independentes da decisão monocrática agravada. Preclusão. "Diante desse contexto normativo e doutrinário, deve prevalecer a jurisprudência desta Corte no sentido de que a ausência de impugnação, no agravo interno, de capítulo autônomo e/ou independente da decisão monocrática do relator – proferida ao apreciar recurso especial ou agravo em recurso especial – apenas acarreta a preclusão da matéria não impugnada, não atraindo a incidência da Súmula 182 do STJ. Ressalte-se, contudo, o dever da parte de refutar 'em tantos quantos forem os motivos autonomamente considerados' para manter os capítulos decisórios objeto do agravo interno total ou parcial (AgInt no AREsp 895.746/SP, relator Ministro Mauro Campbell Marques, Segunda Turma, julgado em 9.8.2016, *DJe* 19.8.2016)" (STJ, EREsp 1.424.404/SP, Rel. Min. Luis Felipe Salomão, Corte Especial, jul. 20.10.2021, *DJe* 17.11.2021).

14. Agravo interno (art. 1.030, § 2º) e agravo em recurso especial (art. 1.042). Interposição simultânea. Ver jurisprudência do art. 1.030.

15. Decisão que nega seguimento a recurso extraordinário. Recurso cabível. Ver jurisprudência do art. 1.030.

16. Decisão de não admissão do recurso especial. Pedido de reconsideração. Fungibilidade. "Quando apresentado pedido de reconsideração da decisão de inadmissibilidade do recurso especial, em que conste expressamente o pleito subsidiário de seu recebimento como agravo em recurso especial, torna-se possível a aplicação do princípio da fungibilidade, fazendo-se um paralelo com o entendimento desta Corte Superior acerca do agravo interno, que também possui efeito regressivo, de modo que estará configurada a usurpação de competência do STJ em caso de não recebimento" (STJ, Rcl 46.756/RJ, Rel. Min. Marco Aurélio Bellizze, 2ª Seção, jul. 18.04.2024, *DJe* 25.04.2024).

Seção IV
Dos Embargos de Divergência

Art. 1.043. É embargável o acórdão de órgão fracionário que:

I – em recurso extraordinário ou em recurso especial, divergir do julgamento de qualquer outro órgão do mesmo tribunal, sendo os acórdãos, embargado e paradigma, de mérito;

II – (Revogado pela Lei nº 13.256, de 04.02.2016);

III – em recurso extraordinário ou em recurso especial, divergir do julgamento de qualquer outro órgão do mesmo tribunal, sendo um acórdão de mérito e outro que não tenha conhecido do recurso, embora tenha apreciado a controvérsia;

IV – (Revogado pela Lei nº 13.256, de 04.02.2016).

§ 1º Poderão ser confrontadas teses jurídicas contidas em julgamentos de recursos e de ações de competência originária.

§ 2º A divergência que autoriza a interposição de embargos de divergência pode verificar-se na aplicação do direito material ou do direito processual.

§ 3º Cabem embargos de divergência quando o acórdão paradigma for da mesma turma que proferiu a decisão embargada, desde que sua composição tenha sofrido alteração em mais da metade de seus membros.

§ 4º O recorrente provará a divergência com certidão, cópia ou citação de repositório oficial ou credenciado de jurisprudência, inclusive em mídia eletrônica, onde foi publicado o acórdão divergente, ou com a reprodução de julgado disponível na rede mundial de computadores, indicando a respectiva fonte, e mencionará as circunstâncias que identificam ou assemelham os casos confrontados.

§ 5º (Revogado pela Lei nº 13.256, de 04.02.2016)

REDAÇÃO PRIMITIVA DO CPC/2015

Art. 1.043 (...)

II – em recurso extraordinário ou em recurso especial, divergir do julgamento de qualquer outro órgão do mesmo tribunal, sendo os acórdãos, embargado e paradigma, relativos ao juízo de admissibilidade; (...)

IV – nos processos de competência originária, divergir do julgamento de qualquer outro órgão do mesmo tribunal. (...)

§ 5º É vedado ao tribunal inadmitir o recurso com base em fundamento genérico de que as circunstâncias fáticas são diferentes, sem demonstrar a existência da distinção.

CPC/1973

Art. 546.

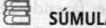

REFERÊNCIA LEGISLATIVA

Regimento Interno do STF, arts. 330 e 333 (ver Legislação Especial).

Regimento Interno do STJ, art. 268 (ver Legislação Especial).

SÚMULAS

Súmulas do STJ:

nº 158: "Não se presta a justificar embargos de divergência o dissídio com acórdão de Turma ou Seção que não mais tenha competência para a matéria neles versada".

nº 168: "Não cabem embargos de divergência, quando a jurisprudência do tribunal se firmou no mesmo sentido do acórdão embargado".

nº 315: "Não cabem embargos de divergência no âmbito do agravo de instrumento que não admite recurso especial".

nº 316: "Cabem embargos de divergência contra acórdão que, em agravo regimental, decide recurso especial".

nº 420: "Incabível, em embargos de divergência, discutir o valor de indenização por danos morais".

BREVES COMENTÁRIOS

Os embargos de divergência, já previstos no Código anterior (CPC/73, art. 546), têm a função de uniformizar a jurisprudência interna das Cortes Superiores, pois o seu cabimento se dá sempre que houver divergência de entendimento entre turmas ou outros órgãos fracionários do Supremo Tribunal Federal ou do Superior Tribunal de Justiça.

O CPC/2015, por outro lado, não só manteve esses embargos, como ampliou as hipóteses de seu cabimento (art. 1.043, incisos I e III), como uma forma de desestimular os recursos para o STJ ou STF. Com efeito, a existência de teses jurídicas divergentes num mesmo tribunal é campo fértil para instigar a interposição de recursos. Assim, quanto maior a uniformidade na jurisprudência interna das Cortes Superiores, maior é a tendência de reduzir o número de recursos interpostos.

Cabem os embargos de divergência quando no STJ ou no STF um órgão fracionário decide a mesma questão anteriormente enfrentada por outro órgão do mesmo tribunal, dando-lhe solução diferente. Para estes embargos, é irrelevante a existência ou não de unanimidade nas decisões confrontadas.

Nesse contexto, o art. 1.043, com o texto decorrente da Lei nº 13.256/2016, prevê os embargos divergentes contra acórdão de órgão fracionário do STF ou do STJ, nas seguintes hipóteses, sempre em relação a julgamentos de recurso extraordinário ou especial:

(i) quando a divergência se estabelecer entre acórdãos de mérito (inciso I);

(ii) quando a divergência se manifestar entre um acórdão de mérito e outro que não conheceu do recurso, mas apreciou a controvérsia (inciso III).

A previsão de embargos de divergência em relação a julgamentos de processos de competência originária dos tribunais superiores, que chegou a constar do texto original do art. 1.043, inc. IV, do CPC/2015, não vingou diante da revogação do dispositivo pela Lei nº 13.256/2016.

Há uma novidade do Código de 2015 que merece destaque: enquanto o estatuto anterior se limitava a autorizar os embargos de divergência apenas para enfrentar conflitos ocorridos entre julgamentos de recurso extraordinário e entre julgamentos de recurso especial, por órgãos diversos do mesmo tribunal (CPC, 1973, art. 546), o atual Código é explícito em permitir a interposição do recurso não só quando a divergência se instala entre julgamentos de mérito, mas também entre acórdão de mérito e outro que, embora sem conhecer do recurso, tenha apreciado a controvérsia (CPC/2015, art. 1.043, I e III).

Ao opor os embargos, o recorrente deve comprovar a divergência e mencionar as circunstâncias que identificam ou assemelham os casos confrontados, demonstrando, analiticamente, a similitude ou identidade do suporte fático. A divergência pode ser referente à aplicação de direito material ou processual, mas o acórdão embargado e o paradigma deverão ter enfrentado questão de mérito.

JURISPRUDÊNCIA SELECIONADA

1. Embargos de Divergência. Não cabimento para análise de regra técnica de admissibilidade recursal.

Recurso desprovido ante a incidência das Súmulas 5 e 7, do STJ. "Nos termos do art. 266, *caput*, do RISTJ, os embargos de divergência têm como pressuposto de admissibilidade a existência de divergência entre Turmas diferentes, ou entre Turma e Seção, ou entre Turma e a Corte Especial, a qual deverá ser demonstrada nos moldes do art. 255, §§ 1º e 2º, do RISTJ. Na hipótese dos autos, o paradigma colacionado pela agravante – Agint no REsp 1.335.197/RJ, Rel. Min. Antonio Carlos Ferreira, *DJe* de 15/8/2019 – foi desprovido ante a incidência dos enunciados das Súmulas 5 e 7/STJ, circunstância que inviabiliza o manejo de embargos de divergência. Precedentes" (STJ, AgInt nos EREsp 1.831.947/PR, Rel. Min. Marco Buzzi, Segunda Seção, jul. 29.11.2022, *DJe* 02.12.2022).

"É vedada a utilização dos embargos de divergência para refutar a aplicação de regra técnica de admissibilidade do recurso especial, também após a vigência do CPC/2015, tendo em vista que o inciso II do seu art. 1.043, que previa essa possibilidade, foi revogado pela Lei n. 13.256/2016" (STJ, AgInt nos EREsp 1473968/RS, Rel. Min. Luis Felipe Salomão, Corte Especial, jul. 17.08.2016, *DJe* 30.08.2016).

"De acordo com o art. 1.043, I e III, do CPC/2015, os Embargos de Divergência somente são admissíveis quando os acórdãos cotejados apreciaram o mérito da controvérsia. No caso, o acórdão embargado fez incidir o óbice da Súmula 7/STJ, não analisando o mérito da pretensão, tal como o fez o acórdão paradigma. Inadmissibilidade dos presentes Embargos de Divergência, que sustentam o descabimento da incidência do óbice da Súmula 7/STJ, no aresto embargado. É firme o entendimento, no âmbito da Corte Especial do STJ, no sentido de que, diante da natureza uniformizadora da jurisprudência interna, não cabe a oposição de Embargos de Divergência com o objetivo de discutir o acerto ou desacerto de aplicação de regra técnica de admissibilidade do Recurso Especial, como no caso presente, no qual o acórdão embargado obstou o exame da controvérsia, no mérito, com base na Súmula 7/STJ. Precedentes do STJ: EDcl no AgInt nos EAREsp 712.743/CE, Rel. Ministro Luis Felipe Salomão, Corte Especial, *DJe* de 07/02/2017; AgRg nos EAREsp 585.779/MS, Rel. Ministro Og Fernandes, Corte Especial, *DJe* de 21/03/2016; AgRg nos EDcl nos EAREsp 353.115/SP, Rel. Ministro RAUL ARAÚJO, CORTE ESPECIAL, *DJe* de 04/08/2015; AgRg nos EREsp 1.404.366/RS, Rel. Ministra Laurita Vaz, Corte Especial, *DJe* de 01/07/2015; AgRg nos EREsp 1.512.119/SP, Rel. Ministro Benedito Gonçalves, Primeira Seção, *DJe* de 15/12/2015" (STJ, AgInt nos EAREsp 605.845/RS, Rel. Min. Assusete Magalhães, 1ª Seção, jul. 23.10.2019, *DJe* 28.10.2019).

2. Exame o mérito da controvérsia. Embargos de divergência. Cabimento. "Naqueles casos em que o acórdão embargado obsta o recurso especial com base na Súmula 83/STJ ('Não se conhece do recurso especial pela divergência, quando a orientação do tribunal se firmou no mesmo sentido da decisão recorrida'), para dizer que, no mérito, o acórdão impugnado estaria em sintonia com o entendimento firmado pelo STJ, não restam dúvidas de que houve exame do mérito da controvérsia recursal, não havendo razões para negar-se o direito da parte de interpor o competente embargos de divergência". (STJ, EAREsp 200.299/PE, Rel. Min. Mauro Campbell Marques, 1ª Seção, jul. 23.08.2017, *DJe* 01.09.2017).

Divergência entre Turmas diferentes, entre Turma e Seção, entre Turma e Corte Especial. "Nos termos do art. 266, *caput*, do RISTJ, os embargos de divergência têm como pressuposto de admissibilidade a existência de divergência entre Turmas diferentes, ou entre Turma e Seção, ou entre Turma e a Corte Especial, a qual deverá ser demonstrada nos moldes do art. 255, §§ 1º e 2º, do RISTJ. Na hipótese dos autos, o paradigma colacionado pela agravante – Agint no REsp 1.335.197/RJ, Rel. Min. Antonio Carlos Ferreira, *DJe* de 15/8/2019 – foi desprovido ante a incidência dos enunciados das Súmulas 5 e 7/STJ, circunstância que inviabiliza o manejo de embargos de divergência. Precedentes" (STJ, AgInt nos EREsp 1.831.947/PR, Rel. Min. Marco Buzzi, Segunda Seção, jul. 29.11.2022, *DJe* 02.12.2022).

3. Prova da divergência (§ 4º). "Os embargos de divergência devem indicar, com clareza e precisão, as circunstâncias que identificam ou assemelham os casos confrontados, consoante o disposto no art. 1.043, § 4º, do novo Código de Processo Civil e no art. 266, § 4º, do Regimento Interno do Superior Tribunal de Justiça. 'Ressalta-se ainda que a finalidade dos Embargos de Divergência é a uniformização da jurisprudência do Tribunal, não se apresentando como um recurso a mais nem se prestando para a correção de eventual equívoco ou violação que possa ter ocorrido no julgamento do Agravo em Recurso Especial (AgInt nos EAREsp 862.496/MG, Rel. Min. Herman Benjamin, Corte Especial, jul. 16.11.2016, *DJe* 30.11.2016)'." (STJ, AgInt nos EREsp 1356789/RS, Rel. Min. Og Fernandes, Corte Especial, jul. 29.03.2017, *DJe* 04.04.2017)

Identidade ou similitude fática. "A finalidade dos embargos de divergência no âmbito do Superior Tribunal de Justiça é dirimir eventual entendimento jurisprudencial conflitante sobre teses de mérito adotado por julgados desta Corte Superior em recurso especial. Entretanto, é indispensável haver identidade ou similitude fática e jurídica entre o acórdão embargado e o aresto paradigma, cabendo ao embargante demonstrar que houve interpretação divergente acerca de situações semelhantes por meio de cotejo analítico entre os julgados confrontados. (...) A Corte Especial deste Tribunal Superior no sentido da inadequação de confrontar em embargos de divergência julgados que interpretem o art. 1.022 do CPC/2015 (art. 535 do CPC/1973) e o art. 619 do Código de Processo Penal, pois inexistente a necessária similitude fática e jurídica das teses confrontadas" (STJ, AgRg nos EAREsp 1.685.360/SC, Rel. Min. Mauro Campbell Marques, Corte Especial, jul. 10.05.2022, *DJe* 12.05.2022).

"É impossível a admissão dos embargos de divergência quando inexiste, entre os acórdãos comparados, a adoção de teses dissonantes a respeito da mesma questão jurídica, mas, tão somente, conclusões distintas a respeito de diferentes molduras fáticas" (STJ, AgInt nos EDcl no AgInt nos EREsp 1.908.170/RJ, Rel. Min. Nancy Andrighi, 2ª Seção, jul. 15.03.2022, *DJe* 17.03.2022).

Ausência de indicação do repositório oficial. "A mera menção ao Diário da Justiça em que teriam sido publicados os acórdãos paradigmas trazidos à colação, sem a indicação da respectiva fonte, quando os julgados encontram-se disponíveis na rede mundial de computadores ou Internet, não supre a exigência da citação do repositório oficial ou autorizado de jurisprudência, visto que se trata de órgão de divulgação em que é publicada somente a ementa do acórdão. No mesmo sentido: AgInt nos EAREsp 1.268.264/SP, Rel. Min. Herman Benjamin, Corte Especial, DJe 7.12.2020; AgInt nos EAREsp 1.312.401/SP, Rel Min. Og Fernandes, Corte Especial, DJe 26.10.2020" (AgRg nos EAREsp n. 2.051.248/SP, relator Ministro Herman Benjamin, Corte Especial, julgado em 7/3/2023, DJe de 4/4/2023)" (STJ, AgRg nos EAREsp 2.301.144/PR, Rel. Min. Reynaldo Soares da Fonseca, 3ª Seção, jul. 12.06.2024, *DJe* 17.06.2024).

4. Acórdão embargado que não conheceu do Recurso Especial. "Não fica caracterizada a divergência jurisprudencial entre acórdão que aplica regra técnica de conhecimento e outro que decide o mérito da controvérsia". (STJ, AgInt nos EREsp 1120356/RS, Rel. Min. Marco Aurélio Bellizze, 2ª Seção, jul. 24.08.2016, *DJe* 29.08.2016).

5. Embargos de divergência. Acórdão paradigma não transitado em julgado. Irrelevância. "Conforme a jurisprudência, é irrelevante para o conhecimento dos embargos de divergência o fato de não estar o acórdão paradigma transitado em julgado" (STJ, EREsp 1575846/SC, Rel. Min. Og Fernandes, 1ª Seção, jul. 26.06.2019, *DJe* 30.09.2019).

6. Exame de admissibilidade. Preclusão. "O exame da admissibilidade dos embargos de divergência não se sujeita à preclusão *pro judicato*, podendo o relator unipessoalmente rever seu posicionamento inicial acerca da presença dos pressupostos recursais. Precedente. Os embargos não podem ser conhecidos pela divergência se o embargante não providencia o devido cotejo analítico entre acórdãos que versem sobre situações fáticas idênticas ou pelo menos assemelhadas, nos termos do disposto no artigo 266, § 4º, do RISTJ" (STJ, AgInt nos EREsp 956.942/RJ, Rel. Min. Nancy Andrighi, Corte Especial, jul. 12.11.2019, *DJe* 20.11.2019).

7. Interposição contra decisão monocrática de relator. Descabimento. Erro grosseiro. Dúvida objetiva. Ausência. Fungibilidade. "Os embargos de divergência são cabíveis contra acórdão de órgão fracionário que divergir do julgamento de outro órgão do mesmo Tribunal, sendo manifestamente inadmissível a interposição contra decisão monocrática de relator. É impossível a aplicação do princípio da fungibilidade para que sejam os embargos de divergência convertidos em agravo interno diante da ausência de dúvida objetiva sobre qual o recurso cabível, caracterizando-se, portanto, a ocorrência de erro grosseiro" (STJ, AgInt nos EREsp 1660520/RS, Rel. Min. Nancy Andrighi, 2ª Seção, jul. 13.12.2017, *DJe* 15.12.2017).

8. Súmula 158. "Desde a edição da Emenda Regimental n. 14/2011, as Quinta e Sexta Turmas, que compõem a Terceira Seção do Superior Tribunal de Justiça, passaram a ter jurisdição somente em questões de Direito Penal e Processual Penal, não sendo mais competentes para processar e julgar a matéria objeto da divergência em análise, a teor da Súmula n. 158 desta Corte Superior: 'Não se presta a justificar embargos de divergência o dissídio com acórdão de Turma ou Seção que não mais tenha competência para a matéria neles versada'. No mesmo sentido é a jurisprudência consolidada neste Superior Tribunal de Justiça: AgInt nos EREsp 1587740/RS, relator Ministro Felix Fischer, Corte Especial, julgado em 29.3.2017, *DJe* 5.4.2017" (STJ, AgInt nos EDv nos EAREsp 1178151/SP, Rel. Min. Francisco Falcão, Corte Especial, jul. 02.10.2019, *DJe* 07.10.2019).

"A Corte Especial já manifestou nesse sentido quando do julgamento do AgInt nos EAREsp 526.207/SC, de relatoria da em. Ministra Laurita Vaz, conforme trecho da ementa: '1. Mesmo após a entrada em vigor do novo Código de Processo Civil, incide o enunciado da Súmula n.º 158 desta Corte, [...] 2. Os embargos de divergência evitam que persista, dentro do mesmo Tribunal, dissenso sobre a interpretação da lei federal. Esse risco não existe quando o paradigma é de Turma que não mais detém competência para o julgamento da matéria, motivo pelo qual o recurso não se justifica'" (STJ, AgInt nos EREsp 1347966/SC, Rel. Min. Felix Fischer, Corte Especial, jul. 15.03.2017, *DJe* 27.03.2017).

9. Fundamentação vinculada. "Os embargos de divergência ostentam característica de recurso de fundamentação vinculada, a teor do que dispõem os arts. 1.043 e 1.044 do CPC, os quais exigem, como pressuposto indispensável, a demonstração de divergência jurisprudencial entre os órgãos fracionários" (STJ, AgInt nos EREsp 1232981/MT, Rel. Min. Jorge Mussi, Corte Especial, julgado em 25.05.2021, *DJe* 27.05.2021).

10. Decisão embargada no sentido de jurisprudência do Plenário ou de ambas as Turmas. Descabimento. "A teor do art. 322 do Regimento Interno, não cabem embargos de divergência se a jurisprudência do Plenário ou de ambas as Turmas estiver firmada no sentido da decisão embargada" (STF, AgReg no EDiv no AgReg no RE 408620/SP, Rel. Min. Marco Aurélio, Plenário, jul. 19.04.2021, *DJe* 04.05.2021).

11. Ausência de juntada de cópia do inteiro teor dos acórdãos apontados como paradigmas. Vício insanável. "Verifica-se que a parte, no momento da interposição do recurso, limitou-se a colacionar cópia das ementas, relatórios e votos do acórdão paradigma, deixando de juntar as respectivas certidões de julgamento e, assim, de cumprir com regra técnica do presente recurso, o que constitui vício substancial insanável" (STJ, AgInt nos EAREsp 1.237.366/DF, Rel. Min. Francisco Falcão, Corte Especial, jul. 26.05.220, *DJe* 01.06.2020).

12. Paradigmas originados de órgãos fracionários vinculado a seções distintas e também à mesa seção. Juízo de admissibilidade dos embargos de divergência. Competência da Corte Especial. "Se o embargante invocar, como paradigmas, julgado de órgão fracionário de diferente Seção e também julgado de órgão fracionário da mesma Seção que prolatou o acórdão embargado, caberá à Corte Especial proferir juízo negativo de admissibilidade dos embargos de divergência se ausentes seus requisitos, somente devendo ser cindido o julgamento na hipótese em que for admissível o pronunciamento de mérito da Seção a qual estão vinculados os órgãos fracionários que proferiram os acórdãos paradigma e embargado. Precedentes" (STJ, EAREsp 1.681.737/PR, Rel. Min. Nancy Andrighi, Corte Especial, jul. 03.08.2022, *DJe* 09.08.2022).

13. Embargos de divergência ajuizados contra acórdão do STJ proferido em pedido de tutela provisória. Agregação de efeito suspensivo a conflito de competência. Não cabimento. "Os embargos de divergência somente são cabíveis para impugnar acórdão proferido em recurso especial ou extraordinário. Não há previsão legal acerca o ajuizamento de embargos de divergência contra acórdão do Superior Tribunal de Justiça proferido em pedido de tutela provisória para agregar efeito suspensivo a conflito de competência" (STJ, AgInt na Pet 14.925/TO, Rel. Min. Maria Isabel Gallotti, Corte Especial, jul. 11.10.2022, *DJe* 17.10.2022).

14. Embargos de divergência. Acórdão paradigma do mesmo órgão julgador. Alteração de mais da metade dos membros. "A oposição de embargos de divergência fundado em acórdão paradigma da mesma turma que proferiu a decisão embargada somente é admitida quando houver a alteração de mais da metade dos seus membros (art. 1.043, § 3º, do CPC), o que não ocorreu. Aplicação da Súmula nº 353 do STF, por analogia" (STJ, AgInt nos EAREsp 2.095.061/SP, Rel. Min. Moura Ribeiro, 2ª Seção, jul. 30.05.2023, *DJe* 01.06.2023).

15. Acórdão embargado que não analisou o mérito da controvérsia. Argumentos em *obter dictum*. Impossibilidade. "No caso dos autos, o voto condutor do acórdão embargado não apreciou o mérito do recurso especial em razão de óbices processuais (súmulas 211/STJ e 283/STF), tendo se limitado a fazer simples referências às razões do Tribunal local sem qualquer juízo de valor quanto à sua procedência, enquanto o voto-vista, apesar de aventar, em *obiter dictum*, a possibilidade de tese distinta daquela adotada no acórdão a quo, se alinhou integralmente ao voto condutor no sentido do não conhecimento do recurso especial. 4. Não tendo o órgão fracionário debatido e tampouco firmado entendimento acerca do mérito do recurso especial, a jurisprudência desta Corte Superior não admite a interposição de embargos de divergência, a teor do que dispõe a Súmula n. 315 do Superior Tribunal de Justiça" (STJ, EREsp 1.695.521/RS, Rel. Min. Benedito Gonçalves, 1ª Seção, jul. 24.05.2023, *DJe* 01.06.2023).

16. Finalidade. "Os embargos de divergência destinam-se a promover a uniformização da jurisprudência desta Corte. Não se prestam, pois, à mera revisão do acerto ou desacerto do acórdão embargado" (STF, RE 593.064 AgR-EDv-AgR, Rel. Min. Ricardo Lewandowski, Tribunal Pleno, jul. 14.10.2010, *DJe* 17.11.2010).

17. Pressupostos de admissibilidade. Técnica de julgamento. "(...) o conhecimento dos embargos de divergência está sujeito a duas regras: (a) a de que o acórdão impugnado e aquele indicado como paradigma discrepem a respeito do desate da mesma questão de direito, sendo indispensável para esse efeito a identificação do que neles foi a razão de decidir; (b) a de que esse exame se dê a partir da comparação de um e de outro acórdão, nada importando os erros ou acertos dos julgamentos anteriores (inclusive, portanto, os do julgamento do recurso especial), porque os embargos de divergência não constituem uma instância de releitura do processo" (STJ, EREsp 1.163.528/SP, Rel. p/ Acórdão Min. Ari Pargendler, Corte Especial, jul. 15.05.2013, *DJe* 07.08.2013).

Dissenso interno sobre a interpretação de norma processual. "A jurisprudência do STJ não impede a interposição de embargos de divergência para dirimir dissenso interno sobre a interpretação de norma processual, em sua moldura abstrata. O que se considera incabível é questionar, em embargos, a correta aplicação de regra técnica ao caso concreto, já que essa espécie de juízo supõe exame das peculiaridades de cada caso" (STJ, EREsp 547.653/RJ, Rel. Min. Teori Albino Zavascki, Corte Especial, jul. 15.12.2010, *DJe* 29.03.2011). **Obs.:** v. art. 1.043, § 2º, do CPC/2015.

Comprovação do dissídio jurisprudencial. "A comparação de acórdãos para o fim de demonstrar a divergência jurisprudencial pressupõe similitude fática entre os casos confrontados e a adoção de teses jurídicas distintas. Não se conhece dos embargos pela divergência, se o embargante não providencia o **devido cotejo analítico**, com a transcrição dos trechos dos acórdãos em que se evidenciam as teses apontadas como contraditórias, bem como a similitude fática dos julgados" (STJ, AgRg nos Embargos de Divergência em REsp 766.134, Rel. Min. Felix Fischer, Corte Especial, jul. 06.10.2010, *DJe* 10.11.2010). **No mesmo sentido:** STF, RE 593.064 AgR-EDv-AgR, Rel. Min. Ricardo Lewandowski, Tribunal Pleno, jul. 14.10.2010, *DJe* 17.11.2010.

18. Preparo. "É firme no sentido de que, na data da interposição dos embargos de divergência, a parte deve comprovar o respectivo preparo ou fazer prova de que goza do benefício da justiça gratuita, o que, efetivamente, não ocorreu na espécie" (STJ, AgRg nos EREsp 1.262.401/BA, Rel. Min. Humberto Martins, Corte Especial, jul. 25.04.2013, *DJe* 10.05.2013). **Obs.:** v. Lei n.º 11.636/2007, art. 9º.

19. Hipóteses de inadmissibilidade:

Acórdão-paradigma for de Turma que integre a mesma Seção do acórdão embargado. "Não se conhece de embargos de divergência na Corte Especial, quando o acórdão-paradigma for de Turma que integre a mesma Seção do acórdão embargado" (STJ, EDcl no REsp 52.046/RS, Rel. Min. Luiz Vicente Cernicchiaro, Corte Especial, jul. 19.06.1996). **Obs.:** ver art. 1.043, § 3º, do CPC/2015.

Exame de suposto dissenso entre acórdãos oriundos do mesmo órgão julgador. "Os embargos de divergência em recurso especial, consoante seu desenho normativo, não se prestam para o exame de suposto dissenso existente entre acórdãos oriundos do mesmo órgão julgador" (STJ, EREsp 782.810/MA, Rel. Min. Arnaldo Esteves Lima, Corte Especial, jul. 08.09.2008, *DJe* 13.10.2008). **Obs.:** ver art. 1.043, § 3º, do CPC/2015.

Acórdãos de turmas que perderam a competência. "Não servem para demonstrar o dissídio, ensejador da interposição dos embargos de divergência, acórdãos de turmas que perderam a competência para a matéria objeto do aresto embargado. Precedentes" (STJ, EDcl no REsp 35.314-3/SP, Rel. Min. Antônio de Pádua Ribeiro, Corte Especial, jul. 10.08.1995, *DJU* 11.09.1995, p. 28.772).

"A jurisprudência desta eg. Corte firmou-se no sentido de não admitir, para efeito de comprovação da divergência, confronto de acórdão que não conheceu do apelo especial, por entender ser a controvérsia de cunho constitucional, com paradigma que examinou a questão de mérito" (STJ, EREsp 961.407/SP, Rel. Min. Eliana Calmon, Corte Especial, jul. 10.12.2009).

Dissídio sobre regras técnicas de admissibilidade. "O pleito recursal está comprometido, pois não cabem embargos de divergência quando o dissídio versa unicamente sobre as regras técnicas de admissibilidade. Precedente da Corte Especial" (STJ, AgRg nos EREsp 918.298/RN, Rel. Min. Mauro Campbell Marques, 1ª Seção, jul. 11.02.2009, *DJe* 27.02.2009).

Decisão monocrática. "Não é possível a utilização de decisão monocrática como paradigma em embargos de divergência, para fins de comprovação do dissídio jurisprudencial, ainda que se tenha analisado o mérito da questão controvertida" (STJ, AgRg nos EAREsp 154.021/SP, Rel. Min. Marco Aurélio Bellizze, 3ª Seção, jul. 13.03.2013, *DJe* 19.03.2013). **No mesmo sentido:** STJ, EREsp 234.600/PR, Rel. Min. João Otávio de Noronha, 1ª Seção, jul. 28.04.2004, *DJ* 10.05.2004, p. 159; *RSTJ* 186/86; STF, AgRg nos EDiv no AgRg no RE 518.813, Rel. Min. Cármen Lúcia, Tribunal Pleno, jul. 17.02.2010, *RF* 406/414.

Acórdão proferido em sede de medida cautelar. "São inadmissíveis os embargos de divergência interpostos contra acórdão proferido em sede de medida cautelar ajuizada no STJ" (STJ, AgRg nos EDcl na Pet. 6.687/MG, Rel.ª Min.ª Nancy Andrighi, Corte Especial, jul. 02.02.2009, *DJe* 16.02.2009).

Divergência entre súmula e acórdão de Turma do STJ. "Não são cabíveis EREsp quando o que se alega é a divergência entre súmula e acórdão de Turma deste Superior Tribunal (art. 546, I, do CPC e art. 266 do RISTJ)" (STJ, AgRg no REsp 180.792.895/PE, Rel. Min. Franciulli Netto, Corte Especial, jul. 03.08.2005, *DJ* 27.03.2006, p. 135).

Súmula 168 do STJ. "*In casu*, embora a notoriedade do dissídio enseje o conhecimento dos embargos de divergência, a consonância entre o entendimento externado no acórdão embargado e a hodierna jurisprudência do STJ, notadamente da Corte Especial, conduz à inarredável incidência da Súmula 168, do Superior Tribunal de Justiça, *verbis*: 'Não cabem embargos de divergência, quando a jurisprudência do Tribunal se firmou no mesmo sentido do acórdão embargado'" (STJ, AgRg nos EREsp 253.589/SP, Rel. Min. Luiz Fux, Corte Especial, jul. 04.06.2008, *DJe* 01.07.2008).

"**Acórdão proferido pela Corte Especial** não se sujeita aos embargos de divergência, porque – sendo o órgão jurisdicional maior do Superior Tribunal de Justiça – constitui o pronunciamento final deste" (STJ, AgRg nos EDiv nos EDcl no AgRg na Pet. 5.893/SP, Rel. Min. Ari Pargendler, Corte Especial, jul. 27.02.2009, *DJe* 23.03.2009).

Acórdão emanado do Pleno do Supremo Tribunal Federal. "Não se revelam admissíveis embargos de divergência, quando opostos a acórdãos emanados do Plenário do Supremo Tribunal Federal, pois essa modalidade recursal somente tem pertinência se utilizada contra decisão proferida por Turma desta Suprema Corte (RISTF, art. 330)" (STF, AI 725.078 AgR-EDv-AgR/DF, Rel. Min. Celso de Mello, Pleno, jul. 24.11.2011, *DJe* 06.12.2011).

Dissídio que demanda análise de circunstâncias específicas de fato: "São incabíveis os embargos de divergência para dirimir dissídio sobre questão processual cujo exame depende da apreciação das circunstâncias específicas de cada caso, como na hipótese em que o acórdão paradigma afirma a violação da literalidade da lei e o acórdão embargado afasta a violação da literalidade da lei, ambos com base na apreciação de cada acórdão rescindendo, especificamente" (STJ, AgRg nos EREsp 937.488/RS, Rel. Min. Hamilton Carvalhido, 1ª Seção, jul. 25.11.2009, *DJe* 07.12.2009).

Fato novo. Dissídio interpretativo não comprovado. "Não há falar em divergência quando não são idênticas as situações de fato tratadas, e, por esse motivo, diferenciam-se as soluções jurídicas. É incabível a aplicação do art. 462 do CPC, em sede de embargos de divergência, porquanto este não se constitui em recurso cabível para fins de rediscutir a matéria julgada em recurso especial. A finalidade dos embargos de divergência é pacificar o entendimento no âmbito das Seções e da Corte Especial, conforme a circunstância, em caso de dissenso pretoriano existente" (STJ, EREsp 722.501/SP, Rel. Min. Luis Felipe Salomão, 2ª Seção, jul. 27.10.2010, *DJe* 19.11.2010).

Recurso ordinário em mandado de segurança. "Esta Corte firmou entendimento de que são inadmissíveis embargos de divergência quando o julgado paradigma invocado foi proferido em sede de recurso ordinário em mandado de segurança" (STJ, AgRg nos EREsp 1.182.126/PE, Rel.ª Min.ª Eliana Calmon, Corte Especial, jul. 17.12.2012, *DJe* 20.02.2013).

20. Ratificação de recurso extraordinário. "Deveras, opostos embargos de divergência perante o C. STJ, o prazo para interposição do recurso extraordinário restou sobrestado até o julgamento dos mesmos. Interposto o apelo extremo, antes do julgamento dos referidos embargos, caberia à parte ratificá-lo no prazo legal para sua interposição sob pena de ser considerado extemporâneo. Precedentes: AI 563.505-AgR, Segunda Turma, Rel. Min. Eros Grau, *DJ* de 04.11.2005, e RE 355.497-AgR, Rel. Min. Maurício Corrêa, *DJ* de 25.04.2003" (STF, AI 771.806, Rel. Min. Luiz Fux, Primeira Turma, jul. 13.03.2012, *DJe* 02.04.2012). **Obs.:** Ver § 2º do art. 1.044 do CPC/2015, que trata da dispensa de ratificação em determinadas situações.

21. Honorários advocatícios. Arbitramento exorbitante: Posição atual da Corte Especial. "Segundo orientação reiterada desta Corte, o exame da fixação da verba honorária, quando o seu *quantum* se mostra desde logo de monta astronômica, não suscita a aplicação da Súmula 7 desta Corte, porquanto envolve mero Juízo de razoabilidade no tocante a conferir se há ou não exorbitância no arbitramento. No caso, diante da excepcionalidade verificada de plano, é de se reconhecer a viabilidade dos embargos de divergência para, mesmo em meio à aplicação de regra de conhecimento, corrigir a decisão da Turma e permitir nova apreciação" (STJ, EREsp 966.746/PR, Rel.ª Min.ª Maria Thereza de Assis Moura, Corte Especial, jul. 06.02.2013, *DJe* 25.03.2013). **No mesmo sentido:** STJ, EREsp 637.565/RS, Rel. Min. Hamilton Carvalhido, Corte Especial, jul. 03.12.2008, *DJe* 16.03.2009.

22. Embargos de divergência interpostos na pendência do julgamento de embargos de declaração. "No caso dos autos, os embargos de divergência foram opostos antes do julgamento dos aclaratórios. Desse modo, considerando-se que não houve a ratificação do recurso previsto no art. 496, VIII, do CPC [art. 994, IX, do CPC/2015] e no art. 266 do RI/STJ, incide à hipótese, por analogia, a Súmula 418/STJ, *verbis*: 'É inadmissível o recurso especial interposto antes da publicação do acórdão dos embargos de declaração, sem posterior ratificação'. (...) É extemporâneo o agravo regimental interposto antes do julgamento dos embargos de declaração, salvo se houver reiteração posterior" (STJ, AgRg nos EDcl nos EAg 1.118.846/BA, Rel. Min. Humberto Martins, Corte Especial, jul. 17.12.2012, *DJe* 20.02.2013). **No mesmo sentido**: STJ, EREsp 539.976/SP, Rel. Min. Celso Limongi, 3ª Seção, jul. 22.04.2009, *DJe* 08.05.2009. **Entendimento superado com o cancelamento da Súmula 418 e a publicação da súmula 579 do STJ**: "não é necessário ratificar o recurso especial interposto na pendência do julgamento dos embargos de declaração quando inalterado o julgamento anterior".

23. Embargos de divergência. Terceira tese. "Conhecidos os embargos de divergência, a decisão a ser adotada não se restringe às teses suscitadas nos arestos em confronto – recorrido e paradigma –, sendo possível aplicar-se uma terceira tese, pois cabe a Seção ou Corte aplicar o direito à espécie" (STJ, EREsp 513.608/RS, Rel. Min. João Otávio de Noronha, Corte Especial, jul. 05.11.2008, *DJe* 27.11.2008).

24. Embargos de divergência. RISTJ. Competência interna. "A teor do art. 266 do Regimento Interno desta Corte, 'Se a divergência for entre Turmas de Seções diversas, ou entre Turma e outra Seção ou com a Corte Especial, competirá a esta o julgamento dos embargos'. Neste contexto, descabida a preliminar arguida no sentido de avocar a competência para a Eg. Primeira Seção, tendo em vista que foram colacionados como paradigmas dois acórdãos de Turmas não pertencentes à mesma Seção (Segunda e Quinta). Os julgados decididos monocraticamente pelos Ministros relatores não se prestam para a comprovação de divergência nos moldes do art. 266 do Regimento Interno desta Corte" (STJ, AgRg nos EREsp 354.434/RS, Rel. Min. Gilson Dipp, Corte Especial, jul. 17.11.2004, *DJ* 13.12.2004, p. 190).

25. Julgamento dos embargos de divergência. Alteração das premissas de fato do acórdão embargado. Vedação. "No julgamento dos embargos de divergência, é vedada a alteração das premissas de fato que embasam o acórdão embargado. A base empírica do julgado é insuscetível de reapreciação. A premissa firmada pela Primeira Turma de que o acórdão recorrido se assentara em fundamento constitucional não pode ser modificada pela Seção ao examinar a divergência" (STJ, EREsp 961.407/SP, Rel. Min. Eliana Calmon, Corte Especial, jul. 10.12.2009).

26. Custas judiciais. "Nos termos do artigo 9º da Lei 11.636, de 28.12.2007, regulamentada pela Resolução n. 01/2008, é legítima a incidência e a cobrança das custas judiciais no âmbito do Superior Tribunal de Justiça, nos processos de competência originária ou recursal, inclusive em sede de embargos de divergência" (STJ, AgRg nos EAg 1.137.690, Rel. Min. Castro Meira, 1ª Seção, jul. 09.12.2009, *DJe* 01.02.2010).

27. Divergência acerca de interpretação de regra de direito processual. "Embargos de divergência em agravo em recurso especial. Direito processual. Divergência acerca de dispositivo de lei federal. Cabimento" (STJ, EAREsp 25.641/RJ, Rel. Min. Luis Felipe Salomão, 2ª Seção, jul. 12.06.2013, *DJe* 25.06.2013). **Obs.:** v. art. 1.043, §2º, do CPC/2015.

Art. 1.044. No recurso de embargos de divergência, será observado o procedimento estabelecido no regimento interno do respectivo tribunal superior.

§ 1º A interposição de embargos de divergência no Superior Tribunal de Justiça interrompe o prazo para interposição de recurso extraordinário por qualquer das partes.

§ 2º Se os embargos de divergência forem desprovidos ou não alterarem a conclusão do julgamento anterior, o recurso extraordinário interposto pela outra parte antes da publicação do julgamento dos embargos de divergência será processado e julgado independentemente de ratificação.

CPC/1973

Art. 546, parágrafo único.

CJF – I JORNADA DE DIREITO PROCESSUAL CIVIL

Enunciado 83 – Caso os embargos de divergência impliquem alteração das conclusões do julgamento anterior, o recorrido que já tiver interposto o recurso extraordinário terá o direito de complementar ou alterar suas razões, nos exatos limites da modificação, no prazo de quinze dias, contados da intimação da decisão dos embargos de divergência.

REFERÊNCIA LEGISLATIVA

Regimento Interno do STF, arts. 330 e 333 (ver Legislação Especial).

Regimento Interno do STJ, art. 268 (ver Legislação Especial).

BREVES COMENTÁRIOS

A oposição de embargos de divergência interrompe o prazo para interposição do recurso extraordinário contra o acórdão proferido pelo STJ (§ 1º). Entretanto, se a parte contrária interpuser o extraordinário antes do julgamento dos embargos, não será necessário ratificá-lo, caso os embargos sejam desprovidos ou não alterarem a conclusão do julgamento anterior (§ 2º). A técnica é a mesma adotada para o recurso interposto antes de decididos os declaratórios (art. 1.024, § 5º).

☆ ARESP E ARE: INDICAÇÃO DOUTRINÁRIA

Alexandre Freire, In: Teresa Arruda Alvim Wambier, Fredie Didier Jr., Eduardo Talamini, Bruno Dantas, *Breves comentários ao novo Código de Processo Civil*, São Paulo: Revista dos Tribunais, 2015; Cassio Scarpinella Bueno, *Manual de direito processual civil*, São Paulo: Saraiva, 2015; Daniel Amorim Assumpção Neves, *Manual de direito processo civil*, São Paulo: Método, 2015; Fredie Didier Jr., *Curso de direito processual civil*, 17. ed., Salvador: JusPodivm, 2015, v. I; Guilherme Rizzo Amaral, *Comentários às alterações do novo CPC*, São Paulo: Revista dos Tribunais, 2015; Humberto Theodoro Junior, *Curso de direito processual civil. 54. ed*, Rio de Janeiro: Forense, 2021, v. III; Humberto Theodoro Junior, Fernanda Alvim Ribeiro de Oliveira, Ester Camila Gomes Norato Rezende (coord.), *Primeiras lições sobre o novo direito processual civil brasileiro*, Rio de Janeiro: Forense, 2015; J. E. Carreira Alvim, *Comentários ao novo Código de Processo Civil*, Curitiba: Juruá, 2015; José Miguel Garcia Medina, *Novo Código de Processo Civil comentado*, São Paulo: Revista dos Tribunais, 2015; Leonardo Greco, *Instituições de processo civil: introdução ao direito processual civil*, 5. ed., Rio de Janeiro: Forense, 2015; Luis Antônio Giampaulo Sarro, *Novo Código de Processo Civil*, São Paulo: Rideel, 2015; Luis Guilherme Aidar Bondioli. *In* José Roberto F. Gouvêa; Luis Guilherme A. Bondioli e João Francisco N. da Fonseca (coord.). Comentários ao Código de Processo Civil. 2. ed., São Paulo: Saraiva, 2017, v. 20; Luiz Guilherme Marinoni, Sérgio Cruz Arenhart, Daniel Mitidiero, *Curso de processo civil*, São Paulo: Revista dos Tribunais, 2015, v. I; Luiz Guilherme Marinoni; Daniel Mitidiero. *In* Sérgio Cruz Arenhart e Daniel Mitidiero (coord.). *Comentários ao Código de Processo Civil.* 2. ed., São Paulo: Editora Revista dos Tribunais, 2018, v. 16; Luiz Henrique Volpe Camargo. Do Agravo em Recurso Especial ou em Extraordinário no novo Código de Processo Civil de 2015. In Thereza Arruda Alvim Wambier *et al. O Novo Código de Processo Civil Brasileiro – Estudos dirigidos: Sistematização e procedimentos.* Rio de Janeiro: Forense, 2015, p. 547; Nelson Nery Junior, Rosa Maria de Andrade Nery, *Comentários ao Código de Processo Civil*, São Paulo: Revista dos Tribunais, 2015; Teresa Arruda Alvim Wambier, Fredie Didier Jr., Eduardo Talamini, Bruno Dantas (coord.), *Breves comentários ao novo Código de Processo Civil*, São Paulo: Revista dos Tribunais, 2015; Teresa Arruda Alvim Wambier, Maria Lúcia Lins Conceição, Leonardo Ferres da Silva Ribeiro, Rogério Licastro Torres de Melo, *Primeiros comentários ao novo Código de Processo Civil*, São Paulo: Revista dos Tribunais, 2015; Teresa Aruda Alvim Wambier. *Agravo em recurso e em recurso extraordinário.* In: Luiz Rodrigues Wambier; Teresa Arruda Alvim Wambier. *Temas essenciais do Novo CPC.* São Paulo: RT, 2016, p. 601-604; Vinicius Silva Lemos Agravo em recurso especial ou extraordinário: uma nova hipótese recursal inserida pelo novo Código de Processo Civil, *Revista Dialética de Direito Processual*, n. 150, p. 122.

LIVRO COMPLEMENTAR
DISPOSIÇÕES FINAIS E TRANSITÓRIAS

Art. 1.045. Este Código entra em vigor após decorrido 1 (um) ano da data de sua publicação oficial.

CPC/1973

Art. 1.220.

REFERÊNCIA LEGISLATIVA

Lei Complementar nº 95/1998 (elaboração, redação, alteração e consolidação das leis), art. 8º, § 1º.

ENUNCIADO ADMINISTRATIVO DO STJ

Enunciado aprovado pelo Plenário do STJ na Sessão de 9 de março de 2016:

Enunciado administrativo n. 2: Aos recursos interpostos com fundamento no CPC/1973 (relativos a decisões publicadas até 17 de março de 2016) devem ser exigidos os requisitos de admissibilidade na forma nele prevista, com as interpretações dadas, até então, pela jurisprudência do Superior Tribunal de Justiça.

BREVES COMENTÁRIOS

O art. 1.045 do CPC/2015 fixou o prazo de um ano para a *vacatio legis*, como determina o art. 8º, § 2º, da Lei Complementar nº 95/1998, que dispõe sobre a elaboração, a redação, a alteração e a consolidação das leis. Como a Lei nº 13.105/2015 foi publicada no *Diário Oficial da União* em 17.03.2015, o atual Código entrou em vigor no dia 18.03.2016.

JURISPRUDÊNCIA SELECIONADA

1. Vigência do CPC/2015. Lei que rege o recurso cabível é a vigente à data da publicação da decisão. "Observando o disposto na Lei n. 810/1949 c/c Lei Complementar 95/1998, a vigência do novo Código de Processo Civil, instituído pela Lei n. 13.105, de 16 de março de 2015, iniciou-se em 18 de março de 2016 (Enunciado Administrativo n. 1, aprovado pelo Plenário do Superior Tribunal de Justiça em 2/3/2016). À luz do princípio tempus regit actum, esta Corte Superior há muito pacificou o entendimento de que as normas de caráter processual têm aplicação imediata aos processos em curso, regra essa que veio a ser positivada no ordenamento jurídico no art. 14 do novo CPC. Em homenagem ao referido princípio, o Superior Tribunal de Justiça consolidou o entendimento de que a lei a reger o recurso cabível e a forma de sua interposição é aquela vigente à data da publicação da decisão impugnada, ocasião em que o sucumbente tem a ciência da exata compreensão dos fundamentos do provimento jurisdicional que pretende combater. Precedentes. Esse entendimento foi cristalizado pelo Plenário do Superior Tribunal de Justiça, na sessão realizada dia 9/3/2016 (ata publicada em 11/3/2016), em que, por unanimidade, aprovou a edição de enunciado administrativo com a seguinte redação: 'Aos recursos interpostos com fundamento no CPC/1973 (relativos a decisões publicadas até 17 de março de 2016) devem ser exigidos os requisitos de admissibilidade na forma nele prevista, com as interpretações dadas, até então, pela jurisprudência do Superior Tribunal de Justiça' (Enunciado Administrativo n. 2, aprovado pelo Plenário do Superior Tribunal de Justiça em 9/3/2016)" (STJ, AgInt no AREsp 1.339.922/SC, Rel. Min. Luis Felipe Salomão, 4ª Turma, jul. 19.03.2019, *DJe* 26.03.2019).

Art. 1.046. Ao entrar em vigor este Código, suas disposições se aplicarão desde logo aos processos pendentes, ficando revogada a Lei nº 5.869, de 11 de janeiro de 1973.

§ 1º As disposições da Lei nº 5.869, de 11 de janeiro de 1973, relativas ao procedimento sumário e aos procedimentos especiais que forem revogadas aplicar-se-ão às ações propostas e não sentenciadas até o início da vigência deste Código.

§ 2º Permanecem em vigor as disposições especiais dos procedimentos regulados em outras leis, aos quais se aplicará supletivamente este Código.

§ 3º Os processos mencionados no art. 1.218 da Lei nº 5.869, de 11 de janeiro de 1973, cujo procedimento ainda não tenha sido incorporado por lei submetem-se ao procedimento comum previsto neste Código.

§ 4º As remissões a disposições do Código de Processo Civil revogado, existentes em outras leis, passam a referir-se às que lhes são correspondentes neste Código.

§ 5º A primeira lista de processos para julgamento em ordem cronológica observará a antiguidade da distribuição entre os já conclusos na data da entrada em vigor deste Código.

REFERÊNCIA LEGISLATIVA

CPC/2015, art. 318 (processo e procedimento).

SÚMULAS

Súmula do TRF-1ª Região:

nº 26: "A lei vigente do recurso é a lei em vigor na data da publicação da sentença ou decisão".

ENUNCIADOS ADMINISTRATIVOS DO STJ

1) Enunciado aprovado pelo Plenário do STJ na Sessão de 2 de março de 2016:

Enunciado administrativo n. 1: O Plenário do STJ, em sessão administrativa em que se interpretou o art. 1.045 do novo Código de Processo Civil, decidiu, por unanimidade, que o Código de Processo Civil aprovado pela Lei nº 3.105/2015, entrará em vigor no dia 18 de março de 2016.

2) Enunciados aprovados pelo Plenário do STJ na Sessão de 9 de março de 2016:

Enunciado administrativo n. 2: Aos recursos interpostos com fundamento no CPC/1973 (relativos a decisões publicadas até 17 de março de 2016) devem ser exigidos os requisitos de admissibilidade na forma nele prevista, com as interpretações dadas, até então, pela jurisprudência do Superior Tribunal de Justiça.

Enunciado administrativo n. 3: Aos recursos interpostos com fundamento no CPC/2015 (relativos a decisões publicadas a partir de 18 de março de 2016) serão exigidos os requisitos de admissibilidade recursal na forma do novo CPC.

Enunciado administrativo n. 4: Nos feitos de competência civil originária e recursal do STJ, os atos processuais que vierem a ser praticados por julgadores, partes, Ministério Público, procuradores, serventuários e auxiliares da Justiça a partir de 18 de março de 2016, deverão observar os novos procedimentos trazidos pelo CPC/2015, sem prejuízo do disposto em legislação processual especial.

Enunciado administrativo n. 5: Nos recursos tempestivos interpostos com fundamento no CPC/1973 (relativos a decisões publicadas até 17 de março de 2016), não caberá a abertura de prazo prevista no art. 932, parágrafo único, c/c o art. 1.029, § 3º, do novo CPC.

Enunciado administrativo n. 6: Nos recursos tempestivos interpostos com fundamento no CPC/2015 (relativos a decisões publicadas a partir de 18 de março de 2016), somente será concedido o prazo previsto no art. 932, parágrafo único, c/c o art. 1.029, § 3º, do novo CPC para que a parte sane vício estritamente formal.

Enunciado administrativo n. 7: Somente nos recursos interpostos contra decisão publicada a partir de 18 de março de 2016, será possível o arbitramento de honorários sucumbenciais recursais, na forma do art. 85, § 11, do novo CPC.

BREVES COMENTÁRIOS

Ao iniciar sua vigência, as normas do CPC/2015 se aplicarão, desde logo, a todos os processos pendentes, ficando revogado o Código de 1973 (Lei nº 5.869) (art. 1.046, *caput*). É a aplicação da regra segundo a qual *tempus regit actum*, vale dizer, a lei processual nova aplica-se imediatamente aos processos em curso, mas sem efeito retroativo, uma vez que serão respeitados os atos processuais praticados anteriormente. Essa norma, porém, não foi adotada de modo absoluto pelo CPC/2015, que fez as seguintes ressalvas:

(a) as disposições do CPC/1973 relativas ao procedimento sumário e aos procedimentos especiais que forem revogadas continuarão a ser aplicadas às ações propostas e não sentenciadas até o início da vigência do CPC/2015 (art. 1.046, § 1º);

(b) permanecem em vigor as disposições especiais dos procedimentos regulados em outras leis, aos quais se aplicará supletivamente o atual Código (§ 2º).

Com relação àqueles procedimentos mencionados no art. 1.218 do CPC/1973 que ainda não tiverem sido incorporados por lei especial ou pelo próprio CPC/2015 - como as arribadas forçadas, os protestos formados a bordo -, submeter-se-ão ao procedimento comum previsto na nova legislação (§ 3º).

Como naturalmente não há correspondência numérica exata entre os dispositivos do Código de 1973 e do atual, as remissões que alguma lei extravagante façam àquele deverão ser entendidas como relacionadas aos artigos equivalentes no texto do CPC/2015, se houver (§ 4º).

Por fim, para se cumprir o disposto no art. 12 do CPC/2015, que determina que os juízes obedeçam à ordem cronológica de conclusão para proferir sentença ou acórdão, estabelece o art. 1.046, § 5º, que, no início de vigência do atual Código, seja elaborada uma lista com os processos já conclusos, observando-se a antiguidade da distribuição.

JURISPRUDÊNCIA SELECIONADA

1. Lei nova. Eficácia imediata. Irretroatividade. "Nossa tradição jurídica de direito intertemporal consagra o princípio de que a lei processual nova tem eficácia imediata, incidindo sobre os atos processuais praticados a partir do momento em que se tornam obrigatórias, sem alcançar, todavia, os atos consumados sob o império da legislação anterior, à luz do princípio *tempus regit actum*, sob pena de retroagir para prejudicar o direito adquirido, o ato jurídico perfeito e a coisa julgada" (STJ, REsp 250.580/P, Rel. Min. Vicente Leal, 6ª Turma, jul. 17.08.2000, *DJ* 04.09.2000). **No mesmo sentido**: STJ, REsp 1.426/MS, Rel. Min. Athos Carneiro, 4ª Turma, jul. 13.03.1990; STJ, REsp 100.288/PR, Rel. Min. Adhemar Maciel, 2ª Turma, jul. 27.11.1997, *DJ* 19.12.1997; STJ, REsp 99.051/BA, Rel. Min. Humberto Gomes de Barros, 1ª Turma, jul. 10.10.1996, *DJ* 18.11.1996.

Teoria dos atos processuais isolados. "Ocorre que, por mais que a lei processual seja aplicada imediatamente aos processos pendentes, deve-se ter conhecimento que o processo é constituído por inúmeros atos. Tal entendimento nos leva à chamada 'Teoria dos Atos Processuais Isolados', em que cada ato deve ser considerado separadamente dos demais para o fim de se determinar qual a lei que o rege, recaindo sobre ele a preclusão consumativa, ou seja, a lei que rege o ato processual é aquela em vigor no momento em que ele é praticado. Seria a aplicação do Princípio *tempus regit actum*. Com base neste princípio, temos que a lei processual atinge o processo no estágio em que ele se encontra, onde a incidência da lei nova não gera prejuízo algum às partes, respeitando-se a eficácia do ato processual já praticado. Dessa forma, a publicação e entrada em vigor de nova lei só atingem os atos ainda por praticar, no caso, os processos futuros, não sendo possível falar em retroatividade da nova norma, visto que os atos anteriores de processos em curso não serão atingidos" (STJ, REsp 1.404.796/SP, Rel. Min. Mauro Campbell Marques, 1ª Seção, jul. 26.03.2014, *DJe* 09.04.2014). **No mesmo sentido:** STF, RE 85.392, Rel. Min. Cunha Peixoto, 1ª Turma, jul. 21.09.1976, *RTJ* 83/931.

2. Direito Intertemporal. Execução iniciada na vigência da lei antiga. "É da teoria geral do direito a máxima de que o 'tempo rege o ato', sendo esta regra ainda mais acentuada quando a norma nova é processual. Com base nela, pacífica a ideia de que a lei processual atinge o processo no estágio em que ele se encontra. Sendo executada a sentença ainda sob a égide da lei antiga, mas quando do despacho inicial, já em vigor a novel legislação, é esta última que deve orientar o processo. A incidência da lei nova não gera prejuízo algum às partes" (TJPR, AI 0388109-0, Rel.ª Des.ª Rosene Arão de Cristo Pereira, 5ª Câmara Cível, jul. 24.04.2007, *DJ* 11.05.2007; *RMDE* 15/121).

3. Lei de ordem pública. "O princípio constitucional do respeito ao ato jurídico perfeito se aplica também, conforme é o entendimento desta Corte, às leis de ordem pública" (STF, RE 200.453/RS, Rel. Min. Moreira Alves, 1ª Turma, jul. 04.03.1997, *DJ* 25.04.1997).

4. Recurso. "O recurso rege-se pela lei do tempo em que proferida a decisão, assim considerada nos órgãos colegiados a data da sessão de julgamento em que anunciado pelo Presidente o resultado, nos termos do art. 556 do Código de Processo Civil [art. 941 do CPC/2015]. É nesse momento que nasce o direito subjetivo à impugnação" (STJ, EREsp 649.526/MG, Rel. Min. Carlos Alberto Menezes Direito, Corte Especial, jul. 15.06.2005,

DJ 13.02.2006). **No mesmo sentido:** STJ, CC 1.133/RS, Rel. Min. Sálvio de Figueiredo, 2ª Seção, jul. 11.03.1992, *LEXSTJ* 39/22.

Exigência formal para interposição. "A lei nova que impõe exigência formal para a interposição de apelação, antes inexistente – comprovação do preparo no momento de protocolar a petição de recurso, – **não incide sobre os casos em que o prazo recursal já está em curso**" (STJ, REsp 87.167/SC, Rel. Min. Ruy Rosado de Aguiar, 4ª Turma, jul. 14.05.1996, *DJ* 02.09.1996). **No mesmo sentido:** STJ, REsp 240.150/MA, Rel. Min. Sálvio de Figueiredo, 4ª Turma, jul. 08.02.2000, *DJ* 20.03.2000.

"A lei em vigor, no momento da prolação da sentença, regula os recursos cabíveis contra ela, bem como a sua **sujeição ao duplo grau obrigatório**, repelindo-se a retroatividade da norma nova, *in casu*, da Lei 10.352/01. Precedentes das 1ª e 2ª Turmas" (STJ, EREsp 600.874/SP, Rel. Min. José Delgado, Corte Especial, jul. 01.08.2006, *DJ* 04.09.2006).

5. Contrato. "Respeito ao ato jurídico perfeito, de que se irradiam direitos e obrigações para os contratantes. Não há que se invocar o efeito imediato da lei nova, porquanto esta não se aplica aos efeitos futuros do contrato anteriormente celebrado e que se acha em curso" (STF, RE 96.037/RJ, Rel. Min. Djaci Falcão, 2ª Turma, jul. 05.10.1982, *RTJ* 106/314).

"Os contratos submetem-se, quanto ao estatuto de regência, ao ordenamento normativo vigente à época de sua celebração. Mesmo os efeitos futuros oriundos de contratos anteriormente celebrados não se expõem ao domínio normativo de leis supervenientes. As consequências jurídicas que emergem de um ajuste negocial válido são regidas pela legislação em vigor no momento de sua pactuação. Os contratos – que se qualificam como atos jurídicos perfeitos (*RT* 547/215) – acham-se protegidos, em sua integralidade, inclusive quanto aos efeitos futuros, pela norma de salvaguarda constante do art. 5º, XXXVI, da Constituição da República" (STF, RE 198.291-8/RS, Rel. Min. Celso de Mello, 1ª Turma, jul. 10.12.1996, *DJ* 14.03.1997). **No mesmo sentido**: STF, AgRg no RE 203.901/RS, Rel. Min. Francisco Rezek, 2ª Turma, jul. 29.11.1996, *DJ* 21.03.1997. Essas jurisprudências são do CC 1916. O de 2002 trata a questão de forma diferente, determinando que os efeitos posteriores do contrato sejam afetados pela lei nova (CC, art. 2.035).

6. Procedimento sumário. Prazo para realização de audiência. Termo inicial (§ 1º). "A jurisprudência do STJ orienta-se no sentido de que no procedimento sumário a audiência não se realizará em prazo inferior a dez dias contados da citação. Este prazo é computado **da data da efetiva citação** e não da data da juntada aos autos do mandado citatório devidamente cumprido. Precedentes: AgRg no REsp 1.334.196/SP, Rel. Min. Luis Felipe Salomão, 4ª Turma, *DJe* de 21.11.2013; AgRg no AREsp 368.783/SP, Rel. Min. Raul Araújo, 4ª Turma, *DJe* 16.02.2016; AgRg no REsp 1.334.196/SP, Rel. Min. Luis Felipe Salomão, 4ª Turma, *DJe* 21.11.2013" (STJ, AgInt no REsp 1.707.265/PR, Rel. Min. Herman Benjamin, 2ª Turma, jul. 17.05.2018, *DJe* 02.08.2018).

7. Honorários sucumbenciais. Lei aplicável é a que estiver em vigor na dada da sentença que os impõe. "A sucumbência rege-se pela lei em vigor à data da sentença que a impõe, que, na espécie, foi proferida na vigência do CPC de 1973" (STJ, AgInt no AREsp 1572214/PE, Rel. Min. Mauro Campbell Marques, 2ª Turma, jul. 10.03.2020, *DJe* 17.03.2020).

Art. 1.047. As disposições de direito probatório adotadas neste Código aplicam-se apenas às provas requeridas ou determinadas de ofício a partir da data de início de sua vigência.

BREVES COMENTÁRIOS

Com relação ao direito probatório, o CPC/2015 estabeleceu uma exceção à regra *tempus regit actum*, prevendo que as novas disposições sobre provas somente serão aplicadas àquelas requeridas ou determinadas de ofício a partir da data de início de sua vigência (CPC/2015, art. 1.047). Ou seja, o Código de 1973 continua a ser aplicado às provas requeridas ou determinadas de ofício antes da entrada em vigor da nova legislação, mesmo que a produção se efetive já na vigência do CPC/2015.

Art. 1.048. Terão prioridade de tramitação, em qualquer juízo ou tribunal, os procedimentos judiciais:

I – em que figure como parte ou interessado pessoa com idade igual ou superior a 60 (sessenta) anos ou portadora de doença grave, assim compreendida qualquer das enumeradas no art. 6º, inciso XIV, da Lei nº 7.713, de 22 de dezembro de 1988;

II – regulados pela Lei nº 8.069, de 13 de julho de 1990 (Estatuto da Criança e do Adolescente).

III – em que figure como parte a vítima de violência doméstica e familiar, nos termos da Lei nº 11.340, de 7 de agosto de 2006 (Lei Maria da Penha); (Incluído pela Lei nº 13.894, de 2019)

IV – em que se discuta a aplicação do disposto nas normas gerais de licitação e contratação a que se refere o inciso XXVII do *caput* do art. 22 da Constituição Federal. (Incluído pela Lei nº 14.133, de 2021)

§ 1º A pessoa interessada na obtenção do benefício, juntando prova de sua condição, deverá requerê-lo à autoridade judiciária competente para decidir o feito, que determinará ao cartório do juízo as providências a serem cumpridas.

§ 2º Deferida a prioridade, os autos receberão identificação própria que evidencie o regime de tramitação prioritária.

§ 3º Concedida a prioridade, essa não cessará com a morte do beneficiado, estendendo-se em favor do cônjuge supérstite ou do companheiro em união estável.

§ 4º A tramitação prioritária independe de deferimento pelo órgão jurisdicional e deverá ser imediatamente concedida diante da prova da condição de beneficiário.

CPC/1973

Art. 1.211-A.

REFERÊNCIA LEGISLATIVA

Resolução do STF nº 408, de 21.08.2009 (prioridade na tramitação de procedimentos judiciais em que figure como parte ou interveniente pessoa com idade igual ou superior a sessenta anos ou que seja portadora de doença grave).

Resolução do STJ nº 2, de 25.01.2005 (prioridade no julgamento dos processos cuja parte seja pessoa portadora de deficiência, desde que a causa em juízo tenha vínculo com a própria deficiência).

Lei nº 7.853, de 24.10.1989 (Portadores de deficiência), art. 9º.

Lei nº 9.784, de 29.01.1999 (Processo administrativo no âmbito da Administração Pública Federal), art. 69-A.

Lei nº 10.741, de 01.10.2003 (Estatuto do Idoso – ver Legislação Especial), art. 71.

BREVES COMENTÁRIOS

A regra instituindo preferência na tramitação aos litigantes maiores de 60 anos ou portadores de doenças graves (art.

1.048, I) beneficia tanto o autor como o réu e, ainda, o terceiro interveniente. Uma vez requerido o favor legal, mediante petição acompanhada da prova da condição, caberá ao juiz ordenar ao cartório as providências necessárias para que o andamento do feito tenha preferência (§ 1º). Este entendimento foi adotado pelo STF na Resolução nº 408, de 21.08.2009, com a determinação de que o benefício da prioridade seja requerido pelo interessado ao Presidente do Tribunal ou ao Relator do feito, conforme o caso, fazendo juntar à petição prova de sua condição. Uma vez determinada a sua concessão, os processos deverão ser identificados por meio de etiqueta afixada na capa dos autos, como disposto também no § 2º do art. 1.048.

Mesmo que o idoso venha a falecer antes do julgamento da causa, a tramitação preferencial continuará prevalecendo em benefício do cônjuge supérstite, ou do companheiro em união estável (§ 3º), independente de ser este maior de 60 anos ou gravemente doente.

Recentemente, a nova lei de licitações n.º 14.133, de 1 de abril de 2021, tendo em vista o interesse público para que as questões surgidas na execução de contratos administrativos oriundos de licitações tenham rápida solução, acrescentou o inciso IV ao artigo 1.048 do CPC/2015, conferindo tramitação prioritária também às ações em que se discuta a aplicação do disposto nas normas gerais de licitação e contratação a que se refere o inciso XXVII do *caput* do art. 22 da Constituição Federal.

JURISPRUDÊNCIA SELECIONADA

1. Prioridade na tramitação processual. Requerimento. Legitimidade exclusiva. "A prioridade na tramitação do feito é garantida à pessoa com idade igual ou superior a 60 (sessenta) anos que figura como parte ou interveniente na relação processual (arts. 71 da Lei nº 10.471/2003 e 1.048 do CPC/2015). A pessoa idosa é a parte legítima para requerer a prioridade de tramitação do processo, devendo, para tanto, fazer prova da sua idade. Na hipótese dos autos, a exequente – pessoa jurídica – postula a prioridade na tramitação da execução de título extrajudicial pelo fato de um dos executados ser pessoa idosa, faltando-lhe, portanto, legitimidade e interesse para formular o referido pedido" (STJ, REsp 1801884/SP, Rel. Min. Ricardo Villas Bôas Cueva, 3ª Turma, jul. 21.05.2019, *DJe* 30.05.2019).

2. Beneficiário:

Intervenção de terceiros. "O art. 1.211-A do CPC [art. 1.048 do CPC/2015], acrescentado pela Lei nº 10.173/2001, contemplou, com o benefício da prioridade na tramitação processual, todos os idosos com idade igual ou superior a sessenta e cinco anos que figurem como parte ou interveniente nos procedimentos judiciais, abrangendo a intervenção de terceiros na forma de assistência, oposição, nomeação à autoria, denunciação da lide ou chamamento ao processo" (STJ, REsp 664.899/SP, Rel.ª Min.ª Eliana Calmon, 2ª Turma, jul. 03.02.2005, *DJ* 28.02.2005). **Obs.: com o advento da Lei nº 12.008/2009, a idade mínima foi reduzida para 60 anos.**

Patrono. "As disposições do Estatuto do Idoso, Lei nº 10.741, de 1º de outubro de 2003, e do art. 1.211-A do Código de Ritos [art. 1.048 do CPC/2015] somente se aplicam às partes da relação jurídica processual. A **prioridade na tramitação processual não alcança o causídico que não figura como parte ou interveniente**, e nem está a executar honorários decorrentes de sucumbência definitivamente fixada" (STJ, AgRg no REsp 285.812/ES, Rel. Min. Aldir Passarinho Junior, 4ª Turma, jul. 07.06.2005, *DJ* 01.08.2005).

Portador do vírus HIV. "Mostra-se imprescindível que se conceda a pessoas que se encontrem em condições especiais de saúde, o direito à tramitação processual prioritária, assegurando-lhes a entrega da prestação jurisdicional em tempo não apenas hábil, mas sob regime de prioridade, máxime quando o prognóstico denuncia alto grau de morbidez. Negar o direito subjetivo de tramitação prioritária do processo em que figura como parte uma pessoa com o vírus HIV, seria, em última análise, suprimir, em relação a um ser humano, o princípio da dignidade da pessoa humana, previsto constitucionalmente como um dos fundamentos balizadores do Estado Democrático de Direito que compõe a República Federativa do Brasil, no art. 1º, inc. III, da CF" (STJ, REsp 1.026.899/DF, Rel.ª Min.ª Nancy Andrighi, 3ª Turma, jul. 17.04.2008, *DJe* 30.04.2008).

3. Número de litigantes. "O número de litigantes, quer no polo ativo, quer no polo passivo da relação jurídico-processual, não impede a tramitação preferencial do feito, desde que algum ou alguns deles conte com idade igual ou superior a sessenta (60) anos, à vista do que preceituam o art. 71 da Lei nº 10.741/03 (Estatuto do Idoso), a ser lido conjugadamente com o art. 1.211-A do Código de Processo Civil [art. 1.048 do CPC/2015], cuja redação foi introduzida pela Lei nº 10.173/2001" (TJRS, AgIn 70012847273, Rel. Miguel Ângelo da Silva, 4ª Câmara Cível, jul. 23.11.2005, *DJe* 05.01.2006).

4. Pessoa jurídica. Inaplicabilidade. "A preferência na tramitação de processos determinada pela Lei nº 10.173/01 não se aplica a pessoa jurídica" (STJ, AgRg no Ag. 468.648/SP, Rel. Min. Antônio de Pádua Ribeiro, 3ª Turma, jul. 06.11.2003, *DJ* 01.12.2003).

5. Autorização para levantamento de dinheiro. "Na autorização para o levantamento, pela credora, de dinheiro depositado pelo executado que já teve oportunidade de discutir várias vezes a mesma questão, é razoável levar-se em consideração a idade avançada da parte exequente" (STJ, AgRg no AI 1.034.227, Rel. Min. Sidnei Beneti, 3ª Turma, jul. 22.09.2009, *DJ* 07.10.2009).

Art. 1.049. Sempre que a lei remeter a procedimento previsto na lei processual sem especificá-lo, será observado o procedimento comum previsto neste Código.

Parágrafo único. Na hipótese de a lei remeter ao procedimento sumário, será observado o procedimento comum previsto neste Código, com as modificações previstas na própria lei especial, se houver.

Art. 1.050. A União, os Estados, o Distrito Federal, os Municípios, suas respectivas entidades da administração indireta, o Ministério Público, a Defensoria Pública e a Advocacia Pública, no prazo de 30 (trinta) dias a contar da data da entrada em vigor deste Código, deverão se cadastrar perante a administração do tribunal no qual atuem para cumprimento do disposto nos arts. 246, § 2º, e 270, parágrafo único.

BREVES COMENTÁRIOS

À União, aos Estados, ao Distrito Federal e aos Municípios e às entidades da administração indireta (art. 246, § 2º), bem como ao Ministério Público, à Advocacia Pública e à Defensoria Pública (art. 270), foi imposta a obrigação de realizar o cadastramento junto ao Tribunal no qual atuem. A fim de dar cumprimento a essa determinação legal, o art. 1.050 do CPC/2015 estabeleceu o prazo de trinta dias, após a entrada em vigor da nova legislação, para que referidas instituições providenciem este cadastramento. As normas em questão referem-se aos processos eletrônicos.

Art. 1.051. As empresas públicas e privadas devem cumprir o disposto no art. 246, § 1º, no prazo de 30 (trinta) dias, a contar da data de inscrição do ato constitutivo da pessoa jurídica, perante o juízo onde tenham sede ou filial.

Parágrafo único. O disposto no *caput* não se aplica às microempresas e às empresas de pequeno porte.

BREVES COMENTÁRIOS

O atual Código, para efeito de recebimento de citações e intimações, impôs às empresas públicas e privadas a obrigação de manter cadastro junto aos sistemas de processo em autos eletrônicos (CPC/2015, art. 246, § 1º). O art. 1.051, da legislação atual concedeu o prazo de trinta dias, a contar da data de inscrição do ato constitutivo da pessoa jurídica, para que ela providencie o respectivo cadastro perante o juízo onde tenha sede ou filial. Para aquelas já existentes, o prazo, naturalmente, será contado a partir da entrada em vigor do Código de 2015. Ressalvou o dispositivo, contudo, as microempresas e as empresas de pequeno porte, que ficam liberadas do referido cadastramento (art. 1.051, parágrafo único).

Art. 1.052. Até a edição de lei específica, as execuções contra devedor insolvente, em curso ou que venham a ser propostas, permanecem reguladas pelo Livro II, Título IV, da Lei nº 5.869, de 11 de janeiro de 1973.

REFERÊNCIA LEGISLATIVA

CPC/1973, arts. 748 a 786-A.

Lei nº 14.181/2021 (Lei do superendividamento nas relações de consumo).

BREVES COMENTÁRIOS

O atual Código, assim como o de 1973, regulou separadamente as execuções dos títulos extrajudiciais tendo em vista a natureza da prestação a ser obtida do devedor, classificando-as em:

(a) execução para a entrega de coisa;

(b) execução das obrigações de fazer e não fazer; e

(c) execução por quantia certa, contra devedor solvente.

O CPC/2015, contudo, não cuidou de instituir um novo procedimento para a execução por quantia certa contra devedor insolvente. Limitou-se a dispor que, até que seja editada lei específica, as execuções em curso ou que venham a ser propostas permanecerão reguladas pelos artigos relativos à matéria constantes do CPC de 1973 (CPC/2015, art. 1.052).

Em 1º de julho de 2021, foi editada a Lei nº 14.181/2021, que acrescentou vários artigos ao Código de Defesa do Consumidor com o duplo objetivo de prevenir e solucionar o problema do superendividamento do consumidor. A nova lei, de um lado, oferece aos consumidores que não conseguem pagar seus empréstimos e crediários em geral uma forma de renegociação consensual ou compulsória das dívidas e de recuperação de sua saúde financeira. E, de outro lado, como meio de prevenção do superendividamento, a lei obriga o fornecedor de crédito a prestar informações prévias e adequadas sobre a operação, a fim de que o consumidor tenha total conhecimento de todos os custos do negócio, de modo a obter um crédito responsável (CDC, arts. 54-B, 54-C, 54-D e 54-G). Tudo isso se passa fora do processo de execução do devedor insolvente e sem prejuízo dele (art. 104-A, § 5º, do CDC). Ver, sobre o tema, nosso *Curso de direito processual civil*, 57. ed., v. III, nºs 567-A a 567-D.

JURISPRUDÊNCIA SELECIONADA

1. Declaração de insolvência deve ser feita em ação autônoma. "O propósito recursal, além de analisar se houve negativa de prestação jurisdicional, é definir se a declaração de insolvência civil dos executados pode dar-se no bojo da própria ação executiva, uma vez constatada a ausência de bens penhoráveis. (...) O processo de insolvência é autônomo, de cunho declaratório-constitutivo, e busca um estado jurídico para o devedor, com as consequências de direito processual e material, não podendo ser confundido com o processo de execução, em que a existência de bens é pressuposto de desenvolvimento do processo" (STJ, REsp 1823944/MS, Rel. Min. Nancy Andrighi, 3ª Turma, jul. 19.11.2019, *DJe* 22.11.2019).

2. Insolvência civil. Indisponibilidade de bens. Poder geral de cautela do juízo. "Segundo a legislação de regência, a indisponibilidade de bens dos administradores, gerentes, conselheiros ou assemelhados, decorre da instauração pela ANS do regime de liquidação extrajudicial e se mantém até a apuração e liquidação final das responsabilidades, prorrogando-se, no caso de distribuição do pedido judicial da falência ou insolvência civil, até posterior determinação judicial. Por força do art. 24-D da Lei 9.656/1998, as normas do Código de Processo Civil aplicam-se, subsidiariamente, à liquidação extrajudicial, falência e insolvência civil das operadoras de planos de saúde, no que for compatível com a legislação especial, como ocorre com os dispositivos que versam sobre o poder geral de cautela, sobretudo por se tratar de poder com acento em princípios processuais gerais como o da efetividade da jurisdição e o da segurança jurídica. A decretação da indisponibilidade de bens visa a evitar que a eventual insolvência civil ou falência da operadora, causada pela má administração, provoque um risco sistêmico ao mercado de planos de saúde, assegurando a responsabilidade patrimonial de todos aqueles que concorreram para a instauração do regime de liquidação extrajudicial; visa, em última análise, à proteção de toda a coletividade envolvida na prestação do serviço privado de assistência à saúde, de inegável relevância econômica e social. Desde que observados os requisitos legais, pode o Juízo, com base no poder geral de cautela, ampliar o alcance da norma que prevê a decretação da indisponibilidade de bens quando verificar a existência de fundados indícios de responsabilidade de determinado agente, a fim de assegurar, concretamente, a eficácia e a utilidade do provimento jurisdicional de caráter satisfativo" (STJ, REsp 1845214/RJ, Rel. Min. Nancy Andrighi, 3ª Turma, jul. 20.10.2020, *DJe* 26.10.2020).

3. Insolvência. Cédula de crédito bancário. Direito de preferência. Não configuração. "Decretação da falência do banco beneficiário, precedida de liquidação extrajudicial, em cujo procedimento foi realizada a alienação em hasta pública da carteira de crédito da instituição financeira. Pretensão dos recorrentes, emitentes e avalistas da cédula de crédito bancário, do reconhecimento do direito de preferência na aquisição de seu crédito para ver extinta a obrigação pela confusão. (...) Ausência de semelhança fática que autorize a aplicação da analogia para reconhecer o direito de preferência dos emitentes da cédula. Para o recurso à autointegração do sistema pela analogia, faz-se necessário que se estenda, a uma hipótese não regulamentada, a disciplina legalmente prevista para um caso semelhante. Essa forma de expansão regulatória, portanto, depende de similitude fática significativa entre o caso em referência e seu paradigma. A regra prevista pelo ordenamento em tais casos é a alienação dos bens ou direitos em hasta pública para qualquer interessado que atenda aos editais de chamamento, orientando-se a disciplina processual civil nesse sentido. Ao não ser atribuída uma prerrogativa adicional aos emitentes de cédula de crédito bancário com garantia representada por alienação fiduciária de bem imóvel, conclui-se que não houve de fato omissão regulamentadora, senão a intenção legislativa de manter a regra geral nessas situações. Direito de preferência do emitente da cédula de crédito bancário inexistente. Recurso especial não provido" (STJ, REsp 2.035.515/SP, Rel. Min. Antonio Carlos Ferreira, 4ª Turma, jul. 07.03.2023, *DJe* 13.03.2023).

DISPOSIÇÕES FINAIS E TRANSITÓRIAS: INDICAÇÃO DOUTRINÁRIA

Alexandre Freire, In: Teresa Arruda Alvim Wambier, Fredie Didier Jr., Eduardo Talamini, Bruno Dantas, *Breves comentários ao novo Código de Processo Civil*, São Paulo: Revista dos Tribunais, 2015; Antônio do Passo Cabral. Pré-eficácia das normas e a aplicação do Código de Processo Civil de 2015 ainda no período de *vacatio legis*. *Revista de Processo*, v. 246, p. 339, ago./2015; Cassio Scarpinella Bueno, *Manual de direito processual civil*, São Paulo: Saraiva, 2015; Clayton Maranhão, In: Sérgio Cruz Arenhart e Daniel Mitidiero (coord.), *Comentários ao Código de Processo Civil*. 2. ed., São Paulo: RT, 2018, v. 17; Daniel Amorim Assumpção

Neves, *Manual de direito processo civil*, São Paulo: Método, 2015; Edgar José Galiheti. *Direito Processual intertemporal e o novo CPC*: aspectos destacados do juízo de admissibilidade da petição inicial. In: Paulo Henrique dos Santos Lucon e Pedro Miranda de Oliveira. Panorama atual do novo CPC. Florianópolis: Empório do Direito, 2016, p. 91; Fernando Fontoura da Silva Cais, In: José Roberto F. Gouvêa, Luis Guilherme A. Bondioli e João Francisco N. da Fonseca (coord.), *Comentários ao Código de Processo Civil*, São Paulo: Saraiva, 2017, v. 21; Fredie Didier Jr., *Curso de direito processual civil*, 17. ed., Salvador: JusPodivm, 2015, v. I; Gisele Leite. Cuidados com a Entrada em Vigor do CPC/2015. *Revista Síntese*, ano XVII, n. 100, mar.-abr. 2016. São Paulo: Síntese. p. 73; Guilherme Rizzo Amaral, *Comentários às alterações do novo CPC*, São Paulo: Revista dos Tribunais, 2015; Humberto Theodoro Jr., A insolvência civil, 3. ed., 1986; Humberto Theodoro Júnior, Curso de direito processual civil. 53. ed., Rio de Janeiro: Forense, 2020, v. III; Humberto Theodoro Junior, Fernanda Alvim Ribeiro de Oliveira, Ester Camila Gomes Norato Rezende (coord.), *Primeiras lições sobre o novo direito processual civil brasileiro*, Rio de Janeiro: Forense, 2015; Humberto Theodoro Júnior, Processo de execução e cumprimento de sentença. 30. ed., Rio de Janeiro: Forense, 2020; J. E. Carreira Alvim, *Comentários ao novo Código de Processo Civil*, Curitiba: Juruá, 2015; Jaldemiro Rodrigues de Ataíde Jr., In: Teresa Arruda Alvim Wambier, Fredie Didier Jr., Eduardo Talamini, Bruno Dantas, *Breves comentários ao novo Código de Processo Civil*, São Paulo: Revista dos Tribunais, 2015; José Miguel Garcia Medina, *Novo Código de Processo Civil comentado*, São Paulo: Revista dos Tribunais, 2015; Leonardo Greco, *Instituições de processo civil: introdução ao direito processual civil*, 5. ed., Rio de Janeiro: Forense, 2015; Luis Antônio Giampaulo Sarro, *Novo Código de Processo Civil*, São Paulo: Rideel, 2015; Luiz Guilherme Marinoni, Sérgio Cruz Arenhart, Daniel Mitidiero, *Curso de processo civil*, São Paulo: Revista dos Tribunais, 2015, v. I; Nelson Nery Junior, Rosa Maria de Andrade Nery, *Comentários ao Código de Processo Civil*, São Paulo: Revista dos Tribunais, 2015; Ronaldo Cramer, In: Teresa Arruda Alvim Wambier, Fredie Didier Jr., Eduardo Talamini, Bruno Dantas, *Breves comentários ao novo Código de Processo Civil*, São Paulo: Revista dos Tribunais, 2015; Teresa Arruda Alvim Wambier, Fredie Didier Jr., Eduardo Talamini, Bruno Dantas (coord.), *Breves comentários ao novo Código de Processo Civil*, São Paulo: Revista dos Tribunais, 2015; Teresa Arruda Alvim Wambier, Maria Lúcia Lins Conceição, Leonardo Ferres da Silva Ribeiro, Rogério Licastro Torres de Melo, *Primeiros comentários ao novo Código de Processo Civil*, São Paulo: Revista dos Tribunais, 2015; Rodrigo Mazzei. Inventário sucessório: declaração de insolvência do espólio postulada pelo inventariante. *Revista Nacional de Direito de Família e Sucessões*, nº 46, jan.-fev. 2022, p. 139 e ss.

Reprodução dos arts. 748 a 786-A do CPC/1973 relativos à execução por quantia certa contra devedor insolvente e jurisprudência aplicável:

TEXTO DO CPC/1973 SOBRE INSOLVÊNCIA CIVIL MANTIDO EM VIGOR PELO CPC/2015

Título IV

Da Execução por Quantia Certa contra Devedor Insolvente

Capítulo I

DA INSOLVÊNCIA

Art. 748. Dá-se a insolvência toda vez que as dívidas excederem à importância dos bens do devedor.

BREVES COMENTÁRIOS

Pode-se definir a execução coletiva ou concursal como o processo "que se observa quando existe um patrimônio que há de responder por um conjunto de dívidas, constitutivas de outros tantos créditos em favor de uma pluralidade de credores, e é insuficiente, no momento, para satisfazer a todos esses créditos em sua integralidade".

Em se tratando de procedimento executivo, subordina-se, em princípio, aos pressupostos ou requisitos necessários a toda e qualquer execução, ou seja: o título executivo e o inadimplemento do devedor (art. 786, CPC/2015).

No entanto, cuidando-se de forma especial de execução, há um pressuposto, igualmente extraordinário, reclamado para sua admissibilidade, que é o estado de insolvência do executado, verificável sempre que "as dívidas excederem à importância dos bens do devedor". Não bastam, portanto, o título e o inadimplemento. Três são, de tal sorte, os pressupostos da execução coletiva: o título, a mora e a declaração judicial de insolvência (Moniz de Aragão, Execução contra o devedor insolvente, *Revista Forense*, v. 246, p. 68), reveladora da situação patrimonial do devedor de *impotência* para satisfazer integralmente todas as obrigações exigíveis.

Esse pressuposto específico é definido pelo Código de 1973, mantido pelo de 2015, de maneira puramente *objetiva* e sob critério diverso daquele seguido pela legislação falimentar. Enquanto a Lei nº 11.101/2005 considera configurada a insolvência do comerciante pela simples falta de pagamento, no vencimento, de obrigação constante de título que autorize a execução forçada, ainda que o ativo do devedor possa superar seu passivo (art. 94, nº 1), para o Código de Processo Civil de 1973 – ainda em vigor até a edição de lei específica –, a insolvência não pode basear-se tão somente no inadimplemento de obrigação documentada em título executivo (José de Moura Rocha, *Comentários ao Código de Processo Civil*, série Rev. Tribs., v. IX, p. 12). Diversamente, o Código exige o pressuposto efetivo do desequilíbrio patrimonial, "decorrente de um ativo inferior ao passivo, sem o qual a execução jamais seria contra devedor insolvável" (Celso Neves, *Comentários ao Código de Processo Civil*, série Forense, v. VII, n. 114, p. 262). Para a insolvência civil, de tal forma, o inadimplemento nada mais é do que um dos requisitos de admissibilidade, mas não condição suficiente. Aliás, em muitos casos, pode-se até dispensar o inadimplemento como pressuposto da execução coletiva. Assim é que Moura Rocha lembra que mesmo "havendo o devedor suspendido os seus pagamentos, mas sendo o seu ativo superior ao seu passivo, não será declarada a insolvência. Contrariamente, se não suspendeu os pagamentos, existindo fatos outros indicativos da sua insolvência, então será esta declarada e dará lugar à execução coletiva" (José de Moura Rocha, *Comentários ao Código de Processo Civil*, série Rev. Tribs., v. IX, p. 20-21).

JURISPRUDÊNCIA SELECIONADA

1. Conceito. "A execução contra devedor insolvente (CPC/73, arts. 612 c/c 751, III) tem nítida feição de falência civil, sendo, em verdade, execução por concurso universal de credores em detrimento de devedor sem patrimônio suficiente para com as suas obrigações, tendo seu procedimento desdobrado em duas fases: a primeira, de natureza cognitiva, e a segunda, de índole executiva. Na segunda fase, o Juízo universal, propondo-se a liquidação de todo o patrimônio do executado, unifica a cognição relativamente às questões patrimoniais e torna real e efetiva a aplicação do princípio da igualdade entre os credores (*par conditio creditorum*). Nesta fase, instaura-se o concurso universal, no qual o juízo procede à análise da situação dos diversos credores, fixa-lhes as posições no concurso e determina a organização do quadro geral de credores (art. 769 do CPC), privando o devedor da administração e disponibilidade de seu patrimônio, surgindo a figura do administrador, que exercerá suas atribuições sob a supervisão do juiz (art. 763 do

CPC)". (STJ, REsp 1257730/RS, Rel. Min. Luis Felipe Salomão, 4ª Turma, jul. 03.05.2016, *DJe* 30.05.2016).

2. Aplicação analógica da Lei de Falências. "A Lei de Falências há de ser aplicada analogicamente à execução de quantia certa contra devedor insolvente nos casos em que a lei processual civil apresenta-se omissa, como sói ocorrer quanto à multa moratória e aos juros, porquanto *ubi eadem ratio ubi eadem dispositio* (Precedente: REsp 21.255/PR, Rel. Min. Sálvio de Figueiredo Teixeira, Quarta Turma, *DJ* 21.11.1994)" (STJ, REsp 1.108.831/PR, Rel. Min. Luiz Fux, 1ª Turma, jul. 23.11.2010, *DJe* 03.12.2010).

Atividade agropecuária. Impossibilidade de aplicação da falência. "A moldura fática delineada no acórdão recorrido, de forma incontroversa, sinaliza que os recorrentes são pecuaristas que vivem da compra e venda de gado no meio rural, atividade civil típica, com estrutura simples. Com efeito, não sendo comerciantes, estarão impossibilitados de se valerem das regras específicas à atividade empresarial, como as referentes à falência, concordata ou recuperação judicial, aplicando-se-lhes o estatuto civil comum, sendo-lhes permitido o pedido de autoinsolvência civil" (STJ, REsp 474.107/MG, Rel. Min. Luis Felipe Salomão, 4ª Turma, jul. 10.03.2009, *DJe* 27.04.2009).

3. Pessoa física. Sujeição à insolvência civil. "A pessoa física, por meio de quem o ente jurídico pratica a mercancia, por óbvio, não adquire a personalidade desta. Nesse caso, comerciante é somente a pessoa jurídica, mas não o civil, sócio ou preposto, que a representa em suas relações comerciais. Em suma, não se há confundir a pessoa, física ou jurídica, que pratica objetiva e habitualmente atos de comércio, com aquela em nome da qual estes são praticados. O sócio de sociedade empresarial não é comerciante, uma vez que a prática de atos nessa qualidade são imputados à pessoa jurídica à qual está vinculada, esta sim, detentora de personalidade jurídica própria. Com efeito, deverá aquele sujeitar-se ao Direito Civil comum e não ao Direito Comercial, sendo possível, portanto, a decretação de sua insolvência civil" (STJ, REsp 785.101/MG, Rel. Min. Luis Felipe Salomão, 4ª Turma, jul. 19.05.2009, *DJe* 01.06.2009).

4. Insolvência civil. Competência. Ver jurisprudência do art. 42 do CPC/2015.

5. Empresário rural. Regularidade do exercício da atividade anterior ao registro do empreendedor. Pedido de recuperação judicial. Cômputo do período de exercício da atividade rural anterior ao registro. Possibilidade. "Pelas mesmas razões, não se pode distinguir o regime jurídico aplicável às obrigações anteriores ou posteriores à inscrição do empresário rural que vem a pedir recuperação judicial, ficando também abrangidas na recuperação aquelas obrigações e dívidas anteriormente contraídas e ainda não adimplidas" (STJ, REsp 1.800.032/MT, Rel. p/ acórdão Min. Raul Araújo, 4ª Turma, jul. 05.11.2019, *DJe* 10.02.2020).

Art. 749. Se o devedor for casado e o outro cônjuge, assumindo a responsabilidade por dívidas, não possuir bens próprios que bastem ao pagamento de todos os credores, poderá ser declarada, nos autos do mesmo processo, a insolvência de ambos.

REFERÊNCIA LEGISLATIVA

CC, arts. 1.664 e 1.666.

BREVES COMENTÁRIOS

Sujeitam-se à execução os bens do cônjuge, nas hipóteses em que os seus próprios bens, reservados ou de sua meação, respondam pela dívida (art. 790, IV).

Art. 750. Presume-se a insolvência quando:

I – o devedor não possuir outros bens livres e desembaraçados para nomear à penhora;

II – forem arrestados bens do devedor, com fundamento no art. 813, I, II e III.

BREVES COMENTÁRIOS

A insolvência, como pressuposto da execução concursal, para o Código, pode ser *real* ou *presumida*. É *real* aquela definida pelo art. 748, do CPC/1973 e que se dá, efetivamente, "toda vez que as dívidas excederem a importância dos bens do devedor". Revela-se por meio do balanço concreto da situação patrimonial do obrigado. A insolvência é *presumida* pela lei, nos casos do art. 750, do CPC/1973.

Cabe ao credor promovente o ônus de provar o fato de que decorre a presunção de insolvência. E mesmo diante dessa prova a presunção, em todos os casos, é *juris tantum*, sendo lícito ao devedor ilidi-la mediante produção de prova em contrário que consistirá em demonstrar que seu ativo supera o passivo.

Os casos de arresto que justificam a presunção de insolvência nos termos do art. 813 do CPC/1973, ocorrem: "I – quando o devedor sem domicílio certo intenta ausentar-se ou alienar os bens que possui, ou deixa de pagar a obrigação no prazo estipulado; II – quando o devedor, que tem domicílio: a) se ausenta ou tenta ausentar-se furtivamente; b) caindo em insolvência, aliena ou tenta alienar bens que possui; contrai ou tenta contrair dívidas extraordinárias; põe ou tenta pôr os seus bens em nome de terceiros; ou comete outro qualquer artifício fraudulento, a fim de frustrar a execução ou lesar credores; III – quando o devedor, que possui bens de raiz, intenta aliená-los, hipotecá-los ou dá-los em anticrese, sem ficar com algum ou alguns, livres e desembargados, equivalentes às dívidas; IV – nos demais casos expressos em lei".

JURISPRUDÊNCIA SELECIONADA

1. Declaração judicial de insolvência. "A execução por concurso universal de credores depende de prévia declaração judicial da insolvência decorrente do art. 750, I, do CPC, não substitui a declaração judicial, apenas serve como base para o pedido de insolvência, e não impede o procedimento da execução singular instaurada contra os devedores, nem a alienação judicial dos bens penhorados" (TARS, Ag. 187.009.022, Rel. Juiz Castro Gamborgi, 3ª Câmara, jul. 15. 04.1987; *JTARS 63/373*).

"É lícita e juridicamente possível, a declaração de insolvência do devedor que não possui bens suscetíveis de penhora. A insolvência pode ser requerida e declarada nos próprios autos da execução suspensa à míngua de bens penhoráveis (CPC, arts. 750 e 753). Face à evidente permissão legal do art. 753 do Código Buzaid, a declaração de insolvência é juridicamente possível mesmo quando fundada em título que embase execução singular suspensa por ausência de bens penhoráveis" (STJ, REsp 616.163/MG, Rel. Min. Humberto Gomes de Barros, 3ª Turma, jul. 03.04.2007, *DJ* 07.05.2007, p. 314).

Insolvência não declarada. "Enquanto não declarada a insolvência civil do devedor, não há lugar para endereçamento das execuções em andamento ao juízo que a declarou, porque o simples pedido de insolvência não importa conexão prévia" (*TJGO*, AI nº 12.148-7/180, 3ª C.C., Rel. Des. Jamil Pereira de Macedo, ac. 24.06.1997).

Sentença. Eficácia imediata. "A sentença que declara a insolvência civil do devedor tem eficácia imediata, produzindo efeitos na data de sua prolação, tanto para o devedor como para os credores, independentemente do trânsito em julgado" (STJ, REsp 1074724/MG, Rel. Min. Raul Araújo, 4ª Turma, jul. 27.04.2017, *DJe* 18.05.2017).

2. Requerimento pelo credor. "A lei processual expressamente admite seja formulado por credor único pedido de declaração de insolvência de devedor, desde que apresente título de dívida líquida e certa e de logo demonstre o estado de insolvência presumido se, citado para execução, o devedor não opõe defesa ou não indica bens à penhora" (TJRJ, Ap. nº 40.465, Rel. Des. Paulo Pinto, 8ª Câmara, jul. 22.4.86, na; *RDTJRJ* 2º/196; *RTJE* 45/171).

3. Ônus da prova. "Insolvência civil. Ônus da prova. Ao devedor incumbe a prova de sua solvência" (STJ, REsp 1.436-GO, Rel. Min. Bueno de Souza, 4ª Turma, jul. 07.06.1995, *DJU* 21.08.1995).

4. Ausência de bens penhoráveis. "A falta de bens suscetíveis de arrecadação não retira ao credor o direito de ver declarada a insolvência. Apenas suspende a ação, declarada esta, na primeira fase de conhecimento" (STF, RE 105-5-504, Rel. Min. Oscar Corrêa, 1ª Turma, jul. 20.08.1995, *RTJ* 115/406).

Art. 751. A declaração de insolvência do devedor produz:

I – o vencimento antecipado das suas dívidas;

II – a arrecadação de todos os seus bens suscetíveis de penhora, quer os atuais, quer os adquiridos no curso do processo;

III – a execução por concurso universal dos seus credores.

REFERÊNCIA LEGISLATIVA

Lei nº 6.766, de 19.12.1979, art. 30;

Lei de Falência, arts. 77, 103, 108, § 4º, e 116, I;

CPC/2015, art. 797 (preferência pela penhora).

BREVES COMENTÁRIOS

Na primeira fase da insolvência não há sequer universalidade, já que o pronunciamento jurisdicional se dá apenas diante de um pedido unilateral do devedor (jurisdição voluntária) ou de uma lide travada entre um credor e o devedor (jurisdição contenciosa). É, pois, a sentença que decreta a insolvência que abre ou inicia a execução, gerando nova relação processual, já então aberta à participação da generalidade dos credores. Do reconhecimento do estado de insolvência decorrem várias medidas de resguardo aos interesses da massa, como o afastamento do devedor da administração dos bens e a entrega destes a um administrador judicial, medidas essas a que Prieto-Castro reconhece o cunho de providências cautelares ou preventivas (Prieto-Castro, *Derecho concursal*, 1974, Madrid, n. 4, p. 23-24).

JURISPRUDÊNCIA SELECIONADA

1. Prova da pluralidade de credores. Desnecessidade. "Não se exige que o quirografário comprove a existência da pluralidade de credores para que possa vir a juízo requerer a insolvência civil do devedor. O concurso de credores é a consequência da insolvência civil, e não sua causa, com bem denota o art. 751, CPC, ao afirmar que 'a declaração da insolvência do devedor produz (...) a execução por concurso universal dos seus credores'" (STJ, REsp 875.982/RJ, Rel. Min.ª Nancy Andrighi, 3ª Turma, jul. 02.12.2008, *DJe* 20.05.2009).

2. Juízo universal. "Segundo o acórdão estadual, 'O juízo universal da insolvência civil atrai para si todas as execuções propostas em face do devedor insolvente, excetuando-se as fiscais (CTN, 187)'" (STJ, AgRg no Ag 194.861/GO, Rel. Min. Nilson Naves, 3ª Turma, jul. 24.06.1999, *DJ* 04.10.1999, p. 56).

Execução individual. Foro diverso do juízo universal. Impossibilidade. "É nula a arrematação de bens do devedor promovida em ação de execução por credor individual, após a declaração de insolvência civil do devedor, em foro diverso do Juízo universal da insolvência" (STJ, REsp 1074724/MG, Rel. Min. Raul Araújo, 4ª Turma, jul. 27.04.2017, *DJe* 18.05.2017).

Art. 752. Declarada a insolvência, o devedor perde o direito de administrar os seus bens e de dispor deles, até a liquidação total da massa.

REFERÊNCIA LEGISLATIVA

Lei de Falência, art. 103.

BREVES COMENTÁRIOS

Da declaração de insolvência decorrem efeitos análogos ao da falência do empresário, que se fazem sentir objetiva e subjetivamente, tanto para o devedor como para os seus credores. O maior efeito da declaração de insolvência é, porém, o de caráter *subjetivo* e que se faz sentir sobre a pessoa do devedor. Trata-se da perda do direito de administrar os seus bens e dispor deles, até a liquidação total da massa, interdição essa que, na verdade, perdura até a sentença declaratória de extinção de todas as obrigações do insolvente, conforme esclarece o art. 782, do CPC/1973.

A situação do insolvente é a mesma do falido. A perda da administração, no entanto, não pode ser equiparada à perda da capacidade ou da personalidade do insolvente, uma vez que conserva ele a plenitude da aptidão para exercer todos os direitos não patrimoniais e mesmo os de natureza patrimonial que se refiram a bens não penhoráveis. Nem sequer a arrecadação importa em perda da propriedade do devedor sobre os bens confiados à gestão do administrador. A perda, enquanto não ocorre a expropriação executiva final, refere-se apenas e tão somente à disponibilidade e administração dos mesmos bens (José de Moura Rocha, *Comentários ao Código de Processo Civil*, série Rev. Tribs., v. IX, p. 193).

JURISPRUDÊNCIA SELECIONADA

1. Responsabilidade patrimonial. "Declarada a insolvência civil do executado, este perde sua capacidade processual no que diz respeito à responsabilidade patrimonial, posição que passará a ser ocupada pelo administrador da massa" (TJGO, Ap. 18.134, Rel. Des. Fenelon Teodoro Reis, 2ª Câmara, jul. 25.02.1986, *Adcoas*, 1986, n. 107.871).

2. Intervenção do administrador da massa. "Prestação de contas. Pleito formulado por insolvente contra o administrador da massa. Admissibilidade. Declarada a insolvência do devedor, perde ele o direito de administrar os seus bens e deles dispor (art. 752 do CPC). Continua ele, entretanto, proprietário dos bens que integram o seu patrimônio e não se acha obstado à prática dos demais atos da vida civil, desde que as restrições, que lhe são impostas, dizem respeito ao processo de insolvência tão somente" (STJ, 4ª Turma, REsp 43.372/MG, Rel. Min. Barros Monteiro, ac. 25.03.1998, *RSTJ* 113/250).

"É que, declarada a insolvência, cria-se uma universalidade do juízo concursal, ocorrendo a intervenção do administrador da massa, situação similar à engendrada quando da decretação de falência, vislumbrando-se identidade dos institutos no tocante à sua causa e finalidade, uma vez que, consoante Humberto Theodoro Junior, 'ambos se fundam no estado patrimonial deficitário e ambos têm em vista a realização de todo o patrimônio do devedor para rateio entre todos os credores do insolvente' (in *A insolvência civil*: execução por quantia certa contra devedor insolvente. Rio de Janeiro, Forense, p. 41)" (STJ, REsp 1108831/PR, Rel. Min. Luiz Fux, 1ª Turma, jul. 23.11.2010, *DJe* 03.12.2010).

Art. 753. A declaração de insolvência pode ser requerida:

I – por qualquer credor quirografário;

II – pelo devedor;

III – pelo inventariante do espólio do devedor.

REFERÊNCIA LEGISLATIVA

Lei de Falência, art. 97, I, II e IV.

BREVES COMENTÁRIOS

Tomando por base a provocação inicial do processo, a insolvência pode ser, segundo a classificação de Prieto-Castro, *voluntária* ou *necessária*, conforme sua decretação se dê em virtude de manifestação do próprio devedor, ou seja, requerida pelos credores (Prieto-Castro, *Derecho concursal*, 1974, Madrid, n. 87, p. 118).

No caso de iniciativa do credor (inciso I), estabelece-se um contraditório, ficando o credor promovente como sujeito ativo, e o devedor como passivo, indo culminar a cognição em uma sentença de mérito que, acolhendo o pedido, constituirá para o demandado uma nova situação jurídica: a de insolvente, com todos os consectários de direito. Nos casos dos incisos II e III, não há controvérsia ou contraditório, pois o próprio devedor, ou seu espólio, reconhece o estado deficitário de seu patrimônio e pede a declaração judicial a respeito com a posterior convocação geral dos credores. Trata-se da *autoinsolvência*, similar da *autofalência*, em que a relação processual inicial é apenas bilateral (devedor-juiz), configurando, assim, uma espécie de procedimento de jurisdição voluntária.

JURISPRUDÊNCIA SELECIONADA

1. Habilitação de credores. "[...] verifica-se a inexistência de credores habilitados na insolvência, o que, a exemplo do que ocorre na falência, ocasiona a extinção da execução coletiva, uma vez que a fase executória propriamente dita somente se instaura com a habilitação dos credores, os quais integram o polo ativo do feito e sem os quais, por óbvio, não há a formação da relação processual executiva" (STJ, REsp 1.072.614/SP, Rel. Min. Luis Felipe Salomão, 4ª Turma, jul. 26.02.2013, *DJe* 12.03.2013). No mesmo sentido: STJ, REsp 957.639/RS, Rel. Min. Sidnei Beneti, 3ª Turma, jul. 07.12.2010, *DJe* 17.12.2010.

Capítulo II
DA INSOLVÊNCIA REQUERIDA PELO CREDOR

Art. 754. O credor requererá a declaração de insolvência do devedor, instruindo o pedido com título executivo judicial ou extrajudicial (art. 586) [CPC/2015, art. 783].

BREVES COMENTÁRIOS

A remissão correta deveria ser aos arts. 584 (revogado pela Lei nº 11.232/2005) e 585.

Não cabe decretação *ex officio* de insolvência civil (*RT* 507/209), tampouco pode ocorrer sua instauração no bojo da execução singular. O concurso, na espécie, é objeto de ação própria (*RT* 479/139; *RF*, 287/326; *RTJ*, 108/396).

JURISPRUDÊNCIA SELECIONADA

1. Título executivo judicial ou extrajudicial. "Na esteira do artigo 754 da Lei processual, o pedido de insolvência civil, enquanto meio de execução coletiva, deve ser instruído pelo credor com o título executivo judicial ou extrajudicial" (STJ, REsp 488.439/RJ, Rel. Min. Fernando Gonçalves, 4ª Turma, jul. 26.08.2003, *DJ* 08.09.2003, p. 339).

2. Título líquido e certo. "Desimporta, para habilitação de crédito na insolvência civil, que o título seja líquido e certo" (STJ, REsp 39.189-0/SP, Rel. Min. Waldemar Zveiter, 3ª Turma, jul. 09.05.1995, *RSTJ* 79/190).

3. Cambial viciada. "Se para o cabimento do pedido de insolvência civil exige-se a apresentação de título executivo, com suas indispensáveis características de certeza, liquidez e exigibilidade (art. 754 do CPC), inviável seu êxito caso a cambial emitida fosse originada de ato jurídico viciado em sua origem, sobretudo, quando este decorreu de atividade antijurídica" (TAMG, Ap. nº 326.994-3, Rel. Juiz Batista Franco, 2ª Câmara, jul. 19.06.2001).

4. Conversão de execução singular em insolvência civil. Impossibilidade. "Mostra-se inviável a conversão do processo de execução singular em insolvência civil, dadas as peculiaridades de cada procedimento e a natureza concursal do último, implicando, eventualmente, até mesmo diferentes competências de foro, por isso o juízo poderá, de ofício, reconhecer a impossibilidade jurídica do pedido. Diferentemente do que ocorria no sistema revogado do Código de Processo Civil de 1939, no seu art. 929, que insculpira a insolvência civil como 'incidente de execução singular', o atual sistema prevê uma 'principialidade' para a insolvência civil, repelindo, pela própria sistemática, a ampliação dos sujeitos ativos, no sentido de transformar a execução individual em um concurso universal de credores. Vale dizer, o processo de insolvência civil nasce com feição de processo principal e não como um incidente no processo de execução" (STJ, REsp 1138109/MG, Rel. Min. Luis Felipe Salomão, 4ª Turma, jul. 18.05.2010, *DJe* 26.05.2010).

Necessidade de desistência da execução singular. "O autor da execução individual frustrada só pode ingressar com ação visando à declaração de insolvência do devedor – para instaurar o concurso universal –, se antes desistir da execução singular, pois há impossibilidade de utilização simultânea de duas vias judiciais para obtenção de um único bem da vida, sendo certo que a desistência, como causa de extinção da relação processual anterior, necessita ser homologada pelo Juízo. Precedente do STF." (STJ, REsp 1.104.470/DF, Rel. Min. Luis Felipe Salomão, 4ª Turma, jul. 19.03.2013, *DJe* 21.05.2013).

Execução singular e execução coletiva (simultaneidade). "Requisitos comuns à instauração de uma e de outra. A instauração do processo de execução, singular ou comum, requisita seja instruída com título executivo líquido e certo, não podendo ser utilizadas simultaneamente as duas vias." (STF, RE 100.031/PR, Rel. Min. Rafael Mayer, 1ª Turma, jul. 08.11.1983, *RTJ* 108/396).

5. Ação monitória. Compatibilidade contra devedor insolvente. "O Código explicitou que a monitória se encerra quando rejeitados os embargos pela execução contra devedor solvente, não fazendo qualquer referência à execução contra devedor insolvente. Tal circunstância, contudo, não revela que seja inviável o ajuizamento da ação monitória, porque para que haja o requerimento de insolvência do devedor pelo credor é necessário que este detenha título executivo judicial ou extrajudicial, a tanto equivale a referência feita pelo art. 754 do Código de Processo Civil ao art.586 do mesmo Código. O objetivo do autor da ação monitória é a constituição do título executivo" (STJ, REsp 541.324/GO, Rel. Min. Carlos Alberto Menezes Direito, 3ª Turma, jul. 18.03.2004, *DJ* 10.05.2004, p. 277).

Art. 755. O devedor será citado para, no prazo de 10 (dez) dias, opor embargos; se os não oferecer, o juiz proferirá, em 10 (dez) dias, a sentença.

BREVES COMENTÁRIOS

O procedimento da insolvência, quando promovida pelo credor, tem início com a citação do devedor para opor embargos em dez dias. Tratando-se de procedimento de cognição, melhor teria sido qualificar a resposta do réu, *in casu*, como *contestação*, posto que embargos representam, tecnicamente, ação cognitiva do devedor ou terceiro incidentemente instaurada no curso da execução.

JURISPRUDÊNCIA SELECIONADA

1. Contestação. "Definindo o CPC a insolvência por critério puramente objetivo – art. 748 – mais adequado ao conceito de insolvabilidade, ou seja, ao estado econômico de pessoa que não pode solver suas dívidas, porque seu ativo é menor que o passivo, tem-se que o requerimento de insolvência instaura simples processo de conhecimento, que culmina com sentença preponderantemente constitutiva, na qual se declara a insolvabilidade e se dá início ao *par condictio creditorum*. Nessa fase do procedimento os embargos de que trata o art. 755 do CPC não se confundem com os embargos do devedor – arts. 736 e 740 – tendo a natureza de verdadeira contestação, que deve ser juntada aos autos do pedido de insolvência, contado o prazo, em havendo litisconsortes com procuradores diferentes, nos termos do art. 191 do estatuto processual civil" (STF, RE 107.075/RJ, Rel. Min. Carlos Madeira, 2ª Turma, jul. 17.12.85; *DJ* 28.2.86; *RT* 605/237; *RTJ* 117/317).

"A insolvência civil é ação de cunho declaratório/constitutivo, tendente a aferir, na via cognitiva, a insolvabilidade do devedor, condição esta que, uma vez declarada judicialmente, terá o efeito de estabelecer nova disciplina nas relações entre o insolvente e seus eventuais credores. Tal premissa não há de ter, entretanto, o efeito de convolar em contestação os embargos disciplinados nos arts. 755 e segs. do CPC. Mostra-se de todo apropriado o entendimento jurisdicional que equipara os embargos à insolvência aos embargos à execução opostos por devedor solvente, para fins de aplicação da regra ínsita no art. 520, inciso V, do Código de Processo Civil, que determina o recebimento da apelação apenas no seu efeito devolutivo" (STJ, REsp 621.492/SP, Rel. Min. João Otávio de Noronha, 4ª Turma, jul. 15.10.2009, *DJe* 26.10.2009).

Art. 756. Nos embargos pode o devedor alegar:

I – que não paga por ocorrer alguma das causas enumeradas nos arts. 741, 742 e 745, conforme o pedido de insolvência se funde em título judicial ou extrajudicial;

II – que o seu ativo é superior ao passivo.

BREVES COMENTÁRIOS

A opção do legislador pela defesa por meio de embargos simplifica o problema dos ônus da prova. Assim, sendo o devedor o autor da ação de embargos, a ele caberá o ônus da prova sempre que se opuser à pretensão do credor, mediante afirmação de ser superavitário o seu patrimônio.

Art. 757. O devedor ilidirá o pedido de insolvência se, no prazo para opor embargos, depositar a importância do crédito, para lhe discutir a legitimidade ou o valor.

BREVES COMENTÁRIOS

Cumprida a citação, podem ocorrer cinco situações diferentes, com consequências naturalmente diversas, a saber: I – o devedor *paga a dívida* em que se baseia o promovente, o que, além de demonstrar sua solvabilidade, importa em extinção da execução no próprio nascedouro (art. 924, II, do CPC/2015); II – o devedor *silencia-se*, deixando de opor embargos no prazo legal: o juiz proferirá, então, em dez dias, sua sentença (art. 755, do CPC/1973), que ordinariamente acolherá o pedido, pois, pela sistemática do Código, basta a revelia para se terem como verdadeiros os fatos arrolados pelo autor (art. 344, do CPC/2015); III – o devedor formula embargos, visando ao não pagamento da dívida, caso em que poderá manejar a matéria cabível nos embargos comuns do devedor solvente (arts. 535, 917, do CPC/2015; 756, I, do CPC/1973). Não está obrigado a nomear bens à penhora, nem a depositar o valor da dívida, mas, se for vencido, a insolvência fatalmente será decretada; IV – o devedor opõe *embargos* apenas para provar que seu passivo é menor do que o ativo, vale dizer, procura ilidir o pedido demonstrando sua solvabilidade (art. 756, II, do CPC/1973). Aqui, também, não está obrigado a garantir a execução, sujeitando-se, porém, à decretação da insolvência, caso seus embargos sejam improcedentes; V – no prazo de embargos, o devedor *deposita* a importância do crédito do requerente, para discutir-lhe a legitimidade ou o valor, caso em que a insolvência já estará, desde logo, ilidida.

JURISPRUDÊNCIA SELECIONADA

1. Montante do depósito. "Na execução por quantia certa contra devedor insolvente este, se pretende fazer depósito visando a evitar decretação de sua insolvência, deve pagar correção monetária e honorários de advogados, além das despesas processuais" (TARS, Ag. nº 187.004.528, Rel. Juiz Sérgio Gischkow Pereira, 2ª Câmara, jul. 16.6.87; *JTARS* 64/181).

Art. 758. Não havendo provas a produzir, o juiz dará a sentença em 10 (dez) dias; havendo-as, designará audiência de instrução e julgamento.

REFERÊNCIA LEGISLATIVA

CPC/2015, arts. 357 (saneamento do processo), 358 e 368 (audiência).

JURISPRUDÊNCIA SELECIONADA

1. Honorários. "Diferentemente da falência, em que há regra especial afastando honorários de advogado (DL 7.661/45, art. 208, § 2º), na insolvência civil o vencido no incidente de impugnação de crédito se sujeita ao regime geral (CPC, art. 20), respondendo pela sucumbência" (STJ, 3ª Turma, REsp 37.703/SP, Rel. Min. Ari Pargendler, jul. 08.06.2000, *DJU* 28.08.2000, p. 70).

Créditos privilegiados. "Os honorários advocatícios são créditos privilegiados em face de concurso de credores, falência, liquidações extrajudiciais, concordatas e insolvência civil" (STJ, 1ª Turma, REsp 295.987/SP, Rel. Min. José Delgado, jul. 01.03.2001, *DJU* 02.04.2001, p. 264).

Capítulo III
DA INSOLVÊNCIA REQUERIDA PELO DEVEDOR OU PELO SEU ESPÓLIO

Art. 759. É lícito ao devedor ou ao seu espólio, a todo tempo, requerer a declaração de insolvência.

BREVES COMENTÁRIOS

Inexiste para o devedor civil a obrigação de promover a própria insolvência (José de Moura Rocha, *Comentários ao Código de Processo Civil*, série Rev. Tribs., v. IX, n. 123, p. 277). Diversamente do que se passa com o empresário, que é *obrigado* a requerer a *autofalência* (Decreto-lei nº 7.661/1945, art. 8º; Lei nº 11.101/2005, arts. 94 e 105), o devedor civil ou seu espólio têm apenas a *faculdade* de requerer a *autoinsolvência*, segundo se depreende do art. 759, em que se lê que "é lícito ao devedor ou ao seu espólio, a todo tempo, requerer a declaração de insolvência".

JURISPRUDÊNCIA SELECIONADA

1. Embargos. Cônjuge. "Na insolvência requerida pelo próprio devedor não se comporta o chamamento de quem quer que seja para integrar a relação processual, pois esta só se estabelece, *in casu*, linearmente, apenas vinculando o devedor ao Juiz. A citação, de ofício, do cônjuge em tal hipótese é nula, preservada, pois, a sua condição de terceiro. Nesse caso, o cônjuge, na condição de terceiro, só está legitimado a opor embargos na oportunidade em que se der a arrecadação dos bens" (TJGO, Embs. na Ap. nº 430, Rel. Des. João Canedo Machado, Câms. Reuns., jul. 15.08.1985; *Adcoas*, 1986, nº 105.461).

Art. 760. A petição, dirigida ao juiz da comarca em que o devedor tem o seu domicílio, conterá:

I – a relação nominal de todos os credores, com a indicação do domicílio de cada um, bem como da importância e da natureza dos respectivos créditos;

II – a individuação de todos os bens, com a estimativa do valor de cada um;

III – o relatório do estado patrimonial, com a exposição das causas que determinaram a insolvência.

REFERÊNCIA LEGISLATIVA

Lei de Falência, art. 105.

BREVES COMENTÁRIOS

A confissão de insolvência importa, ainda, renúncia implícita à administração e disponibilidade dos próprios bens, de modo que a procuração outorgada para seu procedimento depende de poderes especiais (Celso Neves, *Comentários ao Código de Processo Civil*, série Forense, v. VII, n. 126, p. 282).

JURISPRUDÊNCIA SELECIONADA

1. Concurso de credores. "A declaração de inexistência de bens firmados na petição inicial de insolvência civil não obsta ao processamento do pedido, com a formação do concurso de credores, pois o espírito que norteou o legislador ao inserir no CPC tal figura com disposições em tudo semelhantes às da insolvência comercial, foi exatamente o da economia processual, evitando-se demandas caras, com custas e diligências inúteis" (TJSP, Ap. nº 69.171, Rel. Des. Silva Ferreira, 2ª Câmara, jul. 13.05.1986, *RT* 618/55).

Capítulo IV
DA DECLARAÇÃO JUDICIAL DE INSOLVÊNCIA

Art. 761. Na sentença, que declarar a insolvência, o juiz:

I – nomeará, dentre os maiores credores, um administrador da massa;

II – mandará expedir edital, convocando os credores para que apresentem, no prazo de 20 (vinte) dias, a declaração do crédito, acompanhada do respectivo título.

REFERÊNCIA LEGISLATIVA

Lei da Falência, art. 99.

BREVES COMENTÁRIOS

Com a perda da gestão e da disponibilidade de bens sofrida pelo insolvente, compete ao administrador a representação ativa e passiva da *massa*, mas não desfruta de liberdade de deliberação, pois seu cargo é exercido sob a direção e superintendência do juiz. Seus planos e decisões, por isso, devem ser submetidos à apreciação judicial, antes de postos em prática. A última palavra é do juiz.

JURISPRUDÊNCIA SELECIONADA

1. Declaração de insolvência deve ser feita em ação autônoma. "O propósito recursal, além de analisar se houve negativa de prestação jurisdicional, é definir se a declaração de insolvência civil dos executados pode dar-se no bojo da própria ação executiva, uma vez constatada a ausência de bens penhoráveis. (...) O processo de insolvência é autônomo, de cunho declaratório-constitutivo, e busca um estado jurídico para o devedor, com as consequências de direito processual e material, não podendo ser confundido com o processo de execução, em que a existência de bens é pressuposto de desenvolvimento do processo" (STJ, REsp 1823944/MS, Rel. Min. Nancy Andrighi, 3ª Turma, jul. 19.11.2019, *DJe* 22.11.2019).

2. Falta de bens. "O entendimento jurisprudencial predominante é que a falta de bens suscetíveis de arrecadação não retira ao credor o direito de ver declarada a insolvência. Apenas suspende a ação, declarada esta, na primeira fase de conhecimento" (1º TA Cível SP, Ap. nº 513.156-2, Rel. Juiz Sidnei Beneti, 4ª Câmara, jul. 05.08.1992; *RT* 689/174).

"... Pelo que dispõe o art. 761 do CPC, a declaração de insolvência pressupõe execução coletiva contra o devedor comum, o que ocorre quando as dívidas excedem os bens do devedor. Há, portanto, que se processar essa execução na presunção de que existem bens que irão compor a massa a ser rateada entre os credores. Ora, se não há bens não há falar em execução e, se iniciada, terá decretada sua suspensão nos termos do art. 791, inciso III, do CPC. A lei aqui distinguiu a execução singular da coletiva. Averiguada a ausência de bens penhoráveis, ocorre a suspensão diante da inocuidade de se prosseguir em processo quando se sabe, a priori, faltar-lhe objeto. Se o objetivo da execução coletiva, com a declaração da insolvência, é a realização do ativo para o pagamento do passivo, é evidente que não terá sentido declarar-se a insolvência se não haverá bens penhoráveis para, oportunamente, ratear o produto de sua venda com os credores" (TJSP, Ap. nº 60.828-1, Rel. Des. Alves Braga ,4ª Câmara, jul. 01.08.1985; RJTJSP 96/161).

Art. 762. Ao juízo da insolvência concorrerão todos os credores do devedor comum.

§ 1º As execuções movidas por credores individuais serão remetidas ao juízo da insolvência.

§ 2º Havendo, em alguma execução, dia designado para a praça ou o leilão, far-se-á a arrematação, entrando para a massa o produto dos bens.

REFERÊNCIA LEGISLATIVA

CTN, art. 187; Lei de Falência, arts. 5º e 6º.

BREVES COMENTÁRIOS

A universalidade do juízo da insolvência, como já ficou ressaltado, atrai para seu âmbito todos os credores do insolvente, sejam privilegiados ou quirografários. A execução é coletiva e concursal. Excetuam-se unicamente os créditos fiscais, que não se sujeitam aos juízos universais por expressa disposição de lei (CTN, art. 187), mas que devem, contudo, ser reclamados perante o administrador da massa, e não em face do devedor insolvente.

JURISPRUDÊNCIA SELECIONADA

1. Necessidade de habilitação. "Insolvência civil. Habilitação de créditos. Titular de execução singular. Exegese do art. 762, § 1º, CPC. I. A remessa das execuções individuais ao juízo universal da insolvência não supre a necessidade de habilitação. À exceção da Fazenda Pública, todos os credores estão sujeitos à habilitação através de petição escrita que atenda aos requisitos do art. 282, CPC. II. Justifica-se a exigência inclusive para o fiel cumprimento do disposto nos arts. 761, II, e 768, CPC" (STJ, REsp 45.634/MG, Rel. Min. Sálvio de Figueiredo Teixeira, 4ª Turma, jul. 26.05.1997, *DJ* 23.06.1997, p. 29133, *REPDJ* 25.08.1997, p. 39374).

"O art. 751, III, do CPC, ao estabelecer o concurso universal dos credores, não desonera os avalistas, que podem ser acionados em execução individual. Somente as execuções individuais movidas contra o insolvente serão remetidas ao juízo da insolvência (art. 762 do CPC). Caso haja rateio, será abatido o valor na execução movida contra o avalista. A confissão ficta, decorrente da ausência da parte devidamente intimada para prestar depoimento pessoal, não tem valor absoluto, devendo ser desconsiderada se os elementos dos autos e a precariedade da petição da parte interessada não trazem elementos suficientes para permitir a sua aplicação. A alegação de usura não torna o título nulo, apenas permite o decote dos juros excessivos cobrados para não causar o locupletamento indevido daquele que também se beneficiou com o ato, de modo que, não indicando o devedor o valor real do empréstimo inicial e os juros efetivamente pagos, de nada lhe valerá a aplicação da confissão ficta contra o credor, pela impossibilidade de se apurar o valor realmente devido" (TAMG, Ap. nº 330.298-5, 1ª C.C., Rel.ª Juíza Vanessa Verdolim Andrade, ac. 09.10.2001).

2. Cooperativa. "Devem ser remetidos ao juízo universal da insolvência, onde tramita a liquidação de sociedade cooperativa, os processos de execução individual, inclusive de crédito de natureza trabalhista, salvo se designado dia para praça ou leilão, caso em que a remessa será do produto dos bens, art. 71 da Lei nº 5.764/71; art. 762 do CPC" (STJ, 2ª Seção, CC nº 32.687/SP, Rel. Min. Ruy Rosado de Aguiar, DJU 27.08.2001, p. 220).

3. Arrematação pelo administrador. "Ao administrador da massa do devedor insolvente é permitido arrematar os bens levados à praça pública. Todavia, deve proceder à exibição do preço da arrematação, que entrará para o ativo da massa, para pagamento de todos os credores, respeitando-se a ordem de preferência" (STJ, REsp 610.461/MS, Rel. Min. Cesar Asfor Rocha, 4ª Turma, jul. 05.06.2007, *DJ* 06.08.2007, p. 495).

Capítulo V
DAS ATRIBUIÇÕES DO ADMINISTRADOR

Art. 763. A massa dos bens do devedor insolvente ficará sob a custódia e responsabilidade de um administrador, que exercerá as suas atribuições, sob a direção e superintendência do juiz.

REFERÊNCIA LEGISLATIVA

Lei de Falência, arts. 22 e 108, § 1º.

BREVES COMENTÁRIOS

Exerce o administrador uma função pública, de natureza processual, agindo como um auxiliar extraordinário do juízo. Substitui o devedor na administração dos bens arrecadados, mas não é representante dele. É, na verdade, um órgão do processo de execução coletiva, agindo mais propriamente como um "delegado da autoridade judiciária" (José de Moura Rocha, *Comentários ao Código de Processo Civil*, série Rev. Tribs., v. IX, p. 182). De tal arte, não há representação nem do devedor nem dos credores, mas exercício de função própria, visando ao interesse comum da universalidade dos credores e até mesmo do devedor.

JURISPRUDÊNCIA SELECIONADA

1. Administração dos bens. "Sendo decretada a insolvência do devedor, a administração dos bens fica a cargo do administrador, que é nomeado na própria sentença declaratória da insolvência. A massa dos bens do insolvente ficará sob a custódia e a responsabilidade do administrador, que exercerá suas atribuições, sob a direção e a superintendência do Juiz" (1º TA Cível SP, Ap. nº 362.116, Rel. Juiz Toledo Silva, 3ª Câmara, ac. 06.10.1986; *RTJE* 43/170).

Art. 764. Nomeado o administrador, o escrivão o intimará a assinar, dentro de 24 (vinte e quatro) horas, termo de compromisso de desempenhar bem e fielmente o cargo.

REFERÊNCIA LEGISLATIVA

Lei de Falência, art. 33.

Art. 765. Ao assinar o termo, o administrador entregará a declaração de crédito, acompanhada do título executivo. Não o tendo em seu poder, juntá-lo-á no prazo fixado pelo art. 761, II.

Art. 766. Cumpre ao administrador:

I – arrecadar todos os bens do devedor, onde quer que estejam, requerendo para esse fim as medidas judiciais necessárias;

II – representar a massa, ativa e passivamente, contratando advogado, cujos honorários serão previamente ajustados e submetidos à aprovação judicial;

III – praticar todos os atos conservatórios de direitos e de ações, bem como promover a cobrança das dívidas ativas;

IV – alienar em praça ou em leilão, com autorização judicial, os bens da massa.

REFERÊNCIA LEGISLATIVA

Lei de Falência, arts. 22, III, *f*, *l*, *n* e § 3º.

LEF, art. 4º, § 1º.

CPC/2015, art. 881 (leilão).

BREVES COMENTÁRIOS

Compete ao administrador apurar o ativo da massa, promovendo a alienação dos bens arrecadados, com prévia anuência do juiz da causa. O leilão, realizado pelo leiloeiro, é o meio próprio para a transferência forçada dos bens imóveis (arts. 881 e 886 do CPC/2015). A hasta pública realizar-se-á com observância das regras ordinárias das arrematações, previstas nos arts. 886 a 903 do CPC/2015. O fim último da execução concursal é a satisfação, quando possível, dos direitos dos credores. Diferentemente da execução singular, que admite meios indiretos de satisfação (adjudicação de imóveis ou usufruto de empresas), a execução coletiva só conhece a transferência forçada como meio de obter os recursos para ultimar seus objetivos (Prieto-Castro, *Derecho concursal*, 1974, Madrid, n. 43, p. 67).

Art. 767. O administrador terá direito a uma remuneração, que o juiz arbitrará, atendendo à sua diligência, ao trabalho, à responsabilidade da função e à importância da massa.

REFERÊNCIA LEGISLATIVA

Lei de Falência, art. 24.

JURISPRUDÊNCIA SELECIONADA

1. **Remuneração.** "Ao juiz é defeso ultrapassar as percentagens estabelecidas na LF, art. 67. Pode, porém, fixar a remuneração do síndico abaixo delas, atendendo às peculiaridades de cada caso e ao trabalho do síndico" (STF, RE 90.189, Rel. Min. Soares Muñoz, jul. 04.12.1979, *DJU* 21.12.1979, p. 9.666).

Capítulo VI
DA VERIFICAÇÃO E DA CLASSIFICAÇÃO DOS CRÉDITOS

Art. 768. Findo o prazo, a que se refere o nº II do art. 761, o escrivão, dentro de 5 (cinco) dias, ordenará todas as declarações, autuando cada uma com o seu respectivo título. Em seguida intimará, por edital, todos os credores para, no prazo de 20 (vinte) dias, que lhes é comum, alegarem as suas preferências, bem como a nulidade, simulação, fraude, ou falsidade de dívidas e contratos.

Parágrafo único. No prazo, a que se refere este artigo, o devedor poderá impugnar quaisquer créditos.

SÚMULAS

Súmula do STJ:

nº 195: "Em embargos de terceiro não se anula ato jurídico, por fraude contra credores".

BREVES COMENTÁRIOS

Cada impugnação funciona como um contraditório gerando ações incidentais de cognição. Aos credores abre-se oportunidade de ampla pesquisa sobre a legitimidade dos créditos concorrentes, para evitar burlas, fraudes ou conluios maliciosos tendentes a frustrar a *par condicio creditorum*. O próprio título judicial (sentença condenatória) pode ser atacado pelos credores na impugnação de crédito. Como ensina Buzaid, "o executado não pode impugnar a sentença, porque lhe veda a autoridade da coisa julgada; não assim o terceiro, que só está obrigado a reconhecer o julgado, quando este é legítimo. No entanto, se a sentença é proferida em processo simulado, que resultou de colusão entre credor e devedor, o terceiro tem legitimidade para impugnar os seus efeitos" (Alfredo Buzaid, *Do concurso de credores no processo de execução*, n. 231, p. 277-278).

JURISPRUDÊNCIA SELECIONADA

1. **Prazo peremptório.** "O prazo para habilitação dos credores no processo de insolvência é peremptório, improrrogável por convenção das partes, já que o interesse público sobrepõe-se aos interesses privados de cada um dos participantes. Não constitui motivo de dilação de prazo, para habilitação no processo de insolvência, o erro cometido por magistrado que defira pedido de citação de credores no referido processo, não obstante a declaração de insolvência haver sido requerida pelo próprio devedor" (TJMG, Ag. nº 18.699, Rel. Des. Guimarães Mendonça, 4ª Câmara, jul. 20.03.1986; *Jurisp. Min.* 93/60).

2. **Fraude contra credores.** "Não basta à configuração da fraude de execução a existência, anteriormente à venda de imóvel, de ação movida contra o alienante capaz de reduzi-lo à insolvência, somente admitindo tal situação quando já tivesse, então, havido inscrição da penhora no cartório competente, salvo se inequívoco o conhecimento dos adquirentes sobre a pendência judicial, prova que incumbe ao credor fazer" (STJ, 4ª Turma, REsp 200.262/SP, Rel. Min. Aldir Passarinho Júnior, jul. 25.06.2002, DJU 16.09.2002, p. 188).

"Execução. Fraude. A alienação de bem judicialmente constrito é ineficaz, sendo desnecessário demonstrar insolvência do executado" (STJ, 3ª Turma, REsp 4.198/MG, Rel. Min. Eduardo Ribeiro, ac. 27.11.1990, *DJU* 04.02.1991, p. 574).

"Somente após o registro, a penhora faz prova quanto à fraude de qualquer transação posterior (Lei nº 6.015, art. 240)" (STJ, 4ª Turma, Ag. nº 4.602/PR-AgRg, Rel. Min. Athos Carneiro, *DJU* 01.04.1991, p. 3.413).

Art. 769. Não havendo impugnações, o escrivão remeterá os autos ao contador, que organizará o quadro geral dos credores, observando, quanto à classificação dos créditos e dos títulos legais de preferência, o que dispõe a lei civil.

Parágrafo único. Se concorrerem aos bens apenas credores quirografários, o contador organizará o quadro, relacionando-os em ordem alfabética.

REFERÊNCIA LEGISLATIVA

CC, arts. 955 a 965.

Lei de Falência, arts. 14, 83 e 84.

BREVES COMENTÁRIOS

Findo o prazo das declarações de crédito, incumbe sejam definidos quais os credores que, realmente, têm direito de participar da execução coletiva. Para tanto, organizar-se-á o quadro geral de credores, que, uma vez homologado por sentença, dará aos nele figurantes a habilitação necessária para o concurso.

JURISPRUDÊNCIA SELECIONADA

1. **Correção monetária.** "Na insolvência civil, comportando a massa, cabível é o deferimento da correção monetária dos créditos habilitados, como forma de sua atualização, a fim de não se locupletar o devedor em detrimento dos credores. O início da contagem da correção monetária não pode, todavia, ultrapassar a vigência da Lei nº 6.899/81, em se tratando de dívida de dinheiro" (TJSC, Ap. nº 21.159, Rel. Des. Norberto Ungaretti, 3ª Câmara, jul. 02.04.1985).

"Incide correção monetária em créditos habilitados em insolvência civil" (STJ, REsp 8.980/SP, Rel. Min. Dias Trindade, 3ª Turma, jul. 29.04.1991, *DJU* 03.06.1991, p. 7.428). No mesmo sentido: *RT* 665/159.

Art. 770. Se, quando for organizado o quadro geral dos credores, os bens da massa já tiverem sido alienados, o contador indicará a percentagem, que caberá a cada credor no rateio.

Art. 771. Ouvidos todos os interessados, no prazo de 10 (dez) dias, sobre o quadro geral dos credores, o juiz proferirá sentença.

BREVES COMENTÁRIOS

Com a sentença homologatória do quadro geral, finda-se uma das várias relações processuais de cognição que, incidentemente, se enfeixam no processo principal da insolvência, qual seja a do concurso de credores. Contra ela, o recurso interponível é a apelação, no duplo efeito de direito. Na falência, todas as declarações de crédito são julgadas individualmente, com ou sem impugnação. Na insolvência civil, só há julgamento da habilitação quando ocorre impugnação.

JURISPRUDÊNCIA SELECIONADA

1. Recurso cabível. "O ato judicial que indefere o pedido de habilitação de crédito em processo de insolvência civil põe cobro à pretensão do requerente, extinguindo o processo. É sentença, e a sentença é atacada pelo recurso de apelação, e não pelo agravo de instrumento" (TARS, Ag. nº 186.036.802, Rel. Juiz Celeste Vicente Rovani, 3ª Câmara, jul. 25.08.1986; *JTARS* 61/192).

Art. 772. Havendo impugnação pelo credor ou pelo devedor, o juiz deferirá, quando necessário, a produção de provas e em seguida proferirá sentença.

§ 1º Se for necessária prova oral, o juiz designará audiência de instrução e julgamento.

§ 2º Transitada em julgado a sentença, observar-se-á o que dispõem os três artigos antecedentes.

REFERÊNCIA LEGISLATIVA

CPC/2015, arts. 358 e 368 (audiência).

BREVES COMENTÁRIOS

Da decisão que aprecia a impugnação dos créditos caberá agravo, nos termos do art. 17 da Lei nº 11.101/2005 (Lei de Falência).

Art. 773. Se os bens não foram alienados antes da organização do quadro geral, o juiz determinará a alienação em praça ou em leilão, destinando-se o produto ao pagamento dos credores.

REFERÊNCIA LEGISLATIVA

CPC/2015, arts. 886 a 903 (arrematação).

BREVES COMENTÁRIOS

Não há na lei um momento certo e obrigatório para a venda judicial dos bens arrecadados. Em princípio, tal se dará após a organização do quadro geral de credores. Havendo, porém, risco de deterioração ou depreciação, ou manifesta vantagem, poderá o juiz determinar a venda antecipada (*RF* 307/137).

Capítulo VII
DO SALDO DEVEDOR

Art. 774. Liquidada a massa sem que tenha sido efetuado o pagamento integral a todos os credores, o devedor insolvente continua obrigado pelo saldo.

BREVES COMENTÁRIOS

Se o saldo apurado com a alienação dos bens, depois de atendidos os privilégios, for insuficiente para pagamento integral dos credores não privilegiados, estes continuarão credores do devedor insolvente pelo *saldo devedor*.

Art. 775. Pelo pagamento dos saldos respondem os bens penhoráveis que o devedor adquirir, até que se lhe declare a extinção das obrigações.

REFERÊNCIA LEGISLATIVA

CPC/2015, arts. 832 a 834 (impenhorabilidade).
CPC/1973, arts. 777 a 782 (extinção das obrigações).

BREVES COMENTÁRIOS

Diante do princípio de que o devedor responde pelas obrigações com todos os seus bens presentes e futuros (art. 789 do CPC/2015), dispõe o Código que, pelo pagamento do saldo insatisfeito, responderão os bens que o insolvente vier a adquirir enquanto não declarada a extinção de suas obrigações, na forma do art. 778 do CPC/1973, desde que sejam bens penhoráveis.

Art. 776. Os bens do devedor poderão ser arrecadados nos autos do mesmo processo, a requerimento de qualquer credor incluído no quadro geral, a que se refere o art. 769, procedendo-se à sua alienação e à distribuição do respectivo produto aos credores, na proporção dos seus saldos.

REFERÊNCIA LEGISLATIVA

CPC de 1973, art. 769 (quadro geral de credores).

BREVES COMENTÁRIOS

Não há início de outra execução contra o devedor. Aparecendo novos bens, a arrecadação deles será feita nos próprios autos da insolvência, que serão reabertos a requerimento de qualquer dos credores incluídos no quadro geral. Enquanto não satisfeitos todos os créditos ou não extintas as obrigações, pode-se dizer que "subsiste o processo concursal" (José de Moura Rocha, *Comentários ao Código de Processo Civil*, série Rev. Tribs, v. IX, p. 243). Não é lícito, porém, o procedimento *ex officio* do juiz da execução. E também os terceiros, ainda que interessados, não são legitimados a promover a medida do art. 776, se não figurarem no quadro geral dos credores.

Capítulo VIII
DA EXTINÇÃO DAS OBRIGAÇÕES

Art. 777. A prescrição das obrigações, interrompida com a instauração do concurso universal de credores, recomeça a correr no dia em que passar em julgado a sentença que encerrar o processo de insolvência.

BREVES COMENTÁRIOS

Com a instauração do concurso universal de credores, interrompe-se a prescrição de todas as obrigações do insolvente. Só a partir do trânsito em julgado da sentença de encerramento é que se reinicia a fluência do prazo prescricional, com referência aos saldos insatisfeitos na execução. Esses prazos são variáveis, conforme a natureza do título de cada credor, e decorrem de disposições do direito material. Podem, outrossim, ser novamente suspensos ou interrompidos, conforme prevê o Código Civil de 2002 (arts. 168 e 176; CC de 1916, arts. 197 e 204).

JURISPRUDÊNCIA SELECIONADA

1. Interrupção da prescrição. "A sentença declaratória da insolvência civil, instauradora do concurso universal de credores, interrompe a prescrição relativamente a quaisquer créditos, existentes contra o devedor e aproveita a todos os credores, ainda que retardatários ou não habilitados no processo concursal" (ac. da 3ª Câmara do TARS de 18.6.86, na Ap. nº 186.029.310, Rel. Juiz Élvio Schuch Pinto; *JTARS* 60/328).

Art. 778. Consideram-se extintas todas as obrigações do devedor, decorrido o prazo de 5 (cinco) anos, contados da data do encerramento do processo de insolvência.

REFERÊNCIA LEGISLATIVA

Lei de Falência, art. 158, III.

BREVES COMENTÁRIOS

Ultrapassado o prazo de cinco anos da referida sentença, haja ou não verificado a prescrição, todas as obrigações do devedor insolvente serão consideradas extintas. Esse prazo é decadencial, ou fatal, de modo que não admite nem suspensão nem interrupção, preterindo qualquer outro mais longo previsto de maneira específica para o crédito de algum concorrente à execução.

Art. 779. É lícito ao devedor requerer ao juízo da insolvência a extinção das obrigações; o juiz mandará publicar edital, com o prazo de 30 (trinta) dias, no órgão oficial e em outro jornal de grande circulação.

Art. 780. No prazo, estabelecido no artigo antecedente, qualquer credor poderá opor-se ao pedido, alegando que:

I – não transcorreram 5 (cinco) anos da data do encerramento da insolvência;

II – o devedor adquiriu bens, sujeitos à arrecadação (art. 776).

BREVES COMENTÁRIOS

Só se pode opor ao pedido de extinção das obrigações o credor que se habilitar no concurso e não obtiver pagamento integral.

Art. 781. Ouvido o devedor no prazo de 10 (dez) dias, o juiz proferirá sentença; havendo provas a produzir, o juiz designará audiência de instrução e julgamento.

REFERÊNCIA LEGISLATIVA

CPC de 2015, arts. 358 e 368 (audiência).

BREVES COMENTÁRIOS

A extinção alcança todos os créditos que concorreram no processo de insolvência, privilegiados ou não, e também aqueles outros que tinham condições de concorrer, mas não foram habilitados pelos interessados. A extinção no caso é direito inconteste do devedor, e resulta do simples decurso do prazo legal (Celso Neves, *Comentários ao Código de Processo Civil*, série Forense, v. VII), mas depende de declaração judicial para operar seus efeitos jurídicos (art. 782).

Art. 782. A sentença, que declarar extintas as obrigações, será publicada por edital, ficando o devedor habilitado a praticar todos os atos da vida civil.

REFERÊNCIA LEGISLATIVA

CPC de 1973, art. 779 (extinção das obrigações; procedimento).

Lei de Falência, art. 159.

BREVES COMENTÁRIOS

A sentença que declarar extintas as obrigações será publicada por edital e só transitará em julgado, se não houver recurso, após a ultrapassagem do prazo estipulado na publicação, que será o comum das intimações-editais (art. 257, III, do CPC/2015). Trata-se de sentença *constitutiva* e não meramente declarativa, pois dependem dela a eficácia da extinção das dívidas do insolvente e a reabilitação do devedor para praticar livremente todos os atos da vida civil. Do exposto, é de concluir-se que, na verdade, "o processo de execução só se encerra com a sentença declaratória que tenha por objeto a extinção das obrigações do devedor" (Moura Rocha, *Comentários ao Código de Processo Civil*, série Rev. Tribs., v. IX, p. 261).

Capítulo IX
DAS DISPOSIÇÕES GERAIS

Art. 783. O devedor insolvente poderá, depois da aprovação do quadro a que se refere o art. 769, acordar com os seus credores, propondo-lhes a forma de pagamento. Ouvidos os credores, se não houver oposição, o juiz aprovará a proposta por sentença.

BREVES COMENTÁRIOS

Havendo oposição à proposta da forma de pagamento, o juiz prosseguirá o concurso, cabendo *agravo de instrumento* dessa decisão; da aprovação da proposta unânime caberá *apelação*.

Art. 784. Ao credor retardatário é assegurado o direito de disputar, por ação direta, antes do rateio final, a prelação ou a cota proporcional ao seu crédito.

REFERÊNCIA LEGISLATIVA

CPC de 1973, art. 761, II (declaração judicial de insolvência).

Lei de Falência, art. 10.

BREVES COMENTÁRIOS

Só os credores com título executivo podem habilitar-se na execução do insolvente. E deverão fazê-lo no prazo legal (art. 761, II, do CPC/1973), sob pena de não serem admitidos ao rateio, ainda que gozem de direito real de preferência ou de algum privilégio especial. Permite, porém, o Código que o retardatário demande a massa, em ação direta, desde que o faça antes do rateio final, para obter o reconhecimento do direito de prelação ou de cota proporcional ao seu crédito. Essa pretensão, todavia, será pleiteada em processo à parte, fora da execução, observado o procedimento comum (ordinário ou sumário), de maneira a não suspender nem prejudicar a marcha do concurso.

JURISPRUDÊNCIA SELECIONADA

1. Retardatário. "O credor que não se habilitar no prazo do edital de que trata o art. 761, II, do CPC, só poderá postular o ingresso no concurso universal mediante a ação direta prevista no art. 784 do mesmo estatuto. A declaração de crédito no edital é para todo credor, salvo lei expressa dispensando-a, como é o caso da Fazenda Pública. Assim, dela não está dispensado o credor que já ajuizou processo executório. Consequentemente, não tem legitimidade para recorrer, pois não é parte no processo" (TARS, AC 195160536, 1ª Câm. Cív., Rel. Juiz Irineu Mariani, ac. 19.08.1998).

"A omissão inicial do credor ainda lhe possibilita, retardatariamente, mediante ação direta contra a massa, participar do processo de insolvência, desde que o faça antes do rateio final (CPC, art. 784). Assim não agindo o credor, portanto não participando, sequer retardatariamente, do processo judicial de insolvência, mesmo que as dívidas habilitadas tenham sido integralmente pagas, somente poderá ele cobrar a dívida que ficou mediante pedido de reabertura da execução coletiva e habilitação de seu crédito, respeitado o prazo quinquenal do art. 778 do CPC, sendo-lhe vedada a pretensão, aqui vindicada, de prosseguir na cobrança sem o cumprimento de tais requisitos, já ressalvado tal direito pelo acórdão *a quo*" (STJ, REsp 57.774/MG, Rel. Min. Aldir Passarinho Junior, 4ª Turma, jul. 14.06.2005, *DJ* 22.08.2005, p. 274).

Art. 785. O devedor, que caiu em estado de insolvência sem culpa sua, pode requerer ao juiz, se a massa o comportar, que lhe arbitre uma pensão, até a alienação dos bens. Ouvidos os credores, o juiz decidirá.

BREVES COMENTÁRIOS

É bastante difícil apurar quando a massa comporta tal encargo, pois, em se tratando de insolvente, em princípio os bens já não são suficientes sequer para o pagamento integral das dívidas existentes. A nosso ver, a pensão será cabível apenas quando a massa possuir capacidade de produzir frutos ou rendimentos, dos quais se possa destacar a ajuda para o devedor, sem diminuição efetiva dos bens arrecadados. Não será deferida, *a contrario sensu*, quando importar necessidade de dispor de bens arrecadados, em prejuízo imediato da massa.

Art. 786. As disposições deste Título aplicam-se às sociedades civis, qualquer que seja a sua forma.

BREVES COMENTÁRIOS

Com a expressão "sociedades civis" quis o legislador abranger genericamente todos os entes morais de direito privado não compreendidos no âmbito de incidência da falência e da liquidação extrajudicial prevista em certas leis especiais (Celso Neves, *Comentários ao Código de Processo Civil*, série Forense, v. VII, n. 151, p. 316; Prieto-Castro, *Derecho concursal*, 1974, Madrid, n. 108, p. 139).

Art. 786-A. Os editais referidos neste Título também serão publicados, quando for o caso, nos órgãos oficiais dos Estados em que o devedor tenha filiais ou representantes (artigo acrescido pela Lei nº 9.462, de 19.06.97).

REFERÊNCIA LEGISLATIVA

CC, art. 44 (sociedades civis).

EXECUÇÃO POR QUANTIA CERTA CONTRA DEVEDOR INSOLVENTE: INDICAÇÃO DOUTRINÁRIA

Athos Gusmão Carneiro, Do interesse de agir no concurso universal de credores, *RT*, 506/11; E. D. Moniz de Aragão, Execução contra o devedor insolvente, *Revista Forense* 246/68; Édis Milaré, O MP e a insolvência civil (*Just.* 110/103; *RF*, 275/109; *RP*, 25/97); Elício de Cresci Sobrinho, Insolvência civil: questões práticas (*RF* 297/411; *RJ* 104/61; *RJTE* 24/37); Humberto Theodoro Jr., *A insolvência civil.* 3. ed., 1986; Humberto Theodoro Jr., As garantias reais e a execução concursal do devedor insolvente (*Ajuris* 26/89; RDBP 37/67; *RF* 290/1; *RT* 566/13); Humberto Theodoro Jr., Execução por quantia certa contra devedor insolvente (RDBP 2/51); Humberto Theodoro Jr., Insolvência civil (PJ 12/11; *RBDP* 4/71; *RBDP* 5/41; *RF* 254/31); Iduna E. Weinest, Insolvência civil. Recurso extraordinário (*RP* 42/205); Márcio Klang, Processo de insolvência falimentar e processo de insolvência civil (*RT* 545/281); Mário de Aguiar Moura, Fraude de execução pela insolvência do devedor (*Ajuris* 12/59; *RF* 262/381; *RT* 509/296); Paulo Salvador Frontini, A insolvência e sua caracterização (Just. 87/23; *RF* 254/49; *RT* 478/26); Raimundo de Carvalho, Das preferências e dos privilégios creditórios, *RT* 627/39; Roberto Joacir Grassi, Da insolvência civil (Just. 94/109; RJ 87/24); Roger de Carvalho Mange, A insolvência no novo CPC (*JB* 76/15; *RF* 246/271; *RT* 462/30).

Art. 1.053. Os atos processuais praticados por meio eletrônico até a transição definitiva para certificação digital ficam convalidados, ainda que não tenham observado os requisitos mínimos estabelecidos por este Código, desde que tenham atingido sua finalidade e não tenha havido prejuízo à defesa de qualquer das partes.

BREVES COMENTÁRIOS

A legislação atual, atentando à implantação do processo eletrônico no ordenamento jurídico, inseriu uma seção para disciplinar a prática eletrônica dos atos processuais (CPC/2015, arts. 193 a 199), explicitando que suas regras podem ser aplicadas, no que couber, também à prática de atos notariais e de registro. Entretanto, ressalvou que os atos processuais praticados por meio eletrônico até a transição definitiva para certificação digital ficam convalidados, ainda que não tenham observado os requisitos mínimos estabelecidos pelo CPC/2015, se: (i) tiverem atingido sua finalidade; e (ii) não tiverem causado prejuízo à defesa de qualquer das partes (art. 1.053).

Art. 1.054. O disposto no art. 503, § 1º, somente se aplica aos processos iniciados após a vigência deste Código, aplicando-se aos anteriores o disposto nos arts. 5º, 325 e 470 da Lei nº 5.869, de 11 de janeiro de 1973.

BREVES COMENTÁRIOS

Não existe mais a ação declaratória incidental. O que era tratado naquela extinta ação passa a ser uma pura alegação no curso do processo e se resolve na sentença, juntamente com o mérito da ação, por nele influir necessariamente. Assim, a legislação atual permite que a coisa julgada abranja a resolução de questão prejudicial, decidida expressa e incidentalmente, desde que observados os requisitos do art. 503, § 1º, do CPC/2015 (que trata da resolução da questão prejudicial, decidida expressa e incidentemente no processo).

Em razão da alteração substancial de entendimento, o atual Código previu uma regra de transição: a nova regulamentação da questão prejudicial somente se aplica aos processos iniciados após a vigência do CPC/2015, permanecendo aplicável aos anteriores o disposto nos arts. 5º, 325 e 470 do CPC/1973 (art. 1.054 do CPC/2015).

Art. 1.055. (VETADO).

Art. 1.056. Considerar-se-á como termo inicial do prazo da prescrição prevista no art. 924, inciso V, inclusive para as execuções em curso, a data de vigência deste Código.

BREVES COMENTÁRIOS

A dinâmica da contagem da prescrição intercorrente sujeita-se a uma regra especial de direito intertemporal, que consiste em ter como termo inicial do respectivo prazo a data de vigência do atual Código (art. 1.056), para os processos já suspensos no regime da lei anterior.

JURISPRUDÊNCIA SELECIONADA

1. **Termo inicial do prazo prescricional.** "O termo inicial do prazo prescricional, na vigência do CPC/1973, conta-se do fim do prazo judicial de suspensão do processo ou, inexistindo prazo fixado, do transcurso de um ano (aplicação analógica do art. 40, § 2º, da Lei 6.830/1980). O termo inicial do art. 1.056 do CPC/2015 tem incidência apenas nas hipóteses em que o processo se encontrava suspenso na data da entrada em vigor da novel lei processual, uma vez que não se pode extrair interpretação que viabilize o reinício ou a reabertura de prazo prescricional ocorridos na vigência do revogado CPC/1973 (aplicação irretroativa da norma processual)" (STJ, REsp 1604412/SC, Rel. Min. Marco Aurélio Bellizze, 2ª Seção, jul. 27.06.2018, *DJe* 22.08.2018).

"No que diz respeito à prescrição intercorrente, a Segunda Seção do Superior Tribunal de Justiça, no julgamento do REsp nº 1.604.412/SC, sob o rito do incidente de assunção de competência, firmou o entendimento de que o termo inicial do prazo prescricional, na vigência do Código de Processo Civil de 1973, conta-se do fim do prazo judicial de suspensão do processo ou, inexistindo prazo fixado, do transcurso de um ano. Na hipótese, o acórdão recorrido está em conformidade com a jurisprudência do Superior Tribunal de Justiça no sentido de que, para o reconhecimento da prescrição intercorrente, não é necessária a intimação da parte exequente para dar andamento ao feito. Precedentes" (STJ, AgInt no AREsp 2.074.154/MG, Rel. Min. Ricardo Villas Bôas Cueva, 3ª Turma, jul. 28.08.2023, *DJe* 31.08.2023).

Art. 1.057. O disposto no art. 525, §§ 14 e 15, e no art. 535, §§ 7º e 8º, aplica-se às decisões transitadas em julgado após a entrada em vigor deste Código, e, às decisões transitadas em julgado anteriormente, aplica-se o disposto no art. 475-L, § 1º, e no art. 741, parágrafo único, da Lei nº 5.869, de 11 de janeiro de 1973.

SÚMULAS

Súmula do STJ:

nº 487: "O parágrafo único do art. 741 do CPC [de 1973] não se aplica às sentenças transitadas em julgado em data anterior à da sua vigência".

BREVES COMENTÁRIOS

O atual Código superou a jurisprudência da 1ª Turma do STF que recusava permissão a que a inconstitucionalidade da sentença passada em julgado fosse apreciada em incidente da execução, ainda que lastreada em lei declarada inconstitucional pela Suprema Corte, em controle concentrado ou difuso.

A posição inovadora do CPC de 2015 pode ser assim sintetizada:

(a) Se a declaração de inconstitucionalidade pronunciada pelo STF for anterior à sentença impugnada, a arguição de inexigibilidade da obrigação figurante no título exequendo poderá ser feita por meio de incidente do procedimento de cumprimento do julgado, independentemente de ação rescisória (CPC/2015, art. 525 § 14).

(b) Se a sentença exequenda é de data anterior à declaração de inconstitucionalidade proferida pelo STF somente por ação rescisória a sentença (que se quer cumprir) poderá ser ineficaciada, muito embora o prazo de rescisão se deva contar, segundo o CPC/2015, a partir do trânsito em julgado do acórdão do STF e não da sentença rescindenda (art. 525, § 15).

Art. 1.058. Em todos os casos em que houver recolhimento de importância em dinheiro, esta será depositada em nome da parte ou do interessado, em conta especial movimentada por ordem do juiz, nos termos do art. 840, inciso I.

CPC/1973

Art. 1.219.

SÚMULAS

Súmulas do STJ:

nº 179: "O estabelecimento de crédito que recebe dinheiro, em depósito judicial, responde pelo pagamento da correção monetária relativa aos valores recolhidos".

nº 271: "A correção monetária dos depósitos judiciais independe de ação específica contra o banco depositário".

BREVES COMENTÁRIOS

Com relação aos depósitos judiciais, o art. 1.058, do CPC/2015 estabeleceu que, quando houver recolhimento de importância em dinheiro, esta será depositada em nome da parte ou do interessado, em conta especial movimentada por ordem do juiz, nos termos do art. 840, I, do CPC/2015. Ou seja, as quantias deverão ser depositadas preferencialmente no Banco do Brasil, na Caixa Econômica Federal ou em banco do qual o Estado ou o Distrito Federal possua mais da metade do capital social integralizado. E, na falta desses estabelecimentos, em qualquer instituição de crédito designada pelo juiz.

JURISPRUDÊNCIA SELECIONADA

1. **Depósito judicial. Correção monetária. Expurgos inflacionários.** "Para fins do art. 543-C [art. 1.036 do CPC/2015] do Código de Processo Civil fixa-se a seguinte tese: 'a correção monetária dos depósitos judiciais deve incluir os expurgos inflacionários'". (STJ, REsp 1131360/RJ, Rel. Min. Napoleão Nunes Maia Filho, rel. p/ acórdão Min. Maria Thereza de Assis Moura, Corte Especial, jul. 03.05.2017, *DJe* 30.06.2017). **Obs.: decisão submetida ao julgamento de recursos repetitivos.**

2. **Depósito judicial. Encargos moratórios e remuneratórios previstos no título executivo. Revisão do tema 677/STJ.** "(...) 8. Dessa maneira, considerando que o depósito judicial em garantia do Juízo – seja efetuado por iniciativa do

devedor, seja decorrente de penhora de ativos financeiros – não implica imediata entrega do dinheiro ao credor, tampouco enseja quitação, não se opera a cessação da mora do devedor. Consequentemente, contra ele continuarão a correr os encargos previstos no título executivo, até que haja efetiva liberação em favor do credor. 9. No momento imediatamente anterior à expedição do mandado ou à transferência eletrônica, o saldo da conta bancária judicial em que depositados os valores, já acrescidos da correção monetária e dos juros remuneratórios a cargo da instituição financeira depositária, deve ser deduzido do montante devido pelo devedor, como forma de evitar o enriquecimento sem causa do credor. 10. Não caracteriza *bis in idem* o pagamento cumulativo dos juros remuneratórios, por parte do Banco depositário, e dos juros moratórios, a cargo do devedor, haja vista que são diversas a natureza e finalidade dessas duas espécies de juros. 11. O Tema 677/STJ passa a ter a seguinte redação: 'na execução, o depósito efetuado a título de garantia do juízo ou decorrente da penhora de ativos financeiros não isenta o devedor do pagamento dos consectários de sua mora, conforme previstos no título executivo, devendo-se, quando da efetiva entrega do dinheiro ao credor, deduzir do montante final devido o saldo da conta judicial'" (STJ, REsp 1.820.963/SP – Recurso Repetitivo, Rel. Min. Nancy Andrighi, Corte Especial, jul. 19.10.2022, *DJe* 16.12.2022).

Incidência de juros e correção monetária na forma prevista no título. "A responsabilidade pela correção monetária e pelos juros de mora, após feito o depósito judicial, é da instituição financeira onde o numerário foi depositado, mas tal fato não exime o devedor da responsabilidade pelo pagamento de eventual diferença dos encargos calculados de acordo com o título, que incidem até o efetivo pagamento" (STJ, AgInt no REsp 1.965.048/SP, Rel. Min. Maria Isabel Gallotti, 4ª Turma, ac. 12.06.2023, *DJe* 15.06.2023).

Depósito judicial. Caução. Atualização monetária. Juros. Não cabimento. "Os depósitos judiciais em conta da Caixa Econômica Federal à disposição da Justiça Federal devem observar as regras das cadernetas de poupança no que se refere à remuneração básica e ao prazo, não incidindo a remuneração adicional, ou seja, os juros" (STJ, REsp 1.993.327/RS, Rel. Min. João Otávio de Noronha, 4ª Turma, jul. 14.05.2024, *DJe* 16.05.2024).

3. Possibilidade de lei estadual autorizar executivo a usar depósitos judiciais. Inconstitucionalidade. Ver jurisprudência do art. 840 do CPC/2015.

4. Juros remuneratórios na restituição de depósito judicial. Não incidência "A questão posta está em definir, unicamente, a extensão da obrigação do banco depositário de restituir, ao seu titular, o valor depositado judicialmente no bojo de ação de inventário, especificando-se, a esse fim, quais rubricas sobre tal quantia deve a instituição financeira fazer incidir. Além da atualização monetária (indispensável à restituição do capital em sua inteireza) e dos juros moratórios, devidamente reconhecidos pelas instâncias ordinárias, o recorrente, pretende, ainda, a remuneração do capital depositado judicialmente por quase 50 (cinquenta) anos – incidência de juros remuneratórios. (...) Em se tratando, portanto, de depósito judicial, tem-se por descabida a pretensão de fazer incidir, sobre o valor depositado, juros remuneratórios, os quais se destinam a remunerar capital emprestado, do que não se cogita na hipótese, e pressupõe, como visto, convenção das partes a respeito, circunstância igualmente ausente no depósito judicial em comento. Nos termos do art. 629 do Código Civil (e art. 1.266 do CC/1916), o depositário é obrigado a restituir a coisa depositada 'com todos os frutos e acrescidos'. Nessa medida, cabe ao banco depositário restituir a quantia depositada judicialmente, sobre a qual deve incidir correção monetária (ut Súmulas n. 179 e 271/STJ) e juros de mora à taxa legal, com fundamento na demora na restituição do capital ao seu titular" (STJ, REsp 1.809.207/PA, Rel. Min. Marco Aurélio Bellizze, 3ª Turma, jul. 18.10.2022, *DJe* 03.11.2022).

Art. 1.059. À tutela provisória requerida contra a Fazenda Pública aplica-se o disposto nos arts. 1º a 4º da Lei nº 8.437, de 30 de junho de 1992, e no art. 7º, § 2º, da Lei nº 12.016, de 7 de agosto de 2009.

BREVES COMENTÁRIOS

Os casos em que leis especiais condicionam a concessão de tutela provisória são:

a) Art. 7º, § 2º, da Lei nº 12.016/2009: "Não será concedida medida liminar que tenha por objeto a compensação de créditos tributários, a entrega de mercadorias e bens provenientes do exterior, a reclassificação ou equiparação de servidores públicos e a concessão de aumento ou a extensão de vantagens ou pagamento de qualquer natureza".

b) Art. 1º, *caput*, da Lei nº 8.437/1992: "Não será cabível medida liminar contra atos do Poder Público, no procedimento cautelar ou em quaisquer outras ações de natureza cautelar ou preventiva, toda vez que providência semelhante não puder ser concedida em ações de mandado de segurança, em virtude de vedação legal".

c) Art. 1º, § 1º, da Lei nº 8.437/1992: "Não será cabível, no juízo de primeiro grau, medida cautelar inominada ou a sua liminar, quando impugnado ato de autoridade sujeita, na via de mandado de segurança, à competência originária de tribunal", salvo na ação popular e ação civil pública (art. 1º, § 2º, da Lei nº 8.437/1992).

d) Art. 1º, § 3º, da Lei nº 8.437/1992: "Não será cabível medida liminar que esgote, no todo ou em qualquer parte, o objeto da ação".

e) Art. 1º, § 5º, da Lei nº 8.437/1992: "Não será cabível medida liminar que defira compensação de créditos tributários ou previdenciários".

Art. 1.060. O inciso II do art. 14 da Lei nº 9.289, de 4 de julho de 1996, passa a vigorar com a seguinte redação:

"Art. 14. (...)

II – aquele que recorrer da sentença adiantará a outra metade das custas, comprovando o adiantamento no ato de interposição do recurso, sob pena de deserção, observado o disposto nos §§ 1º a 7º do art. 1.007 do Código de Processo Civil;

(...)". (NR)

Art. 1.061. O § 3º do art. 33 da Lei nº 9.307, de 23 de setembro de 1996 (Lei de Arbitragem), passa a vigorar com a seguinte redação:

"Art. 33. (...)

§ 3º A decretação da nulidade da sentença arbitral também poderá ser requerida na impugnação ao cumprimento da sentença, nos termos dos arts. 525 e seguintes do Código de Processo Civil, se houver execução judicial." (NR)

Art. 1.062. O incidente de desconsideração da personalidade jurídica aplica-se ao processo de competência dos juizados especiais.

REFERÊNCIA LEGISLATIVA

CPC/2015, arts. 133 a 137.

Art. 1.063. Os juizados especiais cíveis previstos na Lei nº 9.099, de 26 de setembro de 1995, continuam competentes para o processamento e o julgamento das causas previstas no inciso II do art. 275 da Lei nº 5.869, de 11 de janeiro de 1973. (Redação dada pela Lei nº 14.976, de 2024)

BREVES COMENTÁRIOS

Uma vez que o procedimento sumário foi extinto pela atual legislação, o art. 1.063 do CPC/2015 previu que até a edição de lei específica, os juizados especiais cíveis continuam competentes para o processamento e julgamento das causas previstas no art. 275, II, do CPC/1973. Ou seja, aqueles juizados continuam tendo competência para julgar as causas, qualquer que seja o valor: de arrendamento rural e de parceria agrícola; de cobrança ao condômino de quaisquer quantias devidas ao condomínio; de ressarcimento por danos em prédio urbano ou rústico; de ressarcimento por danos causados em acidente de veículo terrestre; de cobrança de seguro, relativamente aos danos causados em acidente de veículo, ressalvado o disposto em legislação especial; que versem sobre revogação de doação.

Art. 1.064. O *caput* do art. 48 da Lei nº 9.099, de 26 de setembro de 1995, passa a vigorar com a seguinte redação:

"Art. 48. Caberão embargos de declaração contra sentença ou acórdão nos casos previstos no Código de Processo Civil.

(...)". (NR)

Art. 1.065. O art. 50 da Lei nº 9.099, de 26 de setembro de 1995, passa a vigorar com a seguinte redação:

"Art. 50. Os embargos de declaração interrompem o prazo para a interposição de recurso". (NR)

Art. 1.066. O art. 83 da Lei nº 9.099, de 26 de setembro de 1995, passam a vigorar com a seguinte redação:

"Art. 83. Cabem embargos de declaração quando, em sentença ou acórdão, houver obscuridade, contradição ou omissão.

(...)

§ 2º Os embargos de declaração interrompem o prazo para a interposição de recurso.

(...)". (NR)

Art. 1.067. O art. 275 da Lei nº 4.737, de 15 de julho de 1965 (Código Eleitoral), passa a vigorar com a seguinte redação:

"Art. 275. São admissíveis embargos de declaração nas hipóteses previstas no Código de Processo Civil.

§ 1º Os embargos de declaração serão opostos no prazo de 3 (três) dias, contado da data de publicação da decisão embargada, em petição dirigida ao juiz ou relator, com a indicação do ponto que lhes deu causa.

§ 2º Os embargos de declaração não estão sujeitos a preparo.

§ 3º O juiz julgará os embargos em 5 (cinco) dias.

§ 4º Nos tribunais:

I – o relator apresentará os embargos em mesa na sessão subsequente, proferindo voto;

II – não havendo julgamento na sessão referida no inciso I, será o recurso incluído em pauta;

III – vencido o relator, outro será designado para lavrar o acórdão.

§ 5º Os embargos de declaração interrompem o prazo para a interposição de recurso.

§ 6º Quando manifestamente protelatórios os embargos de declaração, o juiz ou o tribunal, em decisão fundamentada, condenará o embargante a pagar ao embargado multa não excedente a 2 (dois) salários mínimos.

§ 7º Na reiteração de embargos de declaração manifestamente protelatórios, a multa será elevada a até 10 (dez) salários mínimos." (NR)

Art. 1.068. O art. 274 e o *caput* do art. 2.027 da Lei nº 10.406, de 10 de janeiro de 2002 (Código Civil), passam a vigorar com a seguinte redação:

"Art. 274. O julgamento contrário a um dos credores solidários não atinge os demais, mas o julgamento favorável aproveita- lhes, sem prejuízo de exceção pessoal que o devedor tenha direito de invocar em relação a qualquer deles." (NR)

"Art. 2.027. A partilha é anulável pelos vícios e defeitos que invalidam, em geral, os negócios jurídicos.

(...)". (NR)

Art. 1.069. O Conselho Nacional de Justiça promoverá, periodicamente, pesquisas estatísticas para avaliação da efetividade das normas previstas neste Código.

BREVES COMENTÁRIOS

A regra do art. 1.069 do CPC/2015 visa à obtenção de dados para apurar a efetividade da nova legislação.

Art. 1.070. É de 15 (quinze) dias o prazo para a interposição de qualquer agravo, previsto em lei ou em regimento interno de tribunal, contra decisão de relator ou outra decisão unipessoal proferida em tribunal.

BREVES COMENTÁRIOS

O CPC/2015, buscando uniformizar procedimentos, estabeleceu que, havendo, em regimento interno de tribunal ou em lei especial, previsão de prazo distinto para a interposição de agravo, prevalecerá o estipulado pelo atual Código. Ou seja, será sempre de quinze dias o prazo para a interposição de qualquer agravo, inclusive o regimental (art. 1.070).

JURISPRUDÊNCIA SELECIONADA

1. Agravo interno interposto fora do prazo. Intempestividade. "É intempestivo o agravo interno interposto contra decisão monocrática publicada na vigência do Novo Código de Processo Civil, em desobediência ao prazo legal previsto nos arts. 1.021, c/c 219 e 1.070 do CPC/2015 e art. 4º, §§ 3º e 4º, da Lei 11.419/2006". (STJ, AgInt no AREsp 873.075/SP, Rel. Min. Humberto Martins, 2ª Turma, jul. 14.06.2016, *DJe* 21.06.2016).

"É intempestivo o agravo interno interposto fora do prazo de 15 (quinze) dias úteis previsto nos arts. 1.003, § 5º, e 1.070, c/c art. 219 do CPC/2015. Precedentes" (STJ, AgInt no AREsp 1523161/RJ, Rel. Min. Ricardo Villas Bôas Cueva, 3ª Turma, jul. 15.06.2020, *DJe* 19.06.2020).

Art. 1.071. O Capítulo III do Título V da Lei nº 6.015, de 31 de dezembro de 1973 (Lei de Registros Públicos), passa a vigorar acrescida do seguinte art. 216-A:

"Art. 216-A. Sem prejuízo da via jurisdicional, é admitido o pedido de reconhecimento extrajudicial de usucapião, que será processado diretamente perante o cartório do registro de imóveis da comarca em que estiver situado o imóvel usucapiendo, a requerimento do interessado, representado por advogado, instruído com:

I – ata notarial lavrada pelo tabelião, atestando o tempo de posse do requerente e seus antecessores, conforme o caso e suas circunstâncias;

II – planta e memorial descritivo assinado por profissional legalmente habilitado, com prova de anotação de responsabilidade técnica no respectivo conselho de fiscalização profissional, e pelos titulares de direitos reais e de outros direitos registrados ou averbados na matrícula do imóvel usucapiendo e na matrícula dos imóveis confinantes;

III – certidões negativas dos distribuidores da comarca da situação do imóvel e do domicílio do requerente;

IV – justo título ou quaisquer outros documentos que demonstrem a origem, a continuidade, a natureza e o tempo da posse, tais como o pagamento dos impostos e das taxas que incidirem sobre o imóvel.

§ 1° O pedido será autuado pelo registrador, prorrogando-se o prazo da prenotação até o acolhimento ou a rejeição do pedido.

§ 2° Se a planta não contiver a assinatura de qualquer um dos titulares de direitos reais e de outros direitos registrados ou averbados na matrícula do imóvel usucapiendo e na matrícula dos imóveis confinantes, esse será notificado pelo registrador competente, pessoalmente ou pelo correio com aviso de recebimento, para manifestar seu consentimento expresso em 15 (quinze) dias, interpretado o seu silêncio como discordância.

§ 3° O oficial de registro de imóveis dará ciência à União, ao Estado, ao Distrito Federal e ao Município, pessoalmente, por intermédio do oficial de registro de títulos e documentos, ou pelo correio com aviso de recebimento, para que se manifestem, em 15 (quinze) dias, sobre o pedido.

§ 4° O oficial de registro de imóveis promoverá a publicação de edital em jornal de grande circulação, onde houver, para a ciência de terceiros eventualmente interessados, que poderão se manifestar em 15 (quinze) dias.

§ 5° Para a elucidação de qualquer ponto de dúvida, poderão ser solicitadas ou realizadas diligências pelo oficial de registro de imóveis.

§ 6° Transcorrido o prazo de que trata o § 4° deste artigo, sem pendência de diligências na forma do § 5° deste artigo e achando-se em ordem a documentação, com inclusão da concordância expressa dos titulares de direitos reais e de outros direitos registrados ou averbados na matrícula do imóvel usucapiendo e na matrícula dos imóveis confinantes, o oficial de registro de imóveis registrará a aquisição do imóvel com as descrições apresentadas, sendo permitida a abertura de matrícula, se for o caso.

§ 7° Em qualquer caso, é lícito ao interessado suscitar o procedimento de dúvida, nos termos desta Lei.

§ 8° Ao final das diligências, se a documentação não estiver em ordem, o oficial de registro de imóveis rejeitará o pedido.

§ 9° A rejeição do pedido extrajudicial não impede o ajuizamento de ação de usucapião.

§ 10. Em caso de impugnação do pedido de reconhecimento extrajudicial de usucapião, apresentada por qualquer um dos titulares de direito reais e de outros direitos registrados ou averbados na matrícula do imóvel usucapiendo e na matrícula dos imóveis confinantes, por algum dos entes públicos ou por algum terceiro interessado, o oficial de registro de imóveis remeterá os autos ao juízo competente da comarca da situação do imóvel, cabendo ao requerente emendar a petição inicial para adequá-la ao procedimento comum."

JURISPRUDÊNCIA SELECIONADA

1. Usucapião. Herdeiro. Posse exclusiva de imóvel objeto da herança. Usucapião extraordinária. Legitimidade e interesse. Ver jurisprudência do art. 17 do CPC/2015.

Art. 1.072. Revogam-se:

I – o art. 22 do Decreto-Lei nº 25, de 30 de novembro de 1937;

II – os arts. 227, *caput*, 229, 230, 456, 1.482, 1.483 e 1.768 a 1.773 da Lei nº 10.406, de 10 de janeiro de 2002 (Código Civil);

III – os arts. 2º, 3º, 4º, 6º, 7º, 11, 12 e 17 da Lei nº 1.060, de 5 de fevereiro de 1950;

IV – os arts. 13 a 18, 26 a 29 e 38 da Lei nº 8.038, de 28 de maio de 1990;

V – os arts. 16 a 18 da Lei nº 5.478, de 25 de julho de 1968; e

VI – o art. 98, § 4º, da Lei nº 12.529, de 30 de novembro de 2011.

DISPOSIÇÕES FINAIS E TRANSITÓRIAS: INDICAÇÃO DOUTRINÁRIA

Ana Clara Amaral Arantes Boczar, Daniela Bolivar Moreira Chagas, Leticia Franco Maculan Assumpção, *Usucapião extrajudicial*: questões notariais, registrais e tributárias. 2. ed., São Paulo: JH Mizuno, 2019; Clayton Maranhão, In: Sérgio Cruz Arenhart e Daniel Mitidiero (coord.), *Comentários ao Código de Processo Civil*. 2. ed., São Paulo: RT, 2018, v. 17; Eduardo Talamini, In: Teresa Arruda Alvim Wambier, Fredie Didier Jr., Eduardo Talamini, Bruno Dantas, *Breves comentários ao novo Código de Processo Civil*, São Paulo: Revista dos Tribunais, 2015; Fernando Fontoura da Silva Cais, In: José Roberto F. Gouvêa, Luis Guilherme A. Bondioli e João Francisco N. da Fonseca (coord.), *Comentários ao Código de Processo Civil*, São Paulo: Saraiva, 2017, v. 21; Guilherme Calmon Nogueira da Gama. Reconhecimento Extrajudicial da Usucapião e o novo Código de Processo Civil. *Revista de Processo*, v. 259, ano 41, p. 371-402. São Paulo: RT, set./2016; Maurício Antonio Tamer. Oito fundamentos pela constitucionalidade da usucapião extrajudicial estabelecida pelo CPC/2015 diante do princípio da inafastabilidade da jurisdição. *Revista Forense*, v. 423, ano 112, p. 455. Rio de Janeiro: Forense, jan.-jun./2016; Pontes de Miranda, *Comentários ao CPC*, Forense, 1978, tomo XVII, p. 312; Ronaldo Cramer, In: Teresa Arruda Alvim Wambier, Fredie Didier Jr., Eduardo Talamini, Bruno Dantas, *Breves comentários ao novo Código de Processo Civil*, São Paulo: Revista dos Tribunais, 2015.

Brasília, 16 de março de 2015; 194º da Independência e 127º da República.

DILMA ROUSSEFF

José Eduardo Cardozo

Jaques Wagner

Joaquim Vieira Ferreira Levy

Luís Inácio Lucena Adams

LEGISLAÇÃO ESPECIAL

AÇÃO CIVIL PÚBLICA

LEI Nº 7.347, DE 24 DE JULHO DE 1985

Disciplina a ação civil pública de responsabilidade por danos causados ao meio ambiente, ao consumidor, a bens e direitos de valor artístico, estético, histórico, turístico e paisagístico (VETADO) e dá outras providências.

INDICAÇÃO DOUTRINÁRIA

Ada Pellegrini Grinover, A ação civil pública no STJ, *in STJ 10 anos*, Brasília: STJ, 1999; Adilson Abreu Dallari, Limitações à atuação do Ministério Público na Ação Civil Pública, in Cassio Scarpinella Bueno, Pedro Paulo de Rezende (coord.), *Improbidade administrativa*, 2. ed., São Paulo: Malheiros, 2003; Arnoldo Wald (coord.), *Aspectos polêmicos da ação civil pública*, São Paulo: Saraiva, 2003; Cassio Scarpinella Bueno, Réquiem para a ação civil pública, in César Augusto de Castro Fiúza (coord.), *Temas atuais de direito processual civil*, Belo Horizonte: Del Rey, 2001; Clayton Maranhão, Eduardo Cambi, Partes e terceiros na ação civil pública por dano ambiental, in Fredie Didier Jr., Teresa Arruda Alvim Wambier (coord.), *Aspectos polêmicos e atuais sobre os terceiros no processo civil*, São Paulo: Revista dos Tribunais, 2004; Édis Milaré, *A ação civil pública na nova ordem constitucional*, São Paulo: Saraiva, 1990; Édis Milaré (coord.), *Ação civil pública: Lei* 7.347/1985 – 15 anos, 2. ed., São Paulo: Revista dos Tribunais, 2002; Édis Milaré (coord.), *Ação civil pública após 20 anos*: efetividade e desafios, São Paulo: Revista dos Tribunais, 2005; Hely Lopes Meirelles, *Mandado de segurança*: ação popular, ação civil pública, mandado de injunção, *habeas data*, 28. ed., São Paulo: Malheiros, 2005; Hugo Nigro Mazzilli, *A defesa dos interesses difusos em juízo*, 18. ed., São Paulo: Saraiva, 2005; Humberto Theodoro Júnior, *Curso de direito processual civil*, 35. ed., Rio de Janeiro: Forense, 2005, v. 3, § 246; Humberto Theodoro Júnior, Algumas observações sobre a ação civil pública e outras ações coletivas, *in RT* 788/57; Isabella Franco Guerra, *Ação civil pública e meio ambiente*, Rio de Janeiro: Forense, 1999; José Marcelo Menezes Vigliar, *Interesses individuais homogêneos e seus aspectos polêmicos*, São Paulo: Saraiva, 2003; Luiz Paulo da Silva Araújo Filho, *Ações coletivas: a tutela jurisdicional dos direitos individuais homogêneos*, Rio de Janeiro: Forense, 2000; Marcelo Abelha, *Ação civil pública e meio ambiente*, Rio de Janeiro: Forense Universitária, 2003; Marcelo Abelha Rodrigues, Ação civil pública, in Cristiano Chaves de Farias, Fredie Didier Jr. (coord.), *Procedimentos especiais: legislação extravagante*, São Paulo: Saraiva, 2003; Pedro da Silva Dinamarco, *Ação civil pública*, São Paulo: Saraiva, 2001; Rodolfo de Camargo Mancuso, *Ação civil pública*, 9. ed., São Paulo: Revista dos Tribunais, 2004; Rodolfo de Camargo Mancuso, *Interesses difusos*, 6. ed., São Paulo: Revista dos Tribunais, 2004; Rodolfo de Camargo Mancuso, Uma análise comparativa entre os objetos e as legitimações ativas das ações vocacionadas à tutela dos interesses metaindividuais: mandado de segurança coletivo, ação civil pública, ações do Código de Defesa do Consumidor e ação popular, in Luiz Guilherme Marinoni (coord.), *O processo civil contemporâneo*, Curitiba: Juruá, 1994; Ronaldo Cunha Campos, *A ação civil pública*, Rio de Janeiro: Aide, 1989; Rodrigo Fernandes Moreira Chaves, Controle de constitucionalidade em sede de ação civil pública, In: Sérgio Niemayer, Paulo César Conrado (coord.), *Temas controvertidos de processo civil*, Rio de Janeiro: Forense, 2001; Geisa de Assis Rodrigues, *Ação civil pública e termo de ajustamento de conduta: teoria e prática*, Rio de Janeiro: Forense, 2002; Felipe Lopes Soares, Litispendência entre ação civil pública e ação popular, *RP* 171/123; Eduardo José da Fonseca Costa, Jurisdição constitucional, jurisdição coletiva e tutela de instituições, O novo CPC e a tutela jurisdicional executiva, *Revista de Processo*, n. 244, p. 247, jun. 2015; Maurício Antonio Tamer, A ação civil pública e o estudo de alguns temas relevantes, *RBDPro*, ano 23, n. 89, p. 169-195, jan.-mar. 2015; Arno Apolinário Junior, Ricardo da Silva Gama, *RBDPro*, ano 22, n. 88, p. 155-167, out.-dez. 2014; Rodrigo Mazzei, Tiago Figueiredo Gonçalves, Linhas básicas acerca da "liquidação de sentença", *RBDPro*, ano 22, n. 87, p. 137-156, jul.-set. 2014; Paulo Henrique Lucon. *Relações entre demandas*. Brasília: Gazeta Jurídica, 2016. Bruno Choairy Cunha de Lima. Inquérito civil como instrumento de tutela de direitos coletivos. *Revista de Processo*. vol. 267. ano 42. p. 407. São Paulo: Ed. RT, maio/2017. Edilson Vitorelli, Equal justice in the context of disasters: the Brumadinho multi-layer settlements case, *Revista de Proceso*, n. 338, abril 2023, p. 209 e ss.

REFERÊNCIA LEGISLATIVA

CF, art. 129, III; Lei nº 10.741/2003, art. 93 (Estatuto do Idoso).

O Presidente da República

Faço saber que o Congresso Nacional decreta e eu sanciono a seguinte Lei:

Art. 1º Regem-se pelas disposições desta Lei, sem prejuízo da ação popular, as ações de responsabilidade por danos morais e patrimoniais causados: (Redação dada pela Lei nº 12.529, de 2011)

I – ao meio ambiente;

II – ao consumidor;

III – a bens e direitos de valor artístico, estético, histórico, turístico e paisagístico;

IV – a qualquer outro interesse difuso ou coletivo. (Incluído pela Lei nº 8.078, de 1990)

V – por infração da ordem econômica; (Redação dada pela Lei nº 12.529, de 2011)

VI – à ordem urbanística. (Incluído pela Medida provisória nº 2.180-35, de 2001)

VII – à honra e à dignidade de grupos raciais, étnicos ou religiosos; (Incluído pela Lei nº 12.966, de 2014)

VIII – ao patrimônio público e social. (Incluído pela Lei nº 13.004, de 2014)

Parágrafo único. Não será cabível ação civil pública para veicular pretensões que envolvam tributos, contribuições previdenciárias, o Fundo de Garantia do Tempo de Serviço – FGTS ou outros fundos de natureza institucional cujos beneficiários podem ser individualmente determinados. (Incluído pela Medida provisória nº 2.180-35, de 2001)

REFERÊNCIA LEGISLATIVA

Lei nº 7.853, de 24.10.1989; Lei nº 7.913, de 07.12.1989; Lei nº 10.741, de 01.10.2003 (Estatuto do Idoso).

SÚMULAS

Súmulas do STJ:

nº 329: "O Ministério Público tem legitimidade para propor ação civil pública em defesa do patrimônio público".

nº 489: "Reconhecida a continência, devem ser reunidas na Justiça Federal as ações civis públicas propostas nesta e na Justiça estadual".

INDICAÇÃO DOUTRINÁRIA

Humberto Theodoro Júnior, Ação civil pública. Operação bancária de caderneta de poupança. Inaplicabilidade de ação civil pública. Inocorrência de relação de consumo. Direito individuais homogêneos. Carência de ação e coisa julgada, *Aspectos polêmicos da ação civil pública*, Saraiva; Eduardo José da Fonseca Costa, Jurisdição constitucional, jurisdição coletiva e tutela de instituições, O novo CPC e a tutela jurisdicional executiva, *Revista de Processo*, n. 244, p. 247, jun. 2015; Samuel Paiva Cota e Leonardo Silva Nunes, Medidas estruturais no ordenamento jurídico brasileiro: Os problemas da rigidez do pedido na judicialização dos conflitos de interesse público. *Revista de Informação Legislativa (RIL)*. n. 217, jan-mar/2018, p. 243-255; Ana Maria Damasceno de Carvalho Faria e Leonardo Silva Nunes. O tratamento adequado dos conflitos de interesse público no direito brasileiro. *Revista de Interés Público*, año /n. 2, p. 98.

JURISPRUDÊNCIA SELECIONADA

1. Dano ambiental (inciso I): "(...). Outrossim, não prospera a alegação de maltrato ao art. 1º, parágrafo único, da Lei n. 7.347/85, haja vista que tal dispositivo é claro ao permitir o ajuizamento da ação civil pública para a defesa do meio ambiente. A propósito, nossa jurisprudência é firme nesse sentido" (STJ, REsp 1.222.723/SC, Rel. Min. Mauro Campbell Marques, 2ª Turma, jul. 08.11.2011, *DJe* 17.11.2011).

Princípio da precaução. "A Segunda Turma do STJ reconheceu a ilegalidade da queima de palha de cana-de-açúcar, por se tratar de atividade vedada, como regra, pela legislação federal, em virtude dos danos que provoca ao meio ambiente. O acórdão recorrido viola o art. 27 da Lei 4.771/1965 ao interpretá-lo deforma restritiva e incompatível com a Constituição da República (arts. 225, 170, VI, e 186, II)). Para a consecução do mandamento constitucional e do princípio da precaução, forçoso afastar, como regra geral, a queima de palha da cana-de-açúcar, sobretudo por haver instrumentos e tecnologias que podem substituir essa prática, sem inviabilizar a atividade econômica" (STJ, REsp 965.078, Rel. Min. Herman Benjamin, 2ª Turma, *DJe* 27.04.2011). **No mesmo sentido:** STJ, AgRg nos EDcl no REsp 1.094.873/SP, Rel. Min. Humberto Martins, 2ª Turma, jul. 04.08.2009, *DJe* 17.08.2009.

"Ação civil pública. Danos ao meio ambiente causado pelo estado. Se o estado edifica obra pública – no caso, um presídio – sem dotá-la de um sistema de esgoto sanitário adequado, causando prejuízos ao meio ambiente, a ação civil pública e, sim, a via própria para obrigá-lo as construções necessárias a eliminação dos danos; sujeito também as leis, o estado tem, nesse âmbito, as mesmas responsabilidades dos particulares" (STJ, REsp 88.776/GO, Rel. Min. Ari Pargendler, 2ª turma, jul. 19.05.1997, *DJ* 09.06.1997).

"Em matéria ambiental o ônus probatório quanto ao fato modificativo é, no caso, do explorador da atividade potencialmente lesiva ao meio ambiente, segundo já decidiu esta Corte no julgamento da AC-1998.37.00.002890-7/MA (5ª T., Selene Almeida), em caso de exploração de madeira em área indígena na Amazônia Legal. Prevalência do princípio da precaução. Inexistência de direito adquirido ou ato jurídico derivado de uma licença ambiental cuja origem de competência é duvidosa e destinada à exploração irregular de madeira suficientemente documentada em operações de agentes ambientais e policiais, cuja presunção de legitimidade também aponta para o acerto da medida agravada" (TRF1, AG 0073503-06.2011.4.01.0000/RO, Rel. Des. José Amilcar Machado, 6ª Turma, jul. 11.03.2013, *DJ* 22.02.2013).

Inversão do ônus da prova. Ver jurisprudência do art. 373 do CPC/2015.

Dano moral. "O dano ambiental ou ecológico pode, em tese, acarretar também dano moral – como, por exemplo, na hipótese de destruição de árvore plantada por antepassado de determinado indivíduo, para quem a planta teria, por essa razão, grande valor afetivo. Todavia, a vítima do dano moral é, necessariamente, uma pessoa. Não parece ser compatível com o dano moral a ideia da 'transindividualidade' (= da indeterminabilidade do sujeito passivo e da indivisibilidade da ofensa e da reparação) da lesão" (REsp 598.281/MG, Rel. Min. Luiz Fux, Rel. p/ ac. Min. Teori Albino Zavascki, 1ª Turma, jul. 02.05.2006, *DJe* 01.06.2006).

2. Proteção dos consumidores (inciso II). "A ação civil pública pode ser utilizada para a defesa de direitos individuais homogêneos quando os respectivos titulares estiverem na condição de consumidores" (STJ, CE, EREsp 175.645/RS, Rel. Min. Ari Pargendler, jul. 29.06.2005, *DJ* 15.08.2005, p. 208).

"É comportável ação civil pública com o objetivo de proteger consumidores de eventual queda na qualidade de serviço prestado por operadora de televisão por assinatura, o que confere legitimidade ativa ao Ministério Público, conforme o disposto na Constituição Federal, no Código de Defesa do Consumidor e na Lei nº 7.347/85" (STJ, 3ª Turma, REsp 547.170/SP, Rel. Min. Castro Filho, jul. 09.12.2003, *DJ* 10.02.2004, p. 253).

Interesses individuais. Não enquadramento na definição de consumidores. Não cabimento. "Tratando-se de interesses individuais, cujos titulares não podem ser enquadrados na definição de consumidores, tampouco caracterizam-se como indisponíveis, é inviável a defesa de tais direitos por intermédio da ação civil pública. Precedentes. Prejudicado o mérito. Recurso provido, reconhecida a ilegitimidade do parquet para o feito" (STJ, 5ª Turma, REsp 578.677/PE, Rel. Min. José Arnaldo da Fonseca, jul. 17.02.2005, *DJ* 14.03.2005).

3. Interesse difuso ou coletivo (inciso IV). "O artigo 1º da Lei nº 7.347/85 foi acrescido por um inciso, para abranger as ações de responsabilidade por danos causados 'a qualquer outro interesse difuso ou coletivo'. Aplicam-se, portanto, as normas da Lei nº 7.347/85, no que não contrariarem dispositivos expressos da lei de improbidade" (Maria Sylvia Zanella Di Pietro, "Direito Administrativo", Ed. Atlas, 15. ed., 2003, pág. 693) Precedentes do STJ (STJ, REsp 515.554/MA, Rel. Min. Denise Arruda, 1ª Turma, jul. 18.05.2006, *DJ* 19.06.2006).

4. Improbidade administrativa. "É cabível a propositura de ação civil pública que tenha como fundamento a prática de ato de improbidade administrativa, tendo em vista a natureza difusa do interesse tutelado" (STJ, REsp 516.190/MA, Rel. Min. João Otávio de Noronha, 2ª Turma, jul. 06.03.2007, *DJ* 26.03.2007, p. 219).

"A lei de improbidade administrativa, juntamente com a lei da ação civil pública, da ação popular, do mandado de segurança coletivo, do Código de Defesa do Consumidor e do Estatuto da Criança e do Adolescente e do Idoso, compõem um microssistema de tutela dos interesses transindividuais e sob esse enfoque interdisciplinar, interpenetram-se e subsidiam-se. (...). Assim, não se pode negar que a Ação Civil Pública se trata da via processual adequada para a proteção do patrimônio público, dos princípios constitucionais da administração pública e para a repressão de atos de improbidade administrativa, ou simplesmente atos lesivos, ilegais ou imorais, conforme expressa previsão do art. 12 da Lei 8.429/92 (de acordo com o art. 37, § 4º, da Constituição Federal e art. 3º da Lei nº 7.347/85) (Alexandre de Moraes, *Direito Constitucional*, 9. ed. p. 333-334)" (STJ, REsp 510.150/MA, Rel. Min. Luiz Fux, 1ª Turma, jul. 17.02.2004, *DJ* 29.03.2004).

5. Proibição de tráfego de veículos pesados em Município. Adequação da ação civil pública (VI). "O STJ tem orientação no sentido de que 'ao Poder Judiciário não é vedado debater o mérito administrativo. Se a Administração deixar de se valer da regulação para promover políticas públicas, proteger hipossuficientes, garantir a otimização do funcionamento do serviço concedido ou mesmo assegurar o 'funcionamento em condições de excelência tanto para o fornecedor/produtor como principalmente para o consumidor/usuário', haverá vício ou flagrante ilegalidade a justificar a intervenção judicial' (REsp 1.176.552/PR, Rel. Ministro Herman Benjamin, Segunda Turma, julgado em 22/2/2011, *DJe* 14/9/2011). O inciso I do art. 1º e o art. 3º da Lei 7.347/1985 são claros em afirmar que a Ação Civil Pública é meio processual adequado para discutir temas afetos à ordem urbanística e obter provimento jurisdicional condenatório de obrigação de fazer. Assim, a ação deve prosseguir." (STJ, REsp 1294451/GO, Rel. Min. Herman Benjamin, 2ª Turma, jul. 01.09.2016, *DJe* 06.10.2016)

6. Matéria de direito tributário (parágrafo único):

Matéria tributária como causa de pedir. Possibilidade. "Hipótese de ação civil pública que se encontra fora do alcance da vedação prevista no parágrafo único do art. 1º da Lei n. 7.347/85, porquanto a matéria tributária figura como causa de pedir, e não como pedido principal, sendo sua análise indispensável para que se constate eventual ofensa ao princípio da legalidade imputado na inicial ao agente político tido como ímprobo" (STJ, (REsp 1.387.960/SP, Rel. Min. Og Fernandes, 2ª Turma, jul. 22.05.2014, *DJe* 13.06.2014).

Natureza difusa. "Não há falar em violação aos arts. 1º, parágrafo único, da Lei 7.347/85, 81 do CDC e 5º, II, *a*, e III, *b*, da Lei Complementar 75/93, diante da legitimidade do Ministério Público para ajuizamento de ação civil pública na tutela do patrimônio público **em matéria de direito tributário, dada a sua natureza difusa**" (STJ, AgRg no REsp 1.000.906/DF, Rel. Min. Arnaldo Esteves Lima, 1ª Turma, jul. 17.05.2011, *DJe* 26.05.2011).

7. Prescrição. Divergência:

a) Pelo prazo de 5 anos. "O prazo de prescrição, tanto para a propositura da ação civil pública quanto para o pedido de cumprimento da respectiva sentença, é de cinco anos, por aplicação analógica do regime da ação popular" (STJ, AgRg nos EAREsp 92.926/PR, Rel. Min. Ari Pargendler, Corte Especial, jul. 17.04.2013, *DJe* 29.04.2013). **No mesmo sentido**: STJ, REsp 1.089.206/RS, Rel. Min. Luiz Fux, 1ª Turma, jul. 23.06.2009, *DJe* 06.08.2009; STJ, REsp 912.612/DF, Rel. Min. Arnaldo Esteves Lima, 5ª Turma, jul. 12.08.2008, *DJe* 15.09.2008.

"Ressalvada a hipótese de ressarcimento de dano ao erário fundado em ato de improbidade, prescreve **em cinco anos a ação civil pública disciplinada na Lei 7.347/85,** mormente quando, como no caso, deduz pretensão suscetível de ser formulada em ação popular. Aplicação, por analogia, do art. 21 da Lei 4.717/65. Precedentes" (STJ, REsp 764.278/SP, Rel. Min. Teori Albino Zavascki, 1ª Turma, jul. 22.04.2008, *DJe* 28.05.2008). **No mesmo sentido:** STJ, AgRg no REsp 1.185.347/RS, Rel. Min. Humberto Martins, 2ª Turma, jul. 17.04.2012, *DJe* 25.04.2012.

Plano de saúde. Ação coletiva. Execução individual. "'Na falta de dispositivo legal específico para a ação civil pública, aplica-se, por analogia, o prazo de prescrição da ação popular, que é o quinquenal (art. 21 da Lei nº 4.717/1965), adotando-se também tal lapso na respectiva execução, a teor da Súmula nº 150/STF. A lacuna da Lei nº 7.347/1985 é melhor suprida com a aplicação de outra legislação também integrante do microssistema de proteção dos interesses transindividuais, como os coletivos e difusos, a afastar os prazos do Código Civil, mesmo na tutela de direitos individuais homogêneos (pretensão de reembolso dos usuários de plano de saúde que foram obrigados a custear lentes intraoculares para a realização de cirurgias de catarata)' Precedentes. (REsp 1473846/SP, Rel. Ministro Ricardo Villas Bôas Cueva, Terceira Turma, julgado em 21/2/2017, *DJe* 24/2/2017)" (STJ, AgInt no REsp 1807990/SP, Rel. Min. Maria Isabel Gallotti, 4ª Turma, jul. 20.04.2020, *DJe* 24.04.2020).

b) Pela prescrição do Código Civil: "No que concerne ao prazo prescricional para seu ajuizamento, esse diploma legal é, contudo, silente. Dessa forma, frente à lacuna existente, tanto na Lei 7.347/85, quanto no CDC, no que concerne ao prazo prescricional aplicável em hipóteses em que se discute a abusividade de cláusula contratual, e, considerando-se a subsidiariedade do CC às relações de consumo, deve-se aplicar, na espécie, o prazo prescricional **de 10 (dez) anos disposto no art. 205 do CC**" (STJ, REsp 995.995/DF, Rel.ª Min.ª Nancy Andrighi, 3ª Turma, jul. 19.08.2010, *DJe* 16.11.2010).

"Na ação civil pública aplica-se o prazo **prescricional vintenário** do art. 177, do Código Civil, como regra geral, devido à falta de lei que regule a matéria, não sendo caso de incidência dos prazos trienal ou quinquenal, por incompatibilidade dos dispositivos que os preveem" (STJ, REsp 331.374/SP, Rel. Min. Francisco Falcão, 1ª Turma, jul. 17.06.2003, *DJ* 08.09.2003).

c) Pela imprescritibilidade. "A ação civil pública é imprescritível, porquanto inexiste disposição legal prevendo o seu prazo prescricional, não se aplicando a ela os ditames previstos na Lei nº 4.717/65, específica para a ação popular" (STJ, REsp 586.248/MG, Rel. Min. Francisco Falcão, 1ª Turma, jul. 06.04.2006, *DJ* 04.05.2006).

"**A ação de ressarcimento de danos ao erário** não se submete a qualquer prazo prescricional, sendo, portanto, imprescritível" (STJ, REsp 705.715/SP, Rel. Min. Francisco Falcão, 1ª Turma, jul. 02.10.2007, *DJe* 14.05.2008). **No mesmo sentido:** STJ, REsp 1.056.256/SP, Rel. Min. Humberto Martins, 2ª Turma, jul. 16.12.2008, *DJe* 04.02.2009.

Dano ambiental. "O Tribunal *a quo* entendeu que: 'Não se pode aplicar entendimento adotado em ação de direitos patrimoniais em ação que visa à proteção do meio ambiente, cujos efeitos danosos se perpetuam no tempo, atingindo às gerações presentes e futuras.' Esta Corte tem entendimento no mesmo sentido, de que, tratando-se de direito difuso – proteção ao meio ambiente –, a ação de reparação é imprescritível. Precedentes" (STJ, AgRg no REsp 1.150.479/RS, Rel. Min. Humberto Martins, 2ª Turma, jul. 04.10.2011, *DJe* 14.10.2011).

Momento para suscitar a prescrição. "A prescrição pode ser invocada em sede de embargos à execução de título judicial, quando se tratar de execução individual de sentença proferida em ação coletiva. A execução de sentença genérica de procedência, proferida em sede de ação coletiva *lato sensu* – ação civil pública ou ação coletiva ordinária –, demanda uma cognição exauriente e contraditório amplo sobre a existência do direito reconhecido na ação coletiva. O art. 741, VI, do CPC, sobre interditar a suscitação de questão anterior à sentença, nos embargos à execução, não se aplica a execução individual *in utilibus*, **porquanto é nessa oportunidade que se pode suscitar a prescrição contra a pretensão individual, mercê de a referida defesa poder ser alegada em qualquer tempo e grau de jurisdição**" (STJ, REsp 1.057.562/RS, Rel. Min. Luiz Fux,1ª Turma jul.19.10.2010, *DJe* 04.11.2010).

Concessão prorrogada sem licitação. "O termo inicial da prescrição da nulidade do ato administrativo de prorrogação ilegal do contrato de concessão se constitui no encerramento do tempo contratual" (STJ, EREsp 1.079.126/RS, Rel. Min. Hamilton Carvalhido, 1ª Seção, jul. 13.12.2010, *DJe* 06.05.2011).

8. Fiscalização incidental de constitucionalidade. "Consoante a jurisprudência desta Corte, a ação civil pública é meio adequado para que se declare, na via incidental, a incompatibilidade do direito pré-constitucional com a Constituição vigente quando referida declaração configurar tão somente a causa de pedir da ação" (STF, RE 633.195 ED-AgR, Rel. Min. Dias Toffoli, 1ª Turma, jul. 12.06.2012, *DJe* 29.06.2012). **No mesmo sentido:** STJ, REsp 437.172/DF, Rel. Min. Herman Benjamin, 2ª Turma, jul. 28.10.2008, *DJe* 07.04.2009.

"O Supremo Tribunal Federal tem reconhecido a legitimidade da utilização da ação civil pública como instrumento idôneo de **fiscalização incidental de constitucionalidade, pela via difusa,** de quaisquer leis ou atos do Poder Público, mesmo quando contestados em face da Constituição da República, desde que, nesse processo coletivo, a controvérsia constitucional, longe de identificar-se como objeto único da demanda, qualifique-se como simples questão prejudicial, indispensável à resolução do litígio principal. Precedentes. Doutrina" (STF, Rcl 1.898/DF, Rel. Min. Celso de Mello, jul. 02.02.2004, *DJ* 19.02.2004).

"A jurisprudência desta colenda Corte de Justiça possui entendimento pacífico e uníssono no sentido de que a Ação Civil Pública não pode ser utilizada para fins de declarar, **com efeito erga omnes**, a inconstitucionalidade de lei, mesmo que de forma incidental. A Ação Civil Pública não pode substituir a ação direta de inconstitucionalidade. Ambas devem ser regidas pelos limites impostos pela lei, guardando-se a organização formal assegurada pelo ordenamento jurídico para o trato das questões referentes ao processo de declaração de inconstitucionalidade de lei. Precedentes desta Casa Julgadora" (STJ, REsp 439.539/DF, Rel. Min. José Delgado, 1ª Turma, jul. 27.08.2002, *DJ* 23.09.2002).

"Incabível a utilização da ação civil pública para buscar declaração de inconstitucionalidade, **ainda que incidental, de norma municipal**" (STJ, REsp 197.826/SP, Rel. Min. Milton Luiz Pereira, 1ª turma, jul. 24.04.2001, *DJ* 04.02.2002).

Reserva de Plenário. "A inconstitucionalidade apreciada *incidenter tantum* para justificar a procedência do pedido de anulação de atos administrativos autorizados pela regra acoimada de vício, reclama a obediência à cláusula de plenário pro força da Súmula Vinculante nº 10, do E. STF, que assim dispõe: 'Viola a cláusula de reserva de plenário (CF, artigo 97) a decisão de órgão fracionário de tribunal que, embora não declare expressamente a inconstitucionalidade de lei ou ato normativo do poder público, afasta sua incidência, no todo ou em parte'" (STJ, REsp 931.373/RJ, Rel. Min. Luiz Fux, 1ª Turma, jul. 26.10.2010, *DJe* 18.11.2010).

9. Vedações. "O legislador federal veda, a priori, a Ação Civil Pública para veicular pretensão que envolva tributo (art. 1º, parágrafo único, da Lei 7.347/1985). Nesse contexto é possível afastar a aplicação da norma sem declará-la inconstitucional, nos termos da Súmula Vinculante 10/STF. Precedentes do STJ" (STJ, AgRg no REsp 1.263.340/MA, Rel. Min. Herman Benjamin, 2ª Turma, jul. 20.09.2011, *DJe* 23.09.2011).

Defesa de direitos individuais indisponíveis. "Considerando a relevância da Ação Civil Pública no sistema judiciário brasileiro e a delimitação de seu objeto pelo art. 1º da Lei 7.347/85, **não se admite, em tese, a sua utilização desvinculada de suas finalidades, para simples defesa de direitos individuais disponíveis**" (STJ, REsp 589.612/RJ, Rel. originário Min. João Otávio de Noronha, Rel. p/ ac. Min. Honildo Amaral de Mello Castro, 4ª Turma, jul. 15.09.2009). **Todavia**, "Ainda que os beneficiários desta ação sejam um número determinado de indivíduos, isso não afasta a relevância social dos interesses em jogo, o que é bastante para que, embora em sede de tutela de direitos individuais homogêneos, autorize-se o manejo de ação civil pública pelo Ministério Público. É essa a inteligência possível do art. 1º da Lei n. 7.347/85, à luz do art. 129, inc. III, da Constituição da República de 1988. Precedentes da Corte Especial" (STJ, REsp 1.120.253/PE, Rel. Min. Mauro Campbell Marques, 2ª Turma, jul. 15.10.2009, *DJe* 28.10.2009).

Obs.: Ver jurisprudência do art. 5º, sobre a legitimidade do Ministério Público para defesa dos direitos individuais indisponíveis.

Dano moral. "Dano ambiental. Dano moral coletivo. Necessária vinculação do dano moral à noção de dor, de sofrimento psíquico, de caráter individual. Incompatibilidade com a noção de transindividualidade (indeterminabilidade do sujeito passivo e indivisibilidade da ofensa e da reparação)" (STJ, REsp 598.281/MG, Rel. Min. Luiz Fux, Rel. p/ Acórdão Min. Teori Albino Zavascki, 1ª Turma, jul. 02.05.2006, *DJ* 01.06.2006). **No mesmo sentido:** TJMG, 1ª Câmara, Proc. 1.0000.00.181742-8/000, Rel. Des. Antônio Hélio Silva, jul. 09.02.2001.

Jogo de azar ilegal. Bingo. Dano moral coletivo. Dano *in re ipsa*. "Cuida-se de Ação Civil Pública promovida pelo Ministério Público Federal visando à condenação dos réus na obrigação de não desenvolver atividade de bingo e no pagamento de indenização por dano moral coletivo. O art. 6º do CDC traz como direitos básicos do consumidor: '(...) I – a efetiva prevenção e reparação de danos patrimoniais e morais, individuais, coletivos e difusos' (inciso I) e a 'prevenção ou reparação de danos patrimoniais e morais, individuais, coletivos ou difusos, assegurada a proteção jurídica, administrativa e técnica aos necessitados' (inciso VII). Na hipótese dos autos, patente a necessidade de correção de lesão supraindividual às relações de consumo, no que resulta transcender o dano em questão aos interesses individuais dos frequentadores de bingo ilegal. Exploração comercial de atividade ilícita configura, em si mesma, dano moral coletivo (cf., no mesmo sentido, REsp 1.509.923/SP, Rel. Ministro Humberto Martins, Segunda Turma, *DJe* de 22/10/2015). No Código de Defesa do Consumidor, a responsabilidade civil é objetiva e solidária. O dano moral coletivo não depende de prova da dor, do sofrimento ou do abalo psicológico. Demonstrá-los, embora possível, em tese, na esfera individual, é completamente inviável no campo dos interesses difusos e coletivos, razão pela qual dispensado, principalmente quando incontestável a ilegalidade da atividade econômica ou da prática comercial em questão. Trata-se, portanto, de dano in re ipsa (REsp 1.410.698/MG, Rel. Ministro Humberto Martins, Segunda Turma, *DJe* de 30/6/2015; REsp 1.057.274/RS, Rel. Ministra Eliana Calmon, Segunda Turma, *DJe* de 26/2/2010)" (STJ, REsp 1567123/RS, Rel. Min. Herman Benjamin, 2ª Turma, jul. 14.06.2016, *DJe* 28.08.2020).

Tarifa bancária indevida. Dano moral coletivo. Não cabimento. "A exigência de uma tarifa bancária considerada indevida não agride, de modo totalmente injusto e intolerável, o ordenamento jurídico e os valores éticos fundamentais da sociedade em si considerada, tampouco provoca repulsa e indignação na consciência coletiva, não dando ensejo a danos morais coletivos. Precedente" (STJ, AgInt no AREsp 1.754.555/RN, Rel. Min. Ricardo Villas Bôas Cueva, 3ª Turma, jul. 28.08.2023, *DJe* 31.08.2023).

"A ação civil pública nasceu como instrumento processual adequado para coibir danos ao meio ambiente, ao consumidor, a bens e direitos de valor artístico, estético, histórico, turístico e paisagístico, atendendo, assim, aos interesses coletivos da sociedade. O campo de aplicação da ação civil pública foi alargado por legislações posteriores, especialmente pelo Código de Defesa do Consumidor, para abranger quaisquer interesses coletivos e difusos, bem como os individuais homogêneos, estes últimos na proteção do meio ambiente, do consumidor, dos bens e direitos de valor artístico, estético, histórico, turístico e paisagístico. **Tratando-se de interesses individuais, cujos titulares não podem ser enquadrados na definição de consumidores, tampouco sua relação com o instituto previdenciário considerada relação de consumo,** é inviável a defesa de tais direitos por intermédio da ação civil pública. Precedentes. O benefício previdenciário traduz direito disponível. Refere-se à espécie de direito subjetivo, ou seja, pode ser abdicado pelo respectivo titular, contrapondo-se ao direito indisponível, que é insuscetível de disposição ou transação por parte do seu detentor" (STJ, REsp 419.187/PR, Rel.ª Min.ª Laurita Vaz, Rel. p/ Acórdão Min. Gilson Dipp, 5ª Turma, jul. 15.04.2003, *DJ* 08.09.2003).

Ministério Público Federal. Ingerência judicial no liame entre assistidos e entidade de previdência complementar. Proibição de concessão de novos benefícios e cancelamento de benefícios complementares. Direitos individuais homogêneos. Inexistência. "Hipótese em que a pretensão da inicial tem o desígnio de promover a reparação de danos ao erário, tratando-se, portanto, de tutela difusa, e impedir a concessão de novos benefícios, além de cancelar os concedidos nos últimos 5 (cinco) anos, o que, ao menos em tese, poderia manter a higidez dos pagamentos realizados àqueles que já recebem benefícios, protegendo, portanto, direito individual homogêneo. (...) No caso, as demais obrigações impostas à parte recorrente (de cancelamento de benefícios e abstenção de novas concessões), por sua vez, estão muito mais ligadas à relação estabelecida entre a entidade de previdência complementar e seus filiados, que ostenta outra natureza para além do interesse público, e devem ser revistas. A ingerência judicial no liame entre os assistidos e a entidade de previdência complementar, notadamente na profundidade com que foi imposta na origem, pressuporia estar muito mais claro, agora no plano concreto, que os impactos da manutenção dos benefícios poderiam violar gravemente a esfera jurídica de número indeterminado de múltiplos sujeitos de direito, de maneira que revelar-se-ia a relevância social da intervenção. Só assim se justificaria cogitar que não deveriam prevalecer, no particular, a boa-fé dos assistidos e a confiança legítima de que receberiam o retorno das suas contribuições em forma de benefícios. Na espécie, esse potencial impacto geral, transindividual e de efeitos coletivos deletérios não foi o fio condutor da fundamentação externada no juízo *a quo*, não havendo sequer menção se a recorrente, só com seu próprio caixa ou com as contribuições já recolhidas dos associados, seria capaz de honrar com o pagamento dos benefícios" (STJ, AREsp 1.325.652/RJ, Rel. Min. Gurgel de Faria, 1ª Turma, jul. 04.10.2022, *DJe* 11.11.2022).

10. Ações coletivas. Condenação genérica. Ver jurisprudência do art. 95 da Lei nº 8.078/1990.

11. Resolução de litígio estrutural. "Para a adequada resolução dos litígios estruturais, é preciso que a decisão de mérito seja construída em ambiente colaborativo e democrático, mediante a efetiva compreensão, participação e consideração dos fatos, argumentos, possibilidades e limitações do Estado em relação aos anseios da sociedade civil adequadamente representada no processo, por exemplo, pelos *amici curiae* e pela Defensoria Pública na função de custos *vulnerabilis*, permitindo-se que processos judiciais dessa natureza, que revelam as mais profundas mazelas sociais e as mais sombrias faces dos excluídos, sejam utilizados para a construção de caminhos, pontes e soluções que tencionem a resolução definitiva do conflito estrutural em sentido amplo" (STJ, REsp 1.854.842/CE, Rel. Min. Nancy Andrighi, 3ª Turma, jul. 02.06.2020, *DJe* 04.06.2020).

Intervenção do Poder Judiciário em políticas públicas. Direito social à saúde. "Fixação das seguintes teses de julgamento: 1. A intervenção do Poder Judiciário em políticas públicas voltadas à realização de direitos fundamentais, em caso de ausência ou deficiência grave do serviço, não viola o princípio da separação dos poderes. 2. A decisão judicial, como regra, em lugar de determinar medidas pontuais, deve apontar as finalidades a serem alcançadas e determinar à Administração Pública que apresente um plano e/ou os meios adequados para alcançar o resultado. 3. No caso de serviços de saúde, o déficit de profissionais pode ser suprido por concurso público ou, por exemplo, pelo remanejamento de recursos humanos e pela contratação de organizações sociais (OS) e organizações da sociedade civil de interesse público (OSCIP)" (STF, RE 684.615, Rel. Min. Ricardo Lewandowski, Pleno, jul. 03.07.2023, *DJe* 07.08.2023).

12. Abusividade contratual. Viabilidade. Demonstração dos fatos constitutivos mediante apresentação ou indicação de início de prova. Necessidade. "Por um lado, em linha de princípio, quem afirma um fato positivo tem de prová-lo com preferência a quem sustenta um fato negativo, não sendo conveniente o ajuizamento de ação civil pública apontando abusividade contratual sem que seja colacionado aos autos um único contrato, extrato, recibo de pagamento ou documento equivalente que indique a cumulação da cobrança de comissão de permanência com outros encargos. Por outro lado, deveria o Juízo de primeira instância ter determinado ao menos que a parte demandada colacionasse aos autos seus contratos de adesão, de modo a aferir a efetiva existência de cláusula abusiva, prevendo a cumulação de comissão de permanência com encargos narrada na exordial; por sua vez, a própria recorrente, exercitando o seu lídimo direito de defesa, poderia ter colacionado aos autos esses contratos e demais documentos que fossem úteis para a formação do convencimento do Juízo, não se estando a falar de prova diabólica (verdadeiramente impossível)" (STJ, REsp 1.583.430/RS, Rel. Min. Luis Felipe Salomão, 4ª Turma, jul. 23.08.2022, *DJe* 23.09.2022).

Art. 2º As ações previstas nesta Lei serão propostas no foro do local onde ocorrer o dano, cujo juízo terá competência funcional para processar e julgar a causa.

Parágrafo único. A propositura da ação prevenirá a jurisdição do juízo para todas as ações posteriormente intentadas que possuam a mesma causa de pedir ou o mesmo objeto (parágrafo único acrescentado pela Medida Provisória nº 2.180-35, de 24.08.2001).

BREVES COMENTÁRIOS

A ação civil pública deve correr no foro do local em que se deu o dano. Havendo interesse da União, suas autarquias e empresas públicas, a competência passará para a Justiça Federal, mesmo que no local da verificação do dano inexista vara da Justiça Federal. Tratando-se de ação coletiva acerca de dano a consumidores, o entendimento prevalente no STJ é no sentido de que, tendo a lesão ocorrido em mais de uma comarca, a competência, conforme o caso, será do foro da capital do Estado ou do Distrito Federal. Se o âmbito do dano abranger mais de um Estado, ter-se-á a concorrência dos foros da capital estadual e do Distrito Federal. Não haverá exclusividade do foro do Distrito Federal, portanto, para o julgamento de ação civil pública de âmbito nacional.

JURISPRUDÊNCIA SELECIONADA

1. Competência:

Competência territorial e funcional. "Em Ação Civil Pública, a regra para a fixação da competência é territorial e funcional, definindo-se pelo local onde ocorreu o dano e, sobretudo, pela função exercida pela autoridade pública, a quem se atribui a responsabilidade do dano ocorrido (Lei nº 7.347/85, art. 2º)" (STJ, CC 47.613/TO, Rel. p/ acórdão Min. Paulo Medina, 3ª Seção, jul. de 22.06.2005, *DJ* 22.08.2005). **No mesmo sentido:** STJ, CC 38.771/MA, Rel.ª Min.ª Eliana Calmon, 1ª Seção, jul. 28.04.2004, *DJ* 02.08.2004; STJ, 2ª Seção, CC 28.003/RJ, Rel. Min. Nilson Naves, jul. de 24.11.1999, *DJ* 11.03.2002.

Interpretação. "Qualquer que seja o sentido que se queira dar à expressão 'competência funcional' prevista no art. 2º, da Lei 7.347/85, mister preservar a vocação pragmática do dispositivo: o foro do local do dano é uma regra de eficiência, eficácia e comodidade da prestação jurisdicional, que visa a facilitar e otimizar o acesso à justiça, sobretudo pela proximidade física entre juiz, vítima, bem jurídico afetado e prova" (STJ, REsp 1.057.878/RS, Rel. Min. Herman Benjamin, 3ª Turma, jul. 26.05.2009, *DJe* 21.08.2009).

Dano local. "O art. 93 do CDC estabeleceu que, para as hipóteses em que as lesões ocorram apenas em âmbito local, será competente o foro do lugar onde se produziu o dano ou se devesse produzir (inciso I), mesmo critério já fixado pelo art. 2º da LACP. Por outro lado, tomando a lesão dimensões geograficamente maiores, produzindo efeitos em âmbito regional ou nacional, serão competentes os foros da capital do Estado ou do Distrito Federal (inciso II)" (STJ, REsp 1.101.057/MT, Rel.ª Min.ª Nancy Andrighi, 3ª Turma, jul. 07.04.2011, *DJe* 15.04.2011).

Justiça Estadual. "A jurisprudência do Superior Tribunal de Justiça tem afastado a competência da Justiça Federal, quando não houver interesse direto e manifesto da União. Em Ação Civil Pública, a regra para a fixação da competência é territorial e funcional, definindo-se pelo local onde ocorreu o dano e, sobretudo, pela função exercida pela autoridade pública, a quem se atribui a responsabilidade do dano ocorrido (Lei nº 7.347/85, art. 2º). Ação Civil Pública proposta contra concurso público, para o provimento de cargo de Juiz Substituto do Estado do Tocantins, deve ser processada e julgada na Justiça Estadual, devido à obrigação do Poder Judiciário de zelar pela intangibilidade do Pacto Federativo e pela garantia da autonomia dos entes federados. Conflito conhecido, para declarar a competência da Justiça Estadual" (STJ, CC 47.613/TO, Rel. p/ acórdão Min. Paulo Medina, 3ª Seção, jul. 22.06.2005, *DJ* 22.08.2005).

Justiça Federal. "A ação civil pública, como as demais, submete-se, quanto à competência, à regra estabelecida no art. 109, I, da Constituição, segundo a qual cabe aos juízes federais processar e julgar 'as causas em que a União, entidade autárquica ou empresa pública federal forem interessadas na condição de autoras, rés, assistentes ou oponentes, exceto as de falência, as de acidente de trabalho e as sujeitas à Justiça Eleitoral e à Justiça do Trabalho'. Assim, **figurando como autor da ação o Ministério Público Federal, que é órgão da União, a competência para a causa é da Justiça Federal.** Recurso especial parcialmente conhecido e nesta parte provido para determinar o prosseguimento do julgamento da presente ação civil pública na Justiça Federal" (STJ, REsp 1.283.737/DF, Rel. Min. Luis Felipe Salomão, 4ª Turma, jul. 22.10.2013, *DJe* 25.03.2014). **No mesmo sentido:** STJ, EDcl no REsp 206.757/RS, Rel. Min. Francisco Peçanha Martins, 2ª Turma, jul. 17.12.2002, *DJ* 17.03.2003, p. 195.

Agências reguladoras federais. "Proposta a ação em face da Agência Reguladora Federal, de natureza autárquica, é competente a Justiça Federal. Acaso a pretensão não seja acolhida em face da mesma, a matéria é meritória. A legitimidade afere-se in abstrato (*vera sint exposita*)" (STJ, REsp 573.475/RS, Rel. p/ acórdão Min. Luiz Fux, 1ª Turma, jul. 08.06.2004, *DJ* 16.08.2004). **No mesmo sentido:** STJ, REsp 681.653/RS, Rel. Min. João Otávio de Noronha, 2ª Turma, jul. 07.08.2007, *DJ* 21.08.2007.

Dano nacional. Competências territoriais concorrentes. "Interpretando o artigo 93, inciso II, do Código de Defesa do Consumidor, já se manifestou esta Corte no sentido de que **não há exclusividade do foro do Distrito Federal para o julgamento de ação civil pública de âmbito nacional.** Isto porque o referido artigo ao se referir à Capital do Estado e ao Distrito Federal invoca competências territoriais concorrentes, devendo ser analisada a questão estando a Capital do Estado e o Distrito Federal em planos iguais, sem conotação específica para o Distrito Federal" (STJ, CC 17.533/DF, Rel. Min. Carlos Alberto Menezes Direito, 2ª Seção, jul. 13.09.2000, *DJ* 30.10.2000, p. 120). **No mesmo sentido:** STJ, REsp 944.464/RJ, Rel. Min. Sidnei Beneti, 3ª Turma, jul. 16.12.2008, *DJe* 11.02.2009.

"No caso de ação civil pública que envolva dano de âmbito nacional, **cabe ao autor optar entre o foro da Capital de um dos Estados ou do Distrito Federal, à conveniência do autor.** Inteligência do artigo 2º da Lei 7.347/85 e 93, II, do CDC" (STJ, AgRg na MC 13.660/PR, Rel. Min. Castro Meira, 2ª Turma, jul. 04.03.2008, *DJe* 17.03.2008).

Competência de foro. "Fixam-se as seguintes teses vinculantes no presente IAC: Tese A) Prevalecem sobre quaisquer outras normas locais, primárias ou secundárias, legislativas ou administrativas, as seguintes competências de foro: i) em regra, do local do dano, para ação civil pública (art. 2º da Lei n. 7.347/1985); ii) ressalvada a competência da Justiça Federal, em ações coletivas, do local onde ocorreu ou deva ocorrer o dano de impacto restrito, ou da capital do estado, se os danos forem regionais ou nacionais, submetendo-se ainda os casos à regra geral do CPC, em havendo competência concorrente (art. 93, I e II, do CDC)" (STJ, REsp 1.896.379/MT, Rel. Min. Og Fernandes, 1ª Seção, jul. 21.10.2021, *DJe* 13.12.2021).

Ação civil pública. Prédio escolar com sérios problemas estruturais. Permanência no ensino. Competência absoluta. Justiça da Infância e Juventude. "Nos termos da Constituição da República (art. 206, I, da Constituição) e da Lei de Diretrizes e Bases da Educação Nacional (art. 3º, I, da Lei n. 9.394/1996), o Poder Público deve ter em conta 'a igualdade de condições para o acesso e permanência na escola'. A igualdade nas condições para o acesso (matrícula) ao ensino não basta, se as condições de permanência e funcionamento da instituição de ensino são precárias. Como acesso e permanência na escola são mutuamente dependentes, a respectiva competência jurisdicional segue a mesma lógica. Em matéria de acesso (matrícula) ao ensino de crianças e adolescentes e a respectiva competência para o conhecimento de demandas judiciais, verifica-se que a Justiça da Infância e da Juventude tem competência absoluta para processar e julgar causas envolvendo matrícula em creches ou escolas, nos termos dos arts. 148, IV, e 209 da Lei n. 8.069/1990. Este entendimento foi assentado, em regime de recursos repetitivos, pela Primeira Seção do Superior Tribunal de Justiça (REsp 1846781/MS, Rel. Ministra Assusete Magalhães, *DJe* 29/3/2021). Esse precedente obrigatório sobre acesso (matrícula) ao ensino se aplica, portanto, a demandas que discutam permanência, o que abrange reformas de estabelecimentos de ensino" (STJ, AREsp 1.840.462/SP, Rel. Min. Francisco Falcão, 2ª Turma, jul. 15.03.2022, *DJe* 18.03.2022).

2. Conexão. "Não obstante a ação civil pública em espécie tenha sido proposta após a ação de anulação de escritura pública, nada impede que ambos os processos sejam reunidos, uma vez que o objeto das ações guarda significativa relação de semelhança, a teor do artigo 103 do Código de Processo Civil. Não se trata, portanto, de mera afinidade jurídica entre as demandas, porquanto o elemento de ligação não se adstringe a um ponto comum de fato ou de direito, mas a uma inequívoca identidade entre o objeto de ambas as ações, qual seja, a proteção do meio ambiente e do patrimônio público. Deveras, não se compraz com a teoria do processo de resultados, ações processadas em apartado e que, em tese, possam gerar decisões conflitantes, mormente quando o bem precipuamente tutelado é o bem público" (STJ, 2ª Turma, REsp 399.900/DF, Rel. Min. Franciulli Netto, jul. 27.04.2004, *DJ* 06.09.2004).

"Recomendável a reunião das mais de vinte ações que combatiam o aumento de tarifas autorizado pela ANATEL às operadoras de telefonia a fim de que fosse preservada a segurança jurídica nas relações de consumo do setor, em face da conexão. A competência para julgamento é da Justiça Federal, nos termos do art. 109, I, da Carta Magna, por cuidar-se de causa em que entidade autárquica, como é o caso, integra o polo passivo da relação processual. Em seu art. 90, o Código de Defesa do Consumidor manda aplicar às ações coletivas nele previstas as normas do Código de Processo Civil e da Ação Civil Pública (Lei nº 7.437/85). A prevenção, em se tratando de ação civil pública, é determinada pela propositura da ação, consoante o art. 2º, parágrafo único, da Lei nº 7.437/85. **Deve-se reconhecer a precedência do juízo onde foi proposta a primeira ação coletiva**, ainda que tenha declarado extinto o feito, sem irresignação das partes interessadas, se tal decisão foi submetida ao duplo grau de jurisdição" (STJ, 1ª Seção, CC 39.590/RJ, Rel. Min. Castro Meira, jul. de 27.08.2003, *DJ* 15.09.2003).

Desastre ambiental. Derramamento de óleo. Várias ações civis públicas ajuizadas. Prevenção do juízo federal em que foi ajuizada a primeira ação. "As ações respectivas contêm mesmas partes: autor o Ministério Público Federal, réus, União e IBAMA; mesma causa de pedir: derramamento de óleo no litoral nordestino brasileiro, mesmo objeto: adoção de medidas necessárias de contenção e recolhimento do material poluente. A primeira ação foi ajuizada no Juízo da 1ª Vara Federal da Seção Judiciária do Estado de Sergipe/SE – juízo prevento, designado de forma precária, por meio de liminar nos autos. A reunião das ações certamente levará a uma maior compreensão dos fatos, que se originam de um mesmo e único evento, derramamento de óleo na costa nordestina brasileira, com fortes indícios que seu nascedouro tenha se dado em águas internacionais, no que um 'fracionamento' das ações poderá ter um efeito adverso, não só em relação à apuração dos fatos e danos, como em relação às práticas que devem ser adotadas. Entendimento que induz à observância dos arts. 2º e 16, da Lei n. 7.347/1985, uma vez que estamos diante da unicidade do litoral brasileiro nordestino, que deve ser preservado, cuidado e protegido como um todo, de abrangência nacional. Precedentes análogos: CC 151.550/CE, Rel. Ministra Assusete Magalhães, Primeira Seção, DJe 20/05/2019, CC 171.987/SP, Rel. Ministro Herman Benjamin, Primeira Seção, *DJe* 01/07/2021" (STJ, CC 169.151/SE, Rel. Min. Francisco Falcão, 1ª Seção, jul. 10.11.2021, *DJe* 16.11.2021).

3. Competência em razão da pessoa de um dos demandados. Impossibilidade de cumulação subjetiva de demandas. Ver jurisprudência do art. 327 do CPC/2015.

4. Meio ambiente. "(...). A regra *mater* em termos de dano ambiental **é a do local do ilícito em prol da efetividade jurisdicional**. Deveras, proposta a ação civil pública pelo Ministério Público Federal e caracterizando-se o dano como interestadual, impõe-se a competência da Justiça Federal (Súmula 183 do STJ), que coincidentemente tem sede no local do dano. Destarte, a competência da Justiça Federal impor-se-ia até pela regra do art. 219 do CPC. Não obstante, é assente nesta Corte que **dano ambiental causado em rios da União indica o interesse desta nas demandas em curso, a arrastar a competência para o julgamento das ações para a Justiça Federal.** Precedentes da Primeira Seção: CC nº 33.061/RJ, Rel.ª Min.ª Laurita Vaz, *DJ* 08.04.2002; CC nº 16.863/SP, Rel. Min. Demócrito Reinaldo, *DJ* 19.08.1996. Ainda que assim não fosse, a *ratio essendi* da competência para a ação civil pública ambiental calca-se no princípio da efetividade, por isso que o juízo federal do local do dano habilita-se, funcionalmente, na percepção da degradação ao meio ambiente posto em condições ideais para a obtenção dos elementos de convicção conducentes ao desate da lide. O teor da Súmula 183 do E. STJ, ainda que revogado, *a contrario sensu* determinava que, em sendo sede da Justiça Federal o local do dano, neste deveria ser aforada a ação civil pública, máxime quando o ilícito transcendesse a área atingida, para alcançar o mar territorial e rios que banham mais de um Estado, o que está consoante com o art. 93 do CDC" (STJ, CC 39.111/RJ, Rel. Min. Luiz Fux, 1ª Seção, jul. 13.12.2004, *DJ* 28.02.2005).

Dano em rios federais. "Esta Corte tem entendimento firme no sentido de que a competência é da Justiça Federal nos casos de Ação Civil Pública por dano ambiental em rios federais. A regra do art. 109, I, da Constituição Federal deve prevalecer sobre a regra do art. 2º da Lei n. 7347/85. Assim, presente o interesse da União, a competência é da Justiça Federal, e a legitimidade para propor a Ação Civil Pública é do Ministério Público Federal" (STJ, AgRg no REsp 1.118.859/PR, Rel. Min. Humberto Martins, 2ª Turma, jul. 02.12.2010, *DJe* 14.12.2010).

"Tem-se aqui hipótese de ação civil pública ajuizada contra o decreto que criou o Parque Nacional de Ilha Grande – este abrangendo, como dito no acórdão da origem, nove municípios, divididos estes entre os Estados do Mato Grosso do Sul e do Paraná. A partir dessa concisa descrição fática, fica fácil visualizar que a competência territorial para processar e julgar em primeira instância a presente ação é de uma das capitais dos referidos Estados ou do Distrito Federal, pois as questões resultantes da criação de Parque Nacional (criado pela União, na forma do art. 11, § 4º, da Lei nº 9.985/00, *a contrario sensu*), que abrange áreas de dois Estados-membros terá caráter nacional, na esteira do que dispõem os arts. 2º da Lei nº 7.347/85 e 93, inc. II, do CDC" (STJ, REsp 1.018.214/PR, Rel. Min. Mauro Campbell Marques, 2ª Turma, jul. 02.06.2009, *DJe* 15.06.2009).

"É legítima a intervenção do Poder Judiciário que, no âmbito de ação civil pública, pode determinar que o Poder Executivo implemente direito fundamental coletivo, consistente determinar que a municipalidade realize obras tendentes a propiciar o tratamento de esgoto urbano. Hipótese na qual inexiste qualquer tratamento de esgoto no âmbito do Município, propiciando patente degradação do meio ambiente e significativo prejuízo à qualidade de vida da população" (TJMG, AC 0701145-50.2008.8.13.0384, Rel. Des. Alberto Vilas Boas, 1ª Câmara Cível, *DJE* 03.12.2010).

5. Ação civil pública coletiva. Execução individual de sentença. Foro do domicílio do beneficiário. "A liquidação e a execução individual de sentença genérica proferida em ação civil coletiva pode ser ajuizada no foro do domicílio do beneficiário, porquanto os efeitos e a eficácia da sentença não estão circunscritos a lindes geográficos, mas aos limites objetivos e subjetivos do que foi decidido, levando-se em conta, para tanto, sempre a extensão do dano e a qualidade dos interesses metaindividuais postos em juízo (arts. 468, 472 e 474, CPC e 93 e 103, CDC). A sentença genérica proferida na ação civil coletiva ajuizada pela Apadeco, que condenou o Banestado ao pagamento dos chamados expurgos inflacionários sobre cadernetas de poupança, dispôs que seus efeitos alcançariam todos os poupadores da instituição financeira do Estado do Paraná. Por isso descabe a alteração do seu alcance em sede de liquidação/execução individual, sob pena de vulneração da coisa julgada. Assim, não se aplica ao caso a limitação contida no art. 2º-A, caput, da Lei n. 9.494/97" (STJ, REsp 1.243.887/PR, Rel. Min. Luis Felipe Salomão, Corte Especial, jul. 19.10.2011, *DJe* 12.12.2011). **Recurso submetido ao julgamento dos recursos repetitivos.**

6. Cumprimento de sentença coletiva contra a união. Ajuizamento no distrito federal. Possibilidade. *Distinguishing.* "Em se tratando de conflito de competência entre juízes vinculados a tribunais diversos, cabe ao Superior Tribunal de Justiça dirimir a controvérsia, nos termos da alínea 'd' do inciso I do art. 105 da Constituição Federal. A Corte Especial deste Superior Tribunal de Justiça, quando do julgamento do REsp n. 1.243.887/PR, Rel. Ministro Luis Felipe Salomão, *DJe* 12/12/2011, processado sob o regime do art. 543-C do CPC/1973, adotou entendimento sobre a competência para julgar a execução individual do título judicial em Ação Civil Pública, cabendo ao exequente escolher entre (i) o foro em que a Ação Coletiva foi processada e julgada e (ii) o foro do seu domicílio, nos termos dos arts. 98, § 2º, I, e 101, I, do CDC. O caso dos autos, contudo, possui peculiaridade que o distingue do precedente obrigatório da Corte Especial no recurso repetitivo REsp 1.243.887/PR, visto que o cumprimento de sentença aqui tratado foi manejado contra a União, havendo autorizativo no § 2º do art. 109 da Constituição Federal no sentido de que as causas intentadas contra a União poderão ser aforadas no Distrito Federal, além das hipóteses de aforamento no domicílio do autor, onde houver ocorrido o ato ou fato que deu origem à demanda ou onde esteja situada a coisa. Dessa forma, pode o exequente optar por ajuizar no Distrito Federal o cumprimento de sentença coletiva contra a União, nos termos do § 2º do art. 109 da Constituição Federal, entendimento que milita a favor da máxima efetividade do dispositivo constitucional, além de ampliar/facilitar o acesso à justiça pelo credor da União. Superado o entendimento firmado no REsp n. 1.991.739/GO, Segunda Turma desta Corte, de minha relatoria, *DJe* 19/12/2022, ocasião em que, em caso similar, aferiu-se a competência para o processamento da execução individual de sentença coletiva contra a União apenas sob a perspectiva do REsp repetitivo 1.243.887/PR e dos dispositivos legais alegados pelo recorrente, além da limitação própria do recurso especial que não realizou, como se está a fazer no presente feito, o *distinguishing* entre o referido precedente obrigatório e o autorizativo do § 2º do art. 109 da Constituição Federal que elenca o Distrito Federal como opção conferida a quem litiga contra a União" (STJ, CC. 199.938/SP, Rel. Min. Mauro Campbell Marques, 1ª Seção, jul. 11.10.2023, *DJe* 17.10.2023).

7. Processo coletivo. Cumprimento de sentença. Legitimado extraordinário. Prescrição intercorrente, Extinção. Execução individual. "11. Propõe-se a seguinte tese: 'A extinção do cumprimento de sentença coletiva proposto pelo legitimado extraordinário, por prescrição intercorrente, não impede a execução individual do mesmo título" (STJ, REsp 2.078.485/PE, Rel. Min. Herman Benjamin, 1ª Seção, jul. 14.08.2024, *DJe* 23.08.2024).

Art. 3º A ação civil poderá ter por objeto a condenação em dinheiro ou o cumprimento de obrigação de fazer ou não fazer.

JURISPRUDÊNCIA SELECIONADA

1. Ação civil pública. Cumulação de pedidos. "Também mostra-se lícita a cumulação de pedidos de natureza condenatória, declaratória e constitutiva nesta ação, porque sustentada nas disposições da Lei n. 8.429/92" (STJ, REsp 516.190/MA, Rel. Min. João Otávio de Noronha, 2ª Turma, jul. 06.03.2007, *DJ* 26.03.2007, p. 219).

"É firme o entendimento de que é cabível a cumulação de pedido **de condenação em dinheiro e obrigação de fazer em sede de ação civil pública**. Precedentes. 'A exegese do art. 3º da Lei 7.347/85 ('A ação civil poderá ter por objeto a condenação em dinheiro ou o cumprimento de obrigação de fazer ou não fazer'), a conjunção 'ou' deve ser considerada com o sentido de adição (permitindo, com a cumulação dos pedidos, a tutela integral do meio ambiente) e não o de alternativa excludente (o que tornaria a ação civil pública instrumento inadequado a seus fins)' (REsp nº 625.249/PR, Relator Ministro Luiz Fux, in *DJ* 31.08.2006)" (STJ, AgRg no REsp 1.170.532/MG, Rel. Min. Hamilton Carvalhido, 1ª Turma, jul. 24.08.2010, *DJe* 06.10.2010).

Dano ambiental. "A jurisprudência do STJ está firmada no sentido de que a necessidade de reparação integral da lesão causada ao meio ambiente permite a cumulação de obrigações de fazer e indenizar. Precedentes da Primeira e Segunda Turmas do STJ. A restauração in natura nem sempre é suficiente para reverter ou recompor integralmente, no terreno da responsabilidade civil, o dano ambiental causado, daí não exaurir o universo dos deveres associados aos princípios do poluidor-pagador e da reparação *in integrum*. **A reparação ambiental deve ser feita da forma mais completa possível, de modo que a condenação a recuperar a área lesionada não exclui o dever de indenizar,** sobretudo pelo dano que permanece entre a sua ocorrência e o pleno restabelecimento do meio ambiente afetado (= dano interino ou intermediário), bem como pelo dano moral coletivo e pelo dano residual (= degradação ambiental que subsiste, não obstante todos os esforços de restauração)" (STJ, REsp 118.0078/MG, Rel. Min. Herman Benjamin, 2ª Turma, jul. 02.12.2010, *DJe* 28.02.2012).

2. Termo inicial dos juros moratórios. "Esta Corte firmou o entendimento de que os juros de mora incidem a partir da citação do devedor na fase de conhecimento da ação civil pública, quando esta se fundar em responsabilidade contratual" (STJ, AgInt no AREsp 1294213/MS, Rel. Min. Ricardo Villas Bôas Cueva, 3ª Turma, jul. 09.12.2019, *DJe* 11.12.2019).

Ver jurisprudência do art. 322 do CPC/2015.

Art. 4º Poderá ser ajuizada ação cautelar para os fins desta Lei, objetivando, inclusive, evitar dano ao patrimônio público e social, ao meio ambiente, ao consumidor, à honra e à dignidade de grupos raciais, étnicos ou religiosos, à ordem urbanística ou aos bens e direitos de valor artístico, estético, histórico, turístico e paisagístico. (Redação dada pela Lei nº 13.004, de 2014)

INDICAÇÃO DOUTRINÁRIA

Rogério Rudiniki Neto. A tutela antecipada requerida em caráter antecedente e sua estabilização no processo coletivo. Revista de Processo. vol. 285. Ano 43. P. 177-201. São Paulo: Ed. RT, nov/2018.

JURISPRUDÊNCIA SELECIONADA

1. Medida Cautelar em Ação Civil Pública. Liminar. Medida de proteção constitucionalmente autorizada. Ver jurisprudência do art. 297 do CPC/2015.

Art. 5º Têm legitimidade para propor a ação principal e a ação cautelar (caput alterado pela Lei nº 11.448, de 15.01.2007, em vigor a partir da data de sua publicação – *DOU* de 16.01.2007):

I – o Ministério Público;

II – a Defensoria Pública;

III – a União, os Estados, o Distrito Federal e os Municípios;

IV – a autarquia, empresa pública, fundação ou sociedade de economia mista;

V – a associação que, concomitantemente:

a) esteja constituída há pelo menos 1 (um) ano nos termos da lei civil;

b) inclua, entre suas finalidades institucionais, a proteção ao patrimônio público e social, ao meio ambiente, ao consumidor, à ordem econômica, à livre concorrência, aos direitos de grupos raciais, étnicos ou religiosos ou ao patrimônio artístico, estético, histórico, turístico e paisagístico. (Redação dada pela Lei nº 13.004, de 2014)

§ 1º O Ministério Público, se não intervier no processo como parte, atuará obrigatoriamente como fiscal da lei.

§ 2º Fica facultado ao Poder Público e a outras associações legitimadas nos termos deste artigo habilitar-se como litisconsortes de qualquer das partes.

§ 3º Em caso de desistência infundada ou abandono da ação por associação legitimada, o Ministério Público ou outro legitimado assumirá a titularidade ativa (parágrafo com redação dada pela Lei nº 8.078, de 11.09.1990).

§ 4º O requisito da pré-constituição poderá ser dispensado pelo juiz, quando haja manifesto interesse social evidenciado pela dimensão ou característica do dano, ou pela relevância do bem jurídico a ser protegido (parágrafo acrescentado pela Lei nº 8.078, de 11.09.1990).

§ 5º Admitir-se-á o litisconsórcio facultativo entre os Ministérios Públicos da União, do Distrito Federal e dos Estados na defesa dos interesses e direitos de que cuida esta Lei (parágrafo acrescentado pela Lei nº 8.078, de 11.09.1990).

§ 6º Os órgãos públicos legitimados poderão tomar dos interessados compromisso de ajustamento de sua conduta às exigências legais, mediante cominações, que terá eficácia de título executivo extrajudicial (parágrafo acrescentado pela Lei nº 8.078, de 11.09.1990).

REFERÊNCIA LEGISLATIVA

CF, art. 129; Lei nº 5.764, de 16 de dezembro de 1971, art. 88-A (acrescentado pela Lei 13.806/2019): "A cooperativa poderá ser dotada de legitimidade extraordinária autônoma concorrente para agir como substituta processual em defesa dos direitos coletivos de seus associados quando a causa de pedir versar sobre atos de interesse direto dos associados que tenham relação com as operações de mercado da cooperativa, desde que isso seja previsto em seu estatuto e haja, de forma expressa, autorização manifestada individualmente pelo associado ou por meio de assembleia geral que delibere sobre a propositura da medida judicial".

SÚMULAS

Súmula do STJ:

nº 470: "O Ministério Público não tem legitimidade para pleitear, em ação civil pública, a indenização decorrente do DPVAT em benefício do segurado". **Súmula cancelada pela 2ª Seção, na sessão de 27.05.2015, no julgamento do REsp 858.056/GO.**

Súmula do STF:

nº 643: "O Ministério Público tem legitimidade para promover ação civil pública cujo fundamento seja a ilegalidade de reajuste de mensalidades escolares".

BREVES COMENTÁRIOS

É preciso distinguir entre atuação de *associação*, em *representação* de seus associados (ação coletiva comum) e atuação de *sindicato*, em *substituição processual* da categoria por ele representada (ação coletiva especial) (STJ, EREsp 1.770.377/RS, Rel. Min. Herman Benjamin, 1ª Seção, jul. 25.11.2019, *DJe* 07.05.2020).

No caso de ação coletiva comum movida por associação em defesa de seus associados, é que se cogita de autorização dos associados e que os efeitos da coisa julgada se limitam aos representados pela associação. No caso dos sindicatos, observa-se o art. 8º, III, da CF, há representação extraordinária: "essa legitimidade extraordinária é ampla, abrangendo a liquidação e a execução dos créditos reconhecidos aos trabalhadores. Por se tratar de típica hipótese de substituição processual é desnecessária qualquer autorização dos substituídos" (STF, RE 210.029, Rel. p/ acórdão Min. Joaquim Barbosa, Pleno, jul. 12.06.2006, *DJU* 17.08.2007, p. 25).

O STJ, a partir de decisão do STF declarando a inconstitucionalidade do art. 16 da LAP que limitava a eficácia *erga omnes* da sentença coletiva aos limites da competência territorial do juiz da causa (STF, RE 1.101.937), passou a distinguir a atuação das associações na defesa de interesses coletivos em duas situações: (i) quando age com legitimação ordinária (CF, art. 5º, XXI), representa seus associados, devendo apresentar expressa autorização de cada um; (ii) quando utiliza sua legitimação extraordinária, atua como substituta processual, como se passa nas ações coletivas de consumo (CDC, arts. 81, 82 e 91) e, portanto, não é necessária autorização dos associados. Destarte, "possuem legitimidade para a liquidação e execução da sentença todos os beneficiados pela procedência do pedido, independentemente de serem filiados à associação promovente" (STJ, REsp. 1.362.022/SP). A legitimação dos sindicatos, na espécie, é extraordinária para "defender em juízo os direitos e interesses coletivos ou individuais dos integrantes da categoria que representam" (RE 210.029), e não apenas dos seus filiados.

JURISPRUDÊNCIA SELECIONADA

1. Ministério Público. Legitimidade (inciso I):

Direitos transindividuais. "O Ministério Público está legitimado a defender os interesses transindividuais, quais sejam os difusos, os coletivos e os individuais homogêneos. A Carta de 1988, ao evidenciar a importância da cidadania no controle dos atos da Administração, com a eleição dos valores imateriais do art. 37, da CF/1988 como tuteláveis judicialmente, coadjuvados por uma série de instrumentos processuais de defesa dos interesses transindividuais, criou um microssistema de tutela de interesses difusos referentes à probidade da administração pública, nele encartando-se a Ação Cautelar Inominada, Ação Popular, a Ação Civil Pública e o Mandado de Segurança Coletivo, como instrumentos concorrentes na defesa desses direitos eclipsados por cláusulas pétreas. Deveras, é mister concluir que a nova ordem constitucional erigiu um autêntico 'concurso de ações' entre os instrumentos de tutela dos interesses transindividuais e, *a fortiori*, legitimou o Ministério Público para o manejo dos mesmos" (STJ, AgRg no Ag 1.249.132/SP, Rel. Min. Luiz Fux, 1ª Turma, jul. 24.08.2010, *DJe* 09.09.2010).

"O Ministério Público ostenta legitimidade para a propositura de Ação Civil Pública em defesa de direitos transindividuais, como sói ser a pretensão **de emissão de faturas de consumo de energia elétrica,** com dois códigos de leitura ótica, informando de forma clara e ostensiva os valores correspondentes à contribuição de iluminação pública e à tarifa de energia elétrica, ante a *ratio essendi* do art. 129, III, da Constituição Federal, arts. 81 e 82, do Código de Defesa do Consumidor e art. 1º, da Lei 7.347/85" (STJ, REsp 1.010.130/MG, Rel. Min. Luiz Fux, 1ª Turma, jul. 09.11.2010, *DJe* 24.11.2010).

"As tutelas de direitos transindividuais fazem parte de sistema que contempla técnica de ampliação dos remédios à disposição do jurisdicionado (e não de restrição) e que pressupõe a legitimação ordinária do lesado, geradora da legitimidade extraordinária dos sujeitos elencados no art. 5º da Lei 7.347/1985. Logo, não se trata de legitimidade exclusiva, mas concorrente. Precedentes do STJ" (STJ, 1.459.212/RJ, Rel. Min. Herman Benjamin, 2ª Turma, jul. 07.04.2015, *DJe* 22.05.2015).

Direitos individuais homogêneos. "Tratando-se de tutela de interesses individuais homogêneos, o Ministério Público é parte legítima para intentar a ação civil pública. Arts. 81, parágrafo único, III, combinado com o art. 82, I, do CDC. Art. 21 da Lei nº 7.347, de 24.07.1985" (STJ, 4ª Turma, REsp 439.509/SP, Rel. Min. Barros Monteiro, jul. 18.05.2004, *DJ* 30.08.2004).

"O Ministério Público tem legitimidade ativa para a defesa, em juízo, dos direitos e interesses individuais homogêneos, quando impregnados de **relevante natureza social**, como sucede com o direito de petição e o direito de obtenção de certidão em repartições públicas. Doutrina. Precedentes" (STF, RE 472.489 AgR, Rel. Min. Celso de Mello, 2ª Turma, jul. 29.04.2008, *DJe* 29.08.2008). **No mesmo sentido:** STJ, REsp 1585794/MG, Rel. Min. Antônio Carlos Ferreira, 4ª Turma, jul. 28.09.2021, *DJe* 01.10.2021).

Direitos individuais indisponíveis. "O Ministério Público possui legitimidade para defesa dos direitos individuais indisponíveis, mesmo quando a ação vise à tutela de pessoa individualmente considerada" (STJ, EREsp 819.010/SP, Rel. Min. Eliana Calmon, Rel. p/ ac. Min. Teori Albino Zavascki, 1ª Seção, jul. 13.02.2008, *DJe* 29.09.2008).

Direito à saúde. Demandas com beneficiários individualizados. "Tese jurídica firmada: O Ministério Público é parte legítima para pleitear tratamento médico ou entrega de medicamentos nas demandas de saúde propostas contra os entes federativos, mesmo quando se tratar de feitos contendo beneficiários individualizados, porque se refere a direitos individuais indisponíveis, na forma do art. 1º da Lei n. 8.625/1993 (Lei Orgânica Nacional do Ministério Público)." (STJ, REsp 1682836/SP, Rel. Min. Og Fernandes, 1ª Seção, jul. 25.04.2018, *DJe* 30.04.2018). **Obs.: Decisão submetida ao julgamento dos recursos repetitivos.**

Fornecimento de medicamentos. "Este Tribunal Superior possui entendimento pacífico no sentido de que o Ministério Público é parte legítima para propor ação civil pública, com o objetivo de tutelar direitos individuais indisponíveis. **O direito à vida e à saúde são direitos individuais indisponíveis**, motivo pelo qual o Ministério Público é parte legítima para ajuizar ação civil pública visando o fornecimento de medicamentos de uso contínuo para pessoas idosas. (*q.v., verbi gratia*, EREsp 718.393/RS, Rel. Min. Denise Arruda, 1ª Seção, *DJ* 15.10.2007)" (STJ, REsp 927.818/RS, Rel. Min. Carlos Fernando Mathias, 2ª Turma, jul. 01.04.2008, *DJe* 17.04.2008). **No mesmo sentido:** STJ, REsp 716.712/RS, Rel. Min. Eliana Calmon, Rel. p/ Ac. Min. Herman Benjamin, 2ª Turma, jul. 15.09.2009, *DJe* 08.02.2010; STF, RE 407.902, Rel. Min. Marco Aurélio, 1ª Turma, jul. 26.05.2009, *DJe* 27.08.2009.

"Ainda que a ação concreta do *parquet* dirija-se à tutela da saúde de um único sujeito, a abstrata inspiração ético-jurídica para seu agir não é o indivíduo, mas a coletividade. No fundo, o que está em jogo **é um interesse público primário,** dorsal no sistema do Estado Social, como porta-voz que é do sonho realizável de uma sociedade solidária, sob a bandeira do respeito absoluto à dignidade da pessoa humana" (STJ, REsp 830.904/MG, Rel. Min. João Otávio de Noronha, Rel. p/ Ac. Min. Herman Benjamin, 2ª Turma, jul. 18.12.2008, *DJe* 11.11.2009).

Irregularidade de loteamento. Ordem urbanística. "(...). O parcelamento irregular de solo urbano ofende tanto a ordem urbanística como o meio ambiente, razão pela qual se encontra legitimado o Ministério Público. Nesse sentido: REsp 897.141/DF, Rel. Min. Herman Benjamin, 2ª Turma, jul. 28.10.2008, *DJe* 13.11.2009; AgRg no Ag 928.652/RS, Rel. Min. Herman Benjamin, 2ª Turma, jul. 21.02.2008, *DJe* 13.11.2009). No que se **refere ao direito de reparação dos compradores, mesmo se for considerado um direito individual homogêneo disponível, o Ministério Público também tem legitimidade para a propor a referida demanda.** Nesse sentido: AgRg nos EDcl nos EDcl no REsp 1499300/MG, Rel. Min. Herman Benjamin, 2ª Turma, jul. 20.09.2016, *DJe* 29.09.2016; REsp 743.678/SP, Rel. Min. Mauro Campbell Marques, 2ª Turma, jul. 15.09.2009, *DJe* 28.09.2009. Correta a decisão recorrida que deu provimento ao recurso especial para anular as decisões ordinárias, reconhecidas a legitimidade e o interesse de agir do Ministério Público do Estado de São Paulo, para exame do mérito da ação civil pública." (STJ, AgInt no REsp 1261120/SP, Rel. Min. Francisco Falcão, 2ª Turma, jul. 21.11.2017, *DJe* 27.11.2017)

Contrato de adesão. "O Ministério Público tem legitimidade *ad causam* para a propositura de ação civil pública para tutelar interesses de consumidores envolvidos na celebração de contrato de adesão para a aquisição de bem imóvel. Precedentes." (AgRg no REsp 280.505/MG, Rel.ª Min.ª Nancy Andrighi, 3ª Turma, jul.12.11.2001, *DJ* 18.02.2002, p. 413)

"A questão já foi debatida nos presentes autos, com decisão deste Relator, proferida no REsp 706.551/DF, julgado em 16/6/2009, *DJe* de 30/6/2009, acerca da legitimidade do Ministério Público ajuizar ação civil pública, em defesa de interesses individuais homogêneos, de relevante interesse social, como acontece com **os contratos de administração de consórcios, de administração e locação de imóveis, contratos bancários de adesão, parcelamento do solo, financiamento bancário para aquisição de casa própria, contratos de promessa de compra e venda de imóveis, etc.**" (STJ, AgRg no AREsp 246.671/DF, Rel. Min. Luis Felipe Salomão, 4ª Turma, jul. 20.06.2013, *DJe* 27.06.2013)

Ilegalidade da cobrança de tarifa sob emissão de boleto bancário. "A presente ação civil pública foi proposta com base nos 'interesses individuais homogêneos' do consumidores/usuários do serviço bancário, tutelados pela Lei nº 8.078, em seu art. 81, parágrafo único, inciso III, ou seja, aqueles entendidos como decorrentes de origem comum, consoante demonstrado pelo Tribunal de origem, motivo pelo qual não há falar em falta de legitimação do Ministério Público para propor a ação." (STJ, REsp 794.752/MA, Rel. Min. Luis Felipe Salomão, 4ª Turma, jul. 16.03.2010, *DJe* 12.04.2010)

Validade de cláusulas de contratos bancários. "O Ministério Público tem legitimidade ativa para propor ação civil pública visando a discussão sobre a validade de cláusulas de contratos bancários. Incidência da Súmula n. 83 do STJ" (STJ, Resp 573.868, Rel. Min. João Otávio de Noronha, jul. 24.08.2009). **No mesmo sentido:** STJ, AgRg no Ag 577.167/RS, Rel. Min. Aldir Passarinho Junior, 4ª Turma, jul. 05.08.2004, *DJ* 25.10.2004.

"A legitimidade do Ministério Público na defesa de interesses individuais homogêneos está vinculada ao reconhecimento de relevante interesse social. Na hipótese, o Ministério Público tem legitimidade para ajuizar ação civil pública objetivando a análise da validade **de cláusulas abusivas de contrato de arrendamento mercantil** celebrado pelos consumidores do Estado do Maranhão" (STJ, REsp 509.654/MA, Rel. Min. Carlos Alberto Menezes Direito, Rel. p/ Ac. Min.ª Nancy Andrighi, 3ª Turma, jul. 24.08.2004, *DJ* 16.11.2004).

Plano de Saúde. Cláusula abusiva. "O Ministério Público é parte legítima para figurar no polo ativo de ação civil pública e de ações coletivas contra operadoras de planos de saúde para questionar cláusulas contratuais tidas por abusivas, seja em face da indisponibilidade do direito à saúde, seja em decorrência da relevância da proteção e do alcance social." (STJ, REsp 1554448/PE, Rel. Min. João Otávio de Noronha, 3ª Turma, jul. 18.02.2016, *DJe* 26.02.2016)

Inclusão do nome de consumidor em cadastro de inadimplente. "Na hipótese, em que se visa à tutela de um determinado número de pessoas ligadas por uma circunstância de fato, qual seja, a inclusão de seu nome nos cadastros de inadimplentes mantidos pelas recorrentes, em decorrência da existência de ações judiciais que discutem os débitos, fica clara a natureza individual homogênea do interesse tutelado. Além de não se vislumbrar a impossibilidade jurídica dos pedidos condenatórios feitos pelo Ministério Público, sua legitimidade para a propositura da presente demanda, que visa à tutela de direitos individuais homogêneos, é clara" (STJ, REsp 1.148.179/MG, Rel.ª Min.ª Nancy Andrighi, 3ª Turma, jul. 26.02.2013, *DJe* 05.03.2013).

Defesa do patrimônio público. "O novel art. 129, III, da Constituição Federal habilitou o Ministério Público à promoção de qualquer espécie de ação na defesa do patrimônio público social, não se limitando à ação de reparação de danos. Em consequência, legitima-se o Ministério Público a toda e qualquer demanda que vise à defesa do patrimônio público (neste inserido o histórico, cultural, urbanístico, ambiental etc.), sob o ângulo material (perdas e danos) ou imaterial (lesão à moralidade). O Ministério Público tem legitimidade para propor ação civil pública, fundamentada em inconstitucionalidade de lei, na qual opera-se apenas o controle difuso ou *incidenter tantum* de constitucionalidade. Precedente do STF" (STJ, 1ª Turma, REsp 489.225/DF, Rel. Min. Luiz Fux, ac. de 24.06.2003, *DJ* 25.08.2003).

"É entendimento desta Corte a legitimidade do Ministério Público para propor ação civil pública em defesa do patrimônio público, conceito que abrange aspectos material e imaterial, quando há direta lesão ao bem jurídico tutelado. Somente de forma reflexa é atingido o patrimônio cultural, quando fraudada organização desportiva privada. Inadequação da ação civil pública e ilegitimidade ativa ad causam do Ministério Público para a defesa do patrimônio ofendido" (STJ, REsp 1.041.765/MG, Rel. Min. Eliana Calmon, 2ª Turma, jul. 22.09.2009, *DJe* 06.10.2009).

"Tanto o artigo 129, inciso III, da Constituição da República, como o inciso IV do artigo 1º da Lei nº 7.347/85, acrescentado pela Lei nº 8.078/90, conferem legitimidade ao Ministério Público para atuar na defesa do patrimônio público, que é espécie ou modalidade de interesse difuso ou coletivo, nada importando a propositura da ação civil pública em data anterior à vigência da Lei nº 8.625/93 (LONMP). Precedentes. A concessão de vantagens a determinada categoria de servidores públicos municipais, dentro do período pré-eleitoral (artigo 29 da Lei nº 8.214/91), pode ensejar a promoção de ação civil pública, visando à defesa do patrimônio público municipal" (STJ, REsp 226.912/MG, Rel. Min. Hamilton Carvalhido, 6ª Turma, jul. 11.06.2002, *DJ* 12.05.2003).

"Tanto o artigo 129, inciso III, da Constituição da República quanto a legislação infraconstitucional, ilustrativamente o inciso IV do artigo 1º da Lei nº 7.347/85, acrescentado pela Lei nº 8.078/90, conferem legitimidade ao Ministério Público para atuar na defesa do patrimônio público, que é espécie ou modalidade de interesse difuso. Precedentes" (STJ, REsp 468.292/PB, Rel. Min. Hamilton Carvalhido, 6ª Turma, jul. 10.02.2004, *DJ* 15.03.2004, p. 308).

Defesa do meio ambiente. "O Ministério Público possui legitimidade para propor ação civil pública contra empresa poluidora ou que degrade o meio ambiente. Precedentes: AGREsp nº 170.958/SP, Rel. Min. Franciulli Netto, *DJ* 30.06.2004; REsp nº 310.703/SP, Rel.ª Min.ª Eliana Calmon, *DJ* 16.12.2002 e REsp nº 265.358/SP, Rel. Min. Humberto Gomes de Barros, *DJ* 18.02.2002, p. 00247. II – Remanesce o interesse do Ministério Público na proposição de Ação Civil Pública mesmo após o firmamento de Termo de Ajustamento de Conduta, eis que formulados pedidos alternativos para a reparação de danos causados" (STJ, REsp 514.489/MG, Rel. Min. Francisco Falcão, 1ª Turma, jul. 07.04.2005, *DJ* 16.05.2005, p. 232).

Meio ambiente do Trabalho. Prevenção de acidentes, "A proteção ao meio ambiente do trabalho insere-se nos chamados direitos difusos. Assim, tem o Ministério Público legitimidade ativa para propor ações coletivas visando a defesa de tais direitos. A Lei Complementar n. 75/93, no seu art. 83, III, conferiu ao Ministério Público do Trabalho a atribuição de promover a ação civil pública no âmbito da Justiça do Trabalho. Dessa forma, vinculou a legitimidade *ad causam* de tal órgão à competência do órgão julgador, ou seja, só atua o *parquet* especializado nas ações judiciais que tenham trâmite na Justiça do Trabalho. Na hipótese de ação civil pública destinada **a prevenir acidentes de trabalho** promovida no ano de 1997, quando pacífico era o entendimento de que competia à Justiça estadual o conhecimento e processamento do feito, a legitimidade ativa é do Ministério Público estadual." (STJ, REsp 240.343/SP, Rel. Min. Aldir Passarinho Junior, Rel. p/ Acórdão Min. João Otávio de Noronha, 4ª Turma, jul. 17.03.2009, *DJe* 20.04.2009)

"É cabível ação civil pública com o objetivo de afastar danos físicos a **empregados de empresa em que muitos deles já ostentam lesões decorrentes de esforços repetitivos (LER).** Em tal caso, o interesse a ser defendido não é de natureza individual, mas de todos os trabalhadores da ré, presentes e futuros, evitando-se a continuidade do processo da sua degeneração física. O Ministério Público Estadual tem legitimidade para propor a ação porquanto se refere à defesa de interesses difusos, coletivos ou individuais homogêneos, em que se configura interesse social relevante, relacionados com o meio ambiente do trabalho." (STJ, REsp 207.336/SP, Rel. Min. Antônio De Pádua Ribeiro, Terceira Turma, jul. 05.12.2000, *DJ* 11.06.2001, p. 200)

Seguro obrigatório de danos pessoais DPVAT. "O Plenário do STF, quando do julgamento de recurso extraordinário representativo da controvérsia (RE 631.111/GO, Rel. Ministro Teori Zavascki, julgado em 07.08.2014, publicado em 30.10.2014), decidiu que o Ministério Público detém legitimidade para ajuizar ação coletiva em defesa dos direitos individuais homogêneos dos beneficiários do seguro DPVAT (seguro obrigatório, por força da Lei 6.194/74, voltado à proteção das vítimas de acidentes de trânsito), dado o interesse social qualificado presente na tutela dos referidos direitos subjetivos. Súmula 470/STJ ('O Ministério Público não tem legitimidade para pleitear, em ação civil pública, a indenização decorrente do DPVAT em benefício do segurado.'). **Exegese superada em razão da superveniente jurisprudência do STF** firmada sob o rito do artigo 543-B do CPC. Juízo de retratação (artigo 543-B, § 3º, do CPC). Recurso especial da seguradora desprovido, mantido o acórdão estadual que reconhecera a legitimidade ativa *ad causam* do Ministério Público Estadual e determinara o retorno dos autos ao magistrado de primeira instância para apreciação da demanda. **Cancelamento da Súmula 470/STJ** (artigos 12, parágrafo único, inciso III, e 125, §§ 1º e 3º, do Regimento Interno desta Corte)." (STJ, REsp 858.056/GO, Rel. Min. Marco Buzzi, 2ª Seção, jul. 27.05.2015, *DJe* 05.06.2015). **No mesmo sentido:** STJ, EDcl no AgRg no AREsp 81.215/GO, Rel. Min. Luis Felipe Salomão, 4ª Turma, jul. 01.10.2015, *DJe* 06.10.2015).

Poluição sonora. "O Ministério Público possui legitimidade para propor Ação Civil Pública com o fito de prevenir ou cessar qualquer tipo de poluição, inclusive sonora, bem como buscar a reparação pelos danos dela decorrentes" (STJ, REsp 1.051.306/MG, Rel. Min. Castro Meira, Rel. p/ acórdão Min. Herman Benjamin, 2ª Turma, jul. 16.10.2008, *DJe* 10.09.2010).

Tratamento de esgoto. "Mostra-se consentâneo com a ordem jurídica vir o Ministério Público a ajuizar ação civil pública visando ao tratamento de esgoto a ser jogado em rio. Nesse caso, não cabe cogitar da impossibilidade jurídica do pedido e da extinção do processo sem julgamento do mérito" (STF, RE 254.764/SP, Rel. Min. Marco Aurélio, 1ª Turma, jul. 24.08.2010, *DJe* 18.02.2011).

"Loteamento sem registro e projetado sobre dunas, o que caracteriza violação frontal da legislação urbanística e ambiental. Irrelevância da apuração do número exato de consumidores lesados. Na análise da legitimação para agir do Ministério Público no campo da Ação Civil Pública, descabe a utilização de critério estritamente aritmético. Nem sempre o *Parquet* atua apenas em razão do número de sujeitos vulnerados pela conduta do agente, mas, ao contrário, intervém por conta da natureza do bem jurídico tutelado e ameaçado" (STJ, AgRg no Ag 928.652/RS, Rel. Min. Herman Benjamin, 2ª Turma, jul. 21.02.2008, *DJe* 13.11.2009).

Ações ressarcitórias. "A legitimidade do Ministério Público para ajuizamento de ações civis públicas ressarcitórias é patente. A distinção entre interesse público primário e secundário não se aplica ao caso. O reconhecimento da legitimação ativa encarta-se no próprio bloco infraconstitucional de atores processuais a quem se delegou a tutela dos valores, princípios e bens ligados ao conceito republicano. Imprescritibilidade da ação civil pública ressarcitória – 'A ação de ressarcimento de danos ao erário não se submete a qualquer prazo prescricional, sendo, portanto, imprescritível' (REsp 705.715/SP, Rel. Min. Francisco Falcão, 1ª Turma, jul. 2.10.2007, *DJe* 14.5.2008.) Precedente do Pretório Excelso" (STJ, REsp 1.069.723/SP, Rel. Min. Humberto Martins, 2ª Turma, jul. 19.02.2009, *DJe* 02.04.2009). **No mesmo sentido:** STJ, REsp 326.194/MG, Rel. Min. Francisco Peçanha Martins, 2ª Turma, jul. 17.08.2004, *DJ* 04.10.2004.

"O Ministério Público detém legitimidade para o ajuizamento de ação civil pública intentada com o fito de obter condenação de agente público ao ressarcimento de alegados prejuízos que sua atuação teria causado ao erário. Meio processual, ademais, que se mostra adequado a esse fim, ainda que o titular do direito, em tese, lesado pelo ato não tenha proposto, em seu nome próprio, a competente ação de ressarcimento" (STF, RE 225.777, Rel. Min. Eros Grau, Rel. p/ acórdão Min. Dias Toffoli, Tribunal Pleno, jul. 24.02.2011, *DJe* 29.08.2011).

Ação com objetivo de afastar os efeitos da coisa julgada. "A ação civil pública, como ação política e instrumento maior da cidadania, substitui com vantagem a ação de nulidade, podendo ser intentada pelo Ministério Público objetivando afastar os efeitos da coisa julgada. Presença das condições da ação, considerando, em tese, a possibilidade jurídica da pretensão deduzida na inicial, a legitimidade do Ministério Público e a adequação da ação civil pública objetivando o ressarcimento ao erário" (STJ, REsp 1.187.297/RJ, Rel. Min. Eliana Calmon, 2ª Turma, jul. 02.09.2010, *DJe* 22.09.2010).

"Se a orientação sedimentada nesta Corte é de afastar a coisa julgada quando a sentença fixa indenização em desconformidade com a base fática dos autos ou quando há desrespeito explícito ao princípio constitucional da 'justa indenização', com muito mais razão deve ser 'flexibilizada' a regra, quando condenação milionária é imposta à União pela expropriação de terras já pertencentes ao seu domínio indisponível, como parece ser o caso dos autos. A Primeira Seção, por ambas as Turmas, **reconhece na ação civil pública o meio processual adequado para se formular pretensão declaratória de nulidade de ato judicial lesivo ao patrimônio público** (*querela nullitatis*)" (STJ, REsp 1.015.133/MT, Rel. Min. Eliana Calmon, Rel. p/ Ac. Min. Castro Meira, 2ª Turma, jul. 02.03.2010, *DJe* 23.04.2010).

Interesses metaindividuais. Nulidade de Termo de acordo de Regime Especial. "O TARE não diz respeito apenas a interesses individuais, mas alcança interesses metaindividuais, pois o ajuste pode, em tese, ser lesivo ao patrimônio público. A Constituição Federal estabeleceu, no art. 129, III, que é função institucional do Ministério Público, dentre outras, 'promover o inquérito e a ação civil pública, para a proteção do patrimônio público e social, do meio ambiente e de outros interesses difusos e coletivos'. **O *Parquet* tem legitimidade para propor ação civil pública com o objetivo de anular Termo de Acordo de Regime Especial – TARE**, em face da legitimação *ad causam* que o texto constitucional lhe confere para defender o erário. Não se aplica à hipótese o parágrafo único do artigo 1º da Lei 7.347/1985" (STF, RE 576.155/DF, Rel. Min. Ricardo Lewandowski, Tribunal Pleno, jul. 12.8.2010, *DJe* 24.11.2010).

Infância e adolescência. "O Ministério Público é parte legítima para, em ação civil pública, defender os interesses individuais, difusos ou coletivos em relação à infância e à adolescência. Por não serem absolutos, a lei restringe o direito à informação e a vedação da censura para proteger a imagem e a dignidade das crianças e dos adolescentes. No caso, constatou-se afronta à dignidade das crianças com a veiculação de imagens contendo cenas de espancamento e tortura praticada por adulto contra infante" (STJ, REsp 509.968/SP, Rel. Min. Ricardo Villas Bôas Cueva, 3ª Turma, jul. 06.12.2012, *DJe* 17.12.2012). **No mesmo sentido:** STJ, REsp 984.078/SC, Rel. Min. Herman Benjamin, 2ª Turma, jul. 28.10.2008, *DJe* 09.03.2009.

"Pacífico no Superior Tribunal de Justiça o entendimento segundo o qual o Ministério Público possui legitimidade para a defesa, em juízo, via ação civil pública, do direito à saúde (e, em última instância, do direito à vida) **de menor carente**. Precedentes" (STJ, AgRg nos EDcl no REsp 1.075.839/MG, Rel. Min. Mauro Campbell Marques, 2ª Turma, jul. 04.05.2010, *DJe* 27.05.2010).

Direitos do consumidor. "Mesmo que não se admitisse comprovado, na hipótese, o relevante interesse social, doutrina e jurisprudência são unânimes em admitir que o Ministério Público tem legitimidade ativa de interesses individuais homogêneos na seara do direito do consumidor, pois presume-se a importância da discussão para a coletividade" (STJ, AgRg no REsp 856.378/MG, Rel. Min. Mauro Campbell Marques, 2ª Turma, jul. 17.03.2009, *DJe* 16.04.2009).

"Ministério Público. Legitimidade para propor ação civil pública quando se trata de **direitos individuais homogêneos em que seus titulares se encontram na situação ou na condição de consumidores**, ou quando houver uma relação de consumo. É indiferente a espécie de contrato firmado, bastando que seja uma relação de consumo" (STF, RE 424.048 AgR, Rel. Min. Sepúlveda Pertence, 1ª Turma, jul. 25.10.2005, *DJ* 25.11.2005). **No mesmo sentido:** STJ, AgRg no REsp 633.470/CE, Rel. Min. Nancy Andrighi, 3ª Turma, jul. 29.11.2005, *DJ* 19.12.2008.

"O 'Ministério Público está legitimado a promover ação civil pública ou coletiva, não apenas em defesa de direitos difusos ou coletivos de consumidores, mas também de seus direitos individuais homogêneos, nomeadamente de serviços públicos, quando a lesão deles, visualizada em sua dimensão coletiva, pode comprometer interesses sociais relevantes. Aplicação dos arts. 127 e 129, III, da Constituição Federal, e 81 e 82, I, do Código de Defesa do Consumidor'. (excerto da ementa do REsp 417.804/PR, 1ª Turma, Rel. Min. Teori Albino Zavascki, *DJ* de 16.5.2005, p. 230)" (STJ, REsp 610.235/DF, Rel. Min. Denise Arruda, Primeira Turma, jul 20.03.2007, *DJ* 23.04.2007).

"Nas ações que versam interesses individuais homogêneos, esses participam da ideologia das ações difusas, como sói ser a ação civil pública. A despersonalização desses interesses está na medida em que o Ministério Público não veicula pretensão pertencente a quem quer que seja individualmente, mas pretensão de natureza genérica, que, por via de prejudicialidade, resta por influir nas esferas individuais" (STJ, REsp 806.304/RS, Rel. Min. Luiz Fux, 1ª Turma, jul. 02.12.2008, *DJe* 17.12.2008).

"O Ministério Público possui legitimidade para, no âmbito de ação civil pública em que se discute a **execução de parcelamento de solo urbano com alienação de lotes sem aprovação de órgãos públicos competentes**, formular pedido de indenização em prol daqueles que adquiriram os lotes irregulares. E isso por três motivos principais. Em primeiro lugar, porque os arts. 1º, inc. VI, e 5º, inc. I, da Lei n. 7.347/85 lhe conferem tal prerrogativa. Em segundo lugar porque, ainda que os direitos em discussão, no que tange ao pedido de indenização, sejam individuais homogêneos, a verdade é que tais direitos transbordam o caráter puramente patrimonial, na medida que estão em jogo a moradia, a saúde e o saneamento básico dos adquirentes e, além disso, valores estéticos, ambientais e paisagísticos – para dizer o mínimo – do Município (art. 1º, inc. IV, da Lei n. 7.347/85). Aplicação, com adaptações, do decidido por esta Corte Superior na IF 92/MT, Rel. Min. Fernando Gonçalves, Corte Especial, jul. 05.08.2009. Em terceiro e último lugar, porque os adquirentes, na espécie, revestem-se da qualidade de consumidor – arts. 81, p. ún., inc. III, e 82, inc. I, do CDC" (STJ, REsp 783.195/SP, Rel. Min. Mauro Campbell Marques, 2ª Turma, jul. 15.09.2009, *DJe* 28.09.2009).

"O Ministério Público está legitimado a defender direitos individuais homogêneos quando esses direitos têm repercussão no interesse público. *O parquet* é parte legítima para propor ação civil pública objetivando **a tutela do direito de mutuários vinculados ao Sistema Financeiro de Habitação**" (STJ, REsp 1.126.708/PB, Rel. Min. Eliana Calmon, 2ª Turma, jul. 17.09.2009, *DJe* 25.09.2009).

Ação civil pública contra desapropriação ilegal. Reforma Agrária. "O Ministério Público Federal é parte legítima para a propositura da presente ação, vez que evidente o interesse social da demanda. O pedido de declaração de nulidade do procedimento administrativo, que culminou na expropriação da Fazenda Teijin, em razão da ausência dos requisitos constitucionais para a desapropriação para fins de reforma agrária, insere-se na finalidade institucional do 'Parquet', conforme preceituam os artigos 127, 'caput' e 129, ambos da Constituição Federal. A expropriação de imóvel produtivo gerará evidente prejuízo ao patrimônio público, vez que haverá dispêndio desnecessário de recursos públicos com o pagamento da indenização ao proprietário do imóvel, além de ofender os princípios constitucionais que regem a Administração Pública, especialmente o da legalidade. Não configura análise de mérito do ato administrativo a apreciação da produtividade do imóvel rural para fins de desapropriação para reforma agrária. Aliás, tal questão pode ser objeto de contestação na própria ação expropriatória (art. 9º, LC 76/93), sendo vedada a discussão tão somente pela via do mandado de segurança, já que depende de dilação probatória" (TRF, 3ª região, Reexame necessário, Rel. Des. Henrique Herkenhoff, *DJe* 19.11.2010).

"O Ministério Público Federal, em razão do **relevante interesse social da matéria,** tem legitimidade para propor ação civil pública em defesa de direito individual homogêneo de mutuários do SFH" (STJ, AgRg nos EDcl no REsp 800.664, Rel. Min. João Otávio de Noronha, 4ª Turma, jul. 01.12.2009, *DJ* 14.12.2009).

"A presente ação civil pública foi proposta com base nos 'interesses individuais homogêneos' do consumidores/usuários de serviço bancário, tutelados pela Lei nº 8.078, em seu art. 81, parágrafo único, inciso III, ou seja, aqueles entendidos como decorrentes de origem comum, consoante demonstrado pelo Tribunal de origem, motivo pelo qual não há falar em falta de legitimação do Ministério Público para propor a ação. A análise quanto a validade de cláusula contratual 'padrão', em contratos de mútuo oferecidos aos consumidores, estabelecendo a comissão de permanência, esbarra na verificação do conteúdo do 'contrato tipo' impugnado, especialmente quando é incontroverso a existência de cláusulas que determinam a cobrança de outros encargos moratórios cumulados para o período de inadimplência. Incidência da Súmula 5/STJ" (STJ, REsp 600.711/RS, Rel. Min. Luis Felipe Salomão, 4ª Turma, jul. 18.11.2010, *DJe* 24.11.2010).

Nulidade de contratos imobiliários relativos a loteamento irregular. "O Ministério Público possui legitimidade ativa para propor Ação Civil Pública para pleitear nulidade de contratos imobiliários relativos a loteamento irregular. No campo de loteamentos clandestinos ou irregulares, o Ministério Público é duplamente legitimado, tanto pela presença de interesse difuso (= tutela da ordem urbanística e/ou do meio ambiente), como de interesses individuais homogêneos (= compradores prejudicados pelo negócio jurídico ilícito e impossibilidade do objeto)" (STJ, REsp 897.141/DF, Rel. Min. Herman Benjamin, 2ª Turma, jul. 28.10.2008, *DJe* 13.11.2009).

Defesa dos princípios constitucionais da Administração Pública. "Reformando a decisão singular que puniu o réu, o acórdão recorrido declarou a carência de agir do Ministério Público por falta de interesse processual, entendimento que não merece prosperar, na medida em que o *Parquet* é parte legítima para propor ação civil pública sempre que sejam agredidos os princípios constitucionais que regem a Administração Pública" (STJ, REsp 1.087.980/MG, Rel. Min. Francisco Falcão, 1ª Turma, jul. 16.12.2008, *DJe* 19.12.2008).

Ação civil pública fundamentada na inconstitucionalidade de lei. Ver jurisprudência do art. 1º.

Ação civil pública contra Governador de estado. "Preceitua o art. 29, VIII, da Lei nº 8.625/93, que somente o Procurador-Geral de Justiça é competente, em princípio, para o ajuizamento de ação civil pública (art. 129, III, da Carta Magna) contra Governador de Estado por ato praticado em razão de suas funções. Nem mesmo hipoteticamente o art. 29, IX, da Lei nº 8.625/93 ('Além das atribuições previstas nas Constituições Federal e Estadual, na Lei Orgânica e em outras leis, compete ao Procurador-Geral de Justiça: delegar a membro do Ministério Público suas funções de órgão de execução') legitimaria no caso concreto a propositura da referida ação civil pública exclusivamente por membro do *Parquet* Estadual atuante em primeira instância, uma vez que a Corte de origem registrou expressamente a inexistência de qualquer delegação" (STJ, REsp 851.635/AC, Rel. Min. Castro Meira, 2ª Turma, jul. 10.03.2009, *DJe* 07.04.2009).

Educação. Políticas públicas. "A omissão da Administração importa afronta à Constituição. O Supremo fixou entendimento no sentido de que '[a] educação infantil, por qualificar-se como direito fundamental de toda criança, não se expõe, em seu processo de concretização, a avaliações meramente discricionárias da Administração Pública, nem se subordina a razões de puro pragmatismo governamental [...]. Embora resida, primariamente, nos Poderes Legislativo e Executivo, a prerrogativa de formular e executar políticas públicas, revela-se possível, no entanto, ao Poder Judiciário determinar, ainda que em bases excepcionais, especialmente nas hipóteses de políticas públicas definidas pela própria Constituição, sejam essas implementadas pelos órgãos estatais inadimplentes, cuja omissão – por importar em descumprimento dos encargos políticos-jurídicos que sobre eles incidem em caráter mandatório – mostra-se apta a comprometer a eficácia e a integridade de direitos sociais impregnados de estatura constitucional'" (STF, RE 603.575 AgR – SC, Rel. Min. Eros Grau, 2ª Turma, jul. 20.04.2010, *DJe* 14.05.2010).

"As chamadas mensalidades escolares, quando abusivas ou ilegais, podem ser impugnadas por via de ação civil pública, a requerimento do Órgão do Ministério Público, pois ainda que sejam interesses homogêneos de origem comum, são subespécies de interesses coletivos, tutelados pelo Estado por esse meio processual como dispõe o artigo 129, inciso III, da Constituição Federal. Cuidando-se de tema ligado à educação, amparada constitucionalmente como dever do Estado e obrigação de todos (CF, art. 205), está o Ministério Público investido da capacidade postulatória, patente a legitimidade ad causam, quando o bem que se busca resguardar se insere na órbita dos interesses coletivos, em segmento de extrema delicadeza e de conteúdo social tal que, acima de tudo, recomenda-se o abrigo estatal. Recurso extraordinário conhecido e provido para, afastada a alegada ilegitimidade do Ministério Público, com vistas à defesa dos interesses de uma coletividade, determinar a remessa dos autos ao Tribunal de origem, para prosseguir no julgamento da ação" (STF, RE 163.231/SP, Rel. Min. Maurício Corrêa, Tribunal Plano, jul. 26.02.1997, *DJ* 29.06.2001).

"Ação civil pública promovida pelo Ministério Público contra Município para o fim de compeli-lo a incluir, no orçamento seguinte, percentual que completaria o mínimo de 25% de aplicação no ensino. CF, art. 212. Legitimidade ativa do Ministério Público e adequação da ação civil pública, dado que esta tem por objeto interesse social indisponível (CF, art. 6º, arts. 205 e segs., art. 212), de relevância notável, pelo qual o Ministério Público pode pugnar (C.F., art. 127, art. 129, III)" (STF, RE 190.938/MG, Rel. Min. Carlos Velloso, 2ª Turma, jul. 14.03.2006, *DJe* 22.05.2009).

Saúde. Políticas públicas. "O direito a saúde é prerrogativa constitucional indisponível, garantido mediante a implementação de políticas públicas, impondo ao Estado a obrigação de criar condições objetivas que possibilitem o efetivo acesso a tal serviço. É possível ao Poder Judiciário determinar a implementação pelo Estado, quando inadimplente, de políticas públicas constitucionalmente previstas, sem que haja ingerência em questão que envolve o poder discricionário do Poder Executivo. Precedentes" (STF, AI 734.487 AgR/PR, Rel. Min.ª Ellen Gracie, 2ª Turma, jul. 03.08.2010, *DJe* 20.08.2010).

Segurança. Políticas públicas. "O direito a segurança é prerrogativa constitucional indisponível, garantido mediante a implementação de políticas públicas, impondo ao Estado a obrigação de criar condições objetivas que possibilitem o efetivo acesso a tal serviço. É possível ao Poder Judiciário determinar a implementação pelo Estado, quando inadimplente, de políticas públicas constitucionalmente previstas, sem que haja ingerência em questão que envolve o poder discricionário do Poder Executivo. Precedentes" (STF, RE 559.646 AgR/PR, Rel. Min.ª Ellen Gracie, 2ª Turma, jul. 07.06.2011, *DJe* 24.06.2011).

Meio ambiente. Políticas públicas. "Ação civil pública. Meio ambiente. Ausência de prequestionamento (súmulas 282 e 356). 4. O Poder Judiciário, em situações excepcionais, pode determinar que a Administração Pública adote medidas assecuratórias de direitos constitucionalmente reconhecidos como essenciais sem que isso configure violação do princípio da separação de poderes. Precedentes desta Corte" (STF, RE 563.144 AgR, Rel. Min. Gilmar Mendes, 2ª Turma, jul. 19.03.2013, *DJe* 16.04.2013). **No mesmo sentido:** STJ, REAgR 417.408/RJ, Rel. Min. Dias Toffoli, 1ª Turma, jul. 20.03.2013, *DJe* 26.04.2012.

Associação de moradores. Cobrança de taxa. Direito individual homogêneo disponível. Relevância social. Ausência. "No caso dos autos, não há relevância social na ação civil pública, tendo em vista que a controvérsia a respeito da cobrança de taxa por associação de moradores não transcende a esfera de interesse privado, devendo, portanto, ser mantida a extinção do processo por ilegitimidade *ad causam* da promotoria pública" (STJ, REsp 1.585.794/MG, Rel. Min. Antonio Carlos Ferreira, 4ª Turma, jul. 28.09.2021, *DJe* 01.10.2021).

"O art. 32, I, da Lei Orgânica Nacional do Ministério Público, Lei 8.625/1993, a seu turno, preconiza expressamente que os membros do órgão ministerial podem impetrar Mandado de Segurança nos Tribunais locais no exercício de suas atribuições, *in verbis*: 'Art. 32. Além de outras funções cometidas nas Constituições Federal e Estadual, na Lei Orgânica e demais leis, compete aos Promotores de Justiça, dentro de suas esferas de atribuições: I – impetrar *habeas-corpus* e mandado de segurança e requerer correição parcial, inclusive perante os Tribunais locais competentes'. É evidente que a defesa dos direitos indisponíveis da sociedade, dever institucional do Ministério Público, pode e deve ser plenamente garantida por meio de todos os instrumentos possíveis, abrangendo não apenas as demandas coletivas, de que são exemplo a Ação de Improbidade Administrativa, Ação Civil Pública, como também os remédios constitucionais quando voltados à tutela dos interesses transindividuais e à defesa do patrimônio público material ou imaterial" (STJ, RMS 67.108/MA, Rel. Min. Herman Benjamin, 2ª Turma, jul. 05.04.2022, *DJe* 24.06.2022).

Extinção da associação autora por decisão judicial. Substituição pelo Ministério Público. Possibilidade. "Agravo interno. Ação civil pública. Associação extinta por decisão judicial. Substituição pelo ministério público. Legitimidade. Agravo interno a que se nega provimento" (STJ, AgInt no REsp 1.582.243/SP, Rel. Min. Maria Isabel Gallotti, 4ª Turma, jul. 14.02.2023, *DJe* 23.02.2023).

Ministério Público Federal. Ação civil pública proposta perante a Justiça estadual. Associação extinta por decisão judicial. Substituição. Impossibilidade. "Sentença judicial transitada em julgado de extinção da associação autora durante a tramitação do recurso especial. Intimação do Ministério Público estadual para manifestar interesse em assumir o polo ativo. Inércia do MP estadual. Preclusão do requerimento de assunção do polo ativo pelo Ministério Público federal. Inocorrência, no entender da maioria. Ilegitimidade ativa do MPF para assumir o polo ativo de ação que tramitou perante a justiça estadual por ser estranha à competência da justiça federal (art. 109 da cf). Agravo interno a que se nega provimento." (STJ, AgInt nos EDcl no REsp 1.678.925/MG, Rel. Min. Maria Isabel Gallotti, 4ª Turma, jul. 14.02.2023, *DJe* 29.05.2023).

Anulação de TARE. "O Parquet tem legitimidade para propor ação civil pública com o objetivo de anular Termo de Acordo de Regime Especial – TARE, em face da legitimação *ad causam* que o texto constitucional lhe confere para defender o erário. IV – Não se aplica à hipótese o parágrafo único do artigo 1º da Lei 7.347/1985" (STF, RE 576155, Rel. Min. Ricardo Lewandowski, Tribunal Pleno, jul. 12.08.2010, *DJe* 01.02.2011).

Litigante hipossuficiente. "O Ministério Público possui legitimidade para propor ação civil pública que trate de contrato de honorários advocatícios abusivos quando houver litigantes hipossuficientes e repercussão social que transcenda a esfera dos interesses particulares" (STJ, REsp 2.079.440/RO, Rel. Min. Nancy Andrighi, 3ª Turma, jul. 20.02.2024, *DJe* 01.03.2024).

2. Ilegitimidade:

Declaração de nulidade de cláusulas abusivas de contratos de locação. "Nos termos do art. 129, inciso III, da Constituição Federal e do art. 25, inciso IV, letra *a*, da Lei nº 8.625/1993, possui o Ministério Público, como função institucional, a defesa dos interesses difusos, coletivos e individuais indisponíveis e homogêneos. No caso dos autos, a falta de configuração de interesse coletivo afasta a legitimidade ativa *ad causam* do Ministério Público para ajuizar ação civil pública objetivando a declaração de nulidade de cláusulas abusivas constantes de contratos de locação realizados com apenas uma administradora do ramo imobiliário. É pacífica e remansosa a jurisprudência, nesta Corte, no sentido de que **o Código de Defesa do Consumidor não é aplicável aos contratos locatícios**, que são reguladas por legislação própria" (STJ, REsp 605.295/MG, Rel. Min. Laurita Vaz, 5ª Turma, jul. 20.10.2009, *DJe* 02.08.2010).

Defesa de interesses particulares. "Não cabe o ajuizamento de ação civil pública para a postulação de direito individual que seja destituído do requisito da homogeneidade, indicativo da dimensão coletiva que deve caracterizar os interesses tutelados por meio de tais ações. Inexiste previsão de substituição processual extraordinária para que associações de defesa do consumidor ajuízem, em nome próprio, ação de cunho coletivo para defesa de interesses particulares" (STJ, REsp 184.986/SP, Rel. Min. Luis Felipe Salomão, Rel. p/ Ac. Min. João Otávio de Noronha, 4ª Turma, jul. 17.11.2009, *DJe* 14.12.2009).

Sigilo bancário. Direito personalíssimo. "O sigilo bancário, enquanto consectário reconhecido da tutela da privacidade e da intimidade, é oponível ao Poder Público, cedendo apenas quando contrastado com as legítimas expectativas de obtenção de receitas públicas ou com o exercício monopolista do poder sancionador do Estado, situações, todavia, que dependem da prévia existência de processo administrativo ou judicial instaurado contra indivíduo cujos dados serão compartilhados. O exercício da legitimação extraordinária, conferida para tutelar direitos individuais homogêneos em ação civil pública, **não pode ser estendido para abarcar a disposição de interesses personalíssimos, tais como a intimidade, a privacidade e o sigilo bancário dos substituídos.**" (STJ, REsp 1611821/MT, Rel. Min. Marco Aurélio Bellizze, 3ª Turma, jul. 13.06.2017, *DJe* 22.06.2017)

Matéria tributária. "A jurisprudência desta Casa se encontra firmada no sentido de que o Ministério Público não ostenta legitimidade para a propositura de ação civil pública contra a Fazenda Pública em defesa de interesses individuais homogêneos **de contribuintes.** Precedentes. Agravo regimental conhecido e não provido" (STF, RE 604.481-AgR, Rel. Min. Rosa Weber, 1ª Turma, jul. 16.10.2012, *DJe* 09.11.2012). **No mesmo sentido:** STF, AI 327.013 AgR, Rel. Min. Joaquim Barbosa, 2ª Turma, jul. 06.04.2010.

"A legitimidade do Ministério Público é para cuidar de interesses sociais difusos ou coletivos e não para patrocinar direitos individuais privados e disponíveis. O Ministério Público não tem legitimidade para promover a ação civil pública na defesa de contribuintes, que não são considerados consumidores" (STJ, REsp 248.281/SP, Rel. Min. Garcia Vieira, 1ª Turma, *DJU* 29.05.2000). **No mesmo sentido:** STJ, EREsp 181.892/SP, Rel. Min. Garcia Vieira, Primeira Seção, *DJU* 08.05.2000.

Benefícios previdenciários. "Por se tratar de interesse individual disponível e não caracterizada a relação como consumerista, carece o Ministério Público de legitimidade para ajuizar ação civil pública com o intuito de assegurar a aplicação do regime estatutário a inativos e pensionistas originários do regime celetista. Precedentes." (STJ, AgRg no REsp 739.742/PB, Rel. Min. Rogerio Schietti Cruz, 6ª Turma, jul. 06.02.2014, *DJe* 27.02.2014). **Em sentido contrário:** Quando do julgamento do REsp 1.142.630/PR (5ª Turma, de minha relatoria, *DJe* de 1º/02/2011), restou proclamado o entendimento favorável à legitimidade do Ministério Público para figurar no polo ativo de Ação Civil Pública destinada à defesa de direitos de natureza previdenciária, tendo em vista, principalmente, a presença do inquestionável interesse social envolvido no assunto. O Supremo Tribunal Federal, apreciando a questão da legitimidade do Parquet para ajuizar Ação Civil Pública pertinente a benefício previdenciário, decidiu que 'o Ministério Público detém legitimidade para propor ação civil pública em defesa de interesses individuais homogêneos, quando presente evidente relevo social, independentemente de os potenciais titulares terem a possibilidade de declinar a fruição do direito afirmado na ação.' (AgRg no AI 516.419/PR, 2ª Turma, Rel. Min. Gilmar Mendes, *DJe* de 30/11/2010)." (STJ, AgRg no REsp 1213329/RS, Rel.ª Min.ª Laurita Vaz, 5ª Turma, jul. 15.09.2011, *DJe* 10.10.2011)

Projeto de Lei de Plano Diretor. Falta de asseguramento da efetiva participação popular. Ilegitimidade ativa do Ministério Público Federal. "Em suma, o Ministério Público Federal é parte ilegítima para ajuizar ação civil pública que visa à anulação da tramitação de Projeto de Lei do Plano Diretor do município de Florianópolis, ao argumento da falta de participação popular nos respectivos trabalhos legislativos. Caracterizada, nessa medida, ofensa ao art. 267, VI, do CPC/73". (STJ, REsp 1687821/SC, Rel. Min. Sérgio Kukina, 1ª Turma, jul. 07.11.2017, *DJe* 21.11.2017).

Restituição de valores indevidamente pagos a título de empréstimo compulsório sobre a aquisição de automóveis. "O Supremo Tribunal Federal, ao julgar o ARE 694294 RG, sob o rito da repercussão geral, firmou entendimento no sentido de que o Ministério Público não possui legitimidade ativa *ad causam* para, em ação civil pública, deduzir em juízo pretensão de natureza tributária em defesa dos contribuintes, que vise questionar a constitucionalidade/legalidade de tributo. Reconhecimento, no caso, da ilegitimidade ativa do Ministério Público para ajuizar ação civil pública objetivando a restituição de valores indevidamente recolhidos a título de empréstimo compulsório sobre aquisição de automóveis de passeio e utilitários, nos termos do Decreto-Lei n. 2.288/86. Destaca-se recente precedente acerca desse específico tema no âmbito da 1ª Seção, no julgamento do EREsp nº 1428611/SE, acórdão pendente de publicação, que afirmou a ilegitimidade ativa do *Parquet* na causa, por haver discussão, em ação civil pública, sobre tema de natureza essencialmente tributária" (STJ, AgInt no REsp 1.709.093/ES, Rel. Min. Benedito Gonçalves, 1ª Turma, jul. 29.03.2022, *DJe* 01.04.2022).

Adoção à brasileira. "A controvérsia está relacionada com a definição da existência de interesse processual do Ministério Público na propositura de ação civil pública com pedido de indenização por dano moral coletivo e dano social contra casal que teria tentado realizar 'adoção à brasileira' em detrimento do procedimento previsto no Sistema Nacional de Adoção. A legitimidade do Ministério Público para a propositura de ação civil pública na defesa de interesses de criança e adolescente está disposta nos arts. 201, V, do Estatuto da Criança e do Adolescente e 5º, I, da Lei nº 7.347/1985. Precedentes. A adoção direta, 'à brasileira' ou 'intuitu personae' vai de encontro aos interesses protegidos pelo Sistema Nacional de adoção e não pode ser incentivada, aceita ou convalidada. No entanto, o ajuizamento de ações civis públicas em casos como o presente não preenche os requisitos da utilidade e adequação para a finalidade almejada. O Superior Tribunal de Justiça reconhece danos de natureza social. Na hipótese, no entanto, mesmo em um juízo de cognição voltado à análise da presença das condições da ação, mais especificamente do interesse processual, o objetivo punitivo e preventivo da responsabilidade civil deve receber concretude mínima. Da mesma forma, para a configuração do dano moral coletivo é preciso reconhecer conduta de razoável significância. Ainda que evidente a necessidade de políticas públicas voltadas à conscientização da população acerca do procedimento para a adoção, diante das circunstâncias fáticas apresentadas no presente caso, em especial a conjuntura de que os recorrentes constavam da lista do cadastro nacional e que a criança não permaneceu sob sua guarda, ausente interesse processual que justifique a ação civil pública" (STJ, REsp 2.126.256/SC, Rel. p/ ac. Min. Ricardo Villas Bôas Cueva, 3ª Turma, jul. 21.05.2024, *DJe* 10.06.2024).

3. Litisconsórcio facultativo entre Ministério Público estadual e federal (§ 5ª). "A possibilidade, em tese, de atuação do Ministério Público Estadual e do Federal em litisconsórcio facultativo não dispensa a conjugação de interesses afetos a cada um, a serem tutelados por meio da ação civil pública. A defesa dos interesses dos consumidores é atribuição comum a ambos os órgãos ministeriais, o que torna injustificável o litisconsórcio ante a unicidade do Ministério Público, cuja atuação deve pautar-se pela racionalização dos serviços prestados à comunidade" (STJ, REsp 1254428/MG, Rel. Min. João Otávio de Noronha, 3ª Turma, jul. 02.06.2016, *DJe* 10.06.2016).

4. Defensoria Pública (inciso II). "A Defensoria Pública tem legitimidade ativa *ad causam* para propor ação civil pública com o objetivo de defender interesses individuais homogêneos de consumidores lesados em virtude de relações firmadas com as instituições financeiras" (STJ, AgRg no REsp 1.000.421/SC, Rel. Min. João Otávio de Noronha, 4ª Turma, jul. 24.05.2011, *DJe* 01.06.2011).

Defesa de idosos em face de plano de saúde. Legitimidade. "Controvérsia acerca da legitimidade da Defensoria Pública para propor ação civil pública em defesa de direitos individuais homogêneos de consumidores idosos, que tiveram seu plano de saúde reajustado, com arguida abusividade, em razão da faixa etária. No caso, o direito fundamental tutelado está entre os mais importantes, qual seja, o direito à saúde. Ademais, o grupo de consumidores potencialmente lesado é formado por idosos, cuja condição de vulnerabilidade já é reconhecida na própria Constituição Federal [...] A expressão 'necessitados' (art. 134, *caput*, da Constituição), que qualifica, orienta e enobrece a atuação da Defensoria Pública, deve ser entendida, no campo da Ação Civil Pública, em sentido amplo, de modo a incluir, ao lado dos estritamente carentes de recursos financeiros – os miseráveis e pobres –, os hipervulneráveis (isto é, os socialmente estigmatizados ou excluídos, as crianças, os idosos, as gerações futuras), enfim todos aqueles que, como indivíduo ou classe, por conta de sua real debilidade perante abusos ou arbítrio dos detentores de poder econômico ou político, 'necessitem' da mão benevolente e solidarista do Estado para sua proteção, mesmo que contra o próprio Estado." (STJ, EREsp 1192577/RS, Rel.ª Min.ª Laurita Vaz, Corte Especial, jul. 21.10.2015, *DJe* 13.11.2015)

Direitos difusos. "Legitimidade da Defensoria Pública para ajuizar ação civil pública em defesa de interesses difusos. Interpretação do art. 134 da Constituição Federal. Discussão acerca da constitucionalidade do art. 5º, inciso II, da Lei nº 7.347/1985, com a redação dada pela Lei nº 11.448/07, e do art. 4º, incisos VII e VIII, da Lei Complementar nº 80/1994, com as modificações instituídas pela Lei Complementar nº 132/09. **Repercussão geral reconhecida**. Mantida a decisão objurgada, visto que comprovados os requisitos exigidos para a caracterização da legitimidade ativa. Negado provimento ao recurso extraordinário. **Assentada a tese de que a Defensoria Pública tem legitimidade para a propositura de ação civil pública que vise a promover a tutela judicial de direitos difusos e coletivos de que sejam titulares,** em tese, pessoas necessitadas" (STF, RE 733433, Rel. Min. Dias Toffoli, Tribunal Pleno, jul. 04.11.2015, *DJe* 07.04.2016).

Desnecessidade de comprovação prévia da hipossuficiência dos beneficiados. "A legitimidade da defensoria pública para ajuizar ação civil pública **não está condicionada à comprovação prévia da hipossuficiência dos possíveis beneficiados pela prestação jurisdicional.** Ausência de contradição, omissão ou obscuridade. A questão suscitada pela embargante foi solucionada no julgamento do recurso extraordinário n. 733.433/MG, em cuja tese da repercussão geral se determina: "a defensoria pública tem legitimidade para a propositura da ação civil pública em ordem a promover a tutela judicial de direitos difusos e coletivos de que sejam titulares, em tese, pessoas necessitadas" (*DJ* 7.4.2016)." (STF, ADI 3943 ED, Rel.ª Min.ª Cármen Lúcia, Tribunal Pleno, jul. 18.05.2018, *DJE* 01.08.2018)

"A legitimidade ativa da Defensoria Pública nas ações coletivas não se verifica mediante comprovação prévia e concreta da carência dos assistidos. Ainda que o provimento beneficie públicos diversos daqueles necessitados, a hipótese não veda a atuação da Defensoria. Esta se justifica pela mera presença teórica de potenciais assistidos entre os beneficiados. Precedentes do Supremo Tribunal Federal em julgamentos vinculantes (ADI e Repercussão Geral)" (STJ, REsp 1.847.991/RS, Rel. Min. Og Fernandes, 2ª Turma, jul. 16.08.2022, *DJe* 19.12.2022).

Criança indígena. Legitimação extraordinária do *Parquet*. "A jurisprudência do STJ 'vem sedimentando-se em favor da legitimidade do MP para promover Ação Civil Pública visando à defesa de direitos individuais homogêneos, ainda que disponíveis e divisíveis, quando há relevância social objetiva do bem jurídico tutelado (a dignidade da pessoa humana, a qualidade ambiental, a saúde, a educação, para citar alguns exemplos) ou diante da massificação do conflito em si considerado' (STJ, AgInt no REsp 1.701.853/RJ, Rel. Ministro Herman Benjamin, Segunda Turma, *DJe* de 19.03.2021). A Constituição Federal reconhece a peculiar vulnerabilidade dos índios e das populações indígenas, motivo pelo qual o art. 37, II, da Lei Complementar 75/93 confere legitimidade ao Ministério Público Federal 'para defesa de direitos e interesses dos índios e das populações indígenas', o que se mostra consentâneo com o art. 129, V e IX, da CF/88, que outorga legitimidade ao Ministério Público não só para 'defender judicialmente os direitos e interesses das populações indígenas', como também para 'exercer outras funções que lhe forem conferidas, desde que compatíveis com sua finalidade'. (...) Dessarte, a relevância social do bem jurídico tutelado e a vulnerabilidade dos povos indígenas autoriza, em face da peculiar situação do caso, a defesa dos interesses individuais dos índios pelo Ministério Público, em decorrência de sua atribuição institucional" (STJ, AgInt no AREsp 1688809/SP, Rel. Min. Assusete Magalhães, 2ª Turma, jul. 26.04.2021, *DJe* 28.04.2021).

5. Município e União. Legitimidade concorrente. Improbidade Administrativa (inciso III). "No mais, esta Corte Superior, decidindo inúmeros conflitos de competência, entende que, uma vez incorporada a verba advinda de convênios firmados com a União ao patrimônio municipal, a competência para apreciação e julgamento do feito é da Justiça Estadual, pois a União perde interesse no controle da destinação e uso da verba pública. A este propósito, inclusive, vieram as Súmula n. 208 e 209 do Superior Tribunal de Justiça" (STJ, REsp 1.070.067/RN, Rel. Min. Mauro Campbell Marques, 2ª Turma, jul. 02.09.2010, *DJe* 04.10.2010).

6. Legitimidade do Município. Defesa de direitos consumeristas questionando a cobrança de tarifas bancárias (Inciso III). "O traço que caracteriza o direito individual homogêneo como coletivo – alterando sua disponibilidade – é a eventual presença de interesse social qualificado em sua tutela, correspondente à transcendência da esfera de interesses puramente particulares pelo comprometimento de bens, institutos ou valores jurídicos superiores, cuja preservação importa à comunidade como um todo. (...). Em relação ao Ministério Público e aos entes políticos, que tem como finalidades institucionais a proteção de valores fundamentais, como a defesa coletiva dos consumidores, não se exige pertinência temática e representatividade adequada. Na hipótese dos autos, o Tribunal de origem recusou legitimidade ao ente político em virtude de ter considerado que o Município estaria defendendo unicamente os direitos do grupo de servidores públicos, por entender que a proteção de direitos individuais homogêneos não estaria incluída em sua função constitucional e por não vislumbrar sua representatividade adequada ou pertinência temática. Ainda que tenha sido mencionada como causa de pedir e pedido a cobrança da tarifa de 'renovação de cadastro' de servidores municipais, **é certo que o direito vindicado possui dimensão que extrapola a esfera de interesses puramente particulares dos citados servidores, o que é suficiente para o reconhecimento da legitimidade do ente político** para essa primeira fase da tutela coletiva de interesses individuais homogêneos" (STJ, REsp 1509586/SC, Rel.ª Min.ª Nancy Andrighi, 3ª Turma, jul. 15.05.2018, *DJe* 18.05.2018).

7. CADE. Assistente (inciso IV). Ver jurisprudência do art. 119 do CPC/2015.

Autarquia estadual. "Autarquia estadual não tem, em regra, legitimidade para propor ação civil pública" (STJ, REsp 1.011.789/PR, Rel. Min. Jose Delgado, 1ª Turma, jul. 05.06.2008, *DJe* 27.08.2008).

8. Pessoa jurídica da administração pública indireta. Pertinência temática. "Da mesma forma que as associações, as pessoas jurídicas da administração pública indireta, para que sejam consideradas parte legítima no ajuizamento de ação civil pública, devem demonstrar, dentre outros, o requisito da pertinência temática entre suas finalidades institucionais e o interesse tutelado na demanda coletiva" (STJ, REsp 1.978.138/SP, Rel. Min. Antonio Carlos Ferreira, 4ª Turma, jul. 22.03.2022, *DJe* 01.04.2022).

9. Associações civis (inciso V):

Legitimidade. Representação. Associados. Art. 5º, inciso XXI, da Constituição Federal. Alcance. "O disposto no artigo 5º, inciso XXI, da Carta da República encerra representação específica, não alcançando previsão genérica do estatuto da associação a revelar a defesa dos interesses dos associados. As balizas subjetivas do título judicial, formalizado em ação proposta por associação, é definida pela representação no processo de conhecimento, presente a autorização expressa dos associados e a lista destes juntada à inicial" (STF, RE 573.232, Rel. p/ acórdão Min. Marco Aurélio, Tribunal Pleno, jul. 14.05.2014, *DJe* 19.09.2014).

Ação coletiva. Associação. Legitimidade ativa ad causam. Autorização expressa dos associados e respectiva lista juntada à inicial. Necessidade. Precedente do STF. Prazo para regularização processual. "Na forma da jurisprudência desta Corte, o Supremo Tribunal Federal, no julgamento do Recurso Extraordinário n. 573.232/SC, em 14/5/2014, firmou entendimento de que a atuação das associações não enseja substituição processual, mas representação específica, consoante o disposto no art. 5º, XXI, da Constituição Federal, sendo necessária, para tanto, autorização expressa dos associados e a lista destes juntada à inicial. Confira-se a ementa do referido julgado do STF: (RE n. 573.232, Relator(a): Min. Ricardo Lewandowski, relator(a) p/ Acórdão: Min. Marco Aurélio, Tribunal Pleno, julgado em 14/5/2014, DJe-182 Divulg. 1809-2014 Public. 19-9-2014 *Ement* vol-02743-01 PP-00001)' (EDcl no AgInt no REsp 1.907.343/PE, Rel. Ministro Francisco Falcão, Segunda Turma, *DJe* 27/8/2021). Em processo análogo ao deste caso concreto – ajuizamento de ação coletiva em momento anterior ao julgamento do RE 573.232/SC –, o STJ já se posicionou no sentido de que, a despeito da necessidade de aplicação do entendimento firmado pelo STF, apresenta-se razoável, antes da extinção do feito sem a resolução do mérito, permitir que a parte autora regularize sua representação processual. Nesse sentido: AgRg no REsp 1.424.142/DF, Rel. Ministro Herman Benjamin, Segunda Turma, *DJe* 4/2/2016" (STJ, REsp 1.977.830/MT, Rel. Min. Sérgio Kukina, 1ª Turma, jul. 22.03.2022, *DJe* 25.03.2022). No mesmo sentido: STJ, REsp 980.716/RS, Rel. Min. Ricardo Villas Bôas Cueva, 3ª Turma, jul. 03.09.2013, DJe 18.03.2014; STJ, AgRg no Ag. 801.822/DF, Rel. Min. Maria Thereza de Assis Moura, 6ª Turma, jul. 09.12.2008, *DJe* 19.12.2008.

Associação pode ajuizar ação como representante ou substituta processual. "O art. 5º, XXI, da CF/88 confere às entidades associativas legitimidade para representar seus filiados judicial e extrajudicialmente, quando expressamente autorizadas. O referido dispositivo constitucional diz respeito às ações de rito ordinário, as quais se prestam às mais diversas postulações, voltadas contra entes públicos ou privados, para satisfação de direitos individuais ou coletivos. Apesar de a lei não ser expressa a respeito, o objeto material da demanda deve guardar pertinência com os fins da associação. Nessas lides, a associação atua como representante processual, porquanto vai a juízo em nome e no interesse dos associados. Por essa razão, há necessidade de autorização expressa dos filiados, a qual é satisfeita com a anuência dos associados manifestada em assembleia geral. Se tais elementos não acompanharem a petição inicial, o juiz deve oportunizar à parte a correção do vício e apenas caso não atendida a determinação é que o feito deve ser extinto sem julgamento do mérito (art. 76 do CPC/2015). Precedentes. O ordenamento jurídico também assegura à associação a possibilidade de atuar em juízo para a defesa de interesse coletivo em sentido amplo, seja mediante a propositura de ação coletiva de consumo ou de ação civil pública. A tanto, basta que estejam preenchidos os pressupostos legais, a saber: constituição regular há pelo menos 01 (um) ano e pertinência temática (art. 82, IV, do CDC e art. 5º, V, da Lei nº 7.347/1985). Nessas hipóteses, a associação assume o papel não de representante, mas sim de substituta processual (legitimação extraordinária), pois age em nome próprio para a defesa de pretensão alheia. No regime de substituição processual, é inaplicável a tese firmada pelo STF quanto à necessidade de autorização dos associados, a qual se restringe às ações coletivas de rito ordinário. Precedentes" (STJ, REsp 1.993.506/MT, Rel. Min. Nancy Andrighi, 3ª Turma, jul. 26.04.2022, *DJe* 28.04.2022).

Ação ajuizada por associação como substituta processual. Execução por não associados. Possibilidade. "Para os fins do art. 927 do CPC, é adotada a seguinte tese: 'Em Ação Civil Pública proposta por associação, na condição de substituta processual de consumidores, possuem legitimidade para a liquidação e execução da sentença todos os beneficiados pela procedência do pedido, independentemente de serem filiados à associação promovente'" (STJ, REsp 1.362.022/SP, Rel. Min. Raul Araújo, 2ª Seção, jul. 28.04.2021, *DJe* 24.05.2021).

Associação. Ação civil pública em defesa de direitos individuais homogêneos. "À luz da Lei n. 7.347/1985 e da Lei n. 8.078/1991, as associações civis podem ajuizar Ações Civis Públicas para a defesa de direitos individuais homogêneos, situação em que atuam como substitutas processuais, com dispensa da juntada das autorizações individuais das pessoas interessadas" (STJ, 1ª T., AgInt no REsp 1.833.056/SP, Rel. Min. Benedito Gonçalves, ac. 22.08.2022, *DJe* 24.08.2022).

"A pertinência subjetiva da entidade associativa de defesa do consumidor para ajuizar ação coletiva se manifesta pela natureza dos interesses e direitos tutelados – individuais homogêneos. – Os direitos individuais homogêneos referem-se a um número de pessoas ainda não identificadas, mas passível de ser determinado em um momento posterior, e derivam de uma origem comum, do que decorre a sua homogeneidade. – A origem comum dos direitos individuais homogêneos versados neste processo consiste na declaração de nulidade de cláusula contratual que prevê a devolução das parcelas do contrato de consórcio, após 30 (trinta) dias do encerramento do grupo, aos consorciados desistentes ou excluídos" (STJ, REsp 987.382/SP, Rel. Min. Nancy Andrighi, 3ª Turma, jul. 01.12.2009, *DJe* 09.12.2009).

"Para configuração de legitimidade ativa e de interesse processual de associação para a propositura de ação civil pública em defesa de consumidores, faz-se necessário que a inicial da lide demonstre **ter por objeto a defesa de direitos difusos, coletivos ou individuais homogêneos. Não é cabível o ajuizamento de ação coletiva para a defesa de interesses meramente individuais, o que importa carência de ação.** Nas ações em que se pretende a defesa de direitos individuais homogêneos, não obstante os sujeitos possam ser determináveis na fase de conhecimento (exigindo-se estejam determinados apenas na liquidação de sentença ou na execução), não se pode admitir seu ajuizamento sem que haja, ao menos, indícios de que a situação a ser tutelada é pertinente a um número razoável de consumidores. O promovente da ação civil pública deve demonstrar que diversos sujeitos, e não apenas um ou dois, estão sendo possivelmente lesados pelo fato de 'origem comum', sob pena de não ficar caracterizada a homogeneidade do interesse individual a ser protegido" (STJ, REsp 823.063/PR, Rel. Min. Raul Araújo, 4ª Turma, jul. 14.02.2012, *DJe* 22.02.2012).

Ação coletiva. Reconhecimento pelo magistrado, de ofício, de inidoneidade de Associação, para afastamento da presunção relativa de legitimidade. "(...). O Tribunal de origem não reconheceu a legitimidade *ad causam* da recorrente, apurando que 'há dado revelador: supostamente, essa associação autora é composta por muitas pessoas famosas (fls. 21), mas todas com domicílio em um único local. Apenas isso já mostra indícios de algo que deve ser apurado. Ou tudo é falso, ou se conseguiu autorização verbal dos interessados, que, entretanto, nem sabem para que lado os interesses de tais entidades voam'. Ademais, o outro fundamento autônomo adotado pela Corte de origem para não reconhecer a legitimação *ad causam* da demandante, anotando que o estatuto da associação, ora recorrente, é desmesuradamente genérico, possuindo 'referência genérica a tudo: meio ambiente, consumidor, patrimônio histórico, e é uma repetição do teor do art. 5º, inciso II, da Lei 7.347/85' tem respaldo em precedente do STJ, assentando que as associações civis necessitam ter finalidades institucionais compatíveis com a defesa do interesse transindividual que pretendam tutelar em juízo. Embora essa finalidade possa ser razoavelmente genérica, 'não pode ser, entretanto, desarrazoada, sob pena de admitirmos a criação de uma associação civil para a defesa de qualquer interesse, o que desnaturaria a exigência de representatividade adequada do grupo lesado'. (AgRg no REsp 901.936/RJ, Rel. Ministro Luiz Fux, Primeira Turma, julgado em 16/10/2008, *DJe* 16/03/2009)" (STJ, REsp 1213614/RJ, Rel. Min. Luis Felipe Salomão, 4ª Turma, jul. 01.10.2015, *DJe* 26.10.2015).

Associação. Constituição há pelo menos um ano. Requisito. "Consoante o entendimento sedimentado desta Corte Superior, as associações constituídas há mais de ano que tenham como finalidade institucional a proteção de consumidores possuem legitimidade para propor ação civil pública visando o pagamento de diferenças de correção monetária que, em virtude de planos econômicos, não tenham sido depositadas em contas de cadernetas de poupança" (STJ, AgRg no Ag 794.594/PR, Rel. Min. Carlos Fernando Mathias, 4ª Turma, jul. 12.08.2008, *DJe* 29.09.2008).

Dispensa do prazo de constituição. "Presente o **interesse social evidenciado pela dimensão do dano** e apresentando-se como relevante o bem jurídico a ser protegido, pode o juiz **dispensar o requisito da pré-constituição superior a um ano da associação** autora da ação" (STJ, REsp 520.454/PE, Rel. Min. Barros Monteiro, 4ª Turma, jul. 15.04.2004, *DJ* 01.07.2004).

Prestação de informações ao consumidor sobre a existência de glúten em alimentos. Dispensa do requisito temporal. "É dispensável o requisito temporal da associação (pré-constituição há mais de um ano) quando presente o interesse social evidenciado pela dimensão do dano e pela relevância do bem jurídico tutelado. (REsp 1.479.616/GO, Rel. Ministro Ricardo Villas Bôas Cueva, Terceira Turma, julgado em 3/3/2015, *DJe* 16/4/2015). É fundamental assegurar os direitos de informação e segurança ao consumidor celíaco, que está adstrito à dieta isenta de glúten, sob pena de graves riscos à saúde, o que, em última análise, tangencia a garantia a uma vida digna" (STJ, REsp 1600172/GO, Rel. Min. Herman Benjamin, 2ª Turma, jul. 15.09.2016, *DJe* 11.10.2016).

Associados que vierem a se agregar após ajuizamento de ação de conhecimento. Ilegitimidade. "Associado que não consta expressamente na lista. Ilegitimidade para futura execução". (STJ, REsp 1468734/SP, Rel. Min. Humberto Martins, 2ª Turma, jul. 01.03.2016, *DJe* 15.03.2016)

Proteção dos direitos do consumidor. DPVAT. Ilegitimidade. "Ausente, sequer tangencialmente, relação de consumo, não se afigura correto atribuir a uma associação, com fins específicos de proteção ao consumidor, legitimidade para tutelar interesses diversos, como é o caso dos que se referem ao seguro DPVAT, sob pena de desvirtuar a exigência da representatividade adequada, própria das ações coletivas. A ausência de pertinência temática é manifesta". (STJ, REsp 1091756/MG, Rel. Min. Marco Buzzi, Rel. p/ Acórdão Min. Marco Aurélio Bellizze, 2ª Seção, jul. 13.12.2017, *DJe* 05.02.2018)

Assunção do polo ativo por outro colegitimado. Possibilidade. "Mesmo as matérias de ordem pública estão sujeitas à preclusão pro judicato, razão pela qual não podem ser revisitadas se já tiverem sido objeto de anterior manifestação jurisdicional. Precedentes. Na hipótese concreta, não houve anterior pronunciamento acerca da autorização dos associados da autora originária para que a recorrente assumisse o polo ativo da ação coletiva de consumo, motivo pelo qual o Tribunal de origem estava autorizado a examinar a questão, relacionada à legitimidade para a causa. Na representação processual, a atuação em juízo do terceiro é instrumentalizada por meio de um mandato ou de uma procuração, de modo que quem está em juízo e deduz a pretensão de obtenção de uma manifestação judicial são os representados, e não o representante, que age em nome dos mandantes ou constituintes nos limites dos poderes que lhe foram conferidos, defendendo direito alheio em nome alheio. Na substituição processual, por outro lado, não se leva em conta a titularidade do direito material, mas sim a efetividade da tutela jurisdicional empreendida, razão pela qual a legislação prevê expressamente a possibilidade de terceiros defenderem em juízo direito alheio em nome próprio. Por se tratar do regime de substituição processual, a autorização para a defesa do interesse coletivo em sentido amplo é estabelecida na definição dos objetivos institucionais, no próprio ato de criação da associação, sendo desnecessária nova autorização ou deliberação assemblear. Precedentes. A assunção do polo ativo por outro colegitimado deve ser aceita, por aplicação analógica dos arts. 9º da Lei nº 4.717/65 e 5º, § 3º, da Lei nº 7.347/85, na hipótese de dissolução da associação autora original, por aplicação dos princípios da interpretação pragmática e da primazia do julgamento de mérito" (REsp 1800726/MG, Rel. Min. Nancy Andrighi, 3ª Turma, jul. 02.04.2019, *DJe* 04.04.2019).

Associação. Representação. Alcance. "As balizas subjetivas do título judicial, formalizado em ação proposta por associação, é definida pela representação no processo de conhecimento, presente a autorização expressa dos associados e a lista destes juntada à inicial" (STF, Pleno, RE 573.232, Rel. p/ acórdão Marco Aurélio, jul. 14.05.2014, *DJe* 19.09.2014).

Produtos alimentícios. Obrigação de informar a presença ou não de glúten. Legitimidade ativa. Pertinência temática. "O juízo de verificação da pertinência temática há de ser responsavelmente flexível e amplo, em contemplação ao princípio constitucional do acesso à justiça, mormente a considerar-se a máxima efetividade dos direitos fundamentais. No caso concreto, a Abracon possui entre os fins institucionais a promoção da segurança alimentar e nutricional, assim como a melhoria da qualidade de vida, especialmente no que diz respeito a qualidade de produtos e serviços, estando, dessa forma, configurada a pertinência temática. Precedentes do STJ" (STJ, AgInt nos EDcl no REsp 1.788.290/MS, Rel. Min. Luis Felipe Salomão, 4ª Turma, jul. 24.05.2022, *DJe* 01.08.2022).

Cumprimento de sentença coletiva. Legitimidade ativa. "Não obstante a legitimidade *ad causam* para a primeira fase da ação civil pública seja extraordinária, mediante a substituição processual, a legitimidade ativa na segunda fase é, em regra, ordinária, ou seja, dos titulares do direito material. Contudo, com o intuito de evitar a ausência de liquidação e execução de direitos reconhecidos na fase de conhecimento, o CDC previu a possibilidade de os legitimados do rol do art. 82 do CDC liquidarem e executarem as indenizações não reclamadas pelos titulares do direito material, por meio da denominada *fluid recovery*" (STJ, AgInt no REsp 1.280.311/SP, Rel. Min. Marco Aurélio Bellizze, 3ª Turma, jul. 28.10.2019, *DJe* 05.11.2019).

"Em Ação Civil Pública proposta por associação, na condição de substituta processual de consumidores, possuem legitimidade para a liquidação e execução da sentença todos os beneficiados pela procedência do pedido, independentemente de serem filiados à associação promovente" (STJ, REsp 1.362.022/SP, Rel. Min. Raul Araújo, 2ª Seção, jul. 28.04.2021, *DJe* 24.05.2021).

10. Sindicatos.

Ação coletiva ajuizada por Sindicato. Execução individual por não filiado. "Nos termos da Súmula 629/STF, as associações e sindicatos, na qualidade de substitutos processuais, têm legitimidade para a defesa dos interesses coletivos de toda a categoria que representam, sendo dispensável a relação nominal dos afiliados e suas respectivas autorizações. Julgados das Turmas de Direito Público desta Corte comungam do entendimento no sentido de que **o servidor público integrante da categoria beneficiada**, desde que comprove essa condição, tem legitimidade para propor execução individual, ainda que não ostente a condição de filiado ou associado da entidade autora da ação de conhecimento. Precedentes: AgRg no REsp 1153359/GO, Rel. Min. Jorge Mussi, Quinta Turma, julgado em 16.03.2010, *DJe* 12.04.2010; REsp 1270266/PE, Rel. Min. Mauro Campbell Marques, Segunda Turma, julgado em 06.12.2011, *DJe* 13.12.2011; e REsp 936.229/RS, Rel. Min. Arnaldo Esteves Lima, Quinta Turma, julgado em 19.02.2009, *DJe* 16.03.2009" (STJ, AgRg no AREsp 232.468/DF, Rel. Min. Humberto Martins, 2ª Turma, jul. 16.10.2012, *DJe* 25.10.2012).

Execução da sentença. "O STF firmou seu entendimento no sentido de que, tanto na fase de conhecimento, como na de liquidação ou de cumprimento da sentença proferida em ações em que se discutam direitos individuais homogêneos, a atuação do sindicato se dá na qualidade de substituto processual, sem necessidade de prévia autorização dos trabalhadores (RE 193.503/SP; RE 193.579/SP; RE 208.983/SC; RE 210.029/RS; RE 211.874/RS; RE 213.111/SP – Informativo de Jurisprudência/STF nº 431). Em que pesem os robustos argumentos de ordem técnico-processual manifestado pelos Ministros que proferiram voto-vencido naquela oportunidade, prevaleceu **a ideia de máxima ampliação da garantia constitucional à defesa coletiva dos direitos e interesses dos trabalhadores em juízo**. Pacificada a questão no Supremo Tribunal Federal, é importante que, por um critério de coerência, respeitando-se o ideal de uniformização da jurisprudência nacional, que o STJ pacifique também sua jurisprudência, no mesmo sentido" (STJ, EREsp 760.840/RS, Rel. Min. Nancy Andrighi, Corte Especial, jul. 04.11.2009).

Jurisprudência consolidada do STF. Sindicato. Legitimidade. Substituto processual. Execução de sentença. Desnecessidade de autorização. Existência de repercussão geral. "I – Repercussão geral reconhecida e reafirmada a jurisprudência do Supremo Tribunal Federal no sentido da ampla legitimidade extraordinária dos sindicatos para defender em juízo os direitos e interesses coletivos ou individuais dos integrantes da categoria que representam, inclusive nas liquidações e execuções de sentença, independentemente de autorização dos substituídos" (STF, Pleno, RE 883.642 RG, Rel. Min. Ricardo Lewandowiski, jul. 18.05.2015, *DJe* 26.06.2015).

Ação coletiva movida por sindicato. Substituição processual. "O efeito da sentença coletiva nessas hipóteses não está adstrito aos filiados à entidade sindical à época do oferecimento da ação coletiva, nem limitada sua abrangência ao âmbito territorial da jurisdição do órgão prolator da decisão" (STJ, EREsp 1.770.377/RS, Rel. Min. Herman Benjamin, 1ª Seção, jul. 27.11.2019, *DJe* 07.05.2020).

"A coisa julgada proveniente da ação coletiva alcança todos os servidores integrantes da categoria beneficiada, sendo a eles assegurada a legitimidade para a execução individual deste título judicial, ainda que não ostentem a condição de afiliado da referida entidade quando do processo de conhecimento. Precedentes" (STJ, AgInt no AREsp. 1.546.501/SP, Rel. Min. Francisco Falcão, 2ª Turma, jul. 24.02.2021, *DJe* 01.03.2021).

Jurisprudência consolidada no STJ no sentido de que, na ação coletiva proposta por sindicato, na qualidade de substituto processual. "Os efeitos e a eficácia da sentença não estão circunscritos a lindes geográficos, mas aos limites objetivos e subjetivos do que foi decidido" (STJ, AgInt no REsp 1.750.148/SC, Rel. Min. Regina Helena Costa, 1ª Turma, jul. 18.02.2019, *DJe* 21.02.2019).

Legitimidade individual. Existência. "Portanto, caso a sentença coletiva não tenha uma delimitação expressa dos seus limites subjetivos, especificando os beneficiários do título executivo judicial, a coisa julgada advinda da ação coletiva deve alcançar todas as pessoas abrangidas pela categoria profissional, e não apenas os seus filiados, podendo, ainda, ser aproveitada por trabalhadores vinculados a outro ente sindical, desde que contidos no universo daquele mais abrangente" (STJ, AgInt no AREsp 2.399.352/MA, Rel. Min. Teodoro Silva Santos, 2ª Turma, jul. 23.04.2024, *DJe* 25.04.2024).

11. Dúvida sobre a legitimação para agir. "Quanto mais democrática uma sociedade, maior e mais livre deve ser o grau de acesso aos tribunais que se espera seja garantido pela Constituição e pela lei à pessoa, individual ou coletivamente. Na Ação Civil Pública, em caso de dúvida sobre a legitimação para agir de sujeito intermediário – Ministério Público, Defensoria Pública e associações, p. ex., sobretudo se estiver em jogo a dignidade da pessoa humana, o juiz deve optar por reconhecê-la e, assim, abrir as portas para a solução judicial de litígios que, a ser diferente, jamais veriam seu dia na Corte" (STJ, REsp 931.513/RS, Rel. Min. Carlos Fernando Mathias, Rel. p/ Acórdão Min. Herman Benjamin, 1ª Seção, jul. 25.11.2009, *DJe* 27.09.2010).

12. Migração de ente público para o polo ativo. Possibilidade. "O deslocamento de pessoa jurídica de Direito Público do polo passivo para o ativo na Ação Civil Pública é possível, quando presente o interesse público, a juízo do representante legal ou do dirigente, nos moldes do art. 6º, § 3º, da Lei 4.717/1965, combinado com o art. 17, § 3º, da Lei de Improbidade Administrativa" (STJ, AgRg no REsp 1.012.960/PR, Rel. Min. Herman Benjamin, 2ª Turma, jul. 06.10.2009, *DJe* 04.11.2009).

13. Vício na representação. Legitimidade do Ministério Público. "Vício na representação. Súmulas 5/STJ e 7/STJ. Extinção do feito. Impossibilidade. Princípio da indisponibilidade da demanda coletiva. Instrumentalidade das formas. Legitimidade do ministério público. [...] 'A norma inserta no art. 13 do CPC deve ser interpretada em consonância com o § 3º do art. 5º da Lei 7.347/85, que determina a continuidade da ação coletiva. Prevalece, na hipótese, os princípios da indisponibilidade da demanda coletiva e da obrigatoriedade, em detrimento da necessidade de manifestação expressa do Parquet para a assunção do polo ativo da demanda' (REsp 855.181/SC, Rel. Min. Castro Meira, Segunda Turma, julgado em 1º.09.2009, *DJe* 18.09.2009)" (STJ, REsp 1.372.593/SP, Rel. Min. Humberto Martins, 2ª Turma, jul. 07.05.2013, *DJe* 17.05.2013).

14. Litisconsórcio ativo facultativo entre Ministério Público Federal, Estadual e do Trabalho (§ 5º). "(...) o litisconsórcio ativo facultativo entre os ramos do MPU e os MPs dos Estados, em tese, é possível, sempre que as circunstâncias do caso recomendem, para a propositura de ações civis públicas que visem à responsabilidade por danos morais e patrimoniais causados ao meio ambiente, ao consumidor, a bens e direitos de valor artístico, estético, histórico e paisagístico, à ordem econômica e urbanística, bem como a qualquer outro interesse difuso ou coletivo, inclusive de natureza trabalhista" (STJ, REsp 1.444.484/RN, Rel. Min. Benedito Gonçalves, 1ª Turma, jul. 18.09.2014, *DJe* 29.09.2014).

15. Termo de compromisso. Título executivo (§ 6º). "Execução Termo de compromisso. Art. 5º, § 6º, da Lei nº 7.347/1985.

Precedentes da Corte. Na linha de precedentes da Corte, o termo de compromisso e ajustamento, de acordo com o art. 5º, § 6º, da Lei nº 7.347/85, que está em vigor, é título executivo" (STJ, REsp 440.205/SP, Rel. Min. Carlos Alberto Menezes Direito, 3ª Turma, jul. 29.03.2005, *DJ* 13.06.2005).

16. Termo de ajustamento de conduta.

Celebrado antes da vigência do novo Código Florestal. *Tempus regit actum.* "As cláusulas de Termo de Ajustamento de Conduta – TAC, ou de documento assemelhado, devem ser adimplidas fielmente e de boa-fé, incumbindo ao degradador a prova da satisfação plena das obrigações assumidas. A inadimplência, total ou parcial, do TAC dá ensejo à execução do avençado e das sanções de garantia. O STJ consolidou o entendimento de que o novo Código Florestal não pode retroagir para atingir o ato jurídico perfeito, os direitos ambientais adquiridos e a coisa julgada. Precedentes. Uma vez celebrado, e cumpridas as formalidades legais, o Termo de Ajustamento de Conduta – TAC constitui ato jurídico perfeito, imunizado contra alterações legislativas posteriores que enfraqueçam as obrigações ambientais nele estabelecidas. Deve, assim, ser cabal e fielmente implementado, vedado ao juiz recusar sua execução, pois do contrário desrespeitaria a garantia da irretroatividade da lei nova, prevista no art. 6º da Lei de Introdução às Normas do Direito Brasileiro (Decreto-lei 4.657/1942). Precedentes do STJ" (STJ, REsp 1802754/SP, Rel. Min. Herman Benjamin, 2ª Turma, jul. 08.10.2019, *DJe* 11.09.2020).

Execução. Legitimidade do indivíduo. "Interpretação consentânea com a finalidade protetiva das normas do microssistema dos processos coletivos relaciona a legitimidade para executar o Termo de Ajustamento de Conduta à natureza do direito tutelado. Assim, há legitimidade dos indivíduos para executar individualmente o Termo firmado por ente público que verse sobre direitos individuais homogêneos" (STJ, REsp 2.059.781/RJ, Rel. Min. Nancy Andrighi, 3ª Turma, jul. 12.12.2023, *DJe* 15.12.2023). Para que haja, entretanto, viabilização da execução do dano individual é preciso que o Termo o torne certo e líquido, ou liquidável: "No que diz respeito à obrigação de pagar, existem duas formas de quantificação dos danos: (I) danos que precisam de liquidação e (II) danos que já estão quantificados e, portanto, líquidos" (REsp 2.059.781, *cit.*).

Art. 6º Qualquer pessoa poderá e o servidor público deverá provocar a iniciativa do Ministério Público, ministrando-lhe informações sobre fatos que constituam objeto da ação civil e indicando-lhe os elementos de convicção.

Art. 7º Se, no exercício de suas funções, os juízes e tribunais tiverem conhecimento de fatos que possam ensejar a propositura da ação civil, remeterão peças ao Ministério Público para as providências cabíveis.

Art. 8º Para instruir a inicial, o interessado poderá requerer às autoridades competentes as certidões e informações que julgar necessárias, a serem fornecidas no prazo de 15 (quinze) dias.

§ 1º O Ministério Público poderá instaurar, sob sua presidência, inquérito civil, ou requisitar, de qualquer organismo público ou particular, certidões, informações, exames ou perícias, no prazo que assinalar, o qual não poderá ser inferior a 10 (dez) dias úteis.

§ 2º Somente nos casos em que a lei impuser sigilo, poderá ser negada certidão ou informação, hipótese em que a ação poderá ser proposta desacompanhada daqueles documentos, cabendo ao juiz requisitá-los.

JURISPRUDÊNCIA SELECIONADA

1. Inquérito civil. "O inquérito civil é um instrumento de coleta de informações de forma a aclarar, determinar e precisar os fatos denunciados, para que se possa verificar a necessidade ou não de ajuizamento de ação civil pública" (STJ, 2ª Turma, REsp 262.186/MT, Rel. Min. Castro Meira, ac. de 05.04.2005, *DJ* 23.05.2005).

"Tanto o Procedimento de Investigação Preliminar, quanto o inquérito civil, servem à formação da convicção do Ministério Público a respeito dos fatos investigados e o resultado consequente pode dar ensejo ao ajuizamento de qualquer das ações judiciais a cargo do parquet. A 'análise prévia' (conforme referiu a Corte de origem) a respeito da necessidade das informações requisitas pelo Ministério Público é da competência exclusiva dessa instituição, que tem autonomia funcional garantida constitucionalmente, não sendo permitido ao Poder Judiciário ingressar no mérito a respeito do ato de requisição, sob pena de subtrair do parquet uma das prerrogativas que lhe foi assegurada pela Constituição Federal de 1988" (STJ, RMS 33.392/PE, Rel. Min. Benedito Gonçalves, 1ª Turma, jul. 07.06.2011, *DJe* 10.06.2011).

Inquérito Civil. Prazo. "O inquérito civil público possui natureza administrativa e é autônomo em relação ao processo de responsabilidade; na mesma toada, o processo de apuração de danos ao erário também é autônomo do processo penal. Precedente: HC 70.501/SE, Rel. Min. Gilson Dipp, Quinta Turma, *DJ* 25.06.2007, p. 269. Inexiste legislação fixando um prazo específico para o término do inquérito civil público; todavia, a Resolução n. 23/2007, do Conselho Nacional do Ministério Público (CONAMP), publicada no Diário da Justiça em 7.11.2007, Seção 1, p. 959-960, fixa: 'Art. 9º O inquérito civil deverá ser concluído no prazo de um ano, prorrogável pelo mesmo prazo e quantas vezes forem necessárias, por decisão fundamentada de seu presidente, à vista da imprescindibilidade da realização ou conclusão de diligências (...)'. Logo, reconhece-se a possibilidade de inquéritos civis públicos longos, com vários anos, como no caso em tela" (STJ, AgRg no RMS 25.763/RJ, Rel. Min. Humberto Martins, 2ª Turma, jul. 02.09.2010, *DJe* 24.09.2010).

Ação civil pública. Desnecessidade de inquérito civil. "O inquérito civil é procedimento administrativo de caráter puramente investigatório com o objetivo de coligir elementos que subsidiem a propositura da ação de improbidade. **O inquérito civil não é procedimento necessário para a propositura da ação civil.** Na maioria dos casos, para que possa o Ministério Público fundamentar a ação, instaura o inquérito para coletar elementos indiciários que possibilitem a propositura da ação. A lei não exige que se promova o inquérito civil antes de se propor a ação. O inquérito civil não é peça imprescindível ao oferecimento da ação civil de improbidade" (TRF – 1ª Região, Ap. 2005.33.02.000132-2/BA, Rel. Juiz Federal Tourinho Neto, 3ª Turma, jul. 07.07.2008, *DJ* 18.07.2008; *RT* 877/362). **No mesmo sentido:** STJ, REsp 162.377/SC, Rel. Min. Francisco Falcão, 1ª Turma, jul. 13.03.2001, *DJ* 25.06.2001.

"Não se verifica violação do art. 332 do Código de Processo Civil – CPC, em razão de a ação civil pública estar apoiada em prova colhida em inquérito civil, porquanto, à luz da jurisprudência pacífica do STJ, 'o inquérito civil, como peça informativa, tem por fim embasar a propositura da ação, que independe da prévia instauração do procedimento administrativo. Eventual irregularidade praticada na fase pré-processual não é capaz de inquinar de nulidade a ação civil pública, assim como ocorre na esfera penal, se observadas as garantias do devido processo legal, da ampla defesa e do contraditório' (REsp 1.119.568/PR, Rel. Ministro Arnaldo Esteves Lima, Primeira Turma, *DJe* 23.09.2010)" (STJ, AgRg no AREsp 113.436/SP, Rel. Min. Benedito Gonçalves, 1ª Turma, jul. 10.04.2012, *DJe* 18.05.2012).

Provas colhidas no inquérito civil. Valor probatório relativo. "As provas colhidas no inquérito têm valor probatório relativo, porque colhidas sem a observância do contraditório, mas só devem ser afastadas quando há contraprova de hierarquia superior, ou seja, produzida sob a vigilância do contraditório. A prova colhida inquisitorialmente não se afasta por mera negativa, cabendo ao juiz, no seu livre convencimento, sopesá-las" (STJ, REsp 476.660/MG, Rel.ª Min.ª Eliana Calmon, 2ª Turma, jul. 20.05.2003, *DJ* 04.08.2003).

"O que no inquérito civil se apurar, quando regularmente realizado, terá validade e eficácia em juízo, podendo o magistrado valer-se dele para formar ou reforçar sua convicção, desde que não colidam com provas de hierarquia superior, como aquelas colhidas sob as garantias do contraditório. No caso, verificou-se a ausência de contraprova que afastasse a presunção relativa das provas produzidas no inquérito civil" (STJ, AREsp 1.417.207/MG, Rel. Min. Francisco Falcão, 2ª Turma, jul. 17.09.2024, *DJe* 19.09.2024).

2. Sigilo. Princípio da publicidade (§ 2º). "O inquérito civil, procedimento administrativo, de natureza inquisitiva e informativa, destinado à formação da convicção do Ministério Público a respeito de fatos determinados, deve obediência ao princípio constitucional da publicidade. Porém, o princípio da publicidade dos atos administrativos não é absoluto, podendo ser mitigado quando haja fatos ou atos protegidos pelos direitos relacionados à intimidade e a privacidade do investigado, a exemplo do comando inserto no § 2º do art. 8º da Lei n. 7.347/85. No caso dos autos, o acesso ao inquérito civil foi obstado por conta do conteúdo dos dados coletados pelo *parquet*, que são protegidos pelo direito constitucional à intimidade e à privacidade, a exemplo dos dados bancários dos investigados, conseguidos, judicialmente, por meio da quebra de sigilo" (STJ, RMS 28.989/RS, Rel. Min. Benedito Gonçalves, 1ª Turma, jul. 23.03.2010, *DJe* 26.08.2010).

Acesso a advogado constituído pelos impetrantes. Possibilidade. "Não é lícito negar ao advogado constituído o direito de ter acesso aos autos de inquérito civil, embora trate-se de procedimento meramente informativo, no qual não há necessidade de se atender aos princípios do contraditório e da ampla defesa, porquanto tal medida poderia subtrair do investigado o acesso a informações que lhe interessam diretamente. Com efeito, é direito do advogado, no interesse do cliente envolvido no procedimento investigatório, **ter acesso a inquérito instaurado por órgão com competência de polícia judiciária ou pelo Ministério Público**, relativamente aos elementos já documentados nos autos e que digam respeito ao investigado, dispondo a autoridade de meios legítimos para garantir a eficácia das diligências em curso. Ressalte-se, outrossim, que a utilização de material sigiloso, constante de inquérito, para fim diverso da estrita defesa do investigado, constitui crime, na forma da lei" (STJ, RMS 28.949/PR, Rel. Min. Denise Arruda, 1ª Turma, jul. 05.11.2009, *DJe* 26.11.2009).

"O artigo 155, § 1º, da **Lei das Sociedades Anônimas**, ao apontar como sigilosas as informações que ainda não tenham sido divulgadas para o mercado, não dirigiu esse sigilo ao Ministério Público, não havendo superposição da norma em relação à Lei nº 8.625/93. Não existindo lei que imponha sigilo em relação aos dados em tela, prevalece a determinação legal que autoriza o Ministério Público a requisitar tais informações" (STJ, REsp 657.037/RJ, Rel. Min. Francisco Falcão, 1ª Turma, jul. 02.12.2004, *DJ* 28.03.2005).

Art. 9º Se o órgão do Ministério Público, esgotadas todas as diligências, se convencer da inexistência de fundamento para a propositura da ação civil, promoverá o arquivamento dos autos do inquérito civil ou das peças informativas, fazendo-o fundamentadamente.

§ 1º Os autos do inquérito civil ou das peças de informação arquivadas serão remetidos, sob pena de se incorrer em falta grave, no prazo de 3 (três) dias, ao Conselho Superior do Ministério Público.

§ 2º Até que, em sessão do Conselho Superior do Ministério Público, seja homologada ou rejeitada a promoção de arquivamento, poderão as associações legitimadas apresentar razões escritas ou documentos, que serão juntados aos autos do inquérito ou anexados às peças de informação.

§ 3º A promoção de arquivamento será submetida a exame e deliberação do Conselho Superior do Ministério Público, conforme dispuser o seu Regimento.

§ 4º Deixando o Conselho Superior de homologar a promoção de arquivamento, designará, desde logo, outro órgão do Ministério Público para o ajuizamento da ação.

Art. 10. Constitui crime, punido com pena de reclusão de 1 (um) a 3 (três) anos, mais multa de 10 (dez) a 1.000 (mil) Obrigações Reajustáveis do Tesouro Nacional – ORTN, a recusa, o retardamento ou a omissão de dados técnicos indispensáveis à propositura da ação civil, quando requisitados pelo Ministério Público.

Art. 11. Na ação que tenha por objeto o cumprimento de obrigação de fazer ou não fazer, o juiz determinará o cumprimento da prestação da atividade devida ou a cessação da atividade nociva, sob pena de execução específica, ou de cominação de multa diária, se esta for suficiente ou compatível, independentemente de requerimento do autor.

1. *Astreinte*. Proteção do patrimônio histórico e cultural. "Nos termos do art. 11 da Lei 7.437/1985, a hipótese de imposição de astreintes é ope legis e, em consequência, obrigatória, caso paire a mínima dúvida sobre o acatamento voluntário futuro da decisão judicial. (...) Equivocado enxergar o cabimento de tal remédio processual apenas em face de resistência prospectiva (isto é, após a decisão judicial), pois o que dispara e legitima sua aplicação é a presunção de resistência futura com base em juízo retrospectivo, à luz da conduta pretérita do réu. (...) A Primeira Seção do STJ referendou o entendimento, no REsp Repetitivo 1.474.665/RS (Relator Ministro Benedito Gonçalves), de que a infligência de multa pela desobediência à obrigação de fazer ou de não fazer, inclusive contra o Estado, decorre do "poder geral de efetivação", concedido ao juiz para fazer valer, no mundo dos fatos, as suas decisões. Precedentes: REsp 1.499.927/DF, Rel. Ministro Humberto Martins, Segunda Turma, julgado em 17/12/2015, *DJe* 5/2/2016; REsp 947.555/MG, Rel. Ministro Herman Benjamin, Segunda Turma, julgado em 18/8/2009, *DJe* 27/4/2011; REsp 1.184.194/RS, Rel. Ministra Eliana Calmon, Segunda Turma, julgado em 2/9/2010, *DJe* 22/9/2010. (...) A condenação do ente público omisso quanto aos seus compromissos legais e constitucionais tão somente na obrigação de fazer ou de não fazer debilita ou esvazia o conteúdo normativo instigador de eficácia do art. 11 da Lei da Ação Civil Pública. No processo civil coletivo, deve o magistrado definir provimento cogente assecuratório e indutor de obediência à sua decisão, individualizado ao caso concreto, que se prestará para realçar – em face do réu recalcitrante ou simplesmente contumaz na ilicitude – a pretensão republicana e social de absoluto cuidado e prioridade na salvaguarda de bens metaindividuais constitucional e legalmente amparados. (...) A determinação de astreintes, na presente demanda, que cuida da proteção do patrimônio histórico e cultural, direito difuso por excelência e de magna importância, mostra-se imprescindível para tornar efetiva a prestação jurisdicional. Merece reforma, pois, o julgado recorrido para que, reconhecida a violação do art. 11 da Lei nº 7.437/1985, se estabeleça multa diária de R$ 1.000,00 (mil reais), a partir de 6 (seis) meses após a publicação deste Acórdão" (STJ, REsp 1723590/RJ, Rel. Min. Herman Benjamin, 2ª Turma, jul. 08.05.2018, *DJe* 26.11.2018).

2. Execução de título extrajudicial. Obrigações assumidas em termo de ajustamento de conduta, firmado no bojo de ação civil. Prazo prescricional. "Por outro lado, merecem prosperar as argumentações relativas à prescrição, tendo em vista que a pretensão trazida nos autos não se refere à reparação de danos ambientais em si, a ensejar a imprescritibilidade, mas sim à pretensão executória de obrigações de fazer previstas em TAC, relacionadas a obras e serviços de pavimentação, pintura e instalação de telhas, assumidos pela empresa construtora como contrapartida à comunidade vizinha pela instalação do empreendimento imobiliário. (...) Não há que se confundir o caráter imprescritível da reparação ambiental por dano continuado em relação à pretensão meramente patrimonial, sujeita à prescrição quinquenal. Precedentes: AgInt no REsp 1.401.278/RJ, Rel. Min. Sérgio Kukina, Primeira Turma, *DJe* 18/12/2020; AgInt no AREsp 443.094/RJ, Rel. Min, Napoleão Nunes Maia Filho, Primeira Turma, *DJe* 25/02/2019. Assim, não se tratando diretamente de danos ambientais, é de se acolher o entendimento de que a presente pretensão executória, proposta pelo MPRJ após mais de cinco anos do termo final para cumprimento das obrigações constantes no TAC – como consignado na origem, está sujeita à prescrição quinquenal, diante da aplicação do disposto no artigo 21 da Lei 4.717/65, nos termos da jurisprudência desta Corte" (STJ, AREsp 1.941.907/RJ, Rel. Min. Benedito Gonçalves, 1ª Turma, jul. 09.08.2022, *DJe* 19.08.2022).

Art. 12. Poderá o juiz conceder mandado liminar, com ou sem justificação prévia, em decisão sujeita a agravo.

§ 1º A requerimento de pessoa jurídica de direito público interessada, e para evitar grave lesão à ordem, à saúde, à segurança e à economia pública, poderá o Presidente do Tribunal a que competir o conhecimento do respectivo recurso suspender a execução da liminar, em decisão fundamentada, da qual caberá agravo para uma das turmas julgadoras, no prazo de 5 (cinco) dias a partir da publicação do ato.

§ 2º A multa cominada liminarmente só será exigível do réu após o trânsito em julgado da decisão favorável ao autor, mas será devida desde o dia em que se houver configurado o descumprimento.

JURISPRUDÊNCIA SELECIONADA

1. Medida cautelar em ação civil pública. Liminar. Medida de proteção constitucionalmente autorizada. Ver jurisprudência do art. 297 do CPC/2015.

2. Suspensão da liminar. Interposição de agravo. Faculdade (§ 1º). "A suspensão da liminar prevista no § 1º do art. 12 da Lei nº 7.347/85, alterado pelas disposições do art. 4º da Lei nº 4.437/92, não pressupõe a interposição de agravo de instrumento para ter eficácia. A lei permite a interposição do agravo, não obriga" (STJ, 2ª Turma, REsp 193.319/PR, Rel. Min. João Otávio de Noronha, jul. 02.2005, *DJ* 11.04.2005).

"Do exame do artigo 12 da Lei de Ação Civil Pública, conclui-se que, para suspender a execução da liminar concedida pelo juiz de primeiro grau contra o Poder Público, e evitar grave lesão à ordem, à saúde, à segurança e à economia pública, o remédio processual cabível é o pedido de suspensão da liminar, que difere do pedido de sua cassação e independe da prévia interposição do recurso de agravo. O § 1º do artigo 12 da LACP prevê meio específico de impugnação do ato concessivo da liminar, razão pela qual o pedido de suspensão da liminar somente pode ser feito por pessoa jurídica de direito público ou pelo Ministério Público. Dessa forma, 'aos demais interessados que queiram atacar a concessão de liminar em ação civil pública ou coletiva, resta-lhes interpor o agravo e pedir ao juiz confira-lhe efeito suspensivo' (Hugo Nigro Mazzilli, *A Defesa dos Interesses Difusos em Juízo*, 16ª ed., São Paulo, Saraiva, 2003, p. 416)" (STJ, 2ª Turma, REsp 208.728/PR, Rel. Min. Franciulli Netto, ac. de 03.02.2004, *DJ* 05.04.2004).

3. Mandado de segurança. Não cabimento. "Não cabe mandado de segurança contra liminar deferida, com fundamento no art. 12 da lei 7.347/85. O amparo constitucional não se presta a substituir o agravo previsto no art. 12" (STJ, REsp 11.973/RJ, Rel. Min. Demócrito Reinaldo, Rel. p/ Acórdão Min. Humberto Gomes de Barros, 1ª Turma, jul. 02.03.1994, *DJ* 11.04.1994).

"Não cabe mandado de segurança, requerido por entidade de direito público ou ente a ela equiparado, para obter a suspensão de liminar concedida em ação civil pública. Com efeito, o remédio adequado e a suspensão de liminar, a ser requerida ao presidente do tribunal a que competir o conhecimento do respectivo recurso (Lei n. 7.347, de 24-7-85, art. 12, parágrafo 1º)" (STJ, RMS 2.852/PR, Rel. Min. Antônio de Pádua Ribeiro, 2ª Turma, jul. 25.08.1993, *DJ* 13.09.1993).

4. Multa cominada. Trânsito em julgado (§ 2º). "A exigibilidade da multa cominada liminarmente em ação civil pública fica condicionada ao trânsito em julgado da decisão final favorável ao autor (art. 12, § 2º, da Lei 7.347/85)" (STJ, EDcl no AgRg no REsp 756.224/MG, Rel. Min. Paulo de Tarso Sanseverino, 3ª Turma, jul. 27.09.2011, *DJe* 04.10.2011).

5. Recurso especial sobre antecipação de tutela. "Em recurso especial contra acórdão que nega ou concede antecipação de tutela em ação civil pública, a questão federal passível de exame é apenas a que diz respeito aos requisitos da relevância do direito e do risco de dano, previstos nos artigos 273 do CPC e 12 da Lei nº 7.347/85. Não é apropriado invocar, desde logo, e apenas, ofensa às disposições normativas relacionadas com o mérito da ação principal" (STJ, 1ª Turma, REsp 668.689/SC, Rel. Min. Teori Albino Zavascki, jul. 14.06.2005, *DJ* 27.06.2005).

6. Agravo interno. Mandado de segurança. Afastamento. "O cabimento do agravo interno afasta o mandado de segurança substitutivo, na forma da jurisprudência reiterada desta Corte. O Mandado de Segurança contra ato judicial, após as inovações na legislação processual que permitem a concessão de efeito suspensivo ativo pelo próprio relator do agravo de instrumento, somente mostra-se cabível contra decisão que possa ser considerada teratológica. Hipótese inocorrente, *in casu*, em que o *decisum a quo* consignou expressamente a continuidade da prestação de serviços do impetrante em caráter precário até a conclusão do procedimento licitatório" (STJ, 1ª Seção, AgRg no MS 9.233/MG, Rel. Min. Luiz Fux, jul. 26.02.2004, *DJ* 22.03.2004).

Art. 13. Havendo condenação em dinheiro, a indenização pelo dano causado reverterá a um fundo gerido por um Conselho Federal ou por Conselhos Estaduais de que participarão necessariamente o Ministério Público e representantes da comunidade, sendo seus recursos destinados à reconstituição dos bens lesados.

§ 1º Enquanto o fundo não for regulamentado, o dinheiro ficará depositado em estabelecimento oficial de crédito, em conta com correção monetária. (Renumerado do parágrafo único pela Lei nº 12.288, de 2010).

§ 2º Havendo acordo ou condenação com fundamento em dano causado por ato de discriminação étnica nos termos do disposto no art. 1º desta Lei, a prestação em dinheiro reverterá diretamente ao fundo de que trata o *caput* e será utilizada para ações de promoção da igualdade étnica, conforme definição do Conselho Nacional de Promoção da Igualdade Racial, na hipótese de extensão nacional, ou dos Conselhos de Promoção de Igualdade Racial estaduais ou locais, nas hipóteses de danos com extensão regional ou local, respectivamente. (Incluído pela Lei nº 12.288, de 2010)

REFERÊNCIA LEGISLATIVA

Decreto nº 1.306, de 09.11.1994 – Regulamenta o Fundo de Defesa de Direitos Difusos, de que tratam os arts. 13 e 20 da Lei nº 7.347, de 24.07.1985, seu conselho gestor e dá outras providências; Lei nº 9.008, de 21.03.1995 – Cria, na estrutura organizacional do Ministério da Justiça, o Conselho Federal de que trata o art. 13 da Lei nº 7.347, de 24.07.1985, altera os arts. 4º, 39, 82, 91 e 98 da Lei nº 8.078, de 11.09.1990, que dispõe sobre a proteção do consumidor, e dá outras providências; Lei nº 9.240, de 22.12.1995 – Ratifica o Fundo de Imprensa Nacional, o Fundo de Prevenção, Recuperação e de Combate às Drogas de Abuso e o Fundo de Defesa dos Direitos Difusos.

JURISPRUDÊNCIA SELECIONADA

1. Fundo de reparação dos danos aos interesses difusos e coletivos atingidos. "(...). Soma-se a isso o fato de que a multa obtida com o descumprimento do compromisso, por expressa previsão legal (art. 13 da Lei 7.347/85), há de ser revertida a um fundo de reparação dos danos aos interesses difusos e coletivos atingidos, não podendo servir ao interesse particular do Sindicato ou daqueles estabelecimentos que representa. No caso dos autos, considerando que o compromisso foi tomado pelo Ministério Público, compete a este a devida fiscalização pelo cumprimento das obrigações assumidas no termo, assim como a respectiva execução em caso de descumprimento" (STJ, REsp 1.020.009/RN, Rel. Min. Benedito Gonçalves, 1ª Turma, jul. 06.03.2012, *DJe* 09.03.2012).

2. Efeitos da sentença proferida em ação coletiva. Sindicato. "'A sentença proferida em ação coletiva somente surte efeito nos limites da competência territorial do órgão que a proferiu, e exclusivamente em relação aos substituídos processuais que ali eram domiciliados à época da propositura da demanda'. (AgRg no REsp 1.279.061/MT, Segunda Turma, Rel. Min. Humberto Martins, *DJe* 26.04.2012)" (STJ, AgRg no REsp 1.338.029/PR, Rel. Min. Mauro Campbell Marques, 2ª Turma, jul. 13.11.2012, *DJe* 21.11.2012).

Art. 14. O juiz poderá conferir efeito suspensivo aos recursos, para evitar dano irreparável à parte.

JURISPRUDÊNCIA SELECIONADA

1. Efeito Suspensivo. "Na ação civil pública, os recursos devem ser recebidos, em regra, apenas no efeito devolutivo, ressalvados os casos de iminente dano irreparável às partes, em que poderá ser conferido efeito suspensivo, na forma do art. 14, da Lei nº 7.347/85. Precedentes" (STJ, REsp 1.125.494/SP, Rel. Min. Castro Meira, 2ª Turma, jul. 13.04.2010, *DJe* 23.04.2010). **No mesmo sentido:** STJ, AgInt no AREsp 1.004.259/SP, Rel. Min. Og Fernandes, 2ª Turma, jul. 17.08.2021, *DJe* 03.09.2021.

"As normas processuais que regulam a ação civil pública estão na Lei n. 7.347/85, aplicando-se o CPC, tão somente, de forma subsidiária. Daí por que se dizer que a regra do recebimento da apelação contra sentença proferida em seu âmbito é apenas no efeito devolutivo; podendo ou não o juiz conferir o efeito suspensivo diante do caso concreto, como especifica o art. 14 da referida Lei" (STJ, AgRg no REsp 436.647/RS, Rel. Min. Humberto Martins, 2ª Turma, jul. 26.08.2008, *DJe* 07.11.2008).

Mandado de segurança. Não cabimento. "Lei n. 7.347, de 24.07.85 - Liminar - Recurso - A Lei n. 7.347, de 24.07.1985, autoriza o juiz conceder liminar. A decisão está sujeita a agravo (art. 12). O recurso, ademais, pode receber efeito suspensivo (art. 14). O mandado de segurança, então, **evidencia-se inadequado.** Ainda que se o tenha como cautelar (sentido material), dado haver recurso específico, podendo receber o efeito suspensivo" (STJ, RMS 2.585/MG, Rel. Min. Luiz Vicente Cernicchiaro, 6ª Turma, jul. 28.06.1993, *DJ* 11.10.1993).

Art. 15. Decorridos sessenta dias do trânsito em julgado da sentença condenatória, sem que a associação autora lhe promova a execução, deverá fazê-lo o Ministério Público, facultada igual iniciativa aos demais legitimados (artigo com redação dada pela Lei nº 8.078, de 11.09.1990).

JURISPRUDÊNCIA SELECIONADA

1. Trânsito em julgado. Execução. Ministério Público. "A propositura da execução, ainda que em princípio, **fica a cargo do colegitimado ativo** que ajuizou a ação civil pública de que se originou a sentença condenatória. Inteligência do art. 15 da Lei nº 7.347/85. **O Ministério Público tem plena legitimidade para proceder à execução das sentenças condenatórias provenientes das ações civis públicas que move para proteger o patrimônio público,** sendo certo, outrossim, que é inadmissível conferir-se à Fazenda Pública Municipal a exclusividade na defesa de seu erário, mostrando-se cabível a atuação do Parquet quando o sistema de legitimação ordinária falhar – circunstância que escapa do debate aqui travado, mas que aparentemente ficou caracterizada" (STJ, REsp 1.162.074/MG, Rel. Min. Castro Meira, 2ª Turma, jul. 16.03.2010, *DJe* 26.03.2010).

"Nos termos dos arts. 5º, § 3º, e 15, da Lei nº 7.347/85, nos casos de desistência infundada ou de abandono da causa por parte de outro ente legitimado, deverá o Ministério Público integrar o polo ativo da demanda. Em outras palavras, homenageando-se os princípios da indisponibilidade e obrigatoriedade das demandas coletivas, deve-se dar continuidade à ação civil pública, a não ser que o Parquet demonstre fundamentalmente a manifesta improcedência da ação ou que a lide revele-se temerária" (STJ, REsp 200.289/SP, Rel. Min. Vasco Della Giustina, 3ª Turma, jul. 02.09.2010, *DJe* 15.09.2010).

Prazo. Ver jurisprudência do art. 97 da Lei nº 8.078/1990 (CDC).

2. Ação ajuizada por associação. Legitimidade do não associado para promover a execução. "Para os fins do art. 927 do CPC, é adotada a seguinte Tese: 'Em Ação Civil Pública proposta por associação, na condição de substituta processual de consumidores, possuem legitimidade para a liquidação e execução da sentença todos os beneficiados pela procedência do pedido, independentemente de serem filiados à associação promovente'" (STJ, REsp 1438263/SP, Rel. Min. Raul Araújo, 2ª Seção, jul. 28.04.2021, *DJe* 24.05.2021).

3. Liquidação de sentença coletiva. Transação homologada em juízo. Coisa julgada material. Inocorrência. "A associação, representando os participantes e assistidos de plano de benefícios de previdência complementar administrado pela entidade previdenciária ré, ajuizou previamente ação coletiva vindicando verba relacionada a pecúlio, tendo sido o pedido acolhido pelas instâncias ordinárias – decisão transitada em julgada. Conforme apurado pela Corte local, na fase de liquidação, as partes, de comum acordo, pactuaram transação que continha cláusula conferindo quitação geral, homologada em Juízo. (...) Malgrado não se possa falar em coisa julgada material, o ato jurídico perfeito integra o conceito de direito adquirido, que abrange esses dois institutos. Nada obstante, tendo a Associação recorrente ajuizado uma nova ação condenatória também referente à restituição de pecúlio, ainda que apenas mediante ação anulatória, observando-se o prazo decadencial, só então é que se poderia cogitar a desconstituição do acordo homologado por sentença, sendo certo que a transação é caracterizada pelo consenso e pela reciprocidade de concessões – em outros termos, a pactuação gera novação. A Segunda Seção, por ocasião do julgamento do AgRg no AREsp n. 504.022/SC, afetado pela Quarta Turma àquele Colegiado para pacificação da matéria, perfilhou o entendimento de que, em havendo transação, o exame do juiz deve limitar-se à sua validade e eficácia, verificando se houve efetiva transação, se a matéria comporta disposição, se os transatores são titulares do direito do qual dispõem parcialmente, se são capazes de transigir – não podendo, sem que se proceda a esse exame, ser simplesmente desconsiderada a avença (AgRg no AREsp n. 504.022/SC, rel. Ministro Luis Felipe Salomão, Segunda Seção, julgado em 10/9/2014, *DJe* 30.9.2014)" (STJ, REsp 1418771/DF, Rel. Min. Luis Felipe Salomão, 4ª Turma, jul. 03.08.2021, *DJe* 09.09.2021).

Liquidação da sentença coletiva promovida pelo Ministério Público. Ilegitimidade. "Ressalvada a hipótese da reparação fluida do art. 100 do CDC, o Ministério Público não tem legitimidade para promover a liquidação correspondente aos danos individualmente sofridos pelas vítimas ou sucessores, tampouco para promover a execução coletiva da sentença, sem a prévia liquidação individual, incumbindo a estes – vítimas e/ou sucessores – exercer a respectiva pretensão, a contar da sentença coletiva condenatória. A ilegitimidade do Ministério Público se revela porque: (i) a liquidação da sentença coletiva visa a transformar a condenação pelos prejuízos globalmente causados em indenizações pelos danos particularmente sofridos, tendo, pois, por objeto os direitos individuais disponíveis dos eventuais beneficiados; (ii) a legitimidade das vítimas e seus sucessores prefere à dos elencados no rol do art. 82 do CDC, conforme prevê o art. 99 do CDC; (iii) a legitimação para promover a liquidação coletiva é subsidiária, na forma do art. 100 do CDC, e os valores correspondentes reverterão em favor do Fundo Federal de Direitos Difusos, ou de seus equivalentes em nível estadual e/ou municipal. (...) Consequência direta da conclusão de que não cabe ao Ministério Público promover a liquidação da sentença coletiva para satisfazer, um a um, os interesses individuais disponíveis das vítimas ou seus sucessores, por se tratar de pretensão não amparada no CDC e que foge às atribuições institucionais do *Parquet*, é reconhecer que esse requerimento – acaso seja feito – não é apto a interromper a prescrição para o exercício da respectiva pretensão pelos verdadeiros titulares do direito tutelado" (STJ, REsp 1.758.708/MS, Rel. Min. Nancy Andrighi, Corte Especial, jul. 20.04.2022, *DJe* 11.05.2022).

Liquidação de sentença coletiva. Competência. Foro do domicílio do consumidor ou do local em que proferida a sentença. Aleatoriedade na escolha. Impossibilidade. "O entendimento prevalente nesta Corte Superior é de que a competência para liquidação e cumprimento de sentença coletiva poderá ser do foro em que prolatada a decisão da ação civil pública ou do domicílio dos beneficiários ou seus sucessores. Esse entendimento não legitima a promoção da liquidação do título executivo judicial coletivo em foro aleatório, sem nenhuma relação com as comarcas de domicílio dos beneficiários, ainda que se trate do foro de domicílio do substituto processual extraordinário, sob pena de afronta ao princípio do Juiz natural" (STJ, REsp 1.866.440/AL, Rel. Min. Marco Aurélio Bellizze, 3ª Turma, jul. 09.05.2023, *DJe* 12.05.2023).

4. Possibilidade de limitação do número de substituídos por cumprimento de sentença. "Na fase de cumprimento de sentença de ação coletiva relativa a direitos individuais homogêneos não se está mais diante de uma atuação uniforme do substituto processual em prol dos substituídos, mas de uma demanda em que é necessária a individualização de cada um dos beneficiários do título judicial, bem como dos respectivos créditos. Assim, é possível a limitação do número de substituídos em cada cumprimento de sentença, por aplicação extensiva do art. 113, § 1º, do CPC. Em que pese ao referido dispositivo se referir apenas a litisconsortes, é fato que o Código de Ritos não disciplina o procedimento específico das ações coletivas. Assim, não é correto afastar a incidência desse preceito normativo simplesmente por não haver referência expressa ao instituto da substituição processual. Ademais, o próprio CDC, em seu art. 90, prevê a aplicação supletiva do Código de Processo Civil" (STJ, REsp 1947661/RS, Rel. Min. Og Fernandes, 2ª Turma, jul. 23.09.2021, *DJe* 14.10.2021).

5. Cumprimento individual de sentença. Expurgos inflacionários. Juros remuneratórios não previstos em sentença coletiva anterior. "No regime próprio das demandas coletivas envolvendo direitos individuais homogêneos, é lícito aos poupadores promoverem cumprimento individual de sentença coletiva apenas para a cobrança dos juros remuneratórios, ainda que já executado anterior título executivo formado em ação civil pública diversa referente a expurgos inflacionários coincidentes, mas que não contemplava os referidos juros" (STJ, REsp 1.932.243/RS, Rel. Min. Nancy Andrighi, 3ª Turma, jul. 05.10.2021, *DJe* 08.10.2021).

Cumprimento individual de sentença. Juros remuneratórios não abrangidos em sentença coletiva anterior. Coisa julgada material. Inexistência. "Tendo em vista o regime próprio das ações coletivas envolvendo direitos individuais homogêneos, sobressai na hipótese que a ausência de pedido em relação aos juros remuneratórios não conduz à proibição do manejo da execução individual para a cobrança exclusiva da referida verba. Diante da regra da *res iudicata secundum eventum litis*, não há como se afirmar que o trânsito em julgado da primeira ação civil pública – cuja execução individual estava adstrita aos exatos termos do título judicial nesta formado – tenha o condão de espraiar os efeitos preclusivos da coisa julgada em relação a pedido não deduzido, não se podendo concluir pela formação de 'coisas julgadas conflitantes' conforme consignado pelas instâncias ordinárias" (STJ, REsp 1.934.637/SC, Rel. Min. Luis Felipe Salomão, 4ª Turma, jul. 08.06.2021, *DJe* 01.07.2021).

Ação civil pública. Execução coletiva. Direitos individuais homogêneos. Ausência de legitimidade do Ministério Público. "Nos termos do art. 98 do CDC, 'poderá ser coletiva' a execução da sentença condenatória proferida em ação civil pública referente a direitos individuais homogêneos. Distinção entre a 'execução coletiva' prevista no art. 98 do CDC e a execução residual (*fluid recovery*) prevista no art. 100 do CDC. Ilegitimidade ativa do Ministério Público para promover a execução coletiva do art. 98 do CDC por ausência de interesse público ou social a justificar a atuação do 'parquet' nessa fase processual, em que o interesse jurídico se restringe ao âmbito patrimonial e disponível de cada um dos consumidores lesados" (STJ, REsp 1.801.518/RJ, Rel. Min. Paulo de Tarso Sanseverino, 3ª Turma, jul. 14.12.2021, *DJe* 16.12.2021).

6. Interesses individuais homogêneos. Execução coletiva. Associação. Legitimidade subsidiária. "Os sujeitos previstos no rol do art. 82 do CDC têm legitimidade subsidiária para a liquidação e execução da sentença coletiva, na forma dos arts. 97 e 98 do CDC, caso não haja habilitação por parte dos beneficiários ou haja em número incompatível com a gravidade do dano, nos termos do art. 100 do CDC" (STJ, REsp 1.955.899/

PR, Rel. Min. Nancy Andrighi, 3ª Turma, jul. 15.03.2022, *DJe* 21.03.2022).

7. Prescrição da pretensão executória. Prazos. Independência. "A Corte Especial do STJ pacificou o entendimento de que o início da execução de sentença proferida em ação coletiva referente à obrigação de fazer não influi no prazo prescricional referente à execução da obrigação de pagar, não havendo que se falar em interrupção ou suspensão do prazo. Aquele Colegiado consignou ainda que tal compreensão não se aplica nos casos em que a sentença transitada em julgado ou o juízo de execução tenha fixado condicionamento diverso" (STJ, REsp 1.687.306/PB, Rel. p/ acórdão Min. Gurgel de Faria, 1ª Turma, jul. 08.03.2022, *DJe* 07.04.2022).

8. Responsabilidade por dano ambiental. Danos decorrentes de vazamento de amônia no Rio Sergipe. Demonstração de legitimidade. "Para demonstração da legitimidade para vindicar indenização por dano ambiental que resultou na redução da pesca na área atingida, o registro de pescador profissional e a habilitação ao benefício do seguro-desemprego, durante o período de defeso, somados a outros elementos de prova que permitam o convencimento do magistrado acerca do exercício dessa atividade, são idôneos à sua comprovação" (STJ, REsp 1.354.536/SE, Rel. Min. Luis Felipe Salomão, 2ª Seção, jul. 26.03.2014, *DJe* 05.05.2014). **Obs.:** decisão submetida a julgamento de recursos repetitivos.

9. Ação civil coletiva proposta por sindicato. Cumprimento de sentença individual. Ausência de limitação subjetiva no título judicial. Legitimidade de toda a categoria para postular a execução. "Situação diversa, e excepcional, é aquela em que o título executivo limita expressamente a sua abrangência subjetiva diante de particularidades do direito tutelado. Nessas situações, a jurisprudência desta Corte compreende que é indevida a inclusão de servidor que não integrou a ação coletiva, sob pena de ofensa à coisa julgada (AgInt no AREsp n. 1.883.024/ES, relator Ministro Francisco Falcão, Segunda Turma, julgado em 16/5/2022, *DJe* de 18/5/2022; AgInt no REsp n. 1.981.501/RS, relator Ministro Sérgio Kukina, Primeira Turma, julgado em 20/6/2022, *DJe* de 23/6/2022; AgInt no REsp n. 1.691.620/DF, relator Ministro Benedito Gonçalves, Primeira Turma, julgado em 3/11/2021, *DJe* de 5/11/2021). A hipótese dos autos trata de cumprimento individual de sentença decorrente da Ação Coletiva n. 2008.71.00.024897-9 (5043841-31.2012.4.04.7100), em que se reconheceu o direito à correção do enquadramento funcional dos servidores da UFRGS em decorrência do afastamento da proibição da soma das cargas horárias para fins de enquadramento inicial por capacitação. Em casos idênticos, esta Corte Superior reconheceu a legitimidade de servidores não listados na inicial da Ação Coletiva n. 5043841- 31.2012.4.04.7100 para integrar o polo ativo do cumprimento de sentença baseado no título executivo ali firmado com fundamento no que fora decidido pelo STJ por ocasião do julgamento do REsp n. 1.473.052/RS, que julgou procedente o pedido inserto na ação coletiva, sem particularizar a situação dos servidores listados na inicial (AgInt no REsp n. 1.964.459/RS, relatora Ministra Assusete Magalhães, Segunda Turma, julgado em 12/9/2022, *DJe* de 15/9/2022; STJ, AgInt no REsp 1.925.738/RS, Rel. Ministro Og Fernandes, segunda turma, *DJe* de 25/08/2021). O acórdão regional combatido, ao limitar o alcance subjetivo do título executivo em questão aos servidores relacionados na ação coletiva proposta pelo sindicato, contrariou a jurisprudência desta Corte e deve ser reformado" (STJ, AgInt no REsp. 1.956.312/RS, Rel. Min. Manoel Erhardt, 1ª Turma, jul. 29.11.2022, *DJe* 02.12.2022).

10. Processo coletivo. Cumprimento de sentença. Legitimado extraordinário. Prescrição intercorrente, Extinção. Execução individual. Ver jurisprudência do art. 2º da Lei.

Art. 16. A sentença civil fará coisa julgada *erga omnes*, nos limites da competência territorial do órgão prolator, exceto se o pedido for julgado improcedente por insuficiência de provas, hipótese em que qualquer legitimado poderá intentar outra ação com idêntico fundamento, valendo-se de nova prova (artigo com redação dada pela Lei nº 9.494, de 10.09.1997).
Texto primitivo do art. 16 repristinado pelo STF no RE 1.101.937: Art. 16. A sentença civil fará coisa julgada *erga omnes*, exceto se a ação for julgada improcedente por deficiência de provas, hipótese em que qualquer legitimado poderá intentar outra ação com idêntico fundamento, valendo-se de nova prova.

BREVES COMENTÁRIOS

Muito se discutiu sobre a constitucionalidade do art. 16 da LACP, na redação dada pela Lei 9.494/1997, ao limitar a eficácia *erga omnes* da sentença civil coletiva aos limites da competência territorial, nos casos de demandas promovidas por associação civil. A situação clareou após a declaração de inconstitucionalidade do referido dispositivo pelo STF, com repristinação de seu texto original (STF, RE 1.101.937, Rel. Min. Alexandre de Moraes, Pleno, ac. 08.04.2021, *DJe* 14.06.2021). Com isso, passou o STJ a distinguir, com base na jurisprudência do STF, duas situações práticas: (i) na legitimação ativa *ordinária*, prevista no art. 5º, XXI, em que a associação atua por expressa autorização dos associados, e em defesa dos interesses deles, a eficácia da sentença coletiva só beneficia individualmente os filiados representados pela entidade autora (Tema 499/STF: RE 612.043, Rel. Min. Marco Aurélio, Pleno, ac. 10.05.2017, *DJe* 06.10.2017; STJ, Corte Especial, REsp 1.243.887/PR, Rel. Min. Luis Felipe Salomão, Corte Especial, ac. 19.10.2011, *DJe* 12.12.2011); (ii) quanto à legitimação *extraordinária* dita substituição constitucional (CF, art. 5º, LXX) ou substituição legal extraordinária (CDC, arts. 81, 82 e 91), a eficácia da sentença coletiva não fica circunscrita aos limites geográficos do órgão prolator da decisão, mas aos limites *objetivos e subjetivos* do que foi decidido (STF, Tema 1.075: RE 1.101.937, Rel. Min. Alexandre de Moraes, Pleno, ac. 08.04.2021, *DJe* 14.06.2021). Levar-se-ão em conta, para tanto, sempre "a extensão do dano e a qualidade dos interesses metaindividuais postos em juízo" (STJ, REsp 1.243.887/PR).

INDICAÇÃO DOUTRINÁRIA

Felipe Silva Noya, O REsp 1.110.549 à luz do devido processo legal: o acesso à Justiça individual frente às ações coletivas, *RePro* 197/373.

JURISPRUDÊNCIA SELECIONADA

1. Inaplicabilidade do art. 16. Abrangência nacional. Inconstitucionalidade do art. 16 da LAC. "Inconstitucionalidade do artigo 16 da LACP, com a redação da Lei 9.494/1997, cuja finalidade foi ostensivamente restringir os efeitos condenatórios de demandas coletivas, limitando o rol dos beneficiários da decisão por meio de um critério territorial de competência, acarretando grave prejuízo ao necessário tratamento isonômico de todos perante a Justiça, bem como à total incidência do Princípio da Eficiência na prestação da atividade jurisdicional. 5. Recursos extraordinários desprovidos, com a fixação da seguinte tese de repercussão geral: "I – É inconstitucional a redação do art. 16 da Lei 7.347/1985, alterada pela Lei 9.494/1997, sendo repristinada sua redação original. II – Em se tratando de ação civil pública de efeitos nacionais ou regionais, a competência deve observar o art. 93, II, da Lei 8.078/1990 (Código de Defesa do Consumidor). III – Ajuizadas múltiplas ações civis públicas de âmbito nacional ou regional e fixada a competência nos termos do item II, firma-se a prevenção do juízo que primeiro conheceu de uma delas, para o julgamento de todas as demandas conexas" (STF, RE 1.101.937, Rel. Min. Alexandre de Moraes, Tribunal Pleno, jul. 08.04.2021, *DJe* 14.06.2021).

"Para efeitos do art. 543-C do CPC: 1.1. A liquidação e a execução individual de sentença genérica proferida em ação civil coletiva pode ser ajuizada no foro do domicílio do beneficiário, porquanto os efeitos e a eficácia da sentença não estão circunscritos a lindes geográficos, mas aos limites objetivos e subjetivos do que foi decidido, levando-se em conta, para tanto, sempre a extensão do dano e a qualidade dos interesses metaindividuais postos em juízo (arts. 468, 472 e 474, CPC e 93 e 103, CDC). 1.2. A sentença genérica proferida na ação civil coletiva ajuizada pela Apadeco, que condenou o Banestado ao pagamento dos chamados expurgos inflacionários sobre cadernetas de poupança, dispôs que seus efeitos alcançariam todos os poupadores da instituição financeira do Estado do Paraná. Por isso descabe a alteração do seu alcance em sede de liquidação/execução individual, sob pena de vulneração da coisa julgada. Assim, não se aplica ao caso a limitação contida no art. 2º-A, *caput*, da Lei n. 9.494/97" (STJ, REsp 1.243.887/PR, Rel. Min. Luis Felipe Salomão, Corte Especial, ac. 19.10.2011, *DJe* 12.12.2011).

2. Coisa julgada. "O art. 16 da Lei n. 7.347/1995, excepcionando parcialmente o regramento *pro et contra* estampado no art. 502 do CPC/2015, institui o regime jurídico da *res judicata secundum eventum probationis*, de modo a assentar a ausência de formação de coisa julgada quando, não obstante apreciado o mérito da ação civil pública, a sentença de improcedência é fundada em insuficiência probatória, hipótese na qual exigida apresentação de prova nova tão somente como requisito de ulterior demanda coletiva aviada por outros legitimados, regra não extensível à análise do mesmo contexto fático pelo Conselho Administrativo de Defesa Econômica" (STJ, REsp 2.081.262/RS, Rel. Min. Regina Helena Costa, 1ª Turma, jul. 21.11.2023, *DJe* 01.12.2023).

3. Direitos individuais homogêneos. Ação coletiva improcedente. Coisa julgada. Repetição da ação. Impossibilidade. "A apuração da extensão dos efeitos da sentença transitada em julgado proferida em ação coletiva para a defesa de direitos individuais homogêneos passa pela interpretação conjugada dos artigos 81, inciso III, e 103, inciso III e § 2º, do Código de Defesa do Consumidor. Nas ações coletivas intentadas para a proteção de interesses ou direitos individuais homogêneos, a sentença fará coisa julgada *erga omnes* apenas no caso de procedência do pedido. No caso de improcedência, os interessados que não tiverem intervindo no processo como litisconsortes poderão propor ação de indenização a título individual. Não é possível a propositura de nova ação coletiva, mas são resguardados os direitos individuais dos atingidos pelo evento danoso" (STJ, REsp 1.302.596/SP, Rel. p/acórdão Min. Ricardo Villas Bôas Cueva, 2ª Seção, jul. 09.12.2015, *DJe* 01.02.2016).

Ação ajuizada por associação. Beneficiários. "Execução – Ação Coletiva – Rito Ordinário – Associação – Beneficiários. Beneficiários do título executivo, no caso de ação proposta por associação, são aqueles que, residentes na área compreendida na jurisdição do órgão julgador, detinham, antes do ajuizamento, a condição de filiados e constaram da lista apresentada com a peça inicial" (STF, RE 612.043, Rel. Min. Marco Aurélio, Tribunal Pleno, ac. 10.05.2017, *DJe* 06.10.2017).

Ação coletiva promovida por sindicato de âmbito estadual. "Tese jurídica firmada: 'A eficácia do título judicial resultante de ação coletiva promovida por sindicato de âmbito estadual está restrita aos integrantes da categoria profissional, filiados ou não, com domicílio necessário (art. 76, parágrafo único, do Código Civil) na base territorial da entidade sindical autora e àqueles em exercício provisório ou em missão em outra localidade'" (STJ, REsp 1.966.058/AL, Rel. Min. Afrânio Vilela, 1ª Seção, jul. 09.10.2024, *DJe* 11.10.2024).

4. Execução individual de sentença coletiva. Legitimidade ativa. Diferenciação. Legitimação ordinária e legitimação constitucional ou legal extraordinária. "O caso dos autos está circunscrito à ação coletiva movida sob o rito ordinário, em que a associação, sob invocação da norma constitucional do inciso XXI do art. 5º, representou em juízo seus associados, agindo por legitimação ordinária (ação coletiva representativa). Desse modo, o entendimento que deve ser aplicado, na espécie, é o firmado em repercussão geral pelo eg. Supremo Tribunal Federal, no Tema 499/STF, com as ressalvas feitas no voto quanto à impossibilidade de reformatio in pejus. Assim, rejeita-se o pedido principal dos presentes embargos de divergência" (STJ, EREsp 1.367.220/PR, Rel. Min. Raul Araújo, Corte Especial, jul. 06.03.2024, *DJe* 20.08.2024).

5. Litispendência. "A verificação da existência de litispendência enseja indagação antecedente e que diz respeito ao alcance da coisa julgada. Conforme os ditames da Lei nº 9.494/97, 'a sentença civil fará coisa julgada *erga omnes*, nos limites da competência territorial do órgão prolator'. As ações que têm objeto idêntico devem ser reunidas, inclusive quando houver uma demanda coletiva e diversas ações individuais, mas a reunião deve observar o limite da competência territorial da jurisdição do magistrado que proferiu a sentença. Hipótese em que se nega a litispendência porque a primeira ação está limitada ao Município de Londrina e a segunda ao Município de Cascavel, ambos no Estado do Paraná" (STJ, 2ª Turma, REsp 642.462/PR, Rel.ª Min.ª Eliana Calmon, jul. 08.03.2005, *DJ* 18.04.2005).

6. Reexame necessário. "Por aplicação analógica da primeira parte do art. 19 da Lei nº 4.717/65, as sentenças de improcedência de ação civil pública sujeitam-se indistintamente ao reexame necessário. Doutrina" (STJ, REsp 1.108.542/SC, Rel. Min. Castro Meira, 2ª Turma, jul. 19.05.2009, *DJe* 29.05.2009). **No mesmo sentido:** TJMG, AC 5286152-95.2008.8.13.0702, Rel. Des. Elias Camilo, 3ª Câm. Civ., *DJ* 19.04.2011.

Sentença de carência ou improcedência de ação de improbidade. Reexame necessário. Ver jurisprudência do art. 496 do CPC/2015.

7. Controle de constitucionalidade. Ver jurisprudência do art. 1º.

8. Suspensão das ações individuais. "Ajuizada ação coletiva atinente a macrolide geradora de processos multitudinários, suspendem-se as ações individuais, no aguardo do julgamento da ação coletiva. Entendimento que não nega vigência aos arts. 51, IV e § 1º, 103 e 104 do Código de Defesa do Consumidor; 122 e 166 do Código Civil; e 2º e 6º do Código de Processo Civil, com os quais se harmoniza, atualizando-lhes a interpretação extraída da potencialidade desses dispositivos legais ante a diretriz legal resultante do disposto no art. 543-C do Código de Processo Civil, com a redação dada pela Lei dos Recursos Repetitivos (Lei n. 11.672, de 08.05.2008)" (STJ, REsp 1.110.549/RS, Rel. Min. Sidnei Beneti, 2ª Seção, jul. 28.10.2009, *DJe* 14.12.2009). **No mesmo sentido:** STJ, REsp 1.110.540/RS, Rel. Min. Sidnei Beneti, jul. 28.10.2009, *DJe* 14.12.2009; STJ, REsp 1.353.801/RS, Rel. Min. Mauro Campbell Marques, 1ª Seção, jul. 14.08.2013, *DJe* 23.08.2013.

9. Direitos individuais homogêneos. Não cabimento da remessa necessária. "Limites à aplicação analógica do instituto da remessa necessária, pois a coletivização dos direitos individuais homogêneos tem um sentido meramente instrumental, com a finalidade de permitir uma tutela mais efetiva em juízo, não se deve admitir, portanto, o cabimento da remessa necessária, tal como prevista no art. 19 da Lei 4.717/65". (STJ, REsp 1374232/ES, Rel.ª Min.ª Nancy Andrighi, 3ª Turma, jul. 26.09.2017, *DJe* 02.10.2017)

10. Publicidade do comando sentencial, a fim de conferir informação idônea e suficiente a todos os possíveis lesados. "A generalidade da sentença a ser proferida em ação civil coletiva, em que se defendem direitos individuais homogêneos, decorre da própria impossibilidade prática de se determinar todos os elementos normalmente constantes da norma jurídica em concreto, passível de imediata execução. É que, diante da múltipla titularidade dos direitos individuais defendidos coletivamente e das diversas maneiras e dimensões de como a lesão ao direito pode se apresentar para cada um de seus titulares, afigura-se absolutamente inviável que a sentença coletiva estipule todos os elementos necessários a tornar esse título judicial exequível desde logo. Por tal razão, **o espectro de conhecimento da sentença genérica restringe-se ao núcleo de homogeneidade dos direitos afirmados na inicial, atinente, basicamente, ao exame da prática de ato ilícito imputado à parte demandada, a ensejar a violação dos direitos e interesses individuais homogêneos postos em juízo, fixando-se, a partir de então, a responsabilidade civil por todos os danos daí advindos**. Há, desse modo, no âmbito da sentença genérica, deliberação sobre a existência de obrigação do devedor (ou seja, fixação da responsabilidade pelos danos causados), determinação de quem é o sujeito passivo dessa obrigação e menção à natureza desse dever (de pagar/ressarcir; de fazer ou de não fazer, essencialmente). **O complemento da norma jurídica em concreto dar-se-á por ocasião do cumprimento de sentença**, a qual se subdivide em duas fases bem distintas: a primeira, consistente na peculiar liquidação da sentença genérica, com ampla atividade cognitiva, voltada a integrar os elementos faltantes do título judicial (a definição de quem é o titular do direito, qual a prestação e em que extensão faz jus); a segunda, subsequente, destina-se à execução propriamente dita do título judicial. Será, portanto, por ocasião da liquidação da sentença genérica que os interessados haverão de comprovar, individualmente, os efetivos danos que sofreram, assim como o liame causal destes com o proceder reputado ilícito na ação civil coletiva. Deverão demonstrar, ainda, a qualidade de vítima, integrante da coletividade lesada pelo proceder considerado ilícito na sentença genérica" (STJ, REsp 1718535/RS, Rel. Min. Marco Aurélio Bellizze, 3ª Turma, jul. 27.11.2018, *DJe* 06.12.2018).

Art. 17. Em caso de litigância de má-fé, a associação autora e os diretores responsáveis pela propositura da ação serão solidariamente condenados em honorários advocatícios e ao décuplo das custas, sem prejuízo da responsabilidade por perdas e danos (o *caput* do art. 17 foi suprimido passando o parágrafo único a constituir o caput, de acordo com a Lei nº 8.078, de 11.09.1990).

Redação Anterior à retificação publicada no *DOU* de 10.01.2007 – Art. 17. Em caso de litigância de má-fé, a danos.

Art. 18. Nas ações de que trata esta lei, não haverá adiantamento de custas, emolumentos, honorários periciais e quaisquer outras despesas, nem condenação da associação autora, salvo comprovada má-fé, em honorários de advogado, custas e despesas processuais (artigo com redação dada pela Lei nº 8.078, de 11.09.1990).

SÚMULAS

Súmula do STJ:

nº 345: "São devidos honorários advocatícios pela Fazenda Pública nas execuções individuais de sentença proferida em ações coletivas, ainda que não embargadas".

JURISPRUDÊNCIA SELECIONADA

1. Isenção. Benefício à parte autora. "A decisão embargada pautou-se em firme posicionamento jurisprudencial desta eg. Corte de Justiça no sentido de que, a invocação do art. 18, da Lei da Ação Civil Pública como forma de isentar os ora embargantes das referidas custas, não tem o alcance por eles pretendido, porquanto tal isenção **beneficia apenas a parte autora da ação** que, no caso, é o Ministério Público (AgRg no REsp nº 1.096.146/RJ, Rel. Min. Herman Benjamin, *DJe* de 19.03.2009, REsp nº 900.283/RS, Rel. p/ acórdão Min. Castro Meira, *DJe* de 06.02.2009, REsp nº 845.339/TO, Rel. Min. Luiz Fux, *DJ* de 15.10.2007, p. 237)" (STJ, EDcl no AgRg nos EREsp 1.003.179/RO, Rel. Min. Francisco Falcão, Corte Especial, jul. 12.05.2011, *DJe* 07.06.2011). **No mesmo sentido:** STJ, REsp 193.815/SP, Rel. Min. Castro Meira, 2ª Turma, jul. 24.08.2005, *DJ* 19.09.2005.

2. Adiantamento de honorários periciais. "(...) não se sustenta a tese de aplicação das disposições contidas no art. 91 do Novo CPC, as quais alteraram a responsabilidade pelo adiantamento dos honorários periciais; isto porque a Lei 7.347/1985 dispõe de regime especial de custas e despesas processuais, e, por conta de sua especialidade, referida norma se aplica à Ação Civil Pública, derrogadas, no caso concreto, as normas gerais do Código de Processo Civil" (RMS 55.476/SP, Rel. Min. Herman Benjamin, 2ª Turma, *DJe* 19.12.2017)." (STJ, AgInt no RMS 56.454/SP, Rel. Min. Mauro Campbell Marques, 2ª Turma, jul. 12.06.2018, *DJe* 20.06.2018)

Antecipação dos honorários a cargo da Fazenda Pública a que está vinculado o *parquet*. "A Primeira Seção do STJ, no julgamento do REsp 1.253.844/SC (Rel. Min. Mauro Campbell Marques, 1ª Seção, *DJe* 17.10.2013), submetido ao rito do art. 543-C do CPC/73 (art. 1.036 do CPC/2015), firmou entendimento no sentido de que, em sede de ação civil pública, promovida pelo Ministério Público, **o adiantamento dos honorários periciais ficará a cargo da Fazenda Pública a que está vinculado o parquet, pois não é razoável obrigar o perito a exercer seu ofício gratuitamente, tampouco transferir ao réu o encargo de financiar ações contra ele movidas, aplicando-se, por analogia, a orientação da Súmula 232/STJ,** *in verbis*: 'A Fazenda Pública, quando parte no processo, fica sujeita à exigência do depósito prévio dos honorários do perito'. No mesmo sentido: STJ, AgInt no REsp 1.702.151/SP, Rel. Min. Mauro Campbell Marques, 2ª Turma, *DJe* 27.06.2018; AgInt no REsp 1.426. 996/SP, Rel. Min. Benedito Gonçalves, 1ª Turma, *DJe* 19.03.2018; AgInt no REsp 1.420.102/RS, Rel. Min. Regina Helena Costa, 1ª Turma, *DJe* 30.03.2017; REsp 1.582.602/SC, Rel. Min. Herman Benjamin, 2ª Turma, *DJe* 02.09.2016; AgRg no AREsp 600.484/SC, Rel. Min. Og Fernandes, 2ª Turma, *DJe* 28.04.2015." (STJ, AgInt no RMS 56.423/SP, Rel.ª Min.ª Assusete Magalhães, 2ª Turma, jul. 04.09.2018, *DJe* 12.09.2018)

"Não é possível se exigir do Ministério Público o adiantamento de honorários periciais em ações civis públicas. Ocorre que a referida isenção conferida ao Ministério Público em relação ao adiantamento dos honorários periciais não pode obrigar que o perito exerça seu ofício gratuitamente, tampouco transferir ao réu o encargo de financiar ações contra ele movidas. Dessa forma, considera-se aplicável, por analogia, a Súmula n. 232 desta Corte Superior ("A Fazenda Pública, quando parte no processo, fica sujeita à exigência do depósito prévio dos honorários do perito"), a determinar que a Fazenda Pública ao qual se acha vinculado o Parquet arque com tais despesas. Precedentes: EREsp 981949/RS, Rel. Ministro Herman Benjamin, Primeira Seção, julgado em 24/02/2010, *DJe* 15/08/2011; REsp 1188803/RN, Rel. Ministra Eliana Calmon, Segunda Turma, julgado em 11/05/2010, *DJe* 21/05/2010; AgRg no REsp 1083170/MA, Rel. Ministro Mauro Campbell Marques, Segunda Turma, julgado em 13/04/2010, *DJe* 29/04/2010; REsp 928397/SP, Rel. Ministro Castro Meira, Segunda Turma, julgado em 11/09/2007, *DJ* 25/09/2007 p. 225; REsp 846.529/MS, Rel. Ministro Teori Albino Zavascki, Primeira Turma, julgado em 19/04/2007, *DJ*

07/05/2007, p. 288." (STJ, REsp 1253844/SC, Rel. Min. Mauro Campbell Marques, 1ª Seção, jul. 13.03.2013, *DJe* 17.10.2013).

3. Custas. "Ora, custas são o preço decorrente da prestação da atividade jurisdicional, desenvolvida pelo Estado-juiz por meio de suas serventias e cartórios, no que se insere o dispêndio **com a publicação de edital de citação na imprensa local**" (STJ, REsp 1.176.460/MT, Rel. Min. Mauro Campbell Marques, 2ª Turma, jul. 19.10.2010, *DJe* 28.10.2010).

Custas na execução. "Ajuizada ação civil pública pelo Ministério Público e obtida sentença favorável, a isenção de custas, até então aplicável ao processo de conhecimento, não se estende ao processo de execução, ante a independência e autonomia deste último, notadamente se, como na espécie, os exequentes são particulares. Incidência do art. 19 do CPC" (STJ, 6ª Turma, REsp 358.884/RS, Rel. Min. Fernando Gonçalves, jul. 23.04.2002, *DJ* 13.05.2002).

Isenção de taxa judiciária. "A inexistência de previsão, no Código Tributário do Estado do Rio de Janeiro, de isenção de Taxa Judiciária para a propositura de ação civil pública ou de ação coletiva, não retira a eficácia dos arts. 18 da LACP e 87 do CPC, que estabelecem a impossibilidade de 'adiantamento de custas, emolumentos, honorários periciais e quaisquer outras despesas'. A Taxa Judiciária cobrada, com natureza tributária, pela prestação do serviço jurisdicional, enquadra-se no conceito de Custas Judiciais, em sentido amplo" (STJ, REsp 1.288.997/RJ, Rel. Min. Nancy Andrighi, 3ª Turma, jul. 16.10.2012, *DJe* 25.10.2012).

4. Ação civil pública proposta por associação e fundação privada. Princípio da simetria utilizado em benefício do réu. Impossibilidade. "O propósito recursal consiste em dizer se, ante o princípio da simetria, o réu, em ação civil pública ajuizada por associação privada, pode ser condenado a arcar com as custas e com os honorários advocatícios. (...) Evidentemente, não se aplica às ações civis públicas propostas por associações e fundações privadas o princípio da primazia na condenação do réu nas custas e nos honorários advocatícios, pois, do contrário, barrado estaria, de fato, um dos objetivos mais nobres e festejados da Lei 7.347/1985, qual seja viabilizar e ampliar o acesso à justiça para a sociedade civil organizada (REsp 1.796.436/RJ, Segunda Turma, *Dje* 18/6/2019). 9 – Soma-se a isso a agravante de que não seria razoável, sob o enfoque ético e político, equiparar ou tratar como simétricos grandes grupos econômicos/instituições do Estado com organizações não governamentais de moradores, de consumidores, de pessoas com necessidades ambientais, de idosos, ambientais, entre outras" (STJ, REsp 1.974.436/RJ, Rel. Min. Nancy Andrighi, 3ª Turma, jul. 22.03.2022, *DJe* 25.03.2022). **No mesmo sentido:** STJ, REsp 1.986.814/PR, Rel. Min. Nancy Andrighi, 3ª Turma, ac. 04.10.2022, *DJe* 18.10.2022.

Ação civil pública intentada pela União. Condenação da parte requerida em honorários advocatícios. Ausência de má-fé. Descabimento. Princípio da simetria. "Dessa forma, deve-se privilegiar, no âmbito desta Corte Especial, o entendimento dos órgãos fracionários deste Superior Tribunal de Justiça, no sentido de que, em razão da simetria, descabe a condenação em honorários advocatícios da parte requerida em ação civil pública, quando inexistente má-fé, de igual sorte como ocorre com a parte autora, por força da aplicação do art. 18 da Lei n. 7.347/1985" (STJ, EAREsp 962.250/SP, Rel. Min. Og Fernandes, Corte Especial, jul. 15.08.2018, *DJe* 21.08.2018).

5. Ação Civil Pública. Honorários de advogado:

Ministério Público. Ação julgada improcedente. "É descabida a condenação do Ministério Público em verbas sucumbenciais em ação civil pública, **exceto quando comprovada má-fé**" (STJ, REsp 178.088/MG, Rel. Min. Castro Meira, 2ª Turma, jul. 04.08.2005, *DJ* 12.09.2005). **No mesmo sentido:** STJ, REsp 422.801/SP, Rel. Min. Garcia Vieira, 1ª Turma jul. 27.08.2002, *DJ* 21.10.2002. **Em sentido diverso, pela condenação da Fazenda Pública.** "Dada a especial circunstância em que a sucumbência do Ministério Público Estadual na ação civil pública não pode ser analisada, a eventual condenação ao pagamento de verba honorária à parte adversa deve ser suportada pelo Estado – no caso, o Estado de São Paulo. Doutrina" (STJ, REsp 1.105.782/SP, Rel. Min. Castro Meira, 2ª Turma, jul. 05.05.2009, *DJe* 15.05.2009).

"O Ministério Público tem por finalidade institucional a defesa dos interesses coletivos e individuais indisponíveis (CF, art. 127). A Lei 8.906/94, a seu turno, dispõe que os honorários sucumbenciais pertencem aos advogados, constituindo-se direito autônomo (art. 23), determinação que está na base da Súmula STJ/306. **A par de não exercer advocacia, o Ministério Público é financiado com recursos provenientes dos cofres públicos, os quais são custeados, por entre outras receitas, por tributos que a coletividade já suporta.** Nega-se provimento ao Recurso Especial interposto pelo Ministério Público do Distrito Federal e Territórios, mantendo a não incidência de honorários" (STJ, REsp 1.034.012/DF, Rel. Min. Sidnei Beneti, 3ª Turma, jul. 22.09.2009, *DJe* 07.10.2009). **No mesmo sentido:** STJ, EREsp 895.530/PR, Rel.ª Min.ª Eliana Calmon, 1ª Seção, jul. 26.08.2009, *DJe* 18.12.2009. **Todavia**, "Ação civil pública que perdeu o objeto no curso do processo, em razão de diligências assumidas pelo réu. Responsabilidade deste pelos honorários de advogado, porque deu causa à demanda" (STJ, REsp 237.767/SP, Rel. Min. Ari Pargendler, 3ª Turma, jul. 03.10.2000, *DJ* 30.10.2000).

"Esta Corte de Justiça, na evolução de sua jurisprudência, reconheceu a possibilidade de fixação dos honorários advocatícios, na hipótese de o processo de execução decorrer de sentença oriunda de ação coletiva. A fixação dos honorários advocatícios em 5% do valor da execução, no caso em tela, leva em conta a análise conjunta dos critérios previstos nos §§ 3º e 4º do art. 20 do Diploma Processual Civil" (STJ, AgRg nos EREsp 661.695, Rel.ª Min.ª Maria Thereza de Assis Moura, jul. 10.03.2010).

Ação julgada procedente. Com efeito, o entendimento exposto pelas Turmas, que compõem a Primeira Seção desta Corte, é no sentido de que, 'em favor da simetria, a previsão do art. 18 da Lei nº 7.347/1985 deve ser interpretada também em favor do requerido em ação civil pública. Assim, a impossibilidade de condenação do Ministério Público ou da União em honorários advocatícios – salvo comprovada má-fé – impede serem beneficiados quando vencedores na ação civil pública' (STJ, AgInt no AREsp 996.192/SP, Rel. Ministro Benedito Gonçalves, Primeira Turma, *DJe* 30/8/2017). No mesmo sentido: AgInt no REsp 1.531.504/CE, Rel. Mi-nistro Mauro Campbell Marques, Segunda Turma, *DJe* 21/9/2016; AgInt no REsp 1.127.319/SC, Rel. Ministro Sérgio Kukina, Primeira Turma, *DJe* 18/8/2017; AgInt no REsp 1.435.350/RJ, Rel. Ministro Humberto Martins, Segunda Turma, *DJe* 31/8/2016; REsp 1.374.541/RJ, Rel. Ministro Gurgel de Faria, Primeira Turma, *DJe* 16/8/2017. Dessa forma, deve-se privilegiar, no âmbito desta Corte Especial, o entendimento dos órgãos fracionários deste Superior Tribunal de Justiça, no sentido de que, **em razão da simetria, descabe a condenação em honorários advocatícios da parte requerida em ação civil pública, quando inexistente má-fé, de igual sorte como ocorre com a parte autora, por força da aplicação do art. 18 da Lei nº 7.347/1985**. Embargos de divergência a que se nega provimento." (STJ, EAREsp 962.250/SP, Rel. Min. Og Fernandes, Corte Especial, jul. 15.08.2018, *DJe* 21.08.2018). No mesmo sentido: STJ, AgInt no AREsp. 828.525/SP, Relª. Minª. Assusete Magalhães, 2ª Turma, jul. 05.04.2018, *DJe* 12.04.2018; STJ, AgInt no AgRg no REsp. 1.167.105/RS, Rel. Min. Napoleão Nunes Maia, 1ª Turma, jul. 07.02.2017, *DJe* 17.02.2017; STJ, AgInt no AREsp. 873.026/SP, Rel. Min. Herman Benjamin, 2ª Turma, jul. 22.09.2016, *DJe* 11.10.2016; STJ, REsp. 1.718.535/RS, Rel. Min. Marco Aurélio Bellizze, 3ª Turma, julg. 27.11.2018, *DJe* 06.12.2018.

Entidade sindical. "No âmbito da atuação do Sindicato para defesa dos direitos e interesses de seus associados, há profunda diferença entre as ações individuais propostas, nas quais a entidade, se solicitada, limita-se a assistir o trabalhador no exercício de sua pretensão, e as ações coletivas, propostas pelo Sindicato muitas vezes sem o conhecimento dos trabalhadores, na qualidade de substituto processual. (...). Para as ações coletivas, contudo, não há prévio consentimento do trabalhador para a atuação do Sindicato, de modo que não há prévia anuência do titular do direito quanto a eventual remuneração que o Sindicato pretenda receber. Não havendo prévio consenso entre Sindicato e trabalhador, **é indevida a retenção, promovida de mão própria**, de parcela do crédito executado pela entidade como substituta processual do obreiro. Se o Sindicato entende ter qualquer valor a receber, compete-lhe exercer tal pretensão mediante a propositura de ação adequada. Nessa ação, facultar-se-á aos trabalhadores manifestar oposição sustentando e provando sua condição de miserabilidade, nos termos do art. 14, § 1º, da Lei 5.584/70" (STJ, REsp 931.036/RS, Rel. Min. Nancy Andrighi, 3ª Turma, jul. 24.11.2009, *DJe* 02.12.2009).

Inversão do ônus da sucumbência sem a afirmação da ocorrência de má-fé. Impossibilidade. "Decisão rescindenda que, em ação civil pública, conheceu do agravo de instrumento para dar provimento ao recurso especial, a fim de julgar improcedente o pedido, e determinou a inversão do ônus da sucumbência. (STJ, Ag 1190865/SP). Hipótese em que não constou da decisão rescindenda que a autora teria incidido em litigância de má-fé ou em comprovada má-fé. LACP, Art. 17 e Art. 18; CDC, Art. 87. Consequente ocorrência de violação literal dos arts. 18 da LACP e 87 do CDC. CPC 1973, Art. 485, V. Novo julgamento da causa para afastar a condenação da autora nos ônus da sucumbência, compreendendo custas processuais, honorários advocatícios e demais despesas. LACP, Art. 17 e Art. 18; CDC, Art. 87" (STJ, AR 4.684/SP, Rel. Min. Maria Isabel Gallotti, 2ª Seção, jul. 11.05.2022, *DJe* 19.05.2022).

Litigiosidade. Honorários. "A Primeira Seção do Superior Tribunal de Justiça já consolidou a orientação de que 'a aplicação do art. 25 da Lei nº 12.016/2009 restringe-se à fase de conhecimento, não sendo cabível na fase de cumprimento de sentença, ocasião em que a legitimidade passiva deixa de ser da autoridade impetrada e passa ser do ente público ao qual aquela encontra-se vinculada. Mostra-se incidente a regra geral do art. 85, § 1º, do CPC, que autoriza o cabimento dos honorários de sucumbência na fase de cumprimento, ainda que derivada de mandado de segurança' (AgInt na ImpExe na ExeMS 15.254/DF, relator Ministro Sérgio Kukina, Primeira Seção, julgado em 29/3/2022, *DJe* 1º/4/2022). Tratando-se de liquidação individual de sentença decorrente de ação coletiva, é devida a verba honorária, ainda que proveniente de ação mandamental, a teor do disposto na Súmula 345/STJ. Precedentes: AgInt no REsp 1.909.888/SE, relator Ministro Francisco Falcão, Segunda Turma, julgado em 21/6/2021, *DJe* de 25/6/2021; AgInt no AREsp 1.350.736/SP, relatora Ministra Assusete Magalhães, Segunda Turma, julgado em 5/12/2019, *DJe* de 12/12/2019'" (STJ, AgInt no AgInt no REsp 1.955.594/MG, Rel. Min. Paulo Sérgio Domingues, , 1ª Turma, ac. 29.05.2023, *DJe* 06.06.2023).

Art. 19. Aplica-se à ação civil pública, prevista nesta Lei, o Código de Processo Civil, aprovado pela Lei nº 5.869, de 11 de janeiro de 1973, naquilo em que não contrarie suas disposições.

JURISPRUDÊNCIA SELECIONADA

1. Ação civil pública que versa sobre acolhimento institucional de menor por período acima daquele fixado em lei. Julgamento de improcedência liminar ou antecipado do pedido em razão de questão repetitiva que não foi objeto de precedente vinculante (art. 332, III, CPC/2015). Não cabimento. "Diferentemente do tratamento dado à matéria no revogado CPC/73, não mais se admite, no novo CPC, o julgamento de improcedência liminar do pedido com base no entendimento firmado pelo juízo em que tramita o processo sobre a questão repetitiva, exigindo-se, ao revés, que tenha havido a prévia pacificação da questão jurídica controvertida no âmbito dos Tribunais, materializada em determinadas espécies de precedentes vinculantes, a saber: súmula do STF ou do STJ; súmula do TJ sobre direito local; tese firmada em recursos repetitivos, em incidente de resolução de demandas repetitivas ou em incidente de assunção de competência. Por se tratar de regra que limita o pleno exercício de direitos fundamentais de índole processual, em especial o contraditório e a ampla defesa, as hipóteses autorizadoras do julgamento de improcedência liminar do pedido devem ser interpretadas restritivamente, não se podendo dar a elas amplitude maior do que aquela textualmente indicada pelo legislador no art. 332 do novo CPC. (...) Para a adequada resolução dos litígios estruturais, é preciso que a decisão de mérito seja construída em ambiente colaborativo e democrático, mediante a efetiva compreensão, participação e consideração dos fatos, argumentos, possibilidades e limitações do Estado em relação aos anseios da sociedade civil adequadamente representada no processo, por exemplo, pelos *amici curiae* e pela Defensoria Pública na função de *custos vulnerabilis*, permitindo-se que processos judiciais dessa natureza, que revelam as mais profundas mazelas sociais e as mais sombrias faces dos excluídos, sejam utilizados para a construção de caminhos, pontes e soluções que tencionem a resolução definitiva do conflito estrutural em sentido amplo. Na hipótese, conquanto não haja, no Brasil, a cultura e o arcabouço jurídico adequado para lidar corretamente com as ações que demandam providências estruturantes e concertadas, não se pode negar a tutela jurisdicional minimamente adequada ao litígio de natureza estrutural, sendo inviável, em regra, que conflitos dessa magnitude social, política, jurídica e cultural, sejam resolvidos de modo liminar ou antecipado, sem exauriente instrução e sem participação coletiva, ao simples fundamento de que o Estado não reuniria as condições necessárias para a implementação de políticas públicas e ações destinadas à resolução, ou ao menos à minimização, dos danos decorrentes do acolhimento institucional de menores por período superior àquele estipulado pelo ECA" (STJ, REsp 1854842/CE, Rel. Min. Nancy Andrighi, 3ª Turma, jul. 02.06.2020, *DJe* 04.06.2020).

Art. 20. O fundo de que trata o art. 13 desta Lei será regulamentado pelo Poder Executivo no prazo de 90 (noventa) dias.

Art. 21. Aplicam-se à defesa dos direitos e interesses difusos, coletivos e individuais, no que for cabível, os dispositivos do Título III da Lei que instituiu o Código de Defesa do Consumidor (artigo acrescentado pela Lei nº 8.078, de 11.09.1990).

JURISPRUDÊNCIA SELECIONADA

1. Aplicação subsidiária do CDC. "Conforme comando inserto no art. 21 da Lei nº 7.347/85, é possível a aplicação subsidiária do Código de Defesa do Consumidor às ações coletivas, ainda que não versem sobre relação de consumo" (STJ, 5ª Turma, AgRg no REsp 486.919/RS, Rel. Min. Felix Fischer, jul. 05.02.2004, *DJ* 08.03.2004).

Direito Ambiental. Inversão do ônus da prova. Ver jurisprudência do art. 6º da Lei nº 8.078/1990.

2. Execução individual contra a Fazenda Pública de título judicial proferido em mandado de segurança coletivo. Prescrição. Termo *a quo*. Não aplicação do art. 94 do CDC. "No julgamento do REsp 1.388.000/PR, representativo de controvérsia, a Primeira Seção superou as divergências sobre o tema, ao definir que o prazo prescricional para a execução individual é contado do trânsito em julgado da sentença coletiva, sendo desnecessária a providência de que trata o art. 94 da Lei n. 8.078/1990" (STJ, AgInt nos EDcl no REsp 1.606.904/DF, Rel. Min. Gurgel de Faria, 1ª Turma, jul. 13.06.2017, *DJe* 18.08.2017).

Art. 22. Esta Lei entra em vigor na data de sua publicação* (artigo renumerado pela Lei nº 8.078, de 11.09.1990).

Art. 23. Revogam-se as disposições em contrário (artigo renumerado pela Lei nº 8.078, de 11.09.1990).

Brasília, em 24 de julho de 1985; 164º da Independência e 97º da República.

Brasília, em 24 de julho de 1985; 164º da Independência e 97º da República.

JOSÉ SARNEY

* Publicada no *DOU* de 25.07.1985.

AÇÃO DIRETA DE INCONSTITUCIONALIDADE E AÇÃO DECLARATÓRIA DE CONSTITUCIONALIDADE

LEI Nº 9.868, DE 10 DE NOVEMBRO DE 1999

Dispõe sobre o processo e julgamento da ação direta de inconstitucionalidade e da ação declaratória de constitucionalidade perante o Supremo Tribunal Federal.

INDICAÇÃO DOUTRINÁRIA

Dênerson Dias Rosa, Efeitos da declaração de constitucionalidade em sede de ação direta de inconstitucionalidade (ADIn), in *Doutrina Adcoas*, vol. 8, nº 4, p. 69-70, 2ª quinz. fev. 2005; Eduardo Fernando Appio, *Controle de constitucionalidade no Brasil: de acordo com a Emenda à Constituição 45, de 08.12.2004 (reforma do Poder Judiciário)*, Curitiba, Juruá, 2005, 220 p.; Marcio Cruz Nunes de Carvalho, *Medida cautelar em ação direta de inconstitucionalidade de acordo com a Emenda Constitucional nº 45/2004*, Brasília, Brasília Jurídica, 2005, 245 p.; Ives Gandra da Silva Martins, *Controle concentrado de constitucionalidade: comentários à Lei nº 9.868, de 10.11.1999*, 2. ed., São Paulo, Saraiva, 2005, 568 p.; Flávio Quinaud Pedron, A solução do conflito entre princípios pela jurisprudência do Supremo Tribunal Federal: a técnica da proporcionalidade, *RT* 875/54.

REFERÊNCIA LEGISLATIVA

Art. 97 da Constituição Federal: "Somente pelo voto da maioria absoluta de seus membros ou dos membros do respectivo órgão especial poderão os tribunais declarar a inconstitucionalidade de lei ou ato normativo do Poder Público"; Art. 102, I, "a" e "p", da Constituição Federal: "Compete ao Supremo Tribunal Federal, precipuamente, a guarda da Constituição, cabendo-lhe: I – processar e julgar, originariamente: a) a ação direta de inconstitucionalidade de lei ou ato normativo federal; (...) p) o pedido de medida cautelar das ações diretas de inconstitucionalidade"; Art. 103 da Constituição Federal: "Podem propor a ação direta de inconstitucionalidade e a ação declaratória de constitucionalidade: I – o Presidente da República; II – a Mesa do Senado Federal; III – a Mesa da Câmara dos Deputados; IV – a Mesa da Assembleia Legislativa ou da Câmara Legislativa do Distrito Federal; V – o Governador de Estado ou do Distrito Federal; VI – o Procurador-Geral da República; VII – o Conselho Federal da Ordem dos Advogados do Brasil; VIII – partido político com representação no Congresso Nacional; IX – confederação sindical ou entidade de classe de âmbito nacional. § 1º O Procurador-Geral da República deverá ser previamente ouvido nas ações de inconstitucionalidade e em todos os processos de competência do Supremo Tribunal Federal. § 2º Declarada a inconstitucionalidade por omissão de medida para tornar efetiva norma constitucional, será dada ciência ao Poder competente para adoção das providências necessárias e, em se tratando de órgão administrativo, para fazê-lo em trinta dias. § 3º Quando o Supremo Tribunal Federal apreciar a inconstitucionalidade, em tese, de norma legal ou ato normativo, citará previamente o Advogado-Geral da União, que defenderá o ato ou texto impugnado"; Art. 125, § 2º, da Constituição Federal: "Cabe aos Estados a instituição de representação de inconstitucionalidade de leis ou atos normativos estaduais ou municipais em face da Constituição Estadual, vedada a atribuição da legitimação para agir a um único órgão"; CPC/2015, arts. 948 a 950 e CPC/1973, arts. 480 a 482; Lei nº 8.906, de 04.07.1994, art. 54, XIV (Estatuto da OAB); Lei nº 9.882, de 03.12.1999 (dispõe sobre o processo e julgamento de arguição de descumprimento de preceito fundamental, nos termos do § 1º do art. 102 da Constituição Federal); Regimento Interno do Supremo Tribunal Federal, arts. 5º, VII, e 131, § 3º: "Admitida a intervenção de terceiros no processo de controle concentrado de constitucionalidade, fica-lhes facultado produzir sustentação oral, aplicando-se, quando for o caso a regra do §2º do artigo 132 deste Regimento" (o § 3º foi acrescido pela Em. Reg. 15, de 30.03.2004, *DJU* 01.04.2004) e arts. 169 a 178.

SÚMULAS VINCULANTES

nº 10: "Viola a cláusula de reserva de plenário (CF, artigo 97) a decisão de órgão fracionário de tribunal que, embora não declare expressamente a inconstitucionalidade de lei ou ato normativo do poder público, afasta sua incidência, no todo ou em parte".

SÚMULAS

Súmulas do STF:

nº 614: "Somente o Procurador-Geral da Justiça tem legitimidade para propor ação direta interventiva por inconstitucionalidade de lei municipal". **Observação: entendimento superado pela nova disposição da CF/1988, art. 125, § 2º.**

nº 642: "Não cabe ação direta de inconstitucionalidade de lei do Distrito Federal derivada da sua competência legislativa municipal".

JURISPRUDÊNCIA SELECIONADA

1. Acórdão declaratório de inconstitucionalidade. Afasta a incidência da norma. "Controle de constitucionalidade de normas: reserva de plenário (CF, art. 97): reputa-se declaratório de inconstitucionalidade o acórdão que – embora sem o explicitar – afasta a incidência da norma ordinária pertinente à lide para decidi-la sob critérios diversos alegadamente extraídos da Constituição" (STF, RE 432.597-AgRg, Rel. Min. Sepúlveda Pertence, *DJ* 18.02.2005).

2. Critérios para declaração de inconstitucionalidade. "Sem observância do art. 97 da Constituição, é impossível conhecer do recurso para declarar o vício não alegado. (...) Inaplicabilidade, no caso, da exceção prevista no art. 481, parágrafo único, do CPC (red. da Lei nº 9.756/98). A regra, por isso mesmo, só incide quando a decisão do órgão fracionário de outro tribunal se ajusta à decisão anterior do plenário do Supremo Tribunal. Manifesta é a sua impertinência a hipóteses, como a do caso, em que a Turma da Corte de segundo grau vai de encontro ao julgado do STF, para declarar inconstitucional o dispositivo de lei que aqui se julgara válido perante a Constituição" (STF, AI 473.019-AgRg, Rel. Min. Sepúlveda Pertence, *DJ* 23.04.2004).

3. Reserva de Plenário. "A exigência de reserva de Plenário, tratando-se de processos oriundos do Tribunal Superior Eleitoral, incide, unicamente, nas hipóteses de declaração incidental de inconstitucionalidade (CF, art. 97) e nos casos de habeas corpus ou de recurso ordinário em habeas corpus, quando a coação provier do próprio TSE (RISTF, art. 6º, incisos I, *a*, e III, *a*)" (STF, AI 469.699-AgRg, Rel. Min. Celso de Mello, *DJ* 17.10.2003).

O Presidente da República:

Faço saber que o Congresso Nacional decreta e eu sanciono a seguinte Lei:

Capítulo I
DA AÇÃO DIRETA DE INCONSTITUCIONALIDADE E DA AÇÃO DECLARATÓRIA DE CONSTITUCIONALIDADE

Art. 1º Esta Lei dispõe sobre o processo e julgamento da ação direta de inconstitucionalidade e da ação declaratória de constitucionalidade perante o Supremo Tribunal Federal.

REFERÊNCIA LEGISLATIVA

Art. 102, § 2º, da Constituição Federal: "As decisões definitivas de mérito, proferidas pelo Supremo Tribunal Federal, nas ações diretas de inconstitucionalidade e nas ações declaratórias de constitucionalidade produzirão eficácia contra todos e efeito vinculante, relativamente aos demais órgãos do Poder Judiciário e à administração pública direta e indireta, nas esferas federal, estadual e municipal".

BREVES COMENTÁRIOS

O texto do § 2º do art. 102 da Constituição Federal fala, a propósito das ações de controle de constitucionalidade, em efeito vinculante "relativamente aos demais órgãos do Poder Judiciário", o que parece, à primeira vista, excluir desse efeito o próprio STF, o qual teria liberdade, no futuro, de decidir a mesma questão constitucional de maneira diversa. Essa, porém, não pode ser a inteligência do dispositivo constitucional, primeiro porque o efeito do julgado em ação de controle de constitucionalidade opera *erga omnes*, dele não ficando excluído, portanto, o STF. Segundo, porque a estrutura do controle direto da constitucionalidade se dá por meio de ação, cujo provimento se recobre de coisa julgada. Logo, a indiscutibilidade e a imutabilidade são atributos normais e necessários do julgamento definitivo do STF nas ações da espécie. Nenhum outro julgamento poderá voltar a ser proferido sobre o objeto do pronunciamento final da ação de controle da constitucionalidade, seja por qualquer tribunal inferior, seja pelo próprio STF (CPC/2015, arts. 502 e 505 e CPC/1973, arts. 467 e 471).

JURISPRUDÊNCIA SELECIONADA

1. Impugnação de resolução do TRE/GO. Medida Cautelar. ADIn. "O TRE/GO, por meio das resoluções impugnadas, estabeleceu as regras concernentes à realização de eleições diretas para a escolha de Prefeito e Vice-Prefeito no Município de Caldas Novas, conforme determinado pelo Tribunal Superior Eleitoral. Resolução 124/2008, que define quais serão os possíveis candidatos aos cargos de Prefeito e Vice-Prefeito e quais serão os eleitores. Potencial surgimento de circunstâncias inusitadas. Situações em que cidadãos reúnam condições suficientes para ser candidatos, ainda que não possam votar na eleição. A capacidade eleitoral ativa deve ser ponderada ao tempo do processo eleitoral, de modo que a restrição imposta pela Resolução 124/2008 não encontra fundamento constitucional. *Fumus boni iuris* demonstrado pela circunstância de a Resolução 124/2008 excluir eleitores atualmente habilitados a participar do processo de escolha do Prefeito e Vice-Prefeito. *Periculum in mora* evidente, vez que a data designada para as eleições é 17 de fevereiro de 2008. Medida cautelar deferida para assegurar possam participar do processo eleitoral todos os eleitores do Município de Caldas Novas, Goiás, afastada a regra veiculada pelo artigo 13 da Resolução 124/2008" (STF, ADI-MC 4.018/GO, Rel. Min. Joaquim Barbosa, Rel. p/ ac. Min. Eros Grau, Tribunal Pleno, jul. 13.02.2008, *DJe* 16.05.2008).

2. Revogação do ato normativo impugnado. Prejudicialidade. "A jurisprudência desta Corte é pacífica quanto à prejudicialidade da ação direta de inconstitucionalidade por perda superveniente de objeto quando sobrevém a revogação da norma questionada" (STF, ADI 1.378, Rel. Min. Dias Toffoli, Tribunal Pleno, jul. 13.10.2010, *DJe* 09.02.2011). **No mesmo sentido:** STF, ADI 2.006/DF, Rel. Min. Eros Grau, Tribunal Pleno, jul. 22.11.2007, *DJe* 10.10.2008.

Fraude processual. "Configurada a fraude processual com a revogação dos atos normativos impugnados na ação direta, o curso procedimental e o julgamento final da ação não ficam prejudicados" (STF, ADI 3.306, Rel. Min. Gilmar Mendes, Tribunal Pleno, jul. 17.03.2011, *DJe* 07.06.2011).

3. Lei estadual *x* Constituição Estadual. Competência para julgamento. "A competência para julgar a ação direta de inconstitucionalidade em que impugnada norma local contestada em face de Carta Estadual é do Tribunal de Justiça respectivo, ainda que o preceito atacado revele-se como pura repetição de dispositivos da Constituição Federal de observância obrigatória pelos Estados (...)" (STF, Recl. 588/RJ, Rel. Min. Marco Aurélio, Tribunal Pleno, *DJ* 04.04.1997, p. 10.524).

4. Lei estadual *x* Constituição Federal. Competência para julgamento. "Ação direta que impugna, perante Tribunal de Justiça, diploma normativo local, contestando-o, em tese, em face de normas da própria Constituição Federal. Decisão do Tribunal de Justiça que, ao julgar procedente a ação direta, declara a inconstitucionalidade de determinada lei distrital (Lei nº 2.721/2001), considerando-a incompatível com normas da própria Constituição Federal. Inadmissibilidade. Usurpação da competência do Supremo Tribunal Federal. Admissibilidade da reclamação. Medida cautelar deferida" (STF, Recl. 3.436-MC/DF, Rel. Min. Celso de Mello, jul. 01.07.2005, *DJ* 01.08.2008).

5. Lei ordinária *x* Lei complementar. "Nem toda contraposição entre lei ordinária e lei complementar se resolve no plano constitucional. Dentre outras hipóteses, a discussão será de alçada constitucional se o ponto a ser resolvido, direta ou incidentalmente, referir-se à existência ou inexistência de reserva de lei complementar para instituir o tributo ou estabelecer normas gerais em matéria tributária, pois é a Constituição que estabelece os campos materiais para o rito de processo legislativo adequado. Num segundo ponto, é possível entrever questão constitucional prévia no confronto de lei ordinária com lei complementar, se for necessário interpretar a lei complementar à luz da Constituição para precisar-lhe sentido ou tolher significados incompatíveis com a Carta (técnicas da interpretação conforme a Constituição, declaração de inconstitucionalidade sem redução de texto e permanência da norma ainda constitucional). Nenhuma das duas hipóteses está configurada neste caso, pois a parte-agravante invoca o Código Tributário Nacional como parâmetro de controle imediato de norma local que teria falhado em apurar o benefício individual aferido por cada contribuinte, mas, ao invés, limitou-se a fixar o valor global da obra para rateio" (STF, RE 228.339 AgR, Rel. Min. Joaquim Barbosa, 2ª Turma, jul. 20.04.2010, *DJe* 28.05.2010).

6. Medida provisória relativa a direito processual. Inconstitucionalidade. "Ação direta. Art. 9º da Medida Provisória nº 2.164-41/2001. Introdução do art. 29-C na Lei nº 8.036/1990. Edição de medida provisória. Sucumbência. Honorários advocatícios. Ações entre FGTS e titulares de contas vinculadas. Inexistência de relevância e de urgência. Matéria, ademais, típica de direito processual. Competência exclusiva do Poder Legislativo. Ofensa aos arts. 22, inc. I, e 62, *caput*, da CF. Precedentes. Ação julgada procedente. É inconstitucional a medida provisória que, alterando lei, suprime condenação em honorários advocatícios, por sucumbência, nas ações entre o Fundo de Garantia por Tempo de Serviço (FGTS) e titulares de contas vinculadas, bem como naquelas em que figurem os respectivos representantes ou substitutos processuais" (STF, ADI 2.736/DF, Rel. Min. Cezar Peluso, Tribunal Pleno, jul. 08.09.2010, *DJe* 28.03.2011).

7. Controle concentrado de constitucionalidade de normas estaduais e municipais tendo como parâmetro a Constituição Federal. "A jurisprudência mais recente desta Suprema Corte, firmada, inclusive, sob a sistemática de repercussão geral, admite o controle abstrato de constitucionalidade, pelo Tribunal de Justiça, de leis e atos normativos estaduais e municipais em face da Constituição da República, apenas quando o parâmetro de controle invocado seja norma de reprodução obrigatória ou exista, no âmbito da Constituição estadual, regra de caráter remissivo à Carta Federal" (STF, Plenário, ADIN 5.647/AP, Rel. Min. Rosa Weber, jul. 04.11.2021, *DJe* 17.11.2021).

Capítulo II
DA AÇÃO DIRETA DE INCONSTITUCIONALIDADE

Seção I
Da Admissibilidade e do Procedimento da Ação Direta de Inconstitucionalidade

Art. 2º Podem propor a ação direta de inconstitucionalidade:

I – o Presidente da República;

II – a Mesa do Senado Federal;

III – a Mesa da Câmara dos Deputados;

IV – a Mesa de Assembleia Legislativa ou a Mesa da Câmara Legislativa do Distrito Federal;

V – o Governador de Estado ou o Governador do Distrito Federal;

VI – o Procurador-Geral da República;

VII – o Conselho Federal da Ordem dos Advogados do Brasil;

VIII – partido político com representação no Congresso Nacional;

IX – confederação sindical ou entidade de classe de âmbito nacional.

Parágrafo único. (VETADO).

REFERÊNCIA LEGISLATIVA

CF, art. 103 (legitimados para propor ADIn e ADC).

JURISPRUDÊNCIA SELECIONADA

1. Ação direta de inconstitucionalidade. Entidade de classe de âmbito nacional (inciso IX):

a) Legitimidade *ad causam*. Associações de associações. "O conceito de entidade de classe é dado pelo objetivo institucional classista, pouco importando que a eles diretamente se filiem os membros da respectiva categoria social ou agremiações que os congreguem, com a mesma finalidade, em âmbito territorial mais restrito. É entidade de classe de âmbito nacional – como tal legitimada à propositura da ação direta de inconstitucionalidade (CF, art. 103, IX) – aquela na qual se congregam **associações regionais correspondentes a cada unidade da Federação**, a fim de perseguirem, em todo o País, o mesmo objetivo institucional de defesa dos interesses de uma determinada classe. Nesse sentido, altera o Supremo Tribunal sua jurisprudência, de modo a admitir a legitimação das '**associações de associações de classe**', de âmbito nacional, para a ação direta de inconstitucionalidade" (STF, ADI 3.153-AgRg, Rel. Min. Celso de Mello, Rel. p/ ac. Min. Sepúlveda Pertence, Tribunal Pleno, jul. 12.08.2004, *DJ* 09.09.2005). **No mesmo sentido:** STF, ADI 15, Rel. Min. Sepúlveda Pertence, Tribunal Pleno, jul. 14.06.2007, *DJe* 31.08.2007.

Relação de pertinência temática. "Presença da relação de pertinência temática, pois o pagamento da contribuição criada pela norma impugnada incide sobre as empresas cujos interesses, a teor do seu ato constitutivo, a requerente se destina a defender" (STF, ADI 15, Rel. Min. Sepúlveda Pertence, Tribunal Pleno, jul. 14.06.2007, *DJe* 31.08.2007).

"Presença da relação de pertinência temática entre a finalidade institucional da entidade requerente e a questão constitucional objeto da ação direta, que diz com a demarcação entre as atribuições de segmentos do Ministério Público da União – o Federal e o do Distrito Federal" (STF, ADI 2.794, Rel. Min. Sepúlveda Pertence, Tribunal Pleno, jul. 14.12.2006, *DJ* 30.03.2007, p. 68).

"A pertinência temática, requisito implícito da legitimação das entidades de classe para a ação direta de inconstitucionalidade, **não depende de que a categoria respectiva seja o único segmento social compreendido no âmbito normativo do diploma impugnado**. Há pertinência temática entre a finalidade institucional da CNTI – Confederação Nacional dos Trabalhadores na Indústria – e o decreto questionado, que fixa limites à remuneração dos empregados das empresas estatais de determinado Estado, entre os quais é notório haver industriários. Ação direta de inconstitucionalidade: identidade do objeto com a de outra anteriormente proposta: apensação" (STF, ADI 1.282 QO, Rel. Min. Sepúlveda Pertence, Tribunal Pleno, jul. 06.12.2001, *DJ* 29.11.2002).

"A Associação dos Magistrados Brasileiros – AMB tem legitimidade para o ajuizamento de ação direta de inconstitucionalidade em que se discute afronta ao princípio constitucional da autonomia do Poder Judiciário" (STF, ADI 1.578, Rel.ª Min.ª Cármen Lúcia, Tribunal Pleno, jul. 04.03.2009, *DJe* 02.04.2009).

b) Ilegitimidade *ad causam*:

Fração de determinada categoria funcional. "A Constituição da República, ao disciplinar o tema concernente a quem pode ativar, mediante ação direta, a jurisdição constitucional concentrada do Supremo Tribunal Federal, ampliou, significativamente, o rol – sempre taxativo – dos que dispõem da titularidade de agir em sede de controle normativo abstrato. Não se qualificam como entidades de classe, para fins de ajuizamento de ação direta de inconstitucionalidade, aquelas que são constituídas por mera fração de determinada categoria funcional" (STF, ADI 1.875-AgRg, Rel. Min. Celso de Mello, Tribunal Pleno, jul. 20.06.2001, *DJe* 12.12.2008).

"Falta de legitimidade ativa da autora, por ser integrada por servidores públicos que não constituem uma determinada categoria funcional, mas apenas fração dela, não se caracterizando, assim, como entidade de classe. Ademais, o Ministério Público, junto ao Tribunal de Contas da União, não dispõe de autonomia institucional própria" (STF, ADI 2.353, Rel. Min. Moreira Alves, Tribunal Pleno, jul. 06.06.2001, *DJ* 30.04.2004).

"Não é parte legítima para a proposição de ação direta a entidade que congrega mero seguimento do ramo das entidades das empresas prestadoras de serviços de telecomunicações ou dedicadas à indústria e ao comércio nessa área" (STF, ADI 2.183-AgRg, Rel. Min. Octavio Gallotti, Tribunal Pleno, jul. 04.05.2000, *DJ* 04.08.2000).

"A ABIGRAF não constitui entidade de classe, mas associação que representa seguimento industrial, *in casu*, o seguimento das indústrias gráficas. O caráter nacional da entidade de classe não decorre de mera declaração formal em seus estatutos ou atos constitutivos" (STF, ADI 4.057-AgRg, Rel. Min. Ricardo Lewandowski, Tribunal Pleno, jul. 14.08.2008, *DJe* 29.08.2008).

Composição heterogênica. "Ilegitimidade ativa da autora, entidade que não reúne a qualificação constitucional prevista no art. 103, inc. IX, da Constituição da República. A heterogeneidade da composição da Autora, conforme expressa disposição estatutária, descaracteriza a condição de representatividade de classe de âmbito nacional" (STF, ADI 3.381, Rel.ª Min.ª Cármen Lúcia, Tribunal Pleno, jul. 06.06.2007, *DJe* 29.06.2007).

"Sendo a requerente uma associação híbrida que congrega pessoas jurídicas e pessoas físicas de categorias diversas, não é ela entidade de classe, como tem entendido esta Corte, a título exemplificativo, no agravo regimental na ADIn 1.631 e na ADIn 23. Falta-lhe, assim, legitimidade para a propositura da presente ação" (STF, ADI 2.360, Rel. Min. Moreira Alves, Tribunal Pleno, jul. 23.05.2001, *DJ* 02.08.2002).

2. Sindicatos e Federações. Ilegitimidade *ad causam* (inciso IX). "Os sindicatos e as federações, mercê de ostentarem abrangência nacional, não detêm legitimidade ativa *ad causam* para o ajuizamento de ação direta de inconstitucionalidade, na forma do artigo 103, inciso IX, da Constituição Federal. **As confederações sindicais organizadas na forma da lei ostentam legitimidade *ad causam* exclusiva para provocar o controle concentrado da constitucionalidade de normas** (Precedentes: ADI n. 1.343-MC, Relator o Ministro. Ilmar Galvão, *DJ* de 6.10.95; ADI n. 1.562-QO, Relator o Ministro Moreira Alves, *DJ* de 9.5.97 e ADI n. 3.762-AgR, Relator o Ministro Sepúlveda Pertence, *DJ* de 24.11.06)" (STF, ADI 4.361 AgR, Rel. Min. Luiz Fux, Tribunal Pleno, jul. 16.11.2011, *DJe* 01.02.2012). **No mesmo sentido:** STF, ADI 1.442, Rel. Min. Celso de Mello, Tribunal Pleno, jul. 03.11.2004, *DJ* 29.04.2005.

3. Suspensão do processo individual na pendência de ação de controle concentrado. "Pendente ação direta de inconstitucionalidade, é recomendável, em nome da segurança jurídica e da economia processual, a suspensão dos processos individuais envolvendo a mesma questão, uma vez que eventuais conflitos entre a sentença do caso concreto e aquela proferida no âmbito do controle abstrato de constitucionalidade, que tem eficácia *erga omnes* e efeitos vinculantes, determinará a necessidade de ação rescisória para promover a devida harmonização, a suspensão não é decorrência de imposição legal, mas providência reservada ao prudente arbítrio judicial, que levará em consideração as circunstâncias do caso e os demais valores jurídicos envolvidos. No caso concreto, a ação de controle concentrado já foi julgada pelo Tribunal de Justiça do Estado, originariamente competente, estando pendente de recurso extraordinário. O prosseguimento da demanda individual, com julgamento de mérito compatível com o entendimento proclamado no âmbito da ação direta de inconstitucionalidade, é justificável, nessas circunstâncias, porque prestigia a celeridade da prestação jurisdicional, que também é direito constitucional dos cidadãos (CF, art. 5º, LXXVIII)" (STJ, REsp 1.223.910/RS, Rel. Min. Teori Albino Zavascki, 1ª Turma, jul. 17.02.2011, *DJe* 25.02.2011).

Art. 3º A petição indicará:

I – o dispositivo da lei ou do ato normativo impugnado e os fundamentos jurídicos do pedido em relação a cada uma das impugnações;

II – o pedido, com suas especificações.

Parágrafo único. A petição inicial, acompanhada de instrumento de procuração, quando subscrita por advogado, será apresentada em duas vias, devendo conter cópias da lei ou do ato normativo impugnado e dos documentos necessários para comprovar a impugnação.

JURISPRUDÊNCIA SELECIONADA

1. Pressupostos processuais e condições da ação. Poder de controle do Relator. "Impõe-se enfatizar, por necessário, que esse entendimento jurisprudencial é também aplicável aos processos de ação direta de inconstitucionalidade (ADI 563/DF, Rel. Min. Paulo Brossard – ADI 593/GO, Rel. Min. Marco Aurélio – ADI 2.060/RJ, Rel. Min. Celso de Mello – ADI 2.207/AL, Rel. Min. Celso de Mello – ADI 2.215/PE, Rel. Min. Celso de Mello, *v.g.*), eis que, tal como já assentou o Plenário do Supremo Tribunal Federal, o ordenamento positivo brasileiro 'não subtrai, ao Relator da causa, o poder de efetuar – enquanto responsável pela ordenação e direção do processo (RISTF, art. 21, I) – o controle prévio dos requisitos formais da fiscalização normativa abstrata, o que inclui, dentre outras atribuições, o exame dos pressupostos processuais e das condições da própria ação direta' (RTJ 139/67, Rel. Min. Celso de Mello)" (STF, ADI 514/PI, Rel. Min. Celso de Mello, jul. 24.03.2008, *DJ* 31.03.2008).

"Na hipótese dos autos não há correlação entre a causa de pedir e o pedido. Daí porque a ação não pode ser conhecida. A inicial não se reveste das formalidades a ela inerentes, ensejando a declaração da inépcia da peça por falta de requisitos essenciais, qual dispõe o artigo 295, parágrafo único, inciso II, do Código de Processo Civil, combinado com o artigo 4º, da Lei nº 9.868/99. (...) Sendo assim, nos termos do artigo 21, § 1º, do RISTF, nego seguimento a esta Ação Direta e determino seu arquivamento" (STF, ADI 3.675/PE, Rel. Min. Eros Grau, jul. 13.11.2006, *DJ* 20.11.2006).

2. Inconstitucionalidade superveniente. Impossibilidade. "O vício da inconstitucionalidade é congênito à lei e há de ser apurado em face da Constituição vigente ao tempo de sua elaboração. Lei anterior não pode ser inconstitucional em relação à Constituição superveniente; nem o legislador poderia infringir Constituição futura. A Constituição sobrevinda não torna inconstitucionais leis anteriores com ela conflitantes: revoga-as. Pelo fato de ser superior, a Constituição não deixa de produzir efeitos revogatórios. Seria ilógico que a lei fundamental, por ser suprema, não revogasse, ao ser promulgada, leis ordinárias. A lei maior valeria menos que a lei ordinária" (STF, ADIN 2/DF, Rel. Min. Paulo Brossard, Tribunal Pleno, jul. 06.02.1992, *DJe* 21.11.1997). **Todavia**, "É cabível a arguição de descumprimento de preceito fundamental para evitar ou reparar lesão a preceito fundamental, resultante de ato do Poder Público, ou quando for relevante o fundamento da controvérsia constitucional sobre lei ou ato normativo federal, estadual ou municipal, **inclusive anteriores à Constituição**" (STF, ADPF 129, Rel. Min. Ricardo Lewandowski, jul. 18.02.2008, *DJe* 22.02.2008).

3. Alteração superveniente do texto constitucional. "O texto do artigo 48, inciso XV, da CB foi alterado primeiramente pela EC 19/98. Após a propositura desta ação direta o texto desse preceito sofreu nova modificação. A EC 41/03 conferiu nova redação ao inciso XV do artigo 48 da CB/88. **A alteração substancial do texto constitucional em razão de emenda superveniente prejudica a análise da ação direta de inconstitucionalidade.** O controle concentrado de constitucionalidade é feito com base no texto constitucional em vigor. A modificação do texto constitucional paradigma inviabiliza o prosseguimento da ação direta. Precedentes. Ação direta de inconstitucionalidade julgada prejudicada" (STF, ADI 2.159/DF, Rel. Min. Carlos Velloso, Tribunal Pleno, jul. 12.08.2004, *DJ* 07.12.2007, p. 18; *DJe* 07.12.2007; *RDDP* 60/188).

"O texto do artigo 48, inciso XV, da CB foi alterado primeiramente pela EC 19/98. Após a propositura desta ação direta o texto desse preceito sofreu nova modificação. A EC 41/03 conferiu nova redação ao inciso XV do artigo 48 da CB/88. A alteração substancial do texto constitucional em razão de emenda superveniente prejudica a análise da ação direta de inconstitucionalidade. O controle concentrado de constitucionalidade é feito com base no texto constitucional em vigor. A modificação do texto constitucional paradigma inviabiliza o prosseguimento da ação direta. Precedentes. Ação direta de inconstitucionalidade julgada prejudicada" (STF, ADI 2.159/DF, Rel. Min. Carlos Velloso, Rel. p/ ac. Min. Eros Grau, Tribunal Pleno, jul. 12.08.2004, *DJ* 07.12.2007; *DJe* 07.12.2007).

4. Lei estadual. Destinatários determináveis. Preliminar de inviabilidade do controle de constitucionalidade abstrato. Alegação de que os atos impugnados seriam dotados de efeito concreto, em razão da possibilidade de determinação de seus destinatários. Preliminar rejeitada. Esta Corte fixou que 'a determinabilidade dos destinatários da norma não se confunde com a sua individualização, que, esta sim, poderia convertê-lo em ato de efeitos concretos, embora plúrimos' (ADI 2.135, Relator o Min. Sepúlveda Pertence, *DJ* 12.5.00). A lei estadual impugnada consubstancia lei-norma. Possui generalidade e abstração suficientes. Seus destinatários são determináveis, e não determinados, sendo possível a análise desse texto normativo pela via da ação direta. Conhecimento da ação direta" (STF, ADI 820/RS, Rel. Min. Eros Grau, Tribunal Pleno, jul. 15.03.2007, *DJe* 29.02.2008).

5. Ação direta de inconstitucionalidade. Objeto. "A alteração da Carta inviabiliza o controle concentrado de constitucionalidade de norma editada quando em vigor a redação primitiva" (STF, ADI 3.833 MC, Rel. Min. Carlos Britto, Rel. p/ ac. Min. Marco Aurélio, Tribunal Pleno, jul. 19.12.2006, *DJe* 14.11.2008).

6. Ação direta de inconstitucionalidade. Normas produzidas pelo poder constituinte originário. "ADI. Inadmissibilidade. Art. 14, § 4º, da CF. Norma constitucional originária. Objeto nomológico insuscetível de controle de constitucionalidade. Princípio da unidade hierárquico-normativa e caráter rígido da Constituição brasileira. Doutrina. Precedentes. Carência da ação. Inépcia reconhecida. Indeferimento da petição inicial. Agravo improvido. Não se admite controle concentrado ou difuso de constitucionalidade de normas produzidas pelo poder constituinte originário" (STF, ADI 4.097-AgRg, Rel. Min. Cezar Peluso, Tribunal Pleno, jul. 08.10.2008, *DJe* 07.11.2008).

7. Ação direta de inconstitucionalidade. Constituição Estadual como padrão de confronto. "As Constituições estaduais não se revestem de parametricidade para efeito de instauração, perante o Supremo Tribunal Federal, do controle abstrato de leis e atos normativos editados pelo Estado-membro, eis que, em tema de ação direta ajuizável perante a Suprema Corte, o único parâmetro de fiscalização reside na Constituição da República. Doutrina" (STF, ADI 1.452/MC, Rel. Min. Celso de Mello, Tribunal Pleno, jul. 13.06.1996, *DJe* 21.11.2008).

8. Leis de efeito concreto. Possibilidade. "No julgamento da ADI 4.048-MC/DF, Rel. Min. Gilmar Mendes, esta Corte admitiu o exercício de controle abstrato de leis de efeitos concretos. Precedentes" (STF, RE 412.921 AgR, Rel. Min. Ricardo Lewandowski, 1ª Turma, jul. 22.02.2011, *DJe* 15.03.2011).

9. Princípio da simetria. "Violação ao princípio da simetria. Ação julgada procedente. A inconstitucionalidade dos preceitos impugnados decorre da violação ao princípio da simetria, uma vez que a Constituição do Estado do Piauí exige a edição de Lei Complementar para o tratamento de matérias em relação às quais a Constituição Federal prevê o processo legislativo ordinário. A jurisprudência reiterada desta Corte é no sentido de que o Estado-membro, em tema de processo legislativo, deve observância cogente à sistemática ditada pela Constituição Federal. Precedentes. Ação julgada procedente para declarar a inconstitucionalidade dos incisos III, VII, VIII, IX e X, e do parágrafo único do art. 77 da Constituição do Estado do Piauí" (STF, ADI 2.872, Rel. p/ Acórdão Min. Ricardo Lewandowski, Tribunal Pleno, jul. 01.08.2011, *DJe* 02.09.2011).

Art. 4º A petição inicial inepta, não fundamentada e a manifestamente improcedente serão liminarmente indeferidas pelo relator.

Parágrafo único. Cabe agravo da decisão que indeferir a petição inicial.

Art. 5º Proposta a ação direta, não se admitirá desistência.

Parágrafo único. (VETADO).

Art. 6º O relator pedirá informações aos órgãos ou às autoridades das quais emanou a lei ou o ato normativo impugnado.

Parágrafo único. As informações serão prestadas no prazo de trinta dias contado do recebimento do pedido.

Art. 7º Não se admitirá intervenção de terceiros no processo de ação direta de inconstitucionalidade.

§ 1º (VETADO).

§ 2º O relator, considerando a relevância da matéria e a representatividade dos postulantes, poderá, por despacho irrecorrível, admitir, observado o prazo fixado no parágrafo anterior, a manifestação de outros órgãos ou entidades.

JURISPRUDÊNCIA SELECIONADA

1. *Amicus Curiae*:

Natureza jurídica. Ver jurisprudência do art. 138 do CPC/2015.

Intervenção. "O *amicus curiae* somente pode demandar a sua intervenção até a data em que o Relator liberar o processo para pauta" (STF, AgRg na ADI 4.071/DF, Rel. Min. Menezes Direito, Plenário, jul. 22.04.2009, *DJ* 16.10.2009).

Limites de atuação (§ 2º). "A atuação processual do 'amicus curiae' não deve limitar-se à mera apresentação de memoriais ou à prestação eventual de informações que lhe venham a ser solicitadas. Essa visão do problema – que restringisse a extensão dos poderes processuais do 'colaborador do Tribunal' – culminaria por fazer prevalecer, na matéria, uma incompreensível perspectiva reducionista, que não pode (nem deve) ser aceita por esta Corte, sob pena de total frustração dos altos objetivos políticos, sociais e jurídicos visados pelo legislador na positivação da cláusula que, agora, admite o formal ingresso do 'amicus curiae' no processo de fiscalização concentrada de constitucionalidade. Cumpre permitir, desse modo, ao 'amicus curiae', em extensão maior, o exercício de determinados poderes processuais, como aquele consistente no direito de proceder à sustentação oral das razões que justificaram a sua admissão formal na causa" (STF, RE 597.165, Rel. Min. Celso de Mello, jul. 04.04.2011, *DJe* 12.04.2011).

Recurso. "A jurisprudência deste Supremo Tribunal é assente quanto ao não cabimento de recursos interpostos por terceiros estranhos à relação processual nos processos objetivos de controle de constitucionalidade. Exceção apenas para impugnar decisão de não admissibilidade de sua intervenção nos autos" (STF, ADI 3.615 ED, Rel. Min. Cármen Lúcia, Tribunal Pleno, jul. 17.03.2008, *DJe* 25.04.2008).

Art. 8º Decorrido o prazo das informações, serão ouvidos, sucessivamente, o Advogado-Geral da União e o Procurador-Geral da República, que deverão manifestar-se, cada qual, no prazo de quinze dias.

JURISPRUDÊNCIA SELECIONADA

1. Oitiva do Advogado-Geral da União. Finalidade. "Ação direta de inconstitucionalidade – Advogado-Geral da União – Manifestação – Alcance. A audição do Advogado-Geral da União, na ação direta de inconstitucionalidade, faz-se visando à defesa da norma abstrata autônoma, ou seja, deve ele atuar como verdadeiro curador da lei" (STF, ADI 3.590/DF, Rel. Min. Eros Grau, Rel. p/ ac. Min. Marco Aurélio, Tribunal Pleno, jul. 15.02.2006, *DJ* 29.09.2006).

Art. 9º Vencidos os prazos do artigo anterior, o relator lançará o relatório, com cópia a todos os Ministros, e pedirá dia para julgamento.

§ 1º Em caso de necessidade de esclarecimento de matéria ou circunstância de fato ou de notória insuficiência das informações existentes nos autos, poderá o relator requisitar informações adicionais, designar perito ou comissão de peritos para que emita parecer sobre a questão, ou fixar data para, em audiência pública, ouvir depoimentos de pessoas com experiência e autoridade na matéria.

§ 2º O relator poderá, ainda, solicitar informações aos Tribunais Superiores, aos Tribunais federais e aos Tribunais estaduais acerca da aplicação da norma impugnada no âmbito de sua jurisdição.

§ 3º As informações, perícias e audiências a que se referem os parágrafos anteriores serão realizadas no prazo de trinta dias, contado da solicitação do relator.

Seção II
Da Medida Cautelar em Ação Direta de Inconstitucionalidade

Art. 10. Salvo no período de recesso, a medida cautelar na ação direta será concedida por decisão da maioria absoluta dos membros do Tribunal, observado o disposto no art. 22, após a audiência dos órgãos ou autoridades dos quais emanou a lei ou ato normativo impugnado, que deverão pronunciar-se no prazo de cinco dias.

§ 1º O relator, julgando indispensável, ouvirá o Advogado-Geral da União e o Procurador-Geral da República, no prazo de três dias.

§ 2º No julgamento do pedido de medida cautelar, será facultada sustentação oral aos representantes judiciais do requerente e das autoridades ou órgãos responsáveis pela expedição do ato, na forma estabelecida no Regimento do Tribunal.

§ 3º Em caso de excepcional urgência, o Tribunal poderá deferir a medida cautelar sem a audiência dos órgãos ou das autoridades das quais emanou a lei ou o ato normativo impugnado.

JURISPRUDÊNCIA SELECIONADA

1. Coexistência de ações no STF e no TJ. "(...) Coexistência de jurisdições constitucionais estaduais e federal. Propositura simultânea de ADI contra lei estadual perante o Supremo Tribunal Federal e o Tribunal de Justiça. Suspensão do processo no âmbito da justiça estadual, até a deliberação definitiva desta Corte" (STF, AR em Pet, Rel. Min. Marco Aurélio, Rel. p/ Ac. Gilmar Mendes, Tribunal Pleno, jul. 08.10.2003, *RTJ* 189/1016).

Art. 11. Concedida a medida cautelar, o Supremo Tribunal Federal fará publicar em seção especial do Diário Oficial da União e do Diário da Justiça da União a parte dispositiva da decisão, no prazo de dez dias, devendo solicitar as informações à autoridade da qual tiver emanado o ato, observando-se, no que couber, o procedimento estabelecido na Seção I deste Capítulo.

§ 1º A medida cautelar, dotada de eficácia contra todos, será concedida com efeito *ex nunc*, salvo se o Tribunal entender que deva conceder-lhe eficácia retroativa.

§ 2º A concessão da medida cautelar torna aplicável a legislação anterior acaso existente, salvo expressa manifestação em sentido contrário.

JURISPRUDÊNCIA SELECIONADA

1. Efeitos *ex tunc*. "Em nosso sistema, de Constituição rígida e de supremacia das normas constitucionais, a inconstitucionalidade de um preceito normativo acarreta a sua nulidade desde a origem. Assim, a suspensão ou a anulação, por vício de inconstitucionalidade, da norma revogadora, importa o reconhecimento da vigência, *ex tunc*, da norma anterior tida por revogada (RE 259.339, Min. Sepúlveda Pertence, *DJ* 16.06.2000 e na ADIn nº 652/MA, Min. Celso de Mello, RTJ 146:461; art. 11, § 2º, da Lei nº 9.868/99)" (STJ, MS 9.469/DF, Rel. Min. Teori Albino Zavascki, 1ª Seção, jul. 10.08.2005, *DJ* 05.09.2005, p. 197).

2. Provimento cautelar em ADIN. "Reclamação. Garantia da autoridade de provimento cautelar na ADI 1.730/RN. Decisão do Tribunal de Justiça do Estado do Rio Grande do Norte em Mandado de Segurança. Reenquadramento de servidor aposentado, com efeitos 'ex nunc'. Aposentadoria com proventos correspondentes à remuneração de classe imediatamente superior. Decisão que restabelece dispositivo cuja vigência encontrava-se suspensa por decisão do Supremo Tribunal Federal, em sede de cautelar. Eficácia 'erga omnes' e efeito vinculante de decisão cautelar proferida em ação direta de inconstitucionalidade" (STF, Recl. 2.256/RN, Rel. Min. Gilmar Mendes, Tribunal Pleno, jul. 11.09.2003, *DJ* 30.04.2004; *RTJ* 190/221).

3. Constitucionalidade da parte final do § 2º do art. 11 da Lei nº 9.868/1999. "Constitucionalidade da parte final do § 2º do artigo 11 da Lei 9.868/1999 que estabelece que, salvo expressa manifestação em sentido contrário, a concessão da medida cautelar torna aplicável a legislação anterior" (STF, ADI 2.154, Rel. p/acórdão Min. Cármen Lúcia, Pleno, jul. 03.04.2023, *DJe* 20.06.2023).

Art. 12. Havendo pedido de medida cautelar, o relator, em face da relevância da matéria e de seu especial significado para a ordem social e a segurança jurídica, poderá, após a prestação das informações, no prazo de dez dias, e a manifestação do Advogado-Geral da União e do Procurador-Geral da República, sucessivamente, no prazo de cinco dias, submeter o processo diretamente ao Tribunal, que terá a faculdade de julgar definitivamente a ação.

Capítulo II-A
DA AÇÃO DIRETA DE INCONSTITUCIONALIDADE POR OMISSÃO

(incluído pela Lei nº 12.063, de 27.10.2009)

Seção I
Da Admissibilidade e do Procedimento da Ação Direta de Inconstitucionalidade por Omissão

(seção e artigos incluídos pela Lei nº 12.063, de 27.10.2009)

Art. 12-A. Podem propor a ação direta de inconstitucionalidade por omissão os legitimados à propositura da ação direta de inconstitucionalidade e da ação declaratória de constitucionalidade.

Art. 12-B. A petição indicará:

I – a omissão inconstitucional total ou parcial quanto ao cumprimento de dever constitucional de legislar ou quanto à adoção de providência de índole administrativa;

II – o pedido, com suas especificações.

Parágrafo único. A petição inicial, acompanhada de instrumento de procuração, se for o caso, será apresentada em 2 (duas) vias, devendo conter cópias dos documentos necessários para comprovar a alegação de omissão.

Art. 12-C. A petição inicial inepta, não fundamentada, e a manifestamente improcedente serão liminarmente indeferidas pelo relator.

Parágrafo único. Cabe agravo da decisão que indeferir a petição inicial.

Art. 12-D. Proposta a ação direta de inconstitucionalidade por omissão, não se admitirá desistência.

Art. 12-E. Aplicam-se ao procedimento da ação direta de inconstitucionalidade por omissão, no que couber, as disposições constantes da Seção I do Capítulo II desta Lei.

§ 1º Os demais titulares referidos no art. 2º desta Lei poderão manifestar-se, por escrito, sobre o objeto da ação e pedir a juntada de documentos reputados úteis para o exame da matéria, no prazo das informações, bem como apresentar memoriais.

§ 2º O relator poderá solicitar a manifestação do Advogado-Geral da União, que deverá ser encaminhada no prazo de 15 (quinze) dias.

§ 3º O Procurador-Geral da República, nas ações em que não for autor, terá vista do processo, por 15 (quinze) dias, após o decurso do prazo para informações.

Seção II
Da Medida Cautelar em Ação Direta de Inconstitucionalidade por Omissão

(seção e artigos incluídos pela Lei nº 12.063, de 27.10.2009)

Art. 12-F. Em caso de excepcional urgência e relevância da matéria, o Tribunal, por decisão da maioria absoluta de seus membros, observado o disposto no art. 22, poderá conceder medida cautelar, após a audiência dos órgãos ou autoridades responsáveis pela omissão inconstitucional, que deverão pronunciar-se no prazo de 5 (cinco) dias.

§ 1º A medida cautelar poderá consistir na suspensão da aplicação da lei ou do ato normativo questionado, no caso de omissão parcial, bem como na suspensão de processos judiciais ou de procedimentos administrativos, ou ainda em outra providência a ser fixada pelo Tribunal.

§ 2º O relator, julgando indispensável, ouvirá o Procurador-Geral da República, no prazo de 3 (três) dias.

§ 3º No julgamento do pedido de medida cautelar, será facultada sustentação oral aos representantes judiciais do requerente e das autoridades ou órgãos responsáveis pela omissão inconstitucional, na forma estabelecida no Regimento do Tribunal.

Art. 12-G. Concedida a medida cautelar, o Supremo Tribunal Federal fará publicar, em seção especial do Diário Oficial da União e do Diário da Justiça da União, a parte dispositiva da decisão no prazo de 10 (dez) dias, devendo solicitar as informações à autoridade ou ao órgão responsável pela omissão inconstitucional, observando-se, no que couber, o procedimento estabelecido na Seção I do Capítulo II desta Lei.

Seção III
Da Decisão na Ação Direta de Inconstitucionalidade por Omissão

(seção e artigos incluídos pela Lei nº 12.063, de 27.10.2009)

Art. 12-H. Declarada a inconstitucionalidade por omissão, com observância do disposto no art. 22, será dada ciência ao Poder competente para a adoção das providências necessárias.

§ 1º Em caso de omissão imputável a órgão administrativo, as providências deverão ser adotadas no prazo de 30 (trinta) dias, ou em prazo razoável a ser estipulado excepcionalmente pelo Tribunal, tendo em vista as circunstâncias específicas do caso e o interesse público envolvido.

§ 2º Aplica-se à decisão da ação direta de inconstitucionalidade por omissão, no que couber, o disposto no Capítulo IV desta Lei.

Capítulo III
DA AÇÃO DECLARATÓRIA DE CONSTITUCIONALIDADE

Seção I
Da Admissibilidade e do Procedimento da Ação Declaratória de Constitucionalidade

Art. 13. Podem propor a ação declaratória de constitucionalidade de lei ou ato normativo federal:

I – o Presidente da República;

II – a Mesa da Câmara dos Deputados;

III – a Mesa do Senado Federal;

IV – o Procurador-Geral da República.

Art. 14. A petição inicial indicará:

I – o dispositivo da lei ou do ato normativo questionado e os fundamentos jurídicos do pedido;

II – o pedido, com suas especificações;

III – a existência de controvérsia judicial relevante sobre a aplicação da disposição objeto da ação declaratória.

Parágrafo único. A petição inicial, acompanhada de instrumento de procuração, quando subscrita por advogado, será apresentada em duas vias, devendo conter cópias do ato normativo questionado e dos documentos necessários para comprovar a procedência do pedido de declaração de constitucionalidade.

Art. 15. A petição inicial inepta, não fundamentada e a manifestamente improcedente serão liminarmente indeferidas pelo relator.

Parágrafo único. Cabe agravo da decisão que indeferir a petição inicial.

Art. 16. Proposta a ação declaratória, não se admitirá desistência.

Art. 17. (VETADO).

Art. 18. Não se admitirá intervenção de terceiros no processo de ação declaratória de constitucionalidade.

§ 1º (VETADO).

§ 2º (VETADO).

Art. 19. Decorrido o prazo do artigo anterior, será aberta vista ao Procurador-Geral da República, que deverá pronunciar-se no prazo de quinze dias.

Art. 20. Vencido o prazo do artigo anterior, o relator lançará o relatório, com cópia a todos os Ministros, e pedirá dia para julgamento.

§ 1º Em caso de necessidade de esclarecimento de matéria ou circunstância de fato ou de notória insuficiência das informações existentes nos autos, poderá o relator requisitar informações adicionais, designar perito ou comissão de peritos para que emita parecer sobre a questão ou fixar data para, em audiência pública, ouvir depoimentos de pessoas com experiência e autoridade na matéria.

§ 2º O relator poderá solicitar, ainda, informações aos Tribunais Superiores, aos Tribunais federais e aos Tribunais estaduais acerca da aplicação da norma questionada no âmbito de sua jurisdição.

§ 3º As informações, perícias e audiências a que se referem os parágrafos anteriores serão realizadas no prazo de trinta dias, contado da solicitação do relator.

Seção II
Da Medida Cautelar em Ação Declaratória de Constitucionalidade

Art. 21. O Supremo Tribunal Federal, por decisão da maioria absoluta de seus membros, poderá deferir pedido de medida cautelar na ação declaratória de constitucionalidade, consistente na determinação de que os juízes e os Tribunais suspendam o julgamento dos processos que envolvam a aplicação da lei ou do ato normativo objeto da ação até seu julgamento definitivo.

Parágrafo único. Concedida a medida cautelar, o Supremo Tribunal Federal fará publicar em seção especial do Diário Oficial da União a parte dispositiva da decisão, no prazo de dez dias, devendo o Tribunal proceder ao julgamento da ação no prazo de cento e oitenta dias, sob pena de perda de sua eficácia.

JURISPRUDÊNCIA SELECIONADA

1. Medida cautelar de suspensão do julgamento de ações em curso. "O art. 21 da Lei n. 9.868/1999 não ofende a garantia ao juiz natural. O preceito visa assegurar a eficácia da futura decisão do Supremo Tribunal, que, cuidando de aferir a constitucionalidade, ou não, de lei ou ato normativo, é, por excelência, o juízo natural da questão. A norma não desloca do juiz para o Supremo Tribunal o julgamento da causa, mas, apenas, o da questão de constitucionalidade, que lhe cabe decidir com eficácia para todos e efeito vinculante" (STF, ADI 2.154, Rel. p/acórdão Min. Cármen Lúcia, Pleno, jul. 03.04.2023, *DJe* 20.06.2023).

Capítulo IV
DA DECISÃO NA AÇÃO DIRETA DE INCONSTITUCIONALIDADE E NA AÇÃO DECLARATÓRIA DE CONSTITUCIONALIDADE

Art. 22. A decisão sobre a constitucionalidade ou a inconstitucionalidade da lei ou do ato normativo somente será tomada se presentes na sessão pelo menos oito Ministros.

Art. 23. Efetuado o julgamento, proclamar-se-á a constitucionalidade ou a inconstitucionalidade da disposição ou da norma impugnada se num ou noutro sentido se tiverem manifestado pelo menos seis Ministros, quer se trate de ação direta de inconstitucionalidade ou de ação declaratória de constitucionalidade.

Parágrafo único. Se não for alcançada a maioria necessária à declaração de constitucionalidade ou de inconstitucionalidade, estando ausentes Ministros em número que possa influir no julgamento, este será suspenso a fim de aguardar-se o comparecimento dos Ministros ausentes, até que se atinja o número necessário para prolação da decisão num ou noutro sentido.

Art. 24. Proclamada a constitucionalidade, julgar-se-á improcedente a ação direta ou procedente eventual ação declaratória; e, proclamada a inconstitucionalidade, julgar-se-á procedente a ação direta ou improcedente eventual ação declaratória.

Art. 25. Julgada a ação, far-se-á a comunicação à autoridade ou ao órgão responsável pela expedição do ato.

Art. 26. A decisão que declara a constitucionalidade ou a inconstitucionalidade da lei ou do ato normativo em ação direta ou em ação declaratória é irrecorrível, ressalvada a interposição de embargos declaratórios, não podendo, igualmente, ser objeto de ação rescisória.

JURISPRUDÊNCIA SELECIONADA

1. Vedação de ajuizamento de ação rescisória. "É constitucional e responde a imperativos de segurança jurídica a parte final do art. 26 da Lei n. 9.868/1999 que veda o ajuizamento de ação rescisória contra decisão proferida em ações de controle abstrato as quais, por sua própria natureza, repelem a desconstituição por rescisória" (STF, ADI 2.154, Rel. p/acórdão Min. Cármen Lúcia, Pleno, jul. 03.04.2023, *DJe* 20.06.2023).

Art. 27. Ao declarar a inconstitucionalidade de lei ou ato normativo, e tendo em vista razões de segurança jurídica ou de excepcional interesse social, poderá o Supremo Tribunal Federal, por maioria de dois terços de seus membros, restringir os efeitos daquela declaração ou decidir que ela só tenha eficácia a partir de seu trânsito em julgado ou de outro momento que venha a ser fixado.

JURISPRUDÊNCIA SELECIONADA

1. Modulação de efeitos. "O art. 27 da Lei nº 9.868/99 tem fundamento na própria Carta Magna e em princípios constitucionais, de modo que sua efetiva aplicação, quando presentes os seus requisitos, garante a supremacia da Lei Maior. Presentes as condições necessárias à modulação dos efeitos da decisão que proclama a inconstitucionalidade de determinado ato normativo, esta Suprema Corte tem o dever constitucional de, independentemente de pedido das partes, aplicar o art. 27 da Lei nº 9.868/99" (STF, ADI 3.601 ED, Rel. Min. Dias Toffoli, Tribunal Pleno, jul. 09.09.2010, *DJe* 15.12.2010).

"A regra referente à decisão proferida em sede de controle concentrado é de que possua efeitos *ex tunc*, retirando o ato normativo do ordenamento jurídico desde o seu nascimento. A Lei nº 9.868/99, pelo seu art. 27, permite ao Supremo Tribunal Federal, modular efeitos das decisões proferidas nos processos objetivos de controle de constitucionalidade, *in verbis: Art. 27. Ao declarar a inconstitucionalidade de lei ou ato normativo, e tendo em vista razões de segurança jurídica ou de excepcional interesse social, poderá o Supremo Tribunal Federal, por maioria de dois terços de seus membros, restringir os efeitos daquela declaração ou decidir que ela só tenha eficácia a partir de seu trânsito em julgado ou de outro momento que venha a ser fixado*" (STF, Bem. Decl. na ADI 2.639/PR, Rel. Min. Luiz Fux, Tribunal Pleno, jul. 20.10.2011, *DJe* 09.04.2012).

"Ao proceder à modulação de efeitos da declaração de inconstitucionalidade, este Supremo Tribunal pondera entre preceitos constitucionais com a finalidade de preservar a unidade da Constituição e os princípios da segurança jurídica e da confiança no sistema jurídico. É de responsabilidade deste Supremo Tribunal Federal a efetivação dos direitos fundamentais pelas prestações positivas, a demonstrar a insuficiência do modelo de nulidade da lei inconstitucional para a proteção desses direitos" (STF, ADI 2.154, Rel. p/acórdão Min. Cármen Lúcia, Pleno, jul. 03.04.2023, *DJe* 20.06.2023).

Reconhecendo que a modulação pode ser feita em embargos de declaração: STF, ADI 3601 ED, Rel. Min. Dias Tofoli, Pleno, jul. 09.09.2010, *DJe* 15.12.2010; STF, RE 669.069-ED, Rel. Min. TEori Zavascki, Pleno, jul. 16.06.2016, DJe 30.06.2016; STF, ADI 3794-ED, Rel. Min. Roberto Barroso, Pleno, jul. 18.12.2014, *DJe* 25.02.2015.

2. Controle Abstrato. Efeitos. "A declaração final de inconstitucionalidade, quando proferida em sede de fiscalização normativa abstrata, importa – considerado o efeito repristinatório que lhe é inerente – em restauração das normas estatais anteriormente revogadas pelo diploma normativo objeto do juízo de inconstitucionalidade, eis que o ato inconstitucional, por juridicamente inválido (*RTJ* 146/461-462), não se reveste de qualquer carga de eficácia derrogatória" (STF, ADI 2.884, Rel. Min. Celso de Mello, Tribunal Pleno, jul. 02.12.2004, *DJ* 20.05.2005).

"A declaração de inconstitucionalidade de lei pelo STF tem efeito retro-operante, com o que os atos praticados com apoio na mesma lei são nulos" (STJ, RMS 93, Rel. Min. Armando Rolemberg, 1ª Turma, jul. 07.05.1990, *RT* 657/176)

Exceção. "Situação excepcional em que a declaração de nulidade, com seus normais efeitos *ex tunc*, resultaria grave ameaça a todo o sistema legislativo vigente. Prevalência do interesse público para assegurar, em caráter de exceção, efeitos pro futuro à declaração incidental de inconstitucionalidade. Recurso extraordinário conhecido e em parte provido" (STF, RE 197.917, Rel. Min. Maurício Corrêa, Tribunal Pleno, jul. 06.06.2002, *DJ* 07.05.2004).

3. Controle Concentrado. Efeitos. "Embora, normalmente, a concessão de liminar só produza efeitos *ex nunc*, quando a norma impugnada tem os seus efeitos exauridos logo após sua entrada em vigor, mas com repercussão indireta no futuro pela desconstituição de atos pretéritos, repercussão essa a justificar a concessão da liminar, tal concessão se dá para o efeito único possível de suspender a eficácia da norma *ex tunc*, certo como é que não se pode suspender para o futuro o que já se exauriu no passado" (STF, ADI 596, Rel. Min. Moreira Alves, jul. 11.10.1991, *RTJ* 138/86).

"A eficácia da liminar, que, em representação de inconstitucionalidade, suspende a vigência da lei arguida como inconstitucional, e tão somente 'ex-nunc', operando, portanto, a partir do momento em que o supremo tribunal federal a defere. questão de ordem que se decide com a declaração de que e 'ex-nunc' a eficácia de liminar concedida em representação de inconstitucionalidade" (STF, Rp 1.391 QO, Rel. Min. Moreira Alves, Tribunal Pleno, jul. 01.04.1987, *DJ* 11.12.1987, *RTJ* 124/80).

4. Controle difuso. Possibilidade de modulação. "A declaração de inconstitucionalidade reveste-se, ordinariamente, de eficácia 'ex tunc' (*RTJ* 146/461-462 – *RTJ* 164/506-509), retroagindo ao momento em que editado o ato estatal reconhecido inconstitucional pelo Supremo Tribunal Federal. O Supremo Tribunal Federal tem reconhecido, excepcionalmente, a possibilidade de proceder à modulação ou limitação temporal dos efeitos da declaração de inconstitucionalidade, mesmo quando proferida, por esta Corte, em sede de controle difuso. Precedente: RE 197.917/SP, Rel. Min. Maurício Corrêa (Pleno)" (STF, RE 353.508 AgR, Rel. Min. Celso de Mello, 2ª Turma, jul. 15.05.2007, *DJe* 29.06.2007). **No mesmo sentido:** STF, RE 522897, Rel. Min. Gilmar Mendes, Tribunal Pleno, jul. 16.03.2017, *DJe* 26.09.2017.

5. Modulação. Embargos de declaração. "Embargos de declaração. Ação direta de inconstitucionalidade procedente. Inscrição na Paraná-Previdência. Impossibilidade quanto aos serventuários da justiça não remunerados pelos cofres públicos. Modulação. Eficácia em relação às aposentadorias e pensões já asseguradas e aos serventuários que já preencham os requisitos legais para os benefícios. 1. A ausência, na ação direta de inconstitucionalidade, de pedido de restrição dos efeitos da declaração no tocante a determinados serventuários ou situações afasta, especificamente no caso presente, a apontada omissão sobre o ponto. 2. Embargos de declaração rejeitados, por maioria" (STF, ADI 2.791 ED, Rel. Min. Gilmar Mendes, Rel. p/ Ac. Min. Menezes Direito, Tribunal Pleno, jul. 22.04.2009, *DJe* 04.09.2009).

Efeitos *ex nunc*. "Inconstitucionalidade da cobrança da taxa de matrícula pelas universidades públicas. Súmula vinculante n. 12. Efeitos *ex nunc*: ressalvados os casos anteriores à edição da Súmula Vinculante n. 12. Garantido o direito ao ressarcimento da taxa aos que ingressaram individualmente em juízo" (STF, RE 563.386 AgR, Rel.ª Min.ª Cármen Lúcia, 1ª Turma, jul. 14.06.2011, *DJe* 01.07.2011).

6. Concurso Público: Lei Inconstitucional e Declaração de Nulidade. "Nulidade de concurso declarada pela Administração Pública. Atos normativos julgados inconstitucionais pela Corte Superior do Tribunal de Justiça do Estado de Minas Gerais. Invalidade e Ineficácia dos atos baseados nos dispositivos legais declarados nulos" (STF, RE 348.468/MG, Rel. Min. Gilmar Mendes, 2ª Turma, jul. 15.12.2009).

7. Controle Abstrato. Prazo recursal em dobro. Impossibilidade. "Não se aplica, ao processo objetivo de controle abstrato de constitucionalidade, a norma inscrita no art. 188 do CPC, cuja incidência restringe-se, unicamente, ao domínio dos processos subjetivos, que se caracterizam pelo fato de admitirem, em seu âmbito, a discussão de situações concretas e individuais. Precedente. Inexiste, desse modo, em sede de controle normativo abstrato, a possibilidade de o prazo recursal ser computado em dobro, ainda que a parte recorrente disponha dessa prerrogativa especial nos processos de índole subjetiva" (STF, ADI 2.130 AgR, Rel. Min. Celso de Mello, Tribunal Pleno, jul. 03.10.2001, *DJ* 14.12.2001, *RTJ* 181/535).

8. Segurança jurídica. Não retroação. "Deveras, a eliminação da lei inconstitucional, em geral, deve obedecer aos princípios que regulam a vigência das leis, impedindo-as de retroagir. Desta sorte, salvo manifestação expressa nos acórdãos das ações de declaração de inconstitucionalidade, em controle concentrado, as decisões judiciais anteriores não podem ficar à mercê de rescisórias, sob o fundamento de terem sido proferidas com base em lei inconstitucional" (STJ, AR 3.032/PB, Rel. Min. Luiz Fux, 1ª Seção, jul. 10.10.2007, *DJ* 10.12.2007, p. 274; *RDDP* 60/188).

9. Verbas de natureza alimentar. Não devolução. "O caráter alimentar das verbas recebidas de boa-fé, por significativo lapso temporal, assim como a confiança justificada e segurança jurídica dos atos praticados pelo poder público estadual, impõe restrição aos efeitos da declaração de inconstitucionalidade, assentando a inexigibilidade de devolução dos valores recebidos até a publicação do acórdão do presente julgado. Precedentes desta Suprema Corte. Ação julgada parcialmente procedente, por maioria, para declarar a inconstitucionalidade do art. 85, § 5º, da Constituição do Estado do Paraná e, por arrastamento, declarar a inconstitucionalidade da Lei n. 16.656/2010 e do art. 1º da Lei n. 13.246/2002, ambas do Estado do Paraná" (STF, ADI 4.545, Rel. Min. Rosa Weber, Tribunal Pleno, jul. 05.12.2019, *DJe* 07.04.2020).

Art. 28. Dentro do prazo de dez dias após o trânsito em julgado da decisão, o Supremo Tribunal Federal fará publicar em seção especial do Diário da Justiça e do Diário Oficial da União a parte dispositiva do acórdão.

Parágrafo único. A declaração de constitucionalidade ou de inconstitucionalidade, inclusive a interpretação conforme a Constituição e a declaração parcial de inconstitucionalidade sem redução de texto, têm eficácia contra todos e efeito vinculante em relação aos órgãos do Poder Judiciário e à Administração Pública federal, estadual e municipal.

JURISPRUDÊNCIA SELECIONADA

1. Rescisória. Art. 485, V, CPC. Declaração de inconstitucionalidade da lei. "Ação rescisória. Artigo 485, V, do CPC. (...) A violação à lei que autoriza o remédio extremo da rescisória é aquela que consubstancia desprezo pelo sistema de normas no julgado rescindendo. 7. A jurisprudência deste Sodalício já assentou que 'para que a ação rescisória fundada no art. 485, V, do CPC, prospere, é necessário que a interpretação dada pelo decisum rescindendo seja de tal modo aberrante que viole o dispositivo legal em sua literalidade. Se, ao contrário, o acórdão rescindendo elege uma dentre as interpretações cabíveis, ainda que não seja a melhor, a ação rescisória não merece vingar, sob pena de tornar-se 'recurso' ordinário com prazo de interposição de dois anos' (REsp 9086/SP, Rel. Min. Adhemar Maciel, Sexta Turma, *DJ* 05.08.1996; REsp 168836/CE, Rel. Min. Adhemar Maciel, Segunda Turma, *DJ* 01.02.1999; AR nº 464/RJ, Rel. Min. Barros Monteiro, Segunda Seção, *DJ* 19.12.2003; AR nº 2779/DF, Rel. Min. Jorge Scartezzini, Terceira Seção, *DJ* 23.08.2004; e REsp 488512/MG, Rel. Min. Jorge Scartezzini, Quarta Turma, *DJ* 06.12.2004). 8. A ação rescisória por ofensa a literal disposição de lei é incabível quando a decisão rescindenda se tiver baseado em texto legal de interpretação controvertida nos tribunais. Sob esse enfoque é o teor da Súmula 343, do STF, que prima por prestigiar um dos pilares do direito, qual seja, a segurança jurídica, que se funda no respeito à coisa julgada. 9. Deveras, a eliminação da lei inconstitucional, em geral, deve obedecer os princípios que regulam a vigência das leis, impedindo-as de retroagir. Desta sorte, salvo manifestação expressa nos acórdãos das ações de declaração de inconstitucionalidade, em controle concentrado, as decisões judiciais anteriores não podem ficar à mercê de rescisórias, sob o fundamento de terem sido proferidas com base em lei inconstitucional. 10. O alijamento da incidência do enunciado da Súmula nº 343/STF deve ocorrer apenas na hipótese em que o Supremo Tribunal Federal declarar a inconstitucionalidade da lei aplicada pelo acórdão rescindendo (Primeira Seção do STJ, AgRg na AR nº 2.912, Rel. Min. João Otávio de Noronha, julgado em 10.12.2003)" (STJ, AR 3.032/PB, Rel. Min. Luiz Fux, 1ª Seção, jul. 10.10.2007, *DJ* 10.12.2007, p. 274; *RDDP* 60/188).

2. Parágrafo único. Reclamação. Admissibilidade. "Admissibilidade da reclamação contra qualquer ato, administrativo ou judicial, que desafie a exegese constitucional consagrada pelo Supremo Tribunal Federal em sede de controle concentrado de constitucionalidade, ainda que a ofensa se dê de forma oblíqua" (STF, Recl. 1.987, Rel. Min. Maurício Corrêa, Tribunal Pleno, jul. 01.10.2003, *DJ* 21.05.2004).

"Oponibilidade *erga omnes* e força vinculante. Efeito *ex tunc*. Ofensa à sua autoridade. Caracterização. Acórdão em sentido contrário, em ação rescisória. Prolação durante a vigência e nos termos de liminar expedida na ação direta de inconstitucionalidade. Irrelevância. Eficácia retroativa da decisão de mérito da ADI. Aplicação do princípio da máxima efetividade das normas constitucionais. Liminar concedida em reclamação, para suspender os efeitos do acórdão impugnado" (STF, Rcl. 2.600, Rel. Min. Cezar Peluso, Tribunal Pleno, jul. 14.09.2006, *DJe* 03.08.2007).

3. Legitimidade ativa para a Reclamação na hipótese de inobservância do efeito vinculante. "Assiste plena legitimidade ativa, em sede de reclamação, àquele – particular ou não – que venha a ser afetado, em sua esfera jurídica, por decisões de outros magistrados ou Tribunais que se revelem contrárias ao entendimento fixado, em caráter vinculante, pelo Supremo Tribunal Federal, no julgamento dos processos objetivos de controle normativo abstrato instaurados mediante ajuizamento, quer de ação direta de inconstitucionalidade, quer de ação declaratória de constitucionalidade" (STF, Rcl 2.143 AgR, Rel. Min. Celso de Mello, Tribunal Pleno, jul. 12.03.2003, *DJ* 06.06.2003).

Capítulo V
DAS DISPOSIÇÕES GERAIS E FINAIS

Art. 29. O art. 482 do Código de Processo Civil fica acrescido dos seguintes parágrafos:

(...)

Observação: modificações já integradas ao texto do citado dispositivo.

Art. 30. O art. 8º da Lei nº 8.185, de 14 de maio de 1991, passa a vigorar acrescido dos seguintes dispositivos:

"Art. 8º (...).

I – (...)

n) a ação direta de inconstitucionalidade de lei ou ato normativo do Distrito Federal em face da sua Lei Orgânica;

(...)

§ 3º São partes legítimas para propor a ação direta de inconstitucionalidade:

I – o Governador do Distrito Federal;

II – a Mesa da Câmara Legislativa;

III – o Procurador-Geral de Justiça;

IV – a Ordem dos Advogados do Brasil, seção do Distrito Federal;

V – as entidades sindicais ou de classe, de atuação no Distrito Federal, demonstrando que a pretensão por elas deduzida guarda relação de pertinência direta com os seus objetivos institucionais;

VI – os partidos políticos com representação na Câmara Legislativa.

§ 4º Aplicam-se ao processo e julgamento da ação direta de Inconstitucionalidade perante o Tribunal de Justiça do Distrito Federal e Territórios as seguintes disposições:

I – o Procurador-Geral de Justiça será sempre ouvido nas ações diretas de constitucionalidade ou de inconstitucionalidade;

II – declarada a inconstitucionalidade por omissão de medida para tornar efetiva norma da Lei Orgânica do Distrito Federal, a decisão será comunicada ao Poder competente para adoção das providências necessárias, e, tratando-se de órgão administrativo, para fazê-lo em trinta dias;

III – somente pelo voto da maioria absoluta de seus membros ou de seu órgão especial, poderá o Tribunal de Justiça declarar a inconstitucionalidade de lei ou de ato normativo do Distrito Federal ou suspender a sua vigência em decisão de medida cautelar.

§ 5º Aplicam-se, no que couber, ao processo de julgamento da ação direta de inconstitucionalidade de lei ou ato normativo do Distrito Federal em face da sua Lei Orgânica as normas sobre o processo e o julgamento da ação direta de inconstitucionalidade perante o Supremo Tribunal Federal."

Observação: a Lei nº 11.697/2002 dispõe sobre a organização judiciária do Distrito Federal e dos Territórios.

Art. 31. Esta Lei entra em vigor na data de sua publicação.*

Brasília, 10 de novembro de 1999; 178º da Independência e 111º da República.

FERNANDO HENRIQUE CARDOSO

* Publicada no *DOU* de 11.11.1999.

AÇÃO POPULAR

LEI Nº 4.717, DE 29 DE JUNHO DE 1965

Regula a ação popular.

INDICAÇÃO DOUTRINÁRIA

Geraldo Ataliba, Ação popular na Constituição, *RDP* 76/110; José Ignácio Botelho de Mesquita, Ação popular – legitimação ativa – prazo – legitimação passiva, *RF* 299/175; Darcy Bessone, Ação popular – ato administrativo – desvio de finalidade e ilegalidade do objeto, *RF* 296/184; Arruda Alvim, Ação popular, *RP* 32/163; José Carlos Barbosa Moreira, A ação popular do direito brasileiro como instrumento de tutela jurisdicional dos chamados interesses difusos, *RP* 28/7; José da Silva Pacheco, *O mandado de segurança e outras ações constitucionais típicas*, 4. ed., São Paulo: RT, 2002; Rodolfo de Camargo Mancuso, *Ação popular*, 2. ed., São Paulo: RT, 1996; Paulo Roberto Decomain, As condições da ação no âmbito da ação popular (especialmente a possibilidade jurídica do pedido, legalidade e lesividade dos atos por ela sindicados), *RDDP* 68/86; Paulo Roberto Decomain, Ação popular e atos legislativos ou jurisdicionais, *RDDP* 69/111; Felipe Lopes Soares, Litispendência entre ação civil pública e ação popular, *RP* 171/123.

REFERÊNCIA LEGISLATIVA

Art. 5º, LXXIII, da Constituição Federal: "qualquer cidadão é parte legítima para propor ação popular que vise a anular ato lesivo ao patrimônio público ou de entidade de que o Estado participe, à moralidade administrativa, ao meio ambiente e ao patrimônio histórico e cultural, ficando o autor, salvo comprovada má-fé, isento de custas judiciais e do ônus da sucumbência"; Lei nº 6.513, de 20.12.1977 (dispõe sobre a criação de áreas especiais e de locais de interesse turístico; sobre o inventário com finalidades turísticas dos bens de valor cultural e natural; altera a redação e acrescenta dispositivo à Lei nº 4.717/1965).

SÚMULAS

Súmulas do STF:

nº 101: "O mandado de segurança não substitui a ação popular".

nº 365: "Pessoa jurídica não tem legitimidade para propor ação popular".

O Presidente da República:

Faço saber que o Congresso Nacional decreta e eu sanciono a seguinte Lei:

DA AÇÃO POPULAR

Art. 1º Qualquer cidadão será parte legítima para pleitear a anulação ou a declaração de nulidade de atos lesivos ao patrimônio da União, do Distrito Federal, dos Estados, dos Municípios, de entidades autárquicas, de sociedades de economia mista (Constituição, art. 141, § 38), de sociedades mútuas de seguro nas quais a União represente os segurados ausentes, de empresas públicas, de serviços sociais autônomos, de instituições ou fundações para cuja criação ou custeio o tesouro público haja concorrido ou concorra com mais de cinquenta por cento do patrimônio ou da receita ânua, de empresas incorporadas ao patrimônio da União, do Distrito Federal, dos Estados e dos Municípios e de quaisquer pessoas jurídicas ou entidades subvencionadas pelos cofres públicos (*a referência é à Constituição Federal de 1946*).

§ 1º Consideram-se patrimônio público para os fins referidos neste artigo, os bens e direitos de valor econômico, artístico, estético, histórico ou turístico (*parágrafo com redação dada pela Lei nº 6.513, de 20.12.1977*).

§ 2º Em se tratando de instituições ou fundações, para cuja criação ou custeio o tesouro público concorra com menos de cinquenta por cento do patrimônio ou da receita ânua, bem como de pessoas jurídicas ou entidades subvencionadas, as consequências patrimoniais da invalidez dos atos lesivos terão por limite a repercussão deles sobre a contribuição dos cofres públicos.

§ 3º A prova da cidadania, para ingresso em juízo, será feita com o título eleitoral, ou com documento que a ele corresponda.

§ 4º Para instruir a inicial, o cidadão poderá requerer às entidades, a que se refere este artigo, as certidões e informações que julgar necessárias, bastando para isso indicar a finalidade das mesmas.

§ 5º As certidões e informações, a que se refere o parágrafo anterior, deverão ser fornecidas dentro de 15 (quinze) dias da entrega, sob recibo, dos respectivos requerimentos, e só poderão ser utilizadas para a instrução de ação popular.

§ 6º Somente nos casos em que o interesse público, devidamente justificado, impuser sigilo, poderá ser negada certidão ou informação.

§ 7º Ocorrendo a hipótese do parágrafo anterior, a ação poderá ser proposta desacompanhada das certidões ou informações negadas, cabendo ao juiz, após apreciar os motivos do indeferimento, e salvo em se tratando de razão de segurança nacional, requisitar umas e outras; feita a requisição, o processo correrá em segredo de justiça, que cessará com o trânsito em julgado de sentença condenatória.

JURISPRUDÊNCIA SELECIONADA

1. Ação Popular. "Ação que se destina à proteção do patrimônio público ou de entidade de que o Estado participe (inciso LXXIII do artigo 5º da Constituição Federal), e não à defesa de interesses particulares" (STF, Pet 3.388, Rel. Min. Carlos Britto, Tribunal Pleno, jul. 19.03.2009, *DJe* 25.09.2009).

"Impossibilidade de ingresso do Estado-membro na condição de autor, tendo em vista que a legitimidade ativa da ação popular é tão somente do cidadão. 2.3. Ingresso do Estado de Roraima e de outros interessados, inclusive de representantes das comunidades indígenas, exclusivamente como assistentes simples" (STF, Pet 3.388, Rel. Min. Carlos Britto, Tribunal Pleno, jul. 19.03.2009, *DJe* 25.09.2009).

2. Condições da ação. "As condições gerais da ação popular são as mesmas para qualquer ação: possibilidade jurídica do pedido, interesse de agir e legitimidade para a causa. (...) 4. A ação popular é o instrumento jurídico que deve ser utilizado para impugnar atos administrativos omissivos ou comissivos que possam causar danos ao meio ambiente. 5. Pode ser proposta ação popular ante a omissão do Estado em promover condições de melhoria na coleta do esgoto da Penitenciária Presidente Bernardes, de modo a que cesse o despejo de elementos poluentes no Córrego Guarucaia (obrigação de não fazer), a fim de evitar danos ao meio ambiente" (STJ, REsp 889.766/SP, Rel. Min. Castro Meira, 2ª Turma, jul. 04.10.2007, *DJ* 18.10.2007, p. 333).

3. Requisitos. Demonstração da lesividade e ilegalidade. "A orientação do STJ é reiterada no sentido de que a procedência da ação popular pressupõe nítida configuração da existência dos requisitos da ilegalidade e da lesividade" (STJ, REsp 234.388/SP, Rel. Min. João Otávio de Noronha, 2ª Turma, jul. 07.06.2005, *DJ* 01.08.2005, p. 373). **No mesmo sentido:** STJ, REsp 146.756/SP, Rel. Min. João Otávio de Noronha, 2ª Turma, jul. 09.12.2003, *DJ* 09.02.2004, p. 139).

"São três os requisitos necessários ao ajuizamento da ação popular: a lesividade ao patrimônio público, a ilegitimidade do ato ou contrato e a condição de eleitor da pessoa física que entra em juízo em defesa da coletividade" (TJSP, Ap. 81.490-1, Rel. Des. Oliveira Lima; *RT* 623/41).

"Fere a sistemática processual civil decisão em ação popular que posterga a comprovação da inexistência de lesividade ao patrimônio público para a fase de liquidação de sentença, porquanto tal fase, nos termos do art. 603 do Código de Processo Civil, serve à apuração do *quantum debeatur* não individuado na condenação" (STJ, REsp 121.431/SP, Rel. Min. João Otávio de Noronha, 2ª Turma, jul. 15.02.2005, *DJ* 25.04.2005, p. 256).

"Não havendo elementos probatórios que demonstrem a lesividade ao patrimônio público, pela obra impugnada, já inteiramente concluída e em utilização há vários anos, não se apresenta como desarrazoada decisão que concluiu pela improcedência da ação popular, mesmo que constatadas irregularidades na contratação" (STJ, REsp 15.463-0/RS, Rel. Min. Hélio Mosimann, 2ª Turma, jul. 07.03.1994; *LEX-JSTJ* 63/108).

"Lesividade deve caracterizar-se pela prática de ato que, direta ou indiretamente, mas real ou efetivamente, redunde no injusto detrimento de bens ou direitos da administração, representativo de um prejuízo, de um dano a valores patrimoniais" (STF, RE 92.326, Rel. Min. Rafael Mayer; *RTJ* 96/1.379).

4. Ausência de lesividade. Cabimento. "O entendimento sufragado pelo acórdão recorrido no sentido de que, para o cabimento da ação popular, basta a ilegalidade do ato administrativo a invalidar, por contrariar normas específicas que regem a sua prática ou por se desviar dos princípios que norteiam a Administração Pública, dispensável a demonstração de prejuízo material aos cofres públicos, não é ofensivo ao inc. LXXIII do art. 5º da Constituição Federal, norma esta que abarca não só o patrimônio material do Poder Público, como também o patrimônio moral, o cultural e o histórico. (...)" (STF, RE 170.768/SP, Rel. Min. Ilmar Galvão, 1ª Turma, jul. 26.03.1999, *DJ* 13.08.1999, p. 16).

"A Ação Popular regulada pela Lei nº 4.717/65, art. 1º, limitava o cabimento da ação às hipóteses de lesividade ao patrimônio público, por isso que restava insuficiente, à anulação do ato por via da ação popular, a mera ilegalidade. 4. Alegação de inadequação da ação popular para este fim, mercê de valorados anomalamente os pressupostos do art. 273 do CPC. 5. Restando evidenciada a importância da cidadania no controle dos atos da administração, com a eleição dos valores imateriais do art. 37 da CF, como tuteláveis judicialmente, coadjuvados por uma série de instrumentos processuais de defesa dos interesses transindividuais, criou-se um microssistema de tutela de interesses difusos referentes à probidade da Administração Pública, nele encartando-se a ação popular, a ação civil pública e o mandado de segurança coletivo, como instrumentos concorrentes na defesa desses direitos eclipsados por cláusulas pétreas. 6. Consectariamente, a partir da Constituição de 1988 tomou-se possível a propositura da ação popular com o escopo de anular, não só atos lesivos ao patrimônio econômico do Estado, como também ao patrimônio histórico, cultural, ambiental e moral" (STJ, REsp 552.691/MG, Rel. Min. Luiz Fux, 1ª Turma, jul. 03.05.2005, *DJ* 30.05.2005, p. 216).

"Lei que faculta ao contribuinte pagar antecipadamente o IPTU relativo ao ano seguinte. Ilegalidade do benefício, dado ao contribuinte, haja vista a arrecadação anterior desfalcar o exercício financeiro seguinte, dificultando a nova gestão. Afronta à Constituição Federal, artigo 150, III, letra *b*. Impossibilidade de pagamento de tributo antes da ocorrência do fato imponível. Possibilidade de propor a ação popular para afastar lesão à moralidade administrativa, mesmo sem a ocorrência da lesividade" (STJ, REsp 537.342/SP, Rel. Min. Luiz Fux, 1ª Turma, jul. 04.11.2003, *DJ* 24.11.2003, p. 229).

"Sem adentrar no mérito da existência ou não de prejuízo ao erário, é possível, no plano abstrato, afirmar a prescindibilidade do dano para a propositura da ação popular. Isso, porque quando a lei de ação popular, em seu art. 1º, § 1º, define patrimônio público como "os bens e direitos de valor econômico, artístico, estético, histórico ou turístico" deixa claro que o termo "patrimônio público" deve ser entendido de maneira ampla a abarcar, não apenas o patrimônio econômico, mas também entre outros valores, a moralidade administrativa" (STJ, AgRg no REsp 1.130.754/RS, Rel. Min. Humberto Martins, 2ª Turma, jul. 13.04.2010, *DJe* 03.05.2010).

5. Requisitos. Moralidade Administrativa. "1. A ação popular é meio processual constitucional adequado para impor a obediência ao postulado da moralidade na prática dos atos administrativos. 2. A moralidade administrativa é valor de natureza absoluta que se insere nos pressupostos exigidos para a efetivação do regime democrático. 3. Contrato de risco sem autorização legislativa e sem estudos aprofundados de viabilidade do êxito que foi assumido por administrador público para pesquisar petróleo em área não tradicionalmente vocacionada para produzir esse combustível. 4. Ilegalidade do ato administrativo que, por si só, conduz a se ter como ocorrente profunda lesão patrimonial aos cofres públicos. 5. A lei não autoriza o administrador público a atuar, no exercício de sua gestão, com espírito aventureiro, acrescido de excessiva promoção pessoal e precipitada iniciação contratual sem comprovação, pelo menos razoável, de êxito. 6. Os contratos de risco para pesquisar petróleo devem ser assumidos pelo Estado em níveis de razoabilidade e proporcionalidade, após aprofundados estudos técnicos da sua viabilidade e autorização legislativa. 7. A moralidade administrativa é patrimônio moral da sociedade. Os Poderes Executivo, Legislativo e Judiciário devem proteger esse patrimônio de modo incondicional, punindo, por mínima que seja, a sua violação. 8. 'Na maioria das vezes, a lesividade ao erário público decorre da própria ilegalidade do ato impugnado' (STF, RE 160.381/SP, Rel. Min. Marco Aurélio, *DJ* 12.08.94, p. 2.005) (...)" (STJ, EREsp 14.868/RJ, Rel. Min. José Delgado, 1ª Seção, jul. 09.03.2005, *DJ* 18.04.2005, p. 206).

6. Não cabimento. "Inadequada a lide popular para a declaração de inconstitucionalidade de lei municipal e, inaproveitáveis os atos praticados por ilegitimados os autores populares para esse escopo" (TJSP, Ap. 195.902-1, Rel. Des. Alfredo Migliore, 3ª Câmara; *RT* 703/63). **No mesmo sentido:** *RT* 561/72.

"Reclamação: usurpação da competência do STF (CF, art. 102, I, l): ação popular que, pela causa de pedir e pelo pedido de provimento mandamental formulado, configura hipótese reservada à ação direta de inconstitucionalidade por omissão de medidas administrativas, de privativa competência originária do Supremo Tribunal: procedência" (STF, Recl. 1.017/SP, Rel. Min. Sepúlveda Pertence, Tribunal Pleno, jul. 07.04.2005, *DJ* 03.06.2005; *LEXSTF* 320/228; *RTJ* 194/44).

7. Caráter preventivo e repressivo. "2. A Ação Popular é cabível, já que objetiva a suspensão definitiva do pagamento da Gratificação de Nível Superior e a consequente condenação dos beneficiários à devolução de todas as quantias recebidas, devidamente corrigidas. Com efeito, a Ação Popular, como regulada pela Lei nº 4.717, de 29.06.1965, visa à declaração de nulidade ou à anulação de atos administrativos, quando lesivos ao patrimônio público, como dispõem seus artigos 1º, 2º e 4º. Mas não é preciso esperar que os atos lesivos ocorram e produzam todos os seus efeitos, para que, só então, ela seja proposta. 3. No caso presente, a Ação Popular, como proposta, tem índole preventiva e repressiva ou corretiva, ao mesmo tempo. Com ela se pretende a sustação dos pagamentos futuros (caráter preventivo) e a restituição das quantias que tiverem sido pagas, nos últimos cinco anos, em face do prazo prescricional previsto no art. 21 da Lei da Ação Popular (caráter repressivo). 4. Cabível, pois, a Ação, como proposta" (STF, AO 506-QO-AC, Rel. Min. Sydney Sanches, Tribunal Pleno, jul. 06.05.1998, *DJ* 04.12.1998, p. 10).

8. Legitimidade ativa de qualquer cidadão. "A ação popular pode ser ajuizada por qualquer cidadão que tenha por objetivo anular judicialmente atos lesivos ou ilegais aos interesses garantidos constitucionalmente, quais sejam, ao patrimônio público ou de entidade de que o Estado participe, à moralidade administrativa, ao meio ambiente e ao patrimônio histórico e cultural" (STJ, REsp 889.766/SP, Rel. Min. Castro Meira, 2ª Turma, jul. 04.10.2007, *DJ* 18.10.2007, p. 333). **Observação: Conferir jurisprudência selecionada nos arts. 6º e 9º sobre o papel da pessoa jurídica de direito público e privado e do Ministério Público, quando, excepcionalmente, legitimados para assumir o polo ativo da demanda.**

Eleitor com domicílio eleitoral em município estranho àquele em que ocorreram os fatos controversos. Irrelevância. "(...) a condição de eleitor não é condição de legitimidade ativa, mas apenas e tão só meio de prova documental da cidadania, daí porque pouco importa qual o domicílio eleitoral do autor da ação popular. Aliás, trata-se de uma exceção à regra da liberdade probatória (sob a lógica tanto da atipicidade como da não taxatividade dos meios de provas) previsto no art. 332, CPC. (...) Aquele que não é eleitor em certa circunscrição eleitoral não necessariamente deixa de ser eleitor, podendo apenas exercer sua cidadania em outra circunscrição. Se for eleitor, é cidadão para fins de ajuizamento de ação popular" (STJ, REsp 1.242.800/MS, Rel. Min. Mauro Campbell Marques, 2ª Turma, jul. 07.06.2011, *DJe* 14.06.2011).

9. Atos de conteúdo jurisdicional. Não cabimento. "Os atos de conteúdo jurisdicional – precisamente por não se revestirem de caráter administrativo – estão excluídos do âmbito de incidência da ação popular, porque se acham sujeitos a um sistema específico de contestação, quer por via recursal, quer mediante utilização de ação rescisória. Doutrina. Tratando-se de ato de índole jurisdicional, cumpre considerar que este ou ainda não se tornou definitivo – podendo, em tal situação, ser contestado mediante utilização dos recursos previstos na legislação processual –, ou, então, já transitou em julgado, hipótese em que, havendo decisão sobre o mérito da causa, expor-se-á à possibilidade de rescisão" (STF, AO 672/DF, Rel. Min. Celso de Mello, jul. 09.03.2000, *DJ* 16.03.2000).

10. Anulação de acordo judicial. Lesão patrimônio público. Admissibilidade. "O acordo entre os Municípios (assim como o Termo de Ajustamento de Conduta) pode, em tese, ser rescindido nos moldes do art. 486 do CPC, desde que ocorra ofensa ao patrimônio público *lato sensu*, tangível ou intangível. A rigor, o objeto da anulação é o ato jurídico subjacente (ajuste entre as partes), e não exatamente a sentença, meramente homologatória. Se há lesão ao bem público ou violação do princípio da legalidade, a Ação Popular é absolutamente adequada, conforme o art. 5º, LXXIII, da CF. Precedente da Primeira Turma" (STJ, REsp 884.742/PR, Rel. Min. Herman Benjamin, 2ª Turma, jul. 20.04.2010, *DJe* 28.04.2011).

11. Grave lesão à ordem pública configurada. Presunção de legitimidade do ato administrativo. Metodologia técnica. "A interferência judicial para invalidar a estipulação das tarifas de transporte público urbano viola gravemente a ordem pública. A legalidade estrita orienta que, até prova definitiva em contrário, prevalece a presunção de legitimidade do ato administrativo praticado pelo Poder Público (STF, RE n.º 75.567/SP, Rel. Min. Djaci Falcão, 1ª Turma, jul. 20.11.1973, *DJ* 19.04.1974, *v.g.*) – mormente em hipóteses como a presente, em que houve o esclarecimento da Fazenda estadual de que a metodologia adotada para fixação dos preços era técnica". (STJ, AgInt no AgInt na SLS 2.240/SP, Rel.ª Min.ª Laurita Vaz, Corte Especial, jul. 07.06.2017, *DJe* 20.06.2017)

12. Conselho Administrativo de Recursos Fiscais – CARF. Ato lesivo ao patrimônio Público. Manifesta ilegalidade. Controle judicial. Possibilidade. "Nos moldes dos arts. 25, II, 42, II e III, 43 e 45 do Decreto n. 70.235/1972, o Conselho Administrativo de Recursos Fiscais – CARF, constitui órgão paritário de controle extrajudicial e democrático da ação estatal de instituir e cobrar tributos, razão pela qual suas decisões, ressalvadas circunstâncias de manifesta ilegalidade, de desvio ou abuso de poder, ou, ainda, quando contrárias a sedimentados precedentes jurisdicionais, não se sujeitam a invalidação judicial por mera divergência de juízo hermenêutico quanto ao alcance da legislação tributária, mormente nos casos de escrutínio de entendimento favorável aos contribuintes em contexto de disposições legislativas de conteúdo polissêmico e objeto de interpretações díspares. Hipótese na qual o Autor Popular, qualificado como Auditor-Fiscal da Receita Federal do Brasil, postula, de maneira reiterada e sem apontamento de quaisquer vícios, pela invalidação de acórdãos do CARF tão somente por discordar da tese levada em conta para a formação do convencimento do colegiado, traduzindo, por conseguinte, mero inconformismo relativamente à exegese sufragada pelas instâncias administrativas superiores ao qual juridicamente vinculado, circunstância, *in casu*, insuficiente à invalidação do ato impugnado" (STJ, REsp 1.608.161/RS, Rel. Min. Regina Helena Costa, 1ª Turma, jul. 06.08.2024, *DJe* 09.08.2024).

13. Ação popular. Tutela de direitos transindividuais. Mera tutela patrimonial dos cofres públicos. Subversão dos fins. "Concebida como mecanismo concretizador da soberania pelos arts. 5º, LXXIII, da Constituição da República, e 1º e 2º da Lei n. 4.717/1965, a ação popular constitui instrumento viabilizador do controle de condutas ilegítimas do Poder Público, não se prestando, de outra parte, à mera tutela patrimonial dos cofres estatais, à contraposição pura e simples do escorreito exercício da atividade administrativa, tampouco à defesa de interesses exclusivos do cidadão figurante no polo ativo, porquanto direito fundamental cujo exercício, embora empreendido a título individual, tem por objetivo a tutela de bens jurídicos transindividuais" (STJ, REsp 1.608.161/RS, Rel. Min. Regina Helena Costa, 1ª Turma, jul. 06.08.2024, *DJe* 09.08.2024).

Art. 2º São nulos os atos lesivos ao patrimônio das entidades mencionadas no artigo anterior, nos casos de:

a) incompetência;

b) vício de forma;

c) ilegalidade do objeto;

d) inexistência dos motivos;

e) desvio de finalidade.

Parágrafo único. Para a conceituação dos casos de nulidade observar-se-ão as seguintes normas:

a) a incompetência fica caracterizada quando o ato não se incluir nas atribuições legais do agente que o praticou;

b) o vício de forma consiste na omissão ou na observância incompleta ou irregular de formalidades indispensáveis à existência ou seriedade do ato;

c) a ilegalidade do objeto ocorre quando o resultado do ato importa em violação de lei, regulamento ou outro ato normativo;

d) a inexistência dos motivos se verifica quando a matéria de fato ou de direito, em que se fundamenta o ato, é materialmente inexistente ou juridicamente inadequada ao resultado obtido;

e) o desvio de finalidade se verifica quando o agente pratica o ato visando a fim diverso daquele previsto, explícita ou implicitamente, na regra de competência.

JURISPRUDÊNCIA SELECIONADA

1. Incompetência. "... o art. 2º da Lei nº 4.717 considera nulo o ato derivado de autoridade incompetente, porquanto a competência é a condição primeira de validade do ato administrativo quer seja vinculado ou discricionário. Consectariamente, toda invalidação, diferentemente da revogação, tece efeitos *ex nunc*, por força mesma da norma constitucional inserta no art. 37 da CF, que responsabiliza a Fazenda Pública pelos atos ilícitos e pelos atos lícitos inválidos" (STJ, AgRg no REsp 635.949/SC, Rel. Min. Luiz Fux, 1ª Turma, jul. 21.10.2004, *DJ* 29.11.2004, p. 252).

2. Homologado em juízo. Anulação. "Município de Saudade do Iguaçu-PR ajuizou Ação Ordinária contra o Estado e determinadas cidades paranaenses, impugnando o critério para distribuição da parcela de ICMS relativa a usina hidrelétrica. Pela legislação estadual, o referido município teria direito a 3%, mas entendia que fazia jus a 100%. Foi homologado acordo judicialmente, em que o Município se contentou com 50% da parcela. Cidadãos de Saudade do Iguaçu ajuizaram Ação Popular porque entenderam que houve renúncia de receita e, portanto, lesão ao patrimônio público. Foi concedida liminar, mantida pelo acórdão recorrido. O acordo entre os Municípios (assim como o Termo de Ajustamento de Conduta) pode, em tese, ser rescindido nos moldes do art. 486 do CPC, desde que ocorra ofensa ao patrimônio público *lato sensu*, tangível ou intangível. A rigor, o objeto da anulação é o ato jurídico subjacente (ajuste entre as partes), e não exatamente a sentença, meramente homologatória. Se há lesão ao bem público ou violação do princípio da legalidade, a Ação Popular é absolutamente adequada, conforme o art. 5º, LXXIII, da CF. É incontroverso que o pleito é de anulação de ato lesivo ao patrimônio público, pois, segundo os autores populares, o ajuste aceito pelo Município de Saudade do Iguaçu corresponderia à renúncia da parcela do ICMS que lhe seria devida (100% do tributo relativo à hidrelétrica), nos termos do art. 158, parágrafo único, I, da CF" (STJ, REsp 884.742/PR, Rel. Min. Herman Benjamin, 2ª Turma, jul. 20.04.2010, *DJe* 28.04.2011).

Art. 3º Os atos lesivos ao patrimônio das pessoas de direito público ou privado, ou das entidades mencionadas no art. 1º, cujos vícios não se compreendam nas especificações do artigo anterior, serão anuláveis, segundo as prescrições legais, enquanto compatíveis com a natureza deles.

Art. 4º São também nulos os seguintes atos ou contratos, praticados ou celebrados por quaisquer das pessoas ou entidades referidas no art. 1º:

I – a admissão ao serviço público remunerado, com desobediência, quanto às condições de habilitação, das normas legais, regulamentares ou constantes de instruções gerais;

II – a operação bancária ou de crédito real, quando:

a) for realizada com desobediência a normas legais, regulamentares, estatutárias, regimentais ou internas;

b) o valor real do bem dado em hipoteca ou penhor for inferior ao constante de escritura, contrato ou avaliação;

III – a empreitada, a tarefa e a concessão do serviço público, quando:

a) o respectivo contrato houver sido celebrado sem prévia concorrência pública ou administrativa, sem que essa condição seja estabelecida em lei, regulamento ou norma geral;

b) no edital de concorrência forem incluídas cláusulas ou condições, que comprometam o seu caráter competitivo;

c) a concorrência administrativa for processada em condições que impliquem na limitação das possibilidades normais de competição;

IV – as modificações ou vantagens, inclusive prorrogações que forem admitidas, em favor do adjudicatário, durante a execução dos contratos de empreitada, tarefa e concessão de serviço público, sem que estejam previstas em lei ou nos respectivos instrumentos;

V – a compra e venda de bens móveis ou imóveis, nos casos em que não for cabível concorrência pública ou administrativa, quando:

a) for realizada com desobediência a normas legais, regulamentares, ou constantes de instruções gerais;

b) o preço de compra dos bens for superior ao corrente no mercado, na época da operação;

c) o preço de venda dos bens for inferior ao corrente no mercado, na época da operação;

VI – a concessão de licença de exportação ou importação, qualquer que seja a sua modalidade, quando:

a) houver sido praticada com violação das normas legais e regulamentares ou de instruções e ordens de serviço;

b) resultar em exceção ou privilégio, em favor de exportador ou importador;

VII – a operação de redesconto quando sob qualquer aspecto, inclusive o limite de valor, desobedecer a normas legais, regulamentares ou constantes de instruções gerais;

VIII – o empréstimo concedido pelo Banco Central da República, quando:

a) concedido com desobediência de quaisquer normas legais, regulamentares, regimentais ou constantes de instruções gerais;

b) o valor dos bens dados em garantia, na época da operação, for inferior ao da avaliação;

IX – a emissão, quando efetuada sem observância das normas constitucionais, legais e regulamentadoras que regem a espécie.

DA COMPETÊNCIA

Art. 5º Conforme a origem do ato impugnado, é competente para conhecer da ação, processá-la e julgá-la o juiz que, de acordo com a organização judiciária de cada Estado, o for para as causas que interessem à União, ao Distrito Federal, ao Estado ou ao Município.

§ 1º Para fins de competência, equiparam-se a atos da União, do Distrito Federal, do Estado ou dos Municípios os atos das pessoas criadas ou mantidas por essas pessoas jurídicas de direito público, bem como os atos das sociedades de que elas sejam acionistas e os das pessoas ou entidades por elas subvencionadas ou em relação às quais tenham interesse patrimonial.

§ 2º Quando o pleito interessar simultaneamente à União e a qualquer outra pessoa ou entidade, será competente o juiz das causas da União, se houver; quando interessar simultaneamente ao Estado e ao Município, será competente o juiz das causas do Estado, se houver.

§ 3º A propositura da ação prevenirá a jurisdição do juízo para todas as ações, que forem posteriormente intentadas contra as mesmas partes e sob os mesmos fundamentos.

§ 4º Na defesa do patrimônio público caberá a suspensão liminar do ato lesivo impugnado (Parágrafo incluído pela Lei nº 6.513, de 20.12.1977).

REFERÊNCIA LEGISLATIVA

Art. 4º, § 1º, da Lei nº 8.437, de 30.06.1992.

JURISPRUDÊNCIA SELECIONADA

1. Competência da Justiça Comum. "O SEBRAE não corresponde à noção constitucional de autarquia, que, para começar, há de ser criada por lei específica (CF, art. 37, XIX), e não na forma de sociedade civil, com personalidade de direito privado, como é o caso do recorrido. Por isso, o disposto no art. 20, *f*, da Lei nº 4.717/65 (LAP), para não se chocar com a Constituição, há de ter o seu alcance reduzido: não transforma em autarquia as entidades de direito privado que recebam e apliquem contribuições parafiscais, mas, simplesmente, as inclui no rol daquelas – como todas as enumeradas no art. 1º da LAP – à proteção de cujo patrimônio se predispõe a ação popular. 2. Dada a patente similitude da natureza jurídica do SESI e congêneres à do SEBRAE, seja no tocante à arrecadação e aplicação de contribuições parafiscais, seja, em consequência, quanto à sujeição à fiscalização do Tribunal de Contas, aplica-se ao caso a fundamentação subjacente à Súmula 516/STF: 'O Serviço Social da Indústria – SESI – está sujeito à jurisdição da Justiça estadual'" (STF, RE 366.168/SC, Rel. Min. Sepúlveda Pertence, 1ª Turma, jul. 03.02.2004, *DJ* 14.05.2004, p. 45).

2. Competência da Justiça Federal. "A conexão de causas não induz a competência da Justiça Federal, que só atrai para o seu âmbito as ações discriminadas no art. 109, I, da Constituição Federal; com maior razão, estão dela afastadas as demandas que sequer são conexas com aquela que tramita na Justiça Federal" (STJ, CC 51.650/DF, Rel. Min. Humberto Gomes de Barros, Rel. p/ ac. Min. Ari Pargendler, 2ª Seção, jul. 27.09.2006, *DJ* 11.10.2007, p. 282).

3. Competência do Juízo de Primeiro Grau. "A competência para julgar ação popular contra ato de qualquer autoridade, até mesmo do Presidente da República, é, via de regra, do juízo competente de primeiro grau" (STF, AO 859-QO, Rel.ª Min.ª Ellen Gracie, *DJ* 01.08.2003). **No mesmo sentido:** STF, AO 1.430, Min.ª Ellen Gracie, *DJ* 08.02.2007.

"A competência para processar e julgar ação popular contra ato de qualquer autoridade, inclusive daquelas que, em mandado de segurança, estão sob a jurisdição desta Corte originariamente, é do Juízo competente de primeiro grau de jurisdição" (STF, Pet. 174-AgRg/SP, Rel. Min. Moreira Alves, Plenário, jul. 18.02.1987, *DJ* 20.03.1987; *RTJ* 121/17).

4. Competência do STF. Rol taxativo. "O regime de direito estrito, a que se submete a definição dessa competência institucional, tem levado o Supremo Tribunal Federal, por efeito da taxatividade do rol constante da Carta Política, a afastar, do âmbito de suas atribuições jurisdicionais originárias, o processo e o julgamento de causas de natureza civil que não se acham inscritas no texto constitucional (ações populares, ações civis públicas, ações cautelares, ações ordinárias, ações declaratórias e medidas cautelares), mesmo que instauradas contra o Presidente da República ou contra qualquer das autoridades, que, em matéria penal (CF, art. 102, I, *b* e *c*), dispõem de prerrogativa de foro perante a Corte Suprema ou que, em sede de mandado de segurança, estão sujeitas à jurisdição imediata do Tribunal (CF, art. 102, I, *d*). Precedentes" (STF, Pet. 1.738-AgRg, Rel. Min. Celso de Mello, Tribunal Pleno, jul. 01.09.1999, *DJ* 01.10.1999, p. 42).

"A competência originária do Supremo Tribunal Federal é de ser reconhecida, em face do disposto no art. 102, I, 'n', da Constituição Federal, pois a Ação é proposta contra todos os

Juízes do Estado do Acre, inclusive os Desembargadores do Tribunal de Justiça" (STF, AO 506-QO/AC, Rel. Min. Sydney Sanches, Tribunal Pleno, jul. 06.05.1998, *DJ* 04.12.1998, p. 10).

5. Prevenção (§ 3º). "A Lei da Ação Popular (Lei nº 4.717/65), em seu art. 5º, § 3º, definiu a propositura da ação como o marco para a prevenção do juízo. Importa saber, na oportunidade, em que momento se considera proposta a ação: na distribuição, no despacho inicial ou com a citação válida. Em juízos de mesma competência territorial, a prevenção dá-se em favor daquele que primeiro despachou no processo (art. 116 do CPC). Quando os juízos apresentam competência territorial diversa, a prevenção define-se pela citação válida (art. 209 do CPC). Na hipótese, o conflito envolve quatro autoridades judiciais, três da Seção Judiciária do Distrito Federal e uma da Circunscrição do Paraná, portanto com competência territorial distinta. Compulsando os autos, constata-se que a única citação efetivada nas ações populares foi determinada pelo Juízo Federal da 5ª Vara da Seção Judiciária do Paraná. Conflito conhecido para declarar competente o Juízo da 5ª Vara Federal do Paraná, o suscitado" (CC 39.595/DF, Rel. Min. Castro Meira, 1ª Seção, ac. de 18.10.2004, *DJU* 09.02.2005, p. 182).

"Assim, como há a identidade de pedido, causa de pedir e de partes (no polo ativo das ações, temos candidatos que se dizem preteridos em seu direito de preferência à nomeação), a competência para julgar as ações, de acordo com o art. 5º, § 3º, da Lei nº 4.717/65, é da 7ª Vara Federal/GO" (STJ, REsp 509.698/DF, Rel. Min. Francisco Falcão, 1ª Turma, jul. 28.10.2003, *DJ* 15.12.2003, p. 208).

6. Liminar (§ 4º). "Não se pode negar a plausibilidade jurídica da Ação Popular, que visa, em primeiro lugar, à sustação do pagamento da Gratificação de Nível Superior aos Magistrados ativos e inativos do Estado do Acre e, em seguida, à restituição do que tiverem recebido a esse título, nos últimos cinco anos. 15. Está presente, também, o requisito do *periculum in mora*, pois é previsível a demora no andamento do processo, talvez de alguns anos, com tantos demandados a serem citados e que poderão apresentar defesas as mais diversas, seguindo-se a instrução que vier a ser necessária, a manifestação final das partes, do Ministério Público e, enfim, o julgamento do mérito" (STF, AO 506-QO-AC, Rel. Min. Sydney Sanches, Tribunal Pleno, jul. 06.05.1998, *DJ* 04.12.1998, p. 10).

DOS SUJEITOS PASSIVOS DA AÇÃO E DOS ASSISTENTES

Art. 6º A ação será proposta contra as pessoas públicas ou privadas e as entidades referidas no art. 1º, contra as autoridades, funcionários ou administradores que houverem autorizado, aprovado, ratificado ou praticado o ato impugnado, ou que, por omissão, tiverem dado oportunidade à lesão, e contra os beneficiários diretos do mesmo.

§ 1º Se não houver benefício direto do ato lesivo, ou se for ele indeterminado ou desconhecido, a ação será proposta somente contra as outras pessoas indicadas neste artigo.

§ 2º No caso de que trata o inciso II, item "b", do art. 4º, quando o valor real do bem for inferior ao da avaliação, citar-se-ão como réus, além das pessoas públicas ou privadas e entidades referidas no art. 1º, apenas os responsáveis pela avaliação inexata e os beneficiários da mesma.

§ 3º A pessoa jurídica de direito público ou de direito privado, cujo ato seja objeto de impugnação, poderá abster-se de contestar o pedido, ou poderá atuar ao lado do autor, desde que isso se afigure útil ao interesse público, a juízo do respectivo representante legal ou dirigente.

§ 4º O Ministério Público acompanhará a ação, cabendo-lhe apressar a produção da prova e promover a responsabilidade, civil ou criminal, dos que nela incidirem, sendo-lhe vedado, em qualquer hipótese, assumir a defesa do ato impugnado ou dos seus autores.

§ 5º É facultado a qualquer cidadão habilitar-se como litisconsorte ou assistente do autor da ação popular.

JURISPRUDÊNCIA SELECIONADA

1. Beneficiário indireto. "São legitimadas passivas ad causam, nos termos do art. 6º da Lei nº 4.717/65, as pessoas que houverem autorizado, aprovado, ratificado ou praticado o ato impugnado, ou que dele tenham se beneficiado diretamente. O legislador, ao estabelecer a norma prevista no art. 6º da Lei nº 4.717/65, sujeitou à ação o beneficiário direto do ato, não se enquadrando nessa categoria os que apenas episódica e circunstancialmente tenham sido beneficiados. Beneficiário indireto é aquele que não guarda relação de causalidade necessária e suficiente com o ato ou fato apontado como irregular na ação popular" (STJ, REsp 234.388/SP, Rel. Min. João Otávio de Noronha, 2ª Turma, jul. 07.06.2005, *DJ* 01.08.2005, p. 373).

2. Litisconsórcio passivo necessário. "O regime da coisa julgada nas ações difusas não dispensa a formação do litisconsórcio necessário quando o capítulo da decisão atinge diretamente a esfera individual. Isto porque, consagra a Constituição que ninguém deve ser privado de seus bens sem a obediência ao princípio do devido processo legal (art. 5º, LIV, da CF/88). O litisconsórcio necessário é regido por norma de ordem pública, cabendo ao juiz determinar, de ofício ou a requerimento de qualquer das partes, a integração à lide do litisconsorte passivo. Nulidade de pleno direito da relação processual, a partir do momento em que a citação deveria ter sido efetivada, na forma do art. 47 do CPC, inocorrendo preclusão" (STJ, REsp 480.712/SP, Rel. Min. Teori Albino Zavascki, Rel. p/ ac. Min. Luiz Fux, 1ª Turma, jul. 12.05.2005, *DJ* 20.06.2005, p. 124).

Litisconsórcio necessário. "O artigo 47 do Código de Processo Civil estabelece que, por disposição de lei ou dada a natureza da relação jurídica, decidirá o Juiz de modo uniforme para todos os litisconsortes, devendo todos ser citados. Em se tratando de ação popular, que tem por objeto a desconstituição de ato jurídico, por força da disposição legal (art. 6º da Lei nº 4.711/65), estabelece-se o litisconsórcio necessário, mas não unitário, porquanto, visando a ação a desconstituição de ato administrativo, poder-se-á mostrar prescindível a presença no polo passivo do agente que, embora tenha se beneficiado do ato impugnado, não participou de sua elaboração" (STJ, REsp 258.122/PR, Rel. Min. João Otávio de Noronha, 2ª Turma, jul. 27.02.2007, *DJ* 05.06.2007, p. 302).

Litisconsórcio necessário de aprovados em concurso público. Descabimento. "Trata-se, originariamente, de Ação Popular que visa à anulação, por irregularidades, de certame para realização de concurso público. A sentença de procedência foi mantida pelo Tribunal de origem. [...] Afasta-se o litisconsórcio passivo necessário dos aprovados em concurso público cuja nulidade pode ser decretada em demanda. Precedentes do STJ" (STJ, REsp 1.283.121/ES, Rel. Min. Herman Benjamin, 2ª Turma, jul. 06.12.2012, *DJe* 08.03.2013).

3. Ilegitimidade passiva. "A ação popular reclama cúmulo subjetivo no polo passivo, cujo escopo é o de alcançar e convocar para o âmbito da ação, não apenas os responsáveis diretos pela lesão, mas todos aqueles que, de forma direta ou indireta, tenham concorrido para sua ocorrência, bem assim os que dela se beneficiaram. 2. É cediço em abalizada doutrina sobre o *thema* que: '(...) a insubsistência do ato atacado passa a ser uma inovação no *statu quo ante* que se coloca em face de todos os corréus. Daí a necessidade, sentida pelo legislador, de que venham aos autos todos os legítimos contraditores, até para que se cumpra o art. 47 do CPC (...).' Rodolfo de Camargo Mancuso, *Ação Popular*, RT, 5ª ed., 2003, p-172. 3. Consectariamente, devem ser citados para integrar o litisconsórcio passivo necessário simples, os sujeitos elencados no art. 6º c/c art. 1º, da Lei 4717/65, *verbis*: (...) 4. A Ação Popular, *in casu*, ajuizada em face da Companhia Energética do Estado do Maranhão-Cemar e do Estado do Maranhão, aduzindo a prática de ato ensejador de dano ao erário, consubstanciado no pagamento, pela primeira demandada, de publicação de matéria na imprensa local veiculando mensagem de felicitação a Governador daquele Estado, pela passagem seu aniversário natalício, na qual o Juiz Singular excluiu o Estado do Maranhão do polo passivo, mantendo, apenas, Companhia de Energia Elétrica do Estado do Maranhão. 5. A exegese da legislação aplicável à Ação Popular revela que as pessoas jurídicas de direito público, cuja citação se faz necessária para integrar o litisconsórcio passivo necessário simples, restringem-se àquelas cujos atos estejam sendo objeto da impugnação, vale dizer, no caso *sub judice*, a Companhia Energética do Estado do Maranhão – CEMAR, posto Sociedade de Economia Mista, com personalidade própria e patrimônio distinto do Estado do Maranhão. Precedentes do STJ: REsp 258.122/PR, *DJ* 05.06.2007 e REsp 266219/RJ, *DJ* 03.04.2006)" (STJ, REsp 879.999/MA, Rel. Min. Luiz Fux, 1ª Turma, jul. 02.09.2008, *DJe* 22.09.2008).

"Ação popular ajuizada objetivando a anulação de contratos administrativos fictícios em que se suscita a nulidade da relação processual por ausência de citação de um dos membros da Comissão de Licitação, porquanto litisconsorte passivo necessário. 2. Em princípio, a pretensão desconstitutiva do vínculo arrasta a necessidade de litisconsórcio compulsório entre todos os partícipes do negócio jurídico. 3. Deveras, a solução acerca da higidez ou não do contrato é uniforme para todos os integrantes do negócio jurídico inquinado de ilegal, por isso que a defesa levada a efeito por um dos legitimados passivos, por força do pedido condenatório, estende-se também aos demais, em razão da 'unitariedade do litisconsórcio' em função do qual a decisão homogênea implica que os atos de defesa aproveitem a todos os litisconsortes por força do 'regime de interdependência dos litisconsortes'. 4. À luz do Princípio *pas des nullité sans grief* não se decreta a nulidade sem o comprometimento dos fins de justiça do processo, máxime porque nulificado o vínculo com base em prova plena, insindicável pelo E. STJ, ante a incidência da Súmula nº 07. 5. Outrossim, a exegese do art. 6º da Lei da Ação Popular impõe o litisconsórcio entre beneficiários e praticantes do ato. 6. *In casu*, a Comissão de Licitação que não tem *legitimatio ad processum* foi citada na pessoa de seu representante, mercê de convocada a Pessoa Jurídica a qual pertencia. 7. Ademais, a previsão do art. 11 da Lei nº 4.717/65, pressupõe a possibilidade de ação de conhecimento, regressiva, na qual se abre ao funcionário ampla cognição defensiva" (STJ, REsp 556.510/MS, Rel. Min. Luiz Fux, 1ª Turma, jul. 22.03.2005, *DJ* 25.04.2005, p. 227).

4. § 3º. Pessoa jurídica. "Pessoa jurídica de direito público ou de direito privado, cujo ato seja objeto de impugnação, poderá atuar ao lado do autor, desde que isso se afigure útil ao interesse público, a juízo do respectivo representante legal ou dirigente (art. 6º, § 3º, da Lei nº 4.717/65). Filio-me à corrente que defende a tese da retratabilidade da posição da pessoa jurídica na ação popular, quando esta, tendo atuado no feito no polo passivo, se convence da ilegalidade e lesividade do ato de seu preposto, lembrando, inclusive, que o ente pode promover a execução da sentença condenatória (art. 17)" (STJ, AgRg no REsp 439.854/MS, Rel.ª Min.ª Eliana Calmon, 2ª Turma, jul. 08.04.2003, *DJ* 18.08.2003, p. 194).

"O requerimento para figurar no polo ativo da relação processual foi exercido dentro do prazo para o oferecimento da contestação, não se havendo falar em preclusão lógica ou temporal em razão da entidade de direito público ter pleiteado – nos termos do art. 7º, IV, da Lei 4.717/65 – o prazo em dobro para a resposta à ação. 2. O fato de o ente público ter pedido prazo em dobro para responder à ação não quer dizer que ele praticou ato incompatível com a faculdade de requerer o ingresso no polo ativo da relação processual. A incompatibilidade só teria ocorrido se, efetivamente, a municipalidade tivesse apresentado contestação. 3. Ademais, em nenhum momento a lei da ação popular estabeleceu a incompatibilidade entre o pedido de concessão de prazo em dobro para contestar e a faculdade, estabelecida no art. 6º, § 3º, da mesma lei, que permite ao ente público pleitear o ingresso no polo ativo da demanda. Dessa forma, no silêncio da lei, não cabe fazer interpretações restritivas, mormente quando se está diante de uma garantia constitucional posta à disposição do cidadão para a defesa do patrimônio público. 4. *In casu*, o interesse jurídico da municipalidade em figurar no polo ativo da ação popular é palmar, tendo em vista que o objeto da demanda visa a defender o patrimônio público, e, em última análise, também os princípios mestres do sistema de direito administrativo, dentre os quais a legalidade, a moralidade e a isonomia. Agravo regimental improvido" (STJ, AgRg no REsp 973.905/SP, Rel. Min. Humberto Martins, 2ª Turma, jul. 04.06.2009, *DJe* 25.06.2009).

5. § 4º. Ministério Público. "O Ministério público, por força do art. 129, III, da CF/88, é legitimado a promover qualquer espécie de ação na defesa do patrimônio público social, não se limitando à ação de reparação de danos. Destarte, nas hipóteses em que não atua na condição de autor, deve intervir como custos legis (LACP, art. 5º, § 1º; CDC, art. 92; ECA, art. 202 e LAP, art. 9º). A carta de 1988, ao evidenciar a importância da cidadania no controle dos atos da administração, com a eleição dos valores imateriais do art. 37 da CF como tuteláveis judicialmente, coadjuvados por uma série de instrumentos processuais de defesa dos interesses transindividuais, criou um microssistema de tutela de interesses difusos referentes à probidade da administração pública, nele encartando-se a Ação Popular, a Ação Civil Pública e o Mandado de Segurança Coletivo, como instrumentos concorrentes na defesa desses direitos eclipsados por cláusulas pétreas. Em consequência, legitima-se o Ministério Público a toda e qualquer demanda que vise à defesa do patrimônio público sob o ângulo material (perdas e danos) ou imaterial (lesão à moralidade). A nova ordem constitucional erigiu um autêntico 'concurso de ações' entre os instrumentos de tutela dos interesses transindividuais e, *a fortiori*, legitimou o Ministério Público para o manejo dos mesmos. A lógica jurídica sugere que legitimar-se o Ministério Público como o mais perfeito órgão intermediário entre o Estado e a sociedade para todas as demandas transindividuais e interditar-lhe a iniciativa da Ação Popular, revela *contraditio in terminis*. Interpretação histórica justifica a posição do MP como legitimado subsidiário do autor na Ação Popular quando desistente o cidadão, porquanto à época de sua edição, valorizava-se o *parquet* como guardião da lei, entrevendo-se conflitante a posição de parte e de *custos legis*. Hodiernamente, após a constatação da importância e dos inconvenientes da legitimação isolada do cidadão, não há mais lugar para o veto da *legitimatio ad causam* do MP para a Ação Popular, a Ação Civil Pública ou o Mandado de Segurança coletivo. Os interesses mencionados na LACP acaso se encontrem sob iminência de lesão por ato abusivo da autoridade podem ser tutelados pelo *mandamus* coletivo. No mesmo sentido, se a lesividade ou a ilegalidade do ato administrativo atingem o interesse difuso, passível é a propositura da Ação Civil Pública fazendo as vezes de uma Ação Popular multilegitimária. As modernas leis de tutela dos interesses difusos completam a definição dos interesses que protegem. Assim é que a LAP define o patrimônio e a LACP dilargou-o, abarcando áreas antes deixadas ao desabrigo, como o patrimônio histórico, estético, moral etc." (STJ, REsp 401.964/RO, Rel. Min. Luiz Fux, 1ª Turma, jul. 22.10.2002, *DJ* 11.11.2002, p. 155).

"'Inexiste nulidade se, antes da apreciação da apelação, o Ministério Público manifestou-se sobre o feito, ainda que não tenha sido intimado da prolação da sentença. Ausência de prejuízo (REsp 167.304/SP, Rel. Min. Milton Luiz Pereira, *DJ* 25.02.2003)'. II – Há que se mitigar a obrigatoriedade de acompanhamento do Ministério Público em todos os atos do processo quando o membro do *parquet* efetivamente interveio na primeira instância, requerendo diligências que foram deferidas pelo julgador. III – Acresça-se que, até a segunda manifestação do Ministério Público, vasta documentação foi carreada ao feito, não tendo o membro do parquet nada requerido de modo a agregar no conjunto fáctico-probatório dos autos. Nesse panorama, tenho que o possível vício alegado pelo representante do *parquet* e ratificado no acórdão recorrido não tem o condão de nulificar os atos processuais produzidos na primeira instância, uma vez que indemonstrado qualquer prejuízo e sendo-lhe facultado suprir eventual falta no juízo de primeira instância" (STJ, REsp 431.623/SP, Rel. Min. Francisco Falcão, 1ª Turma, jul. 27.04.2004, *DJ* 07.06.2004, p. 160).

6. Condenação de prefeito em razão de elaboração de Projeto de Lei. Teoria da interrupção do nexo causal. "A partir do momento em que é deflagrado processo legislativo, a tramitação em si do projeto de lei não ofende nenhum bem jurídico tutelado em abstrato, ou seja, não provoca dano, sendo certo que, no máximo, a movimentação da máquina estatal implica custo econômico, relacionado ao regular exercício de atribuições típicas da Administração. No caso, não deve ser mantida a condenação do réu 'à devolução dos valores despendidos na realização dos trabalhos desenvolvidos com vista à elaboração do Projeto de Lei nº 271/11, e em decorrência dele, a serem apurados em liquidação (art. 509, I e II, do CPC)', porque custo econômico não é sinônimo de dano. Prevalece no Brasil, entre as diversas teorias da causalidade, a da causa direta e imediata (teoria da interrupção do nexo causal), especialmente em razão do disposto no art. 403 do CC, de modo que, nesse cenário, o elemento anterior ao dano deve se apresentar como único e necessário para provocar direta e imediatamente o resultado. Na espécie, a conduta direta e imediata do demandado apresenta nexo causal apenas com a deflagração do projeto de lei, pois o rumo que este (o projeto) tomou depois não tem mais relação direta com aquela (a deflagração), isto é, a partir da conduta do recorrente, múltiplos e diferentes caminhos poderiam ser percorridos: rejeição imediata do projeto; tramitação mais célere; tramitação mais vagarosa; envio a distintos órgãos da casa legislativa; participação ou não da sociedade etc. Assim, ainda que se falasse em 'dano' quanto à tramitação do projeto de lei, este não teria relação direta e imediata com a conduta do ex-prefeito, mas sim seria decorrente da concomitância de outras causas e eventos, inclusive oriundos da conduta de terceiros (os membros da casa legislativa municipal)" (STJ, AREsp 1.408.660/SP, Rel. Min. Gurgel de Faria, 1ª Turma, jul. 16.08.2022, *DJe* 31.08.2022).

DO PROCESSO

Art. 7º A ação obedecerá ao procedimento ordinário, previsto no Código de Processo Civil, observadas as seguintes normas modificativas:

I – Ao despachar a inicial, o juiz ordenará:

a) além da citação dos réus, a intimação do representante do Ministério Público;

b) a requisição, às entidades indicadas na petição inicial, dos documentos que tiverem sido referidos pelo autor (art. 1º, § 6º), bem como a de outros que se lhe afigurem necessários ao esclarecimento dos fatos, ficando prazos de 15 (quinze) a 30 (trinta) dias para o atendimento.

§ 1º O representante do Ministério Público providenciará para que a requisições, a que se refere o inciso anterior, sejam atendidas dentro dos prazos fixados pelo juiz.

§ 2º Se os documentos e informações não puderem ser oferecidos nos prazos assinalados, o juiz poderá autorizar prorrogação dos mesmos, por prazo razoável.

II – Quando o autor o preferir, a citação dos beneficiários far-se-á por edital com o prazo de 30 (trinta) dias, afixado na sede do juízo e publicado três vezes no jornal oficial do Distrito Federal, ou da Capital do Estado ou Território em que seja ajuizada a ação. A publicação será gratuita e deverá iniciar-se no máximo 3 (três) dias após a entrega, na repartição competente, sob protocolo, de uma via autenticada do mandado.

III – Qualquer pessoa, beneficiada ou responsável pelo ato impugnado, cuja existência ou identidade se torne conhecida no curso do processo e antes de proferida a sentença final de primeira instância, deverá ser citada para a integração do contraditório, sendo-lhe restituído o prazo para contestação e produção de provas, salvo, quanto a beneficiário, se a citação se houver feito na forma do inciso anterior.

IV – O prazo de contestação é de 20 (vinte) dias, prorrogáveis por mais 20 (vinte), a requerimento do interessado, se particularmente difícil a produção de prova documental, e será comum a todos os interessados, correndo da entrega em cartório do mandado cumprido, ou, quando for o caso, do decurso do prazo assinado em edital.

V – Caso não requerida, até o despacho saneador, a produção de prova testemunhal ou pericial, o juiz ordenará vista às partes por 10 (dez) dias, para alegações, sendo-lhe os autos conclusos, para sentença, 48 (quarenta e oito) horas após a expiração desse prazo; havendo requerimento de prova, o processo tomará o rito ordinário.

VI – A sentença, quando não prolatada em audiência de instrução e julgamento, deverá ser proferida dentro de 15 (quinze) dias do recebimento dos autos pelo juiz.

Parágrafo único. O proferimento da sentença além do prazo estabelecido privará o juiz da inclusão em lista de merecimento para promoção, durante 2 (dois) anos, e acarretará a perda, para efeito de promoção por antiguidade, de tantos dias quantos forem os do retardamento, salvo motivo justo, declinado nos autos e comprovado perante o órgão disciplinar competente.

* *Sobre Ministério Público, ver jurisprudência do art. 6º.*

JURISPRUDÊNCIA SELECIONADA

1. Inciso I. Documentos. "I – A discussão em debate foi decidida pelo Tribunal de origem, considerando-se inepta a petição inicial de ação popular, sob o argumento de que o autor não teria trazido os documentos essenciais para o deslinde da causa e que a juntada de tais elementos, no transcurso processual, somente se justificaria quando negado o fornecimento de certidões e informações, por parte do Poder Público. II – A falta de inclusão dos documentos indispensáveis ao processo na exordial, que dependem de autorização de entidades públicas, não impõe a inépcia da peça vestibular, porquanto o juiz tem a faculdade de requisitá-los aos órgãos, durante a instrução do processo, quando houver requerimento para tanto, no teor do art. 7º, inciso I, alínea *b*, da Lei nº 4.717/65. III – Tratando-se de ação popular, em que se defende o patrimônio público, o erário, a moralidade administrativa e o meio ambiente, onde o autor está representando a sociedade como um todo, no intuito de salvaguardar o interesse público, está o juiz autorizado a requisitar provas às entidades públicas, máxime na hipótese dos autos, na qual existe requisição expressa nesse sentido. IV – 'Uma vez postulada, pelo autor, de forma expressa, a requisição de documento essencial à propositura da ação, não se há falar em inépcia da inicial, por ausência da documentação necessária' (REsp 152.925/SP, Relator para acórdão Min. Demócrito Reinaldo, *DJ* 13.10.1998, p. 21). V – Recurso especial provido, afastando a extinção do processo, por inépcia da inicial, e determinando a remessa dos autos ao Tribunal de origem, para que este se manifeste acerca do mérito da causa" (STJ, REsp 439.180/SP, Rel. Min. Francisco Falcão, 1ª Turma, ac. de 21.09.2004, *DJU* 03.11.2004, p. 137).

2. Inciso II. Citação por Edital. "A Lei nº 4.717/65, que rege a ação popular, prevê, em seu art. 7º, inciso II, que a citação dos beneficiários far-se-á por edital. Não ocorrência de violação do art. 231 do CPC" (STJ, AgRg no Ag. 456.943/RJ, Rel. Min. João Otávio de Noronha, 2ª Turma, ac. de 18.05.2004, *DJU* 28.06.2004, p. 237).

3. Inciso IV. Reconvenção. "1. A ação popular é um dos mais antigos meios constitucionais de participação do cidadão nos negócios públicos, na defesa da sociedade e dos relevantes valores a que foi destinada. Admitir o uso da reconvenção produziria efeito inibitório do manejo desse importante instrumento de cidadania, o que o constituinte procurou arredar, quando isentou o autor das custas processuais e do ônus da sucumbência. 2. O instituto da reconvenção exige, como pressuposto de cabimento, a conexão entre a causa deduzida em juízo e a pretensão contraposta pelo réu. A conexão de causas, por sua vez, dá-se por coincidência de objeto ou causa de pedir. 3. Na hipótese, existe clara diversidade entre a ação popular e a reconvenção. Enquanto a primeira objetiva a anulação de ato administrativo e tem como causa de pedir a suposta lesividade ao patrimônio público, a segunda visa à indenização por danos morais e tem como fundamento o exercício abusivo do direito à ação popular. 4. O pedido reconvencional pressupõe que as partes estejam litigando sobre situações jurídicas que lhes são próprias. Na ação popular, o autor não ostenta posição jurídica própria, nem titulariza o direito discutido na ação, que é de natureza indisponível. Defende-se, em verdade, interesses pertencentes a toda sociedade. É de se aplicar, assim, o parágrafo único do art. 315 do CPC, que não permite ao réu, 'em seu próprio nome, reconvir ao autor, quando este demandar em nome de outrem'. 5. A discussão a respeito da suposta má-fé do autor popular ao propor a demanda sem um mínimo de provas aceitáveis resvala no óbice da Súmula nº 07/STJ, que impede o reexame, na via especial, do suporte fático-probatório que fundamenta a decisão recorrida. 6. Recurso especial improvido" (STJ, REsp 72.065/RS, Rel. Min. Castro Meira, 2ª Turma, jul. 03.08.2004, *DJ* 06.09.2004, p. 185).

Art. 8º Ficará sujeita à pena de desobediência, salvo motivo justo devidamente comprovado, a autoridade, o administrador ou o dirigente, que deixar de fornecer, no prazo fixado no art. 1º, § 5º, ou naquele que tiver sido estipulado pelo juiz (art. 7º, nº I, letra b), informações e certidão ou fotocópia de documentos necessários à instrução da causa.

Parágrafo único. O prazo contar-se-á do dia em que entregue, sob recibo, o requerimento do interessado ou o ofício de requisição (art. 1º, § 5º, e art. 7º, nº I, letra b).

Art. 9º Se o autor desistir da ação ou der motivo à absolvição da instância, serão publicados editais nos prazos e condições previstos no art. 7º, inciso II, ficando assegurado a qualquer cidadão, bem como ao representante do Ministério Público, dentro do prazo de 90 (noventa) dias da última publicação feita, promover o prosseguimento da ação.

JURISPRUDÊNCIA SELECIONADA

1. Desistência após julgamento de recurso. "1. Pedido de desistência formulado pelo autor popular. Publicação de editais determinada nos termos do art. 9º c/c art. 7º, II, da Lei nº 4.717/65. Alegação de perda da capacidade processual. 2. A capacidade processual ou capacidade de estar em juízo está intimamente ligada ao conceito de capacidade civil. 3. 'As pessoas físicas têm essa capacidade quando se acham no pleno exercício de seus direitos (CPC, art. 7º). Trata-se dos maiores de dezoito anos que não se encontram em nenhuma das situações nas quais a lei civil os dá por incapazes para os atos da lei civil (CC, arts. 3º e 4º)' (Cândido Rangel Dinamarco, in Instituições de Direito Processual Civil, vol. II, p. 284) 4. Agravo Regimental improvido" (STJ, AgRg no REsp 266.219/RJ, Rel. Min. Luiz Fux, 1ª Turma, jul. 27.04.2004, *DJ* 31.05.2004, p. 176).

2. Ente público. "Tendo sido homologado (indevidamente) o pedido de desistência da ação pelo autor popular, cumpridas os preceitos do art. 9º da Lei nº 4.717/65, não tendo assumido a demanda o Ministério Público ou outro popular, inexiste óbice em que o ente público assuma o polo ativo da demanda, em nome do interesse público. Interpretação sistemática da Lei nº 4.717/65" (STJ, AgRg no REsp 439.854/MS, Rel.ª Min.ª Eliana Calmon, 2ª Turma, ac. de 08.04.2003, *DJU* 18.08.2003, p. 194).

Art. 10. As partes só pagarão custas e preparo a final.

JURISPRUDÊNCIA SELECIONADA

1. Mandado de segurança contra decisão proferida em ação popular. O STJ julgou deserto recurso ordinário contra acórdão em mandado de segurança que cassou liminar deferida em ação popular afirmando que: "não há que se falar em isenção do pagamento do preparo nesta seara. Isto porque, o mandado de segurança é ação autônoma, com natureza e rito próprios, não havendo dispensa do preparo do recurso em razão de ação diversa. O não recolhimento das custas de remessa e porte de retorno, no ato da interposição do recurso ou dentro do prazo recursal, enseja a pena de deserção e o consequente não conhecimento do mesmo por esta Corte. Todos os requisitos da Apelação, previstos no Código de Processo Civil, são aplicáveis ao Recurso Ordinário. Inteligência do art. 511 do Estatuto Processual Civil (com a redação que lhe deu a Lei nº 9.139/95) c/c o art. 34 da Lei nº 8.038/90. Aplicação da Súmula 187/STJ. Precedentes (REsp 187.368/SP; ROMS ns. 6.441/DF, 9.212/MG e 8.039/ES)" (STJ, RMS 15.643/MG, Rel. Min. Jorge Scartezzini, 5ª Turma, jul. 28.04.2004, *DJ* 01.07.2004, p. 217).

2. Isenção de Ônus da Sucumbência. Medida Cautelar Preparatória. "Medida cautelar preparatória de futura ação popular – Demanda principal que, contudo, não chegou a ser proposta – Irrelevância, para fins de isenção do autor do ônus da sucumbência, conforme expressa previsão constitucional – Procedimento cautelar intrinsecamente ligado ao processo principal – Interpretação restritiva do comando do artigo 5º, inciso LXXIII, da constituição federal, que não pode prosperar – Recurso provido para isentar o recorrente do ônus da sucumbência" (STF, RE 335.428/SP, Rel. Min. Dias Toffoli, 1ª Turma, jul. 18.05.2010, *DJe* 05.08.2010).

Art. 11. A sentença que, julgando procedente a ação popular, decretar a invalidade do ato impugnado, condenará ao pagamento de perdas e danos os responsáveis pela sua prática e os beneficiários dele, ressalvada a ação regressiva contra os funcionários causadores de dano, quando incorrerem em culpa.

JURISPRUDÊNCIA SELECIONADA

1. **Ausência de pedido.** "(...) por força do art. 11 da Lei nº 4.717/65, deve o juiz, independentemente de pedido expresso, incluir na sentença a condenação ao pagamento de perdas e danos. Não há, portanto, cogitar de sentença extra petita" (STJ, REsp 439.051/RO, Rel. Min. Teori Albino Zavascki, 1ª Turma, ac. de 14.12.2004, *DJU* 01.02.2005, p. 407, *REPDJ* 21.03.2005, p. 218).

2. **Princípio da congruência.** "Na ação popular, o pedido de anulação e todos os atos lesivos à administração, quer com base no vínculo originário principal, quer com fulcro nos vínculos acessórios subsequentes, tudo analisado à luz do contexto integral da petição inicial. Vislumbrado o pedido nesse contexto, não há que se aduzir à violação do princípio da congruência, que pressupõe iniciativa oficial em matéria totalmente intocada pela iniciativa da parte" (STJ, REsp 612.123/SP, Rel. Min. Luiz Fux, 1ª Turma, jul. de 08.03.2005, *DJ* 29.08.2005, p. 154).

Art. 12. A sentença incluirá sempre, na condenação dos réus, o pagamento, ao autor, das custas e demais despesas, judiciais e extrajudiciais, diretamente relacionadas com a ação e comprovadas, bem como o dos honorários de advogado.

JURISPRUDÊNCIA SELECIONADA

1. **Ação rescisória. Honorários advocatícios. Acórdão rescindendo. Ação popular.** "Tratando-se de rescisória ajuizada contra acórdão proferido em ação popular julgada procedente, descabe a condenação dos autores desta e réus na rescisória ao pagamento dos honorários advocatícios, a menos que exsurja a iniciativa em propô-la, como configuradora de procedimento de má-fé" (STF, AR 1.178/DF, Rel. Min. Marco Aurélio, ac. de 03.05.1995, Pleno, *DJU* 30.08.1996, p. 30604, *DJU* 06.09.1996, p. 31.869 – republicação).

2. **Medida cautelar preparatória de futura ação popular. Honorários advocatícios.** "Irrelevância, para fins de isenção do autor do ônus da sucumbência, conforme expressa previsão constitucional. Procedimento cautelar intrinsecamente ligado ao processo principal. Interpretação restritiva do comando do artigo 5º, inciso LXXIII, da Constituição Federal, que não pode prosperar. Recurso provido para isentar o recorrente do ônus da sucumbência" (STF, RE 335.428, Rel. Min. Dias Toffoli, Pleno, jul. 18.05.2002, *DJe* 06.08.2010).

3. **Medida cautelar preparatória de futura ação popular.** Honorários advocatícios. "Irrelevância, para fins de isenção do autor do ônus da sucumbência, conforme expressa previsão constitucional. Procedimento cautelar intrinsecamente ligado ao processo principal. Interpretação restritiva do comando do artigo 5º, inciso LXXIII, da constituição federal, que não pode prosperar. Recurso provido para isentar o recorrente do ônus da sucumbência" (STF, RE 335.428, Rel. Min. Dias Toffoli, Pleno, jul. 18.05.2002, *DJe* 06.08.2010).

4. **Honorários e demais despesas.** "O segredo de justiça em ação popular, quando cabível, cessará com o trânsito em julgado da sentença (art. 1º, § 7º, a Lei nº 4.717/1965), sendo mantido após tal marco somente nas situações excepcionais exigidas pelo interesse público ou social. Os honorários advocatícios devem ser fixados com base em equidade fora das hipóteses do art. 85, § 2º, do CPC/2015" (STJ, REsp 1.885.691/RS, Rel. Min. Ricardo Villas Bôas Cueva, 3ª Turma, jul. 26.10.2021, *DJe* 09.12.2021).

5. **Extinção da ação. Perda do objeto. Honorários de sucumbência. Princípio da causalidade.** "O entendimento de que, pelo princípio da simetria, o art. 18 da Lei 7.347/1985 também beneficia a parte ré da ação civil pública não pode ser aplicado no processo instaurado por ação popular. Isso porque a Lei 4.717/1965 contém regra específica acerca do ônus da sucumbência, impondo expressamente a condenação da parte ré a custas e honorários sempre que vencida na demanda. Há julgados mais recentes do Superior Tribunal de Justiça aderindo ao entendimento de que, mesmo no caso de ações civil públicas propostas por associações, deve haver a condenação da parte ré ao pagamento de honorários, como forma de estimular a participação da sociedade civil no processo coletivo. As mesmas razões levam à conclusão de que isentar a parte ré da ação popular da obrigação de pagar honorários ao advogado da parte autora pode funcionar como um contraestimulo à participação do cidadão, que de alguma forma precisa remunerar o advogado que o representa. No caso dos autos, após o ajuizamento da ação popular pela parte ora recorrente e o deferimento de cautelar, as partes contratantes rescindiram a avença, o que ensejou a extinção do processo sem resolução do mérito por perda de seu objeto. Consequentemente, as partes recorridas, que deram causa à demanda, devem ser condenadas ao pagamento de custas e honorários, nos termos do art. 12 da Lei 4.717/1965" (STJ, REsp 2.137.086/PA, Rel. Min. Paulo Sérgio Domingues, 1ª Turma, jul. 18.06.2024, *DJe* 26.06.2024).

Art. 13. A sentença que, apreciando o fundamento de direito do pedido, julgar a lide manifestamente temerária, condenará o autor ao pagamento do décuplo das custas.

Art. 14. Se o valor da lesão ficar provado no curso da causa, será indicado na sentença; se depender de avaliação ou perícia, será apurado na execução.

§ 1º Quando a lesão resultar da falta ou isenção de qualquer pagamento, a condenação imporá o pagamento devido, com acréscimo de juros de mora e multa legal ou contratual, se houver.

§ 2º Quando a lesão resultar da execução fraudulenta, simulada ou irreal de contratos, a condenação versará sobre a reposição do débito, com juros de mora.

§ 3º Quando o réu condenado perceber dos cofres públicos, a execução far-se-á por desconto em folha até o integral ressarcimento do dano causado, se assim mais convier ao interesse público.

§ 4º A parte condenada a restituir bens ou valores ficará sujeita a sequestro e penhora, desde a prolação da sentença condenatória.

JURISPRUDÊNCIA SELECIONADA

1. **Liquidação de sentença.** "1. A orientação do STJ é reiterada no sentido de que a procedência da ação popular pressupõe nítida configuração da existência dos requisitos da ilegalidade e

da lesividade. 2. Fere a sistemática processual civil decisão em ação popular que posterga a comprovação da inexistência de lesividade ao patrimônio público para a fase de liquidação de sentença, porquanto tal fase, nos termos do art. 603 do Código de Processo Civil, serve à apuração do *quantum debeatur* não individuado na condenação. 3. A realização dos procedimentos previstos nos arts. 603 e seguintes (Capítulo VI, Título II, Livro) do Código de Processo Civil pressupõe prévia condenação, sendo, portanto, procedimento incompatível com a extinção da ação sem julgamento do mérito, nos termos do art. 267, IV, do CPC. 4. Recurso especial conhecido e provido" (STJ, REsp 121.431/SP, Rel. Min. João Otávio de Noronha, 2ª Turma, ac. de 15.02.2005, *DJ* 25.04.2005, p. 256).

"Faz-se imprescindível constar na sentença que julga procedente a ação popular a comprovação da existência da lesão. Não se mostra necessário, portanto, quantificar o dano sofrido, o qual pode ser objeto de posterior liquidação. Tal providência, contudo, não qualifica o referido decisório como sentença condicional" (STJ, REsp 146.756/SP, Rel. Min. João Otávio de Noronha, 2ª Turma, ac. de 09.12.2003, *DJU* 09.02.2004, p. 139).

Art. 15. Se, no curso da ação, ficar provada a infringência da lei penal ou a prática de falta disciplinar a que a lei comine a pena de demissão ou a de rescisão de contrato de trabalho, o juiz, *ex officio*, determinará a remessa de cópia autenticada das peças necessárias às autoridades ou aos administradores a quem competir aplicar a sanção.

Art. 16. Caso decorridos 60 (sessenta) dias da publicação da sentença condenatória de segunda instância, sem que o autor ou terceiro promova a respectiva execução, o representante do Ministério Público a promoverá nos 30 (trinta) dias seguintes, sob pena de falta grave.

Art. 17. É sempre permitida às pessoas ou entidades referidas no art. 1º, ainda que hajam contestado a ação, promover, em qualquer tempo, e no que as beneficiar a execução da sentença contra os demais réus.

Art. 18. A sentença terá eficácia de coisa julgada oponível *erga omnes*, exceto no caso de haver sido a ação julgada improcedente por deficiência de prova; neste caso, qualquer cidadão poderá intentar outra ação com idêntico fundamento, valendo-se de nova prova.

JURISPRUDÊNCIA SELECIONADA

Ações populares. Conexão e coisa julgada. "Tese jurídica firmada nos art. 947 do CPC, c/c o art. 271-B do RISTJ: Diante da conexão existente entre as ações populares que possuem como objeto litigioso a privatização da Companhia Vale do Rio Doce, ainda que sob os mais diversos pretextos (conforme se verifica das razões de decidir no CC 19.686/DF, STJ), a superveniência de sentença transitada em julgado em uma delas (REO 2002.01.00.034012-6; TRF 1ª Região) possui eficácia de coisa julgada oponível *erga omnes*, nos termos do art. 18 da Lei 4.717/65, motivo pelo qual a parte dispositiva deve recair sobre todas as ações populares que possuem o mesmo objeto" (STJ, IAC no REsp 1.806.016/PA, Rel. Min. Mauro Campbell Marques, 1ª Seção, ac. 28.08.2024, *DJe* 02.09.2024).

Art. 19. A sentença que concluir pela carência ou pela improcedência da ação está sujeita ao duplo grau de jurisdição, não produzindo efeito senão depois de confirmada pelo tribunal; da que julgar a ação procedente, caberá apelação, com efeito suspensivo (*Caput* com redação dada pela Lei nº 6.014, de 27.12.1973).

§ 1º Das decisões interlocutórias cabe agravo de instrumento (parágrafo com redação dada pela Lei nº 6.014, de 27.12.1973).

§ 2º Das sentenças e decisões proferidas contra o autor da ação e suscetíveis de recurso, poderá recorrer qualquer cidadão e também o Ministério Público (parágrafo com redação dada pela Lei nº 6.014, de 27.12.1973).

JURISPRUDÊNCIA SELECIONADA

1. Aplicação à ação civil pública. Ver jurisprudência do art. 1º da Lei nº 7.347/1985.

2. Sentença de carência ou improcedência de ação de improbidade. Reexame necessário. Ver jurisprudência do art. 496 do CPC/2015.

3. Ação de improbidade administrativa. Decisão interlocutória. Agravo de instrumento. Cabimento. Ver jurisprudência do art. 1.015 do CPC/2015.

REFERÊNCIA LEGISLATIVA

Em relação ao § 1º do art. 19, vide arts. 1.015 a 1.020 do CPC/2015.

DISPOSIÇÕES GERAIS

Art. 20. Para os fins desta lei, consideram-se entidades autárquicas:

a) o serviço estatal descentralizado com personalidade jurídica, custeado mediante orçamento próprio, independente do orçamento geral;

b) as pessoas jurídicas especialmente instituídas por lei, para a execução de serviços de interesse público ou social, custeados por tributos de qualquer natureza ou por outros recursos oriundos do Tesouro Público;

c) as entidades de direito público ou privado a que a lei tiver atribuído competência para receber e aplicar contribuições parafiscais.

** Conferir jurisprudência selecionada no art. 5º.*

Art. 21. A ação prevista nesta lei prescreve em 5 (cinco) anos.

BREVES COMENTÁRIOS

Apesar de o texto legal referir-se à prescrição, o prazo quinquenal é decadencial. A ação popular é direito subjetivo individual garantido no art. 5º, LXXIII, da CF, de natureza potestativa, que nasce com prazo para ser exercido, ao final do qual simplesmente caduca. Em razão dessa natureza, o prazo legal, tal qual ocorre com o prazo do mandado de segurança, não admite suspensão ou interrupção. Flui o prazo do art. 21 do ato administrativo ou mais precisamente a partir da publicidade do ato lesivo.

INDICAÇÃO DOUTRINÁRIA

Agnelo Amorim Filho, Critério científico para distinguir a prescrição da decadência e para identificar as ações imprescritíveis, *Revista de Direito Processual Civil*, vol. 3, p. 95-132, 1962; Nelson Luiz Pinto, *Ação de usucapião*, São Paulo, RT, 1987; Pontes de Miranda, *Tratado de direito privado*, Rio de Janeiro, Borsoi, 1955, t. VI, § 668.

JURISPRUDÊNCIA SELECIONADA

1. Decadência. "O art. 21 da Lei nº 4.717/65 estabelece que a ação popular prescreve em cinco anos. Todavia, trata-se de prazo decadencial, visto que o pronunciamento jurisdicional proferido na ação popular se reveste de eficácia constitucional negativa e condenatória, mas aquele aspecto precede a este, na medida em que a condenação se apresenta como efeito subsequente e dependente da desconstitutividade" (STJ, REsp 258.122/PR, Rel. Min. João Otávio de Noronha, 2ª Turma, jul. 27.02.2007, *DJ* 05.06.2007, p. 302).

"Transcorrido o prazo de cinco anos, a partir do ato ilegal e lesivo ao patrimônio público, opera-se a decadência do direito para propositura da ação popular, nos termos do art. 21, da Lei nº 4.717/65. Destarte, se o autor da ação é advogado militante, conhecedor, portanto, da norma contida no citado artigo e apesar disso afora a mencionada ação, é litigante de má-fé, devendo arcar com os ônus da sucumbência" (TJMG, Ap. 27.981/0, Rel. Des. Hugo Bengtsson, jul. 03.11.1994; *JM* 131/273). **No mesmo sentido:** TJMG, Ap. 1.0000.00.151820-0, Rel. Des. Cláudio Costa, jul. 01.06.2000, *DJMG* 27.06.2000; TJMG, AR 253.245-5, Rel. Des. Nepomuceno Silva, jul. 15.09.2004, *DJMG* 06.10.2004.

Analogia para a Ação Civil Pública. "É iterativo o entendimento desta Corte no sentido de que é aplicável à ação civil pública, por analogia, o prazo prescricional de cinco anos previsto no art. 21 da Lei n. 4.717/65" (STJ, AgRg no REsp 1.185.347/RS, Rel. Min. Humberto Martins, 2ª Turma, jul. 17.04.2012, *DJe* 25.04.2012).

Art. 22. Aplicam-se à ação popular as regras do Código de Processo Civil, naquilo em que não contrariem os dispositivos desta Lei, nem a natureza específica da ação.

Brasília, 29 de junho de 1965; 144º da Independência e 77º da República.

H. CASTELLO BRANCO

* Publicada no *DOU* de 05.07.1965. Republicada em 08.04.1974, por determinação do art. 20 da Lei nº 6.014, de 27.12.1973.

ALIMENTOS

LEI Nº 5.478, DE 25 DE JULHO DE 1968

Dispõe sobre ação de alimentos e dá outras providências.

INDICAÇÃO DOUTRINÁRIA

Basilio de Oliveira, *Alimentos: Revisão e exoneração*, 3. ed. rev. e ampl., Rio de Janeiro, Aide, 1994, 320 p.; Sérgio Gilberto Porto, *Doutrina e prática dos alimentos*, Aide; Edgar de Moura Bittencourt, *Alimentos*, 4. ed. rev., aum. e atual., São Paulo, Leud, 1979, 211 p.; Yussef Said Cahali, *Dos alimentos*, 3. ed. rev., ampl. e atual. até o projeto do novo Código Civil, São Paulo, Revista dos Tribunais, 1998, 1175 p.; Yussef Said Cahali, Do direito de alimentos no concubinato, in: Pinto, Teresa Arruda Alvim (coord.), *Repertório de jurisprudência e doutrina sobre direito de família: aspectos constitucionais, civis e processuais*, São Paulo, Revista dos Tribunais, 1993, p. 9-19; Jander Mauricio Brum, *Comentários à Lei de Alimentos: Lei nº 5.478/68 incluindo a reforma do CPC em 1994 e a regulamentação da união estável*, Rio de Janeiro, Aide, 1997, 271 p.; José Orlando Rocha de Carvalho, *Alimentos e coisa julgada*, São Paulo, Oliveira Mendes, 1998, 126 p.; Álvaro Villaça de Azevedo, Investigação de paternidade e alimentos, *RT* 584/4; Carlos Alberto Alvaro de Oliveira, A tutela cautelar antecipatória e os alimentos *initio litis*, *RP* 49/91; Milton Sanseverino, Obrigação alimentar e divórcio, *RT* 530/38; Tycho Brahe Fernandes, Do termo inicial dos alimentos na ação de investigação de paternidade, *RT* 694/268; Athos Gusmão Carneiro, Ação de alimentos e prisão civil, *RF* 263/49; Daniel Roberto Hertel, A execução da prestação de alimentos e a prisão civil do alimentante, *RP* 174/66; Ester Camila Gomes Norato Rezende. Alimentos entre ex-cônjuges. *Revista nacional de direito de família e sucessões*. n. 15, p. 61. nov.- dez. 2016.

REFERÊNCIA LEGISLATIVA

Art. 5º, LXVII, da Constituição Federal: "Não haverá prisão civil por dívida, salvo a do responsável pelo inadimplemento voluntário e inescusável de obrigação alimentícia e a do depositário infiel"; CPC/2015, arts. 528, 529, 911 a 913 e CPC/1973, arts. 722 a 735; CC, arts. 1.694 a 1.710; Decreto-Legislativo nº 10, de 13.11.1958 (Aprova a Convenção sobre a prestação de alimentos no estrangeiro); Decreto nº 56.826, de 02.09.1965 (Promulga a Convenção sobre prestação de alimentos no estrangeiro); Lei nº 6.014, de 27.12.1973 (Alterou o art. 5º, § 8º, o art. 9º, *caput*, e os arts. 14, 16, 18 e 19, §§ 1º e 3º da Lei de Alimentos); Lei nº 6.515, de 26.12.1977, arts. 19 a 23; Lei nº 8.971, de 29.12.1994 (Dispõe sobre alimentos na união estável); Lei nº 9.278, de 10.05.1996, art. 7º, *caput*; Decreto nº 2.428, de 17.12.1997 (Promulga a Convenção Interamericana sobre obrigação alimentar); Lei nº 10.741, de 01.10.2003 (*Estatuto da Pessoa Idosa*), arts. 11 a 14 (regula a concessão de alimentos à pessoa idosa).

SÚMULAS

Súmulas do STF:

nº 226: "Na ação de desquite, os alimentos são devidos desde a inicial e não da data da decisão que os concede".

nº 379: "No acordo de desquite não se admite renúncia aos alimentos, que poderão ser pleiteados ulteriormente, verificados os pressupostos legais".

Súmulas do STJ:

nº 1: "O foro do domicílio ou da residência do alimentando é o competente para a ação de investigação de paternidade, quando cumulada com a de alimentos".

nº 277: "Julgada procedente a investigação de paternidade, os alimentos são devidos a partir da citação".

nº 309: "O débito alimentar que autoriza a prisão civil do alimentante é o que compreende as três prestações anteriores ao ajuizamento da execução e as que se vencerem no curso do processo". Observação: julgando o HC 53.068/MS, em 22.03.2006, a Segunda Seção deliberou pela alteração da Súmula nº 309. A redação anterior era: "O débito alimentar que autoriza a prisão civil do alimentante é o que compreende as três prestações anteriores à citação e as que vencerem no curso do processo".

nº 336: "A mulher que renunciou aos alimentos na separação judicial tem direito à pensão previdenciária por morte do ex-marido, comprovada a necessidade econômica superveniente".

nº 594: O Ministério Público tem legitimidade ativa para ajuizar ação de alimentos em proveito de criança ou adolescente independentemente do exercício do poder familiar dos pais, ou do fato de o menor se encontrar nas situações de risco descritas no art. 98 do Estatuto da Criança e do Adolescente, ou de quaisquer outros questionamentos acerca da existência ou eficiência da Defensoria Pública na comarca.

nº 596: A obrigação alimentar dos avós tem natureza complementar e subsidiária, somente se configurando no caso de impossibilidade total ou parcial de seu cumprimento pelos pais.

Súmula do TFR:

nº 64: "A mulher que dispensou, no acordo de desquite, a prestação de alimentos, conserva, não obstante, o direito à pensão decorrente do óbito do marido, desde que comprovada a necessidade do benefício".

O Presidente da República:

Faço saber que o Congresso Nacional decreta e eu sanciono a seguinte Lei:

Art. 1º A ação de alimentos é de rito especial, independente de prévia distribuição e de anterior concessão do benefício de gratuidade.

§ 1º A distribuição será determinada posteriormente por ofício do juízo, inclusive para o fim de registro do feito.

§ 2º A parte que não estiver em condições de pagar as custas do processo, sem prejuízo do sustento próprio ou de sua família, gozará do benefício da gratuidade, por simples afirmativa dessas condições perante o juiz, sob pena de pagamento até o décuplo das custas judiciais.

§ 3º Presume-se pobre, até prova em contrário, quem afirmar essa condição, nos termos desta lei.

§ 4º A impugnação do direito à gratuidade não suspende o curso do processo de alimentos e será feita em autos apartados.

BREVES COMENTÁRIOS

O CPC/2015 instituiu um procedimento especial para todas as ações de família. Dele, entretanto, foram excluídas a ação de alimentos e as ações reguladas pelo Estatuto da Criança e do Adolescente, que observarão o procedimento previsto em legislação específica, aplicando-se, no que couber, as disposições do CPC (art. 693, parágrafo único). Continua, pois, em vigor a Lei 5.478/68 no tocante à ação de alimentos.

JURISPRUDÊNCIA SELECIONADA

1. Rito Especial. "Em se tratando de discussão acerca de concessão e arbitramento de alimentos provisionais, resta configurada a excepcionalidade necessária a justificar o imediato processamento do Recurso Especial, afastando-se o regime de retenção legal (art. 542, § 3º, do CPC). (...) Deveras, encontra-se em consonância com o ordenamento jurídico pátrio o ajuizamento da presente ação, sob rito especial (Lei nº 5.478/68), cujo objeto restringe-se aos alimentos provisórios ou provisionais, devidos tão somente até o trânsito em julgado da decisão proferida nos autos da Ação de Separação Judicial Litigiosa. Nesta ação, ao revés, discutir-se-á acerca dos alimentos definitivos, os quais, caso venham a ser fixados, passarão a vigorar em substituição àqueles. Tem-se, desta feita, objetos diferentes, que não só autorizam, mas determinam a propositura de ações autônomas, não havendo que se cogitar de prejudicialidade da Ação de Alimentos em razão de litispendência ou preclusão" (STJ, REsp 665.561/GO, Rel. Min. Jorge Scartezzini, 4ª Turma, jul. 15.03.2005, *DJ* 02.05.2005, p. 374).

2. Competência. "Competência. Ação de alimentos em que o devedor reside fora do país. Só é competente a Justiça Federal para processar e julgar a ação de alimentos quando, por residir o demandante no exterior e o devedor em território nacional, atua a Procuradoria-Geral da República como 'instituição intermediária'. Conflito conhecido, declarado competente o Juízo estadual, o suscitado" (STJ, CC 512/AC, Rel. Min. Barros Monteiro, 2ª Seção, jul. 25.10.1989, *DJ* 27.11.1989, p. 17.562).

Alteração da competência. Possibilidade. "É possível a modificação da competência no caso de alteração de domicílio do alimentando no curso da ação de alimentos, mormente em se tratando de filho menor e não constatada má-fé da detentora da guarda" (STJ, AgInt no AREsp 1551305/GO, Rel. Min. Maria Isabel Gallotti, 4ª Turma, jul. 01.06.2020, *DJe* 05.06.2020). **No mesmo sentido:** "A mudança de domicílio do autor da ação de alimentos durante o curso do processo não é, em regra, suficiente para alteração da competência para o julgamento do feito, prevalecendo o princípio da *perpetuatio jurisdictionis*, previsto no art. 87 do CPC, segundo o qual a competência se define no momento da propositura da ação, sendo irrelevantes as modificações do estado de fato ou de direito ocorridas posteriormente, salvo quando suprimirem o órgão judiciário ou alterarem a competência em razão da matéria ou da hierarquia. Entretanto, 'o princípio do juízo imediato, previsto no art. 147, I e II, do ECA, desde que firmemente atrelado ao princípio do melhor interesse da criança e do adolescente, sobrepõe-se às regras gerais de competência do CPC'. Assim, 'a regra da *perpetuatio jurisdictionis*, estabelecida no art. 87 do CPC, cede lugar à solução que oferece tutela jurisdicional mais ágil, eficaz e segura ao infante, permitindo, desse modo, a modificação da competência no curso do processo, sempre consideradas as peculiaridades da lide' (CC 111.130/SC, Rel. Ministra Nancy Andrighi, Segunda Seção, *DJe* de 1º/2/2011). O caráter continuativo da relação jurídica alimentar, conjugado com a índole social da ação de alimentos, autoriza que se mitigue a regra da *perpetuatio jurisdictionis*" (STJ, CC 134.471/PB, Rel. Min. Raul Araújo, 2ª Seção, jul. 27.05.2015, *DJe* 03.08.2015).

3. Filho não reconhecido. "A doutrina e o direito pretoriano afirmam possível demandar o filho ilegítimo o pretenso pai para dele obter alimentos, mesmo que a filiação não esteja juridicamente reconhecida, bastando, apenas, a existência de fortes indícios e presunções quanto a respectiva paternidade. A tal pretensão não se imprime o rito especial da Lei nº 5.478/68 quando negada a relação de parentesco, mas sim o rito ordinário através do qual se abre oportunidade aos litigantes para ampla realização de provas" (STJ, REsp 1.103/GO, Rel. Min. Waldemar Zveiter, 3ª Turma, jul. 14.11.1989, *DJ* 04.12.1989, p. 17.882). **No mesmo sentido:** STJ, REsp 8.540/MG, Rel. Min. Athos Carneiro, 4ª Turma, jul. 25.06.1991, *DJ* 12.08.1991, p. 10.558.

4. Assistência judiciária gratuita. "Assistência judiciária gratuita – Indeferimento – Insuficiência da declaração de pobreza – Violação ao artigo 4º da Lei nº 1.060/50 – Ocorrência. 1. Consoante entendimento desta Turma, a decisão que fixa o valor a ser pago a título de alimentos definitivos não retroage para atingir os valores fixados provisoriamente. 2. A teor da jurisprudência desta Corte, o pedido de assistência gratuita pode ser feito em qualquer fase do processo, sendo suficiente para a sua obtenção a simples afirmação do estado de pobreza. 3. Recurso conhecido em parte e, nessa parte, provido para conceder ao recorrente os benefícios da assistência judiciária gratuita" (STJ, REsp 742.419/RS, Rel. Min. Jorge Scartezzini, 4ª Turma, jul. 13.09.2005, *DJ* 03.10.2005, p. 281).

5. Acordo extrajudicial. "Noticiado acordo extrajudicial entre a representante dos alimentados e o alimentante, é obrigatória a **intervenção do Ministério Público** para assegurar que os interesses dos menores se acham preservados" (STJ, REsp 896.310/RS, Rel. Min. Aldir Passarinho Junior, 4ª Turma, jul. 05.02.2009, *DJe* 26.02.2009).

Retratação. Posterior ação de alimentos. Cabimento. Melhor interesse da criança. "O arrependimento e a insatisfação com os termos da avença realizada no Centro Judiciário de Solução de Conflitos e Cidadania – CEJUSC, porque não atenderia interesse indisponível e teria sido prejudicial, em tese, para a criança, caracteriza, sim, potencial interesse processual e o alegado prejuízo se confunde com o próprio mérito da ação, mostrando-se adequada a pretensão buscada. O STJ já decidiu que o acordo estabelecido e subscrito pelos cônjuges no tocante ao regime de bens, de visita e de alimentos em relação ao filho menor do casal assume o viés de mera proposição submetida ao Poder Judiciário, que haverá de sopesar outros interesses, em especial, o preponderante direito da criança, podendo, ao final, homologar ou não os seus termos e que, em se tratando, pois, de mera proposição ao Poder Judiciário, qualquer das partes, caso anteveja alguma razão para se afastar das disposições incialmente postas, pode, unilateralmente, se retratar (REsp nº 1.756.100/DF, Rel. Ministro Marco Aurélio Bellizze, Terceira Turma, *DJe* 11.10.2018)" (STJ, REsp 1609701/MG, Rel. Min. Moura Ribeiro, 3ª Turma, jul. 18.05.2021, *DJe* 20.05.2021).

6. Indicação taxativa do responsável legal. "A obrigação alimentar decorre da lei, que indica os parentes obrigados de forma taxativa e não enunciativa, sendo devidos os alimentos, reciprocamente, pelos pais, filhos, ascendentes, descendentes e colaterais até o segundo grau, não abrangendo, consequentemente, tios e sobrinhos" (STJ, HC 12.079/BA, Rel. Min. Sálvio de Figueiredo Teixeira, 4ª Turma, jul. 12.09.2000, *DJ* 16.10.2000, p. 312).

"Na hipótese em julgamento, o que se verifica ao longo do relato que envolve as partes é a voluntariedade das tias de prestar alimentos aos sobrinhos, para suprir omissão de quem deveria prestá-los, na acepção de um dever moral, porquanto não previsto em lei. Trata-se, pois, de um ato de caridade, de mera liberalidade, sem direito de ação para sua exigibilidade. – O único efeito que daí decorre, em relação aos sobrinhos, é o de que, prestados os alimentos, ainda que no cumprimento de uma obrigação natural nascida de laços de solidariedade, não são eles repetíveis, isto é, não terão as tias qualquer direito de serem ressarcidas das parcelas já pagas" (STJ, REsp 1.032.846/RS, Rel.ª Min.ª Nancy Andrighi, 3ª Turma, jul. 18.12.2008, *DJe* 16.06.2009).

7. Transmissão do dever jurídico de alimentar:

Espólio. Ver jurisprudência do art. 913 do CPC/2015.

Avós. Responsabilidade subsidiária. "A exegese firmada no STJ acerca do art. 397 do Código Civil anterior é no sentido de que a responsabilidade dos avós pelo pagamento de pensão aos netos é subsidiária e complementar a dos pais, de sorte que somente respondem pelos alimentos na impossibilidade total ou parcial do pai que, no caso dos autos, não foi alvo de prévia postulação" (STJ, REsp 576.152/ES, Rel. Min. Aldir Passarinho Junior, 4ª Turma, jul. 08.06.2010, *DJe* 01.07.2010).

"Ação de alimentos – Pensão alimentícia – Avó paterna – Complementação – Possibilidade, **desde que demonstrada a hipossuficiência do genitor** – Circunstância verificada na espécie – Dever de alimentar caracterizado – Agravo Improvido" (STJ, AgRg no AREsp 138.218/MS, Rel. Min. Massami Uyeda, 3ª Turma, jul. 28.08.2012, *DJe* 04.09.2012).

Obs.: Ver Súmula 596 do STJ.

8. Alimentos entre ex-cônjuges. "Os alimentos devidos entre ex-cônjuges serão fixados **com termo certo**, a depender das circunstâncias fáticas próprias da hipótese sob discussão, assegurando-se, ao alimentado, tempo hábil para sua inserção, recolocação ou progressão no mercado de trabalho, que lhe possibilite manter pelas próprias forças, *status* social similiar ao período do relacionamento. **Serão, no entanto, perenes, nas excepcionais circunstâncias de incapacidade laboral permanente** ou, ainda, quando se constatar, a impossibilidade prática de inserção no mercado de trabalho. Em qualquer uma das hipóteses, sujeitam-se os alimentos à cláusula *rebus sic stantibus*, podendo os valores serem alterados quando houver variação no binômio necessidade/possibilidade" (STJ, REsp 1.205.408/RJ, Rel.ª Min.ª Nancy Andrighi, 3ª Turma, jul. 21.06.2011, *DJe* 29.06.2011). **No mesmo sentido:** STJ, REsp 1.388.116/SP, Rel.ª Min.ª Nancy Andrighi, 3ª Turma, jul. 20.05.2014, *DJe* 30.05.2014; STJ, AgRg no REsp 1537060/DF, Rel. Min. Maria Isabel Gallotti, 4ª Turma, jul. 01.09.2015, *DJe* 09.09.2015.

9. Incidência sobre 13º salário e terço constitucional de férias. "Consolidação da jurisprudência desta Corte no sentido da incidência da pensão alimentícia sobre o décimo terceiro salário e o terço constitucional de férias, também conhecidos, respectivamente, por gratificação natalina e gratificação de férias. Julgamento do especial como representativo da controvérsia, na forma do art. 543-C do CPC e da Resolução 08/2008 do STJ – Procedimento de Julgamento de Recursos Repetitivos" (STJ, REsp 1.106.654/RJ, Rel. Min. Paulo Furtado, Segunda Seção, jul. 25.11.2009, *DJe* 16.12.2009).

10. Alimentos. Inclusão dos valores recebidos pelo devedor a título de participação nos lucros e resultados. Impossibilidade e desnecessidade. "O ordenamento jurídico reiteradamente desvincula a participação nos lucros e resultados da empresa do salário ou da remuneração habitualmente recebida, tipificando-a como uma bonificação de natureza indenizatória, eventual e dependente do desenvolvimento e do sucesso profissional no cumprimento das metas estabelecidas. (...). A percepção, pelo alimentante, de valores adicionais e eventuais não impacta, em regra, na redefinição do valor dos alimentos a serem prestados, ressalvadas as situações em que as necessidades do alimentado não foram inicialmente satisfeitas ou sofreram alterações supervenientes que justificam a readequação do valor. Supridas as necessidades do alimentado pelo valor regularmente fixado, não há motivo para que o aumento dos rendimentos do alimentante reflita-se imediata e diretamente no valor destinado aos alimentos, sobretudo quando os acréscimos são eventuais e originados exclusivamente do desenvolvimento e do cumprimento de metas profissionais." (STJ, REsp 1465679/SP, Rel.ª Min.ª Nancy Andrighi, 3ª Turma, jul. 09.11.2017, *DJe* 17.11.2017). **Em sentido contrário:** "(...) A verba recebida a título de participação nos lucros objetiva estimular a produtividade do empregado, pois esse terá seus vencimentos ampliados na medida em que produza mais, tratando-se, portanto, de rendimento decorrente da relação de emprego. Desse modo, a circunstância de a referida verba, nos termos do art. 7º, inc. XI, CRFB/88 não poder ser considerada para efeito de incidência de ônus sociais, trabalhistas, previdenciários, **não impede que seja considerada como base de cálculo para se aferir o quantum devido a título de alimentos.** Precedentes. Assim, para fins de apuração do valor relativo aos alimentos, deve ser reconhecida a natureza salarial/remuneratória da verba em questão, porquanto inegavelmente implica acréscimo em uma das variáveis do binômio da prestação alimentar, isto é, na possibilidade do alimentante, devendo os valores auferidos a tal título integrar a base de cálculo da prestação alimentar" (STJ, REsp 1561097/RJ, Rel. Min. Lázaro Guimarães, Rel. p/ Acórdão Min. Marco Buzzi, 4ª Turma, jul. 06.02.2018, *DJe* 02.03.2018).

11. Alimentos. Base de cálculo. Diárias de viagem e tempo de espera indenizado. Verbas indenizatórias. Não incidência. "Os alimentos incidem sobre verbas pagas em caráter habitual, quais sejam, aquelas incluídas permanentemente no salário do empregado. A verba alimentar incide, portanto, sobre vencimentos, salários ou proventos auferidos pelo devedor no desempenho de sua função ou de suas atividades empregatícias, decorrentes dos rendimentos ordinários do devedor. As parcelas denominadas diárias e tempo de espera indenizado possuem natureza indenizatória, restando excluídas do desconto para fins de pensão alimentícia, porquanto verbas transitórias" (STJ, REsp 1747540/SC, Rel. Min. Ricardo Villas Bôas Cueva, 3ª Turma, jul. 10.03.2020, *DJe* 13.03.2020).

Percentual sobre os rendimentos líquidos. Horas extras. Base de cálculo. Integração. "Os alimentos devem ser fixados de acordo com o binômio necessidade/possibilidade, atendendo as peculiaridades do caso concreto. Especificamente, quanto às horas extras, há precedente específico da Quarta Turma do Superior Tribunal de Justiça no sentido de que os valores pagos a título de horas extras devem ser incluídos na base de cálculo da verba alimentar, sob o fundamento de seu caráter remuneratório e o acréscimo patrimonial delas advindo consubstancia aumento superveniente nas possibilidades do alimentante (REsp n.º 1.098.585/SP, Relator o Ministro Luis Felipe Salomão, Quarta Turma, *DJe* 29.8.2013). A Primeira Seção do STJ, por ocasião do julgamento do Recurso Especial n.º 1.358.281/SP, processado sob o rito do art. 543-C do CPC/73, relatoria do Min. Herman Benjamin, reafirmou o entendimento no sentido de que o adicional de horas extras possui caráter remuneratório para efeito de incidência de contribuição previdenciária. Identificada a necessidade dos credores demandantes e o pedido deduzido na petição inicial, deve ser reconhecido que o valor recebido pelo devedor demandado a título de horas extras integra a base de cálculo dos alimentos fixados em percentual sobre os rendimentos líquidos do alimentante" (STJ, REsp 1.741.716/SP, Rel. Min. Paulo de Tarso Sanseverino, 3ª Turma, jul. 25.05.2021, *DJe* 11.06.2021).

12. Obrigação alimentar extinta. Pagamento por mera liberalidade. Surrectio. Inaplicabilidade. "Controvérsia acerca da possibilidade ou não de, com fundamento na teoria do abuso do direito e na *surrectio*, perpetuar obrigação alimentar assumida por longo período a título de mera liberalidade pelo alimentante já exonerado da dívida. Não há falar em ilicitude na conduta do recorrente por inexistência de previsibilidade de pagamento eterno dos alimentos, especialmente porque ausente relação obrigacional" (STJ, REsp 1789667/RJ, Rel. p/ Acórdão Min. Ricardo Villas Bôas Cueva, 3ª Turma, jul. 13.08.2019, *DJe* 22.08.2019).

13. Desoneração dos alimentos fixados entre ex-cônjuges. Binômio necessidade-possibilidade. Consideração de outras circunstâncias. "Conforme entendimento da doutrina e da jurisprudência deste Superior Tribunal de Justiça, o dever de prestar alimentos entre ex-cônjuges é transitório, devendo ser assegurado ao beneficiário dos alimentos por tempo hábil para que consiga prover a sua manutenção pelos próprios meios. A concessão do pensionamento não está limitada somente à prova da alteração do binômio necessidade-possibilidade, devendo ser consideradas outras circunstâncias, tais como a capacidade potencial para o trabalho e o tempo decorrido entre o seu início e a data do pedido de desoneração" (STJ, REsp 1829295/SC, Rel. Min. Paulo de Tarso Sanseverino, 3ª Turma, jul. 10.03.2020, *DJe* 13.03.2020).

14. Acordo para exoneração do devedor de alimentos devidos e não pagos. Renúncia. Possibilidade. "É irrenunciável o direito aos alimentos presentes e futuros (art. 1.707 do Código Civil), mas pode o credor renunciar aos alimentos pretéritos devidos e não prestados, isso porque a irrenunciabilidade atinge o direito, e não o seu exercício. Na hipótese, a extinção da execução em virtude da celebração de acordo em que o débito foi exonerado não resultou em prejuízo, visto que não houve renúncia aos alimentos vincendos e que são indispensáveis ao sustento das alimentandas. As partes transacionaram somente o crédito das parcelas específicas dos alimentos executados, em relação aos quais inexiste óbice legal" (STJ, REsp 1529532/DF, Rel. Min. Ricardo Villas Bôas Cueva, 3ª Turma, jul. 09.06.2020, *DJe* 16.06.2020).

15. Ação de exigir contas. Pensão alimentícia. Informações sobre a destinação. Possibilidade. "O ingresso no ordenamento jurídico da Lei nº 13.058/2014 incluiu a polêmica norma contida no § 5º do art. 1.583 do CC/02, versando sobre a legitimidade do genitor não guardião para exigir informações e/ou prestação de contas contra a guardiã unilateral, devendo a questão ser analisada, com especial ênfase, à luz dos princípios da proteção integral da criança e do adolescente, da isonomia e, principalmente, da dignidade da pessoa humana, que são consagrados pela ordem constitucional vigente. Na perspectiva do princípio da proteção integral e do melhor interesse da criança e do adolescente e do legítimo exercício da autoridade parental, em determinadas hipóteses, é juridicamente viável a ação de exigir contas ajuizada por genitor(a) alimentante contra a(o) guardiã(o) e representante legal de alimentado incapaz, na medida em que tal pretensão, no mínimo, indiretamente, está relacionada com a saúde física e também psicológica do menor, lembrando que a lei não traz palavras inúteis. Como os alimentos prestados são imprescindíveis para própria sobrevivência do alimentado, que no caso tem seríssimos problemas de saúde, eles devem ao menos assegurar uma existência digna a quem os recebe. Assim, a função supervisora, por quaisquer dos detentores do poder familiar, em relação ao modo pelo qual a verba alimentar fornecida é empregada, além de ser um dever imposto pelo legislador, é um mecanismo que dá concretude ao princípio do melhor interesse e da proteção integral da criança ou do adolescente. O poder familiar que detêm os genitores em relação aos filhos menores, a teor do art. 1.632 do CC/02, não se desfaz com o término do vínculo matrimonial ou da união estável deles, permanecendo intacto o poder-dever do não guardião de defender os interesses superiores do menor incapaz, ressaltando que a base que o legitima é o princípio já destacado. Em determinadas situações, não se pode negar ao alimentante não guardião o direito de averiguar se os valores que paga a título de pensão alimentícia estão sendo realmente dirigidos ao beneficiário e voltados ao pagamento de suas despesas e ao atendimento dos seus interesses básicos fundamentais, sob pena de se impedir o exercício pleno do poder familiar. Não há apenas interesse jurídico, mas também o dever legal, por força do § 5º do art. 1.538 do CC/02, do genitor alimentante de acompanhar os gastos com o filho alimentado que não se encontra sob a sua guarda, fiscalizando o atendimento integral de suas necessidades materiais e imateriais essenciais ao seu desenvolvimento físico e também psicológico, aferindo o real destino do emprego da verba alimentar que paga mensalmente, pois ela é voltada para esse fim. O que justifica o legítimo interesse processual em ação dessa natureza é só e exclusivamente a finalidade protetiva da criança ou do adolescente beneficiário dos alimentos, diante da sua possível malversação, e não o eventual acertamento de contas, perseguições ou picuinhas com a(o) guardiã(o), devendo ela ser dosada, ficando vedada a possibilidade de apuração de créditos ou preparação de revisional pois os alimentos são irrepetíveis" (STJ, REsp 1814639/RS, Rel. p/ Acórdão Min. Moura Ribeiro, 3ª Turma, jul. 26.05.2020, *DJe* 09.06.2020).

16. Homologação de decisão estrangeira. Alimentos. Impossibilidade de discussão sobre revisão. Ver jurisprudência do art. 960 do CPC/2015.

17. Cumprimento de sentença condenatória de alimentos. Exame da gratuidade a partir da situação econômica do representante legal do menor. Impossibilidade. Presunção de insuficiência econômica do menor. Ver jurisprudência do art. 99 do CPC/2015.

18. Rendimentos recebidos a título de pensão alimentícia. Imposto de Renda. Não incidência. "2. O Supremo Tribunal Federal, no julgamento da ADI 5.422/DF, conheceu em parte da referida ação direita, e, relativamente à parte conhecida, julgou-a procedente, de modo a dar ao art. 3º, § 1º, da Lei 7.713/88; aos arts. 4º e 46 do Anexo do Decreto 9.580/18; e aos arts. 3º, *caput*, e § 1º, e 4º do Decreto-lei 1.301/73, interpretação conforme a Constituição Federal para se afastar a incidência do imposto de renda sobre valores decorrentes do direito de família percebidos pelos alimentados a título de alimentos ou de pensões alimentícias" (STJ, AgInt no REsp 1.992.751/CE, Rel. Min. Afrânio Vilela, 2ª Turma, jul. 10.06.2024, *DJe* 13.06.2024).

Art. 2º O credor, pessoalmente, ou por intermédio de advogado, dirigir-se-á ao juiz competente, qualificando-se, e exporá suas necessidades, provando, apenas, o parentesco ou a obrigação de alimentar do devedor, indicando seu nome e sobrenome, residência ou local de trabalho, profissão e naturalidade, quanto ganha aproximadamente ou os recursos de que dispõe.

§ 1º Dispensar-se-á a produção inicial de documentos probatórios:

I – quando existente em notas, registros, repartições ou estabelecimentos públicos e ocorrer impedimento ou demora em extrair certidões;

II – quando estiverem em poder do obrigado às prestações alimentícias ou de terceiro residente em lugar incerto ou não sabido (redação de acordo com a republicação pelo *DOU* 08.04.1974, supl.).

§ 2º Os documentos públicos ficam isentos de reconhecimento de firma.

§ 3º Se o credor comparecer pessoalmente e não indicar profissional que haja concordado em assisti-lo, o juiz designará desde logo quem o deva fazer.

INDICAÇÃO DOUTRINÁRIA

Hugo Nigro Mazzilli, Ministério Público e o Estatuto da Criança e do Adolescente, *RT* 671/233.

JURISPRUDÊNCIA SELECIONADA

1. Advogado. "Possível o aproveitamento dos atos praticados por advogado sem procuração nos autos, se os mesmos ficam convalidados pela juntada, *a posteriori*, de procuração, antes mesmo de intimada a parte, nos termos do art. 13 do CPC. Eficaz, de outro lado, o pedido de extinção do processo de alimentos em face de acordo realizado em ação de reconhecimento e dissolução de sociedade de fato, pela apresentação de mandato outorgado por instrumento público ao advogado subscritor da petição, com poderes especiais expressos, ainda antes da sentença homologatória" (STJ, REsp 198.544/ES, Rel. Min. Aldir Passarinho Junior, 4ª Turma, jul. 18.10.2001, *DJ* 25.02.2002, p. 382).

2. União estável. Prova da obrigação de alimentar. "A união estável, reconhecida na Constituição Federal (art. 226, § 3º) e nas Leis nºs 8.971/94 e 9278/96, pode ensejar, assim como no casamento, o dever de prestar alimentos ao ex-companheiro que se encontre em situação de necessidade, deitando raízes, afinal, na solidariedade mútua que se estabelece em uma vida comum. É, portanto, descabido condicionar o processo onde se buscam alimentos provisionais à prévia e cabal demonstração da relação concubinária, notadamente porque a Lei nº 5.478/68, pelo seu art. 2º, autoriza o pedido não só pela prova do parentesco, mas também pela obrigação de prestar alimentos. Mesmo porque, em última instância, o pedido, ainda rotulado de alimentos provisionais, é, antes de tudo, um pleito de natureza cautelar, cujo atendimento reclama o exercício do Poder Geral de Cautela (art. 798 do CPC)" (STJ, REsp 186.013/SP, Rel. Min. Fernando Gonçalves, 4ª Turma, jul. 17.02.2004, *DJ* 08.03.2004, p. 257).

3. Filha maior de 25 anos e com curso superior completo. Necessidade de prova da necessidade. "'Os filhos civilmente capazes e graduados podem e devem gerir suas próprias vidas, inclusive buscando meios de manter sua própria subsistência e limitando seus sonhos – aí incluídos a pós-graduação ou qualquer outro aperfeiçoamento técnico-educacional – à própria capacidade financeira'. (REsp 1218510/SP, Rel. Ministra Nancy Andrighi, Terceira Turma, julgado em 27/09/2011, *DJe* 03/10/2011). Portanto, em linha de princípio, **havendo a conclusão do curso superior ou técnico, cabe à alimentanda – que, conforme a moldura fática, por ocasião do julgamento da apelação, contava 25 (vinte e cinco) anos de idade**, 'nada havendo nos autos que deponha contra a sua saúde física e mental, com formação superior' – buscar o seu imediato ingresso no mercado de trabalho, não mais subsistindo obrigação (jurídica) de seus genitores de lhe proverem alimentos" (STJ, REsp 1.312.706/AL, Rel. Min. Luis Felipe Salomão, 4ª Turma, jul. 21.02.2013, *DJe* 12.04.2013).

4. Legitimidade ativa da genitora em favor dos filhos. "Na ação em que se pleiteia alimentos em favor de filhos menores, é destes a legitimidade ativa, devendo o genitor assisti-los ou representá-los, conforme a idade. A formulação, porém, de pedido de alimentos pela mãe, em nome próprio, em favor dos filhos, em que pese representar má técnica processual, consubstancia mera irregularidade, não justificando o pedido de anulação de todo o processo, se fica claro, pelo teor da inicial, que o valor solicitado se destina à manutenção da família. Ilegitimidade ativa afastada. – A maioridade do filho menor, atingida no curso do processo, não altera a legitimidade ativa para a ação" (STJ, REsp 1.046.130/MG, Rel. Min. Nancy Andrighi, 3ª Turma, jul. 06.10.2009, *DJe* 21.10.2009).

5. Alimentos. Ausência de Defensoria Pública. Legitimidade ativa do MP. "O Ministério Público tem legitimidade para a propositura de ações de alimentos em favor de criança ou adolescente, nos termos do art. 201, III, da Lei 8.069/90 (Estatuto da criança e do adolescente). No caso em tela, os autos revelam tratar-se de menor com poucos recursos, que reside em uma Comarca prejudicada pela deficiente estrutura estatal, na qual só existe Defensoria Pública em certos dias da semana conforme declarou o próprio defensor público, conforme transcrição do Acórdão. Assim, é evidente a dificuldade de localização de advogados que patrocinem os interesses dos jurisdicionados hipossuficientes, de modo que negar a legitimidade do recorrente somente agravaria a já difícil situação em que se encontra o menor, carente e vulnerável" (STJ, AgRg no REsp 1.245.127/BA, Rel. Min. Sidnei Beneti, 3ª Turma, jul. 08.11.2011, *DJe* 07.12.2011).

6. Ministério Público. "Para efeitos do art. 543-C do CPC, aprovam-se as seguintes teses: 1.1. O Ministério Público tem legitimidade ativa para ajuizar ação de alimentos em proveito de criança ou adolescente. 1.2. A legitimidade do Ministério **Público independe do exercício do poder familiar dos pais, ou de o menor se encontrar nas situações de risco** descritas no art. 98 do Estatuto da Criança e do Adolescente, ou de quaisquer outros questionamentos acerca da existência ou eficiência da Defensoria Pública na comarca" (STJ, REsp 1.265.821/BA, Rel. Min. Luis Felipe Salomão, 2ª Seção, jul. 14.05.2014, *DJe* 04.09.2014). **Obs.:** acórdão submetido ao julgamento de recursos repetitivos.

7. Diferença de valor ou de percentual na fixação dos alimentos entre filhos. Impossibilidade, em regra. Possibilidade de excepcionar a regra quando houver necessidades diferenciadas entre os filhos ou capacidades de contribuições diferenciadas dos genitores. "A igualdade entre os filhos, todavia, não tem natureza absoluta e inflexível, devendo, de acordo com a concepção aristotélica de isonomia e justiça, tratar-se igualmente os iguais e desigualmente os desiguais, na medida de suas desigualdades, de modo que é admissível a fixação de alimentos em valor ou percentual distinto entre os filhos se demonstrada a existência de necessidades diferenciadas entre eles ou, ainda, de capacidades contributivas diferenciadas dos genitores" (STJ, REsp 1624050/MG, Rel.ª Min.ª Nancy Andrighi, 3ª Turma, jul. 19.06.2018, *DJe* 22.06.2018).

Art. 3º O pedido será apresentado por escrito, em 3 (três) vias, e deverá conter a indicação do juiz a quem for dirigido, os elementos referidos no artigo anterior e um histórico sumário dos fatos.

§ 1º Se houver sido designado pelo juiz defensor para assistir o solicitante, na forma prevista no art. 2º, formulará o designado, dentro de 24 (vinte e quatro) horas da nomeação, o pedido, por escrito, podendo, se achar conveniente, indicar seja a solicitação verbal reduzida a termo.

§ 2º O termo previsto no parágrafo anterior será em 3 (três) vias, datadas e assinadas pelo escrivão, observado, no que couber, o disposto no *caput* do presente artigo.

Art. 4º Ao despachar o pedido, o juiz fixará desde logo alimentos provisórios a serem pagos pelo devedor, salvo se o credor expressamente declarar que deles não necessita.

Parágrafo único. Se se tratar de alimentos provisórios pedidos pelo cônjuge, casado pelo regime da comunhão universal de bens, o juiz determinará igualmente que seja entregue ao credor, mensalmente, parte da renda líquida dos bens comuns, administrados pelo devedor.

JURISPRUDÊNCIA SELECIONADA

1. Alimentos provisionais. "Se trata de hipótese de cognição sumária, a qual não demanda exame pormenorizado dos documentos constantes dos autos, referentes ao binômio necessidade/possibilidade, haja vista não se cuidar de estabelecimento em definitivo dos alimentos" (STJ, REsp 665.561/GO, Rel. Min. Jorge Scartezzini, 4ª Turma, jul. 15.03.2005, *DJ* 02.05.2005, p. 374).

2. Ação revisional. "É lícita a fixação liminar de alimentos provisionais, em razão de circunstâncias excepcionais, nas ações revisionais de alimentos; se, ou quando, o valor deste fixado, anteriormente, se afigura irrisório para a subsistência do alimentando, posto que modificadas suas condições econômico-financeiras. Precedentes do STJ e STF" (STJ, REsp 94.495/RJ, Rel. Min. Waldemar Zveiter, 3ª Turma, jul. 20.05.1997, *DJ* 22.09.1997, p. 46.443).

3. Investigação de paternidade. "O autor da ação investigatória de paternidade tem direito a alimentos provisionais desde a sentença, ainda que objeto de recurso. Leis nº 8.560/92, art. 7º, e nº 883/49, art. 5º. Aplicação" (STJ, REsp 200.595/SP, Rel. Min. Antônio de Pádua Ribeiro, 3ª Turma, jul. 08.05.2003, *DJ* 09.06.2003, p. 263).

4. Renda líquida. Prisão civil. "A inadimplência em relação à 'parte da renda líquida dos bens comuns, administrados pelo devedor', prevista no art. 4º, parágrafo único, da Lei de Alimentos (Lei nº 5.478/68), por não cuidar de alimentos em sentido estrito, não enseja a prisão civil prevista no art. 733, § 1º, do Código de Processo Civil. O dispositivo processual deve ser interpretado restritivamente, em consonância com o art. 5º, inciso LXVII, da Constituição Federal, considerando que atinge um direito indisponível do cidadão, a liberdade. Daí podendo ser aplicado, apenas, quando se tratar de alimentos propriamente ditos" (HC 34.049/RS, Rel. Min. Carlos Alberto Menezes Direito, 3ª Turma, jul. 14.06.2004, *DJ* 06.09.2004, p. 256).

5. Variação na remuneração do alimentante. "As variações positivas na remuneração total do alimentante, de regra, não terão impacto no valor dos alimentos, salvo se as necessidades do alimentado, constatadas inicialmente, não tiverem sido supridas integralmente, ou ainda, quando houver superveniente alteração no elemento necessidade" (STJ, REsp 1.261.247/SP, Rel.ª Min.ª Nancy Andrighi, 3ª Turma, jul. 16.04.2013, *DJe* 26.04.2013).

6. Alimentos arbitrados em valor fixo com pagamento em periodicidade mensal. "Os alimentos arbitrados em valor fixo devem ser analisados de forma diversa daqueles arbitrados em percentuais sobre 'vencimento', 'salário', 'rendimento', 'provento', dentre outros *ad valorem*. No primeiro caso, a dívida se consolida com a fixação do valor e periodicidade em que deve ser paga, não se levando em consideração nenhuma outra base de cálculo. O débito alimentar arbitrado em valor fixo – por sentença transitada em julgado – deve ser pago pelo montante e na exata periodicidade constante no título judicial, revelando-se ofensa à coisa julgada a determinação para que o valor arbitrado seja pago a propósito do recebimento de outras verbas pelo devedor" (STJ, REsp 1.091.095/RJ, Rel. Min. Luis Felipe Salomão, 4ª Turma, jul. 16.04.2013, *DJe* 25.04.2013).

7. União estável. "Não prospera, a argumentação de que incabível a concessão de pensão por morte à companheira, diante da Lei nº 9.278/96 que, ao regulamentar o § 3º do art. 226 da Constituição Federal, reconhece, sem qualquer restrição quanto à inexistência de impedimento matrimonial, a união estável entre o homem e a mulher como entidade familiar" (STJ, REsp 590.792/RJ, Rel. Min. Felix Fischer, 5ª Turma, jul. 09.03.2004, *DJ* 26.04.2004, p. 213).

"União estável rompida anteriormente ao advento da Lei nº 8.971, de 29.12.94. A união duradoura entre homem e mulher, com o propósito de estabelecer uma vida em comum, pode determinar a obrigação de prestar alimentos ao companheiro necessitado, uma vez que o dever de solidariedade não decorre exclusivamente do casamento, mas também da realidade do laço familiar. Precedente da Quarta Turma" (STJ, REsp 102.819/RJ, Rel. Min. Barros Monteiro, 4ª Turma, jul. 23.11.1998, *DJ* 12.04.1999).

8. Liminar revogada por sentença. Apelação com efeito suspensivo. "A apelação contra improcedência de pedido alimentar não restabelece liminar de alimentos provisórios, revogada pela sentença" (STJ, REsp 746.760/SP, Rel. Min. Humberto Gomes de Barros, 3ª Turma, jul. 06.11.2007, *DJ* 14.11.2007, p. 403; *RDDP* 60/191).

9. Alimentos. Repasse da renda líquida dos bens comuns administrados pelo devedor. Distinção. "Os alimentos provisórios fixados em favor do cônjuge casado sob o regime da comunhão universal não podem ser arbitrados, sob o fundamento de o patrimônio comum do casal encontrar-se sob a administração do devedor da pensão, em quantia que exorbite os critérios de necessidade alimentando e possibilidade do alimentante. O repasse de parte da renda mensal líquida dos bens comuns administrados pelo devedor dos alimentos (Lei 5.478/68, art. 4º, parágrafo único) não possui as características peculiares da prestação alimentícia. Com efeito, a ausência ou insuficiência de seu pagamento não enseja execução sob pena de prisão, além de ser admissível, em tese, pedido de repetição, caso se apure excesso no valor repassado" (STJ, EDcl nos EDcl no REsp 1.343.955/SP, Rel.ª Min.ª Maria Isabel Gallotti, 4ª Turma, jul. 10.06.2014, *DJe* 12.08.2014).

Art. 5º O escrivão, dentro de 48 (quarenta e oito) horas, remeterá ao devedor a segunda via da petição ou do termo, juntamente com a cópia do despacho do juiz, e a comunicação do dia e hora da realização da audiência de conciliação e julgamento.

§ 1º Na designação da audiência, o juiz fixará o prazo razoável que possibilite ao réu a contestação da ação proposta e a eventualidade de citação por edital.

§ 2º A comunicação, que será feita mediante registro postal isento de taxas e com aviso de recebimento, importa citação, para todos os efeitos legais.

§ 3º Se o réu criar embaraços ao recebimento da citação, ou não for encontrado, repetir-se-á a diligência por intermédio do oficial de justiça, servindo de mandado a terceira via da petição ou do termo.

§ 4º Impossibilitada a citação do réu por qualquer dos modos acima previstos, será ele citado por edital afixado na sede do juízo e publicado 3 (três) vezes consecutivas no órgão oficial do Estado, correndo a despesa por conta do vencido, a final, sendo previamente a conta juntada aos autos.

§ 5º O edital deverá conter um resumo do pedido inicial, a íntegra do despacho nele exarado, a data e a hora da audiência.

§ 6º O autor será notificado da data e hora da audiência no ato de recebimento da petição, ou da lavratura do termo.

§ 7º O juiz, ao marcar a audiência, oficiará ao empregador do réu, ou, se o mesmo for funcionário público, ao responsável por sua repartição, solicitando o envio, no máximo até a data marcada para a audiência, de informações sobre o salário ou os vencimentos do devedor, sob as penas previstas no art. 22 desta lei.

§ 8º A citação do réu, mesmo no caso dos artigos 200 e 201 do Código de Processo Civil, far-se-á na forma do § 2º do artigo 5º desta lei (*parágrafo com redação dada pela Lei nº 6.014, de 27.12.73*).

Art. 6º Na audiência de conciliação e julgamento deverão estar presentes autor e réu, independentemente de intimação e de comparecimento de seus representantes.

Art. 7º O não comparecimento do autor determina o arquivamento do pedido, e a ausência do réu importa em revelia, além de confissão quanto à matéria de fato.

JURISPRUDÊNCIA SELECIONADA

Alimentos. Revelia. Fixação em patamar inferior ao postulado. Possibilidade. "O propósito recursal consiste em definir se é possível a fixação do valor dos alimentos em patamar inferior ao pleiteado na inicial quando há o reconhecimento da revelia do réu e a incidência de seus efeitos. (...) Contudo, na ação de alimentos, os aludidos princípios devem ser observados sob outra perspectiva em razão de suas especificidades, motivo pelo qual o Magistrado da causa poderá arbitrar a verba alimentar de acordo com os elementos carreados aos autos e fora dos parâmetros estabelecidos pelo autor, mediante a observância do binômio necessidade/capacidade. Na hipótese dos autos, constata-se que, a despeito de ter sido pessoalmente citado, o alimentante deixou de apresentar contestação, tendo sido decretada sua revelia, com a incidência dos efeitos dela decorrentes. A sentença julgou parcialmente procedente o pedido para condenar o requerido ao pagamento de alimentos na quantia mensal equivalente a 30% do salário mínimo vigente, sendo que, na hipótese de se comprovar vínculo trabalhista fixo, a pensão será fixada em 20% dos rendimentos líquidos, apesar de o pedido autoral ter requerido o arbitramento em R$ 500,00 (quinhentos reais). De acordo com o quadro fático delineado pelas instâncias ordinárias, é incontroversa a necessidade de o autor menor receber a pensão alimentícia, todavia, não obstante os efeitos da revelia, o demandante não trouxe nenhum elemento indicativo da capacidade financeira do genitor, de maneira que, ante a presunção relativa de veracidade advinda da revelia, observou-se o binômio necessidade/possibilidade, constatando a razoabilidade e proporcionalidade da verba empregada, não havendo falar em reforma das decisões proferidas pelas instâncias ordinárias" (STJ, REsp 1.971.966/SP, Rel. Min. Marco Aurélio Bellizze, 3ª Turma, jul. 05.03.2024, *DJe* 12.03.2024).

Art. 8º Autor e Réu comparecerão à audiência acompanhados de suas testemunhas, 3 (três) no máximo, apresentando, nessa ocasião, as demais provas.

Art. 9º Aberta a audiência, lida a petição ou o termo, e a resposta, se houver, ou dispensada a leitura, o juiz ouvirá as partes litigantes e o representante do Ministério Público, propondo conciliação (*artigo com redação dada pela Lei nº 6.014, de 27.12.73*).

§ 1º Se houver acordo, lavrar-se-á o respectivo termo, que será assinado pelo juiz, escrivão, partes e representantes do Ministério Público.

§ 2º Não havendo acordo, o juiz tomará o depoimento pessoal das partes e das testemunhas, ouvidos os peritos se houver, podendo julgar o feito sem a mencionada produção de provas, se as partes concordarem.

JURISPRUDÊNCIA SELECIONADA

1. Acordo de alimentos sem a participação do advogado do alimentante. Possibilidade. "Acordo de alimentos celebrado na presença do magistrado e do Ministério Público, mas sem a participação do advogado do alimentante. Regularidade da transação judicial, haja vista ser a parte capaz, a transação versar sobre direitos patrimoniais e a inexistência de provas de que houve vício de vontade." (STJ, REsp 1584503/SP, Rel. Min. Ricardo Villas Bôas Cueva, 3ª Turma, jul. 19.04.2016, *DJe* 26.04.2016)

2. "Para efeitos do art. 543-C do CPC, aprovam-se as seguintes teses: 1.1. O Ministério Público tem legitimidade ativa para ajuizar ação de alimentos em proveito de criança ou adolescente. 1.2. A legitimidade do Ministério Público independe do exercício do poder familiar dos pais, ou de o menor se encontrar nas situações de risco descritas no art. 98 do Estatuto da Criança e do Adolescente, ou de quaisquer outros questionamentos acerca da existência ou eficiência da Defensoria Pública na comarca." (STJ, REsp 1265821/BA, Rel. Min. Luis Felipe Salomão, 2ª Seção, jul. 14.05.2014, *DJe* 04.09.2014). **Obs.:** acórdão submetido ao julgamento de recursos repetitivos.

Art. 10. A audiência de julgamento será contínua; mas, se não for possível, por motivo de força maior, concluí-la no mesmo dia, o juiz marcará a sua continuação para o primeiro dia desimpedido, independentemente de novas intimações.

Art. 11. Terminada a instrução poderão as partes e o Ministério Público aduzir alegações finais, em prazo não excedente de 10 (dez) minutos para cada um.

Parágrafo único. Em seguida, o juiz renovará a proposta de conciliação e, não sendo aceita, ditará sua sentença, que conterá sucinto relatório do ocorrido na audiência.

Art. 12. Da sentença serão as partes intimadas, pessoalmente ou através de seus representantes, na própria audiência, ainda quando ausentes, desde que intimadas de sua realização.

Art. 13. O disposto nesta lei aplica-se igualmente, no que couber, às ações ordinárias de desquite, nulidade e anulação de casamento, à revisão de sentenças proferidas em pedidos de alimentos e respectivas execuções.

§ 1º Os alimentos provisórios fixados na inicial poderão ser revistos a qualquer tempo, se houver modificação na situação financeira das partes, mas o pedido será sempre processado em apartado.

§ 2º Em qualquer caso, os alimentos fixados retroagem à data da citação.

§ 3º Os alimentos provisórios serão devidos até a decisão final, inclusive o julgamento do recurso extraordinário.

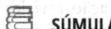

SÚMULAS

Súmula do STF:

nº 490: "A pensão correspondente à indenização oriunda de responsabilidade civil deve ser calculada com base no salário mínimo vigente ao tempo da sentença e ajustar-se-á às variações ulteriores".

JURISPRUDÊNCIA SELECIONADA

1. Investigação de paternidade. Termo inicial de pagamento. "Na linha da jurisprudência desta Corte, em ação de investigação de paternidade cumulada com alimentos, o termo inicial do pagamento destes é a **data da citação.** Inteligência do art. 13, § 2º, da Lei nº 5.478/68" (STJ, REsp 439.767/SP, Rel. Min. Jorge Scartezzini, 4ª Turma, jul. 16.09.2004, *DJ* 06.12.2004, p. 317).

Jurisprudência anterior. "Alimentos. Investigação de paternidade. *Termo a quo.* De acordo com orientação atualmente predominante nesta Quarta Turma, o termo a quo da pensão alimentícia, fixada na sentença que julga procedente ação de investigação de paternidade, deve corresponder à data da publicação da sentença. Inaplicação da regra do art. 13 da Lei de Alimentos, que pressupõe prova preconstituída da filiação. Votos vencidos" (STJ, REsp 186.298/SP, Rel. Min. Ruy Rosado de Aguiar, 4ª Turma, jul. 01.12.1998, *DJ* 28.02.2000, p. 88).

2. Alimentos. Pendência de partilha. "A pensão alimentícia pode ser fixada em número de salários mínimos, questão pacífica no âmbito da ação de alimentos propriamente dita, bem assim na ação revisional que tem em seu bojo a finalidade precípua de revisar o valor fixado a título de verba alimentar. Não se permite, contudo, a utilização da revisional unicamente como meio de postular atualização monetária do valor anteriormente arbitrado, porquanto a finalidade do art. 1.710 do CC/02 é justamente a de evitar o ajuizamento de periódicas revisões destinadas tão somente a atualizar o valor da prestação alimentícia, em decorrência da desvalorização da moeda e consequente perda do poder aquisitivo. Desafoga-se, assim, o Poder Judiciário e permite-se a prestação jurisdicional no tempo certo e na forma apropriada. A modificação das condições econômicas de possibilidade ou de necessidade das partes constitui elemento condicionante da revisão e da exoneração de alimentos, sem o que não há que se adentrar na esfera de análise do pedido, fulcrado no art. 1.699 do CC/02. As necessidades do reclamante e os recursos da pessoa obrigada devem ser sopesados tão somente após a verificação da necessária ocorrência da mudança na situação financeira das partes, isto é, para que se faça o cotejo do binômio, na esteira do princípio da proporcionalidade, previsto no art. 1.694, § 1º, do CC/02, deve o postulante primeiramente demonstrar de maneira satisfatória os elementos condicionantes da revisional de alimentos, nos termos do art. 1.699 do CC/02" (STJ, REsp 1.046.296/MG, Rel.ª Min.ª Nancy Andrighi, 3ª Turma, jul. 17.03.2009, *DJe* 08.06.2009).

3. Alimentos provisórios e definitivos. Efeito retroativo da sentença (§ 2º). "Os efeitos da sentença proferida em ação de revisão de alimentos – seja em caso de redução, majoração ou exoneração – retroagem à data da citação (Lei 5.478/68, art. 13, § 2º), ressalvada a irrepetibilidade dos valores adimplidos e a impossibilidade de compensação do excesso pago com prestações vincendas" (STJ, EREsp 1.181.119/RJ, Rel. Min. Luis Felipe Salomão, Rel. p/ Acórdão Min. Maria Isabel Gallotti, 2ª Seção, jul. 27.11.2013, *DJe* 20.06.2014). **No mesmo sentido:** STJ, HC 402.322/RJ, Rel. Min. Paulo de Tarso Sanseverino, 3ª Turma, jul. 11.12.2018, *DJe* 14.12.2018.

"Na linha dos precedentes desta Corte, os alimentos definitivos, quando fixados em valor inferior ao dos provisórios, não geram para o alimentante o direito de pleitear o que foi pago a maior, tendo em vista irrepetibilidade própria da verba alimentar. Todavia, quando fixados definitivamente em valor superior ao dos provisórios, terão efeito retroativo (Lei 5.478/68, art. 13, § 2º), facultando-se ao credor pleitear a diferença" (STJ, REsp 1.318.844/PR, Rel. Min. Sidnei Beneti, 3ª Turma, jul. 07.03.2013, *DJe* 13.03.2013).

"Ofende o princípio da irrepetibilidade, a retroação, à data da citação, dos efeitos da ação de revisão para redução ou exoneração da pensão alimentícia. Recurso especial conhecido em parte e, nessa parte, provido, para determinar que a exoneração do pagamento se dê, apenas, a contar da publicação da sentença que julgou procedente a ação" (STJ, REsp 513.645/SP, Rel. Min. Aldir Passarinho Junior, 4ª Turma, jul. 16.09.2003, *DJ* 20.10.2003, p. 282).

"Os alimentos são devidos até o trânsito em julgado da ação de exoneração. **O reconhecimento judicial de exoneração do dever alimentar não dispõe de efeito retroativo**, não alcançando as parcelas vencidas e não pagas de dívida reconhecida judicialmente em ação de execução, sob pena de privilegiar o devedor de má-fé" (STJ, RHC 35.192/RS, Rel. Min. Ricardo Villas Bôas Cueva, 3ª Turma, jul. 12.03.2013, *DJe* 18.03.2013).

"**Fixados os alimentos definitivos** (art. 13, § 2º, da Lei de Alimentos), resta sem objeto o agravo de instrumento em que se discutia os alimentos provisórios fixados *initio litis*, dado ao princípio da irrepetibilidade dos mesmos" (STJ, REsp 30.260/SP, Rel. Min. Aldir Passarinho Junior, 4ª Turma, jul. 29.08.2000, *DJ* 30.10.2000, p. 159).

4. Alimentos. Termo final. "Se, na constância do casamento, a mulher não dispõe dos meios próprios para prover o seu sustento e se o seu marido tem capacidade para tanto, não se pode fixar o dever alimentício pelo prazo de apenas um ano, apenas porque ela é jovem e capaz para o trabalho" (STJ, REsp 555.429/RJ, Rel. Min. Cesar Asfor Rocha, 4ª Turma, jul. 08.06.2004, *DJ* 11.10.2004, p. 339).

5. Sucumbência recíproca. "Considera-se a postulação inicial da verba alimentar meramente estimativa, dada a subjetividade na sua avaliação, de sorte que se fixada, ao final, pensão inferior à pretendida, porém com a procedência da ação revisional para elevar a prestação anterior, não se configura a hipótese de sucumbência recíproca prevista no art. 21 do CPC, cabendo ao réu-alimentante arcar, por inteiro, com tais ônus, os quais, em concreto, já ficam proporcionalizados, pela incidência do percentual sobre o montante menor em que resultou a condenação. Precedentes do STJ" (STJ, REsp 343.574/SP, Rel. Min. Aldir Passarinho Junior, 4ª Turma, jul. 20.02.2003, *DJ* 07.04.2003, p. 291).

6. Liminar revogada por sentença. Apelação com efeito suspensivo. "Alimentos provisionais. Sentença de improcedência que revoga decisão interlocutória. Apelação recebida no duplo efeito. – A apelação contra improcedência de pedido alimentar não restabelece liminar de alimentos provisórios, revogada pela sentença" (STJ, REsp 746.760/SP, Rel. Min. Humberto Gomes de Barros, 3ª Turma, jul. 06.11.2007, *DJ* 14.11.2007, p. 403; *RDDP* 60/191).

7. Investigação de paternidade cumulada com alimentos. Acordo homologado a respeito do valor da pensão. Omissão quanto ao termo inicial. Retroatividade. Data da citação (§ 2º). "Em virtude da ausência de expressa previsão no acordo de alimentos a respeito do seu termo inicial, deve prevalecer o disposto no § 2º do art. 13 da Lei nº 5.478/68 (Lei de Alimentos), segundo o qual, em qualquer caso, os alimentos fixados retroagem à data da citação" (STJ, REsp 1821107/ES, Rel. Min. Moura Ribeiro, 3ª Turma, jul. 10.03.2020, *DJe* 12.03.2020).

8. Execução de alimentos. Alimentos provisórios. Revogação posterior. Efeitos *ex tunc* da sentença que exonera a obrigação alimentar. Impossibilidade de cobrança. "A eg. Segunda Seção desta Corte, no julgamento do EREsp nº 1.181.119/RJ, ao interpretar o art. 13, § 2º, da Lei nº 5.478/1968, concluiu, por maioria, que os alimentos provisórios não integram o patrimônio jurídico subjetivo do alimentando, podendo ser revistos a qualquer tempo, porquanto provimento *rebus sic stantibus*, já que não produzem coisa julgada material (art. 15 da Lei nº 5.478/1968)" (STJ, AgInt no REsp 1838922/RJ, Rel. Min. Moura Ribeiro, 3ª Turma, jul. 23.03.2020, *DJe* 25.03.2020).

9. (§ 3º). "Os alimentos provisórios são 'devidos até a decisão final, inclusive o julgamento do recurso extraordinário', isto é, do recurso hoje especial" (STJ, REsp 29.055/MG, Rel. Min. Nilson Naves, 3ª Turma, jul. 14.12.1993, *DJ* 09.05.1994, p. 10.868).

10. Fixação do valor da pensão. Salário mínimo. "Segundo a jurisprudência dominante no c. Supremo Tribunal Federal e nesta corte, admissível é fixar-se a prestação alimentícia com base no salário mínimo" (STJ, REsp 85.685/SP, Rel. Min. Barros Monteiro, 4ª Turma, jul. 03.12.1996, *DJ* 17.03.1997, p. 7.508). **No mesmo sentido:** STJ, REsp 113.142/RS, Rel. Min. Ruy Rosado de Aguiar, 4ª Turma, jul. 29.04.1998, *DJ* 29.06.1998, p. 192.

"O que a Constituição veda, no art. 7º, IV, é a utilização do salário mínimo para servir como fator de indexação para as obrigações sem conteúdo salarial ou alimentar" (STF, RE 422.830-AgRg, Rel. Min. Carlos Velloso, 2ª Turma, jul. 23.11.2004, *DJ* 10.12.2004, p. 49). **Precedentes citados:** STF, RE 422.833/SC, Rel. Min. Sepúlveda Pertence, *DJ* 08.09.2004; STF, RE 433.270/SC, Rel. Min. Carlos Britto, *DJ* 25.10.2004; STF, RE 433.237/SC, 426.062/SC e 433.225/SC, Rel. Min. Carlos Velloso, *DJ* 28.10.2004.

"A pensão pode ser fixada em número de salários mínimos, por se cuidar de verba de cunho alimentar, e também em razão de perceber o autor remuneração variável em sua atividade empresarial" (STJ, REsp 343.517/PR, Rel. Min. Aldir Passarinho Junior, 4ª Turma, jul. 23.04.2002, *DJ* 02.09.2002, p. 194). **Em sentido contrário:** "É vedada a fixação de pensão alimentar em número de salários mínimos, devendo o seu valor ser apurado em liquidação" (STJ, REsp 38.191/SP, Rel. Min. Dias Trindade, 4ª Turma, jul. 15.03.1994, *DJ* 02.05.1994, p. 10.013). **Neste sentido:** TJRS, Ap. Cível 70015627979, Rel. Des. Luiz Felipe Brasil Santos, 7ª Câmara Cível, jul. 02.10.2006).

11. Cautelar. "Não padece, à primeira vista, de ilegalidade, teratologia ou abuso de poder a decisão do juiz que, nos autos de medida cautelar incidental, concede liminar para autorizar o depósito, em juízo, do valor da diferença entre os alimentos provisórios e os definitivos, estes últimos fixados na sentença em percentual menor, enquanto pendente de julgamento a apelação das impetrantes" (STJ, RMS 6.204/CE, Rel. Min. Castro Filho, 3ª Turma, jul. 19.08.2003, *DJ* 22.09.2003, p. 313).

12. Alimentos provisórios. Termo a *quo*. "O art. 13, § 2º, da Lei nº 5.478/68 é de clareza meridiana, ao determinar que 'em qualquer caso, os alimentos fixados retroagem à data da citação'. Não há razão, portanto, para que o efetivo pagamento inicie-se somente depois do decurso de 30 (trinta dias) da citação, mesmo porque a verba alimentar, como sói acontecer, é destinada à sobrevivência do alimentando, plasmada, sobretudo, no dever de cuidado à pessoa que dela necessita, não possuindo assim natureza ressarcitória" (STJ, REsp 660.731/SP, Rel. Min. Luis Felipe Salomão, 4ª Turma, jul. 08.06.2010, *DJe* 15.06.2010).

13. Irrepetibilidade dos alimentos. "Por força do princípio da irrepetibilidade dos alimentos, e, sobretudo, em razão da diretriz da boa-fé objetiva do segurado, não cabe a devolução de valores recebidos, a título de benefício previdenciário, por força de interpretação equivocada, má aplicação da lei ou erro da Administração." (STJ, REsp 1550569/SC, Rel.ª Min.ª Regina Helena Costa, 1ª Turma, jul. 03.05.2016, *DJe* 18.05.2016) "Os efeitos da sentença proferida em ação de revisão de alimentos – seja em caso de redução, majoração ou exoneração – retroagem à data da citação (Lei 5.478/68, art. 13, § 2º), ressalvada a irrepetibilidade dos valores adimplidos e a impossibilidade de compensação do excesso pago com prestações vincendas (2ª Seção, ERESP 1.118.119/RJ)." (STJ, AgRg nos EREsp 1256881/SP, Rel. Min. Maria Isabel Gallotti, 2ª Seção, jul. 25.11.2015, *DJe* 03.12.2015)

14. Ação revisional. Efeitos. "Os efeitos da ação revisional, em qualquer caso, retroagem à data da citação conforme precedente da Segunda Seção (ERESP 1.181, 119/RJ), de forma que, dadas as peculiaridades do caso, eventual dívida pretérita remanescente deverá ser cobrada segundo o rito da execução previsto no art. 528, § 1º, do CPC/2015" (STJ, HC 588.563/SP, Rel. Min. Maria Isabel Gallotti, 4ª Turma, jul. 17.11.2020, *DJe* 27.11.2020).

Art. 14. Da sentença caberá apelação no efeito devolutivo (artigo com redação dada pela Lei nº 6.014, de 27.12.73).

JURISPRUDÊNCIA SELECIONADA

1. Revisional. Sentença. Efeito Suspensivo. "A orientação jurisprudencial que prevalece nesta Corte é no sentido de que a apelação contra a sentença que determina a redução dos alimentos deve ser recebida também no efeito suspensivo, em obséquio ao princípio que privilegia o interesse dos menores em detrimento do direito dos adultos" (STJ, AgRg no REsp 332.897/SP, Rel. Min. Sálvio de Figueiredo Teixeira, 4ª Turma, jul. 23.04.2002, *DJ* 12.08.2002, p. 216).

2. Apelação. Efeito devolutivo. "Interposta de sentença que condena a prestação de alimentos, a apelação será recebida, apenas, no efeito devolutivo (art. 14, da Lei 5.478/1968 e 520, II do CPC). Precedentes do STJ" (STJ, REsp 66.731/SP, Rel. Min. Waldemar Zveiter, 3ª Turma, jul. 09.09.1996, *DJ* 21.10.1996, p. 40.257).

"A apelação interposta contra sentença que julgar pedido de alimentos ou pedido de exoneração do encargo deve ser recebida apenas no efeito devolutivo" (STJ, REsp 1.280.171/SP, Rel. Min. Massami Uyeda, 3ª Turma, jul. 02.08.2012, *DJe* 15.08.2012).

3. Pedido de exoneração de alimentos. Agravo de instrumento. "O recurso cabível contra a decisão que defere pedido de exoneração de alimentos formulado nos próprios autos de alimentos é o de agravo de instrumento, por ser decisão interlocutória (CPC, artigo 513), não se podendo falar que o Juízo de 1º grau conferiu à decisão a qualificação jurídica de sentença. Em se tratando de questão alimentar, de evidente caráter determinativo, alterável diante da mudança de condições de alimentante e alimentado, a decisão interlocutória era possível. Desse modo, não se aplica o princípio da fungibilidade por não ser escusável a interposição de um recurso pelo outro" (STJ, AgRg no Ag. 819.940/RJ, Rel. Min. Sidnei Beneti, 3ª Turma, jul. 27.05.2008, *DJe* 20.06.2008).

Art. 15. A decisão judicial sobre alimentos não transita em julgado e pode a qualquer tempo ser revista, em face da modificação da situação financeira dos interessados.

JURISPRUDÊNCIA SELECIONADA

1. Filho adulterino. Restituição. "A mulher não está obrigada a restituir ao marido os alimentos por ele pagos em favor da criança que, depois se soube, era filha de outro homem" (STJ, REsp 412.684/SP, Rel. Min. Ruy Rosado de Aguiar, 4ª Turma, jul. 20.08.2002, *DJ* 25.11.2002, p. 240).

2. Ação revisional. "Em mais de uma oportunidade esta Corte se manifestou no sentido de que os efeitos da exoneração da pensão alimentícia não retroagem à data da citação, mas apenas têm incidência a partir do trânsito em julgado da decisão" (STJ, REsp 886.537/MG, Rel. Min. Sidnei Beneti, 3ª Turma, jul. 08.04.2008, *DJe* 25.04.2008).

3. Modificação da situação financeira da parte alimentada. "Na linha do art. 401 do revogado Código Civil, reproduzido quase em sua totalidade pelo art. 1.699 do Código Civil de 2002, quando sobrevier mudança na situação financeira das partes, mostra-se possível a alteração no valor da pensão alimentícia, sendo certo, ademais, que os alimentos devem ser fixados na proporção das necessidades do reclamante e dos recursos da pessoa obrigada. Passando o ex-cônjuge a exercer cargo remunerado, ainda que em comissão, com vencimento muito superior ao valor da pensão, recomendável a alteração no pensionamento. A decisão judicial de alimentos, quanto ao valor da pensão, não se sujeita ao trânsito em julgado material (cf. o REsp 12.047-SP, *DJ* 9.3.1992, relator o Ministro Athos Carneiro), podendo, a qualquer tempo, ser revista em face da superveniente modificação da situação financeira dos interessados. Desta forma, se eventualmente venha a recorrida ser exonerada de seu cargo em comissão, poderá reclamar do recorrente uma nova pensão ou simplesmente a complementação do necessário para se manter. O que interessa, para fins de pensão, são os fatos existentes quando de sua fixação. Sopesando as circunstâncias dos autos, o pedido tem acolhida parcial, reduzindo-se a pensão" (STJ, REsp 472.728/MG, Rel. Min. Sálvio de Figueiredo Teixeira, 4ª Turma, jul. 20.03.2003, *DJ* 28.04.2003, p. 207).

"Não é *extra petita* a sentença que, diante do pedido de exoneração total de pensão, defere a redução dos alimentos. Como se sabe, no pedido mais abrangente se inclui o de menor abrangência. Fixados os alimentos já levando em consideração a futura constituição de usufruto, esse fato, por si só, quando concretizado, não é capaz de ensejar a revisão da pensão alimentícia, porque não alterou a condição econômica da recorrente em relação à existente ao tempo da dissolução da sociedade conjugal" (STJ, REsp 249.513/SP, Rel. Min. Sálvio de Figueiredo Teixeira, 4ª Turma, jul. 06.03.2003, *DJ* 07.04.2003, p. 289).

4. Modificação da situação financeira da parte alimentante. "A constituição de nova família pelo alimentante, com filhos, constitui motivo a ser ponderado para a verificação da alegada mudança em sua situação financeira (art. 401 do Código Civil)" (STJ, REsp 109.259/SP, Rel. Min. Barros Monteiro, 4ª Turma, jul. 12.11.2002, *DJ* 10.03.2003, p. 217).

5. Ação de desoneração de alimentos. Oposição de Embargos de Terceiro. Impropriedade da via eleita. Ver jurisprudência do art. 676 do CPC/2015.

6. Maioridade. Exercício de atividade remuneratória. Exoneração de alimentos. "A maioridade civil, por si só, não é suficiente para eximir o alimentante da obrigação de prestar alimentos, sendo indispensável, todavia, prova cabal da necessidade, por parte do alimentando, a qual deixa de ser presumida. Caso concreto em que a alimentanda, embora seja estudante, conta com 21 (vinte e um) anos de idade e exerce atividade remunerada, auferindo ganhos suficientes para garantir o seu sustento. De outro lado, o alimentante comprovou a impossibilidade de continuar arcando com o encargo alimentar. Diante desse contexto, demonstrada a alteração do binômio necessidade-possibilidade, cabível a exoneração da obrigação. Os efeitos da sentença que exonera o alimentante retroagem à data da citação, nos termos da Súmula 621 do STJ, relembrando, contudo, que os alimentos são irrepetíveis e não são passíveis de compensação" (TJRS, Ap. Cív. 0315287-56.2019.8.21.7000, Rel. Des. Sandra Brisolara Medeiros, 7ª Câmara Cível, jul. 30.09.2020, *DJe* 05.10.2020).

7. Maioridade e capacidade de promoção do sustento. Desconstituição da obrigação. Comprovação. "Na linha da jurisprudência do STJ, em regra, a maioridade civil e a capacidade, em tese, de promoção ao próprio sustento, por si só, não são capazes de desconstituir a obrigação alimentar, devendo haver prova pré-constituída da ausência de necessidade dos alimentos. Precedentes" (STJ, HC 871.593/MG, Rel. Min. Moura Ribeiro, 3ª Turma, jul. 05.03.2024, *DJe* 13.03.2024).

Art. 16. Na execução da sentença ou do acordo nas ações de alimentos será observado o disposto no artigo 734 e seu parágrafo único do Código de Processo Civil. (Redação dada pela Lei nº 6.014, de 27.12.1973 e revogada pela Lei nº 13.105, de 16.03.2015, em vigor após 1 ano de sua publicação)

BREVES COMENTÁRIOS

O cumprimento de sentença da ação de alimentos obedece, atualmente, os arts. 528 a 533, do CPC/2015. A citação e intimação para execução tem de ser *pessoal* no caso de alimentos (art. 528, *caput*, do CPC/2015).

JURISPRUDÊNCIA SELECIONADA

1. MP. Ilegitimidade ativa. "Proposta a ação de alimentos diretamente pelo menor, devidamente representado por sua mãe e por advogado regularmente constituído, depois substituído por defensor público, não tem o Ministério Público legitimidade para ingressar, como substituto processual, com a execução da respectiva sentença" (STJ, HC 33.783/BA, Rel. Min. Carlos Alberto Menezes Direito, 3ª Turma, jul. 29.06.2004, *DJ* 27.09.2004, p. 354).

2. Acordo. Título executivo. "A ausência de homologação judicial do acordo não retira ao documento o caráter de título executivo (art. 585, inc. II, do CPC). A invocação de nulidade da execução à qual o devedor deu causa ao não homologar o acordo de alimentos, não pode ter a anuência do Poder Judiciário, porque a ninguém é dado se beneficiar de sua própria torpeza (art. 243 do CPC). Adentra a senda da má-fé, o devedor de alimentos ao empregar ardis e artifícios de cunho técnico-processual com o objetivo de se esquivar de execução por meio de subterfúgios que ladeiam ato atentatória à dignidade da Justiça (art. 600, II, do CPC)" (REsp 593.714/RS, Rel.ª Min.ª Nancy Andrighi, 3ª Turma, jul. 04.08.2005, *DJ* 22.08.2005, p. 261).

3. Renovação da execução. "Em se tratando de pensão alimentícia, cujos pagamentos devem ser periódicos, não é necessário renovar a execução depois de depositados os alimentos em atraso, devendo prosseguir nos mesmos autos, até porque é medida de economia processual" (TJMS, AI 29.677-3, Rel. Des. Josué de Oliveira, 1ª Turma, jul. 24.03.1992, *RT* 689/224).

4. Base de cálculo da pensão alimentícia:

Incidência de 13º salário e terço constitucional. Nos termos do REsp nº 1.106.654/RJ, julgado sob o rito dos recursos repetitivos, a jurisprudência do Superior Tribunal de Justiça consolidou no sentido da incidência da pensão alimentícia sobre o décimo terceiro salário e o terço constitucional de férias, também conhecidos, respectivamente, por gratificação natalina e gratificação de férias (REsp 1106654/RJ, Rel. Ministro Paulo Furtado, Segunda Seção, jul. 25.11.2009, *DJe* 16.12.2009). Agravo interno desprovido." (STJ, AgInt no AREsp 1027630/RJ, Rel. Min. Marco Buzzi, 4ª Turma, jul. 20.03.2018, *DJe* 27.03.2018). **No mesmo sentido:** STJ, REsp 1.106.654/RJ, Rel. Min. Paulo Furtado, 2ª Seção, jul. 25.11.2009, *DJe* 16.12.2009.

"**As parcelas denominadas auxílio-acidente, cesta-alimentação e vale-alimentação**, que tem natureza indenizatória, **estão excluídas do desconto** para fins de pensão alimentícia porquanto verbas transitórias" (STJ, REsp 1.159.408/PB, Rel. Min. Ricardo Villas Bôas Cueva, 3ª Turma, jul. 07.11.2013, *DJe* 25.11.2013).

5. Desconto em folha de pagamento. Prestações vencidas. Admissibilidade. Ver jurisprudência do art. 912 do CPC/2015.

Art. 17. (Revogado pela Lei n º 13.105, de 2015)

Art. 18. (Revogado pela Lei n º 13.105, de 2015)

JURISPRUDÊNCIA SELECIONADA

1. Alimentos provisionais. "A norma contida no art. 733 do Código de Processo Civil se aplica tanto aos alimentos definitivos como aos provisionais" (STJ, REsp 345.627/SP, Rel. Min. Sálvio de Figueiredo Teixeira, 4ª Turma, jul. 02.05.2002, *DJ* 02.09.2002, p. 194).

2. Opção do credor. "Cabe ao credor a opção pela via executiva da cobrança de alimentos. Assim, pode optar pela cobrança com penhora de bens ou ajuizar desde logo a execução pelo procedimento previsto no art. 733, CPC, desde que se trate de dívida atual" (STJ, REsp 345.627/SP, Rel. Min. Sálvio de Figueiredo Teixeira, 4ª Turma, jul. 02.05.2002, *DJ* 02.09.2002, p. 194).

3. Desconto em folha de pagamento. "O desconto em folha de pagamento é meio de expropriação em execução de prestação alimentícia, sendo o inadimplemento requisito indispensável. Dessa medida não se pode cogitar para as prestações ainda não vencidas, ao arrepio do acordo celebrado em juízo, que estabeleceu o depósito em conta bancária como forma de pagamento, para evitar eventuais atrasos no pagamento. De qualquer modo, na espécie, em se tratando de pensão de elevado valor, os pequenos atrasos verificados, em um curto espaço de tempo, não tiveram o condão de criar situações de insuportabilidade para a credora, a justificar na ordem pretendida" (TJSP, AGI 5.802.4/1, Rel. Ruiter Oliva, 9ª Câmara Dir. Priv., jul. 07.05.1996, *RJ* 229/55).

Art. 19. O juiz, para instrução da causa, ou na execução da sentença ou do acordo, poderá tomar todas as providências necessárias para seu esclarecimento ou para o cumprimento do julgado ou do acordo, inclusive a decretação de prisão do devedor até 60 (sessenta) dias.

§ 1º O cumprimento da pena de prisão não eximirá o devedor do pagamento das prestações alimentícias vincendas ou vencidas e não pagas (*parágrafo com redação dada pela Lei nº 6.014, de 27.12.1973*).

§ 2º Da decisão que decretar a prisão do devedor, caberá agravo de instrumento (*parágrafo com redação dada pela Lei nº 6.014, de 27.12.1973*).

§ 3º A interposição do agravo não suspende a execução da ordem de prisão (*parágrafo com redação dada pela Lei nº 6.014, de 27.12.1973*).

BREVES COMENTÁRIOS

A matéria está, atualmente, regulada pelo art. 528 do CPC/2015, que cuidou do tema de maneira específica e inovadora.

JURISPRUDÊNCIA SELECIONADA

1. Prisão Civil. "A jurisprudência desta Corte está consolidada no sentido de que o paciente, para livrar-se da prisão civil, está obrigado a pagar as três últimas parcelas vencidas na data do mandado de citação e as vincendas no curso do processo" (STJ, REsp 345.627/SP, Rel. Min. Sálvio de Figueiredo Teixeira, 4ª Turma, jul. 02.05.2002, *DJ* 02.09.2002, p. 194).

"Cabe à credora a escolha do rito processual a ser seguido para a execução de alimentos. Nada obsta que primeiramente tente a penhora de bens do executado, como na espécie e, uma vez frustrada a execução pelo rito comum, valha-se a exequente da ameaça do decreto prisional. Na execução de alimentos, prevista pelo artigo 733 da lei processual civil, ilegítima se afigura a prisão civil do devedor fundada no inadimplemento de prestações pretéritas, assim consideradas as anteriores às três últimas prestações vencidas antes do ajuizamento da execução" (STJ, REsp 216.560/SP, Rel. Min. Cesar Asfor Rocha, 4ª Turma, jul. 28.11.2000, *DJ* 05.03.2001, p. 169).

Atualidade da verba executada. "Prisão civil. Filha maior de idade e casada. Ausência de atualidade e urgência na percepção dos alimentos. Frágil estado de saúde do alimentante. Inadimplemento voluntário e inescusável descaracterizado. A prisão civil por dívida alimentar tem como pressuposto a **atualidade da verba executada**, a traduzir a urgência da prestação jurisdicional requerida, de modo a serem acudidas as necessidades momentâneas do alimentando. Na hipótese, a alimentanda é maior e casada, presumindo-se que, ainda que não exerça atividade remunerada, o marido assumiu suas despesas e lhe garante as necessidades básicas, inexistindo situação emergencial a justificar a medida extrema da restrição da liberdade sob o regime fechado de prisão. A obrigação alimentar de débito pretérito em atraso poderá ser cobrada pelo rito menos gravoso da expropriação. Devidamente ajuizada a ação de exoneração de alimentos, mas ainda sem julgamento definitivo, o paciente não pode aguardar indefinidamente o respectivo desfecho para ter acolhida sua justificativa para o não pagamento do débito alimentar. O delicado estado de saúde do recorrente, portador de diabetes com grave insuficiência renal, fartamente documentado nos autos, também constitui circunstância relevante, por si só, capaz de afastar o inadimplemento voluntário e inescusável, requisitos essenciais para a excepcional prevalência da prisão civil do devedor de alimentos." (STJ, RHC 105.198/MG, Rel. Min. Raul Araújo, 4ª Turma, jul. 19.03.2019, *DJe* 22.03.2019). **No mesmo sentido:** STJ, RHC 95.204/MS, Rel. Min. Ricardo Villas Bôas Cueva, 3ª Turma, jul. 24.04.2018, *DJe* 30.04.2018.

Decretação de ofício. "Não obstante a redação imperativa do art. 733, § 1º, do Código de Processo Civil, a prisão civil do devedor de alimentos não pode ser decretada de ofício. Depende de requerimento do credor" (TJSP, HC 128.783, Rel. Márcio Bonilha, Câmara Conjunta, jul. 20.04.1976, *RT* 488/294).

Alimentos prestados de forma parcial. "A prisão civil perde sua finalidade quando for constado que o devedor, apesar de quitar o débito alimentar de forma parcial, presta assistência ao alimentando, zelando por sua sobrevivência de forma digna" (STJ, HC 111.253/RS, Rel. Min João Otávio de Noronha, 4ª Turma, jul. 19.02.2009, *DJe* 09.03.2009).

Execução de acordo extrajudicial firmado perante o Ministério Público. Possibilidade de prisão civil. Ver jurisprudência do art. 911 do CPC/2015.

Cumprimento da prisão civil do devedor de alimentos em regime fechado durante a pandemia causada pelo coronavírus. Revisitação do tema a partir do atual cenário da pandemia. Retomada da adoção da prisão civil. Possibilidade. "Durante o período da crise sanitária gerada pela Pandemia da Covid-19, o CNJ publicou a Recomendação n. 62, de 17/3/2020, em que orientou os magistrados a conceder a prisão domiciliar aos devedores de alimentos (art. 6º). Diante do arrefecimento da pandemia, do avanço da vacinação e da prioridade da subsistência alimentar dos destinatários das obrigações alimentares judicialmente reconhecidas, essa orientação foi mitigada pela Recomendação CNJ n. 122, de 3/11/2021, que trouxe novas variáveis a serem consideradas pelo Estado-Juiz durante a análise dos pedidos de prisão civil, quais sejam: a) o contexto epidemiológico local e a situação concreta dos casos no município e da população carcerária; b) o calendário vacinal do município de residência do devedor de alimentos, em especial se já lhe foi ofertada a dose única ou todas as doses da vacina; c) a eventual recusa do devedor em vacinar-se como forma de postergar o cumprimento da obrigação alimentícia. Na hipótese, o devedor de alimentos é vendedor autônomo, jovem e não informa possuir problema de saúde ou comorbidade que impeça o cumprimento da prisão civil em regime fechado, tendo o Tribunal de Justiça considerado que, na localidade onde possui domicílio, a vacinação está avançada e registra baixos índices de contaminação e de ocupação de leitos nos hospitais" (STJ, RHC 158.639/PB, Rel. Min. Raul Araújo, 4ª Turma, jul. 05.04.2022, *DJe* 20.04.2022).

Prisão civil inadequada e ineficaz no caso concreto. Afastamento excepcional. Legalidade. "O risco alimentar e a própria sobrevivência do credor, não se mostram iminentes e insuperáveis, podendo ele, por si só, como vem fazendo, afastar a hipótese pelo próprio esforço. A Terceira Turma já decidiu, em caso semelhante, que o fato de a credora ter atingido a maioridade e exercer atividade profissional, bem como fato de o devedor ser idoso e possuir problemas de saúde incompatíveis com o recolhimento em estabelecimento carcerário, recomenda que o restante da dívida seja executada sem a possibilidade de uso da prisão civil como técnica coercitiva, em virtude da indispensável ponderação entre a efetividade da tutela e a menor onerosidade da execução, somada à dignidade da pessoa humana sob a ótica da credora e também do devedor (RHC nº 91.642/MG, Rel. Ministra Nancy Andrighi, *DJe* de 9/3/2018)" (STJ, RHC 160.368/SP, Rel. Min. Moura Ribeiro, 3ª Turma, jul. 05.04.2022, *DJe* 18.04.2022).

Prisão civil. Conversão em prisão domiciliar quando a devedora for responsável pela guarda de outro filho. Possibilidade. "Na hipótese de inadimplemento de dívida de natureza alimentar da mãe que possui filho sob a sua guarda de até 12 anos, deve haver a segregação da devedora de alimentos, com a finalidade de incomodá-la a ponto de buscar os meios possíveis de solver a obrigação, mas essa restrição deve ser compatibilizada com a necessidade de obter recursos financeiros aptos não apenas a quitar a dívida alimentar em relação ao credor, mas também suprir as necessidades básicas do filho que se encontra sob a sua guarda. Pelo mesmo motivo, deve ser possibilitado à mãe o atendimento de necessidades vitais e emergenciais do filho que se encontra sob a sua guarda, sempre mediante comprovação perante o juízo da execução dos alimentos, autorizando-se, ademais, a aplicação, inclusive cumulativa e combinada, de medidas indutivas, coercitivas, mandamentais ou sub-rogatórias, nos termos do art. 139, IV, do CPC/15, com o propósito de estimular o cumprimento da obrigação de natureza alimentar" (STJ, HC 770.015/SP, Rel. Min. Nancy Andrighi, 3ª Turma, jul. 07.02.2023, *DJe* 09.02.2023).

Prisão civil. Ausência de urgência no recebimento dos alimentos. Prisão afastada. "Na linha da jurisprudência do STJ, em regra, a maioridade civil e a capacidade, em tese, de promoção ao próprio sustento, por si sós, não são capazes de desconstituir a obrigação alimentar, devendo haver prova pré-constituída da ausência de necessidade dos alimentos. Precedentes. Particularidades, contudo, do caso concreto, permitem aferir a ausência de urgência no recebimento dos alimentos executados pelo rito da prisão civil, porque (i) a credora é maior de idade (26 anos), com formação superior (Direito) e pós-graduanda em Direito em Processo do Trabalho, inscrita no respectivo conselho de classe e é associada a um escritório de advocacia e atua em diversas causas. O risco alimentar e a própria sobrevivência da credora, não se mostram iminentes e insuperáveis, podendo ela, por si só, como vem fazendo, afastar a hipótese pelo próprio esforço" (STJ, HC 875.013/RN, Rel. Min. Moura Ribeiro, 3ª Turma, jul 20.02.2024, *DJe* 23.02.2024).

2. *Habeas corpus*. "É de ser dar *habeas corpus* a quem tem contra si mandado de prisão civil, acusado de descumprimento de obrigação alimentar, quando se apura que as pensões cobradas referem-se a **prestações pretéritas**, ao passo que as atuais vêm sendo depositadas em agência bancária, na forma do art. 734 do CPC" (TJRJ, HC 4.320, Rel. Valde Brandão Couto, 3ª Câmara Criminal, jul. 24.05.1979, *RT* 538/398).

"O prazo legal para a interposição de recurso ordinário de *habeas corpus* é de cinco dias, podendo-se **conceder a ordem de ofício** quando aquele for intempestivo e houver ilegalidade para ser reparada" (STJ, HC 19.417/RJ, Rel. Min. Carlos Alberto Menezes Direito, 3ª Turma, jul. 20.06.2006, *DJ* 18.09.2006, p. 307).

Art. 20. As repartições públicas, civis ou militares, inclusive do Imposto de Renda, darão todas as informações necessárias à instrução dos processos previstos nesta lei e à execução do que for decidido ou acordado em juízo.

Art. 21. O art. 244 do Código Penal passa a vigorar com a seguinte redação:

"Art. 244. Deixar, sem justa causa, de prover a subsistência do cônjuge, ou de filho menor de 18 (dezoito) anos ou inapto para o trabalho ou de ascendente inválido ou valetudinário, não lhes proporcionando os recursos necessários ou faltando ao pagamento de pensão alimentícia judicialmente acordada, fixada ou majorada; deixar, sem justa causa, de socorrer descendente ou ascendente gravemente enfermo:

Pena – Detenção de 1 (um) ano a 4 (quatro) anos e multa, de 1 (uma) a 10 (dez) vezes o maior salário mínimo vigente no País (caput *com redação dada pela Lei nº 10.741, de 01.10.2003*).

Parágrafo único. Nas mesmas penas incide quem, sendo solvente, frustra ou ilide, de qualquer modo, inclusive por abandono injustificado de emprego ou função, o pagamento de pensão alimentícia judicialmente acordada, fixada ou majorada."

Art. 22. Constitui crime conta a administração da Justiça deixar o empregador ou funcionário público de prestar ao juízo competente as informações necessárias à instrução de processo ou execução de sentença ou acordo que fixe pensão alimentícia:

Pena – Detenção de 6 (seis) meses a 1 (um) ano, sem prejuízo da pena acessória de suspensão do emprego de 30 (trinta) a 90 (noventa) dias.

Parágrafo único. Nas mesmas penas incide quem, de qualquer modo, ajuda o devedor a eximir-se ao pagamento de pensão alimentícia judicialmente acordada, fixada ou majorada, ou se recusa, ou procrastina a executar ordem de descontos em folhas de pagamento, expedida pelo juiz competente.

Art. 23. A prescrição quinquenal referida no art. 178, § 10, inciso I, do Código Civil só alcança as prestações mensais e não o direito a alimentos, que, embora irrenunciável, pode ser provisoriamente dispensado (*a referência é feita ao Código Civil de 1916, vide* *art. 206, § 2º, do Código Civil vigente, Lei nº 10.406, de 10.01.2002).*

JURISPRUDÊNCIA SELECIONADA

1. Renúncia. "A cláusula de renúncia a alimentos, constante em acordo de separação devidamente homologado, é válida e eficaz, não permitindo ao ex-cônjuge que renunciou, a pretensão de ser pensionado ou voltar a pleitear o encargo. Deve ser reconhecida a carência da ação, por ilegitimidade ativa do ex-cônjuge para postular em juízo o que anteriormente renunciara expressamente" (STJ, REsp 701.902/SP, Rel.ª Min.ª Nancy Andrighi, 3ª Turma, jul. 15.09.2005, *DJ* 03.10.2005, p. 249).

"A mulher que recusa os alimentos na separação judicial pode pleiteá-los futuramente, desde que comprove a sua dependência econômica. Não demonstrada a dependência econômica, impõe-se na improcedência do pedido para a concessão do benefício previdenciário de pensão por morte" (STJ, AgRg no Ag. 668.207/MG, Rel.ª Min.ª Laurita Vaz, 5ª Turma, jul. 06.09.2005, *DJ* 03.10.2005, p. 320).

"Se há dispensa mútua entre os cônjuges quanto à prestação alimentícia e na conversão da separação consensual em divórcio não se faz nenhuma ressalva quanto a essa parcela, não pode um dos ex-cônjuges, posteriormente, postular alimentos, dado que já definitivamente dissolvido qualquer vínculo existente entre eles. Precedentes iterativos desta Corte" (STJ, REsp 199.427/SP, Rel. Min. Fernando Gonçalves, 4ª Turma, jul. 09.03.2004, *DJ* 29.03.2004, p. 244).

"A dispensa de alimentos, matéria pacífica no STJ, não comporta ilicitude de objeto da transação" (STJ, REsp 650.795/SP, Rel.ª Min.ª Nancy Andrighi, 3ª Turma, jul. 07.06.2005, *DJ* 15.08.2005, p. 309).

"Quanto aos demais aspectos, esta Corte tem entendimento pacífico no sentido de 'ser admissível a renúncia ou dispensa de alimentos por parte da mulher se esta possuir bens ou rendas que lhe garantam a subsistência, até porque alimentos irrenunciáveis, assim o são em razão do parentesco (*iure sanguinis*) que é qualificação permanente e os direitos que dela resultam nem sempre podem ser afastados por convenção ou acordo.' (v.g. REsp 95.267/DF, Rel. Min. Waldemar Zveiter, *DJ* 25.02.1998). Destarte, nenhum reparo merece o acórdão impugnado, mesmo porque em conformidade com a jurisprudência desta Corte" (STJ, REsp 578.511/SP, Rel. Min. Jorge Scartezzini, 4ª Turma, jul. 21.10.2004, *DJ* 18.04.2005, p. 340).

Art. 24. A parte responsável pelo sustento da família, e que deixar a residência comum por motivo, que não necessitará declarar, poderá tomar a iniciativa de comunicar ao juízo os rendimentos de que dispõe e de pedir a citação do credor, para comparecer à audiência de conciliação e julgamento destinada à fixação dos alimentos a que está obrigada.

JURISPRUDÊNCIA SELECIONADA

1. União estável. Legitimidade companheiro. "O companheiro tem legítimo interesse de promover ação declaratória (art. 3º do CPC) da existência e da extinção da relação jurídica resultante da convivência durante quase dois anos, ainda que inexistam bens a partilhar. Igualmente, pode cumular seu pedido com a oferta de alimentos, nos termos do art. 24 da Lei nº 5.478/68" (STJ, REsp 285.961/DF, Rel. Min. Ruy Rosado de Aguiar, 4ª Turma, jul. 06.02.2001, *DJ* 12.03.2001, p. 150).

Art. 25. A prestação não pecuniária estabelecida no art. 403 do Código Civil, só pode ser autorizada pelo juiz se a ela anuir o alimentado capaz (*a referência é feita ao Código Civil de 1916, vide arts. 1.700 e 1.997, do Código Civil vigente, Lei nº 10.406, de 10.01.2002*).

Art. 26. É competente para as ações de alimentos decorrentes da aplicação do Decreto Legislativo nº 10, de 13 de novembro de 1958, e Decreto nº 56.826, de 2 de setembro de 1965, o juízo federal da Capital da Unidade Federativa Brasileira em que reside o devedor, sendo considerada instituição intermediária, para os fins dos referidos decretos, a Procuradoria-Geral da República.

Parágrafo único. Nos termos do inciso III, art. 2º, da Convenção Internacional sobre Ações de Alimentos, o Governo Brasileiro comunicará, sem demora, ao Secretário-Geral das Nações Unidas, o disposto neste artigo.

Art. 27. Aplicam-se supletivamente nos processos regulados por esta Lei as disposições do Código de Processo Civil.

Art. 28. Esta Lei entrará em vigor 30 (trinta) dias depois de sua publicação.*

Art. 29. Revogam-se as disposições em contrário.

Brasília, 25 de julho de 1968; 147º da Independência e 80º da República.

A. COSTA E SILVA

* Publicada no *DOU* de 26.07.1968. Republicada em 08.04.1974, por determinação do art. 20 da Lei nº 6.014, de 27.12.1973.

ARBITRAGEM

LEI Nº 9.307, DE 23 DE SETEMBRO DE 1996

Dispõe sobre a arbitragem.

INDICAÇÃO DOUTRINÁRIA

Adriana Noemi Pucci (coord.), *Aspectos atuais da arbitragem: coletânea de artigos sobre arbitragem*, Rio de Janeiro, Forense, 2001; Carlos Alberto Carmona, *Arbitragem e processo: um comentário à Lei 9.307/96*, São Paulo, Malheiros, 1998; Eros Roberto Grau, Da arbitrabilidade de litígios envolvendo sociedades de economia mista e da interpretação de cláusula compromissória, *Revista de direito bancário, do mercado de capitais e da arbitragem*, São Paulo, nº 18, p. 395-405, out.-dez. 2002; Humberto Theodoro Júnior, A arbitragem como meio de solução de controvérsias, *RF* 353/107; Humberto Theodoro Júnior, Arbitragem e terceiros. Litisconsórcio fora do pacto arbitral. Outras intervenções de terceiros, *RF* 362/41; Inocêncio Mártires Coelho, Arbitragem. Mediação e negociação: a constitucionalidade da Lei de Arbitragem, *RDA* 219/11; Joel Dias Figueira Júnior, *Arbitragem (legislação nacional e estrangeira) e o monopólio jurisdicional*, São Paulo, LTr, 1999; Joel José Eduardo Carreira Alvim, *Tratado geral da arbitragem: interno*, Belo Horizonte, Mandamentos, 2000; José Maria Rossani Garcez (coord.), *A arbitragem na era da globalização: coletânea de artigos de autores brasileiros e estrangeiros*, 2. ed., Rio de Janeiro, Forense, 1999; José Maria Rossani Garcez; Pedro A. Batista Marins, *Reflexões sobre arbitragem: in memoriam do Desembargador Cláudio Vianna de Lima*, São Paulo, LTr, 2002; Pedro A. Baptista de Marins, O Poder Judiciário e a Arbitragem, *RF* 357/113, *RF* 358/151, *RF* 359/165; Sálvio de Figueiredo Teixeira, A arbitragem no sistema jurídico brasileiro, *RT* 735/39; Rogério Montai de Lima e Marcelo de Oliveira Silva, Possibilidade da concessão da tutela antecipada no instituto da arbitragem, *RDCPC* 55/7, Alexandre Freitas Câmara, Os efeitos processuais da inclusão de cláusula compromissória nos Estatutos Sociais das Companhias, *RBA nº 28 – Doutrina Nacional*, Paulo Costa e Silva e Marco Gradi, A intervenção de terceiros no procedimento arbitral no direito português e no direito italiano, *RBA nº 28 – Doutrina Internacional;* Carmen Tiburcio, Thiago Magalhães Pires, Arbitragem envolvendo a administração pública: notas sobre as alterações introduzidas pela Lei 13.129/2005, *RePro*, São Paulo, v. 41, n. 254, p. 431-462, abr. 2016; José Luiz Parra Pereira, Gustavo Filipe Barbosa Garcia, Tutelas provisórias e medidas de urgência na arbitragem, *Revista Brasileira de Direito Comercial* – Lex Magister, Porto Alegre, n. 10, p. 23, abr.-maio 2016 ; Paulo Cezar Pinheiro Carneiro; Leonardo Greco; Humberto Dalla (org). Temas controvertidos na arbitragem à luz do Código de Processo Civil de 2015. Lisboa: Ed. GZ Europa, 2018, vol.1; André Luís Monteiro. Arbitragem, "Competência Internacional Exclusiva e Homologação de Sentença Arbitral Estrangeira que verse sobre bens imóveis situados no Brasil". *Revista Brasileira de Arbitragem*. São Paulo, ano XV, nº 59, jul-ago-set/2018, p.7 e ss; Eduardo Talamini. "Nota sobre o conflito de competência entre árbitro e juízo arbitral." *Revista Brasileira de Arbitragem*. São Paulo, ano XV, nº 60, out-nov-dez/2018, p.36 e ss.; Gustavo Scheffer da Silveira. "O papel do fortalecimento da arbitragem: efeito negativo da competência-competência v. *Anti-Suit Injunctions*." Revista Brasileira de Arbitragem. São Paulo, ano XV, nº 60, out-nov-dez/2018, p. 44 e ss.; Cristiane G. B. de Faria. A mediação em prática. *Revista dos Tribunais*. São Paulo, ano 108, v. 1.003, maio/2019, p. 23 e ss.; Daniel Pinheiro Longa, Vinculação das partes não signatárias à cláusula arbitral constante nos acordos de acionistas, *Revista de Processo*, São Paulo, ano 45, v. 307, p. 421 e ss., set. 2020; Tatiana Dratovsky Sister; Thiago Del Pozzo Zanelato. Nova lei de franquias e arbitragem, *Revista Brasileira de Arbitragem*, São Paulo, v. 17, n. 67, jul-ago-set./2020, p. 7 e ss.; Egon Bockmann Moreira; Elisa Schmidlin Cruz. Breves notas sobre a Portaria Normativa AGU nº 42/2022: a escolha de árbitros pela União em processos arbitrais. *Revista Brasileira de Arbitragem*. nº 74, abr.-maio-jun./2022, p. 103 e ss.; Luiz Francisco Torquato Avolio. Provas ilícitas e arbitragem. Rio de Janeiro: Marcial Pons, 2022; Trícia Navarro; Ana Carolina Bouchabki Puppin, O princípio da publicidade nos processos arbitrais: o conflito com a confidencialidade, *Revista de Processo*, n. 338, abril 2023, p. 385 e ss.; Marco Vanin Gasparetti. Convenção de arbitragem e litisconsórcio necessário: desvinculação de signatários. *Revista de Processo*. v. 341, julho 2023, p. 369-380.

BREVES COMENTÁRIOS

O juízo arbitral tem sido objeto de previsão legislativa desde os primeiros tempos da independência política do Brasil. Porém, sem aplicação prática, as normas a respeito serviam de fundamento para especulação em doutrina. Com o advento da Lei de Arbitragem de 1996, o Brasil honrou seus compromissos internacionais de modernizar e tornar efetiva a legislação específica, dando impulso à prática extremamente útil e difundida no estrangeiro, que disponibiliza efetiva, ágil e relevante via alternativa de solução de conflitos de convivência social.

Dispensada a homologação da sentença arbitral, a despeito da origem contratual, a arbitragem se firma como procedimento de natureza pública, que deságua em decisão que se reveste dos mesmos efeitos da sentença judicial, inclusive para o fim de execução judicial (CPC/2015, art. 515, II e III e CPC/1973, art. 475-N, IV, Essa lei foi objeto de duas modificações, ocorridas em 2015, por meio (i) do CPC/2015 e (ii) da Lei nº. 13.129, de 26.05.2015. A alteração promovida pelo CPC/2015 apenas atualiza a redação do § 3º do art. 33 da Lei de Arbitragem. A modificação efetivada pela Lei nº. 13.129 foi mais significativa e trouxe como inovações: (i) autorização expressa à adoção da arbitragem pela Administração Pública; (ii) disciplina da carta arbitral e (iii) regulamentação das tutelas cautelares e de urgência no processo de arbitragem).

JURISPRUDÊNCIA SELECIONADA

1. Constitucionalidade. "(...) A constitucionalidade da primeira das inovações da Lei da Arbitragem – a possibilidade de execução específica de compromisso arbitral – não constitui, na espécie, questão prejudicial da homologação do laudo estrangeiro; a essa interessa apenas, como premissa, a extinção, no direito interno, da homologação judicial do laudo (arts. 18 e 31), e sua consequente dispensa, na origem, como requisito de reconhecimento, no Brasil, de sentença arbitral estrangeira (art. 35). A completa assimilação, no direito interno, da decisão arbitral à decisão judicial, pela nova Lei de Arbitragem, já bastaria, a rigor, para autorizar a homologação, no Brasil, do laudo arbitral estrangeiro, independentemente de sua prévia homologação pela Justiça do país de origem. Ainda que não seja essencial à solução do caso concreto, não pode o Tribunal – dado o seu papel de 'guarda da Constituição' – se furtar a enfrentar o problema de constitucionalidade suscitado incidentemente (v.g. MS nº 20.505, Néri). 3. Lei de Arbitragem (L. 9.307/96): constitucionalidade, em tese, do juízo arbitral; discussão incidental da constitucionalidade de vários dos tópicos da nova lei, especialmente acerca da compatibilidade, ou não, entre a execução judicial específica para a solução de futuros conflitos da cláusula compromissória e a garantia constitucional da universalidade da jurisdição do Poder Judiciário (CF, art. 5º, XXXV). Constitucionalidade declarada pelo plenário, considerando o Tribunal, por maioria de votos, que a manifestação de vontade da parte na cláusula compromissória, quando da celebração do contrato, e a permissão legal dada ao juiz para que substitua a vontade da parte recalcitrante em firmar o compromisso não ofendem o artigo 5º, XXXV, da CF." (STF, SE-AgRg 5.206/EP, Rel. Min. Sepúlveda Pertence, Tribunal Pleno, jul. 12.12.2001, *DJ* 30.04.2004, p. 29).

"A sentença arbitral e sua homologação é regida no Brasil pela Lei nº 9.307/96, sendo a referida Lei de aplicação imediata e constitucional, nos moldes como já decidido pelo Supremo Tribunal Federal. III – Consoante entendimento desta Corte, não viola a ordem pública brasileira a utilização de arbitragem como meio de solução de conflitos (...) Não resta configurada a ofensa ao contraditório e à ampla defesa se as requeridas aderiram livremente aos contratos que continham expressamente a cláusula compromissória, bem como tiveram amplo conhecimento da instauração do procedimento arbitral, com a apresentação de considerações preliminares e defesa" (STJ, SEC 507/EX, Rel. Min. Gilson Dipp, Corte Especial, jul. 18.10.2006, *DJ* 13.11.2006, p. 204).

O Presidente da República:

Faço saber que o Congresso Nacional decreta e eu sanciono a seguinte Lei:

Capítulo I
DISPOSIÇÕES GERAIS

Art. 1º As pessoas capazes de contratar poderão valer-se da arbitragem para dirimir litígios relativos a direitos patrimoniais disponíveis.

§ 1º A administração pública direta e indireta poderá utilizar-se da arbitragem para dirimir conflitos relativos a direitos patrimoniais disponíveis *(Incluído pela Lei 13.129, de 26.05.2015, em vigor após 60 dias de sua publicação).*

§ 2º A autoridade ou o órgão competente da administração pública direta para a celebração de convenção de arbitragem é a mesma para a realização de acordos ou transações *(Incluído pela Lei 13.129, de 26.05.2015, em vigor após 60 dias de sua publicação).*

REFERÊNCIA LEGISLATIVA

Decreto nº 2.181, de 20.03.1997 (Dispõe sobre a organização do Sistema Nacional de Defesa do Consumidor – SNDC, estabelece as normas gerais de aplicação das sanções administrativas previstas na Lei nº 8.078, de 11.09.1990), art. 22, inciso VI: "Será aplicada multa ao fornecedor de produtos ou serviços que, direta ou indiretamente, inserir, fizer circular ou utilizar-se de cláusula abusiva, qualquer que seja a modalidade do contrato de consumo, inclusive nas operações securitárias, bancárias, de crédito direto ao consumidor, depósito, poupança, mútuo ou financiamento, e especialmente quando: (...) VI – determinar a utilização compulsória de arbitragem".

Portaria Normativa AGU nº 42; Decreto 10.025, de 20 de setembro de 2019.

SÚMULAS

Súmula do STJ:

nº 485: "A Lei de Arbitragem aplica-se aos contratos que contenham cláusula arbitral, ainda que celebrados antes da sua edição".

JURISPRUDÊNCIA SELECIONADA

1. Sociedades de economia mista. "Celebração de cláusula compromissória. Juízo arbitral. Sociedade de economia mista. Possibilidade. A sociedade de economia mista, quando engendra vínculo de natureza disponível, encartado no mesmo cláusula compromissória de submissão do litígio ao Juízo Arbitral, não pode pretender exercer poderes de supremacia contratual previsto na Lei 8.666/93. (...) Deveras, não é qualquer direito público sindicável na via arbitral, mas somente aqueles cognominados como 'disponíveis', porquanto de natureza contratual ou privada. (...) As sociedades de economia mista, encontram-se em situação paritária em relação às empresas privadas nas suas atividades comerciais, consoante leitura do artigo 173, § 1º, inciso II, da Constituição Federal, evidenciando-se a inocorrência de quaisquer restrições quanto à possibilidade de celebrarem convenções de arbitragem para solução de conflitos de interesses, uma vez legitimadas para tal as suas congêneres" (STJ, MS 11.308/DF, Rel. Min. Luiz Fux, 1ª Seção, jul. 09.04.2008, *DJ* 19.05.2008).

"São válidos e eficazes os contratos firmados pelas sociedades de economia mista exploradoras de atividade econômica de produção ou comercialização de bens ou de prestação de serviços (CF, art. 173, § 1º) que estipulem cláusula compromissória submetendo à arbitragem eventuais litígios decorrentes do ajuste" (STJ, REsp 606.345/RS, Rel. Min. João Otávio de Noronha, 2ª Turma, jul. 17.05.2007, *DJ* 08.06.2007).

2. Poder Público. "Questão gravitante sobre ser possível o juízo arbitral em contrato administrativo, posto relacionar-se a direitos indisponíveis. 6. A doutrina do tema sustenta a legalidade da submissão do Poder Público ao juízo arbitral (...). Aliás, os anais do STF dão conta de precedente muito expressivo, conhecido como 'caso Lage' (...). A decisão nesse caso unanimemente proferida pelo Plenário do STF é de extrema importância porque reconheceu especificamente 'a legalidade do juízo arbitral, que o nosso direito sempre admitiu e consagrou, até mesmo nas causas contra a Fazenda.' (...). Não só o uso da arbitragem não é defeso aos agentes da administração, como, antes é recomendável, posto que privilegia o interesse público.' (*in* 'Da Arbitrabilidade de Litígios Envolvendo Sociedades de Economia Mista e da Interpretação de Cláusula Compromissória', publicado na Revista de Direito Bancário do Mercado de Capitais e da Arbitragem, Editora Revista dos Tribunais, Ano 5, outubro – dezembro de 2002, coordenada por Arnold Wald, esclarece às páginas 398/399). (...) Outrossim, a ausência de óbice na estipulação da arbitragem pelo Poder Público encontra supedâneo na doutrina clássica do tema, *verbis*: (...) Ao optar pela arbitragem o contratante público não está transigindo com o interesse público, nem abrindo mão de instrumentos de defesa de interesses públicos, Está, sim, escolhendo uma forma mais expedita, ou um meio mais hábil, para a defesa do interesse público. Assim como o juiz, no procedimento judicial deve ser imparcial, também o árbitro deve decidir com imparcialidade, O interesse público não se confunde com o mero interesse da Administração ou da Fazenda Pública; o interesse público está na correta aplicação da lei e se confunde com a realização correta da Justiça.' (No sentido da conclusão Dalmo Dallari, citado por Arnold Wald, Athos Gusmão Carneiro, Miguel Tostes de Alencar e Ruy Janoni Doutrado, em artigo intitulado 'Da Validade de Convenção de Arbitragem Pactuada por Sociedade de Economia Mista', publicado na Revista de Direito Bancário do Mercado de Capitais e da Arbitragem, nº 18, ano 5, outubro-dezembro de 2002, à página 418)" (STJ, MS 11.308/DF, Rel. Min. Luiz Fux, 1ª Seção, jul. 09.04.2008, *DJ* 19.05.2008, p. 1).

Sucessão empresarial pela União. Transmissão de cláusula compromissória. Ato jurídico perfeito. "A possibilidade de que a União negocie interesses patrimoniais disponíveis implica a correlata possibilidade de convencionar a sujeição desses mesmos negócios ao arbitramento. E, ainda que se adotasse a posição oposta, isto é, de que a Lei 11.483/2007, ao declarar a União sucessora da RFFSA, teria mudado o regime do contrato e restringido a liberdade dos contratantes, o que dessa compreensão se poderia inferir, quando muito, seria a proibição de que fossem firmadas novas cláusulas compromissórias. Não se pode concluir, todavia, que aquela alteração legislativa seja capaz de invalidar o compromisso passado, sob pena de ofensa ao ato jurídico perfeito. O fato de a União não ter sucedido a RFFSA na execução do contrato, mas tão somente na pretensão indenizatória decorrente do seu alegado descumprimento, não altera as conclusões anteriores. A cláusula compromissória, conforme entendimento positivado no art. 8º da Lei 9.307/1996 e pacífico em doutrina e jurisprudência, constitui negócio jurídico autônomo, que tem justamente a finalidade de permitir a resolução de disputas, expressando a vontade das partes de que o juízo arbitral permaneça competente durante as controvérsias envolvendo o contrato. No caso dos autos, exsurge o impedimento ético-jurídico de que se reclame indenização pelo descumprimento do contrato e, ao mesmo tempo, pretenda-se descumprir a cláusula compromissória nele inserida. Aplica-se o consolidado entendimento que determina a transmissibilidade da convenção de arbitragem em caso de sucessão" (STJ, REsp 2.143.882/SP, Rel. Min. Paulo Sérgio Domingues, 1ª Turma, jul. 11.06.2024, *DJe* 18.06.2024).

3. Direito do Trabalho. "Configurada a demissão sem justa causa, não há como negar-se o saque sob o fundamento de que o ajuste arbitral celebrado é nulo por versar sobre direito indisponível" (STJ, REsp 635.354/BA, Rel. Min. Castro Meira, 2ª Turma, jul. 28.06.2005, *DJ* 22.08.2005).

4. Cláusula anterior à vigência da lei. "Sentença estrangeira. Juízo arbitral. Contrato internacional firmado anteriormente à edição da lei de arbitragem (9.307/96). (...) Imediata incidência da Lei de Arbitragem aos contratos que contenham cláusula arbitral, ainda que firmados anteriormente à sua edição. Precedente da Corte Especial. 4. Sentença arbitral homologada" (STJ, SEC 831/FR, Rel. Min. Arnaldo Esteves Lima, Corte Especial, jul. 03.10.2007, *DJ* 19.11.2007, p. 177).

5. Cláusula compromissória arbitral. Petrobras. Submissão da União. Impossibilidade. "No atual estágio legislativo, não restam dúvidas acerca da possibilidade da adoção da arbitragem pela Administração Pública, direta e indireta, bem como da arbitrabilidade nas relações societárias, a teor das alterações promovidas pelas Leis nº 13.129/2015 e 10.303/2001. A referida exegese, contudo, não autoriza a utilização e a extensão do procedimento arbitral à União na condição de acionista controladora da Petrobrás, seja em razão da ausência de lei autorizativa ou estatutária (arbitrabilidade subjetiva), seja em razão do conteúdo do pleito indenizatório que subjaz o presente conflito de competência na hipótese, o qual transcende o objeto indicado na cláusula compromissória em análise (arbitrabilidade objetiva)" (STJ, CC 151.130/SP, Rel. p/ acórdão Min. Luis Felipe Salomão, 2ª Seção, jul. 27.11.2019, *DJe* 11.02.2020).

Art. 2º A arbitragem poderá ser de direito ou de equidade, a critério das partes.

§ 1º Poderão as partes escolher, livremente, as regras de direito que serão aplicadas na arbitragem, desde que não haja violação aos bons costumes e à ordem pública.

§ 2º Poderão, também, as partes convencionar que a arbitragem se realize com base nos princípios gerais de direito, nos usos e costumes e nas regras internacionais de comércio.

§ 3º A arbitragem que envolva a administração pública será sempre de direito e respeitará o princípio da publicidade *(Incluído pela Lei 13.129, de 26.05.2015, em vigor após 60 dias de sua publicação)*.

Capítulo II
DA CONVENÇÃO DE ARBITRAGEM E SEUS EFEITOS

Art. 3º As partes interessadas podem submeter a solução de seus litígios ao juízo arbitral mediante convenção de arbitragem, assim entendida a cláusula compromissória e o compromisso arbitral.

Art. 4º A cláusula compromissória é a convenção através da qual as partes em um contrato comprometem-se a submeter à arbitragem os litígios que possam vir a surgir, relativamente a tal contrato.

§ 1º A cláusula compromissória deve ser estipulada por escrito, podendo estar inserta no próprio contrato ou em documento apartado que a ele se refira.

§ 2º Nos contratos de adesão, a cláusula compromissória só terá eficácia se o aderente tomar a iniciativa de instituir a arbitragem ou concordar, expressamente, com a sua instituição, desde que por escrito em documento anexo ou em negrito, com a assinatura ou visto especialmente para essa cláusula.

INDICAÇÃO DOUTRINÁRIA

Carlos Alberto Carmona, Considerações sobre a cláusula compromissória e a eleição de foro, in: Carmona, Lemes e Martins, *Arbitragem: estudos em homenagem ao Prof. Guido Fernando da Silva Soares, in Memoriam*, Atlas.

JURISPRUDÊNCIA COMENTADA

Por Leonardo Andrade Macedo, in Boletim Informativo CAMARB (Câmara de Arbitragem Empresarial), set./out. de 2007, nº 26: "Negado o pedido de suspensão da execução nas instâncias ordinárias, o comprador ingressou com medida cautelar no STJ, que foi deferida pela Ministra Nancy Andrighi, em caráter liminar, para o fim de determinar, após a efetivação da penhora, a suspensão da execução judicial até o julgamento definitivo da demanda pelos árbitros. O tribunal arbitral, exercendo a prerrogativa de decidir acerca de sua própria competência, já havia reconhecido que a cláusula compromissória inserida no contrato lhe conferia poderes válidos para resolver a disputa sobre a interpretação da cláusula da remuneração variável. Assim, a Ministra reconheceu que, como no caso, os embargos à execução teriam o mesmo objeto do procedimento arbitral, o juízo de execução não seria competente para conhecer das questões neles versadas, e acrescentou que, em virtude da cláusula compromissória, o executado não teria a faculdade de submeter a questão ao juízo togado, mediante embargos do devedor. Para deferir a liminar, a julgadora equiparou a demanda arbitral à ação declaratória ajuizada para discussão do débito antes da propositura da execução judicial, fazendo, então, referência à jurisprudência assente do STJ, que, diante da existência de prejudicialidade externa, atribui à ação declaratória prévia a mesma eficácia dos embargos de devedor, para suspender o curso da execução após a penhora".

JURISPRUDÊNCIA SELECIONADA

1. Cláusula compromissória. Juízo arbitral. "A cláusula compromissória previamente estipulada pelas partes, convencionando solução de conflitos decorrentes do contrato através do juízo arbitral, inviabiliza que os contratantes busquem solução de seus litígios via Poder Judiciário, devendo submeterem-se primeiramente ao juízo arbitral estipulado no pacto. Não há na arbitragem qualquer ofensa ao art. 5º, XXXV, da Constituição Federal, nem supressão de função do Poder Judiciário, pois o compromisso em si é forma admissível de os particulares, por si próprios, solucionarem suas controvérsias" (TJMG, Ap. Cível 1.0701.06.150240-0/001, Rel. Des. Elias Camilo, 14ª Câmara Cível, jul. 22.08.2007, *DJ* 18.09.2007; *RBAr* 16/146).

Previsão de solução alternativa de conflitos: resolução por mediação ou arbitragem. Compatibilidade. "Não se pode ter como condição de existência da cláusula compromissória que a arbitragem seja a única via de resolução admitida pelas partes, para todos os litígios e em relação a todas as matérias. É válida, assim, a cláusula compromissória constante de acordo que excepcione ou reserve certas situações especiais a serem submetidas ao Judiciário, mormente quando essas demandem tutelas de urgência". (STJ, REsp 1331100/BA, Rel.ª Min.ª Maria Isabel Gallotti, Rel. p/ Acórdão Min. Raul Araújo, 4ª Turma, jul. 17.12.2015, *DJe* 22.02.2016)

Possibilidade de invalidação do compromisso arbitral nas vias judiciais. "O contrato de franquia, por sua natureza, não está sujeito às regras protetivas previstas no CDC, pois não há relação de consumo, mas de fomento econômico. Todos os contratos de adesão, **mesmo aqueles que não consubstanciam relações de consumo, como os contratos de franquia, devem observar o disposto no art. 4º, § 2º, da Lei 9.307/96.** O Poder Judiciário pode, nos casos em que *prima facie* é identificado um compromisso arbitral 'patológico', i.e., claramente ilegal, declarar a nulidade dessa cláusula, independentemente do estado em que se encontre o procedimento arbitral." (STJ, REsp 1602076/SP, Rel.ª Min.ª Nancy Andrighi, 3ª Turma, jul. 15.09.2016, *DJe* 30.09.2016)

2. Cláusula compromissória. Contrato de adesão de consumo. "Nos termos da jurisprudência firmada no âmbito do Superior Tribunal de Justiça, a validade da cláusula compromissória, em contrato de adesão caracterizado por relação de consumo, **está condicionada à efetiva concordância do consumidor no momento da instauração do litígio entre as partes**, consolidando-se o entendimento de que o ajuizamento, por ele, de ação perante o Poder Judiciário caracteriza a sua discordância em submeter-se ao Juízo Arbitral, não podendo prevalecer a cláusula que impõe a sua utilização." (STJ, AgInt no AREsp 1192648/GO, Rel. Min. Raul Araújo, 4ª Turma, jul. 27.11.2018, *DJe* 04.12.2018)

"É nula a cláusula de contrato de consumo que determina a utilização compulsória da arbitragem. O ajuizamento, pelo consumidor, de ação perante o Poder Judiciário caracteriza a sua discordância em submeter-se ao juízo arbitral, não podendo prevalecer a cláusula que impõe a sua utilização" (STJ, EREsp 1.636.889/MG, Rel. Min. Nancy Andrighi, 2ª Seção, jul. 09.08.2023, *DJe* 14.08.2023).

3. Execução de título. Competência. "Possibilidade de execução de título que contém cláusula compromissória. Deve-se admitir que a cláusula compromissória possa conviver com a natureza executiva do título. Não se exige que todas as controvérsias oriundas de um contrato sejam submetidas à solução arbitral. Ademais, não é razoável exigir que o credor seja obrigado a iniciar uma arbitragem para obter juízo de certeza sobre uma confissão de dívida que, no seu entender, já consta do título executivo. Além disso, é certo que o árbitro não tem poder coercitivo direto, não podendo impor, contra a vontade do devedor, restrições a seu patrimônio, como a penhora, e nem excussão forçada de seus bens" (STJ, REsp 944.917/SP, Rel.ª Min.ª Nancy Andrighi, 3ª Turma, jul. 18.09.2008, *DJe* 03.10.2008).

"É competente para decidir as questões de mérito relativas a contrato com cláusula arbitral, a câmara eleita pelas partes para fazê-lo. Tal competência não é retirada dos árbitros pela circunstância de uma das partes ter promovido, **antes de instaurada a arbitragem, a execução extrajudicial do débito, perante juiz togado**. Tendo em vista a competência da câmara arbitral, não é cabível a oposição, pela devedora, de embargos à execução do débito apurado em contrato. Tais embargos teriam o mesmo objeto do procedimento arbitral, e o juízo da execução não seria competente para conhecer das questões neles versadas. – A câmara arbitral é competente para decidir a respeito de sua própria competência para a causa, conforme o princípio da Kompetenz-Kompetenz que informa o procedimento arbitral. Precedente. – Estabelecida, pela câmara arbitral, sua competência para decidir a questão, a pendência do procedimento equivale à propositura de ação declaratória para a discussão das questões relacionadas ao contrato. Assim, após a penhora, o juízo da execução deve suspender seu curso, como o faria se embargos do devedor tivessem sido opostos. Precedentes. Medida liminar deferida" (STJ, MC 13.274/SP, Rel.ª Min.ª Nancy Andrighi, jul. 14.09.2007, *DJ* 20.09.2007).

Embargos do devedor. Mérito. Competência do juízo arbitral. Questões formais, atinentes a atos executivos ou de direitos patrimoniais indisponíveis. Competência do juízo estatal. "Na execução lastreada em contrato com cláusula arbitral, haverá limitação material do seu objeto de apreciação pelo magistrado. O Juízo estatal não terá competência para resolver as controvérsias que digam respeito ao mérito dos embargos, às questões atinentes ao título ou às obrigações ali consignadas (existência, constituição ou extinção do crédito) e às matérias que foram eleitas para serem solucionadas pela instância arbitral (*kompetenz* e *kompetenz*), que deverão ser dirimidas pela via arbitral. **A exceção de convenção de arbitragem levará a que o juízo estatal, ao apreciar os embargos do devedor, limite-se ao exame de questões formais do título ou atinentes aos atos executivos** (v.g., irregularidade da penhora, da avaliação, da alienação), ou ainda as relacionadas a direitos patrimoniais indisponíveis, devendo, no que sobejar, extinguir a ação sem resolução do mérito. Na hipótese, o devedor opôs embargos à execução, suscitando, além da cláusula arbitral, dúvidas quanto à constituição do próprio crédito previsto no título executivo extrajudicial, arguindo a inexistência da dívida pelo descumprimento justificado do contrato. Dessarte, deve-se reconhecer a derrogação do juízo togado para apreciar a referida pretensão, com a extinção do feito, podendo o recorrido instaurar procedimento arbitral próprio para tanto." (STJ, REsp 1465535/SP, Rel. Min. Luis Felipe Salomão, 4ª Turma, jul. 21.06.2016, *DJe* 22.08.2016). **Nota:** Diante da prejudicialidade da matéria relegada ao juízo arbitral, o relator registrou a possibilidade de a execução, após o julgamento dos embargos formais, ser suspensa, questão a ser decidida pelo juiz da execução, segundo as regras do art. 313, V, "a" e 921, *caput*, do CPC/2015.

Arbitragem. Prioridade do juízo arbitral sobre o juiz togado para definir a sua competência. Regra da *kompetenz-kompetenz*. "Afigura-se absolutamente possível a imediata promoção da ação de execução de contrato que possua cláusula compromissória arbitral perante o Juízo estatal (única Jurisdição, aliás, dotada de coercibilidade, passível de incursionar no patrimônio alheio), não se exigindo, para esse propósito, a existência de prévia sentença arbitral. Afinal, se tal contrato, por si, já possui os atributos de executibilidade exigidos pela lei de regência, de todo despiciendo a prolação de anterior sentença arbitral para lhe conferir executividade. Todavia, o Juízo estatal, no qual se processa a execução do contrato (com cláusula compromissória arbitral), não possui competência para dirimir temas próprios de embargos à execução e de terceiros, atinentes ao título ou às obrigações ali consignadas (existência, constituição ou extinção do crédito) e das matérias que foram eleitas pelas partes para serem solucionadas pela instância arbitral (*kompetenz-kompetenz*). Cabe ao Juízo arbitral, nos termos do art. 8º da Lei n. 9.307/1996, que lhe confere a medida de competência mínima, veiculada no princípio da *kompetenz-kompetenz*, deliberar sobre a sua competência, precedentemente a qualquer outro órgão julgador, imiscuindo-se, para tal propósito, sobre as questões relativas à existência, validade e eficácia (objetiva e subjetiva) da convenção de arbitragem e do contrato que contenha a cláusula compromissória. Conflito de competência conhecido para declarar a competência do Juízo arbitral, a obstar o prosseguimento da execução perante o Juízo estatal, enquanto não definida a discussão lá posta ou não advir deliberação em sentido contrário do Juízo arbitral reputado competente" (STJ, CC 150.830/PA, Rel. Min. Marco Aurélio Bellizze, 2ª Seção, jul. 10.10.2018, *DJe* 16.10.2018). No mesmo sentido: STJ, AgInt no REsp 1746049/SP, Rel. Min. Moura Ribeiro, 3ª Turma, jul. 29.06.2020, *DJe* 01.07.2020.

Embargos à execução. Título extrajudicial. Contrato. Cláusula de arbitragem. Juízo estatal. Força coercitiva. Higidez do título. Jurisdição arbitral. "A jurisprudência do STJ sedimentou o entendimento de que é possível a execução, no Poder Judiciário, de contrato que contenha cláusula de arbitragem, pois o juízo arbitral é desprovido de poderes coercitivos. Precedentes. Nos embargos à execução de contrato com cláusula compromissória, a cognição do juízo estatal está limitada aos temas relativos ao processo executivo em si, sendo que as questões relativas à higidez do título devem ser submetidas à arbitragem, na linha do que dispõe o art. 8º, parágrafo único, da Lei nº 9.307/1996. Precedente. Havendo necessidade de instauração do procedimento arbitral, o executado poderá pleitear a suspensão do feito executivo, nos termos do art. 919, § 1º, do Código de Processo Civil" (STJ, REsp 2.032.426/DF, Rel. p/ acórdão Min. Ricardo Villas Bôas Cueva, 3ª Turma, jul. 11.04.2023, *DJe* 17.05.2023).

Ver jurisprudência do art. 485 do CPC/2015.

4. Tutela de urgência. Carta arbitral. Assistência do Poder Judiciário para efetivação da ordem. Medida de apoio deferida pelo Juiz. Cooperação por terceiro. "Como afirmado no julgamento do REsp 1.277.725/AM (Terceira Turma, *DJe* 18/03/2013), 'admite-se a convivência harmônica das duas jurisdições – arbitral e estatal –, desde que respeitadas as competências correspondentes, que ostentam natureza absoluta'. Portanto, é aceitável a convivência de decisões arbitrais e judiciais, quando elas não se contradizerem e tiverem a finalidade de preservar a efetividade de futura decisão arbitral. A determinação de cumprimento de cartas arbitrais pelo Poder Judiciário não constitui uma atividade meramente mecânica. Por mais restrita que seja, o Poder Judiciário possui uma reduzida margem de interpretação para fazer cumprir as decisões legalmente exaradas por cortes arbitrais" (STJ, REsp 1.798.089/MG, Rel. Min. Nancy Andrighi, 3ª Turma, jul. 27.08.2019, *DJe* 04.10.2019).

5. Falência. "A convenção de arbitragem prevista em contrato não impede a deflagração do procedimento falimentar fundamentado no art. 94, I, da Lei n. 11.101/05. A existência de cláusula compromissória, de um lado, não afeta a executividade do título de crédito inadimplido. De outro lado, a falência, instituto que ostenta natureza de execução coletiva, não pode ser decretada por sentença arbitral. Logo, o direito do credor somente pode ser exercitado mediante provocação da jurisdição estatal. Admite-se a convivência harmônica das duas jurisdições – arbitral e estatal –, desde que respeitadas as competências correspondentes, que ostentam natureza absoluta. Precedente" (STJ, REsp 1.277.725/AM, Rel.ª Min.ª Nancy Andrighi, 3ª Turma, jul. 12.03.2013, *DJe* 18.03.2013).

Convenção de arbitragem. Afastamento. Falência. Incompetência do juiz estatal. "A pactuação válida de cláusula compromissória possui força vinculante, obrigando as partes da relação contratual a respeitá-la para a resolução dos conflitos daí decorrentes. Como regra, tem-se que a celebração de cláusula compromissória implica a derrogação da jurisdição estatal, impondo ao árbitro o poder-dever de decidir as questões decorrentes do contrato, incluindo decidir acerca da própria existência, validade e eficácia da cláusula compromissória (princípio da *Kompetenz-Kompetenz*). Diante da falência de uma das contratantes que firmou cláusula compromissória, o princípio da *Kompetenz-Kompetenz* deve ser respeitado, impondo ao árbitro avaliar a viabilidade ou não da instauração da arbitragem" (STJ, REsp 1.959.435/RJ, Rel. Min. Nancy Andrighi, 3ª Turma, jul. 30.08.2022, *DJe* 01.09.2022).

6. Cláusula anterior à lei. "As disposições da Lei 9.307/96 têm incidência imediata nos contratos celebrados antecedentemente, se neles estiver inserida a cláusula arbitral" (STJ, SEC 349/JP, Rel.ª Min.ª Eliana Calmon, Corte Especial, jul. 21.03.2007, *DJ* 21.05.2007, p. 528).

"A Corte Especial deste Tribunal Superior, por ocasião do julgamento da Sentença Estrangeira 349/EX, de relatoria da Ministra Eliana Calmon (*DJ* 21.5.2007), pacificou entendimento no sentido de que as disposições contidas na Lei 9.307/96 – Lei de Arbitragem – têm incidência imediata nos contratos em que estiver incluída cláusula arbitral, inclusive naqueles celebrados anteriormente à sua vigência. Na oportunidade, a Ministra Relatora entendeu, com respaldo na orientação consagrada no REsp 712.566/RJ (3ª Turma, Rel.ª Min.ª Nancy Andrighi, *DJ* 5.9.2005) e na SEC 5.847-1, do Supremo Tribunal Federal (Rel. Min. Maurício Corrêa, *DJ* 17.12.1999), que, embora o contrato tivesse sido firmado em data anterior à edição da Lei 9.307/96, esta deveria ser aplicada imediatamente, ante sua natureza processual" (STJ, MC 14.130/RJ, Rel.ª Min.ª Denise Arruda, jul. 28.04.2008, *DJe* 30.04.2008).

7. Cláusula arbitral. "Esta Corte pacificou que, tratando-se a arbitragem de instituto eminentemente processual, as disposições da Lei 9.307/96 têm incidência imediata nos contratos celebrados antecedentemente, se neles estiver inserida a cláusula arbitral" (STJ, REsp 934.771/SP, Rel. Min. Luis Felipe Salomão, 4ª Turma, jul. 25.05.2010, *DJe* 09.06.2010).

Extinção sem julgamento do mérito. "No REsp 712.566/RJ, de relatoria da Ministra Nancy Andrighi (3ª Turma, *DJ* 05.09.2005), ficou consignado que, 'com a alteração do art. 267, VII, do CPC pela Lei de Arbitragem, a pactuação tanto do compromisso como da cláusula arbitral passou a ser considerada hipótese de extinção do processo sem julgamento do mérito'. Assim, 'impõe-se a extinção do processo sem julgamento do mérito se, quando invocada a existência de cláusula arbitral, já vigorava a Lei de Arbitragem, ainda que o contrato tenha sido celebrado em data anterior à sua vigência, pois, as normas processuais têm aplicação imediata'. Afirma, ademais, que, 'pelo Protocolo de Genebra de 1923, subscrito pelo Brasil, a eleição de compromisso ou cláusula arbitral imprime às partes contratantes a obrigação de submeter eventuais conflitos à arbitragem, ficando afastada a solução judicial. Nos contratos internacionais, devem prevalecer os princípios gerais de direito internacional em detrimento da normatização específica de cada país, o que justifica a análise da cláusula arbitral sob a ótica do Protocolo de Genebra de 1923'" (STJ, AgRg na MC 14.130/RJ, Rel. Min. Denise Arruda, 1ª Turma, jul. 07.10.2008, *DJe* 30.10.2008).

"Obrigatoriedade da solução do litígio pela via arbitral, quando existente cláusula previamente ajustada entre as partes neste sentido. Inteligência dos art. 1º, 3º e 7º da Lei 9.307/96" (STJ, REsp 791.260/RS, Rel. Min. Paulo Furtado (Desembargador Convocado do TJ/BA), 3ª Turma, jul. 22.06.2010, *DJe* 01.07.2010).

Cláusula compromissória. Ausência de assinatura. Ofensa à ordem pública. Ver jurisprudência do art. 37.

Art. 5º Reportando-se as partes, na cláusula compromissória, às regras de algum órgão arbitral institucional ou entidade especializada, a arbitragem será instituída e processada de acordo com tais regras, podendo, igualmente, as partes estabelecer na própria cláusula, ou em outro documento, a forma convencionada para a instituição da arbitragem.

Art. 6º Não havendo acordo prévio sobre a forma de instituir a arbitragem, a parte interessada manifestará à outra parte sua intenção de dar início à arbitragem, por via postal ou por outro meio qualquer de comunicação, mediante comprovação de recebimento, convocando-a para, em dia, hora e local certos, firmar o compromisso arbitral.

Parágrafo único. Não comparecendo a parte convocada ou, comparecendo, recusar-se a firmar o compromisso arbitral, poderá a outra parte propor a demanda de que trata o art. 7º desta Lei, perante o órgão do Poder Judiciário a que, originariamente, tocaria o julgamento da causa.

Art. 7º Existindo cláusula compromissória e havendo resistência quanto à instituição da arbitragem, poderá a parte interessada requerer a citação da outra parte para comparecer em juízo a fim de lavrar-se o compromisso, designando o juiz audiência especial para tal fim.

§ 1º O autor indicará, com precisão, o objeto da arbitragem, instruindo o pedido com o documento que contiver a cláusula compromissória.

§ 2º Comparecendo as partes à audiência, o juiz tentará, previamente, a conciliação acerca do litígio. Não obtendo sucesso, tentará o juiz conduzir as partes à celebração, de comum acordo, do compromisso arbitral.

§ 3º Não concordando as partes sobre os termos do compromisso, decidirá o juiz, após ouvir o réu, sobre seu conteúdo, na própria audiência ou no prazo de dez dias, respeitadas as disposições da cláusula compromissória e atendendo ao disposto nos arts. 10 e 21, § 2º, desta Lei.

§ 4º Se a cláusula compromissória nada dispuser sobre a nomeação de árbitros, caberá ao juiz, ouvidas as partes, estatuir a respeito, podendo nomear árbitro único para a solução do litígio.

§ 5º A ausência do autor, sem justo motivo, à audiência designada para a lavratura do compromisso arbitral, importará a extinção do processo sem julgamento de mérito.

§ 6º Não comparecendo o réu à audiência, caberá ao juiz, ouvido o autor, estatuir a respeito do conteúdo do compromisso, nomeando árbitro único.

§ 7º A sentença que julgar procedente o pedido valerá como compromisso arbitral.

JURISPRUDÊNCIA SELECIONADA

1. *Caput.* "Para a instauração do procedimento judicial de instituição da arbitragem (artigo 7º da Lei nº 9.307/96), são indispensáveis a existência de cláusula compromissória e a resistência de uma das partes à sua instituição, requisitos presentes no caso concreto. Tendo as partes validamente estatuído que as controvérsias decorrentes dos contratos de credenciamento seriam dirimidas por meio do procedimento previsto na Lei de Arbitragem, a discussão sobre a infringência às suas cláusulas, bem como o direito a eventual indenização, são passíveis de solução pela via escolhida" (STJ, REsp 450.881/DF, Rel. Min. Castro Filho, 3ª Turma, jul. 11.04.2003, *DJ* 26.05.2003, p. 360).

2. Cláusula compromissória cheia. "Cláusula compromissória – Execução – Existência de acordo prévio em que as partes estabelecem a forma de instituir a arbitragem, adotando as regras de órgão arbitral institucional, ou de entidade especializada – Hipótese de cláusula compromissória cheia – Submissão às normas do órgão ou entidade, livremente escolhido pelas partes – Desnecessidade de intervenção judicial a firmar o conteúdo do compromisso arbitral – Recurso provido" (TJSP, AI 124.217-4/SP, Rel. Rodrigues de Carvalho, 5ª Câmara de Dir. Priv., jul. 16.09.1999).

Art. 8º A cláusula compromissória é autônoma em relação ao contrato em que estiver inserta, de tal sorte que a nulidade deste não implica, necessariamente, a nulidade da cláusula compromissória.

Parágrafo único. Caberá ao árbitro decidir de ofício, ou por provocação das partes, as questões acerca da existência, validade e eficácia da convenção de arbitragem e do contrato que contenha a cláusula compromissória.

BREVES COMENTÁRIOS

A autonomia da cláusula compromissória, instituída pelo art. 8º, é fruto da constatação de que, na experiência estrangeira, a invalidação do contrato era o recurso mais utilizado por aqueles que quisessem se furtar à obrigatoriedade do compromisso e submeter a lide surgida ao Poder Judiciário.

INDICAÇÃO DOUTRINÁRIA

Jean Carlos Dias e Debora da Silva Vieira. Métodos Alternativos de Solução de Conflitos – ADR. *Revista de Processo*. vol. 293, ano 44. p. 383-404. São Paulo: Ed. RT, julho/2019.

JURISPRUDÊNCIA SELECIONADA

1. Existência, validade e eficácia da convenção de arbitragem. Competência do juízo arbitral. (Parágrafo único). "A previsão contratual de convenção de arbitragem enseja o reconhecimento da competência do Juízo arbitral para decidir com primazia sobre o Poder Judiciário as questões acerca da existência, validade e eficácia da convenção de arbitragem e do contrato que contenha a cláusula compromissória". (STJ, REsp 1550260/RS, Rel. Min. Paulo de Tarso Sanseverino, Rel. p/ Acórdão Min. Ricardo Villas Bôas Cueva, 3ª Turma, jul. 12.12.2017, *DJe* 20.03.2018)

"Nos termos do art. 8º, parágrafo único, da Lei de Arbitragem a alegação de nulidade da cláusula arbitral instituída em Acordo Judicial homologado e, bem assim, do contrato que a contém, deve ser submetida, em primeiro lugar, à decisão do próprio árbitro, inadmissível a judicialização prematura pela via oblíqua do retorno ao Juízo. Mesmo no caso de o acordo de vontades no qual estabelecida a cláusula arbitral no caso de haver sido homologado judicialmente, não se admite prematura ação anulatória diretamente perante o Poder Judiciário, devendo ser preservada a solução arbitral, sob pena de se abrir caminho para a frustração do instrumento alternativo de solução da controvérsia" (STJ, REsp 1.302.900/MG, Rel. Min. Sidnei Beneti, 3ª Turma, jul. 09.10.2012, *DJe* 16.10.2012).

2. Conflito positivo de competência entre câmaras arbitrais. "Em se tratando da interpretação de cláusula de compromisso arbitral constante de contrato de compra e venda, o conflito de competência supostamente ocorrido entre câmaras de arbitragem deve ser dirimido no Juízo de primeiro grau, por envolver incidente que não se insere na competência do Superior Tribunal de Justiça, conforme os pressupostos e alcance do art. 105, I, alínea *d*, da Constituição Federal" (STJ, CC 113.260/SP, Rel.ª Min.ª Nancy Andrighi, Rel. p/ Acórdão Min. João Otávio de Noronha, 2ª Seção, jul. 08.09.2010, *DJe* 07.04.2011).

3. Conflito de competência entre Juízo arbitral o órgão do Poder Judiciário. Possibilidade. "A jurisprudência desta Corte se firmou no sentido de que é possível, diante da conclusão de que a atividade arbitral tem natureza jurisdicional, que exista conflito de competência entre Juízo arbitral e órgão do Poder Judiciário, **cabendo ao Superior Tribunal de Justiça seu julgamento**". (STJ, CC 148.932/RJ, Rel. Min. Ricardo Villas Bôas Cueva, 2ª Seção, jul. 13.12.2017, *DJe* 01.02.2018)

Ação de despejo de contrato com cláusula compromissória. "A ação de despejo tem o objetivo de rescindir a locação, com a consequente devolução do imóvel ao locador ou proprietário, sendo enquadrada como ação executiva *lato sensu*, à semelhança das possessórias. Em razão de sua peculiaridade procedimental e natureza executiva ínsita, com provimento em que se defere a restituição do imóvel, o desalojamento do ocupante e a imissão na posse do locador, não parece adequada a jurisdição arbitral para decidir a ação de despejo. Com efeito, a execução na ação de despejo possui característica peculiar e forma própria. Justamente por se tratar de ação executiva *lato sensu*, verifica-se ausente o intervalo que se entrepõe entre o acatamento e a execução, inerente às ações sincréticas, visto que cognição e execução ocorrem na mesma relação processual, sem descontinuidade. Na hipótese, o credor optou por ajuizar ação de despejo, valendo-se de duas causas de pedir em sua pretensão – a falta de pagamento e o abandono do imóvel –, ambas não impugnadas pela recorrente, para a retomada do bem com imissão do credor na posse. Portanto, há competência exclusiva do juízo togado para apreciar a demanda, haja vista a natureza executória da pretensão" (STJ, REsp 1.481.644/SP, Rel. Min. Luis Felipe Salomão, 4ª Turma, jul. 01.06.2021, *DJe* 19.08.2021).

4. Julgamento de medida cautelar de arrolamento de bens. Competência do juízo arbitral. "A medida cautelar de arrolamento possui, entre os seus requisitos, a demonstração do direito aos bens e dos fatos em que se funda o receio de extravio ou de dissipação destes, os quais não demandam cognição apenas sobre o risco de redução patrimonial do devedor, mas também um juízo de valor ligado ao mérito da controvérsia principal, circunstância que, aliada ao fortalecimento da arbitragem que vem sendo levado a efeito desde a promulgação da Lei nº 9.307/96, exige que se preserve a autoridade do árbitro como juiz de fato e de direito, evitando-se, ainda, a prolação de decisões conflitantes. Conflito conhecido para declarar a competência do Tribuna Arbitral" (STJ, CC 111.230/DF, Rel.ª Min.ª Nancy Andrighi, 2ª Seção, jul. 08.05.2013, *DJe* 03.04.2014).

Art. 9º O compromisso arbitral é a convenção através da qual as partes submetem um litígio à arbitragem de uma ou mais pessoas, podendo ser judicial ou extrajudicial.

§ 1º O compromisso arbitral judicial celebrar-se-á por termo nos autos, perante o juízo ou tribunal, onde tem curso a demanda.

§ 2º O compromisso arbitral extrajudicial será celebrado por escrito particular, assinado por duas testemunhas, ou por instrumento público.

JURISPRUDÊNCIA SELECIONADA

1. "Compromisso arbitral – Diferenciação da cláusula compromissória – Conceituação como submissão de um litígio, já existente entre as partes, à arbitragem de uma ou mais pessoas – Possibilidade da via judicial ou extrajudicial – Recurso provido" (TJSP, Agravo de Instrumento 124.217-4/SP, 5ª Câmara Dir. Priv., Rel. Rodrigues de Carvalho, jul. 16.09.99, v.u.).

Art. 10. Constará, obrigatoriamente, do compromisso arbitral:

I – o nome, profissão, estado civil e domicílio das partes;

II – o nome, profissão e domicílio do árbitro, ou dos árbitros, ou, se for o caso, a identificação da entidade à qual as partes delegaram a indicação de árbitros;

III – a matéria que será objeto da arbitragem; e

IV – o lugar em que será proferida a sentença arbitral.

BREVES COMENTÁRIOS

A ausência de qualquer dos requisitos essenciais do compromisso torna nula a sentença arbitral. Porém, as omissões e contradições eventualmente existentes podem ser supridas nos termos dos arts. 19 a 21. Não chegando as partes a acordo, o juiz decidirá, suprindo o consenso, sobre todos os dados previstos nos arts. 10 e 21.

Art. 11. Poderá, ainda, o compromisso arbitral conter:

I – local, ou locais, onde se desenvolverá a arbitragem;

II – a autorização para que o árbitro ou os árbitros julguem por equidade, se assim for convencionado pelas partes;

III – o prazo para apresentação da sentença arbitral;

IV – a indicação da lei nacional ou das regras corporativas aplicáveis à arbitragem, quando assim convencionarem as partes;

V – a declaração da responsabilidade pelo pagamento dos honorários e das despesas com a arbitragem; e

VI – a fixação dos honorários do árbitro, ou dos árbitros.

Parágrafo único. Fixando as partes os honorários do árbitro, ou dos árbitros, no compromisso arbitral, este constituirá título executivo extrajudicial; não havendo tal estipulação, o árbitro requererá ao órgão do Poder Judiciário que seria competente para julgar, originariamente, a causa que os fixe por sentença.

Art. 12. Extingue-se o compromisso arbitral:

I – escusando-se qualquer dos árbitros, antes de aceitar a nomeação, desde que as partes tenham declarado, expressamente, não aceitar substituto;

II – falecendo ou ficando impossibilitado de dar seu voto algum dos árbitros, desde que as partes declarem, expressamente, não aceitar substituto; e

III – tendo expirado o prazo a que se refere o art. 11, inciso III, desde que a parte interessada tenha notificado o árbitro, ou o presidente do tribunal arbitral, concedendo-lhe o prazo de 10 (dez) dias para a prolação e apresentação da sentença arbitral.

Capítulo III
DOS ÁRBITROS

Art. 13. Pode ser árbitro qualquer pessoa capaz e que tenha a confiança das partes.

§ 1º As partes nomearão um ou mais árbitros, sempre em número ímpar, podendo nomear, também, os respectivos suplentes.

§ 2º Quando as partes nomearem árbitros em número par, estes estão autorizados, desde logo, a nomear mais um árbitro. Não havendo acordo, requererão as partes ao órgão do Poder Judiciário a que tocaria, originariamente, o julgamento da causa a nomeação do árbitro, aplicável, no que couber, o procedimento previsto no art. 7º desta Lei.

§ 3º As partes poderão, de comum acordo, estabelecer o processo de escolha dos árbitros, ou adotar as regras de um órgão arbitral institucional ou entidade especializada.

§ 4º As partes, de comum acordo, poderão afastar a aplicação de dispositivo do regulamento do órgão arbitral institucional ou entidade especializada que limite a escolha do árbitro único, coárbitro ou presidente do tribunal à respectiva lista de árbitros, autorizado o controle da escolha pelos órgãos competentes da instituição, sendo que, nos casos de impasse e arbitragem multiparte, deverá ser observado o que dispuser o regulamento aplicável. (*Nova redação determinada pela Lei 13.129, de 26.05.2015, em vigor após 60 dias de sua publicação*)

§ 5º O árbitro ou o presidente do tribunal designará, se julgar conveniente, um secretário, que poderá ser um dos árbitros.

§ 6º No desempenho de sua função, o árbitro deverá proceder com imparcialidade, independência, competência, diligência e discrição.

§ 7º Poderá o árbitro ou o tribunal arbitral determinar às partes o adiantamento de verbas para despesas e diligências que julgar necessárias.

JURISPRUDÊNCIA SELECIONADA

1. Sentença arbitral. Ação declaratória de nulidade. Afirmação de suspeição de árbitro. "Falta de vinculação às hipóteses enumeradas no art. 145 do CPC/2015. Dever de revelação. Proibição de omissão e retenção de qualquer dado tido como concretamente relevante para o exercício da função de árbitro. Exame das circunstâncias concretas. Indicação pela parte contrária de um mesmo árbitro colocado na posição de presidir o procedimento instaurado, num procedimento separado e relativo a uma relação jurídica similar. Fato noticiado somente após ter sido pronunciado o veredicto, depois de ter sido indeferido quesito referido à mesma empresa ligada a esta outra arbitragem. Conjugação dos arts. 14 e 32, inciso VIII da Lei 9.307/1996. Invalidade reconhecida. Procedência decretada" (TJSP, Ap. 1056400-47.2019.8.26.0100, Rel. Des. Fortes Barbosa, 1ª Câmara Reservada de Direito Empresarial, jul. 11.09.2020, *DJeSP* 11.09.2020).

Art. 14. Estão impedidos de funcionar como árbitros as pessoas que tenham, com as partes ou com o litígio que lhes for submetido, algumas das relações que caracterizam os casos de impedimento ou suspeição de juízes, aplicando-se-lhes, no que couber, os mesmos deveres e responsabilidades, conforme previsto no Código de Processo Civil.

§ 1º As pessoas indicadas para funcionar como árbitro têm o dever de revelar, antes da aceitação da função, qualquer fato que denote dúvida justificada quanto à sua imparcialidade e independência.

§ 2º O árbitro somente poderá ser recusado por motivo ocorrido após sua nomeação. Poderá, entretanto, ser recusado por motivo anterior à sua nomeação, quando:

a) não for nomeado, diretamente, pela parte; ou

b) o motivo para a recusa do árbitro for conhecido posteriormente à sua nomeação.

Art. 15. A parte interessada em arguir a recusa do árbitro apresentará, nos termos do art. 20, a respectiva exceção, diretamente ao árbitro ou ao presidente do tribunal arbitral, deduzindo suas razões e apresentando as provas pertinentes.

Parágrafo único. Acolhida a exceção, será afastado o árbitro suspeito ou impedido, que será substituído, na forma do art. 16 desta Lei.

Art. 16. Se o árbitro escusar-se antes da aceitação da nomeação, ou, após a aceitação, vier a falecer, tornar-se impossibilitado para o exercício da função, ou for recusado, assumirá seu lugar o substituto indicado no compromisso, se houver.

§ 1º Não havendo substituto indicado para o árbitro, aplicar-se-ão as regras do órgão arbitral institucional ou entidade especializada, se as partes as tiverem invocado na convenção de arbitragem.

§ 2º Nada dispondo a convenção de arbitragem e não chegando as partes a um acordo sobre a nomeação do árbitro a ser substituído, procederá a parte interessada da forma prevista no art. 7º desta Lei, a menos que as partes tenham declarado, expressamente, na convenção de arbitragem, não aceitar substituto.

Art. 17. Os árbitros, quando no exercício de suas funções ou em razão delas, ficam equiparados aos funcionários públicos, para os efeitos da legislação penal.

Art. 18. O árbitro é juiz de fato e de direito, e a sentença que proferir não fica sujeita a recurso ou a homologação pelo Poder Judiciário.

JURISPRUDÊNCIA SELECIONADA

1. Juiz natural. "É cediço que o juízo arbitral não subtrai a garantia constitucional do juiz natural, ao contrário, implica realizá-la, porquanto somente cabível por mútua concessão entre as partes, inaplicável, por isso, de forma coercitiva, tendo em vista que ambas as partes assumem o 'risco' de serem derrotadas na arbitragem (Precedente: REsp 450881 de relatoria do Ministro Castro Filho, publicado no *DJ* 26.05.2003). 17. Destarte, uma vez convencionado pelas partes cláusula arbitral, o árbitro vira juiz de fato e de direito da causa, e a decisão que então proferir não ficará sujeita a recurso ou à homologação judicial, segundo dispõe o artigo 18 da Lei 9.307/96, o que significa categorizá-lo como equivalente jurisdicional, porquanto terá os mesmos poderes do juiz togado, não sofrendo restrições na sua competência. 18. Outrossim, vige na jurisdição privada, tal como sucede naquela pública, o princípio do *Kompetenz-Kompetenz*, que estabelece ser o próprio juiz quem decide a respeito de sua competência" (STJ, MS 11.308/DF, Rel. Min. Luiz Fux, 1ª Seção, jul. 09.04.2008, *DJ* 19.05.2008, p. 1).

Capítulo IV
DO PROCEDIMENTO ARBITRAL

Art. 19. Considera-se instituída a arbitragem quando aceita a nomeação pelo árbitro, se for único, ou por todos, se forem vários.

§ 1º Instituída a arbitragem e entendendo o árbitro ou o tribunal arbitral que há necessidade de explicitar questão disposta na convenção de arbitragem, será elaborado, juntamente com as partes, adendo firmado por todos, que passará a fazer parte integrante da convenção de arbitragem. *(Incluído pela Lei 13.129, de 26.05.2015, em vigor após 60 dias de sua publicação)*

§ 2º A instituição da arbitragem interrompe a prescrição, retroagindo à data do requerimento de sua instauração, ainda que extinta a arbitragem por ausência de jurisdição. *(Incluído pela Lei 13.129, de 26.05.2015, em vigor após 60 dias de sua publicação)*

JURISPRUDÊNCIA SELECIONADA

1. Arbitragem. Instauração. Prazo prescricional. Interrupção. "Nos exatos termos do art. 31 da Lei nº 9.307/1996, a sentença arbitral produz, entre as partes e seus sucessores, os mesmos efeitos da sentença proferida pelos órgãos do Poder Judiciário. A instauração do procedimento arbitral, entre outros efeitos, implica a interrupção do prazo prescricional. A inequívoca iniciativa da parte em buscar a tutela dos seus direitos por um dos meios que lhes são disponibilizados, ainda que sem a intervenção estatal, é suficiente para derruir o estado de inércia sem o qual não é possível falar na perda do direito de ação pelo seu não exercício em prazo razoável. Modificação perpetrada pela Lei nº 13.129/2015 que veio somente para consolidar a orientação que já era adotada pela doutrina majoritária. Uma vez interrompido o prazo prescricional pela instituição da arbitragem, volta ele a fluir a partir da data do ato que o interrompeu, ou do último ato do processo para o interromper, nos termos do parágrafo único do art. 202 do Código Civil, inteiramente aplicável à espécie, com as necessárias adaptações" (STJ, REsp 1.981.715/GO, Rel. Min. Ricardo Villas Bôas CUeva, 3ª Turma, jul. 17.09.2024, *DJe* 20.09.2024).

Art. 20. A parte que pretender arguir questões relativas à competência, suspeição ou impedimento do árbitro ou dos árbitros, bem como nulidade, invalidade ou ineficácia da convenção de arbitragem, deverá fazê-lo na primeira oportunidade que tiver de se manifestar, após a instituição da arbitragem.

§ 1º Acolhida a arguição de suspeição ou impedimento, será o árbitro substituído nos termos do art. 16 desta Lei, reconhecida a incompetência do árbitro ou do tribunal arbitral, bem como a nulidade, invalidade ou ineficácia da convenção de arbitragem, serão as partes remetidas ao órgão do Poder Judiciário competente para julgar a causa.

§ 2º Não sendo acolhida a arguição, terá normal prosseguimento a arbitragem, sem prejuízo de vir a ser examinada a decisão pelo órgão do Poder Judiciário competente, quando da eventual propositura da demanda de que trata o art. 33 desta Lei.

JURISPRUDÊNCIA SELECIONADA

1. Conflito positivo de competência entre câmaras arbitrais (*caput*). Competência do STJ. "1. Competência do STJ para dirimir conflito de competência entre Tribunais arbitrais. Compete ao Superior Tribunal de Justiça, em atenção à função constitucional que lhe é atribuída no art. 105, I, *d*, da Carta Magna, conhecer e julgar o conflito de competência estabelecido entre Tribunais Arbitrais, que ostentam natureza jurisdicional, ainda que vinculados à mesma Câmara de Arbitragem, sobretudo se a solução interna para o impasse criado não é objeto de disciplina regulamentar" (STJ, 2ª Seção, CC 185.705/DF, Rel. Min. Marco Aurélio Bellizze, jul. 22.06.2022, *DJe* 30.06.2022).

2. Convenção de arbitragem. Cláusula compromissória. Incompetência do juízo estatal. "Como regra, tem-se que a celebração de cláusula compromissória implica a derrogação da jurisdição estatal, impondo ao árbitro o poder-dever de decidir as questões decorrentes do contrato, incluindo decidir acerca da própria existência, validade e eficácia da cláusula compromissória (princípio da *Kompetenz-Kompetenz*). Diante da falência de uma das contratantes que firmou cláusula compromissória, o princípio da *Kompetenz-Kompetenz* deve ser respeitado, impondo ao árbitro avaliar a viabilidade ou não da instauração da arbitragem. Os pedidos da inicial não buscam nenhum tipo de medida cautelar que possa excepcionar o juízo arbitral; ao contrário, pretende a parte discutir o próprio conteúdo do contrato que abarca cláusula compromissória, almejando a substituição da jurisdição arbitral pela estatal. Ausência de situação excepcional que permita o ajuizamento de medida cautelar junto à Justiça Estatal, devendo prevalecer a competência do juízo arbitral" (STJ, REsp 1.959.435/RJ, Rel. Min. Nancy Andrighi, 3ª Turma, jul. 30.08.2022, *DJe* 01.09.2022).

Art. 21. A arbitragem obedecerá ao procedimento estabelecido pelas partes na convenção de arbitragem, que poderá reportar-se às regras de um órgão arbitral institucional ou entidade especializada, facultando-se, ainda, às partes delegar ao próprio árbitro, ou ao tribunal arbitral, regular o procedimento.

§ 1º Não havendo estipulação acerca do procedimento, caberá ao árbitro ou ao tribunal arbitral disciplina-lo.

§ 2º Serão, sempre, respeitados no procedimento arbitral os princípios do contraditório, da igualdade das partes, da imparcialidade do árbitro e de seu livre convencimento.

§ 3º As partes poderão postular por intermédio de advogado, respeitada, sempre, a faculdade de designar quem as represente ou assista no procedimento arbitral.

§ 4º Competirá ao árbitro ou ao tribunal arbitral, no início do procedimento, tentar a conciliação das partes, aplicando-se, no que couber, o art. 28 desta Lei.

BREVES COMENTÁRIOS

Se a convenção for omissa, a presunção legal é de que o órgão arbitral terá poderes para disciplinar o procedimento. Cf., também, comentários ao art. 10.

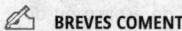

JURISPRUDÊNCIA SELECIONADA

1. Nulidade de compromisso arbitral. "Direito processual civil. Recurso especial. Litispendência. Embargos do devedor. Ação de nulidade de compromisso arbitral. Não há litispendência entre ação declaratória de compromisso arbitral e embargos do devedor objetivando a desconstituição da sentença arbitral. Embora exista coincidência entre alguns fundamentos jurídicos apresentados em ambas as ações, é inviável reconhecer a litispendência, pois seria necessária não apenas semelhança, mas identidade entre as causas de pedir. Não é possível a análise do mérito da sentença arbitral pelo Poder Judiciário, sendo, contudo, viável a apreciação de eventual nulidade no procedimento arbitral. – O Tribunal de origem, na hipótese, apenas deferiu a produção de provas para que pudesse analisar a ocorrência ou não de nulidade no procedimento arbitral. Recurso especial não conhecido" (STJ, REsp 693.219/PR, Rel.ª Min.ª Nancy Andrighi, 3ª Turma, jul. 19.04.2005, *DJ* 06.06.2005, p. 327).

2. Procedimento. Suspensão. "Arbitragem – Suspensão do procedimento instaurado – Controle judicial da via eleita que deve ser realizado através de demanda própria – Impossibilidade da concessão de medida estranha ao objeto da presente ação – Providência almejada que, ademais, pode ser postulada no órgão perante o qual se processa a arbitragem – Recurso não provido" (Agravo de Instrumento 237.442-4/5, São Paulo, 1ª Câmara Dir. Priv., Rel. Elliot Akel, jul. 20.08.02, v. u.).

3. Procedimento. Cautelar. "Medida Cautelar – Sequestro – Descumprimento de liminar concedida em ação de exibição de documentos em que se alega a exclusão de sócio de empresa – Existência de fundada suspeita de dilapidação dos bens da sociedade e de intensa litigiosidade entre as partes – Circunstância que autorizam a concessão da medida – Cláusula de arbitragem que, por outro lado, não impede que o Estado, por meio de seu órgão jurisdicional, conceda tutela cautelar – Liminar deferida – Recurso não provido" (Agravo de Instrumento 240.062-4/8, Ribeirão Preto, 1ª Câmara Dir. Priv., Rel. Elliot Akel, jul. 27.08.02, v.u.).

Art. 22. Poderá o árbitro ou o tribunal arbitral tomar o depoimento das partes, ouvir testemunhas e determinar a realização de perícias ou outras provas que julgar necessárias, mediante requerimento das partes ou de ofício.

§ 1º O depoimento das partes e das testemunhas será tomado em local, dia e hora previamente comunicados, por escrito, e reduzido a termo, assinado pelo depoente, ou a seu rogo, e pelos árbitros.

§ 2º Em caso de desatendimento, sem justa causa, da convocação para prestar depoimento pessoal, o árbitro ou o tribunal arbitral levará em consideração o comportamento da parte faltosa, ao proferir sua sentença; se a ausência for de testemunha, nas mesmas circunstâncias, poderá o árbitro ou o presidente do tribunal arbitral requerer à autoridade judiciária que conduza a testemunha renitente, comprovando a existência da convenção de arbitragem.

§ 3º A revelia da parte não impedirá que seja proferida a sentença arbitral.

§ 4º Revogado pela Lei 13.129, de 26.05.2015, em vigor após 60 dias de sua publicação.

§ 5º Se, durante o procedimento arbitral, um árbitro vier a ser substituído fica a critério do substituto repetir as provas já produzidas.

BREVES COMENTÁRIOS

Se a parte requerer medida cautelar, seu cabimento será decidido ainda perante o Juízo arbitral, que a deferindo, provocará o judiciário para executá-la, já que aquele não dispõe de *imperium*. Não cabe à parte dirigir-se diretamente ao poder judiciário. O Juiz togado, ao examinar o pedido de execução, poderá negá-lo se constatar ilegalidade.

INDICAÇÃO DOUTRINÁRIA

Sobre a competência do juízo arbitral para decidir sobre medidas de urgência: J. E. Carreira Alvim, *Tratado Geral da Arbitragem*, Mandamentos, 2000, p. 398-400: "Vincular o juízo arbitral ao juízo togado, na eventualidade da necessidade de medidas coercitivas ou cautelares, além de nada acrescentar em termos de proteção aos direitos constitucionais, presta-se a restringir os poderes jurisdicionais do árbitro, pondo toda arbitragem na dependência de uma justiça sabiamente lenta, e que não tem condições de dar respostas satisfatórias às necessidades imediatas das partes interessadas. Se o árbitro dispõe de poderes para resolver o próprio mérito do litígio, nos quais foi investido por um ato de confiança das partes, por que não teria para conceder um simples provimento antecipatório, que não passa de antecipação dos efeitos da decisão de mérito? Dizer-se que ele não pode efetivar o provimento antecipatório não altera a natureza das coisas, porque não pode ele também executar a própria sentença, e, pelo fato de não podê-lo, ninguém lhe nega o poder de proferi-la. O poder de 'decretar' compreendido no poder de jurisdição (e de cognição), que o árbitro adquire por concessão das partes e permissão do Estado, não tem necessariamente a ver com o poder de 'efetivar' ou 'executar' a própria decisão, que ele não tem, por decorrer do poder de império. (...) Ao dizer a lei que os árbitros 'poderão' solicitar tais medidas ao órgão do Poder Judiciário, tem em vista a sua efetivação prática, quando, para tanto, sejam necessários atos de coerção". No mesmo sentido: Carlos Alberto Carmona, *Arbitragem e Processo: um comentário à Lei nº 9.307/96*, 2. ed., Atlas, 2004, p. 265-266: "(...) Embora o legislador não tenha sido incisivo, deixou claro (ou, pelo menos, mais claro do que estava no Código de Processo Civil) que, havendo necessidade de tutela cautelar, a parte interessada na concessão da medida deverá dirigir-se ao árbitro (e não ao juiz togado), formulando seu pedido fundamentadamente; o árbitro, considerando estarem demonstrados o *fumus boni iuris* e o *periculum in mora*, concederá a medida cautelar. Se a parte em face de quem for decretada a medida conformar-se com a decisão, a ela submetendo-se, não haverá qualquer intervenção do Poder Judiciário; se, ao contrário, caracterizar-se resistência, o árbitro solicitará o concurso do juiz togado, não para que este delibere se é caso ou não de conceder-se a medida pleiteada, mas apenas e tão somente para concretizá-la. Explica-se, assim, de modo conveniente o evasivo § 4º do art. 22 da Lei: os árbitros poderão solicitar o concurso do juiz togado para a execução da medida cautelar, e ainda assim se isso for necessário".

JURISPRUDÊNCIA SELECIONADA

1. Dissolução de sociedade empresarial. Convenção de juízo arbitral. "Em que pese as partes tenham convencionado a utilização da via arbitral como meio de solução das disputas oriundas do contrato, estas não estão impedidas de formularem pedido judicial referente à continuidade do pagamento de *pro labore*, enquanto aguardam a instauração de tal juízo" (TJRS, Apelação Cível 70024014987, 6ª Câmara Cível, Rel. Artur Arnildo Ludwig, jul. 13.05.2010, *DJ* 02.06.2010).

2. § 4º. "Ação cautelar – Cláusula arbitral – Ajuizamento da ação no juízo estadual – Impossibilidade – Extinção do processo com arrimo no art. 267, VII, do CPC. No momento em que as partes convencionam a Arbitragem como forma única de solução dos seus conflitos, porventura decorrentes do próprio contrato, apenas a jurisdição privada é que será competente para decidi-las, inclusive as lides acautelatórias deles decorrentes e outras medidas de urgência relacionadas com o mesmo objeto conflituoso" (TJMG, Ag. 1.0003.07.023530-8/001, Rel. Des. Domingos Coelho, 12ª Câmara Cível, jul. 13.02.2008, *DJ* 08.03.2008).

Capítulo IV-A
DAS TUTELAS CAUTELARES E DE URGÊNCIA

(Capítulo incluído pela Lei 13.129, de 26.05.2015, em vigor após 60 dias de sua publicação)

Art. 22-A. Antes de instituída a arbitragem, as partes poderão recorrer ao Poder Judiciário para a concessão de medida cautelar ou de urgência.

Parágrafo único. Cessa a eficácia da medida cautelar ou de urgência se a parte interessada não requerer a instituição da arbitragem no prazo de 30 (trinta) dias, contado da data de efetivação da respectiva decisão.

JURISPRUDÊNCIA SELECIONADA

1. Produção antecipada de provas. Existência de cláusula compromissória arbitral. "O prévio ajuizamento de ação cautelar perante o Poder Judiciário deriva do poder geral de cautela insculpido na legislação processual e hoje previsto expressamente nos arts. 22-A e 22-B da Lei n. 9.307/1996, incluídos pela Lei n. 13.129/2015. **A atribuição de processá-la, todavia, após a instauração da arbitragem, é do juízo arbitral**, ocasião em que poderá reanalisar a medida eventualmente concedida" (STJ, REsp 1586383/MG, Rel.ª Min.ª Maria Isabel Gallotti, 4ª Turma, jul. 05.12.2017, *DJe* 14.12.2017).

Art. 22-B. Instituída a arbitragem, caberá aos árbitros manter, modificar ou revogar a medida cautelar ou de urgência concedida pelo Poder Judiciário.

Parágrafo único. Estando já instituída a arbitragem, a medida cautelar ou de urgência será requerida diretamente aos árbitros.

JURISPRUDÊNCIA SELECIONADA

1. Produção antecipada de provas. Existência de cláusula compromissória arbitral. Ajuizamento prévio perante a justiça estatal. Instituição do juízo arbitral. Competência. "O prévio ajuizamento de ação cautelar perante o Poder Judiciário deriva do poder geral de cautela insculpido na legislação processual e hoje previsto expressamente nos arts. 22-A e 22-B da Lei n. 9.307/1996, incluídos pela Lei n. 13.129/2015. A atribuição de processá-la, todavia, após a instauração da arbitragem, é do juízo arbitral, ocasião em que poderá reanalisar a medida eventualmente concedida". (STJ, REsp 1586383/MG, Rel.ª Min.ª Maria Isabel Gallotti, 4ª Turma, jul. 05.12.2017, *DJe* 14.12.2017).

2. Ação cautelar preparatória de arbitragem. Sucumbência. Verba honorária. Apelação. Posterior instauração do procedimento arbitral. Competência provisória da Justiça Comum. Cessação imediata. Superveniente declinação da competência. Acessório que segue a sorte do principal. Trânsito em julgado. Ausência. justiça comum e órgão arbitral. "O ajuizamento prévio de medidas urgentes perante a Justiça Estatal conta com previsão expressa na Lei de Arbitragem (Lei 9.307/1996), com a redação dada pela Lei 13.129/2015, cujo art. 22-B dispõe que 'Instituída a arbitragem, caberá aos árbitros manter, modificar ou revogar a medida cautelar ou de urgência concedida pelo Poder Judiciário'. Hipótese em que instaurada a arbitragem quando pendente de julgamento apelação contra a sentença que julgara o processo cautelar, de forma que cabível a remessa dos autos ao Tribunal Arbitral, competente para o julgamento da causa, inclusive para dispor acerca dos consectários da sucumbência. Os honorários de sucumbência somente se incorporam ao patrimônio do advogado após o trânsito em julgado da decisão que os fixou, o que não ocorreu na espécie em que pendente de julgamento a apelação, cujo exame foi transferido para o Tribunal Arbitral, reconhecido como competente por ambas as partes para o exame do mérito da causa. Conflito conhecido para declarar a competência do Centro de Arbitragem e Mediação da Câmara de Comércio Brasil-Canadá - CAM/CCBC" (STJ, CC. 165.678/SP, Rel. Min. Maria Isabel Gallotti, 2ª Seção, jul. 14.10.2020, *DJe* 03.11.2020).

Capítulo IV-B
DA CARTA ARBITRAL

(Capítulo incluído pela Lei 13.129, de 26.05.2015, em vigor após 60 dias de sua publicação)

Art. 22-C. O árbitro ou o tribunal arbitral poderá expedir carta arbitral para que o órgão jurisdicional nacional pratique ou determine o cumprimento, na área de sua competência territorial, de ato solicitado pelo árbitro.

Parágrafo único. No cumprimento da carta arbitral será observado o segredo de justiça, desde que comprovada a confidencialidade estipulada na arbitragem.

Capítulo V
DA SENTENÇA ARBITRAL

Art. 23. A sentença arbitral será proferida no prazo estipulado pelas partes. Nada tendo sido convencionado, o prazo para a apresentação da sentença é de seis meses, contado da instituição da arbitragem ou da substituição do árbitro.

§ 1º Os árbitros poderão proferir sentenças parciais. (*Incluído pela Lei 13.129, de 26.05.2015, em vigor após 60 dias de sua publicação*).

§ 2º As partes e os árbitros, de comum acordo, poderão prorrogar o prazo para proferir a sentença final. (*Incluído pela Lei 13.129, de 26.05.2015, em vigor após 60 dias de sua publicação*).

Art. 24. A decisão do árbitro ou dos árbitros será expressa em documento escrito.

§ 1º Quando forem vários os árbitros, a decisão será tomada por maioria. Se não houver acordo majoritário, prevalecerá o voto do presidente do tribunal arbitral.

§ 2º O árbitro que divergir da maioria poderá, querendo, declarar seu voto em separado.

Art. 25. Revogado pela Lei 13.129, de 26.05.2015, em vigor após 60 dias de sua publicação.

Art. 26. São requisitos obrigatórios da sentença arbitral:

I – o relatório, que conterá os nomes das partes e um resumo do litígio;

II – os fundamentos da decisão, onde serão analisadas as questões de fato e de direito, mencionando-se, expressamente, se os árbitros julgaram por equidade;

III – o dispositivo, em que os árbitros resolverão as questões que lhes forem submetidas e estabelecerão o prazo para o cumprimento da decisão, se for o caso; e

IV – a data e o lugar em que foi proferida.

Parágrafo único. A sentença arbitral será assinada pelo árbitro ou por todos os árbitros. Caberá ao presidente do tribunal arbitral, na hipótese de um ou alguns dos árbitros não poder ou não querer assinar a sentença, certificar tal fato.

Art. 27. A sentença arbitral decidirá sobre a responsabilidade das partes acerca das custas e despesas com a arbitragem, bem como sobre verba decorrente de litigância de má-fé, se for o caso, respeitadas as disposições da convenção de arbitragem, se houver.

Art. 28. Se, no decurso da arbitragem, as partes chegarem a acordo quanto ao litígio, o árbitro ou o tribunal arbitral poderá, a pedido das partes, declarar tal fato mediante sentença arbitral, que conterá os requisitos do art. 26 desta Lei.

Art. 29. Proferida a sentença arbitral, dá-se por finda a arbitragem, devendo o árbitro, ou o presidente do tribunal arbitral, enviar cópia da decisão às partes, por via postal ou por outro meio qualquer de comunicação, mediante comprovação de recebimento, ou, ainda, entregando-a diretamente às partes, mediante recibo.

Art. 30. No prazo de 5 (cinco) dias, a contar do recebimento da notificação ou da ciência pessoal da sentença arbitral, salvo se outro prazo for acordado entre as partes, a parte interessada, mediante comunicação à outra parte, poderá solicitar ao árbitro ou ao tribunal arbitral que: (*Nova redação determinada pela Lei 13.129, de 26.05.2015, em vigor após 60 dias de sua publicação*).

I – corrija qualquer erro material da sentença arbitral;

II – esclareça alguma obscuridade, dúvida ou contradição da sentença arbitral, ou se pronuncie sobre ponto omitido a respeito do qual devia manifestar-se a decisão.

Parágrafo único. O árbitro ou o tribunal arbitral decidirá no prazo de 10 (dez) dias ou em prazo acordado com as partes, aditará a sentença arbitral e notificará as partes na forma do art. 29. (*Nova redação determinada pela Lei 13.129, de 26.05.2015, em vigor após 60 dias de sua publicação*).

Art. 31. A sentença arbitral produz, entre as partes e seus sucessores, os mesmos efeitos da sentença proferida pelos órgãos do Poder Judiciário e, sendo condenatória, constitui título executivo.

REFERÊNCIA LEGISLATIVA

CPC/2015, art. 515, VII e CPC/1973, art. 475-N, IV.

JURISPRUDÊNCIA SELECIONADA

1. Atribuição à decisão arbitral de ato jurídico perfeito. "Arbitragem – Lei nº 9.307/96 – Inconstitucionalidade por violação ao artigo 5º, XXXV, da Constituição Federal – Afastamento – Preceito constitucional que não impede a renúncia das partes a submeter-se a questão litigiosa à apreciação judicial, a qual não excluída, porém, a manifestar-se sobre a validade do ato – Direito patrimonial disponível – Obediência ao *pacta sunt servanda* – Transação entre as partes que atribui à decisão do laudo arbitral efeitos de ato jurídico perfeito" (TJSP, AI 124.217-4/SP, Rel. Rodrigues de Carvalho, 5ª Câmara de Dir. Priv., jul. 16.09.1999).

Art. 32. É nula a sentença arbitral se:

I – for nula a convenção de arbitragem; (*Nova redação determinada pela Lei 13.129, de 26.05.2015, em vigor após 60 dias de sua publicação*).

II – emanou de quem não podia ser árbitro;

III – não contiver os requisitos do art. 26 desta Lei;

IV – for proferida fora dos limites da convenção de arbitragem;

V – Revogado pela Lei 13.129, de 26.05.2015, em vigor após 60 dias de sua publicação.

VI – comprovado que foi proferida por prevaricação, concussão ou corrupção passiva;

VII – proferida fora do prazo, respeitado o disposto no art. 12, inciso III, desta Lei; e

VIII – forem desrespeitados os princípios de que trata o art. 21, § 2º, desta Lei.

Art. 33. A parte interessada poderá pleitear ao órgão do Poder Judiciário competente a declaração de nulidade da sentença arbitral, nos casos previstos nesta Lei. (*Nova redação determinada pela Lei 13.129, de 26.05.2015, em vigor após 60 dias de sua publicação*).

§ 1º A demanda para a declaração de nulidade da sentença arbitral, parcial ou final, seguirá as regras do procedimento comum, previstas na Lei nº 5.869, de 11 de janeiro de 1973 (Código de Processo Civil), e deverá ser proposta no prazo de até 90 (noventa) dias após o recebimento da notificação da respectiva sentença, parcial ou final, ou da decisão do pedido de esclarecimentos. (*Nova redação determinada pela Lei 13.129, de 26.05.2015, em vigor após 60 dias de sua publicação*).

§ 2º A sentença que julgar procedente o pedido declarará a nulidade da sentença arbitral, nos casos do art. 32, e determinará, se for o caso, que o árbitro ou o tribunal profira nova sentença arbitral. (*Nova redação determinada pela Lei 13.129, de 26.05.2015, em vigor após 60 dias de sua publicação*).

§ 3º A decretação da nulidade da sentença arbitral também poderá ser requerida na impugnação ao cumprimento da sentença, nos termos dos arts. 525 e seguintes do Código de Processo Civil, se houver execução judicial. (Redação dada pela Lei nº 13.105, de 2015)

§ 4º A parte interessada poderá ingressar em juízo para requerer a prolação de sentença arbitral complementar, se o árbitro não decidir todos os pedidos submetidos à arbitragem. (*Incluído pela Lei 13.129, de 26.05.2015, em vigor após 60 dias de sua publicação*).

BREVES COMENTÁRIOS

A lei distingue os regimes das nulidades absolutas e das nulidades relativas (§ 2º do art. 33). Os casos de nulidade absoluta ou de inexistência não se sujeitam ao prazo decadencial do § 1º. A exceção de nulidade não prescreve e pode ser invocada sempre que o credor tome a iniciativa de executar a sentença.

INDICAÇÃO DOUTRINÁRIA

Tiago Ravazzi Ambrizzi, Reflexões sobre o controle judicial da sentença arbitral, *RePro* 214/298.

JURISPRUDÊNCIA SELECIONADA

1. Ação anulatória de sentença parcial arbitral. Cabimento. "A ação anulatória destinada a infirmar a sentença parcial arbitral – único meio admitido de impugnação do *decisum* – deve ser intentada de imediato, sob pena de a questão decidida tornar-se imutável, porquanto não mais passível de anulação pelo Poder Judiciário, a obstar, por conseguinte, que o Juízo arbitral profira nova decisão sobre a matéria. Não há, nessa medida, nenhum argumento idôneo a autorizar a compreensão de que a impugnação ao comando da sentença parcial arbitral, por meio da competente ação anulatória, poderia ser engendrada somente por ocasião da prolação da sentença arbitral final. Tal incumbência decorre da própria lei de regência (Lei n. 9.307/1996, inclusive antes das alterações promovidas pela Lei n. 13.129/2015), que, no art. 33, estabelece o prazo decadencial de 90 (noventa dias) para anular a sentença arbitral. Compreendendo-se sentença arbitral como gênero, do qual a parcial e a final são espécies, o prazo previsto no aludido dispositivo legal aplica-se a estas, indistintamente". (STJ, REsp 1543564/SP, Rel. Min. Marco Aurélio Bellizze, 3ª Turma, jul. 25.09.2018, *DJe* 01.10.2018)

2. Impugnação ao cumprimento de sentença arbitral. Vícios elencados no art. 32. Prazo decadencial de 90 dias. "O propósito recursal consiste em decidir acerca da aplicação do prazo decadencial de 90 (noventa) dias, previsto no art. 33, § 1º, da Lei 9.307/96, à impugnação ao cumprimento de sentença arbitral. A declaração de nulidade da sentença arbitral pode ser pleiteada, judicialmente, por duas vias: (i) ação declaratória de nulidade de sentença arbitral (art. 33, § 1º, da Lei 9.307/96) ou (ii) impugnação ao cumprimento de sentença arbitral (art. 33, § 3º, da Lei 9.307/96). Se a declaração de invalidade for requerida por meio de ação própria, há também a imposição de prazo decadencial. Esse prazo, nos termos do art. 33, § 1º, da Lei de Arbitragem, é de 90 (noventa) dias. Sua aplicação, reitera-se, é restrita ao direito de obter a declaração de nulidade devido à ocorrência de qualquer dos vícios taxativamente elencados no art. 32 da referida norma. Assim, embora a nulidade possa ser suscitada em sede de impugnação ao cumprimento de sentença arbitral, se a execução for ajuizada após o decurso do prazo decadencial da ação de nulidade, a defesa da parte executada fica limitada às matérias especificadas pelo art. 525, § 1º, do CPC, sendo vedada a invocação de nulidade da sentença com base nas matérias definidas no art. 32 da Lei 9.307/96" (STJ, REsp 1.900.136/SP, Rel. Min. Nancy Andrighi, 3ª Turma, jul. 06.04.2021, *DJe* 15.04.2021).

3. Sentença arbitral. Nulidades. Prazo decadencial. Posterior impugnação ao cumprimento de sentença. Impossibilidade. "A Lei de Arbitragem, atenta a essa premência, estabelece, para tal desiderato, o manejo de ação anulatória (art. 33, *caput*) e, em havendo o ajuizamento de execução de sentença arbitral (art. 33, § 3º), de impugnação ao seu cumprimento, desde que observado, em ambos os casos, o prazo decadencial nonagesimal. Sem respaldo legal, e absolutamente em descompasso com a inerente celeridade do procedimento arbitral, supor que a parte sucumbente, única interessada em infirmar a validade da sentença arbitral, possa, apesar de não promover a ação anulatória no prazo de 90 (noventa) dias, manejar a mesma pretensão anulatória, agora em impugnação à execução ajuizada em momento posterior a esse lapso, sobretudo porque, a essa altura, o direito potestativo (de anular) já terá se esvaído pela decadência. Precedente específico desta Terceira Turma" (STJ, REsp 1.862.147/MG, Rel. Min. Marco Aurélio Bellizze, 3ª Turma, jul. 14.09.2021, *DJe* 20.09.2021).

4. Alegação de nulidade. Impugnação ao cumprimento de sentença ou ação de nulidade. Prazo decadencial de 90 dias. "As vias predispostas para impugnar sentenças arbitrais são, sobretudo, duas, a saber: a) a impugnação ao cumprimento de sentença (art. 33, § 3º, da Lei 9.307/96); e b) a ação de nulidade (art. 33, § 1º, da Lei 9.307/96). Se a declaração de nulidade com fundamento nas hipóteses taxativas previstas no art. 32 da Lei de Arbitragem for pleiteada por meio de ação própria, impõe-se o respeito ao prazo decadencial de 90 (noventa) dias, contado do recebimento da notificação da respectiva sentença, parcial ou final, ou da decisão do pedido de esclarecimentos. A escolha entre a ação de nulidade e a impugnação ao cumprimento de sentença em nada interfere na cristalização ou não da decadência, de modo que, escoado o prazo de 90 (noventa) dias para o ajuizamento da ação de nulidade, não poderá a parte suscitar as hipóteses de nulidade previstas no art. 32 da Lei de Arbitragem pela via da impugnação, pois o poder formativo já haverá sido fulminado pela decadência, instituto que pertence ao Direito Material" (STJ, REsp 1.928.951/TO, Rel. Min. Nancy Andrighi, 3ª Turma, jul. 15.02.2022, *DJe* 18.02.2022).

Capítulo VI
DO RECONHECIMENTO E EXECUÇÃO DE SENTENÇAS ARBITRAIS ESTRANGEIRAS

REFERÊNCIA LEGISLATIVA

Decreto nº 4.311, de 23.07.2002 (promulga a Convenção sobre o Reconhecimento e a Execução de Sentenças Arbitrais Estrangeiras).

Art. 34. A sentença arbitral estrangeira será reconhecida ou executada no Brasil de conformidade com os tratados internacionais com eficácia no ordenamento interno e, na sua ausência, estritamente de acordo com os termos desta Lei.

Parágrafo único. Considera-se sentença arbitral estrangeira a que tenha sido proferida fora do território nacional.

JURISPRUDÊNCIA SELECIONADA

1. Nacionalidade das sentenças arbitrais. "No ordenamento jurídico pátrio, elegeu-se o critério geográfico (*ius solis*) para determinação da nacionalidade das sentenças arbitrais, baseando-se exclusivamente no local onde a decisão for proferida (art. 34, parágrafo único, da Lei nº 9.307/96). Na espécie, o fato de o requerimento para instauração do procedimento arbitral ter sido apresentado à Corte Internacional de Arbitragem da Câmara de Comércio Internacional não tem o condão de alterar a nacionalidade dessa sentença, que permanece brasileira. Sendo a sentença arbitral em comento de nacionalidade brasileira, constitui, nos termos dos arts. 475-N, IV, do CPC e 31 da Lei da Arbitragem, título executivo idôneo para embasar a ação de execução da qual o presente recurso especial se origina, razão pela qual é desnecessária a homologação por esta Corte" (STJ, REsp 1.231.554/RJ, Rel.ª Min.ª Nancy Andrighi, 3ª Turma, jul. 24.05.2011, *DJe* 01.06.2011).

Art. 35. Para ser reconhecida ou executada no Brasil, a sentença arbitral estrangeira está sujeita, unicamente, à homologação do Superior Tribunal de Justiça. (*Nova redação determinada pela Lei 13.129, de 26.05.2015, em vigor após 60 dias de sua publicação*).

BREVES COMENTÁRIOS

A Emenda Constitucional nº 45, de 30.12.2004, que alterou o art. 105, I, "i", da CF/1988, atribuiu ao STJ a competência para a homologação de sentença estrangeira. Veja: "Art. 105. Compete ao Superior Tribunal de Justiça. I – processar e julgar originariamente: i) a homologação de sentenças estrangeiras e a concessão de 'exequatur' às cartas rogatórias".

Art. 36. Aplica-se à homologação para reconhecimento ou execução de sentença arbitral estrangeira, no que couber, o disposto nos arts. 483 e 484 do Código de Processo Civil.

Art. 37. A homologação de sentença arbitral estrangeira será requerida pela parte interessada, devendo a petição inicial conter as indicações da lei processual, conforme o art. 282 do Código de Processo Civil, e ser instruída, necessariamente, com:

I – o original da sentença arbitral ou uma cópia devidamente certificada, autenticada pelo consulado brasileiro e acompanhada de tradução oficial;

II – o original da convenção de arbitragem ou cópia devidamente certificada, acompanhada de tradução oficial.

JURISPRUDÊNCIA SELECIONADA

1. Inciso II. "O requerimento de homologação de sentença arbitral estrangeira deve ser instruído com a convenção de arbitragem, sem a qual não se pode aferir a competência do juízo prolator da decisão (Lei nº 9.307, artigos 37, II, e 39, II; RISTF, artigo 217, I). 2. Contrato de compra e venda não assinado pela parte compradora e cujos termos não induzem a conclusão de que houve pactuação de cláusula compromissória, ausentes, ainda, quaisquer outros documentos escritos nesse sentido. Falta de prova quanto à manifesta declaração autônoma de vontade da requerida de renunciar à jurisdição estatal em favor da particular. 3. Não demonstrada a competência do juízo que proferiu a sentença estrangeira, resta inviabilizada sua homologação pelo Supremo Tribunal Federal. Pedido indeferido" (STF, SEC 6.753/UK, Rel. Min. Maurício Corrêa, Tribunal Pleno, *DJ* 04.10.2002). **Observação: jurisprudência anterior à Emenda Constitucional nº 45, que alterou a competência para homologação de sentença estrangeira, atribuindo-a ao STJ. Não obstante, o entendimento expresso na jurisprudência permanece o mesmo.**

Sentença estrangeira contestada. Juízo arbitral. Ausência de prova quanto a sua eleição (inciso II). "Trazida aos autos a prova da convenção de arbitragem, não é possível homologar-se laudo arbitral" (STJ, SEC 885/US, Rel. Min. Francisco Falcão, Corte Especial, jul. 02.08.2010, *DJe* 10.09.2010).

Cláusula compromissória. Ausência de assinatura. "'A inequívoca demonstração da manifestação de vontade de a parte aderir e constituir o Juízo arbitral ofende à ordem pública, porquanto afronta princípio insculpido em nosso ordenamento jurídico, que exige aceitação expressa das partes por submeterem a solução dos conflitos surgidos nos negócios jurídicos contratuais privados arbitragem.' (SEC nº 967/GB, Relator Ministro José Delgado, in *DJ* 20/3/2006). A falta de assinatura na cláusula de eleição do juízo arbitral contida no contrato de compra e venda, no seu termo aditivo e na indicação de árbitro em nome da requerida **exclui a pretensão homologatória**, enquanto ofende o artigo 4º, parágrafo 2º, da Lei nº 9.307/96, o princípio da autonomia da vontade e a ordem pública brasileira" (STJ, SEC 978/GB, Rel. Min. Hamilton Carvalhido, Corte Especial, jul. 17.12.2008, *DJe* 05.03.2009).

Art. 38. Somente poderá ser negada a homologação para o reconhecimento ou execução de sentença arbitral estrangeira, quando o réu demonstrar que:

I – as partes na convenção de arbitragem eram incapazes;

II – a convenção de arbitragem não era válida segundo a lei à qual as partes a submeteram, ou, na falta de indicação, em virtude da lei do país onde a sentença arbitral foi proferida;

III – não foi notificado da designação do árbitro ou do procedimento de arbitragem, ou tenha sido violado o princípio do contraditório, impossibilitando a ampla defesa;

IV – a sentença arbitral foi proferida fora dos limites da convenção de arbitragem, e não foi possível separar a parte excedente daquela submetida à arbitragem;

V – a instituição da arbitragem não está de acordo com o compromisso arbitral ou cláusula compromissória;

VI – a sentença arbitral não se tenha, ainda, tornado obrigatória para as partes, tenha sido anulada, ou, ainda, tenha sido suspensa por órgão judicial do país onde a sentença arbitral for prolatada.

JURISPRUDÊNCIA SELECIONADA

1. Limites do controle judicial. Aspectos Formais. "Sentença arbitral estrangeira proferida por órgão competente (erigido pelas partes em cláusula compromissória inserida em contrato de licenciamento), traduzida para o vernáculo, reconhecida pelo Consulado brasileiro e transitada em julgado. **O ato homologatório da sentença estrangeira limita-se à análise dos requisitos formais, sendo incabível o exame do mérito da decisão estrangeira, para ter efeito no território nacional.**" (STJ, SEC 6.365/EX, Rel.ª Min.ª Eliana Calmon, Corte Especial, jul. 06.02.2013, *DJe* 28.02.2013). **No mesmo sentido:** STJ, SEC 760/EX, Rel. Min. Felix Fischer, Corte Especial, jul. 19.06.2006, *DJ* 28.08.2006, p. 199; *RBAr* 16/116; STJ, SEC 507/EX, Rel. Min. Gilson Dipp, Corte Especial, jul. 18.10.2006, *DJ* 13.11.2006, p. 204.

"As disposições contidas no art. 38 da Lei nº 9.307/96 apresentam um campo mais largo das situações jurídicas que podem ser apresentadas na contestação, em relação à prevista no art. 221 do RISTF, mas não chega ao ponto de permitir a invasão da esfera de mérito da sentença homologanda" (STJ, SEC 611/EX, Rel. Min. João Otávio de Noronha, Corte Especial, jul. 23.11.2006, *DJ* 11.12.2006, p. 291; *RBAr* 16/106).

2. Validade de cláusula arbitral (inciso II). "A propositura de ação, no Brasil, discutindo a validade de cláusula arbitral porque inserida, sem destaque, em contrato de adesão, não impede a homologação de sentença arbitral estrangeira que, em procedimento instaurado de acordo com essa cláusula, reputou-a válida. (...) Se um dos elementos que impediria o deferimento do pedido de homologação de sentença estrangeira é o fato de haver, no Brasil, uma sentença transitada em julgado sobre o mesmo objeto, suspender a homologação até que se julgue uma ação no país implicaria adiantar o fato ainda inexistente, para dele extrair efeitos que, presentemente, ele não tem" (STJ, AgRg na SEC 854/EX, Rel. Min. Luiz Fux, Rel. p/ Acórdão Min.ª Nancy Andrighi, Corte Especial, jul. 16.02.2011, *DJe* 14.04.2011).

3. Ação anulatória da sentença arbitral. "A existência de ação anulatória da sentença arbitral estrangeira em trâmite nos tribunais pátrios não constitui impedimento à homologação da sentença alienígena, não havendo ferimento à soberania nacional, hipótese que exigiria a existência de decisão pátria relativa às mesmas questões resolvidas pelo Juízo arbitral. A Lei nº 9.307/96, no § 2º do seu art. 33, estabelece que a sentença que julgar procedente o pedido de anulação determinará que o árbitro ou tribunal profira novo laudo, o que significa ser defeso ao julgador proferir sentença substitutiva à emanada do Juízo arbitral. Daí a inexistência de decisões conflitantes.3. Sentença arbitral estrangeira homologada" (STJ, SEC 611/EX, Rel. Min. João Otávio de Noronha, Corte Especial, jul. 23.11.2006, *DJ* 11.12.2006, p. 291; *RBAr* 16/106).

4. Homologação contestada. Honorários. "O ato homologatório da sentença estrangeira limita-se à análise dos seus requisitos formais. Isto significa dizer que o objeto da delibação na ação de homologação de sentença estrangeira não se confunde com aquele do processo que deu origem à decisão alienígena, não possuindo conteúdo econômico. É no processo de execução, a ser instaurado após a extração da carta de sentença, que poderá haver pretensão de cunho econômico. VIII – Em grande parte dos processos de homologação de sentença estrangeira – mais especificamente aos que se referem a sentença arbitral – o valor atribuído à causa corresponde ao conteúdo econômico da sentença arbitral, geralmente de grande monta. Assim, quando for contestada a homologação, a eventual fixação da verba honorária em percentual sobre o valor da causa pode mostrar-se exacerbada. IX – Na hipótese de sentença estrangeira contestada, por não haver condenação, a fixação da verba honorária deve ocorrer nos moldes do art. 20, § 4º do Código de Processo Civil, devendo ser observadas as alíneas do §3º do referido artigo. Ainda, consoante o entendimento desta Corte, neste caso, não está o julgador adstrito ao percentual fixado no referido § 3º. X – Pedido de homologação deferido" (STJ, SEC 507/EX, Rel. Min. Gilson Dipp, Corte Especial, jul. 18.10.2006, *DJ* 13.11.2006, p. 204).

5. Ação anulatória de procedimento arbitral. Instituição arbitral. Ilegitimidade passiva. "A instituição arbitral, por ser simples administradora do procedimento arbitral, não possui interesse processual nem legitimidade para integrar o polo passivo da ação que busca a sua anulação". (STJ, REsp 1433940/MG, Rel. Min. Ricardo Villas Bôas Cueva, 3ª Turma, jul. 26.09.2017, *DJe* 02.10.2017).

6. Sentença arbitral estrangeira contestada. Impossibilidade de análise do mérito da relação de direito material. "O controle judicial da homologação da sentença arbitral estrangeira está limitado aos aspectos previstos nos arts. 38 e 39 da Lei n. 9.307/1996, não podendo ser apreciado o mérito da relação de direito material afeto ao objeto da sentença homologanda. Os argumentos colacionados pela requerida, segundo os quais 'a tese de que o direito de sub-rogação da Seguradora é contratual, estabelecendo a transferência de direitos à Mitsui, é inválida, aos olhos da lei nacional, pois os direitos da seguradora impõem-se *ex vi legis* e não *ex vi voluntate*', bem como de que 'a r. sentença proferida pelo Tribunal Arbitral, verdadeiro *erro in judicando*, produziu, com a devida vênia, aberração jurídica', são típicos de análise meritória, descabidos no âmbito deste pedido de homologação" (STJ, SEC 14.930/EX, Rel. Min. Og Fernandes, Corte Especial, jul. 15.05.2019, *DJe* 27.06.2019).

Art. 39. A homologação para o reconhecimento ou a execução da sentença arbitral estrangeira também será denegada se o Superior Tribunal de Justiça constatar que: *(Nova redação determinada pela Lei 13.129, de 26.05.2015, em vigor após 60 dias de sua publicação)*

I – segundo a lei brasileira, o objeto do litígio não é suscetível de ser resolvido por arbitragem;

II – a decisão ofende a ordem pública nacional.

Parágrafo único. Não será considerada ofensa à ordem pública nacional a efetivação da citação da parte residente ou domiciliada no Brasil, nos moldes da convenção de arbitragem ou da lei processual do país onde se realizou a arbitragem, admitindo-se, inclusive, a citação postal com prova inequívoca de recebimento, desde que assegure à parte brasileira tempo hábil para o exercício do direito de defesa.

JURISPRUDÊNCIA SELECIONADA

1. Ofensa à ordem pública. Inexistência da convenção de arbitragem. "O controle judicial da sentença arbitral estrangeira está limitado a aspectos de ordem formal, não podendo ser apreciado o mérito do arbitramento. II – Não há nos autos elementos seguros que comprovem a aceitação de cláusula compromissória por parte da requerida. III – A decisão homologanda ofende a ordem pública nacional, uma vez que o reconhecimento da competência do juízo arbitral depende da existência de convenção de arbitragem (art. 37, II, c/c art. 39, II, da Lei nº 9.307/96). Precedente do c. Supremo Tribunal Federal. IV – *In casu*, a requerida apresentou defesa no juízo arbitral alegando, preliminarmente, a incompetência daquela instituição, de modo que não se pode ter como aceita a convenção de arbitragem, ainda que tacitamente. Homologação indeferida" (STJ, SEC 866/EX, Rel. Min. Felix Fischer, Corte Especial, jul. 17.05.2006, *DJ* 16.10.2006, p. 273).

2. Exceção do contrato não cumprido. Ausência de ofensa à ordem pública. "A Eg. Corte Especial deste Tribunal já se manifestou no sentido de que a questão referente à discussão acerca da regra da exceção do contrato não cumprido não tem natureza de ordem pública, não se vinculando ao conceito de soberania nacional. Ademais, o tema refere-se especificamente ao mérito da sentença homologanda, sendo inviável sua análise na presente via. VII – O ato homologatório da sentença estrangeira limita-se à análise dos seus requisitos formais. Isto significa dizer que o objeto da delibação na ação de homologação de sentença estrangeira não se confunde com aquele do processo que deu origem à decisão alienígena, não possuindo conteúdo econômico. É no processo de execução, a ser instaurado após a extração da carta de sentença, que poderá haver pretensão de cunho econômico. VIII – Em grande parte dos processos de homologação de sentença estrangeira – mais especificamente aos que se referem a sentença arbitral – o valor atribuído à causa corresponde ao conteúdo econômico da sentença arbitral, geralmente de grande monta. Assim, quando for contestada a homologação, a eventual fixação da verba honorária em percentual sobre o valor da causa pode mostrar-se exacerbada. IX – Na hipótese de sentença estrangeira contestada, por não haver condenação, a fixação da verba honorária deve ocorrer nos moldes do art. 20, § 4º do Código de Processo Civil, devendo ser observadas as alíneas do § 3º do referido artigo. Ainda, consoante o entendimento desta Corte, neste caso, não está o julgador adstrito ao percentual fixado no referido § 3º. X – Pedido de homologação deferido" (STJ, SEC 507/EX, Rel. Min. Gilson Dipp, Corte Especial, jul. 18.10.2006, *DJ* 13.11.2006, p. 204).

3. Citação da parte nos moldes da convenção de arbitragem ou da lei processual. Possibilidade (parágrafo único). "Nos termos do art. 39, parágrafo único, da Lei de Arbitragem, é descabida a alegação, *in casu*, de necessidade de citação por meio de carta rogatória ou de ausência de citação, ante a comprovação de que o requerido foi comunicado acerca do início do procedimento de arbitragem, bem como dos atos ali realizados, tanto por meio das empresas de serviços de *courier*, como também via correio eletrônico e fax" (STJ, SEC 3.660/GB, Rel. Min. Arnaldo Esteves Lima, Corte Especial, jul. 28.05.2009, *DJe* 25.06.2009).

"Nos termos do art. 39, parágrafo único, da Lei nº 9.307/96, é descabida a alegação de cerceamento de defesa, sendo a requerida notificada **por meio de correio eletrônico, serviço de *courier* e fax**, tanto da instauração do processo arbitral quanto do desenrolar do mencionado feito." (STJ, SEC 6.365/EX, Rel.ª Min.ª Eliana Calmon, Corte Especial, jul. 06.02.2013, *DJe* 28.02.2013)

"A ausência de decisão sobre os dispositivos legais supostamente violados, não obstante a interposição de embargos de declaração, impede o conhecimento do recurso especial. Incidência da Súmula 211/STJ. [...] Tanto a doutrina como a jurisprudência já sinalizaram no sentido de que não existe óbice legal na estipulação da arbitragem pelo poder público, notadamente pelas sociedades de economia mista, admitindo como válidas as cláusulas compromissórias previstas em editais convocatórios de licitação e contratos. [...] A cláusula de eleição de foro não é incompatível com o juízo arbitral, pois o âmbito de abrangência pode ser distinto, havendo necessidade de atuação do Poder Judiciário, por exemplo, para a concessão de medidas de urgência; execução da sentença arbitral; instituição da arbitragem quando uma das partes não a aceita de forma amigável" (STJ, REsp 904.813/PR, Rel. Min. Nancy Andrighi, 3ª Turma, jul. 20.10.2011, *DJe* 28.02.2012).

Art. 40. A denegação da homologação para reconhecimento ou execução de sentença arbitral estrangeira por vícios formais, não obsta que a parte interessada renove o pedido, uma vez sanados os vícios apresentados.

Capítulo VII
DISPOSIÇÕES FINAIS

Art. 41. Os arts. 267, inciso VII; 301, inciso IX; e 584, inciso III, do Código de Processo Civil passam a ter a seguinte redação:

(...)

Observação: já foram integradas ao Código de Processo Civil as modificações aqui indicadas.

Atualmente o CPC/2015 trata do assunto nos arts. 485, VII; 337, X e 515, III.

JURISPRUDÊNCIA SELECIONADA

1. Extinção do processo. "Processual civil. Recurso especial. Cláusula arbitral. Lei de Arbitragem. Aplicação imediata. Extinção do processo sem julgamento de mérito. Contrato internacional. Protocolo de Genebra de 1923. Com a alteração do art. 267, VII, do CPC pela Lei de Arbitragem, a pactuação tanto do compromisso como da cláusula arbitral passou a ser considerada hipótese de extinção do processo sem julgamento do mérito. – Impõe-se a extinção do processo sem julgamento do mérito se, quando invocada a existência de cláusula arbitral, já vigorava a Lei de Arbitragem, ainda que o contrato tenha sido celebrado em data anterior à sua vigência, pois, as normas processuais têm aplicação imediata. – Pelo Protocolo de Genebra de 1923, subscrito pelo Brasil, a eleição de compromisso ou cláusula arbitral imprime às partes contratantes a obrigação de submeter eventuais conflitos à arbitragem, ficando afastada a solução judicial. Nos contratos internacionais, devem prevalecer os princípios gerais de direito internacional em detrimento da normatização específica de cada país, o que justifica a análise da cláusula arbitral sob a ótica do Protocolo de Genebra de 1923. Precedentes. Recurso especial parcialmente conhecido e improvido" (STJ, REsp 712.566/RJ, Rel.ª Min.ª Nancy Andrighi, 3ª Turma, jul. 18.08.2005, *DJ* 05.09.2005, p. 407).

Art. 42. O art. 520 do Código de Processo Civil passa a ter mais um inciso, com a seguinte redação:

(...)

Observação: já integrada ao Código de Processo Civil a modificação aqui indicada.

Art. 43. Esta Lei entrará em vigor sessenta dias após a data de sua publicação.*

BREVES COMENTÁRIOS

Direito intertemporal. A despeito da vacilação inicial dos pronunciamentos sobre a aplicabilidade imediata da Lei de Arbitragem a acordos firmados antes de sua vigência, o Superior Tribunal de Justiça já pacificou a questão, firmando acertadamente a jurisprudência no sentido de que as regras legais veiculadas nesse diploma não regulam apenas procedimento, de tal sorte que afetariam relações obrigacionais (direito material) constituídas no passado. Daí reger a questão a norma constitucional da irretroatividade da lei, em guarida do ato jurídico perfeito. É de se ressaltar que o Min. Carlos Alberto Menezes direito ressalvou a hipótese da convenção arbitral em contratos internacionais, onde não se faz, antes mesmo da nova lei, distinção de ordem prática entre cláusula compromissória e compromisso, por força do Protocolo de Genebra de 1923 (REsp 238.174/SP, *RDDP*, vol. 5, p. 132-133).

JURISPRUDÊNCIA SELECIONADA

1. "Direito Civil e Direito Processual Civil. Contrato. Cláusula compromissória. Lei nº 9.307/96. Irretroatividade. I - A Lei nº 9.307/96, sejam considerados os dispositivos de direito material, sejam os de direito processual, não pode retroagir para atingir os efeitos do negócio jurídico perfeito. Não se aplica, pois, aos contratos celebrados antes do prazo de seu art. 43. II - Recurso especial conhecido, mas desprovido" (STJ, REsp 238.174/SP, Rel. Min. Antônio de Pádua Ribeiro, 3ª Turma, jul. 06.05.2003, *DJ* 16.06.2003, p. 333).

2. Contratos anteriores a Lei de Arbitragem. "Cláusula arbitral assumida em contrato anterior ao advento da Lei nº 9.307/96 - Ato que representa a simples promessa de constituir o juízo arbitral, sem força de impedir que as partes pleiteiem seus direitos no Juízo comum - Inteligência do art. 5º, XXXV, da CF" (TJSP, Ap. 083.125-4/2, 3ª Câmara Cível, jul. 01.12.1998, Rel. Des. Ênio Santarelli Zuliani, *RT* 763/210).

Art. 44. Ficam revogados os arts. 1.037 a 1.048 da Lei nº 3.071, de 1º de janeiro de 1916, Código Civil Brasileiro; os arts. 101 e 1.072 a 1.102 da Lei nº 5.869, de 11 de janeiro de 1973, Código de Processo Civil; e demais disposições em contrário.

BREVES COMENTÁRIOS

As alterações na Lei nº 3.071, de 01.01.1916, deixam de vigorar, em função da revogação desta pela Lei nº 10.406, de 10.01.2002.

JURISPRUDÊNCIA SELECIONADA

1. Não revogação do art. 1.102 do CPC. Interpretação teleológica. "A Lei nº 9.307/96, ao revogar, em seu art. 44, os arts. 1.072 a 1.102 do CPC, relativos ao juízo arbitral, não atingiu os preceitos que tratam da ação monitória, compreendidos nos arts. 1.102-A a 1.102-C, cujo procedimento não apresenta qualquer correlação com o da arbitragem. O desdobramento do art. 1.102 do CPC denota o intuito do legislador de inserir o procedimento monitório nas espécies de procedimentos de jurisdição contenciosa, sem ter que modificar a estrutura do Código, mantendo-se a sistemática processual, na análise da lei processual, e de extrema relevância a interpretação sistemática, devendo ser afastado o entendimento que se apegue exclusivamente a literalidade do texto legal, com total desprezo pela intenção do legislador" (TAMG, Ap. Cível 0237232-3, Rel. Edivaldo George, 2ª Câmara Cível, jul. 10.06.1997, *RJTAMG* 67/388).

Brasília, 23 de setembro de 1996; 175º da Independência e 108º da República.

FERNANDO HENRIQUE CARDOSO

* Publicada no *DOU* de 24.09.1996.

ARGUIÇÃO DE DESCUMPRIMENTO DE PRECEITO FUNDAMENTAL

LEI Nº 9.882, DE 3 DE DEZEMBRO DE 1999

Dispõe sobre o processo e julgamento da arguição de descumprimento de preceito fundamental, nos termos do § 1º do art. 102 da Constituição Federal.

INDICAÇÃO DOUTRINÁRIA

André Ramos Tavares, *Tratado de arguição de preceito fundamental: lei nº 9.868/99 e Lei nº 9.882/99*, São Paulo, Saraiva, 2001; André Ramos Tavares, Walter Claudius Rothenburg (org.). *Arguição de descumprimento de preceito fundamental: análises à luz da Lei nº 9.882/99*, São Paulo, Atlas, 2001; Carlos Mário da Silva Velloso, A arguição de descumprimento de preceito fundamental, in: Ives Gandra da Silva Martins (coord.), *Direito contemporâneo: estudos em homenagem a Oscar Dias Corrêa*, Rio de Janeiro, Forense Universitária, 2001; Cibele Fernandes Dias, Clèmerson Merlin Clève. Algumas considerações em torno da arguição de descumprimento de preceito fundamental, in: José Adércio Leite Sampaio, Álvaro Ricardo de Souza Cruz (coord.), *Hermenêutica e jurisdição constitucional*, Belo Horizonte, Del Rey, 2001; Daniel Sarmento. Apontamentos sobre a arguição de descumprimento de preceito fundamental, *Revista de Direito Administrativo*, nº 224, p. 95-116, abr.-jun. 2001; Edilson Pereira Nobre Júnior, *Direitos fundamentais e arguição de descumprimento de preceito fundamental*, Porto Alegre, Fabris, 2004; Francisco Wildo Lacerda Dantas, Jurisdição constitucional: ação e processo de arguição de descumprimento de preceito fundamental, *Revista dos Tribunais* 783/115; Gilmar Ferreira Mendes, Origem e perspectivas da arguição de descumprimento de preceito fundamental, *in* Ives Gandra da Silva Martins (coord.), *Direito contemporâneo: estudos em homenagem a Oscar Dias Correa*, Rio de Janeiro, Forense Universitária, 2001; Helder Martinez Dal Col, Preceito fundamental: o significado da expressão preceito fundamental no âmbito da arguição de descumprimento de preceito fundamental prevista no artigo 102, § 1º, da CF, *Revista Síntese de Direito Civil e Processual Civil*, nº 12, p. 135-48, jul.-ago. 2001; José da Silva Pacheco, *O mandado de segurança e outras ações constitucionais típicas*, 4. ed. rev., atual. e ampl., São Paulo, RT, 2002; José Néri da Silveira, Aspectos da definição e objeto da arguição de descumprimento de preceito fundamental, *Revista Brasileira de Direito Constitucional*, nº 1, p. 181-192, jan.-jun. 2003; Lenio Luiz Streck, Os meios e o acesso do cidadão à jurisdição constitucional, a arguição de descumprimento de preceito fundamental e a crise de efetividade da constituição brasileira, *in* José Adércio Leite Sampaio, Álvaro Ricardo de Souza Cruz (coord.), *Hermenêutica e jurisdição constitucional*, Belo Horizonte, Del Rey, 2001; Luís Roberto Barroso, *O controle de constitucionalidade no direito brasileiro: exposição sistemática da doutrina e análise crítica da jurisprudência*, São Paulo, Saraiva, 2004; Maria Cristina Zainaghi, Arguição de descumprimento de preceito fundamental, *Revista Forense* 373/435; Oswaldo Othon de Pontes Saraiva Filho, Arguição de descumprimento de preceito fundamental, *Revista Jurídica*, nº 279, p. 64-76, jan. 2001; Pedro Loula, Teresa Melo, Arguição de descumprimento de preceito fundamental: novo mecanismo de tutela das normas constitucionais?, *Revista de Processo*, nº 104, p. 175-90, out.-dez. 2001; Renato de Lima Castro, Conteúdo e extensão de preceito fundamental na arguição de descumprimento, *Revista Forense* 362/133; Roberto Armelin, Considerações sobre arguição de descumprimento de preceito fundamental, *in* Cristiano Chaves de Farias, Fredie Didier Jr. (coord.), *Procedimentos especiais: legislação extravagante*, São Paulo, Saraiva, 2003; Roberto Rosas, Arguição de descumprimento de preceito fundamental, *Revista Dialética de Direito Processual*, nº 21, p. 121-123, dez. 2004; Samantha Meyer Pflug, Da eficácia das decisões na arguição de descumprimento de preceito fundamental, *Revista do Advogado*, nº 73, p. 189-198, nov. 2003, Débora Soares Guimarães, A arguição de descumprimento de preceito fundamental, *Revista CEJ/Brasília* 49/27.

O Presidente da República:

Faço saber que o Congresso Nacional decreta e eu sanciono a seguinte Lei:

Art. 1º A arguição prevista no § 1º do art. 102 da Constituição Federal será proposta perante o Supremo Tribunal Federal, e terá por objeto evitar ou reparar lesão a preceito fundamental, resultante de ato do Poder Público.

Parágrafo único. Caberá também arguição de descumprimento de preceito fundamental:

I – quando for relevante o fundamento da controvérsia constitucional sobre lei ou ato normativo federal, estadual ou municipal, incluídos os anteriores à Constituição (*decisão liminar na ADIN 2.231/DF excluiu, da aplicação do dispositivo, controvérsia constitucional concretamente já posta em juízo*);

II – (VETADO).

JURISPRUDÊNCIA SELECIONADA

1. Competência exclusiva do STF. "Arguição de Descumprimento de Preceitos Fundamentais contidos nos arts. 14, inc. 9º, e 37, inc. 4º, da Constituição Federal por parte de Prefeito Municipal. Óbice ao seu processamento: incompetência do Superior Tribunal de Justiça (CF, arts. 102, § 1º e 105). Negado seguimento" (STJ, 5ª Turma, AGP 1.128/CE, Rel. Min. José Arnaldo da Fonseca, jul. 09.11.1999, *DJ* 06.12.1999, p. 102).

2. Natureza do ato impugnado. "Agravo regimental adversando decisão que negou seguimento a arguição de descumprimento de preceito fundamental, uma vez que, à luz da Lei nº 9.882/99, esta deve recair sobre ato do poder público não mais suscetível de alterações. A proposta de emenda à constituição não se insere na condição de ato do poder público pronto e acabado, porque ainda não ultimado o seu ciclo de formação. Ademais, o Supremo Tribunal Federal tem sinalizado no sentido de que a arguição de descumprimento de preceito fundamental veio a completar o sistema de controle objetivo de constitucionalidade. Assim, a impugnação de ato com tramitação ainda em aberto possui nítida feição de controle preventivo e abstrato de constitucionalidade, o qual não encontra suporte em norma constitucional-positiva. Agravo regimental desprovido" (STF, Pleno, ADPF 43, AgRg/DF, Rel. Min. Carlos Brito, jul. 20.11.2003, *DJ* 19.12.2003).

"Arguição de descumprimento de preceito fundamental. Lei nº 9882, de 3.12.1999, que dispõe sobre o processo e julgamento da referida medida constitucional. 2. Compete ao Supremo Tribunal Federal o juízo acerca do que se há de compreender, no sistema constitucional brasileiro, como preceito fundamental. 3. Cabimento da arguição de descumprimento de preceito fundamental. Necessidade de o requerente apontar a lesão ou ameaça de ofensa a preceito fundamental, e este, efetivamente, ser reconhecido como tal, pelo Supremo Tribunal Federal. 4. Arguição de descumprimento de preceito fundamental como instrumento de defesa da Constituição, em controle concentrado. 5. Arguição de descumprimento de preceito fundamental: distinção da ação direta de inconstitucionalidade e da ação declaratória de constitucionalidade. 6. O objeto da arguição de descumprimento de preceito fundamental há de ser 'ato do Poder Público' federal, estadual, distrital ou municipal, normativo ou não, sendo, também, cabível a medida judicial 'quando for relevante o fundamento da controvérsia sobre lei ou ato normativo federal, estadual ou municipal, incluídos os anteriores à Constituição'. 7. Na espécie, a inicial aponta como descumprido, por ato do Poder Executivo municipal do Rio de Janeiro, o preceito fundamental da 'separação de poderes', previsto no art. 2º da Lei Magna da República de 1988. O ato do indicado Poder Executivo municipal é veto aposto a dispositivo constante de projeto de lei aprovado pela Câmara Municipal da Cidade do Rio de Janeiro, relativo ao IPTU. 8. No processo legislativo, o ato de vetar, por motivo de inconstitucionalidade ou de contrariedade ao interesse público, e a deliberação legislativa de manter ou recusar o veto, qualquer seja o motivo desse juízo, compõem procedimentos que se hão de reservar à esfera de independência dos Poderes Políticos em apreço. 9. Não é, assim, enquadrável, em princípio, o veto, devidamente fundamentado, pendente de deliberação política do Poder Legislativo – que pode, sempre, mantê-lo ou recusá-lo, – no conceito de 'ato do Poder Público', para os fins do art. 1º da Lei nº 9.882/1999. Impossibilidade de intervenção antecipada do Judiciário, – eis que o projeto de lei, na parte vetada, não é lei, nem ato normativo, – poder que a ordem jurídica, na espécie, não confere ao Supremo Tribunal Federal, em via de controle concentrado. 10. Arguição de descumprimento de preceito fundamental não conhecida, porque não admissível, no caso concreto, em face da natureza do ato do Poder Público impugnado" (STF, Pleno, ADPF 1 QO/RJ, Rel. Min. Néri da Silveira, jul. 03.02.2000, *DJ* 07.11.2003, p. 82).

Sistema de controle objetivo de constitucionalidade. "Ademais, o Supremo Tribunal Federal tem sinalizado no sentido de que a arguição de descumprimento de preceito fundamental veio a completar o sistema de controle objetivo de constitucionalidade. Assim, a impugnação de ato com tramitação ainda em aberto possui nítida feição de controle preventivo e abstrato de constitucionalidade, o qual não encontra suporte em norma constitucional-positiva" (STF, ADPF 43 AGr, rel. min. Carlos Britto, tribunal pleno, jul.20.11.2003, *DJ* 19.12.2003).

3. Viabilização de política pública prevista na Constituição. "A ação constitucional em referência, considerado o contexto em exame, qualifica-se como instrumento idôneo e apto a viabilizar a concretização de políticas públicas, quando, previstas no texto da Carta Política, tal como sucede no caso (EC nº 29/2000), venham a ser descumpridas, total ou parcialmente, pelas instâncias governamentais destinatárias do comando inscrito na própria Constituição da República" (STF, ADPF 45, Despacho do Rel. Min. Celso de Mello, *DJ* 04.05.2004).

4. Não recepção em bloco da Lei 5.250 pela nova ordem constitucional. "São irregulamentáveis os bens de personalidade que se põem como o próprio conteúdo ou substrato da liberdade de informação jornalística, por se tratar de bens jurídicos que têm na própria interdição da prévia interferência do Estado o seu modo natural, cabal e ininterrupto de incidir. Vontade normativa que, em tema elementarmente de imprensa, surge e se exaure no próprio texto da Lei Suprema. Incompatibilidade material insuperável entre a Lei nº 5.250/67 e a Constituição de 1988. Impossibilidade de conciliação que, sobre ser do tipo material ou de substância (vertical), contamina toda a Lei de Imprensa: a) quanto ao seu entrelace de comandos, a serviço da prestidigitadora lógica de que para cada regra geral afirmativa da liberdade é aberto um leque de exceções que praticamente tudo desfaz; b) quanto ao seu inescondível efeito prático de ir além de um simples projeto de governo para alcançar a realização de um projeto de poder, este a se eternizar no tempo e a sufocar todo pensamento crítico no País. São de todo imprestáveis as tentativas de conciliação hermenêutica da Lei 5.250/67 com a Constituição, seja mediante expurgo puro e simples de destacados dispositivos da lei, seja mediante o emprego dessa refinada técnica de controle de constitucionalidade que atende pelo nome de 'interpretação conforme a Constituição'. A técnica da interpretação conforme não pode artificializar ou forçar a descontaminação da parte restante do diploma legal interpretado, pena de descabido incursionamento do intérprete em legiferação por conta própria. Inapartabilidade de conteúdo, de fins e de viés semântico (linhas e entrelinhas) do texto interpretado" (STF, ADPF 130, Rel. Min. Carlos Britto, Pleno, jul. 30.04.2009, *DJe* 05.11.2009).

5. Cancelamento de Súmula Vinculante. "A arguição de descumprimento de preceito fundamental não é a via adequada para se obter a interpretação, a revisão ou o cancelamento de súmula vinculante" (STF, ADPF 147 AgR, Rel.ª Min.ª Cármen Lúcia, Tribunal Pleno, jul. 24.03.2011, *DJe*-067 public 08.04.2011).

6. ADPF contra decisões judiciais. Possibilidade. "Arguição de descumprimento de preceito fundamental – Postulado da subsidiariedade – Inobservância – Inviabilidade de referida ação constitucional – Doutrina – Precedentes – **Possibilidade de impugnação, mediante ADPF, de decisões judiciais, desde que não transitadas em julgado** – Consequente oponibilidade da coisa julgada em sentido material à ADPF – Precedente – O significado político-jurídico da 'res judicata' – Relações entre a coisa julgada material e a constituição – Respeito pela autoridade da coisa julgada material, mesmo quando a decisão tenha sido proferida em confronto com a jurisprudência do supremo tribunal federal – ADPF: ação constitucional que não dispõe de função rescisória – Existência de controvérsia judicial relevante caracterizada por julgamentos conflitantes de órgãos judiciários diversos: pressuposto necessário e essencial ao válido ajuizamento da ADPF – Ausência, no caso, de qualquer estado de incerteza ou de insegurança no plano jurídico, notadamente porque já dirimido o dissenso interpretativo pelo STF – Formulação, na espécie, da súmula 652/STF (...)" (STF, ADPF 249 AgR, Rel. Min. Celso de Mello, Tribunal Pleno, jul. 13.08.2014, *DJe* 01.09.2014).

Art. 2º Podem propor arguição de descumprimento de preceito fundamental:

I – os legitimados para a ação direta de inconstitucionalidade;

II – (VETADO).

§ 1º Na hipótese do inciso II, faculta-se ao interessado, mediante representação, solicitar a propositura de arguição de descumprimento de preceito fundamental ao Procurador-Geral da República, que, examinando os fundamentos jurídicos do pedido, decidirá do cabimento do seu ingresso em juízo.

§ 2º (VETADO).

REFERÊNCIA LEGISLATIVA

CF, art. 103.

JURISPRUDÊNCIA SELECIONADA

1. Legitimidade ativa. "Arguição de descumprimento de preceito fundamental cumulada com ação declaratória de constitucionalidade da Lei nº 1.711/52: a legitimação ativa para ambas as ações constitucionais proposta é restrita às autoridades e entidades enumerada na Constituição: art. 103, *caput* (por força da Lei nº 9.882/99, art. 2º, I), quanto à arguição, e art. 103, § 4º, relativamente à ação declaratória de constitucionalidade. Entre os legitimados, não se inclui o requerente. Indefiro liminarmente a petição inicial, prejudicado o pedido liminar" (STF, ADPF 19, despacho do Rel. Min. Sepúlveda Pertence, *DJ* 11.10.2001).

"O artigo 2º da Lei nº 9.882/99 é taxativo ao limitar a legitimidade para a propositura da arguição ao rol dos legitimados para a ação direta de inconstitucionalidade entre os quais, claramente, não se incluem os arguentes. Em face do exposto, e com base no *caput* do artigo 4º da Lei nº 9.882, indefiro liminarmente a presente arguição" (STF, ADPF 22, despacho do Rel. Min. Joaquim Barbosa, *DJ* 11.03.2004).

"Quem não tem legitimidade para propor ação direta de inconstitucionalidade não a tem para ação de descumprimento de preceito fundamental" (STF, AgRg na ADPF 148/SP, Rel. Min. Cezar Peluso, Tribunal Pleno, jul. 03.12.2008, *DJe* 12.12.2008).

2. Ilegitimidade. Pessoa física. Solicitação ao Procurador-Geral da República. "A arguição de descumprimento de preceito fundamental poderá ser proposta pelos legitimados para a ação direta de inconstitucionalidade (Lei nº 9.882/99, art. 2º, I), mas qualquer interessado poderá solicitar ao Procurador-Geral da República a propositura da arguição (art. 2º, § 1º). Assim posta a questão, porque o autor não é titular da *legitimatio ad causam* ativa, nego seguimento ao pedido e determino o seu arquivamento" (STF, ADPF 11, despacho do Rel. Min. Carlos Velloso, *DJ* 06.02.2001).

"Trata-se de arguição de descumprimento de preceito fundamental, com pedido de liminar, c/c ação declaratória de constitucionalidade, proposta por Marcos Rogério Baptista. (...) Os pedidos não têm viabilidade. A uma, dado que a arguição de descumprimento de preceito fundamental poderá ser proposta pelos legitimados para a ação direta de inconstitucionalidade (Lei nº 9.882/99, art. 2º, I), mas qualquer interessado poderá solicitar ao Procurador-Geral da República a propositura da arguição (art. 2º, § 1º). Aqui, o autor não é titular da *legitimatio ad causam* ativa. A duas, porquanto a ação declaratória de constitucionalidade, instituída pela EC nº 3/93, poderá ser proposta apenas pelo Presidente da República, pela Mesa do Senado Federal, pela Mesa da Câmara dos Deputados ou pelo Procurador-Geral da Republica (CF, art. 103, § 4º, redação da EC nº 3/93). Do exposto, nego seguimento aos pedidos (art. 21, § 1º, do RI/STF)" (STF, ADPF 23, despacho do Rel. Min. Carlos Velloso, *DJ* 01.02.2002).

Ato normativo anterior à Constituição. "Cabimento de arguição de descumprimento de preceito fundamental para solver controvérsia sobre legitimidade de lei ou ato normativo federal, estadual ou municipal, inclusive anterior à Constituição (norma pré-constitucional)" (STF, ADPF 33, Rel. Min. Gilmar Mendes, Tribunal Pleno, jul. 07.12.2005, *DJ* 27.10.2006).

3. Ilegitimidade. Entidade de classe. "A jurisprudência do Supremo Tribunal Federal, ao versar a questão pertinente à titularidade do poder de agir, em sede de fiscalização normativa abstrata, tem advertido tratando-se de entidades de classe de âmbito nacional (CF, art. 103, IX) que estas não disporão de legitimidade ativa *ad causam*, para o ajuizamento da ação direta de inconstitucionalidade, se se qualificarem como associação de associações ou, então, se possuírem composição híbrida. Isso significa, portanto, que o conceito jurisprudencial de entidade de classe de âmbito nacional, tal como formulado por esta Suprema Corte, estende-se, em decorrência da própria norma inscrita no art. 2º, I, da Lei nº 9.882/99, e para efeito de instauração do respectivo processo, à arguição de descumprimento de preceito fundamental. Como assinalado, não possuem qualidade para agir, em sede de controle normativo abstrato, as entidades de classe de âmbito nacional que constituam associação de associações e/ou que possuam composição heterogênea, reunindo, em seu quadro social, pessoas físicas e pessoas jurídicas" (STF, ADPF 34, despacho do Rel. Min. Celso de Mello, *DJ* 28.11.2002).

4. Ilegitimidade. Diretório municipal de partido político. "Tratando-se de partido político, não cabe agasalhar a atuação de diretório municipal" (STF, ADPF 58, despacho do Rel. Min. Marco Aurélio, *DJ* 16.12.2004).

5. Ilegitimidade. Prefeitos e Municípios. "O artigo 2º da Lei é taxativo ao limitar a legitimidade para a propositura da arguição ao rol dos legitimados para a ação direta de inconstitucionalidade, entre os quais, claramente, não se incluem os Prefeitos ou os Municípios. Em face do exposto, e com base no *caput* do artigo 4º da Lei nº 9.882, indefiro liminarmente a presente arguição" (STF, ADPF 44, despacho do Rel. Min. Joaquim Barbosa, *DJ* 24.09.2003).

6. Ilegitimidade. Cidadãos. "Segundo dispõe o artigo 2º da Lei nº 9.882, de 3 de dezembro de 1999, podem propor arguição de descumprimento de preceito fundamental os legitimados para a ação direta de inconstitucionalidade e entre estes, consoante o artigo 103 da Constituição Federal, não estão incluídos os cidadãos" (STF, ADPF 226 AgR, Rel. Min. Marco Aurélio, Tribunal Pleno, jul. 09.06.2011, *DJe* 27.06.2011).

Art. 3º A petição inicial deverá conter:

I – a indicação do preceito fundamental que se considera violado;

II – a indicação do ato questionado;

III – a prova da violação do preceito fundamental;

IV – o pedido, com suas especificações;

V – se for o caso, a comprovação da existência de controvérsia judicial relevante sobre a aplicação do preceito fundamental que se considera violado.

Parágrafo único. A petição inicial, acompanhada de instrumento de mandato, se for o caso, será apresentada em duas vias, devendo conter cópias do ato questionado e dos documentos necessários para comprovar a impugnação.

Art. 4º A petição inicial será indeferida liminarmente, pelo relator, quando não for o caso de arguição de descumprimento de preceito fundamental, faltar algum dos requisitos prescritos nesta Lei ou for inepta.

§ 1º Não será admitida arguição de descumprimento de preceito fundamental quando houver qualquer outro meio eficaz de sanar a lesividade.

§ 2º Da decisão de indeferimento da petição inicial caberá agravo, no prazo de 05 (cinco) dias.

JURISPRUDÊNCIA SELECIONADA

1. Impossibilidade de reforma de decisão judicial. "A arguição de descumprimento de preceito fundamental, prevista no artigo 102, § 1º, da Carta da República e regulada pela Lei nº 9.882/99, é ação de natureza constitucional cuja admissão é vinculada à inexistência de qualquer outro meio eficaz de sanar a lesividade do ato de poder atacado, conforme dicção expressa do art. 4º, § 1º, da mencionada Lei nº 9.882/99. No caso dos autos, como se constata de simples leitura da inicial, a arguição tem por objetivo, exatamente, a reforma de decisão do Presidente do Superior Tribunal de Justiça, decisão esta passível de reexame por meio de agravo regimental, que, inclusive, foi manifestado pelo arguente em 14.03.2001 e se encontra aguardando, atualmente, julgamento. Evidente, desse modo, a ausência do requisito previsto no referido artigo 4º, § 1º, da Lei nº 9.882/99, uma vez que a eventual lesividade do ato impugnado pode ser sanada por meio eficaz que não a arguição de descumprimento de preceito fundamental. Por outro lado, não há falar, como pretende o arguente, que tal óbice seria afastado pelo fato de o agravo regimental interposto no STJ não apresentar efeito suspensivo, tendo em vista haver meio idôneo para obtê-lo. Ante o exposto, indefiro liminarmente a inicial, na forma do artigo 4º, *caput*, da Lei nº 9.882/99, determinando o arquivamento do feito" (STF, ADPF 12, Despacho do Rel. Min. Ilmar Galvão, *DJ* 26.03.2001).

2. Indeferimento liminar da petição inicial. Ilegitimidade. "Manifesta a ilegitimidade, indefiro a inicial (art. 4º da Lei nº 9.882/99). Prejudicado o requerimento de desistência da ação" (STF, ADPF 35, Despacho do Rel. Min. Sepúlveda Pertence, *DJ* 24.03.2004).

"Verificada a ilegitimidade ativa *ad causam*, nego seguimento à ação (art. 21, § 1º, do RI/STF)" (STF, ADPF 38, Despacho do Rel. Min. Gilmar Mendes, *DJ* 21.03.2003).

3. Impossibilidade jurídica do pedido. "Verifica-se, de logo, que o pedido liminar é de manifesta impossibilidade jurídica: não tem o Judiciário como corrigir a regra legal de modo a torná-la compatível com a Constituição. Já o pedido principal não logra disfarçar que o seu objeto e a declaração de inconstitucionalidade dos preceitos legais questionados. Para isso, no entanto, a via adequada é a da ação direta de inconstitucionalidade. Ora, dispõe o art. 4º da Lei nº 9.882/99, no '§ 1º Não será admitida arguição de descumprimento de preceito fundamental quando houver qualquer outro meio eficaz de sanar a lesividade.' A admissibilidade em tese da ação direta basta a inviabilizar a arguição, ainda para os que na trilha do em. Ministro Gilmar Mendes restringem a incidência da regra de subsidiariedade da ADPF à hipótese de haver outro processo objetivo de controle abstrato de normas. Esse o quadro, indefiro a inicial, sem prejuízo de que o requerente possa convertê-la em ação direta de inconstitucionalidade" (STF, ADPF 39, Despacho do Rel. Min. Sepúlveda Pertence, *DJ* 06.03.2003).

"O pedido liminar é de manifesta impossibilidade jurídica: não tem o Judiciário, nos termos do pedido, como corrigir a regra legal de modo a torná-la compatível com a Constituição" (STF, ADPF 63, Despacho do Rel. Min. Carlos Velloso, *DJ* 11.02.2003).

4. Inépcia da inicial. Ausência de capacidade postulatória. "O Presidente da OAB/Pará encaminhou a este Tribunal o Ofício nº 1589/01, por meio do qual informa que o requerente não se acha mais inscrito naquela seção da Ordem. Falta-lhe capacidade postulária (CPC, art. 36). Nego seguimento (art. 21, § 1º, RISTF)" (STF, ADPF 21, Despacho do Rel. Min. Nelson Jobim, *DJ* 19.12.2001).

5. Inépcia da inicial. Falta de assinatura. "A inicial não está assinada. É inepta. Há precedentes: Recl. 456, NERI; HC 73.748, SYDNEY. Nego seguimento, prejudicado o pedido de liminar (*RISTF*, art. 21, § 1º)" (STF, ADPF 5, Despacho do Rel. Min. Nelson Jobim, *DJ* 25.08.2000).

6. Necessidade de autenticação de documentos. "O disposto no artigo 544 do Código de Processo Civil pressupõe cópias de peças constantes de processo. Na espécie, há cópias que dizem respeito a documentos diversos, descabendo a simples declaração do profissional da advocacia sobre a autenticidade. Providencie a arguente, querendo, a autenticação, sob pena de negativa de seguimento ao pedido formulado" (STF, ADPF 46, Despacho do Rel. Min. Marco Aurélio, *DJ* 16.12.2003).

7. Prevalência do preceito fundamental. "Arguição de Descumprimento de Preceito Fundamental – ADPF. Medida Cautelar. 2. Ato regulamentar. Autarquia estadual. Instituto de Desenvolvimento Econômico-Social do Pará – IDESP. Remuneração de pessoal. Vinculação do quadro de salários ao salário mínimo. 3. Norma não recepcionada pela Constituição de 1988. Afronta ao princípio federativo e ao direito social fundamental ao salário mínimo digno (arts. 7º, inciso IV, 1º e 18 da Constituição). 4. Medida liminar para impedir o comprometimento da ordem jurídica e das finanças do Estado. 5. Preceito Fundamental: parâmetro de controle a indicar os preceitos fundamentais passíveis de lesão que justifiquem o processo e o julgamento da arguição de descumprimento. Direitos e garantias individuais, cláusulas pétreas, princípios sensíveis: sua interpretação, vinculação com outros princípios e garantia de eternidade. Densidade normativa ou significado específico dos princípios fundamentais. 6. Direito pré-constitucional. Cláusulas de recepção da Constituição. Derrogação do direito pré-constitucional em virtude de colisão entre este e a Constituição superveniente. Direito comparado: desenvolvimento da jurisdição constitucional e tratamento diferenciado em cada sistema jurídico. A Lei nº 9.882, de 1999, e a extensão do controle direto de normas ao direito pré-constitucional. 7. Cláusula da subsidiariedade ou do exaurimento das instâncias. Inexistência de outro meio eficaz para sanar lesão a preceito fundamental de forma ampla, geral e imediata. Caráter objetivo do instituto a revelar como meio eficaz aquele apto a solver a controvérsia constitucional relevante. Compreensão do princípio no contexto da ordem constitucional global. Atenuação do significado literal do princípio da subsidiariedade quando o prosseguimento de ações nas vias ordinárias não se mostra apto para afastar a lesão a preceito fundamental. 8. Plausibilidade da medida cautelar solicitada. 9. Cautelar confirmada" (STF, Pleno, ADPF 33/PA, Rel. Min. Gilmar Mendes, *DJ* 06.08.2004).

8. Subsidiariedade. "Arguição de Descumprimento de Preceito Fundamental (CF, art. 102, § 1º) – Ação especial de índole constitucional – Princípio da subsidiariedade (Lei nº 9.882/99, art. 4º, § 1º) – Existência de outro meio apto a neutralizar a situação de lesividade que emerge dos atos impugnados – Inviabilidade da presente arguição de descumprimento – Recurso de agravo improvido. – O ajuizamento da ação constitucional de arguição de descumprimento de preceito fundamental rege-se pelo princípio da subsidiariedade (Lei nº 9.882/99, art. 4º, § 1º), a significar que não será ela admitida, sempre que houver qualquer outro meio juridicamente idôneo apto a sanar, com efetividade real, o estado de lesividade emergente do ato impugnado. Precedentes: ADPF 3/CE, ADPF 12/DF e ADPF 13/SP. A mera possibilidade de utilização de outros meios processuais, contudo, não basta, só por si, para justificar a invocação do princípio da subsidiariedade, pois, para que esse postulado possa legitimamente incidir – impedindo, desse modo, o acesso imediato à arguição de descumprimento de preceito fundamental – revela-se essencial que os instrumentos disponíveis mostrem-se capazes de neutralizar, de maneira eficaz, a situação de lesividade que se busca obstar com o ajuizamento desse *writ* constitucional. – A norma inscrita no art. 4º, § 1º, da Lei nº 9.882/99 – que consagra o postulado da subsidiariedade – estabeleceu, validamente, sem qualquer ofensa ao texto da Constituição, pressuposto negativo de admissibilidade da arguição de descumprimento de preceito fundamental, pois condicionou, legitimamente, o ajuizamento dessa especial ação de índole constitucional, à observância de um inafastável requisito de procedibilidade, consistente na ausência de qualquer outro meio processual revestido de aptidão para fazer cessar, prontamente, a situação de lesividade (ou de potencialidade danosa) decorrente do ato impugnado" (STF, Pleno, ADPF 17, AgRg/AP, Rel. Min. Celso de Mello, jul. 05.06.2002, *DJ* 14.02.2003, p. 58).

"Arguição de descumprimento de preceito fundamental. Agravo regimental. 2. Visa a ação desconstituir ato do Governador do Estado do Ceará que, concordando com a conclusão a que chegou a Comissão Processante da Procuradoria de Processo Administrativo-Disciplinar – PROPAD, da Procuradoria-Geral do Estado – PGR, nos autos do Processo Administrativo-Disciplinar nº 270/97, determinou a lavratura de ato de demissão de policial civil. 3. Negado seguimento por despacho, ao fundamento de que 'não será admitida arguição de descumprimento de preceito fundamental quando houver outro meio eficaz de sanar a lesividade', nos termos da Lei nº 9.882/99, art. 4º, § 1º. 4. Agravo regimental em que se defende a inexistência de outro meio eficaz para sanar a lesividade que aponta. Aduz suspeição do TJCE. 5. Os vícios do processo disciplinar e a nulidade do ato de demissão estão sendo objeto de ação ordinária em curso na Justiça local cearense, ajuizada com pedido de antecipação de tutela, já deferida. 6. Se ainda não ocorreu o cumprimento da decisão judicial de primeiro grau, não seria a medida judicial ora ajuizada no STF a via adequada a assegurar a imediata execução do *decisum*. Incabível discutir a alegada parcialidade da Corte de Justiça do Ceará para processar e julgar as medidas judiciais requeridas. 7. Agravo regimental a que se nega provimento" (STF, Pleno, ADPF 18, AgRg/CE, Rel. Min. Néri da Silveira, jul. 22.04.2002, *DJ* 14.06.2002, p. 127).

"Direito constitucional. Arguição de Descumprimento de Preceito Fundamental (art. 102, § 1º, da Constituição Federal, 1º e seguintes da Lei nº 9.882, de 3 de dezembro de 1999). Vencimentos de servidores públicos ativos e proventos de inativos. Gratificações. Vantagens. Cálculo de acréscimos pecuniários. Teto de vencimentos e proventos. Impugnações de decisões monocráticas e colegiadas do Tribunal de Justiça do Ceará, proferidas em reclamações. Alegação de violação aos arts. 5º, LIV e LV, 37, *caput* e inciso XIV, 100, § 2º, da CF de 1988, bem como ao art. 29 da Emenda Constitucional nº 19/98. Questão de ordem. Medida cautelar. 1. A Constituição Federal de 5.10.1988, no parágrafo único do art. 102, estabeleceu: a arguição de descumprimento de preceito fundamental decorrente desta Constituição será apreciada pelo Supremo Tribunal Federal, na forma da lei. Esse texto foi reproduzido como § 1º do mesmo artigo, por força da Emenda Constitucional nº 3, de 17.03.1993. 2. A Lei nº 9.882, de 03.12.1999, cumprindo a norma constitucional, dispôs sobre o processo e julgamento da arguição de descumprimento de preceito fundamental. No art. 1º estatuiu: 'Art. 1º A arguição prevista no § 1º do art. 102 da Constituição Federal será proposta perante o Supremo Tribunal Federal, e terá por objeto evitar ou reparar lesão a preceito fundamental, resultante de ato do Poder Público.' Trata-se, nesse caso, de Arguição autônoma, com caráter de verdadeira Ação, na qual se pode impugnar ato de qualquer dos Poderes Públicos, no âmbito federal, estadual ou municipal, desde que para evitar ou reparar lesão a preceito fundamental da Constituição. 3. Outra hipótese é regulada no parágrafo único do mesmo art. 1º da Lei nº 9.882/99, *in verbis*: 'Parágrafo único. Caberá também arguição de descumprimento de preceito fundamental: I – quando for relevante o fundamento da controvérsia constitucional sobre lei ou ato normativo federal, estadual ou municipal, incluídos os anteriores à Constituição.' 4. Cuida-se aí, não de uma Ação autônoma, qual a prevista no *caput* do art. 1º da Lei, mas de uma Ação incidental, que pressupõe a existência de controvérsia constitucional relevante sobre lei ou ato normativo federal, estadual ou municipal, incluídos os anteriores à Constituição. 5. O caso presente não é de Arguição Incidental, correspondente a um incidente de constitucionalidade, pois não se alega na inicial a existência de qualquer controvérsia entre as decisões focalizadas, pois todas elas foram no mesmo sentido, deferindo medidas liminares em Reclamações, para os efeitos nelas mencionados. 6. Cogita-se, isto sim, de Arguição autônoma prevista no *caput* do art. 1º da Lei. 7. Dispõe, contudo, o § 1º do art. 4º do diploma em questão: '§ 1º Não será admitida arguição de descumprimento de preceito fundamental quando houver qualquer outro meio eficaz de sanar a lesividade'. 8. E ainda há meios judiciais eficazes para se sanar a alegada lesividade das decisões impugnadas. 9. Se, na Corte estadual, não conseguir o Estado do Ceará obter medidas eficazes para tal fim, poderá, em tese, renovar a Arguição de Descumprimento de Preceito Fundamental. 10. Também assiste ao Governador, em tese, a possibilidade de promover, perante o Supremo Tribunal Federal, Ação Direta de Inconstitucionalidade do art. 108, VII, *i*, da Constituição do Estado, bem como do art. 21, VI, *j*, do Regimento Interno do Tribunal de Justiça do Ceará, que instituíram a Reclamação destinada à preservação de sua competência e garantia da autoridade de suas decisões. É que, segundo entendimento desta Corte, não compete aos Tribunais legislar sobre Direito processual, senão quando expressamente autorizados pela Constituição (*RTJ* 112/504, 117/921, 119/1145). Assim, também, os Estados, mesmo em suas Constituições. 11. E as decisões atacadas foram proferidas em processos de Reclamação. 12. Questão de Ordem que o Supremo Tribunal Federal resolve não conhecendo da presente Arguição de Descumprimento de Preceito Fundamental, ficando, em consequência, prejudicado o pedido de medida liminar" (STF, Pleno, ADPF 3 QO/CE, Rel. Min. Sydney Sanches, jul. 18.05.2002, *DJ* 27.02.2004, p. 20).

"A arguição de descumprimento de preceito fundamental, prevista no art. 102, § 1º, da Carta da República e regulada pela Lei nº 9.882/99, é ação de natureza constitucional cuja admissão é vinculada à inexistência de qualquer outro meio eficaz de sanar a lesividade do ato de poder atacado, conforme dicção expressa do art. 4º, § 1º, da mencionada Lei nº 9.882/99. No caso dos autos, a impugnação suscitada pela Mesa da Assembleia Legislativa de São Paulo poderia ser manifestada por meio de ação direta de inconstitucionalidade, meio eficaz bastante para sanar eventual lesividade do provimento sob enfoque. Registre-se, por outro lado, que o mencionado Provimento nº 747/2000 e objeto da ADI nº 2.415, de que sou Relator, formalizada pela Associação dos Notários e Registradores do Brasil – ANOREG. Evidente, desse modo, a ausência do requisito previsto no referido art. 4º, § 1º, da Lei nº 9.882/99, uma vez que os efeitos lesivos do ato impugnado podem ser sanados por meio eficaz que não a arguição de descumprimento de preceito fundamental. Ante o exposto, indefiro liminarmente a inicial, na forma do artigo 4º, *caput*, da Lei nº 9.882/99, determinando o arquivamento do feito" (STF, ADPF 13, Despacho do Rel. Min. Ilmar Galvão, *DJ* 05.04.2001).

9. Inadequação da via eleita. "Questão de ordem em arguição de descumprimento de preceito fundamental. Portaria nº 156, de 05.05.2005, da Secretaria Executiva da Fazenda do Estado do Pará. Fixação, para fins de arrecadação de ICMS, de novo valor de preço mínimo de mercado interestadual para o produto carvão vegetal. Arts. 150, I, II e V, 152 e 155, § 2º, XII, I, todos da Constituição Federal. 1. O ato normativo impugnado é passível de controle concentrado de constitucionalidade pela via da ação direta. Precedente: ADI 349, Rel. Min. Marco Aurélio. Incidência, no caso, do disposto no art. 4º, § 1º, da Lei nº 9.882/99; 2. Questão de ordem resolvida com o aproveitamento do feito como ação direta de inconstitucionalidade, ante a perfeita satisfação dos requisitos exigidos à sua propositura (legitimidade ativa, objeto, fundamentação e pedido), bem como a relevância da situação trazida aos autos, relativa a conflito entre dois Estados da Federação" (STF, ADPF-QO 72/PA, Rel.ª Min.ª Ellen Gracie, Tribunal Pleno, ac. unân. jul. 01.06.2005, *DJ* 02.12.2005, p. 2).

10. Controle normativo abstrato de leis municipais. Princípio da subsidiariedade. "A possibilidade de instauração, no âmbito do Estado-membro, de processo objetivo de fiscalização normativa abstrata de leis municipais contestadas em face da Constituição Estadual (CF, art. 125, § 2º) torna inadmissível, por efeito da incidência do princípio da subsidiariedade (Lei nº 9.882/99, art. 4º, § 1º), o acesso imediato à arguição de descumprimento de preceito fundamental. É que, nesse processo de controle abstrato de normas locais, permite-se, ao Tribunal de Justiça estadual, a concessão, até mesmo 'in limine', de provimento cautelar neutralizador da suposta lesividade do diploma legislativo impugnado, a evidenciar a existência, no plano local, de instrumento processual de caráter objetivo apto a sanar, de modo pronto e eficaz, a situação de lesividade, atual ou potencial, alegadamente provocada por leis ou atos normativos editados pelo Município. Doutrina. Precedentes" (STF, ADPF 100 MC/TO, Rel. Min. Celso de Mello, jul. 15.12.2008, *DJe* 18.12.2009).

Art. 5º O Supremo Tribunal Federal, por decisão da maioria absoluta de seus membros, poderá deferir pedido de medida liminar na arguição de descumprimento de preceito fundamental.

§ 1º Em caso de extrema urgência ou perigo de lesão grave, ou ainda, em período de recesso, poderá o relator conceder a liminar, ad referendum do Tribunal Pleno.

§ 2º O relator poderá ouvir os órgãos ou autoridades responsáveis pelo ato questionado, bem como o Advogado-Geral da União ou o Procurador-Geral da República, no prazo comum de cinco dias.

§ 3º A liminar poderá consistir na determinação de que juízes e tribunais suspendam o andamento de processo ou os efeitos de decisões judiciais, ou de qualquer outra medida que apresente relação com a matéria objeto da arguição de descumprimento de preceito fundamental, salvo se decorrentes da coisa julgada. (Dispositivo com eficácia suspensa pela medida cautelar deferida na ADI 2.231-8)

§ 4º (VETADO).

JURISPRUDÊNCIA SELECIONADA

1. Audiência do Ministério Público Federal. "Considerando a complexidade da matéria, entendo necessária a audiência do Ministério Público Federal antes de decidir o pedido cautelar (artigo 5º, § 2º, da Lei nº 9.882/99). Assim, determino abra-se vista dos autos ao Procurador-Geral da República. Após, voltem-me conclusos para decisão da liminar" (STF, ADPF 47, Despacho do Presidente Min. Maurício Côrrea, *DJ* 03.02.2004).

2. Contagem do prazo para informações. "Pronuncie-se o arguido sobre o pedido cautelar, no prazo de 5 (cinco) dias (artigo 5º, § 2º, da Lei nº 9.882, de 3.12.99), a contar do recebimento do ofício, que deverá estar acompanhado de cópia da inicial" (STF, ADPF 36, Despacho do Rel. Min. Maurício Côrrea, *DJ* 09.09.2002).

3. Inexistência de risco maior. "Liminar – Risco Maior – Inexistência. 1. Solicitem-se informações. Com o pronunciamento, remetam-se estes autos ao Procurador-Geral da República. É que a hipótese não exige atuação imediata, a justificar o crivo da Presidência da Corte em substituição ao relator. O ato envolvido, na espécie, é anterior ao recesso forense. 2. Aguarde-se o início dos trabalhos no primeiro semestre do próximo ano judiciário, para se proceder à distribuição e exame, pelo relator, do pedido de concessão de liminar" (STF, ADPF 26, Despacho do Presidente Min. Marco Aurélio, *DJ* 05.02.2002).

"A atuação da Presidência da Corte no mês correspondente às férias coletivas e, portanto, em substituição aos demais Ministros pressupõe a necessidade de se implementar ato reputável como urgente, que vise a evitar dano irreparável. Isso não ocorre na espécie dos autos" (STF, ADPF 33, Despacho do Presidente Min. Marco Aurélio, *DJ* 01.08.2002).

4. Liminar *ad referendum*. "O Governador do Estado de Alagoas ajuizou a presente Arguição de Descumprimento de Preceito Fundamental, com pedido de concessão de medida liminar, objetivando a suspensão imediata da eficácia dos artigos 353 a 360 do Regimento Interno do Tribunal de Justiça estadual, e, em decorrência, que fosse determinado o sobrestamento de todas as reclamações em tramitação naquele juízo e sustadas as decisões e procedimentos proferidos com base nos referidos dispositivos. 2. Iniciado o julgamento do pedido cautelar na sessão do dia 30 de agosto de 2001, o Pleno do Supremo Tribunal Federal houve por bem adiar sua apreciação, até o julgamento da ADI nº 2.231-9/DF, distribuída ao eminente Ministro Néri da Silveira. 3. Resta evidente, contudo, o risco de dano irreparável ou de difícil reparação e o fundado receio de que, antes do julgamento deste processo, ocorra grave lesão ao direito do requerente, em virtude das ordens de pagamento e de sequestro de verbas públicas, desestabilizando-se as finanças do Estado de Alagoas. 4. Ante tais circunstâncias, com base no artigo 5º, § 1º, da Lei nº 9.882/99, defiro, *ad referendum* do Tribunal Pleno, o pedido cautelar e determino a suspensão da vigência dos artigos 353 a 360 do Regimento Interno do Tribunal de Justiça do Estado de Alagoas, de 30 de abril de 1981, e, em consequência, ordeno seja sustado o andamento de todas as reclamações ora em tramitação naquela Corte e demais decisões que envolvam a aplicação dos preceitos ora suspensos e que não tenham ainda transitado em julgado, até o julgamento final desta arguição. 5. Comunique-se, com urgência, ao Governador do Estado de Alagoas e ao Presidente do Tribunal de Justiça estadual" (STF, ADPF 10, Despacho do Rel. Min. Maurício Corrêa, *DJ* 13.09.2001).

5. Eficácia suspensiva. "Recurso. Agravo regimental. Interposição contra decisão liminar sujeita a referendo. Admissibilidade. Interesse recursal reconhecido. Agravo conhecido. Votos vencidos. É admissível agravo regimental contra decisão monocrática sujeita a referendo do órgão colegiado. 2. Ação ou Arguição de descumprimento de preceito fundamental – ADPF. Liminar concedida. Suspensão de processos e efeitos de sentenças. Servidor público. Professores do Estado de Pernambuco. Elevação de vencimentos com base no princípio da isonomia. Casos recobertos por coisa julgada material ou convalidados por lei superveniente. Exclusão da eficácia da liminar. Agravo provido em parte e referendo parcial, para esse fim. Aplicação do art. 5º, § 3º, *in fine*, da Lei federal nº 9.882/99. Não podem ser alcançados pela eficácia suspensiva de liminar concedida em ação de descumprimento de preceito fundamental, os efeitos de sentenças transitadas em julgado ou convalidados por lei superveniente" (STF, ADPF-AgRg 79/PE, Rel. Min. Cezar Peluso, Tribunal Pleno, jul. 18.06.2007, *DJ* 17.08.2007, p. 23; *DJe* 17.08.2007).

Art. 6º Apreciado o pedido de liminar, o relator solicitará as informações às autoridades responsáveis pela prática do ato questionado, no prazo de 10 (dez) dias.

§ 1º Se entender necessário, poderá o relator ouvir as partes nos processos que ensejaram a arguição, requisitar informações adicionais, designar perito ou comissão de peritos para que emita parecer sobre a questão, ou ainda, fixar data para declarações, em audiência pública, de pessoas com experiência e autoridade na matéria.

§ 2º Poderão ser autorizadas, a critério do relator, sustentação oral e juntada de memoriais, por requerimento dos interessados no processo.

JURISPRUDÊNCIA SELECIONADA

1. Audiência Pública. Realização. "A repercussão do que decidido sob o ângulo precário e efêmero da medida liminar redundou na emissão de entendimentos diversos, atuando a própria sociedade. Daí a conveniência de acionar-se o disposto no artigo 6º, § 1º, da Lei nº 9.882, de 3 de dezembro de 1999: Art. 6º (...) § 1º Se entender necessário, poderá o relator ouvir as partes nos processos que ensejaram a arguição, requisitar informações adicionais, designar perito ou comissão de peritos para que emita parecer sobre a questão, ou ainda, fixar data para declarações, em audiência pública, de pessoas com experiência e autoridade na matéria. Então, tenho como oportuno ouvir, em audiência pública, não só as entidades que requereram a admissão no processo como *amicus curiae* (...). Cumpre, antes dessa providência, elucidar a pertinência da medida intentada, em face da provocação do Procurador-Geral da República. O princípio da economia e celeridade processuais direciona ao máximo de eficácia da lei com o mínimo de atuação judicante" (STF, ADPF 54, Despacho do Rel. Min. Marco Aurélio, *DJ* 05.10.2004).

2. Ingresso no feito. Momento oportuno. "A presente ação foi ajuizada em 2002. Deferi o pedido de liminar em 25 de novembro daquele ano, decisão que foi referendada pelo Plenário, por unanimidade, em 29 de agosto de 2003. Foram prestadas informações, tendo a Procuradoria-Geral da República se manifestado no sentido da procedência da arguição. Em 11 de junho deste ano, solicitei a inclusão do feito em pauta para julgamento. Apenas em 16 de junho deste ano, formula-se o pedido de ingresso no feito em favor de potenciais interessados. Tendo em vista o estágio atual do processo, considero o pedido de ingresso inoportuno, razão pela qual o indefiro. Admito, entretanto, a juntada da petição por linha" (STF, ADPF 33, Despacho do Rel. Min. Gilmar Mendes, *DJ* 02.08.2004).

3. Intervenção de terceiro. Admissibilidade. "A admissão de terceiros não implica o reconhecimento de direito subjetivo a tanto. Fica a critério do relator, caso entenda oportuno. Eis a inteligência do artigo 7º, § 2º, da Lei nº 9.868/99 e do artigo 6º da Lei nº 9.882/99, sob pena de tumulto processual. Tanto é assim que o ato do relator, situado no campo da prática de ofício, não é suscetível de impugnação na via recursal" (STF, ADPF 54, Despacho do Rel. Min. Marco Aurélio, *DJ* 30.08.2004).

Art. 7º Decorrido o prazo das informações, o relator lançará o relatório, com cópia a todos os ministros, e pedirá dia para julgamento.

Parágrafo único. O Ministério Público, nas arguições que não houver formulado, terá vista do processo, por 05 (cinco) dias, após o decurso do prazo para informações.

Art. 8º A decisão sobre a arguição de descumprimento de preceito fundamental somente será tomada se presentes na sessão pelo menos 2/3 (dois terços) dos Ministros.

§ 1º (VETADO).

§ 2º (VETADO).

Art. 9º (VETADO).

Art. 10. Julgada a ação, far-se-á comunicação às autoridades ou órgãos responsáveis pela prática dos atos questionados, fixando-se as condições e o modo de interpretação e aplicação do preceito fundamental.

§ 1º O presidente do Tribunal determinará o imediato cumprimento da decisão, lavrando-se o acórdão posteriormente.

§ 2º Dentro do prazo de 10 (dez) dias contado a partir do trânsito em julgado da decisão, sua parte dispositiva será publicada em seção especial do Diário da Justiça e do Diário Oficial da União.

§ 3º A decisão terá eficácia contra todos e efeito vinculante relativamente aos demais órgãos do Poder Público.

Art. 11. Ao declarar a inconstitucionalidade de lei ou ato normativo, no processo de arguição de descumprimento de preceito fundamental, e tendo em vista razões de segurança jurídica ou de excepcional interesse social, poderá o Supremo Tribunal Federal, por maioria de 2/3 (dois terços) de seus membros, restringir os efeitos daquela declaração ou decidir que ela só tenha eficácia a partir de seu trânsito em julgado ou de outro momento que venha a ser fixado.

Art. 12. A decisão que julgar procedente ou improcedente o pedido em arguição de descumprimento de preceito fundamental é irrecorrível, não podendo ser objeto de ação rescisória.

Art. 13. Caberá reclamação contra o descumprimento da decisão proferida pelo Supremo Tribunal Federal, na forma do seu Regimento Interno.

Art. 14. Esta Lei entra em vigor na data de sua publicação.*

Brasília, 03 de dezembro de 1999; 178º da Independência e 111º da República.

FERNANDO HENRIQUE CARDOSO

DISSOLUÇÃO DA SOCIEDADE CONJUGAL

LEI Nº 6.515, DE 26 DE DEZEMBRO DE 1977

Regula os casos de dissolução da sociedade conjugal e do casamento, seus efeitos e respectivos processos, e dá outras providências.

INDICAÇÃO DOUTRINÁRIA

Alcides de Mendonça Lima, Divórcio e reconciliação, *Ajuris* 15/97; Dilvanir José da Costa, Aspectos do direito de família na nova constituição, *RF* 304/57; Ney de Mello Almada, Constituição e casamento, *RJTJSP* 115/19; Milton Fernandes, A família na constituição de 1988, *RF* 308/69; Fernando Malheiros, Efeitos da separação de corpos na lei de divórcio, *Ajuris* 32/93; Sergio Gischkow Pereira, A lei do divórcio e a transmissão da obrigação alimentar, *RT* 518/29, *RBDP* 18/149; Yussef Said Cahali, *Divórcio e separação*, RT; Pedro Sampaio, *Divórcio e separação judicial*, Forense.

O Presidente da República:

Faço saber que o Congresso Nacional decreta e eu sanciono a seguinte Lei:

Art. 1º A separação judicial, a dissolução do casamento, ou a cessação de seus efeitos civis, de que trata a Emenda Constitucional nº 9, de 28 de junho de 1977, ocorrerão nos casos e segundo a forma que esta Lei regula.

REFERÊNCIA LEGISLATIVA

Emenda constitucional nº 66, de 13 de julho de 2010, alterou o § 6º do art. 226 da Constituição Federal, que passa a vigorar com a seguinte redação – Art. 226, § 6º: "O casamento civil pode ser dissolvido pelo divórcio"; Arts. 1.571 a 1.582 do Código Civil.

Capítulo I
DA DISSOLUÇÃO DA SOCIEDADE CONJUGAL

Art. 2º A Sociedade Conjugal termina:

I – pela morte de um dos cônjuges;

II – pela nulidade ou anulação do casamento;

III – pela separação judicial;

IV – pelo divórcio.

Parágrafo único. O casamento válido somente se dissolve pela morte de um dos cônjuges ou pelo divórcio.

JURISPRUDÊNCIA SELECIONADA

(Observação: jurisprudência coletada antes da Emenda Constitucional nº 66, de 13 de julho de 2010)

1. Dissolução da sociedade conjugal. Doação. Fraude. Prazo. "Direito de família – Anulação de doação à concubina – Prescrição – Termo inicial – Dissolução da sociedade conjugal. 1. Em caso de fraude, o prazo prescricional da ação anulatória de doação do art. 1.177 do CC/1916, inicia-se com a dissolução formal do casamento" (STJ, REsp 72.997/SP, Rel. Min. Humberto Gomes de Barros, 3ª Turma, jul. 18.05.2004, *DJ* 16.08.2004, p. 254).

Seção I
Dos Casos e Efeitos da Separação Judicial

Art. 3º A separação judicial põe termo aos deveres de coabitação, fidelidade recíproca e ao regime matrimonial de bens, como se o casamento fosse dissolvido.

§ 1º O procedimento judicial da separação caberá somente aos cônjuges, e, no caso de incapacidade, serão representados por curador, ascendente ou irmão.

§ 2º O juiz deverá promover todos os meios para que as partes se reconciliem ou transijam, ouvindo pessoal e separadamente cada uma delas e, a seguir, reunindo-as em sua presença, se assim considerar necessário.

§ 3º Após a fase prevista no parágrafo anterior, se os cônjuges pedirem, os advogados deverão ser chamados a assistir aos entendimentos e deles participar.

JURISPRUDÊNCIA SELECIONADA

(Observação: jurisprudência coletada antes da Emenda Constitucional nº 66, de 13 de julho de 2010)

1. Execução. Partilha prévia. Ausência de registro. Bem de terceiro. "Embargos de terceiro. Homologação de partilha decorrente da separação judicial antes do processo de execução. Ausência de registro. Honorários de advogado. Precedentes da Corte. 1. Está assentado na jurisprudência da Corte que o bem partilhado para a mulher antes do processo de execução contra o ex-marido não pode ser alcançado pela penhora, contra o ex-marido, pouco relevando que a partilha não tenha sido levada ao registro. 2. Os honorários se justificam, no caso, pelo princípio da causalidade; está o recorrente a postular com denodo a validade da penhora, resistindo ao pedido formulado nos embargos de terceiro, sem obter êxito" (STJ, REsp 505.668/RO, Rel. Min. Carlos Alberto Menezes Direito, 3ª Turma, jul. 25.11.2003, *DJ* 15.03.2004, p. 267).

2. Divórcio direto. "Família – Divórcio Direto – Decretação da revelia – Intempestividade da contestação – Equívoco reconhecido – Ausência de prejuízo – Julgamento antecipado da lide – Existência de dados suficientes para a solução da causa – Dois anos de ruptura da vida em comum do casal devidamente demonstrada. 1. Conquanto o magistrado local, por ocasião da sentença, tenha laborado em equívoco, ao decretar a revelia da ré, em razão da intempestividade da contestação, julgando antecipadamente a lide, quando, na verdade, a referida impugnação era tempestiva, o certo é que, como bem salientado pelo Tribunal *a quo*, tal ato não causou prejuízo algum a parte, porquanto incapaz de tornar verdadeiros os fatos afirmados pelo autor. 2. Ademais, diante da completude do quadro probatório, prescindível era a oitiva de testemunhas, sobretudo porque devidamente demonstrada a ruptura da vida em comum do casal por dois anos consecutivos, condição essa suficiente para viabilizar a decretação do divórcio, a teor da jurisprudência desta Corte" (STJ, REsp 712.483/MT, Rel. Min. Jorge Scartezzini, 4ª Turma, jul. 16.08.2005, *DJ* 05.09.2005, p. 430).

3. Separação judicial litigiosa. Efeitos da revelia. "Os reflexos da separação judicial litigiosa não se restringem à esfera dos cônjuges, mas também refletem no âmbito do interesse público, de sorte que a revelia não deve ser motivo suficiente à dispensa de qualquer instrução processual, seja por prova material ou oral, incorretamente procedendo-se ao julgamento antecipado da lide, com a decretação da culpa do réu, sem que sequer se tenha oportunizado ao menos a colheita do depoimento pessoal das partes em audiência. II – Divergência jurisprudencial caracterizada. III – Recurso especial conhecido e provido, para decretar a nulidade do processo, cuja fase instrutória, com realização de audiência, deverá ser reaberta, em atenção à recomendação legal constante do art. 3º, parágrafo 2º, da Lei nº 6.515/77" (STJ, REsp 485.958/SP, Rel. Min. Aldir Passarinho Junior, 4ª Turma, jul. 18.12.2003, *DJ* 08.03.2004, p. 259).

4. Transação. "Ação de separação judicial e conversão em divórcio. Transação não homologada. Denúncia de uma das partes. Nulidade decretada. Ausência de vício de vontade ou de defeito insanável. – São causas de anulabilidade da transação, conforme dispõe o art. 1.030 do CC/16 (correspondência: art. 849, *caput*, do CC/02), o dolo, a violência (a coação conforme terminologia do CC/02), ou o erro essencial quanto à pessoa ou coisa controversa. Tais vícios de vontade devem ser invocados por uma das partes em ação própria. – Efetuada e concluída a transação, é vedado a um dos transatores a rescisão unilateral, como também é obrigado o juiz a homologar o negócio jurídico, desde que não esteja contaminado por defeito insanável (objeto ilícito, incapacidade das partes ou irregularidade do ato). – A não adoção de escritura pública no tocante aos bens imóveis não acarreta defeito insanável, porquanto a transação não tem o condão de constituir, modificar, transferir ou transmitir direitos reais sobre imóveis. Ela apenas declara ou reconhece direitos, nos termos do art. 1.027 do CC/16 (correspondência: art. 843 do CC/02). – A nulidade poderia ser decretada tão só se ausente escritura pública em contrato constitutivo ou translativo de direitos reais sobre imóveis, a teor do art. 134, II do CC/16 (correspondência: art. 108 do CC/02), o que não se coaduna com caso em julgamento. – A dispensa de alimentos, matéria pacífica no STJ, não comporta ilicitude de objeto da transação. – A transação efetuada e concluída entre as partes, sem qualquer mácula, seja vício de consentimento, seja defeito ou nulidade, é perfeitamente válida, o que torna inevitável sua homologação. Recurso especial de C. M. V. parcialmente provido, para validar e homologar a transação, extinguindo-se o processo, com julgamento do mérito" (STJ, REsp 650.795/SP, Rel.ª Min.ª Nancy Andrighi, 3ª Turma, jul. 07.06.2005, *DJ* 15.08.2005, p. 309).

5. Execução de título originário da separação. "É absoluta a competência funcional estabelecida no art. 575, II do Código de Processo Civil, devendo a execução ser processada no juízo em que decidida a causa no primeiro grau de jurisdição. 2. Deste modo, representa maltrato à letra do dispositivo legal em referência, a execução de título em foro diverso daquele da tramitação do processo principal, com a característica fundamental de que não se cuida verdadeiramente, quanto ao feito principal, de ação de alimentos, acerca dos quais houve renúncia expressa. A execução é de título judicial originário de ação de separação consensual" (STJ, REsp 538.227/MT, Rel. Min. Fernando Gonçalves, 4ª Turma, jul. 20.04.2004, *DJ* 10.05.2004, p. 291).

Art. 4º Dar-se-á a separação judicial por mútuo consentimento dos cônjuges, se forem casados há mais de 2 (dois) anos, manifestado perante o juiz e devidamente homologado.

BREVE COMENTÁRIO

A Emenda Constitucional nº 66, de 13 de julho de 2010, suprimiu a necessidade de prévia separação e o prazo mínimo de casamento para obtenção do divórcio. Observe-se que, antes da referida Emenda, o art. 1.574 do Código Civil havia reduzido o prazo previsto neste artigo, de dois, para um ano.

JURISPRUDÊNCIA SELECIONADA

(Observação: jurisprudência coletada antes da Emenda Constitucional nº 66, de 13 de julho de 2010)

1. Separação. Inaplicabilidade do § 3º. "Direito de família – Recurso especial – Ação de separação judicial – Procedência – Lei nº 6.515/77, §§ 1º e 3º, do art. 5º – Inaplicabilidade do § 3º do art. 5º, da Lei nº 6.515/77 – Art. 159 do Código Civil – Danos morais – Não comprovação – Improcedência – Súmula 07/STJ. 1. Consoante o conjunto fático-probatório colhido nas instâncias ordinárias, e como decidido no v. acórdão recorrido, restou indiscutível a ruptura da vida em comum das partes, em período ultrapassando um ano consecutivo, e a impossibilidade de sua reconstituição. Cumpridas, portanto, as exigências contidas no § 1º do art. 5º, da Lei nº 6.515/77 (com nova redação dada pela Lei nº 8.408/92). Procedência da ação de separação judicial ajuizada pelo cônjuge varão. 2. A alegada infringência ao parágrafo 3º, do art. 5º, da Lei nº 6.515/77, não prospera, *in casu*, por carecer de amparo legal, conforme decidiu a Suprema Corte (RE 93.904/RS, Rel. p/ acórdão Min. Moreira Alves, *in Revista Trimestral de Jurisprudência*, vol. 131, jan./1990, p. 245): 'O § 3º do art. 5º da Lei nº 6.515/77 – e pouco importa o fim a que visou:

se a título de pena, ou não – modifica, em virtude da causa de extinção do casamento, o regime de bens nele vigorante, com a alteração da qualificação de bens que nesse instante deixam de ser comuns para se tornarem incomunicáveis. Assim, sua aplicação a matrimônio com regime da comunhão universal de bens celebrado antes do advento da Lei nº 6.515/77 ofende o princípio constitucional do respeito ao direito adquirido (§ 3º do artigo 153 da Emenda Constitucional nº 1/69)'. Igualmente, cf.: 'Por importar alteração do regime de bens, este parágrafo não pode ser aplicado a matrimônio celebrado antes da vigência da Lei do Divórcio, pois dita aplicação ofenderia o princípio constitucional do respeito ao direito adquirido' (Theotonio Negrão e José Roberto Gouveia, *in Código de Processo Civil Comentado e Legislação Processual em vigor*, 36. ed., Saraiva, 2004, p. 1345). Como, no caso em questão, o matrimônio foi celebrado em 23.12.1966, em regime de plena comunhão de bens, inaplicável, portanto, o referido dispositivo legal. 3. Tratando-se de separação judicial sem culpa, não há falar de indenização por dano moral, com base no art. 159 do Código Civil. Mesmo se assim não fosse, concluir de forma distinta do Tribunal de origem, demandaria reexame dos fatos analisados nas instâncias ordinárias, providência inviável na via do especial: óbice da Súmula 07/STJ" (STJ, REsp 302.930/SP, Rel. Min. Jorge Scartezzini, 4ª Turma, jul. 05.10.2004, *DJ* 06.12.2004, p. 314).

2. Ausência de culpa. Insuportabilidade da vida em comum. "Ação de separação judicial. Pedido de separação fundado na culpa. Não demonstração. Insustentabilidade da vida em comum. Caracterização. Decretação da separação. Julgamento diverso do pedido. Inocorrência. – Ainda que se requeira a separação judicial com imputação de culpa e essa não reste provada nos autos, o juiz pode decretá-la caso verifique, nas provas coligidas aos autos, a insuportabilidade da vida em comum, situação em que a decretação da separação não implica julgamento diverso do pedido" (STJ, REsp 466.329/RS, Rel.ª Min.ª Nancy Andrighi, 3ª Turma, jul. 22.06.2004, *DJ* 11.10.2004, p. 314).

3. Reconvenção. Inicial indeferida. "Caso, ademais, em que indeferida a inicial da ação de separação judicial, prejudicada a reconvenção que pleiteava alimentos para a esposa-ré, pois dependente, nas circunstâncias dos autos, da primeira lide" (STJ, REsp 30.730/SP, Rel. Min. Aldir Passarinho Junior, 4ª Turma, jul. 08.03.2005, *DJ* 18.04.2005, p. 338).

Art. 5º A separação judicial pode ser pedida por um só dos cônjuges quando imputar ao outro conduta desonrosa ou qualquer ato que importe em grave violação dos deveres do casamento e tornem insuportável a vida em comum.

§ 1º A separação judicial pode, também, ser pedida se um dos cônjuges provar a ruptura da vida em comum há mais de um ano consecutivo, e a impossibilidade de sua reconstituição. *(Redação dada pela Lei nº 8.408, de 1992)*

§ 2º O cônjuge pode ainda pedir a separação judicial quando o outro estiver acometido de grave doença mental, manifestada após o casamento, que torne impossível a continuação da vida em comum, desde que, após uma duração de 5 (cinco) anos, a enfermidade tenha sido reconhecida de cura improvável.

§ 3º Nos casos dos parágrafos anteriores, reverterão, ao cônjuge que não houver pedido a separação judicial, os remanescentes dos bens que levou para o casamento, e, se o regime de bens adotado o permitir, também a meação nos adquiridos na constância da sociedade conjugal.

Art. 6º Nos casos dos §§ 1º e 2º do artigo anterior, a separação judicial poderá ser negada, se constituir respectivamente, causa de agravamento das condições pessoais ou da doença do outro cônjuge, ou determinar, em qualquer caso, consequências morais de excepcional gravidade para os filhos menores.

Art. 7º A separação judicial importará na separação de corpos e na partilha de bens.

§ 1º A separação de corpos poderá ser determinada como medida cautelar (art. 796 do CPC).

§ 2º A partilha de bens poderá ser feita mediante proposta dos cônjuges e homologada pelo juiz ou por este decidida.

REFERÊNCIA LEGISLATIVA

Art. 69, parágrafo único, da Lei nº 9.099, de 26.09.1995.

JURISPRUDÊNCIA SELECIONADA

1. Partilha de bens. Imóvel comum utilizado por apenas um dos cônjuges. Pagamento de aluguel. Ver jurisprudência do art. 731 do CPC/2015.

Art. 8º A sentença que julgar a separação judicial produz seus efeitos à data de seu trânsito em julgado, ou à da decisão que tiver concedido separação cautelar.

JURISPRUDÊNCIA SELECIONADA

(Observação: jurisprudência coletada antes da Emenda Constitucional nº 66, de 13 de julho de 2010)

1. Retroação. Efeitos. "Família. Separação de corpos. Efeitos. Estabelecendo o artigo 8º da Lei 6.515/77 (Lei do Divórcio) a retroação dos efeitos da sentença que extingue a sociedade conjugal a data da decisão que concedeu a separação de corpos, nessa data se desfazem, tanto os deveres de ordem pessoal dos cônjuges como o regime matrimonial de bens. Desde então não se comunicam os bens e direitos adquiridos por qualquer dos cônjuges" (STF, RE 109.111, Rel. Min. Carlos Madeira, 2ª Turma, jul. 05.08.1986, *DJ* 29.08.1986).

Seção II
Da Proteção da Pessoa dos Filhos

Art. 9º No caso de dissolução da sociedade conjugal pela separação judicial consensual (art. 4º), observar-se-á o que os cônjuges acordarem sobre a guarda dos filhos.

Art. 10. Na separação judicial fundada no *caput* do art. 5º, os filhos menores ficarão com o cônjuge que a não houver dado causa.

§ 1º Se pela separação judicial forem responsáveis ambos os cônjuges; os filhos menores ficarão em poder da mãe, salvo se o juiz verificar que de tal solução possa advir prejuízo de ordem moral para eles.

§ 2º Verificado que não devem os filhos permanecer em poder da mãe nem do pai, deferirá o juiz a sua guarda a pessoa notoriamente idônea da família de qualquer dos cônjuges.

Art. 11. Quando a separação judicial ocorrer com fundamento no § 1º do art. 5º, os filhos ficarão em poder do cônjuge em cuja companhia estavam durante o tempo de ruptura da vida em comum.

Art. 12. Na separação judicial fundada no § 2º do art. 5º, o juiz deferirá a entrega dos filhos ao cônjuge que estiver em condições de assumir, normalmente, a responsabilidade de sua guarda e educação.

Art. 13. Se houver motivos graves, poderá o juiz, em qualquer caso, a bem dos filhos, regular por maneira diferente da estabelecida nos artigos anteriores a situação deles com os pais.

Art. 14. No caso de anulação do casamento, havendo filhos comuns, observar-se-á o disposto nos arts. 10 e 13.

Parágrafo único. Ainda que nenhum dos cônjuges esteja de boa-fé ao contrair o casamento, seus efeitos civis aproveitarão aos filhos comuns.

Art. 15. Os pais, em cuja guarda não estejam os filhos, poderão visitá-los e tê-los em sua companhia, segundo fixar o juiz, bem como fiscalizar sua manutenção e educação.

Art. 16. As disposições relativas à guarda e à prestação de alimentos aos filhos menores estendem-se aos filhos maiores inválidos.

Seção III
Do Uso do Nome

Art. 17. Vencida na ação de separação judicial (art. 5º, *caput*), voltará a mulher a usar o nome de solteira.

§ 1º Aplica-se, ainda, o disposto neste artigo, quando é da mulher a iniciativa da separação judicial com fundamento nos §§ 1º e 2º do art. 5º.

§ 2º Nos demais casos, caberá à mulher a opção pela conservação do nome de casada.

Art. 18. Vencedora na ação de separação judicial (art. 5º, *caput*), poderá a mulher renunciar, a qualquer momento, o direito de usar o nome do marido.

Seção IV
Dos Alimentos

Art. 19. O cônjuge responsável pela separação judicial prestará ao outro, se dela necessitar, a pensão que o juiz fixar.

SÚMULAS

Súmula do STJ:

nº 336: "A mulher que renunciou aos alimentos na separação judicial tem direito à pensão previdenciária por morte do ex-marido, comprovada a necessidade econômica superveniente".

JURISPRUDÊNCIA SELECIONADA

(Observação: jurisprudência coletada antes da Emenda Constitucional nº 66, de 13 de julho de 2010)

1. Dever mútuo de assistência. "Quanto ao mérito recursal, cinge-se a questão ao exame de afronta aos arts. 399 e 400 do CC/1916, porquanto ter-se-ia inobservado o binômio necessidade/possibilidade quando da concessão e do arbitramento da pensão alimentícia. 7 – Especificamente, no que concerne ao art. 399 do CC/1916, anoto não guardar o mesmo qualquer pertinência com o caso *sub judice*, não se cogitando acerca da respectiva violação. Com efeito, tal dispositivo cuida da obrigação alimentar decorrente de parentesco, enquanto, *in casu*, verifica-se a existência do dever de mútua assistência entre cônjuges, previsto no art. 231, III, do CC/1916, como um dos efeitos do casamento válido e, por conseguinte, perdurando até sua dissolução pelo divórcio ou morte de um dos cônjuges. 8 – Outrossim, mesmo em se tratando do dever de mútua assistência decorrente de relação matrimonial, seja para concessão, seja para fixação do quantum da pensão alimentícia, deve-se observar a proporção entre as 'necessidades do reclamante' e os 'recursos da pessoa obrigada' (art. 400 do CC/1916). O cumprimento de tal binômio, porém, deve ser analisado à vista das peculiaridades de cada caso, não havendo critérios rígidos que, *a priori*, excluam a necessidade do credor ou a possibilidade do devedor de alimentos. Desta feita, dentro dos limites do que é possível ser analisado nesta Instância Especial, entendo exata a valoração jurídica dada pelo v. acórdão aos fatos e às provas constantes dos autos, porque em consonância com a orientação doutrinária e a jurisprudência majoritária pátrias. Concluir, porém, como pretende o recorrente, pela inexistência em si de tais fatos e provas, seja para afastar o direito à pensão alimentícia, seja para reduzir-lhe o valor, implica reexame da matéria fático-probatória, incidindo o óbice representado pela Súmula 07 da Corte. Precedentes. 9 – Todavia, constatado evidente exagero ou manifesta irrisão na fixação, pelas instâncias ordinárias, do montante da pensão alimentícia, em flagrante violação ao princípio da razoabilidade, às regras de experiência, ao bom senso e à moderação, distanciando-se, por conseguinte, das finalidades da lei, é possível a revisão, nesta Corte, de aludida quantificação, sem mácula aos ditames da Súmula 07, a exemplo do que ocorre com a estipulação de valor indenizatório por danos morais e de honorários advocatícios. Precedente. *In casu*, entendendo exorbitante o montante arbitrado (R$ 20.000,00 – vinte mil reais), notadamente por se tratar de alimentos provisionais, tenho por razoável sua redução a R$ 10.000,00 (dez mil reais). 10 – Recurso Especial conhecido, tão somente para reduzir o quantum dos alimentos provisionais a R$ 10.000,00 (dez mil reais)" (STJ, REsp 665.561/GO, Rel. Min. Jorge Scartezzini, 4ª Turma, jul. 15.03.2005, *DJ* 02.05.2005, p. 374).

2. Alimentos provisórios. "Ação de separação judicial. Alimentos provisórios. Redução operada pela sentença. Cálculo do valor do débito. Precedentes da Corte. 1. Considerando os precedentes da Corte, o valor dos alimentos provisórios é devido desde a data em que foram fixados até a data em que proferida a sentença que os reduziu" (STJ, REsp 662.754/MS, Rel. Min. Carlos Alberto Menezes Direito, 3ª Turma, jul. 22.03.2007, *DJ* 18.06.2007, p. 256).

"Deveras, encontra-se em consonância com o ordenamento jurídico pátrio o ajuizamento da presente ação, sob rito especial (Lei nº 5.478/68), cujo objeto restringe-se aos alimentos provisórios ou provisionais, devidos tão somente até o trânsito em julgado da decisão proferida nos autos da Ação de Separação Judicial Litigiosa. Nesta ação, ao revés, discutir-se-á acerca dos alimentos definitivos, os quais, caso venham a ser fixados, passarão a vigorar em substituição àqueles. Tem-se, desta feita, objetos diferentes, que não só autorizam, mas determinam a propositura de ações autônomas, não havendo que se cogitar de prejudicialidade da Ação de Alimentos em razão de litispendência ou preclusão. 5 – Não se vislumbra contradição ou falta de fundamentação do v. acórdão que, julgado por maioria de votos, assentou-se totalmente na fundamentação desenvolvida pelo e. Relator vencido, mas restaurou o quantum fixado liminarmente em Primeiro Grau, adotando os fundamentos então expendidos pelo d. Magistrado singular. Isso porque se trata de hipótese de cognição sumária, a qual não demanda exame pormenorizado dos documentos constantes dos autos, referentes ao binômio necessidade/possibilidade, haja vista não se cuidar de estabelecimento em definitivo dos alimentos" (STJ, REsp 665.561/GO, Rel. Min. Jorge Scartezzini, 4ª Turma, jul. 15.03.2005, *DJ* 02.05.2005, p. 374).

3. Renúncia a alimentos. "A renúncia a alimentos em ação de separação judicial não gera coisa julgada para obviar ação indenizatória decorrente dos mesmos fatos, que, eventualmente, deram causa à dissolução do casamento. – A possibilidade jurídica do pedido é apurada em tese. Assim, pedido impossível é aquele juridicamente incompatível com o Ordenamento Jurídico. Não há proibição no direito pátrio para pedido indenizatório – por danos materiais ou morais – contra ex-cônjuge por eventual ato ilícito ocorrido na constância do casamento" (STJ, REsp 897.456/MG, Rel. Min. Humberto Gomes de Barros, 3ª Turma, jul. 14.12.2006, *DJ* 05.02.2007, p. 236).

"Separação judicial. Acordo homologado. Cláusula de renúncia a alimentos. Posterior ajuizamento de ação de alimentos por ex-cônjuge. Carência de ação. Ilegitimidade ativa. – A cláusula de renúncia a alimentos, constante em acordo de separação devidamente homologado, é válida e eficaz, não permitindo ao ex-cônjuge que renunciou, a pretensão de ser pensionado ou voltar a pleitear o encargo. – Deve ser reconhecida a carência da ação, por ilegitimidade ativa do ex-cônjuge para postular em juízo o que anteriormente renunciara expressamente" (STJ, REsp 701.902/SP, Rel.ª Min.ª Nancy Andrighi, 3ª Turma, jul. 15.09.2005, *DJ* 03.10.2005, p. 249).

"A mulher que recusa os alimentos na separação judicial pode pleiteá-los futuramente, desde que comprove a sua dependência econômica. 2. Não demonstrada a dependência econômica, impõe-se na improcedência do pedido para a concessão do benefício previdenciário de pensão por morte" (STJ, AgRg no Ag. 668.207/MG, Rel.ª Min.ª Laurita Vaz, 5ª Turma, jul. 06.09.2005, *DJ* 03.10.2005, p. 320).

"A dispensa de alimentos, matéria pacífica no STJ, não comporta ilicitude de objeto da transação" (STJ, REsp 650.795/SP, Rel.ª Min.ª Nancy Andrighi, 3ª Turma, jul. 07.06.2005, *DJ* 15.08.2005, p. 309).

"Se há dispensa mútua entre os cônjuges quanto à prestação alimentícia e na conversão da separação consensual em divórcio não se faz nenhuma ressalva quanto a essa parcela, não pode um dos ex-cônjuges, posteriormente, postular alimentos, dado que já definitivamente dissolvido qualquer vínculo existente entre eles. Precedentes iterativos desta Corte" (STJ, REsp 199.427/SP, Rel. Min. Fernando Gonçalves, 4ª Turma, jul. 09.03.2004, *DJ* 29.03.2004, p. 244).

4. Culpa recíproca. "Possível alegar-se, em sede de embargos à execução, a extinção da obrigação alimentar constituída de prestações sucessivas, se a decisão exequenda revisional da pensão sofreu efeito desconstitutivo da coisa julgada na ação de separação judicial que decretou a dissolução da sociedade conjugal por culpa recíproca de ambos os cônjuges, a ensejar a aplicação, à espécie, do art. 19 da Lei nº 6.515/1977 c/c os arts. 462, 471, I e 741, VI, do CPC" (STJ, REsp 172.166/DF, Rel. Min. Aldir Passarinho Junior, 4ª Turma, jul. 15.12.2005, *DJ* 27.03.2006, p. 276).

5. Culpa do alimentado. Não devolução do já percebido em medida cautelar. "Alimentos provisionais. Medida cautelar. Dissolução da sociedade conjugal. Sentença. Culpa do alimentando. Art. 19 da Lei 6.515/77. Efeitos. Pelas peculiaridades do caso concreto, os alimentos fixados na medida cautelar são devidos somente até a prolação da sentença que considerou o alimentando culpado pela separação judicial (art. 19 da Lei nº 6.515/77), vedada a devolução do que já foi percebido" (STJ, REsp 204.079/SC, Rel. Min. Barros Monteiro, Rel. p/ ac. Min. Cesar Asfor Rocha, 4ª Turma, jul. 15.12.2005, *DJ* 15.05.2006, p. 216).

6. Execução de alimentos. Competência. "Tratando-se da execução de alimentos, a aplicação do princípio de que cabe ao Juiz da sentença exequenda competência para processar a execução merece temperamento, como bem alinhado na jurisprudência do STJ. – O foro competente para execução de alimentos é o foro do domicílio ou residência do alimentando, ainda que a sentença exequenda tenha sido proferida em foro diverso. A competência prevista no art. 100, II, do CPC prevalece sobre a prevista no art. 575, II, do CPC" (STJ, REsp 436.251/MG, Rel. Min. Antônio de Pádua Ribeiro, Rel.ª p/ ac. Min.ª Nancy Andrighi, 3ª Turma, jul. 21.06.2005, *DJ* 29.08.2005, p. 329).

"A Lei deve ser aplicada com vistas aos fins sociais a que se dirige (LICC; art. 5º). II – A execução de alimentos pode ser proposta no foro do alimentando, ainda que diverso daquele do Juízo da sentença" (STJ, REsp 223.207/MG, Rel. Min. Humberto Gomes de Barros, 3ª Turma, jul. 18.05.2004, *DJ* 16.08.2004, p. 255).

7. Obrigação de levar ao domicílio do credor. "A obrigação alimentar impõe ao devedor o encargo de levá-la ao domicílio do credor" (STJ, REsp 436.251/MG, Rel. Min. Antônio de Pádua Ribeiro, Rel.ª p/ ac. Min.ª Nancy Andrighi, 3ª Turma, jul. 21.06.2005, *DJ* 29.08.2005, p. 329).

8. Descumprimento dever de alimentos. "Evidenciado o descumprimento da obrigação alimentícia assumida na separação, não há o direito subjetivo de ver decretada a conversão da separação em divórcio" (STJ, REsp 663.955/PE, Rel.ª Min.ª Nancy Andrighi, 3ª Turma, jul. 03.05.2005, *DJ* 23.05.2005, p. 286).

9. Capacidade para o trabalho. "Alimentos entre cônjuges. Prazo. Se, na constância do casamento, a mulher não dispõe dos meios próprios para prover o seu sustento e se o seu marido tem capacidade para tanto, não se pode fixar o dever alimentício pelo prazo de apenas um ano, apenas porque ela é jovem e capaz para o trabalho" (STJ, REsp 555.429/RJ, Rel. Min. Cesar Asfor Rocha, 4ª Turma, jul. 08.06.2004, *DJ* 11.10.2004, p. 339).

10. Modificação da situação financeira da parte alimentada. "Alimentos. Binômio necessidade-possibilidade. Modificação na situação financeira da alimentanda Pensão fixada com base em fatos atuais. Coisa julgada formal. Possibilidade de nova fixação, caso demonstrada sua necessidade. Na linha do art. 401 do revogado Código Civil, reproduzido quase em sua totalidade pelo art. 1.699 do Código Civil de 2002, quando sobrevier mudança na situação financeira das partes, mostra-se possível a alteração no valor da pensão alimentícia, sendo certo, ademais, que os alimentos devem ser fixados na proporção das necessidades do reclamante e dos recursos da pessoa obrigada. II – Passando o ex-cônjuge a exercer cargo remunerado, ainda que em comissão, com vencimento muito superior ao valor da pensão, recomendável a alteração no pensionamento. III – A decisão judicial de alimentos, quanto ao valor da pensão, não se sujeita ao trânsito em julgado material (cf. o REsp 12.047-SP, *DJ* 9.3.1992, relator o Ministro Athos Carneiro), podendo, a qualquer tempo, ser revista em face da superveniente modificação da situação financeira dos interessados. IV – Desta forma, se eventualmente venha a recorrida ser exonerada de seu cargo em comissão, poderá reclamar do recorrente uma nova pensão ou simplesmente a complementação do necessário para se manter. O que interessa, para fins de pensão, são os fatos existentes quando de sua fixação. V – Sopesando as circunstâncias dos autos, o pedido tem acolhida parcial, reduzindo-se a pensão" (STJ, REsp 472.728/MG, Rel. Min. Sálvio de Figueiredo Teixeira, 4ª Turma, jul. 20.03.2003, *DJ* 28.04.2003, p. 207).

"Não é *extra petita* a sentença que, diante do pedido de exoneração total de pensão, defere a redução dos alimentos. Como se sabe, no pedido mais abrangente se inclui o de menor abrangência. II – Fixados os alimentos já levando em consideração a futura constituição de usufruto, esse fato, por si só, quando concretizado, não é capaz de ensejar a revisão da pensão alimentícia, porque não alterou a condição econômica da recorrente em relação à existente ao tempo da dissolução da sociedade conjugal" (STJ, REsp 249.513/SP, Rel. Min. Sálvio de Figueiredo Teixeira, 4ª Turma, jul. 06.03.2003, *DJ* 07.04.2003, p. 289).

11. Modificação da situação financeira da parte alimentante. "Alimentos. Revisão. Constituição pelo autor de nova família. Superveniente modificação em sua situação financeira. Motivo suficiente a justificar a redução do pensionamento à ré. – A constituição de nova família pelo alimentante, com filhos, constitui motivo a ser ponderado para a verificação da alegada mudança em sua situação financeira (art. 401 do Código Civil)" (STJ, REsp 109.259/SP, Rel. Min. Barros Monteiro, 4ª Turma, jul. 12.11.2002, *DJ* 10.03.2003, p. 217).

12. Culpa. Indenização. "Separação judicial. Majoração de alimentos. Partilha. Culpa. Indenização por danos morais. Precedentes. 1. Os elementos dos autos não revelam situação de opulência financeira do varão, principal responsável pelo sustento da família ao longo do casamento. 2. A mulher, que conta mais de sessenta anos, faz jus a alimentos pela ponderação do binômio necessidade/possibilidade, pois a renda que aufere como professora aposentada é insuficiente para o custeio de suas despesas ordinárias. 3. O salário mínimo é instrumento de política econômica e não tem qualquer compromisso com a variação do poder aquisitivo da moeda. Tanto assim que a Lei nº 6.205, de 29 de abril de 1975, já estabelecia a descaracterização do salário mínimo como fator de correção monetária, regra que foi alçada à dignidade constitucional no inc. IV do art. 7º da Carta Magna. Por sinal, não é por outra razão que a Súmula 201 do STJ veda a indexação dos honorários advocatícios – de inegável cunho alimentar – ao piso salarial. O salário mínimo não pode mais se prestar para indexar os alimentos, sob pena de, a curto prazo, desestabilizar o equilíbrio do binômio alimentar, o que inexoravelmente dará origem a uma ação revisional. Por essa razão, a verba alimentar deva ser estipulada em valor certo, determinando-se sua correção monetária anual, a partir da data da decisão que os define (não de seu trânsito em julgado), conforme comando do art. 1.710 do Código Civil. E, dentre os indexadores, o IGP-M é o que se mostra mais adequado, tanto que é regularmente utilizado para correção de cálculos judiciais. 4. Não é possível a partilha da firma de contabilidade porque não foi arrolada entre os bens comuns pela autora. 5. Na ruptura da relação conjugal, mesmo havendo denúncia de descumprimento dos deveres maritais, não há falar em reparação por dano moral. 6. O fim do casamento, qualquer que seja o motivo, gera intensos e profundos sentimentos. Todavia, não há reparação possível, de ordem econômica, para curar estas dores. Vale sim a tentativa de construção não beligerante dos ritos que põem fim ao casamento em respeito à dignidade pessoal dos filhos e daqueles que estiveram juntos por tanto tempo e construíram uma família. 7. O pagamento de uma indenização agravaria ainda mais as situações de grave conflito, fazendo surgir a cobiça" (TJRS, Ap. Cível 70015627979, Rel. Des. Luiz Felipe Brasil Santos, 7ª Câmara Cível, jul. 02.10.2006).

Art. 20. Para manutenção dos filhos, os cônjuges, separados judicialmente, contribuirão na proporção de seus recursos.

JURISPRUDÊNCIA SELECIONADA

(Observação: jurisprudência coletada antes da Emenda Constitucional nº 66, de 13 de julho de 2010)

1. Majoração do encargo. Retroação. "Em caso de majoração do encargo, sejam os alimentos provisionais ou definitivos, o novo valor fixado retroage à data da citação, em consonância com o que dispõe o artigo 13, § 2º, da Lei nº 5.474/68, o qual não faz qualquer distinção a esse respeito, dispondo, ao contrário, que, 'Em qualquer caso, os alimentos fixados retroagem à data da citação.' II – A despeito de a obrigação de inclusão dos alimentandos em plano de saúde possuir caráter alimentar, sua implementação não deverá retroagir à data da citação, mormente porque, no caso, a responsabilidade do genitor com os gastos de saúde dos filhos já vinha sendo cumprida, de forma genérica, como consequência do acordo de separação, tendo havido apenas uma mudança na forma de seu cumprimento" (STJ, EDcl no REsp 504.630/SP, Rel. Min. Castro Filho, 3ª Turma, jul. 10.08.2006, *DJ* 11.09.2006, p. 247).

2. Maioridade dos filhos. "Com a maioridade cessa o pátrio-poder, mas não termina, automaticamente, o dever de prestar alimentos. A exoneração da pensão alimentar depende de ação própria na qual seja dado ao alimentado a oportunidade de se manifestar, comprovando, se for o caso, a impossibilidade de prover a própria subsistência" (STJ, REsp 442.502/SP, Rel. Min. Castro Filho, Rel. p/ ac. Min. Antônio de Pádua Ribeiro, 2ª Seção, jul. 06.12.2004, *DJ* 15.06.2005, p. 150).

3. Constituição de nova família. "Ação revisional de alimentos. Constituição pelo recorrente de nova família. – O simples fato de constituir nova família não importa no decréscimo do valor da pensão alimentícia prestada a filhos havidos do casamento anterior, notadamente diante da situação econômica do alimentante que segue inalterável" (STJ, REsp 594.714/SC, Rel.ª Min.ª Nancy Andrighi, 3ª Turma, jul. 29.03.2005, *DJ* 02.05.2005, p. 342).

Art. 21. Para assegurar o pagamento da pensão alimentícia, o juiz poderá determinar a constituição de garantia real ou fidejussória.

§ 1º Se o cônjuge credor preferir, o juiz poderá determinar que a pensão consista no usufruto de determinados bens do cônjuge devedor.

§ 2º Aplica-se, também, o disposto no parágrafo anterior, se o cônjuge credor justificar a possibilidade do não recebimento regular da pensão.

Art. 22. Salvo decisão judicial, as prestações alimentícias, de qualquer natureza, serão corrigidas monetariamente na forma dos índices de atualização das Obrigações Reajustáveis do Tesouro Nacional – ORTN.

Parágrafo único. No caso do não pagamento das referidas prestações no vencimento, o devedor responderá, ainda, por custas e honorários de advogado apurados simultaneamente.

Art. 23. A obrigação de prestar alimentos transmite-se aos herdeiros do devedor, na forma do art. 1.796 do Código Civil *(a referência deste artigo é feita a dispositivo do Código Civil de 1916.* Vide *arts. 1.700 e 1.997 do Código Civil vigente, Lei nº 10.406, de 10.01.2002)*.

JURISPRUDÊNCIA SELECIONADA

(Observação: jurisprudência coletada antes da Emenda Constitucional nº 66, de 13 de julho de 2010)

1. Espólio. Obrigação de prestar alimentos. "O espólio tem a obrigação de prestar alimentos àquele a quem o *de cujus* devia, mesmo vencidos após a sua morte. Enquanto não encerrado o inventário e pagas as quotas devidas aos sucessores, o autor da ação de alimentos e presumível herdeiro não pode ficar sem condições de subsistência no decorrer do processo. Exegese do art. 1.700 do novo Código Civil" (STJ, REsp 219.199/PB, Rel. Min. Ruy Rosado de Aguiar, Rel. p/ Acórdão Min. Fernando Gonçalves, 2ª Seção, jul. 10.12.2003, *DJ* 03.05.2004, p. 91).

Capítulo II
DO DIVÓRCIO

Art. 24. O divórcio põe termo ao casamento e aos efeitos civis do matrimônio religioso.

Parágrafo único. O pedido somente competirá aos cônjuges, podendo, contudo, ser exercido, em caso de incapacidade, por curador, ascendente ou irmão.

Art. 25. A conversão em divórcio da separação judicial dos cônjuges existente há mais de um ano, contada da data da decisão ou da que concedeu a medida cautelar correspondente (art. 8º), será decretada por sentença, da qual não constará referência à causa que a determinou *(caput com redação dada pela Lei nº 8.408, de 13.02.1992).*

Parágrafo único. A sentença de conversão determinará que a mulher volte a usar o nome que tinha antes de contrair matrimônio, só conservando o nome de família do ex-marido se alteração prevista neste artigo acarretar *(parágrafo incluído pela Lei nº 8.408, de 13.02.1992)*:

I – evidente prejuízo para a sua identificação *(inciso incluído pela Lei nº 8.408, de 13.02.1992);*

II – manifesta distinção entre o seu nome de família e dos filhos havidos da união dissolvida *(inciso incluído pela Lei nº 8.408, de 13.02.1992);*

III – dano grave reconhecido em decisão judicial *(inciso incluído pela Lei nº 8.408, de 13.02.1992).*

REFERÊNCIA LEGISLATIVA

Arts. 1.571, § 2º, e 1.578 do Código Civil vigente.

JURISPRUDÊNCIA SELECIONADA

(Observação: jurisprudência coletada antes da Emenda Constitucional nº 66, de 13 de julho de 2010)

1. Manutenção do nome de casada. "Separação consensual. Mulher. Nome de casada. Manutenção. Art. 25, parágrafo único, inciso II da Lei nº 6.515/77. 1. Reconhecida pela instância originária (ordinária) que ao deixar a mulher de usar o nome de casada ocorrerá manifesta distinção entre o seu nome de família e dos filhos havidos da união dissolvida, não tem força bastante o fundamento da maioridade da prole, invocado pelo acórdão para reformar a sentença, porquanto trata-se de requisito não contemplado pela lei de regência. Precedente da 4ª Turma – REsp 358.598/PR" (STJ, REsp 247.949/SP, Rel. Min. Fernando Gonçalves, 4ª Turma, jul. 11.05.2004, *DJ* 31.05.2004, p. 312).

2. Conversão em divórcio. Causas impeditivas. "Ação de conversão de separação judicial em divórcio. Causas impeditivas. Partilha de bens. Prévia decisão. Pendência de execução. Descumprimento de obrigação assumida na separação. – A pendência de execução da partilha de bens homologada em sentença com trânsito em julgado não obsta a conversão da separação em divórcio. – Evidenciado o descumprimento da obrigação alimentícia assumida na separação, não há o direito subjetivo de ver decretada a conversão da separação em divórcio" (STJ, REsp 663.955/PE, Rel.ª Min.ª Nancy Andrighi, 3ª Turma, jul. 03.05.2005, *DJ* 23.05.2005, p. 286).

Art. 26. No caso de divórcio resultante da separação prevista nos §§ 1º e 2º do art. 5º, o cônjuge que teve a iniciativa da separação continuará com o dever de assistência ao outro (Código Civil – art. 231, nº III).

Observação: a referência deste artigo é feita a dispositivo do Código Civil de 1916. Tal dispositivo corresponde ao art. 1.566, III, do Código Civil vigente, Lei nº 10.406, de 10.01.2002.

Art. 27. O divórcio não modificará os direitos e deveres dos pais em relação aos filhos.

Parágrafo único. O novo casamento de qualquer dos pais ou de ambos também não importará restrição a esses direitos e deveres.

Art. 28. Os alimentos devidos pelos pais e fixados na sentença de separação poderão ser alterados a qualquer tempo.

Art. 29. O novo casamento do cônjuge credor da pensão extinguirá a obrigação do cônjuge devedor.

Art. 30. Se o cônjuge devedor da pensão vier a casar-se, o novo casamento não alterará sua obrigação.

JURISPRUDÊNCIA SELECIONADA

1. Alimentante. Constituição de nova família. "Ação revisional de alimentos. Constituição pelo recorrente de nova família. – O simples fato de constituir nova família não importa no decréscimo do valor da pensão alimentícia prestada a filhos havidos do casamento anterior, notadamente diante da situação econômica do alimentante que segue inalterável" (STJ, REsp 594.714/SC, Rel.ª Min.ª Nancy Andrighi, 3ª Turma, jul. 29.03.2005, *DJ* 02.05.2005, p. 342).

Art. 31. Não se decretará o divórcio se ainda não houver sentença definitiva de separação judicial, ou se esta não tiver decidido sobre a partilha dos bens.

JURISPRUDÊNCIA SELECIONADA

(Observação: jurisprudência coletada antes da Emenda Constitucional nº 66, de 13 de julho de 2010)

1. Conversão em divórcio. Causas impeditivas. "Ação de conversão de separação judicial em divórcio. Causas impeditivas. Partilha de bens. Prévia decisão. Pendência de execução. Descumprimento de obrigação assumida na separação. A pendência de execução da partilha de bens homologada em sentença com trânsito em julgado não obsta a conversão da separação em divórcio. Evidenciado o descumprimento da obrigação alimentícia assumida na separação, não há o direito subjetivo de ver decretada a conversão da separação em divórcio. Inviável, entretanto, a análise em recurso especial do cumprimento ou não da obrigação de prestar alimentos assumida na separação, quando se extrai da sentença que a pensão alimentícia vem sendo paga e o Tribunal de origem silencia a respeito. Recurso especial não conhecido" (STJ, REsp 663.955/PE, Rel.ª Min.ª Nancy Andrighi, 3ª Turma, jul. 03.05.2005, *DJ* 23.05.2005, p. 286).

Art. 32. A sentença definitiva do divórcio produzirá efeitos depois de registrada no Registro Público competente.

JURISPRUDÊNCIA SELECIONADA

1. Ausência de registro. "Embargos de terceiro. Homologação de partilha decorrente da separação judicial antes do processo de execução. Ausência de registro. Honorários de advogado. Precedentes da Corte. 1. Está assentado na jurisprudência da Corte que o bem partilhado para a mulher antes do processo de execução contra o ex-marido não pode ser alcançado pela penhora, contra o ex-marido, pouco relevando que a partilha não tenha sido levada ao registro. 2. Os honorários se justificam, no caso, pelo princípio da causalidade; está o recorrente a postular com denodo a validade da penhora, resistindo ao pedido formulado nos embargos de terceiro, sem obter êxito" (STJ, REsp 505.668/RO, Rel. Min. Carlos Alberto Menezes Direito, 3ª Turma, jul. 25.11.2003, *DJ* 15.03.2004, p. 267).

Art. 33. Se os cônjuges divorciados quiserem restabelecer a união conjugal só poderão fazê-lo mediante novo casamento.

Capítulo III
DO PROCESSO

Art. 34. A separação judicial consensual se fará pelo procedimento previsto nos arts. 1.120 e 1.124 do Código de Processo Civil, e as demais pelo procedimento ordinário.

§ 1º A petição será também assinada pelos advogados das partes ou pelo advogado escolhido de comum acordo.

§ 2º O juiz pode recusar a homologação e não decretar a separação judicial, se comprovar que a convenção não preserva suficientemente os interesses dos filhos ou de um dos cônjuges.

§ 3º Se os cônjuges não puderem ou não souberem assinar, é lícito que outrem o faça a rogo deles.

§ 4º Às assinaturas, quando não lançadas na presença do juiz, serão, obrigatoriamente, reconhecidas por tabelião.

JURISPRUDÊNCIA SELECIONADA

(Observação: jurisprudência coletada antes da Emenda Constitucional nº 66, de 13 de julho de 2010)

1. § 2º. "Separação consensual. Homologação. Lei nº 6.515/77, art. 34, § 2º. Súmula 305 do Supremo Tribunal Federal. O juiz, dando pela manifesta e grave inconveniência da convenção aos interesses de um dos cônjuges, pode deixar de homologar a separação, sem afrontar lei federal nem destoar da jurisprudência, inclusive do Pretório Excelso. Antes, garante a incidência do artigo 34, § 2º, da Lei 6.515/77. Retratação unilateral. Súmula 305 do STF. A retratação é manifestação unilateral da vontade do cônjuge, sem necessidade de motivação. A faculdade do artigo 34, § 2º, da Lei do divórcio, é ato fundamentado do magistrado no exercício de seu *munus*, adotado com ou sem manifestação do interessado, com o objetivo de resguardar o interesse de filho ou de um dos cônjuges. Retratação unilateral e negativa de homologação são realidades jurídicas diversas e inconfundíveis. Recurso especial não conhecido" (STJ, REsp 1.116/RJ, Rel. Min. Athos Carneiro, 4ª Turma, jul. 07.11.1989, *DJ* 18.12.1989, p. 18.476; *JBCC* 156/187; *RDC* 53/236; *RJTJRS* 144/23; *RSTJ* 11/277).

2. Finalidade da Lei alcançada. Suprimento. "Separação judicial. Partilha de bens. Descrição completa quanto àqueles que tocaram ao cônjuge varão. Deficiência suprida. Erro ou dolo. Matéria de prova. Súmula 7/STJ. Finalidade da lei alcançada com a posterior descrição completa dos bens e a consequente ciência do cônjuge mulher. Inexistência de contrariedade ao art. 1.129, I, do CPC. Necessidade, ademais, de reexame do conjunto probatório quanto à ocorrência de lesão em face de alegado erro ou dolo. Incidência da Súmula nº 7 do STJ. Recurso especial não conhecido" (STJ, REsp 131.370/DF, Rel. Min. Barros Monteiro, 4ª Turma, jul. 09.03.2004, *DJ* 17.05.2004, p. 227).

3. Separação. Partilha. Desproporção. "Verificada severa desproporcionalidade da partilha, a sua anulação pode ser decretada sempre que, pela dimensão do prejuízo causado a um dos consortes, verifique-se a ofensa à sua dignidade. O critério de considerar violado o princípio da dignidade da pessoa humana apenas nas hipóteses em que a partilha conduzir um dos cônjuges a situação de miserabilidade não pode ser tomado de forma absoluta. Há situações em que, mesmo destinando-se a um dos consortes patrimônio suficiente para a sua sobrevivência, a intensidade do prejuízo por ele sofrido, somado a indicações de que houve dolo por parte do outro cônjuge, possibilitam a anulação do ato. Recurso especial conhecido e provido, decretando-se a invalidade da partilha questionada" (STJ, REsp 1.200.708/DF, Rel. Min. Nancy Andrighi, 3ª Turma, jul. 04.11.2010, *DJe* 17.11.2010).

Art. 35. A conversão da separação judicial em divórcio será feita mediante pedido de qualquer dos cônjuges.

Parágrafo único. O pedido será apensado aos autos da separação judicial (art. 48).

JURISPRUDÊNCIA SELECIONADA

1. Conversão em divórcio. Causas impeditivas. "Ação de conversão de separação judicial em divórcio. Causas impeditivas. Partilha de bens. Prévia decisão. Pendência de execução. Descumprimento de obrigação assumida na separação. – A pendência de execução da partilha de bens homologada em sentença com trânsito em julgado não obsta a conversão da separação em divórcio. – Evidenciado o descumprimento da obrigação alimentícia assumida na separação, não há o direito subjetivo de ver decretada a conversão da separação em divórcio" (STJ, REsp 663.955/PE, Rel.ª Min.ª Nancy Andrighi, 3ª Turma, jul. 03.05.2005, *DJ* 23.05.2005, p. 286).

Art. 36. Do pedido referido no artigo anterior, será citado o outro cônjuge, em cuja resposta não caberá reconvenção.

Parágrafo único. A contestação só pode fundar-se em:

I – falta do decurso de 1 (um) ano da separação judicial *(inciso com redação dada pela Lei nº 7.841, de 17.10.1989)*;

II – descumprimento das obrigações assumidas pelo requerente na separação.

JURISPRUDÊNCIA SELECIONADA

1. Fundamento exclusivamente constitucional. REsp não cabível. "Conversão da separação em divórcio. Fundamento exclusivamente constitucional. 1. Trazendo o julgado fundamentação exclusivamente constitucional sobre o art. 36, II, da Lei nº 6.515/77, o especial não é viável. 2. Recurso especial não conhecido" (STJ, REsp 612.372/SP, Rel. Min. Carlos Alberto Menezes Direito, 3ª Turma, jul. 07.06.2005, *DJ* 22.08.2005, p. 263).

"Recurso especial. Matéria constitucional. Recepção do art. 36, II, da Lei nº 6.515/77 pelo art. 226, § 7º, da Constituição Federal. Não conhecimento. 1. Limitado o acórdão ao entendimento de que o art. 36, II, da Lei nº 6.515/77 não foi recepcionado pelo art. 226, § 7º, da Constituição Federal, subsistindo como único requisito para conversão da separação consensual em divórcio o lapso temporal de 02 (dois) anos, sendo, por isso mesmo, irrelevante eventual descumprimento do acordo celebrado entre os ex-cônjuges, a matéria, em razão de sua índole constitucional, não se submete ao crivo do especial. Precedentes da Quarta Turma. 2. Recurso especial não conhecido" (STJ, REsp 403.307/SP, Rel. Min. Fernando Gonçalves, 4ª Turma, jul. 03.03.2005, *DJ* 28.03.2005, p. 260).

2. Conversão em divórcio. Causas impeditivas. "Ação de conversão de separação judicial em divórcio. Causas impeditivas. Partilha de bens. Prévia decisão. Pendência de execução.

Descumprimento de obrigação assumida na separação. A pendência de execução da partilha de bens homologada em sentença com trânsito em julgado não obsta a conversão da separação em divórcio. Evidenciado o descumprimento da obrigação alimentícia assumida na separação, não há o direito subjetivo de ver decretada a conversão da separação em divórcio. Inviável, entretanto, a análise em recurso especial do cumprimento ou não da obrigação de prestar alimentos assumida na separação, quando se extrai da sentença que a pensão alimentícia vem sendo paga e o Tribunal de origem silencia a respeito. Recurso especial não conhecido" (STJ, REsp 663.955/PE, Rel.ª Min.ª Nancy Andrighi, 3ª Turma, jul. 03.05.2005, *DJ* 23.05.2005, p. 286).

3. Inciso II. "Alegada impossibilidade de conversão da separação em divórcio em face de descumprimento de obrigações assumidas em acordo de separação homologado. Pendência de execução de partilha não obsta a decretação do divórcio. Precedentes" (STJ, REsp 207.682/SP, Rel. Min. Luis Felipe Salomão, 4ª Turma, jul. 20.11.2008, *DJe* 15.12.2008).

Art. 37. O juiz conhecerá diretamente do pedido, quando não houver contestação ou necessidade de produzir prova em audiência, e proferirá sentença dentro em 10 (dez) dias.

§ 1º A sentença limitar-se-á à conversão da separação em divórcio, que não poderá ser negada, salvo se provada qualquer das hipóteses previstas no parágrafo único do artigo anterior.

§ 2º A improcedência do pedido de conversão não impede que o mesmo cônjuge o renove, desde que satisfeita a condição anteriormente descumprida.

Art. 38. *Artigo revogado pela Lei nº 7.841, de 17.10.1989.*

Redação Anterior – Art. 38. O pedido de divórcio, em qualquer dos seus casos, somente poderá ser formulado uma vez.

REFERÊNCIA LEGISLATIVA

Art. 226, § 6º, da Constituição Federal.

Art. 39. O Capítulo III do Título II do Livro IV do Código de Processo Civil, as expressões "desquite por mútuo consentimento", "desquite" e "desquite litigioso" são substituídas por "separação consensual" e "separação judicial".

Capítulo IV
DAS DISPOSIÇÕES FINAIS E TRANSITÓRIAS

Art. 40. No caso de separação de fato, e desde que completados 02 (dois) anos consecutivos, poderá ser promovida ação de divórcio, na qual deverá ser comprovado decurso do tempo da separação *(caput com redação dada pela Lei nº 7.841, de 17.10.1989)*.

§ 1º *Parágrafo revogado pela Lei nº 7.841, de 17.10.1989.*

§ 2º No divórcio consensual, o procedimento adotado será o previsto nos artigos 1.120 a 1.124 do Código de Processo Civil, observadas, ainda, as seguintes normas:

I – a petição conterá a indicação dos meios probatórios da separação de fato, e será instruída com a prova documental já existente;

II – a petição fixará o valor da pensão do cônjuge que dela necessitar para sua manutenção, e indicará as garantias para o cumprimento da obrigação assumida;

III – se houver prova testemunhal, ela será produzida na audiência de ratificação do pedido de divórcio a qual será obrigatoriamente realizada;

IV – a partilha dos bens deverá ser homologada pela sentença do divórcio.

§ 3º Nos demais casos, adotar-se-á o procedimento ordinário.

Redação Anterior – § 1º O divórcio, com base neste artigo, só poderá ser fundado nas mesmas causas previstas nos artigos 4º e 5º e seus parágrafos.

SÚMULAS

Súmula do STF:

nº 305: "Acordo de desquite ratificado por ambos os cônjuges não é retratável unilateralmente".

Súmula do STJ:

nº 197: "O divórcio direto pode ser concedido sem que haja prévia partilha dos bens".

JURISPRUDÊNCIA SELECIONADA

1. Divórcio direto. "Família – Divórcio Direto – Decretação da revelia – Intempestividade da contestação – Equívoco reconhecido – Ausência de prejuízo – Julgamento antecipado da lide – Existência de dados suficientes para a solução da causa – Dois anos de ruptura da vida em comum do casal devidamente demonstrada. 1. Conquanto o magistrado local, por ocasião da sentença, tenha laborado em equívoco, ao decretar a revelia da ré, em razão da intempestividade da contestação, julgando antecipadamente a lide, quando, na verdade, a referida impugnação era tempestiva, o certo é que, como bem salientado pelo Tribunal *a quo*, tal ato não causou prejuízo algum a parte, porquanto incapaz de tornar verdadeiros os fatos afirmados pelo autor. 2. Ademais, diante da completude do quadro probatório, prescindível era a oitiva de testemunhas, sobretudo porque devidamente demonstrada a ruptura da vida em comum do casal por dois anos consecutivos, condição essa suficiente para viabilizar a decretação do divórcio, a teor da jurisprudência desta Corte" (STJ, REsp 712.483/MT, Rel. Min. Jorge Scartezzini, 4ª Turma, jul. 16.08.2005, *DJ* 05.09.2005, p. 430).

Art. 41. As causas de desquite em curso na data da vigência desta Lei, tanto as que se processam pelo procedimento especial quanto as de procedimento ordinário, passam automaticamente a visar à separação judicial.

Art. 42. As sentenças já proferidas em causas de desquite são equiparadas, para os efeitos desta Lei, às de separação judicial.

Art. 43. Se, na sentença do desquite, não tiver sido homologada ou decidida a partilha dos bens, ou quando esta não tenha sido feita posteriormente, a decisão de conversão disporá sobre ela.

Art. 44. Contar-se-á o prazo de separação judicial a partir da data em que, por decisão judicial proferida em qualquer processo, mesmo nos de jurisdição voluntária, for determinada ou presumida a separação dos cônjuges.

Art. 45. Quando o casamento se seguir a uma comunhão de vida entre os nubentes, existentes antes de 28 de junho de 1977, que haja perdurado por 10 (dez) anos consecutivos ou da qual tenha resultado filhos, o regime matrimonial de bens será estabelecido livremente, não se lhe aplicando o disposto no artigo 258, parágrafo único, nº II, do Código Civil.

Observação: a referência deste artigo é feita a dispositivo do Código Civil de 1916. Tal dispositivo corresponde ao art. 1.641, II, do Código Civil vigente, Lei nº 10.406, de 10.01.2002.

JURISPRUDÊNCIA SELECIONADA

1. Maior de 60 anos. Ausência dos requisitos do art. 45. "Família. Ação declaratória de nulidade de escritura pública. Casamento. Homem maior de 60 anos. Pacto antenupcial. Regime de comunhão universal de bens. Inadmissibilidade. Não comprovado que o casamento se seguiu a uma comunhão de vida existente antes de 28 de junho de 1977, elemento indispensável e pressuposto para verificação da presença dos dois requisitos legais – união de pelo menos 10 anos consecutivos ou existência de prole em comum – afasta-se a exceção prevista no art. 45 da Lei do Divórcio" (STJ, REsp 402.697/DF, Rel.ª Min.ª Nancy Andrighi, 3ª Turma, jul. 07.10.2004, *DJ* 29.11.2004, p. 315).

2. Inaplicabilidade do art. 45. "Embargos de terceiro. Inovação de pedido. Sede recursal. Impossibilidade. Casamento. Regime de comunhão universal. Comunicação. Imóveis do casal. Aluguéis. Penhora. Possibilidade. Art. 45 da Lei nº 6.515/77. Inaplicabilidade" (STJ, AgRg no Ag. 564.328/RS, Rel. Min. Aldir Passarinho Junior, 4ª Turma, jul. 06.05.2004, *DJ* 09.08.2004, p. 274).

Art. 46. Seja qual for a causa da separação judicial, e o modo como esta se faça, é permitido aos cônjuges restabelecer a todo o tempo a sociedade conjugal, nos termos sem que fora constituída, contanto que o façam mediante requerimento nos autos da ação de separação.

Parágrafo único. A reconciliação em nada prejudicará os direitos de terceiros, adquiridos antes e durante a separação, seja qual for o regime de bens.

Art. 47. Se os autos do desquite ou os da separação judicial tiverem sido extraviados, ou se encontrarem em outra circunscrição judiciária, o pedido de conversão em divórcio será instruído com a certidão da sentença, ou da sua averbação no assento de casamento.

Art. 48. Aplica-se o disposto no artigo anterior, quando a mulher desquitada tiver domicílio diverso daquele em que se julgou o desquite.

Art. 49. Os §§ 5º e 6º do art. 7º da Lei de Introdução ao Código Civil passam a vigorar com a seguinte redação:

"Art. 7º (...)

§ 5º O estrangeiro casado, que se naturalizar brasileiro, pode, mediante expressa anuência de seu cônjuge, requerer ao juiz, no ato de entrega do decreto de naturalização, se apostile ao mesmo a adoção do regime de comunhão parcial de bens, respeitados os direitos de terceiros e dada esta adoção ao competente registro.

§ 6º O divórcio realizado no estrangeiro, se um ou ambos os cônjuges forem brasileiros, só será reconhecido no Brasil depois de três anos da data da sentença, salvo se houver sido antecedida de separarão judicial por igual prazo, caso em que a homologação produzirá efeito imediato, obedecidas as condições estabelecidas para a eficácia das sentenças estrangeiras no País. O Supremo Tribunal Federal, na forma de seu regimento interno, poderá reexaminar, a requerimento do interessado, decisões já proferidas em pedidos de homologação de sentenças estrangeiras de divórcio de brasileiros, a fim de que passem a produzir todos os efeitos legais."

Art. 50. São introduzidas no Código Civil as alterações seguintes *(Estas alterações deixaram de vigorar em função da revogação do Código Civil de 1916, pela Lei nº 10.406, de 10.01.2002).*

Art. 51. A Lei nº 883, de 21 de outubro de 1949 passa a vigorar com as seguintes alterações:

1) "Art. 1º. (...)

Parágrafo único – Ainda na vigência do casamento qualquer dos cônjuges poderá reconhecer o filho havido fora do matrimônio, em testamento cerrado, aprovado antes ou depois do nascimento do filho, e, nessa parte, irrevogável."

Observação: a Lei nº 7.250, de 14.11.1984 transformou este parágrafo único em § 1º, acrescentando o § 2º ao art. 1º da Lei nº 883, de 21.10.1949.

2) "Art. 2º Qualquer que seja a natureza da filiação, o direito à herança será reconhecido em igualdade de condições."

3) "Art. 4º. (...)

Parágrafo único – Dissolvida a sociedade conjugal do que foi condenado a prestar alimentos, quem os obteve não precisa propor ação de investigação para ser reconhecido, cabendo, porém, aos interessados o direito de impugnar a filiação."

4) "Art. 9º O filho havido fora do casamento e reconhecido pode ser privado da herança nos casos dos arts. 1.595 e 1.744 do Código Civil."

Observação: a referência é feita a dispositivos do Código Civil de 1916. Correspondem aos arts. 1.814 e 1.962 do Código Civil vigente, a Lei nº 10.406, de 10.01.2002). A Lei 14.611/2023 acrescentou ao Código Civil vigente o art. 1.815-A com o seguinte texto: "Em qualquer dos casos de indignidade previstos no art. 1.814, o trânsito em julgado da sentença penal condenatória acarretará a imediata exclusão do herdeiro ou legatário indigno, independentemente da sentença prevista no *caput* do art. 1.815 deste Código".

Art. 52. O nº I do art. 100, o nº II do art. 155 e o § 2º do art. 733 do Código de Processo Civil passam a vigorar com a seguinte redação:

"Art. 100. (...)

I – da residência da mulher, para a ação de separação dos cônjuges e a conversão desta em divórcio, e para a anulação de casamento.

Art. 155. (...)

II – que dizem respeito a casamento, filiação, separação dos cônjuges, conversão desta em divórcio, alimentos e guarda de menores."

"Art. 733. (...)

§ 2º O cumprimento da pena não exime o devedor do pagamento das prestações vencidas e vincendas."

Art. 53. A presente Lei entrará em vigor na data de sua publicação.*

Art. 54. Revogam-se os arts. 315 a 328 e o § 1º do art. 1.605 do Código Civil e as demais disposições em contrário.

Observação: estas alterações deixaram de vigorar em função da revogação do Código Civil de 1916, pela Lei nº 10.406, de 10.01.2002.

Brasília, em 26 de dezembro de 1977; 156º da Independência e 89º da República.

ERNESTO GEISEL

* Publicada no *DOU* de 27.12.1977. Retificada em 11.04.1978.

EXECUÇÃO FISCAL

LEI Nº 6.830, DE 22 DE SETEMBRO DE 1980

Dispõe sobre a cobrança judicial da Dívida Ativa da Fazenda Pública, e dá outras providências.

REFERÊNCIA LEGISLATIVA

CPC/2015, arts. 771 a 925; CPC/1973, arts. 566 a 795 (execução).

CTN, arts 139 a 193 (crédito tributário).

Lei nº 4.320, de 17.03.1964 (normas gerais de direito financeiro).

Lei nº 8.212, de 24.07.1991, art. 53 (faculdade da Fazenda Pública federal de indicar bens à penhora antes da citação) e art. 98, §§ 1º e 2º (da possibilidade de parcelamento do valor da arrematação).

Lei nº 8.397, de 06.01.1992 (medida cautelar fiscal).

Lei nº 9.532, de 10.12.1997, arts. 64 e 64-A (arrolamento de bens e direitos do sujeito passivo).

Lei nº 12.514/2011 (trata das contribuições devidas aos conselhos profissionais em geral).

Lei nº 10.522/2002, art. 19, § 1º, I (dispensa dos honorários advocatícios, quando a Fazenda reconhecer a procedência dos embargos à execução fiscal).

CJF – JORNADAS DE DIREITO PROCESSUAL CIVIL

I JORNADA

Enunciado 20 – Aplica-se o art. 219 do CPC na contagem do prazo para oposição de embargos à execução fiscal previsto no art. 16 da Lei n. 6.830/1980.

II JORNADA

Enunciado 116 – Aplica-se o art. 219 do CPC na contagem dos prazos processuais previstos na Lei n. 6.830/1980.

SÚMULAS

Súmulas do STF:

nº 239: "Decisão que declara indevida a cobrança do imposto em determinado exercício não faz coisa julgada em relação aos posteriores".

nº 304: "Decisão denegatória de mandado de segurança, não fazendo coisa julgada contra o impetrante, não impede o uso da ação própria".

nº 502: "Na aplicação do art. 839 do CPC, com a redação da Lei nº 4.290, de 5.12.63, a relação do valor da causa e salário mínimo vigente na Capital do Estado, ou do território, para efeito de alçada, deve ser considerada na data do ajuizamento do pedido".

nº 507: "A ampliação dos prazos a que se refere o art. 32 do CPC [hoje: art. 180 do Código de 2015] aplica-se aos executivos fiscais".

nº 519: "Aplica-se aos executivos fiscais o princípio da sucumbência a que se refere o art. 64 do CPC [hoje: art. 2º do Código de 2015]".

nº 563: "O concurso de preferência a que se refere o parágrafo único do art. 187, do Código Tributário Nacional, é compatível com o disposto no art. 9º, inciso I, da Constituição Federal".

nº 565: "A multa fiscal moratória constitui pena administrativa, não se incluindo no crédito habilitado na falência".

Súmulas do STJ:

nº 58: "Proposta a execução fiscal, a posterior mudança de domicílio do executado não desloca a competência já fixada".

nº 66: "Compete à Justiça Federal processar e julgar execução fiscal promovida pelo Conselho de fiscalização profissional".

nº 121: "Na Execução Fiscal o devedor deverá ser intimado, pessoalmente, do dia e hora da realização do leilão".

nº 128: "Na Execução Fiscal haverá segundo leilão, se no primeiro não houver lanço superior a avaliação".

nº 189: "É desnecessária a intervenção do Ministério Público nas execuções fiscais".

nº 190: "Na execução fiscal, processada perante a justiça estadual, cumpre a fazenda pública antecipar o numerário destinado ao custeio das despesas com o transporte dos oficiais de justiça".

nº 210: "A ação de cobrança das contribuições para o FGTS prescreve em 30 (trinta) anos". Obs.: Entendimento alterado por decisão do STF no ARE 709.212 e seguido pela Súmula 362 do TST.

nº 232: "A Fazenda Pública, quando parte no processo, fica sujeita à exigência do depósito prévio dos honorários do perito".

nº 279: "É cabível execução por título extrajudicial contra a Fazenda Pública".

nº 314: "Em execução fiscal, não localizados bens penhoráveis, suspende-se o processo por um ano, findo o qual se inicia o prazo da prescrição quinquenal intercorrente".

nº 392: "A Fazenda Pública pode substituir a certidão de dívida ativa (CDA) até a prolação da sentença de embargos, quando se tratar de correção de erro material ou formal, vedada a modificação do sujeito passivo da execução".

nº 417: "Na execução civil, a penhora de dinheiro na ordem de nomeação de bens não tem caráter absoluto".

nº 430: "O inadimplemento da obrigação tributária pela sociedade não gera, por si só, a responsabilidade solidária do sócio-gerente".

nº 435: "Presume-se dissolvida irregularmente a empresa que deixar de funcionar no seu domicílio fiscal, sem comunicação ao órgão competentes, legitimando o redirecionamento da execução fiscal para o sócio-gerente".

nº 452: "A extinção das ações de pequeno valor é faculdade da Administração Federal, vedada a atuação judicial de ofício".

nº 497: "Os créditos das autarquias federais preferem aos créditos da Fazenda estadual desde que coexistam penhoras sobre o mesmo bem". (cancelada em 14.09.2022 pela 1ª Seção do STJ)

nº 515: "A reunião de execuções fiscais contra o mesmo devedor constitui faculdade do Juiz".

nº 583: "O arquivamento provisório previsto no art. 20 da Lei n. 10.522/2002, dirigido aos débitos inscritos como dívida ativa da União pela Procuradoria-Geral da Fazenda Nacional ou por ela cobrados, não se aplica às execuções fiscais movidas pelos conselhos de fiscalização profissional ou pelas autarquias federais".

nº 622: "A notificação do auto de infração faz cessar a contagem da decadência para a constituição do crédito tributário; exaurida a instância administrativa com o decurso do prazo para a impugnação ou com a notificação de seu julgamento definitivo e esgotado o prazo concedido pela administração para o pagamento voluntário, inicia-se o prazo prescricional para a cobrança judicial."

nº 653: "O pedido de parcelamento fiscal, ainda que indeferido, interrompe o prazo prescricional, pois caracteriza confissão extrajudicial do débito".

Súmulas do TFR:

nº 40: "A execução fiscal da Fazenda Pública Federal será proposta perante o Juiz de Direito da comarca do domicílio do devedor, desde que não seja ela sede de Vara da Justiça Federal".

nº 99: "A Fazenda Pública, nas execuções fiscais, não está sujeita a prévio depósito para custear despesas do avaliador".

nº 168: "O encargo de 20%, do Decreto-Lei nº 1.025, de 1969, é sempre devido nas execuções fiscais da União e substitui, nos embargos, a condenação do devedor em honorários advocatícios".

nº 184: "Em execução movida contra sociedade por quotas, o sócio, citado em nome próprio, não tem legitimidade para opor embargos de terceiro, visando livrar da constrição judicial seus bens particulares".

nº 190: "A intimação pessoal da penhora ao executado torna dispensável a publicação de que trata o Art. 12 da Lei das Execuções Fiscais".

nº 209: "Nas execuções fiscais da fazenda nacional, e legitima a cobrança cumulativa de juros de mora e multa moratória".

nº 210: "Na execução fiscal, não sendo encontrado o devedor, nem bens arrestáveis, é cabível a citação editalícia".

nº 224: "O fato de não serem adjudicados bens que, levados a leilão, deixaram de ser arrematados, não acarreta a extinção do processo de execução".

nº 240: "A intimação do representante judicial da Fazenda Pública, nos embargos a execução fiscal, será feita pessoalmente".

nº 247: "Não constitui pressuposto da ação anulatória do débito fiscal o depósito de que cuida o art. 38 da Lei nº 6.830, de 1980".

nº 248: "O prazo da prescrição interrompido pela confissão e parcelamento da dívida fiscal recomeça a fluir no dia que o devedor deixa de cumprir o acordo celebrado".

Súmula TRF4:

nº 134: "A ausência de impugnação pela Fazenda Pública ao cumprimento de sentença não enseja a redução pela metade dos honorários advocatícios por ela devidos, não sendo aplicável à hipótese a regra do art. 90, § 4º, combinado com o art. 827, § 1º, ambos do CPC 2015".

Súmula TRF5:

nº 21: "Compete às Varas Federais processar e julgar as execuções fiscais propostas pela União, suas autarquias e empresas públicas, salvo aquelas ajuizadas perante a Justiça Estadual, em exercício de competência delegada, até 13 de março de 2015".

☆ INDICAÇÃO DOUTRINÁRIA

Humberto Theodoro Júnior, *Lei de Execução Fiscal*, Saraiva; Humberto Theodoro Júnior, A execução fiscal. Procedimento administrativo. Penhora. Embargos do devedor, *RF* 330/91; Antônio Carlos Costa e Silva, *Teoria e prática do processo executivo fiscal*, Aide; Arruda Alvim, O processo judicial tributário em face do novo CPC, *Ajuris* 4/142; Carlos Mário da Silva Velloso, A decadência e a prescrição do crédito tributário, *RCDUFU* 11/1; Clito Fornaciari Júnior, Apontamentos sobre a execução fiscal, *RP* 25/9; José Souto Maior Borges, Responsável tributário, *RTJE* 77/10; Leon Fredja Szklarowsky, Sujeito ativo da execução fiscal, *RP* 41/76; Milton Flaks, Execução fiscal: conceito de dívida ativa não tributária, *RF* 261/425; Milton Flaks, Execução fiscal: título, legitimação e competência, *RF* 252/54; Eduardo Arruda Alvim, A recente reforma do Código de Processo Civil operada pela Lei 11.382/06 e a objeção de pré-executividade em matéria fiscal, *RJ* 372/29; Leandro Paulsen, René Bergmann Ávila e Ingrid Schroder Sliwka, *Direito processual tributário: processo administrativo fiscal e execução fiscal à luz da doutrina e da jurisprudência*, Livraria do Advogado Editora; Arruda Alvim, Da prescrição intercorrente: *Inter-current prescription*, *Revista Forense* 415/3-26; Andre Folloni, Lara Bonemer Azevedo da Rocha, A aplicação da *actio nata* no redirecionamento das execuções fiscais e seus reflexos no desenvolvimento e na segurança jurídica, *RBDPro* ano 22, n. 87, p. 13-27, jul.-set. 2014; Alexandre Minatti. A aplicabilidade do incidente de desconsideração da personalidade jurídica no redirecionamento da execução fiscal (art. 135, III, do CTN). Análise crítica da jurisprudência do Superior Tribunal de Justiça. *Revista de Processo*, n. 316, p. 275, jun. 2021; Andreia Fogaça Rodrigues Maricato; João Henrique de Moraes Machado Rosa. A suspensão da execução fiscal com fundamento na pandemia da Covid-19. *Revista dos Tribunais*, vol. 1034, ano 110, p. 383 e ss.; Tiago Bitencourt de David. Meios de defesa do executado e ação anulatória de lançamento tributário após o ajuizamento de execução fiscal. *Revista de Processo*, n. 336, p. 355 e ss, fev. 2023.

O Presidente da República:

Faço saber que o Congresso Nacional decreta e eu sanciono a seguinte Lei:

Art. 1º A execução judicial para cobrança da Dívida Ativa da União, dos Estados, do Distrito Federal, dos Municípios e respectivas autarquias será regida por esta Lei e, subsidiariamente, pelo Código de Processo Civil.

BREVES COMENTÁRIOS

A Lei nº 11.382/2006 estabeleceu o art. 739-A do CPC (CPC/2015, art. 919) o qual institui o recebimento dos embargos à execução sem efeito suspensivo, salvo em casos excepcionais, mas desde que garantida a penhora, depósito ou caução suficientes. Diante dessa perspectiva e de acordo com uma interpretação sistemática do ordenamento jurídico, conclui-se que esse dispositivo normativo constitui-se norma geral que tangencia toda legislação processual esparsa acerca da execução que tenha o CPC como fonte subsidiária. Assim, a regra descrita no art. 16, § 1º, da Lei nº 6.830/1980 não mais subsiste como condição de procedibilidade dos embargos à execução, uma vez que esses, desprovidos de efeito suspensivo, não mais obstam à execução. No entanto, depois de instalada divergência entre a 1ª e a 2ª Turma, a 1ª Seção do STJ uniformizou a jurisprudência em regime de recursos repetitivos, no sentido de que os embargos à execução fiscal continuam exigindo a garantia do juízo, por força do art. 16, § 1º, da Lei nº 6.830, por se tratar de legislação especial (REsp 1.272.827/PE).

REFERÊNCIA LEGISLATIVA

Lei nº 10.522, de 19.07.2002, art. 20; Lei nº 14.195/2021, que introduziu alteração no art. 8º da Lei nº 12.514/2011.

JURISPRUDÊNCIA SELECIONADA

1. Legitimidade ativa. "Consoante já assentou a Turma, autarquia que atua como banco não dispõe da execução fiscal para haver crédito advindo de contrato de mútuo. Não sendo lícito a autarquia constituir título e promover execução com base na lei de execuções fiscais, a conversão da execução ao rito codificado depende de constar dos autos outro título, em tese hábil a embasá-la, nos termos do art. 585, CPC" (STJ, 4ª Turma, REsp 83.130/RS, Rel. Min. Sálvio de Figueiredo Teixeira, ac. de 28.04.1997, *DJ* 26.05.1997, p. 22.545) (*sic*).

"Cabível a cobrança via execução fiscal de quaisquer créditos titularizados pela Fazenda Pública. Compete à Fazenda Nacional representar judicialmente a União na cobrança de créditos titularizados pela União, nos termos do art. 12, V, da LC 73/1993 c/c o art. 23 da Lei 11.457/2007" (STJ, REsp 1.126.491/RS, Rel. Min. Eliana Calmon, 2ª Turma, jul. 06.10.2009, *DJ* 19.10.2009).

FGTS. "A dívida ativa para com o Fundo de Garantia do Tempo de Serviço – FGTS é inscrita pela Fazenda Nacional, que pode, por autorização legal (Lei 8.844/94) transferir a cobrança para a Caixa Econômica Federal. Apesar da delegação de competência, o título não perde a característica de executivo fiscal da União. A modificação, pela Emenda Constitucional 45/2004, do art. 114 da CF não altera a competência para o julgamento do feito" (STJ, CC 60.237/MG, Rel. Min. Eliana Calmon, 1ª Seção, jul. 10.05.2006, *DJ* 26.06.2006, p. 107).

Conselhos de Fiscalização Profissional. "Os Conselhos de Fiscalização Profissional são autarquias especiais e suas anuidades têm natureza de taxa. A cobrança das contribuições em atraso deve ser realizada através de execução fiscal e não por intermédio da coação ilícita que representa o cancelamento do registro do profissional de saúde" (STJ, REsp 552.894/SE, Rel. Min. Francisco Falcão, 1ª Turma, jul. 25.11.2003, *DJ* 22.03.2004, p. 240).

Contribuições para Conselhos Profissionais. Arquivamento das execuções (art. 8º, § 2º, da Lei nº 12.514/2011). "O arquivamento das execuções fiscais cujo valor seja inferior ao novo piso fixado no *caput* do art. 8º da Lei 12.541/2011 [*rectius* Lei nº 12.514/2011], previsto no § 2º do artigo referido (acrescentado pela Lei 14.195/2021), o qual constitui norma de natureza processual, que deve ser aplicada de imediato, alcança os executivos fiscais em curso, ressalvados os casos em que concretizada a penhora" (STJ, REsp 2.030.253/SC, Rel. Min. Mauro Campbell Marques, 1ª Seção, Tese fixada em recurso repetitivo, ac. 28.08.2024, *DJe* 06.09.2024).

Aplicação imediata do art. 8º da Lei nº 12.514/2011. "Discute-se nos autos a aplicação do art. 8º, da Lei n. 12.514/2011 aos processos em curso. Dispõe o referido artigo que 'os Conselhos não executarão judicialmente dívidas referentes a anuidades inferiores a 4 (quatro) vezes o valor cobrado anualmente da pessoa física ou jurídica inadimplente'. O dispositivo traz nova condição de procedimento para as execuções fiscais ajuizadas pelos conselhos profissionais, qual seja, o limite de quatro vezes o valor das anuidades como valor mínimo que poderá ser executado judicialmente. Trata-se de norma de caráter processual e, portanto, de aplicação imediata aos processos em curso" (STJ, REsp 1.374.202/RS, Rel. Min. Humberto Martins, 2ª Turma, jul. 07.05.2013, *DJe* 16.05.2013). **No mesmo sentido:** STJ, AgInt no REsp 2.037.876/RS, Rel. Min. Humberto Martins, 2ª Turma, jul. 06.03.2023, *DJe* 13.03.2023.

OAB. "O Superior Tribunal de Justiça firmou entendimento no sentido de que as contribuições cobradas pela OAB não seguem o rito disposto pela Lei nº 6.830/80, uma vez que não têm natureza tributária, q.v., *verbi gratia*, EREsp 463258/SC, Rel. Ministra Eliana Calmon, Primeira Seção, *DJ* 29.03.2004 e EREsp 503.252/SC, Rel. Ministro Castro Meira, Primeira Seção, *DJ* 18.10.2004" (STJ, REsp 755.595/RS, Rel. Min. Carlos Fernando Mathias, 2ª Turma, jul. 08.04.2008, *DJe* 02.05.2008). **Todavia:** "Tendo em vista que a OAB é um conselho de classe, apesar de possuir natureza jurídica especialíssima, **deve se submeter ao disposto no art. 8º da Lei 12.514/2011, que rege a execução de dívida oriunda de anuidade inferior a quatro vezes o valor cobrado anualmente da pessoa física ou jurídica inadimplente.** A finalidade da norma em comento é evitar o ajuizamento de demandas para a cobrança de valores tidos como irrisórios pelo legislador, evitando-se, dessa forma, o colapso da 'máquina judiciária'. **É indiferente que a OAB tenha essa ou aquela personalidade jurídica, pois o texto da lei visa que os conselhos de classe, independentemente da sua natureza jurídica, não sobrecarreguem o Poder Judiciário.**" (STJ, REsp 1615805/PE, Rel. Min. Herman Benjamin, 2ª Turma, jul. 15.09.2016, *DJe* 11.10.2016)

2. Interesse de agir. Inscrição em dívida ativa. "O Tribunal de origem extinguiu a demanda proposta no rito da Lei 6.830/1980, por entender ausente uma das condições da ação (interesse-adequação). A inscrição em dívida ativa da Fazenda Pública é ato administrativo indispensável à formação e exequibilidade do título extrajudicial (art. 585, VII, do CPC). Consiste no reconhecimento do ordenamento jurídico de que o Poder Público pode, nos termos da lei, constituir unilateralmente título dotado de eficácia executiva. (...) Com efeito, se no processo judicial o Estado-juiz arbitra crédito em favor do Estado-administração, crédito esse que pode ser obtido diretamente nos autos, em procedimento ulterior e consequente ao trânsito em julgado, não há motivo lógico ou jurídico para conceber que o Estado-administração desista – obrigatoriamente, sob pena de cobrança em duplicidade – da sua utilização, para então efetuar a inscrição da verba honorária em dívida ativa e, depois, ajuizar novo processo, sobrecarregando desnecessariamente o Poder Judiciário com demandas (a Execução Fiscal, como se sabe, pode ser atacada por meio de outra ação, os Embargos do Devedor) cujo objeto poderia, desde o início, ser tutelado no processo original" (STJ, REsp 1.126.631/PR, Rel. Min. Herman Benjamin, 2ª Turma, jul. 20.10.2009, *DJe* 13.11.2009).

3. Execução contra a Fazenda Pública. "A execução dirigida contra a Fazenda Pública sujeita-se ao rito previsto no artigo 730 do CPC, o qual não compreende a penhora de bens, considerando o princípio da impenhorabilidade dos bens públicos" (STJ, REsp 1.180.697/MG, Rel. Min. Castro Meira, 2ª Turma, jul. 17.08.2010, *DJe* 26.08.2010).

"Os processos fiscais intentados contra a Fazenda Pública devem ser harmonizados com a norma do art. 730 do CPC, diante das prerrogativas e princípios que ostenta a Administração, principalmente as características que guarnecem os bens públicos, fazendo-se uma necessária adaptação do procedimento especial de execução, v.g., impossibilitando a garantia de bens à penhora para o oferecimento dos embargos. Nesse sentido: 'É juridicamente possível a execução contra a Fazenda, fundada em título executivo extrajudicial (Certidão de Dívida Ativa), observadas em seu procedimento as disposições aplicáveis à espécie (art. 730 e seguintes do CPC).' (REsp 100.700/BA, Rel. Ministro Demócrito Reinaldo, *DJ* 31.03.1997). Precedentes: (EDcl no REsp 209.539/RJ, Rel. Ministro João Otávio De Noronha, *DJ* 20/02/2006; REsp 642.433/MS, Rel. Ministro Teori Albino Zavascki, *DJ* 03/04/2006; AgRg no Ag 404.504/SP, Rel. Ministro Francisco Falcão, *DJ* 09/09/2002)" (STJ, REsp 1.000.028/SP, Rel. Min. Luiz Fux, 1ª Turma, jul. 15.10.2009, *DJe* 23.11.2009).

4. Suprimento de citação irregular. "Não constitui nulidade a ausência de menção, na Certidão de Dívida Ativa, dos nomes dos sócios responsáveis, subsidiariamente, pelos débitos fiscais. Precedentes. Silente a Lei de Execução Fiscal, deve ser aplicado, supletivamente, o Código de Processo Civil (art. 1º, Lei nº 6.830/80), razão pela qual, ausente a regular citação do Executado, tem-se por suprida a nulidade com seu comparecimento espontâneo, a teor do art. 214, § 1º, do referido *Codex*. Malgrado a falta do ato citatório, não houve qualquer prejuízo para o devedor, uma vez que este ofereceu embargos, exercitando plenamente seu direito de defesa" (STJ, REsp 208.409/CE, Rel.ª Min.ª Laurita Vaz, 2ª Turma, jul. 01.10.2002, *DJ* 04.11.2002, p. 177).

5. Embargos à execução. Efeito suspensivo. Ver jurisprudência do art. 16.

6. Execução contra Estado estrangeiro. Imunidade de jurisdição. "É da jurisprudência do Supremo Tribunal que, salvo renúncia, é absoluta a imunidade do Estado estrangeiro à jurisdição executória: orientação mantida por maioria de votos. Precedentes: ACO 524-AgR, Velloso, *DJ* 9.5.2003; ACO 522-AgR e 634-AgR, Ilmar Galvão, *DJ* 23.10.98 e 31.10.2002; ACO 527-AgR, Jobim, *DJ* 10.12.99; ACO 645, Gilmar Mendes, *DJ* 17.3.2003" (STF, ACO-AgR 543, Rel. Min. Sepúlveda Pertence, Tribunal Plano, jul. 30.08.2006, *DJ* 24.11.2006, p. 61).

7. Intervenção do Ministério Público:

Desnecessidade. "'É desnecessária a intervenção do Ministério Público nas execuções fiscais'. Dicção da Súmula 189/STJ" (STJ, REsp 681.500/RS, Rel. Min. Mauro Campbell Marques, 2ª Turma, jul. 12.08.2008, *DJe* 26.08.2008).

Massa falida. "'Sendo a executada massa falida, afasta-se a incidência da Súmula 189 deste Tribunal, sendo necessária a intimação do Ministério Público na execução fiscal, pois, nos termos do art. 210, da Lei de Falências, o Parquet é o curador e fiscal das massas falidas, devendo zelar pelo patrimônio remanescente, em proteção aos interesses socioeconômicos envolvidos.' (REsp 614262/RJ, Rel. Ministro Castro Meira, Segunda Turma, julgado em 23.11.2004, *DJ* 14.02.2005, p. 172)" (STJ, AgRg no REsp 665.414/PR, Rel. Min. Herman Benjamin, 2ª Turma, jul. 08.05.2007, *DJ* 10.09.2007, p. 209).

8. Relação jurídica regida pelo Direito Privado. Inaplicabilidade da execução fiscal. "Não há como processar-se, no rito da execução fiscal, lide atinente a controvérsia oriunda de relação jurídica regida pelo direito privado, pois, se a causa não **é** fiscal ou de direito público, o procedimento **é inadequado e fere o princí**pio do devido processo legal" (STJ, AgRg no Ag 16.515/RS, Rel. Min. Waldemar Zveiter, 3ª Turma, jul. 10.02.1992, *DJ* 09.03.1992, p. 2.580).

Ação de reparação de danos. "A execução de título judicial gerado em ação de reparação de danos não segue o rito da Lei 6.830/80" (STJ, REsp 978.634/PR, Rel. Min. Humberto Gomes de Barros, 3ª Turma, jul. 24.03.2008, *DJe* 13.05.2008).

9. Conselhos de fiscalização profissional.

Débitos com valores inferiores a R$ 10.000,00. Arquivamento sem baixa. Impossibilidade. "Recurso especial no qual se debate a possibilidade de aplicação do artigo 20 da Lei 10.522/02 às execuções fiscais propostas pelos Conselhos Regionais de Fiscalização Profissional. Da simples leitura do artigo em comento, verifica-se que a determinação nele contida, de arquivamento, sem baixa, das execuções fiscais referentes aos débitos com valores inferiores a R$ 10.000,00 (dez mil reais) destina-se exclusivamente aos débitos inscritos como dívida ativa da União, pela Procuradoria da Fazenda Nacional ou por ela cobrados. Não há falar em aplicação, por analogia, do referido dispositivo legal aos Conselhos de Fiscalização Profissional, ainda que se entenda que as mencionadas entidades tenham natureza de autarquias, mormente porque há regra específica destinada às execuções fiscais propostas pelos Conselhos de Fiscalização Profissional, prevista pelo artigo 8º da Lei n. 12.514/2011, a qual, pelo Princípio da Especialidade, deve ser aplicada no caso concreto" (STJ, REsp 1.363.163/SP, Rel. Min. Benedito Gonçalves, 1ª Seção, jul. 11.09.2013, *DJe* 30.09.2013).

Teto mínimo para propositura da execução. "A simples leitura dos 4º, 6º e 8º da Lei 12.514/2011 permite concluir que o teto mínimo para ajuizamento de execução fiscal independe do valor estabelecido pelos Conselhos de fiscalização profissional, pois o legislador optou pelo valor fixo do art. 6º, I, da Lei 12.514/2011, com a redação dada pela Lei 14.195/2021. O pleito para que o montante a ser considerado como limite mínimo para ajuizamento de execução fiscal seja de cinco vezes o valor definido por cada conselho profissional para a cobrança de anuidades – até o limite máximo constante do inciso I do art. 6º da Lei 12.514/2011 deve ser rejeitado por contrariar a literalidade do disposto no art. 8º, *caput*, da Lei 12.514/2011, com dada pela Lei 14.195/2021, que é explícito ao se referir o 'valor total inferior a 5 (cinco) vezes o constante do inciso I do caput do art. 6º desta Lei', em vez de referir-se ao 'valor cobrado anualmente da pessoa física ou jurídica inadimplente', tal como estabelecia o mesmo dispositivo, em sua redação original" (STJ, REsp 2.043.494/SC, Rel. Min. Herman Benjamin, 2ª Turma, jul. 14.02.2023, *DJe* 05.06.2023).

10. Bloqueio de valores (inciso IV). "Ao determinar o bloqueio dos valores o juiz não age como o titular da execução fiscal, dando início a ela, mas apenas dá efetividade à medida coercitiva anteriormente imposta e não cumprida, tomando providência de natureza cautelar. E isso se justifica na medida em que a mera imposição da multa, seu valor e decurso do tempo parecem não ter afetado a disposição da empresa recorrente em cumprir a ordem judicial. De se lembrar que o art. 139, IV, do CPC/2015, autoriza o juiz a 'determinar todas as medidas indutivas, coercitivas, mandamentais ou sub-rogatórias necessárias para assegurar o cumprimento de ordem judicial, inclusive nas ações que tenham por objeto prestação pecuniária'" (STJ, RMS 55.109/PR, Rel. Min. Reynaldo Soares da Fonseca, 5ª Turma, jul. 07.11.2017, *DJe* 17.11.2017).

Execução fiscal. Inclusão do nome do devedor em cadastro de inadimplentes. Possibilidade. "Esta Corte Superior de Justiça entende que o pedido de inclusão do nome do executado em cadastros de inadimplentes, tal como o SerasaJUD, nos termos do art. 782, § 3º, do Código Fux, não pode ser recusado pelo Poder Judiciário sob o argumento de que tal medida é inviável em via de execução fiscal. Precedentes: REsp 1.826.084/SC, Rel. Min. Og Fernandes, *DJe* 23.8.2019 e REsp 1.799.572/SC, Rel. Min. Francisco Falcão, *DJe* 14.5.2019" (STJ, AgInt no REsp 1814906/PE, Rel. Min. Napoleão Nunes Maia Filho, 1ª Turma, jul. 21.09.2020, *DJe* 24.09.2020). **No mesmo sentido:** STJ, REsp 1.817.321/SC, Rel. Min. Og Fernandes, 2ª Turma, jul. 06.08.2019, *DJe* 08.08.2019.

"O art. 46 da Lei nº 11.457/08, que dispõe sobre a Administração Tributária Federal, é claro ao determinar que, para a divulgação de informações acerca de inscrição em dívida ativa, necessário que a Fazenda Nacional celebre convênios com entidades públicas e privadas. O dispositivo, entretanto, não se aplica à presente hipótese que se refere à possibilidade

EXECUÇÃO FISCAL

de a Administração Pública inscrever em cadastros os seus inadimplentes, ainda que não haja inscrição prévia em dívida ativa. Ressalte-se, ainda, que a expedição de uma CDA para se autorizar a inscrição do devedor em cadastros de inadimplentes torna mais onerosa para a Administração a busca pelo pagamento de seus créditos, já que a negativação do nome do devedor é uma medida menos gravosa quando comparada com a necessária inscrição de dívida ativa. Dessa forma, cabe ao credor interessado (no caso, a Administração Pública) comprovar a dívida com um documento idôneo que contenha os elementos necessários para se reconhecer o débito, não sendo, necessariamente, a CDA" (STJ, AREsp 2.265.805/ES, Rel. Min. Francisco Falcão, 2ª Turma, jul. 22.08.2023, *DJe* 25.08.2023).

Art. 2º Constitui Dívida Ativa da Fazenda Pública aquela definida como tributária ou não tributária na Lei nº 4.320, de 17 de março de 1964, com as alterações posteriores, que estatui normas gerais de direito financeiro para elaboração e controle dos orçamentos e balanços da União, dos Estados, dos Municípios e do Distrito Federal.

§ 1º Qualquer valor, cuja cobrança seja atribuída por lei às entidades de que trata o artigo 1º, será considerado Dívida Ativa da Fazenda Pública.

§ 2º A Dívida Ativa da Fazenda Pública, compreendendo a tributária e a não tributária, abrange atualização monetária, juros e multa de mora e demais encargos previstos em lei ou contrato.

§ 3º A inscrição, que se constitui no ato de controle administrativo da legalidade, será feita pelo órgão competente para apurar a liquidez e certeza do crédito e suspenderá a prescrição, para todos os efeitos de direito, por 180 dias, ou até a distribuição da execução fiscal, se esta ocorrer antes de findo aquele prazo.

§ 4º A Dívida Ativa da União será apurada e inscrita na Procuradoria da Fazenda Nacional.

§ 5º O Termo de Inscrição de Dívida Ativa deverá conter:

I – o nome do devedor, dos corresponsáveis e, sempre que conhecido, o domicílio ou residência de um e de outros;

II – o valor originário da dívida, bem como o termo inicial e a forma de calcular os juros de mora e demais encargos previstos em lei ou contrato;

III – a origem, a natureza e o fundamento legal ou contratual da dívida;

IV – a indicação, se for o caso, de estar a dívida sujeita à atualização monetária, bem como o respectivo fundamento legal e o termo inicial para o cálculo;

V – a data e o número da inscrição, no Registro de Dívida Ativa; e

VI – o número do processo administrativo ou do auto de infração, se neles estiver apurado o valor da dívida.

§ 6º A Certidão de Dívida Ativa conterá os mesmos elementos do Termo de Inscrição e será autenticada pela autoridade competente.

§ 7º O Termo de Inscrição e a Certidão de Dívida Ativa poderão ser preparados e numerados por processo manual, mecânico ou eletrônico.

§ 8º Até a decisão de primeira instância, a Certidão de Dívida Ativa poderá ser emendada ou substituída, assegurada ao executado a devolução do prazo para embargos.

§ 9º O prazo para a cobrança das contribuições previdenciárias continua a ser o estabelecido no artigo 144 da Lei nº 3.807, de 26 de agosto de 1960.

JURISPRUDÊNCIA SELECIONADA

1. Dívida ativa da Fazenda Pública (§ 1º):

Créditos incertos e ilíquidos. "Os créditos incertos e ilíquidos não integram a dívida ativa, suscetível de cobrança executivo-fiscal. É que o conceito de dívida ativa não tributária, a que se refere a Lei de Execuções Fiscais, envolve apenas os créditos assentados em títulos executivos. Há créditos carentes de certeza e liquidez necessárias ao aparelhamento de execução" (STJ, REsp 440.540/SC, Rel. Min. Humberto Gomes de Barros, 1ª Turma, jul. 06.11.2003, *DJ* 01.12.2003, p. 262).

"'Conforme dispõem os arts. 2º e 3º da Lei n. 6.830/80, e 39, § 2º, da Lei n. 4.320/64, o conceito de dívida ativa envolve apenas os créditos certos e líquidos. Assim, tanto a dívida ativa tributária como a não tributária requer o preenchimento desses requisitos' (REsp 1172126/SC, Min. Humberto Martins, *DJe* 25/10/2010)" (STJ, AgRg no AREsp 171.560/MG, Rel. Min. Castro Meira, 2ª Turma, jul. 07.08.2012, *DJe* 21.08.2012).

Reposições de servidor público civil da União, autarquias e fundações pública federais ao erário. "Nos termos do artigo 47 da Lei nº 8.112/90, 'o servidor em débito com o erário, que for demitido, exonerado ou que tiver sua aposentadoria ou disponibilidade cassada, terá o prazo de sessenta dias para quitar o débito.' O parágrafo único do referido dispositivo legal prescreve, ainda, que 'a não quitação do débito no prazo previsto, implicará sua inscrição em dívida ativa'" (STJ, REsp 967.637/SC, Rel. Min. Maria Thereza de Assis Moura, 6ª Turma, jul. 18.11.2010, *DJe* 29.11.2010). **No mesmo sentido:** STJ, REsp 956.888/PR, Rel. Min. Eliana Calmon, 2ª Turma, jul. 25.11.2008, *DJe* 04.03.2009. **Todavia**, "Verba salarial paga indevidamente. Devolução. Arts. 46 e 47 da Lei nº 8.112/90. Inscrição em dívida ativa. Descabimento. Prioridade do desconto em folha. (...) É possível a inscrição em dívida ativa do débito do servidor público nas hipóteses de demissão, exoneração ou cassação de aposentadoria ou disponibilidade se não for quitado no prazo de 60 dias. Para o **servidor ativo**, o aposentado e o pensionista, porém, a norma estabelece a possibilidade de desconto na remuneração, provento ou pensão, mediante prévia comunicação, admitido o parcelamento no interesse do devedor. Deve-se priorizar essa solução, porque é menos onerosa. Precedente." (STJ, REsp 1690931/SC, Rel. Min. Og Fernandes, 2ª Turma, jul. 06.09.2018, *DJe* 14.09.2018). **No mesmo sentido:** STJ, REsp 987.291/SP, Rel. Min. José Delgado, 1ª Turma, jul. 22.04.2008, *DJe* 21.05.2008.

Tarifa de água. "A execução fiscal constitui procedimento judicial satisfativo servil à cobrança da Dívida Ativa da Fazenda Pública, na qual se compreendem os créditos de natureza tributária e não tributária (artigos 1º e 2º, da Lei 6.830/80). Os créditos oriundos do inadimplemento de tarifa ou preço público integram a Dívida Ativa não tributária (artigo 39, § 2º, da Lei 4.320/64), não lhes sendo aplicáveis as disposições constantes do Código Tributário Nacional, máxime por força do conceito de tributo previsto no artigo 3º, do CTN" (STJ, REsp 1.117.903/RS, Rel. Min. Luiz Fux, 1ª Seção, jul. 09.12.2009, *DJe* 01.02.2010).

Cobrança de multa moratória. Massa falida. "Nos termos do art. 23, parágrafo único, III, do Decreto-Lei 7.661/45, 'não podem ser reclamadas na falência as penas pecuniárias por infração das leis penais e administrativas'. Assim, a jurisprudência dos Tribunais Superiores consolidou-se no sentido de que é descabida a cobrança de multa moratória da massa falida em execução fiscal, haja vista o seu caráter administrativo" (STJ,

REsp 882.545/RS, Rel.ª Min.ª Denise Arruda, 2ª Turma, jul. 08.10.2008, *DJe* 28.10.2008).

Honorários advocatícios (Decreto-Lei nº 1.205/69). "Hipótese em que se discute a exigibilidade do encargo de 20% previsto no Decreto-Lei 1.025/69 nas execuções fiscais propostas contra massa falida, tendo em vista o disposto no artigo 208, § 2º, da antiga Lei de Falências, segundo o qual 'A massa não pagará custas a advogados dos credores e do falido'. A Primeira Seção consolidou entendimento no sentido de que o encargo de 20%, imposto pelo artigo 1º do Decreto-Lei 1.025/69 pode ser exigido da massa falida. Precedentes: EREsp 668.253/PR, Rel. Ministro Herman Benjamin; EREsp 466.301/PR, Rel. Ministro Humberto Martins; EREsp 637.943/PR, Rel. Ministro Castro Meira; e EREsp 448.115/PR, Rel. Ministro José Delgado. Recurso afetado à Seção, por ser representativo de controvérsia, submetido ao regime do artigo 543-C do CPC e da Resolução 8/STJ" (STJ, REsp 1.110.924/SP, Rel. Min. Benedito Gonçalves, 1ª Seção, jul. 10.06.2009, *DJe* 19.06.2009).

Multa imposta por sentença penal condenatória. "Embora a multa ainda possua natureza de sanção penal, a nova redação do art. 51, do Código Penal, trazida pela Lei nº 9.268/96, determina que após o transito em julgado da sentença condenatória, a pena pecuniária deve ser considerada dívida de valor, saindo da esfera de atuação do Juízo da Execução Penal, e se tornando responsabilidade da Fazenda Pública, que poderá ou não executá-la, de acordo com os patamares que considere relevante" (STJ, HC 147.469/SP, Rel. Min. Laurita Vaz, 5ª Turma, jul. 15.02.2011, *DJe* 28.02.2011).

Créditos rurais. Possibilidade. "Os créditos rurais originários de operações financeiras, alongadas ou renegociadas (cf. Lei n. 9.138/95), cedidos à União por força da Medida Provisória 2.196-3/2001, estão abarcados no conceito de Dívida Ativa da União para efeitos de execução fiscal - não importando a natureza pública ou privada dos créditos em si (...)" (STJ, REsp 1.123.539/RS, Rel. Min. Luiz Fux, 1ª Seção, jul. 09.12.2009, *DJe* 01.02.2010). **No mesmo sentido:** STJ, REsp 1.103.176/RS, Rel. Min. Benedito Gonçalves, 1ª Turma, jul. 26.05.2009, *DJ* 08.06.2009; STJ, REsp 1.086.169/SC, Rel. Min. Denise Arruda, 1ª Turma, jul. 17.03.2009, *DJ* 15.04.2009; STJ, AgRg no REsp 1.082.039/RS, Rel. Min. Mauro Campbell Marques, 2ª Turma, jul. 23.04.2009, *DJ* 13.05,2009; STJ, REsp 1.086.848/RS, Rel. Min. Eliana Calmon, 2ª Turma, jul. 18.12.2008, *DJ* 18.02.2009; STJ, REsp 991.987/PR, Rel. Min. Herman Benjamin, 2ª Turma, jul. 16.09.2008, *DJe* 19.12.2008; STJ, REsp 1.169.666/RS, Rel. Min. Herman Benjamin, 2ª Turma, jul. 18.02.2010, *DJe* 04.03.2010.

Crédito não tributário. Possibilidade. "A Execução Fiscal ostenta esse *nomen juris* posto processo satisfativo, que apresenta peculiaridades em razão das prerrogativas do exequente, assim como é especial a execução contra a Fazenda, não sendo servil apenas para créditos de tributos, porquanto outras obrigações podem vir a compor a 'dívida ativa'" (STJ, REsp 740.967/RS, Rel. Min. Luiz Fux, 1ª Turma, jul. 11.04.2006, *DJ* 28.04.2006, p. 275).

Créditos provenientes de ilícitos civis. Impossibilidade. "A inscrição em dívida ativa não é forma de cobrança adequada para os créditos provenientes exclusivamente de ilícitos civis extracontratuais que não tenham sido previamente apurados pela via judicial. Isto porque, em tais casos, não há certeza da existência de uma relação jurídica que vai ensejar o crédito, não havendo ainda débito decorrente de obrigação vencida e prevista em lei, regulamento ou contrato. Precedentes: REsp. nº 441.099 - RS, Primeira Turma, Rel. Min. Humberto Gomes de Barros, julgado em 07 de outubro de 2003; REsp. nº 362.160 - RS, Rel. Min. José Delgado, julgado em 05 de fevereiro de 2002" (STJ, AgRg no REsp 800.405/SC, Rel. Min. Mauro Campbell Marques, 2ª Turma, jul. 01.12.2009, *DJe* 26.04.2011).

Execução de decisão condenatória do TCU. Desnecessidade de inscrição em dívida ativa. Inaplicabilidade da Lei 6.830/80. Ver jurisprudência do art. 784 do CPC/2015.

2. Inscrição em dívida ativa. Suspensão da prescrição (§ 3º). "Há de prevalecer o contido no art. 174 do Código Tributário Nacional (que dispõe como *dies a quo* da contagem do prazo prescricional para a ação executiva a data da constituição do crédito) sobre o teor preconizado pelo art. 2º, § 3º, da Lei 6.830/80 (que prevê hipótese de suspensão da prescrição por 180 dias no momento em que inscrito o crédito em dívida ativa). O Código Tributário Nacional tem natureza de lei complementar, sendo hierarquicamente superior à Lei de Execuções Fiscais. Não pode, portanto, lei ordinária estabelecer prazo prescricional da execução fiscal previsto em lei complementar (REsp 151.598/DF, Rel. Min. Garcia Vieira, *DJU* 04.05.1998)" (STJ, REsp 667.810/PR, Rel. Min. José Delgado, 1ª Turma, jul. 20.06.2006, *DJ* 05.10.2006, p. 242).

Inconstitucionalidade em relação aos créditos tributários. "Tanto no regime constitucional atual (CF/88, art. 146, III, b), quanto no regime constitucional anterior (art. 18, § 1º da EC 01/69), as normas sobre prescrição e decadência de crédito tributário estão sob reserva de lei complementar. Precedentes do STF e do STJ. Assim, são ilegítimas, em relação aos créditos tributários, as normas estabelecidas no § 2º, do art. 8º e do § 3º do art. 2º da Lei 6.830/80, que, por decorrerem de lei ordinária, não podiam dispor em contrário às disposições anteriores, previstas em lei complementar" (STJ, AI no Ag 1.037.765/SP, Rel. Min. Teori Albino Zavascki, Corte Especial, jul. 02.03.2011, *DJe* 17.10.2011). **No mesmo sentido:** STJ, REsp 1.326.094/PE, Rel. Min. Mauro Campbell Marques, 2ª Turma, jul. 16.08.2012, *DJe* 22.08.2012).

Dívidas não tributárias. "A norma contida no art. 2º, § 3º da Lei 6.830/80, segundo a qual a inscrição em dívida ativa suspende a prescrição por 180 (cento e oitenta) dias ou até a distribuição da execução fiscal, se anterior àquele prazo, aplica-se tão somente às dívidas de natureza não tributárias, porque a prescrição das dívidas tributárias regula-se por lei complementar, no caso o art. 174 do CTN" (STJ, EREsp 657.536/RJ, Rel. Min. Eliana Calmon, 1ª Seção, jul. 26.03.2008, *DJe* 07.04.2008).

3. Certidão de Dívida Ativa:

Nulidade. Vício do procedimento administrativo. "Ausente na notificação de lançamento o prazo para a apresentação de defesa administrativa, requisito previsto no art. 11, inciso II, do Decreto n. 70.235/72, é nula a respectiva cobrança" (STJ, AgRg no REsp 1.352.234/PR, Rel. Min. Humberto Martins, 2ª Turma, jul. 21.02.2013, *DJe* 01.03.2013).

Ausência de prejuízos. Incabível a declaração de nulidade. "Conforme preconiza os arts. 202 do CTN e 2º, § 5º da Lei nº 6.830/80, a inscrição da dívida ativa somente gera presunção de liquidez e certeza na medida que contenha todas as exigências legais, inclusive, a indicação da natureza do débito e sua fundamentação legal, bem como forma de cálculo de juros e de correção monetária. A finalidade desta regra de constituição do título é atribuir à CDA a certeza e liquidez inerentes aos títulos de crédito, o que confere ao executado elementos para opor embargos, obstando execuções arbitrárias. A pena de nulidade da inscrição e da respectiva CDA, prevista no art. 203 do CTN, deve ser interpretada *cum granu salis*. Isto porque o insignificante defeito formal que não compromete a essência do título executivo não deve reclamar por parte do exequente um novo processo com base em um novo lançamento tributário para apuração do tributo devido, posto conspirar contra o princípio da efetividade aplicável ao processo executivo extrajudicial. Destarte, a nulidade da CDA não deve ser declarada por eventuais falhas que não geram prejuízos para o executado promover a sua a defesa. Estando o título formalmente perfeito, com a discriminação precisa do fundamento legal sobre que repousam a obrigação tributária, os juros de mora, a multa e a correção monetária, revela-se descabida a sua invalidação, não se configurando qualquer óbice ao prosseguimento da execução" (AgRg no Ag 485.548/RJ, Rel. Min. Luiz Fux, 1ª Turma, jul. 06.05.2003, *DJ* 19.05.2003, p. 145).

Ausência de menção ao nome dos sócios (§ 5º, I). "Não constitui nulidade a ausência de menção, na Certidão de Dívida Ativa, dos nomes dos sócios responsáveis, subsidiariamente, pelos débitos fiscais. Precedentes" (STJ, REsp 208.409/CE, Rel.ª Min.ª Laurita Vaz, 2ª Turma, jul. 01.10.2002, *DJ* 04.11.2002, p. 177).

Ausência de discriminação dos valores por exercício (§ 5º, II). "Hipótese em que a CDA deixou de discriminar os valores do IPTU cobrado por exercício, o que prejudica a defesa do executado, que se vê tolhido de questionar as importâncias e a forma de cálculo" (STJ, REsp 849.091/RS, Rel.ª Min.ª Eliana Calmon, 2ª Turma, jul. 22.08.2006, *DJ* 01.09.2006, p. 257).

Excesso na cobrança (§ 5º, II). "A jurisprudência orienta-se no sentido de que o excesso na cobrança expressa na CDA não macula a sua liquidez, desde que os valores possam ser revistos por simples cálculos aritméticos" (STJ, AgRg no Ag 525.587/SP, Rel. Min. Luiz Fux, 1ª Turma, jul. 18.03.2004, *DJ* 05.04.2004, p. 209).

Descrição do fato constitutivo (§ 5º, III). "A CDA é título formal, cujos elementos devem estar bem delineados, a fim de dar efetividade ao princípio constitucional da ampla defesa do executado. Diante disso, torna-se obrigatória a descrição do fato constitutivo da infração, não sendo suficiente a menção genérica a 'multa de *post* geral', como origem do débito a que se refere o art. 2º, § 5º, III, da Lei 6.830/80" (STJ, REsp 965.223/SP, Rel.ª Min.ª Eliana Calmon, 2ª Turma, jul. 18.09.2008, *DJe* 21.10.2008).

Alteração (§ 6º). "A Fazenda Pública pode substituir a certidão de dívida ativa (CDA) até a prolação da sentença de embargos, quando se tratar de correção de erro material ou formal, vedada a modificação do sujeito passivo da execução (Súmula 392/STJ). É que: 'Quando haja equívocos no próprio lançamento ou na inscrição em dívida, fazendo-se necessária alteração de fundamento legal ou do sujeito passivo, nova apuração do tributo com aferição de base de cálculo por outros critérios, imputação de pagamento anterior à inscrição etc., será indispensável que o próprio lançamento seja revisado, se ainda viável em face do prazo decadencial, oportunizando-se ao contribuinte o direito à impugnação, e que seja revisada a inscrição, de modo que não se viabilizará a correção do vício apenas na certidão de dívida. A certidão é um espelho da inscrição que, por sua vez, reproduz os termos do lançamento. Não é possível corrigir, na certidão, vícios do lançamento e/ou da inscrição. Nestes casos, será inviável simplesmente substituir-se a CDA.' (Leandro Paulsen, René Bergmann Ávila e Ingrid Schroder Sliwka, *in* 'Direito Processual Tributário: Processo Administrativo Fiscal e Execução Fiscal à luz da Doutrina e da Jurisprudência', Livraria do Advogado, 5. ed., Porto Alegre, 2009, pág. 205)" (STJ, REsp 1045472/BA, Rel. Min. Luiz Fux, 1ª Seção, jul. 25.11.2009, *DJe* 18.12.2009).

Regularização "Documento eletrônico. Previsão legal. Assinatura por chancela. Possibilidade. A Certidão de Dívida Ativa acostada aos autos e documento preparado por processo eletrônico, previsto no § 2º do art. 6º da Lei 6.830/80. Por outro vértice, a assinatura do Procurador, por chancela e por igual forma processo eletrônico, não constitui motivo para o indeferimento da petição inicial, de plano. Com efeito, surgindo fundada dúvida acerca da autenticidade, o douto Juízo pode fixar prazo para a sua regularização, na forma do disposto no art. 2º, § 6º, da Lei 6.830/80" (TRF, 2ª Região, 2007.001.29146, Ap. Cível, Rel. Des. Fed. Roberto de Abreu e Silva, 9ª Câmara Cível de Execução Fiscal, jul. 26.06.2007).

Substituição (§ 8º). "A jurisprudência do Superior Tribunal de Justiça entende que é possível a substituição da CDA, em face da ocorrência de erro material ou formal, antes da prolação da sentença. (...) Impossibilidade de substituição de Título Executivo quando não se tratar de mera correção de erro material ou formal, por não possuir tutela na Lei nº 6.830/80 e no CTN" (STJ, AgRg no REsp 823.011/RS, Rel. Min. José Delgado, 1ª Turma, jul. 20.06.2006, *DJ* 03.08.2006, p. 222).

"A Fazenda Pública pode substituir ou emendar a Certidão de Dívida Ativa até a prolação da sentença, a teor do disposto no § 8º do art. 2º da Lei 6.830/80. Não é possível o indeferimento da inicial do processo executivo, por nulidade da CDA, **antes de se possibilitar à exequente a oportunidade de emenda ou substituição do título**" (STJ, REsp 832075/RS, Rel.ª Min.ª Eliana Calmon, 2ª Turma, jul. 20.06.2006, *DJ* 29.06.2006, p. 193).

"Neste ponto, a doutrina e a jurisprudência da Primeira Seção desta Corte Superior são acordes no sentido de que **a substituição ou emenda da CDA pode ser efetivada pela Fazenda Pública até a prolação da sentença dos embargos à execução.** Precedentes: REsp nº 796.292/RS, Rel.ª Min.ª Eliana Calmon, *DJ* de 06.03.2006; REsp nº 781.063/RS, Rel. Min. Teori Albino Zavascki, *DJ* de 13.02.2006; REsp nº 790.530/RS, Rel. Min. Teori Albino Zavascki, *DJ* de 19.12.2005; REsp nº 791.114/RS, Rel. Min. Castro Meira, *DJ* de 19.12.2005. 7. O termo final para que seja efetivada a substituição ou emenda da Certidão de Dívida Ativa é a sentença dos embargos à execução e não a sentença da execução (Humberto Theodoro Júnior, in 'Lei de Execução Fiscal: Comentários e Jurisprudência'. 9. ed. Ed. Saraiva. São Paulo. 2004. p. 26; Cláudia Rodrigues in 'O Título Executivo na Execução da Dívida Ativa da Fazenda Pública'. Editora Revista dos Tribunais. São Paulo. 2002. p. 207/208 e 212; Arakén de Assis in 'Manual do Processo de Execução'. Ed. Revista dos Tribunais. São Paulo. 2000. p. 813; Américo Luís Martins da Silva, in 'A Execução da Dívida Ativa da Fazenda Pública', fls. 146/147)" (STJ, AgRg no REsp 847168/RS, Rel. Min. Luiz Fux, 1ª Turma, jul. 05.10.2006, *DJ* 30.10.2006, p. 259).

Execução fiscal promovida em nome de homônimo. Impossibilidade de substituição da CDA. "Em princípio, a indicação equivocada do CPF do executado constitui simples erro material, passível de correção, na forma do art. 2º, § 8º, da Lei 6.830/80, porque, de ordinário, não modifica a pessoa executada, se os demais dados, como nome, endereço e número do processo administrativo estão indicados corretamente; assim, é possível sua alteração até a prolação da sentença. A hipótese, contudo, é diversa, por cuidar-se de homônimos, ou seja, **o erro na indicação do CPF acabou por incluir no processo executivo pessoa diversa daquela**, em tese, efetivamente devedora do imposto, a qual, inclusive, sofreu bloqueio indevido de dinheiro depositado em sua conta corrente; dest'arte, em caso de homonímia, só é possível verificar quem é o real executado através do CPF. No caso concreto, tem aplicação o enunciado 392 da Súmula desta Corte, segundo o qual a Fazenda Pública pode substituir a certidão de dívida ativa (CDA) até a prolação da sentença de embargos, quando se tratar de correção de erro material ou formal, vedada a modificação do sujeito passivo da execução" (STJ, REsp 1279899/MG, Rel. Min. Napoleão Nunes Maia Filho, 1ª Turma, jul. 18.02.2014, *DJe* 11.03.2014).

"(...) não **é permitido substituir a CDA para alterar o polo passivo da execução contra quem não foi dada oportunidade de impugnar o lançamento,** sob pena de violação aos princípios do devido processo legal, do contraditório e da ampla defesa, também assegurados constitucionalmente perante a instância administrativa. (...) Incide, na espécie, a Súmula 392/STJ: 'A Fazenda Pública pode substituir a certidão de dívida ativa (CDA) até a prolação da sentença de embargos, quando se tratar de correção de erro material ou formal, vedada a modificação do sujeito passivo da execução'" (STJ, EREsp 1.115.649/SP, Rel. Min. Benedito Gonçalves, 1ª Seção, jul. 27.10.2010, *DJe* 08.11.2010).

Sucessão empresarial mediante incorporação. Ausência de comunicação aos órgãos e entidades competentes. Ilegitimidade da sociedade incorporada. "Na origem, o Estado de São Paulo (Fazenda Pública do Estado de São Paulo) moveu uma execução fiscal em desfavor da pessoa jurídica incorporada pela ora agravante, com o intuito de promover a cobrança de débito tributário oriundo do inadimplemento do Imposto sobre a Propriedade de Veículos Automotores (IPVA). A Primeira Seção do Superior Tribunal de Justiça pacificou o entendimento de acordo com o qual, quando a sucessão societária efetuada por meio de incorporação precede a notificação do lançamento tributário, entretanto, deixa de ser oportunamente comunicada aos órgãos e entidades cadastrais competentes, a eventual indicação da sociedade sucedida (incorporada), na CDA executada, não se equipara à hipótese de identificação equivocada do sujeito passivo da execução fiscal tratada no enunciado da Súmula n. 392 do STJ, *in verbis*: 'A Fazenda Pública pode substituir a certidão de dívida ativa (CDA) até a prolação da sentença de embargos, quando se tratar de correção de erro material ou formal, vedada a modificação do sujeito passivo da execução'. Isso porque, na sucessão empresarial ocorrida mediante incorporação, a sociedade sucessora (incorporadora) assume todo o passivo, inclusive o tributário, antes atribuído à sociedade sucedida (incorporada). Cuida-se, a teor do disposto no art. 132 do CTN, de imposição automática de responsabilidade pela quitação dos débitos fiscais contraídos pela sociedade sucedida (incorporada), que permite o acionamento judicial da sociedade sucessora (incorporadora), independentemente de qualquer outra diligência por parte do credor (exequente), como a renovação do ato de lançamento objetivando a emissão de CDA substitutiva; sobretudo porquanto fica vedado à sociedade sucessora (incorporadora) obter proveito de sua própria displicência em relação à comunicação da operação societária de incorporação efetuada e à atualização dos dados cadastrais pertinentes. Precedentes: EREsp n. 1.695.790/SP, Rel. Ministro Gurgel de Faria, Primeira Seção, julgado em 13/3/2019, *DJe* 26/3/2019; AgInt no REsp n. 1.789.988/SP, Rel. Ministro Francisco Falcão, Segunda Turma, julgado em 27/8/2019, *DJe* 30/8/2019; e REsp n. 1.706.746/SP, Rel. Ministro Herman Benjamin, Primeira Seção, julgado em 9/10/2019, *DJe* 16/10/2019. Afasta-se, portanto, a incidência da vedação insculpida no enunciado da Súmula n. 392 do STJ sobre a peculiar hipótese em tela, uma vez que: 'A questão referente à possibilidade de substituição da CDA para alteração do sujeito passivo da execução, quando ocorre a incorporação da empresa executada, confere ao caso elemento diferenciador relevante (*distinguishing*) dos paradigmas que originaram a edição da Súmula 392/STJ, na medida em que as hipóteses tratadas nesses julgados não apreciaram o tema ora em exame, em que uma sociedade é absorvida pela outra, que lhe sucede em todos os direitos e obrigações, nos termos do art. 227 da Lei 6.404/1976 e art. 1.116 do Código Civil/2002, e o patrimônio da empresa incorporada, que deixa de existir, confundindo-se com o próprio patrimônio da empresa incorporadora'. (AgInt no REsp n. 1.775.466/SP, Rel. Ministro Napoleão Nunes Maia Filho, Primeira Turma, julgado em 18/3/2019, *DJe* 26/3/2019)" (STJ, AgInt no REsp 1690485/SP, Rel. Min. Francisco Falcão, 2ª Turma, jul. 01.12.2020, *DJe* 09.12.2020).

Protesto de CDA. Adoção pela fazenda municipal. Possibilidade. "'A Fazenda Pública possui interesse e pode efetivar o protesto da CDA, documento de dívida, na forma do art. 1º, parágrafo único, da Lei 9.492/1997, com a redação dada pela Lei 12.767/2012' (Tese firmada no Tema n. 777 do STJ). (...) Hipótese em que basta à Fazenda Pública credora atender ao procedimento previsto na própria Lei n. 9.492/1997 para obter o protesto de seu título de crédito (CDA), não havendo necessidade de lei específica do ente tributante que preveja a adoção dessa medida, visto que a citada lei federal (nacional) já é dotada de plena eficácia" (STJ, REsp 1.895.557/SP, Rel. Min. Gurgel de Faria, 1ª Turma, jul. 22.06.2021, *DJe* 10.08.2021).

4. Execução fiscal. Cobrança de valores relativos à concessão fraudulenta de benefício previdenciário. "'A jurisprudência no STJ orienta-se no mesmo sentido do aresto impugnado: o processo de execução fiscal não é o meio cabível para a cobrança judicial de dívida que tem origem em fraude relacionada à concessão de benefício previdenciário.' (AgRg no AREsp 171.560/MG, Rel. Min. Castro Meira, *DJ* de 21/8/2012). De igual modo: AgRg no AREsp 16.682/RS, Rel. Min. Teori Albino Zavascki, *DJ* de 16/3/2012, AgRg no REsp 1.225.313/RS, Rel. Min. Herman Benjamin, *DJ* de 18/4/2012, AgRg no AREsp 140.188/AM, Rel. Min. Mauro Campbell Marques, *DJ* de 3/5/2012" (STJ, AgRg no AREsp 188047/AM, Rel. Min. Benedito Gonçalves, 1ª Turma, jul. 04.10.2012, *DJe* 10.10.2012). **No mesmo sentido:** STJ, REsp 1350804/PR, Rel. Min. Mauro Campbell Marques, 1ª Seção, jul. 12.06.2013, *DJe* 28.06.2013.

5. Execução fiscal. Incidente de Desconsideração da personalidade jurídica:

Dissolução irregular. Redirecionamento da execução contra o sócio. Cabimento. Instauração de incidente de desconsideração da personalidade jurídica. Desnecessidade. "No caso, o Tribunal de origem manteve a decisão recorrida, no sentido de que existem, no caso, indícios de dissolução irregular da sociedade devedora que possibilitaram o redirecionamento da execução contra os sócios, por dívidas do FGTS, considerando que, conforme certificado pelo Oficial de Justiça, não foi possível a localização de bens suficientes para garantir a execução em nome da parte executada, tendo, ademais, encerrado suas atividades sem a respectiva comunicação ao órgão competente. **No que tange ao procedimento que instrumentaliza o redirecionamento da execução contra os sócios,** para cobrança de crédito de FGTS, a despeito da sua natureza não tributária, **não se exige a instauração do incidente de desconsideração** da personalidade jurídica." (STJ, AREsp 1286512/RS, Rel. Min. Francisco Falcão, 2ª Turma, jul. 19.03.2019, *DJe* 26.03.2019).

Distrato. Dissolução irregular. "O distrato social, ainda que registrado na junta comercial, não garante, por si só, o afastamento da dissolução irregular da sociedade empresarial e a consequente viabilidade do redirecionamento da execução fiscal aos sócios gerentes. Para verificação da regularidade da dissolução da empresa por distrato social, é indispensável a verificação da realização do ativo e pagamento do passivo, incluindo os débitos tributários, os quais são requisitos conjuntamente necessários para a decretação da extinção da personalidade jurídica para fins tributários. Nesse sentido: REsp 1.777.861/SP, Rel. Ministro Francisco Falcão, Segunda Turma, *DJe* 14/2/2019; REsp 1.766.931/SP, Rel. Ministro Herman Benjamin, Segunda Turma, *DJe* 21/11/2018; AgInt no AREsp 697.578/RS, Rel. Ministro Gurgel de Faria, Primeira Turma, *DJe* 4/12/2018" (STJ, 2ª T., REsp 1.795.248/SP, Rel. Min. Herman Benjamin, jul. 21.03.2019, *DJe* 29.05.2019).

Todavia: Redirecionamento a pessoa jurídica. Grupo econômico "de fato". Incidente de desconsideração da personalidade jurídica. "O incidente de desconsideração da personalidade jurídica (art. 133 do CPC/2015) não se instaura no processo executivo fiscal nos casos em que a Fazenda exequente pretende alcançar pessoa jurídica distinta daquela contra a qual, originalmente, foi ajuizada a execução, mas cujo nome consta na Certidão de Dívida Ativa, após regular procedimento administrativo, ou, mesmo o nome não estando no título executivo, o fisco demonstre a responsabilidade, na qualidade de terceiro, em consonância com os artigos 134 e 135 do CTN. Às exceções da prévia previsão em lei sobre a responsabilidade de terceiros e do abuso de personalidade jurídica, o só fato de integrar grupo econômico não torna uma pessoa jurídica responsável pelos tributos inadimplidos pelas outras. **O redirecionamento de execução fiscal a pessoa jurídica que integra o mesmo grupo econômico da sociedade empresária originalmente executada, mas que não foi identificada no ato de lançamento (nome na CDA) ou que não se enquadra nas hipóteses dos arts. 134 e 135 do CTN, depende da comprovação do abuso de personalidade**, caracterizado pelo desvio de finalidade ou confusão patrimonial, tal como consta do art. 50 do Código Civil, daí porque, nesse caso, é necessária a instauração do incidente de desconsideração da personalidade da pessoa jurídica devedora." (STJ, REsp 1775269/PR, Rel. Min. Gurgel de Faria, 1ª Turma, jul. 21.02.2019, *DJe* 01.03.2019).

"A previsão constante no art. 134, *caput*, do CPC/2015, sobre o cabimento do incidente de desconsideração da personalidade jurídica, na execução fundada em título executivo extrajudicial, não implica a incidência do incidente na execução fiscal regida pela Lei nº 6.830/1980, verificando-se verdadeira incompatibilidade entre o regime geral do Código de Processo Civil e a Lei de Execuções, que diversamente da Lei geral, não comporta a apresentação de defesa sem prévia garantia do juízo, nem a automática suspensão do processo, conforme a previsão do art. 134, § 3º, do CPC/2015. Na execução fiscal "a aplicação do CPC é subsidiária, ou seja, fica reservada para as situações em que as referidas leis são silentes e no que com elas compatível" (REsp n. 1.431.155/PB, Rel. Ministro Mauro Campbell Marques, Segunda Turma, julgado em 27/5/2014). Evidenciadas as situações previstas nos arts. 124, 133 e 135, todos do CTN, não se apresenta impositiva a instauração do incidente de desconsideração da personalidade jurídica, podendo o julgador determinar diretamente o redirecionamento da execução fiscal para responsabilizar a sociedade na sucessão empresarial. **Seria contraditório afastar a instauração do incidente para atingir os sócios-administradores (art. 135, III, do CTN), mas exigi-la para mirar pessoas jurídicas que constituem grupos econômicos para blindar o patrimônio em comum**, sendo que nas duas hipóteses há responsabilidade por atuação irregular, em descumprimento das obrigações tributárias, não havendo que se falar em desconsideração da personalidade jurídica, mas sim de imputação de responsabilidade tributária pessoal e direta pelo ilícito." (STJ, REsp 1786311/PR, Rel. Min. Francisco Falcão, 2ª Turma, jul. 09.05.2019, *DJe* 14.05.2019)

Pedido de redirecionamento contra sócios. Indícios de crime falimentar. Suficiência. "A falência, segundo a jurisprudência do STJ, não constitui dissolução irregular. Não obstante, a decretação da falência, isoladamente, não veda peremptoriamente o redirecionamento, pois o pressuposto do redirecionamento é a prática de atos de infração à lei ou ao contrato social. E essa infração à lei pode ocorrer tanto no âmbito da existência de crimes falimentares como de infração à legislação civil ou comercial (art. 4º, § 2º, da LEF) – ou seja, a simples decretação da falência não constitui 'atestado' de que inexistiram infrações à lei (civil, comercial, tributária e, por que não?, penal também). (...) Assim, se há indícios e/ou provas de prática de ato de infração à lei (penal), a hipótese se subsume, em tese, ao art. 135 do CTN. Importante acrescentar que mesmo a eventual absolvição em Ação Penal não conduz necessariamente à revogação do redirecionamento, pois o ato pode não constituir ilícito penal, e, mesmo assim, continuar a representar infração à lei civil, comercial, administrativa, etc. (independência das esferas civil, *lato sensu*, e penal). É por essa razão, portanto, que caberá ao juiz natural, competente para processar e julgar a Execução Fiscal, analisar, caso a caso, o conteúdo da denúncia pela prática de crime falimentar e decidir se cabe ou não o redirecionamento. Ao contrário do que decidiu a Corte local, não é necessário aguardar o trânsito em julgado da sentença penal condenatória para que o juízo da Execução Fiscal analise o pleito de redirecionamento" (STJ, REsp 1792310/RS, Rel. Min. Herman Benjamin, 2ª Turma, jul. 04.02.2020, *DJe* 04.09.2020).

Necessidade de observância das normas do Código Tributário Nacional. "O IDPJ mostra-se viável quando uma das partes na ação executiva pretende que o crédito seja cobrado de quem não figure na CDA e não exista demonstração efetiva da responsabilidade tributária em sentido estrito, assim entendida aquela fundada nos arts. 134 e 135 do CTN. Precedentes. Equivocado o entendimento fixado no acórdão recorrido, que reconheceu a incompatibilidade total do IDPJ com a execução fiscal" (STJ, REsp 1.804.913/RJ, Rel. Min. Regina Helena Costa, 1ª Turma, jul. 01.09.2020, *DJe* 02.10.2020).

6. Sucessão empresarial. Redirecionamento. Possibilidade. "Consoante o que preconiza o art. 1.116 do CC/2.002 e o art. 132 do CTN, a incorporadora, juntamente com o ativo, assume todo o passivo da empresa incorporada, respondendo em nome próprio pela dívida de terceiro (sucedida), impondo-se automaticamente a responsabilidade pelo pagamento de débitos da sucedida, nos termos determinados por lei e, por isso, pode ser acionada independentemente de qualquer outra diligência do credor" (STJ, AgInt no REsp 1777574/SP, Rel. Min. Benedito Gonçalves, 1ª Turma, jul. 01.07.2019, *DJe* 02.08.2019).

"Para os fins do art. 1.036 do CPC, firma-se a seguinte tese: 'A execução fiscal pode ser redirecionada em desfavor da empresa sucessora para cobrança de crédito tributário relativo a fato gerador ocorrido posteriormente à incorporação empresarial e ainda lançado em nome da sucedida, sem a necessidade de modificação da Certidão de Dívida Ativa, quando verificado que esse negócio jurídico não foi informado oportunamente ao fisco.' 7. Recurso especial parcialmente provido" (STJ, REsp 1848993/SP, Rel. Min. Gurgel de Faria, 1ª Seção, jul. 26.08.2020, DJe 09.09.2020). **Obs.: Decisão submetida a julgamento de recursos repetitivos.**

7. Crédito tributário. Recurso administrativo pendente. "É vedado o ajuizamento de execução fiscal em face do contribuinte antes do julgamento definitivo do competente recurso administrativo. Precedentes: REsp 1.259.763/PR, Rel. Min. Mauro Campbell Marques, *DJ* de 26/9/2011; EREsp 850.332/SP, Rel. Ministra Eliana Calmon, *DJ* de 12/8/2008; AgRg no AREsp 55.060/PR, Rel. Min. Benedito Gonçalves, *DJ* de 23/5/12" (STJ, AgRg no AREsp 170309/RJ, Rel. Min. Benedito Gonçalves, 1ª Turma, jul. 04.10.2012, *DJe* 10.10.2012).

8. Adesão ao programa de parcelamento fiscal. Honorários advocatícios indevidos. "O Superior Tribunal de Justiça tem o entendimento firmado, em recurso repetitivo, submetido ao rito do art. 543-C do CPC, de que, havendo desistência da ação pelo executado, em embargos à execução, não há falar em pagamento de honorários advocatícios, visto que já estão inclusos no encargo legal de 20% previsto no Decreto-Lei 1.025/69 (REsp 1.143.320/RS, Rel. Min. Luiz Fux, Primeira Seção, *DJe* 21/5/10). A desistência dos embargos à execução para aderir ao parcelamento instituído pela Lei 11.941/09 somente acarreta condenação ao pagamento de honorários advocatícios na hipótese em que a execução fiscal for ajuizada pelo INSS, o que não é o caso em exame (AgRg no AgRg no Ag 1.223.449/SC, Rel. Min. CASTRO MEIRA, Segunda Turma, *DJe* 4/4/11)" (STJ, AgRg no REsp 1241370/SC, Rel. Min. Arnaldo Esteves Lima, 1ª Turma, jul. 04.10.2012, *DJe* 11.10.2012).

Inscrição em dívida ativa pelo INSS. Parcelamento. Lei 11.941/2009. Renúncia. Legalidade dos honorários de sucumbência. "Ao julgar o REsp 1.353.826/SP, de minha relatoria, submetido ao regime do art. 543-C do CPC, a Primeira Seção do STJ ratificou o entendimento de que 'O artigo 6º, § 1º, da Lei 11.941, de 2009, só dispensou dos honorários advocatícios o sujeito passivo que desistir de ação ou renunciar ao direito em demanda na qual se requer 'o restabelecimento de sua opção ou a sua reinclusão em outros parcelamentos'. Nos demais casos, à míngua de disposição legal em sentido contrário, aplica-se a regra geral do artigo 26 do CPC' (pendente de publicação). O presente Recurso Especial decorre de controvérsia surgida em Embargos à Execução Fiscal para a cobrança de valores inscritos em Dívida Ativa pelo INSS, razão pela qual se afigura legítima a condenação em honorários de sucumbência" (STJ, REsp 1392607/RS, Rel. Min. Herman Benjamin, 2ª Turma, jul. 15.10.2013, *DJe* 22.10.2013).

Art. 3º A Dívida Ativa regularmente inscrita goza da presunção de certeza e liquidez.

Parágrafo único. A presunção a que se refere este artigo é relativa e pode ser ilidida por prova inequívoca, a cargo do executado ou de terceiro, a quem aproveite.

JURISPRUDÊNCIA SELECIONADA

1. Certidão que contém parcela de débito anistiado. "Se a certidão da dívida contém, de modo global, débitos cujas parcelas foram anistiadas, por legislação posterior a sua emissão, perde a presunção de liquidez e certeza. Anistiado parte do débito, cabe a Fazenda Pública, adotando procedimento administrativo regular, substituir a certidão da dívida até a sentença. Não o fazendo, a insubsistência do título se caracteriza, por ter perdido a liquidez e a certeza" (STJ, 1ª Turma, REsp 79.234/SP, Rel. Min. José Delgado, ac. de 04.03.1996, *DJ* 01.04.1996, p. 9.887) (*sic*).

2. Responsabilidade dos sócios indicados. Ônus probatório. "Esta Corte tem entendimento pacífico no sentido de que não se pode, diante da presunção de certeza e liquidez da Certidão de Dívida Ativa, inverter o ônus probatório para a exclusão dos sócios na execução fiscal. Se o nome do sócio consta da CDA, não há que se falar em violação ao art. 135 do CTN, porquanto a sua responsabilidade se presume, incumbindo-lhe fazer prova em contrário por meio de embargos à execução" (STJ, REsp 731308/MG, Rel. Min. Castro Meira, 2ª Turma, jul. 19.04.2005, *DJ* 06.06.2005, p. 313).

3. Declaração de inconstitucionalidade do art. 3º, § 1º, da Lei 9.718/1998 e presunção de certeza e liquidez de CDA. "Firma-se a seguinte **tese para efeito do art. 1.039 do CPC/2015**: 'A declaração de inconstitucionalidade do art. 3º, § 1º, da Lei 9.718/1998, pelo STF, não afasta automaticamente a presunção de certeza e de liquidez da CDA, motivo pelo qual é vedado extinguir de ofício, por esse motivo, a Execução Fiscal'. Acórdão submetido ao regime do art. 1.039 do CPC/2015 e da Resolução 8/2008 do STJ" (STJ, REsp 1386229/PE, Rel. Min. Herman Benjamin, 1ª Seção, jul. 10.08.2016, *DJe* 05.10.2016).

Art. 4º A execução fiscal poderá ser promovida contra:

I – o devedor;

II – o fiador;

III – o espólio;

IV – a massa;

V – o responsável, nos termos da lei, por dívidas, tributárias ou não, de pessoas físicas ou pessoas jurídicas de direito privado; e

VI – os sucessores a qualquer título.

§ 1º Ressalvado o disposto no artigo 31, o síndico, o comissário, o liquidante, o inventariante e o administrador, nos casos de falência, concordata, liquidação, inventário, insolvência ou concurso de credores, se, antes de garantidos os créditos da Fazenda Pública, alienarem ou derem em garantia quaisquer dos bens administrados, respondem, solidariamente, pelo valor desses bens.

§ 2º À Dívida Ativa da Fazenda Pública, de qualquer natureza, aplicam-se as normas relativas à responsabilidade prevista na legislação tributária, civil e comercial.

§ 3º Os responsáveis, inclusive as pessoas indicadas no § 1º deste artigo, poderão nomear bens livres e desembaraçados do devedor, tantos quantos bastem para pagar a dívida. Os bens dos responsáveis ficarão, porém, sujeitos à execução, se os do devedor forem insuficientes à satisfação da dívida.

§ 4º Aplica-se à Dívida Ativa da Fazenda Pública de natureza não tributária o disposto nos artigos 186 e 188 a 192 do Código Tributário Nacional.

JURISPRUDÊNCIA SELECIONADA

1. Substituto tributário. "O substituto legal tributário é a pessoa não vinculada ao fato gerador, obrigada a pagar o tributo. O responsável tributário é a pessoa vinculada ao fato gerador, obrigada a pagar o tributo se não foi adimplido pelo contribuinte ou pelo substituto legal tributário (REsp 86.465-RS – Rel. Min. Ari Pargendler)" (STJ, REsp 118.290/SP, Rel. Min. Milton Luiz Pereira, 1ª Turma, jul. 16.11.1999, *DJ* 28.02.2000, p. 41).

2. Sucessor. "O adquirente de fundo de comércio ou estabelecimento comercial, industrial ou profissional que continuar a respectiva exploração responde integralmente pelos tributos relativos ao fundo ou estabelecimento adquirido se o alienante cessar a exploração do comércio, indústria ou atividade" (STJ, REsp 36.540/MG, Rel. Min. Garcia Vieira, 1ª Turma, jul. 08.09.1993, *DJ* 04.10.1993, p. 20524).

3. Indicação do nome do responsável na CDA. "Não se pode confundir a relação processual com a relação de direito material objeto da ação executiva. Os requisitos para instalar a relação processual executiva são os previstos na lei processual, a saber, o inadimplemento e o título executivo (CPC, artigos 580 e 583). Os pressupostos para configuração da responsabilidade tributária são os estabelecidos pelo direito material, nomeadamente pelo art. 135 do CTN. A indicação, na Certidão de Dívida Ativa, do nome do responsável ou do corresponsável (Lei 6.830/80, art. 2º, § 5º, I; CTN, art. 202, I), confere ao indicado a condição de legitimado passivo para a relação processual executiva (CPC, art. 568, I), mas não confirma, a não ser por presunção relativa (CTN, art. 204), a existência da responsabilidade tributária, matéria que, se for o caso, será decidida pelas vias cognitivas próprias, especialmente a dos embargos à execução. **É diferente a situação quando o nome do responsável tributário não figura na certidão de dívida ativa. Nesses casos, embora configurada a legitimidade passiva (CPC, art. 568, V), caberá à Fazenda** exequente, ao promover a ação ou ao requerer o seu redirecionamento, indicar a causa do pedido, que há de ser uma das situações, previstas no direito material, como configuradoras da responsabilidade subsidiária. No caso, havendo indicação dos codevedores no título executivo (Certidão de Dívida Ativa), é viável, contra os sócios, o redirecionamento da execução. Precedente: EREsp 702.232-RS, 1ª Seção, Min. Castro Meira, *DJ* de 16.09.2005" (STJ, REsp 900.371/SP, Rel. Min. Teori Albino Zavascki, 1ª Turma, jul. 20.05.2008, *DJe* 02.06.2008).

4. Redirecionamento da execução para o sócio-gerente:

Requisitos. "A Primeira Seção do STJ, no julgamento do REsp 1.101.728/SP, submetido ao rito dos recursos repetitivos, firmou o entendimento de que o redirecionamento da execução fiscal para o sócio-gerente da empresa é cabível quando demonstrado que este agiu com excesso de poderes, infração à lei ou ao estatuto, ou no caso de dissolução irregular da empresa" (STJ, REsp 1343058/BA, Rel.ª Min.ª Eliana Calmon, 2ª Turma, jul. 09.10.2012, *DJe* 17.10.2012). **No mesmo sentido:** STJ, 1ª Turma, REsp 738.502/SC, Rel. Min. Luiz Fux, jul. 18.10.2005, *DJ* 14.11.2005.

Responsabilidade de gestores fundada no art. 8º do Decreto-lei n. 1.736/79. Acolhimento do incidente de inconstitucionalidade. Necessidade de comprovação dos requisitos. "A jurisprudência do Superior Tribunal de Justiça firmou-se no sentido de que somente é permitido o redirecionamento da

EXECUÇÃO FISCAL

execução fiscal aos sócios-gerentes da empresa executada nas hipóteses de obrigações tributárias resultantes de atos praticados com excesso de poderes ou infração de lei, contrato social ou estatutos, ou ainda no caso de dissolução irregular da sociedade empresária, independentemente da natureza do débito excutido. 2. A Corte Especial do Superior Tribunal de Justiça declarou a **inconstitucionalidade do art. 8º do Decreto-Lei n. 1.736/1979**". (STJ, REsp 1664203/SP, Rel. Min. Og Fernandes, 2ª Turma, jul. 05.12.2017, *DJe* 13.12.2017). **No mesmo sentido:** STJ, REsp 1419104/SP, Rel. Min. Og Fernandes, 1ª Seção, jul. 26.11.2014, *DJe* 12.12.2014.

Citação do sócio. "Antes de se imputar a responsabilidade tributária, é necessária a prévia citação do sócio-gerente, a fim de que seja possível o exercício do direito de defesa" (STJ, REsp 236131/MG, Rel. Min. Humberto Gomes de Barros, 1ª Turma, jul. 25.09.2000, *DJ* 13.11.2000). **No mesmo sentido**: STJ, REsp 278744/SC, Rel.ª Min.ª Eliana Calmon, 2ª Turma, jul. 19.03.2002, *DJ* 29.04.2002.

Dissolução irregular da sociedade. "'O redirecionamento da execução fiscal, na hipótese de dissolução irregular da sociedade, **pressupõe a permanência do sócio na administração da empresa ao tempo da ocorrência da dissolução.**' (EAg 1.105.993/RJ, Rel. Min. Hamilton Carvalhido, Primeira Seção, julgado em 13.12.2010, *DJe* 1ª.2.2011.) 4. É viável o presente recurso especial, uma vez que a errônea interpretação ou capitulação dos fatos penetra na órbita da qualificação jurídica destes, o que afasta o óbice contido na Súmula 7/STJ" (STJ, AgRg no REsp 1279422/SP, Rel. Min. Humberto Martins, 2ª Turma, jul. 13.03.2012, *DJe* 19.03.2012).

"O redirecionamento da execução fiscal, quando fundado na dissolução irregular da pessoa jurídica executada ou na presunção de sua ocorrência, pode ser autorizado contra o sócio ou o terceiro não sócio, com poderes de administração na data em que configurada ou presumida a dissolução irregular, ainda que não tenha exercido poderes de gerência quando ocorrido o fato gerador do tributo não adimplido, conforme art. 135, III, do CTN" (STJ, REsp 1.645.333/SP, Rel. Min. Assusete Magalhães, 1ª Seção, jul. 25.05.2022, *DJe* 28.06.2022. **Obs.:** Decisão submetida a julgamento de recursos repetitivos.

Falta de pagamento de tributo. Circunstância que, por si só, não acarreta a responsabilidade do sócio. "É igualmente pacífica a jurisprudência do STJ no sentido de que a simples falta de pagamento do tributo não configura, por si só, nem em tese, circunstância que acarreta a responsabilidade subsidiária do sócio, prevista no art. 135 do CTN. É indispensável, para tanto, que tenha agido com excesso de poderes ou infração à lei, ao contrato social ou ao estatuto da empresa (EREsp 374.139/RS, 1ª Seção, *DJ* 28.02.2005)" (STJ, REsp 1.101.728/SP, Rel. Min. Teori Albino Zavascki, 1ª Seção, jul. 11.03.2009, *DJe* 23.03.2009).

Responsabilidade objetiva. Comprovação dos pressupostos. "Os sócios da sociedade de responsabilidade por **cotas** não respondem objetivamente pela dívida fiscal apurada em período contemporâneo a sua gestão, pelo simples fato da sociedade não recolher a contento o tributo devido, visto que, o não cumprimento da obrigação principal, **sem dolo ou fraude**, apenas representa mora da empresa contribuinte e não 'infração legal' deflagradora da responsabilidade pessoal e direta do sócio da empresa. Não comprovado os pressupostos para a responsabilidade solidária do sócio da sociedade de responsabilidade limitada **há que se primeiro verificar a capacidade societária para solver o débito fiscal, para só então, supletivamente, alcançar seus bens**" (STJ, REsp 121021/PR, Rel.ª Min.ª Nancy Andrighi, 2ª Turma, jul. 15.08.2000, *DJ* 11.09.2000).

Seguridade Social. Responsabilidade tributária do sócio da empresa (inciso V). "O 'terceiro' só pode ser chamado responsabilizado na hipótese de descumprimento de deveres próprios de colaboração para com a Administração Tributária, estabelecidos, ainda que a *contrario sensu*, na regra matriz de responsabilidade tributária, e desde que tenha contribuído para a situação de inadimplemento pelo contribuinte. O art. 135, III, do CTN responsabiliza apenas aqueles que estejam na direção, gerência ou representação da pessoa jurídica e tão somente **quando pratiquem atos com excesso de poder ou infração à lei, contrato social ou estatutos**. Desse modo, apenas o sócio com poderes de gestão ou representação da sociedade é que pode ser responsabilizado, o que resguarda a pessoalidade entre o ilícito (mal gestão ou representação) e a consequência de ter de responder pelo tributo devido pela sociedade. O art. 13 da Lei 8.620/93 não se limitou a repetir ou detalhar a regra de responsabilidade constante do art. 135 do CTN, tampouco cuidou de uma nova hipótese específica e distinta. Ao vincular à simples condição de sócio a obrigação de responder solidariamente pelos débitos da sociedade limitada perante a Seguridade Social, tratou a mesma situação genérica regulada pelo art. 135, III, do CTN, mas de modo diverso, **incorrendo em inconstitucionalidade por violação ao art. 146, III, da CF**. O art. 13 da Lei 8.620/93 também se reveste de inconstitucionalidade material, porquanto não é dado ao legislador estabelecer confusão entre os patrimônios das pessoas física e jurídica, o que, além de impor desconsideração *ex lege* e objetiva da personalidade jurídica, descaracterizando as sociedades limitadas, implica irrazoabilidade e inibe a iniciativa privada, afrontando os arts. 5º, XIII, e 170, parágrafo único, da Constituição" (STF, RE 562276, Rel.ª Min.ª Ellen Gracie, Tribunal Pleno, jul. 03.11.2010, *DJe* 10.02.2011).

Crime de sonegação fiscal. Infração à Lei. "Os efeitos da decisão, já transitada em julgado, que indeferiu anterior pedido de redirecionamento, não irradia efeitos de coisa julgada apta a impedir novo pedido de redirecionamento na mesma execução fiscal em face da existência de sentença condenatória em crime de sonegação fiscal, confirmada pelo Tribunal de 2º grau e com *Habeas Corpus* pendente de julgamento no STJ, porquanto aquele pleito inicial está fulcrado apenas em mero inadimplemento fiscal. O redirecionamento da execução fiscal, e seus consectários legais, para o sócio-gerente da empresa, somente é cabível quando reste demonstrado que este agiu com excesso de poderes, infração à lei ou contra o estatuto, ou na hipótese de dissolução irregular da empresa. **A condenação em crime de sonegação fiscal é prova irrefutável de infração à lei**" (STJ, REsp 935.839/RS, Rel. Min. Mauro Campbell Marques, 2ª Turma, jul. 05.03.2009, *DJe* 07.04.2009).

"A Execução Fiscal pode incidir contra o devedor ou contra o **responsável tributário**, não sendo necessário que conste o nome deste na Certidão da Dívida Ativa. Não se aplica a sociedade por quotas de responsabilidade limitada o art. 134 do Código Tributário Nacional; incide sobre ela o art. 135, itens I e III, do mencionado diploma legal, se o crédito tributário resulta de ato emanado de diretor, gerente ou outro sócio, praticado com excesso de poder ou infração da lei, do contrato social ou do estatuto. Constitui infração da lei e do contrato, com a consequente responsabilidade fiscal do sócio-gerente, o desaparecimento da sociedade sem sua prévia dissolução legal e sem o pagamento das dívidas tributárias" (STF, 1ª Turma, RE 96.607, Rel. Min. Soares Muñoz, jul. 27.04.1982, *DJ* 21.05.1982, *RTJ*, p. 1.274) (*sic*).

"**Dissolução irregular da sociedade**. (...) A existência de indícios que atestem o provável encerramento irregular das atividades da empresa autoriza o redirecionamento da execução fiscal contra os sócios-gerentes. Constitui obrigação elementar do comerciante a atualização de seu registro cadastral junto aos órgãos competentes. O fechamento da empresa sem baixa na Junta Comercial é indício de que o estabelecimento encerrou suas atividades de forma irregular, circunstância que autoriza a fazenda a **redirecionar a execução**" (STJ, REsp 906.305/RS, Rel. Min. Castro Meira, 2ª Turma, jul. 01.03.2007, *DJ* 15.03.2007).

Dissolução irregular da sociedade. "Tese jurídica firmada: 'O redirecionamento da execução fiscal, quando fundado na dissolução irregular da pessoa jurídica executada ou na presunção de sua ocorrência, não pode ser autorizado contra o sócio ou o terceiro não sócio que, embora exercesse poderes de gerência ao tempo do fato gerador, sem incorrer em prática de atos com excesso de poderes ou infração à lei, ao contrato social ou aos estatutos, dela regularmente se retirou e não deu causa à sua posterior dissolução irregular, conforme art. 135, III, do CTN'. IX. Caso concreto: Recurso Especial improvido" (STJ, REsp 1.776.138/RJ, Rel. Min. Assusete Magalhães, 1ª Seção, jul. 24.11.2021, *DJe* 01.12.2021). **Obs.:** Decisão submetida a julgamento de recursos repetitivos.

"Em execução fiscal, certificada pelo oficial de justiça a **não localização da empresa executada no endereço fornecido ao Fisco como domicílio fiscal** para a citação, presume-se (*juris tantum*) a ocorrência de dissolução irregular a ensejar o redirecionamento da execução aos sócios, na forma do art. 135, do CTN. Precedentes: EREsp 852.437/RS, Primeira Seção. Rel. Min. Castro Meira, julgado em 22.10.2008; REsp 1343058/BA, Segunda Turma, Rel. Min. Eliana Calmon, julgado em 09.10.2012" (STJ, REsp 1374744/BA, Rel. Min. Napoleão Nunes Maia Filho, Rel. p/ Acórdão Ministro Mauro Campbell Marques, 1ª Seção, jul. 14.08.2013, *DJe* 17.12.2013).

"Autoriza-se o redirecionamento da execução fiscal quando houver nos autos indícios de dissolução irregular da pessoa jurídica. A certidão emitida por oficial de justiça que assevera não funcionar mais a empresa devedora no endereço constante dos seus assentamentos na junta comercial constitui indício suficiente de dissolução irregular, apto a ensejar o redirecionamento da execução" (STJ, REsp 1.343.058/BA, Relª. Minª. Eliana Calmon, 2ª Turma, jul. 09.10.2012, *DJe* 17.10.2012).

AR. Carta devolvida. Insuficiência. "Esta Corte Superior entende que a não localização da empresa no endereço constante dos cadastros da Receita para fins de citação na execução caracteriza indício de irregularidade no seu encerramento apta a ensejar o redirecionamento da execução fiscal ao sócio. Conforme ocorreu no julgamento do EREsp 716.412 pela Primeira Seção. Todavia, a Segunda Turma já decidiu, recentemente, que '[...] **não se pode considerar que a carta citatória devolvida pelos correios seja indício suficiente para se presumir o encerramento irregular da sociedade**. Não possui o funcionário da referida empresa a fé pública necessária para admitir a devolução da correspondência como indício de encerramento das atividades da empresa'. REsp 1.017.588/SP, Rel. Ministro Humberto Martins, Segunda Turma, julgado em 6/11/2008, *DJe* 28/11/2008." (AgRg no REsp 1129484/SP, Rel. Min. Benedito Gonçalves, 1ª Turma, jul. 16.03.2010, *DJe* 26.03.2010)

Falência. Inexistência de dissolução irregular da sociedade. "A falência não configura modo irregular de dissolução da sociedade, pois além de estar prevista legalmente, consiste numa faculdade estabelecida em favor do comerciante impossibilitado de honrar os compromissos assumidos. Em qualquer espécie de sociedade comercial, é o patrimônio social que responde sempre e integralmente pelas dívidas sociais. Com a quebra, a massa falida responde pelas obrigações a cargo da pessoa jurídica até o encerramento da falência, só estando autorizado o redirecionamento da execução fiscal caso fique demonstrada a prática pelo sócio de ato ou fato eivado de excesso de poderes ou de infração de lei, contrato social ou estatutos" (STJ, REsp 697115/MG, Rel.ª Min.ª Eliana Calmon, 2ª Turma, jul. 02.06.2005, *DJ* 27.06.2005).

Grupo econômico de fato. Medida cautelar fiscal. Indisponibilidade de bens dos envolvidos. "Havendo prova da ocorrência de fraude por grupo de pessoas físicas e/ou jurídicas, como a criação de pessoas jurídicas fictícias para oportunizar a sonegação fiscal ou o esvaziamento patrimonial dos reais devedores, o juízo da execução pode redirecionar a execução fiscal às pessoas envolvidas e, com base no poder geral de cautela e dentro dos limites e condições impostas pela legislação, estender a ordem de indisponibilidade para garantia de todos os débitos tributários gerados pelas pessoas participantes da situação ilícita, pois "os requisitos necessários para a imputação da responsabilidade patrimonial secundária na ação principal de execução são também exigidos na ação cautelar fiscal, posto acessória por natureza" (REsp 722.998/MT, Rel. Ministro Luiz Fux, Primeira Turma, julgado em 11/04/2006, *DJ* 28/04/2006). Os bens indisponibilizados servirão, em conjunto, à garantia dos diversos créditos tributários cujo adimplemento era da responsabilidade das pessoas integrantes do esquema de sonegação fiscal. Sendo o caso de atos fraudulentos, a indisponibilidade de bens decorrente da medida cautelar fiscal não encontra limite no ativo permanente a que se refere o § 1º do art. 4º da Lei nº 8.397/1992. Hipótese em que o acórdão recorrido limita a ordem de indisponibilidade ao processo executivo fiscal da qual a cautelar fiscal é incidente, não admitindo, desde logo, que alcance pessoas não integrantes do polo passivo" (REsp 1656172/MG, Rel. Min. Gurgel de Faria, 1ª Turma, jul. 11.06.2019, *DJe* 02.08.2019).

Prescrição. "A jurisprudência da 1ª e 2ª Turmas desta Corte vem proclamando o entendimento no sentido de que o redirecionamento da execução contra o sócio deve dar-se no prazo de cinco anos da citação da pessoa jurídica, sendo inaplicável o disposto no art. 40 da Lei nº 6.830/80 que deve harmonizar-se com as hipóteses de suspensão previstas no art. 174 do CTN, de modo a não tornar imprescritível a dívida fiscal. (...) Não efetivada a regular citação do contribuinte antes de transcorridos cinco anos da data da constituição definitiva do crédito tributário, por inércia do Estado exequente, a prescrição há de ser decretada" (STJ, AgRg no Ag 541255/RS, Rel. Min. Francisco Peçanha Martins, 2ª Turma, jul. 16.12.2004, *DJ* 11.04.2005, p. 237). **No mesmo sentido:** STJ, AgRg no REsp 445658/MG, Rel. Min. Francisco Falcão, 1ª Turma, jul. 05.04.2005, *DJ* 16.05.2005, p. 231; STJ, REsp 736030/RS, Rel. Min. Eliana Calmon, 2ª Turma, jul. 19.05.2005, *DJ* 20.06.2005, p. 257; STJ, REsp 205887/RS, Rel. Min. João Otávio de Noronha, 2ª Turma, jul. 19.04.2005, *DJ* 01.08.2005.

Micro e pequena empresa. Ausência de regularidade fiscal. Incidência do art. 134, VII, do CTN. "O Superior Tribunal de Justiça possui entendimento de que tanto a redação do art. 9º da LC 123/2006 como da LC 147/2014, apresentam interpretação de que no caso de micro e pequenas empresas é possível a responsabilização dos sócios pelo inadimplemento do tributo, com base no art. 134, VII, do CTN, cabendo-lhe demonstrar a insuficiência do patrimônio quando da liquidação para exonerar-se da responsabilidade pelos débitos. Precedentes" (STJ, REsp 1.876.549/RS, Rel. Min. Mauro Campbell Marques, 2ª Turma, jul. 03.05.2022, *DJe* 06.05.2022).

5. Legitimidade passiva:

Sócio que se retirou da sociedade. "É pacífica a jurisprudência do STJ no sentido de que o simples inadimplemento da obrigação tributária não caracteriza infração à lei. (...). Esta Corte já se pronunciou pela não responsabilização **do sócio que se retirou da sociedade**, a não ser que **fique demonstrada qualquer das hipóteses *ab initio* elencadas, relativamente ao período de permanência na empresa**" (STJ, AgRg no AI 1.065.541, Rel.ª Min.ª Eliana Calmon, 2ª Turma, jul. 09.12.2008, *DJe* 27.02.2009).

IPTU. "Segundo o art. 34 do CTN, consideram-se contribuintes do IPTU o proprietário do imóvel, o titular do seu domínio útil ou o seu possuidor a qualquer título. A jurisprudência desta Corte Superior é no sentido de que tanto o promitente comprador (possuidor a qualquer título) do imóvel quanto seu proprietário/promitente vendedor (aquele que tem a propriedade registrada no Registro de Imóveis) são contribuintes responsáveis pelo pagamento do IPTU. 'Ao legislador municipal cabe eleger o sujeito passivo do tributo, contemplando qualquer das situações previstas no CTN. Definindo a lei como contribuinte o proprietário, o titular do domínio útil, ou o possuidor a qualquer título, pode a autoridade administrativa optar por um ou por outro visando a facilitar o procedimento de arrecadação' (REsp 475.078/SP, Rel. Min. Teori Albino Zavascki, *DJ* 27.9.2004). Acórdão sujeito ao regime do art. 543-C do CPC e da Resolução STJ 08/08" (STJ, REsp 1111202/SP, Rel. Min. Mauro Campbell Marques, 1ª Seção, jul. 10.06.2009, *DJe* 18.06.2009). **Precedentes citados:** STJ, REsp 979.970/SP, Rel. Min. Luiz Fux, 1ª Turma, *DJ* 18.06.2008; AgRg no REsp 1022614/SP, Rel. Min. Humberto Martins, 2ª Turma, *DJ* 17.04.2008; REsp 712.998/RJ, Rel. Min. Herman Benjamin, 2ª Turma, *DJ* 08.02.2008; STJ, REsp 759.279/RJ, Rel. Min. João Otávio de Noronha, 2ª Turma, *DJ* 11.09.2007; REsp 868.826/RJ, Rel. Min. Castro Meira, 2ª Turma, *DJ* 01.08.2007; STJ, REsp 793073/RS, Rel. Min. Castro Meira, 2ª Turma, *DJ* 20.02.2006.

Alienação de imóvel após lançamento. Sujeito passivo. Alienante. Responsabilidade solidária. "A correta interpretação do art. 130 do CTN, combinada com a característica não excludente do parágrafo único, permite concluir que o objetivo do texto legal não é desresponsabilizar o alienante, mas responsabilizar o adquirente na mesma obrigação do devedor original. Trata-se de responsabilidade solidária, reforçativa e cumulativa sobre a dívida, em que o sucessor no imóvel adquirido se coloca ao lado do devedor primitivo, sem a liberação ou desoneração deste". (STJ, AgInt no AREsp 942.940/RJ, Rel. Min. Herman Benjamin, 2ª Turma, jul. 15.08.2017, *DJe* 12.09.2017)

Serviço público de água e esgoto. Legitimidade. "A questão resume-se à possibilidade ou não da suspensão do fornecimento de água em razão de débito de consumo gerado pelo antigo proprietário do imóvel. No caso, independentemente da natureza da obrigação (se pessoal ou *propter rem*), não cabe a suspensão do fornecimento de água por se tratar de débito consolidado. Ou seja, o novo proprietário do imóvel está sendo privado do fornecimento em razão de dívida pretérita do antigo morador, hipótese que não encontra albergue na jurisprudência do STJ. Ambas as turmas da Primeira Seção concluíram que o art. 6º, § 3º, II, da Lei n. 8.987/95 refere-se ao inadimplemento do usuário, ou seja, do efetivo consumidor do serviço. Inviável, portanto, responsabilizar o atual usuário por débito pretérito relativo ao consumo de água do anterior" (STJ, AgRg no Ag 1107257/RJ, Rel. Min. Mauro Campbell Marques, 2ª Turma, jul. 16.06.2009, *DJe* 01.07.2009). **No mesmo sentido:** STJ, AgRg no Ag 1107257/RJ, Rel. Min. Mauro Campbell Marques, 2ª Turma, jul. 16.06.2009, *DJe* 01.07.2009.

Legitimidade da empresa para postular em nome do sócio-gerente. "A teor do que estatui o art. 6º do CPC, a pessoa jurídica recorrente não é parte legítima para, em nome próprio, defender em juízo direito alheio (do sócio)" (STJ, REsp 793772/RS, Rel. Min. Teori Albino Zavascki, 1ª Turma, jul. 03.02.2009, *DJe* 11.02.2009).

Acordo realizado pelo casal. Não modificação da legitimidade passiva. "O fato de existir acordo celebrado pelo casal não modifica o sujeito passivo da obrigação tributária, tendo em vista que as convenções particulares não são oponíveis ao Fisco, conforme o art. 123 do CTN (salvo disposições de lei em contrário, as convenções particulares, relativas à responsabilidade pelo pagamento de tributos, não podem ser opostas à Fazenda Pública, para modificar a definição legal do sujeito passivo das obrigações tributárias correspondentes)" (STJ, AgInt no REsp 1.614.328/ES, Rel. Min. Manoel Erhardt, 1ª Turma, jul. 06.06.2022, *DJe* 08.06.2022).

6. Exceção de pré-executividade. Sócio. "A exceção de pré-executividade é cabível quando atendidos simultaneamente dois requisitos, um de ordem material e outro de ordem formal, ou seja: (a) é indispensável que a matéria invocada seja suscetível de conhecimento de ofício pelo juiz; e (b) é indispensável que a decisão possa ser tomada sem necessidade de dilação probatória. Conforme assentado em precedentes da Seção, inclusive sob o regime do art. 543-C do CPC (REsp 1104900, Min.ª Denise Arruda, sessão de 25.03.09), não cabe exceção de pré-executividade em execução fiscal promovida contra sócio que figura como responsável na Certidão de Dívida Ativa – CDA. É que a presunção de legitimidade assegurada à CDA impõe ao executado que figura no título executivo o ônus de demonstrar a inexistência de sua responsabilidade tributária, demonstração essa que, por demandar prova, deve ser promovida no âmbito dos embargos à execução. Acórdão sujeito ao regime do art. 543-C do CPC" (STJ, REsp 1.110.925/SP, Rel. Min. Teori Albino Zavascki, 1ª Seção, jul. 22.04.2009, *DJe* 04.05.2009).

7. Preferência de crédito trabalhista sobre o tributário. Execução contra devedor solvente. Ver jurisprudência do art. 908 do CPC/2015.

8. Sucessão empresarial mediante incorporação. Ausência de comunicação aos órgãos e entidades competentes. Ilegitimidade da sociedade incorporada. Ver jurisprudência do art. 2º da Lei de Execução Fiscal e do art. 779 do CPC/2015.

9. Prazo prescricional para redirecionamento contra os demais responsáveis. Adoção do entendimento do Tema 444/STJ. "Relativamente ao prazo prescricional para responsabilização da fiadora pelas dívidas tributárias da devedora originária, o entendimento do acórdão recorrido alinha-se à orientação do Superior Tribunal de Justiça, firmada no julgamento do Recurso Especial 1.201.993/SP (Tema 444), de que 'a decretação da prescrição para o redirecionamento impõe seja demonstrada a inércia da Fazenda Pública, no lustro que se seguiu à citação da empresa originalmente devedora'. Embora o precedente qualificado tenha apreciado o redirecionamento contra os sócios na hipótese de dissolução irregular da pessoa jurídica, os fundamentos adotados quanto à contagem do prazo prescricional à luz do art. 174 do Código Tributário Nacional podem ser aplicados em relação aos demais responsáveis tributários, como na hipótese dos autos em que a parte recorrente passou a integrar a lide na condição de fiadora, conforme previsão do art. 4º da Lei 6.830/1980" (STJ, AgInt nos EDcl no REsp 1.733.325/SP, Rel. Min. Paulo Sérgio Domingues, 1ª Turma, jul. 23.10.2023, *DJe* 25.10.2023).

Art. 5º A competência para processar e julgar a execução da Dívida Ativa da Fazenda Pública exclui a de qualquer outro Juízo, inclusive o da falência, da concordata, da liquidação, da insolvência ou do inventário.

JURISPRUDÊNCIA SELECIONADA

1. Competência territorial. "A competência territorial para a ação de execução fiscal segue ordem de preferência estabelecida no *caput* do art. 578 do CPC, observando-se, ainda, a regra do seu parágrafo único segundo a qual, em caso de pluralidade de domicílios ou de pluralidade de devedores, dispõe o Fisco da faculdade de ajuizar a ação no foro de qualquer um deles. Por outro lado, como alternativa para todas as opções ali descritas, reserva-se ao Fisco a faculdade de eleger ou o foro do lugar em que se praticou o ato, ou o do lugar em que ocorreu o fato que deu origem à dívida, ou, ainda, o foro da situação dos bens de que a dívida se originou (CPC, art. 578, parágrafo único), daí se concluindo que o devedor não tem assegurado o direito de ser executado no foro de seu domicílio, salvo se nenhuma das espécies do parágrafo único se verificar" (STJ, REsp 491171/SP, Rel. Min. Teori Albino Zavascki, 1ª Turma, jul. 19.10.2004, *DJ* 16.11.2004, p. 188; *RSTJ* 185/102).

"Tratando-se de execução fiscal ajuizada pela União, entidade autárquica ou empresa pública federal no domicílio do devedor, localidade desprovida de vara federal, exsurge manifesta a competência da Justiça estadual para processar e julgar a ação, consoante estabelecem os arts. 109, § 3º, parte final, da CF e 15 da Lei nº 5.010/66. Aplicável, por analogia, a Súmula nº 40 do extinto TFR – 'A execução fiscal da Fazenda Pública Federal será proposta perante o juiz de direito da comarca do domicílio do devedor, desde que não seja ela sede de Vara da Justiça Federal'" (STJ, CC 048455, Rel. Min. João Otávio de Noronha, jul. 31.08.2005, *DJ* 08.02.2006). **Nota: o art. 15, I, da Lei nº 5.010/1966 foi revogado pela Lei nº 13.043/2014.**

"A competência jurisdicional, em sede de execução fiscal, é fixada pela propositura da ação, sendo irrelevante a mudança posterior do domicílio do executado, consoante a *ratio essendi* da Súmula 58/STJUL. É que a competência é determinada no momento em que a ação é proposta, sendo irrelevantes as modificações da fato ou de direito ocorridas posteriormente, salvo quando suprimirem o órgão judiciário ou alterarem a competência em razão da matéria ou da hierarquia, *ex vi* do disposto no artigo 87, do CPC. Entrementes, a alteração do local da sede da empresa antes da propositura do executivo fiscal impõe a aplicação da regra básica do artigo 578, do CPC, cuja exegese sugere a prevalência do *caput* sobre o parágrafo único, ante o escopo de se viabilizar o melhor desempenho da defesa do executado, razão pela qual a execução fiscal intentada pela Fazenda Pública Federal deve ser proposta no foro da sede das pessoas jurídicas e excepcionalmente nos foros subsidiários. O domicílio da pessoa jurídica é a sede da empresa. Na execução fiscal, para efeito de aplicação da regra de competência do artigo 578, do CPC, ante a inexistência de norma especial na Lei 6.830/80, prevalece a data da propositura da ação fiscal sobre a data do lançamento do crédito. Desta sorte, a mudança de domicílio da empresa, antes da propositura da execução fiscal, não enseja a aplicação da Súmula 58 do STJ, cuja *ratio essendi* parte da premissa que a execução fiscal deve ser promovida no domicílio do devedor, tanto mais que o parágrafo único só incide acaso inaplicável o *caput* do artigo, regra básica de hermenêutica. Outrossim, tratando-se de ação proposta pela Fazenda Nacional, o princípio informador há de ser o previsto no § 1.º do art. 109 da CF/1988, *verbis*: 'As causas em que a União for autora serão aforadas na seção judiciária onde tiver domicílio a outra parte'. Recurso especial provido, para reconhecer a competência do Juízo do domicílio da executada para apreciar o executivo fiscal intentado" (STJ, REsp 818435/RS, Rel. Min. Luiz Fux, 1ª Turma, jul. 09.09.2008, *DJe* 01.10.2008).

2. Sociedade em recuperação judicial; Adoção de atos constritivos de bens de capital da recuperanda, sem alienação. Competência do Juízo da execução fiscal. Substituição do objeto da constrição. Competência do Juízo da recuperação. Dever de cooperação. "À luz da Lei 11.101/2005, art. 6º, § 7º-B, do CPC, arts. 67 a 69, e da jurisprudência desta Corte (CC 181.190/AC, Relator Ministro Marco Aurélio Bellizze), compete: 1.1) ao Juízo da Execução Fiscal, determinar os atos de constrição judicial sobre bens e direitos de sociedade empresária em recuperação judicial, sem proceder à alienação ou levantamento de quantia penhorada, comunicando aquela medida ao juízo da recuperação, como dever de cooperação; e 1.2) ao Juízo da Recuperação Judicial, tomando ciência daquela constrição, exercer juízo de controle e deliberar sobre a substituição do ato constritivo que recaia sobre bens de capital essenciais à manutenção da atividade empresarial até o encerramento do procedimento de soerguimento, podendo formular proposta alternativa de satisfação do crédito, em procedimento de cooperação recíproca" (STJ, CC 187.255/GO, Rel. Min. Raul Araújo, 2ª Seção, jul. 14.12.2022, *DJe* 20.12.2022).

3. Competência delegada. Justiça Federal e Justiça Estadual. Regra de transição prevista no art. 75 da Lei 13.043/2014. Manutenção na Justiça Estadual (IAC 15/STJ). "Tese jurídica firmada: O art. 109, § 3º, da CF/88, com redação dada pela EC 103/2019, não promoveu a revogação (não recepção) da regra transitória prevista no art. 75 da Lei 13.043/2014, razão pela qual devem permanecer na Justiça Estadual as execuções fiscais ajuizadas antes da vigência da lei referida" (STJ, CC 188.314/SC, Rel. Min. Mauro Campbell Marques, 1ª Seção, jul. 13.09.2023, *DJe* 20.09.2023).

Art. 6º A petição inicial indicará apenas:

I – o Juiz a quem é dirigida;

II – o pedido; e

III – o requerimento para a citação.

§ 1º A petição inicial será instruída com a Certidão da Dívida Ativa, que dela fará parte integrante, como se estivesse transcrita.

§ 2º A petição inicial e a Certidão de Dívida Ativa poderão constituir um único documento, preparado inclusive por processo eletrônico.

§ 3º A produção de provas pela Fazenda Pública independe de requerimento na petição inicial.

§ 4º O valor da causa será o da dívida constante da certidão, com os encargos legais.

JURISPRUDÊNCIA SELECIONADA

1. Emenda da inicial. "Consoante dispõe a lei, ao processo de execução fiscal são aplicáveis, subsidiariamente, as regras do CPC atinentes ao procedimento ordinário. Havendo (no processo de execução) na inicial, omissão ou defeitos que dificultem ou impossibilitem o julgamento, ao juiz é defeso decretar a extinção do processo sem que, antes, faculte a parte o prazo para a emenda da exordial (CPC, art. 284)" (STJ, REsp 106130/PR, Rel. Min. Demócrito Reinaldo, 1ª Turma, jul. 19.05.1997, *DJ* 30.06.1997, p. 30894).

2. Pagamento de parte da dívida. Prosseguimento do processo executivo. "'A circunstância de o devedor haver pago uma parte da dívida exequenda não torna ilíquida a certidão que instrui a execução. O processo executivo fiscal continuará pelo saldo.' (AGA nº 208.637/MG, Rel. Min. Nancy Andrighi, *DJ* de 22.05.2000, p. 101)" (STJ, AgRg no Ag 335641/MG, Rel. Min. Francisco Falcão, 1ª Turma, jul. 13.02.2001, *DJ* 04.06.2001).

3. Ilegitimidade da pessoa jurídica para recorrer, em nome próprio, em favor de seus sócios. "A pessoa jurídica não tem legitimidade para interpor recurso no interesse do sócio. Recurso especial desprovido. Acórdão submetido ao regime do art. 543-C do CPC e da Resolução STJ n. 8/08" (STJ, REsp 1347627/SP, Rel. Min. Ari Pargendler, 1ª Seção, jul. 09.10.2013, *DJe* 21.10.2013).

4. Apresentação de demonstrativo de cálculo. Desnecessidade. "A petição inicial da execução fiscal apresenta seus requisitos essenciais próprios e especiais que não podem ser exacerbados a pretexto da aplicação do Código de Processo Civil, o qual, por conviver com a *lex specialis*, somente se aplica subsidiariamente. Os referidos requisitos encontram-se enumerados no art. 6º, da Lei 6.830/80, *in verbis* (...). Consequentemente, **é desnecessária a apresentação do demonstrativo de cálculo, em execução fiscal,** uma vez que a Lei nº 6.830/80 dispõe, expressamente, sobre os requisitos essenciais para a instrução da petição inicial e não elenca o demonstrativo de débito entre eles. Inaplicável à espécie o art. 614, II, do CPC. (...) **A própria Certidão da Dívida Ativa, que embasa a execução, já discrimina a compo**sição do débito, porquanto todos os elementos que compõem a dívida estão arrolados no título executivo – que goza de presunção de liquidez e certeza –, consoante dessume-se das normas emanadas dos §§ 5º e 6º, do art. 2º, da Lei nº 6830/80, *litteris*: (...)" (STJ, REsp 1138202/ES, Rel. Min. Luiz Fux, 1ª Seção, jul. 09.12.2009, *DJe* 01.02.2010).

5. Apresentação do termo de inscrição na dívida ativa. Desnecessidade. "(...). É desnecessária a apresentação do termo de inscrição na dívida ativa, em execução fiscal, uma vez que a Lei 6.830/80 dispõe, expressamente, sobre os requisitos essenciais para a instrução da petição inicial e não elenca o referido termo entre eles (REsp. 1.138.202/ES, Rel. Min. Luiz Fux, *DJe* 01.02.2010, submetido ao regime do art. 543-C do CPC)" (AgRg no AREsp 198.239/MG, Rel. Min. Napoleão Nunes Maia Filho, 1ª Turma, jul. 13.11.2012, *DJe* 23.11.2012).

6. Valor da causa corresponde ao valor da dívida constante da CDA. "Consoante regra geral processual: 'O valor da causa constará sempre da petição inicial e será: I – na ação de cobrança de dívida, a soma do principal, da pena e dos juros vencidos até a propositura da ação; (...)' (art. 259, do CPC). A Lei nº 6.830/80, prevê fórmula diversa para o cálculo do valor da causa e, como tal, deve ser respeitada pelo princípio de que *lex specialis derrogat lex generalis*, motivo pelo qual, ainda que não indicado na inicial o valor da causa na execução, a teor do art. 6º, § 4º, da LEF, corresponderá ao da dívida constante da certidão acrescido de juros e correção monetária, tanto mais que pretensão da partes não é a de conjurar um crédito no seu valor histórico, mas, antes, atualizado" (STJ, REsp 617580/MG, Rel. Min. Luiz Fux, 1ª Turma, jul. 03.08.2004, *DJ* 30.08.2004).

Art. 7º O despacho do Juiz que deferir a inicial importa ordem para:

I – citação, pelas sucessivas modalidades previstas no artigo 8º;

II – penhora, se não for paga a dívida, nem garantida a execução, por meio de depósito, fiança ou seguro garantia; (Redação dada pela Lei nº 13.043, de 2014)

III – arresto, se o executado não tiver domicílio ou dele se ocultar;

IV – registro da penhora ou do arresto, independentemente do pagamento de custas ou outras despesas, observado o disposto no artigo 14; e

V – avaliação dos bens penhorados ou arrestados.

JURISPRUDÊNCIA SELECIONADA

1. Terceiro embargante. Bem adquirido de boa-fé. Eficácia da alienação. "Tendo o terceiro embargante adquirido o bem de boa-fé e sem encontrar qualquer restrição incidente sobre o mesmo no Registro de Imóveis, deve ser mantida a eficácia da alienação, diante do que prevê o art. 659, § 4º, do Código de Processo Civil e o art. 7º, IV, da Lei nº 6.830/80, bem como na esteira de precedentes do STJ e desta Corte" (TJRS, Ap. 70022076871, Rel. Francisco José Moesch, 21ª Câmara Cível, jul. 19.03.2008, *DJ* 04.04.2008; *RJTJRGS* 267/325).

2. Prescrição. "A prescrição pode ser decretada pelo juiz *ex officio* por ocasião do recebimento da petição inicial do executivo fiscal, ou antes de expedido o mandado de citação, porquanto configurada causa de indeferimento liminar da exordial, nos termos do art. 295, IV, c/c art. 219, § 5º, do CPC, bem assim de condição específica para o exercício do direito da ação executiva fiscal, qual seja, a exigibilidade da obrigação tributária materializada na CDA. (...) A novel Lei 11.051, de 30 de dezembro de 2004, acrescentou ao art. 40 da Lei de Execuções Fiscais o parágrafo 4º, possibilitando ao juiz da execução a decretação de ofício da prescrição intercorrente. O advento da aludida lei possibilita ao juiz da execução decretar *ex officio* a prescrição intercorrente, desde que previamente ouvida a Fazenda Pública para que possa suscitar eventuais causas suspensivas ou interruptivas do prazo prescricional (Precedentes: REsp 803.879 – RS, Relator Ministro José Delgado, Primeira Turma, *DJ* 03.04.2006; REsp 810.863 – RS, Relator Ministro Teori Albino Zavascki, Primeira Turma, *DJ* 20.03.2006; REsp 818.212 – RS, Relator Ministro Castro Meira, Segunda Turma, *DJ* de 30.03.2006). (...)Ademais, a prévia audiência da Fazenda Pública é compulsória apenas no tocante à decretação da prescrição intercorrente, determinada pelo § 4º do art. 40 da Lei 6.830/80 é a prescrição intercorrente contra a Fazenda Pública na execução fiscal arquivada com base no § 2º do mesmo artigo, quando não localizado o devedor ou não encontrados bens penhoráveis (Precedente: Resp 983293/RJ, *DJ* de 29/10/2007)" (STJ, REsp 1004747/RJ, Rel. Min. Luiz Fux, 1ª Turma, jul. 06.05.2008, *DJe* 18.06.2008).

"Em execução fiscal, a prescrição ocorrida antes da propositura da ação pode ser decretada de ofício, com base no art. 219, § 5º do CPC (redação da Lei 11.051/04), independentemente da prévia ouvida da Fazenda Pública. O regime do § 4º do art. 40 da Lei 6.830/80, que exige essa providência prévia, somente se aplica às hipóteses de prescrição intercorrente nele indicadas" (STJ, REsp 1100156/RJ, Rel. Min. Teori Albino Zavascki, 1ª Seção, jul. 10.06.2009, *DJe* 18.06.2009).

3. Medidas atípicas aflitivas pessoais. Inaplicabilidade em execução fiscal. Ver jurisprudência do art. 139 do CPC/2015.

Art. 8º O executado será citado para, no prazo de 5 (cinco) dias, pagar a dívida com os juros e multa de mora e encargos indicados na Certidão de Dívida Ativa, ou garantir a execução, observadas as seguintes normas:

I – a citação será feita pelo correio, com aviso de recepção, se a Fazenda Pública não a requerer por outra forma;

II – a citação pelo correio considera-se feita na data da entrega da carta no endereço do executado, ou, se a data for omitida, no aviso de recepção, 10 (dez) dias após a entrega da carta à agência postal;

III – se o aviso de recepção não retornar no prazo de 15 (quinze) dias da entrega da carta à agência postal, a citação será feita por Oficial de Justiça ou por edital;

IV – o edital de citação será afixado na sede do Juízo, publicado uma só vez no órgão oficial, gratuitamente, como expediente judiciário, com o prazo de 30 (trinta) dias, e conterá, apenas, a indicação da exequente, o nome do devedor e dos corresponsáveis, a quantia devida, a natureza da dívida, a data e o número da inscrição no Registro da Dívida Ativa, o prazo e o endereço da sede do Juízo.

§ 1º O executado ausente do País será citado por edital, com prazo de 60 (sessenta) dias.

§ 2º O despacho do Juiz, que ordenar a citação, interrompe a prescrição.

JURISPRUDÊNCIA SELECIONADA

1. Corresponsável. Citação inexistente. "O ora agravante, entretanto, não foi citado na execução fiscal correlata, não integrando o seu polo passivo, de maneira que não poderia ter qualquer bem de sua propriedade penhorado em tal feito executivo. Isso porque o deferimento de bloqueio de bem do devedor, antes de sua citação, afronta claramente os princípios do contraditório e da ampla defesa" (TRF5, AI 0802974-39.2016.4.05.0000, Rel. Des. Federal Convocado Manuel Maia, 1ª Turma, j. 26.09.2016, Juris Plenum, v. 72, p. 186).

2. Medida cautelar anterior à citação e penhora. "Não seria razoável admitir-se a realização de qualquer medida constritiva dos bens do devedor antes da sua citação para efetuar o pagamento da dívida, podendo tal regra ser afastada quando, mediante requerimento do exequente, se estiver diante de fato relevante que justifique tal medida naquele caso específico, o que não se afigura *in casu*" (TRF5, AI 0802974-39.2016.4.05.0000, Rel. Des. Federal Convocado Manuel Maia, 1ª Turma, j. 26.09.2016, Juris Plenum, v. 72, p. 186).

3. Cautelar de caução prévia. "A cautelar prévia de caução configura-se como mera antecipação de fase de penhora na execução fiscal e, via de regra, é promovida no exclusivo interesse do devedor. Atribuir ao ente federado a causalidade pela cautelar de caução prévia à execução fiscal representa imputar ao credor a obrigatoriedade da propositura imediata da ação executiva, retirando-se dele a discricionariedade da escolha do momento oportuno para a sua proposição e influindo diretamente na liberdade de exercício de seu direito de ação. (...) Hipótese em que a questão decidida nesta ação cautelar tem natureza jurídica de incidente processual inerente à execução fiscal, não guardando autonomia a ensejar condenação em honorários advocatícios em desfavor de qualquer da partes" (STJ, AREsp 1521312/MS, Rel. Min. Gurgel de Faria, 1ª Turma, jul. 09.06.2020, *DJe* 01.07.2020).

4. Execução fiscal. Juros. Honorários advocatícios. Decreto-Lei nº 1.025/1969. Taxa SELIC (*caput*). "Não há ofensa ao art. 535 do CPC, se o acórdão recorrido resolve a questão que lhe é submetida mediante fundamentação adequada. No encargo de 20% (vinte por cento) previsto no Decreto-Lei 1.025/69 estão incluídos honorários advocatícios. Precedentes desta Corte. No que diz respeito à questão da CDA, vale ressaltar que esta Corte tem entendido não ser necessário que nela conste a discriminação detalhada de todos os acréscimos referentes à correção monetária, multa e juros de mora, bastando que seja indicado o fundamento legal a partir do qual serão calculados os débitos e acréscimos devidos. Esta Corte firmou entendimento no sentido de que é aplicável a Taxa SELIC em débitos tributários pagos com atraso, diante da fundamentação legal presente no art. 13 da Lei 9.065/95" (STJ, REsp 1.034.623-AL, Rel.ª Min.ª Eliana Calmon, 2ª Turma, jul. 28.10.2008, *DJe* 17.11.2008).

Execução fiscal. Honorários advocatícios. Despacho inicial. Aplicação subsidiária do art. 827, § 1º, do CPC/2015. "A discussão dos autos é saber se, na Execução Fiscal, quando não incluídos como encargo na CDA, os honorários provisórios arbitrados no despacho do juiz que ordena a citação devem observar o percentual estabelecido no art. 827 ou as faixas do art. 85, § 3º, todos do Código de Processo Civil/2015. (...) O CPC/2015, nos arts. 523, § 1º, e 827, prevê o pagamento de honorários tanto na fase de cumprimento de sentença como no processo de execução, estabelecendo, em ambos os casos, o percentual fixo de 10% (dez por cento). (...) A norma especial, no caso, não é o § 3º do art. 85, que versa sobre honorários definitivos na fase de conhecimento, mas o art. 827, que, compondo a sistemática legal dos honorários provisórios nos procedimentos executivos, 'concede ao executado um estímulo para que satisfaça o mais rapidamente possível a execução' (WAMBIER, Teresa Arruda Alvim... [et al.], 2. ed. São Paulo: RT, 2016, p. 1.298). A regra do art. 85, § 3º, somente poderia ser considerada especial em relação ao art. 827 se disciplinasse concretamente os honorários provisórios. Não merece, pois, reparo o acórdão recorrido, que está em consonância com a jurisprudência do STJ" (STJ, AgInt no AREsp 1.738.784/GO, Rel. Min. Herman Benjamin, 2ª Turma, jul. 05.10.2021, *DJe* 05.11.2021).

5. Citação postal (inciso II). "A jurisprudência desta Corte é firme no sentido da validade da citação postal, com aviso de recebimento e entregue no endereço correto do executado, mesmo que recebida por terceiros. Também é pacífico o entendimento de que 'a citação postal equivale à citação pessoal para o efeito de interromper o curso do prazo prescricional'" (STJ, AgRg no REsp 1227958/RS, Rel. Min. Cesar Asfor Rocha, 2ª Turma, jul. 24.05.2011, *DJe* 07.06.2011). **No mesmo sentido:** STJ, AgInt no REsp 1473134/SP, Rel. Min. Sérgio Kukina, 1ª Turma, jul. 17.08.2017, *DJe* 28.08.2017.

6. Execução fiscal. Responsabilidade de sócio. Citação pelo correio (inciso III). "A Primeira Seção desta Corte, no julgamento do REsp 736.879-SP, de relatoria do Ministro José Delgado, publicado em 19.12.2005, firmou entendimento no sentido de fortalecimento da regra contida no art. 135, III, do CTN, do qual se extrai a previsão de que, no caso das sociedades limitadas, os administradores respondem solidariamente somente por culpa, quando no desempenho de suas funções. O instituto do redirecionamento configura exceção ao princípio da autonomia da pessoa jurídica. Por esse princípio, a sociedade constitui-se em um ente distinto da pessoa dos sócios, e o seu patrimônio é responsável pelas dívidas societárias. Pelo artigo 135 do CTN, a responsabilidade fiscal dos sócios restringe-se à prática de atos que configurem abuso de poder ou infração de lei, contrato social ou estatutos da sociedade. A liquidação irregular da sociedade gera a presunção da prática desses atos abusivos ou ilegais. No caso de dissolução irregular da sociedade, esta Corte tem o entendimento de que indícios de dissolução irregular da sociedade que atestem ter a empresa encerrado irregularmente suas atividades são considerados suficientes para o redirecionamento da execução fiscal. Contudo, não se pode considerar que a carta citatória devolvida pelos correios seja indício suficiente para se presumir o encerramento irregular da sociedade. Não possui o funcionário da referida empresa a fé pública necessária para admitir a devolução da correspondência como indício de encerramento das atividades da empresa. Infere-se, do artigo 8º, inciso III, da Lei nº 6.830/80, que, não sendo frutífera a citação pelo correio, deve a Fazenda Nacional providenciar a citação por oficial de justiça ou por edital, antes de presumir ter havido a dissolução irregular da sociedade" (STJ, REsp 1.017.588/SP, Rel. Min. Humberto Martins, 2ª Turma, jul. 06.11.2008, *DJe* 28.11.2008).

7. Citação por edital (inciso IV). "Segundo o art. 8º da Lei 6.830/30, a citação por edital, na execução fiscal, somente é cabível quando não exitosas as outras modalidades de citação ali previstas: a citação por correio e a citação por Oficial de Justiça. Precedentes de ambas as Turmas do STJ. (...) Acórdão sujeito ao regime do art. 543-C do CPC e da Resolução STJ 08/08" (STJ, REsp 1.103.050/BA, Rel. Min. Teori Albino Zavascki, 1ª Seção, jul. 25.03.2009, *DJe* 06.04.2009).

Única tentativa de citação por oficial de justiça. Possibilidade. "A citação por edital é cabível após única tentativa de citação por oficial de justiça, quando o executado não é localizado no seu domicílio fiscal, sendo o fato certificado pelo referido auxiliar da justiça. Precedentes: REsp 1102431/RJ, Rel. Ministro Luiz Fux, Primeira Seção, julgado em 09/12/2009, julgado na sistemática do 543-C, do CPC, *DJe* 01/02/2010; AgRg no REsp 993.586/RS, Rel. Ministro Castro Meira, Segunda Turma, julgado em 19/08/2008, *DJe* 11/09/2008; REsp 1241084/ES, Rel. Ministro Mauro Campbell Marques, Segunda Turma, *DJe* 27/04/2011" (STJ, AgRg no AREsp 206770/RS, Rel. Min. Benedito Gonçalves, 1ª Turma, jul. 13.11.2012, *DJe* 22.11.2012).

8. Interrupção da prescrição (§ 2º). "A prescrição, posto referir-se à ação, quando alterada por novel legislação, tem aplicação imediata, conforme cediço na jurisprudência do Eg. STJ. O artigo 40 da Lei nº 6.830/80, consoante entendimento originário das Turmas de Direito Público, não podia se sobrepor ao CTN, por ser norma de hierarquia inferior, e sua aplicação sofria os limites impostos pelo artigo 174 do referido Código. A mera prolação do despacho ordinatório da citação do executado, sob o enfoque supra, não produzia, por si só, o efeito de interromper a prescrição, impondo-se a interpretação sistemática do art. 8º, § 2º, da Lei nº 6.830/80, em combinação com o art. 219, § 4º, do CPC e com o art. 174 e seu parágrafo único do CTN. O processo, quando paralisado por mais de 5 (cinco) anos, impunha o reconhecimento da prescrição, quando houvesse pedido da parte ou de curador especial, que atuava em juízo como patrono sui generis do réu revel citado por edital. A Lei Complementar nº 118, de 9 de fevereiro de 2005 (vigência a partir de 09.06.2005), alterou o art. 174 do CTN para atribuir ao despacho do juiz que ordenar a citação o efeito interruptivo da prescrição (Precedentes: REsp 860128/RS, *DJ* 782.867/SP, *DJ* 20.10.2006; REsp 708.186/SP, *DJ* 03.04.2006). Destarte, consubstanciando norma processual, a referida Lei Complementar é aplicada imediatamente aos processos em curso, o que tem como consectário lógico que a data da propositura da ação pode ser anterior à sua vigência. Todavia, a data do despacho que ordenar a citação deve ser posterior à sua entrada em vigor, sob pena de retroação da novel legislação. (...) Acórdão submetido ao regime do art. 543-C do CPC e da Resolução STJ 08/2008" (STJ, REsp 999901/RS, Rel. Min. Luiz Fux, 1ª Seção, jul. 13.05.2009, *DJe* 10.06.2009).

"A jurisprudência desta Corte é assente no sentido de que, antes da edição da Lei Complementar n. 118/2005, em execução fiscal, somente a citação pessoal interrompe a prescrição, devendo prevalecer o disposto no art. 174 do CTN sobre o art. 8º, § 2º, da Lei n. 6.830/80. Incidência da Súmula 83/STJ" (STJ, AgRg no AREsp 178.062/DF, Rel. Min. Humberto Martins, 2ª Turma, jul. 26.06.2012, *DJe* 29.06.2012).

"A prescrição é medida que pune a negligência ou inércia do titular de pretensão não exercida, quando o poderia ser. A citação do sócio-gerente foi realizada após o transcurso de prazo superior a cinco anos, contados da citação da empresa. Não houve prescrição, contudo, porque se trata de responsabilidade subsidiária, de modo que o redirecionamento só se tornou possível a partir do momento em que o juízo de origem se convenceu da inexistência de patrimônio da pessoa jurídica. Aplicação do princípio da *actio nata*" (STJ, AgRg no REsp 1062571/RS, Rel. Min. Herman Benjamin, 2ª Turma, jul. 20.11.2008, *DJe* 24.03.2009).

"Nos termos do art. 174 do CTN, na redação anterior a Lei Complementar 118/05, o mero despacho do juiz não interrompe a prescrição, sendo indispensável a citação regular. É firme a jurisprudência do STJ no sentido da impossibilidade de se aplicar a regra nova, contida na LC 118/05, aos processos pendentes. Decorridos mais de 05 (cinco) anos entre a constituição definitiva do crédito tributário e a citação do devedor, tem-se por inafastável a ocorrência da prescrição" (STJ, REsp 1.030.759/RS, Rel.ª Min.ª Eliana Calmon, 2ª Turma, jul. 16.12.2008, *DJe* 27.02.2009).

"Nos tributos sujeitos a lançamento por homologação, a declaração de débitos e créditos tributários federais (DCTF) refere-se sempre a débitos vencidos, razão pela qual o prazo prescricional inicia-se no dia seguinte à entrega da declaração" (STJ, AgRg no REsp 1.076.611-MG, Rel. Min. Herman Benjamin, 2ª Turma, jul. 18.12.2008).

"A constituição definitiva do crédito tributário, sujeita à decadência, inaugura o decurso do prazo prescricional de cinco anos para o Fisco cobrar judicialmente o crédito tributário. A redação atual do parágrafo único, do artigo 174, somente arrola, como marcos interruptivos da prescrição, o despacho ordenador da citação do devedor em execução fiscal, o protesto judicial, qualquer ato judicial que constitua em mora o devedor e qualquer ato inequívoco, ainda que extrajudicial, que importe em reconhecimento do débito pelo devedor. Todavia, impende assinalar que o prazo prescricional do direito de o Fisco cobrar o crédito tributário finda-se se não houver o exercício do direito de ação no lapso quinquenal. (...) *In casu*, ocorrido o trânsito em julgado da sentença da primeira ação executiva proposta contra a recorrente, que foi extinta, sem julgamento do mérito, em 12.07.2002 (fl. 324/STJ ou 284/TRF), e a segunda demanda, lastreada no mesmo lançamento, ajuizada em 07.07.2003, não foi o crédito tributário atingido pela prescrição quinquenal" (STJ, REsp 1165458/RS, Rel. Min. Luiz Fux, 1ª Turma, jul. 15.06.2010, *DJe* 29.06.2010).

Legislação anterior à Lei Complementar 118/2005: "Em sendo o CTN Lei Complementar, com prevalência sobre a legislação ordinária (Lei nº 6.830/80) no redirecionamento da execução fiscal contra sócios coobrigados, só se interrompe a prescrição, em relação a eles, quando for pessoal a citação da pessoa jurídica, em face da regra contida no Art. 174, Parágrafo Único, I, do referido Código Tributário" (STJ, AgRg no REsp 251.216/SP, Rel. Min. Humberto Gomes de Barros, 1ª Turma, jul. 05.02.2002, *DJ* 18.03.2002, p. 175).

"O Código Tributário Nacional, possuindo status de lei complementar, prevalece sobre as disposições constantes da Lei nº 6.830/80. Assim, a interrupção da prescrição dá-se pela citação pessoal do devedor nos termos do parágrafo único, inciso I, do art. 174 do Código, e não na forma estabelecida no art. 8º, § 2º, da lei mencionada. O redirecionamento da ação executiva fiscal em face do sócio responsável pelo pagamento deve ser providenciado até cinco anos contados da citação da empresa devedora" (STJ, REsp 205887/RS, Rel. Min. João Otávio de Noronha, 2ª Turma, jul. 19.04.2005, *DJ* 01.08.2005, p. 369).

Obs.: A antiga divergência jurisprudencial sobre se nos executivos fiscais a interrupção da prescrição deveria observar a regra especial do art. 8º, § 2º, da Lei nº 6.830/1980 (ocorrendo na data do despacho da petição inicial) ou a norma geral do CPC/1973 (art. 219, § 1º, mantida pelo CPC/2015, art. 240, § 1º; isto é, da data do ajuizamento da ação, mas por efeito retroativo da citação), foi inteiramente superada desde o advento da LC nº 118/2005. É que tal lei complementar, de força normativa superior ao CPC, alterou o texto do art. 174 do CTN, justamente para adotar regra igual à do art. 8º, § 2º, da LEF. Irrecusável, portanto, que pelo menos a partir da LC 118/2005 a interrupção da prescrição do crédito tributário ocorre por meio do simples despacho do juiz que ordenar a citação em execução fiscal (STJ, 1ª Seção, REsp 999.901/RS, Rel. Min. Luiz Fux, ac. 13.05.2009, *DJe* 10.06.2009). O regime da LC 118/2005, entretanto, só pode ser aplicado às execuções ajuizadas após sua entrada em vigor, visto que o § 2º do art. 8º da LEF foi reconhecido como inconstitucional pelo STJ, por envolver matéria reservada, segundo o STF, à normatização por lei complementar tributária (STJ, Corte Especial, AI no Ag 1.037.765/SP, Rel. Min. Teori Zavascki, ac. 02.03.2011, *DJe* 17.10.2011).

9. Tributo sujeito a lançamento por homologação. Repetição de indébito. Prazo de prescrição. "O acórdão proveniente da Corte Especial na AI nos EREsp nº 644.736/PE, Relator o Ministro Teori Albino Zavascki, *DJ* de 27.08.2007, e o recurso representativo da controvérsia REsp n. 1.002.932/SP, Primeira Seção, Rel. Min. Luiz Fux, julgado em 25.11.2009, firmaram o entendimento no sentido de que o art. 3º da LC 118/2005 somente pode ter eficácia prospectiva, incidindo apenas sobre situações que venham a ocorrer a partir da sua vigência. Sendo assim, a jurisprudência deste STJ passou a considerar que, relativamente aos pagamentos efetuados a partir de 09.06.05, o prazo para a repetição do indébito é de cinco anos a contar da data do pagamento; e relativamente aos pagamentos anteriores, a prescrição obedece ao regime previsto no sistema anterior. No entanto, o mesmo tema recebeu julgamento pelo STF no RE n. 566.621/RS, Plenário, Rel. Min. Ellen Gracie, julgado em 04.08.2011, onde foi fixado marco para a aplicação do regime novo de prazo prescricional levando-se em consideração a data do ajuizamento da ação (e não mais a data do pagamento) em confronto com a data da vigência da lei nova (9.6.2005). Tendo a jurisprudência deste STJ sido construída em interpretação de princípios constitucionais, urge inclinar-se esta Casa ao decidido pela Corte Suprema competente para dar a palavra final em temas de tal jaez, notadamente em havendo julgamento de mérito em repercussão geral (arts. 543-A e 543-B, do CPC). Desse modo, **para as ações ajuizadas a partir de 9.6.2005, aplica-se o art. 3º, da Lei Complementar n. 118/2005, contando-se o prazo prescricional dos tributos sujeitos a lançamento por**

homologação em cinco anos a partir do pagamento antecipado de que trata o art. 150, §1º, do CTN. Superado o recurso representativo da controvérsia REsp n. 1.002.932/SP, Primeira Seção, Rel. Min. Luiz Fux, julgado em 25.11.2009" (STJ, REsp 1269570/MG, Rel. Min. Mauro Campbell Marques, 1ª Seção, jul. 23.05.2012, *DJe* 04.06.2012). **Obs.: Acórdão submetido ao regime do art. 543-C do CPC.**

10. Fraude à execução. Citação como marco temporal. "Presume-se fraudulenta a alienação de bens por sujeito passivo em débito para com a Fazenda Pública por crédito regularmente inscrito, em fase de execução, sendo necessária a citação do devedor" (STJ, EREsp 40224/SP, Rel. Min. Garcia Vieira, 1ª Seção, jul. 06.12.1999, *DJ* 28.02.2000, p. 31).

"A jurisprudência do STJ, pela Primeira Seção (EREsp 40224/SP), interpretando o art. 185 do CTN, na redação original, considera só ser possível presumir-se em fraude à execução a alienação de bem de devedor já citado em execução fiscal. Ficou superado o entendimento de que a alienação ou oneração patrimonial do devedor da Fazenda Pública, após a distribuição da execução fiscal, era o bastante para caracterizar fraude, em presunção jure et de jure. Afastada a presunção, cabe ao credor comprovar que houve conluio entre alienante e adquirente para fraudar a ação de cobrança, e ainda que a alienação tida por fraudulenta teve o condão de reduzir o devedor à insolvência, consoante também tem exigido a jurisprudência de ambas as Turmas de Direito Público desta Corte. Precedentes" (STJ, REsp 1082910/MG, Rel.ª Min.ª Eliana Calmon, 2ª Turma, jul. 03.03.2009, *DJe* 02.04.2009).

"A jurisprudência do STJ, interpretando o art. 185 do CTN, pacificou-se, por entendimento da Primeira Seção (EREsp 40.224/SP), no sentido de só ser possível presumir-se em fraude à execução a alienação de bem de devedor já citado em execução fiscal. Ficou superado o entendimento de que a alienação ou oneração patrimonial do devedor da Fazenda Pública após a distribuição da execução fiscal era bastante para caracterizar fraude, em presunção *juri et de jure*" (STJ, REsp 1.139.280/MG, Rel. Min.ª Eliana Calmon, 2ª Turma, jul. 18.03.2010).

"2. A Primeira Seção, no julgamento do REsp 1.141.990/PR, realizado na sistemática dos recursos repetitivos, decidiu que 'a alienação efetivada antes da entrada em vigor da LC nº 118/2005 (09.06.2005) presumia-se em fraude à execução se o negócio jurídico sucedesse a citação válida do devedor; posteriormente a 09.06.2005, consideram-se fraudulentas as alienações efetuadas pelo devedor fiscal após a inscrição do crédito tributário na dívida ativa'. Nesse contexto, não há porque se averiguar a eventual boa-fé do adquirente, se ocorrida a hipótese legal caracterizadora da fraude, a qual só pode ser excepcionada no caso de terem sido reservados, pelo devedor, bens ou rendas suficientes ao total pagamento da dívida inscrita. Esse entendimento se aplica também às hipóteses de alienações sucessivas, daí porque 'considera-se fraudulenta a alienação, mesmo quando há transferências sucessivas do bem, feita após a inscrição do débito em dívida ativa, sendo desnecessário comprovar a má-fé do terceiro adquirente' (REsp 1.833.644/PB, Rel. Ministro Herman Benjamin, Segunda Turma, *DJe* 18.10.2019). No caso concreto, o órgão julgador a quo decidiu a controvérsia em desconformidade com a orientação jurisprudencial firmada por este Tribunal Superior, porquanto afastou a hipótese legal caracterizadora de fraude em atenção à boa-fé do terceiro adquirente. Não obstante, remanesce a possibilidade de o negócio realizado não implicar fraude, acaso ocorrida a hipótese do parágrafo único do art. 185 do CTN. Assim, os autos devem retornar ao Tribunal Regional Federal para novo julgamento, afastada a tese de boa-fé do terceiro adquirente" (STJ, AgInt no REsp 1.820.873/RS, Rel. Min. Benedito Gonçalves, 1ª Turma, jul. 25.04.2023, *DJe* 23.05.2023).

Art. 9º Em garantia da execução, pelo valor da dívida, juros e multa de mora e encargos indicados na Certidão de Dívida Ativa, o executado poderá:

I – efetuar depósito em dinheiro, à ordem do Juízo em estabelecimento oficial de crédito, que assegure atualização monetária;

II – oferecer fiança bancária ou seguro garantia; (Redação dada pela Lei nº 13.043, de 2014)

III – nomear bens à penhora, observada a ordem do artigo 11; ou

IV – indicar à penhora bens oferecidos por terceiros e aceitos pela Fazenda Pública.

§ 1º O executado só poderá indicar e o terceiro oferecer bem imóvel à penhora com o consentimento expresso do respectivo cônjuge.

§ 2º Juntar-se-á aos autos a prova do depósito, da fiança bancária, do seguro garantia ou da penhora dos bens do executado ou de terceiros. (Redação dada pela Lei nº 13.043, de 2014)

§ 3º A garantia da execução, por meio de depósito em dinheiro, fiança bancária ou seguro garantia, produz os mesmos efeitos da penhora. (Redação dada pela Lei nº 13.043, de 2014)

§ 4º Somente o depósito em dinheiro, na forma do artigo 32, faz cessar a responsabilidade pela atualização monetária e juros de mora.

§ 5º A fiança bancária prevista no inciso II obedecerá às condições preestabelecidas pelo Conselho Monetário Nacional.

§ 6º O executado poderá pagar parcela da dívida, que julgar incontroversa, e garantir a execução do saldo devedor.

JURISPRUDÊNCIA SELECIONADA

1. Garantia do juízo Honorários advocatícios. "Em redação literal, os arts. 8º e 9º da Lei 6.830/1980 preveem que a garantia deve abranger o principal, a multa e os juros de mora e os demais encargos da CDA. Nas hipóteses em que o encargo legal envolve os honorários advocatícios (e.g., Decreto-Lei 1.025/1969) não haveria dúvida. No caso concreto, porém, a Execução Fiscal foi ajuizada originalmente pelo INSS, circunstância em que os honorários não constam da CDA, dependendo do arbitramento judicial. O Código de Processo Civil é aplicável subsidiariamente à Lei 6.830/1980 (conforme reconhecido em seu art. 1º). Mediante interpretação sistemática e histórica, aliada ao propósito de assegurar maior agilidade na tramitação das Execuções Fiscais, é legítimo concluir que o disposto no art. 659 do CPC (segundo o qual a penhora deve compreender o principal atualizado, os juros, as custas e os honorários advocatícios), deve ser aplicado no âmbito das Execuções processadas no rito da LEF, de modo que a garantia judicial nelas prestada deve abranger os honorários advocatícios" (STJ, REsp 1409688/SP, Rel. Min. Herman Benjamin, 2ª Turma, jul. 11.02.2014, *DJe* 19.03.2014).

2. Levantamento de depósito judicial em dinheiro (inciso I). "O levantamento de depósito judicial em dinheiro depende do trânsito em julgado da sentença, nos termos do art. 32, § 2º, daquele dispositivo normativo" (STJ, REsp 1033545/RJ, Rel. Min. Luiz Fux, 1ª Turma, jul. 28.04.2009, *DJe* 28.05.2009). **Precedentes citados:** STJ, REsp 543.442/PI, Rel.ª Min.ª Eliana Calmon, *DJ* 21.06.2004; STJ, EREsp 479.725/BA, Rel. Min. José Delgado, *DJ* 26.09.2005.

3. Fiança bancária. Recusa (inciso II). "No processo de execução, é facultada ao credor, ou ao Poder Judiciário, a recusa de fiança bancária. Isto porque realiza-se a execução no interesse do credor, a fim de satisfazer a uma obrigação certa, líquida e exigível, cujo título executivo, em se tratando de execução fiscal, goza de relativa presunção de liquidez e certeza" (STJ, REsp 1254431/SP, Rel. Min. Mauro Campbell Marques, 2ª Turma, jul. 13.12.2011, *DJe* 02.02.2012).

Seguro-garantia. Prazo de vigência determinado. Garantia inidônea. "Em que pese o entendimento desta Corte Superior seja pela possibilidade de oferecimento de seguro-garantia para assegurar a execução fiscal, observa-se que o Tribunal de origem entendeu pela sua inidoneidade na espécie, por apresentar prazo de vigência determinado, entendimento que se coaduna com a jurisprudência desta Corte. Precedentes: AgInt no AREsp 1.432.613/RJ, Rel. Ministra Assusete Magalhães, Segunda Turma, julgado em 01/03/2021, *DJe* 08/03/2021; AgInt no REsp 1.874.712/MG, Relator Ministra Regina Helena Costa, Primeira Turma, *DJe* 11/12/2020; AgInt no AREsp 1.044.185/PR, Rel. Ministro Francisco Falcão, Segunda Turma, *DJe* 23/10/2017" (STJ, AgInt no REsp 1.924.099/MG, Rel. Min. Benedito Gonçalves, 1ª Turma, jul. 24.05.2022, *DJe* 07.06.2022).

Seguro-garantia. Pagamento da indenização antes do trânsito em julgado. Ilegalidade. "A exegese do art. 32, § 2º, da LEF revela carecer de finalidade o ato judicial que intima a seguradora a realizar o pagamento da indenização do seguro garantia judicial antes da ocorrência do trânsito em julgado da sentença desfavorável ao devedor" (STJ, AgInt no AREsp 2.310.912/MG, Rel. p/acórdão Min. Gurgel de Faria, 1ª Turma, jul. 20.02.2024, *DJe* 12.04.2024).

4. Penhora *on-line*. Substituição por fiança bancária. Ver jurisprudência do art. 15.

5. Nomeação de precatório à penhora (inciso III). "O crédito representado por precatório é bem penhorável, mesmo que a entidade dele devedora não seja a própria exequente. Enquadra-se na hipótese do inciso XI do art. 655 do CPC, por se constituir em direito de crédito. Não se confunde com dinheiro, que poderia substituir o imóvel penhorado independente do consentimento do credor" (STJ, AgRg nos ADcl no AI 961.077, Rel. Min. Luiz Fux, 1ª Turma, jul. 10.11.2009, *DJ* 24.11.2009). **Precedente citado:** STJ, REsp 893.519/RS, *DJ* 18.09.2007.

6. Nomeação de bens à penhora. Recusa pelo credor. "Embora esteja previsto no CPC que a execução far-se-á da forma menos gravosa para o executado (art. 620 CPC), isso não impede que o credor recuse a oferta de bens em garantia, se forem eles de difícil comercialização. Na hipótese de recusa, não está mais o executado obrigado a oferecer novos bens à penhora, sendo-lhe tão somente facultada a opção como um ônus processual, cujo não exercício pode acarretar em adoção de medidas mais drásticas pela exequente (Fazenda Pública), como o pedido de quebra de sigilo fiscal e a hipótese de penhora sobre o faturamento da empresa, admitida de forma excepcional pela jurisprudência desta Corte Superior" (STJ, REsp 787.339/SP, Rel.ª Min.ª Eliana Calmon, 2ª Turma, jul. 19.06.2007, *DJ* 29.06.2007). **No mesmo sentido**: STJ, REsp 1337790/PR, Rel. Min. Herman Benjamin, 1ª Seção, jul. 12.06.2013, *DJe* 07.10.2013.

7. Seguro garantia judicial. "Por ausência de previsão na Lei de Execuções Fiscais, a jurisprudência desta Corte não admite o seguro-garantia judicial como modalidade de caução da execução fiscal" (STJ, REsp 1215750/RS, Rel. Min.ª Eliana Calmon, 2ª Turma, jul. 14.05.2013, *DJe* 20.05.2013).

"O STJ possui entendimento no sentido de que o seguro garantia judicial, assim como a fiança bancária, não é equiparável ao depósito em dinheiro para fins de suspensão da exigibilidade do crédito tributário, nos termos do art. 151 do CTN" (STJ, EDcl no AgRg no REsp 1274750/SP, Rel. Min. Herman Benjamin, 2ª Turma, jul. 05.06.2012, *DJe* 26.06.2012).

8. Depósito em dinheiro. Cessação da atualização monetária e juros de mora (§ 4º). "O depósito integral do débito tributário, previsto no art. 151, II, do CTN, é uma garantia facultada pelo sistema tributário nacional pela qual o contribuinte, suspendendo de forma potestativa a exigibilidade do crédito fiscal, pode discutir a legitimidade da exação sem, contudo, sujeitar-se aos naturais consecutivos da mora. Essa, também, é a inteligência do art. 9º, § 4º, da LEF, segundo o qual '[s]omente o depósito em dinheiro, na forma do art. 32, faz cessar a responsabilidade pela atualização monetária e juros de mora'. No mesmo sentido: REsp 1.011.609/MG, Rel. Ministro Luiz Fux, Primeira Turma, *DJe* 6/8/2009. Realizado o depósito, caberá à instituição financeira depositária proceder a devida correção monetária desses valores, nos termos da Súmula 179/STJ: 'O estabelecimento de crédito que recebe dinheiro, em depósito judicial, responde pelo pagamento da correção monetária relativa aos valores recolhidos'" (STJ, REsp 1234702/MG, Rel. Min. Benedito Gonçalves, 1ª Turma, jul. 07.02.2012, *DJe* 10.02.2012).

9. Adesão ao REFIS.

Garantia ou arrolamento. "A divergência tratada nestes autos envolve a solução da 'dupla garantia' diante de penhora efetuada em execução fiscal e posterior adesão do contribuinte ao REFIS. (...). De acordo com o art. 3º, § 3º, da Lei 9.964/2000: 'A opção implica manutenção automática dos gravames decorrentes de medida cautelar fiscal e das garantias prestadas nas ações de execução fiscal'. Assim, com a adesão ao REFIS, fica mantida a penhora promovida em execução fiscal. O § 4º do art. 3º da Lei n. 9.964/2000 dispõe que: 'Ressalvado o disposto no § 3º, a homologação da opção pelo REFIS é condicionada à prestação de garantia ou, a critério da pessoa jurídica, ao arrolamento dos bens integrantes do seu patrimônio, na forma do art. 64 da Lei 9.532, de 10 de dezembro de 1997'. Desse modo, **excetuadas as hipóteses em que o crédito está garantido em Medida Cautelar Fiscal ou Execução Fiscal,** a homologação da opção pelo REFIS, portanto, está sujeita à prestação de garantia ou arrolamento. Infere-se, portanto, que o legislador resolveu a questão da 'dupla garantia' no sentido de que, se houver penhora em execução fiscal, o gravame deve ser mantido, mas a homologação da opção pelo REFIS já não estará subordinada à prestação de nova garantia em relação ao mesmo débito. Com efeito, em vez de liberar o bem penhorado na execução fiscal, cabe à parte 'abater' das garantias prestadas administrativamente o valor que foi objeto de constrição." (STJ, EREsp 1349584/MG, Rel. Min. Og Fernandes, 1ª Seção, jul. 26.04.2017, *DJe* 03.05.2017).

Execução fiscal. Adesão ao REFIS. Previsão de pagamento de honorários. Nova cobrança. *Bis in idem*. "Havendo a previsão de pagamento, na esfera administrativa, dos honorários advocatícios, na ocasião da adesão do contribuinte ao Programa de Parcelamento Fiscal, a imposição de pagamento da verba honorária, quando da extinção da execução fiscal, configura *bis in idem*, sendo vedada nova fixação da verba. Precedentes: AgInt no REsp n. 1.994.559/MG, relatora Ministra Assusete Magalhães, Segunda Turma, julgado em 14/11/2022, *DJe* de 22/11/2022; e AgInt no AREsp n. 1.981.214/RJ, relator Ministro Herman Benjamin, Segunda Turma, julgado em 23/5/2022, *DJe* de 23/6/2022" (STJ, AREsp 2.253.152/CE, Rel. Min. Francisco Falcão, 2ª Turma, jul. 21.05.2024, *DJe* 23.05.2024).

10. REFIS. Pagamento de parcelas insuficientes à amortização dos débitos parcelados. Acordo entre a Fazenda Nacional e o contribuinte para evitar a exclusão. Possibilidade. "Na espécie, conforme consta do voto condutor do acórdão recorrido, 'embora o parcelamento vem (sic) sendo rigorosamente pago – e nem a própria Fazenda se atreve a dizer o contrário – devido aos termos em que o parcelamento foi contratado, e que foram estabelecidos pela própria Fazenda Nacional, através do fisco Federal, esse pagamento está sendo insuficiente para amortizar a dívida. Isso também é incontroverso. De modo que o contribuinte vem pagando regularmente as prestações, mas ainda assim o débito não vem sendo amortizado; ao contrário, vem sendo elevado'. Trata-se, portanto, de caso em que está configurada a ineficácia do parcelamento para quitação do débito, nos moldes do que exige a jurisprudência do Superior Tribunal de Justiça, para admitir a exclusão do parcelamento. (...) Com efeito, a jurisprudência do STJ parte do pressuposto de que 'a impossibilidade de adimplência há que ser equiparada à inadimplência para efeitos de exclusão do dito programa de parcelamento' (STJ, AgInt no REsp 1.566.727/RS, Rel. Ministro Og Fernandes, Segunda Turma, *DJe* de 20/09/2016; AgInt no AREsp 1.494.130/SP, Rel. Ministro Mauro Campbell Marques, Segunda Turma, *DJe* de 04/10/2019), e se ambas as partes concordam que o parcelamento em 25 (vinte e cinco) anos atenderia aos seus interesses e permitiria a sua quitação integral, conclui-se que a solução alvitrada atende às finalidades da Lei 9.964/2000 e à jurisprudência desta Corte. Agravo interno parcialmente provido, tão somente para condicionar a permanência da parte agravada no parcelamento à manutenção das prestações em patamar que permita a quitação dos débitos no prazo máximo de vinte e cinco anos, a contar do presente julgamento" (STJ, AgInt no AgInt no REsp 1.693.755/PE, Rel. Min. Assusete Magalhães, 2ª Turma, jul. 14.12.2021, *DJe* 17.12.2021).

11. Carta de fiança bancária. Substituição por seguro garantia. Acréscimo de 30% sobre o valor do débito. Desnecessidade. "Na origem, o contribuinte ofereceu em garantia carta de fiança bancária emitida pelo Banco ABC Brasil S.A. Em seguida, o próprio contribuinte requereu a substituição da mencionada carta de fiança por seguro garantia, sem o acréscimo de 30% previsto no art. 656, § 2º, do CPC/1973. Mediante o simples confronto analítico entre o art. 656, § 2º, do CPC/1973 e a situação fática dos autos, atestada pelo Tribunal de origem, percebe-se que o comando normativo contido no mencionado dispositivo legal não é suficiente para alterar o entendimento firmado pelo Juízo *a quo*, tendo em vista que disciplina a substituição da penhora em dinheiro por carta de fiança ou seguro garantia, questão jurídica diversa da tratada no presente recurso especial, referente à possibilidade de substituição da carta de fiança bancária originalmente apresentada por seguro garantia judicial. Ademais, a própria Lei de Execuções Fiscais (Lei n. 6.830/1980), em seu art. 9º, II, equiparou o oferecimento da fiança bancária à apresentação inicial de seguro garantia e, no § 3º do mesmo dispositivo, prescreveu que a garantia do feito executivo pode ser uniformemente alcançada por meio do depósito em dinheiro, da fiança bancária, do seguro garantia e da penhora. Por fim, a Portaria n. 440/2016, editada pela Advocacia-Geral da União para regulamentar as condições de aceitação da fiança bancária e do seguro garantia pela Procuradoria-Geral Federal, em seu art. 2º, § 3º, expressamente prescreveu que é indevida a exigência de acréscimo percentual ao valor do débito para o oferecimento de ambas as garantias, ao passo em que o art. 3º, § 1º, da mencionada norma infralegal possibilitou a substituição recíproca entre o seguro garantia e a carta de fiança bancária" (STJ, REsp 1.887.012/RJ, Rel. Min. Francisco Falcão, 2ª Turma, jul. 15.08.2023, *DJe* 18.08.2023).

Art. 10. Não ocorrendo o pagamento, nem a garantia da execução de que trata o artigo 9º, a penhora poderá recair em qualquer bem do executado, exceto os que a lei declare absolutamente impenhoráveis.

JURISPRUDÊNCIA SELECIONADA

1. Alienação de bem do executado. "A jurisprudência desta Corte tem afastado o reconhecimento de fraude à execução nos casos em que a alienação do bem do executado a terceiro de boa-fé tenha-se dado anteriormente ao registro da penhora do imóvel. Precedentes: AgRg no REsp 854.778/SP, Rel.ª Min.ª Nancy Andrighi, *DJ* 30.10.06; AgRg no Ag. nº 480.706/MG, Rel. Min. João Otávio de Noronha, *DJ* 26.10.06; REsp 811.898/CE, Rel.ª Min.ª Eliana Calmon, *DJ* 18.10.06 e REsp 670.958/PR, Rel. Min. Castro Meira, *DJ* 15.09.06" (STJ, AgRg no REsp 944.728/DF, Rel. Min. Francisco Falcão, 2ª Turma, jul. 18.09.2007, *DJ* 18.10.2007, p. 317).

Execução fiscal. Firma individual. "Não há distinção entre pessoa física e pessoa jurídica, em se tratando de firma individual, pois esta não é pessoa jurídica para fins patrimoniais. Ainda que a lei tributária a equipare à pessoa jurídica, essa equiparação diz respeito apenas às normas de tributação, não se estendendo ao plano da responsabilidade patrimonial. Neste plano, há um único patrimônio, que responde pelas obrigações civis, comerciais e tributárias de seu titular, indistintamente" (TRF 4ª Região, Ag 2009.04.00.036407-4, Rel. Des. Fernando Quadros da Silva, 3ª Turma, Jul. 14.12.2010, *DEJF* da 4ª R. 11.01.2011).

Observação: Ver jurisprudência do art. 833 do CPC/2015.

2. Dívidas tributárias da matriz. Penhora de valores em nome das filiais. Possibilidade. "A discriminação do patrimônio da empresa, mediante a criação de filiais, não afasta a unidade patrimonial da pessoa jurídica, que, na condição de devedora, deve responder com todo o ativo do patrimônio social por suas dívidas, à luz de regra de direito processual prevista no art. 591 do Código de Processo Civil, segundo a qual 'o devedor responde, para o cumprimento de suas obrigações, com todos os seus bens presentes e futuros, salvo as restrições estabelecidas em lei'. [...] Nessa toada, limitar a satisfação do crédito público, notadamente do crédito tributário, a somente o patrimônio do estabelecimento que participou da situação caracterizada como fato gerador é adotar interpretação absurda e odiosa. Absurda porque não se concilia, por exemplo, com a cobrança dos créditos em uma situação de falência, onde todos os bens da pessoa jurídica (todos os estabelecimentos) são arrecadados para pagamento de todos os credores, ou com a possibilidade de responsabilidade contratual subsidiária dos sócios pelas obrigações da sociedade como um todo (*v.g.*, arts. 1.023, 1.024, 1.039, 1.045, 1.052, 1.088 do CC/2002), ou com a administração de todos os estabelecimentos da sociedade pelos mesmos órgãos de deliberação, direção, gerência e fiscalização. Odiosa porque, por princípio, o credor privado não pode ter mais privilégios que o credor público, salvo exceções legalmente expressas e justificáveis" (STJ, REsp 1.355.812/RS, Rel. Min. Mauro Campbell Marques, 1ª Seção, jul. 22.05.2013, *DJe* 31.05.2013).

Art. 11. A penhora ou arresto de bens obedecerá à seguinte ordem:

I – dinheiro;

II – título da dívida pública, bem como título de crédito, que tenham cotação em bolsa;

III – pedras e metais preciosos;

IV – imóveis;

V – navios e aeronaves;

VI – veículos;

VII – móveis ou semoventes; e

VIII – direitos e ações.

§ 1º Excepcionalmente, a penhora poderá recair sobre estabelecimento comercial, industrial ou agrícola, bem como em plantações ou edifícios em construção.

§ 2º A penhora efetuada em dinheiro será convertida no depósito de que trata o inciso I do artigo 9º.

§ 3º O Juiz ordenará a remoção do bem penhorado para depósito judicial, particular ou da Fazenda Pública exequente, sempre que esta o requerer, em qualquer fase do processo.

REFERÊNCIA LEGISLATIVA

Lei nº 8.212 de 24.07.1991, art. 53 (faculdade da Fazenda Pública Federal de indicar bens à penhora antes da citação).

JURISPRUDÊNCIA SELECIONADA

1. Penhora de dinheiro em depósito ou aplicação financeira (inciso I). "Em interpretação sistemática do ordenamento jurídico, na busca de uma maior eficácia material do provimento jurisdicional, deve-se conjugar o art. 185-A, do CTN, com o art. 11 da Lei nº 6.830/80 e artigos 655 e 655-A, do CPC, para possibilitar a penhora de dinheiro em depósito ou aplicação financeira, independentemente do esgotamento de diligências para encontrar outros bens penhoráveis. Em suma, para as decisões proferidas a partir de 20.1.2007 (data da entrada em vigor da Lei nº 11.038/2006), em execução fiscal por crédito tributário ou não, aplica-se o disposto no art. 655-A do Código de Processo Civil, posto que compatível com o art. 185-A do CTN. A aplicação da regra não deve descuidar do disposto na nova redação do art. 649, IV, do CPC, que estabelece a impenhorabilidade dos valores referentes aos vencimentos, subsídios, soldos, salários, remunerações, proventos de aposentadoria, pensões, pecúlios e montepios; às quantias recebidas por liberalidade de terceiro e destinadas ao sustento do devedor e sua família, aos ganhos de trabalhador autônomo e aos honorários de profissional liberal. Também há que se ressaltar a necessária prudência no uso da nova ferramenta, devendo ser sempre observado o princípio da proporcionalidade na execução (art. 620 do CPC) sem descurar de sua finalidade (art. 612 do CPC), de modo a não inviabilizar o exercício da atividade empresarial" (STJ, REsp 1.074.228/MG, Rel. Min. Mauro Campbell Marques, 2ª Turma, jul. 07.10.2008, *DJe* 05.11.2008).

Nomeação de dinheiro à penhora na petição inicial. "Nos termos do art. 53 da Lei 8.212/1991: 'Na execução judicial da dívida ativa da União, suas autarquias e fundações públicas, será facultado ao exequente indicar bens à penhora, a qual será efetivada concomitantemente com a citação inicial do devedor'" (STJ, REsp 1.287.915/BA, Rel. Min. Herman Benjamin, 2ª Turma, jul. 04.09.2012, *DJe* 11.09.2012).

Recuperação judicial. Execução fiscal. Bens de capital. Substituição. "Os autos buscam definir se está configurado o conflito positivo de competência na espécie e, sendo esse o caso, qual o juízo competente para, em execução fiscal, determinar a constrição de valores pertencentes a empresa em recuperação judicial. (...) Valores em dinheiro não constituem bens de capital a inaugurar a competência do Juízo da recuperação prevista no artigo 6º, § 7º-B, da LREF para determinar a substituição dos atos de constrição. Conflito conhecido para declarar a competência do Juízo da execução fiscal" (STJ, CC 196.553/PE, Rel. Min. Ricardo Villas Bôas Cueva, 2ª Seção, jul. 18.04.2024, *DJe* 25.04.2024).

2. Penhora em saldo de conta corrente (inciso I). "A penhora em saldo bancário do devedor equivale à penhora sobre dinheiro. Somente em situações excepcionais e devidamente fundamentadas é que se admite a especial forma de constrição. Precedentes" (STJ, EREsp 791.231/SP, Min.ª Eliana Calmon, 1ª Seção, jul. 26.03.2008, *DJ* 07.04.2008).

3. Penhora *on-line* (inciso I). "Quanto ao recurso fazendário, conforme preceitua o art. 185-A do Código Tributário Nacional, apenas o executado validamente citado que não pagar e nem nomear bens à penhora é que poderá ter seus ativos financeiros indisponibilizados por meio do BACEN-JUD. Uma das bases do Estado Democrático de Direito é a de que a lei é imposta contra todos, e a Fazenda Pública não foge a essa regra. É inadmissível indisponibilizar bens do executado sem nem mesmo citá-lo, sob pena de violação ao princípio do devido processo legal" (STJ, REsp 1044823/PR, Rel. Min. Francisco Falcão, 1ª Turma, jul. 02.09.2008, *DJe* 15.09.2008).

"No caso concreto, a decisão indeferitória da medida executiva requerida ocorreu depois do advento da Lei 11.382/06, a qual alterou o Código de Processo Civil para: a) incluir os depósitos e aplicações em instituições financeiras como bens preferenciais na ordem de penhora, equiparando-os a dinheiro em espécie (art. 655, I) e; b) permitir a realização da constrição por meio eletrônico (art.655-A). Desse modo, o recurso especial deve ser analisado à luz do novel regime normativo. Precedentes de ambas as Turmas da Primeira Seção. De qualquer modo, há a necessidade de observância da relação dos bens absolutamente impenhoráveis, previstos no art. 649 do CPC, especialmente, "os recursos públicos recebidos por instituições privadas para aplicação compulsória em educação, saúde ou assistência social" (inciso VIII), bem como a quantia depositada em caderneta de poupança até o limite de quarenta (40) salários mínimos (X)" (STJ, REsp 1070308/RS, Rel. Min. Castro Meira, 2ª Turma, jul. 18.09.2008, *DJe* 21.10.2008).

Observação: Ver jurisprudência do art. 854 do CPC/2015.

4. Substituição da penhora em dinheiro por fiança bancária. "Garantida a execução por depósito em dinheiro, não é possível a sua substituição por outro bem, ainda que por fiança bancária, uma vez que aquele, por conferir maior liquidez ao processo executivo, ocupa o primeiro lugar na lista de preferência do artigo 11 da Lei nº 6.830/80" (STJ, AgRg no Ag 1216497/SP, Rel. Min. Hamilton Carvalhido,1ª Turma, jul. 18.02.2010, *DJe* 05.03.2010).

5. Penhora de cédula de crédito industrial (inciso VIII). "Esta Corte tem entendido que a impenhorabilidade de que trata o artigo 57 do Decreto-Lei nº 413/69 não é absoluta. Logo, o privilégio constante de tal preceito, segundo o qual o detentor da garantia real tem preferência sobre os demais credores na arrematação do bem vinculado à hipoteca, é inoponível ao crédito fiscal. Além disso, cumpre salientar que, de acordo com o artigo 186 do Código Tributário Nacional, o crédito tributário goza de preferência sobre os demais, à exceção dos de natureza trabalhista. A Lei de Execução Fiscal é posterior ao Decreto-Lei nº 413/69 e, no confronto entre os dois diplomas legais, há de prevalecer a LEF, ante o princípio da especialidade" (STJ, REsp 309.849/SP, Rel. Min. Castro Meira, 2ª Turma, jul. 21.09.2004, *DJ* 16.11.2004, p. 223).

6. Penhora de precatório (inciso VIII). "É pacífico nesta Corte o entendimento acerca da possibilidade de nomeação à penhora de precatório, uma vez que a gradação estabelecida no artigo 11 da Lei nº 6.830/80 e no artigo 656 do Código de Processo Civil tem caráter relativo, por força das circunstâncias e do interesse das partes em cada caso concreto. Execução que se deve operar pelo meio menos gravoso ao devedor. Penhora de precatório correspondente à penhora de crédito. Assim, nenhum impedimento para que a penhora recaia sobre precatório expedido por pessoa jurídica distinta da exequente. Nada impede, por outro lado, que a penhora recaia sobre precatório cuja devedora seja outra entidade pública que não a própria exequente. A penhora de crédito em que o devedor é terceiro é prevista expressamente no art. 671 do CPC. A recusa, por parte do exequente, da nomeação à penhora de crédito previsto em precatório devido por terceiro pode ser justificada por qualquer das causas previstas no CPC (art. 656), mas não pela impenhorabilidade do bem oferecido (Rel. Min. Teori Albino Zavascki, AgRg no REsp 826.260/RS)" (STJ, EAg 782996/RS, Rel. Min. Humberto Martins, 1ª Seção, jul. 23.05.2007, *DJ* 04.06.2007, p. 290).

"A jurisprudência deste Tribunal Superior, não obstante aceitar a possibilidade de penhora de crédito decorrente de precatório, é pacífica no sentido de que o credor pode recusar a oferta quando em desacordo com a ordem prevista no art. 11 da Lei n. 6.830/80 – Lei de Execuções Fiscais" (STJ, AgRg no Resp 1.175.428, Rel. Min. Humberto Martins, 2ª Turma, jul. 16.03.2010).

"Embora reconheça a penhorabilidade dos precatórios judiciais, a jurisprudência do Superior Tribunal de Justiça é no sentido de que os referidos bens não correspondem a dinheiro, mas são equiparáveis aos "direitos e ações" listados no art. 11, VIII, da LEF e no art. 655 do CPC, sendo lícita a recusa pelo credor, quando a nomeação não observa a ordem legal" (STJ, AgRg no REsp 1302226/RS, Rel. Min. Herman Benjamin, 2ª Turma, jul. 16.08.2012, *DJe* 24.08.2012).

7. Penhora de debêntures (inciso VIII). "A jurisprudência do Superior Tribunal de Justiça reconhece que, embora o crédito representado por debênture seja bem penhorável, é legítima a recusa, por parte da Fazenda Pública credora (fl. 115, e-STJ), da nomeação feita pelo executado, quando esta não observa a ordem legal de preferência. A análise sobre a aplicação do princípio da menor onerosidade (art. 620 do CPC) demanda, como regra, reexame da situação fática, inviável em Recurso Especial, nos termos da Súmula 7/STJ" (STJ, AgRg no AREsp 104.121/SP, Rel. Min. Herman Benjamin, 2ª Turma, jul. 20.03.2012, *DJe* 12.04.2012).

8. Penhora de estabelecimento comercial (§ 1º). "A penhora de imóvel no qual se localiza o estabelecimento da empresa é, excepcionalmente, permitida, quando inexistentes outros bens passíveis de penhora e desde que não seja servil à residência da família" (STJ, REsp 1114767/RS, Rel. Min. Luiz Fux, Corte Especial, jul. 02.12.2009, *DJe* 04.02.2010).

Penhora de estabelecimento comercial onde está localizada a sede da pessoa jurídica. "A Lei de execução fiscal, no art. 11, § 1º, permite, excepcionalmente, a penhora sobre estabelecimento comercial. Em que pese haja Súmula da Corte Superior legitimando a penhora da sede da empresa (Súmula 451 do STJ), o entendimento do STJ e desta Corte é no sentido de que a constrição só pode ocorrer de modo excepcional, quando não encontrados outros bens passíveis de penhora (REsp nº 1.114.767/RS, julgado sob o rito previsto no art. 543-C do CPC/73). Caso em que a penhora sobre o imóvel em que situada a sede da empresa em meados de 2012, se deu de maneira legítima, já que, depois de citada, a agravante não ofertou outro bem passível de garantia do juízo. Somente, agora, quando o bem estava na iminência de ser expropriado, a devedora veio aos autos discutir a possibilidade de indicação do imóvel à penhora e ofertar precatórios passíveis de compensação" (TJRS, Ag. 70078980729, 2ª Câmara Cível, Rel. Des. Francisco José Moesch, jul. 13.12.2018, *DJ* 21.01.2019).

9. Penhora recaída sobre o faturamento da empresa. Excepcionalidade (§ 1º). "A penhora de faturamento da empresa só pode ocorrer em casos excepcionais, que devem ser avaliados pelo magistrado à luz das circunstâncias fáticas apresentadas no curso da Execução e desde que tal constrição não afete o funcionamento da empresa. Incidência da Súmula 83/STJ" (STJ, AgRg no AREsp 443217/MG, Rel. Min. Herman Benjamin, 2ª Turma, jul. 25.03.2014, *DJe* 15.04.2014). **No mesmo sentido:** STJ, AgRg no REsp 367.659/RS, Rel. Min. Franciulli Netto, 2ª Turma, jul. 14.06.2005, *DJ* 05.12.2005, p. 264.

Requisitos. "Esta Corte possui entendimento pacífico no sentido de admitir a penhora sobre o faturamento somente em casos excepcionais, desde que atendidos requisitos específicos a justificar a medida, dentre eles: a) inexistência de bens passíveis de constrição, suficientes a garantir a execução, ou, caso existentes, sejam de difícil alienação; (b) nomeação de administrador (arts. 678 e 719, *caput*, do CPC), ao qual incumbirá a apresentação da forma de administração e do esquema de pagamento; (c) fixação de percentual que não inviabilize o próprio funcionamento da empresa" (STJ, AgRg no AI 1.352.329, Rel. Min. Mauro Campbell Marques, 2ª Turma, jul. 23.11.2010, *DJe* 02.12.2010).

Princípio da preservação da empresa. Ver jurisprudência do art. 854 do CPC/2015.

10. Pequenas empresas. Bens úteis e necessários. Impenhorabilidade. "A Corte Especial do Superior Tribunal de Justiça, por ocasião do julgamento do REsp 1.114.767/SP, representativo da controvérsia, apreciando hipótese de empresário individual, considerou ser aplicável a impenhorabilidade do art. 649, inciso V, do Código de Processo Civil de 1973 a pessoas jurídicas, notadamente às pequenas empresas, empresas de pequeno porte ou firma individual quanto aos bens necessários ao desenvolvimento da atividade objeto do contrato social. A impenhorabilidade do art. 649 inciso V do CPC/73, correspondente ao art. 833 do CPC/2015, protege os empresários individuais, as pequenas e as microempresas, onde os sócios exerçam sua profissão pessoalmente, alcançando apenas os bens necessários às suas atividades" (STJ, REsp 1224774/MG, Rel.ª Min.ª Maria Isabel Gallotti, 4ª Turma, jul. 10.11.2016, *DJe* 17.11.2016). **No mesmo sentido:** STJ, AgRg no REsp 1136947/PR, Rel. Min. Humberto Martins, 2ª Turma, jul. 13.10.2009, *DJe* 21.10.2009.

11. Quebra de sigilo bancário. "Somente quando infrutíferos os esforços diretos do exequente, admite-se a requisição, pelo Juiz, de informações ao BACEN, acerca da existência e localização de contas-correntes do devedor" (STJ, AgRg no Ag. 932.843/MG, Rel.ª Min.ª Eliana Calmon, 2ª Turma, jul. 04.12.2007, *DJ* 11.12.2007, p. 174).

"Sigilo Bancário. Expedição de ofício ao BACEN. 1. O STJ firmou o entendimento de que a quebra do sigilo fiscal ou bancário do executado para que a Fazenda Pública obtenha informações sobre a existência de bens do devedor inadimplente é admitida somente após restarem esgotadas todas as tentativas de obtenção dos dados pela via extrajudicial" (STJ, REsp 504936/MG, Rel. Min. João Otávio de Noronha, 2ª Turma, jul. 21.09.2006, *DJ* 30.10.2006, p. 262).

12. Princípio da menor onerosidade. "Em relação à fase de execução, se é certo que a expropriação de bens deve obedecer a forma menos gravosa ao devedor, também é correto afirmar que a atuação judicial existe para satisfação da obrigação inadimplida. Necessário a 'ponderação de valores e princípios' das regras processuais, para ensejar sua eficácia e efetividade. Conforme precedentes da corte, a ordem legal estabelecida para a nomeação de bens à penhora não tem caráter absoluto, podendo o magistrado recusar a nomeação de títulos da dívida pública de difícil e duvidosa liquidação, para que esta recaia em dinheiro ou outros bens de melhor liquidez" (STJ, REsp 299439/MT, Rel. Min. Luis Felipe Salomão, 4ª Turma, jul. 07.08.2008, *DJe* 18.08.2008). **No mesmo sentido:** STJ, REsp 1337790/PR, Rel. Min. Herman Benjamin, 1ª Seção, jul. 12.06.2013, *DJe* 07.10.2013.

13. Recusa de LFT. "A jurisprudência do STJ é firme no sentido de que, realizando-se a execução em favor do exequente – e não do executado –, caso não observada a ordem disposta no art. 11 da Lei 6.830/1980, é lícito ao credor e ao julgador a não aceitação da nomeação à penhora de Letras Financeiras do Tesouro – LFT. Precedentes: AgRg no AG 1.090.542/SP, Rel. Ministro Castro Meira, Segunda Turma, *DJe* 23/4/2009; AgRg no REsp 900.484/RS, Rel. Ministro Humberto Martins, Segunda Turma, *DJe* 29/6/2007; REsp 948.926/RS, Rel. Ministro Mauro Campbell Marques, Segunda Turma, *DJe* 26/8/2008; e AgRg no Ag 972.303/SP, Rel. Ministro Benedito Gonçalves, Primeira Turma, *DJe* 19/8/2009" (STJ, AgRg no AREsp 174.441/SP, Rel. Min. Herman Benjamin, 2ª Turma, jul. 07.08.2012, *DJe* 22.08.2012).

Art. 12. Na execução fiscal, far-se-á a intimação da penhora ao executado, mediante publicação, no órgão oficial, do ato de juntada do termo ou do auto de penhora.

§ 1º Nas Comarcas do interior dos Estados, a intimação poderá ser feita pela remessa de cópia do termo ou do auto de penhora, pelo correio, na forma estabelecida no artigo 8º, incisos I e II, para a citação.

§ 2º Se a penhora recair sobre imóvel, far-se-á a intimação ao cônjuge, observadas as normas previstas para a citação.

§ 3º Far-se-á a intimação da penhora pessoalmente ao executado se, na citação feita pelo correio, o aviso de recepção não contiver a assinatura do próprio executado, ou de seu representante legal.

JURISPRUDÊNCIA SELECIONADA

1. Publicação de intimação. "A intimação do executado sobre a penhora realizada em sede de execução fiscal também tem por finalidade iniciar a contagem do prazo para o ajuizamento dos embargos, conforme consta expressamente na Lei n. 6.830/80 (art. 16, inc. III). Essa intimação é ato formal, que deve ser realizado, via de regra, mediante publicação no órgão oficial e, subsidiariamente, pelo correio (AR) ou pessoalmente por oficial de justiça (art. 12, *caput* e § 3º)" (STJ, AgRg no REsp 1201056/RJ, Rel. Min. Humberto Martins, Rel. p/ Acórdão Ministro Mauro Campbell Marques, 2ª Turma, jul. 14.06.2011, *DJe* 23.09.2011).

2. Intimação pessoal. Dispensa de publicação. "O Superior Tribunal de Justiça firmou jurisprudência de que a intimação da penhora feita na pessoa do executado dispensa a publicação prevista no art. 12 da Lei 6.830/1980" (STJ, AgRg no Ag 1129784/SP, Rel. Min. Herman Benjamin, 2ª Turma, jul. 06.08.2009, *DJe* 25.08.2009).

3. Intimação para oposição de embargos. Comparecimento espontâneo do executado. Suprimento. Impossibilidade. "'O comparecimento espontâneo do executado, após a efetivação da penhora, não supre a necessidade de sua intimação com a advertência do prazo para o oferecimento dos embargos à execução fiscal' (AgRg no REsp 1.201.056/RJ, Segunda Turma, Rel. Min. Humberto Martins, *DJe* 23/9/11)" (STJ, AgRg no REsp 1358204/MG, Rel. Min. Arnaldo Esteves Lima, 1ª Turma, jul. 07.03.2013, *DJe* 16.05.2014).

4. Intimação do advogado. Providência não prevista. "A intimação do advogado a respeito da realização da penhora é providência não prevista, quer na disciplina geral da ação de execução, inscrita no art. 738 do CPC (com a redação dada pela Lei 8.953, de 13.12.1994), quer na disposição especial da Lei de Execuções Fiscais (art. 12). As normas processuais determinam apenas a intimação do executado. (REsp 515016/PR, Relator Ministro Teori Albino Zavascki, Primeira Turma, *DJ* 22.08.2005)" (STJ, AgRg no Ag 1013737/SP, Rel. Min. Herman Benjamin, 2ª Turma, jul. 09.09.2008, *DJe* 19.12.2008).

Art. 13. O termo ou auto de penhora conterá, também, a avaliação dos bens penhorados, efetuada por quem o lavrar.

§ 1º Impugnada a avaliação, pelo executado, ou pela Fazenda Pública, antes de publicado o edital de leilão, o Juiz, ouvida a outra parte, nomeará avaliador oficial para proceder a nova avaliação dos bens penhorados.

§ 2º Se não houver, na Comarca, avaliador oficial ou este não puder apresentar o laudo de avaliação no prazo de 15 (quinze) dias, será nomeada pessoa ou entidade habilitada a critério do Juiz.

§ 3º Apresentado o laudo, o Juiz decidirá de plano sobre a avaliação.

JURISPRUDÊNCIA SELECIONADA

1. Possibilidade de suspensão do leilão para reavaliação. "É possível a suspensão da hasta pública na execução fiscal, ainda que já designada, se houver fundadas dúvidas quanto à avaliação do bem levado a leilão. Hipótese em que, havendo grande divergência entre as avaliações realizadas pelo oficial de justiça sobre o mesmo bem em dois processos de execução distintos, cabia ao magistrado, dentro do seu poder de condução do processo, determinar a reavaliação a fim de se evitar a arrematação por preço vil" (STJ, 2ª Turma, REsp 550.497/PB, Rel.ª Min.ª Eliana Calmon, jul. 02.08.2005, *DJ* 05.09.2005).

2. Reavaliação de bem penhorado. "De acordo com o art. 13, § 1º, da Lei de Execuções Fiscais, 'impugnada a avaliação, pelo executado, ou pela Fazenda Pública, antes de publicado o leilão, o juiz, ouvida a outra parte, nomeará avaliador oficial para proceder a nova avaliação'. Nos termos da jurisprudência pacífica das Turmas especializadas em direito público deste Tribunal, o art. 13, § 1º, da Lei de Execuções Fiscais **deve ser aplicado ainda quando a avaliação tenha sido efetuada por oficial de justiça.** Precedentes citados: REsp 1.213.013/RS, Rel. Min. Mauro Campbell Marques, *DJe* de 19.11.2010; REsp 1.026.850/RS, Rel. Ministra Eliana Calmon, *DJe* de 2.4.2009; REsp 737.692/RS, Rel. Min. Francisco Falcão, *DJ* de 6.3.2006; AgRg no REsp 223.048/SP, Rel. Min. Humberto Gomes de Barros, *DJ* de 14.8.2000; REsp 130.914/SP, Rel. Min. Demócrito Reinaldo, *DJ* de 10.11.1997. Recurso especial provido para determinar ao juízo *a quo* que proceda à nomeação de um avaliador oficial capacitado para avaliar o imóvel penhorado" (STJ, REsp 1352055/SC, Rel. Min. Mauro Campbell Marques, 2ª Turma, jul. 06.12.2012, *DJe* 12.12.2012).

Art. 14. O Oficial de Justiça entregará contrafé e cópia do termo ou do auto de penhora ou arresto, com a ordem de registro de que trata o artigo 7º, inciso IV:

I – no Ofício próprio, se o bem for imóvel ou a ele equiparado;

II – na repartição competente para emissão de certificado de registro, se for veículo;

III – na Junta Comercial, na Bolsa de Valores, e na sociedade comercial, se forem ações, debênture, parte beneficiária, cota ou qualquer outro título, crédito ou direito societário nominativo.

Art. 15. Em qualquer fase do processo, será deferida pelo Juiz:

I – ao executado, a substituição da penhora por depósito em dinheiro, fiança bancária ou seguro garantia; e (Redação dada pela Lei nº 13.043, de 2014)

II – à Fazenda Pública, a substituição dos bens penhorados por outros, independentemente da ordem enumerada no artigo 11, bem como o reforço da penhora insuficiente.

JURISPRUDÊNCIA SELECIONADA

1. Registro da penhora de imóvel. "Na execução fiscal, o registro da penhora de imóvel no Cartório próprio deve ser providenciado pelo próprio Oficial de Justiça, que, no cumprimento do mandado, realiza a constrição, visto que o despacho que determina a citação do devedor implica ordem automática do respectivo registro" (TJMG, AI 0652757-02.2011.8.13.0000. Rel. Des. Wander Marotta, 7ª Câm. Cív., jul. 8.11.2011, *DJ* 25.11.2011).

2. Penhora sobre faturamento. Substituição por Fiança Bancária. "O art. 15, I, da Lei 6.830/80 confere à fiança bancária o mesmo status do depósito em dinheiro, para efeitos de substituição de penhora, sendo, portanto, instrumento suficiente para garantir o executivo fiscal. A penhora sobre o faturamento da empresa somente é admissível em hipóteses excepcionais, quando não há outros meios para garantia da dívida, em razão do que dispõe o art. 620 do CPC, pelo qual a execução deve se dar da forma menos gravosa para o devedor. Precedentes" (STJ, REsp 660288/RJ, Rel.ª Min.ª Eliana Calmon, 2ª Turma, jul. 13.09.2005, *DJ* 10.10.2005, p. 311). **Em sentido contrário:** "A Seção de Direito Público do STJ uniformizou o entendimento de que as garantias consistentes na fiança bancária e na penhora de dinheiro não possuem o mesmo status (ERESP 1077039/RJ), razão pela qual permanece em vigor a preferência por esta última. Conclui-se que o direito de o ente público postular, originalmente ou em caráter substitutivo, a penhora de quantia específica de dinheiro independe de prévia garantia do juízo, dado que este é o bem sobre o qual preferencialmente deve recair a medida constritiva. O único obstáculo, inexistente na espécie, seria o juízo valorativo a respeito do art. 620 do CPC" (STJ, REsp 1.163.553/RJ, Rel. Min. Castro Meira, Rel. p/ Acórdão Min. Herman Benjamin, 2ª Turma, jul. 03.05.2011, *DJe* 25.05.2011).

Substituição. Exceção. Necessidade de comprovação dos pressupostos do princípio da menor onerosidade. "Verifica-se que, regra geral, quando o juízo estiver garantido por meio de depósito em dinheiro, ou ocorrer penhora sobre ele, inexiste direito subjetivo de obter, sem anuência da Fazenda Pública, a sua substituição por fiança bancária. De modo a conciliar o dissídio entre a Primeira e a Segunda Turmas, admite-se, em caráter excepcional, a substituição de um (dinheiro) por outro (fiança bancária), mas somente quando estiver comprovada de forma irrefutável, perante a autoridade judicial, a necessidade de aplicação do princípio da menor onerosidade (art. 620 do CPC), situação inexistente nos autos" (STJ, EREsp 1.077.039/RJ, Rel. Min. Mauro Campbell Marques, Rel. p/ Acórdão Min. Herman Benjamin, 1ª Seção, jul. 09.02.2011, *DJe* 12.04.2011).

Penhora *on-line*. Substituição por fiança bancária. "Pela Lei 11.382/06 foram introduzidas modificações no Código de Processo Civil a fim de tornar efetivo o processo de execução, antes marcado pelo excesso de prerrogativas ao devedor em detrimento do direito do credor. (...) Não fosse isso, o art. 9º, II, da Lei 6.830/80, admite a fiança bancária como garantia da execução fiscal. Assim, **se para os créditos de natureza pública, privilegiados, a fiança bancária é suficiente para segurar o juízo, outro entendimento não deve ser adotado no que respeita aos créditos privados**" (STJ, REsp 1.043.730/AM, Rel. Min. Fernando Gonçalves, 4ª Turma, jul. 07.10.2008, *DJe* 20.10.2008). **Precedentes citados:** STJ, REsp 910.522/SP, Rel. Min. Ari Pargendler, 3ª Turma, jul. 08.05.2007, *DJ* 01.08.2007, e STJ, AgRg no Ag. 952.491/RJ, Rel. Min. José Delgado, 1ª Turma, jul. 18.03.2008, *DJ* 23.04.2008.

3. Substituição da penhora por crédito oriundo de precatório judicial. "A jurisprudência desta Corte firmou-se no sentido de que: a) a substituição da penhora, sem aquiescência da Fazenda Pública, somente pode se dar por depósito em dinheiro ou fiança bancária; b) o crédito representado por precatório se constitui direito de crédito; c) a substituição da penhora por crédito representado por precatório judicial depende da concordância do credor" (STJ, REsp 1023511, Rel.ª Min.ª Eliana Calmon, 2ª Turma, jul. 09.12.2008, *DJe* 27.02.2009). **No mesmo sentido:** STJ, AgRg no REsp 824.529/SP, Rel. Min. Herman Benjamin, 2ª Turma, jul. 10.03.2009, *DJe* 24.03.2009).

"De acordo com o entendimento do Superior Tribunal de Justiça, é possível a penhora de crédito relativo a precatório judicial. Todavia, equiparando-se o precatório a direito de crédito, a Fazenda Pública pode recusar a indicação ou substituição do bem por quaisquer das causas previstas no art. 656 do CPC, ou nos arts. 11 e 15 da LEF. 'A Fazenda Pública pode recusar a substituição do bem penhorado por precatório' (Súmula 406/STJ)" (STJ, AgRg no AREsp 66122/PR, Rel. Min. Arnaldo Esteves Lima, 1ª Turma, jul. 04.10.2012, *DJe* 15.10.2012).

4. Substituição. Anuência do credor. "A substituição da penhora é direito do devedor, que poderá obtê-la em qualquer fase do processo e independentemente da anuência do credor, nos casos previstos no art. 15, inciso I, da Lei n. 6.830/80. Fora desses casos, o direito à substituição permanece, porém, condicionado à concordância da Fazenda Pública, como é o caso dos autos. A execução realiza-se no interesse do credor (art. 612 do CPC), que inclusive poderá, querendo, dela desistir (art. 569 do CPC). Dessa forma, tendo o credor anuído com a substituição da penhora, mesmo que por um bem que guarde menor liquidez, não poderá o juiz, *ex officio*, indeferi-la. Ademais, nos termos do art. 620 do CPC, a execução deverá ser feita pelo modo menos gravoso para o executado" (STJ, REsp 1377626/RJ, Rel. Min. Humberto Martins, 2ª Turma, jul. 20.06.2013, *DJe* 28.06.2013). **No mesmo sentido:** STJ, AgRg no AREsp 12394/RS, Rel. Min. Arnaldo Esteves Lima, 1ª Turma, jul. 04.10.2012, *DJe* 15.10.2012.

5. Refis. Substituição da penhora. "A adesão ao REFIS, com o atendimento das garantias exigidas (arrolamento de bens), autorizam a substituição da penhora efetuada no processo de execução. Precedentes: REsp. 945.891/SC, Rel. Min. Teori Albino Zavascki, *DJU* 23.04.2008; AgRg no REsp 719.946/PR, Rel. Min. Denise Arruda, *DJU* 13.09.2007; e REsp. 462.333/MG, Rel. Min. João Otávio De Noronha, *DJU* 18.08.06. É que 'A recorrida ingressou regularmente no REFIS e fez sua opção pelo arrolamento de bens patrimoniais. A manutenção da penhora estaria garantindo duplamente a mesma dívida. Nada impede, dessa forma, seja desconstituída ou substituída (se assim for requerida) a penhora sobre bem indicado anteriormente, uma vez cumpridas regularmente as obrigações relativas ao Programa' (REsp. 529.059/SC, Rel. Min. José Delgado, *DJU* 13.10.2003)" (STJ, REsp 1049234/CE, Rel. Min. Luiz Fux, 1ª Turma, jul. 18.05.2010, *DJe* 09.06.2010).

6. Execução Fiscal. Recusa da Fazenda Exequente. Imóvel localizado em outra comarca. "É assente na jurisprudência desta Corte que a Fazenda Pública não é obrigada a aceitar bens nomeados à penhora, uma vez que não obstante o princípio da menos onerosidade ao devedor, a execução é feita no interesse do credor, como dispõe o art. 612 do Código de Processo Civil. É majoritária a jurisprudência do STJ quanto à possibilidade de o exequente recusar bem localizado em outra comarca" (STJ, AgRg no AI 1278118, Rel. Min. Humberto Martins, 2ª Turma, *DJ* 23.04.2010).

7. Questões relevantes para a solução da lide. "Dois são os valores básicos a nortear o processo de Execução: a satisfação do crédito, mediante entrega da tutela específica (no caso, em se tratando de execução de crédito tributário, que teria de ser pago em pecúnia, deve-se preferencialmente perseguir a obtenção de dinheiro), e o processamento da demanda pelo meio menos gravoso ao devedor. Verificado o excesso de garantia, a autoridade judicial deve proceder de forma alinhada com o princípio da instrumentalidade do processo, sem perder de vista os poderes (e, com eles, as responsabilidades) do juiz na condução do feito. Com efeito, não pode o juiz desempenhar suas funções de forma alienada dos princípios e valores que orientam a entrega da tutela jurisdicional. O ordenamento jurídico deve ser analisado de forma abrangente. No caso concreto, a primeira penhora, suficiente para a garantia do juízo, abrangeu imóvel e benfeitorias. A segunda medida constritiva, feita hipoteticamente de modo desnecessário, recaiu sobre dinheiro. Nesse contexto, a liberação parcial do gravame deve se dar por meio do seguinte cotejo: a) verificação da divisibilidade dos bens; b) observância da ordem de classificação estabelecida no art. 11 da LEF, respeitando-se a flexibilização quando houver necessidade, devidamente comprovada nos autos. Hipótese em que o juízo de origem consignou: a) ser possível fracionar os bens penhorados inicialmente (imóvel, de um lado, benfeitorias, de outro); b) inexistir comprovação de que a constrição sobre dinheiro acarretava prejuízo à parte devedora. Correta, portanto, a decisão que manteve a penhora do dinheiro" (STJ, EDcl no REsp 918468/SC, Rel. Min. Eliana Calmon, Rel. p/ Ac. Min. Herman Benjamin, 2ª Turma, jul. 18.03.2010, *DJe* 23.04.2010).

Reforço de penhora pelo juiz *ex officio*. Impossibilidade. Ver jurisprudência do art. 874 do CPC/2015.

8. Substituição de garantia. Fiança bancária por seguro garantia. Possibilidade. "'É possível a substituição da fiança bancária pelo seguro garantia, com base no art. 15, inciso I, da Lei n. 6.830/1980, dada a semelhança jurídica entre esses dois institutos, desde que observados os requisitos formais para a emissão do instrumento de garantia no âmbito judicial e respeitadas as peculiaridades próprias do microssistema das execuções fiscais do crédito tributário e o regramento previsto no CPC/2015' (AREsp 1.364.116/SP, relator Ministro Gurgel de Faria, Primeira Turma, *DJ* 21/10/2022). Hipótese em que, considerando a existência de pedido nesse sentido, deve ser permitida à parte devedora que, para fins de substituição da fiança bancária, apresente seguro bancário em valor suficiente à garantia da totalidade do crédito exequendo" (STJ, AgInt no AREsp 2.020.002/SP, Rel. Min. Gurgel de Faria, 1ª Turma, jul. 20.03.2023, *DJe* 24.03.2023).

Art. 16. O executado oferecerá embargos, no prazo de 30 (trinta) dias, contados:

I – do depósito;

II – da juntada da prova da fiança bancária ou do seguro garantia; (Redação dada pela Lei nº 13.043, de 2014)

III – da intimação da penhora.

§ 1º Não são admissíveis embargos do executado antes de garantida a execução.

§ 2º No prazo dos embargos, o executado deverá alegar toda matéria útil à defesa, requerer provas e juntar aos autos os documentos e rol de testemunhas, até três, ou, a critério do juiz, até o dobro desse limite.

§ 3º Não será admitida reconvenção, nem compensação, e as exceções, salvo as de suspeição, incompetência e impedimentos, serão arguidas como matéria preliminar e serão processadas e julgadas com os embargos.

INDICAÇÃO DOUTRINÁRIA

André Garcia Leão Reis Valadares, A suspensão Automática da Execução Fiscal pela Oposição de Embargos e a evolução Jurisprudencial do Superior Tribunal de Justiça, *Revista Dialética de Direito Processual*, 121/19 – pela não aplicação do art. 739-A do CPC; Leandro Paulsen et. al., *Direito processual tributário: processo administrativo fiscal e execução fiscal à luz da doutrina e da jurisprudência*, 7. ed., Porto Alegre: Livraria do advogado 2012, p. 388 – Pela aplicação do art. 739-A do CPC; Hugo de Brito Machado, Embargos à execução fiscal: prazo para interposição e efeito suspensivo, *Revista Dialética de Direito Tributário*, 151/49 – Pelo efeito suspensivo dos Embargos, nos termos da LEF.

JURISPRUDÊNCIA SELECIONADA

1. Defensoria Pública. Prazo em dobro. "A disciplina da contagem em dobro do prazo aos defensores públicos aplica-se aos embargos à execução fiscal, uma vez que as normas que conferem essa prerrogativa – Lei nº 1.060/1950 e Lei Complementar nº 80/1994 – não fazem qualquer ressalva a respeito" (STJ, REsp 1100811/PR, Rel. Ministro Castro Meira, 2ª Turma, jul. 12.05.2009, *DJe* 27.05.2009).

2. Documentos Indispensáveis. "A juntada dos documentos que se encontram nos autos da execução se faz necessária se, julgados improcedentes os embargos, o embargante apelar. Nesse caso, será ônus do apelante juntar aos embargos as cópias dos documentos, sem o que o recurso não merece ser provido no ponto" (TRF 4ª Região, Apelação Cível 2005.71.08.012590-8, Rel. Antônio Albino Ramos de Oliveira, 2ª Turma, jul. 15.05.2007, *DJ* 23.05.2007).

3. Embargos:

Prazo para oposição. "A Primeira Seção, ao julgar recurso representativo de controvérsia (art. 543-C do CPC e Res. nº 8/2008 do STJ), proveu-o em parte, reiterando que o termo *a quo* para opor embargos à execução fiscal é contado a partir da data da intimação da penhora, e não da juntada aos autos do cumprimento do mandado (art. 16, III, da Lei nº 6.830/1980). Precedentes citados: AgRg no Ag. nº 771.476-RJ, *DJ* 2.04.2007, e REsp 810.051-RS, *DJ* 25.05.2006. Recurso repetitivo (art. 543-C, CPC)" (STJ, REsp 1.112.416/MG, Rel. Min. Herman Benjamin, 1ª Seção, jul. 27.05.2009).

Requisitos do mandado de intimação da penhora. "Está egrégia Corte Superior firmou o entendimento de que o mandado de intimação da penhora em ação executiva deve conter expressamente, além da menção ao prazo legal para a interposição dos Embargos à Execução, o termo a quo de seu início (data da intimação), sob pena de nulidade. Precedentes recentes: RMS 32.925/SP, Rel. Min. Arnaldo Esteves Lima, *DJe* 19/09/2011 e REsp. 1.269.075/CE, Rel. Min. Mauro Campbell Marques, *DJe* 08/09/2011. Tal providência se faz necessária exatamente para dar ciência ao destinatário da intimação do período de tempo que ele possui para tomar as medidas cabíveis em sua defesa, sendo insuficiente que do mandado conste, tão somente, a expressão prazo legal" (STJ, AgRg no REsp 1269071/CE, Rel. Min. Napoleão Nunes Maia Filho, 1ª Turma, jul. 05.06.2012, *DJe* 19.06.2012).

Intimação para oposição de embargos. Comparecimento espontâneo do executado. Suprimento. Impossibilidade. Ver jurisprudência do art. 12 da Lei nº 6.830/1980.

Ajuizamento de Embargos à Execução. *Dies a quo*. "O *dies a quo* do prazo para o ajuizamento de embargos à execução fiscal é a data da efetiva intimação da penhora (Precedente da Primeira Seção submetido ao rito do artigo 543-C, do CPC: REsp 1112416/MG, Rel. Ministro Herman Benjamin, jul. 27.05.2009, *DJe* de 09.09.2009), o que, entrementes, não afasta a proposição de que a fluência do aludido prazo reclama a constatação de que efetivamente garantido o juízo. Nada obstante, o § 1º do artigo 16, da Lei 6.830/80, determina que 'não são admissíveis embargos do executado antes de garantida a execução.' Malgrado o comparecimento espontâneo do réu supra a falta de intimação da penhora (assim como ocorre com a citação por força do artigo 214, § 1º, do CPC), a existência, nos autos da execução fiscal, de decisão judicial que pugnou pela pendência da garantia do juízo, obstando a admissibilidade dos embargos do executado (*ex vi* do disposto no artigo 16, § 1º, da Lei 6.830/80), justifica a fluência do prazo para embargar a partir da intimação da decisão que aceitou o seguro-garantia em substituição à 'irregular' penhora de créditos do devedor, por caracterizar a data em que se considerou efetivada a penhora e, *a fortiori*, garantida a execução" (STJ, REsp 1.126.307/MT, Rel. Min. Luiz Fux, 1ª Turma, jul. 01.03.2011, *DJe* 17.05.2011).

"Feito depósito em garantia pelo devedor, deve ser ele formalizado, reduzindo-se a termo. O prazo para oposição de embargos inicia-se, pois, a partir da intimação do depósito" (STJ, EREsp 1.062.537/RJ, Rel.ª Min.ª Eliana Calmon, Corte Especial, jul. 02.02.2009, *DJe* 04.05.2009).

Arrematação. "O termo inicial do prazo para o oferecimento dos embargos à arrematação é o dia em que se faz perfeita e irretratável a adjudicação pela Fazenda Pública, ou seja, após os 30 dias de que trata o art. 24, II, b, da Lei nº 6.830/1980, e não a partir da assinatura do auto de arrematação do art. 694 do CPC, que é a regra geral. No caso dos autos, o auto de arrematação foi lavrado em 30/5/2000; a Fazenda estadual teria até o dia 29/6/2000 para adjudicar o bem e, somente a partir do dia 30/6/2000, teria início o prazo de dez dias para oferecimento dos embargos à arrematação, como fez a recorrente, portanto tempestivos os embargos. Ressalta a Min. Relatora que o prazo de 10 dias estabelecido pelo art. 738 c/c art. 746 do CPC vigorou até o advento da Lei nº 11.382/2006, que alterou a redação do art. 746, reduzindo-o para cinco dias" (STJ, REsp 872.722/SP, Rel.ª Min.ª Eliana Calmon, jul. 03.06.2008).

Ausência de penhora. "A Turma reiterou seu entendimento de que se aplica o art. 739-A do CPC aos executivos fiscais regidos pela Lei nº 6.830/1980" (STJ, REsp 1024.128/PR, Rel. Min. Herman Benjamin, 2ª Turma, jul. 13.05.2008). **Entendimento superado (ver abaixo).**

Necessidade de penhora (§ 1º). "A regra da imprescindibilidade de garantia do juízo tem sido mitigada pela jurisprudência desta Corte Superior, a qual admite os embargos nas hipóteses de insuficiência da penhora, desde que esta venha a ser suprida posteriormente. (Precedentes: REsp 803.548/AL, Rel. Ministro Luiz Fux, Primeira Turma, *DJ* 04.06.2007; REsp 792.830/RJ, Rel. Ministro José Delgado, Primeira Turma, *DJ* 29.05.2006; REsp 983.734/SC, Rel. Ministro Castro Meira, Segunda Turma, *DJ* 08.11.2007). *In casu*, a penhora foi suficientemente realizada e **gravou bens da empresa executada**, em momento anterior à integração, no polo passivo da execução, do ora recorrido, o qual pode se utilizar da garantia do juízo para manejar os embargos à execução, máxime por tratar-se de responsabilidade subsidiária. É que o bem penhorado, sendo suficiente à garantia, propicia a execução de forma menos onerosa para os demais. (Precedente: REsp 97991/MG, Rel. Ministro Sálvio de Figueiredo Teixeira, Quarta Turma, julgado em 29/04/1998, *DJ* 01/06/1998)" (STJ, REsp 865.336/RS, Rel. Min. Luiz Fux, 1ª Turma, jul. 24.03.2009, *DJe* 27.04.2009). **No mesmo sentido:** STJ, REsp 1178883/MG, Rel. Min. Teori Albino Zavascki, 1ª Turma, jul. 20.10.2011, *DJe* 25.10.2011).

"A orientação desta Corte é pacífica no sentido de que, em se tratando de penhora sobre o faturamento, o prazo de trinta dias para o oferecimento dos embargos é contado da intimação da penhora (art. 16, III, da Lei 6.830). A vedação contida no art. 16, § 1º, da Lei 6.830/80 – 'não são admissíveis embargos do executado antes de garantida a execução' – não tem o condão de alterar o termo inicial do prazo para os embargos (para que seja contado da data em que houve o primeiro 'depósito' mensal)" (STJ, AgRg no AREsp 161.371/RJ, Rel. Min. Mauro Campbell Marques, 2ª Turma, jul. 19.06.2012, *DJe* 27.06.2012).

Hipossuficiência do embargante. "No julgamento do recurso especial n. 1.272.827/PE, Rel. Min. Mauro Campbell Marques, submetido ao rito dos recursos repetitivos, a Primeira Seção sedimentou orientação segunda a qual, 'em atenção ao princípio da especialidade da LEF, mantido com a reforma do CPC/73, a nova redação do art. 736 do CPC dada pela Lei nº 11.382/2006 – artigo que dispensa a garantia como condicionante dos embargos – não se aplica às execuções fiscais diante da presença de dispositivo específico, qual seja o art. 16, § 1º, da Lei n. 6.830/80, que exige expressamente a garantia para a apresentação dos embargos à execução fiscal.' A Constituição Federal de 1988, por sua vez, resguarda a todos os cidadãos o direito de acesso ao Poder Judiciário, ao contraditório e à ampla defesa (art. 5º, CF/88), tendo esta Corte Superior, com base em tais princípios constitucionais, **mitigado a obrigatoriedade de garantia integral do crédito executado para o recebimento dos embargos à execução fiscal**, restando o tema, *mutatis mutandis*, também definido na Primeira Seção, no julgamento do REsp 1.127.815/SP, na sistemática dos recursos repetitivos. **Nessa linha de interpretação, deve ser afastada a exigência da garantia do juízo para a oposição de embargos à execução fiscal, caso comprovado inequivocadamente que o devedor não possui patrimônio para garantia do crédito exequendo.** Nada impede que, no curso do processo de embargos à execução, a Fazenda Nacional diligencie à procura de bens de propriedade do embargante aptos à penhora, garantindo-se posteriormente a execução (...) Num raciocínio sistemático da legislação federal aplicada, pelo simples fato do executado ser amparado pela gratuidade judicial, não há previsão expressa autorizando a oposição dos embargos sem a garantia do juízo. *In casu*, a controvérsia deve ser resolvida não sob esse ângulo (do executado ser beneficiário, ou não, da justiça gratuita), mas sim, pelo lado da sua hipossuficiência, pois, adotando-se tese contrária, "tal implicaria em garantir o direito de defesa ao 'rico', que dispõe de patrimônio suficiente para segurar o Juízo, e negar o direito de defesa ao 'pobre'" (STJ, REsp 1487772/SE, Rel. Min. Gurgel de Faria, 1ª Turma, jul. 28.05.2019, *DJe* 12.06.2019).

Insuficiência de penhora. "A Primeira Seção do STJ, no julgamento do REsp 1.127.815/SP, Rel. Min. Luiz Fux, submetido ao rito dos recursos repetitivos, nos termos do art. 543-C do CPC/73 e da Resolução 8/2008 do STJ, consolidou **entendimento segundo o qual 'não se deve obstar a admissibilidade ou apreciação dos embargos à execução pelo simples fato de que o valor do bem constrito é inferior ao valor exequendo**, devendo o juiz proceder à intimação do devedor para reforçar a penhora'. Ressaltou-se, entretanto, que 'a insuficiência patrimonial do devedor é a justificativa plausível à apreciação dos embargos à execução sem que o executado proceda ao reforço da penhora, [...], desde que comprovada inequivocamente'." (STJ, AgInt no AREsp 912.110/SP, Rel. Min. Humberto Martins, 2ª Turma, jul. 18.08.2016, *DJe* 25.08.2016).

Seguro garantia. Despesas não ressarcíveis. "O art. 16 da Lei n. 6.830/1980 dispõe que para garantia da execução é necessário o depósito, a juntada de prova de fiança bancária ou seguro garantia ou, ainda, intimação da penhora. O devedor pode escolher qual garantia oferecer, o que retira seu enquadramento da natureza de despesa de ato processual, para fins de ressarcimento, não sendo impositivo o ressarcimento de tais valores pela Fazenda Pública" (STJ, REsp 1.852.810/RS, Rel. Min. Francisco Falcão, 2ª Turma, jul. 13.09.2022, *DJe* 19.09.2022).

4. Efeito suspensivo. Divergência no STJ:

Posição da 1ª Turma. "O art. 739-A do CPC, que nega aos embargos de devedor, como regra, o efeito suspensivo, não é aplicável às execuções fiscais. Em primeiro lugar, porque há disposições expressas reconhecendo, ainda que indiretamente, o efeito suspensivo aos embargos nessas execuções (arts. 19 e 24 da Lei 6.380/80 e art. 53, § 4º da Lei 8.212/91). E, em segundo lugar, porque, a mesma Lei 11.362/06 – que acrescentou o art. 739-A ao CPC (retirando dos embargos, em regra, o efeito suspensivo automático) –, também alterou o art. 736 do Código, para retirar desses embargos a exigência da prévia garantia de juízo" (STJ, REsp 1.178.883/MG, Rel. Min. Teori Albino Zavascki, 1ª Turma, jul. 20.10.2011, *DJe* 25.10.2011).

Posição da 2ª Turma. "A Lei de Execuções Fiscais (Lei 6.830/1980) determina, em seu art. 1º, a aplicação subsidiária das normas do CPC. Não havendo disciplina específica a respeito do efeito suspensivo nos embargos à execução fiscal, a doutrina e a jurisprudência sempre aplicaram as regras do Código de Processo Civil. A interpretação sistemática pressupõe, além da análise da relação que os dispositivos da Lei 6.830/1980 guardam entre si, a respectiva interação com os princípios e regras da teoria geral do processo de execução. Nessas condições, as alterações promovidas pela Lei 11.382/2006, notadamente o art. 739-A, § 1º, do CPC, são plenamente aplicáveis aos processos regidos pela Lei 6.830/1980. Não se trata de privilégio odioso a ser concedido à Fazenda Pública, mas sim de justificável prerrogativa alicerçada nos princípios que norteiam o Estado Social, dotando a Administração de meios eficazes para a célere recuperação dos créditos públicos" (STJ, REsp 1024128/PR, Rel. Min. Herman Benjamin, 2ª Turma, jul. 13.05.2008, *DJe* 19.12.2008). **No mesmo sentido:** STJ, AgRg no AREsp 140.510/AL, Rel. Min. Castro Meira, 2ª Turma, jul. 05.06.2012, *DJe* 14.06.2012.

Uniformização pela 1ª Seção (art. 543-C do CPC/1973). "(...) tanto a Lei n. 6.830/80 – LEF quanto o art. 53, §4º da Lei n. 8.212/91 não fizeram a opção por um ou outro regime, isto é, são compatíveis com a atribuição de efeito suspensivo ou não aos embargos do devedor. Por essa razão, não se incompatibilizam com o art. 739-A do CPC/73 (introduzido pela Lei 11.382/2006) que condiciona a atribuição de efeitos suspensivos aos embargos do devedor ao cumprimento de três requisitos: apresentação de garantia; verificação pelo juiz da relevância da fundamentação (*fumus boni juris*) e perigo de dano irreparável ou de difícil reparação (*periculum in mora*). Em atenção ao princípio da especialidade da LEF, mantido com a reforma do CPC/73, a nova redação do art. 736, do CPC dada pela Lei n. 11.382/2006 – artigo que dispensa a garantia como condicionante dos embargos – não se aplica às execuções fiscais diante da presença de dispositivo específico, qual seja o art. 16, § 1º, da Lei n. 6.830/80, que exige expressamente a garantia para a apresentação dos embargos à execução fiscal" (STJ, REsp 1272827/PE, Rel. Min. Mauro Campbell Marques, 1ª Seção, jul. 22.05.2013, *DJe* 31.05.2013).

Efeito suspensivo excepcional, em caráter cautelar. "É plenamente possível a atribuição de efeito suspensivo aos embargos à execução fiscal, desde que preenchidos três requisitos: apresentação de garantia; verificação pelo Juiz da relevância da fundamentação (*fumus boni juris*) e perigo de dano irreparável ou de difícil reparação (periculum in mora) (Recurso Especial 1.272.827/PE, Rel. Min. Mauro Campbell Marques, *DJe* 31.05.2013 recurso submetido à sistemática prevista no art. 543-C do CPC, c/c a Resolução 8/2008 – Presidência/STJ)" (STJ, AgRg no AREsp 529.414/RS, Rel. Min. Mauro Campbell Marques, 2ª Turma, jul. 26.08.2014, *DJe* 01.09.2014). **No mesmo sentido:** STJ, AgRg no AREsp 516.608/SP, Rel. Min. Mauro Campbell Marques, 2ª Turma, jul. 18.06.2014, *DJe* 05.08.2014).

5. Exceção de incompetência. "A Lei de Execução Fiscal é norma especial em relação ao Código de Processo Civil – o qual será aplicado subsidiariamente em relação àquela consoante o art. 1º da LEF. O art. 16 da Lei nº 6.830/80 estabelece que o executado oferecerá embargos no prazo máximo de 30 (trinta) dias, nos quais – consoante o parágrafo 2º do referido dispositivo – o embargante deverá alegar toda a matéria de defesa, inclusive as exceções. O prazo para a alegação das exceções é, portanto, de 30 (trinta) dias. Não afasta essa conclusão o fato de o referido diploma normativo prever no § 3º do seu art. 16, que as exceções, salvo as de suspeição, incompetência e impedimentos, serão arguidas como matéria preliminar e processadas e julgadas com os embargos. É que a ressalva tem como escopo unicamente chamar a aplicação da sistemática estabelecida no Código de Processo Civil, já que a própria Lei de Execução Fiscal é silente a respeito, no sentido de que a exceção de incompetência absoluta é arguida preliminarmente na defesa (art. 301, II, do CPC) e a incompetência relativa é arguida em autos apartados (arts. 112 e 307 do CPC)" (STJ, REsp 640871/PE, Rel. Min. Mauro Campbell Marques, 2ª Turma, jul. 17.02.2009, *DJe* 24.03.2009).

6. Exceção de pré-executividade:

Aplicabilidade. "Encontra-se pacificado no âmbito das egrégias Turmas que compõem a 1ª Seção do STJ o entendimento de que a exceção de pré-executividade é **cabível para discutir matérias de ordem pública** na execução fiscal, *id est*, os pressupostos processuais, as condições da ação, os vícios objetivos do título executivo, atinentes à certeza, liquidez e exigibilidade, não sendo permitida a sua interposição quando necessite de dilação probatória" (STJ, EREsp 866632/MG, Rel. Min. José Delgado, 1ª Seção, jul. 12.12.2007, *DJ* 25.02.2008). **No mesmo sentido:** STJ, REsp 657.281/MT, Rel. Min. Luiz Fux, jul. 15.02.2005, *DJ* 21.03.2005.

"A possibilidade de verificação de plano, **sem necessidade de dilação probatória**, delimita as matérias passíveis de serem deduzidas na exceção de pré-executividade, independentemente da garantia do juízo" (STJ, REsp 906305/RS, Rel. Min. Castro Meira, 2ª Turma, jul. 01.03.2007, *DJ* 15.03.2007, p. 305).

"A exceção de pré-executividade revela-se incabível nas hipóteses em que exsurge a necessidade de exame aprofundado das provas no sentido de confirmar a ausência de responsabilidade das agravantes no tocante à gerência da sociedade. Nos termos do art. 16, § 3º, da Lei 6.830/80, toda matéria de defesa, a ser examinada sob o crivo do contraditório, tem que ser deduzida em sede de embargos à execução" (STJ, AgRg no REsp 536505/RJ, Rel. Min. Francisco Falcão, 1ª Turma, jul. 09.03.2004, *DJ* 17.05.2004).

Recurso cabível. "A decisão que acolhe a exceção de pré-executividade, sem extinguir o processo, por tratar-se de decisão interlocutória, desafia agravo de instrumento, e não apelação. No presente caso, embora tenha ocorrido a exclusão do recorrente do polo passivo da execução fiscal, tal decisão não extinguiu o processo, continuando este em face do executado indicado na nova certidão de dívida ativa. Assim, não havendo a extinção da execução fiscal, o recurso cabível contra a decisão proferida na exceção de pré-executividade é o agravo de instrumento e, não apelação" (STJ, AgRg nos EDcl no Ag 1132332/SP, Rel. Min. Mauro Campbell Marques, 2ª Turma, jul. 15.04.2010, *DJe* 05.05.2010).

Não cabimento: "A exceção de pré-executividade é admissível na execução fiscal relativamente às matérias conhecíveis de ofício que não demandem dilação probatória' (Súmula 393/STJ). É inadmissível a exceção de pré-executividade para veicular nulidade de título sob fundamento de inclusão indevida de verbas de caráter indenizatório na base de cálculo da contribuição previdenciária, diante da necessidade de produção de provas hábeis a infirmar a presunção de certeza e liquidez de que goza a dívida ativa regularmente inscrita (CTN, art. 204; Lei 6.830/1980, art. 3º)" (TRF1R, Ag 00582455320114010000, Rel. Des. Cristiane Pederzolli Rentzsch, 8ª Turma, jul. 06.02.2017, *DJe* 24.02.2017).

7. Exceção de pré-executividade. Hipóteses de cabimento:

Inconstitucionalidade do tributo. "A inconstitucionalidade das exações que ensejaram a propositura da ação executória *sub judice* infirma a própria exigibilidade dos títulos em que esta se funda, matéria, inequivocamente arguível em sede de exceção de pré-executividade. Consectariamente, sua veiculação em exceção de pré-executividade é admissível. Precedentes desta Corte: REsp nº 595.451/RJ, Primeira Turma, Rel. Min. Teori Albino Zavascki; *DJ* de 06/09/2004; REsp nº 600.986/RJ, Rel. Min. Franciulli Netto, *DJ* de 11/05/2005, REsp 625203/RJ Rel. Ministro Francisco Falcão, *DJ* 01.07.2005" (STJ, AgRg no Ag 977.769/RJ, Rel. Min. Luiz Fux, Corte Especial, jul. 03.02.2010, *DJe* 25.02.2010).

Alegação de prescrição. "A prescrição, por ser causa extintiva do direito exequente, é passível de ser veiculada em exceção de pré-executividade. Precedentes: REsp 577.613/RS, *DJ* de 08/11/2004; REsp 537.617/PR, *DJ* de 08/03/2004 e REsp 388.000/RS, *DJ* de 18/03/2002" (STJ, AgRg no REsp 1.202.195/PR, Rel. Min. Luiz Fux, 1ª Turma, jul. 03.02.2011, *DJe* 22.02.2011).

Ilegitimidade passiva. "No caso em exame, o acórdão bem aceitou a exceção de pré-executividade, haja vista ter ficado demonstrado ser o executado parte ilegítima na relação jurídica buscada pelo INSS" (STJ, REsp 371460/RS, Rel. Min. José Delgado, 1ª Turma, jul. 05.02.2002, *DJ* 18.03.2002).

Imunidade tributária. "Conforme jurisprudência assente nesta Corte, possível a arguição de imunidade tributária incidente em exceção de pré-executividade nas hipóteses em que ela é comprovada de plano, sem necessidade de dilação probatória" (STJ, AgRg no AREsp 12591/RJ, Rel. Min. Cesar Asfor Rocha, 2ª Turma, jul. 06.03.2012, *DJe* 14.03.2012).

Vício formal no título. "A denominada 'exceção de pré-executividade' é remédio processual admitido apenas em situações específicas. É exemplo dessa hipótese a existência de vício formal no título executivo, ou mesmo a ausência das condições da ação. De tal maneira, a aplicação desse procedimento processual deve ser realizada de maneira restritiva" (STJ, REsp 775.365/MG, Rel. Min. José Delgado, 1ª Turma, jul. 02.02.2006, *DJ* 20.02.2006). **No mesmo sentido**: STJ, REsp 366487/SC, Rel. Min. João Otávio de Noronha, 2ª Turma, jul. 21.03.2006, *DJ* 29.03.2006.

Falta de pressupostos processuais ou condições da ação. Esta Corte vem-se firmando no sentido de que a proibição do instituto da exceção de pré-executividade no âmbito da execução fiscal não é absoluta (REsp nº 371.460/RS e REsp nº 232.076/PE), razão pela qual é possível se opor exceção de pré-executividade no âmbito de execução fiscal para se discutir a ocorrência de questões relativas aos pressupostos processuais, condições da ação, vícios do título e prescrição manifesta, de modo que a referida exceção deverá ser aplicada, desde que a questão não requeira a dilação probatória, como, na hipótese dos autos, a decretação da prescrição intercorrente" (STJ, AgRg no REsp 740.125/SP, Rel. Min. Francisco Falcão, 1ª Turma, jul. 14.06.2005, *DJ* 29.08.2005). **No mesmo sentido**: STJ, AgRg nos EDcl na MC 6.138/SP, Rel. Min. Carlos Alberto Menezes Direito, 3ª Turma, jul. 08.05.2003, *DJ* 23.06.2003.

Alegação de pagamento da dívida. "A doutrina e a jurisprudência, como todos conhecem, aceitam que 'os embargos de devedor pressupõem penhora regular, que só se dispensa em sede de exceção de pré-executividade, limitada à questões relativas aos pressupostos processuais e às condições da ação', incluindo-se a alegação de que a dívida foi paga (REsp nº 325893/SP)" (STJ, REsp 371460/RS, Rel. Min. José Delgado, 1ª Turma, jul. 05.02.2002, *DJ* 18.03.2002).

Incidência da taxa SELIC. "A questão da suscitada impossibilidade de incidência da taxa SELIC para fins de correção do débito inscrito em dívida ativa, não demanda dilação probatória" (STJ, REsp 885785/SP, Rel. Min. Luiz Fux, 1ª Turma, jul. 12.02.2008, *DJe* 02.04.2008).

Aplicação de multa e juros em processo falimentar. "A aplicação de multa e juros em processo falimentar, por versar matéria essencialmente de direito que diz respeito a própria liquidez e certeza do título é passível de ser arguida em sede de exceção de pré-executividade" (STJ, REsp 949319/MG, Rel. Min. Luiz Fux, 1ª Seção, jul. 14.11.2007, *DJ* 10.12.2007). **No mesmo sentido:** STJ, AgRg no REsp 1118461/RS, Rel. Min. Herman Benjamin, 2ª Turma, jul. 15.12.2009, *DJe* 18.12.2009. **Em sentido contrário:** "A exclusão de juros e multa moratória da massa falida não pode ser objeto de exceção de pré-executividade. Precedentes" (STJ, REsp 935.721/MG, Rel. Min. Castro Meira, 2ª Turma, jul. 21.06.2007, *DJ* 01.08.2007).

8. Honorários advocatícios.

Fazenda Pública Estadual. Exceção de pré-executividade. Acolhimento parcial. Reconhecimento do pedido pela exequente. Honorários advocatícios. Cabimento. "A norma contida no art. 19, § 1º, I, da Lei n. 10.522/2002, que dispensa o pagamento de honorários advocatícios na hipótese de o exequente reconhecer a procedência do pedido veiculado pelo devedor em embargos à execução fiscal ou em exceção de pré-executividade, é dirigida exclusivamente à Fazenda Nacional, não sendo aplicável no âmbito de execução fiscal ajuizada por Fazenda Pública estadual. Por tratar-se de norma de exceção, que afasta a regra geral contida no estatuto processual sobre o direito do advogado à percepção dos honorários advocatícios, deve ela ser interpretada restritivamente, não comportando aplicação extensiva, seja por analogia ou equidade" (STJ, REsp. 2.037.693/GO, Rel. Min. Gurgel de Faria, 1ª Turma, jul. 07.03.2023, *DJe* 10.04.2023).

Exclusão do coexecutado do polo passivo. Fixação de honorários por apreciação equitativa. "Embargos de divergência aos quais se nega provimento, mantendo incólume o acórdão proferido pela Primeira Turma no sentido de que, nos casos em que a exceção de pré-executividade visar, tão somente, à exclusão do excipiente do polo passivo da execução fiscal, sem impugnar o crédito executado, os honorários advocatícios deverão ser fixados por apreciação equitativa, nos moldes do art. 85, § 8º, do CPC/2015, porquanto não há como se estimar o proveito econômico obtido com o provimento jurisdicional" (STJ, EREsp 1.880.560/RN, Rel. Min. Francisco Falcão, 1ª Seção, jul. 24.04.2024, *DJe* 06.06.2024).

Ver jurisprudência do art. 85 do CPC/2015.

9. Redirecionamento da execução para os sócios. Penhora efetivada sobre bens da empresa. "As garantias do acesso à justiça e da ampla defesa possibilitam que o sócio-gerente, que teve contra si redirecionada a execução fiscal, oponha embargos à execução, quando a demanda esteja garantida pela penhora sobre os bens da empresa" (STJ, REsp 1.023.309, Min. Rel. Luiz Fux, 1ª Turma, jul. 21.09.2010 *DJe* 04.10.2010).

Prescrição intercorrente. Favorecimento aos demais responsáveis solidários. "O redirecionamento da execução contra o sócio deve ocorrer no prazo de cinco anos da citação da pessoa jurídica, de modo a não tornar imprescritível a dívida fiscal. Precedentes. Se o pagamento da dívida por um dos sócios favorece aos demais, por igual razão a prescrição da dívida arguida por um dos sócios, e reconhecida pelo juízo competente, aproveita aos demais devedores solidários, nos termos do art. 125 do Código Tributário Nacional e arts. 274 e 275 do Código Civil" (STJ, AgRg no REsp 958.846/RS, Rel. Min. Humberto Martins, 2ª Turma, jul. 15.09.2009, *DJe* 30.09.2009). **No mesmo sentido:** AgRg no Ag 1.246.859/SP, Rel. Min. Castro Meira, 2ª Turma, jul. 17.12.2009, *DJe* 10.02.2010.

10. Conexão entre embargos do devedor e ação anulatória. "Para evitar decisões conflitantes, é possível a conexão entre ação anulatória de débito fiscal e a ação executiva, desde que contenham elementos similares. Assim, reúnem-se os feitos" (STJ, REsp 157675/SP, Rel. Min. Humberto Gomes de Barros, 1ª Turma, jul. 14.12.1998, *DJ* 22.03.1999, p. 64). **No mesmo sentido:** STJ, AgRg no REsp 121.438/SP, Rel. Min. Francisco Falcão, 1ª Turma, jul. 17.09.2002, *DJ* 25.11.2002, p. 186.

11. Competência para julgamento de ação anulatória ajuizada anteriormente à execução fiscal. "Nos termos da jurisprudência desta Corte Superior, o ajuizamento posterior de Execução Fiscal, perante a Vara Especializada em Execuções, não modifica a competência para julgamento da Ação Anulatória de Débito, intentada anteriormente na Vara Cível. A remessa da Ação Anulatória, em tal cenário, resultaria em modificação de competência fora das hipóteses permitidas pelo sistema processual, além de possibilitar a violação da boa-fé objetiva processual pela prática de *forum shopping*. Nessas situações, caberá ao Juízo Executório decidir, se cabível, pela suspensão da Execução enquanto tramita a Ação Anulatória potencialmente prejudicial, nos termos do art. 313, V, *a*, do Código Fux. Julgados: AgInt no REsp. 1.700.752/SP, Rel. Min. Mauro Campbell Marques, *DJe* 3.5.2018; CC 105.358/SP, Rel. Min. Mauro Campbell Marques, *DJe* 22.10.2010; CC 106.041/SP, Rel. Min. Castro Meira, *DJe* 9.11.2009" (STJ, AgInt no AREsp 1.196.503/RJ, Rel. Min. Napoleão Nunes Maia Filho, 1ª Turma, jul. 29.04.2019, *DJe* 10.05.2019).

12. Compensação com precatórios devidos por ente jurídico de natureza distinta. Ver jurisprudência do art. 910 do CPC/2015.

13. Embargos à execução contra a Fazenda Pública. Ver jurisprudência do art. 535 do CPC/2015.

Executado hipossuficiente. Exigência de garantia do juízo. Desnecessidade. "Os embargos são o meio de defesa do executado contra a cobrança da dívida tributária ou não tributária da Fazenda Pública, mas que "não serão admissíveis (...) antes de garantida a execução" (art. 16, § 1º, da Lei nº 6.830/80). No julgamento do recurso especial n.1.272.827/PE, Rel. Min. Mauro Campbell Marques, submetido ao rito dos recursos repetitivos, a Primeira Seção sedimentou orientação segunda a qual, "em atenção ao princípio da especialidade da LEF, mantido com a reforma do CPC/73, a nova redação do art. 736 do CPC dada pela Lei n. 11.382/2006 – artigo que dispensa a garantia como condicionante dos embargos – não se aplica às execuções fiscais diante da presença de dispositivo específico, qual seja o art. 16, § 1º, da Lei n. 6.830/80, que exige expressamente a garantia para a apresentação dos embargos à execução fiscal." (...) Nessa linha de interpretação, deve ser afastada a exigência da garantia do juízo para a oposição de embargos à execução fiscal, caso comprovado inequivocadamente que o devedor não possui patrimônio para garantia do crédito exequendo. Nada impede que, no curso do processo de embargos à execução, a Fazenda Nacional diligencie à procura de bens de propriedade do embargante aptos à penhora, garantindo-se posteriormente a execução. (...) *In casu*, a controvérsia deve ser resolvida não sob esse ângulo (do executado ser beneficiário, ou não, da justiça gratuita), mas sim, pelo lado da sua hipossuficiência, pois, adotando-se tese contrária, "tal implicaria em garantir o direito de defesa ao "rico", que dispõe de patrimônio suficiente para segurar o Juízo, e negar o direito de defesa ao "pobre" (STJ, REsp 1487772/SE, Rel. Min. Gurgel de Faria, Primeira Turma, jul. 28.05.2019, *DJe* 12.06.2019).

14. (§ 3º). "'O art. 16, § 3º, da LEF deve ser lido com tempero. O que não é permitido é, em defesa na execução fiscal, o executado apresentar créditos que possui (indébitos tributários, créditos presumidos ou premiais ou outros créditos contra o ente público exequente tais como: precatórios a receber e ações diversas ajuizadas) a fim de abater os créditos tributários em execução. No entanto, nada impede que alegue a existência de compensações efetivamente já realizadas, efetivadas e reconhecidas, em processo administrativo ou judicial, com os créditos que são objeto da CDA, e que, por esse motivo, não poderiam ali estar (compensações tributárias pretéritas). Hipótese em que o crédito tributário veiculado na CDA foi incorretamente inscrito' (REsp. n. 1.252.333-PE, Segunda Turma, Rel. Min. Mauro Campbell Marques, julgado em 28.6.2011)" (STJ, REsp 1305881/PR, Rel. Min. Mauro Campbell Marques, 2ª Turma, jul. 07.08.2012, *DJe* 14.08.2012).

15. Compensação tributária pretérita alegada como matéria de defesa. Possibilidade. "A compensação tributária adquire a natureza de direito subjetivo do contribuinte (oponível em sede de embargos à execução fiscal), em havendo a concomitância de três elementos essenciais: (i) a existência de crédito tributário, como produto do ato administrativo do lançamento ou do ato-norma do contribuinte que constitui o crédito tributário; (ii) a existência de débito do fisco, como resultado: (a) de ato administrativo de invalidação do lançamento tributário, (b) de decisão administrativa, (c) de decisão judicial, ou (d) de ato do próprio administrado, quando autorizado em lei, cabendo à Administração Tributária a fiscalização e ulterior homologação do débito do fisco apurado pelo contribuinte; e (iii) a existência de lei específica, editada pelo ente competente, que autorize a compensação, *ex vi* do artigo 170, do CTN" (STJ, REsp 1008343/SP, Rel. Min. Luiz Fux, 1ª Seção, jul. 09.12.2009, *DJe* 01.02.2010). **Obs.: Decisão submetida a julgamento de recursos repetitivos.**

16. Reconhecimento da exigibilidade parcial da CDA. "É firme a orientação da Primeira Seção desta Corte, quanto à possibilidade de redução do valor constante da CDA para exclusão de eventual quantia cobrada a maior, quando esta puder ser feita por meros cálculos aritméticos, como na hipótese, conforme afirmado pelo Tribunal Estadual" (STJ, AgRg no REsp 941809/PE, Rel. Min. Napoleão Nunes Maia Filho, 1ª Turma, jul. 04.10.2012, *DJe* 15.10.2012).

Art. 17. Recebidos os embargos, o Juiz mandará intimar a Fazenda, para impugná-los no prazo de 30 (trinta) dias, designando, em seguida, audiência de instrução e julgamento.

Parágrafo único. Não se realizará audiência, se os embargos versarem sobre matéria de direito, ou, sendo de direito e de fato, a prova for exclusivamente documental, caso em que o Juiz proferirá a sentença no prazo de 30 (trinta) dias.

JURISPRUDÊNCIA SELECIONADA

1. Embargos à execução improcedentes. Interposição de apelação. "O caráter definitivo da execução fiscal não é modificado pela interposição de recurso contra sentença que julgar improcedentes os embargos. 'Tal definitividade abrange todos os atos, podendo realizar-se praça para a alienação do bem penhorado com a expedição da respectiva carta de arrematação' (REsp 144.127/SP, Rel. Min. Waldemar Zveiter, *DJU* 01.02.1999). Se, ao término do julgamento dos recursos interpostos da sentença de improcedência dos embargos, recebidos apenas no efeito devolutivo, a solução da lide for favorável ao executado resolve-se em perdas e danos. Precedentes. Agravo regimental provido, para declarar que a execução fiscal em questão é definitiva e autorizar o leilão do bem penhorado" (STJ, 2ª Turma, AgRg no REsp 422.580/RJ, Rel. Min. Franciulli Netto, ac. de 21.06.2005, *DJ* 05.12.2005, p. 267).

Efeitos da apelação. "O acórdão recorrido encontra-se alinhado à orientação deste Tribunal Superior, no sentido de que a apelação interposta contra sentença de improcedência dos Embargos à Execução Fiscal deve ser recebida, em regra, apenas no efeito devolutivo (MC 18.044/SP, Rel. Ministro Humberto Martins, Segunda Turma, *DJe* 14/6/2012; AgRg no Ag 1345765/SP, Rel. Ministro Cesar Asfor Rocha, Segunda Turma, *DJe* 17/3/2011; AgRg no AREsp 111.329/SP, Rel. Ministro Benedito Gonçalves, Primeira Turma, *DJe* 12/6/2012)" (STJ, AgRg na MC 19565/RJ, Rel. Min. Herman Benjamin, 2ª Turma, jul. 04.09.2012, *DJe* 11.09.2012).

2. Improcedência dos embargos à execução fiscal. Possibilidade de efetivação dos atos de alienação de domínio mesmo antes do trânsito em julgado. "Na execução fiscal fundada em título extrajudicial, sendo definitiva, podem ser praticados todos os atos, até mesmo a praça ou o leilão de bens. Isso porque o referido título tem eficácia plena e goza de presunção de certeza, liquidez e exigibilidade. Caso, ao final, o ente público saia vencido, resolve-se a lide em perdas e danos em favor do executado. Agravo regimental desprovido" (STJ, 1ª Turma, AgRg no REsp 604.865/RS, Rel.ª Min.ª Denise Arruda, ac. de 06.09.2005, *DJ* 03.10.2005, p. 125).

3. Verbas sucumbenciais. "É incabível – nos termos da jurisprudência desta Corte e tratando-se de embargos à execução fiscal – a condenação da empresa contribuinte em honorários advocatícios, pois estes já se encontram inclusos no valor do encargo legal de 20%, nos termos do disposto no Decreto-Lei 1.025/69" (STJ, AgRg na DESIS no REsp 1148430/RJ, Rel. Min. Castro Meira, 2ª Turma, jul. 06.04.2010, *DJe* 14.04.2010).

"O encargo do DL nº 1.025/1969, embora nominado de honorários de sucumbência, não tem a mesma natureza jurídica dos honorários do advogado tratados no CPC/2015, **razão pela qual esse diploma não revogou aquele, em estrita observância**

ao princípio da especialidade. Hipótese em que o Tribunal Regional Federal da 2ª Região, mantendo a incidência do encargo do DL nº 1.025/1969 na sucumbência do contribuinte executado, acertadamente rejeitou a aplicação do escalonamento dos honorários estabelecido no § 3º do art. 85 do CPC/2015 às execuções fiscais" (STJ, REsp 1798727/RJ, Rel. Min. Gurgel de Faria, 1ª Turma, jul. 09.05.2019, *DJe* 04.06.2019).

Débito quitado após o ajuizamento da execução fiscal, mas antes da citação. "O art. 85, § 1º, do CPC, ao afirmar que os honorários são devidos para a execução resistida ou não resistida, quer dizer, em verdade – e conforme se depreende da leitura do *caput* do mesmo dispositivo –, que, quando existe a formação da relação jurídica processual entre exequente e executado, independentemente de apresentação de defesa em autor próprios ou apartados, existe a incidência honorários advocatícios. Não cabimento de condenação em honorários da parte executada para pagamento do débito executado em momento posterior ao ajuizamento e anterior à citação, em decorrência da leitura complementar dos princípios da sucumbência e da causalidade, e porque antes da citação não houve a triangularização da demanda. Evidentemente, a causalidade impede também que a Fazenda Pública seja condenada em honorários pelo pagamento anterior à citação e após o ajuizamento, uma vez que, no momento da propositura da demanda, o débito inscrito estava ativo. Nesse caso, portanto, tem-se uma hipótese de ausência de responsabilidade pelo pagamento de honorários" (STJ, REsp 1.927.469/PE, Rel. Min. Og Fernandes, 2ª Turma, jul. 10.08.2021, *DJe* 13.09.2021).

4. Inocorrência de preclusão para a Fazenda Pública. Indisponibilidade do crédito tributário. "(...) nos casos relacionados a direitos indisponíveis da Fazenda Pública, a sua ausência de manifestação não autoriza concluir automaticamente que são verdadeiros os fatos alegados pela parte contrária, podendo a autoridade judicial, com base no livre convencimento, exigir a respectiva comprovação" (STJ, REsp 1364444/RS, Rel. Min. Herman Benjamin, 2ª Turma, jul. 08.04.2014, *DJe* 18.06.2014).

Art. 18. Caso não sejam oferecidos os embargos, a Fazenda Pública manifestar-se-á sobre a garantia da execução.

Art. 19. Não sendo embargada a execução ou sendo rejeitados os embargos, no caso de garantia prestada por terceiro, será este intimado, sob pena de contra ele prosseguir a execução nos próprios autos, para, no prazo de 15 (quinze) dias:

I – remir o bem, se a garantia for real; ou

II – pagar o valor da dívida, juros e multa de mora e demais encargos, indicados na Certidão de Dívida Ativa pelos quais se obrigou se a garantia for fidejussória.

Art. 20. Na execução por carta, os embargos do executado serão oferecidos no Juízo deprecado, que os remeterá ao Juízo deprecante, para instrução e julgamento.

Parágrafo único. Quando os embargos tiverem por objeto vícios ou irregularidades de atos do próprio Juízo deprecado, caber-lhe-á unicamente o julgamento dessa matéria.

Art. 21. Na hipótese de alienação antecipada dos bens penhorados, o produto será depositado em garantia da execução, nos termos previstos no artigo 9º, inciso I.

Art. 22. A arrematação será precedida de edital, afixado no local de costume, na sede do Juízo, e publicado em resumo, uma só vez, gratuitamente, como expediente judiciário, no órgão oficial.

§ 1º O prazo entre as datas de publicação do edital e do leilão não poderá ser superior a 30 (trinta), nem inferior a 10 (dez) dias.

§ 2º O representante judicial da Fazenda Pública, será intimado, pessoalmente, da realização do leilão, com a antecedência prevista no parágrafo anterior.

Art. 23. A alienação de quaisquer bens penhorados será feita em leilão público, no lugar designado pelo Juiz.

§ 1º A Fazenda Pública e o executado poderão requerer que os bens sejam leiloados englobadamente ou em lotes que indicarem.

§ 2º Cabe ao arrematante o pagamento da comissão do leiloeiro e demais despesas indicadas no edital.

JURISPRUDÊNCIA SELECIONADA

1. Arrematação insuficiente. Novo leilão. "O art. 23 da Lei nº 6.830/80 não veda, taxativamente, a realização de novo leilão. A arrematação por valor inexpressivo impõe seja realizada outra licitação. Recurso provido" (STJ, 2ª Turma, REsp 11.483/SP, Rel. Min. Peçanha Martins, ac. de 15.03.1993, *DJ* 10.05.1993, p. 8.622).

2. Parcelamento do valor da arrematação. Previsão em edital. "(...) a arrematação ocorreu de forma parcelada sem que as condições do parcelamento da arrematação tivessem constado do edital de leilão, impedindo que outros licitantes pudessem acorrer à hasta pública em iguais condições ao que efetivamente arrematou, sendo flagrante o prejuízo ao executado que viu seu bem ser alienado por valor inferior ao que poderia atingir se houvesse outros concorrentes" (STJ, REsp 1431155/PB, Rel. Min. Mauro Campbell Marques, 2ª Turma, jul. 27.05.2014, *DJe* 02.06.2014).

3. Coexistência de execuções civil e fiscal. Arrematação de bem penhorado. Indevido levantamento dos valores. Insurgência da Fazenda. Crédito preferencial. Restituição devida. "O entendimento desta Corte aponta no sentido de que, coexistindo execução fiscal e execução civil, contra o mesmo devedor, com pluralidade de penhoras recaindo sobre o mesmo bem, o produto da venda judicial, por força de lei, deve satisfazer o crédito fiscal em primeiro lugar. Precedente. (...) A decisão que deferiu o pedido de levantamento do produto da arrematação em benefício do credor particular não foi antecedida da necessária intimação da Fazenda Nacional – titular de crédito preferencial perseguido em execução fiscal garantida por penhora sobre o bem arrematado" (STJ, REsp 1661481/SP, Rel. Min. Nancy Andrighi, 3ª Turma, jul. 10.03.2020, *DJe* 12.03.2020).

Art. 24. A Fazenda Pública poderá adjudicar os bens penhorados:

I – antes do leilão, pelo preço da avaliação, se a execução não for embargada ou se rejeitados os embargos;

II – findo o leilão:

a) se não houver licitante, pelo preço da avaliação;

b) havendo licitantes, com preferência, em igualdade de condições com a melhor oferta, no prazo de 30 (trinta) dias.

Parágrafo único. Se o preço da avaliação ou o valor da melhor oferta for superior ao dos créditos da Fazenda Pública, a adjudicação somente será deferida pelo Juiz se a diferença for depositada, pela exequente, à ordem do Juízo, no prazo de 30 (trinta) dias.

JURISPRUDÊNCIA SELECIONADA

1. Adjudicação de bens pela Fazenda Pública. Faculdade processual. "Da exegese do artigo 24 da Lei nº 6.830/80, extrai-se que a Fazenda Pública possui a faculdade de adjudicar os bens sujeitos à execução, não estando obrigada a fazê-lo" (STJ, REsp 906.146/SP, Rel. Min. Castro Meira, 2ª Turma, jul. 06.05.2008, *DJe* 16.05.2008).

Art. 25. Na execução fiscal, qualquer intimação ao representante judicial da Fazenda Pública será feita pessoalmente.

Parágrafo único. A intimação de que trata este artigo poderá ser feita mediante vista dos autos, com imediata remessa ao representante judicial da Fazenda Pública, pelo cartório ou secretaria.

JURISPRUDÊNCIA SELECIONADA

1. Intimação. Comarca sem sede da Procuradoria. "A intimação por carta registrada feita ao procurador da Fazenda Nacional fora da sede do juízo equivale à intimação pessoal, atendendo à disposição do art. 25 da Lei nº 6.830/1980. Com esse entendimento, a Seção, ao prosseguir o julgamento, por maioria, pacificou o entendimento jurisprudencial, negando provimento ao recurso da Fazenda Nacional. Note-se que a grande maioria dos julgados é no sentido da tese defendida pela Fazenda. Entretanto, a Min.ª Relatora, ao julgar o REsp remetido à Seção pela Segunda Turma, apontou precedentes que demonstravam a tendência para se dar ao art. 25 da LEF uma interpretação menos literal, sem deixar de acatá-lo, adequando-o à realidade, ante as dificuldades enfrentadas quando as execuções tramitam nas comarcas do interior dos Estados onde não haja sede das procuradorias. Precedentes citados" (STJ, 1ª Seção, REsp 496.978/RS, Rel.ª Min.ª Eliana Calmon, ac. 09.11.2005, *DJU* 12.12.2005, p. 263).

2. Intimação pessoal da Fazenda Pública. "Na execução fiscal, de regra, qualquer intimação dirigida a representante da Fazenda Pública será feita pessoalmente, não sendo válida, pois, a efetuada exclusivamente por publicação no órgão oficial ou por carta, ainda que registrada com aviso de recebimento" (STJ, REsp 595.812/MT, Rel. Min. João Otávio de Noronha, 2ª Turma, jul. 03.10.2006, *DJ* 06.11.2006, p. 306; *RMDECC* 15/150).

"Inexiste forma especial no Código de Processo Civil ou na Lei de Execuções Fiscais para que se realize a intimação pessoal dos representantes judiciais da Fazenda Pública. 3. Desde que realizada de forma pessoal, a intimação feita diretamente pelo escrivão ou pelo chefe de secretária, tanto quanto a realizada por oficial de justiça, atende aos ditames do artigo 25 da Lei 6.830/80. 4. Nessa hipótese, o prazo processual se inicia a contar da data da certidão, dotada de fé pública, exarada pelo serventuário da justiça, nos termos do art. 242 do CPC" (STJ, REsp 765.007/MG, Rel.ª Min.ª Eliana Calmon, 2ª Turma, jul. 15.05.2007, *DJ* 28.05.2007, p. 309).

"A intimação por carta registrada feita ao procurador da Fazenda Nacional, fora da sede do Juízo, equivale à intimação pessoal, atendendo aos ditames do art. 25 da Lei 6.830/80" (STJ, REsp 496.978/RS, Rel.ª Min.ª Eliana Calmon, 2ª Turma, jul. 09.11.2005, *DJ* 12.12.2005, p. 263).

"A intimação do representante da Fazenda Pública nas execuções fiscais, quando necessária, deve ser realizada pessoalmente, consoante dispõe o art. 25 da Lei nº 6.830/80. In casu, não obstante a ausência de intimação pessoal, nos moldes do art. 25, da LEF, há que se atentar para certas peculiaridades do caso sub judice, traduzidas com propriedade no voto condutor, *verbis*: '(...) Nem se argumente, como se faz nas razões de apelação, que era necessária a intimação pessoal da apelante, na forma do art. 25 da Lei nº 6.830/80, na época da arrematação em tela já em vigor; ora, 'Intimação é o ato pelo qual se dá ciência a alguém dos atos e termos do processo, para que faça ou deixe de fazer alguma coisa' (c. art. 234 do CPC). Logo, ociosa a intimação quando esse 'alguém' já tem inequívoca ciência do ato praticado, bem como da necessidade, (no caso), 'de fazer alguma coisa'. Pois bem: dita arrematação foi efetuada em outro processo, mas igualmente promovido pela Apelante; ora, considerando que esta tinha induvidosamente ciência da mesma arrematação (c. art. 22, § 2º, da Lei 6.830/80) e da consequente necessidade da penhora de outros bens para o prosseguimento do processo, de todo supérflua sua intimação (ainda que por simples publicação no Diário da Justiça) para que fizesse o que lhe competia fazer e sabia que deveria ter feito. (...) Entendendo-se que 'não existe obrigação específica no que concerne aos casos em que deve ser intimada a exequente na execução fiscal, de modo que as regras aplicáveis à espécie são somente as do Código de Processo Civil, notadamente o art. 234 do CPC: 'Intimação é o ato pelo qual se dá ciência a alguém dos atos e termos do processo, para que faça ou deixe de fazer alguma coisa'. É o que se depreende da lição de Humberto Theodoro Júnior: 'Quanto aos atos comuns do processo, isto é, dos atos que compõem a tramitação ordinária do feito, a intimação deles aos advogados das partes seguirá, quanto ao executado, as regras do Código de Processo Civil' (Humberto Theodoro Júnior, in A Nova Lei de Execução Fiscal, LEUD, São Paulo, 1982, p. 43) – cabia à Fazenda zelar pelo andamento regular do feito, de molde a impedir a ocorrência da prescrição intercorrente" (STJ, REsp 215.551/PR, Rel. Min. Francisco Falcão, Rel. p/ ac. Min. Luiz Fux, 1ª Turma, jul. 27.04.2004, *DJ* 04.12.2006, p. 263).

"A Primeira Seção, no julgamento dos EREsp 743.867/MG (Rel. Min. Teori Albino Zavascki, *DJ* de 26.3.2007, p. 187), a partir da interpretação conjunta dos arts. 25 da Lei 6.830/80, 38 da Lei Complementar 73/93 e 20 da Lei 11.033/2004, deixou consignado que tais disposições normativas estabelecem regra geral fundada em pressupostos de fato comumente ocorrentes. Todavia, nas especiais situações, não disciplinadas expressamente nas referidas normas, em que a Fazenda não tem representante judicial lotado na sede do juízo, nada impede que a sua intimação seja promovida na forma do art. 237, II do CPC (por carta registrada), solução que o próprio legislador adotou em situação análoga no art. 6º, § 2º da Lei 9.028/95, com a redação dada pela MP 2.180-35/2001. Esta Turma, ao julgar o AgRg no REsp 1.220.231/RS (Rel. Min. Herman Benjamin, *DJe* de 25.4.2011), decidiu que a intimação pessoal por carta precatória, do Procurador da Fazenda Nacional lotado em outra comarca, não prejudica o contraditório ou a ampla defesa, não sendo cabível a regra do art. 20 da Lei 11.033/2004 (carga dos autos)" (STJ, REsp 1254045/RS, Rel. Min. Mauro Campbell Marques, 2ª Turma, jul. 02.08.2011, *DJe* 09.08.2011).

Art. 26. Se, antes da decisão de primeira instância, a inscrição de Dívida Ativa for, a qualquer título, cancelada, a execução fiscal será extinta, sem qualquer ônus para as partes.

SÚMULAS

Súmula do STJ:

nº 153: "A desistência da execução fiscal, após o oferecimento dos embargos, não exime o exequente dos encargos da sucumbência".

JURISPRUDÊNCIA SELECIONADA

1. Desistência da execução fiscal. Condenação da Fazenda Pública em verba honorária. "O entendimento desta Corte é no sentido de que a desistência da execução fiscal após oferecidos os embargos à execução pelo devedor não exime a exequente do pagamento da verba honorária. Sobre o tema, editou-se a Súmula n. 153/STJ. Referida súmula é utilizada por esta Corte para possibilitar a condenação da Fazenda Pública em verba honorária, a despeito do teor do art. 26 da Lei n. 6.830/80, o qual dispõe que a extinção da execução ocorrerá sem ônus para as partes quando cancelada a inscrição em dívida ativa antes da decisão de primeira instância. O mesmo raciocínio pode ser utilizado para possibilitar a condenação da Fazenda exequente em honorários advocatícios, a despeito do teor do art. 19, § 1º da Lei n. 10.522/02, quando a extinção, ainda que parcial da execução, ocorre após o oferecimento de embargos pelo devedor" (STJ, REsp 1.223.328/RS, Rel. Min. Mauro Campbell Marques, 2ª Turma, jul. 22.02.2011, *DJe* 04.03.2011). **No mesmo sentido:** STJ, EREsp 1215003/RS, Rel. Min. Benedito Gonçalves, 1ª Seção, jul. 28.03.2012, *DJe* 16.04.2012.

"A Fazenda Pública arcará com as custas e com os honorários advocatícios na hipótese de desistência da execução fiscal **após a citação do devedor e contratação de advogado, mesmo que não sejam opostos embargos**. Precedentes" (STJ, REsp 1.237.601/MG, Rel. Min. Castro Meira, 2ª Turma, jul. 22.03.2011, *DJe* 04.04.2011).

2. Remissão da dívida. Honorários advocatícios. "Primeira Turma do STJ, por ocasião do julgamento do AgRg no REsp 1.132.363/SC, Rel. Min. Teori Albino Zavascki, *DJ* de 1/7/2010, por unanimidade, firmou entendimento de que a remissão de débito tributário concedido pela Lei 10.736/2003, por ser posterior ao ajuizamento do feito executivo fiscal, acarreta o não pagamento de honorários advocatícios a ambas as partes. No mesmo sentido: REsp 726.748/SP, Rel. Min. Luiz Fux, *DJ* de 20/3/2006 e AgRg no REsp 856.530/MG, Rel. Min. Mauro Campbell Marques, *DJ* de 30/3/2010" (STJ, AgRg no REsp 1139726/SC, Rel. Min. Benedito Gonçalves, 1ª Turma, jul. 02.08.2011, *DJe* 05.08.2011).

Art. 27. As publicações de atos processuais poderão ser feitas resumidamente ou reunir num só texto os de diferentes processos.

Parágrafo único. As publicações farão sempre referência ao número do processo no respectivo Juízo e ao número da correspondente inscrição de Dívida Ativa, bem como ao nome das partes e de seus advogados, suficientes para a sua identificação.

Art. 28. O Juiz, a requerimento das partes, poderá, por conveniência da unidade da garantia da execução, ordenar a reunião de processos contra o mesmo devedor.

Parágrafo único. Na hipótese deste artigo, os processos serão redistribuídos ao Juízo da primeira distribuição.

JURISPRUDÊNCIA SELECIONADA

1. Direito de defesa. "A apensação de autos de execuções fiscais é providência de caráter administrativo, independe da conexão entre as causas, não interfere no processamento autônomo dos embargos do devedor, enfim, não acarreta prejuízo algum ao direito de defesa" (STJ, AgRg no Ag. 205.422/SP, Rel. Min. Ari Pargendler, 2ª Turma, jul. 24.11.1998, *DJ* 01.02.1999, p. 182).

2. Reunião dos processos. Faculdade. "A reunião de processos contra o mesmo devedor por conveniência da unidade da garantia da execução, nos termos do art. 28 da Lei 6.830/80, não é um dever do Juiz, e sim uma faculdade. Precedentes citados: AgRg no Ag 288.003/SP, 2ª Turma, Rel. Min. Eliana Calmon, *DJ* 1º.08.2000, p. 250; REsp 62.762/RS, 2ª Turma, Rel. Min. Adhemar Maciel, *DJ* 16.12.1996, RT 739/212 (AgRg no REsp 609066/PR, Rel. Ministra Denise Arruda, Primeira Turma, jul. 21.09.2006, *DJ* 19.10.2006 p. 240)" (STJ, REsp 1125387/SP, Rel. Min. Luiz Fux, 1ª Turma, jul. 08.09.2009, *DJe* 08.10.2009).

3. Cumulação superveniente. Reunião de várias execuções fiscais contra o mesmo devedor. "A reunião de processos contra o mesmo devedor, por conveniência da unidade da garantia da execução, nos termos do art. 28 da Lei 6.830/80, é uma faculdade outorgada ao juiz, e não um dever. (Precedentes: REsp 1125387/SP, Rel. Ministro Luiz Fux, Primeira Turma, jul. 08.09.2009, *DJe* 08.10.2009; AgRg no REsp 609.066/PR, Rel. Ministra Denise Arruda, Primeira Turma, jul. 21.09.2006, *DJ* 19.10.2006; EDcl no AgRg no REsp 859.661/RS, Rel. Ministro Humberto Martins, Segunda Turma, jul. 02.10.2007, *DJ* 16.10.2007; REsp 399657/SP, Rel. Ministro João Otávio de Noronha, Segunda Turma, jul. 16.02.2006, *DJ* 22.03.2006; AgRg no Ag 288.003/SP, Rel. Ministra Eliana Calmon, Segunda Turma, jul. 18.05.2000, *DJ* 01.08.2000; REsp 62.762/RS, Rel. Ministro Adhemar Maciel, Segunda Turma, jul. em 21.11.1996, *DJ* 16.12.1996). O artigo 28, da lei 6.830/80, dispõe: 'Art. 28 – O Juiz, a requerimento das partes, poderá, por conveniência da unidade da garantia da execução, ordenar a reunião de processos contra o mesmo devedor.' A cumulação de demandas executivas é medida de economia processual, objetivando a prática de atos únicos que aproveitem a mais de um processo executivo, desde que preenchidos os requisitos previstos no art. 573 do CPC c/c art. 28, da Lei 6.830/80, quais sejam: (i) identidade das partes nos feitos a serem reunidos; (ii) requerimento de pelo menos uma das partes (Precedente: Resp 217948/SP, Rel. Min. Franciulli Netto, *DJ* 02.05.2000); (iii) estarem os feitos em fases processuais análogas; (iv) competência do juízo" (STJ, REsp 1158766/RJ, Rel. Min. Luiz Fux, 1ª Seção, jul. 08.09.2010, *DJe* 22.09.2010).

4. Extinção em razão de pagamento. Transferência da penhora para outro feito executivo. Impossibilidade. "O Código de Processo Civil e a Lei n. 6.830/1980 não dispõem de regra que autorize o magistrado que extingue a execução fiscal em face do pagamento a proceder com a transferência da penhora existente para outro processo executivo envolvendo as mesmas partes, devendo a garantia ser liberada em favor do executado. (...) O legislador previu a subsistência da penhora após a sentença extintiva em face do pagamento para garantir outra ação executiva pendente somente às execuções fiscais da dívida ativa da União, suas autarquias e fundações públicas (art. 53, § 2º, da Lei 8.212/1991), sendo inaplicável para o feito que trata da cobrança de crédito da Fazenda Pública estadual" (STJ, REsp 2.128.507/TO, Rel. Min. Gurgel de Faria, 1ª Turma, jul. 23.05.2024, *DJe* 18.06.2024).

Art. 29. A cobrança judicial da Dívida Ativa da Fazenda Pública não é sujeita a concurso de credores ou habilitação em falência, concordata, liquidação, inventário ou arrolamento.

Parágrafo único. O concurso de preferência somente se verifica entre pessoas jurídicas de direito público, na seguinte ordem:

I – União e suas autarquias;

II – Estados, Distrito Federal e Territórios e suas autarquias, conjuntamente e *pro rata*;

III – Municípios e suas autarquias, conjuntamente e *pro rata*.

SÚMULAS

Sumula do STF:

nº 563: "O concurso de preferência a que se refere o parágrafo único do art. 187 do Código Tributário Nacional é compatível com o disposto no art. 9º, I, da Constituição Federal" (cancelada pelo STF em 24.06.2021, ADPF nº 357, *DJe* 07.10.2021).

Súmula do STJ:

nº 497: "Os créditos das autarquias federais preferem aos créditos da Fazenda estadual desde que coexistam penhoras sobre o mesmo bem" (cancelada pela 1ª Seção do STJ em 14.09.2022, *DJe* 19.09.2022).

Obs.: O STF, na ADPF 357, declarou "não recepcionadas pela Constituição da República de 1988 as normas previstas no parágrafo único do art. 187 da Lei n. 5.172/1966 (Código Tributário Nacional) e no parágrafo único do art. 29 da Lei n. 6.830/1980 (Lei de Execuções Fiscais)" (*DJe* 07.10.2021).

JURISPRUDÊNCIA SELECIONADA

1. Pagamento mediante habilitação ou crédito na execução fiscal. Opção da entidade pública. "Os arts. 187 e 29 da Lei 6.830/80 não representam um óbice à habilitação de créditos tributários no concurso de credores da falência; tratam, na verdade, de uma prerrogativa da entidade pública em poder optar entre o pagamento do crédito pelo rito da execução fiscal ou mediante habilitação do crédito. Escolhendo um rito, ocorre a renúncia da utilização do outro, não se admitindo uma garantia dúplice. Precedentes. O fato de permitir-se a habilitação do crédito tributário em processo de falência não significa admitir o requerimento de quebra por parte da Fazenda Pública" (STJ, REsp 1.103.405/MG, Rel. Min. Castro Meira, 2ª Turma, jul. 02.04.2009, *DJe* 27.04.2009).

2. Falência do executado. Garantia da ordem de preferência dos créditos. "Trata-se de recurso especial interposto por Fazenda estadual pelo qual pretende-se reformar acórdão da origem que entendeu pela impossibilidade de adjudicação de bem penhorado em execução fiscal contra determinada empresa, mesmo que o feito executivo tenha se iniciado antes da decretação da falência. De acordo com a Súmula nº 44 do extinto Tribunal Federal de Recursos, '[a]juizada a execução fiscal anteriormente à falência, com penhora realizada antes desta, não ficam os bens penhorados sujeitos à arrecadação no juízo falimentar; proposta a execução fiscal contra massa falida, a penhora far-se-á no rosto dos autos do processo da quebra, citando-se o síndico'. Contudo, ante à preferência dos créditos trabalhistas em face dos créditos tributários, o produto da arrematação realizada na execução fiscal deve ser colocado à disposição do juízo falimentar para garantir a quitação dos créditos trabalhistas. Trata-se de interpretação sistemática dos arts. 29 da Lei nº 6.830/80 e 186 e 187, estes do Código Tributário Nacional - CTN. Precedentes" (STJ, REsp 695.167/MS, Rel. Min. Mauro Campbell Marques, 2ª Turma, jul. 07.10.2008, *DJe* 05.11.2008).

3. Concurso de preferência entre as Fazendas Federal, Estadual e Municipal. "(...) 2. A autonomia dos entes federados e a isonomia que deve prevalecer entre eles, respeitadas as competências estabelecidas pela Constituição, é fundamento da Federação. O federalismo de cooperação e de equilíbrio posto na Constituição da República de 1988 não legitima distinções entre os entes federados por norma infraconstitucional. 3. A definição de hierarquia na cobrança judicial dos créditos da dívida pública da União aos Estados e Distrito Federal e esses aos Municípios descumpre o princípio federativo e contraria o inc. III do art. 19 da Constituição da República de 1988. 4. Cancelamento da Súmula n. 563 deste Supremo Tribunal editada com base na Emenda Constitucional n. 1/69 à Carta de 1967. 5. Arguição de descumprimento de preceito fundamental julgada procedente para declarar não recepcionadas pela Constituição da República de 1988 as normas previstas no parágrafo único do art. 187 da Lei n. 5.172/1966 (Código Tributário Nacional) e no parágrafo único do art. 29 da Lei n. 6.830/1980 (Lei de Execuções Fiscais)" (STF, ADPF 357, Rel. Min. Cármen Lúcia, Pleno, jul. 24.06.2021, *DJe* 07.10.2021). **Obs.:** A Súmula nº 497/STJ, que previa a preferência dos créditos das autarquias federais sobre os da Fazenda Estadual, foi cancelada em julgamento da 1ª Seção do STJ em 14.09.2022.

4. Concordata suspensiva. "O artigo 191 do CTN tem aplicabilidade tanto nos casos de concordata preventiva quanto nos de concordata suspensiva. Entretanto, deve-se levar em consideração a incidência desse artigo no caso concreto. É possível a concessão de concordata suspensiva a empresa que, embora não satisfaça a exigência contida no artigo 191 do CTN – pagamento de tributos – apresente viabilidade de recuperação, a qual, consiste, na espécie, em uma situação patrimonial promissora (débitos trabalhistas quitados e bom fluxo de caixa). Havendo concessão de concordata, a empresa continua a funcionar regularmente, sendo assim, a Fazenda Nacional poderá vir a cobrar os créditos fiscais na via executiva, tornando-se prescindível, *in casu*, prova de quitação dos tributos relativos à sua atividade mercantil. Acrescente-se que o fisco não se submete a eventual concurso de credores ou habilitação em falência, concordata ou liquidação (artigo 29, da Lei n. 6.830/80)" (STJ, REsp 723082/RJ, Rel. Min. João Otávio de Noronha, 4ª Turma, jul. 20.10.2009, *DJe* 02.02.2010).

5. Arrematação anterior à decretação da falência. "O produto arrecadado com a alienação de bem penhorado em Execução Fiscal, antes da decretação da quebra, deve ser entregue ao juízo universal da falência. Precedentes: REsp 188.418/RS, Rel. Min. Humberto Gomes de Barros, Corte Especial, *DJ* 27.05.2002; gRg no Ag 1115891/SP, Rel. Ministro Mauro Campbell Marques, *DJe* 28.09.2009; AgRg no REsp 783318/SP, Rel. Ministro Humberto Martins, *DJe* 14.04.2009; AgRg nos EDcl no REsp 421994/RS, Rel. Min. Teori Albino Zavascki, Primeira Turma, *DJ* 06.10.2003; AgRg na MC 11937/SP, Rel. Ministro Francisco Falcão, Rel. p/ Acórdão Ministro Luiz Fux, Primeira Turma, *DJ* 30.10.2006. A falência superveniente do devedor não tem o condão de paralisar o processo de execução fiscal, nem de desconstituir a penhora realizada anteriormente à quebra. Outrossim, o produto da alienação judicial dos bens penhorados deve ser repassado ao juízo universal da falência para apuração das preferências" (STJ, REsp 1013252/RS, Rel. Min. Luiz Fux, 1ª Turma, jul. 19.11.2009, *DJe* 09.12.2009).

6. Liquidação extrajudicial. Instituição financeira. "A Lei de Execução Fiscal é *lex specialis* em relação à Lei de Liquidação Extrajudicial das Instituições Financeiras, aplicando-se ao tema a regra do § 2º do art. 2º da LICC, *verbis*: 'A lei nova, que estabeleça disposições gerais ou especiais a par das já existentes, não revoga nem modifica a lei anterior.' A Lei de Execução Fiscal (6.830/90) é lei especial em relação à Lei de Liquidação Extrajudicial das Instituições Financeiras (6.024/74), por isso que não há suspensão do executivo fiscal em razão de liquidação legal dos bancos, nos termos do art. 18, a, desta lei in foco, por força da prevalência do art. 29 da lei fiscal (*lex specialis derogat generali*)" (STJ, REsp 977.980/PR, Rel. Min. Luiz Fux, 1ª Turma, jul. 20.10.2009, *DJe* 06.11.2009).

7. Execução fiscal. Penhora. Preferência. "O crédito tributário de autarquia federal goza do direito de preferência em relação àquele de que seja titular a Fazenda Estadual, desde que coexistentes execuções e penhoras. (Precedentes: REsp 131.564/SP, Rel. Ministro Castro Meira, Segunda Turma, jul. 14.09.2004, *DJ* 25.10.2004; EREsp 167.381/SP, Rel. Ministro Francisco Falcão, Primeira Seção, jul. 09.05.2002, *DJ* 16.09.2002; EDcl no REsp 167.381/SP, Rel. Ministro Garcia Vieira, Primeira Turma, j. 22.09.1998, *DJ* 26.10.1998; REsp 8.338/SP, Rel. Min. Peçanha Martins, Segunda Turma, jul. 08.09.1993, *DJ* 08.11.1993). A instauração do concurso de credores pressupõe pluralidade de penhoras sobre o mesmo bem, por isso que apenas se discute a preferência quando há execução fiscal e recaia a penhora sobre o bem excutido em outra demanda executiva. (Precedentes: REsp 1.175.518/SP, Rel. Ministro Humberto Martins, Segunda Turma, jul. 18.02.2010, *DJe* 02.03.2010; REsp 1.122.484/PR, Rel.

Ministra Eliana Calmon, Segunda Turma, j. 15.12.2009, *DJe* 18.12.2009; REsp 1.079.275/SP, Rel. Ministro Luiz Fux, Primeira Turma, jul. 17.09.2009, *DJe* 08.10.2009; REsp 922.497/SC, Rel. Ministro José Delgado, Primeira Turma, jul. 11.09.2007, *DJ* 24.09.2007)" (STJ, REsp 957.836/SP, Rel. Min. Luiz Fux, 1ª Seção, jul. 13.10.2010, *DJe* 26.10.2010). **Obs.:** o art. 29, parágrafo único, da Lei nº 6.830, que estabelecia preferência da Fazenda Pública Federal sobre as Estaduais e Municipais, foi declarado pelo STF não recepcionado pela CF/1988 (ADPF 357, *DJe* 07.10.2021).

8. Recuperação judicial. Suspensão da execução. Impossibilidade. "As execuções fiscais ajuizadas em face da empresa recuperanda **não** se suspenderão **em** virtude **do deferimento** do processamento **da recuperação judicial**. Todavia, embora a execução fiscal, em si, **não** se suspenda, devem ser obstados os **atos** judiciais **que** reduzam **o patrimônio** da empresa em **recuperação judicial**, enquanto mantida essa condição. Na hipótese, a aplicação literal do art. 6º, § 7º, da Lei 11.101/05 conduziria à inibição do cumprimento do plano de recuperação previamente aprovado e homologado" (STJ, AgRg no CC 119.970/RS, Rel.ª Min.ª Nancy Andrighi, 2ª Seção, jul. 14.11.2012, *DJe* 20.11.2012). **No mesmo sentido:** STJ, AgRg no CC 107.065/RJ, Rel. Min. Luis Felipe Salomão, 2ª Seção, jul. 13.10.2010, *DJe* 18.10.2010; STJ, AgRg no REsp 1121762/SC, Rel. Min. Arnaldo Esteves Lima, 1ª Turma, jul. 05.06.2012, *DJe* 13.06.2012.

"'Apesar de a execução fiscal não se suspender em face do deferimento do pedido de recuperação judicial (art. 6º, § 7º, da LF n. 11.101/05, art. 187 do CTN e art. 29 da LF n. 6.830/80), submetem-se ao crivo do juízo universal os atos de alienação voltados contra o patrimônio social das sociedades empresárias em recuperação, em homenagem ao princípio da preservação da empresa' (CC 114987/SP, Rel. Ministro Paulo de Tarso Sanseverino, Segunda Seção, julgado em 14/03/2011, *DJe* 23/03/2011)" (STJ, AgRg no CC 123.228/SP, Rel. Min. Luis Felipe Salomão, 2ª Seção, jul. 26.06.2013, *DJe* 01.07.2013). **No mesmo sentido:** STJ, AgInt CC 157.414/RS, Rel. Min. Marco Buzzi, 2ª Seção, jul. 01.06.2021, *DJe* 04.06.2021).

"A jurisprudência desta Corte tem perfilhado entendimento segundo o qual, embora as execuções fiscais não se suspendam com o deferimento da falência, os atos de execução dos créditos individuais e fiscais promovidos contra empresas falidas ou em recuperação judicial, tanto sob a égide do Decreto-lei n. 7.661/45 quanto da Lei n. 11.101/2005, devem ser realizados pelo Juízo Universal, de acordo com o art. 76 da Lei n. 11.101/2005. Precedentes" (STJ, AgInt no CC 174.761/SP, Rel. Min. Nancy Andrighi, 2ª Seção, jul. 30.03.2021, *DJe* 07.04.2021).

9. Recuperação judicial. Crédito fiscal não tributário. Não sujeição aos efeitos do plano de recuperação. "Assim, em que pese a dicção aparentemente restritiva da norma do *caput* do art. 187 do CTN, a interpretação conjugada das demais disposições que regem a cobrança dos créditos da Fazenda Pública insertas na Lei de Execução Fiscal, bem como daquelas integrantes da própria Lei 11.101/05 e da Lei 10.522/02, autorizam a conclusão de que, para fins de não sujeição aos efeitos do plano de recuperação judicial, a natureza tributária ou não tributária do valor devido é irrelevante" (STJ, REsp 1.931.633/GO, Rel. Min. Nancy Andrighi, 3ª Turma, jul. 03.08.2021, *DJe* 09.08.2021).

10. Falência. Execução fiscal ajuizada anteriormente à decretação da quebra do devedor. Utilidade e necessidade da pretensão de habilitação. Interesse processual da União configurado. "O propósito recursal é definir se o ajuizamento de execução fiscal em momento anterior à decretação da quebra do devedor enseja o reconhecimento da ausência de interesse processual do ente federado para pleitear a habilitação do crédito correspondente no processo de falência. Há interesse processual quando se reconhece a utilidade e a necessidade do pronunciamento judicial para a satisfação da pretensão deduzida em juízo. Precedentes. Hipótese em que, por um lado, se constata que o instrumento processual eleito pela recorrente é apto a ensejar o resultado por ela pretendido, o que traduz a utilidade da jurisdição; por outro, além de o incidente de habilitação de crédito constituir o único meio à disposição do Fisco para alcançar sua pretensão, verifica-se que a massa falida opôs resistência ao pedido deduzido em juízo, o que configura a necessidade da atuação do Judiciário. Esta Corte já decidiu que '[a] prejudicialidade do processo falimentar para a satisfação do crédito tributário não implica a ausência de interesse processual no pedido de habilitação do crédito tributário ou na penhora no rosto dos autos' (REsp 1.729.249/SP)" (STJ, REsp 1857055/SP, Rel. Min. Nancy Andrighi, 3ª Turma, jul. 12.05.2020, *DJe* 18.05.2020).

11. Coexistência de habilitação de crédito em sede de juízo falimentar e execução fiscal. "Revela-se cabível a coexistência da habilitação de crédito em sede de juízo falimentar com a execução fiscal desprovida de garantia, desde que a Fazenda Nacional se abstenha de requerer a constrição de bens em relação ao executado que também figure no polo passivo da ação falimentar" (STJ, REsp 1831186/SP, Rel. p/ Acórdão Min. Regina Helena Costa, 1ª Turma, jul. 26.05.2020, *DJe* 19.06.2020).

12. Pedido de habilitação de crédito tributário em processo falimentar. Possibilidade. "Para os fins do art. 1.039 do CPC, firma-se a seguinte tese: 'É possível a Fazenda Pública habilitar em processo de falência crédito objeto de execução fiscal em curso, mesmo antes da vigência da Lei n. 14.112/2020 e desde que não haja pedido de constrição no juízo executivo'" (STJ, REsp 1.872.759/SP, Rel. Min. Gurgel de Faria, 1ª Seção, jul. 18.11.2021, *DJe* 25.11.2021). **Obs.:** Decisão submetida a julgamento de recursos repetitivos.

Art. 30. Sem prejuízo dos privilégios especiais sobre determinados bens, que sejam previstos em lei, responde pelo pagamento da Dívida Ativa da Fazenda Pública a totalidade dos bens e das rendas, de qualquer origem ou natureza, do sujeito passivo, seu espólio ou sua massa, inclusive os gravados por ônus real ou cláusula de inalienabilidade ou impenhorabilidade, seja qual for a data da constituição do ônus ou da cláusula, excetuados unicamente os bens e rendas que a lei declara absolutamente impenhoráveis.

Art. 31. Nos processos de falência, concordata, liquidação, inventário, arrolamento ou concurso de credores, nenhuma alienação será judicialmente autorizada sem a prova de quitação da Dívida Ativa ou a concordância da Fazenda Pública.

JURISPRUDÊNCIA SELECIONADA

1. Penhora de bem inferior ao débito. Expedição de certidão positiva com efeitos negativos. Impossibilidade. "A expedição de Certidão Positiva com efeitos de Negativa está condicionada à existência de penhora suficiente ou à suspensa da exigibilidade do crédito tributário, nos termos dos arts. 151 e 206 do CTN. No caso dos autos, o Tribunal de origem afirmou que a penhora efetivada foi de bem com valor inferior ao valor do débito, o que impossibilita, em razão disso, a expedição da referida certidão. Precedentes" (STJ, REsp 1479276/MG, Rel. Min. Mauro Campbell Marques, 2ª Turma, jul. 16.10.2014, *DJe* 28.10.2014).

Art. 32. Os depósitos judiciais em dinheiro serão obrigatoriamente feitos:

I – na Caixa Econômica Federal, de acordo com o Decreto-Lei nº 1.737, de 20 de dezembro de 1979, quando relacionados com a execução fiscal proposta pela União ou suas autarquias;

II – na Caixa Econômica ou no banco oficial da unidade federativa ou, à sua falta, na Caixa Econômica Federal, quando relacionados com execução fiscal proposta pelo Estado, Distrito Federal, Municípios e suas autarquias.

§ 1º Os depósitos de que trata este artigo estão sujeitos à atualização monetária, segundo os índices estabelecidos para os débitos tributários federais.

§ 2º Após o trânsito em julgado da decisão, o depósito, monetariamente atualizado, será devolvido ao depositante ou entregue à Fazenda Pública, mediante ordem do Juízo competente.

JURISPRUDÊNCIA SELECIONADA

1. Extinção do processo sem julgamento de mérito. Levantamento do depósito judicial. "Conforme assinala o aresto paradigma: 'O depósito efetuado para suspender a exigibilidade do crédito tributário é feito também em garantia da Fazenda e só pode ser levantado após sentença final transitada em julgado se favorável ao contribuinte'. O artigo 32 da Lei nº 6830 de 22. 09. 1980 estabelece como requisito para levantamento do depósito judicial o trânsito em julgado da decisão. O aguardo do trânsito em julgado da decisão para possibilitar o levantamento do depósito judicial está fulcrado na possibilidade de conversão em renda em favor da Fazenda Nacional" (STJ, EREsp 215589/RJ, Rel. Min. José Delgado, 1ª Seção, jul. 12.09.2007, *DJ* 05.11.2007, p. 217).

2. Levantamento da fiança bancária. "O levantamento de depósito judicial em dinheiro depende do trânsito em julgado da sentença, nos termos do art. 32, § 2º, daquele dispositivo normativo" (STJ, REsp 1033545/RJ, Rel. Min. Luiz Fux, 1ª Turma, jul. 28.04.2009, *DJe* 28.05.2009). **Precedentes citados:** STJ, REsp 543442/PI, Rel.ª Min.ª Eliana Calmon, *DJ* 21.06.2004; STJ, EREsp 479.725/BA, Rel. Min. José Delgado, *DJ* 26.09.2005.

"Por força da regra contida no art. 32, § 2º, da Lei 6.830/80, o levantamento de depósito judicial ou a sua conversão em renda da Fazenda Pública, sujeita-se ao trânsito em julgado da decisão que reconheceu ou afastou a legitimidade da execução. O art. 32, § 2º, da Lei 6.830/80 é norma especial, que deve prevalecer sobre o disposto no art. 587 do CPC, de modo que a conversão em renda do depósito em dinheiro efetuado para fins de garantia da execução fiscal somente é viável após o trânsito em julgado da decisão que reconheceu a legitimidade da exação. Em virtude desse caráter especial da norma, não há falar na aplicação do entendimento consolidado na Súmula 317/STJ" (STJ, EREsp 734.831/MG, Rel. Min. Mauro Campbell Marques, jul. 10.11.2010).

Art. 33. O Juízo, do Ofício, comunicará à repartição competente da Fazenda Pública, para fins de averbação no Registro da Dívida Ativa, a decisão final, transitada em julgado, que der por improcedente a execução, total ou parcialmente.

Art. 34. Das sentenças de primeira instância proferidas em execuções de valor igual ou inferior a 50 (cinquenta) Obrigações Reajustáveis do Tesouro Nacional – ORTN, só se admitirão embargos infringentes e de declaração.

§ 1º Para os efeitos deste artigo considerar-se-á o valor da dívida monetariamente atualizado e acrescido de multa e juros de mora e de mais encargos legais, na data da distribuição.

§ 2º Os embargos infringentes, instruídos, ou não, com documentos novos, serão deduzidos, no prazo de 10 (dez) dias perante o mesmo Juízo, em petição fundamentada.

§ 3º Ouvido o embargado, no prazo de 10 (dez) dias, serão os autos conclusos ao Juiz, que, dentro de 20 (vinte) dias, os rejeitará ou reformará a sentença.

JURISPRUDÊNCIA SELECIONADA

1. Apelação. Valores iguais ou inferiores a 50 ORTN. *Ratio essendi* da norma. "O recurso de apelação é cabível nas execuções fiscais nas hipóteses em que o seu valor excede, **na data da propositura da ação**, 50 (cinquenta) Obrigações Reajustáveis do Tesouro Nacional – ORTN, à luz do disposto no artigo 34, da Lei nº 6.830, de 22 de setembro de 1980. A *ratio essendi* da norma é promover uma tramitação mais célere nas ações de execução fiscal com valores menos expressivos, admitindo-se apenas embargos infringentes e de declaração a serem conhecidos e julgados pelo juízo prolator da sentença, e vedando-se a interposição de recurso ordinário" (STJ, REsp 1168625/MG, Rel. Min. Luiz Fux, 1ª Seção, jul. 09.06.2010, *DJe* 01.07.2010).

"Essa Corte consolidou o sentido de que 'com a extinção da ORTN, o valor de alçada deve ser encontrado a partir da interpretação da norma que extinguiu um índice e o substituiu por outro, mantendo-se a paridade das unidades de referência, sem efetuar a conversão para moeda corrente, para evitar a perda do valor aquisitivo', de sorte que '50 ORTN = 50 OTN = 308,50 BTN = 308,50 UFIR = **R$ 328,27** (trezentos e vinte e oito reais e vinte e sete centavos) a partir de janeiro/2001, quando foi extinta a UFIR e desindexada a economia' (REsp 607.930/DF, Rel. Ministra Eliana Calmon, Segunda Turma, jul. 06.04.2004, *DJ* 17.05.2004 p. 206) (...). Assim, R$ 328,27 (trezentos e vinte e oito reais e vinte e sete centavos), com a aplicação do referido índice de atualização, conclui-se que o valor de alçada para as execuções fiscais ajuizadas em dezembro/2005 era de R$ 522,24 (quinhentos e vinte e dois reais e vinte a quatro centavos), de sorte que o valor da execução ultrapassa o valor de alçada disposto no artigo 34, da Lei nº 6.830/80, **sendo cabível, *a fortiori*, a interposição da apelação**" (STJ, REsp 1168625/MG, Rel. Min. Luiz Fux, 1ª Seção, jul. 09.06.2010, *DJe* 01.07.2010).

Repercussão Geral. Constitucionalidade. "É compatível com a Constituição norma que afirma incabível apelação em casos de execução fiscal cujo valor seja inferior a 50 ORTN" (STF, ARE 637975 RG, Rel. Min. Min. Presidente, jul. 09.06.2011, *DJe* 01.09.2011).

2. Mandado de Segurança. Não cabimento. Cinge-se a questão em definir sobre ser adequado, ou não, o manejo de mandado de segurança para atacar decisão judicial proferida no contexto do art. 34 da Lei nº 6.830/80, tema reputado infraconstitucional pela Suprema Corte (ARE 963.889 RG, Relator Min. Teori Zavascki, *DJe* 27/05/2016). (...) O Supremo Tribunal Federal, ao julgar o ARE 637.975-RG/MG, na sistemática da repercussão geral, firmou a tese de que 'É compatível com a Constituição o art. 34 da Lei 6.830/1980, que afirma incabível apelação em casos de execução fiscal cujo valor seja inferior a 50 ORTN' (Tema 408/STF). Nessa linha de compreensão, tem-se, então, que, das decisões judiciais proferidas no âmbito do art. 34 da Lei nº 6.830/80, são oponíveis somente embargos de declaração e embargos infringentes, entendimento excepcionado pelo eventual cabimento de recurso extraordinário, a teor do que dispõe a Súmula 640/STF ('É cabível recurso extraordinário contra decisão proferida por juiz de primeiro grau nas causas de alçada, ou por turma recursal de Juizado Especial Cível ou

Criminal'). É incabível o emprego do mandado de segurança como sucedâneo recursal, nos termos da Súmula 267/STF ("Não cabe mandado de segurança contra ato judicial passível de recurso ou correição"), não se podendo, ademais, tachar de teratológica decisão que cumpre comando específico existente na Lei de Execuções Fiscais (art. 34). Precedentes: AgInt no RMS 55.125/SP, Rel. Ministra Regina Helena Costa, Primeira Turma, *DJe* 16/11/2017; AgInt no RMS 54.845/SP, Rel. Ministro Gurgel de Faria, 1ª Turma, *DJe* 18/12/2017; AgInt no RMS 53.232/SP, Rel. Ministro Napoleão Nunes Maia Filho, 1ª Turma, *DJe* 11/05/2017; (...) **Tese firmada: 'Não é cabível mandado de segurança contra decisão proferida em execução fiscal no contexto do art. 34 da Lei 6.830/80'**" (STJ, IAC no RMS 54.712/SP, Rel. Min. Sérgio Kukina, 1ª Seção, jul. 10.04.2019, *DJe* 20.05.2019).

3. Execução fiscal. Valor da causa 50 ORTNS. Alçada. Agravo de instrumento. Não cabimento. "A jurisprudência do Superior Tribunal de Justiça é pacífica ao afirmar que não há recurso para a segunda instância quando o valor executado for inferior ao valor de alçada, de modo que, estando o valor da execução abaixo do estipulado, haverá exceção ao duplo grau de jurisdição, seja para a Fazenda Pública, seja para o executado. Confiram-se: AgInt nos EDcl no AREsp 1.700.964/SP, relator Ministro Mauro Campbell Marques, Segunda Turma, julgado em 24/8/2020, *DJe* 27/8/2020 e AgInt no AREsp 1.831.509/SP, relator Ministro Gurgel de Faria, Primeira Turma, julgado em 27/9/2021, *DJe* 7/10/2021" (STJ, AREsp 1.751.847/SP, Rel. Min. Francisco Falcão, 2ª Turma, jul. 16.08.2022, *DJe* 22.08.2022).

Art. 35. Nos processos regulados por esta Lei, poderá ser dispensada a audiência de revisor, no julgamento das apelações.

Art. 36. Compete à Fazenda Pública baixar normas sobre o recolhimento da Dívida Ativa respectiva, em Juízo ou fora dele, e aprovar, inclusive, os modelos de documentos de arrecadação.

Art. 37. O Auxiliar de Justiça que, por ação ou omissão, culposa ou dolosa, prejudicar a execução, será responsabilizado, civil, penal e administrativamente.

Parágrafo único. O Oficial de Justiça deverá efetuar, em 10 (dez) dias, as diligências que lhe forem ordenadas, salvo motivo de força maior devidamente justificado perante o Juízo.

Art. 38. A discussão judicial da Dívida Ativa da Fazenda Pública só é admissível em execução, na forma desta Lei, salvo as hipóteses de mandado de segurança, ação de repetição do indébito ou ação anulatória do ato declarativo da dívida, esta precedida do depósito preparatório do valor do débito, monetariamente corrigido e acrescido dos juros e multa de mora e demais encargos.

Parágrafo único. A propositura, pelo contribuinte, da ação prevista neste artigo importa em renúncia ao poder de recorrer na esfera administrativa e desistência do recurso acaso interposto.

JURISPRUDÊNCIA SELECIONADA

1. Discussão judicial da dívida. ICMS. "Cuida-se de recurso especial interposto em face de acórdão que não reconheceu a ocorrência de coisa julgada no caso em que se discute os efeitos e o alcance da sentença proferida em ação declaratória transitada em julgado relativamente às situações futuras análogas, no que diz respeito à incidência de ICMS sobre a exportação de produtos semielaborados na vigência da LC nº 65/91. (...) *In casu*, a recorrente obteve, em ação declaratória, acórdão (transitado em julgado) que declarou expressamente a inexistência de relação jurídica com a Fazenda que a obrigasse ao recolhimento do ICMS sobre as exportações de produtos semielaborados, na vigência da Lei Complementar nº 65/91, nos códigos 72.07, 72.08, 72.14, 72.15, 72.19, 72.20, 72.22, 72.24, 72.25 da NBM/SH. 4. Inviável o ajuizamento de executivo fiscal objetivando discutir a cobrança de ICMS sobre a exportação de produtos classificados nas mesmas posições da NBM/SH, em face da vigência de uma mesma norma, presentes as mesmas partes, tendo em vista o alcance da coisa julgada, prevista no art. 467 do CPC" (STJ, REsp 1015840/MG, Rel. Min. José Delgado, 1ª Turma, jul. 13.05.2008, *DJe* 26.06.2008).

2. Renúncia ao poder de recorrer na esfera administrativa. "Recurso administrativo destinado à discussão da validade de dívida ativa da fazenda pública. Prejudicialidade em razão do ajuizamento de ação que também tenha por objetivo discutir a validade do mesmo crédito. Art. 38, par. ún., da Lei 6.830/1980. O direito constitucional de petição e o princípio da legalidade não implicam a necessidade de esgotamento da via administrativa para discussão judicial da validade de crédito inscrito em Dívida Ativa da Fazenda Pública. É constitucional o art. 38, par. ún., da Lei 6.830/1980 (Lei da Execução Fiscal – LEF), que dispõe que 'a propositura, pelo contribuinte, da ação prevista neste artigo (ações destinadas à discussão judicial da validade de crédito inscrito em dívida ativa) importa em renúncia ao poder de recorrer na esfera administrativa e desistência do recurso acaso interposto'" (STF, RE 233.582/RJ, Rel. Min. Joaquim Barbosa, Tribunal Pleno, jul. 16.08.2007, *DJe* 16.05.2008).

3. Anulatória de débito fiscal. Dispensa de depósito prévio. "A propositura de ação anulatória de débito fiscal não está condicionada à realização do depósito prévio previsto no art. 38 da Lei de Execuções Fiscais, posto não ter sido o referido dispositivo legal recepcionado pela Constituição Federal de 1988, em virtude de incompatibilidade material com o art. 5º, inciso XXXV, *verbis*: 'a lei não excluirá da apreciação do Poder Judiciário lesão ou ameaça a direito'" (STJ, REsp 962838/BA, Rel. Min. Luiz Fux, 1ª Seção, jul. 25.11.2009, *DJe* 18.12.2009).

"O depósito preparatório pode ser feito nos próprios autos da ação anulatória de débito fiscal ou mediante a ação cautelar proposta com essa finalidade (TRF, 1º R., AR 90.01.06367-5-DF, Rel. Juiz Tourinho Neto, ac. de 06-08-1990)".

4. Execução fiscal não embargada. "O Ajuizamento de ação anulatória de lançamento fiscal é direito constitucional do devedor – direito de ação –, insuscetível de restrição, podendo ser exercido tanto antes quanto depois da propositura da ação exacional, não obstante o rito previsto para a execução contemple a ação de embargos do devedor como instrumento hábil à desconstituição da obrigação tributária, cuja exigência já esteja sendo exercida judicialmente pela Fazenda Pública. (Precedentes: REsp 854942/RJ, *DJ* 26.03.2007; REsp 557080/DF, *DJ* 07.03.2005; REsp 937416/RJ, Rel. Ministro Luiz Fux, *DJ* 16.06.2008) Os embargos à execução não encerram o único meio de insurgência contra a pretensão fiscal na via judicial, porquanto admitem-se, ainda, na via ordinária, as ações declaratória e anulatória, bem assim a via mandamental. A fundamental diferença entre as ações anulatória e a de embargos à execução subjaz exatamente na possibilidade de suspensão dos atos executivos até o seu julgamento. A ação anulatória, por seu turno, para que tenha o efeito de suspensão do executivo fiscal, assumindo a mesma natureza dos embargos à execução, faz-se mister que seja acompanhada do depósito do montante integral do débito exequendo, porquanto, ostentando o crédito tributário o privilégio da presunção de sua legitimidade, nos termos do art. 204, do CTN. A suspensão de sua exigibilidade se dá nos limites do art. 151 do mesmo Diploma legal. Precedentes unânime: AgRg no REsp. nº 701729/SP, Rel. Ministro Herman Benjamin, *DJ* 19.03.2009, REsp nº 747.389/RS, Rel.

Min. Castro Meira, *DJ* 19.09.2005; REsp nº 764.612/SP, Rel. Min. José Delgado, *DJ* 12.09.2005; e REsp nº 677.741/RS, Rel. Min. Teori Albino Zavascki, *DJ* 07.03.2005. *In casu*, verifica-se que o pedido da ação anulatória não teve a pretensão de suspender a exigibilidade do crédito tributário, mas tão somente de desconstituir lançamentos tributários eivados de ilegalidade, razão pela qual lícito o exercício do direito subjetivo de ação" (STJ, REsp 1.136.282/SP, Rel. Min. Luiz Fux, 1ª Turma, jul. 03.12.2009).

5. Pagamento de débito prescrito. Restituição devida. "Há o direito do contribuinte à repetição do indébito, uma vez que o montante pago foi em razão de um crédito tributário prescrito, ou seja, inexistente" (STJ, REsp 646.328, Rel. Min. Mauro Campbell, 2ª Turma, jul. 04.06.2009, *RF* 406/423).

6. Repetição de indébito de tarifas. "A ação de repetição de indébito de tarifas de água e esgoto sujeita-se ao prazo prescricional estabelecido no Código Civil" (STJ, REsp 1113403/RJ, Rel. Min. Teori Albino Zavascki, 1ª Seção, jul. 09.09.2009, *DJe* 15.09.2009). **Observação:** o Relator consignou em seu voto que o prazo de prescrição da ação de repetição do indébito é o previsto no art. 206, § 3º, inc. IV, do novo Código Civil, ou seja, da pretensão de ressarcimento do enriquecimento sem causa (3 anos).

7. Tributo sujeito a lançamento por homologação. Repetição de indébito. Prazo de prescrição. Ver jurisprudência do art. 8º da Lei nº 6.830/1980.

8. Restituição do depósito preparatório. Juros e correção monetária. "Os depósitos judiciais vencem, em favor da parte vitoriosa a correção monetária e os juros referentes às contas correntes com rendimentos, como sói ocorrer com os valores custodiados judicialmente. *In casu*, tendo a CEF depositado integralmente o montante do débito, enquanto discutia judicialmente a cobrança da diferença de expurgos, e havendo, ao final, levantamento dos valores pelo autor, vencedor da lide, descabe a incidência de juros moratórios, devido a inexistência de inadimplência. É que o depósito integral para garantia do juízo, com vista à interposição de embargos à execução, afasta a incidência de juros moratórios a partir da efetivação do depósito" (STJ, REsp 1.122.017, Rel. Min. Luiz Fux, 1ª Turma, jul. 03.12.2009, *DJe* 18.12.2009).

9. Ação anulatória do crédito fiscal. Condicionamento ao depósito prévio do montante integral. Impossibilidade. "A propositura de ação anulatória de débito fiscal não está condicionada à realização do depósito prévio previsto no art. 38 da Lei de Execuções Fiscais, posto não ter sido o referido dispositivo legal recepcionado pela Constituição Federal de 1988, em virtude de incompatibilidade material com o art. 5º, inciso XXXV, *verbis*: 'a lei não excluirá da apreciação do Poder Judiciário lesão ou ameaça a direito'" (STJ, REsp 962.838/BA, Rel. Min. Luiz Fux, 1ª Seção, jul. 25.11.2009, *DJe* 18.12.2009).

10. Reunião de ação anulatória do título executivo e execução fiscal. "O C. STJ modificou entendimento outrora assentado quanto às ações anulatórias precedidas de executivo fiscal, de maneira a admitir a reunião dos processos no Juízo Especializado nas Execuções Fiscais. Considerou existente a 'conexão entre a ação anulatória ou desconstitutiva do título executivo e a ação de execução, por representar aquela meio de oposição aos atos executórios de natureza idêntica a dos embargos do devedor'" (CC 103.229/SP, Rel. Ministro Castro Meira, primeira seção, julgado em 28/04/2010, *DJe* 10/05/2010). Na mesma linha de exegese, é a orientação adotada por esta E. Segunda Seção. IV. Na espécie, a Ação Declaratória de Inexigibilidade de Crédito Tributário subjacente foi ajuizada posteriormente à Execução Fiscal nº 0043084-95.2009.4.03.6182, impondo-se a reunião dos processos, pois configurado o instituto da conexão (identidade de partes e causa de pedir – mesmo débito tributário), a fim de evitar decisões conflitantes, exsurgindo competente o r. Juízo Federal da 7ª Vara das Execuções Ficais de São Paulo/SP, onde proposta a anterior ação executiva'"" (TRF3, CC 5014946-66.2020.4.03.0000/SP, Rel. Des. Federa. Marcelo Mesquita Saraiva, 2ª Seção, jul. 02.12.2020, *DJe* 04.12.2020).

Art. 39. A Fazenda Pública não está sujeita ao pagamento de custas e emolumentos. A prática dos atos judiciais de seu interesse independerá de preparo ou de prévio depósito.

Parágrafo único. Se vencida, a Fazenda Pública ressarcirá o valor das despesas feitas pela parte contrária.

SÚMULAS

Súmula do STJ:

nº 153: "A desistência da execução fiscal, após o oferecimento dos embargos, não exime o exequente dos encargos da sucumbência".

JURISPRUDÊNCIA SELECIONADA

1. Desistência da execução fiscal. "Consoante jurisprudência iterativa deste STJ, a desistência da execução fiscal embargada não exime a Fazenda Pública de reembolsar o executado das despesas processuais, inclusive verba honorária, efetuadas para defender-se" (STJ, REsp 61.353/SP, Rel. Min. Peçanha Martins, 2ª Turma, jul. 26.04.1995, *DJ* 05.06.1995, p. 16.657).

2. Fazenda Pública. Isenção do pagamento de custas e despesas processuais. "O Sistema Processual exonera a Fazenda Pública de arcar com quaisquer despesas, *pro domo sua*, quando litiga em juízo, suportando, apenas, as verbas decorrentes da sucumbência (artigos 27 e 1.212, parágrafo único, do CPC). Tratando-se de execução fiscal, é textual a lei quanto à exoneração, consoante se colhe dos artigos 7º e 39 da Lei nº 6.830/80. Enquanto não declarada inconstitucional a lei, cumpre ao STJ velar pela sua aplicação. (...) Ressalte-se ainda que, de acordo com o disposto no parágrafo único art. 39 da Lei nº 6.830/80, a Fazenda Pública, se vencida, é obrigada a ressarcir a parte vencedora no que houver adiantado a título de custas, o que se coaduna com o art. 27 do Código de Processo Civil, não havendo, desta forma, riscos de se criarem prejuízos à parte adversa com a concessão de tal benefício isencional. *Mutatis mutandis* a exoneração participa da mesma *ratio essendi* da jurisprudência da Corte Especial que imputa a despesa extrajudicial da elaboração de planilha do cálculo aquele que pretende executar a Fazenda Pública" (STJ, REsp 988570/SP, Rel. Min. Luiz Fux, 1ª Turma, jul. 17.04.2008, *DJe* 14.05.2008).

"A isenção de que goza a Fazenda Pública, nos termos do art. 39, da Lei de Execuções Fiscais, está adstrita às custas efetivamente estatais, cuja natureza jurídica é de taxa judiciária, consoante posicionamento do Pretório Excelso (RE 108.845), sendo certo que os atos realizados fora desse âmbito, cujos titulares sejam pessoas estranhas ao corpo funcional do Poder Judiciário, como o leiloeiro e o depositário, são de responsabilidade do autor exequente, porquanto essas despesas não assumem a natureza de taxa, estando excluídas, portanto, da norma insculpida no art. 39, da LEF" (STJ, REsp 1107543/SP, Rel. Min. Luiz Fux, 1ª Seção, jul. 24.03.2010).

"Custas são o preço decorrente da prestação da atividade jurisdicional, desenvolvida pelo Estado-juiz através de suas serventias e cartórios. Emolumentos são o preço dos serviços praticados pelos serventuários de cartório ou serventias não oficializados, remunerados pelo valor dos serviços desenvolvidos, e não pelos cofres públicos. Despesas, em sentido restrito, são a remuneração de terceiras pessoas acionadas pelo aparelho jurisprudencial, no desenvolvimento da atividade do Estado-juiz. Não é razoável crer que a Fazenda Pública possa ter reconhecida isenção, perante os Cartórios de Registro de Títulos e Documentos e Civil de Pessoa Jurídica, decorrente da obtenção de cópias dos atos constitutivos das empresas que pretende litigar" (STJ, REsp 1.073.026/SP, Rel.ª Min.ª Eliana Calmon, 2ª Turma, jul. 14.10.2008, *DJe* 07.11.2008).

Despesas de oficial de justiça. "As despesas com o deslocamento dos oficiais de justiça não configuram custas ou emolumentos, mas 'remuneração de terceiras pessoas acionadas pelo aparelho jurisprudencial' (REsp 1.036.656/SP, Rel. Ministra Eliana Calmon, Primeira Seção, *DJe* 6/4/2009), motivo pelo qual não estão abrangidas pela isenção de que trata o art. 39 da Lei n. 6.830/1980, estando a Fazenda Pública obrigada a realizar o depósito prévio da quantia correspondente" (STJ, AgInt no REsp 1.995.692/PB, Rel. Min. Sérgio Kukina, 1ª Turma, jul. 22.08.2022, *DJe* 25.08.2022).

3. Fazenda Pública. Condenação em honorários advocatícios. "'É forçoso reconhecer o cabimento da condenação da Fazenda Pública em honorários advocatícios na hipótese de oferecimento da exceção de pré-executividade, a qual, mercê de criar contenciosidade incidental na execução, pode perfeitamente figurar como causa imediata e geradora do ato de disponibilidade processual, sendo irrelevante a falta de oferecimento de embargos à execução, porquanto houve a contratação de advogado, que, inclusive, peticionou nos autos' (STJ, AgRg no Ag. nº 754.884/MG, Rel. Min. Luiz Fux, *DJ* 19.10.2006). É perfeitamente cabível a condenação da Fazenda Pública em honorários advocatícios na hipótese de acolhimento parcial de exceção de pré-executividade apresentada no executivo fiscal, ainda que o feito executório não seja extinto, uma vez que foi realizado o contraditório" (STJ, REsp 837235/DF, Rel. Min. Francisco Falcão, 1ª Turma, jul. 04.10.2007, *DJ* 10.12.2007, p. 299).

Art. 40. O Juiz suspenderá o curso da execução, enquanto não for localizado o devedor ou encontrados bens sobre os quais possa recair a penhora, e, nesses casos, não correrá o prazo de prescrição.

§ 1º Suspenso o curso da execução, será aberta vista dos autos ao representante judicial da Fazenda Pública.

§ 2º Decorrido o prazo máximo de 1 (um) ano, sem que seja localizado o devedor ou encontrados bens penhoráveis, o Juiz ordenará o arquivamento dos autos.

§ 3º Encontrados que sejam, a qualquer tempo, o devedor ou os bens, serão desarquivados os autos para prosseguimento da execução.

§ 4º Se da decisão que ordenar o arquivamento tiver decorrido o prazo prescricional, o juiz, depois de ouvida a Fazenda Pública, poderá, de ofício, reconhecer a prescrição intercorrente e decretá-la de imediato *(parágrafo incluído pela Lei nº 11.051, de 29.12.2004)*.

§ 5º A manifestação prévia da Fazenda Pública prevista no § 4º deste artigo será dispensada no caso de cobranças judiciais cujo valor seja inferior ao mínimo fixado por ato do Ministro de Estado da Fazenda *(parágrafo incluído pela Lei nº 11.960, de 29.06.2009)*.

SÚMULAS

Súmula do STJ:

nº 314: "Em execução fiscal, não localizados bens penhoráveis, suspende-se o processo por um ano, findo o qual se inicia o prazo da prescrição quinquenal intercorrente".

JURISPRUDÊNCIA SELECIONADA

1. Poder geral de cautela. "Por força do artigo 41 da Lei n. 6.830/80, pode o magistrado, em decorrência do poder geral de cautela e diante de fundada dúvida sobre os elementos constitutivos da CDA, requisitar os autos do processo administrativo fiscal a fim de certificar-se da regularidade do processo executivo levado a efeito pela administração tributária, sendo que tal providência, além de poder ser solicitada de ofício, não causa qualquer prejuízo à Fazenda exequente, que tem em seu poder os documentos solicitados" (STJ, REsp 1.184.588/BA, Rel. Min. Benedito Gonçalves, 1ª Turma, jul. 10.05.2011, *DJe* 13.05.2011).

2. Prescrição. Suspensão: "No processo executivo fiscal, o despacho que determina a citação interrompe o curso da prescrição. A eficácia deste despacho não está subordinada ao exercício das providências determinadas pelo art. 219 do CPC. A suspensão da prescrição, por efeito do art. 40 da Lei nº 6.830/80, operasse independentemente de determinação judicial, suspendendo o processo executivo fiscal. Basta que o devedor não seja encontrado, nem se conheçam bens a serem penhorados. A suspensão é automática" (STJ, 1ª Turma, REsp 63.635/SP, Rel. Min. Humberto Gomes de Barros, ac. 05.06.1995, *DJ* 09.10.1995, p. 33.527).

"O artigo 40 da Lei de Execução Fiscal deve ser interpretado harmonicamente com o disposto no artigo 174 do CTN, que prevalece em caso de colidência entre as referidas leis. Isto porque é princípio de Direito Público que a prescrição e a decadência tributárias são matérias reservadas à lei complementar, segundo prescreve o artigo 146, III, 'b' da CF. Em consequência, o artigo 40 da Lei nº 6.830/80, por não prevalecer sobre o CTN, sofre os limites impostos pelo artigo 174 do referido Ordenamento Tributário. Precedentes jurisprudenciais. A suspensão decretada com suporte no art. 40 da Lei de Execuções Fiscais não pode perdurar por mais de 05 (cinco) anos porque a ação para cobrança do crédito tributário prescreve em cinco anos, contados da data da sua constituição definitiva (art. 174, *caput*, do CTN)" (STJ, REsp 649.353/PR, Rel. Min. Luiz Fux, 1ª Turma, jul. 03.03.2005, *DJ* 28.03.2005, p. 210).

"A Primeira Turma do STJ, no REsp 843557/RS (Rel. Min. José Delgado; 1ª Turma; jul. 07.11.2006; *DJ* 20.11.2006, p. 287), entendeu que a nova redação do § 5º do art. 219 do CPC concedeu ao magistrado a possibilidade de, ao se deparar com o decurso do lapso temporal prescricional, declarar a prescrição. E que o art. 40 da Lei nº 6.830/80, nos termos em que foi admitido no ordenamento jurídico, não tem prevalência. A sua aplicação há de sofrer os limites impostos pelo art. 174 do CTN, eis que os princípios informadores do nosso sistema tributário repugnam a prescrição indefinida. Portanto, essa Corte Superior de Justiça orienta que decorrido determinado prazo sem pronunciamento da parte interessada se deve estabilizar o conflito, pela via da prescrição, impondo-se segurança jurídica aos litigantes. Acrescentando ainda que os casos de interrupção do prazo prescricional estão previstos no art. 174 do CTN, e nele não está incluído o disposto no artigo 40 da Lei nº 6.830/80" (TRF, 5ª Região, AC 366526/CE, Rel. Des. Fed. Ubaldo Cavalcante, 1ª Turma, *DJ* 30.05.2007, p. 831; *RMDECC* 15/150).

3. Prescrição. Decretação. Créditos Fiscais. "A prescrição pode ser decretada pelo juiz *ex officio* por ocasião do recebimento da petição inicial do executivo fiscal, sem necessidade de proceder à ordenação para citação do executado, porquanto configurada causa de indeferimento liminar da exordial, nos termos do art. 295, IV, c/c art. 219, § 5º, do CPC, bem assim de condição específica para o exercício do direito da ação executiva fiscal, qual seja, a exigibilidade da obrigação tributária materializada na CDA. A prescrição, na seara tributária, estampa certa singularidade, qual a de que dá azo não apenas à extinção da ação, mas do próprio crédito tributário, nos moldes do preconizado pelo art. 156, V, do CTN. Tanto é assim que, partindo-se de uma interpretação conjunta dos arts. 156, V, do CTN, que situa a prescrição como causa de extinção do crédito tributário, e 165, I, do mesmo diploma legal, ressoa inequívoco o direito do contribuinte à repetição do indébito, o qual consubstancia-se no montante pago a título de crédito fiscal inexistente, posto fulminado pela prescrição. Com efeito, a jurisprudência desta Corte Especial perfilhava o entendimento segundo o qual era defeso ao juiz decretar, de ofício, a consumação da prescrição em se tratando de direitos patrimoniais (art. 219, § 5º, do CPC). Precedentes: REsp 642.618-PR; Rel. Min. Franciulli Netto, 2ª Turma, *DJ* 01.02.2005; REsp 327.268-PE; Rel.ª Min.ª Eliana Calmon, 1ª Seção, *DJ* 26.05.2003; REsp 513.348-ES, Rel. Min. José Delgado, 1ª Turma, *DJ* 17.11.2003. 4. A novel Lei 11.051, de 30 de dezembro de 2004, acrescentou ao art. 40 da Lei de Execuções Fiscais o parágrafo 4º, possibilitando ao juiz da execução a decretação de ofício da prescrição intercorrente. O advento da aludida lei possibilita ao juiz da execução decretar *ex officio* a prescrição intercorrente, desde que previamente ouvida a Fazenda Pública para que possa suscitar eventuais causas suspensivas ou interruptivas do prazo prescricional (Precedentes: REsp 803.879-RS, Rel. Min. José Delgado, 1ª Turma, *DJ* de 03 de abril de 2006; REsp 810.863-RS, Rel. Min. Teori Albino Zavascki, 1ª Turma, *DJ* de 20 de março de 2006; REsp 818.212-RS, Rel. Min. Castro Meira, 2ª Turma, *DJ* de 30 de março de 2006). (...) A constituição definitiva do crédito tributário, sujeita à decadência, inaugura o decurso do prazo prescricional de cinco anos para o Fisco cobrar judicialmente o crédito tributário. No caso sub judice, tratando-se de IPTU, em que a notificação do lançamento tem-se por efetuada com o recebimento do carnê pelo correio, no início de cada exercício, quais sejam: 1995 a 1999 (fl. 38), o Juízo monocrático, corroborado pelo Tribunal a quo, decretou a prescrição dos mesmos. A execução fiscal, tendo sido proposta em 08.07.2005 (fl. 11), revela inequívoca a ocorrência da prescrição de todos os créditos exigidos pela Fazenda Municipal, porquanto decorrido o prazo prescricional quinquenal" (STJ, REsp 987.257/RJ, Rel. Min. Luiz Fux, 1ª Turma, jul. 15.04.2008, *DJe* 14.05.2008).

4. Prescrição intercorrente:

Decretação de ofício. "A jurisprudência do STJ sempre foi no sentido de que 'o reconhecimento da prescrição nos processos executivos fiscais, por envolver direito patrimonial, não pode ser feita de ofício pelo juiz, ante a vedação prevista no art. 219, § 5º, do Código de Processo Civil' (REsp 655.174/PE, 2ª Turma, Rel. Min. Castro Meira, *DJ* 09.05.2005). 2. Ocorre que o atual parágrafo 4º do art. 40 da LEF (Lei 6.830/80), acrescentado pela Lei 11.051, de 30.12.2004 (art. 6º), viabiliza a decretação da prescrição intercorrente por iniciativa judicial, com a única condição de ser previamente ouvida a Fazenda Pública, permitindo-lhe arguir eventuais causas suspensivas ou interruptivas do prazo prescricional. Tratando-se de norma de natureza processual, tem aplicação imediata, alcançando inclusive os processos em curso, cabendo ao juiz da execução decidir a respeito da sua incidência, por analogia, à hipótese dos autos. 3. Recurso especial a que se dá provimento" (STJ, REsp 746.437/RS, Rel. Min. Teori Albino Zavascki, 1ª Turma, jul. 09.08.2005, *DJ* 22.08.2005, p. 156).

"A prévia oitiva da (o) exequente de que trata o § 4º do art. 40 da Lei nº 6.830/80 objetiva oportunizar a arguição de eventual causa de suspensão/interrupção do prazo prescricional. A sua ausência, entretanto, não tem o condão de anular a sentença de extinção, pois, em atenção ao princípio da instrumentalidade das formas, tais alegações podem ser aduzidas nas razões de apelação. Precedentes do STJ. Tratando-se de créditos da União de natureza não tributária, afasta-se tanto a prescrição prevista no Código Tributário Nacional quanto a do Código Civil. Aplicável, no caso, a prescrição quinquenal do art. 1º do Decreto nº 20.910, de 06.01.32. A jurisprudência do STJ é no mesmo sentido (STJ, REsp 623023/RJ, Rel.ª Min.ª Eliana Calmon, 2ª Turma, ac. un., *DJ* 14.11.05, p. 251)" (TRF, 1ª Região, AC 2009.01.00.009794-0/GO, Rel. Des. Luciano Tolentino Amaral, 7ª Turma, *DJF1* 27.03.2009, p. 613).

"Na execução fiscal, interrompida a prescrição com a citação pessoal e não havendo bens a penhorar, pode a Fazenda Pública valer-se do art. 40 da LEF para suspender o processo pelo prazo de um ano, ao término do qual recomeça a fluir a contagem até que se complete cinco anos, caso permaneça inerte a exequente durante esse período. Predomina na jurisprudência dominante desta Corte o entendimento de que, na execução fiscal, a partir da Lei 11.051/04, que acrescentou o § 4º ao artigo 40 da Lei 6.830/80, pode o juiz decretar, de ofício, a prescrição, após ouvida a Fazenda Pública exequente. Tratando-se de norma de direito processual, a sua incidência é imediata, aplicando-se, portanto, às execuções em curso. O art. 20 da Lei 10.522/2002 trouxe hipótese de arquivamento da execução fiscal, mas não autoriza a suspensão do prazo prescricional, razão pela qual deve ser interpretada em conjunto com o art. 40 da Lei 6.830/80. 5. Recurso especial não provido" (STJ, REsp 1.083.063/PE, Rel.ª Min.ª Eliana Calmon, 2ª Turma, jul. 09.12.2008, *DJe* 27.02.2009).

"Em execução fiscal, a prescrição ocorrida antes da propositura da ação pode ser decretada de ofício, com base no art. 219, § 5º, do CPC (redação da Lei 11.051/04), independentemente da prévia ouvida da Fazenda Pública. O regime do § 4º do art. 40 da Lei 6.830/80, que exige essa providência prévia, somente se aplica às hipóteses de prescrição intercorrente nele indicadas. Precedentes de ambas as Turmas da 1ª Seção. Acórdão sujeito ao regime do art. 543-C do CPC e da Resolução STJ 08/08" (STJ, REsp 1100156/RJ, Rel. Min. Teori Albino Zavascki, 1ª Seção, jul. 10.06.2009, *DJe* 18.06.2009).

Ver, sobre o tema, as decisões mencionadas nas notas do CPC/2015, art. 240; CPC/1973, art. 219.

Prescrição intercorrente. Honorários advocatícios. "Tese jurídica fixada: 'À luz do princípio da causalidade, não cabe fixação de honorários advocatícios na exceção de pré-executividade acolhida para extinguir a execução fiscal em razão do reconhecimento da prescrição intercorrente, prevista no art. 40 da Lei n. 6.830/1980'" (STJ, REsp 2.046.269/PR, Recurso repetitivo, Rel. Min. Gurgel de Faria, 1ª Seção, jul. 09.10.2024, *DJe* 15.10.2024).

Alterações legislativas sobre a matéria. "A prescrição, posto referir-se à ação, quando alterada por novel legislação, tem aplicação imediata, conforme cediço na jurisprudência do Eg. STJ. Originariamente, prevalecia o entendimento de que o artigo 40 da Lei nº 6.830/80 não podia se sobrepor ao CTN, por ser norma de hierarquia inferior, e sua aplicação sofria os limites impostos pelo artigo 174 do referido Código. Nesse diapasão, a mera prolação do despacho ordinatório da citação do executado não produzia, por si só, o efeito de interromper a prescrição, impondo-se a interpretação sistemática do art. 8º, § 2º, da Lei nº 6.830/80, em combinação com o art. 219, § 4º, do CPC e com o art.174 e seu parágrafo único do CTN. A Lei Complementar nº 118, de 9 de fevereiro de 2005 (vigência a partir de 09.06.2005), alterou o art. 174 do CTN para atribuir ao despacho do juiz que ordenar a citação o efeito interruptivo da prescrição (Precedentes: REsp 860128/RS, *DJ* 782.867/SP, *DJ* 20.10.2006; REsp 708.186/SP, *DJ* 03.04.2006). Destarte, consubstanciando norma processual, a referida Lei Complementar é aplicada imediatamente aos processos em curso, o que tem como consectário lógico que a data da propositura da ação pode ser anterior à sua vigência. Todavia, a data do despacho que ordenar a citação deve ser posterior à sua entrada em vigor, sob pena de retroação da novel legislação" (STJ, REsp 1015.061/RS, Rel. Min. Luiz Fux, jul. 15.05.2008, *DJe* 16.06.2008).

Arguição favorece aos demais responsáveis solidários. "Se o pagamento da dívida por um dos sócios favorece aos demais, por igual razão a prescrição da dívida arguida por um dos sócios, e reconhecida pelo juízo competente, aproveita aos demais devedores solidários, nos termos do art. 125 do Código Tributário Nacional e arts. 274 e 275 do Código Civil" (STJ, AgRg no REsp 958846/RS, Rel. Min. Humberto Martins, 2ª Turma, jul. 15.09.2009, *DJe* 30.09.2009).

Suspensão do processo. Condição processual da prescrição intercorrente. Regulação por meio de lei ordinária. "A prescrição consiste na perda da pretensão em virtude da inércia do titular (ou do seu exercício de modo ineficaz), em período previsto em lei. Em matéria tributária, trata-se de hipótese de extinção do crédito tributário (art. 156, V, do CTN). A prescrição ordinária tributária (ou apenas prescrição tributária) se inicia com a constituição definitiva do crédito tributário e baliza o exercício da pretensão de cobrança pelo credor, de modo a inviabilizar a propositura da demanda após o exaurimento do prazo de 5 (cinco) anos. A prescrição intercorrente tributária, por sua vez, requer a propositura prévia da execução fiscal, verificando-se no curso desta. Nesse caso, há a perda da pretensão de prosseguir com a cobrança. A prescrição intercorrente obedece à natureza jurídica do crédito subjacente à demanda. Se o prazo prescricional ordinário é de 5 (cinco) anos, o prazo de prescrição intercorrente será também de 5 (cinco) anos. Desnecessidade de lei complementar para dispor sobre prescrição intercorrente tributária. A prescrição intercorrente tributária foi introduzida pela Lei nº 6.830/1980, que tem natureza de lei ordinária. O art. 40 desse diploma não afronta o art. 146, III, b, da CF/1988, pois o legislador ordinário se limitou a transpor o modelo estabelecido pelo art. 174 do CTN, adaptando-o às particularidades da prescrição intercorrente. Observa ainda o art. 22, I, da CF/1988, porquanto compete à União legislar sobre direito processual. O prazo de suspensão de 1 (um) ano (art. 40, § 1º, da Lei nº 6.830/1980) busca estabilizar a ruptura processual no tempo, de modo a ser possível constatar a probabilidade remota ou improvável de satisfação do crédito. Não seria consistente com o fim do feito executivo que, na primeira dificuldade de localizar o devedor ou encontrar bens penhoráveis, se iniciasse a contagem do prazo prescricional. Trata-se de mera condição processual da prescrição intercorrente, que pode, portanto, ser disciplinada por lei ordinária. Termo inicial de contagem da prescrição intercorrente tributária. Não é o arquivamento dos autos que caracteriza o termo a quo da prescrição intercorrente, mas o término da suspensão anual do processo executivo. Recurso extraordinário a que se nega provimento, com a fixação da seguinte tese de julgamento: "É constitucional o art. 40 da Lei nº 6.830/1980 (Lei de Execuções Fiscais – LEF), tendo natureza processual o prazo de 1 (um) ano de suspensão da execução fiscal. Após o decurso desse prazo, inicia-se automaticamente a contagem do prazo prescricional tributário de 5 (cinco) anos" (STF, RE 636.562, Rel. Min. Roberto Barroso, Tribunal Pleno, jul. 22.02.2023, *DJe* 06.03.2023).

Suspensão automática da execução fiscal. "3. Nem o Juiz e nem a Procuradoria da Fazenda Pública são os senhores do termo inicial do prazo de 1 (um) ano de suspensão previsto no *caput*, do art. 40, da LEF, somente a lei o é (ordena o art. 40: '[...] o juiz suspenderá [...]'). Não cabe ao Juiz ou à Procuradoria a escolha do melhor momento para o seu início. No primeiro momento em que constatada a não localização do devedor e/ou ausência de bens pelo oficial de justiça e intimada a Fazenda Pública, inicia-se automaticamente o prazo de suspensão, na forma do art. 40, caput, da LEF. Indiferente aqui, portanto, o fato de existir petição da Fazenda Pública requerendo a suspensão do feito por 30, 60, 90 ou 120 dias a fim de realizar diligências, sem pedir a suspensão do feito pelo art. 40, da LEF. Esses pedidos não encontram amparo fora do art. 40 da LEF que limita a suspensão a 1 (um) ano. Também indiferente o fato de que o Juiz, ao intimar a Fazenda Pública, não tenha expressamente feito menção à suspensão do art. 40, da LEF. O que importa para a aplicação da lei é que a Fazenda Pública tenha tomado ciência da inexistência de bens penhoráveis no endereço fornecido e/ou da não localização do devedor. Isso é o suficiente para inaugurar o prazo, *ex lege*" (STJ, REsp 1.340.553/RS, Rel. Min. Mauro Campbell Marques, 1ª Seção, jul. 12.09.2018, *DJe* 16.10.2018).

Teses vinculantes sobre a execução fiscal. "Teses julgadas para efeito dos arts. 1.036 e seguintes do CPC/2015 (art. 543-C, do CPC/1973): 4.1.) O prazo de 1 (um) ano de suspensão do processo e do respectivo prazo prescricional previsto no art. 40, §§ 1º e 2º da Lei n. 6.830/80 – LEF tem início automaticamente na data da ciência da Fazenda Pública a respeito da não localização do devedor ou da inexistência de bens penhoráveis no endereço fornecido, havendo, sem prejuízo dessa contagem automática, o dever de o magistrado declarar ter ocorrido a suspensão da execução; 4.1.1.) Sem prejuízo do disposto no item 4.1., nos casos de execução fiscal para cobrança de dívida ativa de natureza tributária (cujo despacho ordenador da citação tenha sido proferido antes da vigência da Lei Complementar n. 118/2005), depois da citação válida, ainda que editalícia, logo após a primeira tentativa infrutífera de localização de bens penhoráveis, o Juiz declarará suspensa a execução. 4.1.2.) Sem prejuízo do disposto no item 4.1., em se tratando de execução fiscal para cobrança de dívida ativa de natureza tributária (cujo despacho ordenador da citação tenha sido proferido na vigência da Lei Complementar n. 118/2005) e de qualquer dívida ativa de natureza não tributária, logo após a primeira tentativa frustrada de citação do devedor ou de localização de bens penhoráveis, o Juiz declarará suspensa a execução. 4.2.) Havendo ou não petição da Fazenda Pública e havendo ou não pronunciamento judicial nesse sentido, findo o prazo de 1 (um) ano de suspensão inicia-se automaticamente o prazo prescricional aplicável (de acordo com a natureza do crédito exequendo) durante o qual o processo deveria estar arquivado sem baixa na distribuição, na forma do art. 40, §§ 2º, 3º e 4º da Lei n. 6.830/80 – LEF, findo o qual o Juiz, depois de ouvida a Fazenda Pública, poderá, de ofício, reconhecer a prescrição intercorrente e decretá-la de imediato; 4.3.) A efetiva constrição patrimonial e a efetiva citação (ainda que por edital) são aptas a interromper o curso da prescrição intercorrente, não bastando para tal o mero peticionamento em juízo, requerendo, *v.g.*, a feitura da penhora sobre ativos financeiros ou sobre outros bens. Os requerimentos feitos pelo exequente, dentro da soma do prazo máximo de 1 (um) ano de suspensão mais o prazo de prescrição aplicável (de acordo com a natureza do crédito exequendo) deverão ser processados, ainda que para além da soma desses dois prazos, pois, citados (ainda que por edital) os devedores e penhorados os bens, a qualquer tempo – mesmo depois de escoados os referidos prazos –, considera-se interrompida a prescrição intercorrente, retroativamente, na data do protocolo da petição que requereu a providência frutífera. 4.4.) A Fazenda Pública, em sua primeira oportunidade de falar nos autos (art. 245 do CPC/73, correspondente ao art. 278 do CPC/2015), ao alegar nulidade pela falta de qualquer intimação dentro do procedimento do art. 40 da LEF, deverá demonstrar o prejuízo que sofreu (exceto a falta da intimação que constitui o termo inicial – 4.1., onde o prejuízo é presumido), por exemplo, deverá demonstrar a ocorrência de qualquer causa interruptiva ou suspensiva da prescrição. 4.5.) O magistrado, ao reconhecer a prescrição intercorrente, deverá fundamentar o ato judicial por meio da delimitação dos marcos legais que foram aplicados na contagem do respectivo prazo, inclusive quanto ao período em que a execução ficou suspensa" (STJ, REsp 1.340.553/RS, Rel. Min. Mauro Campbell Marques, 1ª Seção, jul. 12.09.2018, *DJe* 16.10.2018).

5. Suspensão da execução fiscal.

Insuficiência de bens da massa falida. "O comando do art. 40 da Lei 6.830/80, que prevê hipótese de suspensão da execução fiscal, pressupõe a existência de devedor que não foi localizado ou não foram encontrados bens sobre os quais possa recair a penhora. A insuficiência de bens da massa falida para garantia da execução fiscal não autoriza a suspensão da execução, a fim de que se realize diligência no sentido de se verificar a existência de codevedores do débito fiscal, que implicaria apurar a responsabilidade dos sócios da empresa extinta (art. 135 do CTN). Trata-se de hipótese não abrangida pelos termos do art. 40 da Lei 6.830/80" (STJ, REsp 718541/RS, Rel.ª Min.ª Eliana Calmon, 2ª Turma, jul. 19.04.2005, *DJ* 23.05.2005, p. 251).

Confissão da dívida. REFIS. "Se a executada comprova que o débito consubstanciado no título exequendo foi incluído na confissão da dívida e que ele integra a consolidação do REFIS, a execução fiscal deve ser suspensa, nos termos da legislação que regula a matéria. Embora a opção pelo REFIS não implique a extinção dos débitos do contribuinte, se o débito persiste, na medida em que ocorre tão somente parcelamento, correta é a decisão que determina a suspensão do processo para que se cumpra integralmente a obrigação tributária, objeto da execução" (TRF, 1ª Região, Ag. 2004.01.00.016702-7/MG, Rel.ª Des.ª Fed. Maria do Carmo Cardoso, 8ª Turma, jul. 06.10.2006, *DJ* 06.11.2006).

"Na petição inicial dos embargos à execução, a própria executada revela que a execução abrangia, em 2003, o valor de R$ 58.227,65. Por outro lado, os recibos anexados, mencionados no v. acórdão, demonstram que foi paga apenas a quantia de R$ 347,99. Os documentos anexados demonstram que ainda não houve quitação do parcelamento efetuado pelo embargante, sendo certo que sua exclusão do programa ocorreu em 2003. Embargos de Declaração providos: Remessa oficial provida. Peças liberadas pelo Relator, em 22.01.2007, para publicação do acórdão" (TRF, 1ª Região, EDREO 2002.01.99.027356-3, Rel. Des. Fed. Luciano Tolentino Amaral, jul. 22.01.2007, *DJ* 02.02.2007, p. 66).

Conexão com ação anulatória de débito fiscal. Prejudicialidade. "A ação anulatória de débito fiscal tem conexão com a ação de execução; assim, podemos concluir que sempre há prejudicialidade entre elas. A prejudicialidade capaz de ensejar a paralisação da execução só se configura quando está o débito garantido pela penhora ou pelo depósito" (STJ, REsp 719.796/RS, Rel.ª Min.ª Eliana Calmon, 2ª Turma, jul. 10.04.2007, *DJ* 20.04.2007, p. 332).

6. Falecimento do devedor. Inexistência de bens a inventariar. Ausência de herdeiros. "No campo material, a presença de sujeito passivo da obrigação é condição de existência dela mesma. Sem sujeito passivo, a obrigação padece de incerteza, tornando a inscrição em dívida ativa indevida" (STJ, REsp 718.023/RS, Rel. Min. Mauro Campbell Marques, 2ª Turma, jul. 19.08.2008, *DJe* 16.09.2008).

7. Paralisação do processo por culpa do Poder Judiciário. Súmula 106 do STJ (§ 4º). "A perda da pretensão executiva tributária pelo decurso de tempo é consequência da inércia do credor, que não se verifica quando a demora na citação do executado decorre unicamente do aparelho judiciário. Inteligência da Súmula 106/STJ" (STJ, REsp 1102431/RJ, Rel. Min. Luiz Fux, 1ª Seção, jul. 09.12.2009, *DJe* 01.02.2010). **Precedentes citados:** STJ, AgRg no Ag 1125797/MS, Rel. Min. Luiz Fux, 1ª Turma, jul. 18.08.2009, *DJe* 16.09.2009; STJ, REsp 1109205/SP, Rel. Min. Eliana Calmon, 2ª Turma, jul. 02.04.2009, *DJe* 29.04.2009; STJ, REsp 1105174/RJ, Rel. Min. Benedito Gonçalves, 1ª Turma, jul. 18.08.2009, *DJe* 09.09.2009; STJ, REsp 882.496/RN, Rel. Min. Mauro Campbell Marques, 2ª Turma, jul. 07.08.2008, *DJe* 26.08.2008; STJ, AgRg no REsp 982.024/RS, Rel. Min. Humberto Martins, 2ª Turma, jul. 22.04.2008, *DJe* 08.05.2008).

8. Prescrição do pleito de restituição de indébito tributário. "O prazo prescricional para o contribuinte pleitear a restituição do indébito, em se tratando de pagamentos indevidos efetuados antes da entrada em vigor da Lei Complementar 118/05 (09.06.2005), nos casos dos tributos sujeitos a lançamento por homologação, continua observando a cognominada tese dos cinco mais cinco, desde que, na data da vigência da novel lei complementar, sobejem, no máximo, cinco anos da contagem do lapso temporal (regra que se coaduna com o disposto no artigo 2.028, do Código Civil de 2002, segundo o qual: 'Serão os da lei anterior os prazos, quando reduzidos por este Código, e se, na data de sua entrada em vigor, já houver transcorrido mais da metade do tempo estabelecido na lei revogada') (Precedente da Primeira Seção submetido ao rito do artigo 543-C, do CPC: RESP 1.002.932/SP, Rel. Ministro Luiz Fux, jul. 25.11.2009)" (STJ, REsp 1112524/DF, Rel. Min. Luiz Fux, Corte Especial, jul. 01.09.2010, *DJe* 30.09.2010).

9. Pedido de parcelamento de débito tributário.

Prescrição. "A suspensão da lei que autoriza o pagamento em prestações do débito tributário, por força de medida liminar deferida em ação direta de inconstitucionalidade, implica o imediato indeferimento do pedido de parcelamento; a inércia da Fazenda Pública em examinar esse requerimento, por mais de cinco anos, acarreta a prescrição do crédito tributário" (STJ, REsp 1389795/DF, Rel. Min. Ari Pargendler, 1ª Turma, jul. 05.12.2013, *DJe* 16.12.2013).

Suspensão de exigibilidade e interrupção da prescrição. "A adesão a programa de parcelamento tributário é causa de suspensão da exigibilidade do crédito e interrompe o prazo prescricional, por constituir reconhecimento inequívoco do débito, nos termos do art. 174, IV, do CTN, voltando a correr o prazo, por inteiro, a partir do inadimplemento da última parcela pelo contribuinte (REsp n. 1.742.611/RJ, relator Ministro Herman Benjamin)" (STJ, REsp 1.922.063/PR, Rel. Min. Francisco Falcão, 2ª Turma, jul. 18.10.2022, *DJe* 21.10.2022).

10. Execução fiscal. Dívida não tributária. Prescrição. "O Supremo Tribunal Federal firmou sua jurisprudência no sentido de que a Compensação Financeira pela Exploração de Recursos Minerais possui natureza jurídica de receita patrimonial (...). De acordo com o art. 47 da Lei 9.636, de 15 de maio de 1998, em sua redação original, prescrevia em cinco anos os débitos para com a Fazenda Nacional decorrentes de receitas patrimoniais. A partir de então, havia quem defendesse que essa regra deveria ser aplicada aos créditos referentes à Compensação Financeira pela Exploração de Recursos Minerais, muito embora algumas posições em contrário defendiam, ainda, a aplicação dos prazos do Código Civil, sob o entendimento de que não se podia aplicar o prazo previsto na Lei 9.636/98 diante da referência expressa à receita patrimonial da 'Fazenda Nacional'. O supracitado art. 47 foi alterado pela Medida Provisória 1.787, de 29 de dezembro de 1998, e sucessivas reedições, e também pela Medida Provisória 1.856-7, de 27 de julho de 1999, que veio a ser convertida na Lei 9.821, de 23 de agosto de 1999. Foi acrescentada a previsão de prazo decadencial de 5 (cinco) anos para a constituição de créditos originados de receitas patrimoniais, mantido o prazo prescricional em 5 (cinco) anos, além do que eliminou-se a referência à Fazenda Nacional. A eliminação da locução 'Fazenda Nacional' teve por efeito uniformizar o entendimento de que se estenderia a todos os órgãos e entidades da Administração Pública a regra do referido artigo 47, quanto aos créditos oriundos de receitas patrimoniais. Sobreveio a Medida Provisória 152, de 23 de dezembro de 2003, convertida na Lei 10.852, de 29 de março de 2004, que deu nova redação ao *caput* do retromencionado art. 47 da Lei 9.636/98. Com essa nova alteração, aumentou-se o prazo decadencial para 10 (dez) anos, permanecendo o prazo prescricional em 5 (cinco) anos" (STJ, REsp 1.179.282/RS, Rel. Min. Mauro Campbell Marques, 2ª Turma, jul. 26.08.2010, *DJe* 30.09.2010).

11. Ausência de citação. Inércia da exequente. Abandono da causa. Extinção de ofício. "A inércia da Fazenda exequente, ante a intimação regular para promover o andamento do feito e a observância dos artigos 40 e 25 da Lei de Execução Fiscal, implica a extinção da execução fiscal não embargada *ex officio*, afastando-se o Enunciado Sumular 240 do STJ, segundo o qual 'A extinção do processo, por abandono da causa pelo autor, depende de requerimento do réu" (STJ, REsp 1.120.097/SP, Rel. Min. Luiz Fux, 1ª Seção, jul. 13.10.2010, *DJe* 26.10.2010).

12. Execução fiscal. Morte do executado. Sucessão processual não promovida pela exequente. Extinção do processo sem resolução de mérito. "No caso em exame, restou consignado que 'a União (Fazenda Nacional) se manteve inerte até a prolação da sentença impugnada em 08.06.2021, sito é, quase seis meses após sua intimação para promover a sucessão processual. Assim, não realizada a sucessão do devedor falecido pela exequente, mostra-se inviável o prosseguimento da execução fiscal, porquanto ausente a capacidade do executado para ser parte (em virtude de seu falecimento), não consubstanciando hipótese de aplicação do art. 40 da LEF" (TRF 2ª Região, Apelação 0143278-36.2013.4.02.5101/RJ, Rel. Des. Marcus Agraham, 3ª Turma, jul. 21.09.2021).

Art. 41. O processo administrativo correspondente à inscrição de Dívida Ativa, à execução fiscal ou à ação proposta contra a Fazenda Pública será mantido na repartição competente, dele se extraindo as cópias autenticadas ou certidões, que forem requeridas pelas partes ou requisitadas pelo Juiz ou pelo Ministério Público.

Parágrafo único. Mediante requisição do Juiz à repartição competente, com dia e hora previamente marcados, poderá o processo administrativo ser exibido na sede do Juízo, pelo funcionário para esse fim designado, lavrando o serventuário termo da ocorrência, com indicação, se for o caso, das peças a serem trasladadas.

Art. 42. Revogadas as disposições em contrário, esta Lei entrará em vigor 90 (noventa) dias após a data de sua publicação.*

Brasília, 22 de setembro de 1980; 159º da Independência e 92º da República.

JOÃO FIGUEIREDO

* Publicada no *DOU* de 24.09.1980.

EXECUÇÃO FISCAL

JUIZADOS ESPECIAIS

JUIZADOS ESPECIAIS CÍVEIS
LEI Nº 9.099, DE 26 DE SETEMBRO DE 1995

Dispõe sobre os Juizados Especiais Cíveis e Criminais e dá outras providências.

REFERÊNCIA LEGISLATIVA

CF, art. 5º, XXXV.

Resolução nº 697/2020, do STF (Dispõe sobre a criação do Centro de Mediação e Conciliação, responsável pela busca e implementação de soluções consensuais no Supremo Tribunal Federal).

Lei nº 13.994/2020 (possibilitar a conciliação não presencial no âmbito dos Juizados Especiais Cíveis).

SÚMULAS

Súmulas do TJMG

nº 84: "É desnecessária a prévia garantia do juízo para a admissibilidade dos embargos à execução da sentença proferida no âmbito dos Juizados Especiais".

CJF – I JORNADA DE DIREITO PROCESSUAL CIVIL

Enunciado 2 – As disposições do CPC aplicam-se supletiva e subsidiariamente às Leis n. 9.099/1995, 10.259/2001 e 12.153/2009, desde que não sejam incompatíveis com as regras e princípios dessas Leis.

Enunciado 16 – As disposições previstas nos arts. 190 e 191 do CPC poderão aplicar-se aos procedimentos previstos nas leis que tratam dos juizados especiais, desde que não ofendam os princípios e regras previstos nas Leis n. 9.099/1995, 10.259/2001 e 12.153/2009.

Enunciado 19 – O prazo em dias úteis previsto no art. 219 do CPC aplica-se também aos procedimentos regidos pelas Leis n. 9.099/1995, 10.259/2001 e 12.153/2009.

Enunciado 37 – Aplica-se aos juizados especiais o disposto nos parágrafos do art. 489 do CPC.

INDICAÇÃO DOUTRINÁRIA

Araken de Assis, *Execução Civil nos Juizados Especiais*, Revista dos Tribunais; Alexandre Freitas Câmara, *Juizados Especiais Cíveis Estaduais e Federais: uma Abordagem Crítica*, Lumen Juris; Antônio de Pádua Ferraz Nogueira, A competência dos JEC em face das Normas Constitucionais e Infraconstitucionais, *RF* 339/39; Athos Gusmão Carneiro, Aspectos do Novo Procedimento Sumário. Perícia. Recursos. Juizados Especiais Cíveis, *RF* 336/23: "e) interessante outrossim observar que a ação de cobrança que assiste ao condomínio contra o condômino, prevista no art. 275, II, *b*, do CPC, sempre deverá ser processada na Justiça Comum pelo rito sumário, apresentando-se incabível a 'opção' para o 'sumaríssimo' dos JEC. É que o condomínio não pode ser equiparado a 'pessoa física capaz' e, portanto, perante os JEC somente pode ser aceito no polo passivo da relação processual, não como autor; f) finalmente, no 'processo' dos JEC não se admite a citação por editais – art. 18, § 2º. Portanto, ainda que se cuide de matéria compreendida no elenco do art. 3º, o demandante perde a faculdade de 'opção', e deverá necessariamente ajuizar seu pedido perante a Justiça Comum, e pelo rito sumário, se for o caso"; Cândido Rangel Dinamarco, O futuro do Direito Processual Civil, *RF* 336/27, nos 9 e 10; J. S. Fagundes Cunha, O Recurso de Agravo nos Juizados Especiais Cíveis, *REM* nº 3, p. 159; Luís Felipe Salomão, Inconstitucionalidade da Opção ao Autor para Ingressar nos Juizados Especiais, *RF* 342/545; Micaela Barros Barcelos Fernandes, A Lei 9.099/95 e sua aplicação: prática proposta para interpretação em conformidade com os princípios informadores dos juizados especiais, *RDDP* 69/67; Fábio Lima Quintas e Luciano Corrêa Gomes, A Jurisdição do Superior Tribunal de Justiça sobre os Juizados Especiais Cíveis, *RePro* 196; José Antonio Savaris e Flávia da Silva Xavier. *Manual dos recursos nos Juizados Especiais Federais*. 7. ed. Curitiba: Alteridade Editora, 2019.

O Presidente da República:

Faço saber que o Congresso Nacional decreta e eu sanciono a seguinte lei:

Capítulo I
DISPOSIÇÕES GERAIS

Art. 1º Os Juizados Especiais Cíveis e Criminais, órgãos da Justiça Ordinária, serão criados pela União, no Distrito Federal e nos Territórios, e pelos Estados, para conciliação, processo, julgamento e execução, nas causas de sua competência.

Art. 2º O processo orientar-se-á pelos critérios da oralidade, simplicidade, informalidade, economia processual e celeridade, buscando, sempre que possível, a conciliação ou a transação.

INDICAÇÃO DOUTRINÁRIA

Luiz Fux, *Juizados Especiais Cíveis e Criminais e Suspensão Condicional do Processo Penal*, Rio de Janeiro: Forense, 1996, p. 62 – "O que procede observar é que a informalidade e a simplicidade do procedimento permitem à parte interessada requerer os 'provimentos cautelares' interinamente, independentemente de forma específica de processo autônomo. (...) As medidas incidentes são passíveis de serem postuladas na própria inicial, seguindo a regra aplicável à tutela antecipatória em geral".

Capítulo II
DOS JUIZADOS ESPECIAIS CÍVEIS

Seção I
Da Competência

Art. 3º O Juizado Especial Cível tem competência para conciliação, processo e julgamento das causas cíveis de menor complexidade, assim consideradas:

I – as causas cujo valor não exceda a quarenta vezes o salário mínimo;

II – as enumeradas no art. 275, inciso II, do Código de Processo Civil;

III – a ação de despejo para uso próprio;

IV – as ações possessórias sobre bens imóveis de valor não excedente ao fixado no inciso I deste artigo.

§ 1º Compete ao Juizado Especial promover a execução:

I – dos seus julgados;

II – dos títulos executivos extrajudiciais, no valor de até quarenta vezes o salário mínimo, observado o disposto no § 1º do art. 8º desta Lei.

§ 2º Ficam excluídas da competência do Juizado Especial as causas de natureza alimentar, falimentar, fiscal e de interesse da Fazenda Pública, e também as relativas a acidentes de trabalho, a resíduos e ao estado e capacidade das pessoas, ainda que de cunho patrimonial.

§ 3º A opção pelo procedimento previsto nesta Lei importará em renúncia ao crédito excedente ao limite estabelecido neste artigo, excetuada a hipótese de conciliação.

REFERÊNCIA LEGISLATIVA

CPC/2015, arts. 554 a 568; CPC/1973, Arts. 920 a 933 do CPC (possessórias).

SÚMULAS

Súmulas do STJ:

nº 376: "Compete à turma recursal processar e julgar o mandado de segurança contra ato de juizado especial".

nº 428: "Compete ao Tribunal Regional Federal decidir os conflitos de competência entre juizado especial federal e juízo federal da mesma seção judiciária".

ENUNCIADOS FPJC

nº 9: "O condomínio residencial poderá propor ação no Juizado Especial, nas hipóteses do art. 275, inciso II, item *b*, do Código de Processo Civil".

INDICAÇÃO DOUTRINÁRIA

Luiz Fux, *Juizados Especiais Cíveis e Criminais e Suspensão Condicional do Processo Penal*, Rio de Janeiro: Forense, 1996, p. 13 – "Muitas vezes, causas com valores pequeníssimos podem envolver complexas e elaboradas discussões, pelo fato de trazerem a debate valores fundamentais da sociedade. Além disso, o que para um rico comerciante pode ser uma causa de pequena importância, para um humilde operário pode carregar relevância capital. A complexidade do processo deve ser diretamente proporcional à complexidade da causa" – p. 47, sobre *antecipação de tutela no procedimento sumaríssimo dos juizados* – "A regra é inovadora, posto prevista no livro das disposições que são aplicáveis a todos os processos e procedimentos, por isso que a 'tutela liminar' não se restringe mais àqueles procedimentos onde a medida vinha textualmente prevista" – p. 83, sobre *renúncia ao crédito excedente*: "Essa renúncia atinge o direito material da parte que não poderá, posteriormente, litigar por esse resíduo, pois se trata de figura diversa da desistência. Ademais, se isso fosse possível, os interessados, através de artifícios, rachariam uma porção da lide para submetê-la ao juizado, o que denota flagrante violação de lei".

JURISPRUDÊNCIA SELECIONADA

1. Ajuizamento da ação. Opção do autor. "O Superior Tribunal de Justiça possui entendimento de que 'o processamento da ação perante o Juizado Especial é opção do autor, que pode, se preferir, ajuizar sua demanda perante a Justiça Comum' (REsp. 173.205/SP, Rel. Min. Cesar Asfor Rocha, 4ª Turma, *DJ* 14.06.1999). A propósito: REsp 331.891/DF, Rel. Min. Antônio de Pádua Ribeiro, 3ª Turma, 21.03.2002; REsp 146.189/RJ, Rel. Min. Barros Monteiro, 4ª Turma, *DJ* 29.06.1998. O art. 3º, § 3º, da Lei 9.099/1995 e o art. 1º da Lei Estadual 10.675/1996 permitem que a demanda seja ajuizada no Juizado Especial ou na Justiça Comum, sendo essa uma decisão da parte" (STJ, RMS 53.227/RS, Rel. Min. Herman Benjamin, 2ª Turma, jul. 27.06.2017, *DJe* 30.06.2017). **No mesmo sentido:** STJ, REsp 222.004/PR, Rel. Min. Barros Monteiro, 4ª Turma, jul. 21.03.2000, *DJ* 05.06.2000, p. 169.

Renúncia ao crédito excedente. "À luz de uma interpretação teleológico-sistemática do disposto no § 3º do art. 3º da Lei 9.099/95, a parte, ao escolher demandar junto ao juizado especial, renuncia o crédito excedente, incluindo os pedidos interdependentes (principal e acessório) que decorrem da mesma causa de pedir, e não só o limite quantitativo legal" (STJ, AgInt no REsp. 2.002.685/PB, Rel. Min. Marco Buzzi, 4ª Turma, jul. 27.03.2023, *DJe* 31.03.2023).

2. Legitimidade do condomínio. "O condomínio pode figurar perante o Juizado Especial Federal no polo ativo de ação de cobrança. Em se tratando de cobrança inferior a 60 salários mínimos deve-se reconhecer a competência absoluta dos Juizados Federais" (STJ, CC 73.681/PR, Rel. Min. Nancy Andrighi, 2ª Seção, jul. 08.08.2007, *DJU* 16.08.2007, p. 284).

3. Competência. Critérios. "Na Lei 9.099/95 não há dispositivo que permita inferir que a complexidade da causa – e, por conseguinte, a competência do Juizado Especial Cível – esteja relacionada à necessidade ou não de realização de perícia. O art. 3º da Lei 9.099/95 adota dois critérios distintos – quantitativo (valor econômico da pretensão) e qualitativo (matéria envolvida) – para definir o que são 'causas cíveis de menor complexidade'. Exige-se a presença de apenas um desses requisitos e não a sua cumulação, salvo na hipótese do art. 3º, IV, da Lei 9.099/95. Assim, em regra, o limite de 40 salários mínimos não se aplica quando a competência dos Juizados Especiais Cíveis é fixada com base na matéria" (STJ, RMS 30.170/SC, Rel.ª Min.ª Nancy Andrighi, 3ª Turma, jul. 05.10.2010, *DJe* 13.10.2010).

4. Causas cíveis. "A excludente da competência dos juizados especiais – complexidade da controvérsia (artigo 98 da Constituição Federal) – há de ser sopesada em face das causas de pedir constantes da inicial, observando-se, em passo seguinte, a defesa apresentada pela parte acionada. (...) Ante as balizas objetivas do conflito de interesses, a direcionarem a indagação técnico-pericial, surge complexidade a afastar a competência dos juizados especiais" (STF, RE 537.427, Rel. Min. Marco Aurélio, Tribunal Pleno, jul. 14.04.2011, *DJe* 17.08.2011).

5. Determinação da competência. Preclusão. "Discutido o problema de competência na fase de conhecimento e tendo transitado em julgado o acórdão que deu pela competência do Juizado Especial, não pode mais essa matéria ser discutida em liquidação de sentença. Compete ao Juizado Especial promover a execução de seus julgados (Lei nº 9.099/95, art. 3º, § 1º, I)" (STJ, AgRg no Ag. 387.046/SC, Rel. Min. Antônio de Pádua Ribeiro, 3ª Turma, jul. 19.11.2001, *DJ* 18.02.2002, p. 428).

6. Valor da causa. Acréscimo de juros e correção monetária. "O valor da alçada é de quarenta salários mínimos calculados na data da propositura da ação. Se, quando da execução, o título ostentar valor superior, em decorrência de encargos posteriores ao ajuizamento (correção monetária, juros e ônus da sucumbência), tal circunstância não alterará a competência para a execução e nem implicará a renúncia aos acessórios e consectários da obrigação reconhecida pelo título" (STJ, RMS 33155/MA, Rel. Min.ª Maria Isabel Gallotti, 4ª Turma, jul. 28.06.2011, *DJe* 29.08.2011).

7. Cominação de multa diária (*astreintes*). "A interpretação sistemática dos dispositivos da Lei 9.099/95 conduz à limitação da competência do Juizado Especial para cominar – e executar – multas coercitivas (art. 52, inciso V) em valores consentâneos com a alçada respectiva. Se a obrigação é tida pelo autor, no momento da opção pela via do Juizado Especial, como de 'baixa complexidade' a demora em seu cumprimento não deve resultar em execução, a título de multa isoladamente considerada, de valor superior ao da alçada" (STJ, RMS 33155/MA, Rel. Min.ª Maria Isabel Gallotti, 4ª Turma, jul. 28.06.2011, *DJe* 29.08.2011).

8. Mandado de segurança. "Mandado de segurança impetrado contra acórdão de juizado especial cível. Incompetência declarada pelo tribunal de justiça. Extinção do processo. Necessidade de envio ao órgão jurisdicional competente. CPC, art. 113, § 2º, I. Conquanto correto o entendimento do Tribunal de Justiça no sentido de ser incompetente para processar e julgar mandado de segurança impetrado contra acórdão emanado de Juizado Especial Cível, cabe-lhe indicar o órgão jurisdicional competente e fazer o envio respectivo dos autos, e não meramente extinguir a inicial do *writ*" (STJ, RMS 14891/BA, Rel. Min. Aldir Passarinho Junior, 4ª Turma, jul. 06.11.2007, *DJ* 03.12.2007, p. 305).

"O Tribunal de Justiça não é o órgão competente para apreciação de Mandado de Segurança em que figura como autoridade coatora Magistrada que atua perante o Juizado Especial. Competência da Turma Recursal, consoante o disposto no artigo 98, I, da Constituição da República" (TJRS, MS 70013545629, Rel.ª Des.ª Iris Helena Medeiros Nogueira, 9ª Câmara Cível, jul. 22.11.2005, *DJ* 06.12.2005).

Controle de competência. Ver jurisprudência do art. 5º da Lei nº 12.016/2009.

9. Impugnação de decisão judicial proferida no âmbito do Juizado Especial da Fazenda Pública. Turma de Recursos. Súmula 376/STJ. Competência do Tribunal de Justiça. "Nos termos do Enunciado Sumular n. 376/STJ, em regra, compete à turma recursal processar e julgar o mandado de segurança contra ato de juizado especial. Contudo, excepcionalmente, admite-se o conhecimento da impetração de mandado de segurança nos Tribunais de Justiça para fins de exercício do controle de competência dos juizados especiais, conforme o precedente RMS n. 48.413/MS, relator Ministro Ricardo Villas Bôas Cueva, Terceira Turma, julgado em 4/6/2019" (STJ, AgInt no RMS. 70.750/MS, Rel. Min. Francisco Falcão, 2ª Turma, jul. 08.05.2023, *DJe* 10.05.2023).

10. Mandado de segurança. STF. "Mandado de segurança. Juizado especial. Competência: Supremo Tribunal Federal. I. – Não cabe ao Supremo Tribunal Federal competência originária para julgar mandado de segurança contra decisão de Câmara Recursal dos Juizados Especiais. A competência originária do STF para julgamento de mandado de segurança está na Constituição: CF, art. 102, I, d. II. – Mandado de segurança não conhecido, determinando-se o seu arquivamento" (STF, MS-QO 24674/MG, Rel. Min. Marco Aurélio, Tribunal Pleno, jul. 04.12.2003, *DJ* 26.03.2004, p. 260).

"Competência: Turma Recursal dos Juizados Especiais: mandado de segurança contra seus próprios atos e decisões: aplicação analógica do art. 21, VI, da LOMAN. A competência originária para conhecer de mandado de segurança contra coação imputada a Turma Recursal dos Juizados Especiais é dela mesma e não do Supremo Tribunal Federal" (STF, MS-QO 24691/MG, Rel. Min. Sepúlveda Pertence, Tribunal Pleno, jul. 04.12.2003, *DJ* 24.06.2005, p. 5).

11. Recurso ordinário em Mandado de Segurança. "Min.ª Relatora: O mandado de segurança, inicialmente impetrado, não tem viabilidade, porquanto ataca decisão de Turma Recursal relativa a pedido de assistência judiciária gratuita, questão que não se confunde com o precedente citado pelo agravante, onde se buscava, por meio de mandado de segurança, promover controle de competência dos Juizados Especiais Cíveis. Min. Humberto Gomes de Barros: Nossa jurisprudência diz que ao STJ não cabe julgar recurso ordinário em Mandado de Segurança contra decisões de Turma Recursal de Juizado Especial, porque, apesar de serem órgãos de segundo grau, não são propriamente Tribunais (CF, Art. 105, II, b). Nesse sentido: RMS nº 22836/Humberto Martins, RMS nº 19882/Noronha, RMS nº 17254/Gonçalves, dentre outros. Logo, se não cabe o recurso ordinário (ou não temos competência para julgá-lo), também é totalmente inviável o agravo de instrumento contra a negativa de seguimento e não há espaço para fungibilidade" (STJ, AgRg nos EDcl no Ag. 815341/RJ, Rel.ª Min.ª Nancy Andrighi, 3ª Turma, jul. 28.08.2007, *DJ* 17.09.2007, p. 259).

12. Incompetência do STJ. "O Tribunal de Justiça não tem competência para rever as decisões dos Juizados Especiais de Pequenas Causas, ainda que pela via do Mandado de Segurança. Recurso improvido" (STJ, RMS 10110/RS, Rel. Min. Waldemar Zveiter, 3ª Turma, jul. 04.03.1999, *DJ* 10.05.1999, p. 162).

"Não compete ao STJ julgar em recurso ordinário mandados de segurança decididos por Turmas Recursais dos Juizados Especiais (art. 105, II, b, da CF). Recurso ordinário não conhecido" (STJ, RMS 19.882/RS, Rel. Min. João Otávio de Noronha, 2ª Turma, jul. 06.09.2005, *DJ* 03.10.2005, p. 158).

"Reclamação. Competência dos juizados especiais estaduais. Demandas relativas à legitimidade da cobrança da tarifa de assinatura básica de telefonia. Decisões de juizado em desconformidade com a jurisprudência do STJ. 1. A Reclamação não é via adequada para controlar a competência dos Juizados Especiais. 2. Igualmente inadequada a via da reclamação para sanar a grave deficiência do sistema normativo vigente, que não oferece acesso ao STJ para controlar decisões de Juizados Especiais Estaduais contrárias à sua jurisprudência dominante em matéria de direito federal, permitindo que tais Juizados, no âmbito da sua competência, representem a palavra final sobre a interpretação de lei federal" (STJ, AgRg na Recl. 2704/SP, Rel. Min. Teori Albino Zavascki, 1ª Seção, jul. 12.03.2008, *DJe* 31.03.2008).

13. *Habeas corpus*. "Competência – *Habeas Corpus* – Definição. A competência para o julgamento do *habeas corpus* é definida pelos envolvidos – paciente e impetrante. Competência – *Habeas Corpus* – Ato de Turma Recursal. Estando os integrantes das turmas recursais dos juizados especiais submetidos, nos crimes comuns e nos de responsabilidade, à jurisdição do Tribunal de Justiça ou do Tribunal Regional Federal, incumbe a cada qual, conforme o caso, julgar os *habeas* impetrados contra ato que tenham praticado. Competência – *Habeas Corpus* – Liminar. Uma vez ocorrida a declinação da competência, cumpre preservar o quadro decisório decorrente do deferimento de medida acauteladora, ficando a manutenção, ou não, a critério do órgão competente" (STF, HC 86834/SP, Rel. Min. Marco Aurélio, Tribunal Pleno, jul. 23.08.2006, *DJ* 09.03.2007, p. 26).

14. Pedido de aplicação de jurisprudência do STJ. Cabimento de reclamação. Ver jurisprudência da Lei nº 8.038/1990.

Divergência entre acórdão prolatado por turma recursal estadual e jurisprudência do STJ. Competência. Câmaras Reunidas ou Seção Especializada dos Tribunais de Justiça. "Portanto, por não ser sucedâneo recursal e não se prestar precipuamente como mecanismo de uniformização de jurisprudência, o uso da reclamação é excepcional e só justificável em poucas hipóteses, além das previstas constitucional e legalmente, como era o caso da Resolução n. 12 do STJ. Ocorre que referida resolução já não estava mais em vigência quando a presente peça foi protocolada nesta Corte de Justiça, porquanto expressamente revogada pela Emenda ao Regimento Interno do Superior Tribunal de Justiça n. 22, de 16/3/2016. Com a edição da Resolução STJ/GP n. 3, de 7/4/2016, foi atribuída às Câmaras Reunidas ou à Seção Especializada dos Tribunais de Justiça a competência para processar e julgar as Reclamações destinadas a dirimir divergência entre acórdão prolatado por Turma Recursal Estadual e a jurisprudência do Superior Tribunal de Justiça, consolidada em incidente de assunção de competência e de resolução de demandas repetitivas, em julgamento de recurso especial repetitivo e em enunciados das Súmulas do STJ" (STJ, AgInt na Rcl 41.841/RJ, Rel. Min. Mauro Campbell Marques, 1ª Seção, jul. 08.02.2023, *DJe* 13.02.2023).

15. Juizado especial federal x Justiça Federal. Ver jurisprudência da Lei nº 10.259/2001.

16. Competência do juizado especial. Ação de cobrança ajuizada por associação de moradores de loteamento urbano. Taxas de manutenção de áreas comuns. Ver jurisprudência do art. 42 do CPC/2015.

Art. 4º É competente, para as causas previstas nesta Lei, o Juizado do foro:

I – do domicílio do réu ou, a critério do autor, do local onde aquele exerça atividades profissionais ou econômicas ou mantenha estabelecimento, filial, agência, sucursal ou escritório;

II – do lugar onde a obrigação deva ser satisfeita;

III – do domicílio do autor ou do local do ato ou fato, nas ações para reparação de dano de qualquer natureza.

Parágrafo único. Em qualquer hipótese, poderá a ação ser proposta no foro previsto no inciso I deste artigo.

Seção II
Do Juiz, dos Conciliadores e dos Juízes Leigos

Art. 5º O Juiz dirigirá o processo com liberdade para determinar as provas a serem produzidas, para apreciá-las e para dar especial valor às regras de experiência comum ou técnica.

Art. 6º O Juiz adotará em cada caso a decisão que reputar mais justa e equânime, atendendo aos fins sociais da lei e às exigências do bem comum.

Art. 7º Os conciliadores e Juízes leigos são auxiliares da Justiça, recrutados, os primeiros, preferentemente, entre os bacharéis em Direito, e os segundos, entre advogados com mais de cinco anos de experiência.

Parágrafo único. Os Juízes leigos ficarão impedidos de exercer a advocacia perante os Juizados Especiais, enquanto no desempenho de suas funções.

JURISPRUDÊNCIA SELECIONADA

1. Juiz leigo. Tempo de inscrição OAB. "Os atos praticados por estagiários, ainda que regularmente inscritos na Ordem dos Advogados do Brasil, somente serão válidos se levados a efeito em conjunto com advogado e sob a responsabilidade deste. À luz do art. 7.º da Lei nº 9.099/95, para a assunção do encargo de Juiz Leigo, o candidato deve ser advogado – ou seja, estar devidamente inscrito de forma definitiva nos quadros da Ordem dos Advogados do Brasil – há mais de 05 (cinco) anos, não sendo possível, para tanto, o cômputo do tempo relativo à inscrição como estagiário. O fato de o edital do concurso, supostamente, não ser específico quanto à inscrição definitiva na Ordem dos Advogados do Brasil, não teria o condão de afastar a exigência contida no art. 7.º da Lei nº 9.099/95. O art. 93 da Constituição Federal, com a redação dada pela Emenda Constitucional nº 45/04, não revogou o art. 7.º da Lei nº 9.099/95. Não configurada ofensa ao princípio da proporcionalidade, porquanto não há termo de comparação entre as exigências previstas para a inscrição no concurso que visa o ingresso na Magistratura e as relativas ao certame que tem por objetivo a assunção do encargo de Juiz Leigo" (STJ, RMS 24.147/PB, Rel. Min. Laurita Vaz, 5ª Turma, jul. 22.03.2011, *DJe* 06.04.2011).

Seção III
Das Partes

Art. 8º Não poderão ser partes, no processo instituído por esta Lei, o incapaz, o preso, as pessoas jurídicas de direito público, as empresas públicas da União, a massa falida e o insolvente civil.

§ 1º Somente serão admitidas a propor ação perante o Juizado Especial: (*redação dada pela Lei nº 12.126, de 16.12.2009*):

I – as pessoas físicas capazes, excluídos os cessionários de direito de pessoas jurídicas; (*inciso incluído pela Lei nº 12.126, de 16.12.2009*)

II – as pessoas enquadradas como microempreendedores individuais, microempresas e empresas de pequeno porte na forma da Lei Complementar nº 123, de 14 de dezembro de 2006; (Redação dada pela Lei Complementar nº 147, de 2014)

III – as pessoas jurídicas qualificadas como Organização da Sociedade Civil de Interesse Público, nos termos da Lei nº 9.790, de 23 de março de 1999; (*inciso incluído pela Lei nº 12.126, de 16.12.2009*)

IV – as sociedades de crédito ao microempreendedor, nos termos do art. 1º da Lei nº 10.194, de 14 de fevereiro de 2001. (*inciso incluído pela Lei nº 12.126, de 16.12.2009*)

§ 2º O maior de dezoito anos poderá ser autor, independentemente de assistência, inclusive para fins de conciliação.

BREVES COMENTÁRIOS

O artigo, infelizmente, não exclui as empresas públicas estaduais e municipais. O infortúnio decorre do fato de que ambas deveriam ter sido conferidas com os mesmos privilégios da União. Embora seja patente o intuito objetivista e pragmático do legislador dos juizados, reconhece-se que a empresa pública estadual e municipal pode ser prejudicada por processos autômatos e céleres que exigiriam, noutro foro, provas mais específicas, que são dificultadas no foro do juizado. Além do que, essas empresas, usualmente, são bastante atingidas por um número de demandas contra si e, por vezes, a informalidade pode prejudicar a sua real defesa.

O espólio tem legitimidade para pleitear perante o juizado desde que os herdeiros sejam maiores (CPC/2015, art. 610; CPC/1973, art. 982).

JURISPRUDÊNCIA SELECIONADA

1. Menor incapaz. Legitimidade ativa. Interpretação do art. 5º da lei 12.153/2009. Inaplicabilidade subsidiária do art. 8º da lei 9.099/1995. Ver jurisprudência do art. 5º da Lei 12.153/09.

2. Taxa condominial. Cobrança. Impossibilidade de se postular no juizado especial. "Impossibilidade de o condomínio postular em juízo a cobrança das contribuições condominiais que decorre de lei, e não das condições financeiras do condomínio. Impossibilidade de pagamento de custas que deve ser arguida e comprovada perante o juízo comum. Sentença extintiva mantida" (TJSP, Rec. Inominado 0053250-54-2020.8.21.9000, Rel. Des. Jerson Moacir Gubert, 4ª Turma Cível, jul. 18.11.2020, *DJ* 18.11.2020).

3. Associação de moradores ou proprietários. Similaridade com o ente condominial. Legitimidade. "Embora sem previsão no rol do art. 8º, § 1º, da Lei 9.099/95, a jurisprudência desta Corte admite que o ente condominial litigue perante o Juizado Especial para cobrar a quota condominial. Por similaridade com o condomínio, estende-se à associação de moradores ou de proprietários o direito de demandar, perante o Juizado Especial, em busca do adimplemento da taxa de manutenção, pela compreensão de que existe a representação dos interesses mediatos de pessoas físicas. Havendo a sentença negado a possibilidade de a Associação ser parte perante o Juizado Especial, cabível o mandado de segurança perante o Tribunal de Justiça para delimitar a competência daquela Justiça Especializada. Não mais existindo o procedimento sumário após a entrada em vigor do CPC de 2015, a competência para o processo e julgamento de ação de cobrança - seja ajuizada por condomínio, seja por associação de moradores – depende de o valor da causa se situar dentro da alçada prevista no inciso I do art. 3º da Lei 9.099/95. Atendido esse critério quantitativo de competência, cabe ao autor a opção pela via do Juizado Especial ou da Justiça Comum Estadual" (STJ, RMS 67.746/SP, Rel. Min. Maria Isabel Gallotti, 4ª Turma, jul. 25.04.2023, *DJe* 25.05.2023).

Art. 9º Nas causas de valor até vinte salários mínimos, as partes comparecerão pessoalmente, podendo ser assistidas por advogado; nas de valor superior, a assistência é obrigatória.

§ 1º Sendo facultativa a assistência, se uma das partes comparecer assistida por advogado, ou se o réu for pessoa jurídica ou firma individual, terá a outra parte, se quiser, assistência judiciária prestada por órgão instituído junto ao Juizado Especial, na forma da lei local.

§ 2º O Juiz alertará as partes da conveniência do patrocínio por advogado, quando a causa o recomendar.

§ 3º O mandato ao advogado poderá ser verbal, salvo quanto aos poderes especiais.

§ 4º O réu, sendo pessoa jurídica ou titular de firma individual, poderá ser representado por preposto credenciado, munido de carta de preposição com poderes para transigir, sem haver necessidade de vínculo empregatício (*redação dada pela Lei nº 12.137, de 18.12.2009*).

CJF – II JORNADA DE DIREITO COMERCIAL

Enunciado 61 – Em atenção ao princípio do tratamento favorecido à microempresa e à empresa de pequeno porte, é possível a representação de empresário individual, sociedade empresária ou EIRELI, quando enquadrados nos respectivos regimes tributários, por meio de preposto, perante os juizados especiais cíveis, bastando a comprovação atualização do seu enquadramento.

Art. 10. Não se admitirá, no processo, qualquer forma de intervenção de terceiro nem de assistência. Admitir-se-á o litisconsórcio.

Art. 11. O Ministério Público intervirá nos casos previstos em lei.

Seção IV
Dos Atos Processuais

Art. 12. Os atos processuais serão públicos e poderão realizar-se em horário noturno, conforme dispuserem as normas de organização judiciária.

Art. 12-A. Na contagem de prazo em dias, estabelecido por lei ou pelo juiz, para a prática de qualquer ato processual, inclusive a interposição de recursos, computar-se-ão somente os dias úteis. (Incluído pela Lei 13.728/2018)

Art. 13. Os atos processuais serão válidos sempre que preencherem as finalidades para as quais forem realizados, atendidos os critérios indicados no art. 2º desta Lei.

§ 1º Não se pronunciará qualquer nulidade sem que tenha havido prejuízo.

§ 2º A prática de atos processuais em outras comarcas poderá ser solicitada por qualquer meio idôneo de comunicação.

§ 3º Apenas os atos considerados essenciais serão registrados resumidamente, em notas manuscritas, datilografadas, taquigrafadas ou estenotipadas. Os demais atos poderão ser gravados em fita magnética ou equivalente, que será inutilizada após o trânsito em julgado da decisão.

§ 4º As normas locais disporão sobre a conservação das peças do processo e demais documentos que o instruem.

Seção V
Do Pedido

Art. 14. O processo instaurar-se-á com a apresentação do pedido, escrito ou oral, à Secretaria do Juizado.

§ 1º Do pedido constarão, de forma simples e em linguagem acessível:

I – o nome, a qualificação e o endereço das partes;

II – os fatos e os fundamentos, de forma sucinta;

III – o objeto e seu valor.

§ 2º É lícito formular pedido genérico quando não for possível determinar, desde logo, a extensão da obrigação.

§ 3º O pedido oral será reduzido a escrito pela Secretaria do Juizado, podendo ser utilizado o sistema de fichas ou formulários impressos.

Art. 15. Os pedidos mencionados no art. 3º desta Lei poderão ser alternativos ou cumulados; nesta última hipótese, desde que conexos e a soma não ultrapasse o limite fixado naquele dispositivo.

Art. 16. Registrado o pedido, independentemente de distribuição e autuação, a Secretaria do Juizado designará a sessão de conciliação, a realizar-se no prazo de quinze dias.

Art. 17. Comparecendo inicialmente ambas as partes, instaurar-se-á, desde logo, a sessão de conciliação, dispensados o registro prévio de pedido e a citação.

Parágrafo único. Havendo pedidos contrapostos, poderá ser dispensada a contestação formal e ambos serão apreciados na mesma sentença.

Seção VI
Das Citações e Intimações

Art. 18. A citação far-se-á:

I – por correspondência, com aviso de recebimento em mão própria;

II – tratando-se de pessoa jurídica ou firma individual, mediante entrega ao encarregado da recepção, que será obrigatoriamente identificado;

III – sendo necessário, por oficial de justiça, independentemente de mandado ou carta precatória.

§ 1º A citação conterá cópia do pedido inicial, dia e hora para comparecimento do citando e advertência de que, não comparecendo este, considerar-se-ão verdadeiras as alegações iniciais, e será proferido julgamento, de plano.

§ 2º Não se fará citação por edital.

§ 3º O comparecimento espontâneo suprirá a falta ou nulidade da citação.

JURISPRUDÊNCIA SELECIONADA

1. Citação por edital. "Conflito negativo. Ação declaratória de ausência. Percepção de benefício previdenciário. Citação por edital. Rito da Lei nº 9.099/1995. Incompatibilidade. Competência da justiça comum federal. I. A ação declaratória de ausência, em que a citação somente pode ocorrer pela via editalícia, não é compatível com o rito da Lei nº 9.099/1995, art. 18, § 2º, que não admite seu uso, aplicável à espécie por força do art. 1º da Lei nº 10.259/2001. II. Conflito conhecido, para declarar competente o Juízo Federal da 1ª Vara de São Gonçalo, RJ, o suscitado" (STJ, CC 93523/RJ, Rel. Min. Aldir Passarinho Junior, 2ª Seção, jul. 25.06.2008, *DJe* 27.08.2008).

Art. 19. As intimações serão feitas na forma prevista para citação, ou por qualquer outro meio idôneo de comunicação.

§ 1º Dos atos praticados na audiência, considerar-se-ão desde logo cientes as partes.

§ 2º As partes comunicarão ao juízo as mudanças de endereço ocorridas no curso do processo, reputando-se eficazes as intimações enviadas ao local anteriormente indicado, na ausência da comunicação.

JURISPRUDÊNCIA SELECIONADA

1. Intimação por telefone. "Criminal. RHC. Lei nº 9.099/95. Intimação via telefônica. Validade. Intimação não procedida com as cautelas necessárias. Prejuízo. Nulidade configurada. Recurso provido. I – Os procedimentos da Lei nº 9.099/95 são regidos pela informalidade, contemplando a intimação por 'qualquer meio idôneo de intimação' – art. 67 da Lei nº 9.099/95, incluindo-se, aí, a intimação via telefônica. II – A par da informalidade, a intimação deve ser realizada com as cautelas necessárias à obtenção de sua finalidade. III – Evidenciada a ocorrência de prejuízo para a defesa, é de rigor a anulação da intimação realizada em pessoa diversa daquela que se pretendia intimar. IV – Recurso provido para declarar a nulidade do feito, a partir da audiência preliminar" (STJ, RHC 11.847/SP, Rel. Min. Gilson Dipp, 5ª Turma, jul. 26.02.2002, *DJ* 08.04.2002, p. 232).

Seção VII
Da Revelia

Art. 20. Não comparecendo o demandado à sessão de conciliação ou à audiência de instrução e julgamento, reputar-se-ão verdadeiros os fatos alegados no pedido inicial, salvo se o contrário resultar da convicção do Juiz.

INDICAÇÃO DOUTRINÁRIA

Luís Felipe Pellon e Mariana Ferraz Menescal, A figura do preposto nos Juizados Especiais Cíveis, *RT* 842/59.

Seção VIII
Da Conciliação e do Juízo Arbitral

Art. 21. Aberta a sessão, o Juiz togado ou leigo esclarecerá as partes presentes sobre as vantagens da conciliação, mostrando-lhes os riscos e as consequências do litígio, especialmente quanto ao disposto no § 3º do art. 3º desta Lei.

Art. 22. A conciliação será conduzida pelo Juiz togado ou leigo ou por conciliador sob sua orientação.

§ 1º Obtida a conciliação, esta será reduzida a escrito e homologada pelo Juiz togado mediante sentença com eficácia de título executivo. (*Incluído pela Lei nº 13.994, de 2020*).

§ 2º É cabível a conciliação não presencial conduzida pelo Juizado mediante o emprego dos recursos tecnológicos disponíveis de transmissão de sons e imagens em tempo real, devendo o resultado da tentativa de conciliação ser reduzido a escrito com os anexos pertinentes. (*Incluído pela Lei nº 13.994, de 2020*).

Art. 23. Se o demandado não comparecer ou recusar-se a participar da tentativa de conciliação não presencial, o Juiz togado proferirá sentença. (*Redação dada pela Lei nº 13.994, de 2020*)

Art. 24. Não obtida a conciliação, as partes poderão optar, de comum acordo, pelo juízo arbitral, na forma prevista nesta Lei.

§ 1º O juízo arbitral considerar-se-á instaurado, independentemente de termo de compromisso, com a escolha do árbitro pelas partes. Se este não estiver presente, o Juiz convocá-lo-á e designará, de imediato, a data para a audiência de instrução.

§ 2º O árbitro será escolhido dentre os juízes leigos.

Art. 25. O árbitro conduzirá o processo com os mesmos critérios do Juiz, na forma dos arts. 5º e 6º desta Lei, podendo decidir por equidade.

Art. 26. Ao término da instrução, ou nos cinco dias subsequentes, o árbitro apresentará o laudo ao Juiz togado para homologação por sentença irrecorrível.

Seção IX
Da Instrução e Julgamento

Art. 27. Não instituído o juízo arbitral, proceder-se-á imediatamente à audiência de instrução e julgamento, desde que não resulte prejuízo para a defesa.

Parágrafo único. Não sendo possível a sua realização imediata, será a audiência designada para um dos quinze dias subsequentes, cientes, desde logo, as partes e testemunhas eventualmente presentes.

Art. 28. Na audiência de instrução e julgamento serão ouvidas as partes, colhida a prova e, em seguida, proferida a sentença.

Art. 29. Serão decididos de plano todos os incidentes que possam interferir no regular prosseguimento da audiência. As demais questões serão decididas na sentença.

Parágrafo único. Sobre os documentos apresentados por uma das partes, manifestar-se-á imediatamente a parte contrária, sem interrupção da audiência.

JURISPRUDÊNCIA SELECIONADA

1. Decisões interlocutórias. "Impõe-se aceitar a possibilidade de impetração da segurança, contra decisão interlocutória de Juizado Especial Federal, da qual não haja recurso próprio previsto em lei, sob pena de se obstar o exercício do contraditório e da ampla defesa" (STJ, RMS 16.124/RS, Rel. Min. Felix Fischer, 5ª Turma, jul. 07.02.2006, *DJ* 20.03.2006, p. 303).

"Não cabe mandado de segurança das decisões interlocutórias exaradas em processos submetidos ao rito da Lei n. 9.099/95. (...). Daí ter consagrado a regra da irrecorribilidade das decisões interlocutórias, inarredável. Não cabe, nos casos por ela abrangidos, aplicação subsidiária do Código de Processo Civil, sob a forma do agravo de instrumento, ou o uso do instituto do mandado de segurança" (STF, RE 576847, Rel. Min. Eros Grau, Tribunal Pleno, jul. 20.05.2009, *DJe* 07.08.2009).

Seção X
Da Resposta do Réu

Art. 30. A contestação, que será oral ou escrita, conterá toda matéria de defesa, exceto arguição de suspeição ou impedimento do Juiz, que se processará na forma da legislação em vigor.

Art. 31. Não se admitirá a reconvenção. É lícito ao réu, na contestação, formular pedido em seu favor, nos limites do art. 3º desta Lei, desde que fundado nos mesmos fatos que constituem objeto da controvérsia.

Parágrafo único. O autor poderá responder ao pedido do réu na própria audiência ou requerer a designação da nova data, que será desde logo fixada, cientes todos os presentes.

Seção XI
Das Provas

Art. 32. Todos os meios de prova moralmente legítimos, ainda que não especificados em lei, são hábeis para provar a veracidade dos fatos alegados pelas partes.

Art. 33. Todas as provas serão produzidas na audiência de instrução e julgamento, ainda que não requeridas previamente, podendo o Juiz limitar ou excluir as que considerar excessivas, impertinentes ou protelatórias.

Art. 34. As testemunhas, até o máximo de três para cada parte, comparecerão à audiência de instrução e julgamento levadas pela parte que as tenha arrolado, independentemente de intimação, ou mediante esta, se assim for requerido.

§ 1º O requerimento para intimação das testemunhas será apresentado à Secretaria no mínimo cinco dias antes da audiência de instrução e julgamento.

§ 2º Não comparecendo a testemunha intimada, o Juiz poderá determinar sua imediata condução, valendo-se, se necessário, do concurso da força pública.

Art. 35. Quando a prova do fato exigir, o Juiz poderá inquirir técnicos de sua confiança, permitida às partes a apresentação de parecer técnico.

Parágrafo único. No curso da audiência, poderá o Juiz, de ofício ou a requerimento das partes, realizar inspeção em pessoas ou coisas, ou determinar que o faça pessoa de sua confiança, que lhe relatará informalmente o verificado.

Art. 36. A prova oral não será reduzida a escrito, devendo a sentença referir, no essencial, os informes trazidos nos depoimentos.

Art. 37. A instrução poderá ser dirigida por Juiz leigo, sob a supervisão de Juiz togado.

Seção XII
Da Sentença

Art. 38. A sentença mencionará os elementos de convicção do Juiz, com breve resumo dos fatos relevantes ocorridos em audiência, dispensado o relatório.

Parágrafo único. Não se admitirá sentença condenatória por quantia ilíquida, ainda que genérico o pedido.

Art. 39. É ineficaz a sentença condenatória na parte que exceder a alçada estabelecida nesta Lei.

Art. 40. O Juiz leigo que tiver dirigido a instrução proferirá sua decisão e imediatamente a submeterá ao Juiz togado, que poderá homologá-la, proferir outra em substituição ou, antes de se manifestar, determinar a realização de atos probatórios indispensáveis.

Art. 41. Da sentença, excetuada a homologatória de conciliação ou laudo arbitral, caberá recurso para o próprio Juizado.

§ 1º O recurso será julgado por uma turma composta por três Juízes togados, em exercício no primeiro grau de jurisdição, reunidos na sede do Juizado.

§ 2º No recurso, as partes serão obrigatoriamente representadas por advogado.

SÚMULAS

Súmulas do STJ:

nº 203: "Não cabe recurso especial contra decisão proferida por órgão de segundo grau dos Juizados Especiais". **Observação: na sessão de 23.05.1998, julgando o AgRg no Ag. nº 400.076-BA, a Corte Especial deliberou pela alteração da Súmula 203, cujo texto anterior era: "Não cabe recurso especial contra decisão proferida, nos limites de sua competência, por órgão de segundo grau dos juizados especiais".**

nº 376: "Compete à turma recursal processar e julgar o mandado de segurança contra ato de juizado especial".

INDICAÇÃO DOUTRINÁRIA

José Miguel Garcia Medina e Vinícius Secafen Mingati, Reclamação Constitucional e Juizados Especiais Cíveis, *RP* 182/405.

JURISPRUDÊNCIA SELECIONADA

1. Reclamação. Cabimento. "O Superior Tribunal de Justiça passou a admitir o uso da reclamação para 'dirimir divergência entre acórdão prolatado por turma recursal estadual e a [sua] jurisprudência...'. A divergência exigida, nos termos do art. 1º da Resolução nº 12, deve ser verificada em face de jurisprudência consolidada do STJ, hábil a proporcionar ao jurisdicionado confiança de que a legislação federal será interpretada e aplicada em um mesmo sentido. A expressão 'jurisprudência consolidada' abrange apenas temas de direito material, excluindo questões processuais, em face da autonomia dos Juizados Especiais para regular o seu procedimento (art. 14, "*caput*" e § 4º da LF n. 10.249/01)" (STJ, AgRg na Rcl 4.663/MT, Rel. Min. Paulo de Tarso Sanseverino, 2ª Seção, jul. 10.11.2010, *DJe* 23.11.2010).

"Para que seja admissível o manejo da Reclamação disciplinada pela Res/STJ nº 12/2009 é necessário que se demonstre a contrariedade a jurisprudência consolidada desta Corte quanto a matéria, entendendo-se por jurisprudência consolidada: (i) precedentes exarados no julgamento de Recursos Especiais em Controvérsias Repetitivas (art. 543-C do CPC); ou (ii) enunciados de Súmula da jurisprudência desta Corte. Não se admite, com isso, a propositura de reclamações com base apenas em precedentes exarados no julgamento de recursos especiais. Para que seja admissível a reclamação é necessário também que a divergência se dê quanto a regras de direito material, não se admitindo a reclamação que discuta regras de processo civil, à medida que o processo, nos juizados especiais, orienta-se pelos peculiares critérios da Lei 9.099/95. As hipóteses de teratologia deverão ser apreciadas em cada situação concreta" (STJ, Rcl 4858/RS, Rel. Min. Paulo de Tarso Sanseverino, Rel. p/ Acórdão Min.ª Nancy Andrighi, 2ª Seção, jul. 23.11.2011, *REPDJe* 01.02.2012, *DJe* 30.11.2011).

Reclamação. Utilização. Ver jurisprudência do art. 1º da Resolução nº 12/2009.

Reclamação. Finalidade. Ver jurisprudência do art. 1º da Resolução nº 12/2009.

Reclamação. Irrecorribilidade das decisões do relator. Ver jurisprudência do art. 6º da Resolução nº 12/2009.

2. Competência recursal. Turma recursal. "A competência para julgar os recursos oriundos de decisões proferidas por juiz titular de Juizado Especial é da Turma Recursal, e não deste Tribunal, *ex vi* do disposto no art. 41, 1º, da Lei nº 9.099/95. Preliminar acolhida e competência declinada" (TAMG, AI 394.701-1, Rel. Juiz Roberto Borges de Oliveira, 2ª Câmara Cível, ac. 22.04.2003).

3. Mandado de segurança. Ver jurisprudência do art. 1º da Lei 12.016/2009.

4. STJ. Reclamação. Decisões transitadas em julgado. "A suspensão liminar de que trata o art. 2º, I, da Resolução/STJ 12/2009, que disciplinou o ajuizamento de Reclamações para impugnação de decisões dos juizados especiais estaduais contrárias à jurisprudência consolidada no STJ, não atinge os processos com decisões já transitadas em julgado perante os juizados de origem, ainda que pendente execução judicial" (STJ, MC 16568/TO, Rel. Min. Nancy Andrighi, 2ª Seção, jul. 10.03.2010, *DJe* 06.05.2010).

5. Agravo Interno. "Cabimento do agravo interno no âmbito dos juizados especiais. Constitucionalidade do julgamento monocrático do recurso desde que haja possibilidade de revisão pelo órgão colegiado. Ratificação da jurisprudência firmada por esta suprema corte. Existência de repercussão geral" (STF, RE 612359 RG, Rel. Min.ª Ellen Gracie, jul.13.08.2010).

6. Turma recursal. Juiz natural. "Muito embora o inciso III do art. 252 do Código de Processo Penal não se aplique às Turmas Recursais integrantes dos Juizados Especiais (ante a inexistência de dualidade de instâncias), é de se ter como inconstitucional, por ofensiva ao inciso LIII do art. 5º da Constituição Federal, norma regimental que habilita o magistrado prolator do ato impugnado a participar, já no âmbito das Turmas Recursais, da revisão do mesmo decisum que proferiu. Revela-se obstativa da automática aplicação da garantia fundamental do juiz natural a autorização de que, entre os três integrantes de Turma Recursal, figure o próprio autor do provimento questionado. Declaração incidental de inconstitucionalidade do § 3º do art. 6º do Regimento Interno das Turmas Recursais do Estado de Minas Gerais (redação dada pela Instrução nº 1, de 14 de agosto de 2002)" (STF, HC 85.056, Rel. Carlos Britto, Pleno, jul. 17.11.2005, *DJU* 25.08.2006, p. 00017).

Art. 42. O recurso será interposto no prazo de dez dias, contados da ciência da sentença, por petição escrita, da qual constarão as razões e o pedido do recorrente.

§ 1º O preparo será feito, independentemente de intimação, nas quarenta e oito horas seguintes à interposição, sob pena de deserção.

§ 2º Após o preparo, a Secretaria intimará o recorrido para oferecer resposta escrita no prazo de dez dias.

Art. 43. O recurso terá somente efeito devolutivo, podendo o Juiz dar-lhe efeito suspensivo, para evitar dano irreparável para a parte.

Art. 44. As partes poderão requerer a transcrição da gravação da fita magnética a que alude o § 3º do art. 13 desta Lei, correndo por conta do requerente as despesas respectivas.

Art. 45. As partes serão intimadas da data da sessão de julgamento.

Art. 46. O julgamento em segunda instância constará apenas da ata, com a indicação suficiente do processo, fundamentação sucinta e parte dispositiva. Se a sentença for confirmada pelos próprios fundamentos, a súmula do julgamento servirá de acórdão.

Art. 47. (VETADO).

Seção XIII
Dos Embargos de Declaração

Art. 48. Caberão embargos de declaração contra sentença ou acórdão nos casos previstos no Código de Processo Civil. (Redação dada pela Lei nº 13.105, de 13.06.2015)

Parágrafo único. Os erros materiais podem ser corrigidos de ofício.

Art. 49. Os embargos de declaração serão interpostos por escrito ou oralmente, no prazo de cinco dias, contados da ciência da decisão.

Art. 50. Os embargos de declaração interrompem o prazo para a interposição de recurso. (Redação dada pela Lei nº 13.105, de 13.06.2015)

Seção XIV
Da Extinção do Processo Sem Julgamento do Mérito

Art. 51. Extingue-se o processo, além dos casos previstos em lei:

I – quando o autor deixar de comparecer a qualquer das audiências do processo;

II – quando inadmissível o procedimento instituído por esta Lei ou seu prosseguimento, após a conciliação;

III – quando for reconhecida a incompetência territorial;

IV – quando sobrevier qualquer dos impedimentos previstos no art. 8º desta Lei;

V – quando, falecido o autor, a habilitação depender de sentença ou não se der no prazo de trinta dias;

VI – quando, falecido o réu, o autor não promover a citação dos sucessores no prazo de trinta dias da ciência do fato.

§ 1º A extinção do processo independerá, em qualquer hipótese, de prévia intimação pessoal das partes.

§ 2º No caso do inciso I deste artigo, quando comprovar que a ausência decorre de força maior, a parte poderá ser isentada, pelo Juiz, do pagamento das custas.

CJF – II JORNADA DE DIREITO COMERCIAL

Enunciado 61 – Em atenção ao princípio do tratamento favorecido à microempresa e à empresa de pequeno porte, é possível a representação de empresário individual, sociedade empresária ou EIRELI, quando enquadrados nos respectivos regimes tributários, por meio de preposto, perante os juizados especiais cíveis, bastando a comprovação atualização do seu enquadramento.

Seção XV
Da Execução

Art. 52. A execução da sentença processar-se-á no próprio Juizado, aplicando-se, no que couber, o disposto no Código de Processo Civil, com as seguintes alterações:

I – as sentenças serão necessariamente líquidas, contendo a conversão em Bônus do Tesouro Nacional – BTN ou índice equivalente;

II – os cálculos de conversão de índices, de honorários, de juros e de outras parcelas serão efetuados por servidor judicial;

III – a intimação da sentença será feita, sempre que possível, na própria audiência em que for proferida. Nessa intimação, o vencido será instado a cumprir a sentença tão logo ocorra seu trânsito em julgado, e advertido dos efeitos do seu descumprimento (inciso V);

IV – não cumprida voluntariamente a sentença transitada em julgado, e tendo havido solicitação do interessado, que poderá ser verbal, proceder-se-á desde logo à execução, dispensada nova citação;

V – nos casos de obrigação de entregar, de fazer, ou de não fazer, o Juiz, na sentença ou na fase de execução, cominará multa diária, arbitrada de acordo com as condições econômicas do devedor, para a hipótese de inadimplemento. Não cumprida a obrigação, o credor poderá requerer a elevação da multa ou a transformação da condenação em perdas e danos, que o Juiz de imediato arbitrará, seguindo-se a execução por quantia certa, incluída a multa vencida de obrigação de dar, quando evidenciada a malícia do devedor na execução do julgado;

VI – na obrigação de fazer, o Juiz pode determinar o cumprimento por outrem, fixado o valor que o devedor deve depositar para as despesas, sob pena de multa diária;

VII – na alienação forçada dos bens, o Juiz poderá autorizar o devedor, o credor ou terceira pessoa idônea a tratar da alienação do bem penhorado, a qual se aperfeiçoará em juízo até a data fixada para a praça ou leilão. Sendo o preço inferior ao da avaliação, as partes serão ouvidas. Se o pagamento não for à vista, será oferecida caução idônea, nos casos de alienação de bem móvel, ou hipotecado o imóvel;

VIII – é dispensada a publicação de editais em jornais, quando se tratar de alienação de bens de pequeno valor;

IX – o devedor poderá oferecer embargos, nos autos da execução, versando sobre:

a) falta ou nulidade da citação no processo, se ele correu à revelia;

b) manifesto excesso de execução;

c) erro de cálculo;

d) causa impeditiva, modificativa ou extintiva da obrigação, superveniente à sentença.

Art. 53. A execução de título executivo extrajudicial, no valor de até quarenta salários mínimos, obedecerá ao disposto no Código de Processo Civil, com as modificações introduzidas por esta Lei.

§ 1º Efetuada a penhora, o devedor será intimado a comparecer à audiência de conciliação, quando poderá oferecer embargos (art. 52, IX), por escrito ou verbalmente.

§ 2º Na audiência, será buscado o meio mais rápido e eficaz para a solução do litígio, se possível com dispensa da alienação judicial, devendo o conciliador propor, entre outras medidas cabíveis, o pagamento do débito a prazo ou a prestação, a dação em pagamento ou a imediata adjudicação do bem penhorado.

§ 3º Não apresentados os embargos em audiência, ou julgados improcedentes, qualquer das partes poderá requerer ao Juiz a adoção de uma das alternativas do parágrafo anterior.

§ 4º Não encontrado o devedor ou inexistindo bens penhoráveis, o processo será imediatamente extinto, devolvendo-se os documentos ao autor.

Seção XVI
Das Despesas

Art. 54. O acesso ao Juizado Especial independerá, em primeiro grau de jurisdição, do pagamento de custas, taxas ou despesas.

Parágrafo único. O preparo do recurso, na forma do § 1º do art. 42 desta Lei, compreenderá todas as despesas processuais, inclusive aquelas dispensadas em primeiro grau de jurisdição, ressalvada a hipótese de assistência judiciária gratuita.

Art. 55. A sentença de primeiro grau não condenará o vencido em custas e honorários de advogado, ressalvados os casos de litigância de má-fé. Em segundo grau, o recorrente, vencido, pagará as custas e honorários de advogado, que serão fixados entre dez por cento e vinte por cento do valor de condenação ou, não havendo condenação, do valor corrigido da causa.

Parágrafo único. Na execução não serão contadas custas, salvo quando:

I – reconhecida a litigância de má-fé;

II – improcedentes os embargos do devedor;

III – tratar-se de execução de sentença que tenha sido objeto de recurso improvido do devedor.

Seção XVII
Disposições Finais

Art. 56. Instituído o Juizado Especial, serão implantadas as curadorias necessárias e o serviço de assistência judiciária.

Art. 57. O acordo extrajudicial, de qualquer natureza ou valor, poderá ser homologado, no juízo competente, independentemente de termo, valendo a sentença como título executivo judicial.

Parágrafo único. Valerá como título extrajudicial o acordo celebrado pelas partes, por instrumento escrito, referendado pelo órgão competente do Ministério Público.

Art. 58. As normas de organização judiciária local poderão estender a conciliação prevista nos arts. 22 e 23 a causas não abrangidas por esta Lei.

Art. 59. Não se admitirá ação rescisória nas causas sujeitas ao procedimento instituído por esta Lei.

JURISPRUDÊNCIA SELECIONADA

1. Controle de competência dos Juizados Especiais pelos Tribunais de Justiça. Ver jurisprudência do art. 1º da Lei 12.016/2009.

Propositura de ação rescisória contra decisões prolatadas no âmbito dos Juizados Especiais. Vedação. "Diante disso, a interpretação que melhor compatibiliza a vedação do art. 59 da Lei 9.099/95 com o entendimento supra é de que deve se admitir a impetração de mandado de segurança frente aos Tribunais de Justiça dos Estados para controle da competência dos Juizados Especiais, ainda que a decisão a ser anulada já tenha transitado em julgado, sob pena de se inviabilizar, ou ao menos limitar, tal controle, que nos processos não submetidos ao Juizado Especial se faz possível por intermédio da ação rescisória" (STJ, MC 15465/SC, Rel. Min. Nancy Andrighi, 3ª Turma, jul. 28.04.2009, *DJe* 03.09.2009).

2. Competência da Turma Recursal. "A competência para a revisão, desconstituição ou anulação das decisões judiciais (seja pela via recursal, rescisória, por ação anulatória ou mesmo *querela nullitatis*), é do próprio sistema que a proferiu, assim o sendo também quanto à sua execução" (TRF 4ª Região, AgRg em AR 2008.04.00.023483-6/RS, Rel. Des. Celso Kipper, 3ª Seção. *DJ* 16.10.2008).

Capítulo III
DOS JUIZADOS ESPECIAIS CRIMINAIS
DISPOSIÇÕES GERAIS

(...)

Capítulo IV
DISPOSIÇÕES FINAIS COMUNS

Art. 93. Lei Estadual disporá sobre o Sistema de Juizados Especiais Cíveis e Criminais, sua organização, composição e competência.

Art. 94. Os serviços de cartório poderão ser prestados, e as audiências realizadas fora da sede da Comarca, em bairros ou cidades a ela pertencentes, ocupando instalações de prédios públicos, de acordo com audiências previamente anunciadas.

Art. 95. Os Estados, Distrito Federal e Territórios criarão e instalarão os Juizados Especiais no prazo de seis meses, a contar da vigência desta Lei.

Parágrafo único. No prazo de 6 (seis) meses, contado da publicação desta Lei, serão criados e instalados os Juizados Especiais Itinerantes, que deverão dirimir, prioritariamente, os conflitos existentes nas áreas rurais ou nos locais de menor concentração populacional (*parágrafo incluído pela Lei nº 12.726, de 16.10.2012*).

Art. 96. Esta Lei entra em vigor no prazo de sessenta dias após a sua publicação.*

Art. 97. Ficam revogadas a Lei nº 4.611, de 2 de abril de 1965 e a Lei nº 7.244, de 7 de novembro de 1984.

Brasília, 26 de setembro de 1995; 174º da Independência e 107º da República.

FERNANDO HENRIQUE CARDOSO

* Publicada no *DOU* de 27.09.1995.

JUSTIÇA FEDERAL

LEI Nº 10.259, DE 12 DE JULHO DE 2001

Dispõe sobre a instituição dos Juizados Especiais Cíveis e Criminais no âmbito da Justiça Federal.

REFERÊNCIA LEGISLATIVA

Lei nº 9.099, de 26.09.1995 (dispõe sobre os Juizados Especiais Cíveis e Criminais no âmbito da Justiça Estadual).

O Presidente da República:

Faço saber que o Congresso Nacional decreta e eu sanciono a seguinte lei:

Art. 1º São instituídos os Juizados Especiais Cíveis e Criminais da Justiça Federal, aos quais se aplica, no que não conflitar com esta Lei, o disposto na Lei nº 9.099, de 26 de setembro de 1995.

Art. 2º Compete ao Juizado Especial Federal Criminal processar e julgar os feitos de competência da Justiça Federal relativos às infrações de menor potencial ofensivo, respeitadas as regras de conexão e continência (*redação dada pela Lei nº 11.313, de 28.06.2006*).

Parágrafo único. Na reunião de processos, perante o juízo comum ou o tribunal do júri, decorrente da aplicação das regras de conexão e continência, observar-se-ão os institutos da transação penal e da composição dos danos civis (*redação dada pela Lei nº 11.313, de 28.06.2006*).

Art. 3º Compete ao Juizado Especial Federal Cível processar, conciliar e julgar causas de competência da Justiça Federal até o valor de sessenta salários mínimos, bem como executar as suas sentenças.

§ 1º Não se incluem na competência do Juizado Especial Cível as causas:

I – referidas no art. 109, incisos II, III e XI, da Constituição Federal, as ações de mandado de segurança, de desapropriação, de divisão e demarcação, populares, execuções fiscais e por improbidade administrativa e as demandas sobre direitos ou interesses difusos, coletivos ou individuais homogêneos;

II – sobre bens imóveis da União, autarquias e fundações públicas federais;

III – para a anulação ou cancelamento de ato administrativo federal, salvo o de natureza previdenciária e o de lançamento fiscal;

IV – que tenham como objeto a impugnação da pena de demissão imposta a servidores públicos civis ou de sanções disciplinares aplicadas a militares.

§ 2º Quando a pretensão versar sobre obrigações vincendas, para fins de competência do Juizado Especial, a soma de doze parcelas não poderá exceder o valor referido no art. 3º, *caput*.

§ 3º No foro onde estiver instalada Vara do Juizado Especial, a sua competência é absoluta.

SÚMULAS

Súmulas do STJ:

nº 376: "Compete à turma recursal processar e julgar o mandado de segurança contra ato de juizado especial".

nº 428: "Compete ao Tribunal Regional Federal decidir os conflitos de competência entre juizado especial federal e juízo federal da mesma seção judiciária".

INDICAÇÃO DOUTRINÁRIA

Oscar Valente Cardoso, O mandado de segurança nos Juizados Especiais Federais Cíveis e a Interpretação do Art. 3º, Parágrafo 1º, I, da Lei nº 10.259/2001, *RDDP* 71/80.

JURISPRUDÊNCIA SELECIONADA

1. Obrigações de pequeno valor. Novo parâmetro. "A Lei nº 10.259, de 12.07.2001, ao instituir os Juizados Especiais Federais, fixou em seus arts. 3º e 17, § 1º, combinados, novo parâmetro, a fim de estabelecer um limite para as obrigações definidas como de pequeno valor, no art. 100, § 3º, da Constituição, que passou a corresponder a sessenta salários mínimos (atualmente, quinze mil e seiscentos reais)" (STJ, REsp 725.218/RJ, Rel. Min. Arnaldo Esteves Lima, 5ª Turma, jul. 03.05.2005, *DJ* 01.07.2005, p. 621).

"Se o valor da ação ordinária, proposta com o fim de compelir os entes políticos das três esferas de governo a promover tratamento médico, é inferior ao limite de sessenta salários mínimos previstos no artigo 3º da Lei 10.259/2001, deve ser reconhecida a competência do Juizado Especial Federal para processar e julgar a demanda" (STJ, AgRg no CC 92603/SC, Rel. Min. Castro Meira, 1ª Seção, jul. 11.06.2008, *DJe* 12.08.2008).

2. Prestações vencidas e vincendas. Valor máximo. "Todavia, na hipótese de o pedido englobar prestações vencidas e vincendas, há neste Superior Tribunal entendimento segundo o qual incide a regra do art. 260 do Código de Processo Civil, que, interpretado conjuntamente com o mencionado art. 3º, § 2º, da Lei 10.259/2001, estabelece a soma das prestações vencidas mais doze parcelas vincendas, para a fixação do conteúdo econômico da demanda e, consequentemente, a determinação da competência do Juizado Especial Federal" (STJ, CC 91470/SP, Rel.ª Min.ª Maria Thereza de Assis Moura, 3ª Seção, jul. 13.08.2008, *DJe* 26.08.2008).

3. Conflito de competência. Juizado Especial Federal *x* Juízo Federal. "A questão central do presente recurso extraordinário consiste em saber a que órgão jurisdicional cabe dirimir conflitos de competência entre um Juizado Especial e um Juízo de primeiro grau, se ao respectivo Tribunal Regional Federal ou ao Superior Tribunal de Justiça. A competência STJ para julgar conflitos dessa natureza circunscreve-se àqueles em que estão envolvidos tribunais distintos ou juízes vinculados a tribunais diversos (art. 105, I, *d*, da CF). Os juízes de primeira instância, tal como aqueles que integram os Juizados Especiais estão vinculados ao respectivo Tribunal Regional Federal, ao qual cabe dirimir os conflitos de competência que surjam entre eles" (STF, RE 590.409, Rel. Min. Ricardo Lewandowski, Tribunal Pleno, jul. 26.08.2009, *DJe* 29.10.2009).

"Em causas sujeitas aos Juizados Especiais Federais, a competência é determinada do seguinte modo (sem prejuízo, quando for o caso, do disposto no art. 109, § 3º, da CF): (a) em município em que houver Vara do Juizado Especial instalada, é dessa a competência para a causa, em caráter absoluto (art. 3º, § 3º, da Lei nº 10.259/01); (b) não havendo Vara de Juizado Especial instalada, tem o autor opção de ajuizar a demanda perante a Vara do Juizado Comum da respectiva Subseção Judiciária (art. 3º, § 3º, da Lei nº 10.259/01, interpretado *a contrario sensu*) ou a Vara do Juizado Especial Federal mais próximo (art. 20 da Lei nº 10.259/01). No caso, o autor é domiciliado em município pertencente a subseção judiciária em que não há vara de juizado, razão pela qual foi legítima sua opção pelo Juízo Federal Comum. Nesse sentido: CC 87.781-SP, 2ª Seção, Min.ª Nancy Andrighi, *DJ* 05.11.07. Conflito conhecido, declarando-se a competência do Juízo Federal da Vara Única da Subseção Judiciária de Feira de Santana – BA, o suscitado" (STJ, CC 91.579/BA, Rel. Min. Teori Albino Zavascki, 1ª Seção, jul. 27.02.2008, *DJe* 10.03.2008).

"A orientação jurisprudencial consolidada no âmbito da 1ª Seção do egrégio Tribunal Regional Federal da 1ª Região é no sentido de que a necessidade de realização de perícias complexas afasta a competência dos juizados especiais federais. No caso, pretende o Autor a concessão de pensão especial instituída pela Lei n. 9.425/96, às vítimas do acidente com a substância química Césio 137, atribuindo valor da causa inferior a sessenta salários mínimos. A determinação da competência para processamento e julgamento da demanda, contudo, depende do enquadramento, ou não, do litígio no conceito de causa de menor complexidade, previsto no art. 98, inciso I, da Constituição Federal, ainda que o valor atribuído à causa esteja dentro do limite previsto no art. 3º da Lei nº 10.259/2001. Esta 1ª Seção tem fixado o entendimento no sentido de que a instrução processual com necessária produção de prova pericial complexa, afasta a competência do juizado especial em casos da espécie – concessão de pensão especial instituída pela Lei n. 9.425/96 (exposição ao Césio 137), pois, além de não se tratar de matéria meramente de direito, mas também de fato, demanda a realização de prova pericial médica complexa de forma a aferir se eventual dano ocasionado ao Requerente tem ligação com a exposição do mesmo ao agente radioativo de décadas atrás, prova esta contrária aos princípios da oralidade, simplicidade, informalidade, economia processual e celeridade, aplicáveis aos Juizados Especiais Federais, cf. Lei nº 10.259, de 2001, art. 1º. Conflito de Competência julgado procedente, fixando-se a competência do Juízo da 6ª Vara Federal da Seção Judiciária de Goiás" (TR 1ª Região, CC, 0062747-59.2016.4.01.0000, Rel. Des. Federal Wilson Alves de Souza, 1ª Seção, jul. 10.12.2019, *DJe* 19.12.2019).

Ação indenizatória. Protesto indevido. "A competência do Juizado Especial Federal Cível é de natureza absoluta, nos termos do art. 3º, § 3º, da Lei n.º 10.259/2001 e, portanto, não pode ser ignorada em detrimento da jurisdição comum. A modificação da competência em função da conexão não é cabível quando um dos dois processos em análise já houver sido sentenciado. Inteligência do art. 55, § 1º, do CPC" (TRF 4ª Região, CC 5025790-14.2021.4.04.0000/RS, Rel. Des. Federal Leandro Paulsen, jul. 05.08.2021).

4. Questão de complexidade. Competência. "Diferentemente do que ocorre no âmbito dos Juizados Especiais Estaduais, admite-se, em sede de Juizado Especial Federal, a produção de prova pericial, fato que demonstra a viabilidade de que questões de maior complexidade sejam discutidas nos feitos de que trata a Lei 10.259/01" (STJ, CC 103.084/SC, Rel.ª Min.ª Eliana Calmon, 1ª Seção, jul. 22.04.2009, *DJe* 11.05.2009). **No mesmo sentido:** STJ, CC 83130/ES, Rel.ª Min.ª Nancy Andrighi, 2ª Seção, jul. 26.09.2007, *DJ* 04.10.2007, p. 165. **Em sentido contrário:** "As causas que exigem instrução complexa, com perícias, não se incluem na competência dos Juizados Especiais Federais, por não atender aos princípios da oralidade, simplicidade, informalidade, economia processual e celeridade (art. 1º da Lei 12.259/2001 c/c art. 2º da Lei 9.099/1995). Precedentes." (TRF1, CC nº 0000176-52.2016.4.01.0000/GO, Rel. Des. Federal Carlos Augusto Pires Brandão, 3ª Seção, jul. 19.03.2019, *DJF1* 02.04.2019).

5. Competência absoluta. Inafastabilidade. "O art. 3º da Lei nº 10.259/01 estabelece que 'compete ao Juizado Especial Federal Cível processar, conciliar e julgar causas de competência da Justiça Federal até o valor de 60 (sessenta) salários mínimos'. A competência não fica afastada nem por força da presença de outros entes estatais, no polo passivo da demanda (*in casu*, o Estado de Santa Catarina e o Município de Criciúma/SC), nem em virtude da possível necessidade de produção de prova técnica a respeito da necessidade e adequação do medicamento solicitado (que poderia suscitar discussão a respeito da complexidade da causa)" (TRF-4ª Região, AgAI 2009.04.00.038262-3, Rel. Des. Fed. Marga Inge Barth Tessler, 4ª Turma, *DEJF* 24.11.2009).

6. Limitações impostas pelo Decreto nº 750/93. Competência do Juizado Especial Federal. "A Primeira Seção desta Corte, por ocasião do julgamento dos EREsp 901.319/SC, da relatoria da Exma. Senhora Ministra Eliana Calmon, sedimentou o entendimento de que as limitações decorrentes da edição do Decreto nº 750/93 não consubstanciam a hipótese de desapropriação indireta. Assim, o Juizado Especial Federal é competente para processar e julgar a causa, já que a presente ação, na qual se objetiva indenização decorrente de limitações administrativas, não se encontra nas exceções constantes do § 1º do artigo 3º da Lei 10.259/01, além de o valor da causa ser inferior a 60 (sessenta) salários mínimos" (STJ, REsp 1129040/RS, Rel. Min. Castro Meira, 2ª Turma, jul. 16.03.2010, *DJe* 26.03.2010).

7. Valor da causa. Divisão do montante pelo número de litisconsortes. "A jurisprudência do STJ é firme no sentido de que, na hipótese de litisconsórcio ativo, o valor da causa para fins de fixação da competência é calculado dividindo-se o montante total pelo número de litisconsortes. Precedentes" (STJ, REsp 1257935/PB, Rel. Min. Eliana Calmon, 2ª Turma, jul. 18.10.2012, *DJe* 29.10.2012).

8. Competência absoluta. Valor da causa. Possibilidade de o demandante renunciar ao montante excedente a sessenta salários mínimos. "Ao autor que deseje litigar no âmbito de Juizado Especial Federal Cível, é lícito renunciar, de modo expresso e para fins de atribuição de valor à causa, ao montante que exceda os 60 (sessenta) salários mínimos previstos no art. 3º, *caput*, da Lei 10.259/2001, aí incluídas, sendo o caso, as prestações vincendas" (STJ, REsp 1807665/SC, Rel. Min. Sérgio Kukina, 1ª Seção, jul. 28.10.2020, *DJe* 26.11.2020). **Obs.:** Decisão submetida a julgamento de recursos repetitivos.

Art. 4º O Juiz poderá, de ofício ou a requerimento das partes, deferir medidas cautelares no curso do processo, para evitar dano de difícil reparação.

Art. 5º Exceto nos casos do art. 4º, somente será admitido recurso de sentença definitiva.

Art. 6º Podem ser partes no Juizado Especial Federal Cível:

I – como autores, as pessoas físicas e as microempresas e empresas de pequeno porte, assim definidas na Lei nº 9.317, de 5 de dezembro de 1996;

II – como rés, a União, autarquias, fundações e empresas públicas federais.

JURISPRUDÊNCIA SELECIONADA

1. Competência. Rol das partes. "A competência do Juizado Especial se define em razão do critério absoluto do valor da causa, sendo descabida a alegação do Juízo suscitado de que a concessionária de telefonia não pode figurar no polo passivo da lide pelo fato de não se encontrar incluída no rol do art. 6º da Lei nº 10.259/01" (STJ, CC 49.171/PR, Rel. Min. José Delgado, 1ª Seção, jul. 28.09.2005, *DJ* 17.10.2005, p. 164).

"Não há vedação legal de que conste no polo passivo de demanda ajuizada nos Juizados Especiais Federais entes públicos diversos daqueles mencionados no 6º, II, da Lei 10.259/01, em face do caráter suplementar emprestado ao artigo 8º da Lei 9.099/95" (STJ, AgRg no CC 92604/SC, Rel. Min. Castro Meira, 1ª Seção, jul. 13.08.2008, *DJe* 01.09.2008).

2. Competência. Interesse da Fazenda. "O art. 6º, II, da Lei 10.259/01 deve ser interpretado de forma lógico-sistemática, a fim de que se compreenda que este artigo de lei cuidou tão somente de autorizar que a União e as demais pessoas jurídicas ali mencionadas figurem no polo passivo dos Juizados Federais, não se excluindo a viabilidade de que outras pessoas jurídicas possam, em litisconsórcio passivo com a União, ser demandadas no Juizado Federal. 4. Diferentemente do que ocorre no âmbito dos Juizados Especiais Estaduais, admite-se, em sede de Juizado Especial Federal, a produção de prova pericial, fato que demonstra a viabilidade de que questões de maior complexidade sejam discutidas nos feitos de que trata a Lei 10.259/01. 5. Agravo regimental não provido" (STJ, AgRg no AgRg no CC 87.626-RS, Rel.ª Min.ª Eliana Calmon, 1ª Seção, jul. 08.10.2008, *DJe* 20.10.2008).

3. Condomínio. Cobrança de dívida condominial. "O condomínio pode figurar perante o Juizado Especial Federal no polo ativo de ação de cobrança. Em se tratando de cobrança inferior a 60 salários mínimos deve-se reconhecer a competência absoluta dos Juizados Federais. Embora art. 6º da Lei nº 10.259/2001 não faça menção ao condomínio, os princípios que norteiam os Juizados Especiais Federais fazem com que, na fixação de sua competência, prepondere o critério da expressão econômica da lide sobre a natureza das pessoas que figuram no polo ativo" (STJ, CC 73.681/PR, Rel. Min. Nancy Andrighi, 2ª Seção, jul. 08.08.2007, *DJU* 16.08.2007, p. 284).

Art. 7º As citações e intimações da União serão feitas na forma prevista nos arts. 35 a 38 da Lei Complementar nº 73, de 10 de fevereiro de 1993.

Parágrafo único. A citação das autarquias, fundações e empresas públicas será feita na pessoa do representante máximo da entidade, no local onde proposta a causa, quando ali instalado seu escritório ou representação; se não, na sede da entidade.

JURISPRUDÊNCIA SELECIONADA

1. Ação declaratória de ausência. "A ação declaratória de ausência, em que a citação somente pode ocorrer pela via editalícia, não é compatível com o rito da Lei nº 9.099/1995, art. 18, § 2º, que não admite seu uso, aplicável à espécie por força do art. 1º da Lei nº 10.259/2001" (STJ, CC 93.523/RJ, Rel. Min. Aldir Passarinho Junior, 2ª Seção, jul. 25.06.2008, *DJe* 27.08.2008).

2. Intimação pessoal dos ocupantes de cargo de procurador federal. Inaplicabilidade. "Não se aplica aos Juizados Especiais Federais a prerrogativa de intimação pessoal dos ocupantes de cargo de Procurador Federal, prevista no art. 17 da Lei nº 10.910/2004, na medida em que neste rito especial, ante a simplicidade das causas nele julgadas, particular e Fazenda Pública apresentam semelhante, se não idêntica, dificuldade para o adequado exercício do direito de informação dos atos do processo, de modo que não se revela razoável a incidência de norma que restringe a paridade de armas, além de comprometer a informalidade e a celeridade do procedimento" (STF, ARE 648.629, Rel. Min. Luiz Fux, Tribunal Pleno, jul. 24.04.2013, *DJe* 08.04.2014).

Art. 8º As partes serão intimadas da sentença, quando não proferida esta na audiência em que estiver presente seu representante, por ARMP (aviso de recebimento em mão própria).

§ 1º As demais intimações das partes serão feitas na pessoa dos advogados ou dos Procuradores que oficiem nos respectivos autos, pessoalmente ou por via postal.

§ 2º Os tribunais poderão organizar serviço de intimação das partes e de recepção de petições por meio eletrônico.

REFERÊNCIA LEGISLATIVA

Resoluções do CJF nº 28/2008 (intimação eletrônica nos juizados especiais federais).

Art. 9º Não haverá prazo diferenciado para a prática de qualquer ato processual pelas pessoas jurídicas de direito público, inclusive a interposição de recursos, devendo a citação para audiência de conciliação ser efetuada com antecedência mínima de trinta dias.

Art. 10. As partes poderão designar, por escrito, representantes para a causa, advogado ou não.

Parágrafo único. Os representantes judiciais da União, autarquias, fundações e empresas públicas federais, bem como os indicados na forma do *caput*, ficam autorizados a conciliar, transigir ou desistir, nos processos da competência dos Juizados Especiais Federais.

JURISPRUDÊNCIA SELECIONADA

1. Dispensa de advogados nas causas cíveis. Constitucionalidade. "É constitucional o art. 10 da Lei 10.259/2001, que faculta às partes a designação de representantes para a causa, advogados ou não, no âmbito dos juizados especiais federais. No que se refere aos processos de natureza cível, o Supremo Tribunal Federal já firmou o entendimento de que a imprescindibilidade de advogado é relativa, podendo, portanto, ser afastada pela lei em relação aos juizados especiais. Precedentes. Perante os juizados especiais federais, em processos de natureza cível, as partes podem comparecer pessoalmente em juízo ou designar representante, advogado ou não, desde que a causa não ultrapasse o valor de sessenta salários mínimos (art. 3º da Lei 10.259/2001) e sem prejuízo da aplicação subsidiária integral dos parágrafos do art. 9º da Lei 9.099/1995. Já quanto aos processos de natureza criminal, em homenagem ao princípio da ampla defesa, é imperativo que o réu compareça ao processo devidamente acompanhado de profissional habilitado a oferecer-lhe defesa técnica de qualidade, ou seja, de advogado devidamente inscrito nos quadros da Ordem dos Advogados do Brasil ou defensor público. Aplicação subsidiária do art. 68, III, da Lei 9.099/1995. Interpretação conforme, para excluir do âmbito de incidência do art. 10 da Lei 10.259/2001 os feitos de competência dos juizados especiais criminais da Justiça Federal" (STF, ADI 3168/DF, Rel. Min. Joaquim Barbosa, Tribunal Pleno, jul. 08.06.2006, *DJ* 03.08.2007, p. 29; *DJe* 03.08.2007).

Art. 11. A entidade pública ré deverá fornecer ao Juizado a documentação de que disponha para o esclarecimento da causa, apresentando-a até a instalação da audiência de conciliação.

Parágrafo único. Para a audiência de composição dos danos resultantes de ilícito criminal (arts. 71, 72 e 74 da Lei nº 9.099, de 26 de setembro de 1995), o representante da entidade que comparecer terá poderes para acordar, desistir ou transigir, na forma do art. 10.

Art. 12. Para efetuar o exame técnico necessário à conciliação ou ao julgamento da causa, o Juiz nomeará pessoa habilitada, que apresentará o laudo até cinco dias antes da audiência, independentemente de intimação das partes.

§ 1º Os honorários do técnico serão antecipados à conta de verba orçamentária do respectivo Tribunal e, quando vencida na causa a entidade pública, seu valor será incluído na ordem de pagamento a ser feita em favor do Tribunal.

§ 2º Nas ações previdenciárias e relativas à assistência social, havendo designação de exame, serão as partes intimadas para, em dez dias, apresentar quesitos e indicar assistentes.

JURISPRUDÊNCIA SELECIONADA

1. Prova pericial. "Diferentemente do que ocorre no âmbito dos Juizados Especiais Estaduais, admite-se, em sede de Juizado Especial Federal, a produção de prova pericial, fato que demonstra a viabilidade de que questões de maior complexidade sejam discutidas nos feitos de que trata a Lei 10.259/01" (STJ, AgRg no AgRg no CC 87.626-RS, Rel.ª Min.ª Eliana Calmon, 1ª Seção, jul. 08.10.2008, *DJe* 20.10.2008).

Art. 13. Nas causas de que trata esta Lei, não haverá reexame necessário.

JURISPRUDÊNCIA SELECIONADA

1. RPV. Pagamento fora do prazo. "Desatendido o prazo de 60 (sessenta) dias para pagamento, incide juros de mora a partir do primeiro dia subsequente ao seu término, porquanto, nos termos do art. 394 do Código Civil, a mora só se caracteriza quando transcorrido o tempo estabelecido para o cumprimento da obrigação' (REsp 1.235.122/RS, Rel. Min. Humberto Martins, Segunda Turma, *DJe* 23.3.11)" (STJ, AgRg no REsp 1240961/RS, Rel. Min. Arnaldo Esteves Lima, 1ª Turma, jul. 17.05.2011, *DJe* 26.05.2011).

Art. 14. Caberá pedido de uniformização de interpretação de lei federal quando houver divergência entre decisões sobre questões de direito material proferidas por Turmas Recursais na interpretação da lei.

§ 1º O pedido fundado em divergência entre Turmas da mesma Região será julgado em reunião conjunta das Turmas em conflito, sob a presidência do Juiz Coordenador.

§ 2º O pedido fundado em divergência entre decisões de turmas de diferentes regiões ou da proferida em contrariedade a súmula ou jurisprudência dominante do STJ será julgado por Turma de Uniformização, integrada por juízes de Turmas Recursais, sob a presidência do Coordenador da Justiça Federal.

§ 3º A reunião de juízes domiciliados em cidades diversas será feita pela via eletrônica.

§ 4º Quando a orientação acolhida pela Turma de Uniformização, em questões de direito material, contrariar súmula ou jurisprudência dominante no Superior Tribunal de Justiça – STJ, a parte interessada poderá provocar a manifestação deste, que dirimirá a divergência.

§ 5º No caso do § 4º, presente a plausibilidade do direito invocado e havendo fundado receio de dano de difícil reparação, poderá o relator conceder, de ofício ou a requerimento do interessado, medida liminar determinando a suspensão dos processos nos quais a controvérsia esteja estabelecida.

§ 6º Eventuais pedidos de uniformização idênticos, recebidos subsequentemente em quaisquer Turmas Recursais, ficarão retidos nos autos, aguardando-se pronunciamento do Superior Tribunal de Justiça.

§ 7º Se necessário, o relator pedirá informações ao Presidente da Turma Recursal ou Coordenador da Turma de Uniformização e ouvirá o Ministério Público, no prazo de cinco dias. Eventuais interessados, ainda que não sejam partes no processo, poderão se manifestar, no prazo de trinta dias.

§ 8º Decorridos os prazos referidos no § 7º, o relator incluirá o pedido em pauta na Seção, com preferência sobre todos os demais feitos, ressalvados os processos com réus presos, os habeas corpus e os mandados de segurança.

§ 9º Publicado o acórdão respectivo, os pedidos retidos referidos no § 6º serão apreciados pelas Turmas Recursais, que poderão exercer juízo de retratação ou declará-los prejudicados, se veicularem tese não acolhida pelo Superior Tribunal de Justiça.

§ 10. Os Tribunais Regionais, o Superior Tribunal de Justiça e o Supremo Tribunal Federal, no âmbito de suas competências, expedirão normas regulamentando a composição dos órgãos e os procedimentos a serem adotados para o processamento e o julgamento do pedido de uniformização e do recurso extraordinário.

REFERÊNCIA LEGISLATIVA

Lei nº 11.798, de 29.10.2008, art. 5º (competências do CJF).

INDICAÇÃO DOUTRINÁRIA

José Antonio Savaris e Flávia da Silva Xavier. *Manual dos recursos nos Juizados Especiais Federais*. 7. ed. Curitiba: Alteridade Editora, 2019.

JURISPRUDÊNCIA SELECIONADA

1. Reclamação. § 4º. "A Reclamação não é via adequada para controlar a competência dos Juizados Especiais. 2. Igualmente inadequada a via da reclamação para sanar a grave deficiência do sistema normativo vigente, que não oferece acesso ao STJ para controlar decisões de Juizados Especiais Estaduais contrárias à sua jurisprudência dominante em matéria de direito federal, permitindo que tais Juizados, no âmbito da sua competência, representem a palavra final sobre a interpretação de lei federal" (STJ, AgRg na Recl. 2704/SP, Rel. Min. Teori Albino Zavascki, 1ª Seção, jul. 12.03.2008, *DJe* 31.03.2008).

2. Pedido de uniformização de interpretação de lei.

Cabimento. Direito Processual. Impossibilidade. "'De acordo com o disposto no art. 14, § 4º, da Lei 10.259/2001, caberá pedido de uniformização de interpretação de lei federal, dirigido a esta Corte, quando a orientação acolhida pela Turma Nacional, em questões de direito material, contrariar súmula ou jurisprudência dominante do Superior Tribunal de Justiça. Hipótese em que o pedido de uniformização de jurisprudência não foi conhecido pela TNU por fundamento de natureza processual. Incidência das Súmulas 10, 35, 42, todas da TNU' (AgInt no PUIL 1.744/DF, Rel. Ministro Gurgel de Faria, Primeira Seção, *DJe* 24.11.2020)" (STJ, AgInt no PUIL 1.192/DF, Rel. Min. Manoel Erhardt, 1ª Seção, jul. 25.05.2022, *DJe* 03.06.2022).

Cabimento. "O Pedido de Uniformização de Interpretação de Lei somente é cabível no âmbito de processos de competência dos Juizados Especiais da Fazenda Pública dos Estados, do Distrito Federal, dos Territórios e dos Municípios, os quais são regulados pela Lei 12.153/09, e aqueles relacionados aos Juizados Especiais Federais, regidos pela Lei 10.259/01. Precedentes" (STJ, AgInt no PUIL 3.272/MG, Rel. Min. Paulo de Tarso Sanseverino, 2ª Seção, jul. 14.03.2023, *DJe* 16.03.2023).

Jurisprudência dominante do STJ. Conceito. "4. À falta de baliza normativo-conceitual específica, tem-se que a locução 'jurisprudência dominante', para fins do manejo de pedido de uniformização de interpretação de lei federal (PUIL), deve abranger não apenas as hipóteses previstas no art. 927, III, do CPC, mas também os acórdãos do STJ proferidos em embargos de divergência e nos próprios pedidos de uniformização de lei federal por ele decididos, como proposto no alentado voto-vista da Ministra Regina Helena Costa, unanimemente acatado por este Colegiado. (...) Estabelecidos, pois, esses novos parâmetros acerca da expressão 'jurisprudência dominante', agora com maior amplitude, dá-se por superado o entendimento restritivo outrora firmado no AgInt no PUIL n. 1.799/DF, relator Ministro Sérgio Kukina, Primeira Seção, *DJe* de 7/10/2022" (STJ, PUIL. 825/RS, Rel. Min. Sérgio Kukina, 1ª Seção, jul. 24.05.2023, *DJe* 05.06.2023).

"O conceito de 'jurisprudência dominante', para efeitos do manejo do pedido de interpretação de lei federal, deriva da dicção do art. 927 do CPC e pressupõe, como paradigmas, decisões proferidas em IRDR instaurado nas ações originárias do STJ, do IAC, de recursos especiais repetitivos (inciso III); de súmulas do STJ (inciso IV); ou, ainda, de julgamentos em plenário ou por órgão especial (inciso V)" (STJ, AgInt no PUIL 1.799/DF, Rel. Min. Sérgio Kukina, 1ª Seção, jul. 04.10.2022, *DJe* 07.10.2022).

Similitude fática. "É entendimento pacífico desta Corte que o Pedido de Uniformização de Interpretação de Lei não pode ser conhecido quando não demonstrada a similitude fática e jurídica entre os julgados confrontados" (STJ, AgInt no PUIL 2.292/PR, Rel. Min. Benedito Gonçalves, 1ª Seção, jul. 12.04.2022, *DJe* 19.04.2022).

3. Recurso inominado. Não conhecimento. Honorários. Admissibilidade. "Fixação de tese a ser observada pelos Juizados Especiais da Fazenda Pública: É cabível a condenação em custas e honorários advocatícios na hipótese de não conhecimento do recurso inominado" (STJ, EDcl no AgInt no PUIL. 1.327/RS, Rel. Min. Paulo Sérgio Domingues, 1ª Seção, jul. 24.05.2023, *DJe* 30.05.2023).

4. Impugnação de decisão judicial proferida no âmbito do Juizado Especial da Fazenda Pública. Turma de Recursos. Súmula 376/STJ. Competência do Tribunal de Justiça. "Nos termos do Enunciado Sumular n. 376/STJ, em regra, compete à turma recursal processar e julgar o mandado de segurança contra ato de juizado especial. Contudo, excepcionalmente, admite-se o conhecimento da impetração de mandado de segurança nos Tribunais de Justiça para fins de exercício do controle de competência dos juizados especiais, conforme o precedente RMS n. 48.413/MS, relator Ministro Ricardo Villas Bôas Cueva, Terceira Turma, julgado em 4/6/2019" (STJ, AgInt no RMS. 70.750/MS, Rel. Min. Francisco Falcão, 2ª Turma, jul. 08.05.2023, *DJe* 10.05.2023).

Art. 15. O recurso extraordinário, para os efeitos desta Lei, será processado e julgado segundo o estabelecido nos §§ 4º a 9º do art. 14, além da observância das normas do Regimento.

INDICAÇÃO DOUTRINÁRIA

José Antonio Savaris e Flávia da Silva Xavier. *Manual dos recursos nos Juizados Especiais Federais*. 7. ed. Curitiba: Alteridade Editora, 2019.

JURISPRUDÊNCIA SELECIONADA

1. Juizados Especiais Federais. Turma Recursal. "O pronunciamento da Turma Recursal no incidente de uniformização não é impugnável mediante o extraordinário. Este somente se mostra cabível contra a decisão que desprovê o recurso por meio do qual se ataca o ato do Juízo" (STF, AgRg no RE 479.043-2/AM, Rel. Min. Marco Aurélio, 1ª Turma, jul. 08.04.2008, *DJe* 09.05.2008, *RF* 399/296).

Art. 16. O cumprimento do acordo ou da sentença, com trânsito em julgado, que imponham obrigação de fazer, não fazer ou entrega de coisa certa, será efetuado mediante ofício do Juiz à autoridade citada para a causa, com cópia da sentença ou do acordo.

Art. 17. Tratando-se de obrigação de pagar quantia certa, após o trânsito em julgado da decisão, o pagamento será efetuado no prazo de sessenta dias, contados da entrega da requisição, por ordem do Juiz, à autoridade citada para a causa, na agência mais próxima da Caixa Econômica Federal ou do Banco do Brasil, independentemente de precatório.

§ 1º Para os efeitos do § 3º do art. 100 da Constituição Federal, as obrigações ali definidas como de pequeno valor, a serem pagas independentemente de precatório, terão como limite o mesmo valor estabelecido nesta Lei para a competência do Juizado Especial Federal Cível (art. 3º, *caput*).

§ 2º Desatendida a requisição judicial, o Juiz determinará o sequestro do numerário suficiente ao cumprimento da decisão.

§ 3º São vedados o fracionamento, repartição ou quebra do valor da execução, de modo que o pagamento se faça, em parte, na forma estabelecida no § 1º deste artigo, e, em parte, mediante expedição do precatório, e a expedição de precatório complementar ou suplementar do valor pago.

§ 4º Se o valor da execução ultrapassar o estabelecido no § 1º, o pagamento far-se-á, sempre, por meio do precatório, sendo facultado à parte exequente a renúncia ao crédito do valor excedente, para que possa optar pelo pagamento do saldo sem o precatório, da forma lá prevista.

JURISPRUDÊNCIA SELECIONADA

1. Norma estadual que estipula o dever do credor de encaminhar ordem de pagamento de obrigação de pequeno valor diretamente ao órgão público devedor. Inconstitucionalidade. "Ação direta de inconstitucionalidade. Lei estadual n. 14.757, de 16 de novembro de 2015, do Estado do Rio Grande do Sul. Pagamento de requisições de pequeno valor. Redefinição do limite do RPV. Possibilidade. Norma estadual que estipula dever do credor de encaminhar ordem de pagamento de obrigação de pequeno valor diretamente ao órgão público devedor. Impossibilidade. Violação da competência privativa da União para legislar sobre Direito Processual. Precedentes. Ação direta de inconstitucionalidade julgada parcialmente procedente para (a) declarar a inconstitucionalidade do *caput* e do parágrafo único do art. 6º da Lei estadual n. 14.757/2015, do Estado do Rio Grande do Sul; bem como (b) dar interpretação conforme à Constituição aos incisos do mesmo art. 6º, para limitar sua aplicação aos processos judiciais de competência da justiça estadual. Assim, os incisos do mencionado art. 6º não deverão ser aplicados aos processos julgados no exercício da competência federal delegada, os quais devem ser regidos pela Resolução do CJF" (STF, ADI 5.421, Rel. Min. Gilmar Mendes, Tribunal Pleno, jul. 17.12.2022, *DJe* 25.01.2023).

Art. 18. Os Juizados Especiais serão instalados por decisão do Tribunal Regional Federal. O Juiz presidente do Juizado designará os conciliadores pelo período de dois anos, admitida a recondução. O exercício dessas funções será gratuito, assegurados os direitos e prerrogativas do jurado (art. 437 do Código de Processo Penal).

Parágrafo único. Serão instalados Juizados Especiais Adjuntos nas localidades cujo movimento forense não justifique a existência de Juizado Especial, cabendo ao Tribunal designar a Vara onde funcionará.

Art. 19. No prazo de seis meses, a contar da publicação desta Lei, deverão ser instalados os Juizados Especiais nas capitais dos Estados e no Distrito Federal.

Parágrafo único. Na capital dos Estados, no Distrito Federal e em outras cidades onde for necessário, neste último caso, por decisão do Tribunal Regional Federal, serão instalados Juizados com competência exclusiva para ações previdenciárias.

Art. 20. Onde não houver Vara Federal, a causa poderá ser proposta no Juizado Especial Federal mais próximo do foro definido no art. 4º da Lei nº 9.099, de 26 de setembro de 1995, vedada a aplicação desta Lei nº juízo estadual.

Art. 21. As Turmas Recursais serão instituídas por decisão do Tribunal Regional Federal, que definirá sua composição e área de competência, podendo abranger mais de uma seção.

§ 1º *(Revogado pela Lei nº 12.665, de 2012).*

§ 2º *(Revogado pela Lei nº 12.665, de 2012).*

Art. 22. Os Juizados Especiais serão coordenados por Juiz do respectivo Tribunal Regional, escolhido por seus pares, com mandato de dois anos.

Parágrafo único. O Juiz Federal, quando o exigirem as circunstâncias, poderá determinar o funcionamento do Juizado Especial em caráter itinerante, mediante autorização prévia do Tribunal Regional Federal, com antecedência de dez dias.

Art. 23. O Conselho da Justiça Federal poderá limitar, por até três anos, contados a partir da publicação desta Lei, a competência dos Juizados Especiais Cíveis, atendendo à necessidade da organização dos serviços judiciários ou administrativos.

Art. 24. O Centro de Estudos Judiciários do Conselho da Justiça Federal e as Escolas de Magistratura dos Tribunais Regionais Federais criarão programas de informática necessários para subsidiar a instrução das causas submetidas aos Juizados e promoverão cursos de aperfeiçoamento destinados aos seus magistrados e servidores.

Art. 25. Não serão remetidas aos Juizados Especiais as demandas ajuizadas até a data de sua instalação.

JURISPRUDÊNCIA SELECIONADA

1. Direito intertemporal. "A Lei nº 10.259/01, que instituiu os Juizados Especiais Cíveis e Criminais no âmbito da Justiça Federal, é clara ao dispor que "não serão remetidas aos Juizados Especiais as demandas ajuizadas até a data de sua instalação". No caso, a ação foi ajuizada em 29 de outubro de 2004, data em que o Juizado Especial Federal ainda não havia sido instalado em Catanduva, São Paulo, o que somente ocorreu em 28 de março deste ano" (STJ, CC 52673/SP, Rel. Min. Paulo Gallotti, 3ª Seção, jul. 28.09.2005, *DJ* 16.11.2005, p. 191).

Art. 26. Competirá aos Tribunais Regionais Federais prestar o suporte administrativo necessário ao funcionamento dos Juizados Especiais.

Art. 27. Esta Lei entra em vigor seis meses após a data de sua publicação.*

Brasília, 12 de julho de 2001; 180º da Independência e 113º da República.

FERNANDO HENRIQUE CARDOSO

* Publicada no *DOU* de 13.07.2001.

LEI Nº 12.153, DE 22 DE DEZEMBRO DE 2009

Dispõe sobre os Juizados Especiais da Fazenda Pública no âmbito dos Estados, do Distrito Federal, dos Territórios e dos Municípios

O Presidente da República:

Faço saber que o Congresso Nacional decreta e eu sanciono a seguinte Lei:

SÚMULAS

Súmula do TJPR:

nº 51: "Nos casos em que se pretenda o fornecimento de medicamento de uso contínuo ou por tempo indeterminado, a competência é do Juizado Especial da Fazenda Pública, se o custo anual do fármaco for inferior ao valor de 60 (sessenta) salários mínimos. Excedendo esse valor, a competência será das Varas da Fazenda Pública".

Art. 1º Os Juizados Especiais da Fazenda Pública, órgãos da justiça comum e integrantes do Sistema dos Juizados Especiais, serão criados pela União, no Distrito Federal e nos Territórios, e pelos Estados, para conciliação, processo, julgamento e execução, nas causas de sua competência.

Parágrafo único. O sistema dos Juizados Especiais dos Estados e do Distrito Federal é formado pelos Juizados Especiais Cíveis, Juizados Especiais Criminais e Juizados Especiais da Fazenda Pública.

Art. 2º É de competência dos Juizados Especiais da Fazenda Pública processar, conciliar e julgar causas cíveis de interesse dos Estados, do Distrito Federal, dos Territórios e dos Municípios, até o valor de 60 (sessenta) salários mínimos.

§ 1º Não se incluem na competência do Juizado Especial da Fazenda Pública:

I – as ações de mandado de segurança, de desapropriação, de divisão e demarcação, populares, por improbidade administrativa, execuções fiscais e as demandas sobre direitos ou interesses difusos e coletivos;

II – as causas sobre bens imóveis dos Estados, Distrito Federal, Territórios e Municípios, autarquias e fundações públicas a eles vinculadas;

III – as causas que tenham como objeto a impugnação da pena de demissão imposta a servidores públicos civis ou sanções disciplinares aplicadas a militares.

§ 2º Quando a pretensão versar sobre obrigações vincendas, para fins de competência do Juizado Especial, a soma de 12 (doze) parcelas vincendas e de eventuais parcelas vencidas não poderá exceder o valor referido no *caput* deste artigo.

§ 3º (VETADO)

§ 4º No foro onde estiver instalado Juizado Especial da Fazenda Pública, a sua competência é absoluta.

INDICAÇÃO DOUTRINÁRIA

Leonardo Oliveira Soares. Incidência de Multa pelo Não Comparecimento da Parte à Audiência de Conciliação nos Juizados Especiais da Fazenda Pública. *Revista Síntese*, ano XVII, nº 100. mar.-abr. 2016. São Paulo: Síntese, p. 43.

JURISPRUDÊNCIA SELECIONADA

1. Juizado Especial da Fazenda Pública possui competência absoluta em razão do valor da causa. "Excetuadas as situações previstas em lei e as questões de saúde afastadas pelo COMAG (segundo a lei, no máximo até junho/2015), o critério que define a competência é o valor da causa, sendo ela absoluta para os Juizados Especiais de Fazenda Pública" (TJRS, Ap. Cível. 70084112697, Rel. Des. Marcelo Bandeira Pereira, 21ª Câmara Cível, *DJe* 21.05.2020).

2. Competência absoluta. "Tese B) São absolutas as competências: (...) iii) do Juizado Especial da Fazenda Pública, nos foros em que tenha sido instalado, para as causas da sua alçada e matéria (art. 2º, § 4º, da Lei n. 12.153/2009); iv) nas hipóteses do item (iii), faculta-se ao autor optar livremente pelo manejo de seu pleito contra o estado no foro de seu domicílio, no do fato ou ato ensejador da demanda, no de situação da coisa litigiosa ou, ainda, na capital do estado, observada a competência absoluta do Juizado, se existente no local de opção (art. 52, parágrafo único, do CPC/2015, c/c o art. 2º, § 4º, da Lei n. 12.153/2009)" (STJ, REsp 1.896.379/MT, Rel. Min. Og Fernandes, 1ª Seção, jul. 21.10.2021, *DJe* 13.12.2021).

Art. 3º O juiz poderá, de ofício ou a requerimento das partes, deferir quaisquer providências cautelares e antecipatórias no curso do processo, para evitar dano de difícil ou de incerta reparação.

Art. 4º Exceto nos casos do art. 3º, somente será admitido recurso contra a sentença.

INDICAÇÃO DOUTRINÁRIA

Leonardo Oliveira Soares, Recorribilidade de liminares na Lei 12.153/2009 e repercussão geral: problema do legislador ou dos operadores do direito?, *Revista Dialética de Direito Processual*, n. 149, agosto/2015, p. 69-80.

Art. 5º Podem ser partes no Juizado Especial da Fazenda Pública:

I – como autores, as pessoas físicas e as microempresas e empresas de pequeno porte, assim definidas na Lei Complementar nº 123, de 14 de dezembro de 2006;

II – como réus, os Estados, o Distrito Federal, os Territórios e os Municípios, bem como autarquias, fundações e empresas públicas a eles vinculadas.

JURISPRUDÊNCIA SELECIONADA

1. Menor incapaz. Legitimidade ativa. Interpretação do art. 5º da Lei 12.153/2009. Inaplicabilidade subsidiária do art. 8º da Lei 9.099/1995. "A controvérsia gira em torno da possibilidade de menor incapaz demandar como autor em causa que tramita no Juizado Especial da Fazenda Pública, tendo em vista que o art. 27 da Lei 12.153/2009, que regula aqueles juizados, determina a aplicação subsidiária da Lei 9.099/95, a qual expressamente proíbe a atuação do incapaz no âmbito dos Juizados Especiais Cíveis. A Lei dos Juizados Especiais da Fazenda Pública, ao tratar da legitimidade ativa das demandas que lhe são submetidas (art. 5º), faz alusão, tão somente, às pessoas físicas, não fazendo restrição quanto aos incapazes, nem mesmo por ocasião das disposições acerca das causas que excepcionam a sua competência (art. 2º). Tendo havido regulação clara e suficiente acerca do tema na Lei 12.153/2009, não há o que se falar em omissão normativa a ensejar a incidência do art. 8º da Lei 9.099/95, visto ser este dispositivo legal de cunho subsidiário e que conflita com aquele regramento específico do Juizado Fazendário". (STJ, REsp 1372034/RO, Rel. Min. Benedito Gonçalves, 1ª Turma, jul. 14.11.2017, *DJe* 21.11.2017). No mesmo sentido: TJRS, Ap. 70079463931, Rel. Des. Miguel Ângelo da Silva, 22ª Câmara Cível, jul. 13.12.2018, *DJ* 21.01.2019.

Art. 6º Quanto às citações e intimações, aplicam-se as disposições contidas na Lei nº 5.869, de 11 de janeiro de 1973 – Código de Processo Civil.

Art. 7º Não haverá prazo diferenciado para a prática de qualquer ato processual pelas pessoas jurídicas de direito público, inclusive a interposição de recursos, devendo a citação para a audiência de conciliação ser efetuada com antecedência mínima de 30 (trinta) dias.

Art. 8º Os representantes judiciais dos réus presentes à audiência poderão conciliar, transigir ou desistir nos processos da competência dos Juizados Especiais, nos termos e nas hipóteses previstas na lei do respectivo ente da Federação.

Art. 9º A entidade ré deverá fornecer ao Juizado a documentação de que disponha para o esclarecimento da causa, apresentando-a até a instalação da audiência de conciliação.

Art. 10. Para efetuar o exame técnico necessário à conciliação ou ao julgamento da causa, o juiz nomeará pessoa habilitada, que apresentará o laudo até 5 (cinco) dias antes da audiência.

Art. 11. Nas causas de que trata esta Lei, não haverá reexame necessário.

Art. 12. O cumprimento do acordo ou da sentença, com trânsito em julgado, que imponham obrigação de fazer, não fazer ou entrega de coisa certa, será efetuado mediante ofício do juiz à autoridade citada para a causa, com cópia da sentença ou do acordo.

Art. 13. Tratando-se de obrigação de pagar quantia certa, após o trânsito em julgado da decisão, o pagamento será efetuado:

I – no prazo máximo de 60 (sessenta) dias, contado da entrega da requisição do juiz à autoridade citada para a causa, independentemente de precatório, na hipótese do § 3º do art. 100 da Constituição Federal; ou

II – mediante precatório, caso o montante da condenação exceda o valor definido como obrigação de pequeno valor.

§ 1º Desatendida a requisição judicial, o juiz, imediatamente, determinará o sequestro do numerário suficiente ao cumprimento da decisão, dispensada a audiência da Fazenda Pública.

§ 2º As obrigações definidas como de pequeno valor a serem pagas independentemente de precatório terão como limite o que for estabelecido na lei do respectivo ente da Federação.

§ 3º Até que se dê a publicação das leis de que trata o § 2º, os valores serão:

I – 40 (quarenta) salários mínimos, quanto aos Estados e ao Distrito Federal;

II – 30 (trinta) salários mínimos, quanto aos Municípios.

§ 4º São vedados o fracionamento, a repartição ou a quebra do valor da execução, de modo que o pagamento se faça, em parte, na forma estabelecida no inciso I do *caput* e, em parte, mediante expedição de precatório, bem como a expedição de precatório complementar ou suplementar do valor pago.

§ 5º Se o valor da execução ultrapassar o estabelecido para pagamento independentemente do precatório, o pagamento far-se-á, sempre, por meio do precatório, sendo facultada à parte exequente a renúncia ao crédito do valor excedente, para que possa optar pelo pagamento do saldo sem o precatório.

§ 6º O saque do valor depositado poderá ser feito pela parte autora, pessoalmente, em qualquer agência do banco depositário, independentemente de alvará.

§ 7º O saque por meio de procurador somente poderá ser feito na agência destinatária do depósito, mediante procuração específica, com firma reconhecida, da qual constem o valor originalmente depositado e sua procedência.

JURISPRUDÊNCIA SELECIONADA

1. Norma estadual que estipula o dever do credor de encaminhar ordem de pagamento de obrigação de pequeno valor diretamente ao órgão público devedor. Inconstitucionalidade. "Ação direta de inconstitucionalidade. Lei estadual n. 14.757, de 16 de novembro de 2015, do Estado do Rio Grande do Sul. Pagamento de requisições de pequeno valor. Redefinição do limite do RPV. Possibilidade. Norma estadual que estipula dever do credor de encaminhar ordem de pagamento de obrigação de pequeno valor diretamente ao órgão público devedor. Impossibilidade. Violação da competência privativa da União para legislar sobre Direito Processual. Precedentes. Ação direta de inconstitucionalidade julgada parcialmente procedente para (a) declarar a inconstitucionalidade do *caput* e do parágrafo único do art. 6º da Lei estadual n. 14.757/2015, do Estado do Rio Grande do Sul; bem como (b) dar interpretação conforme à Constituição aos incisos do mesmo art. 6º, para limitar sua aplicação aos processos judiciais de competência da justiça estadual. Assim, os incisos do mencionado art. 6º não deverão ser aplicados aos processos julgados no exercício da competência federal delegada, os quais devem ser regidos pela Resolução do CJF" (STF, ADI 5.421, Rel. Min. Gilmar Mendes, Tribunal Pleno, jul. 17.12.2022, *DJe* 25.01.2023).

Art. 14. Os Juizados Especiais da Fazenda Pública serão instalados pelos Tribunais de Justiça dos Estados e do Distrito Federal.

Parágrafo único. Poderão ser instalados Juizados Especiais Adjuntos, cabendo ao Tribunal designar a Vara onde funcionará.

Art. 15. Serão designados, na forma da legislação dos Estados e do Distrito Federal, conciliadores e juízes leigos dos Juizados Especiais da Fazenda Pública, observadas as atribuições previstas nos arts. 22, 37 e 40 da Lei nº 9.099, de 26 de setembro de 1995.

§ 1º Os conciliadores e juízes leigos são auxiliares da Justiça, recrutados, os primeiros, preferentemente, entre os bacharéis em Direito, e os segundos, entre advogados com mais de 2 (dois) anos de experiência.

§ 2º Os juízes leigos ficarão impedidos de exercer a advocacia perante todos os Juizados Especiais da Fazenda Pública instalados em território nacional, enquanto no desempenho de suas funções.

Art. 16. Cabe ao conciliador, sob a supervisão do juiz, conduzir a audiência de conciliação.

§ 1º Poderá o conciliador, para fins de encaminhamento da composição amigável, ouvir as partes e testemunhas sobre os contornos fáticos da controvérsia.

§ 2º Não obtida a conciliação, caberá ao juiz presidir a instrução do processo, podendo dispensar novos depoimentos, se entender suficientes para o julgamento da causa os esclarecimentos já constantes dos autos, e não houver impugnação das partes.

☆ INDICAÇÃO DOUTRINÁRIA

Oscar Valente Cardoso, Poderes instrutórios do conciliador e Lei nº 12.153/2009, *RDDP* 87/105.

Art. 17. As Turmas Recursais do Sistema dos Juizados Especiais são compostas por juízes em exercício no primeiro grau de jurisdição, na forma da legislação dos Estados e do Distrito Federal, com mandato de 2 (dois) anos, e integradas, preferencialmente, por juízes do Sistema dos Juizados Especiais.

§ 1º A designação dos juízes das Turmas Recursais obedecerá aos critérios de antiguidade e merecimento.

§ 2º Não será permitida a recondução, salvo quando não houver outro juiz na sede da Turma Recursal.

Art. 18. Caberá pedido de uniformização de interpretação de lei quando houver divergência entre decisões proferidas por Turmas Recursais sobre questões de direito material.

§ 1º O pedido fundado em divergência entre Turmas do mesmo Estado será julgado em reunião conjunta das Turmas em conflito, sob a presidência de desembargador indicado pelo Tribunal de Justiça.

§ 2º No caso do § 1º, a reunião de juízes domiciliados em cidades diversas poderá ser feita por meio eletrônico.

§ 3º Quando as Turmas de diferentes Estados derem a lei federal interpretações divergentes, ou quando a decisão proferida estiver em contrariedade com súmula do Superior Tribunal de Justiça, o pedido será por este julgado.

☆ INDICAÇÃO DOUTRINÁRIA

José Antonio Savaris e Flávia da Silva Xavier. *Manual dos recursos nos Juizados Especiais Federais*. 7. ed. Curitiba: Alteridade Editora, 2019.

JURISPRUDÊNCIA SELECIONADA

1. Reclamação. Descabimento. "Nos termos do art. 18 da Lei 12.153/2009, 'caberá pedido de uniformização de interpretação de lei quando houver divergência entre decisões proferidas por Turmas Recursais sobre questões de direito material', sendo o pedido de uniformização dirigido ao Superior Tribunal de Justiça quando Turmas de diferentes Estados interpretam de forma divergente preceitos de lei federal e quando a decisão recorrida estiver em contrariedade com súmula do Superior Tribunal de Justiça (§ 3º). Nesse contexto, havendo procedimento específico e meio próprio de impugnação, não é cabível o ajuizamento da reclamação prevista na Resolução 12/2009 do STJ. Cumpre esclarecer que não é possível a aplicação do princípio da fungibilidade, tendo em vista que a presente reclamação funda-se em suposta divergência entre a decisão recorrida e arestos paradigmas do Superior Tribunal de Justiça, sendo que tal hipótese não é abrangida no pedido de uniformização previsto no art. 18, § 3º, da Lei 12.153/2009. Orientação firmada pela Primeira Seção no julgamento do RCDESP na Rcl 8.718/SP, 1ª Seção, Rel. Min. Mauro Campbell Marques, *DJe* de 29.8.2012)" (STJ, Rcl 7117/RS, Rel. p/ Acórdão Ministro Mauro Campbell Marques, 1ª Seção, jul. 24.10.2012, *DJe* 28.11.2012).

2. Pedido de Uniformização de Interpretação de Lei. PUIL. Divergência entre decisões proferidas por turmas recursais de diferentes estados. Turma recursal. Juízo prévio de admissibilidade. Descabimento. Usurpação de competência. "A Lei n. 12.153/2009, que trata dos Juizados Especiais da Fazenda Pública, disciplina um sistema próprio de uniformização jurisprudencial, mediante o denominado pedido de uniformização de interpretação de lei, o qual poderá ser processado e julgado tanto pelo Poder Judiciário local quanto pelo Superior Tribunal de Justiça, a depender da divergência apontada. Frise-se que a citada Lei 12.153/2009, na hipótese de o STJ decidir a Reclamação, não prevê juízo prévio de admissibilidade pela Turma Recursal, cabendo a esta apenas processar o pedido, intimar a parte recorrida para responder ao reclamo e, depois disso, remeter os autos ao STJ. Nesse sentido: Rcl 37.545/DF, Rel. Min. Herman Benjamin, Primeira Seção, *DJe* 9/10/2019 e Rcl 41.060/CE, Rel. Min. Gurgel de Faria, Primeira Seção, *DJe* 31/5/2021. Assim, fica evidenciada a usurpação da competência do STJ, ante a imposição de óbice indevido ao trâmite do Pedido de Uniformização de Interpretação de Lei, a ensejar a procedência da presente Reclamação" (STJ, Rcl 42.409/RS, Rel. Min. Herman Benjamin, 1ª Seção, jul. 22.06.2022, *DJe* 29.06.2022).

3. PUIL. Cabimento. "O Pedido de Uniformização de Interpretação de Lei somente é cabível no âmbito de processos de competência dos Juizados Especiais da Fazenda Pública dos Estados, do Distrito Federal, dos Territórios e dos Municípios, os quais são regulados pela Lei 12.153/09, e aqueles relacionados aos Juizados Especiais Federais, regidos pela Lei 10.259/01. Precedentes" (STJ, AgInt no PUIL 3.272/MG, Rel. Min. Paulo de Tarso Sanseverino, 2ª Seção, jul. 14.03.2023, *DJe* 16.03.2023).

Art. 19. Quando a orientação acolhida pelas Turmas de Uniformização de que trata o § 1º do art. 18 contrariar súmula do Superior Tribunal de Justiça, a parte interessada poderá provocar a manifestação deste, que dirimirá a divergência.

§ 1º Eventuais pedidos de uniformização fundados em questões idênticas e recebidos subsequentemente em quaisquer das Turmas Recursais ficarão retidos nos autos, aguardando pronunciamento do Superior Tribunal de Justiça.

§ 2º Nos casos do *caput* deste artigo e do § 3º do art. 18, presente a plausibilidade do direito invocado e havendo fundado receio de dano de difícil reparação, poderá o relator conceder, de ofício ou a requerimento do interessado, medida liminar determinando a suspensão dos processos nos quais a controvérsia esteja estabelecida.

§ 3º Se necessário, o relator pedirá informações ao Presidente da Turma Recursal ou Presidente da Turma de Uniformização e, nos casos previstos em lei, ouvirá o Ministério Público, no prazo de 5 (cinco) dias.

§ 4º (VETADO)

§ 5º Decorridos os prazos referidos nos §§ 3º e 4º, o relator incluirá o pedido em pauta na sessão, com preferência sobre todos os demais feitos, ressalvados os processos com réus presos, os *habeas corpus* e os mandados de segurança.

§ 6º Publicado o acórdão respectivo, os pedidos retidos referidos no § 1º serão apreciados pelas Turmas Recursais, que poderão exercer juízo de retratação ou os declararão prejudicados, se veicularem tese não acolhida pelo Superior Tribunal de Justiça.

Art. 20. Os Tribunais de Justiça, o Superior Tribunal de Justiça e o Supremo Tribunal Federal, no âmbito de suas competências, expedirão normas regulamentando os procedimentos a serem adotados para o processamento e o julgamento do pedido de uniformização e do recurso extraordinário.

JURISPRUDÊNCIA SELECIONADA

1. Impugnação de decisão judicial proferida no âmbito do Juizado Especial da Fazenda Pública. Turma de Recursos.

Súmula 376/STJ. Competência do Tribunal de Justiça. "Nos termos do Enunciado Sumular n. 376/STJ, em regra, compete à turma recursal processar e julgar o mandado de segurança contra ato de juizado especial. Contudo, excepcionalmente, admite-se o conhecimento da impetração de mandado de segurança nos Tribunais de Justiça para fins de exercício do controle de competência dos juizados especiais, conforme o precedente RMS n. 48.413/MS, relator Ministro Ricardo Villas Bôas Cueva, Terceira Turma, julgado em 4/6/2019" (STJ, AgInt no RMS. 70.750/MS, Rel. Min. Francisco Falcão, 2ª Turma, jul. 08.05.2023, *DJe* 10.05.2023).

Art. 21. O recurso extraordinário, para os efeitos desta Lei, será processado e julgado segundo o estabelecido no art. 19, além da observância das normas do Regimento.

Art. 22. Os Juizados Especiais da Fazenda Pública serão instalados no prazo de até 2 (dois) anos da vigência desta Lei, podendo haver o aproveitamento total ou parcial das estruturas das atuais Varas da Fazenda Pública.

Art. 23. Os Tribunais de Justiça poderão limitar, por até 5 (cinco) anos, a partir da entrada em vigor desta Lei, a competência dos Juizados Especiais da Fazenda Pública, atendendo à necessidade da organização dos serviços judiciários e administrativos.

Art. 24. Não serão remetidas aos Juizados Especiais da Fazenda Pública as demandas ajuizadas até a data de sua instalação, assim como as ajuizadas fora do Juizado Especial por força do disposto no art. 23.

Art. 25. Competirá aos Tribunais de Justiça prestar o suporte administrativo necessário ao funcionamento dos Juizados Especiais.

Art. 26. O disposto no art. 16 aplica-se aos Juizados Especiais Federais instituídos pela Lei nº 10.259, de 12 de julho de 2001.

Art. 27. Aplica-se subsidiariamente o disposto nas Leis nos 5.869, de 11 de janeiro de 1973 – Código de Processo Civil, 9.099, de 26 de setembro de 1995, e 10.259, de 12 de julho de 2001.

Art. 28. Esta Lei entra em vigor após decorridos 6 (seis) meses de sua publicação oficial.*

Brasília, 22 de dezembro de 2009; 188º da Independência e 121º da República.

LUIZ INÁCIO LULA DA SILVA

Tarso Genro

* Publicada no *DOU* de 23.12.2009

JUSTIÇA FEDERAL

CUSTAS NA JUSTIÇA FEDERAL
LEI Nº 9.289, DE 4 DE JULHO DE 1996

Dispõe sobre as custas devidas à União, na Justiça Federal de primeiro e segundo graus e dá outras providências.

O Presidente da República:

Faço saber que o Congresso Nacional decreta e eu sanciono a seguinte Lei:

Art. 1º As custas devidas à União, na Justiça Federal de primeiro e segundo graus, são cobradas de acordo com as normas estabelecidas nesta Lei.

§ 1º Rege-se pela legislação estadual respectiva a cobrança de custas nas causas ajuizadas perante a Justiça Estadual, no exercício da jurisdição federal.

§ 2º As custas previstas nas tabelas anexas não excluem as despesas estabelecidas na legislação processual não disciplinadas por esta Lei.

SÚMULAS

Súmula do STJ:

nº 178: "O INSS não goza de isenção do pagamento de custas e emolumentos, nas ações acidentárias e de benefícios, propostas na Justiça Estadual".

JURISPRUDÊNCIA SELECIONADA

1. Direito intertemporal. "A Lei 9.289/96 aplica-se aos recursos interpostos após sua vigência" (STJ, 1ª T., REsp. 230787/PB, Rel. Min. Humberto Gomes de Barros, ac. de 28.08.2001, *DJ* 04.02.2002, p. 296).

2. Recolhimento das custas em instituição bancária diversa da Caixa Econômica Federal. "O pagamento das custas processuais, na Justiça Federal, deve ser efetuado nos moldes determinados pela Lei nº 9.289/96, não sendo dado à parte efetuar o recolhimento em instituição diversa daquela determinada, taxativamente, pelo legislador. Agravo improvido" (STJ, 4ª T., AgRg no Ag 573395/SP, Rel. Min. Aldir Passarinho Junior, ac. de 05.10.2004, *DJ* 13.12.2004, p. 368).

3. Serviços judiciários estaduais. Jurisdição Federal (§ 1º). "Valendo-se dos serviços judiciários estaduais no exercício de jurisdição federal, deve a Fazenda Nacional sujeitar-se às custas e aos emolumentos judiciais, a menos que exista convênio ou lei local que os isente. 'O INSS não goza de isenção do pagamento de custas e emolumentos, nas ações acidentárias e de benefícios, propostas na Justiça Estadual' (Súmula 190/STJ). Inteligência do § 1º do art. 1º da Lei nº 9.289/96. Recurso especial improvido" (STJ, 2ª T., REsp. 738986/PR, Rel. Min. Castro Meira, ac. de 15.09.2005, *DJ* 03.10.2005, p. 222).

"Tendo a Fazenda Nacional se valido dos serviços judiciários estaduais, ela deve sujeitar-se aos emolumentos e custas judiciais, salvo na hipótese de existir convênio com o Estado que a isente. Recurso especial improvido" (STJ, 1ª T., REsp. 507323/PR, Rel. Min. Francisco Falcão, ac. de 28.10.2003, *DJ* 15.12.2003, p. 206).

Art. 2º O pagamento das custas é feito mediante documento de arrecadação das receitas federais, na Caixa Econômica Federal – CEF, ou, não existindo agência desta instituição no local, em outro banco oficial.

Art. 3º Incumbe ao Diretor de Secretaria fiscalizar o exato recolhimento das custas.

Art. 4º São isentos de pagamento de custas:

I – a União, os Estados, os Municípios, os Territórios Federais, o Distrito Federal e as respectivas autarquias e fundações;

II – os que provarem insuficiência de recursos e os beneficiários da assistência judiciária gratuita;

III – o Ministério Público;

IV – os autores nas ações populares, nas ações civis públicas e nas ações coletivas de que trata o Código de Defesa do Consumidor, ressalvada a hipótese de litigância de má-fé.

Parágrafo único. A isenção prevista neste artigo não alcança as entidades fiscalizadoras do exercício profissional, nem exime as pessoas jurídicas referidas no inciso I da obrigação de reembolsar as despesas judiciais feitas pela parte vencedora.

JURISPRUDÊNCIA SELECIONADA

1. **Empresas Públicas.** "No Art. 4º da Lei nº 9.289/96, que enumera os casos de isenção do pagamento de custas devidas na Justiça Federal, não estão arroladas as empresas públicas e, portanto, o Hospital de Clínicas de Porto Alegre" (STJ, 3ª T., AgRg no REsp 262254/RS, Rel. Min. Humberto Gomes de Barros, ac. de 14.06.2004, *DJ* 01.07.2004, p. 188).

Art. 5º Não são devidas custas nos processos de *habeas corpus* e *habeas data*.

Art. 6º Nas ações penais subdivididas, as custas são pagas a final pelo réu, se condenado.

Art. 7º A reconvenção e os embargos à execução não se sujeitam ao pagamento de custas.

JURISPRUDÊNCIA SELECIONADA

1. "Se a Lei nº 9.289/96 não prevê o recolhimento das custas nos embargos à execução, naturalmente que é de se ter como indevida a exigência do preparo em eventual recurso de apelação interposto contra a sentença que julgar os embargos. Recurso especial conhecido e não provido" (STJ, 2ª T., REsp 193711/PR, Rel. Min. João Otávio de Noronha, ac. de 17.02.2005, *DJ* 23.05.2005, p. 187). **No mesmo sentido**: REsp 337.458/SP.

Art. 8º Os recursos dependentes de instrumento sujeitam-se ao pagamento das despesas de traslado.

Parágrafo único. Se o recurso for unicamente de qualquer das pessoas jurídicas referidas no inciso I do art. 4º, o pagamento das custas e dos traslados será efetuado a final pelo vencido, salvo se este também for isento.

Art. 9º Em caso de incompetência, redistribuído o feito a outro juiz federal, não haverá novo pagamento de custas, nem haverá restituição quando se declinar da competência para outros órgãos jurisdicionais.

Art. 10. A remuneração do perito, do intérprete e do tradutor será fixada pelo Juiz em despacho fundamentado, ouvidas as partes e à vista da proposta de honorários apresentada, considerados o local da prestação do serviço, a natureza, a complexidade e o tempo estimado do trabalho a realizar, aplicando-se, no que couber, o disposto no art. 33 do Código de Processo Civil.

JURISPRUDÊNCIA SELECIONADA

1. "O perito oficial não pode ser compelido a trabalhar de graça ou a esperar anos para receber seus honorários. A Lei nº 9.289/96 mandou aplicar o artigo 33 do Código de Processo Civil e não o artigo 27 ou o artigo 18 da Lei da Ação Civil Pública. Agravo improvido" (STJ, 1ª T., AgRg no Ag 222977/DF, Rel. Min. Garcia Vieira, ac. de 04.05.1999, *DJ* 07.06.1999, p. 87).

Art. 11. Os depósitos de pedras e metais preciosos e de quantias em dinheiro e a amortização ou liquidação de dívida ativa serão recolhidos, sob responsabilidade da parte, diretamente na Caixa Econômica Federal, ou, na sua inexistência no local, em outro banco oficial, os quais manterão guias próprias para tal finalidade.

§ 1º Os depósitos efetuados em dinheiro observarão as mesmas regras das cadernetas de poupança, no que se refere à remuneração básica e ao prazo.

§ 2º O levantamento dos depósitos a que se refere este artigo dependerá de alvará ou de ofício do Juiz.

JURISPRUDÊNCIA SELECIONADA

1. **Correção monetária. Incidência da Lei nº 9.289/96. (§ 1º).** "Os depósitos judiciais efetuados a partir de julho de 1996 são regidos, no tocante à correção monetária, pelo art. 11, § 1º, da Lei nº 9.289/96. *A fortiori*, qualquer conta aberta anteriormente a essa data, (*tempus regit actum*) rege-se pelo Decreto-Lei nº 1.737/79, incidindo a correção monetária aplicável aos créditos tributários. Recurso especial da empresa prejudicado. Recurso especial da CEF parcialmente provido, tão somente, para determinar que os ônus sucumbenciais sejam proporcionalmente distribuídos" (STJ, 1ª T., REsp 460361/SC, Rel. Min. Luiz Fux, ac. de 11.03.2003, *DJ* 19.05.2003, p. 135).

Art. 12. A unidade utilizada para o cálculo das custas previstas nesta Lei é a mesma utilizada para os débitos de natureza fiscal, considerando-se o valor fixado no primeiro dia do mês.

Art. 13. Não se fará levantamento de caução ou de fiança sem o pagamento das custas.

Art. 14. O pagamento das custas e contribuições devidas nos feitos e nos recursos que se processam nos próprios autos efetua-se da forma seguinte:

I – o autor ou requerente pagará metade das custas e contribuições tabeladas, por ocasião da distribuição do feito, ou, não havendo distribuição, logo após o despacho da inicial;

II – aquele que recorrer da sentença adiantará a outra metade das custas, comprovando o adiantamento no ato de interposição do recurso, sob pena de deserção, observado o disposto nos §§ 1º a 7º do art. 1.007 do Código de Processo Civil; (Redação dada pela Lei nº 13.105, de 16.03.2015, em vigor após 1 ano de sua publicação oficial).

III – não havendo recurso, e cumprindo o vencido desde logo a sentença, reembolsará ao vencedor as custas e contribuições por este adiantadas, ficando obrigado ao pagamento previsto no inciso II;

IV – se o vencido, embora não recorrendo da sentença, oferecer defesa à sua execução, ou embaraçar seu cumprimento, deverá pagar a outra metade, no prazo marcado pelo juiz, não excedente de três dias, sob pena de não ter apreciada sua defesa ou impugnação.

§ 1º O abandono ou desistência de feito, ou a existência de transação que lhe ponha termo, em qualquer fase do processo, não dispensa o pagamento das custas e contribuições já exigíveis, nem dá direito a restituição.

§ 2º Somente com o pagamento de importância igual à paga até o momento pelo autor serão admitidos o assistente, o litisconsorte ativo voluntário e o oponente.

§ 3º Nas ações em que o valor estimado for inferior ao da liquidação, a parte não pode prosseguir na execução sem efetuar o pagamento da diferença de custas e contribuições, recalculadas de acordo com a importância a final apurada ou resultante da condenação definitiva.

§ 4º As custas e contribuições serão reembolsadas a final pelo vencido, ainda que seja uma das entidades referidas no inciso I do art. 4º, nos termos da decisão que o condenar, ou pelas partes, na proporção de seus quinhões, nos processos divisórios e demarcatórios, ou suportadas por quem tiver dado causa ao procedimento judicial.

§ 5º Nos recursos a que se refere este artigo o pagamento efetuado por um recorrente não aproveita aos demais, salvo se representados pelo mesmo advogado.

JURISPRUDÊNCIA SELECIONADA

1. Deserção (inc. II). "A iterativa jurisprudência desta Corte pacificou o entendimento no sentido de que o art. 14, II, da Lei nº 9.289/96 deve ser aplicado de forma mitigada, pelo que não se aplica a pena de deserção se o recorrente não foi intimado do valor para efetuar o preparo da apelação. Recurso especial conhecido e provido para determinar o retorno dos autos ao Tribunal de origem para apreciação do recurso" (STJ, 2ª T., REsp 645602/DF, Rel. Min. Francisco Peçanha Martins, ac. de 01.09.2005, *DJ* 17.10.2005, p. 257).

"A interpretação do art. 14, II, da Lei nº 9.289/96 não deve ser engendrada de forma a obstar a análise do recurso de apelação. O *dies a quo* para a complementação do preparo é o da intimação da parte para o pagamento das custas. A inexistência da referida intimação não gera deserção da apelação. A parte que é intimada para o pagamento das custas e o faz dentro do prazo de cinco dias, não pode ter a sua apelação julgada deserta. É cediço na Corte que: 'A pena de deserção no preparo da apelação, a teor do disposto na legislação que dispõe sobre as custas devidas à União, na Justiça Federal de primeiro e segundo graus (art. 14, inciso II, da Lei nº 9.289/96), não será aplicada, se o recorrente não for intimado para o pagamento da custas, após decorrido o prazo de 05 (cinco) dias da intimação' (REsp. nº 391.309/RJ, Relator Min. Garcia Vieira, 1ª T., *DJ* de 30.09.2002) Recurso Especial provido" (STJ, 1ª T., REsp 675.053/PE, Rel. Min. Luiz Fux, ac. de 20.09.2005, *DJ* 10.10.2005, p. 233).

2. Reembolso de custas (§ 4º). "Tem razão, em parte, o embargante, pois o art. 14 e seu § 4º da Lei nº 9.289, de 04.07.1996, são expressos (...). No caso, a autora, ora embargada, desembolsou custas. E como ocorreu sucumbência recíproca, em proporções reputadas idênticas pelo acórdão embargado, deve o réu, ora embargante, reembolsá-la de metade do respectivo *quantum*. Embargos Declaratórios recebidos para essa explicitação" (STF, 1ª T., RE 215011 ED/SP, Rel. Min. Sydney Sanches, ac. de 18.11.1997, *DJ* 06.02.1998, p. 3.919).

"Sendo o autor, ora embargado, beneficiário da assistência judiciária gratuita, não teve qualquer dispêndio que justifique o reembolso de que cuida o § 4º do art. 14 da Lei nº 9.289, de 04.07.1996. Embargos recebidos para se eximir o embargante de reembolso de custas" (STF, 1ª T., RE 210490 ED/SP, Rel. Des. Sydney Sanches, ac. de 18.11.1997, *DJ* 06.02.01998, p. 3.464).

3. Aproveitamento de custas já recolhidas. Recursos (§ 5º). "A teor do disposto no artigo 14 § 5º da Lei nº 9.289/96 (Dispõe sobre as custas devidas à União, na Justiça Federal), o pagamento do preparo efetuado por um recorrente somente aproveita aos demais se, além de representados pelo mesmo patrono, estiverem aqueles no mesmo polo da ação, o que não ocorre *in casu*. Assim, os valores recolhidos pelos demandantes (recorridos), por ocasião do ajuizamento da ação, só a eles dizem respeito, não podendo ser considerados pela parte contrária para isentá-la do pagamento do preparo, quando da interposição de recurso de apelação. Violação à norma infraconstitucional inexistente. Recurso não conhecido" (STJ, 4ª T., REsp 768062/RJ, Rel. Min. Jorge Scartezzini, ac. de 13.09.2005, *DJ* 03.10.2005, p. 283).

Art. 15. A indenização de transporte, de que trata o art. 60 da Lei nº 8.112, de 11 de dezembro de 1990, destinada ao ressarcimento de despesas realizadas com a utilização do meio próprio de locomoção para a execução de serviços externos, será paga aos Oficiais de Justiça Avaliadores da Justiça Federal de primeiro e segundo graus, de acordo com critérios estabelecidos pelo Conselho da Justiça Federal, que fixará também o percentual correspondente.

Parágrafo único. Para efeito do disposto neste artigo, consideram-se como serviço externo as atividades exercidas no cumprimento das diligências fora das dependências dos Tribunais Regionais Federais ou das Seções Judiciárias em que os Oficiais de Justiça estejam lotados.

Art. 16. Extinto o processo, se a parte responsável pelas custas, devidamente intimada, não as pagar dentro de quinze dias, o Diretor da Secretaria encaminhará os elementos necessários à Procuradoria da Fazenda Nacional, para sua inscrição como dívida ativa da União.

Art. 17. Esta Lei entra em vigor na data de sua publicação.*

Art. 18. Revogam-se as disposições em contrário, em especial a Lei nº 6.032, de 30 de abril de 1974, alterada pelas Leis nos 6.789, de 28 de maio de 1980, e 7.400, de 6 de novembro de 1985.

Brasília, 04 de julho de 1996; 175º da Independência e 108º da República.

FERNANDO HENRIQUE CARDOSO

* Publicada no *DOU* de 08.07.1996.

Tabela I
DAS AÇÕES CÍVEIS EM GERAL

a) Ações cíveis em geral:
- um por cento sobre o valor da causa, com o mínimo de 10 (dez) UFIRs e o máximo de 1.800 (mil e oitocentas) UFIRs;

b) Processo cautelar e procedimentos de jurisdição voluntária:
- cinquenta por cento dos valores constantes da letra *a*;

c) Causas de valor inestimável e cumprimento de carta rogatória:
- dez UFIRs.

Tabela II
DAS AÇÕES CRIMINAIS EM GERAL

a) Ações penais em geral, pelo vencido, a final:
- duzentas e oitenta UFIRs;

b) Ações penais privadas:
- cem UFIRs;

c) Notificações, interpelações e procedimentos cautelares:
- cinquenta UFIRs.

Tabela III
DA ARREMATAÇÃO, ADJUDICAÇÃO E REMIÇÃO

Arrematação, adjudicação e remição:

- meio por cento do respectivo valor, com o mínimo de dez UFIRs e o máximo de mil e oitocentas UFIRs.

Observação:

As custas serão pagas pela interessada antes da assinatura do auto correspondente.

Tabela IV
DAS CERTIDÕES E CARTAS DE SENTENÇAS

Certidões em geral, por folha expedida:

a) Mediante processamento eletrônico de dados:
   - quarenta por cento do valor da UFIR;

b) Por cópia reprográfica:
   - dez por cento do valor da UFIR.

JURISPRUDÊNCIA SELECIONADA

1. Ação direta de inconstitucionalidade. Lei Federal nº 9.289/96. Tabela IV. Cobrança de custas pela expedição de certidões pela Justiça Federal de primeiro e segundo graus. Direito de gratuidade de certidões. "O direito à gratuidade das certidões, contido no art. 5º, XXXIV, *b*, da Carta Magna, também inclui as certidões emitidas pelo Poder Judiciário, inclusive aquelas de natureza forense. A Constituição Federal não fez qualquer ressalva com relação às certidões judiciais, ou àquelas oriundas do Poder Judiciário. Todavia, a gratuidade não é irrestrita, nem se mostra absoluta, pois está condicionada à demonstração, pelo interessado, de que a certidão é solicitada para a defesa de direitos ou o esclarecimento de situações de interesse pessoal. Essas finalidades são presumidas quando a certidão pleiteada for concernente ao próprio requerente, sendo desnecessária, nessa hipótese, expressa e fundamentada demonstração dos fins e das razões do pedido. Quando o pedido tiver como objeto interesse indireto ou de terceiros, mostra-se imprescindível a explicitação das finalidades do requerimento. Ação direta julgada parcialmente procedente, de modo que, conferindo interpretação conforme à Constituição à Tabela IV da Lei 9.289, de 4 de julho de 1996, fique afastada sua incidência quando as certidões forem voltadas para a defesa de direitos ou o esclarecimento de situação de interesse pessoal, consoante a garantia de gratuidade contida no art. 5º, XXXIV, *b*, da Carta Magna, finalidades essas presumidas quando a certidão pleiteada for concernente ao próprio requerente, sendo desnecessária, nessa hipótese, expressa e fundamentada demonstração dos fins e das razões do pedido" (STF, ADI 2259, Rel. Min. Dias Toffoli, Tribunal Pleno, jul. 14.02.2020, *DJe* 25.03.2020).

MANDADO DE SEGURANÇA

LEI Nº 12.016, DE 7 DE AGOSTO DE 2009

Disciplina o mandado de segurança individual e coletivo e dá outras providências.

INDICAÇÃO DOUTRINÁRIA

J. J. Calmon de Passos, *Mandado de Segurança Coletivo, Mandado de Injunção, Habeas Data: Constituição e Processo*, Forense; J. J. Calmon de Passos, O mandado de segurança contra atos jurisdicionais: tentativa de sistematização nos cinquenta anos de sua existência, *RP* 9/47; *RF* 80/11; *Revista do Curso de Direito da Universidade Federal de Uberlândia* 14/123; J. J. Calmon de Passos *et al.*, *Estudos sobre o Mandado de Segurança*, Instituto Brasileiro de Direito Processual Civil; J. J. Calmon de Passos, O Mandado de Segurança contra Atos Jurisdicionais, Mandado de Segurança, Coord. Aroldo Plinio Gonçalves, Del Rey; José Henrique Mouta Araújo, Mandado de segurança em matéria penal: algumas variáveis, *RDDP* 100/51; José Henrique Mouta Araújo. Mandado de Segurança contra pronunciamento judicial e o CPC. *RBDPro*, ano 24, n. 96. Belo Horizonte: Fórum, out.-dez./2016; Francisco Glauber Pessoa Alves. Fato consumado, direito material e direito processual. *Revista Magister de Direito Civil e Processual Civil*, n. 76, p. 93/121. Leonardo Silva Nunes, *Mandado de Segurança Coletivo*. Belo Horizonte: D'Plácido, 2015; João Carlos Leal Junior. Mandado de segurança coletivo e a legitimidade ativa do Ministério Público. *Revista Síntese Direito Civil e Processual Civil*. n. 132, jul-ago/201, p. 9 e ss; Daniel Machado da Rocha, O Mandado de segurança como sucedâneo recursal nos juizados especiais federais, *Revista de Proceso*, n. 338, abril 2023, p. 165 e ss.;

O Presidente da República:

Faço saber que o Congresso Nacional decreta e eu sanciono a seguinte Lei:

Art. 1º Conceder-se-á mandado de segurança para proteger direito líquido e certo, não amparado por *habeas corpus* ou *habeas data*, sempre que, ilegalmente ou com abuso de poder, qualquer pessoa física ou jurídica sofrer violação ou houver justo receio de sofrê-la por parte de autoridade, seja de que categoria for e sejam quais forem as funções que exerça.

§ 1º Equiparam-se às autoridades, para os efeitos desta Lei, os representantes ou órgãos de partidos políticos e os administradores de entidades autárquicas, bem como os dirigentes de pessoas jurídicas ou as pessoas naturais no exercício de atribuições do poder público, somente no que disser respeito a essas atribuições.

§ 2º Não cabe mandado de segurança contra os atos de gestão comercial praticados pelos administradores de empresas públicas, de sociedade de economia mista e de concessionárias de serviço público.

§ 3º Quando o direito ameaçado ou violado couber a várias pessoas, qualquer delas poderá requerer o mandado de segurança.

SÚMULAS

Súmulas do STF:

nº 101: "O mandado de segurança não substitui a ação popular".

nº 239: "Decisão que declara indevida a cobrança do imposto em determinado exercício não faz coisa julgada em relação aos posteriores".

nº 266: "Não cabe mandado de segurança contra lei em tese".

nº 269: "O mandado de segurança não é substitutivo de ação de cobrança".

nº 270: "Não cabe mandado de segurança para impugnar enquadramento da Lei 3.780, de 12.07.1960, que envolva exame de prova ou de situação funcional complexa".

nº 271: "Concessão de mandado de segurança não produz efeitos patrimoniais, em relação a período pretérito, os quais devem ser reclamados administrativamente ou pela via judicial própria".

nº 474: "Não há direito líquido e certo, amparado pelo mandado de segurança, quando se escuda em lei cujos efeitos foram anulados por outra, declarada constitucional pelo Supremo Tribunal Federal".

nº 623: "Não gera por si só a competência originária do Supremo Tribunal Federal para conhecer do mandado de segurança com base no art. 102, I, 'n', da Constituição, dirigir-se o pedido contra deliberação administrativa do Tribunal de origem, da qual haja participado a maioria ou a totalidade de seus membros".

nº 625: "Controvérsia sobre matéria de direito não impede concessão de mandado de segurança".

nº 629: "A impetração de mandado de segurança coletivo por entidade de classe em favor dos associados independe da autorização destes".

nº 630: "A entidade de classe tem legitimação para o mandado de segurança ainda quando a pretensão veiculada interesse apenas a uma parte da respectiva categoria".

Súmulas do STJ:

nº 213: "O mandado de segurança constitui ação adequada para a declaração do direito à compensação tributária".

nº 333: "Cabe mandado de segurança contra ato praticado em licitação promovida por sociedade de economia mista ou empresa pública".

nº 460: "É incabível o mandado de segurança para convalidar a compensação tributária realizada pelo contribuinte".

nº 604: "O mandado de segurança não se presta para atribuir efeito suspensivo a recurso criminal interposto pelo Ministério Público".

Súmula do TFR:

nº 195: "O mandado de segurança não é meio processual idôneo para dirimir litígios trabalhistas".

Súmula do TJRJ:

nº 114: "Legitimado passivo do mandado de segurança é o ente público a que está vinculada a autoridade coatora".

INDICAÇÃO DOUTRINÁRIA

Eduardo Talamini, As partes e os terceiros no mandado de segurança individual, à luz de sua nova disciplina (Lei 12.016/2009), *RJ* 392/49; Hugo de Brito Machado, *Mandado de segurança preventivo*, Dialética; Lauriano Pereira Luz, Eduardo Hoffmann, Mandado de Segurança: da (in) constitucionalidade de fixação de honorários de sucumbência e a prospecção do julgamento pelo Supremo Tribunal Federal da ADIN nº 4.296, *RBDPro* ano 22, n. 88, p. 169-183, out.-dez. 2014.

JURISPRUDÊNCIA SELECIONADA

1. Direito líquido e certo. "O mandado de segurança é ação constitucionalizada instituída para proteger direito líquido e certo, sempre que alguém sofrer violação ou houver justo receio de sofrê-la por ilegalidade ou abuso de poder, exigindo-se prova pré-constituída como condição essencial à verificação da pretensa ilegalidade" (STJ, MS 10265/DF, Rel. Min. Gilson Dipp, 3ª Seção, jul. 10.08.2005, *DJ* 24.08.2005, p. 119).

"O 'direito líquido e certo', pressuposto constitucional de admissibilidade do mandado de segurança, é requisito de ordem processual, atinente a existência de prova inequívoca dos fatos em que se basear a pretensão do impetrante e não com a procedência desta, matéria de mérito (CF. STF, Pleno, AGRG MS 21.243, 12.9.90)" (STF, RE 117936, Rel. Min. Sepúlveda Pertence, 1ª Turma, jul. 20.11.1990, *DJ* 07.12.1990, pp-14641, Ement. vol-01605-02, pp-00257).

"Direito líquido e certo (processualmente) é aquele cujos fatos que lhe dão suporte vêm provados de plano (documentalmente) com a inicial, dada a impossibilidade de dilação probatória no mandado de segurança" (STJ, MS 19.684/DF, Rel. Min. Olindo Menezes, 1ª seção, jul. 25.02.2016, *DJe* 02.03.2016).

"Inocorrência de direito líquido e certo, que pressupõe fatos incontroversos apoiados em prova pré-constituída. **Não se admite, pois, dilação probatória**" (STF, RMS 25.736/DF, Rel. p/ ac. Min. Ricardo Lewandowski, 1ª Turma, jul. 11.03.2008, *DJe* 18.04.2008).

Reforma agrária. "Refoge aos estreitos limites da ação mandamental o exame de fatos despojados da necessária liquidez, pois o iter procedimental do mandado de segurança não comporta a possibilidade de instauração incidental de uma fase de dilação probatória" (STF, MS 20.882, Rel. Min. Celso de Mello, Tribunal Pleno, jul. 23.06.1994, *DJ* 23.09.1994, pp-25326, Ement. vol-01759-02, pp-00348).

Pretensão mandamental apoiada em laudo médico particular. Ausência de direito líquido e certo. "Laudo médico particular não é indicativo de direito líquido e certo. Se não submetido ao crivo do contraditório, é apenas mais um elemento de prova, que pode ser ratificado, ou infirmado, por outras provas a serem produzidas no processo instrutório, dilação probatória incabível no mandado de segurança. Nesse contexto, a impetrante deve procurar as vias ordinárias para o reconhecimento de seu alegado direito, já que o laudo médico que apresenta, atestado por profissional particular, sem o crivo do contraditório, não evidencia direito líquido e certo para o fim de impetração do mandado de segurança. Precedentes" (STJ, REsp 1115417/MG, Rel. Min. Castro Meira, 2ª Turma, jul. 25.06.2013, *DJe* 05.08.2013). **No mesmo sentido:** STJ, RMS 30746/MG, Rel. Min. Castro Meira, 2ª Turma, jul. 27.11.2012, *DJe* 06.12.2012.

Necessidade de perícia. Descabimento. "Necessidade de perícia técnica e econômica. Inadequação da via mandamental" (STJ, RMS 34417/ES, Rel. Min. Humberto Martins, 2ª Turma, jul. 11.09.2012, *DJe* 18.09.2012).

Caráter personalíssimo. Habilitação de herdeiros. Impossibilidade. "O Superior Tribunal de Justiça firmou o entendimento de que, ante o caráter mandamental e a natureza personalíssima da ação, não é possível a sucessão de partes no mandado de segurança, ficando ressalvada aos herdeiros a possibilidade de acesso às vias ordinárias" (STJ, EDcl no MS 11581/DF, Rel. Min. Og Fernandes, 3ª Seção, jul. 26.06.2013, *DJe* 01.08.2013).

Decisão interlocutória de aplicação da multa prevista no art. 334, § 8º, do CPC/2015, por inexistente ato atentatório à dignidade da justiça. Decisão irrecorrível. "Na hipótese, é cabível o mandado de segurança e nítida a violação de direito líquido e certo do impetrante, pois tem-se ato judicial manifestamente ilegal e irrecorrível, consistente em decisão interlocutória que impôs à parte ré multa pelo não comparecimento pessoal à audiência de conciliação, com base no § 8º do art. 334 do CPC, por suposto ato atentatório à dignidade da Justiça, embora estivesse representada naquela audiência por advogado com poderes específicos para transigir, conforme expressamente autoriza o § 10 do mesmo art. 334" (STJ, AgInt no RMS 56.422/MS, Rel. Min. Raul Araújo, 4ª Turma, jul. 08.06.2021, *DJe* 16.06.2021).

Tributo indireto. Restituição de indébito. Falta de prova pré-constituída. Ausência de direito líquido e certo em favor da recorrente. "*In casu*, o Tribunal de origem, ao dirimir a controvérsia, denegou a segurança, tendo em vista a seguinte fundamentação: '(...) a omissão de destaque do ICMS nas notas fiscais de saída da impetrante ensejou, em tese, o repasse do encargo financeiro do tributo para o adquirente da mercadoria como custo de produção e, sucessivamente, para o consumidor final, como custo da mercadoria. Para fazer jus à pretendida restituição do indébito, competia à impetrante comprovar que, efetivamente, suportou o ônus do tributo, não o repassando para a etapa posterior da cadeia de produção, o que não fez, pois, não há notícia nos autos de que os adquirentes das suas mercadorias tenham se creditado do imposto' (fls. 1.707-1.711, e-STJ). Como se sabe, na via estreita do mandado de segurança é exigida a demonstração inequívoca do alegado direito líquido e certo, o que não ocorreu no presente caso, porquanto inexiste comprovação de que a impetrante suportou o encargo financeiro do tributo pago indevidamente. Forçoso concluir que o acórdão proferido pelo Tribunal *a quo* não merece reparo, porquanto está em consonância com o entendimento prevalente no STJ, não se verificando direito líquido e certo em favor da recorrente" (STJ, AgInt no RMS 71.710/SC, Rel. Min. Herman Benjamin, 2ª Turma, jul. 02.10.2023, *DJe* 09.10.2023).

2. Autoridade coatora. Conceito. "Consoante a doutrina clássica e a jurisprudência dominante, o conceito de autoridade coatora deve ser interpretado da forma mais abrangente possível. Sob esse ângulo, a decisão proferida em processo de licitação em que figure sociedade de economia mista é ato de autoridade coatora, alvo de impugnação via Mandado de Segurança, nos moldes do § 1º, do art. 1º da Lei 1.533/51. Precedente: REsp 598.534/RS, Rel.ª Min.ª Eliana Calmon, *DJ* 19.09.2005. É cediço na Corte que o 'dirigente de sociedade de economia está legitimado para ser demandado em mandado de segurança impetrado contra ato decisório em licitação'. (REsp 122.762/RS, Rel. Min. Castro Meira, *DJ* 12.09.2005). Deveras, a doutrina do tema não discrepa desse entendimento, ao revés, reforça-o ao assentar: 'Cumpre, ademais, que a violação do direito aplicável a estes fatos tenha procedido de autoridade pública. Este conceito é amplo, entende-se por autoridade pública tanto o funcionário público quanto o servidor público ou o agente público em geral. Vale dizer: quem quer que haja praticado um ato funcionalmente administrativo. Daí que um dirigente de autarquia, de sociedade de economia mista, de empresa pública, de fundação pública, obrigados a atender, quando menos aos princípios da licitação, são autoridades públicas, sujeitos passivos de mandado de segurança em relação aos atos de licitação (seja quando esta receber tal nome, seja rotulada concorrência, convocação geral ou designações quejandas, não importando o nome que se dê ao certame destinado à obtenção de bens, obras ou serviços) (*Licitações*, p. 90)' (Celso Antônio Bandeira de Mello, citado pelo e. Min. Demócrito Reinaldo, no julgamento do REsp 100.168/DF, *DJ* 15.05.1998) (REsp 639.239/DF, Rel. Min. Luiz Fux, *DJ* 06.12.2004)" (STJ, REsp 683.668/RS, Rel. Min. Teori Albino Zavascki, Rel. p/ ac. Min. Luiz Fux, 1ª Turma, jul. 04.05.06, *DJ* 25.05.06, p. 161).

"A autoridade coatora desempenha duas **funções** no mandado de segurança: a) uma, internamente, de natureza processual, consistente em defender o ato impugnado pela impetração; trata-se de hipótese excepcional de legitimidade *ad processum*, em que o órgão da pessoa jurídica, não o representante judicial desta, responde ao pedido inicial; b) outra, externamente, de natureza executiva, vinculada à sua competência administrativa; ela é quem cumpre a ordem judicial. A legitimação da autoridade coatora deve ser aferida à base das duas funções acima descritas; só o órgão capaz de cumpri-las pode ser a autoridade coatora" (STJ, RMS 38735/CE, Rel. Min. Ari Pargendler, 1ª Turma, jul. 12.11.2013, *DJe* 19.12.2013).

"Consideram-se autoridades, para os efeitos da Lei de Mandado de Segurança, **os representantes ou administradores das entidades autárquicas e das pessoas naturais ou jurídicas com funções delegadas do Poder Público, somente no que entender com essas funções** (artigo 1º, parágrafo 1º, da Lei nº 1.533/51). Não se trata de ato de autoridade, mas, sim, de ato de gestão, praticado no interesse exclusivo da sociedade de economia mista, atuando como empregador, em nada se identificando com as específicas funções delegadas pelo Poder Público, tal qual resulta da letra do artigo 21, inciso XII, alínea 'b', da Constituição da República, o ato de Gerente de Departamento de Recursos Humanos de Companhia Energética, em que se faculta a seus empregados que recebem benefício de aposentadoria por tempo de serviço a opção pela manutenção do vínculo empregatício, mediante a suspensão do pagamento do benefício junto ao INSS, ou, ainda, a preservação do recebimento do benefício, mediante a extinção do contrato de trabalho. Recurso não conhecido" (STJ, REsp 278.052/PR, Rel. Min. Hamilton Carvalhido, 6ª Turma, jul. 26.02.2002, *DJ* 15.04.2002, p. 269).

"Se, nas suas informações, a autoridade impetrada contestou o mérito da impetração, caracterizada se acha a ameaça da prática do ato malsinado na referida ação" (STJ, REsp 20.307/CE, Rel. Min. Antônio de Pádua Ribeiro, 2ª Turma, jul. 22.09.1993, *DJ* 11.10.1993, p. 21.305).

"**A pessoa jurídica de direito público a que pertence a Autoridade coatora é a verdadeira parte passiva no mandado de segurança**, pois suportará os efeitos da sentença, ao passo que a participação daquela se restringe à apresentação das informações e ao cumprimento da segurança concedida liminarmente ou na sentença. Mesmo que ainda não fosse parte até a prolação da sentença, a legitimidade recursal é privativa da pessoa jurídica de direito público que, para tanto, deve ser intimada pessoalmente, por seu representante judicial, no prazo de 48 horas, das decisões judiciais proferidas na ação mandamental, a teor do disposto no art. 3º da Lei nº 4.348/64, com a redação dada pela Lei nº 10.910, de 15.07.2004. Julgamento convertido em diligência" (TJMG, AC 1.0103.06.500003-8/001, Rel. Juiz. Isalino Lisbôa, 3ª Câmara, jul. 17.03.1987; *RT* 631/201).

"A doutrina e a jurisprudência não são pacíficas quanto à possibilidade de a pessoa jurídica ser parte legítima para figurar no polo passivo da ação mandamental. Parte da doutrina considera que o mandado de segurança deve ser impetrado não contra o ente público, mas sim contra a autoridade administrativa que tenha poderes e meios para a correção da ilegalidade apontada. Outra parte, enveredando por caminho totalmente oposto, afirma que a legitimidade passiva é da pessoa jurídica, e não da autoridade administrativa. Não é possível reclamar da parte o conhecimento da complexa estrutura da Administração Pública, de forma a precisar quem será a pessoa investida de rigir o ato coator. A pessoa jurídica de direito público a suportar os ônus da sentença proferida em mandado de segurança é parte legítima para figurar no polo passivo do feito, por ter interesse direto na causa. Recurso especial conhecido e desprovido" (STJ, REsp 547.235/RJ, Rel. Min. José Delgado, 1ª Turma, jul. 18.12.2003, *DJ* 22.03.2004, p. 237).

"A legitimidade *ad causam*, no mandado de segurança, é examinada à luz das regras comuns às ações em geral; identificado direito individual, e não mero interesse econômico, o *writ* é o meio apropriado para a respectiva tutela. Recurso especial não conhecido" (STJ, REsp 7.832/RJ, Rel. Min. Ari Pargendler, 3ª Turma, jul. 11.05.1999, *DJ* 14.06.1999, p. 185).

Impetração preventiva. Autoridade coatora. "A lei, decreto ou qualquer ato normativo que implique exigência tributária considerada inexigível pelo contribuinte constituem ameaça suficiente para a impetração de mandado de segurança preventivo, na medida em que devem ser obrigatoriamente aplicados pela autoridade fazendária (CTN, art. 142, parágrafo único);autoridade coatora, nesses casos, não é, todavia, quem editou o ato normativo, e sim **aquela que tem o dever funcional de responder pelo seu cumprimento**" (STJ,RMS 44021/TO, Rel. Min. Ari Pargendler, 1ª Turma, jul. 19.11.2013, *DJe* 22.11.2013).

"**Mandado de segurança. Impetração endereçada contra acórdão de tribunal.** Os tribunais se desdobram em órgãos fracionários para que, dividindo o trabalho, possam cumprir as suas funções; se admitida a impetração de mandado de segurança contra acórdão de órgão fracionário perante o próprio tribunal, anular-se-iam as vantagens da divisão do trabalho, que retornaria, todo ele, a seu Plenário. Recurso ordinário não provido" (STJ, RMS 17.285/CE, Rel. Min. Ari Pargendler, 3ª Turma, jul. 04.10.2005, *DJ* 24.10.2005, p. 304).

Indeferimento de ingresso no Simples Nacional. "No caso dos autos, o indeferimento para o ingresso no Simples Nacional ocorreu por ato de responsabilidade da Administração Tributária do Estado do Rio Grande do Sul, em razão da existência de débitos tributários para com esse ente federado, o que revela a ilegitimidade passiva da autoridade federal apontada na exordial do *mandamus*, Delegado da Receita Federal" (STJ, REsp 1319118/RS, Rel. Min. Benedito Gonçalves, 1ª Turma, jul. 13.06.2014, *DJe* 01.07.2014).

"A controvérsia reside em saber se o Presidente do Tribunal de Justiça do Estado de Goiás ostenta legitimidade para figurar no polo passivo do presente mandado de segurança, o qual foi manejado por serventuário titular de cartório extrajudicial contra o Decreto Judiciário nº 525/08 da Corte Goiana, que, em observância à decisão proferida pelo Conselho Nacional de Justiça no Pedido de Providências nº 861/08, desconstituiu a nomeação do impetrante em função da ausência de realização de concurso público. Ao analisar casos idênticos envolvendo o Decreto Judiciário nº 525/08 da Corte Goiana e o Pedido de Providências nº 861/08 do CNJ, o Superior Tribunal de Justiça acabou por concluir que ato normativo de Tribunal de Justiça que se destina a cumprir determinação advinda de decisão do CNJ representa simples execução administrativa, o que acarreta a ilegitimidade do Presidente do Tribunal para figurar no polo passivo de mandado de segurança" (STJ, RMS 29719/GO, Rel. Min. Castro Meira, 2ª Turma, jul. 18.02.2010, *DJe* 26.02.2010).

Precisa indicação autoridade coatora. "A precisa indicação da autoridade coatora é de fundamental importância para a fixação da competência do órgão que irá processar e julgar a ação mandamental. Há legislação própria referente à autoridade coatora legitimada para responder o presente *mandamus*" (STJ, EDcl no AREsp 33387/PR, Rel. Min. Humberto Martins, 2ª Turma, jul. 07.02.2012, *DJe* 13.02.2012).

Indicação errônea da autoridade coatora. Possibilidade de emenda à petição inicial. "O art. 6º, § 3º, da Lei 12.016/2009 permite ao julgador, pela análise do ato impugnado na exordial, identificar corretamente o impetrado no mandado se segurança, não ficando restrito à eventual literalidade de equivocada indicação. Desde que, pela leitura da inicial e exame da documentação anexada, seja viável a identificação correta da autoridade responsável pelo ato impugnado no *writ*, nada obsta que o julgador determine que a notificação seja adequadamente direcionada ou que possibilite ao impetrante oportunidade para emendar a inicial, sanando a falha, corrigindo-se, nessas hipóteses, equívoco facilmente perceptível. Recurso ordinário provido para restituir os autos ao Tribunal de Justiça, a fim de que proceda, para os devidos fins, à notificação da autoridade corretamente identificada como responsável pelo ato atacado, julgando, em seguida, o *mandamus* como entender de direito." (STJ, RMS 45.495/SP, Rel. Min. Raul Araújo, 4ª Turma, jul. 26.08.2014, *DJe* 20.10.2014)

"A jurisprudência desta Corte orienta-se no sentido de que é possível que haja a emenda da petição do feito mandamental para retificar o polo passivo da demanda, **desde que não haja alteração da competência judiciária**, e se as duas autoridades fizerem parte da mesma pessoa jurídica de direito público" (STJ, AgRg no AREsp 368159/PE, Rel. Min. Humberto Martins, 2ª Turma, jul. 01.10.2013, *DJe* 09.10.2013). **No mesmo sentido:** STJ, RMS 20.193/DF, Rel. Min. Nilson Naves, 6ª Turma, jul. 03.08.2006, *DJ* 05.02.2007, p. 381. **Em sentido contrário:** "O STJ tem jurisprudência no sentido de que, havendo erro na indicação da autoridade coatora, deve o juiz extinguir o processo sem julgamento de mérito, a teor do que preceitua o art. 267, inciso VI, do Código de Processo Civil, sendo vedada a substituição do polo passivo" (STJ, AgRg no REsp 1078477/SC, Rel. Min. Benedito Gonçalves, 1ª Turma, jul. 02.03.2010, *DJe* 11.03.2010).

Correção de ofício pelo juiz. "É firme a jurisprudência do Supremo Tribunal Federal, no sentido de não admitir que o Juiz, ou Tribunal, entendendo incorreta a indicação da autoridade coatora, pelo impetrante, corrija o equívoco deste, 'ex officio', indicando, ele próprio, a autoridade apontável como coatora. Menos ainda quando o impetrante insiste na legitimidade da autoridade que indicou, como ocorre na hipótese, inclusive agora, mediante este Recurso. 2. O que há de fazer, nesse caso, o Juiz ou Tribunal, segundo o entendimento do STF, é extinguir o processo, sem exame do mérito, por falta de uma das condições da ação, exatamente a legitimidade 'ad causam'. 3. Isso bastaria, na hipótese, para que a remessa dos autos para esta Corte, a fim de julgar a impetração como se dirigida contra o Presidente da República, resultasse cassada a esta altura, como fica. 4. De qualquer maneira, como demonstraram o recorrente e o parecer do Ministério Público Federal, o Ministro da Saúde é, mesmo, a autoridade apontável, no caso, como coatora, de sorte que o Recurso Ordinário é provido, também, nesse ponto, ou seja, para ficar afastada a conclusão, em contrário, do acórdão recorrido, observada, assim, a Súmula 510 do STF. 5. Em consequência, os autos devem retornar ao Tribunal 'a quo', a fim de prosseguir no julgamento das demais questões de direito. 6. Decisão unânime" (STF, RMS. 22496, Rel. Min. Sydney Sanches, 1ª Turma, jul. 20.08.1996, *DJ* 25.04.1997).

"No caso em apreço, o Presidente do Tribunal de Justiça do Rio de Janeiro limitou-se a cumprir decisão emanada do Tribunal de Contas Estadual que recusou o registro dos atos de aposentadoria da recorrente. Sendo assim, não possui legitimidade para figurar no polo passivo do mandado de segurança." A decisão do Tribunal de Contas que julga a legalidade de ato administrativo, dentro de suas atribuições constitucionais, tem eficácia imediata e possui caráter impositivo e vinculante para toda Administração, atribuindo-lhe, dessa forma, legitimidade para figurar no polo passivo de eventual Mandado de Segurança impetrado contra referido ato. (STJ, RMS 27.666-RJ, Rel. Min. Og Fernandes, 6ª Turma, jul. 06.08.2009).

Câmara Arbitral. "A Câmara Arbitral carece de legitimidade ativa para impetrar Mandado de Segurança contra ato que recusa a libertação de saldo de conta vinculada do FGTS, reconhecida por sentença arbitral. A legitimidade, portanto, é somente do titular da conta" (STJ, AgRg no Resp 1.059.988, Rel. Min. Herman Benjamin, 2ª Turma, jul. 15.09.2009, *Repro* 181, p. 350).

Câmara Municipal. Ausência de legitimidade ativa. Ver jurisprudência do art. 75 do CPC/2015.

Lançamento fiscal. Secretário de Estado da Fazenda. Ilegitimidade. "A Primeira Seção do STJ, ao julgar o MS 4.839/DF (Rel. Ministro Ari Pargendler, *DJU* de 16/02/98), deixou anotado que 'a autoridade coatora, no mandado de segurança, é aquela que pratica o ato, não a que genericamente orienta os órgãos subordinados a respeito da aplicação da lei no âmbito administrativo; mal endereçado o *writ*, o processo deve ser extinto sem julgamento de mérito'. A Primeira Turma do STJ, ao julgar o AgRg no RMS 36.846/RJ (Rel. Ministro Ari Pargendler, *DJe* de 07/12/2012), decidiu que, no regime do lançamento por homologação, a iminência de sofrer o lançamento fiscal, acaso não cumpra a legislação de regência, autoriza o sujeito passivo da obrigação tributária a impetrar mandado de segurança contra a exigência que considera indevida. Nesse caso, porém, autoridade coatora é aquela que tem competência para o lançamento *ex officio*, que, certamente, não é o Secretário de Estado da Fazenda. Tal entendimento pode ser transposto para o caso dos autos, em que se questiona obrigação acessória (aposição de selos de controle). Na espécie, a autoridade coatora é aquela que tem competência para exigir o cumprimento da aludida obrigação ou autuar o contribuinte pelo seu descumprimento. (...) A jurisprudência da Segunda Turma do STJ orienta-se no sentido de que o Secretário de Estado da Fazenda não possui legitimidade para figurar, como autoridade coatora, em mandado de segurança que visa afastar exigência fiscal supostamente ilegítima. Nesse sentido: AgRg no RMS 42.792/CE, Rel. Ministro Mauro Campbell Marques, *DJe* de 11/03/2014; RMS 54.333/RN, Rel. Ministro Herman Benjamin, *DJe* de 20/10/2017. No mesmo sentido os seguintes precedentes da Primeira Turma desta Corte: AgInt no RMS 51.519/MG, Rel. Ministro Sérgio Kukina, Primeira Turma, *DJe* de 16/12/2016; AgInt no RMS 46.013/RJ, Rel. Ministro Gurgel de Faria, Primeira Turma, *DJe* de 29/08/2016; AgRg no RMS 30.771/RJ, Rel. Ministro Napoleão Nunes Maia Filho, Primeira Turma, *DJe* de 30/11/2016; AgInt no RMS 49.232/

MS, Rel. Ministro Benedito Gonçalves, Primeira Turma, *DJe* de 18/05/2016. Não se aplica ao caso a teoria da encampação, pois a indevida presença do Secretário de Estado da Receita, no polo passivo deste Mandado de Segurança, implicou modificação da competência jurisdicional, disciplinada pela Constituição do Estado da Paraíba" (STJ, RMS 54.823/PB, Rel. Min. Assusete Magalhães, 2ª Turma, jul. 26.05.2020, *DJe* 05.06.2020).

Dirigente de Federação Esportiva. Entidade privada que não desempenha atividade pública delegada. Ilegitimidade passiva. "Na hipótese, a pessoa jurídica interessada – Federação Sergipana de Ciclismo – detém natureza de direito privado (art. 44, inc. II, do CC). Conforme disposto no artigo 16 da Lei nº 9.615/98 (Lei Pelé), as entidades de prática desportiva e as entidades de administração do desporto, bem como as ligas de que trata o art. 20, são pessoas jurídicas de direito privado, com organização e funcionamento autônomo, e terão as competências definidas em seus estatutos ou contratos sociais. Especificamente no que se refere à autonomia, à gestão e à natureza das funções desempenhadas, o artigo 82 da legislação de regência (Lei Pele – Lei nº 9.615/98) assim preceitua: 'os dirigentes, unidades ou órgãos de entidades de administração do desporto, inscritas ou não no registro de comércio, não exercem função delegada pelo Poder Público, nem são consideradas autoridades públicas para os efeitos desta Lei'. Não subsiste, portanto, a argumentação empreendida pela Corte de origem, pautada pela extensão do entendimento inserto na Súmula 510 STF (Praticado o ato por autoridade, no exercício de competência delegada, contra ela cabe o mandado de segurança ou a medida judicial) às federações desportivas. Isso porque a própria legislação de regência afasta o caráter de delegação, conforme dispõe o artigo 82 citado acima, expondo especificamente não serem consideradas autoridades públicas os dirigentes, unidades ou órgãos de administração do desporto. Uma vez inviável a subsunção ao conceito de autoridade pública ou exercício de função pública, sobressaindo o caráter privado da atividade desempenhada, declara-se a ilegitimidade passiva, a obstar o exame de mérito do mandado de segurança" (STJ, REsp 1.348.503/SE, Rel. Min. Marco Buzzi, 4ª Turma, jul. 22.02.2022, *DJe* 03.03.2022).

3. Teoria da encampação. "A legitimidade passiva no *mandamus* é fixada pela autoridade que tem poder de realizar o ato lesivo, na ação preventiva, ou aquele que pode desfazer o ato lesivo, na ação repressiva. O Tribunal *a quo* entendeu que a autoridade coatora é aquela que proferiu a decisão negando a análise do processo administrativo, e não aquela que meramente executou a determinação e informou-a ao contribuinte. **A aplicação da teoria da encampação no mandado de segurança requer o preenchimento concomitante dos seguintes requisitos:** (a) existência de vínculo hierárquico entre a autoridade erroneamente apontada e aquela que efetivamente praticou o ato ilegal; (b) ausência de modificação de competência jurisdicional; e (c) houver a autoridade impetrada defendido ou manifestado sobre o mérito da ação de segurança. *In casu*, não houve manifestação da autoridade coatora impugnando o mérito do mandado de segurança" (STJ, AgRg no REsp 963841, Rel. Min. Humberto Martins, 2ª Turma, jul. 10.08.2010, *DJ* 24.08.2010). **No mesmo sentido:** STJ, RMS 21.775-RJ, Rel. Min. Luiz Fux, 1ª Turma, jul. 16.11.2010, *DJe* 01.12.2010.

4. Portaria. "A portaria é lei em sentido material. Em não gerando situação específica e pessoal, insusceptível de afrontar direito individual, revela-se imprópria para exame de legalidade, via mandado de segurança" (STJ, MS 552/DF, Rel. Min. Luiz Vicente Cernicchiaro, 1ª Seção, jul. 11.06.1991, *DJ* 01.07.1991).

Norma geral e abstrata. "Não cabe mandado de segurança contra lei em tese" (Súmula 266/STF). A impetrante não indicou qual o ato de efeitos concretos da autoridade impetrada teria violado direito líquido e certo seu. Apenas se insurge contra a publicação da Portaria Normativa MEC 1, de 14/1/11, norma genérica e abstrata, que dispõe sobre as regras para obtenção do financiamento do FIES em 2011" (STJ, MS 16.682/DF, Rel. Min. Arnaldo Esteves Lima, 1ª Seção, jul. 28.09.2011, *DJe* 06.10.2011).

Portaria ministerial. "Seu cabimento para impugnar portaria ministerial, que contém, em si mesma, medida coercitiva, podendo, independente de ato de aplicação, em concreto, da regra nela expressa, produzir efeito lesivo ao direito do impetrante. Inaplicabilidade da Súmula 266" (STJ, RE 81.847, Rel. Min. Leitão de Abreu, 2ª Turma, jul. 17.10.1978, *DJ* 20.11.1978).

5. Decreto. Efeitos concretos. "É firme a jurisprudência do Superior Tribunal de Justiça no sentido de que a aferição da existência, ou não, de direito líquido e certo, nos termos do art. 1º da Lei 1.533/51, demandaria o revolvimento de matéria fático-probatória, inviável em sede especial. Incidência da Súmula 7/STJ. O Decreto Estadual 16.720/95, que fixou o teto remuneratório dos servidores do Estado do Amazonas, pode ser impugnado na via do *mandamus*, porquanto produz efeitos concretos nas esferas jurídica e patrimonial dos servidores. Precedentes" (STJ, REsp 453.080/AM, Rel. Min. Arnaldo Esteves Lima, 5ª Turma, jul. 17.08.2006, *DJ* 25.09.2006).

"Se o decreto consubstancia ato administrativo, assim de efeitos concretos, cabe contra ele o mandado de segurança. Todavia, se o decreto tem efeito normativo, genérico, por isso mesmo sem operatividade imediata, necessitando, para a sua individualização, da expedição de ato administrativo, então contra ele não cabe mandado de segurança, já que, admiti-lo, seria admitir a segurança contra lei em tese, o que é repelido pela doutrina e pela Jurisprudência (Súmula n. 266)" (STF, MS 21.126, Rel. Min. Carlos Velloso, Tribunal Pleno, jul. 08.11.1990, *DJ* 14.12.1990).

Desapropriação. Imóvel rural. Reforma agrária. "Não se admite, em mandado de segurança contra decreto de expropriação de imóvel rural, para fins de reforma agrária, discussão sobre matérias fáticas, como produtividade do bem, presença de invasores nas proximidades e fator de lotação de alimárias" (STF, MS 24.910, Rel. Min. Cezar Peluso, Tribunal Pleno, jul. 15.03.2006, *DJ* 28.04.2006).

6. Resolução. "Concluindo que o ato impugnado na impetração é, em última análise, a própria Resolução CS-AGU nº 1/03, o mandado de segurança não é via própria para atacá-lo, pois a Resolução é norma de natureza geral e abstrata. Sendo assim, incide na espécie a súmula 266/STF, que assim acentua: 'Não cabe mandado de segurança contra lei em tese'" (STJ, MS 12.349/DF, Rel.ª Min.ª Maria Thereza de Assis Moura, 3ª Seção, jul. 22.09.2010, *DJe* 15.10.2010).

7. Lei em tese. "O mandado de segurança contra lei em tese é o que tem por objeto o ato normativo abstratamente considerado, ou seja, '... quando a impetração nada indica, em concreto, como representativo de ameaça de lesão à esfera jurídica do impetrante' (STF, RE 99.416/SP, Primeira Turma, Min. Rafael Mayer, *DJ* de 22.04.1983). No caso, entretanto, a norma impugnada constitui mero fundamento do pedido e não seu objeto, havendo, portanto, indicação de situação individual e concreta a ser tutelada" (STJ, REsp 779.200/SP, Rel. Min. Teori Albino Zavascki, 1ª Turma, jul. 03.11.2009, *DJe* 13.11.2009).

"Inexistindo na impetração qualquer referência à situação futura em que objetivamente possa vir a ser violado direito líquido e certo, não há como conceder mandado de segurança. Aplicação da Súmula nº 266 do STF (não cabe mandado de segurança contra lei em tese)" (STJ, REsp 401717/SP, Rel. Min. Teori Albino Zavascki, 1ª Turma, jul. 20.11.2003, *DJ* 09.12.2003).

"Perde objeto, dessa forma, o mandado de segurança. Cuidando de medidas de ordem geral, sobre nova ordem econômico-financeira do país, não se trata de lei de efeitos concretos, mas de lei em tese, contra o qual não cabe mandado de segurança. '*Writ*' não conhecido" (STJ, MS 20.910, Rel. Min. Carlos Madeira, Tribunal Pleno, jul. 12.04.1989, *DJ* 05.05.1989).

"**Se a lei tem efeitos concretos e já nasce ferindo direito subjetivo**, o mandado de segurança é via adequada para a recomposição deste direito" (STJ, REsp 1.200.324/MS, Rel. Min. Mauro Campbell Marques, 2ª Turma, jul. 15.03.2011, *REPDJe* 25.08.2011, *DJe* 22.03.2011).

"Sendo o ato atacado no presente *writ*, lei que reclassificou os salários dos servidores públicos estaduais, por se tratar de norma de efeitos concretos, o prazo decadencial tem início com a sua vigência" (STJ, RMS 16.577/MS, Rel. Min. Felix Fischer, 5ª Turma, jul. 28.10.2003, *DJ* 01.12.2003).

8. Ação direta de inconstitucionalidade. "Os princípios básicos que regem o mandado de segurança individual informam e condicionam, no plano jurídico-processual, a utilização do "*writ*" mandamental coletivo. Não se revelam sindicáveis, pela via jurídico-processual do mandado de segurança, os atos em tese, assim considerados aqueles – como as leis ou os seus equivalentes constitucionais – que dispõem sobre situações gerais e impessoais, que têm alcance genérico e que disciplinam hipóteses neles abstratamente previstas. Súmula 266/STF. Precedentes. O mandado de segurança não se qualifica como sucedâneo da ação direta de inconstitucionalidade, não podendo ser utilizado, em consequência, como instrumento de controle abstrato da validade constitucional das leis e dos atos normativos em geral. Precedentes" (STF, MS 23.785 AgR-QO, Rel. Min. Celso de Mello, Tribunal Pleno, jul. 05.09.2002, *DJ* 27.10.2006). **No mesmo sentido:** STF, MS 23.809 AgR, Rel. Min. Celso de Mello, Tribunal Pleno, jul. 01.03.2001, *DJ* 06.04.2001.

"A jurisprudência desta Corte tem se orientado no sentido de que o *writ* não substitui a ação direta de inconstitucionalidade, quando esta se apresenta como meio processual adequado" (STJ, AgRg no RMS 32.463/RJ, Rel. Min. Cesar Asfor Rocha, 2ª Turma, jul. 01.03.2011, *DJe* 05.04.2011).

9. Declaração incidental de inconstitucionalidade. "É possível a declaração incidental de inconstitucionalidade, em mandado de segurança, de quaisquer leis ou atos normativos do Poder Público, desde que a controvérsia constitucional não figure como pedido, mas sim como causa de pedir, fundamento ou simples questão prejudicial, indispensável à resolução do litígio principal" (STJ, RMS 31707/MT, Rel. Min. Diva Malerbi, 2ª Turma, jul. 13.11.2012, *DJe* 23.11.2012).

10. Embargos de terceiro. "O mandado de segurança, posto configurado constitucionalmente para as hipóteses de 'abuso de autoridade', não é substitutivo da ação de 'embargos de terceiro', cuja natureza cognitiva plenária e exauriente não pode ser sucedânea do *writ*, cuja cognição é sumária eclipsando objeto mediato aferível *prima facie*. É cediço que a impetração de mandado de segurança contra ato judicial, pelo terceiro prejudicado, não se revela admissível na hipótese em que cabível o manejo de embargos de terceiro, remédio processual adequado quando necessária ampla dilação probatória." (STJ, RMS 24.487/GO, Rel. Min. Luiz Fux, 1ª Turma, jul. 16/11/2010, *DJe* 01/12/2010). Em sentido contrário. "Ilegal e a ordem de entrega de coisa certa imposta a terceiro, em ação, sem pedido reivindicatório, de declaração de nulidade de escritura de compra e venda. O possuidor do bem, cuja situação de fato não padece de qualquer dúvida, tem direito líquido e certo amparável pela via do mandado de segurança, independente do direito a ação de embargos de terceiro não exercitado" (STJ, RMS 4.847/MG, Rel. Min. Cláudio Santos, 3ª Turma, jul. 12.12.1994, *DJ* 20.03.1995).

11. Ingresso de terceiro. Assistente simples. Impossibilidade. "É majoritário o entendimento dos Tribunais Superiores no sentido de que não cabe ingresso de terceiro na qualidade de assistência simples em mandado de segurança. Sobre o tema, os seguintes precedentes: (STF, SS 3.273 AgRg/RJ, Tribunal Pleno, Rel. Min. Ellen Gracie, *DJe* de 20.6.2008; STF, MS 24.414/DF, Tribunal Pleno, Rel. Min. Cezar Peluso, *DJ* de 22.11.2003; STJ, AgRg no Resp 1.071.151/RJ, 2ª Turma, Rel. Min. Humberto Martins, *DJe* de 3.4.2012; STJ, EREsp 278.993/SP, 1ª Seção, Rel. Min. Teori Albino Zavascki, *DJe* de 30.6.2010; STJ, AgRg na Pet 4.337/RJ, 5ª Turma, Rel. Min. Arnaldo Esteves Lima, *DJ* de 12.6.2006. O Superior Tribunal de Justiça também firmou orientação no sentido de que a assistência anômala, prevista no art. 5º, parágrafo único, da Lei 9.469/1997, não é cabível em mandado de segurança. Nesse sentido, os precedentes de ambas as Turmas de Direito Público deste Tribunal Superior: AgRg no Resp 1.279.974/RJ, 2ª Turma, Rel. Min. Humberto Martins, *DJe* de 3.4.2012; Resp 781.959/RJ, 1ª Turma, Rel. Min. Teori Albino Zavascki, *DJe* de 12.11.2009" (STJ, AgRg no MS 15.484/DF, Rel. Min. Mauro Campbell Marques, 1ª Seção, jul. 12.12.2012, *DJe* 01.02.2013)

12. Parecer. "É inviável impetração de mandado de segurança contra parecer administrativo, por se tratar de peça meramente opinativa, sem nenhum efeito concreto enquanto não homologado pela autoridade impetrada" (STJ, RMS 19.369/PI, Rel. Min. Arnaldo Esteves Lima, 5ª Turma, jul. 12.09.2006, *DJ* 09.10.2006).

"Não cabe mandado de segurança contra parecer da procuradoria-geral do estado, exarado em processo administrativo, por não ter força vinculante e por tratar-se de ato de seu ofício, nos procedimentos administrativos que dizem respeito ao controle interno da legalidade dos atos do poder executivo" (STJ, RMS 1.587/GO, Rel. Min. José de Jesus Filho, 2ª Turma, jul. 04.08.1993, *DJ* 23.08.1993).

Resposta à Consulta. "Incabível mandado de segurança contra parecer ou resposta à consulta formulada. O ato, por ser meramente opinativo, sem natureza decisória ou de executoriedade, não comporta a impetração de *mandamus*" (STJ, REsp 73.940/RS, Rel. Min. João Otávio de Noronha, 2ª Turma, jul. 20.02.2003, *DJ* 24.03.2003).

13. Ato *interna corporis*. "Mandado de segurança que visa a compelir a presidência da câmara dos deputados a acolher requerimento de urgência-urgentíssima para discussão e votação imediata de projeto de resolução de autoria do impetrante. – em questões análogas à presente, esta corte (assim nos MS 20.247 e 20.471) não tem admitido mandado de segurança contra atos do presidente das casas legislativas, com base em regimento interno delas, na condução do processo de feitura de leis" (STF, MS 21.374, Rel. Min. Moreira Alves, Tribunal Pleno, jul. 13.08.1992, *DJ* 02.10.1992). **No mesmo sentido:** STF, MS 22.503, Rel. Min. Marco Aurélio, Rel. p/ Acórdão: Min. Maurício Corrêa, Tribunal Pleno, jul. 08.05.1996, *DJ* 06.06.1997; STF, MS 25.588 AgR, Rel. Min. Menezes Direito, Tribunal Pleno, jul. 02.04.2009, *DJe* 08.05.2009.

"As fases de tramitação dos projetos legislativos (emenda constitucional) são considerados como atos 'interna corporis' praticados pelo poder legislativo, pelo que insuscetíveis, em tese, de controle pelo poder judiciário. Em regra, tais atos não ferem direito líquido e certo dos cidadãos, nem de órgãos de classe" (STJ, RMS 7.662/RS, Rel. Min. José Delgado, 1ª Turma, jul. 26.06.1997, *DJ* 01.09.1997).

"A votação da lei e a respectiva sanção não constituem atos suscetíveis de controle através Mandado de Segurança. Os efeitos concretos da lei apenas se manifestam, quando algum agente público a utiliza na prática de ato contrário ao ordenamento jurídico" (STJ, RMS 10.121/RJ, Rel. Min. Humberto Gomes de Barros, 1ª Turma, jul. 10.08.1999, *DJ* 13.09.1999).

14. Processo administrativo disciplinar:

Revisão da penalidade. Descabimento. "A jurisprudência do STJ é assente ao afirmar que a revisão da penalidade à luz da proporcionalidade e da documentação dos autos importa reexame do mérito administrativo, inviável no Mandado de Segurança. Nesse sentido: RMS 32573/AM, Rel. Ministro Teori Albino Zavascki, Primeira Turma, *DJe* 12/08/2011; MS 16530/DF, Rel. Ministro Castro Meira, Primeira Seção, *DJe* 30/06/2011; MS 15175/DF, Rel. Ministro Humberto Martins, Primeira Seção, *DJe* 16/09/2010; RMS 33.281/PE, Rel. Ministro Benedito

Gonçalves, Primeira Turma, *DJe* 02/03/2012" (STJ, MS 17479/DF, Rel. Min. Herman Benjamin, 1ª Seção, jul. 28.11.2012, *DJe* 05.06.2013).

Motivação. "No caso de demissão imposta a servidor público submetido a processo administrativo disciplinar, não há falar em juízo de conveniência e oportunidade da Administração, visando restringir a atuação do Poder Judiciário à análise dos aspectos formais do processo disciplinar. Nessas circunstâncias, **o controle jurisdicional é amplo, no sentido de verificar se há motivação para o ato demissório**, pois trata-se de providência necessária à correta observância dos aludidos postulados. (...). A improbidade administrativa é imputação que deve ter como escopo a punição do agente público desonesto e desleal, cuja conduta esteja inquinada pela deslealdade, desonestidade, má-fé e desrespeito aos princípios da administração pública, tendo como objetivo manifesto a obtenção de vantagem indevida para si ou para outrem em flagrante prejuízo ao erário. Não há prova cabal de: (i) má-fé, deslealdade ou desonestidade; (ii) dano ao erário, porque os serviços contratados e pagos foram efetivamente realizados, sem arguição quanto a superfaturamento; (iii) corrupção; ou (iv) que tenha decorrido benefício ilícito para o Impetrante ou em favor de terceiros. 8. Segurança concedida" (STJ, MS 13520/DF, Rel.ª Min.ª Laurita Vaz, 3ª Seção, jul. 14.08.2013, *DJe* 02.09.2013).

Mérito da decisão administrativa. Vedação. "Em sede de mandado de segurança, é vedado ao Poder Judiciário incursionar no mérito da decisão administrativa, em ordem a saber se o servidor acusado praticou, ou não, os ilícitos administrativos que lhe foram imputados ou aferir a suficiência do acervo probatório para mensurar a extensão da culpa do agente público administrativamente sancionado. Precedentes" (STJ, RMS. 54.717/SP, Rel. Min. Sérgio Kukina, 1ª Turma, jul. 09.08.2022, *DJe* 19.08.2022). **No mesmo sentido:** STJ, MS 22.082/DF, Rel. Min. Sérgio Kukina, 1ª Turma, jul. 25.05.2022, *DJe* 30.05.2022.

Mérito da decisão administrativa. "Ou seja, conforme precedentes do STJ, o controle jurisdicional dos atos administrativos disciplinares 'limita-se ao campo da regularidade do procedimento, bem como à legalidade do ato, não sendo possível nenhuma incursão no mérito administrativo a fim de aferir o grau de conveniência e oportunidade, de modo que se mostra inviável a análise das provas constantes no processo disciplinar a fim de adotar conclusão diversa daquela à qual chegou a autoridade administrativa competente'" (MS 22.828/DF, Rel. Ministro Gurgel de Faria, Primeira Seção, *DJe* 21.09.2017). Nesse sentido: RMS 33.678/DF, Rel. Ministro Napoleão Nunes Maia Filho, Primeira Turma, *DJe* 09.10.2015; MS 18.229/DF, Rel. Ministro Mauro Campbell Marques, Primeira Seção, *DJe* 19.12.2016" (STJ, MS 19.560/DF, Rel. Min. Herman Benjamin, 1ª Seção, jul. 13.02.2019, *DJe* 01.07.2019).

15. Ato normativo de efeito concreto. Autoridade coatora (§ 1º). "Orientação extraída de parecer jurídico referendado pelo Desembargador-Corregedor de Justiça do Estado não tem poder vinculante sobre os magistrados aos quais, presumivelmente, está endereçado, sendo, assim, insuscetível de ataque pela via mandamental. Em sede de mandado de segurança em que se impugna ato normativo de efeitos concretos, a parte que tem legitimidade para figurar no polo passivo da ação é **a autoridade a quem compete a aplicação concreta** (e não a simples edição) da norma atacada. Precedentes" (STJ, RMS 15.258/RJ, Rel. Min. João Otávio de Noronha, 2ª Turma, jul. 23.11.2004, *DJ* 14.02.2005).

16. Ato de gestão (§ 2º). "A imposição de multa decorrente de contrato ainda que de cunho administrativo não é ato de autoridade, posto inegável ato de gestão contratual. Precedentes jurisprudenciais: AGRG RESP 1107565, RESP 420.914, RESP 577.396" (STJ, REsp 1.078.342/PR, Rel. Min. Luiz Fux, 1ª Turma, jul. 09.02.2010, *DJe* 15.03.2010).

"A jurisprudência desta Corte orienta-se no sentido de que os atos praticados por dirigentes de sociedades de economia mista para fins de contratação de pessoal não podem ser considerados como atos de mera gestão, razão pela qual os dirigentes de tais sociedades estão legitimados a figurar como autoridade coatora na ação mandamental (AgRg no Ag 1.113.000/RJ, Rel. Min. Jorge Mussi, Quinta Turma, julgado em 18.8.2011, *DJe* 02.09.2011; AgRg no Ag 1.402.890/RN, Rel. Min. Benedito Gonçalves, Primeira Turma, julgado em 09.08.2011, *DJe* 16.08.2011). Dispensável a formação do litisconsórcio passivo necessário entre os candidatos aprovados em concurso público, uma vez que possuem apenas expectativa de direito a nomeação. (AgRg no AREsp 20.530/PI, Rel. Min. Teori Albino Zavascki, Primeira Turma, julgado em 06.10.2011, *DJe* 13.10.2011)" (STJ, AgRg no AgRg no REsp 1270179/AM, Rel. Min. Humberto Martins, 2ª Turma, jul. 15.12.2011, *DJe* 03.02.2012).

17. (§ 3º). "O parlamentar tem legitimidade ativa para impetrar mandado de segurança com a finalidade de coibir atos praticados no processo de aprovação de leis e emendas constitucionais que não se compatibilizam com o processo legislativo constitucional" (STJ, MS 24642, Rel. Min. Carlos Velloso, Tribunal Pleno, jul. 18.02.2004, *DJ* 18.06.2004).

18. Recurso Especial. "Por fim, esta Corte já tem pacificado o entendimento de que o recurso especial não é a via recursal adequada para se conhecer da violação ao artigo 1º, da Lei nº 1.533/51, porquanto, para aferir a existência de direito líquido e certo, faz-se necessário o reexame do conjunto probatório, o que é vedado pelo óbice insculpido na Súmula nº 7, deste Tribunal" (STJ, AgRg no REsp 754.419/MG, Rel. Min. Francisco Falcão, 1ª Turma, jul. 18.08.2005, *DJ* 07.11.2005, p. 142).

19. Mandado de segurança preventivo. "O mandado de segurança preventivo **exige efetiva ameaça decorrente de atos concretos ou preparatórios por parte da autoridade** indigitada coatora, não bastando o risco de lesão a direito líquido e certo, baseado em conjecturas por parte do impetrante, que, subjetivamente, entende encontrar-se na iminência de sofrer o dano" (STJ, RMS 19217/PR, Rel. Min. Luiz Fux, 1ª Turma, jul. 03.03.2009, *DJe* 26.03.2009).

"É imperioso proceder-se a distinção entre *mandamus* preventivo e contra lei em tese. Este é inadmissível, enquanto aquele está expressamente previsto na Lei 1.533/51, art. 1º, *caput*. 2 – No caso dos autos, as majorações da alíquota do Finsocial, mesmo ainda não aplicadas, autorizam que o contribuinte lance mão do mandado de segurança preventivo, uma vez serem as mesmas inconstitucionais" (STJ, REsp 93.492/RN, Rel. Min. José Delgado, 1ª Turma, jul. 22.08.1996, *DJ* 14.10.1996, p. 38.949).

"Conforme entendimento reiterado desta Corte, o mandado de segurança preventivo **não dispensa a existência e demonstração objetiva do justo receio de que haja lesão** a direito líquido e certo, por meio de atos concretos ou preparatórios da autoridade impetrada. *In casu*, inexiste decisão judicial determinando o pagamento dos créditos trabalhistas antes da restituição relativa a adiantamento de contrato de câmbio. Ademais, à época da determinação dos pagamentos, poderá o autor se utilizar da via recursal adequada, caso se sinta prejudicado por decisão judicial vindoura" (STJ, RMS 19.318/RS, Rel. Min. Honildo Amaral de Mello Castro (Des. convocado do TJ/AP), 4ª Turma, jul. 16.03.2010, *DJe* 29.03.2010).

"O mandado de segurança preventivo **não pode ser utilizado com o intuito de obter provimento genérico** aplicável a todos os casos futuros de mesma espécie. Precedentes: MS n. 10.821 – DF, Primeira Seção, Rel. Min. Herman Benjamin, julgado em 13.07.2007; REsp. n.438.693 – MT, Segunda Turma, Rel. Min. Eliana Calmon, julgado em 24.08.2004; RMS 2622/BA, Segunda Turma, Rel. Min. José de Jesus Filho. Rel. p/ Acórdão Min. Peçanha Martins, julgado em 15.02.1996; RMS n. 15.991 – AM, Quinta Turma, Rel. Min. Felix Fischer, julgado em 18.11.2003"

(STJ, REsp 1.064.434/SP, Rel. Min. Mauro Campbell Marques, 2ª Turma, jul. 14.06.2011, *DJe* 21.06.2011).

Concretização da lesão ao direito do impetrante. "A circunstância de a ameaça de lesão ao direito pretensamente titularizado pelo impetrante ter-se convolado em dano concreto **não acarreta perda de objeto da ação**" (STF, MS 30260, Rel. Min. Cármen Lúcia, Tribunal Pleno, jul. 27.04.2011, *DJe* 29.08.2011).

Art. 462 do CPC. Mandado de Segurança preventivo. Aplicação. "Mandado de segurança preventivo. Decadência. Questões novas. Arts. 303, i, e 462 do CPC. – Aplicam-se ao mandado de segurança os arts. 303, i, e 462 do Código de Processo Civil. – Não se opera a decadência em *writ* preventivo pois que temida esta sempre presente, em um renovar constante" (STJ, REsp 39023/RS, Rel. Min. Cesar Asfor Rocha, 1ª Turma, jul. 23.05.1994, *DJ* 20.06.1994, p. 16059).

20. Justo receio. "'O justo receio' a que alude o art. 1º da Lei 1.533/51 para justificar a segurança há de revestir-se dos atributos da objetividade e da atualidade. Naquela, a ameaça deve ser traduzida por fatos e atos, e não por meras suposições, e nesta é preciso que exista no momento, não bastando tenha existido em outros tempos e desaparecido. Admissível a impetração do *writ* contra atos judiciais ainda quando não impugnados por recurso apropriado em casos excepcionais de decisões reconhecidamente teratológicas, proferidas com inafastável e desde logo perceptível ilegalidade ou abuso de poder" (TAMG, AgRg no MS 1.636, Rel. Juiz Hugo Bengtsson, 3ª Câmara, jul. 17.03.1987; *RT* 631/201).

"Revela-se justo o receio do contribuinte, nos termos do art. 1º da Lei 1.533/51, para fins de impetração de Mandado de Segurança Preventivo, posto considerar ilegal o débito na iminência de ser inscrito em dívida ativa e, posteriormente, passível de ser cobrado, via execução fiscal, pela entidade tributante. 2. A atividade vinculada da administração tributária sujeita-a a responsabilidade funcional, torna iminente a inscrição em dívida ativa e o ajuizamento da competente execução fiscal para satisfação do débito inscrito, e, *a fortiori*, justifica o *writ* preventivo. 3. O mandado de segurança preventivo, em regra, não se subsume ao prazo decadencial de 120 (cento e vinte) dias, na forma da jurisprudência desta Corte, porquanto o 'justo receio' renova-se enquanto o ato inquinado de ilegal pode vir a ser perpetrado (Precedentes: REsp 539.826/RS, Rel. Min. Teori Albino Zavascki, *DJU* 11.10.2004; REsp 485.581/RS, deste Relator, *DJU* 23.06.2003; REsp 228.736/SP, Rel. Min. Milton Luiz Pereira, *DJU* 15.04.2002; e RMS nº 11.351/RN, 1ª Turma, Rel. Min. Garcia Vieira, *DJ* 20.08.2001)" (STJ, REsp 768.523/RJ, Rel. Min. Luiz Fux, 1ª Turma, jul. 02.10.2007, *DJe* 28.05.2008).

21. Competência para julgamento. "A competência para julgar mandado de segurança define-se pela categoria da autoridade coatora e pela sua sede funcional" (STJ, CC 18894/RN, Rel. Min. Antônio de Pádua Ribeiro, 1ª Seção, jul. 28.05.1997, *DJ* 23.06.1997, p. 29.033).

"A competência para julgar o mandado de segurança **é definida pelos envolvidos**. Impetrado contra Secretário de Controle Externo do Tribunal de Contas da União em certa unidade federada, descabe versar sobre a competência do Supremo Tribunal Federal" (STF, MS-AgRg 24652/DF, Rel. Min. Carlos Britto, Tribunal Pleno, jul. 16.10.2003, *DJ* 14.11.2003, p. 12).

"Nos termos do artigo 105, I, a competência do Superior Tribunal de Justiça para julgamento dos mandados de segurança contra ato de Ministro de Estado, dos Comandantes da Marinha, do Exército e da Aeronáutica ou do próprio Tribunal. 2. Preliminar de incompetência rejeitada. (...) Com o advento da Emenda Constitucional nº 45, ampliou-se a competência da Justiça do Trabalho, a qual passou a processar e julgar mandado de segurança quando a matéria envolvida for trabalhista. Passaram a existir, então, 2 (dois) critérios para a fixação de competência no mandado de segurança: a qualificação da autoridade coatora e a matéria envolvida na demanda. O critério da categoria da autoridade deve prevalecer sobre o critério da matéria" (STJ, AgRg no MS 8.909/DF, Rel.ª Min.ª Eliana Calmon, Rel. p/ ac. Min. Castro Meira, 1ª Seção, jul. 27.02.2008, *DJe* 29.09.2008).

Ato do Presidente do Banco Central. "Com a vigência do art. 9º da Lei Complementar n. 179/2021, o cargo de Presidente do Banco Central do Brasil deixou de receber tratamento equivalente ao de Ministro de Estado, razão pela qual este Tribunal Superior é incompetente para apreciar *mandamus* voltado a questionar suas decisões. O art. 12 do Decreto n. 10.789/2021 não autoriza interpretação diversa, porquanto, à vista dos arts. 48, XI e 88 da Constituição da República, exige-se lei em sentido formal para atribuir status de Ministro de Estado, razão pela qual destacada previsão regulamentar não atrai a competência originária do Superior Tribunal de Justiça. Incompetência desta Corte. Remessa dos autos ao juízo competente" (STJ, MS, 28.245/DF, Rel. Min. Regina Helena Costa, Primeira Seção, jul. 09.08.2023, *DJe* 15.08.2023).

Instituições de ensino superior. "A Primeira Seção do STJ, no CC n. 108.466/RS, de Relatoria do Exmo. Ministro Castro Meira, julgado em 10 de fevereiro de 2010, nos processos que envolvem o ensino superior, fixou regras de competência em razão da natureza do instrumento processual utilizado. Portanto, em se tratando de mandado de segurança, **a competência será federal, quando a impetração voltar-se contra ato de dirigente de universidade pública federal ou de universidade de particular;** ao revés, **será estadual quando o *mandamus* for impetrado contra dirigentes de universidades públicas estaduais e municipais**, componentes do sistema estadual de ensino. Em outro passo, se forem ajuizadas ações de conhecimento, cautelares ou quaisquer outras de rito especial, que não o mandado de segurança, a competência será federal quando a ação indicar no polo passivo a União ou quaisquer de suas autarquias (art. 109, I, da CF/88); será de competência estadual, entretanto, quando o ajuizamento voltar-se contra entidade estadual, municipal ou contra instituição particular de ensino" (STJ, REsp 1.295.790/PE, Rel. Min. Mauro Campbell Marques, 2ª Turma, jul. 06.11.2012, *DJe* 12.11.2012).

Convenção partidária. Escolha de candidatos. Anulação. Competência da justiça eleitoral. "Compete à Justiça Eleitoral decidir as causas em que a análise da controvérsia é capaz de produzir reflexos diretos no processo eleitoral, a exemplo da hipótese em que se questiona a validade de convenção partidária na qual são escolhidos os candidatos ao pleito, com posterior registro de candidatura. Precedentes do Tribunal Superior Eleitoral." (STJ, CC 148.693/BA, Rel. Min. Ricardo Villas Bôas Cueva, 2ª Seção, jul. 14.12.2016, *DJe* 19.12.2016)

22. Juizados Especiais. Mandado de Segurança. Controle de competência. "'A jurisprudência do STJ admite a impetração de mandado de segurança para que o Tribunal de Justiça exerça o controle da competência dos Juizados Especiais Cíveis e Criminais, **vedada a análise do mérito do processo subjacente**' (RMS 33.155/MA, Rel. Min. Maria Isabel Gallotti, 4ª Turma, *DJe* 29.8.2011)." (STJ, RMS 53.227/RS, Rel. Min. Herman Benjamin, 2ª Turma, jul. 27.06.2017, *DJe* 30.06.2017). **No mesmo sentido:** STJ, RMS 37959/BA, Rel. Min. Herman Benjamin, 2ª Turma, jul. 17.10.2013, *DJe* 06.12.2013; STJ, RMS 17.524/BA, Rel.ª Min.ª Nancy Andrighi, Corte Especial, jul. 02.08.2006, *DJ* 11.09.2006, p. 211).

"Em que pese o STJ já ter fixado, por ocasião do julgamento do RMS nº 17.524/BA, que é possível promover, pela via do mandado de segurança, **o controle de competência dos juizados especiais**, tal *writ* tem de se dirigir ao Tribunal ao qual está vinculado o juízo que praticou o ato reputado lesivo. Assim, se a decisão provém do Juizado Especial Estadual, **é o Tribunal de Justiça do respectivo Estado** quem deve apreciar a sua legalidade. Recurso ordinário a que se nega provimento" (STJ, RMS 24.014/MG, Rel.ª Min.ª Nancy Andrighi, 3ª Turma, jul. 21.02.2008, *DJe* 10.03.2008).

"Em razão da taxatividade da competência deste Supremo Tribunal em sede de mandado de segurança (alínea *d* do inciso I do art. 102), **é da própria Turma Recursal a competência para julgar ações mandamentais impetradas contra seus atos.** Precedentes. O risco de perecimento do direito justifica a remessa dos autos à Corte competente para o feito. Pelo que é de se rever posicionamento anterior que, fundado na especialidade da norma regimental, vedava o encaminhamento do processo ao órgão competente para sua análise" (STF, MS-ED 25.087/SP, Rel. Min. Carlos Britto, Tribunal Pleno, jul. 21.09.2007, *DJ* 11.05.2007).

"Processual civil. Mandado de segurança impetrado contra acórdão de Juizado Especial Cível. Incompetência declarada pelo Tribunal de Justiça. Extinção do processo. Necessidade de envio ao órgão jurisdicional competente. CPC, art. 113, § 2º, I. Conquanto correto o entendimento do Tribunal de Justiça no sentido de ser incompetente para processar e julgar mandado de segurança impetrado contra acórdão emanado de Juizado Especial Cível, cabe-lhe indicar o órgão jurisdicional competente e fazer o envio respectivo dos autos, e não meramente extinguir a inicial do *writ*. Recurso ordinário parcialmente provido" (STJ, RMS 14.891/BA, Rel. Min. Aldir Passarinho Junior, 4ª Turma, jul. 06.11.2007, *DJ* 03.12.2007, p. 305).

Recurso ordinário em Mandado de Segurança. "Min.ª Relatora: O mandado de segurança, inicialmente impetrado, não tem viabilidade, porquanto ataca decisão de Turma Recursal relativa a pedido de assistência judiciária gratuita, questão que não se confunde com o precedente citado pelo agravante, onde se buscava, por meio de mandado de segurança, promover controle de competência dos Juizados Especiais Cíveis. Min. Humberto Gomes de Barros: **Nossa jurisprudência diz que ao STJ não cabe julgar recurso ordinário em Mandado de Segurança contra decisões de Turma Recursal de Juizado Especial, porque, apesar de serem órgãos de segundo grau, não são propriamente Tribunais** (CF, Art. 105, II, b). Nesse sentido: RMS nº 22836/Humberto Martins, RMS nº 19882/Noronha, RMS nº 17254/Gonçalves, dentre outros. Logo, se não cabe o recurso ordinário (ou não temos competência para julgá-lo), também é totalmente inviável o agravo de instrumento contra a negativa de seguimento e não há espaço para fungibilidade" (STJ, AgRg nos EDcl no Ag. 815341/RJ, Rel.ª Min.ª Nancy Andrighi, 3ª Turma, jul. 28.08.2007, *DJ* 17.09.2007, p. 259).

Obs.: Ver Súmula 376 do STJ.

23. Fato consumado. "Em situações diversas e opostas, essa Corte já decidiu que '(...) Merece censura o ato administrativo que não guarde uma proporção adequada entre os meios que emprega e o fim que a lei almeja alcançar. Isto porque a razoabilidade encontra ressonância na ajustabilidade da providência administrativa consoante o consenso social acerca do que é usual e sensato. Razoável é conceito que se infere *a contrario sensu*; vale dizer, escapa à razoabilidade 'aquilo que não pode ser' (REsp 658458/PR, Relator Min. Luiz Fux, *DJ* 27.06.2005)" (STJ, REsp 1.044.875/PR, Rel. Min. Luiz Fux, 1ª Turma, jul. 10.03.2009, *DJe* 26.03.2009). Precedentes citados: STJ, REsp 686991/RO, *DJ* 17.06.2005; STJ, REsp 584.457/DF, *DJ* 31.05.2004; STJ, REsp 601499/RN, *DJ* 16.08.2004; STJ, REsp 584.457/DF, *DJ* 31.05.2004; STJ, REsp 611394/RN, *DJ* 31.05.2004. **Nesse sentido**: "O Poder Judiciário não pode substituir a banca examinadora na análise do mérito das questões em concurso público, salvo se a questão impugnada pelo candidato apresentar-se dissociada dos pontos constantes do edital ou teratológica. Todavia, ainda que a instância ordinária incida em desacerto, a Primeira Seção desta Corte Superior tem entendido que as situações consolidadas pelo decurso de tempo devem ser respeitadas, sob pena de se causar à parte excessivo prejuízo. Trata-se da aplicação da teoria do fato consumado, que privilegia o princípio da segurança jurídica e a estabilidade nas relações sociais. A teoria do fato consumado, contudo, não pode ser aplicada indiscriminadamente sem uma análise sobre as particularidades de cada caso. Há situações onde o princípio da boa-fé objetiva impõe o seu afastamento. A título de exemplo, não se poderia considerar consolidada uma situação de fato resultado de conduta antijurídica premeditada. O Direito não pode premiar a torpeza" (STJ, REsp 1130985/PR, Rel. Min. Humberto Martins, 2ª Turma, jul. 17.12.2009, *DJe* 19.02.2010).

Fato consumado. Lei superveniente. Não aplicação do art. 462 do CPC. "Em mandado de segurança não se aplica preceito de lei superveniente à impetração. O ato impugnado tem como parâmetro obrigatório a legislação em vigor ao tempo de sua expedição. Agravo regimental a que se nega provimento" (STF, RE 457508 AgR, Rel. Min. Eros Grau, 2ª Turma, jul. 14.08.2007, *DJe* 21.09.2007).

24. Desistência da ação. "O impetrante pode desistir do Mandado de Segurança a qualquer tempo, independente da manifestação do impetrado, máxime quando a sentença lhe é favorável, sendo, portanto, inaplicável o disposto no art. 267, § 4º, do CPC. 2. 'O pedido de desistência de Mandado de Segurança independe da aquiescência das autoridades apontadas como coatoras, eis que se revela inaplicável à ação de Mandado de Segurança a norma inscrita no CPC, art. 267, § 4º' (STF, MS nº 22129-1-DF)" (STJ, REsp 930.952/RJ, Rel. Min. José Delgado, Rel. p/ ac. Min. Luiz Fux, 1ª Turma, jul. 12.05.2009, *DJe* 17.06.2009). **Precedentes citados:** STJ, Pet. 4375/PR, Rel. Min. João Otávio de Noronha, 1ª Seção, *DJ* 18.09.2006; STJ, AgRg no REsp 389638/PR; Rel. Min. Castro Meira, *DJ* 20.02.2006; STJ, AgRg no REsp 600724/PE; *DJ* 28.06.2004; STJ, REsp 373619/MG, Rel. Min. Humberto Gomes de Barros, *DJ* 15.12.2003; STJ, REsp 440019/RS, Rel. Min. Felix Fischer, *DJ* 24.02.2003; STJ, AROMS 12394/MG, Rel. Min. Hamilton Carvalhido, *DJ* 25.02.2002; STJ, REsp 61244/RJ, Rel. Min. Antônio de Pádua Ribeiro, *DJ* 14.04.1997.

Desistência após a prolação da sentença. Possibilidade. "O Supremo Tribunal Federal, no julgamento do RE 669.367/RJ, Relatora p/ acórdão a Ministra Rosa Weber, submetido ao regime de repercussão geral, firmou entendimento no sentido de que o impetrante pode desistir de Mandado de Segurança, nos termos do art. 267, VIII, do CPC, a qualquer tempo, sem anuência da parte contrária, mesmo após a prolação de sentença de mérito" (STJ, AgRg no REsp 1127391/DF, Rel.ª Min.ª Assusete Magalhães, 6ª Turma, jul. 11.02.2014, *DJe* 11.03.2014). **No mesmo sentido:** STJ, REsp 15532/SP, Rel.ª Min.ª Eliana Calmon, 2ª Turma, jul. 10.12.2013, *DJe* 18.12.2013; STF, RE 521359 ED-AgR, Rel. Min. Celso De Mello, 2ª Turma, jul. 22.10.2013, *DJe* 02.12.2013. **Em sentido contrário:** "O Superior Tribunal de Justiça pacificou o entendimento de que não é possível a desistência do mandado de segurança em momento posterior à prolação da sentença, sem anuência do impetrado" (STJ, AgRg no AgRg no REsp 664.355/SP, Rel. Ministro Humberto Martins, 2ª Turma, jul. 14.12.2010, *DJe* 04.02.2011). **No mesmo sentido:** STJ, REsp 1.296.778/GO, Rel. Min. Mauro Campbell Marques, 2ª Turma, jul. 16.10.2012, *DJe* 24.10.2012.

25. Mandado de Segurança. Homologação de pedido de desistência. Possibilidade. "A jurisprudência do Supremo Tribunal Federal firmou entendimento no sentido da possibilidade de homologação, a qualquer tempo, de pedido de desistência de mandado de segurança, ainda que tenha sido proferida decisão de mérito" (STF, RE 231509 AgR-AgR, Rel. Min. Cármen Lúcia, 1ª Turma, jul. 13.10.2009, *DJe* 12.11.2009).

26. Mandado de segurança. Reiteração. Impossibilidade. Reclamação. "O impetrante se insurge contra o que entende ser ato ilegal da autoridade coatora, consistente na desobediência da ordem contida na decisão judicial (transitada em julgado em 12/9/2014) proferida no Mandado de Segurança 18.138/DF, ao argumento de que a determinação foi cumprida de forma errônea, o que resultou em manutenção da ilegalidade anteriormente perpetrada. **A via mandamental não se mostra adequada para se obter a execução de título judicial transitado em julgado proferido pelo Superior Tribunal de Justiça e**

ao qual a Administração teria negado autoridade. O remédio jurídico para dar cumprimento ao comando do julgado é a Reclamação, cujo escopo é justamente a preservação da autoridade das decisões deste Tribunal. É bom ressaltar que não se trata de mero formalismo, a olvidar da função instrumental do processo. Há consequências práticas importantes, como a prevenção da relatoria da causa principal para o exame do caso. Somente quem proferiu decisão com trânsito em julgado pode esclarecer o real conteúdo e alcance do comando, no caso de dúvida acerca do seu cumprimento integral." (STJ, MS 21.702/DF, Rel. Min. Og Fernandes, 1ª Seção, jul. 26.08.2015, *DJe* 16.09.2015)

27. Direito individual. Requisito. "Improcede o argumento de que a impetrante estaria atuando na defesa da 'saúde física e mental da população brasileira'. Com efeito, o Mandado de Segurança não é sucedâneo de Ação Popular ou de Ação Civil Pública. 6. A inexistência de direito individual a ser protegido por Mandado de Segurança conduz ao reconhecimento da ilegitimidade ativa da impetrante e da inadequação da via eleita. 7. Mandado de Segurança extinto, sem exame do mérito" (STJ, MS 10530/DF, Rel. Min. Herman Benjamin, 1ª Seção, jul. 14.10.2009, *DJe* 23.10.2009).

28. Prorrogação de contrato administrativo. "Mandado de Segurança. Acórdão do Tribunal de Contas da União, que determinou a não prorrogação de contrato administrativo. Inexistência de direito líquido e certo. Violação das garantias do contraditório e da ampla defesa não configurada. Não há direito líquido e certo à prorrogação de contrato celebrado com o Poder Público. Existência de mera expectativa de direito, dado que a decisão sobre a prorrogação do ajuste se inscreve no âmbito da discricionariedade da Administração Pública" (STF, MS 26250, Rel. Min. Ayres Britto, Tribunal Pleno, jul. 17.02.2010, *DJe*-045).

29. Assistência. Descabimento. "Consolidação da jurisprudência do Supremo Tribunal Federal no sentido de não ser admissível assistência em mandado de segurança, porquanto o art. 19 da Lei 1.533/51, na redação dada pela Lei 6.071/74, restringiu a intervenção de terceiros no procedimento do *writ* ao instituto do litisconsórcio" (STF, SS 3273 AgR, Rel. Min. Ellen Gracie, Tribunal Pleno, jul. 16.04.2008, *DJe* 20.06.2008).

30. Reforma agrária. "O postulado constitucional do *due process of law*, em sua destinação jurídica, também está vocacionado a proteção da propriedade. Ninguém será privado de seus bens sem o devido processo legal (CF, art. 5º, LIV). A união federal – mesmo tratando-se de execução e implementação do programa de reforma agrária – não está dispensada da obrigação de respeitar, no desempenho de sua atividade de expropriação, por interesse social, os princípios constitucionais que, em tema de propriedade, protegem as pessoas contra a eventual expansão arbitraria do poder estatal. A cláusula de garantia dominial que emerge do sistema consagrado pela constituição da república tem por objetivo impedir o injusto sacrifício do direito de propriedade" (STF, MS 22.164, Rel. Min. Celso de Mello, Tribunal Pleno, jul. 30.10.1995, *DJ* 17.11.1995).

Notificação prévia e pessoal a vistoria. "A notificação a que se refere o art. 2º, par. 2º, da lei n. 8.629/93, para que se repute valida e possa consequentemente legitima eventual declaração expropriatória para fins de reforma agrária, há de ser efetivada em momento anterior ao da realização da vistoria. Essa notificação previa somente considerar-se-á regular, quando comprovadamente realizada na pessoa do proprietário do imóvel rural, ou quando efetivada mediante carta com aviso de recepção firmado por seu destinatário ou por aquele que disponha de poderes para receber a comunicação postal em nome do proprietário rural, ou, ainda, quando procedida na pessoa de representante legal ou de procurador regularmente constituído pelo *dominus*. O descumprimento dessa formalidade essencial, ditada pela necessidade de garantir ao proprietário a observância da cláusula constitucional do devido processo legal, importa em vício radical. Que configura defeito insuperável, apto a projetar-se sobre todas as fases subsequentes do procedimento de expropriação, contaminando-as, por efeito de repercussão causal, de maneira irremissível, gerando, em consequência, por ausência de base jurídica idônea, a própria invalidação do decreto presidencial consubstanciador de declaração expropriatória" (STF, MS 22164, Rel. Min. Celso de Mello, Tribunal Pleno, jul. 30.10.1995, *DJ* 17.11.1995).

31. Compensação tributária. "O mandado de segurança é instrumento adequado à declaração do direito de compensação de tributos indevidamente pagos (Súmula 213/STJ), desde que não implique na produção de efeitos patrimoniais pretéritos, os quais devem ser reclamados administrativamente ou pela via judicial própria (Súmula 271/STF)" (STJ, RMS 24.865/MT, Rel. Min. Luiz Fux, 1ª Turma, jul. 10.08.2010, *DJe* 26.08.2010).

Comprovação do efetivo recolhimento a maior. "(...) Acórdão submetido ao regime do art. 1.036 do Código Fux, fixando-se a seguinte tese, apenas explicitadora do pensamento zavaskiano consignado no julgamento REsp. 1.111.164/BA: (a) tratando-se de Mandado de Segurança impetrado com vistas a declarar o direito à compensação tributária, em virtude do reconhecimento da ilegalidade ou inconstitucionalidade da exigência da exação, independentemente da apuração dos respectivos valores, é suficiente, para esse efeito, a comprovação de que o impetrante ocupa a posição de credor tributário, visto que os comprovantes de recolhimento indevido serão exigidos posteriormente, na esfera administrativa, quando o procedimento de compensação for submetido à verificação pelo Fisco; e (b) tratando-se de Mandado de Segurança com vistas a obter juízo específico sobre as parcelas a serem compensadas, com efetiva investigação da liquidez e certeza dos créditos, ou, ainda, na hipótese em que os efeitos da sentença supõem a efetiva homologação da compensação a ser realizada, o crédito do contribuinte depende de quantificação, de modo que a inexistência de comprovação cabal dos valores indevidamente recolhidos representa a ausência de prova pré-constituída indispensável à propositura da ação." (STJ, REsp 1715256/SP, Rel. Min. Napoleão Nunes Maia Filho, 1ª Seção, jul. 13.02.2019, *DJe* 11.03.2019). **Obs.: decisão submetida ao rito dos recursos repetitivos.**

Direito à compensação. Declaração. Valores recolhidos anteriormente à impetração não atingidos pela prescrição. Aproveitamento. Possibilidade. "O reconhecimento do direito à compensação de eventuais indébitos recolhidos anteriormente à impetração ainda não atingidos pela prescrição não importa em produção de efeito patrimonial pretérito, vedado pela Súmula 271 do STF, visto que não há quantificação dos créditos a compensar e, por conseguinte, provimento condenatório em desfavor da Fazenda Pública à devolução de determinado valor, o qual deverá ser calculado posteriormente pelo contribuinte e pelo fisco no âmbito administrativo segundo o direito declarado judicialmente ao impetrante" (STJ, EREsp 1.770.495/RS, Rel. Min. Gurgel de Faria, 1ª Seção, jul. 10.11.2021, *DJe* 17.12.2021).

32. Concurso público:

Aprovação fora do número de vagas. Expectativa de direito à nomeação. "É firme a jurisprudência do Superior Tribunal de Justiça, respaldada pelo Supremo Tribunal Federal, no sentido de que 'os candidatos classificados em concurso público fora do número de vagas previstas no edital possuem mera expectativa de direito à nomeação, apenas adquirindo esse direito caso haja comprovação do surgimento de novas vagas durante o prazo de validade do concurso público, bem como o interesse da Administração Pública em preenchê-la' (RMS 37.598/DF, Rel. Min. Benedito Gonçalves, Primeira Turma, *DJe* 24/9/12). (...). Não há falar em direito à nomeação em virtude do surgimento de vaga no curso do certame, visto que a vacância ora pleiteada surgiu em 6/5/10, ou seja, mais de cinco anos após o término do prazo de sua validade. Outrossim, a medida liminar, na qual se ampara o recorrente, foi concedida após o término do prazo de validade do concurso, razão pela qual não há como reconhecer-lhe a força de suspender o certame" (STJ, AgRg no RMS 38854/DF, Rel. Min. Arnaldo Esteves Lima, 1ª Turma, jul. 25.06.2013, *DJe* 02.08.2013).

"Dispondo o edital que os candidatos que não se classificassem dentro do número de vagas previsto em edital, não seguindo à fase subsequente de curso de formação, estariam automaticamente reprovados" (STJ, AgRg no RMS 40747/DF, Rel. Min. Mauro Campbell Marques, 2ª Turma, jul. 07.11.2013, *DJe* 18.11.2013).

Aprovação dentro do número de vagas previsto em edital. Direito subjetivo a nomeação e posse dentro do prazo de validade do certame. "Esta Corte Superior adota entendimento segundo o qual a regular aprovação em concurso público em posição classificatória compatível com as vagas previstas em edital confere ao candidato direito subjetivo a nomeação e posse dentro do período de validade do certame. Correto, portanto, o acórdão recorrido quando afasta a ilegalidade pois o certame estaria dentro do prazo de validade, de modo que o preenchimento das vagas anunciadas no edital deve atender aos critérios de conveniência e oportunidade da Administração Pública, desde que, necessariamente, ocorram a nomeação e posse até 1º.2.2011" (STJ, RMS 31.876, Rel. Min. Mauro Campbell Marques, 2ª Turma, jul. 04.11.2010, *DJe* 12.11.2010). **No mesmo sentido**: STF, RE 607590 AgR, Rel. Min. Roberto Barroso, 1ª Turma, jul. 11.03.2014, *DJe* 09.04.2014; STJ, AgRg no RMS 33716/SP, Rel. Min. Arnaldo Esteves Lima, 1ª Turma, jul. 24.09.2013, *DJe* 04.12.2013. **Em sentido contrário:** "A jurisprudência deste Superior Tribunal é firme no sentido de que o candidato aprovado em concurso público, dentro do número de vagas previstas no edital, possui expectativa de direito à nomeação no período de validade do certame. A expectativa de direito, todavia, convola-se em direito subjetivo à nomeação quando, na vigência do concurso, a Administração realiza contratações temporárias para o exercício do cargo, demonstrando, desse modo, a necessidade permanente de preenchimento da referida vaga, do que decorre o direito líquido e certo do candidato regularmente aprovado à nomeação" (STJ, AgRg no RMS 26723/RS, Rel. Min. Og Fernandes, 6ª Turma, jul. 20.08.2013, *DJe* 06.09.2013).

Aprovação dentro do número de vagas. Realização de outro certame. Direio líquido e certo. "Há direito líquido e certo quando o candidato é aprovado dentro do número de vagas e outro certame é aberto para preenchimento das mesmas vagas, antes de o prazo de validade do concurso anterior expirar" (STJ, AgRg no REsp 1384295/MS, Rel. Min. Herman Benjamin, 2ª Turma, jul. 17.10.2013, *DJe* 06.12.2013).

"**Aprovação além do número de vagas inicialmente previstas no edital. Surgimento de vagas durante a validade do certame**. Direito líquido e certo à nomeação, que só pode ser negado por ato motivado da Administração. Indisponibilidade orçamentária afastada à vista da peculiar circunstância de que o recorrente já é servidor público do Tribunal de Justiça do Estado de Rondônia, percebendo proventos superiores do do cargo para o qual foi aprovado. Recurso ordinário conhecido e provido" (STJ, RMS 39.109/RO, Rel. Min. Ari Pargendler, 1ª Turma, jul. 21.11.2013, *DJe* 03.12.2013).

Prorrogação do concurso. Ato discricionário da Administração. "A jurisprudência desta Corte é pacífica ao afirmar se tratar de decisão discricionária da Administração a questão relativa à prorrogação ou não de concurso público. Precedentes" (STF, RE 607590 AgR, Rel. Min. Roberto Barroso, 1ª Turma, jul. 11.03.2014, *DJe* 09.04.2014).

Posse com liminar. Situação jurídica consolidada. Segurança jurídica. Ampla defesa. "Candidato a concurso público, aprovado, nomeado e empossado por força de liminar em mandado de segurança. Com a segurança denegada por sentença transitada em julgado, catorze anos depois da posse e quatro anos do trânsito em julgado, foi tornada sem efeito a nomeação sem processo, defesa ou contraditório. A Primeira Seção, por ocasião do julgamento do Mandado de Segurança nº 15.470/DF (Rel. Ministro Luiz Fux, Rel. p/ Acórdão Ministro Arnaldo Esteves Lima, Primeira Seção, julgado em 14/03/2011, *DJe* 24/05/2011), em situação análoga, entendeu ser necessário **para tornar sem efeito a nomeação, procedimento administrativo assegurando-se ampla defesa e contraditório**. Afastada a Teoria do Fato Consumado. Precedentes. **Avanço maior da jurisprudência para contemplar, em definitivo, mas de forma excepcionalíssima, a situação fática consolidada**. Segurança concedida, para anular o ato administrativo" (STJ, MS 15471/DF, Rel. Min.ª Eliana Calmon, 1ª Seção, jul. 26.06.2013, *DJe* 02.08.2013).

Cadastro de reserva. Contratação precária de terceiros. Decreto de calamidade pública. Preterição. Inocorrência. "(...) a prova dos autos demonstra que as contratações temporárias foram motivadas por situação de calamidade pública (art. 37, IX, CF/88), hipótese que gera ao Estado uma vinculação jurídica precária, bastante diferente daquela mantida com o servidor efetivo, de natureza permanente. Precedente. (...) Nesse panorama, não há prova cabal de que tenha havido preterição da impetrante, de modo que não ostenta direito líquido e certo à nomeação" (STJ, RMS 39271/TO, Rel. Min. Herman Benjamin, 2ª Turma, jul. 15.10.2013, *DJe* 22.10.2013).

33. Interrupção e suspensão do prazo prescricional. "O entendimento jurisprudencial desta Casa Julgadora firmou-se na linha de que a impetração do mandado de segurança interrompe/suspende o fluxo do prazo prescricional, de forma que o prazo para ajuizamento da ação de cobrança das parcelas pretéritas ao seu ajuizamento somente se reinicia após o trânsito em julgado do *mandamus*" (STJ, AgRg no REsp 1294191/GO, Rel. Min. Diva Malerbi, 2ª Turma, jul. 13.11.2012, *DJe* 23.11.2012).

Mandado de segurança. Bolsista do CNPQ. Obrigação de retornar ao País. Inocorrência de prescrição. "O beneficiário de bolsa de estudos no exterior patrocinada pelo Poder Público, não pode alegar desconhecimento de obrigação constante no contrato por ele subscrito e nas normas do órgão provedor. Precedente: MS 24.519, Rel. Min. Eros Grau. Incidência, na espécie, do disposto no art. 37, § 5º, da Constituição Federal, no tocante à alegada prescrição. Segurança denegada" (STF, MS 26210/DF, Rel. Min. Ricardo Lewandowski, Tribunal Plano, jul. 04.09.2008, *DJe* 10.10.2008).

Candidato nomeado para cargo público com amparo em medida judicial precária. Aposentadoria do impetrante. "A legislação federal estabelece a cassação da aposentadoria apenas nos casos de demissão do servidor público e de acumulação ilegal de cargos (arts. 133, § 6º, e 134 da Lei 8.112/1990), não havendo, portanto, respaldo legal para impor a mesma penalização quando o exercício do cargo é amparado por decisões judiciais precárias e o servidor se aposenta por tempo de contribuição durante esse exercício após legítima contribuição ao sistema" (STJ, MS 20.558/DF, Rel. Min. Herman Benjamin, 1ª Seção, jul. 22.02.2017, *DJe* 31.03.2017).

34. Legitimidade ativa. Tribunal de Contas da União. "O Tribunal de Contas do Distrito Federal é órgão constitucional a quem se atribui, por exceção, personalidade judiciária para defesa de suas prerrogativas e competências exatamente pela possibilidade de litígio com outros órgãos igualmente elevados do Poder Público que pertençam à mesma pessoa política" (STJ, REsp 1305834/DF, Rel. Min. Herman Benjamin, 2ª Turma, jul. 22.11.2016, *DJe* 30.11.2016).

"Este Tribunal admite a legitimidade passiva do Tribunal de Contas da União em mandado de segurança quando, a partir de sua decisão, for determinada a exclusão de um direito. Precedentes" (STF, MS 34729 – AgR, Rel. Min. Edson Fachin, 2ª Turma, jul. 15.03.2019, *DJe* 25.03.2019. **No mesmo sentido**: STF, AgR 36465, Rel. Min. Edson Fachin, 2ª Turma, jul. 13.08.2019, *DJe* 23.09.2019.

35. Defesa judicial das prerrogativas institucionais. Mandado de segurança. Cabimento. Atribuição não exclusiva do Defensor-Geral. "O Defensor Público, atuando em nome da Defensoria Pública, possui legitimidade para impetrar mandado de segurança em defesa das funções institucionais e prerrogativas de seus órgãos de execução, nos termos do artigo 4º, IX, da Lei Complementar nº 80/94, atribuição não conferida exclusivamente ao Defensor Público-Geral" (STJ, RMS 64.917/MT, Rel. Min. Maria Isabel Gallotti, 4ª Turma, jul. 07.06.2022, *DJe* 10.06.2022).

36. Impetrante pessoa jurídica. Substitutivo de *habeas corpus*. Possibilidade. "O Superior Tribunal de Justiça declarou-se absolutamente incompetente para processar e julgar mandado de segurança impetrado naquela Corte contra ato da 1ª Câmara Criminal do Tribunal de Justiça do Estado de Mato Grosso do Sul, pelo qual mantida a responsabilização da pessoa jurídica ora agravante por crime ambiental. Não podendo a pessoa jurídica lançar mão do *habeas corpus*, instrumento processual destinado à tutela da liberdade de locomoção, o remédio constitucional subsidiariamente cabível para fazer cessar lesão ou ameaça de lesão a direito por parte do Poder Público, inclusive em sede de ação penal por crime ambiental, é o mandado de segurança. As hipóteses de impetração do mandado de segurança no âmbito do Superior Tribunal de Justiça estão definidas, *numerus clausus*, no art. 105, inc. I, al. 'b' da CRFB, não sendo aquela Corte competente para julgar mandado de segurança impetrado contra atos emanados de outros tribunais. Precedentes. O direito da pessoa jurídica à impetração de mandado de segurança como substitutivo do *habeas corpus* não dispensa a observância das regras de repartição de competência jurisdicional constitucionalmente fixadas" (STF, RMS 39.028 AgR, Rel. Min. André Mendonça, 2ª Turma, jul. 21.11.2023, *DJe* 06.12.2023).

Art. 2º Considerar-se-á federal a autoridade coatora se as consequências de ordem patrimonial do ato contra o qual se requer o mandado houverem de ser suportadas pela União ou entidade por ela controlada.

JURISPRUDÊNCIA SELECIONADA

1. Autoridade federal. Exercício de função federal delegada. "Mandado de segurança contra ato de dirigente de concessionária de serviço público de energia elétrica. Conforme o art. 109, VIII, da Constituição, compete à Justiça Federal processar e julgar os mandados de segurança contra ato de autoridade federal, considerando-se como tal também o agente de entidade particular quanto a atos praticados no exercício de função federal delegada" (STJ, CC 41.029/RS, Rel. Min. Luiz Fux, Rel. p/ ac. Min. Teori Albino Zavascki, 1ª Seção, jul. 14.02.2005, *DJ* 21.03.2005, p. 206).

2. Autoridade federal. Corregedor. "Não pode ser identificado como de autoridade federal para os efeitos do art. 2º da Lei nº 1.533/51 o ato do Corregedor que determinou averbação para impedir lavratura de escritura e registro imobiliário em decorrência de ofício recebido da Juíza Federal de São Paulo dando conta de decisão proferida em ação civil pública. No caso, o ato praticado independe daquele originário da Juíza Federal, que não é questionado, porque independente, podendo por ele próprio ser reformado, porquanto somente poderia ser cumprida decisão de Juiz oriundo de outra comarca por meio de carta precatória" (STJ, REsp 552.630/DF, Rel. Min. Carlos Alberto Menezes Direito, 3ª Turma, jul. 04.11.2004, *DJ* 14.03.2005, p. 322).

Greve de servidor público. Competência. "O Superior Tribunal de Justiça é competente para julgar direito de greve de servidor público, tendo em conta que o Supremo Tribunal Federal, ao apreciar simultaneamente os Mandados de Injunção n. 670/ES, 708/DF e 712/PA, fixou a competência desta Corte para decidir as ações ajuizadas visando ao exercício do direito de greve dos servidores públicos civis, quando a paralisação for de âmbito nacional ou abranger mais de uma unidade da federação. O *mandamus* tem nítido caráter preventivo, buscando a concessão da ordem para 'declarar a legalidade da greve deflagrada pelos filiados aos Impetrantes e para impedir que as Autoridades impetradas apliquem o Decreto n. 1480/95 e lancem mão de qualquer medida punitiva em desfavor dos servidores grevistas'" (STJ, MS 15.339/DF, Rel. Min. Humberto Martins, 1ª Seção, jul. 29.09.2010, *DJe* 13.10.2010).

3. Conflito de competência:

Justiça Federal *x* Justiça Estadual. "Mandado de segurança. Ato de autoridade municipal. Decisão do juízo federal reconhecendo a ausência de interesse do conselho regional de engenharia, arquitetura e agronomia de são Paulo – CREA/SP. Incidência das súmulas 150 e 254/STJ. Competência da justiça comum estadual. Trata-se de mandado de segurança impetrado pelo Sindicato dos Técnicos Industriais de Nível Médio do Estado de São Paulo – SINTEC/SP **contra ato do Diretor do Departamento de Obras da Prefeitura do Município de Campo Limpo Paulista, consubstanciado na negativa de receber, analisar e aprovar projetos de desdobro de lote urbano elaborados por técnicos industriais.** Na hipótese, o Juízo Federal suscitado, com respaldo na sua competência para deliberar acerca da existência ou não de interesse de ente federal, concluiu pela inexistência de interesse do Conselho Regional de Engenharia, Arquitetura e Agronomia de São Paulo – CREA/SP para integrar o polo passivo da impetração, razão pela qual não há como afastar a competência estadual, a teor do que enuncia as Súmulas 150 e 254 do Superior Tribunal de Justiça. Conflito de competência conhecido para declarar a competência do Juízo Estadual, o suscitante" (STJ, CC 91264/SP, Rel. Min. Mauro Campbell Marques, 1ª Seção, jul. 28.10.2009, *DJe* 06.11.2009).

Matrícula de aluno. Universidade não federal. Competência da Justiça Estadual. "A Primeira Seção desta Corte, no julgamento do CC 38.130/SP, Rel. Min. Teori Albino Zavascki, *DJ* de 13.10.2003, firmou entendimento no sentido de que, em se tratando de ação diversa à do mandado de segurança, a competência para o seu processamento e julgamento, quando se discute a matrícula de aluno em entidade de ensino particular, é da Justiça Estadual, portanto inexistentes quaisquer dos entes elencados no art. 109 da CF/88. Sendo a hipótese de ação ordinária contra instituição estadual de ensino superior, e não integrando a lide nenhum ente federal, nos termos do art. 109, I, da Constituição Federal, a competência para processar e julgar a demanda é da Justiça Estadual" (STJ, AgRg no REsp 1274304/RS, Rel. Min. Humberto Martins, 2ª Turma, jul. 17.04.2012, *DJe* 25.04.2012). **No mesmo sentido:** STJ, AgRg no CC 109231/SC, Rel. Min. Herman Benjamin, 1ª Seção, jul. 28.04.2010, *DJe* 10.09.2010.

Concurso público. Impugnação da correção da prova. Universidade federal. "A competência para julgamento de mandado de segurança é fixada em razão do cargo ocupado pela autoridade apontada como coatora, sendo irrelevante a natureza jurídica da questão a ser apreciada no *mandamus*. Precedentes desta Corte e do Supremo Tribunal Federal. No caso dos autos, a candidata impetrou ação mandamental para impugnar a correção de prova de concurso público, apontando como autoridade coatora o Presidente da Comissão de Processos Vestibulares da Universidade Federal de Campina Grande, órgão responsável pela realização do certame. Conflito de competência conhecido para declarar competente o Juízo Federal da 6ª Vara de Campina Grande – SJ/PB, ora suscitante" (STJ, CC 103883/PB, Rel. Min. Jorge Mussi, 3ª Seção, jul. 09.02.2011, *DJe* 21.02.2011).

Ato de entidade privada com função delegada do Poder Público Federal. Competência da Justiça Federal. "Esta Seção, ao julgar o CC 35.972/SP (Rel. p/acórdão Min. Teori Albino Zavascki, *DJ* de 7.6.2004, p. 152), firmou o entendimento de que, havendo mandado de segurança contra ato de entidade privada com função delegada do Poder Público Federal, mostra-se logicamente inconcebível hipótese de competência estadual. É que, de duas uma: ou há, nesse caso, ato de autoridade (caso em que se tratará necessariamente de autoridade federal delegada, sujeita à competência federal), ou há ato de particular, e não ato de autoridade (caso em que o mandado de segurança será incabível). (...). Conflito conhecido para anular a sentença proferida na Justiça Estadual e declarar a competência da Justiça Federal" (STJ, CC 122713/SP, Rel. Min. Mauro Campbell Marques, 1ª Seção, jul. 08.08.2012, *DJe* 14.08.2012).

Código de Defesa do Consumidor. Procedimentos administrativos instaurados por órgãos federal e estadual de proteção e defesa do consumidor. Competência Concorrente. "Caso em que são aplicadas multas administrativas pelo DPDC e pelo Procon-SP a fornecedor, em decorrência da mesma infração às normas de proteção e defesa do consumidor (...). Nos termos do artigo 5º, parágrafo **único, do Decreto n. 2.181/97:** 'Se instaurado mais de um processo administrativo por pessoas jurídicas de direito público distintas, para apuração de infração decorrente de um mesmo fato imputado ao mesmo fornecedor, eventual conflito de competência **será dirimido pelo DPDC**, que poderá ouvir a Comissão Nacional Permanente de Defesa do Consumidor – CNPDC, levando sempre em consideração a competência federativa para legislar sobre a respectiva atividade econômica'" (STJ, REsp 1087892/SP, Rel. Min. Benedito Gonçalves, 1ª Turma, jul. 22.06.2010, *DJe* 03.08.2010).

Ato de infração lavrado pela Polícia Federal. "Compete à Justiça Federal processar e julgar mandado de segurança visando à anulação de auto de infração lavrado pela Polícia Federal, no exercício do poder de polícia administrativa de controle do ingresso e permanência de trabalhadores estrangeiros no país, com base no Estatuto do Estrangeiro. Conflito conhecido e declarada a competência da Justiça Federal" (STJ, CC 121021/SP, Rel. Min. Teori Albino Zavascki, 1ª Seção, jul. 30.05.2012, *REPDJe* 01.08.2012, *DJe* 05.06.2012).

Sociedade de economia mista federal. "A jurisprudência dominante no âmbito da Primeira Seção do STJ tem-se manifestado no sentido de que, em mandado de segurança, a competência é estabelecida em função da natureza da autoridade impetrada (*ratione auctoritatis*), considerando, para esse efeito, aquela indicada na petição inicial. Desse modo, será da competência federal quando a autoridade indicada como coatora for federal (CF, art. 109, VIII), assim considerado o dirigente de pessoa jurídica de direito privado que pratica ato no exercício de delegação do poder público federal. Nesse sentido: CC 37.912/RS, Rel. Ministro Teori Albino Zavascki, *DJ* 15/9/2003.Considerando-se que a eliminação de candidato a processo seletivo público é ato imputado ao Presidente da Comissão de Concursos da Petrobras, autoridade pertencente à sociedade de economia mista, investida na função delegada federal, o mandado de segurança deverá ser processado e julgado pela Justiça Federal. Precedentes: AgRg no CC 112.642, Rel. Ministro Benedito Gonçalves, Primeira Seção, *DJe* 16/2/2011 e CC 94.482/PA, Rel. Ministro Castro Meira, Primeira Seção, *DJe* 16/6/2008" (STJ, AgRg no CC 97899/SP, Rel. Min. Benedito Gonçalves, 1ª Seção, jul. 08.06.2011, *DJe* 17.06.2011). **No mesmo sentido:** "Concurso público. Mandado de segurança. Sociedade de economia mista. Autoridade federal. Competência. Justiça federal. Recurso extraordinário desprovido. Repercussão geral reconhecida. Reafirmada a jurisprudência dominante sobre a matéria" (STF, RE 726035 RG, Rel. Min. Luiz Fux, jul. 24.04.2014, *DJe* 05.05.2014).

"O presente conflito versa sobre a competência para processar e julgar mandado de segurança inicialmente impetrado perante a Justiça Federal, na qual a empresa Leon Heimer Indústria E Comércio S/A Ataca Atos da Comissão Permanente de Licitação do Banco Do Brasil e do Diretor de Infraestrutura do Banco do Brasil, tendo como litisconsórcio passivo necessário a empresa Macorin Ltda, objetivando sua participação em processo licitatório. 'Ora, em se tratando de ato praticado em licitação promovida por sociedade de economia mista federal, a autoridade que o pratica é federal (e não estadual, distrital ou municipal).' (CC 71.843/PE, Rel. p/ acórdão Min. Teori Albino Zavascki, *DJe* de 17/11/08)" (STJ, AgRg no CC 109584/PE, Rel. Min. Arnaldo Esteves Lima, 1ª Seção, jul. 25.05.2011, *DJe* 07.06.2011).

Ato de dirigente de Conselho Fiscalizador. Justiça Estadual. "A competência para conhecer de ação mandamental contra ato de dirigente de Conselho Fiscalizador não é da Justiça Federal, em face da taxatividade do art. 109 da CF, nem da Justiça do Trabalho, por força da natureza da entidade, submetida às normas de Direito Público, remanescendo, portanto, a competência da Justiça Comum. Conflito conhecido para determinar a competência a distribuição do feito a uma das Varas de Direito da Comarca de Florianópolis/SC" (STJ, CC 107107/SC, Rel. Min. Napoleão Nunes Maia Filho, 3ª Seção, jul. 26.05.2010, *DJe* 11.06.2010).

Seccional da ordem dos advogados do brasil e Tribunal de Justiça. Conflito federativo. Inexistência. "Descabe vislumbrar, em descompasso entre seccional da Ordem dos Advogados do Brasil e Presidente de Tribunal de Justiça, conflito federativo. Impugnado ato administrativo do Presidente do Tribunal, surge a competência deste último para julgar a impetração" (STF, MS 31396 AgR, Rel. Min. Marco Aurélio, 1ª Turma, jul. 26.02.2013, *DJe* 14.05.2013).

Mandado de Segurança sobre direito eleitoral. "Compete à Justiça Eleitoral o julgamento das demandas a teor do art. 2º da Resolução n. 22.610/2007 do Tribunal Superior Eleitoral" (STJ, CC 118163/SP, Rel. Min. Cesar Asfor Rocha, 1ª Seção, jul. 25.04.2012, *DJe* 04.05.2012).

Ato de comissão de licitação de TRE. Justiça Federal. "A competência dos tribunais regionais eleitorais não vai além da matéria eleitoral. Excepcionalmente, julgam seus próprios atos, de seus presidentes, ou de câmara, turma ou seção, inclusive os de natureza administrativa, quando atacados por mandado de segurança. No caso, não se trata de mandado de segurança impetrado contra ato do Tribunal ou de seu presidente, mas contra ato de comissão de licitação, na figura do pregoeiro, autoridade eminentemente administrativa, que não tem prerrogativa de foro. A Primeira Seção, no julgamento do CC 23.976/MG, Relator o Ministro Ari Pargendler, decidiu que a competência para julgar mandado de segurança impetrado contra ato de comissão de licitação de TRE é da Justiça Federal de primeira instância. Conflito conhecido para declarar a competência do Juízo Federal da 22ª Vara da Seção Judiciária de Minas Gerais, o suscitado" (STJ, CC 112372/MG, Rel. Min. Castro Meira, 1ª Seção, jul. 22.09.2010, *DJe* 05.10.2010).

Penalidade aplicada por órgão fiscalizador das relações de trabalho. Justiça do trabalho. "Com as alterações do art. 114 da CF/88, introduzidas pela Emenda Constitucional 45/04, à Justiça do Trabalho foi atribuída competência para apreciar e julgar 'as ações relativas às penalidades administrativas impostas aos empregadores pelos órgãos de fiscalização das relações de trabalho' (inciso VII), inclusive, portanto, os mandados de segurança visando a impedir que a autoridade impetrada promova a aplicação das referidas penalidades. Conflito conhecido, declarando-se a competência da Justiça do Trabalho" (STJ, CC 120890/SP, Rel. Min. Teori Albino Zavascki, 1ª Seção, jul. 13.06.2012, *DJe* 19.06.2012).

Art. 3º O titular de direito líquido e certo decorrente de direito, em condições idênticas, de terceiro poderá impetrar mandado de segurança a favor do direito originário, se o seu titular não o fizer, no prazo de 30 (trinta) dias, quando notificado judicialmente.

Parágrafo único. O exercício do direito previsto no *caput* deste artigo submete-se ao prazo fixado no art. 23 desta Lei, contado da notificação.

JURISPRUDÊNCIA SELECIONADA (ANTERIOR À LEI Nº 12.016/2009)

1. Notificação do titular do direito originário. "Processual. Mandado de segurança. Direito alheio. Legitimidade de parte. A substituição processual admitida pelo art. 3º da Lei 1.533 imprescinde da prévia notificação do titular do 'direito originário', como condição da postulação mandamental do 'direito decorrente'" (STJ, RMS 3.033/MA, Rel. Min. José Dantas, 5ª Turma, jul. 27.10.1993, *DJ* 29.11.1993, p. 25.896).

"Promoção de juiz de carreira aos tribunais regionais: mandado de segurança impetrado, com base no art. 93, II, *b*, da Constituição, por magistrado que não integra o primeiro quinto da lista de antiguidade contra a inclusão na lista de dois juízes que igualmente não a compõem e são mais modernos que o requerente: ilegitimidade ativa, a falta de notificação prévia dos titulares do alegado direito originário (LMS, art. 3º). (...) Embora o impetrante, quando da composição da lista, não integrasse ainda o primeiro quinto da lista de antiguidade, ocupava, então, a posição imediatamente inferior a ele: donde, o seu interesse substancial a que a promoção se decidisse exclusivamente entre os juízes mais antigos que ele; para viabilizar a tutela jurisdicional de tais situações individuais, o art. 3º outorgou legitimação extraordinária ao titular delas para pleitear o direito alheio de cuja efetivação depende a concretização de sua própria expectativa jurídica: cuida-se, porém, de hipótese singular de substituição processual, na qual a legitimação do substituto só nasce com a inação qualificada do substituído, quando este, notificado, não impetrar a segurança" (STJ, MS 21632/DF, Rel. Min. Sepúlveda Pertence, Tribunal Pleno, jul. 12.05.1993, *DJ* 06.08.1993).

Art. 4º Em caso de urgência, é permitido, observados os requisitos legais, impetrar mandado de segurança por telegrama, radiograma, fax ou outro meio eletrônico de autenticidade comprovada.

§ 1º Poderá o juiz, em caso de urgência, notificar a autoridade por telegrama, radiograma ou outro meio que assegure a autenticidade do documento e a imediata ciência pela autoridade.

§ 2º O texto original da petição deverá ser apresentado nos 5 (cinco) dias úteis seguintes.

§ 3º Para os fins deste artigo, em se tratando de documento eletrônico, serão observadas as regras da Infraestrutura de Chaves Públicas Brasileira – ICP-Brasil.

JURISPRUDÊNCIA SELECIONADA (ANTERIOR À LEI Nº 12.016/2009)

1. Fax. "A Lei 9.800/99 permite às partes a utilização de sistema de transmissão de dados e imagens tipo 'fac-símile', ou outro similar, para a prática de atos processuais que dependam de petição escrita, dispondo que os originais devem ser entregues até cinco dias da data da recepção do material. II – A interposição de recurso com base na Lei 9.800/99 atribui à parte a total responsabilidade pela entrega dos originais ao órgão judiciário. Não havendo a entrega, o recurso não pode ser conhecido" (STJ, AgRg no RMS 22.022/RJ, Rel. Min. Gilson Dipp, 5ª Turma, jul. 03.10.2006, *DJ* 30.10.2006, p. 338).

Art. 5º Não se concederá mandado de segurança quando se tratar:

I – de ato do qual caiba recurso administrativo com efeito suspensivo, independentemente de caução;

II – de decisão judicial da qual caiba recurso com efeito suspensivo;

III – de decisão judicial transitada em julgado.

Parágrafo único. (VETADO).

SÚMULAS

Súmulas do STF:

nº 267: "Não cabe mandado de segurança contra ato judicial passível de recurso ou correição".

nº 268: "Não cabe mandado de segurança contra decisão judicial com trânsito em julgado".

nº 330: "O Supremo Tribunal Federal não é competente para conhecer de mandado de segurança contra atos dos tribunais de justiça dos estados".

nº 624: "Não compete ao Supremo Tribunal Federal conhecer originariamente de mandado de segurança contra atos de outros tribunais".

Súmulas do STJ:

nº 202: "A impetração de segurança por terceiro, contra ato judicial, não se condiciona a interposição de recurso".

nº 376: "Compete à turma recursal processar e julgar o mandado de segurança contra ato de juizado especial".

INDICAÇÃO DOUTRINÁRIA

Oscar Valente Cardoso, O mandado de segurança nos Juizados Especiais Federais Cíveis e a Interpretação do Art. 3º, Parágrafo 1º, I, da Lei nº 10.259/2001, *RDDP* 71/80; José Miguel Garcia Medina. *Direito Processual Civil Moderno*. 2.ed., São Paulo: Editora Revista dos Tribunais, 2016 (cabimento de mandado de segurança contra decisão interlocutória não agravável).

JURISPRUDÊNCIA SELECIONADA

1. Recurso administrativo (inciso I). "A jurisprudência desta Corte é clara no sentido de ser inadmissível a impetração do *writ* na pendência de recurso administrativo com efeito suspensivo" (STJ, REsp 844538/MG, Rel. Min. José Delgado, 1ª Turma, jul. 21.11.2006, *DJ* 14.12.2006, p. 300).

"Inadmissível mandado de segurança quando suspensa a exigibilidade do crédito tributário em razão de recurso administrativo pendente de julgamento. Inexistindo dívida ativa e sua consequente cobrança, não há falar em violação de direito líquido e certo do impetrante" (STJ, REsp 195744/SP, Rel. Min. Francisco Peçanha Martins, 2ª Turma, jul. 18.10.2001, *DJ* 05.08.2002, p. 221).

"O art. 5º, I, da Lei 1.533/51, veda somente a impetração de mandado de segurança quando ainda se encontrar pendente recurso administrativo com efeito suspensivo. É essa simultaneidade que fica impedida. Todavia, permite-se a impetração do *mandamus* quando, após ter obtido decisão denegatória de seu pedido na esfera administrativa, o administrado-impetrante desiste expressamente do recurso administrativo ou deixa de apresentá-lo no prazo legal, porquanto, a partir daí, surge seu interesse processual de agir para a impetração" (STJ, REsp 781914/PA, Rel.ª Min.ª Denise Arruda, 1ª Turma, jul. 15.05.2007, *DJ* 11.06.2007, p. 270).

2. Decisão judicial passível de recurso (inciso. II). "Inadmissível o mandado de segurança impetrado como substitutivo de recurso. Ante decisão contrária à pretensão do advogado de reservar, na execução, valor referente aos honorários contratuais, cabia ao causídico, uma vez que tinha legitimidade autônoma, interpor agravo de instrumento, e não impetrar mandado de segurança" (STJ, AgRg no RMS 19.358/SP, Rel. Min. Nilson Naves, 6ª Turma, jul. 13.11.2007, *DJ* 11.02.2008, p. 1). **No mesmo sentido:** STJ, RMS 14.132/GO, Rel. Min. Aldir Passarinho Junior, 4ª Turma, jul. 16.08.2007, *DJ* 08.10.2007, p. 282.

"A decisão monocrática de relator que defere liminar em ação cautelar incidental ajuizada perante tribunal de segunda instância pode ser impugnada por recurso interno ao colegiado, ainda que ausente a previsão regimental. O art. 39 da Lei nº 8.038/90, que disciplina o cabimento do agravo interno contra decisão singular proferida por membro do Superior Tribunal de Justiça e do Supremo Tribunal Federal, deve ser aplicado, por analogia, a todos os tribunais do País, em razão do princípio da colegialidade dos tribunais. Precedentes" (STJ, RMS 21.786/MT, Rel. Min. Castro Meira, 2ª Turma, jul. 27.03.2007, *DJ* 12.04.2007, p. 258).

"A instrumentalidade própria ao Direito afasta a adequação do mandado de segurança como medida substitutiva de recurso cabível em tese contra acórdão proferido por tribunal" (STF, RMS 24.802/SP, Rel. Min. Marco Aurélio, 1ª Turma, jul. 26.10.2004, *DJ* 19.11.2004, p. 30).

"Interpretando a *contrario sensu* o art. 5º, II, da Lei 1.533/51 e a Súmula 267/STF, consolidou-se na jurisprudência desta Corte o entendimento no sentido de ser cabível mandado de segurança contra ato judicial quando este não está sujeito a recurso e é teratológico ou manifestamente abusivo" (STJ, RMS 27.608/PR, Rel. Min. Teori Albino Zavascki, 1ª Turma, jul. 19.03.2009, *DJe* 26.03.2009). **Precedentes citados:** STJ, MS 9.304/SP, Corte Especial, Rel. Min. Arnaldo Esteves Lima, *DJ* 18.02.2008; STJ, AgRg no MS 12.954/DF, Corte Especial, Rel.ª Min.ª Eliana Calmon, *DJ* 26.11.2007. **No mesmo sentido:** STJ, AgRg no MS 21.883/DF, Rel. Min. João Otávio de Noronha, Corte Especial, jul. 03.05.2017, *DJe* 18.08.2017.

Insistência da autoridade em negar o julgamento colegiado de agravo regimental. Possibilidade. "As peculiaridades do caso afastam o óbice da Súmula n. 267/STF ('não cabe mandado de segurança contra ato judicial passível de recurso ou correição'), ante a 'irrecorribilidade prática' da decisão da autoridade impetrada, que, em sucessivas decisões monocráticas, impede o julgamento colegiado do agravo regimental, em contraste com o disposto no art. 557, § 1º, do CPC. 2. Recurso ordinário em mandado de segurança provido para afastar o indeferimento liminar do *writ*" (STJ, RMS 26.867/RJ, Rel. Min. Massami Uyeda, 3ª Turma, jul. 15.10.2009, *DJe* 23.11.2009).

"A impetração de mandado de segurança contra pronunciamento judicial tem pertinência apenas em hipóteses excepcionalíssimas, quando configurada a manifesta ilegalidade ou a teratologia, bem como esteja devidamente comprovado o direito líquido e certo ofendido ou que está sob ameaça. Situação que se verifica na espécie. A intimação é direito líquido e certo da parte de ser devidamente cientificada dos atos e termos do processo, de modo que sua ausência ou a sua efetivação sem a observância das prescrições legais acarreta a nulidade do ato. Ademais, o vício na intimação poderá ser arguido na primeira oportunidade em que for possível, caso em que o prazo para os atos subsequentes serão contados da intimação da decisão que a reconheça. A perfectibilização do contraditório e da ampla defesa, no bojo do processo judicial, dá-se a partir da cientificação das partes a respeito de todo e qualquer ato processual, perpassando pela concessão de oportunidade de manifestação e termina com a possibilidade de influir na vindoura decisão do magistrado. No caso, o Magistrado deveria ter apreciado a existência, ou não, do vício suscitado pela parte, ainda que certificado o trânsito em julgado do pronunciamento judicial, configurando-se a flagrante ilegalidade da decisão que se limita a afirmar que não há nada a prover" (STJ, RMS 64.494/DF, Rel. Min. Marco Aurélio Bellizze, 3ª Turma, jul. 28.09.2021, *DJe* 30.09.2021).

"Não é cabível mandado de segurança contra decisão judicial passível de recurso ou correição, exceto se houver teratologia, ilegalidade ou abusividade. A decisão proferida em inventário judicial, que determina a apresentação de novo plano de partilha para inclusão da companheira do falecido, sem que o impetrante demonstre a teratologia, ilegalidade ou abusividade da ordem, é passível de agravo de instrumento, não sendo o mandado de segurança meio adequado para a sua modificação" (TJMG, MS 1.0000.20.502215-5/000, Rel. Des. Maria Inês Souza, 2ª Câmara Cível, jul. 25.01.2022, *DJ* 26.01.2022).

3. Decisão judicial transitada em julgado (Inciso. III). "Não cabe mandado de segurança contra decisão transitada em julgado (Súmula 268/STF), sendo o pleito mandamental hipótese de ação rescisória" (STJ, RMS 27.505/MG, Rel.ª Min.ª Eliana Calmon, 2ª Turma, jul. 12.05.2009, *DJe* 29.05.2009).

"Decisão proferida após o trânsito em julgado da execução não tem natureza interlocutória, não sendo impugnável por agravo de instrumento. Não havendo, na legislação processual, nenhum outro recurso, é cabível o mandado de segurança" (STJ, RMS 30832/SP, Rel. Min. Eliana Calmon, 2ª Turma, jul. 06.05.2010, *DJe* 17.05.2010).

"É incabível mandado de segurança contra decisão judicial transitada em julgado, incidindo, portanto, o teor do art. 5º, inciso III, da Lei nº 12.016/2009 e da Súmula nº 268/STF. Precedentes. No entanto, **sendo a impetração do mandado de segurança anterior ao trânsito em julgado da decisão questionada**, mesmo que venha a acontecer, posteriormente, não poderá ser invocado o seu não cabimento ou a sua perda de objeto, mas preenchidas as demais exigências jurídico-processuais, deverá ter seu mérito apreciado" (STJ, EDcl no MS 22.157/DF, Rel. Min. Luis Felipe Salomão, Corte Especial, jul. em 14.03.2019, *DJe* 11.06.2019).

4. Terceiro prejudicado. "Na esteira de culta doutrina (Hely Lopes Meireles, Seabra Fagundes e Arnoldo Wald), o terceiro prejudicado por ato judicial pode impugná-lo por mandado de segurança, mesmo que não tenha interposto o recurso cabível (na espécie, o agravo de instrumento). Isto porque a escolha, nesta hipótese, é faculdade do interessado que, na maioria das vezes, não pretende discutir os méritos da lide, mas apenas livrar-se dos efeitos do ato judicial que lhe prejudicou e atingiu seus direitos. 2 – No caso em concreto, há uma particularidade essencial: quando da ciência do ato judicial de desfazimento da Escritura de Hipoteca, por suposta fraude à execução, já havia se esgotado o prazo para o recurso de instrumento, não podendo os ora recorrentes valerem-se de qualquer outro meio processual para salvaguardar seus direitos ao crédito hipotecário. 3 – Precedentes (STF, Plenário, RE 80.191/SP e 81.983/SP e STJ, RMS nº 12.775/SP). 4 – Recurso provido para, reformando o v. acórdão de origem, conhecer da impetração, determinando o retorno dos autos ao Tribunal *a quo*, para exame do mérito" (STJ, RMS 14.995/PR, Rel. Min. Jorge Scartezzini, 4ª Turma, jul. 26.10.2004, *DJ* 06.12.2004, p. 312; *RSTJ* 186/459).

"O terceiro prejudicado por decisão judicial, prolatada em processo do qual não foi parte, pode impetrar mandado de segurança para defender direito violado, mesmo que a decisão tenha transitado em julgado, vez que o processo judicial transcorreu sem o seu conhecimento" (STJ, RMS 14.554/PR, Rel. Min. Francisco Falcão, 1ª Turma, jul. 28.10.2003, *DJ* 15.12.2003, p. 181).

"É lícito ao terceiro prejudicado requerer Mandado de Segurança contra ato judicial, em lugar de interpor, contra ele, embargos de terceiro. 2. A sentença que prejudica terceiro estranho ao processo expõe-se a Mandado de Segurança, mesmo que tenha transitado em julgado. 3. O pedido de Mandado de Segurança impetrado por terceiro prejudicado contra sentença transitada em julgado visa tornar ineficaz o ato judicial na parte que extrapolou os limites subjetivos da lide. Não tem o condão de rescindir a decisão" (STJ, RMS 22.741/RJ, Rel. Min. Humberto Gomes de Barros, 3ª Turma, jul. 05.06.2007, *DJ* 18.06.2007).

5. Ato disciplinar. "Se a sanção disciplinar fora imposta pela autoridade competente para proferir o julgamento do servidor e não se vislumbra qualquer inobservância de formalidade essencial no processo administrativo disciplinar, sendo certo que foram devidamente observados os princípios do contraditório e da ampla defesa, é incabível o mandado de segurança, nos termos do art. 5º, III, da Lei nº 1.533/51" (STJ, MS 9477/DF, Rel. Min. Felix Fischer, 3ª Seção, jul. 28.09.2005, *DJ* 16.11.2005, p. 190).

"Considerando-se que a ação mandamental atacava o ato demissório, sob a alegação de ausência de observância aos princípios do contraditório e da ampla defesa, a hipótese se enquadra na parte final do inciso III, art. 5º, da Lei mandamental, sendo possível o pedido. Não há falar-se em afronta ao art. 398 do CPC, sob a alegação de cerceamento de defesa relacionado a documento novo apresentado, quando este não seja relevante ao deslinde da controvérsia. Precedentes. Recurso desprovido" (STJ, REsp 743411/AL, Rel. Min. José Arnaldo da Fonseca, 5ª Turma, jul. 04.10.2005, *DJ* 14.11.2005, p. 398).

6. Juizados especiais. Competência para julgamento. "Cabível a impetração do mandado de segurança contra **decisão irrecorrível de Juiz singular** do Juizado Especial. É ilógico que, nos casos extremos, em que seja proferida decisão flagrantemente contrária à legislação vigente, ou quando a decisão for notoriamente teratológica, seja a parte obrigada a acatar a ordem judicial, em decorrência do não conhecimento da ação mandamental. O mandado de segurança é uma ação civil de rito sumário, expressamente prevista no art. 5º da Constituição Federal e inserida no título das Garantias e Direitos Fundamentais e, por conseguinte, independente do rito próprio dos Juizados Especiais e do mérito da questão discutida, merece relevo a conclusão no sentido de que, toda vez que houver algum ato praticado com ilegalidade ou abuso de poder, o remédio cabível é o mandado de segurança, dado o cunho de garantia constitucional atribuído ao mesmo e em observância ao princípio da supremacia da Constituição" (TNU, Pedido de Uniformização 2005.71.95.019553-6, Rel. Juiz Fed. Marcos Roberto Araújo dos Santos, jul. 25.02.2008, *DJ* 04.04.2008).

"Embargos de declaração. Recebimento como agravo regimental. Mandado de segurança impetrado **contra colégio recursal dos juizados especiais**. Incompetência do STF. Pretendida remessa dos autos ao juízo competente. Risco de perecimento do direito. Ajuste de voto. Em razão da taxatividade da competência deste Supremo Tribunal em sede de mandado de segurança (alínea 'd' do inciso I do art. 102), é da própria Turma Recursal a competência para julgar ações mandamentais impetradas contra seus atos. Precedentes. O risco de perecimento do direito justifica a remessa dos autos à Corte competente para o feito. Pelo que é de se rever posicionamento anterior que, fundado na especialidade da norma regimental, vedava o encaminhamento do processo ao órgão competente para sua análise. Embargos declaratórios recebidos como agravo regimental. Agravo regimental a que se nega provimento, determinando-se, contudo, a remessa dos autos ao Juizado Especial impetrado" (STF, MS 25087 ED, Rel. Min. Carlos Britto, Tribunal Pleno, jul. 21.09.2006, *DJe* 11.05.2007).

Mandado de segurança contra ato da Turma Recursal. "O entendimento do Superior Tribunal de Justiça é pacífico no sentido de que a Turma Recursal dos Juizados Especiais deve julgar Mandados de Segurança impetrados contra atos de seus próprios membros. Em que pese a jurisprudência iterativa citada, na hipótese *sub judice*, o Mandado de Segurança não visa à revisão meritória de decisão proferida pela Justiça especializada, mas versa sobre a competência dos Juizados Especiais para conhecer da lide" (STJ, RMS 26.665/DF, Rel. Min. Herman Benjamin, 2ª Turma, jul. 26.05.2009, *DJe* 21.08.2009). **No mesmo sentido:** STF, AI 666523/BA, Rel. Min. Ricardo Lewandowsky, Rel. p/ ac. Min. Marcos Aurélio, jul. 26.10.2010, *DJ* 03.12.2010.

Controle da competência dos juizados. "Admite-se a impetração de mandado de segurança frente aos Tribunais de Justiça dos Estados para o exercício do controle da competência dos Juizados Especiais, ainda que a decisão a ser anulada já tenha transitado em julgado" (STJ, RMS 30.170/SC, Rel. Min. Nancy Andrighi, 3ª Turma, jul. 05.10.2010, *DJe* 13.10.2010). **No mesmo sentido:** STJ, RMS 39.041/DF, Rel. Min. Raul Araújo, 4ª Turma, jul. 07.05.2013, *DJe* 26.08.2013; STJ, AgRg no RMS 28085/SC, Rel.ª Min.ª Denise Arruda, 1ª Turma, jul. 14.04.2009, *DJe* 07.05.2009.

Mandado de segurança substitutivo de recursos. "Competente a Turma Recursal para processar e julgar recursos contra decisões de primeiro grau, também o é para processar e julgar o mandado de segurança substitutivo de recurso" (STF, RE 586789, Rel. Min. Ricardo Lewandowski, Tribunal Plano, jul. 16.11.2011, *DJe* 27.02.2012).

7. Decisão sujeita a recurso sem efeito suspensivo. "Como regra geral, não se deve admitir o mandado de segurança contra ato judicial passível de recurso, visto que a ação cautelar e agora o pedido de efeito suspensivo, este previsto tanto para o agravo de instrumento (arts. 527, II, e 588, CPC) quanto para a apelação quando desprovida do referido efeito (arts. 520 e 558, parágrafo único, CPC), revelam-se mais adequados para tutelar a situação. O *writ* não pode substituir o recurso adequado e, se este foi oposto, não pode justificar o exame da pretensão nela inserta na via diversa daquela recursal. A despeito do que estabelece a Súmula nº 267/STF e de, tecnicamente, ser mais adequada a utilização da ação cautelar, a jurisprudência passou a admitir, sempre que houvesse perigo de dano de difícil reparação, o cabimento de mandado de segurança contra ato judicial passível de recurso sem efeito suspensivo, em regra, apenas, para o fim de atribuir efeito suspensivo ao recurso dele desprovido. O entendimento jurisprudencial pacífico desta Corte é no sentido de admitir o mandado de segurança para conferir efeito suspensivo a recurso que não o tem, desde que teratológica a decisão impugnada ou se demonstre a presença concomitante do *fumus boni iuris* e do *periculum in mora*, ausentes neste caso. Aplicação da Súmula nº 267/STF: 'Não cabe mandado de segurança contra ato judicial passível de recurso ou correição'. 8. Precedentes de todas as Turmas desta Corte Superior" (STJ, RMS 21.565/SP, Rel. Min. José Delgado, 1ª Turma, jul. 03.05.2007, *DJ* 28.05.2007, p. 287).

8. Órgão Fracionário do Superior Tribunal de Justiça. "Não cabe mandado de segurança contra decisão de órgão fracionário do Superior Tribunal de Justiça" (STJ, AgRg no MS 12.054/DF, Rel. Min. Aldir Passarinho Junior, Corte Especial, jul. 19.12.2006, *DJ* 05.03.2007, p. 244). **No mesmo sentido:** STJ, AgRg no AgRg no MS 16034/DF, Rel. Min. Massami Uyeda, Corte Especial, jul. 07.11.2012, *DJe* 28.11.2012.

9. Decisão teratológica. "É pacífico o entendimento doutrinário e jurisprudencial no sentido de que a impetração de mandado de segurança contra ato judicial somente é admitida em hipóteses excepcionais, tais como decisões de natureza teratológica, de manifesta ilegalidade ou abuso de poder, e capazes de produzir danos irreparáveis ou de difícil reparação à parte impetrante. No caso dos autos, não ficou configurada nenhuma hipótese excepcional apta a justificar o cabimento da ação mandamental" (STJ, AgRg no RMS 25.104/SP, Rel.ª Min.ª Denise Arruda, 1ª Turma, jul. 23.09.2008, *DJe* 01.10.2008).

"Não é cabível o mandado de segurança contra ato judicial passível de recurso, não sendo a hipótese em que, excepcionalmente, admite-se o remédio heroico, em face de evidente teratologia ou prejuízo irreparável. Decisão teratológica é a decisão absurda, impossível juridicamente, em nada se afeiçoando à espécie, em que se admitiu execução provisória de ordem mandamental, porque limitada ao restabelecimento do pagamento de vantagem remuneratória suprimida" (STJ, AgRg no RMS 24.064/BA, Rel. Min. Hamilton Carvalhido, 6ª Turma, jul. 12.06.2008, *DJe* 15.09.2008).

"O mandado de segurança somente é admitido contra ato judicial, passível de recurso, no caso de decisão teratológica" (STJ, REsp 237.435/AC, Rel.ª Min.ª Maria Thereza de Assis Moura, 6ª Turma, jul. 18.12.2006, *DJ* 12.02.2007, p. 303). **Precedentes citados:** STJ, AgRg no MS 10.436/DF, Rel. Min. Felix Fischer, Corte Especial, jul. 07.06.2006, *DJ* 28.08.2006; STJ, RMS 16.811/AM, Rel. Min. João Otávio de Noronha, 2ª Turma, jul. 18.08.2005, *DJ* 01.02.2006.

"Descabe mandado de segurança contra ato de cunho jurisdicional, sobretudo em se tratando de decisão passível de ser impugnada por meio de recurso próprio (agravo regimental), circunstância apta a atrair o óbice consubstanciado na Súmula n. 267 do STF. Para que possa ser mitigado o disposto na Súmula n. 267/STF, de modo a se permitir, excepcionalmente, o manuseio da ação mandamental contra ato judicial passível de recurso ou correição, cabe à parte demonstrar nos autos ter agido de modo diligente e responsável, não dando causa, sob nenhuma perspectiva, aos danos eventualmente decorrentes da decisão tida por ilegal ou teratológica" (STJ, AgRg no MS 12.633/DF, Rel. Min. João Otávio de Noronha, Corte Especial, jul. 15.08.2007, *DJ* 11.09.2007, p. 205).

"Atualmente, conforme o disposto no art. 5º, inc. II, da Lei 12.016/09, que revogou a Lei 1.533/51, prevalece a regra de não cabimento do mandado de segurança, exceto se contra a decisão judicial não couber recurso com efeito suspensivo. Excepcionalmente, em situações teratológicas, abusivas, que possam gerar dano irreparável, o recurso previsto não tenha ou não possa obter efeito suspensivo, admite-se que a parte se utilize do *mandamus*, levando-se em conta, ainda, que a Constituição Federal – art. 5º, LXIX – não faz restrição quanto a seu uso, desde que presentes os seus pressupostos. O caso concreto, todavia, é que revelará, bem ponderados os seus contornos, se deve prevalecer tal regra ou a sua exceção" (STJ, RMS 29.217/SP, Rel. Min. Arnaldo Esteves Lima, 1ª Turma, jul. 28.09.2010, *DJe* 13.10.2010). **No mesmo sentido:** STJ, AgRg no MS 17857/DF, Rel. Min. Arnaldo Esteves Lima, Corte Especial, jul. 07.11.2012, *DJe* 19.11.2012.

10. Decisão manifestamente ilegal. "A jurisprudência desta Corte orienta que é possível a impetração de Mandado de Segurança quando o ato jurisdicional contiver manifesta ilegalidade ou venha revestido de teratologia, ofendendo, assim, direito líquido e certo do impetrante e podendo causar dano irreparável ou de difícil reparação" (STJ, RMS 26.937/BA, Rel. Min. Sidnei Beneti, 3ª Turma, jul. 07.10.2008, *DJe* 23.10.2008).

"O mandado de segurança contra ato judicial é medida excepcional cuja admissão está condicionada à natureza teratológica da decisão impugnada, por manifesta ilegalidade ou abuso de poder" (STJ, RMS 27.501/SP, Rel. Min. Benedito Gonçalves, 1ª Turma, jul. 20.11.2008, *DJe* 03.12.2008).

11. Decisão irrecorrível. "A jurisprudência deste Superior Tribunal de Justiça é pacífica no sentido de ser cabível mandado de segurança contra decisão irrecorrível" (STJ, AgRg no AgRg na MC 8.177/DF, Rel. Min. Jane Silva, 6ª Turma, jul. 21.10.2008, *DJe* 10.11.2008).

Conversão de agravo de instrumento em agravo retido. "É cabível a impetração de mandado de segurança contra a decisão de Relator que converte o Agravo de Instrumento em retido, nos termos do artigo 527, II, do Código de Processo Civil, por ser irrecorrível essa decisão, conforme dispõe o parágrafo único do mesmo dispositivo legal, com redação dada pela Lei n. 11.187/05, vigente ao tempo da impetração" (STJ, RMS 26.733/MG, Rel. Min. Sidnei Beneti, 3ª Turma, jul. 28.04.2009, *DJe* 12.05.2009). **No mesmo sentido:** STJ, RMS 25934/PR, Rel. Min. Nancy Andrighi, Corte Especial, jul. 27.11.2008, *DJe* 09.02.2009; STJ, RMS 30269/RJ, Rel. Min. Raul Araújo, 4ª Turma, jul. 11.06.2013, *DJe* 24.06.2013; STJ, RMS 22.847/MT, Rel.ª Min.ª Nancy Andrighi, 3ª Turma, jul. 01.03.2007, *DJ* 26.03.2007, p. 230.

Produção antecipada de prova. Decisão irrecorrível. Mandado de segurança. Ausência de manifesta ilegalidade ou teratologia. Segurança Denegada. "Hipótese em que o ato judicial impugnado foi proferido em procedimento de produção antecipada de prova no qual, nos termos do art. 382, § 4º, do CPC/2015, não cabe recurso algum. 'A impossibilidade de interposição de recurso prevista no § 4º do art. 382 do Código de Processo Civil de 2015 não enseja, por si só, a concessão da segurança, devendo ser apreciada a eventual teratologia, a manifesta ilegalidade ou o abuso de poder no ato judicial atacado' (AgInt no RMS 63.075/SP, Relator Ministro Ricardo Villas Bôas Cueva, Terceira Turma, julgado em 23/11/2020, *DJe* de 01º/12/2020)" (STJ, AgInt no RMS 69.967/PR, Rel. Min. Raul Araújo, 4ª Turma, jul. 16.05.2023, *DJe* 23.05.2023).

12. Lei em tese. "Não se revelam sindicáveis, pela via jurídico-processual do mandado de segurança, os atos em tese, assim considerados aqueles – como as leis ou os seus equivalentes constitucionais – que dispõem sobre situações gerais e impessoais, que têm alcance genérico e que disciplinam hipóteses neles abstratamente previstas. Súmula 266/STF. Precedentes. – O mandado de segurança não se qualifica como sucedâneo da ação direta de inconstitucionalidade, não podendo ser utilizado, em consequência, como instrumento de controle abstrato da validade constitucional das leis e dos atos normativos em geral. Precedentes. – Exclusão de benefício, com ofensa ao postulado da isonomia: mecanismos destinados a viabilizar a resolução do conflito resultante de situação configuradora de omissão parcial imputável ao Poder Público. Análise das possíveis soluções jurídicas" (STF, MS-AgRg 23809/DF, Rel. Min. Celso de Mello, Tribunal Pleno, jul. 01.03.2001, *DJ* 06.04.2001, p. 71).

"O mandado de segurança ampara direito líquido e certo, afetado ou posto em perigo por ilegalidade ou abuso de poder. Não é admissível contra lei em tese. Todavia, idôneo se a lei gera situação específica e pessoal, sendo, por si só, causa de probabilidade de ofensa a direito individual. Cumpre distinguir possibilidade (em tese) e probabilidade (em concreto) de violação de direito" (STJ, REsp 1.482/RJ, Rel. Min. Luiz Vicente Cernicchiaro, 2ª Turma, jul. 29.11.1989, *DJ* 18.12.1989, p. 18.473).

"Inadmissibilidade do mandado de segurança contra ato normativo, geral e abstrato, à falta de interesse de agir: consequente inviabilidade de impugnação por mandado de segurança do ato do Chefe do Poder Executivo que se limita a conferir efeito normativo, no âmbito da Administração, a parecer da consultoria jurídica, do Governo. Descabimento de mandado de segurança em caráter preventivo contra ato normativo da autoridade superior, quando não lhe compete a prática do ato concreto temido. Implicações constitucionais da aparente inadmissibilidade, no caso, do mandado de segurança. (...) Certo, o mandado de segurança é impetrado em 'caráter preventivo'. Mas, então, seu objeto não poderia ser o despacho do Governador, nem poderia ele, o Chefe do Executivo, figurar como autoridade coatora. É curial que – ainda quando a ameaça resulte do ato normativo emanado da autoridade superior – o mandado de segurança ou a ação cautelar adequada – que não pode visar à desconstituição da norma, mas sim a obstar a sua concretização em detrimento do postulante, não de dirigir-se contra a autoridade competente para a prática do ato concreto temido" (STF, SS-AgRg 1.130/DF, Rel. Min. Sepúlveda Pertence, Tribunal Pleno, jul. 24.04.1997, *DJ* 06.06.1997, p. 24.879).

"Não há como abonar uma interpretação abusivamente extensiva da Súmula 266, mediante a qual se poderia frustrar todo e qualquer mandado de segurança preventivo. Neste, a impetração não se volta contra a lei em tese, mas contra o procedimento que fundadamente se receia venha a autoridade a assumir, em razão de práticas ou pronunciamentos anteriores. Hipótese de não conhecimento do recurso extraordinário do Estado" (STF, RE 102.537/SP, Rel. Min. Francisco Rezek, 2ª Turma, jul. 15.03.1985, *DJ* 12.04.1985, p. 4.938).

13. Ato normativo de efeitos concretos. "Mandado de segurança contra ato normativo de efeitos concretos. Possibilidade. Legitimidade passiva do governador do Distrito Federal. 1. Doutrina e jurisprudência afastam a possibilidade da impetração do mandado de segurança para atacar lei em tese; não há que se classificar, porém, como ato normativo, aquele que incide diretamente na esfera jurídica do impetrante" (STJ, REsp 113.661/DF, Rel. Min. Edson Vidigal, 5ª Turma, jul. 02.03.1999, *DJ* 29.03.1999, p. 199).

"Quando o ato incide diretamente na esfera jurídica do impetrante, não há falar em mandado de segurança contra lei em tese" (STJ, REsp 147.784/DF, Rel. Min. Fernando Gonçalves, 6ª Turma, jul. 19.10.1999, *DJ* 16.11.1999, p. 235).

14. Impugnação por meio de MS contra ato judicial. Valor incontroverso. Litigância de má fé. "As regras referentes à litigância de má-fé previstas no CPC aplicam-se a qualquer processo, não afastando sua incidência o fato de a Lei 1.533/51 não possuir previsão específica. A impetração de mandado de segurança contra ato judicial que visa impedir pagamento de débito cujo valor foi admitido pelo devedor constituiu ato que justifica a aplicação da multa prevista no art. 17, incisos I, IV, VI e VII, do CPC. 3. Recurso ordinário em mandado de segurança não provido" (STJ, RMS 25.521/SP, Rel. Min. Castro Meira, 2ª Turma, jul. 11.03.2008, *DJe* 28.03.2008).

15. Recebimento de apelação pelo juízo de primeiro grau. "É inviável a impetração de mandado de segurança para impugnar o mero recebimento, pelo juízo de primeiro grau, de recurso de apelação tido por intempestivo. Não há falar em direito líquido e certo ao não recebimento da apelação pelo juízo de primeiro grau, porquanto o exame dos pressupostos de admissibilidade do apelo não é da alçada exclusiva desse juízo e, portanto, será objeto de avaliação pelo Desembargador-Relator do apelo e pelo competente órgão colegiado da Corte *ad quem*. Recurso ordinário em mandado de segurança improvido" (STJ, RMS 27.663/SP, Rel. Min. Massami Uyeda, 3ª Turma, jul. 03.12.2009, *DJe* 16.12.2009).

16. Mandado de segurança contra ato judicial. "A possibilidade de ignorar a autonomia patrimonial da empresa e responsabilizar diretamente o sócio por obrigação que cabia à sociedade, torna imprescindível, no caso concreto, a análise dos vícios no uso da pessoa jurídica por se tratar de medida que excepciona a regra de autonomia da personalidade jurídica, e como tal, deve ter sua aplicação devidamente justificada, pois atinge direito de terceiro que não fez parte da relação processual original" (STJ, RMS 25251/SP, Rel. Min. Luis Felipe Salomão, 4ª Turma, jul. 20.04.2010, *DJe* 03.05.2010).

"É inadmissível a impetração de mandado de segurança para desconstituir ato revestido de conteúdo jurisdicional. O mandado de segurança não se presta a substituir recurso previsto no ordenamento jurídico, tampouco pode ser utilizado como sucedâneo de ação rescisória (Súmulas 267 e 268 do Supremo Tribunal Federal)" (STF, RMS 27241, Rel. Min. Cármen Lúcia, 1ª Turma, jul. 22.06.2010, *DJe* 13.08.2010).

17. Mandado de segurança. Desprovimento de embargos infringentes em execução fiscal. "Discute-se o cabimento do mandado de segurança contra acórdão que negou provimento a embargos infringentes para manter a extinção da execução fiscal de valor inferior a 50 ORTNs, ante o óbice da Súmula 267/STF. De acordo com o entendimento firmado pela Primeira Seção, deve-se mitigar o óbice contido na Súmula 267/STF para se admitir, na hipótese, a impetração do *mandamus*, considerando-se a inexistência de outro mecanismo judicial hábil a sanar a alegada violação do direito líquido e certo do impetrante" (STJ, RMS 31681/SP, Rel. Min. Castro Meira, 2ª Turma, jul. 18.10.2012, *DJe* 26.10.2012).

18. Ato jurisdicional que defere o desbloqueio de bens e valores. Mandado de Segurança. Descabimento. "Não é admissível a impetração de mandado de segurança contra ato jurisdicional que defere o desbloqueio de bens e valores, por se tratar de decisão definitiva que, apesar de não julgar o mérito da ação, coloca fim ao procedimento incidente. O recurso adequado contra a decisão que julga o pedido de restituição de bens é a apelação, sendo incabível a utilização de mandado de segurança como sucedâneo do recurso legalmente previsto" (STJ, REsp 1787449/SP, Rel. Min. Nefi Cordeiro, 6ª Turma, jul. 10.03.2020, *DJe* 13.03.2020).

Art. 6º A petição inicial, que deverá preencher os requisitos estabelecidos pela lei processual, será apresentada em 2 (duas) vias com os documentos que instruírem a primeira reproduzidos na segunda e indicará, além da autoridade coatora, a pessoa jurídica que esta integra, à qual se acha vinculada ou da qual exerce atribuições.

§ 1º No caso em que o documento necessário à prova do alegado se ache em repartição ou estabelecimento público ou em poder de autoridade que se recuse a fornecê-lo por certidão ou de terceiro, o juiz ordenará, preliminarmente, por ofício, a exibição desse documento em original ou em cópia autêntica e marcará, para o cumprimento da ordem, o prazo de 10 (dez) dias. O escrivão extrairá cópias do documento para juntá-las à segunda via da petição.

§ 2º Se a autoridade que tiver procedido dessa maneira for a própria coatora, a ordem far-se-á no próprio instrumento da notificação.

§ 3º Considera-se autoridade coatora aquela que tenha praticado o ato impugnado ou da qual emane a ordem para a sua prática.

§ 4º (VETADO).

§ 5º Denega-se o mandado de segurança nos casos previstos pelo art. 267 da Lei nº 5.869, de 11 de janeiro de 1973 – Código de Processo Civil.

§ 6º O pedido de mandado de segurança poderá ser renovado dentro do prazo decadencial, se a decisão denegatória não lhe houver apreciado o mérito.

SÚMULAS

Súmula do STF:

nº 304: "Decisão denegatória de mandado de segurança, não fazendo coisa julgada contra o impetrante, não impede o uso da ação própria".

JURISPRUDÊNCIA SELECIONADA

1. Prova pré-constituída. "Entre os requisitos específicos da ação mandamental está a comprovação, mediante prova pré-constituída, do direito subjetivo líquido e certo do impetrante. A deficiente comprovação dos fatos impede o exame da existência do alegado direito líquido e certo, o que impõe a extinção do processo sem julgamento do mérito" (STJ, MS 8.439/DF, Rel. Min. Teori Albino Zavascki, 1ª Seção, jul. 11.02.2004, *DJ* 25.02.2004, p. 90).

"É de responsabilidade da impetrante a juntada dos documentos comprobatórios de seu alegado direito líquido e certo, só se determinando sua apresentação pela autoridade coatora em caso de recusa injustificada, a teor do disposto no art. 6º, parágrafo único, da Lei nº 1.533, de 31.12.1951" (STJ, MS 12.939/DF, Rel. Min. Paulo Gallotti, 3ª Seção, jul. 28.11.2007, *DJ* 10.03.2008, p. 1; *RDDP* 164/224).

Mandado de segurança preventivo. Greve. "A não comprovação da regularidade na deflagração da greve acarreta a ausência de direito líquido e certo para a concessão da segurança, pois inexiste a prova pré-constituída de que a greve é legal, por preencher os requisitos da Lei n. 7.783/89" (STJ, MS 15.339/DF, Rel. Min. Humberto Martins, 1ª Seção, jul. 29.09.2010, *DJe* 13.10.2010).

2. Requisição de documentos. "O art. 6º, parágrafo único, da Lei nº 1.533/51 prevê a possibilidade de o juiz ordenar, por ofício, a exibição de documento necessário a prova do alegado, nas hipóteses em que houver recusa da Administração" (STJ, AgRg no MS 10314/DF, Rel. Min. Gilson Dipp, 3ª Seção, jul. 28.09.2005, *DJ* 17.10.2005, p. 173).

3. Prova negativa. "O impetrante do mandado de segurança não é obrigado a fazer prova negativa, quando alega como prova a inexistência de ato que deveria existir, sendo igualmente descabida a aplicação do art. 6º, parágrafo único, da Lei 1.533/51" (STJ, MS 8.700/DF, Rel. Min. Paulo Medina, 3ª Seção, jul. 27.10.2004, *DJ* 29.11.2004, p. 221).

4. Pedido alternativo. "O processo do Mandado de Segurança é compatível com a formulação de pedidos alternativos. Os pressupostos da liquidez e certeza tem a ver com o direito agredido por ato estatal. Tais atributos, entretanto, nada têm a ver com as consequências de tal direito no patrimônio jurídico do impetrante. O julgador tanto pode optar por algum dos pedidos alternativos quanto deferir parcialmente a Ordem impetrada" (STJ, REsp 195.070/RJ, Rel. Min. Humberto Gomes de Barros, 1ª Turma, jul. 19.10.1999, *DJ* 29.11.1999, p. 127).

5. Incompletude documental. Irregularidade sanável. "A incompletude documental constitui uma das hipóteses de irregularidades processuais sanáveis, circunstância a demandar a aplicação das disposições contidas no artigo 284 do Código de Processo Civil brasileiro, mesmo que, reconhecidamente, estejamos nos domínios do mandado de segurança, procedimento que, conquanto orientado pelos princípios da sumariedade e urgência, não se afasta da subordinação – simultânea – ao da instrumentalidade das formas, nomeadamente quanto ao aproveitamento racional dos atos processuais. (...) Ante tais premissas, demonstra-se oportuna a conversão do julgamento em diligência, a fim de que o impetrante seja intimado para suprir a omissão constatada pelo Juízo, coligindo aos autos os documentos pertinentes às alegações formuladas na petição de exórdio, tal como preceituado nos artigos 283 e 284 do Código de Processo Civil, de aplicação subsidiária ao processamento do mandado de segurança" (STJ, MS 9261/DF, Rel.ª Min.ª Maria Thereza de Assis Moura, 3ª Seção, jul. 29.10.2008, *DJe* 27.02.2009). **Precedentes citados:** STJ, REsp 783.165/SP, Rel. Min. Luiz Fux, 1ª Turma, *DJ* 15.03.2007; STJ, REsp 438.685/DF, Rel. Min. João Otávio de Noronha, 2ª Turma, *DJ* 03.08.2006; STJ, REsp 629.381/MG, Rel. Min. Teori Albino Zavascki, 1ª Turma, 20.02.2006; STJ, REsp 722.264/PR, Rel. Min. Francisco Falcão, 1ª Turma, *DJ* 01.07.2005; STJ, REsp 638.353/RS, Rel. Min. José Delgado, 1ª Turma, *DJ* 20.09.2004.

6. Inépcia da inicial. "Processual – Mandado de segurança – Extinção do processo por inépcia da inicial – Renovação do pedido em outro processo – Viabilidade (Lei 1.533/51, art. 16). – Decisão que encerra processo de Mandado de Segurança, por inépcia da inicial, não impede a renovação do pedido, em outro processo" (STJ, REsp 207.930/RS, Rel. Min. Humberto Gomes de Barros, 1ª Turma, jul. 21.03.2000, *DJ* 08.05.2000, p. 62).

7. Coisa julgada. "A Súmula nº 304/STF estatui que a 'decisão denegatória de mandado de segurança, não fazendo coisa julgada contra o impetrante, não impede o uso da ação própria'. Garante-se, assim, que se busque, na via própria, a satisfação do direito quando a denegação do *writ* se dá por ausência de liquidez e certeza do direito, sem que haja apreciação merital. 3. No entanto, em mandado de segurança, se a sentença denegatória apreciou o mérito da causa, há coisa julgada sobre a matéria, não podendo, no caso, a mesma questão ser reapreciada em ação de repetição de indébito" (STJ, REsp 308.800/RS, Rel. Min. José Delgado, 1ª Turma, jul. 24.04.2001, *DJ* 25.06.2001, p. 130).

8. Dilação probatória. Apreciação em mandado de segurança. Impossibilidade. "A impossibilidade de dilação probatória em mandado de segurança torna insuscetível de apreciação a questão relativa à produtividade do imóvel rural. Precedente [MS n. 24.518, Relator o Ministro Carlos Velloso, *DJ* 30.04.2004 e MS n. 25.351, Relator o Ministro Eros Grau, *DJ* 16.09.2005]" (STF, MS 25.360, Rel. Min. Eros Grau, Tribunal Pleno, jul. 27.10.2005, *DJ* 25.11.2005).

9. "O executor material de determinação do Tribunal de Contas do Distrito Federal não detém legitimidade para figurar no polo passivo de mandado de segurança, na medida em que sua atuação limita-se ao cumprimento da ordem expedida. Inaplicabilidade da teoria da encampação" (STJ, RMS 29773/DF, Rel. Min. Jorge Mussi, 5ª Turma, jul. 20.10.2009, *DJe* 02.08.2010).

10. Autoridade coatora. "A autoridade no Mandado de Segurança não é somente aquela que emitiu a determinação ou a ordem para a prática do ato, mas também a que o executa diretamente, conforme orienta o art. 6o., § 3o. da nova Lei do Mandado de Segurança. Precedentes desta Corte" (STJ, MS 15040/DF, Rel. Min. Napoleão Nunes Maia Filho, 3ª Seção, jul. 10.08.2011, *DJe* 10.02.2012)

Sobre autoridade coatora, ver jurisprudência do art. 1º desta Lei.

11. Emenda à inicial para correção de autoridade coatora. Modificação de competência. Impossibilidade. "Este Superior Tribunal de Justiça, tem jurisprudência pacífica no sentido da vedação à oportunização ao impetrante, da emenda à inicial para a indicação da correta autoridade coatora, quando a referida modificação implique na alteração da competência jurisdicional. Precedentes: AgInt no RMS n. 53.867/MG, relator Ministro Gurgel de Faria, Primeira Turma, julgado em 21/3/2019, *DJe* de 3/4/2019 e RMS n. 68.112/MA, relator Ministro Mauro Campbell Marques, Segunda Turma, julgado em 20/9/2022, *DJe* de 27/9/2022.) III - Recurso especial provido" (STJ, REsp. 1.954.451/RJ, Rel. Min. Francisco Falcão, 2ª Turma, jul. 14.02.2023, *DJe* 16.02.2023).

Art. 7º Ao despachar a inicial, o juiz ordenará:

I – que se notifique o coator do conteúdo da petição inicial, enviando-lhe a segunda via apresentada com as cópias dos documentos, a fim de que, no prazo de 10 (dez) dias, preste as informações;

II – que se dê ciência do feito ao órgão de representação judicial da pessoa jurídica interessada, enviando-lhe cópia da inicial sem documentos, para que, querendo, ingresse no feito;

III – que se suspenda o ato que deu motivo ao pedido, quando houver fundamento relevante e do ato impugnado puder resultar a ineficácia da medida, caso seja finalmente deferida, sendo facultado exigir do impetrante caução, fiança ou depósito, com o objetivo de assegurar o ressarcimento à pessoa jurídica.

§ 1º Da decisão do juiz de primeiro grau que conceder ou denegar a liminar caberá agravo de instrumento, observado o disposto na Lei nº 5.869, de 11 de janeiro de 1973 – Código de Processo Civil.

§ 2º Não será concedida medida liminar que tenha por objeto a compensação de créditos tributários, a entrega de mercadorias e bens provenientes do exterior, a reclassificação ou equiparação de servidores públicos e a concessão de aumento ou a extensão de vantagens ou pagamento de qualquer natureza.

§ 3º Os efeitos da medida liminar, salvo se revogada ou cassada, persistirão até a prolação da sentença.

§ 4º Deferida a medida liminar, o processo terá prioridade para julgamento.

§ 5º As vedações relacionadas com a concessão de liminares previstas neste artigo se estendem à tutela antecipada a que se referem os arts. 273 e 461 da Lei nº 5.869, de 11 janeiro de 1973 – Código de Processo Civil.

REFERÊNCIA LEGISLATIVA

Lei nº 5.172, de 25.10.1966, art. 170-A (Código Tributário Nacional).

SÚMULAS

Súmulas do STF:

nº 622: "Não cabe agravo regimental contra decisão do relator que concede ou indefere liminar em mandado de segurança".

nº 626: "A suspensão da liminar em mandado de segurança, salvo determinação em contrário da decisão que a deferir, vigorará até o trânsito em julgado da decisão definitiva de concessão da segurança ou, havendo recurso, até a sua manutenção pelo Supremo Tribunal Federal, desde que o objeto da liminar deferida coincida, total ou parcialmente, com o da impetração".

CJF – I JORNADA DE DIREITO PROCESSUAL CIVIL

Enunciado 49 – A tutela da evidência pode ser concedida em mandado de segurança.

JURISPRUDÊNCIA SELECIONADA

1. Liminar. Requisitos. "Mandado de segurança. Liminar. Embora esta medida tenha caráter cautelar, os motivos para a sua concessão estão especificados no art. 7º, II, da Lei nº 1.533/51, a saber: a) relevância do fundamento da impetração; b) que do ato impugnado possa resultar a ineficácia da medida, caso seja deferida a segurança. 2. Não concorrendo estes dois requisitos, deve ser denegada a liminar" (STF, AgRg no MS 20.431, Rel. Min. Alfredo Buzaid, Tribunal Pleno, jul. 15.02.1984, *DJ* 16.03.1984, p. 3.442; *RTJ* 112/140).

2. Recurso cabível. "O recurso cabível contra decisão que defere ou indefere liminar, em mandado de segurança, é o agravo de instrumento, a teor dos arts. 527, II, e 588, do CPC, com a novel redação dada pela Lei 9.139/95 (Precedentes). Subtrair a possibilidade de interpor agravo de instrumento contra a decisão que concede ou denega a liminar em mandado de segurança ressoa incompatível com os cânones da ampla defesa e do devido processo legal de previsão jusconstitucional" (STJ, REsp 438.915/MG, Rel. Min. Luiz Fux, 1ª Turma, jul. 17.12.2002, *DJ* 17.02.2003, p. 235).

3. Liminar. Agravo regimental. Súmula nº 622 do STF. "Reclamação. Liminar em mandado de segurança. Concedida ou negada. Descabimento de agravo regimental. Súmula nº 622 do STF. A suspensão de liminar, em *writ of mandamus*, só poderá ocorrer por ato do Presidente do Tribunal a que compete julgar o recurso da decisão a proferir-se na instância de origem, sob pena de usurpação de competência, nas hipóteses de que trata o art. 4º da Lei 4.348/64. Reclamação procedente" (STJ, Recl. 1.491/AM, Rel. Min. José Arnaldo da Fonseca, Corte Especial, jul. 01.09.2004, *DJ* 20.09.2004, p. 173). **No mesmo sentido:** STF, Recl.-AgRg 5.082/DF, Rel.ª Min.ª Ellen Gracie, Tribunal Pleno, jul. 19.04.2007, *DJ* 04.05.2007, p. 30.

"Ante a nova lei do mandado de segurança, explicitou-se o cabimento de recurso contra decisão monocrática que implique o deferimento ou o indeferimento da liminar, havendo o Plenário declarado, na apreciação do Agravo Regimental na Medida Cautelar no Mandado de Segurança nº 28.177/DF, a insubsistência do Verbete nº 622" (STF, MS 25.563, Rel. Min. Marco Aurélio, Tribunal Pleno, jul. 09.12.2010, *DJe* 09.02.2011).

4. Suspensão de liminar ou sentença. "A regra geral para a suspensão de liminar ou sentença é a do artigo 4º da Lei nº 4.348/64, que veio complementar o disposto no artigo 13 da Lei nº 1.533/51. A regra do *caput* artigo 25 da Lei nº 8.038/90 reveste-se de caráter especial, pois disciplina os casos de suspensão de liminar ou de sentença concessiva de mandado de segurança 'proferida, em única ou última instância, pelos Tribunais Regionais Federais ou pelos Tribunais dos Estados ou do Distrito Federal' e fixa a competência do Superior Tribunal de Justiça. O § 3º do artigo 25 da Lei nº 8.038/90 nada mais é do que um esclarecimento a respeito da suspensão da sentença concessiva – e não da liminar – para a eventualidade de que, ainda que tenha proferido o Superior Tribunal de Justiça decisão para suspender a execução da sentença, se o recurso for provido ou se a sentença transitar em julgado, não subsistirá a suspensão. A natureza da decisão e a gravidade dos fundamentos invocados para a suspensão de uma decisão provisória são muito mais singelas do que aquela que visa a impedir a execução de uma sentença que julgou procedente uma demanda. Se a sentença que julga procedente ação de mandado de segurança constitui-se em ordem para cumprimento imediato pela autoridade coatora – por isso que contra ela recurso não pode ter efeito suspensivo –, é inconcebível ampliar-se a eficácia de decisão suspensiva de liminar para momento após a solução final do litígio, ainda que, porventura, não tenha ocorrido o trânsito em julgado" (STJ, REsp 184.144/CE, Rel. Min. Franciulli Netto, 2ª Turma, jul. 19.03.2002, *DJ* 28.10.2003, p. 238).

Pedido de suspensão de liminar. Causa como fundamento constitucional. "Se a *causa petendi* é de natureza constitucional, nada importa a dimensão infraconstitucional que lhe tenha dado o juiz ou o tribunal local, nem o fundamento do pedido de suspensão; a vocação dela é a de ter acesso ao Supremo Tribunal Federal. Agravo regimental não provido" (STJ, AgRg na SLS 1372/RJ, Rel. Min. Ari Pargendler, Corte Especial, jul. 15.06.2011, *DJe* 23.09.2011).

Particular. Ausência de legitimidade. "O particular, tanto mais quando na defesa de interesses próprios, não possui legitimidade para ajuizar pedido de suspensão, mesmo quando objetiva o restabelecimento de medida anteriormente concedida (efeito ativo). O art. 4º da Lei nº 8.437/92 dispõe que o Ministério Público ou a pessoa jurídica de direito público são partes legítimas para pleitear suspensão de execução de liminar nas ações movidas contra o Poder Público ou seus agentes, entretanto a jurisprudência tem admitido também o ajuizamento da excepcional medida por sociedades de economia mista e concessionárias prestadoras de serviço público, quando na defesa do interesse público" (STJ, AgRg na Pet 1827/RJ, Rel. Min. Nilson Naves, Corte Especial, jul. 16.06.2003, *DJ* 22.09.2003, p. 248).

5. Execução provisória. Impossibilidade. "O Superior Tribunal de Justiça firmou entendimento no sentido de que os arts. 2º-B da Lei nº 9.494/97 e 5º e 7º da Lei nº 4.348/64 devem ser interpretados de forma restritiva, de modo que somente são aplicáveis às hipóteses expressamente previstas por eles. O caso dos autos, acórdão que, julgando mandado de segurança impetrado pela recorrida, servidora pública aposentada, concedeu a extensão do reajuste salarial dado aos servidores da ativa pela Lei Complementar Estadual nº 63/1999, encontra-se previsto no rol taxativo dos citados dispositivos legais. Assim, mostra-se inviável a pretensão da parte recorrida de executar provisoriamente a decisão" (STJ, REsp 507042/AC, Rel. Min. Arnaldo Esteves Lima, 5ª Turma, jul. 23.08.2005, *DJ* 03.10.2005, p. 311).

6. Apelação. Duplo efeito. "Mandado de segurança. Apelação recebida no duplo efeito. Arts. 5º e 7º da Lei nº 4.348/64. De acordo com os termos dos dispositivos supracitados, a apelação em mandado de segurança somente será recebida no efeito suspensivo quando a hipótese cuidar de 'outorga ou adição de vencimento ou ainda reclassificação funcional'. A impetração foi movida para restabelecer a integralidade dos vencimentos do impetrante, considerando que fora suprimida uma parcela. Inaplicabilidade. Recurso provido para determinar que a apelação interposta seja recebida somente em seu regular efeito: devolutivo" (STJ, REsp 622.608/SP, Rel. Min. José Arnaldo da Fonseca, 5ª Turma, jul. 02.12.2004, *DJ* 01.02.2005, p. 604).

7. Aditamento da inicial. "Os embargos de declaração têm pressupostos certos [art. 535, I e II, do CPC], de modo que não configuram via processual adequada à rediscussão do mérito da causa ou à inclusão de matéria não discutida no recurso. São admissíveis em caráter infringente somente em hipóteses, excepcionais, de omissão do julgado ou erro material manifesto" (STF, RMS 27.920 ED, Rel. Min. Eros Grau, 2ª Turma, jul. 09.03.2010, *DJe* 21.05.2010).

8. (Inciso I). Informações prestadas em mandado de segurança. Presunção de veracidade. "As informações prestadas em mandado de segurança pela autoridade apontada como coatora gozam da presunção *juris tantum* de veracidade. Incumbe ao impetrante, em consequência, ao arguir a nulidade do processo administrativo-disciplinar, proceder à comprovação, mediante elementos documentais inequívocos, idôneos e pré-constituídos, dos vícios de caráter formal por ele alegados" (STF, MS 20.882, Rel. Min. Celso de Mello, Tribunal Pleno, jul. 23.06.1994, *DJ* 23.09.1994, pp-25326, Ement. vol-01759-02, pp-00348).

9. Suspensão da exigibilidade do crédito tributário. Revogação de liminar. Retomada do prazo prescricional. "A concessão de liminar em mandado de segurança é causa de suspensão da exigibilidade do crédito tributário (art. 151, IV, do CTN). Conforme destacado em um dos acórdãos paradigmas, 'diversamente do recurso administrativo que suspende a exigibilidade do crédito tributário enquanto persiste o contencioso administrativo (inciso III do art. 151 do CTN), não é a mera existência de discussão judicial sobre o crédito tributário que suspende a sua exigibilidade, mas a existência de medida liminar, durante o tempo de sua duração, ou a concessão da ordem, a inibir a adoção de qualquer medida visando à satisfação do crédito por parte da Fazenda Nacional' (EREsp 449.679/RS, Rel. Min. Hamilton Carvalhido, 1ª Seção, *DJe* 1º.02.2011)". (STJ, EAREsp 407.940/RS, Rel. Min. Og Fernandes, 1ª Seção, jul. 10.05.2017, *DJe* 29.05.2017).

10. Inconstitucionalidade dos arts. 7º, §2º e 22, §2º da lei. "A cautelaridade do mandado de segurança é ínsita à proteção constitucional ao direito líquido e certo e encontra assento na própria Constituição Federal. Em vista disso, não será possível a edição de lei ou ato normativo que vede a concessão de medida liminar na via mandamental, sob pena de violação à garantia de pleno acesso à jurisdição e à própria defesa do direito líquido e certo protegida pela Constituição. Proibições legais que representam óbices absolutos ao poder geral de cautela. Ação julgada parcialmente procedente, apenas para declarar a inconstitucionalidade dos arts. 7º, §2º, e 22º, §2º, da Lei 12.016/2009, reconhecendo-se a constitucionalidade dos arts. 1º, § 2º; 7º, III; 23 e 25 dessa mesma lei" (STF, ADI 4296, Rel. p/ Acórdão Min. Alexandre de Moraes, Tribunal Pleno, jul. 09.06.2021, *DJe* 11.10.2021).

11. Energia elétrica. Interferência do poder judiciário em regras de elevada especificidade técnica por meio de liminar. Grave lesão à ordem e à economia públicas. "A interferência do Poder Judiciário em regras de elevada especificidade técnica do setor elétrico por meio de liminar configura grave lesão à ordem e à economia públicas" (STJ, AgInt na SLS 2.162/DF, Rel. Min. Humberto Martins, Corte Especial, jul. 01.06.2022, *DJe* 07.06.2022).

Art. 8º Será decretada a perempção ou caducidade da medida liminar *ex officio* ou a requerimento do Ministério Público quando, concedida a medida, o impetrante criar obstáculo ao normal andamento do processo ou deixar de promover, por mais de 3 (três) dias úteis, os atos e as diligências que lhe cumprirem.

Art. 9º As autoridades administrativas, no prazo de 48 (quarenta e oito) horas da notificação da medida liminar, remeterão ao Ministério ou órgão a que se acham subordinadas e ao Advogado-Geral da União ou a quem tiver a representação judicial da União, do Estado, do Município ou da entidade apontada como coatora cópia autenticada do mandado notificatório, assim como indicações e elementos outros necessários às providências a serem tomadas para a eventual suspensão da medida e defesa do ato apontado como ilegal ou abusivo de poder.

JURISPRUDÊNCIA SELECIONADA (ANTERIOR À LEI Nº 12.016/2009)

1. Intimação. Autoridade coatora. "Agravo regimental no agravo regimental no agravo de instrumento. Servidor público. Enquadramento. Câmara municipal. Ilegitimidade *ad causam*. Personalidade judiciária. Mandado de segurança. Intimação do procurador do município. Desnecessidade. Agravo improvido. 1. A Câmara Municipal de São Paulo é órgão da Administração Direta, não possuindo, portanto, personalidade jurídica, mas apenas personalidade judiciária. Significa que pode estar em juízo apenas para a defesa de suas prerrogativas institucionais, concernentes ao seu funcionamento e independência. 2. *In casu*, o mandado de segurança foi impetrado contra ato do Presidente da Câmara que determinou o enquadramento de servidor público. Destarte, a legitimidade para interpor eventual recurso é do Município de São Paulo. 3. Desnecessária, em mandado de segurança, a intimação do Procurador do Município, visto que, consoante inteligência do art. 3º da Lei 4.348/64, cabe à autoridade coatora, no prazo de 48 horas, diligenciar ao ente de direito público ao qual se subordina a fim de que sejam tomadas as providências necessárias para a defesa do ato impugnado. 4. Agravo regimental improvido" (STJ, AgRg no AgRg no Ag. 818739/SP, Rel. Min. Arnaldo Esteves Lima, 5ª Turma, jul. 12.06.2007, *DJ* 06.08.2007, p. 650).

"Agravo regimental. Mandado de segurança originário no primeiro grau. Atuação da autoridade coatora. Entendimento do relator pela desnecessidade de intimação pessoal do representante judicial do órgão correspondente (Procurador da União, do Estado, do Município ou do Distrito Federal). Nova posição desta Corte Superior, no sentido da necessidade de intimação do representante judicial. 1. Agravo regimental contra decisão que negou seguimento ao Especial da agravante. 2. Acórdão *a quo* segundo o qual, em ação mandamental, a intimação da sentença deve ser feita à autoridade coatora, e não ao representante jurídico da entidade pública atingida. 3. Entendimento deste Relator, com suporte em diversos precedentes das 1ª, 2ª, 5ª e 6ª Turmas e da 1ª Seção, desta Corte Superior, de ser desnecessária a intimação do representante judicial do órgão correspondente de sentença proferida em ação mandamental, devendo, apenas, a autoridade coatora ser devidamente intimada. 4. No entanto, a jurisprudência do STJ, recentemente, tem enveredado no sentido de que é obrigatória a intimação pessoal do representante judicial da União após a prolação da sentença em sede de mandado de segurança. Há aparente prejuízo suportado pela Fazenda Pública, ao não lhe ser oportunizada a ampla defesa e o contraditório por intermédio da intimação para fins de oposição do recurso cabível ou de contrarrazões. 5. Agravo regimental provido, para revogar a decisão agravada, com a consequente anulação do acórdão recorrido, determinando a remessa dos autos à origem, a fim de que a agravante seja devidamente intimada" (STJ, AgRg no REsp 756555/BA, Rel. Min. José Delgado, 1ª Turma, jul. 13.09.2005, *DJ* 01.02.2006, p. 459; *Direito Público: Revista Jurídica da Advocacia-Geral do Estado de Minas Gerais*, vol. IV, números 1-2, jan./dez. 2007, p. 104).

Art. 10. A inicial será desde logo indeferida, por decisão motivada, quando não for o caso de mandado de segurança ou lhe faltar algum dos requisitos legais ou quando decorrido o prazo legal para a impetração.

§ 1º Do indeferimento da inicial pelo juiz de primeiro grau caberá apelação e, quando a competência para o julgamento do mandado de segurança couber originariamente a um dos tribunais, do ato do relator caberá agravo para o órgão competente do tribunal que integre.

§ 2º O ingresso de litisconsorte ativo não será admitido após o despacho da petição inicial.

JURISPRUDÊNCIA SELECIONADA

1. Indeferimento da inicial. "O reconhecimento, de plano, da decadência ou da prescrição autoriza o magistrado a indeferir a inicial do mandado de segurança, tendo em vista o disposto no art. 267, I, c/c art. 295, IV, ambos do CPC. A regra inscrita no art. 8º da Lei 1.533/51 não afasta a possibilidade de indeferimento da petição inicial do mandado de segurança de acordo com o Código de Processo Civil. De fato, não apenas quando desprovido de algum dos requisitos da Lei 1.533/51 é possível o indeferimento da inicial do *mandamus*. Se presente alguma das hipóteses preconizadas no art. 295 do CPC também cabe a extinção do feito" (STJ, AgRg nos EDcl no RMS 23.998/RS, Rel. Min. Arnaldo Esteves Lima, 5ª Turma, jul. 11.11.2008, *DJe* 01.12.2008).

2. Apelação (§ 1º). "Indeferida liminarmente a petição inicial do mandado de segurança, não cabe ao Tribunal, no julgamento de recurso de apelação, ingressar no mérito do *writ*, pois não há falar em causa madura se a autoridade apontada como coatora não foi, em nenhum momento, notificada para prestar informações. 2. Embargos acolhidos, com efeito modificativo, para dar provimento ao recurso especial e anular o acórdão na parte em que julgou o mérito do mandado de segurança, determinando-se o retorno dos autos ao primeiro grau de jurisdição para o regular processamento da ação mandamental" (STJ, EDcl no REsp 723.426/PA, Rel. Min. Arnaldo Esteves Lima, 5ª Turma, jul. 19.08.2008, *DJe* 20.10.2008).

"Em se tratando de indeferimento da inicial do mandado de segurança – portanto anteriormente à formação da relação processual –, aplica-se, por analogia, a regra do art. 296 do CPC, que não mais exige a citação da parte contrária para responder no recurso de apelação" (STJ, EDcl no RMS 15.750/RJ, Rel. Min. Castro Meira, 2ª Turma, jul. 09.03.2004, *DJ* 31.05.2004, p. 252).

3. Agravo Regimental em Mandado de Segurança. "Ausência de liquidez e certeza no direito pleiteado. Segurança denegada. Julgamento monocrático. Possibilidade. Agravo improvido. (...) Nos termos do art. 205 do regimento interno do STF, pode o relator julgar monocraticamente pedido que veicule pretensão incompatível com a jurisprudência consolidada desta corte, ou seja, manifestamente inadmissível. Agravo regimental improvido" (STF, MS 27.236 AgR, Rel. Min. Ricardo Lewandowski, Tribunal Pleno, jul. 25.03.2010, *DJe* 30.04.2010).

4. Litisconsórcio ativo (§ 2º). "Ajuizada a ação e prestadas as informações, inviabiliza-se processualmente a admissão de assistência litisconsorcial ativa. Em contrário pensar, a tardia admissão afrontaria o princípio do juiz natural e tangenciaria a livre distribuição" (STJ, AgRg no MS 7.307/DF, Rel. Min. Milton Luiz Pereira, 1ª Seção, jul. 29.11.2001, *DJ* 25.03.2002, p. 163).

"Distribuído o *mandamus*, decidido liminarmente e, mais do que isso, renunciado pela parte impetrante o direito a ação, inadmissível o pretendido ingresso de litisconsorte. II – O litisconsórcio ativo só e admissível na instauração da lide ou, dependente do caso concreto, no decêndio das informações, evitando ofensa ao princípio da livre distribuição e como óbice a parte de escolher juiz certo para processar e julgar a ação. III – Precedentes da jurisprudência" (STJ, AgRg no RMS 706/DF, Rel. Min. Milton Luiz Pereira, 1ª Turma, jul. 18.11.1992, *DJ* 07.12.1992, p. 23.285).

5. Embargos à execução na execução contra a Fazenda Pública em mandado de segurança. Aplicação da Lei 12.016/2009 no tempo. Ordem concedida em mandado de segurança sem a notificação da pessoa jurídica interessada. Nulidade reconhecida. "O Plenário desta Corte já se pronunciou pela nulidade da decisão proferida sem a participação da pessoa jurídica interessada (MS 25.962/DF, relatora para o acórdão a Ministra Rosa Weber). Comprovação de prejuízo efetivo, ante a existência de matérias relevantes que não foram suscitadas pela autoridade apontada como coatora. Como a União não participou da relação processual estabelecida no mandado de segurança, contra ela não pode ser alegada a existência de coisa julgada (art. 472 do Código de Processo Civil de 1973). Embargos à execução parcialmente acolhidos, para anular os atos processuais realizados após a publicação do acórdão exequendo e determinar a notificação da União, nos termos do art. 13 da Lei 12.016/2009" (STF, Embargos à Execução em MS 24.660/DF, Rel. Min. Ricardo Lewandowski, Pleno, jul. 19.10.2021, *DJe* 28.10.2021).

Art. 11. Feitas as notificações, o serventuário em cujo cartório corra o feito juntará aos autos cópia autêntica dos ofícios endereçados ao coator e ao órgão de representação judicial da pessoa jurídica interessada, bem como a prova da entrega a estes ou da sua recusa em aceitá-los ou dar recibo e, no caso do art. 4º desta Lei, a comprovação da remessa.

Art. 12. Findo o prazo a que se refere o inciso I do *caput* do art. 7º desta Lei, o juiz ouvirá o representante do Ministério Público, que opinará, dentro do prazo improrrogável de 10 (dez) dias.

Parágrafo único. Com ou sem o parecer do Ministério Público, os autos serão conclusos ao juiz, para a decisão, a qual deverá ser necessariamente proferida em 30 (trinta) dias.

Art. 13. Concedido o mandado, o juiz transmitirá em ofício, por intermédio do oficial do juízo, ou pelo correio, mediante correspondência com aviso de recebimento, o inteiro teor da sentença à autoridade coatora e à pessoa jurídica interessada.

Parágrafo único. Em caso de urgência, poderá o juiz observar o disposto no art. 4º desta Lei.

JURISPRUDÊNCIA SELECIONADA

1. Sentença. Intimação. "Agravo regimental contra decisão que deu provimento a recurso especial, com a consequente anulação do acórdão recorrido, determinando a remessa dos autos à origem, a fim de que a Fazenda Nacional seja devidamente intimada. 2. Acórdão *a quo* segundo o qual, em ação mandamental, a intimação da sentença deve ser feita à autoridade coatora, e não ao representante jurídico da entidade pública atingida.

3. Entendimento deste Relator, com suporte em diversos precedentes das 1ª, 2ª, 5ª e 6ª Turmas e da 1ª Seção, desta Corte Superior, de ser desnecessária a intimação do representante judicial do órgão correspondente de sentença proferida em ação mandamental, devendo, apenas, a autoridade coatora ser devidamente intimada. 4. No entanto, a jurisprudência do STJ, recentemente, tem enveredado no sentido de que é obrigatória a intimação pessoal do representante judicial da União após a prolação da sentença em sede de mandado de segurança. Há aparente prejuízo suportado pela Fazenda Pública, ao não lhe ser oportunizada a ampla defesa e o contraditório por intermédio da intimação para fins de oposição do recurso cabível ou de contrarrazões. 5. Agravo regimental não provido" (STJ, AgRg no REsp 986.316/SP, Rel. Min. José Delgado, 1ª Turma, jul. 01.04.2008, *DJe* 16.04.2008).

"Embora a pessoa jurídica de direito público a que está vinculada a autoridade coatora não seja parte inicial no *mandamus*, a ela caberá suportar os efeitos patrimoniais da decisão final e, consequentemente, faz-se necessária a intimação pessoal do seu representante judicial, legitimado para recorrer da decisão concessiva da ordem. Precedentes" (STJ, REsp 704.713/PE, Rel.ª Min.ª Laurita Vaz, 5ª Turma, jul. 18.09.2008, *DJe* 13.10.2008).

"A Lei 1.533/51 contém disposição específica a respeito da intimação da sentença, estatuindo dever realizar-se na pessoa da autoridade impetrada (art. 11, *caput*). Compete a essa autoridade, uma vez intimada, comunicar a decisão ao órgão encarregado da defesa judicial da pessoa jurídica a que se vincula, legitimada para a interposição de eventual recurso. 2. O início da contagem do prazo recursal, no mandado de segurança, se dá, portanto, no momento em que a autoridade coatora toma conhecimento da sentença" (STJ, REsp 888.298/SP, Rel. Min. Teori Albino Zavascki, 1ª Turma, jul. 27.02.2007, *DJ* 26.03.2007, p. 214).

2. Representante do Estado. Intimação. "A partir da sentença, o representante do Estado deve ser intimado pessoalmente de todas as decisões proferidas em Mandado de Segurança. Nas instâncias ordinárias, é imprescindível a intimação pessoal da União, dos Estados, do DF e dos Municípios, embora essa providência seja dispensada no âmbito do STJ" (STJ, REsp 984880/TO, Rel. Min. Herman Benjamin, 2ª Turma, jul. 18.12.2008, *DJe* 13.03.2009).

3. Mandado de Segurança. Regime de pagamento pela Fazenda Pública. "O pagamento dos valores devidos entre a data da impetração e a implementação da ordem concessiva submete-se ao regime de precatórios. Aplicação do entendimento firmado pelo Supremo Tribunal Federal no Recurso Extraordinário n. 889.173 RG/MS, sob a sistemática da repercussão geral." (STJ, REsp 1522973/MG, Rel.ª Min.ª DIVA Malerbi, 2ª Turma, jul. 04.02.2016, *DJe* 12.02.2016). **No mesmo sentido:** STJ, REsp 1569400/RJ, Rel. Min. Mauro Campbell Marques, 2ª Turma, jul. 23.02.2016, *DJe* 01.03.2016; STF, Rcl 14505 AgR, Rel.Min. Teori Zavascki, Tribunal Pleno, jul. 19.06.2013, *DJe* 01.07.2013.

"O pagamento dos valores devidos pela Fazenda Pública entre a data da impetração do mandado de segurança e a efetiva implementação da ordem concessiva deve observar o regime de precatórios previsto no artigo 100 da Constituição Federal" (STF, RE 889.173, Rel. Min. Luiz Fux, Pleno, jul. 07.08.2015, *DJe* 17.08.2015).

Restituição de indébito tributário. "O Tribunal de Origem, em sede de mandado de segurança, assentou ter a impetrante direito à restituição administrativa do indébito tributário reconhecido judicialmente na demanda, sem a observância do regime de precatórios. Ao assim decidir, a Corte *a quo* divergiu da orientação da Suprema Corte de que os pagamentos devidos pelas Fazendas Públicas em razão de decisão judicial devem se dar mediante a expedição de precatório ou de requisição de pequeno valor, conforme o valor da condenação, nos termos do art. 100 da Constituição Federal. Precedentes. Agravo regimental e recurso extraordinário providos, assentando-se que a restituição do pagamento indevido, decorrente de decisão em sede de mandado de segurança, se dê mediante a expedição de precatório ou de requisição de pequeno valor, conforme o caso" (STF, ARE 1387512 AgR, Rel. p/ Acórdão Min. Dias Toffoli, 1ª Turma, jul. 10.10.2022, *DJe* 08.11.2022).

4. Mandado de Segurança. Servidor público. Efeito retroativo. "Quanto aos efeitos patrimoniais da tutela mandamental, sabe-se que, nos termos das Súmula 269 e 271 do STF, caberia à parte impetrante, após o trânsito em julgado da sentença concessiva da segurança, ajuizar nova demanda de natureza condenatória para reivindicar os valores vencidos em data anterior à impetração do pedido de writ; essa exigência, contudo, não apresenta nenhuma utilidade prática e atenta contra os princípios da justiça, da efetividade processual, da celeridade e da razoável duração do processo, além de estimular demandas desnecessárias e que movimentam a máquina judiciária, consumindo tempo e recursos públicos, de forma completamente inútil, inclusive honorários sucumbenciais, em ação que já se sabe destinada à procedência. Esta Corte Superior, em julgado emblemático proferido pelo douto Ministro Arnaldo Esteves Lima, firmou a orientação de que, nas hipóteses em que o Servidor Público deixa de auferir seus vencimentos, ou parte deles, em face de ato ilegal ou abusivo do Poder Público, os efeitos financeiros da concessão de ordem mandamental devem retroagir à data do ato impugnado, violador do direito líquido e certo do impetrante, isso porque os efeitos patrimoniais do decisum são mera consequência da anulação do ato impugnado que reduziu a pensão da Impetrante, com a justificativa de adequá-la ao subteto fixado pelo Decreto 24.022/2004, daquela unidade federativa" (STJ, EREsp 1164514/AM, Rel. Ministro Napoleão Nunes Maia Filho, Corte Especial, jul. 16.12.2015, *DJe* 25.02.2016).

Art. 14. Da sentença, denegando ou concedendo o mandado, cabe apelação.

§ 1º Concedida a segurança, a sentença estará sujeita obrigatoriamente ao duplo grau de jurisdição.

§ 2º Estende-se à autoridade coatora o direito de recorrer.

§ 3º A sentença que conceder o mandado de segurança pode ser executada provisoriamente, salvo nos casos em que for vedada a concessão da medida liminar.

§ 4º O pagamento de vencimentos e vantagens pecuniárias assegurados em sentença concessiva de mandado de segurança a servidor público da administração direta ou autárquica federal, estadual e municipal somente será efetuado relativamente às prestações que se vencerem a contar da data do ajuizamento da inicial.

CJF – I JORNADA DE DIREITO PROCESSUAL CIVIL

Enunciado 62 – Aplica-se a técnica prevista no art. 942 do CPC no julgamento de recurso de apelação interposto em mandado de segurança.

INDICAÇÃO DOUTRINÁRIA

Cassio Scarpinella Bueno, *Liminar em Mandado de Segurança: um Tema com Variações*, RT; Hugo de Brito Machado, *Mandado de Segurança em Matéria Tributária*, RT – sobre os efeitos da apelação no mandado de segurança. **Sobre as vias processuais adequadas para obtenção do efeito suspensivo:** Érico Andrade, em *O Mandado de Segurança: A Busca da Verdadeira Especialidade (proposta de releitura à luz da efetividade do* *processo)*, Belo Horizonte: FDUFMG, 2008, p. 420, enumera três vias processuais adequadas para se obter o efeito suspensivo da sentença que revoga a liminar da segurança: "a) após a prolação da sentença, requer-se ao próprio juiz que receba a apelação no efeito suspensivo ou efeito suspensivo ativo, e, se indeferido, a parte interessada pode interpor agravo de instrumento; b) uso do processo cautelar incidental, de modo a se ajuizar ação cautelar diretamente no tribunal competente para conhecer do recurso, pleiteando a concessão da medida de urgência diretamente no tribunal; c) finalmente, se a apelação já estiver em tramitação no tribunal, o pleito de efeito suspensivo ou de efeito suspensivo ativo pode ser formulado diretamente ao relator".

JURISPRUDÊNCIA SELECIONADA (ANTERIOR À LEI Nº 12.016/2009)

1. Apelação. Efeitos. Devolutivo. "Sentença que denega mandado de segurança. Apelação. Efeitos. 1. O recurso interposto contra sentença concessiva da ordem em ação de mandado de segurança deve ser recebido apenas no efeito devolutivo, nos precisos termos do parágrafo único do art. 12 da Lei nº 1.533/51. Nada dispôs o referido diploma processual no que tange ao recurso aviado contra sentença denegatória do *mandamus*, visto que despiciendo, pois, sendo destituída de exequibilidade, o recurso que a impugna só poderia mesmo ser recebido no efeito meramente devolutivo. 2. Recurso especial conhecido e improvido" (STJ, REsp 89.647/DF, Rel. Min. João Otávio de Noronha, 2ª Turma, jul. 19.10.2004, *DJ* 06.12.2004, p. 240).

"A sentença concessiva de segurança tem precedência sobre a liminar, porque o recurso contra ela tem efeito meramente devolutivo. 2. Recurso especial plausível que deve ser preservado. 3. Agravo regimental improvido" (STJ, AgRg na MC 3156/RN, Rel.ª Min.ª Eliana Calmon, 2ª Turma, jul. 24.10.2000, *DJ* 05.02.2001, p. 84).

2. Apelação. Efeitos. Possibilidade de efeito suspensivo. "Desde o advento da Lei nº 9.139, de 30.11.95, que deu nova redação ao art. 558 do CPC, e, nos casos em que a execução da providência judicial questionada possa provocar lesão grave e de difícil reparação, permitiu-se ao relator atribuir efeito suspensivo tanto ao recurso de agravo de instrumento como ao de apelação dele desprovido" (STJ, RMS 17.608/GO, Rel. Min. José Delgado, 1ª Turma, jul. 10.08.2004, *DJ* 20.09.2004, p. 184). **No mesmo sentido:** STF, RMS 20.373/GO, Rel. Min. Carlos Alberto Menezes Direito, 3ª Turma, jul. 24.05.2007, *DJ* 29.06.2007.

"O Superior Tribunal de Justiça firmou o entendimento de que o recurso de apelação em mandado de segurança, uma vez denegatória a ordem, comporta apenas efeito devolutivo, compartilhando do entendimento assentado na Súmula 405/STF. 2. Excepciona a jurisprudência desta Corte os casos em que se verifica a existência de dano irreparável ou de difícil reparação, hipótese em que é possível atribuir efeito suspensivo ao recurso de apelação. 3. Situação peculiar configurada nos presentes autos, em que há de ser mantido o efeito suspensivo atribuído ao recurso de apelação, ante a atestada presença do *fumus boni iuris* pela Corte *a quo*. 4. Recurso especial improvido" (STJ, REsp 787.051/PA, Rel.ª Min.ª Eliana Calmon, 2ª Turma, jul. 03.08.2006, *DJ* 17.08.2006, p. 345).

"A apelação da sentença denegatória de segurança tem efeito devolutivo. Só em casos excepcionais de flagrante ilegalidade ou abusividade, ou de dano irreparável ou de difícil reparação, é possível sustarem-se os efeitos da medida atacada no *mandamus* até o julgamento da apelação. II – Recurso desprovido" (STJ, ROMS 351/SP, Rel. Min. Antônio de Pádua Ribeiro, 2ª Turma, jul. 17.10.1994, *DJ* 14.11.1994, p. 30.941). **No mesmo sentido:** STJ, REsp 775.771/RJ, Rel. Min. Castro Meira, 2ª Turma, jul. 07.08.2007, *DJ* 21.08.2007, p. 180.

"Processual civil. Taxa de lixo. Apelação em sede de *mandamus*. Efeito suspensivo. Agravo de instrumento. Cabimento. *Fumus boni juris* e *do periculum in mora*. Deveras, a concessão da segurança é autoexecutável, porquanto em jogo direito líquido e certo obstado por ato abusivo da autoridade. Reversamente, a não concessão pode gerar *periculum in mora*, por isso que a verdadeira exegese do art. 12 da Lei 1.533/51 coaduna-se com os poderes do relator (art. 558 do CPC) de sustar a eficácia da decisão denegatória, via efeito suspensivo à apelação. *In casu*, trata-se de depósito preliminar que se pretende ficar custodiado até o julgamento da irresignação, pretensão de todo razoável e cabível. 3. Destarte, revela-se ausente qualquer prejuízo, tanto mais que, se julgado improcedente o pedido ao final, todas as quantias depositadas, *in itinere*, restarão convertidas em renda em favor da entidade estatal, por isso da escorreita conclusão do aresto *a quo* à luz do *periculum* inverso no sentido de que: Inobstante conter a apelação contra sentença em mandado de segurança o efeito meramente devolutivo, nos termos do parágrafo único do artigo 12 da Lei nº 1.533/51, eis que passível de execução provisória, recomenda a espécie presente a aplicação do efeito suspensivo. A lide versa sobre a legalidade da taxa de resíduos sólidos domiciliares, nos termos da Lei municipal nº 13.478/02, de São Paulo, aduzindo-se a impossibilidade de identificação para cada usuário dos valores fixados unilateralmente pelo Município, a inserir na taxa o caráter de indivisibilidade. Na hipótese houve deferimento liminar para depósitos. O deferimento liminar para depósitos das importâncias em lide conduz, na fase recursal, a formação de *periculum in mora* para hipótese de não ser outorgado o efeito suspensivo ao recurso, assim que possibilitaria o imediato levantamento dos valores já depositados, e, simultaneamente, o impedimento da continuidade dos valores devidos no exercício fiscal da exigência, hipótese que determina a necessidade do efeito suspensivo para manter a situação nos termos da apreciação vestibular até deslinde final (fls. 107). 4. Entrevendo o Tribunal *a quo periculum in mora*, reverter referido entendimento significa sindicar matéria fática para a qual não é servil o recurso especial. 5. Recuso especial não conhecido" (STJ, REsp 798.993/SP, Rel. Min. Luiz Fux, 1ª Turma, jul. 14.08.2007, *DJ* 24.09.2007, p. 253).

3. Apelação. Efeito suspensivo. Restabelecimento da liminar anteriormente deferida. "Processual civil. Mandado de segurança. Concessão de liminar. Sentença denegatória da segurança. Apelação. Efeito suspensivo. Restabelecimento dos efeitos da liminar. Admissibilidade na hipótese em que o tribunal *a quo* considera presentes o *fumus boni iuris* e o *periculum in mora*. Na hipótese em que o Tribunal *a quo* entende presentes os pressupostos do *fumus boni iuris* e o *periculum in mora*, consideradas a relevância do fundamento e a possibilidade de lesão de difícil reparação, é admissível, excepcionalmente, dar efeito suspensivo à apelação interposta contra decisão denegatória de segurança, para restabelecer liminar anteriormente concedida. Recurso improvido (REsp 422587/RJ, Rel. Min. Garcia Vieira, 1ª Turma, jul. 03.09.2002, *DJ* 28.10.2002, p. 241). Só em casos excepcionais de flagrante ilegalidade ou abusividade, ou de dano irreparável ou de difícil reparação, é possível sustarem-se os efeitos da medida atacada no *mandamus* até o julgamento da apelação (ROMS nº 351/SP, Rel. Min. Antônio de Pádua Ribeiro). 4. Embargos acolhidos para corrigir o erro material. Na sequência, nega-se provimento ao agravo de instrumento" (STJ, EDcl no Ag. 622012/RJ, Rel. Min. José Delgado, 1ª Turma, jul.03.02.2005, *DJ* 21.03.2005, p. 248). **No mesmo sentido:** STJ, REsp 720.901/RS, Rel. Min. Teori Albino Zavascki, 1ª Turma, jul. 25.04.2006, *DJ* 19.06.2006, p. 107.

"Agravo regimental. Mandado de segurança. Decisão que negou pedido liminar nos autos de mandado de segurança. Servidor público. Demissão. Improbidade administrativa. Ausência de flagrante ilegalidade. Improcedência de ação anulatória da portaria. Recurso desprovido. 1. A Corte Especial, no julgamento do AgRg no MS nº 11.961/DF (Rel. Min. Felix Fischer, *DJU* 19.11.07), definiu, por maioria de votos, que cabe Agravo Regimental contra decisão que indefere liminar ou a concede em Mandado de Segurança. 2. A concessão de medida liminar em Mandado de Segurança requer a presença concomitante de dois pressupostos autorizadores: a relevância dos argumentos da impetração e que do ato impugnado possa resultar a ineficácia da ordem judicial, caso concedida a final. 3. Nada impede que a Administração, no exercício de seu Poder Disciplinar, imponha pena administrativa à Servidor Público com fundamento no Regime Jurídico dos Servidores, sendo despicienda à anterior submissão do tema ao Judiciário. 4. O efeito suspensivo atribuído ao recurso de apelação interposto contra a sentença que julgou improcedente a Ação Ordinária ajuizada pela ora impetrante não tem, *a priori*, o condão de restabelecer a liminar anteriormente deferida no bojo da Medida Cautelar Incidental, que, no mérito, foi julgada, da mesma forma, improcedente. 5. A decisão judicial que, após uma análise ampla dos elementos trazidos aos autos, nega o direito invocado pela autora, revoga o *decisum* que, em cognição sumária, entendeu estarem presentes os requisitos para o deferimento da tutela liminar. 6. A complexidade da controvérsia implica o imperioso aprofundamento do mérito do presente *writ*, para se decidir acerca da nulidade da imposição da pena de demissão à impetrante, fato este que impede a concessão da medida emergencial requerida, sob pena de inversão da ordem processual. 7. Recurso desprovido" (STJ, AgRg no MS 13.483/DF, Rel. Min. Napoleão Nunes Maia Filho, 3ª Seção, jul. 13.08.2008, *DJe* 01.09.2008).

"Processual civil. Recurso especial. Medida liminar. Superveniência de sentença julgando a causa. Perda de objeto do recurso relativo à medida antecipatória. O julgamento da causa esgota, portanto, a finalidade da medida liminar, fazendo cessar a sua eficácia. Daí em diante, prevalece o comando da sentença, e as eventuais medidas de urgência devem ser postuladas no âmbito do sistema de recursos, seja a título de efeito suspensivo, seja a título de antecipação da tutela recursal, providências cabíveis não apenas em agravo de instrumento (CPC, arts. 527, III, e 558), mas também em apelação (CPC, art. 558, parágrafo único) e em recursos especiais e extraordinários (RI/STF, art. 21, IV; RI/STJ, art. 34, V)" (STJ, REsp 825.186/BA, Rel. Min. Teori Albino Zavascki, 1ª Turma, jul. 02.05.2006).

"Repetidos: Processual civil. Recurso especial. Medida liminar. Superveniência de sentença julgando a causa. Perda de objeto do recurso relativo à medida antecipatória. As medidas liminares, editadas em juízo de mera verossimilhança, têm por finalidade ajustar provisoriamente a situação das partes envolvidas na relação jurídica litigiosa e, por isso mesmo, desempenham no processo uma função por natureza temporária. Sua eficácia se encerra com a superveniência da sentença, provimento tomado à base de cognição exauriente, apto a dar tratamento definitivo à controvérsia, atendendo ou não ao pedido ou simplesmente extinguindo o processo. 2. O julgamento da causa esgota, portanto, a finalidade da medida liminar, fazendo cessar a sua eficácia. Daí em diante, prevalece o comando da sentença, e as eventuais medidas de urgência devem ser postuladas no âmbito do sistema de recursos, seja a título de efeito suspensivo, seja a título de antecipação da tutela recursal, providências cabíveis não apenas em agravo de instrumento (CPC, arts. 527, III, e 558), mas também em apelação (CPC, art. 558, parágrafo único) e em recursos especiais e extraordinários (RI/STF, art. 21, IV; RI/STJ, art. 34, V). 3. Consequentemente, a superveniência de sentença acarreta a inutilidade da discussão a respeito do cabimento ou não da medida liminar, ficando prejudicado eventual recurso, inclusive o especial, relativo à matéria. 4. A execução provisória da sentença não constitui quebra de hierarquia ou ato de desobediência a anterior decisão do Tribunal que indeferira a liminar. Liminar e sentença são provimentos com natureza, pressupostos e finalidades distintas e com eficácia temporal em momentos diferentes. Por isso mesmo, a decisão que defere ou indefere liminar, mesmo quando proferida por tribunal, não inibe a prolação e nem condiciona o resultado da sentença definitiva, como também não retira dela a eficácia executiva conferida em lei. 5. No caso específico, a liminar foi deferida em primeiro grau, mas indeferida pelo tribunal local, ao julgar agravo de instrumento. Pendente recurso especial dessa decisão, sobreveio sentença definitiva concedendo a ordem. Tal sentença, estando sujeita a recurso e a reexame necessário com efeito meramente devolutivo (Lei 1.533/51, art. 12, parágrafo único) pode ser imediatamente executada, ficando superada a discussão objeto do recurso especial. 6. Recurso especial não conhecido, por prejudicado" (STJ, REsp 818.169/CE, Rel. Min. Teori Albino Zavascki, 1ª Turma, jul. 28.03.2006, *DJ* 15.05.2006, p. 181).

4. Legitimidade para recorrer.

Autoridade coatora (§ 2º). "Recurso especial. Prefeito municipal. Autoridade coatora. Sentença concessiva de segurança. Legitimidade para recorrer. Prejuízo próprio. 1. A jurisprudência deste Tribunal, em precedente da Corte Especial, pacificou entendimento de que a autoridade coatora apenas tem legitimidade para recorrer de sentença que concede a segurança quando tal recurso objetiva defender interesse próprio da dita autoridade. 2. O Prefeito Municipal, na qualidade de autoridade coatora, não possui o prazo dobrado para recurso, sobretudo porque o Alcaide Municipal não se confunde com a Fazenda Pública, esta o ente que suporta o ônus da decisão do mandado de segurança. 3. Recurso especial conhecido, mas improvido" (STJ, REsp 264.632/SP, Rel.ª Min.ª Maria Thereza de Assis Moura, 6ª Turma, jul. 04.09.2007, *DJ* 19.11.2007, p. 298; *RDDP* 60/223).

Pessoa jurídica de direito público. "Agravo de instrumento. Liminar em mandado de segurança. ISS. Serviços cartoriais e notariais. Serviço público delegado. Imunidade constitucional recíproca. Ofensa não caracterizada. – A legitimidade para recorrer em mandado de segurança é da pessoa jurídica de direito público atingida por seus efeitos, e não da autoridade coatora. – A imunidade constitucional recíproca restringe-se às pessoas jurídicas de direito público, não se estendendo aos serviços públicos concedidos ou delegados. – Não ofende o disposto no artigo 150, VI, 'a', da Constituição Federal, a exigência do Imposto sobre Serviços, dos serviços cartoriais e notariais, com base em legislação municipal que se ampara na Lei Complementar 116/2003, que prevê a incidência do tributo sobre tais atividades. – Recurso apresentado pelo prefeito municipal, não conhecido. Recurso apresentado pelo Município conhecido e provido" (TJRS, AI 70009346305, Rel.ª Des.ª Leila Vani Pandolfo Machado, 22ª Câmara Cível, jul. 19.10.2004; *RDTrib*.113/176).

"Em mandado de segurança, a autoridade coatora, embora seja parte no processo, é notificada apenas para prestar informações, sendo que, a partir do momento que as apresenta, cessa a sua intervenção. Tanto o é que a legitimação processual, para recorrer da decisão, é da pessoa jurídica de direito público a que pertence o agente supostamente coator, o que significa dizer que o polo passivo no mandado de segurança é da pessoa jurídica de direito público a qual se vincula a autoridade apontada como coatora. Nesse sentido: (AgInt no AgRg no RMS n. 28.902/PB, relator Ministro Antonio Saldanha Palheiro, Sexta Turma, julgado em 4/10/2016, *DJe* 19/10/2016 e REsp n. 842.279/MA, relator Ministro Luiz Fux, Primeira Turma, julgado em 3/4/2008, *DJe* 24/4/2008). (...) Acrescente-se que, para fins de viabilizar a defesa dos interesses do ente público, faz-se necessária a intimação do representante legal da pessoa jurídica de direito público e não a da autoridade apontada como coatora. A propósito: (AgRg no AREsp n. 72.398/RO, relator Ministro Herman Benjamin, Segunda Turma, julgado em 10/4/2012, *DJE* 23/4/2012)" (STJ, AgInt no AREsp 1.430.628/BA, Rel. Min. Francisco Falcão, 2ª Turma, jul. 18.08.2022, *DJe* 25.11.2022).

5. Execução provisória da sentença (§ 3º). "Inobstante os arestos em sentido contrário, entendo inaplicável ao mandado de segurança os §§ 2º e 3º do art. 475 do CPC, inseridos pela Lei nº 10.352/01. 2. A regra especial, contida no art. 12, parágrafo único, da Lei nº 1.533/51, prevalece sobre a disciplina genérica do Código de Processo Civil (art. 2º, § 2º, da LICC). 3. A sentença concessiva de segurança tem imediato efeito, independentemente do valor atribuído à demanda, podendo ser executada provisoriamente, mesmo submetida a duplo grau de jurisdição. 4. Recurso especial provido" (STJ, REsp 687638/SP, Rel.ª Min.ª Eliana Calmon, 2ª Turma, jul. 18.10.2005, *DJ* 07.11.2005, p. 218).

"Os procedimentos especiais que encerram previsão específica de aperfeiçoamento da decisão singular com a revisão pelo Tribunal respectivo, como é a hipótese do Mandado de Segurança regido pela Lei nº 1.533/51, que contém dispositivo específico de reexame necessário, não sendo regidos pelo Código de Processo Civil, não sofreram alteração com o advento da Lei nº 10.352/01. As exceções criadas por esta Lei aplicam-se somente às demandas cujo aperfeiçoamento esteja sujeito à exigência do artigo 475 do Código adjetivo" (STJ, REsp 736239/RS, Rel. Min. José Arnaldo da Fonseca, 5ª Turma, jul. 28.09.2005, *DJ* 07.11.2005, p. 371).

6. Pagamento de vencimentos e vantagens pecuniárias (§ 4º).

"A restrição contida no art. 1º da Lei nº 5.021/66 não se amolda às hipóteses em que o direito ao pagamento, já constituído, adquirido e exercido pelo impetrante, é violado por desconto reconhecido na própria impetração como inconstitucional/ilegal. *In casu*, a pretensão à restituição integral dos atrasados não esbarra na citada restrição, visto que os valores cuja devolução se pleiteia cuidam de tributo indevidamente descontado da folha de pagamento, e não de pagamento de vencimentos ou vantagens pecuniárias. 'Se o Poder Judiciário defere Mandado de Segurança, declarando a ilegalidade de desconto efetuado em folha de pagamento, não lhe é lícito afirmar que o desconto só se tornou irregular a partir do momento da impetração. A declaração de nulidade tem como corolário a ineficácia *ab ovo* do ato por ela atingido. O art. 1º da Lei 5.021/66 restringe apenas o pagamento de vencimentos e vantagens. Não incide, pois, quando se cogita em descontos de tributos irregularmente descontados na folha de pagamentos do servidor público' (AgRg no Ag. nº 318923/DF, 1ª Turma, Rel. Min. Humberto Gomes de Barros, *DJ* 11.06.2001) (...)" (STJ, REsp 765.126/TO, Rel. Min. José Delgado, 1ª Turma, jul. 01.09.2005, *DJ* 26.09.2005, p. 257).

"O Superior Tribunal de Justiça possui entendimento consolidado no sentido de que o mandado de segurança impetrado contra ato que indefere pedido de conversão de licença-prêmio em pecúnia não configura substituto de ação de cobrança. Os efeitos patrimoniais são mera consequência do reconhecimento da ilegalidade do ato praticado pela Administração" (STJ, REsp 747676/SP, Rel. Min. Arnaldo Esteves Lima, 5ª Turma, jul. 22.05.2007, *DJ* 11.06.2007, p. 354).

"O mandado de segurança é via processual adequada para pleitear a devolução de valores apropriados com mão própria, quando decorrente de ato administrativo ilegal, afastado o teor das súmulas 269 e 271, do STF, uma vez não se tratar de ação de cobrança. Demonstrada a pertinência da anulação do ato administrativo ilegal, remanesce de rigor a aplicação do artigo 158, do Código Civil, com o desfazimento dos efeitos decorrentes, ou seja, a devolução dos valores apropriados" (STJ, REsp 410371/DF, Rel. Min. Francisco Falcão, 1ª Turma, jul. 02.10.2003, *DJ* 03.11.2003, p. 248).

"A efetivação da concessão da segurança independe do trânsito em julgado da decisão, tampouco se subordina a possível interposição de recurso quando não se encontram presentes as hipóteses de vedação à concessão de liminar, como no caso de reintegração, em que há mero retorno do servidor ao seu cargo, hipótese não inserta entre as do art. 2º-B da Lei nº 9.494/97, com redação dada pela Medida Provisória nº 2.180/01. Conquanto preponderante carga de eficácia mandamental na sentença concessiva de segurança, quando dotada também de eficácia condenatória com obrigação de dar consistente no pagamento de prestação pecuniária, o cumprimento do julgado se submete ao inarredável regime constitucional de precatório para os débitos da Fazenda Pública, nada importando eventual natureza alimentar e o fato do débito ser derivado de sentença concessiva de segurança" (STJ, Rcl 4924/DF, Rel. Min. Maria Thereza de Assis Moura, 3ª Seção, jul. 22.06.2011, *DJe* 10.02.2012).

"O mandado de segurança produz efeitos patrimoniais desde a impetração (art. 14, § 4º, da Lei do Mandado de Segurança; Súmula nº 271 do Supremo Tribunal Federal) e têm legitimidade para requerer a execução, ou nela prosseguir, os herdeiros ou sucessores do credor, sempre que, por morte deste, lhes for transmitido o direito resultante do título executivo (art. 567 do CPC vigente ao tempo da decisão recorrida; art. 778, § 1º, do atual CPC) (TRF 1ª R. Ag. 1013137-03.2019.4.01.0000, Des. Fed. Jamil Rosa de Jesus Oliveira, 1ª T., *DJe* 06.08.2020)" (TRF 1ª R., Agravo 1009744-07.2018.4.01.0000, Rel. Des. Fed. Marcelo Albernaz, 1ª Turma, jul. 29.11.2023, *DJe* 29.11.2023).

7. Recurso ordinário em mandado de segurança. Aplicação do art. 515, § 3º, do CPC por analogia. Ver jurisprudência do art. 18.

8. Fungibilidade recursal. "Processo civil. Agravo de instrumento. Não conhecimento. Fungibilidade recursal. Inadmissibilidade. Erro grosseiro. – Não se conhece de agravo de instrumento interposto contra decisão que nega seguimento a recurso ordinário em mandado de segurança. – Na hipótese, não se aplica o princípio da fungibilidade recursal, por se configurar erro grosseiro. Precedentes. Agravo não provido" (STJ, AgRg no Ag. 815.341/RJ, Rel.ª Min.ª Nancy Andrighi, 3ª Turma, jul. 28.08.2007, *DJ* 17.09.2007, p. 259).

"Interposição de Recurso Ordinário em Mandado de Segurança em vez de Recurso Especial. (...) A interposição equivocada pelo impetrante configura erro grosseiro, pois injustificada a dúvida quanto à irresignação cabível, e insuscetível de aplicação do princípio da fungibilidade recursal, já que Constituição Federal delimita o uso do recurso ordinário contra decisão que denega a segurança em sede de *writ* decidido em última instância por Tribunal de Justiça ou Regional Federal" (STJ, RMS 28433/AM, Rel. Min. Benedito Gonçalves, 1ª Turma, jul. 03.03.2009, *DJe* 11.03.2009). **Precedentes citados:** STJ, AgRg no RMS 25.169/SP, Rel. Min. Humberto Martins, 2ª Turma, *DJ* 26.11.2007; STJ, AgRg no Ag. 891.132/SP, Rel. Min. Napoleão Nunes Maia Filho, 5ª Turma, *DJ* 10.09.2007.

9. Decisão interlocutória em MS. Cabimento de agravo de instrumento. "Este Superior Tribunal de Justiça pacificou entendimento no sentido de se admitir a interposição de agravo de instrumento contra decisões interlocutórias proferidas em sede de mandado de segurança, tendo em vista a sistemática processual prevista na Lei 9.139/95, que instituiu o regime de interposição direta do agravo de instrumento ao Tribunal, com processamento em autos apartados, de maneira a não ocasionar nenhum tumulto ou atraso no andamento do *mandamus*" (STJ, REsp 687.457/SP, Rel.ª Min.ª Denise arruda, 1ª Turma, jul. 17.05.2007, *DJ* 14.06.2007, p. 255). **Precedente citado:** STJ, EREsp 471.513/MG, Corte Especial, Rel. Min. Fernando Gonçalves, Rel. p/ ac. Min. Gilson Dipp, *DJ* 07.08.2006.

10. Mandado de segurança *x* Agravo de instrumento. "Processo civil. Recurso em mandado de segurança. Possibilidade de impetração do *writ* dirigido diretamente ao Plenário do Tribunal *a quo*, visando a impugnar decisão irrecorrível proferida pelo Relator que, nos termos do art. 522, inc. II, do CPC (com a redação dada pela Lei nº 11.187/2005), determinou a conversão do agravo de instrumento interposto pela parte em agravo retido. – As sucessivas reformas do Código de Processo Civil estabeleceram um processo cíclico para o agravo de instrumento: Inicialmente, ele representava um recurso pouco efetivo, de modo que sua interposição vinha sempre acompanhada da impetração de mandado de segurança que lhe atribuísse efeito suspensivo. Visando a modificar essa distorção, a Lei nº 9.139/95 ampliou o espectro desse recurso, tornando-o ágil e efetivo, o que praticamente eliminou os manejos dos *writs* para a tutela de direitos supostamente violados por decisão interlocutória. – O aumento da utilização de agravos de instrumento, porém, trouxe como contrapartida o congestionamento dos Tribunais. Com isso, tornou-se necessário iniciar um movimento contrário àquele inaugurado pela Lei nº 9.139/95: o agravo de instrumento passou a ser restringido, inicialmente pela Lei nº 10.352/2001 e, após, de maneira mais incisiva, pela Lei nº 11.187/2005. – A excessiva restrição à utilização do agravo de instrumento e a vedação, à parte, de uma decisão colegiada a respeito de sua irresignação trouxeram-nos de volta a um regime equivalente àquele que vigorava antes da Reforma promovida pela Lei nº 9.139/95: a baixa efetividade do agravo de instrumento implicará, novamente, o aumento da utilização do mandado de segurança contra ato judicial. – A situação atual é particularmente mais grave porquanto, agora, o mandado de segurança não mais é impetrado contra a decisão do juízo de primeiro grau (hipótese em que seria distribuído a um relator das turmas ou câmaras dos tribunais). Ele é impetrado, em vez disso, contra a decisão do próprio relator, que determina a conversão do recurso. Com isso, a tendência a atravancamento tende a aumentar, já que tais *writs* devem ser julgados pelos órgãos plenos dos Tribunais de origem. – Não obstante, por ser garantia constitucional, não é possível restringir o cabimento de mandado de segurança para essas hipóteses. Sendo irrecorrível, por disposição expressa de lei, a decisão que determina a conversão de agravo de instrumento em agravo retido, ela somente é impugnável pela via do remédio heroico. Recurso especial conhecido e provido" (STJ, RMS 22.847/MT, Rel.ª Min.ª Nancy Andrighi, 3ª Turma, jul. 01.03.2007, *DJ* 26.03.2007, p. 230).

Art. 15. Quando, a requerimento de pessoa jurídica de direito público interessada ou do Ministério Público e para evitar grave lesão à ordem, à saúde, à segurança e à economia públicas, o presidente do tribunal ao qual couber o conhecimento do respectivo recurso suspender, em decisão fundamentada, a execução da liminar e da sentença, dessa decisão caberá agravo, sem efeito suspensivo, no prazo de 5 (cinco) dias, que será levado a julgamento na sessão seguinte à sua interposição.

§ 1º Indeferido o pedido de suspensão ou provido o agravo a que se refere o *caput* deste artigo, caberá novo pedido de suspensão ao presidente do tribunal competente para conhecer de eventual recurso especial ou extraordinário.

§ 2º É cabível também o pedido de suspensão a que se refere o § 1º deste artigo, quando negado provimento a agravo de instrumento interposto contra a liminar a que se refere este artigo.

§ 3º A interposição de agravo de instrumento contra liminar concedida nas ações movidas contra o poder público e seus agentes não prejudica nem condiciona o julgamento do pedido de suspensão a que se refere este artigo.

§ 4º O presidente do tribunal poderá conferir ao pedido efeito suspensivo liminar se constatar, em juízo prévio, a plausibilidade do direito invocado e a urgência na concessão da medida.

§ 5º As liminares cujo objeto seja idêntico poderão ser suspensas em uma única decisão, podendo o presidente do tribunal estender os efeitos da suspensão a liminares supervenientes, mediante simples aditamento do pedido original.

REFERÊNCIA LEGISLATIVA

Lei nº 8.437, de 30.06.1992 (medidas cautelares contra atos do Poder Público), art. 4º.

JURISPRUDÊNCIA SELECIONADA (ANTERIOR À LEI Nº 12.016/2009)

1. Suspensão de segurança. Legitimidade. "As pessoas jurídicas de direito privado no exercício de atividade delegada do Poder Público, quando na defesa do interesse público e na proteção dos bens públicos tutelados (ordem, saúde, segurança e economia públicas), têm legitimidade para requerer a suspensão da execução de liminar ou de sentença" (STJ, AgRg na SLS 37/CE, Rel. Min. Edson Vidigal, Corte Especial, jul. 29.06.2005, *DJ* 19.09.2005, p. 171).

Ilegitimidade da Defensoria Pública. "A par do *status* constitucional da Defensoria Pública – função essencial à Justiça (CF, Título IV, Capítulo IV, Seção IV) – nos termos da legislação em vigor, não lhe é reconhecida legitimidade ativa para manejar pedido de Suspensão de Segurança (SS) ou de Suspensão de Liminar e Sentença (SLS), afora 'casos especialíssimos, nos quais presente a *ratio legis* de preservação do interesse público primário que a orienta', particularmente, quando, 'em defesa de prerrogativas institucionais, atua, em realidade, como o próprio Poder Público' (STF, SS n. 5.628/MA). 'Reconhece-se tão somente a legitimidade da Defensoria Pública para ajuizar suspensão de segurança com o objetivo de obstar os efeitos de decisões que impliquem violação de suas prerrogativas institucionais' (STF, SS n. 5.049/BA)" (STJ, EDcl o AgInt na SLS 3.156/AM, Rel. Min. Maria Thereza de Assis Moura, Corte Especial, jul. 07.02.2024, *DJe* 06.06.2024).

"**As empresas públicas e as sociedades de economia mista,** nos termos da jurisprudência desta Corte, têm legitimidade para ingressar com pedidos de suspensão de liminar e de segurança, quando na defesa de interesse público decorrente da delegação" (STJ, AgRg no AgRg nos EDcl na SLS 771/SC, Rel. Min. Cesar Asfor Rocha, Corte Especial, jul. 30.06.2009, *DJe* 24.08.2009).

Suspensão de liminar e de sentença. Ausência de requisitos formais. Simples petição dirigida ao Presidente do Tribunal Competente. Possibilidade. "A legislação não prevê requisitos formais no pedido de contracautela. Para sua análise, exige-se tão somente **requerimento da pessoa jurídica que exerce munus público**, formalizado em **simples petição dirigida ao presidente do tribunal** ao qual couber o conhecimento do respectivo recurso na causa principal. Doutrina. A imissão do Poder Público na posse de imóvel que hoje sedia a administração superior e áreas estratégicas do Tribunal de Justiça do Estado de Minas Gerais ocorreu em 13/12/2013. Desconstituir situação consolidada em data tão distante violaria gravemente a ordem pública, notadamente diante da possibilidade concreta de obstaculizar a função constitucional de julgar da referida Corte. O substancial prejuízo que a decisão impugnada pode ocasionar ao Estado de Minas Gerais – que pagou significativa indenização pelo prédio desapropriado, de R$ 210.000.000,00 (duzentos dez milhões de reais), e gastou mais R$ 100.000.000,00 (cem milhões) de reais em reformas para a instalação do TJMG no imóvel – justifica o deferimento do pedido suspensivo, para impedir acentuada lesão à economia pública. O incidente suspensivo, por sua estreiteza, é vocacionado a tutelar tão somente a ordem, a economia, a segurança e a saúde públicas, razão pela qual não pode ser manejado como se fosse sucedâneo recursal, para que se examinem questões relativas ao mérito da causa principal."(STJ, AgInt no AgInt na SLS 2.116/MG, Rel.ª Min.ª Laurita Vaz, Corte Especial, jul. 07.11.2018, *DJe* 26.02.2019).

Partido político. "O incidente de contracautela é meio processual autônomo de impugnação de decisões judiciais, franqueado ao Ministério Público ou à pessoa jurídica de direito público interessada exclusivamente quando se verifique risco de grave lesão à ordem, à saúde, segurança e à economia públicas no cumprimento da decisão impugnada (art. 4º, *caput*, da Lei 8.437/1992; art. 15 da Lei 12.016/2009 e art. 297 do RISTF). *In casu*, constata-se a inadequação da via da suspensão manejada contra decisões proferidas por Ministros desta Suprema Corte, nos termos do artigo 4º, da Lei 8.437/1992, revelando-se incabível o presente pedido de suspensão (SL 1.117, Rel. Min. Cármen Lúcia, *DJe* de 02/10/2017). A legitimidade para postular a contracautela não é dada ao partido político, na qualidade de pessoa jurídica de direito privado, mercê da vedação legal disposta no art. 15 da Lei 12.016/2009. Precedente: STP 698, Rel. Min. Luiz Fux, *DJe* de 15/12/2020" (STF, SL 1424 AgR, Rel. Min. Luiz Fux, Pleno, jul. 15.09.2021, *DJe* 0.10.2021).

2. Objeto. "A suspensão de segurança, decisão de cunho político, apenas se atém à observância de lesão aos valores tutelados pela norma de regência, quais sejam, ordem, saúde, segurança e economia públicas. Não há espaço, aqui, para questões afetas ao mérito da demanda principal, passíveis de deslinde, apenas, no âmbito de cognição plena inerente às instâncias ordinárias" (STJ, AgRg na SS 1453/BA, Rel. Min. Edson Vidigal, Corte Especial, jul. 29.06.2005, *DJ* 19.09.2005, p. 173).

3. Concessão. "Para a concessão da ordem se faz necessária a demonstração inequívoca de risco de grave lesão a um dos bens tutelados pela Lei nº 4.348/64: ordem, segurança, saúde e economia públicas. A reintegração de um único servidor não é suficiente para caracterização do potencial lesivo à economia ou à ordem pública. A Suspensão de Segurança não se presta como sucedâneo recursal" (STJ, AgRg na SS 1.473/AC, Rel. Min. Edson Vidigal, Corte Especial, jul. 29.06.2005, *DJ* 19.09.2005, p. 174). **No mesmo sentido:** STJ, AgRg na SS 1.475; STJ, AgRg na SS 1.425; STJ, AgRg na SS 1.398; STJ, AgRg na SS 1307; STJ, AgRg na SS 1.304; STJ, AgRg na SS 1.288; STJ, AgRg na SS 1.397; STJ, AgRg na SS 1.396.

4. Suspensão. Regras. "No exame do pedido de suspensão, a regra é ater-se o Presidente do Tribunal às razões inscritas na Lei nº 4.348/64, art. 4º. 2. A contratação dos impetrantes e dos demais aprovados no concurso não resultou em aumento de despesa com pessoal, não havendo, portanto, violação à Lei Complementar nº 101/00, art. 21. 3. O pedido de suspensão de segurança não possui natureza jurídica de recurso" (STJ, AgRg na SS 1.452/SC, Rel. Min. Edson Vidigal, Corte Especial, jul. 29.06.2005, *DJ* 19.09.2005, p. 173).

"Configura lesão à ordem pública administrativa a decisão judicial que obsta o regular exercício da atividade fiscalizadora da Administração, a quem compete promover o adequado ordenamento territorial, mediante planejamento e controle do uso, do parcelamento e da ocupação do solo urbano, atendendo aos princípios norteadores da Administração Pública. 2. Interesse público que se sobrepõe ao interesse do particular" (STJ, AgRg na SS 1.498/MA, Rel. Min. Edson Vidigal, Corte Especial, jul. 29.06.2005, *DJ* 29.08.2005, p. 132).

"Agravo regimental. Suspensão de segurança. Decisão proferida pelo Superior Tribunal Militar. Existência de tema de índole constitucional. Competência do Supremo Tribunal Federal. Ocorrência de grave lesão à ordem pública, considerada em termos de ordem jurídico-constitucional. Teto. Art. 37, XI, da Constituição da República, redação da Emenda Constitucional 41/2003. 1. A determinação da competência do Supremo Tribunal Federal para o exame de pedido de suspensão dá-se em face da existência, ou não, de tema de índole constitucional na causa principal, a ensejar, em tese, a futura interposição de recurso extraordinário. Precedentes. 2. A agravante não logrou infirmar ou mesmo elidir os fundamentos adotados para o deferimento do pedido de suspensão. 3. No presente caso, a imediata execução da decisão impugnada impede, em princípio, a aplicação da regra inserta no art. 37, XI, da Constituição da República, que integra o conjunto normativo estabelecido pela Emenda Constitucional 41/2003. 4. Na suspensão de segurança não se aprecia o mérito do processo principal, mas tão somente a ocorrência dos aspectos relacionados à potencialidade lesiva do ato decisório em face dos interesses públicos relevantes consagrados em lei, quais sejam, a ordem, a saúde, a segurança e a economia públicas. 5. Precedentes do Plenário. 6. Agravo regimental improvido" (STF, SS-AgRg 2504/DF, Rel.ª Min.ª Ellen Gracie, Tribunal Pleno, jul. 17.03.2008, *DJe* 02.05.2008).

"A existência da situação de grave lesão à ordem e à economia públicas, alegada para justificar a concessão da medida de contracautela, há de ser cabalmente demonstrada pela entidade estatal que requer a providência autorizada pela Lei 4.348/64, não bastando a mera declaração de que a execução do ato decisório impugnado comprometerá os valores que a norma visa proteger. 2. No caso, a decisão que delimita o aspecto temporal do fato gerador do ITBI, por não resultar em minoração da arrecadação tributária, não ofende a ordem ou a economia públicas. 3. Agravo regimental improvido" (STF, SS-AgRg 3223/CE, Rel.ª Min.ª Ellen Gracie, Tribunal Pleno, jul. 11.10.2007, *DJ* 14.11.2007, p. 39).

"Agravo regimental. Suspensão de tutela antecipada. Indeferimento. Oferta de vagas a candidatos aprovados em mesmo concurso público. Direito de preferência. Remoção. Grave lesão a ordem pública administrativa não configurada. Pretensão recursal manifesta. Reiteração dos argumentos. Descabimento. Precedentes. 1. A via estreita da suspensão de decisão proferida na tutela antecipada contra a pessoa jurídica de direito público não comporta apreciação do mérito da controvérsia principal, matéria que deve ser apreciada na via recursal adequada. 2. Não restando evidenciada grave lesão a ordem pública administrativa, nem ofensa aos demais bens jurídicos protegidos pelas Leis nº 4.348/64 e nº 9.494/97, quais sejam: a saúde, a segurança e a economia públicas, há que ser indeferido o pedido de suspensão. 3. Propósito evidente do manejo da contracautela excepcional como substitutivo da instância recursal adequada. 4. Precedentes da Corte (AgRg na SS 718/BA, Agp 1057/DF). 5. Agravo a que se nega provimento" (STJ, AgRg na STA 67/PE, Rel. Min. Edson Vidigal, Corte Especial, jul. 18.08.2004, *DJ* 20.09.2004, p. 171; *RSTJ* 186/19).

Efeito multiplicador. "O chamado 'efeito multiplicador', que provoca lesão à economia pública, **é fundamento suficiente para deferimento de pedido de suspensão**. Servidor público Inativo. Suspensão de Segurança deferida. A percepção de proventos ou remuneração por servidores públicos acima do limite estabelecido no art. 37, XI, da Constituição da República, na redação da EC nº 41/2003, caracteriza lesão à ordem pública" (STF, AgR, Rel. Min. Presidente, Tribunal Pleno, jul. 09.12.2010, *DJ* 11.02.2011).

5. Energia elétrica. Interferência do poder judiciário em regras de elevada especificidade técnica por meio de liminar. Grave lesão à ordem e à economia públicas. Suspensão de liminar. Ver jurisprudência do art. 7º desta lei.

Art. 16. Nos casos de competência originária dos tribunais, caberá ao relator a instrução do processo, sendo assegurada a defesa oral na sessão do julgamento do mérito ou do pedido liminar. (Redação dada pela Lei nº 13.676, de 2018).

Parágrafo único. Da decisão do relator que conceder ou denegar a medida liminar caberá agravo ao órgão competente do tribunal que integre.

JURISPRUDÊNCIA SELECIONADA

1. Impugnação de decisão judicial proferida no âmbito do Juizado Especial da Fazenda Pública. Turma de Recursos. Súmula 376/STJ. Competência do Tribunal de Justiça. "Nos termos do Enunciado Sumular n. 376/STJ, em regra, compete à turma recursal processar e julgar o mandado de segurança contra ato de juizado especial. Contudo, excepcionalmente, admite-se o conhecimento da impetração de mandado de segurança nos Tribunais de Justiça para fins de exercício do controle de competência dos juizados especiais, conforme o precedente RMS n. 48.413/MS, relator Ministro Ricardo Villas Bôas Cueva, Terceira Turma, julgado em 4/6/2019" (STJ, AgInt no RMS. 70.750/MS, Rel. Min. Francisco Falcão, 2ª Turma, jul. 08.05.2023, *DJe* 10.05.2023).

Art. 17. Nas decisões proferidas em mandado de segurança e nos respectivos recursos, quando não publicado, no prazo de 30 (trinta) dias, contado da data do julgamento, o acórdão será substituído pelas respectivas notas taquigráficas, independentemente de revisão.

Art. 18. Das decisões em mandado de segurança proferidas em única instância pelos tribunais cabe recurso especial e extraordinário, nos casos legalmente previstos, e recurso ordinário, quando a ordem for denegada.

JURISPRUDÊNCIA SELECIONADA

1. Recurso ordinário em mandado de segurança. Aplicação do art. 515, § 3º, do CPC por analogia. "Aplica-se, por analogia, o art. 515, § 3º, do CPC, ao recurso ordinário em mandado de segurança, viabilizando, por conseguinte, a apreciação do mérito do *writ*, desde que este não tenha sido instruído com complexo conjunto de provas, a exigir detalhado exame. – Não obstante o art. 165 do CPC admita a motivação sucinta, tal concisão não se confunde com a ausência de fundamentação, inviabilizadora do amplo exercício do direito de defesa. – É nula a decisão concessiva de liminar que se limita a dizer estarem presentes os requisitos autorizadores da concessão, sem, no entanto, discorrer em que consiste o *fumus boni iuris* e qual o *periculum in mora*. Recurso provido" (STJ, RMS 25462/RJ, Rel.ª Min.ª Nancy Andrighi, 3ª Turma, jul. 02.10.2008, *DJe* 20.10.2008). **Precedentes citados:** STJ, AgRg no RMS 23.777/RS, Rel. Min. Arnaldo Esteves de Lima, 5ª Turma, *DJ* 23.06.2008; STJ, RMS 17.126/ES, Rel. Min. Humberto Martins, 2ª Turma, *DJ* 25.04.2008; STJ, RMS 21.683/SP, Rel. Min. Humberto Gomes de Barros, 3ª Turma, *DJ* 16.04.2007. **Em sentido contrário**: "O disposto no § 3º do artigo 515 do Código de Processo Civil não se aplica ao recurso ordinário em mandado de segurança, cuja previsão, no tocante à competência, decorre de texto da Constituição Federal" (STF, RE 621.473, Rel. Min. Marco Aurélio, 1ª Turma, jul. 23.11.2010, *DJe* 23.03.2011).

Recurso ordinário constitucional. Execução em mandado de segurança. Não cabimento. "Trata-se de Recurso Ordinário interposto contra acórdão, proferido em execução individual de Mandado de Segurança coletivo, originalmente processado no Tribunal de origem, que, acolhendo impugnação da parte executada, resultou na diminuição do débito exequendo, a título de auxílio-transporte. (...) Como já decidiu o STF, em situação análoga à dos autos, o 'rol de hipóteses de cabimento do recurso ordinário, do art. 102, II, 'a', CF, é taxativo', razão pela qual deve-se reconhecer o 'não cabimento de recurso ordinário constitucional em sede de execução em mandado de segurança' (STF, Pet 5.397 AgR, Rel. Ministro Gilmar Mendes, Segunda Turma, *DJe* de 09/03/2015). Na mesma direção: STF, RMS 37.356/DF, Rel. Ministra Rosa Weber, *DJe* de 05/11/2020. O princípio da fungibilidade recursal não é aplicável à situação em que o recurso ordinário constitucional é manejado fora das hipóteses taxativamente enumeradas no art. 105, II, do texto constitucional, constituindo erro grosseiro. Nessa linha: STJ, AgRg no AREsp 675.700/MG, Rel. Ministro Humberto Martins, Segunda Turma, *DJe* de 26/06/2015; AgInt no AREsp 1.968.960/GO, Rel. Ministro Ricardo Villas Bôas Cueva, Terceira Turma, *DJe* de 29/11/2022; AgRg no RO no AgRg nos EDv nos EAREsp 1.520.355/RS, Rel. Ministra Maria Thereza de Assis Moura, Corte Especial, *DJe* de 15/05/2020. Em igual sentido, acerca do art. 102, II, da CF/88: STF, RMS 37.822 ED-AgR, Rel. Ministra ROSA WEBER, PRIMEIRA TURMA, *DJe* de 28/05/2021" (STJ, Pet. 15.753/BA, Rel. Min. Assusete Magalhães, 2ª Turma ac. 15.08.2023, *DJe* 21.08.2023).

Art. 19. A sentença ou o acórdão que denegar mandado de segurança, sem decidir o mérito, não impedirá que o requerente, por ação própria, pleiteie os seus direitos e os respectivos efeitos patrimoniais.

JURISPRUDÊNCIA SELECIONADA (ANTERIOR À LEI Nº 12.016/2009)

1. Coisa julgada. "A Súmula nº 304/STF estatui que a 'decisão denegatória de mandado de segurança, não fazendo coisa julgada contra o impetrante, não impede o uso da ação própria'. 2. Garante-se, assim, que se busque, na via própria, a satisfação do direito quando a denegação do *writ* se dá por ausência de liquidez e certeza do direito, sem que haja apreciação merital. 3. No entanto, em mandado de segurança, se a sentença denegatória apreciou o mérito da causa, há coisa julgada sobre a matéria, não podendo, no caso, a mesma questão ser reapreciada em ação de repetição de indébito" (STJ, REsp 308.800/RS, Rel. Min. José Delgado, 1ª Turma, jul. 24.04.2001, *DJ* 25.06.2001, p. 130).

"Pedido do *mandamus* não só restou prejudicado como também não pode ser atendido porquanto infirmará a decisão que indeferiu a tutela antecipada cuja negativa foi confirmada com o trânsito em julgado da decisão do Agravo de Instrumento ocorrido em 20.02.2003. Deveras, um dos meios de defesa da coisa julgada é a eficácia preclusiva prevista no art. 474, do CPC, de sorte que, ainda que outro o rótulo da ação, veda-se-lhe o prosseguimento em prestígio à *res judicata* impedindo infirmar-se o resultado a que se alcançou na ação anterior" (STJ, REsp 948.580/RJ, Rel. Min. Luiz Fux, 1ª Turma, jul. 06.10.2009).

Art. 20. Os processos de mandado de segurança e os respectivos recursos terão prioridade sobre todos os atos judiciais, salvo *habeas corpus*.

§ 1º Na instância superior, deverão ser levados a julgamento na primeira sessão que se seguir à data em que forem conclusos ao relator.

§ 2º O prazo para a conclusão dos autos não poderá exceder de 5 (cinco) dias.

JURISPRUDÊNCIA SELECIONADA (ANTERIOR À LEI Nº 12.016/2009)

1. Prioridade. "É de natureza cogente a determinação do art. 17 e seu parágrafo único da Lei nº 1.533, de 31.12.1951, no sentido que: 'Os processos de mandado de segurança terão prioridade sobre todos os atos judiciais, salvo *habeas corpus*. Na instância superior deverão ser levados a julgamento na primeira sessão que se seguir à data em que, feita a distribuição, forem conclusos ao relator. Parágrafo único. O prazo para a conclusão não poderá exceder de vinte e quatro horas, a contar da distribuição'. 2. Impossibilidade de norma regimental dispor de modo contrário" (STJ, REsp 625.924/SP, Rel. Min. José Delgado, 1ª Turma, jul. 20.04.2004, *DJ* 17.05.2004, p. 160).

Art. 21. O mandado de segurança coletivo pode ser impetrado por partido político com representação no Congresso Nacional, na defesa de seus interesses legítimos relativos a seus integrantes ou à finalidade partidária, ou por organização sindical, entidade de classe ou associação legalmente constituída e em funcionamento há, pelo menos, 1 (um) ano, em defesa de direitos líquidos e certos da totalidade, ou de parte, dos seus membros ou associados, na forma dos seus estatutos e desde que pertinentes às suas finalidades, dispensada, para tanto, autorização especial.

Parágrafo único. Os direitos protegidos pelo mandado de segurança coletivo podem ser:

I – coletivos, assim entendidos, para efeito desta Lei, os transindividuais, de natureza indivisível, de que seja titular grupo ou categoria de pessoas ligadas entre si ou com a parte contrária por uma relação jurídica básica;

II – individuais homogêneos, assim entendidos, para efeito desta Lei, os decorrentes de origem comum e da atividade ou situação específica da totalidade ou de parte dos associados ou membros do impetrante.

INDICAÇÃO DOUTRINÁRIA

Eduardo Arruda Alvim, Aspectos do mandado de segurança coletivo à luz da Lei 12.016/09, *RJ* 392/11.

SÚMULAS

Súmulas do STF:

nº 629: "A impetração de mandado de segurança coletivo por entidade de classe em favor dos associados independe da autorização destes".

nº 630: "A entidade de classe tem legitimação para o mandado de segurança ainda quando a pretensão veiculada interesse apenas a uma parte da respectiva categoria".

JURISPRUDÊNCIA SELECIONADA

1. Sindicatos. Legitimidade ampla. "'O artigo 8º, III, da Constituição Federal estabelece a legitimidade extraordinária dos sindicatos para defender em juízo os direitos e interesses coletivos ou individuais dos integrantes da categoria que representam. Essa legitimidade extraordinária é ampla, abrangendo a liquidação e a execução dos créditos reconhecidos aos trabalhadores. Por se tratar de típica hipótese de substituição processual, é desnecessária qualquer autorização dos substituídos' (RE 210.029, Pleno, Relator o Ministro Carlos Velloso, *DJ* de 17.08.07). No mesmo sentido: RE 193.503, Pleno, Relator para o acórdão o Ministro Joaquim Barbosa, *DJ* de 24.08.07" (STF, RE 696845 AgR, Rel. Min. Luiz Fux, 1ª Turma, jul. 16.10.2012, *DJe* 19.11.2012).

2. Autorização dos membros da associação. "Ação de cobrança de valores pretéritos. Controvérsia quanto à legitimidade ativa. Temas 82 e 499 da repercussão geral. Inaplicabilidade. Substituição processual. Desnecessidade de autorização expressa. Precedentes. Multiplicidade de recursos extraordinários. Entendimento consolidado na jurisprudência do supremo tribunal federal. Controvérsia constitucional dotada de repercussão geral. Reafirmação da jurisprudência do supremo tribunal federal. Agravo conhecido" (STF, ARE 1.293.130/RG, Rel. Min. Luiz Fux, Tribunal Pleno, jul. 17.12.2020, *DJe* 08.01.2021).

"No julgamento do ARE nº 1.293.130-RG/SP, Tema RG nº 1.119, o Supremo Tribunal Federal assentou a desnecessidade de apresentação de relação nominal de associados ou comprovação de filiação prévia para que fique configurada a legitimidade ativa de associação em mandado de segurança coletivo. No julgamento do *leading case*, ressalvou-se o caso das chamadas associações genéricas, conforme voto-vogal do eminente Ministro Roberto Barroso: 'Entendo, conforme consta do voto do relator, que, no caso concreto, esta Corte não analisou se associações genéricas, que não representam quaisquer categorias econômicas e profissionais específicas, como é o caso da ANCT, podem ter seus associados beneficiados por decisões em mandado de segurança coletivo. Ou seja, esse tema ainda está em aberto e pode vir a ser arguido pela União e discutido pelas instâncias ordinárias e, inclusive, em outro momento, por esta Corte.' A agravada insere-se na hipótese de associação genérica, pela indeterminação de seu objeto social e de seu rol de associados, razão pela qual não aplicável, ao caso, a tese fixada no Tema RG nº 1.119. Reconhecida a ilegitimidade ativa da ABCT" (STF, ARE 1339496 AgR, Rel. p/ Acórdão Min. André Mendonça, 2ª Turma, jul. 07.02.2023, *DJe* 10.04.2023).

"A associação regularmente constituída e em funcionamento pode postular em favor de seus membros ou associados, não carecendo de autorização especial em assembleia geral. A legitimação para manejar a ação de segurança é atribuída aos entes consignados no art. 5º, inciso LXX, da CF/88, e independe de autorização de quaisquer interessados. III – Precedentes do STJ" (STJ, RMS 7846/RJ, Rel.ª Min.ª Laurita Vaz, 2ª Turma, jul. 12.03.2002, *DJ* 22.04.2002, p. 182). **No mesmo sentido:** STJ, RMS 11954/SP, Rel. Min. José Delgado, 1ª Turma, jul. 20.02.2001, *DJ* 02.04.2001, p. 2.531.

"As entidades sindicais têm legitimidade ativa para demandar em juízo a tutela de direitos subjetivos individuais dos integrantes da categoria, desde que se trate de direitos homogêneos e que guardem relação de pertencialidade com os fins institucionais do Sindicato demandante. A legitimação ativa, nesses casos, se opera em regime de substituição processual, visando a obter sentença condenatória de caráter genérico, nos moldes da prevista no art. 95 da Lei nº 8.078/90, sem qualquer juízo a respeito da situação particular dos substituídos, dispensando, nesses limites, a autorização individual dos substituídos" (STJ, REsp 487202/RJ, Rel. Min. Teori Albino Zavascki, 1ª Turma, jul. 06.05.2004, *DJ* 24.05.2004, p. 164). **Precedentes citados:** REsp 624.340, 1ª Turma, Min. José Delgado, *DJ* 27.09.2004; REsp 487.202/RJ, 1ª Turma, Min. Teori Albino Zavascki, *DJ* 24.05.2004; REsp 637837, 1ª Turma, Min. Luiz Fux, *DJ* 28.03.2005; AgRg no REsp 794019, 1ª Turma, Min. Francisco Falcão, *DJ* 31.08.2006. **No mesmo sentido:** STJ, REsp 838.353/MT, Rel. Min. Teori Albino Zavascki, 1ª Turma, jul. 24.10.2006, *DJ* 16.11.2006, p. 228.

"A legitimação ativa para a impetração de *mandamus*, conferida pela letra 'b' do inciso LXX do art. 5º da Constituição Federal, dispensa autorização individual ou assemblear, à luz da Súmula 629 do STF, que assim dispõe: 'A impetração de mandado de segurança coletivo por entidade de classe em favor dos associados independe da autorização destes.' 2. Deveras, impende destacar o entendimento do STF, consagrado na Súmula 630, no sentido de que '*a* entidade de classe tem legitimação para o mandado de segurança ainda quando a pretensão veiculada interesse apenas a uma parte da respectiva categoria.' 3. Os sindicatos ostentam *legitimatio ad causam* extraordinária para a defesa dos direitos e interesses coletivos ou individuais da categoria que representam, como dispõe o art. 8º, III, da CF, encerrando a figura da 'substituição processual', instituto implícito no art. 5º, LXX, da Carta Constitucional, que conferiu essa legitimidade ativa a diversas entidades para agir em juízo na defesa do direito de seus filiados. 4. Assente a autorização legal, revela-se desnecessária a autorização expressa do titular do direito subjetivo. Precedente da Corte Especial: AgRg nos EREsp 497.600/RS, Corte Especial, *DJ* 16.04.2007" (STJ, RMS 20.762/RJ, Rel. Min. Luiz Fux, 1ª Turma, jul. 05.08.2008, *DJe* 11.09.2008).

"**Associação com representatividade nacional é parte legítima para impetrar *mandamus* preventivo** para declarar a legalidade de greve e obstar medidas punitivas do empregador, quando inexiste outra entidade de classe de âmbito nacional que faça a representação específica da categoria profissional" (STJ, MS 15.339/DF, Rel. Min. Humberto Martins, 1ª Seção, jul. 29.09.2010, *DJe* 13.10.2010).

3. Pretensão apenas de parte da categoria. "A Constituição Federal não fez qualquer distinção entre o mandado de segurança coletivo e o individual, sendo certo que a única inovação se deu tão somente em relação à legitimação extraordinária para a impetração do *mandamus* (artigo 5º, inciso LXX, da Constituição Federal). 2. Demonstrado o interesse coletivo, não há falar em impropriedade do *mandamus*, mesmo que os seus efeitos venham a beneficiar apenas parte dos membros do sindicato. 3. Em estando o sindicato regularmente constituído e em normal funcionamento, tem o mesmo legitimidade para, na qualidade de substituto processual, postular, em juízo, em prol dos direitos da categoria, independentemente de autorização em assembleia geral, sendo suficiente cláusula específica, constante do respectivo estatuto. Precedentes" (STJ, RMS 6159/RS, Rel. Min. Hamilton Carvalhido, 6ª Turma, jul. 09.10.2001, *DJ* 25.02.2002, p. 443).

"O respectivo Sindicato, regularmente constituído e em normal funcionamento, tem legitimidade para impetrar ação de mandado de segurança coletivo, ainda que esteja visando a uma parte de seus representados, sendo desnecessária, na hipótese, a autorização expressa" (STJ, REsp 403041/SP, Rel. Min. José Arnaldo da Fonseca, 5ª Turma, jul. 01.04.2003, *DJ* 28.04.2003, p. 238).

4. Legitimidade ativa do MP. "Hodiernamente, após a constatação da importância e dos inconvenientes da legitimação isolada do cidadão, não há mais lugar para o veto da *legitimatio ad causam* do MP para a Ação Popular, a Ação Civil Pública ou o Mandado de Segurança coletivo" (STJ, REsp 637332/RR, Rel. Min. Luiz Fux, 1ª Turma, jul. 24.11.2004, *DJ* 13.12.2004, p. 242).

5. Mandado de injunção coletivo. "Mandado de injunção coletivo – Legitimidade da utilização, por entidades de classe e/ou organismos sindicais, de referida ação constitucional – Doutrina – Precedentes (RTJ 166/751-752, *v.g.*)" (STF, MI 3215 AgR-segundo, Rel. Min. Celso de Mello, Tribunal Pleno, jul. 24.04.2013, *DJe* 07.06.2013).

6. Mandado de segurança coletivo. Associação. Benefício de todos os associados, sendo irrelevante a filiação ter ocorrido após a impetração. "A jurisprudência deste Tribunal Superior firmou-se no sentido de que o mandado de segurança coletivo configura hipótese de substituição processual, por meio da qual o impetrante, no caso a associação, atua em nome próprio defendendo direito alheio, pertencente aos associados ou parte deles, sendo desnecessária para a impetração do *mandamus* apresentação de autorização dos substituídos ou mesmo lista nominal. Por tal razão, os efeitos da decisão proferida em mandado de segurança coletivo beneficia todos os associados, ou parte deles cuja situação jurídica seja idêntica àquela tratada no *decisum*, sendo irrelevante se a filiação ocorreu após a impetração do *writ*. Inaplicável ao presente caso a tese firmada pelo Supremo Tribunal Federal no RE nº 612.043/PR (Tema nº 499), pois trata exclusivamente das ações coletivas ajuizadas sob o rito ordinário por associação quando atua como representante processual dos associados, segundo a regra prevista no art. 5º, XXI, da Constituição Federal, hipótese em que se faz necessária para a propositura da ação coletiva a apresentação de procuração específica dos associados, ou concedida pela Assembleia Geral convocada para este fim, bem como lista nominal dos associados representados, nos termos do art. 2º-A, parágrafo único, da Lei nº 9.494/97. *In casu*, o processo originário é um mandado de segurança coletivo impetrado por associação, hipótese de substituição processual (art. 5º, LXX, da Constituição Federal), situação diversa da tratada no RE nº 612.043/PR (representação processual)" (STJ, AgInt no REsp 1841604/RJ, Rel. Min. Mauro Campbell Marques, 2ª Turma, jul. 22.04.2020, *DJe* 27.04.2020).

Ministério Público. "O art. 32, I, da Lei Orgânica Nacional do Ministério Público, Lei 8.625/1993, a seu turno, preconiza expressamente que os membros do órgão ministerial podem impetrar Mandado de Segurança nos Tribunais locais no exercício de suas atribuições, *in verbis*: 'Art. 32. Além de outras funções cometidas nas Constituições Federal e Estadual, na Lei Orgânica e demais leis, compete aos Promotores de Justiça, dentro de suas esferas de atribuições: I – impetrar *habeas-corpus* e mandado de segurança e requerer correição parcial, inclusive perante os Tribunais locais competentes'. É evidente que a defesa dos direitos indisponíveis da sociedade, dever institucional do Ministério Público, pode e deve ser plenamente garantida por meio de todos os instrumentos possíveis, abrangendo não apenas as demandas coletivas, de que são exemplo a Ação de Improbidade Administrativa, Ação Civil Pública, como também os remédios constitucionais quando voltados à tutela dos interesses transindividuais e à defesa do patrimônio público material ou imaterial" (STJ, RMS 67.108/MA, Rel. Min. Herman Benjamin, 2ª Turma, jul. 05.04.2022, *DJe* 24.06.2022).

Art. 22. No mandado de segurança coletivo, a sentença fará coisa julgada limitadamente aos membros do grupo ou categoria substituídos pelo impetrante.

§ 1º O mandado de segurança coletivo não induz litispendência para as ações individuais, mas os efeitos da coisa julgada não beneficiarão o impetrante a título individual se não requerer a desistência de seu mandado de segurança no prazo de 30 (trinta) dias a contar da ciência comprovada da impetração da segurança coletiva.

§ 2º No mandado de segurança coletivo, a liminar só poderá ser concedida após a audiência do representante judicial da pessoa jurídica de direito público, que deverá se pronunciar no prazo de 72 (setenta e duas) horas.

JURISPRUDÊNCIA SELECIONADA

1. Delimitação dos beneficiários. "Quando o mandado de segurança é requerido por sindicato (de classe), impende, desde logo (com a inicial), a delimitação de quais e quantos associados serão beneficiados pelo remédio constitucional, porquanto é ajuizado na defesa dos 'interesses coletivos' de uma categoria ou individuais de seus membros. O interesse coletivo refere-se a 'número certo' e é identificado, de modo preciso, em dado momento. *In casu*, a inicial do *mandamus* vem acompanhada de relação nominativa e específica do número de associados do sindicato, de modo a se estabelecer a extensão e alcance do pedido e tornar viável a execução do julgado, circunstância que atribui, ao requerente, legitimidade para manejar a impetração" (STJ, RMS 2122/MS, Rel. Min. Garcia Vieira, Rel. p/ ac Min. Demócrito Reinaldo, 1ª Turma, jul. 09.03.1994, *DJ* 25.04.1994).

2. Extensão do direito concedido. "O mandado de segurança coletivo constitui inovação da Carta de 1988 (art. 5º, LXX) e representa um instrumento utilizável para a defesa do interesse coletivo da categoria integrante da entidade de classe, associativa ou do sindicato. Por ser indivisível, o interesse coletivo implica que a coisa julgada no *writ* coletivo a todos aproveita, sejam aos filiados à entidade associativa impetrante, sejam aos que integram a classe titular do direito coletivo. A empresa que visa beneficiar-se de direito concedido em mandado de segurança coletivo anteriormente impetrado por entidade de classe ou associação deve comprovar tão somente que pertence ao grupo, à categoria ou à classe que se beneficiou do *writ* coletivo, e não que é associada à entidade que atuou no polo ativo do *mandamus*" (STJ, AgRg no Ag. 435851/PE, Rel. Min. Luiz Fux, 1ª Turma, jul. 06.05.2003, *DJ* 19.05.2003).

"Para o fim preconizado no art. 1.039 do CPC/2015, firma-se a seguinte tese repetitiva: 'A coisa julgada formada no Mandado de Segurança Coletivo 2005.51.01.016159-0 (impetrado pela Associação de Oficiais Militares do Estado do Rio de Janeiro – AME/RJ, enquanto substituta processual) beneficia os militares e respectivos pensionistas do antigo Distrito Federal, integrantes da categoria substituída – oficiais, independentemente de terem constado da lista apresentada no momento do ajuizamento do *mandamus* ou de serem filiados à associação impetrante'" (STJ, REsp 1.865.563/RJ, Rel. p/ acórdão Min. Gurgel de Faria, 1ª Seção, jul. 21.10.2021, *DJe* 17.12.2021).

3. Substituição processual. Mandado de segurança coletivo. "A coisa julgada formada em ação coletiva ajuizada por sindicato não se restringe somente àqueles que são a ele filiados, já que a entidade representa toda a sua categoria profissional. Precedentes. É evidente que, se os efeitos da sentença não se restringem aos filiados, mas, sim, afetam a toda a categoria representada pelo sindicato, também são beneficiadas as pessoas filiadas após o ajuizamento do mandado de segurança" (STJ, RCDESP no AREsp 202127/DF, Rel. Min. Humberto Martins, 2ª Turma, jul. 16.10.2012, *DJe* 24.10.2012).

4. Mandado de segurança coletivo. Execução individual. "Em se tratando de ajuizamento de execução individual de título judicial formado em ação coletiva, a jurisprudência tem se posicionado no sentido de que os limites subjetivos do título judicial, formado em ação proposta por associação, são definidos pela comprovação de filiação ao tempo da propositura da ação principal, sendo, portanto, imprescindível essa demonstração (STF, Primeira Turma, Repercussão geral no RE 612.043, Tema 499, Rel. Ministro Marco Aurélio, *DJe* 06/10/17, maioria). (...) Em suma, 'o fato de haver legitimação extraordinária da Associação para o mandado de segurança coletivo, embora leve à dispensa de autorização para propor a ação NÃO LEVA à ampliação da coisa julgada a toda a categoria porque isso somente seria possível na hipótese de legitimação extraordinária de Sindicato, onde a categoria é pelo mesmo representada integralmente' (TRF2, Oitava Turma Especializada, AG 0011365-63.2017.4.02.0000, Rel. Des. Federal Marcelo Pereira da Silva, *e-DJF2R* 09/01/2018, maioria)" (TRF2R, Ap. 2016.51.01.1067566, Rel. Des. Guilherme Diefenthaeler, 8ª Turma, jul. 26.05.2020, *DJe* 28.05.2020).

5. Inconstitucionalidade dos arts. 7º, §2º e 22, §2º da lei. Ver jurisprudência do art. 7º, dessa lei.

Art. 23. O direito de requerer mandado de segurança extinguir-se-á decorridos 120 (cento e vinte) dias, contados da ciência, pelo interessado, do ato impugnado.

SÚMULAS

Súmula do STF:

nº 632: "É constitucional lei que fixa o prazo de decadência para a impetração de mandado de segurança".

JURISPRUDÊNCIA SELECIONADA

1. Prazo de 120 dias. Decadência:

Início da contagem. "O prazo decadencial de 120 dias para a impetração de Mandado de Segurança, no caso de insurgência contra ato de reprovação em exame psicotécnico supostamente nulo, inicia-se a partir da ciência do resultado do exame, e não da publicação do edital do certame" (STJ, AgRg no Ag 1.407.377/MS, Rel. Min. Herman Benjamin, 2ª Turma, jul. 09.08.2011, *DJe* 09.09.2011).

Ciência do ato que fere direito líquido e certo. "O prazo **decadencial** para o ajuizamento do mandado de segurança começa a fluir a partir da data em que o impetrante toma ciência do ato que potencialmente fere seu direito líquido e certo. Eventual reiteração integral de decisão supostamente lesiva a direito líquido e certo não tem o condão de abrir novo prazo para a impetração de mandado de segurança" (STJ, RMS 33.083/SP, Rel.ª Min.ª Nancy Andrighi, 3ª Turma, jul. 17.03.2011, *DJe* 25.03.2011).

"O prazo para a impetração do *mandamus* começa a ser contado da ciência pelo interessado do ato que efetivamente lhe feriu o direito líquido e certo. A visão monocular constitui motivo suficiente para reconhecer ao recorrente o direito às vagas destinadas aos portadores de deficiência física. Precedentes deste e. Tribunal, bem como do Pretório Excelso" (STJ, AgRg no RMS 26.105/PE, Rel. Min. Felix Fischer, 5ª Turma., jul. 30.05.2008, *DJe* 30.06.2008).

"A jurisprudência desta Corte considera que o prazo decadencial de 120 (cento e vinte) dias, previsto no art. 23 da Lei n. 12.018/2009 conta-se da ciência do ato impugnado, quando não houve a participação do interessado no processo administrativo questionado" (STF, AgRg em MS 36465/DF, Rel. Min. Edson Fachin, 2ª Turma, jul. 13.09.2019, *DJe* 23.09.2019).

"Prazo decadencial. Inaplicabilidade das normas do CPC. Por se tratar de prazo decadencial, não se aplicam as normas do CPC na contagem de prazo, incluindo-se o dia de início" (STJ, AgRg no MS 17.018/DF, Rel. Min. Mauro Campbell Marques, 1ª Seção, jul. 24.08.2011, *DJe* 30.08.2011).

"O prazo do mandado de segurança é um prazo *sui generis*, aplicável apenas ao procedimento do *mandamus*. Contudo, como a Lei do Mandado de Segurança não estipula a forma como deve ser contado o prazo processual, nada impede e até se faz necessário que seja aplicado o Código de Processo Civil, pois é certo que tal diploma se aplica subsidiariamente às normas do mandado de segurança. Assim é que, tendo sido publicado o decreto em 08/03/96, este dia não se computa na contagem do prazo decadencial, daí porque o prazo final para a impetração do *mandamus*, na espécie, era 06/07/96 (sábado). Seguindo a linha de raciocínio, caso o prazo final recaia em um feriado ou, ainda, em um dia que não houver expediente, o *dies ad quem* para impetração deve ser o primeiro dia útil posterior" (STJ, REsp 201.111/SC, Rel. Min. Maria Thereza de Assis Moura, 6ª Turma, jul. 08.03.2007, *DJ* 26.03.2007).

Prorrogação do prazo com vencimento em dia não útil. "Conforme precedente da Corte, 'embora sendo decadencial o prazo para o ajuizamento de mandado de segurança, recaindo o *dies ad quem* em feriado forense, fica prorrogado o prazo final, para o primeiro dia útil seguinte' (RMS nº 2.428/PR, Relator o Ministro Cid Flaquer Scartezzini, *DJ* de 9/2/1998)" (STJ, AgRg no Ag 621.968/BA, Rel. Min. Paulo Gallotti, 6ª Turma, jul. 20.10.2005, *DJ* 21.05.2007, p. 621). **Em sentido contrário:** "Habitual o plantão determinado pelo Tribunal, se o termo final ocorreu em dia feriado, não se adia o vencimento do prazo decadencial para a impetração de segurança" (STJ, RMS 13.062/MG, Rel. Min. Milton Luiz Pereira, 1ª Turma, jul. 11.06.2002, *DJ* 23.09.2002).

Extinção da prerrogativa de impetrar mandado de segurança. "Com o decurso, 'in albis', do prazo decadencial de 120 dias, a que se refere o art. 23 da Lei nº 12.016/2009, extingue-se, de pleno direito, a prerrogativa de impetrar mandado de segurança" (STF, MS 29.108 ED, Rel. Min. Celso de Mello, Tribunal Pleno, jul.11.05.2011, *DJe* 22.06.2011).

Concurso público. Termo inicial. Último ato administrativo. "O STJ, ao apreciar hipótese idêntica, relativa ao mesmo certame, firmou entendimento, para contagem do prazo decadencial para impetração do *mandamus*, de que 'não há como considerar o término do prazo de validade do concurso [20/06/2015], pois nesse marco temporal nem sequer havia se consubstanciado a ilegalidade invocada pela parte impetrante. Tendo em vista a pretensão mandamental deduzida, a não extensão a todos os participantes do concurso público da reclassificação atribuída a alguns, publicada no *Diário Oficial* em 02.12.2016 (*DOE* 22.068, pág. 48), deve ser esta data o termo inicial do prazo decadencial para impetração do presente Mandado de Segurança. Assim, o prazo de impetração do presente Mandado de Segurança encerrou-se em 3.4.2016 (120 dias após 2.12.2016), incidindo, na hipótese, a decadência do direito, pois a ação foi ajuizada em 6.9.2017' (STJ, RMS 60.498/BA, Rel. Ministro Herman Benjamin, Segunda Turma, julgado em 25/06/2019, *DJe* de 01/07/2019). Nesse sentido: STJ, EDcl no RMS 56.081/BA, Rel. Ministro Herman Benjamin, Segunda Turma, *DJe* de 01/07/2019; AgInt no RMS 58.238/BA, Rel. Ministro Francisco Falcão, Segunda Turma, *DJe* de 08/10/2018" (STJ, RMS 64.025/BA, Rel. Min. Assusete Magalhães, 2ª Turma, jul. 04.10.2022, *DJe* 10.10.2022).

Aposentadoria de servidor público. Ato de deferimento. Termo inicial ciência do ato. "Devem ser aplicados os precedentes desta Corte segundo os quais o prazo decadencial para impetrar mandado de segurança contra fixação de base de cálculo tida por ilegal quando do deferimento de aposentadoria inicia-se com a ciência desse ato, sem prejuízo de cobrança de parcelas pela via ordinária – desde que não indeferido o direito de fundo –, pretensão sujeita à prescrição (Súmula 85/STJ)" (STJ, AgInt no AgInt no RMS. 32.325/CE, Rel. Min. Afrânio Vilela, 2ª Turma, jul. 06.02.2024, *DJe* 14.02.2024).

2. Hipóteses:

Pedido de Reconsideração na via administrativa. "Inteligência da Súmula 430/STF que dispõe *in verbis*: pedido de reconsideração na via administrativa **não interrompe o prazo para o mandado de segurança**. O enunciado é aplicável, também, aos recursos administrativos em geral" (STJ, EDcl no AgRg no MS 12.716/DF, Rel. Min. Celso Limongi (Desembargador Convocado do TJ/SP), 3ª Seção, jul.09.02.2011, *DJe* 15.04.2011).

"O prazo para a impetração do mandado de segurança é um só e se conta a partir da data da ciência do ato impugnado; a **extinção de processo anterior, em razão da indicação errônea da autoridade impetrada, não restabelece o prazo consumido na respectiva tramitação**" (STJ, MS 3.705/DF, Rel. Min. Ari Pargendler, 1ª Seção, jul. 12.09.1995, *DJ* 04.12.1995, p. 42.072).

Litisconsorte facultativo que postula seu ingresso após o decurso do prazo de 120 dias. "Opera-se a decadência em relação ao impetrante, litisconsorte ativo facultativo, que postula seu ingresso na relação processual após o decurso do prazo de 120 dias da intimação no Diário Oficial do ato impugnado" (STJ, MS 8957/DF, Rel. Min. Teori Albino Zavascki, 1ª Seção, jul. 14.11.2007, *DJ* 10.12.2007).

Mandado de Segurança impetrado contra omissão, em tese, do Poder Público. "Tratando-se de mandado de segurança impetrado contra omissão, em tese, do Poder Público, não **há falar em decadência**, tendo-se em mente a renovação contínua dos efeitos do ato no tempo" (RMS 28.099/DF, Rel. Min. Arnaldo Esteves Lima, Rel. p/ Acórdão Min. Felix Fischer, 5ª Turma, jul. 22.06.2010, *DJe* 03.11.2010).

Mandado de segurança preventivo. Inaplicabilidade do prazo de 120 dias. "A jurisprudência deste Tribunal é pacífica no sentido de que, em se tratando de mandado de segurança preventivo, não se aplica o prazo decadencial de 120 dias previsto no art. 18 da Lei n. 1.533/51 (vigente à época da impetração)" (STJ, REsp 1.200.324/MS, Rel. Min. Mauro Campbell Marques, 2ª Turma, jul. 15.03.2011, *REPDJe* 25.08.2011, *DJe* 22.03.2011). **No mesmo sentido:** STJ, REsp 617.587/MG, Rel. Min. Castro Meira, 2ª Turma, jul. 11.03.2008, *DJe* 28.03.2008; STJ, MS 10.760/DF, Rel. Min. Felix Fischer, 3ª Seção, jul. 08.11.2006, *DJ* 17.09.2007.

"Descabido falar em decadência da impetração que veicula pretensão declaratória de inexistência de relação jurídico-tributária e cujo caráter preventivo é reconhecido pelo Superior Tribunal de Justiça. Precedentes das 1ª e 2ª Turmas e da 3ª Seção" (STJ, REsp 1.108.515/RS, Relª. Minª. Eliana Calmon, 2ª Turma, jul. 09.06.2009, *DJe* 25.06.2009).

Impedimento de inscrição em dívida ativa. "É viável a pretensão de se obstar a inscrição em dívida ativa (e, consequentemente, a execução) de tributo cuja exigência é supostamente ilegítima, por meio de mandado de segurança preventivo, porquanto caracterizado o justo receio. Nessa hipótese, não há falar em prazo decadencial para impetração, de modo que é inaplicável o disposto no art. 18 da Lei 1.533/51" (STJ, REsp 777.097/MG, Rel. Min. Denise Arruda, 1ª T., jul. 10.06.2008, *DJe* 25.06.2008). **No mesmo sentido:** STJ, REsp 768.523/RJ, Rel. Min. Luiz Fux, 1ª T., *DJ* 28.05.2008; STJ, REsp 228.736/RJ, Rel. Min. Milton Luiz Pereira, 1ª T., *DJ* 15.04.2002; REsp 203.959/RS, Rel. Min. Castro Meira, 2ª T., *DJ* 17.10.2005; STJ, REsp 619.889/BA, Rel. Min. João Otávio de Noronha, 2ª T., *DJ* 26.02.2007.

Ato de efeitos concretos. Aplicabilidade do prazo de 120 dias. "Consoante orientação firmada por esta Corte, o ato que implica na redução de proventos é de efeitos concretos, razão pela qual a impetração de mandado de segurança contra tal ato deve ocorrer no prazo legal de cento e vinte dias, sob pena de decadência. Ressalva do entendimento da Relatora" (STJ, RMS 15.463/SC, Rel. Min. Maria Thereza de Assis Moura, 6ª Turma, jul. 09.10.2007, *DJ* 19.11.2007, p. 291).

Ato complexo. "Confirmação pelo tribunal de contas da união. Decadência administrativa que se conta a partir desse último ato. Não configuração. Esta Corte Superior de Justiça, em consonância com o entendimento consolidado do Supremo Tribunal Federal, firmou a orientação no sentido de que 'O ato de aposentadoria consubstancia ato administrativo complexo, aperfeiçoando-se somente com o registro perante o Tribunal de Contas. Submetido a condição resolutiva, não se operam os efeitos da decadência antes da vontade final da Administração' (STF, MS nº 25.072/DF, Tribunal Pleno, Rel. Min. Marco Aurélio, *DJ* de 27/04/2007.) A despeito de o Autor ter se aposentado em 1999, somente em 2009 o Tribunal de Contas, concluindo a formalização do ato complexo de inativação, emitiu juízo no sentido de não registrar a aposentadoria, e, portanto, é de ser afastada a decadência para que a Administração revisse o mencionado ato" (STJ, RMS 32558/DF, Rel. Min. Mauro Campbell Marques, 2ª Turma, jul. 15.09.2011, *DJe* 21.09.2011).

Atos de trato sucessivo. "Nas hipóteses de atos de trato sucessivo, o prazo decadencial para a impetração de mandado de segurança renova-se mês a mês" (STJ, MS 12.473/DF, Rel. Min. Felix Fischer, 3ª Seção, jul. 11.02.2009, *DJe* 14.04.2009). **No mesmo sentido:** STF, RMS 24736, Rel. Min. Joaquim Barbosa, jul. 14.09.2010, *DJe* 08.10.2010; STJ, AgRg no RMS 17638/MS, Rel. Min. Og Fernandes, 6ª Turma, jul. 03.09.2013, *DJe* 11.10.2013).

Concurso público: "A jurisprudência do Superior Tribunal de Justiça consolidou o entendimento de que a **publicação do edital** de concurso público é o termo *a quo* para a impetração de mandado de segurança destinado a **impugnar exigências nele fixadas.** Precedentes" (STJ, AgRg no REsp 125.0383/MS, Rel. Min. Humberto Martins, 2ª Turma, jul. 09.08.2011, *DJe* 17.08.2011).

Ausência de nomeação. Termo inicial. "A jurisprudência esta Corte Superior é pacífica no sentido de que o termo inicial para a contagem do prazo decadencial do mandado de segurança contra a ausência de nomeação de candidato aprovado em concurso público é a data do término do prazo de validade do certame" (STJ, RMS 39.263/GO, Rel. Min. Mauro Campbell Marques, 2ª Turma, jul. 13.11.2012, *DJe* 21.11.2012).

Nomeação em cargo público. Reconhecimento de nulidade de questões de concurso público. "Consoante assentado pelo acórdão de origem, em 21.06.2006, data da suposta preterição, a impetrante não tinha direito líquido e certo de nomeação, o qual somente surgiu em 28.08.2009, **com o trânsito em julgado do mandado de segurança que anulou três questões da prova objetiva** em seu favor. Assim, tendo a impetração se dado em 03.09.2009, não há valar em decadência" (STJ, AgRg no REsp 1284773/AM, Rel. Min. Benedito Gonçalves, 1ª Turma, jul. 23.04.2013, *DJe* 29.04.2013).

Eliminação do candidato. Termo inicial. "O termo a quo do prazo decadencial para a impetração de mandado de segurança em que se impugna regra prevista no edital de concurso público, conta-se a partir do momento em que o candidato toma ciência do ato administrativo que, fundado em regra editalícia, determina a sua eliminação do certame. Precedentes. (EREsp 1.266.278/MS, Relatora Ministra Eliana Calmon, Corte Especial, *DJe* 10/05/2013) e não a partir da data do edital, como julgado pelo Acórdão ora Embargado" (STJ, EREsp 1124254/PI, Rel. Min. Sidnei Beneti, Corte Especial, jul. 01.07.2014, *DJe* 12.08.2014). **No mesmo sentido:** STJ, AgRg no AREsp 213264/BA, Rel. Min. Benedito Gonçalves, 1ª Turma, jul. 05.12.2013, *DJe* 16.12.2013.

Ato omissivo. "'O prazo decadencial não flui em se tratando de ato omissivo, isto é, quando a autoridade coatora, devidamente provocada, não responde à solicitação do requerente renovando-se a omissão enquanto não houver resposta à pretensão deduzida' (MS 5.788/DF, Rel. Min. Francisco Peçanha Martins, Corte Especial, *DJ* 11.03.2002)" (STJ, MS 10.583/DF, Rel. Min. Maria Thereza de Assis Moura, 3ª Seção, jul. 08.11.2006, *DJ* 27.11.2006).

"Tratando-se de impetração contra ato omissivo da Administração, **o prazo decadencial de cento e vinte dias começa a contar a partir do momento em que se esgotou o prazo legal estabelecido para a autoridade impetrada praticar o ato cuja omissão se ataca.** Precedente do c. STF. II – Não se trata, *in casu*, de ato omissivo continuado em que este E. STJ já pacificou entendimento que o prazo decadencial renova-se periodicamente" (STJ, RMS 24.631/MA, Rel. Min. Felix Fischer, 5ª Turma, jul. 30.05.2008, *DJe* 23.06.2008).

Ato omissivo e continuado. "A jurisprudência desta Corte firmou entendimento segundo o qual não se verifica a decadência para a impetração do mandado de segurança quando há conduta omissiva ilegal da Administração, uma vez que o prazo estabelecido pelo art. 18 da Lei n. 1.533/51 renova-se de forma continuada. Trata-se, portanto, de relações de trato sucessivo. Incidência da Súmula 83/STJ" (STJ, AgRg no AREsp 243070/CE, Rel. Min. Humberto Martins, 2ª Turma, jul. 07.02.2013, *DJe* 19.02.2013). **No mesmo sentido:** STJ, MS 14.660/DF, Rel. Min. Benedito Gonçalves, 1ª Seção, jul. 10.02.2010, *DJe* 24.02.2010.

Conversão de agravo de instrumento em agravo retido. 5 dias. "A decisão que converte o agravo de instrumento em retido é irrecorrível. Ainda assim, será sempre admissível, em tese, a interposição de embargos de declaração, a fim de que o Relator possa sanar vício de omissão, contradição ou obscuridade quanto aos motivos que o levaram a decidir pela ausência do risco de causar à parte lesão grave ou de difícil reparação, cuja existência ensejaria o processamento do agravo de instrumento. Na ausência de interposição de embargos de declaração, terá a parte o **prazo de 5 dias para a impetração do writ, contado da publicação da decisão**, sob pena de tornar-se imutável o decisum, e, portanto, inadmissível o mandado de segurança, nos termos do art. 5º, III, da Lei 12.016/2009 e da súmula 268/STF. Acaso interpostos os aclaratórios, esse prazo fica interrompido, considerando que o *mandamus* é utilizado, nessas hipóteses, como sucedâneo recursal" (STJ, RMS 43439/MG, Rel.ª Min.ª Nancy Andrighi, 3ª Turma, jul. 24.09.2013, *DJe* 01.10.2013).

3. Inexistência de interrupção e suspensão. "É pacífico o entendimento do STJ no sentido de que o prazo decadencial para impetração do mandado de segurança não se interrompe nem se suspende em razão de pedido de reconsideração ou da interposição de recurso administrativo, **exceto quanto concedido efeito suspensivo.** Hipótese dos autos em que o recurso hierárquico foi recebido no efeito suspensivo. Embora o julgamento do Conselho de Magistratura, confirmando a perda da delegação, tenha ocorrido em 11.08.2005, a contagem do prazo decadencial tem início a partir do dia seguinte à publicação do respectivo acórdão" (STJ, RMS 25.112/RJ, Rel. Min. Eliana Calmon, 2ª Turma, jul. 15.04.2008, *DJe* 30.04.2008). **No mesmo sentido:** STJ, RMS 26.458/SC, Rel. Min. José Delgado, Rel. p/ ac. Min. Francisco Falcão, 1ª Turma, jul. 11.11.2008, *DJe* 09.02.2009.

4. Aplicação da Teoria da Causa Madura. Impossibilidade. "No recurso ordinário em mandado de segurança, não se admite a aplicação analógica da regra do § 3º do artigo 515 do Código de Processo Civil e, por consequência, a adoção da denominada 'Teoria da Causa Madura', sob pena de supressão de instâncias judiciais" (RMS 28.099/DF, Rel. Min. Arnaldo Esteves Lima, Rel. p/ Acórdão Min. Felix Fischer, 5ª Turma, jul. 22.06.2010, *DJe* 03.11.2010).

5. Falecimento de litisconsorte. Habilitação dos sucessores. Nulidade. "Falecendo o litisconsorte necessário, sem comunicação nos autos e sem habilitação dos seus sucessores para manifestarem o interesse na demanda, os atos processuais, ate então praticados, tornam-se nulos" (RMS 1.639/PR, Rel. Min. Francisco Peçanha Martins, 2ª Turma, jul. 16.09.1992, *DJ* 24.05.1993, p. 9990).

Art. 24. Aplicam-se ao mandado de segurança os arts. 46 a 49 da Lei nº 5.869, de 11 de janeiro de 1973 – Código de Processo Civil.

SÚMULAS

Súmula do STF:

nº 631: "Extingue-se o processo de mandado de segurança se o impetrante não promove, no prazo assinado, a citação do litisconsorte passivo necessário".

Súmula do TFR:

nº 145: "Extingue-se o processo de mandado de segurança, se o autor não promover, no prazo assinado, a citação do litisconsorte necessário".

JURISPRUDÊNCIA SELECIONADA

1. Litisconsórcio ativo. "Ajuizada a ação e prestadas as informações inviabiliza-se processualmente a admissão de assistência litisconsorcial ativa. Em contrário pensar, a tardia admissão afrontaria o princípio do juiz natural e tangenciaria a livre distribuição" (STJ, AgRg no MS 7.307/DF, Rel. Min. Milton Luiz Pereira, 1ª Seção, jul. 29.11.2001, *DJ* 25.03.2002, p. 163).

"Distribuído o *mandamus*, decidido liminarmente e, mais do que isso, renunciado pela parte impetrante o direito a ação, inadmissível o pretendido ingresso de litisconsorte. O litisconsórcio ativo só e admissível na instauração da lide ou, dependente do caso concreto, no decêndio das informações, evitando ofensa ao princípio da livre distribuição e como óbice a parte de escolher juiz certo para processar e julgar a ação. Precedentes da jurisprudência" (STJ, AgRg no RMS 706/DF, Rel. Min. Milton Luiz Pereira, 1ª Turma, jul. 18.11.1992, *DJ* 07.12.1992).

2. Litisconsórcio passivo necessário. "Impetrado mandado de segurança para declaração da nulidade por vícios constantes no edital de praceamento do imóvel pela empresa adquirente, sem que do registro imobiliário constasse qualquer restrição, deve o arrematante integrar obrigatoriamente a demanda, como litisconsorte passivo necessário, ao teor do art. 47 e seu parágrafo único, do CPC, sob pena de ineficácia da decisão, que deve ser uniforme para todas as partes envolvidas no ato judicial a ser desconstituído. Recurso especial conhecido e provido, nulificado o processo a partir da decisão liminar, para que ao *mandamus* seja integrado o ora recorrente, daí seguindo o seu curso na Corte *a quo*" (STJ, REsp 1106804/PB, Rel. Min. Aldir Passarinho Junior, 4ª Turma, jul. 18.08.2009, *DJe* 05.10.2009).

Citação dos concorrentes aprovados. "A espécie de conhecimento ficto, presente publicação ou edital fixado em setor do Órgão, pressupõe a ciência do processo em curso, surgindo como regra a comunicação direta" (STF, MS 25962/DF, Rel. Min. Marco Aurélio, Tribunal Pleno, jul. 23.10.2008, *DJe* 20.03.2009).

3. Assistência. "Segundo a jurisprudência predominante no STJ, não cabe assistência em mandado de segurança, instituto que não se harmoniza com o rito célere dessa ação" (STJ, REsp 1065574/RJ, Rel. Min. Teori Albino Zavascki, 1ª Turma, jul. 02.10.2008, *DJe* 20.10.2008). **Precedentes citados:** STJ, RMS 18.996/MG, Min. Arnaldo Esteves Lima, 5ª Turma, *DJ* 20.03.2006; STJ, AgRg no MS 7.307/DF, Min. Milton Luiz Pereira, 1ª Seção, *DJ* 25.03.2002; STJ, AgRg no MS 5.690/DF, Rel. Min. José Delgado, 1ª Seção, *DJ* 24.09.2001; STJ, MS 5.602/DF, Rel. Min. Adhemar Maciel, 1ª Seção, *DJ* 26.10.1998; STJ, AgRg no MS 7.205/DF, Min. José Arnaldo da Fonseca, 3ª Seção, *DJ* 16.04.2001. **No mesmo sentido:** STJ, AgRg no REsp 1071151/RJ, Rel. Min. Humberto Martins, 2ª Turma, jul. 18.12.2008, *DJe* 16.02.2009. **Em sentido contrário:** "O litisconsórcio e a assistência são institutos com características e objetivos diversos. Na assistência litisconsorcial, tema do recurso, existe uma pretensão do assistente sobre o objeto material do processo e assemelha-se a uma 'espécie de litisconsórcio facultativo ulterior, ou seja, o assistente litisconsorcial é todo aquele que, desde o início do processo, poderia ter sido litisconsorte facultativo-unitário da parte assistida' (CPC Comentado por Nelson Nery Junior e Rosa Maria de Andrade Nery, 8. ed., RT, p. 487, nota de rodapé n. 1, comentários ao art. 54 do CPC). A assistência, simples ou litisconsorcial, tem cabimento em qualquer procedimento ou grau de jurisdição, inexistindo óbice a que se admita o ingresso do assistente em mandado de segurança, ainda que depois de transcorrido o prazo decadencial do *writ*" (STJ, REsp 616.485/DF, Rel. Min. Eliana Calmon, 2ª Turma, jul. 11.04.2006, *DJ* 22.05.2006).

4. Litisconsórcio passivo necessário. Candidatos do certame público. "É firme no STJ a orientação de que os demais candidatos aprovados em concurso público, por possuírem mera expectativa de direito à nomeação, não podem ser considerados litisconsortes passivos necessários" (STJ, AgRg no REsp 1.210.444/DF, Rel. Min. Herman Benjamin, 2ª Turma, jul. 14.12.2010, *DJe* 04.02.2011). **No mesmo sentido:** STJ, AgRg no REsp 772833/RR, Rel. Min. Rogerio Schietti Cruz, 6ª Turma, jul. 05.11.2013, *DJe* 21.11.2013).

5. Citação. Prazo para defesa. Ausência. Nulidade da citação. "(...) A citação há que conter, expresso, o prazo para defesa (art. 225, IV, do CPC), sob pena de nulidade" (STJ, RMS 14.106/MS, Rel. Min. Paulo Medina, 6ª Turma, jul. 09.12.2003, *DJ* 02.02.2004).

6. CNJ. Notificação de pessoas diretamente interessadas no desfecho da controvérsia. Contraditório e ampla defesa. "Sempre que antevista a existência razoável de interessado na manutenção do ato atacado, com legítimo interesse jurídico direto, o CNJ está obrigado a dar-lhe ciência do procedimento de controle administrativo. Identificado o legítimo interesse de terceiro, o acesso ao contraditório e à ampla defesa independem de conjecturas acerca da efetividade deste para produzir a defesa do ato atacado. Segurança concedida, para anular o acórdão atacado e para que o CNJ possa notificar os impetrantes acerca da existência do PCA e de seu direito de serem ouvidos" (STF, MS 27154, Rel. Min. Joaquim Barbosa, Tribunal Pleno, jul. 10.11.2010, *DJe* 08.02.2011).

Art. 25. Não cabem, no processo de mandado de segurança, a interposição de embargos infringentes e a condenação ao pagamento dos honorários advocatícios, sem prejuízo da aplicação de sanções no caso de litigância de má-fé.

SÚMULAS

Súmulas do STF:

nº 294: "São inadmissíveis embargos infringentes contra decisão do Supremo Tribunal Federal em mandado de segurança".

nº 512: "Não cabe condenação em honorários de advogado na ação de mandado de segurança".

nº 597: "Não cabem embargos infringentes de acórdão que, em mandado de segurança, decidiu, por maioria de votos, a apelação".

Súmulas do STJ:

nº 105: "Na ação de mandado de segurança não se admite condenação em honorários advocatícios".

nº 169: "São inadmissíveis embargos infringentes no processo de mandado de segurança".

JURISPRUDÊNCIA SELECIONADA

1. Execução de decisão mandamental. Cabimento de honorários. "Cabe a fixação de honorários advocatícios, caso a execução da decisão mandamental seja embargada. Afinal, os embargos à execução, constituindo demanda à parte, com feições próprias e específicas, exige novo embate judicial, inclusive com abertura de novo contraditório regular, em face da resistência da parte adversa em dar cumprimento espontâneo ao julgado transitado em julgado. Precedentes: AgRg no REsp 1.132.690/SC, Rel. Ministro Humberto Martins, Segunda Turma, julgado em 2.3.2010, *DJe* 10.3.2010; REsp 697.717/PR, Rel. Ministro Arnaldo Esteves Lima, Quinta Turma, julgado em 12.9.2006, *DJ* 9.10.2006, p. 346" (STJ, AR 4365/DF, Rel. Min. Humberto Martins, 1ª Seção, jul. 09.05.2012, *DJe* 14.06.2012).

2. Ressarcimento de custas adiantas pela parte vencedora. "A parte vencida no *writ* deve reembolsar as custas adiantadas pela impetrante. Precedentes. Em sede de mandado de segurança, os efeitos patrimoniais da demanda são suportados pelo ente público, que deve arcar com o reembolso das custas" (STJ, REsp 1381546/RS, Rel.ª Min.ª Eliana Calmon, 2ª Turma, jul. 15.10.2013, *DJe* 28.10.2013).

3. Honorários advocatícios.

Recursais. Mandado de segurança. Não cabimento. Ver jurisprudência do art. 85.

Cumprimento de sentença. Honorários sucumbenciais. Não cabimento. Súmula 105/STJ. "No processo de mandado de segurança, não cabem honorários advocatícios, na esteira do disposto no art. 25 da Lei 12.016/2009 e na Súmula 105/STJ, não havendo ressalva à fase de cumprimento de sentença. Nesse sentido: AgInt no REsp 1.931.193/MG, Rel. Ministro Francisco Falcão, Segunda Turma, julgado em 21/03/2022, *DJe* 24/03/2022; AgInt nos EDcl no REsp 1.849.248/PR, Rel. Ministro Herman Benjamin, Segunda Turma, julgado em 22/09/2020, *DJe* 06/10/2020. Embora a jurisprudência deste Superior Tribunal de Justiça tenha firmado a orientação de que são devidos honorários advocatícios pela Fazenda Pública nas execuções individuais de sentença proferida em ações coletivas, ainda que não embargadas (Súmula 345/STJ), inclusive nos mandados de segurança coletivos (vide AgInt no AREsp 1.236.023/SP, Rel. Ministro Sérgio Kukina, Primeira Turma, *DJe* 09/08/2018), a *ratio decidendi* desse posicionamento se deve à natureza genérica das sentenças proferidas em tais demandas, a exigir do patrono do exequente, além da individualização e liquidação do valor devido, a demonstração da titularidade do exequente em relação ao direito material, o que revela o alto conteúdo cognitivo existente nessas execuções, situação diversa da enfrentada no presente caso, que trata do cumprimento de título judicial oriundo de ação mandamental individual" (STJ, AgInt no REsp 1.968.010/DF, Rel. Min. Manoel Erhardt, 1ª Turma, jul. 09.05.2022, *DJe* 11.05.2022).

Litigiosidade. Honorários. "A Primeira Seção do Superior Tribunal de Justiça já consolidou a orientação de que 'a aplicação do art. 25 da Lei nº 12.016/2009 restringe-se à fase de conhecimento, não sendo cabível na fase de cumprimento de sentença, ocasião em que a legitimidade passiva deixa de ser da autoridade impetrada e passa ser do ente público ao qual aquela encontra-se vinculada. Mostra-se incidente a regra geral do art. 85, § 1º, do CPC, que autoriza o cabimento dos honorários de sucumbência na fase de cumprimento, ainda que derivada de mandado de segurança' (AgInt na ImpExe na ExeMS 15.254/DF, relator Ministro Sérgio Kukina, Primeira Seção, julgado em 29/3/2022, *DJe* 1º/4/2022). Tratando-se de liquidação individual de sentença decorrente de ação coletiva, é devida a verba honorária, ainda que proveniente de ação mandamental, a teor do disposto na Súmula 345/STJ. Precedentes: AgInt no REsp 1.909.888/SE, relator Ministro Francisco Falcão, Segunda Turma, julgado em 21/6/2021, *DJe* de 25/6/2021; AgInt no AREsp 1.350.736/SP, relatora Ministra Assusete Magalhães, Segunda Turma, julgado em 5/12/2019, *DJe* de 12/12/2019'" (STJ, AgInt no AgInt no REsp 1.955.594/MG, Rel. Min. Paulo Sérgio Domingues, 1ª Turma, ac. 29.05.2023, *DJe* 06.06.2023).

4. Juros e correção monetária. "Do acórdão proferido no RE n. 817.338/DF, de relatoria do Ministro Dias Toffoli, não constou nenhuma determinação para suspender processos que tenham como objeto a anistia política'" (EDcl no AgRg no MS 20.255/DF, Rel. Min. Sérgio Kukina, Primeira Seção, julgado em 13/12/2017, *DJe* 18/12/2017). No caso, a interessada intenta promover discussão que extrapola a esfera dos autos, sem provar que o impetrante teve sua portaria de anistia anulada. **O Supremo Tribunal Federal, quanto à correção monetária e juros de mora em casos como o dos autos, fixou o entendimento de que é devido o seu pagamento, mesmo em sede mandamental, pois configuram consectários legais.** Seguindo a orientação dada pelo Supremo Tribunal Federal, a Primeira Seção desta Corte de Justiça alterou seu posicionamento, de forma a se alinhar com o entendimento da Suprema Corte, conforme se verifica dos seguintes precedentes: MS 22.221/DF, Rel. Min. Napoleão Nunes Maia Filho, julgado em 10/4/2019, *DJe* 16/4/2019; AgInt no MS 23.284/DF, Rel. Min. Benedito Gonçalves, julgado em 2/4/2019, *DJe* 4/4/2019; AgInt no MS 23.087/DF, Rel. Min. Francisco Falcão, julgado em 27/03/2019, *DJe* 1º/4/2019; AgInt no MS 24.694/DF, Rel. Min. Sérgio Kukina, julgado em 8/5/2019, *DJe* 14/5/2019" (STJ, AgInt no MS 24.212/DF, Rel. Min. Og Fernandes, 1ª Seção, jul. 26.06.2019, *DJe* 01.08.2019).

5. Acórdão não unânime proferido em apelação de sentença em mandado de segurança. "As disposições especiais pertinentes ao mandado de segurança seguem reguladas pela Lei n. 12.016/2009. Contudo, ao contrário do que ficou assentado no acórdão recorrido, a Lei n. 12.016/2009, responsável por disciplinar o mandado de segurança, não contém nenhuma disposição especial acerca da técnica de julgamento a ser adotada nos casos em que o resultado da apelação for não unânime. Enquanto o art. 14 da Lei n. 12.016/2009 se limita a preconizar que contra a sentença proferida em mandado de segurança cabe apelação, o art. 25 da Lei n. 12.016/2009 veda a interposição de embargos infringentes contra decisão proferida em mandado de segurança. Embora a técnica de ampliação do colegiado, prevista no art. 942 do CPC/2015, e os embargos infringentes, revogados junto com Código de Processo Civil de 1973 (CPC/1973), possuam objetivos semelhantes, os referidos institutos não se confundem, sobretudo porque o primeiro compreende técnica de julgamento, já o segundo consistia em modalidade de recurso. Ademais: '(...) diferentemente dos embargos infringentes regulados pelo CPC/73, a nova técnica de ampliação do colegiado é de observância automática e obrigatória sempre que o resultado da apelação for não unânime e não apenas quando ocorrer a reforma de sentença' (REsp n. 179.8705/SC, Relator Ministro Paulo de Tarso Sanseverino, Terceira Turma, julgado em 22/10/2019, *DJe* 28/10/2019). Conclui-se, portanto, que a técnica de ampliação do colegiado, prevista no art. 942 do CPC/2015, aplica-se também ao julgamento de apelação que resultou não unânime interposta contra sentença proferida em mandado de segurança. Precedente: REsp n. 1.817.633/RS, Relator Ministro Gurgel de Faria, Primeira Turma, julgado em 17/9/2019, *DJe* 11/10/2019" (STJ, REsp 1.868.072/RS, Rel. Min. Francisco Falcão, 2ª Turma, jul. 04.05.2021, *DJe* 10.05.2021).

Art. 26. Constitui crime de desobediência, nos termos do art. 330 do Decreto-Lei nº 2.848, de 7 de dezembro de 1940, o não cumprimento das decisões proferidas em mandado de segurança, sem prejuízo das sanções administrativas e da aplicação da Lei nº 1.079, de 10 de abril de 1950, quando cabíveis.

Art. 27. Os regimentos dos tribunais e, no que couber, as leis de organização judiciária deverão ser adaptados às disposições desta Lei no prazo de 180 (cento e oitenta) dias, contado da sua publicação.

Art. 28. Esta Lei entra em vigor na data de sua publicação.

Art. 29. Revogam-se as Leis nos 1.533, de 31 de dezembro de 1951, 4.166, de 4 de dezembro de 1962, 4.348, de 26 de junho de 1964, 5.021, de 9 de junho de 1966; o art. 3º da Lei nº 6.014, de 27 de dezembro de 1973, o art. 1º da Lei nº 6.071, de 3 de julho de 1974, o art. 12 da Lei nº 6.978, de 19 de janeiro de 1982, e o art. 2º da Lei nº 9.259, de 9 de janeiro de 1996.

Brasília, 07 de agosto de 2009; 188º da Independência e 121º da República.

LUIZ INÁCIO LULA DA SILVA

* Publicado no *DOU* de 10.08.2009.

MEDIAÇÃO

LEI Nº 13.140, DE 26 DE JUNHO DE 2015

Dispõe sobre a mediação entre particulares como meio de solução de controvérsias e sobre a autocomposição de conflitos no âmbito da administração pública; altera a Lei 9.469, de 10 de julho de 1997, e o Decreto 70.235, de 6 de março de 1972; e revoga o § 2º do art. 6º da Lei 9.469, de 10 de julho de 1997.

A Presidenta da República:

Faço saber que o Congresso Nacional decreta e eu sanciono a seguinte Lei:

Art. 1º Esta Lei dispõe sobre a mediação como meio de solução de controvérsias entre particulares e sobre a autocomposição de conflitos no âmbito da administração pública.

Parágrafo único. Considera-se mediação a atividade técnica exercida por terceiro imparcial sem poder decisório, que, escolhido ou aceito pelas partes, as auxilia e estimula a identificar ou desenvolver soluções consensuais para a controvérsia.

Capítulo I
DA MEDIAÇÃO

Seção I
Disposições Gerais

Art. 2º A mediação será orientada pelos seguintes princípios:

I – imparcialidade do mediador;

II – isonomia entre as partes;

III – oralidade;

IV – informalidade;

V – autonomia da vontade das partes;

VI – busca do consenso;

VII – confidencialidade;

VIII – boa-fé.

§ 1º Na hipótese de existir previsão contratual de cláusula de mediação, as partes deverão comparecer à primeira reunião de mediação.

§ 2º Ninguém será obrigado a permanecer em procedimento de mediação.

Art. 3º Pode ser objeto de mediação o conflito que verse sobre direitos disponíveis ou sobre direitos indisponíveis que admitam transação.

§ 1º A mediação pode versar sobre todo o conflito ou parte dele.

§ 2º O consenso das partes envolvendo direitos indisponíveis, mas transigíveis, deve ser homologado em juízo, exigida a oitiva do Ministério Público.

Seção II
Dos Mediadores

Subseção I
Disposições comuns

Art. 4º O mediador será designado pelo tribunal ou escolhido pelas partes.

§ 1º O mediador conduzirá o procedimento de comunicação entre as partes, buscando o entendimento e o consenso e facilitando a resolução do conflito.

§ 2º Aos necessitados será assegurada a gratuidade da mediação.

Art. 5º Aplicam-se ao mediador as mesmas hipóteses legais de impedimento e suspeição do juiz.

Parágrafo único. A pessoa designada para atuar como mediador tem o dever de revelar às partes, antes da aceitação da função, qualquer fato ou circunstância que possa suscitar dúvida justificada em relação à sua imparcialidade para mediar o conflito, oportunidade em que poderá ser recusado por qualquer delas.

Art. 6º O mediador fica impedido, pelo prazo de um ano, contado do término da última audiência em que atuou, de assessorar, representar ou patrocinar qualquer das partes.

Art. 7º O mediador não poderá atuar como árbitro nem funcionar como testemunha em processos judiciais ou arbitrais pertinentes a conflito em que tenha atuado como mediador.

Art. 8º O mediador e todos aqueles que o assessoram no procedimento de mediação, quando no exercício de suas funções ou em razão delas, são equiparados a servidor público, para os efeitos da legislação penal.

Subseção II

Dos mediadores extrajudiciais

Art. 9º Poderá funcionar como mediador extrajudicial qualquer pessoa capaz que tenha a confiança das partes e seja capacitada para fazer mediação, independentemente de integrar qualquer tipo de conselho, entidade de classe ou associação, ou nele inscrever-se.

Art. 10. As partes poderão ser assistidas por advogados ou defensores públicos.

Parágrafo único. Comparecendo uma das partes acompanhada de advogado ou defensor público, o mediador suspenderá o procedimento, até que todas estejam devidamente assistidas.

Subseção III

Dos mediadores judiciais

Art. 11. Poderá atuar como mediador judicial a pessoa capaz, graduada há pelo menos dois anos em curso de ensino superior de instituição reconhecida pelo Ministério da Educação e que tenha obtido capacitação em escola ou instituição de formação de mediadores, reconhecida pela Escola Nacional de Formação e Aperfeiçoamento de Magistrados – ENFAM ou pelos tribunais, observados os requisitos mínimos estabelecidos pelo Conselho Nacional de Justiça em conjunto com o Ministério da Justiça.

Art. 12. Os tribunais criarão e manterão cadastros atualizados dos mediadores habilitados e autorizados a atuar em mediação judicial.

§ 1º A inscrição no cadastro de mediadores judiciais será requerida pelo interessado ao tribunal com jurisdição na área em que pretenda exercer a mediação.

§ 2º Os tribunais regulamentarão o processo de inscrição e desligamento de seus mediadores.

Art. 13. A remuneração devida aos mediadores judiciais será fixada pelos tribunais e custeada pelas partes, observado o disposto no § 2º do art. 4º desta Lei.

Seção III

Do Procedimento de Mediação

Subseção I

Disposições comuns

Art. 14. No início da primeira reunião de mediação, e sempre que julgar necessário, o mediador deverá alertar as partes acerca das regras de confidencialidade aplicáveis ao procedimento.

Art. 15. A requerimento das partes ou do mediador, e com anuência daquelas, poderão ser admitidos outros mediadores para funcionarem no mesmo procedimento, quando isso for recomendável em razão da natureza e da complexidade do conflito.

Art. 16. Ainda que haja processo arbitral ou judicial em curso, as partes poderão submeter-se à mediação, hipótese em que requererão ao juiz ou árbitro a suspensão do processo por prazo suficiente para a solução consensual do litígio.

§ 1º É irrecorrível a decisão que suspende o processo nos termos requeridos de comum acordo pelas partes.

§ 2º A suspensão do processo não obsta a concessão de medidas de urgência pelo juiz ou pelo árbitro.

Art. 17. Considera-se instituída a mediação na data para a qual for marcada a primeira reunião de mediação.

Parágrafo único. Enquanto transcorrer o procedimento de mediação, ficará suspenso o prazo prescricional.

Art. 18. Iniciada a mediação, as reuniões posteriores com a presença das partes somente poderão ser marcadas com a sua anuência.

Art. 19. No desempenho de sua função, o mediador poderá reunir-se com as partes, em conjunto ou separadamente, bem como solicitar das partes as informações que entender necessárias para facilitar o entendimento entre aquelas.

Art. 20. O procedimento de mediação será encerrado com a lavratura do seu termo final, quando for celebrado acordo ou quando não se justificarem novos esforços para a obtenção de consenso, seja por declaração do mediador nesse sentido ou por manifestação de qualquer das partes.

Parágrafo único. O termo final de mediação, na hipótese de celebração de acordo, constitui título executivo extrajudicial e, quando homologado judicialmente, título executivo judicial.

Subseção II

Da mediação extrajudicial

Art. 21. O convite para iniciar o procedimento de mediação extrajudicial poderá ser feito por qualquer meio de comunicação e deverá estipular o escopo proposto para a negociação, a data e o local da primeira reunião.

Parágrafo único. O convite formulado por uma parte à outra considerar-se-á rejeitado se não for respondido em até trinta dias da data de seu recebimento.

Art. 22. A previsão contratual de mediação deverá conter, no mínimo:

I – prazo mínimo e máximo para a realização da primeira reunião de mediação, contado a partir da data de recebimento do convite;

II – local da primeira reunião de mediação;

III – critérios de escolha do mediador ou equipe de mediação;

IV – penalidade em caso de não comparecimento da parte convidada à primeira reunião de mediação.

§ 1º A previsão contratual pode substituir a especificação dos itens acima enumerados pela indicação de regulamento, publicado por instituição idônea prestadora de serviços de mediação, no qual constem critérios claros para a escolha do mediador e realização da primeira reunião de mediação.

§ 2º Não havendo previsão contratual completa, deverão ser observados os seguintes critérios para a realização da primeira reunião de mediação:

I – prazo mínimo de dez dias úteis e prazo máximo de três meses, contados a partir do recebimento do convite;

II – local adequado a uma reunião que possa envolver informações confidenciais;

III – lista de cinco nomes, informações de contato e referências profissionais de mediadores capacitados; a parte convidada poderá escolher, expressamente, qualquer um dos cinco mediadores e, caso a parte convidada não se manifeste, considerar-se-á aceito o primeiro nome da lista;

IV – o não comparecimento da parte convidada à primeira reunião de mediação acarretará a assunção por parte desta de cinquenta por cento das custas e honorários sucumbenciais caso venha a ser vencedora em procedimento arbitral ou judicial posterior, que envolva o escopo da mediação para a qual foi convidada.

§ 3º Nos litígios decorrentes de contratos comerciais ou societários que não contenham cláusula de mediação, o mediador extrajudicial somente cobrará por seus serviços caso as partes decidam assinar o termo inicial de mediação e permanecer, voluntariamente, no procedimento de mediação.

Art. 23. Se, em previsão contratual de cláusula de mediação, as partes se comprometerem a não iniciar procedimento arbitral ou processo judicial durante certo prazo ou até o implemento de determinada condição, o árbitro ou o juiz suspenderá o curso da arbitragem ou da ação pelo prazo previamente acordado ou até o implemento dessa condição.

Parágrafo único. O disposto no *caput* não se aplica às medidas de urgência em que o acesso ao Poder Judiciário seja necessário para evitar o perecimento de direito.

Subseção III
Da mediação judicial

Art. 24. Os tribunais criarão centros judiciários de solução consensual de conflitos, responsáveis pela realização de sessões e audiências de conciliação e mediação, pré-processuais e processuais, e pelo desenvolvimento de programas destinados a auxiliar, orientar e estimular a autocomposição.

Parágrafo único. A composição e a organização do centro serão definidas pelo respectivo tribunal, observadas as normas do Conselho Nacional de Justiça.

Art. 25. Na mediação judicial, os mediadores não estarão sujeitos à prévia aceitação das partes, observado o disposto no art. 5º desta Lei.

Art. 26. As partes deverão ser assistidas por advogados ou defensores públicos, ressalvadas as hipóteses previstas nas Leis 9.099, de 26 de setembro de 1995, e 10.259, de 12 de julho de 2001.

Parágrafo único. Aos que comprovarem insuficiência de recursos será assegurada assistência pela Defensoria Pública.

Art. 27. Se a petição inicial preencher os requisitos essenciais e não for o caso de improcedência liminar do pedido, o juiz designará audiência de mediação.

Art. 28. O procedimento de mediação judicial deverá ser concluído em até sessenta dias, contados da primeira sessão, salvo quando as partes, de comum acordo, requererem sua prorrogação.

Parágrafo único. Se houver acordo, os autos serão encaminhados ao juiz, que determinará o arquivamento do processo e, desde que requerido pelas partes, homologará o acordo, por sentença, e o termo final da mediação e determinará o arquivamento do processo.

Art. 29. Solucionado o conflito pela mediação antes da citação do réu, não serão devidas custas judiciais finais.

Seção IV
Da Confidencialidade e suas Exceções

Art. 30. Toda e qualquer informação relativa ao procedimento de mediação será confidencial em relação a terceiros, não podendo ser revelada sequer em processo arbitral ou judicial salvo se as partes expressamente decidirem de forma diversa ou quando sua divulgação for exigida por lei ou necessária para cumprimento de acordo obtido pela mediação.

§ 1º O dever de confidencialidade aplica-se ao mediador, às partes, a seus prepostos, advogados, assessores técnicos e a outras pessoas de sua confiança que tenham, direta ou indiretamente, participado do procedimento de mediação, alcançando:

I – declaração, opinião, sugestão, promessa ou proposta formulada por uma parte à outra na busca de entendimento para o conflito;

II – reconhecimento de fato por qualquer das partes no curso do procedimento de mediação;

III – manifestação de aceitação de proposta de acordo apresentada pelo mediador;

IV – documento preparado unicamente para os fins do procedimento de mediação.

§ 2º A prova apresentada em desacordo com o disposto neste artigo não será admitida em processo arbitral ou judicial.

§ 3º Não está abrigada pela regra de confidencialidade a informação relativa à ocorrência de crime de ação pública.

§ 4º A regra da confidencialidade não afasta o dever de as pessoas discriminadas no *caput* prestarem informações à administração tributária após o termo final da mediação, aplicando-se aos seus servidores a obrigação de manterem sigilo das informações compartilhadas nos termos do art. 198 da Lei 5.172, de 25 de outubro de 1966 – Código Tributário Nacional.

Art. 31. Será confidencial a informação prestada por uma parte em sessão privada, não podendo o mediador revelá-la às demais, exceto se expressamente autorizado.

Capítulo II
DA AUTOCOMPOSIÇÃO DE CONFLITOS EM QUE FOR PARTE PESSOA JURÍDICA DE DIREITO PÚBLICO

Seção I
Disposições Comuns

Art. 32. A União, os Estados, o Distrito Federal e os Municípios poderão criar câmaras de prevenção e resolução administrativa de conflitos, no âmbito dos respectivos órgãos da Advocacia Pública, onde houver, com competência para:

I – dirimir conflitos entre órgãos e entidades da administração pública;

II – avaliar a admissibilidade dos pedidos de resolução de conflitos, por meio de composição, no caso de controvérsia entre particular e pessoa jurídica de direito público;

III – promover, quando couber, a celebração de termo de ajustamento de conduta.

§ 1º O modo de composição e funcionamento das câmaras de que trata o *caput* será estabelecido em regulamento de cada ente federado.

§ 2º A submissão do conflito às câmaras de que trata o *caput* é facultativa e será cabível apenas nos casos previstos no regulamento do respectivo ente federado.

§ 3º Se houver consenso entre as partes, o acordo será reduzido a termo e constituirá título executivo extrajudicial.

§ 4º Não se incluem na competência dos órgãos mencionados no *caput* deste artigo as controvérsias que somente possam ser resolvidas por atos ou concessão de direitos sujeitos a autorização do Poder Legislativo.

§ 5º Compreendem-se na competência das câmaras de que trata o *caput* a prevenção e a resolução de conflitos que envolvam equilíbrio econômico-financeiro de contratos celebrados pela administração com particulares.

Art. 33. Enquanto não forem criadas as câmaras de mediação, os conflitos poderão ser dirimidos nos termos do procedimento de mediação previsto na Subseção I da Seção III do Capítulo I desta Lei.

Parágrafo único. A Advocacia Pública da União, dos Estados, do Distrito Federal e dos Municípios, onde houver, poderá instaurar, de ofício ou mediante provocação, procedimento de mediação coletiva de conflitos relacionados à prestação de serviços públicos.

Art. 34. A instauração de procedimento administrativo para a resolução consensual de conflito no âmbito da administração pública suspende a prescrição.

§ 1º Considera-se instaurado o procedimento quando o órgão ou entidade pública emitir juízo de admissibilidade, retroagindo a suspensão da prescrição à data de formalização do pedido de resolução consensual do conflito.

§ 2º Em se tratando de matéria tributária, a suspensão da prescrição deverá observar o disposto na Lei 5.172, de 25 de outubro de 1966 – Código Tributário Nacional.

Seção II
Dos Conflitos Envolvendo a Administração Pública Federal Direta, suas Autarquias e Fundações

Art. 35. As controvérsias jurídicas que envolvam a administração pública federal direta, suas autarquias e fundações poderão ser objeto de transação por adesão, com fundamento em:

I – autorização do Advogado-Geral da União, com base na jurisprudência pacífica do Supremo Tribunal Federal ou de tribunais superiores; ou

II – parecer do Advogado-Geral da União, aprovado pelo Presidente da República.

§ 1º Os requisitos e as condições da transação por adesão serão definidos em resolução administrativa própria.

§ 2º Ao fazer o pedido de adesão, o interessado deverá juntar prova de atendimento aos requisitos e às condições estabelecidos na resolução administrativa.

§ 3º A resolução administrativa terá efeitos gerais e será aplicada aos casos idênticos, tempestivamente habilitados mediante pedido de adesão, ainda que solucione apenas parte da controvérsia.

§ 4º A adesão implicará renúncia do interessado ao direito sobre o qual se fundamenta a ação ou o recurso, eventualmente pendentes, de natureza administrativa ou judicial, no que tange aos pontos compreendidos pelo objeto da resolução administrativa.

§ 5º Se o interessado for parte em processo judicial inaugurado por ação coletiva, a renúncia ao direito sobre o qual se fundamenta a ação deverá ser expressa, mediante petição dirigida ao juiz da causa.

§ 6º A formalização de resolução administrativa destinada à transação por adesão não implica a renúncia tácita à prescrição nem sua interrupção ou suspensão.

Art. 36. No caso de conflitos que envolvam controvérsia jurídica entre órgãos ou entidades de direito público que integram a administração pública federal, a Advocacia-Geral da União deverá realizar composição extrajudicial do conflito, observados os procedimentos previstos em ato do Advogado-Geral da União.

§ 1º Na hipótese do *caput*, se não houver acordo quanto à controvérsia jurídica, caberá ao Advogado-Geral da União dirimi-la, com fundamento na legislação afeta.

§ 2º Nos casos em que a resolução da controvérsia implicar o reconhecimento da existência de créditos da União, de suas autarquias e fundações em face de pessoas jurídicas de direito público federais, a Advocacia-Geral da União poderá solicitar ao Ministério do Planejamento, Orçamento e Gestão a adequação orçamentária para quitação das dívidas reconhecidas como legítimas.

§ 3º A composição extrajudicial do conflito não afasta a apuração de responsabilidade do agente público que deu causa à dívida, sempre que se verificar que sua ação ou omissão constitui, em tese, infração disciplinar.

§ 4º Nas hipóteses em que a matéria objeto do litígio esteja sendo discutida em ação de improbidade administrativa ou sobre ela haja decisão do Tribunal de Contas da União, a conciliação de que trata o *caput* dependerá da anuência expressa do juiz da causa ou do Ministro Relator.

Art. 37. É facultado aos Estados, ao Distrito Federal e aos Municípios, suas autarquias e fundações públicas, bem como às empresas públicas e sociedades de economia mista federais, submeter seus litígios com órgãos ou entidades da administração pública federal à Advocacia-Geral da União, para fins de composição extrajudicial do conflito.

Art. 38. Nos casos em que a controvérsia jurídica seja relativa a tributos administrados pela Secretaria da Receita Federal do Brasil ou a créditos inscritos em dívida ativa da União:

I – não se aplicam as disposições dos incisos II e III do *caput* do art. 32;

II – as empresas públicas, sociedades de economia mista e suas subsidiárias que explorem atividade econômica de produção ou comercialização de bens ou de prestação de serviços em regime de concorrência não poderão exercer a faculdade prevista no art. 37;

III – quando forem partes as pessoas a que alude o *caput* do art. 36:

a) a submissão do conflito à composição extrajudicial pela Advocacia-Geral da União implica renúncia do direito de recorrer ao Conselho Administrativo de Recursos Fiscais;

b) a redução ou o cancelamento do crédito dependerá de manifestação conjunta do Advogado-Geral da União e do Ministro de Estado da Fazenda.

Parágrafo único. O disposto neste artigo não afasta a competência do Advogado-Geral da União prevista nos incisos VI, X e XI do art. 4º da Lei Complementar 73, de 10 de fevereiro de 1993, e na Lei 9.469, de 10 de julho de 1997 (com redação pela Lei 13.327/2016, produzindo efeitos a partir de 01.08.2017).

Art. 39. A propositura de ação judicial em que figurem concomitantemente nos polos ativo e passivo órgãos ou entidades de direito público que integrem a administração pública federal deverá ser previamente autorizada pelo Advogado-Geral da União.

Art. 40. Os servidores e empregados públicos que participarem do processo de composição extrajudicial do conflito, somente poderão ser responsabilizados civil, administrativa ou criminalmente quando, mediante dolo ou fraude, receberem qualquer vantagem patrimonial indevida, permitirem ou facilitarem sua recepção por terceiro, ou para tal concorrerem.

Capítulo III
DISPOSIÇÕES FINAIS

Art. 41. A Escola Nacional de Mediação e Conciliação, no âmbito do Ministério da Justiça, poderá criar banco de dados sobre boas práticas em mediação, bem como manter relação de mediadores e de instituições de mediação.

Art. 42. Aplica-se esta Lei, no que couber, às outras formas consensuais de resolução de conflitos, tais como mediações comunitárias e escolares, e àquelas levadas a efeito nas serventias extrajudiciais, desde que no âmbito de suas competências.

Parágrafo único. A mediação nas relações de trabalho será regulada por lei própria.

Art. 43. Os órgãos e entidades da administração pública poderão criar câmaras para a resolução de conflitos entre particulares, que versem sobre atividades por eles reguladas ou supervisionadas.

(...)

Art. 46. A mediação poderá ser feita pela internet ou por outro meio de comunicação que permita a transação à distância, desde que as partes estejam de acordo.

Parágrafo único. É facultado à parte domiciliada no exterior submeter-se à mediação segundo as regras estabelecidas nesta Lei.

Art. 47. Esta Lei entra em vigor após decorridos cento e oitenta dias de sua publicação oficial.

Art. 48. Revoga-se o § 2º do art. 6º da Lei 9.469, de 10 de julho de 1997.

Brasília, 26 de junho de 2015; 194º da Independência e 127º da República.

Dilma Rousseff

* Publicada no *DOU* de 29.06.2015.

MEDIDAS CAUTELARES

LEI Nº 8.397, DE 6 DE JANEIRO DE 1992

Institui medida cautelar fiscal e dá outras providências.

INDICAÇÃO DOUTRINÁRIA

Américo Luís Martins da Silva, *A execução da dívida ativa da Fazenda Pública*, São Paulo, Revista dos Tribunais, 2001; Carlos Ari Sundfeld, Cassio Scarpinella Bueno (coord.), *Direito Processual Público: a Fazenda Pública em juízo*, São Paulo, Malheiros, 2003; Carlos Henrique Abrão, *Da ação cautelar fiscal e o depositário infiel*, 2. ed., São Paulo, Leud, 1995; Eduardo Arruda Alvim, Medida Cautelar Fiscal, *in* Cristiano Chaves de Farias, Fredie Didier Jr. (coord.), *Procedimentos Especiais Cíveis: legislação extravagante*, São Paulo, Saraiva, 2003, p. 631-662; Ernane Fidélis dos Santos, *Novos perfis do processo civil brasileiro*, Belo Horizonte, Del Rey, 1996; Hélio do Valle Pereira, *Manual da Fazenda Pública em juízo*, Rio de Janeiro, Renovar, 2003; Humberto Theodoro Júnior, Medida Cautelar Fiscal – Responsabilidade Tributária do Sócio-gerente, *RT* 739/115-128; João Carlos Souto, *A União Federal em juízo*, São Paulo, Saraiva, 1998; Leandro Paulsen, René Bergmann Ávila, *Direito Processual Tributário: processo administrativo fiscal e execução fiscal à luz da doutrina e da jurisprudência*, Porto Alegre, Livraria do Advogado – Esmafe, 2003; Leonardo José Carneiro da Cunha, *A Fazenda Pública em juízo*, São Paulo, Dialética, 2005; R. Friede, *Medidas Liminares em matéria tributária*, 3. ed., São Paulo, Saraiva, 2005; Leonardo Carneiro da Cunha, Sobre a cautelar, à luz da jurisprudência do STJ, *RDDP* 100/64; José Augusto Delgado, *Aspectos doutrinários e jurisprudenciais da medida cautelar*, Medida cautelar Fiscal, Coord. Ives Gandra da Silva Martins, Rogério Gandra Martins e André Elali, São Paulo: MP, 2006, p. 79.

REFERÊNCIA LEGISLATIVA

CPC/2015, sem correspondente; CPC/1973, arts. 796 e seguintes (do Processo Cautelar).

O Presidente da República

Faço saber que o Congresso Nacional decreta e eu sanciono a seguinte lei:

Art. 1º O procedimento cautelar fiscal poderá ser instaurado após a constituição do crédito, inclusive no curso da execução judicial da Dívida Ativa da União, dos Estados, do Distrito Federal, dos Municípios e respectivas autarquias (*redação dada pela Lei nº 9.532, de 1997*).

Parágrafo único. O requerimento da medida cautelar, na hipótese dos incisos V, alínea "b", e VII, do art. 2º, independe da prévia constituição do crédito tributário (*incluído pela Lei nº 9.532, de 1997*).

JURISPRUDÊNCIA SELECIONADA

1. Cabimento. "Improcede a medida cautelar fiscal contra contribuinte que está, ainda, discutindo, na instância administrativa, pela via recursal, o valor tributário que lhe está sendo exigido" (STJ, REsp 279.209/RS, Rel. Min. José Delgado, 1ª Turma, jul. 20.02.2001, *DJ* 02.04.2001, p. 261).

2. Competência relativa. "Competência. Medida cautelar fiscal. Lei nº 8.397/92, art. 1º. Dependência da execução fiscal proposta pelo INSS perante a justiça comum (art. 109, § 1º, Constituição). Competência relativa. Declinação de ofício. Impossibilidade. Orientação sumulada. – 'A incompetência relativa não pode ser declarada de ofício' (verbete nº 33, Súmula STJ). – Competência do juízo suscitado" (STJ, CC 10.906/AL, Rel. Min. Cesar Asfor Rocha, 1ª Seção, jul. 25.10.1994, *DJ* 21.11.1994, p. 31.691).

3. Valor da causa. Correspondência com o benefício patrimonial pleiteado. "O valor da causa arbitrado pelo autor na ação cautelar não necessita ser igual ao da causa principal, mas deve corresponder ao benefício patrimonial pleiteado" (STJ, REsp 1135545/MS, Rel. Min.ª Eliana Calmon, 2ª Turma, jul. 17.08.2010, *DJe* 26.08.2010). **No mesmo sentido:** STJ, REsp 1220825/RS, Rel. Min. Herman Benjamin, 2ª Turma, jul. 08.02.2011, *DJe* 02.03.2011).

4. Suspensão da exigibilidade do crédito tributário. Improcedência da medida cautelar. "Improcede a medida cautelar fiscal contra contribuinte que está, ainda, discutindo, na instância administrativa, pela via recursal, o valor tributário que lhe está sendo exigido. Caso de suspensão da exigibilidade do crédito tributário (art. 151, III, CTN)" (STJ, REsp 279209/RS, Rel. Min. José Delgado, 1ª Turma, jul. 20.02.2001, *DJ* 02.04.2001, p. 261).

5. Ação cautelar fiscal. Honorários advocatícios. "A reunião dos elementos da contenciosidade e da autonomia do processo cautelar provocam a condenação dos requeridos ao pagamento de honorários advocatícios, ressalvada a proteção prevista no art. 811 do CPC" (STJ, REsp 215352/SP, Rel. Min. João Otávio de Noronha, 2ª Turma, jul. 21.06.2005, *DJ* 22.08.2005, p. 179).

6. Medida cautelar fiscal. Arrolamento de bens. Comunicação ao órgão fazendário. "A Lei 9.532/97, que deu nova redação à Lei 8.397/92, em seu art. 64, § 3º, **não exige que a notificação ao órgão fazendário seja prévia à alienação, mas simplesmente que exista a comunicação.** Assim, diante da efetiva comunicação (fls. 1.065/1.066 e 1.617), não subsistem os elementos para a Medida Cautelar Fiscal, devendo a sentença de fls. 1.058/1.067 ser restabelecida." (STJ, REsp 1217129/SC, Rel. Min. Napoleão Nunes Maia Filho, 1ª Turma, jul. 27.10.2016, *DJe* 21.11.2016)

Art. 2º A medida cautelar fiscal poderá ser requerida contra o sujeito passivo de crédito tributário ou não tributário, quando o devedor (*redação dada pela Lei nº 9.532, de 10.12.1997*).

I – sem domicílio certo, intenta ausentar-se ou alienar bens que possui ou deixa de pagar a obrigação no prazo fixado;

II – tendo domicílio certo, ausenta-se ou tenta se ausentar, visando a elidir o adimplemento da obrigação;

III – caindo em insolvência, aliena ou tenta alienar bens (*redação dada pela Lei nº 9.532, de 10.12.1997*).

IV – contrai ou tenta contrair dívidas que comprometam a liquidez do seu patrimônio (*redação dada pela Lei nº 9.532, de 10.12.1997*).

V – notificado pela Fazenda Pública para que proceda ao recolhimento do crédito fiscal: (*redação dada pela Lei nº 9.532, de 10.12.1997*).

a) deixa de pagá-lo no prazo legal, salvo se suspensa sua exigibilidade (*incluída pela Lei nº 9.532, de 10.12.1997*).

b) põe ou tenta por seus bens em nome de terceiros (*incluída pela Lei nº 9.532, de 1997*).

VI – possui débitos, inscritos ou não em Dívida Ativa, que somados ultrapassem trinta por cento do seu patrimônio conhecido (*incluído pela Lei nº 9.532, de 10.12.1997*).

VII – aliena bens ou direitos sem proceder à devida comunicação ao órgão da Fazenda Pública competente, quando exigível em virtude de lei (*incluído pela Lei nº 9.532, de 10.12.1997*).

VIII – tem sua inscrição no cadastro de contribuintes declarada inapta, pelo órgão fazendário (*incluído pela Lei nº 9.532, de 10.12.1997*).

IX – pratica outros atos que dificultem ou impeçam a satisfação do crédito (*incluído pela Lei nº 9.532, de 10.12.1997*).

Art. 3º Para a concessão da medida cautelar fiscal é essencial:

I – prova literal da constituição do crédito fiscal;

II – prova documental de algum dos casos mencionados no artigo antecedente.

Art. 4º A decretação da medida cautelar fiscal produzirá, de imediato, a indisponibilidade dos bens do requerido, até o limite da satisfação da obrigação.

§ 1º Na hipótese de pessoa jurídica, a indisponibilidade recairá somente sobre os bens do ativo permanente, podendo, ainda, ser estendida aos bens do acionista controlador e aos dos que em razão do contrato social ou estatuto tenham poderes para fazer a empresa cumprir suas obrigações fiscais, ao tempo:

a) do fato gerador, nos casos de lançamento de ofício;

b) do inadimplemento da obrigação fiscal, nos demais casos.

§ 2º A indisponibilidade patrimonial poderá ser estendida em relação aos bens adquiridos a qualquer título do requerido ou daqueles que estejam ou tenham estado na função de administrador (§ 1º), desde que seja capaz de frustrar a pretensão da Fazenda Pública.

§ 3º Decretada a medida cautelar fiscal, será comunicada imediatamente ao registro público de imóveis, ao Banco Central do Brasil, à Comissão de Valores Mobiliários e às demais repartições que processem registros de transferência de bens, a fim de que, no âmbito de suas atribuições, façam cumprir a constrição judicial.

JURISPRUDÊNCIA SELECIONADA

1. Medida cautelar fiscal. Patrimônio de terceiros. Medida cautelar para tornar indisponível patrimônio de terceiro, desde que este tenha adquirido bens do sujeito passivo (contribuinte ou responsável) em condições que sejam capazes de frustrar a satisfação do crédito pretendido. STJ, REsp 962.023-DF, Rel. Min. Mauro Campbell Marques, jul. 17.5.2011".

2. Pessoa jurídica. Bens (§ 1º). "O art. 4º, § 1º, da Lei nº 8.397/02 que disciplina a medida cautelar fiscal põe a salvo do gravame da indisponibilidade os bens de pessoa jurídica que não integrem o seu ativo permanente. Todavia, em situações excepcionais, quando a empresa estiver com suas atividades paralisadas ou não forem localizados em seu patrimônio bens que pudessem garantir a execução fiscal, esta Corte vem admitindo a decretação de indisponibilidade de bens de pessoa jurídica, ainda que estes não constituam o seu ativo permanente (REsp 513.078/AL). Sem embargo do entendimento trilhado no precedente citado, no caso, não restou demonstrado que a recorrida, usina açucareira, está com suas atividades paralisadas ou que não foram localizados em seu patrimônio bens capazes de garantir as execuções fiscais ajuizadas" (STJ, REsp 677.424/PE, Rel. Min. Castro Meira, 2ª Turma, jul. 14.12.2004, *DJ* 04.04.2005).

3. Bem de família (§ 2º). "O bem de família deve ser considerado indisponível para o fim específico de garantir, no futuro, execução de dívida tributária. Interpretação do alcance do art. 4º, § 2º, da Lei nº 8.397, de 06 de janeiro de 1992. 3. Recurso provido parcialmente para só garantir a indisponibilidade do bem imóvel, podendo ser penhorados os demais bens indicados" (STJ, REsp 671.632/SC, Rel. Min. José Delgado, 1ª Turma, jul. 15.03.2005, *DJ* 02.05.2005).

"Para esta Corte Superior, seja com fundamento no art. 4°, § 2° da Lei n. 8.397/1992, seja com fundamento no art. 185-A do CTN, não é possível que a medida cautelar de indisponibilidade de bens proposta para garantir futura ou atual execução recaia sobre os bens de família do executado. Precedentes" (STJ, AgInt no AREsp 1066929/RS, Rel. Min. Gurgel de Faria, 1ª Turma, jul. 23.03.2020, *DJe* 31.03.2020).

4. Responsabilidade do sócio-gerente. Limitações (§ 2º). "A responsabilidade excepcional do sócio-gerente somente se configura quando, no exercício da atividade de administração da pessoa jurídica, restar demonstrado que este agiu com abuso de poder, infração à lei, contrato social ou estatutos, a teor do disposto no artigo 135 do CTN, ou, ainda, se a sociedade foi dissolvida irregularmente. Não deve prevalecer, portanto, o disposto no artigo 4º, § 2º, da Lei nº 8.397/92, ao estabelecer que, na concessão de medida cautelar fiscal, 'a indisponibilidade patrimonial poderá ser estendida em relação aos bens adquiridos a qualquer título do requerido ou daqueles que estejam ou tenham estado na função de administrador'. Em se tratando de responsabilidade subjetiva, é mister que lhe seja imputada a autoria do ato ilegal, o que se mostra inviável quando o sócio sequer era administrador da sociedade à época da ocorrência do fato gerador do débito tributário pendente de pagamento" (STJ, REsp 197.278/AL, Rel. Min. Franciulli Netto, 2ª Turma, jul. 26.02.2002, *DJ* 24.06.2002). **No mesmo sentido:** STJ, REsp 722998/MT, Rel. Min. Luiz Fux, 1ª Turma, jul. 11.04.2006, *DJ* 28.04.2006, p. 272).

5. Indisponibilidade de bens. Devedor tributário. "A leitura do artigo 185-A do CTN evidencia que apenas pode ter a indisponibilidade de seus bens decretada o devedor tributário. (...) Os débitos que não advêm do inadimplemento de tributos, como é o caso dos autos, não se submetem ao regime tributário previsto nas disposições do CTN, porquanto estas apenas se aplicam a dívidas tributárias, ou seja, que se enquadrem na definição de tributo constante no artigo 3º do CTN. Precedentes" (STJ, REsp 1.073.094/PR, Rel. Min. Benedito Gonçalves, 1ª Turma, jul. 17.09.2009, *DJe* 23.09.2009).

"A indisponibilidade decorrente da medida cautelar fiscal deve alcançar bens equivalentes aos créditos tributários do contribuinte, inclusive os créditos impugnados na via administrativa sem julgamento definitivo, sendo causa bastante para a indisponibilidade a transferência, sem comunicação ao Fisco, do patrimônio arrolado. Nos termos do art. 4º, § 2º da Lei n.º 8.397, de 1992, a indisponibilidade patrimonial pode ser estendida aos bens adquiridos a qualquer título do requerido, caso em cabe incluir o adquirente no polo passivo da ação, justamente a fim de sofrer os efeitos da decisão e poder exercer seu direito de defesa" (TRF 4, Agravo 5038642-07.2020.4.04.0000/RS, Rel. Des. Federal Rômulo Pizzolatti, 2ª Turma, jul. 09.12.2020, *Revista Síntese de Direito Civil e Processual Civil*, v. 21, n. 129, jan./fev. 2021, p. 173).

Art. 5º A medida cautelar fiscal será requerida ao Juiz competente para a execução judicial da Dívida Ativa da Fazenda Pública.

Parágrafo único. Se a execução judicial estiver em Tribunal, será competente o relator do recurso.

JURISPRUDÊNCIA SELECIONADA

1. Pluralidade de domicílios tributários. "Embora exista para fins fiscais o princípio da autonomia dos estabelecimentos tributários, na forma da legislação específica de cada tributo, no que pertine ao ajuizamento de ação cautelar fiscal cuja parte requerida é a pessoa jurídica total, compete ao Fisco, dentro das balizas processuais, civis e tributárias escolher o foro de ajuizamento da pretensão cautelar, nos termos do art. 578, parágrafo único, do CPC, art. 5º da Lei 8.397, de 6 de janeiro de 1992 e 5º da Lei de Execução Fiscal. Precedentes: REsp 787.977/SE, rel. Min. Teori Albino Zavascki e REsp 665.739/MG, Rel. Ministro Luiz Fux" (STJ, REsp 1128139/MS, Rel. Min. Eliana Calmon, 2ª Turma, jul. 01.10.2009, *DJe* 09.10.2009).

Art. 6º A Fazenda Pública pleiteará a medida cautelar fiscal em petição devidamente fundamentada, que indicará:

I – o Juiz a quem é dirigida;

II – a qualificação e o endereço, se conhecido, do requerido;

III – as provas que serão produzidas;

IV – o requerimento para citação.

Art. 7º O Juiz concederá liminarmente a medida cautelar fiscal, dispensada a Fazenda Pública de justificação prévia e de prestação de caução.

Parágrafo único. Do despacho que conceder liminarmente a medida cautelar caberá agravo de instrumento.

Art. 8º O requerido será citado para, no prazo de quinze dias, contestar o pedido, indicando as provas que pretenda produzir.

Parágrafo único. Conta-se o prazo da juntada aos autos do mandado:

a) de citação, devidamente cumprido;

b) da execução da medida cautelar fiscal, quando concedida liminarmente.

Art. 9º Não sendo contestado o pedido, presumir-se-ão aceitos pelo requerido, como verdadeiros, os fatos alegados pela Fazenda Pública, caso em que o Juiz decidirá em dez dias.

Parágrafo único. Se o requerido contestar no prazo legal, o Juiz designará audiência de instrução e julgamento, havendo prova a ser nela produzida.

Art. 10. A medida cautelar fiscal decretada poderá ser substituída, a qualquer tempo, pela prestação de garantia correspondente ao valor da prestação da Fazenda Pública, na forma do art. 9º da Lei nº 6.830, de 22 de setembro de 1980.

Parágrafo único. A Fazenda Pública será ouvida necessariamente sobre o pedido de substituição, no prazo de cinco dias, presumindo-se da omissão a sua aquiescência.

Art. 11. Quando a medida cautelar fiscal for concedida em procedimento preparatório, deverá a Fazenda Pública propor a execução judicial da Dívida Ativa no prazo de sessenta dias, contados da data em que a exigência se tornar irrecorrível na esfera administrativa.

JURISPRUDÊNCIA SELECIONADA

1. Indisponibilidade de bens. Prazo para a propositura da execução fiscal. "O Tribunal *a quo*, nos autos de ação cautelar preparatória, entendeu que o prazo de 60 (sessenta) dias, contados da data do trânsito em julgado da esfera administrativa, para a interposição da execução fiscal, importa na prática em deixar ao alvedrio da administração pública a duração do decreto de indisponibilidade concedido naquela cautelar. Assim, julgou parcialmente provido o recurso da Fazenda para estabelecer um prazo de 6 (seis) meses para a conclusão do processo administrativo e o ajuizamento da correspondente execução fiscal. O art. 11 da Lei nº 8.397/92 é claro ao determinar que, em sede de medida cautelar fiscal preparatória, a Fazenda Pública dispõe do prazo de 60 (sessenta) dias para a propositura da execução fiscal, a contar do trânsito em julgado da decisão no procedimento administrativo, o que somente ocorreria no caso dos autos após o exame de recurso administrativo na Câmara Superior de Recursos Fiscais" (STJ, REsp 1026474/RS, Rel. Min. Francisco Falcão, 1ª Turma, jul. 02.10.2008, *DJe* 16.10.2008).

2. Medida cautelar fiscal. Patrimônio de terceiros. Ver jurisprudência do art. 4º.

3. Suspensão da exigibilidade. Extinção da indisponibilidade de bens decretada. "A suspensão da exigibilidade do crédito tributário determina a extinção da medida cautelar fiscal preparatória e, por consequência, da constrição de bens nela decretada" (STJ, REsp 1186252/MG, Rel. Min. Hamilton Carvalhido, 1ª Turma, jul. 17.03.2011, *DJe* 13.04.2011).

Art. 12. A medida cautelar fiscal conserva a sua eficácia no prazo do artigo antecedente e na pendência do processo de execução judicial da Dívida Ativa, mas pode, a qualquer tempo, ser revogada ou modificada.

Parágrafo único. Salvo decisão em contrário, a medida cautelar fiscal conservará sua eficácia durante o período de suspensão do crédito tributário ou não tributário.

Art. 13. Cessa a eficácia da medida cautelar fiscal:

I – se a Fazenda Pública não propuser a execução judicial da Dívida Ativa no prazo fixado no art. 11 desta Lei;

II – se não for executada dentro de trinta dias;

III – se for julgada extinta a execução judicial da Dívida Ativa da Fazenda Pública;

IV – se o requerido promover a quitação do débito que está sendo executado.

Parágrafo único. Se, por qualquer motivo, cessar a eficácia da medida, é defeso à Fazenda Pública repetir o pedido pelo mesmo fundamento.

Art. 14. Os autos do procedimento cautelar fiscal serão apensados aos do processo de execução judicial da Dívida Ativa da Fazenda Pública.

Art. 15. O indeferimento da medida cautelar fiscal não obsta a que a Fazenda Pública intente a execução judicial da Dívida Ativa, nem influi no julgamento desta, salvo se o Juiz, no procedimento cautelar fiscal, acolher alegação de pagamento, de compensação, de transação, de remissão, de prescrição ou decadência, de conversão do depósito em renda, ou qualquer outra modalidade de extinção da pretensão deduzida.

Art. 16. Ressalvado o disposto no art. 15, a sentença proferida na medida cautelar fiscal não faz coisa julgada, relativamente à execução judicial da Dívida Ativa da Fazenda Pública.

Art. 17. Da sentença que decretar a medida cautelar fiscal caberá apelação, sem efeito suspensivo, salvo se o requerido oferecer garantia na forma do art. 10 desta Lei.

Art. 18. As disposições desta lei aplicam-se, também, ao crédito proveniente das contribuições sociais previstas no art. 195 da Constituição Federal.

Art. 19. Esta Lei entra em vigor na data de sua publicação.*

Art. 20. Revogam-se as disposições em contrário.

Brasília, 6 de janeiro de 1992; 171º da Independência e 104º da República.

FERNANDO COLLOR

* Publicada no *DOU* de 07.01.1992, retificada em 16.01.1992.

LEI Nº 8.437, DE 30 DE JUNHO DE 1992

Dispõe sobre a concessão de medidas cautelares contra atos do Poder Público e dá outras providências

INDICAÇÃO DOUTRINÁRIA

Carlos Ari Sundfeld, Cassio Scarpinella Bueno (coord.), *Direito Processual Público: a Fazenda Pública em juízo*, São Paulo: Malheiros, 2003; Cassio Scarpinella Bueno, *Tutela antecipada*, São Paulo: Saraiva, 2004; Hélio do Valle Pereira, *Manual da Fazenda Pública em juízo*, Rio de Janeiro: Renovar, 2003; João Carlos Souto, *A União Federal em juízo*, São Paulo: Saraiva, 1998; Leonardo José Carneiro da Cunha, *A Fazenda Pública em juízo*, São Paulo: Dialética, 2005; Sacha Calmon Navarro Coelho, Os privilégios, garantias e restrições da Fazenda Pública e a jurisprudência do Superior Tribunal de Justiça, *STJ 10 anos: obra comemorativa 1989-1999*, Brasília: STJ, 1999, p. 239-270.

REFERÊNCIA LEGISLATIVA

CPC/2015, sem correspondente e CPC/1973, arts. 796 e seguintes (*do Processo Cautelar*); Lei nº 12.016/2009, arts. 9º e 15 (suspensão de segurança); Lei nº 9.494/1997 (disciplina a aplicação da tutela antecipada contra a Fazenda Pública).

O Presidente da República

Faço saber que o Congresso Nacional decreta e eu sanciono a seguinte lei:

Art. 1º Não será cabível medida liminar contra atos do Poder Público, no procedimento cautelar ou em quaisquer outras ações de natureza cautelar ou preventiva, toda vez que providência semelhante não puder ser concedida em ações de mandado de segurança, em virtude de vedação legal.

§ 1º Não será cabível, no juízo de primeiro grau, medida cautelar inominada ou a sua liminar, quando impugnado ato de autoridade sujeita, na via de mandado segurança, à competência originária de tribunal.

§ 2º O disposto no parágrafo anterior não se aplica aos processos de ação popular e de ação civil pública.

§ 3º Não será cabível medida liminar que esgote, no todo ou em qualquer parte, o objeto da ação.

§ 4º Nos casos em que cabível medida liminar, sem prejuízo da comunicação ao dirigente do órgão ou entidade, o respectivo representante judicial dela será imediatamente intimado *(parágrafo incluído pela Medida Provisória nº 2.180-35, de 24.8.2001).*

§ 5º Não será cabível medida liminar que defira compensação de créditos tributários ou previdenciários *(parágrafo incluído pela Medida Provisória nº 2.180-35, de 24.8.2001).*

REFERÊNCIA LEGISLATIVA

Art. 4º, § 1º (possibilidade de suspensão da liminar concedida).

JURISPRUDÊNCIA SELECIONADA

1. Ato do Conselho de Justiça Federal. Garantia do controle administrativo. "Os atos praticados pelo Conselho da Justiça Federal no exercício de sua competência não podem ser suspensos por antecipação de tutela deferida em ação ordinária por Juiz de 1º grau, sob pena de subverter o sistema de controle administrativo, que passaria a ser supervisionado pelos próprios destinatários" (STJ, Recl. 1.526/DF, Rel. Min. Carlos Alberto Menezes Direito, Tribunal Pleno, jul. 06.10.2004, *DJ* 07.03.2005, p. 130).

2. Controle de constitucionalidade. Aplicabilidade. "Aplicabilidade da Lei nº 8.437, de 30.06.92, que dispõe sobre a concessão de medidas cautelares contra atos do Poder Público, em controle concentrado de constitucionalidade" (STF, Pet. 2701 AgRg/SP, Rel. Min. Gilmar Mendes, Tribunal Pleno, jul. 08.10.2003, *DJ* 19.03.2004, p. 16).

3. Ação popular. Possibilidade de liminar (§ 2º). "O art. 1º da Lei nº 8.437/90 veda liminares em favor de quem litiga com o Estado. A vedação nele contida não opera no processo de ação popular. É que neste processo, o autor não é adversário do Estado, mas seu substituto processual" (STJ, RMS 5.621/RS, Rel. Min. Humberto Gomes de Barros, 1ª Turma, jul. 31.05.1995, *DJ* 07.08.1995, p. 23.020).

4. Medida satisfativa (§ 3º). "Participação das demais etapas do certame. Medida cautelar de cunho satisfativo. Não esgotamento do objeto da ação principal. Recurso desprovido. I – Conquanto as medidas cautelares de regra não devam apresentar caráter satisfativo, à luz do parágrafo 3º do artigo 1º da Lei nº 8.437/92, excepcionalmente admite-se que produzam tal efeito, diante das nuances do caso concreto e desde que presentes o *fumus boni iuris* e o *periculum in mora*. Precedentes" (STJ, AgRg no REsp 661.677/MG, Rel. Min. Gilson Dipp, 5ª Turma, jul. 04.11.2004, *DJ* 13.12.2004, p. 441).

"Não cabe medida liminar, que, em sede de procedimento cautelar, importe exaurimento (total ou parcial) do objeto da ação principal – existência de vedação legal (Lei nº 8.437/92, art. 1º, § 3º). – O caráter satisfativo do provimento liminar, que se traduz no antecipado exaurimento, total ou parcial, do objeto da ação principal, não autoriza, em princípio, em sede de procedimento cautelar, a concessão dessa medida excepcional, considerada a incidência da vedação inscrita no art. 1º, § 3º, da Lei nº 8.437/92. Precedentes" (STF, Pet. 2835 QO/SP, Rel. Min. Celso de Mello, 2ª Turma, jul. 26.11.2002, *DJ* 11.04.2003, p. 44).

5. Intimação pessoal do representante judicial da entidade (§ 4º). "Verifica-se que com a nova redação dada pela Medida Provisória nº 2.180/2001, ao § 4º, do art. 1º, da Lei nº 8.437/92, determinando que 'nos casos em que cabível medida liminar, sem prejuízo da comunicação ao dirigente do órgão ou entidade, o respectivo representante judicial dela será imediatamente intimado', revela-se evidente a necessidade de intimação pessoal das liminares concedidas em sede de mandado de segurança e, com muito mais razão, reforça a imperatividade da intimação da sentença" (STJ, REsp 652.874/PE, Rel. Min. Luiz Fux, 1ª Turma, jul. 17.02.2005, *DJ* 28.03.2005, p. 212).

6. Energia elétrica. Interferência do poder judiciário em regras de elevada especificidade técnica por meio de liminar. Grave lesão à ordem e à economia públicas. "A interferência do Poder Judiciário em regras de elevada especificidade técnica do setor elétrico por meio de liminar configura grave lesão à ordem e à economia públicas" (STJ, AgInt na SLS 2.162/DF, Rel. Min. Humberto Martins, Corte Especial, jul. 01.06.2022, *DJe* 07.06.2022).

Art. 2º No mandado de segurança coletivo e na ação civil pública, a liminar será concedida, quando cabível, após a audiência do representante judicial da pessoa jurídica de direito público, que deverá se pronunciar no prazo de setenta e duas horas.

JURISPRUDÊNCIA SELECIONADA

1. Prazo. Nulidade. "No processo de mandado de segurança coletivo e de ação civil pública, a concessão de medida liminar somente pode ocorrer, setenta e duas horas após a intimação do Estado (Lei nº 8.437/1992, art. 2º). Liminar concedida sem respeito a este prazo é nula" (STJ, REsp 88583/SP, Rel. Min. Humberto Gomes de Barros, 1ª Turma, jul. 21.10.1996, *DJ* 18.11.1996, p. 44.847). **No mesmo sentido:** STJ, REsp 220.082/GO, Rel. Min. João Otávio de Noronha, 2ª Turma, jul. 17.05.2005, *DJ* 20.06.2005, p. 182.

Extensão ou redução do prazo. Possibilidade. "A dicção do referido dispositivo revela que, em regra, é possível a concessão de medida liminar mediante contraditório prévio da autoridade pública, sendo certo que o prazo ali estipulado visa impor um parâmetro dada a urgência do pedido sub examine. Trata-se de prazo de referência que pode ser, desde que motivadamente, estendido ou reduzido mediante as circunstâncias do caso em concreto, desde que observados os estreitos limites da razoabilidade e da proporcionalidade" (STJ, REsp 1.237.361/MA, Rel. Mauro Campbell Marques, 2ª Turma, jul. 09.10.2012, *DJe* 16.10.2012).

Art. 3º O recurso voluntário ou *ex officio*, interposto contra sentença em processo cautelar, proferida contra pessoa jurídica de direito público ou seus agentes, que importe outorga ou adição de vencimentos ou de reclassificação funcional, terá efeito suspensivo.

Art. 4º Compete ao presidente do tribunal, ao qual couber o conhecimento do respectivo recurso, suspender, em despacho fundamentado, a execução da liminar nas ações movidas contra o Poder Público ou seus agentes, a requerimento do Ministério Público ou da pessoa jurídica de direito público interessada, em caso de manifesto interesse público ou de flagrante ilegitimidade, e para evitar grave lesão à ordem, à saúde, à segurança e à economia públicas.

§ 1º Aplica-se o disposto neste artigo à sentença proferida em processo de ação cautelar inominada, no processo de ação popular e na ação civil pública, enquanto não transitada em julgado.

§ 2º O Presidente do Tribunal poderá ouvir o autor e o Ministério Público, em setenta e duas horas *(redação alterada pela Medida Provisória nº 2.180-35, de 24.08.2001)*.

§ 3º Do despacho que conceder ou negar a suspensão, caberá agravo, no prazo de cinco dias, que será levado a julgamento na sessão seguinte a sua interposição *(redação alterada pela Medida Provisória nº 2.180-35, de 24.08.2001)*.

§ 4º Se do julgamento do agravo de que trata o § 3º resultar a manutenção ou o restabelecimento da decisão que se pretende suspender, caberá novo pedido de suspensão ao Presidente do Tribunal competente para conhecer de eventual recurso especial ou extraordinário *(parágrafo incluído pela Medida Provisória nº 2.180-35, de 24.08.2001)*.

§ 5º É cabível também o pedido de suspensão a que refere o § 4º, quando negado provimento a agravo de instrumento interposto contra a liminar a que se refere este artigo *(parágrafo incluído pela Medida Provisória nº 2.180-35, de 24.08.2001)*.

§ 6º A interposição do agravo de instrumento contra liminar concedida nas ações movidas contra o Poder Público e seus agentes não prejudica nem condiciona o julgamento do pedido de suspensão a que se refere este artigo *(parágrafo incluído pela Medida Provisória nº 2.180-35, de 24.08.2001)*.

§ 7º O Presidente do Tribunal poderá conferir ao pedido efeito suspensivo liminar, se constatar, em juízo prévio, a plausibilidade do direito invocado e a urgência na concessão da medida *(parágrafo incluído pela Medida Provisória nº 2.180-35, de 24.08.2001)*.

§ 8º As liminares cujo objeto seja idêntico poderão ser suspensas em uma única decisão, podendo o Presidente do Tribunal estender os efeitos da suspensão a liminares supervenientes, mediante simples aditamento do pedido original *(parágrafo incluído pela Medida Provisória nº 2.180-35, de 24.08.2001)*.

§ 9º A suspensão deferida pelo Presidente do Tribunal vigorará até o trânsito em julgado da decisão de mérito na ação principal *(parágrafo incluído pela Medida Provisória nº 2.180-35, de 24.08.2001)*.

CJF – I JORNADA DE DIREITO PROCESSUAL CIVIL

Enunciado 58 – O prazo para interposição do agravo previsto na Lei n. 8.437/92 é de quinze dias, conforme o disposto no art. 1.070 do CPC.

JURISPRUDÊNCIA SELECIONADA

1. Causa de pedir. Limitação. "Suspensão de liminar. Servidor público. Direito de greve. Descontos nos vencimentos dos dias parados. Grave lesão à economia pública configurada. No exame do pedido de suspensão, a regra é ater-se o Presidente do Tribunal às razões inscritas na Lei nº 8.437/92, art. 4º. É pacífico o entendimento nesta Corte de que o direito de greve, constitucionalmente assegurado aos servidores públicos, não importa, via de regra, na paralisação dos serviços sem o consequente desconto da remuneração relativa aos dias de falta ao serviço" (STJ, AgRg no AgRg na Pet. 1.347/RS, Rel. Min. Edson Vidigal, Corte Especial, jul. 17.11.2004, *DJ* 09.02.2005, p. 165).

"Suspensão de tutela antecipada. Grave lesão à ordem, à segurança e à economia públicas não configurada. Não cabe ser examinado na via da suspensão de antecipação da tutela, Lei nº 8.437/92, art. 4º, sob pena de se permitir a utilização da excepcional medida como sucedâneo de recurso, as razões de decidir do provimento judicial que deferiu essa antecipação da tutela. Eventuais ilegalidades, injustiças, *error in procedendo* e *error in judicando* têm sede própria para deslinde" (STJ, AgRg na STA 104/SP, Rel. Min. Edson Vidigal, Corte Especial, jul. 17.11.2004, *DJ* 09.02.2005, p. 165).

"A suspensão de tutela antecipada, como medida de natureza excepcionalíssima, somente deve ser deferida quando demonstrada a possibilidade real de que a decisão questionada cause consequências graves e desastrosas a pelo menos um dos bens tutelados pela Lei nº 8.437/92, art. 4º: ordem, saúde, segurança e economia públicas" (STJ, AgRg na STA 62/PE, Rel. Min. Edson Vidigal, Corte Especial, jul. 25.10.2004, *DJ* 06.12.2004, p. 171).

"Há lesão à ordem pública, aqui compreendida a ordem administrativa, quando a decisão atacada interfere no critério de conveniência e oportunidade do ato administrativo impugnado" (STJ, AgRg na STA 66/MA, Rel. Min. Edson Vidigal, Corte Especial, jul. 25.10.2004, *DJ* 06.12.2004, p. 171).

2. Legitimidade. "Suspensão de liminar. Lei nº 8.437/92, art. 4º. Pedido de suspensão formulado por pessoa jurídica de direito privado. Posto de gasolina. Interesse particular. Impossibilidade. 1. A pessoa jurídica de direito privado, na defesa dos seus interesses particulares, não possui legitimidade para ajuizar pedido de suspensão" (STJ, AgRg na SLS 26/MG, Rel. Min. Edson Vidigal, Corte Especial, jul. 01.12.2004, *DJ* 07.03.2005, p. 129).

"As entidades de direito privado no exercício de atividade delegada da Administração Pública e em defesa do interesse público têm legitimidade para requerer suspensão de liminar nos termos da Lei nº 8.437/92, art. 4º e Lei nº 4.384/64, conforme precedentes do Supremo Tribunal Federal e desta Corte" (STJ, AgRg na STA 66/MA, Rel. Min. Edson Vidigal, Corte Especial, jul. 25.10.2004, *DJ* 06.12.2004, p. 171). **No mesmo sentido:** STJ, AgRg na SS 1.277/DF, Rel. Min. Edson Vidigal, Corte Especial, jul. 25.10.2004, *DJ* 06.12.2004, p. 174.

"Suspensão de liminar: legitimação ativa. A exemplo do que se decidiu a propósito da qualificação do Prefeito para requerer a suspensão de segurança que o destituíra (AgRg na SS 444, *RTJ* 141/380), o Procurador-Geral junto ao Tribunal de Contas do Estado está legitimado para requerer a suspensão de liminar, confirmada pelo Tribunal de Justiça, que implicou o seu afastamento do exercício da função" (STF, Pet. 2225 AgRg/GO, Rel. Min. Sepúlveda Pertence, Tribunal Pleno, jul. 17.10.2001, *DJ* 12.04.2002, p. 55).

3. Intervenção do Ministério Público. "É faculdade do Presidente do Tribunal oportunizar a intervenção do Ministério Público no pedido de Suspensão de Segurança" (STJ, AgRg na SS 1.231/SC, Rel. Min. Edson Vidigal, Corte Especial, jul. 25.10.2004, *DJ* 22.11.2004, p. 253).

4. Recurso Especial. Descabimento. "'[E]sta Corte já concluiu no sentido de não ser cabível o apelo extremo de decisões proferidas no âmbito do pedido de suspensão, uma vez que o apelo extremo visa combater argumentos que digam respeito a exame de legalidade, ao passo que o pedido de suspensão ostenta juízo político' (AgRg no REsp 1.301.766/MA, Rel. Ministro Mauro Campbell Marques, Segunda Turma, *DJe* 25/04/2012). No mesmo sentido: AgRg no AREsp 103.670/DF, Rel. Ministro Benedito Gonçalves, Primeira Turma, *DJe* 16/10/2012; AgRg no REsp 1.207.495/RJ, Rel. Ministro Humberto Martins, Segunda Turma, *DJe* 26/04/2011; AgRg no Ag 1.210.652/PI, Rel. Ministro Arnaldo Esteves Lima, Primeira Turma, *DJe* 16/12/2010" (STJ, AgRg no AREsp 126036/RS, Rel. Min. Benedito Gonçalves, 1ª Turma, jul. 04.12.2012, *DJe* 07.12.2012)

5. Efeito multiplicador. "A alegação de potencial 'efeito multiplicador' deve vir acompanhada de elementos que a evidenciem" (STJ, AgRg na SL 69/MA, Rel. Min. Edson Vidigal, jul. 19.05.2004, *DJ* 04.10.2004, p. 186).

6. Execução provisória de sentença. "Nos termos do art. 4º da Lei nº 8.437/92, o pressuposto básico exigido pela norma, para que seja suspensa a decisão, é a existência de liminar. A norma inserta no dispositivo não comporta interpretação extensiva ao ponto de se considerar comando liminar um decisório que determina a execução provisória de sentença" (STJ, REsp 695.019/MS, Rel. Min. Gilson Dipp, 5ª Turma, jul. 03.05.2005, *DJ* 23.05.2005, p. 340).

7. Sucedâneo recursal. Impossibilidade. "O instituto da suspensão de liminar, previsto na Lei nº 8.437/92, art. 4º, não pode ser utilizado como sucedâneo recursal, sendo também imprestável para conferir efeito suspensivo a Recurso Especial. Excepcionalidade da medida de contracautela (Lei nº 4.348/64, art. 4º, e Lei nº 8.437/92, art. 4º). Não permitem a arguição incidental de inconstitucionalidade os elementos de individualização da suspensão de liminar ou de segurança, onde não há necessidade de apreciação da constitucionalidade de qualquer legislação correlata ao caso" (STJ, AgRg na Pet. 2.175/RJ, Rel. Min. Edson Vidigal, Corte Especial, jul. 25.10.2004, *DJ* 06.12.2004, p. 180). **Observação:** a Lei nº 4.348/1964 foi revogada pela Lei nº 12.016/2009, e as disposições acerca da suspensão da liminar se encontram, atualmente, no art. 15 da nova lei.

8. Suspensão. Tutela antecipada. "A suspensão de liminar é cabível quando houver grave lesão à ordem, à saúde, à segurança e à economia públicas e deve ser requerida pelo ente público ao Presidente do Tribunal que for competente para eventual recurso contra o ato atacado. A causa somente vem a conhecimento do Superior Tribunal de Justiça se for indeferido o pedido ou se for provido o agravo (regimental) respectivo. No caso presente, não há nenhuma das duas hipóteses, pois trata-se de suspensão da suspensão, é dizer, a presente suspensão de liminar é contra o juízo positivo já emanado pela Presidência do Tribunal competente, o Tribunal de Justiça do Estado da Bahia. O juízo próprio da suspensão já foi exercido e os dispositivos legais de regência não autorizam o manejo de suspensão de liminar contra decisão monocrática de suspensão de liminar. Não há previsão legal para pedido de suspensão da suspensão" (STJ, AgRg na SLS 848/BA, Rel. Min. Humberto Gomes de Barros, Rel. p/ ac. Min. Fernando Gonçalves, Corte Especial, jul. 08.09.2008, *DJe* 22.09.2008).

9. Contraditório (§ 2º). "A análise da pretensão prescinde de prévia oitiva da parte contrária, a teor da Lei nº 8.437/92, art. 4º, § 2º, configurando, a realização de tal ato, mera faculdade do Presidente do Tribunal, se necessária à plena formação de seu convencimento" (STJ, AgRg na STA 88/DF, Rel. Min. Edson Vidigal, Corte Especial, jul. 01.09.2004, *DJ* 09.02.2005, p. 164).

10. Recursos contra despacho que concede ou nega suspensão (§ 3º). Prazo em dobro. Inaplicabilidade. Ver jurisprudência do art. 180 do CPC/2015.

11. Energia elétrica. Interferência do Poder Judiciário em regras de elevada especificidade técnica por meio de liminar. Grave lesão à ordem e à economia públicas. Ver jurisprudência do art. 1º desta lei.

Competência. Matéria infraconstitucional (§ 4º). "Nos casos de Mandado de Segurança, quando indeferido o pedido originário de suspensão em segundo grau, o novo pedido de suspensão, em se tratando de matéria infraconstitucional, pode ser requerido ao STJ, como na exata hipótese dos autos (Lei nº 4.348/64, art. 4º, § 1º)" (STJ, AgRg na SS 1.307/PR, Rel. Min. Edson Vidigal, Corte Especial, jul. 25.10.2004, *DJ* 06.12.2004, p. 175). Observação: a Lei nº 4.348/64 foi revogada pela Lei nº 12.016/2009, e as disposições acerca da suspensão da liminar se encontram, atualmente, no art. 15 da nova lei.

Impossibilidade de suspensão de decisão de sua própria Turma. "Pedido de suspensão. Decisão de turma do STJ. Impossibilidade. Lei nº 8.038/92, art. 25 e Lei nº 8.437/92, art. 4º. 1. As decisões proferidas pelas Turmas desta Corte, no caso dos autos a 2ª Turma, estão excluídas da competência da sua Presidência, limitada à suspensão dos efeitos das decisões dos Tribunais Regionais Federais, Tribunais dos Estados e do Distrito Federal (Lei nº 8.038/92, art. 25 e Lei nº 8.437/92, art. 4º)" (STJ, AgRg na SLS 17/DF, Rel. Min. Edson Vidigal, Corte Especial, jul. 25.10.2004, *DJ* 06.12.2004, p. 170).

12. Segundo pedido de suspensão. "Ação popular. Suspensão de liminar. Decisão que autorizou o funcionamento de aterro sanitário. Pedido negado pelo presidente do tribunal de origem. Novo pedido de suspensão de liminar no Superior Tribunal de Justiça. Cabimento. Necessidade de interposição de agravo interno. Lei nº 8.437/92, art. 4º, §§ 3º e 4º. Medida provisória nº 2.180-35, de 24 de agosto de 2001. 1. O ajuizamento de segundo pedido de suspensão de liminar, nos processos de incidência da Lei nº 8.437/92, somente é possível após a manifestação do órgão colegiado do tribunal de origem sobre a decisão monocrática proferida no primeiro pedido de suspensão de liminar" (STJ, AgRg na SL 31/SP, Rel. Min. Edson Vidigal, Corte Especial, jul. 19.05.2004, *DJ* 07.06.2004, p. 145).

13. Tribunais Superiores. Necessidade de exaurimento de instância (§ 5º). "Inviável o pedido de suspensão de liminar, concedida por Desembargador Relator em Agravo de Instrumento, perante o Superior Tribunal de Justiça, caso não apreciado o Agravo Interno, e ainda pendente de julgamento o Agravo de Instrumento no Tribunal de origem (Leis nº 8.437/92, art. 4º, e § 5º; e nº 8.038/90, art. 25)" (STJ, AgRg na SL 63/RS, Rel. Min. Edson Vidigal, Corte Especial, jul. 17.12.2004, *DJ* 13.06.2005, p. 146).

"A pendência de julgamento do Agravo de Instrumento, no Tribunal de origem, significa que ainda não havia o exaurimento de instância quando da apresentação do pedido originário de suspensão perante o Superior Tribunal de Justiça (Leis nos 8.437/92, art. 4º, § 5º, e nº 8.038/90, art. 25). A Corte Especial na SL nº 96/AM, decidiu pela desnecessidade do julgamento do agravo, quando se tratar de indeferimento do pedido de suspensão pelo Presidente do Tribunal *a quo*, o que não é o caso dos autos" (STJ, AgRg na STA 94/BA, Rel. Min. Edson Vidigal, Corte Especial, jul. 17.11.2004, *DJ* 09.02.2005, p. 165).

"Somente quando exauridas todas as vias recursais no tribunal de origem será cabível o pedido originário de suspensão perante o Superior Tribunal de Justiça, afigurando-se, no caso, como condição de procedibilidade do pleito, o anterior julgamento, pela Corte local, do Agravo Regimental ou do Agravo de Instrumento lá interposto. É, portanto, exigível o prévio esgotamento de instância para que se possa ter acesso à excepcional medida de contracautela prevista na Lei nº 8.437/92, art. 4º, perante esta Corte Superior" (STJ, AgRg na Pet. 1.526/AL, Rel. Min. Edson Vidigal, Corte Especial, jul. 25.10.2004, *DJ* 06.12.2004, p. 179).

14. Agravo de instrumento e pedido concomitante de suspensão (§ 6º). "Em que pese o disposto no artigo 4º, § 6º, da Lei nº 8.437/92, introduzido pela MP nº 2180-35, é descabido o pedido de suspensão de liminar interposto pela autarquia contra decisão concessiva de liminar em ação cautelar, quando dessa mesma decisão foi interposto agravo de instrumento pela autarquia visando aos mesmos efeitos. A aplicação do preceito retrocitado só é procedente em casos bastante restritos e nas hipóteses ali assinaladas quais sejam '(...) em caso de manifesto interesse público ou de flagrante ilegitimidade, e para evitar grave lesão à ordem, à saúde, à segurança e à economia públicas.' No mais dos casos, há que se evitar a prolação de decisões contraditórias, ressaltando-se, ainda, o fato de que é possível, no próprio agravo de instrumento, a concessão do efeito suspensivo ativo" (STJ, REsp 651.714/RJ, Rel. Min. José Delgado, 1ª Turma, jul. 17.02.2005, *DJ* 18.04.2005, p. 225).

15. Eficácia da decisão (§ 9º). "A suspensão de liminar em agravo de instrumento interposto contra decisão que negou tutela antecipada pleiteada em ação ordinária vigorará até o trânsito em julgado da decisão de mérito da ação principal, nos termos da Lei nº 8.437/92, art. 4º, § 9º" (STJ, AgRg no AgRg na STA 85/RJ, Rel. Min. Edson Vidigal, Cortes Especial, jul. 17.11.2004, *DJ* 09.02.2005, p. 164).

"Agravo regimental em embargos de declaração – Suspensão de tutela antecipada – Deferimento – Eficácia da decisão suspensiva – Efeito *ex nunc*. A suspensão de liminar tem efeito *ex nunc* e não pode, nem deve ser confundida com recurso, eis que não revoga, não modifica, apenas suspende a eficácia de uma decisão, com o fim de evitar lesão aos bens jurídicos tutelados pela norma de regência. Conferir efeito retroativo à decisão suspensiva de liminar significaria, na prática, violação ao princípio da segurança jurídica, pois os pressupostos autorizadores da medida anteriormente deferida, não deixaram de existir, apenas foram afastados para dar lugar, no caso específico, à supremacia do interesse público. Enquanto não suspensa, a decisão produziu efeitos no mundo jurídico, os quais não podem ser simplesmente desprezados" (STJ, AgRg nos EDcl na STA 85/RJ, Rel. Min. Edson Vidigal, Corte Especial, jul. 17.11.2004, *DJ* 09.02.2005, p. 164).

Art. 5º Esta Lei entra em vigor na data de sua publicação.*

Art. 6º Revogam-se as disposições em contrário.

Brasília, 30 de junho de 1992; 171º da Independência e 104º da República.

FERNANDO COLLOR

* Publicada no *DOU* de 01.07.1992.

PRESCRIÇÃO QUINQUENAL

DECRETO Nº 20.910, DE 6 DE JANEIRO DE 1932

Regula a Prescrição Quinquenal

O Chefe do Governo Provisório da República dos Estados Unidos do Brasil, usando das atribuições contidas no art. 1º do decreto n. 19.398, de 11 de novembro de 1930, decreta:

Art. 1º As dívidas passivas da União, dos Estados e dos Municípios, bem assim todo e qualquer direito ou ação contra a Fazenda federal, estadual ou municipal, seja qual for a sua natureza, prescrevem em cinco anos contados da data do ato ou fato do qual se originarem.

JURISPRUDÊNCIA SELECIONADA

1. Ação de indenização contra a Fazenda Pública. Prazo prescricional. "A Primeira Seção do STJ ratificou o entendimento de que 'o prazo prescricional aplicável às ações de indenização contra a Fazenda Pública é de cinco anos, previsto no Decreto 20.910/32, e não de três anos, por se tratar de norma especial que prevalece sobre a geral' (AgRg nos EREsp 1.200.764/AC, Rel. Ministro Arnaldo Esteves Lima, *DJe* 6/6/2012). Trata-se de jurisprudência pacífica nas Turmas da Seção de Direito Público, conforme se depreende ainda dos seguintes precedentes: REsp 1.236.599/RR, Rel. Ministro Castro Meira, Segunda Turma, *DJe* 21/5/2012; AgRg no REsp 1274518/MG, Rel. Ministro Humberto Martins, Segunda Turma, *DJe* 7/3/2012; AgRg no REsp 1.311.818/MG, Rel. Ministro Teori Albino Zavascki, Primeira Turma, *DJe* 5/9/2012" (STJ, AgRg no REsp 1.245.611, Rel. Min. Herman Benjamin, 2ª Turma, *DJe* 31.10.2012). **No mesmo sentido**: STJ, REsp 1251993/PR, Rel. Min. Mauro Campbell Marques, 1ª Seção, jul. 12.12.2012, *DJe* 19.12.2012; STJ, Ag no AREsp 152.350/PB, Rel. Min. Napolão Nunes Maia Filho, 1ª Turma, jul. 19.03.2013, *DJe* 03.04.2013.

2. Precatório complementar. Prazo prescricional. "Consolidou-se o entendimento firmado no âmbito do STJ, no sentido de que prescreve em cinco anos o prazo para requisição de precatório complementar, caso haja saldo remanescente, como no caso dos autos, contados do pagamento da última parcela, nos termos do art. 1º do Decreto n. 20.910/32. Precedentes: AgRg no AREsp 41588/MG, Segunda Turma, Rel. Min. Humberto Martins, *DJe* 4/11/2011; REsp 1125391/SP, Segunda Turma, Rel. Min. Castro Meira, *DJe* 2/6/2010; AgRg no REsp 1178729/SP, Primeira Turma, Rel. Min. Hamilton Carvalhido, *DJe* 17/5/2010); REsp 884107/SP, Primeira Turma, Rel. Min. Teori Albino Zavascki, *DJe* 20/8/2008" (STJ, AgRg no REsp 1354650/SP, Rel. Min. Humberto Martins, 2ª Turma, jul. 18.12.2012, *DJe* 08.02.2013).

3. Servidor público. Termo *a quo* do prazo prescricional. "O reconhecimento administrativo do débito importa em renúncia ao prazo prescricional já transcorrido, sendo este o termo inicial a ser levado em consideração para a contagem da prescrição quinquenal. Precedentes: AgRg no AREsp 50.172/DF, Rel. Ministro Herman Benjamin, Segunda Turma, *DJe* 13/04/2012; AgRg no Ag 1.218.014/RJ, Rel. Ministro Felix Fischer, Quinta Turma, *DJe* 04/10/2010; AgRg no Ag 894.122/SP; Quinta Turma, Rel. Min. Arnaldo Esteves Lima, *DJe* 04/08/2008" (STJ, AgRg no AgRg no AREsp 51586/RS, Rel. Min. Benedito Gonçalves, 1ª Turma, jul. 13.11.2012, *DJe* 22.11.2012).

4. Ação de cobrança de expurgos inflacionários. Prescrição vintenária. "Para efeitos do art. 543-C do CPC: o prazo prescricional da ação individual de cobrança relativa a expurgos inflacionários incidentes sobre saldo de caderneta de poupança proposta contra o Estado de Minas Gerais, sucessor da Minas Caixa, é vintenário, não se aplicando à espécie o Decreto nº 20.910/32 que disciplina a prescrição contra a Fazenda Pública" (STJ, REsp 1103769/MG, Rel. Min. Ricardo Villas Bôas Cueva, 2ª Seção, jul. 12.12.2012, *DJe* 18.12.2012).

5. Honorários de perito. Prazo prescricional. Ver jurisprudência do art. 98 do CPC/2015.

Art. 2º Prescrevem igualmente no mesmo prazo todo o direito e as prestações correspondentes a pensões vencidas ou por vencerem, ao meio soldo e ao montepio civil e militar ou a quaisquer restituições ou diferenças.

Art. 3º Quando o pagamento se dividir por dias, meses ou anos, a prescrição atingirá progressivamente as prestações à medida que completarem os prazos estabelecidos pelo presente decreto.

Art. 4º Não corre a prescrição durante a demora que, no estudo, ao reconhecimento ou no pagamento da dívida, considerada líquida, tiverem as repartições ou funcionários encarregados de estudar e apurá-la.

Parágrafo único. A suspensão da prescrição, neste caso, verificar-se-á pela entrada do requerimento do titular do direito ou do credor nos livros ou protocolos das repartições públicas, com designação do dia, mês e ano.

Art. 5º Não tem efeito de suspender a prescrição a demora do titular do direito ou do crédito ou do seu representante em prestar os esclarecimentos que lhe forem reclamados ou o fato de não promover o andamento do feito judicial ou do processo administrativo durante os prazos respectivamente estabelecidos para extinção do seu direito à ação ou reclamação.

Art. 6º O direito à reclamação administrativa, que não tiver prazo fixado em disposição de lei para ser formulada, prescreve em um ano a contar da data do ato ou fato do qual a mesma se originar.

Art. 7º A citação inicial não interrompe a prescrição quando, por qualquer motivo, o processo tenha sido anulado.

Art. 8º A prescrição somente poderá ser interrompida uma vez.

Art. 9º A prescrição interrompida recomeça a correr, pela metade do prazo, da data do ato que a interrompeu ou do último ato ou termo do respectivo processo.

Art. 10. O disposto nos artigos anteriores não altera as prescrições de menor prazo, constantes das leis e regulamentos, as quais ficam subordinadas às mesmas regras.

Art. 11. Revogam-se as disposições em contrário.

Rio de Janeiro, 6 de janeiro de 1932, 111º da Independência e 44º da República.

GETÚLIO VARGAS
OSWALDO ARANHA

Publicado no *DOU* de 08.01.1932.

PROCEDIMENTOS PERANTE O STJ E O STF

LEI Nº 8.038, DE 28 DE MAIO DE 1990

Institui normas procedimentais para os processos que especifica, perante o Superior Tribunal de Justiça e o Supremo Tribunal Federal.

O Presidente da República

Faço saber que o Congresso Nacional decreta e eu sanciono a seguinte lei:

Título I
PROCESSOS DE COMPETÊNCIA ORIGINÁRIA

Capítulo I
AÇÃO PENAL ORIGINÁRIA

Art. 1º Nos crimes de ação penal pública, o Ministério Público terá o prazo de 15 (quinze) dias para oferecer denúncia ou pedir arquivamento do inquérito ou das peças informativas.

§ 1º Diligências complementares poderão ser deferidas pelo relator, com interrupção do prazo deste artigo.

§ 2º Se o indiciado estiver preso:

a) o prazo para oferecimento da denúncia será de cinco dias;

b) as diligências complementares não interromperão o prazo, salvo se o relator, ao deferi-las, determinar o relaxamento da prisão.

§ 3º Não sendo o caso de arquivamento e tendo o investigado confessado formal e circunstanciadamente a prática de infração penal sem violência ou grave ameaça e com pena mínima inferior a 4 (quatro) anos, o Ministério Público poderá propor acordo de não persecução penal, desde que necessário e suficiente para a reprovação e prevenção do crime, nos termos do art. 28-A do Decreto-Lei nº 3.689, de 3 de outubro de 1941 (Código de Processo Penal). (Incluído pela Lei nº 13.964, de 2019)

Art. 2º O relator, escolhido na forma regimental, será o juiz da instrução, que se realizará segundo o disposto neste capítulo, no Código de Processo Penal, no que for aplicável, e no Regimento Interno do Tribunal.

Parágrafo único. O relator terá as atribuições que a legislação processual confere aos juízes singulares.

Art. 3º Compete ao relator:

I – determinar o arquivamento do inquérito ou de peças informativas, quando o requerer o Ministério Público, ou submeter o requerimento à decisão competente do Tribunal;

II – decretar a extinção da punibilidade, nos casos previstos em lei.

III – convocar desembargadores de Turmas Criminais dos Tribunais de Justiça ou dos Tribunais Regionais Federais, bem como juízes de varas criminais da Justiça dos Estados e da Justiça Federal, pelo prazo de 6 (seis) meses, prorrogável por igual período, até o máximo de 2 (dois) anos, para a realização do interrogatório e de outros atos da instrução, na sede do tribunal ou no local onde se deva produzir o ato *(inciso incluído pela Lei nº 12.019, de 21.08.2009)*.

Art. 4º Apresentada a denúncia ou a queixa ao Tribunal, far-se-á a notificação do acusado para oferecer resposta no prazo de quinze dias.

§ 1º Com a notificação, serão entregues ao acusado, cópia da denúncia ou da queixa, do despacho do relator e dos documentos por este indicados.

§ 2º Se desconhecido o paradeiro do acusado, ou se este criar dificuldades para que o oficial cumpra a diligência, proceder-se-á a sua notificação por edital, contendo o teor resumido da acusação, para que compareça ao Tribunal, em cinco dias, onde terá vista dos autos pelo prazo de quinze dias, a fim de apresentar a resposta prevista neste artigo.

Art. 5º Se, com a resposta, forem apresentados novos documentos, será intimada a parte contrária para sobre eles se manifestar, no prazo de cinco dias.

Parágrafo único. Na ação de iniciativa privada, será ouvido, em igual prazo, o Ministério Público.

Art. 6º A seguir, o relator pedirá dia para que o Tribunal delibere sobre o recebimento, a rejeição da denúncia ou da queixa, ou a improcedência da acusação, se a decisão não depender de outras provas.

§ 1º No julgamento de que trata este artigo, será facultada sustentação oral pelo prazo de quinze minutos, primeiro à acusação, depois à defesa.

§ 2º Encerrados os debates, o Tribunal passará a deliberar, determinando o Presidente as pessoas que poderão permanecer no recinto, observado o disposto no inciso II do art. 12 desta Lei.

Art. 7º Recebida a denúncia ou a queixa, o relator designará dia e hora para o interrogatório, mandando citar o acusado ou querelado e intimar o órgão do Ministério Público, bem como o querelante ou o assistente, se for o caso.

Art. 8º O prazo para defesa prévia será de 5 (cinco) dias, contado do interrogatório ou da intimação do defensor dativo.

Art. 9º A instrução obedecerá, no que couber, ao procedimento comum do Código de Processo Penal.

§ 1º O relator poderá delegar a realização do interrogatório ou de outro ato da instrução ao juiz ou membro de tribunal com competência territorial no local de cumprimento da carta de ordem.

§ 2º Por expressa determinação do relator, as intimações poderão ser feitas por carta registrada com aviso de recebimento.

Art. 10. Concluída a inquirição de testemunhas, serão intimadas a acusação e a defesa, para requerimento de diligências no prazo de 5 cinco dias.

Art. 11. Realizadas as diligências, ou não sendo estas requeridas nem determinadas pelo relator, serão intimadas a acusação e a defesa para, sucessivamente, apresentarem, no prazo de quinze dias, alegações escritas.

§ 1º Será comum o prazo do acusador e do assistente, bem como o dos corréus.

§ 2º Na ação penal de iniciativa privada, o Ministério Público terá vista, por igual prazo, após as alegações das partes.

§ 3º O relator poderá, após as alegações escritas, determinar de ofício a realização de provas reputadas imprescindíveis para o julgamento da causa.

Art. 12. Finda a instrução, o Tribunal procederá ao julgamento, na forma determinada pelo regimento interno, observando-se o seguinte:

I – a acusação e a defesa terão, sucessivamente, nessa ordem, prazo de uma hora para sustentação oral, assegurado ao assistente um quarto do tempo da acusação;

II – encerrados os debates, o Tribunal passará a proferir o julgamento, podendo o Presidente limitar a presença no recinto às partes e seus advogados, ou somente a estes, se o interesse público exigir.

Capítulo II
RECLAMAÇÃO

Art. 13. Revogado pela Lei nº 13.105, de 16.03.2015.

Art. 14. Revogado pela Lei nº 13.105, de 16.03.2015.

Art. 15. Revogado pela Lei nº 13.105, de 16.03.2015.

Art. 16. Revogado pela Lei nº 13.105, de 16.03.2015.

Art. 17. Revogado pela Lei nº 13.105, de 16.03.2015.

Art. 18. Revogado pela Lei nº 13.105, de 16.03.2015.

Capítulo III
INTERVENÇÃO FEDERAL

Art. 19. A requisição de intervenção federal prevista nos incisos II e IV do art. 36 da Constituição Federal será promovida:

I – de ofício, ou mediante pedido de Presidente de Tribunal de Justiça do Estado, ou de Presidente de Tribunal Federal, quando se tratar de prover a execução de ordem ou decisão judicial, com ressalva, conforme a matéria, da competência do Supremo Tribunal Federal ou do Tribunal Superior Eleitoral;

II – de ofício, ou mediante pedido da parte interessada, quando se tratar de prover a execução de ordem ou decisão do Superior Tribunal de Justiça;

III – mediante representação do Procurador-Geral da República, quando se tratar de prover a execução de lei federal.

Art. 20. O Presidente, ao receber o pedido:

I – tomará as providências que lhe parecerem adequadas para remover, administrativamente, a causa do pedido;

II – mandará arquivá-lo, se for manifestamente infundado, cabendo do seu despacho agravo regimental.

Art. 21. Realizada a gestão prevista no inciso I do artigo anterior, solicitadas informações à autoridade estadual e ouvido o Procurador-Geral, o pedido será distribuído a um relator.

Parágrafo único. Tendo em vista o interesse público, poderá ser permitida a presença no recinto às partes e seus advogados, ou somente a estes.

Art. 22. Julgado procedente o pedido, o Presidente do Superior Tribunal de Justiça comunicará, imediatamente, a decisão aos órgãos do poder público interessados e requisitará a intervenção ao Presidente da República.

Capítulo IV
HABEAS CORPUS

Art. 23. Aplicam-se ao *Habeas Corpus* perante o Superior Tribunal de Justiça as normas do Livro III, Título II, Capítulo X, do Código de Processo Penal.

JURISPRUDÊNCIA SELECIONADA

1. *Habeas Corpus*. "'Desnecessidade de intimação do defensor público para a sessão de julgamento, pois não há inclusão do feito em pauta. Necessidade, porém, de sua intimação pessoal quanto à publicação do acórdão. Diz o art. 128 da Lei Complementar nº 80, de 12.01.1994: 'Art. 128. São prerrogativas dos membros da Defensoria Pública do Estado, dentre outras que a lei local estabelecer: I – receber intimação pessoal em qualquer processo e grau de jurisdição, contando-se-lhe em dobro todos os prazos.' Isso não significa, porém, que o Defensor Público também deva ser intimado pessoalmente da designação de sessão de julgamento de 'Habeas Corpus', pois, quanto a esta, não são intimados os próprios impetrantes, quando Advogados, nem os Defensores constituídos do paciente, nem mesmo pela Imprensa, pois, não há inclusão do feito em pauta. Essa inclusão não é exigida pela lei processual penal (art. 664 do Código de Processo Penal), nem pela Lei nº 8.038, art. 23, de 28.05.1990 (v., também, art. 202 do R.I.S.T.J.). O R.I.S.T.F. igualmente a dispensa (art. 83, III). Aliás, a Súmula 431 do S.T.F. é expressa, no sentido de que 'é nulo o julgamento do recurso criminal, na segunda instância, sem prévia intimação ou publicação da pauta, salvo em Habeas Corpus'. Sendo assim, não tem razão o impetrante, no ponto em que sustenta que deveria ter sido intimado da designação de data para a sessão de julgamento do 'Habeas Corpus', no Superior Tribunal de Justiça. Noutra parte, sim, teria razão, pois, da publicação do acórdão deveria ter sido intimado pessoalmente. Assim, o 'Habeas Corpus' poderia ser deferido em parte, para se determinar ao S.T.J. que proceda à intimação pessoal do Defensor Público, que perante aquela Corte impetrara o 'Habeas Corpus', a fim de que possa interpor recurso ordinário para o Supremo Tribunal Federal. Sucede, porém, no caso, uma particularidade. É que na inicial o impetrante deixou claro que tomou conhecimento do resultado do julgamento, com a denegação do 'writ' pelo S.T.J. Poderia, pois, dentro do prazo legal, ter interposto recurso ordinário para esta Corte e não o fez. Poderia, também, é verdade, impetrar 'Habeas Corpus', perante o Supremo Tribunal Federal, substitutivo do referido recurso ordinário. Mas não para sustentar a necessidade de sua intimação pessoal, para tal fim, se, de qualquer forma, tomara conhecimento do resultado e não interpusera o recurso ordinário no prazo legal. E menos ainda para a reabertura do prazo deste, pois para seu escoamento acabou concorrendo. 8. 'Habeas Corpus' indeferido" (STF, HC 80103/RJ, Rel. Min. Sydney Sanches, 1ª Turma, jul. 16.05.2000, *DJ* 25.08.2000, p. 60).

Capítulo V
OUTROS PROCEDIMENTOS

Art. 24. Na ação rescisória, nos conflitos de competência, de jurisdição e de atribuições, na revisão criminal e no mandado de segurança, será aplicada a legislação processual em vigor.

Parágrafo único. No mandado de injunção e no *habeas corpus*, serão observadas, no que couber, as normas do mandado de segurança, enquanto não editada legislação específica.

Art. 25. Salvo quando a causa tiver por fundamento matéria constitucional, compete ao Presidente do Superior Tribunal de Justiça, a requerimento do Procurador-Geral da República ou da pessoa jurídica de direito público interessada, e para evitar grave lesão à ordem, à saúde, à segurança e à economia pública, suspender, em despacho fundamentado, a execução de liminar ou de decisão concessiva de mandado de segurança, proferida, em única ou última instância, pelos Tribunais Regionais Federais ou pelos Tribunais dos Estados e do Distrito Federal.

§ 1º O Presidente pode ouvir o impetrante, em cinco dias, e o Procurador-Geral quando não for o requerente, em igual prazo.

§ 2º Do despacho que conceder a suspensão caberá agravo regimental.

§ 3º A suspensão de segurança vigorará enquanto pender o recurso, ficando sem efeito, se a decisão concessiva for mantida pelo Superior Tribunal de Justiça ou transitar em julgado.

JURISPRUDÊNCIA SELECIONADA

1. Suspensão de execução de segurança. Competência. "Compete ao presidente do STJ, conhecer e decidir do pedido de suspensão de execução de liminar em mandado de segurança. Reclamação não conhecida" (STJ, Rcl 329/MA, Rel. Min. Ari Pargendler, Rel. p/ Acórdão Min. Jose de Jesus Filho, 1ª Seção, jul. 31.10.1995, *DJ* 18.11.1996, p. 44.831).

Título II
RECURSOS

Capítulo I
RECURSO EXTRAORDINÁRIO E RECURSO ESPECIAL

Art. 26. Revogado pela Lei nº 13.105, de 16.03.2015.

Art. 27. Revogado pela Lei nº 13.105, de 16.03.2015.

Art. 28. Revogado pela Lei nº 13.105, de 16.03.2015.

Art. 29. Revogado pela Lei nº 13.105, de 16.03.2015.

Capítulo II
RECURSO ORDINÁRIO EM *HABEAS CORPUS*

Art. 30. O recurso ordinário para o Superior Tribunal de Justiça, das decisões denegatórias de *Habeas Corpus*, proferidas pelos Tribunais Regionais Federais ou pelos Tribunais dos Estados e do Distrito Federal, será interposto no prazo de cinco dias, com as razões do pedido de reforma.

Art. 31. Distribuído o recurso, a Secretaria, imediatamente, fará os autos com vista ao Ministério Público, pelo prazo de dois dias.

Parágrafo único. Conclusos os autos ao relator, este submeterá o feito a julgamento independentemente de pauta.

Art. 32. Será aplicado, no que couber, ao processo e julgamento do recurso, o disposto com relação ao pedido originário de *Habeas Corpus*.

Capítulo III
RECURSO ORDINÁRIO EM MANDADO DE SEGURANÇA

Art. 33. O recurso ordinário para o Superior Tribunal de Justiça, das decisões denegatórias de mandado de segurança, proferidas em única instância pelos Tribunais Regionais Federais ou pelos Tribunais de Estados e do Distrito Federal, será interposto no prazo de quinze dias, com as razões do pedido de reforma.

Art. 34. Serão aplicadas, quanto aos requisitos de admissibilidade e ao procedimento no Tribunal recorrido, as regras do Código de Processo Civil relativas à apelação.

Art. 35. Distribuído o recurso, a Secretaria, imediatamente, fará os autos com vista ao Ministério Público, pelo prazo de cinco dias.

Parágrafo único. Conclusos os autos ao relator, este pedirá dia para julgamento.

Capítulo IV
APELAÇÃO CÍVEL E AGRAVO DE INSTRUMENTO

Art. 36. Nas causas em que forem partes, de um lado, Estado estrangeiro ou organismo internacional e, de outro, município ou pessoa domiciliada ou residente no País, caberá:

I – apelação da sentença;

II – agravo de instrumento, das decisões interlocutórias.

Art. 37. Os recursos mencionados no artigo anterior serão interpostos para o Superior Tribunal de Justiça, aplicando-se-lhes, quanto aos requisitos de admissibilidade e ao procedimento, o disposto no Código de Processo Civil.

Título III
DISPOSIÇÕES GERAIS

Art. 38. Revogado pela Lei nº 13.105, de 16.03.2015.

Art. 39. Da decisão do Presidente do Tribunal, de Seção, de Turma ou de Relator que causar gravame à parte, caberá agravo para o órgão especial, Seção ou Turma, conforme o caso, no prazo de cinco dias.

JURISPRUDÊNCIA SELECIONADA

1. Decisão monocrática de relator. Agravo cabível. "'Não cabe mandado de segurança contra ato judicial passível de recurso ou correição' (Súmula 267/STF). A decisão monocrática de relator que defere liminar em ação cautelar incidental ajuizada perante tribunal de segunda instância pode ser impugnada por recurso interno ao colegiado, ainda que ausente a previsão regimental. O art. 39 da Lei nº 8.038/90, que disciplina o cabimento do agravo interno contra decisão singular proferida por membro do Superior Tribunal de Justiça e do Supremo Tribunal Federal, deve ser aplicado, por analogia, a todos os tribunais do País, em razão do princípio da colegialidade dos tribunais. Precedentes" (STJ, RMS 21786/MT, Rel. Min. Castro Meira, 2ª Turma, jul. 27.03.2007, *DJ* 12.04.2007, p. 258).

Art. 40. Haverá revisão, no Superior Tribunal de Justiça, nos seguintes processos:

I – ação rescisória;

II – ação penal originária;

III – revisão criminal.

Art. 41. Em caso de vaga ou afastamento de Ministro do Superior Tribunal de Justiça, por prazo superior a trinta dias, poderá ser convocado Juiz de Tribunal Regional Federal ou Desembargador, para substituição, pelo voto da maioria absoluta dos seus membros.

Art. 41-A. A decisão de Turma, no Supremo Tribunal Federal e no Superior Tribunal de Justiça, será tomada pelo voto da maioria absoluta de seus membros. (Redação dada pela Lei nº 14.836, de 2024.)

Parágrafo único. Em todos os julgamentos em matéria penal ou processual penal em órgãos colegiados, havendo empate, prevalecerá a decisão mais favorável ao indivíduo imputado, proclamando-se de imediato esse resultado, ainda que, nas hipóteses de vaga aberta a ser preenchida, de impedimento, de suspeição ou de ausência, tenha sido o julgamento tomado sem a totalidade dos integrantes do colegiado. (Redação dada pela Lei nº 14.836, de 2024.)

Art. 41-B. As despesas do porte de remessa e retorno dos autos serão recolhidas mediante documento de arrecadação, de conformidade com instruções e tabela expedidas pelo Supremo Tribunal Federal e pelo Superior Tribunal de Justiça (*caput acrescentado pela Lei nº 9.756, de 17.12.1998*).

Parágrafo único. A secretaria do tribunal local zelará pelo recolhimento das despesas postais (*parágrafo único acrescentado pela Lei nº 9.756, de 17.12.1998*).

Art. 42. Os arts. 496, 497, 498, inciso II do art. 500, e 508 da Lei nº 5.869, de 11 de janeiro de 1973 – Código de Processo Civil, passam a vigorar com a seguinte redação (*algumas alterações aqui determinadas ficaram prejudicadas por modificação posterior*):

"Art. 496. São cabíveis os seguintes recursos:

I – apelação;

II – agravo de instrumento;

III – embargos infringentes;

IV – embargos de declaração;

V – recurso ordinário;

VI – recurso especial;

VII – recurso extraordinário.

Art. 497. O recurso extraordinário e o recurso especial não impedem a execução da sentença; a interposição do agravo de instrumento não obsta o andamento do processo, ressalvado o disposto no art. 558 desta lei.

Art. 498. Quando o dispositivo do acórdão contiver julgamento por maioria de votos e julgamento unânime e forem interpostos simultaneamente embargos infringentes e recurso extraordinário ou recurso especial, ficarão estes sobrestados até o julgamento daquele.

Art. 500. (...)

II – será admissível na apelação, nos embargos infringentes, no recurso extraordinário e no recurso especial;

(...)

Art. 508. Na apelação e nos embargos infringentes, o prazo para interpor e para responder é de quinze dias."

Art. 43. Esta Lei entra em vigor na data de sua publicação.*

Art. 44. Revogam-se as disposições em contrário, especialmente os arts. 541 e 546 do Código de Processo Civil e a Lei nº 3.396, de 2 de junho de 1958.

Brasília, 28 de maio de 1990; 169º da Independência e 102º da República.

FERNANDO COLLOR

* Publicada no *DOU* de 29.05.1990.

PROCESSO ELETRÔNICO

LEI Nº 11.419, DE 19 DE DEZEMBRO DE 2006

Dispõe sobre a informatização do processo judicial; altera a Lei nº 5.869, de 11 de janeiro de 1973 – Código de Processo Civil; e dá outras providências.

REFERÊNCIA LEGISLATIVA

CPC/2015, art. 105, § 1º, 205, § 2º, 209, § 1º e 2º, 263, 246, V, 270, 425, V, VI, §§ 1º e 2º, 438 §§ 1º e 2º, 460. §§ 1º e 2º, 367, § 4º, 942.

Resolução nº 341 do STF, de 16.04.2007 (Diário de Justiça eletrônico).

Resolução nº 8 do STJ, de 20.09.2007 (Diário de Justiça eletrônico – ver Legislação Especial), alterada pela Resolução nº 11, de 11.12.2007.

Resolução do CJF nº 28/2008 (intimação eletrônica nos juizados especiais federais).

INDICAÇÃO DOUTRINÁRIA

Humberto Theodoro Júnior, *Curso de Direito Processual Civil*, 47. ed., Rio de Janeiro: Forense, 2007, vol. I; Luiz Rodrigues Wambier, Teresa Arruda Alvim Wambier e José Miguel Garcia Medina, *Breves comentários à nova sistemática processual civil*, São Paulo: Revista dos Tribunais, 2006.

O Presidente da República:

Faço saber que o Congresso Nacional decreta e eu sanciono a seguinte Lei:

Capítulo I
DA INFORMATIZAÇÃO DO PROCESSO JUDICIAL

Art. 1º O uso de meio eletrônico na tramitação de processos judiciais, comunicação de atos e transmissão de peças processuais será admitido nos termos desta Lei.

§ 1º Aplica-se o disposto nesta Lei, indistintamente, aos processos civil, penal e trabalhista, bem como aos juizados especiais, em qualquer grau de jurisdição.

§ 2º Para o disposto nesta Lei, considera-se:

I – meio eletrônico qualquer forma de armazenamento ou tráfego de documentos e arquivos digitais;

II – transmissão eletrônica toda forma de comunicação a distância com a utilização de redes de comunicação, preferencialmente a rede mundial de computadores;

III – assinatura eletrônica as seguintes formas de identificação inequívoca do signatário:

a) assinatura digital baseada em certificado digital emitido por Autoridade Certificadora credenciada, na forma de lei específica;

b) mediante cadastro de usuário no Poder Judiciário, conforme disciplinado pelos órgãos respectivos.

JURISPRUDÊNCIA SELECIONADA

1. Interrogatório por videoconferência. "Ação penal. Ato processual. Interrogatório. Realização mediante videoconferência. Inadmissibilidade. Forma singular não prevista no ordenamento jurídico. Ofensa a cláusulas do justo processo da lei (*due process of law*). Limitação ao exercício da ampla defesa, compreendidas a autodefesa e a defesa técnica. Insulto às regras ordinárias do local de realização dos atos processuais penais e às garantias constitucionais da igualdade e da publicidade. Falta, ademais, de citação do réu preso, apenas instado a comparecer à sala da cadeia pública, no dia do interrogatório. Forma do ato determinada sem motivação alguma. Nulidade processual caracterizada. HC concedido para renovação do processo desde o interrogatório, inclusive. Inteligência dos arts. 5º, LIV, LV, LVII, XXXVII e LIII, da CF, e 792, *caput* e § 2º, 403, 2ª parte, 185, *caput* e § 2º, 192, parágrafo único, 193, 188, todos do CPP. Enquanto modalidade de ato processual não prevista no ordenamento jurídico vigente, é absolutamente nulo o interrogatório penal realizado mediante videoconferência, sobretudo quando tal forma é determinada sem motivação alguma, nem citação do réu" (STF, HC 88914/SP, Rel. Min. Cezar Peluso, 2ª Turma, ac. unân., jul. 14.08.2007, *DJ* 05.10.2007, p. 37; *DJe* 05.10.2007).

2. Assinatura digital. "A assinatura digital destina-se à identificação inequívoca do signatário do documento, o qual passa a ostentar o nome do detentor do certificado digital utilizado, o número de série do certificado, bem como a data e a hora do lançamento da firma digital. Dessa sorte, o atendimento da regra contida na alínea a do inciso III do parágrafo 2º do artigo 1º da Lei n. 11.419/2006 depende tão somente de o signatário digital possuir procuração nos autos. Precedente da 3ª Turma: EDcl no AgRg nos EDcl no AgRg no Ag 1.234.470/SP, Rel. Ministro Paulo de Tarso Sanseverino, Terceira Turma, julgado em 10/04/2012, *DJe* de 19/04/2012. Ademais, o parágrafo 2º do art. 18 da Res. 1/2010, da Presidência do STJ preconiza que 'o envio da petição por meio eletrônico e com assinatura digital dispensa a apresentação posterior dos originais ou de fotocópias autenticadas'" (STJ, AgRg no REsp 1347278/RS, Rel. Min. Luis Felipe Salomão, Corte Especial, jul. 19.06.2013, *DJe* 01.08.2013).

3. Cópia digitalizada do original. Inadmissibilidade. "Na hipótese da assinatura digitalizada, normalmente feita mediante o processo de escaneamento, conforme já consignado pelo Supremo Tribunal Federal, há "mera chancela eletrônica sem qualquer regulamentação e cuja originalidade não é possível afirmar sem o auxílio de perícia técnica". A reprodução de uma assinatura, por meio do escaneamento, sem qualquer regulamentação, é arriscada na medida em que pode ser feita por qualquer pessoa que tenha acesso ao documento original e inserida em outros documentos. Não há garantia alguma de autenticidade, portanto" (STJ, REsp 1442887/BA, Rel.ª Min.ª Nancy Andrighi, 3ª Turma, jul. 06.05.2014, *DJe* 14.05.2014). **No mesmo sentido:** STJ, AgRg no AREsp 439.771/PR, Rel. Min. Luis Felipe Salomão, 4ª Turma, jul. 27.05.2014, *DJe* 15.08.2014.

* Ver jurisprudência do art. 193 do CPC/2015.

Art. 2º O envio de petições, de recursos e a prática de atos processuais em geral por meio eletrônico serão admitidos mediante uso de assinatura eletrônica, na forma do art. 1º desta Lei, sendo obrigatório o credenciamento prévio no Poder Judiciário, conforme disciplinado pelos órgãos respectivos.

§ 1º O credenciamento no Poder Judiciário será realizado mediante procedimento no qual esteja assegurada a adequada identificação presencial do interessado.

§ 2º Ao credenciado será atribuído registro e meio de acesso ao sistema, de modo a preservar o sigilo, a identificação e a autenticidade de suas comunicações.

§ 3º Os órgãos do Poder Judiciário poderão criar um cadastro único para o credenciamento previsto neste artigo.

JURISPRUDÊNCIA SELECIONADA

1. Necessidade de procuração nos autos. "A prática eletrônica de ato judicial, na forma da Lei n. 11.419/2006, reclama que o titular do certificado digital utilizado possua procuração nos autos, sendo irrelevante que na petição esteja ou não grafado o seu nome" (STJ, AgRg no REsp 1347278/RS, Rel. Min. Luis Felipe Salomão, Corte Especial, jul. 19.06.2013, *DJe* 01.08.2013).

2. Advogado sem procuração nos autos em sistema de peticionamento de processo judicial eletrônico. Possibilidade. "Cinge-se a controvérsia em definir se é admissível recurso cuja petição foi impressa, assinada manualmente por causídico constituído nos autos e digitalizada, mas o respectivo peticionamento eletrônico foi feito por outro advogado, este sem procuração. Nesse contexto, revela-se admissível o protocolo de petição em sistema de peticionamento de processo judicial eletrônico por advogado sem procuração nos autos, desde que se trate de documento (i) nato-digital/digitalizado assinado eletronicamente com certificado digital emitido por Autoridade Certificadora credenciada, nos termos da MP n. 2.200-2/2001, por patrono com procuração nos autos, desde que a plataforma de processo eletrônico judicial seja capaz de validar a assinatura digital do documento; ou (ii) digitalizado que reproduza petição impressa e assinada manualmente também por causídico devidamente constituído no feito" (STJ, AgInt no AREsp 1.917.838/RJ, Rel. Min. Luis Felipe Salomão, 4ª Turma, jul. 23.08.2022, *DJe* 09.09.2022).

Art. 3º Consideram-se realizados os atos processuais por meio eletrônico no dia e hora do seu envio ao sistema do Poder Judiciário, do que deverá ser fornecido protocolo eletrônico.

Parágrafo único. Quando a petição eletrônica for enviada para atender prazo processual, serão consideradas tempestivas as transmitidas até as 24 (vinte e quatro) horas do seu último dia.

Capítulo II
DA COMUNICAÇÃO ELETRÔNICA DOS ATOS PROCESSUAIS

Art. 4º Os tribunais poderão criar Diário da Justiça eletrônico, disponibilizado em sítio da rede mundial de computadores, para publicação de atos judiciais e administrativos próprios e dos órgãos a eles subordinados, bem como comunicações em geral.

§ 1º O sítio e o conteúdo das publicações de que trata este artigo deverão ser assinados digitalmente com base em certificado emitido por Autoridade Certificadora credenciada na forma da lei específica.

§ 2º A publicação eletrônica na forma deste artigo substitui qualquer outro meio e publicação oficial, para quaisquer efeitos legais, à exceção dos casos que, por lei, exigem intimação ou vista pessoal.

§ 3º Considera-se como data da publicação o primeiro dia útil seguinte ao da disponibilização da informação no Diário da Justiça eletrônico.

§ 4º Os prazos processuais terão início no primeiro dia útil que seguir ao considerado como data da publicação.

§ 5º A criação do Diário da Justiça eletrônico deverá ser acompanhada de ampla divulgação, e o ato administrativo correspondente será publicado durante 30 (trinta) dias no diário oficial em uso.

BREVES COMENTÁRIOS

A versão eletrônica do Diário da Justiça do Supremo Tribunal Federal já está disponível no sítio eletrônico do referido Tribunal (www.stf.gov.br). A versão impressa será distribuída pela Imprensa Nacional até o dia 31.12.2007.

JURISPRUDÊNCIA SELECIONADA

1. Intimação dos atos processuais. Prazos. "Para os efeitos da fluência dos prazos processuais, a Lei nº 11.419, de 2006, distingue a informação no *Diário da Justiça* eletrônico da publicação do que nela se contém. Considera-se como data da publicação o primeiro dia útil seguinte ao da informação (art. 4º,

§ 3º). Já o início dos prazos processuais se dá no primeiro dia útil que se seguir àquele considerado como data da publicação (art. 4º, § 4º)" (STJ, AgRg nos EAREsp 21.851/SP, Rel. Min. Ari Pargendler, Corte Especial, jul. 17.04.2013, *DJe* 29.04.2013).

2. Intimação tácita. Prevalência da publicação do diário de justiça eletrônico. "Ocorrendo a intimação eletrônica e a publicação da decisão no Diário de Justiça eletrônico, prevalece esta última, uma vez que nos termos da legislação, a publicação em Diário de Justiça eletrônico substitui qualquer outro meio de publicação oficial para quaisquer efeitos legais." (STJ, AgInt no AREsp. 1.387.902/RJ, Rel. Min. Nancy Andrighi, 3ª Turma, jul. 12.03.2019, *DJe* 22.03.2019).

3. Processo judicial eletrônico. Duplicidade de intimações: publicação no diário da justiça eletrônico e por portal eletrônico. Prevalência da intimação pelo portal eletrônico. "A Lei 11.419/2006 – Lei do Processo Judicial Eletrônico – prevê dois tipos de intimações criados para atender à evolução do sistema de informatização dos processos judiciais. A primeira intimação, tratada no art. 4º, de caráter geral, é realizada por publicação no Diário da Justiça Eletrônico; e a segunda, referida no art. 5º, de índole especial, é feita pelo Portal Eletrônico, no qual os advogados previamente se cadastram nos sistemas eletrônicos dos Tribunais para receber a comunicação dos atos processuais. Embora não haja antinomia entre as duas formas de intimação previstas na Lei, ambas aptas a ensejar a válida intimação das partes e de seus advogados, não se pode perder de vista que, caso aconteçam em duplicidade e em diferentes datas, deve ser garantida aos intimados a previsibilidade e segurança objetivas acerca de qual delas deve prevalecer, evitando-se confusão e incerteza na contagem dos prazos processuais peremptórios. Assim, há de prevalecer a intimação prevista no art. 5º da Lei do Processo Eletrônico, à qual o § 6º do art. 5º atribui *status* de intimação pessoal, por ser forma especial sobre a genérica, privilegiando-se a boa-fé processual e a confiança dos operadores jurídicos nos sistemas informatizados de processo eletrônico, bem como garantindo-se a credibilidade e eficiência desses sistemas. Caso preponderasse a intimação por forma geral sobre a de feitio especial, quando aquela fosse primeiramente publicada, é evidente que o advogado cadastrado perderia o prazo para falar nos autos ou praticar o ato, pois, confiando no sistema, aguardaria aquela intimação específica posterior" (STJ, EAREsp 1.663.952/RJ, Rel. Min. Raul Araújo, Corte Especial, jul. 19.05.2021, *DJe* 09.06.2021).

Art. 5º As intimações serão feitas por meio eletrônico em portal próprio aos que se cadastrarem na forma do art. 2º desta Lei, dispensando-se a publicação no órgão oficial, inclusive eletrônico.

§ 1º Considerar-se-á realizada a intimação no dia em que o intimando efetivar a consulta eletrônica ao teor da intimação, certificando-se nos autos a sua realização.

§ 2º Na hipótese do § 1º deste artigo, nos casos em que a consulta se dê em dia não útil, a intimação será considerada como realizada no primeiro dia útil seguinte.

§ 3º A consulta referida nos §§ 1º e 2º deste artigo deverá ser feita em até 10 (dez) dias corridos contados da data do envio da intimação, sob pena de considerar-se a intimação automaticamente realizada na data do término desse prazo.

§ 4º Em caráter informativo, poderá ser efetivada remessa de correspondência eletrônica, comunicando o envio da intimação e a abertura automática do prazo processual nos termos do § 3º deste artigo, aos que manifestarem interesse por esse serviço.

§ 5º Nos casos urgentes em que a intimação feita na forma deste artigo possa causar prejuízo a quaisquer das partes ou nos casos em que for evidenciada qualquer tentativa de burla ao sistema, o ato processual deverá ser realizado por outro meio que atinja a sua finalidade, conforme determinado pelo juiz.

§ 6º As intimações feitas na forma deste artigo, inclusive da Fazenda Pública, serão consideradas pessoais para todos os efeitos legais.

JURISPRUDÊNCIA SELECIONADA

1. Intimação eletrônica. Ausência de consulta. Prazo de 10 (dez) dias. Termo final. Dia não útil. Data da intimação ficta. Próximo dia útil. "Malgrado o § 3º do art. 5º da Lei 11.419/2006, que dispõe sobre a intimação tácita, não trate expressamente da possível prorrogação para o primeiro dia útil seguinte, se o último dia do decêndio for feriado ou outro dia não útil, o § 2º do mesmo dispositivo legal prevê que, 'nos casos em que a consulta se dê em dia não útil, a intimação será considerada como realizada no primeiro dia útil seguinte'. 5. A interpretação sistemática, portanto, induz à conclusão de que, recaindo a data da consulta eletrônica ou o término do decêndio em feriado ou dia não útil, considera-se como data da intimação o primeiro dia útil seguinte." (STJ, REsp 1663172/TO, Rel. Min. Nancy Andrighi, 3ª Turma, jul. 08.08.2017, *DJe* 14.08.2017). **No mesmo sentido:** STJ, AgInt no REsp 1661224/TO, Rel. Min. Antonio Carlos Ferreira, 4ª Turma, jul. 13.03.2018, *DJe* 23.03.2018.

2. Processo Eletrônico. Prazo de 10 dias para ciência. Leitura Automática. Suspensão dos prazos durante o recesso forense. "Conforme determina a Lei Federal 11.419/06, os atos processuais efetuados por meio eletrônico consideram-se realizados no dia e hora de seu envio ao PJE. A intimação da parte ocorre no dia em que efetiva a consulta eletrônica ao teor da decisão, sendo que a referida consulta deve ser realizada em até 10 (dez) dias corridos, contados da data do envio da intimação, sob pena de considerar-se a intimação automaticamente realizada na data do término desse prazo; Nos termos do art. 19 da Portaria Conjunta nº 460/PR/2015, os prazos processuais, de qualquer natureza, ficaram suspensos de 07.01.2016 até o dia 20.01.2016, voltando a correr no primeiro dia útil subsequente, ou seja, 21.01.2016." (TJMG, Agravo Interno Cv 1.0000.16.006273-3/002, Rel. Des. Renato Dresch, 4ª Câmara Cível, jul. 13.10.2016, *DJ* 14.10.2016)

3. Intimação. Entes com prerrogativa de notificação pessoal. "Nos termos do art. 5º da Lei n. 11.419/2006 e do art. 21 da Resolução n. 185 do CNJ, nos processos judiciais eletrônicos a intimação dos atos processuais se efetiva com a consulta eletrônica realizada pela parte, que deve ocorrer em até 10 dias corridos, contados da data em que enviada a comunicação, inclusive no que se refere aos entes que gozam da prerrogativa da notificação pessoal, como ocorre com a Defensoria Pública, sob pena de considerar-se a intimação automaticamente realizada no término desse prazo" (STJ, AgRg no AREsp 1690161/AL, Rel. Min. Jorge Mussi, 5ª Turma, jul. 25.08.2020, *DJe* 16.09.2020).

Art. 6º Observadas as formas e as cautelas do art. 5º desta Lei, as citações, inclusive da Fazenda Pública, excetuadas as dos Direitos Processuais Criminal e Infracional, poderão ser feitas por meio eletrônico, desde que a íntegra dos autos seja acessível ao citando.

BREVES COMENTÁRIOS

Assim que os órgãos do Poder Judiciário tiverem implantado sistema adequado para viabilizar os atos processuais por meios eletrônicos, as citações poderão realizar-se por seu intermédio, nos processos civis, inclusive perante a Fazenda Pública.

A validade do ato citatório eletrônico, no entanto, dependerá de duas exigências legais: a) devem ser feitas sob as formas e cautelas traçadas pelo art. 5º; e b) a íntegra dos autos deve ficar acessível ao citando.

Não são quaisquer réus que poderão receber a citação eletrônica, mas apenas aqueles que anteriormente já se achem cadastrados no Poder Judiciário para esse tipo de comunicação processual. E de maneira alguma o uso da informática pode comprometer a defesa do citado. É obrigatório que, além da mensagem eletrônica, todos os elementos dos autos estejam realmente ao alcance do exame do réu.

Art. 7º As cartas precatórias, rogatórias, de ordem e, de um modo geral, todas as comunicações oficiais que transitem entre órgãos do Poder Judiciário, bem como entre os deste e os dos demais Poderes, serão feitas preferentemente por meio eletrônico.

Capítulo III
DO PROCESSO ELETRÔNICO

Art. 8º Os órgãos do Poder Judiciário poderão desenvolver sistemas eletrônicos de processamento de ações judiciais por meio de autos total ou parcialmente digitais, utilizando, preferencialmente, a rede mundial de computadores e acesso por meio de redes internas e externas.

Parágrafo único. Todos os atos processuais do processo eletrônico serão assinados eletronicamente na forma estabelecida nesta Lei.

Art. 9º No processo eletrônico, todas as citações, intimações e notificações, inclusive da Fazenda Pública, serão feitas por meio eletrônico, na forma desta Lei.

§ 1º As citações, intimações, notificações e remessas que viabilizem o acesso à íntegra do processo correspondente serão consideradas vista pessoal do interessado para todos os efeitos legais.

§ 2º Quando, por motivo técnico, for inviável o uso do meio eletrônico para a realização de citação, intimação ou notificação, esses atos processuais poderão ser praticados segundo as regras ordinárias, digitalizando-se o documento físico, que deverá ser posteriormente destruído.

JURISPRUDÊNCIA SELECIONADA

1. Lançamento no site. Contagem do prazo e aferição de veracidade. "Citação por oficial. Mandado. Informação defasada constante do sistema de informática. Contagem do lapso temporal do ato concreto certificado nos autos. Dever de fiscalização *in loco* da parte, diretamente nos autos do processo. Juntada do mandado, todavia, por estagiária do cartório. Ato processual de escrivão. Inexistência. Art. 168 do CPC. Matéria prequestionada e levantada em contrarrazões. Justa causa verificada. Tempestividade da contestação. Revelia insubsistente. I. Compete à parte verificar, diretamente nos autos, a sucessão dos atos processuais ou acompanhá-los pela imprensa, quando for esta a hipótese, não podendo servir de escusa à inobservância dos prazos recursais a circunstância de ter-se baseado em informação colhida do sistema de informática da Vara ou do Tribunal, cujos lançamentos oficiosos, eventualmente, se acham desatualizados em relação ao andamento efetivo do processo (Corte Especial no EREsp 503.761/DF, Min. Felix Fischer, *DJU* 14.11.2005). II. Ainda que válida a objeção apresentada, e sufragada pela jurisprudência da Corte Especial, com relação ao noticiário oficioso de ato processual veiculado pela internet não dispensar a aferição da veracidade nos autos da parte interessada, a juntada de mandado citatório efetuada por estagiária, em violação ao art. 168 do CPC, fato inconteste dirimido pelo aresto estadual arguido em contrarrazões, é tida como inexistente, e não gera o efeito de deflagrar o início do prazo para contestar. Revelia não configurada" (STJ, REsp 1020729/ES, Rel. Min. Aldir Passarinho Junior, 4ª Turma, jul. 18.03.2008, *DJe* 19.05.2008).

Art. 10. A distribuição da petição inicial e a juntada da contestação, dos recursos e das petições em geral, todos em formato digital, nos autos de processo eletrônico, podem ser feitas diretamente pelos advogados públicos e privados, sem necessidade da intervenção do cartório ou secretaria judicial, situação em que a autuação deverá se dar de forma automática, fornecendo-se recibo eletrônico de protocolo.

§ 1º Quando o ato processual tiver que ser praticado em determinado prazo, por meio de petição eletrônica, serão considerados tempestivos os efetivados até as 24 (vinte e quatro) horas do último dia.

§ 2º No caso do § 1º deste artigo, se o Sistema do Poder Judiciário se tornar indisponível por motivo técnico, o prazo fica automaticamente prorrogado para o primeiro dia útil seguinte à resolução do problema.

§ 3º Os órgãos do Poder Judiciário deverão manter equipamentos de digitalização e de acesso à rede mundial de computadores à disposição dos interessados para distribuição de peças processuais.

Art. 11. Os documentos produzidos eletronicamente e juntados aos processos eletrônicos com garantia da origem e de seu signatário, na forma estabelecida nesta Lei, serão considerados originais para todos os efeitos legais.

§ 1º Os extratos digitais e os documentos digitalizados e juntados aos autos pelos órgãos da Justiça e seus auxiliares, pelo Ministério Público e seus auxiliares, pelas procuradorias, pelas autoridades policiais, pelas repartições públicas em geral e por advogados públicos e privados têm a mesma força probante dos originais, ressalvada a alegação motivada e fundamentada de adulteração antes ou durante o processo de digitalização.

§ 2º A arguição de falsidade do documento original será processada eletronicamente na forma da lei processual em vigor.

§ 3º Os originais dos documentos digitalizados, mencionados no § 2º deste artigo, deverão ser preservados pelo seu detentor até o trânsito em julgado da sentença ou, quando admitida, até o final do prazo para interposição de ação rescisória.

§ 4º (VETADO).

§ 5º Os documentos cuja digitalização seja tecnicamente inviável devido ao grande volume ou por motivo de ilegibilidade deverão ser apresentados ao cartório ou secretaria no prazo de 10 (dez) dias contados do envio de petição eletrônica comunicando o fato, os quais serão devolvidos à parte após o trânsito em julgado.

Obs.: A Lei nº 14.318/2022 deu a seguinte redação ao § 5º: "Os documentos cuja digitalização seja tecnicamente inviável devido ao grande volume ou por motivo de ilegibilidade deverão ser apresentados ao cartório ou secretaria ou encaminhados por meio de protocolo integrado judicial nacional no prazo de 10 (dez) dias contado do envio de petição eletrônica comunicando o fato, os quais serão devolvidos à parte após o trânsito em julgado". No entanto, o art. 4º da Lei nº 14.318 previu sua entrada em vigor após decorridos 730 dias de sua publicação, que ocorreu em 30.03.2022.

§ 6º Os documentos digitalizados juntados em processo eletrônico estarão disponíveis para acesso por meio da rede externa pelas respectivas partes processuais, pelos advogados, independentemente de procuração nos autos, pelos membros do Ministério Público e pelos magistrados, sem prejuízo da possibilidade de visualização nas secretarias dos órgãos julgadores, à exceção daqueles que tramitarem em segredo de justiça. (Incluído pela Lei nº 13.793, de 2019)

§ 7º Os sistemas de informações pertinentes a processos eletrônicos devem possibilitar que advogados, procuradores e membros do Ministério Público cadastrados, mas não vinculados a processo previamente identificado, acessem automaticamente todos os atos e documentos processuais armazenados em meio eletrônico, desde que demonstrado interesse para fins apenas de registro, salvo nos casos de processos em segredo de justiça. (Incluído pela Lei nº 13.793, de 2019)

JURISPRUDÊNCIA SELECIONADA

1. Recolhimento de custas e porte de remessa e retorno via internet. Possibilidade. "A Resolução do STJ n. 4/2010, vigente à época da interposição do especial, admite a emissão das guias de recolhimento por meio da internet. Quanto ao recolhimento, o referido texto normativo não veda o pagamento por meio da rede mundial de computadores. O próprio sítio do Tesouro Nacional, cuja utilização é recomendada pela referida Resolução, estabelece que a GRU Simples poderá ser paga no Banco do Brasil por meio da internet. Não pode a parte de boa-fé ser prejudicada, devendo ser admitido o recolhimento pela internet, com a juntada de comprovante emitido pelo sítio do banco. Aplicação, ademais, do art. 11 da Lei n. 11.419/2006. Havendo dúvida acerca da autenticidade do comprovante de recolhimento de custas, pode-se determinar, de ofício ou a requerimento da parte, a apresentação de documento idôneo. Não suprida a irregularidade, será reconhecida a deserção" (STJ, AgRg no REsp 1232385/MG, Rel. Min. Antonio Carlos Ferreira, 4ª Turma, jul. 06.06.2013, *DJe* 22.08.2013).

2. Dúvida quanto à autenticidade dos documentos. Processo judicial eletrônico. "Alegação de dúvida quanto à autenticidade de documentos de autos enviados eletronicamente não procede visto que, segundo o disposto no art. 11 da Lei n. 11.419/2006, tais documentos são considerados originais para todos os efeitos legais. Os fundamentos contidos na petição inicial legitimam não só a documentação juntada aos autos como todo procedimento adotado perante a Corte de Justiça de Estocolmo na referida ação de divórcio. A assinatura digital é uma modalidade de assinatura eletrônica, que utiliza criptografia e permite aferir, com segurança, a origem e a integridade do documento" (STJ, AgRg na SEC 9438/EX, Rel. Min. João Otávio de Noronha, Corte Especial, jul. 03.02.2014, *DJe* 10.02.2014).

Art. 12. A conservação dos autos do processo poderá ser efetuada total ou parcialmente por meio eletrônico.

§ 1º Os autos dos processos eletrônicos deverão ser protegidos por meio de sistemas de segurança de acesso e armazenados em meio que garanta a preservação e integridade dos dados, sendo dispensada a formação de autos suplementares.

§ 2º Os autos de processos eletrônicos que tiverem de ser remetidos a outro juízo ou instância superior que não disponham de sistema compatível deverão ser impressos em papel, autuados na forma dos arts. 166 a 168 da Lei nº 5.869, de 11 de janeiro de 1973 – Código de Processo Civil, ainda que de natureza criminal ou trabalhista, ou pertinentes a juizado especial.

§ 3º No caso do § 2º deste artigo, o escrivão ou o chefe de secretaria certificará os autores ou a origem dos documentos produzidos nos autos, acrescentando, ressalvada a hipótese de existir segredo de justiça, a forma pela qual o banco de dados poderá ser acessado para aferir a autenticidade das peças e das respectivas assinaturas digitais.

§ 4º Feita a autuação na forma estabelecida no § 2º deste artigo, o processo seguirá a tramitação legalmente estabelecida para os processos físicos.

§ 5º A digitalização de autos em mídia não digital, em tramitação ou já arquivados, será precedida de publicação de editais de intimações ou da intimação pessoal das partes e de seus procuradores, para que, no prazo preclusivo de 30 (trinta) dias, se manifestem sobre o desejo de manterem pessoalmente a guarda de algum dos documentos originais.

JURISPRUDÊNCIA SELECIONADA

1. Digitalização dos autos e guarda pessoal de documentos. Faculdade. "(...). Conforme se verifica, a lei concede às partes e/ou aos seus procuradores a faculdade de exercerem a opção pela guarda pessoal de alguns dos documentos originais dos autos físicos. A Resolução 17/2010 do Tribunal Regional Federal da 4ª Região transformou em dever processual o que a lei previu como faculdade. A circunstância de o art. 18 da lei em tela delegar em favor do Judiciário o poder de regulamentá-la naturalmente não consubstancia autorização para criar obrigações não previstas na lei (que em momento algum impõe à parte autora o dever de providenciar a digitalização dos autos remetidos por outro juízo e conservar em sua guarda as peças originais). Recurso Especial provido" (STJ, REsp 1448424/RS, Rel. Min. Herman Benjamin, 2ª Turma, jul. 22.05.2014, *DJe* 20.06.2014).

Art. 13. O magistrado poderá determinar que sejam realizados por meio eletrônico a exibição e o envio de dados e de documentos necessários à instrução do processo.

§ 1º Consideram-se cadastros públicos, para os efeitos deste artigo, dentre outros existentes ou que venham a ser criados, ainda que mantidos por concessionárias de serviço público ou empresas privadas, os que contenham informações indispensáveis ao exercício da função judicante.

§ 2º O acesso de que trata este artigo dar-se-á por qualquer meio tecnológico disponível, preferentemente o de menor custo, considerada sua eficiência.

§ 3º (VETADO).

Capítulo IV
DISPOSIÇÕES GERAIS E FINAIS

Art. 14. Os sistemas a serem desenvolvidos pelos órgãos do Poder Judiciário deverão usar, preferencialmente, programas com código aberto, acessíveis ininterruptamente por meio da rede mundial de computadores, priorizando-se a sua padronização.

Parágrafo único. Os sistemas devem buscar identificar os casos de ocorrência de prevenção, litispendência e coisa julgada.

Art. 15. Salvo impossibilidade que comprometa o acesso à justiça, a parte deverá informar, ao distribuir a petição inicial de qualquer ação judicial, o número no cadastro de pessoas físicas ou jurídicas, conforme o caso, perante a Secretaria da Receita Federal.

Parágrafo único. Da mesma forma, as peças de acusação criminais deverão ser instruídas pelos membros do Ministério Público ou pelas autoridades policiais com os números de registros dos acusados no Instituto Nacional de Identificação do Ministério da Justiça, se houver.

Art. 16. Os livros cartorários e demais repositórios dos órgãos do Poder Judiciário poderão ser gerados e armazenados em meio totalmente eletrônico.

Art. 17. (VETADO).

Art. 18. Os órgãos do Poder Judiciário regulamentarão esta Lei, no que couber, no âmbito de suas respectivas competências.

JURISPRUDÊNCIA SELECIONADA

1. Regulamentação judicial. Delegação legal. Ver jurisprudência do art. 188 do CPC/2015.

2. Digitalização dos autos e guarda pessoal de documentos. Faculdade. Ver jurisprudência do art. 12 desta Lei.

Art. 19. Ficam convalidados os atos processuais praticados por meio eletrônico até a data de publicação desta Lei, desde que tenham atingido sua finalidade e não tenha havido prejuízo para as partes.

Art. 20. A Lei nº 5.869, de 11 de janeiro de 1973 – Código de Processo Civil, passa a vigorar com as seguintes alterações:

(...)

Observação: as alterações já se encontram no texto dos arts. 38, parágrafo único; 154, § 2º; 164, parágrafo único; 169, §§ 1º a 3º; 202, § 3º; 221, inciso IV; 237, parágrafo único; 365, incisos V e VI, §§ 1º e 2º; 399, §§ 1º e 2º; 417, §§ 1º e 2º; 457, § 4º; 556, parágrafo único, do CPC/1973.

Art. 21. (VETADO).

Art. 22. Esta Lei entra em vigor 90 (noventa) dias depois de sua publicação.*

Brasília, 19 de dezembro de 2006; 185º da Independência e 118º da República.

LUIZ INÁCIO LULA DA SILVA

*Publicado no *DOU* de 20.12.2006.

ANEXO

***Diário de Justiça Eletrônico* nos Tribunais**

**** Dados não encontrados***

Tribunal	Norma	Data	Vigência	Fim do diário impresso
STF	Resolução nº 341	16.05.2007	Em 23.04.2007	31.12.2007
STJ	Resolução nº 08	20.07.2007	Em 01.10.2007	29.02.2008
TRF-1ª Região	Resolução/PRESI nº 600-011	04.10.2007	Em 08.10.2007	*
TRF-3ª Região	Resolução nº 295	04.10.2007	Em 10.10.2007	*
TRF-4ª Região	Resolução nº 70	25.10.2006	Em 30.10.2006	30.11.2006
TJDFT	Portaria Conjunta nº 48	27.11.2007	Em 29.11.2007	03.03.2008
TJAM	Resolução nº 38	01.11.2007	*	07.01.2008
TJGO	Resolução nº 13	26.09.2007	Em 01.10.2007	31.12.2007

Tribunal	Norma	Data	Vigência	Fim do diário impresso
TJMA	Resolução nº 15	06.05.2008	*	30.06.2008
TJMG	Portaria Conjunta nº 119	09.05.2008	Em 14.05.2008	30.08.2008
TJMS	Resolução nº 526	11.07.2007	Em 17.07.2007	31.12.2007
TJMT	Resolução nº 02	08.03.2007	Em 12.03.2007	04.06.2007
TJPI	Resolução nº 26	08.09.2008	Em 12.09.2008	29.10.2008
TJRJ	Resolução nº 10	05.06.2008	Em 16.06.2008	30.08.2008
TJRN	Resolução nº 034	18.10.2007	*	31.12.2007
TJRO	Resolução nº 007	26.06.2007	Em 02.07.2007	*
TJRS	Ato nº 031	29.08.2006	Em 04.09.2006	28.02.2007
TJSC	Resolução nº 08	07.06.2006	*	02.07.2006
TJSP	Provimento nº 1.321	12.06.2007	Em 18.06.2007	30.09.2007
TJTO	Resolução nº 9/2008	24.04.2008	Em 25.06.2008	*

TUTELA ANTECIPADA

CONTRA A FAZENDA PÚBLICA
LEI Nº 9.494, DE 10 DE SETEMBRO DE 1997

Disciplina a aplicação da tutela antecipada contra a Fazenda Pública, altera a Lei nº 7.347, de 24 de julho de 1985, e dá outras providências.

INDICAÇÃO DOUTRINÁRIA

Carlos Ari Sundfeld, Cassio Scarpinella Bueno (coord.), *Direito Processual Público: a Fazenda Pública em juízo*, São Paulo: Malheiros, 2003; Cassio Scarpinella Bueno, *Tutela antecipada*, São Paulo: Saraiva, 2004; Gustavo de Medeiros Melo, Tutela jurisdicional antecipada contra a Fazenda Pública e o duplo grau de jurisdição obrigatório, *in* Luiz Manoel Gomes Júnior (coord.), *Temas controvertidos de direito processual civil: 30 anos do CPC*, Rio de Janeiro: Forense, 2004, p. 173-222; Hélio do Valle Pereira, *Manual da Fazenda Pública em juízo*, Rio de Janeiro: Renovar, 2003; João Carlos Souto, *A União Federal em juízo*, São Paulo: Saraiva, 1998; Leonardo José Carneiro da Cunha, *A Fazenda Pública em juízo*, São Paulo: Dialética, 2005; R. Friede, *Medidas Liminares em matéria tributária*, 3. ed., São Paulo: Saraiva, 2005; Sacha Calmon Navarro Coelho, Os privilégios, garantias e restrições da Fazenda Pública e a jurisprudência do Superior Tribunal de Justiça, *STJ 10 anos: obra comemorativa 1989-1999*, Brasília: STJ, 1999, p. 239-270; João Batista Lopes, *Tutela Antecipada no Processo Civil Brasileiro*, Revista dos Tribunais, Terceira Parte, nº 2.

Faço saber que o Presidente da República adotou a Medida Provisória nº 1.570-5, de 1997, que o Congresso Nacional aprovou, e eu, Antonio Carlos Magalhães, Presidente, para os efeitos do disposto no parágrafo único do art. 62 da Constituição Federal, promulgo a seguinte Lei:

Art. 1º Aplica-se à tutela antecipada prevista nos arts. 273 e 461 do Código de Processo Civil o disposto nos arts. 5º e seu parágrafo único e 7º da Lei nº 4.348, de 26 de junho de 1964, no art. 1º e seu § 4º da Lei nº 5.021, de 9 de junho de 1966, e nos arts. 1º, 3º e 4º da Lei nº 8.437, de 30 de junho de 1992.

Observação: a Lei nº 4.348, de 26.06.1964, foi revogada pela Lei nº 12.016, de 07.08.2009. Sobre as Leis nº 8.437/1992 e nº 12.016/2009, ver Legislação Especial.

REFERÊNCIA LEGISLATIVA

Lei nº 12.016/2009: Art. 14, § 4º – "O pagamento de vencimentos e vantagens pecuniárias assegurados em sentença concessiva de mandado de segurança a servidor público da administração direta ou autárquica federal, estadual e municipal somente será efetuado relativamente às prestações que se vencerem a contar da data do ajuizamento da inicial" – e Art. 7º, § 2º – "Não será concedida medida liminar que tenha por objeto a compensação de créditos tributários, a entrega de mercadorias e bens provenientes do exterior, a reclassificação ou equiparação de servidores públicos e a concessão de aumento ou a extensão de vantagens ou pagamento de qualquer natureza".

SÚMULAS

Súmula do STF:

nº 729: "A decisão da ADC-4 não se aplica à antecipação de tutela em causa de natureza previdenciária".

JURISPRUDÊNCIA SELECIONADA

1. Cabimento:

ADC. "Ação direta de constitucionalidade do art. 1º da Lei nº 9.494, de 10.09.1997, que disciplina a aplicação da tutela antecipada contra a Fazenda Pública. Medida cautelar: cabimento e espécie, na ADC. Requisitos para sua concessão. (...) Algumas instâncias ordinárias da Justiça Federal têm deferido tutela antecipada contra a Fazenda Pública, argumentando com a inconstitucionalidade de tal norma. Outras instâncias igualmente ordinárias e até uma Superior – o STJ – a têm indeferido, reputando constitucional o dispositivo em questão. Diante desse quadro, é admissível Ação Direta de Constitucionalidade, de que trata a 2ª parte do inciso I do art. 102 da CF, para que o Supremo Tribunal Federal dirima a controvérsia sobre a questão prejudicial constitucional. Precedente: ADC nº 1. Art. 265, IV, do Código de Processo Civil" (STF, ADC 4-MC, Rel. Min. Sydney Sanches, Tribunal Pleno, jul. 11.02.1998, *DJ* 21.05.1999).

Antecipação de tutela. "Servidor público militar. Art. 1º da Lei nº 8.437/92. Razões. Fundamentação deficiente. Súmula nº

284/STF. Antecipação da tutela. Fazenda Pública. Requisitos. Reexame de prova. Reintegração. Exceção às hipóteses do art. 1º da Lei nº 9.494/97. Possibilidade de concessão da tutela antecipada contra a Fazenda Pública. (...) A antecipação de tutela em face da Fazenda Pública pode ser concedida nas situações que não se encontrem inseridas nas vedações da Lei nº 9.494/97. Precedentes" (STJ, REsp 688.780/RS, Rel. Min. Felix Fischer, 5ª Turma, jul. 17.02.2005, *DJ* 14.03.2005, p. 421).

"Contribuição previdenciária sobre função comissionada. Cabimento da antecipação de tutela. Ilegalidade da exação. É cabível a concessão de tutela antecipada para impedir o desconto de contribuição previdenciária sobre o valor pago a título de função comissionada, porquanto não se trata de extensão de vantagem a servidores públicos e sim do enfrentamento jurídico do desconto tributário reputado ilegal pelos Tribunais Superiores. Não se está diante das hipóteses impeditivas do art. 2º-B, da Lei nº 9.494/97" (STJ, REsp 614.715/RS, Rel. Min. Francisco Falcão, 1ª Turma, jul. 27.04.2004, *DJ* 30.08.2004, p. 222).

Impossibilidade. Concessão. "Tutela antecipada contra Fazenda Pública. Concessão. Impossibilidade. Lei nº 9.494/97. Exceção. Situação excepcional. Este Colendo Superior Tribunal de Justiça, tendo em vista decisão do Supremo Tribunal Federal, firmou sua jurisprudência no sentido de ser inaplicável a concessão de tutela antecipada em desfavor da Fazenda Pública enquanto pendente de julgamento definitivo a ação direta de constitucionalidade relativa à Lei nº 9.494/97. Todavia, esta Corte Superior, atenta à impossibilidade de aplicação irrestrita da mencionada vedação, o que poderia gerar danos irreparáveis à parte em situações peculiares, terminou por admitir a antecipação dos efeitos da tutela em detrimento da Fazenda Pública em hipóteses especialíssimas, nas quais a denegação do pedido implicaria em ameaça à própria sobrevivência do demandante. Precedentes" (STJ, REsp 463.778/RS, Rel. Min. Vicente Leal, 6ª Turma, jul. 26.11.2002, *DJ* 19.12.2002, p. 504).

Sustar Lançamento de Débito Tributário. "A vedação admitida no julgamento da Ação Declaratória de Constitucionalidade 4-DF não é irrestrita, referindo-se apenas a concessões de vantagens pecuniárias, reclassificação, equiparação, aumento ou extensão de vencimentos aos servidores públicos. Caso em que se deferiu pedido de antecipação de tutela para sustar lançamento de débito tributário na dívida ativa do Estado. Inaplicabilidade do óbice de que trata o artigo 1º da Lei nº 9.494/97. Ausência de afronta aos efeitos vinculantes da decisão proferida pelo Tribunal na ADC 4-DF. Reclamação improcedente" (STF, Recl. 902/SE, Rel. Min. Maurício Corrêa, Tribunal Pleno, jul. 25.04.2002, *DJ* 02.08.2002, p. 60).

Revisão de Reforma de Militar. "A vedação à concessão de tutela antecipada contra a Fazenda Pública, nos moldes do disposto no art. 1º da Lei nº 9.494/97 e nos arts. 5º, parágrafo único, e 7º, da Lei nº 4.348/64, não se aplica à hipótese de revisão do ato de reforma de militar" (STJ, REsp 577.045/RS, Rel. Min. Felix Fischer, 5ª Turma, jul. 25.05.2004, *DJ* 02.08.2004, p. 518). **Observação: a Lei nº 4.348/64 foi revogada pela Lei nº 12.016/2009, que regula as exceções das hipóteses de liminar em mandado de segurança em seu art. 7º, § 2º.**

Direitos fundamentais. "A tutela antecipada contra o Estado é admissível quando em jogo direitos fundamentais como o de prestar saúde a toda a coletividade. Proteção imediata do direito instrumental à consecução do direito-fim e dever do Estado" (STJ, REsp 523.454/PR, Rel. Min. Luiz Fux, 1ª Turma, jul. 21.08.2003, *DJ* 15.09.2003, p. 269).

Multa (*astreinte*). "É pacífico nesta Corte Superior o entendimento de que é possível ao juiz, *ex officio* ou por meio de requerimento da parte, a fixação de multa diária cominatória (*astreintes*) contra a Fazenda Pública, em caso de descumprimento de obrigação de fazer. Precedentes" (STJ, AgRg no REsp 718.011/TO, Rel. Min. José Delgado, 1ª Turma, jul. 19.04.2005, *DJ* 30.05.2005, p. 256). **Nesse mesmo sentido:** STJ, AgRg no REsp 690.483/SC, Rel. Min. José Delgado, jul. 19.04.2005, *DJ* 06.06.2005, p. 208.

2. Tutela. Reexame Necessário. "A antecipação de tutela em desfavor da Fazenda Pública pode ser concedida, quando a situação não está inserida nas impeditivas hipóteses da Lei nº 9.494/97. Precedentes. *In casu*, a decisão de antecipação da tutela em face da Fazenda Pública, excepcionalmente, não se sujeita ao reexame necessário (art. 475, *caput*, do CPC), mesmo porque o pretendido direito do autor pereceria ao tempo da sentença confirmatória do duplo grau de jurisdição, tornando-a inócua" (STJ, REsp 437.518/RJ, Rel. Min. Felix Fischer, 5ª Turma, jul. 24.06.2003, *DJ* 12.08.2003, p. 251).

3. Suspensão da tutela antecipada. "A via estreita da suspensão de decisão proferida na tutela antecipada contra a pessoa jurídica de direito público não comporta apreciação do mérito da controvérsia principal, matéria que deve ser apreciada na via recursal adequada. Não restando evidenciada grave lesão a ordem pública administrativa, nem ofensa aos demais bens jurídicos protegidos pelas Leis nº 4.348/64 e nº 9.494/97, quais sejam: a saúde, a segurança e a economia públicas, há que ser indeferido o pedido de suspensão. Propósito evidente do manejo da contracautela excepcional como substitutivo da instância recursal adequada. Precedentes da Corte (AgRg na SS nº 718/BA, Agp 1057/DF)." (STJ, AgRg na STA 67/PE, Rel. Min. Edson Vidigal, Corte Especial, jul. 18.08.2004, *DJ* 20.09.2004, p. 171; *RSTJ* 186/19). **Observação: a Lei nº 4.348/1964 foi revogada pela Lei nº 12.016/2009.**

Art. 1º-A. Estão dispensadas de depósito prévio, para interposição de recurso, as pessoas jurídicas de direito público federais, estaduais, distritais e municipais *(artigo incluído pela Medida Provisória nº 2.180-35, de 24.8.2001).*

Art. 1º-B. O prazo a que se refere o *caput* dos arts. 730 do Código de Processo Civil e 884 da Consolidação das Leis do Trabalho, aprovada pelo Decreto-Lei nº 5.452, de 1º de maio de 1943, passa a ser de 30 (trinta) dias *(artigo incluído pela Medida Provisória nº 2.180-35, de 24.8.2001. A referida Medida Provisória, no que diz respeito à alteração de prazo do art. 730 do Código de Processo Civil, foi julgada inconstitucional no Incidente de Inconstitucionalidade TST-RR 70/1992-011-04-00.7,* DJU *de 23.09.2005).*

REFERÊNCIA LEGISLATIVA

CLT, art. 884: "Garantida a execução ou penhorados os bens, terá o executado 5 (cinco) dias para apresentar embargos, cabendo igual prazo ao exequente para impugnação".

Art. 1º-C. Prescreverá em 5 (cinco) anos o direito de obter indenização dos danos causados por agentes de pessoas jurídicas de direito público e de pessoas jurídicas de direito privado prestadoras de serviços públicos *(artigo incluído pela Medida Provisória nº 2.180-35, de 24.8.2001).*

Art. 1º-D. Não serão devidos honorários advocatícios pela Fazenda Pública nas execuções não embargadas *(artigo incluído pela Medida Provisória nº 2.180-35, de 24.8.2001).*

REFERÊNCIA LEGISLATIVA

CPC/2015, art. 85, § 17 e CPC/1973, art. 20.

SÚMULAS

Súmula do STJ:

nº 345: "São devidos os honorários advocatícios pela Fazenda Pública nas execuções individuais de sentença proferida em ações coletivas, ainda que não embargadas".

Súmula da AGU:

nº 39: "São devidos honorários advocatícios nas execuções, não embargadas, contra a Fazenda Pública, de obrigações definidas em lei como de pequeno valor (art. 100, § 3º, da Constituição Federal)".

JURISPRUDÊNCIA SELECIONADA

1. Interpretação conforme a Constituição. "O Tribunal conheceu do recurso e declarou, incidentemente, a constitucionalidade da Medida Provisória nº 2.180-35, de 24 de agosto de 2001, com interpretação conforme de modo a reduzir-lhe a aplicação à hipótese de execução, por quantia certa, contra a Fazenda Pública (Código de Processo Civil, art. 730), excluídos os casos de pagamentos de obrigações definidos em lei como de pequeno valor, objeto do § 3º do artigo 100 da Constituição. Em consequência, negou-se provimento ao recurso. Vencidos, na questão prejudicial de constitucionalidade, os Senhores Ministros Carlos Velloso, Relator, Carlos Britto e Marco Aurélio, que declaravam a inconstitucionalidade formal e integral do artigo 1º-D da Lei nº 9.494, de 10 de setembro de 1997, introduzido pela Medida Provisória nº 2.180-35/2001. Votou o Presidente. Redigirá o acórdão o Senhor Ministro Sepúlveda Pertence. (...) Plenário, 29.09.2004" (STF, RE 420816/PR, Tribunal Pleno, Ata nº 27, *DJ* 06.10.2004).

"O Supremo Tribunal declarou, incidentalmente, a constitucionalidade do art. 1º-D da Lei nº 9.494/97, norma inserida pela Medida Provisória nº 2.180/2001 (RE 420.816, Redator para o acórdão Ministro Sepúlveda Pertence)" (STF, RE-ED 516335/PR, Rel.ª Min.ª Cármen Lúcia, 1ª Turma, jul. 2904.2008, *DJe* 13.06.2008).

"O plenário deste Tribunal declarou incidentalmente a constitucionalidade da Medida Provisória nº 2.180-35, de 24 de agosto de 2001, com interpretação conforme a Constituição. A aplicabilidade da MP foi reduzida à hipótese de execução por quantia certa contra a Fazenda Pública (CPC, artigo 730)" (STF, RE-AgRg 514387/PR, Rel. Min. Eros Grau, 2ª Turma, jul. 01.04.2008, *DJe* 09.05.2008).

2. ACP. Honorários. "A MP nº 2.180-35 acrescentou o art. 1º-D à Lei nº 9.494/97, disciplinadora de tutela antecipada contra a Fazenda Pública, determinando a não incidência da norma quando não embargada a execução. Entretanto, a regra somente se aplica às hipóteses em que os honorários fixados no processo de conhecimento mostram-se suficientes para também remunerar o trabalho do advogado na execução do julgado. Hipótese que trata de execução individual de direito individual homogêneo certificado em ação civil pública. Aplicação do art. 20, § 4º, do CPC, fixando-se honorários para remunerar o advogado da parte que não participou do processo de conhecimento" (STJ, REsp 493.068/PR, Rel.ª Min.ª Eliana Calmon, 2ª Turma, jul. 15.04.2003, *DJ* 19.05.2003, p. 220).

3. Ações ajuizadas antes da MP 2.180-35/2001. "'A Medida Provisória 2.180-35, que isenta a Fazenda Pública da verba honorária nas execuções não embargadas, não se aplica aos processos em curso antes de sua entrada em vigor, em 24.08.2001, em atenção ao princípio *tempus regit actum*. Precedentes da Corte Especial: EREsp 643690/RS, Relator Ministro José Delgado, *DJ* 05.09.2005; EREsp 380470/RS, Relator Ministro Ari Pargendler, *DJ* 15.08.2005; EREsp 617807/RS, Relator Ministro José Delgado, *DJ* 08.08.2005; EREsp 463812/RS, Relator Ministro Franciulli Netto, *DJ* 06.06.2005 e EREsp 572562/RS, Relator Ministro José Arnaldo da Fonseca, *DJ* 28.03.2005' (EREsp 421.725/RS, Rel. Min. Luiz Fux, Corte Especial, *DJ* 12.06.2006). A Emenda Constitucional nº 32, que se incorpora ao texto da Constituição Federal, e tem força de norma constitucional, à luz do Princípio da Segurança Jurídica, manteve hígidas as Medidas Provisórias anteriores; de maneira que, a partir da data da sua vigência, 11 de setembro, não se pode mais editar Medida Provisória de natureza processual. Deveras, a Medida Provisória nº 2.180-35 foi editada em 24 de agosto de 2001, e a execução se iniciou posteriormente; portanto, aplica-se a referida Medida" (STJ, EREsp 508268/RS, Rel. Min. Franciulli Netto, Rel. p/ ac. Min. Luiz Fux, Corte Especial, jul. 01.02.2007, *DJ* 14.05.2007, p. 237).

"O Superior Tribunal de Justiça possui jurisprudência uniforme no sentido de ser cabível a condenação em honorários advocatícios, quando a execução houver iniciado antes da edição da Medida Provisória nº 2.180-35/2001, nas execuções fundadas em título judicial ou extrajudicial, embargadas ou não, nos termos do art. 20, § 4º, do Código de Processo Civil, mesmo quando se tratar de execução contra a Fazenda Pública. O cabimento, ou não, de honorários advocatícios em execuções não embargadas contra Fazenda Pública, dependerá do cotejo da data de ajuizamento da ação executiva e a da edição da Medida Provisória nº 2.180-35/01" (STJ, REsp 701.030/SC, Rel. Min. Castro Meira, 2ª Turma, jul. 17.03.2005, *DJ* 30.05.2005, p. 323).

"Ademais, a jurisprudência encontra-se assente no sentido de que são devidos honorários advocatícios na execução por título judicial, mesmo que não tenham sido opostos embargos. A MP nº 2.180-35, de 24 de agosto de 2001, que acrescentou o art. 1º-D ao texto da Lei nº 9.494, por ter natureza de norma instrumental material, com reflexos na esfera jurídico-material das partes, não se aplica aos processos em curso" (STJ, EDcl nos EDcl no REsp 384.057/RS, Rel. Min. Felix Fischer, 5ª Turma, jul. 18.03.2003, *DJ* 28.04.2003, p. 236).

4. Execuções de pequeno valor. "Em se tratando de execução por quantia certa de título judicial contra a Fazenda Pública, a regra geral é a de que somente são devidos honorários advocatícios se houver embargos. É o que decorre do art. 1º-D da Lei nº 9.494/97, introduzido pela Medida Provisória nº 2.180-35, de 24 de agosto de 2001. A regra, todavia, é aplicável apenas às hipóteses em que a Fazenda Pública está submetida a regime de precatório, o que impede o cumprimento espontâneo da prestação devida por força da sentença. Excetuam-se da regra, portanto, as execuções de pequeno valor, de que trata o art. 100, § 3º, da Constituição, não sujeitas a precatório, em relação às quais a Fazenda fica sujeita a honorários nos termos do art. 20, § 4º, do CPC. Interpretação conforme a Constituição do art. 1º-D da Lei nº 9.494/97, conferida pelo STF (RE 420816, relator para acórdão Min. Sepúlveda Pertence). Consideram-se de pequeno valor, para esse efeito, as execuções de (a) até sessenta (60) salários mínimos, quando devedora for a União Federal (Lei nº 10.259/2001, art. 17 § 1º); (b) até quarenta (40) salários mínimos ou o estabelecido pela legislação local, quando devedor for Estado-membro ou o Distrito Federal (ADCT, art. 87); e (c) até trinta (30) salários mínimos ou o estabelecido pela legislação local, quando devedor for Município (ADCT, art. 87)" (STJ, AgRg nos EDcl no REsp 689.791/SC, Rel. Min. Teori Albino Zavascki, 1ª Turma, jul. 19.05.2005, *DJ* 06.06.2005, p. 208).

5. Execuções individuais. Sentença de ação coletiva. "Esta Casa, em várias oportunidades em que apreciou a matéria, emitiu pronunciamento na linha de que, em se tratando de título executivo proveniente de ação coletiva ajuizada por sindicato, e não de ação civil pública, teria incidência a regra de que, iniciada a execução após a edição da Medida Provisória nº 2.180-35/01 (que acrescentou o art. 1º-D, da Lei nº 9.494/97), não seriam devidos os honorários advocatícios pela Fazenda Pública nas execuções não embargadas. Precedentes: EDcl nos EDcl no AgRg no Ag. nº 570.876, Rel. Min. Gilson Dipp, *DJ* 21.02.2005, AgRg no Ag. nº 690.080/SC, Rel. Min. Hélio Quaglia Barbosa, *DJ* 07.11.05; AgRg no Ag. nº 672.729/RJ, Rel. Min. Nilson Naves, *DJ* 07.11.2005; AgRg nos EDcl no REsp 690.668/SC, Rel. Min.

Gilson Dipp, *DJ* 29.08.2005. De outro vértice, existiam manifestações esposando o entendimento de que 'A norma do artigo 4º da Medida Provisória nº 2.180-35, que exclui o pagamento dos honorários advocatícios nas execuções não embargadas, é de ser afastada não somente nas execuções individuais de julgados em sede de ação civil pública, mas, também, nas ações coletivas, ajuizadas por sindicato, como substituto processual, com igual razão de decidir, por indispensável a contratação de advogado, uma vez que também é necessário promover a liquidação do valor a ser pago e a individualização do crédito, inclusive com a demonstração da titularidade do direito do exequente, resultando, pois, induvidoso, o alto conteúdo cognitivo da ação de execução' (EDcl no AgRg no REsp 639.226/RS, Rel. Min. Hamilton Carvalhido, 6ª Turma, *DJU* 12.09.05). Precedente: AgRg no REsp 700.429/PR, Rel. Min. Arnaldo Esteves Lima, 5ª Turma, *DJU* 10.10.2005. Firma-se, nesta assentada, o entendimento pela inaplicabilidade do artigo 1º-D da Lei nº 9.494/97 às execuções não embargadas de sentenças proferidas em ações coletivas ajuizadas por sindicatos, sendo devidos os honorários advocatícios pela Fazenda Pública" (STJ, EREsp 653270/RS, Rel. Min. José Delgado, Corte Especial, jul. 17.05.2006, *DJ* 05.02.2007, p. 179). **No mesmo sentido:** STJ, EREsp 721810/RS, Rel. Min. José Delgado, Corte Especial, jul. 17.05.2006, *DJ* 01.08.2006, p. 338.

Art. 1º-E. São passíveis de revisão, pelo Presidente do Tribunal, de ofício ou a requerimento das partes, as contas elaboradas para aferir o valor dos precatórios antes de seu pagamento ao credor *(artigo incluído pela Medida Provisória nº 2.180-35, de 24.8.2001).*

Art. 1º-F. Nas condenações impostas à Fazenda Pública, independentemente de sua natureza e para fins de atualização monetária, remuneração do capital e compensação da mora, haverá a incidência uma única vez, até o efetivo pagamento, dos índices oficiais de remuneração básica e juros aplicados à caderneta de poupança *(artigo alterado pela Lei nº 11.960, de 26.06.2009).*

JURISPRUDÊNCIA SELECIONADA

1. Constitucionalidade. "Recurso Extraordinário. Conhecimento. Provimento. 2. Juros de Mora. 3. Art. 1º-F da Lei nº 9.494, de 1997. 4. Constitucionalidade" (STF, RE 453740/RJ, Rel. Min. Gilmar Mendes, Tribunal Pleno, jul. 28.02.2007, *DJe* 24.08.2007).

"O Pleno do STF, na Sessão do dia 28.2.07, ao julgar o RE 453.740, Relator o Ministro Gilmar Mendes, declarou a constitucionalidade do artigo 1º-F da Lei nº 9.494, de 1.997, com a redação que lhe foi conferida pela MP 2.180-35. Isso porque '[o]s débitos da Fazenda Pública, como regra, são fixados em 6% ao ano, a exemplo do que se dá na desapropriação, nos títulos da dívida pública e na composição dos precatórios. Portanto, não há discriminação, muito menos discriminação arbitrária entre credores da Fazenda Pública'" (STF, RE-AgRg 478732/RJ, Rel. Min. Eros Grau, 2ª Turma, jul. 27.03.2007, *DJ* 11.05.2007).

2. Condenações impostas à Fazenda Pública. Índices aplicáveis a depender da natureza da condenação:

Correção monetária. Caderneta de poupança como critério. Inconstitucionalidade do art. 1º-F: "Este Supremo Tribunal declarou inconstitucional o índice de remuneração da caderneta de poupança como critério de correção monetária em condenações judiciais da Fazenda Pública ao decidir o Recurso Extraordinário n. 870.947, com repercussão geral (Tema 810). Assentou-se que a norma do art. 1º-F da Lei n. 9.494/1997, pela qual se estabelece a aplicação dos índices oficiais de remuneração da caderneta de poupança para atualização monetária nas condenações da Fazenda Pública, configura restrição desproporcional ao direito fundamental de propriedade" (STF, ADI 5348, Rel. Min. Cármen Lúcia, Tribunal Pleno, jul. 11.11.2019, *DJe* 28.11.2019).

Correção Monetária. "Discussão sobre a aplicação do art. 1º-F da Lei 9.494/97 (com redação dada pela Lei 11.960/2009) às condenações impostas à Fazenda Pública. Caso concreto que é relativo a indébito tributário. Teses jurídicas fixadas. Correção monetária: o art. 1º-F da Lei 9.494/97 (com redação dada pela Lei 11.960/2009), para fins de correção monetária, não é aplicável nas condenações judiciais impostas à Fazenda Pública, independentemente de sua natureza. Impossibilidade de fixação apriorística da taxa de correção monetária. No presente julgamento, o estabelecimento de índices que devem ser aplicados a título de correção monetária não implica prefixação (ou fixação apriorística) de taxa de atualização monetária. Do contrário, a decisão baseia-se em índices que, atualmente, refletem a correção monetária ocorrida no período correspondente. Nesse contexto, em relação às situações futuras, a aplicação dos índices em comento, sobretudo o INPC e o IPCA-E, é legítima enquanto tais índices sejam capazes de captar o fenômeno inflacionário. (...)" (STJ, REsp 1495146/MG, Rel. Min. Mauro Campbell Marques, 1ª Seção, jul. 22.02.2018, *DJe* 02.03.2018)

Juros de mora: "(...) O art. 1º-F da Lei 9.494/97 (com redação dada pela Lei 11.960/2009), na parte em que estabelece a incidência de juros de mora nos débitos da Fazenda Pública com base no índice oficial de remuneração da caderneta de poupança, aplica-se às condenações impostas à Fazenda Pública, **excepcionadas as condenações oriundas de relação jurídico-tributária.** Índices aplicáveis a depender da natureza da condenação. Condenações judiciais de natureza administrativa em geral. As condenações judiciais de natureza administrativa em geral, sujeitam-se aos seguintes encargos: (a) até dezembro/2002: juros de mora de 0,5% ao mês; correção monetária de acordo com os índices previstos no Manual de Cálculos da Justiça Federal, com destaque para a incidência do IPCA-E a partir de janeiro/2001; (b) no período posterior à vigência do CC/2002 e anterior à vigência da Lei 11.960/2009: juros de mora correspondentes à taxa Selic, vedada a cumulação com qualquer outro índice; (c) período posterior à vigência da Lei 11.960/2009: juros de mora segundo o índice de remuneração da caderneta de poupança; correção monetária com base no IPCA-E." (STJ, REsp 1495146/MG, Rel. Min. Mauro Campbell Marques, 1ª Seção, jul. 22.02.2018, *DJe* 02.03.2018)

Condenações judiciais referentes a servidores e empregados públicos: As condenações judiciais referentes a servidores e empregados públicos, sujeitam-se aos seguintes encargos: (a) até julho/2001: juros de mora: 1% ao mês (capitalização simples); correção monetária: índices previstos no Manual de Cálculos da Justiça Federal, com destaque para a incidência do IPCA-E a partir de janeiro/2001; (b) agosto/2001 a junho/2009: juros de mora: 0,5% ao mês; correção monetária: IPCA-E; (c) a partir de julho/2009: juros de mora: remuneração oficial da caderneta de poupança; correção monetária: IPCA-E." (STJ, REsp 1495146/MG, Rel. Min. Mauro Campbell Marques, 1ª Seção, jul. 22.02.2018, *DJe* 02.03.2018)

Condenações judiciais referentes a desapropriações diretas e indiretas. "No âmbito das condenações judiciais referentes a desapropriações diretas e indiretas existem regras específicas, no que concerne aos juros moratórios e compensatórios, razão pela qual não se justifica a incidência do art. 1º-F da Lei 9.494/97 (com redação dada pela Lei 11.960/2009), nem para compensação da mora nem para remuneração do capital." (STJ, REsp 1495146/MG, Rel. Min. Mauro Campbell Marques, 1ª Seção, jul. 22.02.2018, *DJe* 02.03.2018)

Condenações judiciais de natureza previdenciária. "As condenações impostas à Fazenda Pública de natureza previdenciária sujeitam-se à incidência do INPC, para fins de correção monetária, no que se refere ao período posterior à vigência da Lei 11.430/2006, que incluiu o art. 41-A na Lei 8.213/91. Quanto aos juros de mora, incidem segundo a remuneração oficial da caderneta de poupança (art. 1º-F da Lei 9.494/97, com redação dada pela Lei n. 11.960/2009)." (STJ, REsp 1495146/MG, Rel. Min. Mauro Campbell Marques, 1ª Seção, jul. 22.02.2018, *DJe* 02.03.2018)

Condenações judiciais de natureza tributária. "A correção monetária e a taxa de juros de mora incidentes na repetição de indébitos tributários devem corresponder às utilizadas na cobrança de tributo pago em atraso. Não havendo disposição legal específica, os juros de mora são calculados à taxa de 1% ao mês (art. 161, § 1º, do CTN). Observada a regra isonômica e havendo previsão na legislação da entidade tributante, é legítima a utilização da taxa Selic, sendo vedada sua cumulação com quaisquer outros índices. (...) Em se tratando de dívida de natureza tributária, não é possível a incidência do art. 1º-F da Lei 9.494/97 (com redação dada pela Lei 11.960/2009) – nem para atualização monetária nem para compensação da mora –, razão pela qual não se justifica a reforma do acórdão recorrido." (STJ, REsp 1495146/MG, Rel. Min. Mauro Campbell Marques, 1ª Seção, jul. 22.02.2018, *DJe* 02.03.2018). **Obs.: Decisão submetida ao julgamento dos recursos repetitivos.**

Art. 2º O art. 16 da Lei nº 7.347, de 24 de julho de 1985, passa a vigorar com a seguinte redação *(a Lei nº 7.347, de 24.07.1985, que disciplina a Ação Civil Pública, consta deste volume)*:

"Art. 16. A sentença civil fará coisa julgada *erga omnes*, nos limites da competência territorial do órgão prolator, exceto se o pedido for julgado improcedente por insuficiência de provas, hipótese em que qualquer legitimado poderá intentar outra ação com idêntico fundamento, valendo-se de nova prova."

Art. 2º-A. A sentença civil prolatada em ação de caráter coletivo proposta por entidade associativa, na defesa dos interesses e direitos dos seus associados, abrangerá apenas os substituídos que tenham, na data da propositura da ação, domicílio no âmbito da competência territorial do órgão prolator *(artigo incluído pela Medida Provisória nº 2.180-35, de 24.8.2001)*.

Parágrafo único. Nas ações coletivas propostas contra a União, os Estados, o Distrito Federal, os Municípios e suas autarquias e fundações, a petição inicial deverá obrigatoriamente estar instruída com a ata da assembleia da entidade associativa que a autorizou, acompanhada da relação nominal dos seus associados e indicação dos respectivos endereços *(parágrafo incluído pela Medida Provisória nº 2.180-35, de 24.8.2001)*.

JURISPRUDÊNCIA SELECIONADA

1. Indicação nominal de associados:

Necessidade. "Em mandado de segurança requerido por sindicato de classe é imprescindível a delimitação, na inicial, de quais e quantos associados serão beneficiados pela concessão da ordem, por tratar-se de defesa de direitos coletivos" (STJ, MS 6.307/DF, Rel. Min. Garcia Vieira, 1ª Seção, jul. 22.09.1999, *DJ* 25.10.1999, p. 33).

Ação proposta no STJ. "Tendo o órgão prolator da sentença civil jurisdição nacional, como o Superior Tribunal de Justiça a tem, não se aplica a ele a exigência feita, na parte final do parágrafo único do artigo 2º da Lei nº 9.494/97 na redação que dada pela MP nº 1798-2/99 e reedições posteriores, de que a inicial da ação coletiva deverá ser acompanhada da relação nominal dos associados-substituídos das entidades associativas substitutas processuais deles. Recurso a que se dá provimento para determinar ao Superior Tribunal de Justiça que, afastada a preliminar processual que deu margem à extinção do processo sem julgamento do mérito, continue a julgar o mandado de segurança em causa como entender de direito" (STF, RMS 23.566/DF, Rel. Min. Moreira Alves, 1ª Turma, jul. 19.02.2002, *DJ* 12.04.2002, p. 67). **No mesmo sentido:** STJ, MS 6.318/DF, Rel. Min. Fernando Gonçalves, 3ª Seção, jul. 13.11.2002, *DJ* 02.12.2002, p. 218.

2. Competência territorial do juízo prolator da decisão. "Conforme a orientação jurisprudencial do STJ, os efeitos da sentença proferida em ação coletiva **restringem-se aos substituídos que tenham, na data da propositura da ação, domicílio no âmbito da competência territorial do órgão prolator**" (STJ, AgRg no REsp 1.357.841/DF, Rel. Min. Mauro Campbell Marques, jul. 15.08.2013).

Entretanto: "Impõe-se interpretar o art. 2º-A da Lei 9.494/1997 em harmonia com as demais normas que disciplinam a matéria, de modo que os efeitos da sentença coletiva, nos casos em que a entidade sindical atua como substituta processual, não estão adstritos aos filiados à entidade sindical à época do oferecimento da ação coletiva, ou limitada a sua abrangência ao âmbito territorial da jurisdição do órgão prolator da decisão, salvo se houver restrição expressa no título executivo judicial (AgInt no REsp 1.614.030/RS, Rel. Min. Regina Helena Costa, *DJe* 13.2.2019)" (STJ, AgInt no AREsp 684.543/RS, Rel. Min. Napoleão Nunes Maia Filho, 1ª Turma, jul. 20.02.2020, *DJe* 05.03.2020).

Art. 2º-B. A sentença que tenha por objeto a liberação de recurso, inclusão em folha de pagamento, reclassificação, equiparação, concessão de aumento ou extensão de vantagens a servidores da União, dos Estados, do Distrito Federal e dos Municípios, inclusive de suas autarquias e fundações, somente poderá ser executada após seu trânsito em julgado *(artigo incluído pela Medida Provisória nº 2.180-35, de 24.8.2001)*.

JURISPRUDÊNCIA SELECIONADA

1. Exceções:

Verba de natureza alimentar. "Esta Corte tem se pronunciado no sentido da possibilidade de execução provisória contra a Fazenda Pública e que, nessa hipótese, em se tratando de verba de natureza alimentar, é dispensável a prestação de caução" (STJ, REsp 663.578/RS, Rel. Min. Felix Fischer, 5ª Turma, jul. 15.03.2005, *DJ* 16.05.2005, p. 393).

Restabelecimento de parcela suprimida de pensão. "A vedação de execução de sentença contra a Fazenda Pública antes do trânsito em julgado (art. 2º-B da Lei nº 9.494/97) e, da mesma forma, da concessão de tutela antecipada (art. 1º da Lei nº 9.494/97 e arts. 5º, parágrafo único, e 7º da Lei nº 4.348/64) não se aplica à hipótese de restabelecimento de parcela suprimida de pensão" (STJ, REsp 611.344/SC, Rel. Min. Felix Fischer, 4ª Turma, jul. 28.04.2004, *DJ* 02.08.2004, p. 545). **Observação: a Lei nº 4.348/1964 foi revogada pela Lei nº 12.016/2009, que regula as hipóteses de liminar em mandado de segurança em seu art. 7º.**

Sentença declaratória. "É possível a execução de sentença declaratória que contenha carga condenatória. Excluídas as hipóteses previstas no art. 2º-B da Lei 9.494/97, é possível a execução provisória contra a Fazenda Pública. Cuidando-se de execução de sentença declaratória que também comina obrigação de fazer – recalcular lançamento tributário declarado nulo –, a alegação da necessidade de incidência de juros e multa sobre o valor não é admissível como causa de suspensão da exigibilidade do crédito e extinção deste por conta do pagamento. Alegações dissociadas da matéria efetivamente tratada na causa. Aplicação da Súmula 284/STF" (STJ, REsp 890.631/MG, Rel. Min. Castro Meira, 2ª Turma, jul. 04.09.2007, *DJ* 18.09.2007).

Pensão por morte. Ver jurisprudência do art. 910 do CPC/2015.

Hipóteses restritivas. Não enquadramento. "O presente caso não trata de inclusão em folha de pagamento, mas sim de manutenção de condição preexistente, porquanto a ora recorrida realizava o curso de formação da Polícia Militar do Estado. Dessarte, a antecipação da tutela não encontra vedação no art. 2º-B da Lei nº 9.494/97, por não estar configurada qualquer de suas hipóteses" (STJ, AgRg no REsp 1.158.492/RR, Rel. Min. Adilson Vieira Macabu, 5ª Turma, jul. 03.05.2011, *DJe* 31.05.2011).

Art. 3º Ficam convalidados os atos praticados com base, na Medida Provisória nº 1.570-4, de 22 de julho de 1997.

Art. 4º Esta Lei entra em vigor na data de sua publicação.*

JURISPRUDÊNCIA SELECIONADA

1. Incidência da MP nº 1.781/99. "As novas exigências impostas pela Medida Provisória nº 1.781/99, que alterou a redação da Lei nº 9.494/97, não podem retroagir para alcançar ação ajuizada antes de sua vigência. As normas processuais têm efeitos imediatos, mas não retroativos. Precedentes" (STJ, REsp 537.620/PB, Rel. Min. José Arnaldo da Fonseca, 5ª Turma, jul. 26.10.2004, *DJ* 29.11.2004, p. 371).

2. Incidência da MP nº 2.180/2001. "Muito embora as regras estritamente processuais tenham aplicação imediata, inviável a adoção da Medida Provisória nº 2.180/2001, aos casos pendentes, pois a sua eficácia fica condicionada aos feitos onde o processo cognitivo ainda não tenha se exaurido, sob pena da sua retroatividade malferir direito já integrado ao patrimônio jurídico da parte vencedora da lide. Desta forma, a Medida Provisória nº 2.180/2001, só pode ser aplicada às execuções iniciadas após a sua vigência. Precedentes" (STJ, EDcl no AgRg no REsp 542.483/RS, Rel. Min. Gilson Dipp, 5ª Turma, jul. 18.11.2003, *DJ* 19.12.2003, p. 606).

"O entendimento deste Tribunal é no sentido de que a Medida Provisória nº 2.180/01 só tem incidência quando a execução de sentença ou de título extrajudicial tiver sido iniciada após a sua vigência" (STJ, AgRg no Ag. 489.659/RS, Rel. Min. Paulo Gallotti, 6ª Turma, jul. 03.06.2003, *DJ* 19.12.2003, p. 634).

Congresso Nacional, 10 de setembro, de 1997; 176º da Independência e 109º da República.

Senador ANTONIO CARLOS MAGALHÃES
Presidente do Congresso Nacional

* Publicada no *DOU* de 24.12.1997.

SÚMULAS DOS TRIBUNAIS SUPERIORES

SÚMULAS VINCULANTES DO SUPREMO TRIBUNAL FEDERAL

Breves Comentários – Na sessão plenária de 13.08.2008, o STF decidiu conferir a todas as súmulas vinculantes caráter impeditivo de recursos. Isto significa que as decisões tomadas com base no entendimento do STF fixado em súmula vinculante não serão passíveis de recurso. O efeito impeditivo de recurso permite aos tribunais negar admissibilidade a recursos extraordinários e agravos de instrumento que tratem de tema estabelecido nas súmulas vinculantes, de modo que esses recursos não sejam encaminhados ao STF. Assim, poderão também os tribunais inadmitir, já na origem, os agravos contrários às decisões que negarem a subida dos recursos extraordinários (*DJe* 12.11.2008).

1. Ofende a garantia constitucional do ato jurídico perfeito a decisão que, sem ponderar as circunstâncias do caso concreto, desconsidera a validez e a eficácia de acordo constante de termo de adesão instituído pela Lei Complementar nº 110/2001.

2. É inconstitucional a lei ou ato normativo estadual ou distrital que disponha sobre sistemas de consórcios e sorteios, inclusive bingos e loterias.

3. Nos processos perante o Tribunal de Contas da União asseguram-se o contraditório e a ampla defesa quando da decisão puder resultar anulação ou revogação de ato administrativo que beneficie o interessado, excetuada a apreciação da legalidade do ato de concessão inicial de aposentadoria, reforma e pensão.

4. Salvo nos casos previstos na Constituição, o salário mínimo não pode ser usado como indexador de base de cálculo de vantagem de servidor público ou de empregado, nem ser substituído por decisão judicial.

5. A falta de defesa técnica por advogado no processo administrativo disciplinar não ofende a Constituição.

6. Não viola a Constituição o estabelecimento de remuneração inferior ao salário mínimo para as praças prestadoras de serviço militar inicial.

7. A norma do § 3º do artigo 192 da Constituição, revogada pela Emenda Constitucional nº 40/2003, que limitava a taxa de juros reais a 12% ao ano, tinha sua aplicação condicionada à edição de lei complementar.

8. São inconstitucionais o parágrafo único do artigo 5º do Decreto-Lei nº 1.569/1977 e os artigos 45 e 46 da Lei nº 8.212/1991, que tratam de prescrição e decadência de crédito tributário.

9. O disposto no artigo 127 da Lei nº 7.210/1984 (Lei de Execução Penal) foi recebido pela ordem constitucional vigente, e não se lhe aplica o limite temporal previsto no *caput* do artigo 58.

10. Viola a cláusula de reserva de plenário (CF, artigo 97) a decisão de órgão fracionário de tribunal que, embora não declare expressamente a inconstitucionalidade de lei ou ato normativo do poder público, afasta sua incidência, no todo ou em parte.

11. Só é lícito o uso de algemas em casos de resistência e de fundado receio de fuga ou de perigo à integridade física própria ou alheia, por parte do preso ou de terceiros, justificada a excepcionalidade por escrito, sob pena de responsabilidade disciplinar, civil e penal do agente ou da autoridade e de nulidade da prisão ou do ato processual a que se refere, sem prejuízo da responsabilidade civil do Estado.

12. A cobrança de taxa de matrícula nas universidades públicas viola o disposto no art. 206, IV, da Constituição Federal.

13. A nomeação de cônjuge, companheiro ou parente em linha reta, colateral ou por afinidade, até o terceiro grau, inclusive, da autoridade nomeante ou de servidor da mesma pessoa jurídica investido em cargo de direção, chefia ou assessoramento, para o exercício de cargo em comissão ou de confiança ou, ainda, de função gratificada na administração pública direta e indireta em qualquer dos Poderes da União, dos Estados, do Distrito Federal e dos Municípios, compreendido o ajuste mediante designações recíprocas, viola a Constituição Federal.

14. É direito do defensor, no interesse do representado, ter acesso amplo aos elementos de prova que, já documentados em procedimento investigatório realizado por órgão com competência de polícia judiciária, digam respeito ao exercício do direito de defesa.

15. O cálculo de gratificações e outras vantagens não incide sobre o abono utilizado para se atingir o salário mínimo do servidor público.

16. Os arts. 7º, IV, e 39, § 3º (redação da EC 19/98), da Constituição, referem-se ao total da remuneração percebida pelo servidor público.

17. Durante o período previsto no parágrafo primeiro do artigo 100 da Constituição, não incidem juros de mora sobre os precatórios que nele sejam pagos.

18. A dissolução da sociedade ou do vínculo conjugal, no curso do mandato, não afasta a inelegibilidade prevista no § 7º do artigo 14 da Constituição Federal.

19. A taxa cobrada exclusivamente em razão dos serviços públicos de coleta, remoção e tratamento ou destinação de lixo ou resíduos provenientes de imóveis não viola o art. 145, II, da CF.

20. A Gratificação de Desempenho de Atividade Técnico-Administrativa – GDATA, instituída pela Lei 10.404/2002, deve ser deferida aos inativos nos valores correspondentes a 37,5 (trinta e sete vírgula cinco) pontos no período de fevereiro a maio de 2002 e, nos termos do art. 5°, parágrafo único, da Lei 10.404/2002, no período de junho de 2002 até a conclusão dos efeitos do último ciclo de avaliação a que se refere o art. 1° da Medida Provisória 198/2004, a partir da qual passa a ser de 60 (sessenta) pontos.

21. É inconstitucional a exigência de depósito ou arrolamento prévios de dinheiro ou bens para admissibilidade de recurso administrativo.

22. A Justiça do Trabalho é competente para processar e julgar as causas relativas a indenizações por danos morais e patrimoniais decorrentes de acidente de trabalho propostas por empregado contra empregador, alcançando-se, inclusive, as demandas que ainda não possuíam, quando da promulgação da EC n° 45/2004, sentença de mérito em primeiro grau.

23. A Justiça do Trabalho é competente para processar e julgar as ações possessórias ajuizadas em decorrência do exercício do direito de greve pelos trabalhadores da iniciativa privada.

24. Não se tipifica crime material contra a ordem tributária, previsto no artigo 1°, inciso I, da Lei n° 8.137/90, antes do lançamento definitivo do tributo.

25. É ilícita a prisão civil de depositário infiel, qualquer que seja a modalidade do depósito.

26. Para efeito de progressão de regime de cumprimento de pena, por crime hediondo ou equiparado, praticado antes de 29 de marco de 2007, o juiz da execução, ante a inconstitucionalidade do artigo 2°, parágrafo 1°, da Lei 8.072/90, aplicará o artigo 112 da Lei de Execuções Penais, na redação original, sem prejuízo de avaliar se o condenado preenche ou não os requisitos objetivos e subjetivos do benefício podendo determinar para tal fim, de modo fundamentado, a realização de exame criminológico.

27. Compete à Justiça Estadual julgar causas entre consumidor e concessionária de serviço público de telefonia, quando a Anatel não seja litisconsorte passiva necessária, assistente nem opoente.

28. É inconstitucional a exigência de depósito prévio como requisito de admissibilidade de ação judicial na qual se pretenda discutir a exigibilidade do crédito tributário.

29. É constitucional a adoção no cálculo do valor de taxa de um ou mais elementos da base de cálculo própria de determinado imposto, desde que não haja integral identidade entre uma base e outra.

30. É inconstitucional lei estadual que, a título de incentivo fiscal, retém parcela do ICMS pertencente aos municípios.

31. É inconstitucional a incidência do Imposto sobre Serviços de Qualquer Natureza – ISS sobre operações de locação de bens móveis.

32. O ICMS não incide sobre alienação de salvados de sinistro pelas seguradoras.

33. Aplicam-se ao servidor público, no que couber, as regras do regime geral da previdência social sobre aposentadoria especial de que trata o artigo 40, § 4°, inciso III da Constituição Federal, até a edição de lei complementar específica.

34. A Gratificação de Desempenho de Atividade de Seguridade Social e do Trabalho – GDASST, instituída pela Lei 10.483/2002, deve ser estendida aos inativos no valor correspondente a 60 (sessenta) pontos, desde o advento da Medida Provisória 198/2004, convertida na Lei 10.971/2004, quando tais inativos façam jus à paridade constitucional (EC 20/1998, 41/2003 e 47/2005).

35. A homologação da transação penal prevista no artigo 76 da Lei 9.099/1995 não faz coisa julgada material e, descumpridas suas cláusulas, retoma-se a situação anterior, possibilitando-se ao Ministério Público a continuidade da persecução penal mediante oferecimento de denúncia ou requisição de inquérito policial.

36. Compete à Justiça Federal comum processar e julgar civil denunciado pelos crimes de falsificação e de uso de documento falso quando se tratar de falsificação da Caderneta de Inscrição e Registro (CIR) ou de Carteira de Habilitação de Amador (CHA), ainda que expedidas pela Marinha do Brasil.

37. Não cabe ao Poder Judiciário, que não tem função legislativa, aumentar vencimentos de servidores públicos sob o fundamento de isonomia.

38. É competente o Município para fixar o horário de funcionamento de estabelecimento comercial.

39. Compete privativamente à União legislar sobre vencimentos dos membros das polícias civil e militar e do corpo de bombeiros militar do Distrito Federal.

40. A contribuição confederativa de que trata o art. 8°, IV, da Constituição Federal, só é exigível dos filiados ao sindicato respectivo.

41. O serviço de iluminação pública não pode ser remunerado mediante taxa.

42. É inconstitucional a vinculação do reajuste de vencimentos de servidores estaduais ou municipais a índices federais de correção monetária.

43. É inconstitucional toda modalidade de provimento que propicie ao servidor investir-se, sem prévia aprovação em concurso público destinado ao seu provimento, em cargo que não integra a carreira na qual anteriormente investido.

44. Só por lei se pode sujeitar a exame psicotécnico a habilitação de candidato a cargo público.

45. A competência constitucional do Tribunal do Júri prevalece sobre o foro por prerrogativa de função estabelecido exclusivamente pela constituição estadual.

46. A definição dos crimes de responsabilidade e o estabelecimento das respectivas normas de processo e julgamento são da competência legislativa privativa da União.

47. Os honorários advocatícios incluídos na condenação ou destacados do montante principal devido ao credor consubstanciam verba de natureza alimentar cuja satisfação ocorrerá com a expedição de precatório ou requisição de pequeno valor, observada ordem especial restrita aos créditos dessa natureza.

48. Na entrada de mercadoria importada do exterior, é legítima a cobrança do ICMS por ocasião do desembaraço aduaneiro.

49. Ofende o princípio da livre concorrência lei municipal que impede a instalação de estabelecimentos comerciais do mesmo ramo em determinada área.

50. Norma legal que altera o prazo de recolhimento de obrigação tributária não se sujeita ao princípio da anterioridade.

51. O reajuste de 28,86%, concedido aos servidores militares pelas Leis 8.622/1993 e 8.627/1993, estende-se aos servidores civis do poder executivo, observadas as eventuais compensações decorrentes dos reajustes diferenciados concedidos pelos mesmos diplomas legais.

52. Ainda quando alugado a terceiros, permanece imune ao IPTU o imóvel pertencente a qualquer das entidades referidas pelo art. 150, VI, "c", da Constituição Federal, desde

que o valor dos aluguéis seja aplicado nas atividades para as quais tais entidades foram constituídas.

53. A competência da Justiça do Trabalho prevista no art. 114, VIII, da Constituição Federal alcança a execução de ofício das contribuições previdenciárias relativas ao objeto da condenação constante das sentenças que proferir e acordos por ela homologados.

54. A medida provisória não apreciada pelo Congresso Nacional podia, até a Emenda Constitucional 32/2001, ser reeditada dentro do seu prazo de eficácia de trinta dias, mantidos os efeitos de lei desde a primeira edição.

Veja Súmula 651; Veja PSV 93 (*DJe* 23.06.2016) que aprovou a Súmula Vinculante 54.55. O direito ao auxílio-alimentação não se estende aos servidores inativos.

Veja Súmula 680; Veja PSV 100 (*DJe* 20.05.2016) que aprovou a Súmula Vinculante 55.

56. A falta de estabelecimento penal adequado não autoriza a manutenção do condenado em regime prisional mais gravoso, devendo-se observar, nessa hipótese, os parâmetros fixados no RE 641.320/RS.

Veja a PSV 57 (DJe 01.08.2017) que aprovou a Súmula Vinculante 56.

57. A imunidade tributária constante do art. 150, VI, *d*, da CF/1988 aplica-se à importação e à comercialização, no mercado interno, do livro eletrônico (*e-book*) e dos suportes exclusivamente utilizados para fixá-los, como leitores de livros eletrônicos (*e-readers*), ainda que possuam funcionalidades acessórias.

Veja PSV 132 (*DJe* 99 de 23.04.2020), acolhida em sessão virtual do Plenário realizada de 03.04.2020 a 14.04.2020.

58. Inexiste direito a crédito presumido de IPI relativamente à entrada de insumos isentos, sujeitos à alíquota zero ou não tributáveis, o que não contraria o princípio da não **cumulatividade.**

Veja PSV 26 (*DJe* 112 de 07.05.2020), acolhida em sessão virtual do Plenário realizada de 17.04.2020 a 24.04.2020.

59. É impositiva a fixação do regime aberto e a substituição da pena privativa de liberdade por restritiva de direitos quando reconhecida a figura do tráfico privilegiado (art. 33, § 4º, da Lei 11.343/06) e ausentes vetores negativos na primeira fase da dosimetria (art. 59 do CP), observados os requisitos do art. 33, § 2º, alínea *c*, e do art. 44, ambos do Código Penal.

60. O pedido e a análise administrativos de fármacos na rede pública de saúde, a judicialização do caso, bem ainda seus desdobramentos (administrativos e jurisdicionais), devem observar os termos dos 3 (três) acordos interfederativos (e seus fluxos) homologados pelo Supremo Tribunal Federal, em governança judicial colaborativa, no tema 1.234 da sistemática da repercussão geral (RE 1.366.243).

61. A concessão judicial de medicamento registrado na ANVISA, mas não incorporado às listas de dispensação do Sistema Único de Saúde, deve observar as teses firmadas no julgamento do Tema 6 da Repercussão Geral (RE 566.471).

SÚMULAS DO SUPREMO TRIBUNAL FEDERAL

Observação: Súmulas nos 1 a 621 promulgadas antes da entrada em vigor da CF/88, que alterou a competência do STF. Súmulas nos 622 a 721 aprovadas pelo Tribunal Pleno, na sessão de 24 de setembro de 2003. Súmulas nos 722 a 736 publicadas no Diário da Justiça da União de 09.12.2003.

Referência Legislativa – CF, art. 103-A, acrescentado pela Emenda Constitucional nº 45, de 08.12.2004 (súmula vinculante); Lei nº 11.417/2006, que regulamentou o art. 103-A.

Breves Comentários – Pelo art. 103-A incluído na Constituição pela Emenda nº 45, a súmula de decisões reiteradas do STF, em matéria constitucional, terá *efeito vinculante* em relação aos demais órgãos do Poder Judiciário e perante a "administração pública direta e indireta, nas esferas federal, estadual e municipal".

Para adquirir essa força vinculante, exige-se que a súmula, de ofício ou por provocação, seja aprovada por decisão de dois terços dos membros do STF. Tal eficácia dar-se-á a partir de publicação na imprensa oficial e se restringe à matéria constitucional. Quanto às súmulas anteriores, a Emenda nº 45 não lhes conferiu força vinculante. Permitiu, porém, que tal possa vir a acontecer, se o STF as confirmar por dois terços de seus integrantes, e as fizer publicar, em seguida, pela imprensa oficial (art. 8º da Emenda).

A Lei nº 11.417, de 19 de dezembro de 2006 regulamentou o art. 103 da Constituição, com vigência programada para três meses após a respectiva publicação, que se deu no *DOU* de 20.12.2006. O objetivo básico da lei foi o de disciplinar "a edição, a revisão e o cancelamento de súmula vinculante pelo Supremo Tribunal Federal" (art. 1º).

O teor da súmula obriga como lei, mas só atua em campo de interpretação de norma legal já existente. O STF não está autorizado a proceder como órgão legislativo originário. Não pode criar, pelo mecanismo sumular, norma que não tenha sido instituída pelo poder legislativo, nem mesmo a pretexto de suprir lacuna do direito positivo. Na verdade, o que obriga é a lei interpretada pelo STF em súmula de seus julgados. A súmula apenas revela o sentido que tem a norma traçada pelo legislador. Como a Constituição confere autoridade ao STF para tanto, descumprir o enunciado de uma súmula vinculante equivale a violar a lei que a inspirou. Daí falar-se em súmula com efeitos vinculantes (ou obrigatórios).

Indicação Doutrinária – Humberto Theodoro Jr., *Curso de Direito Processual Civil*, 47. ed., Rio de Janeiro, Forense, 2007, v. I, nº 568-b; Mário Moacyr Porto, As súmulas do STF – estudo crítico, *RF* 340/427.

1. É vedada a expulsão de estrangeiro casado com brasileira, ou que tenha filho brasileiro, dependente da economia paterna.

2. Concede-se liberdade vigiada ao extraditando que estiver preso por prazo superior a sessenta dias. **Observação: Verifica-se na leitura do acórdão do HC 47.663 (*DJ* 27.11.1970), do Tribunal Pleno, que a aplicação da Súmula nº 2 está obstada pelo art. 95, § 1º, do Decreto-Lei nº 941/1969. Em decisão monocrática exarada na Ext. 890 (*DJ* 29.08.2003), o Ministro Relator entendeu que a Súmula nº 2 não mais prevalece em nosso sistema de direito positivo, desde a revogação, pelo Decreto-Lei nº 941/1969 (art. 95, § 1º), do art. 9º do Decreto-Lei nº 394/1938, sob cuja égide foi editada a formulação sumular em questão. Nesse sentido, veja também as seguintes decisões monocráticas: Ext. 766 (*DJ* 29.11.1999) e Ext. 870 (*DJ* 08.10.2003).**

(Ver Regimento Interno do Supremo Tribunal Federal, arts. 207 e segs.; Lei nº 6.815/80, arts. 83 e segs. [revogada pela Lei nº 13.445, de 24 de maio de 2017])

3. A imunidade concedida a deputados estaduais é restrita à justiça do estado. **Observação: O Tribunal Pleno declarou esta súmula superada no julgamento do RE 456.679/DF (sessão em 15.12.2005).**

4. **Cancelada pelo Tribunal Pleno, na sessão de 26.08.1981, no julgamento do Inq. 104/RS.**

Texto primitivo: Não perde a imunidade parlamentar o congressista nomeado ministro de Estado.

5. A sanção do projeto supre a falta de iniciativa do Poder Executivo. Observação: Verifica-se na leitura do acórdão da *RP* 890 (*RTJ* 69/625), do Tribunal Pleno, que a Súmula nº 5 era aplicável na vigência da Constituição Federal de 1946, não o sendo, porém, em face do art. 57, parágrafo único, a, da Constituição Federal de 1967, na redação da Emenda Constitucional 1/1969.

6. A revogação ou anulação, pelo Poder Executivo, de aposentadoria, ou qualquer outro ato aprovado pelo Tribunal de Contas, não produz efeitos antes de aprovada por aquele Tribunal, ressalvada a competência revisora do Judiciário.

7. Sem prejuízo de recurso para o Congresso, não é exequível contrato administrativo a que o Tribunal de Contas houver negado registro.

(Ver Decreto-Lei nº 199/67 – revogado pela Lei nº 8.443/92; Resolução nº 118/85 do Tribunal de Contas da União – alterada pela Res./TCU nº 119/85).

8. Diretor de sociedade de economia mista pode ser destituído no curso do mandato.

(Ver Lei nº 6.404/76, arts. 142, inciso II, e 143.)

9. Para o acesso de auditores ao Superior Tribunal Militar só concorrem os de segunda entrância.

(Ver Decreto-Lei nº 1.003/69 – revogado pela Lei nº 8.457/92.)

10. O tempo de serviço militar conta-se para efeito de disponibilidade e aposentadoria do servidor público estadual.

11. A vitaliciedade não impede a extinção do cargo, ficando o funcionário em disponibilidade, com todos os vencimentos.

12. A vitaliciedade do professor catedrático não impede o desdobramento da cátedra.

(Ver Súmula nº 46.)

13. A equiparação de extranumerário a funcionário efetivo, determinada pela Lei nº 2.284, de 09.08.1954, não envolve reestruturação, não compreendendo, portanto, os vencimentos.

14. **Cancelada pelo Tribunal Pleno, na sessão de 06.03.1974, no julgamento do RE 74.486/RS.**

Texto primitivo: Não é admissível, por ato administrativo, restringir, em razão da idade, inscrição em concurso para cargo público.

15. Dentro do prazo de validade do concurso, o candidato aprovado tem direito à nomeação, quando o cargo for preenchido sem observância da classificação.

16. Funcionário nomeado por concurso tem direito à posse.

17. A nomeação de funcionário sem concurso pode ser desfeita antes da posse.

18. Pela falta residual, não compreendida na absolvição pelo juízo criminal, é admissível a punição administrativa do servidor público.

19. É inadmissível segunda punição de servidor público, baseada no mesmo processo em que se fundou a primeira.

20. É necessário processo administrativo, com ampla defesa, para demissão de funcionário admitido por concurso.

(Ver Lei nº 1.711/52, arts. 82, inciso I, e 83, parágrafo único – revogada pela Lei nº 8.112/90.)

21. Funcionário em estágio probatório não pode ser exonerado nem demitido sem inquérito ou sem as formalidades legais de apuração de sua capacidade.

(Ver Lei nº 1.711/52, arts. 15, 82, inciso I, e 83, parágrafo único – revogada pela Lei nº 8.112/90.)

22. O estágio probatório não protege o funcionário contra a extinção do cargo.

23. Verificados os pressupostos legais para o licenciamento da obra, não o impede a declaração de utilidade pública para desapropriação do imóvel, mas o valor da obra não se incluirá na indenização, quando a desapropriação for efetivada.

(Ver Decreto-Lei nº 3.365, art. 26, § 1º – redação determinada pelas Leis nos 4.686/65 e 6.306/45.)

24. Funcionário interno substituto é demissível, mesmo antes de cessar a causa da substituição.

(Ver Decreto-Lei nº 200/67, art. 102.)

25. A nomeação a termo não impede a livre demissão, pelo Presidente da República, de ocupante de cargo dirigente de autarquia.

(Ver CC-1916, art. 1.316, inciso I; CC-2002, art. 682, inciso I.)

26. Os servidores do Instituto de Aposentadoria e Pensões dos Industriários não podem acumular a sua gratificação bienal com o adicional de tempo de serviço previsto no Estatuto dos Funcionários Civis da União.

(Ver Lei nº 3.780/60.)

27. Os servidores públicos não têm vencimentos irredutíveis, prerrogativa dos membros do Poder Judiciário e dos que lhes são equiparados.

28. O estabelecimento bancário é responsável pelo pagamento de cheque falso, ressalvadas as hipóteses de culpa exclusiva ou concorrente do correntista.

29. Gratificação devida a servidores do "sistema fazendário" não se estende aos dos Tribunais de Contas.

30. Servidores de coletorias não têm direito a percentagem pela cobrança de contribuições destinadas à Petrobras.

31. Para aplicação da Lei nº 1.741, de 22.11.1952, soma-se o tempo de serviço ininterrupto em mais de um cargo em comissão.

(Ver Lei nº 3.780/60, art. 60; Decreto-Lei nº 200/67, art. 109.)

32. Para aplicação da Lei nº 1.741, de 22.11.1952, soma-se o tempo de serviço ininterrupto em cargo, em comissão e em função gratificada.

(Ver Lei nº 3.780/60, art. 60; Decreto-Lei nº 200/67, art. 109.)

33. A Lei nº 1.741, de 22.11.1952, é aplicável às autarquias federais.

(Ver Lei nº 3.780/60, art. 60; Decreto-Lei nº 200/67, art. 109.)

34. No Estado de São Paulo, funcionário eleito vereador fica licenciado por toda a duração do mandato.

(Ver Lei Complementar nº 25/75.)

35. Em caso de acidente do trabalho ou de transporte, a concubina tem direito de ser indenizada pela morte do amásio, se entre eles não havia impedimento para o matrimônio.

(Ver Emenda Constitucional nº 9/77 – referente à Constituição de 1967; Lei nº 6.367/76, art. 5º; Decreto-Lei nº 293/67 – revogado pela Lei nº 5.316/67 [revogada pela Lei nº 6.367, de 19 de outubro de 1976]; Decreto nº 7.077/76, art. 13, inciso I, §§ 1º, 3º e 4º, arts. 14, 15 e 165, inciso II, c e d *– revogado pelo Decreto nº 89.312/84* [revogado pelo Decreto nº 3.048, de 6 de maio de 1999])

36. Servidor vitalício está sujeito à aposentadoria compulsória, em razão da idade.

37. Não tem direito de se aposentar pelo Tesouro Nacional o servidor que não satisfizer as condições estabelecidas na legislação do serviço público federal, ainda que aposentado pela respectiva instituição previdenciária, com direito em tese, a duas aposentadorias.

(Ver Decreto nº 7.077/76, arts. 99 e 101 – revogado pelo Decreto nº 89.312/84 [revogado pelo Decreto nº 3.048, de 6 de maio de 1999])

38. Reclassificação posterior à aposentadoria não aproveita ao servidor aposentado.

39. À falta de lei, funcionário em disponibilidade não pode exigir, judicialmente, o seu aproveitamento, que fica subordinado ao critério de conveniência da administração.

40. A elevação da entrância da comarca não promove automaticamente o juiz, mas não interrompe o exercício de suas funções na mesma comarca.

(Ver Emenda Constitucional nº 7/77, art. 144 – referente à Constituição de 1967.)

41. Juízes preparadores ou substitutos não têm direito aos vencimentos da atividade fora dos períodos de exercício.

(Ver Súmula nº 47; Emenda Constitucional nº 7/77 – referente à Constituição de 1967.)

42. É legítima a equiparação de juízes do Tribunal de Contas, em direitos e garantias, aos membros do Poder Judiciário.

43. Não contraria a Constituição Federal o art. 61 da Constituição de São Paulo, que equiparou os vencimentos do Ministério Público aos da Magistratura.

44. O exercício do cargo pelo prazo determinado na Lei nº 1.341, de 30.01.1951, art. 91, dá preferência para a nomeação interina de Procurador da República.

(Ver Decreto-Lei nº 200/67, art. 102.)

45. A estabilidade dos substitutos do Ministério Público Militar não confere direito aos vencimentos da atividade fora dos períodos de exercício.

(Ver Súmula nº 41; Decreto nº 200/67, art. 102; Decreto-Lei nº 1.003/69 – revogado pela Lei nº 8.457/92; Decreto 7.1731/73, art. 2º – revogado pelo Decreto nº 86.833/82 [posteriormente revogado pelo Decreto s/nº de 10 de maio de 1991])

46. Desmembramento de serventia de justiça não viola o princípio de vitaliciedade do serventuário.

47. Reitor de Universidade não é livremente demissível pelo Presidente da República durante o prazo de sua investidura.

(Ver Lei nº 5.540/68, arts. 3º, 16, § 1º – revogada pela Lei nº 9.394/96, após alteração do art. 16 pela Lei nº 9.192/95; Decreto-Lei nº 464/69, art. 19; Lei nº 6.420/77, art. 1º – revogada pela Lei nº 9.192/95.)

48. É legítimo o rodízio de docentes-livres na substituição do professor catedrático.

(Ver Lei nº 5.540/68, art. 33, §§ 2º e 3º – revogada pela Lei nº 9.394/96; Decreto-Lei nº 464/69, art. 10.)

49. A cláusula de inalienabilidade inclui a incomunicabilidade dos bens.

50. A lei pode estabelecer condições para a demissão de extranumerário.

(Ver Lei nº 3.780/60, art. 22.)

51. Militar não tem direito a mais de duas promoções na passagem para a inatividade, ainda que por motivos diversos.

(Ver Lei nº 5.774/71, arts. 66 e 67 – revogada pela Lei nº 6.880/80.)

52. A promoção de militar, vinculada à inatividade, pode ser feita, quando couber, a posto inexistente no quadro.

(Ver Lei nº 5.774/71, arts. 67 e 155 – revogada pela Lei nº 6.880/80.)

53. A promoção de professor militar, vinculada à sua reforma, pode ser feita, quando couber, a posto inexistente no quadro.

(Ver Lei nº 5.774/71, arts. 66, 67 e 155 – revogada pela Lei nº 6.880/80.)

54. A reserva ativa do magistério militar não confere vantagens vinculadas à efetiva passagem para a inatividade.

(Ver Lei nº 5.701/71, arts. 17, inciso I, e 58 – revogada pela Lei nº 9.786/99; Lei nº 5.774/71, arts. 5º, § 3º, e 102, inciso X – revogada pela Lei nº 6.880/80; Decreto nº 70.219/72 [revogado pelo Decreto nº 9.757, de 11 de abril de 2019] – regulamento da Lei nº 5.701/71, já revogada; Lei nº 6.249/75.)

55. Militar da reserva está sujeito a pena disciplinar.

(Ver Lei nº 5.774/71, arts. 9º, inciso I, 15, § 3º, e 51 – revogada pela Lei nº 6.880/80; Decreto nº 76.322/75, art. 1º.)

56. Militar reformado não está sujeito a pena disciplinar.

(Ver Lei nº 5.774/71, arts. 9º, inciso I, 15, § 3º, e 51 – revogada pela Lei nº 6.880/80; Decreto nº 76.322/75, art. 1º – Regulamento Disciplinar da Aeronáutica.)

57. Militar inativo não tem direito ao uso do uniforme fora dos casos previstos em lei ou regulamento.

(Ver Lei nº 5.774/71, art. 83, § 1º, c, §§ 2º e 3º – revogada pela Lei nº 6.880/80.)

58. É válida a exigência de média superior a quatro para aprovação em estabelecimento de ensino superior, consoante o respectivo regimento. **Observação: Com a vigência da Lei nº 5.540/1968 (revogada pela Lei nº 9.394, de 20 de dezembro de 1996, com exceção do artigo 16) e do Decreto-Lei nº 464/1969, verifica-se que a Súmula nº 58 foi superada.**

59. Imigrante pode trazer, sem licença prévia, automóvel que lhe pertença desde mais de seis meses antes do seu embarque para o Brasil.

(Ver Decreto-Lei nº 37/66; Decreto nº 61.324/67 – revogado pelo Decreto nº 91.030/85 [revogado pelo Decreto nº 6.759, de 5 de fevereiro de 2009]; Decreto-Lei nº 1.123/70; Decreto-Lei nº 1.455/76.)

60. Não pode o estrangeiro trazer automóvel, quando não comprovada a transferência definitiva de sua residência para o Brasil.

(Ver Decreto-Lei nº 37/66; Decreto nº 61.324/67 – revogado pelo Decreto nº 91.030/85 [revogado pelo Decreto nº 6.759, de 5 de fevereiro de 2009]; Decreto-Lei nº 1.123/70; Decreto-Lei nº 1.455/76.)

61. Brasileiro domiciliado no estrangeiro, que se transfere definitivamente para o Brasil, pode trazer automóvel licenciado em seu nome há mais de seis meses.

(Ver Decreto-Lei nº 37/66; Decreto nº 61.324/67 – revogado pelo Decreto nº 91.030/85 [revogado pelo Decreto nº 6.759, de 5 de fevereiro de 2009]; Decreto-Lei nº 1.123/70; Decreto-Lei nº 1.455/76.)

62. Não basta a simples estada no estrangeiro por mais de seis meses, para dar direito à trazida de automóvel com fundamento em transferência de residência.

(Ver Decreto-Lei nº 37/66; Decreto nº 61.324/67 – revogado pelo Decreto nº 91.030/85 [revogado pelo Decreto nº 6.759, de 5 de fevereiro de 2009]; Decreto-Lei nº 1.123/70; Decreto-Lei nº 1.455/76.)

63. É indispensável, para trazida de automóvel, a prova do licenciamento há mais de seis meses no país de origem.

(Ver Decreto-Lei nº 37/66; Decreto nº 61.324/67 – revogado pelo Decreto nº 91.030/85 [revogado pelo Decreto nº 6.759, de 5 de fevereiro de 2009]; Decreto-Lei nº 1.123/70; Decreto-Lei nº 1.455/76.)

64. É permitido trazer do estrangeiro, como bagagem, objetos de uso pessoal e doméstico, desde que, por sua quantidade e natureza, não induzam finalidade comercial.

(Ver Decreto-Lei nº 37/66; Decreto nº 61.324/67 – revogado pelo Decreto nº 91.030/85 [revogado pelo Decreto nº 6.759, de 5 de fevereiro de 2009]; Decreto-Lei nº 1.123/70; Decreto-Lei nº 1.455/76.)

65. A cláusula de aluguel progressivo anterior à Lei nº 3.494, de 19.12.1958, continua em vigor em caso de prorrogação legal ou convencional da locação.

(Ver Lei nº 4.494/64, arts. 24 e 42 – revogada pela Lei nº 6.649/79 [revogada pela Lei nº 8.245/1991, de 18 de outubro de 1991]; Decreto-Lei nº 6/66 – revogado pela Lei nº 6.649/79; Lei nº 5.232/67 – altera Lei nº 4.494/64, esta posteriormente revogada pela Lei nº 6.649/79; Decreto-Lei

nº 322/67 – revogado pela Lei nº 6.649/79; Resolução do Senado Federal 25/68; Lei nº 5.334/67 – revogada pela Lei nº 6.649/79; Lei nº 6.146/74 – revogada pela Lei nº 6.649/79.)

66. É legítima a cobrança do tributo que houver sido aumentado após o orçamento, mas antes do início do respectivo exercício financeiro.

(Ver Emenda Constitucional nº 8/77 – referente à Constituição de 1967.)

67. É inconstitucional a cobrança do tributo que houver sido criado ou aumentado no mesmo exercício financeiro.

68. É legítima a cobrança, pelos Municípios, no exercício de 1961, de tributo estadual, regularmente criado ou aumentado, e que lhes foi transferido pela Emenda Constitucional nº 5, de 21.11.1961.

69. A Constituição Estadual não pode estabelecer limite para o aumento de tributos municipais.

70. É inadmissível a interdição de estabelecimento como meio coercitivo para cobrança de tributo.

71. Embora pago indevidamente, não cabe restituição de tributo indireto.

(Ver Súmula nº 546.)

72. No julgamento de questão constitucional, vinculada a decisão do Tribunal Superior Eleitoral, não estão impedidos os Ministros do Supremo Tribunal Federal que ali tenham funcionado no mesmo processo, ou no processo originário.

73. A imunidade das autarquias, implicitamente contida no art. 31, V, a, da Constituição Federal, abrange tributos estaduais e municipais.

74. O imóvel transcrito em nome de autarquia, embora objeto de promessa de venda a particulares, continua imune de impostos locais. **Observação: O Tribunal Pleno declarou esta súmula superada no julgamento do RE 69.781/SP (sessão em 26.11.1970).**

(Ver Súmula nº 583.)

75. Sendo vendedora uma autarquia, a sua imunidade fiscal não compreende o Imposto de Transmissão Inter Vivos, que é encargo do comprador.

76. As sociedades de economia mista não estão protegidas pela imunidade fiscal do art. 31, V, a, da Constituição Federal.

(Ver Decreto-Lei nº 200/67, art. 5º, inciso III; Decreto-Lei nº 6.016/43, art. 1º, § 3º.)

77. Está isenta de impostos federais a aquisição de bens pela Rede Ferroviária Federal.

(Ver Ato Complementar nº 63/69.)

78. Estão isentas de impostos locais as empresas de energia elétrica, no que respeita às suas atividades específicas.

(Ver Decreto-Lei nº 1.522/77.)

79. O Banco do Brasil não tem isenção de tributos locais.

(Ver Decreto-Lei nº 200/67, art. 5º; Decreto-Lei nº 900/69 – Reforma Administrativa.)

80. Para a retomada de prédio situado fora do domicílio do locador exige-se a prova da necessidade.

(Ver Súmula nº 483.)

81. As cooperativas não gozam de isenção de impostos locais, com fundamento na Constituição e nas leis federais.

(Ver Decreto-Lei nº 406/68, art. 6º, § 1º, inciso I.)

82. São inconstitucionais o Imposto de Cessão e a taxa sobre inscrição de promessa de venda de imóvel, substitutivos do Imposto de Transmissão, por incidirem sobre ato que não transfere o domínio.

(Ver Lei nº 5.172/66, arts. 35 a 42.)

83. Os ágios de importação incluem-se no valor dos artigos importados para incidência do Imposto de Consumo.

(Ver Decreto nº 70.162/72, art. 22, inciso I, a – revogado pelo Decreto nº 83.263/79.)

84. Não estão isentos do Imposto de Consumo os produtos importados pelas cooperativas.

(Ver Decreto nº 70.162/72, art. 9º – revogado pelo Decreto nº 83.263/79 [posteriormente revogado pelo Decreto nº 7.212, de 15 de junho de 2010])

85. Não estão sujeitos ao Imposto de Consumo os bens de uso pessoal e doméstico trazidos, como bagagem, do exterior.

(Ver Súmula nº 86; Decreto-Lei nº 1.123/70; Decreto-Lei nº 1.455/76; Decreto nº 70.162/72 – revogado pelo Decreto nº 83.263/79 [posteriormente revogado pelo Decreto nº 7.212, de 15 de junho de 2010])

86. Não está sujeito ao Imposto de Consumo automóvel usado, trazido do exterior pelo proprietário.

(Ver Decreto-Lei nº 34/66; Decreto-Lei nº 37/66; Decreto-Lei nº 1.123/70; Decreto-Lei nº 1.455/76).

87. Somente no que não colidirem com a Lei nº 3.244, de 14.08.1957, são aplicáveis acordos tarifários anteriores.

(Ver Súmula nº 88.)

88. É válida a majoração da tarifa alfandegária, resultante da Lei nº 3.244, de 14.08.1957, que modificou o Acordo Geral sobre Tarifas Aduaneiras e Comércio (GATT), aprovado pela Lei nº 313, de 30.07.1948.

(Ver Decreto-Lei nº 63/66; Decreto-Lei nº 169/67; Decreto-Lei nº 264/67; Decreto-Lei nº 333/67; Lei nº 5.338/67; Decreto-Lei nº 398/68; Decreto-Lei nº 1.181/71; Decreto-Lei nº 1.295/73; Decreto-Lei nº 1.299/73; Decreto-Lei nº 1.344/74; Decreto-Lei nº 1.364/74; Decreto-Lei nº 1.366/74; Decreto nº 75.772/75; Decreto-Lei nº 1.421/75.)

89. Estão isentos do Imposto de Importação frutas importadas da Argentina, do Chile, da Espanha e de Portugal, enquanto vigentes os respectivos acordos comerciais.

(Ver Decreto nº 62.647/68 – Acordo Brasil-Portugal.)

90. É legítima a lei local que faça incidir o Imposto de Indústrias e Profissões com base no movimento econômico do contribuinte.

(Ver Decreto-Lei nº 406/68, arts. 8º – revogado pela Lei Complementar nº 116/03 – e 9º – redação do § 2º alterada pelo Decreto-Lei nº 834/69, do § 3º pela Lei Complementar nº 56/87, §§ 4º, 5º, I e II, e 6º, incluídos pela Lei Complementar nº 100/99, posteriormente excluídos pela Lei Complementar nº 116/03; Decreto-Lei nº 834/69; Decreto-Lei nº 932/69.)

91. A incidência do Imposto Único não isenta o comerciante de combustíveis do Imposto de Indústrias e Profissões.

(Ver Lei nº 5.172/66, art. 74, inciso V e § 2º; Decreto-Lei nº 406/68; Decreto-Lei nº 834/69; Decreto-Lei nº 932/69.)

92. É constitucional o art. 100, nº II, da Lei nº 4.563, de 20.02.1957, do Município de Recife, que faz variar o Imposto de Licença em função do aumento do capital do contribuinte.

(Ver Lei nº 5.172/66, art. 43, inciso I e II; Decreto nº 76.186/75 – revogado pelo Decreto nº 85.450/80 [posteriormente revogado pelo Decreto nº 9.580, de 22 de novembro de 2018].)

93. Não está isenta do Imposto de Renda a atividade profissional do arquiteto.

(Ver Decreto nº 76.186/75, art. 1º – revogado pelo Decreto nº 85.450/80 [posteriormente revogado pelo Decreto nº 9.580, de 22 de novembro de 2018].)

94. É competente a autoridade alfandegária para o desconto, na fonte, do Imposto de Renda correspondente às comissões dos despachantes aduaneiros.

(Ver Decreto-Lei nº 366/68, art. 4º, §§ 1º e 2º – dispositivo revogado pela Lei nº 6.562/78.)

95. Para cálculo do Imposto de Lucro Extraordinário, incluem-se no capital as reservas do ano-base, apuradas em balanço.

(Ver Decreto nº 76.186/75, arts. 236 e segs. – revogado pelo Decreto nº 85.450/80 [posteriormente revogado pelo Decreto nº 9.580, de 22 de novembro de 2018].)

96. O imposto de lucro imobiliário incide sobre a venda de imóvel da meação do cônjuge sobrevivente, ainda que aberta a sucessão antes da vigência da Lei nº 3.470, de 28.11.1958.

(Ver Lei nº 5.172/66, arts. 35, 42 e 43 – §§ 1º e 2º incluídos pela Lei Complementar nº 104/01; Decreto nº 76.186/75, arts. 7º e 12 – revogado pelo Decreto nº 85.450/80 [posteriormente revogado pelo Decreto nº 9.580, de 22 de novembro de 2018].)

97. É devida a alíquota anterior do Imposto de Lucro Imobiliário, quando a promessa de venda houver sido celebrada antes da vigência da lei que a tiver elevado.

(Ver Súmula nº 112; Lei nº 5.172/66, arts. 35, 42 e 43 – §§ 1º e 2º incluídos pela Lei Complementar nº 104/01; Decreto nº 76.186/75 – revogado pelo Decreto nº 85.450/80 [posteriormente revogado pelo Decreto nº 9.580, de 22 de novembro de 2018].)

98. Sendo o imóvel alienado na vigência da Lei nº 3.470, de 28.11.1958, ainda que adquirido por herança, usucapião ou a título gratuito, é devido o Imposto de Lucro Imobiliário.

(Ver Lei nº 5.172/66, arts. 35 a 43 – §§ 1º e 2º incluídos pela Lei Complementar nº 104/01; Decreto 76.186/75 – revogado pelo Decreto nº 85.450/80 [posteriormente revogado pelo Decreto nº 9.580, de 22 de novembro de 2018].)

99. Não é devido o Imposto de Lucro Imobiliário quando a alienação de imóvel, adquirido por herança, ou a título gratuito, tiver sido anterior à vigência da Lei nº 3.470, de 28.11.1958.

(Ver Lei nº 5.172/66, arts. 35 a 43 – §§ 1º e 2º incluídos pela Lei Complementar nº 104/01; Decreto nº 76.186/75 – revogado pelo Decreto nº 85.450/80 [posteriormente revogado pelo Decreto nº 9.580, de 22 de novembro de 2018].)

100. Não é devido o Imposto de Lucro Imobiliário quando a alienação de imóvel, adquirido por usucapião tiver sido anterior à vigência da Lei nº 3.470, de 28.11.1958.

(Ver Lei nº 5.172/66, arts. 35 a 43 – §§ 1º e 2º incluídos pela Lei Complementar nº 104/01; Decreto nº 76.186/75 – revogado pelo Decreto nº 85.450/80 [posteriormente revogado pelo Decreto nº 9.580, de 22 de novembro de 2018])

101. O mandado de segurança não substitui a ação popular.

(Ver Lei nº 6.014/73; Lei nº 6.513/77; Lei nº 4.717/65.)

102. É devido o Imposto Federal do Selo pela incorporação de reservas, em reavaliação de ativo, ainda que realizada antes da vigência da Lei nº 3.519, de 30.12.1958.

(Ver Lei nº 5.143/66, art. 15; Decreto nº 60.838/67 – revogado pelo Decreto nº 84.892/80; Decreto nº 76.186/75, arts. 236 e segs. – revogado pelo Decreto nº 85.450/80 [posteriormente revogado pelo Decreto nº 9.580, de 22 de novembro de 2018].)

103. É devido Imposto Federal do Selo na simples reavaliação de ativo realizada posteriormente à vigência da Lei nº 3.519, de 30.12.1958.

(Ver Lei nº 5.143/66, art. 15; Decreto nº 60.838/67 – revogado pelo Decreto nº 84.892/80; Decreto nº 76.186/75, arts. 236 e segs. – revogado pelo Decreto nº 85.450/80 [posteriormente revogado pelo Decreto nº 9.580, de 22 de novembro de 2018].)

104. Não é devido o Imposto Federal do Selo na simples reavaliação de ativo anterior à vigência da Lei nº 3.519, de 30.12.1958.

(Ver Lei nº 5.143/66, art. 15; Decreto nº 60.838/67 – revogado pelo Decreto nº 84.892/80; Decreto nº 76.186/75, arts. 236 e segs. – revogado pelo Decreto nº 85.450/80 [posteriormente revogado pelo Decreto nº 9.580, de 22 de novembro de 2018].)

105. Salvo se tiver havido premeditação, o suicídio do segurado no período contratual de carência não exime o segurador do pagamento do seguro.

(Ver Decreto-Lei nº 73/66; Decreto nº 60.459/67.)

106. É legítima a cobrança de selo sobre registro de automóveis, na conformidade da legislação estadual.

(Ver Lei nº 1.297/51 [revogada pela Lei nº 12.497, de 26 de dezembro de 2006], art. 37, SP; Lei nº 2.013/52, [revogada pela Lei nº 12.497, de 26 de dezembro de 2006] art. 14, SP; Lei nº 5.143/66, art. 15; Decreto nº 60.838/67 – revogado pelo Decreto nº 84.892/80; Decreto nº 62.127/68 [revogado pelo Decreto nº 10.086, de 5 de novembro de 2019], arts. 108 – dispositivo alterado pelos Decretos 79.761/77 e 92.387/86 – e 116; Decreto nº 79.761/77 [revogado pelo Decreto nº 9.917, de 18 de julho de 2019].)

107. É inconstitucional o Imposto de Selo de 3%, ad valorem, do Paraná, quanto aos produtos remetidos para fora do Estado.

(Ver Lei nº 4.299/63 – posterior à aprovação da súmula, revogada pela Lei nº 4.784/65; Lei nº 5.143/66, art. 15; Decreto nº 60.838/67 – revogado pelo Decreto nº 84.892/80; Decreto-Lei nº 406/68.)

108. É legítima a incidência do Imposto de Transmissão Inter Vivos sobre o valor do imóvel ao tempo da alienação, e não da promessa, na conformidade da legislação local.

(Ver Lei nº 5.172/66, arts. 35 e 42.)

109. É devida a multa prevista no art. 15, § 6º, da Lei nº 1.300, de 28.12.1950, ainda que a desocupação do imóvel tenha resultado da notificação e não haja sido proposta a ação de despejo.

(Ver Lei nº 4.494/64, art. 42 – revogada pela Lei nº 6.649/79 [revogado pela Lei nº 8.245, de 18 de outubro de 1991]; Decreto-Lei nº 890/69 – revogado pela Lei nº 6.449/79.)

110. O Imposto de Transmissão Inter Vivos não incide sobre a construção, ou parte dela, realizada pelo adquirente, mas sobre o que tiver sido construído ao tempo da alienação do terreno.

(Ver Lei nº 5.172/66, arts. 35 a 42.)

111. É legítima a incidência do Imposto de Transmissão Inter Vivos sobre a restituição, ao antigo proprietário, de imóvel que deixou de servir à finalidade da sua desapropriação.

(Ver CC-1916, arts. 1.149 a 1.151 e 1.156; CC-2002, arts. 513, 514, 518 e 519; Decreto-Lei nº 3.365/41, art. 35.)

112. O imposto de Transmissão Causa Mortis é devido pela alíquota vigente ao tempo da abertura da sucessão.

(Ver Súmula nº 97; Lei nº 5.172/66, art. 39; CC-1916, art. 1.572; CC-2002, art. 1.784.)

113. O Imposto de Transmissão Causa Mortis é calculado sobre o valor dos bens na data da avaliação.

(Ver Súmula nº 590; Lei nº 5.172/66, art. 38; Lei nº 5.869/73, arts. 1.003 a 1.013 – redação dos arts. 1.007 e 1.008 determinada pela Lei nº 5.925/73; CPC/2015: Lei nº 13.105, de 16 de março de 2015, arts. 633 e 634).

114. O Imposto de Transmissão Causa Mortis não é exigível antes da homologação do cálculo.

(Ver Lei nº 5.172/66, arts. 35 a 42; Lei nº 5.869/73, arts. 1.003 a 1.013, § 2º – redação dos arts. 1.007 e 1.008 determinada pela Lei nº 5.925/73; CPC/2015: Lei nº 13.105, de 16 de março de 2015, arts. 633 e 634).

115. Sobre os honorários do advogado contratado pelo inventariante, com a homologação do juiz, não incide o Imposto de Transmissão Causa Mortis.

(Ver Decreto-Lei nº 2.224/40, art. 3º, Guanabara; Lei nº 5.172/66, arts. 35 a 42; Lei nº 5.869/73, arts. 20 – redação alterada pelas Leis nos 6.355/76, 5.925/73, 8.952/94 e 6.745/79 [CPC/2015: Lei nº 13.105, de 16 de março de 2015, art. 85] –, *36 – §§ 1º e 2º revogados pela Lei nº 9.649/98 –, 982 – alterado pela Lei nº 5.925/73* [CPC/2015: Lei nº 13.105, de 16 de março de 2015, art. 103] *– e segs.; Lei nº 5.925/73.)*

116. Em desquite ou inventário, é legítima a cobrança do chamado Imposto de Reposição, quando houver desigualdade nos valores partilhados.

(Ver Lei nº 5.172/66, arts. 35 a 42.)

117. A lei estadual pode fazer variar a alíquota do Imposto de Vendas e Consignações em razão da espécie do produto.

(Ver Decreto-Lei nº 406/68; Lei nº 5.589/70, art. 5º.)

118. Estão sujeitas ao imposto de vendas e consignações as transações sobre minerais, que ainda não estão compreendidos na legislação federal sobre o imposto único. **Observação: Verifica-se, na leitura do RE 70.138 (*RTJ* 55/590), da 1ª Turma, que a Súmula nº 118 está superada com a vigência da Lei nº 4.425/1964 – revogada pelo Decreto-Lei nº 1.038/70.**

(Ver Código Tributário Nacional de 1966, arts. 74 e 75; Decreto-Lei nº 1.038/69; Decreto-Lei nº 1.083/70; Decreto-Lei nº 1.172/71; Lei nº 5.874/73; Decreto-Lei nº 1.412/75; Decreto nº 6.694/70 – revogado pelo Decreto nº 92.295/86.)

119. É devido o Imposto de Vendas e Consignações sobre a venda de cafés ao Instituto Brasileiro do Café, embora o lote, originariamente, se destinasse à exportação.

(Ver Decreto-Lei nº 406/68; Lei nº 5.589/70.)

120. Parede de tijolos de vidro translúcido pode ser levantada a menos de metro e meio do prédio vizinho, não importando servidão sobre ele.

121. É vedada a capitalização de juros, ainda que expressamente convencionada.

(Ver Súmula nº 596.)

122. O enfiteuta pode purgar a mora enquanto não decretado o comisso por sentença.

(Ver Súmula nº 169.)

123. Sendo a locação regida pelo Decreto nº 24.150, de 20.04.1934, o locatário não tem direito à purgação da mora, prevista na Lei nº 1.300, de 28.12.1950.

(Ver Lei nº 4.864/65, arts. 17 – vide Medida Provisória nº 2.156-5/01 – e 28; [artigos revogados pela Lei nº 6.649/79, de 16 de maio de 1979, posteriormente revogada pela Lei nº 8.245, de 18 de outubro de 1991]; Decreto-Lei nº 4/66 – revogado pela Lei nº 6.649/79, posteriormente revogada pela Lei nº 8.245/91; Decreto-Lei nº 6/66 – revogado pela Lei nº 6.649/79, posteriormente revogada pela Lei nº 8.245/91; Lei nº 5.232/67; Decreto-Lei nº 322/67 – revogado pela Lei nº 6.649/79, posteriormente revogada pela Lei nº 8.245/91; Lei nº 5.334/67 – revogada pela Lei nº 6.649/79, posteriormente revogada pela Lei nº 8.245/91; Lei nº 6.146/74 – revogada pela Lei nº 6.649/79, posteriormente revogada pela Lei nº 8.245/91.)

124. É inconstitucional o adicional do Imposto de Vendas e Consignações cobrado pelo Estado do Espírito Santo sobre cafés da cota de expurgos entregues ao Instituto Brasileiro do Café.

(Ver Lei nº 4.299/63 – revogada pela Lei nº 4.784/65.)

125. Não é devido o Imposto de Vendas e Consignações sobre a parcela do Imposto de Consumo que onera a primeira venda realizada pelo produtor.

(Ver Decreto-Lei nº 406/68; Decreto nº 70.162/72 – revogado pelo Decreto nº 83.263/79 [posteriormente revogado pelo Decreto nº 7.212, de 15 de junho de 2010].)

126. É inconstitucional a chamada taxa de aguardente, do Instituto do Açúcar e do Álcool.

127. É indevida a taxa de armazenagem, posteriormente aos primeiros trinta dias, quando não exigível o Imposto de Consumo, cuja cobrança tenha motivado a retenção da mercadoria.

(Ver Decreto-Lei nº 37/66; Decreto nº 61.324/67 – revogado pelo Decreto nº 91.030/85 [posteriormente revogado pelo Decreto nº 6.759, de 5 de fevereiro de 2009]; Decreto-Lei nº 1.123/70; Decreto-Lei nº 1.455/76.)

128. É indevida a taxa de assistência médica e hospitalar das instituições de previdência social.

(Ver Decreto nº 77.077/76 – revogado pelo Decreto nº 89.312/84 [posteriormente revogado pelo Decreto nº 3.048, de 6 de maio de 1999]; Lei nº 6.439/77)

129. Na conformidade da legislação local, é legítima a cobrança de taxas de calçamento.

130. A taxa de despacho aduaneiro (art. 66 da Lei nº 3.244, de 14.08.1957) continua a ser exigível após o Decreto Legislativo nº 14, de 25.08.1960, que aprovou alterações introduzidas no Acordo Geral sobre Tarifas Aduaneiras e Comércio (GATT).

(Ver Súmula nº 131; Lei nº 3.244/57, art. 78; Decreto-Lei nº 36/66; Decreto-Lei nº 169/67; Decreto-Lei nº 264/67; Decreto-Lei nº 333/67; Lei nº 5.338/67; Decreto-Lei nº 398/68; Decreto-Lei nº 414/69 – revogado pelo Decreto-Lei nº 615/69; Decreto-Lei nº 1.181/71; Decreto-Lei nº 1.295/73; Decreto-Lei nº 1.299/73; Decreto-Lei nº 1.344/74; Decreto-Lei nº 1.364/74; Decreto-Lei nº 1.366/74; Decreto nº 75.772/75; Decreto-Lei nº 1.421/75.)

131. A taxa de despacho aduaneiro (art. 66 da Lei nº 3.244, de 14.08.1957) continua a ser exigível após o Decreto Legislativo nº 14, de 25.08.1960, mesmo para as mercadorias incluídas na vigente lista III do Acordo Geral sobre Tarifas Aduaneiras e Comércio (GATT).

(Ver Lei nº 3.244/57 – LT; art. 78; Decreto-Lei nº 63/66; Decreto-Lei nº 169/67; Decreto-Lei nº 264/67; Decreto-Lei nº 333/67; Lei nº 5.338/67; Decreto-Lei nº 398/68; Decreto-Lei nº 414/69 – revogado pelo Decreto-Lei nº 615/69; Decreto-Lei nº 1.881/71; Decreto-Lei nº 1.295/73; Decreto-Lei nº

1.299/73; Decreto-Lei nº 1.344/74; Decreto-Lei nº 1.364/74; Decreto-Lei nº 1.366/74; Decreto nº 75.772/75; Decreto-Lei nº 1.421/75.)

132. Não é devida a taxa de previdência social na importação de amianto bruto ou em fibra.

(Ver Lei nº 3.244/57, Tabela Anexa: Seção XIII, Capítulo LXVIII, itens 68-10 e 68-11.)

133. Não é devida a taxa de despacho aduaneiro na importação de fertilizantes e inseticidas.

(Ver Decreto-Lei nº 37/66, art. 163 – alterado pelo Decreto-Lei nº 414/69, posteriormente revogado pelo Decreto-Lei nº 615/69; Lei nº 3.244/57, art. 66, § 1º; Decreto-Lei nº 414/69 – revogado pelo Decreto-Lei nº 615/69.)

134. A isenção fiscal para a importação de frutas da Argentina compreende a taxa de despacho aduaneiro e a taxa de previdência social.

135. É inconstitucional a taxa de eletrificação de Pernambuco.

(Ver Lei nº 4.299/63 – revogada pela Lei nº 4.784/65; CF-46, art. 18, inciso I; Lei nº 5.172/66, art. 77 – redação do parágrafo único determinada pelo Ato Complementar nº 34/67; Ato Complementar nº 34/67 – revogado.)

136. É constitucional a taxa de estatística da Bahia.

137. A taxa de fiscalização da exportação incide sobre a bonificação cambial concedida ao exportador.

(Ver Lei nº 5.025/66, art. 89.)

138. É inconstitucional a taxa contra fogo, do Estado de Minas Gerais, incidente sobre prêmio de seguro contra fogo.

(Ver Lei nº 5.143/66; Lei nº 5.172/66, arts. 63 a 67.)

139. É indevida a cobrança do imposto de transação a que se refere a Lei nº 899, de 1957, art. 58, inciso IV, letra e, do antigo Distrito Federal.

(Ver Súmula nº 82; Lei nº 5.172/66, arts. 35 a 42.)

140. Na importação de lubrificantes, é devida a taxa de previdência social.

(Ver Lei nº 5.172/66, arts. 74, inciso II e § 2º, e 218, inciso II – alterado pelo Decreto-Lei nº 27/66.)

141. Não incide a taxa de previdência social sobre combustíveis.

(Ver Lei nº 5.172/66, arts. 74, § 2º, e 218, inciso II – alterado pelo Decreto-Lei nº 27/66.)

142. Não é devida a taxa da previdência social sobre mercadorias isentas do Imposto de Importação.

(Ver Decreto nº 77.077/76, arts. 134, inciso I, e 135, inciso X – revogado pelo Decreto nº 89.312/84 [posteriormente revogado pelo Decreto nº 3.048, de 6 de maio de 1999])

143. Na forma da lei estadual, é devido o Imposto de Vendas e Consignações na exportação de café pelo Estado da Guanabara, embora proveniente de outro Estado.

(Ver Lei nº 4.299/63 – revogada pela Lei nº 4.784/65; CF-46, art. 23, inciso II; Decreto-Lei nº 406/68; Decreto-Lei nº 1.578/77.)

144. É inconstitucional a incidência da taxa de recuperação econômica de Minas Gerais sobre contrato sujeito ao Imposto Federal do Selo.

(Ver Lei nº 5.143/66, art. 15; Lei nº 5.172/66, arts. 35 a 42; Decreto nº 60.838/67 – revogado pelo Decreto nº 84.892/80.)

145. Não há crime, quando a preparação do flagrante pela polícia torna impossível a sua consumação.

146. A prescrição da ação penal regula-se pela pena concretizada na sentença, quando não há recurso da acusação.

(Ver Lei nº 6.416/77; Código Penal Brasileiro, art. 110, §§ 1º e 2º [artigo revogado pela Lei nº 12.234, de 5 de maio de 2010])

147. A prescrição de crime falimentar começa a correr da data em que deveria estar encerrada a falência ou do trânsito em julgado da sentença que a encerrar ou que julgar cumprida a concordata.

(Ver Decreto-Lei nº 7.661/45, art. 199 [revogado pela Lei nº 11.101, de 9 de fevereiro de 2005]; Lei nº 6.014/73.)

148. É legítimo o aumento de tarifas portuárias por ato do Ministro da Viação e Obras Públicas.

149. É imprescritível a ação de investigação de paternidade, mas não o é a de petição de herança.

150. Prescreve a execução no mesmo prazo de prescrição da ação.

151. Prescreve em um ano a ação do segurador sub-rogado para haver indenização por extravio ou perda de carga transportada por navio.

152. Revogada pelo Tribunal Pleno com a edição da Súmula nº 494, na sessão de 03.12.1969.

Texto primitivo: A ação para anular venda de ascendente a descendente, sem consentimento dos demais, prescreve em quatro anos, a contar da abertura da sucessão.

153. Simples protesto cambiário não interrompe a prescrição.

(Ver CPC, arts. 219, § 1º – redação determinada pela Lei nº 8.952/94 (CPC/2015, Lei 13.105/2015, art. 240, §1º) – e 867 [CPC/2015, Lei nº 13.105/2015, arts. 726 a 728].)

154. Simples vistoria não interrompe a prescrição.

(Ver CPC, arts. 219, § 1º – redação determinada pela Lei nº 8.952/94 [CPC/2015, Lei nº 13.105/2015, art. 240, § 1º]; 846 [CPC/2015, Lei nº 13.105/2015, art. 381], 849 [sem correspondência no CPC/2015] e 850 [sem correspondência no CPC/2015].)

155. É relativa a nulidade do processo criminal por falta de intimação da expedição de precatória para inquirição de testemunha.

156. É absoluta a nulidade do julgamento, pelo júri, por falta de quesito obrigatório.

157. É necessária prévia autorização do Presidente da República para desapropriação, pelos Estados, de empresa de energia elétrica.

(Ver RE 75.482 – encampação de empresa de energia elétrica.)

158. Salvo estipulação contratual averbada no registro imobiliário, não responde o adquirente pelas benfeitorias do locatário.

159. Cobrança excessiva, mas de boa-fé, não dá lugar às sanções do art. 1.531 do Código Civil.

160. É nula a decisão do Tribunal que acolhe, contra o réu, nulidade não arguida no recurso da acusação, ressalvados os casos de recurso de ofício.

161. Em contrato de transporte, é inoperante a cláusula de não indenizar.

162. É absoluta a nulidade do julgamento, pelo júri, quando os quesitos da defesa não precedem aos das circunstâncias agravantes.

163. Salvo contra a Fazenda Pública, sendo a obrigação ilíquida, contam-se os juros moratórios desde a citação inicial para a ação. **Observação: Verifica-se, na leitura do**

acórdão do RE 109156 (*DJ* 07.08.1987), da 2ª Turma, que a primeira parte da Súmula nº 163 está superada com a vigência da Lei nº 4.414/1964.

164. No processo de desapropriação, são devidos juros compensatórios desde a antecipada imissão de posse, ordenada pelo juiz, por motivo de urgência.

(Ver Lei nº 4.414/64; Decreto-Lei nº 3.365/41, art. 15 – redação determinada pela Lei nº 2.786/56.)

165. A venda realizada diretamente pelo mandante ao mandatário não é atingida pela nulidade do art. 1.133, II, do Código Civil. Observação: A súmula se refere ao Código Civil de 1916.

166. É inadmissível o arrependimento no compromisso de compra e venda sujeito ao regime do DL nº 58, de 10.12.1937.

167. Não se aplica o regime do DL nº 58, de 10.12.1937, ao compromisso de compra e venda não inscrito no registro imobiliário, salvo se o promitente vendedor se obrigou a efetuar o registro.

(Em sentido contrário: Súmula nº 239 do STJ. Ver Lei nº 5.172/66, arts. 74 e 75; Decreto-Lei nº 1.038/69; Decreto-Lei nº 1.083/70; Decreto-Lei nº 1.172/71; Lei nº 5.874/73; Decreto-Lei nº 1.412/75; Decreto nº 66.694/70 – revogado pelo Decreto nº 92.295/86.)

168. Para os efeitos do DL nº 58, de 10.12.1937, admite-se a inscrição imobiliária do compromisso de compra e venda no curso da ação.

169. Depende de sentença a aplicação da pena de comisso.

(Ver Súmula nº 122.)

170. É resgatável a enfiteuse instituída anteriormente à vigência do Código Civil.

(Ver CC-1916, art. 693, com a redação determinada pela Lei nº 5.827/72 – sem correspondência no CC-2002.)

171. Não se admite, na locação em curso, de prazo determinado, a majoração de encargos a que se refere a Lei nº 3.844, de 15.12.1960.

(Ver Súmula nº 172; Lei nº 4.494/64, art. 42 – revogada pela Lei nº 6.649/79 [posteriormente revogada pela Lei nº 8.245, de 18 de outubro de 1991].)

172. Não se admite, na locação em curso, de prazo determinado, o reajustamento de aluguel a que se refere a Lei nº 3.085, de 29.12.1956.

(Ver Súmula nº 171; Lei nº 4.494/64, art. 42 – revogada pela Lei nº 6.649/79 [posteriormente revogada pela Lei nº 8.245, de 18 de outubro de 1991])

173. Em caso de obstáculo judicial admite-se a purga da mora, pelo locatário, além do prazo legal.

(Ver Lei nº 4.494, art. 11, § 1º – revogada pela Lei nº 6.649/79 [posteriormente revogada pela Lei nº 8.245, de 18 de outubro de 1991]; CPC, arts. 178 a 180 [CPC/2015, arts. 220 e 221] e 183 [CPC/2015, art. 223].)

174. Para a retomada de imóvel alugado, não é necessária a comprovação dos requisitos legais na notificação prévia.

(Ver CPC, art. 867 [CPC/2015, art. 726]; Decreto-Lei nº 1.534/77 – revogado pela Lei nº 6.649/79 [posteriormente revogada pela Lei nº 8.245, de 18 de outubro de 1991]; Lei nº 4.494/64, art. 11, §§ 4º e 5º – revogada pela Lei nº 6.649/79, após alteração pelo Decreto-Lei nº 890/69 [posteriormente revogada pela Lei nº 8.245, de 18 de outubro de 1991])

175. Admite-se a retomada de imóvel alugado para uso de filho que vai contrair matrimônio.

(Ver Lei nº 4.494/64, arts. 11, inciso III, 17, parágrafo único – revogada pela Lei nº 6.649/79; Decreto-Lei nº 1.534/77 – revogado pela Lei nº 6.649/79 [posteriormente revogada pela Lei nº 8.245, de 18 de outubro de 1991])

176. O promitente comprador, nas condições previstas na Lei nº 1.300, de 28.12.1950, pode retomar o imóvel locado.

(Ver Súmula nº 177; Lei nº 4.494/64, art. 11, inciso III – revogada pela Lei nº 6.649/79; Lei nº 4.464/65, art. 17, parágrafo único; Decreto-Lei nº 1.534/77 – revogado pela Lei nº 6.649/79 [posteriormente revogada pela Lei nº 8.245, de 18 de outubro de 1991])

177. O cessionário do promitente comprador, nas mesmas condições deste, pode retomar o imóvel locado.

(Ver Súmula nº 176; Lei nº 4.494/64, art. 11, inciso III – revogada pela Lei nº 6.649/79 [posteriormente revogada pela Lei nº 8.245, de 18 de outubro de 1991]; Lei nº 4.464/65, art. 17, parágrafo único; Decreto-Lei nº 1.534/77 – revogado pela Lei nº 6.649/79.)

178. Não excederá de cinco anos a renovação judicial de contrato de locação fundada no Decreto nº 24.150, de 20.04.1934.

(Ver Decreto nº 24.150/34, arts. 5º, d, 16, 19 – revogado pela Lei nº 8.245/91; Lei nº 6.014/73, art. 12.)

179. O aluguel arbitrado judicialmente nos termos da Lei nº 3.085, de 29.12.1956, art. 6º, vigora a partir da data do laudo pericial.

(Ver Lei nº 4.494/64, arts. 27 e 28 – revogada pela Lei nº 6.649/79 [posteriormente revogada pela Lei nº 8.245, de 18 de outubro de 1991].)

180. Na ação revisional do art. 31 do Decreto nº 24.150, de 20.04.1934, o aluguel arbitrado vigora a partir do laudo pericial.

181. Na retomada, para construção mais útil, de imóvel sujeito ao Decreto nº 24.150, de 20.04.1934, é sempre devida indenização para despesas de mudança do locatário.

(Ver Decreto nº 24.150/34, art. 20 – revogado pela Lei nº 8.245/91; Lei nº 6.014/73, art. 12.)

182. Não impede o reajustamento de débito pecuário, nos termos da Lei nº 1.002, de 24.12.1949, a falta de cancelamento da renúncia à moratória da Lei nº 209, de 02.01.1948.

(Ver Lei nº 1.002/49, arts. 7º e 28, com as alterações das Leis nos 1.482/51, 1.728/52, 5.143/66; Decreto-Lei nº 34/66.)

183. Não se incluem no reajustamento pecuário dívidas estranhas à atividade agropecuária.

(Ver Lei nº 1.002/49, com as alterações das Leis nos 1.482/51, 1.728/52, 5.143/66; Decreto-Lei nº 34/66.)

184. Não se incluem no reajustamento pecuário dívidas contraídas posteriormente a 19.12.1946.

(Ver Lei nº 1.002/49, art. 1º, com as alterações das Leis nos 1.482/51, 1.728/52, 5.143/66; Decreto-Lei nº 34/66.)

185. Em processo de reajustamento pecuário, não responde a União pelos honorários do advogado do credor ou do devedor.

(Ver Lei nº 1.002/49, art. 5º, com as alterações das Leis nos 1.482/51, 1.728/52, 5.143/66; Decreto-Lei nº 34/66.)

186. Não infringe a lei a tolerância da quebra de 1% no transporte por estrada de ferro, prevista no regulamento de transportes.

187. A responsabilidade contratual do transportador, pelo acidente com o passageiro, não é elidida por culpa de terceiro, contra o qual tem ação regressiva.

188. O segurador tem ação regressiva contra o causador do dano, pelo que efetivamente pagou, até o limite previsto no contrato de seguro.

(Ver Lei nº 6.194/74, art. 8º.)

189. Avais em branco e superpostos consideram-se simultâneos e não sucessivos.

(Ver Lei nº 5.474/68, art. 18, § 1º – redação determinada pela Lei nº 6.458/77.)

190. O não pagamento de título vencido há mais de trinta dias, sem protesto, não impede a concordata preventiva.

191. Cancelada pelo Tribunal Pleno, na sessão de 14.08.1975, no julgamento do RE 79.625/SP. Texto primitivo: Inclui-se no crédito habilitado em falência a multa fiscal simplesmente moratória.

192. Não se inclui no crédito habilitado em falência a multa fiscal com efeito de pena administrativa.

(Ver Súmula nº 191; Lei nº 5.172/66; Decreto-Lei nº 7.661/45, art. 23, inciso III [revogado pela Lei nº 11.101, de 9 de fevereiro de 2005].)

193. Para a restituição prevista no art. 76, § 2º, da Lei de Falências, conta-se o prazo de quinze dias da entrega da coisa e não da sua remessa. **Observação: A súmula se refere ao Decreto-Lei nº 7.661/45.**

(Ver art. 85, parágrafo único, da Lei nº 11.101, de 09.02.2005 – Nova Lei de Falência.)

194. É competente o Ministro do Trabalho para a especificação das atividades insalubres.

(Ver CLT, art. 209 – revogado pela Lei nº 6.514/77.)

195. Contrato de trabalho para obra certa, ou de prazo determinado, transforma-se em contrato de prazo indeterminado, quando prorrogado por mais de quatro anos.

(O art. 445 da CLT foi alterado pelo Decreto-Lei nº 229/67.)

196. Ainda que exerça atividade rural, o empregado de empresa industrial ou comercial é classificado de acordo com a categoria do empregador.

(Ver Lei nº 5.889/73, art. 3º, § 1º; Decreto nº 73.626/74.)

197. O empregado com representação sindical só pode ser despedido mediante inquérito em que se apure falta grave.

(Ver CLT, art. 543, caput – redação determinada pelo Decreto-Lei nº 229/67 – e § 3º – redação determinada pela Lei nº 7.543/86, após alterações pela Lei nº 5.911/73 e Convenção nº 98/49 – Genebra: sobre a aplicação dos princípios do direito de organização e de negociação coletiva.)

198. As ausências motivadas por acidente do trabalho não são descontáveis do período aquisitivo de férias.

(Ver CLT, arts. 132 e 134, com a redação do Decreto-Lei nº 1.535/77.)

199. O salário das férias do empregado horista corresponde à média do período aquisitivo, não podendo ser inferior ao mínimo.

(Ver CLT, arts. 78, caput, e 140, § 2º – alterado pelo Decreto-Lei nº 1.535/77.)

200. Não é inconstitucional a Lei nº 1.530, de 26.12.1951, que manda incluir na indenização por despedida injusta parcela correspondente a férias proporcionais.

(Ver Lei nº 5.107/66 – revogada pela Lei nº 7.839/89 [posteriormente revogada pela Lei nº 8.036, de 11 de maio de 1990]; Decreto nº 80.271/77 [revogado pelo Decreto nº 10.011, de 5 de setembro de 2019].)

201. O vendedor pracista, remunerado mediante comissão, não tem direito ao repouso semanal remunerado.

(Ver RE 79.238, RTJ 85/133.)

202. Na equiparação de salário, em caso de trabalho igual, toma-se em conta o tempo de serviço na função, e não no emprego.

(Ver RE 79.238, RTJ 85/133, quanto à desnecessidade de cancelamento de súmulas em que o STF tenha interpretado Legislação Trabalhista.)

203. Não está sujeita à vacância de 60 dias a vigência de novos níveis de salário mínimo.

(Ver RE 79.238, RTJ 85/133, quanto à desnecessidade de cancelamento de súmulas em que o STF tenha interpretado Legislação Trabalhista.)

204. Tem direito o trabalhador substituto, ou de reserva, ao salário mínimo no dia em que fica à disposição de empregador sem ser aproveitado na função específica; se aproveitado, recebe o salário contratual.

(Ver RE 79.238, RTJ 85/133, quanto à desnecessidade de cancelamento de súmulas em que o STF tenha interpretado Legislação Trabalhista.)

205. Tem direito a salário integral o menor não sujeito a aprendizagem metódica.

206. É nulo o julgamento ulterior pelo júri com a participação de jurado que funcionou em julgamento anterior do mesmo processo.

207. As gratificações habituais, inclusive a de Natal, consideram-se tacitamente convencionadas, integrando o salário.

(Ver Decreto nº 63.912/68.)

208. O assistente do Ministério Público não pode recorrer, extraordinariamente, de decisão concessiva de *habeas corpus*.

209. O salário-produção, como outras modalidades de salário-prêmio, é devido, desde que verificada a condição a que estiver subordinado, e não pode ser suprimido unilateralmente pelo empregador, quando pago com habitualidade.

210. O assistente do Ministério Público pode recorrer, inclusive extraordinariamente, na ação penal, nos casos dos arts. 584, § 1º, e 598 do Código de Processo Penal.

(Ver Súmula nº 208.)

211. Contra a decisão proferida sobre o agravo no auto do processo, por ocasião do julgamento da apelação, não se admitem embargos infringentes ou de nulidade.

(Ver CPC, arts. 523, § 1º – alterado pela Lei nº 9.139/95 –, e 530 – redação determinada pela Lei nº 10.352/01 [sem correspondência no CPC/2015])

212. Tem direito ao adicional de serviço perigoso o empregado de posto de revenda de combustível líquido. **Observação: A Lei nº 6.514, de 22.12.1977, revogou os arts. 202 a 223 da CLT, a Lei nº 2.573, de 15.08.1955, e o Decreto-Lei nº 389, de 26.12.1968, dando nova redação a todo o Capítulo V, do Título II, da CLT, sob a denominação "Da Segurança e da Medicina do Trabalho".**

213. É devido o adicional de serviço noturno, ainda que sujeito o empregado ao regime de revezamento.

(Ver Lei nº 5.889/73.)

214. A duração legal da hora de serviço noturno (52 minutos e 30 segundos) constitui vantagem suplementar, que não dispensa o salário adicional.

(Ver Lei nº 5.889/73, art. 7º.)

215. Conta-se a favor de empregado readmitido o tempo de serviço anterior, salvo se houver sido despedido por falta grave ou tiver recebido a indenização legal.

(Ver CLT, art. 453, com a redação determinada pela Lei nº 6.204/75.)

216. Para decretação da absolvição de instância pela paralisação do processo por mais de trinta dias, é necessário que o autor, previamente intimado, não promova o andamento da causa.

(Ver CPC, art. 267, § 2º, 2ª parte [CPC/2015, art. 485])

217. Tem direito de retornar ao emprego, ou ser indenizado em caso de recusa do empregador, o aposentado que recupera a capacidade de trabalho dentro de cinco anos, a contar da aposentadoria, que se torne definitiva após esse prazo.

218. É competente o Juízo da Fazenda Nacional da capital do Estado, e não o da situação da coisa, para a desapropriação promovida por empresa de energia elétrica, se a União Federal intervém como assistente.

(Ver Lei nº 5.010/66, art. 10, inciso I.)

219. Para a indenização devida a empregado que tinha direito a ser readmitido, e não foi, levam-se em conta as vantagens advindas à sua categoria no período do afastamento.

(Ver CLT, art. 475, § 1º, com a redação determinada pela Lei nº 4.824/65.)

220. A indenização devida a empregado estável, que não é readmitido ao cessar sua aposentadoria, deve ser paga em dobro.

(Ver CLT, art. 475, § 1º, com a redação determinada pela Lei nº 4.824/65.)

221. A transferência de estabelecimento, ou a sua extinção parcial, por motivo que não seja de força maior, não justifica a transferência de empregado estável.

(Ver Lei nº 5.107/66 – revogada pela Lei nº 7.839/89 [posteriormente revogada pela Lei nº 8.036, de 11 de maio de 1990]; Decreto nº 59.820/66 – revogado pelo Decreto nº 99.684/90.)

222. O princípio da identidade física do juiz não é aplicável às Juntas de Conciliação e Julgamento da Justiça do Trabalho.

(Ver CPC, art. 132 – redação determinada pela Lei nº 8.637/93 [sem correspondência no CPC/2015].)

223. Concedida isenção de custas ao empregado, por elas não responde o sindicato que o representa em juízo.

(Ver CLT, art. 789, § 5º, com a redação determinada pelo Decreto-Lei nº 229/67 – suprimido pela Lei nº 10.537/02; Lei nº 1.060/50, com a redação determinada pela Lei nº 5.584/70, arts. 14 e segs.)

224. Os juros da mora, nas reclamações trabalhistas, são contados desde a notificação inicial.

225. Não é absoluto o valor probatório das anotações da carteira profissional.

(Ver CLT, arts. 40 – redação dos incisos determinada pelo Decreto-Lei nº 229/67 – 456 – redação determinada pelo Decreto-Lei nº 926/69; CPC, arts. 364 e 389, inciso I [CPC/2015, arts. 405 e 429, I].)

226. Na ação de desquite, os alimentos são devidos desde a inicial e não da data da decisão que os concede.

(Ver Lei nº 6.515/77, arts. 19 e segs.)

227. A concordata do empregador não impede a execução de crédito nem a reclamação de empregado na Justiça do Trabalho.

(Ver Decreto-Lei nº 7.661/45, art. 102 – redação determinada pela Lei nº 3.726/60 [revogado pelo Decreto nº 11.101, de 9 de fevereiro de 2005]; CLT, art. 449, § 1º – redação determinada pela Lei nº 6.449/77.)

228. Não é provisória a execução na pendência de recurso extraordinário, ou de agravo destinado a fazê-lo admitir. **Observação: O Tribunal Pleno declarou esta súmula superada no julgamento do RE 84.334/SP (sessão em 08.04.1976).**

(Ver CPC, arts. 467, 497 – redação determinada pela Lei nº 8.038/90 [CPC/2015, arts. 502 e 995] – 587, 588 – redação determinada pela Lei nº 10.444/02 [Sem correspondência no CPC/2015], 589, 543 – revigorado e alterado pela Lei nº 8.950/94, § 4º [CPC/2015, art. 1.031]; e CLT, art. 893 – redação determinada pela Lei nº 861/49, que revogou os §§ 1º e 2º, e de acordo com a Lei nº 5.584/70, arts. 2º, § 4º, e 6º.)

229. A indenização acidentária não exclui a do direito comum, em caso de dolo ou culpa grave do empregador.

(Ver Lei nº 6.367/76; Decreto nº 79.037/76 – revogado pelo Decreto nº 3.048/99.)

230. A prescrição da ação de acidente do trabalho conta-se do exame pericial que comprovar a enfermidade ou verificar a natureza da incapacidade.

(Ver Lei nº 6.367/76, art. 18; Decreto nº 79.037/76, art. 64 – revogado pelo Decreto nº 3.048/99; Lei nº 5.316/67, art. 9º – revogada pela Lei nº 6.367/76.)

231. O revel, em processo civil, pode produzir provas, desde que compareça em tempo oportuno.

(Ver CPC, arts. 319, 322 e 332 [CPC/2015, arts. 344, 346 e 369].)

232. Em caso de acidente do trabalho, são devidas diárias até 12 meses, as quais não se confundem com a indenização acidentária, nem com o auxílio-enfermidade.

(Ver Lei nº 6.367/76; Decreto nº 79.037/76, arts. 7º e 9º – revogado pelo Decreto nº 3.048/99; Lei nº 6.195/74; Decreto nº 76.022/75 – revogado pelo Decreto s/nº, de 10.05.1991.)

233. Salvo em caso de divergência qualificada (Lei nº 623, de 1949), não cabe recurso de embargos contra decisão que nega provimento a agravo ou não conhece de recurso extraordinário, ainda que por maioria de votos.

(Ver Súmula nº 599. O RE 38.448 foi objeto da Ação Rescisória nº 723, julgada procedente.)

234. São devidos honorários de advogado em ação de acidente do trabalho julgada procedente.

(Ver Lei nº 6.367/76, art. 13; Decreto nº 79.037/76, art. 57 – revogado pelo Decreto nº 3.048/99; Decreto nº 77.077/76, art. 71, § 2º – revogado pelo Decreto nº 89.312/84 [posteriormente revogado pelo Decreto nº 3.048, de 6 de maio de 1999]; CPC, art. 20 [CPC/2015, art. 85] – redação determinada pela Lei nº 6.355/76 – §§ 1º [sem correspondência no CPC/2015] a 3º – pela Lei nº 5.925/73 [CPC/2015, art. 85, § 2º] – § 4º – pela Lei nº 8.952/94 [CPC/2015, art. 85, § 8º] – § 5º – acrescentado pela Lei nº 6.745/79 [CPC/2015, art. 85, § 5º]).

235. É competente para a ação de acidente do trabalho a justiça cível comum, inclusive em segunda instância, ainda que seja parte autarquia seguradora. **Observação: No julgamento do CC nº 7204, na sessão de 29.06.2005, o Tribunal Pleno definiu a competência da justiça trabalhista, a partir da Emenda Constitucional nº 45/2004, para julgamento das ações de indenização por danos morais e patrimoniais decorrentes de acidente do trabalho.**

(Ver Súmula nº 501.)

236. Em ação de acidente do trabalho, a autarquia seguradora não tem isenção de custas.

(Ver Lei nº 6.367/76; Lei nº 6.032/74, art. 9º, inciso I – revogada pela Lei nº 9.289/96; Decreto nº 77.077/76, art. 71, § 2º – revogado pelo Decreto nº 89.312/84 [posteriormente revogado pelo Decreto nº 3.048, de 6 de maio de 1999].)

237. O usucapião pode ser arguido em defesa.

(Ver CPC, art. 300 [CPC/2015, art. 336].)

238. Em caso de acidente do trabalho, a multa pelo retardamento da liquidação é exigível do segurador sub-rogado, ainda que autarquia.

(Ver Lei nº 6.367/76, art. 22; Decreto nº 79.037/76 – revogado pelo Decreto nº 3.048/99.)

239. Decisão que declara indevida a cobrança do imposto em determinado exercício não faz coisa julgada em relação aos posteriores.

(Ver CPC, arts. 367, 459 e 472 [CPC/2015, arts. 407, 490 e 506])

240. O depósito para recorrer, em ação de acidente do trabalho, é exigível do segurador sub-rogado, ainda que autarquia.

(Ver Decreto nº 77.077/76, art. 179, § 3º – revogado pelo Decreto nº 89.312/84 [posteriormente revogado pelo Decreto nº 3.048, de 6 de maio de 1999].)

241. A contribuição previdenciária incide sobre o abono incorporado ao salário.

(Ver Decreto nº 77.077/76, art. 138, inciso I – revogado pelo Decreto nº 89.312/84 [posteriormente revogado pelo Decreto nº 3.048, de 6 de maio de 1999].)

242. O agravo no auto do processo deve ser apreciado, no julgamento da apelação, ainda que o agravante não tenha apelado. **Observação: Súmula sem aplicação em face da inexistência desse recurso no Código de Processo Civil de 1973.**

(Ver CPC, art. 522, § 1º – alterado pela Lei nº 9.139/95 [sem correspondência no CPC/2015].)

243. Em caso de dupla aposentadoria os proventos a cargo do IAPFESP não são equiparáveis aos pagos pelo Tesouro Nacional, mas calculados à base da média salarial nos últimos doze meses de serviço (não tem mais aplicação).

(Ver Decreto nº 77.077/76, arts. 95 a 102 – revogado pelo Decreto nº 89.312/84 [posteriormente revogado pelo Decreto nº 3.048, de 6 de maio de 1999])

244. A importação de máquinas de costura está isenta do Imposto de Consumo.

(Ver Código Tributário Nacional, arts. 46 a 51; Decreto nº 70.162/72.)

245. A imunidade parlamentar não se estende ao corréu sem essa prerrogativa.

246. Comprovado não ter havido fraude, não se configura o crime de emissão de cheque sem fundos.

247. O relator não admitirá os embargos da Lei nº 623, de 19.02.1949, nem deles conhecerá o Supremo Tribunal Federal, quando houver jurisprudência firme do Plenário no mesmo sentido da decisão embargada. **Observação: A Lei nº 623, de 10.02.1949, torna embargáveis as decisões das turmas do Supremo Tribunal Federal quando divirjam entre si, ou de decisão tomada pelo Tribunal Pleno.**

248. É competente, originariamente, o Supremo Tribunal Federal, para mandado de segurança contra ato do Tribunal de Contas da União.

249. É competente o Supremo Tribunal Federal para a ação rescisória quando, embora não tendo conhecido do recurso extraordinário, ou havendo negado provimento ao agravo, tiver apreciado a questão federal controvertida.

(Ver CPC, arts. 485 e segs. [CPC/2015, arts. 966 e segs.]; Súmula nº 515.)

250. A intervenção da União desloca o processo do juízo cível comum para o fazendário.

251. Responde a Rede Ferroviária Federal S.A. perante o foro comum e não perante o juízo especial da Fazenda Nacional, a menos que a União intervenha na causa.

252. Na ação rescisória, não estão impedidos juízes que participaram do julgamento rescindendo.

(Ver CPC, art. 493, inciso I [CPC/2015, art. 973, par. único])

253. Nos embargos da Lei nº 623, de 19.02.1949, no Supremo Tribunal Federal, a divergência somente será acolhida, se tiver sido indicada na petição de recurso extraordinário.

254. Incluem-se os juros moratórios na liquidação, embora omisso o pedido inicial ou a condenação.

(Ver CPC, art. 322, § 1º).

255. Cancelada pelo Tribunal Pleno, na sessão de 21.11.1973, no julgamento do RE 74.244/PR.

Texto primitivo: Sendo ilíquida a obrigação, os juros moratórios, contra a Fazenda Pública, incluídas as autarquias, são contados do trânsito em julgado da sentença de liquidação.

(Ver Lei nº 4.414/64.)

256. É dispensável pedido expresso para condenação do réu em honorários, com fundamento nos arts. 63 ou 64 do Código de Processo Civil.

(Ver CPC, art. 20, § 3º e segs. [CPC/2015, art. 85])

257. São cabíveis honorários de advogado na ação regressiva do segurador contra o causador do dano.

258. É admissível reconvenção em ação declaratória.

(Ver CPC, arts. 4º, 315 a 318 [CPC/2015, arts. 19 e 343, sem correspondência no CPC/2015])

259. Para produzir efeito em juízo não é necessária a inscrição, no registro público, de documentos de procedência estrangeira, autenticados por via consular.

(Ver Lei nº 6.015/73, art. 130, inciso VI; Decreto-Lei nº 941/69, art. 91, parágrafo único – revogado pela Lei nº 6.815/80 [posteriormente revogada pela Lei nº 13.445, de 24 de maio de 2017].)

260. O exame de livros comerciais, em ação judicial, fica limitado às transações entre os litigantes.

(Ver CPC, arts. 420 a 439, 355 a 363 e 844, inciso III [CPC/2015, arts. 464 a 480, 396 a 404]; Código Comercial, arts. 17 a 19 – revogados pela Lei nº 10.406/02, Novo Código Civil – com as restrições do art. 353 do Decreto nº 58.400/66 – revogado pelo Decreto s/nº 25.04.1991; Lei nº 5.172/66, art. 195; Lei nº 6.404/76, art. 105.)

261. Para a ação de indenização, em caso de avaria, é dispensável que a vistoria se faça judicialmente.

(Ver CPC, arts. 420 a 439 [CPC/2015, arts. 464 a 480])

262. Não cabe medida possessória liminar para liberação alfandegária de automóvel.

263. O possuidor deve ser citado, pessoalmente, para a ação de usucapião.

(Ver CPC, arts. 231, incisos I e II, e 942, inciso II – redação determinada pela Lei nº 8.951/94 [CPC/2015, arts. 256, incisos I e II, e 246, § 3º])

264. Verifica-se a prescrição intercorrente pela paralisação da ação rescisória por mais de cinco anos.

(Ver CPC, arts. 267, incisos II e III, e 495 [CPC/2015, arts. 485, incisos II e III, e 975])

265. Na apuração de haveres, não prevalece o balanço não aprovado pelo sócio falecido, excluído ou que se retirou.

(Ver CPC, arts. 1.022 a 1.030 [CPC/2015, arts. 647 a 658]; Lei nº 6.404/76, arts. 178 a 185 – este último, revogado pela Lei nº 7.730/89 – 206 e segs. e 300.)

266. Não cabe mandado de segurança contra lei em tese.

(Ver Lei nº 1.533, art. 1º, § 1º – redação do § 1º determinada pela Lei nº 9.259/96, com as alterações das Leis nos 6.014/73 e 6.071/74 [revogada pela Lei nº 12.016, de 7 de agosto de 2009])

267. Não cabe mandado de segurança contra ato judicial passível de recurso ou correição.

(Ver Lei nº 1.533/51, art. 5º, II – alterado pelas Leis nos 6.014/73 e 6.071/74 [revogada pela Lei nº 12.016, de 7 de agosto de 2009])

268. Não cabe mandado de segurança contra decisão judicial com trânsito em julgado.

(Ver Lei nº 1.533/51, art. 16 – alterado pelas Leis nos 6.014/73 e 6.071/74 [revogada pela Lei nº 12.016, de 7 de agosto de 2009]; CPC, arts. 468, 471 e 483 [CPC/2015, arts. 503, 505 e 961])

269. O mandado de segurança não é substitutivo de ação de cobrança.

(Ver Lei nº 1.533/51, arts. 7º, incisos I – redação determinada pela Lei nº 4.166/62 – e II, e 15 – alterado pelas Leis nos 6.014/73 e 6.071/74 [revogada pela Lei nº 12.016, de 7 de agosto de 2009])

270. Não cabe mandado de segurança para impugnar enquadramento da Lei nº 3.780, de 12 de julho de 1960, que envolva exame de prova ou de situação funcional complexa.

(Ver Lei nº 1.533/51 – alterada pelas Leis nos 6.014/73 e 6.071/74 [revogada pela Lei nº 12.016, de 7 de agosto de 2009].)

271. Concessão de mandado de segurança não produz efeitos patrimoniais, em relação a período pretérito, os quais devem ser reclamados administrativamente ou pela via judicial própria.

(Ver Lei nº 6.014/73, art. 3º; Lei nº 6.071/74.)

272. Não se admite como ordinário recurso extraordinário de decisão denegatória de mandado de segurança.

(Ver Lei nº 1.533/51 [revogada pela Lei nº 12.016, de 7 de agosto de 2009].)

273. Nos embargos da Lei nº 623, de 19.02.1949, a divergência sobre questão prejudicial ou preliminar, suscitada após a interposição do recurso ordinário, ou do agravo, somente será acolhida se o acórdão-padrão for anterior à decisão embargada.

(Ver Súmula nº 598; CPC, art. 546 – revigorado e alterado pela Lei nº 8.950/94 [CPC/2015, art. 1.043].)

274. Revogada pelo Tribunal Pleno com a edição da Súmula nº 549, na sessão de 03.12.1969.

Texto primitivo: É inconstitucional a taxa de serviço contra fogo cobrada pelo estado de Pernambuco.

275. Está sujeita a recurso ex *officio* sentença concessiva de reajustamento pecuário anterior à vigência da Lei nº 2.804, de 25 de junho de 1956.

(Ver CPC, arts. 515 e segs. [CPC/2015, arts. 1.013 e segs.].)

276. Não cabe recurso de revista em ação executiva fiscal.

(Ver CPC, arts. 496 – redação determinada pelas Leis nos 8.038/90 e 8.950/94 – e 585, inciso VI – redação determinada pela Lei nº 5.925/73 [CPC/2015, arts. 994 e 784, IX])

277. São cabíveis embargos, em favor da Fazenda Pública, em ação executiva fiscal, não sendo unânime a decisão.

(Ver CPC, arts. 566 e segs.)

278. São cabíveis embargos em ação executiva fiscal contra decisão reformatória da de primeira instância, ainda que unânime.

(Ver CPC, arts. 566 e segs.) [CPC/2015, arts. 778 e segs.])

279. Para simples reexame de prova não cabe recurso extraordinário.

(Ver Súmula nº 7 do STJ.)

280. Por ofensa a direito local não cabe recurso extraordinário.

281. É inadmissível o recurso extraordinário, quando couber, na Justiça de origem, recurso ordinário da decisão impugnada.

282. É inadmissível o recurso extraordinário, quando não ventilada, na decisão recorrida, a questão federal suscitada.

283. É inadmissível o recurso extraordinário, quando a decisão recorrida assenta em mais de um fundamento suficiente e o recurso não abrange todos eles.

284. É inadmissível o recurso extraordinário, quando a deficiência na sua fundamentação não permitir a exata compreensão da controvérsia.

(Ver CPC, art. 282, inciso III [CPC/2015, art. 319, inciso III])

285. Não sendo razoável a arguição de inconstitucionalidade, não se conhece do recurso extraordinário fundado na letra c do art. 101, III, da Constituição.

(Ver art. 102, inciso III, da Constituição Federal de 1988.)

286. Não se conhece do recurso extraordinário fundado em divergência jurisprudencial, quando a orientação do plenário do Supremo Tribunal Federal já se firmou no mesmo sentido da decisão recorrida.

(Ver Súmula nº 83 do STJ.)

287. Nega-se provimento ao agravo, quando a deficiência na sua fundamentação, ou na do recurso extraordinário, não permitir a exata compreensão da controvérsia.

(Ver CPC, art. 523 – redação determinada pela Lei nº 9.139/95, §§ 2º e 4º, alterados pela Lei nº 1.0352/01 [sem correspondência no CPC/2015])

288. Nega-se provimento a agravo para subida de recurso extraordinário, quando faltar no traslado o despacho agravado, a decisão recorrida, a petição de recurso extraordinário ou qualquer peça essencial à compreensão da controvérsia.

(Ver CPC arts. 544, parágrafo único [sem correspondência no CPC/2015] – revigorado e alterado pela Lei nº 8.950/94 – e 546 – revigorado e alterado pela Lei nº 8.950/94 [CPC/2015, art. 1.043])

289. O provimento do agravo, por uma das Turmas do Supremo Tribunal Federal, ainda que sem ressalva, não prejudica a questão do cabimento do recurso extraordinário.

(Ver CPC, arts. 522 a 529 – redação determinada pela Lei nº 9.139/95 – e 546 – revigorado e alterado pela Lei nº 8.950/94 [CPC/2015, arts. 1.015 a 1.019 e 1.043])

290. Nos embargos da Lei nº 623, de 19.02.1949, a prova de divergência far-se-á por certidão, ou mediante indicação do Diário da Justiça ou de repertório de jurisprudência autorizado, que a tenha publicado, com a transcrição do trecho que configure a divergência, mencionadas as circunstâncias que identifiquem ou assemelhem os casos confrontados.

(Ver CPC, art. 546, parágrafo único – revigorado e alterado pela Lei nº 8.950/94 [CPC/2015, art. 1.044])

291. No recurso extraordinário pela letra d do art. 101, nº III, da Constituição, a prova do dissídio jurisprudencial far-se-á por certidão, ou mediante indicação do Diário da Justiça ou de repertório de jurisprudência autorizado, com a transcrição do trecho que configure a divergência, mencionadas as circunstâncias que identifiquem ou assemelhem os casos confrontados.

292. Interposto o recurso extraordinário por mais de um dos fundamentos indicados no art. 101, III, da Constituição, a admissão apenas por um deles não prejudica o seu conhecimento por qualquer dos outros.

(Ver art. 102, inciso III, da Constituição Federal de 1988.)

293. São inadmissíveis embargos infringentes contra decisão em matéria constitucional submetida ao plenário dos Tribunais.

294. São inadmissíveis embargos infringentes contra decisão do Supremo Tribunal Federal em mandado de segurança.

(Ver Lei nº 1.533/51 [revogada pela Lei nº 12.016, de 7 de agosto de 2009])

295. São inadmissíveis embargos infringentes contra decisão unânime do Supremo Tribunal Federal em ação rescisória.

(Ver CPC, arts. 530 e ss. [sem correspondência no CPC/2015] e 546 – revigorado e alterado pela Lei nº 8.950/94 [CPC/2015, art. 1.043])

296. São inadmissíveis embargos infringentes sobre matéria não ventilada, pela Turma, no julgamento do recurso extraordinário.

(Ver CPC, arts. 530 e segs. [sem correspondência no CPC/2015])

297. Oficiais e praças das milícias dos estados, no exercício de função policial civil, não são considerados militares para efeitos penais, sendo competente a justiça comum para julgar os crimes cometidos por ou contra eles. **Observação: O Tribunal Pleno declarou esta súmula superada no julgamento do HC 82.142/MS (sessão em 12.12.2002).**

298. O legislador ordinário só pode sujeitar civis à Justiça Militar, em tempo de paz, nos crimes contra a segurança externa do país ou as instituições militares.

(Ver Decreto-Lei nº 1.002/69, Título VIII, art. 82, parágrafo único – suprimido pela Lei nº 9.299/96, que deu nova redação ao dispositivo.)

299. O recurso ordinário e o extraordinário interpostos no mesmo processo de mandado de segurança, ou de *habeas corpus*, serão julgados conjuntamente pelo Tribunal Pleno.

300. São cabíveis os embargos da Lei nº 623, de 19.02.1949, contra provimento de agravo para subida de recurso extraordinário.

(Ver Súmula nº 599.)

301. Cancelada pelo Tribunal Pleno, na sessão de 25.08.1971, no julgamento do RHC 49.038/AM.

Texto primitivo: Por crime de responsabilidade, o procedimento penal contra prefeito municipal fica condicionado ao seu afastamento do cargo por "impeachment", ou à cessação do exercício por outro motivo.

302. Está isenta da taxa de previdência social a importação de petróleo bruto.

(Ver Decreto nº 77.077/76, art. 135, inciso X, § 1º, b – revogado pelo Decreto nº 89.312/84 [posteriormente revogado pelo Decreto nº 3.048, de 6 de maio de 1999].)

303. Não é devido o Imposto Federal de Selo em contrato firmado com autarquia anteriormente à vigência da Emenda Constitucional nº 5, de 21 de novembro de 1961.

(Ver Lei nº 5.143/66, art. 15; Decreto-Lei nº 1.042/69, art. 2º, inciso IV; Lei nº 5.172/66, Seção IV [revogada pelo Decreto-lei nº 406, de 31 de dezembro de 1968].)

304. Decisão denegatória de mandado de segurança, não fazendo coisa julgada contra o impetrante, não impede o uso da ação própria.

305. Acordo de desquite ratificado por ambos os cônjuges não é retratável unilateralmente.

(Ver CPC, arts. 515 – § 3º acrescido pela Lei nº 10.352/01 [CPC/2015, art. 1.013, § 3º] – 1.122, § 1º [sem correspondência no CPC/2015]; Lei nº 6.515/77.)

306. As taxas de recuperação econômica e de assistência hospitalar de Minas Gerais são legítimas, quando incidem sobre matéria tributável pelo Estado.

307. É devido o adicional de serviço insalubre, calculado à base do salário mínimo da região, ainda que a remuneração contratual seja superior ao salário mínimo acrescido da taxa de insalubridade.

(Ver CLT, art. 192, Capítulo V, com a redação determinada pela Lei nº 6.514/77; Lei nº 4.589/64, art. 23.)

308. A taxa de despacho aduaneiro, sendo adicional do Imposto de Importação, não incide sobre borracha importada com isenção daquele imposto.

(Ver Decreto-Lei nº 37/66, art. 163 – alterada a percentagem de arrecadação do imposto de importação pelo Decreto-Lei nº 414/69; Decreto nº 77.077/76, art. 135, inciso X – revogado pelo Decreto nº 89.312/84 [posteriormente revogado pelo Decreto nº 3.048, de 6 de maio de 1999].)

309. A taxa de despacho aduaneiro, sendo adicional do Imposto de Importação, não está compreendida na isenção do Imposto de Consumo para automóvel usado trazido do exterior pelo proprietário.

(Ver Súmula nº 86; Decreto-Lei nº 37/66, art. 163 – alterada a percentagem de arrecadação do imposto de importação pelo Decreto-Lei nº 414/69; Decreto nº 77.077/76, art. 135, inciso X – revogado pelo Decreto nº 89.312/84 [posteriormente revogado pelo Decreto nº 3.048, de 6 de maio de 1999].)

310. Quando a intimação tiver lugar na sexta-feira, ou a publicação com efeito de intimação for feita nesse dia, o prazo judicial terá início na segunda-feira imediata, salvo se não houver expediente, caso em que começará no primeiro dia útil que se seguir.

(Ver CPC, arts. 184 – redação determinada pelas Leis nos 5.925/73 e 8.079/90 – 192 e 485 – vide Medida Provisória nº 1.798-3/99.) (CPC/2015, art. 224, 218, §2º e 966)

311. No típico acidente do trabalho, a existência de ação judicial não exclui a multa pelo retardamento da liquidação.

(Ver Lei nº 6.367/76, art. 22; Decreto nº 79.037/76 – revogado pelo Decreto nº 3.048/99.)

312. Músico integrante de orquestra da empresa, com atuação permanente e vínculo de subordinação, está sujeito à legislação geral do trabalho, e não à especial dos artistas.

(Ver Lei nº 6.533/78; Decreto nº 82.385/78.)

313. Provada a identidade entre o trabalho diurno e o noturno, é devido o adicional, quanto a este, sem a limitação do art. 73, § 3º, da CLT, independentemente da natureza da atividade do empregador.

(Ver CLT, art. 73, § 3º – incluído pelo Decreto-Lei nº 9.666/46.)

314. Na composição do dano por acidente do trabalho, ou de transporte, não é contrário à lei tomar para base da indenização o salário do tempo da perícia ou da sentença.

(Ver Lei nº 6.367/76; Decreto nº 79.037/76 – revogado pelo Decreto nº 30.48/99.)

315. Indispensável o traslado das razões da revista, para julgamento, pelo Tribunal Superior do Trabalho, do agravo para sua admissão.

(Ver CPC, art. 523 – redação determinada pela Lei nº 9.139/95, § 2º alterado pela Lei nº 10.352/01, § 4º revogado pela Lei nº 11.187/2005 [sem correspondência no CPC/2015]

316. A simples adesão a greve não constitui falta grave.

(Ver Decreto-Lei nº 1.632/78 – revogado pela Lei nº 7.783/89; Lei nº 4.330/64 – revogado pela Medida Provisória nº 50/89; Lei nº 7.783/89.)

317. São improcedentes os embargos declaratórios, quando não pedida a declaração do julgado anterior, em que se verificou a omissão.

(Ver CPC, arts. 178 a 180 [CPC/2015, arts. 219 a 221], 463 [CPC/2015, 494], 464 e 465 [sem correspondência no CPC/2015] – os dois últimos revogados pela Lei nº 8.950/94 – 535 [CPC/2015, art. 1.022] – redação determinada pela Lei nº 8.950/94 – e 536 [CPC/2015, art. 1.023] – redação determinada pela Lei nº 8.950/94 e parágrafo único suprimido na redação determinada pela Lei nº 8.950/94.)

318. É legítima a cobrança, em 1962, pela Municipalidade de São Paulo, do Imposto de Indústrias e Profissões, consoante as Leis nos 5.917 e 5.919, de 1961 (aumento anterior à vigência do orçamento e incidência do tributo sobre o movimento econômico do contribuinte).

319. O prazo do recurso ordinário para o Supremo Tribunal Federal, em *habeas corpus* ou mandado de segurança, é de cinco dias.

320. A apelação despachada pelo juiz no prazo legal não fica prejudicada pela demora da juntada, por culpa do cartório. **Observação: Entendimento superado pela nova sistemática de protocolo adotada pelo Código de Processo Civil de 1973; art. 506, parágrafo único.**

(Ver CPC, arts. 178 a 180, 508 – redação determinada pela Lei nº 8.950/94 e parágrafo único revogado pela Lei nº 6.314/75 – e 514, parágrafo único – revogado pela Lei nº 8.950/94 [CPC/2015, arts. 219 a 221, 1.003, § 5º e 1.010])

321. Cancelada pelo Tribunal Pleno, na sessão de 29.06.1988, no julgamento do REsp 1428/RO.

Texto primitivo: A Constituição Estadual pode estabelecer a irredutibilidade dos vencimentos do Ministério Público.

322. Não terá seguimento pedido ou recurso dirigido ao Supremo Tribunal Federal, quando manifestamente incabível, ou apresentado fora do prazo, ou quando for evidente a incompetência do Tribunal.

(Ver CPC, art. 295 [CPC/2015, art. 330]; RE 83.278, RTJ 78/958.)

323. É inadmissível a apreensão de mercadorias como meio coercitivo para pagamento de tributos.

(Ver CPC/2015, Livro II, Do Processo de Execução.)

324. A imunidade do art. 31, V, da Constituição Federal não compreende as taxas. **Observação: A súmula se refere à Constituição Federal de 1946.**

325. As emendas ao Regimento do Supremo Tribunal Federal, sobre julgamento de questão constitucional, aplicam-se aos pedidos ajuizados e aos recursos interpostos anteriormente à sua aprovação.

(Ver Embargos em Representação nº 465.)

326. É legítima a incidência do Imposto de Transmissão Inter Vivos sobre a transferência do domínio útil.

(Ver Lei nº 5.172/66, art. 35, inciso I.)

327. O direito trabalhista admite a prescrição intercorrente.

(Em se tratando de trabalhador rural, ver Lei nº 5.889/73, art. 10.)

328. É legítima a incidência do Imposto de Transmissão Inter Vivos sobre a doação de imóvel.

(Ver Lei nº 5.172/66, art. 35, inciso I.)

329. O Imposto de Transmissão Inter Vivos não incide sobre a transferência de ações de sociedade imobiliária.

(Ver Lei nº 5.172/66, art. 35, inciso I; Lei nº 6.404/76.)

330. O Supremo Tribunal Federal não é competente para conhecer de mandado de segurança contra atos dos Tribunais de Justiça dos Estados.

331. É legítima a incidência do Imposto de Transmissão Causa Mortis no inventário por morte presumida.

(Ver CPC, arts. 1.164 a 1.166 [CPC/2015, art. 745, § 2º]

332. É legítima a incidência do Imposto de Vendas e Consignações sobre a parcela do preço correspondente aos ágios cambiais.

(Ver Decreto-Lei nº 406/68; Decreto-Lei nº 834/69.)

333. Está sujeita ao Imposto de Vendas e Consignações a venda realizada por invernista não qualificado como pequeno produtor.

(Ver Decreto-Lei nº 406/68; Decreto-Lei nº 834/69.)

334. É legítima a cobrança, ao empreiteiro, do Imposto de Vendas e Consignações, sobre o valor dos materiais empregados, quando a empreitada não for apenas de lavor.

(Ver Decreto-Lei nº 406/68; Decreto-Lei nº 834/69; Lei nº 5.474/68; Lei nº 6.458/77.)

335. É válida a cláusula de eleição do foro para os processos oriundos do contrato.

(Ver CPC, art. 91 e segs. [sem correspondência no CPC/2015]; Lei nº 6.015/73, Título V, art. 169.)

336. A imunidade da autarquia financiadora, quanto ao contrato de financiamento, não se estende à compra e venda entre particulares, embora constantes os dois atos de um só instrumento.

(Ver CF-69, art. 19, inciso III, § 1º, 2ª parte.)

337. A controvérsia entre o empregador e o segurador não suspende o pagamento devido ao empregado por acidente do trabalho.

(Ver Lei nº 6.367/76; Decreto nº 79.037/76 – revogado pelo Decreto nº 3.048/99.)

338. Não cabe ação rescisória no âmbito da Justiça do Trabalho.

(Ver CLT, art. 8º, in fine e § 1º, e art. 836 – redação determinada pela Lei nº 7.351/85, após alterações pelo Decreto-Lei nº 229/67 e alterada pela Lei nº 11.495/2007)

339. Não cabe ao Poder Judiciário, que não tem função legislativa, aumentar vencimentos de servidores públicos sob fundamento de isonomia.

340. Desde a vigência do Código Civil, os bens dominicais, como os demais bens públicos, não podem ser adquiridos por usucapião.

(Ver Lei nº 6.015/73.)

341. É presumida a culpa do patrão ou comitente pelo ato culposo do empregado ou preposto.

342. Cabe agravo no auto do processo, e não agravo de petição, do despacho que não admite a reconvenção.

343. Não cabe ação rescisória por ofensa a literal dispositivo de lei, quando a decisão rescindenda se tiver baseado em texto legal de interpretação controvertida nos Tribunais.

(Ver CPC, art. 485, inciso V [CPC/2015, art. 966, inciso V])

344. Sentença de primeira instância concessiva de *habeas corpus*, em caso de crime praticado em detrimento de bens, serviços ou interesses da União, está sujeita a recursos *ex officio*.

345. Na chamada desapropriação indireta, os juros compensatórios são devidos a partir da perícia, desde que tenha atribuído valor atual ao imóvel. **Observação: Verifica-se na leitura do RE 74.803 (*RTJ* 80/525), da 1ª Turma, que não mais prevalece a Súmula nº 345.**

(Ver Súmula nº 164 do STJ, RE-embargos 47.934 (sessão em 27.03.1969), RE 48.540 (sessão em 10.09.1969) e RE-embargos 52.441 (sessão em 20.08.1969); Decreto-Lei nº 3.365/41 – redação determinada pelas Leis nºs 2.786/56, 4.686/65 e 6.306/75).

346. A administração pública pode declarar a nulidade dos seus próprios atos.

(Ver Súmulas nos 6 e 473.)

347. O Tribunal de Contas, no exercício de suas atribuições, pode apreciar a constitucionalidade das leis e dos atos do poder público.

348. É constitucional a criação de taxa de construção, conservação e melhoramento de estradas.

349. A prescrição atinge somente as prestações de mais de dois anos, reclamadas com fundamento em decisão normativa da Justiça do Trabalho, ou em convenção coletiva de trabalho, quando não estiver em causa a própria validade de tais atos.

(Ver CLT, arts. 8º, § 1º, 11 – redação determinada pela Lei nº 9.658/98, vide EC nº 28/00 – 611, 616, 868 e 869 – com a redação determinada pelo Decreto-Lei nº 229/67, com redação alterada pela Lei 13.467/2017.)

350. O Imposto de Indústrias e Profissões não é exigível de empregado, por falta de autonomia na sua atividade profissional.

(Ver Decreto-Lei nº 406/68; Decreto-Lei nº 834/69.)

351. É nula a citação por edital de réu preso na mesma unidade da Federação em que o juiz exerce a sua jurisdição.

352. Não é nulo o processo penal por falta de nomeação de curador ao réu menor que teve a assistência de defensor dativo.

353. São incabíveis os embargos da Lei nº 623, de 19.02.1949, com fundamento em divergência entre decisões da mesma Turma do Supremo Tribunal Federal.

354. Em caso de embargos infringentes parciais, é definitiva a parte da decisão embargada em que não houve divergência na votação.

(Ver CPC, arts. 505, 115 [CPC/2015, arts. 1.002 e 1.013] e 530 [sem correspondência no CPC/2015] – redação determinada pela Lei nº 10.352/01.)

355. Em caso de embargos infringentes parciais, é tardio o recurso extraordinário interposto após o julgamento dos embargos, quanto à parte da decisão embargada que não fora por eles abrangida.

(Ver CPC, arts. 178 a 180 [CPC/2015, arts. 219 a 221], 530 [sem correspondência no CPC/2015] – redação determinada pela Lei nº 10.352/01 –, 541 e ss. – redação determinada pela Lei nº 8.950/94 [CPC/2015, ar. 1.029 e segs.])

356. O ponto omisso da decisão, sobre o qual não foram opostos embargos declaratórios, não pode ser objeto de recurso extraordinário, por faltar o requisito do prequestionamento.

357. É lícita a convenção pela qual o locador renuncia, durante a vigência do contrato, à ação revisional do art. 31 do Decreto nº 24.150, de 20.04.1934.

358. O servidor público em disponibilidade tem direito aos vencimentos integrais do cargo.

359. Ressalvada a revisão prevista em lei, os proventos da inatividade regulam-se pela lei vigente ao tempo em que o militar, ou o servidor civil, reuniu os requisitos necessários. **Observação: Julgando os RE-embargos 72.509/PR, na sessão de 14.02.1973, o Tribunal Pleno deliberou pela MODIFICAÇÃO da Súmula nº 359. A redação anterior (aprovação em 13.12.1963) era a seguinte: "Ressalvada a revisão prevista em lei, os proventos da inatividade regulam-se pela lei vigente ao tempo em que o militar, ou o servidor civil, reuniu os requisitos necessários, inclusive a apresentação do requerimento, quando a inatividade for voluntária."**

360. Não há prazo de decadência para a representação de inconstitucionalidade prevista no art. 8º, parágrafo único, da Constituição Federal.

(Ver Lei nº 4.337/64, com as alterações da Lei nº 5.778/72.)

361. No processo penal, é nulo o exame realizado por um só perito, considerando-se impedido o que tiver funcionando, anteriormente na diligência de apreensão.

362. A condição de ter o clube sede própria para a prática de jogo lícito não o obriga a ser proprietário do imóvel em que tem sede.

363. A pessoa jurídica de direito privado pode ser demandada no domicílio da agência, ou estabelecimento, em que se praticou o ato.

(Ver CPC, art. 100, inc. IV, b [CPC/2015, art. 53, inciso IV, b])

364. Enquanto o Estado da Guanabara não tiver tribunal militar de segunda instância, o Tribunal de Justiça é competente para julgar os recursos das decisões da auditoria da Polícia Militar.

(Ver Lei Complementar nº 20/74, arts. 11 e 17; Lei nº 3.752/60.)

365. Pessoa jurídica não tem legitimidade para propor ação popular.

366. Não é nula a citação por edital que indica o dispositivo da lei penal, embora não transcreva a denúncia ou queixa, ou não resuma os fatos em que se baseia.

367. Concede-se liberdade ao extraditando que não for retirado do país no prazo do art. 16 do Decreto-Lei nº 394, de 28.04.1938.

(Ver Decreto-Lei nº 941/69, art. 101 – revogado pela Lei nº 6.815/80 [revogada pela Lei nº 13.445, de 24 de maio de 2017]; Decreto nº 66.689/70, art. 128 e parágrafo único – revogado pelo Decreto nº 11/91 [revogado pelo Decreto nº 9.360, de 7 de maio de 2018].)

368. Não há embargos infringentes no processo de reclamação.

369. Julgados do mesmo tribunal não servem para fundamentar o recurso extraordinário por divergência jurisprudencial.

(Ver Súmula nº 13 do STJ.)

370. Julgada improcedente a ação renovatória da locação, terá o locatário, para desocupar o imóvel, o prazo de seis meses, acrescido de tantos meses quantos forem os anos da ocupação, até o limite total de dezoito meses. **Observação: Verifica-se na leitura do acórdão do RE 65137 (*RTJ* 51/511), da 2ª Turma, que a Súmula nº 370 não é mais aplicada, desde que revogada a Lei nº 1.300/1950 pela Lei nº 4.494/1964. A Lei nº 4.494/64 foi revogada pela Lei nº 6.649/79.**

(Ver Lei nº 8.245/1991.)

371. Ferroviário, que foi admitido como servidor autárquico, não tem direito a dupla aposentadoria.

(Ver Decreto nº 77.077/76, arts. 95 a 102 – revogado pelo Decreto nº 89.312/84 [revogado pelo Decreto nº 3.048, de 6 de maio de 1999].)

372. A Lei nº 2.752, de 10.04.1956, sobre dupla aposentadoria, aproveita, quando couber, a servidores aposentados antes de sua publicação.

(Ver Decreto nº 77.077/76, arts. 95 a 102 – revogado pelo Decreto nº 89.312/84 [revogado pelo Decreto nº 3.048, de 6 de maio de 1999].)

373. Servidor nomeado após aprovação no curso de capacitação policial, instituído na Polícia do Distrito Federal, em 1941, preenche o requisito da nomeação por concurso a que se referem as Leis nos 705, de 16.05.1949, e 1.639, de 14.07.1952.

374. Na retomada para construção mais útil, não é necessário que a obra tenha sido ordenada pela autoridade pública.

375. Não renovada a locação regida pelo Decreto nº 24.150, de 20.04.1934, aplica-se o direito comum e não a legislação especial do inquilinato.

(Ver Decreto-Lei nº 4/66, art. 2º – revogado pela Lei nº 6.449/79, posteriormente revogada pela Lei nº 8.245/91.)

376. Na renovação de locação, regida pelo Decreto nº 24.150, de 20.04.1934, o prazo do novo contrato conta-se da transcrição da decisão exequenda no Registro de Títulos e Documentos; começa, porém, da terminação do contrato anterior, se esta tiver ocorrido antes do registro.

(Ver Lei nº 6.015/73, art. 128, inciso VI; Decreto-Lei nº 4/66 – revogado pela Lei nº 6.449/79, posteriormente revogada pela Lei nº 8.245/91.)

377. No regime de separação legal de bens, comunicam-se os adquiridos na constância do casamento.

(Ver CC-1916, art. 258 – redação determinada pelo art. 50 da Lei nº 6.515/77, CC-2002, arts. 1.640 e 1.641; Lei de Introdução ao Código Civil, art. 7º, § 5º – redação determinada pelo art. 49 da Lei nº 6.515/77.)

378. Na indenização por desapropriação incluem-se honorários do advogado do expropriado.

379. No acordo de desquite não se admite renúncia aos alimentos, que poderão ser pleiteados ulteriormente, verificados os pressupostos legais.

(Ver CC-1916, arts. 234, 315, inciso III – revogado pela Lei nº 6.515/77 – 329 – CC-2002, art. 1.588 – 393 – CC-2002, art. 1.636 – e 404 – redação determinada pela Lei nº 4.121/62, – CC-2002, art. 1.707, 1ª parte; CPC, arts. 732 a 735 e 1.121, inciso IV [CPC/2015, arts. 528 a 530 e 731, inciso II])

380. Comprovada a existência de sociedade de fato entre os concubinos, é cabível a sua dissolução judicial, com a partilha do patrimônio adquirido pelo esforço comum.

(Ver Lei nº 6.515/77; Leis nos 8.971/94 e 9.278/96 – União Estável.)

381. Não se homologa sentença de divórcio obtida por procuração, em país de que os cônjuges não eram nacionais.

(Ver CPC, arts. 483 e 484 [CPC/2015, arts. 961 e 965]; Lei de Introdução ao Código Civil, art. 7º, com as alterações do art. 49 da Lei nº 6.515/77.)

382. A vida em comum sob o mesmo teto, *more uxorio*, não é indispensável à caracterização do concubinato.

383. A prescrição em favor da Fazenda Pública recomeça a correr, por dois anos e meio, a partir do ato interruptivo, mas não fica reduzida aquém de cinco anos, embora o titular do direito a interrompa durante a primeira metade do prazo.

384. A demissão de extranumerário do serviço público federal, equiparado a funcionário de provimento efetivo para efeito de estabilidade, é da competência do Presidente da República.

(Ver Lei nº 3.780/60, art. 22.)

385. Oficial das Forças Armadas só pode ser reformado, em tempo de paz, por decisão de tribunal militar permanente, ressalvada a situação especial dos atingidos pelo art. 177 da Constituição de 1937.

386. Pela execução de obra musical por artistas remunerados é devido direito autoral, não exigível quando a orquestra for de amadores.

(Ver CC-1916, arts. 649 – com a redação determinada pela Lei nº 3.447/58, dispositivo posteriormente revogado pela Lei nº 9.610/98 – e 657 – revogados pela Lei nº 9.610/98; Lei nº 5.988/73, art. 73, § 1º – revogada pela Lei nº 9.610/98, excetuando-se o art. 17 e seus §§ 1º e 2º; Decreto nº 78.965/76.)

387. A cambial emitida ou aceita com omissões, ou em branco, pode ser completada pelo credor de boa-fé antes da cobrança ou do protesto.

(Ver Decreto-Lei nº 427/69, art. 2º – dispositivo revogado pelo Decreto-Lei nº 1.700/79.)

388. Cancelada pelo Tribunal Pleno, na sessão de 16.10.1975, no julgamento do HC 53777/MG.

Texto primitivo: O casamento da ofendida com quem não seja o ofensor faz cessar a qualidade do seu representante legal, e a ação penal só pode prosseguir por iniciativa da própria ofendida, observados os prazos legais de decadência e perempção.

389. Salvo limite legal, a fixação de honorários de advogado, em complemento da condenação, depende das circunstâncias da causa, não dando lugar a recurso extraordinário.

(Ver Súmula nº 279; CPC, art. 20 – redação alterada pelas Leis nos 6.355/76, 5.925/73, 8.952/94 e 6.745/79 [CPC/2015, art. 82, § 2º].)

390. A exibição judicial de livros comerciais pode ser requerida como medida preventiva.

(Ver CPC, art. 844, inciso III [sem correspondência no CPC/2015])

391. O confinante certo deve ser citado pessoalmente para a ação de usucapião.

(Ver Súmula nº 263; CPC, arts. 942, inciso II – suprimido na redação determinada pela Lei nº 8.951/94 [CPC/2015, art. 246, § 3º] – e 231, incisos I e II [CPC/2015, art. 256, incisos I e II].)

392. O prazo para recorrer de acórdão concessivo de segurança conta-se da publicação oficial de suas conclusões, e não da anterior ciência à autoridade para cumprimento da decisão.

(Ver Súmula nº 310; CPC, arts. 506 – parágrafo único acrescido pela Lei nº 8.950/94 (CPC/2015, art. 1.003, §3º) – 541 e segs. – redação determinada pela Lei nº 8.950/94 [CPC/2015, arts. 1.029 e segs.].)

393. Para requerer revisão criminal, o condenado não é obrigado a recolher-se à prisão.

(Ver Código de Processo Penal, arts. 594 – com a redação determinada pela Lei nº 5.941/73 – [revogado pela Lei nº 11.719/2008] –, 595 [revogado pela Lei nº 12.403/2011], 609, parágrafo único – com a redação da Lei nº 1.720-B/52 – e 623.)

394. Cancelada pelo Tribunal Pleno, na sessão de 25.08.1999, com efeito *ex nunc*, nos julgamentos dos Inq. 687-QO, Ap. nº 315-QO, Ap. nº 319-QO, Inq. 656-QO, Inq. 881-QO e Ap. nº 313-QO.

Texto primitivo: Cometido o crime durante o exercício funcional, prevalece a competência especial por prerrogativa de função, ainda que o inquérito 151/281 ou a ação penal sejam iniciados após a cessação daquele exercício.

(Ver Súmula nº 451; Decreto-Lei nº 201/67, com a alteração da Lei nº 5.659/71.)

395. Não se conhece de recurso de *habeas corpus* cujo objeto seja resolver sobre o ônus das custas, por não estar mais em causa a liberdade de locomoção.

396. Para a ação penal por ofensa à honra, sendo admissível a exceção da verdade quanto ao desempenho de função pública, prevalece a competência especial por prerrogativa de função, ainda que já tenha cessado o exercício funcional do ofendido.

(Ver Decreto-Lei nº 201/67, com a alteração da Lei nº 5.659/71.)

397. O poder de polícia da Câmara dos Deputados e do Senado Federal, em caso de crime cometido nas suas dependências, compreende, consoante o regimento, a prisão em flagrante do acusado e a realização do inquérito.

398. O Supremo Tribunal Federal não é competente para processar e julgar, originariamente, deputado ou senador acusado de crime. **Observação: Verifica-se, na leitura do acórdão do Inq. 2245-QO-QO (sessão em 06.12.2006), do Tribunal Pleno, que, após a edição da Emenda Constitucional nº 1/1969, seguida da Constituição Federal de 1988, deixou de subsistir a Súmula nº 398.**

399. Não cabe recurso extraordinário, por violação de lei federal, quando a ofensa alegada for a regimento de tribunal.

400. Decisão que deu razoável interpretação à lei, ainda que não seja a melhor, não autoriza recurso extraordinário pela letra a do art. 101, III, da Constituição Federal.

(Ver art. 102, inciso III, da Constituição Federal de 1988.)

401. Não se conhece do recurso de revista, nem dos embargos de divergência, do processo trabalhista, quando houver jurisprudência firme do Tribunal Superior do Trabalho no mesmo sentido da decisão impugnada, salvo se houver colisão com a jurisprudência do Supremo Tribunal Federal.

(Ver Súmulas nos 247 e 286; CLT, arts. 896, a, com a redação determinada pela Lei nº 5.584/70 e posterior redação determinada pela Lei nº 13.015/2014 – e 894, § 2º, b, com a redação determinada pela Lei nº 5.584/70.)

402. Vigia noturno tem direito a salário adicional.

(Ver Súmulas nos 213, 214 e 313.)

403. É de decadência o prazo de 30 dias para instauração do inquérito judicial, a contar da suspensão, por falta grave, de empregado estável.

404. Não contrariam a Constituição os arts. 3º, 22 e 27 da Lei nº 3.244, de 14.08.57, que definem as atribuições do Conselho de Política Aduaneira quanto à tarifa flexível.

(Ver Lei nº 3.244/57, com as alterações do Decreto Legislativo nº 33/67; Decreto-Lei nº 730/69, regulamentado pelo Decreto nº 64.926/69.)

405. Denegado o mandado de segurança pela sentença, ou no julgamento do agravo, dela interposto, fica sem efeito a liminar concedida, retroagindo os efeitos da decisão contrária.

(Ver Lei nº 1.533/51, arts. 7º, inciso II, e 12, com as alterações das Leis nos 6.014/73 e 6.071/74 [revogado pela Lei nº 12.016, de 7 de agosto de 2009].)

406. O estudante ou professor bolsista e o servidor público em missão de estudo satisfazem a condição da mudança de residência para o efeito de trazer automóvel do exterior, atendidos os demais requisitos legais.

(Ver Decreto-Lei nº 37/66; Decreto-Lei nº 1.123/70; Decreto nº 61.324/67 – revogado pelo Decreto nº 91.030/85 [revogado pelo Decreto nº 6.759, de 5 de fevereiro de 2009]; Decreto-Lei nº 1.455/76.)

407. Não tem direito ao terço de campanha o militar que não participou de operações de guerra, embora servisse na "zona de guerra".

(Ver Decreto-Lei nº 1.029/69 – revogado pela Lei nº 5.774/71 [posteriormente revogado pela Lei nº 6.880, de 9 de dezembro de 1980]; Lei nº 5.787/72 – revogada parcialmente pela Lei nº 8.237/91 [posteriormente revogada pela Medida Provisória nº 2.215-10, de 31 de agosto de 2001], permanecendo em vigor os arts. 101 a 109, segundo determina posterior alteração pela Medida Provisória nº 2.188-7/01, enquanto não entrar em vigor Lei especial dispondo sobre remuneração em campanha.)

408. Os servidores fazendários não têm direito a percentagem pela arrecadação de receita federal destinada ao Banco Nacional de Desenvolvimento Econômico.

(Ver Súmula nº 30.)

409. Ao retomante, que tenha mais de um prédio alugado, cabe optar entre eles, salvo abuso de direito.

(Ver CPC, art. 3º [CPC/2015, art. 17]; Lei nº 4.494/64 – revogada pela Lei nº 6.649/79 [posteriormente revogada pela Lei nº 8.245, de 18 de outubro de 1991], após as alterações da Lei nº 6.014/73; Decreto-Lei nº 1.534/77 – revogado pela Lei nº 6.649/79 [posteriormente revogada pela Lei nº 8.245, de 18 de outubro de 1991].)

410. Se o locador, utilizando prédio próprio para residência ou atividade comercial, pede o imóvel locado para uso próprio, diverso do que tem o por ele ocupado, não está obrigado a provar a necessidade, que se presume.

(Ver Lei nº 4.494/64 – revogada pela Lei nº 6.649/79 [posteriormente revogada pela Lei nº 8.245, de 18 de outubro de 1991], após as alterações da Lei nº 6.014/73; Decreto-Lei nº 1.534/77 – revogado pela Lei nº 6.649/79 [posteriormente revogada pela Lei nº 8.245, de 18 de outubro de 1991].)

411. O locatário autorizado a ceder a locação pode sublocar o imóvel.

(Ver Lei nº 4.494/64 – revogada pela Lei nº 6.649/79 [posteriormente revogada pela Lei nº 8.245, de 18 de outubro de 1991], após as alterações da Lei nº 6.014/73; Decreto-Lei nº 1.534/77 – revogado pela Lei nº 6.649/79 [posteriormente revogada pela Lei nº 8.245, de 18 de outubro de 1991].)

412. No compromisso de compra e venda com cláusula de arrependimento, a devolução do sinal, por quem o deu, ou a sua restituição em dobro, por quem o recebeu, exclui indenização maior a título de perdas e danos, salvo os juros moratórios e os encargos do processo.

413. O compromisso de compra e venda de imóveis, ainda que não loteados, dá direito à execução compulsória, quando reunidos os requisitos legais.

(Ver art. 69, da Lei nº 4.380/64; Lei nº 6.015/73.)

414. Não se distingue a visão direta da oblíqua na proibição de abrir janela, ou fazer terraço, eirado, ou varanda, a menos de metro e meio do prédio de outrem.

415. Servidão de trânsito não titulada, mas tornada permanente, sobretudo pela natureza das obras realizadas, considera-se aparente, conferindo direito à proteção possessória.

(Ver CPC, arts. 926, 927 e 932 [CPC/2015, arts. 560, 561 e 567])

416. Pela demora no pagamento do preço da desapropriação não cabe indenização complementar além dos juros.

(Ver Decreto-Lei nº 3.365/41, art. 26, § 2º – com a redação determinada pela Lei nº 6.306/75 sobre acréscimo também da correção monetária.)

417. Pode ser objeto de restituição, na falência, dinheiro em poder do falido, recebido em nome de outrem, ou do qual, por lei ou contrato, não tivesse ele a disponibilidade.

(Ver Súmula nº 193; Decreto-Lei nº 77.077/76, art. 157 – revogado pelo Decreto nº 89.312/84 [posteriormente revogada pelo Decreto nº 3.048, de 6 de maio de 1999].)

418. O empréstimo compulsório não é tributo, e sua arrecadação não está sujeita à exigência constitucional da prévia autorização orçamentária. **Observação: Verifica-se no acórdão do RE 111954 (*RTJ* 126/330), cujo julgamento ocorreu em sessão plenária realizada em 01.06.1988, que a Súmula nº 418 perdeu a validade em face dos arts. 18, § 3º, e 21, § 2º, II, da Constituição Federal de 1967 (redação da Emenda Constitucional nº 1/1969).**

419. Os Municípios têm competência para regular o horário do comércio local, desde que não infrinjam leis estaduais ou federais válidas.

420. Não se homologa sentença proferida no estrangeiro sem prova do trânsito em julgado.

(A competência para homologação de sentença estrangeira passou para o Superior Tribunal de Justiça. Ver art. 105, inciso I, alínea "i", da Constituição Federal de 1988.)

421. Não impede a extradição a circunstância de ser o extraditado casado com brasileira ou ter filho brasileiro.

(Ver CF-69, art. 153, §§ 19 e 26; Decreto-Lei nº 941/69, art. 93, § 3º – revogado pela Lei nº 6815/80 [posteriormente revogada pela Lei nº 13.445, de 24 de maio de 2017]; Decreto nº 66.689/70, art. 122, § 3º – revogado pelo Decreto nº 11/91 [posteriormente revogado pelo Decreto nº 9.662, de 1º de janeiro de 2019].)

422. A absolvição criminal não prejudica a medida de segurança, quando couber, ainda que importe privação da liberdade.

423. Não transita em julgado a sentença por haver omitido o recurso *ex officio*, que se considera interposto *ex lege*.

(Ver CPC, art. 475, inciso II – redação determinada pela Lei nº 10.352/01 [CPC/2015, art. 496, inciso II])

424. Transita em julgado o despacho saneador de que não houve recurso, excluídas as questões deixadas, explícita ou implicitamente, para a sentença. **Observação: No acórdão do RE 104469 (*RTJ* 113/1377), da 1ª Turma, verifica-se que a Súmula nº 424 não é aplicável às hipóteses previstas no art. 267, § 3º, do Código de Processo Civil de 1973. (CPC/2015, art. 485, § 3º)**

(Ver CPC, arts. 331 – redação do caput determinada pela Lei nº 10.444/02, §§ 1º [sem correspondência no CPC/2015] e 2º [CPC/2015, art. 357] acrescentados pela Lei nº 8.952/94, § 3º [sem correspondência no CPC/2015] acrescentado pela Lei nº 10.444/02 – 522 e segs. – redação determinada pela Lei nº 9.139/95 [CPC/2015, arts. 1.015 e segs.].)

425. O agravo despachado no prazo legal não fica prejudicado pela demora da juntada, por culpa do cartório; nem o agravo entregue em cartório no prazo legal, embora despachado tardiamente. **Observação: Entendimento superado pela nova sistemática de protocolo adotada pelo Código de Processo Civil de 1973; art. 506, parágrafo único.**

(Ver CPC, arts. 522 e segs. – redação determinada pela Lei nº 9.139/95 [CPC/2015, arts. 1.015 e segs.])

426. A falta do termo específico não prejudica o agravo no auto do processo, quando oportuna a interposição por petição ou no termo da audiência.

(Ver Súmula nº 427; CPC, art. 522, § 2º – suprimido pela Lei nº 9.139/95 [sem correspondência no CPC/2015]

427. Cancelada pelo Tribunal Pleno, na sessão de 05.11.1969, no julgamento do RE 66.447/MG.

Texto primitivo: A falta de petição de interposição não prejudica o agravo no auto do processo tomado por termo.

428. Não fica prejudicada a apelação entregue em cartório no prazo legal, embora despachada tardiamente. Entendimento superado pela nova sistemática de protocolo adotada pelo Código de Processo Civil de 1973: art. 506, parágrafo único.

(Ver Súmula nº 320; CPC, art. 508 – redação determinada pela Lei nº 8.950/94 e parágrafo único revogado pela Lei nº 6.314/75 [CPC/2015, art. 1.013, § 5º])

429. A existência de recurso administrativo com efeito suspensivo não impede o uso do mandado de segurança contra omissão da autoridade.

430. Pedido de reconsideração na via administrativa não interrompe o prazo para o mandado de segurança.

431. É nulo o julgamento de recurso criminal, na segunda instância, sem prévia intimação, ou publicação da pauta, salvo em *habeas corpus*.

432. Não cabe recurso extraordinário com fundamento no art. 101, III, d, da Constituição Federal, quando a divergência alegada for entre decisões da Justiça do Trabalho.

433. É competente o Tribunal Regional do Trabalho para julgar mandado de segurança contra ato de seu presidente em execução de sentença trabalhista.

(Ver CLT, art. 896, § 4º, com a redação determinada pela Lei nº 5.442/68 – parágrafo incluído pelo Decreto-Lei nº 229/67 e alterado pela Lei nº 9.756/98; v. Lei 13.467/2017.)

434. A controvérsia entre seguradores indicados pelo empregador na ação de acidente do trabalho não suspende o pagamento devido ao acidentado.

(Ver Súmula nº 337; Lei nº 6.367/76; Decreto nº 79.037/76 – revogado pelo Decreto nº 3.048/99.)

435. O Imposto de Transmissão Causa Mortis pela transferência de ações é devido ao Estado em que tem sede a companhia.

436. É válida a Lei nº 4.093, de 24.10.59, do Paraná, que revogou a isenção concedida às cooperativas por lei anterior.

(Ver Súmulas nos 81 e 84.)

437. Está isenta da taxa de despacho aduaneiro a importação de equipamento para a indústria automobilística, segundo plano aprovado, no prazo legal, pelo órgão competente.

(Ver Decreto-Lei nº 37/66, art. 163 – alterada a percentagem de arrecadação do imposto de importação pelo Decreto-Lei nº 414/69.)

438. É ilegítima a cobrança, em 1962, da Taxa de Educação e Saúde, de Santa Catarina, adicional do Imposto de Vendas e Consignações.

439. Estão sujeitos à fiscalização tributária ou previdenciária quaisquer livros comerciais, limitado o exame aos pontos objeto da investigação.

(Ver Lei nº 5.143/66, art. 15; Decreto nº 60.838/67 – revogado pelo Decreto nº 84.892/80 [posteriormente revogado pelo Decreto s/nº, de 25 de abril de 1991]; Decreto nº 58.400/66, art. 353 – revogado pelo Decreto s/nº, de 25.04.1991; Lei nº 5.172/66, art. 195; Lei nº 6.404/76.)

440. Os benefícios da legislação federal de serviços de guerra não são exigíveis dos Estados, sem que a lei estadual assim disponha.

441. O militar, que passa à inatividade com proventos integrais, não tem direito às cotas trigésimas a que se refere o Código de Vencimentos e Vantagens dos Militares.

(Ver Lei nº 5.787/72 – revogada parcialmente pela Lei nº 8.237/91 [posteriormente revogada pela Medida Provisória nº 2.215-10, de 31 de agosto de 2001], permanecendo em vigor os arts. 101 a 109, segundo determina posterior alteração pela Medida Provisória nº 2.188-7/01, enquanto não entrar em vigor Lei especial dispondo sobre remuneração em campanha.)

442. A inscrição do contrato de locação no Registro de Imóveis, para a validade da cláusula de vigência contra o adquirente do imóvel, ou perante terceiros, dispensa a transcrição no Registro de Títulos e Documentos.

(Ver Lei nº 6.015/73; Lei nº 4.494/64 – revogada pela Lei nº 6.649/79 [revogada pela Lei nº 8.425, de 18 de outubro de 1991].)

443. A prescrição das prestações anteriores ao período previsto em lei não ocorre, quando não tiver sido negado, antes daquele prazo, o próprio direito reclamado, ou a situação jurídica de que ele resulta.

444. Na retomada para construção mais útil, de imóvel sujeito ao Decreto nº 24.150, de 20.04.34, a indenização se limita às despesas de mudança.

445. A Lei nº 2.437, de 07.03.55, que reduz prazo prescricional, é aplicável às prescrições em curso na data de sua vigência (01.01.56), salvo quanto aos processos então pendentes.

446. Contrato de exploração de jazida ou pedreira não está sujeito ao Decreto nº 24.150, de 20.04.1934.

447. É válida a disposição testamentária em favor de filho adulterino do testador com sua concubina.

448. O prazo para o assistente recorrer, supletivamente, começa a correr imediatamente após o transcurso do prazo do Ministério Público. **Observação: No julgamento do HC 50417, na sessão de 29.11.1972, o Tribunal Pleno, por maioria de votos, resolvendo questão de ordem, decidiu pela revisão preliminar da redação da Súmula nº 448.**

449. O valor da causa, na consignatória de aluguel, corresponde a uma anuidade. Entendimento parcialmente alterado pelo art. 58, III, da Lei nº 8.245/91: Lei de Locação.

(Ver Lei nº 4.494/64 – revogada pela Lei nº 6.649/79 [revogada pela Lei nº 8.425, de 18 de outubro de 1991]; Decreto-Lei nº 890/69 – revogado pela Lei nº 6.449/79; CPC, arts. 258 e 260 [CPC/2015, arts. 291 e 292, §§ 1º e 2º].)

450. São devidos honorários de advogado sempre que vencedor o beneficiário de justiça gratuita.

(Ver CPC, arts. 19 e 20 – redação alterada pelas Leis nos 6.355/76, 5.925/73, 8.952/94 e 6.745/79 [CPC/2015, art. 82])

451. A competência especial por prerrogativa de função não se estende ao crime cometido após a cessação definitiva do exercício funcional.

452. Oficiais e praças do Corpo de Bombeiros do Estado da Guanabara respondem perante a Justiça Comum por crime anterior à Lei nº 427, de 11.10.1948.

453. Não se aplicam à segunda instância o artigo 384 e parágrafo único do Código de Processo Penal, que possibilitam dar nova definição jurídica ao fato delituoso, em virtude de circunstância elementar não contida, explícita ou implicitamente, na denúncia ou queixa.

(Ver Lei nº 4.611/65, art. 2º – revogada pela Lei nº 9.099/95.)

454. Simples interpretação de cláusulas contratuais não dá lugar a recurso extraordinário.

(Ver Súmula nº 279 do STF e Súmula nº 5 do STJ.)

455. Da decisão que se seguir ao julgamento de constitucionalidade pelo Tribunal Pleno, são inadmissíveis embargos infringentes quanto à matéria constitucional.

(Ver Súmulas nos 144 e 293; CPC, art. 530 – redação determinada pela Lei nº 10.352/01 [sem correspondência no CPC/2015]).

456. O Supremo Tribunal Federal, conhecendo do recurso extraordinário, julgará a causa, aplicando o direito à espécie.

457. O Tribunal Superior do Trabalho, conhecendo da revista, julgará a causa, aplicando o direito à espécie.

458. O processo da execução trabalhista não exclui a remição pelo executado.

(Ver CPC, arts. 730 [CPC/2015, art. 535] – vide Lei nº 9.494/97 – e 731 [sem correspondência no CPC/2015].)

459. No cálculo da indenização por despedida injusta, incluem-se os adicionais, ou gratificações, que, pela habitualidade, se tenham incorporado ao salário.

(Ver Portaria nº 3.636/69 – Ministério do Trabalho; Lei nº 6.514/77, art. 5º.)

460. Para efeito do adicional de insalubridade, a perícia judicial, em reclamação trabalhista, não dispensa o enquadramento da atividade entre as insalubres, que é ato da competência do Ministro do Trabalho e Previdência Social.

(Ver Súmula nº 194. Os arts. 154 a 201, da CLT, tiveram sua redação alterada pela Lei nº 6.514, de 22.12.1977 que revogou, ainda, os arts. 202 a 223, da referida Consolidação.)

461. É duplo, e não triplo, o pagamento do salário nos dias destinados a descanso.

462. No cálculo da indenização por despedida injusta inclui-se, quando devido, o repouso semanal remunerado.

(Ver Súmulas nos 207, 213, 214 e 313; Portaria nº 3.636/69 – Ministério do Trabalho.)

463. Para efeito de indenização e estabilidade, conta-se o tempo em que o empregado esteve afastado, em serviço militar obrigatório, mesmo anteriormente à Lei nº 4.072, de 01.06.62.

464. No cálculo da indenização por acidente do trabalho, inclui-se, quando devido, o repouso semanal remunerado.

(Ver Decreto-Lei nº 7.036/44 – revogado pela Lei nº 6.367/76.)

465. O regime de manutenção de salário, aplicável ao IAPM e ao IAPETC, exclui a indenização tarifada na Lei de Acidentes do Trabalho, mas não o benefício previdenciário.

(Ver Lei nº 6.367/76; Decreto nº 7.9037/76 – revogado pelo Decreto nº 3.048/99.)

466. Não é inconstitucional a inclusão de sócios e administradores de sociedades e titulares de firmas individuais como contribuintes obrigatórios da previdência social.

(Ver Decreto-Lei nº 72/66; Decreto nº 77.077/76 – revogado pelo Decreto nº 89.312/84 [posteriormente revogado pelo Decreto nº 3.048, de 6 de maio de 1999].)

467. A base do cálculo das contribuições previdenciárias, anteriormente à vigência da Lei Orgânica da Previdência Social, é o salário mínimo mensal, observados os limites da Lei nº 2.755, de 1956.

(Ver Decreto-Lei nº 72/66; Decreto nº 77.077/76, arts. 128 a 162 – revogado pelo Decreto nº 89.312/84 [posteriormente revogado pelo Decreto nº 3.048, de 6 de maio de 1999].)

468. Após a Emenda Constitucional nº 5, de 21.11.61, em contrato firmado com a União, Estado, Município ou autarquia, é devido o Imposto Federal de Selo pelo contratante não protegido pela imunidade, ainda que haja repercussão do ônus tributário sobre o patrimônio daquelas entidades.

(Ver Súmula nº 303; Lei nº 5.143/66, art. 15; Decreto nº 60.838/67 – revogado pelo Decreto nº 84.892/80 [posteriormente revogado pelo Decreto s/nº, de 25 de abril de 1991].)

469. A multa de cem por cento, para o caso de mercadoria importada irregularmente, é calculada à base do custo de câmbio da categoria correspondente.

(Ver Decreto-Lei nº 37/66, art. 106, incisos I a V – este último revogado pela Lei nº 10.833/03, bem como as alíneas a dos incisos III e IV)

470. O Imposto de Transmissão Inter Vivos não incide sobre a construção, ou parte dela, realizada, inequivocamente, pelo promitente comprador, mas sobre o valor do que tiver construído antes da promessa de venda.

471. As empresas aeroviárias não estão isentas do imposto de indústrias e profissões (não tem mais aplicação).

(Ver Decreto-Lei nº 406/68, arts. 8º a 11 – revogados pela Lei Complementar nº 116/03, ressalvados o caput e §§ 1º a 3º do art. 9º; Decreto-Lei nº 834/69.)

472. A condenação do autor em honorários de advogado, com fundamento no art. 64 do CPC, depende de reconvenção *(revogada).*

Entendimento superado pela nova sistemática da sucumbência adotada pelo Código de Processo Civil de 1973.

(Ver CPC, arts. 20 – redação alterada pelas Leis nos 6.355/76, 5.925/73, 8.952/94 e 6.745/79 – e 34 – redação determinada pela Lei nº 5.925/73 [CPC/2015, arts. 82, § 2º, e 85, *caput* e § 1º])

473. A administração pode anular seus próprios atos, quando eivados de vícios que os tornam ilegais, porque deles não se originam direitos; ou revogá-los, por motivo de conveniência ou oportunidade, respeitados os direitos adquiridos, e ressalvada, em todos os casos, a apreciação judicial.

(Ver art. 53 da Lei nº 9.784, de 29.01.1999 – regula o processo administrativo.)

474. Não há direito líquido e certo, amparado pelo mandado de segurança, quando se escuda em lei cujos efeitos foram anulados por outra, declarada constitucional pelo Supremo Tribunal Federal.

475. A Lei nº 4.686, de 21.06.65, tem aplicação imediata aos processos em curso, inclusive em grau de recurso extraordinário.

(Ver Lei nº 6.306/75.)

476. Desapropriadas as ações de uma sociedade, o Poder desapropriante, imitido na posse, pode exercer, desde logo, todos os direitos inerentes aos respectivos títulos.

477. As concessões de terras devolutas situadas na faixa de fronteira, feitas pelos Estados, autorizam, apenas, o uso, permanecendo o domínio com a União, ainda que se mantenha inerte ou tolerante, em relação aos possuidores.

(Ver Lei nº 2.597/55 – revogada pela Lei nº 6.634/79, após as alterações pelas Lei nº 6.559/78 e Lei nº 6.383/76. O RE 52.331 foi objeto da Ação Rescisória nº 832, julgada extinta e os ERE 52.331 foram objeto da Ação Rescisória nº 831, julgada improcedente.)

478. O Provimento em cargos de Juízes substitutos do Trabalho, deve ser feito independentemente de lista tríplice, na ordem de classificação dos candidatos.

(Ver CLT, art. 654, § 3º – redação determinada pela Lei nº 6.087/74.)

479. As margens dos rios navegáveis são de domínio público, insuscetíveis de expropriação e, por isso mesmo, excluídas de indenização.

480. Pertencem ao domínio e administração da União, nos termos dos arts. 4º, IV, e 186, da Constituição Federal de 1967, as terras ocupadas por silvícolas.

481. Se a locação compreende, além do imóvel, fundo de comércio, com instalações e pertences, como no caso de teatros, cinemas e hotéis, não se aplicam ao retomante as restrições do art. 8º, e, parágrafo único, do Decreto nº 24.150, de 20.04.34.

482. O locatário, que não for sucessor ou cessionário do que o precedeu na locação, não pode somar os prazos concedidos a este, para pedir a renovação do contrato, nos temos do Decreto nº 24.150.

483. É dispensável a prova da necessidade, na retomada do prédio situado em localidade para onde o proprietário pretende transferir residência, salvo se mantiver, também, a anterior, quando dita prova será exigida.

(Ver Súmula nº 80; Lei nº 4.494/64, art. 11, inciso V – revogada pela Lei nº 6.649/79 [posteriormente revogada pela Lei nº 8.245, de 18 de outubro de 1991].)

484. Pode, legitimamente, o proprietário pedir o prédio para a residência de filho, ainda que solteiro, de acordo com o art. 11, nº III, da Lei nº 4.494, de 25.11.64.

485. Nas locações regidas pelo Decreto nº 24.150, de 20 de abril de 1934, a presunção de sinceridade do retomante é relativa, podendo ser ilidida pelo locatário.

(Ver Decreto nº 24.150/34 – revogado pela Lei nº 8.245/91, após alteração pela Lei nº 6.014/73.)

486. Admite-se a retomada para sociedade da qual o locador, ou seu cônjuge, seja sócio, com participação predominante no capital social.

487. Será deferida a posse a quem, evidentemente, tiver o domínio, se com base neste for ela disputada.

488. A preferência a que se refere o art. 9º da Lei nº 3.912, de 03.07.61, constitui direito pessoal. Sua violação resolve-se em perdas e danos.

(Ver Leis nºs 1.300/50 e 3.912/61 – revogadas pela Lei nº 4.494/64, posteriormente revogada pela Lei nº 6.649/79 [posteriormente revogada pela Lei nº 8.245, de 18 de outubro de 1991].)

489. A compra e venda de automóvel não prevalece contra terceiros, de boa-fé, se o contrato não for transcrito no Registro de Títulos e Documentos.

(Ver Lei nº 6.015/73, arts. 128 a 130 – redação determinada pela Lei nº 6.064/74, posteriormente renumerados pela Lei nº 6.216/75.)

490. A pensão correspondente à indenização oriunda de responsabilidade civil deve ser calculada com base no salário mínimo vigente ao tempo da sentença e ajustar-se-á às variações ulteriores.

(Ver CPC, arts. 475-A e segs. [CPC/2015, arts. 509 e segs.])

491. É indenizável o acidente que cause a morte de filho menor, ainda que não exerça trabalho remunerado.

(Ver CPC, arts. 475-C e 475-D [CPC/2015, arts. 509, inciso I, e 510])

492. A empresa locadora de veículos responde, civil e solidariamente com o locatário, pelos danos por este causados a terceiro, no uso do carro locado.

493. O valor da indenização, se consistente em prestações periódicas e sucessivas, compreenderá, para que se mantenha inalterável na sua fixação, parcelas compensatórias do Imposto de Renda, incidente sobre os juros do capital gravado ou caucionado, nos termos dos arts. 911 e 912 do Código de Processo Civil.

(Ver CPC, arts. 475-C e 475-D [CPC/2015, arts. 509, inciso I, e 510])

494. A ação para anular venda de ascendente a descendente, sem consentimento dos demais, prescreve em vinte anos, contados da data do ato, revogada a Súmula nº 152.

495. A restituição em dinheiro da coisa vendida a crédito, entregue nos 15 dias anteriores ao pedido de falência ou de concordata, cabe, quando, ainda que consumida ou transformada, não faça o devedor prova de haver sido alienada a terceiro.

(Ver Súmulas nºs 193 e 417.)

496. São válidos, porque salvaguardados pelas Disposições Constitucionais Transitórias da Constituição Federal de 1967, os decretos-leis expedidos entre 24 de janeiro e 15 de março de 1967.

(Ver a Emenda Constitucional nº 13/79 – referente à Constituição de 1967.)

497. Quando se tratar de crime continuado, a prescrição regula-se pela pena imposta na sentença, não se computando o acréscimo decorrente da continuação.

498. Compete à Justiça dos Estados, em ambas as instâncias, o processo e o julgamento dos crimes contra a economia popular.

(Ver Decreto-Lei nº 2/66, art. 3º – alteração introduzida pela Resolução do Senado Federal nº 45/71.)

499. Não obsta à concessão do sursis condenação anterior à pena de multa.

(Ver CP, arts. 57, inciso I, e 59, inciso I, na redação da Lei nº 6.416/77 – a Lei nº 7.209/84 deu nova redação à Parte Geral do Código Penal.)

500. Não cabe a ação cominatória para compelir-se o réu a cumprir obrigação de dar.

(Ver CPC, arts. 287 – redação determinada pela Lei nº 10.444/02 – 644 – redação determinada pela Lei nº 10.444/02 – e 645 [sem correspondência no CPC/2015]– redação do caput determinada pela Lei nº 8.953/94 e parágrafo único acrescentado pela mesma Lei nº – 914 a 919 [CPC/2015, arts. 550 a 553].)

501. Compete à Justiça ordinária estadual o processo e o julgamento, em ambas as instâncias, das causas de acidente do trabalho, ainda que promovidas contra a União, suas autarquias, empresas públicas ou sociedades de economia mista.

(Em sentido contrário: Conflito de Competência nº 7.204/MG. Ver art. 114, inciso VI, CF/88, com redação dada pela Emenda Constitucional nº 45, de 08.12.2004; Lei nº 6.367/76; Decreto nº 3.048/99.)

502. Na aplicação do art. 839 do Código de Processo Civil, com a redação da Lei nº 4.290, de 05.12.63, a relação do valor da causa e salário mínimo vigente na Capital do Estado, ou do Território, para o efeito de alçada, deve ser considerada na data do ajuizamento do pedido.

(Ver CPC, arts. 513 e segs. [CPC/2015, arts. 1.009 e segs.])

503. A dúvida, suscitada por particular, sobre o direito de tributar, manifestado por dois Estados, não configura litígio da competência originária do Supremo Tribunal Federal.

504. Compete à justiça federal, em ambas as instâncias, o processo e o julgamento das causas fundadas em contrato de seguro marítimo. **Observação: Desde a Emenda Constitucional nº 7/77 as causas mencionadas nessa súmula deixaram de figurar na competência da Justiça Federal.**

505. Salvo quando contrariarem a Constituição, não cabe recurso para o Supremo Tribunal Federal, de quaisquer decisões da Justiça do Trabalho, inclusive dos presidentes de seus Tribunais.

506. **Cancelada pelo Tribunal Pleno, na sessão de 19.12.2002, no julgamento da SS 1945-AgRg-AgRg-AgRg-QO.**

Texto primitivo: O agravo a que se refere o art. 4º da Lei nº 4.348, de 26.06.1964, cabe, somente, do despacho do Presidente do Supremo Tribunal Federal que defere a suspensão da liminar, em mandado de segurança; não do que a "denega".

507. A ampliação dos prazos a que se refere o art. 32 do Código de Processo Civil aplica-se aos executivos fiscais.

(Ver CPC, arts. 566 e segs. [CPC/2015, arts. 778 e segs.])

508. Compete à Justiça Estadual, em ambas as instâncias, processar e julgar as causas em que for parte o Banco do Brasil S/A.

509. A Lei nº 4.632, de 18.05.1965, que alterou o art. 64 do Código de Processo Civil, aplica-se aos processos em andamento, nas instâncias ordinárias.

(Ver CPC, art. 20 – redação alterada pelas Leis nos 5.925/73, 6.355/76, 6.745/79 e 8.952/94 [CPC/2015, arts. 82, § 2º, e 85, caput])

510. Praticado o ato por autoridade, no exercício de competência delegada, contra ela cabe o mandado de segurança ou a medida judicial.

511. Compete à Justiça Federal, em ambas as instâncias, processar e julgar as causas entre autarquias federais e entidades públicas locais, inclusive mandados de segurança, ressalvada a ação fiscal, nos termos da Constituição Federal de 1967, art. 119, § 3º.

512. Não cabe condenação em honorários de advogado na ação de mandado de segurança.

(Ver CPC, art. 20 – redação alterada pelas Leis nos 5.925/73, 6.355/76, 6.745/79 e 8.952/94 [CPC/2015, arts. 82, § 2º, e 85, caput])

513. A decisão que enseja a interposição de recurso ordinário ou extraordinário não é a do plenário, que resolve o incidente de inconstitucionalidade, mas a do órgão (Câmaras, Grupos ou Turmas) que completa o julgamento do feito.

514. Admite-se ação rescisória contra sentença transitada em julgado, ainda que contra ela não se tenha esgotado todos os recursos.

(Ver CPC, arts. 485 a 495 [CPC/2015, arts. 966 a 975])

515. A competência para a ação rescisória não é do Supremo Tribunal Federal, quando a questão federal, apreciada no recurso extraordinário ou no agravo de instrumento, seja diversa da que foi suscitada no pedido rescisório.

(Ver Súmula nº 249.)

516. O Serviço Social da Indústria (SESI) está sujeito à jurisdição da Justiça Estadual.

517. As sociedades de economia mista só têm foro na Justiça Federal, quando a União intervém como assistente ou opoente.

518. A intervenção da União, em feito já julgado pela segunda instância e pendente de embargos, não desloca o processo para o Tribunal Federal de Recursos.

519. Aplica-se aos executivos fiscais o princípio da sucumbência a que se refere o art. 64 do Código de Processo Civil.

(Ver CPC, arts. 20 – redação alterada pelas Leis nos 5.925/73, 6.355/76; 6.745/79 e 8.952/94; 566 e segs. [CPC/2015, arts. 82, §2 º, e 85, caput])

520. Não exige a lei que, para requerer o exame a que se refere o artigo 777 do Código de Processo Penal, tenha o sentenciado cumprido mais de metade do prazo da medida de segurança imposta.

521. O foro competente para o processo e julgamento dos crimes de estelionato, sob a modalidade da emissão dolosa de cheque sem provisão de fundos, é o do local onde se deu a recusa do pagamento pelo sacado.

522. Salvo ocorrência de tráfico com o Exterior, quando, então, a competência será da Justiça Federal, compete à Justiça dos Estados o processo e julgamento dos crimes relativos a entorpecentes.

(Ver Lei nº 6.368/76 [revogada pela lei nº 11.343, de 23 de agosto de 2006]; Decreto nº 78.992/76.)

523. No processo penal, a falta da defesa constitui nulidade absoluta, mas a sua deficiência só o anulará se houver prova de prejuízo para o réu.

524. Arquivado o inquérito policial, por despacho do juiz, a requerimento do promotor de Justiça, não pode a ação penal ser iniciada, sem novas provas.

525. A medida de segurança não será aplicada em segunda instância, quando só o réu tenha recorrido.

(Ver Código de Processo Penal, art. 387 – redação determinada pela Lei nº 6.416/77.)

526. Subsiste a competência do Supremo Tribunal Federal para conhecer e julgar a apelação, nos crimes da Lei de Segurança Nacional, se houve sentença antes da vigência do AI nº 2.

(Ver Lei nº 6.620/78 – revogada pela Lei nº 7.170/83; Emenda Constitucional nº 11/78 – referente à Constituição de 1967.)

527. Após a vigência do Ato Institucional 6, que deu nova redação ao art. 114, III, da Constituição Federal de 1967, não cabe recurso extraordinário das decisões do juiz singular.

528. Se a decisão contiver partes autônomas, a admissão parcial, pelo Presidente do Tribunal a quo, de recurso extraordinário que, sobre qualquer delas se manifestar, não limitará a apreciação de todas pelo Supremo Tribunal Federal, independentemente de interposição de agravo de instrumento.

(Ver CPC, art. 546 – revigorado e alterado pela Lei nº 8.950/94 [CPC/2015, art. 1.043]; RE 83.278, RTJ 78/958.)

529. Subsiste a responsabilidade do empregador pela indenização decorrente de acidente do trabalho, quando o segurador, por haver entrado em liquidação, ou por outro motivo, não se encontrar em condições financeiras, de efetuar, na forma da lei, o pagamento que o seguro obrigatório visava garantir.

(Ver Lei nº 6.367/76; Decreto nº 79.037/76 – revogado pelo Decreto nº 3.048/99.)

530. Na legislação anterior ao art. 4º da Lei nº 4.749, de 12.08.1965, a contribuição para a previdência social não estava sujeita ao limite estabelecido no art. 69 da Lei nº 3.807, de 26 de agosto de 1960, sobre o décimo-terceiro salário, a que se refere o art. 3º da Lei nº 4.281, de 08.11.63.

(Ver Decreto nº 77.077/76, art. 128, incisos I, III, V, VI e VIII – revogado pelo Decreto nº 89.312/84 [posteriormente revogado pelo Decreto nº 3.048, de 6 de maio de 1999].)

531. É inconstitucional o Decreto nº 51.668, de 17.01.1963, que estabeleceu salário profissional para trabalhadores de transportes marítimos, fluviais e lacustres.

532. É constitucional a Lei nº 5.043, de 21.06.66, que concedeu remissão das dívidas fiscais oriundas da falta de oportuno pagamento de selo nos contratos particulares com a Caixa Econômica e outras entidades autárquicas.

(Ver Lei nº 5.143/66, art. 15; Decreto nº 60.838/67 – revogado pelo Decreto nº 84.892/80 [revogado pelo Decreto s/ nº de 25 de abril de 1991].)

533. Nas operações denominadas "crediários", com emissão de vales ou certificados para compras e nas quais, pelo financiamento, se cobram, em separado, juros, selos e outras despesas, incluir-se-á tudo no custo da mercadoria e sobre esse preço global calcular-se-á o imposto de vendas e consignações.

534. O imposto de importação sobre o extrato alcoólico de malte, como matéria-prima para fabricação de whisky, incide à base de 60%, desde que desembarcado antes do Decreto-Lei nº 398, de 30.12.68.

(Ver Decreto-Lei nº 1.154/71; Decreto-Lei nº 1.169/71; Decreto-Lei nº 1.199/71.)

535. Na importação, a granel, de combustíveis líquidos é admissível a diferença de peso, para mais, até 4%, motivada pelas variações previstas no Decreto-Lei nº 1.028, de 04.01.1939, art. 1º.

536. São objetivamente imunes ao Imposto sobre Circulação de Mercadorias os "produtos industrializados", em geral, destinados à exportação, além de outros, com a mesma destinação, cuja isenção a lei determinar.

(Ver Decreto-Lei nº 406/68.)

537. É inconstitucional a exigência de Imposto Estadual do Selo, quando feita nos atos e instrumentos tributados ou regulados por lei federal, ressalvado o disposto no art. 15, § 5º, da Constituição Federal de 1946.

(Ver Lei nº 5.143/66, art. 15; Decreto nº 60.838/67 – revogado pelo Decreto nº 84.892/80 [revogado pelo Decreto s/ nº de 25 de abril de 1991].)

538. A avaliação judicial para o feito do cálculo das benfeitorias dedutíveis do Imposto sobre Lucro Imobiliário independe do limite a que se refere a Lei nº 3.470, de 28.11.58, art. 8º, parágrafo único.

(Ver Lei nº 5.172/66, arts. 43 – §§ 1º e 2º incluídos pela Lei Complementar nº 104/01 – e 45; Decreto nº 76.186/75 – revogado pelo Decreto s/nº de 25.04.1991.)

539. É constitucional a lei do Município que reduz o Imposto Predial Urbano sobre imóvel ocupado pela residência do proprietário, que não possua outro.

540. No preço da mercadoria sujeita ao Imposto de Vendas e Consignações, não se incluem as despesas de frete e carreto.

(Ver Decreto-Lei nº 406/68.)

541. O Imposto sobre Vendas e Consignações não incide sobre a venda ocasional de veículos e equipamentos usados, que não se insere na atividade profissional do vendedor, e não é realizada com o fim de lucro, sem caráter, pois, de comercialidade.

(Ver Decreto-Lei nº 406/68.)

542. Não é inconstitucional a multa instituída pelo Estado-membro, como sanção pelo retardamento do início ou da ultimação do inventário.

(Ver CPC, art. 983 [CPC/2015, art. 611])

543. A Lei nº 2.975, de 27.11.65, revogou, apenas, as isenções de caráter geral, relativas ao Imposto Único sobre Combustíveis, não as especiais, por outras leis concedidas.

544. Isenções tributárias concedidas, sob condição onerosa, não podem ser livremente suprimidas.

545. Preços de serviços públicos e taxas não se confundem, porque estas, diferentemente daqueles, são compulsórias e têm sua cobrança condicionada à prévia autorização orçamentária, em relação à lei que as instituiu.

(Ver Ato Complementar nº 34/67, art. 3º –.)

546. Cabe a restituição do tributo pago indevidamente, quando reconhecido por decisão, que o contribuinte de jure não recuperou do contribuinte de facto o quantum respectivo.

(Ver Súmula nº 71.)

547. Não é lícito à autoridade proibir que o contribuinte em débito adquira estampilhas, despache mercadorias nas alfândegas e exerça suas atividades profissionais.

548. É inconstitucional o Decreto-Lei nº 643, de 19.06.47, art. 4º, do Paraná, na parte que exige selo proporcional sobre atos e instrumentos regulados por lei federal.

(Ver Lei nº 5.143/66, art. 15; Decreto nº 60.838/67 – revogado pelo Decreto nº 84.892/80 [revogado pelo Decreto s/nº de 25 de abril de 1991].)

549. A taxa de bombeiros do Estado de Pernambuco é constitucional, revogada a Súmula nº 274.

(Ver Súmula nº 274.)

550. A isenção concedida pelo art. 2º da Lei nº 1.815, de 1953, às empresas de navegação aérea não compreende a taxa de melhoramento de portos, instituída pela Lei nº 3.421, de 1958.

(Ver Lei nº 1.815/53 – redação determinada pela Lei nº 2.727/56; Decreto nº 33.217/53 – revogado pelo Decreto s/n de 15.02.1991; Lei nº 3.421/58 – redação determinada pelo Decreto-Lei nº 1.507/76; Decreto nº 46.434/59 – revogado pelo Decreto s/nº de 05.09.1991.)

551. É inconstitucional a taxa de urbanização da Lei nº 2.320, de 20.12.61, instituída pelo Município de Porto Alegre, porque seu fato gerador é o mesmo da transmissão imobiliária.

552. Com a regulamentação do art. 15 da Lei nº 5.316/1967, pelo Decreto nº 71.037/1972, tornou-se exequível a exigência da exaustão da via administrativa antes do início da ação de acidente do trabalho. **Observação: No julgamento do RE 91742 (*RTJ* 93/911) a Primeira Turma, conhecendo e dando provimento ao recurso, entendeu que a Súmula nº 552 está superada com o advento da Lei nº 6.367/1976.**

(Ver Emenda Constitucional nº 7/77, arts. 111 e 153, § 4º – referente à Constituição de 1967; Lei nº 6.367/76, art. 22; Decreto nº 79.037/76, arts. 2º e 58 – revogado pelo Decreto nº 3.048/99.)

553. O Adicional ao Frete para Renovação da Marinha Mercante (AFRMM) é contribuição parafiscal, não sendo abrangido pela imunidade prevista na letra d do inciso III do art. 19 da Constituição Federal.

(Ver Emenda Constitucional nº 8/77 – referente à Constituição de 1967.)

554. O pagamento de cheque emitido sem provisão de fundos, após o recebimento da denúncia, não obsta ao prosseguimento da ação penal.

555. É competente o tribunal de justiça para julgar conflito de jurisdição entre juiz de direito do estado e a justiça militar local. **Observação: Da leitura do acórdão referente ao CJ 6195 (*RTJ* 94/1034), proferido em sessão plenária, verifica-se que, em face da Emenda Constitucional nº 7/77, passou esta Corte a entender que não mais vigora o princípio contido na Súmula nº 555, quando haja, no Estado-Membro, Tribunal Militar de segundo grau, caso em que cabe ao Tribunal Federal de Recursos julgar conflitos de jurisdição entre juiz de direito e auditor da Justiça Militar local.**

(Ver arts. 102, inciso I, alínea o*; 105, inciso I, alínea* d*, e 108, inciso I, alínea* e*, da CF/88).*

556. É competente a Justiça comum para julgar as causas em que é parte sociedade de economia mista.

557. É competente a Justiça Federal para julgar as causas em que são partes a COBAL e a CIBRAZEM.

558. É constitucional o art. 27 do Decreto-Lei nº 898, de 29.09.1969.

559. O Decreto-Lei nº 730, de 05.08.1969, revogou a exigência de homologação, pelo Ministro da Fazenda, das Resoluções do Conselho de Política Aduaneira.

560. A extinção de punibilidade, pelo pagamento do tributo devido, estende-se ao crime de contrabando ou descaminho, por força do art. 18, § 2º, do Decreto-Lei nº 157/67.

(Ver Lei nº 5.569/69, art. 1º.)

561. Em desapropriação, é devida a correção monetária até a data do efetivo pagamento da indenização, devendo proceder-se à atualização do cálculo, ainda que por mais de uma vez.

(Ver Lei nº 6.306/75; Súmula nº 67 do STJ.)

562. Na indenização de danos materiais decorrentes de ato ilícito cabe a atualização de seu valor, utilizando-se, para esse fim, dentre outros critérios, os índices de correção monetária.

563. **Cancelada pelo** STF em 24.06.2021, ADPF nº 357, *DJe* 07.10.2021.

Texto primitivo: O concurso de preferência a que se refere o parágrafo único do art. 187 do Código Tributário Nacional, é compatível com o disposto no art. 9º, inciso I, da Constituição Federal.

(Ver Decreto-Lei nº 858/69.)

564. A ausência de fundamentação do despacho de recebimento de denúncia por crime falimentar enseja nulidade processual, salvo se já houver sentença condenatória.

565. A multa fiscal moratória constitui pena administrativa, não se incluindo no crédito habilitado em falência.

566. Enquanto pendente, o pedido de readaptação fundado em desvio funcional não gera direitos para o servidor, relativamente ao cargo pleiteado.

(Ver Lei nº 5.645/70, art. 14.)

567. A Constituição, ao assegurar, no § 3º do art. 102, a contagem integral do tempo de serviço público federal, estadual ou municipal para os efeitos de aposentadoria e disponibilidade, não proíbe à União, aos estados e aos municípios mandarem contar, mediante lei, para efeito diverso, tempo de serviço prestado a outra pessoa de direito público interno. **Observação: A súmula se refere à Constituição Federal de 1967, com redação dada pela Emenda Constitucional nº 1, de 17.10.1969.**

568. A identificação criminal não constitui constrangimento ilegal, ainda que o indiciado já tenha sido identificado civilmente. **Observação: A Súmula nº 568 está superada, considerando que a Constituição Federal de 1988, em seu art. 5º, LVIII, determina que o civilmente identificado não será submetido à identificação criminal, salvo nas hipóteses previstas em lei.**

569. É inconstitucional a discriminação de alíquotas do Imposto de Circulação de Mercadorias nas operações interestaduais, em razão de o destinatário ser, ou não, contribuinte.

570. O Imposto de Circulação de Mercadorias não incide sobre a importação de bens de capital.

(Ver Emenda Constitucional nº 8/77 – referente à Constituição de 1967.)

571. O comprador de café ao IBC, ainda que sem expedição de nota fiscal, habilita-se, quando da comercialização do produto, ao crédito do ICM que incidiu sobre a operação anterior.

572. No cálculo do Imposto de Circulação de Mercadorias devido na saída de mercadorias para o exterior, não se incluem fretes pagos a terceiros, seguros e despesas de embarque.

573. Não constitui fato gerador do Imposto de Circulação de Mercadorias a saída física de máquinas, utensílios e implementos a título de comodato.

(Ver Decreto-Lei nº 406/68.)

574. Sem lei estadual que a estabeleça, é ilegítima a cobrança do Imposto de Circulação de Mercadorias sobre o fornecimento de alimentação e bebidas em restaurante ou estabelecimento similar.

(Ver Emenda Constitucional nº 8/77 – referente à Constituição de 1967.)

575. À mercadoria importada de país signatário do GATT, ou membro da ALALC, estende-se a isenção do Imposto sobre Circulação de Mercadorias concedida a similar nacional.

(Ver Acordo do GATT, Parte II, art. 3º, §§ 1º e 2º.)

576. É lícita a cobrança do Imposto de Circulação de Mercadorias sobre produtos importados sob regime da alíquota "zero".

577. Na importação de mercadorias do exterior, o fato gerador do Imposto de Circulação de Mercadorias ocorre no momento de sua entrada no estabelecimento do importador.

578. Não podem os estados, a título de ressarcimento de despesas, reduzir a parcela de 20% do produto da arrecadação do imposto de circulação de mercadorias, atribuída aos municípios pelo art. 23, § 8º, da Constituição Federal. **Observação: A súmula se refere à Constituição Federal de 1967, com redação dada pela Emenda Constitucional nº 1, de 17.10.1969.**

579. A cal virgem e a hidratada estão sujeitas ao Imposto de Circulação de Mercadorias.

580. A isenção prevista no art. 13, parágrafo único, do Decreto-Lei nº 43/66, restringe-se aos filmes cinematográficos.

581. A exigência de transporte em navio de bandeira brasileira, para efeito de isenção tributária, legitimou-se com o advento do Decreto-Lei nº 666, de 02.07.69.

582. É constitucional a Resolução nº 640/69, do Conselho de Política Aduaneira, que reduziu a alíquota do Imposto de Importação para soda cáustica, destinada a zonas de difícil distribuição e abastecimento.

(Ver Decreto-Lei nº 1.111/70.)

583. Promitente-comprador de imóvel residencial transcrito em nome de autarquia é contribuinte do Imposto Predial Territorial Urbano.

584. Cancelada pelo Tribunal Pleno, na sessão do dia 22.06.2020, no julgamento do RE 159.180. Texto Primitivo: Ao Imposto de Renda calculado sobre os rendimentos do ano-base, aplica-se a lei vigente no exercício financeiro em que deve ser apresentada a declaração.

585. Não incide o imposto de renda sobre a remessa de divisas para pagamento de serviços prestados no exterior, por empresa que não opera no Brasil. **Observação: Após a vigência do Decreto-Lei nº 1.418, de 03.09.1975, já não subsiste a jurisprudência consubstanciada na Súmula nº 585, conforme RE 101066 (*DJ* 19.10.1965). Nesse sentido: RE 104225 (*DJ* 22.11.1985), RE 100275 (*RTJ* 113/267) e RE 103566 (*RTJ* 112/1380).**

586. Incide Imposto de Renda sobre os juros remetidos para o exterior, com base em contrato de mútuo.

587. Incide Imposto de Renda sobre o pagamento de serviços técnicos contratados no exterior e prestados no Brasil.

588. O Imposto sobre Serviços não incide sobre os depósitos, as comissões e taxas de desconto, cobrados pelos estabelecimentos bancários.

589. É inconstitucional a fixação de adicional progressivo do Imposto Predial e Territorial Urbano em função do número de imóveis do contribuinte.

590. Calcula-se o Imposto de Transmissão Causa Mortis sobre o saldo credor da promessa de compra e venda de imóvel, no momento da abertura da sucessão do promitente vendedor.

591. A imunidade ou a isenção tributária do comprador não se estende ao produtor, contribuinte do Imposto sobre Produtos Industrializados.

(Ver Decreto nº 70.162/72 – revogado pelo Decreto nº 83.263/79 [posteriormente revogado pelo Decreto nº 7.212, de 15 de junho de 2010].)

592. Nos crimes falimentares, aplicam-se as causas interruptivas da prescrição, previstas no Código Penal.

593. Incide o percentual do Fundo de Garantia do Tempo de Serviço (FGTS) sobre a parcela da remuneração correspondente a horas extraordinárias de trabalho.

(Ver Decreto nº 61.405/67 – revogado pelo Decreto nº 99.684/90.)

594. Os direitos de queixa e de representação podem ser exercidos, independentemente, pelo ofendido ou por seu representante legal.

595. É inconstitucional a taxa municipal de conservação de estradas de rodagem cuja base de cálculo seja idêntica à do imposto territorial rural.

596. As disposições do Decreto nº 22.626, de 1933, não se aplicam às taxas de juros e aos outros encargos cobrados nas operações realizadas por instituições públicas ou privadas, que integram o sistema financeiro nacional.

597. Não cabem embargos infringentes de acórdão que, em mandado de segurança decidiu, por maioria de votos, a apelação.

(Ver Súmula nº 169 do STJ.)

598. Nos embargos de divergência não servem como padrão de discordância os mesmos paradigmas invocados para demonstrá-la mas repelidos como não dissidentes no julgamento do recurso extraordinário.

599. Cancelada pelo Tribunal Pleno, na sessão de 26.04.2007, no julgamento dos AgRg nos RE 285.093, 283.240 e 356.069.

Texto primitivo: São incabíveis embargos de divergência de decisão de turma, em agravo regimental.

(Ver art. 546, II, CPC [CPC/2015, art. 1.043])

600. Cabe ação executiva contra o emitente e seus avalistas, ainda que não apresentado o cheque ao sacado no prazo legal, desde que não prescrita a ação cambiária.

601. Os artigos 3º, 11, e 55 da Lei Complementar nº 40/81 (Lei Orgânica do Ministério Público) não revogaram a legislação anterior que atribui a iniciativa para a ação penal pública, no processo sumário, ao juiz ou à autoridade policial, mediante Portaria ou Auto de Prisão em Flagrante.

602. Nas causas criminais, o prazo de interposição de recurso extraordinário é de 10 dias.

603. A competência para o processo e julgamento de latrocínio é do Juiz singular e não do Tribunal do Júri.

604. A prescrição pela pena em concreto é somente da pretensão executória da pena privativa de liberdade.

605. Não se admite continuidade delitiva nos crimes contra a vida.

606. Não cabe *habeas corpus* originário para o Tribunal Pleno de decisão de Turma, ou do Plenário, proferida em *habeas corpus* ou no respectivo recurso.

607. Na ação penal regida pela Lei nº 4.611/65, a denúncia, como substitutivo da Portaria, não interrompe a prescrição.

608. No crime de estupro, praticado mediante violência real, a ação penal é pública incondicionada.

609. É pública incondicionada a ação penal por crime de sonegação fiscal.

610. Há crime de latrocínio, quando o homicídio se consuma, ainda que não se realize o agente a subtração de bens da vítima.

611. Transitada em julgado a sentença condenatória, compete ao Juízo das execuções a aplicação de lei mais benigna.

612. Ao trabalhador rural não se aplicam, por analogia, os benefícios previstos na Lei nº 6.367, de 19.10.76.

613. Os dependentes de trabalhador rural não têm direito à pensão previdenciária, se o óbito ocorreu anteriormente à vigência da Lei Complementar nº 11/71.

614. Somente o Procurador-Geral da Justiça tem legitimidade para propor ação direta interventiva por inconstitucionalidade de lei municipal. **Observação: Entendimento superado pela nova disposição da CF/88, art. 125, § 2º.**

615. O princípio constitucional da anualidade (§ 29 do art. 153 da CF) não se aplica à revogação de isenção do ICM.

616. É permitida a cumulação da multa contratual com os honorários de advogado, após o advento do Código de Processo Civil vigente.

617. A base de cálculo dos honorários de advogado em desapropriação é a diferença entre a oferta e a indenização, corrigidas ambas monetariamente.

618. Na desapropriação, direta ou indireta, a taxa dos juros compensatórios é de 12% (doze por cento) ao ano.

619. Cancelada pelo Tribunal Pleno, na sessão de 03.12.2008, no julgamento do HC 87585.

Texto primitivo: A prisão do depositário judicial pode ser decretada no próprio processo em que se constituiu o encargo, independentemente da propositura de ação de depósito.

620. A sentença proferida contra autarquias não está sujeita a reexame necessário, salvo quando sucumbente em execução de dívida ativa. **Observação: Entendimento superado pela nova redação do art. 475, inciso I, do CPC, após a Lei nº 10.352/2001. (CPC/2015, art. 496, inciso I)**

621. Não enseja embargos de terceiro à penhora a promessa de compra e venda não inscrita no registro de imóveis. **Observação: O STJ, supervenientemente, adotou entendimento oposto ao da presente súmula.**

(Ver Súmula nº 84 do STJ.)

622. Não cabe agravo regimental contra decisão do relator que concede ou indefere liminar em mandado de segurança.

623. Não gera por si só a competência originária do Supremo Tribunal Federal para conhecer do mandado de segurança com base no art. 102, I, n, da Constituição, dirigir-se o pedido contra deliberação administrativa do tribunal de origem, da qual haja participado a maioria ou a totalidade de seus membros.

624. Não compete ao Supremo Tribunal Federal conhecer originariamente de mandado de segurança contra atos de outros tribunais.

625. Controvérsia sobre matéria de direito não impede concessão de mandado de segurança.

626. A suspensão da liminar em mandado de segurança, salvo determinação em contrário da decisão que a deferir, vigorará até o trânsito em julgado da decisão definitiva de concessão da segurança ou, havendo recurso, até a sua manutenção pelo Supremo Tribunal Federal, desde que o objeto da liminar deferida coincida, total ou parcialmente, com o da impetração.

627. No mandado de segurança contra a nomeação de magistrado da competência do Presidente da República, este é considerado autoridade coatora, ainda que o fundamento da impetração seja nulidade ocorrida em fase anterior do procedimento.

628. Integrante de lista de candidatos a determinada vaga da composição de tribunal é parte legítima para impugnar a validade da nomeação de concorrente.

629. A impetração de mandado de segurança coletivo por entidade de classe em favor dos associados independe da autorização destes.

630. A entidade de classe tem legitimação para o mandado de segurança ainda quando a pretensão veiculada interesse apenas a uma parte da respectiva categoria.

631. Extingue-se o processo de mandado de segurança se o impetrante não promove, no prazo assinado, a citação do litisconsorte passivo necessário.

632. É constitucional lei que fixa o prazo de decadência para a impetração de mandado de segurança.

633. É incabível a condenação em verba honorária nos recursos extraordinários interpostos em processo trabalhista, exceto nas hipóteses previstas na Lei nº 5.584/70.

634. Não compete ao Supremo Tribunal Federal conceder medida cautelar para dar efeito suspensivo a recurso extraordinário que ainda não foi objeto de juízo de admissibilidade na origem.

635. Cabe ao Presidente do Tribunal de origem decidir o pedido de medida cautelar em recurso extraordinário ainda pendente do seu juízo de admissibilidade.

636. Não cabe recurso extraordinário por contrariedade ao princípio constitucional da legalidade, quando a sua verificação pressuponha rever a interpretação dada a normas infraconstitucionais pela decisão recorrida.

637. Não cabe recurso extraordinário contra acórdão de Tribunal de Justiça que defere pedido de intervenção estadual em Município.

638. A controvérsia sobre a incidência, ou não, de correção monetária em operações de crédito rural é de natureza infraconstitucional, não viabilizando recurso extraordinário.

639. Aplica-se a Súmula nº 288 quando não constarem do traslado do agravo de instrumento as cópias das peças necessárias à verificação da tempestividade do recurso extraordinário não admitido pela decisão agravada.

640. É cabível recurso extraordinário contra decisão proferida por juiz de primeiro grau nas causas de alçada, ou por turma recursal de juizado especial cível e criminal.

641. Não se conta em dobro o prazo para recorrer, quando só um dos litisconsortes haja sucumbido.

642. Não cabe ação direta de inconstitucionalidade de lei do Distrito Federal derivada da sua competência legislativa municipal.

643. O Ministério Público tem legitimidade para promover ação civil pública cujo fundamento seja a ilegalidade de reajuste de mensalidades escolares.

644. Ao titular do cargo de procurador de autarquia não se exige a apresentação de instrumento de mandato para representá-la em juízo. **Observação: O Tribunal Pleno, na sessão de 26.11.2003, deliberou pela MODIFICAÇÃO da Súmula nº 644. A redação anterior (aprovação em 24.09.2003) era a seguinte: "Ao procurador autárquico não é exigível a apresentação de instrumento de mandato para representá-la em juízo."**

645. É competente o Município para fixar o horário de funcionamento de estabelecimento comercial.

646. Ofende o princípio da livre concorrência lei municipal que impede a instalação de estabelecimentos comerciais do mesmo ramo em determinada área.

647. Compete privativamente à União legislar sobre vencimentos dos membros das polícias civil e militar do Distrito Federal.

648. A norma do § 3º do art. 192 da Constituição, revogada pela EC nº 40/2003, que limitava a taxa de juros reais a 12% ao ano, tinha sua aplicabilidade condicionada à edição de lei complementar.

649. É inconstitucional a criação, por Constituição estadual, de órgão de controle administrativo do Poder Judiciário do qual participem representantes de outros Poderes ou entidades.

650. Os incisos I e XI do art. 20 da Constituição Federal não alcançam terras de aldeamentos extintos, ainda que ocupadas por indígenas em passado remoto. **Observação: Retificação publicada no *DJ* 29.10.2003, 30.10.2003 e 31.10.2003. A redação anterior era a seguinte: "Os incisos I e IX do art. 20 da Constituição Federal não alcançam terras de aldeamentos extintos, ainda que ocupadas por indígenas em passado remoto."**

651. A medida provisória não apreciada pelo Congresso Nacional podia, até a Emenda Constitucional nº 32/2001, ser reeditada dentro do seu prazo de eficácia de trinta dias, mantidos os efeitos de lei desde a primeira edição. **Observação: Retificação publicada no *DJ* 01.07.2004, 02.07.2004 e 03.07.2004. A redação anterior era a seguinte: "A medida provisória não apreciada pelo Congresso Nacional podia, até a Emenda Constitucional nº 32/1998, ser reeditada dentro do seu prazo de eficácia de trinta dias, mantidos os efeitos de lei desde a primeira edição."**

652. Não contraria a Constituição o art. 15, § 1º, do Decreto-Lei nº 3.365/41 (Lei da Desapropriação por utilidade pública).

653. No Tribunal de Contas estadual, composto por sete conselheiros, quatro devem ser escolhidos pela Assembleia Legislativa e três pelo Chefe do Poder Executivo estadual, cabendo a este indicar um dentre auditores e outro dentre membros do Ministério Público, e um terceiro à sua livre escolha.

654. A garantia da irretroatividade da lei, prevista no art. 5º, XXXVI, da Constituição da República, não é invocável pela entidade estatal que a tenha editado.

655. A exceção prevista no art. 100, *caput*, da Constituição, em favor dos créditos de natureza alimentícia, não dispensa a expedição de precatório, limitando-se a isentá-los da observância da ordem cronológica dos precatórios decorrentes de condenações de outra natureza.

656. É inconstitucional a lei que estabelece alíquotas progressivas para o imposto de transmissão inter vivos de bens imóveis ITBI com base no valor venal do imóvel.

657. A imunidade prevista no art. 150, VI, d, da CF abrange os filmes e papéis fotográficos necessários à publicação de jornais e periódicos.

658. São constitucionais os arts. 7º da Lei nº 7.787/89 e 1º da Lei nº 7.894/89 e da Lei nº 8.147/90, que majoraram a alíquota do Finsocial, quando devida a contribuição por empresas dedicadas exclusivamente à prestação de serviços.

659. É legítima a cobrança da COFINS, do PIS e do FINSOCIAL sobre as operações relativas a energia elétrica, serviços de telecomunicações, derivados de petróleo, combustíveis e minerais do país.

660. Não incide ICMS na importação de bens por pessoa física ou jurídica que não seja contribuinte do imposto.

661. Na entrada de mercadoria importada do exterior, é legítima a cobrança do ICMS por ocasião do desembaraço aduaneiro.

662. É legítima a incidência do ICMS na comercialização de exemplares de obras cinematográficas, gravados em fitas de videocassete.

663. Os §§ 1º e 3º do art. 9º do DL nº 406/68 foram recebidos pela Constituição.

664. É inconstitucional o inciso V do art. 1º da Lei nº 8.033/90, que instituiu a incidência do imposto nas operações de crédito, câmbio e seguros IOF sobre saques efetuados em caderneta de poupança.

665. É constitucional a Taxa de Fiscalização dos Mercados de Títulos e Valores Mobiliários instituída pela Lei nº 7.940/89.

666. A contribuição confederativa de que trata o art. 8º, IV, da Constituição, só é exigível dos filiados ao sindicato respectivo.

667. Viola a garantia constitucional de acesso à jurisdição a taxa judiciária calculada sem limite sobre o valor da causa.

668. É inconstitucional a lei municipal que tenha estabelecido, antes da Emenda Constitucional nº 29/2000, alíquotas progressivas para o IPTU, salvo se destinada a assegurar o cumprimento da função social da propriedade urbana.

669. Norma legal que altera o prazo de recolhimento da obrigação tributária não se sujeita ao princípio da anterioridade.

670. O serviço de iluminação pública não pode ser remunerado mediante taxa.

671. Os servidores públicos e os trabalhadores em geral têm direito, no que concerne à URP de abril/maio de 1988, apenas ao valor correspondente a 7/30 de 16,19% sobre os vencimentos e salários pertinentes aos meses de abril e maio de 1988, não cumulativamente, devidamente corrigido até o efetivo pagamento.

672. O reajuste de 28,86%, concedido aos servidores militares pelas Leis nos 8.622/1993 e 8.627/1993, estende-se aos servidores civis do Poder Executivo, observadas as eventuais compensações decorrentes dos reajustes diferenciados concedidos pelos mesmos diplomas legais. **Observação: Retificação publicada no *DJ* 01.06.2004, 02.06.2004 e 03.06.2004. A redação anterior era a seguinte: "O reajuste de 28,86%, concedido aos servidores militares pelas Leis nos 8.662/1993 e 8.627/1993, estende-se aos servidores civis do Poder Executivo, observadas as eventuais compensações decorrentes dos reajustes diferenciados concedidos pelos mesmos diplomas legais."**

673. O art. 125, § 4º, da Constituição, não impede a perda da graduação de militar mediante procedimento administrativo.

674. A anistia prevista no art. 8º do ADCT não alcança os militares expulsos com base em legislação disciplinar ordinária, ainda que em razão de atos praticados por motivação política.

675. Os intervalos fixados para descanso e alimentação durante a jornada de seis horas não descaracterizam o sistema de turnos ininterruptos de revezamento para o efeito do art. 7º, XIV, da Constituição.

676. A garantia da estabilidade provisória prevista no art. 10, II, a, do ADCT, também se aplica ao suplente do cargo de direção de comissões internas de prevenção de acidentes (CIPA).

677. Até que lei venha a dispor a respeito, incumbe ao Ministério do Trabalho proceder ao registro das entidades sindicais e zelar pela observância do princípio da unicidade.

678. São inconstitucionais os incisos I e III do art. 7º da Lei nº 8.162/91, que afastam, para efeito de anuênio e de licença-prêmio, a contagem do tempo de serviço regido pela CLT dos servidores que passaram a submeter-se ao Regime Jurídico Único.

679. A fixação de vencimentos dos servidores públicos não pode ser objeto de convenção coletiva.

680. O direito ao auxílio-alimentação não se estende aos servidores inativos.

681. É inconstitucional a vinculação do reajuste de vencimentos de servidores estaduais ou municipais a índices federais de correção monetária.

682. Não ofende a Constituição a correção monetária no pagamento com atraso dos vencimentos de servidores públicos.

683. O limite de idade para a inscrição em concurso público só se legitima em face do art. 7º, XXX, da Constituição, quando possa ser justificado pela natureza das atribuições do cargo a ser preenchido.

684. É inconstitucional o veto não motivado à participação de candidato a concurso público.

685. É inconstitucional toda modalidade de provimento que propicie ao servidor investir-se, sem prévia aprovação em concurso público destinado ao seu provimento, em cargo que não integra a carreira na qual anteriormente investido.

686. Só por lei se pode sujeitar a exame psicotécnico a habilitação de candidato a cargo público.

687. A revisão de que trata o art. 58 do ADCT não se aplica aos benefícios previdenciários concedidos após a promulgação da Constituição de 1988.

688. É legítima a incidência da contribuição previdenciária sobre o décimo-terceiro salário.

689. O segurado pode ajuizar ação contra a instituição previdenciária perante o juízo federal do seu domicílio ou nas varas federais da Capital do Estado-Membro.

690. Compete originariamente ao Supremo Tribunal Federal o julgamento de *habeas corpus* contra decisão de turma recursal de juizados especiais criminais. **Observação: Verifica-se, na leitura do HC 86.834 (*DJ* 09.03.2007), do Tribunal Pleno, que não mais prevalece a Súmula nº 690. Nesse sentido: HC 89378-AgRg (*DJ* 15.12.2006) e HC 90905-AgRg (*DJ* 11.05.2007).**

691. Não compete ao Supremo Tribunal Federal conhecer de *habeas corpus* impetrado contra decisão do Relator que, em *habeas corpus* requerido a tribunal superior, indefere a liminar.

692. Não se conhece de *habeas corpus* contra omissão de relator de extradição, se fundado em fato ou direito estrangeiro cuja prova não constava dos autos, nem foi ele provocado a respeito.

693. Não cabe *habeas corpus* contra decisão condenatória a pena de multa, ou relativo a processo em curso por infração penal a que a pena pecuniária seja a única cominada.

694. Não cabe *habeas corpus* contra a imposição da pena de exclusão de militar ou de perda de patente ou de função pública.

695. Não cabe *habeas corpus* quando já extinta a pena privativa de liberdade.

696. Reunidos os pressupostos legais permissivos da suspensão condicional do processo, mas se recusando o Promotor de Justiça a propô-la, o Juiz, dissentindo, remeterá a questão ao Procurador-Geral, aplicando-se por analogia o art. 28 do Código de Processo Penal.

697. A proibição de liberdade provisória nos processos por crimes hediondos não veda o relaxamento da prisão processual por excesso de prazo.

698. Não se estende aos demais crimes hediondos a admissibilidade de progressão no regime de execução da pena aplicada ao crime de tortura. **Observação: No julgamento do HC 82959 (*DJ* 01.09.2006), o Plenário do Tribunal declarou, *incidenter tantum*, a inconstitucionalidade do § 1º do artigo 2º da Lei nº 8.072/1990. Nova inteligência do princípio da individualização da pena em evolução jurisprudencial. Nesse sentido, veja HC 86194 (*DJ* 24.03.2006), HC 88801 (*DJ* 08.09.2006) e RE 485383 (*DJ* 16.02.2007).**

699. O prazo para interposição de agravo, em processo penal, é de cinco dias, de acordo com a Lei nº 8.038/90, não se aplicando o disposto a respeito nas alterações da Lei nº 8.950/94 ao Código de Processo Civil.

700. É de cinco dias o prazo para interposição de agravo contra decisão do juiz da execução penal.

701. No mandado de segurança impetrado pelo Ministério Público contra decisão proferida em processo penal, é obrigatória a citação do réu como litisconsorte passivo.

702. A competência do Tribunal de Justiça para julgar Prefeitos restringe-se aos crimes de competência da Justiça comum estadual; nos demais casos, a competência originária caberá ao respectivo tribunal de segundo grau.

703. A extinção do mandato do Prefeito não impede a instauração de processo pela prática dos crimes previstos no art. 1º do DL nº 201/67.

704. Não viola as garantias do juiz natural, da ampla defesa e do devido processo legal a atração por continência ou conexão do processo do corréu ao foro por prerrogativa de função de um dos denunciados.

705. A renúncia do réu ao direito de apelação, manifestada sem a assistência do defensor, não impede o conhecimento da apelação por este interposta.

706. É relativa a nulidade decorrente da inobservância da competência penal por prevenção.

707. Constitui nulidade a falta de intimação do denunciado para oferecer contrarrazões ao recurso interposto da rejeição da denúncia, não a suprindo a nomeação de defensor dativo.

708. É nulo o julgamento da apelação se, após a manifestação nos autos da renúncia do único defensor, o réu não foi previamente intimado para constituir outro.

709. Salvo quando nula a decisão de primeiro grau, o acórdão que provê o recurso contra a rejeição da denúncia vale, desde logo, pelo recebimento dela.

710. No processo penal, contam-se os prazos da data da intimação, e não da juntada aos autos do mandado ou da carta precatória ou de ordem.

711. A lei penal mais grave aplica-se ao crime continuado ou ao crime permanente, se a sua vigência é anterior à cessação da continuidade ou da permanência.

712. É nula a decisão que determina o desaforamento de processo da competência do Júri sem audiência da defesa.

713. O efeito devolutivo da apelação contra decisões do Júri é adstrito aos fundamentos da sua interposição.

714. É concorrente a legitimidade do ofendido, mediante queixa, e do Ministério Público, condicionada à representação do ofendido, para a ação penal por crime contra a honra de servidor público em razão do exercício de suas funções.

715. A pena unificada para atender ao limite de trinta anos de cumprimento, determinado pelo art. 75 do Código Penal, não é considerada para a concessão de outros benefícios, como o livramento condicional ou regime mais favorável de execução.

716. Admite-se a progressão de regime de cumprimento da pena ou a aplicação imediata de regime menos severo nela determinada, antes do trânsito em julgado da sentença condenatória.

717. Não impede a progressão de regime de execução da pena, fixada em sentença não transitada em julgado, o fato de o réu se encontrar em prisão especial.

718. A opinião do julgador sobre a gravidade em abstrato do crime não constitui motivação idônea para a imposição de regime mais severo do que o permitido segundo a pena aplicada.

719. A imposição do regime de cumprimento mais severo do que a pena aplicada permitir exige motivação idônea.

720. O art. 309 do Código de Trânsito Brasileiro, que reclama decorra do fato perigo de dano, derrogou o art. 32 da Lei das Contravenções Penais no tocante à direção sem habilitação em vias terrestres.

721. A competência constitucional do Tribunal do Júri prevalece sobre o foro por prerrogativa de função estabelecido exclusivamente pela Constituição estadual.

722. São da competência legislativa da União a definição dos crimes de responsabilidade e o estabelecimento das respectivas normas de processo e julgamento.

723. Não se admite a suspensão condicional do processo por crime continuado, se a soma da pena mínima da infração mais grave com o aumento mínimo de um sexto for superior a um ano.

724. Ainda quando alugado a terceiros, permanece imune ao IPTU o imóvel pertencente a qualquer das entidades referidas pelo art. 150, VI, c, da Constituição, desde que o valor dos aluguéis seja aplicado nas atividades essenciais de tais entidades.

725. É constitucional o § 2º do art. 6º da Lei nº 8.024/90, resultante da conversão da MPR nº 168/90, que fixou o BTN fiscal como índice de correção monetária aplicável aos depósitos bloqueados pelo Plano Collor I.

726. Para efeito de aposentadoria especial de professores, não se computa o tempo de serviço prestado fora da sala de aula.

727. Não pode o magistrado deixar de encaminhar ao Supremo Tribunal Federal o agravo de instrumento interposto da decisão que não admite recurso extraordinário, ainda que referente a causa instaurada no âmbito dos Juizados Especiais.

728. É de três dias o prazo para a interposição de recurso extraordinário contra decisão do Tribunal Superior Eleitoral, contado, quando for o caso, a partir da publicação do acórdão, na própria sessão de julgamento, nos termos do art. 12 da Lei nº 6.055/74, que não foi revogado pela Lei nº 8.950/94.

729. A decisão na ADC nº 4 não se aplica à antecipação de tutela em causa de natureza previdenciária.

730. A imunidade tributária conferida a instituições de assistência social sem fins lucrativos pelo art. 150, VI, c, da Constituição, somente alcança as entidades fechadas de previdência social privada se não houver contribuição dos beneficiários.

731. Para fim da competência originária do Supremo Tribunal Federal, é de interesse geral da magistratura a questão de saber se, em face da LOMAN, os juízes têm direito à licença-prêmio.

732. É constitucional a cobrança da contribuição do salário-educação, seja sob a Carta de 1969, seja sob a Constituição Federal de 1988, e no regime da Lei nº 9.424/96.

733. Não cabe recurso extraordinário contra decisão proferida no processamento de precatórios.

734. Não cabe reclamação quando já houver transitado em julgado o ato judicial que se alega tenha desrespeitado decisão do Supremo Tribunal Federal.

735. Não cabe recurso extraordinário contra acórdão que defere medida liminar.

736. Compete à Justiça do Trabalho julgar as ações que tenham como causa de pedir o descumprimento de normas trabalhistas relativas à segurança, higiene e saúde dos trabalhadores.

SÚMULAS DO SUPERIOR TRIBUNAL DE JUSTIÇA

1. O foro do domicílio ou da residência do alimentando é o competente para a ação de investigação de paternidade, quando cumulada com a de alimentos.

2. Não cabe o *habeas data* (CF, art. 5º, LXXII, a) se não houve recusa de informações por parte da autoridade administrativa.

3. Compete ao Tribunal Regional Federal dirimir conflito de competência verificado, na respectiva Região, entre Juiz Federal e Juiz Estadual investido de jurisdição federal.

4. Compete à Justiça Estadual julgar causa decorrente do processo eleitoral sindical.

5. A simples interpretação de cláusula contratual não enseja recurso especial.

6. Compete à Justiça Comum Estadual processar e julgar delito decorrente de acidente de trânsito envolvendo viatura de Polícia Militar, salvo se autor e vítima forem policiais militares em situação de atividade.

7. A pretensão de simples reexame de prova não enseja recurso especial.

8. Aplica-se a correção monetária aos créditos habilitados em concordata preventiva, salvo durante o período compreendido entre as datas de vigência da Lei nº 7.274, de 10.12.84, e do Decreto-Lei nº 2.283, de 27.02.86. **Observação: A Lei nº 11.101, de 09.02.2005, substituiu a concordata pela recuperação judicial e extrajudicial do empresário e da sociedade empresária.**

9. A exigência da prisão provisória, para apelar, não ofende a garantia constitucional da presunção de inocência.

10. Instalada a Junta de Conciliação e Julgamento, cessa a competência do Juiz de Direito em matéria trabalhista, inclusive para a execução das sentenças por ele proferidas.

11. A presença da União ou de qualquer de seus entes, na ação de usucapião especial, não afasta a competência do foro da situação do imóvel.

12. Em desapropriação, são cumuláveis juros compensatórios e moratórios.

13. A divergência entre julgados do mesmo Tribunal não enseja recurso especial.

14. Arbitrados os honorários advocatícios em percentual sobre o valor da causa, a correção monetária incide a partir do respectivo ajuizamento.

15. Compete à Justiça Estadual processar e julgar os litígios decorrentes de acidente do trabalho. *(Em sentido contrário: Conflito de Competência nº 7.204/MG. Ver art. 114, inciso VI, CF/88, com redação dada pela Emenda Constitucional nº 45, de 08.12.2004.)*

16. A legislação ordinária sobre crédito rural não veda a incidência da correção monetária.

17. Quando o falso se exaure no estelionato, sem mais potencialidade lesiva, é por este absorvido.

18. A sentença concessiva do perdão judicial é declaratória da extinção da punibilidade, não subsistindo qualquer efeito condenatório.

19. A fixação do horário bancário, para atendimento ao público, é da competência da União.

20. A mercadoria importada de país signatário do GATT é isenta do ICM, quando contemplado com este favor o similar nacional.

21. Pronunciado o réu, fica superada a alegação do constrangimento ilegal da prisão por excesso de prazo na instrução.

22. Não há conflito de competência entre o Tribunal de Justiça e Tribunal de Alçada do mesmo Estado-membro. **Observação: A Emenda Constitucional nº 45, de 08.12.2004, extinguiu os tribunais de alçada, passando seus membros a integrar os tribunais de justiça dos respectivos Estados).**

23. O Banco Central do Brasil é parte legítima nas ações fundadas na Resolução nº 1.154, de 1986.

24. Aplica-se ao crime de estelionato, em que figure como vítima entidade autárquica da Previdência Social, a qualificadora do § 3º do art. 171 do Código Penal.

25. Nas ações da Lei de Falências o prazo para a interposição de recurso conta-se da intimação da parte.

26. O avalista do título de crédito vinculado a contrato de mútuo também responde pelas obrigações pactuadas, quando no contrato figurar como devedor solidário.

27. Pode a execução fundar-se em mais de um título extrajudicial relativos ao mesmo negócio.

28. O contrato de alienação fiduciária em garantia pode ter por objeto bem que já integrava o patrimônio do devedor.

29. No pagamento em juízo para elidir falência, são devidos correção monetária, juros e honorários de advogado.

30. A comissão de permanência e a correção monetária são inacumuláveis.

31. A aquisição, pelo segurado, de mais de um imóvel financiado pelo Sistema Financeiro da Habitação, situados na mesma localidade, não exime a seguradora da obrigação de pagamento dos seguros.

32. Compete à Justiça Federal processar justificações judiciais destinadas a instruir pedidos perante entidades que nela têm exclusividade de foro, ressalvada a aplicação do art. 15, II, da Lei nº 5.010/66.

33. A incompetência relativa não pode ser declarada de ofício.

34. Compete à Justiça Estadual processar e julgar causa relativa a mensalidade escolar, cobrada por estabelecimento particular de ensino.

35. Incide correção monetária sobre as prestações pagas, quando de sua restituição, em virtude da retirada ou exclusão do participante de plano de consórcio.

36. A correção monetária integra o valor da restituição, em caso de adiantamento de câmbio, requerida em concordata ou falência.

37. São cumuláveis as indenizações por dano material e dano moral oriundos do mesmo fato.

38. Compete à Justiça Estadual Comum, na vigência da Constituição de 1988, o processo por contravenção penal, ainda que praticada em detrimento de bens, serviços ou interesse da União ou de suas entidades.

39. Prescreve em 20 anos a ação para haver indenização, por responsabilidade civil, de sociedade de economia mista.

40. Para obtenção dos benefícios de saída temporária e trabalho externo, considera-se o tempo de cumprimento da pena no regime fechado.

41. O Superior Tribunal de Justiça não tem competência para processar e julgar, originariamente, mandado de segurança contra ato de outros tribunais ou dos respectivos órgãos.

42. Compete à Justiça Comum Estadual processar e julgar as causas cíveis em que é parte sociedade de economia mista e os crimes praticados em seu detrimento.

43. Incide correção monetária sobre dívida por ato ilícito a partir da data do efetivo prejuízo.

44. A definição, em ato regulamentar, de grau mínimo de disacusia, não exclui, por si só, a concessão do benefício previdenciário.

45. No reexame necessário, é defeso, ao Tribunal, agravar a condenação imposta à Fazenda Pública.

46. Na execução por carta, os embargos do devedor serão decididos no juízo deprecante, salvo se versarem unicamente vícios ou defeitos da penhora, avaliação ou alienação dos bens.

47. Compete à Justiça Militar processar e julgar crime cometido por militar contra civil, com emprego de arma pertencente à corporação, mesmo não estando em serviço.

48. Compete ao juízo do local da obtenção da vantagem ilícita processar e julgar crime de estelionato cometido mediante falsificação de cheque.

49. Na exportação de café em grão, não se inclui na base de cálculo do ICM a quota de contribuição, a que se refere o art. 2º do Decreto-Lei nº 2.295, de 21.11.86.

50. O adicional de Tarifa Portuária incide apenas nas operações realizadas com mercadorias importadas ou exportadas, objeto do comércio de navegação de longo curso.

51. A punição do intermediador, no jogo do bicho, independe da identificação do "apostador" ou do "banqueiro".

52. Encerrada a instrução criminal, fica superada a alegação de constrangimento por excesso de prazo.

53. Compete à Justiça Comum Estadual processar e julgar civil acusado de prática de crime contra instituições militares estaduais.

54. Os juros moratórios fluem a partir do evento danoso, em caso de responsabilidade extracontratual.

55. Tribunal Regional Federal não é competente para julgar recurso de decisão proferida por Juiz Estadual não investido de jurisdição federal.

56. Na desapropriação para instituir servidão administrativa são devidos os juros compensatórios pela limitação de uso da propriedade.

57. **Cancelada pela 2ª Seção, na sessão de 13.11.1996, no julgamento do CC nº 17.816/RJ.**

Texto primitivo: Compete à Justiça Comum Estadual processar e julgar ação de cumprimento fundada em acordo ou convenção coletiva não homologados pela Justiça do Trabalho.

58. Proposta a execução fiscal, a posterior mudança de domicílio do executado não desloca a competência já fixada.

59. Não há conflito de competência se já existe sentença com trânsito em julgado, proferida por um dos juízos conflitantes.

60. É nula a obrigação cambial assumida por procurador do mutuário vinculado ao mutuante, no exclusivo interesse deste.

61. **Cancelada pela Segunda Seção, na sessão de 25 de abril de 2018, ao apreciar o Projeto de Súmula n. 1.154.**

Texto primitivo: O seguro de vida cobre o suicídio não premeditado.

62. Compete à Justiça Estadual processar e julgar o crime de falsa anotação na Carteira de Trabalho e Previdência Social, atribuído à empresa privada.

63. São devidos direitos autorais pela retransmissão radiofônica de músicas em estabelecimentos comerciais.

64. Não constitui constrangimento ilegal o excesso de prazo na instrução, provocado pela defesa.

65. O cancelamento, previsto no art. 29 do Decreto-Lei nº 2.303, de 21.11.86, não alcança os débitos previdenciários.

66. Compete à Justiça Federal processar e julgar execução fiscal promovida por Conselho de fiscalização profissional.

67. Na desapropriação, cabe a atualização monetária, ainda que por mais de uma vez, independente do decurso de prazo superior a um ano entre o cálculo e o efetivo pagamento da indenização.
(Ver Súmula nº 561 do STF.)

68. **Cancelada pela Primeira Seção, na sessão de 27 de março de 2019, ao apreciar a Questão de Ordem nos REsps 1.624.297/RS, 1.629.001/SC e 1.638.772/SC.**

Texto primitivo: A parcela relativa ao ICM inclui-se na base de cálculo do PIS.

69. Na desapropriação direta, os juros compensatórios são devidos desde a antecipada imissão na posse e, na desapropriação indireta, a partir da efetiva ocupação do imóvel.

70. Os juros moratórios, na desapropriação direta ou indireta, contam-se desde o trânsito em julgado da sentença.

71. O bacalhau importado de país signatário do GATT é isento do ICM.

72. A comprovação da mora é imprescindível à busca e apreensão do bem alienado fiduciariamente.

73. A utilização de papel-moeda grosseiramente falsificado configura, em tese, o crime de estelionato, da competência da Justiça Estadual.

74. Para efeitos penais, o reconhecimento da menoridade do réu requer prova por documento hábil.

75. Compete à Justiça Comum Estadual processar e julgar o policial militar por crime de promover ou facilitar a fuga de preso de estabelecimento penal.

76. A falta de registro do compromisso de compra e venda de imóvel não dispensa a prévia interpelação para constituir em mora o devedor.

77. A Caixa Econômica Federal é parte ilegítima para figurar no polo passivo das ações relativas às contribuições para o fundo PIS/PASEP.

78. Compete à Justiça Militar processar e julgar policial de corporação estadual, ainda que o delito tenha sido praticado em outra unidade federativa.

79. Os bancos comerciais não estão sujeitos a registro nos Conselhos Regionais de Economia.

80. A Taxa de Melhoramento dos Portos não se inclui na base de cálculo do ICMS.

81. Não se concede fiança quando, em concurso material, a soma das penas mínimas cominadas for superior a dois anos de reclusão.

82. Compete à Justiça Federal, excluídas as reclamações trabalhistas, processar e julgar os feitos relativos à movimentação do FGTS.

83. Não se conhece do recurso especial pela divergência, quando a orientação do Tribunal se firmou no mesmo sentido da decisão recorrida.

84. É admissível a oposição de embargos de terceiro fundados em alegação de posse advinda do compromisso de compra e venda de imóvel, ainda que desprovido do registro.

85. Nas relações jurídicas de trato sucessivo em que a Fazenda Pública figure como devedora, quando não tiver sido negado o próprio direito reclamado, a prescrição atinge apenas as prestações vencidas antes do quinquênio anterior à propositura da ação.

86. Cabe recurso especial contra acórdão proferido no julgamento de agravo de instrumento.

87. A isenção do ICMS relativa a rações balanceadas para animais abrange o concentrado e o suplemento.

88. São admissíveis embargos infringentes em processo falimentar.

89. A ação acidentária prescinde do exaurimento da via administrativa.

90. Compete à Justiça Estadual Militar processar e julgar o policial militar pela prática do crime militar, e à Comum pela prática do crime comum simultâneo àquele.

91. **Cancelada pela 3ª Seção, na sessão de 08.11.2000.**

Texto primitivo: Compete à Justiça Federal processar e julgar os crimes praticados contra a fauna.

92. A terceiro de boa-fé não é oponível a alienação fiduciária não anotada no Certificado de Registro do veículo automotor.

93. A legislação sobre cédulas de crédito rural, comercial e industrial admite o pacto de capitalização de juros.

94. **Cancelada pela Primeira Seção, na sessão de 27.03.2019, ao julgar a Questão de Ordem nos REsps 1.624.297/RS, 1.629.001/SC e 1.638.772/SC.**

Texto primitivo: A parcela relativa ao ICMS inclui-se na base de cálculo do FINSOCIAL.

95. A redução da alíquota do Imposto sobre Produtos Industrializados ou do Imposto de Importação não implica redução do ICMS.

96. O crime de extorsão consuma-se independentemente da obtenção da vantagem indevida.

97. Compete à Justiça do Trabalho processar e julgar reclamação de servidor público relativamente a vantagens trabalhistas anteriores à instituição do regime jurídico único.

98. Embargos de declaração manifestados com notório propósito de prequestionamento não têm caráter protelatório.

99. O Ministério Público tem legitimidade para recorrer no processo em que oficiou como fiscal da lei, ainda que não haja recurso da parte.

100. É devido o Adicional ao Frete para Renovação da Marinha Mercante na importação sob o regime de benefícios fiscais à exportação (BEFIEX).

101. A ação de indenização do segurado em grupo contra a seguradora prescreve em um ano.

102. A incidência dos juros moratórios sobre os compensatórios, nas ações expropriatórias, não constitui anatocismo vedado em lei.

103. Incluem-se entre os imóveis funcionais que podem ser vendidos os administrados pelas Forças Armadas e ocupados pelos servidores civis.

104. Compete à Justiça Estadual o processo e julgamento dos crimes de falsificação e uso de documento falso relativo a estabelecimento particular de ensino.

105. Na ação de mandado de segurança não se admite condenação em honorários advocatícios.

106. Proposta a ação no prazo fixado para o seu exercício, a demora na citação, por motivos inerentes ao mecanismo da Justiça, não justifica o acolhimento da arguição de prescrição ou decadência.

107. Compete à Justiça Comum Estadual processar e julgar crime de estelionato praticado mediante falsificação das guias de recolhimento das contribuições previdenciárias, quando não ocorrente lesão à autarquia federal.

108. A aplicação de medidas socioeducativas ao adolescente, pela prática de ato infracional, é da competência exclusiva do juiz.

109. O reconhecimento do direito a indenização, por falta de mercadoria transportada via marítima, independe de vistoria.

110. A isenção do pagamento de honorários advocatícios, nas ações acidentárias, é restrita ao segurado.

111. Os honorários advocatícios, nas ações previdenciárias, não incidem sobre prestações vencidas após a sentença. **Observação: Apreciando o projeto de Súmula nº 560, na sessão de 27.09.06, a 3ª Seção deliberou pela MODIFICAÇÃO da Súmula nº 111. A redação anterior (aprovação em 06.10.1994, *DJ* 13.10.1994) era a seguinte: "Os honorários advocatícios, nas ações previdenciárias, não incidem sobre prestações vincendas."**

112. O depósito somente suspende a exigibilidade do crédito tributário se for integral e em dinheiro.

113. Os juros compensatórios, na desapropriação direta, incidem a partir da imissão na posse, calculados sobre o valor da indenização, corrigido monetariamente.

114. Os juros compensatórios, na desapropriação indireta, incidem a partir da ocupação, calculados sobre o valor da indenização, corrigido monetariamente.

(Ver Súmula nº 345 do STF.)

115. Na instância especial é inexistente recurso interposto por advogado sem procuração nos autos.

116. A Fazenda Pública e o Ministério Público têm prazo em dobro para interpor agravo regimental no Superior Tribunal de Justiça.

117. A inobservância do prazo de 48 horas, entre a publicação de pauta e o julgamento sem a presença das partes, acarreta nulidade.

118. O agravo de instrumento é o recurso cabível da decisão que homologa a atualização do cálculo da liquidação.

119. A ação de desapropriação indireta prescreve em 20 anos.

120. O oficial de farmácia, inscrito no Conselho Regional de Farmácia, pode ser responsável técnico por drogaria.

121. Na execução fiscal o devedor deverá ser intimado, pessoalmente, do dia e hora da realização do leilão.

122. Compete à Justiça Federal o processo e julgamento unificado dos crimes conexos de competência federal e estadual, não se aplicando a regra do art. 78, II, *a*, do Código de Processo Penal.

123. A decisão que admite, ou não, o recurso especial deve ser fundamentada, com o exame dos seus pressupostos gerais e constitucionais.

124. A Taxa de Melhoramento dos Portos tem base de cálculo diversa do imposto de importação, sendo legítima a sua cobrança sobre a importação de mercadorias de países signatários do GATT, da ALALC ou ALADI.

125. O pagamento de férias não gozadas por necessidade do serviço não está sujeito à incidência do imposto de renda.

126. É inadmissível recurso especial, quando o acórdão recorrido assenta em fundamentos constitucional e infraconstitucional, qualquer deles suficiente, por si só, para mantê-lo, e a parte vencida não manifesta recurso extraordinário.

127. É ilegal condicionar a renovação da licença de veículo ao pagamento de multa, da qual o infrator não foi notificado.

128. Na execução fiscal haverá segundo leilão, se no primeiro não houver lanço superior à avaliação.

129. O exportador adquire o direito de transferência de crédito do ICMS quando realiza a exportação do produto e não ao estocar a matéria-prima.

130. A empresa responde, perante o cliente, pela reparação de dano ou furto de veículo ocorridos em seu estacionamento.

131. Nas ações de desapropriação incluem-se no cálculo da verba advocatícia as parcelas relativas aos juros compensatórios e moratórios, devidamente corrigidas.

132. A ausência de registro da transferência não implica responsabilidade do antigo proprietário por dano resultante de acidente que envolva o veículo alienado.

133. A restituição da importância adiantada, à conta de contrato de câmbio, independe de ter sido a antecipação efetuada nos quinze dias anteriores ao requerimento da concordata.

134. Embora intimado da penhora em imóvel do casal, o cônjuge do executado pode opor embargos de terceiro para defesa de sua meação.

135. O ICMS não incide na gravação e distribuição de filmes e videoteipes.

136. O pagamento de licença-prêmio não gozada por necessidade do serviço não está sujeito ao imposto de renda.

137. Compete à Justiça Comum Estadual processar e julgar ação de servidor público municipal, pleiteando direitos relativos ao vínculo estatutário.

138. O ISS incide na operação de arrendamento mercantil de coisas móveis.

139. Cabe à Procuradoria da Fazenda Nacional propor execução fiscal para cobrança de crédito relativo ao ITR.

140. Compete à Justiça Comum Estadual processar e julgar crime em que o indígena figure como autor ou vítima.

141. Os honorários de advogado em desapropriação direta são calculados sobre a diferença entre a indenização e a oferta, corrigidas monetariamente.

142. Cancelada pela 2ª Seção, na sessão de 12.05.1999, no julgamento do AR nº 512/DF.

Texto primitivo: Prescreve em vinte anos a ação para exigir a abstenção do uso de marca comercial.

143. Prescreve em cinco anos a ação de perdas e danos pelo uso de marca comercial.

144. Os créditos de natureza alimentícia gozam de preferência, desvinculados os precatórios da ordem cronológica dos créditos de natureza diversa.

145. No transporte desinteressado, de simples cortesia, o transportador só será civilmente responsável por danos causados ao transportado quando incorrer em dolo ou culpa grave.

146. O segurado, vítima de novo infortúnio, faz jus a um único benefício somado ao salário de contribuição vigente no dia do acidente.

147. Compete à Justiça Federal processar e julgar os crimes praticados contra funcionário público federal, quando relacionados com o exercício da função.

148. Os débitos relativos a benefício previdenciário, vencidos e cobrados em juízo após a vigência da Lei nº 6.899/81, devem ser corrigidos monetariamente na forma prevista nesse diploma legal.

149. A prova exclusivamente testemunhal não basta à comprovação da atividade rurícola, para efeito da obtenção de benefício previdenciário.

150. Compete à Justiça Federal decidir sobre a existência de interesse jurídico que justifique a presença, no processo, da União, suas autarquias ou empresas públicas.

151. A competência para o processo e julgamento por crime de contrabando ou descaminho define-se pela prevenção do Juízo Federal do lugar da apreensão dos bens.

152. Cancelada pela 1ª Seção, na sessão de 13.06.2007, no julgamento do REsp 73.552/RJ.

Texto primitivo: Na venda pelo segurador, de bens salvados de sinistros, incide o ICMS.

153. A desistência da execução fiscal, após o oferecimento dos embargos, não exime o exequente dos encargos da sucumbência.

154. Os optantes pelo FGTS, nos termos da Lei nº 5.958, de 1973, têm direito à taxa progressiva dos juros, na forma do art. 4º da Lei nº 5.107, de 1966.

155. O ICMS incide na importação de aeronave, por pessoa física, para uso próprio.

156. A prestação de serviço de composição gráfica, personalizada e sob encomenda, ainda que envolva fornecimento de mercadorias, está sujeita, apenas, ao ISS.

157. Cancelada pela 1ª Seção, na sessão de 24.04.2002, no julgamento do REsp 261.571/SP.

Texto primitivo: É ilegítima a cobrança de taxa, pelo município, na renovação de licença para localização de estabelecimento comercial ou industrial.

158. Não se presta a justificar embargos de divergência o dissídio com acórdão de Turma ou Seção que não mais tenha competência para a matéria neles versada.

159. O benefício acidentário, no caso de contribuinte que perceba remuneração variável, deve ser calculado com base na média aritmética dos últimos doze meses de contribuição.

160. É defeso, ao Município, atualizar o IPTU, mediante decreto, em percentual superior ao índice oficial de correção monetária.

161. É da competência da Justiça Estadual autorizar o levantamento dos valores relativos ao PIS/PASEP e FGTS, em decorrência do falecimento do titular da conta.

162. Na repetição de indébito tributário, a correção monetária incide a partir do pagamento indevido.

163. O fornecimento de mercadorias com a simultânea prestação de serviços em bares, restaurantes e estabelecimentos similares constitui fato gerador do ICMS a incidir sobre o valor total da operação.

164. O prefeito municipal, após a extinção do mandato, continua sujeito a processo por crime previsto no art. 1º do Decreto-Lei nº 201, de 27.02.67.

165. Compete à Justiça Federal processar e julgar crime de falso testemunho cometido no processo trabalhista.

166. Não constitui fato gerador do ICMS o simples deslocamento de mercadoria de um para outro estabelecimento do mesmo contribuinte.

167. O fornecimento de concreto, por empreitada, para construção civil, preparado no trajeto até a obra em betoneiras acopladas a caminhões, é prestação de serviço, sujeitando-se apenas à incidência do ISS.

168. Não cabem embargos de divergência, quando a jurisprudência do Tribunal se firmou no mesmo sentido do acórdão embargado.

169. São inadmissíveis embargos infringentes no processo de mandado de segurança.
(Ver Súmula nº 597 do STF.)

170. Compete ao juízo onde primeiro for intentada a ação envolvendo acumulação de pedidos, trabalhista e estatutário, decidi-la nos limites da sua jurisdição, sem prejuízo do ajuizamento de nova causa, com o pedido remanescente, no juízo próprio.

171. Cominadas cumulativamente, em lei especial, penas privativa de liberdade e pecuniária, é defeso a substituição da prisão por multa.

172. Compete à Justiça Comum processar e julgar militar por crime de abuso de autoridade, ainda que praticado em serviço.

173. Compete à Justiça Federal processar e julgar o pedido de reintegração em cargo público federal, ainda que o servidor tenha sido dispensado antes da instituição do Regime Jurídico Único.

174. **Cancelada pela 3ª Seção, na sessão de 24.10.2001, no julgamento do REsp 213.054/SP.**
Texto primitivo: No crime de roubo, a intimidação feita com arma de brinquedo autoriza o aumento de pena.

175. Descabe o depósito prévio nas ações rescisórias propostas pelo INSS.

176. É nula a cláusula contratual que sujeita o devedor à taxa de juros divulgada pela ANBID/CETIP.

177. O Superior Tribunal de Justiça é incompetente para processar e julgar, originariamente, mandado de segurança contra ato de órgão colegiado presidido por Ministro de Estado.

178. O INSS não goza de isenção do pagamento de custas e emolumentos, nas ações acidentárias e de benefícios, propostas na Justiça Estadual.

179. O estabelecimento de crédito que recebe dinheiro, em depósito judicial, responde pelo pagamento da correção monetária relativa aos valores recolhidos.

180. Na lide trabalhista, compete ao Tribunal Regional do Trabalho dirimir conflito de competência verificado, na respectiva região, entre Juiz Estadual e Junta de Conciliação e Julgamento.

181. É admissível ação declaratória, visando a obter certeza quanto à exata interpretação de cláusula contratual.

182. É inviável o agravo do art. 545 do CPC que deixa de atacar especificamente os fundamentos da decisão agravada.

183. **Cancelada pela 1ª Seção, na sessão de 08.11.2000, no julgamento dos EDcl no CC nº 27.676/BA.**
Texto primitivo: Compete ao Juiz Estadual, nas Comarcas que não sejam sede de vara da Justiça Federal, processar e julgar ação civil pública, ainda que a União figure no processo.

184. A microempresa de representação comercial é isenta do imposto de renda.

185. Nos depósitos judiciais, não incide o Imposto sobre Operações Financeiras.

186. Nas indenizações por ato ilícito, os juros compostos somente são devidos por aquele que praticou o crime.

187. É deserto o recurso interposto para o Superior Tribunal de Justiça, quando o recorrente não recolhe, na origem, a importância das despesas de remessa e retorno dos autos.

188. Os juros moratórios, na repetição do indébito tributário, são devidos a partir do trânsito em julgado da sentença.

189. É desnecessária a intervenção do Ministério Público nas execuções fiscais.

190. Na execução fiscal, processada perante a Justiça Estadual, cumpre à Fazenda Pública antecipar o numerário destinado ao custeio das despesas com o transporte dos oficiais de justiça.

191. A pronúncia é causa interruptiva da prescrição, ainda que o Tribunal do Júri venha a desclassificar o crime.

192. Compete ao Juízo das Execuções Penais do Estado a execução das penas impostas a sentenciados pela Justiça Federal, Militar ou Eleitoral, quando recolhidos a estabelecimentos sujeitos à administração estadual.

193. O direito de uso de linha telefônica pode ser adquirido por usucapião.

194. Prescreve em vinte anos a ação para obter, do construtor, indenização por defeitos da obra.

195. Em embargos de terceiro não se anula ato jurídico, por fraude contra credores.

196. Ao executado que, citado por edital ou por hora certa, permanecer revel, será nomeado curador especial, com legitimidade para apresentação de embargos.

197. O divórcio direto pode ser concedido sem que haja prévia partilha dos bens.

198. Na importação de veículo por pessoa física, destinado a uso próprio, incide ICMS.

199. Na execução hipotecária de crédito vinculada ao Sistema Financeiro da Habitação, nos termos da Lei nº 5.741/71, a petição inicial deve ser instruída com, pelo menos, dois avisos de cobrança.

200. O juízo federal competente para processar e julgar acusado de crime de uso de passaporte falso é o do lugar onde o delito se consumou.

201. Os honorários advocatícios não podem ser fixados em salários mínimos.

202. A impetração de segurança por terceiro, contra ato judicial, não se condiciona à interposição de recurso.

203. Não cabe recurso especial contra decisão proferida por órgão de segundo grau dos Juizados Especiais. **Observação: Julgando o AgRg no Ag nº 400.076/BA, na sessão de 23.05.2002, a Corte Especial deliberou pela MODIFICAÇÃO da Súmula nº 203. A redação anterior (aprovação em 04.02.1998, *DJ* 12.02.1998) era a seguinte: "Não cabe recurso especial contra decisão proferida, nos limites de sua competência, por órgão de segundo grau dos juizados especiais."**

204. Os juros de mora nas ações relativas a benefícios previdenciários incidem a partir da citação válida.

205. A Lei nº 8.009/90 aplica-se à penhora realizada antes de sua vigência.

206. A existência de vara privativa, instituída por lei estadual, não altera a competência territorial resultante das leis de processo.

207. É inadmissível recurso especial quando cabíveis embargos infringentes contra o acórdão proferido no tribunal de origem.

208. Compete à Justiça Federal processar e julgar prefeito municipal por desvio de verba sujeita a prestação de contas perante órgão federal.

209. Compete à Justiça Estadual processar e julgar prefeito por desvio de verba transferida e incorporada ao patrimônio municipal.

210. A ação de cobrança das contribuições para o FGTS prescreve em 30 (trinta) anos.

211. Inadmissível recurso especial quanto à questão que, a despeito da oposição de embargos declaratórios, não foi apreciada pelo tribunal *a quo*.

212. Cancelada, em 14.09.2022, pela 1ª Seção do STJ.

Texto primitivo: A compensação de créditos tributários não pode ser deferida em ação cautelar ou por medida liminar cautelar ou antecipatória. **Observação: Na sessão de 11.05.2005, a 1ª Seção deliberou pela MODIFICAÇÃO da Súmula nº 212. A redação anterior (decisão de 23.09.1998, *DJ* 02.10.1998) era a seguinte: "A compensação de créditos tributários não pode ser deferida por medida liminar".**

213. O mandado de segurança constitui ação adequada para a declaração do direito à compensação tributária.

214. O fiador na locação não responde por obrigações resultantes de aditamento ao qual não anuiu.

215. A indenização recebida pela adesão a programa de incentivo à demissão voluntária não está sujeita à incidência do imposto de renda.

216. A tempestividade de recurso interposto no Superior Tribunal de Justiça é aferida pelo registro no protocolo da Secretaria e não pela data da entrega na agência do correio.

217. Cancelada pela Corte Especial, na sessão de 23.10.2003, no julgamento dos AgRg na SS 1.204/AM.

Texto primitivo: Não cabe agravo de decisão que indefere o pedido de suspensão da execução da liminar, ou da sentença em mandado de segurança.

218. Compete à Justiça dos Estados processar e julgar ação de servidor estadual decorrente de direitos e vantagens estatutárias no exercício de cargo em comissão.

219. Os créditos decorrentes de serviços prestados à massa falida, inclusive a remuneração do síndico, gozam dos privilégios próprios dos trabalhistas.

220. A reincidência não influi no prazo da prescrição da pretensão punitiva.

221. São civilmente responsáveis pelo ressarcimento de dano, decorrente de publicação pela imprensa, tanto o autor do escrito quanto o proprietário do veículo de divulgação.

222. Compete à Justiça Comum processar e julgar as ações relativas à contribuição sindical prevista no art. 578 da CLT.

223. A certidão de intimação do acórdão recorrido constitui peça obrigatória do instrumento de agravo.

224. Excluído do feito o ente federal, cuja presença levara o Juiz Estadual a declinar da competência, deve o Juiz Federal restituir os autos e não suscitar conflito.

225. Compete ao Tribunal Regional do Trabalho apreciar recurso contra sentença proferida por órgão de primeiro grau da Justiça Trabalhista, ainda que para declarar-lhe a nulidade em virtude de incompetência.

226. O Ministério Público tem legitimidade para recorrer na ação de acidente do trabalho, ainda que o segurado esteja assistido por advogado.

227. A pessoa jurídica pode sofrer dano moral.

228. É inadmissível o interdito proibitório para proteção do direito autoral.

229. O pedido do pagamento de indenização à seguradora suspende o prazo de prescrição até que o segurado tenha ciência da decisão.

230. Cancelada pela 2ª Seção, na sessão de 11.10.2000, no julgamento dos CC nºs 30.513/SP, 30.500/SP e 30.504/SP.

Texto primitivo: Compete à Justiça Estadual processar e julgar ação movida por trabalhador avulso portuário, em que se impugna ato do órgão gestor de mão de obra de que resulte óbice ao exercício de sua profissão.

231. A incidência da circunstância atenuante não pode conduzir à redução da pena abaixo do mínimo legal.

232. A Fazenda Pública, quando parte no processo, fica sujeita à exigência do depósito prévio dos honorários do perito.

233. O contrato de abertura de crédito, ainda que acompanhado de extrato da conta-corrente, não é título executivo.

234. A participação de membro do Ministério Público na fase investigatória criminal não acarreta seu impedimento ou suspeição para o oferecimento da denúncia.

235. A conexão não determina a reunião dos processos, se um deles já foi julgado.

236. Não compete ao Superior Tribunal de Justiça dirimir conflitos de competência entre juízes trabalhistas vinculados a Tribunais Regionais do Trabalho diversos.

237. Nas operações com cartão de crédito, os encargos relativos ao financiamento não são considerados no cálculo do ICMS.

238. A avaliação da indenização devida ao proprietário do solo, em razão de alvará de pesquisa mineral, é processada no Juízo Estadual da situação do imóvel.

239. O direito à adjudicação compulsória não se condiciona ao registro do compromisso de compra e venda no cartório de imóveis.

240. A extinção do processo, por abandono da causa pelo autor, depende de requerimento do réu.

241. A reincidência penal não pode ser considerada como circunstância agravante e, simultaneamente, como circunstância judicial.

242. Cabe ação declaratória para reconhecimento de tempo de serviço para fins previdenciários.

243. O benefício da suspensão do processo não é aplicável em relação às infrações penais cometidas em concurso material, concurso formal ou continuidade delitiva, quando a pena mínima cominada, seja pelo somatório, seja pela incidência da majorante, ultrapassar o limite de um (1) ano.

244. Compete ao foro do local da recusa processar e julgar o crime de estelionato mediante cheque sem provisão de fundos.

245. A notificação destinada a comprovar a mora nas dívidas garantidas por alienação fiduciária dispensa a indicação do valor do débito.

246. O valor do seguro obrigatório deve ser deduzido da indenização judicialmente fixada.

247. O contrato de abertura de crédito em conta corrente, acompanhado do demonstrativo de débito, constitui documento hábil para o ajuizamento da ação monitória.

248. Comprovada a prestação dos serviços, a duplicata não aceita, mas protestada, é título hábil para instruir pedido de falência.

249. A Caixa Econômica Federal tem legitimidade passiva para integrar processo em que se discute correção monetária do FGTS.

250. É legítima a cobrança de multa fiscal de empresa em regime de concordata. **Observação: A Lei nº 11.101, de 09.02.2005, substituiu a concordata pela recuperação judicial e extrajudicial do empresário e da sociedade empresária.**

251. A meação só responde pelo ato ilícito quando o credor, na execução fiscal, provar que o enriquecimento dele resultante aproveitou ao casal.

252. Os saldos das contas do FGTS, pela legislação infraconstitucional, são corrigidos em 42,72% (IPC) quanto às perdas de janeiro de 1989 e 44,80% (IPC) quanto às de abril de 1990, acolhidos pelo STJ os índices de 18,02% (LBC) quanto às perdas de junho de 1987, de 5,38% (BTN) para maio de 1990 e 7,00% (TR) para fevereiro de 1991, de acordo com o entendimento do STF (RE 226.855-7-RS).

253. O art. 557 do CPC, que autoriza o relator a decidir o recurso, alcança o reexame necessário.

254. A decisão do Juízo Federal que exclui da relação processual ente federal não pode ser reexaminada no Juízo Estadual.

255. Cabem embargos infringentes contra acórdão, proferido por maioria, em agravo retido, quando se tratar de matéria de mérito.

256. **Cancelada pela Corte Especial, na sessão de 21.05.2008, no julgamento do AgRg no Ag nº 792.846/SP.**

Texto primitivo: O sistema de "protocolo integrado" não se aplica aos recursos dirigidos ao Superior Tribunal de Justiça.

257. A falta de pagamento do prêmio do seguro obrigatório de Danos Pessoais Causados por Veículos Automotores de Vias Terrestres (DPVAT) não é motivo para a recusa do pagamento da indenização.

258. A nota promissória vinculada a contrato de abertura de crédito não goza de autonomia em razão da iliquidez do título que a originou.

259. A ação de prestação de contas pode ser proposta pelo titular de conta corrente bancária.

260. A convenção de condomínio aprovada, ainda que sem registro, é eficaz para regular as relações entre os condôminos.

261. A cobrança de direitos autorais pela retransmissão radiofônica de músicas, em estabelecimentos hoteleiros, deve ser feita conforme a taxa média de utilização do equipamento, apurada em liquidação.

262. Incide o imposto de renda sobre o resultado das aplicações financeiras realizadas pelas cooperativas.

263. **Cancelada pela 2ª Seção, na sessão de 27.08.2003, no julgamento dos REsp 443.143/GO e 470.632/SP.**

Texto primitivo: A cobrança antecipada do valor residual (VRG) descaracteriza o contrato de arrendamento mercantil, transformando-o em compra e venda a prestação.

264. É irrecorrível o ato judicial que apenas manda processar a concordata preventiva. **Observação: A Lei nº 11.101, de 09.02.2005, substituiu a concordata pela recuperação judicial e extrajudicial do empresário e da sociedade empresária.**

265. É necessária a oitiva do menor infrator antes de decretar-se a regressão da medida socioeducativa.

266. O diploma ou habilitação legal para o exercício do cargo deve ser exigido na posse e não na inscrição para o concurso público.

267. A interposição de recurso, sem efeito suspensivo, contra decisão condenatória não obsta a expedição de mandado de prisão.

268. O fiador que não integrou a relação processual na ação de despejo não responde pela execução do julgado.

269. É admissível a adoção do regime prisional semiaberto aos reincidentes condenados a pena igual ou inferior a quatro anos se favoráveis as circunstâncias judiciais.

270. O protesto pela preferência de crédito, apresentado por ente federal em execução que tramita na Justiça Estadual, não desloca a competência para a Justiça Federal.

271. A correção monetária dos depósitos judiciais independe de ação específica contra o banco depositário.

272. O trabalhador rural, na condição de segurado especial, sujeito à contribuição obrigatória sobre a produção rural comercializada, somente faz jus à aposentadoria por tempo de serviço, se recolher contribuições facultativas.

273. Intimada a defesa da expedição da carta precatória, torna-se desnecessária intimação da data da audiência no juízo deprecado.

274. O ISS incide sobre o valor dos serviços de assistência médica, incluindo-se neles as refeições, os medicamentos e as diárias hospitalares.

275. O auxiliar de farmácia não pode ser responsável técnico por farmácia ou drogaria.

276. **Cancelada pela Primeira Seção, na sessão de 12.11.2008, no julgamento da AR nº 3.761/PR.**

Texto primitivo: As sociedades civis de prestação de serviços profissionais são isentas da Cofins, irrelevante o regime tributário adotado.

277. Julgada procedente a investigação de paternidade, os alimentos são devidos a partir da citação.

278. O termo inicial do prazo prescricional, na ação de indenização, é a data em que o segurado teve ciência inequívoca da incapacidade laboral.

279. É cabível execução por título extrajudicial contra a Fazenda Pública.

280. O art. 35 do Decreto-Lei nº 7.661, de 1945, que estabelece a prisão administrativa, foi revogado pelos incisos LXI e LXVII do art. 5º da Constituição Federal de 1988. **Observação: O Decreto-Lei nº 7.661, de 21.06.1945, foi revogado pela Lei nº 11.101, de 09.02.2005 – Lei de Falência.**

281. A indenização por dano moral não está sujeita à tarifação prevista na Lei de Imprensa.

282. Cabe a citação por edital em ação monitória.

283. As empresas administradoras de cartão de crédito são instituições financeiras e, por isso, os juros remuneratórios por elas cobrados não sofrem as limitações da Lei de Usura.

284. A purga da mora, nos contratos de alienação fiduciária, só é permitida quando já pagos pelo menos 40% (quarenta por cento) do valor financiado.

285. Nos contratos bancários posteriores ao Código de Defesa do Consumidor incide a multa moratória nele prevista.

286. A renegociação de contrato bancário ou a confissão da dívida não impede a possibilidade de discussão sobre eventuais ilegalidades dos contratos anteriores.

287. A Taxa Básica Financeira (TBF) não pode ser utilizada como indexador de correção monetária nos contratos bancários.

288. A Taxa de Juros de Longo Prazo (TJLP) pode ser utilizada como indexador de correção monetária nos contratos bancários.

289. A restituição das parcelas pagas a plano de previdência privada deve ser objeto de correção plena, por índice que recomponha a efetiva desvalorização da moeda.

290. Nos planos de previdência privada, não cabe ao beneficiário a devolução da contribuição efetuada pelo patrocinador.

291. A ação de cobrança de parcelas de complementação de aposentadoria pela previdência privada prescreve em cinco anos.

292. A reconvenção é cabível na ação monitória, após a conversão do procedimento em ordinário.

293. A cobrança antecipada do valor residual garantido (VRG) não descaracteriza o contrato de arrendamento mercantil.

294. Não é potestativa a cláusula contratual que prevê a comissão de permanência, calculada pela taxa média de mercado, apurada pelo Banco Central do Brasil, limitada à taxa do contrato.

295. A Taxa Referencial (TR) é indexador válido para contratos posteriores à Lei nº 8.177/91, desde que pactuada.

296. Os juros remuneratórios, não cumuláveis com a comissão de permanência, são devidos no período de inadimplência à taxa média de mercado estipulada pelo Banco Central do Brasil, limitada ao percentual contratado.

297. O Código de Defesa do Consumidor é aplicável às instituições financeiras.

298. O alongamento de dívida originada de crédito rural não constitui faculdade da instituição financeira, mas direito do devedor nos termos da lei.

299. É admissível a ação monitória fundada em cheque prescrito.

300. O instrumento de confissão de dívida, ainda que originário de contrato de abertura de crédito, constitui título executivo extrajudicial.

301. Em ação investigatória, a recusa do suposto pai a submeter-se ao exame de DNA induz presunção juris tantum de paternidade.

302. É abusiva a cláusula contratual de plano de saúde que limita no tempo a internação hospitalar do segurado.

303. Em embargos de terceiro, quem deu causa à constrição indevida deve arcar com os honorários advocatícios.

304. É ilegal a decretação da prisão civil daquele que não assume expressamente o encargo de depositário judicial.

305. É descabida a prisão civil do depositário quando, decretada a falência da empresa, sobrevém a arrecadação do bem pelo síndico.

306. Os honorários advocatícios devem ser compensados quando houver sucumbência recíproca, assegurado o direito autônomo do advogado à execução do saldo, sem excluir a legitimidade da própria parte.

307. A restituição de adiantamento de contrato de câmbio, na falência, deve ser atendida antes de qualquer crédito.

308. A hipoteca firmada entre a construtora e o agente financeiro, anterior ou posterior à celebração da promessa de compra e venda, não tem eficácia perante os adquirentes do imóvel.

309. O débito alimentar que autoriza a prisão civil do alimentante é o que compreende as três prestações anteriores ao ajuizamento da execução e as que se vencerem no curso do processo. **Observação: Julgando o HC 53.068-MS, na sessão de 22.03.2006, a 2ª Seção deliberou pela MODIFICAÇÃO da Súmula nº 309. A redação anterior (aprovação em 27.04.2005, *DJ* 04.05.2005) era a seguinte: "O débito alimentar que autoriza a prisão civil do alimentante é o que compreende as três prestações anteriores à citação e as que vencerem no curso do processo."**

310. O Auxílio-creche não integra o salário de contribuição.

311. Os atos do presidente do tribunal que disponham sobre processamento e pagamento de precatório não têm caráter jurisdicional.

312. No processo administrativo para imposição de multa de trânsito, são necessárias as notificações da autuação e da aplicação da pena decorrente da infração.

313. Em ação de indenização, procedente o pedido, é necessária a constituição de capital ou caução fidejussória para a garantia de pagamento da pensão, independentemente da situação financeira do demandado. **Observação: Entendimento flexibilizado pela disposição do art. 475-Q do CPC, incluído pela Lei nº 11.232, de 22.12.2005 (CPC/2015, art. 533).**

314. Em execução fiscal, não localizados bens penhoráveis, suspende-se o processo por um ano, findo o qual se inicia o prazo da prescrição quinquenal intercorrente.

315. Não cabem embargos de divergência no âmbito do agravo de instrumento que não admite recurso especial.

316. Cabem embargos de divergência contra acórdão que, em agravo regimental, decide recurso especial.

(Ver Súmula nº 599 – cancelada – do STF.)

317. É definitiva a execução de título extrajudicial, ainda que pendente apelação contra sentença que julgue improcedentes os embargos.

318. Formulado pedido certo e determinado, somente o autor tem interesse recursal em arguir o vício da sentença ilíquida.

319. O encargo de depositário de bens penhorados pode ser expressamente recusado.

320. A questão federal somente ventilada no voto vencido não atende ao requisito do prequestionamento.

321. **Cancelada pela Segunda Seção, na sessão de 24.02.2016,** ao apreciar o Projeto de Súmula nº 627 e o julgado no REsp 1.536.786-MG.

Texto primitivo: O Código de Defesa do Consumidor é aplicável à relação jurídica entre a entidade de previdência privada e seus participantes.

322. Para a repetição de indébito, nos contratos de abertura de crédito em conta corrente, não se exige a prova do erro.

323. A inscrição do nome do devedor pode ser mantida nos serviços de proteção ao crédito até o prazo máximo de cinco anos, independentemente da prescrição da execução.

Observação: a Segunda Seção, na sessão ordinária de 25 de novembro de 2009, deliberou pela ALTERAÇÃO do enunciado da Súmula nº 323. REDAÇÃO ANTERIOR (Decisão de 23.11.2005, *DJ* 05.12.2005, p. 410): A inscrição de inadimplente pode ser mantida nos serviços de proteção ao crédito por, no máximo, cinco anos.

324. Compete à Justiça Federal processar e julgar ações de que participa a Fundação Habitacional do Exército, equiparada à entidade autárquica federal, supervisionada pelo Ministério do Exército.

325. A remessa oficial devolve ao Tribunal o reexame de todas as parcelas da condenação suportadas pela Fazenda Pública, inclusive dos honorários de advogado.

326. Na ação de indenização por dano moral, a condenação em montante inferior ao postulado na inicial não implica sucumbência recíproca.

327. Nas ações referentes ao Sistema Financeiro da Habitação, a Caixa Econômica Federal tem legitimidade como sucessora do Banco Nacional da Habitação.

328. Na execução contra instituição financeira, é penhorável o numerário disponível, excluídas as reservas bancárias mantidas no Banco Central.

329. O Ministério Público tem legitimidade para propor ação civil pública em defesa do patrimônio público.

330. É desnecessária a resposta preliminar de que trata o artigo 514 do Código de Processo Penal, na ação penal instituída por inquérito policial.

331. A apelação interposta contra sentença que julga embargos à arrematação tem efeito meramente devolutivo.

332. A anulação de fiança prestada sem outorga uxória implica a ineficácia total da garantia.

333. Cabe mandado de segurança contra ato praticado em licitação promovida por sociedade de economia mista ou empresa pública.

334. O ICMS não incide no serviço dos provedores de acesso à Internet.

335. Nos contratos de locação, é válida a cláusula de renúncia à indenização das benfeitorias e ao direito de retenção.

336. A mulher que renunciou aos alimentos na separação judicial tem direito à pensão previdenciária por morte do ex-marido, comprovada a necessidade econômica superveniente.

337. É cabível a suspensão condicional do processo na desclassificação do crime e na procedência parcial da pretensão punitiva.

338. A prescrição penal é aplicável nas medidas socioeducativas.

339. É cabível ação monitória contra a Fazenda Pública.

340. A lei aplicável à concessão de pensão previdenciária por morte é aquela vigente na data do óbito do segurado.

341. A frequência a curso de ensino formal é causa de remição de parte do tempo de execução de pena sob regime fechado ou semiaberto.

342. No procedimento para aplicação de medida socioeducativa, é nula a desistência de outras provas em face da confissão do adolescente.

343. **Cancelada pela Primeira Seção, na sessão de 28.04.2021, no julgamento da QO no MS 7.078/DF.**

Texto primitivo: É obrigatória a presença de advogado em todas as fases do processo administrativo disciplinar.

Observação: O STF editou a Súmula Vinculante nº 5, em sentido contrário à Súmula nº 343 do STJ, decidindo que: "A falta de defesa técnica por advogado no processo administrativo disciplinar não ofende a Constituição."

344. A liquidação por forma diversa da estabelecida na sentença não ofende a coisa julgada.

345. São devidos os honorários advocatícios pela Fazenda Pública nas execuções individuais de sentença proferida em ações coletivas, ainda que não embargadas.

346. É vedada aos militares temporários, para aquisição de estabilidade, a contagem em dobro de férias e licenças não gozadas.

347. O conhecimento de recurso de apelação do réu independe de sua prisão.

348. **Cancelada pela Corte Especial, na sessão de 17.03.2010, no julgamento do CC 107.635-PR.**

Texto primitivo: Compete ao Superior Tribunal de Justiça decidir os conflitos de competência entre juizado especial federal e juízo federal, ainda que da mesma seção judiciária.

349. Compete à Justiça Federal ou aos juízes com competência delegada o julgamento das execuções fiscais de contribuições devidas pelo empregador ao FGTS.

350. O ICMS não incide sobre o serviço de habilitação de telefone celular.

351. A alíquota de contribuição para o Seguro de Acidente do Trabalho (SAT) é aferida pelo grau de risco desenvolvido em cada empresa, individualizada pelo seu CNPJ, ou pelo grau de risco da atividade preponderante quando houver apenas um registro.

352. A obtenção ou a renovação do Certificado de Entidade Beneficente de Assistência Social (Cebas) não exime a entidade do cumprimento dos requisitos legais supervenientes.

353. As disposições do Código Tributário Nacional não se aplicam às contribuições para o FGTS.

354. A invasão do imóvel é causa de suspensão do processo expropriatório para fins de reforma agrária.

355. É válida a notificação do ato de exclusão do programa de recuperação fiscal do Refis pelo Diário Oficial ou pela Internet.

356. É legítima a cobrança da tarifa básica pelo uso dos serviços de telefonia fixa.

357. **Cancelada pela 2ª Seção, na sessão de 27.05.2009, no julgamento do REsp 1074799/MG.**

Texto primitivo: A pedido do assinante, que responderá pelos custos, é obrigatória, a partir de 1º de janeiro de 2006, a discriminação de pulsos excedentes e ligações de telefone fixo para celular.

358. O cancelamento de pensão alimentícia de filho que atingiu a maioridade está sujeito à decisão judicial, mediante contraditório, ainda que nos próprios autos.

359. Cabe ao órgão mantenedor do Cadastro de Proteção ao Crédito a notificação do devedor antes de proceder à inscrição.

360. O benefício da denúncia espontânea não se aplica aos tributos sujeitos a lançamento por homologação regularmente declarados, mas pagos a destempo.

361. A notificação do protesto, para requerimento de falência da empresa devedora, exige a identificação da pessoa que a recebeu.

362. A correção monetária do valor da indenização do dano moral incide desde a data do arbitramento.

363. Compete à Justiça estadual processar e julgar a ação de cobrança ajuizada por profissional liberal contra cliente.

364. O conceito de impenhorabilidade de bem de família abrange também o imóvel pertencente a pessoas solteiras, separadas e viúvas.

365. A intervenção da União como sucessora da Rede Ferroviária Federal S/A (RFFSA) desloca a competência para a Justiça Federal ainda que a sentença tenha sido proferida por Juízo estadual.

366. Cancelada pela Corte Especial na sessão de 16.09.2009, no julgamento do CC 101977/SP.

Texto primitivo: Compete à Justiça estadual processar e julgar ação indenizatória proposta por viúva e filhos de empregado falecido em acidente de trabalho.

367. A competência estabelecida pela EC nº 45/2004 não alcança os processos já sentenciados.

368. Compete à Justiça comum estadual processar e julgar os pedidos de retificação de dados cadastrais da Justiça Eleitoral.

369. No contrato de arrendamento mercantil (*leasing*), ainda que haja cláusula resolutiva expressa, é necessária a notificação prévia do arrendatário para constituí-lo em mora.

370. Caracteriza dano moral a apresentação antecipada do cheque pré-datado.

371. Nos contratos de participação financeira para aquisição de linha telefônica, o valor patrimonial da ação (VPA) é apurado com base no balancete do mês da integralização.

372. Na ação de exibição de documentos, não cabe a aplicação de multa cominatória.

373. É ilegítima a exigência de depósito prévio para admissibilidade de recurso administrativo.

374. Compete à Justiça Eleitoral processar e julgar a ação para anular débito decorrente de multa eleitoral.

375. O reconhecimento da fraude à execução depende do registro da penhora do bem alienado ou da prova de má-fé do terceiro adquirente.

376. Compete à turma recursal processar e julgar o mandado de segurança contra ato de juizado especial.

377. O portador de visão monocular tem direito de concorrer, em concurso público, às vagas reservadas aos deficientes.

378. Reconhecido o desvio de função, o servidor faz jus às diferenças salariais decorrentes.

379. Nos contratos bancários não regidos por legislação específica, os juros moratórios poderão ser fixados em até 1% ao mês.

380. A simples propositura da ação de revisão de contrato não inibe a caracterização da mora do autor.

381. Nos contratos bancários, é vedado ao julgador conhecer, de ofício, da abusividade das cláusulas.

382. A estipulação de juros remuneratórios superiores a 12% ao ano, por si só, não indica abusividade.

383. A competência para processar e julgar as ações conexas de interesse de menor é, em princípio, do foro do domicílio do detentor de sua guarda.

384. Cabe ação monitória para haver saldo remanescente oriundo de venda extrajudicial de bem alienado fiduciariamente em garantia.

385. Da anotação irregular em cadastro de proteção ao crédito, não cabe indenização por dano moral, quando preexistente legítima inscrição, ressalvado o direito ao cancelamento.

386. São isentos de imposto de renda as indenizações de férias proporcionais e respectivo adicional.

387. É possível a acumulação das indenizações de dano estético e moral.

388. A simples devolução indevida de cheque caracteriza dano moral, independentemente de prova do prejuízo sofrido pela vítima.

389. A comprovação do pagamento do custo do serviço referente ao fornecimento de certidão de assentamento constantes dos livros da companhia é requisito de procedibilidade da ação de exibição em face da sociedade anônima.

390. Nas decisões por maioria, em reexame necessário, não se admitem embargos infringentes.

391. O ICMS incide sobre o valor da tarifa de energia elétrica correspondente à demanda de potência efetivamente utilizada.

392. A Fazenda Pública pode substituir a certidão de dívida ativa (CDA) até a prolação da sentença de embargos, quando se tratar de correção de erro material ou formal, vedada a modificação do sujeito passivo da execução.

393. A exceção de pré-executividade é admissível na execução fiscal relativamente às matérias conhecíveis de ofício que não demandem dilação probatória.

394. É admissível, em embargos à execução fiscal, compensar valores de imposto de renda retidos indevidamente na fonte com os valores restituídos apurados na declaração anual.

395. O ICMS incide sobre o valor da venda a prazo constante na nota fiscal.

396. A Confederação Nacional da Agricultura tem legitimidade ativa para a cobrança da contribuição sindical rural.

397. O contribuinte de IPTU é notificado do lançamento pelo envio do carnê ao seu endereço.

398. A prescrição da ação para pleitear os juros progressivos sobre os saldos de conta vinculada do FGTS não atinge o fundo de direito, limitando-se às parcelas vencidas.

399. Cabe à legislação municipal estabelecer o sujeito passivo do IPTU.

400. O encargo de 20% previsto no DL nº 1.025/1969 é exigível na execução fiscal proposta contra a massa falida.

401. O prazo decadencial da ação rescisória só se inicia quando não for cabível qualquer recurso do último pronunciamento judicial.

402. O contrato de seguro por danos pessoais compreende danos morais, salvo cláusula expressa de exclusão.

403. Independe de prova do prejuízo a indenização pela publicação não autorizada da imagem de pessoa com fins econômicos ou comerciais.

404. É dispensável o Aviso de Recebimento (AR) na carta de comunicação ao consumidor sobre a negativação de seu nome em bancos de dados e cadastros.

405. A ação de cobrança do seguro obrigatório (DPVAT) prescreve em três anos.

406. A Fazenda Pública pode recusar a substituição do bem penhorado por precatórios.

407. É legítima a cobrança da tarifa de água, fixada de acordo com as categorias de usuários e as faixas de consumo.

408. Cancelada pela Primeira Seção, na sessão de 28.10.2020, ao julgar a Pet 12.344/DF.

Texto primitivo: Nas ações de desapropriação, os juros compensatórios incidentes após a Medida Provisória nº 1.577, de 11.06.1997, devem ser fixados em 6% ao ano até 13.09.2001, e, a partir de então, em 12% ao ano, na forma da súmula nº 618 do Supremo Tribunal Federal.

409. Em execução fiscal, a prescrição ocorrida antes da propositura da ação pode ser decretada de ofício.

410. A prévia intimação pessoal do devedor constitui condição necessária para a cobrança de multa pelo descumprimento de obrigação de fazer ou não fazer.

411. É devida a correção monetária ao creditamento do IPI quando há oposição ao seu aproveitamento decorrentes de resistência ilegítima do Fisco.

412. A ação de repetição de indébito de tarifas de água e esgoto sujeita-se ao prazo prescricional estabelecido no Código Civil.

413. O farmacêutico pode acumular a responsabilidade técnica por uma farmácia e uma drogaria ou por duas drogarias.

414. A citação por edital na execução fiscal é cabível quando frustradas as demais modalidades.

415. O período de suspensão do prazo prescricional é regulado pelo máximo da pena cominada.

416. É devida a pensão por morte aos dependentes do segurado que, apesar de ter perdido essa qualidade, preencheu os requisitos legais para a obtenção de aposentadoria até a data do seu óbito.

417. Na execução civil, a penhora de dinheiro na ordem de nomeação de bens não tem caráter absoluto.

418. Cancelada pela Corte Especial, na sessão de 1º de julho de 2016,

Texto primitivo: É inadmissível o recurso especial interposto antes da publicação do acórdão dos embargos de declaração, sem posterior ratificação.

419. Descabe a prisão civil do depositário judicial infiel.

420. Incabível, em embargos de divergência, discutir o valor de indenização por danos morais.

421. Cancelada pela Corte Especial, na sessão de 17 de abril de 2024.

Texto primitivo: Os honorários advocatícios não são devidos à Defensoria Pública quando ela atua contra a pessoa jurídica de direito público à qual pertença.

422. Os juros remuneratórios não estão limitados nos contratos vinculados ao Sistema Financeiro da Habitação.

423. A Contribuição para Financiamento da Seguridade Social – Cofins incide sobre as receitas provenientes das operações de locação de bens móveis.

424. É legítima a incidência de ISS sobre os serviços bancários congêneres da lista anexa ao DL nº 406/1968 e à LC nº 56/1987.

425. A retenção da contribuição para a seguridade social pelo tomador do serviço não se aplica às empresas optantes pelo Simples.

426. Os juros de mora na indenização do seguro DPVAT fluem a partir da citação.

427. A ação de cobrança de diferenças de valores de complementação de aposentadoria prescreve em cinco anos contados da data do pagamento.

428. Compete ao Tribunal Regional Federal decidir os conflitos de competência entre juizado especial federal e juízo federal da mesma seção judiciária.

429. A citação postal, quando autorizada por lei, exige o aviso de recebimento.

430. O inadimplemento da obrigação tributária pela sociedade não gera, por si só, a responsabilidade solidária do sócio-gerente.

431. É ilegal a cobrança de ICMS com base no valor da mercadoria submetido ao regime de pauta fiscal.

432. As empresas de construção civil não estão obrigadas a pagar ICMS sobre mercadorias adquiridas como insumos em operações interestaduais.

433. O produto semielaborado, para fins de incidência de ICMS, é aquele que preenche cumulativamente os três requisitos do art. 1º da Lei Complementar nº 65/1991.

434. O pagamento da multa por infração de trânsito não inibe a discussão judicial do débito.

435. Presume-se dissolvida irregularmente a empresa que deixar de funcionar no seu domicílio fiscal, sem comunicação aos órgãos competentes, legitimando o redirecionamento da execução fiscal para o sócio-gerente.

436. A entrega de declaração pelo contribuinte, reconhecendo o débito fiscal, constitui o crédito tributário, dispensada qualquer outra providência por parte do Fisco.

437. A suspensão da exigibilidade do crédito tributário superior a quinhentos mil reais para opção pelo Refis pressupõe a homologação expressa do comitê gestor e a constituição de garantia por meio do arrolamento de bens.

438. É inadmissível a extinção da punibilidade pela prescrição da pretensão punitiva com fundamento em pena hipotética, independentemente da existência ou sorte do processo penal.

439. Admite-se o exame criminológico pelas peculiaridades do caso, desde que em decisão motivada.

440. Fixada a pena-base no mínimo legal, é vedado o estabelecimento de regime prisional mais gravoso do que o cabível em razão da sanção imposta, com base apenas na gravidade abstrata do delito.

441. A falta grave não interrompe o prazo para obtenção de livramento condicional.

442. É inadmissível aplicar, no furto qualificado, pelo concurso de agentes, a majorante do roubo.

443. O aumento na terceira fase de aplicação da pena no crime de roubo circunstanciado exige fundamentação concreta, não sendo suficiente para a sua exasperação a mera indicação do número de majorantes.

444. É vedada a utilização de inquéritos policiais e ações penais em curso para agravar a pena-base.

445. As diferenças de correção monetária resultantes de expurgos inflacionários sobre os saldos de FGTS têm como termo inicial a data em que deveriam ter sido creditadas.

446. Declarado e não pago o débito tributário pelo contribuinte, é legítima a recusa de expedição de certidão negativa ou positiva com efeito de negativa.

447. Os Estados e o Distrito Federal são partes legítimas na ação de restituição de imposto de renda retido na fonte proposta por seus servidores.

448. A opção pelo Simples de estabelecimentos dedicados às atividades de creche, pré-escola e ensino fundamental é admitida somente a partir de 24/10/2000, data de vigência da Lei nº 10.034/2000.

449. A vaga de garagem que possui matrícula própria no registro de imóveis não constitui bem de família para efeito de penhora.

450. Nos contratos vinculados ao SFH, a atualização do saldo devedor antecede sua amortização pelo pagamento da prestação.

451. É legítima a penhora da sede do estabelecimento comercial.

452. A extinção das ações de pequeno valor é faculdade da Administração Federal, vedada a atuação judicial de ofício.

453. Os honorários sucumbenciais, quando omitidos em decisão transitada em julgado, não podem ser cobrados em execução ou em ação própria.

Obs.: A súmula está parcialmente superada pelo art. 85, § 18, do CPC/2015, que prevê a possibilidade de a verba honorária omitida na sentença ser cobrada em ação própria.

454. Pactuada a correção monetária nos contratos do SFH pelo mesmo índice aplicável à caderneta de poupança, incide a taxa referencial (TR) a partir da vigência da Lei nº 8.177/1991.

455. A decisão que determina a produção antecipada de provas com base no art. 366 do CPP deve ser concretamente fundamentada, não a justificando unicamente o mero decurso do tempo.

456. É incabível a correção monetária dos salários de contribuição considerados no cálculo do salário de benefício de auxílio-doença, aposentadoria por invalidez, pensão ou auxílio-reclusão concedidos antes da vigência da CF/1988.

457. Os descontos incondicionais nas operações mercantis não se incluem na base de cálculo do ICMS.

458. A contribuição previdenciária incide sobre a comissão paga ao corretor de seguros.

459. A Taxa Referencial (TR) é o índice aplicável, a título de correção monetária, aos débitos com o FGTS recolhidos pelo empregador mas não repassados ao fundo.

460. É incabível o mandado de segurança para convalidar a compensação tributária realizada pelo contribuinte.

461. O contribuinte pode optar por receber, por meio de precatório ou por compensação, o indébito tributário certificado por sentença declaratória transitada em julgado.

462. Nas ações em que representa o FGTS, a CEF, quando sucumbente, não está isenta de reembolsar as custas antecipadas pela parte vencedora.

463. Incide imposto de renda sobre os valores percebidos a título de indenização por horas extraordinárias trabalhadas, ainda que decorrentes de acordo coletivo.

464. A regra de imputação de pagamentos estabelecida no art. 354 do Código Civil não se aplica às hipóteses de compensação tributária.

465. Ressalvada a hipótese de efetivo agravamento do risco, a seguradora não se exime do dever de indenizar em razão da transferência do veículo sem a sua prévia comunicação.

466. O titular da conta vinculada ao FGTS tem o direito de sacar o saldo respectivo quando declarado nulo seu contrato de trabalho por ausência de prévia aprovação em concurso público.

467. Prescreve em cinco anos, contados do término do processo administrativo, a pretensão da Administração Pública de promover a execução da multa por infração ambiental.

468. A base de cálculo do PIS, até a edição da MP nº 1.212/1995, era o faturamento ocorrido no sexto mês anterior ao do fato gerador.

469. Cancelada pela Segunda Seção, na sessão de 11 de abril de 2018, ao apreciar o Projeto de Súmula n. 937

Texto primitivo: Aplica-se o Código de Defesa do Consumidor aos contratos de plano de saúde.

470. Cancelada pela 2ª Seção, na sessão de 27.05.2015, no julgamento do REsp 858.056/GO

Texto primitivo: O Ministério Público não tem legitimidade para pleitear, em ação civil pública, a indenização decorrente do DPVAT em benefício do segurado.

471. Os condenados por crimes hediondos ou assemelhados cometidos antes da vigência da Lei nº 11.464/2007 sujeitam-se ao disposto no art. 112 da Lei nº 7.210/1984 (Lei de Execução Penal) para a progressão de regime prisional.

472. A cobrança de comissão de permanência – cujo valor não pode ultrapassar a soma dos encargos remuneratórios e moratórios previstos no contrato – exclui a exigibilidade dos juros remuneratórios, moratórios e da multa contratual.

473. O mutuário do SFH não pode ser compelido a contratar o seguro habitacional obrigatório com a instituição financeira mutuante ou com a seguradora por ela indicada.

474. A indenização do seguro DPVAT, em caso de invalidez parcial do beneficiário, será paga de forma proporcional ao grau da invalidez.

475. Responde pelos danos decorrentes de protesto indevido o endossatário que recebe por endosso translativo título de crédito contendo vício formal extrínseco ou intrínseco, ficando ressalvado seu direito de regresso contra os endossantes e avalistas.

476. O endossatário de título de crédito por endosso-mandato só responde por danos decorrentes de protesto indevido se extrapolar os poderes de mandatário.

477. A decadência do art. 26 do CDC não é aplicável à prestação de contas para obter esclarecimentos sobre cobrança de taxas, tarifas e encargos bancários.

478. Na execução de crédito relativo a cotas condominiais, este tem preferência sobre o hipotecário.

479. As instituições financeiras respondem objetivamente pelos danos gerados por fortuito interno relativo a fraudes e delitos praticados por terceiros no âmbito de operações bancárias.

480. O juízo da recuperação judicial não é competente para decidir sobre a constrição de bens não abrangidos pelo plano de recuperação da empresa.

481. Faz jus ao benefício da justiça gratuita a pessoa jurídica com ou sem fins lucrativos que demonstrar sua impossibilidade de arcar com os encargos processuais.

482. A falta de ajuizamento da ação principal no prazo do art. 806 do CPC acarreta a perda da eficácia da liminar deferida e a extinção do processo cautelar.

483. O INSS não está obrigado a efetuar depósito prévio do preparo por gozar das prerrogativas e privilégios da Fazenda Pública.

484. Admite-se que o preparo seja efetuado no primeiro dia útil subsequente, quando a interposição do recurso ocorrer após o encerramento do expediente bancário.

485. A Lei de Arbitragem aplica-se aos contratos que contenham cláusula arbitral, ainda que celebrados antes da sua edição.

486. É impenhorável o único imóvel residencial do devedor que esteja locado a terceiros, desde que a renda obtida com a locação seja revertida para a subsistência ou a moradia da sua família.

487. O parágrafo único do art. 741 do CPC não se aplica às sentenças transitadas em julgado em data anterior à da sua vigência.

488. O § 2º do art. 6º da Lei nº 9.469/1997, que obriga à repartição dos honorários advocatícios, é inaplicável a acordos ou transações celebrados em data anterior à sua vigência.

489. Reconhecida a continência, devem ser reunidas na Justiça Federal as ações civis públicas propostas nesta e na Justiça estadual.

490. A dispensa de reexame necessário, quando o valor da condenação ou do direito controvertido for inferior a sessenta salários mínimos, não se aplica a sentenças ilíquidas.

491. É inadmissível a chamada progressão *per saltum* de regime prisional.

492. O ato infracional análogo ao tráfico de drogas, por si só, não conduz obrigatoriamente à imposição de medida socioeducativa de internação do adolescente.

493. É inadmissível a fixação de pena substitutiva (art. 44 do CP) como condição especial ao regime aberto.

494. O benefício fiscal do ressarcimento do crédito presumido do IPI relativo às exportações incide mesmo quando as matérias-primas ou os insumos sejam adquiridos de pessoa física ou jurídica não contribuinte do PIS/PASEP.

495. A aquisição de bens integrantes do ativo permanente da empresa não gera direito a creditamento de IPI.

496. Os registros de propriedade particular de imóveis situados em terrenos de marinha não são oponíveis à União.

497. **Cancelada, em 14.09.2022, pela 1ª Seção do STJ.**

Texto primitivo: Os créditos das autarquias federais preferem aos créditos da Fazenda estadual desde que coexistam penhoras sobre o mesmo bem.

498. Não incide imposto de renda sobre a indenização por danos morais.

499. As empresas prestadoras de serviços estão sujeitas às contribuições ao Sesc e Senac, salvo se integradas noutro serviço social.

500. A configuração do crime do art. 244-B do ECA independe da prova da efetiva corrupção do menor, por se tratar de delito formal.

501. É cabível a aplicação retroativa da Lei nº 11.343/2006, desde que o resultado da incidência das suas disposições, na íntegra, seja mais favorável ao réu do que o advindo da aplicação da Lei nº 6.368/1976, sendo vedada a combinação de leis.

502. Presentes a materialidade e a autoria, afigura-se típica, em relação ao crime previsto no art. 184, § 2º, do CP, a conduta de expor à venda CDs e DVDs piratas.

503. O prazo para ajuizamento de ação monitória em face do emitente de cheque sem força executiva é quinquenal, a contar do dia seguinte à data de emissão estampada na cártula.

504. O prazo para ajuizamento de ação monitória em face do emitente de nota promissória sem força executiva é quinquenal, a contar do dia seguinte ao vencimento do título.

505. A competência para processar e julgar as demandas que têm por objeto obrigações decorrentes dos contratos de planos de previdência privada firmados com a Fundação Rede Ferroviária de Seguridade Social – REFER é da Justiça estadual.

506. A ANATEL não é parte legítima nas demandas entre a concessionária e o usuário de telefonia decorrentes de relação contratual.

507. A acumulação de auxílio-acidente com aposentadoria pressupõe que a lesão incapacitante e a aposentadoria sejam anteriores a 11.11.1997, observado o critério do art. 23 da Lei nº 8.213/1991 para definição do momento da lesão nos casos de doença profissional ou do trabalho.

508. A isenção da COFINS concedida pelo art. 6º, II, da LC nº 70/1991 às sociedades civis de prestação de serviços profissionais foi revogada pelo art. 56 da Lei nº 9.430/1996.

509. É lícito ao comerciante de boa-fé aproveitar os créditos de ICMS decorrentes de nota fiscal posteriormente declarada inidônea, quando demonstrada a veracidade da compra e venda.

510. A liberação de veículo retido apenas por transporte irregular de passageiros não está condicionada ao pagamento de multas e despesas.

511. É possível o reconhecimento do privilégio previsto no § 2º do art. 155 do CP nos casos de crime de furto qualificado, se estiverem presentes a primariedade do agente, o pequeno valor da coisa e a qualificadora for de ordem objetiva.

512. **Cancelada pela Terceira Seção, na sessão de 23.11.2016, ao julgar a QO na Pet 11.796-DF.**

Texto primitivo: A aplicação da causa de diminuição de pena prevista no art. 33, § 4º, da Lei nº 11.343/2006 não afasta a hediondez do crime de tráfico de drogas.

513. A *abolitio criminis* temporária prevista na Lei nº 10.826/2003 aplica-se ao crime de posse de arma de fogo de uso permitido com numeração, marca ou qualquer outro sinal de identificação raspado, suprimido ou adulterado, praticado somente até 23.10.2005.

514. A CEF é responsável pelo fornecimento dos extratos das contas individualizadas vinculadas ao FGTS dos Trabalhadores participantes do Fundo de Garantia do Tempo de Serviço, inclusive para fins de exibição em juízo, independentemente do período em discussão.

515. A reunião de execuções fiscais contra o mesmo devedor constitui faculdade do Juiz.

516. A contribuição de intervenção no domínio econômico para o INCRA (Decreto-Lei nº 1.110/1970), devida por empregadores rurais e urbanos, não foi extinta pelas Leis nos 7.787/1989, 8.212/1991 e 8.213/1991, não podendo ser compensada com a contribuição ao INSS.

517. São devidos honorários advocatícios no cumprimento de sentença, haja ou não impugnação, depois de escoado o prazo para pagamento voluntário, que se inicia após a intimação do advogado da parte executada.

518. Para fins do art. 105, III, *a*, da Constituição Federal, não é cabível recurso especial fundado em alegada violação de enunciado de súmula.

519. Na hipótese de rejeição da impugnação ao cumprimento de sentença, não são cabíveis honorários advocatícios.

520. O benefício de saída temporária no âmbito da execução penal é ato jurisdicional insuscetível de delegação à autoridade administrativa do estabelecimento prisional.

521. A legitimidade para a execução fiscal de multa pendente de pagamento imposta em sentença condenatória é exclusiva da Procuradoria da Fazenda Pública.

522. A conduta de atribuir-se falsa identidade perante autoridade policial é típica, ainda que em situação de alegada autodefesa.

523. A taxa de juros de mora incidente na repetição de indébito de tributos estaduais deve corresponder à utilizada para cobrança do tributo pago em atraso, sendo legítima a incidência da taxa Selic, em ambas as hipóteses, quando prevista na legislação local, vedada sua cumulação com quaisquer outros índices.

524. No tocante à base de cálculo, o ISSQN incide apenas sobre a taxa de agenciamento quando o serviço prestado por sociedade empresária de trabalho temporário for de intermediação, devendo, entretanto, englobar também os valores dos salários e encargos sociais dos trabalhadores por ela contratados nas hipóteses de fornecimento de mão de obra.

525. A Câmara de Vereadores não possui personalidade jurídica, apenas personalidade judiciária, somente podendo demandar em juízo para defender os seus direitos institucionais.

526. O reconhecimento de falta grave decorrente do cometimento de fato definido como crime doloso no cumprimento da pena prescinde do trânsito em julgado de sentença penal condenatória no processo penal instaurado para apuração do fato.

527. O tempo de duração da medida de segurança não deve ultrapassar o limite máximo da pena abstratamente cominada ao delito praticado.

528. **Cancelada, em 23.02.2022, pela 2ª Seção do STJ.**

Texto primitivo: Compete ao juiz federal do local da apreensão da droga remetida do exterior pela via postal processar e julgar o crime de tráfico internacional.

529. No seguro de responsabilidade civil facultativo, não cabe o ajuizamento de ação pelo terceiro prejudicado direta e exclusivamente em face da seguradora do apontado causador do dano.

530. Nos contratos bancários, na impossibilidade de comprovar a taxa de juros efetivamente contratada – por ausência de pactuação ou pela falta de juntada do instrumento aos autos –, aplica-se a taxa média de mercado, divulgada pelo Bacen, praticada nas operações da mesma espécie, salvo se a taxa cobrada for mais vantajosa para o devedor.

531. Em ação monitória fundada em cheque prescrito ajuizada contra o emitente, é dispensável a menção ao negócio jurídico subjacente à emissão da cártula.

532. Constitui prática comercial abusiva o envio de cartão de crédito sem prévia e expressa solicitação do consumidor, configurando-se ato ilícito indenizável e sujeito à aplicação de multa administrativa.

533. Para o reconhecimento da prática de falta disciplinar no âmbito da execução penal, é imprescindível a instauração de procedimento administrativo pelo diretor do estabelecimento prisional, assegurado o direito de defesa, a ser realizado por advogado constituído ou defensor público nomeado.

534. A prática de falta grave interrompe a contagem do prazo para a progressão de regime de cumprimento de pena, o qual se reinicia a partir do cometimento dessa infração.

535. A prática de falta grave não interrompe o prazo para fim de comutação de pena ou indulto.

536. A suspensão condicional do processo e a transação penal não se aplicam na hipótese de delitos sujeitos ao rito da Lei Maria da Penha.

537. Em ação de reparação de danos, a seguradora denunciada, se aceitar a denunciação ou contestar o pedido do autor, pode ser condenada, direta e solidariamente junto com o segurado, ao pagamento da indenização devida à vítima, nos limites contratados na apólice.

538. As administradoras de consórcio têm liberdade para estabelecer a respectiva taxa de administração, ainda que fixada em percentual superior a dez por cento.

539. É permitida a capitalização de juros com periodicidade inferior à anual em contratos celebrados com instituições integrantes do Sistema Financeiro Nacional a partir de 31/3/2000 (MP nº 1.963-17/2000, reeditada como MP nº 2.170-36/2001), desde que expressamente pactuada.

540. Na ação de cobrança do seguro DPVAT, constitui faculdade do autor escolher entre os foros do seu domicílio, do local do acidente ou ainda do domicílio do réu.

541. A previsão no contrato bancário de taxa de juros anual superior ao duodécuplo da mensal é suficiente para permitir a cobrança da taxa efetiva anual contratada.

542. A ação penal relativa ao crime de lesão corporal resultante de violência doméstica contra a mulher é pública incondicionada.

543. Na hipótese de resolução de contrato de promessa de compra e venda de imóvel submetido ao Código de Defesa do Consumidor, deve ocorrer a imediata restituição das parcelas pagas pelo promitente comprador – integralmente, em caso de culpa exclusiva do promitente vendedor/construtor, ou parcialmente, caso tenha sido o comprador quem deu causa ao desfazimento.

544. É válida a utilização de tabela do Conselho Nacional de Seguros Privados para estabelecer a proporcionalidade da indenização do seguro DPVAT ao grau de invalidez também na hipótese de sinistro anterior a 16/12/2008, data da entrada em vigor da Medida Provisória 451/2008.

545. Quando a confissão for utilizada para a formação do convencimento do julgador, o réu fará jus à atenuante prevista no art. 65, III, *d*, do Código Penal.

546. A competência para processar e julgar o crime de uso de documento falso é firmada em razão da entidade ou órgão ao qual foi apresentado o documento público, não importando a qualificação do órgão expedidor.

547. Nas ações em que se pleiteia o ressarcimento dos valores pagos a título de participação financeira do consumidor no custeio de construção de rede elétrica, o prazo prescricional é de vinte anos na vigência do Código Civil de 1916. Na vigência do Código Civil de 2002, o prazo é de cinco anos se houver previsão contratual de ressarcimento e de três anos na ausência de cláusula nesse sentido, observada a regra de transição disciplinada em seu art. 2.028.

548. Incumbe ao credor a exclusão do registro da dívida em nome do devedor no cadastro de inadimplentes no prazo de cinco dias úteis, a partir do integral e efetivo pagamento do débito.

549. É válida a penhora de bem de família pertencente a fiador de contrato de locação.

550. A utilização de escore de crédito, método estatístico de avaliação de risco que não constitui banco de dados, dispensa o consentimento do consumidor, que terá o direito de solicitar esclarecimentos sobre as informações pessoais valoradas e as fontes dos dados considerados no respectivo cálculo.

551. Nas demandas por complementação de ações de empresas de telefonia, admite-se a condenação ao pagamento de dividendos e juros sobre capital próprio independentemente de pedido expresso. No entanto, somente quando previstos no título executivo, poderão ser objeto de cumprimento de sentença.

552. O portador de surdez unilateral não se qualifica como pessoa com deficiência para o fim de disputar as vagas reservadas em concursos públicos.

553. Nos casos de empréstimo compulsório sobre o consumo de energia elétrica, é competente a Justiça estadual para o julgamento de demanda proposta exclusivamente contra a Eletrobrás. Requerida a intervenção da União no feito após a prolação de sentença pelo juízo estadual, os autos devem ser remetidos ao Tribunal Regional Federal competente para o julgamento da apelação se deferida a intervenção.

554. Na hipótese de sucessão empresarial, a responsabilidade da sucessora abrange não apenas os tributos devidos pela sucedida, mas também as multas moratórias ou punitivas referentes a fatos geradores ocorridos até a data da sucessão.

555. Quando não houver declaração do débito, o prazo decadencial quinquenal para o Fisco constituir o crédito tributário conta-se exclusivamente na forma do art. 173, I, do CTN, nos casos em que a legislação atribui ao sujeito passivo o dever de antecipar o pagamento sem prévio exame da autoridade administrativa.

556. É indevida a incidência de imposto de renda sobre o valor da complementação de aposentadoria pago por entidade de previdência privada e em relação ao resgate de contribuições recolhidas para referidas entidades patrocinadoras no período de 1º/1/1989 a 31/12/1995, em razão da isenção concedida pelo art. 6º, VII, *b*, da Lei 7.713/1988, na redação anterior à que lhe foi dada pela Lei 9.250/1995.

557. A renda mensal inicial (RMI) alusiva ao benefício de aposentadoria por invalidez precedido de auxílio-doença será apurada na forma do art. 36, § 7º, do Decreto 3.048/1999, observando-se, porém, os critérios previstos no art. 29, § 5º, da Lei 8.213/1991, quando intercalados períodos de afastamento e de atividade laboral.

558. Em ações de execução fiscal, a petição inicial não pode ser indeferida sob o argumento da falta de indicação do CPF e/ou RG ou CNPJ da parte executada.

559. Em ações de execução fiscal, é desnecessária a instrução da petição inicial com o demonstrativo de cálculo do débito, por tratar-se de requisito não previsto no art. 6º da Lei 6.830/1980.

560. A decretação da indisponibilidade de bens e direitos, na forma do art. 185-A do CTN, pressupõe o exaurimento das diligências na busca por bens penhoráveis, o qual fica caracterizado quando infrutíferos o pedido de constrição sobre ativos financeiros e a expedição de ofícios aos registros públicos do domicílio do executado, ao Denatran ou Detran.

561. Os Conselhos Regionais de Farmácia possuem atribuição para fiscalizar e autuar as farmácias e drogarias quanto ao cumprimento da exigência de manter profissional legalmente habilitado (farmacêutico) durante todo o período de funcionamento dos respectivos estabelecimentos.

562. É possível a remição de parte do tempo de execução da pena quando o condenado, em regime fechado ou semiaberto, desempenha atividade laborativa, ainda que extramuros.

563. O Código de Defesa do Consumidor é aplicável às entidades abertas de previdência complementar, não incidindo nos contratos previdenciários celebrados com entidades fechadas.

564. No caso de reintegração de posse em arrendamento mercantil financeiro, quando a soma da importância antecipada a título de valor residual garantido (VRG) com o valor da venda do bem ultrapassar o total do VRG previsto contratualmente, o arrendatário terá direito de receber a respectiva diferença, cabendo, porém, se estipulado no contrato, o prévio desconto de outras despesas ou encargos pactuados.

565. A pactuação das tarifas de abertura de crédito (TAC) e de emissão de carnê (TEC), ou outra denominação para o mesmo fato gerador, é válida apenas nos contratos bancários anteriores ao início da vigência da Resolução-CMN nº 3.518/2007, em 30.4.2008.

566. Nos contratos bancários posteriores ao início da vigência da Resolução-CMN nº 3.518/2007, em 30.4.2008, pode ser cobrada a tarifa de cadastro no início do relacionamento entre o consumidor e a instituição financeira.

567. Sistema de vigilância realizado por monitoramento eletrônico ou por existência de segurança no interior de estabelecimento comercial, por si só, não torna impossível a configuração do crime de furto.

568. O relator, monocraticamente e no Superior Tribunal de Justiça, poderá dar ou negar provimento ao recurso quando houver entendimento dominante acerca do tema.

569. Na importação, é indevida a exigência de nova certidão negativa de débito no desembaraço aduaneiro, se já apresentada a comprovação da quitação de tributos federais quando da concessão do benefício relativo ao regime de *drawback*.

570. Compete à Justiça Federal o processo e julgamento de demanda em que se discute a ausência de ou o obstáculo ao credenciamento de instituição particular de ensino superior no Ministério da Educação como condição de expedição de diploma de ensino a distância aos estudantes.

571. A taxa progressiva de juros não se aplica às contas vinculadas ao FGTS de trabalhadores qualificados como avulsos.

572. O Banco do Brasil, na condição de gestor do Cadastro de Emitentes de Cheques sem Fundos (CCF), não tem a responsabilidade de notificar previamente o devedor acerca da sua inscrição no aludido cadastro, tampouco legitimidade passiva para as ações de reparação de danos fundadas na ausência de prévia comunicação.

573. Nas ações de indenização decorrente de seguro DPVAT, a ciência inequívoca do caráter permanente da invalidez, para fins de contagem do prazo prescricional, depende de laudo médico, exceto nos casos de invalidez permanente notória ou naqueles em que o conhecimento anterior resulte comprovado na fase de instrução.

574. Para a configuração do delito de violação de direito autoral e a comprovação de sua materialidade, é suficiente a perícia realizada por amostragem do produto apreendido, nos aspectos externos do material, e é desnecessária a identificação dos titulares dos direitos autorais violados ou daqueles que os representem.

575. Constitui crime a conduta de permitir, confiar ou entregar a direção de veículo automotor a pessoa que não seja habilitada, ou que se encontre em qualquer das situações previstas no art. 310 do CTB, independentemente da ocorrência de lesão ou de perigo de dano concreto na condução do veículo.

576. Ausente requerimento administrativo no INSS, o termo inicial para a implantação da aposentadoria por invalidez concedida judicialmente será a data da citação válida.

577. É possível reconhecer o tempo de serviço rural anterior ao documento mais antigo apresentado, desde que amparado em convincente prova testemunhal colhida sob o contraditório.

578. Os empregados que laboram no cultivo da cana-de-açúcar para empresa agroindustrial ligada ao setor sucroalcooleiro detêm a qualidade de rurícola, ensejando a isenção do FGTS desde a edição da Lei Complementar nº 11/1971 até a promulgação da Constituição Federal de 1988.

579. Não é necessário ratificar o recurso especial interposto na pendência do julgamento dos embargos de declaração, quando inalterado o resultado anterior.

580. A correção monetária nas indenizações do seguro DPVAT por morte ou invalidez, prevista no § 7º do art. 5º da Lei nº 6.194/1974, redação dada pela Lei nº 11.482/2007, incide desde a data do evento danoso.

581. A recuperação judicial do devedor principal não impede o prosseguimento das ações e execuções ajuizadas contra terceiros devedores solidários ou coobrigados em geral, por garantia cambial, real ou fidejussória.

582. Consuma-se o crime de roubo com a inversão da posse do bem mediante emprego de violência ou grave ameaça, ainda que por breve tempo e em seguida à perseguição imediata ao agente e recuperação da coisa roubada, sendo prescindível a posse mansa e pacífica ou desvigiada.

583. O arquivamento provisório previsto no art. 20 da Lei nº 10.522/2002, dirigido aos débitos inscritos como dívida ativa da União pela Procuradoria-Geral da Fazenda Nacional ou por ela cobrados, não se aplica às execuções fiscais movidas pelos conselhos de fiscalização profissional ou pelas autarquias federais.

584. As sociedades corretoras de seguros, que não se confundem com as sociedades de valores mobiliários ou com os agentes autônomos de seguro privado, estão fora do rol de entidades constantes do art. 22, § 1º, da Lei nº 8.212/1991, não se sujeitando à majoração da alíquota da Cofins prevista no art. 18 da Lei nº 10.684/2003.

585. A responsabilidade solidária do ex-proprietário, prevista no art. 134 do Código de Trânsito Brasileiro – CTB, não abrange o IPVA incidente sobre o veículo automotor, no que se refere ao período posterior à sua alienação.

586. A exigência de acordo entre o credor e o devedor na escolha do agente fiduciário aplica-se, exclusivamente, aos contratos não vinculados ao Sistema Financeiro da Habitação – SFH.

587. Para a incidência da majorante prevista no art. 40, V, da Lei n. 11.343/2006, é desnecessária a efetiva transposição de fronteiras entre estados da Federação, sendo suficiente a demonstração inequívoca da intenção de realizar o tráfico interestadual.

588. A prática de crime ou contravenção penal contra a mulher com violência ou grave ameaça no ambiente doméstico impossibilita a substituição da pena privativa de liberdade por restritiva de direitos.

589. É inaplicável o princípio da insignificância nos crimes ou contravenções penais praticados contra a mulher no âmbito das relações domésticas.

590. Constitui acréscimo patrimonial a atrair a incidência do imposto de renda, em caso de liquidação de entidade de previdência privada, a quantia que couber a cada participante, por rateio do patrimônio, superior ao valor das respectivas contribuições à entidade em liquidação, devidamente atualizadas e corrigidas.

591. É permitida a prova emprestada no processo administrativo disciplinar, desde que devidamente autorizada pelo juízo competente e respeitados o contraditório e a ampla defesa.

592. O excesso de prazo para a conclusão do processo administrativo disciplinar só causa nulidade se houver demonstração de prejuízo à defesa.

593. O crime de estupro de vulnerável se configura com a conjunção carnal ou prática de ato libidinoso com menor de 14 anos, sendo irrelevante eventual consentimento da vítima para a prática do ato, sua experiência sexual anterior ou existência de relacionamento amoroso com o agente.

594. O Ministério Público tem legitimidade ativa para ajuizar ação de alimentos em proveito de criança ou adolescente independentemente do exercício do poder familiar dos pais, ou do fato de o menor se encontrar nas situações de risco descritas no art. 98 do Estatuto da Criança e do Adolescente, ou de quaisquer outros questionamentos acerca da existência ou eficiência da Defensoria Pública na comarca.

595. As instituições de ensino superior respondem objetivamente pelos danos suportados pelo aluno/consumidor pela realização de curso não reconhecido pelo Ministério da Educação, sobre o qual não lhe tenha sido dada prévia e adequada informação.

596. A obrigação alimentar dos avós tem natureza complementar e subsidiária, somente se configurando no caso de impossibilidade total ou parcial de seu cumprimento pelos pais.

597. A cláusula contratual de plano de saúde que prevê carência para utilização dos serviços de assistência médica nas situações de emergência ou de urgência é considerada abusiva se ultrapassado o prazo máximo de 24 horas contado da data da contratação.

598. É desnecessária a apresentação de laudo médico oficial para o reconhecimento judicial da isenção do imposto de renda, desde que o magistrado entenda suficientemente demonstrada a doença grave por outros meios de prova.

599. O princípio da insignificância é inaplicável aos crimes contra a administração pública.

600. Para a configuração da violência doméstica e familiar prevista no artigo 5º da Lei n. 11.340/2006 (Lei Maria da Penha) não se exige a coabitação entre autor e vítima.

601. O Ministério Público tem legitimidade ativa para atuar na defesa de direitos difusos, coletivos e individuais homogêneos dos consumidores, ainda que decorrentes da prestação de serviço público.

602. O Código de Defesa do Consumidor é aplicável aos empreendimentos habitacionais promovidos pelas sociedades cooperativas.

603. **Cancelada pela Segunda Seção, na sessão de 22.08. 2018, ao julgar o REsp 1.555.722-SP**

Texto primitivo: É vedado ao banco mutuante reter, em qualquer extensão, os salários, vencimentos e/ou proventos de correntista para adimplir o mútuo (comum) contraído, ainda que haja cláusula contratual autorizativa, excluído o empréstimo garantido por margem salarial consignável, com desconto em folha de pagamento, que possui regramento legal específico e admite a retenção de percentual.

604. O mandado de segurança não se presta para atribuir efeito suspensivo a recurso criminal interposto pelo Ministério Público.

605. A superveniência da maioridade penal não interfere na apuração de ato infracional nem na aplicabilidade de medida socioeducativa em curso, inclusive na liberdade assistida, enquanto não atingida a idade de 21 anos.

606. Não se aplica o princípio da insignificância a casos de transmissão clandestina de sinal de internet via radiofrequência, que caracteriza o fato típico previsto no art. 183 da Lei n. 9.472/1997.

607. A majorante do tráfico transnacional de drogas (art. 40, I, da Lei n. 11.343/2006) configura-se com a prova da destinação internacional das drogas, ainda que não consumada a transposição de fronteiras.

608. Aplica-se o Código de Defesa do Consumidor aos contratos de plano de saúde, salvo os administrados por entidades de autogestão.

609. A recusa de cobertura securitária, sob a alegação de doença preexistente, é ilícita se não houve a exigência de exames médicos prévios à contratação ou a demonstração de má-fé do segurado.

610. O suicídio não é coberto nos dois primeiros anos de vigência do contrato de seguro de vida, ressalvado o direito do beneficiário à devolução do montante da reserva técnica formada.

611. Desde que devidamente motivada e com amparo em investigação ou sindicância, é permitida a instauração de processo administrativo disciplinar com base em denúncia anônima, em face do poder-dever de autotutela imposto à Administração.

612. O certificado de entidade beneficente de assistência social (CEBAS), no prazo de sua validade, possui natureza declaratória para fins tributários, retroagindo seus efeitos à data em que demonstrado o cumprimento dos requisitos estabelecidos por lei complementar para a fruição da imunidade.

613. Não se admite a aplicação da teoria do fato consumado em tema de Direito Ambiental.

614. O locatário não possui legitimidade ativa para discutir a relação jurídico-tributária de IPTU e de taxas referentes ao imóvel alugado nem para repetir indébito desses tributos.

615. Não pode ocorrer ou permanecer a inscrição do município em cadastros restritivos fundada em irregularidades na gestão anterior quando, na gestão sucessora, são tomadas as providências cabíveis à reparação dos danos eventualmente cometidos.

616. A indenização securitária é devida quando ausente a comunicação prévia do segurado acerca do atraso no pagamento do prêmio, por constituir requisito essencial para a suspensão ou resolução do contrato de seguro.

617. A ausência de suspensão ou revogação do livramento condicional antes do término do período de prova enseja a extinção da punibilidade pelo integral cumprimento da pena.

618. A inversão do ônus da prova aplica-se às ações de degradação ambiental.

619. A ocupação indevida de bem público configura mera detenção, de natureza precária, insuscetível de retenção ou indenização por acessões e benfeitorias.

620. A embriaguez do segurado não exime a seguradora do pagamento da indenização prevista em contrato de seguro de vida.

621. Os efeitos da sentença que reduz, majora ou exonera o alimentante do pagamento retroagem à data da citação, vedadas a compensação e a repetibilidade.

622. A notificação do auto de infração faz cessar a contagem da decadência para a constituição do crédito tributá-rio; exaurida a instância administrativa com o decurso do prazo para a impugnação ou com a notificação de seu julgamento definitivo e esgotado o prazo concedido pela Administração para o pagamento voluntário, inicia-se o prazo prescricional para a cobrança judicial.

623. As obrigações ambientais possuem natureza *propter rem*, sendo admissível cobrá-las do proprietário ou possuidor atual e/ou dos anteriores, à escolha do credor.

624. É possível cumular a indenização do dano moral com a reparação econômica da Lei n. 10.559/2002 (Lei da Anistia Política).

625. O pedido administrativo de compensação ou de restituição não interrompe o prazo prescricional para a ação de repetição de indébito tributário de que trata o art. 168 do CTN nem o da execução de título judicial contra a Fazenda Pública.

626. A incidência do IPTU sobre imóvel situado em área considerada pela lei local como urbanizável ou de expansão urbana não está condicionada à existência dos melhoramentos elencados no art. 32, § 1º, do CTN.

627. O contribuinte faz jus à concessão ou à manutenção da isenção do imposto de renda, não se lhe exigindo a demonstração da contemporaneidade dos sintomas da doença nem da recidiva da enfermidade.

628. A teoria da encampação é aplicada no mandado de segurança quando presentes, cumulativamente, os seguintes requisitos: a) existência de vínculo hierárquico entre a autoridade que prestou informações e a que ordenou a prática do ato impugnado; b) manifestação a respeito do mérito nas informações prestadas; e c) ausência de modificação de competência estabelecida na Constituição Federal.

629. Quanto ao dano ambiental, é admitida a condenação do réu à obrigação de fazer ou à de não fazer cumulada com a de indenizar.

630. A incidência da atenuante da confissão espontânea no crime de tráfico ilícito de entorpecentes exige o reconhecimento da traficância pelo acusado, não bastando a mera admissão da posse ou propriedade para uso próprio.

631. O indulto extingue os efeitos primários da condenação (pretensão executória), mas não atinge os efeitos secundários, penais ou extrapenais.

632. Nos contratos de seguro regidos pelo Código Civil, a correção monetária sobre a indenização securitária incide a partir da contratação até o efetivo pagamento.

633. A Lei n. 9.784/1999, especialmente no que diz respeito ao prazo decadencial para a revisão de atos administrativos no âmbito da Administração Pública federal, pode ser aplicada, de forma subsidiária, aos estados e municípios, se inexistente norma local e específica que regule a matéria.

634. Ao particular aplica-se o mesmo regime prescricional previsto na Lei de Improbidade Administrativa para o agente público.

635. Os prazos prescricionais previstos no art. 142 da Lei n. 8.112/1990 iniciam-se na data em que a autoridade competente para a abertura do procedimento administrativo toma conhecimento do fato, interrompem-se com o primeiro ato de instauração válido – sindicância de caráter punitivo ou processo disciplinar – e voltam a fluir por inteiro, após decorridos 140 dias desde a interrupção.

636. A folha de antecedentes criminais é documento suficiente a comprovar os maus antecedentes e a reincidência.

637. O ente público detém legitimidade e interesse para intervir, incidentalmente, na ação possessória entre particulares, podendo deduzir qualquer matéria defensiva, inclusive, se for o caso, o domínio.

638. É abusiva a cláusula contratual que restringe a responsabilidade de instituição financeira pelos danos decorrentes de roubo, furto ou extravio de bem entregue em garantia no âmbito de contrato de penhor civil.

639. Não fere o contraditório e o devido processo decisão que, sem ouvida prévia da defesa, determine transferência ou permanência de custodiado em estabelecimento penitenciário federal.

640. O benefício fiscal que trata do Regime Especial de Reintegração de Valores Tributários para as Empresas Exportadoras (REINTEGRA) alcança as operações de venda de mercadorias de origem nacional para a Zona Franca de Manaus, para consumo, industrialização ou reexportação para o estrangeiro. (Primeira Seção, julgado em 18.02.2020, *DJe* 19.02.2020).

641. A portaria de instauração do processo administrativo disciplinar prescinde da exposição detalhada dos fatos a serem apurados. (Primeira Seção, julgado em 18.02.2020, *DJe* 19.02.2020).

642. O direito à indenização por danos morais transmite-se com o falecimento do titular, possuindo os herdeiros da vítima legitimidade ativa para ajuizar ou prosseguir a ação indenizatória. (Corte Especial, julgado em 02.12.2020, *DJe* 07.12.2020).

643. A execução da pena restritiva de direitos depende do trânsito em julgado da condenação. (Terceira Seção, julgado em 10.02.2021, *DJe* 17.02.2021).

644. O núcleo de prática jurídica deve apresentar o instrumento de mandato quando constituído pelo réu hipossuficiente, salvo nas hipóteses em que é nomeado pelo juízo. (Terceira Seção, julgado em 10.02.2021, *DJe* 17.02.2021).

645. O crime de fraude à licitação é formal, e sua consumação prescinde da comprovação do prejuízo ou da obtenção de vantagem. (Terceira Seção, julgado em 10.02.2021, *DJe* 17.02.2021).

646. É irrelevante a natureza da verba trabalhista para fins de incidência da contribuição ao FGTS, visto que apenas as verbas elencadas em lei (art. 28, § 9º, da Lei n. 8.212/1991), em rol taxativo, estão excluídas da sua base de cálculo, por força do disposto no art. 15, § 6º, da Lei n. 8.036/1990. (Primeira Seção, julgado em 10.03.2021, *DJe* 15.03.2021).

647. São imprescritíveis as ações indenizatórias por danos morais e materiais decorrentes de atos de perseguição política com violação de direitos fundamentais ocorridos durante o regime militar. (Primeira Seção, julgado em 10.03.2021, *DJe* 15.03.2021).

648. A superveniência da sentença condenatória prejudica o pedido de trancamento da ação penal por falta de justa causa feito em *habeas corpus*. (Terceira Seção, julgado em 14.04.2021, *DJe* 19.04.2021).

649. Não incide ICMS sobre o serviço de transporte interestadual de mercadorias destinadas ao exterior. (Primeira Seção, julgado em 28.04.2021, *DJe* 03.05.2021).

650. A autoridade administrativa não dispõe de discricionariedade para aplicar ao servidor pena diversa de demissão quando caraterizadas as hipóteses previstas no art. 132 da Lei n. 8.112/1990. (Primeira Seção, julgado em 22.09.2021, *DJe* 27.09.2021).

651. Compete à autoridade administrativa aplicar a servidor público a pena de demissão em razão da prática de improbidade administrativa, independentemente de prévia condenação, por autoridade judiciária, à perda da função pública. (Primeira Seção, julgado em 21.10.2021, *DJe* 25.10.2021).

652. A responsabilidade civil da Administração Pública por danos ao meio ambiente, decorrente de sua omissão no dever de fiscalização, é de caráter solidário, mas de execução subsidiária.

653. O pedido de parcelamento fiscal, ainda que indeferido, interrompe o prazo prescricional, pois caracteriza confissão extrajudicial do débito.

654. A tabela de preços máximos ao consumidor (PMC) publicada pela ABCFarma, adotada pelo Fisco para a fixação da base de cálculo do ICMS na sistemática da substituição tributária, não se aplica aos medicamentos destinados exclusivamente para uso de hospitais e clínicas.

655. Aplica-se à união estável contraída por septuagenário o regime da separação obrigatória de bens, comunicando-se os adquiridos na constância, quando comprovado o esforço comum.

656. É válida a cláusula de prorrogação automática de fiança na renovação do contrato principal. A exoneração do fiador depende da notificação prevista no artigo 835 do Código Civil.

657. Atendidos os requisitos da segurada especial no RGPS e do período de carência, a indígena menor de 16 anos faz jus ao salário-maternidade.

658. O crime de apropriação indébita tributária pode ocorrer tanto em operações próprias, como em razão de substituição tributária.

659. A fração de aumento em razão da prática de crime continuado deve ser fixada de acordo com o número de delitos cometidos, aplicando-se 1/6 pela prática de duas infrações, 1/5 para três, 1/4 para quatro, 1/3 para cinco, ½ para seis e 2/3 para sete ou mais infrações.

660. A posse, pelo apenado, de aparelho celular ou de seus componentes essenciais constitui falta grave.

661. A falta grave prescinde da perícia do celular apreendido ou de seus componentes essenciais.

662. Para a prorrogação do prazo de permanência no sistema penitenciário federal, é prescindível a ocorrência de fato novo; basta constar, em decisão fundamentada, a persistência dos motivos que ensejaram a transferência inicial do preso.

663. A pensão por morte de servidor público federal pode ser concedida ao filho inválido de qualquer idade, desde que a invalidez seja anterior ao óbito.

664. É inaplicável a consunção entre o delito de embriaguez ao volante e o de condução de veículo automotor sem habilitação.

665. O controle jurisdicional do processo administrativo disciplinar restringe-se ao exame da regularidade do procedimento e da legalidade do ato, à luz dos princípios do contraditório, da ampla defesa e do devido processo legal, não sendo possível incursão no mérito administrativo, ressalvadas as hipóteses de flagrante ilegalidade, teratologia ou manifesta desproporcionalidade da sanção aplicada.

666. A legitimidade passiva, em demandas que visam à restituição de contribuições de terceiros, está vinculada à capacidade tributária ativa; assim, nas hipóteses em que as entidades terceiras são meras destinatárias das contribuições, não possuem elas legitimidade *ad causam* para figurar no polo passivo, juntamente com a União.

667. Eventual aceitação de proposta de suspensão condicional do processo não prejudica a análise do pedido de trancamento de ação penal.

668. Não é hediondo o delito de porte ou posse de arma de fogo de uso permitido, ainda que com numeração, marca ou qualquer outro sinal de identificação raspado, suprimido ou adulterado.

669. O fornecimento de bebida alcoólica a criança ou adolescente, após o advento da Lei n. 13.106, de 17 de março de 2015, configura o crime previsto no art. 243 do ECA.

670. Nos crimes sexuais cometidos contra a vítima em situação de vulnerabilidade temporária, em que ela recupera suas capacidades físicas e mentais e o pleno discernimento para decidir acerca da persecução penal de seu ofensor, a ação penal é pública condicionada à representação se o fato houver sido praticado na vigência da redação conferida ao art. 225 do Código Penal pela Lei n. 12.015, de 2009.

671. Não incide o IPI quando sobrevém furto ou roubo do produto industrializado após sua saída do estabelecimento industrial ou equiparado e antes de sua entrega ao adquirente.

672. A alteração da capitulação legal da conduta do servidor, por si só, não enseja a nulidade do processo administrativo disciplinar.

673. A comprovação da regular notificação do executado para o pagamento da dívida de anuidade de conselhos de classe ou, em caso de recurso, o esgotamento das instâncias administrativas são requisitos indispensáveis à constituição e execução do crédito.

674. A autoridade administrativa pode se utilizar de fundamentação *per relationem* nos processos disciplinares.

675. É legítima a atuação dos órgãos de defesa do consumidor na aplicação de sanções administrativas previstas no CDC quando a conduta praticada ofender direito consumerista, o que não exclui nem inviabiliza a atuação do órgão ou entidade de controle quando a atividade é regulada.

676. Em razão da Lei n. 13.964/2019, não é mais possível ao juiz, de ofício, decretar ou converter prisão em flagrante em prisão preventiva.

ÍNDICES

ÍNDICE ALFABÉTICO-REMISSIVO DO CÓDIGO DE PROCESSO CIVIL (LEI 13.105/2015)

A

ÍNDICE ALFABÉTICO-REMISSIVO

ÍNDICE ALFABÉTICO-REMISSIVO

ÍNDICE ALFABÉTICO-REMISSIVO

E

F

G

H

ÍNDICE ALFABÉTICO-REMISSIVO

INVESTIGAÇÃO DE PATERNIDADE

IRRETROATIVIDADE DA LEI PROCESSUAL

J

JUIZ

L

LEI PROCESSUAL

LEILÃO

LETRA DE CÂMBIO

LIDE

LIQUIDAÇÃO DE SENTENÇA

LIQUIDEZ E CERTEZA

LITIGÂNCIA DE MÁ-FÉ

LITIGANTE DE MÁ-FÉ

LITISCONSÓRCIO

LITISCONSORTE

LITISPENDÊNCIA

LIVROS EMPRESARIAIS

LOCADOR

LOTEAMENTO E VENDA DE IMÓVEIS A PRESTAÇÕES

M

PRAÇA

PRAZO

PRECATÓRIO

PRECLUSÃO

PREFERÊNCIA

PREJUÍZO

PRELIMINAR(ES)

PRÊMIO

PREPARO

PRESCRIÇÃO

PROVA ANTECIPADA

PROVA DOCUMENTAL

PROVA PERICIAL

PROVA TESTEMUNHAL

PROVIDÊNCIAS PRELIMINARES

PROVIMENTOS MANDAMENTAIS E JUDICIAIS

PUBLICAÇÃO

PUBLICIDADE

Q

R

T

X

ÍNDICE CRONOLÓGICO DA LEGISLAÇÃO ESPECIAL

Lei Complementar

76, de 6 de julho de 1993 – Dispõe sobre o procedimento contraditório especial, de rito sumário, para o processo de desapropriação de imóvel rural, por interesse social, para fins de reforma agrária – **Material Suplementar**

Leis

1.060, de 5 de fevereiro de 1950 – Estabelece normas para a concessão de assistência judiciária aos necessitados – **Material Suplementar**

4.717, de 29 de junho de 1965 – Regula a ação popular – **1404**

5.010, de 30 de maio de 1966 – Organiza a Justiça Federal de primeira instância, e dá outras providências – **Material Suplementar**

5.478, de 25 de julho de 1968 – Dispõe sobre ação de alimentos e dá outras providências – **1416**

5.741, de 1º de dezembro de 1971 – Dispõe sobre a proteção do financiamento de bens imóveis vinculados ao Sistema Financeiro da Habitação – **Material Suplementar**

6.015, de 31 de dezembro de 1973 – Dispõe sobre os registros públicos, e dá outras providências – **Material Suplementar**

6.515, de 26 de dezembro de 1977 – Regula os casos de dissolução da sociedade conjugal e do casamento, seus efeitos e respectivos processos, e dá outras providências – **1453**

6.830, de 22 de setembro de 1980 – Dispõe sobre a cobrança judicial da Dívida Ativa da Fazenda Pública, e dá outras providências – **1464**

6.969, de 10 de dezembro de 1981 – Dispõe sobre a aquisição, por usucapião especial, de imóveis rurais, altera a redação do § 2º do art. 589 do Código Civil e dá outras providências – **Material Suplementar**

7.347, de 24 de julho de 1985 – Disciplina a ação civil pública de responsabilidade por danos causados ao meio ambiente, ao consumidor, a bens e direitos de valor artístico, estético, histórico, turístico e paisagístico (vetado), e dá outras providências – **1363**

7.969, de 22 de dezembro de 1989 – Estende às medidas cautelares o disposto nos artigos 5º e 7º da Lei nº 4.348, de 26 de junho de 1964 – **Material Suplementar**

8.009, de 29 de março de 1990 – Dispõe sobre a impenhorabilidade do bem de família – **Material Suplementar**

8.038, de 28 de maio de 1990 – Institui normas procedimentais para os processos que especifica, perante o Superior Tribunal de Justiça e o Supremo Tribunal Federal – **1582**

8.069, de 13 de julho de 1990 – Dispõe sobre o Estatuto da Criança e do Adolescente, e dá outras providências – **Material Suplementar**

8.078, de 11 de setembro de 1990 – Dispõe sobre a proteção do consumidor e dá outras providências – **Material Suplementar**

8.245, de 18 de outubro de 1991 – Dispõe sobre as locações dos imóveis urbanos e os procedimentos a elas pertinentes – **Material Suplementar**

8.397, de 6 de janeiro de 1992 – Institui medida cautelar fiscal e dá outras providências – **1572**

8.429, de 2 de junho de 1992 – Dispõe sobre as sanções aplicáveis aos agentes públicos nos casos de enriquecimento ilícito no exercício de mandato, cargo, emprego ou função na administração pública direta, indireta ou fundacional e dá outras providências – **Material Suplementar**

8.437, de 30 de junho de 1992 – Dispõe sobre a concessão de medidas cautelares contra atos do Poder Público e dá outras providências – **1576**

8.560, de 29 de dezembro de 1992 – Regula a investigação de paternidade dos filhos havidos fora do casamento e dá outras providências – **Material Suplementar**

8.866, de 11 de abril de 1994 – Dispõe sobre o depositário infiel de valor pertencente à Fazenda Pública e dá outras providências – **Material Suplementar**

9.099, de 26 de setembro de 1995 – Dispõe sobre os Juizados Especiais Cíveis e Criminais e dá outras providências – **1506**

9.289, de 4 de julho de 1996 – Dispõe sobre as custas devidas à União, na Justiça Federal de primeiro e segundo graus e dá outras providências – **1527**

9.307, de 23 de setembro de 1996 – Dispõe sobre a arbitragem – **1429**

9.492, de 10 de setembro de 1997 – Define competência, regulamenta os serviços concernentes ao protesto de títulos e outros documentos de dívida e dá outras providências – **Material Suplementar**

9.494, de 10 de setembro de 1997 – Disciplina a aplicação da tutela antecipada contra a Fazenda Pública, altera a Lei nº 7.347, de 24 de julho de 1985, e dá outras providências – **1594**

9.507, de 12 de novembro de 1997 – Regula o direito de acesso a informações e disciplina o rito processual do habeas data – **Material Suplementar**

9.514, de 20 de novembro de 1997 – Dispõe sobre o Sistema de Financiamento Imobiliário, institui a alienação fiduciária de coisa imóvel e dá outras providências – **Material Suplementar**

9.800, de 26 de maio de 1999 – Permite às partes a utilização de sistema de transmissão de dados para a prática de atos processuais – **Material Suplementar**

9.868, de 10 de novembro de 1999 – Dispõe sobre o processo e julgamento da ação direta de inconstitucionalidade e da ação declaratória de constitucionalidade perante o Supremo Tribunal Federal – **1393**

9.882, de 3 de dezembro de 1999 – Dispõe sobre o processo e julgamento da arguição de descumprimento de preceito fundamental, nos termos do § 1º do art. 102 da Constituição Federal – **1446**

10.259, de 12 de julho de 2001 – Dispõe sobre a instituição dos Juizados Especiais Cíveis e Criminais no âmbito da Justiça Federal – **1517**

10.741, de 1º de outubro de 2003 – Dispõe sobre o Estatuto da Pessoa Idosa e dá outras providências – **Material Suplementar**

11.417, de 19 de dezembro de 2006 – Regulamenta o art. 103-A da Constituição Federal e altera a Lei nº 9.784, de 29 de janeiro de 1999, disciplinando a edição, a revisão e o cancelamento de enunciado de súmula vinculante pelo Supremo Tribunal Federal, e dá outras providências – **Material Suplementar**

11.419, de 19 de dezembro de 2006 – Dispõe sobre a informatização do processo judicial; altera a Lei nº 5.869, de 11 de janeiro de 1973 – Código de Processo Civil; e dá outras providências – **1587**

11.804, de 5 de novembro de 2008 – Disciplina o direito a alimentos gravídicos e a forma como ele será exercido e dá outras providências – **Material Suplementar**

12.016, de 7 de agosto de 2009 – Disciplina o mandado de segurança individual e coletivo e dá outras providências – **1531**

12.153, de 22 de dezembro de 2009 – Dispõe sobre os Juizados Especiais da Fazenda Pública no âmbito dos Estados, do Distrito Federal, dos Territórios e dos Municípios – **1523**

13.140, de 26 de junho de 2015 – Dispõe sobre a mediação entre particulares como meio de solução de controvérsias e sobre a autocomposição de conflitos no âmbito da administração pública; altera a Lei 9.469, de 10 de julho de 1997, e o Decreto 70.235, de 6 de março de 1972; e revoga o § 2º do art. 6º da Lei 9.469, de 10 de julho de 1997 – **1567**

13.146, de 6 de julho de 2015 – Institui a Lei Brasileira de Inclusão da Pessoa com Deficiência (Estatuto da Pessoa com Deficiência) – **Material Suplementar**

13.300, de 23 de junho de 2016 – Disciplina o processo e o julgamento dos mandados de injunção individual e coletivo e dá outras providências – **Material Suplementar**

Decretos-Leis

3.365, de 21 de junho de 1941 – Dispõe sobre desapropriações por utilidade pública – **Material Suplementar**

911, de 1º de outubro de 1969 – Altera a redação do art. 66, da Lei nº 4.728, de 14 de julho de 1965, estabelece normas de processo sobre alienação fiduciária e dá outras providências – **Material Suplementar**

1.075, de 22 de janeiro de 1970 – Regula a imissão de posse, initio litis, em imóveis residenciais urbanos – **Material Suplementar**

Decreto

20.910, de 6 de janeiro de 1932 – Regula a Prescrição Quinquenal – **1580**

Medida Provisória

2.172-32, de 23 de agosto de 2001 – Estabelece a nulidade das disposições contratuais que menciona e inverte, nas hipóteses que prevê, o ônus da prova nas ações intentadas para sua declaração – **Material Suplementar**

Resoluções do STJ

8, de 20 de setembro de 2007 – Institui o *Diário da Justiça* Eletrônico do Superior Tribunal de Justiça – *DJ on-line*, e dá outras providências – **Material Suplementar**

14, de 28 de junho de 2013 – Regulamenta o processo judicial eletrônico no Superior Tribunal de Justiça – **Material Suplementar**

2, de 1º de fevereiro de 2017 – Dispõe sobre o pagamento de custas judiciais e porte de remessa e retorno dos autos no âmbito do Superior Tribunal de Justiça – **Material Suplementar**

Resoluções do STF

179, de 26 de julho de 1999 – Dispõe sobre a utilização, no âmbito do Supremo Tribunal Federal, do sistema de transmissão de dados e imagens tipo fac-símile (fax), para a prática de atos processuais – **Material Suplementar**

341, de 16 de abril de 2007 – Institui o Diário da Justiça Eletrônico do Supremo Tribunal Federal, e dá outras providências – **Material Suplementar**

388, de 5 de dezembro de 2008 – Disciplina o processamento de proposta de edição, revisão e cancelamento de súmulas, e dá providências correlatas – **Material Suplementar**

427, de 20 de abril de 2010 – Regulamenta o processo eletrônico no âmbito do Supremo Tribunal Federal e dá outras providências – **Material Suplementar**

662, de 10 de fevereiro de 2020, do Supremo Tribunal Federal – STF – Dispõe sobre as Tabelas de Custas e a Tabela de Porte de Remessa e Retorno dos Autos e dá outras providências – **Material Suplementar**

Resolução do CJF

458, de 4 de outubro de 2017 – Dispõe sobre a regulamentação, no âmbito da Justiça Federal de primeiro e segundo graus, dos procedimentos relativos à expedição de ofícios requisitórios, ao cumprimento da ordem cronológica dos pagamentos, às compensações, ao saque e ao levantamento dos depósitos – **Material Suplementar**

Resoluções do CNJ

232, de 13 de julho de 2016 – Fixa os valores dos honorários a serem pagos aos peritos, no âmbito da Justiça de primeiro e segundo graus, nos termos do disposto no art. 95, § 3º, II, do Código de Processo Civil – Lei 13.105/2015 – **Material Suplementar**

233, de 13 de julho de 2016 – Dispõe sobre a criação de cadastro de profissionais e órgãos técnicos ou científicos no âmbito da Justiça de primeiro e segundo graus – **Material Suplementar**

234, de 13 de julho de 2016 – Institui o Diário de Justiça Eletrônico Nacional (DJEN), a Plataforma de Comunicações Processuais (Domicílio Eletrônico) e a Plataforma de Editais do Poder Judiciário, para os efeitos da Lei 13.105, de 16 de março de 2015 e dá outras providências – **Material Suplementar**

235, de 13 de julho de 2016 – Dispõe sobre a padronização de procedimentos administrativos decorrentes de julgamentos de repercussão geral, de casos repetitivos e de incidente de assunção de competência previstos na Lei 13.105, de 16 de março de 2015 (Código de Processo Civil), no Superior Tribunal de Justiça, no Tribunal Superior Eleitoral, no Tribunal Superior do Trabalho, no Superior Tribunal Militar, nos Tribunais Regionais Federais, nos Tribunais Regionais do Trabalho e nos Tribunais de Justiça dos Estados e do Distrito Federal, e dá outras providências – **Material Suplementar**

236, de 13 de julho de 2016 – Regulamenta, no âmbito do Poder Judiciário, procedimentos relativos à alienação judicial por meio eletrônico, na forma preconizada pelo art. 882, § 1º, do novo Código de Processo Civil (Lei 13.105/2015) – **Material Suplementar**

Regimentos

Regimento Interno do Supremo Tribunal Federal, de 15 de outubro de 1980 – **Material Suplementar**

Regimento Interno do Superior Tribunal de Justiça, de 22 de junho de 1989 – **Material Suplementar**

Regimento Interno do Conselho Nacional de Justiça, de 29 de junho de 2005 – **Material Suplementar**

Código de Ética

Código de Ética da Magistratura Nacional, de 26 de agosto de 2008 – **Material Suplementar**